NomosKommentar

Dirk H. Dau | Prof. Franz Josef Düwell
Prof. Dr. Jacob Joussen | Prof. Dr. Steffen Luik [Hrsg.]

Sozialgesetzbuch IX

Rehabilitation und Teilhabe
von Menschen mit Behinderungen

SGB IX | BTHG | SchwbVWO | BGG

Lehr- und Praxiskommentar

6. Auflage

Thomas Asmalsky, Rechtsanwalt, Oberursel | **Christoph Beyer**, Leiter des Inklusionsamtes beim Landschaftsverband Rheinland (LVR), Köln | **Professorin Dr. Renate Bieritz-Harder**, Hochschule Emden/Leer | **Helmut Dankelmann**, Münster | **Dirk H. Dau**, Richter am Bundessozialgericht a.D., Hamburg | **Berthold Deusch**, Referatsleiter beim Kommunalverband für Jugend und Soziales Baden-Württemberg, Stuttgart/Karlsruhe | **Professor Franz Josef Düwell**, Vorsitzender Richter am Bundesarbeitsgericht a.D., Weimar, Honorarprofessor Universität Konstanz | **Bernward Jacobs**, Geschäftsführer a.D., Münster | **Professor Dr. Jacob Joussen**, Ruhr-Universität Bochum | **Professor Dr. Steffen Luik**, Richter am Bundessozialgericht, Kassel, Honorarprofessor Universität Tübingen | **Dr. Till Sachadae**, Referatsleiter beim Fernstraßen-Bundesamt, Leipzig | **Professor Dr. Reza F. Shafaei**, Fachhochschule Kiel | **Professorin Dr. Julia Zinsmeister**, Technische Hochschule Köln

Zitiervorschlag: Bearbeiter in LPK-SGB IX § ... Rn. ...

Die Deutsche Nationalbibliothek verzeichnet diese Publikation in der Deutschen Nationalbibliografie; detaillierte bibliografische Daten sind im Internet über http://dnb.d-nb.de abrufbar.

ISBN 978-3-8487-6360-3

6. Auflage 2022
© Nomos Verlagsgesellschaft, Baden-Baden 2022. Gesamtverantwortung für Druck und Herstellung bei der Nomos Verlagsgesellschaft mbH & Co. KG. Alle Rechte, auch die des Nachdrucks von Auszügen, der fotomechanischen Wiedergabe und der Übersetzung, vorbehalten.

Vorwort zur 6. Auflage

„Good reasons must, of force, give place to better."
„Den bessern Gründen müssen gute weichen."
Shakespeare, Julius Cäsar, 4. Akt, 3. Szene.

Die Sechste Auflage erscheint in einem Jubiläumsjahr. Jubilar ist das SGB IX. Es hat das 20. Jahr seiner Geltung vollendet. Als Festgabe präsentieren die Herausgeber die Neuauflage des Lehr- und Praxiskommentars.

Seit Inkrafttreten des SGB IX am 1.7.2001 sind mit Stand vom 23.7.2021 in der juris Datenbank zum SGB IX 16.892 Dokumente veröffentlicht worden, darunter 1.196 Entscheidungen der Gerichte für Arbeitssachen und 3.231 Entscheidungen der Sozial- sowie 1.379 der Verwaltungsgerichtsbarkeit. Für die Autorinnen und Autoren war es ein mühsames Stück Arbeit. Denn es galt die Fülle der Informationen für Lehrende, Lernende und Praktiker zu erfassen und in ein möglichst widerspruchsfreies System der Teilhabe von Menschen mit Behinderungen einzuordnen. Unser Lehr- und Praxiskommentar stellt sich zudem einer Herausforderung: „Demokratie braucht Inklusion". Er beschränkt sich deshalb nicht auf eine umfassende Dokumentation und Analyse, sondern sieht sich als verpflichtet an, seinen Beitrag zur Inklusion zu leisten. Unser Lehr- und Praxiskommentar prüft, gewichtet und schätzt Folgen ab.

In Analogie zu einem berühmten Shakespeare-Zitat müssen den besseren Gründen die guten weichen. So wird der Fortschritt auf dem Weg zur inklusiven Gesellschaft gestaltet. Diese Linie wird zunehmend von der Rechtsprechung des Bundesverfassungsgerichts zu dem 1994 in das Grundgesetz eingefügten Benachteiligungsverbot Art. 3 Abs. 3 Satz 2 GG unterstützt. Inzwischen hat das Gericht in 23 Entscheidungen Position bezogen. In seiner vorletzten Entscheidung[1] hat es zum Mitführen eines Blindenführhundes hervorgehoben:

„Nach dem Willen des Verfassungsgebers fließt das Verbot der Benachteiligung behinderter Menschen als Teil der objektiven Werteordnung auch in die Auslegung des Zivilrechts ein. Das Recht auf persönliche Mobilität aus Art. 20 der UN-Behindertenrechtskonvention (BRK) ist bei der Auslegung zivilrechtlicher Normen ebenfalls zu berücksichtigen."

Allerdings haben noch immer einige Gerichte, insbesondere der ordentlichen Gerichtsbarkeit, diesen bereits 1994 eingeleiteten Paradigmenwechsel nicht ausreichend nachvollzogen. Das zeigen die erfolgreichen Verfassungsbeschwerden.

Die vorliegende Neuauflage berücksichtigt die Entscheidungen des Bundesverfassungsgerichts und die seit dem Erscheinen der Vorauflage veröffentlichten neuen gerichtlichen Entscheidungen. Das waren 416 in der Sozial- und 137 in der Verwaltungsgerichtsbarkeit sowie 167 bei den Gerichten für Arbeitssachen. Soweit in den 1.453 Entscheidungen der ordentlichen Gerichte zu Rechtsfra-

---

[1] 30.1.2020 – 2 BvR 1005/18.

gen, die einen Bezug zu Menschen mit Behinderungen haben, das SGB IX angesprochen wird, sind auch diese Entscheidungen einbezogen.

Nach dem Stufenplan des Bundesteilhabegesetzes von 2016 sind zum Jahresbeginn 2020 die Vorschriften aus der dritten Reformstufe des Bundesteilhabegesetzes in Kraft getreten. Dazu zählen das Eingliederungshilferecht, die Trennung der Fachleistungen der Eingliederungshilfe von den existenzsichernden Leistungen, die Verbesserungen in der Einkommens- und Vermögensheranziehung durch den Anstieg des Vermögensfreibetrags sowie die Nichtanrechnung des Partnereinkommens und -vermögens. Zwischenzeitlich sind einige gesetzliche Korrekturen vorgenommen worden. Es liegen auch schon erste gerichtliche Entscheidungen zur dritten Reformstufe vor. Ferner sind Schnittstellen vor allem durch das Pflegestärkungsgesetz reformierten Pflegerecht entstanden. Schließlich haben die Länder in Umsetzung von Regelungsaufträgen Konkretisierungen im Recht der Eingliederungshilfe durch Landesausführungsgesetze und -rahmenvereinbarungen vorgenommen.

Grundsätzlich gilt: Neues Recht bedarf der Erläuterung und schafft zugleich stets neue Auslegungsprobleme. Die Autoren dieses Kommentars bemühen sich um die Klärung der damit verbundenen Rechtsfragen. Dem Anspruch eines Praxiskommentars gerecht werdend zeigen sie praxistaugliche Lösungen auf.

Die Größe der Herausforderung zeigt sich in der Auflistung der in das SGB IX eingreifenden Änderungsgesetze, die von Juli 2018 bis Juli 2021 in Kraft getreten sind:
- Art. 8 des Gesetzes zur Bekämpfung sexualisierter Gewalt gegen Kinder vom 16.6.2021[2] in Bezug auf Leistungserbringer ergänzt in § 124 Abs. 2 Satz 3 SGB IX den Katalog der Straftaten, die ein Beschäftigungsverbot bei Leistungserbringern bewirken.
- Art. 7 des Teilhabestärkungsgesetzes vom 2.6.2021[3] ändert das SGB IX in Bezug auf 24 Regelungsgegenstände, ua: § 6 Abs. 3 Feststellung des Rehabilitationsbedarfs durch die Bundesagentur für Arbeit unter Beteiligung der zuständige Jobcenter, § 37 a Verpflichtung der Leistungserbringer auf geeignete Maßnahmen zum Schutz vor Gewalt für Menschen mit Behinderungen und von Behinderung bedrohte Menschen, insbesondere für Frauen und Kinder mit Behinderung, § 47 a Einführung digitaler Gesundheitsanwendungen, § 61 a Ausweitung der Personengruppen, die ein Budget für Ausbildung in Anspruch nehmen können, § 99 Ausweitung der Leistungsberechtigung für Leistungen der Eingliederungshilfe, § 167 Abs. 2 Stärkung der Stellung der Betroffenen im BEM: „Beschäftigte können zusätzlich eine Vertrauensperson eigener Wahl hinzuziehen.", § 228 Abs. 6 Nr. 2 Anspruch auf unentgeltliche Beförderung für einen nach § 12 e Abs. 4 des Behindertengleichstellungsgesetzes gekennzeichneten Assistenzhund.
- Art. 13 b des Teilhabestärkungsgesetzes ergänzt die Wahlordnung Schwerbehindertenvertretungen in § 28. Es sind dort aus Anlass der COVID-19-Pandemie Sonderregelungen für die Wahlen eingeführt. Bis zur Aufhebung der Feststellung einer epidemischen Lage kann danach die Wahlversamm-

---
2 BGBl. I 1810.
3 BGBl. I 1387.

lung im vereinfachten Wahlverfahren mittels Video- und Telefonkonferenz erfolgen.

- Art. 17 des Gesetzes zur Novellierung des Bundespersonalvertretungsgesetzes vom 9.6.2021[4] ändert § 178 SGB IX; dort ist jedoch nur die Anpassung der Verweisungsnorm auf die neugefasste Vorschrift zur Hinzuziehung zum Monatsgespräch in Form der Umnummerierung erfolgt.
- Art. 4 des Kinder- und Jugendstärkungsgesetzes (KJSG) vom 3.6.2021[5] ändert die Anforderungen an das Teilhabeplanverfahren in § 21 SGB IX, an das Gesamtplanverfahren bei minderjährigen Leistungsberechtigten in § 117 SGB IX und an die Gesamtplankonferenz in § 119 SGB IX.
- Art. 3 des Neunundfünfzigsten Gesetzes zur Änderung des Strafgesetzbuches – Verbesserung des Persönlichkeitsschutzes bei Bildaufnahmen vom 9.10.2020[6] erweitert das Beschäftigungsverbot für Vorbestrafte bei der Erbringung der Leistungen der Eingliederungshilfe.
- Art. 8 des MDK-Reformgesetzes vom 14.12.2019[7] verschärft in § 128 SGB IX die Wirtschaftlichkeits- und Qualitätsprüfung von Leistungserbringern.
- Art. 2 des Angehörigen-Entlastungsgesetzes vom 10.12.2019[8] enthält zahlreiche Änderungen, ua eine Ermächtigung zum Erlass einer Verordnung für die Angelegenheiten der Ergänzenden unabhängigen Teilhabeberatung in § 32 SGB IX, Vorgaben für den Personalschlüssel für andere Leistungsanbieter, die Menschen mit Behinderungen alternativ zu Werkstätten für behinderte Menschen in Anspruch nehmen (§ 60 SGB IX), Einführung des Budget für Ausbildung in § 61 a SGB IX, Erweiterung der Zuständigkeit der Integrationsämter für die Deckung eines Teils der Aufwendungen für ein Budget für Ausbildung in § 185 Abs. 1 Nr. 6 SGB IX, Verpflichtung der Integrationsämter auf Übernahme der vollen Kosten, die für eine als notwendig festgestellte Arbeitsassistenz entstehen in § 185 Abs. 5 Satz 2 SGB IX, Erweiterung der Verpflichtung der Werkstatt für behinderte Menschen, Menschen mit Behinderung aufzunehmen in § 220 SGB IX.
- Art. 1 des Gesetzes zur Änderung des Neunten und des Zwölften Buches Sozialgesetzbuch und anderer Rechtsvorschriften vom 30.11.2019[9] enthält redaktionelle Anpassungen in §§ 49, 71, 197 SGB IX.
- Art. 4 des Gesetz zur Durchführung von Verordnungen der Europäischen Union zur Bereitstellung von Produkten auf dem Markt und zur Änderung des Neunten und Zwölften Buches Sozialgesetzbuch vom 18.4.2019[10] erweitert die Pflichten von Leistungserbringern bei der Wirtschaftlichkeits- und Qualitätsprüfung in § 128 SGB IX.
- Art. 130 des Zweiten Datenschutz-Anpassungs- und Umsetzungsgesetz EU[11] vom 20.11.2019[12] enthält die Anpassungen an die Definition des Unionsrechts für den Verantwortlichen in § 23 SGB IX.
- Art. 5 des Gesetzes zur Anpassung der Berufsausbildungsbeihilfe und des Ausbildungsgeldes vom 8.7.2019[13] ergänz die Regelungen zur Rechtsstel-

---

4 BGBl. I 1614.
5 BGBl. I 1444.
6 BGBl. I 2075.
7 BGBl. I 2789.
8 BGBl. I 2135.
9 BGBl. I 1948.
10 BGBl. I 473.
11 2. DSAnpUG-EU.
12 BGBl. I 1626.
13 BGBl. I 1025.

lung und zum Arbeitsentgelt behinderter Menschen in § 221 SGB IX und führt einen gestaffelten Grundbetrag in § 241 Abs. 9 SGB IX ein, der vom 1.1.2022 bis zum 31.12.2022 mindestens 109 Euro monatlich beträgt.
- Art. 6 des RV-Leistungsverbesserungs- und -Stabilisierungsgesetz vom 28.11.2018[14] fasst die Berechnung des Übergangsgelds in § 66 SGB IX neu.

Um den Integrationsämtern eine Übergangszeit für die Schaffung der organisatorischen Voraussetzung einzuräumen, tritt nach Art. 14 des Teilhabestärkungsgesetzes erst mit Wirkung vom 1.1.2022 eine für Arbeitgeber und die damit zu beauftragenden Inklusionsfachdienste wichtige Neuerung in Kraft. Nach § 185 a SGB IX sollen für den Arbeitgeber „Einheitliche Ansprechstellen" eingerichtet werden, die ihn bei der Ausbildung, Einstellung und Beschäftigung von schwerbehinderten Menschen informieren, beraten und unterstützen. Betriebs-, Personalräte und Schwerbehindertenvertretungen werden vor allem in kleinen und mittleren Unternehmen diese Stellen in ihre Zusammenarbeit einbeziehen müssen, wollen sie die Interessen der schwerbehinderten Beschäftigten erfolgreich vertreten.

Für die Interessenvertretungen der Beschäftigten und die Arbeitgeber sowie deren Berater sind zwei Gesetzesvorhaben von großer praktischer Bedeutung, die der Gesetzgeber im Endspurt noch vor Schluss der Legislaturperiode abgeschlossen hat:
- das Gesetz zur Förderung der Betriebsratswahlen und der Betriebsratsarbeit in einer digitalen Arbeitswelt vom 14.6.2021 (Betriebsrätemodernisierungsgesetz) und
- das (bereits erwähnte) Gesetz zur Novellierung des Bundespersonalvertretungsgesetzes vom 9.6.2021.

Nach § 179 Abs. 3 SGB IX richtet sich die persönliche Rechtsstellung der Mitglieder der Schwerbehindertenvertretung nach derjenigen, die die Mitglieder des Betriebs- bzw. des Personalrats besitzen. Damit schlägt die im Betriebsverfassungsrecht und im Personalvertretungsrecht erfolgte Stärkung des Kündigungs- und Versetzungsschutzes mittelbar durch. Es bedurfte keiner Änderung des SGB IX.

Gleiches gilt für die Änderungen im Wahlrecht. Denn nach § 177 Abs. 6 Satz 2 SGB IX sind im Übrigen die Vorschriften über die Wahlanfechtung und den Wahlschutz bei der Wahl des Betriebs- oder Personalrats sinngemäß anzuwenden. Es ist gelungen, diese Änderungen noch mit allen Einzelheiten in die Kommentierungen einzuarbeiten. So bietet die Sechste Auflage auch eine gute Grundlage für das Wahljahr 2022, wenn die Regelwahlen für die Betriebsräte und Schwerbehindertenvertretungen anstehen.

Das Teilhabestärkungsgesetz hat auch zu Neuerungen im BGG geführt. Der eingefügte Abschnitt 2 b widmet sich in §§ 12 e bis 12 l dem Assistenzhund für Menschen mit Behinderungen.

Das Autorenteam hat durch Herrn Professor Dr. Reza F. Shafaei die für die dargestellten Herausforderungen erforderliche Verstärkung erhalten. Neu in

---

14 BGBl. I 2016.

den Kreis der Herausgeber ist der Richter am Bundessozialgericht Prof. Dr. Steffen Luik eingetreten.

Autorenteam und Herausgeber benötigen die Resonanz der Leserschaft. Ihre Anregungen, Kritik und Vorschläge richten Sie bitte an: franz.duewell@uni-konstanz.de.

Auch für diese Auflage schulden die Herausgeber Dank an Verlag und Lektorat für die erneut erhaltene gute Zusammenarbeit.

Hamburg/Weimar/Bochum/Kassel, im Juni 2021

Dirk H. Dau
Franz Josef Düwell
Jacob Joussen
Steffen Luik

Bearbeiterverzeichnis

Thomas Asmalsky, Rechtsanwalt, Oberursel
(§§ 64–74)

Christoph Beyer, Leiter des Inklusionsamtes beim Landschaftsverband Rheinland (LVR), Köln
(§§ 39–41, 184–191, 237a–241, Kapitel 2: Verfahren und Rechtsschutz Abschn. 1–4)

Professorin Dr. Renate Bieritz-Harder, Hochschule Emden/Leer
(§§ 90–98, 109, 110, 117–134, 143–150)

Helmut Dankelmann, Münster
(§ 32)

Dirk H. Dau, Richter am Bundessozialgericht a.D., Hamburg
(§§ 151–153, 163, 199–204, 209, 212, 228–237, BGG)

Berthold Deusch, Referatsleiter beim Kommunalverband für Jugend und Soziales Baden-Württemberg, Stuttgart/Karlsruhe
(§§ 49–55, 60–62, 192–198, 215–218)

Professor Franz Josef Düwell,
Vorsitzender Richter am Bundesarbeitsgericht a.D., Weimar, Honorarprofessor Universität Konstanz
(§§ 164–183, 205–208, 210, 211 Abschn. II, 212, 238 Abschn. III, Kapitel 1: Kirchliche Schwerbehindertenvertretungen Abschn. I, Kapitel 2: Verfahren und Rechtsschutz Abschn. 5)

Bernward Jacobs, Geschäftsführer a.D., Münster
(§§ 56–59, 63, 219–227)

Professor Dr. Jacob Joussen, Ruhr-Universität Bochum
(Einführung, §§ 1–8, 14–31, 33–38, 76–89, 154–162, 210–214)

Professor Dr. Steffen Luik, Richter am Bundessozialgericht, Kassel, Honorarprofessor Universität Tübingen
(§§ 42–48)

Dr. Till Sachadae, Referatsleiter beim Fernstraßen-Bundesamt, Leipzig
(SchwbVWO, Kapitel 1: Kirchliche Schwerbehindertenvertretungen Abschn. II)

Professor Dr. Reza F. Shafaei, Fachhochschule Kiel
(§§ 135–142 zs. mit Zinsmeister)

Professorin Dr. Julia Zinsmeister, Technische Hochschule Köln
(§§ 9–13, 75, 99–108, 111–116, 135–142 (zs. mit Shafaei))

Inhaltsverzeichnis

Vorwort zur 6. Auflage 5

Bearbeiterverzeichnis 11

Literaturverzeichnis 27

Einführung 33

Sozialgesetzbuch Neuntes Buch – Rehabilitation und Teilhabe von Menschen mit Behinderungen
(Neuntes Buch Sozialgesetzbuch – SGB IX)

Teil 1	Regelungen für Menschen mit Behinderungen und von Behinderung bedrohte Menschen	53
Vorbemerkung	....	53
Kapitel 1	Allgemeine Vorschriften	54
Vorbemerkung	....	54
§ 1	Selbstbestimmung und Teilhabe am Leben in der Gesellschaft	54
§ 2	Begriffsbestimmungen	57
§ 3	Vorrang von Prävention	67
§ 4	Leistungen zur Teilhabe	72
§ 5	Leistungsgruppen	79
§ 6	Rehabilitationsträger	80
§ 7	Vorbehalt abweichender Regelungen	87
§ 8	Wunsch- und Wahlrecht der Leistungsberechtigten	90
Kapitel 2	Einleitung der Rehabilitation von Amts wegen	96
§ 9	Vorrangige Prüfung von Leistungen zur Teilhabe	96
§ 10	Sicherung der Erwerbsfähigkeit	102
§ 11	Förderung von Modellvorhaben zur Stärkung der Rehabilitation, Verordnungsermächtigung	106
Kapitel 3	Erkennung und Ermittlung des Rehabilitationsbedarfs	108
§ 12	Maßnahmen zur Unterstützung der frühzeitigen Bedarfserkennung	108
§ 13	Instrumente zur Ermittlung des Rehabilitationsbedarfs	113
Kapitel 4	Koordinierung der Leistungen	118
§ 14	Leistender Rehabilitationsträger	118
§ 15	Leistungsverantwortung bei Mehrheit von Rehabilitationsträgern	126
§ 16	Erstattungsansprüche zwischen Rehabilitationsträgern	131

§ 17	Begutachtung	135
§ 18	Erstattung selbstbeschaffter Leistungen	138
§ 19	Teilhabeplan	144
§ 20	Teilhabeplankonferenz	151
§ 21	Besondere Anforderungen an das Teilhabeplanverfahren	154
§ 22	Einbeziehung anderer öffentlicher Stellen	155
§ 23	Verantwortliche Stelle für den Sozialdatenschutz	159
§ 24	Vorläufige Leistungen	160
Kapitel 5	**Zusammenarbeit**	161
§ 25	Zusammenarbeit der Rehabilitationsträger	161
§ 26	Gemeinsame Empfehlungen	164
§ 27	Verordnungsermächtigung	172
Kapitel 6	**Leistungsformen, Beratung**	174
Vorbemerkung		174
Abschnitt 1	Leistungsformen	174
§ 28	Ausführung von Leistungen	174
§ 29	Persönliches Budget	176
§ 30	Verordnungsermächtigung	184
§ 31	Leistungsort	185
Abschnitt 2	Beratung	188
§ 32	Ergänzende unabhängige Teilhabeberatung; Verordnungsermächtigung	188
§ 33	Pflichten der Personensorgeberechtigten	193
§ 34	Sicherung der Beratung von Menschen mit Behinderungen	195
§ 35	Landesärzte	197
Kapitel 7	**Struktur, Qualitätssicherung, Gewaltschutz und Verträge**	198
§ 36	Rehabilitationsdienste und -einrichtungen	198
§ 37	Qualitätssicherung, Zertifizierung	201
§ 37 a	Gewaltschutz	205
§ 38	Verträge mit Leistungserbringern	206
Kapitel 8	**Bundesarbeitsgemeinschaft für Rehabilitation**	211
§ 39	Aufgaben	211
§ 40	Rechtsaufsicht	217
§ 41	Teilhabeverfahrensbericht	218
Kapitel 9	**Leistungen zur medizinischen Rehabilitation**	223
Vorbemerkung		223
§ 42	Leistungen zur medizinischen Rehabilitation	229
§ 43	Krankenbehandlung und Rehabilitation	245

§ 44	Stufenweise Wiedereingliederung	247
§ 45	Förderung der Selbsthilfe	258
§ 46	Früherkennung und Frühförderung	264
§ 47	Hilfsmittel	277
§ 47a	Digitale Gesundheitsanwendungen	285
§ 48	Verordnungsermächtigungen	289

Kapitel 10 Leistungen zur Teilhabe am Arbeitsleben ... 291

§ 49	Leistungen zur Teilhabe am Arbeitsleben, Verordnungsermächtigung	291
§ 50	Leistungen an Arbeitgeber	307
§ 51	Einrichtungen der beruflichen Rehabilitation	309
§ 52	Rechtsstellung der Teilnehmenden	311
§ 53	Dauer von Leistungen	315
§ 54	Beteiligung der Bundesagentur für Arbeit	316
§ 55	Unterstützte Beschäftigung	317
§ 56	Leistungen in Werkstätten für behinderte Menschen	335
§ 57	Leistungen im Eingangsverfahren und im Berufsbildungsbereich	340
§ 58	Leistungen im Arbeitsbereich	347
§ 59	Arbeitsförderungsgeld	361
§ 60	Andere Leistungsanbieter	364
§ 61	Budget für Arbeit	370
§ 61a	Budget für Ausbildung	378
§ 62	Wahlrecht des Menschen mit Behinderungen	385
§ 63	Zuständigkeit nach den Leistungsgesetzen	388

Kapitel 11 Unterhaltssichernde und andere ergänzende Leistungen ... 391

Vorbemerkung		391
§ 64	Ergänzende Leistungen	392
§ 65	Leistungen zum Lebensunterhalt	398
§ 66	Höhe und Berechnung des Übergangsgelds	405
§ 67	Berechnung des Regelentgelts	411
§ 68	Berechnungsgrundlage in Sonderfällen	416
§ 69	Kontinuität der Bemessungsgrundlage	421
§ 70	Anpassung der Entgeltersatzleistungen	422
§ 71	Weiterzahlung der Leistungen	425
§ 72	Einkommensanrechnung	431
§ 73	Reisekosten	434
§ 74	Haushalts- oder Betriebshilfe und Kinderbetreuungskosten	438

Kapitel 12 Leistungen zur Teilhabe an Bildung ... 442
§ 75 Leistungen zur Teilhabe an Bildung ... 442

Kapitel 13 Soziale Teilhabe ... 451
Vorbemerkung ... 451
§ 76 Leistungen zur Sozialen Teilhabe ... 452
§ 77 Leistungen für Wohnraum ... 454
§ 78 Assistenzleistungen ... 456
§ 79 Heilpädagogische Leistungen ... 458
§ 80 Leistungen zur Betreuung in einer Pflegefamilie ... 461
§ 81 Leistungen zum Erwerb und Erhalt praktischer Kenntnisse und Fähigkeiten ... 461
§ 82 Leistungen zur Förderung der Verständigung ... 462
§ 83 Leistungen zur Mobilität ... 464
§ 84 Hilfsmittel ... 466

Kapitel 14 Beteiligung der Verbände und Träger ... 467
§ 85 Klagerecht der Verbände ... 467
§ 86 Beirat für die Teilhabe von Menschen mit Behinderungen ... 469
§ 87 Verfahren des Beirats ... 473
§ 88 Berichte über die Lage von Menschen mit Behinderungen und die Entwicklung ihrer Teilhabe ... 474
§ 89 Verordnungsermächtigung ... 475

Teil 2 Besondere Leistungen zur selbstbestimmten Lebensführung für Menschen mit Behinderungen (Eingliederungshilferecht) ... 476

Kapitel 1 Allgemeine Vorschriften ... 476
§ 90 Aufgabe der Eingliederungshilfe ... 476
§ 91 Nachrang der Eingliederungshilfe ... 480
§ 92 Beitrag ... 485
§ 93 Verhältnis zu anderen Rechtsbereichen ... 486
§ 94 Aufgaben der Länder ... 488
§ 95 Sicherstellungsauftrag ... 494
§ 96 Zusammenarbeit ... 495
§ 97 Fachkräfte ... 500
§ 98 Örtliche Zuständigkeit ... 502

Kapitel 2 Grundsätze der Leistungen ... 508
§ 99 Leistungsberechtigung, Verordnungsermächtigung ... 508
§ 100 Eingliederungshilfe für Ausländer ... 516
§ 101 Eingliederungshilfe für Deutsche im Ausland ... 526
§ 102 Leistungen der Eingliederungshilfe ... 528

§ 103	Regelung für Menschen mit Behinderungen und Pflegebedarf	529
§ 104	Leistungen nach der Besonderheit des Einzelfalles	542
§ 105	Leistungsformen	549
§ 106	Beratung und Unterstützung	550
§ 107	Übertragung, Verpfändung oder Pfändung, Auswahlermessen	552
§ 108	Antragserfordernis	552
Kapitel 3	**Medizinische Rehabilitation**	553
§ 109	Leistungen zur medizinischen Rehabilitation	553
§ 110	Leistungserbringung	559
Kapitel 4	**Teilhabe am Arbeitsleben**	562
§ 111	Leistungen zur Beschäftigung	562
Kapitel 5	**Teilhabe an Bildung**	565
§ 112	Leistungen zur Teilhabe an Bildung	565
Kapitel 6	**Soziale Teilhabe**	572
§ 113	Leistungen zur Sozialen Teilhabe	572
§ 114	Leistungen zur Mobilität	576
§ 115	Besuchsbeihilfen	577
§ 116	Pauschale Geldleistung, gemeinsame Inanspruchnahme	577
Kapitel 7	**Gesamtplanung**	580
§ 117	Gesamtplanverfahren	580
§ 118	Instrumente der Bedarfsermittlung	587
§ 119	Gesamtplankonferenz	590
§ 120	Feststellung der Leistungen	595
§ 121	Gesamtplan	598
§ 122	Teilhabezielvereinbarung	602
Kapitel 8	**Vertragsrecht**	603
§ 123	Allgemeine Grundsätze	603
§ 124	Geeignete Leistungserbringer	614
§ 125	Inhalt der schriftlichen Vereinbarung	621
§ 126	Verfahren und Inkrafttreten der Vereinbarung	626
§ 127	Verbindlichkeit der vereinbarten Vergütung	629
§ 128	Wirtschaftlichkeits- und Qualitätsprüfung	632
§ 129	Kürzung der Vergütung	636
§ 130	Außerordentliche Kündigung der Vereinbarungen	639
§ 131	Rahmenverträge zur Erbringung von Leistungen	640
§ 132	Abweichende Zielvereinbarungen	644
§ 133	Schiedsstelle	645

§ 134	Sonderregelung zum Inhalt der Vereinbarungen zur Erbringung von Leistungen für minderjährige Leistungsberechtigte und in Sonderfällen	648
Kapitel 9	**Einkommen und Vermögen**	**650**
§ 135	Begriff des Einkommens	650
§ 136	Beitrag aus Einkommen zu den Aufwendungen	650
§ 137	Höhe des Beitrages zu den Aufwendungen	651
§ 138	Besondere Höhe des Beitrages zu den Aufwendungen	651
§ 139	Begriff des Vermögens	664
§ 140	Einsatz des Vermögens	664
§ 141	Übergang von Ansprüchen	669
§ 142	Sonderregelungen für minderjährige Leistungsberechtigte und in Sonderfällen	673
Kapitel 10	**Statistik**	**677**
§ 143	Bundesstatistik	677
§ 144	Erhebungsmerkmale	678
§ 145	Hilfsmerkmale	679
§ 146	Periodizität und Berichtszeitraum	679
§ 147	Auskunftspflicht	680
§ 148	Übermittlung, Veröffentlichung	680
Kapitel 11	**Übergangs- und Schlussbestimmungen**	**681**
§ 149	Übergangsregelung für ambulant Betreute	681
§ 150	Übergangsregelung zum Einsatz des Einkommens	682
Teil 3	**Besondere Regelungen zur Teilhabe schwerbehinderter Menschen (Schwerbehindertenrecht)**	**682**
Kapitel 1	**Geschützter Personenkreis**	**682**
§ 151	Geltungsbereich	682
§ 152	Feststellung der Behinderung, Ausweise	689
§ 153	Verordnungsermächtigung	709
Kapitel 2	**Beschäftigungspflicht der Arbeitgeber**	**711**
§ 154	Pflicht der Arbeitgeber zur Beschäftigung schwerbehinderter Menschen	711
§ 155	Beschäftigung besonderer Gruppen schwerbehinderter Menschen	723
§ 156	Begriff des Arbeitsplatzes	726
§ 157	Berechnung der Mindestzahl von Arbeitsplätzen und der Pflichtarbeitsplatzzahl	743
§ 158	Anrechnung Beschäftigter auf die Zahl der Pflichtarbeitsplätze für schwerbehinderte Menschen	746

§ 159	Mehrfachanrechnung	751
§ 160	Ausgleichsabgabe	759
§ 161	Ausgleichsfonds	768
§ 162	Verordnungsermächtigungen	768
Kapitel 3	**Sonstige Pflichten der Arbeitgeber; Rechte der schwerbehinderten Menschen**	769
§ 163	Zusammenwirken der Arbeitgeber mit der Bundesagentur für Arbeit und den Integrationsämtern	769
§ 164	Pflichten des Arbeitgebers und Rechte schwerbehinderter Menschen	778
§ 165	Besondere Pflichten der öffentlichen Arbeitgeber	945
§ 166	Inklusionsvereinbarung	977
§ 167	Prävention	1000
Kapitel 4	**Kündigungsschutz**	1124
Vorbemerkung		1124
§ 168	Erfordernis der Zustimmung	1143
§ 169	Kündigungsfrist	1203
§ 170	Antragsverfahren	1207
§ 171	Entscheidung des Integrationsamtes	1231
§ 172	Einschränkungen der Ermessensentscheidung	1262
§ 173	Ausnahmen	1320
§ 174	Außerordentliche Kündigung	1351
§ 175	Erweiterter Beendigungsschutz	1387
Kapitel 5	**Betriebs-, Personal-, Richter-, Staatsanwalts- und Präsidialrat, Schwerbehindertenvertretung, Inklusionsbeauftragter des Arbeitgebers**	1411
§ 176	Aufgaben des Betriebs-, Personal-, Richter-, Staatsanwalts- und Präsidialrates	1411
§ 177	Wahl und Amtszeit der Schwerbehindertenvertretung	1430
§ 178	Aufgaben der Schwerbehindertenvertretung	1554
§ 179	Persönliche Rechte und Pflichten der Vertrauenspersonen der schwerbehinderten Menschen	1686
§ 180	Konzern-, Gesamt-, Bezirks- und Hauptschwerbehindertenvertretung	1776
§ 181	Inklusionsbeauftragter des Arbeitgebers	1841
§ 182	Zusammenarbeit	1857
§ 183	Verordnungsermächtigung	1861
Kapitel 6	**Durchführung der besonderen Regelungen zur Teilhabe schwerbehinderter Menschen**	1864
§ 184	Zusammenarbeit der Integrationsämter und der Bundesagentur für Arbeit	1864

§ 185	Aufgaben des Integrationsamtes	1866
§ 185a	Einheitliche Ansprechstellen für Arbeitgeber	1882
§ 186	Beratender Ausschuss für behinderte Menschen bei dem Integrationsamt	1885
§ 187	Aufgaben der Bundesagentur für Arbeit	1887
§ 188	Beratender Ausschuss für behinderte Menschen bei der Bundesagentur für Arbeit	1891
§ 189	Gemeinsame Vorschriften	1892
§ 190	Übertragung von Aufgaben	1893
§ 191	Verordnungsermächtigung	1894
Kapitel 7	**Integrationsfachdienste**	1894
§ 192	Begriff und Personenkreis	1894
§ 193	Aufgaben	1904
§ 194	Beauftragung und Verantwortlichkeit	1910
§ 195	Fachliche Anforderungen	1913
§ 196	Finanzielle Leistungen	1916
§ 197	Ergebnisbeobachtung	1919
§ 198	Verordnungsermächtigung	1921
Kapitel 8	**Beendigung der Anwendung der besonderen Regelungen zur Teilhabe schwerbehinderter und gleichgestellter behinderter Menschen**	1922
§ 199	Beendigung der Anwendung der besonderen Regelungen zur Teilhabe schwerbehinderter Menschen	1922
§ 200	Entziehung der besonderen Hilfen für schwerbehinderte Menschen	1926
Kapitel 9	**Widerspruchsverfahren**	1928
§ 201	Widerspruch	1928
§ 202	Widerspruchsausschuss bei dem Integrationsamt	1929
§ 203	Widerspruchsausschüsse der Bundesagentur für Arbeit	1930
§ 204	Verfahrensvorschriften	1931
Kapitel 10	**Sonstige Vorschriften**	1932
§ 205	Vorrang der schwerbehinderten Menschen	1932
§ 206	Arbeitsentgelt und Dienstbezüge	1940
§ 207	Mehrarbeit	1950
§ 208	Zusatzurlaub	1962
§ 209	Nachteilsausgleich	1995
§ 210	Beschäftigung schwerbehinderter Menschen in Heimarbeit	2006
§ 211	Schwerbehinderte Beamtinnen und Beamte, Richterinnen und Richter, Soldatinnen und Soldaten	2013
§ 212	Unabhängige Tätigkeit	2029

| § 213 | Geheimhaltungspflicht | 2030 |
| § 214 | Statistik | 2032 |

Kapitel 11 Inklusionsbetriebe 2032

§ 215	Begriff und Personenkreis	2032
§ 216	Aufgaben	2040
§ 217	Finanzielle Leistungen	2042
§ 218	Verordnungsermächtigung	2044

Kapitel 12 Werkstätten für behinderte Menschen 2045

Vorbemerkung 2045

§ 219	Begriff und Aufgaben der Werkstatt für behinderte Menschen	2052
§ 220	Aufnahme in die Werkstätten für behinderte Menschen	2061
§ 221	Rechtsstellung und Arbeitsentgelt behinderter Menschen	2068
§ 222	Mitbestimmung, Mitwirkung, Frauenbeauftragte	2079
§ 223	Anrechnung von Aufträgen auf die Ausgleichsabgabe	2084
§ 224	Vergabe von Aufträgen durch die öffentliche Hand	2088
§ 225	Anerkennungsverfahren	2090
§ 226	Blindenwerkstätten	2091
§ 227	Verordnungsermächtigungen	2092

Kapitel 13 Unentgeltliche Beförderung schwerbehinderter Menschen im öffentlichen Personenverkehr 2095

Vorbemerkung 2095

§ 228	Unentgeltliche Beförderung, Anspruch auf Erstattung der Fahrgeldausfälle	2097
§ 229	Persönliche Voraussetzungen	2104
§ 230	Nah- und Fernverkehr	2110
§ 231	Erstattung der Fahrgeldausfälle im Nahverkehr	2113
§ 232	Erstattung der Fahrgeldausfälle im Fernverkehr	2114
§ 233	Erstattungsverfahren	2114
§ 234	Kostentragung	2115
§ 235	Einnahmen aus Wertmarken	2116
§ 236	Erfassung der Ausweise	2116
§ 237	Verordnungsermächtigungen	2116

Kapitel 14 Straf-, Bußgeld- und Schlussvorschriften 2117

§ 237 a	Strafvorschriften	2117
§ 237 b	Strafvorschriften	2117
§ 238	Bußgeldvorschriften	2121
§ 239	Stadtstaatenklausel	2130

§ 240	Sonderregelung für den Bundesnachrichtendienst und den Militärischen Abschirmdienst	2130
§ 241	Übergangsregelung	2132

Wahlordnung Schwerbehindertenvertretungen (SchwbVWO)

Erster Teil	**Wahl der Schwerbehindertenvertretung in Betrieben und Dienststellen**	2138
Erster Abschnitt	Vorbereitung der Wahl	2138
§ 1	Bestellung des Wahlvorstandes	2138
§ 2	Aufgaben des Wahlvorstandes	2159
§ 3	Liste der Wahlberechtigten	2171
§ 4	Einspruch gegen die Liste der Wahlberechtigten	2175
§ 5	Wahlausschreiben	2181
§ 6	Wahlvorschläge	2187
§ 7	Nachfrist für Wahlvorschläge	2208
§ 8	Bekanntmachung der Bewerber und Bewerberinnen	2213
Zweiter Abschnitt	Durchführung der Wahl	2214
§ 9	Stimmabgabe	2214
§ 10	Wahlvorgang	2222
§ 11	Schriftliche Stimmabgabe	2232
§ 12	Behandlung der schriftlich abgegebenen Stimmen	2240
§ 13	Feststellung des Wahlergebnisses	2247
§ 14	Benachrichtigung der Gewählten und Annahme der Wahl	2253
§ 15	Bekanntmachung der Gewählten	2258
§ 16	Aufbewahrung der Wahlunterlagen	2261
§ 17	Nachwahl des stellvertretenden Mitglieds	2265
Dritter Abschnitt	Vereinfachtes Wahlverfahren	2272
§ 18	Voraussetzungen	2272
§ 19	Vorbereitung der Wahl	2276
§ 20	Durchführung der Wahl	2282
§ 21	Nachwahl des stellvertretenden Mitglieds	2302
Zweiter Teil	**Wahl der Konzern-, Gesamt-, Bezirks- und Hauptschwerbehindertenvertretung in Betrieben und Dienststellen**	2304
§ 22	Wahlverfahren	2304

Dritter Teil	Wahl der Schwerbehindertenvertretung, Bezirks- und Hauptschwerbehindertenvertretung der schwerbehinderten Staatsanwälte und Staatsanwältinnen	2311
§ 23	Wahlverfahren	2311

Vierter Teil	Wahl der Schwerbehindertenvertretung, Bezirks- und Hauptschwerbehindertenvertretung der schwerbehinderten Richter und Richterinnen	2311
§ 24	Vorbereitung der Wahl der Schwerbehindertenvertretung der Richter und Richterinnen	2311
§ 25	Durchführung der Wahl	2314
§ 26	Nachwahl des stellvertretenden Mitglieds	2315
§ 27	Wahl der Bezirks- und Hauptschwerbehindertenvertretung der schwerbehinderten Richter und Richterinnen	2316

Fünfter Teil	Schlußvorschriften	2316
§ 28	Sonderregelungen aus Anlass der COVID-19-Pandemie	2316
§ 29	(Inkrafttreten)	2326

Gesetz zur Gleichstellung von Menschen mit Behinderungen (Behindertengleichstellungsgesetz – BGG)

Abschnitt 1	Allgemeine Bestimmungen	2328
§ 1	Ziel und Verantwortung der Träger öffentlicher Gewalt	2328
§ 2	Frauen mit Behinderungen; Benachteiligung wegen mehrerer Gründe	2330
§ 3	Menschen mit Behinderungen	2331
§ 4	Barrierefreiheit	2332
§ 5	Zielvereinbarungen	2333
§ 6	Gebärdensprache und Kommunikation von Menschen mit Hör- und Sprachbehinderungen	2337
Abschnitt 2	Verpflichtung zur Gleichstellung und Barrierefreiheit	2339
§ 7	Benachteiligungsverbot für Träger öffentlicher Gewalt	2339
§ 8	Herstellung von Barrierefreiheit in den Bereichen Bau und Verkehr	2341
§ 9	Recht auf Verwendung von Gebärdensprache und anderen Kommunikationshilfen	2343
§ 10	Gestaltung von Bescheiden und Vordrucken	2345
§ 11	Verständlichkeit und Leichte Sprache	2347

Abschnitt 2 a	Barierefreie Informationstechnik öffentlicher Stellen des Bundes	2348
§ 12	Öffentliche Stellen des Bundes	2348
§ 12 a	Barrierefreie Informationstechnik	2349
§ 12 b	Erklärung zur Barrierefreiheit	2350
§ 12 c	Berichterstattung über den Stand der Barrierefreiheit	2351
§ 12 d	Verordnungsermächtigung	2352
Abschnitt 2 b	Assistenzhunde	2353
§ 12 e	Menschen mit Behinderungen in Begleitung durch Assistenzhunde	2353
§ 12 f	Ausbildung von Assistenzhunden	2354
§ 12 g	Prüfung von Assistenzhunden und der Mensch-Assistenzhund-Gemeinschaft	2354
§ 12 h	Haltung von Assistenzhunden	2354
§ 12 i	Zulassung einer Ausbildungsstätte für Assistenzhunde	2354
§ 12 j	Fachliche Stelle und Prüfer	2355
§ 12 k	Studie zur Untersuchung	2355
§ 12 l	Verordnungsermächtigung	2356
Abschnitt 3	Bundesfachstelle für Barrierefreiheit	2358
§ 13	Bundesfachstelle für Barrierefreiheit	2358
Abschnitt 4	Rechtsbehelfe	2360
§ 14	Vertretungsbefugnisse in verwaltungs- oder sozialrechtlichen Verfahren	2360
§ 15	Verbandsklagerecht	2361
§ 16	Schlichtungsstelle und -verfahren; Verordnungsermächtigung	2365
Abschnitt 5	Beauftragte oder Beauftragter der Bundesregierung für die Belange von Menschen mit Behinderungen	2367
§ 17	Amt der oder des Beauftragten für die Belange von Menschen mit Behinderungen	2367
§ 18	Aufgabe und Befugnisse	2367
Abschnitt 6	Förderung der Partizipation	2369
§ 19	Förderung der Partizipation	2369
Kapitel 1	**Kirchliche Schwerbehindertenvertretungen**	2370
Kapitel 2	**Verfahren und Rechtsschutz**	2387
Anhang 1:	Übereinkommen über die Rechte von Menschen mit Behinderungen – UN-BRK	2431
Anhang 2:	Schwerbehindertenausweisverordnung – SchwbAwV	2456

Anhang 3:	Schwerbehinderten-Ausgleichsabgabeverordnung – SchwbAV	2462
Anhang 4:	Verordnung zur Früherkennung und Frühförderung behinderter und von Behinderung bedrohter Kinder (Frühförderungsverordnung – FrühV)	2476

Stichwortverzeichnis ... 2481

Literaturverzeichnis

Altvater, Lothar/Baden, Eberhard/Baunack, Sebastian/Berg, Peter/Dierßen, Martina/ Herget, Gunnar/Kröll, Michael/Lenders, Dirk/Noll, Gerhard (Hrsg.), BPersVG, 9. Aufl. 2020 (zit.: *Bearbeiter* in Altvater BPersVG)

Ascheid, Reiner/Preis, Ulrich/Schmidt, Ingrid (Hrsg.), Kündigungsrecht, 6. Aufl. 2021 (zit.: *Bearbeiter* in APS)

Bader, Peter/Fischermeier, Ernst/Gallner, Inken, u.a. (Hrsg.), Gemeinschaftskommentar zum Kündigungsschutzgesetz und zu sonstigen kündigungsschutzrechtlichen Vorschriften, 12. Aufl. 2019 (zit.: *Bearbeiter* in KR)

BAGüS – Bundesarbeitsgemeinschaft der überörtlichen Träger der Sozialhilfe, Werkstattempfehlungen, 2010 (WE/BAGüS)

Balders, Sven-Frederik/Lepping, Christian, Das betriebliche Eingliederungsmanagement nach dem SGB IX, NZA 2005, 854

Ballerstedt, Gustav/Schleicher, Hans W./Faber, Bernhard (Hrsg.), Bayerisches Personalvertretungsgesetz mit Wahlordnung, Loseblatt, 173. EL 2021 (zit.: *Bearbeiter* in Ballerstedt/Schleicher Faber BAyPVG)

Baumann-Czichon, Bernhard/Germer, Lothar (Hrsg.), Mitarbeitervertretungsgesetz der Evangelischen Kirche in Deutschland (MVG-EKD), 4. Aufl. 2013 (zit.: *Bearbeiter* in Baumann-Czichon/Germer MVG-EKD)

Becker, Ulrich/Kingreen, Thorsten (Hrsg.), SGB V, Gesetzliche Krankenversicherung, Kommentar, 7. Aufl. 2020 (zit.: *Bearbeiter* in Becker/Kingreen)

Berchtold, Josef/Richter, Ronald (Hrsg.), Prozesse in Sozialsachen, 2. Aufl. 2016 (zit.: *Bearbeiter* in PHdB-SozS)

Beyer, Christoph/Seidel, Rainer, Der Kündigungsschutz für schwerbehinderte Menschen im Arbeitsleben (SGB IX), 3. Aufl. 2010 (zit.: *Beyer/Seidel*)

Beyer, Norbert/Frank, Willli/Frey, Hans-Günther/Hammerl, Wolfgang/Müller, Matthias J./ Schulze Froning, Wilma, u.a. (Hrsg.), Freiburger Kommentar MAVO einschließlich KAGO, Loseblatt, 5. Aktualisierung 2012 (zit.: *Bearbeiter* in Freiburger Komm MAVO)

Bieritz-Harder, Renate/Conradis, Wolfgang/Thie, Stephan (Hrsg.), Sozialgesetzbuch XII – Lehr- und Praxiskommentar, 12. Aufl. 2020 (zit.: *Bearbeiter* in LPK-SGB XII)

BIH: *Beule/Deusch/Schartmann*, Entwicklung der Integrationsfachdienste 2005 bis 2009, Oktober 2009

Bihr, Dietrich/Fuchs, Harry/Krauskopf, Dieter/Ritz, Hans G. (Hrsg.), SGB IX – Kommentar und Praxishandbuch, 2006 (zit.: *Bearbeiter* in Bihr/Fuchs/Krauskopf/Ritz SGB IX)

Boecken, Winfried/Düwell, Franz Josef/Diller, Martin/Hanau, Hans (Hrsg.), Gesamtes Arbeitsrecht, 3 Bde., 2016 (zit.: *Bearbeiter* in NK-GA)

Boecken, Winfried/Gebert, Christian, Zur Zustimmung des Beschäftigten nach § 84 Abs. 2 SGB IX, VSSR 2013, 77

Boemke/Ulrici, BGB Allgemeiner Teil, 2. Aufl. 2014 (zit.: *Boemke/Ulrici* BGB Allgemeiner Teil)

Cecior, Alfred P./Vallendar, Willi/Lechtermann, Dirk/Klein, Michael (Hrsg.), Das Personalvertretungsrecht in Nordrhein-Westfalen, Kommentar, Loseblatt, 79. Aktualisierung 2020 (zit.: *Bearbeiter* in Cecior/Vallendar/Lechtermann/Klein PersVertretungsR NRW)

Cramer, Horst H., Die Neuerungen im Schwerbehindertenrecht des SGB IX, Gesetz zur Förderung der Ausbildung und Beschäftigung schwerbehinderter Menschen, NZA 2004, 698

Cramer, Horst H., Schwerbehindertenvertretung – Wahl, Aufgaben und Rechtsstellung der Vertrauensmänner und -frauen der Schwerbehinderten, Kommentar, 1990 (zit.: *Bearbeiter* in Cramer SchwbV)

Cramer, Horst H., Werkstätten für behinderte Menschen, Kommentar, 5. Aufl. 2009 (zit.: *Cramer* Werkstätten)

Däubler, Wolfgang/Bertzbach, Martin (Hrsg.), Allgemeines Gleichbehandlungsgesetz. Handkommentar, 4. Aufl. 2018 (zit.: *Bearbeiter* in HK-AGG)

Däubler, Wolfgang/Kittner, Michael/Klebe, Thomas/Wedde, Peter (Hrsg.), Betriebsverfassungsgesetz, 17. Aufl. 2020 (zit.: *Bearbeiter* in DKKW)

Literaturverzeichnis

Däubler, Wolfgang/Klebe, Thomas/Wedde, Peter (Hrsg.), Betriebsverfassungsgesetz mit Wahlordnung und EBR-Gesetz, 17. Aufl. 2020 (zit.: *Bearbeiter* in DKW)

Deinert, Olaf/Knickrehm, Sabine (Hrsg.), Gagel – SGB II/SGB III, 81. Aufl. 2020 (zit.: *Bearbeiter* in Gagel)

Deinert, Olaf/Neumann, Volker, Rehabilitation und Teilhabe behinderter Menschen, Handbuch SGB IX, 2. Aufl. 2009 (zit.: *Bearbeiter* in Deinert/Neumann SGB IX-HdB)

Deinert, Olaf/Welti, Felix (Hrsg.), Stichwortkommentar Behindertenrecht, 2. Aufl. 2018 (zit.: *Bearbeiter* in SWK-BehindertenR)

Dörner, Hans-Jürgen, Schwerbehindertengesetz SchwbG, Losebl att, 54. EL Oktober 1990 (zit.: *Dörner* SchwbG)

Düwell, Franz Josef (Hrsg.), Betriebsverfassungsgesetz. Handkommentar, 5. Aufl. 2018 (zit.: *Bearbeiter* in HaKo-BetrVG)

Düwell, Franz Josef, Mehr Rechte für die Schwerbehinderten und ihre Vertretungen durch das SchwbBAG, BB 2000, 2570

Düwell, Franz Josef, Neu geregelt: Die Stellung der Schwerbehinderten im Arbeitsrecht, BB 2001, 1527

Düwell, Franz Josef, Der Kündigungsschutz schwerbehinderter Beschäftigter nach der Novelle vom 23.4.2004, BB 2004, 2811

Düwell, Franz Josef, Der besondere Kündigungsschutz für schwerbehinderte Menschen – Rechtsprobleme und Reformvorschläge, JbArbR 2006, Nr. 43, 91 (2006)

Düwell, Franz Josef, BEM – Mehr als ein Gespräch mit Betriebsrat und Arbeitgeber, SuP 2010, 163

Düwell, Franz Josef, Schwerbehindertenkündigung und Beteiligungsverfahren, BB 2011, 2485

Düwell, Franz Josef, Anfechtungsfalle bei den überörtlichen Wahlen zu den Schwerbehindertenvertretungen, BB 2015, 53

Düwell, Franz Josef, Die Änderungen des Rechts der Schwerbehindertenvertretungen in der Evangelischen Kirche und deren Einrichtungen, jurisPR-ArbR 49/2018 Anm. 1

Düwell, Franz Josef/Beyer, Christoph, Das neue Recht für behinderte Beschäftigte, 2017 (zit.: *Düwell/Beyer* Beschäftigte)

Düwell, Franz Josef/Lipke, Gert-Albert (Hrsg.), ArbGG, Handkommentar für die Praxis, 5. Aufl. 2019 (zit.: *Bearbeiter* in Düwell/Lipke)

Düwell, Franz Josef/Sachadae, Till, Häufige Fehler bei der Wahl der Schwerbehindertenvertretung, NZA 2014, 1241

Ernst, Karl F./Adlhoch, Ulrich/Seel, Helga (Hrsg.), Sozialgesetzbuch IX, Rehabilitation und Teilhabe behinderter Menschen, 39. EL Januar 2021 (zit.: *Bearbeiter* in Ernst/Adlhoch/Seel)

Feldes, Werner/Helbig, Silvia/Krämer, Bettina/Rehwald, Rainer/Westermann, Bernd (Hrsg.), Schwerbehindertenrecht, Basiskommentar zum SGB IX mit Wahlordnung, 15. Aufl. 2020 (zit.: *Bearbeiter* in Feldes/Helbig/Krämer/Rehwald/Westermann SGB IX)

Feldes, Werner/Kohte, Wolfhard/Stevens-Bartol, Eckart, SGB IX, 4. Aufl. 2018 (zit.: *Bearbeiter* in FKS SGB IX)

Fitting, Karl/Engels, Gerd/Schmidt, Ingrid/Trebinger, Yvonne/Linsenmaier, Wolfgang (Hrsg.), Betriebsverfassungsgesetz. Kommentar, 30. Aufl. 2020 (zit.: *Bearbeiter* in Fitting)

Fuchs, Stephan/Ritz, Hans-Günther (Hrsg.), SGB IX – Kommentar zum Recht schwerbehinderter Menschen und Erläuterungen zum AGG und BGG, 7. Aufl. 2021 (zit.: *Bearbeiter* in Fuchs/Ritz/Rosenow)

Gallner, Inken/Mestwerdt, Wilhelm/Nägele, Stefan (Hrsg.), Kündigungsschutzrecht. Handkommentar, 7. Aufl. 2021 (zit.: *Bearbeiter* in HaKo-KSchR)

Germelmann, Claas-Hinrich/Matthes, Hans-Christoph/Prütting, Hanns (Hrsg.), Arbeitsgerichtsgesetz: ArbGG, Kommentar, 9. Aufl. 2017 (zit.: *Bearbeiter* in Germelmann/Matthes/Prütting)

Ginda, Britta, Von „Anhaltspunkte für die ärztliche Gutachtertätigkeit im sozialen Entschädigungsrecht und nach dem Schwerbehindertenrecht (Teil 2 SGB IX)" zu „Anlage zu § 2 der Versorgungsmedizin-Verordnung vom 10.12.2008 – Versorgungsmedizinische Grundsätze", MedSach 2013, 22

Gröninger, Karl/Thomas, Werner, Schwerbehindertengesetz, Kommentar, 7. Aufl. 2016 (zit.: *Gröninger/Thomas* SchwbG)

Großmann, Ruprecht/Schimanski, Werner/Spiolek, Ursula (Hrsg.), GK-SGB IX (zit.: *Bearbeiter* in GK-SGB IX)

Grube, Christian/Wahrendorf, Volker (Hrsg.), SGB XII: Sozialhilfe mit Asylbewerberleistungsgesetz, Kommentar, 7. Aufl. 2020 (zit.: *Grube/Wahrendorf*)

Hamacher, Anno (Hrsg.), Antragslexikon Arbeitsrecht, 3. Aufl. 2019 (zit.: *Bearbeiter* in Hamacher Antragslexikon ArbR)

Hauck, Karl/Noftz, Wolfgang, u.a. (Hrsg.), Sozialgesetzbuch (SGB) V: Gesetzliche Krankenversicherung, Loseblatt, 2019 (zit.: *Bearbeiter* in Hauck/Noftz)

Hauck, Karl/Noftz, Wolfgang u.a. (Hrsg.), Sozialgesetzbuch (SGB) VI: Gesetzliche Rentenversicherung, Loseblatt, 2021 (zit.: *Bearbeiter* in Hauck/Noftz)

Hauck, Karl/Noftz, Wolfgang u.a. (Hrsg.), Sozialgesetzbuch (SGB) IX: Rehabilitation und Teilhabe behinderter Menschen, Loseblatt, 44. Aktualisierung 2020 (zit.: *Bearbeiter* in Hauck/Noftz)

Hauck, Karl/Noftz, Wolfgang u.a. (Hrsg.), Sozialgesetzbuch (SGB) XII: Sozialhilfe, Loseblatt, 2020 (zit.: *Bearbeiter* in Hauck/Noftz)

Henssler, Martin/Willemsen, Heinz Josef/Kalb, Hein-Jürgen (Hrsg.), Arbeitsrecht, 9. Aufl. 2020 (zit.: *Bearbeiter* in HWK)

Heuser, Karl, Die Wahl der Schwerbehindertenvertretung, Behindertenrecht 1990, 25

Jacobs, Kay-Uwe, Die Wahlvorstände für die Wahlen des Betriebsrats, des Sprecherausschusses und des Aufsichtsrats, 1995 (zit.: *Jacobs,* Wahlvorstände)

Jahn, Kurt, Sozialgesetzbuch (SGB) für die Praxis, 335. EL 2021 (zit.: *Bearbeiter* in Jahn)

Joussen, Jacob, Verhältnis von Betrieblichem Eingliederungsmanagement und krankheitsbedingter Kündigung, DB 2009, 286

Jürgens, Andreas, Zielvereinbarungen nach dem Behindertengleichstellungsgesetz, ZfSH/SGB 2003, 589

Kamanabrou, Sudabeh, Rechtsfolgen unzulässiger Benachteiligung im Antidiskriminierungsrecht, ZfA 2006, 327

Kamm, Rüdiger/Feldes, Werner, Wahl der Schwerbehindertenvertretung 2010, 5. Aufl. 2010 (zit.: *Kamm/Feldes,* Wahl der Schwerbehindertenvertretung 2010)

Kittner, Michael/Däubler, Wolfgang/Zwanziger, Bertram (Hrsg.), KSchR – Kündigungsschutzrecht, 9. Aufl. 2014 (zit.: *Bearbeiter* in KDZ)

Kiel, Heinrich/Lunk, Stefan/Oetker, Hartmut (Hrsg.), Münchener Handbuch zum Arbeitsrecht, Band 2, 4. Aufl. 2019 (zit.: *Bearbeiter* in MHdB ArbR)

Klimpe-Auerbach, Wolf, Leitfaden für die Personalratswahlen, 2. Aufl. 2011 (zit.: *Klimpe-Auerbach,* Leitfaden für die Personalratswahlen)

Knickrehm, Sabine, Gesamtes Soziales Entschädigungsrecht, 2012 (zit.: *Bearbeiter* in HK-SozEntschR)

Knickrehm, Sabine/Kreikebohm, Ralf/Waltermann, Raimund (Hrsg.), Kommentar zum Sozialrecht, 6. Aufl. 2019 (zit.: *Bearbeiter* in KKW)

Knittel, Bernhard (Hrsg.), Sozialgesetzbuch IX – Rehabilitation und Teilhabe behinderter Menschen und Allgemeines Gleichhandlungsgesetz, 11. Aufl. 2018 (zit.: *Knittel*)

Köhler, Karl-Friedrich, Prozessführungsbefugnis und Klagerecht der Verbände behinderter Menschen nach dem SGB IX und dem Behindertengleichstellungsgesetz, ZfSH/SGB 2010, 19

Kohte, Wolfhard, Betriebliches Eingliederungsmanagement und Bestandsschutz, DB 2008, 582

Kohte, Wolfhard/Bernhardt, Ute, Die „nicht ganz" geheime Wahl: Wie ist bei Wahlen zur Schwerbehindertenvertretung das Wahlgeheimnis zu wahren?, DVfR – Forum B – Nr. 7/2014

Kohte, Wolfhard/Liebsch, Matthias, Barrierefreie Wahl zur Schwerbehindertenvertretung: ergänzende Bekanntmachung von Wahlunterlagen, DVfR – Forum B – Nr. 6/2016

Körner, Anne/Leitherer, Stephan/Mutschler, Bernd (Hrsg.), Kasseler Kommentar Sozialversicherungsrecht, Loseblatt (zit.: *Bearbeiter* in KassKomm)

Kossens, Michael/von der Heide, Dirk/Maaß, Michael (Hrsg.), SGB IX – Rehabilitation und Teilhabe behinderter Menschen. Kommentar, 4. Aufl. 2015 (zit.: *Bearbeiter* in Kossens/von der Heide/Maaß)

Krahmer, Utz/Trenk-Hinterberger, Peter (Hrsg.), Sozialgesetzbuch I, 4. Aufl. 2020 (zit.: *Bearbeiter* in LPK-SGB I)

Krauskopf, Dieter, Soziale Krankenversicherung, Pflegeversicherung, hrsg. von Wagner, Regine/Knittel, Stefan, Loseblatt (zit.: *Bearbeiter* in Krauskopf)

Kreitner, Jochen/Luthe, Ernst-Wilhelm (Hrsg.), Juris PraxisKommentar SGB IX, 3. Aufl. 2018 (zit.: *Bearbeiter* in jurisPK-SGB IX)

Kuhlmann, Eva, Einfluss des Präventionsverfahren nach § 84 Abs. 1 SGB IX und des betrieblichen Eingliederungsmanagements nach § 84 Abs. 2 SGB IX auf das Kündigungsschutzverfahren für Menschen mit Behinderungen nach § 85 SGB IX, Behindertenrecht 2013, 34

Kummer, Peter, Auswirkungen der §§ 8 und 14 SGB IX im Sozialgerichtsprozess, Info Nr. 16 in Diskussionsforum SGB IX auf www.reha-recht.de

Kunstein, Burkhard/Seel, Helga/Fischer, Carola, Wahl der Schwerbehindertenvertretung, 5. Aufl. 1998 (zit.: *Kunstein/Seel/Fischer*, Wahl der SchwbV)

Lachwitz, Klaus/Schellhorn, Walter/Welti, Felix (Hrsg.), Handkommentar zum Sozialgesetzbuch IX, 4. Aufl. 2017 (zit.: *Bearbeiter* in HK-SGB IX)

Leube, Konrad, Bundes- und Jugendfreiwilligendienst – Betriebsverfassungs- bzw. Personalvertretungsrecht an der Einsatzstelle, ZTR 2012, 207

Lorenzen, Uwe/Eckstein, Karlfriedrich/Etzel, Gerhard/Gerhold, Diethelm/Schlatmann, Arne/Rehak, Heinrich/Faber, Bernhard, Bundespersonalvertretungsgesetz Kommentar, Loseblatt, 209. Aktualisierung 2019 (zit.: *Bearbeiter* in Lorenzen BPersVG)

LWL (Landschaftsverband Westfalen-Lippe), Wahl der Schwerbehindertenvertretung, 2013

Mangoldt, Hermann/Klein, Friedrich/Starck, Christian (Hrsg.), Kommentar zum Grundgesetz, 7. Aufl. 2018 (zit.: *Bearbeiter* in v. Mangoldt/Klein/Starck)

Müller-Glöge, Rudi/Preis, Ulrich/Schmidt, Ingrid (Hrsg.), Erfurter Kommentar zum Arbeitsrecht, 21. Aufl. 2021 (zit.: *Bearbeiter* in ErfK)

Müller-Wenner, Dorothee/Winkler, Jürgen (Hrsg.), SGB IX Teil 2, Besondere Regelungen zur Teilhabe schwerbehinderter Menschen (Schwerbehindertenrecht), Kommentar, 2. Aufl. 2011 (zit.: *Bearbeiter* in Müller-Wenner/Winkler)

Münder, Johannes (Hrsg.), Sozialgesetzbuch II – Lehr- und Praxiskommentar, 7. Aufl. 2021 (zit.: *Bearbeiter* in LPK-SGB II)

Namendorf, Annette/Natzler, Ivo, Betriebliches Eingliederungsmanagement nach § 84 Abs. 2 SGB IX und seine arbeitsrechtlichen Implikationen, DB 2005, 1794

Natter, Eberhard/Gross, Roland (Hrsg.), Arbeitsgerichtsgesetz, 2. Aufl. 2013 (zit.: *Bearbeiter* in HK-ArbGG)

Neumann, Dirk/Pahlen, Ronald/Greiner, Stefan/Winkler, Jürgen/Jabben, Jürgen (Hrsg.), Sozialgesetzbuch IX – Rehabilitation und Teilhabe behinderter Menschen. Kommentar, 14. Aufl. 2020 (zit.: *Bearbeiter* in Neumann/Pahlen/Greiner/Winkler/Jabben)

Nießen, Christoph, Fehlerhafte Betriebsratswahlen, 2006 (zit.: *Nießen*, Fehlerhafte Betriebsratswahlen)

Palandt, Otto (Begr.), Bürgerliches Gesetzbuch, Kurzkommentar, 80. Aufl. 2021 (zit.: *Bearbeiter* in Palandt)

Pflug-Simoleit, Ewald, Die Wahl der Schwerbehindertenvertretung, AiB 1998, 553

Richardi, Reinhard, Arbeitsrecht in der Kirche, 8. Aufl. 2020 (zit.: *Richardi* KirchenArbR)

Richardi, Reinhard (Hrsg.), Betriebsverfassungsgesetz mit Wahlordnung Kommentar, 16. Aufl. 2018 (zit.: *Bearbeiter* in Richardi BetrVG)

Richardi, Reinhard/Dörner, Hans-Jürgen/Weber, Christoph (Hrsg.), Personalvertretungsrecht, 5. Aufl. 2020 (zit.: *Bearbeiter* in Richardi/Dörner/Weber)
v. Roetteken, Torsten/Rothländer, Christian (Hrsg.), Beamtenstatusgesetz, 30. Aufl. 2021 (zit.: *Bearbeiter* in v. Roetteken/Rothländer BeamtStG)
Rolfs, Christian/Kreikebohm, Ralf/Giesen, Richard/Meßling, Miriam/Udsching, Peter (Hrsg.), Beck'scher Online-Kommentar Arbeitsrecht, 60. Edition 2021 (zit.: *Bearbeiter* in BeckOK ArbR)
Rolfs, Christian/Kreikebohm, Ralf/Giesen, Richard/Meßling, Miriam/Udsching, Peter (Hrsg.), Beck'scher Online-Kommentar Sozialrecht, 60. Edition 2021 (zit.: *Bearbeiter* in BeckOK SozR)
Rüffer, Wilfried/Halbach, Dirk/Schimikowski, Peter (Hrsg.), Versicherungsvertragsgesetz, 4. Aufl. 2020 (zit.: *Bearbeiter* in HK-VVG)
Ruland, Franz/Försterling, Joachim (Hrsg.), Gemeinschaftskommentar zum Sozialgesetzbuch – Gesetzliche Rentenversicherung, Loseblatt (zit.: *Bearbeiter* in GK-SGB VI)
Ruland, Franz/Becker, Ulrich/Axer, Peter (Hrsg.), Sozialrechtshandbuch, 6. Aufl. 2018 (zit: *Bearbeiter* in SRH)
Sachadae, Till, Die Wahl der Schwerbehindertenvertretung, 2012 (zit.: *Sachadae,* Wahl der SchwbV)
Sachadae, Till, Widerruf der Zustimmung zur Kandidatur eines Wahlbewerbers und Streichung eines Kandidaten auf einem bereits eingereichten Wahlvorschlag, jurisPR-ArbR 26/2014 Anm. 7
Sachadae, Till, Anm. zu BAG-Beschluss vom 23.7.2014 – 7 ABR 61/12, Behindertenrecht 2015, 22
Sachadae, Till, Die Anfechtung der Wahl der Schwerbehindertenvertretung – Rechtsprechungsanalyse der letzten vier Jahre, Behindertenrecht 2015, 34
Sachadae, Till, Die Wahlen zur Haupt- und Konzernschwerbehindertenvertretung nach „neuem" Recht, ZBVRonline 2/2015, 32
Sachadae, Till, Abbruch der Betriebsratswahl bei zwei Wahlvorständen, jurisPR-ArbR 23/2015, Anm. 6
Sachadae, Till, Korrekturbedarf im Wahlrecht der Schwerbehindertenvertretung, PersV 2015, 170
Sachadae, Till, Offene Kennzeichnung von Stimmzetteln bei der Wahl einer Hauptschwerbehindertenvertretung, jurisPR-ArbR 37/2016 Anm. 5
Sachadae, Till, Wahlinformationen für blinde und stark sehbehinderte Arbeitnehmer bei der Betriebsratswahl, jurisPR-ArbR 47/2016 Anm. 5
Sachadae, Till, Unterrichtung blinder und stark sehbehinderter Beschäftigter bei der Betriebsratswahl, ZBVRonline 12/2016, 21
Sachadae, Till, Die neuen Rechte der SBV, PersR 2/2017, 33
Sachadae, Till, Anforderungen an schriftliche Stimmabgabe (Briefwahl) bei Personalratswahlen, jurisPR-ArbR 8/2018 Anm. 5
Sachadae, Till, Anfechtbarkeit einer Betriebsratswahl wegen zu früher Öffnung der Freiumschläge der Briefwähler, jurisPR-ArbR 2/2020 Anm. 4
Sachadae, Till, Ausscheiden der Vertrauensperson der Gesamtschwerbehindertenvertretung: Nachrücken des stellvertretenden Mitglieds auch bei Einigung nach § 22 Abs. 2 SchwbVWO, jurisPR-ArbR 4/2020 Anm. 6
Säcker, Franz Jürgen/Rixecker, Roland (Hrsg.), Münchener Kommentar zum Bürgerlichen Gesetzbuch, 8. Aufl. 2018 (zit.: *Bearbeiter* in MüKoBGB)
Schaub, Günter (Hrsg.), Arbeitsrechts-Handbuch, 18. Aufl. 2019 (zit.: *Bearbeiter* in Schaub ArbR-HdB)
Schellhorn, Walter/Schellhorn, Helmut/Hohm, Karl-Heinz/Scheider, Peter (Hrsg.), Kommentar zum Sozialgesetzbuch XII, 20. Aufl. 2020 (zit.: *Bearbeiter* in Schellhorn/Hohm/Scheider SGB XII)
Schleicher, Hans W., Wahlordnung zum Schwerbehindertengesetz – Erläuterte Textausgabe, 1976 (zit.: *Schleicher* WO zum SchwbG)
Schlewing, Anja, Der Sonderkündigungsschutz schwerbehinderter Menschen nach der Novelle des SGB IX – Zur Auslegung des neu eingefügten § 90 Abs. 2 a SGB IX, NZA 2005, 1218

Schmidt, Bettina, Schwerbehindertenarbeitsrecht, 3. Aufl. 2019 (zit.: *Schmidt* Schwb-ArbR)
Schmidt-Räntsch, Johanna, Deutsches Richtergesetz, 7. Aufl. 2019 (zit.: *Schmidt-Räntsch*)
Schütt, Kristina, Wahl zur Schwerbehindertenvertretung 2006, 2006 (zit.: *Schütt*, Wahl zur Schwerbehindertenvertretung)
Sieg, Rainer, Wahl der Schwerbehindertenvertretung, NZA 2002, 1064
Treml, Karl-Heinz, Die Wahl der Schwerbehindertenvertretung nach dem neuen Schwerbehindertengesetz 1986, Behindertenrecht 1986, 57
Verband Deutscher Rentenversicherungsträger, Leistungen zur Teilhabe der gesetzlichen Rentenversicherung im Jahre 2002, VDR-INFO 2003, Nr. 4, 8
Weber, Rolf, Schwerbehindertengesetz, Kommentar, 74. EL März 1998 (zit.: *Weber* SchwbG)
Wiegand, Bernd (Hrsg.), SGB IX – Teil 2: Schwerbehindertenrecht, Handkommentar, Lief. 2/17 Juni 2017 (zit.: *Bearbeiter* in Wiegand SGB IX)
Wiegand, Bernd/Hohmann, Roger, SchwbVWO, Kommentar, 2. Aufl. 2014 (zit.: *Bearbeiter* in Wiegand/Hohmann)
Wiese, Günther/Kreutz, Peter/Oetker, Hartmut/Raab, Thomas/Weber, Christoph/Franzen, Martin/Gutzeit, Martin/Jacobs, Matthias (Hrsg.), Gemeinschaftskommentar zum Betriebsverfassungsgesetz, 11. Aufl. 2018 (zit.: *Bearbeiter* in GK-BetrVG)
Zanker, Hugo, Erste Verordnung zur Durchführung des Schwerbehindertengesetzes mit ausführlichen Erläuterungen, der amtlichen Begründung und Formularabbildungen zur Wahl des Vertrauensmannes, 2. Aufl. 1976 (zit.: *Zanker*, WO zum SchwbG)

Einführung

I. Rehabilitation und Teilhabe von Menschen mit Behinderungen im Sozialleistungssystem – Grundlegende Entwicklung 1
II. Historische Entwicklung 8
III. Die ursprünglichen politischen Vorgaben an die gesetzliche Neuregelung im SGB IX 18
IV. Das Gesetzgebungsverfahren zum SGB IX 25
V. Fortentwicklungen des Gesetzes nach 2001 28
VI. Das Bundesteilhabegesetz und die Reform des SGB IX 30
VII. Inhaltliche Schwerpunkte des Gesetzes 32
VIII. Gliederung des Gesetzes im Einzelnen 47

I. Rehabilitation und Teilhabe von Menschen mit Behinderungen im Sozialleistungssystem – Grundlegende Entwicklung

Das Grundgesetz und die gesamte deutsche Rechtsordnung gehen davon aus, dass es zur Unterstützung und zum Schutz behinderter Menschen besonderer Regelungen bedarf. Die Verfassung hat diesbezüglich in Art. 3 Abs. 3 Satz 2 GG eine eigenständige Regelung aufgenommen. In ihr werden der **Förderungs- wie auch der Integrationsauftrag des Sozialstaatsprinzips** deutlich sichtbar mit einer Signalwirkung verstärkt.[1] Dem Gesetzgeber stand dabei in diesem Zusammenhang deutlich vor Augen, dass die besondere Situation behinderter Menschen weder zu gesellschaftlichen noch zu rechtlichen Ausgrenzungen führen soll.[2] Doch geht der Auftrag des Grundgesetzes aus dem Sozialstaatsprinzip erheblich über den reinen Diskriminierungsschutz hinaus. Der Gesetzgeber selbst hatte anlässlich der Einführung des Neunten Buchs des Sozialgesetzbuchs insofern festgestellt, dass „[d]ie Integration von Menschen mit Behinderungen (…) eine dringliche politische und gesellschaftliche Aufgabe" ist.[3]

Die Erweiterung des GG um den Satz 2 in Art. 3 Abs. 3 im Jahr 1994[4] hat damit einen tiefgreifenden Wandel des Selbstverständnisses von Menschen mit Behinderungen[5] und auch ihrer Stellung in und gegenüber der Gesellschaft zum Ausdruck gebracht. „Im Mittelpunkt der politischen Auseinandersetzungen stehen nicht mehr die Fürsorge und die Versorgung von Menschen mit Behinderungen, sondern ihre selbstbestimmte Teilhabe am gesellschaftlichen Leben und die Beseitigung der Hindernisse, die ihrer Chancengleichheit entgegenstehen.[6] Rehabilitation und Teilhabe von Menschen mit Behinderungen an der Gesellschaft im Allgemeinen und am Arbeitsleben im Besonderen bilden in diesem Zusammenhang eine komplexe Aufgabe, die in der Regel besondere medizinische, schulische, berufliche und soziale Maßnahmen und Hilfen erfordert. Diese Aufgabe ist im deutschen **System der sozialen Sicherung** nicht einem eigenständigen Zweig zugeordnet. Vielmehr sind das System und das Recht der Rehabilitation und Teilhabe von Menschen mit Behinderungen in Deutschland als

---
1 BVerfG 18.6.1975 – 1 BvL 4/74, BVerfGE 40, 121 (133); *Schmidt* in ErfK GG Art. 3 Rn. 77.
2 BVerfG 8.10.1997 – 1 BvR 9/97, NJW 1998, 131; BT-Drs. 12/8165, 29.
3 BT-Drs. 14/2913, 2.
4 Durch das Gesetz zur Änderung des Grundgesetzes vom 27.10.1994, BGBl. I 3146.
5 Die früher verwandte Terminologie, die von „behinderten Menschen" sprach, wurde in der Einführung durchgängig zugunsten der seit dem BTHG (Bundesteilhabegesetz, Gesetz zur Stärkung der Teilhabe und Selbstbestimmung von Menschen mit Behinderungen (BTHG) vom 23.12.2016, BGBl. I 3234) gesetzlich gebräuchlichen Formulierung „Menschen mit Behinderungen" aufgegeben, auch wenn das für die Zeit vor 2018 anachronistisch ist.
6 BT-Drs. 14/2913, 3.

Bestandteil des sich entwickelnden Sozialrechts organisch, dh innerhalb der einzelnen Sozialleistungsbereiche, entstanden.

3 Als die ersten Sozialgesetze am Ende des 19. und am Anfang des 20. Jahrhunderts erlassen wurden, gab es noch keine spezifischen **Regelungen für Menschen mit Behinderungen oder solche, die von Behinderung bedroht sind**. Sie wurden im Laufe der Jahre im Rahmen der verschiedenen allgemeinen sozialen Sicherungssysteme als spezielle Lösungen für bestimmte Personengruppen entwickelt. Eine systematische und abgestimmte Gesamtplanung erfolgte erst aufgrund des ersten Aktionsprogramms der Bundesregierung zur Förderung der Rehabilitation der Behinderten im Jahre 1970. So sind die Leistungen zur Rehabilitation und Teilhabe von Menschen mit Behinderungen als Teilaufgaben eingebettet in viele Bereiche des gegliederten Systems der sozialen Sicherung, also in die verschiedenen Zweige der Sozialversicherung mit ihrer Kranken-, Unfall-, Renten- und Arbeitslosenversicherung. Hinzu kommen das Versorgungs- und soziale Entschädigungsrecht und ihre Einbettung in das Recht der Jugend- und der Sozialhilfe.

4 In allen diesen genannten Zweigen sind demzufolge Leistungen zur Rehabilitation wie auch zur Teilhabe von Menschen mit Behinderungen vorhanden, in allen Zweigen werden dabei dann auch **unterschiedliche Träger** tätig. So kennt die Unfallversicherung Leistungen zur medizinischen Rehabilitation, zur Teilhabe am Arbeitsleben und zur Teilhabe am Leben in der Gemeinschaft; Gleiches gilt für die Rentenversicherung; die Krankenversicherung wiederum ist ebenfalls als Akteur beteiligt, wie auch beispielsweise die Jugendhilfe.

5 Dies lässt deutlich werden, dass die in nationaler Hinsicht vom verfassungsrechtlichen Sozialstaatsprinzip und international vor allem durch die UN-Behindertenrechtskonvention[7] geforderten Anstrengungen nicht eindimensional Eingang in die Rechtsordnung gefunden haben. Vielmehr war schon früh eine **große Ausdifferenzierung** und Zersplitterung feststellbar. Im Ergebnis führte eine sehr lange Entwicklung dazu, dass in den letzten Jahrzehnten die Hilfen zur Eingliederung von Menschen mit Behinderungen und solchen, die von Behinderung bedroht sind, ins Arbeitsleben und in die Gesellschaft zu einem durchgängigen, in sich aber recht differenzierten System sozialrechtlicher und anderer Vorschriften ausgestaltet wurde. Dieses **System von Leistungen und sonstigen Hilfen** fand jedoch zunächst keinen entsprechenden Ausdruck in der rechtlichen Ausgestaltung.

6 Anspruch und Wirklichkeit entwickelten sich stark auseinander. War der Anspruch darauf gerichtet, den Geboten des Sozialstaatsprinzips im Hinblick nicht nur auf Schutz und Fürsorge, sondern vor allem auch im Hinblick auf Rehabilitation und Ermöglichung von Teilhabe so weit wie möglich Rechnung zu tragen, zeigte die Wirklichkeit eine sich infolgedessen immer stärker ausdifferenzierende Gesetzeslage. Es gab neben den ursprünglich zentralen Regelungen in den beiden „Kerngesetzen" „Rehabilitations-Angleichungsgesetz" und „Schwerbehindertengesetz" eine **Vielzahl weiterer Vorschriften** in anderen Gesetzen und Verordnungen. Dies führte, wie häufig bei einer im Laufe der Zeit immer größer werdenden Regelungsdichte, der kein einheitliches System zugrunde liegt, zu einer starken Rechtsdiffusion, die jegliche Systematik und Stringenz vermissen ließ. Selbst innerhalb bloß des Sozialrechts wurden zwar Leistungen und Hilfen zur Eingliederung von Menschen mit Behinderungen

---

7 Übereinkommen der Vereinten Nationen über die Rechte von Menschen mit Behinderungen, das am 13.12.2006 von der Generalversammlung der Vereinten Nationen beschlossen wurde und durch die Ratifizierung des 20. Unterzeichnerstaats am 3.5.2008 in Kraft getreten ist.

parallel und in der Sache gleichförmig und nach gleichen Kriterien erbracht (zB Hilfsmittel, Leistungen zur Eingliederung ins Arbeitsleben). Doch die einschlägigen Vorschriften, die die Grundlage für diese Leistungen darstellten, waren großenteils unterschiedlich gefasst, es fehlten häufig sachgerechte Abgrenzungs- und Verknüpfungsregelungen. Zudem förderte die Zersplitterung der einschlägigen Rechtsvorschriften bei den einzelnen beteiligten Trägern und Stellen die Tendenz zu isolierter Betrachtung von Teilproblemen und Teillösungen. Dies war umso misslicher, als für Menschen mit Behinderungen oder solchen, die von Behinderung bedroht sind, die Leistungen und sonstigen Hilfen zur Eingliederung vor allem in ihrem Zusammenwirken von Bedeutung sind und überhaupt erst den eigentlichen Auftrag zu erfüllen vermögen, den etwa das Sozialstaatsprinzip der Rechtsordnung aufgibt.

Rechtsauslegung, Rechtsanwendung und Nutzung der Vorschriften durch die Betroffenen waren insgesamt zudem durch die **unübersichtliche Regelung** erschwert. Dies beruhte auf der schon angedeuteten, im Folgenden kurz nachzuzeichnenden historischen Entwicklung dieser komplexen Rechtsmaterie, die schließlich in dem im SGB IX sichtbaren Versuch mündete, eine ganzheitliche Teilrechtsordnung zu schaffen. 7

II. Historische Entwicklung

Diese rechtstatsächliche Entwicklung war Ergebnis einer jahrzehntelangen unkoordinierten Entwicklung des gesamten Rechtsgebietes überhaupt. Die Wurzeln des den einen Gegenstand des heutigen SGB IX bildenden Rehabilitationsrechts lagen im 19. Jahrhundert, und die Sozialversicherungen des ausgehenden 19. Jahrhunderts weisen ihrerseits schon von Beginn an zusätzlich auch Leistungen auf, die Zwecke verfolgten, die heute unter den Begriff der „Teilhabe" fallen würden. **Nach dem ersten Weltkrieg** entstanden die **Hauptfürsorgestellen,**[8] kurz darauf wurde das Schwerbeschädigtengesetz erlassen.[9] Im Vordergrund stand hierbei die **Reintegration** gerade **der Kriegsverletzten** in den Arbeitsmarkt. Das gerade im Entstehen befindliche Arbeitsrecht erhielt erste soziale Vorgaben, etwa eine Quotenregelung, die sich bis heute, zunächst in den §§ 71 ff., seit dem BTHG in den §§ 154 ff. SGB IX, erhalten hat. 8

Nach den furchtbaren Entwicklungen während des **nationalsozialistischen Terrors**, die unter anderem zur Ermordung von schätzungsweise nahezu 300.000 Menschen mit Behinderungen geführt hatte, erfolgte der Neubeginn nach 1945 im Bereich des Rechts der (Schwer-)Behinderten auch unter diesem Eindruck. Doch primär stand, wie schon nach dem ersten Weltkrieg, auch nun wieder sehr konkret die Bewältigung der Anforderungen aus den Folgen des Krieges als Herausforderung bevor: Die außerordentlich hohe Zahl an Kriegsversehrten führte bereits **1950** zum **Gesetz über die Versorgung der Opfer des Krieges**,[10] **1953** folgte die Neufassung des **Gesetzes über die Beschäftigung Schwerbeschädigter.**[11] Beide Gesetze verfolgten besonders das Ziel der beruflichen Integration; in diesem Lichte ist auch die Rentenreform des Jahres 1957 zu sehen, die einen Rehabilitationsauftrag in die Rentenversicherung einführte, der sich nunmehr konkret auch auf die berufliche Rehabilitation ausdehnte.[12] In diesem Zusammenhang fand der aus dem englischen Sprachraum, insbesondere durch 9

---

8 Eingeführt durch die Verordnung vom 8.2.1919, RGBl. 187.
9 Gesetz über die Beschäftigung Schwerbeschädigter vom 6.4.1920, RGBl. 458.
10 Bundesversorgungsgesetz vom 20.12.1950, BGBl. I 791.
11 Gesetz vom 16.6.1953, BGBl. I 389.
12 Gesetz zur Neuregelung des Rechts der Rentenversicherung der Arbeiter vom 23.2.1957, BGBl. I 45.

die Tätigkeit der ILO, stammende Begriff der „Rehabilitation" systematisch Eingang in die deutsche Rechtsordnung.

10 Neben diesen sehr deutlich auf die berufliche Rehabilitation gerichteten gesetzlichen Bewegungen kamen Ende der fünfziger Jahre des 20. Jahrhunderts weitere Entwicklungen hinzu: Das Gesetz über die **Fürsorge für Körperbehinderte und von einer Körperbehinderung bedrohte Personen**[13] und vor allem auch das **Bundessozialhilfegesetz** vom 30.6.1961[14] führten zu wichtigen Regelungen allgemeiner, nicht spezifischer arbeitsmarktorientierter Natur. Eine sich entwickelnde Eingliederungshilfe war das Ergebnis, und erstmals wurde das soziale Netz zugunsten derjenigen Menschen mit Behinderungen geknüpft, die aus den anderen möglichen Leistungsregeln, die die Bestimmungen der allgemeinen Sozialversicherungen bereit hielten, keine Ansprüche erwarben. Es entstand somit ein eigenständiges Anspruchsrecht zugunsten von Menschen mit Behinderungen, welches losgelöst war von den bisher bekannten, an die verschiedenen Zweige der Sozialversicherung angebundenen Rechte. Damit wurde die Regelungsdichte der für Menschen mit Behinderungen vorhandenen gesetzlichen Normen und Ansprüche größer, zugleich wurde auch die Komplexität größer, die vor allem auch zu nicht aufeinander abgestimmten, vielschichtigen Regelungen führte: Gleiche oder doch vergleichbare Leistungen wurden von verschiedensten Trägern vorgesehen, ohne dass eine koordinierte Abstimmung erfolgte.

11 1974 erfolgte ein weiterer großer Schritt des Gesetzgebers auf dem Weg zu einer umfassenden Regelung des Schwerbehindertenrechts. Im Zuge der Bemühungen um eine grundlegende Reform, die ihrerseits zu diesem Zeitpunkt allerdings nicht erreicht wurde, trat am 29.4.1974 das „**Gesetz zur Sicherung der Eingliederung Schwerbehinderter in Arbeit, Beruf und Gesellschaft**" in Kraft.[15] Dieses Gesetz enthielt zahlreiche, zum Teil fundamentale Neuerungen: Es führte etwa in Abkehr vom bis dahin geltenden Kausalitätsprinzip, das die Ursache der Behinderung als entscheidenden Faktor für Leistungen ansah, die Festlegung ein, dass eine Schwerbehinderung vorliegt, wenn Menschen körperlich, geistig oder seelisch bedingt eine Minderung der Erwerbsfähigkeit von mindestens 50 % aufweisen. Damit wurden die Hilfen für schwerbehinderte Menschen losgelöst von der Ursache einer Kriegsbeschädigung – alle Menschen mit Behinderungen sollten, so die Vorstellung, unabhängig von der Ursache der Behinderung, an den entsprechenden Ansprüchen und Leistungen gleichermaßen teilhaben. Auch gab es wesentliche Modifikationen bei der Beschäftigungspflicht und Ausgleichsabgabe zulasten der Arbeitgeber. Hinzu kam eine nicht zu unterschätzende Weiterentwicklung in organisatorischer Hinsicht. Mit dem „Gesetz über die Angleichung der Leistungen zur Rehabilitation" vom 7.8.1974[16] wurden die Krankenkassen als Rehabilitationsträger vom Gesetz anerkannt. Damit war das Ziel verbunden, dass ihre Leistungen wie diejenigen der Rentenversicherungsträger in der medizinischen Rehabilitation für erwerbs- wie für nicht erwerbstätige Versicherte grundsätzlich in gleichem Maße anerkannt werden sollten. Das Gesetz bemühte sich damit, durchaus vergleichbar mit den Intentionen, die zum SGB IX führten, darum, die verschiedenen Regelungen zur Rehabilitation behinderter Menschen zumindest in gewissem Maße zu vereinheitlichen.

12 Die Folgejahre waren geprägt von verschiedenen Bemühungen, insbesondere der steigenden Arbeitslosigkeit gerade unter schwerbehinderten Menschen ent-

---

13 Körperbehindertengesetz vom 27.2.1957, BGBl. I 147.
14 BGBl. I 815.
15 BGBl. I 1005.
16 BGBl. I 1881.

gegenzuwirken; dazu diente etwa das „**Erste Gesetz zur Änderung des Schwerbehindertengesetzes**" vom 24.7.1986, bekannt gemacht am 26.8.1986,[17] welches nicht nur die Ausgleichsabgabe erhöhte, sondern auch den als diskriminierend empfundenen Behinderungsbegriff neu definierte. Zudem kam es zu einer Neufassung des § 10 Abs. 1 SGB I, mit dem der Teilhabebegriff neu beschrieben wurde. Doch war vor allem bis zur deutschen Einheit kaum eine Fortentwicklung der Rechtsmaterie zu beobachten, Fortschritte hin zu einer Systematisierung oder Vereinheitlichung der unterschiedlichen Bereiche waren allenfalls graduell auszumachen: hier eine Erweiterung der ambulanten Rehabilitation im SGB V, dort eine Neuordnung des Rentenversicherungsrechts im Jahr 1992 mit nur wenigen Auswirkungen auf das Rehabilitationsrecht.

Die **neunziger Jahre des vergangenen Jahrhunderts** führten dann jedoch zu einer spürbaren Weiterentwicklung, die vor allem auf zwei Ursachen gründete. Zum einen stellte die **deutsche Einheit** 1990 gerade auch für das Sozialrecht eine große Herausforderung dar. Die Übertragung der westdeutschen Rechtslage auf die neuen Bundesländer erfolgte, doch wurde die Gelegenheit zunächst nicht genutzt, in dieser Zeit zugleich auch grundlegende Systembereinigungen vorzunehmen, anders als etwa in der Unfallversicherung, die im SGB VII (schon) 1996 eine Neuordnung erfuhr. Wichtiger dürften indes für die Fortentwicklung des Rehabilitations- wie Teilhaberechts **zwei neue normative Regelungen** gewesen sein, die auf den ersten Blick keine unmittelbaren Auswirkungen mit sich bringen schienen. Der bereits angesprochene, 1994 neu eingeführte Art. 3 Abs. 3 Satz 2 GG mit seinem Verbot der Benachteiligung von Menschen mit Behinderungen führt zu einem ersten wichtigen Anstoß zur Weiterentwicklung des Rechtsgebietes: Die sich mit ihm sicher verbindenden Erwartungen fanden – mit der zu erwartenden zeitlichen Verzögerung – Ausdruck etwa in den öffentlich-rechtlichen Gleichstellungsgesetzen für Menschen mit Behinderungen im Bund[18] und in den Bundesländern; es kamen vielfältige Gesetze und Verpflichtungen vor allem der öffentlichen Verwaltung hinzu, die in gleicher Weise dazu beitragen sollten, das neu verankerte verfassungsrechtliche Verbot zu flankieren. Und einen Abschluss dieser Bemühungen bildete dann, in gewisser Weise, der Versuch, das Rechtsgebiet der Rehabilitation und Teilhabe von Menschen mit Behinderungen einheitlich zu kodifizieren und damit – endlich – systematisch zu erfassen. Dies war Ausgangspunkt für die Gesetzgebungsgeschichte des SGB IX (dazu → Rn. 18).

13

Doch neben diese nationalen Entwicklungen traten supra- und internationale Normierungen, die auch die Zukunft weiter prägen werden. Auf supranationaler Ebene stellten die Entwicklungen rund um die **Richtlinie 2000/78/EG** einen Meilenstein dar. Auf der Grundlage des damaligen Art. 13 EG war die Gemeinschaft durch den Amsterdamer Vertrag ermächtigt, eine Richtlinie zur Gleichbehandlung zu erlassen. Diese Richtlinie enthielt für den hier interessierenden Bereich auch ein Verbot, für eine Unterscheidung an das Merkmal der „Behinderung" anzuknüpfen. Und diese Richtlinie, dies war der maßgebliche Fortschritt, sollte ein derartiges Verbot auch in den privatrechtlichen Rechtsbereich hineintragen, vor allem in das Gebiet des Arbeitsrechts. Die deutsche Umsetzung erfolgte mit langer Verzögerung und einigen Schwierigkeiten durch das Allgemeine Gleichbehandlungsgesetz vom 14.8.2006.[19] Die europäische Rechtsordnung hatte somit den entscheidenden Anstoß gegeben für den Schutz

14

---

17 BGBl. I 1421.
18 Gesetz zur Gleichstellung behinderter Menschen und zur Änderung anderer Gesetze (BGG) vom 27.4.2002, BGBl. I 1467.
19 BGBl. I 1897.

von Menschen mit Behinderungen vor Benachteiligungen in Beschäftigung und Beruf sowie in bestimmten Bereichen des Zivilrechts.

15 International kam kurze Zeit später eine weitere, bedeutsame Entwicklung hinzu, deren Reichweite und Tiefe bis heute häufig zum Teil völlig verkannt wird: Am 13.12.2008 wurde das **Übereinkommen der Vereinten Nationen über die Rechte von Menschen mit Behinderungen (UN-BRK)** abgeschlossen. Diese Konvention, die als erster universeller Völkerrechtsvertrag gelten kann, der die allgemeinen Menschenrechte konkret auf die Situation von Menschen mit Behinderungen konzentriert, ist gemäß Art. 45 UN-BRK durch Verabschiedung als Bundesgesetz am 21.12.2008[20] und Hinterlegung der Ratifikationsurkunde für Deutschland zum 26.3.2009 als einfaches Bundesgesetz verbindlich geworden. Damit ist sie in Deutschland geltendes Recht. Daraus folgt unter anderem, dass deutsches Recht im Lichte der Konvention auszulegen ist; zudem ist Deutschland verpflichtet, die Ziele der Konvention bekannt zu machen und sich für ihre Umsetzung einzusetzen (zum Umsetzungsstand bzw. -defizit → Rn. 17). Maßgeblich gerichtet ist die Konvention auf die Konkretisierung bestehender Menschenrechte für die Lebenssituation von Menschen mit Behinderungen. Ihre Gleichbehandlung soll gefördert werden; Behinderung soll nicht mehr von vornherein negativ gesehen, sondern vielmehr als Teil der Vielfalt menschlichen Lebens wahrgenommen und Menschen mit Behinderungen eine selbstbestimmte und diskriminierungsfreie Teilhabe am gesellschaftlichen Leben ermöglicht werden. Dies ist Inhalt des mit der UN-BRK verfolgten „diversity"-Ansatzes. Demgegenüber treten Fürsorge und Ausgleich vermeintlicher behinderungsbedingter Defizite in den Hintergrund, ohne dass sie aufgegeben würden. Vielmehr steht dem Ansatz von „diversity" zugleich auch komplementär derjenige der „sozialen Inklusion" gegenüber. Diese wiederum findet Ausdruck beispielsweise in den in der Konvention verankerten Forderungen nach gleichberechtigtem Zugang zum Arbeitsmarkt, nach Möglichkeiten der Teilhabe am kulturellen Leben, nach gleichberechtigter Mitwirkung in der Politik und inklusiver Bildung.

16 Die UN-BRK erkennt als Grundlage für die Rechte von Menschen mit Behinderungen in ihrem Art. 3 die Achtung der Menschenwürde, der individuellen Autonomie und der Freiheit, selbstbestimmt Entscheidungen zu treffen. Darauf aufbauend führt die Konvention in über **vierzig Artikeln** die Pflichten und das Handeln auf, zu deren nationaler Umsetzung sich die Vertragsstaaten verpflichten. Auch Deutschland hat sich, gemäß Art. 4 Abs. 1 a UN-BRK, verpflichtet, alle geeigneten Gesetzgebungs-, Verwaltungs- und sonstige Maßnahmen zur Umsetzung der in der UN-BRK anerkannten Rechte zu treffen. Zwar ist der Behinderungsbegriff selbst nicht verbindlich geregelt und hat die Präambel insofern auf die beständige Fortentwicklung dieses Begriffs verwiesen, doch sind gleichwohl für den Bereich des hier interessierenden SGB IX einige maßgebliche Pflichten in der Konvention verankert. So ist in Art. 9 UN-BRK die Barrierefreiheit geregelt, die Staaten sind demnach verpflichtet, Zugangshindernisse zu beseitigen. Art. 25 UN-BRK enthält die Pflicht, Menschen mit Behinderungen eine unentgeltliche oder zumindest erschwingliche Gesundheitsversorgung zu garantieren, und zwar in demselben Umfang und derselben Qualität wie anderen Menschen der Bevölkerung. Zusätzlich sind solche Gesundheitsleistungen vorzusehen, die von Menschen mit Behinderungen gerade wegen ihrer Behinderung benötigt werden, etwa im Bereich der Früherkennung und Frühförderung. Art. 26 sieht, unter den Stichwörtern „Habilitation und Rehabilitation" die

---

20 BGBl. I 1419.

Pflicht vor, wirksame und geeignete Maßnahmen zu treffen, um Menschen mit Behinderungen die Möglichkeit zu eröffnen, ein Höchstmaß an Selbstbestimmung, umfassende körperliche, geistige, soziale und berufliche Fähigkeiten und die volle Teilhabe an allen Aspekten des Lebens zu erreichen und zu bewahren. Art. 24 verlangt die Schaffung eines inklusiven Bildungssystems, in dem Kinder mit Behinderungen nicht aus dem allgemeinen Schulsystem ausgegrenzt, sondern in dieses einbezogen werden. Art. 28 wiederum enthält eine Anerkennung des Rechts von Menschen mit Behinderungen auf einen angemessenen Lebensstandard und einen sozialen Schutz zur Sicherung dieser Rechte.

Nach der Ratifizierung der UN-BRK durch Deutschland stellte sich die Frage der **Umsetzung der Pflichten und Forderungen der Konvention**. Die Bundesregierung hatte ihrerseits in der Denkschrift zur Ratifizierung vom 3.12.2008[21] deutlich gemacht, die Implementierung der BRK erfordere keine Gesetzesreformen. Ob man dies in dieser Pauschalität so vertreten kann, erscheint zweifelhaft. Jedenfalls ist, wie ausgeführt, am 26.3.2009 das genannte Übereinkommen als einfaches Bundesgesetz in Kraft getreten. Zutreffend ist dabei sicherlich, dass schon mit der Aufnahme des Art. 3 Abs. 3 Satz 2 GG im Jahre 1994 und dem sogleich noch darzustellenden Verfahren zum Erlass des SGB IX und dem Gesetz selbst sowie vor allem auch durch die Verabschiedung des BGG in Deutschland zahlreiche Vorschriften existieren, die die Ziele und Pflichten der Konvention sehr weitreichend umsetzen. Auch ist richtig, dass das SGB IX selbst wohl in vielen Bereichen als Vorbild für die UN-BRK gedient hatte. Doch ist gleichwohl zweierlei zu bedenken zu geben. Wenn man auch allgemein davon ausgehen kann, dass die deutsche Rechtsordnung ein bereits sehr weitreichendes und die Vorgaben der UN-BRK erfüllendes System aufzuweisen hat, wird man doch hinsichtlich der Pflichten und Regelungen der Konvention sehr genau, Schritt für Schritt zu überprüfen haben, ob die Umsetzung in Deutschland wirklich schon so weitreichend vorab erfolgt ist, dass die Einschätzung der Bundesregierung als zutreffend angesehen werden kann. Hier werden gerade in der Literatur mit Recht zum Teil erhebliche Bedenken geäußert.[22] Zudem darf die Einschätzung der Regierung über das wohl eigentlich zentrale Problem nicht hinwegtäuschen, nämlich die auch nach zahlreichen gesetzlichen Weiterentwicklungen bis hin zum BTHG aus dem Jahr 2016 unverändert deutlich verbesserungswürdige Akzeptanz bestehender Regelungen. Wenn schon der Gesetzgeber selbst in seiner Entschließung zum Bericht der Bundesregierung über die Lage behinderter Menschen 2004[23] feststellte, dass die Rehabilitationsträger das SGB IX in seinen wesentlichen Bereichen nicht entsprechend seinem Sinn und Zweck umgesetzt haben, wird deutlich, dass auch die UN-BRK unverändert auf ein Terrain trifft, in dem eine Umsetzung in der Rechtswirklichkeit unverändert stark gefordert ist und ein Handlungsbedarf auch in Deutschland besteht. Forderungen nach einer deutlich stringenteren und norm-, besonders aber telosangemessenen Umsetzung der Konvention, vor allem auch im Hinblick auf noch stringentere und konsequentere Regelungen im Verwaltungs- und Verfahrensbereich, sind daher unverändert berechtigt. Schon der erste Staatenbericht, den das Bundeskabinett am 3.8.2011 zur Umsetzung der UN-BRK verabschiedete,[24] ließ erkennen, dass zahlreiche Impulse, die von der UN-

---

21 BT-Drs. 16/11234.
22 Vgl. etwa *Nicklas-Faust* RdLH 2011, 103.
23 BT-Drs. 15/5463 vom 11.5.2005.
24 Vgl. https://www.bmas.de/SharedDocs/Downloads/DE/staatenbericht-2011.html.

BRK ausgehen, unverändert nicht aufgegriffen worden sind.[25] Und insgesamt wurde das Ereignis „Zehn Jahre Sozialgesetzbuch SGB IX" eher mit gemischten Gefühlen begangen: „Es zeigt sich: Die Vollzugsdefizite sind enorm."[26]

III. Die ursprünglichen politischen Vorgaben an die gesetzliche Neuregelung im SGB IX

18 Der Gesetzgeber hatte seinerzeit erkannt, dass die große gesellschaftliche Relevanz und die immer größer werdenden Anforderungen auch aus den internationalen Kontexten eine umfassende Regelung erforderlich machten, auch und vor allem, um auf diese Weise den nur schwer überschaubaren und damit verwirrenden Regelungszusammenhang zugunsten einer effektiveren Systematik zu verändern. Durch die Ergänzung des Art. 3 Abs. 3 GG um den Satz 2 im Jahr 1994 hatte der Deutsche Bundestag „auch eine Verpflichtung für Politik und Gesellschaft geschaffen, sich aktiv um die Integration von Menschen mit Behinderungen in die Familie, in den Beruf und in das tägliche Leben zu bemühen. Diese Verpflichtung einzulösen, ist eine dringliche politische und gesetzgeberische Aufgabe, nicht zuletzt vor dem ethischen Hintergrund der historischen Erfahrungen in Deutschland."[27] Die Entschließung sah einen Bedarf an einer „Gesetzgebung, die den Anspruch von Menschen mit Behinderung auf Unterstützung und Solidarität als Teil selbstverständlicher und universeller Bürgerrechte erfüllt" als Voraussetzung für das Ziel, „Menschen mit Behinderung ein selbstbestimmtes Leben zu ermöglichen." Mit einem Sozialgesetzbuch IX sollte daher „anstelle von Divergenz und Unübersichtlichkeit im bestehenden Rehabilitationsrecht Bürgernähe und verbesserte Effizienz auf der Basis eines gemeinsamen Rechts und einer einheitlichen Praxis der Rehabilitation und der Behindertenpolitik gesetzt werden."[28]

19 Nach Antritt der Bundesregierung aus SPD und Bündnis 90/Die Grünen im Jahr 1998 legte eine aus Abgeordneten der Koalitionsfraktionen gebildete, alle einschlägigen Politikfelder abdeckende Koalitionsarbeitsgruppe Behindertenpolitik im Oktober 1999 in Konkretisierung der Vorgaben der Koalitionsvereinbarung „**Eckpunkte** zum Sozialgesetzbuch IX" vor, die die Koalitionsfraktionen im Deutschen Bundestag Ende 1999 einstimmig billigten. Der **interfraktionelle Entschließungsantrag** „Die Integration von Menschen mit Behinderungen ist eine dringliche politische und gesellschaftliche Aufgabe"[29], den der Deutsche Bundestag am 19.5.2000 einstimmig annahm, bekräftigt diese Forderung noch einmal. In dem Antrag wurde die Bundesregierung unter anderem aufgefordert, das Recht der Rehabilitation von Menschen mit Behinderungen möglichst umgehend in einem Sozialgesetzbuch IX zusammenzufassen und weiterzuentwickeln und damit die Umsetzung des Benachteiligungsverbotes des Art. 3 Abs. 3 Satz 2 GG im Bereich der Sozialpolitik zu gewährleisten.

20 Das SGB IX sollte, entsprechend der vom Gesetzgeber festgestellten gesamtgesellschaftlichen Relevanz, von einem breiten gesellschaftlichen Konsens getragen werden. Daher wurden an der **Vorbereitung des Gesetzentwurfs** die Vertreter der Betroffenen, insbesondere die Organisationen von Menschen mit Behinderungen, frühzeitig und intensiv beteiligt. Von März bis Dezember 2000 wur-

---

25 Vgl. zu diversen Beispielen der Defizite insbesondere *Nicklas-Faust* RdLH 2011, 103.
26 *Fuchs* Soziale Sicherheit 2011, 205, der zahlreiche Beispiele zur Begründung aufführt.
27 BT-Drs. 14/2913, 3.
28 BT-Drs. 14/2913, 4.
29 BT-Drs. 14/2913, 2.

den – mehrfach fortgeschriebene – „Roh-", „Grund-", „Arbeits-", „Diskussions-" und schließlich „Referentenentwürfe" in der Arbeitsgruppe „SGB IX" des Beirats für die Rehabilitation der Behinderten sowie in ergänzenden Abstimmungsgesprächen zur Diskussion gestellt und auch in der Koalitionsarbeitsgruppe Behindertenpolitik mehrfach erörtert. Dabei ging es insbesondere darum, die allgemeinen, für mehrere oder alle betroffenen Sozialleistungsbereiche geltenden Vorschläge zum Sozialgesetzbuch IX mit den weitergeltenden oder fortzuschreibenden Regelungen für die einzelnen Bereiche sachgerecht zu verzahnen, also mit den übrigen, schon bestehenden Büchern des Sozialgesetzbuchs (es fehlten zu dieser Zeit nur noch das SGB II und XII) mit dem Bundesversorgungsgesetz, mit dem Bundessozialhilfegesetz und mit anderen Regelungen. Es stand damit eindeutig das Bemühen des Gesetzgebers im Vordergrund, die vielschichtigen und umfassenden, schon bestehenden Regelungen in den verschiedenen Gesetzen zu koordinieren und aufeinander abzustimmen.

Die dabei diskutierten, aus den „Eckpunkten" abgeleiteten **Entwürfe** bestanden von Anfang an aus drei Teilen, die sich später auch in der Gesetzesfassung wiederfinden sollten. Von Anfang an war beabsichtigt, in einem ersten Teil des neu zu schaffenden Sozialgesetzbuchs IX bereichsübergreifende Regelungen für Sozialleistungen zur Rehabilitation und Teilhabe (bis dahin: Eingliederung) von Menschen mit Behinderungen und solchen, die von Behinderung bedroht sind, vorzusehen. In einem zweiten Teil des neuen Gesetzes sollten Regelungen für schwerbehinderte Menschen enthalten sein, die die geltenden Regelungen des Schwerbehindertenrechts – auch unter Berücksichtigung der Änderungen im Gesetz zur Bekämpfung der Arbeitslosigkeit Schwerbehinderter vom 29.9.2000[30] und einiger weiterer Änderungen – inhaltlich übernehmen und in Terminologie und Aufbau an den vorliegenden Ersten Teil angepasst werden sollten. Schließlich waren in den Entwürfen immer auch Vorschläge für Rechtsänderungen zur Verzahnung der einzelnen Rechtsbereiche enthalten. Im Ergebnis stand die Idee im Vordergrund, ein „integratives Gesetz" zu schaffen: Das SGB IX sollte sowohl sozialrechtliche als auch arbeitsrechtliche Elemente miteinander verbinden.

Die „Eckpunkte" enthielten dabei im Hinblick auf die angesprochenen gemeinsamen Regelungen für alle betroffenen Sozialleistungsbereiche ihrerseits zwei „strategische" Vorgaben: Einerseits sollte das sogenannte „gegliederte System" im Grundsatz beibehalten werden, in dem die einschlägigen Sozialleistungen durch verschiedene Sozialleistungsträger erbracht werden und in deren spezifische Systemzusammenhänge eingebunden sind. Insofern wollte der Gesetzgeber von Anfang an keine „Radikallösung", sondern eine unverändert bestehende Einbindung des Behindertenrechts in die vorhandenen Strukturen der Sozialversicherung. So sollte beispielsweise Leistungen der Rentenversicherung unverändert grundsätzlich nur derjenige erwarten dürfen, der dort versichert war, und Leistungen der Sozialhilfe, wer deren Voraussetzungen erfüllte. Andererseits wurde das Ziel verfolgt, dass Regelungen, die für mehrere Sozialleistungsbereiche einheitlich sein können, nur an einer Stelle getroffen werden, nicht an mehreren (mit gegebenenfalls divergierenden Ergebnissen). Dies galt für viele Regelungen zu Inhalt und Zielsetzung der einschlägigen Sozialleistungen, die bisher zwar auch oft unterschiedlich formuliert waren, aber im Interesse der Betroffenen so weit wie möglich vereinheitlicht werden sollten, schon um nicht den Eindruck zu erwecken, bei dem einen Träger werde das gemeinsame Ziel – möglichst weitgehende Teilhabe von Menschen mit Behinderungen und sol-

---

30 BGBl. I 1394.

chen, die von Behinderung bedroht sind, am Leben der Gesellschaft – auf andere oder weniger gute Weise umgesetzt als bei einem anderen Träger.

23 Von Anfang an war jedoch ein dem föderalen System geschuldetes Problem zu gewärtigen: Die Zusammenfassung und Weiterentwicklung des Rechts zur Eingliederung von Menschen mit Behinderungen konnte schon aus verfassungsrechtlichen Gründen nicht das gesamte Recht der Rehabilitation von Menschen mit Behinderungen erfassen. Sie musste sich vielmehr zum einen auf das Bundesrecht beschränken; alle landesrechtlichen Vorschriften, etwa das Recht der Sonderschulen, das Bauordnungsrecht, die Ausführungsgesetze zum Bundessozialhilfegesetz, die Landesblindengesetze, die Verordnungen über die Befreiungen von der Rundfunkgebührenpflicht usw., konnten nicht berücksichtigt werden; dasselbe gilt für alle kommunalrechtlichen Vorschriften. Das Vorhaben befasste sich außerdem nur mit den sozialrechtlichen Regelungen, die gezielt auf die Rehabilitation und Eingliederung von Menschen mit Behinderungen und solchen, die von Behinderung bedroht sind, in die Gesellschaft ausgerichtet waren. Beide Gruppen konnten selbstverständlich darüber hinaus die gleichen Sozialleistungen und sonstigen Hilfen wie andere Bürger in Anspruch nehmen; soweit dies geschah, war die volle Eingliederung von Menschen mit Behinderungen in das Sozialleistungsrecht bereits vollzogen, und die einschlägigen Leistungen brauchten nicht Gegenstand des neu zu schaffenden SGB IX zu werden. Nicht einzubeziehen waren schließlich Vorschriften, die sich in anderweitigen größeren Sachzusammenhängen als spezielle Regelungen für Menschen mit Behinderungen darstellen, da eine Herauslösung aus diesen Sachzusammenhängen eher zu Verständnisschwierigkeiten führen als Transparenz fördern würde. Dies galt beispielsweise für steuerliche Vergünstigungen in den verschiedenen Steuergesetzen, berufsrechtliche Sonderregelungen in den Gesetzen über die Berufsausbildung oder die Ausbildungsförderung oder Sonderregelungen im Wohngeldrecht.

24 Die politischen Vorgaben waren damit umfassend und beschränkt zugleich. Der Gesetzgeber wollte eine umfassende Regelung, die einheitlich die Leistungen der Rehabilitation und zur Teilhabe von Menschen mit Behinderungen in einem Gesetz regeln sollte, unter Verfolgung insbesondere der die bisherigen verschiedenen Leistungsangebote koordinierenden Aspekte. Die Einordnung des Rehabilitationsrechts musste sich aber andererseits beschränken und somit auf die Vorschriften konzentrieren, die für die einzelnen Rehabilitationsträger gelten und entweder Rehabilitationsleistungen oder das Rehabilitationsverfahren zum Inhalt haben. Hierzu gehört auch die Eingliederungshilfe der Sozial- und Jugendhilfe, da sie in der Sache auch Rehabilitationsträger waren und hierzu nunmehr auch „offiziell" benannt worden sind.

IV. Das Gesetzgebungsverfahren zum SGB IX

25 Vor dem Hintergrund dieser politischen Vorstellungen entschied sich der Gesetzgeber zu einer **Neufassung des Rechts für Menschen mit Behinderungen**. Dabei kam ihm zugute, dass der Bund bei Schaffung des SGB IX die Gesetzgebungszuständigkeit in den einschlägigen Bereichen hatte, nämlich eine konkurrierende Gesetzgebungskompetenz nach Artikel 74 Abs. 1 Nr. 7, Nr. 10 und Nr. 12 GG unter anderem für die öffentliche Fürsorge, die Sozialversicherung einschließlich der Arbeitslosenversicherung sowie für die Kriegsopferversorgung. Dem Bund stand das Gesetzgebungsrecht für diesen Bereich zu, wenn und soweit die Herstellung gleichwertiger Lebensverhältnisse im Bundesgebiet oder die Wahrung der Rechts- oder Wirtschaftseinheit im gesamtstaatlichen Interesse eine bundesgesetzliche Regelung erforderlich macht (Art. 72 Abs. 2 GG).

Im Lichte dieser Anforderungen wurden die Regelungen des SGB IX mit der Zielsetzung begründet, zur Herstellung gleichwertiger Lebensverhältnisse im Bundesgebiet sowie zur Wahrung der Rechtseinheit im gesamtstaatlichen Interesse durch eine bundesgesetzliche Regelung unterschiedliches Bundesrecht, das sich mit der Eingliederung von Menschen mit Behinderungen befasst, zu harmonisieren und eine möglichst einheitliche Leistungserbringung aller Rehabilitationsträger für das gesamte Bundesgebiet zu gewährleisten, um Ungleichbehandlungen der Betroffenen zu vermeiden.

Nach ausführlichen Abstimmungsgesprächen mit Verbänden, Ländern und Bundesressorts zu vielen Einzelpunkten wurde der Regierungsentwurf am 17.1.2001 vom Bundeskabinett beschlossen und am 19.1.2001 dem Bundesrat zugeleitet.[31] Einen textidentischen Entwurf hatten die Fraktionen der Regierungskoalition bereits am 16.1.2001 beschlossen und zur Verfahrensbeschleunigung in den Deutschen Bundestag eingebracht;[32] dort fand hierzu am 19.1.2001 die erste Beratung sowie die Überweisung an die Ausschüsse statt. Der Bundesrat hat den Regierungsentwurf in insgesamt sechs Ausschüssen beraten. Das Plenum des Bundesrates billigte Stellungnahmen und Änderungsvorschläge seiner Ausschüsse am 9. März zu insgesamt 64 Punkten.[33] Eine fast ebenso hohe Anzahl von Änderungsvorschlägen wurde in den Ausschüssen und im Plenum abgelehnt. Die Gegenäußerung der Bundesregierung wurde am 21.3.2001 beschlossen und anschließend dem Deutschen Bundestag zugeleitet.[34] Die Beratungen der Ausschüsse des Deutschen Bundestages sind in dem Bericht des federführenden Ausschusses für Arbeit und Sozialordnung[35] dokumentiert, ferner die von dem Ausschuss durchgeführte zweitägige Öffentliche Anhörung am 19. und 20.2.2001 sowie die im Ausschuss gestellten Anträge.

Im Ergebnis der Beratungen wurde der Gesetzentwurf am 4.4.2001 in der aus der Zusammenstellung auf BT-Drs. 14/5786 ersichtlichen Fassung (Beschlussempfehlung) mit den Stimmen der Mitglieder der Fraktionen der SPD, BÜNDNIS 90/DIE GRÜNEN, CDU/CSU und FDP bei Stimmenthaltung der Mitglieder der Fraktion der PDS angenommen. Die gleichen Mehrheitsverhältnisse ergaben sich auch bei der zweiten und dritten Beratung des Gesetzentwurfs im Deutschen Bundestag am 6.4.2001. Der Bundesrat stimmte dem vom Deutschen Bundestag beschlossenen Gesetz am 11.5.2001 ohne Gegenstimmen zu und fasste eine Entschließung zu Inhalten des nach § 66 aF (heute § 88) zu erstattenden Berichts.[36]

V. Fortentwicklungen des Gesetzes nach 2001

Nach Inkrafttreten des SGB IX im Jahr 2001 kam es zu verschiedenen **Fortentwicklungen des** Gesetzes. Diese waren allerdings nie grundlegender Art. Stattdessen bestanden sie vor allem in Klarstellungen des gesetzgeberisch Gewollten[37] und in terminologischen Anpassungen.[38] Gleichwohl kam es in der Folge-

---

31 BR-Drs. 49/01.
32 BT-Drs. 14/5074.
33 BR-Drs. 49/01 (Beschluss) = BT-Drs. 14/5531.
34 BT-Drs. 14/5639.
35 BT-Drs. 14/5800.
36 BR-Drs. 278/01 (Beschluss).
37 Insbesondere mit dem Behindertengleichstellungsgesetz vom 27.4.2002, BGBl. I 1467.
38 Insbesondere mit dem Gesetz zur Änderung von Fristen und Bezeichnungen im Neunten Buch Sozialgesetzbuch und zur Änderung anderer Gesetze vom 3.4.2003, BGBl. I 462.

zeit zu einzelnen wichtigen inhaltlichen Fortentwicklungen. So enthielt das Gesetz zur Förderung der Ausbildung und Beschäftigung schwerbehinderter Menschen vom 28.4.2004[39] sowie das Gesetz zur Einordnung des Sozialhilferechts in das Sozialgesetzbuch mit seiner Einführung des Sozialgesetzbuchs XII vom 27.12.2003[40] einige Innovationen, etwa die Verbesserung der Möglichkeiten für eine betriebliche Ausbildung, die verbesserte Beratung, Information und Unterstützung der Arbeitgeber zur Beseitigung von Einstellungshindernissen und zur Sicherung der Beschäftigung, den Ausbau betrieblicher Prävention und betrieblichen Eingliederungsmanagements im Sinne von „Rehabilitation statt Entlassung", die Verbesserung der Arbeitsmöglichkeiten der Schwerbehindertenvertretung, Beibehaltung der auf 5 Prozent abgesenkten Beschäftigungspflichtquote, den Ausbau der Integrationsfachdienste, die Verbesserung der Instrumente zur Förderung des Übergangs schwerbehinderter Menschen aus den Werkstätten für behinderte Menschen auf den allgemeinen Arbeitsmarkt und die Fortentwicklung der Regelungen zum Persönlichen Budget, insbesondere auch zur Erleichterung trägerübergreifender Budgets.

29 Die 2006 erfolgte **Klarstellung in dem damals neu eingeführten § 6 a**[41] wurde notwendig durch die Regelung der Grundsicherung für Arbeitsuchende nach dem Zweiten Buch, nach der ein Teil der Leistungen zur Teilhabe am Arbeitsleben auf die Arbeitsgemeinschaften oder die zugelassenen kommunalen Träger überging, andere dagegen weiterhin von der Bundesagentur für Arbeit zu erbringen sind.

Mit dem Entwurf eines Gesetzes zur **Einführung Unterstützter Beschäftigung**[42] schlug die Bundesregierung 2008 Änderungen des SGB IX und anderer Gesetze vor, die für Menschen mit Behinderungen und mit besonderem Unterstützungsbedarf die Leistungen zur Teilhabe am Arbeitsleben ergänzen und insbesondere einen einheitlichen Förderrahmen für Beschäftigung schaffen sollten. Dieses Gesetz wurde am 22.12.2008 im Bundesgesetzblatt verkündet[43] und trat am 30.12.2008 in Kraft. Nachfolgend ergaben sich keine wesentlichen weiteren Entwicklungen; das SGB IX wurde vielmehr immer nur dort angepasst, wo andere Gesetzesentwicklungen dies erforderlich machten. Verschiedene Überlegungen galten insbesondere einer möglichen Veränderung der Beschäftigungsquote und der Ausgleichsabgabe; sie wurden von verschiedenen Fraktionen im Deutschen Bundestag aufgegriffen und führten zu dem Beginn eines entsprechenden Gesetzgebungsverfahrens. Im Rahmen dieses Verfahrens befasste sich der Ausschuss für Arbeit und Soziales in einer öffentlichen Anhörung am 25.2.2013 mit den diversen Anträgen.[44] Am 14.3.2013 gab der Ausschuss für Arbeit und Soziales eine Beschlussempfehlung zu den Anträgen ab,[45] der sich für die Annahme des Antrags 17/12180 aussprach. Weiter verfolgt wurden die Aufforderungen des Parlaments von der Bundesregierung wegen des Endes der Legislaturperiode aber nicht mehr.[46]

---

39 BGBl. I 606.
40 BGBl. I 3022.
41 In der seit dem BTHG geltenden Fassung § 6 Abs. 3.
42 BT-Drs. 16/10487.
43 BGBl. I 2959.
44 Der CDU/CSU- und FDP-Fraktion, BT-Drs. 17/12180, der Fraktion der SPD, BT-Drs. 17/9931, sowie der Fraktion Die Linke, BT-Drs. 17/9758; näher hierzu unter http://www.bundestag.de/dokumente/textarchiv/2013/42801695_kw09_pa_arbeit_soziales-210612.
45 BT-Drs. 17/12770.
46 Vgl. Beschlussdokumentation im Plenarprotokoll 17/234, 29312.

VI. Das Bundesteilhabegesetz und die Reform des SGB IX

Zu einer ganz erheblichen Neufassung kam es im Jahr 2016 mit Verabschiedung des Bundesteilhabegesetzes, dessen ganzer Titel „Gesetz zur Stärkung der Teilhabe und Selbstbestimmung von Menschen mit Behinderungen (BTHG)" lautet. Das Gesetz wurde nach langem Ringen und intensiven Debatten am 23.12.2016 verabschiedet.[47] Der erste Referentenentwurf wurde am 26.4.2016 vorgelegt. Am 5.9.2016 brachte die Bundesregierung ihren Gesetzentwurf in den Bundestag ein.[48] Die erste Lesung fand anschließend am 22.9.2016 statt, einen Tag später befasste sich der Bundesrat mit dem Entwurf. Am 7.11.2016 folgte eine öffentliche Anhörung zum Gesetz, im Rahmen derer zahlreiche Verbände und Experten ihre – meist kritische bis ablehnenden – Stellungnahmen[49] formulierten.[50] Die Beratungen im Ausschuss für Arbeit und Soziales führten zu seiner Beschlussempfehlung vom 30.11.2016.[51] Die zweite und dritte Beratung im Bundestag folgte dann am 1.12.2016. Der Bundesrat stimmte dem dort verabschiedeten Gesetz dann in seiner Sitzung vom 16. Dezember zu.[52]

30

Inhaltlich verfolgte der Gesetzgeber mit diesem Gesetz, das zur Änderung vor allem des SGB IX, aber auch zahlreicher weiterer Gesetze führte, vor allem die Stärkung der gesellschaftlichen Teilhabe und Selbstbestimmung von Menschen mit Behinderungen. Zu diesem Zweck sollten die verschiedenen, auch von der UN-BRK vorgesehenen Regelungen, weiterentwickelt werden. Das führte insbesondere zu einer Neustrukturierung des Gesetzes, das fortan nicht mehr nur zwei Teile enthält, sondern drei. Während wie in der Fassung des Gesetzes aus dem Jahr 2001 das für alle Rehabilitationsträger geltende Rehabilitations- und Teilhaberecht in Teil 1 zusammengefasst ist, enthält der neue Teil 2 nun das bis dahin im SGB XII geregelte **Recht der Eingliederungshilfe**. Gerade dieser Aspekt hat, mit den dort vorgesehenen Veränderungen, zu zahlreicher Kritik im Gesetzgebungsverfahren geführt. Doch ist gerade deren Aufnahme in das SGB IX und Herauslösung aus dem SGB XII eine der zentralen Grundentscheidungen im Rahmen der Verabschiedung des BTHG insgesamt gewesen. Besonders kontrovers wurden bestimmte Aspekte diskutiert, die in früheren Konzepten noch anders vorgesehen waren, etwa zu Schiedsfähigkeit von bestimmten Vereinbarungen oder zur Ausgestaltung der Berechnung der Einkommensheranziehung.[53] Teil 2 des Gesetzes mit den Regelungen zur Eingliederungshilfe ist im Wesentlichen zu Beginn des Jahres 2020 in Kraft getreten. Teil 3 des Gesetzes in der Fassung des BTHG entspricht dem früheren zweiten Teil; er regelt also das – ebenfalls weiterentwickelte – sog. „Schwerbehindertenrecht". Eine grundlegende Neuausrichtung nahm das BTHG schon gleich zu Beginn vor, indem es den für das gesamte Gesetz zentralen Begriff der „Behinderung" an denjenigen anpasste, der von der UN-BRK verwendet wird.[54] Eine weitere Fortentwicklung ist die Vorgabe des Gesetzes, dass Menschen mit Behinderungen nunmehr alle Leistungen „aus einer Hand" erhalten sollen, so dass ein einziger An-

31

---

47 BGBl. I 3234.
48 BT-Drs. 18/9522.
49 Sämtliche Stellungnahmen sind dokumentiert etwa unter www.teilhabegesetz.org/pages/teilhabegesetz/gesetze-und-stellungnahmen.php.
50 S. den Stream in der Mediathek des Bundestages unter https://www.bundestag.de/mediathek?videoid=7024734#url= bWVkaWF0aGVrL3ZlcmFuc3RhbHR1bmdlbi9zaXR6dW5ncy1hbmFsaXRpa2VyPT92aWRlb2lkPTcwMjQ3MzQmbW9kPW1lZGlhdGhlaw (gekürzt wiedergegeben)
51 BT-Drs. 18/10523.
52 Plenarprotokoll Nr. 952.
53 Näher dazu *Schmachtenberg* NZS 2018, 337.
54 Zur (In-)Kompatibilität des BTHG mit der UN-Behindertenrechtskonvention s. *Schmitt* NZS 2018, 247.

trag ausreicht, um alle benötigten Leistungen der verschiedenen Rehabilitationsträger zu erhalten. Auf diese Weise versucht der Gesetzgeber vor allem, das Verfahren zu beschleunigen und – unnötige – Doppelbegutachtungen zu vermeiden. In der Eingliederungshilfe hat es durch das BTHG abgesehen von ihrer Überführung in das SGB IX auch inhaltliche Neuerungen gegeben. Die Gemeinsamen Servicestellen für Rehabilitation, die ursprünglich in den §§ 22 ff. SGB IX verankert waren, wurden abgeschafft, da sie sich, aus Sicht des Gesetzgebers, nicht bewährt hatten. Auch der neue Teil 3 erhält verschiedene inhaltliche Änderungen, etwa zum Recht der Schwerbehindertenvertretung, zum Feststellungsverfahren oder zur Inklusionsvereinbarung, die die bisherigen Integrationsvereinbarungen ablöst.

31a Im Februar 2021 hat die Bundesregierung das Gesetz zur Stärkung der Teilhabe von Menschen mit Behinderungen sowie zur landesrechtlichen Bestimmung der Träger der Sozialhilfe (**Teilhabestärkungsgesetz**) auf den Weg gebracht.[55] Dieses enthält eine Reihe von Neuerungen zur Teilhabe behinderter Menschen in verschiedenen Lebensbereichen, die diesen neue Möglichkeiten vor allem im Alltag geben sollen. Insbesondere wird das SGB IX um eine Gewaltschutzregelung ergänzt. Das Gesetz war bei Drucklegung dieses Kommentars noch nicht verabschiedet, wichtige Aspekte sind bereits in den Kommentierungen aufgenommen.

VII. Inhaltliche Schwerpunkte des Gesetzes

32 Das 2001 geschaffene SGB IX hat sich weitgehend an den verschiedenen, zuvor skizzierten politischen Vorgaben orientiert und sie umgesetzt. Dabei sind in dem das Behindertenrecht insgesamt regelnden SGB IX **verschiedene inhaltliche Schwerpunkte** erkennbar, die die Rehabilitation auf der einen und die Vorgaben zur Ermöglichung der Teilhabe von Menschen mit Behinderungen auf der anderen Seite in die Rechtswirklichkeit implementieren sollen.

33 Im Mittelpunkt des Gesetzes steht auch in seiner Fassung nach dem BTHG die Ermöglichung eines selbstbestimmten Lebens für Menschen mit Behinderungen und solchen, die von Behinderung bedroht sind. Dies kann als der **eigentliche, erste Schwerpunkt** des SGB IX insgesamt angesehen werden, das insofern von dem früher vorherrschenden Fürsorge- und Versorgungsmodell abweicht und eine grundsätzlich neue Ausrichtung beinhaltet (vgl. besonders § 1). Ziel der Sozialleistungen soll in Anlehnung an das „Partizipationsmodell" die Förderung der **Teilhabe** von Menschen mit Behinderungen und solchen, die von Behinderung bedroht sind, an der Gesellschaft, insbesondere am Arbeitsleben, sein. Damit wurde den aus der UN-BRK folgenden Zielen bereits durch die Schaffung des SGB IX vorgegriffen. „Partizipation" ist der Schlüsselbegriff der im Rahmen der Weltgesundheitsorganisation (WHO) geführten internationalen Diskussion um eine Weiterentwicklung der „Internationalen Klassifikation der Schädigungen, Fähigkeitsstörungen und Beeinträchtigungen" (ICIDH) zur „Internationalen Klassifikation der Funktionsfähigkeit, Behinderung und Gesundheit" (ICF), die nicht mehr die Orientierung an wirklichen oder vermeintlichen Defiziten, sondern das Ziel der Teilhabe an den verschiedenen Lebensbereichen (Partizipation) in den Vordergrund gerückt hat. Im Rahmen des SGB IX soll dieses Ziel der Teilhabe mit medizinischen, beruflichen und sozialen Leistungen schnell, wirkungsvoll, wirtschaftlich und auf Dauer erreicht werden. Entsprechend der Zielsetzung wurden diese Leistungen als „Leistungen zur Teilhabe"

---

55 BT-Drs. 19/27400.

zusammengefasst und spiegelten die später auch in der UN-BRK verankerten Anforderungen bereits von Inkrafttreten des SGB IX an wider.
Durch die Zusammenfassung der Rechtsvorschriften zur Rehabilitation und Eingliederung von Menschen mit Behinderungen, die für mehrere Sozialleistungsbereiche einheitlich gelten, sowie des Schwerbehindertenrechts entsprechend den Ordnungsprinzipien des Sozialgesetzbuches ist das SGB IX in ähnlicher Weise als **unmittelbar geltendes Recht bereichsübergreifend** wirksam wie schon vorher die Regelungen des Ersten, des Vierten und des Zehnten Buches des Sozialgesetzbuches. Dieser Ansatz stellt damit den **zweiten wichtigen inhaltlichen Schwerpunkt** des Gesetzes dar. Nach dem früher geltenden Rehabilitationsangleichungsgesetz stellten dessen leistungsrechtliche Regelungen in §§ 10 bis 20 lediglich „Grundsätze" dar, während sich Voraussetzungen, Art und Umfang der Leistungen der Rehabilitationsträger im Einzelnen nach den für sie jeweils geltenden besonderen Rechtsvorschriften richteten. § 7 SGB IX sieht vor, dass der generelle Vorrang dieser besonderen Rechtsvorschriften weiterhin hinsichtlich der Zuständigkeit und der Leistungsvoraussetzungen gilt, da sich diese bei Beibehaltung des gegliederten Systems und der „Einbindung" der Leistungen zur Rehabilitation und Eingliederung von Menschen mit Behinderungen in das Leistungsrecht und die Leistungspraxis der einzelnen Rehabilitationsträger nicht einheitlich regeln lassen. Dies war auch von Beginn an nicht Intention des Gesetzgebers, der sich bewusst für eine Integration des Behindertenrechts in das schon bestehende System der Sozialversicherung entschieden hatte. Im Übrigen stellte schon in der ersten Fassung des SGB IX dessen § 7 klar, dass die Vorschriften des Neunten Buches unmittelbar und originär für die Rehabilitationsträger Anwendung finden, soweit nicht in den jeweils geltenden Leistungsgesetzen Abweichendes bestimmt ist. Damit besteht zwar auch weiterhin die Möglichkeit, für jeden Träger spezifische Bestimmungen auch hinsichtlich Gegenstand, Umfang und Ausführung der Leistungen zu treffen; sind oder werden solche besonderen Bestimmungen aber nicht getroffen, gelten die allgemeinen Regelungen des Neunten Buches. Auf diese Weise wird deutlich, wie der Gesetzgeber seine von Anfang an bestimmenden strategischen Überlegungen umsetzt. 34

Im SGB IX sind somit alle Regelungen zusammengefasst, die für die in § 6 genannten **Rehabilitationsträger** einheitlich gelten. Die ersten acht Kapitel des Ersten Teils (§§ 1 bis 41; bis 31.12.2017: die ersten drei Kapitel des ersten Teils, §§ 1 bis 25) enthalten Regelungen, die für alle Rehabilitationsträger maßgebend sind, nämlich vor allem allgemeine Regelungen und Regelungen zur Ausführung von Leistungen zur Teilhabe. In Kapitel 9 bis 13 (§§ 42 bis 84; bis 31.12.2017: Kapitel 4 bis 7, §§ 26 bis 59) werden die Leistungen bestimmt, die einheitlich von den jeweils zuständigen Rehabilitationsträgern als Leistungen zur medizinischen Rehabilitation, zur Teilhabe am Arbeitsleben, als unterhaltssichernde und andere ergänzende Leistungen sowie als Leistungen zur Sozialen Teilhabe erbracht werden. 35

Die Fassung der Normen zur Einbeziehung der verschiedenen Träger in die für alle Rehabilitationsträger geltenden Verfahrens- und Abstimmungsvorschriften ermöglicht eine enge Zusammenarbeit im Interesse der Menschen mit Behinderungen, die zu ihrer Teilhabe am Leben in der Gesellschaft Leistungen und sonstige Hilfen mehrerer Träger benötigen. Hier findet sich das Gebot des Art. 28 UN-BRK deutlich wieder, in dem die Vertragsstaaten das Recht von Menschen mit Behinderungen auf einen angemessenen Lebensstandard und einen sozialen Schutz zur Sicherung dieser Rechte anerkennen. Als „soziale" Leistungen wurden in das Neunte Buch Sozialgesetzbuch verschiedene Leistun- 36 gen zur Sozialen Teilhabe und zur Bildung aufgenommen, durch das BTHG wurden diese Leistungen ausdifferenziert und ergänzt.

37 Ein weiterer, das reformierte Behindertenrecht maßgeblich prägender **dritter Schwerpunkt** des SGB IX zeigt sich vor allem in § 8. Um die Eigenverantwortlichkeit der Betroffenen zu stärken und ihnen bei der Ausführung der Leistungen möglichst weitgehenden Raum zu eigenverantwortlicher Gestaltung ihrer Lebensumstände zu belassen, erhalten die Betroffenen erweiterte **Wunsch- und Wahlrechte**. So ist bei der Entscheidung über die Leistungen berechtigten Wünschen der Betroffenen zu entsprechen (vgl. § 8 Abs. 1 Satz 1). Dazu gehört auch, dass die Leistungsberechtigten die Erbringung einer Sachleistung, wenn sie nicht in einer Rehabilitationseinrichtung ausgeführt werden muss, in der Form der Geldleistung wählen können, wenn die Geldleistung in der Wirksamkeit der Sachleistung entspricht und zumindest gleich wirtschaftlich ist (vgl. § 8 Abs. 2).

38 Dem auch aus Art. 1 UN-BRK folgenden und dort verankerten Anspruch von Menschen mit Behinderungen auf selbstbestimmte und eigenverantwortliche Gestaltung ihrer Lebensumstände, der einen zentralen **vierten Schwerpunkt** nicht nur der Konvention, sondern auch des deutschen SGB IX darstellt, wurde im SGB IX schon weit vor Wirksamwerden der Behindertenrechtskonvention dadurch Rechnung getragen, dass die Rehabilitationsträger ihre Leistungen in geeigneten Fällen auch in Form eines **Persönlichen Budgets** erbringen können. Die ursprünglich im deutschen Recht als Modell vorgesehene Pflicht hat der Gesetzgeber, auch aufgrund der nun schleppend sich entwickelnden Akzeptanz seitens der Rehabilitationsträger, die einschlägigen Regelungen mit Wirkung ab 1.7.2004 fortentwickelt und ab 2008 mit Rechtsanspruch versehen.

39 Ein weiterer, **fünfter Schwerpunkt** des Gesetzes und wohl überhaupt auch Hauptanliegen des Gesetzgebungsvorhabens insgesamt ist es (gewesen), die **Koordination** der Leistungen und die **Kooperation** der Leistungsträger durch wirksame Instrumente sicherzustellen. Dies versucht der Gesetzgeber auf unterschiedliche Weise zu erreichen. Zum einen wird dies durch die Einordnung des gesamten einschlägigen Rechts entsprechend den Einordnungsgrundsätzen des Sozialgesetzbuches erleichtert und verbessert. Darüber hinaus dienen diesem Zweck weitere Regelungen, die im SGB IX enthalten sind. Zu denken ist insbesondere an die funktionsbezogene, dh unabhängig vom erbringenden Leistungsträger einheitliche Festlegung der im Einzelfall erforderlichen Leistungen (§ 19) sowie an die umfassende Auskunft und Beratung der Betroffenen, der Ausbau der Regelungen über Bildung und Arbeit von Arbeitsgemeinschaften in § 25 Abs. 2 und § 36 Abs. 3 und die Möglichkeit, auf Ebene der Bundesarbeitsgemeinschaft für Rehabilitation gemeinsame Empfehlungen zu vereinbaren, wie sich aus § 26 ergibt.

40 Zum anderen sollen Streitigkeiten über Zuständigkeitsfragen einschließlich der vorläufigen Leistungserbringung bei ungeklärter Zuständigkeit oder bei Eilbedürftigkeit nicht zulasten der behinderten Menschen sowie der Schnelligkeit und Qualität der Leistungserbringung gehen. Das Instrument der vorläufigen Leistungserbringung nach § 6 Abs. 2 Rehabilitations-Angleichungsgesetz konnte diesen Anspruch nicht erfüllen. Grundsätzlich bleibt die Zuständigkeit der einzelnen Zweige der sozialen Sicherheit für Rehabilitationsleistungen unberührt. Jedoch wird das Verwaltungsverfahren durch eine rasche **Zuständigkeitsklärung** deutlich verkürzt, damit die Berechtigten die erforderlichen Leistungen schnellstmöglich erhalten (§ 14).

41 Um ein effizientes und effektives gemeinsames Handeln der Rehabilitationsträger zu gewährleisten und um die erforderlichen Leistungen in der gebotenen

Qualität sicherzustellen, vereinbaren die Rehabilitationsträger zudem gemeinsame Empfehlungen zur Sicherung und Weiterentwicklung der **Qualität** der Leistungen sowie für die Durchführung vergleichender Qualitätsanalysen als Grundlage für ein effektives Qualitätsmanagement. Diese Empfehlungen werden durch die Bundesarbeitsgemeinschaft für Rehabilitation unter Beteiligung der Verbände und Selbsthilfegruppen von Menschen mit Behinderungen vorbereitet. Die Leistungserbringer führen zur Gewährleistung der Qualität der Versorgung einrichtungsintern ein Qualitätsmanagement ein. In Fortentwicklung des § 7 Rehabilitations-Angleichungsgesetzes wurde darüber hinaus in §§ 3 und 9 (bis 31.12.2017: §§ 3 und 8) klargestellt, dass nicht nur bei Renten- und Pflegeleistungen, sondern bei allen Sozialleistungen wegen einer Behinderung alle Möglichkeiten zu positiven Entwicklungsprozessen zu nutzen sind und diese **Vorrang** haben.

Ein **sechster inhaltlicher Schwerpunkt** ist im SGB IX unter genderspezifischen Aspekten enthalten. Aufgrund der mit dem SGB IX neugeschaffenen Regelungen werden insofern geschlechtstypische Belastungssituationen für **Frauen** mit Behinderungen und für von Behinderung bedrohte Frauen abgefangen, indem ihre besonderen Bedürfnisse und Probleme Berücksichtigung finden. Entsprechendes gilt auch für die besonderen Bedürfnisse und Probleme von **Kindern** mit Behinderungen und solchen Kindern, die von Behinderung bedroht sind; zu dieser Gruppe zählt das SGB IX entsprechend Artikel 1 der UN-Kinderrechtskonvention alle jungen Menschen bis zur Vollendung des achtzehnten Lebensjahres. Darüber hinaus bleiben durch die Einordnung des Schwerbehindertengesetzes in das Neunte Buch Sozialgesetzbuch die bereits mit dem Gesetz zur Bekämpfung der Arbeitslosigkeit Schwerbehinderter geschaffenen besonderen Regelungen für Frauen mit Behinderungen wirksam.

Ein weiterer, **siebter inhaltlicher Schwerpunkt** schon bei Erlass des SGB IX, aber auch in neuer Fassung durch dem BTHG ist in all denjenigen Maßnahmen zu sehen, die sich auf die (Re-)Integration und Teilhabe im bzw. am Arbeitsleben beziehen. Dass die Leistungen zur medizinischen Rehabilitation und zur Teilhabe am Arbeitsleben auch **psychologische und pädagogische Hilfen** umfassen, soweit diese Leistungen im Einzelfall zum Erreichen oder zur Sicherung des Erfolgs der Leistungen zur Teilhabe erforderlich sind, wird zunächst in § 42 Abs. 3 und § 49 Abs. 6 des Neunten Buches sichergestellt. Um arbeitsunfähigen Leistungsberechtigten eine schrittweise Wiederaufnahme ihrer Tätigkeit zu ermöglichen, stellt § 44 zudem klar, dass die bisher ausdrücklich nur für die gesetzliche Krankenversicherung vorgesehene Möglichkeit der **stufenweisen Wiedereingliederung** auch für andere Bereiche der medizinischen Rehabilitation Bedeutung hat. Ergänzend zu dem Anspruch auf eine notwendige Arbeitsassistenz aus Mitteln der Ausgleichsabgabe gegenüber den Integrationsämtern wird für schwerbehinderte Menschen als Hilfe zur Erlangung eines Arbeitsplatzes nach § 49 auch ein entsprechender Anspruch gegenüber den Rehabilitationsträgern begründet. Die Regelung stellt sicher, dass schwerbehinderte Menschen die notwendigen Leistungen, die ihnen die Teilnahme am Arbeitsleben ermöglichen, im erforderlichen Umfang erhalten, und führt zu einer angemessenen Verteilung der hierdurch entstehenden Kosten zwischen Rehabilitationsträgern und Hauptfürsorgestellen.

Achtens hatte der Gesetzgeber des SGB IX in seiner Erstfassung dem Umstand Rechnung tragen wollen, dass eine Flexibilisierung der Rehabilitation immer stärker an Bedeutung gewinnt. Deshalb wurde im SGB IX – unter Berücksichtigung der persönlichen Umstände und der Wirksamkeit der Leistungen – ausdrücklich geregelt, dass **ambulante und teilstationäre Leistungen** grundsätzlich zu bevorzugen waren. Allerdings gab es, anders als etwa im SGB V, schon von Beginn an keine strikte Festlegung eines Grundsatzes „ambulant vor stationär", da ein solcher Grundsatz für die Verwirklichung einer erfolgreichen Rehabilitation im Einzelfall zu unflexibel schien. Und das zu Recht: Zum einen gibt es durchaus Fälle, in denen auch bei gleicher Wirksamkeit der Leistungen die stationäre Form vorzuziehen ist, zB bei Leistungen für Mütter, die bei einer ambulanten Leistung nicht genügend Abstand vom Alltag erreichen können. Zum anderen sollen bei der Entscheidung über die Form der Leistung alle Umstände des Einzelfalls und die Interessen der Betroffenen, insbesondere auch die persönliche und berufliche Situation, berücksichtigt werden. Hierdurch kann vor allem Frauen mit Familienpflichten, aber auch bei teilzeitbeschäftigten Menschen mit Behinderung und generell die Inanspruchnahme von Leistungen vor allem zur medizinischen Rehabilitation erheblich verbessert werden. Die Entscheidung über eine ambulante Leistungserbringung hat auch Einfluss darauf, ob die Leistung wohnortnah erbracht wird, denn ambulant kann eine Leistung in aller Regel nur erbracht werden, wenn die Einrichtung wohnortnah liegt. Auf diesem Weg ist das BTHG konsequent weitergegangen. In dem neuen § 36, der dem § 19 aF entspricht, wurde dessen Absatz 2, der diesen Aspekt regelt, weggelassen, da, so der Gesetzgeber, eine konsequent personenbezogene Bedarfsfeststellung keine Rangfolge von Leistungserbringungsformen (ambulant vor stationär) zulässt.[56]

45 Ein **neunter** inhaltlicher Schwerpunkt ist für eine besondere Gruppe von Menschen mit Behinderungen erkennbar. Für die Integration gehörloser Menschen ist es von großer Bedeutung, sowohl in der Lautsprache als auch in der Gebärdensprache – je nach den Erfordernissen der konkreten Situation – kommunizieren zu können. Dies ist auch eine Vorgabe, die sich heute aus Art. 9 UN-BRK ergibt und die zudem vom BGG näher ausgestaltet wurde. Für den Sozialbereich wird es Menschen mit Hörbehinderungen schon durch das SGB IX ermöglicht, im Verkehr mit öffentlichen Einrichtungen die **Gebärdensprache** zu verwenden. Dies gilt nicht nur im Verfahren der Sozialverwaltung (so der durch das SGB IX ergänzte § 19 Abs. 1 SGB X), sondern auch bei der Ausführung aller Sozialleistungen (so der durch das SGB IX eingefügte § 17 Abs. 2 SGB I). Für die Verständigung in anderen Fällen werden die erforderlichen Hilfen oder die Erstattung der notwendigen Aufwendungen hierfür als Leistungen zur Teilhabe am Leben in der Gemeinschaft erbracht. Weitere erforderliche Regelungen zur Anerkennung der Gebärdensprache im Verfahrensrecht außerhalb des Sozialbereichs wurden in dem Gleichstellungsgesetz und dem zivilrechtlichen Allgemeinen Gleichbehandlungsgesetz vom 14.8.2006[57] getroffen.

46 Das Schwerbehindertenrecht schließlich nimmt, **zehntens**, im Rahmen des SGB IX eine eigene Stellung ein und ist im Gesetz eigenständig geregelt.

VIII. Gliederung des Gesetzes im Einzelnen

47 Das Gesetz trägt den Titel „Sozialgesetzbuch (SGB) Neuntes Buch (IX) – Rehabilitation und Teilhabe von Menschen mit Behinderungen". Es ist untergliedert in drei Teile, wobei Teil 1 in vierzehn Kapiteln in den §§ 1 bis 89 allgemein geltende Vorschriften für Menschen mit Behinderungen und solchen, die von Behinderungen bedroht sind, enthält, Teil 2 regelt (überwiegend ab 2020, siehe dazu die Vorbemerkung zu Teil 2) in elf Kapiteln in den §§ 90 bis 150 das ursprünglich im SGB XII enthaltene Recht der Eingliederungshilfe; Teil 3 wiede-

---

56 BT-Drs. 18/9522, 247.
57 BGBl. I 1897.

rum – der ursprüngliche Teil 2 – enthält in vierzehn Kapiteln in den §§ 151 bis 242 besondere Regelungen zur Teilhabe schwerbehinderter Menschen (Schwerbehindertenrecht).

Sozialgesetzbuch Neuntes Buch – Rehabilitation und Teilhabe von Menschen mit Behinderungen (Neuntes Buch Sozialgesetzbuch – SGB IX)[1, 2, 3]

Vom 23. Dezember 2016 (BGBl. I S. 3234)
(FNA 860-9-3)
zuletzt geändert durch Art. 8 Abs. 5 G zur Bekämpfung sexualisierter Gewalt gegen Kinder vom 16. Juni 2021 (BGBl. I S. 1810)

Teil 1
Regelungen für Menschen mit Behinderungen und von Behinderung bedrohte Menschen

Vorbemerkung

Literatur:

Haines, Das SGB IX – für kompetente Menschen in einem kompetenten Leistungssystem, KrV 2001, 268; *Kainz,* Grundsätze der Rehabilitation und Teilhabe behinderter Menschen, ZFSH/SGB 2015, 128; *Kuhn-Zuber,* Soziale Inklusion und Teilhabe, Sozialer Fortschritt 2015, 259; *Pitschas,* Integration behinderter Menschen als Teilhabekonzept, SGb 2003, 65; *Seewald,* Prävention im Sozialrecht, in: FS 50 Jahre BSG, 2004, 289; *Ullrich,* Doppelte Benachteiligung von Frauen überwinden, BArbBl 2001, Nr. 11, 16; *Waldschmid,* Grundlagen und Ziele der Teilhabeforschung, SuP 2015, 683; *Wannagat* (Hrsg.), Sozialgesetzbuch, Kommentar am gesamten Recht des Sozialgesetzbuchs, 2007; *Welti,* Rechte und Ansprüche behinderter Menschen – nach geltendem Recht in der Bundesrepublik Deutschland, in „Behinderung" im Dialog zwischen Recht und Humangenetik 2014, 35; *Welti/Frankenstein/Hlava,* Angemessene Vorkehrungen und Sozialrecht, SGb 2019, 317; *Wilmerstadt,* Verbesserungen für behinderte Kinder, BArbBl 2001, Nr. 11, 36; *Zinsmeister,* Mehrdimensionale Diskriminierung – Das Recht behinderter Frauen auf Gleichberechtigung und seine Gewährleistung durch Art. 3 GG und das einfache Recht, 2007.

Teil 1 des SGB IX enthält in den Paragrafen 1 bis 89 die Regelungen zur Teilhabe behinderter und von Behinderung bedrohter Menschen, die in diesem Buch des Sozialgesetzbuchs zusammengefasst sind; der anschließende Teil 2 regelt in den §§ 90 bis 150 das Eingliederungsrecht als Recht der besonderen Leistungen für Menschen mit Behinderungen;[1] Teil 3 schließlich enthält in den §§ 151 bis 241 besondere Regelungen zur Teilhabe schwerbehinderter Menschen (Schwerbehindertenrecht) sowie einige Übergangsregelungen. 1

Teil 1 ist in vierzehn Kapitel unterteilt, Kapitel 1 bildet dabei mit seinen nur acht Paragrafen den übergreifenden Auftakt und enthält allgemeine Vorschriften. 2

---

1 Verkündet als Art. 1 BundesteilhabeG v. 23.12.2016 (BGBl. I 3234); Inkrafttreten gem. Art. 26 Abs. 1 dieses G am 1.1.2018, mit Ausnahme von Teil 2 Kapitel 1–7 (§§ 90–122) sowie Kapitel 9–11 (§§ 135–150), die gem. Abs. 4 Nr. 1 dieses G mit Ausnahme von § 94 Absatz 1 am 1.1.2020 in Kraft getreten sind.
Die Änderungen durch Art. 25 a BundesteilhabeG v. 23.12.2016 (BGBl. I 3234), die mWv **1.1.2023** in Kraft treten, wenn zu diesem Zeitpunkt das Bundesgesetz nach Artikel 25 a § 99 Absatz 7 verkündet wurde, sind im Text noch nicht berücksichtigt.
2 Die Änderungen durch G v. 10.12.2019 (BGBl. I 2135) treten teilweise erst **mWv 1.1.2023** in Kraft und sind insoweit im Text noch nicht berücksichtigt.
3 Die Änderungen durch G v. 12.12.2019 (BGBl. I 2652) treten erst **mWv 1.1.2024** in Kraft und sind im Text noch nicht berücksichtigt.
1 Zum gestuften Inkrafttreten des Teils 2 siehe die Vorbemerkung zu Teil 2.

Kapitel 1 Allgemeine Vorschriften

Vorbemerkung

1 Kapitel 1 enthält die grundsätzlichen, trägerübergreifenden Regelungen des SGB IX mit Bedeutung für alle Leistungsgruppen, und zwar in den §§ 1 bis 8 mit wichtigen Regelungen zur Struktur der Leistungen zur Teilhabe und ihrer Einordnung in das Sozialgesetzbuch bis hin zum Wunsch- und Wahlrecht des Leistungsberechtigten.

§ 1 Selbstbestimmung und Teilhabe am Leben in der Gesellschaft

[1]Menschen mit Behinderungen oder von Behinderung bedrohte Menschen erhalten Leistungen nach diesem Buch und den für die Rehabilitationsträger geltenden Leistungsgesetzen, um ihre Selbstbestimmung und ihre volle, wirksame und gleichberechtigte Teilhabe am Leben in der Gesellschaft zu fördern, Benachteiligungen zu vermeiden oder ihnen entgegenzuwirken. [2]Dabei wird den besonderen Bedürfnissen von Frauen und Kindern mit Behinderungen und von Behinderung bedrohter Frauen und Kinder sowie Menschen mit seelischen Behinderungen oder von einer solchen Behinderung bedrohter Menschen Rechnung getragen.

1 **Gesetzeshistorie:** Die Vorschrift wurde durch Artikel 1 und 68 Abs. 1 SGB IX vom 19.6.2001[1] mit Wirkung ab 1.7.2001 eingeführt. Das BTHG hat sie vor allem sprachlich angepasst und einige kleinere Änderungen bzw. Ergänzungen vorgenommen, vor allem zu den seelischen Behinderungen.

2 **Regelungsinhalt:** Die Vorschrift formuliert die Ziele des Neunten Buches im Rahmen des Sozialgesetzbuchs. Vorangestellt und hervorgehoben wird das Ziel, Selbstbestimmung und gleichberechtigte Teilhabe von Menschen mit Behinderungen und von Behinderung bedrohter Menschen durch besondere Sozialleistungen zu fördern. Satz 2 stellt klar, dass dabei den besonderen Bedürfnissen Frauen mit Behinderungen und von Behinderung bedrohter Frauen und Kinder Rechnung zu tragen ist. § 1 legt keine Ansprüche fest. Doch enthält er auch nicht bedeutungslose Zielvorgaben; vielmehr sind die in der Vorschrift enthaltenen Ziele vor allem bei der Auslegung des Gesetzes insgesamt zu berücksichtigen.[2]

3 **Zur Entstehung:** Die Fassung des Regierungsentwurfs wurde im ursprünglichen Gesetzgebungsverfahren nicht verändert und hat erst im Laufe des BTHG-Verfahrens Änderungen erfahren.

4 In dem ursprünglichen Regierungsentwurf hieß es 2001 mit unveränderter Relevanz für die jetzige Fassung:

„Der in seiner Zielsetzung umfassende Ansatz bezieht alle Lebensumstände behinderter und von Behinderung bedrohter Menschen ein, insbesondere auch ihre Einbettung in ihre Familien, die für viele Betroffene den unmittelbarsten und wichtigsten Bezugsrahmen bilden. Satz 2 stellt klar, dass dabei den Bedürfnissen behinderter und von Behinderung bedrohter Frauen, beispielsweise aufgrund von Erziehungsaufgaben und anderen Familienpflichten, in besonderer Weise Rechnung zu tragen ist; entsprechendes gilt auch für die besonderen Bedürfnisse von Kindern.

---

1 BGBl. I 1046.
2 S. nur *Götze* in Hauck/Noftz SGB IX § 1 Rn. 12.

Leistungen zur Teilhabe können nur Angebote und Chancen sein, die von behinderten und von Behinderung bedrohten Menschen aktiv genutzt werden müssen, um das Ziel dieser Leistungen – die Teilhabe am Leben der Gesellschaft – zu erreichen. Die Vorschrift zielt also – ebenso wie alle Vorschriften des Neunten Buches – darauf ab, so weitgehend wie möglich die eigenen Fähigkeiten zur Selbstbestimmung – und damit auch zur Selbsthilfe – zu stärken, zu unterstützen und eine möglichst selbstständige Lebensführung zu ermöglichen."

Satz 1 spricht zunächst den **Personenkreis** an, auf den die Regelungen des Neunten Buches ausgerichtet sind: Erfasst sind damit Menschen mit Behinderungen einerseits und von Behinderung bedrohte Menschen andererseits. Die nähere Bestimmung dieses Personenkreises findet sich in § 2.

Weiter ist in der Vorschrift der wichtigste Regelungsgegenstand des Neunten Buches angesprochen, die für Menschen mit Behinderungen und für von Behinderung bedrohten Menschen bestimmten **Leistungen**. Dabei handelt es sich – entsprechend dem Regelungsgegenstand des Sozialgesetzbuchs generell – vor allem um Sozialleistungen im Sinne des § 11 SGB I; auf sie beziehen sich insbesondere Teil 1 und Teil 2 des Neunten Buches in Verbindung mit den für die einzelnen Rehabilitationsträger geltenden Leistungsgesetzen. Eine Regelung durch das Neunte Buch – als „Leistungen" im weiteren Sinne – erfahren jedoch insbesondere bei den in Teil 3 geregelten **besonderen Hilfen für schwerbehinderte Menschen** außer Sozialleistungen im engeren Sinne auch weitere „soziale Leistungen" ohne Sozialleistungscharakter, etwa die in § 152 Abs. 4 und § 209 angesprochenen Nachteilsausgleiche, insbesondere die in Kapitel 13 des Teils 3 geregelte unentgeltliche Beförderung schwerbehinderter Menschen im öffentlichen Personenverkehr, sowie weitere „besondere Hilfen" insbesondere arbeitsrechtlichen Charakters.

Demgegenüber sind die Bundesregelungen mit gleicher Zielsetzung **außerhalb des Sozialleistungsrechts** mit Wirkung seit 1.5.2002 im **Behindertengleichstellungsgesetz** zusammengefasst, auf Länderebene finden sich entsprechende Behindertengleichstellungsgesetze.

Als gemeinsame oberste **Ziele** für die genannten Leistungen – und die Regelungen des Neunten Buches insgesamt – nennt Satz 1, erstens, die Selbstbestimmung von Menschen mit Behinderungen und von mit Behinderung bedrohten Menschen sowie ihre volle, wirksame und gleichberechtigte Teilhabe am Leben in der Gesellschaft zu fördern und zusätzlich, zweitens, Benachteiligungen zu vermeiden oder ihnen entgegenzuwirken.

Damit wird zugleich die in den Eckpunkten und der Entschließung des Deutschen Bundestages vom 19.5.2000[3] vorgegebene **politische Stoßrichtung** des SGB IX und der nach seinen Regelungen zu erbringenden Leistungen rechtlich verbindlich festgelegt. Diese Ziele sollen, so die Konzeption des Gesetzes, bereichsübergreifend verfolgt werden.

Die Förderung der **Selbstbestimmung** durch die zu erbringenden Leistungen entspricht dem Respekt des Gesetzes vor der Menschenwürde von Menschen mit Behinderungen sowie der Menschenwürde von Behinderung bedrohter Menschen; die betroffenen Menschen sollen nicht als Adressat oder gar Objekt öffentlicher „Fürsorge" verstanden werden, vielmehr sollen die von ihnen benötigten Sozialleistungen und deren Ausführung ihre Menschenwürde respektieren und erweitern. „Selbstbestimmung" – als deutsche Fassung von „Autonomie" und als Gegenbegriff zu (abgelehnter) „Fremdbestimmung" – ist zugleich eine zentrale politische Zielsetzung der neueren Behindertenbewe-

---

3 BT-Drs. 14/2913.

gung. Zu verstehen ist sie als verantwortungsbewusste Bestimmung über das eigene Schicksal und schließt den Respekt vor der Selbstbestimmung anderer Menschen ein.

10 Entsprechendes gilt für die volle, wirksame und gleichberechtigte **Teilhabe** am Leben in der Gesellschaft, den positiven Gegenbegriff gegen – abgelehnte – Ausgrenzung und Ausschluss. „Teilhabe" – die deutsche Fassung von „participation", dem Zentralbegriff der ICF, der seinerseits als „involvement in a life situation", also als Gesamtheit der sozialen Umweltbeziehungen von Menschen bezeichnet ist – schließt unterschiedliche Aspekte ein, insbesondere die rechtliche Einbeziehung, das tatsächliche Dabeisein, also die Teilnahme, und die Einbeziehung in funktionale Abläufe für die Teilhabe am Arbeitsleben. Mit dieser internationalen Terminologie als Schlüsselbegriff für das Neunte Buch und die ab § 4 geregelten „Leistungen zur Teilhabe" übernimmt die deutsche Gesetzgebung auch den Bezugsrahmen des internationalen Diskurses über Menschen mit Behinderungen. Mit dem Ziel der **gleichberechtigten** Teilhabe nimmt die Vorschrift zugleich Bezug auf die Rahmenbestimmungen für die Herstellung der Chancengleichheit für Menschen mit Behinderungen, die die Generalversammlung der Vereinten Nationen am 20.12.1993 beschlossen hat.

11 Selbstbestimmung und volle, wirksame und gleichberechtigte Teilhabe bedeuten auch, Menschen mit Behinderungen und von Behinderung bedrohte Menschen so weitgehend wie möglich in ihren **sozialen Bezügen** zu belassen und in den gesetzlichen Vorgaben und der Ausgestaltung der Leistungen zur Teilhabe auf diese Bezüge Rücksicht zu nehmen; dies wird in zahlreichen Einzelregelungen des Neunten Buches konkretisiert. Außerdem macht die Wortwahl – anders als der früher vorwiegend verwendete Begriff der „Eingliederung" – deutlich, dass, um Teilhabe zu sichern, zwischen Menschen mit Behinderungen und Gesellschaft eine gegenseitige Annäherung und Anpassung erforderlich ist.[4]

12 Mit der weiteren zentralen Zielsetzung, **Benachteiligungen** zu **vermeiden** oder ihnen **entgegenzuwirken**, knüpft die Vorschrift an das Benachteiligungsverbot nach **Artikel 3 Abs. 3 Satz 2 Grundgesetz** an. Der Gesetzgeber selbst wollte mit Erlass des SGB IX dieses Verbot, das sich auch in Art. 21 der Grundrechtecharta der EU findet, im Sozialrecht umsetzen.[5] Dieses Verbot ist Grundrecht und zugleich objektive Wertentscheidung. Aus ihm folgt – über das sich aus dem Wortlaut unmittelbar ergebende Verbot der Benachteiligung hinaus – im Zusammenwirken mit speziellen Freiheitsrechten, dass der Staat eine besondere Verantwortung für behinderte Personen trägt. Nach der ständigen Rechtsprechung des Bundesverfassungsgerichts[6] fließt das Verbot der Benachteiligung von Menschen mit Behinderungen als Teil der objektiven Wertordnung aber auch in die Auslegung des einfachen Rechts – und damit insbesondere auch des Sozialrechts – ein und ist durch dieses umzusetzen.

13 Eine vierte allgemeine Vorgabe enthält **Satz 2**, dass bei den in Satz 1 genannten Zielsetzungen und ihrer Umsetzung in Sozialleistungen den **besonderen Bedürfnissen** von Frauen und Kindern mit Behinderungen und von Behinderung bedrohter **Frauen** und **Kinder** Rechnung zu tragen ist. Diese Vorgabe spricht einerseits Gruppen an, die auch ohne Vorliegen einer Behinderung in besonderer Weise verwundbar sind und durch das Eintreten einer Behinderung oft als „doppelt benachteiligt" gelten. Andererseits waren frühere Ansätze zur Rehabilitation und Teilhabe von Menschen mit Behinderungen traditionell von Erfah-

---

4 *Welti* in HK-SGB IX § 1 Rn. 2.
5 BT-Drs. 14/5074, 92.
6 So am 10.12.2008 – 2 BvR 2571/07, NvwZ 2009, 389.

rungen und Bedürfnissen überwiegend männlicher „Kriegs- und Arbeitsopfer"
in besonderer Weise geprägt und vernachlässigen daher typischerweise besondere Bedürfnisse von Frauen und Kindern; diese Tradition soll – nicht zuletzt
als Ausdruck entsprechenden sozialen Wandels – im Rahmen des Neunten Buches überwunden werden.

Angesprochen sind durch Satz 2 **Frauen** in weitem Verständnis, also Frauen und 14
Mädchen jeglichen Alters und generell Personen weiblichen Geschlechts unabhängig von Alter, sozialer Stellung sowie sexueller Neigung oder Betätigung.
Rehabilitation und Teilhabe sollen allen behinderten und von Behinderung bedrohten Frauen in gleicher Weise zugänglich und nutzbar sein.

Entsprechendes gilt für **Kinder**. Nach der Begründung des Regierungsentwurfs 15
sind Kinder entsprechend Artikel 1 der UN-Kinderrechtskonvention bis zur
Vollendung des achtzehnten Lebensjahres erfasst, so dass im Neunten Buch auf
eine gesonderte Erwähnung von Jugendlichen (anders, als dies im Achten Buch
geschehen ist) verzichtet wurde.

Hier wie in weiteren Regelungen des Gesetzes ist die bindende Verpflichtung in 16
die grammatische Form des „**imperativen Präsens**"[7] gefasst worden. Inhaltlich
ist davon auszugehen, dass der Gesetzgeber mit der Formulierung gerade des
Satzes 2 alle Träger von Leistungen zur Teilhabe verpflichten wollte, bei der
Leistungsgewährung den besonderen Bedürfnissen von Frauen und Kindern mit
Behinderungen und von Behinderung bedrohter Frauen und Kinder Rechnung
zu tragen. Über § 7 Abs. 1 Satz 1 SGB IX erreicht diese Forderung auch die
Pflegeversicherung: Die Formulierung besonders in § 1 Satz 2 ist nämlich Ausdruck einer allgemeinen Zielvorgabe, bei der Ausgestaltung von Leistungen für
behinderte Menschen die Besonderheiten von Alter und Geschlecht angemessen
zu berücksichtigen. Der Förderauftrag des § 1 Satz 2 ist letztlich mit Recht als
Ausschnitt der auch die Pflegekassen unmittelbar bindenden Zielvorgabe gemäß § 2 Abs. 1 SGB XI zu sehen.[8]

Sämtliche der in § 1 angesprochenen inhaltlichen Vorgaben sind **keine eigen-** 17
ständigen Anspruchsgrundlagen, sondern sollen in ähnlicher Weise wirken, wie
dies für die im Allgemeinen Teil des Sozialgesetzbuchs niedergelegten „sozialen
Rechte" in § 2 Abs. 2 SGB I ausdrücklich bestimmt ist: die Vorgaben „sind bei
der Auslegung der Vorschriften dieses Gesetzbuchs und bei der Ausübung von
Ermessen zu beachten; dabei ist sicherzustellen, dass die (Vorgaben) möglichst
weitgehend verwirklicht werden."

Besondere Regelungen für **Frauen mit Behinderungen** oder mit Auswirkungen 18
vor allem für Frauen mit Behinderungen (neben § 1 Satz 2 und der generellen
sprachlichen Gleichstellung von Männern und Frauen) enthält das Neunte
Buch an zahlreichen Stellen, etwa in §§ 8 Abs. 1, 26 Abs. 6, 36 Abs. 1 oder 49.

Besondere Regelungen für **Kinder mit Behinderungen** oder mit Auswirkungen 19
vor allem für Kinder mit Behinderungen enthält das Neunte Buch ebenfalls an
zahlreichen Stellen, über § 1 Satz 2 hinaus etwa in § 4 Abs. 3 oder in § 8 Abs. 1.

§ 2 Begriffsbestimmungen

(1) [1]Menschen mit Behinderungen sind Menschen, die körperliche, seelische,
geistige oder Sinnesbeeinträchtigungen haben, die sie in Wechselwirkung mit
einstellungs- und umweltbedingten Barrieren an der gleichberechtigten Teilhabe
an der Gesellschaft mit hoher Wahrscheinlichkeit länger als sechs Monate hin-

---

7 So der Bericht zu § 81, BT-Drs. 14/5800, 30.
8 Vgl. BSG 17.7.2008 – B 3 P 12/07 R, SozR 4-3300 § 40 Nr. 9.

dern können. ²Eine Beeinträchtigung nach Satz 1 liegt vor, wenn der Körper- und Gesundheitszustand von dem für das Lebensalter typischen Zustand abweicht. ³Menschen sind von Behinderung bedroht, wenn eine Beeinträchtigung nach Satz 1 zu erwarten ist.

(2) Menschen sind im Sinne des Teils 3 schwerbehindert, wenn bei ihnen ein Grad der Behinderung von wenigstens 50 vorliegt und sie ihren Wohnsitz, ihren gewöhnlichen Aufenthalt oder ihre Beschäftigung auf einem Arbeitsplatz im Sinne des § 156 rechtmäßig im Geltungsbereich dieses Gesetzbuches haben.

(3) Schwerbehinderten Menschen gleichgestellt werden sollen Menschen mit Behinderungen mit einem Grad der Behinderung von weniger als 50, aber wenigstens 30, bei denen die übrigen Voraussetzungen des Absatzes 2 vorliegen, wenn sie infolge ihrer Behinderung ohne die Gleichstellung einen geeigneten Arbeitsplatz im Sinne des § 156 nicht erlangen oder nicht behalten können (gleichgestellte behinderte Menschen).

Literatur:

Banafsche, Die UN-Behindertenrechtskonvention und das deutsche Sozialrecht – eine Vereinbarkeitsanalyse anhand ausgewählter Beispiele, SGb 2012, 373; *Bechtolf,* Der Behinderungsbegriff und die Wirrungen des EuGH, ZESAR 2018, 118; *Bernzen,* Die Gleichstellung behinderter Menschen mit Schwerbehinderten Menschen nach § 2 Abs. 3 SGB IX, jM 2015, 19; *Dahms,* Die rechtliche Konzeption von Behinderung. Auswirkungen auf das arbeitsrechtliche Fragerecht und die krankheitsbedingte Kündigung, 2018; *Goedelt,* Die Festsetzung des Grades der Minderung der Erwerbsfähigkeit/des Grades der Behinderung nach dem Schwerbehindertengesetz, ZfS 1994, 97; *Heinz,* Der Behinderungsbegriff des Sozialgesetzbuches, S+P 2016, 381; *Kainz,* Auswirkungen des neuen Begriffs der Behinderung auf den Grad der Behinderung?, NZS 2018, 297; *Kessler,* Anmerkungen zur Reform des sozialrechtlichen Behindertenbegriffs, SGb 2015, 373; *Luthe,* Die Behinderung nach § 2 Abs. 1 SGB IX, der Gesellschaftsbegriff und die ICF, SGb 2009, 569; *Luthe,* Der neue Behinderungsbegriff des Bundesteilhabegesetzes, Behindertenrecht 2017, 53 und 77; *Schmitt,* Das Bundesteilhabegesetz auf dem Prüfstand der UN-Behindertenrechtskonvention, NZS 2018, 247; *Seger,* Kann die ICF für die Einschätzung von Behinderungen nach SGB IX genutzt werden?, Sozialer Fortschritt 2015, 290; *Selzer,* Krankheit und Behinderung im Diskriminierungsrecht, EuZA 2014, 95; *Welti,* Behinderung und Rehabilitation im sozialen Rechtsstaat, 2005.

1 **Gesetzeshistorie:** Die Vorschrift wurde durch Artikel 1 und 68 Abs. 1 SGB IX vom 19.6.2001[1] mit Wirkung ab 1.7.2001 eingeführt. Das BTHG hat zu einer Neufassung der Definition vor allem in Absatz 1 geführt. Die Absätze 2 und 3 blieben hingegen im Wesentlichen unberührt.

2 **Regelungsinhalt:** Die Vorschrift beschreibt den persönlichen Geltungsbereich des Gesetzes und grenzt infolgedessen mit zentralen Begriffsbestimmungen zur Behinderung den Personenkreis ab, für den die in § 1 umschriebenen Ziele und damit die Regelungen des Neunten Buches insgesamt von Bedeutung sind.[2] Die Abgrenzung orientiert sich nicht mehr an wirklichen oder vermeintlichen Defiziten, sondern rückt das Ziel der Teilhabe an den verschiedenen Lebensbereichen in den Vordergrund. Absatz 1 Satz 3 enthält eine Bestimmung des Kreises der Personen, die nach dem Neunten Buch als „von Behinderung bedroht" anzusehen sind. Die begrifflichen Abgrenzungen der schwerbehinderten Menschen in Absatz 2 und der Gleichstellungsvoraussetzungen in Absatz 3 bauen auf Absatz 1 auf, stellen jedoch zusätzlich auf eine erhebliche Schwere der Behinderung ab.

---

1 BGBl. I 1046.
2 Zu den Entwicklungen des Begriffs der Behinderung auf der europäischen Ebene *Selzer* EuZA 2014, 95.

Begriffsbestimmungen § 2

Zur Entstehung: Absatz 1 baute in seiner ursprünglichen Fassung eng auf § 1 Rehabilitations-Angleichungsgesetz und § 3 Schwerbehindertengesetz sowie dem Verständnis von Behinderung im Benachteiligungsverbot nach Artikel 3 Abs. 3 Satz 2 Grundgesetz[3] auf, entwickelte diese Regelungen jedoch entsprechend dem neuen Verständnis von Behinderung und unter Berücksichtigung des erweiterten Geltungsbereichs fort. Dies gilt nunmehr auch im Hinblick auf die Fortentwicklung durch das BTHG. Die Absätze 2 und 3 übertragen inhaltsgleich frühere Regelungen der §§ 1 und 2 Abs. 1 des Schwerbehindertengesetzes. Die Vorschrift ist im Gesetzgebungsverfahren nicht verändert worden; Absatz 1 Satz 1 wurde inhaltlich in das BGG übernommen (vgl. den dortigen § 3). 3

Absatz 1 Satz 1 definiert in seiner Fassung seit dem BTHG den Begriff der Behinderung neu.[4] Die Neufassung des Behinderungsbegriffs entspricht dabei nun dem Verständnis der UN-Behindertenrechtskonvention.[5] Entscheidend ist damit nach Satz 1, dass Menschen mit Behinderungen langfristige körperliche, seelische, geistige oder Sinnesbeeinträchtigungen haben, die sie in Wechselwirkung mit verschiedenen Barrieren an der vollen, wirksamen und gleichberechtigten Teilhabe an der Gesellschaft hindern können. Wie zuvor hält das Gesetz damit zwar grundsätzlich an einem zweistufigen Begriff fest. Es muss zum einen eine Beeinträchtigung der in Satz 1 genannten Art vorliegen, diese muss zum anderen den betroffenen Menschen an der vollen, wirksamen und gleichberechtigten Teilhabe mit hoher Wahrscheinlichkeit länger als sechs Monate hindern, und zwar – dies ist neu durch das BTHG aufgenommen – in Wechselwirkung mit verschiedenen Barrieren.[6] 4

Die Vorschrift nennt – in enger Anknüpfung an den von der Weltgesundheitsorganisation entwickelten Behinderungsbegriff[7] – auf der ersten Stufe die Beeinträchtigung körperlicher, seelischer oder geistiger Art oder die Sinnesbeeinträchtigung. Damit sind die **vier Bereiche der Behinderungen** umschrieben, die das Gesetz im Blick hat. Zugleich wird deutlich, dass es beim Behinderungsbegriff, anders als bei dem der Krankheit, nicht um eine rein körperliche Fragestellung geht. Alle vier in § 2 Abs. 1 genannten Dimensionen sind für die Bestimmung, ob eine Behinderung vorliegt, zu berücksichtigen. Ob daher eine Teilhabebeeinträchtigung vorliegt, vor allem auch, ob eine ausgeprägte Beeinträchtigung vorliegt, ist nur auf der Grundlage einer Gesamtbeeinträchtigung der Einschnitte möglich, die den Menschen mit Behinderungen in allen Lebensbereichen beeinträchtigen.[8] 5

Körperliche Beeinträchtigungen betreffen nicht nur organische und orthopädische Bereiche, sondern sie sind in umfassendem Sinn zu verstehen. In enger Nähe sind hierzu auch **Störungen der Sinne** zu sehen, die ebenfalls eigenständig seit dem BTHG erfasst sind, ohne dass hierdurch eine Ausweitung des Be- 6

---

3 Vgl. die Entscheidung des BVerfG 8.10.1997 – 1 BvR 9/97, NJW 1998, 131.
4 Eingehend die Dissertation von *Dahms* Rechtliche Konzeption S. 70 ff.; *Luthe* Behindertenrecht 2017, 53 und 2017, 73; *Kainz* NZS 2018, 297.
5 Vgl. im Einzelnen zur Kongruenz von BTHG und Konvention *Schmitt* NZS 2018, 247; kritisch zur Neufassung *Kessler* SGb 2015, 373.
6 So auch zum Begriff der Behinderung in der europäischen arbeitsrechtlichen Diskriminierungsrichtlinie 2000/78 EG des EuGH 11.4.2013 – C-335/11 und 337/11, NZA 2013, 553.
7 Vgl. *Luthe* SGb 2009, 569 (570).
8 BSG 16.12.2014 – B 9 SB 2/13 R, SozR 4-4350 § 69 Nr. 18.

hinderungsbegriffs erfolgte.[9] Hierunter lassen sich etwa Einschränkungen von Sehvermögen, Hörvermögen, Geruchs-, Geschmacks- und Tastsinn fassen, aber auch hinsichtlich des Temperaturempfindens und der Empfindlichkeit gegenüber anderen Reizen oder gegenüber Schmerz. Nicht erfasst sind Beeinträchtigungen in der Körperstruktur, die sich auf Körperfunktionen nicht auswirken.

7 **Geistige Beeinträchtigungen** sind in erster Linie solche der intellektuellen und kognitiven Fähigkeiten, wie Wahrnehmung, Erkennen, Denken, Vorstellen, Erinnern und Urteilen, aber zB auch Bewusstsein sowie die mentale Funktion, Bewegungshandlungen durchzuführen.

8 **Seelische Beeinträchtigungen** beziehen sich nicht nur auf Krankheiten, sondern auch auf psychisch-funktionale Fähigkeiten wie Persönlichkeit (Selbstsicherheit und Selbstvertrauen), psychische Energie, Antrieb, Psychomotorik, Belastbarkeit und Emotionen.

9 Die Beeinträchtigungen müssen mit hoher Wahrscheinlichkeit eine **Dauer von sechs Monaten** erreichen. Dies entspricht dem früher in § 3 Abs. 1 Satz 2 Schwerbehindertengesetz und § 4 der Eingliederungshilfeverordnung als nicht nur vorübergehend festgelegten Zeitraum. Sie schließt vorübergehende Störungen aus. Anders als etwa bei dem Behinderungsbegriff der Richtlinie 2000/78/EG ist damit eine zeitliche Grenze vorgegeben; der EuGH ging bei der genannten Richtlinie lange Zeit allein von dem Erfordernis einer „langfristigen" Beschränkung aus, ohne sie näher zu spezifizieren.[10] Dies hat sich jedoch mittlerweile geändert, zumindest im Hinblick auf die Frage, ob eine vorübergehende Arbeitsunfähigkeit auf unbestimmte Zeit eine Behinderung darstellen kann.[11] Die deutsche Schwellenziehung mit sechs Monaten begegnet jedoch auch nach dieser Rechtsprechungskonkretisierung keinen Bedenken.[12]

10 Durch die hier gewählten Begrenzungen sollen jedoch **nicht** solche Rehabilitationsleistungen **ausgeschlossen** werden, die möglichst früh geboten sein können,[13] um Störungen nicht nur vorübergehenden Charakters entgegenzuwirken. Dies gilt insbesondere, wenn bei Kindern Störungen eingetreten sind. Ist in diesen Fällen eine entsprechende Beeinträchtigung zu erwarten, ist von einer drohenden Behinderung auszugehen, auch wenn sie durch geeignete Maßnahmen noch vermieden werden kann. Liegt eine Prognose vor, die auf einen längeren Zeitraum als sechs Monaten einer auch grundsätzlich aufhebbaren Behinderung hinweist, fällt auch diese von Beginn an unter die Regelungen des SGB IX.[14] Die prognostische Beurteilung,[15] ob die Beeinträchtigung zu erwarten ist, setzt Fachkenntnisse voraus, es kommt somit auf das fachliche Urteil der sachkundigen Professionen an.[16]

11 Die festgestellte Abweichung der körperlichen Funktion, geistigen Fähigkeit oder seelischen Gesundheit ist nach Absatz 1 Satz 2 bezogen auf den **für das Le-**

---

9 BT-Drs. 18/9522, 227: Zu Recht geht der Gesetzgeber davon aus, dass diese Beeinträchtigungen schon bisher von den körperlichen Beeinträchtigungen erfasst waren; die Aufnahme der „Sinnesbeeinträchtigung" dient daher vor allem der Rechtsklarheit und weiteren Anpassung an die UN-BRK.
10 EuGH 11.4.2013 – C-335/11 und 337/11, NZA 2013, 553; EuGH 18.12.2014 – C-354/13, NZA 2015, 33.
11 EuGH 1.12.2016 – C-395/15, ZESAR 2017, 505.
12 *Klein* jurisPR-ArbR 1/2017 Anm. 2.
13 So auch schon der Gesetzgeber BT-Drs. 14/5074, 98.
14 BSG 12.4.2000 – B 9 SB 3/99 R, SozR 3-3870 § 3 Nr. 9.
15 Dazu *Jabben* in BeckOK SozR SGB IX § 2 Rn. 8.
16 *Welti* in HK-SGB IX § 2 Rn. 25.

bensalter typischen Zustand.[17] Unter dem „für das jeweilige Lebensalter untypischen Zustand" ist der Verlust oder die Beeinträchtigung von normalerweise vorhandenen körperlichen Funktionen, geistigen Fähigkeiten oder seelischer Gesundheit zu verstehen. Wirkt sich diese Beeinträchtigung in einem oder mehreren Lebensbereichen aus, dann liegt die Behinderung – ähnlich wie nach der in § 3 Abs. 1 Satz 1 des früheren Schwerbehindertengesetzes enthaltenen Definition – in der Auswirkung der Beeinträchtigung. Aufgrund einer oder mehrerer der genannten Schädigung(en) tritt eine Einschränkung der Teilnahme am täglichen Leben ein. Zwischen der Schädigung und der Einschränkung der Teilnahme besteht regelmäßig eine lineare Kausalbeziehung.[18] Die Rechtsprechung des BSG versteht unter einem Zustand, der von dem für das Lebensalter typischen Zustand abweicht, den Verlust oder die Beeinträchtigung von normalerweise vorhandenen körperlichen Funktionen, geistigen Fähigkeiten oder der seelischen Gesundheit.[19] Mit Rekurs auf das Lebensalter macht der Gesetzgeber deutlich, dass diejenigen Funktionsbeeinträchtigungen, die sich mit steigendem Lebensalter ohnehin regelmäßig ergeben, nicht als regelwidrig und damit auch nicht als Behinderung anzusehen sein sollen.[20] Darunter kann etwa altersbedingte allgemeine Verminderung der körperlichen Leistungsfähigkeit fallen, die allgemeine Verminderung der Leistungsbreite des Herzens, die Verminderung der Beweglichkeit, das Nachlassen der Potenz und Libido oder die altersspezifische Einschränkung der Seh- und Hörfähigkeit (mit diesen letztgenannten Beispielen, die zT aus älteren Kontexten stammen, → § 14 Rn. 14).[21] Die – im deutschen Sozialrecht seit langem übliche – Nichtberücksichtigung **alterstypischer „Defizite"** bezieht sich nicht nur auf (statistisch häufige) „Altersleiden", sondern zB auch auf die Geh- und Sprechunfähigkeit von Säuglingen und auf bestimmte sexuelle Funktionen. Das Merkmal selbst steht wegen seiner pauschalen Bezugsetzung in der Kritik, zum Teil wird ihm wegen seiner Allgemeinheit vorgeworfen, es stünde mit dem Recht älterer Menschen auf Selbstbestimmung und Teilhabe sowie dem Verbot einer Diskriminierung wegen des Alters im Widerspruch.[22]

Über die genannte Abweichung bzw. Beeinträchtigung hinaus muss, um eine Behinderung im Sinne des SGB IX feststellen zu können, aus dieser Beeinträchtigung bzw. Abweichung zudem ursächlich eine Hinderung an der Teilhabe erfolgen, und zwar in **Wechselwirkung** mit einstellungs- und umweltbedingten Barrieren, wie es seit dem BTHG heißt.[23] Die zweite Begriffskomponente der in § 2 Abs. 1 Satz 1 umschriebenen Behinderungen sind infolgedessen die – auf Abweichungen vom alterstypischen Zustand beruhenden – **Beeinträchtigungen der Teilhabe** am Leben in der Gesellschaft (nicht lediglich im beruflichen Bereich, wie der EuGH[24] allerdings bei der Auslegung arbeitsrechtlicher Kontexte meint). Mit der Übernahme dieses Schlüsselbegriffs verknüpft sich die deutsche Rechtssprache mit der internationalen fachpolitischen Diskussion, die im Rah-

12

---

17 Kritisch zu diesem gegenüber der Konvention einengenden Tatbestandsmerkmal *Schmitt* NZS 2018, 247 mwN.
18 *Luthe* SGb 2009, 569 (571); *Jabben* in BeckOK SozR SGB IX § 2 Rn. 6.
19 BSG 7.11.2001 – B 9 SB 1/01 R, juris Rn. 3.
20 BT-Drs. 10/5071, 9.
21 *Jabben* in Neumann/Pahlen/Greiner/Winkler/Jabben SGB IX § 2 Rn. 15.
22 So etwa BayLSG 12.12.2002 – L 18 SB 22/01, Breithaupt 2003, 289; vgl. auch *Reichenbach*, Die Wahl der Schwerbehindertenvertretung, SGb 2002, 485.
23 Hierzu kritisch *Luthe* Behindertenrecht 2017, 77, der einen gewissen Schweregrad der Beeinträchtigung verlangt.
24 EuGH 11.4.2013 – Rs. C-335/11 und 337/11, NZA 2013, 553; EuGH 11.9.2019 – C 397/18, NZA 2019, 1634.

men der Weltgesundheitsorganisation (WHO) zur Weiterentwicklung der „Internationalen Klassifikation der Schädigungen, Fähigkeitsstörungen und Beeinträchtigungen" (ICIDH) zur „Internationalen Klassifikation der Funktionsfähigkeit, Behinderung und Gesundheit" (ICF) geführt wurde. Die ICF orientiert sich nicht mehr an wirklichen oder vermeintlichen Defiziten, sondern rückt das Ziel der Teilhabe an den verschiedenen Lebensbereichen (Partizipation) in den Vordergrund.[25] Behinderung wird damit nicht mehr als generell, statisch und substantiell, sondern als individuell sowie situations- und kontextabhängig verstanden, er wird dynamisch und kann auf Entwicklungen im gesellschaftlichen Umfeld reagieren;[26] der Begriff „Behinderung" ist ein sozialrechtlicher Begriff, keine medizinische Diagnose.[27] Entscheidend muss sein, dass aus der zuvor festgestellten Abweichung vom für das jeweilige Lebensalter typischen Zustand eine **Einschränkung in der Teilhabe** resultiert: Es geht dabei um eine Einschränkung in der Fähigkeit zur Ausübung der beruflichen Tätigkeit, der aktiven Teilnahme am gesellschaftlichen Leben sowie der ausreichenden Sicherstellung der eigenen hauswirtschaftlichen Versorgung.[28] Hier zeigt sich, dass der Ansatz des EuGH, der zumindest im arbeitsrechtlichen Diskriminierungskontext ausschließlich auf eine Einschränkung im beruflichen Bereich rekurriert, zu eng ist, das BAG ist insofern deutlich weiter und entspricht dem menschenrechtlichen Ansatz besser.[29] Damit lässt sich auch der Begriff der Behinderung von demjenigen der Krankheit abgrenzen. Eine Krankheit, die nicht zugleich auch zu einer entsprechenden Einschränkung in der Teilhabe führt, fällt insofern nicht unter den Begriff der Behinderung, weder im Sinne des SGB IX noch etwa vergleichbar im Anwendungsbereich der europäischen Richtlinie 2000/78/EG.[30]

13 In § 3 BGG wurde der **Behinderungsbegriff** des SGB IX übernommen; allerdings hat der Deutsche Bundestag bei seiner Beschlussfassung[31] in einer Entschließung die Bundesregierung gebeten, im zuständigen Bundesministerium eine Arbeitsgruppe unter Beteiligung von Verbänden von Menschen mit Behinderung zu bilden, die sich ausgehend von der „Internationalen Klassifikation der Funktionsfähigkeit, Behinderung und Gesundheit" (ICF) der Weltgesundheitsorganisation (WHO) mit dem Behinderungsbegriff befasst, und die Ergebnisse im Rahmen ihres Berichtsauftrages nach § 88 SGB IX vorstellt.[32] Der Entschließung wurde Rechnung getragen; das Ergebnis ist im Bericht der Bundesregierung[33] festgehalten. Umstritten ist, ob der Behinderungsbegriff des SGB IX mit den Vorgaben der UN-Behindertenrechtskonvention kompatibel ist, die ihrerseits aber keinen eigenständigen Begriff vorgibt; dies wird zum Teil bestritten, wobei vor allem auf die Zwecke der Konvention verwiesen wird.[34] Die auf diese Weise erfolgende Ausweitung des Kreises von Menschen mit Behinderun-

---

25 Vgl. dazu *Luthe* SGb 2009, 569 (572); s. auch → Rn. 25.
26 *Kainz* NZS 2018, 297; *Schmitt* NZS 2018, 247, die Bedenken hat, dass das SGB IX trotz dieses dynamischen Charakters und in Widerspruch zur Konvention an dem starren System des § 2 Abs. 1 und 2 und 3 festhält.
27 Vgl. VG Göttingen 6.2.2007 – 2 A 508/05; *Goedelt* ZfS 1994, 97 (99); *Bechtolf* ZESAR 2018, 118.
28 *Wurm* in Jahn SGB IX § 2 Rn. 14; s. auch *Welti* in HK-SGB IX § 2 Rn. 32.
29 Mit Hinweisen zu den jeweils einschlägigen Entscheidungen des EuGH wie des BAG *Bechtolf* ZESAR 2018, 118; zum europarechtlichen Behinderungsbegriff *Dahms*, Rechtliche Konzeption, S. 101 ff.
30 EuGH 11.4.2013 – C-335/11 und 337/11, NZA 2013, 553.
31 Zu BT-Drs. 14/8831.
32 Zur Behinderung nach § 2 Abs. 1 SGB IX, ihrem Gesellschaftsbegriff und der ICF s. vor allem auch *Luthe* SGb 2009, 569.
33 BT-Drs. 15/4575.
34 S. zu der Definitionsfrage bereits *Banafsche* SGb 2012, 373.

gen wird begrüßt, doch werden auf diese Weise die Reichweite und Wirkungsweise der Konvention nicht ausreichend beachtet.

Der auf diesem Weg im Gesetz verankerte **Wechselwirkungsansatz** war auch schon zuvor Gegenstand des Gesetzes und der deutschen Systematik. Dazu war jedoch eine Auslegung erforderlich. Der bisherige Wortlaut des § 2 SGB IX konnte letztlich durchaus im Sinne der UN-BRK ausgelegt werden. Doch dient es der Rechtsklarheit, dass nunmehr der Behinderungsbegriff durch die Inbezugnahme der Wechselwirkung zwischen der Beeinträchtigung und den Umweltfaktoren deklaratorisch an die UN-BRK angepasst wird. Somit lässt auch nach deutschem Recht die Wechselwirkungsterminologie deutlich werden, dass sich die Behinderung erst durch gestörte oder nicht entwickelte Interaktion zwischen dem Individuum und seiner materiellen und sozialen Umwelt manifestiert. Dabei stoßen Menschen mit Behinderungen nicht nur auf bauliche und technische Barrieren, sondern auch auf kommunikative Barrieren und andere Vorurteile. Alle diese führen nach Vorstellungen des SGB IX zur Behinderung. 14

Im Einzelnen lassen sich unter den vom Satz 1 genannten **einstellungsbedingten Barrieren** vor allem Vorurteile zählen; auch können hierunter Ängste subsumiert werden, die Menschen mit Behinderungen beeinträchtigen. Demgegenüber zählen zu den **umweltbedingten Barrieren** primär bauliche Barrieren wie ein barrierefreier Zugang zum öffentlichen Personennahverkehr und zu öffentlichen und privaten Gebäuden. Die Gesetzesbegründung verweist etwa darauf, dass Menschen mit Lernschwierigkeiten wegen des mangelnden Gebrauchs leichter Sprache im Alltag an der Teilhabe am Leben in der Gemeinschaft gehindert werden.[35] 15

Absatz 1 Satz 3 enthält eine Bestimmung des Kreises der Personen, die nach dem Neunten Buch als „**von Behinderung bedroht**" anzusehen sind. Dies ist der Fall, wenn eine Beeinträchtigung im Sinne von Satz 1 zu erwarten ist.[36] Die Beeinträchtigung, die nach fachlicher Einschätzung zu erwarten sein muss, bezieht sich auf beide in Satz 1 enthaltenen **Komponenten der Behinderung**, das heißt sowohl auf die Abweichung vom alterstypischen Zustand eines Menschen in Bezug auf körperliche Funktion, geistige Fähigkeit oder seelische Gesundheit als auch auf die – auf Abweichungen vom alterstypischen Zustand beruhenden – Beeinträchtigungen der vollen, wirksamen und gleichberechtigten Teilhabe am Leben in der Gesellschaft. Im Hinblick auf diese beiden Komponenten droht eine Behinderung, wenn ihr Eintritt entsprechend einer allgemeinen oder fachlichen Erkenntnis mit hoher Wahrscheinlichkeit zu erwarten ist. „Drohen" verlangt dabei nicht das sichere Eintreten einer Behinderung, umgekehrt ist mehr als eine bloß vage Möglichkeit erforderlich.[37] 16

Eine generelle Gleichstellung der von Behinderung bedrohten Menschen mit Menschen mit Behinderungen wie in § 1 Abs. 2 Rehabilitations-Angleichungsgesetz war im Rahmen des Neunten Buches nicht möglich, da eine Reihe von Leistungen – insbesondere Leistungen zur Sozialen Teilhabe nach Kapitel 13 – und sonstigen Hilfen nur bei eingetretener Behinderung erbracht werden. Weil aber eben einzelne Leistungen nur bei Eintritt einer Behinderung erbracht werden, wurde durch die Fassung der einschlägigen Leistungsvorschriften sichergestellt, dass sich hierdurch die Rechtsposition der von Behinderung bedrohten Menschen nicht ändert.[38] 17

---

35 BT-Drs. 18/9522, 227.
36 BSG 7.10.2010 – B 3 KR 5/10 R, SozR 4-2500 § 33 Nr. 32.
37 BSG 7.10.2010 – B 3 KR 5/10 R, SozR 4-2500 § 33 Nr. 32.
38 *Götze* in Hauck/Noftz SGB IX § 2 Rn. 23; *Jabben* in BeckOK SozR SGB IX § 2 Rn. 9.

18 Ob bei Vorliegen einer (drohenden oder bereits eingetretenen) Behinderung auch die für den Rehabilitationsträger jeweils geltenden **Leistungsvoraussetzungen** erfüllt sind, richtet sich nicht nach § 2 allein, sondern entsprechend § 7 vor allem nach dem für den jeweiligen Rehabilitationsträger geltenden Leistungsgesetz. Ob eine (drohende) Behinderung vorliegt, wird individuell und in gleicher Weise wie andere Anspruchsvoraussetzungen bei der Entscheidung über die Leistungen und sonstigen Hilfen, die aufgrund der (drohenden) Behinderung erbracht werden, durch den zuständigen Rehabilitationsträger festgestellt. Einbezogen sind damit auch chronisch kranke sowie suchtkranke Menschen, soweit bei ihnen die jeweiligen Voraussetzungen gegeben sind. Soweit für einzelne Bereiche gesonderte Regelungen bei den Leistungsvoraussetzungen erforderlich sind,[39] bauen sie auf § 2 auf; entsprechendes gilt für Pflegebedürftigkeit (§ 14 SGB XI).[40] Es besteht kein Rechtsschutzbedürfnis für eine isolierte Feststellung einzelner „Behinderungen" im Sinne des § 2 Abs. 1 SGB IX.[41]

19 **Abs. 2** baut unmittelbar auf Abs. 1 auf und bestimmt einen rein normativen Begriff der Schwerbehinderung. Menschen, die unter diese Begrifflichkeit fallen, sind kraft Gesetzes geschützt; die Schwerbehinderung tritt damit unmittelbar in dem Moment ein, in dem die entsprechenden gesetzlichen Voraussetzungen vorliegen, so dass die darauf zielende Entscheidung des zuständigen Amtes lediglich deklaratorische Wirkung hat. Es kommt nicht einmal auf der Kenntnis an.[42] Eine förmliche Feststellung der Behinderung und ihres Grades nach **Absatz 2** und § 152 ist nur für die besonderen Hilfen zur Teilhabe schwerbehinderter Menschen am Arbeitsleben und für die Nachteilsausgleiche nach Teil 3 des Neunten Buches von Bedeutung, wenn die **Schwerbehinderung** nicht offensichtlich ist. Zu Einzelheiten und zur Feststellung der Behinderung vgl. die Kommentierung zu § 152. Zu beachten ist aber insbesondere, dass die Feststellung eines GdB zum einen kein besonderes berufliches Betroffensein zur Voraussetzung hat,[43] zum anderen aber auch nicht mit der Feststellung der Schwerbehinderteneigenschaft gleichzusetzen ist; denn die Feststellung eines GdB richtet sich eben nach § 152 SGB IX und kommt vor allem auch für behinderte Menschen in Betracht, die nicht schwerbehindert sind.[44] Demgegenüber besteht etwa der **Kündigungsschutz** auch dann, wenn der Arbeitgeber von der Schwerbehinderteneigenschaft nichts wusste. Das folgt eben daraus, dass etwa § 168 iVm § 2 SGB IX mit der „Schwerbehinderung" nur auf einen objektiven Grad der Behinderung und nicht auf dessen behördliche Feststellung abstellt.[45] Eine Schwerbehinderung liegt vor, wenn eine Behinderung nach Absatz 1 gegeben ist und zusätzlich eine erhebliche Schwere der Behinderung vorliegt – ab einem GdB von 50 greifen infolgedessen dann auch die besonderen, auf Schwerbehinderte ausgerichteten Schutzvorschriften der §§ 151 ff. Zusätzlich ist für die Schwerbehinderung iSd § 2 Abs. 3 und somit zur Zugehörigkeit zum entsprechend geschützten Personenkreis verlangt, dass der Betroffene seinen Wohnsitz, gewöhnlichen Aufenthalt oder eine Beschäftigung auf einem Arbeitsplatz iSd § 156 Abs. 1 regel- und rechtmäßig im Geltungsbereich des SGB IX hat.

---

39 Zum Beispiel § 19 SGB III, § 53 SGB XII, oder – in dessen Konkretisierung – in §§ 1 bis 3 der früher geltenden Eingliederungshilfeverordnung.
40 Ähnlich *Welti* in HK-SGB IX § 2 Rn. 14.
41 LSG RhPf 28.2.2002 – L 4 B 22/01.
42 So zu Recht auch BAG 9.6.2011 – 2 AZR 703/09, NZA-RR 2011, 516; *Mrozynski* SGB IX Teil 1 § 2 Rn. 46.
43 BSG 16.12.2014 – B 9 SB 2/13 R, SozR 4-3250 § 69 Nr. 18.
44 BSG 29.4.2010 – B 9 SB 1/10 R; LSG NRW 8.6.2011 – L 10 SB 74/10, SozialVerw 2012, 13.
45 BAG 9.6.2011 – 2 AZR 703/09, NZA-RR 2011, 516.

Mit der Verpflichtung zur **Gleichstellung nach Absatz 3**[46] wird auch minderbehinderten Menschen (mit einem Grad der Behinderung ab 30) der Zugang zu den besonderen Hilfen zur Teilhabe schwerbehinderter Menschen am Arbeitsleben eröffnet, wenn sie infolge ihrer Behinderung ohne die Gleichstellung einen geeigneten Arbeitsplatz im Sinne des § 156 nicht erlangen (Vermittlungserschwernis) oder ihn nicht behalten (Sicherungserschwernis) können. Erfasst werden von Abs. 3 auch Beamte; ihre Gleichstellung sowie diejenige anderer unkündbarer Arbeitnehmer scheiden nicht allein wegen der Unkündbarkeit aus.[47] Voraussetzungen für eine Gleichstellung sind somit erstens die Feststellung eines GdB von mindestens 30, die Erfüllung der weiteren Voraussetzungen des § 2 Abs. 2 (insbesondere Wohnsitz in Deutschland) sowie der Umstand, dass der Betroffene ohne die Gleichstellung einen geeigneten Arbeitsplatz nicht erlangen oder behalten kann. Ein Vermittlungserschwernis wegen der Behinderung besteht damit auch für behinderte Menschen, die bereits einen Arbeitsplatz haben, wenn dieser nicht behinderungsgerecht ist; Arbeitslosigkeit ist infolgedessen nicht erforderlich. Die Gleichstellung zur Erlangung eines geeigneten Arbeitsplatzes setzt kein konkretes Arbeitsplatzangebot voraus; es genügt, dass der behinderte im Vergleich mit einem nicht behinderten Menschen sich wegen seiner Behinderung in einer ungünstigen Konkurrenzsituation befindet und deshalb schwerer vermittelt werden kann. Entscheidend ist gleichwohl, dass die Voraussetzungen der Gleichstellung mit einem schwerbehinderten Menschen auf die konkreten Anforderungen am Arbeitsplatz bezogen sind, daher sind dann auch die konkreten Einschränkungen des behinderten Menschen zu prüfen.[48]

Ein Sicherungserschwernis wegen der Behinderung besteht nur, wenn der Mensch mit Behinderungen einen geeigneten Arbeitsplatz hat und dieser Arbeitsplatz gefährdet ist, zB durch betriebliche Rationalisierungsmaßnahmen, wenn der Mensch mit Behinderungen die ihm danach voraussichtlich zufallenden Arbeiten behinderungsbedingt nicht wird ausführen können, oder durch Änderungen im Arbeitsablauf, die ein erhöhtes Arbeitstempo erfordern. Gerade in der Behinderung selbst, also in ihrer Art und Schwere, muss die Schwierigkeit der Erhaltung und Vermittlung eines dauerhaften Arbeitsplatzes liegen. Deshalb ist auch bei der Gleichstellung im Falle der zweiten Alternative („behalten"), selbst wenn der Gleichzustellende einen sicheren Arbeitsplatz zu haben scheint, vorausschauend in Betracht zu ziehen, ob er ihn bei seiner Behinderung ohne eine Gleichstellung auch auf die Dauer werde behalten können.

Die Gleichstellung ist eine Maßnahme, die dem behinderten Menschen in einer ungünstigen Konkurrenzsituation an seinem Arbeitsplatz helfen soll. Die Gefahr des Arbeitsplatzverlustes muss daher, wie bereits angedeutet, nicht unbedingt akut sein, es genügt vielmehr, dass das Risiko, den Arbeitsplatz zu verlieren, deutlich erhöht ist.[49] Denn sonst könnte der Zweck der Gleichstellungsvorschrift häufig nicht erreicht werden. Das heißt, dass dem Anspruch auf Gleichstellung mit einem schwerbehinderten Menschen zur Erlangung eines Arbeitsplatzes nicht entgegensteht, dass ein Antragsteller derzeit einen geeigne-

---

46 S. den Überblick bei *Bernzen* jM 2015, 19.
47 Mit eingehender Begründung so auch BSG 7.4.2011 – B 9 SB 3/10 R, SozR 4-3250 § 69 Nr. 13.
48 BSG 6.8.2014 – B 11 AL 16/13 R, SozR 4-3250 § 2 Nr. 6; zur Frage der Auswirkung von Barrierebeseitigungen auf die Feststellung *Düwell* jurisPR-ArbR 19/2019 Anm. 1.
49 S. schon BSG 2.3.2000 – B 7 AL 46/99 R, SozR 3-3870 § 2 Nr. 1; s. auch die Nichtannahmeentscheidung BSG 17.7.2009 – B 11 AL 168/08, juris Rn. 3.

ten Arbeitsplatz innehat.⁵⁰ Insgesamt gilt, dass je schlechter diese Situation ist, desto eher und notwendiger muss danach die Hilfe durch Gleichstellung einsetzen. Anhaltspunkte für die Notwendigkeit einer Gleichstellung sind wiederholte/häufige behinderungsbedingte Fehlzeiten, behinderungsbedingt verminderte Arbeitsleistung auch bei behinderungsgerecht ausgestattetem Arbeitsplatz, dauernde verminderte Belastbarkeit, Abmahnungen oder Abfindungsangebote im Zusammenhang mit behinderungsbedingt verminderter Leistungsfähigkeit, auf Dauer notwendige Hilfeleistungen anderer Mitarbeiter, eingeschränkte berufliche oder regionale Mobilität aufgrund der Behinderung.

23 Die **Gleichstellungsentscheidung** der Agentur für Arbeit (zu Einzelheiten vgl. die Kommentierung zu § 151) begründet als konstitutiver Verwaltungsakt nahezu denselben Schutz wie für schwerbehinderte Menschen, ausgenommen nach § 151 Abs. 3 Ansprüche auf Zusatzurlaub (§ 208) und auf unentgeltliche Beförderung im Nahverkehr (§§ 208, 228 ff.). Sie wirkt in der Regel auf den Tag des Antragseingangs zurück (§ 151 Abs. 2 Satz 2); Besonderheiten ergeben sich jedoch aus Sicht der Rechtsprechung beim Kündigungsschutz.⁵¹ Eine vorherige Feststellung des Grades der Behinderung durch das Versorgungsamt ist nicht erforderlich, und bei Bedarf wird die Agentur für Arbeit zur Durchführung des Feststellungsverfahrens beim Versorgungsamt auffordern. Deshalb sollte der Gleichstellungsantrag gestellt werden, sobald ein Arbeitsplatz gefährdet erscheint und auch wenn nur geringe Anhaltspunkte für eine mögliche Gleichstellung bestehen. Der Gleichstellungsbescheid führt dazu, dass ein Mensch mit Behinderungen **allgemein** einem schwerbehinderten Menschen gleichgestellt wird, nicht nur im Hinblick auf eine bestimmte Beschäftigung. Schon der Wortlaut des Absatzes 3 macht deutlich, dass nicht auf „den" konkreten Arbeitsplatz abzustellen ist, sondern auf „einen" geeigneten Arbeitsplatz. Auch die weitere Auslegung dieser Norm (historisch, systematisch) macht deutlich, dass sich ein Antrag auf Gleichstellung nicht nur auf den konkreten zur Zeit der Antragstellung innegehabten Arbeitsplatz erstreckt.⁵²

24 Die **Absätze 2 und 3** übertragen inhaltsgleich die früheren Regelungen der §§ 1 und 2 Abs. 1 des Schwerbehindertengesetzes. Infolge dessen bleiben die Feststellungsbescheide der für die Durchführung des Bundesversorgungsgesetzes zuständigen Behörden unbeschadet terminologischer Änderungen (anstelle „Schwerbehinderter" „schwerbehinderter Mensch") weiterhin wirksam. Es bleibt auch bei der Klarstellung der Rechtsprechung, dass gewöhnlicher Aufenthalt im Sinne des Absatzes 2 auch bei Asylbewerbern und geduldeten Ausländern vorliegt, wenn besondere Umstände ergeben, dass sie sich auf unbestimmte Zeit in Deutschland aufhalten werden. Ein Arbeitgeber kann die Entscheidung des Arbeitsamtes, die seinen Arbeitnehmer schwerbehinderten Menschen gleichstellt, nicht anfechten.⁵³

25 **Anhang: Internationale Klassifikation der Funktionsfähigkeit, Behinderung und Gesundheit (ICF) der Weltgesundheitsorganisation (WHO) – Kurzdarstellung –**
Die von der Vollversammlung der WHO im Mai 2001 beschlossene ICF, die auch von Art. 1 Satz 2 des Übereinkommens der Vereinten Nationen über die Rechte von Menschen mit Behinderungen bestätigt wird, ist eine **Klassifikation**, mit der Beeinträchtigungen in den Bereichen der Funktionen und Strukturen des menschlichen Organismus, Tätigkeiten (Aktivitäten) aller Art einer Person und Teilhabe (Partizipation) an Lebensbereichen einer Person vor dem Hinter-

---

50 BSG 6.8.2014 – B 11 AL 5/14 R, SozR 4-3250 § 2 Nr. 5.
51 BAG 1.3.2007 – 2 AZR 217/06, AP Nr. 2 zu § 90 SGB IX mAnm *Joussen*.
52 LSG BW 9.11.2011 – L 3 AL 1949/11, Justiz 2012, 332.
53 BSG 19.12.2001 – B 11 AL 57/01 R, SozR 3-3870 § 2 Nr. 2.

grund ihrer sozialen und physischen Umwelt (Umweltfaktoren) beschrieben werden können.[54] Die drei genannten Bereiche bilden die wichtigsten Aspekte der funktionalen Gesundheit. In diesem Zusammenhang spricht die WHO auch von „Funktionsfähigkeit", die auch der deutsche Gesetzgeber im SGB IX abbilden wollte.

Die **Teilhabe an Lebensbereichen**[55] kann durch Umweltfaktoren[56] beeinträchtigt oder unterstützt werden.

Unter **Behinderung** versteht die WHO insbesondere die Beeinträchtigung der Teilhabe an einem Lebensbereich infolge der negativen Wechselwirkung zwischen dem gesundheits- und funktionalen Zustand (Funktionen/Strukturen, Tätigkeiten) einer Person und ihren Umweltfaktoren.

Das wichtigste Ziel der ICF ist, eine gemeinsame Sprache für die Beschreibung der funktionalen Gesundheit zur Verfügung zu stellen, um die Kommunikation zwischen Fachleuten im Gesundheits- und Sozialwesen, insbesondere in der Rehabilitation, sowie den Menschen mit Beeinträchtigungen ihrer Funktionsfähigkeit zu verbessern.

Die deutsche Übersetzung der Internationalen Klassifikation der Funktionsfähigkeit, Behinderung und Gesundheit (ISF) findet sich unter http://www.dimdi.de/static/de/klassifikationen/icf/icfhtml2005/.

§ 3 Vorrang von Prävention

(1) Die Rehabilitationsträger und die Integrationsämter wirken bei der Aufklärung, Beratung, Auskunft und Ausführung von Leistungen im Sinne des Ersten Buches sowie im Rahmen der Zusammenarbeit mit den Arbeitgebern nach § 167 darauf hin, dass der Eintritt einer Behinderung einschließlich einer chronischen Krankheit vermieden wird.

(2) Die Rehabilitationsträger nach § 6 Absatz 1 Nummer 1 bis 4 und 6 und ihre Verbände wirken bei der Entwicklung und Umsetzung der Nationalen Präventionsstrategie nach den Bestimmungen der §§ 20d bis 20g des Fünften Buches mit, insbesondere mit der Zielsetzung der Vermeidung von Beeinträchtigungen bei der Teilhabe am Leben in der Gesellschaft.

(3) Bei der Erbringung von Leistungen für Personen, deren berufliche Eingliederung auf Grund gesundheitlicher Einschränkungen besonders erschwert ist, arbeiten die Krankenkassen mit der Bundesagentur für Arbeit und mit den kommunalen Trägern der Grundsicherung für Arbeitsuchende nach § 20a des Fünften Buches eng zusammen.

Literatur:

Fuchs, Der Präventionsgedanke des SGB IX als Herausforderung für die Rehabilitationsträger, Spektrum 2007, 31; *Walter*, Babylon im SGB?, Sozialer Fortschritt 2003, 253; *Welti*, Gesundheitsförderung und Prävention im System der Sozialversicherung seit Inkrafttreten des Präventionsgesetzes, VSSAR 2019, 313.

---

54 Eingehend zu der ICF *Luthe* SGb 2009, 569; *Seger* Sozialer Fortschritt 2015, 290.
55 ZB Mobilität, Kommunikation, Bildung, Erwerbsleben, Selbstversorgung.
56 ZB Einstellungen, Werte und Überzeugungen der Menschen in der Gesellschaft, das politische und Rechtssystem eines Landes mit seinen Vorschriften, Verfahrensweisen und Standards, die Art des Gesundheits- und Bildungswesens sowie des Wirtschafts- und Verkehrswesens und die Art der zur Verfügung stehenden Güter und Technologien.

1 **Gesetzeshistorie:** Die Vorschrift wurde durch Artikel 1 und 68 Abs. 1 SGB IX vom 19.6.2001[1] mit Wirkung ab 1.7.2001 eingeführt. Das BTHG hat Absatz 1 angepasst und die Absätze 2 und 3 hinzugefügt.

2 **Regelungsinhalt:** Die Vorschrift knüpft an die in § 1 genannten Ziele an und verdeutlicht, dass im Interesse dieser Ziele, soweit möglich, der Eintritt von Behinderungen einschließlich chronischer Krankheiten vermieden werden muss und dass alle Rehabilitationsträger im Rahmen ihrer Aufgabenstellung hierauf hinzuwirken haben; auf diese Weise soll auch die sehr kostenintensive, aufwändige und auch langwierige Beseitigung bzw. Minderung bereits eingetretener Behinderungen vermieden werden. Wie bereits die Regelung in § 1 enthält auch diese Vorschrift in erster Linie die Bestimmung eines Grundprinzips des SGB IX, das bei der Auslegung seiner einzelnen Normen heranzuziehen ist. Zudem setzt die Norm die Mitwirkungsanforderungen an die verschiedenen beteiligten Rehabilitationsträger fest.

3 **Zur Entstehung:** In den Text des Regierungsentwurfs zur ursprünglichen Fassung des § 3[2] wurden aufgrund des Änderungsantrags der Koalitionsfraktionen[3] die Wörter „einschließlich einer chronischen Krankheit" eingefügt; nach dem Bericht[4] erfolgte dies zur Klarstellung des Gewollten.

4 In **Absatz 1** ist zunächst der **Vorrang der Prävention** im engeren Sinne geregelt. Die Stellung der Vorschrift noch vor den in § 4 und im Folgenden angesprochenen Leistungen zur Teilhabe macht zunächst den **fachpolitischen Vorrang** deutlich, der Prävention in jeder Form zuzubilligen ist. Behinderungen, wie sie in § 2 erläutert sind, sind kein Zustand, der angestrebt, hingenommen oder gar gewünscht wird; vielmehr sind sie so weitgehend wie im Einzelfall möglich zu vermeiden. Dies ist eine Folgerung auch aus der tragenden politischen Zielsetzung in § 1; besondere Regelungen mit dem Ziel der Selbstbestimmung und der gleichberechtigten Teilhabe erübrigen sich, soweit es gelingt, bestehende Behinderungen zu beseitigen und neue gar nicht erst entstehen zu lassen. In diesem Sinne sind unter „Prävention" zunächst auf einer allgemeinen Ebene all diejenigen Maßnahmen und Interventionen zu verstehen, die schon vor Eintritt oder Verschlimmerung einer Behinderung bzw. chronischen Krankheit unternommen werden, um deren Eintritt oder Verschlimmerung zu verhindern.[5] Ein einheitlicher Präventionsbegriff für alle Vorschriften des SGB insgesamt oder auch nur des SGB IX existiert jedoch nicht. Daher sind die Einzelheiten unklar und strittig. Der Begriff der **Prävention** ist an keiner Stelle des SGB IX näher erläutert,[6] gemeint sind damit jedoch insgesamt solche Maßnahmen, die sowohl verhaltens- als auch verhältnispräventiv ausgerichtet sind,[7] also dazu dienen, den Eintritt eines gesundheitlichen Schadensfalls durch gezielte Maßnahmen zu verhindern oder zu verzögern.[8] Inhalt der Maßnahmen muss daher sein, den allgemeinen Gesundheitszustand zu verbessern und – eingedenk des schon genannten Normzwecks – insbesondere die Inanspruchnahme entsprechender Leistungen durch sozial benachteiligte Bevölkerungsgruppen zu fördern.[9] In der Diskussion und auch im SGB V wird regelmäßig zwischen den unterschiedlichen Typen der

---

1 BGBl. I 1046.
2 Nebst Begründung BT-Drs. 14/5074, 8 und 99 sowie BT-Drs. 14/5531, 5.
3 Ausschussempfehlung BT-Drs. 14/5786, 16.
4 BT-Drs. 14/5800, 30.
5 *Welti* in HK-SGB IX § 3 Rn. 11; *Wurm* in Jahn SGB IX § 3 Rn. 8.
6 Näher dazu *Seewald* FS 50 Jahre BSG, 2004, 289 (292); *Welti* VSSAR 2019, 313.
7 Zu dieser Begrifflichkeit und ihrer (umstrittenen) Unterscheidung *Gerlach* in Hauck/Noftz SGB V § 20 Rn. 27.
8 BSG 28.2.1980 – 8 a RK 5/79, BSGE 50, 44; *Welti* VSSAR 2019, 313 (319).
9 Vgl. dazu auch *Joussen* in KKW SGB V § 20 Rn. 2.

Primär-, Sekundär- und Tertiärprävention unterschieden. Die **Primärprävention** ist dabei ausschließlich auf den gesunden Menschen bezogen. Durch auf sie ausgerichtete Maßnahmen soll die Gesundheit gefördert und sollen Krankheiten durch Beseitigung eines oder mehrerer ursächlicher Faktoren verhütet werden, die kausal für eine Krankheitsentstehung sind. Sie ist abzugrenzen von denjenigen der Sekundär- und Tertiärprävention, wobei die Unterscheidung allein zeitlich, hinsichtlich des Interventionszeitpunkts, erfolgt: Die **Sekundärprävention** soll Gesundheitsbeeinträchtigungen oder Krankheiten frühzeitig erkennen und behandeln helfen, die **Tertiärprävention** die Verschlimmerung bereits eingetretener Krankheiten verhindern.[10] Die Abgrenzung zur Gesundheitsförderung ist schwierig: Während jedoch die Primärprävention die Krankheitsentstehung verhindern bzw. verzögern soll, umfasst die Gesundheitsförderung Maßnahmen ohne Rücksicht auf eine mögliche Krankheitsentstehung.[11] Da § 3 SGB IX auf die Vermeidung des Eintritts von Behinderung rekurriert, geht es zwar auch um Maßnahmen der Primär- wie Sekundärprävention. Da jedoch das SGB IX insgesamt auch die Rehabilitation verfolgt, kommt der Tertiärprävention der deutlich größte Schwerpunkt der Prävention im Sinne des § 3 zu.[12]

Stellung und Text der Vorschrift gehen außerdem davon aus, dass die Vermeidung von Behinderungen nicht als eine eigene, gesonderte Sozialleistung verstanden wird, wie dies im Recht der gesetzlichen Krankenversicherung mit § 20 SGB V und auch in der gesetzlichen Unfallversicherung der Fall ist, sondern als ein **Grundprinzip**, das nicht nur im Zusammenhang mit Sozialleistungen zu beachten ist, sondern beispielsweise auch im betrieblichen Kontext (vgl. dazu insbesondere § 84). 5

Der – in § 3 SGB IX nur in der Überschrift gebrauchte – Begriff der **Prävention** wird bereits im SGB V (§§ 20, 219),[13] im SGB VII (§ 1) und im SGB XI (§ 5) allgemein verstanden als Sammelbegriff zur Bezeichnung unterschiedlicher Strategien zur Vermeidung von Krankheiten, Unfällen, Gesundheitsrisiken und ähnlichen unerwünschten Zuständen. Im Rahmen des SGB IX ist Prävention nicht als rein medizinischer Begriff zu verstehen, sondern bezieht sich auf Behinderungen. 6

Die unterschiedlichen Stufen des Behindertenbegriffs (§ 2) zeigen die unterschiedlichen **Ansatzpunkte** auch von Prävention: 7

- im Bereich der drohenden oder vorliegenden Abweichungen vom alterstypischen Zustand in Bezug auf körperliche Funktion, Sinnfunktionen, geistige Fähigkeit oder seelische Gesundheit sind Ansatzpunkte für Prävention zB gesundheitsgerechtes Verhalten, Unfallverhütung und andere Formen der Vermeidung oder Senkung von Risiken, Vorsorgemaßnahmen, Rettungsdienste oder Maßnahmen der medizinischen Behandlung und Rehabilitation,
- im Bereich der – auf Abweichungen vom alterstypischen Zustand beruhenden – Beeinträchtigungen der vollen, wirksamen und gleichberechtigten Teilhabe am Leben in der Gesellschaft sind Ansatzpunkte für Prävention zB Hilfen zur Kompensation der Abweichungen wie orthopädische und andere Hilfsmittel, Funktionstraining oder technische Hilfen, zB zur Arbeitsplatzausstattung, aber auch, dass Barrieren vermieden oder abgebaut werden (auch mittels ergonomischer Arbeitsplatzgestaltung) oder dass ein Beruf

---

10 Zur Abgrenzung s. auch BSG 22.1.1981 – 8/8 a RK 17/79, BSGE 51, 115.
11 *Mrozynski* in Wannagat SGB V § 20 Rn. 11.
12 *Wurm* in Jahn SGB IX § 3 Rn. 13.
13 Dazu *Joussen* in KKW SGB V § 20 Rn. 2.

gewählt wird, der trotz der Abweichungen die Berufsausübung ermöglicht oder erleichtert.

8 Obwohl ursprünglich angeregt wurde, die zuvor skizzierten, ihrerseits aber ebenfalls nicht trennscharf genutzten medizinisch geprägten **Begriffe** der Primär-, Sekundär- und Tertiärprävention im Gesetz zu verwenden,[14] dort zu definieren und begrifflich von der Rehabilitation abzugrenzen, ist das Gesetz diesen Anregungen nicht gefolgt. Vielmehr sollte das zuvor angesprochene, individuell jedoch höchst unterschiedlich einzuschätzende und umzusetzende Grundprinzip nicht durch begriffliche Scholastik verstellt werden, zumal bei der fachpolitisch gewollten inhaltlichen Orientierung an den Zielen des § 10 SGB I und des § 4 SGB IX die Grenzen zwischen Prävention und Rehabilitation fließend sind. Hinzu kommt, dass viele Ansätze sinnvoller und wirkungsvoller Prävention von Behinderungen an den Grenzen oder jenseits medizinischer Einwirkungsmöglichkeiten zu finden sind, beispielsweise bei der Verhütung von Unfällen, Verbrechen und kriegerischen Auseinandersetzungen, aber auch in einer Arbeitsorganisation, die berufsbedingte Erkrankungen und Stress vermeidet. Auch auf die in manchen Zusammenhängen verwendete begriffliche Unterscheidung von Verhältnis- und Verhaltensprävention hat sich das Gesetz nicht festgelegt.

9 Der in Absatz 1 enthaltene Hinweis, dass im Rahmen des § 3 auch **chronische Krankheiten** zu vermeiden sind, spricht eine wichtige Zwischenstufe zwischen kurzfristigen gesundheitlichen Beeinträchtigungen und den in § 2 Abs. 1 umschriebenen Behinderungen an. Nach dem in § 10 SGB I und in § 4 Abs. 1 SGB IX verankerten Grundsatz der möglichst frühzeitigen Intervention ist es sinnvoll, mit den gebotenen Aktivitäten zur Prävention auch die Chronifizierung von Krankheiten und damit eine bedeutsame Vorstufe von Behinderungen zu vermeiden. Ansatzpunkte sind auch insoweit nicht nur medizinische Maßnahmen, sondern auch zum Beispiel eine entsprechende Gestaltung von Lebens- und Arbeitsbedingungen.

10 Alle Bemühungen, Behinderungen zu vermeiden, können allerdings nach derzeitigem Kenntnis- und Entwicklungsstand nur teilweise Erfolg haben. Einerseits wirkt eine Vielzahl von **Gefährdungspotenzialen** auf die Menschen und ihre Entwicklung ein, deren krankheits- und behinderungsbedingten Faktoren weder für sich allein noch in ihrem Zusammenwirken voll erkennbar sind. Zum anderen erschwert der ständige Wandel der Lebensbedingungen die Erkenntnis und die Beseitigung insbesondere der Einflussfaktoren, die erst längerfristig oder unter besonderen Bedingungen wirksam werden. Andererseits gibt es gesicherte Erkenntnisse zB bei seelischen Erkrankungen (ausgelöst durch berufliche Belastungen) über Zusammenhänge zwischen nicht therapeutisch genutzten Wartezeiten, der Chronifizierung der Krankheiten und der Entstehung einer seelischen Behinderung. Bereits ab sechs Monaten ungenutzter Wartezeit treten irreversible Schäden auf; die zeitnahe Einleitung therapeutischer und rehabilitativer Maßnahmen ist somit von großer Bedeutung.

11 Auch ist nicht alles, was dem fachpolitischen Vorrang der Prävention Rechnung trägt, für eine Anwendung in der Praxis geeignet, wenn zB gewichtige ethische Grundsätze entgegenstehen; dies betrifft insbesondere die Möglichkeiten der vorgeburtlichen Diagnostik und der Gentechnologie. Selbst wenn ein Leben mit einer Behinderung droht, sind die Prinzipien der **Menschenwürde** und der freien Entfaltung menschlichen **Lebens** zu wahren. Medizin, Biologie und Technik sind daher in einen gesellschaftlichen Konsens einzubeziehen; in diesem

---

14 Vgl. zusammenfassend Bericht, BT-Drs. 14/5800, und im Einzelnen Ausschussdrs. 14/1299.

Konsens müssen zur Wahrung ethischer Grundsätze bei Bedarf auch Rechtsnormen gesetzt oder präzisiert werden mit dem Ziel, Schutz vor Selektion und Diskriminierung zu gewährleisten.[15]

§ 3 ist auch in seinem Absatz 1 **keine eigene Zuständigkeitsregelung** für Leistungen zur Teilhabe und ändert auch nichts an den in § 6 und anderen Vorschriften geregelten Zuständigkeiten für derartige Leistungen. Gleichwohl verpflichtet er die Rehabilitationsträger (§ 6) und Integrationsämter bei der Aufklärung, Beratung, Auskunft und Ausführung von Leistungen im Sinne des Ersten Buches sowie im Rahmen der Zusammenarbeit mit den Arbeitgebern nach § 167 im Rahmen ihrer Möglichkeiten mit den für sie **geeigneten Mitteln** darauf hinzuwirken, dass der Eintritt einer Behinderung einschließlich einer chronischen Krankheit vermieden wird. Geeignete Ansatzpunkte hierfür sind insbesondere ein umfassendes Informationsnetz und eine enge Zusammenarbeit zwischen behandelnden Ärzten, Betriebsärzten, Rehabilitationsträgern und anderen. Die erforderlichen Maßnahmen müssen zielgerichtet, unverzüglich und ohne Zugangshemmnisse erbracht werden. Sie müssen insbesondere Risikogruppen[16] durch anwenderfreundliche Gestaltung[17] nahegebracht werden.

Die Verpflichtung der Rehabilitationsträger, sich um Prävention zu bemühen, ist im SGB IX in mehreren weiteren Regelungen angesprochen: ausdrücklich
- bei der Zusammenarbeit der Rehabilitationsträger in § 25 Abs. 1 Nr. 5,
- bei den gemeinsamen Empfehlungen in § 26 Abs. 2 Nr. 1 und 6,
- bei der Förderung von Selbsthilfegruppen in § 45 Satz 1,
- bei den Berichten über die Lage behinderter Menschen und die Entwicklung ihrer Teilhabe nach § 88,
- für die betriebliche Prävention in § 167, wonach Arbeitgeber (schwer-)behinderte Arbeitnehmer besonders zu schützen haben, vor allem durch das Betriebliche Eingliederungsmanagement,[18]
- durch die Pflicht der Rehabilitationsträger nach § 26 Abs. 2 Nr. 2, 8 und 9, gemeinsame Empfehlungen zu vereinbaren mit Regelungen
  - zum Angebot notwendiger Leistungen zur Teilhabe, insbesondere um eine durch eine Chronifizierung von Erkrankungen bedingte Behinderung zu verhindern,
  - zur Einbindung von Ärzten in die Einleitung und Ausführung von Leistungen zur Teilhabe sowie
  - zu einem Informationsaustausch mit behinderten Beschäftigten, Arbeitgebern und betrieblichen Interessenvertretungen zu möglichst frühzeitiger Erkennung des Rehabilitationsbedarfs.

Diese Regelungen sichern insgesamt ab, dass zur Umsetzung des fachpolitischen Vorrangs der Prävention geeignete **Instrumente** nicht nur für Leistungen zur Teilhabe, sondern auch darüber hinaus zur Verfügung stehen.

Absatz 2 ist durch das BTHG neu in das Gesetz aufgenommen worden. Ihm zufolge wirken die Rehabilitationsträger nach § 6 Abs. 1 Nr. 1 bis 4 und 6 und ihre Verbände bei der Entwicklung und Umsetzung der **Nationalen Präventionsstrategie** nach den Bestimmungen der §§ 20d bis 20g SGB V mit. Dabei geht es insbesondere um das Ziel, Beeinträchtigungen bei der Teilhabe am Le-

---

15 Vierter Bericht der Bundesregierung über die Lage der Behinderten und die Entwicklung der Rehabilitation, BT-Drs. 13/5914, Textziffer 2.1.
16 ZB Arbeitnehmer mit Gesundheitsschädigungen und/oder Behinderungen, Schichtarbeiter, Arbeitnehmer mit gesundheitsschädigender Arbeit, ältere Mitbürger und andere.
17 ZB wohnort- oder betriebsnah, altersgerecht.
18 Dazu *Joussen* DB 2009, 286.

ben in der Gesellschaft zu vermeiden. Durch diese Vorschrift wird unmittelbar eine Querverbindung zu den Regelungen der Nationalen Präventionsstrategie hergestellt, die im SGB V aufgenommen worden sind. Dahinter steht letztlich die Überzeugung, dass die Entwicklung erfolgreicher Handlungsansätze im Vorfeld der Rehabilitation im Rahmen der Nationalen Präventionsstrategie die Voraussetzung für die wirksame Umsetzung des Prinzips „Vorrang von Prävention und medizinischer Rehabilitation vor Rente und Pflege" ist.[19]

15 **Absatz 3** enthält eine **Sonderregelung** für den Fall der Erbringung von Leistungen für Personen, deren berufliche Eingliederung aufgrund gesundheitlicher Einschränkungen besonders erschwert ist. Hier sind die Krankenkassen verpflichtet, mit der Bundesagentur für Arbeit zusammenzuarbeiten, ebenso mit den kommunalen Trägern der Grundsicherung für Arbeitsuchende nach § 20 a SGB V. Letztlich stellt diese Bestimmung eine Klarstellung dar, da bereits nach den Bestimmungen des SGB V ein entsprechender Auftrag zur Zusammenarbeit der Krankenkassen und der Träger der Grundsicherung für Arbeitsuchende besteht. Durch die Implementierung dieser Vorgabe in das SGB IX wird jedoch erreicht, dass deutlich wird, dass die Aufgaben der Prävention eben nicht allein von der Bundesagentur für Arbeit wahrgenommen werden sollen.

§ 4 Leistungen zur Teilhabe

(1) Die Leistungen zur Teilhabe umfassen die notwendigen Sozialleistungen, um unabhängig von der Ursache der Behinderung
1. die Behinderung abzuwenden, zu beseitigen, zu mindern, ihre Verschlimmerung zu verhüten oder ihre Folgen zu mildern,
2. Einschränkungen der Erwerbsfähigkeit oder Pflegebedürftigkeit zu vermeiden, zu überwinden, zu mindern oder eine Verschlimmerung zu verhüten sowie den vorzeitigen Bezug anderer Sozialleistungen zu vermeiden oder laufende Sozialleistungen zu mindern,
3. die Teilhabe am Arbeitsleben entsprechend den Neigungen und Fähigkeiten dauerhaft zu sichern oder
4. die persönliche Entwicklung ganzheitlich zu fördern und die Teilhabe am Leben in der Gesellschaft sowie eine möglichst selbständige und selbstbestimmte Lebensführung zu ermöglichen oder zu erleichtern.

(2) ¹Die Leistungen zur Teilhabe werden zur Erreichung der in Absatz 1 genannten Ziele nach Maßgabe dieses Buches und der für die zuständigen Leistungsträger geltenden besonderen Vorschriften neben anderen Sozialleistungen erbracht. ²Die Leistungsträger erbringen die Leistungen im Rahmen der für sie geltenden Rechtsvorschriften nach Lage des Einzelfalles so vollständig, umfassend und in gleicher Qualität, dass Leistungen eines anderen Trägers möglichst nicht erforderlich werden.

(3) ¹Leistungen für Kinder mit Behinderungen oder von Behinderung bedrohte Kinder werden so geplant und gestaltet, dass nach Möglichkeit Kinder nicht von ihrem sozialen Umfeld getrennt und gemeinsam mit Kindern ohne Behinderungen betreut werden können. ²Dabei werden Kinder mit Behinderungen alters- und entwicklungsentsprechend an der Planung und Ausgestaltung der einzelnen Hilfen beteiligt und ihre Sorgeberechtigten intensiv in Planung und Gestaltung der Hilfen einbezogen.

---

19 Vgl. die eingehende Kommentierung *Joussen* in KKW SGB V §§ 20 d bis 20 g.

(4) Leistungen für Mütter und Väter mit Behinderungen werden gewährt, um diese bei der Versorgung und Betreuung ihrer Kinder zu unterstützen.

Literatur:

Banafsche, Prävention, Rehabilitation und Rente in der gesetzlichen Rentenversicherung. Harmonischer Dreiklang oder Dissonanz?, SGb 2018, 385; *Schüffel/Brucks/Johnen/Köllner/Lambrecht/Schnyder* (Hrsg.), Handbuch der Salutogenese, 1998.

I. Allgemeines 1	IV. Vollständigkeit und Qualität
II. Ziele der Leistungen 5	der Leistungen 22
III. Notwendige Leistungen 14	V. Leistungen für Kinder 24

I. Allgemeines

Gesetzeshistorie: Die Vorschrift wurde durch Artikel 1 und 68 Abs. 1 SGB IX vom 19.6.2001[1] mit Wirkung ab 1.7.2001 eingeführt. Das BTHG hat die Vorschrift in Absatz 3 geringfügig sprachlich angepasst, Absatz 4 wurde in diesem Zuge eingeführt. 1

Regelungsinhalt: Absatz 1 und 2 verknüpfen das „soziale Recht" von Menschen mit Behinderungen auf Sozialleistungen zur Teilhabe am Leben in der Gesellschaft, wie es in § 10 SGB I enthalten ist, mit den Ansprüchen, die in diesem Buch sowie in den für die einzelnen Rehabilitationsträger geltenden besonderen Vorschriften geregelt sind. Dabei stellt Absatz 2 Satz 1 das Verhältnis der Leistungen zur Teilhabe zu anderen Sozialleistungen klar, die behinderte und von Behinderung bedrohte Menschen wie andere Bürger in Anspruch nehmen können. Absatz 3 regelt spezifische Anforderungen an Leistungen zur Teilhabe für Kinder mit Behinderungen. Absatz 4 enthält eine eigenständige Regelung zu den Leistungen für Mütter und Väter mit Behinderungen. 2

Zur Entstehung: Absatz 1 übernimmt Zielsetzungen von § 10 SGB I ins SGB IX und entwickelt sie fort. Absatz 2 Satz 2 übernimmt in fortentwickelter Fassung § 5 Abs. 2 Rehabilitations-Angleichungsgesetz. Absatz 3 knüpft insbesondere an verschiedene Vorgaben aus dem SGB VIII an und verallgemeinert diese über deren früheren Anwendungsbereich hinaus für alle Trägergruppen, soweit sie Leistungen für behinderte oder von Behinderung bedrohte Kinder erbringen. 3

In den Text des ursprünglichen Regierungsentwurfs[2] wurden aufgrund eines Änderungsantrags der damaligen Koalitionsfraktionen[3] in Absatz 1 Nummer 2 das Wort „anderer" und in Absatz 2 die Wörter „zur Erreichung der in Absatz 1 genannten Ziele" eingefügt; nach dem Bericht[4] erfolgte dies zur Klarstellung des Gewollten. Absatz 3 wurde dabei völlig neu gefasst, um entsprechend einem Vorschlag des Bundesrates zu § 1,[5] der auf Texten der Begründung des Regierungsentwurfs aufbaut, die Standards des Achten Buches als allgemeinen Gestaltungsauftrag in das Neunte Buch zu übernehmen. 4

II. Ziele der Leistungen

Absatz 1 führt in den eigentlichen Regelungsgegenstand des Teils 1 des Neunten Buches ein, die **Leistungen zur Teilhabe**. Diese bilden den Oberbegriff für die in § 5 genannten einzelnen Leistungsgruppen, für die in § 6 die zuständigen Rehabilitationsträger näher bestimmt werden, also für alle diejenigen Leistun- 5

---

1 BGBl. I 1046.
2 Nebst Begründung BT-Drs. 14/5074, 8 und 99 sowie BT-Drs. 14/5531, 5.
3 Ausschussempfehlung BT-Drs. 14/5786, 16 und 17.
4 BT-Drs. 14/5800, 30.
5 BR-Drs. 49/01 (Beschluss) = BT-Drs. 14/5531, 6.

gen für Menschen mit (drohenden) Behinderungen, die nach den Voraussetzungen der für den jeweils zuständigen Rehabilitations- bzw. Leistungsträger geltenden Leistungsgesetz gewährt werden.[6] Zugleich knüpft Absatz 1 an den in § 11 SGB I festgelegten Begriff der Sozialleistungen an.

6   Darüber hinaus verdeutlicht Absatz 1 die **gemeinsamen Zielsetzungen** übergreifend für alle Leistungen zur Teilhabe. Damit ist allein schon verfassungsrechtlich[7] geboten, dass diese Leistungen in der Sache und insbesondere auch für betroffene Menschen ein durchgängiges System zur Verwirklichung der in Nummer 1 bis 4 genannten sozialpolitischen Ziele bilden und bei Auslegung und Anwendung der Einzelregelungen, die im Neunten Buch und den sonstigen Vorschriften für die einzelnen Rehabilitationsträger enthalten sind, entsprechend diesem Zielsystem auszugestalten und zu erbringen sind.

7   Inhaltlich greifen die Ziele in Nummer 1 bis 4 zunächst weitgehend die in § 10 SGB I im Rahmen der „sozialen Rechte" festgelegten und im Zuge des SGB IX teilweise fortentwickelten und neugefassten Ziele auf.

8   **Absatz 1** gebietet entsprechend § 10 SGB I, die dort in den Nummern 1 bis 4 genannten Ziele unabhängig von der **Ursache** der Behinderung zu verfolgen. Da die Leistungszuständigkeiten der Rehabilitationsträger (§ 6) teilweise auf die Ursache abstellen,[8] sichert diese Bestimmung auch den Gleichklang der Ziele zwischen diesen und den anderen Rehabilitationsträgern.

9   Die in **Absatz 1 Nummer 1** festgehaltenen Ziele richten sich zunächst auf die erste Begriffskomponente der in § 2 Abs. 1 Satz 1 umschriebenen Behinderungen, die Abweichung vom **alterstypischen Zustand** in Bezug auf körperliche und Sinnfunktion, geistige Fähigkeit oder seelische Gesundheit. Diesen Abweichungen ist in jedem, möglichst einem frühen Stand der Entwicklungen entgegenzuwirken; das gebietet auch der in § 3 festgelegte fachpolitische Vorrang für Prävention.

10 Nummer 1 gilt jedoch auch für die zweite Begriffskomponente der in § 2 Abs. 1 Satz 1 umschriebenen Behinderungen, die – auf Abweichungen vom alterstypischen Zustand beruhenden – **Beeinträchtigungen der gleichberechtigten Teilhabe** am Leben in der Gesellschaft. Auch diesen Beeinträchtigungen ist in jedem, möglichst einem frühen Stand der Entwicklungen entgegenzuwirken.

11 In **Absatz 1 Nummer 2** sind – in Ergänzung der früher in § 10 SGB I angesprochenen Ziele – eigenständige Zielsetzungen der Sozialleistungen zur Teilhabe enthalten.[9] **Einschränkungen der Erwerbsfähigkeit** und **Pflegebedürftigkeit**[10] zu vermeiden, zu überwinden, zu mindern oder eine Verschlimmerung zu verhüten und vorzeitigen Bezug anderer Sozialleistungen zu vermeiden oder laufende Sozialleistungen zu mindern, sind wichtige Ziele in Bezug auf Behinderungsauswirkungen und damit insbesondere auch für die Leistungen zur Teilhabe; sie werden durch § 9 und weitere Regelungen weiter konkretisiert. Zu den Aufgaben der Leistungen zur Teilhabe gehört damit, Einschränkungen der Erwerbsfähigkeit und Pflegebedürftigkeit in jedem nur möglichen Stadium entgegenzuwirken (also auch dann, wenn sie schon eingetreten sind) und hierzu alle im Einzelfall möglichen Interventionsansätze auszuschöpfen.

---

6 *Banafsche* SGb 2018, 385.
7 BT-Drs. 7/868, 22.
8 Insbesondere die gesetzliche Unfallversicherung und das Recht der sozialen Entschädigung bei Gesundheitsschäden.
9 Und entsprechend auch in § 10 SGB I übernommen (vgl. *Hänlein* in KKW SGB I § 10 Rn. 39 f.; *Seewald* in KassKomm SGB I § 10 Rn. 3).
10 Jeder Art und jeden Grades, also auch in den von § 14 SGB XI nicht erfassten Formen, so zutreffend *Welti* in HK-SGB IX § 4 Rn. 18.

Absatz 1 Nummer 3 spricht die **Teilhabe am Arbeitsleben** an, die im Rahmen der Teilhabe am Leben in der Gesellschaft ein besonders wichtiges Feld ist. Durch Arbeit erhalten Menschen mit Behinderungen die Möglichkeit, entsprechend ihren Fähigkeiten selbstbestimmt für ihren Broterwerb zu sorgen und zum Wohl der Gemeinschaft beizutragen. Aus der Arbeit ziehen sie aber auch für sich selbst Gewinn in Form persönlicher Befriedigung, in der Stärkung des Lebensmuts und durch ständige Übung und Herausforderung ihrer Fähigkeiten und Fertigkeiten. Eine dauerhafte berufliche Eingliederung ist für Menschen mit Behinderungen daher von elementarer Bedeutung; sie ist einer der wesentlichen Faktoren und zugleich Voraussetzung für ihre Eingliederung in die Gesellschaft insgesamt; dies gilt in gleicher Weise für junge Menschen, die bereits vor ihrem Eintritt ins Berufsleben behindert sind, wie für die berufliche Wiedereingliederung, wenn ein bereits ausgeübter Beruf wegen einer Behinderung nicht mehr fortgeführt werden kann.[11]

Absatz 1 Nummer 4 nennt als vierten Zielbereich der Leistungen zur Teilhabe die ganzheitliche **Förderung der persönlichen Entwicklung** sowie die im Einzelfall erforderliche Unterstützung der Teilhabe am Leben in der Gesellschaft und einer möglichst **selbstständigen und selbstbestimmten Lebensführung**. Eine möglichst weitgehende Unabhängigkeit und eine weitgehend selbstständige Lebensführung zu ermöglichen, entspricht nicht nur aus Art. 2 Abs. 1 GG und dem dort verankerten allgemeinen Persönlichkeitsrecht resultierenden Anforderungen,[12] sondern auch den Grundsätzen „Rehabilitation vor Rente, Pflege und anderen Sozialleistungen", nach denen diese Sozialleistungen nicht trotz Bedarfs versagt, sondern nach Möglichkeit entbehrlich gemacht werden sollen. Außerdem gehört es zu den Aufgaben der Leistungen und sonstigen Hilfen des Sozialgesetzbuches, die Entwicklung von Menschen mit Behinderungen und von Behinderung bedrohten Menschen – insbesondere in der Kindheit – ganzheitlich zu fördern und behinderungsbedingten Benachteiligungen entgegenzuwirken. Die Leistungen zur Teilhabe für Kinder umfassen auch die notwendigen Leistungen zur Betreuung, Bildung und Erziehung.

III. Notwendige Leistungen

Umfasst werden von den durch das Gesetz gewährten Leistungen nur solche, die **notwendig** sind. Dies gilt unabhängig von der Ursache der Behinderung. Dadurch hat der Gesetzgeber das Finalitätsprinzip ausdrücklich in das Gesetz aufgenommen, dem zufolge die Leistungen aller Träger ausreichen sollen, um die Ziele des Gesetzes insgesamt zu erreichen.[13] Inwieweit und wie die in den Nummern 1 bis 4 angesprochenen Ziele für Menschen mit Behinderungen und von Behinderung bedrohte Menschen daher im Einzelfall verwirklicht werden können, also das **Teilhabepotenzial**, ist grundsätzlich **individuell** zu ermitteln, und zwar mit einer Prognose der Entwicklung, die bei bestmöglicher Förderung sowie bestmöglicher Nutzung aller Ressourcen und Kompetenzen der Betroffenen erreichbar wäre. Richtigerweise wird man davon auszugehen haben, dass von der Konzeption der Präventionsregelungen im SGB insgesamt die leistungsrechtlichen Konkretisierungen des § 4 Abs. 1 als Mindeststandards anzusehen sind.[14]

---

11 Vierter Bericht der Bundesregierung über die Lage der Behinderten und die Entwicklung der Rehabilitation, BT-Drs. 13/5914, Textziffer 5.1.
12 *Welti* in HK-SGB IX § 4 Rn. 23.
13 *Grauthoff* in Kossens/von der Heide/Maaß SGB IX § 4 Rn. 5.
14 *Banafsche* SGb 2018, 385.

15 **Notwendig** sind Leistungen zur Teilhabe nur, wenn sie zum Erreichen der in den Nummern 1 bis 4 angesprochenen Ziele geeignet sind. Hinzu muss kommen, dass kein anderer, sinnvoller Weg, diese Ziele zu erreichen, gegeben ist. Das ist insbesondere der Fall, wenn die konkrete Leistungen nicht durch Ansprüche auf andere Sozialleistungen abgedeckt werden kann.[15] Daraus folgt, dass eine Notwendigkeit einer Leistung letztlich nur dann bejaht werden kann, wenn diese unentbehrlich zur Erreichung des jeweils verfolgten Leistungsziels ist, das vor allem, aber nicht nur darin liegt, eine Behinderung oder deren Folgen zu beseitigen oder zu mildern und den Menschen mit Behinderungen in die Gesellschaft einzugliedern.[16] Dabei gilt auch im Hinblick auf die Notwendigkeit ein individueller personenzentrierter Maßstab, der regelmäßig einer pauschalierenden Betrachtung des Hilfefalls entgegensteht.[17] Entscheidend für die Beurteilung als notwendig ist damit auch, in welchem Maß und durch welche Aktivitäten ein Mensch mit Behinderungen am Leben in der Gemeinschaft teilnimmt, was wiederum abhängig ist von seinen individuellen Bedürfnissen unter Berücksichtigung seiner Wünsche. Dabei gelten für Kinder mit Behinderungen wesentlich auch die Einschätzung und Wünsche ihrer Eltern, orientiert am Kindeswohl nach den Umständen des Einzelfalls.[18] Beispiele für alternative Wege, die Leistungen zur Teilhabe entbehrlich machen, sind dann etwa

- das Erreichen der Ziele über die in Absatz 2 Satz 1 angesprochenen anderen Leistungen oder
- die Bereitschaft eines Arbeitgebers, eine notwendige Ausbildung eines behinderten Menschen in eigener Verantwortung und auf eigene Kosten zu übernehmen.

16 Solche **alternativen Wege der Zielerreichung** müssen konkret gangbar und tragfähig sein. Hält ein Rehabilitationsträger im Hinblick auf solche Alternativen eigene Leistungen nicht für notwendig, muss er die Leistungsberechtigten – auch im Rahmen der Koordinierung nach § 19 – bei der Ermittlung und Umsetzung der am besten geeigneten Alternativen unterstützen und bei Bedarf selbst initiativ werden. Misslingen alternative Wege, bleiben die Leistungen zur Teilhabe im Rechtssinn notwendig.

17 Ergibt die Prognose, dass die in den Nummern 1 bis 4 angesprochenen Ziele über mehrere unterschiedliche Wege gleich gut und gleich schnell erreicht werden können, ist zunächst das **Wunsch- und Wahlrecht** der Betroffenen nach § 8 zu beachten. Innerhalb eines danach verbleibenden Entscheidungsspielraums sind die allgemein geltenden Grundsätze der **Wirtschaftlichkeit** und **Sparsamkeit**[19] zu beachten. Die für die Unfallversicherung nach § 26 Abs. 2 SGB VII geltende Vorgabe, die dort genannten Ziele „mit allen geeigneten Mitteln" zu erreichen, sagt in der Sache nichts Abweichendes.

18 Die Reihenfolge der in den Nummern 1 bis 4 angesprochenen Ziele schließt zugleich den allgemeinen „rehabilitationsstrategischen" Grundsatz einer möglichst **frühzeitigen Intervention** ein, nach dem entsprechend den im Einzelfall gegebenen Möglichkeiten und Notwendigkeiten Ausmaß und Auswirkungen der Behinderung möglichst gering zu halten und nicht vermeidbare Auswirkungen so gut wie möglich auszugleichen sind.

---

15 BSG 4.4.2019 – B 8 SO 12/17 R, BeckRS 2018, 22765.
16 BSG 12.12.2013 – B 8 SO 18/12 R, FEVS 66, 5.
17 BSG 29.9.2009 – B 8 SO 19/08 R, SozR 4-3500 § 54 Nr. 6; BSG 2.2.2012 – B 8 SO 9/10 R, SozR 4-5910 § 39 Nr. 1.
18 BSG 12.12.2013 – B 8 SO 18/12 R, FEVS 66, 5.
19 Vgl. § 69 Abs. 2 SGB IV für die Sozialversicherungsträger und entsprechende haushaltsrechtliche Vorschriften für andere Rehabilitationsträger.

Wie bei § 1 ist auch bei den hier genannten Zielen der Leistungen zu beachten, 19
dass der oft wichtigste Bezugsrahmen und Lebensraum der Betroffenen ihre **Familie** ist. Leistungen zur Teilhabe sind unabhängig von der Ursache der Behinderung zu erbringen und umfassen auch Maßnahmen der Familienentlastung und Stützung des familiären Umfelds.

Absatz 2 Satz 1 stellt klar, dass Menschen mit Behinderungen und solche, die 20
von Behinderung bedroht sind, zunächst die gleichen **Sozialleistungen** und sonstigen Hilfen wie alle anderen Bürger in Anspruch nehmen können. Die einschlägigen Vorschriften gelten grundsätzlich in gleicher Weise für diesen Personenkreis und sind grundsätzlich nicht im Neunten Buch geregelt, sondern in den jeweiligen Leistungsgesetzen des Sozialgesetzbuchs einschließlich der nach § 68 SGB I dort noch nicht eingeordneten besonderen Teile wie zB das BVG.

Die im SGB IX geregelten Leistungen zur Teilhabe sind demgegenüber Sozial- 21
leistungen, die gezielt auf die Teilhabe von Menschen mit Behinderungen und solchen, die von Behinderung bedroht sind, gerichtet sind und die daher nur insoweit eingesetzt werden müssen, als die Ziele durch die allgemeinen Sozialleistungen nicht voll erreicht werden können. Die im Gesetzgebungsverfahren erreichte Fassung stellt klar, dass mit den **besonderen Leistungen** behinderungsbedingte Benachteiligungen vermieden, ausgeglichen oder überwunden werden sollen. Zugleich dient sie der Verdeutlichung, dass es für Menschen mit Behinderungen einen besonderen Bedarf geben kann und die vorgesehenen Leistungen das Mittel sind, mit dem die in § 1 und in Absatz 1 genannten Ziele erreicht werden sollen. Reichen allgemeine Sozialleistungen aus, um die Teilhabeziele zu erreichen, dann sind besondere Leistungen nach dem SGB IX nicht erforderlich und nicht zu erbringen. Daraus folgt aber keine prinzipielle Nachrangigkeit von Teilhabeleistungen gegenüber anderen Sozialleistungen.[20] Zur Abgrenzung besonderer, behinderungsbedingter Bedarfe zu den (allgemeinen) Grundbedürfnissen des menschlichen Daseins hat die Rechtsprechung eigene Kriterien entwickelt.[21]

IV. Vollständigkeit und Qualität der Leistungen

Absatz 2 Satz 2 zieht eine weitere Konsequenz aus den in Absatz 1 genannten, 22
übergreifenden Zielen; er verpflichtet die in § 6 genannten Rehabilitationsträger und die übrigen Leistungsträger, beispielsweise die Integrationsämter, ihre Leistungen (zur Umsetzung der Ziele des Absatzes 1 entsprechend den Gegebenheiten und Erfordernissen des Einzelfalls) so **vollständig, umfassend und in gleicher Qualität** zu erbringen, dass Leistungen eines anderen Trägers (zur Umsetzung dieser Ziele) möglichst nicht erforderlich werden. Eine Grenze hierbei bilden nur die für den jeweiligen Träger geltenden **Rechtsvorschriften**; weder eine restriktive Leistungspraxis unter Vernachlässigung der Ziele des Absatzes 1 noch ein Verweis auf Leistungsmöglichkeiten anderer Träger sind zulässig.

Unter **Qualität** wird allgemein die Gesamtheit der Merkmale oder Merkmals- 23
werte von Produkten und Dienstleistungen bezüglich ihrer Eignung verstanden, festgelegte und vorausgesetzte Erfordernisse zu erfüllen (DIN 55350 = ISO 8402). Bei den Leistungen zur Teilhabe kommt es darauf an, inwieweit sie geeignet sind, die im SGB IX und den ergänzenden, für die zuständigen Leistungsträger geltenden besonderen Vorschriften festgelegten Anforderungen entsprechend den Gegebenheiten und Anforderungen des Einzelfalls zu entsprechen. Qualität besteht danach nicht nur in der abstrakt-generellen Eignung der Leis-

---

20 Wie hier *Welti* in HK-SGB IX § 4 Rn. 25; aA *Mrozynski* SGB IX Teil 1 § 4 Rn. 21.
21 Vgl. zB BayVGH 10.5.2006 – 12 BV 06 320, ZFSH/SGB 2006, 529.

tungen, sondern auch im Umgang mit dem Menschen mit Behinderungen, beim Zugang zu Rehabilitation und Teilhabe und bei der Durchführung von Leistungen (also in der „Kundenorientierung"). Maßstab für die Qualität der Leistungen zur Teilhabe sind damit die individuellen Bedürfnisse des leistungsberechtigten Menschen mit Behinderungen oder solchen, die von Behinderung bedroht sind, sowie ihr Interesse an sachgerechten, zügigen Entscheidungen, dagegen weder Kosten noch Trägerinteressen noch Interessen von Leistungserbringern. Zur Sicherung der Qualität der Leistungen enthält § 37 trägerübergreifende Regelungen.

V. Leistungen für Kinder

24 Absatz 3 betrifft Leistungen (aller Trägergruppen, also auch die der öffentlichen Jugendhilfe), soweit sie an und für **Kinder** mit Behinderungen oder solchen, die von Behinderung bedroht sind, geleistet werden. „Kinder" zählen nach der Begründung des Regierungsentwurfs entsprechend Artikel 1 der UN-Kinderrechtskonvention bis zur Vollendung des achtzehnten Lebensjahres.

25 Inhaltlich besteht die Vorgabe des Absatzes 3 darin, Kinder nicht von ihrem sozialen **Umfeld** zu trennen und sie gemeinsam mit nicht behinderten Kindern zu betreuen. Beide Ziele sind gleichrangig; wenn sie im Einzelfall einander widersprechen – beispielsweise, weil es im sozialen Umfeld keine nicht behinderten Kinder gibt –, ist unter Berücksichtigung anderer Zielsetzungen des § 4 und anderer Vorschriften in dem in Absatz 3 vorgesehenen Verfahren die individuell am besten geeignete Lösung zu finden.

26 Leistungen für Kinder mit Behinderungen oder solchen, die von Behinderung bedroht sind, sind nach **Absatz 3 Satz 1** entsprechend den durch Absatz 2 vorgesehenen inhaltlichen Zielen zu planen und zu gestalten. Das soziale Umfeld, auf das diese Ziele zu beziehen sind, besteht insbesondere im Bereich von Kindergärten und Schulen sowie über berufliche Ausbildung. Damit kann aus dieser Vorschrift eine Bindung der Rehabilitationsträger resultieren, den integrativen Schulbesuch vorrangig vor dem Besuch einer Sonder- oder Förderschule zu unterstützen, soweit dies für betroffene Kinder und Jugendliche notwendig ist.[22]

27 Absatz 3 Satz 2 enthält auf der Grundlage des Satzes 1 zwei **Verfahrensvorgaben**. Die erste besteht darin, Kinder mit Behinderungen alters- und entwicklungsentsprechend an der Planung und Ausgestaltung der einzelnen Hilfen zu beteiligen. Mit der ersten Teilvorgabe sind die Kinder gemeint, die Adressaten der jeweiligen Hilfen sein sollen; einbezogen in die Regelung sind daher – über den Wortlaut der Vorschrift hinaus – auch die Kinder, die von einer Behinderung bedroht werden und die in Satz 1 ausdrücklich genannt sind. Sie sind entsprechend ihrem jeweiligen Alter und ihrer jeweiligen Entwicklung, auch unter Berücksichtigung der Behinderung und ihrer Entwicklung bei der Planung oder der Ausführung zu beteiligen. Beteiligung erfordert von den zuständigen Rehabilitationsträgern Information der Kinder und Gelegenheit zur Stellungnahme, ferner eine Auseinandersetzung mit den Inhalten der Stellungnahmen, jedoch keine Notwendigkeit des Einvernehmens.

28 Die zweite Teilvorgabe besteht darin, neben der Beteiligung der Kinder auch ihre **Sorgeberechtigten** intensiv in Planung und Gestaltung der Hilfen einzubeziehen. Dies entspricht nicht nur dem Elternrecht, sondern ist auch für die situationsangemessene, wirkungsvolle Umsetzung der Leistungen zur Teilhabe

---

22 OVG Bbg 27.11.2002 – 4 B 196/02, ZfSH/SGB 2003, 401; ausführlich hierzu auch *Welti* in HK-SGB IX § 4 Rn. 31.

wichtig. Schon aus dem verfassungsrechtlich verbürgten Recht der Eltern aus Art. 6 Abs. 1 GG folgt, dass es sich bei dieser Regelung um ein subjektives Beteiligungsrecht der Eltern handelt, nicht lediglich um eine objektive Verpflichtung der Träger.

Absatz 4 eröffnet seit dem BTHG eine weitere Leistungsdimension zugunsten von Leistungen für Mütter und Väter mit Behinderungen. Diese werden entsprechend dieser Vorschrift mit dem Ziel gewährt, um diese bei der Versorgung und Betreuung ihrer Kinder zu unterstützen. Der Begriff der „Leistungen zur Teilhabe" hat insofern durch das BTHG eine substantielle Ausweitung erfahren. 29

§ 5 Leistungsgruppen

Zur Teilhabe am Leben in der Gesellschaft werden erbracht:
1. Leistungen zur medizinischen Rehabilitation,
2. Leistungen zur Teilhabe am Arbeitsleben,
3. unterhaltssichernde und andere ergänzende Leistungen,
4. Leistungen zur Teilhabe an Bildung und
5. Leistungen zur sozialen Teilhabe.

Gesetzeshistorie: Die Vorschrift wurde durch Artikel 1 und 68 Abs. 1 SGB IX vom 19.6.2001[1] mit Wirkung ab 1.7.2001 eingeführt, das BTHG hat die neue Leistungsgruppe in Nummer 4 ergänzt und die Nummer 5 (die bisherige Nummer 4) neu formuliert, von der Leistung zum Leben in der Gemeinschaft hin zu den Leistungen zur sozialen Teilhabe. 1

Regelungsinhalt: Die Vorschrift, die in engem Zusammenhang zu der Regelung in § 6 steht, die ihrerseits die zuständigen Leistungsträger benennt, gibt einen Überblick über die verschiedenen Leistungsgruppen zur Teilhabe von Menschen mit Behinderungen und solchen, die von Behinderung bedroht sind, die im Rahmen der in § 4 angesprochenen notwendigen Sozialleistungen nach dem Sozialgesetzbuch erbracht werden. 2

Zur Entstehung: Im Text des ursprünglichen Regierungsentwurfs[2] wurden aufgrund eines Änderungsantrags der Koalitionsfraktionen[3] zu Beginn des Einleitungssatzes die Wörter „Als Leistungen" gestrichen; dies erfolgte als sprachliche Vereinfachung zur Normenklarheit.[4] 3

Die **Nummern 1 bis 5** der Vorschrift erläutern, welche Gruppen von Leistungen unter dem in § 4 Abs. 1 eingeführten und dort mit übergreifenden Zielen versehenen Oberbegriff der Leistungen zur Teilhabe zusammengefasst sind; der umgangssprachlich naheliegende Begriff der „Leistungsarten" ist durch § 11 Satz 1 SGB I anderweitig festgelegt und konnte daher hier nicht verwendet werden. 4

Die Nummern 1, 2 und 5 entsprechen in ihrer Begrifflichkeit den medizinischen, beruflichen und sozialen Leistungen, die sich ursprünglich im gewachsenen gegliederten System als Leistungen zur Teilhabe herausgebildet haben. Die in Nummer 3 genannten, bereits im Rehabilitations-Angleichungsgesetz neben medizinischen und berufsfördernden Leistungen zur Rehabilitation geregelten ergänzenden Leistungen, insbesondere der Unterhaltssicherung, weisen viele Gemeinsamkeiten auf, die eine Zusammenfassung im SGB IX rechtfertigen; sie 5

---

1 BGBl. I 1046.
2 Nebst Begründung BT-Drs. 14/5074, 8 und 99 sowie BT-Drs. 14/5531, 5.
3 Ausschussempfehlung BT-Drs. 14/5786, 17.
4 BT-Drs. 14/5800, 30.

werden nicht von der Sozial- und der Jugendhilfe erbracht, jedoch von den in § 6 Nr. 1 bis 5 genannten Rehabilitationsträgern. Nummer 4 nimmt Leistungen zur Teilhabe an Bildung auf, die im Kapitel 12 näher geregelt sind und denjenigen Rehabilitationsträgern zugeordnet werden, die schon nach bisheriger Rechtslage für alle Leistungsgruppen originär zuständig waren. Bedeutsam hinsichtlich der Ergänzung bzw. Neuformulierung durch das BTHG ist, dass die Neuregelungen für die Leistungsgruppen der sozialen Teilhabe und der Teilhabe an Bildung nicht der Ausweitung der bisherigen Leistungen, sondern der Rechtssicherheit bei der Leistungserbringung und damit der Stärkung der Selbstbestimmung und Teilhabe der Leistungsberechtigten dienen.[5]

6 Die Vorschrift führt zugleich in den Aufbau des Teils 1 des Neunten Buches ein. Nach den drei leistungsgruppenübergreifenden Kapiteln 1 bis 3 regelt
- Kapitel 9 (§§ 42 bis 48) die Leistungen zur medizinischen Rehabilitation,
- Kapitel 10 (§§ 49 bis 63) die Leistungen zur Teilhabe am Arbeitsleben,
- Kapitel 11 (§§ 64 bis 74) die unterhaltssichernden und anderen ergänzenden Leistungen,
- Kapitel 12 (§ 75) die Leistungen zur Teilhabe an Bildung sowie
- Kapitel 13 (§§ 76 bis 84) die Leistungen zur sozialen Teilhabe.

7 Die **Reihenfolge** der Leistungsgruppen entspricht zugleich einer **Sachlogik**, wie sie sich bei der praktischen Umsetzung der in § 4 Abs. 1 wiedergegebenen Ziele typischerweise ergibt:
Zunächst sind alle Möglichkeiten zur Besserung und Stabilisierung des Gesundheitszustands auszuschöpfen, da ein möglichst guter und stabiler Gesundheitszustand die Grundlage für alle weiteren Schritte zur Teilhabe bildet. Auf dieser Grundlage sind, zweitens, die Möglichkeiten einer Teilhabe am Arbeitsleben abzuklären und umzusetzen; bevor berufliche Maßnahmen greifen können, muss in der Regel Arbeitsfähigkeit vorliegen. Im Zuge der medizinischen und berufsfördernden Leistungen sind, drittens, auch die unterhaltssichernden und anderen ergänzenden Leistungen auszuschöpfen. Erst nach Ausschöpfung aller Ansatzpunkte für medizinische, berufsfördernde und ergänzende Leistungen ist der Bedarf an Leistungen zur Bildung und zur sozialen Teilhabe zu ermitteln und abzudecken.

§ 6 Rehabilitationsträger

[gültig bis 31.12.2021:]

(1) Träger der Leistungen zur Teilhabe (Rehabilitationsträger) können sein:
1. die gesetzlichen Krankenkassen für Leistungen nach § 5 Nummer 1 und 3,
2. die Bundesagentur für Arbeit für Leistungen nach § 5 Nummer 2 und 3,
3. die Träger der gesetzlichen Unfallversicherung für Leistungen nach § 5 Nummer 1 bis 3 und 5; für Versicherte nach § 2 Absatz 1 Nummer 8 des Siebten Buches die für diese zuständigen Unfallversicherungsträger für Leistungen nach § 5 Nummer 1 bis 5,
4. die Träger der gesetzlichen Rentenversicherung für Leistungen nach § 5 Nummer 1 bis 3, der Träger der Alterssicherung der Landwirte für Leistungen nach § 5 Nummer 1 und 3,
5. die Träger der Kriegsopferversorgung und die Träger der Kriegsopferfürsorge im Rahmen des Rechts der sozialen Entschädigung bei Gesundheitsschäden für Leistungen nach § 5 Nummer 1 bis 5,

---

5 BT-Drs. 18/9522, 228.

6. die Träger der öffentlichen Jugendhilfe für Leistungen nach § 5 Nummer 1, 2, 4 und 5 sowie
7. die Träger der Eingliederungshilfe für Leistungen nach § 5 Nummer 1, 2, 4 und 5.

(2) Die Rehabilitationsträger nehmen ihre Aufgaben selbständig und eigenverantwortlich wahr.

(3) ^{1}Die Bundesagentur für Arbeit ist auch Rehabilitationsträger für die Leistungen zur Teilhabe am Arbeitsleben für erwerbsfähige Leistungsberechtigte mit Behinderungen im Sinne des Zweiten Buches, sofern nicht ein anderer Rehabilitationsträger zuständig ist. ^{2}Die Zuständigkeit der Jobcenter nach § 6d des Zweiten Buches für die Leistungen zur beruflichen Teilhabe von Menschen mit Behinderungen nach § 16 Absatz 1 des Zweiten Buches bleibt unberührt. ^{3}Mit Zustimmung und Beteiligung des Leistungsberechtigten kann die Bundesagentur für Arbeit mit dem zuständigen Jobcenter eine gemeinsame Beratung zur Vorbereitung des Eingliederungsvorschlags durchführen, wenn eine Teilhabeplankonferenz nach § 20 nicht durchzuführen ist. ^{4}Die Leistungsberechtigten und das Jobcenter können der Bundesagentur für Arbeit in diesen Fällen die Durchführung einer gemeinsamen Beratung vorschlagen. ^{5}§ 20 Absatz 3 und § 23 Absatz 2 gelten entsprechend. ^{6}Die Bundesagentur für Arbeit unterrichtet das zuständige Jobcenter und die Leistungsberechtigten schriftlich oder elektronisch über den festgestellten Rehabilitationsbedarf und ihren Eingliederungsvorschlag. ^{7}Das Jobcenter entscheidet unter Berücksichtigung des Eingliederungsvorschlages innerhalb von drei Wochen über die Leistungen zur beruflichen Teilhabe.

[gültig ab 1.1.2022 bis 31.12.2023:]

(1) Träger der Leistungen zur Teilhabe (Rehabilitationsträger) können sein:
1. die gesetzlichen Krankenkassen für Leistungen nach § 5 Nummer 1 und 3,
2. die Bundesagentur für Arbeit für Leistungen nach § 5 Nummer 2 und 3,
3. die Träger der gesetzlichen Unfallversicherung für Leistungen nach § 5 Nummer 1 bis 3 und 5; für Versicherte nach § 2 Absatz 1 Nummer 8 des Siebten Buches die für diese zuständigen Unfallversicherungsträger für Leistungen nach § 5 Nummer 1 bis 5,
4. die Träger der gesetzlichen Rentenversicherung für Leistungen nach § 5 Nummer 1 bis 3, der Träger der Alterssicherung der Landwirte für Leistungen nach § 5 Nummer 1 und 3,
5. die Träger der Kriegsopferversorgung und die Träger der Kriegsopferfürsorge im Rahmen des Rechts der sozialen Entschädigung bei Gesundheitsschäden für Leistungen nach § 5 Nummer 1 bis 5,
6. die Träger der öffentlichen Jugendhilfe für Leistungen nach § 5 Nummer 1, 2, 4 und 5 sowie
7. die Träger der Eingliederungshilfe für Leistungen nach § 5 Nummer 1, 2, 4 und 5.

(2) Die Rehabilitationsträger nehmen ihre Aufgaben selbständig und eigenverantwortlich wahr.

(3) ^{1}Die Bundesagentur für Arbeit ist auch Rehabilitationsträger für die Leistungen zur Teilhabe am Arbeitsleben für erwerbsfähige Leistungsberechtigte mit Behinderungen im Sinne des Zweiten Buches, sofern nicht ein anderer Rehabilitationsträger zuständig ist. ^{2}Die Zuständigkeit der Jobcenter nach § 6d des Zweiten Buches für die Leistungen zur beruflichen Teilhabe von Menschen mit Behinderungen nach § 16 Absatz 1 des Zweiten Buches bleibt unberührt. ^{3}Die Bundesagentur für Arbeit stellt den Rehabilitationsbedarf fest. ^{4}Sie betei-

ligt das zuständige Jobcenter nach § 19 Absatz 1 Satz 2 und berät das Jobcenter zu den von ihm zu erbringenden Leistungen zur Teilhabe am Arbeitsleben nach § 16 Absatz 1 Satz 3 des Zweiten Buches. [5]Das Jobcenter entscheidet über diese Leistungen innerhalb der in Kapitel 4 genannten Fristen.

[gültig ab 1.1.2024:]
(1) Träger der Leistungen zur Teilhabe (Rehabilitationsträger) können sein:
1. die gesetzlichen Krankenkassen für Leistungen nach § 5 Nummer 1 und 3,
2. die Bundesagentur für Arbeit für Leistungen nach § 5 Nummer 2 und 3,
3. die Träger der gesetzlichen Unfallversicherung für Leistungen nach § 5 Nummer 1 bis 3 und 5; für Versicherte nach § 2 Absatz 1 Nummer 8 des Siebten Buches die für diese zuständigen Unfallversicherungsträger für Leistungen nach § 5 Nummer 1 bis 5,
4. die Träger der gesetzlichen Rentenversicherung für Leistungen nach § 5 Nummer 1 bis 3, der Träger der Alterssicherung der Landwirte für Leistungen nach § 5 Nummer 1 und 3,
5. die Träger der Sozialen Entschädigung für Leistungen nach § 5 Nummer 1 bis 5,
6. die Träger der öffentlichen Jugendhilfe für Leistungen nach § 5 Nummer 1, 2, 4 und 5 sowie
7. die Träger der Eingliederungshilfe für Leistungen nach § 5 Nummer 1, 2, 4 und 5.

(2) Die Rehabilitationsträger nehmen ihre Aufgaben selbständig und eigenverantwortlich wahr.

(3) [1]Die Bundesagentur für Arbeit ist auch Rehabilitationsträger für die Leistungen zur Teilhabe am Arbeitsleben für erwerbsfähige Leistungsberechtigte mit Behinderungen im Sinne des Zweiten Buches, sofern nicht ein anderer Rehabilitationsträger zuständig ist. [2]Die Zuständigkeit der Jobcenter nach § 6 d des Zweiten Buches für die Leistungen zur beruflichen Teilhabe von Menschen mit Behinderungen nach § 16 Absatz 1 des Zweiten Buches bleibt unberührt. [3]Mit Zustimmung und Beteiligung des Leistungsberechtigten kann die Bundesagentur für Arbeit mit dem zuständigen Jobcenter eine gemeinsame Beratung zur Vorbereitung des Eingliederungsvorschlags durchführen, wenn eine Teilhabeplankonferenz nach § 20 nicht durchzuführen ist. [4]Die Leistungsberechtigten und das Jobcenter können der Bundesagentur für Arbeit in diesen Fällen die Durchführung einer gemeinsamen Beratung vorschlagen. [5]§ 20 Absatz 3 und § 23 Absatz 2 gelten entsprechend. [6]Die Bundesagentur für Arbeit unterrichtet das zuständige Jobcenter und die Leistungsberechtigten schriftlich oder elektronisch über den festgestellten Rehabilitationsbedarf und ihren Eingliederungsvorschlag. [7]Das Jobcenter entscheidet unter Berücksichtigung des Eingliederungsvorschlages innerhalb von drei Wochen über die Leistungen zur beruflichen Teilhabe.

Literatur:
Bieritz-Harder, Die Rechtsgrundlagen der Leistungen zur Teilhabe am Arbeitsleben, Beiträge 3/2007 und 1/2008 in Diskussionsforum D, abrufbar unter www.reha-recht.de; *Welti*, Leistungen zur Teilhabe und Verfahrenspflichten des SGB IX für erwerbsfähige Hilfebedürftige nach dem SGB II, Beitrag 2/2007 in Diskussionsforum D, abrufbar unter www.reha-recht.de.

Gesetzeshistorie: Die Vorschrift wurde in ihrer ursprünglichen Fassung durch Artikel 1 und 68 Abs. 1 SGB IX vom 19.6.2001[1] mit Wirkung ab 1.7.2001 eingeführt, die Bezeichnung der früheren Bundesanstalt für Arbeit in Absatz 1 Nr. 2 mit Wirkung ab 1.1.2004 durch Artikel 8 und 124 Abs. 1 des Gesetzes vom 23.12.2003[2] angepasst. Das BTHG hat in Absatz 1 einige Folgeänderungen eingearbeitet, die sich vor allem durch die Neuverortung der Eingliederungshilfe in den Teil 2 des Gesetzes ergaben.[3] Zudem ist Absatz 3 neu hinzugekommen, der zuvor als § 6a firmierte.

Regelungsinhalt: Die Vorschrift nennt in Absatz 1 die **Leistungsträger**, die für die einzelnen Leistungsgruppen (§ 5) der Leistungen zur Teilhabe zuständig sind, und legt für sie den Terminus „Rehabilitationsträger" als gemeinsamen Oberbegriff fest. Dies ist bedeutsam, weil die Rehabilitation nicht lediglich von einem Träger betrieben wird, sondern es sich bei ihr um eine Aufgabe handelt, die in nahezu allen Sozialleistungsbereichen wahrgenommen wird. Zugleich wird durch die Zuordnung der unterschiedlichen Trägergruppen für die teilweise unterschiedlichen Leistungsgruppen klargestellt, dass das sogenannte „gegliederte System" im Grundsatz beibehalten wird. Die Rehabilitationsträger nehmen ihre Aufgaben eigenverantwortlich wahr; Absatz 2 enthält die notwendige Klarstellung. Absatz 3 enthält eine eigenständige Regelung für die Bundesagentur für Arbeit, sofern sie Rehabilitationsträger ist.

Zur Entstehung: Absatz 1 entspricht § 2 Abs. 1 Satz 1 und Abs. 2 Rehabilitations-Angleichungsgesetz, jedoch unter Berücksichtigung der nunmehr einbezogenen Träger der Sozial- und der öffentlichen Jugendhilfe. Die Vorschrift ist im ursprünglichen Gesetzgebungsverfahren nicht verändert worden.

Materialien: Zum Regierungsentwurf der ursprünglichen Fassung nebst Begründung BT-Drs. 14/5074, 8 99 und 100 sowie BT-Drs. 14/5531, 5; zur Ausschussempfehlung BT-Drs. 14/5786, 17; BT-Drs. 18/9522, 228.

Absatz 1 nennt in seinen Nummern 1 bis 7 abschließend[4] die Leistungsträger im Sinne des § 12 SGB I, die Leistungen zur Teilhabe im Sinne des § 4 Abs. 1 erbringen können, und zwar unter Differenzierung nach den einzelnen in § 5 gebildeten Leistungsgruppen. Die Bestimmung hat insoweit nur Übersichts-, aber keinen Regelungscharakter; sie soll jedoch die im Folgenden getroffenen Regelungen, insbesondere § 7, vorbereiten, verständlich machen und zugleich textlich entlasten.

Allerdings macht Absatz 1 noch einmal deutlich, dass **nur** die dort genannten öffentlichen **Leistungsträger** und die von ihnen erbrachten öffentlich-rechtlich geregelten **Sozialleistungen** vom SGB IX und seinen Regelungen erfasst werden. Nicht erfasst werden dagegen Leistungen privater Kranken- und Pflegeversicherungen, auch soweit sie parallel zu gesetzlichen Regelungen erbracht werden, ebenso wenig Leistungen und sonstige Aktivitäten von Privatversicherungsgesellschaften, deren Aktivitäten zum Beispiel zur Rehabilitation und Eingliederung von Unfallopfern denen der öffentlich-rechtlichen Rehabilitationsträger teilweise vergleichbar sind, aber insoweit ohne gesetzliche Regelung betrieben werden. Auch nicht erfasst als leistende Rehabilitationsträger sind die für die Gewährung von Leistungen nach dem SGB II zuständigen Jobcenter bzw. kommunalen Träger. Das ergibt sich schon aus dem enumerativen Charakter der

---

1 BGBl. I 1046.
2 BGBl. I 2848.
3 Zum gestuften Inkrafttreten des Teils 2 siehe die Vorbemerkung zu Teil 2.
4 BSG 25.4.2017 – B 3 P 11/17 B.

Norm, der mangels planwidriger Regelungslücke auch einer Analogie nicht zugänglich ist.[5]

7   Ebenfalls keinen Regelungs-, sondern Übersichts- und Klarstellungscharakter hat die Vorschrift in Bezug auf die **Zuordnung** unterschiedlicher Leistungsgruppen zu den unterschiedlichen Trägergruppen. Die einschlägigen Leistungen zur Teilhabe werden durch verschiedene Sozialleistungsträger erbracht und sind in deren spezifische Systemzusammenhänge eingebunden; das sogenannte „gegliederte System" wird also im Grundsatz beibehalten. Dies wird bereits aus der durch § 6 Abs. 1 gegebenen Übersicht deutlich, ist rechtlich aber erst in § 7 Abs. 1 Satz 2 in Verbindung mit dem für den jeweiligen Rehabilitationsträger geltenden Leistungsgesetz geregelt.

8   Die Vorschrift enthält daher **keine eigenen Zuständigkeitsregelungen**; wie in der Begründung des Regierungsentwurfs klarstellend festgehalten ist, werden auch Änderungen hinsichtlich der sich nach dem Achten Buch richtenden sachlichen und örtlichen Zuständigkeiten der Träger der Jugendhilfe nicht vorgenommen.

9   Regelungscharakter hat demgegenüber die zusammenfassende Bezeichnung der genannten Leistungsträger als **Rehabilitationsträger**. Diese Bezeichnung tritt nicht an die Stelle der sonstigen Bezeichnungen, die diese Leistungsträger insbesondere auch für ihre sonstigen Aufgaben weiter verwenden. Sie enthält auch keine inhaltlichen Aussagen, sondern ist ein Arbeitsbegriff, der innerhalb des SGB IX und beim Verweis darauf der begrifflichen Klärung dient.

10 Die Bezeichnung schließt jetzt auch die Träger der **Eingliederungshilfe** ein, soweit sie Leistungen zur Teilhabe im Sinne des § 4 Abs. 1 und des § 5 erbringen; sie ist jedoch nicht bei sonstigen Leistungen dieser Leistungsträger zu verwenden, auch nicht zum Beispiel bei Leistungen der Krankenhilfe nach den früheren §§ 36 bis 38 BSHG und den jetzigen Hilfen zur Gesundheit nach §§ 47 bis 52 SGB XII.

11 Aufgrund der Begriffsklärung in Absatz 1 gehören zu den Rehabilitationsträgern insbesondere **nicht**
- die **Integrationsämter** nach Teil 3 des SGB IX und
- die **Pflegekassen** nach § 46 SGB XI, deren Pflicht, vorläufige Leistungen zur medizinischen Rehabilitation nach § 32 Abs. 1 SGB XI zu erbringen, durch das SGB IX zwar verstärkt und verdeutlicht wurde, die aber dennoch einen Sonderstatus behalten.

12 **Absatz 2** enthält die Klarstellung, dass sich aus der Aufzählung von Zuständigkeiten **keine Mitplanungs-**, Mitverwaltungs- und **Mitentscheidungsbefugnisse** für andere Rehabilitationsträger und sonstige Stellen ergeben; insbesondere wird mit dieser Regelung **keine gemeinsame Aufgabenwahrnehmung** eingeführt. Die Entscheidung über die jeweilige Leistung wie ihre Ausführung obliegt dem jeweiligen Rehabilitationsträger, der seine Aufgaben eigenverantwortlich wahrnimmt, dabei jedoch auch an die weiteren Regelungen des SGB IX gebunden ist, insbesondere auch an die §§ 10, 19, 25 und 26 die §§ 10 bis 14.

13 Für Leistungen zur Teilhabe am Arbeitsleben nach dem Dritten Buch enthält **Absatz 3** eine eigene Regelung, die vor dem BTHG noch als eigenständige Vorschrift unter § 6a geführt wurde. Sie wurde jedoch weitgehend inhaltsgleich aufgrund der Sachnähe mit kleineren Änderungen in den § 6 integriert. Die Vorschrift stellt in Abweichung zu der Regelung in § 7 Abs. 1 Satz 2 in ihrem Satz 1 klar,[6] dass die Bundesagentur für Arbeit Rehabilitationsträger für die

---

5 ThürLSG 18.1.2019 – L 9 AS 592/18 B ER.
6 Zur Klarstellungsfunktion BSG 25.6.2008 – B 11 b ASS 19/07 R, SozR 4-3500 § 54 Nr. 1.

Leistungen zur Teilhabe am Arbeitsleben im Sinne des § 6 Abs. 1 Satz 1 Nr. 2 auch für den Personenkreis der erwerbsfähigen leistungsberechtigten Personen mit Behinderungen nach dem Zweiten Buch ist, sofern kein anderer Rehabilitationsträger zuständig ist. Die Sätze 2 bis 7 enthalten ergänzende Klarstellungen und Verfahrensregelungen. Notwendig war eine eigenständige Regelung, nachdem die Regelungen im Zweiten Buch über Leistungen zur Teilhabe am Arbeitsleben zu Missverständnissen geführt hatten und eine einvernehmliche Verständigung der beteiligten Leistungsträger nicht möglich war.

Absatz 3 Satz 1 zielt darauf ab, für erwerbsfähige[7] Leistungsberechtigte mit Behinderungen die Fachkompetenz der Bundesagentur für Arbeit als Rehabilitationsträger auch insoweit zu erhalten, als nicht sie selbst, sondern die Träger der Grundsicherung notwendige Leistungen zur Teilhabe am Arbeitsleben zu erbringen haben. Der Begriff des Leistungsberechtigten ist (rückwirkend) mit Wirkung vom 1.1.2011 an die Stelle des zuvor verwandten Begriffs des Hilfebedürftigen getreten; eine inhaltliche Änderung hat sich mit dem Begriffswechsel nicht vollzogen.[8] Die Bundesagentur für Arbeit ist daher für die Teilhabe am Arbeitsleben Rehabilitationsträger auch für Leistungsberechtigte nach dem SGB II vorrangig zuständig und hat die damit verbundenen, gesetzlichen Aufgaben nach dem SGB IX wahrzunehmen, beispielsweise die Klärung der Zuständigkeiten und des Rehabilitationsbedarfs nach § 14 einschließlich eines Eingliederungsvorschlags; darunter fällt auch die von Amts wegen nach § 9 zu erfolgende Prüfung weiterer Leistungen zur Teilhabe als die beantragten Leistungen, die Beachtung des Wunsch- und Wahlrechts nach § 8 oder des Wahlrechts zwischen mehreren Gutachten nach § 17 Abs. 1. Diese Regelung ändert aber nichts daran, dass dann, wenn ein anderer Rehabilitationsträger für Leistungen zur Teilhabe am Arbeitsleben bei einem erwerbsfähigen behinderten Leistungsberechtigten zuständig ist, dieser auch Leistungsträger ist, also etwa der Träger der gesetzlichen Rentenversicherung. Folge ist insgesamt eine gegebenenfalls gespaltene Zuständigkeit: Leistungsträger ist der Träger der Grundsicherung für Arbeitssuchende, Rehabilitationsträger hingegen die Bundesagentur für Arbeit.

14

Absatz 3 Satz 2 stellt über Satz 1 hinausgehend klar, dass die in Satz 1 getroffene Regelung die Leistungsverantwortung und Entscheidungskompetenz der Jobcenter über die Leistungen zur beruflichen Teilhabe von Menschen mit Behinderungen nach § 16 Abs. 1 SGB II nicht berührt. Sie verbleiben also bei dem Jobcenter.[9] Nach § 1 Abs. 1 Satz 4 Nr. 5 SGB II sind die Leistungen der Grundsicherung insbesondere darauf auszurichten, dass behinderungsspezifische Nachteile überwunden werden. Im Interesse einer raschen beruflichen Eingliederung von leistungsberechtigten Menschen mit Behinderungen sollen daher die Jobcenter eng mit der Bundesagentur für Arbeit als Rehabilitationsträger zusammenarbeiten.

15

Absatz 3 Sätze 3 bis 5 enthält eine neue Regelung zur Rolle der Jobcenter im Rahmen des Teilhabeplanverfahrens. Mit Zustimmung und Beteiligung des Leistungsberechtigten kann nämlich jetzt, seit dem BTHG, die Bundesagentur für Arbeit mit dem zuständigen Jobcenter eine gemeinsame Beratung zur Vorbereitung des Eingliederungsvorschlags durchführen, wenn eine Teilhabeplankonferenz nach § 20 nicht durchzuführen ist. Das dient der besseren Kommunikation der Beteiligten untereinander und führt so zu einem schnelleren und ef-

16

---

7 Die Erwerbsfähigkeit als Voraussetzung für eine Anwendbarkeit des Abs. 3 betont zu Recht ThürLSG 18.1.2019 – L 9 AS 592/18 B ER.
8 Gesetz zur Ermittlung von Regelbedarfen und zur Änderung des Zweiten und Zwölften Buches Sozialgesetzbuch vom 24.3.2011, BGBl. I 453.
9 BSG 25.6.2008 – B 11 b AS 19/07 R, SozR 4-3500 § 54 Nr. 1.

fektiveren Ablauf zugunsten des Leistungsberechtigten. Aus diesem Grund kann auch der Leistungsberechtigte selbst, nach Satz 4, die Initiative ergreifen und zusammen mit, aber auch unabhängig von dem Jobcenter der Bundesagentur für Arbeit in diesen Fällen die Durchführung einer gemeinsamen Beratung vorschlagen. In diesen Fällen gelten die Durchführungsvorschriften aus § 20 Abs. 3 und § 23 Abs. 2 entsprechend.

17 **Absatz 3 Satz 6** enthält eine **Pflicht der Bundesagentur für Arbeit**, die betroffenen Leistungsberechtigten, aber auch das zuständige Jobcenter über den festgestellten Rehabilitationsbedarf einschließlich des Eingliederungsvorschlags zu unterrichten. Das kann schriftlich oder elektronisch erfolgen. Dafür ist zur Klarstellung und zur Sicherung einer festen Entscheidungsgrundlage des für die Leistung verantwortlichen Trägers die schriftliche Form vorgeschrieben.

18 **Absatz 3 Satz 7** stellt sicher, dass das zuständige Jobcenter seine Entscheidung über die zur beruflichen Eingliederung notwendigen Leistungen auf der Grundlage des von der Bundesagentur für Arbeit nach § 14 festgestellten Rehabilitationsbedarfs trifft. Die Feststellung des Rehabilitationsbedarfs mündet in einen unter Berücksichtigung der Wunsch- und Wahlrechte nach § 8 individuell erarbeiteten Eingliederungsvorschlag. Soweit Leistungen verschiedener Leistungsgruppen nach § oder mehrerer Rehabilitationsträger erforderlich sind, umfasst die Feststellung des Bedarfs die Koordinierung der Leistungen nach § 19 und damit auch die erforderliche Weiterleitung nach § 15 Abs. 1. Die Dreiwochenfrist zur Entscheidung über die Leistung entspricht der bei Leistungen zur Teilhabe allgemein geltenden Entscheidungsfrist nach § 14 Abs. 2 Satz 2. Damit wird sichergestellt, dass über die zur beruflichen Eingliederung notwendigen Leistungen für leistungsberechtigte Menschen mit Behinderungen entsprechend den Grundsätzen des Neunten Buches zügig entschieden wird. Die Feststellung des Rehabilitationsbedarfs durch die Bundesagentur für Arbeit ermöglicht dem Jobcenter, die Kompetenz der Bundesagentur für Arbeit bei der Erbringung von Leistungen zur Teilhabe am Arbeitsleben zu nutzen, ohne dass es von seiner Eingliederungsverantwortung gegenüber den Leistungsberechtigten entbunden wird. Es ist deshalb an die Auffassung der Bundesagentur für Arbeit grundsätzlich nicht gebunden, soll aber bei der Entscheidung über den Leistungsantrag des Leistungsberechtigten deren Eingliederungsvorschlag berücksichtigen.[10]

19 Durch das **Teilhabestärkungsgesetz** sind die Sätze 3 bis 7 in Abs. 3 aufgehoben bzw. neu gefasst worden. Durch diese Neufassung soll die Komplexität der Leistungserbringung an Menschen mit Teilhabebedarf verringert werden, wenn sie zugleich auch Leistungen nach dem SGB II beantragt haben oder erhalten. Das führt dazu, dass die bisherige Regelung der gemeinsamen Beratung zur Vorbereitung des Eingliederungsvorschlags zwischen Bundesagentur für Arbeit und Jobcenter ersatzlos entfällt. Stattdessen verweist Abs. 3 nun auf den ebenfalls neu eingefügten § 19 Abs. 1 S. 2, der seinerseits die Stellung der Jobcenter bei der Leistungserbringung an Menschen mit (drohender) Behinderung regelt, die Leistungen nach dem SGB II beantragt haben oder erhalten. Durch die Verzahnung der beiden Vorgänge werden Abstimmungsschwierigkeiten vermieden. Die Leistungserbringung an die Berechtigten kann durch die auf diesem Weg erreichte, stärkere Einbindung und Beteiligung der Jobcenter in das Teilhabeplanverfahren verbessert werden. Umgekehrt bleibt die Bundesagentur nach wie vor für die Feststellung des Rehabilitationsbedarfs zuständig, wie aus Abs. 3 S. 3 deutlich wird. Sie ist es, die einen Vorschlag über die zu erbringenden Leistun-

---

10 AA *Wurm* in Jahn SGB IX § 6 a Rn. 13, der davon ausgeht, dass die gemeinsamen Einrichtungen und kommunalen Träger grundsätzlich an die Auffassung der Bundesagentur gebunden sind.

gen zur Teilhabe am Arbeitsleben erstellt. Über diesen Vorschlag muss dann nach Satz 4 das Jobcenter innerhalb der Fristen nach Kapitel 4 entscheiden.

§ 7 Vorbehalt abweichender Regelungen

(1) ¹Die Vorschriften im Teil 1 gelten für die Leistungen zur Teilhabe, soweit sich aus den für den jeweiligen Rehabilitationsträger geltenden Leistungsgesetzen nichts Abweichendes ergibt. ²Die Zuständigkeit und die Voraussetzungen für die Leistungen zur Teilhabe richten sich nach den für den jeweiligen Rehabilitationsträger geltenden Leistungsgesetzen. ³Das Recht der Eingliederungshilfe im Teil 2 ist ein Leistungsgesetz im Sinne der Sätze 1 und 2.

(2) ¹Abweichend von Absatz 1 gehen die Vorschriften der Kapitel 2 bis 4 den für die jeweiligen Rehabilitationsträger geltenden Leistungsgesetzen vor. ²Von den Vorschriften in Kapitel 4 kann durch Landesrecht nicht abgewichen werden.

Gesetzeshistorie: Die Vorschrift wurde in ihrer ursprünglichen Fassung mit nur einem Absatz durch Artikel 1 und 68 Abs. 1 SGB IX vom 19.6.2001[1] mit Wirkung ab 1.7.2001 eingeführt. Das BTHG hat den bisherigen Absatz zu Absatz 1 gemacht und um Satz 3 hinsichtlich des neu eingeführten Teils 2 des Gesetzes ergänzt. Zudem wurde Absatz 2 angefügt.

Regelungsinhalt: Die Vorschrift enthält Regelungen zum Verhältnis der Bestimmungen des SGB IX zu denjenigen anderer Bestimmungen des SGB insgesamt, die erforderlich waren, weil es bei den Teilhabeleistungen insgesamt verschiedene trägerspezifische Regelungen und Besonderheiten gab, die zu berücksichtigen sind. Daher musste der Gesetzgeber festlegen, welches Buch des SGB vorrangig ist, wenn einzelne Bücher vom SGB IX Abweichendes regeln. In Absatz 1 Satz 1 ist bestimmt, dass die Vorschriften des Neunten Buches über die Leistungen zur Teilhabe unmittelbar anzuwenden sind, soweit in den besonderen Regelungen für die einzelnen Trägergruppen nichts Abweichendes bestimmt ist. Damit ist festgelegt, dass bei abweichenden Regelungen die trägerspezifischen Vorschriften vorrangig zu berücksichtigen sind. Absatz 1 Satz 2 stellt – anknüpfend an die Darstellungen der Leistungsgruppen in § 5 sowie der Trägergruppen in § 6 Abs. 1 – klar, dass die Zuständigkeit und die Voraussetzungen der Leistungen sich nach den besonderen Regelungen für die einzelnen Rehabilitationsträger richten. Absatz 1 Satz 3 regelt Spezifika zu Teil 2 des Gesetzes. Absatz 2 schließlich betrifft Kollisionsregelungen nur zu Kapitel 2 bis 4.

Zur Entstehung: Nach § 9 Abs. 1 Rehabilitations-Angleichungsgesetz richteten sich nicht nur die Voraussetzungen, sondern auch Art und Umfang der Leistungen der Rehabilitationsträger nach den für die Rehabilitationsträger geltenden besonderen Rechtsvorschriften. Die ursprüngliche Vorschrift war im damaligen Gesetzgebungsverfahren nicht verändert worden, das BTHG ergänzte sie geringfügig.

Materialien: Zum Regierungsentwurf des ursprünglichen Gesetzes nebst Begründung BT-Drs. 14/5074, 9 und 100 sowie BT-Drs. 14/5531, 5; zur Ausschussempfehlung BT-Drs. 14/5786, 17.

Absatz 1 Satz 1 enthält das zentrale Regelungsanliegen des SGB IX, die Vorschriften über die – in § 4 erstmals genannten in § 5 durch Bildung von Leistungsgruppen erläuterten – **Leistungen zur Teilhabe möglichst einheitlich zu regeln**, auch wenn für sie – nach § 6 Abs. 1 – unterschiedliche Trägergruppen

---

1 BGBl. I 1046.

zuständig sind.² Entsprechend den Grundregeln des Sozialgesetzbuchs wird angestrebt, dass Regelungen, die für mehrere Sozialleistungsbereiche einheitlich sein können, nur an einer Stelle getroffen werden; dies setzt Absatz 1 Satz 1 für die Regelungen zu Inhalt und Zielsetzung der einschlägigen Sozialleistungen um. Diese Regelungen wurden im Interesse der Betroffenen im Neunten Buch so weit wie möglich vereinheitlicht, auch um zu verdeutlichen, dass das gemeinsame Ziel – möglichst weitgehende Teilhabe von Menschen mit Behinderungen und solchen, die von Behinderung bedroht sind, am Leben der Gesellschaft – bei allen jeweils zuständigen Rehabilitationsträgern in grundsätzlich gleicher Weise verfolgt wird.

6 Allerdings konnte dieses, soeben skizzierte Regelungsanliegen aufgrund der Gegebenheiten des „gegliederten Systems" nicht voll durchgesetzt werden, sondern **nur, soweit** in den Leistungsgesetzen für die einzelnen Rehabilitationsträger **nichts Abweichendes** bestimmt ist. Damit wird deutlich, dass trotz der gesetzgeberischen Vereinheitlichungsbemühungen ein genereller Vorrang der rehabilitationsspezifischen Rechtsvorschriften, etwa im SGB V, hinsichtlich der Zuständigkeit und der Leistungsvoraussetzungen weiterhin gilt.³ Viele dieser besonderen Regelungen wurden im Zuge des SGB IX gestrichen, durch Bezugnahmen auf das Neunte Buch ersetzt oder inhaltlich angepasst; es bleibt aber auch für Leistungen zur Teilhabe der allgemeine Rechtsgrundsatz bestehen, dass eine besondere Regelung einer allgemeinen vorgeht. Aufgrund des Vorbehalts bleiben **spezielle Regelungen der Rehabilitationsträger** – beispielsweise institutionelle Vorgaben wie das Vertragsarztrecht in der gesetzlichen Krankenversicherung – weiterhin vorrangig gegenüber den Regelungen des Neunten Buches. Unberührt bleiben auch Besonderheiten in der gesetzlichen Unfallversicherung, die auf dem Prinzip des zivilrechtlichen Schadensersatzes (Arbeitsunfälle, Berufskrankheiten) beruhen. Vorrang gegenüber dem SGB IX genießen jedoch nur ausdrückliche Regelungen des Leistungs- (einschließlich des Leistungserbringer-)rechts, nicht wirkliche oder vermeintliche „Strukturprinzipien", die in den Leistungsgesetzen selbst keinen Ausdruck gefunden haben.⁴

7 Wann und mit welchem Inhalt eine besondere Regelung tatsächlich besteht und in welchem Umfang sie einer allgemeinen, im Neunten Buch des Sozialgesetzbuchs enthaltenen Regelung widerspricht und deshalb vorrangig anzuwenden ist, ist ein häufiger Entscheidungspunkt bei der Umsetzung des SGB IX in die Rechts- und Anwendungspraxis. Als ein wichtiges Beispiel, in dem Regelungen des Neunten Buches nicht durch Berufung auf angebliche besondere Regelungen einzelner Rehabilitationsträger ausgehebelt werden dürfen, nennt die Begründung des ursprünglichen Regierungsentwurfs das in § 8 geregelte Wunsch- und Wahlrecht der Leistungsberechtigten, das bei Anwendung der jeweiligen Leistungsgesetze, also auch bei Bestimmung der Rehabilitationseinrichtungen und ganz grundsätzlich bei der Ermessensausübung zu berücksichtigen ist. Verbindlich für alle Rehabilitationsträger sind aber auch insbesondere die Zielsetzungen in §§ 1, 3 und 4 SGB IX und die Vorrangregelungen in § 9, die Zusammenarbeitspflichten in §§ 19, 20, 25 und 26 sowie die Zuständigkeitsklärung und das Selbstbeschaffungsrecht nach §§ 14 und 18.⁵

---

2 Dies verkennt *Mrozynski* SGb 2001, 282.
3 Zur Systematik und dem Verhältnis der unterschiedlichen Regelungen *Beetz* ZESAR 2019, 117.
4 Vgl. zum Vorrang konkret BSG 26.3.2003 – B 3 KR 23/02, SGb 2004, 312; BSG 26.6.2007 – B 1 KR 36/06 R, SozR 4-2500 § 40 Nr. 4.
5 *Welti* in HK-SGB IX § 7 Rn. 4.

Absatz 1 Satz 2 stellt – anknüpfend an die Darstellungen der Leistungsgruppen 8
in § 5 sowie der beteiligten Träger oder Trägergruppen in § 6 Abs. 1 – klar, dass
die **Zuständigkeit** und die **Voraussetzungen** der Leistungen sich nach den besonderen Regelungen für die einzelnen Rehabilitationsträger richten;[6] diese Regelungen wurden im Zuge des Gesetzgebungsvorhabens zum SGB IX zwar überprüft und an einigen Stellen auch fortentwickelt, im SGB IX aber weder zusammengefasst noch inhaltlich neugestaltet. Dies trägt dem sogenannten „gegliederten System" Rechnung, in dem Leistungen zur Teilhabe als die einschlägigen Sozialleistungen durch verschiedene Sozialleistungsträger erbracht werden, in deren spezifische Systemzusammenhänge sie eingebunden sind; so kann beispielsweise Leistungen der Rentenversicherung grundsätzlich nur erwarten, wer dort versichert ist, und Leistungen der Sozialhilfe, wer deren Voraussetzungen (unter anderem Nachrang, in der Regel auch Bedürftigkeit) erfüllt. Als weiteres Beispiel nannte die Begründung des Regierungsentwurfs im Sozialhilfebereich die Regelungen zu §§ 93 ff. Bundessozialhilfegesetz, die unzweifelhaft auch für die Leistungen zur Teilhabe von Seiten der Sozialhilfeträger unberührt bleiben, für die aber auch die Vorbehaltsregelung in Absatz 1 Satz 1 anzuwenden ist; das gilt auch für die jetzt anwendbaren §§ 75 ff. SGB XII. Im Ergebnis gilt damit, aus dem Zusammenspiel von Absatz 1 Satz 1 und 2 der Vorschrift, dass die Vorschriften des SGB IX insgesamt Anwendung finden, wenn entweder das trägerspezifische Recht auf die Vorschriften des SGB IX verweist (wie etwa in § 43 SGB V, § 28 SGB VI) oder wenn das SGB IX Bereiche regelt, die die trägerspezifischen Vorschriften ihrerseits nicht erfassen.

Die Zuständigkeit und die Voraussetzungen für Leistungen zur Teilhabe richten 9
sich bei den in § 6 Abs. 1 Nr. 1 genannten gesetzlichen **Krankenkassen** nach
§§ 11 und 40 ff. SGB V.[7]

Die Zuständigkeit und die Voraussetzungen für Leistungen zur Teilhabe richten 10
sich bei der in § 6 Abs. 1 Nr. 2 genannten **Bundesagentur für Arbeit** nach
§§ 97 ff. SGB III.

Die Zuständigkeit und die Voraussetzungen für Leistungen zur Teilhabe richten 11
sich bei den in § 6 Abs. 1 Nr. 3 genannten Trägern der gesetzlichen **Unfallversicherung** nach §§ 26 ff. SGB VII.

Die Zuständigkeit und die Voraussetzungen für Leistungen zur Teilhabe richten 12
sich bei den in § 6 Abs. 1 Nr. 4 genannten Trägern der gesetzlichen **Rentenversicherung** nach §§ 9 ff. SGB VI.

Die Zuständigkeit und die Voraussetzungen für Leistungen zur Teilhabe richten 13
sich bei den in § 6 Abs. 1 Nr. 4 genannten Trägern der **Alterssicherung der Landwirte** nach §§ 7 ff. Gesetz über die Alterssicherung der Landwirte.

Die Zuständigkeit und die Voraussetzungen für Leistungen zur Teilhabe richten 14
sich bei den in § 6 Abs. 1 Nr. 5 genannten Trägern der Kriegsopferversorgung
und der Kriegsopferfürsorge im Rahmen des Rechts der **sozialen Entschädigung**
bei Gesundheitsschäden nach §§ 10, 11 und 26 BVG; Entsprechendes gilt für
die Gesetze, die das BVG für anwendbar erklären.

Die Zuständigkeit und die Voraussetzungen für Leistungen zur Teilhabe richten 15
sich bei den in § 6 Abs. 1 Nr. 6 genannten Träger der öffentlichen **Jugendhilfe**
nach § 35a SGB VIII.

Absatz 1 Satz 3 ist eine infolge der Ergänzung des SGB IX um den neuen Teil 2 16
erforderliche gesetzgeberische, definitorische Klarstellung. Ihm zufolge ist das

---

6 Dazu BSG 22.4.2008 – B 1 KR 22/07 R NZS 2009, 217.
7 Vgl. dazu Kommentierungen *Joussen* in KKW SGB V §§ 40 ff.

Recht der **Eingliederungshilfe** im Teil 2 ein Leistungsgesetz im Sinne der Sätze 1 und 2.

17 **Absatz 2**, der neu durch das BTHG in das Gesetz eingefügt wurde, sieht eine Ausnahmebestimmung gegenüber Absatz 1 vor. Ihr zufolge gehen nämlich die Vorschriften des Kapitels 2 wie auch der Kapitel 3 und 4 den für die jeweilige Rehabilitationsträger geltenden Leistungsgesetzen vor. Betroffen sind vor allem die Regelungen zur Einleitung der Rehabilitation von Amts wegen, zur Erkennung und Ermittlung des Rehabilitationsbedarfs und die Verfahrensvorschriften zur Koordinierung der Leistungen. Diese gelten nach der Vorgabe des Satzes 1 ihrerseits vorrangig, das heißt unmittelbar und uneingeschränkt. Auf diese Weise wird gewährleistet, dass alle Rehabilitationsträger koordiniert zusammenarbeiten, indem sie die Bedarfe umfassend ermitteln und die Leistungen nahtlos feststellen und erbringen. Der Gesetzgeber hat durch diese Anordnung darüber hinaus Rechtssicherheit für alle Beteiligten im Verfahren erzielen wollen. Denn im Rahmen der Ermittlung und Koordinierung der Leistungen ist hiermit ein aufwändiger Abgleich mit anderen Leistungsgesetzen entbehrlich.[8]

18 Zudem sieht **Absatz 2 Satz 2** die **zwingende Anordnung** der Bestimmungen in Kapitel 4 vor, von denen nicht durch Landesrecht abgewichen werden kann. Damit rekurriert das Gesetz auf Art. 84 Abs. 1 Satz 5 GG. Rechtsfolge dieser Vorgabe ist, dass auf diese Weise durch Landesrecht keine Regelungen getroffen werden können, nach der kommunale Träger, überörtliche Träger oder die Behörden der Länder als Rehabilitationsträger andere Verfahren der Koordinierung, Beschleunigung und Teilhabeplanung zu befolgen hätten. Dies ist eine angemessene Entscheidung, besonders vor dem Hintergrund des besonderen Bedürfnisses nach einer effizienten, bundeseinheitlichen Regelung zur Koordinierung der Leistungen. Denn diese sind zur zeitlichen und verfahrensmäßigen Abstimmung der Rehabilitationsträger und zur tragfähigen Kostenerstattung zwischen den Rehabilitationsträgern bei der Bewilligung von Leistungen notwendig.

§ 8 Wunsch- und Wahlrecht der Leistungsberechtigten

(1) [1]Bei der Entscheidung über die Leistungen und bei der Ausführung der Leistungen zur Teilhabe wird berechtigten Wünschen der Leistungsberechtigten entsprochen. [2]Dabei wird auch auf die persönliche Lebenssituation, das Alter, das Geschlecht, die Familie sowie die religiösen und weltanschaulichen Bedürfnisse der Leistungsberechtigten Rücksicht genommen; im Übrigen gilt § 33 des Ersten Buches. [3]Den besonderen Bedürfnissen von Müttern und Vätern mit Behinderungen bei der Erfüllung ihres Erziehungsauftrages sowie den besonderen Bedürfnissen von Kindern mit Behinderungen wird Rechnung getragen.

(2) [1]Sachleistungen zur Teilhabe, die nicht in Rehabilitationseinrichtungen auszuführen sind, können auf Antrag der Leistungsberechtigten als Geldleistungen erbracht werden, wenn die Leistungen hierdurch voraussichtlich bei gleicher Wirksamkeit wirtschaftlich zumindest gleichwertig ausgeführt werden können. [2]Für die Beurteilung der Wirksamkeit stellen die Leistungsberechtigten dem Rehabilitationsträger geeignete Unterlagen zur Verfügung. [3]Der Rehabilitationsträger begründet durch Bescheid, wenn er den Wünschen des Leistungsberechtigten nach den Absätzen 1 und 2 nicht entspricht.

---

8 BT-Drs. 18/9522, 229.

(3) Leistungen, Dienste und Einrichtungen lassen den Leistungsberechtigten möglichst viel Raum zu eigenverantwortlicher Gestaltung ihrer Lebensumstände und fördern ihre Selbstbestimmung.
(4) Die Leistungen zur Teilhabe bedürfen der Zustimmung der Leistungsberechtigten.

Literatur:
Assmus/Druckenmüller, Drei Jahre Sozialgesetzbuch Neuntes Buch (IX), DRV 2004, 241; *Bold,* Das Wunsch- und Wahlrecht im Kontext des Leistungserbringungsrecht, NZS 2014, 129; *Fuhrmann,* Thesen zum Wunsch- und Wahlrecht nach § 9 SGB IX bei der Auswahl einer Rehabilitationseinrichtung, Beitrag 6/2007 in Diskussionsforum A, abrufbar unter www.reha-recht.de; *Fuhrmann/Heine,* Das Wunschrecht nach § 9 Abs. 1 SGB IX und der Leistungserfüllungsort – am Beispiel der medizinischen Rehabilitation. Der Grundsatz der Wirtschaftlichkeit und die berechtigten Wünsche behinderter oder von Behinderungen bedrohter Menschen, SGb 2009, 516; *Heinz,* Zur Durchsetzung des Wunsch- und Wahlrechts behinderter Menschen, Behindertenrecht 2011, 6; *Liebig,* Individuelle Wunschrechte gestärkt, BArbBl 2001, Nr. 11, 12; *Mascher,* Wunsch- und Wahlrechte in der Praxis umsetzen, SuP 2011, 701; *Pohontsch/Raspe/ Welti/Meyer,* Die Bedeutung des Wunsch- und Wahlrechts des § 9 SGB IX für die medizinische Rehabilitation aus Sicht der Rehabilitanden, Rehabilitation 2011, 244; *Welti,* Die individuelle Konkretisierung von Teilhabeleistungen und das Wunsch- und Wahlrecht behinderter Menschen, SGb 2003, 379.

Gesetzeshistorie: Die Vorschrift wurde durch Artikel 1 und 68 Abs. 1 SGB IX vom 19.6.2001[1] mit Wirkung ab 1.7.2001 eingeführt. Das BTHG hat die ursprünglich als § 9 laufende Vorschrift zu § 8 umbenannt und lediglich sprachliche Korrekturen vorgenommen. 1

Regelungsinhalt: In Entsprechung zu der allgemeinen Regelung in § 33 SGB I und zugleich neben ihm anwendbar, beinhaltet die Vorschrift einen besonderen Versuch, die vom SGB IX insgesamt beabsichtigte Förderung von Selbstbestimmung, Selbstständigkeit und Eigenverantwortung der von einer Behinderung betroffenen oder bedrohten Menschen zu erzielen. Die auch von der UN-Behindertenkonvention schon in ihrer Präambel (vor allem unter Buchstabe n) verankerte Autonomievorstellung soll daher das Ziel der Selbstbestimmung und eigenständigen Lebensführung unterstützen.[2] Gerade im Lichte der UN-Behindertenkonvention kommt dem Wunsch- und Wahlrecht ganz erhebliches Gewicht zu, besonders gegenüber Kostenargumenten.[3] Die Vorschrift soll daher insgesamt die Motivation zur und die Wirksamkeit der Maßnahme befördern. Nach Absatz 1 ist bei Auswahl und Ausführung der Leistungen zur Teilhabe berechtigten Wünschen zu entsprechen sowie auf persönliche und familiäre Bedürfnisse und Gegebenheiten Rücksicht zu nehmen. Wenn Sachleistungen zur Teilhabe nicht in Rehabilitationseinrichtungen ausgeführt werden müssen und bei gleicher Wirksamkeit zumindest gleich wirtschaftlich erbracht werden können, ermöglicht Absatz 2, sie auf Antrag der Leistungsberechtigten als Geldleistungen auszuführen. Absatz 3 stellt klar, dass den Leistungsberechtigten Selbstbestimmung und Raum zur eigenverantwortlichen Gestaltung auch innerhalb der Leistungen und der zu ihrer Ausführung tätigen Dienste und Einrichtungen einzuräumen ist. Nach Absatz 4 bedürfen die Leistungen der Zustimmung der Berechtigten. In der Rechtspraxis deuten Studien darauf hin, dass dem Wunsch- 2

---
1 BGBl. I 1046.
2 So auch BSG 25.5.2011 – B 12 KR 8/09 R, SozR 4-2500 § 2 a Nr. 1.
3 *Mascher* SuP 2011, 701 (708).

und Wahlrecht bislang allerdings eher geringe Bedeutung für die Betroffenen zukommt.[4]

3 **Zur Entstehung:** Absatz 4 entspricht dem früher geltenden § 4 Abs. 1 Satz 1 Rehabilitations-Angleichungsgesetz.

4 In den Text des ursprünglichen Regierungsentwurfs[5] wurden in Absatz 1 Satz 2 die Hinweise auf das Alter und das Geschlecht sowie in Satz 3 der Hinweis auf die besonderen Bedürfnisse behinderter Kinder eingefügt, ferner in Absatz 3 das Wort „weitgehend" durch das Wort „viel" ersetzt; nach dem Bericht[6] erfolgte dies zur Klarstellung des Gewollten und als sprachliche Vereinfachung zur Normenklarheit. Die Anfügung des Satzes 3 in Absatz 2 soll nach dem Bericht[7] klarstellen, dass die Leistungsberechtigten keine Beweislast trifft, sondern der Rehabilitationsträger mithilfe der ihm vom Leistungsberechtigten zur Beurteilung der Wirksamkeit der gewünschten Leistung zur Verfügung gestellten Unterlagen seine Entscheidung vorzubereiten, zu begründen und ggf. auch im Rechtsbehelfsverfahren zu vertreten hat.

5 **Absatz 1 Satz 1** bestimmt, dass die Rehabilitationsträger **berechtigten Wünschen** der Leistungsberechtigten zu entsprechen haben, und zwar sowohl bei der Entscheidung über Leistungen zur Teilhabe als auch bei deren Ausführung. Solche Wünsche können sich auch auf die Auswahl der Rehabilitationsdienste und -einrichtungen und damit auf den Leistungsort erstrecken. Sie setzen auf jeden Fall eine Leistungsberechtigung voraus. Hat der Rehabilitationsträger Ermessen und trifft er bei pflichtgemäßer Ausübung des Ermessens seine ablehnende Entscheidung, besteht keine Leistungsberechtigung und folglich auch keine Grundlage für Wünsche.

6 **Berechtigt** sind solche Wünsche, wenn sie sich im Rahmen des Leistungsrechts, der mit ihm – beispielsweise zur Teilhabe am Arbeitsleben – verfolgten Zielsetzungen und sonstiger Vorgaben halten, etwa dem für die Rehabilitationsträger geltenden Gebot der Wirtschaftlichkeit und Sparsamkeit sowie der Pflicht, Leistungen nur in geeigneten Einrichtungen zu erbringen.[8] Entscheidend ist also, dass ihnen keine Rechtsnormen entgegenstehen. Dann sind die Wünsche nicht nur berechtigt, sondern auch angemessen.[9] Ein gegenüber einem Träger der Rentenversicherung geltend gemachter Wunsch der Leistungsberechtigten, die Leistung in einer bestimmten Rehabilitationseinrichtung in Anspruch zu nehmen, kann nicht allein deshalb abgelehnt werden, weil mit der gewünschten Einrichtung kein schriftlicher Vertrag nach § 38 besteht oder die Einrichtung nicht zu den bisher belegten Einrichtungen gehört. Zwar sieht § 15 Abs. 2 Satz 1 SGB VI vor, dass stationäre Leistungen zur medizinischen Rehabilitation grundsätzlich in eigenen Einrichtungen oder in Vertragseinrichtungen erbracht werden, doch kann in Einzelfällen erforderlich sein, dass unter Berücksichtigung der gestärkten Wunschrechte der Berechtigten durch Belegung der ge-

---

[4] *Pohontsch/Raspe/Welti/Meyer* Rehabilitation 2011, 244.
[5] Nebst Begründung BT-Drs. 14/5074, 9, 100 und 101 sowie BT-Drs. 14/5531, 5.
[6] BT-Drs. 14/5800, 30.
[7] BT-Drs. 14/5800, 30.
[8] So auch SG Kassel 10.11.2006 – S 2 RA 2243/04, ASR 2007, 132; vgl. zur Auslegung des Begriffs „berechtigt" *Heinz* Behindertenrecht 2011, 9.
[9] *Jabben* in BeckOK SozR SGB IX § 8 Rn. 3.

wünschten Einrichtung ein Vertrag zu schließen ist.[10] Das wird jedenfalls dann der Fall sein, wenn ein Träger nicht in der Lage ist, eigene oder Vertragseinrichtungen (rechtzeitig) anzubieten, mit denen er seine Pflicht nach § 8 Abs. 1 Satz 1 erfüllen kann und die Leistung in der gewünschten Einrichtung mit gleicher Wirksamkeit und zumindest ebenso wirtschaftlich erbracht werden kann. Rechtstechnisch kann es in solchen Fällen, wie sonst auch, zu einer Ermessensreduzierung auf Null kommen.[11]

Diese Grundsätze gelten auch bei den in der gesetzlichen Unfallversicherung entwickelten Wegen aktiver Intervention, um Gesundheit und Arbeitskraft der Leistungsberechtigten rasch und komplikationslos wieder herzustellen; auch dabei können und müssen berechtigte Wünsche der Unfallversicherten berücksichtigt werden. 7

Die Berücksichtigung berechtigter Wünsche kollidiert häufig mit dem von den Rehabilitationsträgern ebenfalls zu berücksichtigenden **Wirtschaftlichkeitsgebot**. Diesem sind alle Träger nach § 69 SGB IV verpflichtet. Dabei ist jedoch maßgeblich, das Rangverhältnis ausreichend zu beachten. Demzufolge gilt, dass nur die unter Beachtung des § 8 konkretisierte Leistungspflicht unter dem Wirtschaftlichkeitsgebot zu erfüllen ist.[12] Das bedeutet, dass zunächst zu ermitteln ist, ob eine Leistung überhaupt vom SGB IX vorgesehen ist, diese ist dann unter Beachtung der „berechtigten" Wünsche zu konkretisieren, bevor schließlich, in einem dritten Schritt, die wirtschaftliche Umsetzung zu verfolgen ist. Eine Kollision mit dem Wirtschaftlichkeitsgebot kann also dann zugunsten des letztgenannten ausfallen, wenn eine gleich geeignete Maßnahme günstiger ist als die gewünschte. Anders als der zurücktretende § 33 SGB I kennt die Spezialregelung in § 8 Abs. 1 aber keine Angemessenheitsprüfung. Ist im Sinne der vorgenannten Reihenfolge ein Wunsch nicht berechtigt, weil er teurer ist als eine gleich geeignete Leistung, hat der Rehabilitationsträger für die teurere geeignete Leistung aber jedenfalls diejenigen Kosten zu tragen, die bei der von ihm vorgeschlagenen Leistung tatsächlich entstanden wären.[13] 8

Absatz 1 Satz 1 gilt unmittelbar für alle Menschen mit Behinderungen und solchen, die von Behinderung bedroht sind, zB auch für geistig und seelisch behinderte Menschen, also auch für Kinder und für unter Betreuung stehende Menschen; dies entspricht dem Anspruch auf Selbstbestimmung und dem Selbstverständnis der Menschen mit Behinderungen und solchen, die von Behinderung bedroht sind. Die Motivation der Betroffenen und die Tragfähigkeit familiärer Bindungen können darüber hinaus wirksam zu erfolgreicher Teilhabe von Menschen mit Behinderungen beitragen. Bei einer betreuten Person hat der Betreuer die entsprechenden Wünsche geltend zu machen. 9

Absatz 1 Satz 2 gebietet, bei der Anwendung des Satzes 1 auch auf die persönliche Lebenssituation, das Alter, das Geschlecht, die Familie sowie die religiösen 10

---

10 Anders LSG RhPf 12.1.2004 – L 2 RI 160/03, NZS 2004, 653, das eine solche Pflicht entsprechend dem Wunsch einzelner Versicherter nicht für möglich hält, dabei aber die gebotene Orientierung der Leistungen auf die Teilhabe auf die individuellen Bedürfnisse vernachlässigt; zustimmend *Stähler* jurisPR-SozR 41/2004 Anm. 5; *Assmus* ua DRV 2004, 241 (256); ähnlich SG Konstanz 30.11.2004 – S 2 KR 698/03 und SG Duisburg 22.1.2007 – S 25 R 52/05; wie hier *Welti* jurisPR-SozR 22/2006 Anm. 4 und *Welti* in HK-SGB IX § 9 Rn. 23; s. auch *Grauthoff* in Kossens/von der Heide/Maaß SGB IX § 9 Rn. 10.
11 S. auch *Kreikebohm* in KKW SGB IX § 9 Rn. 1.
12 Kritisch zur Vereinbarkeit mit der UN-Behindertenkonvention *Mascher* SuP 2011, 701 (708).
13 Zu diesen sogenannten „Sowiesokosten" LSG BW 1.8.2007 – L 4 KR 2071/05, ASR 2009, 98; dazu eingehend auch *Fuhrmann/Heine* SGb 2009, 516.

und weltanschaulichen Bedürfnisse der Leistungsberechtigten **Rücksicht** zu nehmen. Diese Rücksicht ist in zweierlei Richtung geboten, einmal für die Entscheidungen der Rehabilitationsträger über die Leistungen zur Teilhabe und ihre Ausführung, aber auch bei der Beurteilung, welche Wünsche der Leistungsberechtigten als berechtigt anzusehen sind. Wie der Bericht[14] klargestellt hat, schließt die durch die Vorschrift gebotene Rücksichtnahme auf religiöse und weltanschauliche Bedürfnisse die Möglichkeit ein, durch Pauschbeträge anstelle von Sachleistungen die Inanspruchnahme geeigneter anderer Einrichtungen zu ermöglichen.

11 Ergänzend nimmt die Vorschrift auf § 33 SGB I Bezug. Anders als bei dieser Vorschrift ist eine Prüfung der finanziellen Angemessenheit von Wünschen bei § 8 jedoch nicht zulässig; sind Wünsche berechtigt, sind Wirtschaftlichkeit und Sparsamkeit erst bei der Ausführung dieser Wünsche zu beachten.[15]

12 **Absatz 1 Satz 3** weist auf die besonderen **Bedürfnisse** behinderter **Mütter** und **Väter** bei der Erfüllung ihres Erziehungsauftrages sowie die besonderen Bedürfnisse von Kindern mit Behinderungen hin und schreibt vor, auch diesen – bei der Anwendung der Sätze 1 und 2 – Rechnung zu tragen. So dient eine computergesteuerte Prothese bei einer Mutter mit Kleinkindern einem Grundbedürfnis und ist deshalb ein Hilfsmittel,[16] während sie in anderen Fällen abgelehnt wird.[17]

13 **Absatz 2** konkretisiert und erweitert die allgemeinen Grundsätze des Absatzes 1 durch eine Regelung hinsichtlich der Erbringung von **Geldleistungen** anstelle – rechtlich oder in der Praxis des jeweiligen Rehabilitationsträger vorgesehener – Sachleistungen. In der Rehabilitation ist zwar grundsätzlich der Sachleistungsgrundsatz vorherrschend. Doch Gegenstand der Vorschrift des Absatzes 2 sind Sach- (einschließlich Dienst-)Leistungen zur Teilhabe, die **nicht in Rehabilitationseinrichtungen auszuführen** sind, sondern bei Vorliegen der Voraussetzungen als Geldleistungen gewährt werden können;[18] gemeint sind Leistungen der in § 5 angesprochenen Leistungsgruppen, es sei denn, dass sie in Rehabilitationseinrichtungen ausgeführt werden **müssen**. Die Vorschrift nimmt damit auf § 36 Bezug. Wenn eine Leistung in ambulanter Form, etwa durch einen einschlägigen **Rehabilitationsdienst**, ausgeführt werden kann, ist § 8 Abs. 2 grundsätzlich anwendbar. Absatz 2 enthält damit ein Wahlrecht, welches den Leistungsanspruch des Berechtigten konkret gestaltet. Nicht zu verwechseln ist bei der Möglichkeit der Geld- (anstelle der Sach-)Leistung, dass es sich hierbei nicht um ein persönliches Budget im Sinne von § 29 handelt.

14 Wesentliche **erste Voraussetzung** für die Entstehung des Wahlrechts ist, dass die Leistungen hierdurch voraussichtlich bei gleicher Wirksamkeit wirtschaftlich zumindest gleichwertig ausgeführt werden können. Zunächst ist also eine Prognose hinsichtlich der **gleichen Wirksamkeit** abzugeben; ist zu erwarten, dass die gleichen Ergebnisse im Hinblick auf die Zielsetzung der einzelnen Leistung – auch unter Würdigung der in §§ 1, 3 und 4 Abs. 1 festgelegten, übergeordneten Ziele – erreicht werden, ist eine wichtige Voraussetzung gegeben. Bei zu erwartender geringerer Wirksamkeit, jedoch anderen Vorzügen einer Geldleistung, scheidet deren Anwendung aus.

15 Die **zweite Voraussetzung** ist, dass die Leistung als Geldleistung **mindestens ebenso wirtschaftlich** ausgeführt werden kann. Dies betrifft vor allem die Kos-

---

14 BT-Drs. 14/5800, 30.
15 *Welti* in HK-SGB IX § 9 Rn. 20; aM *Mrozynski* SGB IX Teil 1 § 9 Rn. 11.
16 BSG 6.6.2002 – B 3 KR 68/01 R NZS 2003, 477.
17 LSG BW 12.12.2003 – L 4 KR 5018/02.
18 *Kreikebohm* in KKW SGB IX § 9 Rn. 6; *Jabben* in BeckOK SozR SGB IX § 8 Rn. 5.

ten der Leistung zulasten des Rehabilitationsträgers, aber auch andere Faktoren wie den Umfang der ergänzenden Leistungen;[19] die Wirtschaftlichkeit einer Leistungsgestaltung muss alle Umstände, nicht nur den Aufwand des Rehabilitationsträgers, berücksichtigen, sondern beispielsweise unterhaltssichernde Leistungen anderer Träger während Wartezeiten. Wie stets bei der Wirtschaftlichkeitsprüfung gilt auch hier, im Rahmen des Absatzes 2, dass der Leistungsberechtigte dann, wenn er eine aufwändigere Leistung in Anspruch nehmen möchte, als er sie eigentlich beanspruchen könnte, diese in Anspruch nehmen kann, solange er die Mehrkosten selbst trägt.[20]

Ob die genannten Voraussetzungen vorliegen, **prüft und entscheidet** der zuständige Rehabilitationsträger auf **Antrag** des Leistungsberechtigten. Sind sie gegeben, kann er die Leistung als Geldleistung erbringen; er hat dabei nach pflichtgemäßem Ermessen zu entscheiden, hat dabei aber die Zielrichtung der Regelung, die Wunsch- und Wahlrechte der Betroffenen zu stärken, sowie ihre strengen Voraussetzungen zu beachten und darf nicht zusätzlich unangemessene eigene Kriterien einführen. Die Entscheidung ergeht dann durch Verwaltungsakt. 16

Absatz 2 Satz 2 trägt dem Umstand Rechnung, dass der Rehabilitationsträger oft wenige Möglichkeiten hat, sich über die Wirksamkeit der von Leistungsberechtigten gewünschten Leistungsalternativen zu unterrichten. Er verpflichtet daher die Leistungsberechtigten, **Unterlagen zur Verfügung zu stellen**, auf die der Rehabilitationsträger seine Beurteilung der Wirksamkeit stützen kann. Die weitere Frage der Wirtschaftlichkeit kann und muss der Rehabilitationsträger dagegen mit eigenen Mitteln klären; hierzu verfügen Leistungsberechtigte in der Regel über weniger Kenntnisse, haben aber auch insoweit Gelegenheit zu Hinweisen, etwa zur Vereinbarkeit einer Leistung zur Teilhabe mit der Fortsetzung einer beruflichen Tätigkeit oder der Vermeidung von Wartezeiten. 17

Nicht ausdrücklich geregelt ist, **wann** die Geldleistung zu erbringen ist. Leistungsberechtigte müssen nicht in Vorlage treten; vielmehr ist die Leistung nach Klärung der Voraussetzungen **vorab** auszuzahlen. 18

Absatz 2 Satz 3 legt fest, dass die Rehabilitationsträger die von ihnen zu treffenden Entscheidungen zu begründen haben, soweit sie dem Antrag der Leistungsberechtigten nach Satz 1 nicht entsprechen. Die Begründung muss die entscheidenden rechtlichen wie tatsächlichen Gründe enthalten, die den Rehabilitationsträger bewogen haben. Der von ihnen zu erlassende **Bescheid**, der mit einer Rechtsbehelfsbelehrung zu versehen und den Betroffenen gegenüber bekannt zu geben ist, kann Gegenstand von Rechtsbehelfen sein.

Absatz 3 verdeutlicht, dass Wunsch- und Wahlrechte der Leistungsberechtigten nach getroffener Entscheidung über die Leistung nicht enden, sondern auch im Rahmen von Leistungen, Diensten und Einrichtungen bestehen. Die Leistungsberechtigten sollen auch insoweit möglichst viel Raum zu **eigenverantwortlicher Gestaltung** ihrer Lebensumstände erhalten und in ihrer Selbstbestimmung gefördert werden; dies haben die Rehabilitationsträger sicherzustellen, auch in ihren Verträgen mit den Erbringern von Leistungen, insbesondere den in § 36 im einzelnen angesprochenen Rehabilitationsdiensten und -einrichtungen. 19

Absatz 4 bestimmt, dass die Leistungen zur Teilhabe der **Zustimmung** der Leistungsberechtigten bedürfen, und hält damit einen für die Rehabilitation seit langem bestehenden Grundsatz allgemein fest. „Hierbei geht es nicht um 20

---

19 Im Sinne des Kapitels 11, die bei unterschiedlicher Leistungsgestaltung in unterschiedlicher Weise notwendig werden.
20 So auch *Jabben* in Neumann/Pahlen/Greiner/Winkler/Jabben SGB IX § 8 Rn. 6.

die Erklärung eines Willens, das Verfahren in Gang zu setzen, sondern um die Bereitschaft, an den Maßnahmen zur Rehabilitation teilzunehmen, die der Rehabilitationsträger aus dem Katalog der in Betracht kommenden Maßnahmen ausgewählt hat. Ihrem Charakter nach stellt sie die Grundlage für eine Mitwirkung des Versicherten am Rehabilitationserfolg sicher. Aus dieser Bedeutung der Zustimmung folgt, dass sie nicht unbedingt vor der Maßnahme vorliegen muss, wohl aber während der Maßnahme und ihrerseits keinen Träger zu bestimmten Leistungen veranlasst, sondern nur dem Träger gegenüber, der eine Leistung erbringt, die Mitwirkungsbereitschaft manifestiert."[21] Die Zustimmung ist nach **allgemeinen Regelungen** einzuholen, auch bei Kindern und unter Betreuung stehenden Menschen.

Kapitel 2 Einleitung der Rehabilitation von Amts wegen

§ 9 Vorrangige Prüfung von Leistungen zur Teilhabe

(1) [1]Werden bei einem Rehabilitationsträger Sozialleistungen wegen oder unter Berücksichtigung einer Behinderung oder einer drohenden Behinderung beantragt oder erbracht, prüft dieser unabhängig von der Entscheidung über diese Leistungen, ob Leistungen zur Teilhabe voraussichtlich zur Erreichung der Ziele nach den §§ 1 und 4 erfolgreich sein können. [2]Er prüft auch, ob hierfür weitere Rehabilitationsträger im Rahmen ihrer Zuständigkeit zur Koordinierung der Leistungen zu beteiligen sind. [3]Werden Leistungen zur Teilhabe nach den Leistungsgesetzen nur auf Antrag erbracht, wirken die Rehabilitationsträger nach § 12 auf eine Antragstellung hin.

(2) [1]Leistungen zur Teilhabe haben Vorrang vor Rentenleistungen, die bei erfolgreichen Leistungen zur Teilhabe nicht oder voraussichtlich erst zu einem späteren Zeitpunkt zu erbringen wären. [2]Dies gilt während des Bezuges einer Rente entsprechend.

(3) [1]Absatz 1 ist auch anzuwenden, um durch Leistungen zur Teilhabe Pflegebedürftigkeit zu vermeiden, zu überwinden, zu mindern oder eine Verschlimmerung zu verhüten. [2]Die Aufgaben der Pflegekassen als Träger der sozialen Pflegeversicherung bei der Sicherung des Vorrangs von Rehabilitation vor Pflege nach den §§ 18 a und 31 des Elften Buches bleiben unberührt.

(4) Absatz 1 gilt auch für die Jobcenter im Rahmen ihrer Zuständigkeit für Leistungen zur beruflichen Teilhabe nach § 6 Absatz 3 mit der Maßgabe, dass sie mögliche Rehabilitationsbedarfe erkennen und auf eine Antragstellung beim voraussichtlich zuständigen Rehabilitationsträger hinwirken sollen.

Literatur:
Bieback, Der Weg durch das Sozialleistungssystem zur EM-Rente – Abgestimmte und funktionierende Zuständigkeiten, VSSR 2015, 157; *Bundesarbeitsgemeinschaft für Rehabilitation,* Gemeinsame Empfehlung zur Feststellung des Teilhabebedarfs, zur Teilhabeplanung und zu Anforderungen an die Durchführung von Leistungen zur Teilhabe („Reha-Prozess"), 2019; *Deutsche Rentenversicherung,* Statistikportal 2020; *DGB,* Arbeitsmarkt aktuell 2020 Nr. 3; *Gagel,* Die trägerübergreifende Bedeutung der Rentenantragsfiktion nach § 116 Abs. 2 SGB VI und des Grundsatzes „Reha vor Rente" in § 8 Abs. 2 SGB IX, Info Nr. 4/2003 in Diskussionsforum A auf www.reha-recht.de; *Gagel/ Schian,* Die Dominanz der Rehabilitation bei der Bearbeitung und Begutachtung in Rentenverfahren, SGb 2002, 529; *Kallert,* Der Antrag auf Erwerbsminderungsrente – eine „Erfolgsbremse" für Maßnahmen der medizinischen Rehabilitation? SRa 2020,

---

21 So BSG 23.4.1992 – 13/5 RJ 12/90, SozR 3-2200 § 1236 Nr. 3, noch zu § 4 Abs. 1 Satz 1 RehaAnglG.

221; *Mittag*, „Reha vor Rente" in der Domäne der Rentenversicherung: Befunde zur Umsetzung, SRa-SH 2018, 20; *Schubert et al.*, Menschen mit psychischen Störungen im SGB II, IAB-Forschungsbericht 12, 2013; *Welti*, Rechtsfragen der Bedarfsfeststellung für Leistungen zur Teilhabe, Rehabilitation 2011, 7; *Welti/Groskreutz*, Soziales Recht zum Ausgleich von Erwerbsminderung, Reformoptionen für Präventionen, Rehabilitation und soziale Sicherung bei Erwerbsminderung, 2013.

Gesetzeshistorie: Die Vorschrift wurde als § 8 mit Wirkung ab 1.7.2001 eingeführt (Art. 1 und 68 Abs. 1 SGB IX vom 19.6.2001, BGBl. I 1046). Sie wird nach der Neustrukturierung des SGB IX durch Art. 1 BTHG vom 23.12.2016 – BGBl. 2016 I 3234 mit Wirkung zum 1.1.2018 als § 9 fortgeführt und inhaltlich zum Zwecke der Klarstellung erweitert. Durch den Positionswechsel mit dem Wunsch- und Wahlrecht bildet sie nun mit den nachfolgenden §§ 10 und 11 das Kapitel „Einleitung der Rehabilitation von Amts wegen". 1

Regelungsinhalt: Die Vorschrift verschafft dem das ganze Gesetz prägenden Vorrang der Rehabilitation und Teilhabe Geltung: Leistungen zur Teilhabe gehen der Rente, dh sämtlichen rentenartigen Dauerleistungen in Geld sowie Leistungen der Pflege grundsätzlich vor, ohne diese auszuschließen. § 9 soll sicherstellen, dass die Bedarfe der Leistungsberechtigten möglichst frühzeitig erkannt und von den Rehabilitationsträgern auf eine umfassende Förderung ihrer Selbstbestimmung und gleichberechtigten Teilhabe hingewirkt wird. Seit den 1970er Jahren ist bei den Erwerbsminderungsrenten das durchschnittliche Zugangsalter von 58 auf rund 52 Jahre gesunken,[1] der Anteil der Neuzugänge aus dem Arbeitslosengeld- und Grundsicherungsbezug steigt kontinuierlich an. 2019 erfolgten 42 % aller EM-Berentungen aufgrund psychischer Störungen.[2] Viele Neuzugänge haben zuvor keine Leistungen zur Rehabilitation und Teilhabe erhalten.[3] Nach Absatz 1 haben daher die Rehabilitationsträger bei Sozialleistungen wegen oder unter Berücksichtigung einer Behinderung alle Möglichkeiten zu positiven Entwicklungsprozessen zu nutzen und von Amts wegen zu prüfen, ob weitere Leistungen zur Rehabilitation und Teilhabe erfolgversprechend erscheinen und weitere Rehabilitationsträger daran zu beteiligen wären. Werden die erfolgversprechenden Leistungen nur auf Antrag gebracht, haben die Rehabilitationsträger auf die Antragstellung hinzuwirken. Absatz 2 konkretisiert die generelle Regelung des Absatzes 1 für Rentenleistungen, Abs. 3 für Pflegeleistungen. In Abs. 4 wird die Pflicht zur Prüfung möglicher Teilhabebedarfe seit zum 1.1.2018 auf die Jobcenter erstreckt. Gem. § 7 Abs. 2 Satz 1 geht die Vorschrift den für die jeweiligen Rehabilitationsträger geltenden Leistungsgesetzen vor. 2

Zur Entstehung: § 9 Abs. 1 wurde durch das BTHG vom 23.12.2016 um Satz 2 erweitert. Satz 1 verweist auf §§ 1 und 4, dh auf die Ziele, die mit der Prüfung von Amts wegen erreicht werden sollen. Absatz 2 entspricht in fortentwickelter Fassung dem bis 2016 geltenden § 8 Abs. 2 sowie dem früheren § 7 Rehabilitations-Angleichungsgesetz u. hat den früheren § 116 Abs. 1 SGB VI ersetzt. § 9 Abs. 3 S. 1 der Vorschrift entspricht dem bis 2016 geltenden § 8 Abs. 3. § 9 Abs. 3 Satz 2 und Absatz 4 wurden durch das BTHG mit Wirkung ab 1.1.2018 neu eingefügt. 3

---

[1] Deutsche Rentenversicherung 2020.
[2] Deutsche Rentenversicherung 2020; *Mushoff* SRa-SH 2018, 42 (47); BSG 21.3.2006 – B 5 RJ 51/04 R, SozR 4-2600 § 43 Nr. 8.
[3] *Mittag* 2018; DGB Arbeitsmarkt aktuell 10/2020, S. 2.

4 **Materialien:** Zum Regierungsentwurf nebst Begründung BT-Drs. 14/5074, 9 und 100 sowie BT-Drs. 14/5531, 5; zur Ausschussempf. BT-Drs. 14/5786, 17 und 18. Zur Reform durch das BTHG BT-Drs. 18/9522, 25 (228 f.).

5 **Absatz 1** schreibt jedem Rehabilitationsträger, der Sozialleistungen wegen oder unter Berücksichtigung einer drohenden oder einer bereits eingetretenen Behinderung erbringt oder über einen entsprechenden Antrag zu entscheiden hat, vor, trägerübergreifend zu prüfen, ob Leistungen zur Teilhabe voraussichtlich geeignet erscheinen, die in §§ 1 und 4 genannten Ziele zu erreichen. Damit konkretisiert die Vorschrift die sozialpolitischen Zielvorgaben in §§ 3 und 4 durch eine verbindliche Verfahrensregelung für alle Rehabilitationsträger.

6 **Voraussetzung** der Vorschrift ist zunächst, dass Sozialleistungen entweder im Sinne von § 18 SGB X beantragt oder (bereits) erbracht werden, und weiter, dass dies wegen oder unter Berücksichtigung einer Behinderung oder einer drohenden Behinderung geschieht. Zum Begriff der (drohenden) Behinderung vgl. § 2 Abs. 1 und dazu → § 2 Rn. 4 ff. „Wegen" einer Behinderung oder drohenden Behinderung werden Sozialleistungen erbracht, die im Zusammenhang mit dem Risiko einer Teilhabebeeinträchtigung stehen, wie zB das Krankengeld nach § 44 SGB V, wenn eine Chronifizierung der Erkrankung und damit verbundene Teilhabebeeinträchtigungen möglich erscheinen. „Unter Berücksichtigung einer Behinderung" werden Sozialleistungen erbracht, wenn sie, wie zB die Grundsicherung für Arbeitsuchende gem. § 1 Abs. 2 S. 4 Nr. 5 SGB II, auch auf die Überwindung behinderungsspezifischer Teilhabebeeinträchtigungen auszurichten sind oder ihre Leistungsvoraussetzungen oder ihr Leistungsumfang im Falle einer (drohenden) Behinderung modifiziert werden können. Beispiele für Modifikationen bilden das Kinderkrankengeld nach § 45 Abs. 1 Satz 1 SGB V und die für die Leistungen der Bundesagentur für Arbeit gem. §§ 112 ff. SGB III geregelten Besonderheiten bei der Inanspruchnahme allgemeiner Arbeitsförderungsleistungen durch behinderte Menschen.[4] Ob bei Sozialleistungen diese Voraussetzungen erfüllt sind, ist in der Sache anhand § 2 Abs. 1 SGB IX zu prüfen; nicht erheblich ist, ob der Wortlaut der für die Sozialleistung maßgebenden Vorschriften das Wort „Behinderung" enthält, so dass selbstverständlich auch zB verminderte Erwerbsfähigkeit oder Pflegebedürftigkeit erfasst sind. Dem Normzweck entsprechend muss es für die Prüfpflicht ausreichen, dass die Umstände auf das Vorliegen einer (drohenden) Behinderung hinweisen. Diese muss nicht förmlich festgestellt oder anderweitig nachgewiesen sein.[5]

7 Sind die Voraussetzungen gegeben, ist zu prüfen, ob Leistungen zur Teilhabe voraussichtlich erfolgreich sein können. In der Gemeinsamen Empfehlung der Bundesarbeitsgemeinschaft für Rehabilitation „Reha-Prozess" haben die Rehabilitationsträger Anhaltspunkte aufgeführt, in denen Leistungen zur Teilhabe typischerweise in Betracht zu ziehen sind.[6] Die **Prüfung** dieser Anhaltspunkte erfolgt in Konkretisierung des Untersuchungsgrundsatzes nach § 20 SGB X von Amts wegen nach Maßgabe der §§ 12 und 13 und muss grundsätzlich alle Leistungsgruppen (§ 5) und die innerhalb der Leistungsgruppen möglichen Einzelleistungen umfassen, u. zwar unabhängig von der Frage, ob der prüfende Rehabilitationsträger für die Leistung zuständig wäre.[7] So muss die Bundesagentur für Arbeit bei Vorliegen der Voraussetzungen des Absatzes 1 auch die Erfolgsaussichten der Leistungen zur medizinischen Rehabilitation prüfen und zwar in Zusammenarbeit mit dem dafür zuständigen Rehabilitationsträger. Ergibt die

---

4 Weitere Bsp bei *Fuchs* in Fuchs/Ritz/Rosenow SGB IX § 8 Rn. 8.
5 So zutreffend *Luthe* in jurisPK-SGB IX § 9 Rn. 12.
6 Bundesarbeitsgemeinschaft für Rehabilitation, GE Reha-Prozess von 2019, § 11.
7 *Jabben* in Neumann/Pahlen/Greiner/Winkler/Jabben SGB IX § 9 Rn. 5.

Prüfung eine Erfolgsaussicht, hat der Rehabilitationsträger gem. § 12 durch die Bereitstellung von Informationen und Benennung geeigneter Ansprechstellen auf eine Antragstellung hinzuwirken. Inhalt und Umfang der allgemeinen Mitwirkungspflicht der Sozialleistungsberechtigten ergeben sich aus §§ 60–65 SGB I; § 66 SGB I regelt die Folgen fehlender Mitwirkung. Ist der prüfende Rehabilitationsträger selbst für die Leistung zur Teilhabe zuständig, kann er sie in Abstimmung mit den Betroffenen einleiten. Anderenfalls ist mit Zustimmung der Betroffenen der andere zuständige Rehabilitationsträger zu unterrichten. Unterlässt der Rehabilitationsträger eine Prüfung, kommt ein Herstellungsanspruch zugunsten des Betroffenen in Betracht.

Die Prüfung der Erfolgsaussicht von Leistungen zur Teilhabe erfolgt unabhängig von der **Entscheidung** über die (zunächst) beantragte oder erbrachte Leistung; diese Leistung darf also unter Hinweis auf mögliche Leistungen zur Teilhabe nicht verweigert oder entzogen werden.[8] Die Erwartung erfolgreicher Leistungen zur Teilhabe kann die Entscheidung aber inhaltlich beeinflussen; ist durch die Leistungen zur Teilhabe eine Besserung eines Zustands zu erwarten, der bei der Entscheidung zu berücksichtigen ist, kann diese befristet oder zurückgestellt werden, bis Klarheit besteht. Anders als Absatz 2 (→ Rn. 10 ff.) begründet Absatz 1 keinen materiellrechtlichen, sondern nur einen verfahrensmäßigen Vorrang der Leistungen zur Teilhabe.[9] Bei positivem Ausgang der Prüfung und bei entsprechend vorliegender Zustimmung des Betroffenen ist zugleich das Verfahren zur Entscheidung über die jeweilige Teilhabeleistung eingeleitet, auch § 14 SGB IX findet dann Anwendung.[10] Daraus folgt, dass der prüfende Rehabilitationsträger, wenn er nicht zuständig ist, gemäß § 14 Abs. 1 die Angelegenheit weiterleiten, bei vorliegender Zuständigkeit sie hingegen entscheiden muss, wie § 14 Abs. 2 Satz 1 folgt. 8

Adressaten der Vorschrift sind alle Rehabilitationsträger und damit alle in § 6 Abs. 1 genannten Leistungsträger (→ § 6 Rn. 9–11). Für sonstige Leistungsträger finden sich vergleichbare Vorgaben in § 32 Abs. 1 SGB XI für die Pflegekassen und in § 185 Abs. 2 Satz 2 und Abs. 7 Satz 3 für die Integrationsämter; zusätzlich gelten die allgemeinen Vorgaben insbesondere in § 10 SGB I. Da § 9 Abs. 1 SGB IX einen allgemeinen Grundsatz vernünftigen Handelns – Schäden zu vermeiden, statt sie auszugleichen – beinhaltet, ist es möglich und sinnvoll, ihn auch jenseits rechtlicher Bindungen sinngemäß anzuwenden, beispielsweise im Arbeits- und im Schadensersatzrecht. 9

Absatz 2 Satz 1 begründet einen Vorrang von Leistungen zur Teilhabe vor künftigen Rentenleistungen, wenn diese bei erfolgreichen Leistungen zur Teilhabe nicht oder voraussichtlich erst zu einem späteren Zeitpunkt zu erbringen wären. Solange die Prüfung nach Absatz 1 und – bei Erfolgserwartung im Rahmen der Prüfung – die Leistungen zur Teilhabe nicht abgeschlossen sind, dürfen Rentenleistungen aller denkbaren Sozialleistungsträger nicht bewilligt werden.[11] Für Rentenleistungen wird damit die allgemeine, verfahrensmäßige Vorgabe des Absatzes 1 als materiellrechtlicher Vorrang konkretisiert, der in § 9 Abs. 1 Satz 2 SGB VI nochmals ausdrücklich für die Rentenversicherung und in 10

---

8 *Welti* in HK-SGB IX § 8 Rn. 24.
9 *Jabben* in Neumann/Pahlen/Greiner/Winkler/Jabben SGB IX § 9 Rn. 5; *Luthe* in jurisPK-SGB IX § 9 Rn. 15.
10 S. auch *Gagel/Schian* SGb 2002, 529 (530).
11 BSG 21.3.2006 – B 5 RJ 51/04 R; BSG 12.12.2011 – B 13 R 21/10 R; zur befristeten Erwerbsminderungsrente LSG Hmb 7.9.2016 – L 2 R 73/15.

§ 26 Abs. 3 SGB VII für die Unfallversicherung festgehalten ist.[12] Der Vorrang gilt für alle Leistungen zur Teilhabe unabhängig vom zuständigen Träger; ist dies nicht der Träger, bei dem die Rente beantragt ist, hat dieser nach allgemeinen Regeln, insbesondere § 14, auf die Erbringung der Leistungen hinzuwirken.

11 **Rentenleistungen** im Sinne der Regelung sind als Rente bezeichnete Sozialleistungen; dies ergibt sich aus dem Text, der im Interesse der Rechtsklarheit nicht auf andere Sozialleistungen entsprechend anzuwenden ist. Erfasst sind außerdem nur die Rentenleistungen, die von einem Rehabilitationsträger im Sinne des § 6 Abs. 1 erbracht werden. Diese Einschränkung der – scheinbar allgemein formulierten und damit scheinbar sogar über den Bereich des Sozialgesetzbuchs hinaus wirkenden – Regelung ergibt sich aus ihrer Stellung, aber auch daraus, dass die Vereinbarkeit der Regelung mit Rentenregelungen außerhalb des Sozialrechts nicht Gegenstand von Gesetzesanpassungen nach Artikel 2 ff. des SGB IX ist.

12 Weitere Voraussetzung ist, dass durch die Erbringung von Leistungen zur Teilhabe erreicht werden kann, dass die **Voraussetzungen** für diese Rentenleistungen gänzlich oder für einen Zeitraum entfallen. Nur wenn die individuelle Prüfung ergibt, dass ein Erfolg nicht zu erwarten ist oder trotz Erwartung tatsächlich nicht eintritt, kann die Rente bewilligt werden. Um eine Rentenleistung rechtswirksam versagen zu können, bedarf es in jedem Einzelfall eines ausreichend konkreten, durch Verwaltungsakt erfolgenden Rehabilitationsangebots, das unter Beachtung der Bestimmungen der §§ 60 ff. SGB I zu ergehen hat.[13] Erfolgsversprechend ist die angebotene Leistung allerdings nur, wenn die Leistungsberechtigten gem. § 8 Abs. 4 SGB IX einwilligen und grundsätzlich zur Mitwirkung bereit sind. Ob sie auch zur Mitwirkung verpflichtet sind, richtet sich nach den §§ 60–65 SGB I. Mangelnde Bereitschaft zur Mitwirkung an einer Rehamaßnahme lässt den Rentenanspruch daher nicht zwingend, sondern nur unter den in § 66 Abs. 2 SGB I[14] geregelten Voraussetzungen entfallen.[15]

13 **Absatz 2 Satz 2** trifft eine dem Satz 1 entsprechende Regelung für die Zeiten des Bezuges einer Rente und die Zeiten, in denen die rentenbegründenden Umstände bereits eingetreten sind. Danach ist mit **Nachuntersuchungen** zu prüfen, ob weitere Rentenleistungen durch Leistungen zur Teilhabe vermieden oder verringert werden können. Ob, wann und aufgrund welcher Gegebenheiten (nahendes Ende der befristet gewährten Erwerbsminderungsrente?, Antrag des Rentenempfängers?, Bekanntwerden neuer Tatsachen oder Methoden?) der Rehabilitationsträger Nachuntersuchungen mit dieser Zielsetzung vornimmt, entscheidet er nach pflichtgemäßem Ermessen; eine Pflicht des Rehabilitationsträgers zu regelmäßig wiederholten Nachuntersuchungen besteht aufgrund des Satzes 2 nicht.

14 **Absatz 2** hat Bedeutung für alle Rehabilitationsträger, die **Rentenleistungen** erbringen, also neben der gesetzlichen Rentenversicherung auch für die gesetzliche Unfallversicherung und die Träger der Kriegsopferversorgung im Rahmen des Rechts der sozialen Entschädigung bei Gesundheitsschäden. Der Anspruch

---

12 So auch *Gagel/Schian* SGb 2002, 529 (530); *Welti* in HK-SGB IX § 8 Rn. 25; aA noch LSG RhPf 17.3.2003 – L 2 RJ 230/02, NZS 2004, 47, unter Berufung auf eine vor Inkrafttreten des SGB IX geprägte Kommentarmeinung.
13 BSG 25.10.1988 – 7 RAr 70/87; BSG 21.3.2006 – B 5 RJ 51/04 R, SozR 4-2600 § 43 Nr. 8; LSG RhPf 17.3.2003 – L 2 RJ 230/02, NZS 2004, 47.
14 Dazu die Kommentierung *Joussen* in Knickrehm/Kreikebohm/Waltermann SGB I § 66 Rn. 7.
15 So auch *Kallert* SRA 2020, 221 (223) und *Mushoff* SRa-SH 2018, 42 (46), im Ergebnis auch LSG RhPf 17.3.2003 – L 2 RJ 230/02, NZS 2004, 47; aA BayLSG 21.3.2012 – L 19 R 35/08; BayLSG 27.7.2016 – L 19 R 395/14.

auf Grundrente nach dem Bundesversorgungsgesetz wird durch die Regelung des Absatzes 2 nicht ausgeschlossen.[16] § 29 Bundesversorgungsgesetz in seiner durch das SGB IX sprachlich angepassten Fassung gibt für diesen Bereich eine Präzisierung zum Verfahrensablauf.

Absatz 3 Satz 1 bringt in Ergänzung des Absatz 1 den Grundsatz der „**Rehabilitation vor der Pflege**" zum Ausdruck. Die Rehabilitationsträger haben auch bei jedem Antrag und jeder Leistungserbringung wegen oder unter Berücksichtigung von (drohender) Pflegebedürftigkeit unabhängig von der Entscheidung über diese Leistung zu prüfen, ob Leistungen zur Teilhabe voraussichtlich erfolgreich wären, die ihrerseits eine Pflegebedürftigkeit verhindern oder vermindern können. Zum Zweck der Verminderung von Pflegebedürftigkeit sind erfolgversprechende Leistungen zur Teilhabe auch ergänzend zu Pflegeleistungen zu erbringen.[17]

Absatz 3 Satz 2 wurde durch das BTHG neu eingefügt. Er stellt klar, dass auch die Pflegeversicherung zur Sicherung der „Teilhabe vor Pflege" verpflichtet ist. Geltung erlangt der Grundsatz für die Pflegeversicherung durch die §§ 5 und 31 SGB XI. Gem. § 18 Abs. 1 Satz 4 SGB XI müssen die Pflegekassen bei jeder Prüfung des Vorliegens einer Pflegebedürftigkeit zugleich gutachtlich feststellen lassen, ob Leistungen zur medizinischen Rehabilitation oder andere Maßnahmen zur Beseitigung, Minderung oder Verhütung einer Verschlimmerung von Pflegebedürftigkeit in Betracht kommen. Das Ergebnis dieser Prüfung hat die Pflegekasse gem. § 18a SGB XI dem Antragsteller spätestens mit der Entscheidung über die Pflegebedürftigkeit in Form einer Präventions- und Rehabilitationsempfehlung zu übermitteln und hierbei zu dem möglichen Rehabilitationsbedarf Stellung zu beziehen. Besteht ein Bedarf, wirken die Pflegekassen durch geeignete Maßnahmen auf eine Antragstellung hin (→ § 12 Rn. 10). Setzt die Pflegekasse mit Einwilligung des Antragstellers den zuständigen Rehabilitationsträger von dem festgestellten Rehabilitationsbedarf in Kenntnis (§ 31 Abs. 3 SGB XI), wird hierdurch ein Antragsverfahren auf Gewährung von Reha-Leistungen nach § 14 SGB IX ausgelöst.[18] Die Pflegekasse hat gem. § 31 Abs. 3 Satz 5 SGB XI in angemessenen zeitlichen Abständen zu prüfen, ob der zuständige Rehabilitationsträger entsprechende Maßnahmen durchgeführt hat und im Bedarfsfall selbst vorläufige Leistungen zur medizinischen Rehabilitation zu erbringen (§ 32 SGB XI).[19]

Absatz 4 weist den **Jobcentern** nunmehr im Rahmen ihrer Zuständigkeit für Leistungen zur beruflichen Teilhabe nach § 6 Abs. 3 Satz 2 SGB IX (→ § 6 Rn. 14 f.) die Aufgabe zu, bei der Bearbeitung der Anträge auf Leistungen nach dem SGB II sowie im laufenden Fallmanagement stets zu prüfen, ob die Beschäftigungs- oder Vermittlungsfähigkeit der Antragsteller oder ihre Berufsausübung durch gesundheitliche Einschränkungen beeinträchtigt wird und darum möglicherweise ein Bedarf an Leistungen zur Rehabilitation und Teilhabe besteht.[20] Ist ein Bedarf erkennbar, hat das Jobcenter auf eine frühzeitige Antragstellung bei den Rehabilitationsträgern hinzuwirken. Das Jobcenter ist kein Rehabilitationsträger (vgl. § 6). Es erlangt aber bei der Prüfung der Erwerbsfähigkeit der Arbeitsuchenden häufig, oft sogar als erste und einzige Stelle Kenntnis von deren Rehabilitationsbedarf, den andere Träger, insbesondere je-

---

16 BT-Drs. 14/5074, 100.
17 LSG NRW 7.4.2008 – L SO 53/06, Rn. 67.
18 Der in Kenntnis gesetzte Rehaträger ist erstangegangener Träger, so auch *Leitherer* in KassKomm, 112. EL 12/2020, SGB XI § 31 Rn. 15–17.
19 *Koch* in KassKomm, 112. EL 12/2020, SGB XI § 18a Rn. 10.
20 Vgl. auch die Gesetzesbegründung im RegE BT-Drs. 18/9522, 229.

ne der Rentenversicherung und Krankenversicherung als Rehabilitationsträger, zu decken haben. Erwerbsfähige Arbeitsuchende können auch Anspruch auf Leistungen der Eingliederungshilfe haben. Durch die Förderung der frühzeitigen Einleitung eines Rehabilitationsverfahrens tragen die Jobcenter zur Verbesserung der Eingliederungschancen derjenigen erwerbsfähiger Arbeitsuchenden bei, die behindert oder von Behinderung bedroht sind.[21] Die Jobcenter müssen keine abschließende Bedarfsermittlung vornehmen, sondern mögliche Bedarfe nur erkennen. Hierzu haben sie die in § 12 Abs. 1 vorgesehenen Vorkehrungen zu treffen (§ 12 Abs. 2).

§ 10 Sicherung der Erwerbsfähigkeit

(1) [1]Soweit es im Einzelfall geboten ist, prüft der zuständige Rehabilitationsträger gleichzeitig mit der Einleitung einer Leistung zur medizinischen Rehabilitation, während ihrer Ausführung und nach ihrem Abschluss, ob durch geeignete Leistungen zur Teilhabe am Arbeitsleben die Erwerbsfähigkeit von Menschen mit Behinderungen oder von Behinderung bedrohten Menschen erhalten, gebessert oder wiederhergestellt werden kann. [2]Er beteiligt die Bundesagentur für Arbeit nach § 54.

(2) Wird während einer Leistung zur medizinischen Rehabilitation erkennbar, dass der bisherige Arbeitsplatz gefährdet ist, wird mit den Betroffenen sowie dem zuständigen Rehabilitationsträger unverzüglich geklärt, ob Leistungen zur Teilhabe am Arbeitsleben erforderlich sind.

(3) Bei der Prüfung nach den Absätzen 1 und 2 wird zur Klärung eines Hilfebedarfs nach Teil 3 auch das Integrationsamt beteiligt.

(4) [1]Die Rehabilitationsträger haben in den Fällen nach den Absätzen 1 und 2 auf eine frühzeitige Antragstellung im Sinne von § 12 nach allen in Betracht kommenden Leistungsgesetzen hinzuwirken und den Antrag ungeachtet ihrer Zuständigkeit für Leistungen zur Teilhabe am Arbeitsleben entgegenzunehmen. [2]Soweit es erforderlich ist, beteiligen sie unverzüglich die zuständigen Rehabilitationsträger zur Koordinierung der Leistungen nach Kapitel 4.

(5) [1]Die Rehabilitationsträger wirken auch in den Fällen der Hinzuziehung durch Arbeitgeber infolge einer Arbeitsplatzgefährdung nach § 167 Absatz 2 Satz 4 auf eine frühzeitige Antragstellung auf Leistungen zur Teilhabe nach allen in Betracht kommenden Leistungsgesetzen hin. [2]Absatz 4 Satz 2 gilt entsprechend.

Literatur:

Buschmann-Steinhage, Trends in der medizinischen Rehabilitation, Bundesgesundheitsblatt 2017 (60), 368; *Fichte,* Rehabilitationsrechtliche Instrumente für eine nahtlose Wiedereingliederung in das Erwerbsleben – Zugleich ein Spiegel höchstrichterlicher Rechtsprechung, in *Buschmann/Fraunhoffer/Schierle/Vorbau* (Hrsg.), Unsichere Arbeits- und Lebensbedingungen in Deutschland und Europa, 2014, S. 251; *DRV,* Anforderungsprofil zur Durchführung der Medizinisch-beruflich orientierten Rehabilitation (MBOR) im Auftrag der Deutschen Rentenversicherung, 5. Aufl. 2019; *Nebe,* Leistungen zur Teilhabe am Arbeitsleben – Zuständigkeit und Verantwortlichkeit, SRa, Sonderheft 2014, 1; *Nebe,* Prävention und Rehabilitation – Erhaltung und Wiederherstellung der Erwerbsfähigkeit als Schnittstellenproblem, in: SDSRV 2012 (Bd. 63), S. 57; *Seger,* Die prozessualen und strukturellen Schritte zur erfolgreichen trägerübergreifenden gemeinsamen Teilhabeprüfung, Sozialer Fortschritt 2012, 127.

---

21 *Welti,* Forum D, Beitrag Nr. 2/2007, abrufbar unter www.reha-recht.de.

Geltende Fassung: Die Vorschrift wurde durch Art. 1 und 68 Abs. 1 SGB IX 1
vom 19.6.2001 mit Wirkung ab 1.7.2001 zunächst als § 11 unter dem Titel
„Zusammenwirken der Leistungen" eingeführt. Die Bezeichnung der früheren
Bundesanstalt für Arbeit in Abs. 1 S. 2 wurde mit Wirkung ab 1.1.2004 durch
Art. 8 und 124 Abs. 1 des Gesetzes vom 23.12.2003 – BGBl. I 1046 angepasst.
Im Zuge der Neustrukturierung des SGB IX durch Art. 1 BTHG vom
23.12.2016 – BGBl. 2016 I S. 3234 wurde die Vorschrift mit Wirkung zum
1.1.2018 unter neuer Überschrift zu § 10 und um die Absätze 4 und 5 ergänzt.

Regelungsinhalt: § 10 regelt einen Unterfall des § 9 Abs. 1 und enthält zusätzli- 2
che Maßgaben an das Vorgehen des für die medizinische Rehabilitation zuständigen Trägers. Er soll das nahtlose Ineinandergreifen von medizinischer Rehabilitation und den Leistungen zur Teilhabe am Arbeitsleben gewährleisten mit dem Ziel, die Erwerbsfähigkeit behinderter und von Behinderung bedrohter Menschen zu erhalten, zu verbessern oder wiederherzustellen. Der Gesetzgeber will hierdurch ihre Rechte auf Arbeit und Beschäftigung gemäß Art. 27 UN-BRK sichern.[1] Absatz 1 trägt dem Umstand Rechnung, dass zur Erhaltung, Besserung und Wiederherstellung der Erwerbsfähigkeit oft nicht (nur) Leistungen zur medizinischen Rehabilitation notwendig sind, sondern auch möglichst frühzeitig Leistungen zur Teilhabe am Arbeitsleben eingeleitet werden müssen, um den Betroffenen den Arbeitsplatz zu sichern bzw. eine Langzeitarbeitslosigkeit oder Erwerbsminderung zu verhindern. Bei besonderen beruflichen Problemlagen richtet die DRV zunehmend bereits die medizinische Rehabilitation an den gesundheitlich bedingten beruflichen Problemlagen und (drohenden) Beeinträchtigungen der Teilhabe am Erwerbsleben aus. Diese sogenannte medizinisch-beruflich orientierten Rehabilitation (MBOR) erweitert das potenzielle Leistungsspektrum der medizinischen Rehabilitation um explizit arbeitsbezogene Leistungen und sieht im Bedarfsfall den nahtlosen Übergang zu den Leistungen zur Teilhabe am Arbeitsleben vor.[2] Nach Absatz 2 muss mit den Betroffenen und dem für die Leistungen zur Teilhabe am Arbeitsleben zuständigen Rehabilitationsträger so schnell wie möglich die Erforderlichkeit weiterer Leistungen zur Teilhabe geprüft werden, wenn während einer Leistung zur medizinischen Rehabilitation erkennbar wird, dass der Arbeitsplatz gefährdet ist. Zur Klärung des Hilfebedarfs nach Absatz 1 und Absatz 2 sind im Rahmen ihrer Zuständigkeit nach Absatz 3 immer auch die Integrationsämter zu beteiligen. Nach Absatz 4 umfasst die in § 12 geregelte Verantwortung eines Rehabilitationsträgers auch die Pflicht, auf eine frühzeitige Antragstellung hinzuwirken und diese auch dann entgegenzunehmen, wenn er selbst nicht für diese Leistungen zuständig ist. Erforderlichenfalls beteiligt er die zuständigen Rehabilitationsträger nach Maßgabe der §§ 14–24. Gemäß Absatz 5 findet dieses Vorgehen auch Anwendung, wenn bei Gefährdung des Arbeitsplatzes der Arbeitgeber des Betroffenen den Rehabilitationsträger gem. § 167 Abs. 2 Satz 4 SGB IX hinzuzieht.

Zur Entstehung: Absatz 1 geht auf § 4 Abs. 3 Rehabilitations-Angleichungsge- 3
setz zurück. Mit der Übernahme in das SGB IX als § 11 wurden die Bundesagentur für Arbeit und das Integrationsamt in die Regelung einbezogen.[3] Im Zuge der Neustrukturierung des SGB IX durch Art. 1 BTHG vom 23.12.2016[4] wurde die Vorschrift zu § 10. § 10 Abs. 1 Satz 2 verweist ab 1.1.2018 auf § 54 (bislang § 38), Absatz 3 auf den dritten statt bislang zweiten Teil des SGB IX

---

1 Vgl. die Gesetzesbegründung im RegE BT-Drs. 18/9522, 229.
2 DRV 2019.
3 BT-Drs. 14/5074, 9 und 101.
4 BGBl. 2016 I 3234.

(Schwerbehindertenrecht). Die Vorschrift wurde zeitgleich um Absätze 4 und 5 erweitert.

4 **Materialien:** Zum Regierungsentwurf nebst Begründung BT-Drs. 14/5074, 9 und 101, BT-Drs. 14/5531, 5; zur Ausschussempfehlung BT-Drs. 14/5786, 19. Zur Reform durch das BTHG BT-Drs. 18/9522, 26 und 229.

5 **Absatz 1** gebietet in seinem Satz 1 eine Prüfung, ob die **Erwerbsfähigkeit** des behinderten oder von Behinderung bedrohten Menschen durch **Leistungen zur Teilhabe am Arbeitsleben** nach §§ 49 ff. erhalten, gebessert oder wiederhergestellt werden kann, und zwar mit drei Präzisierungen. Einmal wird der Zeitpunkt einer solchen Prüfung festgelegt; sie ist mit der Einleitung einer Leistung zur medizinischen Rehabilitation, während ihrer Ausführung und nach ihrem Abschluss vorzunehmen und zwar unabhängig davon, ob die Person aktuell erwerbslos oder erwerbstätig ist und ob im letzteren Fall der Arbeitsplatz gefährdet ist (Absatz 2). Zum anderen hat der zuständige Rehabilitationsträger diese Prüfung vorzunehmen; das ist der im Einzelfall für die Leistungen zur medizinischen Rehabilitation zuständige Träger. Verpflichtet kann also durch die Vorschrift **jeder Rehabilitationsträger** sein, der – und sei es aus formellen Gründen (§ 14 SGB IX) – für die angezeigte medizinische Rehabilitation zuständig ist. Die Prüfung erfolgt nach Maßgabe des § 9 Abs. 1.

6 Eine dritte Präzisierung enthält die Vorschrift insofern, als diese Prüfung nur erfolgen soll, soweit dies im Einzelfall geboten ist. Inhaltlich geht es in Absatz 1 um die Erwerbsfähigkeit, das heißt um die abstrakte Fähigkeit, am allgemeinen Arbeitsmarkt zu partizipieren.

Zur Prüfung der **Gebotenheit** von Leistungen zur Teilhabe am Arbeitsleben, muss der Träger der medizinischen Rehabilitation stets gemäß Satz 2 die Bundesagentur für Arbeit beteiligen sowie nach Maßgabe des § 15 auch den voraussichtlich später für die Leistung zur Teilhabe am Arbeitsleben zuständigen Rehabilitationsträger einbeziehen. Unterlässt der Träger dies, kann dies einen Fehler bei der Ermessensausübung darstellen.[5] Zur individuellen Bedarfsermittlung haben sich die Träger der in § 13 beschriebenen Instrumente zu bedienen und an ihren gemeinsamen Empfehlungen nach § 26 Abs. 1 oder Abs. 2 Nr. 1, 2 oder 5 zu orientieren.

7 Nach richtiger Auffassung handelt es sich in der Sicherung der Koordination und Kooperation um einen verbindlichen Auftrag an die Rehabilitationsträger, der zugleich „Aufgabe" iSd § 67 SGB X ist.[6] Die sich hieraus gemäß der EU-DSGVO und dem SGB X ergebenden datenschutzrechtlichen Anforderungen hat die Bundesarbeitsgemeinschaft für Rehabilitation in der Arbeitshilfe „Datenschutz im trägerübergreifenden Prozess" zusammengestellt.[7]

8 Die Vorschrift zielt auf eine bedarfs- und zielgerechte Abweichung von der unter → § 5 Rn. 7 angesprochenen Sachlogik, nach der üblicherweise zunächst alle Möglichkeiten zur Besserung und Stabilisierung des Gesundheitszustands auszuschöpfen sind, bevor auf dieser Grundlage die Möglichkeiten einer Teilhabe am Arbeitsleben abgeklärt und umgesetzt werden. Sie trägt der Erfahrung Rechnung, dass eine Verbesserung des Gesundheitszustands oft eine Verbesserung des Arbeitsumfelds voraussetzt und viele Teilhabebeeinträchtigungen durch die inklusive Ausgestaltung der Arbeitsbedingungen, vermieden werden können; hierzu können Leistungen zur Teilhabe am Arbeitsleben in vielen Fäl-

---

5 *Luik* in → § 42 Rn. 34; BSG 28.11.1996 – 7 RAr 58/95.
6 *Welti* in HK-SGB IX § 10 Rn. 22; *Schian/Stähler* Forum D, Beitrag Nr. 26/2015, www.reha-recht.de mwN.
7 S. https://www.bar-frankfurt.de/fileadmin/dateiliste/_publikationen/reha_grundlagen /pdfs/AHDatenschutz_RehaProzess_final.pdf.

len sinnvoll eingesetzt werden. Die Verweigerung der Förderung angemessener Vorkehrungen stellt eine Diskriminierung dar, Art. 5 RL 2000/78/EG; Art. 27 Abs. 1 i iVm Art. 5 Abs. 3 UN-BRK.[8] Mit einem „medizinkritischen" bzw. interdisziplinären Ansatz wird zweierlei erreicht: Lässt sich eine individuelle Teilhabeeinschränkung berufsbezogen lösen – beispielsweise durch Anpassung der Arbeitsplatzausstattung, der Arbeitszeit oder der Arbeitsorganisation –, dann ist auch diese Lösung anzusteuern, ohne dass man den betroffenen Menschen zu einem kranken Menschen erklären und folgerichtig zunächst erst mal alle medizinischen Wege zur Lösung des Problems ausschöpfen muss. Außerdem wird es damit möglich, viele Probleme als solche zu betrachten und zu lösen, ohne sie zunächst erst mal durch die „medizinische Brille" wahrzunehmen; dies gilt zB bei Mobbing.

Absatz 1 Satz 2 stellt klar, dass auch bei der in Satz 1 vorgesehenen Prüfung die Bundesagentur für Arbeit nach § 54 zu beteiligen ist; vgl. dazu → § 54 Rn. 5 ff. sowie die Gemeinsame Empfehlung zur Beteiligung der Bundesagentur für Arbeit nach § 54 SGB IX vom Juni 2020.[9] Von ihr ist dann in den jeweiligen Fällen gutachterlich Stellung zu nehmen im Hinblick auf die Notwendigkeit, die Art und den Umfang von Leistungen. Sie hat in diesem Zusammenhang auch die Zweckmäßigkeit und Gesichtspunkte des Arbeitsmarktes mit einzubeziehen.

9

Die durch Absatz 1 Satz 1 gebotene Prüfung wird nach **Absatz 2** zum Gebot unverzüglicher Klärung, wenn während einer Leistung zur medizinischen Rehabilitation erkennbar ist, dass der **bisherige Arbeitsplatz gefährdet** ist. Eine solche Gefährdung ist gegeben, wenn der nach Abschluss der Leistung zu erwartende Gesundheitszustand oder eine vorhandene oder zu erwartende Behinderung eine Wiederaufnahme der bisherigen Arbeit voraussichtlich nicht zulassen werden. Die Vorschrift steht in engem Zusammenhang mit §§ 3 und 167. Darüber hinaus regelt Absatz 2 eine weitere, nicht von Absatz 1 erfasste Fallgruppe, in der der bisherige Arbeitsplatz während der Leistung zur medizinischen Rehabilitation nicht im Zusammenhang mit den Einschränkungen der Beschäftigten, sondern aus anderen Gründen gefährdet ist, beispielsweise weil der bisherige Betrieb geschlossen wird. Dies ist nach §§ 4 und 49 eigentlich selbstverständlich; aber die Regelung stellt klar, dass dies auch während einer Leistung zur medizinischen Rehabilitation geschehen soll, also bereits dann, wenn medizinische Schritte zur Besserung noch nicht abgeschlossen sind.

10

Sind die Voraussetzungen des Absatzes 2 gegeben, wird mit den Betroffenen und dem für die Leistungen zur Teilhabe am Arbeitsleben zuständigen Rehabilitationsträger geklärt, ob Leistungen zur Teilhabe am Arbeitsleben erforderlich sind. Der Verweis auf die „Unverzüglichkeit" macht deutlich, dass Leistungen zur Teilhabe am Arbeitsleben bei entsprechender Gefahr so frühzeitig wie möglich in die Wege geleitet werden müssen.

11

Absatz 3 schreibt vor, bei der Prüfung nach den Absätzen 1 und 2 auch das **Integrationsamt** zur Klärung eines Hilfebedarfs nach Teil 3 zu beteiligen. Beteiligung erfordert von dem zuständigen Rehabilitationsträger Information und Gelegenheit zur Stellungnahme, ferner eine Auseinandersetzung mit den Inhalten einer Stellungnahme, jedoch nicht notwendig ein Einvernehmen. Die Regelung ist sinnvollerweise auf die im dritten Teil des SGB IX geregelten Maßnahmen zu beschränken, die in die Zuständigkeit der Integrationsämter fallen.

12

---

8 Vgl. *Nebe* SRa, Sonderheft 2014, 1 (8); EuGH 11.4.2013 – C-335/11, ZESAR 2013, 415 = NZA 2013, 553 – Ring und Skouboe Werge; BAG 19.12.2013 – 6 AZR 190/12 Rn. 50.
9 S. https://www.bar-frankfurt.de/themen/gemeinsame-empfehlungen.html.

Hierzu zählen insbesondere die Feststellung nach § 151, ob eine Behinderung oder Schwerbehinderung bzw. die Voraussetzungen für eine Gleichstellung vorliegen, Maßnahmen zur betrieblichen Prävention (§ 167), begleitende Hilfen im Arbeitsleben (§ 185) und Kündigungsschutzmaßnahmen. Die Einschaltung des Arbeitgebers ist mit Einwilligung der Betroffenen möglich. Der Arbeitgeber ist gemäß § 167 Abs. 2 seinerseits verpflichtet, für Arbeitnehmer, die innerhalb eines Jahres länger als sechs Wochen ununterbrochen oder wiederholt arbeitsunfähig sind, ein betriebliches Eingliederungsmanagement in die Wege zu leiten, in das auch die betrieblichen Interessenvertretungen, das Integrationsamt und die zuständigen Rehabilitationsträger (bislang: Servicestelle) einzubeziehen sind, vgl. hierzu die nachfolgenden Erläuterungen zu Absatz 5 (→ Rn. 14) und die gemeinsame Empfehlung „Reha-Prozess".[10]

13 **Absatz 4 Satz 1** konkretisiert, welche Maßnahmen der Träger der medizinischen Rehabilitation in den Fällen nach Absatz 1 und 2 zur **frühzeitigen Bedarfserkennung und Antragstellung** vorzunehmen hat: Er soll die von Erwerbsminderung und/oder Arbeitsplatzverlust bedrohten bzw. betroffenen Menschen insbes. durch die in § 12 Abs. 1 exemplarisch aufgeführten Maßnahmen in die Lage versetzen, alle für sie in Betracht kommenden Teilhabeleistungen zu beantragen. Des Weiteren wird er in Absatz 4 Satz 1 ausdrücklich verpflichtet, diese Anträge ungeachtet seiner Zuständigkeit für die Leistungen entgegenzunehmen. Für den Fall, dass mehrere Träger zuständig sind, verweist **Absatz 4 Satz 2** auf die Möglichkeit bzw. das Erfordernis einer trägerübergreifenden Bedarfsfeststellung und Koordinierung der Leistungen nach Kap. 4. Mit der Entgegennahme der Anträge auf Leistungen zur Teilhabe am Arbeitsleben wird der Träger der medizinischen Rehabilitation erstangeganger Träger iSd § 14. Hat er die für die Leistung eigentlich zuständigen Rehabilitationsträger nach § 15 Abs. 1 oder 2 beteiligt, ist bei der Fristberechnung § 15 Abs. 4 zu beachten.

14 **Absatz 5 Satz 1** regelt den Fall, in dem nicht der Rehabilitationsträger, sondern der Arbeitgeber den möglichen Bedarf an Leistungen zur Teilhabe erkennt und im Rahmen seines betrieblichen Eingliederungsmanagements den Rehabilitationsträger hinzuzieht (§ 167 Abs. 2 Satz 4). Bis zur Reform durch das BTHG sah das SGB IX noch die Hinzuziehung der gemeinsamen Servicestellen vor. Nunmehr haben die hinzugezogenen Rehabilitationsträger ungeachtet der Frage, ob sie für die in Betracht kommenden Leistungen zuständig sind, auf eine frühzeitige Antragstellung hinsichtlich aller in Betracht kommender Leistungen hinzuwirken und dabei die Abs. 1–4 zu beachten. **Absatz 5 Satz 2** macht durch Verweis auf Absatz 4 Satz 2 deutlich, dass dabei die Maßgaben an die trägerübergreifende Koordination der Leistung zu beachten sind. Die gemeinsame Empfehlung „Reha-Prozess"[11] beschreibt in §§ 12–18, wie der Rehabilitationsträger den Abstimmungsprozess mit allen Beteiligten effizient und unter Wahrung des Datenschutzes gestalten kann.

§ 11 Förderung von Modellvorhaben zur Stärkung der Rehabilitation, Verordnungsermächtigung

(1) Das Bundesministerium für Arbeit und Soziales fördert im Rahmen der für diesen Zweck zur Verfügung stehenden Haushaltsmittel im Aufgabenbereich der Grundsicherung für Arbeitsuchende und der gesetzlichen Rentenversiche-

---

10 S. https://www.bar-frankfurt.de/themen/gemeinsame-empfehlungen.html.
11 S. https://www.bar-frankfurt.de/themen/gemeinsame-empfehlungen.html.

rung Modellvorhaben, die den Vorrang von Leistungen zur Teilhabe nach § 9 und die Sicherung der Erwerbsfähigkeit nach § 10 unterstützen.
(2) ¹Das Nähere regeln Förderrichtlinien des Bundesministeriums für Arbeit und Soziales. ²Die Förderdauer der Modellvorhaben beträgt fünf Jahre. ³Die Förderrichtlinien enthalten ein Datenschutzkonzept.
(3) Das Bundesministerium für Arbeit und Soziales kann durch Rechtsverordnung ohne Zustimmung des Bundesrates regeln, ob und inwieweit die Jobcenter nach § 6 d des Zweiten Buches, die Bundesagentur für Arbeit und die Träger der gesetzlichen Rentenversicherung bei der Durchführung eines Modellvorhabens nach Absatz 1 von den für sie geltenden Leistungsgesetzen sachlich und zeitlich begrenzt abweichen können.
(4) ¹Die zuwendungsrechtliche und organisatorische Abwicklung der Modellvorhaben nach Absatz 1 erfolgt durch die Deutsche Rentenversicherung Knappschaft-Bahn-See unter der Aufsicht des Bundesministeriums für Arbeit und Soziales. ²Die Aufsicht erstreckt sich auch auf den Umfang und die Zweckmäßigkeit der Modellvorhaben. ³Die Ausgaben, welche der Deutschen Rentenversicherung Knappschaft-Bahn-See aus der Abwicklung der Modellvorhaben entstehen, werden aus den Haushaltsmittelln nach Absatz 1 vom Bund erstattet. ⁴Das Nähere ist durch Verwaltungsvereinbarung zu regeln.
(5) ¹Das Bundesministerium für Arbeit und Soziales untersucht die Wirkungen der Modellvorhaben. ²Das Bundesministerium für Arbeit und Soziales kann Dritte mit diesen Untersuchungen beauftragen.

Geltende Fassung: Die Vorschrift wurde durch Art. 1 BTHG vom 23.12.2016 – BGBl. 2016 I 3234 mit Wirkung zum 1.1.2018 neu eingeführt, mit den Vorarbeiten für die Umsetzung bereits 2017 begonnen.[1] Durch Art. 3 des G. zur Verbesserung der Leistungen bei Renten wegen verminderter Erwerbsfähigkeit und zur Änderung anderer Gesetze (EM-Leistungsverbesserungsgesetz) v. 17.7.2017[2] wurde Absatz 4 durch eine neue Regelung ersetzt und die bislang in Absatz 4 vorgesehene Regelung in einen neuen Absatz 5 verschoben.

Regelungsinhalt: § 11 regelt die zeitlich befristete Förderung von Modellvorhaben durch das Bundesministerium für Arbeit und Soziales. Es soll erprobt werden, wie den in § 9 und § 10 verankerten Grundsätzen „Prävention vor Rehabilitation" und „Rehabilitation vor Rente" in den Rechtskreisen des SGB II und SGB VI besser Geltung verschafft und den Zugang von Menschen in die Erwerbsminderungsrente und die Eingliederungshilfe nachhaltig gesenkt werden kann. Die Modellvorhaben sind wissenschaftlich auszuwerten.

Materialien: Zum Regierungsentwurf nebst Begründung BT-Drs. 18/9522, 26, 209, 230; zur Stellungnahme des Bundesrates BR-Drs. 428/16, 10 und der Gegenäußerung der BReg BT-Drs.18/9954, 60. Zur Änderung durch Art. 3 EM-Leistungsverbesserungsgesetz der Regierungsentwurf BT-Drs.18/11926, 23.

Absatz 1 regelt die Förderung von **Modellvorhaben** aus dem Bundeshaushalt. Es soll ermittelt und erprobt werden, wie **trägerübergreifende Bedarfsfeststellungsverfahren** nach §§ 9 und 10 SGB IX zugunsten der Grundsicherungsempfänger nach SGB II verbessert werden können. Der Gesetzgeber hat die Jobcenter nicht in den Kreis der Rehabilitationsträger aufgenommen. SGB II-Leistungsempfänger wechseln zunehmend in WfBM und damit in den Bezug von Eingliederungshilfe[3] und sind unter den Neuzugängen in der Erwerbsminde-

---

1 So die Begründung des RegE BT-Drs. 18/9522, 209, 210.
2 BGBl. I 2509.
3 BT-Drs.18/9522, 209, 230.

rungsrente überproportional vertreten.[4] Dabei wächst die Zahl der Menschen, die aus psychischen Gründen von Erwerbsminderung betroffen sind.[5] In den Modellvorhaben soll außerdem ermittelt werden, wie die Erwerbsfähigkeit und Beschäftigung von Menschen mit (drohender) Behinderung an der Schnittstelle zwischen Eingliederungshilfe und gesetzlicher Rentenversicherung frühzeitiger gesichert und gefördert werden kann.[6]

Die Modellvorhaben sollen hierzu alternative Maßnahmen, Methoden und Organisationsmodelle zu den Übergängen in die Erwerbsminderungsrente und WfBM erproben.[7]

Für die Rechtskreise des SGB II und VI sollen laut RegE BTHG jeweils 100 Mio. EUR pro Jahr zur Verfügung gestellt werden.[8]

5 Die nach **Absatz 2** festzulegenden Förderbedingungen wurden vom Bundesministerium für Arbeit und Soziales am 4.5.2018 in der Förderrichtlinie „Innovative Wege zur Teilhabe am Arbeitsleben – rehapro" bekanntgemacht[9]. Die Projekte des 1. Förderaufrufs starteten im 2. Halbjahr 2019, die des zweiten Förderaufrufs beginnen Ende 2021 jeweils mit fünfjähriger Laufzeit. Überblick unter www.modellvorhaben-rehapro.de.

6 **Absatz 3** ermächtigt das Bundesministerium für Arbeit und Soziales, zur Erprobung neuer Modelle ohne Zustimmung des Bundesrats durch Rechtsverordnung Abweichungen von den Leistungsgesetzen zuzulassen. Diese können erforderlich sein, um an zentralen Schnittstellen die Durchlässigkeit der sozialen Systeme zu erhöhen.

7 Die in **Absatz 4** mit der Administration des Modellvorhabens betraute Deutsche Rentenversicherung Knappschaft-Bahn-See hat als Projektträger die „Fachstelle rehapro" eingerichtet: fachstelle-rehapro@kbs.de.

8 Mit der in **Absatz 5 Satz 1** vorgeschriebenen wissenschaftlichen Evaluation hat das Bundesministerium für Arbeit und Soziales ein Forschungskonsortium beauftragt. Informationen hierzu unter https://programmevaluation-rehapro.de.

Kapitel 3 Erkennung und Ermittlung des Rehabilitationsbedarfs

§ 12 Maßnahmen zur Unterstützung der frühzeitigen Bedarfserkennung

(1) [1]Die Rehabilitationsträger stellen durch geeignete Maßnahmen sicher, dass ein Rehabilitationsbedarf frühzeitig erkannt und auf eine Antragstellung der Leistungsberechtigten hingewirkt wird. [2]Die Rehabilitationsträger unterstützen die frühzeitige Erkennung des Rehabilitationsbedarfs insbesondere durch die Bereitstellung und Vermittlung von geeigneten barrierefreien Informationsangeboten über
1. Inhalte und Ziele von Leistungen zur Teilhabe,
2. die Möglichkeit der Leistungsausführung als Persönliches Budget,

---

4 *Mittag/Reese/Meffen* WSI-Mitteilungen 2/2014, 149.
5 *Mittag/Reese/Meffen* WSI-Mitteilungen 2/2014, 149.
6 BT-Drs. 18/9522, 207.
7 BT-Drs. 18/9522, 230.
8 BT-Drs. 18/9522, 230.
9 BAnz AT 4.5.2018 B1, geändert am 20.6.2018 BAnz AT 20.6.2018 B5.

3. das Verfahren zur Inanspruchnahme von Leistungen zur Teilhabe und
4. Angebote der Beratung, einschließlich der ergänzenden unabhängigen Teilhabeberatung nach § 32.

³Die Rehabilitationsträger benennen Ansprechstellen, die Informationsangebote nach Satz 2 an Leistungsberechtigte, an Arbeitgeber und an andere Rehabilitationsträger vermitteln. ⁴Für die Zusammenarbeit der Ansprechstellen gilt § 15 Absatz 3 des Ersten Buches entsprechend.

(2) Absatz 1 gilt auch für Jobcenter im Rahmen ihrer Zuständigkeit für Leistungen zur beruflichen Teilhabe nach § 6 Absatz 3, für die Integrationsämter in Bezug auf Leistungen und sonstige Hilfen für schwerbehinderte Menschen nach Teil 3 und für die Pflegekassen als Träger der sozialen Pflegeversicherung nach dem Elften Buch.

(3) ¹Die Rehabilitationsträger, Integrationsämter und Pflegekassen können die Informationsangebote durch ihre Verbände und Vereinigungen bereitstellen und vermitteln lassen. ²Die Jobcenter können die Informationsangebote durch die Bundesagentur für Arbeit bereitstellen und vermitteln lassen.

Literatur:
Bundesarbeitsgemeinschaft für Rehabilitation, Trägerübergreifende Beratungsstandards. Handlungsempfehlungen zur Sicherstellung guter Beratung in der Rehabilitation, 2015; *Bundesarbeitsgemeinschaft für Rehabilitation*, ICF-Praxisleitfaden 1: Zugang zur Rehabilitation, 2. Aufl. 2015; *Braukmann et al.*, Evaluation von Peer Counseling im Rheinland. Zweiter ausführlicher Zwischenbericht über das Modellprojekt des Landschaftsverbandes Rheinland, 2016; *Deinert/Welti/Luik/Brockmann* (Hrsg.), Stichwortkommentar Behindertenrecht, 3. Aufl. 2022 (iE); *Engel/Beck*, Voruntersuchung als Entscheidungsgrundlage zur Entwicklung eines Instruments zur Ermittlung des Bedarfs im Rahmen der Umsetzung des Bundesteilhabegesetzes (BTHG) in Land Berlin, 2018, verfügbar unter: https://umsetzungsbegleitung-bthg.de/w/files/aktuelles/senias-vorstudie-abschlussbericht.pdf; *Rasch*, Recht: Bedarfsermittlung und Hilfeplanung für Menschen mit Behinderungen: Plädoyer für einen individuellen Rechtsanspruch auf eine trägerübergreifende Koordination, Soziale Sicherheit 2015, 62; *Schäfers/Wansing* (Hrsg.), Teilhabebedarfe von Menschen mit Behinderungen. Zwischen Lebenswelt und Hilfesystem, 2016; *Schubert et al.*, Prüfung von aktuellem Stand und Potential der Bedarfsermittlung von Leistungen zur Teilhabe am Arbeitsleben unter Berücksichtigung der ICF. Abschlussbericht, abrufbar unter http://www.bar-frankfurt.de/fileadmin/dateiliste/Startseite/Abschlussbericht_end_x.pdf.

Geltende Fassung: Die Vorschrift wurde durch Art. 1 BTHG vom 23.12.2016 – BGBl. 2016 I 3234 mit Wirkung zum 1.1.2018 eingeführt.

Regelungsinhalt: Absatz 1 enthält die allgemeine, vom Einzelfall losgelöste Verpflichtung aller Rehabilitationsträger, die frühzeitige Bedarfserkennung durch geeignete Maßnahmen sicherzustellen. Als geeignete Maßnahmen werden insbesondere die Aufklärung, Auskunft und Beratung der Leistungsberechtigten sowie die Pflicht der Rehabilitationsträger genannt, auf eine unverzügliche, klare und sachdienliche Antragstellung hinzuwirken. Nach Absatz 2 gelten diese erweiterten Pflichten in ausgewählten Aufgabenbereichen auch für die Integrationsämter, Jobcenter und Pflegekassen. Abs. 3 regelt die Möglichkeit der Delegation der Informationspflichten an andere Stellen.

Materialien: Zum Regierungsentwurf nebst Begründung BT-Drs. 18/9522, 27 und 230.

§ 12 verpflichtet die Rehabilitationsträger, konkrete Maßnahmen zu treffen, um sicherzustellen, dass Rehabilitations- und Teilhabebedarfe frühzeitig und umfassend erkannt und sachdienliche Anträge gestellt werden. Die Vorschrift erweitert die in §§ 13 und 14 SGB I geregelten Pflichten der Rehabilitationsträger zur Aufklärung und Beratung der Leistungsberechtigten, in dem sie diese über die originäre Zuständigkeit der Leistungsträger hinaus auf alle Leistungen zur Rehabilitation und Teilhabe erstreckt. Auch die in § 15 SGB I geregelte Auskunftspflicht und die Pflicht, nach § 16 Abs. 3 SGB I auf die Stellung sachdienlicher Anträge hinzuwirken, wird entsprechend erweitert.

Die **Bedarfserkennung** bildet die Vorstufe zur **Bedarfsermittlung**, der wiederum die **Bedarfsfeststellung** folgt. In jeder Phase bilden die Information und Beratung der betroffenen Menschen bzw. ihrer Vertrauenspersonen und Arbeitgeber die wichtigste Voraussetzung für einen gelingenden Gesamtprozess.[1] Die Aufzählung der Maßnahmen in Absatz 1 ist nicht abschließend. Die Rehabilitationsträger (ausgenommen die Träger der Kinder- und Jugendhilfe und der Sozialhilfe) haben sich erstmals 2005 in der Gemeinsamen Empfehlung „Frühzeitige Bedarfserkennung" auf diese und weitere notwendige Maßnahmen zur Umsetzung verständigt und diese Empfehlung weiterentwickelt, vgl. §§ 10–18 Gemeinsame Empfehlung Reha-Prozess.[2] Ergänzend beschreiben die Handlungsempfehlungen zur Nachhaltigkeit von Leistungen zur Rehabilitation und Teilhabe die zur Sicherung einer dauerhaften Teilhabe am Alltags- und Erwerbsleben erforderlichen gemeinsamen Zieldimensionen, Handlungsprinzipien und -methoden.[3] In der Praxis hatte sich dennoch kein von allen Trägern einvernehmlich praktiziertes und einheitlich koordiniertes Verfahren etabliert.[4] Die Regelung war auch erforderlich, um ergänzend die Jobcenter, Integrationsämter und Pflegekassen als wichtige Akteure in den kooperativen Prozess einzubinden.

5 **Absatz 1 Satz 1** regelt das frühzeitige Erkennen von potenziellem Bedarf an Leistungen zur Teilhabe (zB schon während der Akutbehandlung → § 43 Rn. 3). Das **Erkennen** beschränkt sich auf die Wahrnehmung und das Erfassen erster Anhaltspunkte für einen möglichen Bedarf. Ob der Bedarf tatsächlich besteht und eine sozialrechtliche Leistungspflicht begründet, wird erst im nächsten Schritt bei der Bedarfsermittlung (§ 13) geklärt.

Das **Hinwirken auf eine Antragstellung** bezieht sich auf alle in Betracht kommenden Teilhabebedarfe.

6 **Anhaltspunkte** für einen möglichen Bedarf bilden zB eine sechswöchige ununterbrochene Arbeitsunfähigkeit oder besonders belastende Arbeits- oder Lebensbedingungen. Die Gemeinsame Empfehlung Reha-Prozess nennen weitere Anhaltspunkte (vgl. dort § 11) sowie in Anlage 1 mögliche Anzeichen für deren Vorliegen.[5] Gibt es Anhaltspunkte für funktionsbezogene Teilhabebeeinträchtigungen in einem Teilhabebereich (zB am Arbeitsplatz), ist zur Sicherung der frühzeitigen Bedarfsermittlung zu klären, ob diese Beeinträchtigungen auch in anderen Bereichen, bspw. bei der Haushaltsführung auftreten.

7 Das SGB IX enthält keine Definition des Rehabilitationsbedarfs. Er setzt zunächst voraus, dass die gesundheitlichen Beeinträchtigung(en) der Körperfunktionen und -strukturen und Aktivitäten unter Berücksichtigung von personenbezogenen und Umweltfaktoren die Teilhabe an Lebensbereichen bedrohen

---

1 Bundesarbeitsgemeinschaft für Rehabilitation, Trägerübergreifende Beratungsstandards 2015.
2 S. https://www.bar-frankfurt.de/themen/gemeinsame-empfehlungen.html.
3 S. https://www.bar-frankfurt.de/service/publikationen/reha-vereinbarungen.html.
4 BMAS, Abschlussbericht Arbeitsgruppe BTHG Teil A, S. 24.
5 S. https://www.bar-frankfurt.de/themen/gemeinsame-empfehlungen.html.

oder beeinträchtigen.[6] Art. 26 UN-BRK definiert als **(Re-)Habilitationsbedarf** die Maßnahmen, die Menschen mit Behinderungen in die Lage versetzten, ein Höchstmaß an Unabhängigkeit und Fähigkeiten sowie die volle Einbeziehung und Teilhabe bezogen auf alle Aspekte des Lebens zu erlangen. Zum Schutz vor Benachteiligungen ist dieses „Höchstmaß" nach dem Verwirklichungsspielraum zu bemessen, der Menschen ohne Behinderungen in dieser Lebenslage zur Verfügung stünde.[7] Wie Menschen diesen Spielraum nutzen wollen und können, ist von ihren persönlichen Wünschen und Zielen abhängig. Diesen ist gem. §§ 4 und 8 SGB IX (Wunsch- und Wahlrecht) und § 33 S. 1 SGB I Rechnung zu tragen. Die persönlichen Rehabilitationsziele bilden mithin das „Scharnier" zwischen der individuellen funktionsbezogenen Beschreibung von Funktionsfähigkeit, Aktivitäten und Teilhabe bzw. ihrer Beeinträchtigungen in ihrer Wechselwirkung mit personen- und umweltbezogenen Kontextfaktoren nach ICF und den erforderlichen Leistungen zur Ermöglichung von Teilhabe.[8]

Damit die Ermittlung der Bedarfe zeitnah erfolgen kann, hat der erkennende Rehabilitationsträger daher darauf **hinzuwirken**, dass die Menschen mit (drohenden) Behinderungen alle in Betracht kommenden Leistungen beantragen. Absatz 1 Satz 1 gibt den Rehabilitationsträgern nicht vor, welche konkreten Maßnahmen sie hierzu im Einzelnen zu ergreifen haben. Der RegE nennt in der Gesetzesbegründung beispielhaft organisatorische Vorkehrungen und Qualifizierungsmaßnahmen, die eine frühe Bedarfserkennung fördern und betont die Notwendigkeit, dass geeignete Antragsformulare vorgehalten bzw. zugesandt werden sollten, die sowohl den Fallbearbeitern als auch den potenziell Leistungsberechtigten die Inanspruchnahme von Rehabilitationsleistungen nahelegen und erleichtern.[9]

8

Eine weitere konkrete Anforderung ergibt sich aus Art. 26 Abs. 2 Satz 2 a UN-BRK, demzufolge die Bedarfsermittlung nicht auf einer rein medizinischen Betrachtung, sondern auf einer multidisziplinären Bewertung der individuellen Stärken und Schwächen zu beruhen hat. Dies ist auch für die Bedarfserkennung bedeutsam.

Der erkennende Rehabilitationsträger hat potenziell Leistungsberechtigte über alle in Betracht kommenden Leistungen zu informieren und auf deren Inanspruchnahme hinzuwirken, unabhängig davon, ob es sich seiner Einschätzung nach um einen notwendigen Bedarf (§ 4 SGB IX) handelt. Die Notwendigkeit eines Bedarfs lässt sich erst im Bedarfsermittlungsverfahren unter Einsatz geeigneter Instrumente (§ 13 SGB IX) beurteilen.

In den Gesetzesmaterialien[10] wird betont, dass § 12 verbindliche Pflichten des Rehabilitationsträgers begründet, deren Verletzung durch implizit oder direkt leistungsverengende Verfahren, Abläufe und Auskünfte pflicht- und rechtswidrig sind. Beispielhaft werden pflichtwidrig unterlassene Hinweise genannt oder Antragsformulare, die den fehlerhaften Eindruck erwecken, die Nichtzuständigkeit eines Leistungsträgers für eine bestimmte Teilhabeleistung sei gleichbedeutend mit einem Leistungsausschluss.[11] Der Empfehlung, die Rechtsfolgen der

---

6 Vgl. Bundesarbeitsgemeinschaft für Rehabilitation, § 10 der GE Reha-Prozess; dies., Bedarfsermittlungskonzept für Leistungen zur Teilhabe am Arbeitsleben, 2019, S. 20.
7 BSG, 3. Senat, 17.12.2009 – B 3 KR 20/08; *Bieritz-Harder* in LPK-SGB XII § 53 Rn. 24.
8 *Engel/Beck*, Voruntersuchung, S. 12; Schäfers/Wansing 2016.
9 BT-Drs. 18/9522, 230.
10 BT-Drs. 18/9522, 231.
11 Krit. hierzu *Luthe* in jurisPK-SGB IX § 12 Rn. 16.

Pflichtverstöße klar zu regeln, um der Verbindlichkeit der Vorschrift Nachdruck zu verleihen,[12] ist der Gesetzgeber indes nicht gefolgt. Die Rechtsverletzungen liefern zwar Hinweise auf ermessenfehlerhafte Leistungsprüfung[13] und können ggf. einen öffentlich-rechtlichen Herstellungsanspruch begründen,[14] faktisch können die Leistungsberechtigten aber nicht mehr so gestellt werden, wie sie (zB gesundheitlich) stehen würden, wenn die Rehabilitation frühzeitiger eingeleitet worden wäre.

9 **Absatz 1 Satz 2** verpflichtet die Rehabilitationsträger, Maßnahmen zu treffen, die es auch den potenziell leistungsberechtigten Menschen, ihren Arbeitgebern und anderen Akteuren ermöglicht, einen Rehabilitationsbedarf möglichst frühzeitig zu erkennen. Der Gesetzgeber verlangt insbesondere die Bereitstellung und Vermittlung von **Informationsangeboten** zu den Inhalten (§ 4) und Zielen (§§ 1, 3) der Leistungen zur Teilhabe (Satz 2 Nr. 1), der Möglichkeit der Leistungsausführung als Persönliches Budget gemäß § 29 (Satz 2 Nr. 2), das Verfahren zur Inanspruchnahme von Leistungen zur Teilhabe nach Kapitel 3 und 4 (Satz 2 Nr. 3) und zu Angeboten der Beratung, einschließlich der ergänzenden unabhängigen Teilhabeberatung nach § 32. Es handelt sich hierbei um eine nicht aufschließende Aufzählung. In der Gesetzesbegründung des RegE wird zusätzlich die Einrichtung von Beratungsteams und internetbasierten Informationsangeboten genannt.[15] In ihrer Gemeinsamen Empfehlung Reha-Prozess sehen die Rehabilitationsträger (ausgenommen die kommunalen Träger) als weitere Maßnahmen zur frühzeitigen trägerübergreifenden Bedarfserkennung ua die Beteiligung der Ärzte, Psychotherapeuten oder pädagogischen Fachkräfte an der Bedarfserkennung und die Regelung der trägerübergreifenden Zusammenarbeit vor.[16]

Die Informationsangebote müssen **barrierefrei** sein. Barrierefrei sind Informationen gem. § 4 BGG, wenn sie für behinderte Menschen in der allgemein üblichen Weise, ohne besondere Erschwernis und grundsätzlich ohne fremde Hilfe auffindbar, zugänglich und nutzbar, dh verständlich sind. Die Regelung wird für die Bundesverwaltung im BGG und durch die barrierefreie Informationstechnik-VO (BITV 2.0) zur Umsetzung der Richtlinie (EU) 2016/2102,[17] durch die KommunikationshilfenVO (KHVO) und die Verordnung über barrierefreie Dokumente (VBD) konkretisiert. Die Bundesländer haben für die Landesverwaltung in den Landesbehindertengleichstellungsgesetzen und entsprechenden Rechtsverordnungen vergleichbare Regelungen getroffen.[18]

Absatz 1 Satz 3 regelt, dass die Rehabilitationsträger organisationsinterne **Ansprechstellen** zu benennen haben, die die Informationsangebote nach Satz 2 an Leistungsberechtigte, Arbeitgeber und an andere Rehabilitationsträger vermitteln. Sie sollen anstelle der bisherigen Gemeinsamen Servicestellen den wirksamen Informationsaustausch sicherstellen. Hierdurch erstreckt der Gesetzgeber die nach § 15 SGB I bislang nur für ausgewählte Leistungsträger geltende Auskunftspflicht auf alle Rehabilitationsträger.

---

12 Vgl. nur *Rasch* SozSi 2015, 62.
13 *Luthe* wertet die Pflichtverletzung als Beweis des ersten Anscheins, vgl. *Luthe* in jurisPK-SGB IX § 12 Rn. 27.
14 Eingehend hierzu *Luthe* in jurisPK-SGB IX zu § 12 Rn. 28 ff.
15 BT-Drs. 18/9522, 231.
16 S. https://www.bar-frankfurt.de/themen/gemeinsame-empfehlungen.html.
17 Richtlinie (EU) 2016/2102 des Europäischen Parlaments und des Rates vom 26.10.2016 über den barrierefreien Zugang zu den Websites und mobilen Anwendungen öffentlicher Stellen (ABl. L 327 vom 2.12.2016, 1).
18 *Carstens* in SWK-BehindertenR Barrierefreie Informationstechnik Rn. 4 ff.

Gemäß **Absatz 1 Satz 4** gilt § 15 Abs. 3 SGB I entsprechend. Die Ansprechstellen sind also verpflichtet, untereinander und mit den anderen Leistungsträgern mit dem Ziel zusammenzuarbeiten, eine möglichst umfassende Auskunftserteilung durch die einzelnen Stellen sicherzustellen.

Nach **Absatz 2** findet Absatz 1 auch Anwendung für Jobcenter im Rahmen ihrer Zuständigkeit für Leistungen zur beruflichen Teilhabe nach § 6 Abs. 3, für die Integrationsämter in Bezug auf Leistungen und sonstige Hilfen für schwerbehinderte Menschen nach Teil 3 (zur Tragweite dieser Regelung → § 10 Rn. 12) und für die Pflegekassen als Träger der sozialen Pflegeversicherung nach dem SGB XI.

Für die Pflegekassen knüpft die Regelung an ihre bereits bestehende Pflicht an, bei jeder Prüfung einer möglichen Pflegebedürftigkeit zu ermitteln, ob Leistungen zur medizinischen Rehabilitation und ggf. ergänzende Leistungen oder andere Maßnahmen zur Verhütung, Minderung oder Beseitigung von Pflegebedürftigkeit in Betracht kommen (§ 18 Abs. 1 Satz 4 SGB XI) und in diesem Fall auf deren Inanspruchnahme hinzuwirken (§ 31 SGB XI). § 12 Abs. 2 beschränkt die Pflicht der Pflegekassen, Maßnahmen zur frühzeitigen Bedarfserkennung zu ergreifen aber nicht auf die medizinische Rehabilitation. Auch die Pflegekassen müssen daher künftig die umfassende Auskunft und Beratung sicherstellen und Informationen in Bezug auf alle Leistungen zur Teilhabe bereitstellen oder gemäß Absatz 3 durch die zuständigen Verbände und Vereinigungen nach dem SGB V bereitstellen lassen.

Absatz 3 Satz 1 stellt klar, dass die Rehabilitationsträger, Integrationsämter und Pflegekassen die Informationsangebote auch durch ihre Verbände und Vereinigungen bereitstellen und vermitteln lassen können.

Absatz 3 Satz 2 regelt, dass die Jobcenter die Informationsangebote durch die Bundesagentur für Arbeit bereitstellen und vermitteln lassen können.

§ 13 Instrumente zur Ermittlung des Rehabilitationsbedarfs

(1) ¹Zur einheitlichen und überprüfbaren Ermittlung des individuellen Rehabilitationsbedarfs verwenden die Rehabilitationsträger systematische Arbeitsprozesse und standardisierte Arbeitsmittel (Instrumente) nach den für sie geltenden Leistungsgesetzen. ²Die Instrumente sollen den von den Rehabilitationsträgern vereinbarten Grundsätzen für Instrumente zur Bedarfsermittlung nach § 26 Absatz 2 Nummer 7 entsprechen. ³Die Rehabilitationsträger können die Entwicklung von Instrumenten durch ihre Verbände und Vereinigungen wahrnehmen lassen oder Dritte mit der Entwicklung beauftragen.
(2) Die Instrumente nach Absatz 1 Satz 1 gewährleisten eine individuelle und funktionsbezogene Bedarfsermittlung und sichern die Dokumentation und Nachprüfbarkeit der Bedarfsermittlung, indem sie insbesondere erfassen,
1. ob eine Behinderung vorliegt oder einzutreten droht,
2. welche Auswirkung die Behinderung auf die Teilhabe der Leistungsberechtigten hat,
3. welche Ziele mit Leistungen zur Teilhabe erreicht werden sollen und
4. welche Leistungen im Rahmen einer Prognose zur Erreichung der Ziele voraussichtlich erfolgreich sind.
(3) Das Bundesministerium für Arbeit und Soziales untersucht die Wirkung der Instrumente nach Absatz 1 und veröffentlicht die Untersuchungsergebnisse bis zum 31. Dezember 2019.

(4) Auf Vorschlag der Rehabilitationsträger nach § 6 Absatz 1 Nummer 6 und 7 und mit Zustimmung der zuständigen obersten Landesbehörden kann das Bundesministerium für Arbeit und Soziales die von diesen Rehabilitationsträgern eingesetzten Instrumente im Sinne von Absatz 1 in die Untersuchung nach Absatz 3 einbeziehen.

Literatur:
Bundesministerium für Arbeit und Soziales, Abschlussbericht über die Tätigkeit der Arbeitsgruppe Bundesteilhabegesetz Teil A vom 14.4.2015, 2015; *Diedrich/Fuchs/ Morfeld/Risch/Ruschmeier*, Abschlussbericht I Implementationsstudie zur Einführung von Instrumenten zur Entwicklung des Rehabilitationsbedarfs nach § 13 SGB IX (Bundesteilhabegesetz), 2019, abrufbar unter https://www.bmas.de/SharedDocs/Downloads/ DE/PDF-Publikationen/Forschungsberichte/fb540-studie-zur-implementierung-von-instr umenten-der-bedarfsermittlung.pdf; *Fuchs,* Ermittlung des Rehabilitationsbedarfs – Auswirkungen des BTHG, Beitrag D50–2017 unter www.reha-recht.de; *Fuchs*, Intension des Gesetzgebers zur Ermittlung des Rehabilitationsbedarfs nach altem und neuem Recht, Forum A, Beiträge A 16–2018 und A 17–2018 unter www.reha-recht.de; *Engel/ Beck*, Voruntersuchung als Entscheidungsgrundlage zur Entwicklung eines Instruments zur Ermittlung des Bedarfs im Rahmen der Umsetzung des Bundesteilhabegesetzes (BTHG) im Land Berlin, 2018, abrufbar unter https://umsetzungsbegleitung-bthg.de/w/ files/aktuelles/senias-vorstudie-abschlussbericht.pdf; *Schäfers/Wansing* (Hrsg.), Teilhabebedarfe von Menschen mit Behinderungen. Zwischen Lebenswelt und Hilfesystem, 2016; *Schubert/Pensdorf/Seel/Morfeld/Bade/Gleisberg/Jonßon/Lentz/Robinson*, Abschlussbericht zum Projekt „Prüfung von aktuellem Stand und Potential der Bedarfsermittlung von Leistungen zur Teilhabe am Arbeitsleben unter Berücksichtigung der ICF (Machbarkeitsstudie)", 2014, abrufbar unter http://www.bar-frankfurt.de/fileadmi n/dateiliste/Startseite/Abschlussbericht_end_x.pdf; *Schubert/Sutorius/Viehmeier/Poth/ Brand/Gassel/Ommert/Seel*, Bedarfsermittlungskonzept für Leistungen zur Teilhabe am Arbeitsleben. Bundesministerium für Arbeit und Soziales 2019.

I. Allgemeines

1 **Geltende Fassung:** Die Vorschrift wird durch Art. 1 BTHG vom 23.12.2016 – BGBl. 2016 I 3234 mit Wirkung zum 1.1.2018 eingeführt. Die bisher in § 13 SGB IX geregelten Vorgaben zur Erarbeitung Gemeinsamer Empfehlungen[1] finden sich ab 1.1.2018 in § 26 SGB IX. Zur Entwicklung des § 13 idF vor 2018 → § 26 Rn. 3 f.

2 **Regelungsinhalt:** Absatz 1 verpflichtet die Rehabilitationsträger, systematische Arbeitsprozesse und standardisierte Arbeitsmittel zu entwickeln und einzusetzen, mithilfe derer der individuelle Rehabilitationsbedarf der Leistungsberechtigten einheitlich und nachprüfbar ermittelt werden kann (Satz 1). Sie sollen den nach § 26 Abs. 2 Nr. 7 vereinbarten Grundsätzen für Instrumente zur Bedarfsermittlung entsprechen (Satz 2). Satz 3 regelt, dass die Rehabilitationsträger die Entwicklung durch ihre Verbände und Vereinigungen wahrnehmen oder von beauftragten Dritten vornehmen lassen können. Absatz 2 formuliert weitere Mindestanforderungen, die diese Instrumente erfüllen müssen. Absatz 3 sieht vor, dass diese Instrumente vom Bundesministerium für Arbeit und Soziales auf ihre Wirkung nach Absatz 1 hin evaluiert und die Ergebnisse bis Ende 2019 veröffentlicht werden. Die von den kommunalen Trägern der Rehabilitation entwickelten Instrumente können gemäß Absatz 4 auf deren Vorschlag hin und mit Zustimmung der jeweils zuständigen Landesministerien in die Evaluation einbezogen werden.

3 **Materialien:** Zum Regierungsentwurf nebst Begründung BT-Drs.18/9522, 27 (231).

---

[1] BGBl. I 1046.

Entstehung: Der Gesetzgeber verfolgte bereits in der ersten Fassung des SGB IX 4
von 2001 das Ziel, „dass die Rehabilitationsträger, gemeinsam und in Abstimmung mit den Leistungsberechtigten die individuell erforderlichen Leistungen funktionsbezogen festlegen, zusammenstellen und entsprechend dem Verlauf der Rehabilitation anpassen".[2] Seit 2009 sind die gesetzlichen Vorgaben und ihre Umsetzung zudem an Art. 26 UN-BRK auszurichten. In der Praxis existieren aber eine Vielzahl von unterschiedlichen Instrumenten, die diesen Grundsätzen nur teilweise entsprechen und nicht aufeinander abgestimmt sind.[3] Die vom Bundesministerium für Arbeit und Soziales eingesetzte Arbeitsgruppe zum BTHG plädierte daher in ihrem Abschlussbericht einvernehmlich „für eine Verbesserung des Prozesses der Bedarfsermittlung und -feststellung im Sinne der Betroffenen. Angestrebt wird ein praktikables, bundesweit vergleichbares und auf Partizipation beruhendes Verfahren der Gesamtplanung."[4]

II. Gegenstand

Absatz 1 unterteilt die **Instrumente der Bedarfsermittlung** in Arbeitsprozesse 5
und Arbeitsmittel. Zu den Arbeitsprozessen zählen die Erhebung, Analyse, Dokumentation, Planung und Ergebniskontrolle. Die Arbeitsmittel werden in der Gesetzesbegründung definiert als Hilfsmittel zur Unterstützung der Arbeitsprozesse und weiter untergliedert in funktionelle Prüfungen (zB Seh- oder Hörtest), Fragebögen und IT-Anwendungen.[5]

Satz 1 verpflichtet die Rehabilitationsträger zur Verwendung geeigneter Instru- 6
mente zur einheitlichen Bedarfsermittlung. Die Leistungsberechtigten haben auf die Verwendung der Instrumente keinen subjektiven Rechtsanspruch, die Missachtung der verfahrensrechtlichen Vorgaben liefern jedoch konkrete Anhaltspunkte für die unzureichende Untersuchung des Sachverhaltens (§ 20 SGB X) und damit für Beurteilungs- und Ermessensfehler.[6] Die Regelung hat gem. § 7 Abs. 2 S. 1 SGB IX Vorrang vor den für die einzelnen Träger geltenden Leistungsgesetzen. Die Leistungsgesetze bleiben jedoch beachtlich, soweit es um die Gestaltung der Instrumente geht.

Einheitlich bedeutet, dass sich die Instrumente stets zur trägerübergreifenden Bedarfsermittlung eignen müssen. Das Gebot der Einheitlichkeit gilt für die in § 96 Abs. 1 Satz 1 SGB X verankerte Pflicht zur Vermeidung von Mehrfachbegutachtungen hinaus für alle bei der Bedarfsermittlung eingesetzten Verfahren und Arbeitsmittel. **Überprüfbar** sind Instrumente, wenn Ziele, Kriterien und Methoden benannt und Wirkungszusammenhänge fachtheoretisch nachvollziehbar begründet werden. Sie sollten möglichst evidenzbasiert sein, dh sich an den bis zur Verfügung stehenden Forschungsergebnissen und den hierauf basierenden Leitlinien ausrichten. Aus Studien gewonnene gruppenbezogene Wahrscheinlichkeitsaussagen über die Wirksamkeit einer Intervention lassen sich aber nur sehr bedingt auf die individuelle Situation der einzelnen Leistungsberechtigten übertragen, da es in der Regel keinen eindimensionalen Zu-

---

2 BT-Drs. 14/5074, 101.
3 *Schubert et al.*, Abschlussbericht 2014; *Diedrich et al.*, Studie zur Implementierung von Instrumenten zur Bedarfsermittlung 2019, S. 98.
4 BMAS (Hrsg.), Abschlussbericht der Arbeitsgruppe Bundesteilhabegesetz, Teil A, S. 18.
5 BT-Drs. 18/9522, 232.
6 Zu weitgehend *Luthe* in jurisPK-SGB IX § 13 Rn. 24, der den Nichteinsatz der Instrumente ohne Rücksicht auf das Ergebnis als materiellen Ermessensfehler wertet, fruchtbar erscheinen aber seine Überlegungen, aus Verletzungen des § 13 SGB IX einen Herstellungsanspruch abzuleiten.

sammenhang von Maßnahme und Wirkung gibt. Der Standardisierung sind Grenzen gesetzt. Dem gesetzlichen Gebot der **individuellen Bedarfsermittlung** zufolge müssen die Instrumente daher auch den individuellen Lebenslagen, Wünschen und Zielen der Leistungsberechtigten Rechnung tragen und die Aushandlung der Bedarfe mit den Leistungsberechtigten im Rahmen eines partizipativen Prozesses vorsehen und ermöglichen.[7]

7 Zur Entwicklung einheitlicher und überprüfbarer Instrumente sollen sich die Rehabilitationsträger gemäß **Satz 2** im Rahmen einer gemeinsamen Empfehlung nach § 26 Abs. 2 Nr. 7 auf gemeinsame Grundsätze verständigen. Die BAR hat die bereits in § 13 SGB IX verankerten Grundsätze in ihrer Neufassung der Gemeinsamen Empfehlung Reha-Prozess integriert (vgl. dort §§ 36–46). Die gemeinsamen Empfehlungen sind nur für die in § 6 Abs. 1 Nr. 1 bis 5 genannten Rehabilitationsträger bindend. Für die Träger der Eingliederungshilfe gilt ab 1.1.2020 ergänzend § 118. In § 118 Abs. 1 Satz 2 verlangt der Gesetzgeber den Einsatz von Instrumenten, die sich an der Internationalen Klassifikation der Funktionsfähigkeit, Behinderung und Gesundheit (WHO: ICF) orientieren. Um eine einheitliche Bedarfsfeststellung zu ermöglichen, erscheint eine entsprechende Ausrichtung aller Rehabilitationsträger an der ICF naheliegend.[8] Der Gesetzgeber sah bislang von einer entsprechenden Vorgabe in § 13 ab, um im Rahmen der vom Bundesministerium für Arbeit und Soziales vorzunehmenden Untersuchung zu klären, ob eine ICF-Orientierung in allen Leistungsgesetzen überhaupt möglich ist.[9]

8 Die Rehabilitationsträger können die Instrumente gemäß **Satz 3** durch ihre Verbände und Vereinigungen oder von beauftragten Dritten entwickeln lassen.

9 **Absatz 2** verlangt, dass die Instrumente nach Absatz 1 Satz 1 eine **individuelle** und **funktionsbezogene Bedarfsermittlung** gewährleisten. Hieraus ergibt sich bereits der Bezug zur Internationalen Klassifikation der Funktionsfähigkeit, Behinderung und Gesundheit (ICF) und deren Konzept der funktionalen Gesundheit. Im Gegensatz zum bio-medizinischen Modell wird der Zustand der funktionalen Gesundheit einer Person als das Ergebnis der Wechselwirkung zwischen der Person mit einem Gesundheitsproblem (ICD) und ihren Kontextfaktoren aufgefasst (bio-psycho-soziales Modell). Dies erfordert eine lebensweltorientierte, multidisziplinäre Bedarfsfeststellung, in die je nach Einzelfall neben der medizinischen auch sozialarbeiterische, pädagogische, psychologische, arbeitswissenschaftliche, technische oder anderweitige Expertise einzubeziehen ist.[10]
Die Instrumente müssen so ausgestaltet sein, dass sie die **Dokumentation** und **Nachprüfbarkeit** der Bedarfsermittlung sicherstellen (→ Rn. 6).

10 Absatz 2 bestimmt in Ziff. 1 bis 4 den **Mindestinhalt**, der mit den zu entwickelnden Instrumenten erfasst und dokumentiert werden soll: Das ist zunächst die Feststellung, ob eine Behinderung vorliegt oder droht (Ziff. 1). Die Feststellung muss zum Zwecke der Einheitlichkeit immer erst nach Maßgabe des § 2 getroffen werden. Erst im zweiten Schritt sind hiervon abweichende, engere Behinderungsdefinitionen der einzelnen Leistungsgesetze zu Grunde zu legen. Die Instrumente müssen gem. Ziff. 2 die Auswirkungen der Behinderung auf die

---

7 *Engel/Beck*, Voruntersuchung, S. 21, 57.
8 So auch die Ausschussempfehlungen BR-Drs. 428/1/16, 11.
9 BT-Drs. 18/9522, 231, erste Hinweise hierfür lieferten *Schubert et al.*, Abschlussbericht 2014.
10 Vgl. Art. 26 UN-BRK; *Welti* folgert aus § 17 Abs. 2 SGB IX, dass die fachliche Koordination der Disziplinen der Sozialmedizin obliegt, vgl. *Welti* in SWK-BehindertenR Bedarfsfeststellung Rn. 16.

Teilhabe erheben. Um die erforderliche umfassende Bedarfsermittlung zu ermöglichen (§§ 14 Abs. 2 S. 1, 15 Abs. 2 S. 1), müssen die Instrumente alle Teilhabebereiche erfassen können oder so aufeinander abgestimmt sein, dass sich im Ergebnis ein Gesamtbild ergibt. Sie erfassen die Ziele der Leistungen zur Teilhabe (Ziff. 3) einheitlich, dh nicht alleine auf Grundlage der einzelnen Leistungsgesetze, sondern auf der Grundlage der §§ 1 und 4. Die Instrumente sollen die zur Zielerreichung voraussichtlich geeigneten Leistungen (Ziff. 4) umfassend ermitteln. Die voraussichtliche Wirksamkeit muss möglichst evidenzbasiert, multifaktoriell und individuell prognostiziert werden können, dh auch unter Berücksichtigung der häuslichen Situation, der konkreten Arbeitsplatzbedingungen und vergleichbarer Kontextfaktoren. Um den in Ziff. 1 bis 4 genannten Anforderungen zu entsprechen, müssen die Instrumente den Wunsch, Willen, die Bedürfnisse und die (sich ggf. ändernden Ziele) der einzelnen Leistungsberechtigten erheben und abbilden können.[11]

Die in **Absatz 3** vorgesehene Untersuchung der Wirkung der Instrumente hat das Bundesministerium für Arbeit und Soziales im Dezember 2019 vorgelegt.[12] Die Studie zeigt, dass die Rehaträger ein breites Spektrum an standarisierten Instrumenten und unterschiedlichen Arbeitsprozessen etabliert haben, die sich zum Teil erheblich unterscheiden und den Anforderungen des § 13 SGB IX nur teilweise entsprechen. Noch mangelt es einer systematischen Erhebung der Kontextfaktoren, an (leistungsübergreifend) definierten Teilhabezielen sowie an Initiativen zur Entwicklung eines einheitlichen Dokumentationsverfahrens.[13] Trägerübergreifende einzelfallbezogene Abstimmungen und Teilhabekonferenzen werden selten berichtet.[14] Renten- und Krankenversicherungsträger haben aber begonnen, Instrumente wie zB ihre Antragsformulare und den ärztlichen Befundbericht zum Antrag auf Anschlussrehabilitation anzugleichen. Im Übrigen ermitteln die Rehaträger den Rehabilitationsbedarf überwiegend nicht einheitlich und trägerübergreifend, sondern bislang nur bezogen auf den vorliegenden Leistungsantrag und ihre trägerspezifischen Leistungsvoraussetzungen. Das BMAS sollte auch das Standardisierungspotenzial ermitteln lassen, das die ICF für die Zusammenarbeit der Rehabilitationsträger birgt.[15] Hier kommt die Evaluationsstudie zum Ergebnis, dass sich die ICF nicht als Assessment-Instrument eignet, das bio-psycho-soziale Modell aber trägerübergreifend eine geeignete Grundlage für die nach § 13 Abs. 2 SGB IX zu treffende Feststellung bietet, sofern ein trägerübergreifender Informationsfluss gewährleistet ist.[16]

In die Studien von *Engel/Beck* und *Diedrich et al.* wurden entsprechend **Absatz 4** auch eine Auswahl von Instrumenten zur Bedarfsermittlung im Bereich der Eingliederungshilfe einbezogen.[17]

---

11 *Engel/Beck*, Voruntersuchung, S. 21, 57; § 20 der Gemeinsamen Empfehlungen „Reha-Prozess", abrufbar unter www.bar-frankfurt.de/publikationen/gemeinsameempfehlungen.
12 *Diedrich et al.*, Abschlussbericht 2019.
13 *Diedrich et al.*, Abschlussbericht 2019, S. 100, Fuchs Beitrag D50–2017 unter www.reha-recht.de.
14 *Diedrich et al.*, Abschlussbericht 2019, S. 101.
15 BT-Drs. 18/9522, 232.
16 *Diedrich et al.*, Abschlussbericht 2019, S. 101, Bundesarbeitsgemeinschaft für Rehabilitation, Arbeitshilfe zum Datenschutz im trägerübergreifenden Reha-Prozess 2019, abrufbar unter https://www.bar-frankfurt.de/fileadmin/dateiliste/_publikationen/reha_grundlagen/pdfs/AHDatenschutz_RehaProzess_final.pdf.
17 *Engel/Beck*, Voruntersuchung; *Diedrich et al.*, Abschlussbericht 2019, S. 103.

Kapitel 4 Koordinierung der Leistungen

§ 14 Leistender Rehabilitationsträger

(1) ¹Werden Leistungen zur Teilhabe beantragt, stellt der Rehabilitationsträger innerhalb von zwei Wochen nach Eingang des Antrages bei ihm fest, ob er nach dem für ihn geltenden Leistungsgesetz für die Leistung zuständig ist; bei den Krankenkassen umfasst die Prüfung auch die Leistungspflicht nach § 40 Absatz 4 des Fünften Buches. ²Stellt er bei der Prüfung fest, dass er für die Leistung insgesamt nicht zuständig ist, leitet er den Antrag unverzüglich dem nach seiner Auffassung zuständigen Rehabilitationsträger zu und unterrichtet hierüber den Antragsteller. ³Muss für eine solche Feststellung die Ursache der Behinderung geklärt werden und ist diese Klärung in der Frist nach Satz 1 nicht möglich, soll der Antrag unverzüglich dem Rehabilitationsträger zugeleitet werden, der die Leistung ohne Rücksicht auf die Ursache der Behinderung erbringt. ⁴Wird der Antrag bei der Bundesagentur für Arbeit gestellt, werden bei der Prüfung nach den Sätzen 1 und 2 keine Feststellungen nach § 11 Absatz 2a Nummer 1 des Sechsten Buches und § 22 Absatz 2 des Dritten Buches getroffen.

(2) ¹Wird der Antrag nicht weitergeleitet, stellt der Rehabilitationsträger den Rehabilitationsbedarf anhand der Instrumente zur Bedarfsermittlung nach § 13 unverzüglich und umfassend fest und erbringt die Leistungen (leistender Rehabilitationsträger). ²Muss für diese Feststellung kein Gutachten eingeholt werden, entscheidet der leistende Rehabilitationsträger innerhalb von drei Wochen nach Antragseingang. ³Ist für die Feststellung des Rehabilitationsbedarfs ein Gutachten erforderlich, wird die Entscheidung innerhalb von zwei Wochen nach Vorliegen des Gutachtens getroffen. ⁴Wird der Antrag weitergeleitet, gelten die Sätze 1 bis 3 für den Rehabilitationsträger, an den der Antrag weitergeleitet worden ist, entsprechend; die Frist beginnt mit dem Antragseingang bei diesem Rehabilitationsträger. ⁵In den Fällen der Anforderung einer gutachterlichen Stellungnahme bei der Bundesagentur für Arbeit nach § 54 gilt Satz 3 entsprechend.

(3) Ist der Rehabilitationsträger, an den der Antrag nach Absatz 1 Satz 2 weitergeleitet worden ist, nach dem für ihn geltenden Leistungsgesetz für die Leistung insgesamt nicht zuständig, kann er den Antrag im Einvernehmen mit dem nach seiner Auffassung zuständigen Rehabilitationsträger an diesen weiterleiten, damit von diesem als leistendem Rehabilitationsträger über den Antrag innerhalb der bereits nach Absatz 2 Satz 4 laufenden Fristen entschieden wird und unterrichtet hierüber den Antragsteller.

(4) ¹Die Absätze 1 bis 3 gelten sinngemäß, wenn der Rehabilitationsträger Leistungen von Amts wegen erbringt. ²Dabei tritt an die Stelle des Tages der Antragstellung der Tag der Kenntnis des voraussichtlichen Rehabilitationsbedarfs.

(5) Für die Weiterleitung des Antrages ist § 16 Absatz 2 Satz 1 des Ersten Buches nicht anzuwenden, wenn und soweit Leistungen zur Teilhabe bei einem Rehabilitationsträger beantragt werden.

Literatur:
Benz, Kostenerstattung für selbst beschaffte Leistungen im Rahmen der Heilbehandlung, der medizinischen Rehabilitation oder der Teilhabe, NZS 2002, 511; *Eikötter*, Rechtssicherheit für Menschen mit Behinderungen? Das Verfahren der Zuständigkeitserklärung nach § 14 SGB IX, ZFSH/SGB 2014, 267; *Gagel*, Problematik der Fristen des § 14 SGB IX, Info Nr. 4 in Diskussionsforum A, abrufbar unter www.reha-recht.de; *Gagel*, Trägerübergreifende Fallbehandlung statt Antragsabwicklung als Grundprinzip des SGB IX, SGb 2004, 464; *Gagel*, Rechtsfragen zu §§ 14 und 15 SGB IX, Info Nr. 5 in Diskussionsforum A, abrufbar unter www.reha-recht.de; *Gagel*, Steuerung von Gut-

achten unter dem Blickwinkel von § 8 Abs. 1 SGB IX, Info Nr. 11 in Diskussionsforum A, abrufbar unter www.reha-recht.de; *Gagel*, Anwendbarkeit von § 43 SGB I im Wirkungsbereich des § 14 Abs. 1 und 2 SGB IX, Beitrag 5/2005 in Diskussionsforum A, abrufbar unter www.reha-recht.de; *Gagel*, Erneute Bestätigung der Rechtsprechung zu Wirkungsweise und Erstattungskonzept nach § 14 SGB IX durch das BSG, IYPR, Forum A, Nr. 8/2008; *Gagel/Schian*, Urteil des BSG zur Struktur der Erstattungsregelung in § 14 Abs. 4 SGB IX, Beitrag 12/2007 in Diskussionsforum A, abrufbar unter www.reha-recht.de; *Gutzler*, Aktuelle Fragen aus dem Rentenversicherungsrecht in der Rechtsprechung der Sozialgerichte, NZS 2009, 613; *Koch*, Zuständigkeitsklärung nach den §§ 14 ff. SGB IX. Auswirkungen auf die Arbeit der Integrationsämter, Behindertenrecht 2018, 137; *Kummer, Peter*, Auswirkungen der §§ 8 und 14 SGB IX im Sozialgerichtsprozess, Info Nr. 16 in Diskussionsforum SGB IX auf www.reha-recht.de; *Liebig*, Individuelle Wunschrechte gestärkt, BArbBl 2001, Nr. 11, 12; *Selzer*, Zuständigkeitssystem und Leistungsverantwortung nach dem durch das Bundesteilhabegesetz neu gefassten SGB IX, NZS 2019, 521; *Schaumberg*, Leistungskoordination im SGB IX – Zuständigkeitsklärung, Genehmigungsfiktion und Teilhabeplanung (Teil I), SGb 2019, 142; *Ulrich*, Die (Nicht-)Weiterleitung des Teilhabeantrages und ihre Folgen – § 14 SGB IX als gesetzesübergreifende Nahtstelle materiell- und verfassungsrechtlicher Fragen, SGb 2008, 452; *Welti*, Systematische Darstellung des SGB IX im Sozialgesetzbuch – Zusammenarbeit der Träger, SGb 2008, 321; *Zabre*, Verfahren zur Zuständigkeitsklärung nach § 14 SGB IX – beschleunigte Prüfung verkürzt Weg zur Rehabilitation und Leistung zur Teilhabe, SGb 2005, 566.

I. Allgemeines	1	V. Erstattung	21
II. Zuständigkeit	5	VI. Ausschluss des	
III. Weiterleitung	10	§ 16 Abs. 2 Satz 1	22
IV. Entscheidung	17		

I. Allgemeines

Gesetzeshistorie: Die Vorschrift wurde durch Artikel 1 und 68 Abs. 1 SGB IX vom 19.6.2001[1] mit Wirkung ab 1.7.2001 eingeführt. Durch Artikel 1 und 7 des Gesetzes vom 28.4.2004[2] wurden mit Wirkung ab 1.5.2004 Absatz 2 Satz 5, der letzte Halbsatz in Absatz 4 Satz 3 sowie in Absatz 3 Satz 5 die Worte „nach Auftragserteilung" angefügt. Die Bezeichnung der früheren Bundesanstalt für Arbeit in Absatz 1 Satz 4 und Absatz 4 Satz 2 wurde mit Wirkung ab 1.1.2004 durch Artikel 8 und 124 Abs. 1 des Gesetzes vom 23.12.2003[3] angepasst. Das BTHG hat die Vorschrift in ihrer Grundstruktur belassen, aber zahlreiche Änderungen eingeführt. Damit hat der Gesetzgeber insbesondere Anregungen aus dem Gesetzgebungsverfahren aufgreifen wollen. Deutlich geworden war im Laufe der Geltungszeit des bisherigen § 14, dass trotz der Bemühungen der Rehabilitationsträger, mithilfe von gemeinsamen Empfehlungen für den Rehabilitationsprozess eine effektive Koordinierung der Leistungen in den Fällen der Trägermehrheit zu erreichen, weiterhin die Notwendigkeit zur Verbesserung der Zusammenarbeit der Rehabilitationsträger in trägerübergreifenden Fallkonstellationen gesehen wurde. Ziel der Überarbeitung war daher, die gesetzlichen Regelungen zur Kooperation der Rehabilitationsträger, insbesondere bei der trägerübergreifenden Erbringung von Leistungen, zu schärfen, ohne jedoch die strengen Vorgaben der Zuständigkeitsklärung nach § 14 aufzugeben.[4] 1

Regelungsinhalt: Nach der Vorschrift soll ein – abschließend geregeltes – Zuständigkeitsklärungsverfahren im gegliederten System[5] die möglichst schnelle 2

---

1 BGBl. I 1046.
2 BGBl. I 606.
3 BGBl. I 2848.
4 BT-Drs. 18/9522, 233.
5 Vgl. nicht zuletzt BSG 26.6.2007 – B 1 KR 34/06, NZS 2008, 436.

Leistungserbringung (nur für Leistungen zur Teilhabe[6]) sichern.[7] Dazu ist grundsätzlich vorgesehen, dass ein Rehabilitationsantrag nur höchstens noch einmal an einen anderen Träger weitergeleitet werden darf. Nach Absatz 1 soll grundsätzlich der zuerst angegangene Rehabilitationsträger die Leistungen erbringen; er hat kurzfristig festzustellen, ob er für die Leistung zuständig ist.[8] Bei negativem Ergebnis hat er den Antrag unverzüglich dem Rehabilitationsträger zuzuleiten, den er für zuständig hält. Ist eine positive Sachentscheidung innerhalb der in Absatz 2 Satz 2 gesetzten Frist nicht möglich, weil für die Feststellung des Rehabilitationsbedarfs ein Gutachten erforderlich ist, hat der Rehabilitationsträger nach Absatz 3 seine Entscheidung innerhalb von zwei Wochen nach Vorliegen des Gutachtens zu treffen.

3 **Zur Entstehung:** § 6 Abs. 2 Rehabilitations-Angleichungsgesetz enthielt für medizinische und berufsfördernde Maßnahmen zur Rehabilitation eine besondere Regelung über vorläufige Leistungen.

4 Der Text des Regierungsentwurfs zur ursprünglichen Fassung des § 14[9] wurde aufgrund eines Änderungsantrags der Koalitionsfraktionen[10] – nach dem Bericht[11] zur Klarstellung des Gewollten und zu sprachlicher Vereinfachung – geändert, und zwar unter anderem in Absatz 1 Satz 4 durch Einfügung des Hinweises auf § 22 Abs. 2 SGB III.

II. Zuständigkeit

5 Werden Leistungen zur Rehabilitation eingereicht, hat der von dem Antrag betroffene Rehabilitationsträger zunächst seine (sachliche wie örtliche) **Zuständigkeit** zu klären.[12] Nach **Absatz 1 Satz 1** hat er für die Klärung seiner Zuständigkeit eine Frist von zwei Wochen nach Eingang des Antrags zur Verfügung. Diese Feststellung setzt eine Prüfung zweier Schritte voraus: ob er erstens – unter Berücksichtigung der in § 6 und in § 7 Abs. 1 Satz 2 angesprochenen Zuständigkeitsregelungen – überhaupt zuständig sein kann und ob er zweitens unter Berücksichtigung vorrangiger Leistungszuständigkeiten anderer Rehabilitationsträger auch tatsächlich zuständig ist. Insofern ist bedeutsam, dass § 14 grundsätzlich auf alle in § 6 genannten Rehabilitationsträger anwendbar ist.[13] Beide Prüfungen erfolgen aufgrund der dem Rehabilitationsträger vorliegenden Angaben und Unterlagen und unter Zuhilfenahme der erreichbaren Erkenntnismittel.[14] Die Vorschrift regelt nicht lediglich die Zuständigkeitsklärung zwischen verschiedenen Rehabilitationsträgern, sondern bezieht sich auch auf Streitigkeiten über die örtliche Zuständigkeit der Sozialhilfeträger untereinander.[15] Erfasst wird von der Vorschrift also auch der Fall, dass zwischen **zwei Rehabilitationsträgern gleicher Art** die Zuständigkeit umstritten ist.[16] Als er-

---

6 SchlHLSG 9.1.2019 – L 9 SO 219/18 B ER, SAR 2019, 50.
7 OVG NRW 22.9.2011 – 12 B 882/11; *Schaumberg* SGb 2019, 142 (143).
8 Und zwar auch dann, wenn der Leistungsfall selbst bereits vor Inkrafttreten der Norm 2001 begonnen hat, BSG 1.3.2018 – B 8 So 22/16 R, SozR 4-3250 § 14 Nr. 28.
9 Nebst Begründung BT-Drs. 14/5074, 10 und 102 sowie BT-Drs. 14/5531, 5.
10 Ausschussempfehlung BT-Drs. 14/5786, 22.
11 BT-Drs. 14/5800, 31.
12 Näher zum Verfahren nach § 14 *Schaumberg* SGb 2019, 142.
13 *Eikötter* ZFSH/SGB 2014, 267 (268).
14 VG Braunschweig 12.6.2003 – 3 B 268/03, BehindertenR 2003, 190.
15 VG Oldenburg 14.3.2002 – 3 B 666/02, RdLH 2002, 65; LSG BW 7.11.2006 – L 11 KR 2438/06, RdLH 2007, Nr. 3, 22.
16 LSG BW 11.7.2012 – L 2 SO 2400/10, EuG 2012, 453; *Ulrich* → 3. Aufl. 2018, § 14 Rn. 45.

stangegangen gilt dabei derjenige Rehabilitationsträger, der von dem Versicherten bzw. Leistungsbezieher erstmals mit dem zu beurteilenden Antrag auf Bewilligung einer Leistung zur Teilhabe befasst worden ist. Diese Befassungswirkung fällt dabei regelmäßig auch nach einer verbindlichen, abschließenden Entscheidung des erstangegangenen Trägers nicht weg.[17]

Ein Antrag im Sinne der Vorschrift muss auf eine **konkrete Leistung zur Teilhabe** gerichtet sein, über die der Rehabilitationsträger positiv oder negativ entscheiden kann; allerdings ist ein Antrag auch dann gestellt, wenn die zu seiner Bearbeitung erforderlichen Unterlagen noch nicht vollständig vorliegen.[18] Nicht erforderlich ist, dass der Antragsteller bereits konkret-gegenständlich eine bestimmte Teilhabeleistung fordert.[19] Vielmehr genügt es gemäß der Rechtsprechung, dass sich der Antrag zunächst allgemein auf die Rehabilitation als Verfahren bezieht.[20] Nicht ausreichend ist grundsätzlich lediglich ein Verlängerungsantrag, da bei einem einheitlichen Leistungsfall dieser von dem zunächst leistenden Träger zu Ende zu führen ist.[21] Beschreiben Betroffene jedoch zunächst lediglich ihre Probleme und bitten um Hilfe, liegt ein Antrag im Sinne des § 14 noch nicht vor.[22] Man wird hier jedoch nicht zu eng vorgehen dürfen. Es genügt daher, dass aus dem Ersuchen des „Antrag"-Stellers ersichtlich ist, welche Gesundheitsstörung zugrunde liegt und ob der Betroffene Geld- oder Sachleistungen anstrebt.[23] Ohnehin gilt, dass jeder Rehabilitationsträger nach § 16 Abs. 3 SGB I auf Stellung sachdienlicher Anträge – auch im Sinne des § 14 – hinzuwirken hat. Wird ein Antrag gestellt, umfasst er auch alle einschlägigen Teilleistungen; wird zB ein Antrag auf eine umfassende medizinische Rehabilitation gestellt, gelten mit ihm auch alle Einzelleistungen einer solchen Rehabilitation als beantragt, beispielsweise die im Rahmen einer umfassenden Rehabilitation zu erbringenden Heil- und Hilfsmittel, so dass eine Entscheidung auch über diese Einzelleistungen innerhalb der Fristen erfolgen muss.

Wird der Antrag bei einer **Krankenkasse** gestellt, muss nach dem Absatz 1 Satz 1 Halbsatz 2 die Prüfung der Zuständigkeit innerhalb der Zweiwochenfrist auch in Bezug auf die Leistungspflicht nach § 40 Abs. 4 SGB V erfolgen.[24]

Im Verhältnis zwischen **mehreren Unfallversicherungsträgern** gehen § 139 SGB VII und die nach seinem Absatz 4 getroffenen Vereinbarungen als Sonderregelungen vor.

Die festgelegte **Zweiwochenfrist** ist eine Ausschlussfrist.[25] Sie ist in ihrem Lauf gehemmt, solange Antragsteller mit der Erfüllung von Mitwirkungspflichten nach §§ 60 bis 65 SGB I in Verzug sind.[26] Ist sie – auch im Falle von Versäumnissen und Versehen – im Hinblick auf die anzuwendende Fristberechnung nach den §§ 187–193 BGB abgelaufen, ist stets nach Absatz 2 zu verfahren, auch wenn der danach verpflichtete Rehabilitationsträger offenkundig nicht zuständig ist.[27] Allerdings können die beteiligten Rehabilitationsträger im Rah-

---

17 BSG 20.11.2008 – B 3 KN 4/07 KR R, Breithaupt 2009, 879.
18 Zu den Einzelheiten des Antrags *Eikötter* ZFSH/SGB 2014, 267 (269 f.).
19 *Ulrich* SGb 2008, 452.
20 BSG 23.4.1992 – 13/5 RJ 12/90, SozR 3-2200 § 1236 Nr. 3.
21 OVG NRW 22.10.2018 – 12 B 1348/18, auch mit den Fällen, in denen ausnahmsweise anders zu entscheiden ist.
22 Offensichtlich großzügiger *Welti* in HK-SGB IX § 14 Rn. 14.
23 Vgl. *Benz* NZS 2002, 511.
24 Dazu etwa *Welti* in Becker/Kingreen SGB V § 40 Rn. 19.
25 Jabben in BeckOK SozR SGB IX § 14 Rn. 3; *Jabben* in Neumann/Pahlen/Greiner/Winkler/Jabben SGB IX § 14 Rn. 3; *Schaumberg* SGb 2019, 142 (143).
26 So im Ergebnis auch *Welti* in HK-SGB IX § 14 Rn. 16.
27 So auch BayVGH 1.12.2003 – 12 CE 03.2683.

men ihrer Pflicht zur Zusammenarbeit gemäß § 25 eine andere Regelung vereinbaren; hierüber haben sie die Antragsteller zu unterrichten.

III. Weiterleitung

10 Stellt der zuerst angegangene Rehabilitationsträger bei der Prüfung nach Absatz 1 Satz 1 fest, dass er für die Leistung nicht zuständig ist, hat er den Antrag nach **Absatz 1 Satz 2** unverzüglich (§ 121 BGB) dem Rehabilitationsträger weiterzuleiten, den er nach dem Ergebnis seiner Prüfung für zuständig hält. Zuständig für die Weiterleitung ist der erstangegangene Rehabilitationsträger – das kann auch die Bundesagentur für Arbeit bzw. das Jobcenter sein, die in diesen Fällen das Verfahren nach § 14 zu verantworten hat.[28] Für eine Weiterleitung im Sinne dieser Norm ist erforderlich, dass ein von außen, das heißt für den empfangenden Träger klar erkennbares Verhalten des erstangegangenen Trägers vorliegt, das zum Inhalt hat, dass dieser sich nach einer entsprechenden Prüfung für zuständig hält und deshalb den Antrag an den nach seiner Ansicht zuständigen Träger weitergeleitet hat.[29] Damit wird die vorläufige Zuständigkeit des zweiten Rehabilitationsträgers gesetzlich bestimmt; dieser kann den Antrag weder zurückgeben noch an einen anderen Rehabilitationsträger weiterleiten[30] und darf ihn in der Sache nur dann ablehnen, wenn nach seiner Auffassung überhaupt kein Rehabilitationsträger die beantragte Leistung zur Teilhabe zu erbringen hat. Das auf Beschleunigung gerichtete Zuständigkeitsklärungsverfahren soll die möglichst schnelle Leistungserbringung sichern und im Interesse behinderter und von Behinderung bedrohter Menschen durch rasche Klärung von Zuständigkeiten Nachteilen des gegliederten Systems entgegenwirken. Die zeitgerechte, zügige Erbringung von Leistungen zur Teilhabe liegt im Interesse auch der zuständigen Rehabilitationsträger. Der Antragsteller ist über die Weiterleitung zu unterrichten und darauf hinzuweisen, dass die weitere Bearbeitung durch den Rehabilitationsträger erfolgt, dem der Antrag zugeleitet wurde.

11 Absatz 1 Satz 2 enthält im Übrigen für Leistungen zur Teilhabe von Menschen mit Behinderungen (der in § 5 genannten Leistungsgruppen) nach der Begründung des ursprünglichen Regierungsentwurfs eine für die Rehabilitationsträger abschließende Regelung, die den allgemeinen Regelungen zur vorläufigen Zuständigkeit oder Leistungserbringung im Ersten Buch (insbesondere § 43 SGB I) und den Leistungsgesetzen der Rehabilitationsträger vorgeht.[31] Sie erfasst alle Fälle der Feststellung der Leistungszuständigkeit, also auch bei Sucht- oder chronischen Erkrankungen, und gilt nach der Begründung des Regierungsentwurfs beispielsweise auch für Personen, deren Bleiberecht noch nicht endgültig ist. § 43 SGB I ist gleichwohl für von § 14 nicht erfasste Fälle anzuwenden oder dann, wenn trotz ordnungsgemäßer Sachverhaltsklärung die Zuständigkeit innerhalb der Frist nicht zu klären ist und weitere Ermittlungen zu einer unzu-

---

28 BSG 4.4.2019 – B 8 SO 12/17 R, BeckRS 2019, 22765.
29 LSG Nds-Brem 9.10.2015 – L 2 R 6/14, NZS 2016, 71; *Schaumberg* SGb 2019, 142 (145).
30 *Welti* in HK-SGB IX § 14 Rn. 34a; *Grauthoff* in Kossens/von der Heide/Maaß SGB IX § 14 Rn. 17; *Jabben* in BeckOK SozR SGB IX § 14 Rn. 5; aA *Mrozynski* SGb 2001, 281.
31 BSG 14.12.2006 – B 4 R 19/06 R, SozR 4-3250 § 14 Nr. 3; LSG Nds-Brem 30.4.2009 – L 8 SO 99/09 B ER, RdLH 2009, 118; *Gagel/Schian*, Auswirkungen der §§ 8 und 14 SGB IX im Sozialgerichtsprozess, Info Nr. 5/2007 in Diskussionsforum A auf www.reha-recht.de.

mutbaren Verzögerung der Leistung führen würden.³² In einem späteren Rechtsstreit betreffend die Leistungen zur Teilhabe von Menschen mit Behinderungen ist der nach § 14 möglicherweise endgültig zuständige Leistungsträger notwendig beizuladen.³³

Absatz 1 Satz 3 trifft eine Sonderregelung für den Fall, dass für eine Feststellung der Zuständigkeit nach den Sätzen 1 und 2 die Ursache der Behinderung geklärt werden muss und diese Klärung in der Frist nach Satz 1 nicht möglich ist. In diesen Fällen – also nur, wenn beide dieser Voraussetzungen gegeben sind – soll der Antrag unverzüglich dem Rehabilitationsträger zugeleitet werden, der die Leistung ohne Rücksicht auf die Ursache erbringt. Diese Regelung wurde im Wesentlichen für die gesetzliche Unfallversicherung getroffen, da insbesondere bei Berufskrankheiten die berufliche Verursachung oft erst nach längeren Ermittlungen festgestellt werden kann; sie gilt aber auch für die soziale Entschädigung bei Gesundheitsschäden nach dem Bundesversorgungsgesetz und den Gesetzen, die dies Gesetz für anwendbar erklären. 12

Ist in den von Absatz 1 Satz 3 erfassten Fällen eine voraussichtliche Zuständigkeitsfeststellung innerhalb der Zweiwochenfrist von Absatz 1 Satz 1 nicht möglich, wird der Antrag dem Rehabilitationsträger zugeleitet, der Leistungen zur medizinischen Rehabilitation, zur Teilhabe am Arbeitsleben oder zur Teilhabe am Leben in der Gemeinschaft erbringt, für die eine Verursachung Leistungsvoraussetzung ist, also einem der in § 6 Abs. 1 Nr. 1, 2, 4, 6 oder 7 genannten Rehabilitationsträger. Auch hier können die befähigten Rehabilitationsträger eine andere Neuregelung vereinbaren; tun sie dies, haben sie den Antragsteller zu unterrichten. 13

Absatz 1 Satz 4 gewährleistet eine Verfahrensbeschleunigung bei der Bundesagentur für Arbeit, weil bei der Prüfung nach Satz 1 und 2 Feststellungen nach § 11 Abs. 2 a Nr. 1 SGB VI und § 22 Abs. 2 SGB III nicht getroffen werden. Damit muss nicht mehr zunächst durch die Rentenversicherungsträger festgestellt werden, ob ohne die Leistungen Rente wegen verminderter Erwerbsfähigkeit zu leisten wäre; diese Feststellungen sind erst in dem Verfahren nach Absatz 4 zu treffen, allerdings bereits während der nach Absatz 1 Satz 4 einzuleitenden Leistungen. 14

In **Absatz 3** ist, systematisch noch zu den Regelungen in Absatz 1 gehörend, geregelt, wie zu verfahren ist, wenn der Rehabilitationsträger, an den der Antrag weitergeleitet worden ist, für die beantragte Leistung nicht Rehabilitationsträger nach § 6 Abs. 1 sein kann, weil die Leistung zu einer Leistungsgruppe gehört, für die er nicht vorgesehen ist. In diesen Fällen kann er den Antrag im Einvernehmen mit dem nach seiner Auffassung zuständigen Rehabilitationsträger an diesen weiterleiten, damit von diesem als leistendem Rehabilitationsträger über den Antrag innerhalb der bereits nach Absatz 2 Satz 4 laufenden Fristen entschieden wird. Das Gesetz spricht hier von einer „**Turbo-Klärung**" die auch nach dem BTHG unverändert möglich ist.³⁴ Hierüber ist der Antragsteller 15

---

32 VG Braunschweig 12.6.2003 – 3 B 268/03, BehindertenR 2003, 190 f.; OVG Lüneburg 23.7.2003 – 12 ME 297/03; HessVGH 21.9.2004 – 10 TG 2293/04; anders VG Oldenburg 22.3.2002 – 3 B 1971/02, ZfF 2004, 36, das von einer völligen Verdrängung des § 43 SGB I durch § 14 SGB IX ausgeht; *Grauthoff* in Kossens/von der Heide/Maaß SGB IX § 14 Rn. 4; s. auch BayLSG 24.4.2006 – L 11 B 637/05 SO ER, FEVS 58, 119, und 27.9.2006 – L 11 B 342/06 SO ER, FEVS 58, 379, das § 14 mit einstweiligem Rechtsschutz anwendet, sowie BayVGH 6.12.2006 – 12 CE 06.2732, ZfSH/SGB 2007, 620.
33 BSG 25.6.2008 – B 11 b AS 19/07 R, SozR 4-3500 § 54 Nr. 1.
34 BT-Drs. 18/9522, 233; zu dieser auch eingehend *Schaumberg* SGb 2019, 142 (145 f.).

zu unterrichten. Das der ursprünglichen Fassung der Vorschrift (noch in § 14 Abs. 2 Satz 5 aF) zu entnehmende **Verbot der Zweitweiterleitung** wurde in der Weise modifiziert, dass die beteiligten Rehabilitationsträger nunmehr die Erbringung der Leistung miteinander zu klären haben.[35] Der Rehabilitationsträger, an den ein Antrag weitergeleitet wurde und der für sich keine Leistungsmöglichkeit sieht, darf den Antrag also nur dann nochmals an einen anderen Träger weiterleiten, wenn dieser sich bereit erklärt, über den Antrag – aufgrund tatsächlicher Zuständigkeit oder im Rahmen des § 14 – zu entscheiden. Findet er einen solchen nicht, hat er wie bisher abschließend selbst zu entscheiden; auf keinen Fall darf er den Antrag irgendwohin weiterleiten, wo eine abschließende Entscheidung innerhalb der Fristen nicht gewährleistet ist. Ihm ist es infolgedessen verwehrt, sich durch eine schlichte Weiterleitung zu entlassen.[36] Fristen beginnen auch nicht neu zu laufen.[37] Auf diese Weise wird durch Absatz 3 eine nach außen verbindliche Zuständigkeit geschaffen, zugleich besteht aber intern eine Verpflichtung des eigentlich zuständigen Leistungsträgers fort.[38] Die Möglichkeit zur „Turbo-Klärung" gilt nach der Fassung des § 14 Abs. 3 in Gestalt der Formulierung des BTHG selbst dann, wenn der zweitangegangene Träger für die betreffende Leistungsgruppe gleichwohl nach § 6 Abs. 1 Rehabilitationsträger sein könnte, er aber nach seinem Leistungsgesetz nicht zuständig ist. Ob von der „Turbo-Klärung" Gebrauch gemacht wird, steht im Ermessen der Träger.

16 Einer gemeinsamen Empfehlung zur Zuständigkeitsklärung auf BAR-Ebene hatte das damals zuständige Bundesministerium für Gesundheit und Soziale Sicherung das nach § 26 Abs. 7 Satz 1 erforderliche Benehmen insbesondere im Hinblick auf die dort vorgesehene Regelung zur Zweitweiterleitung ursprünglich versagt. Mittlerweile gilt die gemeinsame Empfehlung mit Stand vom 28.9.2010.[39]

IV. Entscheidung

17 Wird der Antrag nicht entsprechend den Regelungen des Absatzes 1 weitergeleitet, wird nach **Absatz 2 Satz 1** der mit dem Antrag befasste Rehabilitationsträger zuständig und erbringt die Leistungen.[40] Er stellt den Rehabilitationsbedarf anhand der Instrumente zur Bedarfsermittlung nach § 13 unverzüglich und umfassend fest. Im Außenverhältnis sind also alle Rechtsgrundlagen anzuwenden, die überhaupt in der jeweiligen Bedarfssituation rehabilitationstechnisch vorgesehen sind.[41] Der angegangene Träger hat – auch wenn er als zuständiger Träger die Leistung bewilligt und vor Erfüllung der Leistungspflicht nach der Zuständigkeitsordnung außerhalb von § 14 seine Zuständigkeit verliert[42] – über die Leistungen im Regelfall innerhalb von drei Wochen nach Antragseingang zu entscheiden, das heißt in den Fällen, in denen der Rehabilitationsbedarf ohne ein Gutachten festgestellt werden kann. Dabei muss er (ohne dass

---

35 *Selzer* NZS 2019, 521 (523).
36 LSG BW 7.11.2006 – L 11 KR 2438/06, RdLH 2007, Nr. 3, 22.
37 *Selzer* NZS 2019, 521 (524).
38 BSG 25.6.2008 – B 11 b AS 19/07 R, SozR 4-3500 § 54 Nr. 1.
39 Der aktuelle Stand der gemeinsamen Empfehlung findet sich unter www.bar-frankfurt.de.
40 Das gilt auch, wenn das Integrationsamt fälschlich in Anspruch genommen wurde, *Koch* Behindertenrecht 2018, 137 (138); allgemein zur Zweitzuständigkeit *Selzer* NZS 2019, 521 (523).
41 BSG 18.5.2011 – B 3 KR 10/10 R, SozR 4-2500 § 33 Nr. 35; BSG 30.11.2011 – B 11 AL 7/10 R, SozR 4-3250 § 17 Nr. 2.
42 BSG 11.9.2018 – B 1 KR 6/18 R, SozR 4-3250 § 14 Nr. 29.

eine nochmalige Weiterleitung zulässig ist, → Rn. 10) abschließend auf der Grundlage des einschlägigen materiellen Rechts entscheiden. Diese Entscheidung mit ihrer Feststellung über einen vorliegenden Bedarf stellt den das Bewilligungsverfahren beendenden Verwaltungsakt dar.[43] Eine Rückgabe an den ersten Rehabilitationsträger ist ebenfalls ausgeschlossen. Daraus folgt, dass der materiellrechtlich – eigentlich – zuständige Rehabilitationsträger im Außenverhältnis zum Versicherten oder Leistungsempfänger seine Leistungszuständigkeit für eine Teilhabeleistung verliert, sobald der zuerst angegangene Rehabilitationsträger eine iSv § 14 Abs. 1 fristgerechte Zuständigkeitserklärung versäumt hat und demzufolge die Zuständigkeit nach allen in Betracht kommenden rehabilitationsrechtlichen Rechtsgrundlagen auf ihn übergegangen ist.[44] Für die Träger der Sozialhilfe hat diese Vorschrift nach der Begründung des Regierungsentwurfs in der Regel keine Bedeutung wegen der Nachrangigkeit gegenüber den anderen Rehabilitationsträgern; dies setzt jedoch voraus, dass der Antrag entsprechend den Regelungen des Absatzes 1 rechtzeitig an den aus der Sicht des Sozialhilfeträgers vorrangigen Träger weitergeleitet wurde. Unklar ist unverändert, ob eine Zuständigkeit nach § 14 die Zuständigkeit des ursprünglich zuständigen Rehabilitationsträgers nur ergänzt oder ob sie sie ersetzt. Denkbar ist, wie sich gelegentlich in der Rechtsprechung des BSG findet, dass eine Zuständigkeit auch des ursprünglich zuständigen Trägers fortbesteht.[45] Doch scheint dies zu sehr der eigentlichen Regelungssystematik zu widersprechen, die von einer nachrangigen Zuständigkeit nach § 14 ausgeht.[46] Doch gilt gleichwohl, dass dann, wenn für die Erbringung der Leistung neben dem erstangegangenen Rehabilitationsträger auch ein anderer Träger „eigentlich" zuständig ist, der erstangegangene und nach § 14 leistende Träger dafür verantwortlich ist, dass die beteiligten Träger im Benehmen miteinander und in Abstimmung mit dem Leistungsberechtigten die nach dem individuellen Bedarf voraussichtlich erforderlichen Leistungen funktionsbezogen feststellen und schriftlich so zusammenstellen, dass sie nahtlos ineinander greifen. Es können sich dann allerdings Erstattungsansprüche der Träger untereinander ergeben.[47] Bei einem diesbezüglichen Versäumnis entstehen jedoch keine Nachteile zulasten des Berechtigten, denn die in § 14 Abs. 1 und 2 geregelten Zuständigkeiten erstrecken sich im Verhältnis zu diesem stets auf alle Rechtsgrundlagen, die überhaupt in dieser Bedarfssituation für behinderte Menschen vorgesehen sind.[48]

Ist eine positive Sachentscheidung innerhalb der in Absatz 2 Satz 2 gesetzten Dreiwochenfrist nicht möglich, weil für die Feststellung des Rehabilitationsbedarfs ein Gutachten erforderlich ist, hat der Rehabilitationsträger nach **Absatz 2 Satz 3** seine Entscheidung innerhalb von zwei Wochen nach Vorliegen des Gutachtens zu treffen.[49] Umgekehrt ist eine negative Entscheidung nicht ausge- 18

---

43 *Ulrich* SGb 2008, 452.
44 BSG 20.11.2008 – B 3 KN 4/07 KR R Breithaupt 2009, 879; BSG 25.6.2009 – B 3 KR 4/08 R, SGb 2009, 529.
45 BSG 14.12.2006 – B 4 R 19/06 R, SozR 4-3250 § 14 Nr. 3.
46 So auch BSG 26.6.2007 – B 1 KR 36/06 R, SozR 4-2500 § 40 Nr. 4.
47 Zu den verschiedenen Fallkonstellationen der Träger untereinander ausführlich BSG 11.9.2018 – B 1 KR 6/18 R, SozR 4-3250 § 14 Nr. 29.
48 BSG 21.8.2008 – B 13 R 33/07 R, SozR 4-3250 § 14 Nr. 7; vgl. dazu auch *Gutzler* NZS 2009, 613 (617 f.).
49 Zu den Fristen bei Beantragung bei einem Integrationsamt *Koch* Behindertenrecht 2018, 137.

19 Wird der Antrag entsprechend den Regelungen des Absatzes 1 weitergeleitet, gelten nach **Absatz 2 Satz 4** die genannten Vorschriften für den Rehabilitationsträger, an den der Antrag weitergeleitet worden ist, entsprechend; die in Satz 2 genannte Frist beginnt mit dem Eingang bei diesem Rehabilitationsträger. Damit ist auch ein anderer, zur Leistung verpflichteter Rehabilitationsträger an die in dem Zuständigkeitsklärungsverfahren nach Absatz 1 getroffene Entscheidung zunächst gebunden und kann sich nicht darauf berufen, dass er eine andere Entscheidung getroffen hätte. Damit können notwendige Leistungen zur Teilhabe auch dann zeitgerecht anlaufen, wenn eine abschließende Klärung der Zuständigkeit erst später möglich ist. Die Vorschrift stellt klar, dass ein anderer, zur Leistung verpflichteter Rehabilitationsträger an die im Zuständigkeitsklärungsverfahren getroffene Entscheidung gebunden ist; diese Entscheidung entfaltet insoweit Feststellungswirkung.

20 **Absatz 4** stellt sicher, dass die Fristen nach den Absätzen 1 und 2 auch in den Fällen gelten, bei denen Leistungen zur Teilhabe nicht auf Antrag, sondern von Amts wegen erbracht werden und die Rehabilitationsträger von sich aus Leistungen zur Teilhabe einleiten; dies trifft für die Unfallversicherung und die Sozialhilfe zu. Dabei tritt für den Rehabilitationsträger an die Stelle des Tages der Antragstellung der Tag der Kenntnis des voraussichtlichen Rehabilitationsbedarfs.[51]

V. Erstattung

21 Ist ein Rehabilitationsträger, der aufgrund der Regelungen in Absatz 1 Satz 2 bis 4 geleistet hat, also der zweitangegangene Träger, im Ergebnis nicht zuständig, hat der zuständige Rehabilitationsträger ihm seine Aufwendungen nach § 16 zu erstatten (vgl. die Kommentierung dort, → § 16 Rn. 3 ff.).

VI. Ausschluss des § 16 Abs. 2 Satz 1

22 Nach **Absatz 5** ist § 16 Abs. 2 Satz 1 für die Weiterleitung des Antrags nicht anzuwenden, wenn und soweit Leistungen zur Teilhabe bei einem Rehabilitationsträger beantragt werden. Damit ist klargestellt, dass die dortige allgemeine Bestimmung, die für eine sachlich ungeprüfte Weiterleitung von Anträgen an zuständige Sozialleistungsträger vorgesehen ist, nicht zur Anwendung kommt, sofern es um einen Antrag auf Leistung zur Teilhabe geht. Vielmehr besteht nach § 14 im Fall des Fristablaufs für die Zuständigkeitsprüfung auch bei Unzuständigkeit eine Pflicht zur umfassenden Bedarfsfeststellung – umgekehrt heißt dies dann aber auch, dass eine Weiterleitung nach § 16 Abs. 2 Satz 1 oder auch eine Antragssplittung nicht mehr in Betracht kommen.

§ 15 Leistungsverantwortung bei Mehrheit von Rehabilitationsträgern

(1) ¹Stellt der leistende Rehabilitationsträger fest, dass der Antrag neben den nach seinem Leistungsgesetz zu erbringenden Leistungen weitere Leistungen zur Teilhabe umfasst, für die er nicht Rehabilitationsträger nach § 6 Absatz 1 sein

---

50 *Ulrich* SGb 2008, 452 (457); *Gagel* SGb 2004, 464 (466).
51 Zum Verhältnis von § 14 Abs. 4 zu §§ 104, 105 SGB X BSG 11.9.2019 – B 1 KR 6/18 R, SozR 4-3250 § 14 Nr. 29.

kann, leitet er den Antrag insoweit unverzüglich dem nach seiner Auffassung zuständigen Rehabilitationsträger zu. ²Dieser entscheidet über die weiteren Leistungen nach den für ihn geltenden Leistungsgesetzen in eigener Zuständigkeit und unterrichtet hierüber den Antragsteller.

(2) ¹Hält der leistende Rehabilitationsträger für die umfassende Feststellung des Rehabilitationsbedarfs nach § 14 Absatz 2 die Feststellungen weiterer Rehabilitationsträger für erforderlich und liegt kein Fall nach Absatz 1 vor, fordert er von diesen Rehabilitationsträgern die für den Teilhabeplan nach § 19 erforderlichen Feststellungen unverzüglich an und berät diese nach § 19 trägerübergreifend. ²Die Feststellungen binden den leistenden Rehabilitationsträger bei seiner Entscheidung über den Antrag, wenn sie innerhalb von zwei Wochen nach Anforderung oder im Fall der Begutachtung innerhalb von zwei Wochen nach Vorliegen des Gutachtens beim leistenden Rehabilitationsträger eingegangen sind. ³Anderenfalls stellt der leistende Rehabilitationsträger den Rehabilitationsbedarf nach allen in Betracht kommenden Leistungsgesetzen umfassend fest.

(3) ¹Die Rehabilitationsträger bewilligen und erbringen die Leistungen nach den für sie jeweils geltenden Leistungsgesetzen im eigenen Namen, wenn im Teilhabeplan nach § 19 dokumentiert wurde, dass

1. die erforderlichen Feststellungen nach allen in Betracht kommenden Leistungsgesetzen von den zuständigen Rehabilitationsträgern getroffen wurden,
2. auf Grundlage des Teilhabeplans eine Leistungserbringung durch die nach den jeweiligen Leistungsgesetzen zuständigen Rehabilitationsträger sichergestellt ist und
3. die Leistungsberechtigten einer nach Zuständigkeiten getrennten Leistungsbewilligung und Leistungserbringung nicht aus wichtigem Grund widersprechen.

²Anderenfalls entscheidet der leistende Rehabilitationsträger über den Antrag in den Fällen nach Absatz 2 und erbringt die Leistungen im eigenen Namen.

(4) ¹In den Fällen der Beteiligung von Rehabilitationsträgern nach den Absätzen 1 bis 3 ist abweichend von § 14 Absatz 2 innerhalb von sechs Wochen nach Antragseingang zu entscheiden. ²Wird eine Teilhabeplankonferenz nach § 20 durchgeführt, ist innerhalb von zwei Monaten nach Antragseingang zu entscheiden. ³Die Antragsteller werden von dem leistenden Rehabilitationsträger über die Beteiligung von Rehabilitationsträgern sowie über die für die Entscheidung über den Antrag maßgeblichen Zuständigkeiten und Fristen unverzüglich unterrichtet.

Literatur:
Wie zu § 14; zudem *Schaumberg*, Leistungskoordination im SGB IX – Zuständigkeitsklärung, Genehmigungsfiktion und Teilhabeplanung (Teil I), SGb 2019, 206; *Ulmer*, Das Labyrinth im Dschungel – § 75 SGG und § 14 SGB IX, SGb 2015, 615.

Gesetzeshistorie: § 15 wurde durch das BTHG in dieser Form erstmals in das SGB IX aufgenommen. Der Regelungsinhalt, eine Regelung zur Zuständigkeitsklärung, war zuvor allenfalls in Ansätzen in § 14 Abs. 6 aF aufgenommen.

Regelungsinhalt: Schon bisher, also vor Geltung des BTHG, war der erst- oder auch der zweitangegangene Rehabilitationsträger nach allen in Betracht kommenden Leistungsgesetzen für die umfassende Bedarfsfeststellung und auch für die umfassende Leistungserbringung zuständig, er hatte also die Leistungserbringung umfassend „aus einer Hand" zu erbringen. In diesem Sinne war auch die Rechtsprechung davon ausgegangen, dass es im SGB IX, niedergelegt in

§ 14, ein „Prinzip der aufgedrängten Zuständigkeit" gibt. Dieses sollte, schon vor Geltung des BTHG, dafür sorgen, dass eine schnelle und im Verhältnis zum Leistungsberechtigten auch konfliktfreie Leistungsgewährung erfolgt, selbst wenn eine Trägermehrheit vorhanden ist. Dieses Prinzip folgte letztlich aus der Vorstellung von der Aufgaben- und Verantwortungsklarheit.[1] Entscheidend war, dass die auf diesem Weg entstehende Leistungsverantwortung sich auf alle Rechtsgrundlagen erstreckte, die in der jeweiligen, vom Antrag konkret betroffenen Bedarfssituation überhaupt in Betracht kamen.[2] In § 15, in der Fassung des BTHG, ist dieses System kodifiziert, welches auch den Regelungen über Beauftragungen zwischen Sozialleistungsträgern nach den §§ 88 ff. SGB X vorgeht. Diese Einschätzung des Gesetzgebers ist darauf gestützt, dass der leistende Rehabilitationsträger im Vergleich zum vertraglich oder gesetzlich beauftragten Sozialleistungsträger weitergehende Rechte und Pflichten wahrnimmt.[3]

3 **Absatz 1** enthält die Grundsatzregelung für die Situation, dass die **Leistungsverantwortung** bei mehreren Rehabilitationsträgern liegt. Stellt nämlich der leistende Rehabilitationsträger fest, dass der bei ihm eingegangene Antrag auf Leistungen neben denjenigen Leistungen, die nach seinem Leistungsgesetz von ihm zu erbringen sind, noch weitere Leistungen zur Teilhabe umfasst, für die er wiederum nicht der nach § 6 Abs. 1 zuständige Rehabilitationsträger sein kann, ist er gehalten, den Antrag insoweit unverzüglich demjenigen Träger weiterzuleiten, der nach seiner Auffassung zuständig ist.[4] Es kommt mithin zu einer „Antragssplitting".[5] Die Entscheidung über diesen Antrag hinsichtlich der sog. „weiteren" Leistungen obliegt dann diesem in eigener Zuständigkeit.

4 Erfasst von Absatz 1 sind **alle Anträge** auf Leistungen, bei denen ein nach § 14 leistender Rehabilitationsträger neben den nach seinem Leistungsgesetz zu erbringenden Leistungen zusätzlich Ansprüche auf weitere Leistungen zu prüfen hätte, für die er jedoch nicht Rehabilitationsträger nach § 6 Abs. 1 sein kann.[6] Das Gesetz differenziert insofern nicht zwischen unterschiedlichen Antragsinhalten und Leistungskategorien. Entscheidend ist die in der Norm vorgesehene Rechtsfolge der Verschiebung der originären auf eine abgeleitete Trägerverantwortung, die durch die teilweise Antragsweiterleitung erfolgt. Die Frist nach Absatz 4 gilt aber auch in diesen Fällen. Inhaltlich kommt es insofern zu einer **Antragssplitting**, die in dieser Form im Rehabilitationsrecht ansonsten nicht geläufig ist. Unabhängig von dieser Splitting verbleibt es jedoch auch in diesen Fällen der Beteiligung eines weiteren Rehabilitationsträgers bei der Koordinierungsverantwortung für die rechtzeitige Entscheidung über den gesamten Antrag. Diese verbleibt bei dem nach § 14 leistenden Rehabilitationsträger, der nach § 19 das Teilhabeplanverfahren durchzuführen hat. Insofern handelt es sich bei dem gesplitteten Antragsteil auch nicht um einen Antrag iSd § 14 Abs. 1.[7] Von der Verantwortungszuweisung ist auch dann auszugehen, wenn sich Leistungsberechtigte nach Ablauf der Entscheidungsfrist Leistungen nach § 18 selbst beschaffen und die Erstattung der Aufwendungen von dem nach § 14 leistenden Rehabilitationsträger verlangen.[8] In derartigen Fällen hat der nach § 14 leistende Rehabilitationsträger nach § 16 Abs. 5 im Innenverhältnis

---

1 BSG 11.5.2011 – B 5 R 54/10 R, SGb 2012, 655; BSG 3.2.2015 – B 13 R 261/14 B.
2 LSG BW 24.4.2015 – L 8 AL 2430/12.
3 BT-Drs. 18/9522, 234.
4 *Selzer* NZS 2019, 521 (524).
5 Ausführlich dazu *Schaumberg* SGb 2019, 206.
6 Zur Unanwendbarkeit des § 15 Abs. 1 auf Integrationsämter *Koch* Behindertenrecht 2018, 137 (140).
7 *Schaumberg* SGb 2019, 206 (207).
8 BT-Drs. 18/9522, 235.

zu dem beteiligten Rehabilitationsträger gegenüber diesem einen Erstattungsanspruch. Daher ist davon auszugehen, dass die Weiterleitung im Sinne dieser Vorschrift tatsächlich nur in Fällen erfolgen darf, die sachlich begründet sind und bei denen zu erwarten ist, dass sie rechtzeitig bearbeitet werden.

Absatz 2 enthält gegenüber der Grundregel des Absatzes 1 eine eigenständige Regelung für den Fall, dass der leistende Rehabilitationsträger für die umfassende Feststellung des Rehabilitationsbedarfs nach § 14 Abs. 2 die Feststellungen weiterer Rehabilitationsträger für erforderlich hält und zudem kein Fall nach Absatz 1 vorliegt. In diesen Fällen, die nach der früheren – bis 31.12.2017 geltenden – Fassung eine Regelung in § 14 Abs. 6 fanden, fordert der leistende Rehabilitationsträger von diesen Rehabilitationsträgern die für den **Teilhabeplan** nach § 19 erforderlichen Feststellung unverzüglich an und berät diese nach § 19 trägerübergreifend. Demzufolge bleibt nach Absatz 2, in Abweichung von der Grundregel des Absatzes 1 und somit bei allen anderen Konstellationen der Trägermehrheit, nicht nur die Koordinierungsverantwortung, sondern im Verhältnis zu den Leistungsberechtigten auch die Leistungsverantwortung für Leistungen zur Teilhabe bei dem nach § 14 leistenden Rehabilitationsträger.

Diese **Zuständigkeitsregelung** betrifft, letztlich auf der Grundlage des eingangs schon angesprochenen Prinzips der „**aufgedrängten Zuständigkeit**",[9] grundsätzlich alle Leistungsanträge, für die der leistende Rehabilitationsträger teilweise zwar nicht nach seinem Leistungsgesetz zuständig ist, jedoch grundsätzlich nach § 6 Abs. 1 Rehabilitationsträger für diese Leistungsgruppe sein könnte. Sind die beteiligten Rehabilitationsträger nach ihrem jeweiligen Leistungsgesetz zuständig, können sie dann auch denjenigen Rehabilitationsträger, der nun nach § 14 zur Leistung verpflichtet ist, an die von ihnen getroffenen Feststellungen nach Satz 2 **rechtlich binden**, wobei die Bindungswirkung umfassend ist: Sie betrifft nämlich **alle Feststellungen** zur Anwendung der Leistungsgesetze, die für den beteiligten Rehabilitationsträger maßgeblich sind. Demgegenüber bleibt die Wirksamkeit der Entscheidung des nach § 14 leistenden Rehabilitationsträgers von der Bindungswirkung unberührt.[10]

Für die **Kosten** und ihre Erstattung innerhalb der im gegliederten System der Rehabilitationsleistungen bestehenden Zuständigkeiten ist § 16 einschlägig, nach dessen Bestimmungen die Träger untereinander die Kostenerstattung klären. Der Umfang der Erstattungen richtet sich nach den Feststellungen der beteiligten Rehabilitationsträger, wenn diese rechtzeitig übermittelt wurden.

Nach **Absatz 3** bewilligen und erbringen die Rehabilitationsträger die Leistungen nach den für sie jeweils geltenden Leistungsgesetzen **im eigenen Namen**, wenn im Teilhabeplan nach § 19 die aus Satz 1 Nummern 1 bis 3 ersichtlichen Dokumentationen vorliegen.[11] Damit ist die Situation erfasst, dass alle Träger und die Leistungsberechtigten ein im Teilhabeplan festzuhaltendes Einvernehmen darüber herstellen, dass die Leistungserbringung auch durch die jeweils zuständigen Rehabilitationsträger gewährleistet ist, weil die Bedarfsfeststellung im Teilhabeplan umfassend und nahtlos sichergestellt werden konnte.

Auf diesem Weg strebt der Gesetzgeber, nach Absatz 3 Satz 1, die Verringerung des Verwaltungsaufwands an, zumindest in konfliktfreien Leistungsfällen, indem er die Entscheidung durch die jeweils zuständigen Leistungsträger anstelle des nach § 14 leistenden Rehabilitationsträgers vorsieht. Zusätzlich kann es zu

---

9 BSG 11.5.2011 – B 5 R 54/10, SGb 2012, 655; BSG 3.2.2015 – B 13 R 261/14 B.
10 BT-Drs. 18/9522, 235.
11 Kritisch zu dieser Regelung *Selzer* NZS 2019, 521 (525 f.).

einer Beschleunigung kommen und das Verfahren der Kostenerstattung nach § 16 entbehrlich werden. Eine solche **beschleunigte Lösung** war bis zur Geltung des BTHG nicht vorgesehen, auch nicht für derartige „Konsensfälle".

10 Demgegenüber regelt Absatz 3 Satz 2 die „**Konfliktfälle**", in denen also keine Einigung zwischen den verschiedenen Trägern erzielt wird. Ihm zufolge ist festgelegt, dass der nach § 14 leistende Rehabilitationsträger über die Leistungen, für die er grundsätzlich nach § 6 Abs. 1 Rehabilitationsträger sein kann, ungeachtet der nach den Leistungsgesetzen bestehenden Zuständigkeiten im eigenen Namen entscheidet und den Verwaltungsakt erlässt, wenn die Voraussetzungen für eine getrennte Leistungsbewilligung nicht erfüllt sind. Dann obliegt aber auch ihm die vollständige Leistungskoordinierung („in eigenem Namen"), einschließlich der entsprechenden Leistungsverantwortung. Der Vorteil dieser gesetzlichen Zuständigkeitsregelung, die zwischen den verschiedenen Fallsituationen (Konflikt einerseits, Konsens andererseits) unterscheidet, liegt darin, dass der Antragssteller selbst für die Zuständigkeitsklärung nicht mehr sorgen muss.

11 Kommt es aber in diesem Verfahren zu einer getrennten Leistungsbewilligung, also einer **Aufsplittung**, kann der Leistungsberechtigte dieser **widersprechen**, sofern ein wichtiger Grund vorliegt, wie aus Absatz 3 Satz 1 aE folgt. Ein **wichtiger Grund** kann etwa, nach Vorstellung des Gesetzgebers, angenommen werden, wenn Leistungsberechtigte in der Vergangenheit Leistungen von den Rehabilitationsträger nur mit Schwierigkeiten, etwa nach Widerspruch und Klage, erhalten haben und sie deshalb auf die Leistungserbringung nicht vertrauen oder wenn eine Kommunikation mit dem Rehabilitationsträger für den Leistungsberechtigten erschwert ist, weil keine Geschäftsstelle in der Nähe ist und dies für den Leistungsberechtigten von Bedeutung ist.[12]

12 Nicht ausdrücklich vom Gesetz geregelt, aber aus der sozial- und verwaltungsrechtlichen Systematik folgend, bestimmt sich die Entscheidung über Rechtswegfragen. Der Grundsatz lautet insofern, dass sich Widerspruch und Klage (nach § 84 Abs. 1 SGG) gegen denjenigen Rehabilitationsträger richten, der auch den Verwaltungsakt erlassen hat. Daraus ergibt sich für den Konsensfall des Absatzes 3 Satz 1, dass sie sich gegen **den leistenden Träger** richten müssen (unter Beiladung der beteiligten Träger nach § 12 Abs. 2 SGB X bzw. § 75 SGG),[13] im Konfliktfall des Satzes 2 hingegen gegen **die zuständigen Träger**.

13 Absatz 4 enthält eine eigenständige Fristenregelung für die in den Absätzen 1 bis 3 enthaltenen Beteiligungsverfahren. Werden nämlich abweichend von § 14 Absatz 2 Rehabilitationsträger nach § 15 in seinen verschiedenen Varianten beteiligt, kommt es (statt zu der von § 14 vorgesehenen Dreiwochen-) zu einer sechswöchigen Frist, innerhalb derer – nach Antragseingang – zu entscheiden ist. Diese Frist verlängert sich nach Satz 2 auf zwei Monate, wenn eine **Teilhabeplankonferenz** nach § 20 durchgeführt wird. Über die derart sich verschiebenden Fristen muss der leistende Rehabilitationsträger, so Satz 3, den Antragsteller unverzüglich, das heißt ohne schuldhaftes Zögern, informieren. Auffallend ist, dass das Gesetz für den Fall einer erforderlichen Begutachtung keine privilegierte Frist vorsieht. Damit kommt zum Ausdruck, dass das Leitmotiv hinter allem stets der Beschleunigungsgedanke ist.

---

12 BT-Drs. 18/9522, 235.
13 Zu Fragen der Beiladung in diesen Verfahren BSG 14.5.2014 – B 11 AL 6/13 R, SGb 2015, 515; eingehend zu den hiermit zusammenhängenden Fragen im Verhältnis zwischen § 14 SGB IX und § 75 SGG *Ulmer* SGb 2015, 615.

§ 16 Erstattungsansprüche zwischen Rehabilitationsträgern

[gültig bis 31.12.2023:]

(1) Hat ein leistender Rehabilitationsträger nach § 14 Absatz 2 Satz 4 Leistungen erbracht, für die ein anderer Rehabilitationsträger insgesamt zuständig ist, erstattet der zuständige Rehabilitationsträger die Aufwendungen des leistenden Rehabilitationsträgers nach den für den leistenden Rehabilitationsträger geltenden Rechtsvorschriften.

(2) [1]Hat ein leistender Rehabilitationsträger nach § 15 Absatz 3 Satz 2 Leistungen im eigenen Namen erbracht, für die ein beteiligter Rehabilitationsträger zuständig ist, erstattet der beteiligte Rehabilitationsträger die Aufwendungen des leistenden Rehabilitationsträgers nach den Rechtsvorschriften, die den nach § 15 Absatz 2 eingeholten Feststellungen zugrunde liegen. [2]Hat ein beteiligter Rehabilitationsträger die angeforderten Feststellungen nicht oder nicht rechtzeitig nach § 15 Absatz 2 beigebracht, erstattet der beteiligte Rehabilitationsträger die Aufwendungen des leistenden Rehabilitationsträgers nach den Rechtsvorschriften, die der Leistungsbewilligung zugrunde liegen.

(3) [1]Der Erstattungsanspruch nach den Absätzen 1 und 2 umfasst die nach den jeweiligen Leistungsgesetzen entstandenen Leistungsaufwendungen und eine Verwaltungskostenpauschale in Höhe von 5 Prozent der erstattungsfähigen Leistungsaufwendungen. [2]Eine Erstattungspflicht nach Satz 1 besteht nicht, soweit Leistungen zu Unrecht von dem Rehabilitationsträger erbracht worden sind und er hierbei grob fahrlässig oder vorsätzlich gehandelt hat.

(4) [1]Für unzuständige Rehabilitationsträger ist § 105 des Zehnten Buches nicht anzuwenden, wenn sie eine Leistung erbracht haben,
1. ohne den Antrag an den zuständigen Rehabilitationsträger nach § 14 Absatz 1 Satz 2 weiterzuleiten oder
2. ohne einen weiteren zuständigen Rehabilitationsträger nach § 15 zu beteiligen,

es sei denn, die Rehabilitationsträger vereinbaren Abweichendes. [2]Hat ein Rehabilitationsträger von der Weiterleitung des Antrages abgesehen, weil zum Zeitpunkt der Prüfung nach § 14 Absatz 1 Satz 3 Anhaltspunkte für eine Zuständigkeit auf Grund der Ursache der Behinderung bestanden haben, bleibt § 105 des Zehnten Buches unberührt.

(5) [1]Hat der leistende Rehabilitationsträger in den Fällen des § 18 Aufwendungen für selbstbeschaffte Leistungen nach dem Leistungsgesetz eines nach § 15 beteiligten Rehabilitationsträgers zu erstatten, kann er von dem beteiligten Rehabilitationsträger einen Ausgleich verlangen, soweit dieser durch die Erstattung nach § 18 Absatz 4 Satz 2 von seiner Leistungspflicht befreit wurde. [2]Hat ein beteiligter Rehabilitationsträger den Eintritt der Erstattungspflicht für selbstbeschaffte Leistungen zu vertreten, umfasst der Ausgleich den gesamten Erstattungsbetrag abzüglich des Betrages, der sich aus der bei anderen Rehabilitationsträgern eingetretenen Leistungsbefreiung ergibt.

(6) Für den Erstattungsanspruch des Trägers der Eingliederungshilfe, der öffentlichen Jugendhilfe und der Kriegsopferfürsorge gilt § 108 Absatz 2 des Zehnten Buches entsprechend.

[gültig ab 1.1.2024:]

(1) Hat ein leistender Rehabilitationsträger nach § 14 Absatz 2 Satz 4 Leistungen erbracht, für die ein anderer Rehabilitationsträger insgesamt zuständig ist, erstattet der zuständige Rehabilitationsträger die Aufwendungen des leistenden

Rehabilitationsträgers nach den für den leistenden Rehabilitationsträger geltenden Rechtsvorschriften.

(2) ¹Hat ein leistender Rehabilitationsträger nach § 15 Absatz 3 Satz 2 Leistungen im eigenen Namen erbracht, für die ein beteiligter Rehabilitationsträger zuständig ist, erstattet der beteiligte Rehabilitationsträger die Aufwendungen des leistenden Rehabilitationsträgers nach den Rechtsvorschriften, die den nach § 15 Absatz 2 eingeholten Feststellungen zugrunde liegen. ²Hat ein beteiligter Rehabilitationsträger die angeforderten Feststellungen nicht oder nicht rechtzeitig nach § 15 Absatz 2 beigebracht, erstattet der beteiligte Rehabilitationsträger die Aufwendungen des leistenden Rehabilitationsträgers nach den Rechtsvorschriften, die der Leistungsbewilligung zugrunde liegen.

(3) ¹Der Erstattungsanspruch nach den Absätzen 1 und 2 umfasst die nach den jeweiligen Leistungsgesetzen entstandenen Leistungsaufwendungen und eine Verwaltungskostenpauschale in Höhe von 5 Prozent der erstattungsfähigen Leistungsaufwendungen. ²Eine Erstattungspflicht nach Satz 1 besteht nicht, soweit Leistungen zu Unrecht von dem leistenden Rehabilitationsträger erbracht worden sind und er hierbei grob fahrlässig oder vorsätzlich gehandelt hat.

(4) ¹Für unzuständige Rehabilitationsträger ist § 105 des Zehnten Buches nicht anzuwenden, wenn sie eine Leistung erbracht haben,
1. ohne den Antrag an den zuständigen Rehabilitationsträger nach § 14 Absatz 1 Satz 2 weiterzuleiten oder
2. ohne einen weiteren zuständigen Rehabilitationsträger nach § 15 zu beteiligen,

es sei denn, die Rehabilitationsträger vereinbaren Abweichendes. ²Hat ein Rehabilitationsträger von der Weiterleitung des Antrages abgesehen, weil zum Zeitpunkt der Prüfung nach § 14 Absatz 1 Satz 3 Anhaltspunkte für eine Zuständigkeit auf Grund der Ursache der Behinderung bestanden haben, bleibt § 105 des Zehnten Buches unberührt.

(5) ¹Hat der leistende Rehabilitationsträger in den Fällen des § 18 Aufwendungen für selbstbeschaffte Leistungen nach dem Leistungsgesetz eines nach § 15 beteiligten Rehabilitationsträgers zu erstatten, kann er von dem beteiligten Rehabilitationsträger einen Ausgleich verlangen, soweit dieser durch die Erstattung nach § 18 Absatz 4 Satz 2 von seiner Leistungspflicht befreit wurde. ²Hat ein beteiligter Rehabilitationsträger den Eintritt der Erstattungspflicht für selbstbeschaffte Leistungen zu vertreten, umfasst der Ausgleich den gesamten Erstattungsbetrag abzüglich des Betrages, der sich aus der bei anderen Rehabilitationsträgern eingetretenen Leistungsbefreiung ergibt.

(6) Für den Erstattungsanspruch des Trägers der Eingliederungshilfe, der öffentlichen Jugendhilfe und der Sozialen Entschädigung gilt § 108 Absatz 2 des Zehnten Buches entsprechend.

Literatur:
Wie zu § 14; *Gerlach,* Die Abgrenzung von ambulanten, teilstationären und vollstationären Leistungen im Sozialhilferecht nach dem SGB XII sowie deren Folgen für die Zuständigkeit, SGb 2016, 445.

1 **Gesetzeshistorie:** Die Norm wurde durch das BTHG vollständig neu in das SGB IX eingeführt, hat aber inhaltlich einen Vorläufer in § 14 Abs. 4 aF.

2 **Regelungsinhalt:** § 16 enthält letztlich das systematisch erforderliche Pendant im Hinblick auf die Abwicklung der Kostenfragen, die sich aus den Verteilungsregelungen bei Zuständigkeitsüberschneidungen nach § 15 Abs. 2 und 3 ergeben. Keine Erstattung kommt konsequenterweise dann in Betracht, so dass

auch § 16 nicht einschlägig ist, wenn sich die verschiedenen Träger im Teilhabeplan mit den Leistungsberechtigten auf eine nach Leistungsgesetzen und Zuständigkeiten getrennte Leistungserbringung verständigt haben.
Systematisch ist § 16 mit seiner **Erstattungsregelung** im engen Zusammenhang 3
mit den Erstattungsregelungen der §§ 102 ff. SGB X zu sehen. Die dortigen allgemeinen Regelungen greifen insofern immer dann, wenn und soweit § 16 keine eigenständige, konkrete Regelung trifft. § 16 Abs. 1 geht jedoch als lex specialis regelmäßig dem allgemeinen Anspruch aus dem SGB X vor.[1] Ebenfalls systematisch bedeutsam ist, dass § 16 für den konkret leistenden Rehabilitationsträger jedenfalls eingreift, und zwar unabhängig davon, ob er der erst- oder der zweitangegangene Träger nach § 14 ist. Nach § 16 besteht somit ein spezialgesetzlicher Anspruch auf Erstattung der Kosten, der den allgemeinen Erstattungsansprüchen vorgeht, und zwar im Hinblick auf diejenigen Kosten, die der zweitangegangene Rehabilitationsträger für eine in die Zuständigkeit eines anderen Rehabilitationsträgers fallende Maßnahme aufgewendet hat.[2] Die Norm ist als lex specialis zu den allgemeinen Erstattungsansprüchen zwischen Sozialleistungsträgern nach den §§ 102 ff. SGB X anzusehen und verdrängt diese deshalb auch.[3] Somit begründet die Vorschrift einen umfassenden Ausgleich dafür, dass der zweitangegangene Rehabilitationsträger aufgrund nach dem Regelungskonzept des § 14 im Interesse einer raschen Zuständigkeitsklärung nach Weiterleitung eines Antrags auf eine Leistung zur Teilhabe durch den erstangegangenen Träger an ihn im Verhältnis zum Versicherten bzw. Leistungsbezieher abschließend zu entscheiden und bei Vorliegen eines entsprechenden Rehabilitationsbedarfs die erforderlichen Rehabilitationsleistungen selbst dann zu erbringen hat, wenn er der Meinung ist, hierfür nicht zuständig zu sein.

Absatz 1 enthält die Grundaussage zu der **Erstattungsregelung**.[4] Weil unter den 4
Leistungsträgern eine Lastenverschiebung ohne Ausgleich nicht bezweckt ist, enthält § 16 Abs. 1 Satz 1 den entsprechenden Anspruch. Er besteht gegenüber dem eigentlich zuständigen Träger, also gegen denjenigen, der ohne die Regelung des § 14 zuständig wäre und von dem der Versicherte die gewährte Leistung hätte beanspruchen können.[5] Letztlich bleibt damit die Grundregelung eng an der bisherigen Rechtslage orientiert, die vor dem BTHG schon galt: Der zweitangegangene Rehabilitationsträger erhält damit einen **Erstattungsanspruch** in den Fällen, in denen eine nochmalige Weiterleitung nicht in Betracht kommt und er aus diesem Grund Leistungen zu erbringen hat, die er eigentlich nicht erbringen müsste. Erfasst sind aufgrund der weiten Fassung des Gesetzes damit auch solche Konstellationen, in denen nach § 14 Abs. 3 die „Turbo-Klärung" nicht möglich war oder keine einvernehmliche Zuständigkeitsklärung herbeigeführt werden konnte. Inhaltlich macht die Norm deutlich, dass ein Erstattungsanspruch besteht, wenn nach Bewilligung der Leistung durch einen Rehabilitationsträger festgestellt wird, dass ein anderer Träger zuständig ist. Letzterer erstattet dann, auf der Grundlage des § 16 Abs. 1 Satz 1, Ersterem dessen Aufwendungen nach den für den Ersteren geltenden Rechtsvorschriften. Die Regelung bezieht sich nach ihrem Zweck und dem Regelungssystem er-

---

1 BSG 8.3.2016 – B 1 KR 7/15 R.
2 BSG 25.8.2011 – B 8 SO 7/10 R, SozR 4-3500 § 98 Nr. 1; BSG 20.11.2008 – B 3 KR 16/08, RdLH 2009, 23; BSG 8.9.2009 – B 1 KR 9/09 R, Die Leistungen Beilage 2009, 321.
3 BSG 3.11.2011 – B 3 KR 4/11 R, SozR 4-2500 § 33 Nr. 36; *Gerlach* SGb 2016, 445 (446).
4 Zu möglichen Erstattungsansprüchen des Integrationsamtes nach § 16 *Koch* Behindertenrecht 2018, 137 (141 f.).
5 BSG 13.9.2011 – B 1 KR 25/10 R, SozR 4-2500 § 42 Nr. 1.

sichtlich lediglich auf Erstattungen für schon erfolgte Leistungen. Sie scheidet daher jedenfalls dann von vornherein als Anspruchsgrundlage aus, wenn der Erstattung begehrende Träger weder nach eigenem Recht eine Leistung erbracht hat noch seine Leistung einen Anspruch erfüllte, der eigentlich gegen den als erstattungspflichtig in Anspruch genommenen Träger bestand.[6]

5 Hat der erstangegangene Rehabilitationsträger den Antrag nicht weitergeleitet, sondern **bindend abgelehnt**, kommt ein Erstattungsanspruch nach § 16 Abs. 1 Satz 1 von vornherein nicht in Betracht. Vielmehr ist **der erstangegangene Träger**, der den Antrag nicht nach den gesetzlichen Vorschriften weitergeleitet hat, verpflichtet, Leistungen aufgrund aller Rechtsgrundlagen zu erbringen, die in der konkreten Bedarfssituation vorgesehen sind. Bei fehlender Weiterleitung wird der erstangegangene Träger im (Außen-)Verhältnis zum Versicherten endgültig und umfassend leistungspflichtig, auch wenn er nach den geltenden Normen, etwa außerhalb des SGB IX, nicht für die beanspruchte Rehabilitationsleistung zuständig ist.[7]

6 **Absatz 2** sieht einen Schutz zugunsten desjenigen Trägers vor, der nach § 15 Abs. 3 Satz 2 Leistungen im eigenen Namen erbracht hat, für die ein beteiligter Rehabilitationsträger zuständig ist. In diesen Fällen richtet sich die Erstattung dann nach den Feststellungen der nach § 15 Abs. 2 beteiligten Rehabilitationsträger, die im Teilhabeplan festgehalten sind. Der besondere Schutz ist in diesen Fällen dann zu gewähren, wenn ein beteiligter Rehabilitationsträger die angeforderten Feststellungen nicht oder nicht rechtzeitig nach § 15 Abs. 2 beigebracht hat. Dann erstattet der beteiligte Rehabilitationsträger die Aufwendungen des leistenden Rehabilitationsträgers nach den Rechtsvorschriften, die der Leistungsbewilligung tatsächlich zugrunde liegen. Das heißt umgekehrt, dass es in diesen Fällen nicht mehr darauf ankommt, ob der leistende Träger seinerseits die jeweiligen Zuständigkeiten nach den einschlägigen Leistungsgesetzen richtig bewertet hat.[8]

7 **Absatz 3** regelt die Höhe der Erstattungen. Er umfasst die nach den jeweiligen Leistungsgesetzen entstandenen Leistungsaufwendungen und eine **Verwaltungskostenpauschale** in Höhe von 5 Prozent der erstattungsfähigen Leistungsaufwendungen. Maßgebend für die Höhe der zu erstattenden **Aufwendungen** sind die Rechtsvorschriften des Rehabilitationsträgers, der die Leistung erbracht hat. Der Begriff der Aufwendungen bestimmt sich dabei nach dem Zweck der Regelung in Einklang mit dem Regelungssystem.[9]

8 Ausgeschlossen ist eine Erstattung nach Absatz 3 Satz 2, soweit Leistungen zu Unrecht von dem leistenden Rehabilitationsträger erbracht worden sind und er hierbei grob fahrlässig oder vorsätzlich gehandelt hat. Dass der Gesetzgeber hier eine **Haftungserleichterung** im Hinblick auf den Schuldvorwurf (lediglich grobe Fahrlässigkeit bzw. Vorsatz) vorgesehen hat, ist begründet. Denn der leistende Rehabilitationsträger muss, da er ja lediglich einspringt, angemessen geschützt werden, wenn er anstelle anderer zuständiger Rehabilitationsträger Leistungen zu erbringen hat und ihm dabei im Rahmen der Fallbearbeitung und Leistungserbringung nur versehentlich Verwaltungsfehler unterlaufen.

9 **Absatz 4** enthält eine „**Strafvorschrift**" für Rehabilitationsträger, die – auf der Grundlage der ihnen vorliegenden Angaben und Unterlagen – trotz fehlender Zuständigkeit eine Leistung erbringen. Die näheren Voraussetzungen ergeben

---

6 BSG 17.12.2013 – B 1 KR 50/12 R, SozR 4-3250 § 14 Nr. 20.
7 BSG 10.7.2014 – B 10 SF 1/14 R; BGH 27.1.2015 – VI ZR 5414, NZV 2015, 284.
8 Zur Anwendbarkeit des Abs. 2 auf Integrationsämter *Koch* Behindertenrecht 2018, 137 (140).
9 BSG 8.9.2009 – B 1 KR 9/09 R, Die Leistungen Beilage 2009, 321.

sich aus den Nummern 1 und 2, können aber, wie Satz 1 aE deutlich macht, auch abbedungen werden, wenn die Rehabilitationsträger dies aus Gründen des beschleunigten Verfahrens vorsehen möchten. In diesen Fällen sieht das SGB IX keine Erstattung vor und bestimmt zusätzlich, dass auch § 105 SGB X nicht anzuwenden ist. Der Sinn dieser Regelung ist, Rehabilitationsträger davon abzuhalten, sich fahrlässig für zuständig zu erklären, später jedoch von einem anderen, zuständigen Träger Erstattung ihrer Aufwendungen zu erwarten. Die allgemeine Erstattungsregel in § 102 SGB X wiederum wird nicht in jedem Fall von § 16 SGB IX verdrängt; sie kann vielmehr herangezogen werden, wenn § 16 seinerseits nicht anwendbar ist. Zum Verhältnis zwischen den Erstattungsansprüchen gilt, dass zwar ein solcher nach § 16 Abs. 1 Satz 1 ausgeschlossen sein kann, kann aber ein Erstattungsanspruch nach allgemeinen Vorschriften, also vor allem auch aus § 104 SGB X, durchaus möglich bleibt.[10]

Ausnahmsweise sieht jedoch Absatz 4 Satz 2 vor, dass § 105 SGB X unberührt bleibt, nämlich in den Fällen, in denen ein Rehabilitationsträger von der Weiterleitung des Antrages abgesehen hat, weil zum Zeitpunkt der Prüfung nach § 14 Abs. 1 Satz 3 Anhaltspunkte für eine Zuständigkeit aufgrund der Ursache der Behinderung bestanden haben. Die Ausnahme lässt sich gut aus der Perspektive des Leistungsberechtigten begründen, denn es ist in seinem Interesse, dass die Bearbeitung durch den anderen, wahrscheinlich sachlich nicht zuständigen Träger erfolgt. Daher ist es richtig, nicht aus rein formalen Gründen an einen Träger zu verweisen. Ist daher die Prognose in der Tat unzutreffend, wird der Träger, der auf die Weiterleitung nach § 14 Abs. 1 Satz 3 verzichtet hat, dann ausnahmsweise von § 105 SGB X geschützt. 10

Absatz 5 trifft eine besondere Regelung für den Fall der Erstattung bei **selbstbeschafften Leistungen** nach § 18. Erfasst sind damit diejenigen Fälle, in denen der leistende Rehabilitationsträger auf der Grundlage des § 18 Aufwendungen für selbstbeschaffte Leistungen nach dem Leistungsgesetz eines § 15 beteiligten Rehabilitationsträgers zu erstatten hatte. Dann kann er, so die Regelung in Satz 1, von dem beteiligten Rehabilitationsträger einen Ausgleich verlangen. Das bedeutet letztlich die Ausdehnung der Koordinierungsverantwortung, wie sie nach § 14 dem leistenden Rehabilitationsträger überantwortet ist. Soweit nämlich § 18 zu einer Genehmigungsfiktion führt, ist der leistende Träger gegenüber dem Leistungsberechtigten zur Erstattung selbstbeschaffter Leistungen verpflichtet. Dann aber sieht Absatz 5 wiederum im Innenverhältnis der beteiligten Träger auch eine angemessene Verteilung des jeweiligen Risikos vor – besonders, aber nicht nur dann, wenn die zu erstattenden selbstbeschafften Leistungen über das hinausgehen, was gesetzlich eigentlich vorgesehen ist. 11

Absatz 6 enthält abschließend eine Spezialregelung, die § 108 Abs. 2 SGB X entspricht und den Erstattungsanspruch des Trägers der Eingliederungshilfe, der öffentlichen Jugendhilfe und der Kriegsopferfürsorge betrifft. Der dort geregelte Zinsanspruch soll primär dazu dienen, eine beschleunigte Aufwandserstattung zugunsten der nachrangigen Rehabilitationsträger zu erreichen, die gegenüber anderen Trägern besonders schutzbedürftig sind.[11] 12

§ 17 Begutachtung

(1) [1]Ist für die Feststellung des Rehabilitationsbedarfs ein Gutachten erforderlich, beauftragt der leistende Rehabilitationsträger unverzüglich einen geeigne-

---

10 Zu diesen besonderen Konstellationen vgl. BSG 25.9.2014 – B 8 SO 7/13 R.
11 BT-Drs. 18/9522, 237.

ten Sachverständigen. ²Er benennt den Leistungsberechtigten in der Regel drei möglichst wohnortnahe Sachverständige, soweit nicht gesetzlich die Begutachtung durch einen sozialmedizinischen Dienst vorgesehen ist. ³Haben sich Leistungsberechtigte für einen benannten Sachverständigen entschieden, wird dem Wunsch Rechnung getragen.
(2) ¹Der Sachverständige nimmt eine umfassende sozialmedizinische, bei Bedarf auch psychologische Begutachtung vor und erstellt das Gutachten innerhalb von zwei Wochen nach Auftragserteilung. ²Das Gutachten soll den von den Rehabilitationsträgern vereinbarten einheitlichen Grundsätzen zur Durchführung von Begutachtungen nach § 25 Absatz 1 Nummer 4 entsprechen. ³Die in dem Gutachten getroffenen Feststellungen zum Rehabilitationsbedarf werden den Entscheidungen der Rehabilitationsträger zugrunde gelegt. ⁴Die gesetzlichen Aufgaben der Gesundheitsämter, des Medizinischen Dienstes der Krankenversicherung nach § 275 des Fünften Buches und die gutachterliche Beteiligung der Bundesagentur für Arbeit nach § 54 bleiben unberührt.
(3) ¹Hat der leistende Rehabilitationsträger nach § 15 weitere Rehabilitationsträger beteiligt, setzt er sich bei seiner Entscheidung über die Beauftragung eines geeigneten Sachverständigen mit den beteiligten Rehabilitationsträgern über Anlass, Ziel und Umfang der Begutachtung ins Benehmen. ²Die beteiligten Rehabilitationsträger informieren den leistenden Rehabilitationsträger unverzüglich über die Notwendigkeit der Einholung von Gutachten. ³Die in dem Gutachten getroffenen Feststellungen zum Rehabilitationsbedarf werden in den Teilhabeplan nach § 19 einbezogen. ⁴Absatz 2 Satz 3 gilt entsprechend.
(4) Die Rehabilitationsträger stellen sicher, dass sie Sachverständige beauftragen können, bei denen keine Zugangs- und Kommunikationsbarrieren bestehen.

1 **Gesetzeshistorie:** § 17 ist als eigenständige Regelung zur Begutachtung neu durch das BTHG in das SGB IX eingeführt worden. Doch war der Regelungsinhalt bereits zuvor zum Teil vom Gesetz erfasst, normiert in § 14 Abs. 5 aF.

2 **Regelungsinhalt:** Die Norm enthält Regelungen zum Verfahren der Begutachtung, das zur Feststellung eines Rehabilitationsbedarfs erforderlich ist.[1] **Absatz 1** regelt die Inanspruchnahme von Sachverständigen durch den leistenden Rehabilitationsträger. Danach beauftragt er unverzüglich einen **geeigneten Sachverständigen**, wenn für die Feststellung des Rehabilitationsbedarfs ein Gutachten erforderlich ist. Dies ist der Fall, wenn eine Entscheidung des Rehabilitationsträgers über Leistungen zur Teilhabe (noch) nicht aufgrund der dem Träger bereits vorliegenden Erkenntnisse erfolgen kann. Nicht gesondert geregelt ist, wie zu verfahren ist, wenn der Rehabilitationsträger zwar noch nicht über alle benötigten Erkenntnisse verfügt, sie sich aber in anderer Weise als durch Beauftragung eines Gutachters beschaffen kann, beispielsweise durch eigenen Augenschein oder durch eine selbst vorgenommene Untersuchung. Die Vorschrift zielt auf eine Beschleunigung und Verfahrensregelung bei Begutachtungen, nicht darauf, die Beschaffung benötigter Erkenntnisse ausschließlich in Form von Gutachten zuzulassen. Ob ein Sachverständiger geeignet ist, richtet sich insbesondere nach dem zu klärenden Sachverhalt, kann außer medizinischen Fragen also zB auch Fragen der beruflichen Eignung oder psychologischen und pädagogischen Entwicklung betreffen.

3 **Absatz 1 Satz 2** regelt das **Verfahren der Beauftragung**. Danach hat der Rehabilitationsträger unverzüglich – in der Regel drei – geeignete Sachverständige zu

---

[1] Zu datenschutzrechtlichen Aspekten in diesem Zusammenhang *Biersborn* SR 2019, 245.

benennen, die möglichst wohnortnah erreichbar und entsprechend dem individuellen Bedarf der Leistungsberechtigten barrierefrei zugänglich sind. Damit wird den Leistungsberechtigten ermöglicht, unter mehreren geeigneten Sachverständigen auszuwählen. Dies trägt insbesondere auch der Regelung in § 8 Rechnung. Die benannten Sachverständigen müssen weder Bedienstete des Rehabilitationsträgers sein, noch sind diese ausgeschlossen.

Die Wahlfreiheit besteht grundsätzlich, es sei denn, gesetzlich ist die Begutachtung durch einen sozialmedizinischen Dienst vorgesehen. Haben Leistungsberechtigte eine **Auswahl** unter den nach Satz 2 vorgeschlagenen Sachverständigen getroffen, ist dieser Auswahl nach **Satz 3** Rechnung zu tragen. Entsprechend der zu § 200 SGB VII entwickelten Praxis können nach der Begründung des Regierungsentwurfs[2] auf Antrag der Leistungsberechtigten auch andere geeignete Sachverständige herangezogen werden. 4

Die nach Absatz 1 beauftragten Sachverständigen haben das Gutachten nach Absatz 2 ihrerseits unter Berücksichtigung aller sozialmedizinischen Aspekte innerhalb von **zwei Wochen** nach Auftragserteilung dem Rehabilitationsträger zu erstatten, dabei haben sie die Formvorschrift des Satzes 2 zu beachten. Die Vorschrift zielt auf die Erhebung und Bewertung aller Sachverhalte, die für die aktuelle Beurteilung des **aktuellen Teilhabepotenzials** von Bedeutung sind, und geht dabei für den Inhalt des Gutachtens über die in § 96 SGB X getroffene Verfahrensregelung hinaus. Die in Absatz 2 enthaltene Fristvorgabe für Begutachtungen gilt unmittelbar nur für die Begutachtungen von Leistungen zur Teilhabe, nicht bei Renten- und Pflegeleistungen; um den Grundsätzen „Rehabilitation vor Rente" und „Rehabilitation vor Pflege" nach § 9 Abs. 2 und 3 SGB IX aber wirklich – und auch im Verfahren – gerecht zu werden, ist sie aber auch bei Gutachten zu Renten- und Pflegeleistungen zumindest dann zu beachten, wenn anstelle dieser Leistungen zunächst Leistungen zur Teilhabe in Betracht kommen können. Nach Vorliegen des Gutachtens verbleibt es dabei, dass der zuständige Rehabilitationsträger selbst dafür verantwortlich ist, über den gestellten Antrag in freier Beweiswürdigung zu befinden. 5

Jeder Rehabilitationsträger muss mit einer ausreichenden **Anzahl** von Sachverständigen vertragliche Beziehungen unterhalten, damit diese das Gutachten fristgerecht erstellen, und mit den Gutachtern die fristgerechte Erstellung der Gutachten vertraglich absichern. Geschieht dies nicht, verletzt der Rehabilitationsträger eine gegenüber den Leistungsberechtigten bestehende Amtspflicht; wird der Entscheidungsgang dadurch verzögert, kommen Schadensersatz- und Herstellungsansprüche in Betracht. Außerdem ist in entsprechender Anwendung des § 18 davon auszugehen, dass bei Einhaltung der dort vorgesehenen Verfahren ein Erstattungsanspruch für die **Kosten selbstbeschaffter Gutachten** besteht. 6

Die in dem Gutachten getroffenen Feststellungen werden nach **Absatz 2 Satz 3** der Entscheidung der Rehabilitationsträger zugrunde gelegt, also aller Rehabilitationsträger, nicht nur des Trägers, der das Gutachten in Auftrag gegeben hat. Damit werden verfahrensverzögernde und für die Betroffenen belastende Mehrfachbegutachtungen durch verschiedene Rehabilitationsträger soweit wie möglich ausgeschlossen. Allerdings sind die Rehabilitationsträger an getroffene Feststellungen nur insoweit gebunden, als sie für deren Entscheidung (noch) Relevanz haben. Dies kann insbesondere bei einem später hinzutretenden zusätzlichen Bedarf nicht oder nicht mehr der Fall sein. 7

---

2 BT-Drs. 18/9522, 238.

8 Absatz 3 stellt eine Ergänzung gegenüber der früheren Regelung dar und betrifft den Fall, dass der leistende Rehabilitationsträger nach § 15 weitere Rehabilitationsträger beteiligt hat. Dann setzt er sich bei seiner Entscheidung über die Beauftragung eines geeigneten Sachverständigen mit den beteiligten Rehabilitationsträgern über Anlass, Ziel und Umfang der Begutachtung ins Benehmen. Das bedeutet aber umgekehrt, dass er allein die Entscheidung über den Gutachter trifft. Zugleich wird aber sichergestellt, dass die trägerübergreifende Bedarfsfeststellung im Teilhabeplan damit im Regelfall nur zu einem Begutachtungsprozess bei einem einzelnen im Vorfeld bestimmten Sachverständigen führt, dessen Ergebnis die erforderlichen umfassenden Feststellungen zu allen in Betracht kommenden Bedarfen enthält und der alle Rehabilitationsträger bindet. Sofern die Möglichkeit tatsächlich und rechtlich eröffnet ist, sollte den Leistungsberechtigten in diesem Rahmen auch angeboten werden, selbst Gutachter vorzuschlagen.[3]

9 Absatz 4 verpflichtet die beteiligten Rehabilitationsträger sicherzustellen, dass sie **Sachverständige** beauftragen können, bei denen Zugangs- und Kommunikationsbarrieren nicht bestehen. Die Vorschrift enthält keine Verpflichtung, ausschließlich mit **barrierefrei** zugänglichen und ausgestatteten Sachverständigen zusammenzuarbeiten; jeder Rehabilitationsträger muss jedoch in der Lage sein, bei allen in Betracht kommenden Gutachten entsprechend Satz 3 drei wohnortnahe Vorschläge zu machen, die entsprechend dem individuellen Bedarf der Leistungsberechtigten barrierefrei sind.

10 **Barrierefrei** sind bauliche und sonstige Anlagen, Verkehrsmittel, technische Gebrauchsgegenstände, Systeme der Informationsverarbeitung, akustische und visuelle Informationsquellen und Kommunikationseinrichtungen sowie andere gestaltete Lebensbereiche, wenn sie für behinderte Menschen in der allgemein üblichen Weise, ohne besonderes Erschwernis und grundsätzlich ohne fremde Hilfe zugänglich und nutzbar sind. Diese Definitionsnorm in § 4 BGG kann auch bei der Anwendung des Sozialgesetzbuchs zugrunde gelegt werden, wo Barrierefreiheit im SGB IX – außer in § 17 Abs. 4 – in § 2 Abs. 1, § 12 Abs. 1, § 36 Abs. 1 Satz 2, § 37 Abs. 1, § 38 Abs. 1 Satz 1, § 84 Abs. 1, § 88 Abs. 1, § 97 Nr. 1 c SGB IX sowie in dem – durch das SGB IX eingefügten – § 17 Abs. 1 Nr. 4 SGB I angesprochen ist.

§ 18 Erstattung selbstbeschaffter Leistungen

[gültig bis 31.12.2023:]

(1) Kann über den Antrag auf Leistungen zur Teilhabe nicht innerhalb einer Frist von zwei Monaten ab Antragseingang bei dem leistenden Rehabilitationsträger entschieden werden, teilt er den Leistungsberechtigten vor Ablauf der Frist die Gründe hierfür schriftlich mit (begründete Mitteilung).

(2) ¹In der begründeten Mitteilung ist auf den Tag genau zu bestimmen, bis wann über den Antrag entschieden wird. ²In der begründeten Mitteilung kann der leistende Rehabilitationsträger die Frist von zwei Monaten nach Absatz 1 nur in folgendem Umfang verlängern:
1. um bis zu zwei Wochen zur Beauftragung eines Sachverständigen für die Begutachtung infolge einer nachweislich beschränkten Verfügbarkeit geeigneter Sachverständiger,

---

3 BT-Drs. 18/9522, 238.

2. um bis zu vier Wochen, soweit von dem Sachverständigen die Notwendigkeit für einen solchen Zeitraum der Begutachtung schriftlich bestätigt wurde und
3. für die Dauer einer fehlenden Mitwirkung der Leistungsberechtigten, wenn und soweit den Leistungsberechtigten nach § 66 Absatz 3 des Ersten Buches schriftlich eine angemessene Frist zur Mitwirkung gesetzt wurde.

(3) ¹Erfolgt keine begründete Mitteilung, gilt die beantragte Leistung nach Ablauf der Frist als genehmigt. ²Die beantragte Leistung gilt auch dann als genehmigt, wenn der in der Mitteilung bestimmte Zeitpunkt der Entscheidung über den Antrag ohne weitere begründete Mitteilung des Rehabilitationsträgers abgelaufen ist.

(4) ¹Beschaffen sich Leistungsberechtigte eine als genehmigt geltende Leistung selbst, ist der leistende Rehabilitationsträger zur Erstattung der Aufwendungen für selbstbeschaffte Leistungen verpflichtet. ²Mit der Erstattung gilt der Anspruch der Leistungsberechtigten auf die Erbringung der selbstbeschafften Leistungen zur Teilhabe als erfüllt. ³Der Erstattungsanspruch umfasst auch die Zahlung von Abschlägen im Umfang fälliger Zahlungsverpflichtungen für selbstbeschaffte Leistungen.

(5) Die Erstattungspflicht besteht nicht,
1. wenn und soweit kein Anspruch auf Bewilligung der selbstbeschafften Leistungen bestanden hätte und
2. die Leistungsberechtigten dies wussten oder infolge grober Außerachtlassung der allgemeinen Sorgfalt nicht wussten.

(6) ¹Konnte der Rehabilitationsträger eine unaufschiebbare Leistung nicht rechtzeitig erbringen oder hat er eine Leistung zu Unrecht abgelehnt und sind dadurch Leistungsberechtigten für die selbstbeschaffte Leistung Kosten entstanden, sind diese vom Rehabilitationsträger in der entstandenen Höhe zu erstatten, soweit die Leistung notwendig war. ²Der Anspruch auf Erstattung richtet sich gegen den Rehabilitationsträger, der zum Zeitpunkt der Selbstbeschaffung über den Antrag entschieden hat. ³Lag zum Zeitpunkt der Selbstbeschaffung noch keine Entscheidung vor, richtet sich der Anspruch gegen den leistenden Rehabilitationsträger.

(7) Die Absätze 1 bis 5 gelten nicht für die Träger der Eingliederungshilfe, der öffentlichen Jugendhilfe und der Kriegsopferfürsorge.

[gültig ab 1.1.2024:]

(1) Kann über den Antrag auf Leistungen zur Teilhabe nicht innerhalb einer Frist von zwei Monaten ab Antragseingang bei dem leistenden Rehabilitationsträger entschieden werden, teilt er den Leistungsberechtigten vor Ablauf der Frist die Gründe hierfür schriftlich mit (begründete Mitteilung).

(2) ¹In der begründeten Mitteilung ist auf den Tag genau zu bestimmen, bis wann über den Antrag entschieden wird. ²In der begründeten Mitteilung kann der leistende Rehabilitationsträger die Frist von zwei Monaten nach Absatz 1 nur in folgendem Umfang verlängern:
1. um bis zu zwei Wochen zur Beauftragung eines Sachverständigen für die Begutachtung infolge einer nachweislich beschränkten Verfügbarkeit geeigneter Sachverständiger,
2. um bis zu vier Wochen, soweit von dem Sachverständigen die Notwendigkeit für einen solchen Zeitraum der Begutachtung schriftlich bestätigt wurde und

3. für die Dauer einer fehlenden Mitwirkung der Leistungsberechtigten, wenn und soweit den Leistungsberechtigten nach § 66 Absatz 3 des Ersten Buches schriftlich eine angemessene Frist zur Mitwirkung gesetzt wurde.

(3) ¹Erfolgt keine begründete Mitteilung, gilt die beantragte Leistung nach Ablauf der Frist als genehmigt. ²Die beantragte Leistung gilt auch dann als genehmigt, wenn der in der Mitteilung bestimmte Zeitpunkt der Entscheidung über den Antrag ohne weitere begründete Mitteilung des Rehabilitationsträgers abgelaufen ist.

(4) ¹Beschaffen sich Leistungsberechtigte eine als genehmigt geltende Leistung selbst, ist der leistende Rehabilitationsträger zur Erstattung der Aufwendungen für selbstbeschaffte Leistungen verpflichtet. ²Mit der Erstattung gilt der Anspruch der Leistungsberechtigten auf die Erbringung der selbstbeschafften Leistungen zur Teilhabe als erfüllt. ³Der Erstattungsanspruch umfasst auch die Zahlung von Abschlägen im Umfang fälliger Zahlungsverpflichtungen für selbstbeschaffte Leistungen.

(5) Die Erstattungspflicht besteht nicht,
1. wenn und soweit kein Anspruch auf Bewilligung der selbstbeschafften Leistungen bestanden hätte und
2. die Leistungsberechtigten dies wussten oder infolge grober Außerachtlassung der allgemeinen Sorgfalt nicht wussten.

(6) ¹Konnte der Rehabilitationsträger eine unaufschiebbare Leistung nicht rechtzeitig erbringen oder hat er eine Leistung zu Unrecht abgelehnt und sind dadurch Leistungsberechtigten für die selbstbeschaffte Leistung Kosten entstanden, sind diese vom Rehabilitationsträger in der entstandenen Höhe zu erstatten, soweit die Leistung notwendig war. ²Der Anspruch auf Erstattung richtet sich gegen den Rehabilitationsträger, der zum Zeitpunkt der Selbstbeschaffung über den Antrag entschieden hat. ³Lag zum Zeitpunkt der Selbstbeschaffung noch keine Entscheidung vor, richtet sich der Anspruch gegen den leistenden Rehabilitationsträger.

(7) Die Absätze 1 bis 5 gelten nicht für die Träger der Eingliederungshilfe, der öffentlichen Jugendhilfe und der Sozialen Entschädigung, soweit dieser Leistungen zur Teilhabe nach § 62 Satz 1 Nummer 1 bis 3 des Vierzehnten Buches erbringt.

Literatur:
Gagel, Rechtsfragen zu §§ 14 und 15 SGB IX, Info Nr. 5 in Diskussionsforum A auf www.reha-recht.de; *Hamann*, Die Genehmigungsfiktion des § 18 Abs. 3 SGB IX – Anspruch auf Sachleistung gegen den leistenden Rehabilitationsträger? (§ 18 Abs. 3 SGB IX), WzS 2019, 135; *Kellner*, Die neue Genehmigungsfiktion im Teilhaberecht. Ein weiteres Element des Bundesteilhabegesetzes, NJW 2018, 3485; *Kellner*, Die Genehmigungsfiktion im Rehabilitations- und Teilhaberecht nach § 18 III SGB IX, DVBl. 2019, 284; *Schaumberg*, Leistungskoordination im SGB IX – Zuständigkeitsklärung, Genehmigungsfiktion und Teilhabeplanung (Teil II), SGb 2019, 206; *Zabre*, Verfahren zur Zuständigkeitserklärung nach § 14 SGB IX – beschleunigte Prüfung verkürzt Weg zur Rehabilitation und Leistung zur Teilhabe, SGb 2005, 566.

1 **Gesetzeshistorie:** Die Vorschrift wurde, ursprünglich als § 15, durch Artikel 1 und 68 Abs. 1 SGB IX vom 19.6.2001[1] mit Wirkung ab 1.7.2001 eingeführt. Das BTHG hat die Norm als § 18 übernommen und in einigen Punkten weiterentwickelt. Der in ihr enthaltene Anspruch auf Kostenerstattung bei der Selbstbeschaffung von Leistungen zur Teilhabe soll vor allem den Anspruchsinhaber

---

1 BGBl. I 1046.

stärken, der nicht allein auf die Untätigkeitsklage verwiesen sein soll. Dazu hat die geltende Fassung einige zusätzliche weitere Regelungen aufgenommen.

Regelungsinhalt: Die Vorschrift ermöglicht Leistungsberechtigten, auch über die von der Rechtsprechung bereits anerkannten Fallgestaltungen hinaus sich die Leistung selbst zu beschaffen, soweit der zuständige Rehabilitationsträger die Leistung trotz Fristsetzung nicht rechtzeitig erbringt. Er stellt damit eine Abweichung vom Sachleistungsgrundsatz zugunsten des Prinzips der Kostenerstattung in besonderen Fällen dar.

Absatz 1 sieht vor, dass für den Fall, dass über den Antrag auf Leistungen zur Teilhabe nicht innerhalb einer Frist von zwei Monaten ab Antragseingang bei dem leistenden Rehabilitationsträger entschieden werden kann, dieser verpflichtet ist, dem leistungsberechtigten Antragsteller vor Ablauf der Frist die Gründe hierfür schriftlich mitzuteilen. Diese Mitteilung wird legaldefiniert als „begründete Mitteilung". Damit knüpft die Vorschrift in ihrem Satz 1 an das in § 14 geregelte Zuständigkeitsklärungsverfahren an. Die Mitteilungspflicht besteht in allen Fällen, in denen ein Antrag gestellt wurde, unabhängig davon, ob es eines Antrags bedurfte oder ob es sich um eine Leistung handelt, die unabhängig von einem Antrag von Amts wegen zu erbringen wäre. Anwendbar ist die Vorschrift bei Anträgen an jeden möglichen Rehabilitationsträger, also auch im Bereich der Rentenversicherung. Dies folgt daraus, dass § 18 trägerübergreifend Kostenerstattungsansprüche für selbstbeschaffte Teilhabeleistungen normiert, eine Einschränkung lässt sich weder dem Wortlaut noch der Systematik entnehmen, auch dem Gesetzgeber der Ausgangsfassung der Norm[2] kam es auf die umfassende, einheitliche Regelung an.[3]

Absatz 2 enthält nähere Einzelheiten zu der begründeten Mitteilung. Zum einen ist vorgesehen, dass dem Leistungsberechtigten genau, bis auf den Tag hin, mitzuteilen ist, bis wann über den Antrag entschieden wird. Zudem sieht Satz 2 eine Fristverlängerung (hinsichtlich der zwei Monate des Absatzes 1) vor, die aber nur in bestimmten, im Gesetz abschließend aufgezählten Fällen möglich ist. Diese Fristverlängerungsmöglichkeit ist gestaffelt geregelt und abhängig von der jeweiligen Begründung der Fristüberschreitung. Durch diese kann der leistende Rehabilitationsträger für sich einen erweiterten Zeitaufwand bei der Beauftragung von Sachverständigen oder bei der Durchführung der Begutachtung in Anspruch nehmen, wenn er dies gegenüber den Leistungsberechtigten in seiner Mitteilung nachweist.

Absatz 3 regelt die Rechtsfolgen einer Fristüberschreitung. Erfolgt die **begründete Mitteilung** nicht, kommt es nach Absatz 3 zu einer gesetzlichen Fiktion: Die beantragte Leistung gilt in diesen Fällen als genehmigt.[4] Diese Genehmigungsfiktion ist in Satz 2 noch ausgeweitet und greift auch dann ein, wenn der in der Mitteilung bestimmte Zeitpunkt der Entscheidung über den Antrag ohne weitere begründete Mitteilung des Rehabilitationsträgers abgelaufen ist. Die Rechtsfolge der Genehmigungsfiktion ist die (fingierte) Bewilligung der Leistung, die sich der Antragsteller dann selbst beschaffen kann.[5] Allerdings wird durch die Fiktion keine behördliche Entscheidung ersetzt und es wird auch

---

2 BT-Drs. 14/5074, 117.
3 Wie hier BSG 20.10.2009 – B 5 R 5/07 R, Die Leistungen Beilage 2009, 355; eher offen gelassen in BSG 21.8.2008 – B 13 R 33/07 R, SozR 4-3250 § 14 Nr. 7; zweifelnd und mit Verweis auf § 16 SGB VI hingegen BayLSG 14.3.2012 – L 13 R 1049/09, 13 R 92/11.
4 Zum Umfang *Kellner* NJW 2018, 3486.
5 So auch *Kellner* DVBl. 2019, 284 mit Hinweisen auch auf die Gegenauffassung; offenlassend LSG BW 17.12.2018 – L 8 R 4195/18 ER-B.

durch die Fiktion keine Rechtsposition gegenüber Dritten erzeugt. Stattdessen ist davon auszugehen, dass eine Rechtsposition sui generis geschaffen wird. Diese versetzt den Leistungsberechtigten in die Lage, in einem zweiten Schritt gegenüber dem zur Leistung verpflichteten Rehabilitationsträger einen Kostenerstattungsanspruch geltend zu machen, der seinerseits in Absatz 4 geregelt ist.[6] Entscheidend ist, ob der Antragsteller die konkrete Leistung für erforderlich halten durfte und diese nicht offensichtlich außerhalb des gesetzlichen Leistungskatalogs liegt.[7]

6 **Absatz 4** macht die eigentliche Konsequenz der Genehmigungsfiktion deutlich: Sie verschafft nämlich den Leistungsberechtigten eine eigenständige Handlungsalternative, wonach sie sich die erforderliche Leistung selbst beschaffen können. Beschaffen sich Leistungsberechtigte eine erforderliche Leistung auf der Grundlage der Genehmigungsfiktion selbst, ist der zuständige Rehabilitationsträger nach **Absatz 4 Satz 1** zur **Erstattung** verpflichtet.[8] Danach sind grundsätzlich die von Leistungsberechtigten tatsächlich erbrachten Aufwendungen zu erstatten, allerdings nur in dem Umfang, in dem diese nach Sachlage durch die im Rahmen des Gesetzes verfolgten Zielsetzungen geboten und aus der Sicht des Leistungsberechtigten und der für ihn bestehenden Handlungsalternativen als wirtschaftlich und sparsam anzusehen sind. Der Erstattungsanspruch ist zu bejahen, wenn der Träger die Leistung zu Unrecht abgelehnt hat und zwischen der rechtswidrigen Ablehnung und der Kostenlast des Versicherten ein Ursachenzusammenhang besteht.[9] Die Erstattungspflicht erstreckt sich auch auf die mit der (selbstbeschafften) Teilhabeleistung verbundenen ergänzenden Leistungen.[10] Nach Satz 3 gilt dies auch für die Zahlung von Abschlägen im Umfang fälliger Zahlungsverpflichtungen für selbstbeschaffte Leistungen. Allerdings trägt der Leistungsberechtigte das Risiko, Notwendigkeit und Umfang der selbst beschafften konkreten Leistung richtig einzuschätzen.[11] Doch trifft andererseits den Rehabilitationsträger, wenn er erkennt, dass die beantragte Leistung aus seiner Sicht nicht erforderlich ist, eine Pflicht, dies dem Antragsteller mitzuteilen. Zugleich muss er ihn auf die mit der Selbstbeschaffung verbundenen Risiken hinweisen.[12] Eine Beschränkung in der Leistungshöhe sieht § 18 in der Fassung des BTHG nicht mehr vor, anders als früher. Insofern ist der Anspruch in seiner Höhe grundsätzlich unbeschränkt, jedenfalls soweit nicht ein Ausschlussgrund nach Absatz 5 greift. Insbesondere kommt es nicht (mehr) auf die Wirtschaftlichkeit und Rechtmäßigkeit, also insbesondere auf die Erforderlichkeit und Zweckmäßigkeit der selbst beschafften Leistung an.

7 Ist es zu einer Erstattung gekommen, tritt eine weitere Fiktion ein: Mit ihr gilt nämlich dann, nach Satz 2, der Anspruch der Leistungsberechtigten auf die Erbringung der selbstbeschafften Leistungen zur Teilhabe als erfüllt.

8 **Absatz 5** schließt für bestimmte Konstellationen einen Erstattungsanspruch aus. Dies beruht auf allgemeinen Rechtsgrundsätzen. Dabei geht die Norm jedoch grundsätzlich davon aus, dass die Einwendung des Trägers, eine Leistung hätte nicht (in der selbstbeschafften Weise) erbracht werden können, regelmäßig

---

6 Mit ähnlicher Richtung versteht diese Norm weit auch *Hamann* WzS 2019, 135.
7 So auch *Voelzke* in jurisPK-SGB IX, 3. Aufl. 2018, § 18 Rn. 43.
8 Zu den Voraussetzungen der Kostenerstattung nach Abs. 4 *Schaumberg* SGb 2019, 206 (210 f.).
9 St. Rspr., s. nur BSG 15.3.2012 – B 3 KR 2/11 R, SozR 4-2500 § 33 Nr. 38.
10 SG Lübeck 16.5.2006 – S 20 RA 166/04.
11 Wie hier *Mrozynski* SGB IX Teil 1 § 15 Rn. 17; *Castendiek* in Deinert/Neumann, SGB IX-HdB, § 8 Rn. 65; *Welti* in HK-SGB IX § 15 Rn. 12; aA *Götze* in Hauck/Noftz SGB IX § 15 Rn. 11.
12 *Jabben* in BeckOK SozR SGB IX § 18 Rn. 3.

nicht erhoben werden kann. Nach § 18 soll die Selbstbeschaffung eine Sanktionswirkung entfalten. Daher sind Ausschlussgründe sehr eng zu begrenzen. Das führt dazu, dass für einen etwaigen Ausschluss der Kostenerstattung lediglich der auch nach dem allgemeinen Sozialverfahrensrecht bestehende Verschuldensmaßstab für die Rücknahme rechtswidriger begünstigender Verwaltungsakte in Betracht kommt, ohne hierbei den Leistungsberechtigten eine besondere Kenntnispflicht des Rehabilitationsrechts aufzubürden. Im Ergebnis wird hierdurch eine Erstattung offensichtlich rechtswidriger Leistungen, die rechtsmissbräuchlich beschafft wurden, ausgeschlossen.

Nach **Absatz 6** besteht die Erstattungspflicht auch bei unaufschiebbaren Leistungen und bei rechtswidriger Ablehnung der Leistung. Dies entspricht der vergleichbaren Regelung für die Krankenversicherung in § 13 Abs. 3 SGB V,[13] dieser Vorschrift ist Absatz 6 durch das BTHG auch sprachlich nachgebildet worden. Im Übrigen spiegelt sie den Stand der Rechtsprechung in allen Leistungsbereichen wider.[14] „Unaufschiebbar" ist eine Leistung nur dann, wenn die Verzögerung den Rehabilitationserfolg gefährdet oder den Leistungsberechtigten – etwa eine wesentliche Verschlechterung des Gesundheitszustands – drohen.[15] Entscheidend ist die Beurteilung allein anhand des medizinisch und rehabilitationswissenschaftlich zu beurteilenden Bedarfs. Anders als die Bestimmungen in § 18 Abs. 1 bis 5, die nach § 18 Abs. 7 nicht im Sozialhilferecht gelten, sind Erstattungsansprüche nach § 18 Abs. 6 bewusst nicht ausgenommen worden.[16] Der Anspruch aus § 18 Abs. 6 besteht nicht nur – dem Wortlaut gemäß – bei der rechtswidrigen Ablehnung einer (bislang) nicht erbrachten Sachleistung. Vielmehr ist dieser Konstellation auch der Sachverhalt einer rechtswidrigen (teilweisen) Aufhebung einer bindend zuerkannten Sachleistung gleichzustellen.[17] Nach Sinn und Zweck der Bestimmung besteht der Anspruch schließlich auch dann, wenn ein unzuständiger Träger die Leistung abgelehnt hat, gerade auch dann, wenn ein arbeitsteiliges Verfahren bei den Behörden vorgesehen ist.[18] Im Ergebnis führt Absatz 6 Satz 1 mit seiner Selbstbeschaffungsmöglichkeit dazu, dass die Leistungsberechtigten weitere Handlungsmöglichkeiten als nach den Absätzen 1 bis 5 haben. Doch können sie sich andererseits auch nicht in gleicher Weise auf einen privilegierten Vertrauensmaßstab berufen wie in den anderen Fällen. Das heißt, dass sie ihre Selbstbeschaffung hier nur dann geltend machen können, wenn sie sich innerhalb des Systems bewegen, es können mit anderen Worten nur Kosten geltend gemacht werden, von denen der Leistungsberechtigte bei regulärer Leistungserbringung befreit wäre.

9

Absatz 6 Sätze 2 und 3 regeln, gegen wen sich in diesem besonderen Fall der Anspruch richtet: nämlich entweder gegen den Rehabilitationsträger, der zum Zeitpunkt der Selbstbeschaffung über den Antrag entschieden hat, oder, wenn zum Zeitpunkt der Selbstbeschaffung noch keine Entscheidung vorlag, gegen den leistenden Rehabilitationsträger.

10

Absatz 7 nimmt die Träger der Eingliederungshilfe, der öffentlichen Jugendhilfe und der Kriegsopferfürsorge von der Anwendung der Absätze 1 bis 5 aus. Bei diesen gibt es demzufolge kein Selbstbeschaffungsrecht nach einer Fristüberschreitung nach dieser Bestimmung. Die bisherige Rechtsprechung zur

11

---

13 Dazu *Joussen* in BeckOK SozR SGB V § 13 Rn. 12 ff.
14 BSG 9.12.2008 – B 8/9 b SO 10/07 R, SozR 4-3500 § 54 Nr. 3.
15 BayLSG 26.11.2003 – L 16 RJ 263/03.
16 BT-Drs. 14/5800, 26; BT-Drs. 14/5531, 8; BSG 9.12.2008 – B 8/9 b SO 10/07 R, SozR 4-3500 § 54 Nr. 3.
17 So zu Recht BSG 9.12.2008 – B 8/9 b SO 12/07 R, SozSichplus 2008, Nr. 12, 8.
18 LSG Bln 25.11.2011 – L 31 R 37/10.

Unaufschiebbarkeit oder unberechtigten Ablehnung einer Leistung nach Absatz 6 bleibt hiervon indes unberührt, sie gilt weiter.[19]

§ 19 Teilhabeplan

[gültig bis 31.12.2021:]

(1) Soweit Leistungen verschiedener Leistungsgruppen oder mehrerer Rehabilitationsträger erforderlich sind, ist der leistende Rehabilitationsträger dafür verantwortlich, dass er und die nach § 15 beteiligten Rehabilitationsträger im Benehmen miteinander und in Abstimmung mit den Leistungsberechtigten die nach dem individuellen Bedarf voraussichtlich erforderlichen Leistungen hinsichtlich Ziel, Art und Umfang funktionsbezogen feststellen und schriftlich oder elektronisch so zusammenstellen, dass sie nahtlos ineinandergreifen.

(2) ¹Der leistende Rehabilitationsträger erstellt in den Fällen nach Absatz 1 einen Teilhabeplan innerhalb der für die Entscheidung über den Antrag maßgeblichen Frist. ²Der Teilhabeplan dokumentiert

1. den Tag des Antragseingangs beim leistenden Rehabilitationsträger und das Ergebnis der Zuständigkeitsklärung und Beteiligung nach den §§ 14 und 15,
2. die Feststellungen über den individuellen Rehabilitationsbedarf auf Grundlage der Bedarfsermittlung nach § 13,
3. die zur individuellen Bedarfsermittlung nach § 13 eingesetzten Instrumente,
4. die gutachterliche Stellungnahme der Bundesagentur für Arbeit nach § 54,
5. die Einbeziehung von Diensten und Einrichtungen bei der Leistungserbringung,
6. erreichbare und überprüfbare Teilhabeziele und deren Fortschreibung,
7. die Berücksichtigung des Wunsch- und Wahlrechts nach § 8, insbesondere im Hinblick auf die Ausführung von Leistungen durch ein Persönliches Budget,
8. die Dokumentation der einvernehmlichen, umfassenden und trägerübergreifenden Feststellung des Rehabilitationsbedarfs in den Fällen nach § 15 Absatz 3 Satz 1,
9. die Ergebnisse der Teilhabeplankonferenz nach § 20,
10. die Erkenntnisse aus den Mitteilungen der nach § 22 einbezogenen anderen öffentlichen Stellen und
11. die besonderen Belange pflegender Angehöriger bei der Erbringung von Leistungen der medizinischen Rehabilitation.

³Wenn Leistungsberechtigte die Erstellung eines Teilhabeplans wünschen und die Voraussetzungen nach Absatz 1 nicht vorliegen, ist Satz 2 entsprechend anzuwenden.

(3) ¹Der Teilhabeplan wird entsprechend dem Verlauf der Rehabilitation angepasst und darauf ausgerichtet, den Leistungsberechtigten unter Berücksichtigung der Besonderheiten des Einzelfalles eine umfassende Teilhabe am Leben in der Gesellschaft zügig, wirksam, wirtschaftlich und auf Dauer zu ermöglichen. ²Dabei sichert der leistende Rehabilitationsträger durchgehend das Verfahren. ³Die Leistungsberechtigten können von dem leistenden Rehabilitationsträger Einsicht in den Teilhabeplan oder die Erteilung von Ablichtungen nach § 25 des Zehnten Buches verlangen.

---

19 BSG 9.12.2008 – B 8/9 b SO 10/07 R; s. schon BT-Drs. 14/5531, 8.

(4) ¹Die Rehabilitationsträger legen den Teilhabeplan bei der Entscheidung über den Antrag zugrunde. ²Die Begründung der Entscheidung über die beantragten Leistungen nach § 35 des Zehnten Buches soll erkennen lassen, inwieweit die im Teilhabeplan enthaltenen Feststellungen bei der Entscheidung berücksichtigt wurden.

(5) ¹Ein nach § 15 beteiligter Rehabilitationsträger kann das Verfahren nach den Absätzen 1 bis 3 anstelle des leistenden Rehabilitationsträgers durchführen, wenn die Rehabilitationsträger dies in Abstimmung mit den Leistungsberechtigten vereinbaren. ²Die Vorschriften über die Leistungsverantwortung der Rehabilitationsträger nach den §§ 14 und 15 bleiben hiervon unberührt.

(6) Setzen unterhaltssichernde Leistungen den Erhalt von anderen Leistungen zur Teilhabe voraus, gelten die Leistungen im Verhältnis zueinander nicht als Leistungen verschiedener Leistungsgruppen im Sinne von Absatz 1.

[gültig ab 1.1.2022:]

(1) ¹Soweit Leistungen verschiedener Leistungsgruppen oder mehrerer Rehabilitationsträger erforderlich sind, ist der leistende Rehabilitationsträger dafür verantwortlich, dass er und die nach § 15 beteiligten Rehabilitationsträger im Benehmen miteinander und in Abstimmung mit den Leistungsberechtigten die nach dem individuellen Bedarf voraussichtlich erforderlichen Leistungen hinsichtlich Ziel, Art und Umfang funktionsbezogen feststellen und schriftlich oder elektronisch so zusammenstellen, dass sie nahtlos ineinandergreifen. ²Soweit zum Zeitpunkt der Antragstellung nach § 14 Leistungen nach dem Zweiten Buch beantragt sind oder erbracht werden, beteiligt der leistende Rehabilitationsträger das zuständige Jobcenter wie in den Fällen nach Satz 1.

(2) ¹Der leistende Rehabilitationsträger erstellt in den Fällen nach Absatz 1 einen Teilhabeplan innerhalb der für die Entscheidung über den Antrag maßgeblichen Frist. ²Der Teilhabeplan dokumentiert
1. den Tag des Antragseingangs beim leistenden Rehabilitationsträger und das Ergebnis der Zuständigkeitsklärung und Beteiligung nach den §§ 14 und 15,
2. die Feststellungen über den individuellen Rehabilitationsbedarf auf Grundlage der Bedarfsermittlung nach § 13,
3. die zur individuellen Bedarfsermittlung nach § 13 eingesetzten Instrumente,
4. die gutachterliche Stellungnahme der Bundesagentur für Arbeit nach § 54,
5. die Einbeziehung von Diensten und Einrichtungen bei der Leistungserbringung,
6. erreichbare und überprüfbare Teilhabeziele und deren Fortschreibung,
7. die Berücksichtigung des Wunsch- und Wahlrechts nach § 8, insbesondere im Hinblick auf die Ausführung von Leistungen durch ein Persönliches Budget,
8. die Dokumentation der einvernehmlichen, umfassenden und trägerübergreifenden Feststellung des Rehabilitationsbedarfs in den Fällen nach § 15 Absatz 3 Satz 1,
9. die Ergebnisse der Teilhabeplankonferenz nach § 20,
10. die Erkenntnisse aus den Mitteilungen der nach § 22 einbezogenen anderen öffentlichen Stellen,
11. die besonderen Belange pflegender Angehöriger bei der Erbringung von Leistungen der medizinischen Rehabilitation und
12. die Leistungen zur Eingliederung in Arbeit nach dem Zweiten Buch, soweit das Jobcenter nach Absatz 1 Satz 2 zu beteiligen ist.

³Wenn Leistungsberechtigte die Erstellung eines Teilhabeplans wünschen und die Voraussetzungen nach Absatz 1 nicht vorliegen, ist Satz 2 entsprechend anzuwenden.

(3) ¹Der Teilhabeplan wird entsprechend dem Verlauf der Rehabilitation angepasst und darauf ausgerichtet, den Leistungsberechtigten unter Berücksichtigung der Besonderheiten des Einzelfalles eine umfassende Teilhabe am Leben in der Gesellschaft zügig, wirksam, wirtschaftlich und auf Dauer zu ermöglichen. ²Dabei sichert der leistende Rehabilitationsträger durchgehend das Verfahren. ³Die Leistungsberechtigten können von dem leistenden Rehabilitationsträger Einsicht in den Teilhabeplan oder die Erteilung von Ablichtungen nach § 25 des Zehnten Buches verlangen.

(4) ¹Die Rehabilitationsträger legen den Teilhabeplan bei der Entscheidung über den Antrag zugrunde. ²Die Begründung der Entscheidung über die beantragten Leistungen nach § 35 des Zehnten Buches soll erkennen lassen, inwieweit die im Teilhabeplan enthaltenen Feststellungen bei der Entscheidung berücksichtigt wurden.

(5) ¹Ein nach § 15 beteiligter Rehabilitationsträger kann das Verfahren nach den Absätzen 1 bis 3 anstelle des leistenden Rehabilitationsträgers durchführen, wenn die Rehabilitationsträger dies in Abstimmung mit den Leistungsberechtigten vereinbaren. ²Die Vorschriften über die Leistungsverantwortung der Rehabilitationsträger nach den §§ 14 und 15 bleiben hiervon unberührt.

(6) Setzen unterhaltssichernde Leistungen den Erhalt von anderen Leistungen zur Teilhabe voraus, gelten die Leistungen im Verhältnis zueinander nicht als Leistungen verschiedener Leistungsgruppen im Sinne von Absatz 1.

Literatur:

International Labour Organization, Code of practice on managing disability in the workplace, 2001; *Luik,* Der Teilhabeplan – die Roadmap zum Reha-Erfolg, SozialeSicherheit aktuell Sonderheft 2014, 11; *Matzeder,* Begleitende Hilfe für schwerbehinderte Menschen als Managementaufgabe, Behindertenrecht 2002, 40; *Mehrhoff,* Vernetzte Rehabilitation am Beispiel des Managements nach einem Unfall, Rehabilitation 2000, 231; *Mehrhoff* (Hrsg.), Disability Management, 2004; *Pickel,* Organisatorische Vorkehrungen zum Schutz der Sozialdaten und besondere Datenverarbeitungsarten, SGb 2000, 198; *Pickel,* Rechte des Betroffenen im Sozialdatenschutz, SGb 2001, 57; *Seger,* Die prozessualen und strukturellen Schritte zur erfolgreichen trägerübergreifenden gemeinsamen Teilhabeprüfung, Sozialer Fortschritt 2012, 127; *Welti,* Planung individueller Teilhabeleistungen durch Rehabilitationsträger, RsDE 60 (2006), 50; *Wuschech/Beyer,* Die Rolle der Integrationsämter nach Inkrafttreten des BTHG, Behindertenrecht 2018, 133.

1 **Gesetzeshistorie:** Die Vorschrift des früheren § 10 wurde durch Artikel 1 und § 68 Abs. 1 SGB IX vom 19.6.2001[1] mit Wirkung ab 1.7.2001 eingeführt. Ein Absatz 1 Satz 4 wurde mit Wirkung ab 1.7.2004 angefügt durch Artikel 8 und § 70 Abs. 2 Satz 3 des Gesetzes vom 27.12.2003[2] und mit Rückwirkung ab 1.7.2004 wieder aufgehoben durch Artikel 8 und 32 des Gesetzes vom 21.3.2005.[3] Das BTHG hat die Norm zur Koordinierung der Leistungen ausgebaut und zu einer Ausgangsbestimmung für den „Teilhabeplan" gemacht, der nunmehr in seinem Ausgangspunkt in § 19 geregelt ist.

2 **Regelungsinhalt:** Die Vorschrift trifft einerseits Regelungen für den Fall, dass Leistungen verschiedener Leistungsgruppen oder mehrerer Rehabilitationsträ-

---

1 BGBl. I 1046.
2 BGBl. I 3022.
3 BGBl. I 818.

ger erforderlich sind: Inhaltlich sind die verschiedenen Träger durch die Vorschrift dann zur Koordinierung ihrer Leistungen aufgerufen, der verantwortliche Träger hat die Pflicht zur Erstellung eines abgestimmten Teilhabeplans. Absatz 1 verpflichtet die Rehabilitationsträger, die individuell erforderlichen Leistungen trägerübergreifend gemeinsam und in Abstimmung mit den Leistungsberechtigten so zu bestimmen, dass die Leistungen aus deren Sicht „wie aus einer Hand" erscheinen. Absätze 2 bis 7 enthalten dann nähere Bestimmungen zur Ausgestaltung und zum Verfahren des Teilhabeplans.

Zur Entstehung: Absatz 1 entwickelt Regelungen des § 4 Abs. 2 und des § 5 Abs. 1 Rehabilitations-Angleichungsgesetz fort und ergänzt die allgemeinen Regelungen des Ersten Buches (insbesondere §§ 16 und 17 SGB I) und des Zehnten Buches (insbesondere § 86 SGB X), soweit dies durch Besonderheiten bei der Teilhabe behinderter und von Behinderung bedrohter Menschen geboten ist. 3

Nach **Absatz 1 Satz 1** ist die Vorschrift anzuwenden, soweit **Leistungen verschiedener Leistungsgruppen oder mehrerer Rehabilitationsträger** erforderlich sind. In diesem Fall entsteht eine Koordinierungspflicht des leistenden Trägers. Dies setzt zunächst eine **Abklärung** voraus, ob unter Würdigung der in §§ 1 und 4 Abs. 1 festgelegten und in Satz 2 des Absatzes 1 wieder aufgegriffenen, übergeordneten Ziele überhaupt Leistungen zur Teilhabe notwendig sind und Leistungen welcher Leistungsgruppen zur möglichst weitgehenden Umsetzung dieser Ziele im konkreten Einzelfall in Betracht kommen. Erst auf der Grundlage einer solchen Abklärung kann beurteilt werden, ob die Vorschrift im Einzelfall anzuwenden ist. 4

Verantwortlich für diese Abklärung und die aus ihr folgende Anwendung der Vorschrift ist der nach § 14 leistende Rehabilitationsträger. Zunächst ist also für eine in Betracht kommende Leistung zur Teilhabe nach den Regelungen, die in § 14 Abs. 1 festgelegt sind, der für diese Leistung zunächst zuständige Rehabilitationsträger zu ermitteln.[4] Verantwortlich für die Koordination ist dann derjenige Träger, der zuerst leistet.[5] 5

Der genaue Ablauf und die jeweils vorzunehmenden Vorgänge sind in der **Gemeinsamen Empfehlung** über die nahtlose, zügige und einheitliche Leistungserbringung von Leistungen zur Teilhabe (**Gemeinsame Empfehlung „Einheitlichkeit/Nahtlosigkeit"**) sowie die **Gemeinsame Empfehlung „Teilhabeplan"** vorgesehen, die von den unterschiedlichen Rehabilitationsträgern vereinbart worden sind – also den gesetzlichen Krankenkassen, der Bundesanstalt (Bundesagentur) für Arbeit, den Trägern der gesetzlichen Unfallversicherung, den Trägern der gesetzlichen Rentenversicherung, den Trägern der Alterssicherung der Landwirte, den Integrationsämtern in Bezug auf Leistungen und sonstige Hilfen für schwerbehinderte Menschen, den Trägern der Kriegsopferversorgung und den Trägern der Kriegsopferfürsorge im Rahmen des Rechts der sozialen Entschädigung bei Gesundheitsschäden.[6] 6

Die in der Vorschrift enthaltene Verpflichtung geht zunächst dahin, die nach dem individuellen Bedarf voraussichtlich erforderlichen **Leistungen funktionsbezogen** festzustellen. Die Feststellung der Leistungen unter Bezug auf ihre Funktion verbietet pauschale Leistungsumschreibungen; sie gebietet Leistungen entsprechend dem individuellen Bedarf und entsprechend den individuellen, mit den Leistungen umzusetzenden Teilhabezielen. 7

---

4 *Gagel* jurisPR-SozR 2/2008 Anm. 5.
5 *Welti* in HK-SGB IX § 10 Rn. 4.
6 Beides im Internet auf der Homepage der Bundesarbeitsgemeinschaft für Rehabilitation abrufbar unter www.bar-frankfurt.de.

8 Der verpflichtete Rehabilitationsträger trifft die Feststellung, welche Leistungen nach diesen Vorgaben erforderlich sind, zunächst insbesondere für die Leistungen, für die er (auf der Grundlage des § 14 Abs. 1) selbst zuständig ist. Er beachtet dabei auch § 4 Abs. 2 Satz 2, wonach er seine Leistungen im Rahmen der für ihn geltenden Rechtsvorschriften nach Lage des Einzelfalls so vollständig und umfassend zu erbringen hat, dass Leistungen eines anderen Trägers möglichst nicht erforderlich werden.

9 Hat der verpflichtete Rehabilitationsträger alle erforderlichen Leistungen selbst zu erbringen, sind aber Leistungen **mehrerer Leistungsgruppen** im Sinne des § 5 Nr. 1 bis 5 erforderlich, sind diese Leistungen so anzuordnen, dass diese **nahtlos ineinandergreifen**. Dies gilt bei zeitlicher Abfolge beispielsweise erst medizinischer, dann berufsfördernder Leistungen; es gilt beispielsweise aber auch bei gleichzeitiger Inanspruchnahme von Leistungen zur medizinischen Rehabilitation oder zur Teilhabe am Arbeitsleben einerseits und unterhaltssichernder und anderer ergänzender Leistungen oder Leistungen zur Teilhabe am Leben in der Gemeinschaft andererseits.

10 Die Feststellung und Zusammenstellung mehrerer Leistungen zur Teilhabe entsprechend den vorgegebenen Zielsetzungen in Abstimmung auch mit persönlichen und betrieblichen Anforderungen ist eine Gestaltungsaufgabe, die in den letzten Jahren immer öfter als „**Management**"-Aufgabe verstanden wird. Sie besteht aus Problemanalyse, Leistungsplanung, Leistungsdurchführung, Kontrolle und muss prozessorientiert begriffen werden.[7] Zur Sicherung der Wirksamkeit und gegebenenfalls Umsteuerung ist eine (interne und externe) Bewertung im Hinblick auf Zielerreichung (Effektivität) und Wirtschaftlichkeit (Effizienz) zeitnah erforderlich. Die Vorschrift ordnet diese Aufgaben dem zuständigen Rehabilitationsträger zu, der hierzu eigene, aber auch außenstehende Beratungsfachkräfte einsetzen kann.

11 Die Vorschrift gebietet, alle angesprochenen Feststellungen, einschließlich des nahtlosen Ineinandergreifens, mit dem **Leistungsberechtigten** abzustimmen. Dies setzt auf jeden Fall eine Unterrichtung des Leistungsberechtigten voraus, ferner die Gelegenheit zu abweichenden Vorschlägen und nach Möglichkeit deren Berücksichtigung. In diese Abstimmung können die Leistungsberechtigten ihre Betreuer oder Vertrauenspersonen einbeziehen.

12 Das Ergebnis der mit dem Leistungsberechtigten abgestimmten Feststellungen einschließlich des nahtlosen Ineinandergreifens ist **schriftlich oder elektronisch** festzuhalten, sinnvollerweise nicht nur für den Rehabilitationsträger selbst, sondern auch für den Leistungsberechtigten.[8]

13 Ergibt die Abklärung durch den verantwortlichen Rehabilitationsträger, dass neben den von ihm selbst zu erbringenden Leistungen zur Teilhabe auch solche eines **anderen Rehabilitationsträgers** erforderlich sind, ist dieser Rehabilitationsträger an der dargestellten Abstimmung zu beteiligen. Diese Abstimmung erfolgt **im Benehmen** miteinander, also in einer Form der Verständigung unterhalb des Einvernehmens. Als Maßstab für die Beteiligung anderer Träger kommt § 12 SGB X in Betracht mit seinen dort enthaltenen Beteiligungsvorschriften. Daraus ergibt sich, dass der zuständige, die Koordination durchführende Rehabilitationsträger nach pflichtgemäßem Ermessen diejenigen, deren rechtliche Interessen durch den Verfahrensausgang berührt sein können, hinzu-

---

[7] Zu den Schwierigkeiten in diesem Prozess und möglichen Lösungswegen *Seger* Sozialer Fortschritt 2012, 127.
[8] *Castendiek* in Deinert/Neumann SGB IX-HdB § 8 Rn. 15.

ziehen kann, etwa diejenigen Dienste und Einrichtungen, deren Leistungen beantragt oder gewünscht sind.

Diese **Abstimmung** beginnt zunächst mit einer **Unterrichtung** des anderen Rehabilitationsträgers durch den primär verpflichteten Rehabilitationsträger über den Stand des Verfahrens, insbesondere über Anträge und sonstige Willensäußerungen des Leistungsberechtigten, vorliegende Gutachten, die vom verpflichteten Rehabilitationsträger beabsichtigten Leistungen sowie die Leistungen, die nach Einschätzung des verpflichteten Rehabilitationsträgers durch den anderen Rehabilitationsträger zu erbringen sind. 14

Die Entscheidung, welche Leistungen zu erbringen sind, trifft jeder Rehabilitationsträger ausschließlich für die von ihm selbst zu erbringenden Leistungen. Sind mehrere Rehabilitationsträger beteiligt, haben sie ihre Entscheidung jedoch **im Benehmen miteinander** zu treffen. Dies bedeutet verfahrensrechtlich Information und Gelegenheit zur Stellungnahme, ferner eine Auseinandersetzung mit den Inhalten von Stellungnahmen, jedoch keine Notwendigkeit des Einvernehmens. Es handelt sich um eine interne Koordination; eine gemeinsame Bescheidung oder gar eine inhaltliche Modifizierung der – rechtlich eigenständigen – Einzelansprüche ist hiermit nicht vorgesehen. Bei offenen Differenzen und nicht erreichter Übereinstimmung obliegt es der zuständigen Stelle, gemäß ihrer eigenen Auffassung tätig zu werden, und zwar nachdem sie versucht hat, eine Verständigung zu erreichen.[9] 15

Bei der Herstellung des Benehmens nach **Absatz 1** haben die Rehabilitationsträger die inhaltlichen Ziele des Verfahrens zu beachten und ihre Umsetzung im Einzelfall anzustreben. Die zielgerichtete Umsetzung der insgesamt erforderlichen Leistungen ist somit Aufgabe nicht nur des verantwortlichen, administrativ federführenden Rehabilitationsträgers, sondern aller beteiligten Rehabilitationsträger. 16

Absatz 2 enthält die wesentlichen Inhaltsbestimmungen für den **Teilhabeplan**. Dieser ist vom leistenden Rehabilitationsträger in den Fällen nach Absatz 1 innerhalb der für die Entscheidung über den Antrag maßgeblichen Frist zu **erstellen**. Satz 2 gibt im Einzelnen detailliert vor, was in dem Plan zu dokumentieren ist. Auf diese Weise wird der Teilhabeplan zu einem standardisierten Verwaltungsverfahren und zudem wird er ein regulärer Bestandteil der Aktenführung. 17

Absatz 3 sieht vor, dass der Teilhabeplan, in den eine Einsichtnahme möglich ist, angepasst wird. Zudem enthält er die Vorgabe, die Leistungen darauf auszurichten, den Leistungsberechtigten unter Berücksichtigung der Besonderheiten des Einzelfalls die den Zielen der §§ 1 und 4 Abs. 1 entsprechende **umfassende Teilhabe** am Leben in der Gesellschaft zu ermöglichen. Die umfassende Teilhabe am Leben in der Gesellschaft entsprechend den Zielen der §§ 1 und 4 Abs. 1 wird damit noch einmal ausdrücklich als Aufgabe der Leistungen zur Teilhabe – auch in ihrem Zusammenwirken – festgelegt. Der so entstehende Teilhabeplan bildet letztlich die fachliche Grundlage für die Steuerung des gesamten Prozesses der Rehabilitation. 18

Die genannten Ziele sollen **zügig, wirksam, wirtschaftlich und auf Dauer** ermöglicht werden. Bei der zügigen, umfassenden und durchgehenden Ausführung der zur Erreichung der Ziele erforderlichen Leistungen haben die Rehabilitationsträger die wirksame und wirtschaftliche Leistungsausführung zu gewährleisten. Dies entspricht der Verpflichtung, die obliegenden Aufgaben unter Berücksichtigung der Grundsätze der Wirtschaftlichkeit und Sparsamkeit zu erfüllen, die sich für Träger der Sozialversicherung aus § 69 Abs. 2 SGB IV und 19

---

9 Vgl. *Mrozynski* SGB IX Teil 1 § 10 Rn. 11.

für die übrigen Rehabilitationsträger aus haushaltsrechtlichen Regelungen ergibt.

20 **Absatz 4** bestimmt, dass die Rehabilitationsträger den Teilhabeplan bei der Entscheidung über den Antrag zugrunde legen. Dabei ist zu beachten, dass der Plan selbst kein Verwaltungsakt ist und nicht die Entscheidung über den Antrag auf Leistungen zur Teilhabe ersetzt, ebenso wenig wie die Begründung. Er ist stattdessen als Vorbereitungsakt für die Entscheidung der Rehabilitationsträger anzusehen, an der der Berechtigte mitwirken kann. Nach Satz 2 ist vorgesehen, dass die Entscheidungsbegründung nach § 35 SGB X auf den Teilhabeplan durch Übernahme der relevanten Bestandteile Bezug nehmen.

21 Nach **Absatz 5** ist die Möglichkeit einer ersatzweisen Übernahme der Koordinierung möglich. Denn danach kann ein nach § 15 beteiligter Rehabilitationsträger das Verfahren nach den Absätzen 1 bis 3 anstelle des leistenden Rehabilitationsträgers durchführen.[10] Voraussetzung dafür ist, dass die Rehabilitationsträger dies in Abstimmung mit den Leistungsberechtigten vereinbaren. Dadurch wird vor allem in denjenigen Fällen, in denen die Bedarfsfeststellung lückenlos und im Einvernehmen mit den Leistungsberechtigten erfolgt, die Möglichkeit geschaffen, variabel die Zuständigkeit zu verteilen und nicht an dem gesetzlichen Regelmodell festhalten zu müssen. Das bietet sich etwa an, wenn sich nach § 15 Abs. 3 Satz 2 eine den Zuständigkeiten der Rehabilitationsträger entsprechende und nahtlose Leistungserbringung andeutet.[11]

22 **Absatz 6** enthält eine Fiktionsregelung, der zufolge dann, wenn unterhaltssichernde Leistungen den Erhalt von anderen Leistungen zur Teilhabe voraussetzen, diese Leistungen im Verhältnis zueinander nicht als Leistungen verschiedener Leistungsgruppen im Sinne von Absatz 1 gelten. Unterhaltsichernde Leistungen lösen damit nicht die Leistungsgruppenmehrheit im Sinne von Absatz 1 aus, wenn sie aufgrund der jeweils einschlägigen Leistungsgesetze lediglich akzessorisch zu anderen Leistungen gewährt werden. Die Konsequenz daraus ist, dass der Schwerpunkt der Leistungserbringung dann bei der zugrunde liegenden Teilhabeleistung liegt, etwa der medizinischen Rehabilitation nach § 20 SGB VI.

23 Durch das **Teilhabestärkungsgesetz** wurde Abs. 1 um einen Satz 2 ergänzt. Danach gilt, dass in dem Fall, in dem zum Zeitpunkt der Antragstellung nach § 14 Leistungen nach dem Zweiten Buch beantragt sind oder erbracht werden, der leistende Rehabilitationsträger das zuständige Jobcenter wie in den Fällen nach Satz 1 beteiligt. Auf diese Weise können Jobcenter zusammen mit den Rehabilitationsträgern die Erbringung der Eingliederungsleistungen und Rehabilitationsleistungen aufeinander abstimmen und verzahnen. Das könnte gegenüber dem bisherigen Rechtsstand ein höheres Maß an Effektivität bewirken, Reibungsverluste würden vermieden. Auch kann auf dieser Basis ein besserer Informationsaustausch erzielt werden, etwa im Hinblick auf die Sozialdaten der Leistungsberechtigten zwischen den Rehabilitationsträgern und den Jobcentern. Hintergrund der Verzahnung ist vor allem die vom Teilhabestärkungsgesetz ebenfalls umgesetzte Öffnung der § 16 a ff. SGB II für Rehabilitanden. Weil die Jobcenter im Teilhabeplanverfahren nunmehr zwingend zu beteiligen sind, sieht die durch das Gesetz eingefügte neue Nummer 12 konsequent vor, dass auch die Eingliederungsleistungen der Jobcenter im Teilhabeplan dokumentiert werden müssen.

---

10 Ggf. kann auch das Integrationsamt dieses Verfahren anstelle des leistenden Rehabilitationsträgers durchführen, dazu *Wuschech/Beyer* Behindertenrecht 2018, 133 (134).
11 Mit diesem praktischen Beispiel der Gesetzgeber in BT-Drs. 18/9522, 240.

§ 20 Teilhabeplankonferenz

[gültig bis 31.12.2021:]

(1) [1]Mit Zustimmung der Leistungsberechtigten kann der für die Durchführung des Teilhabeplanverfahrens nach § 19 verantwortliche Rehabilitationsträger zur gemeinsamen Beratung der Feststellungen zum Rehabilitationsbedarf eine Teilhabeplankonferenz durchführen. [2]Die Leistungsberechtigten, die beteiligten Rehabilitationsträger und die Jobcenter können dem nach § 19 verantwortlichen Rehabilitationsträger die Durchführung einer Teilhabeplankonferenz vorschlagen. [3]Von dem Vorschlag auf Durchführung einer Teilhabeplankonferenz kann abgewichen werden,
1. wenn der zur Feststellung des Rehabilitationsbedarfs maßgebliche Sachverhalt schriftlich ermittelt werden kann,
2. wenn der Aufwand zur Durchführung nicht in einem angemessenen Verhältnis zum Umfang der beantragten Leistung steht oder
3. wenn eine Einwilligung nach § 23 Absatz 2 nicht erteilt wurde.

(2) [1]Wird von dem Vorschlag der Leistungsberechtigten auf Durchführung einer Teilhabeplankonferenz abgewichen, sind die Leistungsberechtigten über die dafür maßgeblichen Gründe zu informieren und hierzu anzuhören. [2]Von dem Vorschlag der Leistungsberechtigten auf Durchführung einer Teilhabeplankonferenz kann nicht abgewichen werden, wenn Leistungen an Mütter und Väter mit Behinderungen bei der Versorgung und Betreuung ihrer Kinder beantragt wurden.

(3) [1]An der Teilhabeplankonferenz nehmen Beteiligte nach § 12 des Zehnten Buches sowie auf Wunsch der Leistungsberechtigten die Bevollmächtigten und Beistände nach § 13 des Zehnten Buches sowie sonstige Vertrauenspersonen teil. [2]Auf Wunsch oder mit Zustimmung der Leistungsberechtigten können Rehabilitationsdienste, Rehabilitationseinrichtungen und Jobcenter sowie sonstige beteiligte Leistungserbringer an der Teilhabeplankonferenz teilnehmen. [3]Vor der Durchführung einer Teilhabeplankonferenz sollen die Leistungsberechtigten auf die Angebote der ergänzenden unabhängigen Teilhabeberatung nach § 32 besonders hingewiesen werden.

(4) Wird eine Teilhabeplankonferenz nach Absatz 1 auf Wunsch und mit Zustimmung der Leistungsberechtigten eingeleitet, richtet sich die Frist zur Entscheidung über den Antrag nach § 15 Absatz 4.

[gültig ab 1.1.2022:]

(1) [1]Mit Zustimmung der Leistungsberechtigten kann der für die Durchführung des Teilhabeplanverfahrens nach § 19 verantwortliche Rehabilitationsträger zur gemeinsamen Beratung der Feststellungen zum Rehabilitationsbedarf eine Teilhabeplankonferenz durchführen. [2]Die Leistungsberechtigten, die beteiligten Rehabilitationsträger und die Jobcenter können dem nach § 19 verantwortlichen Rehabilitationsträger die Durchführung einer Teilhabeplankonferenz vorschlagen. [3]Von dem Vorschlag auf Durchführung einer Teilhabeplankonferenz kann nur abgewichen werden, wenn eine Einwilligung nach § 23 Absatz 2 nicht erteilt wurde oder Einvernehmen der beteiligten Leistungsträger besteht, dass
1. der zur Feststellung des Rehabilitationsbedarfs maßgebliche Sachverhalt schriftlich ermittelt werden kann oder
2. der Aufwand zur Durchführung nicht in einem angemessenen Verhältnis zum Umfang der beantragten Leistung steht.

(2) [1]Wird von dem Vorschlag der Leistungsberechtigten auf Durchführung einer Teilhabeplankonferenz abgewichen, sind die Leistungsberechtigten über die da-

für maßgeblichen Gründe zu informieren und hierzu anzuhören. ²Von dem Vorschlag der Leistungsberechtigten auf Durchführung einer Teilhabeplankonferenz kann nicht abgewichen werden, wenn Leistungen an Mütter und Väter mit Behinderungen bei der Versorgung und Betreuung ihrer Kinder beantragt wurden.

(3) ¹An der Teilhabeplankonferenz nehmen Beteiligte nach § 12 des Zehnten Buches sowie auf Wunsch der Leistungsberechtigten die Bevollmächtigten und Beistände nach § 13 des Zehnten Buches sowie sonstige Vertrauenspersonen teil. ²Auf Wunsch oder mit Zustimmung der Leistungsberechtigten können Rehabilitationsdienste und Rehabilitationseinrichtungen sowie sonstige beteiligte Leistungserbringer an der Teilhabeplankonferenz teilnehmen. ³Vor der Durchführung einer Teilhabeplankonferenz sollen die Leistungsberechtigten auf die Angebote der ergänzenden unabhängigen Teilhabeberatung nach § 32 besonders hingewiesen werden.

(4) Wird eine Teilhabeplankonferenz nach Absatz 1 auf Wunsch und mit Zustimmung der Leistungsberechtigten eingeleitet, richtet sich die Frist zur Entscheidung über den Antrag nach § 15 Absatz 4.

1 **Gesetzeshistorie:** Die Norm wurde mit ihrem Inhalt, der insofern keinen Vorgänger hat, durch das BTHG neu in das Gesetz aufgenommen.

2 **Regelungsinhalt:** Geregelt werden von § 20 – erstmalig – die Einrichtung und nähere Ausgestaltung der **Teilhabeplankonferenz**. Diese ist als ein weiteres Verfahren der Bedarfsfeststellung konzipiert und auf Fälle der Trägermehrheit ausgerichtet. Inhaltlich geht es darum, dass durch die Einführung und den Vollzug der Teilhabeplankonferenz die Möglichkeiten der Partizipation des Leistungsberechtigten gestärkt werden. In komplexen Leistungsfällen soll zudem die vom Gesetz gewünschte und auch normativ vielfach eingeforderte Zusammenarbeit der verschiedenen Rehabilitationsträger unterstützt werden. Die Ausgestaltung der Teilhabeplankonferenz in § 20 macht deutlich, dass es sich um eine zusätzliche Stärkung der Rechte des Leistungsberechtigten handelt. Kommt eine Konferenz aber nicht zustande, bleiben, bei Vorliegen des Bedarfsfalls, die Rehabilitationsträger unverändert aufgerufen, gemeinsame Beratungen zur Feststellung des Rehabilitationsbedarfs durchzuführen. Dann greifen die allgemeinen Bestimmungen zur Zusammenarbeit der Rehabilitationsträger, die durch § 20 nicht obsolet werden. Insofern besteht etwa insbesondere auch die Möglichkeit, einen Leistungsträger schon vor dem Zeitpunkt, in dem er ein zuständiger Rehabilitationsträger sein kann, nach § 12 SGB X als Beteiligten einzubinden.[1]

3 **Absatz 1** ordnet zu diesem Zweck an, dass der für die Durchführung des Teilhabeplanverfahrens verantwortliche Rehabilitationsträger die Erforderlichkeit und Zweckmäßigkeit einer Teilhabeplankonferenz **prüfen** muss. Dies wird auf den ersten Blick nicht als **Pflicht** deutlich, da die Norm in Satz 1 vom „kann" spricht, was auf ein Ermessen des Trägers hindeutet. Doch ist aus systematischer Sicht Satz 3 mit in den Blick zu nehmen, der vorgibt, dass nur in dort genannten, eng begrenzten Fällen von dem Vorschlag zur Durchführung einer Teilhabeplankonferenz abgewichen werden kann. Daraus ergibt sich, dass im Grundsatz eine entsprechende Pflicht des verantwortlichen Trägers besteht. Bejaht er im Rahmen der Prüfung den Bedarf einer Konferenz, muss er sie – als Ausdruck des richtig ausgeübten, pflichtgemäßen Ermessens, das durch Satz 3 gelenkt ist – dem Leistungsberechtigten auch anbieten. Der Pflicht des verantwortlichen Leistungsträgers steht umgekehrt ein entsprechender Anspruch des

---

1 BT-Drs. 18/9522, 241.

Leistungsberechtigten gegenüber, der auf die Durchführung einer Teilhabeplankonferenz gerichtet ist. Die Teilhabeplankonferenz bedarf aber jedenfalls der Zustimmung des Leistungsberechtigten.

Neben der Pflicht des Leistungsträgers, die Durchführung einer Teilhabeplankonferenz zu prüfen, sieht **Absatz 1 Satz 2** zudem, erweiternd, vor, dass umgekehrt, etwa wenn der verantwortliche Leistungsträger nicht handelt, auch der einzelne Leistungsberechtigte, die anderen, im Verfahren betroffenen Rehabilitationsträger sowie, drittens, auch die Jobcenter das Recht haben, dem verantwortlichen Rehabilitationsträger die Durchführung einer Teilhabeplankonferenz vorzuschlagen. Dieses Vorschlagsrecht ergänzt insofern, zur Absicherung des von der Norm verfolgten Ziels, die Initiierung der Konferenz. 4

Die zuvor angesprochene **Entlassung** des verantwortlichen Trägers **aus seiner Prüf- und Durchführungspflicht** kommt nur in eng umgrenzten Fällen in Betracht, die vom Gesetz in **Absatz 1 Satz 3** abschließend aufgeführt sind. Der naheliegendste Grund dafür, dass keine Teilhabeplankonferenz durchzuführen ist, ist der in Nummer 1 genannte: Wenn bereits der maßgebliche Sachverhalt für die Feststellung des Rehabilitationsbedarfs durch ein schriftliches Verfahren geklärt werden kann, wäre die Einberufung und Durchführung der Konferenz, die mit Zeit- und finanziellem Aufwand zu erfolgen hätte, schlicht überflüssig. Gleiches gilt letztlich, nach Nummer 2, wenn der Aufwand zur Durchführung nicht in einem angemessenen Verhältnis zum Umfang der beantragten Leistung steht. Hier bleibt durch die Verwendung des unbestimmten Rechtsbegriffs „angemessen" ein erheblicher Spielraum. Angesichts der Intention des Gesetzgebers bei Einrichtung dieses Verfahrens ist allerdings davon auszugehen, dass die Norm eher eng auszulegen ist, es im Zweifel also zu einer Konferenz kommen sollte. Schließlich ist der verantwortliche Träger von der Pflicht nach Nummer 3 befreit, wenn eine Einwilligung nach § 23 Abs. 2 nicht erteilt wurde, also die erforderlichen datenschutzrechtlichen Bestimmungen nicht einzuhalten sind. 5

Hinsichtlich des konkreten organisatorischen Ablaufs der Teilhabeplankonferenz sieht Absatz 1 vor, dass der verantwortliche Rehabilitationsträger nicht nur die Prüfung des Feststellungsbedarfs, sondern auch die **Organisation der Teilhabeplankonferenz** nach den allgemeinen Verfahrensvorschriften des SGB I und des SGB X zu übernehmen hat. Die Rehabilitationsträger, die an der Konferenz zu beteiligen sind, tragen dann aber ihre Verwaltungskosten selbst, wie aus § 64 SGB X folgt. Gleiches gilt für die Leistungsberechtigten, jedenfalls soweit keine besonderen Kostenerstattungsansprüche nach anderen Vorschriften eingreifen. Wird, etwa infolge der Ausschlussgründe in Satz 3 des Absatzes 1 von der Durchführung einer Teilhabeplankonferenz abgesehen, dürfen die Leistungsberechtigten hierdurch bei der Leistungserbringung keine Nachteile erleiden. 6

Absatz 2 normiert die Folgen, die sich ergeben, wenn der Leistungsberechtigte nach Absatz 1 Satz 2 einen **Vorschlag** auf Durchführung einer Teilhabeplankonferenz gemacht hat. Weicht der verantwortliche Rehabilitationsträger von diesem Vorschlag ab, muss er den Leistungsberechtigten über die dafür maßgeblichen Gründe informieren und hierzu anhören. Das ergibt sich schon aus allgemeinen verwaltungsrechtlichen Grundsätzen des rechtlichen Gehörs. 7

Ein Abweichen von dem Vorschlag ist nach **Absatz 2 Satz 2** aber grundsätzlich ausgeschlossen, wenn Leistungen an Mütter und Väter mit Behinderungen bei der Versorgung und Betreuung ihrer Kinder beantragt wurden. Hier geht der Gesetzgeber insofern davon aus, dass die Feststellung des Rehabilitationsbedarfs gerade bei diesen Menschen mit Behinderungen jedenfalls einer Teilhabeplankonferenz bedarf. Das hängt damit zusammen, dass in diesen Fällen immer 8

9   **Absatz 3 regelt die Zusammensetzung der Teilhabeplankonferenz.** An ihr nehmen, gemäß Satz 1, jedenfalls Beteiligte nach § 12 SGB X sowie auf Wunsch der Leistungsberechtigten auch die Bevollmächtigten und Beistände nach § 13 SGB X sowie sonstige Vertrauenspersonen teil. Wenn der Leistungsberechtigte den entsprechenden Wunsch äußert, haben auch Rehabilitationsdienste und Rehabilitationseinrichtungen sowie sonstige beteiligte Leistungserbringer ein eigenes Teilnahmerecht an der Teilhabeplankonferenz. Diesen Wunsch muss der Leistungsberechtigte dann aber entsprechend artikulieren. Der verantwortliche Rehabilitationsträger ist schließlich vor der Durchführung einer Teilhabeplankonferenz gehalten („sollen"), die Leistungsberechtigten auf die Angebote der ergänzenden unabhängigen Teilhabeberatung nach § 32 besonders hinzuweisen. Eine Verletzung dieser Vorschrift zeitigt allerdings keine unmittelbaren Folgen. Mit der Ausweitung des Teilnehmerkreises, insbesondere auf den jeweiligen Wunsch des Leistungsberechtigten hin, wird erkennbar seine Position gestärkt. Ihm soll möglichst viel Raum und Mitgestaltungsmöglichkeit eingeräumt werden. Das ist deshalb berechtigt, weil es sich bei Teilhabeplankonferenzen um anspruchsvolle Gesprächssituationen mit erheblicher Tragweite für das Verfahren der Leistungserbringung handeln kann.[2]

10 **Absatz 4 enthält eine Fristenregelung.** Er sieht vor, dass in den Fällen der Einleitung einer Teilhabeplankonferenz nach Absatz 1, die auf Wunsch und mit Zustimmung des Leistungsberechtigten erfolgt, sich die Frist zur Entscheidung über den Antrag nach § 15 Abs. 4 richtet. Die Norm hat im Wesentlichen klarstellenden Charakter. Sichergestellt wird, dass auch die zweimonatige Entscheidungsfrist nach § 15 Abs. 4 für die Fälle der Teilhabeplankonferenz nicht ohne Zustimmung des Leistungsberechtigten von den Rehabilitationsträgern in Anspruch genommen wird. Es kommt für die verlängerte Entscheidungsfrist infolgedessen nicht darauf an, ob eine Teilhabeplankonferenz nach den Vorstellungen der Rehabilitationsträger eingeleitet werden soll, sondern ob sie auch tatsächlich unter den Voraussetzungen des Absatzes 1 eingeleitet wird.

§ 21 Besondere Anforderungen an das Teilhabeplanverfahren

[gültig bis 31.12.2023:]

[1]Ist der Träger der Eingliederungshilfe der für die Durchführung des Teilhabeplanverfahrens verantwortliche Rehabilitationsträger, gelten für ihn die Vorschriften für die Gesamtplanung ergänzend; dabei ist das Gesamtplanverfahren ein Gegenstand des Teilhabeplanverfahrens. [2]Ist der Träger der öffentlichen Jugendhilfe der für die Durchführung des Teilhabeplans verantwortliche Rehabilitationsträger, gelten für ihn die Vorschriften für den Hilfeplan nach den §§ 36, 36 b und 37 c des Achten Buches ergänzend.

[gültig ab 1.1.2024:]

[1]Ist der Träger der Eingliederungshilfe der für die Durchführung des Teilhabeplanverfahrens verantwortliche Rehabilitationsträger, gelten für ihn die Vorschriften für die Gesamtplanung ergänzend; dabei ist das Gesamtplanverfahren ein Gegenstand des Teilhabeplanverfahrens. [2]Ist der Träger der öffentlichen Ju-

---

2 So auch die Argumentation für die Ausweitung in BT-Drs. 18/9522, 241.

gendhilfe der für die Durchführung des Teilhabeplans verantwortliche Rehabilitationsträger, gelten für ihn die Vorschriften für den Hilfeplan nach § 36 des Achten Buches ergänzend. ³Ist der Träger der Sozialen Entschädigung der für die Durchführung des Teilhabeplanverfahrens verantwortliche Rehabilitationsträger, gelten für ihn die Vorschriften für das Fallmanagement nach § 30 des Vierzehnten Buches ergänzend.

Gesetzeshistorie: Die Norm wurde mit ihrem Inhalt, der insofern keinen Vorgänger hat, durch das BTHG neu in das Gesetz aufgenommen. 1

Regelungsinhalt: Die Norm enthält zum einen, in Satz 1, eine Bestimmung für den besonderen Fall, dass der **Träger der Eingliederungshilfe** für die Durchführung des Teilhabeplanverfahrens nach § 20 verantwortlich ist. In diesen Fällen kommen zu den hier in diesem Gesetz geregelten Verfahrens- und Durchführungsvorschriften noch ergänzend die Vorschriften für die Gesamtplanung hinzu, da und soweit nämlich das Gesamtplanverfahren dann einer der Gegenstände des Teilhabeplanverfahrens wird. Dies trägt dem Umstand Rechnung, dass das Gesamtplanverfahren in der Eingliederungshilfe im Teil 2 die erforderlichen Spezifika der Eingliederungshilfe konkretisiert. Diese sind ihrerseits an den besonderen Bedürfnissen von Menschen mit wesentlichen Behinderungen ausgerichtet und können daher auf diese Weise mit in den Blick genommen werden. 2

Zum anderen enthält Satz 2, vergleichbar, eine weitere Sonderregelung für den Fall, dass der **Träger der öffentlichen Jugendhilfe** der für die Durchführung des Teilhabeplans verantwortliche Rehabilitationsträger ist. Dann sind nämlich die Vorschriften für den Hilfeplan nach § 36 SGB VIII ergänzend heranzuziehen. 3

§ 22 Einbeziehung anderer öffentlicher Stellen

[gültig bis 31.12.2021:]

(1) Der für die Durchführung des Teilhabeplanverfahrens verantwortliche Rehabilitationsträger bezieht unter Berücksichtigung der Interessen der Leistungsberechtigten andere öffentliche Stellen in die Erstellung des Teilhabeplans in geeigneter Art und Weise ein, soweit dies zur Feststellung des Rehabilitationsbedarfs erforderlich ist.

(2) ¹Bestehen im Einzelfall Anhaltspunkte für eine Pflegebedürftigkeit nach dem Elften Buch, wird die zuständige Pflegekasse mit Zustimmung des Leistungsberechtigten vom für die Durchführung des Teilhabeplanverfahrens verantwortlichen Rehabilitationsträger informiert und muss am Teilhabeplanverfahren beratend teilnehmen, soweit dies für den Rehabilitationsträger zur Feststellung des Rehabilitationsbedarfs erforderlich und nach den für die zuständige Pflegekasse geltenden Grundsätzen der Datenverwendung zulässig ist. ²Die §§ 18a und 31 des Elften Buches bleiben unberührt.

(3) ¹Die Integrationsämter sind bei der Durchführung des Teilhabeplanverfahrens zu beteiligen, soweit sie Leistungen für schwerbehinderte Menschen nach Teil 3 erbringen. ²Das zuständige Integrationsamt kann das Teilhabeplanverfahren nach § 19 Absatz 5 anstelle des leistenden Rehabilitationsträgers durchführen, wenn die Rehabilitationsträger und das Integrationsamt dies in Abstimmung mit den Leistungsberechtigten vereinbaren.

(4) ¹Die Jobcenter können dem nach Absatz 1 verantwortlichen Rehabilitationsträger ihre Beteiligung an der Durchführung des Teilhabeplanverfahrens vorschlagen. ²Sie sind zu beteiligen, soweit es zur Feststellung des Rehabilitationsbedarfs erforderlich ist und dies den Interessen der Leistungsberechtigten

entspricht. ³Die Aufgaben und die Beteiligung der Bundesagentur für Arbeit im Rahmen ihrer Zuständigkeit nach § 6 Absatz 3 bleiben unberührt.

(5) Bestehen im Einzelfall Anhaltspunkte für einen Betreuungsbedarf nach § 1896 Absatz 1 des Bürgerlichen Gesetzbuches, informiert der für die Durchführung des Teilhabeplanverfahrens verantwortliche Rehabilitationsträger mit Zustimmung der Leistungsberechtigten die zuständige Betreuungsbehörde über die Erstellung des Teilhabeplans, soweit dies zur Vermittlung anderer Hilfen, bei denen kein Betreuer bestellt wird, erforderlich ist.

[gültig ab 1.1.2022 bis 31.12.2022:]

(1) Der für die Durchführung des Teilhabeplanverfahrens verantwortliche Rehabilitationsträger bezieht unter Berücksichtigung der Interessen der Leistungsberechtigten andere öffentliche Stellen in die Erstellung des Teilhabeplans in geeigneter Art und Weise ein, soweit dies zur Feststellung des Rehabilitationsbedarfs erforderlich ist.

(2) ¹Bestehen im Einzelfall Anhaltspunkte für eine Pflegebedürftigkeit nach dem Elften Buch, wird die zuständige Pflegekasse mit Zustimmung des Leistungsberechtigten vom für die Durchführung des Teilhabeplanverfahrens verantwortlichen Rehabilitationsträger informiert und muss am Teilhabeplanverfahren beratend teilnehmen, soweit dies für den Rehabilitationsträger zur Feststellung des Rehabilitationsbedarfs erforderlich und nach den für die zuständige Pflegekasse geltenden Grundsätzen der Datenverwendung zulässig ist. ²Die §§ 18a und 31 des Elften Buches bleiben unberührt.

(3) ¹Die Integrationsämter sind bei der Durchführung des Teilhabeplanverfahrens zu beteiligen, soweit sie Leistungen für schwerbehinderte Menschen nach Teil 3 erbringen. ²Das zuständige Integrationsamt kann das Teilhabeplanverfahren nach § 19 Absatz 5 anstelle des leistenden Rehabilitationsträgers durchführen, wenn die Rehabilitationsträger und das Integrationsamt sowie das nach § 19 Absatz 1 Satz 2 zu beteiligende Jobcenter dies in Abstimmung mit den Leistungsberechtigten vereinbaren.

(4) Bestehen im Einzelfall Anhaltspunkte für einen Betreuungsbedarf nach § 1896 Absatz 1 des Bürgerlichen Gesetzbuches, informiert der für die Durchführung des Teilhabeplanverfahrens verantwortliche Rehabilitationsträger mit Zustimmung der Leistungsberechtigten die zuständige Betreuungsbehörde über die Erstellung des Teilhabeplans, soweit dies zur Vermittlung anderer Hilfen, bei denen kein Betreuer bestellt wird, erforderlich ist.

[gültig ab 1.1.2023:]

(1) Der für die Durchführung des Teilhabeplanverfahrens verantwortliche Rehabilitationsträger bezieht unter Berücksichtigung der Interessen der Leistungsberechtigten andere öffentliche Stellen in die Erstellung des Teilhabeplans in geeigneter Art und Weise ein, soweit dies zur Feststellung des Rehabilitationsbedarfs erforderlich ist.

(2) ¹Bestehen im Einzelfall Anhaltspunkte für eine Pflegebedürftigkeit nach dem Elften Buch, wird die zuständige Pflegekasse mit Zustimmung des Leistungsberechtigten vom für die Durchführung des Teilhabeplanverfahrens verantwortlichen Rehabilitationsträger informiert und muss am Teilhabeplanverfahren beratend teilnehmen, soweit dies für den Rehabilitationsträger zur Feststellung des Rehabilitationsbedarfs erforderlich und nach den für die zuständige Pflegekasse geltenden Grundsätzen der Datenverwendung zulässig ist. ²Die §§ 18a und 31 des Elften Buches bleiben unberührt.

(3) ¹Die Integrationsämter sind bei der Durchführung des Teilhabeplanverfahrens zu beteiligen, soweit sie Leistungen für schwerbehinderte Menschen nach Teil 3 erbringen. ²Das zuständige Integrationsamt kann das Teilhabeplanverfahren nach § 19 Absatz 5 anstelle des leistenden Rehabilitationsträgers durchführen, wenn die Rehabilitationsträger und das Integrationsamt sowie das nach § 19 Absatz 1 Satz 2 zu beteiligende Jobcenter dies in Abstimmung mit den Leistungsberechtigten vereinbaren.

(4) ¹Bestehen im Einzelfall Anhaltspunkte für einen Betreuungsbedarf nach § 1814 Absatz 1 des Bürgerlichen Gesetzbuchs, wird die zuständige Betreuungsbehörde mit Zustimmung des Leistungsberechtigten vom für die Durchführung des Teilhabeplanverfahrens verantwortlichen Rehabilitationsträger informiert. ²Der Betreuungsbehörde werden in diesen Fällen die Ergebnisse der bisherigen Ermittlungen und Gutachten mit dem Zweck mitgeteilt, dass diese dem Leistungsberechtigten andere Hilfen, bei denen kein Betreuer bestellt wird, vermitteln kann. ³Auf Vorschlag der Betreuungsbehörde kann sie mit Zustimmung der Leistungsberechtigten am Teilhabeplanverfahren beratend teilnehmen.

Gesetzeshistorie: Die Norm wurde mit ihrem Inhalt, der insofern keinen Vorgänger hat, durch das BTHG neu in das Gesetz aufgenommen. 1

Regelungsinhalt: Geregelt werden Einzelheiten zum Teilhabeplanverfahren, hier gerichtet auf die Einbeziehung anderer öffentlicher Stellen, angesprochen sind vor allem die Pflegekasse, die Integrationsämter, die Jobcenter und die Betreuungsbehörde. 2

Absatz 1 gibt allgemein vor, dass der für die Durchführung des Teilhabeplanverfahrens verantwortliche Rehabilitationsträger **andere öffentliche Stellen** in die Erstellung des Teilhabeplans in geeigneter Art und Weise einzubeziehen hat, jedenfalls soweit dies zur Feststellung des Rehabilitationsbedarfs erforderlich ist. Dabei sind die Interessen des Leistungsberechtigten ausreichend zu berücksichtigen. Welche „anderen öffentlichen Stellen" im Einzelnen gemeint sind, wird nicht deutlich. Gemeinsam muss ihnen aber jedenfalls sein, dass sie nicht Rehabilitationsträger sind, da sie ja schon eigenständig aufgrund der einschlägigen Bestimmungen des SGB IX an dem Verfahren zu beteiligen sind. Entscheidend ist aber jedenfalls, dass eine Einbeziehung dieser Stellen für die Feststellung des Bedarfs erforderlich ist. Denkbar ist etwa vor allem, dass bei Leistungen zur Teilhabe für Kinder und Jugendliche mit Behinderungen die jeweilige **Schule** beteiligt wird, da nur so, auch im Teilhabeplanverfahren, die Anforderungen der Schulbildung ausreichend mit einbezogen werden können. 3

Absatz 2 konkretisiert die Beteiligungs- bzw. Einbeziehungspflicht dann auf die **Pflegekassen**, wenn im Einzelfall Anhaltspunkte für eine Pflegebedürftigkeit nach dem SGB XI bestehen. In diesen Fällen hat der verantwortliche Rehabilitationsträger die für den Leistungsberechtigten zuständige Pflegekasse (allerdings nur mit Zustimmung des Leistungsberechtigten) zu informieren. Sie ist dann nach Absatz 2 auch ihrerseits verpflichtet, an dem Teilhabeplanverfahren als beratendes Mitglied teilzunehmen, wenn – und dies ist Voraussetzung für die Teilnahmepflicht – eine Teilnahme für den Rehabilitationsträger zur Feststellung des Rehabilitationsbedarfs erforderlich und nach den für die zuständige Pflegekasse geltenden Grundsätzen der Datenverwendung zulässig ist. Der Vorteil der Hinzuziehung der Pflegekasse liegt vor allem darin, dass der Versorgungsplan nach § 7a SGB XI auf diese Weise ein wichtiger Bestandteil des Teilhabeplans werden kann. Gerade hier ist auch die frühzeitige Einbindung des Leistungsberechtigten wichtig, um so die Möglichkeiten des Austauschs zwischen den verschiedenen Trägern besprechen zu können. 4

5 Nach Absatz 2 Satz 2 bleiben in diesem besonderen Fall die §§ 18a und 31 SGB XI unberührt. Das heißt, dass es dabei verbleibt, dass die Pflegekassen eine **Hinwirkungspflicht** auf eine Antragstellung nach §§ 18a und 31 SGB XI haben, wenn sich zunächst bei ihnen im Rahmen einer Prüfung nach § 18 Abs. 6 SGB XI Hinweise darauf ergeben, dass ein Bedarf auf Leistungen zur medizinischen Rehabilitation besteht. Kommt es dann zur Einleitung eines Antragsverfahrens auf solche Rehabilitationsleistungen, muss der verantwortliche Träger dann seinerseits nach § 31 Abs. 3 Satz 4 SGB XI die Pflegekassen über seine Leistungsentscheidung informieren. Dazu dient dann nun auch die Einbindungsmöglichkeit der Pflegekasse in das Teilhabeplanverfahren nach Absatz 2.

6 **Absatz 3** regelt den Sonderfall, dass das **Integrationsamt** Leistungen für einen schwerbehinderten Menschen nach Teil 3 des SGB IX erbringt. Dann ist es bei der Durchführung des Teilhabeplanverfahrens zu beteiligen. Satz 2 sieht sogar ergänzend vor, dass das zuständige Integrationsamt seinerseits das Teilhabeplanverfahren nach § 19 Abs. 5 anstelle des leistenden Rehabilitationsträgers durchführen kann, wenn die Rehabilitationsträger und das Integrationsamt sowie das nach § 19 Abs. 1 S. 2 zu beteiligende Jobcenter dies in Abstimmung mit den Leistungsberechtigten vereinbaren. Während die Beteiligung des Integrationsamts nach Satz 1 schon vor dem BTHG geltendes Recht war, ist die Übernahmemöglichkeit in Satz 2 neu eingeführt. Sie führt aber lediglich zu einer Durchführungsberechtigung. Auf diese Weise wird das Integrationsamt aber nicht Gesamtverantwortlicher, da es selbst kein Rehabilitationsträger ist, wie aus § 6 Abs. 1 deutlich wird.

7 **Absatz 4** bestimmt bis zum Inkrafttreten des Teilhabestärkungsgesetzes Näheres für den Fall, dass **Jobcenter** mit von dem Verfahren „betroffen" sein können, die nach § 6 Abs. 1 keine Rehabilitationsträger sind und infolgedessen auch nicht an dem Verfahren der Koordinierung der Leistungen, wie es in den §§ 14 und 15 geregelt ist, beteiligt sind. Sie erhielten dann nach Satz 1 das Recht, dem verantwortlichen Rehabilitationsträger ihre Beteiligung an der Durchführung des Teilhabeplanverfahrens vorzuschlagen, weil eine Beteiligung durchaus, auch wenn sie nicht immer zwingend, hilfreich sein kann, etwa wenn bestimmte Sozialdaten ausgetauscht werden müssen. Der Gesetzgeber hatte dabei vor allem die Betroffenheit kommunaler Jobcenter nach § 6a SGB II im Blick, deren Einbeziehung naheliegend sei, da sie eigene kommunale IT-Systeme nutzen und nicht auf den zentralen Datenbestand der Bundesagentur für Arbeit zurückgegriffen werden kann.[1]

8 Während die Jobcenter damit ein Beteiligungsrecht auf eigenen Wunsch erhalten, sah umgekehrt **Satz 2** eine **Pflicht der Beteiligung** vor, soweit es zur Feststellung des Rehabilitationsbedarfs erforderlich ist und dies den Interessen der Leistungsberechtigten entspricht. Die Einbindungspflicht traf dann wie stets den verantwortlichen Rehabilitationsträger, wobei die Aufgaben und die Beteiligung der Bundesagentur für Arbeit im Rahmen ihrer Zuständigkeit nach § 6 Absatz 3 von dieser Beteiligung selbst nicht berührt werden.

9 **Absatz 4** in seiner Fassung durch das Teilhabestärkungsgesetz erweitert die Beteiligung auch auf die **Betreuungsbehörde**, wenn im Einzelfall Anhaltspunkte für einen Betreuungsbedarf nach § 1896 Abs. 1 BGB vorliegen. In diesem Fall informiert der für die Durchführung des Teilhabeplanverfahrens verantwortliche Rehabilitationsträger mit Zustimmung der Leistungsberechtigten die zuständige Betreuungsbehörde über die Erstellung des Teilhabeplans, soweit dies zur Vermittlung anderer Hilfen, bei denen kein Betreuer bestellt wird, erforder-

---

1 BT-Drs. 18/9522, 242.

lich ist. Die Vorschrift trägt damit dem Umstand Rechnung, dass der Betreuungsbehörde bei der Prüfung, ob betreuungsvermeidende andere Hilfen im Sinne der §§ 1896 ff. BGB aus dem Sozialrecht vorhanden sind, eine zentrale Rolle zukommt. Denn die Anordnung einer rechtlichen Betreuung setzt voraus, dass die Inanspruchnahme vorrangiger „anderer Hilfen" ohne gesetzliche Vertretung nicht ausreicht, um die Angelegenheiten des Betroffenen zu besorgen (§ 1896 Abs. 2 BGB). Für ihre Aufgabenwahrnehmung ist die Betreuungsbehörde in besonderer Weise auf Informationen des Leistungsträgers angewiesen, namentlich des für eine Durchführung des Teilhabeplanverfahrens verantwortlichen Rehabilitationsträgers. Das ist Grundlage für die durch das BTHG eingeführte Informationspflicht des für die Durchführung des Teilhabeplanverfahrens verantwortlichen Rehabilitationsträgers. Die Information soll daher ausschließlich die zuständige Betreuungsbehörde in Fällen, in denen grundsätzlich die Anordnung einer rechtlichen Betreuung in Betracht kommt, in die Lage versetzen, von „anderen Hilfen", die zur Vermeidung einer Betreuung geeignet sind, Kenntnis zu erlangen und darauf hinzuwirken, dass eine gesetzliche Betreuung vermieden wird.[2]

§ 23 Verantwortliche Stelle für den Sozialdatenschutz

(1) Der für die Durchführung des Teilhabeplanverfahrens verantwortliche Rehabilitationsträger ist bei der Erstellung des Teilhabeplans und bei der Durchführung der Teilhabeplankonferenz Verantwortlicher für die Verarbeitung von Sozialdaten nach § 67 Absatz 4 des Zehnten Buches sowie Stelle im Sinne von § 35 Absatz 1 des Ersten Buches.

(2) [1]Vor Durchführung einer Teilhabeplankonferenz hat der nach Absatz 1 Verantwortliche die Einwilligung der Leistungsberechtigten im Sinne von § 67b Absatz 2 des Zehnten Buches einzuholen, wenn und soweit anzunehmen ist, dass im Rahmen der Teilhabeplankonferenz Sozialdaten verarbeitet werden, deren Erforderlichkeit für die Erstellung des Teilhabeplans zum Zeitpunkt der Durchführung der Teilhabeplankonferenz nicht abschließend bewertet werden kann. [2]Nach Durchführung der Teilhabeplankonferenz ist die Speicherung, Veränderung, Nutzung, Übermittlung oder Einschränkung der Verarbeitung von Sozialdaten im Sinne von Satz 1 nur zulässig, soweit dies für die Erstellung des Teilhabeplans erforderlich ist.

(3) Die datenschutzrechtlichen Vorschriften des Ersten und des Zehnten Buches sowie der jeweiligen Leistungsgesetze der Rehabilitationsträger bleiben bei der Zuständigkeitsklärung und bei der Erstellung des Teilhabeplans unberührt.

Gesetzeshistorie: Die Norm wurde mit ihrem Inhalt, der insofern keinen Vorgänger hat, durch das BTHG neu in das Gesetz aufgenommen. Zum Teil wurde die Norm mWv 26.11.2019 durch G vom 20.11.2019[1] geändert.

Regelungsinhalt: Inhalt der Norm ist die Verankerung der ausreichenden Berücksichtigung der Erfordernisse, die sich aus den Bestimmungen des Sozialdatenschutzes ergeben, wenn es zur Durchführung eines Teilhabeplanverfahrens kommt. Dazu benennt die Norm in Absatz 1 die entscheidende Verantwortlichkeit, bestimmt in Absatz 2 inhaltliche Vorgaben und regelt in Absatz 3 das Verhältnis zu den einschlägigen allgemeinen Bestimmungen.

---

2 BT-Drs. 18/9522, 242.
1 BGBl. I 1626.

3 **Absatz 1** regelt die **Verantwortung** für die Einhaltung des Sozialdatenschutzes bei der Durchführung des Teilhabeplanverfahrens. Die Benennung eines Verantwortlichen im Sinne der DS-GVO ist über § 67 b SGB X schon deshalb bedeutsam, weil im Rahmen der Erstellung des Teilhabeplans die Rehabilitationsträger immer sicherstellen müssen, dass Sozialdaten nur in dem erforderlichen Umfang erhoben, verarbeitet oder genutzt werden. Aufgrund der möglichen Vielzahl unterschiedlicher beteiligter Rehabilitationsträger ist es wichtig, dass die Vorgaben des Sozialdatenschutzes möglichst einheitlich und umfassend beachtet werden, so dass es nahezu zwingend ist, hier einer einzigen Stelle die Verantwortung zu übertragen. Naheliegenderweise ist dies der für die Durchführung des Verfahrens insgesamt verantwortliche Träger, der dann etwa auch für die Bereithaltung und datenschutzrechtlich adäquate Verwendung von Formularen verantwortlich ist.

4 **Absatz 2** sieht zu diesem Zweck vor, dass der nach Absatz 1 genannte Verantwortliche schon vor Durchführung einer Teilhabeplankonferenz die Einwilligung des jeweiligen Leistungsberechtigten im Sinne von § 67 b SGB X einholen muss, wenn und soweit anzunehmen ist, dass im Rahmen der Teilhabeplankonferenz Sozialdaten erhoben, verarbeitet oder genutzt werden, deren Erforderlichkeit für die Erstellung des Teilhabeplans zum Zeitpunkt der Durchführung der Teilhabeplankonferenz nicht abschließend bewertet werden kann. Es gilt nach Satz 2 der allgemeine datenschutzrechtliche Grundsatz der Zweckbindung, so dass auch hier die Verarbeitung und Nutzung von Sozialdaten nach Durchführung der Teilhabeplankonferenz nur zulässig ist, soweit diese für die Erstellung des Teilhabeplans erforderlich sind. Stellt sich im Nachhinein heraus, dass Daten für die Erstellung des Teilhabeplans nicht benötigt werden, oder widerruft der Betroffene seine datenschutzrechtliche Einwilligung, entfällt die Grundlage für die Verarbeitung der Daten, und die Daten sind unverzüglich zu löschen. Die Rechtmäßigkeit der Erhebung und Verarbeitung der Daten bis zum Wegfall der Grundlage bleibt davon unberührt. Das entspricht insgesamt den Grundsätzen des Datenschutzrechts.

5 **Absatz 3** macht deutlich, dass die *leges generales* unverändert eingreifen und Geltung beanspruchen, wenn die im SGB IX enthaltenen *leges speciales* keine Regelung enthalten. Die datenschutzrechtlichen Vorschriften des SGB I und SGB X sowie der jeweiligen Leistungsgesetze der Rehabilitationsträger bleiben nämlich sowohl bei der Zuständigkeitsklärung als auch bei der Erstellung des Teilhabeplans unberührt. Dies war auch vor Geltung des BTHG normiert, im damaligen § 10 Abs. 4 SGB IX.

§ 24 Vorläufige Leistungen

[1]Die Bestimmungen dieses Kapitels lassen die Verpflichtung der Rehabilitationsträger zur Erbringung vorläufiger Leistungen nach den für sie jeweils geltenden Leistungsgesetzen unberührt. [2]Vorläufig erbrachte Leistungen binden die Rehabilitationsträger nicht bei der Feststellung des Rehabilitationsbedarfs nach diesem Kapitel. [3]Werden Leistungen zur Teilhabe beantragt, ist § 43 des Ersten Buches nicht anzuwenden.

1 **Gesetzeshistorie:** Die Norm wurde mit ihrem Inhalt, der insofern keinen Vorgänger hat, durch das BTHG neu in das Gesetz aufgenommen.

2 **Regelungsinhalt:** Das gesamte in Kapitel 4 geregelte Recht zur Leistungskoordinierung lässt, so der Inhalt des § 24, die Verpflichtung der Rehabilitationsträger zur Erbringung vorläufiger Leistungen nach den für sie jeweils geltenden Leis-

tungsgesetzen unberührt. Werden vorläufige Leistungen erbracht, binden sie vor allem auch nicht die Träger, wenn es dann an die Feststellung des Rehabilitationsbedarfs geht. Gemeint ist mit den vorläufigen Leistungen zum Beispiel das Sofortangebot nach § 15 a SGB II. In gleicher Weise kann es um eine Vorleistungspflicht der Arbeitsförderung nach § 23 SGB III oder die Vorleistung der Unfallversicherungsträger nach § 139 SGB VII oder die Verpflichtung der Jugendämter zum vorläufigen Tätigwerden nach § 86 d SGB VIII gehen.

Nach **Satz 3** ist **§ 43 SGB I nicht anzuwenden**, wenn Leistungen zur Teilhabe beantragt werden. Nach dieser Vorschrift gilt, dass in den Fällen, in denen ein Anspruch auf Sozialleistungen besteht und zwischen mehreren Leistungsträgern streitig ist, wer zur Leistung verpflichtet ist, der unter ihnen zuerst angegangene Leistungsträger vorläufig Leistungen erbringen kann, deren Umfang er nach pflichtgemäßem Ermessen bestimmt. Zudem heißt es dort, dass er Leistungen zu erbringen hat, wenn der Berechtigte es beantragt. Diese Regelung soll jedoch im Bereich des SGB IX gerade nicht gelten, da dieser *lex generalis* zur vorläufigen Leistung im Fall streitiger Zuständigkeit insoweit die Regelungen des vierten Kapitels des SGB IX zur Zuständigkeitsklärung und Kostenerstattung zwischen verschiedenen Rehabilitationsträgern vorgehen. 3

Kapitel 5 Zusammenarbeit

§ 25 Zusammenarbeit der Rehabilitationsträger

(1) Im Rahmen der durch Gesetz, Rechtsverordnung oder allgemeine Verwaltungsvorschrift getroffenen Regelungen sind die Rehabilitationsträger verantwortlich, dass
1. die im Einzelfall erforderlichen Leistungen zur Teilhabe nahtlos, zügig sowie nach Gegenstand, Umfang und Ausführung einheitlich erbracht werden,
2. Abgrenzungsfragen einvernehmlich geklärt werden,
3. Beratung entsprechend den in den §§ 1 und 4 genannten Zielen geleistet wird,
4. Begutachtungen möglichst nach einheitlichen Grundsätzen durchgeführt werden,
5. Prävention entsprechend dem in § 3 Absatz 1 genannten Ziel geleistet wird sowie
6. die Rehabilitationsträger im Fall eines Zuständigkeitsübergangs rechtzeitig eingebunden werden.

(2) ¹Die Rehabilitationsträger und ihre Verbände sollen zur gemeinsamen Wahrnehmung von Aufgaben zur Teilhabe von Menschen mit Behinderungen insbesondere regionale Arbeitsgemeinschaften bilden. ²§ 88 Absatz 1 Satz 1 und Absatz 2 des Zehnten Buches gilt entsprechend.

Gesetzeshistorie: Die Vorschrift wurde, unter der Bezifferung als § 12, durch Artikel 1 und 68 Abs. 1 SGB IX vom 19.6.2001[1] mit Wirkung ab 1.7.2001 eingeführt. Das BTHG hat sie lediglich um Nr. 6 in Absatz 1 ergänzt und redaktionell angepasst sowie die Nummerierung auf § 25 geändert. 1

Regelungsinhalt: Absatz 1 konkretisiert die nach § 86 SGB X bestehende Pflicht zur Zusammenarbeit der Rehabilitationsträger. Um dem gemeinsamen Handeln der am Rehabilitationsgeschehen Beteiligten einen stabilen Rahmen zu geben, 2

---
1 BGBl. I 1046.

sollen die Rehabilitationsträger nach Absatz 2 miteinander und mit anderen Stellen insbesondere regionale Arbeitsgemeinschaften bilden.

3 **Zur Entstehung:** Absatz 1 geht auf § 5 Abs. 5 Rehabilitations-Angleichungsgesetz zurück, Absatz 2 auf den früheren bis 2001 gültigen § 94 SGB X. Der Regierungsentwurf wurde im Gesetzgebungsverfahren zur Klarstellung des Gewollten nur geringfügig sprachlich verändert, in der Textfassung „sollen" in Absatz 2 entsprechend einem Vorschlag des Bundesrates.

4 **Materialien:** Zum Regierungsentwurf nebst Begründung BT-Drs. 14/5074, 9 und 101, BT-Drs. 14/5531, 5; zur Stellungnahme des Bundesrates BT-Drs. 14/5531, 7, zur Ausschussempfehlung BT-Drs. 14/5786, 19, zum Bericht BT-Drs. 14/5800, 30.

5 Während §§ 19 und 36 das Zusammenwirken der Rehabilitationsträger in Bezug auf konkrete Einzelfragen konkreter Leistungsberechtigter regeln, spricht § 25 zusammen mit § 26 die **allgemeine**, überindividuelle **Zusammenarbeit** der Rehabilitationsträger an und normiert entsprechende Pflichten für diese. Absatz 1 baut auf § 86 SGB X auf und konkretisiert die danach bestehende allgemeine Pflicht zur Zusammenarbeit in den Nummern 1 bis 5. Die Regelung gilt für alle Rehabilitationsträger; ergänzend sind die in § 6 Abs. 1 Nr. 1 bis 5 genannten Rehabilitationsträger nach § 26 Abs. 1 verpflichtet, zur Sicherung der Zusammenarbeit nach § 25 Abs. 1 gemeinsame Empfehlungen zu vereinbaren.

6 **Absatz 1 Nr. 1** nennt den im sogenannten gegliederten System wichtigsten Punkt besonderer Zusammenarbeit, dass die im Einzelfall erforderlichen Leistungen zur Teilhabe nahtlos, zügig sowie nach Gegenstand, Umfang und **Ausführung einheitlich** erbracht werden. Die im Einzelfall maßgeblichen Rechtsvorschriften sind mit dieser Zielsetzung auszulegen und anzuwenden. Auf Grundlage dieser vorgegebenen Pflicht haben die Rehabilitationsträger die **Gemeinsame Empfehlung** über die nahtlose, zügige und einheitliche Leistungserbringung von Leistungen zur Teilhabe[2] vereinbart, abrufbar im Internet auf der Homepage der Bundesarbeitsgemeinschaft für Rehabilitation, www.bar-frankfurt.de. Die Bindungswirkung der auf dieser Grundlage abgeschlossenen Empfehlungen wird jedoch zum Teil von der Rechtsprechung nicht ganz überzeugend in Frage gestellt bzw. relativiert.[3]

7 Nach **Absatz 1 Nr. 2** ist ein weiteres Feld besonderer Zusammenarbeit der Rehabilitationsträger, **Abgrenzungsfragen** einvernehmlich zu klären. Auch hier gilt die Vorgabe der jeweils maßgeblichen Rechtsvorschriften; Abgrenzungsfragen sind innerhalb des nach diesen Rechtsvorschriften Zulässigen in Abstimmung der beteiligten Rehabilitationsträger zu klären, möglichst ohne Inanspruchnahme von Gerichten und schon gar nicht zulasten der Betroffenen. Zu den Rechtsvorschriften, die die Möglichkeiten der Klärung von Abgrenzungsfragen mitgestalten, gehören auch rechtliche Vorgaben integrierter Versorgung, wie sie für Leistungen zur Teilhabe insbesondere in §§ 1, 4 und 25 SGB IX gegeben sind.[4]

---

2 „Gemeinsame Empfehlung zur Zuständigkeitsklärung, zur Erkennung, Ermittlung und Feststellung des Rehabilitationsbedarfs (einschließlich Grundsätzen der Instrumente zur Bedarfsermittlung), zur Teilhabeplanung und zu Anforderungen an die Durchführung von Leistungen zur Teilhabe gemäß § 26 Abs. 1 i.V.m. § 25 Abs. 1 Nr. 1 bis 3 und 6 und gemäß § 26 Abs. 2 Nr. 2, 3, 5, 7 bis 9 SGB IX" (Gemeinsame Empfehlung „Reha-Prozess") vom 1.12.2018, abrufbar im Internet auf der Homepage der Bundesarbeitsgemeinschaft für Rehabilitation, www.bar-frankfurt.de.
3 Dazu BSG 17.6.2008 – B 1 KR 31/07 R, SozR 4-2500 § 43 Nr. 1; dazu wiederum *Welti* in HK-SGB IX § 12 Rn. 7 a.
4 AA anscheinend *Mrozynski* SGB 2001, 280.

Nach **Absatz 1 Nr. 3** ist weiterer Gegenstand besonderer Zusammenarbeit, dass **Beratung** entsprechend den in §§ 1 und 4 genannten Zielen geleistet wird. Die Rehabilitationsträger haben daher ihre Beratung nach § 14 SGB I nicht nur auf ihre trägerspezifischen Zielsetzungen, sondern auch auf die übergreifenden Ziele nach den §§ 1 und 4 auszurichten und sich dabei untereinander abzustimmen.

Gegenstand besonderer Zusammenarbeit ist nach **Absatz 1 Nr. 4** auch, dass **Begutachtungen** möglichst nach einheitlichen Grundsätzen durchgeführt werden. Begutachtungen sind insbesondere die nach § 17 Abs. 1 Satz 2 und Abs. 2 zu erstattenden Gutachten, aber auch begrenztere gutachterliche Bewertungen wie Arbeitsunfähigkeitsbescheinigungen. Die Zusammenarbeit bezieht sich zunächst auf **Verfahren**, äußere Umstände und formale Kriterien der Begutachtung, sollte so weit wie möglich aber auch **inhaltliche Fragen** einbeziehen, um die nach Nummer 1 bis 3 sowie nach §§ 4 und 19 gebotene trägerübergreifende inhaltliche Zusammenarbeit der Rehabilitationsträger (und auch weitere inhaltliche Vorgaben, beispielsweise den Grundsatz „Rehabilitation vor Rente" nach § 9 Abs. 2 oder das durch § 10 Abs. 1 gebotene Zusammenwirken unterschiedlicher Leistungen) im Rahmen der gegebenen Möglichkeiten nicht durch divergierende Gutachtenrichtlinien und -praxis in Frage zu stellen. Ziel der Vorschrift ist erkennbar auch die Vermeidung unnötiger und damit auch unwirtschaftlicher Doppelbegutachtungen, die zudem für die Leistungsberechtigten zu unnötigen Belastungen führen könnten. Die Rehabilitationsträger haben hierzu eine Gemeinsame Empfehlung „Begutachtung" beschlossen.[5]

Als weiteres Feld besonderer Zusammenarbeit nennt **Absatz 1 Nr. 5**, dass **Prävention** entsprechend dem in § 3 genannten Ziel geleistet wird; → Rn. 6 ff. Die auf diese Weise angeordnete Koordination dient der Vereinheitlichung der Leistungen und Aktivitäten auf dem Gebiet der Prävention, die Ziel und Prinzip aller Tätigkeit der Rehabilitationsträger insgesamt ist, um so deren Effizienz und Effektivität zu erhöhen. Zu diesem Zweck haben die Träger die Gemeinsame Empfehlung Prävention verabschiedet.[6]

Schließlich sieht **Absatz 1 Nr. 6**, eingefügt durch das BTHG, ein letztes Feld der Zusammenarbeit vor und ordnet an, dass die Rehabilitationsträger im Fall eines Zuständigkeitsübergangs rechtzeitig eingebunden werden. Diese Ergänzung stellt klar, dass die Verantwortung der Rehabilitationsträger bei der Zusammenarbeit im Sinne dieser Vorschrift auch den Trägerübergang bei einem Zuständigkeitswechsel umfasst. Ein solcher findet vor allem an der Schnittstelle zwischen Kinder- und Jugendhilfe und Eingliederungshilfe altersbedingt regelmäßig statt.

Nach **Absatz 2** sollen die Rehabilitationsträger miteinander und mit anderen Stellen insbesondere regionale **Arbeitsgemeinschaften** bilden, um dem gemeinsamen Handeln der am Rehabilitationsgeschehen Beteiligten einen stabilen Rahmen zu geben.

---

5 „Gemeinsame Empfehlung nach § 13 Abs. 1 iVm § 12 Abs. 1 Nr. 4 SGB IX für die Durchführung von Begutachtungen möglichst nach einheitlichen Grundsätzen", (Gemeinsame Empfehlung „Begutachtung") vom 1.12.2016, abrufbar im Internet auf der Homepage der Bundesarbeitsgemeinschaft für Rehabilitation vom, www.bar-frankfurt.de.

6 „Gemeinsame Empfehlung nach § 26 Abs. 2 Nr. 1 iVm § 25 Abs. 1 Nr. 5 SGB IX, damit Prävention entsprechend dem in § 3 SGB IX genannten Ziel erbracht wird" (Gemeinsame Empfehlung „Prävention nach § 3 SGB IX") vom 1.12.2018, abrufbar im Internet auf der Homepage der Bundesarbeitsgemeinschaft für Rehabilitation, www.bar-frankfurt.de.

13 Arbeitsgemeinschaften haben kooperativen und konsultativen Charakter; sie beeinträchtigen die Verantwortung der einzelnen Rehabilitationsträger für die von ihnen zu treffenden Entscheidungen nicht.

14 Nach **Absatz 2 Satz 2** gilt § 88 Abs. 1 Satz 1 und Abs. 2 SGB X entsprechend. Die Aufsichtsregelung, die aufgrund der Neufassung des § 94 Abs. 2 und 3 SGB X für Arbeitsgemeinschaften nach anderen Büchern des Sozialgesetzbuchs erhalten bleibt, hatte eine Nutzung der im früheren § 94 SGB X vorgesehenen Möglichkeiten von Arbeitsgemeinschaften in der Vergangenheit verhindert.

§ 26 Gemeinsame Empfehlungen

(1) Die Rehabilitationsträger nach § 6 Absatz 1 Nummer 1 bis 5 vereinbaren zur Sicherung der Zusammenarbeit nach § 25 Absatz 1 gemeinsame Empfehlungen.

(2) Die Rehabilitationsträger nach § 6 Absatz 1 Nummer 1 bis 5 vereinbaren darüber hinaus gemeinsame Empfehlungen,
1. welche Maßnahmen nach § 3 geeignet sind, um den Eintritt einer Behinderung zu vermeiden,
2. in welchen Fällen und in welcher Weise rehabilitationsbedürftigen Menschen notwendige Leistungen zur Teilhabe angeboten werden, insbesondere, um eine durch eine Chronifizierung von Erkrankungen bedingte Behinderung zu verhindern,
3. über die einheitliche Ausgestaltung des Teilhabeplanverfahrens,
4. in welcher Weise die Bundesagentur für Arbeit nach § 54 zu beteiligen ist,
5. wie Leistungen zur Teilhabe nach den §§ 14 und 15 koordiniert werden,
6. in welcher Weise und in welchem Umfang Selbsthilfegruppen, -organisationen und -kontaktstellen, die sich die Prävention, Rehabilitation, Früherkennung und Bewältigung von Krankheiten und Behinderungen zum Ziel gesetzt haben, gefördert werden,
7. für Grundsätze der Instrumente zur Ermittlung des Rehabilitationsbedarfs nach § 13,
8. in welchen Fällen und in welcher Weise der behandelnde Hausarzt oder Facharzt und der Betriebs- oder Werksarzt in die Einleitung und Ausführung von Leistungen zur Teilhabe einzubinden sind,
9. zu einem Informationsaustausch mit Beschäftigten mit Behinderungen, Arbeitgebern und den in § 166 genannten Vertretungen zur möglichst frühzeitigen Erkennung des individuellen Bedarfs voraussichtlich erforderlicher Leistungen zur Teilhabe sowie
10. über ihre Zusammenarbeit mit Sozialdiensten und vergleichbaren Stellen.

(3) Bestehen für einen Rehabilitationsträger Rahmenempfehlungen auf Grund gesetzlicher Vorschriften und soll bei der gemeinsamen Empfehlungen von diesen abgewichen werden oder sollen die gemeinsamen Empfehlungen Gegenstände betreffen, die nach den gesetzlichen Vorschriften Gegenstand solcher Rahmenempfehlungen werden sollen, stellt der Rehabilitationsträger das Einvernehmen mit den jeweiligen Partnern der Rahmenempfehlungen sicher.

(4) [1]Die Träger der Renten-, Kranken- und Unfallversicherung können sich bei der Vereinbarung der gemeinsamen Empfehlungen durch ihre Spitzenverbände vertreten lassen. [2]Der Spitzenverband Bund der Krankenkassen schließt die gemeinsamen Empfehlungen auch als Spitzenverband Bund der Pflegekassen ab, soweit die Aufgaben der Pflegekassen von den gemeinsamen Empfehlungen berührt sind.

(5) ¹An der Vorbereitung der gemeinsamen Empfehlungen werden die Träger der Eingliederungshilfe und der öffentlichen Jugendhilfe über die Bundesvereinigung der Kommunalen Spitzenverbände, die Bundesarbeitsgemeinschaft der überörtlichen Träger der Sozialhilfe, die Bundesarbeitsgemeinschaft der Landesjugendämter sowie die Integrationsämter in Bezug auf Leistungen und sonstige Hilfen für schwerbehinderte Menschen nach Teil 3 über die Bundesarbeitsgemeinschaft der Integrationsämter und Hauptfürsorgestellen beteiligt. ²Die Träger der Eingliederungshilfe und der öffentlichen Jugendhilfe orientieren sich bei der Wahrnehmung ihrer Aufgaben nach diesem Buch an den vereinbarten Empfehlungen oder können diesen beitreten.

(6) ¹Die Verbände von Menschen mit Behinderungen einschließlich der Verbände der Freien Wohlfahrtspflege, der Selbsthilfegruppen und der Interessenvertretungen von Frauen mit Behinderungen sowie die für die Wahrnehmung der Interessen der ambulanten und stationären Rehabilitationseinrichtungen auf Bundesebene maßgeblichen Spitzenverbände werden an der Vorbereitung der gemeinsamen Empfehlungen beteiligt. ²Ihren Anliegen wird bei der Ausgestaltung der Empfehlungen nach Möglichkeit Rechnung getragen. ³Die Empfehlungen berücksichtigen auch die besonderen Bedürfnisse von Frauen und Kindern mit Behinderungen oder von Behinderung bedrohter Frauen und Kinder.

(7) ¹Die beteiligten Rehabilitationsträger vereinbaren die gemeinsamen Empfehlungen im Rahmen der Bundesarbeitsgemeinschaft für Rehabilitation im Benehmen mit dem Bundesministerium für Arbeit und Soziales und den Ländern auf der Grundlage eines von ihnen innerhalb der Bundesarbeitsgemeinschaft vorbereiteten Vorschlags. ²Der oder die Bundesbeauftragte für den Datenschutz und die Informationsfreiheit wird beteiligt. ³Hat das Bundesministerium für Arbeit und Soziales zu einem Vorschlag aufgefordert, legt die Bundesarbeitsgemeinschaft für Rehabilitation den Vorschlag innerhalb von sechs Monaten vor. ⁴Dem Vorschlag wird gefolgt, wenn ihm berechtigte Interessen eines Rehabilitationsträgers nicht entgegenstehen. ⁵Einwände nach Satz 4 sind innerhalb von vier Wochen nach Vorlage des Vorschlags auszuräumen.

(8) ¹Die Rehabilitationsträger teilen der Bundesarbeitsgemeinschaft für Rehabilitation alle zwei Jahre ihre Erfahrungen mit den gemeinsamen Empfehlungen mit, die Träger der Renten-, Kranken- und Unfallversicherung über ihre Spitzenverbände. ²Die Bundesarbeitsgemeinschaft für Rehabilitation stellt dem Bundesministerium für Arbeit und Soziales und den Ländern eine Zusammenfassung zur Verfügung.

(9) Die gemeinsamen Empfehlungen können durch die regional zuständigen Rehabilitationsträger konkretisiert werden.

Literatur:
Schoch/Wieland, Verfassungsrechtliche Probleme sozialrechtlicher Vereinbarungen, ZG 2005, 223; *Schwarzhaupt-Czech,* Das neue Sozialgesetzbuch (SGB) IX und seine Bedeutung für die Rentenversicherung, NachrLVA HE 2001, 84; *Tiemann*, Intention und Geist der gemeinsamen Empfehlungen, RP Reha 2018, 25.

I. Allgemeines

Gesetzeshistorie: Die Vorschrift wurde, als § 13, durch Artikel 1 und 68 Abs. 1 SGB IX vom 19.6.2001¹ mit Wirkung ab 1.7.2001 eingeführt. Die Bezeichnung des Ministeriums in Absatz 7 und 8 wurde mit Wirkung ab 1.1.2003 durch Ar-

1

---

1 BGBl. I 1046.

tikel 1 und 4 des Gesetzes vom 3.4.2003[2] sowie mit Wirkung ab 8.11.2006 durch Artikel 261 und 559 der Verordnung vom 30.10.2006,[3] die der früheren Bundesanstalt für Arbeit in Absatz 2 Nr. 4 mit Wirkung ab 1.1.2004 durch Artikel 8 und 124 Abs. 1 des Gesetzes vom 23.12.2003[4] und die der Bundesarbeitsgemeinschaft in Absatz 5 mit Wirkung zum 1.5.2004 durch das Gesetz vom 28.4.2004[5] angepasst. Zum 11.8.2010 erfolgte eine weitere Änderung mit einer Aufhebung des Absatzes 2 Nr. 7 und der Verdoppelung der Frist in Absatz 8;[6] zum 1.1.2013 erfolgten Anpassungen durch die Neufassung der Alterssicherung der Landwirte.[7] Das BTHG, das die Vorschrift als § 26 fortführt, hat nur kleinere Änderungen und Ergänzungen vorgenommen und die Norm ansonsten vor allem hinsichtlich ihrer Struktur unverändert gelassen.

2 **Regelungsinhalt:** Die Vorschrift regelt zur Sicherung der Zusammenarbeit der Rehabilitationsträger die Erarbeitung gemeinsamer Empfehlungen in Selbstverwaltung der Rehabilitationsträger. Damit spiegelt sie ein Kernanliegen des Gesetzes insgesamt wider, nämlich die auf der Vorstellung eines Vorgehens über eine Selbstverwaltung beruhende Verpflichtung aller Rehabilitationsträger, im Wege der Kooperation und Koordination eine möglichst hohe Konvergenz der Leistungen zu erzielen.[8] Die Vorschrift steht in engem Zusammenhang zu § 25.

3 **Zur Entstehung:** § 5 Abs. 5 Satz 2 Rehabilitations-Angleichungsgesetz sah für die von diesem Gesetz erfassten Rehabilitationsträger die Möglichkeit von Gesamtvereinbarungen vor; § 8 Abs. 2 Rehabilitations-Angleichungsgesetz enthielt einen Vorrang für Selbstverwaltungslösungen vor Erlass der nach § 8 Abs. 1 vorgesehenen Verordnungen.

4 Der Text des Regierungsentwurfs[9] zu Absatz 2 Nr. 2 in der ursprünglichen Fassung erhielt aufgrund Änderungsantrags der Koalitionsfraktionen[10] die Fassung „eine durch eine Chronifizierung von Erkrankungen bedingte Behinderung"; nach dem Bericht[11] erfolgte dies zur Klarstellung des Gewollten. Gleiches gilt für die Einfügung der Alterssicherung für Landwirte in die Absätze 4 und 8 sowie die Bezugnahme auf Satz 4 in Absatz 7 Satz 5. Die Anfügung der Nummern 8 bis 10 des Absatzes 2 erfolgte nach dem Bericht[12] zur Erstreckung der gemeinsamen Empfehlungen auf die Verzahnung der Leistungen zur Teilhabe mit der betrieblichen Prävention sowie ambulanten und stationären medizinischen Behandlungen.

5 Die Textfassungen des Absatzes 5 sind nach dem Bericht[13] Folgeänderungen zur Änderung der Bezeichnung „Hauptfürsorgestellen" und eine Klarstellung des Gewollten in Anlehnung an einen Vorschlag des Bundesrates.[14] In Absatz 6 erfolgte nach dem Bericht[15]

---

2 BGBl. I 462.
3 BGBl. I 2407.
4 BGBl. I 2848.
5 BGBl. I 606.
6 BGBl. 2010 I 1127.
7 BGBl. I 579.
8 Zur Zielrichtung der gemeinsamen Empfehlungen und dieser Norm *Tiemann* RP Reha 2018, 25.
9 Nebst Begründung BT-Drs. 14/5074, 10 und 101 sowie BT-Drs. 14/5531, 5.
10 Ausschussempfehlung BT-Drs. 14/5786, 20.
11 BT-Drs. 14/5800, 30.
12 BT-Drs. 14/5800, 31.
13 BT-Drs. 14/5800, 31.
14 BR-Drs. 49/01 (Beschluss) = BT-Drs. 14/5531, 7.
15 BT-Drs. 14/5800, 31.

- in Satz 1 die Einfügung der Worte „sowie die für die Wahrnehmung der Interessen der ambulanten und stationären Rehabilitationseinrichtungen auf Bundesebene maßgeblichen Spitzenverbände" zur Einbeziehung auch der Spitzenverbände der privaten Rehabilitationseinrichtungen in die Vorbereitung der Empfehlungen sowie
- in Satz 3 die Einfügung des Wortes „auch" zur Klarstellung, dass frauen- und kinderspezifische Bedürfnisse zusätzlich zu berücksichtigen sind.

Durch Erwähnung der Länder in Absatz 8 Satz 2 sollen die Länder nach dem Bericht[16] in Anlehnung an einen Vorschlag des Bundesrates[17] entsprechend ihrer Mitwirkung auch bei der jährlichen Berichterstattung durch die Bundesarbeitsgemeinschaft für Rehabilitation berücksichtigt werden und eine Zusammenfassung erhalten. Die Anfügung des Absatzes 9 soll nach dem Bericht[18], aufgrund eines Vorschlags des Bundesrates[19], eine Möglichkeit zur Konkretisierung wegen besonderer regionaler Gegebenheiten und Erfordernisse schaffen; von den gemeinsamen Empfehlungen abweichende Regelungen sind danach nicht zulässig, und in die regionalen Empfehlungen sind auch die bundesweit zuständigen Rehabilitationsträger einzubeziehen, soweit sie in der Region tätig sind. 6

II. Gegenstand

Absatz 1 verpflichtet die Rehabilitationsträger nach § 6 Abs. 1 Nr. 1 bis 5, in Ergänzung der gesetzlichen Regelungen **gemeinsame Empfehlungen** über die für eine reibungslose und koordinierte Zusammenarbeit wichtigen Fragen zu vereinbaren. Hiermit und mit den gemeinsamen Empfehlungen nach Absatz 2 wird eines der Hauptanliegen des Neunten Buches verfolgt, nämlich die Koordination der Leistungen und die Kooperation der Rehabilitationsträger durch wirksame Instrumente sicherzustellen, wobei Selbstverwaltungslösungen Vorrang haben sollen. 7

Die **Verpflichtung**, gemeinsame Empfehlungen zu vereinbaren, richtet sich an alle in § 6 Abs. 1 Nr. 1 bis 5 genannten Rehabilitationsträger, kann aber je nach Thematik auch von einzelnen oder mehreren der dort genannten Rehabilitationsträger und Trägergruppen erfüllt werden. Sinnvoll kann dies sein für Fragen, die nur einzelne oder mehrere der dort genannten Rehabilitationsträger und Trägergruppen betreffen. Nicht unzulässig, aber in der Sache wenig sinnvoll wäre, gemeinsame Empfehlungen nur mit einem Teil der in der Sache betroffenen Rehabilitationsträger und Trägergruppen zu schließen; in diesem Fall könnte eine Aufforderung des Bundesministeriums nach Absatz 7 Satz 3 und § 27 zu einer Empfehlung ergehen, die alle in der Sache berührten Rehabilitationsträger einbezieht. 8

Die gemeinsamen Empfehlungen haben weder die **Aufgabe** noch die Möglichkeit, Voraussetzungen und Inhalte von Leistungen neu zu bestimmen; das ergibt sich auch aus der Bezugnahme des Absatzes 1 auf § 25 Abs. 1. Vielmehr sollen sie im Rahmen des geltenden Rechts eine einheitliche und – bei Leistungen unterschiedlicher Rehabilitationsträger – eine koordinierte Leistungserbringung bewirken; dies soll dazu beitragen, dass die insgesamt erforderlichen Leistungen aus der Sicht der leistungsberechtigten Bürgerinnen und Bürger wie „aus einer Hand" erscheinen, auch wenn sie von rechtlich selbstständigen Rehabilitations- 9

---

16 BT-Drs. 14/5800, 31.
17 BR-Drs. 49/01 (Beschluss) = BT-Drs. 14/5531, 7.
18 BT-Drs. 14/5800, 31.
19 BR-Drs. 49/01 (Beschluss) = BT-Drs. 14/5531, 7.

trägern eigenverantwortlich erbracht werden. Von ihrer **Rechtsnatur** her gesehen handelt es sich bei den gemeinsamen Empfehlungen um Verwaltungsvereinbarungen bzw. -richtlinien, die sich auf einer ersten Ebene ausschließlich an die an ihnen beteiligten Rehabilitationsträger richten.[20] Die Rechtsansprüche der betroffenen Bürger werden daher zunächst nicht berührt. Wie stets bei internem Verwaltungsrecht kann sich jedoch ein Anspruch der Betroffenen auf eine gleichmäßige Rechtsanwendung und Ermessensausübung ergeben, der dann unmittelbar auf Art. 3 Abs. 1 GG zu stützen ist. Entscheidend ist dann aber, dass ein über Art. 3 Abs. 1 GG hergeleiteter Anspruch nur so weit reichen kann, wie er auch durch die gemeinsame Empfehlung vorgesehen ist. Verlässt eine Empfehlung einen gesetzlich vorgeschriebenen Rahmen, hat dies – weder erweiternd noch verringernd – keine Auswirkungen auf die Ansprüche eines Betroffenen.[21] Ebenfalls entsprechend der allgemeinen Grundsätze des Verwaltungsbinnenrechts können die Empfehlungen, denen keine normative Wirkung im eigentlichen Sinne innewohnt, eine Verbindlichkeit auf der Grundlage des Grundsatzes der Selbstbindung der Verwaltung erlangen. Daraus folgt, dass eine Abweichung der Träger, die infolge der Bestimmung des § 26 Abs. 7 einstimmig die Empfehlung aussprechen müssen, von einer verabschiedeten gemeinsamen Empfehlung ohne zwingenden rechtlichen Grund nicht zulässig ist.[22] Ein solcher Grund kann etwa bei ungewöhnlichen, völlig atypischen Gegebenheiten eines Einzelfalls vorliegen, bei dem die Befolgung der gemeinsamen Empfehlung das beabsichtigte Ziel geradezu in das Gegenteil verkehren würde.[23] Insgesamt ist daher die Einschätzung, bei den Empfehlungen handele es sich um solche mit einem „schwachen Rechtscharakter",[24] zumindest irreführend. Denn gerade im Streitfall sind sie, aufgrund der genannten Selbstbindung, gerade nicht für die Gerichte unbeachtlich.

10 Die Empfehlungen richten sich – mit Sonderregelungen in Absatz 5 – nur an die an ihnen beteiligten Rehabilitationsträger, binden nur diese und lassen die Rechtsansprüche leistungsberechtigter Bürgerinnen und Bürger unberührt, wenn nicht die zuvor geschilderten Grundsätze der Selbstbindung und der daraus und aus Art. 3 Abs. 1 GG resultierenden Folgen eingreifen.[25]

11 **Gegenstand** der gemeinsamen Empfehlungen nach Absatz 1 ist die Zusammenarbeit nach § 25 Abs. 1 in allen dort in Nummern 1 bis 5 genannten Aufgabenbereichen und allen dafür zweckmäßigen Formen. Durch diesen umfassenden Ansatz wird die in § 26 normierte Verpflichtung, Empfehlungen abzuschließen, Spiegel des Systems des SGB IX insgesamt, das darauf abzielt, die trägerübergreifende Koordinierung zu intensivieren.[26]

12 **Absatz 2** nennt weitere Regelungsgegenstände für gemeinsame Empfehlungen, teils in Konkretisierung des Absatzes 1, teils darüber hinausgehend. Mittlerweile haben die Rehabilitationsträger eine Reihe von gemeinsamen Empfehlun-

---

20 Zur Rechtsnatur auch *Tiemann* Behindertenrecht 2018, 25 (30).
21 Vgl. BSG 17.6.2008 – B 1 KR 31/07 R, SozR 4-2500 § 43 Nr. 1; *Welti* in HK-SGB IX § 13 Rn. 5; *Mrozynski* SGB IX Teil 1 § 13 Rn. 15.
22 Ähnlich mit Verweis auf das Zustimmungserfordernis *Jabben* in BeckOK SozR SGB IX § 26 Rn. 3.
23 Allgemein zur Bindung an Verwaltungsrichtlinien BVerwG 30.4.1985 – 1 C 33/81, NJW 1985, 2097.
24 So. *Jabben* in Neumann/Pahlen/Greiner/Winkler/Jabben, 14. Aufl. 2020, SGB IX § 26 Rn. 3.
25 Zur Umsetzung *Tiemann* Behindertenrecht 2018, 25 (31).
26 *Schwarzhaupt-Czech* NachrLVA Hessen 2001, 85.

gen[27] verabschiedet, zT noch unter Nennung der alten vor dem BTHG geltenden Paragrafenbezeichnungen:
- Gemeinsame Empfehlung nach § 13 Abs. 1 iVm § 12 Abs. 1 Nr. 4 SGB IX für die Durchführung von Begutachtungen möglichst nach einheitlichen Grundsätzen (Gemeinsame Empfehlung „Begutachtung") in der Fassung vom 1.12.2016
- Gemeinsame Empfehlung Beteiligung der Bundesagentur für Arbeit nach § 54 SGB IX gemäß § 26 Abs. 2 Nr. 4 SGB IX (Gemeinsame Empfehlung „Beteiligung der Bundesagentur für Arbeit"), in Kraft getreten am 1.7.2020
- Gemeinsame Empfehlung nach § 113 Abs. 2 SGB IX zur Inanspruchnahme der Integrationsfachdienste durch die Rehabilitationsträger, zur Zusammenarbeit und zur Finanzierung der Kosten, die dem Integrationsfachdienst bei der Wahrnehmung der Aufgaben der Rehabilitationsträger entstehen (Gemeinsame Empfehlung „Integrationsfachdienste") in der Fassung vom 1.9.2016
- Gemeinsame Empfehlung nach § 26 Abs. 2 Nr. 1 iVm § 25 Abs. 1 Nr. 5 SGB IX, damit Prävention entsprechend dem in § 3 SGB IX genannten Ziel erbracht wird (Gemeinsame Empfehlung „Prävention nach § 3 SGB IX"), in Kraft getreten am 1.1.2018
- Gemeinsame Empfehlung Qualitätssicherung nach § 37 Abs. 1 SGB IX, in Kraft getreten am 1.12.2018
- Gemeinsame Empfehlung zur Zuständigkeitsklärung, zur Erkennung, Ermittlung und Feststellung des Rehabilitationsbedarfs (einschließlich Grundsätzen der Instrumente zur Bedarfsermittlung), zur Teilhabeplanung und zu Anforderungen an die Durchführung von Leistungen zur Teilhabe gemäß § 26 Abs. 1 iVm § 25 Abs. 1 Nr. 1 bis 3 und 6 und gemäß § 26 Abs. 2 Nr. 2, 3, 5, 7 bis 9 SGB IX (Gemeinsame Empfehlung „Reha-Prozess"), in Kraft getreten am 1.12.2018
- Gemeinsame Empfehlung zur Förderung der Selbsthilfe gemäß § 26 Abs. 2 Nr. 6 SGB IX, in Kraft getreten am 1.7.2019
- Gemeinsame Empfehlung nach § 13 Abs. 2 Nr. 10 SGB IX über die Zusammenarbeit mit Sozialdiensten und vergleichbaren Stellen (Gemeinsame Empfehlung „Sozialdienste"), in Kraft getreten am 1.10.2016
- Gemeinsame Empfehlung „Einrichtungen für Leistungen zur Teilhabe am Arbeitsleben" nach § 35 SGB IX, in Kraft getreten am 1.4.2012
- Gemeinsame Empfehlung nach § 38 a Abs. 6 SGB IX „Unterstützte Beschäftigung", in Kraft getreten am 1.12.2010

Absatz 2 Nr. 1 gebietet gemeinsame Empfehlungen dazu, welche **Maßnahmen der Prävention** nach § 3 geeignet sind, um den Eintritt einer Behinderung zu vermeiden, sowie über die statistische Erfassung der Anzahl, des Umfangs und der Wirkungen dieser Maßnahmen. Damit wird ein Weg zu einer gemeinsamen, abgestimmten Umsetzung der in § 3 getroffenen Vorgabe zur Prävention festgelegt.

Absatz 2 Nr. 2 gebietet gemeinsame Empfehlungen dazu, in welchen Fällen und in welcher Weise rehabilitationsbedürftigen Menschen notwendige Leistungen zur Teilhabe angeboten werden, insbesondere um eine durch eine Chronifizierung von Erkrankungen bedingte Behinderung zu verhindern. Die Vorschrift zielt darauf, einen **aktiven Einsatz von Leistungen** zur Teilhabe im Sinne der in-

---

27 Abrufbar auf der Homepage der Bundesarbeitsgemeinschaft für Rehabilitation, https://www.bar-frankfurt.de/themen/gemeinsame-empfehlungen/zu-den-gemeinsamen-empfehlungen.html.

haltlichen Vorgaben in § 4 (→ § 4 Rn. 14–16) und ein aktives Teilhabemanagement nach den Verfahrensvorgaben nach § 19 (→ § 19 Rn. 10, 17) umzusetzen.

15 **Absatz 2 Nr. 3** gebietet gemeinsame Empfehlungen dazu, wie das Teilhabeplanverfahren auszugestalten ist.

16 **Absatz 2 Nr. 4** gebietet gemeinsame Empfehlungen dazu, in welcher Weise die **Bundesagentur für Arbeit** von den übrigen Rehabilitationsträgern nach § 54 zu beteiligen ist.

17 **Absatz 2 Nr. 5** gebietet gemeinsame Empfehlungen dazu, wie Leistungen zur Teilhabe zwischen verschiedenen Trägern **koordiniert** werden, also weitere „Ausführungsbestimmungen" zu § 19.

18 **Absatz 2 Nr. 6** gebietet gemeinsame Empfehlungen dazu, in welcher Weise und in welchem Umfang **Selbsthilfegruppen**, -organisationen und -kontaktstellen, die sich die Prävention, Rehabilitation, Früherkennung und Bewältigung von Krankheiten und Behinderungen zum Ziel gesetzt haben, gefördert werden. Bei den gemeinsamen Empfehlungen nach Absatz 2 Nr. 6 gilt für die gesetzlichen Krankenkassen und ihre Spitzenverbände § 20 Abs. 4 SGB V, insbesondere Satz 5, für die übrigen zuständigen Rehabilitationsträger § 45 SGB IX, → § 45 Rn. 3 ff. Die gemeinsamen Empfehlungen haben den durch die genannten Vorschriften gesetzten Rahmen auszufüllen.

19 Nach **Absatz 2 Nr. 7** werden die Rehabilitationsträger verpflichtet, gemeinsame Grundsätze für Instrumente der Bedarfsermittlung zu entwickeln. Im Übrigen entspricht die Regelung der bisherigen Rechtslage. Nummer 7 korrespondiert mit § 13 Abs. 1 Satz 2.

20 **Absatz 2 Nr. 8** gebietet gemeinsame Empfehlungen dazu, in welchen Fällen und in welcher Weise der behandelnde Hausarzt oder Facharzt und der Betriebs- oder Werksarzt in die Einleitung und Ausführung von Leistungen zur Teilhabe einzubinden sind. Die danach gewünschte Einbindung kann und muss in beide Richtungen gehen; einerseits müssen die genannten **Ärzte** die Rehabilitationsträger insbesondere über notwendige Leistungen zur Teilhabe unterrichten; andererseits haben die Rehabilitationsträger ein Interesse daran, die genannten Ärzte durch Weitergabe der verfügbaren Informationen und Hinweise bei ihren Aufgaben zu unterstützen.

21 **Absatz 2 Nr. 9** gebietet gemeinsame Empfehlungen zu einem Austausch von Informationen mit behinderten Beschäftigten, Arbeitgebern und den in § 166 genannten Vertretungen, um den individuellen Bedarf voraussichtlich erforderlicher Leistungen zur Teilhabe möglichst frühzeitig zu erkennen. Damit sollen **betriebliche Entscheidungsprozesse** besser mit den Entscheidungen der Rehabilitationsträger verzahnt werden.

22 **Absatz 2 Nr. 10** gebietet gemeinsame Empfehlungen über die Zusammenarbeit der Rehabilitationsträger mit **Sozialdiensten** und vergleichbaren Stellen. Insbesondere Sozialdienste in Krankenhäusern haben viele Möglichkeiten, bei der Koordinierung der Leistungen nach § 19 und einer frühzeitigen Einleitung der gebotenen Leistungen zur Teilhabe mitzuwirken, und sollen diese einsetzen, um die Zielsetzungen des § 4 möglichst weitgehend zu verwirklichen.

III. Verfahrensrechtliche Hinweise

23 **Absatz 3** stellt sicher, dass die gemeinsamen Empfehlungen auch mit den Rahmenempfehlungen in Einklang gebracht werden, die aufgrund gesetzlicher Vorschriften bereits abgegeben worden sind; ein wichtiges Beispiel sind die Rahmenempfehlungen über Rehabilitationsmaßnahmen nach § 111a SGB V. Der Rehabilitationsträger, für den solche Rahmenempfehlungen abgegeben worden

sind, hat deshalb sicherzustellen, dass über den Inhalt der gemeinsamen Empfehlungen mit den übrigen Partnern der Rahmenempfehlungen Einvernehmen hergestellt wird, wenn abweichende Empfehlungen vorgesehen werden sollen. Damit wird gewährleistet, dass eine Auseinanderentwicklung zwischen den gemeinsamen Empfehlungen und den Rahmenempfehlungen nicht erfolgen kann. Gleiches gilt für Regelungsinhalte künftiger Rahmenempfehlungen, zum Beispiel aufgrund neuer gesetzlicher Regelungen. Insoweit wird den Partnern der Rahmenempfehlungen eine Zukunftsoption gesichert. Liegen Rahmenempfehlungen vor, sind diese mit einzubeziehen. Der betroffene Rehabilitationsträger muss sich also mit den Partnern der Rahmenempfehlung auseinandersetzen und versuchen, ein Einvernehmen zur Empfehlungsvereinbarung herzustellen. Gelingt dieses nicht, so kann der Rehabilitationsträger die Empfehlungsvereinbarung nicht unterzeichnen.[28]

Nach **Absatz 4** können sich die Träger der Sozialversicherung bei der Vereinbarung der gemeinsamen Empfehlungen durch ihre **Spitzenverbände** vertreten lassen. Dabei umfasst die Vertretungsbefugnis sowohl eine mögliche Stellvertretung bei der Verhandlungsführung als auch eine mögliche Stellvertretung bei der Abgabe der entscheidenden Willenserklärung zum Beitritt an einer gemeinsamen Empfehlung. Nach Satz 2 ist vorgesehen, dass der Spitzenverband Bund der Krankenkassen die gemeinsamen Empfehlungen auch als Spitzenverband Bund der Pflegekassen abschließt, soweit die Aufgaben der Pflegekassen von den gemeinsamen Empfehlungen berührt sind. Soweit die Mitwirkung und die Aufgaben der Pflegekassen von den gemeinsamen Empfehlungen berührt sind, entspricht deren Einbeziehung letztlich dem Ziel der besseren Verzahnung von Instrumenten und Verfahren zur Überwindung der Schnittstellen der Leistungsträger.

Absatz 5 sichert einerseits die **Beteiligung** der Träger der **Sozial-** und öffentlichen **Jugendhilfe** sowie der Integrationsämter bei den gemeinsamen Empfehlungen, andererseits die Berücksichtigung besonderer Grundsätze bei diesen Trägern. Beteiligung erfordert von den verantwortlichen Rehabilitationsträgern die Information der genannten Rehabilitationsträger und die Gelegenheit zur Stellungnahme, ferner eine Auseinandersetzung mit den Inhalten von Stellungnahmen, jedoch keine Notwendigkeit des Einvernehmens.

Absatz 6 stellt sicher, dass die Kompetenz von **Verbänden** von Menschen mit Behinderungen einschließlich der Verbände der Freien Wohlfahrtspflege, der Selbsthilfegruppen und Interessenvertretungen behinderter Frauen durch ihre Beteiligung genutzt wird. Zu den Verbänden behinderter Menschen gehören – ebenso bei entsprechenden Regelungen in § 26 Abs. 6 Satz 1, § 36 Abs. 1 Satz 3, § 85 Satz 1 und § 86 Abs. 2 Satz 2 – auch die Verbände ihrer Angehörigen. Beteiligung erfordert von den nach der Vorschrift verantwortlichen Rehabilitationsträgern Information der genannten Organisationen und Gelegenheit zur Stellungnahme, ferner eine Auseinandersetzung mit den Inhalten von Stellungnahmen, jedoch keine Notwendigkeit des Einvernehmens. **Satz 2** gebietet jedoch, den dabei geäußerten Anliegen bei der Ausgestaltung der Empfehlungen nach Möglichkeit Rechnung zu tragen.

Absatz 6 Satz 3 schreibt vor, dass diese auch die besonderen Bedürfnisse behinderter oder von Behinderung bedrohter **Frauen und Kinder** zu berücksichtigen haben. Er setzt die in § 1 Satz 2 getroffene Grundsatzentscheidung auch im Rahmen der gemeinsamen Empfehlungen um.

---

28 *Jabben* in BeckOK SozR SGB IX § 26 Rn. 4; *Mrozynski* SGB IX Teil 1 § 13 Rn. 21.

28 Nach **Absatz 7** soll die **Bundesarbeitsgemeinschaft für Rehabilitation**, die ein freiwilliger Zusammenschluss vor allem der Rehabilitationsträger und ihrer Selbstverwaltung darstellt, den organisatorischen Rahmen für die notwendigen Vorbereitungs- und Abstimmungsprozesse der jeweils beteiligten Rehabilitationsträger und sonstigen Beteiligten bilden und erhält Initiativ-, Steuerungs- und Berichtsaufgaben. Damit wird besonders deutlich, dass der Gesetzgeber sich für eine umfassende Selbstverwaltungslösung entschieden hat. Die genannten Aufgaben berücksichtigen sowohl den Vorrang von Regelungen der Selbstverwaltungen und sollen zugleich gewährleisten, dass die erforderlichen Regelungen zügig getroffen werden. Bei der Ausarbeitung der Vorschläge für gemeinsame Empfehlungen ist, worauf die Begründung des Regierungsentwurfs hinweist, auf die Besonderheiten der gesetzlichen Unfallversicherung Rücksicht zu nehmen; derartige Besonderheiten sind ein Beispiel für berechtigte Interessen eines Rehabilitationsträgers, die nach Absatz 7 Satz 4 und 5 zu beachten sind. Zu beachten ist, dass die Empfehlungen „im Benehmen" mit dem Bundesministerium für Arbeit und Soziales und den Ländern zu treffen sind.

29 Nach **Absatz 7 Satz 1** ist Benehmen mit dem zuständigen Bundesministerium sowie den Ländern herzustellen, nach **Satz 2** der Bundesbeauftragte für **Datenschutz** und die Informationsfreiheit zu beteiligen. Auch insoweit erfordern „Benehmen" und Beteiligung von den nach Satz 1 verantwortlichen Rehabilitationsträgern Information und Gelegenheit zur Stellungnahme, ferner eine Auseinandersetzung mit den Inhalten von Stellungnahmen, jedoch keine Notwendigkeit des Einvernehmens.

30 **Absatz 8** enthält Vorschriften über eine Berichtspflicht, der zufolge die Rehabilitationsträger verpflichtet sind, der Bundesarbeitsgemeinschaft alle zwei Jahre ihre Erfahrungen mit den verabredeten gemeinsamen Empfehlungen mitzuteilen. Die Bundesarbeitsgemeinschaft stellt dann ihrerseits dem Bundesministerium für Arbeit und Soziales eine Zusammenfassung der Empfehlungen zur Verfügung, die den Zwecken vor allem der Evaluation dienen soll.

31 **Absatz 9** schafft eine Möglichkeit, die bundesweit getroffenen Vereinbarungen im Hinblick auf besondere regionale Gegebenheiten und Erfordernisse zu konkretisieren. Von den gemeinsamen Empfehlungen abweichende Regelungen sind nicht zulässig; in die **regionalen Empfehlungen** sind auch die bundesweit zuständigen Rehabilitationsträger einzubeziehen, soweit sie in der Region tätig sind.

§ 27 Verordnungsermächtigung

[1]Vereinbaren die Rehabilitationsträger nicht innerhalb von sechs Monaten, nachdem das Bundesministerium für Arbeit und Soziales sie dazu aufgefordert hat, gemeinsame Empfehlungen nach § 26 oder ändern sie unzureichend gewordene Empfehlungen nicht innerhalb dieser Frist, kann das Bundesministerium für Arbeit und Soziales mit dem Ziel der Vereinheitlichung des Verwaltungsvollzugs in dem Anwendungsbereich der §§ 25 und 26 Regelungen durch Rechtsverordnung mit Zustimmung des Bundesrates erlassen. [2]Richten sich die Regelungen nur an Rehabilitationsträger, die nicht der Landesaufsicht unterliegen, wird die Rechtsverordnung ohne Zustimmung des Bundesrates erlassen. [3]Soweit sich die Regelungen an die Rehabilitationsträger nach § 6 Absatz 1 Nummer 1 richten, erlässt das Bundesministerium für Arbeit und Soziales die Rechtsverordnung im Einvernehmen mit dem Bundesministerium für Gesundheit.

Verordnungsermächtigung § 27

Gesetzeshistorie: Die Vorschrift wurde als § 16 durch Artikel 1 und § 68 Abs. 1 SGB IX vom 19.6.2001[1] mit Wirkung ab 1.7.2001 eingeführt. Durch Artikel 1 und 4 des Gesetzes vom 3.4.2003[2] wurden mit Wirkung ab 1.1.2003 Satz 2 gestrichen und die Bezeichnung des Ministeriums angepasst, letzteres nochmals mit Wirkung ab 8.11.2006 durch Artikel 261 und 559 der Verordnung vom 30.10.2006.[3] Das BTHG hat sie als § 26 fortgeführt, allerdings auch inhaltlich ergänzt.

Regelungsinhalt: Die Vorschrift enthält eine Verordnungsermächtigung für den Fall, dass die Träger einer Aufforderung des Bundesministeriums für Arbeit und Soziales zur Vereinbarung der in § 26 vorgesehenen oder zur Änderung unzureichend gewordenen gemeinsamen Empfehlungen nicht nachkommen. Die Vorschrift macht damit deutlich, dass die Verabschiedung gemeinsamer Empfehlungen im Sinne dieses Gesetzes nicht im Belieben oder zumindest Ermessen der Rehabilitationsträger steht.

Zur Entstehung: Die Vorschrift ist im ursprünglichen Gesetzgebungsverfahren nicht verändert worden. § 8 Abs. 1 Rehabilitations-Angleichungsgesetz sah den Erlass von Verordnungen für die von diesem Gesetz erfassten Rehabilitationsträger vor mit Vorrang für Selbstverwaltungslösungen nach § 8 Abs. 2 Rehabilitations-Angleichungsgesetz.

Materialien: Zum Regierungsentwurf nebst Begründung BT-Drs. 14/5074, 11 und 103, BT-Drs. 14/5531, 5; zur Ausschussempfehlung BT-Drs. 14/5786, 23.

Erste Voraussetzung für die Anwendung der Vorschrift ist nach **Satz 1**, dass das Bundesministerium für Arbeit und Soziales die Rehabilitationsträger dazu auffordert, gemeinsame Empfehlungen nach § 26 zu vereinbaren oder unzureichend gewordene Empfehlungen zu ändern. Aus dieser Aufforderung entsteht gemäß § 26 Abs. 7 Satz 3 die Pflicht der Träger, tätig zu werden. Darüber hinaus dürfen zweitens die Rehabilitationsträger nicht innerhalb von sechs Monaten die dabei angesprochenen gemeinsamen Empfehlungen vereinbart oder geändert haben.

Sind die angesprochenen Voraussetzungen gegeben, kann das Bundesministerium für Arbeit und Soziales nach pflichtgemäßem Ermessen über den Erlass einer Verordnung entsprechenden Inhalts entscheiden. Diese Verordnungen sind dann für die betroffenen Rehabilitationsträger verbindlich. Inhaltlich wird damit dem Bundesministerium für Arbeit und Soziales im Anwendungsbereich der Gemeinsamen Empfehlungen die Kompetenz eröffnet, zu fachlichen Fragen des Verwaltungsvollzuges verbindliche Regelungen zu treffen, die sonst der Fachaufsicht des Bundes zuzuordnen wären. Das bedeutet, dass der Bund gegenüber den selbstverwalteten Versicherungsträgern lediglich die Rechtsaufsicht wahrnimmt. Der Gesetzgeber ist dabei der Auffassung, dass durch die Festlegung verbindlicher Vorschriften in Gestalt einer Rechtsverordnung die fachlichen Gesichtspunkte aus dem Anwendungsbereich der Gemeinsamen Empfehlungen unter den Voraussetzungen des Satzes 1 zukünftig den Rang einer Rechtsvorschrift erhalten können, deren Beachtung der Bund dann über die ihm zustehende Rechtsaufsicht nachhalten kann. Durch den in Satz 1 abschließend beschriebenen Anwendungsbereich der Regelungen werde sichergestellt, dass durch die Verordnungsermächtigung nicht in die Selbstverwaltungskompetenz der Versicherungsträger des Bundes unverhältnismäßig eingegriffen werde. Die Herstellung des Einvernehmens mit dem Bundesministerium für Gesund-

---

1 BGBl. I 1046.
2 BGBl. I 462.
3 BGBl. I 2407.

heit entspreche der Zuordnung der Geschäftsbereiche und der Aufsichtskompetenzen innerhalb der Bundesregierung.[4]

Kapitel 6 Leistungsformen, Beratung

Vorbemerkung

1 Kapitel 6 fasst die träger- und leistungsgruppenübergreifenden Regelungen zusammen, die sich – ergänzend zu den in Kapitel 1 enthaltenen allgemeinen Regelungen – auf die Ausführung der Leistungen zur Teilhabe beziehen.

Abschnitt 1 Leistungsformen

§ 28 Ausführung von Leistungen

(1) [1]Der zuständige Rehabilitationsträger kann Leistungen zur Teilhabe
1. allein oder gemeinsam mit anderen Leistungsträgern,
2. durch andere Leistungsträger oder
3. unter Inanspruchnahme von geeigneten, insbesondere auch freien und gemeinnützigen oder privaten Rehabilitationsdiensten und -einrichtungen nach § 36

ausführen. [2]Der zuständige Rehabilitationsträger bleibt für die Ausführung der Leistungen verantwortlich. [3]Satz 1 gilt insbesondere dann, wenn der Rehabilitationsträger die Leistung dadurch wirksamer oder wirtschaftlicher erbringen kann.

(2) Die Leistungen werden dem Verlauf der Rehabilitation angepasst und sind darauf ausgerichtet, den Leistungsberechtigten unter Berücksichtigung der Besonderheiten des Einzelfalles zügig, wirksam, wirtschaftlich und auf Dauer eine den Zielen der §§ 1 und 4 Absatz 1 entsprechende umfassende Teilhabe am Leben in der Gesellschaft zu ermöglichen.

1 **Gesetzeshistorie:** Die zu Beginn im Gesetz als § 17 geführte Vorschrift wurde durch Artikel 1 und § 68 Abs. 1 SGB IX vom 19.6.2001[1] mit Wirkung ab 1.7.2001 eingeführt und durch Artikel 8 und § 70 Abs. 2 Satz 3 SGB XII vom 27.12.2003[2] mit Wirkung ab 1.7.2004 neu gefasst. In der ursprünglichen, bis 30.6.2004 geltenden Gesetzesfassung war die Möglichkeit, Leistungen zur Teilhabe in Form eines Persönlichen Budgets zu erbringen, als Nummer 4 in Absatz 1 Satz 1 angesprochen; in Absatz 2 war festgelegt, dass sie so bemessen waren, dass eine Deckung des festgestellten Bedarfs unter Beachtung der Grundsätze der Wirtschaftlichkeit und Sparsamkeit möglich war; nach Absatz 3 hatten alle Rehabilitationsträger die Einführung persönlicher Budgets durch Modellvorhaben zu erproben. Das BTHG hat zu einer Neustrukturierung geführt und die verschiedenen Inhalte der Vorschrift aufgeteilt. § 28 enthält nun allgemein eine Vorschrift, die die Ausführung von Leistungen im Rahmen des SGB IX betrifft, § 29 hingegen regelt nun eigenständig das Persönliche Budget.

2 **Regelungsinhalt:** Absatz 1 nennt die verschiedenen Möglichkeiten und Wege, in denen Leistungen zur Teilhabe ausgeführt werden können. Dabei hat die Norm

---

4 BT-Drs. 18/9522, 244.
1 BGBl. I 1046.
2 BGBl. I 3022.

konkrete Vorläufer. Absatz 1 entspricht dem bisherigen § 17 Abs. 1. Absatz 2 entspricht dem bisherigen § 10 Abs. 1 Satz 2.

Nach **Absatz 1 Satz 1** können die Rehabilitationsträger Leistungen zur Teilhabe in vier verschiedenen Weisen erbringen, nämlich entweder allein oder gemeinsam mit anderen Leistungsträgern oder durch andere Leistungsträger oder unter Inspruchnahme von geeigneten, insbesondere auch freien und gemeinnützigen oder privaten Rehabilitationsdiensten und -einrichtungen. Hierbei handelt es sich um die verschiedenen möglichen Formen, in denen der jeweils zuständige Rehabilitationsträger seine Leistungen ausführen und erbringen kann. Im Falle der Inanspruchnahme anderer Dienste sind die Vorgaben des Vergaberechts zu berücksichtigen.[3] Die hier früher ausdrücklich genannte vierte Möglichkeit, diese Leistungen durch ein persönliches Budget auszuführen, ist an dieser Stelle nicht mehr mit aufgeführt, aber besteht weiter und ist in § 29 ausführlich geregelt. Ein Rangverhältnis der Leistungsformen ist damit zunächst nicht verbunden. Zu beachten ist jedoch das Wirtschaftlichkeitsgebot des Satzes 3.   3

Absatz 1 Satz 2 stellt klar, dass der Rehabilitationsträger eigenverantwortlich zu entscheiden hat, welche Form der **Leistungsausführung** am besten geeignet ist. In jedem Fall bleibt der zuständige Rehabilitationsträger gegenüber den Leistungsberechtigten für die Ausführung der Leistungen verantwortlich. Im Übrigen gelten die allgemeinen Regelungen über die Zusammenarbeit der Leistungsträger untereinander und ihre Beziehungen zu Dritten (§§ 86 ff. SGB X).   4

Nach **Absatz 1 Satz 3** sind die in Satz 1 Nr. 1 bis 3 genannten Formen insbesondere dann in Betracht zu ziehen, wenn der Rehabilitationsträger die Leistung dadurch wirksamer oder wirtschaftlicher erbringen kann. Damit kommt zwar nicht unmittelbar ein normatives Rangverhältnis zum Tragen, doch de facto sind diese Formen vorrangig zu beachten. Für die in § 29 angesprochene Form des Persönlichen Budgets gilt diese Einschränkung nicht; sie ergänzt die in § 8 Abs. 2 vorgesehene Möglichkeit der Umwandlung von Sach- in Geldleistungen und trägt dem Anspruch von Menschen mit Behinderungen auf selbstbestimmte und eigenverantwortliche Gestaltung ihrer Lebensumstände Rechnung. Für Persönliche Budgets gelten auch nicht die in § 8 Abs. 2 Satz 1 und 2 genannten Beschränkungen und Voraussetzungen.   5

Besondere Regelungen, die im Rahmen ihrer Geltungskraft nach § 7 Abs. 1 Satz 1 Vorrang vor den allgemeinen Regelungen des Absatzes 1 haben, sind insbesondere für die gesetzliche Kranken- und die gesetzliche Unfallversicherung zu beachten, beispielsweise zu den besonderen Verfahren in der Unfallversicherung.   6

Absatz 2 verpflichtet die beteiligten Rehabilitationsträger, die zuvor angesprochenen und in Absatz 1 zusammengestellten Leistungen entsprechend dem Verlauf der Rehabilitation **anzupassen**. Anregungen hierzu können alle beteiligten Rehabilitationsträger, die Leistungsberechtigten und Dritte geben, beispielsweise in Anspruch genommene Rehabilitationsdienste und -einrichtungen. Absatz 2 gibt dazu die weitere inhaltliche Vorgabe, die Leistungen darauf auszurichten, den Leistungsberechtigten unter Berücksichtigung der Besonderheiten des Einzelfalls die den Zielen der §§ 1 und 4 Abs. 1 entsprechende **umfassende Teilhabe** am Leben in der Gesellschaft zu ermöglichen. Die umfassende Teilhabe am Leben in der Gesellschaft entsprechend den Zielen der §§ 1 und 4 Abs. 1 wird damit noch einmal ausdrücklich als Aufgabe der Leistungen zur Teilhabe – auch in ihrem Zusammenwirken – festgelegt. Der so entstehende Teilhabeplan   7

---

[3] Dazu eingehend *Wilke*, Ausschreibungen in der beruflichen Rehabilitation, NZS 2012, 444.

bildet letztlich die fachliche Grundlage für die Steuerung des gesamten Prozesses der Rehabilitation.

8 Die genannten Ziele sollen **zügig, wirksam, wirtschaftlich und auf Dauer** ermöglicht werden. Bei der zügigen, umfassenden und durchgehenden Ausführung der zur Erreichung der Ziele erforderlichen Leistungen haben die Rehabilitationsträger die wirksame und wirtschaftliche Leistungsausführung zu gewährleisten. Dies entspricht der Verpflichtung, die obliegenden Aufgaben unter Berücksichtigung der Grundsätze der Wirtschaftlichkeit und Sparsamkeit zu erfüllen, die sich für Träger der Sozialversicherung aus § 69 Abs. 2 SGB IV und für die übrigen Rehabilitationsträger aus haushaltsrechtlichen Regelungen ergibt.

§ 29 Persönliches Budget

[gültig bis 31.12.2023:]

(1) [1]Auf Antrag der Leistungsberechtigten werden Leistungen zur Teilhabe durch die Leistungsform eines Persönlichen Budgets ausgeführt, um den Leistungsberechtigten in eigener Verantwortung ein möglichst selbstbestimmtes Leben zu ermöglichen. [2]Bei der Ausführung des Persönlichen Budgets sind nach Maßgabe des individuell festgestellten Bedarfs die Rehabilitationsträger, die Pflegekassen und die Integrationsämter beteiligt. [3]Das Persönliche Budget wird von den beteiligten Leistungsträgern trägerübergreifend als Komplexleistung erbracht. [4]Das Persönliche Budget kann auch nicht trägerübergreifend von einem einzelnen Leistungsträger erbracht werden. [5]Budgetfähig sind auch die neben den Leistungen nach Satz 1 erforderlichen Leistungen der Krankenkassen und der Pflegekassen, Leistungen der Träger der Unfallversicherung bei Pflegebedürftigkeit sowie Hilfe zur Pflege der Sozialhilfe, die sich auf alltägliche und regelmäßig wiederkehrende Bedarfe beziehen und als Geldleistungen oder durch Gutscheine erbracht werden können. [6]An die Entscheidung sind die Leistungsberechtigten für die Dauer von sechs Monaten gebunden.

(2) [1]Persönliche Budgets werden in der Regel als Geldleistung ausgeführt, bei laufenden Leistungen monatlich. [2]In begründeten Fällen sind Gutscheine auszugeben. [3]Mit der Auszahlung oder der Ausgabe von Gutscheinen an die Leistungsberechtigten gilt deren Anspruch gegen die beteiligten Leistungsträger insoweit als erfüllt. [4]Das Bedarfsermittlungsverfahren für laufende Leistungen wird in der Regel im Abstand von zwei Jahren wiederholt. [5]In begründeten Fällen kann davon abgewichen werden. [6]Persönliche Budgets werden auf der Grundlage der nach Kapitel 4 getroffenen Feststellungen so bemessen, dass der individuell festgestellte Bedarf gedeckt wird und die erforderliche Beratung und Unterstützung erfolgen kann. [7]Dabei soll die Höhe des Persönlichen Budgets die Kosten aller bisher individuell festgestellten Leistungen nicht überschreiten, die ohne das Persönliche Budget zu erbringen sind. [8]§ 35 a des Elften Buches bleibt unberührt.

(3) [1]Werden Leistungen zur Teilhabe in der Leistungsform des Persönlichen Budgets beantragt, ist der nach § 14 leistende Rehabilitationsträger für die Durchführung des Verfahrens zuständig. [2]Satz 1 findet entsprechend Anwendung auf die Pflegekassen und die Integrationsämter. [3]Enthält das Persönliche Budget Leistungen, für die der Leistungsträger nach den Sätzen 1 und 2 nicht Leistungsträger nach § 6 Absatz 1 sein kann, leitet er den Antrag insoweit unverzüglich dem nach seiner Auffassung zuständigen Leistungsträger nach § 15 zu.

(4) ¹Der Leistungsträger nach Absatz 3 und die Leistungsberechtigten schließen zur Umsetzung des Persönlichen Budgets eine Zielvereinbarung ab. ²Sie enthält mindestens Regelungen über
1. die Ausrichtung der individuellen Förder- und Leistungsziele,
2. die Erforderlichkeit eines Nachweises zur Deckung des festgestellten individuellen Bedarfs,
3. die Qualitätssicherung sowie
4. die Höhe der Teil- und des Gesamtbudgets.

³Satz 1 findet keine Anwendung, wenn allein Pflegekassen Leistungsträger nach Absatz 3 sind und sie das Persönliche Budget nach Absatz 1 Satz 4 erbringen. ⁴Die Beteiligten, die die Zielvereinbarung abgeschlossen haben, können diese aus wichtigem Grund mit sofortiger Wirkung schriftlich kündigen, wenn ihnen die Fortsetzung der Vereinbarung nicht zumutbar ist. ⁵Ein wichtiger Grund kann für die Leistungsberechtigten insbesondere in der persönlichen Lebenssituation liegen. ⁶Für den Leistungsträger kann ein wichtiger Grund dann vorliegen, wenn die Leistungsberechtigten die Vereinbarung, insbesondere hinsichtlich des Nachweises zur Bedarfsdeckung und der Qualitätssicherung nicht einhalten. ⁷Im Fall der Kündigung der Zielvereinbarung wird der Verwaltungsakt aufgehoben. ⁸Die Zielvereinbarung wird im Rahmen des Bedarfsermittlungsverfahrens für die Dauer des Bewilligungszeitraumes der Leistungen in Form des Persönlichen Budgets abgeschlossen.

[gültig ab 1.1.2024:]

(1) ¹Auf Antrag der Leistungsberechtigten werden Leistungen zur Teilhabe durch die Leistungsform eines Persönlichen Budgets ausgeführt, um den Leistungsberechtigten in eigener Verantwortung ein möglichst selbstbestimmtes Leben zu ermöglichen. ²Bei der Ausführung des Persönlichen Budgets sind nach Maßgabe des individuell festgestellten Bedarfs die Rehabilitationsträger, die Pflegekassen und die Integrationsämter beteiligt. ³Das Persönliche Budget wird von den beteiligten Leistungsträgern trägerübergreifend als Komplexleistung erbracht. ⁴Das Persönliche Budget kann auch nicht trägerübergreifend von einem einzelnen Leistungsträger erbracht werden. ⁵Budgetfähig sind auch die neben den Leistungen nach Satz 1 erforderlichen Leistungen der Krankenkassen und der Pflegekassen, Leistungen der Träger der Unfallversicherung bei Pflegebedürftigkeit Leistungen der Träger der Sozialen Entschädigung zur Krankenbehandlung, bei Pflegebedürftigkeit und zur Weiterführung des Haushalts sowie Hilfe zur Pflege der Sozialhilfe, die sich auf alltägliche und regelmäßig wiederkehrende Bedarfe beziehen und als Geldleistungen oder durch Gutscheine erbracht werden können. ⁶An die Entscheidung sind die Leistungsberechtigten für die Dauer von sechs Monaten gebunden.

(2) ¹Persönliche Budgets werden in der Regel als Geldleistung ausgeführt, bei laufenden Leistungen monatlich. ²In begründeten Fällen sind Gutscheine auszugeben. ³Mit der Auszahlung oder der Ausgabe von Gutscheinen an die Leistungsberechtigten gilt deren Anspruch gegen die beteiligten Leistungsträger insoweit als erfüllt. ⁴Das Bedarfsermittlungsverfahren für laufende Leistungen wird in der Regel im Abstand von zwei Jahren wiederholt. ⁵In begründeten Fällen kann davon abgewichen werden. ⁶Persönliche Budgets werden auf der Grundlage der nach Kapitel 4 getroffenen Feststellungen so bemessen, dass der individuell festgestellte Bedarf gedeckt wird und die erforderliche Beratung und Unterstützung erfolgen kann. ⁷Dabei soll die Höhe des Persönlichen Budgets die Kosten aller bisher individuell festgestellten Leistungen nicht überschreiten,

die ohne das Persönliche Budget zu erbringen sind. [8]§ 35 a des Elften Buches bleibt unberührt.

(3) [1]Werden Leistungen zur Teilhabe in der Leistungsform des Persönlichen Budgets beantragt, ist der nach § 14 leistende Rehabilitationsträger für die Durchführung des Verfahrens zuständig. [2]Satz 1 findet entsprechend Anwendung auf die Pflegekassen und die Integrationsämter sowie auf die Träger der Sozialen Entschädigung, soweit diese Leistungen nach Absatz 1 Satz 5 erbringen. [3]Enthält das Persönliche Budget Leistungen, für die der Leistungsträger nach den Sätzen 1 und 2 nicht Leistungsträger nach § 6 Absatz 1 sein kann, leitet er den Antrag insoweit unverzüglich dem nach seiner Auffassung zuständigen Leistungsträger nach § 15 zu.

(4) [1]Der Leistungsträger nach Absatz 3 und die Leistungsberechtigten schließen zur Umsetzung des Persönlichen Budgets eine Zielvereinbarung ab. [2]Sie enthält mindestens Regelungen über
1. die Ausrichtung der individuellen Förder- und Leistungsziele,
2. die Erforderlichkeit eines Nachweises zur Deckung des festgestellten individuellen Bedarfs,
3. die Qualitätssicherung sowie
4. die Höhe der Teil- und des Gesamtbudgets.

[3]Satz 1 findet keine Anwendung, wenn allein Pflegekassen Leistungsträger nach Absatz 3 sind und sie das Persönliche Budget nach Absatz 1 Satz 4 erbringen. [4]Die Beteiligten, die die Zielvereinbarung abgeschlossen haben, können diese aus wichtigem Grund mit sofortiger Wirkung schriftlich kündigen, wenn ihnen die Fortsetzung der Vereinbarung nicht zumutbar ist. [5]Ein wichtiger Grund kann für die Leistungsberechtigten insbesondere in der persönlichen Lebenssituation liegen. [6]Für den Leistungsträger kann ein wichtiger Grund dann vorliegen, wenn die Leistungsberechtigten die Vereinbarung, insbesondere hinsichtlich des Nachweises zur Bedarfsdeckung und der Qualitätssicherung nicht einhalten. [7]Im Fall der Kündigung der Zielvereinbarung wird der Verwaltungsakt aufgehoben. [8]Die Zielvereinbarung wird im Rahmen des Bedarfsermittlungsverfahrens für die Dauer des Bewilligungszeitraumes der Leistungen in Form des Persönlichen Budgets abgeschlossen.

Literatur:
Benz, Das persönliche Budget nach § 26 Abs 1 S 2 SGB VII, BG 2005, 326; *Braun*, Inklusion von Menschen mit Behinderungen auf dem allgemeinen Arbeitsmarkt, Sozial-Recht aktuell 2011, 201; *Dahm*, Die Ausführung von Leistungen zur Teilhabe durch ein Persönliches Budget, WzS 2012, 16; *Dannatt/Dillmann*, Quo vadis? Das Persönliche Budget für Menschen mit Behinderung, Behindertenrecht 2014, 26; *Finke*, Das trägerübergreifende persönliche Budget aus der Sicht der überörtlichen Träger der Sozialhilfe, Behindertenrecht 2006, 57; *Giraud*, Das Persönliche Budget – ein Zeichen der Zeit?, Behindertenrecht 2005, 34; *Joussen*, Leistungsbestimmung und Vertragsgestaltung durch eine Schlichtungsstelle Rehabilitation, SGb 2011, 73; *Knigge*, Das persönliche Budget für Menschen mit Behinderungen – Eine Zukunftsoption mit Entwicklungsbedarf, SozSich 2009, 335; *Metzler/Meyer/Rauscher/Schäfers/Wansing*, Begleitung und Auswertung der Erprobung trägerübergreifender Persönlicher Budgets, Abschlussbericht, 2007; *Narbeshuber/Kukolj/Höhne*, Expertise zu Verwaltungsverfahren beim trägerübergreifenden Persönlichen Budget, 2007; *Neumann*, Selbstbestimmte Leistungsgestaltung im SGB 9 – Wunsch- und Wahlrecht, Geldleistungsoption und persönliches Budget, SGb 2003, 392; *Palsherm*, Standpunkt: Trägerübergreifendes Persönliches Budget in der Praxis der gesetzlichen Unfallversicherung, WzS 2016, 88; *Peters-Lange*, Rechtsprobleme rund um das persönliche Budget. Sieben Jahre Rechtsanspruch nach sieben Jahren Erprobungsphase, SGb 2015, 649; *Schweigler*, Das Persönliche Budget für Menschen mit Behinderungen. Erfolgsmodell oder dysfunktional?, SGb 2019, 661; *Tänzer*, Budgetassistenz und rechtliche Betreuung, BTPrax 2008, 16; *Welti/Rummel*,

Rechtsfragen des Persönlichen Budgets nach § 17 SGB IX, Gutachten im Rahmen der wissenschaftlichen Begleitung der modellhaften Erprobung Persönlicher Budgets nach § 17 Abs. 6 SGB IX, 2007; *Wilke*, Ausschreibungen in der beruflichen Rehabilitation, NZS 2012, 444.

Gesetzeshistorie: Die Norm enthält eine eigenständige Regelung des Persönlichen Budgets. Bis zum BTHG war dieses als eine Leistungsform zusammen mit anderen in einer einzigen Norm (§ 17 aF) zusammengefasst.[1]

Regelungsinhalt: Die in § 29 konkretisierte Möglichkeit, Leistungen in Form eines Persönlichen Budgets zu erbringen, ergänzt die in § 8 Abs. 2 vorgesehene Umwandlung von Sach- in Geldleistungen, um pflegebedürftigen und anderen behinderten Menschen die Möglichkeit zu erleichtern, ein selbstbestimmtes Leben zu führen, indem sie die Deckung ihres individuellen Bedarfs, soweit es möglich ist, selbst gestalten können. In diesen Fällen kommt zwischen dem Leistungsberechtigten und dem Leistungserbringer regelmäßig ein privatrechtlicher Vertrag zustande.[2] Durch die Regelung des Persönlichen Budgets wird zudem erleichtert, Leistungen mehrerer Rehabilitations- und anderer Leistungsträger in einem trägerübergreifenden Persönlichen Budget zusammenzufassen. Eine neue Leistungsart stellt das Persönliche Budget nicht dar, sondern es handelt sich lediglich um eine alternative Leistungsform.[3]

Zur Entstehung: Modellvorhaben, die zur Bildung Persönlicher Budgets genutzt werden konnten, waren – durch den bis 2004 geltenden § 101 a BSHG – früher nur in der Sozialhilfe vorgesehen. Die in der ursprünglichen Fassung der Vorschrift für alle Leistungen zur Teilhabe geschaffene Möglichkeit Persönlicher Budgets wurde wenig genutzt, ua wegen angeblicher rechtlicher Unklarheiten und fehlender Einbeziehung von Leistungen der Kranken- und Pflegeversicherung.[4]

Der Regierungsentwurf zur ursprünglichen Fassung der Normierung des Persönlichen Budgets[5] wurde aufgrund eines Änderungsantrags der damaligen Koalitionsfraktionen[6] darin geändert, dass der frühere Absatz 3 eine verpflichtende Fassung erhielt; nach dem Bericht[7] erfolgte dies zur Klarstellung des Gewollten. Die ab 1.7.2004 geltende Fassung entsprach dem Regierungsentwurf zum SGB XII;[8] die Ausschussempfehlung findet sich in BT-Drs. 15/1734. Die Änderungen, die die ab 30.3.2005 geltende Fassung ergeben, entsprechen dem Regierungsentwurf zum Verwaltungsverfahrensgesetz. Inhaltlich führt das BTHG dies fort.[9]

Absatz 1 trifft die grundlegenden Bestimmungen zu den Persönlichen Budgets. Nach **Satz 1** ist wesentliches Ziel Persönlicher Budgets,[10] Leistungsberechtigten ein weitestgehend selbstständiges und selbstbestimmtes Leben zu ermögli-

---

1 Zur Einführung und Entwicklung der Gesetzeslage *Schweigler* SGb 2018, 661 (662).
2 *Braun* SozialRecht aktuell 2011, 201 (205).
3 LSG BW 25.9.2019 – L 7 SO 4668/15 Rn. 42.
4 Zur Entwicklung und den Schwierigkeiten des Persönlichen Budgets *Dannat/Dillmann* Behindertenrecht 2014, 26.
5 Nebst Begründung BT-Drs. 14/5074, 11 und 103 sowie BT-Drs. 14/5531, 5.
6 Ausschussempfehlung BT-Drs. 14/5786, 24.
7 BT-Drs. 14/5800, 31.
8 BT-Drs. 15/1514, 36, Begründung S. 72, und BT-Drs. 15/1636.
9 BT-Drs. 16/4228.
10 Zum Begriff *Peters-Lange* SGb 2015, 649.

chen.¹¹ Leistungsberechtigte, hinsichtlich derer dem Gesetz keine Beschränkung im Hinblick auf Volljährige oder auf nur körperlich behinderte Menschen entnommen werden kann,¹² können, sofern das Gesetz keine Volljährigkeit und keine rein körperliche Behinderung voraussetzt, durch Persönliche Budgets selbst entscheiden,¹³ welche Hilfen sie überhaupt und wann sie diese Hilfen in Anspruch nehmen sowie wie und durch wen. Erforderlich ist also nur, dass der Beantragende in eigener Verantwortung ein möglichst selbstbestimmtes Leben führen kann: Daraus folgt, dass leistungsberechtigt alle Menschen mit Behinderungen und pflegebedürftigen Menschen sind, die in eben dieser „eigenen Verantwortung" ein Persönliches Budget ausführen können; der Wortlaut des § 29 enthält insbesondere keine Einschränkungen im Hinblick auf Menschen mit geistigen oder seelischen Behinderungen. Rechtlich formuliert heißt dies, vorausgesetzt ist nur eine eigene Verantwortung, keine Geschäftsfähigkeit im Sinne des BGB. Bei Minderjährigen können die Sorge- und Vertretungsberechtigten einen Antrag stellen.¹⁴ Leistungsberechtigten wird auch die Möglichkeit eröffnet, durch eine bedarfsgerechtere Organisation ihrer Hilfen diese besser als im Rahmen standardisierter Vollversorgung im stationären Bereich zu gestalten. Als Ziel Persönlicher Budgets gilt auch die eigenverantwortliche Handlungsweise der Leistungsberechtigten; als Leistungsform sind Persönliche Budgets daher nur insoweit geeignet, als behinderte Menschen sie mit einem Mindestmaß an Eigenverantwortung selber verwalten oder verwalten lassen können, ggf. mithilfe eines Betreuers. Dadurch, dass die Leistungsberechtigten – bei Bedarf über einen längeren Zeitraum – in der Regel eine Geldleistung erhalten, entstehen für sie sachliche, zeitliche und soziale Dispositionsspielräume, die den maßgeblichen Anreiz für die Inanspruchnahme des Persönlichen Budgets ausmachen. Mit der Fortentwicklung der mit dem SGB IX eingeführten Leistungsform des Persönlichen Budgets wurde die vorher bestehende Rechtslage nicht eingeschränkt. Doch können auch bei der Leistungsausführung durch ein Persönliches Budget zum Bedarf zählende Einzelleistungen nur in Abhängigkeit vom Ermessen des zuständigen Trägers beansprucht werden, wenn diese Leistung gesetzlich als Ermessensleistung ausgestaltet ist.¹⁵

6 Nach **Absatz 1** werden auf Antrag nunmehr neben der Möglichkeit, einzelne Sachleistungen als Geldleistung zu erbringen, Leistungen zur Teilhabe auch durch ein Persönliches Budget ausgeführt. Diese Form der Leistungserbringung erfolgt also, dies ist wesentliche Voraussetzung, nur **auf Antrag** des Betroffenen. Anders als ursprünglich, wo lediglich ein Ermessensanspruch vorgesehen war, gibt es, mittlerweile auch ausdrücklich an dieser Stelle normiert, einen **Rechtsanspruch** auf die Leistungsform des Persönlichen Budgets. Der Leistungsträger darf aber nicht ohne einen entsprechenden Antrag die Form des Persönlichen Budgets wählen.¹⁶ Die Gewährung erfolgt dann durch Verwaltungsakt.¹⁷ Dieser kann, vor dem Hintergrund des anwendbaren § 32 Abs. 2 SGB X, befristet erteilt werden.¹⁸ Der Regelfall in diesem Tatbestand ist dabei, dass das Persön-

---

11 BSG 30.11.2011 – B 11 AL 7/10 R, SozR 4-3250 § 17 Nr. 2; BSG 11.5.2011 – B 5 R 54/10 R, SozR 4-3250 § 17 Nr. 1.
12 So auch *Schweigler* SGb 2019, 661 (662 f.).
13 Vgl. *Tänzer* BTPrax 2008, 16 (17).
14 Dazu *Kroll* in Jahn SGB IX § 17 Rn. 9.
15 BSG 30.11.2011 – B 11 AL 7/10 R, SozR 4-3250 § 17 Nr. 2.
16 *Neumann* SGb 2003, 392 (393).
17 Ganz hM, BSG 31.1.2012 – B 2 U 1/11 R, SozR 4-SozR 3250 § 17 Nr. 3; s. nur (allerdings bei aA) die vielen Nachweise bei *Peters-Lange* SGb 2015, 649 in Fn. 18.
18 LSG BW 8.11.2018 – L 7 SO 1419/15, ZfSH/SGB 2019, 95 Rn. 43.

liche Budget trägerübergreifend als Komplexleistung zu erbringen ist.[19] **Absatz 1 Satz 3** schreibt in genau diesem Sinne vor, dass das Persönliche Gesamtbudget mehrerer Leistungsträger trägerübergreifend als **Komplexleistung** zu erbringen ist. Ziel der Komplexleistung ist eine zwischen den jeweils beteiligten Leistungsträgern abgestimmte Leistungserbringung, die bei den Leistungsberechtigten „aus einer Hand" ankommt, ohne die Zuständigkeit der Leistungsträger zu ändern; ergänzende Regelungen für die beteiligten Leistungsträger wurden in § 118 SGB III, §§ 2 und 11 SGB V, § 13 SGB VI, § 26 SGB VII, §§ 28 und 35a SGB XI, § 63 Abs. 3 SGB XII getroffen. Andere Leistungen, zB einmalige Geldleistungen oder Sachleistungen, werden neben den ins Budget einbezogenen Leistungen wie bisher erbracht.

Daneben besteht nach **Absatz 1 Satz 4** die Möglichkeit, dass das Persönliche Budget auch nicht trägerübergreifend von einem einzelnen Leistungsträger erbracht werden kann. Satz 4 stellt insofern im Hinblick auf in der Praxis auftretende Probleme klar, dass auch ein einzelner Leistungsträger alleine ein Persönliches Budget erbringen kann.   7

In **Absatz 1 Satz 5** werden der Kreis der an Budgets beteiligten Leistungsträger und zugleich die mögliche Zusammensetzung Persönlicher Budgets festgelegt. Bestandteil eines trägerübergreifenden Persönlichen Budgets können einmal alle Leistungen zur Teilhabe sein, daneben aber auch – soweit sie sich auf alltägliche und regelmäßig wiederkehrende Bedarfe beziehen und auch, soweit sie keine Teilhabeleistungen sind – Leistungen der Pflegekassen, der gesetzlichen Krankenkassen, der Träger der Unfallversicherung und der Hilfe zur Pflege der Sozialhilfe; allerdings muss immer eine Leistung zur Teilhabe einbezogen sein. Welche Leistungen im Einzelfall in Form Persönlicher Budgets erbracht werden sollen, richtet sich nach dem gestellten Antrag.   8

Typische budgetgeeignete Leistungen sind vor allem Dienstleistungen, zu deren Beschaffung es dient,[20] insbesondere die Hilfe zur Mobilität, Hilfen zur Teilhabe am Leben in der Gemeinschaft, Hilfen zur häuslichen Pflege und häuslichen Krankenpflege, regelmäßig wiederkehrend benötigte Hilfs- und Heilmittel sowie Hilfen zum Erreichen des Ausbildungs- oder Arbeitsplatzes (Fahrkosten). Da der Gesetzgeber mit der 2005 erfolgten Klarstellung aber ausdrücklich für alle Leistungen zur Teilhabe die Möglichkeit Persönlicher Budgets eröffnet hat, gilt dies zB auch für stationäre Leistungen in allen Formen von Rehabilitationseinrichtungen[21] und kann insoweit insbesondere auch für Teilleistungen stationärer „Leistungspakete" von Bedeutung werden. Leistungen der privaten Pflegeversicherung sind nicht Gegenstand des SGB IX; sie können aber ebenfalls – ohne gesetzliche Regelung – in Form Persönlicher Budgets erbracht oder in solche einbezogen werden.   9

Absatz 1 Satz 6 eröffnet den Antragstellern die Möglichkeit, nach sechs Monaten aus der Leistungsform Persönlicher Budgets wieder „auszusteigen". Voraussetzung für eine derartige Kündigung ist das Vorliegen eines **wichtigen Grundes**, der die Fortsetzung der Leistungserbringung in dieser Form unzumutbar macht. Ist eine Kündigung erfolgt, muss der Verwaltungsakt, der das Persönliche Budget begründet hat, wieder aufgehoben werden, dies richtet sich nach § 48 Abs. 1 SGB X. Gegebenenfalls kommt auch, bei Vorliegen der Voraussetzung, ein Widerruf nach § 47 SGB X in Betracht.   10

---

19 Zu den damit im Zusammenhang stehenden Fragen *Palsherm* WzS 2016, 88.
20 LSG BW 25.9.2019 – L 7 SO 4668/15 Rn. 44.
21 So auch *Welti/Rummel*, Rechtsfragen des Persönlichen Budgets nach § 17 SGB IX, S. 54 f.; anders *Fuchs* in Bihr/Fuchs/Krauskopf/Ritz SGB IX § 17 Rn. 21.

11 Absatz 2 regelt die **Art der Leistungserbringung**. Das Persönliche Budget wird nach **Satz 1** in der Regel als in Geld bemessene, budgetierte Einzelleistung erbracht, und zwar, sobald die genannten Voraussetzungen vorliegen, es besteht insofern kein Ermessen des Leistungsträgers.[22] Dadurch wird es dem Leistungsberechtigten ermöglicht, Betreuungsleistungen selbst zu organisieren und zu bezahlen.[23] Lediglich in begründeten Ausnahmefällen ist nach **Satz 2** die Ausgabe von Gutscheinen, eine Ausprägung der Sachleistung, zulässig. Ein begründeter Fall kann insbesondere dann vorliegen, wenn die Ausgabe eines Gutscheines zur Sicherung der Qualität der Leistung oder für eine stationäre Leistung geboten ist.[24] Wesentlich ist, dass es sich auch bei der Gewährung eines Persönlichen Budgets um finale, auf ein bestimmtes Rehabilitationsziel gerichtete Leistungen handeln muss.[25] Regelmäßig sieht das Gesetz nun in **Satz 4** eine Wiederholung der Bedarfsermittlung alle zwei Jahre vor, wobei das Gesetz selbst, in **Satz 5**, vorsieht, dass von dieser Frist auch abgewichen werden kann, wenn besondere Umstände hierfür vorliegen. Dies ist dann aber im Einzelnen vom Antragsteller im Sinne seiner Mitwirkungspflicht darzulegen.

12 **Absatz 2 Satz 6 und 7** normieren die Höhe des Persönlichen Budgets sowie eine **Obergrenze**.[26] Hinsichtlich der Regelhöhe orientiert sich das Gesetz an den Leistungen nach Kapitel 4. Nach seiner Vorstellung werden nämlich Persönliche Budgets auf der Grundlage der nach Kapitel 4 getroffenen Feststellungen so bemessen, dass der individuell festgestellte Bedarf gedeckt wird und die erforderliche Beratung und Unterstützung erfolgen kann. **Satz 7** legt diesbezüglich aber auch grundsätzlich eine **Obergrenze** des Gesamtbudgets fest, um Leistungsausweitungen und damit unkalkulierbare Mehrkosten für die Leistungsträger zu vermeiden. Die Höhe des Gesamtbudgets soll danach im Einzelfall die Kosten aller ohne Budget zu erbringenden, bisher individuell festgestellten Leistungen nicht überschreiten. Die Höhe ist daher begrenzt und richtet sich nach dem individuell festgestellten Bedarf (§ 29 Abs. 1 S. 2; § 3 Abs. 1 Nr. 1 Budget-VO).[27] Dieser Bedarf wird von dem jeweils für die Leistung im Rahmen des Persönlichen Budgets zuständigen Rehabilitationsträger festgestellt.[28] Durch die Feststellung des persönlichen Bedarfs und die Ausrichtung hieran unterliegt das Budget einer Zweckbindung.[29] Bei Neufällen soll die Höhe des Gesamtbudgets die Kosten aller individuell erst festzustellenden Leistungen nicht überschreiten. Von diesem Grundsatz kann in besonders begründeten Ausnahmefällen abgewichen werden. Dies könnte zB geboten sein, wenn bisher stationär betreuten Leistungsberechtigten nur so ein Umsteigen auf ambulante Betreuung unter Inanspruchnahme des Persönlichen Budgets übergangsweise ermöglicht werden kann. Letztlich enthält die Norm eine Festlegung bezüglich einer Obergrenze für den Geldwert des Persönlichen Budgets. Auf diese Weise soll die Kostenneutralität des Budgets gesichert werden.[30] Denn die Wahl des Persönlichen Budgets soll zumindest im Regelfall nicht zu einer Kostensteigerung gegenüber

---

22 Anders als früher, *Schweigler* SGb 2019, 661 (663).
23 BSG 30.11.2011 – B 11 AL 7/10 R, SozR 4-3250 § 17 Nr. 2; zum Verhältnis von Persönlichem Budget und Wunsch- und Wahlrecht nach § 8 SGB IX *Schweigler* SGb 2019, 661 (664).
24 S. hierzu auch *Kreikebohm* in KKW SGB IX § 17 Rn. 11.
25 LSG BW 22.2.2018 – L 7 SO 3516/14.
26 Eingehend zur Höhe *Schweigler* SGb 2019, 661 (664 ff.).
27 *Knigge* SozSich 2009, 335 (336).
28 *Jabben* in BeckOK SozR SGB IX § 29 Rn. 8.
29 *Schneider* in Hauck/Noftz SGB IX § 17 Rn. 21.
30 BSG 31.1.2012 – B 2 U 1/11 R, SozR 4-3250 § 17 Nr. 3; s. auch *Schneider* in Hauck/Noftz SGB IX § 17 Rn. 16.

einer ansonsten gleichen Leistung führen. In Ausnahmefällen kann dies jedoch anders sein, wie die Verwendung des Begriffs „soll" und damit die Konzeption der Norm als „Soll-Vorschrift" deutlich machen.[31] Eine solche Ausnahme vom Verbot, die Obergrenze zu überschreiten, ist möglich, wenn eine für die Lebensqualität des Versicherten wesentliche und vorübergehende Änderung im Hilfebedarf vorliegt oder vorübergehende Zusatzaufwendungen für die Beratung und Unterstützung bei der Verwaltung des Persönlichen Budgets selbst erforderlich werden.[32] Ob allein schon der bloße, wenn auch deutliche Zugewinn an persönlicher Autonomie und Selbstbestimmung für den Versicherten gegenüber dem Erhalt der Naturalleistung genügen kann, um eine Ausnahme zu konstituieren, wird bezweifelt,[33] ist aber im Hinblick auf die generelle Zielsetzung des Persönlichen Budgets selbst zu bejahen.[34] Dies gilt auch vor dem Hintergrund, dass das unmittelbar aus § 10 SGB I geltende Recht auf Teilhabe nicht nur zu berücksichtigen, sondern zusammen mit den sozialen Rechten möglichst weitgehend zu verwirklichen ist.

Nach **Absatz 2 Satz 8** gilt seit der Gesetzesfassung durch das BTHG, dass § 35 a SGB XI unberührt bleibt. Dort ist bestimmt, dass nach den speziellen Regelungen der sozialen Pflegeversicherung bei Erbringung von Persönlichen Budgets bestimmte Sachleistungen nur in Form von Gutscheinen und nicht als Geldleistung zur Verfügung gestellt werden. Diese Regelung hat aber aufgrund der Klarstellung in Satz 8 weiterhin Bestand. Damit wird dem besonderen Umstand des Teilleistungscharakters der sozialen Pflegeversicherung folgend Rechnung getragen, dass die Leistungen der Pflegeversicherung nicht in jedem Fall dazu dienen, den gesamten individuell feststellbaren Bedarf zu decken, sondern es sind ggf. beispielsweise auch Eigenanteile von den Leistungsberechtigten zu tragen oder ergänzende Leistungen der Hilfe zur Pflege in Anspruch zu nehmen. Nach Vorstellung des Gesetzgebers gilt dies auch dann, wenn die Leistungen in Form eines Persönlichen Budgets erbracht werden.[35]

13

Absatz 3 wird durch das BTHG neu gefasst. Das bisherige Auftragsverfahren beim Persönlichen Budget wird abgelöst. Ursprünglich waren diesbezüglich Bestimmungen enthalten, welcher Leistungsträger im Auftrag und Namen der anderen beteiligten Leistungsträger den Verwaltungsakt erlässt und das weitere Verfahren durchführt. Eine Beauftragung erfolgte nur, wenn das Persönliche Budget Leistungen mehrerer Leistungsträger enthält. Beauftragter Träger war der nach § 14 aF erstangegangene Träger, wenn er im Rahmen des Persönlichen Budgets Leistungen zu erbringen hat. Handelte ein Leistungsträger aufgrund gesetzlichen Auftrages (§ 93 SGB X), wurde § 88 Abs. 1 Satz 2 SGB X bereits durch Gesetz ausgeschlossen. Durch das BTHG wurde das bisherige Auftragsverfahren beim Persönlichen Budget abgelöst. Denn im neuen Kapitel 4 wird allgemein die Koordinierung der Leistungen geregelt. Diese allgemeinen Regelungen finden jetzt auch auf das Verwaltungsverfahren zum Persönlichen Budget Anwendung. Damit soll nach Vorstellung des Gesetzgebers auch der Verwaltungsaufwand für das Persönliche Budget reduziert werden. Im Regelfall wird beim Persönlichen Budget eine laufende Sachleistung in eine Geldleistung umgewandelt. Nachdem in einem ersten Schritt der Rehabilitationsbedarf ermittelt wurde, wird dann anschließend, auf Antrag der Budgetnehmerin oder

14

---

31 BT-Drs. 15/1514, 72.
32 BSG 31.1.2012 – B 2 U 1/11 R, SozR 4-3250 § 17 Nr. 3.
33 Etwa von *Schneider* in Hauck/Noftz SGB IX § 17 Rn. 16.
34 Offen gelassen von BSG 31.1.2012 – B 2 U 1/11 R, SozR 4-3250 § 17 Nr. 3.
35 BT-Drs. 18/9522, 244.

des Budgetnehmers, geprüft, ob die Leistungsberechtigten einen Anspruch auf die Leistungsform des Persönlichen Budgets haben.[36]

15 **Absatz 4** regelt die Zielvereinbarung und greift die bisherigen Regelungen zur Zielvereinbarung in § 4 der früher geltenden Budgetverordnung auf, die aufgehoben wurde.[37] Der Abschluss einer solchen Zielvereinbarung ist materielle Voraussetzung für einen Geldanspruch auf die Leistung aus dem Persönlichen Budget.[38] In dieser Zielvereinbarung sind jedenfalls – als Mindestinhalt – die Regelungen über die Ausrichtung der individuellen Förder- und Leistungsziele aufzunehmen, zudem auch die Erforderlichkeit eines Nachweises für die Deckung des festgestellten individuellen Bedarfs und die Qualitätssicherung.[39] Neu gegenüber der früheren Regelung in der Budgetverordnung ist jedoch die Bestimmung in Absatz 4 Satz 3. Danach findet die Bestimmung über die Zielvereinbarung nämlich keine Anwendung, wenn allein Pflegekassen Leistungsträger nach Absatz 3 sind und sie das Persönliche Budget nach Absatz 1 Satz 4 erbringen. Dahinter steht die Überzeugung, dass in diesen Fällen eine gesonderte Vereinbarung zur Qualitätssicherung deshalb nicht erforderlich ist, weil § 35 a SGB XI vorsieht, dass bestimmte Leistungsarten nur in Form von Gutscheinen erbracht werden, die bei den nach dem SGB XI zugelassenen Pflegeeinrichtungen eingelöst werden können – diese aber unterliegen ohnehin schon einer engen Qualitätssicherung nach dem SGB XI selbst.[40] Abs. 4 Satz 4 enthält eine Kündigungsmöglichkeit aus wichtigem Grund, der vor allem dann angenommen werden kann, wenn die Leistungsberechtigten die Vereinbarung, insbesondere hinsichtlich des Nachweises zur Bedarfsdeckung und der Qualitätssicherung, nicht einhalten.[41]

§ 30 Verordnungsermächtigung

Das Bundesministerium für Arbeit und Soziales wird ermächtigt, im Einvernehmen mit dem Bundesministerium für Gesundheit durch Rechtsverordnung mit Zustimmung des Bundesrates Näheres zum Inhalt und zur Ausführung des Persönlichen Budgets, zum Verfahren sowie zur Zuständigkeit bei Beteiligung mehrerer Rehabilitationsträger zu regeln.

1 **Gesetzeshistorie:** Die Vorschrift mit der ehemaligen Bezifferung § 21 a wurde durch Artikel 8 und 70 Abs. 2 Satz 1 des Gesetzes zur Einordnung des Sozialhilferechts in das Sozialgesetzbuch vom 27.12.2003[1] mit Wirkung ab 31.12.2003 eingefügt, die Bezeichnung des Ministeriums mit Wirkung ab 8.11.2006 durch Artikel 261 und 559 der Verordnung vom 30.10.2006[2] angepasst. Das BTHG hat die Norm im Wesentlichen unverändert gelassen und führt sie nun als § 30 SGB IX.

2 **Regelungsinhalt:** Die Vorschrift enthält eine Verordnungsermächtigung zur Klärung von Einzelfragen des Persönlichen Budgets nach § 29.

---

36 BT-Drs. 18/9522, 244.
37 Zur Bedeutung und dem Gegenstand der Zielvereinbarung *Peters-Lange* SGb 2015, 649 (652).
38 BSG 31.1.2012 – B 2 U 1/11 R, SozR4–3250 § 17 Nr. 3; LSG Bln-Bbg 19.3.2019 – L 1 KR 58/19 B ER Rn. 24.
39 S. näher *Benz* BG 2005, 326.
40 Näher zu den Erwägungen s. BT-Drs. 18/9522, 244.
41 Dazu LSG LSA 7.11.2018 – L 8 SO 25/18 B ER, PflR 2019, 313 Rn. 41.
1 BGBl. I 3022.
2 BGBl. I 2407.

Zur Entstehung: Die Vorschrift wurde im ursprünglichen Gesetzgebungsverfahren nicht geändert, im BTHG hinsichtlich der Einvernehmensregelung korrigiert.

Materialien: Der Text des Regierungsentwurfs nebst Begründung findet sich in BT-Drs. 15/1514, 36, Begründung S. 72, und BT-Drs. 15/1636, die Ausschussempfehlung in BT-Drs. 15/1734.

Die **Vorschrift** ermächtigt zur Klärung notwendiger Fragen nach § 29 und den korrespondierenden Vorschriften für die einzelnen beteiligten Leistungsträger. Sie stellt damit die Ermächtigungsgrundlage zum Erlass einer Rechtsverordnung dar, in der das zuständige Bundesministerium für Arbeit und Soziales im Einvernehmen mit dem Bundesministerium für Gesundheit (früher galt die Zustimmungserforderlichkeit des Bundesrats) in Ergänzung zu den gesetzlichen Vorgaben in § 29 nähere Regelungen zum Inhalt und der Ausführung des Persönlichen Budgets, zum Verfahren sowie zur Zuständigkeit bei Beteiligung mehrerer Leistungsträger regelt. Die Regelung zur Herstellung des Einvernehmens mit dem Bundesministerium für Gesundheit ist konsequent. Denn damit wird dem Umstand Rechnung getragen, dass Persönliche Budgets sowohl nach dem Recht der gesetzlichen Krankenversicherung als auch der sozialen Pflegeversicherung erbracht werden.

Die Rechtsverordnung ist vom zuständigen Bundesministerium mit Zustimmung des Bundesrates zu erlassen. Von der Ermächtigung hatte das Ministerium mit der Budgetverordnung vom 23.5.2004[3] mit Wirkung ab 1.7.2004 Gebrauch gemacht, die jedoch nach dem BTHG außer Kraft getreten ist.[4]

§ 31 Leistungsort

[1]Sach- und Dienstleistungen können auch im Ausland erbracht werden, wenn sie dort bei zumindest gleicher Qualität und Wirksamkeit wirtschaftlicher ausgeführt werden können. [2]Leistungen zur Teilhabe am Arbeitsleben können im grenznahen Ausland auch ausgeführt werden, wenn sie für die Aufnahme oder Ausübung einer Beschäftigung oder selbständigen Tätigkeit erforderlich sind.

Literatur:

Christophers/Görike, Rehabilitationsleistungen in der EU nach § 140e SGB V, ZESAR 2006, 359; *Fuhrmann/Heine*, Medizinische Rehabilitation im europäischen Ausland und Qualitätssicherung, NZS 2006, 341; *Kingreen*, Die grenzüberschreitende Inanspruchnahme und Erbringung von medizinischen Rehabilitationsleistungen, ZESAR 2006, 210; *Kingreen*, Vereinbarkeit von § 13 Absatz 3 Satz 1 BhV mit der Dienstleistungsfreiheit, JZ 2005, 31; *Lawall*, „Reha im Ausland geht doch jetzt, oder?", RVaktuell 2006, 503; *Schlegel*, Europäisches und internationales Recht in *Luthe* (Hrsg.), Rehabilitationsrecht, 2009, 64; *Schulte*, Behindertenpolitik und Behindertenrecht in der Europäischen Union, ZfSH/SGB 2008, 131, 200.

Gesetzeshistorie: Die Vorschrift wurde als § 18 durch Artikel 1 und 68 Abs. 1 SGB IX vom 19.6.2001[1] mit Wirkung ab 1.7.2001 eingeführt. Das BTHG hat sie zu § 31 geändert und Dienstleistungen mitaufgenommen.

Regelungsinhalt: Die Vorschrift macht deutlich, dass das SGB IX davon ausgeht, dass Leistungen grundsätzlich im Inland zu erbringen sind. Dabei eröffnet

---

3 BGBl. I 1055.
4 Siehe die VO zur Durchführung des § 17 Abs. 2 bis 4 des Neunten Buches Sozialgesetzbuch (Budgetverordnung – BudgetV).
1 BGBl. I 1046.

sie jedoch zugleich die Möglichkeit, Sach- und Dienstleistungen bei zumindest gleicher Qualität und Wirksamkeit im Ausland auszuführen, wenn dies dort wirtschaftlicher möglich ist. Zudem sieht sie, in ihrem Satz 2, vor, dass Leistungen zur Teilhabe am Arbeitsleben auch im grenznahen Ausland ausgeführt werden können, wenn sie für die Aufnahme oder Ausübung einer Beschäftigung oder selbstständigen Tätigkeit erforderlich sind.

3 **Zur Entstehung:** Eine erheblich engere und im Verfahren wenig praktikable Regelung enthielt früher § 14 SGB VI. Diese Vorschrift aus dem Bereich der gesetzlichen Rentenversicherung ist im Zuge der Schaffung des SGB IX weggefallen, so dass § 31 für die Rentenversicherung die relevante Vorschrift für den Leistungsort darstellt.

4 Im Regierungsentwurf[2] zur erstmaligen Regelung wurde aufgrund Änderungsantrags der Koalitionsfraktionen[3] Satz 2 durch eine völlig neue Fassung ersetzt; nach dem Bericht[4] erfolgte dies, um Leistungen zur Teilhabe am Arbeitsleben auch für Tagespendler und für alle Nachbarstaaten zu ermöglichen.

5 Die Vorschrift geht davon aus, dass Leistungen zur Teilhabe grundsätzlich im Inland zu erbringen sind. **Satz 1** eröffnet aber die Möglichkeit, Sachleistungen aller Leistungsgruppen unter der Voraussetzung zumindest gleicher Qualität und Wirksamkeit im **Ausland** auszuführen, wenn dies dort wirtschaftlich möglich ist. Wie bei der Erbringung von Geldleistungen anstelle von Sachleistungen nach § 8 Abs. 2 steht auch hier die Sicherung der Wirksamkeit im Vordergrund.

6 Unter einer **Sachleistung** ist die Hingabe eines körperlichen Gegenstandes im Sinne von § 90 BGB zu verstehen.[5] In Abgrenzung hierzu sind **Dienstleistungen** alle im SGB vorgesehenen Hilfen, die keine Geld- oder Sachleistungen sind (vgl. § 11 SGB I). Daher handelt es sich etwa bei stationären Leistungen zur medizinischen Rehabilitation regelmäßig um Dienstleistungen, auf die die Vorschrift des § 31 SGB IX mittlerweile aber ebenfalls anzuwenden ist.[6] Dies stellt eine Weiterführung zur früheren Normfassung dar, bei der zwar Dienstleistungen nicht explizit genannt wurden, gleichwohl davon auszugehen war, dass § 18 aF auf Dienstleistungen analog anzuwenden war. Insoweit wurde durch die Aufhebung des § 14 SGB IV von einer Regelungslücke ausgegangen, insbesondere da es im Bereich der Rentenversicherung keine gemäß § 7 Abs. 1 Satz 1 SGB IX abweichenden Regelungen gab.

7 Die Gewährung der Sach- oder Dienstleistung im Ausland hängt von einer **Ermessensentscheidung** des Trägers ab. Der Betroffene hat demzufolge einen Anspruch auf eine ermessensfehlerfreie Entscheidung. In Betracht kommen kann jedoch, insbesondere aufgrund vorrangiger europäischer Rechtsprechung, eine Ermessensreduzierung auf Null, nämlich dann, wenn einschlägige Entscheidungen des EuGH die Exportmöglichkeit mit Rehabilitationsleistungen betreffen. Dann muss aber die betreffende Rehabilitationsleistung überhaupt unter den Geltungsbereich des europäischen Rechts fallen. Verträge mit Einrichtungen außerhalb der EU, des EWR und der Schweiz kommen nicht in Betracht.[7] Zu berücksichtigen ist insofern, dass nicht alle Leistungen von der einschlägigen

---

2 Nebst Begründung BT-Drs. 14/5074, 11 und 103 sowie BT-Drs. 14/5531, 5.
3 Ausschussempfehlung BT-Drs. 14/5786, 24.
4 BT-Drs. 14/5800, 31.
5 BSG 4.12.1997 – 7 RAr 24/96, ArbuR 1998, 260.
6 So auch *Schneider* in Hauck/Noftz SGB IX § 18 Rn. 4.
7 BSG 6.3.2012 – B 1 KR 17/11 R, SozR 4-2500 § 18 Nr. 7.

Koordinationsverordnung erfasst sind.[8] Ebenfalls eine Reduzierung auf Null ist möglich, wenn die einzig wirksame Maßnahme zur Erhaltung der Erwerbsfähigkeit des Antragstellers eine medizinische Rehabilitation im Ausland ist.[9] Grundlage für die Ermessensausübung ist, wie der Wortlaut des Satzes 1 deutlich macht, die Berücksichtigung sowohl **wirtschaftlicher Aspekte** als auch der **Qualität**. Hinsichtlich der Qualität von im Ausland erbrachten Rehabilitationsleistungen gelten die gleichen Standards und Anforderungen wie bei im Inland erbrachten Leistungen. Maßgeblich ist daher auch hier ein konkreter, individueller, nicht ein genereller Maßstab, das heißt, ob eine bestimmte Maßnahme geeignet ist, für die Situation des Antragstellers die bestmögliche Versorgung zu gewährleisten. Eine bloße Zulassung einer ausländischen Einrichtung zur Behandlung genügt daher nicht.[10] Hinsichtlich der Wirtschaftlichkeit hat der Träger bei seiner Entscheidung sämtliche Kosten zu berücksichtigen, also auch etwa anfallende Reisekosten. Im Ergebnis muss dann die Leistung im Ausland günstiger sein als die im Inland. Auch hier gilt jedoch wieder entscheidend, dass die Vorgaben des europäischen Rechts gegebenenfalls zu beachten sind und zu einer anderen Bewertung führen müssen. Sind auf eine bestimmte Leistung europäische Regelungen anwendbar, etwa weil es sich um gegenständliche Leistungen oder einfache Dienstleistungen handelt, kommt die Rechtsprechung des EuGH zur Warenverkehrs- und Dienstleistungsfreiheit zum Tragen. Europäische Anbieter dürfen nicht diskriminiert werden, indem an ihre Leistungen ein anderer Maßstab angelegt wird als an inländische Anbieter. Insofern ist das Tatbestandsmerkmal „wirtschaftlicher" in § 31 europarechtskonform auszulegen und als „wirtschaftlich gleichwertig" zu verstehen. Entsprechend muss die Ermessensentscheidung dies berücksichtigen.[11]

Grundlage für die Ermessensausübung sind neben diesen beiden Aspekten jedoch zusätzlich noch die weiteren, stets bei der Leistungsgewährung entscheidenden Parameter, also etwa die Berücksichtigung der **Wünsche** des Versicherten, wie aus § 8 SGB IX folgt, oder der Maßstab des § 36 Abs. 4, also der „am besten geeigneten Einrichtung".

Satz 2 trifft ergänzend weitergehende Regelungen mit Wirkung für Leistungen zur Teilhabe am Arbeitsleben. Sie können ohne weitere Voraussetzungen im grenznahen Ausland erbracht werden, wenn sie für die Aufnahme oder Ausübung einer Beschäftigung oder selbstständigen Tätigkeit erforderlich sind. Naheliegend, aber nach dem Gesetzestext des Satzes 2 nicht notwendigerweise erforderlich ist, dass die Beschäftigung oder selbstständige Tätigkeit im Ausland ausgeübt werden soll oder dass die Ausführung der Leistungen zur Teilhabe am Arbeitsleben gerade im Ausland – etwa zur sprachlichen Förderung – erforderlich ist.

Unberührt von § 31 bleiben entsprechend § 30 Abs. 2 SGB I Regelungen des über- und zwischenstaatlichen Rechts, ferner gemäß § 7 Abs. 1 Satz 1 spezielle Regelungen wie §§ 16 bis 18 SGB V und § 97 SGB VII.

---

8 Zu den Unklarheiten s. im Einzelnen *Welti* in HK-SGB IX § 18 Rn. 2; *von der Heide* in Kossens/von der Heide/Maaß SGB IX § 18 Rn. 12; vgl. auch *Fuhrmann/Heine* NZS 2006, 341 (344).
9 BayLSG 26.11.2008 – L 16 R 892/07.
10 AA *Christophers/Görike* ZESAR 2006, 349 (353).
11 EuGH 18.3.2004 – C-8/02, Slg 2004, I-2641 – Leichtle; dazu *Kingreen* JZ 2005, 31 (33).

Abschnitt 2 Beratung

§ 32 Ergänzende unabhängige Teilhabeberatung; Verordnungsermächtigung

[gültig bis 31.12.2022:]

(1) ¹Zur Stärkung der Selbstbestimmung von Menschen mit Behinderungen und von Behinderung bedrohter Menschen fördert das Bundesministerium für Arbeit und Soziales eine von Leistungsträgern und Leistungserbringern unabhängige ergänzende Beratung als niedrigschwelliges Angebot, das bereits im Vorfeld der Beantragung konkreter Leistungen zur Verfügung steht. ²Dieses Angebot besteht neben dem Anspruch auf Beratung durch die Rehabilitationsträger.

(2) ¹Das ergänzende Angebot erstreckt sich auf die Information und Beratung über Rehabilitations- und Teilhabeleistungen nach diesem Buch. ²Die Rehabilitationsträger informieren im Rahmen der vorhandenen Beratungsstrukturen und ihrer Beratungspflicht über dieses ergänzende Angebot.

(3) Bei der Förderung von Beratungsangeboten ist die von Leistungsträgern und Leistungserbringern unabhängige ergänzende Beratung von Betroffenen für Betroffene besonders zu berücksichtigen.

(4) ¹Das Bundesministerium für Arbeit und Soziales erlässt eine Förderrichtlinie, nach deren Maßgabe die Dienste gefördert werden können, welche ein unabhängiges ergänzendes Beratungsangebot anbieten. ²Das Bundesministerium für Arbeit und Soziales entscheidet im Benehmen mit der zuständigen obersten Landesbehörde über diese Förderung.

(5) ¹Die Förderung erfolgt aus Bundesmitteln und ist bis zum 31. Dezember 2022 befristet. ²Die Bundesregierung berichtet den gesetzgebenden Körperschaften des Bundes bis zum 30. Juni 2021 über die Einführung und Inanspruchnahme der ergänzenden unabhängigen Teilhabeberatung.

(6) ¹Die Bundesmittel für die Zuschüsse werden ab dem Jahr 2023 auf 65 Millionen Euro festgesetzt. ²Aus den Bundesmitteln sind insbesondere auch die Aufwendungen zu finanzieren, die für die Administration, die Vernetzung, die Qualitätssicherung und die Öffentlichkeitsarbeit der Beratungsangebote notwendig sind.

(7) ¹Zuständige Behörde für die Umsetzung der ergänzenden unabhängigen Teilhabeberatung ist das Bundesministerium für Arbeit und Soziales. ²Es kann diese Aufgaben Dritten übertragen. ³Die Auswahl aus dem Kreis der Antragsteller erfolgt durch das Bundesministerium für Arbeit und Soziales im Benehmen mit den zuständigen obersten Landesbehörden. ⁴Das Bundesministerium für Arbeit und Soziales erlässt eine Rechtsverordnung ohne Zustimmung des Bundesrates, um die ergänzende unabhängige Teilhabeberatung nach dem Jahr 2022 auszugestalten und umzusetzen.

[gültig ab 1.1.2023:]

(1) ¹Zur Stärkung der Selbstbestimmung von Menschen mit Behinderungen und von Behinderung bedrohter Menschen fördert das Bundesministerium für Arbeit und Soziales eine von Leistungsträgern und Leistungserbringern unabhängige ergänzende Beratung als niedrigschwelliges Angebot, das bereits im Vorfeld der Beantragung konkreter Leistungen zur Verfügung steht. ²Dieses Angebot besteht neben dem Anspruch auf Beratung durch die Rehabilitationsträger.

(2) ¹Das ergänzende Angebot erstreckt sich auf die Information und Beratung über Rehabilitations- und Teilhabeleistungen nach diesem Buch. ²Die Rehabilitationsträger informieren im Rahmen der vorhandenen Beratungsstrukturen und ihrer Beratungspflicht über dieses ergänzende Angebot.
(3) Bei der Förderung von Beratungsangeboten ist die von Leistungsträgern und Leistungserbringern unabhängige ergänzende Beratung von Betroffenen für Betroffene besonders zu berücksichtigen.
(4) *[(aufgehoben)]*
(5) *[(aufgehoben)]*
(6) ¹Die Bundesmittel für die Zuschüsse werden ab dem Jahr 2023 auf 65 Millionen Euro festgesetzt. ²Aus den Bundesmitteln sind insbesondere auch die Aufwendungen zu finanzieren, die für die Administration, die Vernetzung, die Qualitätssicherung und die Öffentlichkeitsarbeit der Beratungsangebote notwendig sind.
(7) ¹Zuständige Behörde für die Umsetzung der ergänzenden unabhängigen Teilhabeberatung ist das Bundesministerium für Arbeit und Soziales. ²Es kann diese Aufgaben Dritten übertragen. ³Die Auswahl aus dem Kreis der Antragsteller erfolgt durch das Bundesministerium für Arbeit und Soziales im Benehmen mit den zuständigen obersten Landesbehörden. ⁴Das Bundesministerium für Arbeit und Soziales erlässt eine Rechtsverordnung ohne Zustimmung des Bundesrates, um die ergänzende unabhängige Teilhabeberatung nach dem Jahr 2022 auszugestalten und umzusetzen.

I. Allgemeines	1	IV. Einzelheiten	5
II. Regelungsinhalt	2	V. Verfahrensrechtliche Hinweise	10
III. Entstehungsgeschichte	3		

I. Allgemeines

§ 32 regelte in der bis zum 31.12.2017 geltenden Fassung die Ermächtigung zum Erlass von Rechtsverordnungen. Die Vorschrift wurde inhaltlich, entsprechend den geänderten Bestimmungen, in § 48 SGB IX übernommen. Die nunmehr geltende Fassung des § 32 wurde durch Art. 1 des Gesetzes zur Stärkung der Teilhabe und Selbstbestimmung von Menschen mit Behinderungen (Bundesteilhabegesetz – BTHG) v. 23.12.2016[1] eingeführt und tritt gem. Art. 26 Abs. 1 des Gesetzes zum 1.1.2018 in Kraft. Die Rechtsnorm wurde durch Art. 2 des Gesetzes zur Entlastung unterhaltsverpflichteter Angehöriger in der Sozialhilfe und in der Eingliederungshilfe (Angehörigen-Entlastungsgesetz-AngEntlG) v. 10.12.2019[2] mit Wirkung v. 1.1.2020 geändert. Dabei wurde die Rechtsnorm um die Abs. 6 und 7 ergänzt. Durch das Gesetz wurden gleichzeitig mit Wirkung v. 1.1.2023 die Abs. 4 und 5 aufgehoben.

1

II. Regelungsinhalt

§ 32 hat das Ziel, **ergänzende unabhängige Teilhabeberatung (EUTB)** sicherzustellen.[3] In Abs. 1 wird festgeschrieben, dass der einzelne behinderte oder von Behinderung bedrohte Mensch neben dem Anspruch auf Beratung durch die Rehabilitationsträger einen eigenständigen Anspruch auf EUTB hat. Damit eine solche Beratung sinnvoll erfolgen kann und weil es sich um ein „niedrigschwelliges Angebot" handeln soll, wird sie durch das Bundesministerium für Arbeit

2

---

1 BGBl. I 3234.
2 BGBl. I 2135.
3 BT-Drs. 18/9522, 246.

und Soziales (BMAS) gefördert. In seinem Abs. 2 definiert die Rechtsnorm die EUTB. Bei der Beratung ist den Angeboten von Betroffenen für Betroffene besondere Bedeutung beizumessen (Abs. 3). Die vorzitierte Förderung erfolgt mittels einer durch das BMAS zu erlassende Förderrichtlinie. Aus dieser muss sich ergeben, welche Dienste gefördert werden können. Die obersten Landesbehörden sind hierbei zu beteiligen (Abs. 4). Die Förderung selbst war bis zum 31.12.2022 befristet und sieht einen Bericht der Bundesregierung zum 30.6.2021 vor (Abs. 5). Durch die Ergänzung der Rechtsnorm um die Abs. 6 und 7 ist die Förderung über den 31.12.2022 hinaus gewährleistet.

III. Entstehungsgeschichte

3 Die bis zum 31.12.2017 geltenden §§ 22 (Aufgaben) und 23 (Servicestellen) wurden durch das BTHG aufgehoben. An die Stelle der gemeinsamen Servicestellen treten die Rehabilitationsträger. § 6 definiert nun, wer als Träger der Leistungen zur Teilhabe in Betracht kommt. Welche Leistungen zur Teilhabe zu erbringen sind, ergibt sich dabei aus § 5. Anspruch auf diese Leistungen haben Menschen mit Behinderungen oder von Behinderung bedrohte Menschen (§ 1). Was Leistungen zur Teilhabe sind, ergibt sich aus § 4.
§ 22 in seiner bis zum 31.12.2017 geltenden Fassung beschrieb ua, in welchem Umfang die gemeinsamen örtlichen Servicestellen im Rahmen von Rehabilitationsfragen tätig zu werden hatten. Aus § 23 idF bis zum 31.12.2017 ergab sich, dass die Rehabilitationsträger für den Betrieb der gemeinsamen Servicestellen zuständig und verantwortlich waren (vgl. *Deusch* in LPK-SGB IX, 4. Aufl. 2014, § 23 Rn. 10).

4 Die Aufgaben der **bisherigen gemeinsamen Servicestellen** werden aber durch das ab dem 1.1.2018 zu erbringende Angebot nach § 32 nicht ersetzt werden können.[4] Diese Ansicht vertritt auch die Deutsche Rentenversicherung Bund in der entsprechenden Stellungnahme.[5] Es darf bei der Kritik an dem Wegfall der gemeinsamen Servicestellen nicht übersehen werden, dass diese häufig bei den Trägern der gesetzlichen Rentenversicherung „beheimatet" waren. Schließlich ist klar, dass die EUTB ein hohes Maß an fachlicher und menschlicher Qualität voraussetzt. Bedauerlicherweise enthält § 32 keine Aussagen zu einem möglichen Herstellungsanspruch bei entsprechender Falschberatung. Diese Frage wird wohl nur gerichtlich zu klären sein. An dieser Stelle sei der Hinweis gestattet, dass die „Umsetzungsbegleitung Bundesteilhabegesetz" (ein Projekt des Deutschen Vereins für öffentliche und private Fürsorge mit Förderung durch das BMAS) auf ihrer Homepage ein Verzeichnis der Ansprechstellen der Rehabilitationsträger implementiert hat.[6]

IV. Einzelheiten

5 § 25 Abs. 1 Nr. 3 weist nunmehr ausdrücklich darauf hin, dass die Rehabilitationsträger „Beratung entsprechend den in den §§ 1 und 4 genannten Zielen" erbringen. Sie haben dabei nicht nur ihre **trägerspezifische Ausrichtung**, sondern auch **übergreifende Möglichkeiten** zu beachten (→ § 25 Rn. 8).
Damit nicht nur eine trägerspezifische oder auch übergreifende Zielrichtung mit der erstmaligen Beratung erfolgt, wurde zusätzlich zum bestehenden Anspruch auf Beratung durch die Rehabilitationsträger ein „unentgeltliches, allen

---

4 Stellungnahme Fachverband Sucht eV in Ausschussdrs. 18(11)801, 279–280.
5 Stellungnahme DRV Bund in Ausschussdrs. 18(11)801, 410–414.
6 S. https://umsetzungsbegleitung-bthg.de/service/aktuelles/verzeichnis-ansprechstellen/.

Menschen mit (drohenden) Behinderungen offenstehendes Angebot zur Beratung über Leistungen zur Rehabilitation und Teilhabe" geschaffen.[7] Entscheidend bei diesem Angebot ist die Tatsache, dass die Beratung nicht an Tatbestandsmerkmale wie Beitragspflicht oder Mitgliedschaft geknüpft ist. § 32 Abs. 1 Satz 1 stellt deshalb auf die Stärkung der Selbstbestimmung des betreffenden Personenkreises ab.

Der Gesetzgeber beschreibt in § 12 die Maßnahmen zur Unterstützung der frühzeitigen Bedarfserkennung. In § 12 Abs. 1 Satz 2 Nr. 4 verpflichtet der Gesetzgeber die Rehabilitationsträger zur Bereitstellung und Vermittlung von geeigneten barrierefreien Informationsangeboten (→ § 12 Rn. 9) einschließlich der ergänzenden unabhängigen Teilhabeberatung. Die Verpflichtung des Angebotes nach § 32 besteht nach Abs. 1 Satz 2 dieser Rechtsnorm neben dem Anspruch auf Beratung durch die Rehabilitationsträger.[8] Entscheidend für die ergänzende unabhängige Teilhabeberatung ist, dass diese unabhängig von den Leistungsträgern und Leistungserbringern zu erfolgen hat. Die vorstehende Aussage wird auch zB durch § 106 gefestigt, wenn es heißt, dass Leistungsberechtigte auf die ergänzende unabhängige Teilhabeberatung nach § 32 hinzuweisen sind (§ 106 Abs. 4). § 106 Abs. 4 beschränkt diese Hinweispflicht jedoch nicht nur auf die Verbände der Freien Wohlfahrtspflege, sondern bindet auch die Angehörigen der rechtsberatenden Berufe und von sonstigen Stellen ein.

§ 32 **Abs. 2** beschreibt dann, was unter dem ergänzenden Angebot zu verstehen ist. Es „soll eine qualifiziert neutrale, aber parteiliche Beratung gewährleisten".[9] Zu beachten ist dabei, dass die Beratung und Information sich auf die Rehabilitations- und Teilhabeleistungen zu beschränken hat, soweit sie sich nach dem SGB IX richten. Eine Beratung und Information oder Unterstützung bei Rechtsbehelfsverfahren ist dabei nicht vorgesehen. Eine Information zu Leistungen nach § 7 a SGB XI soll jedoch erfolgen. Diese Informationen waren auch bereits in § 22 in der bis zum 31.12.2017 geltenden Fassung zu erteilen (vgl. *Deusch* in LPK-SGB IX, 4. Aufl. 2014, § 22 Rn. 4). Insoweit hat die Neufassung des SGB IX für die Leistungsberechtigten keine Änderung erbracht.

6

Abs. 3 konstatiert, dass bei der Förderung von Beratungsangeboten die von Leistungsträgern und Leistungserbringern unabhängige ergänzende Beratung von Betroffenen für Betroffene besonders zu berücksichtigen ist. Dabei geht es um die Umsetzung von **Art. 26 Abs. 1 UN-BRK**.[10] Die genannte Rechtsnorm hat folgenden Wortlaut:

7

(1) ¹**Die Vertragsstaaten treffen wirksame und geeignete Maßnahmen, einschließlich durch die Unterstützung durch andere Menschen mit Behinderungen, um Menschen mit Behinderungen in die Lage zu versetzen, ein Höchstmaß an Unabhängigkeit, umfassende körperliche, geistige, soziale und berufliche Fähigkeiten sowie die volle Einbeziehung in alle Aspekte des Lebens und die volle Teilhabe an allen Aspekten des Lebens zu erreichen und zu bewahren. ²Zu diesem Zweck organisieren, stärken und erweitern die Vertragsstaaten umfassende Habilitations- und Rehabilitationsdienste und -programme, insbesondere auf dem Gebiet der Gesundheit, der Beschäftigung, der Bildung und der Sozialdienste, und zwar so, dass diese Leistungen und Programme**

---

7 BT-Drs. 18/9522, 245.
8 Vgl. auch *Bauer* SRa 2016, 179.
9 BT-Drs. 18/9522, 246.
10 BGBl. II 812.

a) im frühestmöglichen Stadium einsetzen und auf einer multidisziplinären Bewertung der individuellen Bedürfnisse und Stärken beruhen;
b) die Einbeziehung in die Gemeinschaft und die Gesellschaft in allen ihren Aspekten sowie die Teilhabe daran unterstützen, freiwillig sind und Menschen mit Behinderungen so gemeindenah wie möglich zur Verfügung stehen, auch in ländlichen Gebieten.

Der Gesetzgeber legt auf das sogenannte **Peer Counseling**, der Beratung von Betroffenen durch Betroffene, besonderen Wert.[11] Damit die Beratung von Betroffenen durch Betroffene erfolgen kann, wurde in Abs. 3 auch von dem Begriff „Menschen mit Behinderungen" abgewichen. Insoweit wollte der Gesetzgeber der Tatsache Rechnung tragen, dass betroffene Angehörige die Angebote in Anspruch nehmen können. Auch wenn das BMAS die Förderung vornimmt, entsteht daraus jedoch kein individueller Rechtsanspruch auf ergänzende unabhängige Beratung.[12]

8 In seinem **Abs. 4** regelt die Rechtsnorm, dass das BMAS eine entsprechende **Förderrichtlinie** erlässt, welche die Dienste benennt, die ein unabhängiges ergänzendes Beratungsangebot anbieten. Dabei entscheidet das BMAS im Einvernehmen mit den obersten Landesbehörden über diese Förderung. Diese Förderrichtlinie gibt einerseits die Kriterien über die Voraussetzungen für die Gewährung der Förderung vor und definiert andererseits das entsprechende Antrags- und Bewilligungsverfahren.[13] Der Inhalt der Förderrichtlinie, ein entsprechender Musterantrag sowie weitere nützliche Informationen zu dieser Richtlinie sind dem Internetauftritt des BMAS zu entnehmen.[14]

Aus der Förderrichtlinie ergibt sich, dass der Gesetzgeber die Bearbeitung der Förderanträge nicht durch den Bund und/oder die Länder vornehmen wird (Ziffer 7 der Förderrichtlinie). Das BMAS hat als Dienstleister die Gesellschaft für soziale Unternehmensberatung mbH (gsub) mit der Durchführung beauftragt. Der Dienstleister erhält die Anträge und prüft diese. Nach erfolgter Prüfung leitet er die Anträge an die entsprechenden Bundesländer zu Stellungnahme weiter. Die letztendliche Entscheidung trifft das BMAS.

9 In **Abs. 5** ist letztlich die Befristung der Förderung auf den 31.12.2022 vorgesehen. Die Förderrichtlinie tritt nach Ziffer 8 Förderrichtlinie zur Durchführung der „Ergänzenden unabhängigen Teilhabeberatung" für Menschen mit Behinderungen mit Ablauf des 31.12.2022 außer Kraft. Ob die beabsichtigte und ab dem 1.1.2018 durchzuführende EUTB erfolgreich verläuft, hat die Bundesregierung bis zum 30.6.2021 den gesetzgebenden Körperschaften des Bundes zu berichten. Da die Förderung aus Mitteln des Bundes, also aus Steuermitteln, erfolgt, sind die Vorschriften des BHO (§§ 91 und 100 BHO) zu beachten.

V. Verfahrensrechtliche Hinweise

10 Für die Beantragung und Gewährung der Leistungen nach der Förderrichtlinie sind die Anträge vier Monate vor Beginn der Förderperiode bei der gsub zu stellen. Privatpersonen sind zu Beantragung der Förderung nicht berechtigt.

---

11 Zur Definition des Begriffs „Peer Counseling" wird auf die Internetsite https://www.peer-counseling.org/ verwiesen.
12 BT-Drs. 18/1955, 246.
13 Förderrichtlinie zur Durchführung der „Ergänzenden unabhängigen Teilhabeberatung" (BAnz AT 30.5.2017).
14 S. https://www.gemeinsam-einfach-machen.de/GEM/DE/AS/Home/as_node.html bei Vorgabe des Suchbegriffs „EUTB".

Mit Wirkung ab 1.1.2020 wurde durch Art. 2 Nr. 2 des AngEntlG die in Abs. 5 vorgesehene Befristung auf den 31.12.2022 aufgehoben. Daher kann über dieses Datum hinaus die staatliche Förderung weiterhin erfolgen. Durch die Entfristung wurde eine Vorgabe aus dem Koalitionsvertrag der 19. Bundesregierung sowie der 95. Konferenz der Arbeits- und Sozialminister umgesetzt. Der Betrag der Bundesmittel für die Förderung wurde für das Jahr 2023 im neu geschaffenen Abs. 6 auf 65 Mio. Euro festgesetzt. Bei der Bemessung des Betrages hat der Bundesgesetzgeber berücksichtigt, dass die zunächst für 2018 veranschlagte Summe von 58 Mio. Euro nicht ausreichend ist, um Kostensteigerungen, zB durch Tariferhöhungen abzudecken. Inwieweit diese Mittel zukünftig ausreichend sind, soll im Rahmen der wissenschaftlichen Begleitforschung festgestellt werden.[15] Die Bundesarbeitsgemeinschaft der Freien Wohlfahrtspflege (BAGFW) weist in ihrer Stellungnahme v. 30.10.2019 bereits darauf hin, dass die vorgesehenen Mittel nicht ausreichen dürften, da mit „dem Inkrafttreten der dritten Stufe des Bundesteilhabegesetzes ab Januar 2020 mit hoher Wahrscheinlichkeit eine Zunahme der Beratungsbedarfe zu erwarten sein" wird. Auch der Bundesverband Caritas Behindertenhilfe und Psychiatrie eV (CBP) erklärt in seiner Stellungnahme zum Gesetzentwurf, dass die Förderhöhe unzureichend ist und weist darauf hin, dass bereits jetzt „die meisten EuTB-Stellen unterfinanziert und personell unterbesetzt sind". Das habe zur Folge, dass für Netzwerkarbeit und -bildung kaum Gelder verbleiben. Er empfiehlt vielmehr, die Fördersumme auf die ursprünglich vorgesehene Fördersumme von 104 Mio. EUR zu erhöhen.

Durch den ebenfalls zum 1.1.2020 angefügten Abs. 7 wurde die Zuständigkeit auf das BMAS übertragen. Der BMAS ist zuständige Behörde für die Umsetzung der ergänzenden unabhängigen Teilhabeberatung. Bei der Auswahl der Beratungsangebote sollen durch das BMAS auch die jeweils zuständigen obersten Landesbehörden beteiligt werden. Dadurch haben die Länder die Möglichkeit, Einfluss auf die Auswahl der Beratungsstellen zu nehmen und somit dem Entstehen von Doppelstrukturen entgegenzuwirken. Damit wird auch erreicht, dass vorhandene Strukturen besser genutzt werden können. Die Länderbehörden sollen dabei die Landkreise und kreisfreien Städte in die Überlegungen einbinden. Eine Übertragung der administrativen Aufgaben auf Dritte ist möglich. Hierzu wurde eine entsprechende Rechtsverordnung durch das BMAS erlassen.[16] Eine Zustimmung zu dieser Rechtsverordnung durch den Bundesrat ist nicht erforderlich.

Durch Art. 2 Nr. 2 lit. c des AngEntlG wurden die Abs. 4 und 5 zum 31.12.2022 aufgehoben. Durch Fristablauf verlieren die Abs. ihre Bedeutung.

§ 33 Pflichten der Personensorgeberechtigten

Eltern, Vormünder, Pfleger und Betreuer, die bei den ihnen anvertrauten Personen Beeinträchtigungen (§ 2 Absatz 1) wahrnehmen oder durch die in § 34 genannten Personen hierauf hingewiesen werden, sollen im Rahmen ihres Erziehungs- oder Betreuungsauftrags diese Personen einer Beratungsstelle nach § 32 oder einer sonstigen Beratungsstelle für Rehabilitation zur Beratung über die geeigneten Leistungen zur Teilhabe vorstellen.

---

15 BGBl. 2021 I 1796.
16 BGBl. 2021 I 1796.

1. **Gesetzeshistorie:** Die Vorschrift wurde durch Artikel 1 und 26 Abs. 1 BTHG vom 29.12.2016[1] mit Wirkung ab 1.1.2018 neu gefasst. Die ursprünglich in § 60 aF enthaltene Regelung wird seitdem mit wenigen Änderungen als § 33 fortgeführt.

2. **Regelungsinhalt:** Die Vorschrift soll Betreuungsbedürftigen (im weiten Sinn) die Regelungen des Neunten Buches zugänglich machen. Sie verpflichtet daher Personensorgeberechtigte im Wege einer Soll-Vorschrift, wenn sie Behinderungen bei den ihnen anvertrauten Menschen wahrnehmen, diese einer Beratungsstelle für Rehabilitation vorzustellen.

3. **Zur Entstehung:** Die Vorschrift wurde aus dem früheren § 124 Abs. 1 BSHG entwickelt. Im damaligen Regierungsentwurf[2] war eine uneingeschränkte Verpflichtung vorgesehen, aber schon in der Begründung einschränkend darauf hingewiesen worden, dass die Pflicht nur bestehen soll, „soweit sachangemessen, und insbesondere bei älteren, sich in einem Pflegeheim aufhaltenden Menschen in der Regel nicht". Nach einem Vorschlag des Bundesrates in BR-Drs. 49/01 (Beschluss) = BT-Drs. 14/5531, 10, der nur einen Beratungsanspruch vorsah, wurde die Regelung aufgrund Änderungsantrags der Koalitionsfraktionen[3] als Soll-Regelung ausgestaltet.

4. **Adressaten** sind Eltern und sonstige Personen, denen nach § 1626 Abs. 1, §§ 1800, 1900 BGB die familienrechtliche Personensorge für andere obliegt.

5. **Voraussetzung** ist das Wahrnehmen einer Beeinträchtigung im Sinne des § 2 Abs. 1 (auch einer drohenden Behinderung nach Satz 3) oder ein entsprechender Hinweis aus den in § 34 genannten Personengruppen. Eine Pflicht, sich um entsprechende Wahrnehmungen oder Hinweise zu bemühen, sieht die Regelung nicht vor. Hinweise anderer sind nur einbezogen, wenn sie zu eigener Wahrnehmung der nach § 33 Verpflichteten führen.

6. Die (Soll-)**Pflicht** der Personenberechtigten besteht in der Unterrichtung entweder einer nach § 32 eingerichteten Beratungsstelle oder einer sonstigen Beratungsstelle für Rehabilitation (beispielsweise einer Auskunfts- und Beratungsstelle eines Rehabilitationsträgers oder einer Beratungsstelle eines freien Trägers) mit (gleichzeitiger, nach Absprache späterer) Vorstellung des Betroffenen dort. Unter den genannten Stellen können die Personensorgeberechtigten die aus ihrer Sicht (fachlich, örtlich) geeignetste auswählen. Die Pflicht sollte unverzüglich erfüllt werden, um die rechtzeitige Einleitung gebotener Maßnahmen zu ermöglichen. Zwischen diesen verschiedenen Möglichkeiten kann der Personensorgeberechtigte wählen. Eine Frist ist nicht vorgesehen, aber Sinn und Zweck der Regelung lassen erkennen, dass die Vorstellung ohne schuldhaftes Zögern erfolgen sollte.[4]

7. Die aufgesuchte Stelle soll sich ein eigenes Bild von der drohenden oder eingetretenen Behinderung machen und dann den Betroffenen zusammen mit dem Personensorgeberechtigten beraten (für Ärzte vgl. ergänzend § 34 Abs. 1) und erforderliche Maßnahmen einleiten oder vorschlagen.

8. **Grenzen** der Pflicht ergeben sich insbesondere aus den in → Rn. 3 aus der Begründung wiedergegebenen Gründen, aber zB auch dann, wenn von einer (ggf. erneuten) Vorstellung bei unverändertem Sachstand keine neuen Erkenntnisse zu erwarten sind oder wenn die Vorstellung zB den Betroffenen gesundheitlich schädigen oder den Personensorgeberechtigten unzumutbar belasten würde.

---

1 BGBl. I 1046.
2 BT-Drs. 14/5074, 22 und BT-Drs. 14/5531, 5.
3 Ausschussempfehlung BT-Drs. 14/5786, 49, Bericht BT-Drs. 14/5800, 35.
4 So auch *Lachwitz* in HK-SGB IX § 60 Rn. 14.

Die Regelung konkretisiert lediglich die ohnehin bestehenden, in → Rn. 6 genannten Pflichten der Personensorgeberechtigten. Eigene **Sanktionen** sieht die Regelung nicht vor. Eine entsprechende Sanktion bei Pflichtverletzung des Personensorgeberechtigten kann sich daher nur aus anderen Vorschriften ergeben, etwa aus zivilrechtlichen Normen bei einer entsprechenden Verletzung der Aufsichtspflicht oder strafrechtlich, wenn die entscheidenden Normen der Fürsorge aus dem StGB verletzt sind.[5]

§ 34 Sicherung der Beratung von Menschen mit Behinderungen

(1) [1]Die Beratung durch Ärzte, denen eine Person nach § 33 vorgestellt wird, erstreckt sich auf geeignete Leistungen zur Teilhabe. [2]Dabei weisen sie auf die Möglichkeit der Beratung durch die Beratungsstellen der Rehabilitationsträger hin und informieren über wohnortnahe Angebote zur Beratung nach § 32. [3]Werdende Eltern werden außerdem auf den Beratungsanspruch bei den Schwangerschaftsberatungsstellen hingewiesen.

(2) Nehmen Hebammen, Entbindungspfleger, medizinisches Personal außer Ärzten, Lehrer, Sozialarbeiter, Jugendleiter und Erzieher bei der Ausübung ihres Berufs Behinderungen wahr, weisen sie die Personensorgeberechtigten auf die Behinderung und auf entsprechende Beratungsangebote nach § 32 hin.

(3) Nehmen medizinisches Personal außer Ärzten und Sozialarbeiter bei der Ausübung ihres Berufs Behinderungen bei volljährigen Personen wahr, empfehlen sie diesen Personen oder ihren bestellten Betreuern, eine Beratungsstelle für Rehabilitation oder eine ärztliche Beratung über geeignete Leistungen zur Teilhabe aufzusuchen.

Literatur:
Masuch, Beratungspflicht der Ärzte nach dem SGB IX, ZSR 2004, 536; *Masuch/Hall*, Beratungspflicht der Ärzte nach dem SGB IX – eine Lösungsskizze, in Gagel/Schian, Diskussionsforum A, SGB IX Info Nr. 9, abrufbar unter www.reha-recht.de.

Gesetzeshistorie: Die Vorschrift wurde durch Artikel 1 und 26 Abs. 1 BTHG vom 29.12.2016[1] mit Wirkung ab 1.1.2018 neu gefasst. Die ursprünglich in § 61 aF enthaltene Regelung wird seitdem mit wenigen Änderungen als § 34 fortgeführt.

Regelungsinhalt: Die Regelung ergänzt § 33 und legt zur Sicherung der Beratung von Menschen mit Behinderungen Pflichten für Ärzte und andere Berufsgruppen fest, wenn sie in Ausübung ihres Berufs mit Menschen mit Behinderungen umgehen.

Zur Entstehung: Die Vorschrift aktualisiert dabei frühere Regelungen in § 124 Abs. 2 und 3 sowie § 125 BSHG. Im damaligen Regierungsentwurf zum SGB IX[2] war in Absatz 2 eine „Verpflichtung" angesprochen. Nach einem Vorschlag des Bundesrates in BR-Drs. 49/01 (Beschluss) = BT-Drs. 14/5531, 10, stattdessen „die Beratungsangebote" in Bezug zu nehmen, wurde die Regelung aufgrund Änderungsantrags der Koalitionsfraktionen[3] entsprechend gefasst.

Absatz 1 richtet sich an **Ärzte** und verpflichtet diese in Satz 1, bei der Vorstellung eines Menschen mit Behinderungen oder von Behinderung bedrohten

---
5 *Masuch* in Hauck/Noftz SGB IX § 60 Rn. 7.
1 BGBl. I 1046.
2 BT-Drs. 14/5074, 22 und BT-Drs. 14/5531, 5.
3 Ausschussempfehlung BT-Drs. 14/5786, 49, Bericht BT-Drs. 14/5800, 35.

Menschen durch einen Personensorgeberechtigten im Rahmen des § 33 seine dabei zu erteilende Beratung insbesondere auf die Frage zu richten, welche Leistungen zur Teilhabe (aller in § 5 Nr. 1 bis 5 genannten Leistungsgruppen und in weiterer, individueller Konkretisierung) im gegebenen Fall geeignet und notwendig sind.

5 Absatz 1 Satz 2 ergänzt Satz 1 um die Pflicht, auf die Möglichkeit der **Beratung durch Beratungsstellen der Rehabilitationsträger** (dazu → § 33 Rn. 6) sowie auf wohnortnahe Angebote zur Beratung nach § 32 hinzuweisen; dies wird vor allem dann die beste Form der Beratung sein, wenn der Arzt, bei dem die Vorstellung erfolgt, über die zu einer abschließenden Beurteilung im Einzelfall erforderlichen Kenntnisse und Erfahrungen nicht selbst verfügt oder wenn noch weitere Untersuchungen oder Begutachtungen erforderlich sind. Die früher in § 125 Abs. 2 Satz 2 BSHG vorgesehene Pflicht, das Gesundheitsamt zu benachrichtigen, besteht nicht mehr.

6 Die Pflichten nach den Sätzen 1 und 2 (wie § 33, → § 33 Rn. 6) beziehen sich auf Menschen mit Behinderungen im Sinne des § 2 Abs. 1.

7 **Absatz 1 Satz 3** enthält als zusätzliche, besondere Regelung die Verpflichtung, werdende Eltern auf den Beratungsanspruch bei den Schwangerschaftsberatungsstellen (§ 2 Abs. 2 Nr. 5 des Schwangerschaftskonfliktgesetzes) in allen eine Schwangerschaft berührenden Fragen hinzuweisen. Die Verpflichtung nach Satz 3 gilt – trotz allgemeinerer Textfassung – nicht generell, sondern aufgrund der Einordnung in Abs. 1 nur für Ärzte und nur im Rahmen der Vorstellung und Beratung nach §§ 33 und 34 Absatz 1 Satz 1 und 2.

8 **Absatz 2** enthält für **Hebammen, Entbindungspfleger, medizinisches Personal außer Ärzten** (also insbes. Krankenschwestern und -pfleger, Krankengymnasten, Masseure, medizinisch-technische Assistenten), **Lehrer, Sozialarbeiter** (einschl. Sozialpädagogen), **Jugendleiter und Erzieher** (zB in Kindergärten, Horten und Heimen) eigene Pflichten zur Sicherung der Beratung. Alle diese Berufsgruppen eint, dass bei ihnen eine staatliche Anerkennung durch eine entsprechende Qualifikation vorliegt, so dass von der Hinweispflicht nach § 34 Abs. 2 nicht erfasst ist, wer ohne eine entsprechende Fachausbildung und Qualifikation lediglich eine der genannten Tätigkeiten ausübt, etwa als Jugendleiter. Denn die entsprechenden fachlichen Kenntnisse, die erforderlich sind, um eine Wahrnehmung im Sinne dieser Vorschrift machen zu können, wird regelmäßig nur bei einer vorliegenden Ausbildung gewährleistet sein.[4] Wenn Angehörige dieser Berufsgruppen bei Ausübung ihres Berufs Behinderungen (§ 2 Abs. 1) wahrnehmen, haben sie dies dem Personensorgeberechtigten auf die (drohende oder bereits eingetretene) Behinderung und auf die Beratungsangebote nach § 33 hinzuweisen. Die früher in § 124 Abs. 2 Satz 2 BSHG vorgesehene Pflicht, das Gesundheitsamt zu benachrichtigen, besteht nicht mehr.

9 **Absatz 3** trifft eine ergänzende Regelung für **medizinisches Personal außer Ärzten** und **Sozialarbeiter**. Nehmen diese Berufsgruppen bei Ausübung ihres Berufs bei volljährigen Menschen drohende oder eingetretene Behinderungen wahr, haben sie diesen Menschen oder den ihnen bestellten Betreuern zu empfehlen, eine Beratungsstelle für Rehabilitation oder eine ärztliche Beratung (dazu → § 33 Rn. 6) zur Beratung über die geeigneten Leistungen zur Teilhabe aufzusuchen. Die Herausnahme der Ärzte aus der Regelung folgt daraus, dass für

---

[4] Wie hier auch *Lachwitz* in HK-SGB IX § 61 Rn. 8; *Jabben* in Neumann/Pahlen/Greiner/Winkler/Jabben, 14. Aufl. 2020, SGB IX § 34 Rn. 3.

diese eine eigene Beratungs- und Hinweispflicht in Absatz 1 (mit einem Mehr an Beratung) vorgesehen ist.[5]

Alle in den Absätzen 1 bis 3 geregelten Pflichten konkretisieren berufsrechtliche Regelungen der genannten Berufsgruppen; Sanktionen sind ggf. im Rahmen allgemeiner Regeln (ärztliches Standesrecht; dienstrechtliche Regelungen) möglich, das heißt aus arbeitsrechtlichen, allgemeinen zivilrechtlichen oder strafrechtlichen Bestimmungen (vgl. schon → § 33 Rn. 9). 10

§ 35 Landesärzte

(1) In den Ländern können Landesärzte bestellt werden, die über besondere Erfahrungen in der Hilfe für Menschen mit Behinderungen und von Behinderung bedrohte Menschen verfügen.

(2) Die Landesärzte haben insbesondere folgende Aufgaben:
1. Gutachten für die Landesbehörden, die für das Gesundheitswesen, die Sozialhilfe und Eingliederungshilfe zuständig sind, sowie für die zuständigen Träger der Sozialhilfe und Eingliederungshilfe in besonders schwierig gelagerten Einzelfällen oder in Fällen von grundsätzlicher Bedeutung zu erstatten,
2. die für das Gesundheitswesen zuständigen obersten Landesbehörden beim Erstellen von Konzeptionen, Situations- und Bedarfsanalysen und bei der Landesplanung zur Teilhabe von Menschen mit Behinderungen und von Behinderung bedrohter Menschen zu beraten und zu unterstützen sowie selbst entsprechende Initiativen zu ergreifen und
3. die für das Gesundheitswesen zuständigen Landesbehörden über Art und Ursachen von Behinderungen und notwendige Hilfen sowie über den Erfolg von Leistungen zur Teilhabe von Menschen mit Behinderungen und von Behinderung bedrohter Menschen regelmäßig zu unterrichten.

Gesetzeshistorie: Die Vorschrift wurde durch Artikel 1 und 26 Abs. 1 BTHG vom 29.12.2016[1] mit Wirkung ab 1.1.2018 eingeführt. Die ursprünglich in § 62 aF enthaltene Regelung wird seitdem als § 35 fortgeführt. 1

Regelungsinhalt: Die Vorschrift regelt die Bestellung von Landesärzten für Aufgaben in der Hilfe für Menschen mit Behinderungen und von Behinderung bedrohte Menschen. 2

Zur Entstehung: Die Vorschrift entwickelt den früheren § 126 a BSHG fort. 3

Materialien: Zum Regierungsentwurf nebst Begründung BT-Drs. 14/5074, 22 und 111 sowie BT-Drs. 14/5531, 5; zur Ausschussempfehlung BT-Drs. 14/5786, 50. 4

Absatz 1 ermöglicht den Ländern, nach ihrem Ermessen **Landesärzte zu bestellen**. Die nach früheren § 126 a BSHG bestehende Pflicht ist entfallen. Als persönliche Voraussetzung ergibt sich aus der Bezeichnung, dass es sich um Ärzte (im berufsrechtlichen Sinn; nicht notwendigerweise Vertragsärzte der Krankenversicherung) handeln muss. Außerdem ist festgelegt, dass sie über besondere Erfahrungen in der Hilfe für Menschen mit Behinderungen und von Behinderung bedrohte Menschen verfügen müssen. In welchen Bereichen oder Funktionen diese Erfahrungen erworben wurden, ist nicht näher bestimmt. 5

---

5 *Hall* in Gagel/Schian, Diskussionsforum A, SGB IX Info Nr. 9 auf www.reha-recht.de.
1 BGBl. I 1046.

6 Ob und gegebenenfalls wie viele Landesärzte bestellt werden, entscheidet jedes Land nach seinem Ermessen und seinen internen Vorgaben, beispielsweise durch den Landeshaushalt. Gleiches gilt für die organisatorische Zuordnung und die dienstrechtliche Stellung der Landesärzte.

7 **Absatz 2** nennt in seinen drei Nummern die wichtigsten **Aufgaben** der Landesärzte. Einerseits haben sie, nach Nr. 1, für Landesbehörden im Gesundheitswesen und der Sozialhilfe **Gutachten** zu erstellen, in schwierigen und grundsätzlichen Fragen auch für die zuständigen Sozialhilfeträger und Träger der Eingliederungshilfe. Landesbehörden im Sinne der Regelung sind Behörden der unmittelbaren Landesverwaltung, nicht zum Beispiel landesunmittelbare Sozialversicherungsträger mit Selbstverwaltung. Sozialhilfeträger wie die Träger der Eingliederungshilfe sind – unabhängig von ihrem Status als staatliche oder kommunale Behörden – nur im Rahmen der zweiten Alternative einbezogen, die ein Heranziehen der Landesärzte nur in besonders schwierig gelagerten Einzelfällen oder in Fällen von grundsätzlicher Bedeutung, also nur ausnahmsweise, vorsieht. Nur wenn die gesetzlichen Voraussetzungen für eine Tätigkeit als Gutachter im Einzelfall gegeben sind, ist eine Benennung der Landesärzte als Sachverständige im Rahmen des § 17 möglich.

8 Weiter haben sie nach Absatz 2 Nr. 2 die für das Gesundheitswesen zuständigen obersten Landesbehörden hinsichtlich der Teilhabe von Menschen mit Behinderungen und von Behinderung bedrohter Menschen zu **beraten**, und zwar bei einschlägigen Konzeptionen, Situations- und Bedarfsanalysen und bei der Landesplanung; in diesem Bereich werden sie nicht nur auf Anforderung tätig, sondern haben selbst entsprechende Initiativen zu ergreifen.

9 Schließlich haben sie gemäß Absatz 2 Nr. 3 die für das Gesundheitswesen zuständigen Landesbehörden (nicht nur die Ministerien) über Art und Ursachen von Behinderungen und notwendige Hilfen sowie über den Erfolg von Leistungen zur Teilhabe von Menschen mit Behinderungen und von Behinderung bedrohter Menschen regelmäßig zu **unterrichten**. Diese recht weit gefasste Regelung eröffnet den Landesärzten große Spielräume in der Bildung von Schwerpunkten und Prioritäten.

10 Absatz 2 ist insofern **keine abschließende** Regelung, als den Landesärzten über die genannten Aufgaben hinaus **weitere Aufgaben** übertragen werden können, auch über den in der Vorschrift im Vordergrund stehenden Bereich der öffentlichen Gesundheit hinaus. Auch steht es den Ländern frei, ob sie Landesärzte bestellen oder die genannten Aufgaben in anderen Strukturen wahrnehmen lassen. Werden Landesärzte bestellt, sind die in Absatz 2 genannten Aufgaben jedoch bindend; beispielsweise wäre eine Bestellung unter Ausschluss der in Nummer 2 angesprochenen eigenen Initiativen nicht möglich.

Kapitel 7 Struktur, Qualitätssicherung, Gewaltschutz und Verträge

§ 36 Rehabilitationsdienste und -einrichtungen

(1) ¹Die Rehabilitationsträger wirken gemeinsam unter Beteiligung der Bundesregierung und der Landesregierungen darauf hin, dass die fachlich und regional erforderlichen Rehabilitationsdienste und -einrichtungen in ausreichender Anzahl und Qualität zur Verfügung stehen. ²Dabei achten die Rehabilitationsträger darauf, dass für eine ausreichende Anzahl von Rehabilitationsdiensten und -einrichtungen keine Zugangs- und Kommunikationsbarrieren bestehen. ³Die Verbände von Menschen mit Behinderungen einschließlich der Verbände der

Freien Wohlfahrtspflege, der Selbsthilfegruppen und der Interessenvertretungen von Frauen mit Behinderungen sowie die für die Wahrnehmung der Interessen der ambulanten und stationären Rehabilitationseinrichtungen auf Bundesebene maßgeblichen Spitzenverbände werden beteiligt.

(2) [1]Nehmen Rehabilitationsträger zur Ausführung von Leistungen Rehabilitationsdienste und -einrichtungen in Anspruch, erfolgt die Auswahl danach, wer die Leistung in der am besten geeigneten Form ausführt. [2]Dabei werden Rehabilitationsdienste und -einrichtungen freier oder gemeinnütziger Träger entsprechend ihrer Bedeutung für die Rehabilitation und Teilhabe von Menschen mit Behinderungen berücksichtigt und die Vielfalt der Träger gewahrt sowie deren Selbständigkeit, Selbstverständnis und Unabhängigkeit beachtet. [3]§ 51 Absatz 1 Satz 2 Nummer 4 ist anzuwenden.

(3) Rehabilitationsträger können nach den für sie geltenden Rechtsvorschriften Rehabilitationsdienste oder -einrichtungen fördern, wenn dies zweckmäßig ist und die Arbeit dieser Dienste oder Einrichtungen in anderer Weise nicht sichergestellt werden kann.

(4) Rehabilitationsdienste und -einrichtungen mit gleicher Aufgabenstellung sollen Arbeitsgemeinschaften bilden.

Gesetzeshistorie: Die Vorschrift wurde als § 19 durch Artikel 1 und 68 Abs. 1 SGB IX vom 19.6.2001[1] mit Wirkung ab 1.7.2001 eingeführt, die Verweisung in Absatz 4 auf § 35 durch Artikel 1 und 7 des Gesetzes vom 23.4.2004[2] mit Wirkung ab 1.5.2004 angepasst. Durch das BTHG kam es nur zu einigen wenigen Änderungen. § 36 in seiner jetzigen Fassung entspricht insofern dem bisherigen § 19 Abs. 1, 4, 5 und 6 mit redaktionellen Änderungen. Der bisherige § 19 Abs. 2 wurde nicht übernommen, da eine wie nunmehr vorgesehen konsequent personenbezogene Bedarfsfeststellung keine Rangfolge von Leistungserbringungsformen (ambulant vor stationär) zulässt. Der bisherige Absatz 3 des § 19 wurde verschoben und findet sich nun als § 4 Abs. 3 wieder.

Regelungsinhalt: Die Vorschrift ergänzt die Grundsätze des § 28, soweit für die Ausführung von Leistungen zur Teilhabe besondere Dienste oder Einrichtungen in Anspruch genommen werden. Nach Absatz 1 sind die Rehabilitationsträger verantwortlich, dass für die Leistungsausführung Rehabilitationsdienste und -einrichtungen in ausreichender Anzahl und Qualität zur Verfügung stehen. Absatz 2 stellt sicher, dass die Rehabilitationsträger die Dienste und Einrichtungen danach auswählen, dass die Leistungen in der für den Rehabilitanden am besten geeigneten Form erbracht werden. Absatz 3 ermöglicht den Rehabilitationsträgern die Förderung von Rehabilitationsdiensten und -einrichtungen im Rahmen des geltenden Rechts. Absatz 4 legt den Diensten und Einrichtungen nahe, Arbeitsgemeinschaften zu bilden.

Zur Entstehung: Zum Regierungsentwurf der ursprünglichen Fassung[3] wurden aufgrund eines Änderungsantrags der Koalitionsfraktionen[4]
- in Absatz 1 Satz 2 der Hinweis auf Kommunikationsbarrieren eingefügt,
- in Absatz 1 Satz 3 der Hinweis auf die Spitzenverbände der ambulanten und stationären Rehabilitationseinrichtungen eingefügt,
- in Absatz 2 der Hinweis auf betriebliche Erbringung eingefügt,

---

1 BGBl. I 1046.
2 BGBl. I 606.
3 Nebst Begründung BT-Drs. 14/5074, 12 und 104 sowie BT-Drs. 14/5531, 5.
4 Ausschussempfehlung BT-Drs. 14/5786, 24.

§ 36

- in Absatz 4 Satz 1 der Hinweis auf die Vielfalt der Träger von Rehabilitationsdiensten oder -einrichtungen sowie deren Selbstständigkeit, Selbstverständnis und Unabhängigkeit angefügt.

4 **Absatz 1 Satz 1** verpflichtet die Rehabilitationsträger, gemeinsam darauf hinzuwirken, dass die fachlich und regional erforderlichen Rehabilitationsdienste und -einrichtungen in **ausreichender Zahl und Qualität** zur Verfügung stehen. Die Vorschrift präzisiert damit § 17 Abs. 1 Nr. 2 SGB I für den Bereich der Rehabilitation und Teilhabe. Wie diese Regelung nennt das Neunte Buch die einschlägigen Dienste in der Regel zusammen mit den Einrichtungen und vor diesen; dies trägt bei der Ausführung der Leistungen zur Teilhabe den grundsätzlichen Vorgaben aus § 1 Satz 1 Rechnung, für behinderte und von Behinderung bedrohte Menschen Selbstbestimmung und gleichberechtigte Teilhabe am Leben in der Gesellschaft zu sichern und dabei behinderte und von Behinderung bedrohte Menschen so weitgehend wie möglich in ihren sozialen Bezügen zu belassen und in den gesetzlichen Vorgaben auf diese Bezüge Rücksicht zu nehmen.

5 Zu den **Rehabilitationseinrichtungen** gehören insbesondere die in § 74 Satz 2 angesprochenen Einrichtungen der medizinischen und der medizinisch-beruflichen Rehabilitation, die in § 51 angesprochenen Einrichtungen zur beruflichen Rehabilitation wie Berufsförderungswerke, Berufsbildungswerke und Werkstätten für behinderte Menschen sowie Einrichtungen zur Ausführung von Leistungen zur Teilhabe am Leben in der Gemeinschaft, darunter besonders bedeutsam heilpädagogische Einrichtungen.

6 Welche Rehabilitationsdienste und -einrichtungen überhaupt erforderlich sind, wie **Zahl und Qualität** als ausreichend zu bemessen sind und wie Fachlichkeit und regionale Präsenz auszubalancieren sind, wird in Absatz 1 Satz 1 inhaltlich nicht festgelegt, sondern ist konkret aus den Anforderungen abzuleiten, die sich aus Art, Umfang, Qualität und sonstigen Anforderungen der Leistungen zur Teilhabe ergeben und die die Rehabilitationsträger – bei Fehlen anderer, vorhandener Dienste und Einrichtungen – mithilfe der Rehabilitationsdienste und -einrichtungen auszuführen haben. Die jeweiligen Anforderungen müssen den aktuellen Gegebenheiten und Entwicklungen Rechnung tragen, so dass von den Rehabilitationsdiensten und -einrichtungen ein stetiger entsprechender Wandel erwartet wird.

7 Die nach der Vorschrift erforderlichen Informations-, Abwägungs-, Planungs- und Entscheidungsprozesse sind **gemeinsame Aufgabe** der zuständigen **Rehabilitationsträger**.

8 Die Rehabilitationsträger haben bei dieser Aufgabe die **Bundesregierung** und die **Landesregierungen** zu beteiligen; dabei soll nach der Begründung des Regierungsentwurfs auch die Einbringung **kommunalen** Sachverstands gesichert werden. Beteiligung erfordert von den nach der Vorschrift verantwortlichen Rehabilitationsträgern die Information der Regierungen und Gelegenheit zur Stellungnahme, ferner eine Auseinandersetzung mit den Inhalten von Stellungnahmen, jedoch keine Notwendigkeit des Einvernehmens. Die Beteiligung der Regierungen an der Bedarfsplanung ermöglicht und erleichtert diesen, bei Bedarf und nach Maßgabe ihrer jeweiligen Möglichkeiten für die Errichtung der Rehabilitationsdienste und -einrichtungen Haushalts- und ähnliche öffentliche Mittel einzusetzen, um die in Absatz 3 vorgesehenen Förderungen durch Rehabilitationsträger zu ergänzen.

9 **Absatz 1 Satz 2** verpflichtet die Rehabilitationsträger, bei ihren Entscheidungen nach Satz 1 darauf zu achten, dass für eine ausreichende Zahl solcher Rehabilitationsdienste und -einrichtungen Zugangs- und Kommunikationsbarrieren

nicht bestehen. Erfasst sind unter dem Begriff der Barrierefreiheit somit auch hier, in Anlehnung an § 4 BGG, nicht nur barrierefreie Zugänge zu Gebäuden für mobilitätsbehinderte Menschen, sondern auch die Verwendung von Mitteln zur Kommunikationshilfe für seh-, hör- und sprachbehinderte Menschen, einschließlich etwa den Einsatz von Gebärdensprachdolmetschern. Die Vorschrift enthält – entsprechend der Regelung für Sachverständige in § 17 Abs. 4 – aber keine Verpflichtung, ausschließlich mit barrierefreien zugänglichen und ausgestatteten Diensten und Einrichtungen zusammenzuarbeiten. Jeder Rehabilitationsträger muss jedoch in der Lage sein, bei allen für ihn in Betracht kommenden Leistungen zur Teilhabe Zugang zu Rehabilitationsdiensten und -einrichtungen zu haben, die entsprechend dem individuellen Bedarf der Leistungsberechtigten barrierefrei sind. Kann der barrierefreie Zugang nicht gewährleistet werden, kommt für die Inanspruchnahme entsprechend erforderlicher barrierefreier Ersatzleistungen der Anspruch auf Selbstbeschaffung und Erstattung nach § 18 Abs. 6 in Betracht.

Nach **Absatz 1 Satz 3** sind die **Verbände** von Menschen mit Behinderungen einschließlich der Verbände der Freien Wohlfahrtspflege, der Selbsthilfegruppen und der Interessenvertretungen behinderter Frauen sowie die für die Wahrnehmung der Interessen der ambulanten und stationären Rehabilitationseinrichtungen auf Bundesebene maßgeblichen Spitzenverbände an den Entscheidungen nach den Sätzen 1 und 2 zu beteiligen. Beteiligung erfordert von den Rehabilitationsträgern die Information der genannten Organisationen und Gelegenheit zur Stellungnahme, ferner eine Auseinandersetzung mit den Inhalten von Stellungnahmen, jedoch keine Notwendigkeit des Einvernehmens. 10

Absatz 2 stellt sicher, dass die Rehabilitationsträger die Dienste und Einrichtungen danach **auswählen**, dass die Leistungen in der für den Rehabilitanden am besten geeigneten Form erbracht werden. Dabei sind die Dienste und Einrichtungen freier und gemeinnütziger Träger entsprechend ihrer Bedeutung zu berücksichtigen, die Vielfalt der Träger von Rehabilitationsdiensten oder -einrichtungen zu wahren sowie deren Selbstständigkeit, Selbstverständnis und Unabhängigkeit zu beachten, was insbesondere Bedeutung für kirchliche Anbieter hat. 11

Absatz 3 ermöglicht den Rehabilitationsträgern die **Förderung** von Rehabilitationsdiensten und -einrichtungen im Rahmen der für sie jeweils geltenden Rechtsvorschriften, wenn der nach Absatz 1 ermittelte Bedarf ohne eine Förderung nicht abzudecken ist. Rechtsvorschriften, die eine solche Förderung erlauben, finden sich für die Bundesagentur für Arbeit in § 113 SGB III, für die Rentenversicherung in § 31 Abs. 1 Satz 1 Nr. 5 SGB VI, für die Sozialhilfe früher in § 10 Abs. 3 BSHG, seit 2005 in § 5 Abs. 3 SGB XII und für die Kinder- und Jugendhilfe in § 77 SGB VIII. 12

Absatz 4 legt den Diensten und Einrichtungen nahe, **Arbeitsgemeinschaften** zu bilden, auch im Interesse einer laufenden Qualitätssicherung und -entwicklung. Die hier angesprochenen Arbeitsgemeinschaften der Dienste und Einrichtungen sind von den nach § 25 Abs. 2 zu bildenden Arbeitsgemeinschaften der Rehabilitationsträger zu unterscheiden und privatrechtlich organisiert. 13

§ 37 Qualitätssicherung, Zertifizierung

(1) ¹Die Rehabilitationsträger nach § 6 Absatz 1 Nummer 1 bis 5 vereinbaren gemeinsame Empfehlungen zur Sicherung und Weiterentwicklung der Qualität der Leistungen, insbesondere zur barrierefreien Leistungserbringung, sowie für die Durchführung vergleichender Qualitätsanalysen als Grundlage für ein effek-

tives Qualitätsmanagement der Leistungserbringer. ²§ 26 Absatz 4 ist entsprechend anzuwenden. ³Die Rehabilitationsträger nach § 6 Absatz 1 Nummer 6 und 7 können den Empfehlungen beitreten.

(2) ¹Die Erbringer von Leistungen stellen ein Qualitätsmanagement sicher, das durch zielgerichtete und systematische Verfahren und Maßnahmen die Qualität der Versorgung gewährleistet und kontinuierlich verbessert. ²Stationäre Rehabilitationseinrichtungen haben sich an dem Zertifizierungsverfahren nach Absatz 3 zu beteiligen.

(3) ¹Die Spitzenverbände der Rehabilitationsträger nach § 6 Absatz 1 Nummer 1 und 3 bis 5 vereinbaren im Rahmen der Bundesarbeitsgemeinschaft für Rehabilitation grundsätzliche Anforderungen an ein einrichtungsinternes Qualitätsmanagement nach Absatz 2 Satz 1 sowie ein einheitliches, unabhängiges Zertifizierungsverfahren, mit dem die erfolgreiche Umsetzung des Qualitätsmanagements in regelmäßigen Abständen nachgewiesen wird. ²Den für die Wahrnehmung der Interessen der stationären Rehabilitationseinrichtungen auf Bundesebene maßgeblichen Spitzenverbänden sowie den Verbänden von Menschen mit Behinderungen einschließlich der Verbände der Freien Wohlfahrtspflege, der Selbsthilfegruppen und der Interessenvertretungen von Frauen mit Behinderungen ist Gelegenheit zur Stellungnahme zu geben. ³Stationäre Rehabilitationseinrichtungen sind nur dann als geeignet anzusehen, wenn sie zertifiziert sind.

(4) Die Rehabilitationsträger können mit den Einrichtungen, die für sie Leistungen erbringen, über Absatz 1 hinausgehende Anforderungen an die Qualität und das Qualitätsmanagement vereinbaren.

(5) In Rehabilitationseinrichtungen mit Vertretungen der Menschen mit Behinderungen sind die nach Absatz 3 Satz 1 zu erstellenden Nachweise über die Umsetzung des Qualitätsmanagements diesen Vertretungen zur Verfügung zu stellen.

(6) § 26 Absatz 3 ist entsprechend anzuwenden für Vereinbarungen auf Grund gesetzlicher Vorschriften für die Rehabilitationsträger.

Literatur:

Egner/Buschmann-Steinhage/Gerwinn, Stand der Qualitätssicherung in der Rehabilitation der gesetzlichen Rentenversicherung, Rehabilitation 2006, 221; *Farink*, Qualitätssicherung und Qualitätsmanagement in der medizinischen Rehabilitation, Bundesgesundheitsblatt 2011, 176; *Hehling*, Die gemeinsame Empfehlung „Qualitätssicherung" nach § 20 Sozialgesetzbuch (SGB) IX, BG 2003, 514; *Heine/Fuchs*, Mitbestimmung im SGB IX – auch – zur Zertifizierungspflicht stationärer Reha-Einrichtungen, Die Rehabilitation 2008, 112; *Kranig/Hehling*, Perspektiven der stationären Rehabilitation von Arbeitsunfällen, BG 2006, 555; *Petri/Stähler*, Gesundheitsreform 2007 und ihre Rechtsfolgen für die medizinische Rehabilitation, Rehabilitation 2007, 310; *Stähler/Cibis*, Qualitätsmanagement und Zertifizierung von stationären Rehabilitationseinrichtungen – Umsetzung des § 20 Abs. 2 a SGB IX, Die Rehabilitation 2008, 126; *Stroebel*, Qualitätsentwicklung – Qualitätssicherung – Qualitätsmanagement, Die Rehabilitation 1996, 14; *Trunk*, § 37 SGB IX in der Fassung des BTHG und die Werkstätten, br 2018, 31; *Weber-Falkensammer/Neuderth*, Rehabilitation und Qualitätssicherung im europäischen Wettbewerb, DRV 2001, 215; *Weinzierl*, Qualität beruflicher Rehabilitation, Berufliche Rehabilitation 2002, 204; *Welti*, Rechtlicher Rahmen der Qualitätssicherung in der medizinischen Rehabilitation, ZSR 2002, 460.

1 **Gesetzeshistorie:** Die Vorschrift wurde in ihrer ursprünglichen Fassung, dem nun ehemaligen § 20, durch Artikel 1 und 68 Abs. 1 SGB IX vom 19.6.2001[1] mit Wirkung ab 1.7.2001 eingeführt, Absatz 2 Satz 4 und Absatz 2 a mit Wir-

---

1 BGBl. I 1046.

kung ab. 1.4.2007 durch Artikel 7 und 46 des Gesetzes vom 26.3.2007[2] an- und eingefügt. Das BTHG hat neben der Nummerierung zu kleineren inhaltlichen Anpassungen geführt: Die Absätze 1 und 2 des jetzigen § 37 entsprechen den Absätzen 1 und 2 des bisherigen § 20. Der bisherige Absatz 2a wurde Absatz 3. Der bisherige Absatz 3 wurde in § 26 Abs. 6 aufgenommen. Der bisherige Absatz 4 wurde zu Absatz 6. Die Texte wurden zudem redaktionell angepasst.

Regelungsinhalt: Um ein effizientes und effektives gemeinsames Handeln der Rehabilitationsträger in Form eines qualifizierten Trägermanagements zu gewährleisten, sollen diese nach Absatz 1 gemeinsame Empfehlungen zur Qualitätssicherung vereinbaren. Absatz 2 bindet die Erbringer von Leistungen zur Teilhabe in die Qualitätssicherung ein; Absatz 3 regelt für stationäre Einrichtungen ein Zertifizierungsverfahren auf der Grundlage eines einrichtungsinternen Qualitätsmanagements. Die Absätze 4 und 5 betreffen Regelungen zur Durchführung des Qualitätsmanagements. Absatz 6 überträgt die Vorgaben der Norm für den dort angesprochenen Bereich.

Zur Entstehung: Trägerübergreifende Ansätze zur Qualitätssicherung gab es früher in Form der Gemeinsamen Erklärung der Spitzenverbände zur Qualitätssicherung vom Oktober 1999.

Im Regierungsentwurf[3] zur ursprünglichen Fassung der Norm (§ 20 aF) wurden aufgrund Änderungsantrags der Koalitionsfraktionen[4] in Absatz 1 Satz 1 der Hinweis auf barrierefreie Leistungserbringung eingefügt, Absatz 2 neu gefasst und in Absatz 3 Satz 2 der Hinweis auf die Spitzenverbände der ambulanten und stationären Rehabilitationseinrichtungen angefügt.

Absatz 1 regelt die gemeinsame Qualitätssicherung der Rehabilitationsträger und zielt darauf ab, bei der Ausführung der Leistungen zur Teilhabe die im SGB IX trägerübergreifend festgelegten Anforderungen auch trägerübergreifend abzusichern.[5] Er knüpft damit inhaltlich an § 4 Abs. 2 Satz 2 an, wonach die Rehabilitationsträger die Leistungen zur Teilhabe im Rahmen der für sie geltenden Rechtsvorschriften unter anderem in gleicher Qualität zu erbringen haben. Im Verfahren bildet sie eine Ergänzung der Vereinbarung gemeinsamer Empfehlungen nach § 26. Auf Grundlage dieser Vorgabe haben die Träger die Gemeinsame Empfehlung Qualitätssicherung vereinbart, abrufbar auf der Homepage der Bundesarbeitsgemeinschaft[6].

Der Begriff der **Qualität** ist näher in § 2 der Gemeinsamen Empfehlung Qualitätssicherung definiert. Maßgeblich sind danach, zur Sicherung der Qualität, sowohl eine interne wie eine externe Qualitätssicherung. Während die externe Sicherung vor allem darauf zielt, die Einhaltung und Entwicklung von Qualitätsstandards zu gewährleisten, dient die interne Sicherung der Garantie dauerhaft hoher Qualität durch ein systematisches Qualitätsmanagement innerhalb der Einrichtungen.[7] Anforderungen an Leistungen zur Teilhabe, die es umzusetzen und im Wege der Qualitätssicherung abzusichern und weiterzuentwickeln gilt, sind

---

2 BGBl. I 378.
3 Nebst Begründung BT-Drs. 14/5074, 12 und 104 sowie BT-Drs. 14/5531, 5.
4 Ausschussempfehlung BT-Drs. 14/5786, 25.
5 Zu den Auswirkungen und der Anwendung der Qualitätssicherung auf die Werkstätten *Trunk* Behindertenrecht 2018, 31.
6 S. www.bar-frankfurt.de.
7 Vgl. §§ 3 Nr. 3 und 4, 6 Gemeinsame Empfehlung Qualitätssicherung.

- leistungsgruppenübergreifende inhaltliche Anforderungen, wie sie sich insbesondere aus §§ 1 und 4 Abs. 1 ergeben,
- leistungsgruppenspezifische Anforderungen, wie sie sich insbesondere aus §§ 42, 49 und 76 ergeben,
- spezifische Anforderungen an einzelne Leistungen, wie sie sich beispielsweise aus §§ 46 und 47 ergeben, und zusätzlich
- weitere Qualitätsmerkmale, von denen das Gesetz selbst die barrierefreie Leistungserbringung nennt.

7 Die Qualitätssicherung zielt nicht nur auf die Qualität der einzelnen Leistung zur Teilhabe, sondern ist nach der Begründung des Regierungsentwurfs zur ursprünglichen Fassung des SGB IX „unabdingbare Voraussetzung für gemeinsame Bedarfsplanung (§ 36 Abs. 1), die Koordination der Leistungen und die Kooperation der Leistungsträger, insbesondere für ein trägerübergreifendes Rehabilitations-Management"[8] und damit auch für die Steuerung des Gesamtsystems der Leistungen zur Teilhabe wichtig. Die insbesondere in §§ 10, 19 und 36 getroffenen Regelungen sind jedoch auch vor Abschluss und unabhängig vom Ergebnis der durch § 37 gebotenen Qualitätssicherung zu beachten.

8 Zusätzlich zur allgemeinen Vorgabe der Qualitätssicherung und -weiterentwicklung nennt der Text die Durchführung vergleichender Qualitätsanalysen als Grundlage für ein effektives Qualitätsmanagement der Leistungserbringer.

9 Die als Qualitätsmerkmal ausdrücklich genannte **barrierefreie Leistungserbringung** ist im SGB IX bei den Regelungen zu den Rehabilitationsdiensten und -einrichtungen in § 36 Abs. 1 Satz 2 ausdrücklich angesprochen.

10 Als Ansatzpunkte der Qualitätssicherung werden üblicherweise **Struktur-, Prozess- und Ergebnisqualität** unterschieden, wobei es aus der Sicht der Leistungsberechtigten und der auf ihre Bedürfnisse gerichteten gesetzlichen Vorgaben letztlich allein auf die Qualität der Ergebnisse ankommt. Die für diese Ergebnisse notwendigen Strukturen und Prozesse (sowohl der Rehabilitationsträger wie der von ihnen in Anspruch genommenen Dienste und Einrichtungen, vgl. § 38 Abs. 1 Nr. 1 und dazu → § 38 Rn. 6) sind zwar in der Sache und damit auch für eine systematische Qualitätssicherung wichtige Vorstufen, haben aber im Lichte der zu erreichenden und zu sichernden **Ergebnisse** letztlich nur instrumentellen Charakter.

11 Instrument trägerübergreifender Qualitätssicherung sind gemeinsame **Empfehlungen**, wie sie für andere Regelungsgegenstände nach § 26 vorgesehen sind. Folgerichtig ist nach **Absatz 1 Satz 2** auf diese Empfehlungen § 26 Abs. 4 entsprechend anzuwenden. Der **aktuelle Stand** der einschlägigen gemeinsamen Empfehlung findet sich unter www.bar-frankfurt.de.

12 Nach **Absatz 6** gilt auch § 26 Abs. 3 entsprechend für Vereinbarungen aufgrund gesetzlicher Vorschriften für die Rehabilitationsträger. Dies betrifft zB Vereinbarungen nach § 137 d SGB V oder dem früheren Siebten Abschnitt des BSHG, seit 2005 §§ 75 ff. SGB XII.

13 **Verpflichtet** zum Abschluss der Empfehlungen sind – wie im Rahmen des § 26 – die in § 6 Abs. 1 Nr. 1 bis 5 genannten Rehabilitationsträger. Nach **Absatz 1 Satz 3** können – wie nach § 26 Abs. 5 Satz 2 – die Rehabilitationsträger nach § 6 Abs. 1 Nr. 6 und 7 und den Empfehlungen beitreten.

14 **Absatz 2** bindet die **Erbringer** von Leistungen zur Teilhabe in die Qualitätssicherung der Rehabilitationsträger ein, indem sie zu einem internen Qualitätsmanagement verpflichtet werden, das durch zielgerichtete und systematische Verfahren und Maßnahmen die Qualität der Versorgung gewährleistet und

---

8 BR-Drs. 49/01, 309.

kontinuierlich verbessert. **Satz 1** gilt grundsätzlich für alle Erbringer von Leistungen zur Teilhabe und verpflichtet diese indirekt auf die Beachtung der gemeinsamen Empfehlungen der Rehabilitationsträger. Durch diese Maßnahmen soll die erfolgreiche Umsetzung des Qualitätsmanagements in regelmäßigen Abständen nachgewiesen werden. Die Leistungserbringer weisen ihre Eignung zur Leistungserbringung nicht zuletzt durch die Einhaltung der Qualitätsvorgaben des § 37 nach. Werden die Qualitätsvorgaben nicht eingehalten, ist das Ermessen, das bei der Auswahl der Leistungserbringer zur Verfügung steht, in der Regel auf Null reduziert.

Absatz 2 Satz 2 und **Absatz 3** treffen zusätzliche Regelungen für stationäre Rehabilitationseinrichtungen; sie sind nach ihrer Entstehung im Rahmen des GKV-WSG und der hierbei im Regierungsentwurf[9] und im Gesetzgebungsverfahren[10] gegebenen politischen Erklärungen ausschließlich auf Einrichtungen zur Ausführung der in Kapitel 9 (§§ 42 bis 48) angesprochenen Leistungen zur **medizinischen Rehabilitation** anwendbar; im Verfahren zu beteiligen sind daher auch nur die für diese Leistungen nach § 6 Abs. 1 Nr. 1 und 3 bis 5 zuständigen Rehabilitationsträger.

Zur Durchsetzung der Zertifizierung stationärer Einrichtungen zur medizinischen Rehabilitation nach § 37 Abs. 3 dient der in § 37 enthaltene Absatz 3 Satz 3 sowie die auf § 37 Abs. 3 Bezug nehmenden Regelungen in § 40 Abs. 2 SGB V und § 137 d SGB V.

Im neuen **Absatz 4** wird den Rehabilitationsträgern die Möglichkeit gegeben, höhere Qualitätsansprüche festzulegen und damit nur Einrichtungen als geeignet anzuerkennen, die diesen (höheren) Ansprüchen entsprechen.

Absatz 5 betrifft Einrichtungen, in denen Vertretungen der Menschen mit Behinderungen gebildet werden müssen. Zu diesen gehören vor allem auch Werkstätten für behinderte Menschen gem. § 216 Abs. 1 oder Einrichtungen der beruflichen Rehabilitation gem. § 51 Satz 2. Diesen Vertretungen soll, nach den Vorgaben des Absatz 5, die Möglichkeit gegeben werden, die Qualität der Einrichtung und erbrachten Leistungen zu beurteilen. Auf diese Weise wird ein Beitrag zur Partizipation der Menschen mit Behinderungen geleistet, die dadurch nämlich qualifiziert an der Gestaltung ihres Lebensumfeldes in Einrichtungen mitwirken können.

§ 37a Gewaltschutz

(1) ¹Die Leistungserbringer treffen geeignete Maßnahmen zum Schutz vor Gewalt für Menschen mit Behinderungen und von Behinderung bedrohte Menschen, insbesondere für Frauen und Kinder mit Behinderung und von Behinderung bedrohte Frauen und Kinder. ²Zu den geeigneten Maßnahmen nach Satz 1 gehören insbesondere der Entwicklung und Umsetzung eines auf die Einrichtung oder Dienstleistungen zugeschnittenen Gewaltschutzkonzepts.
(2) Die Rehabilitationsträger und die Integrationsämter wirken bei der Erfüllung ihrer gesetzlichen Aufgaben darauf hin, dass der Schutzauftrag nach Absatz 1 von den Leistungserbringern umgesetzt wird.

Gesetzeshistorie: Die Vorschrift wurde durch das Teilhabestärkungsgesetz in das SGB IX aufgenommen.

---

9 BT-Drs. 16/3100.
10 Ausschussbericht BT-Drs. 16/4200.

2 **Ziel** des Gesetzes ist es, die umfassende Bedeutung der besonderen Verantwortung des Bundesgesetzgebers für Menschen mit Behinderungen zu bekräftigen. Zudem soll auf diese Weise ein besonderer Aspekt der UN-BRK umgesetzt werden, dessen Artikel 16 die Vertragsstaaten unter anderem dazu verpflichtet, alle Menschen mit Behinderungen vor jeder Form von Gewalt unter Berücksichtigung geschlechtsspezifischer Aspekte zu schützen. Die Konvention verlangt, dass gegen jegliche Formen von Gewalt ein Schutz sicherzustellen ist, insbesondere auch gegen geschlechtsbezogene Gewalt und Übergriffe, einschließlich sexueller Übergriffe und Belästigungen.

3 Der Schutz vor Gewalt wird nach Absatz 1 in erster Linie durch die Entwicklung und Umsetzung eines auf die Einrichtung und Dienstleistungen zugeschnittenen **Gewaltschutzkonzepts** erbracht. Die durch die Norm verpflichteten Leistungserbringer müssen daher geeignete Maßnahmen zu diesem Zweck ergreifen. Dazu können beispielsweise Maßnahmen der Fortbildungs- und Sensibilisierungsmaßnahmen für Mitarbeitende gehören, in gleicher Weise auch Präventionskurse für Menschen mit Behinderungen, Vernetzung mit externen Partnern und feste interne Ansprechpersonen wie zum Beispiel Frauenbeauftragte oder Kinderschutzbeauftragte in Einrichtungen sowie Beschwerdestellen und andere geeignete Beteiligungsstrukturen. Der Gesetzgeber hat diesbezüglich keine näheren Vorgaben gemacht, es gibt insofern auch keinen festen Katalog an jedenfalls zu erbringenden Maßnahmen.

4 Nach Absatz 2 haben die Rehabilitationsträger und die Integrationsämter eine besondere Rolle im Zusammenhang mit der Gewaltprävention. Ihnen kommt eine **Wächterfunktion** zu. Sie wirken nach dieser Vorschrift darauf hin, dass die Leistungserbringer den Schutzauftrag nach Absatz 1 erfüllen. Wie den Leistungserbringern hinsichtlich der zu ergreifenden Maßnahmen ist auch den in Absatz 2 genannten Verantwortlichen ein großer Spielraum eröffnet, wie sie dieser Pflicht nachkommen, der zufolge sie die Umsetzung des Schutzauftrags durch die Leistungserbringer zu überwachen und zu fördern haben. Der Gesetzgeber hat auch hier keine näheren Vorgaben gemacht, nicht einmal in Gestalt von Regelbeispielen. Denkbar sind diesbezüglich daher viele Mittel, beispielsweise die Vereinbarung gemeinsamer Empfehlungen. Bei diesen wären dann aber, wie aus § 26 Abs. 6 S. 1 folgt, die Verbände von Menschen mit Behinderungen einschließlich der Verbände der Freien Wohlfahrtspflege, der Selbsthilfegruppen und der Interessenvertretung von Frauen mit Behinderungen bei der Erarbeitung von gemeinsamen Empfehlungen zu beteiligen. Die Regelung in Abs. 2 ist nicht exklusiv und verdrängt insbesondere nicht etwaig vorhandene spezialgesetzliche Regelungen zum Gewaltschutz. Diese bleiben vielmehr unberührt.

§ 38 Verträge mit Leistungserbringern

(1) Verträge mit Leistungserbringern müssen insbesondere folgende Regelungen über die Ausführung von Leistungen durch Rehabilitationsdienste und -einrichtungen, die nicht in der Trägerschaft eines Rehabilitationsträgers stehen, enthalten:
1. Qualitätsanforderungen an die Ausführung der Leistungen, das beteiligte Personal und die begleitenden Fachdienste,
2. die Übernahme von Grundsätzen der Rehabilitationsträger zur Vereinbarung von Vergütungen,

3. Rechte und Pflichten der Teilnehmer, soweit sich diese nicht bereits aus dem Rechtsverhältnis ergeben, das zwischen ihnen und dem Rehabilitationsträger besteht,
4. angemessene Mitwirkungsmöglichkeiten der Teilnehmer an der Ausführung der Leistungen,
5. Regelungen zur Geheimhaltung personenbezogener Daten,
6. Regelungen zur Beschäftigung eines angemessenen Anteils von Frauen mit Behinderungen, insbesondere Frauen mit Schwerbehinderungen sowie
7. das Angebot, Beratung durch den Träger der öffentlichen Jugendhilfe bei gewichtigen Anhaltspunkten für eine Kindeswohlgefährdung in Anspruch zu nehmen.

(2) ¹Die Bezahlung tarifvertraglich vereinbarter Vergütungen sowie entsprechender Vergütungen nach kirchlichen Arbeitsrechtsregelungen kann bei Verträgen auf der Grundlage dieses Buches nicht als unwirtschaftlich abgelehnt werden. ²Auf Verlangen des Rehabilitationsträgers ist die Zahlung von Vergütungen nach Satz 1 nachzuweisen.

(3) ¹Die Rehabilitationsträger wirken darauf hin, dass die Verträge nach einheitlichen Grundsätzen abgeschlossen werden. ²Dabei sind einheitliche Grundsätze der Wirksamkeit, Zweckmäßigkeit und Wirtschaftlichkeit zu berücksichtigen. ³Die Rehabilitationsträger können über den Inhalt der Verträge gemeinsame Empfehlungen nach § 26 vereinbaren. ⁴Mit den Arbeitsgemeinschaften der Rehabilitationsdienste und -einrichtungen können sie Rahmenverträge schließen. ⁵Der oder die Bundesbeauftragte für den Datenschutz und die Informationsfreiheit wird beteiligt.

(4) Absatz 1 Nummer 1 und 3 bis 6 wird für eigene Einrichtungen der Rehabilitationsträger entsprechend angewendet.

Literatur:
Fuchs, Auswirkungen der Gesundheitsreform 2007 auf die Medizinische Rehabilitation, ASR 2007, 145; *Joussen*, Leistungsbestimmung und Vertragsgestaltung durch eine Schlichtungsstelle Rehabilitation, SGb 2011, 73; *Kunze/Kreikebohm*, Sozialrecht versus Wettbewerbsrecht – dargestellt am Beispiel der Belegung von Rehabilitationseinrichtungen, NZS 2003, 5; *Welti/Fuchs*, Leistungserbringungsrecht der Leistungen zur Teilhabe nach dem SGB IX, Die Rehabilitation 2007, 111.

Gesetzeshistorie: Die Vorschrift wurde als § 21 durch Artikel 1 und 68 Abs. 1 SGB IX vom 19.6.2001[1] mit Wirkung ab 1.7.2001 eingeführt, Absatz 3 Satz 2 mit Wirkung ab 1.4.2007 durch Artikel 7 und 46 des Gesetzes vom 26.3.2007[2] angefügt. Abs. 1 Nr. 6 wurde geändert sowie Nr. 7 angefügt mit Wirkung vom 1.1.2012 durch Gesetz vom 22.12.2011. Das BTHG hat nur kleinere Änderungen und eine Ergänzung vorgenommen, die Vorschrift wurde zudem in § 38 umbenannt.

Regelungsinhalt: Die Vorschrift enthält die Grundsätze für den Abschluss derjenigen Verträge, die die Beziehung der Rehabilitationsträger mit den verschiedenen Rehabilitationseinrichtungen und -diensten bestimmen. Dadurch sollen vor allem die in § 37 normierten Qualitätsanforderungen gewahrt werden. Absätze 1 und 4 stellen sicher, dass nur solche Rehabilitationsdienste und -einrichtungen in Anspruch genommen werden, die den gebotenen Qualitätsanforderungen genügen, erfasst sind neben den Einrichtungen im Inland unter den Voraussetzungen des § 31 auch solche im Ausland. Absatz 2 dient der Anerkennung

---
[1] BGBl. I 1046.
[2] BGBl. I 378.

von vereinbarten Tariflöhnen und ihrer Absicherung, ebenso wie der von Arbeitsrechtsbedingungen, die auf den kirchlichen Wegen vereinbart worden sind. Absatz 3 erweitert das Abstimmungsgebot sowie die Möglichkeit gemeinsamer Empfehlungen nach § 26 auf den Inhalt von Versorgungsverträgen, die einheitlichen Grundsätzen folgen sollen.

3 **Zur Entstehung:** Im Regierungsentwurf zur ursprünglichen Fassung der Norm[3] wurden aufgrund eines Änderungsantrags der Koalitionsfraktionen[4] die Absätze 1 und 2 sprachlich zusammengefasst und ein neuer Absatz 4 angefügt; nach dem Bericht[5] erfolgte die Neufassung des Absatzes 1 zur sprachlichen Vereinfachung und Normenklarheit und die Anfügung des neuen Absatzes 4, um inhaltliche Anforderungen des Absatzes 1 auf eigene Einrichtungen der Rehabilitationsträger zu übertragen. Die Anfügung des Satzes 2 an Absatz 3 entspricht dem Regierungsentwurf zum GKV-WSG[6] und wurde im Gesetzgebungsverfahren nicht geändert.[7]

4 Soweit Rehabilitationsdienste und -einrichtungen nicht Eigeneinrichtungen der Rehabilitationsträger sind, haben die Rehabilitationsträger nach **Absatz 1** mit ihnen **Verträge** abzuschließen; diese sind nicht als privatrechtlich, sondern als öffentlich-rechtlich zu qualifizieren.[8] Umstritten ist, ob die Leistungsträger einen Anspruch auf Abschluss eines Vertrages haben.[9] Dem kann jedoch nicht gefolgt werden; auf § 38 Abs. 1 kann ein Anspruch eines Leistungserbringers auf Abschluss eines Vertrages nicht gestützt werden. § 38 enthält insofern keine Rechtsgrundlage für Ansprüche eines Leistungserbringers.[10] Die Norm legt vielmehr nur in einem nicht abschließenden Katalog allgemein fest, worüber Beschaffungsverträge Regelungen treffen müssen. § 38 bezweckt daher nicht, den Leistungserbringern subjektiv-öffentliche Rechte im Zusammenhang mit dem Abschluss von Beschaffungsverträgen einzuräumen.[11] Die Regelung ist hinsichtlich der in Nummern 1 bis 7 genannten Inhalte nicht abschließend. Keine Anwendung auf diese Verträge findet das Vergaberecht der §§ 97 ff. GWB.[12] Die dort zentrale Voraussetzung „vergeben" ist nicht einschlägig, da die jeweiligen Leistungen im Einzelfall gerade nicht vom Rehabilitationsträger „vergeben" werden, sondern stattdessen durch den Leistungsberechtigten mit dem Rehabilitationsträger konkretisiert werden; darauf deuten vor allem auch § 33 Abs. 1 SGB I, § 8 SGB IX hin.[13] Gleiches gilt für das weitere Wettbewerbsrecht, da die Träger keine Unternehmen im Sinne dieses Rechtsgebiets sind und ihre Tätigkeit nicht auf Gewinn, sondern auf die Herstellung eines solidarischen Systems zielt.[14] Regelungen für den Fall, dass eine Einigung über einen Vertrag nicht ge-

---

3 Nebst Begründung BT-Drs. 14/5074, 12 und 104 sowie BT-Drs. 14/5531, 5.
4 Ausschussempfehlung BT-Drs. 14/5786, 26.
5 BT-Drs. 14/5800, 31.
6 BT-Drs. 16/3100.
7 Ausschussbericht BT-Drs. 16/4200.
8 Str., wie hier BSG 22.4.2009 – B 13 SF 1/08 R, NZS 2010, 349; s. die Literaturnachweise bei *Welti* in HK-SGB IX § 21 Rn. 17.
9 Dafür etwa *Welti* in HK-SGB IX § 21 Rn. 35 b.
10 Ausführlich hierzu *Joussen* SGb 2011, 73.
11 So mit Recht auch LSG BW 22.2.2006 – L 5 AL 4767/03, RdLH 2006, 123 ff.
12 *Joussen* SGb 2011, 73.
13 Wie hier auch *Kessler* in Deinert/Neumann SGB IX-HdB § 9 Rn. 67; *Welti* in HK-SGB IX § 21 Rn. 7; *Welti/Fuchs* Die Rehabilitation 2007, 111 (114); aA *Kunze/Kreikebohm* NZS 2003, 5 (8).
14 EuGH 16.3.2004 – C-264/01 ua, Slg. 2004, I-2493; BVerfG 9.6.2004 – 2 BvR 1248/03 ua, NZS 2005, 139.

lingt, enthält § 38 nicht, insbesondere ist kein Schiedsverfahren dazu vorgesehen.[15]

Soweit die Sozialhilfeträger zuständige Rehabilitationsträger sind, galten früher §§ 93 ff. BSHG, seit 2005 §§ 75 ff. SGB XII. Für Werkstätten für behinderte Menschen – wie für andere Rehabilitationsdienste und -einrichtungen – ist § 38 maßgeblich, soweit sie mit Rehabilitationsträgern nach § 6 Abs. 1 Nr. 1 bis 5 Verträge schließen.

Nach **Absatz 1 Nr. 1** müssen die Verträge Regelungen zur **Qualität** der Leistungen nach § 37 enthalten, und zwar nicht nur zur sogenannten Strukturqualität (hierzu sind das Personal und die begleitenden Fachdienste ausdrücklich angesprochen) und zur Prozessqualität, sondern auch zur Qualität der durch die Ausführung der Leistungen erreichten Ergebnisse. Gegenstand der Verträge sollen nach der Begründung des Regierungsentwurfs auch sein, wie Einrichtungen den erweiterten Wunsch- und Wahlrechten der Leistungsberechtigten entgegen kommen und die Bedürfnisse besonderer Personengruppen berücksichtigen, insbesondere die Bedürfnisse behinderter und von Behinderung bedrohter Frauen, zB durch die Ermöglichung von Teilzeitmaßnahmen.

Bei der in **Absatz 1 Nr. 2** geregelten Übernahme von Grundsätzen der Rehabilitationsträger zur Festlegung der **Vergütungen** ist nach der Begründung des Regierungsentwurfs ein leistungsbezogenes Vergütungssystem anzustreben.

Nach **Absatz 1 Nr. 3** sind notwendige Gegenstände der Verträge auch **Rechte und Pflichten der Teilnehmer**, soweit sich diese nicht bereits aus dem zwischen ihnen und dem Rehabilitationsträger bestehenden Rechtsverhältnis ergeben, hier ist insbesondere § 8 zu berücksichtigen; die allgemeinen Pflichten der Berechtigten ergeben sich ohnehin schon auch aus den §§ 60–65 SGB I.[16] Für Einrichtungen der beruflichen Rehabilitation enthalten §§ 51 und 52 ergänzende Regelungen.

Nach **Absatz 1 Nr. 4** sind in den Verträgen angemessene **Mitwirkungsmöglichkeiten** der Teilnehmer an der Ausführung der Leistungen zu regeln. Auch hierzu enthalten für Einrichtungen der beruflichen Rehabilitation §§ 51 und 52 ergänzende Regelungen.

Absatz 1 Nr. 5 bestimmt die **Geheimhaltung** personenbezogener Daten als Gegenstand der vertraglichen Vorschriften.

Nach **Absatz 1 Nr. 6** muss auch die Beschäftigung eines angemessenen Anteils behinderter, insbesondere schwerbehinderter **Frauen**, durch die Rehabilitationsdienste und -einrichtungen in den Verträgen geregelt werden.

Absatz 1 Nr. 7 verpflichtet die Vertragsparteien zudem, das Angebot, Beratung durch den Träger der öffentlichen Jugendhilfe bei gewichtigen Anhaltspunkten für eine Kindeswohlgefährdung in Anspruch zu nehmen, zu regeln. Damit soll sichergestellt werden, dass der Sicherung des Kindeswohls Rechnung getragen wird, indem das Jugendamt zur fachlichen Beratung einbezogen wird. Auf diese Weise, so die Idee des Gesetzgebers, wird eine Lücke im Kinderschutz geschlossen, indem Rehabilitationsdienste und -einrichtungen im Rahmen der Wahrnehmung ihrer Aufgaben eine „positive Aufmerksamkeitskultur" entwickeln und die fachliche Expertise der Jugendhilfe im Gefährdungskontext einbeziehen.[17]

---

15 Zu den sich daraus ergebenden Problemen und dem Verhältnis zu § 111 SGB V eingehend *Joussen* SGb 2011, 73.
16 Dazu die Kommentierung von *Joussen* in KKW SGB I §§ 60–65.
17 BT-Drs. 17/6256, 30.

13 **Absatz 2** wurde durch das BTHG neu eingefügt. Damit wurde versucht, wettbewerbliche Elemente in dem regulierten Markt der Sozialleistungserbringung zu beachten. Aufgrund dessen sind die marktordnenden Regelungselemente so zu gestalten, dass das Ziel der Sicherung von sozialer Gerechtigkeit und sozialer Sicherheit auch durch die sozialwirtschaftlich geordnete Leistungserbringung ungehindert erreicht werden kann. In diesem Zusammenhang war zu beobachten, dass die bisherigen Vorschriften eine **Anerkennung von Tariflöhnen** durch die Rehabilitationsträger bei Vergütungsverhandlungen nicht sicherstellten.[18] Tarifvertragslöhne dürfen indes nach der Rechtsprechung des Bundessozialgerichts nicht wegen Unwirtschaftlichkeit abgelehnt werden.[19] Das führte dann im Zuge des BTHG dazu, die Vorschrift des § 38 wie geschehen zu ändern.[20] Zur Sicherstellung der Tarifvertragslohn-Anerkennung, zur Vereinfachung der Darlegungslast der Leistungserbringer sowie zur Vermeidung von Sozialgerichtsverfahren wird insofern durch den neuen Absatz 2 geregelt, dass die Bezahlung tarifvertraglich vereinbarter Vergütungen von den Kostenträgern nicht als unwirtschaftlich abgelehnt werden darf. Für Sozialleistungserbringer sollen damit Anreize gesetzt werden, die Mitarbeiterinnen und Mitarbeiter entsprechend zu entlohnen. In vergleichbarer Weise wurde bereits zuvor, nämlich im Ersten Pflegestärkungsgesetz – PSG I vom 17.12.2014,[21] für die Pflegeversicherung in § 84 Abs. 2 Satz 5 SGB XI eine gleichlautende Regelung aufgenommen. Beide Vorschriften setzen damit ein deutliches Signal, dass im sozialrechtlichen Leistungsdreieck angemessene Löhne zu zahlen sind und eine Weitergabe des Kostendrucks an das Personal – gerade vor dem Hintergrund des Fachkräftemangels – nicht legitim ist.

14 Besonders zu beachten ist die **Kirchenklausel**, die angesichts der Marktsituation, aber auch vor dem Hintergrund verfassungsrechtlicher Erwägungen geboten war: Ihr zufolge sind die kollektiven Arbeitsrechtsbedingungen, die auf dem kirchlichen System der Arbeitsrechtsetzung erfolgen („Dritter Weg"), den Tariflöhnen gleichzusetzen; für sie gelten also die gleichen Aussagen wie für die Tariflöhne.

15 **Absatz 3** erweitert das **Abstimmungsgebot** der Rehabilitationsträger sowie die Möglichkeit gemeinsamer Empfehlungen nach § 26 auf den Inhalt der nach Absatz 1 abzuschließenden Verträge. Diese sollen nach möglichst einheitlichen Grundsätzen abgeschlossen werden, wobei einheitliche Grundsätze der Wirksamkeit, Zweckmäßigkeit und Wirtschaftlichkeit zu berücksichtigen sind. Deren Aufnahme in die Mindestinhalte der Verträge ist notwendig, da die Kostenträger die Übernahme von Behandlungskosten überwiegend hiervon abhängig machen. Die Bundesarbeitsgemeinschaft ist in diesem Zusammenhang besonders zur Koordination berufen. Auch Rahmenverträge mit den Arbeitsgemeinschaften der Rehabilitationsdienste und -einrichtungen haben sich als sinnvolles Abstimmungsinstrument bewährt und sind – neben den gemeinsamen Empfehlungen – weiterhin möglich.

16 Auch im Rahmen und auf der Grundlage der nach Absatz 1 abzuschließenden Verträge sind datenschutzrechtliche Regelungen zu beachten. **Absatz 2 Satz 5** schreibt daher vor, bei den Verträgen nach Absatz 1 den Bundesbeauftragten für den **Datenschutz** und die Informationsfreiheit zu beteiligen. Beteiligung erfordert von den Rehabilitationsträgern Information und Gelegenheit zur Stel-

---

18 BT-Drs. 18/9522, 248.
19 BSG 29.1.2009 – B 3 P 7/08 R, NZS 2010, 35.
20 BSG 16.5.2013 – B 3 P 2/12 R, BSGE 113, 258.
21 BGBl. I 2222.

lungnahme, ferner eine Auseinandersetzung mit den Inhalten von Stellungnahmen, jedoch keine Notwendigkeit des Einvernehmens.

Absatz 4 verpflichtet die Rehabilitationsträger, Absatz 1 Nr. 1 und 3 bis 6 für ihre eigenen Einrichtungen entsprechend anzuwenden. Bis auf die in Absatz 1 Nr. 2 angesprochenen Vergütungen folgen damit die eigenen Einrichtungen den Standards, die nach Absatz 1 gegenüber anderen Diensten und Einrichtungen über Verträge sichergestellt werden.

Kapitel 8 Bundesarbeitsgemeinschaft für Rehabilitation

§ 39 Aufgaben

(1) ¹Die Rehabilitationsträger nach § 6 Absatz 1 Nummer 1 bis 5 gestalten und organisieren die trägerübergreifende Zusammenarbeit zur einheitlichen personenzentrierten Gestaltung der Rehabilitation und der Leistungen zur Teilhabe im Rahmen einer Arbeitsgemeinschaft nach § 94 des Zehnten Buches. ²Sie trägt den Namen „Bundesarbeitsgemeinschaft für Rehabilitation".

(2) Die Aufgaben der Bundesarbeitsgemeinschaft für Rehabilitation sind insbesondere
1. die Beobachtung der Zusammenarbeit der Rehabilitationsträger und die regelmäßige Auswertung und Bewertung der Zusammenarbeit; hierzu bedarf es
   a) der Erstellung von gemeinsamen Grundsätzen für die Erhebung von Daten, die der Aufbereitung und Bereitstellung von Statistiken über das Rehabilitationsgeschehen der Träger und ihrer Zusammenarbeit dienen,
   b) der Datenaufbereitung und Bereitstellung von Statistiken über das Rehabilitationsgeschehen der Träger und ihrer Zusammenarbeit und
   c) der Erhebung und Auswertung nicht personenbezogener Daten über Prozesse und Abläufe des Rehabilitationsgeschehens aus dem Aufgabenfeld der medizinischen und beruflichen Rehabilitation der Sozialversicherung mit Zustimmung des Bundesministeriums für Arbeit und Soziales,
2. die Erarbeitung von gemeinsamen Grundsätzen zur Bedarfserkennung, Bedarfsermittlung und Koordinierung von Rehabilitationsmaßnahmen und zur trägerübergreifenden Zusammenarbeit,
3. die Erarbeitung von gemeinsamen Empfehlungen zur Sicherung der Zusammenarbeit nach § 25,
4. die trägerübergreifende Fort- und Weiterbildung zur Unterstützung und Umsetzung trägerübergreifender Kooperation und Koordination,
5. die Erarbeitung trägerübergreifender Beratungsstandards und Förderung der Weitergabe von eigenen Lebenserfahrungen an andere Menschen mit Behinderungen durch die Beratungsmethode des Peer Counseling,
6. die Erarbeitung von Qualitätskriterien zur Sicherung der Struktur-, Prozess- und Ergebnisqualität im trägerübergreifenden Rehabilitationsgeschehen und Initiierung von deren Weiterentwicklung,
7. die Förderung der Partizipation Betroffener durch stärkere Einbindung von Selbsthilfe- und Selbstvertretungsorganisationen von Menschen mit Behinderungen in die konzeptionelle Arbeit der Bundesarbeitsgemeinschaft für Rehabilitation und deren Organe,
8. die Öffentlichkeitsarbeit zur Inklusion und Rehabilitation sowie
9. die Beobachtung und Bewertung der Forschung zur Rehabilitation sowie Durchführung trägerübergreifender Forschungsvorhaben.

1 **Gesetzeshistorie:** Das Kapitel 8 mit den §§ 39–41 wurde neu in das SGB IX durch Gesetz vom 23.12.2016 aufgenommen.[1]

2 **Regelungsinhalt:** Das Kapitel fasst in seinen drei Paragrafen die Regelungen für die **Bundesarbeitsgemeinschaft für Rehabilitation (BAR)** zusammen. Obwohl es die BAR bereits seit 1969 gibt, erfolgt erst jetzt in einem eigenen Kapitel eine gesetzliche Zuständigkeitsverortung im SGB IX.

Das nicht immer unproblematische Verhältnis, in dem sich die BAR und die Rehabilitationsträger von Anfang an bewegen, wird deutlich, wenn man sich die Verfassung der BAR anschaut. Sie ist ein eingetragener Verein mit Sitz in Frankfurt am Main. Ihre **Kostenträger** sind die Rehabilitationsträger nach § 6 Abs. 1 Nr. 1–4. Weitere **Mitglieder** sind die 16 Bundesländer, die Bundesvereinigung der Arbeitgeberverbände (BDA), der Deutsche Gewerkschaftsbund (DGB), die Bundesarbeitsgemeinschaft der Integrationsämter und Hauptfürsorgestellen (BIH), die Bundesarbeitsgemeinschaft der überörtlichen Träger der Sozialhilfe (BAGüS) sowie die Kassenärztliche Bundesvereinigung (KBV). Die BAR hat einen Vorstand und eine Geschäftsführerin bzw. einen Geschäftsführer. Neben der Mitgliederversammlung gibt es einen Haushaltsausschuss. Diesen bilden die Kostenträger der BAR. Ihm obliegt vor allem die Beschlussfassung über den Haushaltsplan einschließlich des Stellenplanes. Als Bindeglied der Gremien trägt er maßgeblich zur Zielerreichung der BAR bei. Daneben zu nennen ist der Arbeitskreis Rehabilitation und Teilhabe, der Ausschuss Gemeinsame Empfehlungen, der Sachverständigenrat Partizipation[2], der Sachverständigenrat der Ärzteschaft, die Arbeitsgruppe „Barrierefreie Umweltgestaltung" sowie das Gremium der Beauftragten für die Belange behinderter Menschen.

Der Arbeitsentwurf zum BTHG vom 18.12.2015 enthielt zu § 39 Abs. 1 noch folgende Formulierung: „Die Bundesarbeitsgemeinschaft für Rehabilitation eV gestaltet und organisiert die trägerübergreifende Zusammenarbeit zur einheitlichen personenzentrierten Gestaltung der Rehabilitation und Leistungen zur Teilhabe." Diese Formulierung wurde, auch auf Initiative der Rehabilitationsträger, nicht in den Referenten- und dann in den Gesetzentwurf übernommen. Es verblieb in § 39 Abs. 1 vielmehr bei der schon aus § 13 Abs. 1 SGB IX aF bekannten Betonung des Vorrangs der Rehabilitationsträger nach § 6 Abs. 1 Nr. 1–5 aF, also der Mitglieder im Verhältnis zu ihrem rechtsfähigen Verein. Damit wird das Kräfteverhältnis innerhalb der BAR richtig wiedergegeben. Nach dem Gesetzentwurf liegt die Umsetzung der Aufgaben der BAR in der Verantwortung der Rehabilitationsträger, die als Selbstverwaltungskörperschaften organisiert sind.[3] Die BAR-Geschäftsstelle hat keine eigene Handlungsbefugnis im Verhältnis zu ihren Mitgliedern.

3 Die BAR als eingetragener Verein ist nach Abs. 1 Satz 1 eine **Arbeitsgemeinschaft** gemäß § 94 SGB X. Der Gesetzgeber hat damit die rechtlich interessante Konstruktion einer öffentlich-rechtlichen Arbeitsgemeinschaft und eines gleichzeitigen privatrechtlichen eingetragenen Vereins gewählt. Nach § 94 Abs. 1 SGB IX zeichnet die dort genannten Arbeitsgemeinschaften aus, dass sie berechtigt sind, Verwaltungsakte zu erlassen. Nach seinem Abs. 1 a können Träger der Sozialversicherung, Verbände von Trägern der Sozialversicherung und die Bundesagentur für Arbeit einschließlich der in § 19 a Abs. 2 SGB I genannten ande-

---

1 Gesetz zur Stärkung der Teilhabe und Selbstbestimmung von Menschen mit Behinderungen (Bundesteilhabegesetz – BTHG), BGBl. I 3234.
2 Der Sachverständigenrat Behindertenverbände wurde Ende 2019 mit Zustimmung des Vorstandes der BAR in den Sachverständigenrat Partizipation umgewidmet.
3 BT-Drs. 18/9522, 247.

Aufgaben § 39

ren Leistungsträger insbesondere zur gegenseitigen Unterrichtung, Abstimmung, Koordinierung und Förderung der engen Zusammenarbeit im Rahmen der ihnen gesetzlich übertragenen Aufgaben Arbeitsgemeinschaften bilden. Der Arbeitsgemeinschaft BAR können aus verfassungsrechtlichen Gründen die Länder und Kommunen als Träger der Eingliederungshilfe und der Jugendhilfe nicht angehören. Sie können ihr jedoch nach § 94 SGB X beitreten.

Wesentliche Aufgabe der BAR war von Anfang an die Erarbeitung von **gemeinsamen Empfehlungen**. Diese vereinbaren die Rehabilitationsträger im Rahmen der BAR in Ergänzung der gesetzlichen Regelungen über die für eine reibungslose und koordinierte Zusammenarbeit wichtigen Fragen. Die Zuständigkeit der BAR hierfür findet sich in § 26 Abs. 7. Die beteiligten Rehabilitationsträger vereinbaren die gemeinsamen Empfehlungen im Rahmen der BAR im Benehmen mit dem Bundesministerium für Arbeit und Soziales und den Ländern auf der Grundlage eines von ihnen innerhalb der Bundesarbeitsgemeinschaft vorbereiteten Vorschlags. Für die Umsetzung dieses gesetzlichen Auftrags ist der Ausschuss Gemeinsame Empfehlungen zuständig. Aufgabe des Ausschusses ist neben der Erarbeitung neuer gemeinsamer Empfehlungen im Sinne des SGB IX auch deren regelmäßige Aktualisierung. Die tatsächliche Nutzung des Instruments und ihre Praxiswirkung fallen zumindest bisher sehr unterschiedlich aus. Die gemeinsamen Empfehlungen zur Zuständigkeitsklärung, zur Unterstützten Beschäftigung und zu den Integrationsfachdiensten (IFD) besitzen in der Praxis eine hohe Relevanz. Die gemeinsame Empfehlung zu den Integrationsfachdiensten ist bisher die einzige, in deren Anlage Vergütungspauschalen vereinbart wurden. Diese werden alle zwei Jahre überprüft. Andere hingegen, wie die gemeinsame Empfehlung zur Prävention, zur Verbesserung der gegenseitigen Information und Koordination der beteiligten Akteure oder zur Förderung der Selbsthilfe, haben für die Verwaltungspraxis kaum Bedeutung. Auf der Ebene der BAR sind aktuell insgesamt 10 gemeinsame Empfehlungen erarbeitet und in Kraft gesetzt. Hinzu kommen die 2019 erarbeiteten Verfahrensgrundsätze für gemeinsame Empfehlungen.

In den kommenden Jahren muss sich zeigen, ob die gewachsenen Aufgaben der BAR sich in einer größeren Akzeptanz der gemeinsamen Empfehlungen niederschlagen. Dies gilt unter anderem auch für § 38 Abs. 3 Satz 3. Wie schon in § 21 Abs. 2 Satz 1 SGB IX aF können die Rehabilitationsträger über den Inhalt der Verträge mit Leistungserbringern gemeinsame Empfehlungen nach § 26 vereinbaren. Daneben können sie nach § 38 Abs. 3 Satz 4 mit den Arbeitsgemeinschaften der Rehabilitationsdienste und -einrichtungen Rahmenverträge schließen. Es ist dabei geblieben, dass diese Rahmenverträge weiterhin keine gesetzlich durchsetzbaren Regelungen darstellen.

Bei der Erarbeitung der Gemeinsamen Empfehlung Reha-Prozess hat die BAR erstmals den Weg gewählt, diese in der Entwurfsfassung auf ihrer Internetseite zu veröffentlichen und damit die Möglichkeit zur Stellungnahme über die BAR-Gremien hinaus zu ermöglichen.

Die **Aufgaben der BAR** sind ansonsten vor allem in Abs. 2 geregelt, wobei die Aufzählung nicht abschließend ist, was aus dem Wort „insbesondere" folgt. Hinzu kommen nach § 41 Abs. 1 Satz 2 die gemeinsame Auswertung der Datenangaben der Rehabilitationsträger und die jährliche Erstellung einer gemeinsamen Übersicht. Außerdem vereinbaren gemäß § 37 Abs. 3 Satz 1 die Spitzenverbände der Rehabilitationsträger nach § 6 Abs. 1 Nr. 1 und 3 bis 5 im Rahmen der Bundesarbeitsgemeinschaft für Rehabilitation grundsätzliche Anforderungen an ein einrichtungsinternes **Qualitätsmanagement** nach § 37 Abs. 2 Satz 1 sowie ein einheitliches, unabhängiges **Zertifizierungsverfahren**, mit dem die erfolgreiche Umsetzung des Qualitätsmanagements in regelmäßigen Abständen nachgewiesen wird. Durch ihre gesetzliche Verankerung sind die Aufgaben der BAR, die zuvor nur in Teilen in der Satzung der BAR niedergelegt waren, nun rechtlich verbindlich und verpflichtend geregelt. Im Einzelnen:

6 An erster Stelle der Aufgaben der BAR nennt Abs. 2 Nr. 1 die Beobachtung der **Zusammenarbeit der Rehabilitationsträger** und die regelmäßige Auswertung und Bewertung der Zusammenarbeit. Nach der Gesetzesbegründung unterliegen Anforderungen an Maßnahmen der Rehabilitation und Teilhabe fortlaufenden Veränderungen. Flexibilität und entsprechende Anpassungen der Aufgaben müssen daher möglich sein. Der Beobachtung der Zusammenarbeit der Rehabilitationsträger und der Aus- und Bewertung der Zusammenarbeit anhand einer differenzierten Datengrundlage wird im Aufgabenkatalog ein erhebliches Gewicht beigemessen. Hieraus soll die Arbeitsgemeinschaft Arbeitsschwerpunkte für eine Weiterentwicklung der Zusammenarbeit entwickeln. Diese müssen im Zusammenhang stehen mit den Zielen nach dem SGB IX.[4] Die BAR erhält neben der **Auswertung** ausdrücklich auch die Aufgabe der **Bewertung** der Zusammenarbeit. Ein Spannungsverhältnis zu ihren Mitgliedern ist damit im Gesetz bewusst angelegt. Andererseits ist schwerlich vorstellbar, wie die BAR ansonsten zB ihrer Aufgabe nach Abs. 2 Nr. 6 inhaltlich nachkommen soll. Die Abstimmung unter den Mitgliedern mit dem Ziel der Leistungserbringung „wie aus einer Hand" wird künftig noch wichtiger werden. Die Buchstaben a–c enthalten Bestimmungen zu der erforderlichen Datenerhebung, -aufbereitung sowie -auswertung. Der sehr unterschiedliche Stand der Datenerfassung sowie die äußerst heterogene Landschaft der IT-Software bei den Trägern stellen für diese in den kommenden Jahren eine große Herausforderung dar.

7 Abs. 2 Nr. 2 beinhaltet die Erarbeitung von gemeinsamen Grundsätzen zur **Bedarfserkennung, Bedarfsermittlung und Koordination von Rehabilitationsmaßnahmen** und zur **trägerübergreifenden Zusammenarbeit**. Zur Bedarfserkennung und -ermittlung sind die Rehabilitationsträger nach § 12 und § 13 verpflichtet. Die gesetzlichen Anforderungen zur frühzeitigen Bedarfserkennung gelten nach § 12 Abs. 2 auch für die Jobcenter, die Integrationsämter sowie die Pflegekassen jeweils im Rahmen ihrer Zuständigkeit. Für die Träger der Eingliederungshilfe hat der Gesetzgeber in § 118 Instrumente der Bedarfsermittlung festgelegt. Die BAR hat im Rahmen eines im Jahr 2019 abgeschlossenen Projektes, das mit Mitteln des Ausgleichsfonds beim BMAS gefördert wird, leistungsträger- und leistungserbringerübergreifende Grundlagen zur Bedarfsermittlung erforscht. Dabei findet das bio-psycho-soziale Modell der Weltgesundheitsorganisation (WHO), das der Internationalen Klassifikation für Funktionsfähigkeit, Behinderung und Gesundheit (ICF) zugrunde liegt, Anwendung.[5]
Die trägerübergreifende Zusammenarbeit ist in § 25 geregelt. § 25 Abs. 2 sieht zur gemeinsamen Wahrnehmung von Aufgaben zur Teilhabe von Menschen mit Behinderungen insbesondere die Bildung von regionalen Arbeitsgemeinschaften vor. Allerdings handelt es sich wie auch schon in § 12 Abs. 2 SGB IX aF nur um eine Soll-Vorschrift. Die regionalen Arbeitsgemeinschaften wären eigentlich das ideale Mittel, um die Zusammenarbeit der Rehabilitationsträger nach § 12 vor Ort zu besprechen und zu regeln. Bis heute wurden sie allerdings nicht gebildet. Aufgrund der in Teilen aus föderalen Gründen fehlenden Gesetzgebungskompetenz des Bundes wären die Länder in der Lage, hier eine gesetzlich verpflichtende Regelung zu treffen.

---

4 BT-Drs. 18/9522, 248.
5 Das Bedarfsermittlungskonzept für Leistungen zur Teilhabe am Arbeitsleben findet sich auf www.bar-frankfurt.de.

Abs. 2 Nr. 3 nennt die Erarbeitung von gemeinsamen Empfehlungen zur **Sicherung der Zusammenarbeit** nach § 25. Ihre Erstellung ist damit weiterhin eine Kernaufgabe der BAR. Zuletzt hinzugekommen sind ua die Arbeitshilfe zum Datenschutz sowie die Verwaltungsvereinbarung „Begleitende Hilfen – Leistungen zur Teilhabe am Arbeitsleben (LTA)".[6] Im Einzelnen wird auf die Kommentierung zu → § 25 Rn. 5 und → § 26 Rn. 7 verwiesen.

Abs. 2 Nr. 4 befasst sich mit der **trägerübergreifenden Fort- und Weiterbildung** zur Unterstützung und Umsetzung trägerübergreifender Kooperation und Koordination. Ein entsprechendes Angebot der BAR für ihre Mitglieder kann nur in Ergänzung zu den eigenen Angeboten der Rehabilitationsträger für ihre Beschäftigten erfolgen. Da in der Praxis die Kenntnisse der Beschäftigten der einzelnen Rehabilitationsträger über die gesetzlichen Voraussetzungen der Leistungserbringung durch einen anderen Rehabilitationsträger oftmals nicht vorhanden sind, liegt hier ein trägerübergreifendes Betätigungsfeld für die BAR vor. Die Inhalte der Fort- und Weiterbildung sind mit den Mitgliedern abzustimmen. Die Seminare werden von der BAR selbst oder von der Deutschen Gesetzlichen Unfallversicherung sowie der Deutschen Rentenversicherung Bund als Veranstalter angeboten.[7]

Abs. 2 Nr. 5 beinhaltet die Erarbeitung **trägerübergreifender Beratungsstandards** und Förderung der Weitergabe von eigenen Lebenserfahrungen an andere Menschen mit Behinderungen durch die Beratungsmethode des **Peer Counseling**. Mit § 32 hat der Gesetzgeber ein neues Angebot der ergänzenden unabhängigen Teilhabeberatung geschaffen. Gemäß Abs. 3 ist hierbei die von Leistungsträgern und Leistungserbringern unabhängige ergänzende Beratung von Betroffenen für Betroffene besonders zu berücksichtigen. Zu den trägerübergreifenden Beratungsstandards gehört nach § 12 Abs. 1 Satz 2 und 3 insbesondere ein barrierefreies Informationsangebot über Inhalte und Ziele von Leistungen zur Teilhabe, über die Möglichkeit der Leistungsausführung als Persönliches Budget, über das Verfahren zur Inanspruchnahme von Leistungen zur Teilhabe, über Angebote der Beratung einschließlich der ergänzenden unabhängigen Teilhabeberatung nach § 32 sowie die Benennung von Ansprechstellen. Der Landschaftsverband Rheinland hat eine wissenschaftliche Begleitforschung von Evaluation zum Thema „Peer Counseling im Rheinland" in Auftrag gegeben, die im Mai 2017 endete. Sie stellt eine empirische Studie zu den Gestaltungsbedingungen, Wirkweisen und Wirkungen von Peer Counseling dar.[8]

Abs. 2 Nr. 6 nennt die Erarbeitung von **Qualitätskriterien zur Sicherung der Struktur-, Prozess- und Ergebnisqualität** im trägerübergreifenden Rehabilitationsgeschehen und die Initiierung von deren Weiterentwicklung. Qualitätskriterien orientieren sich vielfach immer noch ausschließlich an Struktur- sowie Prozesselementen des Rehabilitationsverfahrens. Belastbare und aussagefähige Kriterien zur Ermittlung der Ergebnisqualität eines Rehabilitationsverfahrens findet man gerade im trägerübergreifenden Rehabilitationsgeschehen bisher kaum. Nicht zuletzt deshalb stellt die Initiierung einer Weiterentwicklung vorhandener Kriterien durch die BAR künftig eine anspruchsvolle und herausfordernde Aufgabe dar.

---

6 Zur Verwaltungsvereinbarung vgl. die Kommentierung zu § 185, → § 185 Rn. 6.
7 Das aktuelle trägerübergreifende Fort- und Weiterbildungsangebot findet sich unter www.bar-frankfurt.de.
8 Abrufbar unter http://www.lvr.de/media/wwwlvrde/soziales/menschenmitbehinderung/wohnen/dokumente_232/peer_counseling/170717_Peer_Counseling_Endbericht.pdf.

12 Als eine wichtige Aufgabe soll nach Abs. 2 Nr. 7 die **Partizipation** behinderter oder von Behinderung bedrohter Menschen nach dem Motto: „Nichts über uns ohne uns" gestärkt werden. Mehr als bisher ist vorgesehen, Betroffene in die konzeptionelle Arbeit der BAR und deren Organe mit einzubeziehen.[9] Seit 1978 bereits gibt es bei der BAR den Sachverständigenrat der Behindertenverbände. Daneben treffen sich die Beauftragten für die Belange behinderter Menschen und die BAR zweimal jährlich zum Informationsaustausch. Diese Konzeption der Partizipation wurde vor dem Hintergrund des Abs. 2 Nr. 7 derzeit unter Beteiligung von Vertretern von Menschen mit Behinderungen überarbeitet. Im Ergebnis wurde der Sachverständigenrat Behindertenverbände Ende 2019 in den Sachverständigenrat Partizipation umgewidmet. In diesem Gremium arbeiten nunmehr neben Verbänden behinderter Menschen auch Selbsthilfeorganisationen und Selbsthilfegruppen. Stets zu berücksichtigen ist, dass „Beteiligt werden" und „Sich beteiligen" in einem wechselseitigen Verhältnis stehen. Auch muss immer wieder neu geklärt werden, was unter Partizipation zu verstehen ist. Unterteilt man Partizipation in Stufen, reichen diese von der Information, Anhörung und Einbeziehung als Vorstufen der Partizipation über Mitbestimmung, teilweise Entscheidungskompetenz und Entscheidungsmacht als Formen der Partizipation bis zur Selbstorganisation, die dann schon über die Partizipation hinausgeht.[10]

13 Nach Abs. 2 Nr. 8 erhält die BAR künftig ausdrücklich auch die Aufgabe der **Öffentlichkeitsarbeit** zur Inklusion und Rehabilitation. Ihre Öffentlichkeitsarbeit wird allerdings nicht so weit gehen können, wie es der Wortlaut der Vorschrift erst einmal nahelegt. Zumal der § 39 die erste Stelle im SGB IX ist, an der der nicht trennscharfe Begriff der **Inklusion** auftaucht. Das SGB IX verwendet ihn ansonsten nur in seinem Teil 3 (zB bei der Inklusionsvereinbarung oder dem Inklusionsbetrieb). Die Öffentlichkeitsarbeit der BAR im Internet[11] sowie durch Publikationen, Flyer uÄ kann sich zuvorderst auf ihre eigenen Vorhaben und Ergebnisse sowie auf die ihrer Mitglieder[12] beziehen. Inhaltlich geht es um eine Öffentlichkeitsarbeit im Zusammenhang mit den Aufgaben der BAR sowie ihrer Mitglieder nach diesem Gesetz. Publikationen zB zur Inklusion an Schulen sind hiervon nicht umfasst. Hinzu kommt, dass die Öffentlichkeitsarbeit von den Kostenträgern der BAR (Träger der gesetzlichen Krankenversicherung, Träger der gesetzlichen Unfallversicherung, Träger der gesetzlichen Rentenversicherung sowie Bundesagentur für Arbeit) finanziert werden muss, die jeweils eine eigene umfangreiche Informationspolitik und Außendarstellung betreiben.

14 Die BAR kann schließlich gemäß Abs. 2 Nr. 9 in Abstimmung mit ihren Mitgliedern auch weitere Themen aus dem Bereich des SGB IX aufgreifen und hierzu **trägerübergreifende Forschungsvorhaben** in Angriff nehmen. Sie hat zB das aus Mitteln des Ausgleichsfonds finanzierte Projekt „b3-Basiskonzept für die Bedarfsermittlung in der beruflichen Rehabilitation" durchgeführt. Bis Ende 2018 wurden leistungsträger- und leistungserbringerübergreifende Grundlagen zur Bedarfsermittlung entwickelt.[13] Gemäß § 13 sind die Rehabilitationsträger zur einheitlichen und überprüfbaren Ermittlung des individuellen Rehabilitationsbedarfs verpflichtet, systematische Arbeitsprozesse und standardisierte Ar-

---

9 BT-Drs. 18/9522, 248.
10 Vgl. *Wright MT* (Hrsg.), Partizipative Qualitätsentwicklung in der Gesundheitsförderung, 2010, S. 42.
11 Unter www.bar-frankfurt.de.
12 Aufgelistet unter www.bar-frankfurt.de.
13 Einzelheiten unter www.bar-frankfurt.de, außerdem bereits → Rn. 7.

beitsmittel (Instrumente) nach den für sie geltenden Leistungsgesetzen zu verwenden.

§ 40 Rechtsaufsicht

Die Bundesarbeitsgemeinschaft für Rehabilitation untersteht der Rechtsaufsicht des Bundesministeriums für Arbeit und Soziales.

Gesetzeshistorie: § 40 wurde neu aufgenommen durch Gesetz vom 23.12.2016.[1]

Regelungsinhalt: Die Vorschrift unterstellt die BAR der **Rechtsaufsicht** des BMAS. Die Rechtsaufsicht ist von der weitergehenden Fachaufsicht zu unterscheiden. Eine Fachaufsicht würde dem BMAS auch Zweckmäßigkeitsvorgaben ermöglichen. Dies bleibt jedoch den Mitgliedern der BAR vorbehalten. Eine weitergehende Regelung würde in unvereinbarer Weise in die Selbstverwaltungsrechte der Rehabilitationsträger als Mitglieder der BAR eingreifen.

Bei der **Bundesarbeitsgemeinschaft für Rehabilitation** handelt es sich um eine Arbeitsgemeinschaft gemäß § 94 SGB X. Eine Arbeitsgemeinschaft unterliegt nach § 94 Abs. 2 Satz 1 SGB X der staatlichen Aufsicht durch das zuständige Bundesministerium, wenn, wie bei der BAR, die Bundesagentur für Arbeit oder ein Spitzenverband der Krankenkassen Mitglied ist. Abweichend von diesen Vorschriften bestimmt § 40, dass die Bundesarbeitsgemeinschaft für Rehabilitation allein der Rechtsaufsicht des Bundesministeriums für Arbeit und Soziales untersteht.[2] Die staatliche Aufsicht erstreckt sich auf die Beachtung von Gesetz und sonstigem Recht, das für die Arbeitsgemeinschaft, die Leistungsträger und ihre Verbände maßgebend ist (§ 94 Abs. 2 Satz 1 SGB X). Im Rahmen seiner Rechtsaufsicht kann das BMAS eingreifen, wenn die gesetzlichen Aufgaben der BAR nicht erfüllt werden. Ein Eingriffsrecht besteht auch, wenn in den Gremien der BAR und den gemeinsamen Empfehlungen stets nur der kleinste gemeinsame Nenner erreicht wird, da auf diese Weise die qualitative Weiterentwicklung des Teilhaberechts von der BAR und ihren Mitgliedern nicht erfüllt wird. Freilich bedarf es für ein Eingreifen durch das BMAS einer evidenzbasierten Grundlage.

Das BMAS erhält über § 40 die Befugnis, darüber zu wachen und darauf hinzuwirken, dass die BAR ihren Aufgaben, die insbesondere in §§ 37 Abs. 3 Satz 1, 39 Abs. 2–9 sowie 41 Abs. 2 Satz 2 genannt sind, nachkommt. Rechtsaufsicht bedeutet jedoch nicht nur Überwachung, sondern auch **Unterstützung**. Letztere kann sowohl finanzieller (§ 41 Abs. 3) als auch fachlicher Art sein. Sollten für die Erfüllung ihrer Aufgaben hoheitliche Befugnisse erforderlich sein, kann die Bundesarbeitsgemeinschaft für Rehabilitation hierfür beliehen werden.[3]

Es ist zu erwarten, dass über das neu geschaffene Instrument der Rechtsaufsicht auch die gemeinsamen Empfehlungen nach § 39 Abs. 2 Nr. 3 iVm § 25 an Bedeutung und Beachtung gewinnen. Von der Möglichkeit der **Verordnungsermächtigung** in § 27, die zuvor bereits in § 16 SGB IX aF enthalten war und jetzt weiter ausdifferenziert wurde, könnte das BMAS künftig durchaus Gebrauch machen. Zu beachten ist, dass § 27 Satz 1 nunmehr auch von der erforderlichen Änderung unzureichend gewordener Empfehlungen spricht. Hierzu bedarf es

---

1 BGBl. I 3234.
2 BT-Drs. 18/9522, 248.
3 BT-Drs. 18/9522, 248.

eines konkreten Monitorings, das die Nachhaltigkeit und Weiterentwicklung von gemeinsamen Empfehlungen sichert.

§ 41 Teilhabeverfahrensbericht

(1) Die Rehabilitationsträger nach § 6 Absatz 1 erfassen
1. die Anzahl der gestellten Anträge auf Leistungen zur Rehabilitation und Teilhabe differenziert nach Leistungsgruppen im Sinne von § 5 Nummer 1, 2, 4 und 5,
2. die Anzahl der Weiterleitungen nach § 14 Absatz 1 Satz 2,
3. in wie vielen Fällen
   a) die Zweiwochenfrist nach § 14 Absatz 1 Satz 1,
   b) die Dreiwochenfrist nach § 14 Absatz 2 Satz 2 sowie
   c) die Zweiwochenfrist nach § 14 Absatz 2 Satz 3
   nicht eingehalten wurde,
4. die durchschnittliche Zeitdauer zwischen Erteilung des Gutachtenauftrages in Fällen des § 14 Absatz 2 Satz 3 und der Vorlage des Gutachtens,
5. die durchschnittliche Zeitdauer zwischen Antragseingang beim leistenden Rehabilitationsträger und der Entscheidung nach den Merkmalen der Erledigung und der Bewilligung,
6. die Anzahl der Ablehnungen von Anträgen sowie der nicht vollständigen Bewilligung der beantragten Leistungen,
7. die durchschnittliche Zeitdauer zwischen dem Datum des Bewilligungsbescheides und dem Beginn der Leistungen mit und ohne Teilhabeplanung nach § 19, wobei in den Fällen, in denen die Leistung von einem Rehabilitationsträger nach § 6 Absatz 1 Nummer 1 erbracht wurde, das Merkmal „mit und ohne Teilhabeplanung nach § 19" nicht zu erfassen ist,
8. die Anzahl der trägerübergreifenden Teilhabeplanungen und Teilhabeplankonferenzen,
9. die Anzahl der nachträglichen Änderungen und Fortschreibungen der Teilhabepläne einschließlich der durchschnittlichen Geltungsdauer des Teilhabeplanes,
10. die Anzahl der Erstattungsverfahren nach § 16 Absatz 2 Satz 2,
11. die Anzahl der beantragten und bewilligten Leistungen in Form des Persönlichen Budgets,
12. die Anzahl der beantragten und bewilligten Leistungen in Form des trägerübergreifenden Persönlichen Budgets,
13. die Anzahl der Mitteilungen nach § 18 Absatz 1,
14. die Anzahl der Anträge auf Erstattung nach § 18 nach den Merkmalen „Bewilligung" oder „Ablehnung",
15. die Anzahl der Rechtsbehelfe sowie der erfolgreichen Rechtsbehelfe aus Sicht der Leistungsberechtigten jeweils nach den Merkmalen „Widerspruch" und „Klage",
16. die Anzahl der Leistungsberechtigten, die sechs Monate nach dem Ende der Maßnahme zur Teilhabe am Arbeitsleben eine sozialversicherungspflichtige Beschäftigung aufgenommen haben, soweit die Maßnahme von einem Rehabilitationsträger nach § 6 Absatz 1 Nummer 2 bis 7 erbracht wurde.

(2) [1]Die Rehabilitationsträger nach § 6 Absatz 1 Nummer 1 bis 5 melden jährlich die im Berichtsjahr nach Absatz 1 erfassten Angaben an ihre Spitzenverbände, die Rehabilitationsträger nach § 6 Absatz 1 Nummer 6 und 7 jeweils über ihre obersten Landesjugend- und Sozialbehörden, zur Weiterleitung an die Bundesarbeitsgemeinschaft für Rehabilitation in einem mit ihr technisch abge-

stimmten Datenformat. ²Die Bundesarbeitsgemeinschaft für Rehabilitation wertet die Angaben unter Beteiligung der Rehabilitationsträger aus und erstellt jährlich eine gemeinsame Übersicht. ³Die Erfassung der Angaben soll mit dem 1. Januar 2018 beginnen und ein Kalenderjahr umfassen. ⁴Der erste Bericht ist 2019 zu veröffentlichen.

(3) Der Bund erstattet der Bundesarbeitsgemeinschaft für Rehabilitation die notwendigen Aufwendungen für folgende Tätigkeiten:
1. die Bereitstellung von Daten,
2. die Datenaufarbeitung und
3. die Auswertungen über das Rehabilitationsgeschehen.

Gesetzeshistorie: Die Vorschrift wurde neu eingefügt durch Gesetz vom 23.12.2016.[1] Die Erfassung von Daten betreffend das Rehabilitationsgeschehen gab es bereits vor einem längeren Zeitraum. Von 1981 bis 1995 erfolgte über die statistischen Landesämter eine Datenerhebung zu Rehabilitanden und Rehabilitationsmaßnahmen bei den Trägern der gesetzlichen Kranken-, Unfall- und Rentenversicherung, der Kriegsopferversorgung und Kriegsopferfürsorge, der Arbeitsförderung, der begleitenden Hilfe im Arbeits- und Berufsleben und der Sozialhilfe. Diese Statistik diente vorrangig der Bereitstellung von Daten für die sozialpolitischen Planungen der Sozialleistungsträger und des Staates im Rehabilitationsbereich. Durch das 3. Statistikbereinigungsgesetz vom 19.12.1997 (BGBl. I 3158) wurde die Einstellung der Rehabilitationsstatistik ab dem Erhebungsjahr 1996 beschlossen. 1

Regelungsinhalt: Die Neuregelung dient den Zielen der **UN-Behindertenrechtskonvention (UN-BRK)**, so insbesondere ihrem Art. 26. Nach Art. 26 Abs. 1 UN-BRK treffen die Vertragsstaaten wirksame und geeignete Maßnahmen, um Menschen mit Behinderungen ein Höchstmaß an Unabhängigkeit, umfassende körperliche, geistige, soziale und berufliche Fähigkeiten sowie die volle Einbeziehung und Teilhabe am Leben in der Gesellschaft zu ermöglichen. Zu diesem Zweck sollen umfassende Habilitations- und Rehabilitationsdienste und -programme, insbesondere auf dem Gebiet der Gesundheit, der Beschäftigung, der Bildung und der Sozialdienste organisiert, gestärkt und erweitert werden. Diesem Ziel dient bereits die Zuständigkeitsregelung des § 14 SGB IX. Durch die Neuregelung und die mit ihr beabsichtigte bessere Förderung und Steuerung der Zusammenarbeit der Träger wird der Regelung des § 14 zu einer stärkeren Wirksamkeit verholfen. Es handelt sich damit um eine „**wirksame Maßnahme**" iSv Art. 26 Abs. 1 UN-BRK.[2] Der Bericht stellt die Grundlage für die Nachvollziehbarkeit der Entwicklung der Umsetzung der UN-BRK in Bezug auf die Kooperation und Koordination der Rehabilitationsträger dar. Die neue gesetzliche Regelung im SGB IX soll die Zusammenarbeit der Träger und das Reha-Leistungsgeschehen transparenter machen und Möglichkeiten der Evaluation und Steuerung eröffnen. Um verfahrenshemmende Divergenzen und Intransparenzen im Rehabilitationsrecht künftig besser zu erkennen, sollen deshalb insbesondere Angaben zu Anzahl der Anträge, Verfahrensdauer, Weiterleitung, Ablehnung und Rechtsbehelfen wie Widerspruch und Klage künftig von allen Rehabilitationsträgern nach einheitlichen Vorgaben erhoben und veröffentlicht werden.[3] 2

Daten zu Anzahl der Anträge, Verfahrensdauer, Weiterleitung, Ablehnung und Rechtsbehelfen wie Widerspruch und Klage werden bisher weder von allen Re- 3

---

1 BGBl. I 3234 vom 29.12.2016.
2 *Jabben* in Neumann/Pahlen/Winkler/Jabben, 13. Aufl. 2018, SGB IX § 41 Rn. 3.
3 BT-Drs. 18/9522, 249.

habilitationsträgern nach einheitlichen Vorgaben erhoben noch sind sie untereinander vergleichbar. Grundlage der Erhebungen sind in der Regel **allgemeine Verwaltungsvorschriften über die Statistik**, welche mit Zustimmung des Bundesrates, soweit landesunmittelbare Versicherungsträger betroffen sind, erlassen werden (zB die Allgemeine Verwaltungsvorschrift über die Statistik der Rentenversicherung – RSVwV – oder die Allgemeine Verwaltungsvorschrift über die Statistik der gesetzlichen Krankenversicherung – KSVwV). Diese Erhebungen spiegeln den Reha-Prozess jedoch insbesondere in Bezug auf die trägerübergreifende Zusammenarbeit nicht wider, da sie nicht ausschließlich die Leistungen zur Rehabilitation und Teilhabe im Fokus haben, sondern alle Aufgabenbereiche der Sozialversicherungsträger umfassen. Die auf diesen Datenerhebungen der Träger basierende Veröffentlichung der Bundesarbeitsgemeinschaft für Rehabilitation (BAR) zu den jährlichen Ausgaben der einzelnen Träger für die jeweiligen Leistungsgruppen ist bisher der einzige bestehende trägerübergreifende Bericht über Leistungen zur Rehabilitation und Teilhabe. Für das Jahr 2018 weist die BAR für alle Träger Ausgaben für Rehabilitation und Teilhabe in Höhe von insgesamt 38,2 Mrd. EUR aus. Die höchsten Ausgaben schlagen bei der Eingliederungshilfe mit 19,7 Mrd. EUR zu Buche, deutlich geringere Ausgaben verzeichnen die landwirtschaftlichen Berufsgenossenschaften (391 Mio. EUR). 2018 sind die Ausgaben der acht erfassten Träger bzw. Trägerbereiche (Eingliederungshilfe, Integrationsämter, Bundesagentur für Arbeit, Landwirtschaftliche Berufsgenossenschaften, Unfallversicherung, Alterssicherung für Landwirte, Rentenversicherung und Krankenversicherung) im Vergleich zum Vorjahr um 4,4 Prozent gestiegen. Im 5-Jahres-Zeitraum von 2014 bis 2018 schwankte die Steigerung im Vorjahresvergleich stets zwischen 3,5 und 4,4 Prozent. Zu erkennen ist ein nahezu linearer Anstieg der Ausgaben.[4]

4 **Materialien:** Zum Regierungsentwurf nebst Begründung BT-Drs. 18/9522, 248 f.; der Ausschuss für Arbeit und Soziales ließ die Vorschrift ohne Änderungen passieren, BT-Drs. 18/10523, vor Verkündung erfolgten nur noch kleinere grammatikalische Korrekturen.

5 Absatz 1 verpflichtet zunächst alle Rehabilitationsträger nach § 6 Abs. 1 zur **Datenerfassung**, weicht jedoch in Bezug auf Leistungen zur Teilhabe durch die gesetzlichen Krankenkassen nach § 6 Abs. 1 Nr. 1 in zwei Fällen ab. Gemäß § 41 Abs. 1 Nr. 7 müssen die gesetzlichen Krankenkassen nicht das Merkmal „mit und ohne Teilhabeplanung nach § 19" erfassen. Außerdem ist nicht vorgesehen, dass die gesetzlichen Krankenkassen die Anzahl der Leistungsberechtigten, die sechs Monate nach dem Ende der Maßnahmen zur Teilhabe am Arbeitsleben eine sozialversicherungspflichtige Beschäftigung aufgenommen haben, erfassen (Abs. 1 Nr. 16). Was im Einzelnen zu erfassen ist, legt Abs. 1 in seinen Nr. 1–16 sehr differenziert fest. Nach Nr. 1 wird künftig die Anzahl aller gestellten Anträge auf Leistungen zur Rehabilitation und Teilhabe differenziert nach den Leistungsgruppen gemäß § 5 erfasst mit Ausnahmen der unterhaltssichernden und anderen ergänzenden Leistungen (§ 5 Nr. 3). Nr. 2–5 beziehen sich auf die in § 14 vorgesehenen Verfahrensfristen. Nr. 6 fragt inhaltlich nach der Anzahl der Ablehnungen von Anträgen sowie der nicht vollständigen Bewilligung der beantragten Leistungen. In Nr. 7–9 geht es um die Teilhabeplanung (§ 19) und die Teilhabeplankonferenzen (§ 20). Nr. 11 und 12 unterscheiden nach der Anzahl der beantragten und bewilligten Leistungen in Form des

---

4 Reha-Info der BAR 1/2020, veröffentlicht unter www.bar-frankfurt.de; vertiefende Zahlen zu den Leistungen der Rehabilitationsträger finden sich auch in der Antwort der Bundesregierung auf die Kleine Anfrage der Fraktion BÜNDNIS 90/DIE GRÜNEN vom 8.5.2018, BT-Drs. 19/2041.

Persönlichen Budgets (§ 29 Abs. 1 Satz 4) sowie des trägerübergreifenden Persönlichen Budgets. Bei Letzterem sind gemäß § 29 Abs. 1 Satz 2 nach Maßgabe des individuell festgestellten Bedarfs die Rehabilitationsträger, die Pflegekassen und die Integrationsämter zu beteiligen. Nach Nr. 10 ist die Anzahl der Erstattungsverfahren zwischen den Rehabilitationsträgern (§ 16 Abs. 2 Satz 2) zu erfassen. Außerdem werden künftig auch Angaben in Bezug auf die Erstattung selbstbeschaffter Leistungen erwartet. Nach Nr. 13 und 14 ist die Anzahl der Mitteilungen nach § 18 Abs. 1 sowie die Anzahl der Anträge auf Erstattung nach § 18 nach den Merkmalen „Bewilligung" oder „Ablehnung" zu ermitteln. Allgemein ist festzustellen, dass eine Reihe der zu erfassenden Daten mit auslegungsfähigen und -bedürftigen Begriffen verknüpft sind. Was ist zB unter Antragseingang nach Nr. 5 zu verstehen? Wie berechnet sich die durchschnittliche Zeitdauer nach Nr. 4 sowie Nr. 5 und Nr. 7? Was bedeutet „Beginn der Leistungen" nach Nr. 7?

Nr. 15 bezieht sich auf die **Rechtsbehelfe** aus Sicht der Leistungsberechtigten, wobei ein besonderes Augenmerk auf die erfolgreichen Rechtsbehelfe gelegt wird. Eine Abhilfeprüfung, die zugunsten des Leistungsberechtigten ausgeht, stellt keinen erfolgreichen Rechtsbehelf dar. Mit der Abhilfe hat sich das Rechtsbehelfsverfahren vielmehr erledigt.

Nr. 16 schließlich verpflichtet alle Rehabilitationsträger mit Ausnahme der Träger der gesetzlichen Krankenversicherung die Anzahl der Leistungsberechtigten, die sechs Monate nach dem Ende der Maßnahme zur Teilhabe am Arbeitsleben eine **sozialversicherungspflichtige Beschäftigung** aufgenommen haben, zu erfassen. Berücksichtigt wird damit sowohl die Wiederaufnahme der bisherigen, während der Maßnahme zur Teilhabe am Arbeitsleben unterbrochenen Tätigkeit beim selben Arbeitgeber als auch die Begründung eines neuen sozialversicherungspflichtigen Arbeitsverhältnisses entweder beim vorherigen oder einem neuen Arbeitgeber. Damit wird ein **Qualitätskriterium** zur Sicherung der Ergebnisqualität iSv § 39 Abs. 2 Nr. 6 vom Gesetz vorgegeben, über das die genannten Rehabilitationsträger künftig Auskunft geben müssen. Nicht zu erfassen ist damit jedoch die Anzahl der Leistungsberechtigten, die sich auch sechs Monate nach dem Ende der Maßnahme noch in einem sozialversicherungspflichtigen Beschäftigungsverhältnis befinden. Hier sind die sonstigen gesetzlichen Vorgaben für einzelne Rehabilitationsträger wie zB die Bundesagentur für Arbeit in Bezug auf Maßnahmen der aktiven Arbeitsförderung bereits weitergehender (vgl. § 11 Abs. 2 Nr. 6 SGB III).

Abs. 2 Satz 1 regelt das **Verfahren**, wie die erfassten Daten an die BAR weiterzuleiten sind. Dies hat in einem mit der BAR technisch abgestimmten Datenformat zu erfolgen. Nicht verlangt wird damit ein für alle Rehabilitationsträger einheitliches Datenformat. Legt man zugrunde, wie viele unterschiedliche Datenerfassungsprogramme bereits im Bereich eines Rehabilitationsträgers existieren, wird die erforderliche technische Abstimmung in den kommenden Monaten und Jahren eine große Herausforderung darstellen. Hinzu kommt, dass eine Vielzahl der Daten bisher gar nicht, nicht in der erwarteten Tiefe oder nicht in dem geforderten Jahresturnus erhoben wurden. Das Bundesministerium für Arbeit Soziales hat mit Schreiben vom 2.3.2018 gegenüber der BAR darauf hingewiesen, in § 41 Abs. 2 Satz 1 werde davon ausgegangen, dass die Rehabilitationsträger die geforderten Daten an ihre Spitzenverbände zur Weiterleitung an die BAR melden. Von einer Zusammenfassung der Daten auf der Ebene einzelner Trägerbereiche sei daher nicht die Rede; dies würde auch Sinn und Zweck des § 41 zuwiderlaufen. Für die Aussagekraft es Teilhabeverfahrensberichts sei es vielmehr wichtig, dass die angeforderten Daten die Prozesse bezogen auf einzelne Träger, bei denen es sich jeweils um selbstständige Körperschaften des öffentlichen Rechts handele, widerspiegeln. Eine Zusammenfassung dieser Daten für komplette Trägerbereiche würde unter Umständen bestehende Unterschiede zwischen einzelnen Trägern einer Gruppe komplett einebnen. Die BAR hat Anfang 2020 zur Gewährleistung einer hohen Datenqualität ein automatisiertes Validisierungsverfahren entwickelt, das sicherstellt, innerhalb des festgelegten Übermittlungszeitraumes eine hohe Anzahl an Datensätzen nach ihrer Übermittlung parallel auf Plausibilität überprüfen zu können.

9 Abs. 2 Satz 2 bestimmt, dass die BAR die Angaben unter Beteiligung der Rehabilitationsträger auswertet und jährlich eine **gemeinsame Übersicht** erstellt. Es handelt sich hierbei um die zentrale Festlegung des gesamten § 41. Natürlich ist es notwendig, dass die vom Gesetz geforderten Daten ordnungsgemäß erhoben und an die BAR weitergeleitet werden. Um belastbare Aussagen über den Rehabilitations- und Teilhabeprozess zu erhalten, an die sich dann ggf. gesetzliche Änderungen hinsichtlich Zuständigkeit oder Verfahren anschließen, kommt es entscheidend auf die Datenauswertung an. Welche Informationen aus Daten gewonnen und welche Schlüsse aus ihnen gezogen werden können, hängt vor allem damit zusammen, welche der erhobenen Daten herangezogen werden, wie sie aufbereitet werden und welche Schwerpunkte bei ihrer Präsentation gesetzt werden. Daher ist es einerseits folgerichtig, dass die Auswertung unter Beteiligung der Rehabilitationsträger erfolgt. Andererseits darf diese Beteiligung aber auch nicht dazu führen, dass die Datenauswertung im Ergebnis zu sehr von den eigenen Interessen der einzelnen Rehabilitationsträger geprägt ist und Verbesserungserfordernisse, Schnittstellen und Mängel im Rehabilitations- und Teilhabeprozess nicht hinreichend deutlich benennt.

10 Nach Abs. 2 Satz 3 und 4 soll die Erfassung der Angaben mit dem 1.1.2018 beginnen. Es handelt sich somit um eine Muss-Vorschrift. Die Rehabilitationsträger hatten nach Verabschiedung des Gesetzes ein Jahr Zeit, um sich selber auf das neue Verfahren vorzubereiten und die erforderliche technische Abstimmung mit der BAR sicherzustellen. Gemäß Art. 26 Abs. 1 BTHG ist § 41 am 1.1.2018 in Kraft getreten.[5] Der erste Bericht für das Kalenderjahr 2018 ist gemäß Abs. 2 Satz 4 zwingend im Laufe des Jahres 2019 zu **veröffentlichen.**
Anfang 2017 wurde mit dem Bundesministerium für Arbeit und Soziales vereinbart, dass dezentral aufgestellte Trägerbereiche im Rahmen einer Pilotierungsphase die Berichtspflicht des ersten Teilhabeverfahrensberichts (Erhebungsjahr 2018, Erscheinen 2019) mit einer geringeren Zahl an Piloten erfüllen können und im ersten Teilhabeverfahrensbericht mit vorhandenen Daten gearbeitet werden kann, auch wenn diese die Anforderungen aus § 41 Abs. 1 nicht vollständig erfüllen. Dies galt vor allem für die Träger der Kriegsopferversorgung und Träger der Kriegsopferfürsorge sowie die Träger der öffentlichen Jugendhilfe und die Träger der Eingliederungshilfe.
Die BAR hat zum 30.12.2019 den ersten Teilhabeverfahrensbericht vorgelegt.[6] Er beinhaltet Daten der Rehabilitationsträger aus 2018, weist jedoch einige Besonderheiten auf, die es mit sich bringen, das Berichtsjahr 2018 als Übergangsphase anzusehen. Der erste Bericht umfasst Datensätze von insgesamt 39 Trägern und ist nur für die Trägerbereiche der Bundesagentur für Arbeit und der Deutschen Rentenversicherung repräsentativ. Die Trägerbereiche Eingliederungshilfe, Gesetzliche Krankenversicherung, Jugendhilfe, Soziales Entschädigungsrecht (KOF/KOV) und Unfallversicherung haben Pilotträger benannt,

---

5 BGBl. I 3234 vom 29.12.2016.
6 Veröffentlicht unter www.bar-frankfurt.de.

welche stellvertretend für ihren Bereich Auswertungsgrundlagen zur Verfügung gestellt haben, die keine repräsentativen Schlüsse über den jeweiligen gesamten Trägerbereich zulassen.

Für den zweiten Teilhabeverfahrensbericht besteht für die Rehabilitationsträger im Erhebungsjahr 2019 erstmalig eine vollumfängliche Berichtspflicht. Die BAR hat ihn zum 30.12.2020 veröffentlicht. Er gibt erstmalig einen umfassenden Einblick in das Verwaltungsgeschehen der Rehabilitationsträger. Ausgewertet wurden Daten von 991 Trägern zu insgesamt 3,2 Millionen Anträgen des Berichtsjahres 2019.[7]

Abs. 3 regelt die **Erstattung der notwendigen Aufwendungen der BAR** durch den Bund. Dies stellt einmal sicher, dass die genannten Kosten nicht von den Rehabilitationsträgern aufgebracht werden müssen. Über die erforderliche Notwendigkeit der Aufwendungen hat der Bund zum anderen auch die Möglichkeit, auf den Teilhabeverfahrensbericht auch inhaltlich einen gewissen Einfluss zu nehmen. Dies gilt vor allem für die Auswertungen über das Rehabilitationsgeschehen gemäß Abs. 3 Nr. 3. 11

Kapitel 9 Leistungen zur medizinischen Rehabilitation
Vorbemerkung

Literatur:

Banafsche, Prävention, Rehabilitation und Rente in der gesetzlichen Rentenversicherung, SGb 2018, 385; *Bieritz-Harder,* Leistungen zur medizinischen Rehabilitation in: Deinert/Neumann, Rehabilitation und Teilhabe behinderter Menschen, Handbuch SGB IX, 2. Aufl. 2009, S. 207; *Brandenburg,* Prävention und Rehabilitation – Anspruch und Wirklichkeit in der Praxis der Gesetzlichen Unfallversicherung, SDSRV 63 (2013), 77; *Deinert/Welti* (Hrsg.), Stichwortkommentar Behindertenrecht, 2. Aufl. 2018; *Dillmann,* Medizinische Rehabilitation in der Sozialhilfe, ZfSH/SGB 2012, 639; *Egen/Busche/Gutenbrunner,* Die medizinische Rehabilitation in Deutschland, KH 2021, 109; *Hüer/Walendzik,* Schnittstellenprobleme und Lösungsansätze in der medizinischen Rehabilitation, GSP 2019, Nr. 2, 36; *Jabben/Kreikebohm/Rodewald,* Das gegliederte Sozialleistungssystem am Beispiel der Teilhabeleistungen aus der Sicht eines Rentenversicherungsträgers, NZS 2012, 681 (727); *Kuhn-Zuber,* Prävention und Rehabilitation (medizinisch und beruflich) – Wer leistet wann oder nicht?, Sozialrecht aktuell Sonderheft 2019, 22; *Kuhn-Zuber,* Abgrenzung der Leistungen zur Sozialen Teilhabe von den Leistungen der medizinischen Rehabilitation, RP-Reha 2020 Nr. 2, 16; *Luthe,* Begriff und Gegenstand des Rehabilitationsrechts, SGb 2007, 454; *Oppermann,* Leistungen zur medizinischen Rehabilitation, in Luthe, Rehabilitationsrecht, 2. Aufl. 2014, S. 215; *Schmidt-Ohlemann,* Gesundheitsversorgung, medizinische Rehabilitation und Teilhabeförderung durch Einrichtungen und Dienste der Eingliederungshilfe, Rehabilitation 2019, 221; *Walling,* Die rehabilitationsrelevanten Regelungen der Formulierungshilfe des BMAS zum Flexi-Renten-Gesetz, DVfR Forum D, D39–2016, abrufbar unter www.reha-recht.de; *Welti,* Medizinische Rehabilitation im gegliederten Sozialleistungssystem – Der Erfolgsmaßstab, Sozialrecht aktuell Sonderheft 2020, 175.

I. Systematische Zusammenhänge der §§ 42 ff. mit den anderen Büchern des SGB ... 1	2. Gesetzliche Krankenversicherung 6
II. Zuständigkeiten und Besonderheiten, insbes. im SGB V, VI und VII 5	3. Gesetzliche Rentenversicherung (SGB VI) 12
1. Ausgangspunkt: Zuständigkeit nach §§ 6, 7 5	4. Gesetzliche Unfallversicherung (SGB VII) 15

---

[7] Veröffentlicht unter www.bar-frankfurt.de.

| 5. Jugendhilfe (SGB VIII) und Kriegsopferfürsorge (BVG) ...... 17 | 6. Eingliederungshilfe (Teil 2 des SGB IX) ...... 18 |

I. Systematische Zusammenhänge der §§ 42 ff. mit den anderen Büchern des SGB

1 Kapitel 9 enthält **bereichsübergreifend** für alle Rehabilitationsträger die Regelungen für die Leistungen zur medizinischen Rehabilitation (§ 5 Nr. 1). Eine Definition dieses Begriffs enthält das Gesetz nicht. Rehabilitation (Verfahren) meint den gleichzeitigen und koordinierten Einsatz von medizinischen, sozialen, schulischen und beruflichen Maßnahmen mit dem Ziel, die aus gesundheitlichen Gründen eingeschränkten Betätigungsmöglichkeiten und damit die funktionelle Leistungsfähigkeit der Betroffenen möglichst weitgehend wieder herzustellen. Teilhabe (Ziel) bedeutet die aktive und selbstbestimmte Gestaltung des gesellschaftlichen und beruflichen Lebens durch den behinderten oder von Behinderung bedrohten Menschen. Dem Behindertenbegriff des § 2 Abs. 1 liegen das sog. **bio-psycho-sozialen Modell** der WHO und die internationale Klassifikation der Funktionsfähigkeit, Behinderung und Gesundheit (ICF) zu Grunde (→ § 2 Rn. 12).[1] Abgestellt wird in Anlehnung an die UN-BRK und die hierzu ergangene Rechtsprechung[2] darauf, welche seelischen, geistigen oder Sinnesbeeinträchtigungen in Wechselwirkung mit einstellungs- und umweltbedingten Barrieren die Betroffenen an der gleichberechtigten Teilhabe an der Gesellschaft mit hoher Wahrscheinlichkeit länger als sechs Monate hindern können. Hiervon ausgehend erschließt sich das Verständnis des Begriffs „medizinische Rehabilitation" anhand der in § 42 Abs. 1 genannten Ziele, die weitgehend den in § 4 Abs. 1 Nr. 1 und 2 genannten entsprechen. Medizinische Rehabilitation wird danach als **Komplexleistung** verstanden[3] und verlangt eine Vernetzung von ärztlicher, pflegerischer, krankengymnastischer, psychosozialer, logopädischer und ergotherapeutischer Betreuung.[4] Sie umfasst alle Maßnahmen, die auf die Erhaltung oder Besserung des Gesundheitszustandes gerichtet sind und vorwiegend die Durchführung medizinischer Maßnahmen erfordern, um Behinderungen einschließlich chronischer Krankheiten abzuwenden, zu beseitigen, zu mindern, auszugleichen, eine Verschlimmerung zu verhüten oder Einschränkungen der Erwerbsfähigkeit und Pflegebedürftigkeit zu vermeiden, zu überwinden, zu mindern, eine Verschlimmerung zu verhindern sowie den vorzeitigen Bezug von laufenden Sozialleistungen zu verhüten oder laufende Sozialleistungen zu mindern.[5] Die Abgrenzung zu anderen Leistungen richtet sich v.a. nach der jeweiligen Zielrichtung einer Maßnahme/Leistung (→ § 42 Rn. 7 ff.). Die Zahlen sprechen eine deutliche Sprache: Statistisch erreichen 84 % der Personen, denen von den Trägern der Rentenversicherung medizinische Reha-Leistungen bewilligt werden, binnen 24 Monaten wieder die dauerhafte Erwerbsfähigkeit.[6]

2 Die Leistungsträger erbringen die Leistungen zur medizinischen Rehabilitation im Rahmen der für sie geltenden Rechtsvorschriften nach Lage des Einzelfalls so vollständig, umfassend und in gleicher Qualität, dass Leistungen eines ande-

---

1 BT-Drs. 18/9522, 192.
2 EuGH 18.12.2014 – C-354/13 (Kaltoft), NJW 2015, 391 mit Anm. *A. Lingscheid* NZA 2015, 147; 1.12.2016 – C-395/15 (Daouidi) mit Anm. *T. Klein* jurisPR-ArbR 1/2017 Anm. 2. Vgl. auch *Tolmein* in PHdB-SozS S. 1112 ff. Rn. 14 ff.
3 Vgl. BSG 17.12.2013 – B 1 KR 50/12 R, SozR 4-3250 § 14 Nr. 20.
4 *Luthe* SGb 2007, 454 (460).
5 Zur Abgrenzung von Krankheit und Behinderung vgl. BSG 15.3.2018 – B 3 KR 18/17 R, BSGE 125, 189, SozR 4-2500 § 13 Nr. 41 Rn. 27 ff.
6 BT-Drs. 19/2041, 12 f.

ren Trägers möglichst nicht erforderlich werden (§ 4 Abs. 2 S. 2), ansonsten ist eine effektive Kooperation (§ 25) mit anderen Trägern unerlässlich und eine Teilhabeplanung (§ 19) durchzuführen. Neben dem **Vorrang von Prävention** (→ § 3 Rn. 4 ff.)[7] und der Verpflichtung zur Mitwirkung an der Nationalen Präventionsstrategie (§§ 20 d SGB V ff.) gilt der Vorrangrundsatz „Reha vor Rente" (§ 9 Abs. 2 Satz 1), wohingegen der bislang normierte Grundsatz „ambulant vor stationär" (§ 19 Abs. 2 aF) zugunsten einer „ganzheitlichen" Betrachtungsweise aufgegeben worden ist (§ 36),[8] jedoch bei der Auswahl der erforderlichen Leistungen je nach Lage des Einzelfalles weiterhin zu beachten ist, wenn zB die ambulante Leistungserbringung wirtschaftlicher ist oder berechtigte Wünsche der Leistungsberechtigten zu beachten sind (§ 8 Abs. 1; Wunsch- und Wahlrecht, → § 8 Rn. 5 ff.).[9]

Bei der Einleitung einer Leistung zur medizinischen Rehabilitation, während 3 ihrer Ausführung und nach ihrem Abschluss prüft der ausführende Reha-Träger, ob durch geeignete **Leistungen zur Teilhabe am Arbeitsleben** (§ 49) die Erwerbsfähigkeit von Menschen mit Behinderung oder von Behinderung bedrohten Menschen erhalten, gebessert oder wiederhergestellt werden kann (§ 10 Abs. 1 und 2). Hierbei wird die BA beteiligt (§ 54). Falls während einer Leistung zur medizinischen Rehabilitation erkennbar wird, dass der bisherige Arbeitsplatz gefährdet ist, wird mit den Betroffenen sowie dem zuständigen Rehabilitationsträger unverzüglich geklärt, ob Leistungen zur Teilhabe am Arbeitsleben erforderlich sind. Hierbei wird das Integrationsamt beteiligt (§ 10 Abs. 3).

Die Regelungen der §§ 42 ff. über Art, Umfang und Ausführung der Leistungen 4 sind für alle Reha-Träger unmittelbar geltendes Recht, es sei denn, in den einzelnen Büchern des SGB oder – seit 1.1.2020 – im neuen Teil 2 (Eingliederungshilfe, §§ 90 ff.) sind abweichende Regelungen getroffen (§ 7 Abs. 1 Satz 1). § 109 Abs. 2 bestimmt insoweit für die **Eingliederungshilfe**, dass die Leistungen zur medizinischen Rehabilitation den Rehabilitationsleistungen der gesetzlichen Krankenversicherung (→ Rn. 6 ff.) entsprechen. Der Regelungsgehalt des bis 31.12.2019 geltenden § 54 Abs. 1 Satz 2 SGB XII aF ist in das neue Eingliederungshilferecht überführt worden. § 109 Abs. 1 nimmt auf §§ 42 Abs. 2 und 3 sowie für die ergänzenden Leistungen auf § 64 Abs. 1 Nr. 3–6 Bezug, ohne dass dies abschließend ist („insbesondere"). § 110 regelt Näheres zur Leistungserbringung.

II. Zuständigkeiten und Besonderheiten, insbes. im SGB V, VI und VII
1. Ausgangspunkt: Zuständigkeit nach §§ 6, 7

Zuständig können für medizinische Rehabilitationsleistungen nach § 6 Abs. 1 5 Nr. 1 und 3 bis 7 sein:
- die Träger der gesetzlichen Unfallversicherung,
- die Träger der Kriegsopferversorgung im Rahmen des Rechts der sozialen Entschädigung bei Gesundheitsschäden,
- die Träger der gesetzlichen Rentenversicherung,
- die Träger der Alterssicherung der Landwirte,
- die gesetzlichen Krankenkassen,
- die Träger der öffentlichen Jugendhilfe und
- die Träger der Eingliederungshilfe.

---

7 Dazu auch *Fichte* in PHdB-SozS S. 1153 Rn. 84 ff.
8 Vgl. BT-Drs. 18/9522, 247.
9 Dazu *Fichte* in PHdB-SozS S. 1164 Rn. 125 ff.

Sind Leistungen dieser Leistungsgruppe erforderlich, ist die Zuständigkeit sinnvollerweise in dieser Reihenfolge zu prüfen, da die Träger der Unfallversicherung vorrangig zuständig sind, soweit es um die Folgen eines Arbeitsunfalls oder einer Berufskrankheit geht und die Träger der Rentenversicherung vor den Krankenkassen zuständig sind, soweit die besonderen persönlichen und versicherungsrechtlichen Voraussetzungen der §§ 10 ff. SGB VI vorliegen. Die **Abgrenzung der Zuständigkeiten der Reha-Träger im Innenverhältnis** untereinander ergibt sich aus den jeweiligen Büchern des SGB und den dortigen speziellen Regelungen (§ 7 Abs. 1 Satz 2; → § 7 Rn. 8 ff.).

2. Gesetzliche Krankenversicherung

6 Die **gesetzliche Krankenversicherung** erbringt nachrangig (→ Rn. 11) für ihre Versicherten (§ 5 ff. SGB V) im Rahmen der Krankenbehandlung auch medizinische Rehabilitationsleistungen (§ 27 Abs. 1 Satz 2 Nr. 6 SGB V iVm §§ 40 ff. SGB V). Insofern ist auch die Versorgung mit Heil- und **Hilfsmitteln**, zB Hörgeräten[10] als Teil von Rehabilitationsleistungen möglich (§§ 32, 33 SGB V). Der Zeitpunkt des Versicherungsfalls, dh der Eintritt der rehabilitationsbedürftigen Grundbeeinträchtigung kann auch vor Beginn der Mitgliedschaft liegen. Entscheidend ist, dass zum Zeitpunkt der Inanspruchnahme von Leistungen die Versicherteneigenschaft vorliegt.[11] Reicht bei Versicherten eine ambulante Krankenbehandlung nicht aus, um die in § 11 Abs. 2 SGB V beschriebenen Ziele zu erreichen, erbringt die Krankenkasse aus medizinischen Gründen erforderliche ambulante Rehabilitationsleistungen in Rehabilitationseinrichtungen oder, soweit dies für eine bedarfsgerechte, leistungsfähige und wirtschaftliche Versorgung der Versicherten mit medizinischen Leistungen ambulanter Rehabilitation erforderlich ist, durch wohnortnahe Einrichtungen.

7 Ein **Ermessen** besteht nur beim „Wie" der Leistung; es handelt sich um eine gebundene Entscheidung beim „Ob", wenn die Voraussetzungen iÜ vorliegen.[12] Die Feststellung der Notwendigkeit (Amtsermittlung) und der Erfolgsaussicht (Prognose) einer beantragten Rehabilitationsmaßnahme betreffen den Ermessensbereich gerade nicht. Das Auswahlermessen ist nach den medizinischen Erfordernissen des Einzelfalls (§ 40 Abs. 3 SGB V) hinsichtlich Art, Dauer, Umfang, Beginn und Durchführung der Leistungen pflichtgemäß (§ 39 Abs. 1 SGB I) auszuüben. Vorrangig ist nach § 40 Abs. 1 SGB V ambulante Krankenbehandlung, sodann werden ebenfalls in einem **Stufenverhältnis** erst ambulante, dann stationäre Reha-Maßnahmen erbracht. Immer vorliegen müssen Notwendigkeit und Erforderlichkeit der Leistungen (§§ 11 Abs. 2 Satz 1, 40 Abs. 1 SGB V). Dies hat die Kasse idR durch den MDK prüfen zu lassen (§ 275 Abs. 2 Nr. 1 SGB V). Außerdem muss die gesamte Rehabilitationsbehandlung unter ärztlicher Verantwortung stehen.[13] Das **Wunsch- und Wahlrecht** (§ 8) ist bei der Ermessensausübung zu beachten. „Berechtigte" Wünsche sind aber nur solche, die sich innerhalb des **Qualitätsgebots** (§ 12 SGB V) bewegen. Versicherte haben nur das Recht zur Wahl zertifizierter medizinisch geeigneter Einrichtungen für stationäre medizinische Rehabilitationsleistungen, nicht hingegen zur Wahl

---

10 Instruktiv BSG 24.1.2013 – B 3 KR 5/12 R, BSGE 113, 40, SozR 4-3250 § 14 Nr. 19.
11 BSG 20.11.2001 – B 1 KR 31/99 R, SozR 3-2500 § 19 Nr. 3.
12 BSG 7.5.2013 – B 1 KR 53/12 R Rn. 10 mit Anm. *Fuhrmann/Heine* SGb 2014, 297.
13 BSG 27.11.1990 – 3 RK 17/89, BSGE 68, 17, SozR 3-2200 § 184a Nr. 1; zum Arztvorbehalt im SGB V vgl. BSG 26.6.2007 – B 1 KR 36/06 R, BSGE 98, 277, SozR 4-2500 § 40 Nr. 4.

kostenaufwändigerer Vertragseinrichtungen.[14] Auch die **UN-BRK** ist bei der Ermessensausübung und Auslegung unbestimmter Rechtsbegriffe zu beachten.[15] Bei einer stationären Rehabilitation haben pflegende Angehörige auch Anspruch auf die Versorgung der Pflegebedürftigen, wenn diese in derselben Einrichtung aufgenommen werden (§ 40 Abs. 3 Satz 2 SGB V).

Der **Leistungsumfang** ist durch die „Grundbedürfnisse des täglichen Lebens" begrenzt.[16] Weitergehende Ziele sind ggf. mittels beruflicher oder sozialer Rehabilitation zu verfolgen oder über andere Leistungssysteme sicher zu stellen.[17] Aufgabe der gesetzlichen Krankenversicherung ist allein die medizinische Rehabilitation, also die möglichst weitgehende Wiederherstellung der Gesundheit und der Organfunktionen einschließlich der Sicherung des Behandlungserfolges, um ein selbstständiges Leben führen und die Anforderungen des Alltags meistern zu können.[18]   8

Medizinische Rehabilitationsleistungen der Krankenkassen werden idR **nur alle vier Jahre** erbracht (§ 40 Abs. 3 Satz 6 SGB V). Ausnahmsweise dürfen Leistungen vor Ablauf des Vierjahreszeitraums erbracht werden, wenn dies aus medizinischen Gründen dringend erforderlich ist. Dies kommt insbes. bei schweren Erkrankungen in Betracht, deren Nachwirkungen behandlungsbedürftig sind, etwa bei Anschlussrehabilitationsmaßnahmen.   9

Im SGB V speziell geregelt sind stationäre Reha-Maßnahmen für Mütter und Väter (§ 41 SGB V) sowie Leistungen zur Arbeitstherapie/Belastungserprobung (§ 42 SGB V). Im Rahmen der sog. **Anschlussheilbehandlung** erfolgen Rehabilitationsmaßnahmen, die sich dem akuten Behandlungsbedarf anschließen. So umfasst gem. § 39 Abs. 1 Satz 3 SGB V die Krankenhausbehandlung (Versorgungsauftrag des Krankenhauses) nicht nur alle Leistungen, die im Einzelfall nach Art und Schwere der Krankheit für die medizinische Versorgung der Versicherten im Krankenhaus notwendig sind, insbes. ärztliche Behandlung, Krankenpflege, Versorgung mit Arznei-, Heil- und Hilfsmitteln, Unterkunft und Verpflegung, sondern auch die im Einzelfall erforderlichen und zum frühestmöglichen Zeitpunkt einsetzenden Leistungen zur Frührehabilitation.   10

Die GKV ist grds. **nachrangig** ggü. anderen Leistungsträgern zuständig (§ 40 Abs. 4 SGB V).[19] Zu beachten ist der **Vorrang anderer Leistungsträger** vor den gesetzlichen Krankenkassen in den folgenden Fällen: Folgen von Arbeitsunfällen oder Berufserkrankungen iS der gesetzlichen Unfallversicherung sind von der Zuständigkeit der Krankenversicherung ausgenommen. Hier muss sich der Antragsteller an den Unfallversicherungsträger wenden. Nach Abschluss der Akutbehandlung ist die Krankenkasse für stationäre Maßnahmen der Rehabilitation nur zuständig, soweit sich keine Zuständigkeit eines anderen Leistungsträgers, insbes. der gesetzlichen Rentenversicherung oder dem Träger der sozialen Entschädigung ergibt (§ 40 Abs. 4 SGB V). Eine vorrangige Zuständigkeit des **Jugendhilfeträgers** besteht im Bereich der Rehabilitation seelisch behinderter Kinder, Jugendlicher und zT junger Erwachsener sowie bei Hilfen zur Erzie-   11

---

14 BSG 7.5.2013 – B 1 KR 12/12 R, BSGE 113, 231, SozR 4-2500 § 40 Nr. 7; zur Anwendung der Notfallregelung des § 76 Abs. 1 Satz 2 SGB V bei stationären medizinischen Reha-Maßnahmen vgl. BSG 19.11.2019 – B 1 KR 13/19 R, SozR 4-2500 § 76 Nr. 6.
15 BSG 6.3.2012 – B 1 KR 10/11 R, BSGE 110, 194, SozR 4-1100 Art. 3 Nr. 69.
16 BSG 24.1.2013 – B 3 KR 5/12 R, BSGE 113, 40, SozR 4-3250 § 14 Nr. 19; 18.6.2014 – B 3 KR 8/13 R, NZS 2014, 738.
17 Vgl. BSG 16.7.2014 – B 3 KR 1/14 R, NZS 2014, 902: Treppensteighilfe als Pflegehilfsmittel (§ 40 Abs. 1 SGB XI).
18 BSG 26.3.2003 – B 3 KR 26/02 R, NZS 2004, 201.
19 BSG 17.2.2010 – B 1 KR 23/09 R, NZS 2010, 681.

hung für behinderte Kinder (§§ 27, 35 a, 41 SGB VIII). Eine ausschließliche Zuständigkeit der gesetzlichen Pflegeversicherung besteht im Bereich der Pflegemaßnahmen. Liegen die besonderen persönlichen und versicherungsrechtlichen Voraussetzungen der §§ 10 ff. SGB VI vor, ist die gesetzliche Rentenversicherung vorrangig ggü. der GKV zuständig.

3. Gesetzliche Rentenversicherung (SGB VI)

12 Die **Träger der gesetzlichen Rentenversicherung** erbringen medizinische (und berufliche) Reha-Leistungen nicht nur auf Antrag, sondern auch von Amts wegen (§ 115 Abs. 4 SGB VI), wenn sie Reha-Bedarf bemerken und wenn die Versicherten dem zustimmen. Die Träger müssen ihre Versicherten (§§ 1 ff. SGB VI) darauf hinweisen (§ 115 Abs. 6 SGB VI). Im SGB VI sind besondere **persönliche und versicherungsrechtliche Voraussetzungen** von den Versicherten zu erfüllen, so muss zB die Erwerbsfähigkeit bereits erheblich gefährdet oder gemindert sein (§ 10 SGB VI) und es braucht ausreichende Vorversicherungszeiten (§ 11 SGB VI). Liegen diese Voraussetzungen vor, sind die Träger der Rentenversicherung gegenüber den Krankenkassen vorrangig zuständig.

13 Wie bei den Krankenkassen besteht bei Vorliegen der sonstigen, insbes. der persönlichen und versicherungsrechtlichen Voraussetzungen, kein Entschließungs-, sondern nur ein Auswahlermessen hinsichtlich des „Wie" der Leistung (§ 9 Abs. 2 SGB VI). Die Träger der Rentenversicherung bestimmen im Einzelfall unter Beachtung der Grundsätze der Wirtschaftlichkeit und Sparsamkeit Art, Dauer, Umfang, Beginn und Durchführung der Leistungen sowie die Rehabilitationseinrichtung nach pflichtgemäßem Ermessen (§ 13 Abs. 1 SGB VI). Im Übrigen **verweist § 15 SGB VI weitestgehend auf § 42 ff. SGB IX**. Soweit der Versicherte die notwendigen Anwartschaftszeiten (§ 11 Abs. 2 SGB VI) erfüllt, erbringt die gesetzliche Rentenversicherung auch Leistungen der medizinischen Rehabilitation im Anschluss an die akute Behandlungsbedürftigkeit (§§ 9 Abs. 1 Nr. 1, 13 Abs. 2 Nr. 1 SGB VI). Wird während einer vom Rentenversicherungsträger zu leistenden Anschlussheilbehandlung oder Entwöhnungsbehandlung eine akute Krankenbehandlung erforderlich, so fallen derartige „interkurrente Erkrankungen" ebenfalls in den Leistungsbereich des Rentenversicherungsträgers (§ 13 Abs. 2 Nr. 1 SGB VI). Im Anschluss an eine von ihnen erbrachte Leistung zur Teilhabe erbringen die Träger der Rentenversicherung Leistungen zur **Nachsorge** (§ 17 SGB VI). Da die Träger der Rentenversicherung ihre Rehabilitationsleistungen mit dem Ziel der Eingliederung in den Arbeitsmarkt erbringen, sind sie nicht für Leistungen zur Teilhabe am Arbeitsleben zuständig, die im Anschluss an eine von ihnen bewilligte medizinische Rehabilitationsmaßnahme mit dem Ziel erbracht werden, den Versicherten in einer Werkstatt für behinderte Menschen (§ 58 SGB IX, § 219 SGB IX) einzugliedern.[20]

14 Zu beachten sind die **Ausschlusstatbestände** der §§ 12, 13 SGB VI. Leistungen zur medizinischen Rehabilitation werden idR **nur alle 4 Jahren erbracht**, außer es sind vorzeitige Leistungen aus gesundheitlichen Gründen dringend erforderlich (§ 12 Abs. 2 SGB VI). Dringend erforderlich bedeutet, dass eine verminderte Erwerbsfähigkeit unmittelbar bevorsteht oder eingetreten ist und durch die Rehabilitations-Maßnahme abgewendet, hinausgeschoben oder behoben werden kann. **Im SGB VI speziell geregelt** sind **sonstige Leistungen** der Rentenversi-

---

[20] BSG 26.2.2020 – B 5 R 1/19 R, NZS 2020, 901 mit Anm. *Lau* NZS 2020, 906.

cherung in § 31 SGB VI, zB onkologische Nachsorge. Ebenfalls gesondert geregelt ist die Kinderrehabilitation in § 15 a SGB VI.[21]

4. Gesetzliche Unfallversicherung (SGB VII)

Die **Träger der gesetzlichen Unfallversicherung** sind immer dann im Innenverhältnis der Reha-Träger vorrangig für die Erbringung medizinischer Reha-Leistungen zuständig, falls ein **Arbeitsunfall** (§ 8 SGB VII) oder eine **Berufskrankheit** (§ 9 SGB VII) **ursächlich** für die Behinderung bzw. die Rehabilitationsbedürftigkeit des Versicherten (§§ 2 ff. SGB VII) war (§ 11 Abs. 4 SGB V). Diese Kausalitätsfragen werden häufig nur mittels Sachverständigengutachten zu klären sein, weshalb neben §§ 14 ff. auch an eine vorläufige Leistungserbringung und nachträgliche Erstattung der Träger untereinander zu denken ist (§ 43 SGB I; § 102 SGB X). 15

Die Unfallversicherungsträger erbringen medizinische Reha-Leistungen nach § 26 Abs. 1 SGB VII iVm § 27 Abs. 1 Nr. 6 und 7 SGB VII, wobei auch auf die Vorschriften des SGB IX Bezug genommen wird (§ 26 Abs. 1 SGB VII). Für das Auswahlermessen der Träger (§ 26 Abs. 5 SGB VII) gelten dieselben Grundsätze wie im SGB V/VI. Zu beachten ist im Rahmen der Leistungserbringung die Verordnung über die orthopädische Versorgung Unfallverletzter.[22] 16

5. Jugendhilfe (SGB VIII) und Kriegsopferfürsorge (BVG)

Die **Träger der Jugendhilfe** erbringen keine kurative Krankenbehandlung, sondern sind lediglich im Rahmen der Eingliederungshilfe für seelisch behinderte Kinder und Jugendliche (§ 35 a SGB VIII) für medizinische Reha-Leistungen zuständig.[23] Die **Träger der Kriegsopferfürsorge** sind zuständig, wenn die Behinderung Folge eines Sonderopfers ist (§§ 10, 25 BVG). 17

6. Eingliederungshilfe (Teil 2 des SGB IX)

Die **Träger der Eingliederungshilfe** erbringen – wie bereits die Sozialhilfeträger bis zum 31.12.2019 – Leistungen der medizinischen Rehabilitation nachrangig gegenüber anderen Trägern. Die Leistungen entsprechen wie vor dem 1.1.2020 den medizinischen Rehabilitationsleistungen der gesetzlichen Krankenversicherung (§ 109 Abs. 2). Der Umstand, dass ein Versicherter der GKV vom Eingliederungshilfeträger Hilfen zu selbstbestimmtem Leben in betreuten Wohnmöglichkeiten erhält, steht einem Anspruch auf häusliche Krankenpflege gegen die Krankenkasse nach § 37 SGB V nicht entgegen.[24] 18

§ 42 Leistungen zur medizinischen Rehabilitation

(1) Zur medizinischen Rehabilitation von Menschen mit Behinderungen und von Behinderung bedrohter Menschen werden die erforderlichen Leistungen erbracht, um

---

21 Vgl. LSG Hmb 22.2.2017 – L 2 R 90/16.
22 OrthVersorgUVV v. 18.7.1973 (BGBl. I 871), zuletzt geändert durch Art. 23 d. G v. 7.8.1996 (BGBl. I 1254) und mWv 1.1.2024 durch das Gesetz zur Regelung des Sozialen Entschädigungsrechts (neues SGB XIV) v. 12.12.2019 (BGBl. I 2652).
23 BSG 17.12.2013 – B 1 KR 50/12 R, SozR 4-3250 § 14 Nr. 20 Rn. 9.
24 LSG BW 26.11.2013 – L 11 KR 3362/12, PflR 2014, 257.

1. Behinderungen einschließlich chronischer Krankheiten abzuwenden, zu beseitigen, zu mindern, auszugleichen, eine Verschlimmerung zu verhüten oder
2. Einschränkungen der Erwerbsfähigkeit und Pflegebedürftigkeit zu vermeiden, zu überwinden, zu mindern, eine Verschlimmerung zu verhindern sowie den vorzeitigen Bezug von laufenden Sozialleistungen zu verhüten oder laufende Sozialleistungen zu mindern.

(2) Leistungen zur medizinischen Rehabilitation umfassen insbesondere
1. Behandlung durch Ärzte, Zahnärzte und Angehörige anderer Heilberufe, soweit deren Leistungen unter ärztlicher Aufsicht oder auf ärztliche Anordnung ausgeführt werden, einschließlich der Anleitung, eigene Heilungskräfte zu entwickeln,
2. Früherkennung und Frühförderung für Kinder mit Behinderungen und von Behinderung bedrohte Kinder,
3. Arznei- und Verbandsmittel,
4. Heilmittel einschließlich physikalischer, Sprach- und Beschäftigungstherapie,
5. Psychotherapie als ärztliche und psychotherapeutische Behandlung,
6. Hilfsmittel,
6a. digitale Gesundheitsanwendungen sowie
7. Belastungserprobung und Arbeitstherapie.

(3) [1]Bestandteil der Leistungen nach Absatz 1 sind auch medizinische, psychologische und pädagogische Hilfen, soweit diese Leistungen im Einzelfall erforderlich sind, um die in Absatz 1 genannten Ziele zu erreichen. [2]Solche Leistungen sind insbesondere
1. Hilfen zur Unterstützung bei der Krankheits- und Behinderungsverarbeitung,
2. Hilfen zur Aktivierung von Selbsthilfepotentialen,
3. die Information und Beratung von Partnern und Angehörigen sowie von Vorgesetzten und Kollegen, wenn die Leistungsberechtigten dem zustimmen,
4. die Vermittlung von Kontakten zu örtlichen Selbsthilfe- und Beratungsmöglichkeiten,
5. Hilfen zur seelischen Stabilisierung und zur Förderung der sozialen Kompetenz, unter anderem durch Training sozialer und kommunikativer Fähigkeiten und im Umgang mit Krisensituationen,
6. das Training lebenspraktischer Fähigkeiten sowie
7. die Anleitung und Motivation zur Inanspruchnahme von Leistungen der medizinischen Rehabilitation.

Literatur:

Beetz, Leistungen der medizinischen Rehabilitation im Ausland, ZESAR 2019, 117; *Bieritz-Harder*, Leistungen zur medizinischen Rehabilitation in: Deinert/Neumann, Rehabilitation und Teilhabe behinderter Menschen, Handbuch SGB IX, 2. Aufl. 2009, S. 207; *Buschmann-Steinhage*, Trends in der medizinischen Rehabilitation, Bundesgesundhbl 2017, 368; *Dittmann*, Aktuelle Rechtsprechung zum SGB IX: Medizinische Rehabilitation: Psychotherapie, Hilfsmittel und stufenweise Wiedereingliederung, DVfR Forum A, A17–2019, abrufbar unter www.reha-recht.de; *Deutsche Rentenversicherung Bund*, Anforderungsprofil zur Durchführung der Medizinisch-beruflich orientierten Rehabilitation (MBOR) 2012, abrufbar unter http://www.deutsche-rentenversicherung.de; *Goldbach*, Ausgewählte Aspekte zur Rolle des Arztes in der medizinischen Rehabilitation nach dem SGB IX, RP-Reha 2017 Nr. 4, 19; *Hammel*, Die wiederholte Inanspruchnahme von stationären Leistungen zur medizinischen Rehabilitation, Behindertenrecht 2018, 55; *Hüer/Walendzik*, Schnittstellenprobleme und Lösungsansätze in der medizinischen Rehabilitation, GSP 2019, Nr. 2, 36; *Kuhn-Zuber*, Abgrenzung der Leistungen zur Sozialen Teilhabe von den Leistungen der medizinischen Rehabilitation, RP-Reha 2020 Nr. 2, 16; *Löffler/Gerlich/Lukasczik et al.* (Hrsg.), Praxishandbuch Arbeits- und berufsbezogene Orientierung in der medizinischen Rehabilitation, 3. Aufl. 2012; *Kalina*, Arbeitstherapie – eine Leistung der medizinisch-beruflich orientierten Rehabilitation, ZFSH/SGB 2012, 317; *Luik*, Der Teilhabeplan – die Roadmap zum Reha-Erfolg, Sozialrecht aktuell, Sonderheft 2014, 11; *Luik*, Das neue Bundesteilhabegesetz – ein Überblick, jM 2017, 195; *Markus/Bethge*, Medizinisch-beruflich orientierte Rehabilitation, RP-Reha 2017 Nr. 4, 5; *Nebe*, Prävention und Rehabilitation – Erhaltung und Wiederherstellung der Erwerbsfähigkeit als Schnittstellenproblem, SDSRV 63 (2013), 57; *Nebe*, Verbraucherschutz in der medizinischen Rehabilitation, RP-Reha 2016 Nr. 1, 43; *Nowossadeck*, Einfluss der demografischen Alterung auf die Inanspruchnahme der medizinischen Rehabilitation in Deutschland bis 2040, Rehabilitation 2019, 96; *Marburger*, Vorsorge- und Rehabilitationsleistungen der Gesetzlichen Krankenversicherung für behinderte Menschen, Behindertenrecht 2016, 70; *Oppermann*, Leistungen zur medizinischen Rehabilitation, in Luthe, Rehabilitationsrecht, 2. Aufl. 2014, S. 215; *Streibelt/Buschmann-Steinhage*, Ein Anforderungsprofil zur Durchführung der Medizinisch-beruflich orientierten Rehabilitation aus der Perspektive der gesetzlichen Rentenversicherung, Die Rehabilitation 2011, 160; *Welti*, Medizinische Rehabilitation in Deinert/Welti (Hrsg.), Stichwortkommentar Behindertenrecht, 2. Aufl. 2018, S. 784; *Welti*, Koordination in der medizinischen Rehabilitation: Anforderungen an Berufsgruppen und Institutionen, Die Rehabilitation 2008, 236; *Welti*, Medizinische Rehabilitation im gegliederten Sozialleistungssystem – Der Erfolgsmaßstab, Sozialrecht aktuell Sonderheft 2020, 175; *Wenzel/Morfeldt*, Nutzung der ICF in der medizinischen Rehabilitation in Deutschland, Bundesgesundhbl 2017, 386.

I. Allgemeines 1	10. Arbeitstherapie 23
II. Ziele der Leistungen 5	V. Psychosoziale Leistungen 24
III. Abgrenzungsfragen 7	VI. Anspruchsvoraussetzungen
IV. Einzelne Leistungen 10	und Teilhabeplanung 28
1. Ärztliche Behandlung ... 10	1. Überblick 28
2. Zahnersatz 13	2. Notwendige Amtsermittlung der Verwaltung 29
3. Früherkennung und Frühförderung von Kindern 14	VII. Durchführung der Leistungen 31
4. Arznei- und Verbandmittel 15	1. Grundsatz der Leistungskontinuität 31
5. Heilmittel einschließlich physikalischer; Sprach- und Beschäftigungstherapie 16	2. Anforderungen an die Durchführung der Leistungen 32
6. Psychotherapie 17	3. Verzahnung mit Leistungen zur Teilhabe am Arbeitsleben 34
7. Hilfsmittel 18	VIII. Verfahrensrechtliche Hinweise 36
8. Digitale Gesundheitsanwendungen 19	
9. Belastungserprobung 20	

I. Allgemeines

Gesetzeshistorie: Leistungen zur medizinischen Rehabilitation waren bis 31.12.2017 in § 26 geregelt, der durch Artikel 1 und 68 Abs. 1 SGB IX vom 19.6.2001[1] mit Wirkung vom 1.7.2001 eingeführt worden war. Durch das BTHG v. 23.12.2016[2] wurde die Regelung inhaltlich weitestgehend unverändert mit Wirkung vom 1.1.2018 nach § 42 verschoben. Bis 31.12.2017 war in § 42 aF die Zuständigkeit für Leistungen in Werkstätten für behinderte Men-

---

1 BGBl. I 1046.
2 BGBl. I 3234.

schen geregelt (jetzt § 63). Mit Wirkung vom 10.6.2021 wurden durch Art. 7 Nr. 8 des Gesetzes zur Stärkung der Teilhabe von Menschen mit Behinderungen sowie zur landesrechtlichen Bestimmung der Träger von Leistungen für Bildung und Teilhabe in der Sozialhilfe (Teilhabestärkungsgesetz) vom 2.6.2021[3] in Abs. 2 Nr. 6a digitale Gesundheitsanwendungen ("Reha-Apps") explizit in den Leistungskatalog aufgenommen[4] und in § 47a gesondert geregelt (vgl. auch § 33a SGB V).

2 **Regelungsinhalt:** Die Vorschrift regelt den Inhalt der Leistungen zur medizinischen Rehabilitation, der ersten der in § 5 genannten Leistungsgruppe, und damit den Umfang der von den nach § 6 Abs. 1 Nr. 1 und 3 bis 7 zuständigen Rehabilitationsträgern zu erbringenden Leistungen zur medizinischen Rehabilitation, soweit in den für die jeweiligen Rehabilitationsträger geltenden Leistungsgesetzen nichts Abweichendes bestimmt ist (§ 7 Abs. 1 Satz 1).

3 **Zur Entstehung:** Die Vorschrift entwickelt den früheren § 10 Rehabilitations-Angleichungsgesetz fort und erweitert den Leistungsumfang um Leistungen zur Frühförderung behinderter und von Behinderung bedrohter Kinder sowie um Psychotherapie als ärztliche und psychotherapeutische Behandlung.

4 **Materialien:** Im Regierungsentwurf[5] 2001 zum früheren § 26 wurde durch Änderungsantrag der Koalitionsfraktionen[6] in Absatz 3 Nr. 5 das Wort "psychischen" durch das Wort "seelischen" ersetzt; nach dem Bericht[7] erfolgte dies zur Vereinheitlichung der Terminologie. Zur Verschiebung nach § 42 durch das BTHG vgl. BT-Drs. 18/9522, 250. Zum Teilhabestärkungsgesetz vgl. BT-Drs. 19/27400 und BT-Drs. 19/28834.

II. Ziele der Leistungen

5 Absatz 1 bestimmt trägerübergreifend die **Ziele**, zu deren Erreichung die **Leistungen zur medizinischen Rehabilitation** erforderlich sein müssen. Sie entsprechen im Wesentlichen den Zielen des § 4 Abs. 1 Nr. 1 und 2 (vgl. dazu → § 4 Rn. 5 ff.). Zusätzlich wird in Nr. 1 mit Rücksicht auf die immer größer werdende Zahl von chronisch Kranken die Abwendung **chronischer Krankheiten** genannt. Die ausdrückliche Einbeziehung der chronisch Kranken ist wegen der Begriffsbestimmungen des § 2 nur deklaratorisch, da dieser Personenkreis iSd § 2 behindert oder von Behinderung bedroht ist, soweit bei ihnen die jeweiligen Voraussetzungen des § 2 Abs. 1 oder Abs. 2 gegeben sind.[8] Die umfassenden Ziele nach Absatz 1 werden entsprechend den spezifischen Aufgabenstellungen der Rehabilitationsträger in den jeweiligen Leistungsgesetzen konkretisiert, so im Recht der gesetzlichen Krankenversicherung durch § 11 Abs. 2 S. 1 SGB V oder durch § 9 Abs. 1 und 2 SGB VI im Recht der gesetzlichen Rentenversicherung (→ Vor § 42 Rn. 6 ff.). Erforderliche medizinische Reha-Leistungen müssen **zeitnah** erbracht werden.[9] Eine medizinische Rehabilitationsmaßnahme erhöht die Chance der Teilnehmenden deutlich, im Anschluss wieder ins Erwerbsleben einsteigen zu können. Die Zahlen für die Jahre 2013 bis 2015 zeigen, dass nur 15 Prozent der Personen nach einer medizinischen Rehabilitation aus

---
3 BGBl. I 1387.
4 Vgl. zur Begründung BT-Drs. 19/27400, 62.
5 BT-Drs. 14/5074, 13, 106 und BT-Drs. 14/5531, 5.
6 Ausschussempfehlung BT-Drs. 14/5786, 30.
7 BT-Drs. 14/5800, 32.
8 Vgl. Begründung des Regierungsentwurfs 2001, BT-Drs. 14/5074, 98 und BT-Drs. 14/5531, 5.
9 BSG 19.11.2019 – B 1 KR 13/19 R, SozR 4-2500 § 76 Nr. 6 Rn. 15.

dem Erwerbsleben ausscheiden. 84 Prozent sind dagegen innerhalb der ersten 24 Monate nach Ende der Reha-Maßnahme wieder erwerbstätig.[10]

Absatz 2 zählt den Umfang der Leistungen nur beispielhaft auf, weil sie wegen der umfassenden Zielbestimmung des Absatz 1 nicht abschließend katalogisiert werden können (offener Leistungskatalog). Der jeweilige Rehabilitationsträger kann im Einzelfall weitere als die genannten Leistungen erbringen, um die in Absatz 1 Nr. 1 und 2 genannten Ziele zu verwirklichen, zB aufgrund neuer wissenschaftlicher Erkenntnisse. **Absatz 3** stellt klar, dass zur Erreichung der Ziele des Absatzes 1 auch psychosoziale Annexleistungen zu erbringen sind.

III. Abgrenzungsfragen

Die genannten Leistungen sind nicht zwangsläufig immer und ausschließlich den Leistungen zur medizinischen Rehabilitation zuzuordnen. Für die Beurteilung der Frage, ob eine Leistung zur medizinischen Rehabilitation wird, ist nicht der Leistungskatalog, sondern die **Zielrichtung** maßgeblich, mit der die Leistung erbracht wird.[11] Im Gegensatz zur Akutbehandlung – aber auch im Gegensatz zu medizinischen Vorsorgeleistungen, wie sie die Krankenversicherung insbesondere nach § 23 SGB V erbringt – geht der historisch gewachsene Begriff der „medizinischen Rehabilitation" von einem auf die in Absatz 1 genannten Ziele ausgerichteten, ganzheitlich orientierten, individuellen und komplexen Ansatz aus (→ Vor § 42 Rn. 1).[12] Dies schlägt sich etwa nieder in § 4 Abs. 1 Nr. 4 und Abs. 2 und insbesondere in § 42 Abs. 3. Regelmäßig werden die jeweiligen „Einzelleistungen" – wie die Leistungen nach Absatz 2 Nr. 1, 3 und 4 – zu einer Leistung zur medizinischen Rehabilitation gebündelt, die durch oder in Rehabilitationseinrichtungen erbracht werden. Auch bei Einzelleistungen der gesetzlichen Krankenkassen (§§ 27 ff. SGB V; → Vor § 42 Rn. 6) sind die allgemeinen Regelungen des SGB IX – wie das Wunsch- und Wahlrecht nach § 8 – zu beachten (§ 40 Abs. 3 Satz 1 SGB V), wenn die jeweilige Einzelleistung einer Behinderung zuzuordnen ist und den Zielen nach §§ 1, 4 und 42 Abs. 1 iVm § 11 Abs. 2 Satz 1 SGB V dienen soll.

Die **Abgrenzung zu den anderen Reha-Leistungsgruppen** nimmt das BSG nach der Zielsetzung und dem Schwerpunkt der jeweiligen Maßnahme vor. Medizinische Leistungen zur Rehabilitation sind auf die Erhaltung oder Besserung des Gesundheitszustandes des Versicherten gerichtet und erfordern vorwiegend die Durchführung medizinischer Maßnahmen. Das Schwergewicht auf das mit den Maßnahmen verfolgte Ziel liegt auf der Erhaltung oder Besserung des Gesundheitszustandes.[13] Bei der beruflichen oder der sozialen Rehabilitation geht es um andere Schwerpunkte.[14]

Schwierigkeiten wirft im Einzelfall die **Abgrenzung zur Krankenbehandlung** auf. „Rehabilitation hat die Aufgabe, den Folgen von Krankheiten in Form von Fähigkeitsstörungen und Beeinträchtigungen vorzubeugen, sie zu beseitigen oder zu bessern oder deren wesentliche Verschlechterung abzuwenden. Die Vermeidung der Verschlimmerung von Krankheiten ist dagegen Aufgabe der Behandlung einer Krankheit und Vorsorge."[15] Bei den Rehabilitationsleistungen

---

10 BT-Drs. 19/2041, 13.
11 Vgl. BSG 8.8.2019 – B 3 KR 21/18 R, Rn. 20, KrV 2020, 34; 6.4.2011 – B 4 AS 3/10 R, SozR 4-4200 § 21 Nr. 11 Rn. 25 mwN.
12 Vgl. *Oppermann* in Hauck/Noftz, 12/2018, SGB IX K § 42 Rn. 18.
13 BSG 6.4.2011 – B 4 AS 3/10 R, SozR 4-4200 § 21 Nr. 11 Rn. 25; 12.8.1982 – 11 RA 62/81, BSGE 54, 54, SozR 2200 § 1237 Nr. 18.
14 Vgl. BSG 6.4.2011 – B 4 AS 3/10 R, SozR 4-4200 § 21 Nr. 11 Rn. 25 mwN.
15 BT-Drs. 14/1245, 61.

handelt es sich um ggü. der Krankenbehandlung eigenständige Leistungen und nicht nur um einen Unterfall der Krankenbehandlung. Zur Krankenbehandlung (§§ 27 Abs. 1, 28 Abs. 1 Satz 1 SGB V) gehören regelmäßig nur Maßnahmen mit Behandlungs- und Therapiecharakter, die einen eindeutigen Krankheitsbezug aufweisen.[16] Die Abgrenzung ist insbes. wegen § 14 SGB IX wichtig. Stellt sich heraus, dass es gar nicht um Rehabilitations-, sondern um Krankenbehandlungsmaßnahmen nach dem SGB V geht, ist nur die Krankenkasse zuständig und eine vorläufige Zuständigkeit eines anderen Trägers greift nicht; auch die Fristen des § 14 SGB IX gelten dann nicht. Die Abgrenzung zwischen einer vollstationären Krankenhausbehandlung und **stationärer** medizinischer Rehabilitation ist schwierig, weil Rehabilitationseinrichtung und Krankenhaus sich darin decken, dass beide auf die Behandlung von Krankheiten und die Beseitigung ihrer Folgen beim Betroffenen gerichtet sind (§ 107 SGB V).[17] Deshalb kann eine Unterscheidung im Wesentlichen nur nach der Art der Einrichtung, den Behandlungsmethoden und dem Hauptziel der Behandlung getroffen werden, die sich auch in der Organisation der Einrichtung widerspiegeln. Regelmäßig ist eine Gesamtschau unter Berücksichtigung der Verhältnisse des einzelnen Falles erforderlich, die jedoch nur nach objektiven Merkmalen und Kriterien erfolgen kann.[18]

IV. Einzelne Leistungen
1. Ärztliche Behandlung

10 Ärztliche Behandlung nach Abs. 2 Nr. 1 umfasst alle ärztlichen Behandlungen durch Ärzte, Zahnärzte und Angehörige anderer Heilberufe, soweit deren Leistungen unter ärztlicher Aufsicht oder auf ärztliche Anordnung ausgeführt werden, einschließlich der Anleitung, eigene Heilungskräfte (Selbsthilfe, Gesundheitstraining) zu entwickeln. Zur ärztlichen Behandlung zählen Beratung, Diagnose und Therapie. Eine besondere Rolle spielt bei der medizinischen Rehabilitation der Rehabilitationssport[19] als ergänzende Leistung (§ 64 Abs. 1 Nr. 3 SGB IX). Der Rehabilitationssport muss – außer für Leistungsberechtigte der sozialen Entschädigung (insbes. Kriegsbeschädigte) – ärztlich verordnet sein und in Gruppen unter ärztlicher Betreuung stattfinden.

11 Durch die Hervorhebung des **Gesundheitstrainings** in Absatz 2 Nr. 1 („Anleitung, eigene Heilungskräfte zu entwickeln") trägt der Gesetzgeber dem hohen Stellenwert Rechnung, den die Gesundheitserziehung in der Rehabilitation einnimmt. Zwar ist der Betroffene nicht mehr – wie früher in § 4 RehaAnglG vorgesehen – ausdrücklich zur aktiven Mitwirkung an seiner Rehabilitation verpflichtet, doch soll das Gesundheitstraining die freiwillige Mitwirkung der Betroffenen fördern, indem sie in ihren Bemühungen zu einem gesundheitsgerechten Verhalten während und nach der Rehabilitation unterstützt werden.

12 Einen generellen Arztvorbehalt bestimmt das SGB IX zwar nicht. In Absatz 2 Nr. 1 wird aber – auch wenn die Leistungen zur medizinischen Rehabilitation überwiegend von nichtärztlichem Personal ausgeführt werden – die besondere Bedeutung der **ärztlichen Verantwortung** in der medizinischen Rehabilitation hervorgehoben, die bei den meisten Indikationen die Rehabilitation bestimmen

---

16 BSG 26.6.2007 – B 1 KR 36/06 R, BSGE 98, 277, SozR 4-2500 § 40 Nr. 4.
17 Vgl. BSG 19.11.2019 – B 1 KR 13/19 R, SozR 4-2500 § 76 Nr. 6 Rn. 17.
18 BSG 25.9.2007 – GS 1/06, BSGE 99, 111, NJW 2008, 1980; 16.11.1999 – B 1 KR 17/98, SozR 3-3100 § 18c Nr. 3.
19 Vgl. BSG 22.4.2009 – B 3 KR 5/08 R; 2.11.2010 – B 1 KR 8/10 R, SozR 4-2500 § 43 Nr. 2.

muss. Soweit Angehörige nichtärztlicher Berufe Rehabilitationsmaßnahmen durchführen, müssen die Maßnahmen auf ärztliche Anordnung ausgeführt werden oder der ärztlichen Aufsicht oder Anleitung unterstehen.[20] Zu den Leistungen, die nicht in der Verantwortung von Ärzten durchgeführt werden müssen, vgl. auch → Rn. 16 ff.

2. Zahnersatz

Der Leistungskatalog nennt ausdrücklich die **Behandlung durch Zahnärzte**, nicht aber die **Behandlung und** die **Versorgung mit Zahnersatz**. Wegen der umfassenden Zielbestimmung in Absatz 1 sind aber auch diese Leistungen denkbar. Die **zahnärztliche und kieferorthopädische Behandlung einschließlich der Versorgung mit Zahnersatz** sind idR jedoch im Rahmen der Krankenbehandlung von den Krankenkassen oder den Trägern der Sozialhilfe im Rahmen der Krankenhilfe zu leisten.[21] Nur in wenigen Ausnahmefällen sind (ergänzende) zahnärztliche Behandlungen von den Rentenversicherungsträgern nach § 15 Abs. 1 S. 2 SGB VI als Leistungen zur medizinischen Rehabilitation zu erbringen. Wegen der besonderen Zielsetzung der Rehabilitation in der Rentenversicherung ist für zahnärztliche Behandlung einschließlich der Versorgung mit Zahnersatz durch die Rentenversicherungsträger nur Raum, wenn sie unmittelbar und gezielt der Besserung oder Wiederherstellung der Erwerbsfähigkeit dient und soweit die gesetzlichen Krankenkassen oder die Sozialhilfeträger die gebotene Behandlung nicht uneingeschränkt leisten oder zu leisten haben.[22]

13

3. Früherkennung und Frühförderung von Kindern

Leistungen zur medizinischen Rehabilitation werden auch im Rahmen der **Früherkennung und Frühförderung behinderter und von Behinderung bedrohter Kinder** erbracht. Früherkennung und Frühförderung bestehen aus einem System aufeinander abgestimmter, interdisziplinärer Leistungen; teilweise handelt es sich um Leistungen zur medizinischen Rehabilitation. Dies wird durch Absatz 2 Nr. 2 klargestellt; im Übrigen vgl. bei → § 46 Rn. 5 ff., Rn. 12 ff.

14

4. Arznei- und Verbandmittel

Das Gesetz stellt in Absatz 2 Nr. 3 klar, dass die im Rahmen einer Reha-Maßnahme erforderlichen Arznei- und Verbandmittel (eigentlich Leistungen im Rahmen einer Krankenbehandlung) auch vom Leistungskatalog erfasst sind. **Arzneimittel** sind nach den auch vorliegend anzuwendenden Begrifflichkeiten des Arzneimittelrechts[23] Stoffe und Zubereitungen aus Stoffen, die am oder im menschlichen Körper angewendet werden (§ 2 Abs. 1 Satz 1 Nr. 1 AMG). Der Inhalt und Umfang der Leistungspflicht der Krankenkassen wird durch die Arzneimittel-Richtlinie des Gemeinsamen Bundesausschusses nach § 92 Abs. 1 Satz 2 Nr. 6 SGB V konkretisiert.[24] **Verbandmittel** sind Textilien oder ähnliche

15

---

20 *Oppermann* in Luthe Rehabilitationsrecht, S. 244 Rn. 52.
21 BSG 24.6.1980 – 1 RA 51/79, BSGE 50, 156, SozR 2200 § 1237 Nr. 15; LSG Bln-Bbg 11.6.2014 – L 16 R 923/13; SG Speyer 18.9.2015 – S 19 KR 219/14.
22 Vgl. auch SG Dresden 4.7.2005 – S 14 RA 427/01; zur Übertragbarkeit der Regelung auf andere Hilfsmittel vgl. BayLSG 27.11.2012 – L 13 R 661/10.
23 Vgl. BSG 9.12.1997 – 1 RK 23/95, SozR 3-2500 § 27 Nr. 19; 28.2.2008 – B 1 KR 16/07 R, NZS 2009, 210.
24 In der Fassung vom 18.12.2008/22.1.2009, BAnz 2009 Nr. 49a, zuletzt geändert am 18.3.2021, BAnz AT 3.5.2021 B4 mWv 4.5.2021, unter www.g-ba.de abrufbar.

Stoffe, die dazu bestimmt sind, oberflächengeschädigte Körperteile zu bedecken oder deren Körperflüssigkeit aufzusaugen (§ 4 AMG).

5. Heilmittel einschließlich physikalischer; Sprach- und Beschäftigungstherapie

16 **Heilmittel** im Rahmen von Leistungen zur medizinischen Rehabilitation nach Absatz 2 Nr. 4 erfassen in Abgrenzung zu den Hilfsmitteln (§ 31) alle persönlichen medizinischen Dienstleistungen, wie physikalische Therapien, Sprach- und Beschäftigungstherapie, Massagen oder Krankengymnastik, die nur von entsprechend ausgebildetem Personal (nichtärztlichen Leistungserbringer) durchgeführt werden dürfen und einem Heilzweck dienen oder einen Heilerfolg sicherstellen sollen. Sie werden grundsätzlich von nichtärztlichen Leistungserbringern erbracht.[25] Im Recht der gesetzlichen Krankenversicherung wird die Heilmittelerbringung durch die Heilmittel-Richtlinie (HeilM-RL) des Gemeinsamen Bundesausschusses nach § 92 Abs. 1 Satz 2 Nr. 6 und Abs. 6 iVm § 138 SGB V konkretisiert.[26] Die Neufassung 2011 hat es Menschen mit schweren dauerhaften funktionellen/strukturellen Schädigungen erleichtert, ohne erneute Überprüfung des Behandlungsbedarfs eine langfristige Genehmigung (mindestens für die Dauer eines Jahres) von Heilmittelbehandlungen von ihrer Krankenkasse bekommen zu können (§ 8 Abs. 5 HeilM-RL). Zudem wird behinderten Kindern und Jugendlichen, die in einer auf deren Förderung ausgerichteten Tageseinrichtung untergebracht sind, der Zugang zur Heilmittelbehandlung erleichtert. Nach § 11 Abs. 2 Satz 3 und 4 HeilM-RL können Kinder und Jugendliche mit einer besonders schweren und langfristigen funktionellen und strukturellen Schädigung und Beeinträchtigung der Aktivitäten künftig auch ohne Verordnung eines Hausbesuchs eine Heilmittelbehandlung in bestimmten Einrichtungen außerhalb der Praxis erhalten. Die HeilM-RL enthält einen Katalog über die in der vertragsärztlichen Versorgung verordnungsfähigen Heilmittel. Ausdrücklich ausgeschlossen wird dort die **Hippotherapie**; davon nicht berührt ist die Erbringung von Hippotherapie unter den Voraussetzungen des Absatz 3 (→ Rn. 23).[27] Anders als bei der Hippotherapie, die als besondere Form der Krankengymnastik den Leistungen zur medizinischen Rehabilitation grundsätzlich zugeordnet ist,[28] handelt es sich beim **heilpädagogischen Reiten** regelmäßig um eine heilpädagogische Leistung, die für nicht eingeschulte Kinder nach § 113 Abs. 2 Nr. 3 (bis 31.12.2017 nach § 55 Abs. 2 Nr. 2 SGB IX aF) erbracht wird.[29] Jedenfalls sind beide Leistungsformen in der gesetzlichen Krankenversicherung nicht verordnungsfähig, da der Gemeinsame Bundesausschuss deren therapeutischen Nutzen nach § 138 SGB V nicht anerkannt hat. Während das heilpädagogische Reiten in den Heilmittel-Richtlinien nicht positiv aufgenom-

---

25 BSG 8.2.2000 – B 1 KR 3/99 B, NZS 2001, 144; 28.6.2001 – B 3 KR 3/00 R, BSGE 88, 204, SozR 3-2500 § 33 Nr. 41.
26 Vom 20.1.2011/19.5.2011 (BAnz. Nr. 96 v. 30.6.2011, 2247), in Kraft getreten zum 1.7.2011, zuletzt geändert 18.3.2021, BAnz AT 15.4.2021 B3 mWv 1.4.2021, unter www.g-ba.de abrufbar.
27 Zur Ablehnung der Hippotherapie als Heilmittel vgl. BSG 19.3.2002 – B 1 KR 36/00 R, SozR 3-2500 § 138 Nr. 2; zum Anspruch von Schulkindern auf heilpädagogisches Reiten vgl. VG Dresden 13.1.2010 – 1 K 881/07.
28 So SG Düsseldorf 13.3.2007 – S 23 SO 195/05.
29 So BayVGH 24.3.2010 – 12 B 06.2837, ähnlich OVG RhPf 4.11.2010 – 7 A 10796/10, anders aber VG Aachen 21.6.2006 – 6 K 103/04, wonach es sich überwiegend um eine Leistung zur medizinischen Rehabilitation handelt.

men wurde, wurde die Hippotherapie ausdrücklich als nichtverordnungsfähiges Heilmittel eingestuft.[30]

6. Psychotherapie

Die Aufführung der **Psychotherapie** als ärztliche und psychotherapeutische Behandlung in **Absatz 2 Nr. 5** trägt dem Psychotherapeutengesetz vom 16.6.1998[31] Rechnung. Durch dieses Gesetz wurden diese Berufsgruppen – wie bisher schon Ärzte – zur psychotherapeutischen Behandlung zugelassen (vgl. hierzu § 27 Abs. 1 S. 2 Nr. 1, § 28 Abs. 3 SGB V). Da die Psychotherapeuten die Behandlung nunmehr in eigener Verantwortung den Ärzten gegenüber gleichberechtigt ausführen, werden sie nicht von Absatz 2 Nr. 1 erfasst, so dass ihre gesonderte Nennung in Nr. 5 klarstellende Funktion hat.

17

7. Hilfsmittel

Zum Leistungsumfang der in **Absatz 2 Nr. 6** angesprochenen **Hilfsmittel** → § 47 Rn. 5 ff.

18

8. Digitale Gesundheitsanwendungen

Mit dem Gesetz zur Stärkung der Teilhabe von Menschen mit Behinderungen sowie zur landesrechtlichen Bestimmung der Träger von Leistungen für Bildung und Teilhabe in der Sozialhilfe (Teilhabestärkungsgesetz) v. 2.6.2021[32] wurden digitale Gesundheitsanwendungen („Reha-Apps", → § 47a Rn. 6; vgl. auch § 33a SGB V) mWv 10.6.2021 in den Leistungskatalog der Leistungen zur medizinischen Rehabilitation aufgenommen. Diese hätten zwar aufgrund des offenen Leistungskatalogs des Abs. 2 schon eingesetzt werden können, kamen aber kaum zur Anwendung (vgl. BT-Drs. 18/27400, 6), wohingegen Hilfsmittel mit digitaler Technologie schon länger eingesetzt werden.[33] Mit der expliziten Aufnahme in den Leistungskatalog beabsichtigt der Gesetzgeber, das Potential der Digitalisierung im Bereich der medizinischen Rehabilitation stärker zu nutzen. Zum Leistungsumfang der in **Absatz 2 Nr. 6a** angesprochenen **digitalen Gesundheitsanwendungen** → § 47a Rn. 5 ff.

19

9. Belastungserprobung

Die in **Absatz 2 Nr. 7** angesprochene Belastungserprobung und Arbeitstherapie (vgl. § 42 SGB V, → Rn. 23) werden im Rahmen der medizinischen Rehabilitation erbracht, um die verbliebene Leistungsfähigkeit zu testen.[34] Die **Belastungserprobung** dient in erster Linie der Überprüfung der Arbeitsfähigkeit. Demgegenüber geht die stufenweise Wiedereingliederung nach § 44 bereits von einer Teilarbeitsfähigkeit für den geplanten Tätigkeitsumfang aus. Bei der Belastungserprobung ist im Gegensatz zum Beschäftigungsverhältnis, für das die Dispositionsbefugnis des Arbeitgebers wesentlich ist, die Unterordnung unter einen Behandlungsplan vorrangig. Auch wenn Maßnahmen der Belastungserprobung mit einer Eingliederung in einem Betrieb verbunden sein können, gibt der Behandlungsplan/Teilhabeplan den Rechtsbeziehungen zwischen den an der

20

---

30 Vgl. BSG 19.3.2002 – B 1 KR 36/00 R, SozR 3-2500 § 138 Nr. 2. Zur Gewährung im Rahmen der Eingliederungshilfe BVerwG 18.10.2012 – 5 C 15/11 – BVerwGE 144, 364, NVwZ-RR 2013, 188.
31 BGBl. I 1311.
32 BGBl. I 1387.
33 Vgl. zB BSG 10.9.2000 – B 3 KR 15/19 R, SozR 4-2500 § 33 Nr. 55 – GPS-Uhr.
34 Vgl. *Kalina* ZFSH/SGB 2012, 317.

Behandlungsmaßnahme Beteiligten das entscheidende Gepräge; eventuelle Weisungsbefugnisse eines Arbeitgebers sind demgegenüber nachrangig.[35] Die Kündigung eines Arbeitsverhältnisses ist regelmäßig sozialwidrig, wenn eine Belastungserprobung, bei der das Restleistungsvermögen festgestellt werden soll, indiziert, jedoch noch nicht durchgeführt worden ist.[36]

21 Die Maßnahme wird im Rahmen eines Behandlungsplanes unter ärztlicher Verantwortung und Aufsicht durchgeführt. Bei besonders schweren Fällen, insbesondere bei psychisch behinderten Menschen ist das Abklingen der primären Krankheitssymptomatik nicht gleichzusetzen mit der Wiedererlangung der Arbeitsfähigkeit, sondern es geht zunächst um die Klärung der Leistungsfähigkeit unter den spezifischen Anforderungen des jeweiligen Arbeitsverhältnisses (Erfüllung arbeitsvertraglicher Verpflichtungen) oder, sofern ein Arbeitsverhältnis nicht mehr besteht, um die Klärung der Belastbarkeit unter Wettbewerbsbedingungen, ggf. in Zusammenarbeit mit den Integrationsfachdiensten nach §§ 192 ff.

22 § 42 SGB V normiert eine subsidiäre Leistungspflicht der Krankenkasse, soweit die Belastungserprobung eigenständig stattfindet. Sie kann aber auch unselbstständiger Teil einer Gesamtbehandlung nach §§ 39 Abs. 1, 40 Abs. 2 SGB V sein. Wird die Belastungserprobung unselbstständig im Rahmen einer Gesamtbehandlung während einer vollstationären Krankenhausbehandlung oder medizinischen Reha durchgeführt, ist sie Teil einer Komplexleistung und der Nachranggrundsatz des § 42 SGB V gilt dann nicht.[37] Insoweit sind §§ 39 Abs. 1, 40 Abs. 2 SGB V anzuwenden.[38]

10. Arbeitstherapie

23 Die **Arbeitstherapie** soll eine Verbesserung der Arbeitsbelastung im alten Beruf bewirken, geht in der Regel der Belastungserprobung voraus, ist Bestandteil klinischer Maßnahmen oder wird zur Verbesserung der Belastbarkeit ambulant bei niedergelassenen Ergotherapeuten erbracht. Anders als die Belastungserprobung und die Arbeitstherapie gehören die Abklärung der beruflichen Eignung und die Arbeitserprobung gem. § 49 Abs. 4 S. 2 zu den Leistungen zur Teilhabe am Arbeitsleben (→ § 49 Rn. 39) und dienen dazu, den bisherigen Arbeitsplatz fortzuentwickeln, individuell geeignete andere Einsatzmöglichkeiten im bisherigen Berufsfeld oder einen neuen, geeigneten Beruf zu finden. Die Arbeitstherapie umfasst die Ausbildung, die Förderung und das Training von Fähigkeiten, die als Grundvoraussetzungen für die Teilnahme am Arbeitsleben vorliegen müssen. Zu den Grundvoraussetzungen zählen zB motorische, handwerklich-technische Fähigkeiten und geistig-psychische Befähigungen. Arbeitstherapie soll „die Persönlichkeit in einem sich wechselseitig mit dem Fähigkeitserwerb bedingenden Prozess stabilisieren."[39]

V. Psychosoziale Leistungen

24 **Absatz 3** stellt klar, dass über die medizinischen Leistungen im engeren Sinne hinaus weitere **Annexleistungen** erforderlich sein können und ggf. vom Rehabi-

---

35 BSG 19.10.1983 – 3 RK 15/82, USK 83141.
36 LAG Köln 11.6.2007 – 14 Sa 1391/06 mit Anm. *Kohte/Nebe* jurisPR-ArbR 23/2008 Anm. 1.
37 *Waßer* in jurisPK-SGB V, 4. Aufl. 2020, § 42 Rn. 19.
38 Vgl. BSG 1.2.1983 – 3 RK 33/81, USK 8303; 13.9.2011 – B 1 KR 25/10 R, BSGE 109, 122, SozR 4-2500 § 42 Nr. 1 Rn. 26.
39 BSG 13.9.2011 – B 1 KR 25/10 R, BSGE 109, 122, SozR 4-2500 § 42 Nr. 1 Rn. 21.

litationsträger im Rahmen der medizinischen Rehabilitation zu erbringen sind. Die Vorschrift enthält einen beispielhaften Leistungskatalog der wichtigsten **psychosozialen Hilfen**, die als Leistungen zur medizinischen Rehabilitation im Einzelfall erforderlich sein können. Die Begründung des Regierungsentwurfs zu § 26 Abs. 3 SGB IX aF nennt als Beispiel Hilfen zur Bewältigung psychosozialer Problemlagen, wie sie etwa als Folge von Erblindung oder Ertaubung typisch sind.[40]

Die Leistungen werden nur zum Teil von Ärzten erbracht; in der Regel werden Sozialarbeiter, Sozialpädagogen und Psychologen eigenverantwortlich tätig. Auch familienentlastende und -unterstützende Dienste sind zur Erreichung oder zur Sicherung der Rehabilitationsziele einzusetzen. Nach der Begründung zum Regierungsentwurf kann in Einzelfällen auch Hippotherapie in Betracht kommen, mit der versucht wird, körperliche oder seelische Schädigungen durch Reiten zu heilen.[41]

Die Hilfen nach Absatz 3 werden den Leistungen zur medizinischen Rehabilitation nicht generell zugeordnet, sondern nur in Bezug auf die in Absatz 1 genannten Ziele und zur Abwendung und Minderung von Krankheitsfolgen – und auch nur, soweit sie im Hinblick auf diese Ziele im Einzelfall erforderlich sind. Sie sind den Leistungen zur medizinischen Rehabilitation als **unselbstständiger Annex** nur zuzuordnen, wenn und solange sie Bestandteil der Leistungen nach Absatz 1 sind. Sie können nicht eigenständig als medizinische Reha-Leistungen erbracht werden. Die medizinischen Leistungen müssen den Schwerpunkt bilden. Ist dies nicht der Fall oder sind derartige Leistungen unabhängig von medizinischen Leistungen erforderlich, kann ihre Erbringung ggf. als Leistungen zur Sozialen Teilhabe (§ 76, § 113) in Betracht kommen. Entsprechendes gilt bei § 49 Abs. 6, der ebenfalls als integrativen Bestandteil einer Maßnahme der beruflichen Rehabilitation medizinische Annexhilfen vorsieht, zB begleitende psychologische Hilfen (§ 49 Abs. 6 Nr. 5), ohne dass dadurch die Leistungen zur Teilhabe am Arbeitsleben ihren Charakter verlieren und zu medizinischen Reha-Leistungen werden.[42]

Streng genommen hat Absatz 3 nur deklaratorischen Charakter. Denn **psychosoziale Hilfen** sind bereits seit Jahren Bestandteil insbesondere stationär ausgeführter medizinischer Rehabilitationsleistungen, so zB bei der Rehabilitation von **Suchtkranken** oder **psychisch behinderten Menschen**.[43] Der Katalog des Absatzes 3 beruht im Wesentlichen auf Beratungen, die im Rahmen der Bundesarbeitsgemeinschaft für Rehabilitation bereits Jahre vor Inkrafttreten des SGB IX geführt wurden. Schon damals hatten die an der medizinischen Rehabilitation Beteiligten erkannt, dass bei bestimmten Indikationen neben den eigentlichen medizinischen Leistungen begleitende psychosoziale Hilfen erforderlich sein können, um das Rehabilitationsziel zu erreichen. Die Hilfen werden idR in Betracht kommen, wenn sie im Einzelfall zur weiteren Stabilisierung der seelischen Gesundheit erforderlich sind.

---

40 Vgl. BT-Drs. 5074, 106 f. und BT-Drs. 5531, 5.
41 BT-Drs. 14/5074, 107.
42 BSG 6.4.2011 – B 4 AS 3/10 R, SozR 4-4200 § 21 Nr. 11.
43 Vgl. etwa Ziff. 5.5 der Empfehlungsvereinbarung über die Zusammenarbeit der Krankenversicherungsträger und der Rentenversicherungsträger sowie der Bundesagentur für Arbeit bei der Gewährung von Leistungen zur Teilhabe in Rehabilitationseinrichtungen für psychisch kranke und behinderte Menschen (RPK-Empfehlungsvereinbarung) vom 29.9.2005, unter www.bar-frankfurt.de abrufbar.

VI. Anspruchsvoraussetzungen und Teilhabeplanung

1. Überblick

28 Zunächst müssen **Art und Schwere der Behinderung** und die hieraus resultierende **Teilhabeeinschränkung** ermittelt werden. Sodann ist zu klären, welches Ziel mit welcher erforderlichen und geeigneten Maßnahme erreicht werden soll (Teilhabeplanung und Prognoseentscheidung) und dann ggf. zwischen mehreren geeigneten Maßnahmen eine Auswahl zu treffen.[44] Dies wird im Teilhabeplan (§ 19) dokumentiert, der mit dem BTHG als standardisiertes Verwaltungsverfahren und regulärer Bestandteil der Aktenführung eingeführt worden ist.[45] Ein Musterformular hierfür hat die BAR erarbeitet und zur Verfügung gestellt.[46]

2. Notwendige Amtsermittlung der Verwaltung

29 Leistungen der medizinischen Rehabilitation sind immer dann **erforderlich**, wenn aufgrund von Art und Schwere der Behinderung und der hieraus resultierenden Teilhabebeeinträchtigung eine kurative Behandlung einschließlich Heilmittelversorgung nicht ausreicht, das aus der individuellen Rehabilitationsbedürftigkeit abgeleitete Rehabilitationsziel zu erreichen. Häufig werden zur Beantwortung dieser Fragen im Rahmen der behördlichen und gerichtlichen Amtsermittlung medizinische Sachverständigengutachten notwendig sein. Im Rahmen der Amtsermittlung werden nach der Gemeinsamen Empfehlung Reha-Prozess der Reha-Träger die Wünsche, Vorstellungen, Bedürfnisse und persönlichen Ziele der Leistungsberechtigten im Zusammenhang mit ihrer jeweiligen individuellen Teilhabe erfragt und berücksichtigt.[47]

30 Die **Gemeinsame Empfehlung „Reha-Prozess"**[48] hat nicht nur Bedeutung für das koordinierte Verwaltungshandeln und die Teilhabeplanung. Die Reha-Träger haben in dieser Empfehlung auch einen **Leitfaden für die Amtsermittlung** aufgestellt und diejenigen Punkte benannt, die vorab geklärt werden müssen, um die richtige Reha-Maßnahme auswählen zu können. Die Feststellung der Notwendigkeit und der Erfolgsaussicht einer beantragten Rehabilitationsmaßnahme obliegen dem Reha-Träger und sind die notwendige Vorarbeit für eine rechtmäßige pflichtgemäße Ermessensausübung.[49] Nur wenn der **Sachverhalt** in ausreichender Weise ermittelt und die Teilhabeplanung ordnungsgemäß durchgeführt wurde, kann das **Auswahlermessen** fehlerfrei ausgeübt werden. Der Gesetzgeber hat bereits darauf hingewiesen, dass eine fehlerhafte Teilhabeplanung die Verwertung der Feststellungen zum Bedarf und zu den erforderlichen Leistungen gefährde, was auf die gerichtliche Überprüfung von Auswahlermessen und Prognoseentscheidung abzielt.[50] Folgende Angaben müssen vor der Entscheidung von der Verwaltung ermittelt und geklärt werden (§ 19 Abs. 2 SGB IX und § 55 der Gemeinsamen Empfehlung Reha-Prozess):

---

44 Vgl. zum Begriff der „Erforderlichkeit" einer Reha-Leistung BSG 6.12.2018 – B 8 SO 7/17 R, SozR 4-3500 § 54 Nr. 17 Rn. 21.
45 BT-Drs. 18/9522, 239.
46 Gemeinsame Empfehlung „Reha-Prozess", 2. Aufl. 2019, Anlage 6, S. 90, unter www.bar-frankfurt.de abrufbar.
47 § 45 Abs. 1 Satz 2 der GE Reha-Prozess, 2. Aufl. 2019, unter www.bar-frankfurt.de abrufbar.
48 2. Aufl. 2019, unter www.bar-frankfurt.de abrufbar.
49 Vgl. BSG 25.3.2003 – B 1 KR 33/01 R, NZS 2004, 167; 7.5.2013 – B 1 KR 53/12 R, Rn. 10, PaPfleReQ 2013, 106.
50 BT-Drs. 18/9522, 240.

- die Schädigungen, dh Art und Schwere der Behinderung,
- die Beeinträchtigungen der Aktivitäten und/oder Teilhabe,
- die vorhandenen Ressourcen,
- die personen- und umweltbezogenen Kontextfaktoren,
- die zu berücksichtigenden besonderen Bedürfnissen behinderter und von Behinderung bedrohter Frauen und Kinder,
- die leistungsbezogenen Ziele und Wünschen des betroffenen behinderten Menschen,
- die Gründe für die Erforderlichkeit der Leistungen,
- Ziel, Art, Umfang und inhaltlicher Ausgestaltung der vorgesehenen Leistungen,
- die Frage, ob ein Persönliches Budget gewünscht wird,
- voraussichtlicher Beginn, Dauer der vorgesehenen Leistungen und Ort ihrer Durchführung,
- organisatorische und zeitliche Abläufe (insbesondere bei verzahnten und sich überschneidenden Leistungen zur Rehabilitation und Teilhabe),
- Klärung, welche Rehabilitationsträger und ggf. sonstige Dritte zu beteiligen sind.

VII. Durchführung der Leistungen

1. Grundsatz der Leistungskontinuität

Eine positive Entscheidung über den Rehabilitationsantrag hat weitreichende Bedeutung für das gesamte spätere Rehabilitations-Verfahren. Es kann sich zB die Frage stellen, ob der Reha-Träger an die Bejahung der allgemeinen Förderungsvoraussetzungen gebunden ist, wenn er in einem Verwaltungsakt Leistungen zur Teilhabe bewilligt hat und in einem späteren Zeitpunkt über eine weitere Leistung entscheiden muss. In solchen Fällen gilt der **Grundsatz der Leistungskontinuität**,[51] welcher Folgendes besagt: Bewilligt der Reha-Träger durch bestandskräftigen Bescheid eine Maßnahme der Rehabilitation, so ist dieser Bescheid auch für weitere Leistungsansprüche – solange der Erfolg der Maßnahme noch nicht dauerhaft gesichert ist – regelmäßig so auszulegen, dass der Träger hiermit auch für die geltend gemachten weiteren Leistungsansprüche das Vorliegen der allgemeinen Förderungsvoraussetzungen, einschließlich der Behinderteneigenschaft des Teilnehmers und der Notwendigkeit der Teilnahme an der berufsfördernden Maßnahme zur Rehabilitation, anerkennt. Insoweit ist eine Prüfung durch die Gerichte nicht vorzunehmen, auch nicht in einem Verfahren gem. § 44 SGB X; es kommt für weitere Leistungen nur noch auf deren besonderen Voraussetzungen an.[52]

31

2. Anforderungen an die Durchführung der Leistungen

Die Reha-Träger haben in §§ 79 ff. der **Gemeinsamen Empfehlung „Reha-Prozess"**[53] vereinbart, dass die Leistungsberechtigten in die Durchführung der Leistungen zur Teilhabe aktiv einzubezogen werden. Die Rehabilitationsträger und Integrationsämter stellen sicher, dass die erforderlichen Leistungen zur Teilhabe **zugeschnitten auf die individuelle Lebenssituation** des Menschen mit Behinderung oder drohender Behinderung erbracht werden, zB auch im Austausch mit dessen Angehörigen oder gesetzlichen Vertretern. Mit dem Ziel der **Nahtlosig-**

32

---

51 Vgl. BSG 1.4.1993 – 7/9 b RAr 16/91, BSGE 72, 169, SozR 3-4100 § 56 Nr. 9; 25.3.2003 – B 7 AL 8/02 R, BSGE 91, 54, SozR 4-4300 § 110 Nr. 1.
52 BSG 1.9.1994 – 7 RAr 106/93, BSGE 75, 69, SozR 3-4100 § 59 Nr. 7.
53 2. Aufl. 2019, unter www.bar-frankfurt.de abrufbar.

keit sollen die im Einzelfall erforderlichen Leistungen durch den oder die Rehabilitationsträger bzw. die Integrationsämter unverzüglich „wie aus einer Hand" erbracht werden.

33 Am Ende einer Teilhabeleistung prüfen die Reha-Träger die Erreichung der Teilhabeziele sowie ob und inwieweit weitere Leistungen, insbes. Leistungen zur Teilhabe am Arbeitsleben, notwendig sind, um das Teilhabeziel zu erreichen oder zu sichern. Die Rehabilitationsträger wirken ferner darauf hin, dass die Entlassungsberichte sachgerechte Hinweise auf ggf. notwendige weitere Leistungen enthalten. Durch Auswertung der Entlassungsberichte prüfen die Rehabilitationsträger empfohlene Leistungen und leiten ggf. deren Umsetzung ein bzw. wirken auf deren Umsetzung hin.[54]

3. Verzahnung mit Leistungen zur Teilhabe am Arbeitsleben

34 Studien haben klar aufgezeigt, dass sich die Effektivität von Rehaverfahren steigern lässt, wenn frühzeitig berufliche Anforderungen im Prozess der medizinischen Rehabilitation berücksichtigt werden und insoweit die Zielsetzung der medizinischen Rehabilitation erweitert wird.[55] Durch die **Verzahnung unterschiedlicher Leistungsbereiche** sollen nach der Gesetzeskonzeption schnelle und nachhaltige Erfolge erzielt werden. Soweit es im Einzelfall geboten ist, prüft deshalb der zuständige Rehabilitationsträger gleichzeitig mit der Einleitung einer Leistung zur medizinischen Rehabilitation, während ihrer Ausführung und nach ihrem Abschluss, ob durch geeignete Leistungen zur **Teilhabe am Arbeitsleben** die Erwerbsfähigkeit des behinderten oder von Behinderung bedrohten Menschen erhalten, gebessert oder wiederhergestellt werden kann (§ 10 Abs. 1 Satz 1). Wird während einer Leistung zur medizinischen Rehabilitation erkennbar, dass der bisherige Arbeitsplatz gefährdet ist, wird mit den Betroffenen sowie dem zuständigen Rehabilitationsträger unverzüglich geklärt, ob Leistungen zur Teilhabe am Arbeitsleben erforderlich sind (§ 10 Abs. 1 Satz 2). Die DRV und die GKV haben diesbezüglich Konzepte einer medizinisch-beruflich orientierten Rehabilitation (MBOR) entwickelt.[56]

35 Die BA ist in die Koordination der Leistungen zur Teilhabe am Arbeitsleben mit anderen Leistungsgruppen besonders einbezogen worden (§§ 10 Abs. 1, 54 SGB IX). Bei der Prüfung, ob neben der Gewährung von Leistungen zur medizinischen Rehabilitation auch solche zur Teilhabe am Arbeitsleben erforderlich sind, wird die BA beteiligt. Sie nimmt zu Notwendigkeit, Art und Umfang der Leistungen unter Berücksichtigung arbeitsmarktlicher Zweckmäßigkeit gutachterlich Stellung. Unterbleibt eine solche Beteiligung oder ist sie nicht nachvollziehbar begründet oder sind die Beurteilungsmaßstäbe nicht transparent, kann dadurch die Ermessensausübung des leistenden Reha-Trägers fehlerhaft werden.[57]

VIII. Verfahrensrechtliche Hinweise

36 Der **Antrag** auf Reha-Leistungen ist eine empfangsbedürftige einseitige Willenserklärung, die nach dem objektiven Empfängerhorizont (§§ 133, 157 BGB) und

---

54 § 85 der GE Reha-Prozess, 2. Aufl. 2019.
55 *Jankowiak et al.* RP-Reha 2014, 49; *Driesel et al.* Rehabilitation 2014, 81.
56 Vgl. dazu *Streibelt/Buschmann-Steinhage* Die Rehabilitation 2011, 160 ff.; *Markus/Bethge* RP-Reha 2017 Nr. 4, 5 ff.; *DRV Bund*, Anforderungsprofil zur Durchführung der Medizinisch-beruflich orientierten Rehabilitation (MBOR) 2012, unter http://www.deutsche-rentenversicherung.de abrufbar.
57 *Luik* in jurisPK-SGB IX, 3. Aufl. 2018, § 54 Rn. 29; vgl. auch BSG 28.11.1996 – 7 RAr 58/95, SozR 3-4460 § 10 Nr. 2.

nach dem Meistbegünstigungsgrundsatz ausgelegt werden muss.[58] Grds. hat der Rehabilitationsträger davon auszugehen, dass der behinderte Mensch mit dem Rehabilitationsantrag die „Herbeiführung des Gesamterfolges" ggf. mittels eines „Bündels von Einzelmaßnahmen"[59] anstrebt. Der Antrag kann auch mündlich, konkludent oder **durch Dritte** gestellt werden, zB kann eine Versorgungsanzeige des Hörgeräteakustikers an die Krankenkasse bereits die Fristen des § 14 auslösen.[60] Der Antrag muss **umfassend**, dh auf **alle nach Lage des Falles vernünftigerweise in Betracht kommenden Leistungen und Anspruchsgrundlagen** hin, geprüft werden.[61] Er darf trotz der Splittingmöglichkeit nach § 15 Abs. 1 SGB IX in den dort genannten Sachverhalten nicht „künstlich" aufgespalten werden.[62] Vielmehr sind Beschränkungen im Antrag grds. unbeachtlich. Falls nur eine Teilleistung beantragt ist, bedeutet das nicht, dass nur diese zu erbringen wäre. Der Rehabilitationsträger hat in diesem Fall von Amts wegen mit Zustimmung des behinderten Menschen sinnvolle und zweckmäßige weitergehende Leistungen zu prüfen.

Wegen der Zuständigkeitsregelungen der §§ 14 ff. muss der Antrag **nach allen in Betracht kommenden Rechtsgrundlagen** geprüft werden, die in der Bedarfssituation für behinderte Menschen vorgesehen sind.[63] Mit einem Ablehnungsbescheid nach dem eigenen Leistungsgesetz ist es nicht getan. Eine Ablehnung ist nur möglich, wenn überhaupt kein Träger die beantragte Leistung erbringen könnte; diese Prüfung muss in der Begründung der Ablehnung durch den nach § 14 zuständigen Träger deutlich werden.[64] Mit der Antragstellung wird der behinderte Mensch so gestellt, als hätte er „gleichzeitig bei allen Reha-Trägern einen Antrag gestellt."[65]

37

Die Ergebnisse der Amtsermittlung werden in einem **Teilhabeplan** (§ 19) dokumentiert, der zu erstellen ist, wenn mehrere Träger zuständig sind oder weitere Leistungsgruppen (§ 5) einschlägig sind, also zB immer in Fällen des Antragssplittings nach § 15 SGB IX, aber auch unabhängig davon, wenn der behinderte Mensch einen Teilhabeplan wünscht (§ 19 Abs. 2 S. 2). Der Teilhabeplan unterstützt sowohl die Rehabilitationsträger bei der trägerübergreifenden Bedarfsermittlung und -feststellung als auch die Leistungsberechtigten im Rahmen der Mitwirkung im Verfahren und ggf. bei einer darüber hinausgehenden Rechtsdurchsetzung (→ Rn. 40).[66] Nur mit einem pflichtgemäß erstellten Teilhabeplan ist nach § 15 Abs. 3 SGB IX auch die getrennte Bewilligung und Erbringung von Leistungen im Außenverhältnis zum behinderten Menschen möglich.

38

Ist eine **Ermessensentscheidung** angefochten, ist die kombinierte Anfechtungs- und Verpflichtungsbescheidungsklage (§ 131 Abs. 3 SGG) die richtige Klageart; soweit eine Ermessensreduzierung auf Null geltend gemacht wird, die kombinierte Anfechtungs- und Verpflichtungsklage (§ 54 Abs. 1 SGG). Hinsichtlich

39

---

58 BSG 30.10.2014 – B 5 R 8/14 R, BSGE 117, 192, SozR 4-1500 § 163 Nr. 7.
59 BSG 23.4.1992 – 13/5 RJ 12/90, SozR 3-2200 § 1236 Nr. 3.
60 BSG 24.1.2013 – B 3 KR 5/12 R, BSGE 113, 40, SGb 2014, 27.
61 St. BSG-Rspr., zB BSG 26.6.2007 – B 1 KR 34/06 R, BSGE 98, 267, SozR 4-3250 § 14 Nr. 4; 14.5.2014 – B 11 AL 6/13 R, SozR 4-3500 § 14 Nr. 1.
62 BSG 3.2.2015 – B 13 R 261/14 B.
63 Vgl. *Fichte* in PHdB-SozS § 21 Rn. 112 ff.; *Luik* in Hassel/Gurgel/Otto, Handbuch des Fachanwalts Sozialrecht, 5. Aufl. 2016, S. 1085 Rn. 398 f., jeweils mwN zur Rechtsprechung.
64 HessLSG 19.6.2013 – L 6 AL 3/10 Rn. 42.
65 *Welti* jurisPR-SozR 12/2010 Anm. 5.
66 BT-Drs. 18/9522, 240.

der **Pflichtleistungen** ist die kombinierte Anfechtungs- und Leistungsklage (§ 54 Abs. 1, 4 SGG) statthaft.

40 Bei der gerichtlichen Kontrolle von Ermessensentscheidungen gibt es im Hinblick auf die Kontrolldichte zwar Besonderheiten (§ 54 Abs. 2 S. 2 SGG: Ermessensnichtgebrauch, -überschreitung, -fehlgebrauch).[67] Dies entbindet die Verwaltung aber nicht von einer sorgfältigen Amtsermittlung, da sonst ein Ermessensfehlgebrauch wegen unvollständiger Sachverhaltsermittlung droht.[68] Im Rahmen einer gerichtlichen Überprüfung ist insbes. eine fehlende oder fehlerhafte Erstellung des Teilhabeplans Indiz dafür, dass die getroffenen Feststellungen zum Bedarf und zu den erforderlichen Leistungen ggf. nicht verwertbar sind.[69] Zudem leitet das BVerfG aus dem Benachteiligungsverbot des Art. 3 Abs. 3 S. 2 GG die Pflicht zur Pflicht zur substantiierten Begründung von Verwaltungsakten ab, die ebenfalls ohne ausreichende Amtsermittlung nicht möglich ist.[70] Stellt das Gericht Ermessensfehler fest, kommt idR keine Entscheidung in der Sache, sondern nur eine Aufhebung des Bescheids und eine Verurteilung zur Neubescheidung in Betracht, es sei denn, es liegt eine Ermessensreduzierung auf Null vor.[71] Bei unzureichender Sachbehandlung der Verwaltung können sich deren Ermessensspielräume verengen[72] oder sogar auf den behinderten Menschen übergehen, wenn dieser im Rahmen einer berechtigten Selbstverschaffung eine eigene Auswahlentscheidung treffen muss.[73]

41 Wird während des Rechtsstreits eine **selbst beschaffte Maßnahme**, um deren Förderung als medizinische Reha-Leistung gestritten wird, beendet oder beschafft sich der Versicherte das begehrte Hilfsmittel, zB ein Hörgerät,[74] selbst, ist der Klageantrag auf eine reine **Kostenerstattung** umzustellen.[75] Bei der Prüfung eines Kostenerstattungsanspruches nach § 18 Abs. 4 und 6 (oder ggf. § 13 Abs. 3, 3a SGB V) und der dort aufgestellten Voraussetzung einer zu Unrecht abgelehnten Leistung sind bestandskräftig gewordene Ablehnungsbescheide über § 44 SGB X in die Prüfung einzubeziehen.[76] Mit Eintritt der § 13 Abs. 3a Satz 6 SGB V nachgebildeten Genehmigungsfiktion des § 18 Abs. 3 SGB IX[77] gilt die beantragte Leistung als genehmigt – kein VA, sondern nur vorläufige Rechtsposition für gutgläubige Antragsteller – und eine Selbstbeschaffung mit anschließender Kostenerstattung bzw. Freistellung von rechtsverbindlich eingegangenen Kostenverpflichtungen ist möglich, solange nicht die Verwaltung das Verwaltungsverfahren mit einem Ablehnungsbescheid abschließt.[78] Die zu-

---

67 Vgl. *Karmanski* in PHdB-SozS § 15 Rn. 62 f.; *Luik* in Hassel/Gurgel/Otto, Handbuch des Fachanwalts Sozialrecht, 5. Aufl. 2016, S. 1088 Rn. 408 f.
68 LSG BW 26.9.2012 – L 2 SO 1378/11, FEVS 64, 407.
69 BT-Drs. 18/9522, 240.
70 BVerfG 8.10.1997 – 1 BvR 9/97, BVerfGE 96, 288, NJW 1998, 131.
71 BSG 14.12.1994 – 4 RA 42/94, SozR 3-1200 § 39 Nr. 1.
72 BSG 12.8.1982 – 11 RA 62/81, BSGE 54, 54, SozR 2200 § 1237 Nr. 18.
73 BSG 27.2.2020 – B 8 SO 18/18 R, SozR 4-3500 § 54 Nr. 20 Rn. 15 mwN; BVerwG 18.10.2012 – 5 C 21/11, BVerwGE 145, 1, NJW 2013, 1111; LSG BW 22.7.2014 – L 11 R 2652/13.
74 Vgl. die Konstellationen bei LSG BW 15.11.2013 – L 4 KR 85/12 und 21.6.2016 – L 11 KR 2013/15.
75 LSG BW 19.3.2009 – L 10 R 2684/07; *Fichte* in PHdB-SozS § 21 Rn. 141 ff.
76 LSG BW 19.3.2009 – L 10 R 2684/07.
77 Vgl. BT-Drs. 18/9522, 238.
78 Vgl. zu § 13 Abs. 3a SGB V die wichtige Rechtsprechungsänderung beider für die Gesetzliche Krankenversicherung zuständigen Senate des Bundessozialgerichts: BSG 26.5.2020 – B 1 KR 9/18 R, NJW 2020, 3267; BSG 18.6.2020 – B 3 KR 14/18 R, NZS 2021, 219.

nächst entwickelte BSG-Rechtsprechung aus den Jahren 2016–2019,[79] die einen eigenständigen Sachleistungsanspruch aufgrund fiktiven Verwaltungsakts angenommen hatte, ist 2020 wieder aufgegeben worden.

§ 43 Krankenbehandlung und Rehabilitation

Die in § 42 Absatz 1 genannten Ziele und § 12 Absatz 1 und 3 sowie § 19 gelten auch bei Leistungen der Krankenbehandlung.

Literatur:
Arndt, Das neue Intensivpflege- und Rehabilitationsstärkungsgesetz, GesR 2020, 564; *Christen*, Stärkung von Reha und intensivpflegerischer Versorgung, SuP 2019, 547; *Fuchs*, Frührehabilitation im Krankenhaus, SozSich 2005, 168; *Fuhrmann/Heine*, Die Frührehabilitation im Krankenhaus und das Ende der Krankenhausbehandlung: Regelungsdilemma oder Scheindiskussion?, KHR 2010, 1; *Heins*, SGB IX und Akutbehandlung, ZSR 2004, 462; *Klein/Wittrich*, Die Frührehabilitation als allgemeine Krankenhausleistung, in Forum Rehabilitations- und Teilhaberecht, Beitrag A Nr. 5/2014, www.reha.recht.de; *Liebold*, Rechtsprobleme der Frührehabilitation, ZMGR 2010, 272; *Wallesch/Lautenschläger*, Frührehabilitation und Rehabilitation im Krankenhaus, Bundesgesundhbl 2017, 419; *Walling*, BSG klärt Vergütungsanspruch für die rehabilitative Weiterbehandlung in einem Akutkrankenhaus – Anmerkung zu BSG, Urteil vom 19.11.2019 – B 1 KR 13/19 R, DVfR Forum E, E2–2020, www.reha.recht.de.

Gesetzeshistorie: Die Vorschrift wurde als § 27 durch Artikel 1 und 68 Abs. 1 SGB IX vom 19.6.2001[1] mit Wirkung vom 1.7.2001 eingeführt und durch das BTHG v. 23.12.2016[2] mit Wirkung vom 1.1.2018 nach § 43 verschoben, mit redaktionellen Anpassungen und inhaltlichen Folgeänderungen wegen der Einführung des Teilhabeplanverfahrens (§ 19). Bis 31.12.2017 waren in § 43 aF die Regelungen zum Arbeitsförderungsgeld enthalten (jetzt § 59). 1

Regelungsinhalt: Die Vorschrift gebietet, Ziele der Rehabilitation in allen Bereichen der Krankenbehandlung zu beachten und umzusetzen. Sie korrespondiert mit § 39 SGB V (→ Rn. 7).[3] Es soll sichergestellt werden, dass bereits in der akutmedizinischen Krankenbehandlung rehabilitative Aspekte beachtet werden, um die Rehabilitation so früh wie möglich zu beginnen und einen nahtlosen Übergang aus der Akutbehandlung in die Rehabilitation zu gewährleisten. Ziel ist eine Verbesserung der Erfolgsprognose. 2

Zur Entstehung: Die Vorschrift des § 27 aF ist während des Gesetzgebungsverfahrens 2001 bei Einführung des SGB IX inhaltlich nicht verändert worden. Ein Vorschlag des Bundesrates in BR-Drs. 49/01 (B) = BT-Drs. 14/5531, 9, den Satz „Die Rehabilitationsträger können Verträge zur modellhaften Integration von Krankenbehandlung und Rehabilitation mit Trägern zugelassener Krankenhäuser abschließen." anzufügen, wurde nicht übernommen, weil einerseits eine Verlagerung der Rehabilitation in die Krankenhäuser befürchtet wurde, andererseits derartige Modelle auch ohne zusätzliche ausdrückliche gesetzliche Zulassung möglich sind. Die Neufassung zum 1.1.2018 mit den Verweisen auf § 12 Absatz 1 und 3 (frühzeitige Erkennung von Reha-Bedarf, Bereitstellung von Informationsangeboten) sowie § 19 (Teilhabeplanverfahren) soll den rei- 3

---

79 Vgl. BSG 8.3.2016 – B 1 KR 25/15 R, NZS 2016, 464; 11.7.2017 – B 1 KR 26/16 R, KrV 2017, 207; 7.11.2017 – B 1 KR 24/17 R, NZS 2018, 941; 26.2.2019 – B 1 KR 18/18 R, SozR 4-2500 § 13 Nr. 44.
1 BGBl. I 1046.
2 BGBl. I 3234.
3 *Nellissen* in jurisPK-SGB IX, 3. Aufl. 2018, § 43 Rn. 5.

bungslosen Übergang von der akutmedizinischen Krankenbehandlung in die Rehabilitation sicherstellen.[4]

4 **Materialien:** Zum Regierungsentwurf des § 27 aF nebst Begründung BT-Drs. 14/5074, 107 und BT-Drs. 14/5531, 5; zur Ausschussempfehlung BT-Drs. 14/5786, 30 und Bericht 14/5800, 32. Zur Neufassung durch das BTHG BT-Drs. 18/9522, 250.

5 Die Vorschrift trägt dem Umstand Rechnung, dass den rehabilitativen Elementen in der **Krankenbehandlung** ein stärkeres Gewicht zuzumessen ist. Sie stellt klar, dass die Behandlungsziele des § 42 Abs. 1 sowie die in § 12 festgehaltenen Grundsätze der frühzeitigen Bedarfsermittlung sowie der Koordination der erforderlichen Leistungen (Teilhabeplanung, § 19) nicht nur und auch nicht erst im Rahmen der Leistungen zur medizinischen Rehabilitation zu beachten sind, sondern schon bei der Krankenbehandlung („Rehabilitation des ersten Tages").

6 Aufgrund der Motivation, die mit der Vorschrift verfolgt wird, ist der Begriff der **Krankenbehandlung** weit auszulegen; es handelt sich dabei um jede medizinische Behandlung in der Akutphase. § 43 ist demnach nicht nur während der Krankenbehandlung nach dem SGB V zu beachten, sondern beispielsweise auch in allen Phasen der **Heilbehandlung** nach dem SGB VII, unabhängig davon, ob die Behandlung ambulant oder stationär erfolgt. Damit wandelt sich das Verständnis von Rehabilitation von einem „institutionellen" zu einem „funktionalen".

7 Die Vorschrift korrespondiert mit dem 2001 durch Artikel 5 SGB IX eingeführten letzten Halbsatz des § 39 Abs. 1 Satz 3 SGB V, mit dem klargestellt wird, dass die akutstationäre Behandlung auch die im Einzelfall erforderlichen und zum frühestmöglichen Zeitpunkt einsetzenden Leistungen zur **Frührehabilitation** als integralen Bestandteil umfasst.[5] Obwohl nach § 27 Abs. 1 Nr. 6 SGB V die Leistungen zur medizinischen Rehabilitation der Krankenbehandlung zugerechnet werden, wurde aufgrund der insbesondere auch in den Krankenhäusern bestehenden Mängel an rehabilitativer Versorgung die **Rehabilitation im Krankenhaus** durch die Ergänzung des § 39 Abs. 1 Satz 3 SGB V besonders hervorgehoben. Endet der akutstationäre Interventionsbedarf, erfolgen die frühzeitig einsetzenden medizinischen Rehabilitationsmaßnahmen in Rehabilitationseinrichtungen.[6]

8 Frührehabilitation ist damit Bestandteil einer Akut-Krankenbehandlung und umfasst alle rehabilitativen Maßnahmen im Rahmen einer akutmedizinischen Versorgung, die stationär erbracht werden, um eine Pflegebedürftigkeit abzuwenden, zu mindern, auszugleichen, ihre Verschlimmerung zu verhüten oder ihre Folgen zu mildern (§ 11 Abs. 2 SGB V; für die gesetzliche Unfallversicherung vgl. § 34 Abs. 8 SGB VII). Um das vorhandene, wenn auch eingeschränkte Rehabilitationspotential zu nutzen, ist bereits bei der Krankenhausaufnahme ein am individuellen Rehabilitationsbedarf ausgerichtetes Rehabilitationskonzept zu erstellen, das in die akutstationäre Krankenhausbehandlung integriert wird.[7] Die Frührehabilitation im Krankenhaus endet, wenn die Akut-Behandlung dort beendet ist;[8] sie wird dann in Reha-Einrichtungen fortgesetzt. Steht die Bekämpfung einer Krankheit im Vordergrund und nicht die Milderung ihrer

---

4 BT-Drs. 18/9522, 250.
5 BSG 14.10.2014 – B 1 KR 26/13 R, SozR 4-2500 § 301 Nr. 3 Rn. 18. Zur Abgrenzung der Krankenhausbehandlung von der medizinischen Rehabilitation für Neurologiepatienten vgl. BGH 18.11.2010 – III ZR 239/09, VersR 2011, 348.
6 *Fuchs* SozSich 2005, 168 (171).
7 BSG 14.10.2014 – B 1 KR 26/13 R, SozR 4-2500 § 301 Nr. 3 Rn. 18.
8 Vgl. OVG NRW 22.11.2012 – 13 A 2379/11, MedR 2013, 252.

Folgen, gehört Frührehabilitation zur Akut-Krankenbehandlung und nicht zum hiervon abzugrenzenden Bereich der medizinischen Rehabilitation; maßgeblich sind im Einzelfall die Intensität der ärztlichen Tätigkeit und die verfolgten Behandlungsziele.[9]

Die Verweisung auf § 19 führt dazu, dass von den an der kurativen Versorgung Beteiligten erwogen werden muss, ob im Einzelfall Leistungen zur Teilhabe erforderlich sein könnten. Der leistende Träger – meist eine Krankenkasse – ist dann für die Koordinierung und Teilhabeplanung nach §§ 14, 19 verantwortlich.

Endet die Krankenhausbehandlungsbedürftigkeit eines Versicherten, weil dieser nicht mehr einer Versorgung mit den Mitteln des Krankenhauses bedarf, benötigt er aber medizinisch zwingend eine spezielle stationäre medizinische Reha, da eine auch nur vorübergehende nichtstationäre Versorgung unzureichend ist, muss der zuständige, zeitgerecht hierüber informierte Reha-Träger für eine unmittelbar anschließende stationäre medizinische Reha sorgen. Kommt er dieser Pflicht nicht nach, sodass dem Versicherten bei einer Entlassung aus stationärer Krankenhausbehandlung eine Gesundheitsschädigung droht, ist das Krankenhaus als nicht zugelassene Reha-Einrichtung entsprechend dem Rechtsgedanken des § 76 Abs. 1 Satz 2 SGB V berechtigt, den Versicherten für die Dauer dieses Notfalls als stationären medizinischen Reha-Notfall zu den Sätzen für Krankenhausbehandlung zu versorgen.[10]

§ 44 Stufenweise Wiedereingliederung

Können arbeitsunfähige Leistungsberechtigte nach ärztlicher Feststellung ihre bisherige Tätigkeit teilweise ausüben und können sie durch eine stufenweise Wiederaufnahme ihrer Tätigkeit voraussichtlich besser wieder in das Erwerbsleben eingegliedert werden, sollen die medizinischen und die sie ergänzenden Leistungen mit dieser Zielrichtung erbracht werden.

Literatur:

Britschgi, Wiedereingliedern lohnt sich, AiB 2019, Nr. 3, 10; *Bundesarbeitsgemeinschaft für Rehabilitation*, Arbeitshilfe „Stufenweise Wiedereingliederung in den Arbeitsprozess", 2019 (aktualisiert Februar 2020), abrufbar unter www.bar-frankfurt.de; *Deutsche Rentenversicherung* (Hrsg.), Informationen zur stufenweisen Wiedereingliederung für Ärzte und Sozialarbeiter der Rehabilitationseinrichtungen, Stand 24.3.2015, abrufbar unter www.deutsche-rentenversicherung.de; *Düwell*, Neues zur stufenweisen Wiedereingliederung, NZA 2020, 767; *Fichte*, Rehabilitationsrechtliche Instrumente für eine nahtlose Wiedereingliederung, in *Buschmann/Fraunhoffer/Vorbau* (Hrsg.), Unsichere Arbeits- und Lebensbedingungen in Deutschland und Europa, 2014, 249; *Gagel*, Stufenweise Wiedereingliederung, Einordnungsprobleme in der Gemengelage zweier Rechtsgebiete und dreier Rechtsverhältnisse, Behindertenrecht 2011, 66; *Gawlik*, Die stufenweise Wiedereingliederung arbeitsunfähiger Arbeitnehmer in das Erwerbsleben nach § 28 SGB IX/§ 74 SGB V, 2009; *Geiger*, Soziale Absicherung während der stufenweisen Wiedereingliederung (Hamburger Modell), info also 2012, 195; *Glombik*, Stufenweise Wiedereingliederung, WzS 2018, 170; *Hoyningen-Huene*, Das Rechtsverhältnis zur stufenweisen Wiedereingliederung arbeitsunfähiger Arbeitnehmer (§ 74 SGB V), NZA 1992, 49; *Klug*, Schadensersatzanspruch für schwerbehinderte Arbeitnehmer bei verspäteter Wiedereingliederungsmaßnahme des Arbeitgebers, jurisPR-ArbR 47/2018 Anm. 4; *Kohte*, Stufenweise Wiedereingliederung: Unbillige Weisung über Ort der Tätigkeit, jurisPR-ArbR 2/2019 Anm. 2; *Luik*, Leistungen zur Teilhabe

---

9 BSG 10.4.2008 – B 3 KR 14/07 R, SozR 4-2500 § 39 SGB V.
10 BSG 19.11.2019 – B 1 KR 13/19 R, SozR 4-2500 § 76 Nr. 6, mit Anm. *Walling* DVfR Forum E, E2–2020.

am Arbeitsleben im Spiegel der Rechtsprechung der Sozialgerichtsbarkeit, Sozialrecht aktuell Sonderheft 2018, 25; *Luthin*, Peu à peu – zurück in den Job, Gute Arbeit 2016, Nr. 9, 36; *Marburger*, Wiedereingliederung nach langer Arbeitsunfähigkeit, ZfF 2018, 155; *Nebe*, (Re-)Integration von Arbeitnehmern: Stufenweise Wiedereingliederung und Betriebliches Eingliederungsmanagement – ein neues Kooperationsverhältnis, DB 2008, 1801; *Nebe*, (Die Stufenweise Wiedereingliederung, Sozialgerichtsbarkeit 2015, 125; *Nebe/Piller*, Erstattung von Fahrtkosten während einer Stufenweisen Wiedereingliederung, DVfR Forum A, A 19–2018, abrufbar unter www.reha-recht.de; *Paul*, SGB-II-Mehrbedarf bei stufenweiser Wiedereingliederung, RP-Reha 2020, Nr. 1, 17; *Rose/Gilberger*, Wiedereingliederung: Schrankenloser Anspruch schwerbehinderter Menschen?, Der Betrieb 2009, 1986; *Winkler*, Stufenweise Wiedereingliederung, in Deinert/Welti, Stichwortkommentar Behindertenrecht, 2. Aufl. 2018, S. 1068; *Worzalla*, Die stufenweise Wiedereingliederung, P&R 2015, 126.

I. Entstehungsgeschichte und Normzweck 1	VI. Weitere Verfahrenshinweise: Effektive Kooperation zwischen den Akteuren 21
II. Begriff und Inhalt 7	
III. Anspruchsvoraussetzungen .. 15	VII. Ergänzende Leistungen während der Wiedereingliederung 22
IV. Zuständigkeiten 16	
V. Wiedereingliederungsverhältnis und Stufenplan 18	

I. Entstehungsgeschichte und Normzweck

1 **Gesetzeshistorie:** Die Vorschrift wurde als § 28 durch Artikel 1 und 68 Abs. 1 SGB IX vom 19.6.2001[1] mit Wirkung vom 1.7.2001 eingeführt und durch das BTHG v. 23.12.2016[2] mit Wirkung vom 1.1.2018 unverändert nach § 44 verschoben. Bis 31.12.2017 waren in § 44 aF die ergänzenden Leistungen geregelt (jetzt § 64).

2 **Regelungsinhalt:** Die Vorschrift dient der stufenweisen Wiedereingliederung arbeitsunfähiger Leistungsberechtigter in den Arbeitsprozess. Die stufenweise Wiedereingliederung ist eine (Haupt-)Leistung der medizinischen Rehabilitation,[3] geht auf das sog. „Hamburger Modell" der gesetzlichen Krankenversicherung zurück[4] und wurde 2001 für alle Träger der medizinischen Rehabilitation im SGB IX verankert.[5] Sie dient – ebenso wie eine stationäre Rehabilitationsleistung – dazu, die krankheitsbedingte Gefährdung der Erwerbsfähigkeit zu überwinden, damit der Versicherte an seinen alten Arbeitsplatz zurückkehren kann, und stellt die „zweite Phase der Rehabilitation" dar.[6]

3 Nach länger dauernder Erkrankung kann eine **schrittweise Heranführung an die volle Arbeitsbelastung** der geeignete Weg sein, eine dauerhafte Wiedereingliederung in das Erwerbsleben zu erreichen. Der Vertragsarzt hat die Möglichkeit, mit Einverständnis des Patienten eine stufenweise Wiedereingliederung anzuregen (§ 74 SGB V). Voraussetzung hierzu ist, dass der arbeitsunfähige Versicherte in der Lage ist, seine bisherige Tätigkeit teilweise zu verrichten, und dass durch diese Maßnahme eine bessere Eingliederung in das Erwerbsleben möglich ist. Die Eingliederung erfolgt auf der Grundlage der vom Vertragsarzt gegebenen Empfehlungen über Art und Umfang der möglichen Tätigkeiten. Der Ver-

---

1 BGBl. I 1046.
2 BGBl. I 3234.
3 Vgl. BSG 29.01.2008 – B 5a/5 R 26/07 R, SozR 4-3250 § 51 Nr. 1; LSG MV 28.5.2020 – L 6 KR 100/15; SG Neuruppin 26.1.2017 – S 22 R 127/14; *Nebe* in FKS SGB IX § 44 Rn. 2.
4 *Hoyningen-Huene* NZA 1992, 49 f.
5 BT-Drs. 14/5074, 107.
6 BSG 29.1.2008 – B 5a/5 R 26/07 R, SozR 4-3250 § 51 Nr. 1.

tragsarzt kann hierzu – mit Zustimmung des Versicherten – vom Betriebsarzt, vom Betrieb oder über die Krankenkasse eine Beschreibung der Anforderungen an die Tätigkeit des Versicherten an seinem Arbeitsplatz einholen.

§ 44 knüpft an § 74 SGB V an, der dem Vertragsarzt aufgibt, in geeigneten Fällen den Betriebsarzt oder den MDK (§ 275 SGB V) einzuschalten, Art und Umfang der möglichen Verrichtungen aufzuzeigen und dadurch eine verbesserte Eingliederung in das Erwerbsleben zu erreichen. Ab einer bescheinigten Dauer der Arbeitsunfähigkeit von sechs Wochen muss die Möglichkeit einer stufenweisen Wiedereingliederung regelhaft geprüft und auf der Bescheinigung über die Arbeitsunfähigkeit Art und Umfang der möglichen Tätigkeiten angegeben werden (vgl. auch → Rn. 12).[7] § 28 aF hat 2001 die bis zum Inkrafttreten des SGB IX ausdrücklich nur in der Krankenversicherung vorgesehene Möglichkeit der stufenweisen Wiedereingliederung erweitert und nunmehr nicht den Arzt, sondern die Reha-Träger verpflichtet und damit die stufenweise Wiedereingliederung als eigenständige Leistung der medizinischen Rehabilitation etabliert. Ziel ist die **Erhaltung eines bestehenden Arbeitsverhältnisses**. 4

Zur Entstehung: Die Vorschrift des früheren § 28 wurde im Gesetzgebungsverfahren 2001 nicht verändert. 5

Materialien: Zum Regierungsentwurf 2001 nebst Begründung BT-Drs. 14/5074, 14 und 107 sowie BT-Drs. 14/5531, 5; zur Ausschussempfehlung BT-Drs. 14/5786, 30 und Bericht 14/5800, 32. Zur Verschiebung nach § 44 SGB IX BT-Drs. 18/9522, 250. 6

II. Begriff und Inhalt

Die **stufenweise Wiedereingliederung** ist eine **eigenständige medizinische Reha-Leistung**, nicht eine ergänzende Leistung iSd § 64.[8] Sie soll arbeitsunfähigen Beschäftigten ermöglichen, sich schrittweise wieder an die bisherige Arbeitsbelastung zu gewöhnen. Bei Arbeitsunfähigkeit kann eine Rückkehr an den Arbeitsplatz, auch bei weiterhin notwendiger Behandlung, sowohl betrieblich möglich als auch aus therapeutischen Gründen angezeigt sein. Über den Weg der stufenweisen Wiedereingliederung können Versicherte individuell, dh je nach Krankheit und bisheriger Arbeitsunfähigkeitsdauer schonend, aber kontinuierlich bei fortbestehender Arbeitsunfähigkeit an die Belastungen ihres Arbeitsplatzes herangeführt werden und dabei die Belastbarkeit entsprechend dem Stand der wiedererreichten Leistungsfähigkeit Schritt für Schritt steigern. Nach den Empfehlungen des GBA zur Durchführung der stufenweisen Wiedereingliederung sollte die Wiedereingliederungsphase **idR einen Zeitraum von sechs Monaten nicht überschreiten**.[9] Auch eine vorübergehende Verkürzung der täglichen Arbeitszeit zur Begrenzung der Belastung des Versicherten kann eine geeignete Maßnahme zur stufenweisen Wiedereingliederung sein. Innerhalb des Beschäftigungsverhältnisses kommt der stufenweisen Wiedereingliederung eine bedeutende Rolle zu, etwa als eine der nach § 167 Abs. 2 im Rahmen des BEM zu erörternden 7

---

7 § 74 S. 2 SGB V, eingeführt durch das Terminservice- und Versorgungsgesetz (TSVG) v. 6.5.2019, BGBl. 2019 I 646. Vgl. auch § 7 der Anlage der AU-Richtlinie des G-BA.
8 BSG 29.1.2008 – B 5a/5 R 26/07 R, SozR 4-3250 § 51 Nr. 1; LSG MV 28.5.2020 – L 6 KR 100/15; *Düwell* NZA 2020, 767 (768 f.); *Nebe* in FKS SGB IX § 44 Rn. 2.
9 Empfehlungen des Gemeinsamen Bundesausschusses zur Umsetzung der stufenweisen Wiedereingliederung, Anlage zur AU-Richtlinie v. 14.11.2013, BAnz 27.1.2014 B4, zuletzt geändert am 18.3.2021, BAnz AT 15.4.2021 B3 mWv 1.4.2021, unter www.g-ba.de abrufbar.

Möglichkeiten.[10] Für konkretisierende Regelungen bieten sich Inklusionsvereinbarungen nach § 166 an.

8 Grundsätzlich haben alle Beschäftigten nach längerer Krankheit Anspruch auf eine stufenweise Wiedereingliederung durch die Kranken- oder Rentenversicherung. Medizinische Voraussetzung für eine stufenweise Wiedereingliederung ist eine ausreichende Belastbarkeit und die Prognose, dass die stufenweise Eingliederung wieder zur Herstellung der Arbeitsfähigkeit am alten Arbeitsplatz führen wird. Arbeitgeber sind idR verpflichtet, ihnen nach längerer Erkrankung die Rückkehr an den Arbeitsplatz im Wege einer ärztlich empfohlenen stufenweisen Wiedereingliederung zu ermöglichen. Das gilt insbes. auch dann, wenn die stufenweise Wiedereingliederung im Rahmen eines BEM-Verfahrens als Maßnahme festgelegt wurde (§ 167 Abs. 2 SGB IX). Wird vom Arbeitgeber oder vom Arzt eine stufenweise Wiedereingliederung vorgeschlagen, kann der behinderte Mensch selbst entscheiden, ob er das Angebot annimmt. Dafür ist eine schriftliche Zustimmung erforderlich. Eine Ablehnung hat keine negativen Folgen – auch nicht für die weitere Zahlung des Kranken- oder Übergangsgeldes bis zur Genesung.

9 Wie der Leistungsberechtigte kann auch der Arbeitgeber die stufenweise Wiedereingliederung (nur) unter bestimmten Voraussetzungen ablehnen, etwa weil er den Betroffenen unter den individuellen Belastungseinschränkungen nicht beschäftigen kann. Dem Arbeitgeber muss die ärztliche Bescheinigung des behandelnden Arztes auf einem Vordruck des Sozialversicherungsträgers vorgelegt werden, damit er beurteilen kann, ob er an der stufenweisen Wiedereingliederung mitwirken muss oder sie als unzumutbar ablehnen kann.[11] Die Bescheinigung muss eine auf die Erkrankung und Behinderung des Arbeitnehmers und seine Tätigkeit abgestellte Empfehlung über die Art und Weise der Beschäftigung ebenso enthalten wie eine Prognose zur Arbeitsfähigkeit nach Durchführung der Wiedereingliederungsmaßnahme.[12] Erklärt der Arbeitgeber, dass es nicht möglich ist, den Versicherten zu beschäftigen, ist die stufenweise Wiedereingliederung nicht durchführbar. Für schwerbehinderte Arbeitnehmer hat das BAG aus § 81 Abs. 4 aF (jetzt 164 Abs. 4) einen grundsätzlichen Anspruch gegen den Arbeitgeber auf Zustimmung zur Durchführung der stufenweisen Wiedereingliederung abgeleitet.[13] Im Rahmen des betrieblichen Eingliederungsmanagements nach § 167 Abs. 2 darf der Arbeitgeber keinen vernünftigerweise in Betracht zu ziehenden Vorschlag ausschließen. Vielmehr muss er alle von den Beteiligten eingebrachten Vorschläge sachlich erörtern. In Zweifelsfällen an der Geeignetheit des Wiedereingliederungsplans sollten sich Betriebsarzt und der behandelnde Arzt des Beschäftigten über die krankheitsbedingten Leistungseinschränkungen des Arbeitnehmers verständigen.[14] Der Arbeitgeber muss die Maßnahmen umsetzen, die sachgerecht und ihm möglich und zumutbar sind. Tut er dies nicht, ist zumindest eine krankheitsbedingte Kündigung mit hohen

---

10 Zur Verzahnung von Arbeits- und Sozialrecht eingehend *Nebe* SGb 2015, 125.
11 BAG 16.5.2019 – 8 AZR 530/17, NZA 2019, 1348.
12 BAG 16.5.2019 – 8 AZR 530/17, NZA 2019, 1348.
13 BAG 16.5.2019 – 8 AZR 530/17, NZA 2019, 1348; BAG 13.6.2006 – 9 AZR 229/05, BAGE 118, 252, NZA 2007, 91 mit Anm. *Gagel* jurisPR-ArbR 6/2007 Anm. 1.
14 BAG 16.5.2019 – 8 AZR 530/17, NZA 2019, 1348.

Risiken verbunden.[15] Das Weisungsrecht des Arbeitgebers ist während der stufenweisen Wiedereingliederung eingeschränkt.[16]

Die Wiedereingliederung kann nur gelingen, wenn Rehabilitationsträger, Arbeitgeber, Ärzte und der behinderte Mensch vertrauensvoll und konstruktiv zusammenarbeiten. Im Vordergrund des Wiedereingliederungsverhältnisses steht nicht das Arbeitsverhältnis, sondern die Rehabilitation, dh therapeutische und rehabilitative Zwecke, insbesondere die Vermeidung von Erwerbsminderung, und die dauerhafte Teilhabe am Arbeitsleben.[17] Hinsichtlich der **Zusammenarbeit mit betrieblichen Akteuren** etablieren die Rehabilitationsträger und die Integrationsämter nach der Gemeinsamen Empfehlung Reha-Prozess[18] geeignete Verfahren und Strukturen zur Sicherstellung eines kontinuierlichen und verlässlichen Informationsaustauschs mit Beschäftigten mit Behinderung oder drohender Behinderung, Arbeitgebern sowie den in § 166 genannten betrieblichen Vertretungen der Arbeitnehmer, um einen möglichen Bedarf für Leistungen zur Teilhabe möglichst früh zu erkennen und die notwendigen Maßnahmen einzuleiten.[19] Die Rehabilitationsträger und Integrationsämter unterstützen außerdem die (Weiter-)Entwicklung von Strukturen zur frühzeitigen Erkennung eines Teilhabebedarfs sowie der Einleitung von Leistungen zur Teilhabe in Kooperation mit allen Akteuren in den Betrieben.[20]

10

Um die infolge der krankheitsbedingten Einschränkung der Leistungsfähigkeit zu vermeidenden arbeitsbedingten Belastungen zu definieren, muss ärztlicher Sachverstand herangezogen werden, im Ausgangspunkt Befundberichte und Einschätzungen der behandelnden Ärzte. Eine **standardisierte Betrachtungsweise ist nicht möglich**, so dass der zwischen allen Beteiligten einvernehmlich zu findenden Lösung unter Berücksichtigung der **Umstände des konkret-individuellen Einzelfalls** maßgebliche Bedeutung zukommt.[21] Der Gesetzgeber verpflichtet den Vertragsarzt gemäß § 74 SGB V, einen Plan aufzustellen, und die Reha-Träger gemäß § 44 SGB IX, die Eingliederung zu unterstützen. Wege und Ausgestaltung richten sich im Einzelfall jeweils nach den vertraglichen Vereinbarungen der Arbeitsvertragsparteien. Aus der Fürsorgepflicht des Arbeitgebers kann sich eine Verpflichtung zur Durchführung von zumutbaren Wiedereingliederungsmaßnahmen ergeben.[22] Die Möglichkeiten zur stufenweisen Wiederein-

11

---

15 BAG 10.12.2009 – 2 AZR 400/08, NZA 2010, 398 mit Anm. *Kohte* jurisPR-ArbR 21/2010 Anm. 1.
16 Vgl. BAG 2.11.2016 – 10 AZR 596/15, NZA 2017, 183; 28.7.1999 – 4 AZR 192/98, BAGE 92, 140, NZA 1999, 1295, juris Rn. 17; *Kohte* jurisPR-ArbR 2/2019 Anm. 2; *Nebe* in FKS SGB IX § 44 Rn. 20.
17 BSG 31.3.2007 – B 11a AL 31/06 R, NZS 2008, 160; BSG 17.12.2013 – B 11 AL 20/12 R, NZS 2014, 350; BAG 28.7.1999 – 4 AZR 192/98, BAGE 92, 140, NZA 1999, 1295.
18 2. Aufl. 2019, abrufbar unter www.bar-frankfurt.de.
19 § 16 Abs. 4 der GE Reha-Prozess, 2. Aufl. 2019, unter www.bar-frankfurt.de abrufbar. Als Instrumente genannt werden in der GE Betriebsvereinbarungen Integrationsvereinbarungen, Unterweisungen sowie die Bildung von Arbeitskreisen „Gesundheit".
20 § 16 Abs. 5 der GE Reha-Prozess, 2. Aufl. 2019, unter www.bar-frankfurt.de abrufbar.
21 Darauf weisen zu Recht die Empfehlungen des G-BA hin (Empfehlungen des Gemeinsamen Bundesausschusses zur Umsetzung der stufenweisen Wiedereingliederung, Anlage zur AU-Richtlinie v. 14.11.2013, BAnz 27.1.2014 B4, zuletzt geändert mWv 1.4.2021 am 18.3.2021, BAnz AT 15.4.2021 B3, abrufbar unter www.g-ba.de.
22 Vgl. hierzu und zu den Darlegungspflichten des Arbeitnehmers im Hinblick auf die Wiedereingliederungsprognose BAG 13.6.2006 – 9 AZR 229/05, NZA 2007, 91.

gliederung sind bei freiwilliger Mitwirkung des Arbeitgebers sozialrechtlich weder durch die Arbeitsunfähigkeitsrichtlinien des G-BA begrenzt, noch ergeben sich Leistungskürzungen, wenn andere Wege beschritten werden.

12 Die **ärztlichen Pflichten** sind mWv 4.2.2020 durch die Änderung von § 7 der Anlage zur AU-Richtlinie des G-BA **konkretisiert** worden.[23] Die Feststellung, ob eine stufenweise Wiedereinstellung empfohlen wird, darf **nur aufgrund ärztlicher Untersuchung** erfolgen, muss im Zusammenhang mit der Bescheinigung der **Arbeitsunfähigkeit** erfolgen und ist spätestens ab einer Dauer der Arbeitsunfähigkeit von **sechs Wochen** zu treffen. Die Feststellung muss die Empfehlungen zur Umsetzung der stufenweisen Wiedereingliederung in der Anlage der AU-Richtlinie des G-BA beachten.

13 Während der Phase der stufenweisen Wiedereingliederung müssen die Versicherten in regelmäßigen Abständen von den behandelnden Ärzten auf die gesundheitlichen Auswirkungen untersucht werden.[24] Der behandelnde Arzt muss während der Eingliederungsphase auch potenziell nachteilige gesundheitliche Folgen in Betracht ziehen, ggf. die Begutachtung durch einen Facharzt veranlassen und den Träger der Wiedereingliederung unverzüglich entsprechend informieren, damit dieser den Wiedereingliederungsprozess anpassen kann.[25] Ergibt sich eine Steigerung der Belastbarkeit, ist eine Anpassung der stufenweisen Wiedereingliederung vorzunehmen. Stellt sich hingegen heraus, dass nachteilige gesundheitliche Folgen entstehen oder dies prognostisch droht, ist eine Anpassung an die Belastungseinschränkungen vorzunehmen oder die Wiedereingliederung abzubrechen. Ergibt sich während der stufenweisen Wiedereingliederung, dass die bisherige Tätigkeit auf Dauer krankheitsbedingt nicht mehr in dem Umfang wie vor der Arbeitsunfähigkeit aufgenommen werden kann, so ist hierüber die Krankenkasse unverzüglich schriftlich zu informieren.[26]

14 Zum Rehabilitationszweck der stufenweisen Wiedereingliederung kann zwischen Arbeitgeber und Arbeitnehmer ein **Wiedereingliederungsvertrag** neben dem ruhenden Arbeitsverhältnis geschlossen werden. Der Versicherte soll unter Berücksichtigung seiner individuellen Leistungsfähigkeit schonend an die Belastung seines bisherigen Arbeitsplatzes herangeführt werden, obwohl er wegen der im Rechtssinne fortbestehenden Arbeitsunfähigkeit nicht zur Arbeit verpflichtet ist. Frühzeitige erste berufliche Erfolge können den Genesungsprozess günstig beeinflussen, vor allem dann, wenn Versicherte gerne ihre bisherige Tätigkeit wieder ausüben möchten. Bei Unsicherheit über das Erfüllen der Anforderungen sollte zunächst eine Belastungserprobung oder eine Arbeitstherapie durchgeführt werden, ggf. in Zusammenwirken mit dem zuständigen Integrationsfachdienst nach §§ 184 ff. Falls Unklarheiten darüber bestehen, ob der bisherige Arbeitsplatz zur erfolgreichen Umsetzung einer stufenweisen Wiedereingliederung behindertengerecht umgestaltet werden muss, sollten die technischen

---

23 Dazu *Düwell* NZA 2020, 767.
24 Empfehlungen des G-BA zur Umsetzung der stufenweisen Wiedereingliederung, Anlage zur AU-Richtlinie v. 14.11.2013, BAnz 27.1.2014 B4, zuletzt geändert mWv 1.4.2021 am 18.3.2021, BAnz AT 15.4.2021 B3, abrufbar unter www.g-ba.de.
25 OLG Koblenz 24.9.2012 – 5 U 931/12, GesR 2013, 607.
26 Empfehlungen des G-BA zur Umsetzung der stufenweisen Wiedereingliederung, Anlage zur AU-Richtlinie v. 14.11.2013, BAnz 27.1.2014 B4, zuletzt geändert mWv 1.4.2021 am 18.3.2021, BAnz AT 15.4.2021 B3, abrufbar unter www.g-ba.de.

Beratungsdienste der BA oder bei schwerbehinderten Menschen des Integrationsamtes hinzugezogen werden.[27]

III. Anspruchsvoraussetzungen

Die drei zentralen Voraussetzungen einer jeden Reha-Leistung (Reha-Bedürftigkeit, Reha-Fähigkeit und positive Prognose) gelten auch im Rahmen des § 44. Anspruchsberechtigt sind nach dem Gesetzeswortlaut „**Leistungsberechtigte**", was im systematischen Kontext nur bedeuten kann, dass eine medizinische Reha-Lage iSd § 42 gegeben sein muss, dh, die Anspruchsvoraussetzungen des § 42 müssen dem Grunde nach vorliegen (→ § 42 Rn. 27 ff.). Indikationen können grundsätzlich alle schweren oder chronischen Erkrankungen sein. Weitere Voraussetzung ist **Arbeitsunfähigkeit**, die dann vorliegt, wenn der Leistungsberechtigte seine zuletzt vor Eintritt des Versicherungsfalls konkret ausgeübte Tätigkeit wegen Krankheit nicht (weiter) in vollem Umfang verrichten kann.[28] Solange ein Versicherter die bisherige Tätigkeit aus gesundheitlichen Gründen nicht in vollem Umfang wieder ausüben kann, zB weil ihn seine Erkrankung noch an zuvor geleisteter vollschichtiger Arbeit hindert und ihm stattdessen nur eine Teilzeitarbeit zur Wiedereingliederung erlaubt, ist er weiterhin arbeitsunfähig, weil es im rechtlichen Sinne keine Teil-Arbeitsunfähigkeit gibt.[29] Weiter verlangt § 44 eine ärztliche Feststellung der Arbeitsunfähigkeit sowie die begründete Annahme, dass die Leistungsberechtigten durch eine stufenweise Wiederaufnahme ihrer Tätigkeit wieder besser in das Erwerbsleben eingegliedert werden, dh es muss grundsätzlich noch ein **Restarbeitsvermögen** bestehen.[30] Aus medizinischer Sicht müssen daher auch eine ausreichende Belastbarkeit und eine günstige **Prognose** für eine berufliche Wiedereingliederung gegeben sein.

IV. Zuständigkeiten

Nur diejenigen Reha-Träger des § 6, die für Leistungen zur medizinischen Rehabilitation (§ 5 Nr. 1) zuständig sind, erbringen Leistungen nach § 44.[31] Zur Abgrenzung der Zuständigkeiten → Vor § 42 Rn. 5 ff., 11. Im Regelfall sind entweder die Krankenkassen oder die Träger der Rentenversicherung zuständig. Falls die Behinderung/Arbeitsunfähigkeit durch einen Arbeitsunfall/Berufskrankheit verursacht worden ist, sind die Träger der Unfallversicherung zuständig. Die Regelung des **§ 74 SGB V begründet keine vorrangige Zuständigkeit der GKV**, sondern enthält Bestimmungen über den Inhalt der im Rahmen der stufenweisen Widereingliederung erforderlichen speziellen Arbeitsunfähigkeitsbescheinigung und über die damit zusammenhängenden Befugnisse und Pflichten der beteiligten Personen und Institutionen.[32]

---

27 Vgl. BAR-Arbeitshilfe „Stufenweise Wiedereingliederung in den Arbeitsprozess", 2019 (Stand Februar 2020), S. 14, abrufbar unter www.bar-frankfurt.de.
28 § 2 Abs. 1 der Arbeitsunfähigkeits-Richtlinien des G-BA (Empfehlungen des Gemeinsamen Bundesausschusses zur Umsetzung der stufenweisen Wiedereingliederung, Anlage zur AU-Richtlinie v. 14.11.2013, BAnz 27.1.2014 B4, zuletzt geändert mWv 1.4.2021 am 18.3.2021, BAnz AT 15.4.2021 B3, abrufbar unter www.g-ba.de); BAG 23.1.2008 – 5 AZR 393/07, NJW 2008, 1550; BSG 14.2.2001 – B 1 KR 30/00 R, SozR 3-2500 § 44 Nr. 9.
29 Sog. Alles-oder-Nichts-Prinzip, BSG 3.10.1984 – 5 b RJ 96/83, BSGE 57, 163, SozR 1500 § 96 Nr. 30.
30 *Nebe* SGb 2015, 125 (127).
31 BT-Drs. 14/5074, 107.
32 BSG 29.1.2008 – B 5a/5 R 26/07 R, SozR 4-3250 § 51 Nr. 1; LSG BW 11.12.2013 – L 2 R 1706/11.

17 Für die **Rentenversicherungsträger** ist zu beachten, dass der Versicherte auch dann rehabilitationsbedürftig ist, wenn noch ein Restarbeitsvermögen besteht. Maßgeblich ist nicht wie bei § 43 SGB VI der allgemeine Arbeitsmarkt, sondern die Frage, ob der Versicherte seine „bisherige Tätigkeit" weiter ausüben kann, wie es in §§ 44 und 74 SGB V ausdrücklich heißt, es müssen also die „spezifischen Belastungen und Anforderungen an einen konkreten Arbeitsplatz" geprüft werden.[33] Nach einer vom Rentenversicherungsträger gewährten Maßnahme zur medizinischen Rehabilitation bleibt die Rentenversicherung für die stufenweise Wiedereingliederung und damit die Zahlung von Übergangsgeld zuständig, solange sich die stufenweise Wiedereingliederung als Bestandteil einer in der Zusammenschau einheitlichen (Gesamt-)Maßnahme darstellt.[34] Der „unmittelbare" Anschluss iSd § 71 Abs. 5 erfordert nicht, dass sich die stufenweise Eingliederung völlig nahtlos an die vorangegangene Reha-Leistung anschließen muss.[35] Auch längere Rekonvaleszenzzeiten zwischen der Beendigung einer stationären Maßnahme und dem Beginn einer stufenweisen Wiedereingliederung schließen den unmittelbaren Anschluss nicht aus, wenn der Betroffene noch eine gewisse Zeit der Rekonvaleszenz benötigt, bevor er mit einer stufenweisen Wiedereingliederung beginnt.[36]

V. Wiedereingliederungsverhältnis und Stufenplan

18 Das Wiedereingliederungsverhältnis begründet kein die Arbeitslosigkeit ausschließendes leistungsgerechtes Beschäftigungsverhältnis, da es nicht auf die für Arbeitsverhältnisse typische Leistungsbeziehung „Arbeit gegen Lohn" gerichtet ist.[37] Eine stufenweise Wiedereingliederung schließt daher den **Anspruch auf Arbeitslosengeld** nicht aus.[38] Der Gesetzgeber ging bei der Einführung des § 74 SGB V davon aus, dass sich durch die stufenweise Wiedereingliederung der versicherungsrechtliche Status des Betroffenen nicht ändert.[39] Seine Versicherung sollte ohne Rücksicht auf die Höhe des durch die Arbeitsaufnahme erzielten Arbeitsentgelts erhalten bleiben. Auch der Anspruch auf Versicherungsleistungen sollte dem Grunde nach nicht entfallen, sondern im Rahmen der stufenweisen Wiedereingliederung etwa erzieltes Arbeitsentgelt sollte vielmehr nur auf das Krankengeld angerechnet werden. Die Möglichkeit eines Nebeneinanders von Versicherungspflicht und Leistungsberechtigung bei der stufenweisen Wiedereingliederung entspricht dem gesetzgeberischen Konzept.

19 Das Wiedereingliederungsverhältnis zwischen dem Arbeitgeber und dem Betroffenen ist ein **Rechtsverhältnis eigener Art** iSd § 305 BGB und ändert auch nichts am Ruhen des Arbeitsverhältnisses wegen fortbestehender Arbeitsunfähigkeit.[40] Die gegenseitigen Hauptleistungspflichten eines Arbeitsverhältnisses

---

33 BSG 5.2.2009 – B 13 R 27/08 R, SozR 4-3250 § 28 Nr. 3; BSG 20.10.2009 – B 5 R 44/08 R, BSGE 104, 294, SozR 4-3250 § 14 Nr. 9.
34 BSG 20.10.2009 – B 5 R 44/08 R, BSGE 104, 294, SozR 4-3250 § 14 Nr. 9 mit Anmerkung *Welti* jurisPR-SozR 12/2010 Anm. 5.
35 BSG 5.2.2009 – B 13 R 27/08 R, SozR 4-3250 § 28 Nr. 3 mit Anm. *Gagel* jurisPR-SozR 20/2009 Anm. 3.
36 *Nellissen* in jurisPK-SGB IX, 3. Aufl. 2018, § 44 Rn. 22.
37 BSG 17.12.2013 – B 11 AL 20/12 R, NZS 2014, 350; 5.7.2017 – B 14 AS 27/16 R, BSGE 123, 287, SozR 4-4200 § 21 Nr. 27; BAG 13.6.2006 – 9 AZR 229/05, NZA 2007, 91 mwN.
38 BSG 17.12.2013 – B 11 AL 20/12 R, NZS 2014, 350.
39 Vgl. aber die Spezialregelungen für Personen in geringfügiger Beschäftigung aufgrund von stufenweiser Wiedereingliederung § 27 Abs. 2 Satz 2 Nr. 3 SGB III und § 5 Abs. 2 Satz 3 SGB VI.
40 BSG 31.3.2007 – B 11 a AL 31/06 R, NZS 2008, 160.

(einerseits Pflicht zur Arbeitsleistung, andererseits Pflicht zur Zahlung eines Entgelts als Gegenleistung) gelten nicht. Der Arbeitnehmer unterliegt nicht seiner ursprünglichen Arbeitspflicht. Er kann die Arbeit abbrechen, wenn nachteilige gesundheitliche Folgen zu erkennen oder zu befürchten sind. Er bietet nicht die vertraglich geschuldete Leistung an; er kann sie wegen der Arbeitsunfähigkeit auch gar nicht erbringen. Demnach hat der Betroffene gegen den Arbeitgeber idR keinen Anspruch auf Arbeitsentgelt, auch nicht auf teilweises Entgelt, dh ohne ausdrückliche Zusage steht dem Arbeitnehmer weder aus der Vereinbarung zur Wiedereingliederung noch aus dem Gesetz ein Vergütungsanspruch zu.[41] Arbeitgeber und Arbeitnehmer steht es jedoch frei, sich auf eine bestimmte Vergütung für die im Rahmen der Wiedereingliederung erbrachte Tätigkeit zu einigen. Dazu bedarf es aber einer ausdrücklichen Klarstellung im Wiedereingliederungsvertrag bzw. im Stufenplan.

Die Bundesarbeitsgemeinschaft für Rehabilitation hat in ihrer Arbeitshilfe „Stufenweise Wiedereingliederung in den Arbeitsprozess"[42] folgende Vorgehensweise vorgeschlagen: Haben Arbeitgeber und Arbeitnehmer der stufenweisen Wiedereingliederung zugestimmt, wird in Abstimmung mit allen Beteiligten ein **individueller Wiedereingliederungsplan (Stufenplan)** als Teil des Wiedereingliederungsvertrags erstellt. In der Regel erfolgt eine schrittweise Erhöhung der Arbeitsbelastung in der bisherigen Tätigkeit bis zur Wiederherstellung der vollständigen Arbeitsfähigkeit. Die Wiedereingliederung wird durch regelmäßige ärztliche Untersuchungen begleitet. Soweit erforderlich, kann der Stufenplan im Verlauf dem Gesundheitszustand des Beschäftigten angepasst, verlängert, verkürzt oder abgebrochen werden. Der Wiedereingliederungsplan (Stufenplan) enthält insbesondere:

- Beginn und Ende der Maßnahme,
- Einzelheiten über die verschiedenen Stufen,
- ein Rücktrittsrecht vor dem vereinbarten Ende,
- Gründe für einen Abbruch,
- Ruhen von Bestimmungen im Arbeitsvertrag während der Dauer der stufenweisen Wiedereingliederung und
- Höhe eines eventuellen Arbeitsentgeltes.

Eine erfolgreiche stufenweise Wiedereingliederung endet, wenn der Beschäftigte wieder voll belastbar ist. Wird die schrittweise Arbeitsaufnahme abgebrochen, gilt er weiterhin als arbeitsunfähig. Dann müssen andere (medizinische oder berufliche) Reha-Maßnahmen geprüft werden. Wegen des Grundsatzes „Reha vor Rente" (§ 9 Abs. 2) ist der Antrag auf eine Erwerbsminderungsrente (§ 43 SGB VI) in einem solchen Fall nachrangig.

VI. Weitere Verfahrenshinweise: Effektive Kooperation zwischen den Akteuren

Entscheidend für das Gelingen der stufenweisen Wiedereingliederung ist die **effektive Kooperation zwischen betrieblichen Akteuren** (Arbeitgeber, Schwerbehindertenvertretungen, Personal-/Betriebsräte, Betriebsärzte), **Reha-Trägern und behindertem Menschen**. Wichtig für die Reha-Träger ist es, frühzeitig neben dem behinderten Menschen auch den Arbeitgeber einzubinden, um die Aspekte der medizinischen und beruflichen Rehabilitation zu verbinden. Die Gemeinsame Empfehlung Reha-Prozess betont an verschiedenen Stellen die Be-

---

41 BAG 29.1.1992 – 5 AZR 37/91, NZA 1992, 643; 13.6.2006 – 9 AZR 229/05, NZA 2007, 91.
42 Seite 48 ff. (Stand Februar 2020), abrufbar unter www.bar-frankfurt.de.

teilgung der betrieblichen Akteure.[43] Diese sollen in die Lage versetzt werden, Veränderungen, die sie im Verhalten sowie als Beeinträchtigungen in den Aktivitäten und der Teilhabe bei Beschäftigten wahrnehmen, zu erkennen und diese Menschen ggf. auf Hilfsangebote und Beratungsdienste hinzuweisen.[44] Wenn Hinweise auf die Notwendigkeit eines betrieblichen Teilhabemanagements, wie etwa stufenweise Wiedereingliederung bestehen, stellen die Rehabilitationsträger und Integrationsämter mit Einverständnis des Menschen mit Behinderung sicher, dass Betriebsärztinnen und -ärzte sowie die einzubeziehenden betrieblichen Akteure frühzeitig über alle Leistungen zur medizinischen Rehabilitation und zur Teilhabe am Arbeitsleben sowohl im Planungsstadium als auch in der Umsetzungsphase informiert und einbezogen werden, um entsprechende Aktivitäten zu ermöglichen.[45] Die Empfehlungen des Gemeinsamen Bundesausschusses zur Durchführung der stufenweisen Wiedereingliederung betonen die Notwendigkeit der ständigen medizinischen Betreuung und Begleitung der Maßnahme, um unverzüglich ggf. erforderliche Anpassungen vornehmen zu können.[46]

VII. Ergänzende Leistungen während der Wiedereingliederung

22 Beschäftigte beziehen während der stufenweisen Wiedereingliederung insbes. **Krankengeld** oder **Übergangsgeld**. Sie gelten auch in dieser Zeit als arbeitsunfähig. Falls der Unfallversicherungsträger zuständig ist, wird das **Verletztengeld** nach den §§ 45 bis 48 und 55 a SGB VII weitergezahlt. Als ergänzde Leistungen kommen **Haushaltshilfe** oder **Kinderbetreuungskosten** in Betracht (§ 64 Abs. 1 Nr. 6). Ist im unmittelbaren Anschluss an Leistungen zur medizinischen Rehabilitation eine stufenweise Wiedereingliederung erforderlich, wird das Übergangsgeld bis zu deren Ende weitergezahlt (§ 71 Abs. 5; → Rn. 17 und → § 71 Rn. 19).

23 § 44 stellt klar, dass nicht nur die gesetzlichen Krankenkassen, sondern auch alle weiteren Träger der Leistungen zur medizinischen Rehabilitation (§ 6 Abs. 1 Nr. 1 und 3 bis 7 iVm § 5 Nr. 1) durch ihre Leistungen die Möglichkeiten der stufenweisen Wiedereingliederung unterstützen sollen, wenn der Betroffene dadurch voraussichtlich – also mit überwiegender Wahrscheinlichkeit – in das Erwerbsleben eingegliedert werden kann. Die in Frage kommenden Leistungen sind ausdrücklich auf die **medizinischen** und die sie **ergänzenden Leistungen** (§ 64 ff.) beschränkt. In Betracht kommen insbesondere Belastungserprobung oder Arbeitstherapie nach § 42 Abs. 2 Nr. 7 sowie die Ausführung der medizinischen Leistung in wohnortnaher ambulanter Form, um so dem Betroffenen erst die stufenweise Wiederaufnahme seiner Tätigkeit in entsprechend zeitlichem Umfang zu ermöglichen. Darüber hinaus enthält die Vorschrift eine den § 42 Abs. 1 konkretisierende Zielsetzung und schränkt das Auswahlermessen der Rehabilitationsträger insoweit ein, als dass sie bei günstiger Prognose ihre Leistungen entsprechend der Zielsetzung der stufenweisen Wiedereingliederung

---

43 Vgl. zB §§ 13 Abs. 4, 16 Abs. 4, 17 Abs. 3, 82 Abs. 3 der GE-Reha-Prozess, 2. Aufl. 2019, abrufbar unter www.bar-frankfurt.de.
44 § 13 Abs. 4 der GE Reha-Prozess, 2. Aufl. 2019, abrufbar unter www.bar-frankfurt.de.
45 § 82 Abs. 3 der GE Reha-Prozess, 2. Aufl. 2019, abrufbar unter www.bar-frankfurt.de.
46 Empfehlungen des Gemeinsamen Bundesausschusses zur Umsetzung der stufenweisen Wiedereingliederung (Empfehlungen des Gemeinsamen Bundesausschusses zur Umsetzung der stufenweisen Wiedereingliederung, Anlage zur AU-Richtlinie v. 14.11.2013, BAnz 27.1.2014 B4, zuletzt geändert mWv 1.4.2021 am 18.3.2021, BAnz AT 15.4.2021 B3, abrufbar unter www.g-ba.de).

auswählen müssen.⁴⁷ Im Übrigen lässt der Wortlaut der Vorschrift den Rehabilitationsträgern einen Spielraum bei der Gestaltung der jeweiligen Leistungen.

Leistungen zur Teilhabe am Arbeitsleben und Leistungen zur Teilhabe am Leben in der Gemeinschaft werden zwar nicht nach § 44 erbracht. Flankierend möglich sind aber neben einer stufenweisen Wiedereingliederung Leistungen zur Teilhabe am Arbeitsleben (§ 49) durch die Rehabilitationsträger an behinderte Menschen oder von Behinderung bedrohte Menschen oder an Arbeitgeber (§ 50) oder für Leistungen der begleitenden Hilfe im Arbeitsleben durch die Integrationsämter (§ 184 ff.). Hierunter fallen zum Beispiel Zuschüsse zur behinderungsgerechten Gestaltung des Arbeitsplatzes, Leistungen zum Erreichen des Arbeitsplatzes oder Leistungen zur Finanzierung einer notwendigen Arbeitsassistenz. 24

Die **Gesetzliche Krankenversicherung** zahlt während der stufenweisen Wiedereingliederung Krankengeld in voller Höhe. Es gelten dieselben Voraussetzungen, die auch für Zahlung von Krankengeld für Arbeitsunfähigkeit gelten. Die **Gesetzliche Rentenversicherung** zahlt bis zum Ende der stufenweisen Wiedereingliederung Übergangsgeld weiter, wenn die stufenweise Wiedereingliederung innerhalb von vier Wochen nach dem Ende der Leistungen zur medizinischen Rehabilitation der Gesetzlichen Rentenversicherung beginnt (§ 15 SGB VI iVm §§ 44, 71 Abs. 5 SGB IX) und die Notwendigkeit der stufenweisen Wiedereingliederung bis zum Ende der von der gesetzlichen Rentenversicherung finanzierten Leistungen zur medizinische Rehabilitation in der Rehabilitationseinrichtung festgestellt und die Wiedereingliederung von dieser eingeleitet wurde. 25

Nach einer vom Rentenversicherungsträger gewährten stationären Leistung zur medizinischen Rehabilitation bleibt dieser für die stufenweise Wiedereingliederung und damit für die Zahlung von Übergangsgeld zuständig, solange wie die stufenweise Wiedereingliederung als Bestandteil einer in der Zusammenschau einheitlichen (Gesamt-)Maßnahme darstellt. Dies ist der Fall, wenn das rentenversicherungsrechtliche Rehabilitationsziel noch nicht erreicht ist, dh der Versicherte die bisherige Tätigkeit noch nicht in vollem Umfang aufnehmen kann, weil er den berufstypischen Anforderungen dieser Tätigkeit gesundheitlich noch nicht gewachsen ist, der weitere Rehabilitationsbedarf spätestens bei Abschluss der stationären Maßnahme zutage getreten ist und die Voraussetzungen des § 44 bis zum Beginn der stufenweisen Wiedereingliederung durchgehend vorliegen. Sollte der Zeitraum zwischen der stationären medizinischen Rehabilitationsleistung und der stufenweisen Wiedereingliederung weniger als eine Woche betragen, kann von Letzterem ohne Weiteres ausgegangen werden.⁴⁸ Aufgrund des § 20 Abs. 1 S. 1 Nr. 1 SGB VI ist der Anspruch auf **Übergangsgeld** in der Rentenversicherung nicht davon abhängig, dass die medizinischen Leistungen stationär erbracht werden; der Anspruch besteht also auch bei ambulanter Leistungserbringung. Daher erhalten auch Betroffene, die neben der Rehabilitation oder unmittelbar danach eine Tätigkeit stufenweise wieder aufnehmen, grundsätzlich Übergangsgeld, wenn kein Anspruch mehr auf Entgeltfortzahlung besteht. Erhalten Betroffene für ihre Tätigkeit eine Vergütung, wird diese gemäß § 72 Abs. 1 Nr. 1 auf das Übergangsgeld angerechnet. 26

Sofern eine stufenweise Wiedereingliederung erst nach Aussteuerung aus dem Krankengeldbezug (§ 48 SGB V) in Betracht kommt, besteht die Möglichkeit, als Leistung zur Unterhaltssicherung **Arbeitslosengeld** nach den §§ 138 oder 145 SGB III zu beziehen (→ Rn. 18). Voraussetzung ist, dass rehabilitative 27

---

47 *Mrozynski/Jabben* § 28 Rn. 8.
48 Vgl. BSG 20.10.2009 – B 5 R 44/08 R, BSGE 104, 294, SozR 4-3250 § 14 Nr. 9.

und/oder therapeutische Zwecke im Vordergrund stehen. Die Wahrnehmung der Wiedereingliederung nach dem ärztlichen Wiedereingliederungsplan führt dann zur Bejahung der objektiven und subjektiven Verfügbarkeit iSd SGB III.[49]

28 Als ergänzende Leistung (§ 64 Abs. 1 Nr. 5 iVm § 73) zur Hauptleistung der stufenweisen Wiedereingliederung werden (gebundener Anspruch, kein Ermessen[50]) insb. die rehabilitationsbedingt erforderlichen **Fahrkosten** übernommen, wozu neben den Kosten für die Benutzung öffentlicher Verkehrsmittel alternativ[51] bei Benutzung eines Kfz auch Wegstrecken- und Mitnahmeentschädigung nach dem BRKG[52] zählen (§ 73 Abs. 4, → § 73 Rn. 6, 14).[53] Auch die Kosten für aufgrund der Art und Schwere der Behinderung erforderliche besondere Beförderungsmittel werden übernommen. Ein Anspruch auf Fahrtkostenerstattung besteht auch, wenn während der Maßnahme weder ein Anspruch auf Kranken- noch auf Übergangsgeld besteht.[54]

29 Geht ein Versicherter im Rahmen einer Wiedereingliederungsmaßnahme gemäß § 74 SGB V seiner beruflichen Tätigkeit an seinem bisherigen Arbeitsplatz in zeitlich beschränktem Umfang nach, so **entfällt der Krankentagegeldanspruch** auch dann, wenn er während dieser Maßnahme keinen Lohn vom Arbeitgeber, sondern nur Krankengeld erhält.[55]

30 Nimmt ein behinderter Mensch, der **SGB II**-Leistungen bezieht, eine Tätigkeit zur stufenweisen Wiedereingliederung im Rahmen einer Wiedereingliederungsmaßnahme nach § 28 SGB IX auf, dann erbringt der zuständige Träger grundsicherungsrechtlich eine sonstige Hilfe zur Erlangung eines geeigneten Platzes im Arbeitsleben iSv § 21 Abs. 4 Satz 1 Alt. 2 SGB II mit der Folge, dass ein Anspruch auf einen **Mehrbedarf** von 35 % des nach § 20 SGB II maßgebenden Regelbedarfs besteht.[56] Außerdem ist die Absolvierung einer Maßnahme der stufenweisen Wiedereingliederung durch SGB-II-Leistungsbezieher bei der Frage der Zumutbarkeit der Vermögensverwertung im Rahmen der Härtefallprüfung zu berücksichtigen und in die Abwägung einzubeziehen.[57]

§ 45 Förderung der Selbsthilfe

¹Selbsthilfegruppen, Selbsthilfeorganisationen und Selbsthilfekontaktstellen, die sich die Prävention, Rehabilitation, Früherkennung, Beratung, Behandlung und Bewältigung von Krankheiten und Behinderungen zum Ziel gesetzt haben, sollen nach einheitlichen Grundsätzen gefördert werden. ²Die Daten der Rehabili-

---

49 BSG 17.12.2013 – B 11 AL 20/12 R, NZS 2014, 350.
50 LSG MV 28.5.2020 – L 6 KR 100/15.
51 BT-Drs. 14/5074, 110 zu § 53 aF; aA SG Dresden 17.6.2020 – S 18 KR 967/19 (Beschränkung auf öffentliche Verkehrsmittel).
52 Vgl. zur Heranziehung des § 5 Abs. 1 BRKG bei reha-bedingten Fahrten mit einem privaten Kfz zuletzt BSG 27.2.2020 – B 8 SO 18/18 R, Rn. 17, ZFSH/SGB 2020, 517.
53 SG Berlin 29.11.2018 – S 4 R 1970/18; SG Neuruppin 26.1.2017 – S 22 R 127/14; *Nebe* SGb 2015, 125 (132 f.); *Nellissen* jurisPR-SozR 8/2015 Anm. 3; *Düwell* NZA 2020, 767 (768); aA SG Kassel 20.5.2014 – S 9 R 19/13 mit dem unzutreffenden Ausgangspunkt, die stufenweise Wiedereingliederung sei keine medizinische Reha-Maßnahme.
54 LSG MV 28.5.2020 – L 6 KR 100/15, juris Rn. 58 ff.
55 BGH 11.3.2015 – IV ZR 54/14, NJW-RR 2015, 927.
56 BSG 5.7.2017 – B 14 AS 27/16 R, BSGE 123, 287, SozR 4-4200 § 21 Nr. 27 mit Anm. *Paul* RP-Reha 2020, Nr. 1, 17 ff.
57 BSG 30.8.2017 – B 14 AS 30/16 R, SozR 4-4200 § 12 Nr. 30 Rn. 29.

tationsträger über Art und Höhe der Förderung der Selbsthilfe fließen in den Bericht der Bundesarbeitsgemeinschaft für Rehabilitation nach § 41 ein.

Literatur:
Banafsche, Zielsetzungen und Instrumente der Prävention im Sozialrecht, in Brockmann (Hrsg.), Prävention an der Schnittstelle von Arbeits- und Sozialrecht, 2014, S. 7; *Danner/Meierjürgen*, Gesundheitsselbsthilfe im Wandel, 2015; *Geene/Reese*, Handbuch Präventionsgesetz, 2016; *Grunow/Pfingsten/Borgetto*, Selbsthilfe, in Hurrelmann/ Razum (Hrsg.), Handbuch Gesundheitswissenschaften, 6. Aufl. 2016; S. 961; *Kießling*, Der deutsche Sozialstaat als Sozialversicherungsstaat und seine Auswirkungen auf das Präventionsrecht, RW 2016, 597; *Labisch*, Die Gemeinsame Empfehlung zur Förderung der Selbsthilfe gemäß § 13 Abs. 2 Nr. 6 SGB IX in der Fassung vom 23. Februar 2012 – Erarbeitungsstand und Perspektive; Forum D, Beitrag D17–2013 unter www.reha-recht.de; *Marburger*, Auswirkungen des Präventionsgesetzes auf das Leistungswesen der gesetzlichen Krankenversicherung, Die Leistungen 2015, 617; *Rieger/Hildenbrand/ Nesseler/Letzel/Nowak* (Hrsg.), Prävention und Gesundheitsförderung an der Schnittstelle zwischen kurativer Medizin und Arbeitsmedizin, 2016; *Ritz*, Prävention, in Deinert/Welti, Stichwortkommentar Behindertenrecht, 2. Aufl. 2018, S. 903; *E. Schneider*, Das Gesetz zur Stärkung der Gesundheitsförderung und der Prävention, SGb 2015, 599; *Schuler-Harms*, Prävention als sozialrechtliche Aufgabe – Grundlagen und Grenzen, SDSRV Nr. 67, 2018, 27; *Stähler*, Kooperation von Rehabilitationsträgern mit Selbsthilfegruppen und -organisationen – eine Beschreibung und Bewertung, ZFSH/SGB 2019, 261; *Welti*, Das Gesetz zur Stärkung der Gesundheitsförderung und der Prävention – was bringt das neue Präventionsgesetz?, GuP 2015, 211, *Welti*, Gesundheitsförderung und Prävention im System der Sozialversicherung, seit Inkrafttreten des Präventionsgesetzes, VSSAR 2019, 313.

I. Entstehung der Norm 1	4. Spezielle Regelungen für die GKV 11
II. Einzelheiten 3	5. Datenerhebung, Teilhabeverfahrensbericht 14
1. Regelungsgehalt und Zweck der Norm 3	
2. Institutionen 7	
3. Grundsätze der Förderung 10	

I. Entstehung der Norm

Gesetzeshistorie: Die Vorschrift wurde als § 29 durch Artikel 1 und 68 Abs. 1 SGB IX vom 19.6.2001[1] mit Wirkung vom 1.7.2001 eingeführt. Sie wurde im Gesetzgebungsverfahren 2001 nicht verändert. Durch das BTHG v. 23.12.2016[2] wurde sie – ergänzt um einen neuen Satz 2 – mit Wirkung vom 1.1.2018 nach § 45 SGB IX verschoben. Bis 31.12.2017 waren in § 45 SGB IX aF die ergänzenden Leistungen zum Lebensunterhalt geregelt (jetzt § 65). Die Vorschrift wurde um die Verpflichtung der Rehabilitationsträger, Daten über Art und Höhe der Förderung der Selbsthilfe über ihre Spitzenverbände zusammenzufassen und in den Teilhabeverfahrensbericht nach § 41 mit einfließen zu lassen, ergänzt. Dies dient der Transparenz darüber, ob, wie und in welchem Umfang die Selbsthilfegruppen, -organisationen und -kontaktstellen, die sich die Prävention, Rehabilitation, Früherkennung, Beratung, Behandlung und Bewältigung von Krankheiten und Behinderungen zum Ziel gesetzt haben, von den Rehabilitationsträgern gefördert werden.[3] 1

Materialien: Zum Regierungsentwurf des § 29 aF nebst Begründung BT-Drs. 14/5074, 14 und 107 sowie BT-Drs. 14/5531, 5; zur Ausschussempfehlung BT- 2

---
1 BGBl. I 1046.
2 BGBl. I 3234.
3 BT-Drs. 18/9522, 250.

Drs. 14/5786, 30. Zur Verschiebung nach § 45 und Neufassung durch das BTHG BT-Drs. 18/9522, 250.

II. Einzelheiten

1. Regelungsgehalt und Zweck der Norm

3   § 45 knüpft an die bis zum Inkrafttreten des SGB IX nur in der Krankenversicherung (§ 20 h SGB V) ausdrücklich vorgesehene Förderung von Selbsthilfegruppen, Selbsthilfeorganisationen und Selbsthilfekontaktstellen an und hält die übrigen Träger der medizinischen Rehabilitation an, sich bei ihrer Förderung untereinander und mit den Krankenkassen abzustimmen. Die Rehabilitationsträger sind verpflichtet, Daten über Art und Höhe der Förderung der Selbsthilfe über ihre Spitzenverbände zusammenzufassen und in den Teilhabeverfahrensbericht nach § 41 einfließen zu lassen.[4]

4   Die Vorschrift dient der Stärkung der **gesundheitlichen Selbsthilfe** und gilt bereichsübergreifend für alle Träger der medizinischen Rehabilitation. Sie stellt eine Rechtsgrundlage für die **institutionelle Förderung** dar; Rechtsansprüche behinderter Menschen werden nicht unmittelbar begründet. Zu beachten sind nach § 7 abweichende bzw. speziellere Regelungen in den für die jeweiligen Rehabilitationsträger geltenden Leistungsgesetzen, so insbes. für die **Krankenkassen** in § 20 h SGB V. Darüber hinaus gilt für alle Rehabilitationsträger die UN-BRK, insbesondere Art. 26 Abs. 1 S. 1 UN-BRK, in dem sich die Vertragsstaaten unter anderem zur Förderung der Selbsthilfe verpflichten.

5   Die Träger der gesetzlichen **Rentenversicherung** können die Selbsthilfe auf Grundlage des § 31 Abs. 1 Satz 1 Nr. 5 und Abs. 3 SGB VI fördern. Danach können sie Zuwendungen für Einrichtungen erbringen, die auf dem Gebiet der Rehabilitation forschen oder die Rehabilitation fördern. Für die Förderung der Selbsthilfe bedeutet dies, dass die Träger der gesetzlichen Rentenversicherung nur solche Vorhaben fördern, die einen unmittelbaren Bezug zum gesetzlichen Auftrag der Rentenversicherung, Versicherte wieder in das Erwerbsleben zu integrieren, aufweisen, also beispielsweise Selbsthilfegruppen und Selbsthilfekontaktstellen, die mit Rehabilitationskliniken kooperieren. Für die Träger der gesetzlichen Rentenversicherung gelten deren Zuwendungsrichtlinien.[5]

6   Die Vorschriften der gesetzlichen **Unfallversicherung** (SGB VII), der **Jugendhilfe** (SGB VIII), der **Eingliederungshilfe** (Teil 2 des SGB IX) sowie des **Versorgungsrechts** (BVG) enthalten keine ausdrücklichen Vorschriften zur Förderung der Selbsthilfe. Da die **Pflegekassen** nicht Reha-Träger (§ 6) sind, ist die Möglichkeit der Förderung der dortigen Selbsthilfegruppen, -organisationen und -kontaktstellen nach §§ 45 d iVm 45 c SGB XI von § 45 nicht umfasst.

2. Institutionen

7   **Selbsthilfegruppen** sind freiwillige Zusammenschlüsse von Menschen auf örtlicher/regionaler Ebene zu verstehen, deren Aktivitäten sich auf die gemeinsame Bewältigung von Krankheiten und/oder psychischen Problemen richten, von denen sie entweder selbst oder als **Angehörige** betroffen sind.[6] Weitere Merkmale sind: Fehlende Gewinnorientierung, gesundheitsbezogenes Laienhandeln, das gemeinsame Ziel der Veränderung ihrer persönlichen Lebensumstände und die gegenseitige Hilfe – auch zur Krankheits- und Behinderungsbewältigung –, die

---

4   Vgl. den Ersten Teilhabeverfahrensbericht 2019, 110 ff. (www.bar-frankfurt.de).
5   *Stähler* in HK-SGB IX § 29 Rn. 4 mwN.
6   *Luik* in Krauskopf SGB V § 20 h Rn. 4 Stand 3/2016.

Gewinnung und Weitergabe spezifischer Informationen zu Krankheitsbildern und zu deren Behandlungsmöglichkeiten sowie Informationen zu Sozialleistungen und deren Inanspruchnahme. Die Aktivitäten können sich auch auf die Motivation zur Inanspruchnahme von Leistungen zur Teilhabe erstrecken.

Selbsthilfeorganisationen sind demgegenüber durch eine überregionale Interessenvertretung, größere Mitgliederzahlen, formalisierte Arbeits- und Verwaltungsabläufe, bestimmte Rechtsformen (idR eingetragener Verein) und stärkere Kontakte zu professionellen Systemen gekennzeichnet.[7] Des Weiteren vertreten sie die Interessen der Selbsthilfegruppen und ihrer Mitglieder im politischen Bereich und betreiben Öffentlichkeitsarbeit. Selbsthilfeorganisationen müssen die Interessen der von chronischer Krankheit oder Behinderung Betroffener wahrnehmen und die örtlichen/regionalen Selbsthilfegruppen fachlich und organisatorisch unterstützen.[8] Selbsthilfekontaktstellen müssen ehrenamtliches und/oder hauptamtliches Fachpersonal beschäftigen, regelmäßig erreichbar sein und Öffnungs- und Sprechzeiten haben. 8

Selbsthilfekontaktstellen bezeichnen schließlich örtlich oder regional arbeitende professionelle Beratungsstellen mit hauptamtlichem Personal, die themen- und indikationsübergreifend Dienstleistungsangebote bereitstellen, die auf Unterstützung und Stabilisierung von Selbsthilfeaktivitäten abzielen und damit deren Infrastruktur verbessern. Voraussetzung für eine Förderung ist ua, dass die Selbsthilfekontaktstellen bereichs-, themen- und indikationsgruppenübergreifende Unterstützungsangebote zur methodischen Anleitung, Unterstützung und Stabilisierung von Selbsthilfegruppen bereithalten, für Selbsthilfegruppen infrastrukturelle Hilfen zB in Form von Gruppenräumen zur Verfügung stellen, kostenlos Beratung oder Praxisbegleitung anbieten und die der Kooperation und Zusammenarbeit von Selbsthilfegruppen und professionellen Leistungserbringern fördern, Kontakte und Kooperationspartnerinnen bzw. Kooperationspartner vermitteln und Angebote in der Region vernetzen.[9] 9

3. Grundsätze der Förderung

Zur **Förderung nach einheitlichen Grundsätzen** haben die für Leistungen zur medizinischen Rehabilitation zuständigen Rehabilitationsträger die **gemeinsame Empfehlung** nach § 13 Abs. 2 Nr. 6 aF vom 1.7.2004 zunächst mit Wirkung vom 23.2.2012 neu gefasst, um insbesondere der in Deutschland 2009 in Kraft getretenen UN-Konvention über die Rechte von Menschen mit Behinderung und deren tragendem Grundsatz und Leitbegriff der Inklusion Rechnung zu tragen und zuletzt nach In-Kraft-Treten des BTHG überarbeitet.[10] Die Vereinbarung einheitlicher Fördergrundsätze soll sowohl für die Selbsthilfegruppen, -organisationen und -kontaktstellen als auch für die Rehabilitationsträger Transparenz bewirken. Die gemeinsame Empfehlung dient nach eigener Zielsetzung zur der einheitlichen Rechtsanwendung und Transparenz der Förderung, 10

---

7 Vgl. *Schütze* in jurisPK-SGB V, 4. Aufl. 2020, § 20 h Rn. 13.
8 Vgl. im Einzelnen den „Leitfaden zur Selbsthilfeförderung" (Grundsätze des GKV-Spitzenverbandes zur die Förderung der Selbsthilfe gemäß § 20 h SGB V vom 10.3.2000, in der Fassung vom 27.8.2020), in Kraft ab 1.1.2021, abrufbar unter www.gkv-spitzenverband.de.
9 Vgl. im Einzelnen den Leitfaden zur Selbsthilfeförderung gemäß § 20 h SGB V v. 10.3.2000 in der Fassung vom 27.8.2020, unter www.gkv-spitzenverband.de abrufbar.
10 Bundesarbeitsgemeinschaft für Rehabilitation e.V. (BAR), Gemeinsame Empfehlung zur Förderung der Selbsthilfe gemäß § 26 Abs. 2 Nr. 6 SGB IX, 2019, abrufbar unter www.bar-frankfurt.de.

will für alle Beteiligten das Verfahren erleichtern und durch abgestimmte Entscheidungsstrukturen zu einer besseren Planungssicherheit für die Selbsthilfe beitragen. Angestrebt wird eine flächendeckende und bedarfsgerechte Verteilung der Fördermittel für die jeweiligen Ebenen (Ort/Region, Land, Bund) und Bereiche (Selbsthilfegruppen, -organisationen und -kontaktstellen) der Selbsthilfe. **Gegenstand der Empfehlung** sind insbes. Voraussetzungen, Formen, Inhalte und Umfang der Förderung. Die Förderpraxis der Rehabilitationsträger besteht in finanzieller, personeller, sächlicher und ideeller Unterstützung und soll im Interesse der Weiterentwicklung der **Selbsthilfe** vereinheitlicht und besser koordiniert werden; dazu soll die Förderung nach einheitlichen Grundsätzen erfolgen. Regelmäßig erfolgt eine projektbezogene bzw. pauschale Zuwendung in Form von finanziellen Zuschüssen.

4. Spezielle Regelungen für die GKV

11 Für die GKV besteht mit § 20h SGB V eine Sonderregelung. Danach werden Selbsthilfegruppen und -organisationen sowie Selbsthilfekontaktstellen gefördert, die sich die gesundheitliche Prävention oder die Rehabilitation von Versicherten bei einer der im Verzeichnis § 20h Abs. 1 Satz 2 SGB V aufgeführten Krankheiten zum Ziel gesetzt haben. Die Ausgaben der Krankenkassen und ihrer Verbände für die Wahrnehmung der Aufgaben nach Absatz 1 Satz 1 sollen insgesamt im Jahr 2016 für jeden ihrer Versicherten einen Betrag von 1,05 EUR umfassen; sie sind in den Folgejahren entsprechend der prozentualen Veränderung der monatlichen Bezugsgröße nach § 18 Abs. 1 SGB IV anzupassen (§ 20h Abs. 4 SGB V). Der Spitzenverband Bund der Krankenkassen beschließt Grundsätze zu den Inhalten der Förderung der Selbsthilfe und zur Verteilung der Fördermittel auf die verschiedenen Förderebenen und Förderbereiche, vgl. den „Leitfaden zur Selbsthilfeförderung" (Grundsätze des GKV-Spitzenverbandes zur Förderung der Selbsthilfe gemäß § 20h SGB V vom 10.3.2000 in der Fassung vom 27.8.2020).[11]

12 Die **Grundsätze für die Förderung der Selbsthilfe**[12] (2020) bestimmen ua als Voraussetzung der Förderung einen schriftlichen Antrag mit Angaben, die die Beurteilung der mit der Zuwendung verfolgten Ziele und Zwecke sowie die Angemessenheit der beantragten Mittel erlauben. Mit den Fördergrundsätzen bestehen gemeinsame und einheitliche Grundsätze zur Förderung der Selbsthilfe, die die notwendige Transparenz der Förderkriterien schaffen und eine flächendeckende, gerechtere Verteilung der Fördermittel gewährleisten sollen.[13]

13 In den Grundsätzen für die Förderung der Selbsthilfe 2020 der gesetzlichen Krankenkassen ist auch das **Verzeichnis der Krankheitsbilder** (§ 20h Abs. 1 Satz 2 SGB V) enthalten, bei deren gesundheitlicher Prävention oder Rehabilitation eine Förderung zulässig ist. Es umfasst die nachstehend aufgeführten Bereiche, ausgenommen Akutkrankheiten:

- Krankheiten des Kreislaufsystems/Herz-Kreislauf-Erkrankungen (zB chronische Herzkrankheiten, Infarkt, Schlaganfall, chronisch pulmonale Herzkrankheit),
- Krankheiten des Muskel-Skelett-Systems, der Gelenke, der Muskeln und des Bindegewebes (zB rheumatische Erkrankungen, Morbus Bechterew, Sklerose, Myasthenie, Sklerodermie, Skoliose, Fibriomyalgie, Osteoporose, chronische Osteomyelitis),

---

11 Abrufbar unter www.gkv-spitzenverband.de.
12 Abrufbar unter www.gkv-spitzenverband.de.
13 Vgl. SG Aachen 30.11.2016 – S 1 KR 152/15, BeckRS 2016, 110725.

- bösartige Neubildungen/Tumorerkrankungen (zB Kehlkopf, Haut, Brust, Genitalorgane, Leukämie),
- Allergische und asthmatische Erkrankungen/ Krankheiten des Atmungssystems,
- Krankheiten der Verdauungsorgane und des Urogenitaltraktes (zB chronische Colitis ulcerosa, Morbus Crohn, chronische Pankreatitis, chronische Nierenerkrankung),
- Lebererkrankungen (zB Leberzirrhose),
- Hauterkrankungen/chronische Krankheiten des Hautanhanggebildes und der Unterhaut (zB Psoriasis, chronisches atopisches Ekzem, Epidermolysis Bullosa, Lupus erythematodes, Sklerodomie),
- Suchterkrankungen (zB Medikamenten-, Alkohol-, Drogenabhängigkeit, Essstörungen: Anorexie und Bulimie),
- Krankheiten des Nervensystems (zB Multiple Sklerose, Parkinson, Epilepsie, Hydrocephalus, Chorea Huntington, Muskelatrophie, Muskeldystrophie, Zerebralparese/Lähmungen, Narkolepsie, Schädigungen des zentralen Nervensystems, Minimale Cerebrale Dysfunktion, Alzheimer Krankheit, Hereditäre Ataxie, Guillain-Barré-Syndrom, Stiff-man-Syndrom, Recklinghausen'sche Krankheit),
- Hirnbeschädigungen (zB apallisches Syndrom, Aphasie, Apoplexie, Schädel-Hirn-Verletzungen),
- endokrine Ernährungs- und Stoffwechselkrankheiten (zB Diabetes mellitus, Zystische Fibrose, Mukoviszidose, Zöliakie, Phenylketonurie, Marfan-Syndrom),
- Krankheiten des Blutes, des Immunsystems/Immundefekte (zB Hämophilie, AIDS, HIV-Krankheit, Sarkoidose),
- Krankheiten der Sinnesorgane/Hör-, Seh- und Sprachbehinderungen (zB Tinnitus, Ménière, Schwerhörigkeit, Taubheit, Taubstummheit, Gehörlosigkeit, Retinitis Pigmentosa, Stottern),
- Infektiöse Krankheiten (zB Poliomyelitis/Kinderlähmung),
- Psychische und Verhaltensstörungen/Psychische Erkrankungen (zB psychische und Persönlichkeitsstörungen, Psychosen, Suizidalität, Hyperkinetische Störungen, Angststörungen, Zwangserkrankungen, Autismus, Rett-Syndrom, Depression),
- angeborene Fehlbildungen/Deformitäten/Chromosomenanomalien (zB Spina bifida, Hydrozephalus, Lippen-, Kiefer- und Gaumenspalte, Down-Syndrom, Turner-Syndrom, Klinefelter-Syndrom, Körperbehinderungen, Kleinwuchs, geistige Behinderungen),
- chronische Schmerzen und
- Organtransplantationen.

Im Schrifttum ist diesbezüglich zu Recht darauf hingewiesen worden, dass eine Orientierung allein an Krankheitsbildern für eine an Lebenswelten und den allgemeinen Grundsätzen der Rehabilitation und Teilhabe orientierten Selbsthilfe nicht zielführend ist.[14] Eine Einschränkung, wie sie § 20 h Abs. 1 SGB V auf bestimmte Krankheitsbilder vorsieht, bestimmt § 45 S. 1 ohnehin nicht.

5. Datenerhebung, Teilhabeverfahrensbericht

Durch das BTHG wurde die Vorschrift um die Verpflichtung der Reha-Träger erweitert, **Daten** über Art und Höhe der Förderung der Selbsthilfe über ihre Spitzenverbände zusammenzufassen und in den **Teilhabeverfahrensbericht** nach

---

14 *Welti* in Becker/Kingreen SGB V § 20 h Rn. 4.

§ 41 einfließen zu lassen.[15] Dies soll nach der Gesetzesbegründung Transparenz darüber schaffen, ob, wie und in welchem Umfang die Selbsthilfegruppen, -organisationen und -kontaktstellen, die sich die Prävention, Rehabilitation, Früherkennung, Beratung, Behandlung und Bewältigung von Krankheiten und Behinderungen zum Ziel gesetzt haben, von den Rehabilitationsträgern gefördert werden.[16]

§ 46 Früherkennung und Frühförderung

(1) Die medizinischen Leistungen zur Früherkennung und Frühförderung für Kinder mit Behinderungen und von Behinderung bedrohte Kinder nach § 42 Absatz 2 Nummer 2 umfassen auch
1. die medizinischen Leistungen der fachübergreifend arbeitenden Dienste und Einrichtungen sowie
2. nichtärztliche sozialpädiatrische, psychologische, heilpädagogische, psychosoziale Leistungen und die Beratung der Erziehungsberechtigten, auch in fachübergreifend arbeitenden Diensten und Einrichtungen, wenn sie unter ärztlicher Verantwortung erbracht werden und erforderlich sind, um eine drohende oder bereits eingetretene Behinderung zum frühestmöglichen Zeitpunkt zu erkennen und einen individuellen Behandlungsplan aufzustellen.

(2) [1]Leistungen zur Früherkennung und Frühförderung für Kinder mit Behinderungen und von Behinderung bedrohte Kinder umfassen weiterhin nichtärztliche therapeutische, psychologische, heilpädagogische, sonderpädagogische, psychosoziale Leistungen und die Beratung der Erziehungsberechtigten durch interdisziplinäre Frühförderstellen oder nach Landesrecht zugelassene Einrichtungen mit vergleichbarem interdisziplinärem Förder-, Behandlungs- und Beratungsspektrum. [2]Die Leistungen sind erforderlich, wenn sie eine drohende oder bereits eingetretene Behinderung zum frühestmöglichen Zeitpunkt erkennen helfen oder die eingetretene Behinderung durch gezielte Förder- und Behandlungsmaßnahmen ausgleichen oder mildern.

(3) [1]Leistungen nach Absatz 1 werden in Verbindung mit heilpädagogischen Leistungen nach § 79 als Komplexleistung erbracht. [2]Die Komplexleistung umfasst auch Leistungen zur Sicherung der Interdisziplinarität. [3]Maßnahmen zur Komplexleistung können gleichzeitig oder nacheinander sowie in unterschiedlicher und gegebenenfalls wechselnder Intensität ab Geburt bis zur Einschulung eines Kindes mit Behinderungen oder drohender Behinderung erfolgen.

(4) In den Landesrahmenvereinbarungen zwischen den beteiligten Rehabilitationsträgern und den Verbänden der Leistungserbringer wird Folgendes geregelt:
1. die Anforderungen an interdisziplinäre Frühförderstellen, nach Landesrecht zugelassene Einrichtungen mit vergleichbarem interdisziplinärem Förder-, Behandlungs- und Beratungsspektrum und sozialpädiatrische Zentren zu Mindeststandards, Berufsgruppen, Personalausstattung, sachlicher und räumlicher Ausstattung,
2. die Dokumentation und Qualitätssicherung,
3. der Ort der Leistungserbringung sowie
4. die Vereinbarung und Abrechnung der Entgelte für die als Komplexleistung nach Absatz 3 erbrachten Leistungen unter Berücksichtigung der Zuwen-

---
15 Vgl. den Ersten Teilhabeverfahrensbericht 2019, 110 ff., unter www.bar-frankfurt.de abrufbar.
16 BT-Drs. 18/9522, 250.

dungen Dritter, insbesondere der Länder, für Leistungen nach der Verordnung zur Früherkennung und Frühförderung.

(5) ¹Die Rehabilitationsträger schließen Vereinbarungen über die pauschalierte Aufteilung der nach Absatz 4 Nummer 4 vereinbarten Entgelte für Komplexleistungen auf der Grundlage der Leistungszuständigkeit nach Spezialisierung und Leistungsprofil des Dienstes oder der Einrichtung, insbesondere den vertretenen Fachdisziplinen und dem Diagnosespektrum der leistungsberechtigten Kinder. ²Regionale Gegebenheiten werden berücksichtigt. ³Der Anteil der Entgelte, der auf die für die Leistungen nach § 6 der Verordnung zur Früherkennung und Frühförderung jeweils zuständigen Träger entfällt, darf für Leistungen in interdisziplinären Frühförderstellen oder in nach Landesrecht zugelassenen Einrichtungen mit vergleichbarem interdisziplinärem Förder-, Behandlungs- und Beratungsspektrum 65 Prozent und in sozialpädiatrischen Zentren 20 Prozent nicht überschreiten. ⁴Landesrecht kann andere als pauschale Abrechnungen vorsehen.

(6) Kommen Landesrahmenvereinbarungen nach Absatz 4 bis zum 31. Juli 2019 nicht zustande, sollen die Landesregierungen Regelungen durch Rechtsverordnung entsprechend Absatz 4 Nummer 1 bis 3 treffen.

Literatur:

Bieritz-Harder/Stähler, Früherkennung und Frühförderung, in Deinert/Welti (Hrsg.), Stichwortkommentar Behindertenrecht, 2. Aufl. 2018, S. 425; *Bredehorst/Twehues*, Rehabilitationsträger setzen bereits bei der Prävention an, ASUMed 2019, 766; *Breitkopf/Sommer*, Komplexleistung Frühförderung – Was wurde bisher erreicht, was ist noch zu tun?, NDV 2005, 365; *Deutsche Vereinigung für Rehabilitation*, Stellungnahme zur Früherkennung und Frühförderung behinderter und von Behinderung bedrohter Kinder – Weiterentwicklung durch das Neunte Sozialgesetzbuch (SGB IX), Die Rehabilitation 2011, 128; *Dillmann*, Kein Kinderspiel: Die Neuordnung der Leistungen für Kinder und Jugendliche mit Behinderungen, ArchSozArb Nr. 3 (2014), 30; *Fuchs*, Vernetzung und Integration im Gesundheitswesen am Beispiel der medizinischen Rehabilitation, 2008; *Geene*, Familiäre Gesundheitsförderung, Bundesgesundhbl 2018, 1289; *Gerlach/Hinrichs*, Therapeutische Hilfen für junge Menschen – problematische Schnittstellen zwischen SGB V, SGB VIII und SGB XII, ZfSH 2007, 387, 451; *Hoffmann*, Probleme und Perspektiven der Behandlung und Rehabilitation psychisch kranker bzw. seelisch behinderter – insbesondere traumatisierter – Kinder und Jugendlicher, JAmt 2010, 8; *Lachwitz*, Regelung der Frühförderung im Sozialgesetzbuch Neuntes Buch (SGB IX), RdLH 2001, 108; *Pötter*, Teilhabe so früh wie möglich, Frühförderung und Inklusion, BlWohlfPfl 2013, 142; *Rudack*, Rehabilitation und Teilhabe für Kinder im Rahmen Interdisziplinärer Frühförderung, BKK 2010, 168; *Sarimski/Hintermair/Lang*, Familienorientierte Frühförderung von Kindern mit Behinderung, 2013; *Schaumberg*, Das System der Frühförderung von behinderten bzw. von Behinderung bedrohten Kindern im SGB IX, ASR 2014, 261; *Sohns*, Frühförderung – Ein Hilfesystem im Wandel, 2010; *Schumacher*, Der lange Weg zur Komplexleistung Frühförderung, RDLH 2007, Nr. 3, 9; *Steffens*, Aspekte der Versorgung chronisch kranker Kinder und von Kindern mit (drohender) Behinderung mit Heilmitteln und rehabilitativen Leistungen, RP-Reha 2020, Nr. 2, 43; *Zollmann/Erbstößer*, Gestärkt ins Leben: Kinder- und Jugendrehabilitation der Rentenversicherung, in Reha-Bericht 2019 der Deutschen Rentenversicherung Bund, 2019.

I. Geschichte und Inhalt der Norm	1	3. Hintergrund UN-BRK	9
II. Systematische Zusammenhänge	5	III. Leistungsträger	10
		IV. Alter der Kinder – Dauer der Leistungen	11
1. Teil der medizinischen Rehabilitation	5	V. Leistungen (Abs. 1 und 2)	12
		1. Früherkennung und Frühförderung	12
2. Parallelvorschrift in § 43a SGB V	8	2. Leistungen nach Abs. 1	14

3.	Ärztliche Verantwortung ... 17	1.	Begriff und Gesetzesentwicklung ... 22
4.	Nichtärztliche Leistungen (Abs. 2) ... 18	2.	Förder- und Behandlungsplan ... 25
5.	Einrichtungen und Dienste ... 20	3.	Interdisziplinarität ... 26
6.	Mobile Form der Frühförderung ... 21	VII.	Frühförderungsverordnung 27
		VIII.	Landesrahmenvereinbarungen (Abs. 4–6) ... 28
VI.	Komplexleistung (Abs. 1 und 3) ... 22	IX.	Verfahrensrechtliche Hinweise ... 31

I. Geschichte und Inhalt der Norm

1 **Geltende Fassung:** Die Vorschrift wurde als § 30 durch Artikel 1 und 68 Abs. 1 SGB IX vom 19.6.2001[1] mit Wirkung vom 1.7.2001 eingeführt und durch das BTHG v. 23.12.2016[2] neu gefasst und mit Wirkung vom 1.1.2018 nach § 46 verschoben. Bis 31.12.2017 war in § 46 aF die Höhe und Berechnung des Übergangsgelds geregelt (jetzt § 66).

2 **Entstehung und Gesetzesbegründung:** Vor 2001 wurden Leistungen der Eingliederungshilfe zur Frühförderung noch nicht schulpflichtiger behinderter und von Behinderung bedrohter Kinder regelmäßig als heilpädagogische Maßnahmen von Sozialhilfeträgern auf der Grundlage des früheren § 40 Abs. 1 Nr. 2 a BSHG oder von Kinder- und Jugendhilfeträgern nach § 35 a SGB VIII erbracht. Der Regierungsentwurf[3] der **Erstfassung 2001** ist im Gesetzgebungsverfahren nur wenig verändert worden.[4] Ziel des Gesetzgebers 2001 war es, die Leistungserbringung in der Frühförderung zu verbessern, die Heterogenität des Leistungsgeschehens zu minimieren und in allen Bundesländern die Voraussetzungen für eine interdisziplinäre Leistungserbringung zu schaffen.[5] Hierzu wurde mit dem Inkrafttreten des SGB IX die „Komplexleistung Frühförderung" in den bisherigen §§ 26, 30 (jetzt §§ 42, 46) und § 54 Abs. 1 S. 1 und 2 SGB XII (jetzt § 109 SGB IX; vor dem 1.1.2005 § 40 BSHG, Eingliederungshilfe für behinderte Menschen) festgeschrieben. Damit sollten **aufeinander abgestimmte Leistungen**, ggf. mehrerer Leistungsträger und Fachdisziplinen, **aus einer Hand** unbürokratisch und schnell zur Verfügung gestellt werden und so eine bessere Förderung von Kindern mit Behinderungen oder von Behinderung bedrohter Kinder ermöglichen. Es entsprach dem allgemeinen Verständnis aller Beteiligten, dass eine dem fachlichen Standard angepasste Förderung die Entwicklung im frühen Kindesalter verbessert und damit langfristig Kosten im Sozialleistungsgeschehen reduziert.[6]

3 Mit Wirkung vom **1.1.2018** ist die Vorschrift durch das **BTHG** im Zuge der Neunummerierung des SGB IX nicht nur nach § 46 verschoben, sondern auch inhaltlich neu gefasst worden. Die gewachsenen und bewährten Strukturen der Frühförderung sollen damit aber nicht gefährdet werden.[7] Im Sinne einer klaren Definition der Komplexleistung ist der bisherige § 30 Absatz 1 Satz 2 SGB IX in den neuen Absatz 3 verschoben worden. Nach dem Scheitern des früheren § 30 Abs. 3 (gemeinsame Empfehlung) setzt der Gesetzgeber nun auf **konkretisierende Regelungen durch verbindliche Landesrahmenvereinbarungen**,

---

1 BGBl. I 1046.
2 BGBl. I 3234.
3 BT-Drs. 14/5074, 14, BT-Drs. 14/5531, 5 (9).
4 Vgl. die Materialien: BT-Drs. 14/5786, 31, BT-Drs. 14/5800, 32.
5 BT-Drs. 14/5074, 106 f.
6 Vgl. BT-Drs. 18/9522, 251.
7 BT-Drs. 18/9522, 251.

bei deren Erstellung die bisherigen Qualitätsanforderungen berücksichtigt werden sollen.[8] Parallel zu den Neuregelungen in § 46 ist die **FrühV**[9] **durch Art. 23 BTHG geändert** worden (→ § 48 Rn. 3).

Regelungsinhalt: „Frühförderung hat eine zentrale Bedeutung für die Entwicklungsförderung für Kinder mit drohenden oder bestehenden Beeinträchtigungen".[10] Die Vorschrift knüpft an § 42 Abs. 2 Nr. 2 an und bestimmt in Abs. 1 und 2 **Inhalt und Umfang** der Leistungen zur Früherkennung und Frühförderung behinderter und von Behinderung bedrohter Kinder, soweit diese im Rahmen der medizinischen Rehabilitation erbracht werden. Besonderheit ist, dass die Leistungen auch nichtärztliche und sozialpädiatrische Leistungen umfassen und dennoch der medizinischen Rehabilitation zugeordnet sind. Abs. 3 führt den Begriff der **Komplexleistung** ein und ist in Zusammenhang mit § 79 Abs. 2 zu lesen (Abgrenzung zu den heilpädagogischen Leistungen). § 46 Abs. 4–6 verlagert die konkrete Ausgestaltung der Leistungen zur Früherkennung und Frühförderung in den fachübergreifend arbeitenden Diensten und Einrichtungen auf die Ebene der Länder. Der frühere Abs. 3, der die Vereinbarung gemeinsamer Empfehlungen nach § 13 aF (jetzt § 26) vorgesehen hat, ist zum 31.12.2017 entfallen, nachdem eine gemeinsame Empfehlung bis dato nicht zustande gekommen war. 4

II. Systematische Zusammenhänge
1. Teil der medizinischen Rehabilitation

Leistungen zur medizinischen Rehabilitation umfassen insbesondere Früherkennung und Frühförderung behinderter und von Behinderung bedrohter Kinder (§ 42 Abs. 2 Nr. 2). Hieran knüpft § 46 an und konkretisiert den Inhalt der Leistungen. Danach kommen sowohl medizinische Leistungen der fachübergreifend arbeitenden Dienste und Einrichtungen in Betracht (Abs. 1 Nr. 1), sodann Leistungen, die unter ärztlicher Verantwortung erbracht werden (Abs. 1 Nr. 2), als auch nichtärztliche therapeutische, psychologische, heilpädagogische, sonderpädagogische, psychosoziale Leistungen und die Beratung der Erziehungsberechtigten (Abs. 2). Abs. 3 bestimmt die Erbringung von Leistungen nach Abs. 1 zusammen mit heilpädagogischen Leistungen (§ 79) als Komplexleistung; hiermit korrespondiert § 79 Abs. 3. Maßnahmen der Frühförderung für Kinder sind unabhängig von der Art der Behinderung vorrangig Leistungen der Eingliederungshilfe oder Krankenversicherung und nicht der Jugendhilfe (SGB VIII); für diese Abgrenzung ist es unerheblich, ob die Leistungen ambulant, in Förderzentren, in teilstationären oder stationären Einrichtungen erbracht werden.[11] 5

Die im Rahmen von Leistungen zur medizinischen Rehabilitation nach § 46 zur Früherkennung und Frühförderung zu erbringenden medizinischen Leistungen umfassen nach § 5 FrühV[12] insbesondere 6

---

8 BT-Drs. 18/9522, 251.
9 Frühförderungsverordnung (FrühV) v. 24.6.2003, BGBl. I 998, zuletzt geändert mWv 1.1.2018 durch Art. 23 BTHG v. 23.12.2016, BGBl. I 3234, abgedruckt in Anhang 4.
10 Teilhabebericht der Bundesregierung über die Lebenslagen von Menschen mit Beeinträchtigungen 2016, BT-Drs. 18/10940, 109.
11 LSG Nds-Brem 29.10.2015 – L 8 SO 122/12.
12 In der Fassung v. Art. 23 Nr. 5 des BTHG v. 23.12.2016 (BGBl. I 3234), abgedruckt in Anhang 4.

- ärztliche Behandlung einschließlich der zur Früherkennung und Diagnostik erforderlichen ärztlichen Tätigkeiten,
- nichtärztliche sozialpädiatrische Leistungen, psychologische, heilpädagogische und psychosoziale Leistungen, soweit und solange sie unter ärztlicher Verantwortung erbracht werden und erforderlich sind, um eine drohende oder bereits eingetretene Behinderung zum frühestmöglichen Zeitpunkt zu erkennen und einen individuellen Förder- und Behandlungsplan aufzustellen,
- medizinisch-therapeutische Leistungen, insbesondere physikalische Therapie, Physiotherapie, Stimm-, Sprech- und Sprachtherapie sowie Ergotherapie, soweit sie aufgrund des Förder- und Behandlungsplans (§ 7 FrühV) erforderlich sind.

7 **Absatz 1 Satz 1 Nr. 1** trägt dem Umstand Rechnung, dass die im Rahmen der Früherkennung und Frühförderung in der Praxis als Leistungserbringer auftretenden Dienste und Einrichtungen meist **interdisziplinär** tätig sind, und stellt klar, dass auch die von diesen Diensten und Einrichtungen erbrachten medizinischen Leistungen der medizinischen Rehabilitation zuzuordnen sind. Als fachübergreifend arbeitende Dienste kommen in der Sache, jedoch ohne gesetzliche Festlegung vor allem **sozialpädiatrische Zentren** sowie ambulante und mobile **Frühförderstellen** in Betracht; sog. integrative Tagesstätten zählen nach der Gesetzesbegründung nicht dazu.[13]

2. Parallelvorschrift in § 43 a SGB V

8 Im SGB V besteht mit § 43 a SGB V eine **Parallelvorschrift** für die Früherkennung von Krankheiten in der Krankenversicherung, die den Regelungsbereich des § 46 unberührt lässt.[14] § 46 Abs. 2 enthält gegenüber § 43 a SGB V einen erweiterten Anwendungsbereich, da auch nichtärztliche Leistungen zur Früherkennung und Frühförderung behinderter und von Behinderung bedrohter Kinder durch interdisziplinäre Frühförderstellen erfasst sind.[15] § 46 Abs. 1 und 3 und § 79 Abs. 2 betreffen die **Abgrenzung von Leistungen der medizinischen Rehabilitation und heilpädagogischen Leistungen.** Nach § 79 Abs. 2 umfassen heilpädagogische Leistungen alle Maßnahmen, die zur Entwicklung des Kindes und Entfaltung seiner Persönlichkeit beitragen einschließlich der jeweils nichtärztlichen therapeutischen, psychologischen, sonderpädagogischen psychosozialen Leistungen und der Beratung der Erziehungsberechtigten, soweit sie nicht unter ärztlicher Verantwortung erbracht werden. Werden die entsprechenden Leistungen in sozialpädiatrischen Zentren und in interdisziplinären Förderstellen neben den medizinischen Leistungen erbracht, sind sie den Leistungen der medizinischen Rehabilitation zuzuordnen.[16] Die Komplexleistung des § 46 führt also zwei unterschiedliche Leistungstypen zusammen, um die bestmögliche Förderung des Kindes zu erreichen (enger Funktionszusammenhang).[17] Seit August 2013 haben Kinder ab Vollendung des ersten bis zum dritten Lebensjahr außerdem einen Rechtsanspruch auf Frühförderung in einer Tageseinrichtung oder in der Kindertagespflege (§ 24 SGB VIII).

---

13 BT-Drs. 14/5074, 107 und BT-Drs. 14/5531, 5.
14 *Zieglmeier* in KassKomm, 6/2018, SGB V § 43 a Rn. 18.
15 *Zieglmeier* in KassKomm, 6/2018, SGB V § 43 a Rn. 23; vgl. LSG RhPf 19.9.2006 – L 1 KR 65/04, Breith 2007, 749.
16 BT-Drs. 18/9522, 264.
17 OVG RhPf 4.11.2010 – 7 A 10796/10, ZfSH/SGB 2011, 170 mwN.

3. Hintergrund UN-BRK

Der Teilhabebericht der Bundesregierung über die Lebenslagen mit Behinderungen 2016 weist im Zusammenhang mit den Leistungen der Frühförderung auf Art. 7 UN-BRK hin, wonach gewährleistet sein muss, dass Kinder mit Behinderungen gleichberechtigt mit anderen Kindern alle Menschenrechte und Grundfreiheiten genießen können.[18] Durch Frühförderung iS einer interdisziplinäre Diagnostik, Therapie und Beratung soll die Entwicklung von Kindern gefördert und gesundheitsbedingten Beeinträchtigungen entgegen gewirkt werden.[19] Auch der BTHG-Gesetzgeber hat bei § 46 auf die UN-BRK Bezug genommen und auf **Art. 26 Abs. 1 UN-BRK** hingewiesen, wonach Leistungen und Programme zur (Re)Habilitation im frühestmöglichen Stadium einsetzen und auf einer multidisziplinären Bewertung der individuellen Bedürfnisse und Stärken beruhen sollen.[20] Interdisziplinäre Frühförderung beachtet die **Prinzipen der Inklusion**: Prävention, Ganzheitlichkeit, Familienorientierung und Niedrigschwelligkeit.[21]

III. Leistungsträger

Nicht alle Träger der medizinischen Rehabilitation (§ 5 Nr. 1 iVm § 6) erbringen die Leistungen der Früherkennung und Frühförderung. Sie sind für die Träger der gesetzlichen **Rentenversicherung** (§ 15 Abs. 1 S. 1 SGB VI) und für die Träger der gesetzlichen **Unfallversicherung** (§ 27 Abs. 1 Nr. 7 SGB VII) **ausgeschlossen**. Die in § 6 Abs. 1 Nr. 1 und 4 bis 7 genannten Träger erbringen die Leistungen im Rahmen ihrer Zuständigkeit; in der Regel sind dies die gesetzlichen Krankenkassen und die Träger der Eingliederungshilfe. Leistungen durch interdisziplinäre Frühförderstellen fallen regelmäßig in die Zuständigkeit der Jugend- und Eingliederungshilfe.[22] Dabei handelt es sich um die psychologischen, heilpädagogischen und sonderpädagogische Leistungen, die im Rahmen der Früherkennung ohne ärztliche Verantwortung erbracht werden und um solche, die über die Früherkennung hinaus im Rahmen der Förderung und Behandlung erforderlich sind.[23]

IV. Alter der Kinder – Dauer der Leistungen

Die Fördermaßnahmen setzen nach der entsprechenden Diagnose ein (Feststellung eines Entwicklungsrisikos) und **enden idR mit dem Schuleintritt** (§ 46 Abs. 3 S. 2), weil die zu erbringenden heilpädagogischen Leistungen (§ 79) nur für Kinder erbracht werden, die noch nicht eingeschult sind.[24] In Betracht kommt aber zur Sicherstellung des Leistungszwecks eine Verschiebung des Schulbeginns (zeitweise Befreiung von der Schulpflicht);[25] außerdem können Leistungen zur Teilhabe iS der medizinischen Rehabilitation (§ 42) natürlich

---

18 Teilhabebericht der Bundesregierung über die Lebenslagen von Menschen mit Beeinträchtigungen 2016, BT-Drs. 18/10940, 69 f.
19 So bereits Teilhabebericht der Bundesregierung über die Lebenslagen von Menschen mit Beeinträchtigungen 2013, S. 84, 123 abrufbar unter www.bmas.de; ebenso der Teilhabebericht 2016, BT-Drs. 18/10940, 73 f., 109 f.
20 BT-Drs. 18/9522, 251.
21 *Bieritz-Harder/Stähler* in SWK-BehindertenR Früherkennung und Frühförderung Rn. 2.
22 Vgl. auch *Mrozynski/Jabben* § 30 Rn. 16.
23 *Lachwitz* in HK-SGB IX § 30 Rn. 101.
24 *Bieritz-Harder/Stähler* in SWK-BehindertenR Früherkennung und Frühförderung Rn. 10; vgl. auch § 1 FrühV, abgedruckt in Anhang 4.
25 VG Berlin 1.7.2009 – 3 L 256/09, BeckRS 2010, 47655.

auch an Schüler weiterhin erbracht werden. Besteht nach dem Schuleintritt weiterer Bedarf an Leistungen, werden diese von den Rehabilitationsträgern nicht als Komplexleistung und nicht auf Grundlage des § 46 SGB IX und der FrühV erbracht, sondern etwa von den gesetzlichen Krankenkassen als Heilmittel nach § 32 SGB V oder den Eingliederungshilfeträgern als Teil der Eingliederungshilfe (§ 112, Hilfe zu einer Schulbildung, bis 31.12.2019: §§ 54 Abs. 1 S. 1, 55 Abs. 2 Nr. 2 SGB XII aF, § 12 Nr. 1 EinglH-VO aF).[26]

V. Leistungen (Abs. 1 und 2)

1. Früherkennung und Frühförderung

12 **Absatz 1** ergänzt und präzisiert die nach § 42 Abs. 1 und 3 zu erbringenden Leistungen zur medizinischen Rehabilitation, soweit sie zum Zweck der Früherkennung und Frühförderung behinderter und von Behinderung (§ 2) bedrohter Kinder zu erbringen sind. Die Begriffe Früherkennung und Frühförderung sind zwar gesetzlich nicht definiert, ergeben sich aber aus den Zielen des § 42 Abs. 1 Nr. 1 und der Leistungsbeschreibung in § 46 Abs. 1 und 2.[27] Die Verordnung zur Früherkennung und Frühförderung behinderter und von Behinderung bedrohter Kinder[28] bestimmt Näheres.

13 **Früherkennung** verfolgt das Ziel, eine Erkrankung oder Behinderung möglichst frühzeitig zu diagnostizieren und setzt einen Verdacht auf eine (drohende) Behinderung voraus. Nachdem dies abgeklärt und ggf. eine Behinderung erkannt ist, wird ein Förder- und Behandlungsplan aufgestellt, der in die Phase der Frühförderung mündet. Als Vorstufe dienen die in § 26 SGB V geregelten ärztlichen Untersuchungen (U1 bis U9 sowie J1), die Fehlentwicklungen und Gesundheitsstörungen bei Säuglingen und Kleinkindern möglichst frühzeitig diagnostizieren sollen.[29] Versicherte Kinder und Jugendliche haben bis zur Vollendung des 18. Lebensjahres Anspruch auf Untersuchungen zur Früherkennung von Krankheiten, die ihre körperliche, geistige oder psycho-soziale Entwicklung in nicht geringfügigem Maße gefährden (§ 26 Abs. 1 S. 1 SGB V). Unter **Frühförderung** versteht der Gesetzgeber einen Komplex medizinischer, pädagogischer, psychologischer und sozialrehabilitativer Hilfen, die darauf gerichtet sind, die Entwicklung eines Kindes und sein Leben-Lernen in seiner Lebenswelt in den ersten Lebensjahren unterstützend zu begleiten, wenn diesbezügliche Auffälligkeiten und Gefährdungen vorliegen.[30]

2. Leistungen nach Abs. 1

14 **Absatz 1 Satz 1 Nr. 2** stellt – ähnlich § 43 a SGB V, aber für einen engeren Personenkreis – klar, dass – neben den ärztlichen Leistungen nach § 42 Abs. 2

---

26 Vgl. BVerwG 18.10.2012 – 5 C 15/11, BVerwGE 144, 364 Rn. 22 = NVwZ-RR 2013, 188; *Mrozynki/Jabben* § 30 Rn. 22.
27 *Bieritz-Harder*/Stähler in SWK-BehindertenR Früherkennung und Frühförderung Rn. 3.
28 Frühförderungsverordnung (FrühV) v. 24.6.2003, BGBl. I 998, zuletzt geändert mWv 1.1.2018 durch Art. 23 BTHG v. 23.12.2016, BGBl. I 3234, abgedruckt in Anhang 4.
29 Vgl. dazu auch die Richtlinie des Gemeinsamen Bundesausschusses zur Früherkennung von Krankheiten bei Kindern bis zur Vollendung des 6. Lebensjahres in der Fassung vom 18.6.2015 (Kinder-Richtlinie, BAnz AT 18.8.2016 B1, letzte Änderung v. 17.12.2020, BAnz AT 31.3.2021 B6 mWv 1.4.2021), abrufbar unter www.g-ba.de.
30 Teilhabebericht der Bundesregierung über die Lebenslagen von Menschen mit Beeinträchtigungen 2016, BT-Drs. 18/10940, 69 f., 73 f.

Nr. 1 – auch **nichtärztliche sozialpädiatrische, psychologische, heilpädagogische und psychosoziale Leistungen** zur **Frühdiagnostik** und zur **Behandlungsplanung** zu den Leistungen zur medizinischen Rehabilitation gehören.[31] Auch diese nichtärztlichen Leistungen müssen **unter ärztlicher Verantwortung** erbracht werden. Des Weiteren müssen sie erforderlich sein, um eine drohende oder eine bereits eingetretene Behinderung zum frühestmöglichen Zeitpunkt zu erkennen und einen individuellen Behandlungsplan aufzustellen. Darüber hinausgehende nichtärztliche Leistungen werden als medizinische Leistungen nur im Rahmen des Absatzes 2 erbracht und können im Übrigen heilpädagogische Leistungen nach (§ 79) sein; ein Vorschlag, auch die nach dem Behandlungsplan zu erbringenden (nichtmedizinischen) Leistungen einzubeziehen, wurde im Gesetzgebungsverfahren 2001 abgelehnt.[32]

Sozialpädiatrische Leistungen werden unter ärztlicher Verantwortung (§ 43 a SGB V) vor allem in Sozialpädiatrischen Zentren (§ 4 FrühV, § 119 SGB V) erbracht. Dies sind Leistungen der **Kinderheilkunde** unter besonderer Betonung der **sozialen Bezüge**.[33] Die Behandlung durch sozialpädiatrische Zentren ist auf diejenigen Kinder auszurichten, die wegen der Art, Schwere oder Dauer ihrer Krankheit oder einer drohenden Krankheit nicht von geeigneten Ärzten oder in geeigneten Frühförderstellen behandelt werden können (§ 119 Abs. 2 SGB V).[34] Die Leistungen werden im interdisziplinären Zusammenwirken verschiedener Berufsgruppen als ganzheitliche Leistung erbracht, um durch frühe Diagnostik, Therapie und soziale Eingliederung Schädigungen und Störungen bei Kindern, die zu Behinderungen führen können, zu erkennen, abzuwenden, zu beseitigen, auszugleichen, zu mindern oder ihre Auswirkungen zu verhindern. 15

Die Leistungen nach § 46 Abs. 1 umfassen gem. §§ 5 Abs. 2, 6 a FrühV ua auch **niedrigschwellige Beratungsangebote für Eltern**, die Erörterung und Beratung des Förder- und Behandlungsplans, den Austausch über den Entwicklungs- und Förderprozess des Kindes einschließlich Verhaltens- und Beziehungsfragen sowie Anleitung und Hilfe bei der Gestaltung des Alltags. Mit der ausdrücklichen Nennung der **Beratung der Erziehungsberechtigten** in Abs. 1 Nr. 2 (und Abs. 2 S. 1) hebt der Gesetzgeber den besonderen Stellenwert hervor, der Eltern und der Familie insgesamt in der Früherkennung und der Frühförderung von behinderten Kindern zukommt.[35] 16

3. Ärztliche Verantwortung

Die Leistungen nach **Absatz 1 Nr. 1 und 2** müssen unter ärztlicher Verantwortung erbracht werden, dh, der Arzt muss die sozialpädiatrische Leistung **anordnen** und nach den jeweiligen Umständen **anleiten** und **überwachen**.[36] Da die Leistungen von ausgebildeten Fachkräften erbracht werden, ist von einer abgeschwächten ärztlichen Mitverantwortung auszugehen.[37] Erforderlich ist aber, dass der Arzt die Leistungen allgemein ihrer Art nach festlegt und die Ausführung kontrolliert.[38] 17

---

31 Zu § 43a SGB V (Frühdiagnostik und Behandlungsplan) vgl. BSG 15.3.1995 – 6 RKa 1/94, SozR 3-2500 § 118 Nr. 1 = juris Rn. 16 f.
32 BT-Drs. 14/5800, 7.
33 Vgl. *Lachwitz* in HK-SGB IX § 30 Rn. 66.
34 Vgl. LSG Nds-Brem 6.11.2019 – L 3 KA 19/18.
35 Vgl. § 5 Abs. 2 FrühV, abgedruckt in Anhang 4.
36 Vgl. *Waßer* in jurisPK-SGB V § 43 a Rn. 20 f.
37 *Noftz* in Hauck/Noftz, 4/2019, SGB V K § 43 a Rn. 15.
38 *Zieglmeier* in KassKomm, 6/2018, SGB V § 43 a Rn. 10.

4. Nichtärztliche Leistungen (Abs. 2)

18 Absatz 2 beschreibt die pädagogischen Leistungen zur Früherkennung und Frühförderung, die neben den Leistungen nach Abs. 1 S. 1 durch **interdisziplinäre Frühförderstellen** einschließlich **der ambulanten und mobilen Frühförderstellen** ausgeführt werden. Voraussetzung ist, dass die Leistungen zur Diagnostik im Rahmen der Frühförderung oder im Rahmen eines individuellen Behandlungsplans erforderlich sind. Interdisziplinäre Frühförderstellen sind nach § 3 FrühV **familien- und wohnortnahe Dienste und Einrichtungen**, die der Früherkennung, Behandlung und Förderung von Kindern dienen, um in interdisziplinärer Zusammenarbeit von qualifizierten medizinisch-therapeutischen und pädagogischen Fachkräften eine drohende oder bereits eingetretene Behinderung zum frühestmöglichen Zeitpunkt zu erkennen und die Behinderung durch gezielte Förder- und Behandlungsmaßnahmen auszugleichen oder zu mildern.[39] Im SGB V gibt es keine vergleichbare Vorschrift, weil es sich nicht um medizinische Leistungen handelt und Pädagogen im SGB V nicht als Leistungserbringer vorgesehen sind.[40] Die Gewährung nichtärztlicher sozialpädiatrischer Leistungen der Frühförderung nach Abs. 2 ist auf die Gewährung von ambulanten Leistungen beschränkt, wenn sie in einem Sozialpädiatrischen Zentrum (§ 4 FrühV) erfolgt.[41]

19 Die Erbringung von medizinisch-therapeutischen Leistungen im Rahmen der Komplexleistung Frühförderung richtet sich grundsätzlich **nicht nach den Vorgaben der Heilmittelrichtlinien** des Gemeinsamen Bundesausschusses (§ 5 Abs. 1 S. 2 FrühV). Die Heilmittel-Richtlinie des Gemeinsamen Bundesausschusses findet in Bezug auf die Erbringung von Frühförderleistungen keine Anwendung.[42] **Bestandteil der Leistungen** können daher auch Heilmittel sein, die vom GBA nicht als verordnungsfähig anerkannt sind. Die Ausgaben für Heilmittel im Rahmen der Frühförderung nach § 46 fließen auch nicht in das Ausgabevolumen nach § 84 SGB V ein, da sie auf der Grundlage des Förder- und Behandlungsplans erbracht werden und nicht nach den Vorgaben der Heilmittelrichtlinien des Gemeinsamen Bundesausschusses.[43] In Betracht kommt zB die **Förderung nach Petö**.[44] Bei der konduktiven Mehrfachförderung nach Petö handelt es sich um eine Frühförderung insbesondere schwerstbehinderter Kinder und Jugendlicher, die durch besonders ausgebildete nichtärztliche Fachkräfte (Konduktoren) als medizinische Dienstleistung erbracht wird und daher zu den Heilmitteln zählt.[45] Sie kombiniert medizinische und nichtmedizinische Behandlungsmethoden und -ziele.[46] Ziele der Förderung sind nach dieser Methode die Verbesserung der motorischen Grundfähigkeiten und koordinativen Eigenschaften wie Sitzen, Krabbeln, Stehen, Gehen, Laufen und manuelle Fähigkeiten, aber auch die Förderung der intellektuellen und sozial-emotionalen Fähigkeiten wie Sprache, Kultur, Technik und psychosoziales Handeln sowie die Förderung des lebenspraktischen Handelns.

---

39 Vgl. BT-Drs. 18/9522, 252.
40 *Oppermann* in Luthe Rehabilitationsrecht, 2. Aufl. 2014, Kap. E Rn. 56.
41 SG Stralsund 15.9.2016 – S 3 KR 169/16 ER.
42 BT-Drs. 18/9522, 361.
43 Vgl. das gemeinsame Rundschreiben des BMAS und des BMG v. 24.6.2009.
44 Vgl. SG Düsseldorf 24.6.2004 – 54 KR 139/03.
45 BSG 3.9.2003 – B 1 KR 34/01 R, SozR 4-2500 § 18 Nr. 1.
46 Vgl. eingehend SchlHLSG 28.9.2011 – L 9 SO 37/10, FEVS 63, 565.

5. Einrichtungen und Dienste

Sozialpädiatrische Zentren (SPZ) gelten nach dem SGB V als institutionelle Sonderform ambulanter Krankenbehandlung und sind zuständig für die Untersuchung und Behandlung von Kindern und Jugendlichen im Kontext ihres sozialen Umfeldes, einschließlich der Beratung und Anleitung von Bezugspersonen (§ 119 SGB V). Hieran knüpft § 4 FrühV an. Sozialpädiatrische Zentren sind danach nach § 119 Abs. 1 SGB V zur ambulanten sozialpädiatrischen Behandlung von Kindern ermächtigte Einrichtungen, auch zur sozialpädiatrischen Behandlung spezieller Krankheitsbilder.[47] Die frühzeitige Erkennung, Diagnostik und Behandlung durch sozialpädiatrische Zentren ist nach § 4 S. 2 FrühV (entsprechend § 119 Abs. 2 SGB V) auf Kinder ausgerichtet, die wegen Art, Schwere oder Dauer ihrer Behinderung oder einer drohenden Behinderung nicht von geeigneten Ärzten oder geeigneten interdisziplinären Frühförderstellen oder nach Landesrecht zugelassenen Einrichtungen mit vergleichbarem interdisziplinärem Förder-, Behandlungs- und Beratungsspektrum (§ 3 FrühV) behandelt werden können. Leistungen durch sozialpädiatrische Zentren werden in der Regel in ambulanter und in begründeten Einzelfällen in mobiler Form oder in Kooperation mit Frühförderstellen erbracht (§ 4 S. 3 FrühV). Sozialpädiatrische Zentren dürfen ihre Leistungen in unterschiedlichen Gebäuden bzw. unter unterschiedlichen Anschriften nur erbringen, wenn gewährleistet ist, dass einerseits die versicherten Kinder den Weg zwischen den einzelnen Gebäuden ungefährdet in kurzer Zeit zurücklegen können und dass andererseits der Informationsaustausch zwischen den in den einzelnen Gebäuden tätigen Mitarbeitern zügig und umfassend möglich ist (Leistungserbringung „unter einem Dach").[48]

6. Mobile Form der Frühförderung

Für die mobile Form der Frühförderung kann es fachliche und/oder organisatorische Gründe geben, etwa unzumutbare Anfahrtswege in ländlichen Gegenden. Eine medizinische Indikation ist nicht die notwendige Voraussetzung für die mobile Erbringung der Komplexleistung Frühförderung (§ 6 a Nr. 4 FrühV). Die FrühV sieht als weitere Leistung mobil aufsuchende Hilfen für die Erbringung heilpädagogischer und medizinisch-therapeutischer Leistungen außerhalb von interdisziplinären Frühförderstellen, nach Landesrecht zugelassenen Einrichtungen mit vergleichbarem interdisziplinärem Förder-, Behandlungs- und Beratungsspektrum und sozialpädiatrischen Zentren vor (§ 6 a Nr. 4 FrühV).

VI. Komplexleistung (Abs. 1 und 3)

1. Begriff und Gesetzesentwicklung

Der **Begriff der Komplexleistung** ist 2001 nicht in § 30 aF definiert worden. Der Gesetzgeber hat aber schon damals in der Gesetzesbegründung ausgeführt, dass „die Komplexleistung Frühförderung" aus „einem interdisziplinär abgestimmten System ärztlicher, medizinisch-therapeutischer, psychologischer, heilpädagogischer und sozialpädagogischer Leistungen" besteht und „ambulante und mobile Beratung" einschließt.[49] Aus der weiteren Begründung, wonach „alle Leistungen auf Grundlage eines individuellen Förderkonzeptes gemeinsam mit den Eltern erbracht, interdisziplinär entwickelt und laufend fortgeschrieben

---

47 LSG Nds-Brem 6.11.2019 – L 3 KA 19/18.
48 LSG Bln-Bbg 10.12.2014 – L 7 KA 102/13, KHE 2014, 116.
49 BT-Drs. 14/5074, 107.

werden", hat sich schon 2001 ergeben, dass Ziel der Komplexleistung eine zwischen den beteiligten Leistungsträgern abgestimmte Leistungserbringung wie aus einer Hand ist,[50] einem der Hauptanliegen des SGB IX 2001, um den Nachteilen des gegliederten Systems entgegen zu wirken. Dh ein Antrag auf eine der Leistungen gilt zugleich als Antrag auf die andere Leistung. Bei der Komplexleistung handelt es sich damit auch nach dem bisherigen Verständnis um eine zuständigkeitsübergreifende Integration von Leistungen verschiedener Rehabilitationsträger verbunden mit einer Erleichterung der Entgeltabrechnung sowie einheitlicher Antragstellung.

23 In der Fachliteratur und Rechts- und Verwaltungspraxis ist seit jeher davon ausgegangen worden, dass die Leistungen auf der Grundlage des Förder- und Behandlungsplans zuständigkeitsübergreifend als interdisziplinär abgestimmte Komplexleistung erbracht werden,[51] und dass Voraussetzung die **Erstellung eines Behandlungsplans** (individuelles Förderkonzept) ist.[52] Nach dem gemeinsamen Rundschreiben des Bundesministeriums für Arbeit und Soziales und des Bundesministeriums für Gesundheit an die Spitzenverbände der zuständigen Rehabilitationsträger vom 26.6.2009, auf das der Gesetzgeber des BTHG ausdrücklich Bezug genommen hat,[53] soll es sich immer um eine Komplexleistung handeln, wenn für einen prognostisch festgelegten Zeitraum (idR ein Jahr) „sowohl medizinisch-therapeutische als auch heilpädagogische Leistungen notwendig sind und durch eine Interdisziplinäre Frühförderstelle oder ein Sozialpädiatrisches Zentrum erbracht werden, um ein übergreifend formuliertes Therapie- und Förderziel (Teilhabeziel) zu erreichen." Die Erbringung von Leistungen nach § 46 Abs. 1 S. 2 als Komplexleistung in Verbindung mit heilpädagogischen Leistungen nach § 79 schließt aber nicht aus, dass diese in einer integrativen Kindertagesstätte erbracht werden.[54]

24 § 46 Abs. 3 bestimmt seit 1.1.2018, dass Leistungen nach § 46 Abs. 1 (Früherkennung und Frühförderung) iVm heilpädagogischen Leistungen (§ 79 Abs. 2) als Komplexleistung erbracht werden. Der Gesetzgeber des BTHG betont, dass eine Komplexleistung **nicht lediglich eine Addition der verschiedenen benannten Leistungen** darstellt, sondern deren **integrierte Erbringung iS eines abgestimmten, übergangslosen Ineinandergreifens** meint.[55] Die Komplexleistung umfasst daher auch Leistungen zur Sicherung der Interdisziplinarität. Maßnahmen zur Komplexleistung können gleichzeitig oder nacheinander sowie in unterschiedlicher und gegebenenfalls wechselnder Intensität ab Geburt bis zur Einschulung eines Kindes mit Behinderungen oder drohender Behinderung erfolgen. Besteht nach dem Schuleintritt weiterer Bedarf an Leistungen, werden diese von den Rehabilitationsträgern nicht als Komplexleistung und nicht auf Grundlage des § 46 SGB IX und der FrühV erbracht, sondern etwa von den gesetzlichen Krankenkassen als Heilmittel nach § 32 SGB V oder den Eingliederungshilfeträgern als Hilfe zu einer Schulbildung nach § 112. Die **Beratungs- und Unterstützungsleistungen** nach §§ 5 Abs. 2, 6 FrühV sind notwendiger Teil der Komplexleistung Frühförderung.[56]

---

50 BT-Drs. 18/9522, 251.
51 *Lachwitz* in HK-SGB IX § 30 Rn. 80 ff.
52 LSG RhPf 19.9.2006 – L 1 KR 65/04, Breith 2007, 749.
53 BT-Drs. 18/9522, 251.
54 LSG Nds-Brem 29.10.2015 – L 8 SO 122/12.
55 BT-Drs. 18/9522, 251.
56 BT-Drs. 18/9522, 362.

2. Förder- und Behandlungsplan

Die Erbringung von medizinisch-therapeutischen Leistungen im Rahmen der Komplexleistung Frühförderung richtet sich grundsätzlich **nicht nach den Vorgaben der Heilmittelrichtlinien des Gemeinsamen Bundesausschusses**. Medizinisch-therapeutische Leistungen werden im Rahmen der Komplexleistung Frühförderung nach **Maßgabe und auf der Grundlage des Förder- und Behandlungsplans** erbracht (§ 5 Abs. 1 S. 3 FrühV).

3. Interdisziplinarität

Gesondert bestimmt § 6a Nr. 3 als weitere Leistungen der Komplexleistung **Leistungen zur Sicherstellung der Interdisziplinarität**, insbesondere, dh nicht abschließend:

- Durchführung regelmäßiger interdisziplinärer Team- und Fallbesprechungen, auch der im Wege der Kooperation eingebundenen Mitarbeiter,
- Dokumentation von Daten und Befunden,
- Abstimmung und der Austausch mit anderen, das Kind betreuenden Institutionen und
- Fortbildung und Supervision.

VII. Frühförderungsverordnung

Nachdem die in § 30 Abs. 3 aF vorgesehene gemeinsame Empfehlung nicht zustande gekommen war, machte das seinerzeit zuständige Bundesministerium für Gesundheit und Soziale Sicherung von der Verordnungsermächtigung nach § 32 Nr. 1 Gebrauch. Am 1.7.2003 ist die Frühförderungsverordnung vom 24.6.2003[57] in Kraft getreten,[58] zuletzt wurde sie mWv 1.1.2018 durch Art. 23 des BTHG[59] in wesentlichen Teilen geändert. § 5 FrühV ordnet die im Rahmen der Früherkennung und Frühförderung zu erbringenden Leistungen den Leistungsträgern entsprechend den Vorgaben des § 46 zu (§§ 2, 5 und 6 FrühV). Wegen der Besonderheit der Komplexleistung, für die regelmäßig zwei Rehabilitationsträger gemeinsam zuständig sind, konkretisiert § 8 FrühV (Erbringung der Komplexleistung) das Koordinierungsverfahren der §§ 14 ff. SGB IX. Die durch Art. 23 BTHG geänderte FrühV enthält nur noch Regelungen zur Abgrenzung der in § 46 genannten Leistungen und der weiteren Leistungen dieser Dienste und Einrichtungen. Die Regelungen zur Übernahme oder Teilung der Kosten zwischen den beteiligten Rehabilitationsträgern, zur Vereinbarung und Abrechnung der Entgelte sowie zur Finanzierung sind nicht (mehr) Bestandteil der FrühV, sondern in die Verantwortung der Länder gegeben (§ 46 Abs. 4 bis 6).

VIII. Landesrahmenvereinbarungen (Abs. 4–6)

„Die Umsetzung der Komplexleistung Frühförderung erfolgt in den Ländern und Kommunen sehr unterschiedlich," stellt der Teilhabebericht der Bundesregierung über die Lebenslagen von Menschen mit Beeinträchtigungen 2016 fest.[60] Nachdem eine gemeinsame Empfehlung nicht zustande gekommen ist, hat der Gesetzgeber des BTHG sich entschlossen, ab dem 1.1.2018 auf Landes-

---

57 BGBl. I 998.
58 Abgedruckt in Anhang 4.
59 BGBl. I 2016 3234 (3337); Materialien und Begründung BT-Drs. 18/9522, 184 ff., 360 ff.
60 BT-Drs. 18/10940, 241.

rahmenvereinbarungen zwischen den beteiligten Rehabilitationsträgern und den Verbänden der Leistungserbringer zu setzen. Darin soll geregelt werden (Abs. 4):

- Anforderungen zu Mindeststandards, Berufsgruppen, Personalausstattung, sachlicher und räumlicher Ausstattung der interdisziplinären Frühförderstellen bzw. den nach Landesrecht zugelassenen Einrichtungen mit vergleichbarem interdisziplinärem Förder-, Behandlungs- und Beratungsspektrum und den sozialpädiatrischen Zentren;
- Dokumentation und Qualitätssicherung;
- Ort der Leistungserbringung und
- die Vereinbarung und Abrechnung der Entgelte für die als Komplexleistung nach § 46 Abs. 3 SGB IX erbrachten Leistungen unter Berücksichtigung der Zuwendungen Dritter, insbesondere der Länder, für Leistungen nach der Verordnung zur Früherkennung und Frühförderung.

29 Mit den Abs. 4–6 soll sichergestellt werden, dass einheitliche Mindeststandards zu Strukturen und Prozessen bei der Leistungserbringung bestimmt werden können. Landesrahmenvereinbarungen sollen nach der Intention des Gesetzgebers helfen, unter Berücksichtigung der länderspezifischen Besonderheiten eine höhere Verbindlichkeit und Sicherheit bei der Erbringung der Komplexleistung Frühförderung für die Leistungsträger und Leistungserbringer, vor allem aber für die betroffenen Kinder und ihre Familien zu erreichen.[61] Die Vereinbarungen sollen die Erstellung eines Datenschutzkonzeptes und die Beteiligung der Landesbeauftragten für den Datenschutz vorsehen. Soweit Landesrahmenvereinbarungen bis zum 31.7.2019 nicht zustande gekommen sind, sollen die Landesregierungen entsprechende Regelungen durch Rechtsverordnung treffen (Abs. 6).

30 § 46 Abs. 5 bestimmt, dass die Rehabilitationsträger Vereinbarungen über die pauschalierte Aufteilung der vereinbarten Entgelte (Abs. 4 Nr. 4) für Komplexleistungen auf der Grundlage der Leistungszuständigkeit nach Spezialisierung und Leistungsprofil des Dienstes oder der Einrichtung schließen. Dabei sollen regionale Gegebenheiten berücksichtigt werden.

IX. Verfahrensrechtliche Hinweise

31 Der **Antrag** auf Leistungen der Früherkennung oder Frühförderung kann bei jedem Rehabilitationsträger gestellt werden, mit der Folge, dass die Fristen und die umfassenden Prüfungsanforderungen der §§ 14 ff. zu laufen beginnen (vgl. auch § 7 FrühV).[62] Die Reha-Träger müssen (effektiv) zusammenarbeiten, sich untereinander abstimmen und unterrichten (§ 8 Abs. 2 FrühV). Die Leistungsansprüche bestehen unabhängig davon, ob die Reha-Träger Vereinbarungen über die Aufteilung der Entgelte für Komplexleistungen geschlossen haben.[63] Zur Selbstbeschaffung bzw. der Genehmigungsfiktion s. bei § 18. Der **einstweilige Rechtsschutz** richtet sich nach § 86 b Abs. 2 S. 2 SGG.[64] Bei Vorliegen eines Anordnungsanspruchs wird der Anordnungsgrund (Eilbedürftigkeit) idR ohne Weiteres gegeben sein, weil die Frühförderung eben gerade möglichst frühzeitig

---

61 BT-Drs. 18/9522, 252.
62 Zur Beiladung (§ 75 SGG) von Reha-Trägern bei Streit um die Zuständigkeit *Estelmann* in PHdB-SozS § 13 Rn. 42.
63 *Bieritz-Harder/Stähler* in SWK-BehindertenR Früherkennung und Frühförderung Rn. 34.
64 Dazu *Krodel* PHdB-SozS § 5 Rn. 38 ff. und Rn. 79 ff.; *Luik* in SWK-BehindertenR Einstweiliger Rechtsschutz Rn. 30 ff.

ansetzen muss und ein Abwarten einer Entscheidung im Hauptsacheverfahren angesichts des Zieles der Leistung unzumutbar ist.[65]

§ 47 Hilfsmittel

(1) Hilfsmittel (Körperersatzstücke sowie orthopädische und andere Hilfsmittel) nach § 42 Absatz 2 Nummer 6 umfassen die Hilfen, die von den Leistungsberechtigten getragen oder mitgeführt oder bei einem Wohnungswechsel mitgenommen werden können und unter Berücksichtigung der Umstände des Einzelfalles erforderlich sind, um
1. einer drohenden Behinderung vorzubeugen,
2. den Erfolg einer Heilbehandlung zu sichern oder
3. eine Behinderung bei der Befriedigung von Grundbedürfnissen des täglichen Lebens auszugleichen, soweit die Hilfsmittel nicht allgemeine Gebrauchsgegenstände des täglichen Lebens sind.

(2) ¹Der Anspruch auf Hilfsmittel umfasst auch die notwendige Änderung, Instandhaltung, Ersatzbeschaffung sowie die Ausbildung im Gebrauch der Hilfsmittel. ²Der Rehabilitationsträger soll
1. vor einer Ersatzbeschaffung prüfen, ob eine Änderung oder Instandsetzung von bisher benutzten Hilfsmitteln wirtschaftlicher und gleich wirksam ist und
2. die Bewilligung der Hilfsmittel davon abhängig machen, dass die Leistungsberechtigten sich die Hilfsmittel anpassen oder sich in ihrem Gebrauch ausbilden lassen.

(3) Wählen Leistungsberechtigte ein geeignetes Hilfsmittel in einer aufwendigeren Ausführung als notwendig, tragen sie die Mehrkosten selbst.

(4) ¹Hilfsmittel können auch leihweise überlassen werden. ²In diesem Fall gelten die Absätze 2 und 3 entsprechend.

Literatur:

Brockmann, Hilfsmittelversorgung im gegliederten Sozialleistungssystem – Abgrenzungen der Leistungszuständigkeiten, Sozialrecht aktuell Sonderheft 2013, 19; *Dillmann*, Hilfsmittelversorgung in der Sozialhilfe – eine leistungsrechtliche Hydra?, Sozialrecht aktuell Sonderheft 2013, 12; *Dittmann*, Die Hilfsmittelversorgung an der Schnittstelle der Leistungen zur Teilhabe am Arbeitsleben und der medizinischen Rehabilitation, DVfR Forum A, Fachbeiträge A11–2019, A12–2019 unter www.reha-recht.de; *Eichberger*, Hilfsmittel in der Gesetzlichen Krankenversicherung – eine Übersicht, WzS 2018, 38; *Henning*, Hilfsmittelversorgung zum Ausgleich einer Behinderung in der gesetzlichen Krankenversicherung, SGb 2015, 83; *Heinz*, Über die Bedeutung der Regelungen des Neunten Sozialgesetzbuches im Rahmen der Gewährung von Hilfsmitteln nach dem Recht der Krankenversicherung, WzS 2011, 174; *Knierim*, Krankenversicherung – Hilfsmittelverzeichnis – Voraussetzungen der Aufnahme von Hilfsmitteln zum mittelbaren Behinderungsausgleich, MPR 2019, 33; *Knispel*, Anm. zu BSG v. 25.6.2009 – B 3 KR 2/08 R, SGb 2010, 357; *Müller-Päuker*, Hilfsmittelversorgung in der Rehabilitation aus rechtlicher Sicht, Rehabilitation 2017, 154; *Nellissen*, Die Versorgung mit Hilfsmitteln in der medizinischen Rehabilitation RP-Reha 2016, 34; *Nellissen*, GPS-Uhr mit Ortungsfunktion als Hilfsmittel zum mittelbaren Behinderungsausgleich, DVfR Forum A, Fachbeitrag A2–2020, abrufbar unter www.reha-recht.de; *Schütze*, Hilfsmittelversorgung zwischen Krankenversicherung und Sozialhilfe, SGb 2013, 147; *Tietz*, Der Anspruch auf tierische Hilfsmittel am Beispiel von Assistenzhunden, SGb 2020, 409; *Ulrich*, Hilfsmittel, in Deinert/Welti (Hrsg.), Stichwortkommentar Behindertenrecht, 2. Aufl. 2018, S. 560; *Uyanik*, Ist das deutsche Hilfsmittelrecht in Bezug auf den Behinderungsausgleich noch zeitgemäß und berücksichtigt es den Gleich-

---

65 LSG Bln-Bbg 11.12.2007 – L 23 B 249/07 SO ER, FEVS 60, 11.

heitsgrundsatz? – Ein Denkanstoß, SGb 2019, 8; *Welti*, Hilfsmittel zum Behinderungsausgleich: Rechtlicher Rahmen und Reformbedarf, Rehabilitation 2010, Supl. 1, 37; *Welti*, Von der Prothese zur UN-Behindertenrechtskonvention – Herausforderungen für die Hilfsmittelversorgung, Sozialrecht aktuell Sonderheft 2013, 1; *Zimmermann*, Die Neufassung der Hilfsmittel-Richtlinie 2012, SGb 2012, 312.

1 **Gesetzeshistorie:** Die Vorschrift wurde als § 31 durch Artikel 1 und 68 Abs. 1 SGB IX vom 19.6.2001[1] mit Wirkung vom 1.7.2001 eingeführt und durch das BTHG v. 23.12.2016[2] mit Wirkung vom 1.1.2018 mit einigen redaktionellen Anpassungen, aber inhaltlich unverändert nach § 47 SGB IX verschoben. Bis 31.12.2017 war in § 47 aF die dem Übergangsgeld zugrundeliegende Berechnung des Regelentgelts enthalten (jetzt § 67).

2 **Regelungsinhalt:** Die Vorschrift bestimmt den Leistungsumfang der Versorgung mit Hilfsmitteln im Rahmen der Leistungen zur medizinischen Rehabilitation.

3 **Zur Entstehung:** Die Vorschrift fasst die Grundsätze zusammen, die zur Versorgung behinderter Menschen mit Hilfsmitteln in den verschiedenen Leistungsbereichen teils gesetzlich (§ 33 SGB V, § 31 SGB VII, § 13 BVG), teils im Wege der **Gesamtvereinbarung über die Berücksichtigung der Grundsätze der Wirtschaftlichkeit und Sparsamkeit bei der Durchführung der Maßnahmen zur medizinischen Rehabilitation** vom 1.9.1984 festgelegt sind, soweit die Hilfsmittel als Leistungen zur medizinischen Rehabilitation erbracht werden. Weiterreichende spezifische Vorschriften des Bundesversorgungsgesetzes (§ 10 Abs. 1 Satz 1, § 11 Abs. 3, § 13 BVG mit der Verordnungsermächtigung gemäß § 24a BVG) bleiben erhalten. Ein über die in den jeweiligen Leistungsbereichen normierten Leistungspflichten hinausreichender Leistungsanspruch ergibt sich aus § 47 nicht.[3]

4 Im Regierungsentwurf von 2001[4] wurden aufgrund Änderungsantrags der Koalitionsfraktionen[5] in Absatz 1 neben Änderungen zur sprachlichen Vereinfachung vor die Nr. 1 die Wörter „unter Berücksichtigung der Umstände des Einzelfalles" eingefügt sowie in Nr. 3 das Wort „körperliche" gestrichen. Nach dem Bericht[6] erfolgte dies zur Verdeutlichung, dass bei der Beurteilung der Erforderlichkeit in jedem Falle die Umstände des Einzelfalls und auch andere als körperliche Behinderungen zu berücksichtigen sind.

5 **Absatz 1** konkretisiert für Hilfsmittel die Ziele des § 42 Abs. 1 dahin gehend, dass deren Leistung unter Berücksichtigung der Umstände des Einzelfalls erforderlich sein muss, um **einer drohenden Behinderung vorzubeugen** (Nr. 1), den **Erfolg einer Heilbehandlung zu sichern** (Nr. 2) oder eine **Behinderung auszugleichen** (Nr. 3). Soweit Hilfsmittel nicht als Leistung zur medizinischen Rehabilitation erbracht werden können, können sie unter den Voraussetzungen des § 49 Abs. 8 Nr. 4 iVm Abs. 3 Nr. 1 und 6 auch als Leistung zur Teilhabe am Arbeitsleben geleistet werden. Die unterschiedlichen Zielsetzungen und Zwecke sind entscheidend für die Abgrenzung der Leistungspflichten der jeweiligen Reha-Träger und anderer Sozialleistungsträger (nach § 40 SGB XI werden außerhalb des Reha-Rechts auch von den Pflegekassen Hilfsmittel erbracht)[7] und

---
1 BGBl. I 1046.
2 BGBl. I 3234.
3 Vgl. zur Leistungspflicht nach § 33 SGB V BSG 26.3.2003 – B 3 KR 23/02 R, BSGE 91, 60, SozR 4-2500 § 33 Nr. 3.
4 BT-Drs. 14/5074, 14 und 107 sowie BT-Drs. 14/5531, 5.
5 Ausschussempfehlung BT-Drs. 14/5786, 31.
6 BT-Drs. 14/5800, 32.
7 Vgl. dazu und zu Abgrenzungsfragen BSG 16.7.2014 – B 3 KR 1/14 R, NZS 2014, 902; 25.1.2017 – B 3 P 2/15 R, NZS 2017, 461.

führen zu einer relativ unübersichtlichen Fülle von Anspruchsgrundlagen.[8] Zur Abgrenzung der Zuständigkeiten → Vor § 42 Rn. 5 ff.[9]

Der Begriff des **Hilfsmittels** ist vielschichtig und war früher im Einzelnen stark umstritten. Es handelt sich um Sachen, die fehlende Körperteile ersetzen, oder um solche, die beeinträchtigte oder ausgefallene Körperfunktionen ganz oder teilweise wiederherstellen, ermöglichen, ersetzen, ergänzen oder wesentlich erleichtern. Durch die Einbeziehung auch aller nicht ausdrücklich genannten, aber nicht näher definierten „anderen Hilfsmittel" in den Leistungskatalog wird weiterhin verdeutlicht, dass von einem umfassenden Hilfsmittelbegriff auszugehen ist. Nach der Begründung des Regierungsentwurfs rechnen zu den Hilfsmitteln im Sinne dieser Vorschrift auch die im Text nicht ausdrücklich angesprochenen **Blindenführhunde** sowie **Hilfsmittel zur Wahrnehmung von Aufgaben der Familienarbeit**. 6

Aus den verschiedenen Zielsetzungen, mit denen Rehabilitationsträger ihre Leistungen innerhalb des gegliederten Sozialleistungssystems erbringen, ergeben sich auch innerhalb der medizinischen Rehabilitation teilweise unterschiedliche Zuständigkeiten für die Versorgung von **Hilfsmitteln**, etwa im Verhältnis der Krankenkassen zu den Trägern der Rentenversicherung. Während die Krankenkassen gemäß § 33 Abs. 1 S. 1 SGB V Hilfsmittel allgemein erbringen, um den Erfolg einer Krankenbehandlung zu sichern, einer drohenden Behinderung vorzubeugen oder eine Behinderung auszugleichen, kommt demgegenüber die Hilfsmittelerbringung durch die Träger der Rentenversicherung wegen § 9 SGB VI nur als eine Leistung zur medizinischen Rehabilitation in Betracht, die der Erwerbsfähigkeit dient. Die Abgrenzung des Zuständigkeitsbereichs der gesetzlichen Krankenversicherung einerseits und der gesetzlichen Rentenversicherung andererseits hat danach zu erfolgen, ob das Hilfsmittel dem medizinischen Ausgleich der Behinderung dient (dann Zuständigkeit der Krankenversicherung) oder ob es für Verrichtungen bei bestimmten Berufen oder Berufsausbildungen benötigt wird (dann Zuständigkeit der Rentenversicherung), in Betracht kommt auch eine entsprechende Kostenteilung zwischen den Trägern.[10] 7

Hilfsmittel der GKV zur Vorbeugung einer Behinderung (§ 33 Abs. 1 Satz 1 Alt. 2 SGB V) und zum Behinderungsausgleich (§ 33 Abs. 1 Satz 1 Alt. 3 SGB V) gehören – anders als Leistungen, die der Sicherung des Erfolgs einer Krankenbehandlung dienen (§ 33 Abs. 1 Satz 1 Alt. 1 SGB V) – zu den Leistungen zur medizinischen Rehabilitation.[11] Sie werden nicht in erster Linie mit dem Ziel eingesetzt, auf die Krankheit iS von § 27 Abs. 1 Satz 1 SGB V therapeutisch einzuwirken,[12] sondern hauptsächlich mit dem Ziel, die damit verbundene Teilhabebeeinträchtigung eines Menschen mit Behinderung auszugleichen oder zu mildern. Im **SGB V** ist die Leistungspflicht der Krankenkassen begrenzt durch die „Grundbedürfnisse des täglichen Lebens".[13] Dazu gehört das Gehen, Stehen, Greifen, Sehen, Hören, die Nahrungsaufnahme, die Ausscheidung, die elementare Körperpflege, das selbstständige Wohnen sowie das Erschließen eines 8

---

8 Zu beachten sind insbes. § 49 Abs. 8 Nr. 4 SGB IX; § 40 Abs. 1 SGB XI; § 31 SGB V, auf die wiederum andere Vorschriften (zB § 26 Abs. 1 BVG) vielfach verweisen; vgl. auch § 10 Abs. 1 ALG. Für die Eingliederungshilfe verweist § 109 Abs. 1 auf § 42 Abs. 2 Nr. 6.
9 Dazu auch *Brockmann* Sozialrecht aktuell Sonderheft 2013, 19 ff.
10 BSG 24.1.2013 – B 3 KR 5/12 R, BSGE 113, 40, SGb 2014, 27.
11 BSG 15.3.2018 – B 3 KR 18/17 R, BSGE 125, 189, SozR 4-2500 § 13 Nr. 41.
12 Zur Abgrenzung von Krankheit und Behinderung vgl. BSG 15.3.2018 – B 3 KR 18/17 R, BSGE 125, 189, SozR 4-2500 § 13 Nr. 41 Rn. 27 ff.
13 BSG 26.3.2003 – B 3 KR 23/02 R, BSGE 91, 60, SozR 3-2500 § 33 Nr. 3; 16.9.2004 – B 3 KR 19/03 R, BSGE 93, 176, SozR 4-2500 § 33 Nr. 7.

gewissen körperlichen und geistigen Freiraums (→ Rn. 16).[14] Maßstab für den Ausgleich einer Behinderung ist der gesunde, gleichaltrige Mensch, zu dessen Grundbedürfnissen der Leistungsempfänger durch die medizinische Reha und mithilfe der gelieferten Hilfsmittel wieder aufschließen soll.[15] Die Leistungspflicht der Krankenkassen umfasst daher nicht solche Hilfsmittel, die ein dauerhaft behinderter Versicherter allein wegen der Besonderheiten seiner individuellen Wohnverhältnisse benötigt, die in einer anderen Wohnung also entbehrlich wären,[16] jedoch müssen umgekehrt Hilfsmittel bereit gestellt werden, die unabhängig von individuellen Besonderheiten für eine bestimmte Gruppe behinderter Menschen erforderlich sind.[17] Die Leistung von Hilfsmitteln durch die gesetzliche Krankenversicherung wird durch die mit Wirkung vom 1.4.2012 neugefasste Hilfsmittel-Richtlinie des Gemeinsamen Bundesausschusses[18] und das vom GKV-Spitzenverband gemäß § 139 SGB V erstellte Hilfsmittelverzeichnis[19] konkretisiert. Hilfsmittel müssen mindestens die im Hilfsmittelverzeichnis nach § 139 Abs. 2 SGB V festgelegten Anforderungen an die **Qualität** der Versorgung und der Produkte erfüllen, soweit sie im Hilfsmittelverzeichnis nach § 139 Abs. 1 SGB V gelistet oder von den dort genannten Produktgruppen erfasst sind (§ 33 Abs. 1 S. 2 SGB V).[20]

9 Nach der ständigen BSG-Rechtsprechung gehört zu den tragenden Säulen des Systems der Hilfsmittelversorgung der GKV die **Unterscheidung zwischen dem unmittelbaren und dem mittelbaren Behinderungsausgleich**,[21] die Anknüpfung des mittelbaren Behinderungsausgleichs an die allgemeinen Grundbedürfnisse des täglichen Lebens (→ Rn. 16), die grundsätzliche Beschränkung des elementaren Grundbedürfnisses auf Erschließung eines gewissen körperlichen Freiraums durch Mobilitätshilfen auf die eigene Wohnung des Versicherten und deren Nahbereich sowie die Definition des mittelbaren Behinderungsausgleichs allein anhand der drohenden bzw. vorhandenen Funktionsdefizite, also ohne Berücksichtigung der konkreten Ausgestaltung des Wohnorts und der individuellen Wohnverhältnisse des Versicherten.[22] In den **Nahbereich** einbezogen ist dabei mindestens der Raum, in dem die üblichen Alltagsgeschäfte in erforderlichem Umfang erledigt werden. Hierzu gehören die allgemeinen Versorgungswege (Einkauf, Post, Bank) ebenso wie die gesundheitserhaltenden Wege (Aufsuchen von Ärzten, Therapeuten, Apotheken) und auch elementare Freizeitwege; hinzu kommt ggf. die Prüfung, ob eine über den Nahbereich hinausgehende **Mobilität** zur Wahrnehmung eines anderen Grundbedürfnisses notwendig ist. Darüber hinaus verlangt das BSG eine wertende Betrachtung, die dem Wunsch- und Wahlrecht des behinderten Menschen zu voller Wirksamkeit verhilft und ihm „viel Raum zu eigenverantwortlicher Gestaltung der Lebensumstände lässt

---

14 BSG 18.6.2014 – B 3 KR 8/13 R, NZS 2014, 738.
15 BSG 21.3.2013 – B 3 KR 3/12 R, NZS 2013, 701.
16 BSG 7.10.2010 – B 3 KR 13/09 R, BSGE 107, 44 (elektrische Treppensteighilfe), vgl. aber zu einer ggf. in Betracht kommenden Leistungspflicht der Pflegekasse nach § 40 SGB XI BSG 16.7.2014 – B 3 KR 1/14 R, NZS 2014, 902.
17 BSG 18.6.2014 – B 3 KR 8/13 R, NZS 2014, 738 (Rauchwarnmeldesystem für Gehörlose).
18 BAnz AT 10.4.2012 B2; letzte Änderung 18.3.2021, BAnz AT 15.4.2021 B3 mWv 1.4.2021.
19 Abrufbar unter hilfsmittel.gkv-spitzenverband.de.
20 § 33 Abs. 1 S. 2 SGB V wurde mWv 11.4.2017 durch das Heil- und Hilfsmittelversorgungsgesetz v. 4.4.2017 (BGBl. I 778) eingeführt.
21 BSG 17.12.2009 – B 3 KR 20/08 R, BSGE 105, 70, SozR 4-2500 § 36 Nr. 2 (Hörgeräte); vgl. dazu *Schütze* SGb 2013, 147.
22 BSG 25.2.2015 – B 3 KR 13/13 R, SozR 4-2500 § 33 Nr. 44 (kein Anspruch auf schwenkbaren Autositz zum Aufsuchen einer Einrichtung der Tagespflege).

und die Selbstbestimmung fördert".²³ Ein Anspruch auf Versorgung im notwendigen Umfang kommt im Hinblick auf Art. 20 UN-BRK (Mobilität) bereits in Betracht, wenn das begehrte Hilfsmittel wesentlich dazu beiträgt oder zumindest maßgebliche Erleichterung verschafft, Versicherten auch nur den Nahbereich im Umfeld der Wohnung in zumutbarer und angemessener Weise zu erschließen.²⁴ So kann z.B. eine GPS-Uhr als Hilfsmittel zum Ausgleich einer Behinderung erforderlich sein, wenn sie für Menschen mit eingeschränkter Orientierungsfähigkeit die Beeinträchtigungen in Bezug auf ein allgemeines Grundbedürfnis des täglichen Lebens, nämlich das Erschließen eines gewissen körperlichen Freiraums mindert und umgekehrt eine faktisch eingeschränkte Bewegungsfreiheit und Mobilität erweitert und Teilhabe sicherstellt.²⁵ Eine Versorgung mit einem Hilfsmittel im Rahmen des unmittelbaren Behinderungsausgleichs, bei dem es um den Ausgleich der beeinträchtigten Körperfunktion selbst geht, kommt dann nicht in Betracht, wenn das begehrte Hilfsmittel weder dem Ausgleich der Behinderung noch der Sicherung des Erfolgs einer Heilbehandlung dient (§ 47 Abs. 1 Nr. 1 und Nr. 2). Eine solche Situation liegt vor, wenn das Hilfsmittel die Ausübung der beeinträchtigten Körperfunktion weder ermöglicht noch ersetzt oder erleichtert.²⁶ Die in den letzten Jahren mehrfach geäußerte Kritik²⁷ an der Unterscheidung von unmittelbarem und mittelbarem Behinderungsausgleich wegen etwaiger und möglicherweise gegen den Gleichbehandlungsgrundsatz verstoßender unterschiedlicher Reichweite der Versorgungsansprüche hat das BSG aufgenommen und deutlich gemacht, dass nicht ein abstrakter Beurteilungsmaßstab gilt, sondern immer die individuellen Lebensverhältnisse des behinderten Menschen zugrunde gelegt werden müssen.²⁸ Außerdem hat das BSG klargestellt, dass die Unterscheidung beim Behinderungsausgleich nicht zu Wertungswidersprüchen führt, weil sowohl für den unmittelbaren als auch für den mittelbaren Behinderungsausgleich ein Anspruch auf die im Einzelfall ausreichende, zweckmäßige und wirtschaftliche Hilfsmittelversorgung besteht.²⁹ In jüngerer Zeit ist die Unterscheidung zT gar nicht mehr trennscharf getroffen worden, sondern es wurde bei Abgrenzungsfragen nur noch insgesamt der den Behinderungsausgleich als solcher geprüft.³⁰

Abgrenzungsfragen treten auch im Verhältnis der Leistungspflicht der gesetzlichen Krankenkassen zu der der Pflegekassen auf. Die Pflicht der Krankenkassen zur Versorgung der Versicherten mit Hilfsmitteln endet nach der gesetzlichen Konzeption des SGB V und des SGB XI dort, wo bei vollstationärer Pflege eine Vorhaltepflicht des Heimträgers mit Hilfsmitteln besteht.³¹ Soweit der Versorgungsvertrag, den die Pflegekassen mit dem Heimträger abschließen, nichts Ausdrückliches zur Heimausstattung vorschreibt, ist lediglich die zur Durchführung von üblichen Maßnahmen der Grundpflege und der hauswirtschaftli-

10

---

23 BSG 7.5.2020 – B 3 KR 7/19 R, Rn. 28 ff., FEVS 72, 202 mwN (Spezialtherapiedreirad).
24 BSG 7.5.2020 – B 3 KR 7/19 R, FEVS 72, 202 (Spezialtherapiedreirad).
25 Vgl. BSG 10.9.2020 – B 3 KR 15/19 R, SozR 4-2500 § 33 Nr. 55; LSG Nds-Brem 17.9.2019 – L 16 KR 182/18.
26 BSG 30.9.2015 – B 3 KR 14/14 R, SozR 4-2500 § 33 Nr. 48 (Fingerendgliedprothese) mit Anm. *Nellissen* jurisPR-SozR 13/2016 Anm. 4.
27 *Welti* Rehabilitation 2010, Supl. 1, 37; *Knispel* SGb 2010, 357; *Uyanik* SGb 2019, 8.
28 Vgl. BSG 30.11.2017 – B 3 KR 3/16 R, SozR 4-2500 § 139 Nr. 9 Rn. 22.
29 Vgl. BSG 30.9.2015 – B 3 KR 14/14 R, SozR 4-2500 § 33 Nr. 48 Rn. 19.
30 Vgl. BSG 15.3.2018 – B 3 KR 18/17 R, BSGE 125, 189, SozR 4-2500 § 13 Nr. 41 Rn. 33 f.
31 LSG BW 21.7.2015 – L 11 KR 5226/14.

chen Versorgung erforderliche Ausstattung vorzuhalten, weil sich dies aus der Aufgabe jeder Pflegeeinrichtung ohne Weiteres ergibt. Auf die hierzu von der Rspr. entwickelten Abgrenzungskriterien,[32] die eine Leistungspflicht der Krankenkasse bei fehlender Rehabilitationsfähigkeit verneinte, hat der Gesetzgeber mit einer Neufassung des § 33 Abs. 1 SGB V mit Wirkung vom 1.4.2007 reagiert.[33] Nach dessen damals in Satz 2 eingefügten, mWv 11.4.2017 nach Satz 3 verschobener Regelung hängt der Anspruch auf ein Hilfsmittel der Krankenkasse bei stationärer Pflege nicht davon ab, in welchem Umfang eine Teilhabe am Leben in der Gemeinschaft noch möglich ist. Nach der Begründung des Regierungsentwurfs[34] wird mit § 33 Abs. 1 Satz 3 SGB V das Ergebnis der og Rspr. korrigiert, wonach Hilfsmittel – soweit sie nicht vom Pflegeheim vorzuhalten sind – nur auf eigene Kosten oder über die Sozialhilfe beschafft werden können.

11 Nach dem Wortlaut der Vorschrift sind für die Beurteilung der Frage, ob ein Hilfsmittel zur Erreichung der Ziele der Nr. 1 bis 3 **erforderlich** ist, die **Umstände des Einzelfalls** zu berücksichtigen. Daraus folgt, dass die Beurteilung der Erforderlichkeit sich nicht nur nach Art und Schwere der Behinderung richtet, sondern, dass darüber hinaus auch äußere Umstände zu berücksichtigen sind.[35]

12 Die Erforderlichkeit eines Hilfsmittels setzt die **Eignung** voraus; nur Hilfsmittel, die geeignet sind, für die Leistungsberechtigten individuell, konkret und mit der gebotenen Qualität die in der Vorschrift genannten Ziele zu erreichen, kommen für eine Leistung in Betracht. Sind andere Hilfsmittel nicht oder weniger geeignet, ist ein geeignetes Hilfsmittel zugleich erforderlich. Soweit für die Hilfsmittel Festbeträge festgesetzt sind, werden regelmäßig die Kosten für Hilfsmittel bis zur Höhe dieser Beträge übernommen (vgl. §§ 33 Abs. 2 Satz 1 und 36 SGB V sowie § 31 Abs. 1 SGB VII). Die Leistung von teureren Hilfsmitteln kommt aber in Betracht, wenn die Ziele mit den Festbetragsmitteln nicht zu erreichen sind, also dann, wenn die Kosten für das im Einzelfall geeignete und erforderliche Hilfsmittel den festgesetzten Festbetrag übersteigen. Der für ein Hilfsmittel festgesetzten Festbetrag begrenzt die Leistungspflicht der Krankenkasse nämlich dann nicht, wenn er für den Ausgleich der konkret vorliegenden Behinderung objektiv nicht ausreicht.[36]

13 Die Leistungspflicht beschränkt sich nach dem Einleitungssatz des Absatzes 1 auf Hilfen, die von den Leistungsempfängern **getragen oder mitgeführt oder bei einem Wohnungswechsel** mitgenommen werden können. Damit wurden die bis zum Inkrafttreten des SGB IX ergangene Rspr. zur gesetzlichen Krankenversicherung[37] und entsprechende Regelungen anderer Trägergruppen aufgenommen. Falls jedoch das zur Verfügung gestellte Hilfsmittel aufgrund seiner fehlenden oder nur unter unzumutbaren Bedingungen herzustellenden Transportfähigkeit nur im häuslichen Bereich verwendet werden kann, kann im Einzelfall eine Zweitversorgung mit einem Hilfsmittel erforderlich und wirtschaftlich sein.[38] Behinderungsgerechte Umbauten eines Hauses oder die Umgestaltung einer Hauseinfahrt fallen nicht unter den rehabilitationsrechtlichen Hilfsmittel-

---

32 BSG 22.7.2004 – B 3 KR 5/03 R, NZS 2005, 533.
33 Artikel 1 des Gesetzes v. 26.3.2007, BGBl. I 378.
34 BT-Drs. 16/3100, 102.
35 Vgl. auch die Rspr. zum Hilfsmittelbegriff in der gesetzlichen Krankenversicherung BSG 7.10.2010 – B 3 KR 13/09 R, BSGE 107, 44, SGb 2011, 654; 18.6.2014 – B 3 KR 8/13 R, NZS 2014, 738.
36 BVerfG 17.12.2002 – 1 BvL 28/95 ua BVerfGE 106, 275, NJW 2003, 1232.
37 BSG 6.8.1998 – B 3 KR 14/97 R, SozR 3-2500 § 33 Nr. 30.
38 BSG 3.11.2011 – B 3 KR 8/11 R, BSGE 109, 199, SozR 4-2500 § 33 Nr. 37.

begriff, auch nicht der Einbau eines **Treppenlifts**,[39] der aber ggf. nach anderen Sozialleistungsgesetzen erbracht werden kann.[40] Behinderten Menschen soll durch die Hilfsmittel ermöglicht werden, sich den Erfordernissen der Umwelt anzupassen; das Umfeld an die Bedürfnisse behinderter Menschen anzupassen, ist Aufgabe nicht der medizinischen Rehabilitation, sondern der Gesellschaft insgesamt und gegebenenfalls anderer Leistungen zur Teilhabe.

Nach **Absatz 1 Nr. 1** sind Hilfsmittel zur **Vorbeugung einer drohenden Behinderung** (§ 2 Abs. 1 Satz 2) zu leisten. § 33 Abs. 1 Satz 1 SGB V wurde 2001 durch Art. 5 SGB IX zur Klarstellung ebenfalls entsprechend ergänzt; schon früher hatten die Krankenkassen wegen der allgemeinen Zielbestimmung in § 11 Abs. 2 S. 1 SGB V Hilfsmittel auch zur Vorbeugung einer Behinderung zu erbringen. 14

Nach **Absatz 1 Nr. 2** werden Hilfsmittel zur Sicherung einer Heilbehandlung erbracht. Der Begriff der Heilbehandlung ist umfassend. Damit wird klargestellt, dass ein Hilfsmittel nicht nur zur Sicherung einer Leistung zur medizinischen Rehabilitation geleistet werden soll, sondern auch zur Sicherung des Erfolgs einer Akutbehandlung, wenn dies der Erreichung der Ziele des § 42 Abs. 1 dient. 15

Absatz 1 Nr. 3 ermöglicht den Ausgleich der Behinderung durch Hilfsmittel bei der Befriedigung von Grundbedürfnissen des täglichen Lebens; dies entspricht der ständigen Rspr. in der Krankenversicherung.[41] Zu den **Grundbedürfnissen des täglichen Lebens** gehören zum einen die körperlichen Grundfunktionen (Gehen, Stehen, Treppensteigen, Sitzen, Liegen, Greifen, Sehen, Hören, Tasten, Nahrungsaufnahme und Ausscheidung) und zum anderen die elementare Körperpflege, das selbstständige Wohnen sowie die dazu erforderliche Erschließung eines gewissen körperlichen und geistigen Freiraums, der auch die Aufnahme von Informationen, die Kommunikation mit anderen zur Vermeidung von Vereinsamung sowie das Erlernen eines lebensnotwendigen Grundwissens (Schulwissens) umfasst. Aufgrund der Verpflichtung der Rehabilitationsträger nach § 8 Abs. 1 Satz 3 muss auch die Erfüllung des Erziehungsauftrags behinderter Mütter und Väter dazu zählen.[42] Der Behinderungsausgleich ist dabei nicht von vornherein auf eine „Minimalversorgung" beschränkt.[43] Nicht zu den Grundbedürfnissen des täglichen Lebens gehören regelmäßig Radfahren,[44] Wandern, Dauerlauf, Ausflüge uä, die das „Stimulieren aller Sinne", die „Erfahrung von Geschwindigkeit und Raum", das „Erleben physischen und psychischen Durchhaltens" sowie das „Gewinnen von Sicherheit und Selbstbewusstsein" mit sich bringen.[45] Maßstab ist stets der gesunde Mensch, zu dessen Grundbedürfnissen kranke oder behinderte Menschen durch die medizinische Rehabilitation und mithilfe des Hilfsmittels wieder aufschließen sollen. Der Paradigmenwechsel, den Art. 3 Abs. 3 Satz 2 GG mit sich gebracht hat, weg vom Fürsorgegedanken, hin zur selbstbestimmten Teilhabe,[46] ist vom BSG zuletzt mehrfach iS einer teilhabeorientierten Auslegung des auszugleichenden allgemeinen Grundbedürfnis- 16

---

39 Vgl. BSG 7.10.2010 – B 3 KR 13/09 R, BSGE 107, 44, SGb 2011, 654.
40 Etwa als Pflegehilfsmittel nach § 40 SGB XI, vgl. BSG 16.7.2014 – B 3 KR 1/14 R, NZS 2014, 902.
41 Vgl. zB BSG 26.2.1991 – 8 RKn 13/90, SozR 3-2500 § 33 Nr. 3 und 3.11.1993 – 1 RK 42/92, SozR 3-2500 § 33 Nr. 5.
42 BSG 6.6.2002 – B 3 KR 68/01 R, NZS 2003, 477 hat dies offen gelassen.
43 BSG 7.5.2020 – B 3 KR 7/19 R; BSG 10.9.2020 – B 3 KR 15/19 R.
44 Vgl. zum „Speedy-Tandem" BSG 22.4.2009 – B 3 KR 54/08 B.
45 Vgl. BSG 21.11.2002 – B 3 KR 8/02 R und zum Ganzen BSG 16.9.1999 – B 3 KR 8/98 R, NZS 2000, 296 und B 3 KR 9/98 R = SozR 3-2500 § 33 Nr. 32.
46 Vgl. c, NJW 2020, 182 mit Anm. *Masuch* RdLH 2020, 97.

ses des täglichen Lebens herangezogen worden.[47] Hilfsmittel, mit denen den Folgen der Behinderung allein auf beruflichem oder gesellschaftlichem Gebiet begegnet werden soll, werden grundsätzlich nicht von § 47 erfasst, sondern als **Leistung zur Teilhabe am Arbeitsleben (§ 49 Abs. 8 Nr. 4)**[48] oder als **Leistung zur Sozialen Teilhabe (§ 76 Abs. 2 Nr. 8)**[49] von den für diese Leistungsgruppen zuständigen Trägern (§ 6) erbracht.

17 **Allgemeine Gebrauchsgegenstände des täglichen Lebens** – das sind Gegenstände, die allgemein im täglichen Leben verwendet, also üblicherweise von einer großen Zahl von Personen regelmäßig genutzt werden,[50] sind von der Leistung als Hilfsmittel nach Nummer 3 ausgeschlossen. Dieser Ausschluss drückt einen allgemeinen Rechtsgrundsatz aus; er bezieht sich auf Hilfsmittel nach Absatz 1 insgesamt und stellt eine allgemeine Grenze des Leistungsumfangs dar. Hilfsmittel zur medizinischen Rehabilitation sind grundsätzlich nur Gegenstände, die speziell für die besonderen Bedürfnisse behinderter Menschen entwickelt und hergestellt und die ausschließlich oder ganz überwiegend von behinderten Menschen benutzt werden. So sind dem vollständigen Haarersatz dienende Damenperücken keine allgemeinen Gebrauchsgegenstände des täglichen Lebens, weil sie für die speziellen Bedürfnisse an totalem Haarverlust leidender Frauen hergestellt und nur von diesem Personenkreis benutzt werden.[51] Liegedreiräder sind dagegen Gebrauchsgegenstände des täglichen Lebens.[52] Hüftprotektoren, die bei einem Sturz auf die Hüfte das Risiko einer Oberschenkelhalsfraktur verringern sollen, sind zwar keine allgemeinen Gebrauchsgegenstände des täglichen Lebens, es fehlt jedoch an der maßgeblichen Zweckbestimmung von Hilfsmitteln iSd § 47 Abs. 1 Nr. 1 bis 3.[53]

18 **Zweifelsfragen** treten auf, wenn es sich um Gegenstände handelt, die sowohl die Funktion eines Gebrauchsgegenstandes als auch die eines Hilfsmittels erfüllen. Die Rechtsprechung hat zur Hilfsmitteleigenschaft derartiger Gegenstände mit Doppelfunktion (zB PC-Lese-Sprechgerät) im Rahmen des § 33 SGB V den Grundsatz entwickelt, dass von den Krankenkassen ein Kostenanteil zu übernehmen ist, wenn der Teil der Herstellungskosten überwiegt, der auf die Hilfsmittelfunktion entfällt, weil damit die Bedeutung als Gebrauchsgegenstand für die Betroffenen in den Hintergrund tritt und sie mit der Tragung der vollen Kosten übermäßig belastet würden. In diesem Fall werden die Beschaffungskosten im Verhältnis des festgestellten Herstellungsaufwandes auf den Betroffenen und den Leistungsträger aufgeteilt. Bei besonders aufwändigen Geräten kann auch die absolute Höhe der auf die Hilfsmittelfunktion entfallenden Kosten zu berücksichtigen sein. Bei diesen kommt eine anteilige Kostenübernahme auf den Kostenanteil, der heilmittelrelevant ist, auch dann in Betracht, wenn die auf die Hilfsmittelfunktion entfallenden Kosten zwar nicht überwiegen, aber den Betroffenen die Tragung dieser Kosten nicht zugemutet werden kann.[54]

19 **Absatz 2** bestimmt den Leistungsumfang der **Nebenleistungen** der Versorgung mit Hilfsmitteln und nennt ausdrücklich die **notwendige Änderung, Instandhal-**

---

47 Vgl. BSG 10.9.2020 – B 3 KR 15/19 R, SozR 4-2500 § 33 Nr. 55 mit Anm. *Diehm* NZS 2021, 110.
48 Zu Abgrenzungsfragen BSG 18.7.2019 – B 8 SO 4/18 R, SozR 4-3500 § 54 Nr. 19 Rn. 16 mwN; *Luik* in jurisPK-SGB IX, 3. Aufl. 2018, § 49 Rn. 248 ff.; LSG RhPf 2.3.2016 – L 6 R 504/14; LSG LSA 28.4.2016 – L 8 SO 24/14.
49 BSG 19.5.2009 – B 8 SO 32/07 R, BSGE 103, 171, NVwZ-RR 2010, 196.
50 BSG 23.8.1995 – 3 RK 7/95, SozR 3-2500 § 33 Nr. 16.
51 BSG 23.7.2003 – B 3 KR 66/01 R, SozR 3-2500 § 33 Nr. 45.
52 BayLSG 26.11.2009 – L 4 KR 328/08.
53 BSG 22.4.2009 – B 3 KR 11/07 R, BSGE 103, 66, NZS 2010, 325.
54 BSG 23.8.1995 – 3 RK 7/95; 10.5.1995 – 1 RK 18/94, NZS 1995, 457.

tung, Ersatzbeschaffung sowie die Ausbildung im Gebrauch mit Hilfsmitteln; neben der Ausbildung des behinderten Menschen selbst kann auch die Ausbildung von Hilfspersonen erforderlich sein. Notwendigerweise gehören aber auch weitere Nebenleistungen dazu, so **Dienstleistungen** wie die Beratung und die Anpassung der Hilfsmittel und **Zubehör**, das erst den Gebrauch des Hilfsmittels ermöglicht, sowie **Betriebskosten**, die notwendigerweise beim Gebrauch eines Hilfsmittels entstehen, soweit dies gesetzlich nicht ausgeschlossen ist, wie zB Pflegemittel für Kontaktlinsen nach § 33 Abs. 3 Satz 3 SGB V oder die Energieversorgung von Hörgeräten bei Volljährigen nach § 34 Abs. 4 SGB V iVm § 2 Nr. 11 der Verordnung über Hilfsmitte[55]l von geringem therapeutischen Nutzen oder geringem Abgabepreis in der gesetzlichen Krankenversicherung. Nicht zu den Nebenleistungen des § 47 Abs. 2 SGB IX gehört die Entsorgung von benutzten bzw. nicht mehr funktionsfähigen Hilfsmitteln.

Entsprechend dem **Grundsatz der Wirtschaftlichkeit und Sparsamkeit** ist die 20 Ersatzbeschaffung unter Berücksichtigung der **Wirksamkeit** nach **Nummer 1** gegenüber der **Änderung** und **Instandhaltung** subsidiär. Bringt ein neues Hilfsmittel deutliche Gebrauchsvorteile, scheidet eine zusätzliche Kosten-Nutzen-Erwägung jedoch aus. Sie kann allenfalls dann geboten sein, wenn der zusätzliche Gebrauchsvorteil des Hilfsmittels im Alltagsleben eher gering, die dafür anfallenden Kosten im Vergleich zu einem bisher als ausreichend angesehenen Versorgungsstandard als unverhältnismäßig hoch einzuschätzen sind. Der Schutz der Solidargemeinschaft vor Überforderungen kann dann gerade im Interesse der vordringlich auf Hilfe angewiesenen behinderten Menschen Einschränkungen erfordern.[56] Bei der Ersatzbeschaffung dürfen sich die Gebrauchsvorteile eines neuen, innovativen Hilfsmittels gegenüber einem herkömmlichen noch funktionsfähigen Hilfsmittel nicht nur auf einzelne Lebensbereiche begrenzen, die nicht zu den menschlichen Grundbedürfnissen zählen.[57] Nach **Nummer 2** soll der Rehabilitationsträger die Anpassung oder Ausbildung im Gebrauch eines Hilfsmittels zur Bedingung der Bewilligung eines Hilfsmittels machen.

Bei Wahl eines geeigneten, aber in der Ausführung über die Notwendigkeit 21 hinausgehenden Hilfsmittels müssen nach **Absatz 3** die **Mehrkosten** vom Leistungsempfänger getragen werden. Das Maß des Notwendigen wird idR dann nicht überschritten sein, wenn das Hilfsmittel unvermeidlich, zwangsläufig und unentbehrlich erforderlich ist, jedoch dann, wenn es zu dem Hilfsmittel eine wirtschaftlich günstigere Alternative gibt.

Absatz 4 stellt klar, dass die Rehabilitationsträger den Leistungsberechtigten 22 nicht unbedingt das Eigentum an den Hilfsmitteln übertragen müssen, die **leihweise** Überlassung ist ausreichend. Dies dürfte insbes. bei sehr teuren und langlebigen Hilfsmitteln in Betracht kommen. Darüber hinaus kommt unter den Voraussetzungen des § 8 Abs. 2 nicht nur die Erbringung als **Sachleistung** in Betracht, sondern auch als **Geldleistung** etwa im Wege der **Kostenerstattung**.

§ 47 a Digitale Gesundheitsanwendungen

(1) ¹Digitale Gesundheitsanwendungen nach § 42 Absatz 2 Nummer 6 a umfassen die in das Verzeichnis nach § 139 e Absatz 1 des Fünften Buches aufgenommenen digitalen Gesundheitsanwendungen, sofern diese unter Berücksichtigung des Einzelfalles erforderlich sind, um

---

55 BSG 15.3.2018 – B 3 KR 4/17 R, SozR 4-2500 § 33 Nr. 52.
56 Vgl. auch BSG 6.6.2002 – B 3 KR 68/01 R, NZS 2003, 477.
57 BSG 6.6.2002 – B 3 KR 68/01 R, NZS 2003, 477.

1. einer drohenden Behinderung vorzubeugen,
2. den Erfolg einer Heilbehandlung zu sichern oder
3. eine Behinderung bei der Befriedigung von Grundbedürfnissen des täglichen Lebens auszugleichen, sofern die digitalen Gesundheitsanwendungen nicht die Funktion von allgemeinen Gebrauchsgegenständen des täglichen Lebens übernehmen.

²Digitale Gesundheitsanwendungen werden nur mit Zustimmung des Leistungsberechtigten erbracht.

(2) Wählen Leistungsberechtigte digitale Gesundheitsanwendungen, deren Funktion oder Anwendungsbereich über die Funktion und den Anwendungsbereich einer vergleichbaren in das Verzeichnis für digitale Gesundheitsanwendungen nach § 139 e des Fünften Buches aufgenommenen digitalen Gesundheitsanwendung hinausgehen, so haben sie die Mehrkosten selbst zu tragen.

Literatur:
Fleischer, Das Digitale-Versorgung-Gesetz (DVG), jurisPR-ITR 2/2020 Anm. 2; *Greß/Jessberger/Schnee*, Digitale Gesundheitsanwendungen – Preise und Funktionen im Vergleich, GSP 2020, Nr. 4/5, 80; *Jukic/Rahn*, Digitale Gesundheitsanwendungen – Zulassungsfragen und Datenschutz, GesR 2020, 749; *Kemmner/Vivekens*, Die digitale Gesundheitsanwendung auf dem Weg in die Erstattungsfähigkeit – Fast Track-Verfahren mit Hürden, MPR 2020, 88; *Kluckert*, Die Aufnahme digitaler Gesundheitsanwendungen in die Regelversorgung der GKV nach dem Digitale-Versorgungs-Gesetz, SGb 2020, 197; *Knierim/Wigand*, Start für digitale Gesundheitsanwendungen, MPJ 2020, 207; *Krasney*, Die Versorgung mit digitalen Gesundheitsanwendungen, in: Weiterdenken – Recht an der Schnittstelle zur Medizin, FS H. Plagemann, 2020, 451 (zit.: FS Plagemann); *Marckmann*, Ethische Fragen von Digital Public Health, Bundesgesundhbl 2020, 199; *Münkler*, Health-Apps im gesundheitsrechtlichen Regulierungsgefüge, NZS 2021, 41; *Schreiber/Gottwald*, Gesundheits-App auf Rezept – Die neue Datenschutzprüfung im Digitale-VersorgungGesetz, ZD 2020, 385; *Schulz*, Das Digitale-Versorgung-Gesetz – Digitale Gesundheitsanwendungen und Innovationsförderung oder Persönlichkeitsrechtsverletzungen?, SGb 2020, 536; *Vollmar/Kramer et al.*, Digitale Gesundheitsanwendungen – Rahmenbedingungen zur Nutzung in Versorgung, Strukturentwicklung und Wissenschaft – Positionspapier der AG Digital Health des DNVF, GesundhWes 2017, 1080; *Vorberg/Leukel*, Vergaberechtliche Vorschriften in der Leistungsbeziehung digitaler Gesundheitsanwendungen (DiGAs) und gesetzlicher Krankenkassen, MedR 2021, 24; *Wild*, Was bringen DiGAs? Apps auf Rezept – (k)ein Fall für die Apotheke, DAZ 2021 Nr. 10, 60.

I. Entstehungsgeschichte und Normzweck	1	3. Funktionale Zweckbestimmung	8
II. Digitale Gesundheitsanwendungen (Abs. 1)	6	4. Versorgungsweg	9
1. Begriff	6	5. Sicherheitsanforderungen	10
2. Verzeichnis nach § 139 e Abs. 1 SGB V	7	III. Mehrkostenvorbehalt (Abs. 2)	11

I. Entstehungsgeschichte und Normzweck

1 **Gesetzeshistorie:** Die Vorschrift wurde durch Artikel 7 Nr. 9 und Art. 14 Abs. 4 des Gesetzes zur Stärkung der Teilhabe von Menschen mit Behinderungen sowie zur landesrechtlichen Bestimmung der Träger von Leistungen für Bildung und Teilhabe in der Sozialhilfe (Teilhabestärkungsgesetz) vom 2.6.2021[1] mit Wirkung vom 10.6.2021 eingeführt.

---

1 BGBl. I 1387.

Regelungsinhalt: Die Vorschrift regelt die Aufnahme digitaler Gesundheitsanwendungen in den Leistungskatalog der Leistungen zur medizinischen Rehabilitation und schafft damit eine **trägerübergreifende Anspruchsgrundlage** für diese hilfsmittelähnlichen (allerdings unkörperlichen), rehabilitativen Zwecken dienenden Medizinprodukte. Zu digitalen Gesundheitsanwendungen zählen zB Apps mit medizinischem Nutzen, die über die Funktion einer Kommunikationsplattform hinausgehen und darauf ausgerichtet sind, positive Versorgungseffekte für die Userinnen und User zu haben. § 47 a erfasst in Abs. 1 solche Anwendungen, die in das Verzeichnis für digitale Gesundheitsanwendungen (vgl. § 139 e SGB V) beim Bundesinstitut für Arzneimittel und Medizinprodukte aufgenommen worden sind. Diese Anwendungen müssen erforderlich sein, um entweder einer drohenden Behinderung vorzubeugen oder den Erfolg einer Heilbehandlung zu sichern oder eine Behinderung bei der Befriedigung von Grundbedürfnissen des täglichen Lebens auszugleichen. § 47 a Abs. 2 betrifft digitale Anwendungen, die zwar nicht in das Verzeichnis nach § 139 e SGB V aufgenommen, aber „vergleichbar" den Anwendungen nach Abs. 1 sind. Hier sind allerdings etwaige Mehrkosten selbst zu tragen, zB In-App-Käufe oder generell höhere Kosten.

Parallelvorschriften: Digitale Gesundheitsanwendungen zu therapeutischen Zwecken sind bereits mit dem Digitale Versorgung Gesetz (DGV) **Teil des GKV-Regelleistungskataloges** geworden (§ 33 a SGB V). Mit dem noch 2021 erwarteten „Digitale Versorgung und Pflege-Modernisierungs-Gesetz" (DVPMG) sollen zudem auch digitale Pflegeanwendungen in den Leistungskatalog des SGB XI aufgenommen werden.

Zur Entstehung: Die Vorschrift des § 47 a aus dem Gesetzentwurf der Bundesregierung[2] wurde im Gesetzgebungsverfahren 2021 nicht geändert. Auf die Beschlussempfehlung des A+S-Ausschusses wurde § 139 e SGB V (Verzeichnis für digitale Gesundheitsanwendungen) im Zuge des Gesetzgebungsverfahrens um einen Abs. 12 ergänzt, um auch die Rentenversicherungsträger einzubinden.[3]

Materialien: Zum Regierungsentwurf nebst Begründung BT-Drs. 19/27400 und BR-Drs. 129/21; zur Ausschussempfehlung BT-Drs. 19/28834.

II. Digitale Gesundheitsanwendungen (Abs. 1)
1. Begriff

Nach der Legaldefinition des mWv 19.12.2019 eingeführten[4] § 33 a Abs. 1 Satz 1 SGB V sind digitale Gesundheitsanwendungen „Medizinprodukte niedriger Risikoklasse, deren Hauptfunktion wesentlich auf digitalen Technologien beruht und die dazu bestimmt sind, bei den Versicherten oder in der Versorgung durch Leistungserbringer die Erkennung, Überwachung, Behandlung oder Linderung von Krankheiten oder die Erkennung, Behandlung, Linderung oder Kompensierung von Verletzungen oder Behinderungen zu unterstützen". Medizinprodukte mit niedriger Risikoklasse sind in § 33 a Abs. 2 SGB V näher definiert; es muss sich um Medizinprodukte der Klassen I und IIa handeln.[5] Gemeint sind „digitale Helfer auf mobilen Endgeräten oder als browserbasierte Webanwendung"[6], also umgangssprachlich insbes. Reha-Apps, nicht also

---
2 BT-Drs. 19/27400, 23.
3 Vgl. BT-Drs. 19/28834, 21 (56) zu Art. 7 des Teilhabestärkungsgesetzes.
4 Gesetz für eine bessere Versorgung durch Digitalisierung und Innovation (Digitale-Versorgung-Gesetz) v. 9.12.2019, BGBl. I 2562.
5 Einzelheiten bei *Kircher* in Becker/Kingreen SGB V § 33 a Rn. 6 ff.
6 Vgl. BT-Drs. 19/27400, 62.

Hardware (die aber ggf. ein Hilfsmittel nach § 47 sein kann, → § 47 Rn. 5) und nicht rein mechanische und analoge Technik. Dasselbe gilt für digitale Technologien, die lediglich der Ergänzung und Steuerung anderer Medizinprodukte dienen (zur funktionalen Zweckbestimmung → Rn. 7).[7]

2. Verzeichnis nach § 139 e Abs. 1 SGB V

7 Reha-Apps werden im DiGA-Verzeichnis des Bundesinstituts für Arzneimittel und Medizinprodukte (BfArM) gelistet.[8] Das Verzeichnis stellt eine verbindliche Positiv-Liste dar. Die Aufnahme in das Verzeichnis ist Voraussetzung für die Nutzung nach Abs. 1 (ohne Mehrkostentragung) und konkretisiert damit den Sachleistungsanspruch des behinderten Menschen. Reha-App-Anbieter müssen damit die gleichen Nachweise hinsichtlich Sicherheit, Qualität und Nutzen ihrer Produkte erbringen, wie die Anbieter therapeutischer Apps (siehe §§ 33 a, 139 e SGB V).

3. Funktionale Zweckbestimmung

8 Funktional sollen Reha-Apps nach dem Willen des Gesetzgebers in der Lage sein, „einer drohenden Behinderung vorzubeugen, den Erfolg einer Heilbehandlung zu sichern oder eine Behinderung bei der Befriedigung von Grundbedürfnissen des täglichen Lebens auszugleichen". Das Gesetz umschreibt dies mit dem Begriff der „Erforderlichkeit". Erforderlich ist eine Rehabilitationsleistung dann, wenn sie, ausgehend von Art und Schwere der Behinderung und den hieraus resultierenden Einschränkungen, unter prognostischer Betrachtung geeignet und notwendig ist, die in Frage stehenden Rehabilitationsziele zu erreichen.[9] Voraussetzung ist damit mindestens eine unterstützende Funktion der DiGA im Rahmen einer Heilbehandlung oder im Rahmen der Prävention oder Kompensation von Behinderungen, § 2. Das ist etwa der Fall, wenn die Software eigenständige diagnostische und/oder therapeutische Leistungen erbringt, weil von ihr Daten analysiert oder interpretiert werden, eine Berechnung oder Messung vorgenommen oder eine Überwachungsfunktion übernommen wird.[10] An der Unterstützungsfunktion fehlt es, wenn die Software nur der Wissensbereitstellung, Speicherung oder Kommunikation dient.[11]

4. Versorgungsweg

9 Anspruchsberechtigt sind Menschen mit Behinderung, § 2. Digitale Gesundheitsanwendungen werden nur mit Zustimmung des Leistungsberechtigten erbracht (Abs. 1 Satz 2). Eine befundgestützte Indikation durch einen Arzt oder Psychotherapeuten erscheint zweckmäßig.[12] Die Hersteller stellen digitale Gesundheitsanwendungen entweder im Wege elektronischer Übertragung über öffentlich zugängliche Netze oder auf maschinell lesbaren Datenträgern über öffentlich zugängliche digitale Vertriebsplattformen zur Verfügung (vgl. § 33 a Abs. 3 SGB V). Mehrkosten durch die Bereitstellung über digitale Vertriebsplattformen sind vom Leistungsumfang mit abgedeckt.[13]

---

7 BT-Drs. 19/13438, 44.
8 S. https://diga.bfarm.de/de.
9 BSG 6.12.2018 – B 8 SO 7/17 R, SozR 4-3500 § 54 Nr. 17 Rn. 21.
10 *Knispel* in BeckOK SozR, 60. Ed. 1.3.2021, SGB V § 33 a Rn. 15 f.
11 *Münkler* NZS 2021, 43.
12 Vgl. BT-Drs. 19/14867, 92 zu § 33 a SGB V.
13 Vgl. BT-Drs. 19/13438, 45 zu § 33 a SGB V.

5. Sicherheitsanforderungen

Das Bundesamt für Sicherheit in der Informationstechnik hat die v.a. an Hersteller gerichtete ausführliche „Technische Richtlinie BSI TR-03161" zu Sicherheitsanforderungen an digitale Gesundheitsanwendungen erstellt.[14]

10

III. Mehrkostenvorbehalt (Abs. 2)

Im Rahmen des Abs. 1 haben behinderte Menschen sich nicht an den Kosten einer DiGA zu beteiligen. Wie für therapeutische DiGA nach § 33a SGB V gilt aber auch für Reha-Apps, dass etwaige Mehrkosten durch **Zusatzfunktionen** („In-App-Käufe") oder durch Nutzung von DiGA, die nicht Abs. 1 unterfallen, von den Patienten selbst zu zahlen sind. Damit wird auch das Wunsch- und Wahlrecht (→ § 8 Rn. 1 ff.) modifiziert. Entscheidend ist, ob Funktion oder Anwendungsbereich der gewählten DiGA über die Funktion und den Anwendungsbereich einer **vergleichbaren** – dh im Wesentlichen ähnlichen oder identischen – in das Verzeichnis für digitale Gesundheitsanwendungen nach § 139e Abs. 1 SGB V aufgenommenen DiGA hinausgeht. Wählen behinderte Menschen also DiGA aus, die schon dem Grunde nach nicht mit den im Verzeichnis aufgenommenen DiGA vergleichbar sind, besteht überhaupt kein Anspruch, weder auf die gewünschte DiGA noch auf Mehrkosten. Faktisch dürften damit auch nach Abs. 2 nur die im Verzeichnis nach § 139e SGB V gelisteten Apps in Frage kommen, bei denen optionale Zusatzfunktionen („In-App") oder zusätzliche Anwendungsbereiche (zB Anbindung an sog. soziale Netzwerke) vorliegen, die über die vom BfArM im DiGA-Verzeichnis berücksichtigten hinausgehen.[15]

11

§ 48 Verordnungsermächtigungen

Das Bundesministerium für Arbeit und Soziales wird ermächtigt, im Einvernehmen mit dem Bundesministerium für Gesundheit durch Rechtsverordnung mit Zustimmung des Bundesrates Näheres zu regeln
1. zur Abgrenzung der in § 46 genannten Leistungen und der weiteren Leistungen dieser Dienste und Einrichtungen und
2. zur Auswahl der im Einzelfall geeigneten Hilfsmittel, insbesondere zum Verfahren, zur Eignungsprüfung, Dokumentation und leihweisen Überlassung der Hilfsmittel sowie zur Zusammenarbeit der anderen Rehabilitationsträger mit den orthopädischen Versorgungsstellen.

Gesetzeshistorie: Die Vorschrift wurde als § 32 durch Artikel 1 und 68 Abs. 1 SGB IX vom 19.6.2001[1] mit Wirkung vom 1.7.2001 eingeführt. Die Bezeichnung des zuständigen Ministeriums im Eingangssatz und in Nr. 1 wurde mit Wirkung vom 1.1.2003 durch Artikel 1 und 4 des Gesetzes vom 3.4.2003[2] und nochmals mit Wirkung vom 8.11.2006 durch Artikel 261 und 559 der Verordnung vom 31.10.2006[3] angepasst. Durch das BTHG v. 23.12.2016[4] wurde die Regelung mit Wirkung vom 1.1.2018 nach § 48 verschoben und Satz 1 geändert (→ Rn. 3). Bis 31.12.2017 war in § 48 aF die Berechnungsgrundlage für das Übergangsgeld in Sonderfällen geregelt (jetzt § 68).

1

---

14 Stand 15.4.2020, abrufbar unter www.bsi.bund.de.
15 Vgl. *Altmiks* in KassKomm, Stand 7/2020, SGB V § 33 Rn. 14.
1 BGBl. I 1046.
2 BGBl. I 462.
3 BGBl. I 2407.
4 BGBl. I 3234.

2 **Regelungsinhalt:** Die Vorschrift enthält Verordnungsermächtigungen zur Abgrenzung der in § 46 genannten Leistungen und der weiteren Leistungen dieser Dienste und Einrichtungen sowie zur Versorgung mit Hilfsmitteln.

3 **Zur Entstehung:** Die Vorschrift des § 32 aF wurde im Gesetzgebungsverfahren 2001 nicht geändert.
Änderungen: Durch das BTHG wurde mit Wirkung vom 1.1.2018 normiert, dass die Verordnungsermächtigung des Bundesministeriums für Arbeit und Soziales künftig im Einvernehmen mit dem Bundesministerium für Gesundheit ausgeübt wird. Mit der Einvernehmensregelung soll dem Umstand Rechnung getragen werden, dass Leistungen der Früherkennung und Frühförderung sowie Hilfsmittel auch von der Gesetzlichen Krankenversicherung erbracht werden.[5] Geändert wurde auch Satz 1 Nummer 1. Die Änderung ergibt sich aus den geänderten Regelungsinhalten der Frühförderungsverordnung (FrühV).[6] Die durch Art. 23 BTHG[7] geänderte FrühV enthält nur noch Regelungen zur Abgrenzung der in § 46 genannten Leistungen und der weiteren Leistungen dieser Dienste und Einrichtungen. Die Regelungen zur Übernahme oder Teilung der Kosten zwischen den beteiligten Rehabilitationsträgern, zur Vereinbarung und Abrechnung der Entgelte sowie zur Finanzierung sind nicht (mehr) Bestandteil der FrühV, sondern in die Verantwortung der Länder gegeben (§ 46 Abs. 4 bis 6).

4 **Materialien:** Zum Regierungsentwurf nebst Begründung BT-Drs. 14/5074, 15 und 107 sowie BT-Drs. 14/5531, 5; zur Ausschussempfehlung BT-Drs. 14/5786, 32. Zur Verschiebung nach § 48 und Neufassung zum 1.1.2017 BT-Drs. 18/9522, 252 f.

5 **Nummer 1** ermächtigt zur Abgrenzung der in § 46 genannten Leistungen und der weiteren Leistungen dieser Dienste und Einrichtungen zum Erlass einer **Rechtsverordnung.** Die nach bisherigem Recht weiter erforderliche Voraussetzung, dass gemeinsame Empfehlungen überhaupt nicht, nicht rechtzeitig oder nur unzureichend vereinbart werden, ist entfallen, nachdem § 46 Abs. 4–6 Regelungen zur Übernahme oder Teilung der Kosten zwischen den beteiligten Rehabilitationsträgern, zur Vereinbarung und Abrechnung der Entgelte sowie zur Finanzierung in die Verantwortung der Länder übertragen hat. Das seinerzeit zuständige Bundesministerium für Gesundheit und Soziale Sicherung hat von der Verordnungsermächtigung nach § 32 Nr. 1 aF Gebrauch gemacht; am 1.7.2003 ist die Frühförderungsverordnung vom 24.6.2003[8] in Kraft getreten, geändert mWv 1.1.2017 durch Art. 23 BTHG.[9] Die FrühV ist abgedruckt in Anhang 4.

6 Nach **Nummer 2** kann das Bundesministerium für Arbeit und Soziales nähere Einzelheiten im Bereich der **Hilfsmittelversorgung** durch Rechtsverordnung regeln (Auswahl, Verfahren, Eignungsprüfung, Dokumentation, und leihweise Überlassung und Fragen der Zusammenarbeit der Rehabilitationsträger mit den orthopädischen Versorgungsstellen).

7 Die Rechtsverordnungen nach § 48 sind vom BMAS im Einvernehmen mit dem BMG und mit Zustimmung des Bundesrates zu erlassen.

---

5 BT-Drs. 18/9522, 252.
6 BT-Drs. 18/9522, 252 f.
7 BGBl. 2016 I 3234 (3337); Materialien und Begründung BT-Drs. 18/9522, 184 ff., 360 ff.
8 BGBl. I 998.
9 BGBl. 2016 I 3234 (3337).

Kapitel 10 Leistungen zur Teilhabe am Arbeitsleben

§ 49 Leistungen zur Teilhabe am Arbeitsleben, Verordnungsermächtigung

(1) Zur Teilhabe am Arbeitsleben werden die erforderlichen Leistungen erbracht, um die Erwerbsfähigkeit von Menschen mit Behinderungen oder von Behinderung bedrohter Menschen entsprechend ihrer Leistungsfähigkeit zu erhalten, zu verbessern, herzustellen oder wiederherzustellen und ihre Teilhabe am Arbeitsleben möglichst auf Dauer zu sichern.

(2) Frauen mit Behinderungen werden gleiche Chancen im Erwerbsleben zugesichert, insbesondere durch in der beruflichen Zielsetzung geeignete, wohnortnahe und auch in Teilzeit nutzbare Angebote.

(3) Die Leistungen zur Teilhabe am Arbeitsleben umfassen insbesondere
1. Hilfen zur Erhaltung oder Erlangung eines Arbeitsplatzes einschließlich Leistungen zur Aktivierung und beruflichen Eingliederung,
2. eine Berufsvorbereitung einschließlich einer wegen der Behinderung erforderlichen Grundausbildung,
3. die individuelle betriebliche Qualifizierung im Rahmen Unterstützter Beschäftigung,
4. die berufliche Anpassung und Weiterbildung, auch soweit die Leistungen einen zur Teilnahme erforderlichen schulischen Abschluss einschließen,
5. die berufliche Ausbildung, auch soweit die Leistungen in einem zeitlich nicht überwiegenden Abschnitt schulisch durchgeführt werden,
6. die Förderung der Aufnahme einer selbständigen Tätigkeit durch die Rehabilitationsträger nach § 6 Absatz 1 Nummer 2 bis 5 und
7. sonstige Hilfen zur Förderung der Teilhabe am Arbeitsleben, um Menschen mit Behinderungen eine angemessene und geeignete Beschäftigung oder eine selbständige Tätigkeit zu ermöglichen und zu erhalten.

(4) [1]Bei der Auswahl der Leistungen werden Eignung, Neigung, bisherige Tätigkeit sowie Lage und Entwicklung auf dem Arbeitsmarkt angemessen berücksichtigt. [2]Soweit erforderlich, wird dabei die berufliche Eignung abgeklärt oder eine Arbeitserprobung durchgeführt; in diesem Fall werden die Kosten nach Absatz 7, Reisekosten nach § 73 sowie Haushaltshilfe und Kinderbetreuungskosten nach § 74 übernommen.

(5) Die Leistungen werden auch für Zeiten notwendiger Praktika erbracht.

(6) [1]Die Leistungen umfassen auch medizinische, psychologische und pädagogische Hilfen, soweit diese Leistungen im Einzelfall erforderlich sind, um die in Absatz 1 genannten Ziele zu erreichen oder zu sichern und Krankheitsfolgen zu vermeiden, zu überwinden, zu mindern oder ihre Verschlimmerung zu verhüten. [2]Leistungen sind insbesondere
1. Hilfen zur Unterstützung bei der Krankheits- und Behinderungsverarbeitung,
2. Hilfen zur Aktivierung von Selbsthilfepotentialen,
3. die Information und Beratung von Partnern und Angehörigen sowie von Vorgesetzten und Kollegen, wenn die Leistungsberechtigten dem zustimmen,
4. die Vermittlung von Kontakten zu örtlichen Selbsthilfe- und Beratungsmöglichkeiten,
5. Hilfen zur seelischen Stabilisierung und zur Förderung der sozialen Kompetenz, unter anderem durch Training sozialer und kommunikativer Fähigkeiten und im Umgang mit Krisensituationen,

6. das Training lebenspraktischer Fähigkeiten,
7. das Training motorischer Fähigkeiten,
8. die Anleitung und Motivation zur Inanspruchnahme von Leistungen zur Teilhabe am Arbeitsleben und
9. die Beteiligung von Integrationsfachdiensten im Rahmen ihrer Aufgabenstellung (§ 193).

(7) Zu den Leistungen gehört auch die Übernahme
1. der erforderlichen Kosten für Unterkunft und Verpflegung, wenn für die Ausführung einer Leistung eine Unterbringung außerhalb des eigenen oder des elterlichen Haushalts wegen Art oder Schwere der Behinderung oder zur Sicherung des Erfolges der Teilhabe am Arbeitsleben notwendig ist sowie
2. der erforderlichen Kosten, die mit der Ausführung einer Leistung in unmittelbarem Zusammenhang stehen, insbesondere für Lehrgangskosten, Prüfungsgebühren, Lernmittel, Leistungen zur Aktivierung und beruflichen Eingliederung.

(8) [1]Leistungen nach Absatz 3 Nummer 1 und 7 umfassen auch
1. die Kraftfahrzeughilfe nach der Kraftfahrzeughilfe-Verordnung,
2. den Ausgleich für unvermeidbare Verdienstausfälle des Leistungsberechtigten oder einer erforderlichen Begleitperson wegen Fahrten der An- und Abreise zu einer Bildungsmaßnahme und zur Vorstellung bei einem Arbeitgeber, bei einem Träger oder einer Einrichtung für Menschen mit Behinderungen, durch die Rehabilitationsträger nach § 6 Absatz 1 Nummer 2 bis 5,
3. die Kosten einer notwendigen Arbeitsassistenz für schwerbehinderte Menschen als Hilfe zur Erlangung eines Arbeitsplatzes,
4. die Kosten für Hilfsmittel, die wegen Art oder Schwere der Behinderung erforderlich sind
   a) zur Berufsausübung,
   b) zur Teilhabe an einer Leistung zur Teilhabe am Arbeitsleben oder zur Erhöhung der Sicherheit auf dem Weg vom und zum Arbeitsplatz und am Arbeitsplatz selbst, es sei denn, dass eine Verpflichtung des Arbeitgebers besteht oder solche Leistungen als medizinische Leistung erbracht werden können,
5. die Kosten technischer Arbeitshilfen, die wegen Art oder Schwere der Behinderung zur Berufsausübung erforderlich sind und
6. die Kosten der Beschaffung, der Ausstattung und der Erhaltung einer behinderungsgerechten Wohnung in angemessenem Umfang.

[2]Die Leistung nach Satz 1 Nummer 3 wird für die Dauer von bis zu drei Jahren bewilligt und in Abstimmung mit dem Rehabilitationsträger nach § 6 Absatz 1 Nummer 1 bis 5 durch das Integrationsamt nach § 185 Absatz 5 ausgeführt. [3]Der Rehabilitationsträger erstattet dem Integrationsamt seine Aufwendungen. [4]Der Anspruch nach § 185 Absatz 5 bleibt unberührt.

(9) Die Bundesregierung kann durch Rechtsverordnung mit Zustimmung des Bundesrates Näheres über Voraussetzungen, Gegenstand und Umfang der Leistungen der Kraftfahrzeughilfe zur Teilhabe am Arbeitsleben regeln.

I. Allgemeines 1	VI. Praktika 42
II. Zielsetzung 6	VII. Psychosoziale Leistungen 43
III. Bedürfnisse von Frauen 18	VIII. Klarstellungen zum Leistungsumfang 48
IV. Einzelne Leistungen 23	
V. Eignung und Neigung 35	

I. Allgemeines

Gesetzeshistorie: Die Vorschrift wurde durch Artikel 1 und 68 Abs. 1 SGB IX vom 19.6.2001[1] mit Wirkung ab 1.7.2001 eingeführt. In Absatz 3 Nr. 5 wurde durch Artikel 5 und 16 des Gesetzes vom 20.7.2006[2] „Überbrückungsgeld" durch „Gründungszuschuss" ersetzt. Mit dem Gesetz zur Einführung der Unterstützten Beschäftigung wurde zum 30.12.2008 der Absatz 3 um den Anspruch auf individuelle betriebliche Qualifizierung mit der Nummer 2a erweitert. Mit dem Gesetz zur Verbesserung der Eingliederungschancen am Arbeitsmarkt vom 20.12.2011[3] wurden durch Artikel 10 in Abs. 3 Nummer 1 und Abs. 7 Nummer 2 die Wörter „vermittlungsunterstützende Leistungen" durch die Wörter „Leistungen zur Aktivierung und berufliche Eingliederung" sowie in Abs. 3 Nummer 5 die Angabe § 57 durch die Angabe § 93 ersetzt. Durch Artikel 1 des Gesetzes zur Stärkung der Teilhabe und Selbstbestimmung von Menschen mit Behinderungen (Bundesteilhabegesetz – BTHG) wurden mit Wirkung vom 1.1.2018 durch Erweiterung der Regelungen des Teil 1 die bisherigen Regelungen des § 33 (aF) weitgehend inhaltsgleich zum neuen § 49. Die Vorschrift entspricht mit Ausnahme der Absätze 3 Nummer 6, 6 Nummer 7 und 9 der bisherigen Rechtslage.

Regelungsinhalt: Die Vorschrift regelt, welche Leistungen zur Teilhabe am Arbeitsleben die hierfür zuständigen Rehabilitationsträger behinderten und von Behinderung bedrohten Menschen zu erbringen haben. Zur Erreichung der Ziele des § 49 (33 aF) können auch Leistungen an Arbeitgeber erbracht werden. Diese sind in § 50 (34 aF) zusammengefasst.

Zur Entstehung: Absatz 1, 3 und 4 Satz 1 stimmen inhaltlich weitgehend mit § 11 Abs. 1 und 2 Rehabilitations-Angleichungsgesetz zu den früheren „berufsfördernden Leistungen" überein; rechtlich maßgeblich waren jedoch nur die – inhaltlich weitgehend entsprechenden – Regelungen für die einzelnen Träger. Absatz 3 Nr. 3 entspricht dem früheren § 101 Abs. 3 SGB III mit Einschluss des Satzes 4. Absatz 7 fasst die früheren § 11 Abs. 2 Satz 2 und § 12 Nr. 3 Rehabilitations-Angleichungsgesetz sowie die entsprechenden Vorschriften für die einzelnen Träger zusammen. Absatz 8 verallgemeinert den früheren § 114 SGB III; darüber hinaus ermöglicht Nummer 3, zur Erlangung eines Arbeitsplatzes in geeigneten Fällen Arbeitsassistenz einzusetzen.

Die Fassung des Regierungsentwurfs[4] wurde durch Änderungsanträge der Koalitionsfraktionen weitgehend nur redaktionell und zur Klarstellung des Gewollten fortentwickelt:

- in Absatz 2 durch Übernahme des zweiten Halbsatzes aus der Begründung,
- in Absatz 6 in der Einleitung sowie in Nummer 5,
- in Absatz 7 Nr. 2 durch Klarstellung, dass auch Lehrgangskosten übernommen werden,
- in Absatz 8 durch redaktionelle Neufassungen in Satz 1 Nr. 3, 4 und 6 sowie der Sätze 2 bis 4.

Vgl. dazu Ausschussempfehlung BT-Drs. 14/5786, 32, 33 und Bericht.[5]

Die redaktionelle Anpassung von Absatz 3 Nr. 5 durch Artikel 5 und 16 des Gesetzes vom 20.7.2006[6] erfolgte angeblich mit Rückwirkung ab 1.1.2005, tat-

---

1 BGBl. I 1046.
2 BGBl. I 1706.
3 BGBl. I 2854.
4 Nebst Begründung BT-Drs. 14/5074, 15, 16, 107 und 108 und BT-Drs. 14/5531, 5.
5 BT-Drs. 14/5800, 32.
6 BGBl. I 1706.

sächlich aber erst mit Wirksamwerden des neugefassten § 57 SGB III am 1.8.2006. Zum Regierungsentwurf nebst Begründung BT-Drs. 16/1410, 13 und 33; zur Ausschussempfehlung BT-Drs. 14/1696, 13 und 32.

Durch Artikel 1 des Gesetzes zur Stärkung der Teilhabe und Selbstbestimmung von Menschen mit Behinderungen (Bundesteilhabegesetz – BTHG) – BT-Drs. 18/9522 – wurden mit Wirkung vom 1.1.2018 durch Erweiterung der Regelungen des Teil 1 die bisherigen Regelungen des § 33 (aF) weitgehend inhaltsgleich zum neuen § 49. Die Vorschrift entspricht mit Ausnahme der Absätze 3 Nummer 6, 6 Nummer 7 und 9 der bisherigen Rechtslage.

Zu Absatz 3 Nummer 6: Durch die geänderte Formulierung in Absatz 3 Nummer 6 erfolgt ein Gleichklang mit den Formulierungen der vorgehenden Nummern, die ebenfalls nur allgemein die Leistungen der aktiven Arbeitsförderung benennen und nicht konkret einzelne Vorschriften im Recht der Arbeitsförderung nach dem SGB III in Bezug nehmen.

Zu Absatz 6 Nummer 7: Hier wurde mit dem Training motorischer Fähigkeiten ein weiterer Leistungstatbestand eingeführt. Diese Ergänzung wurde im parlamentarischen Verfahren durch die Koalitionsarbeitsgruppe eingebracht.

Zu Absatz 9: Leistungen der Kraftfahrzeughilfe zur Teilhabe am Arbeitsleben werden nach den Bestimmungen der Kraftfahrzeughilfe-Verordnung (KfzHV) erbracht. Die KfzHV beruht ursprünglich auf der Verordnungsermächtigung nach § 9 Abs. 2 Gesetz über die Angleichung der Leistungen zur Rehabilitation. Um diese Rechtsverordnung fortschreiben zu können, bedarf es einer entsprechenden Ermächtigungsgrundlage im SGB IX.

II. Zielsetzung

6 Absatz 1 konkretisiert die generelle Zielsetzung der Leistungen zur Teilhabe entsprechend § 4 für das Erwerbsleben. Nach § 4 Abs. 1 Nr. 2 ist es Auftrag der Rehabilitationsträger

- Einschränkungen der **Erwerbsfähigkeit** (oder Pflegebedürftigkeit) zu vermeiden, zu überwinden, zu mindern oder eine Verschlimmerung zu verhüten sowie
- den vorzeitigen Bezug anderer Sozialleistungen zu vermeiden oder laufende Sozialleistungen zu mindern.

Dies bedeutet, dass auch dort, wo sich die Erwerbsfähigkeit im Sinne des Rechts auf eine Rente wegen Erwerbsminderung nach § 43 SGB VI nicht wieder teilweise (unter den üblichen Bedingungen des allgemeinen Arbeitsmarktes mindestens drei Stunden täglich **erwerbstätig** zu sein) oder vollständig (unter den üblichen Bedingungen des allgemeinen Arbeitsmarktes mindestens sechs Stunden täglich **erwerbstätig** zu sein) herstellen lässt, Leistungen zur Teilhabe geboten sind, wenn durch eine Erwerbstätigkeit der vorzeitige Bezug anderer Sozialleistungen vermieden oder die **Abhängigkeit von laufenden Sozialleistungen** gemindert werden können. Dies ist zum Beispiel insbesondere bei einem sozialversicherungspflichtigen Arbeitsverhältnis im Anschluss an eine Beschäftigung im Arbeitsbereich einer Werkstatt für behinderte Menschen mit einem regelmäßigen Beschäftigungsumfang von mehr als 15 Stunden pro Woche oder einer geringfügigen Beschäftigung als **Zuverdienst zur Rente** der Fall.

Nach § 4 Abs. 1 Nr. 3 ist es **Aufgabe der Teilhabe am Arbeitsleben**, die Erwerbsfähigkeit entsprechend den Neigungen (Wünschen, Vorstellungen und Erwartungen der Bürger) auf Basis der vorhandenen bzw. zu fördernden individuellen Fähigkeiten (persönliche Potentiale, berufliches Können, Erfahrungen, Belastbarkeit und Leistungsvermögen) dauerhaft zu sichern. Damit stellt der Gesetzgeber klar, dass es sich bei den Leistungen zur Teilhabe am Arbeitsleben, soweit erforderlich, auch um eine zeitlich unbefristete Förderung ggf. im Zusammenwirken mit anderen Leistungsträgern handeln kann. Die enge zeitliche und inhaltliche Begrenzung von bisherigen Maßnahmen kann und darf jedoch nicht dazu führen, dass Leistungen darauf beschränkt werden, solange die Teilhabe am Arbeitsleben nicht erreicht bzw. gesichert ist. Dies entspricht ebenfalls der generellen Zielsetzung des Teilhaberechts von Menschen mit Behinderungen nach § 4 Abs. 1 Nr. 3.

Um die Teilhabe am Arbeitsleben möglichst auf Dauer zu sichern, soll die **Erwerbsfähigkeit** entsprechend der individuellen Leistungsfähigkeit erhalten, verbessert, hergestellt oder wiederhergestellt werden. **Erwerbsfähig ist,** wer ein kalkulierbares (bestimmtes) Maß an **Leistungsfähigkeit und Belastbarkeit** in ein Arbeitsverhältnis einbringen kann. Es besteht kein unmittelbarer Zusammenhang zum Maß der Erwerbsfähigkeit für Leistungen zur Teilhabe am Arbeitslaben nach § 49 und dem Recht auf eine Rente wegen Erwerbsminderung nach § 43 SGB VI bzw. der Definition der Erwerbsfähigkeit nach § 8 SGB II im Kontext der Grundsicherung für Arbeitsuchende. Dort muss die Leistungsfähigkeit und Belastbarkeit mindestens für eine regelmäßige Beanspruchung von drei Stunden arbeitstäglich (oder 15 Wochenstunden) ausreichen, um zumindest als eingeschränkt erwerbsfähig zu gelten. Wer regelmäßig mehr als sechs Stunden unter Belastung eingesetzt werden kann, gilt im Sinne des § 43 SGB VI als voll erwerbsfähig. Allerdings sind die Bedingungen (Anforderungen der Arbeitgeber sowie die Konkurrenzsituation unter Arbeitnehmern) des allgemeinen Arbeitsmarktes jederzeit zu beachten = **Wettbewerbsfähigkeit.** Zur Stützung der Wettbewerbsfähigkeit und zur Kompensation von wirtschaftlichen Nachteilen, die mit der Beschäftigung von Menschen mit funktionalen Einschränkungen verbunden sein können, hat der Gesetzgeber die Leistungen zur Teilhabe geregelt. Er unterstützt damit insbesondere Beschäftigungsverhältnisse für besonders betroffene (schwer)behinderte Menschen. Die Beschäftigungsuntergrenze für Leistungen zur Teilhabe (Mindestbelastbarkeit) von 15 Wochenstunden findet sich noch an anderen Stellen im Sozialgesetzbuch, unter anderem:

- Verfügbarkeit für die Arbeitsvermittlung nach § 138 Abs. 5 SGB III,
- Zuordnung zur Grundsicherung für Arbeitsuchende (Erwerbsfähigkeit) nach § 8 SGB II und bei der begleitenden Hilfe im Arbeitsleben nach § 185 (102 aF) Abs. 2 Satz 3 – allerdings liegt ab dem 1.1.2018 bei Beschäftigten in Inklusionsbetrieben die Untergrenze auch bei zwölf Stunden.

Es handelt sich in der Sache nicht um unterschiedliche Ziele, sondern um unterschiedliche Aspekte: Es gibt für die Teilhabe am Arbeitsleben kein definiertes Mindestmaß der Erwerbsfähigkeit. Die oben beschriebenen Regelungen dienen unterschiedlichen Zwecken. Es kommt in der Praxis leider häufig vor, dass Leistungen zur Teilhabe am Arbeitsleben abstrakt verweigert werden, weil die Vermutung besteht, dass die Erwerbsfähigkeit im Sinne des § 43 SGB VI nicht wieder voll hergestellt werden kann, obwohl die Person zum Beispiel im Anschluss an eine Beschäftigung in einer WfbM ein sozialversicherungspflichtiges Arbeitsverhältnis mit tariflicher oder ortsüblicher Bezahlung nachweisen kann. Dh auch dann, wenn die Vermutung der vollen Erwerbsminderung somit widerlegt werden kann, werden Leistungen zur Teilhabe am Arbeitsleben verweigert.

Da eine Teilhabe am Arbeitsleben bei eingeschränkter Erwerbsfähigkeit bzw. geminderter Leistungsfähigkeit oder Belastbarkeit nur unter besonders gestalteten Bedingungen möglich ist, können und müssen Hilfen (bei Bedarf in Form von Sozialleistungen) zunächst bei dieser ansetzen; andererseits sichert ein bestimmtes Maß an Erwerbsfähigkeit (oberhalb der Grenzen nach § 43 SGB IV) allein nicht immer die Teilhabe am Arbeitsleben. Häufig besteht ein Bedarf nach Leistungen zur Teilhabe am Arbeitsleben im Sinne der Absätze 3 bis 8 um die individuellen Voraussetzungen zu schaffen bzw. eine eingeschränkte Wirksamkeit in Folge der Auswirkungen der funktionalen Einschränkung auszugleichen oder zumindest weitgehend zu kompensieren. Dazu gehören vorrangig persönliche Unterstützungsleistungen wie Beratung und Begleitung, technische Arbeitshilfen und organisatorische Maßnahmen. Erst dann, wenn dadurch die erforderliche Kompensation nicht ausreichend sichergestellt werden kann, sollen durch Geldleistungen an den Arbeitgeber nach § 50 ggf. im Zusammenwirken mit anderen Leistungsträgern dessen außergewöhnlicher Aufwand bzw. wirtschaftliche Belastung durch einen erhöhten Anleitungsaufwand bzw. gemindertes Arbeitsergebnis ausgeglichen werden.

8 Der **Personenkreis**, dem Leistungen zur Teilhabe am Arbeitsleben erbracht werden, sind nicht nur behinderte, sondern auch von Behinderung bedrohte Menschen; vgl. dazu § 2 Abs. 1 Satz 3 bzw. → § 2 Rn. 16. Für die Bundesagentur für Arbeit als Rehabilitationsträger ist zusätzlich die Klarstellung in § 19 Abs. 1 SGB III zu beachten, dass zu den behinderten Menschen im Sinne des SGB III ausdrücklich auch lernbehinderte Menschen gehören.

9 Das **Arbeitsleben**, an dem teilzuhaben behinderten und von Behinderung bedrohten Menschen ermöglicht werden soll, zielt entsprechend dem üblichen Verständnis grundsätzlich auf bezahlte Erwerbsarbeit zur Sicherung oder als **Beitrag zur Sicherung des Lebensunterhalts**. Insofern umfasst die Teilhabe am Arbeitsleben Arbeits- und ähnliche Rechtsverhältnisse bis hin zur Beschäftigung im Arbeitsbereich einer Werkstatt für behinderte Menschen sowie selbstständige Erwerbstätigkeit, jeweils mit Einschluss entsprechender Vorbereitung, Qualifizierung und Unterstützung. Zum „Arbeitsleben" im Sinne der Vorschrift zählen nicht: Leistungen zur Eigenversorgung, „Familienarbeit", bürgerschaftliches Engagement und andere Tätigkeiten, in denen entweder eine wirtschaftliche Verwertung dieser Tätigkeiten nicht angestrebt oder ein Mindestmaß wirtschaftlich verwertbarer Arbeitsleistung vgl. § 58 (41 aF) Abs. 1, § 219 (136 aF) SGB IX nicht erreicht wird. Gleichwohl umfasst das Arbeitsleben für Menschen mit Behinderungen auch die Möglichkeit zum **Zuverdienst**, um die Abhängigkeit von anderen laufenden Sozialleistungen (Erwerbsminderungsrente, Grundsicherung) zu mindern. Die Grafik zeigt die möglichen Orte zur Teilhabe am Arbeitsleben und bildet Zu- und Übergänge ab.

Arbeitsmarkt für behinderte Menschen

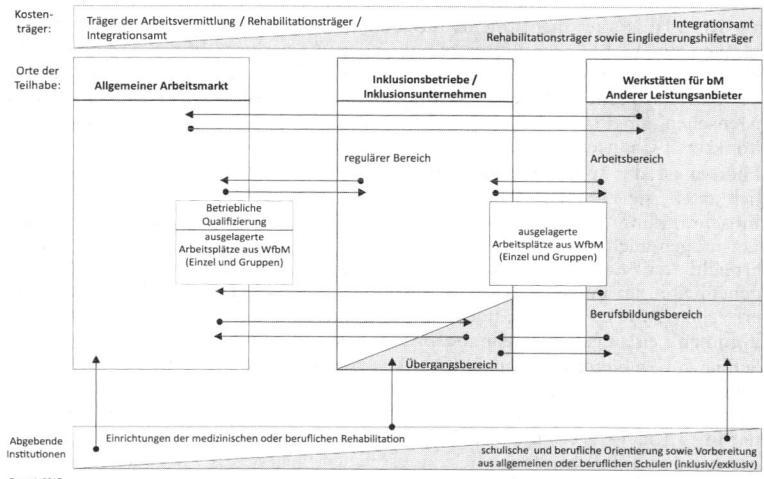

An dem so verstandenen Arbeitsleben soll behinderten und von Behinderung bedrohten Menschen **Teilhabe** gesichert werden; dazu allgemein → § 1 Rn. 10. Diese Menschen sollen im Arbeitsleben nicht nur physisch oder ideell präsent, sondern an den dortigen Produktionsprozessen (in weit verstandenem Sinn) auch wirtschaftlich beteiligt sein; sie sollen in diesen Prozessen und durch sie Gelegenheit erhalten, ihre individuellen Fähigkeiten, Qualitäten, Qualifikationen, Erfahrungen und Handlungskompetenzen bestmöglich einzusetzen und so neben dem Verdienst an Geld auch die Anerkennung von Kollegen, Vorgesetzten und/oder Kunden erwerben können.

Die Teilhabe am Arbeitsleben soll behinderten und von Behinderung bedrohten Menschen nicht nur (einmalig) eröffnet, sondern gesichert werden, und zwar möglichst auf Dauer. Ziel ist also eine **nachhaltige Beteiligung** der Betroffenen am Arbeitsleben, und zwar möglichst für dessen übliche Dauer, die normalerweise bis zur **üblichen Altersgrenze** reicht. Da bei den Betroffenen Leistungsfähigkeit und Belastbarkeit nicht immer voll gegeben sind, bedeutet „möglichst" keine Einschränkung der Zielsetzung, sondern vielmehr die Pflicht zu erforderlichen Leistungen auch dann, wenn die Teilhabe am Arbeitsleben vielleicht nicht auf Dauer gesichert werden kann oder Erwerbsfähigkeit im Sinne des Rechts auf eine Erwerbsminderungsrente nach § 43 SGB VI nicht mehr vorliegt und auch nicht erreicht werden kann (→ Rn. 7).

Oft ist bei Beginn der Leistungen noch nicht absehbar, ob das Hauptziel, die Teilhabe am Arbeitsleben, erreicht werden kann. Insbesondere für diesen Fall gebietet die Vorschrift, Leistungen zunächst an dem Vor-Ziel, die Erwerbsfähigkeit zu erhalten, zu verbessern, herzustellen oder wiederherzustellen, auszurichten. Als **Erwerbsfähigkeit** ist die Fähigkeit zur möglichst dauernden Ausübung der bisherigen oder einer anderen, geeigneten und zumutbaren beruflichen Tätigkeit von mindestens 15 (in Inklusionsbetrieben zwölf) Wochenstunden in einem sozialversicherungspflichtigen Arbeits- oder Ausbildungsverhältnis am allgemeinen Arbeitsmarkt zu verstehen (→ Rn. 6).

13 Entsprechend dem Grundsatz der möglichst frühzeitigen Intervention (→ § 4 Rn. 10) gebietet die Vorschrift, die Erwerbsfähigkeit zunächst zu erhalten (→ § 4 Rn. 11); ist dies nicht (mehr) möglich, kommen als weitere Handlungsalternativen die Verbesserung, Herstellung oder Wiederherstellung in Betracht. In allen Fällen kommt es nicht auf das Erreichen abstrakter Zielkriterien an, sondern auf das **Hauptziel** dieser Leistungen, die konkrete Teilhabe der betroffenen Menschen am **konkreten Arbeitsleben** und die konkrete Verbesserung ihrer konkreten Chancen hierzu (→ § 4 Rn. 12).

14 Hierbei ist der **individuellen Leistungsfähigkeit** (und der individuellen Möglichkeiten, sie zu verbessern) Rechnung zu tragen. Auch dies bedeutet keine Einschränkung der Zielsetzung, sondern vielmehr die Pflicht zu erforderlichen Leistungen auch dann, wenn die individuelle Leistungsfähigkeit der (individuell erreichbaren) Erwerbsfähigkeit Grenzen setzt. Ist es nach den individuellen Gegebenheiten im Einzelfall aber weder möglich, die Teilhabe am Arbeitsleben zu erreichen bzw. zu sichern, noch, die Erwerbsfähigkeit positiv zu beeinflussen, kommen Leistungen zur Teilhabe am Arbeitsleben nicht in Betracht.

15 Schließlich gebietet die Vorschrift, alle, aber auch nur die **erforderlichen Leistungen** zu erbringen. „Erforderlich" setzt – wie das gleichbedeutende „notwendig", vgl. dazu → § 4 Rn. 15 – zunächst Eignung der Leistungen zum Erreichen der in → Rn. 5–12 erläuterten Ziele voraus; hinzu muss kommen, dass kein anderer, sinnvoller Weg, diese Ziele zu erreichen, gegeben ist. Beispiele für solche alternativen Wege, die Leistungen nach §§ 49 (33 aF) und 50 (34 aF) entbehrlich machen, sind
- das Erreichen eines der in Absatz 1 genannten Ziele durch den zuständigen Leistungsträger über dessen allgemeine Leistungen, bei der Bundesagentur für Arbeit insbesondere auch im Rahmen des § 113 SGB III, oder
- die Bereitschaft von Arbeitgebern, zum Beispiel eine notwendige Ausbildung eines behinderten Menschen in eigener Verantwortung, auf eigene Kosten oder unter Inanspruchnahme lediglich eines Ausbildungszuschusses nach § 50 (34 aF) Abs. 1 Satz 1 Nr. 1 zu übernehmen.

Die Förderung der Teilhabe am Arbeitsleben erfolgt nur dann, wenn allgemeine Leistungen, die dem gleichen Ziel dienen, nicht ausreichen, um das gesetzliche Ziel der dauernden Teilhabe am Arbeitsleben zu erreichen = **Vorrang allgemeiner Leistungen**. Mit der gleichen Logik darf es behinderten Menschen im Umkehrschluss auch nicht zugemutet werden, die erforderlichen Leistungen in „Sondereinrichtungen" in Anspruch nehmen zu müssen, wenn es möglich ist, durch eine individuelle Ausgestaltung der Leistung unter „normalen Umgebungsbedingungen" das Ziel der Leistung zu erreichen = **Nachrang Sondereinrichtungen**. Insofern ergänzen die Leistungen zur Teilhabe am Arbeitsleben auch allgemeine Leistungen.

Beispielsweise kann es ausreichen, wenn einem gehörlosen Menschen bei der Vermittlung von beruflichen Kenntnissen ein Gebärdensprachdolmetscher oder eine sonstige Kommunikationshilfe nach Kommunikationshilfeverordnung des Bundes oder der Länder zur Verfügung gestellt wird und er somit, am Arbeitsplatz, gemeinsam mit Kollegen oder am Wohnort und unter Beibehaltung der sonstigen Lebensbezüge das Ziel der Qualifikation erreichen kann, anstatt ihn auf eine überregionale Spezialeinrichtung für behinderte Menschen zu verweisen.

Leistungen zur Teilhabe am Arbeitsleben, Verordnungsermächtigung § 49

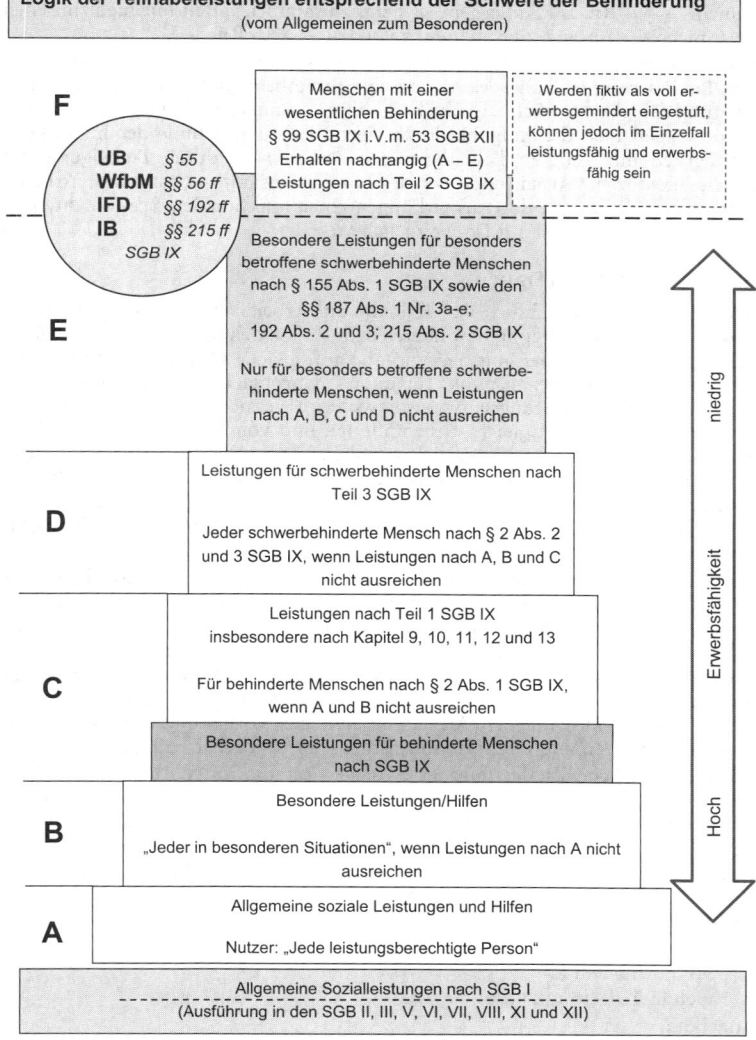

Deusch 2020

Auch wenn die Teilhabe am Arbeitsleben durch – sachlogisch in der Regel vorrangige – medizinische Leistungen erreicht oder gesichert werden kann, sind Leistungen nach § 49 (33 aF) nicht erforderlich. Allerdings ist es Pflicht des für die Leistungen zur Teilhabe am Arbeitsleben zuständigen Rehabilitationsträgers, Alternativen zu erwarteten oder beantragten Leistungen nicht nur allgemein aufzuzeigen, sondern sie für den jeweils betroffenen behinderten oder von

Behinderung bedrohten Menschen konkret zugänglich zu machen, vgl. dazu allgemein → § 4 Rn. 16. Außerdem ist beim Zusammentreffen mit medizinischen Leistungen § 10 Abs. 1 zu beachten; vgl. dazu → § 10 Rn. 5–7.

17 Die Teilhabe am Arbeitsleben ist einerseits dann **erreicht**, wenn behinderte oder von Behinderung bedrohte Menschen eine Erwerbstätigkeit entsprechend ihrer Leistungsfähigkeit tatsächlich ausüben können. Anderseits haben die Rehabilitationsträger auch die Aufgabe durch eigene Leistungen und/oder im Zusammenwirken mit anderen Leistungsträgern (nach § 10 durch Beteiligung der Bundesagentur für Arbeit und/oder der Integrationsämter) bestehende Arbeitsverhältnisse die wegen der Auswirkungen einer funktionalen Beeinträchtigung bedroht sind, möglichst auf Dauer zu sichern.

III. Bedürfnisse von Frauen

18 **Absatz 2** nimmt hinsichtlich der Teilhabe am Arbeitsleben die Vorgabe in § 1 Satz 2 zur Berücksichtigung besonderer Bedürfnisse behinderter und von Behinderung bedrohter **Frauen** mit der Vorgabe auf, gleiche Chancen im Erwerbsleben zu sichern. Der Bezugspunkt für diese Chancengleichheit besteht nach der Begründung des Regierungsentwurfs sowohl im Vergleich zu nichtbehinderten Frauen als auch im Vergleich zu behinderten und von Behinderung bedrohten Männern. Um dieses Ziel zu erreichen, müssen spezifische Ansätze den besonderen, Problemsituationen von Frauen Rechnung tragen, wie sie sich insbesondere aus der Wahrnehmung von Familienaufgaben und – oft damit zusammenhängend – einer unterbrochenen Erwerbsbiographie ergeben (Ansatz des „gender mainstreaming").

19 Diese allgemeine und grundsätzliche Zielsetzung gilt für die Teilhabe behinderter und von Behinderung bedrohter Frauen für den gesamten Bereich des Erwerbslebens, also auch über allgemeine und besondere Sozialleistungen hinaus. Allerdings bedarf es hierzu einer entsprechenden gesellschaftlichen Akzeptanz sowie der Bereitschaft insbesondere auch der Arbeitgeber, ihre eigenen Beiträge und Rollen entsprechend dieser Zielsetzung auszurichten, beispielsweise bei der Gestaltung der individuellen Arbeitszeit und der Vorhaltung oder Zulassung von Einrichtungen und Organisationsformen der Kinderbetreuung.

20 Die grundsätzliche Zielsetzung des Absatzes 2 muss ihren Ausdruck auch in der Gestaltung der Leistungen zur Teilhabe am Arbeitsleben finden, denn nur dann, wenn Frauen gleichwertig Zugang zu diesen Leistungen finden, können ihnen auch die mit diesen Leistungen bezweckten und bewirkten Ergebnisse im Erwerbsleben selbst zugutekommen. Wie der im Gesetzgebungsverfahren aus der Begründung in den Text übernommene zweite Halbsatz verdeutlicht, sind wichtig dafür
- in der beruflichen Zielsetzung geeignete,
- wohnortnahe und
- auch in Teilzeit nutzbare

Angebote.

21 Die erste dieser Anforderungen bezieht sich auf alle Leistungsangebote; grundsätzlich sollten alle Angebote geeignet sein, auch von behinderten und von Behinderung bedrohten Frauen genutzt zu werden und von ihrer Zielsetzung her zu deren Teilhabe am Arbeitsleben mit gleichen Chancen beizutragen.

22 Die zweite und dritte dieser Anforderungen soll insbesondere dazu beitragen, behinderten und von Behinderung bedrohten Frauen (und Männern) mit betreuungsbedürftigen Kindern Leistungen zur Teilhabe am Arbeitsleben zu er-

möglichen; dazu müssen die Angebote so gestaltet werden, dass sie deren zeitliche Disposition und eingeschränkte zeitliche Verfügbarkeit berücksichtigen.

IV. Einzelne Leistungen

Die Vorgaben in den Absätzen 1 und 2 sind grundsätzlich umfassend; die Absätze 3 bis 8 sowie § 50 (34 aF) enthalten demgegenüber Einzelregelungen mit besonders wichtigen Beispielen sowie Präzisierungen von Einzelaspekten. Die Regelungen der **Absätze 3 bis 8** sowie des § 50 (34 aF) dürfen nie für sich allein betrachtet werden, sondern nur im Zusammenhang mit den allgemeinen, in → Rn. 36 ff. erläuterten Anforderungen insbesondere in Bezug auf die individuelle Eignung, die Ziele sowie die Erforderlichkeit. Soweit sie eine Regelung nicht enthalten, ist – auch für neuartige Leistungen – auf die allgemeinen **Vorgaben in den Absätzen 1 und 2** zurückzugreifen. 23

Absatz 3 nennt die wichtigsten Einzelleistungen zur Teilhabe am Arbeitsleben, und zwar nicht abschließend, sondern als Beispiele. 24

Absatz 3 Nr. 1 bezieht sich auf die Hilfen, die sich unmittelbar auf **Arbeitsplätze** behinderter und von Behinderung bedrohter Menschen beziehen. Entsprechend der Erkenntnis, dass für diese Menschen ein bereits eingenommener Arbeitsplatz und die auf und mit ihm gemachten Erfahrungen von besonderer Bedeutung sind, haben Hilfen zur **Erhaltung** dieses Arbeitsplatzes Vorrang vor allen anderen. Erst in zweiter Priorität, wenn die Erhaltung eines Arbeitsplatzes nicht möglich ist oder keine Aussicht auf Erfolg hat, werden Hilfen zur **Erlangung** eines (neuen) Arbeitsplatzes genannt. 25

Als Beispiele für entsprechende Hilfen sind Leistungen zur **Beratung und Vermittlung** (als eigene Dienstleistungen der zuständigen Rehabilitationsträger oder als von ihnen beauftragte und finanzierte Leistungen, vgl. § 28 (17 aF) Abs. 1 genannt, ferner Maßnahmen zur Aktivierung und beruflichen Eingliederung (im Sinne des § 45 Abs. 2 SGB III – früher als Trainingsmaßnahmen gesondert geregelt) und Mobilitätshilfen. Den in Absatz 3 Nr. 1 genannten Hilfen sind grundsätzlich auch die Leistungen an Arbeitgeber zur Erhaltung und Erlangung eines Arbeitsplatzes zuzuordnen, insbesondere die in § 50 (34 aF) Abs. 1 Satz 1 Nr. 2 bis 4 genannten. 26

Absatz 3 Nr. 2 nennt – als nächste der im Einzelfall zu prüfenden Prioritäten unter den Leistungen zur Teilhabe am Arbeitsleben – die **Berufsvorbereitung** (im Sinne der Berufsvorbereitenden Bildungsmaßnahmen des § 51 SGB III). Sie ist von praktischer Bedeutung insbesondere für behinderte Menschen, die noch nicht ausbildungs- bzw. berufsreif sind und von denen erwartet wird, dass sie durch diese Maßnahmen die notwendige Reife erlangen. Eine Förderung kommt also dann in Betracht, wenn die Maßnahmen auf die Aufnahme einer Ausbildung vorbereiten oder der beruflichen Eingliederung dienen. Zusätzlich sind hier die wegen der funktionalen Beeinträchtigung erforderlichen Grundausbildungen zu nennen; zu diesen gehören insbes. die blindentechnische Grundbildung, aber auch entsprechende Maßnahmen zum Beispiel für Menschen mit einer Hörbehinderung. 27

Mit dem Gesetz zur Einführung Unterstützter Beschäftigung vom 22.12.2008[7] wurde Abs. 3 um eine Nr. 2a zur **individuellen betrieblichen Qualifizierung im Rahmen Unterstützter Beschäftigung** ergänzt. Näheres zur Unterstützten Beschäftigung wurde damals mit dem nun veralteten § 38a geregelt. Sie umfasst neben der individuellen betrieblichen Qualifizierung nach § 38a Abs. 2 auch die im Einzelfall erforderliche Berufsbegleitung nach § 38a Abs. 3. Mit dem 28

---

[7] BGBl. I 2959.

Gesetz zur Stärkung der Teilhabe und Selbstbestimmung von Menschen mit Behinderungen (Bundesteilhabegesetz – BTHG) – BT-Drs. 18/9522 – wurde mit Wirkung vom 1.1.2018 die Nummerierung von § 49 (33 aF) normalisiert. Aus der Nummer 2a wurde nun **Nummer 3** und aus dem § 38a wurde § 55.

29 **Absatz 3 Nr. 4** verallgemeinert die früheren Regelungen zur beruflichen **Weiterbildung** (im Sinne der §§ 81 ff. SGB III). Es können auch schulische Ausbildungen, deren Abschluss für die Weiterbildung erforderlich sind, sowie Leistungen zum beruflichen Aufstieg gefördert werden. Da individuelle Fähigkeiten, Qualifikationen, Erfahrungen und Handlungskompetenzen bestmöglich einzusetzen sind (→ Rn. 8), sollte eine völlige berufliche Neuorientierung mit dem Verlust des gewohnten beruflichen Umfeldes nur dann angestrebt werden, wenn Art oder Schwere der funktionalen Beeinträchtigung oder Lage und Entwicklung des Arbeitsmarktes es erfordern. Ist dies der Fall, darf zB einem 45-Jährigen wegen seines Alters eine neue berufliche Qualifikation (früher: Umschulung) nicht versagt werden.[8]

30 **Absatz 3 Nr. 5** nennt die – für die Ersteingliederung behinderter junger Menschen besonders wichtige – **berufliche Ausbildung** (im Sinne der §§ 57 ff. SGB III). Gemeint sind berufliche Ausbildungen, die in einem nach dem Berufsbildungsgesetz, der Handwerksordnung oder dem Seemannsgesetz staatlich anerkannten Ausbildungsberuf betrieblich oder außerbetrieblich durchgeführt werden, aber auch nach den Sonderregelungen für behinderte Menschen, die jetzt in §§ 64 ff. BBiG und §§ 42 k ff. HwO geregelt sind. Die Vorschrift stellt klar, dass in diesem Rahmen auch Leistungen eingeschlossen sind, soweit sie in einem zeitlich nicht überwiegenden Abschnitt schulisch durchgeführt werden, wie dies im Rahmen der sogenannten dualen Ausbildung regelmäßig der Fall ist. Wie in anderen Einzelbestimmungen des § 49 (33 aF) muss aber auch insoweit die Erforderlichkeit nach Absatz 1 gegeben sein; dazu → Rn. 15 und 19.

31 **Ausbildung an Schulen**, Hochschulen und hochschulähnlichen Einrichtungen werden grundsätzlich über das Bundesausbildungsförderungsgesetz gefördert und ergänzend früher nach § 40 Abs. 1 Satz 1 Nr. 5 BSHG, seit 2003 nach § 54 Abs. 1 Satz 1 Nr. 2 SGB XII durch den zuständigen Träger der Sozialhilfe und ab dem 1.1.2020 nach § 75 SGB IX als Leistungen zur Teilhabe an Bildung durch den Träger der Eingliederungshilfe gefördert (Eingliederungshilfe für behinderte Menschen).

32 **Absatz 3 Nr. 6** regelt die Förderung der Aufnahme einer selbstständigen Tätigkeit durch die Rehabilitationsträger. Alle Rehabilitationsträger nach § 6 Abs. 1 Nr. 2 bis 5 erbringen diese Leistung jetzt im Rahmen ihrer Zuständigkeit.

33 Voraussetzungen und Umfang des Gründungszuschusses sind für alle Rehabilitationsträger in § 93 SGB III geregelt. Hervorzuheben sind
- der nach Absatz 2 Nr. 1 erforderliche Anspruch auf Arbeitslosengeld für noch 150 Tage und
- die nach Absatz 2 Satz 2 erforderliche Stellungnahme einer fachkundigen Stelle (Kammer, Fachverband, Kreditinstitut) über die Tragfähigkeit der Existenzgründung.

34 **Absatz 3 Nr. 7** ermöglicht als eine Auffangvorschrift auch **sonstige Hilfen** zur Förderung der Teilhabe am Arbeitsleben, soweit diese erforderlich sind, um behinderten Menschen eine angemessene und geeignete Beschäftigung oder eine selbstständige Tätigkeit zu ermöglichen und zu erhalten. Hierzu gehört unter anderem auch die Finanzierung notwendiger Kommunikationshilfen im Sinne der Kommunikationshilfeverordnung des Bundes oder der Länder beim Besuch

---
8 LSG BW 26.7.2007 – L 10 R 5394/06.

einer Berufsschule im Rahmen einer dualen Berufsausbildung. Nach einer Entscheidung des Bundesverwaltungsgerichts vom 10.1.2013[9] muss die Bundesagentur für Arbeit diese Leistungen erbringen.

V. Eignung und Neigung

Nach den allgemeinen inhaltlichen Vorgaben der Leistungen zur Teilhabe am Arbeitsleben in den Absätzen 1 und 2 sowie der Zusammenstellung der wichtigsten Einzelleistungen in Absatz 3 gibt **Absatz 4 Satz 1** Vorgaben für die Auswahl zwischen den Leistungen (zur Teilhabe am Arbeitsleben nach dem Zehnten Kapitel, aber auch beim Einsatz von allgemeinen Leistungen der Bundesagentur für Arbeit nach § 112 Abs. 2 SGB III). Danach sind Eignung, Neigung, bisherige Tätigkeit sowie Lage und Entwicklung auf dem Arbeitsmarkt angemessen zu berücksichtigen. 35

Bei der Beurteilung von Eignung und bisheriger Tätigkeit sind neben dem Ausbildungsstand und der bisherigen Berufspraxis insbesondere auch die durch die Betreuung von Kindern erbrachten Leistungen und erworbenen Erfahrungen und Fähigkeiten positiv zu berücksichtigen, soweit sie im Hinblick auf die Leistungen von Bedeutung sein können, worauf die Begründung des Regierungsentwurfs[10] zutreffend hinweist. 36

Eignung ist die körperliche und geistige Leistungsfähigkeit sowie die seelische Belastbarkeit, um mit Aussicht auf Erfolg am Arbeitsleben teilzuhaben und an den hierzu erbrachten Leistungen teilzunehmen; dabei sind vorrangig die Fähigkeiten und Erfolgsaussichten zu würdigen. **Neigung** ist das eigene Wollen, dh eine innere Berufung sowie der Wunsch eine bestimmte berufliche Rolle und Funktion auszuüben. Die weitmögliche Beachtung der beruflichen Neigungen des behinderten Menschen entspricht der Grundforderung des SGB IX nach Förderung der Selbstbestimmung und ist für die **Eigenmotivation** von großer Bedeutung. Sofern also Neigung und Eignung in Übereinstimmung gebracht werden können, steigt die Aussicht auf den Erfolg der Leistungen und der späteren Teilhabe am Arbeitsleben. Die Neigung ist insoweit zu berücksichtigen, als eine erfolgreiche Teilhabe am Arbeitsleben zu erwarten ist. Unter dieser Voraussetzung ist jedoch aufgrund Artikel 12 GG eine selbstbestimmte Berufswahl zu respektieren.[11] 37

Als Folgerung aus den in Absatz 1 genannten Kriterien ist die Leistung oder die Kombination mehrerer Leistungen auszuwählen, die im Einzelfall konkret am besten geeignet ist/sind, die Teilhabe am Arbeitsleben möglichst weitgehend zu erreichen und zu sichern. Die danach bestimmten Leistungen entsprechen zugleich der Vorgabe, dass Rehabilitationsträger ihre Leistungen wirtschaftlich und sparsam zu erbringen haben, dazu allgemein → § 4 Rn. 15 und 17. 38

Soweit erforderlich, ist dabei nach **Absatz 4 Satz 2** die berufliche Eignung abzuklären oder eine **Arbeitserprobung** durchzuführen. Die **Abklärung der beruflichen Eignung** ersetzt die frühere Berufsfindung; der weiter gefasste Begriff soll deutlich machen, dass in vielen Fällen nicht ein neuer Beruf zu ermitteln ist, sondern vorrangig die Fortentwicklung des bisherigen Arbeitsplatzes oder individuell geeignete andere Einsatzmöglichkeiten im bisherigen Berufsfeld (ein- 39

---
9 BVerwG 5 C 24.11.
10 BT-Drs. 14/5074, 108.
11 LSG Saarl 4.8.2006 – L 7 RJ 22/04; *Welti*, Berufliche Neigung, Wunsch- und Wahlrecht und Berufswahlfreiheit bei Leistungen zur Teilhabe am Arbeitsleben, Diskussionsforum Teilhabe und Prävention, Forum A, Diskussionsbeitrag Nr. 9/2007, abrufbar unter https://www.reha-recht.de/fileadmin/download/foren/a/A_2007-9.pdf.

schließlich der Ermittlung dafür benötigter technischer Hilfen und eines Qualifikationsbedarfs).

40 Ziel ist die Ermittlung der Leistungsfähigkeit und der beruflichen Neigungen der behinderten Menschen selbst. Demgegenüber ist die Belastungserprobung nach § 42 (26 aF) Abs. 2 Nr. 7 eine Leistung mit medizinischer Zwecksetzung zur Überprüfung der gesundheitlichen Voraussetzungen zur Teilnahme an Leistungen zur Teilhabe am Arbeitsleben oder zur Ausübung einer beruflichen Tätigkeit – insbesondere in einem sozialversicherungspflichtigen Arbeitsverhältnis, dazu → § 42 Rn. 19 und 20.

41 Die Abklärung der beruflichen Eignung und die Arbeitserprobung sind keine Leistungen zur Teilhabe im Arbeitsleben im rechtstechnischen Sinn, sondern dem Verwaltungsverfahren des zuständigen Rehabilitationsträgers zuzurechnen; daher wird zwar während ihrer Durchführung bei Bedarf Übergangsgeld nach § 65 (46 aF) Abs. 3 gezahlt, jedoch anschließend nicht nach § 71 (51 aF) Abs. 1 weitergezahlt; gegebenenfalls werden in dieser Zeit jedoch andere Lohnersatzleistungen gezahlt. Zur Klarstellung legt Absatz 4 Satz 2 im zweiten Halbsatz jedoch fest, dass der zuständige Rehabilitationsträger die Kosten nach Absatz 7, Reisekosten nach § 73 (53 aF) sowie Haushaltshilfe und Kinderbetreuungskosten nach § 74 (54 aF) zu übernehmen hat.

VI. Praktika

42 **Absatz 5** legt fest, dass die Leistungen zur Teilhabe am Arbeitsleben auch für Zeiten notwendiger **Praktika** erbracht werden; dies bezieht sich insbesondere auf Hilfsmittel und Kosten nach Absatz 7. Demgegenüber wird Übergangsgeld nach §§ 64 (45 aF) ff. nur für die Zeit der Leistungen zur Teilhabe am Arbeitsleben[12] erbracht, dagegen nicht für Beschäftigungszeiten im Anschluss an eine Leistung zur Teilhabe am Arbeitsleben, wenn diese Beschäftigungszeiten der Erlangung der staatlichen Anerkennung oder der staatlichen Erlaubnis zur Ausübung des Berufs dienen.

VII. Psychosoziale Leistungen

43 Nach **Absatz 6** umfassen die Leistungen zur Teilhabe am Arbeitsleben auch **medizinische, psychologische und pädagogische Hilfen,** soweit diese Leistungen im Einzelfall erforderlich sind, um die in Absatz 1 genannten Ziele zu erreichen oder zu sichern und Krankheitsfolgen zu vermeiden, zu überwinden, zu mindern oder ihre Verschlimmerung zu verhüten. Entsprechend der Regelung, die in § 42 (26 aF) Abs. 3 für die Leistungen zur medizinischen Rehabilitation getroffen wurde (dazu → Rn. 17 ff.), soll auch hier im Interesse der mit den Leistungen zur Teilhabe am Arbeitsleben verfolgten Zielsetzungen die Gliederung des Sozialleistungssystems teilweise überwunden werden.

44 Wie in § 42 (26 aF) Abs. 3 sind neben der Regelung psychologische und pädagogische Hilfen erfasst, also die nach den Umständen des Einzelfalls erforderlichen psychosozialen Leistungen. Zusätzlich sind in der Vorschrift bei den Leistungen zur Teilhabe am Arbeitsleben aber auch medizinische Hilfen erfasst, die zu den Zielen der Leistungen zur Teilhabe am Arbeitsleben beitragen; dies ermöglicht eine Finanzierung der medizinischen Dienste der Einrichtungen der beruflichen Rehabilitation im Rahmen der Leistungen zur Teilhabe am Arbeitsleben.

---

12 Einschließlich eingeschlossener Praktika, sowohl in dem vom LSG Nds-Brem am 18.1.2006 – L 2 R 476/05 – entschiedenen Fall.

Die Hilfen nach Absatz 6 werden den Leistungen zur Teilhabe am Arbeitsleben nicht generell zugeordnet, sondern nur in Bezug auf die in Absatz 1 genannten Ziele und zur Minderung beruflicher Krankheitsfolgen, und auch nur, soweit sie im Hinblick auf diese Ziele im Einzelfall erforderlich sind.

Wie in § 42 (26 aF) Abs. 3 werden als die wichtigsten Beispiele der psychosozialen Leistungen ausdrücklich angesprochen
1. Hilfen zur Unterstützung bei der Krankheits- und Behinderungsverarbeitung,
2. Hilfen zur Aktivierung von Selbsthilfepotentialen,
3. die Information und Beratung von Partnern und Angehörigen sowie von Vorgesetzten und Kollegen, wenn die Leistungsberechtigten dem mit zustimmen,
4. die Vermittlung von Kontakten zu örtlichen Selbsthilfe- und Beratungsmöglichkeiten,
5. Hilfen zur seelischen Stabilisierung und zur Förderung der sozialen Kompetenz, unter anderem durch Training sozialer und kommunikativer Fähigkeiten und im Umgang mit Krisensituationen,
6. das Training lebenspraktischer Fähigkeiten und
7. das Training motorischer Fähigkeiten.

Das Training motorischer Fähigkeiten wurde mit auf Vorschlag der Koalitionsarbeitsgruppe neu in den Leistungskatalog aufgenommen. Zur Begründung wurde dargelegt: „Die Änderung erweitert die beispielhafte Aufzählung der ergänzenden Hilfen, die nach Maßgabe des Einzelfalls erforderlich sind. Dadurch, dass das Training motorischer Fähigkeiten als notwendige Hilfe zu den Leistungen zur Teilhabe am Arbeitsleben gehört, wird die Bedeutung der Bewegungsorientierung gestärkt. Bewegungsorientiertes Training vertieft die motorischen Fähigkeiten und kann entscheidend sein, um den Menschen mit Behinderungen die Teilhabe am Arbeitsleben möglichst auf Dauer zu sichern."

Zusätzlich nennt Absatz 6 in den Nummern 8 und 9 noch zwei für das Arbeitsleben spezifische psychosoziale Leistungen, die **Anleitung und Motivation** zur Inanspruchnahme von Leistungen zur Teilhabe am Arbeitsleben sowie Beteiligung von **Integrationsfachdiensten** im Rahmen ihrer Aufgabenstellung. Mit der Inanspruchnahme von Integrationsfachdiensten nach § 193 (110 aF) können auch die für Leistungen zur Teilhabe am Arbeitsleben zuständigen Rehabilitationsträger deren Strukturen und Aktivitäten für die von ihnen zu erbringenden Leistungen einsetzen, und zwar auch für Menschen, die nicht schwerbehindert sind, → § 192 Rn. 24 (109 aF). Siehe hierzu auch: Gemeinsame Empfehlung „Integrationsfachdienste" nach § 196 (113 aF) Abs. 2 SGB IX zur Inanspruchnahme der Integrationsfachdienste durch die Rehabilitationsträger" vom 1.4.2005, in der Fassung vom 1.9.2016.[13]

VIII. Klarstellungen zum Leistungsumfang

Absatz 7 enthält Klarstellungen zum Leistungsumfang. Nach **Nummer 1** gehören zu den Leistungen auch die erforderlichen Kosten für **Unterkunft und Verpflegung**, wenn für die Ausführung einer Leistung eine Unterbringung außerhalb des eigenen oder des elterlichen Haushalts wegen Art oder Schwere der Behinderung oder zur Sicherung des Erfolges der Teilhabe notwendig ist. Die Unterbringung muss durch die Leistung zur Teilhabe veranlasst sein; die Teilnahme an der Leistung darf von der bisherigen Wohnung aus nicht möglich

---
13 S. https://www.bar-frankfurt.de/fileadmin/dateiliste/_publikationen/reha_vereinbar ungen/pdfs/GEIFD.web.pdf.

sein. Sind die Voraussetzungen gegeben, sind die Kosten in voller Höhe zu übernehmen.

49 **Absatz 7 Nr. 2** stellt klar, dass die zuständigen Rehabilitationsträger auch die erforderlichen **Kosten** tragen, die mit der Ausführung einer Leistung in unmittelbarem Zusammenhang stehen, insbesondere für **Lehrgangskosten, Prüfungsgebühren, Lernmittel, Arbeitskleidung und Arbeitsgerät.**

50 **Absatz 8** enthält weitere Klarstellungen. Danach umfassen die Leistungen zur Teilhabe am Arbeitsleben nach Absatz 3 Nummer 1 und 7 auch
- **Kraftfahrzeughilfe** nach der Kraftfahrzeughilfe-Verordnung und
- den Ausgleich unvermeidbaren **Verdienstausfalls** des behinderten Menschen oder einer erforderlichen Begleitperson wegen Fahrten der An- und Abreise zu einer Bildungsmaßnahme und zur Vorstellung bei einem Arbeitgeber, einem Träger oder einer Einrichtung für behinderte Menschen durch die Rehabilitationsträger nach § 6 Abs. 1 Nr. 2 bis 5 sowie
- Kosten **technischer Arbeitshilfen**, die wegen Art oder Schwere der Behinderung zur Berufsausübung erforderlich sind.

51 **Absatz 8 Nr. 3** schafft – neben dem Anspruch auf **Arbeitsassistenz** gegenüber den Integrationsämtern nach § 185 (102 aF) Absatz 5 – einen zusätzlichen, vorrangigen Anspruch dieser Art gegenüber dem zuständigen Rehabilitationsträger, soweit die Arbeitsassistenz für schwerbehinderte Menschen als Hilfe zur **Erlangung** eines Arbeitsplatzes (dazu → Rn. 25) erforderlich ist, und zwar für die Dauer von bis zu drei Jahren. Dies setzt voraus, dass bei besonders betroffenen schwerbehinderten Menschen das Ziel der dauerhaften Teilhabe am Arbeitsleben nur erreichbar ist, wenn ausbildungs- oder berufsbegleitende persönliche Hilfen (zB eine Vorlesekraft für einen blinden, eine Hilfskraft für Handreichungen für einen armamputierten Menschen) zur Verfügung stehen. Wie alle Leistungen zur Teilhabe am Arbeitsleben behinderter Menschen ist Arbeitsassistenz als zeitlich befristete berufliche Einstiegshilfe angelegt. Soweit Rehabilitationsträger Arbeitsassistenzen bereits vorher erbringen konnten, bleibt es dabei, auch insoweit als diese – wie in der gesetzlichen Unfallversicherung – unbefristet geleistet werden. Besteht Anspruch auf Arbeitsassistenz, kommt sie nach der Dreijahresfrist auch für schwerbehinderte Menschen als Leistung der Integrationsämter nach § 185 Abs. 5 auf Dauer in Betracht.

52 Zur Vermeidung eines Trägerwechsels und damit möglicherweise verbunden auch eines Wechsels der Assistenzkraft soll die Leistung von Beginn an durch die Integrationsämter ausgeführt werden, und zwar in Abstimmung mit dem Rehabilitationsträger nach § 6 Abs. 1 Nr. 1 bis 5. Der Rehabilitationsträger erstattet dem Integrationsamt seine Aufwendungen,[14] wobei das Nähere durch die Verwaltungsabsprachen zu den Leistungen zur Teilhabe am Arbeitsleben zwischen der Bundesarbeitsgemeinschaft der Integrationsämter und Hauptfürsorgestellen (BIH) und den Rehabilitationsträgern auf Ebene der BAR geregelt wird und im Einzelfall zwischen den Beteiligten abzusprechen ist.

53 **Absatz 8 Nr. 4** gewährleistet, dass die Teilhabe am Arbeitsleben nicht an fehlenden Hilfsmitteln scheitert. Kosten für **Hilfsmittel**, die wegen Art oder Schwere der Behinderung zur Berufsausübung, zur Teilnahme an einer Leistung zur Teilhabe am Arbeitsleben und zur Erhöhung der Sicherheit auf dem Weg vom und zum Arbeitsplatz und am Arbeitsplatz erforderlich sind, sind im Rahmen der Leistungen zur Teilhabe am Arbeitsleben zu übernehmen. Allerdings müssen zunächst Leistungspflichten des Arbeitgebers im Rahmen allgemeinen Arbeits-

---

14 An den schwerbehinderten Menschen, nicht an den Arbeitgeber, vgl. VG Ansbach 28.7.2005 – AN 14 K 03.01125.

rechts oder nach § 164 (81 aF) Abs. 4 Satz 1 Nr. 4 und 5 sowie Satz 3 (dazu → Rn. 32) und im Rahmen medizinischer Leistungen geprüft werden, insbesondere nach § 42 (26 aF) Abs. 2 Nr. 6, § 31 SGB IX oder nach § 33 SGB V oder entsprechenden Leistungen vorrangiger Leistungsträger. Die im Rahmen des § 49 (33 aF) zu leistenden Hilfsmittel unterscheiden sich von den nach § 47 (31 aF) oft nicht ihrer Art nach, sondern hinsichtlich der konkreten Ziele, für die ihr Einsatz benötigt wird.[15]

Absatz 8 Nr. 6 rechnet zu den Leistungen zur Teilhabe am Arbeitsleben unter den Voraussetzungen der Absätze 1 und 2 auch die Kosten der Beschaffung, der Ausstattung und der Erhaltung einer **behinderungsgerechten Wohnung** in angemessenem Umfang; anders als in § 77 (55 Abs. 2 Nr. 5 aF) ist der Umbau hier nicht genannt, da Veränderungen in der Wohnung selbst in aller Regel nicht berufsbedingt im Sinne der Grundsatzregelung in Absatz 1 sind. Sind die in Absatz 8 genannten Leistungen nach Absätzen 1 und 2 erforderlich, sind sie von den zuständigen Rehabilitationsträgern zu erbringen, so dass die entsprechenden Leistungen der Integrationsämter nach § 185 (102 aF) Abs. 3 Satz 1 Nr. 1 Buchstabe d SGB IX in der Regel nur an Beamte und Selbstständige erbracht werden; ansonsten ist eine Leistungspflicht nach § 77 (55 Abs. 2 Nr. 5 aF) zu prüfen.[16] 54

Absatz 9 ermächtigt die Bundesregierung mit Zustimmung des Bundesrates Näheres über Gegenstand, Voraussetzungen und Umfang der Leistungen der Kraftfahrzeughilfe, die zur Teilhabe am Arbeitsleben erforderlich werden, zu regeln. Diese Leistungen werden nach den Bestimmungen der Kraftfahrzeughilfe-Verordnung (KfzHV) erbracht. Die KfzHV beruht ursprünglich auf der Verordnungsermächtigung nach § 9 Absatz 2 Gesetz über die Angleichung der Leistungen zur Rehabilitation. Um diese Rechtsverordnung fortschreiben zu können, bedarf es einer entsprechenden Ermächtigungsgrundlage im SGB IX. 55

§ 50 Leistungen an Arbeitgeber

(1) Die Rehabilitationsträger nach § 6 Absatz 1 Nummer 2 bis 5 können Leistungen zur Teilhabe am Arbeitsleben auch an Arbeitgeber erbringen, insbesondere als
1. Ausbildungszuschüsse zur betrieblichen Ausführung von Bildungsleistungen,
2. Eingliederungszuschüsse,
3. Zuschüsse für Arbeitshilfen im Betrieb und
4. teilweise oder volle Kostenerstattung für eine befristete Probebeschäftigung.

(2) Die Leistungen können unter Bedingungen und Auflagen erbracht werden.
(3) ¹Ausbildungszuschüsse nach Absatz 1 Nummer 1 können für die gesamte Dauer der Maßnahme geleistet werden. ²Die Ausbildungszuschüsse sollen bei Ausbildungsmaßnahmen die monatlichen Ausbildungsvergütungen nicht übersteigen, die von den Arbeitgebern im letzten Ausbildungsjahr gezahlt wurden.
(4) ¹Eingliederungszuschüsse nach Absatz 1 Nummer 2 betragen höchstens 50 Prozent der vom Arbeitgeber regelmäßig gezahlten Entgelte, soweit sie die tariflichen Arbeitsentgelte oder, wenn eine tarifliche Regelung nicht besteht, die für

---

15 Anders wohl *Bieritz-Harder* in HK-SGB IX § 33 Rn. 39; wie hier *Voelzke* in Deinert/Neumann SGB IX-HdB § 11 Rn. 76 bis 78; SG Berlin 9.1.2006 – S 77 AL 3061/05; SG Kassel 31.1.2007 – S 7 AL 2035/04; LSG Nds-Brem 8.3.2007 – L 10 R 247/05; *Gagel* jurisPR-SozR 2/2008 Anm. 5.
16 BSG 26.10.2004 – B 7 AL 16/04 R.

vergleichbare Tätigkeiten ortsüblichen Arbeitsentgelte im Rahmen der Beitragsbemessungsgrenze in der Arbeitsförderung nicht übersteigen. ²Die Eingliederungszuschüsse sollen im Regelfall für höchstens ein Jahr gezahlt werden. ³Soweit es für die Teilhabe am Arbeitsleben erforderlich ist, können die Eingliederungszuschüsse um bis zu 20 Prozentpunkte höher festgelegt und bis zu einer Förderungshöchstdauer von zwei Jahren gezahlt werden. ⁴Werden die Eingliederungszuschüsse länger als ein Jahr gezahlt, sind sie um mindestens 10 Prozentpunkte zu vermindern, entsprechend der zu erwartenden Zunahme der Leistungsfähigkeit der Leistungsberechtigten und den abnehmenden Eingliederungserfordernissen gegenüber der bisherigen Förderungshöhe. ⁵Bei der Berechnung der Eingliederungszuschüsse nach Satz 1 wird auch der Anteil des Arbeitgebers am Gesamtsozialversicherungsbeitrag berücksichtigt. ⁶Eingliederungszuschüsse sind zurückzuzahlen, wenn die Arbeitsverhältnisse während des Förderungszeitraums oder innerhalb eines Zeitraums, der der Förderungsdauer entspricht, längstens jedoch von einem Jahr, nach dem Ende der Leistungen beendet werden. ⁷Der Eingliederungszuschuss muss nicht zurückgezahlt werden, wenn

1. die Leistungsberechtigten die Arbeitsverhältnisse durch Kündigung beenden oder das Mindestalter für den Bezug der gesetzlichen Altersrente erreicht haben oder
2. die Arbeitgeber berechtigt waren, aus wichtigem Grund ohne Einhaltung einer Kündigungsfrist oder aus Gründen, die in der Person oder dem Verhalten des Arbeitnehmers liegen, oder aus dringenden betrieblichen Erfordernissen, die einer Weiterbeschäftigung in diesem Betrieb entgegenstehen, zu kündigen.

⁸Die Rückzahlung ist auf die Hälfte des Förderungsbetrages, höchstens aber den im letzten Jahr vor der Beendigung des Beschäftigungsverhältnisses gewährten Förderungsbetrag begrenzt; nicht geförderte Nachbeschäftigungszeiten werden anteilig berücksichtigt.

1 **Gesetzeshistorie:** Die Vorschrift wurde durch Artikel 1 und 68 Abs. 1 SGB IX vom 19.6.2001[1] mit Wirkung ab 1.7.2001 eingeführt. Durch Artikel 1 des Gesetzes zur Stärkung der Teilhabe und Selbstbestimmung von Menschen mit Behinderungen (Bundesteilhabegesetz – BTHG) wurden mit Wirkung vom 1.1.2018 durch Erweiterung der Regelungen des Teil 1 die bisherigen Regelungen des § 34 (aF) weitgehend inhaltsgleich zum neuen § 50. Die Vorschrift entspricht der bisherigen Rechtslage.

2 **Regelungsinhalt:** Die Vorschrift regelt die Leistungen zur Teilhabe am Arbeitsleben, die unmittelbar an Arbeitgeber geleistet werden. Sie sollen eine behinderungsbedingt reduzierte Arbeitsleistung und/oder besondere Aufwendungen oder Belastungen der Arbeitgeber ausgleichen, die bei einer betrieblichen Berufsausbildung, einer betrieblichen Erprobung oder der Einarbeitung in ein neues Arbeitsverhältnis bestehen. Soweit die Bundesagentur für Arbeit zuständiger Rehabilitationsträger ist, gelten ähnliche, teilweise speziellere Regelungen nach den §§ 88 ff. SGB III.

3 **Zur Entstehung:** Leistungen an Arbeitgeber zur Teilhabe behinderter und von Behinderung bedrohter Menschen am Arbeitsleben waren für die Bundesagentur für Arbeit im SGB III detailliert und differenziert, für die übrigen zuständigen Rehabilitationsträger uneinheitlich und wenig differenziert geregelt.

---

1 BGBl. I 1046.

Der Regierungsentwurf[2] wurde durch Änderungsantrag der Koalitionsfraktionen in Absatz 3 Satz 5 neu gefasst; vgl. dazu Ausschussempfehlung BT-Drs. 14/5786, 34. Nach dem Bericht[3] erfolgte dies zur Verdeutlichung des Gewollten.

Absatz 1 Satz 1 nennt die Leistungen an Arbeitgeber, die die zuständigen Rehabilitationsträger (Bundesagentur für Arbeit, Unfallversicherung, Rentenversicherung und Kriegsopferfürsorge) im Rahmen der Leistungen zur Teilhabe am Arbeitsleben an Arbeitgeber erbringen können.

Für die Bundesagentur für Arbeit gelten zu Art und Umfang der Leistungen an Arbeitgeber zur Teilhabe behinderter und von Behinderung bedrohter Menschen am Arbeitsleben nur die Regelungen im SGB III, und zwar
- für Eingliederungszuschüsse in §§ 88 bis 92,
- für Zuschüsse zur Ausbildungsvergütung behinderter und schwerbehinderter Menschen in § 73,
- für Arbeitshilfen in § 46 Abs. 2,
- für die Probebeschäftigung behinderter Menschen in § 46 Abs. 1.

Absatz 2 stellt klar, dass die in Absatz 1 genannten Leistungen an Bedingungen und Auflagen geknüpft werden können.

Absatz 3 regelt, dass **Ausbildungszuschüsse** für die gesamte Dauer der betrieblichen Bildungsmaßnahme erbracht werden können; sie sollen jedoch bei Ausbildungsmaßnahmen die monatlichen Ausbildungsvergütungen nicht übersteigen, die von den Arbeitgebern im letzten Ausbildungsjahr gezahlt werden. Die Bindung des Umfangs der Ausbildungszuschüsse an die Ausbildungsvergütungen gilt nur für die betriebliche Erstausbildung und stellt eine Richtgröße dar, die bei Vorliegen besonderer Umstände nicht bindend ist.

Absatz 4 regelt für die zuständigen Rehabilitationsträger (Unfallversicherung, Rentenversicherung und Kriegsopferfürsorge) die **Eingliederungszuschüsse** in Anlehnung an die für die Bundesagentur für Arbeit geltenden Regelungen in §§ 88 bis 92 SGB III. Die Zuschüsse betragen nach Satz 1 in der Regel höchstens 50 Prozent des Entgelts für höchstens ein Jahr, können aber nach Satz 2 auf 70 Prozent des Entgelts aufgestockt und bis zu zwei Jahren erbracht werden, wenn dies im Einzelfall zur Teilhabe am Arbeitsmarkt erforderlich ist. Satz 3 schreibt für das zweite Jahr einen verminderten Förderungssatz (mindestens um 10 vom Hundert) vor.

Die **Sätze 5 und 6** des Absatzes 4 regeln die **Rückzahlung** der Eingliederungszuschüsse, wenn geförderte Beschäftigungsverhältnisse während der Förderung oder im Jahr danach beendet werden.

§ 51 Einrichtungen der beruflichen Rehabilitation

(1) ¹Leistungen werden durch Berufsbildungswerke, Berufsförderungswerke und vergleichbare Einrichtungen der beruflichen Rehabilitation ausgeführt, wenn Art oder Schwere der Behinderung der Leistungsberechtigten oder die Sicherung des Erfolges der besonderen Hilfen dieser Einrichtungen erforderlich machen. ²Die Einrichtung muss
1. eine erfolgreiche Ausführung der Leistung erwarten lassen nach Dauer, Inhalt und Gestaltung der Leistungen, nach der Unterrichtsmethode, Aus-

---

2 Nebst Begründung BT-Drs. 14/5074, 16 und 108 sowie BT-Drs. 14/5531, 5.
3 BT-Drs. 14/5800, 32.

bildung und Berufserfahrung der Leitung und der Lehrkräfte sowie nach der Ausgestaltung der Fachdienste,
2. angemessene Teilnahmebedingungen bieten und behinderungsgerecht sein, insbesondere auch die Beachtung der Erfordernisse des Arbeitsschutzes und der Unfallverhütung gewährleisten,
3. den Teilnehmenden und den von ihnen zu wählenden Vertretungen angemessene Mitwirkungsmöglichkeiten an der Ausführung der Leistungen bieten sowie
4. die Leistung nach den Grundsätzen der Wirtschaftlichkeit und Sparsamkeit, insbesondere zu angemessenen Vergütungssätzen, ausführen.

³Die zuständigen Rehabilitationsträger vereinbaren hierüber gemeinsame Empfehlungen nach den §§ 26 und 37.

(2) ¹Werden Leistungen zur beruflichen Ausbildung in Einrichtungen der beruflichen Rehabilitation ausgeführt, sollen die Einrichtungen bei Eignung der Leistungsberechtigten darauf hinwirken, dass diese Ausbildung teilweise auch in Betrieben und Dienststellen durchgeführt wird. ²Die Einrichtungen der beruflichen Rehabilitation unterstützen die Arbeitgeber bei der betrieblichen Ausbildung und bei der Betreuung der auszubildenden Jugendlichen mit Behinderungen.

1 **Gesetzeshistorie:** Absatz 1 der Vorschrift wurde durch Artikel 1 und 68 Abs. 1 SGB IX vom 19.6.2001[1] mit Wirkung ab 1.7.2001 eingeführt, Absatz 2 durch Artikel 1 und 7 des Gesetzes vom 23.4.2004[2] wurden mit Wirkung ab 1.5.2004 angefügt. Durch Artikel 1 des Gesetzes zur Stärkung der Teilhabe und Selbstbestimmung von Menschen mit Behinderungen (Bundesteilhabegesetz – BTHG) wurden mit Wirkung vom 1.1.2018 durch Erweiterung der Regelungen des Teil 1 die bisherigen Regelungen des § 35 (aF) weitgehend inhaltsgleich zum neuen § 51. Die Vorschrift entspricht der bisherigen Rechtslage.

2 **Regelungsinhalt:** Die Vorschrift ergänzt für die Einrichtungen der beruflichen Rehabilitation die Bestimmungen, die nach §§ 36 (19 aF) und 37 (20 aF) für die Rehabilitationsdienste und -einrichtungen generell gelten.

3 **Zur Entstehung:** Die Vorschrift bildet eine Weiterentwicklung des früher in § 11 Abs. 2a Rehabilitations-Angleichungsgesetz und den entsprechenden Regelungen für die einzelnen Träger geregelten Rechts. **Absatz 2** soll die Einrichtungen der beruflichen Rehabilitation dazu anhalten, Teile der Berufsausbildung in Betrieben und Dienststellen durchzuführen.

4 Der Regierungsentwurf[3] wurde durch Änderungsantrag der Koalitionsfraktionen in Satz 2 Nr. 1 durch Hinweis auf die Fachdienste und in Satz 3 durch Bezugnahme auf § 13 ergänzt; vgl. dazu Ausschussempfehlung BT-Drs. 14/5786, 35 und 36. Nach dem Bericht[4] erfolgte dies zur Klarstellung des Gewollten und mit dem Hinweis, die medizinischen, psychologischen und sozialen Fachdienste seien ein wichtiger Faktor für die Qualität der Einrichtungen.

5 **Absatz 1 Satz 1** legt fest, dass die Ausführung von Leistungen zur Teilhabe am Arbeitsleben in diesen **Einrichtungen** nur zulässig ist, soweit Art oder Schwere der Behinderung oder die Sicherung des Erfolgs die besonderen Hilfen dieser Einrichtungen erforderlich machen, →§ 49 Rn. 15 (§ 33 aF) (Nachrang Sondereinrichtungen).

---

1 BGBl. I 1046.
2 BGBl. I 606.
3 Nebst Begründung BT-Drs. 14/5074, 16, 17 und 108 und BT-Drs. 14/5531, 5.
4 BT-Drs. 14/5800, 32.

Die Vorschrift nennt Berufsbildungs- und Berufsförderungswerke als die zwei Haupttypen von Einrichtungen der beruflichen Rehabilitation. Berufsbildungswerke sind Einrichtungen zur Erstausbildung jüngerer, Berufsförderungswerke Einrichtungen zur beruflichen Weiterbildung erwachsener behinderter Menschen. Daneben können entsprechend dem individuellen Bedarf Leistungen auch durch andere Arten von Einrichtungen – beispielsweise durch berufliche Trainingszentren oder durch die in § 54 (38 aF) Satz 2 angesprochenen Einrichtungen der medizinisch-beruflichen Rehabilitation – ausgeführt werden. Zu den Einrichtungen der beruflichen Rehabilitation gehören im Kontext der Leistungen im Eingangsverfahren und im Berufsbildungsbereich auch die Werkstätten für behinderte Menschen (s. § 57 (40 aF) sowie ab dem 1.1.2018 „Andere Leistungsanbieter" nach § 60). 6

Absatz 1 Satz 2 enthält in seinen Nummern 1 bis 4 inhaltliche Anforderungen, die die Einrichtungen der beruflichen Rehabilitation erfüllen müssen, bevor in ihnen Leistungen zur Teilhabe am Arbeitsleben erbracht werden können; Rechtsansprüche der Leistungserbringer ergeben sich daraus nicht. Eine ergänzende Regelung zur Rechtsstellung der Teilnehmenden enthält § 52 (36 aF). 7

Absatz 1 Satz 3 sieht die Vereinbarung gemeinsamer Empfehlungen der zuständigen Rehabilitationsträger vor. Gegenstand dieser Empfehlungen sind insbesondere die in Satz 2 genannten Fragen; möglich sind aber auch Empfehlungen zur Umsetzung der Kriterien, unter denen nach Satz 1 Leistungen in den Einrichtungen erbracht werden können. 8

Arbeitgeber, die die beruflichen Fähigkeiten behinderter und schwerbehinderter Jugendlicher einschätzen können, vor allem bei einer Ausbildung im eigenen Betrieb, sind eher bereit, diese Jugendlichen anschließend auch dauerhaft zu beschäftigen. Nach **Absatz 2** sollen deshalb betriebliche und außerbetriebliche Ausbildung stärker miteinander verzahnt werden. Die Einrichtungen der beruflichen Rehabilitation unterstützen dabei auch während der Zeit der Berufsausbildung im Betrieb oder in der Dienststelle die Arbeitgeber bei der Durchführung der Berufsausbildung und bei der Betreuung der Auszubildenden. Die Durchführung der betrieblichen Ausbildung wird zwischen Arbeitgebern, den Einrichtungen der beruflichen Rehabilitation und den Jugendlichen vereinbart. 9

Absatz 2 gilt nach seinem Wortlaut nur für die Ausbildung, nicht für die **Weiterbildung**, obwohl aus den gleichen Gründen auch deren Durchführung so weitgehend wie möglich in Betrieben oder Dienststellen erfolgen sollte. Da insoweit jedoch keine Berufsschulpflicht besteht, können sich insbesondere für die theoretischen Teile der Bildungsgänge andere Notwendigkeiten ergeben. 10

§ 52 Rechtsstellung der Teilnehmenden

[1]Werden Leistungen in Einrichtungen der beruflichen Rehabilitation ausgeführt, werden die Teilnehmenden nicht in den Betrieb der Einrichtungen eingegliedert. [2]Sie sind keine Arbeitnehmer im Sinne des Betriebsverfassungsgesetzes und wählen zu ihrer Mitwirkung besondere Vertreter. [3]Bei der Ausführung werden die arbeitsrechtlichen Grundsätze über den Persönlichkeitsschutz, die Haftungsbeschränkung sowie die gesetzlichen Vorschriften über den Arbeitsschutz, den Schutz vor Diskriminierungen in Beschäftigung und Beruf, den Erholungsurlaub und die Gleichberechtigung von Männern und Frauen entsprechend angewendet.

1 **Gesetzeshistorie:** Die Vorschrift wurde durch Artikel 1 und 68 Abs. 1 SGB IX vom 19.6.2001[1] mit Wirkung ab 1.7.2001 eingeführt, die Einbeziehung des Schutzes vor Diskriminierungen in Beschäftigung und Beruf in Satz 2 mit Wirkung ab 18.8.2006 durch Artikel 3 Abs. 10 und Artikel 4 des Gesetzes vom 14.8.2006.[2] Durch Artikel 1 des Gesetzes zur Stärkung der Teilhabe und Selbstbestimmung von Menschen mit Behinderungen (Bundesteilhabegesetz – BTHG) wurden mit Wirkung vom 1.1.2018 durch Erweiterung der Regelungen des Teil 1 die bisherigen Regelungen des § 36 (aF) inhaltsgleich zum neuen § 52. Die Vorschrift entspricht der bisherigen Rechtslage.

2 **Regelungsinhalt:** Soweit Leistungen zur Teilhabe am Arbeitsleben in Einrichtungen zur beruflichen Rehabilitation ausgeführt werden, verdeutlicht die Vorschrift, dass die Teilnehmer nicht in einem Beschäftigungsverhältnis zu diesen Einrichtungen stehen. Wichtige arbeitsrechtliche Grundsätze und Vorschriften sind jedoch entsprechend anzuwenden.

3 **Zur Entstehung:** Satz 1 entspricht der Rechtsprechung des Bundesarbeitsgerichts. Die Vorschrift wurde im Gesetzgebungsverfahren nur sprachlich verbessert.

4 **Materialien:** Zum Regierungsentwurf nebst Begründung BT-Drs. 14/5074, 17 und 108 und BT-Drs. 14/5531, 5; zur Ausschussempfehlung BT-Drs. 14/5786, 36.

5 Einrichtungen der beruflichen Rehabilitation (→ § 51 Rn. 5 ff.; § 35 aF) bereiten behinderte und von Behinderung bedrohte Menschen auf das Arbeitsleben vor, aber gewährleisten ihnen selbst (noch) keine Teilhabe am Arbeitsleben. Satz 1 stellt daher entsprechend der (seit der Entscheidung vom 21.7.1993 – 7 ABR 35/92 – ständigen) Rechtsprechung des Bundesarbeitsgerichts klar, dass die Teilnehmenden an Leistungen zur Teilhabe am Arbeitsleben nicht in den Betrieb der Einrichtungen eingegliedert sind. Allerdings hat die Schwerbehindertenvertretung in Einrichtungen der beruflichen Rehabilitation nach § 178 (95 aF) SGB IX auch die Interessen schwerbehinderter Rehabilitanden wahrzunehmen; § 52 (36 aF) SGB IX steht dem nicht entgegen.[3]

6 Satz 2 zieht aus dieser Rechtsstellung Folgerungen für die Anwendung des Betriebsverfassungsgesetzes; die Teilnehmenden sind auch im Sinne dieses Gesetzes keine Arbeitnehmer der Einrichtungen.

7 Zugleich werden die Teilnehmenden verpflichtet, zu ihrer **Mitwirkung an der Willensbildung** der Einrichtungen besondere Vertreter zu wählen. Diese Regelung ergänzt die in § 51 (35 aF) Satz 2 Nr. 3 festgelegte Pflicht der Einrichtungen, den Teilnehmenden und den von ihnen zu wählenden Vertretungen angemessene Mitwirkungsmöglichkeiten an der Ausführung der Leistungen zu bieten. Sie gilt – anders als das Betriebsverfassungsgesetz – unabhängig von der Trägerschaft, also auch für kirchliche Einrichtungen.

8 Satz 3 stellt klar, dass bei der Ausführung von Leistungen in Einrichtungen der beruflichen Rehabilitation die dort genannten arbeitsrechtlichen Grundsätze und Vorschriften entsprechend anzuwenden sind.

9 Als ersten Grundsatz, der entsprechend anzuwenden ist, nennt die Vorschrift den **Persönlichkeitsschutz**. Wie Arbeitgeber haben die Einrichtungen Schutzpflichten auch für die vom Grundgesetz (Artikel 2 Abs. 1 in Verbindung mit Artikel 1 Abs. 1) für jeden Menschen anerkannten Persönlichkeitsrechte. Hierzu sind im Arbeitsrecht anerkannt

---

1 BGBl. I 1046.
2 BGBl. I 1897.
3 BAG 16.4.2003 – 7 ABR 27/02.

- das sogenannte Recht auf „informationelle Selbstbestimmung",
- der Datenschutz nach dem Bundesdatenschutzgesetz hinsichtlich des Speicherns, der Verarbeitung und der Weitergabe personenbezogener Daten,
- die Verpflichtung, vor ungerechter Behandlung durch Mitarbeiter der Einrichtungen und vor rechtswidrigen Handlungen anderer Rehabilitanden (zB Beleidigungen, Körperverletzungen, Hänseleien) in Schutz zu nehmen,
- das Verbot heimlichen Abhörens privater Telefongespräche, der Überwachung durch Mikrofone („Wanzen") und von optischen Überwachungseinrichtungen, die nach den Umständen nicht unumgänglich erforderlich sind,
- eine Beschränkung des Fragerechts auf Angaben, an denen die Einrichtungen ein berechtigtes Interesse haben, insbesondere auch bei Angaben über den Gesundheitszustand, sowie
- die Pflicht zur sorgfältigen Aufbewahrung von personenbezogenen Daten.

Die ebenfalls entsprechend anzuwendenden Grundsätze zur **Haftungsbeschränkung** gehen grundsätzlich von einer Haftung für jeden Schaden aus, der durch schuldhafte (meist fahrlässige) Verletzung von Pflichten zufügt wird. Nach der Rechtsprechung ist eine Beschränkung der Haftung des Arbeitnehmers gegenüber dem allgemeinen Schadensersatzrecht bei allen Schäden geltendes Recht, die der Arbeitnehmer dem Arbeitgeber bei durch den Betrieb veranlassten und aufgrund des Arbeitsverhältnisses geleisteten Arbeiten zufügt. Die Haftung von Arbeitnehmern (auch Auszubildenden) entfällt danach stets bei fehlendem Verschulden und ist stets gegeben bei Vorsatz. Im Übrigen ist zu unterscheiden zwischen

- leichtester Fahrlässigkeit, bei der Arbeitnehmer nicht haften, und
- normaler Fahrlässigkeit, bei der der Schaden in aller Regel zwischen Arbeitgeber und Arbeitnehmer aufgeteilt werden muss (es sei denn, weitergehende Haftungserleichterungen sind vereinbart), wobei die Gesamtumstände von Schadensanlass und Schadensfolgen nach Billigkeitsgrundsätzen und Zumutbarkeitsgesichtspunkten gegeneinander abzuwägen sind.
- Bei grober Fahrlässigkeit (wenn der Arbeitnehmer die erforderliche Sorgfalt gröblich vernachlässigt, also mit dem möglichen Eintritt des Schadens rechnet, aber fahrlässig darauf vertraut, der Schaden werde nicht eintreten) haftet zwar der Arbeitnehmer in der Regel voll; es kann aber auch das vom Arbeitgeber zu tragende Betriebsrisiko ins Gewicht fallen und zu einer nicht unerheblichen Herabsetzung der Schadensersatzpflicht führen.

Die weiter genannten, entsprechend anzuwendenden gesetzlichen Vorschriften über den **Arbeitsschutz** zielen darauf ab, die Arbeitnehmer und vor allem auch bestimmte Arbeitnehmergruppen, wie Frauen vor und nach der Niederkunft und Jugendliche, vor gesundheitlichen Gefahren, vor Überforderungen und vor zu großen Belastungen schützen sollen. Diese staatlichen Regelungen werden durch die Unfallverhütungsvorschriften der Berufsgenossenschaften ergänzt; die Unfallverhütungsvorschriften gelten in den Einrichtungen der beruflichen Rehabilitation nicht aufgrund des § 51 (36 aF), sondern über die Unfallversicherung der Rehabilitanden und die danach anzuwendenden Regelungen des SGB VII.

Arbeitsschutz nach dem Arbeitsschutzgesetz vom 7.8.1996 ist umfassend zu verstehen. Danach ist die Arbeit so zu gestalten, dass eine Gefährdung für Leben und Gesundheit möglichst vermieden und die verbleibende Gefährdung möglichst gering gehalten wird. In den Arbeitsschutz sind alle Maßnahmen einbezogen, die dazu beitragen, Leben und Gesundheit der arbeitenden Menschen zu schützen, ihre Arbeitskraft zu erhalten und die Arbeit menschengerecht zu gestalten; davon wird die Unfallverhütung mit umfasst. Dies wird insbesondere erreicht durch

- die sichere Gestaltung von technischen Einrichtungen wie zB Arbeitsmaschinen (vorgreifender produktbezogener Arbeitsschutz),
- Schutzmaßnahmen bei der Verwendung wie zB von gefährlichen Anlagen, Gefahrstoffen oder Strahlen (Arbeitsschutz bei der Arbeit),
- eine sicherheitsgerechte Arbeitsorganisation,
- umfassende Informationen.

Zum Gesundheitsschutz gehören auch Maßnahmen zur **menschengerechten Gestaltung der Arbeit**. Seit 2002 regelt § 5 der Arbeitsstättenverordnung (ArbStättV) den Nichtraucherschutz am Arbeitsplatz. Seither besteht ein Recht auf einen rauchfreien Arbeitsplatz. Dieses hat der Arbeitgeber durch geeignete Maßnahmen sicherzustellen.

13   Entsprechend anzuwenden sind in Einrichtungen der beruflichen Rehabilitation auch gesetzliche Regelungen zum **sozialen Arbeitsschutz** wie das Arbeitszeitgesetz, das Jugendarbeitsschutzgesetz und das Mutterschutzgesetz. Allerdings ist gegenüber diesen Regelungen das Rechtsverhältnis zum zuständigen Rehabilitationsträger vorrangig, der letztlich entscheiden muss, inwieweit die Anwendung dieser Regelungen des sozialen Arbeitsschutzes bei den Leistungen zur Teilhabe am Arbeitsleben im Einzelfall sinnvoll und vertretbar ist; so kann es im Interesse eines zu erreichenden Ausbildungsabschlusses im Einzelfall sinnvoll sein, derartige Regelungen bei Leistungen zur Teilhabe am Arbeitsleben nicht wörtlich, sondern sinngemäß entsprechend dem Schutzzweck der jeweiligen Vorschrift anzuwenden.

14   Die Regelungen zum **Schutz vor Diskriminierungen in Beschäftigung und Beruf**, die in Einrichtungen der beruflichen Rehabilitation ebenfalls zu beachten sind, finden sich vor allem im Allgemeinen Gleichbehandlungsgesetz (AGG) vom 14.8.2006[4], das zuletzt durch Artikel 8 des Gesetzes vom 3.4.2013[5] geändert worden ist. Dabei geht es nicht nur um Benachteiligungen wegen einer Behinderung, sondern auch um alle sonstigen Diskriminierungsgründe im Sinne des § 1 AGG, vor denen Teilnehmende an Leistungen in diesen Einrichtungen ebenso zu schützen sind wie Beschäftigte.

15   Gesetzliche Vorschriften zum **Erholungsurlaub** enthält das Bundesurlaubsgesetz. Danach haben Arbeitnehmer in jedem Kalenderjahr Anspruch auf Erholungsurlaub für 24 Werktage im Kalenderjahr.

16   Die im Grundgesetz (Artikel 3 Abs. 2) festgelegte – und in den Einrichtungen der beruflichen Rehabilitation entsprechend anzuwendende – **Gleichberechtigung** von Männern und Frauen verbietet jede rechtliche Unterscheidung zwischen Männern und Frauen. Über das Verbot der Diskriminierung wegen des Geschlechts hinaus hat der Staat die tatsächliche Durchsetzung der Gleichberechtigung von Frauen und Männern zu fördern und auf die Beseitigung bestehender Nachteile hinzuwirken. Die biologischen und sonstigen Unterschiede der Geschlechter sind also grundsätzlich unbeachtlich, solange sie nicht ganz ausnahmsweise unterschiedliche Regelungen geradezu gebieten, wie zum Beispiel beim Mutterschutz, der selbstverständlich Männern nicht zustehen kann. Das Verbot umfasst sowohl unmittelbare wie **auch mittelbare (versteckte) Benachteiligungen wegen des Geschlechts,** zum Beispiel weil Frauen generell kleiner und schwächer als Männer seien.

17   Das AGG schützt auch vor einer Benachteiligung durch **sexuelle Belästigung** am Arbeitsplatz. Nach § 3 Abs. 4 AGG ist sexuelle Belästigung ein unerwünschtes, sexuell bestimmtes Verhalten, wozu auch unerwünschte sexuelle

---

4   BGBl. I 1897.
5   BGBl. I 610.

Handlungen und Aufforderungen zu diesen, sexuell bestimmte körperliche Berührungen, Bemerkungen sexuellen Inhalts sowie unerwünschtes Zeigen und sichtbares Anbringen von pornographischen Darstellungen gehören, das bezweckt oder bewirkt, dass die Würde der betreffenden Person verletzt wird, insbesondere wenn ein von Einschüchterungen, Anfeindungen, Erniedrigungen, Entwürdigungen oder Beleidigungen gekennzeichnetes Umfeld geschaffen wird.
Wie § 221 (138 aF) Abs. 4 klarstellt, gilt § 52 (36 aF) für die Rechtsstellung während der Leistungen im Eingangsverfahren und im Berufsbildungsbereich der Werkstätten für behinderte Menschen entsprechend. 18

§ 53 Dauer von Leistungen

(1) ¹Leistungen werden für die Zeit erbracht, die vorgeschrieben oder allgemein üblich ist, um das angestrebte Teilhabeziel zu erreichen. ²Eine Förderung kann darüber hinaus erfolgen, wenn besondere Umstände dies rechtfertigen.
(2) ¹Leistungen zur beruflichen Weiterbildung sollen in der Regel bei ganztägigem Unterricht nicht länger als zwei Jahre dauern, es sei denn, dass das Teilhabeziel nur über eine länger andauernde Leistung erreicht werden kann oder die Eingliederungsaussichten nur durch eine länger andauernde Leistung wesentlich verbessert werden. ²Abweichend von Satz 1 erster Teilsatz sollen Leistungen zur beruflichen Weiterbildung, die zu einem Abschluss in einem allgemein anerkannten Ausbildungsberuf führen und für die eine allgemeine Ausbildungsdauer von mehr als zwei Jahren vorgeschrieben ist, nicht länger als zwei Drittel der üblichen Ausbildungszeit dauern.

Gesetzeshistorie: Die Vorschrift wurde durch Artikel 1 und 68 Abs. 1 SGB IX 1
vom 19.6.2001¹ mit Wirkung ab 1.7.2001 eingeführt. Durch Artikel 1 des Gesetzes zur Stärkung der Teilhabe und Selbstbestimmung von Menschen mit Behinderungen (Bundesteilhabegesetz – BTHG) wurden mit Wirkung vom 1.1.2018 durch Erweiterung der Regelungen des Teil 1 die bisherigen Regelungen des § 37 (aF) weitgehend inhaltsgleich zum neuen § 53. Die Vorschrift entspricht der bisherigen Rechtslage; sie wurde jedoch durch Ergänzung des Absatzes 2 insofern präzisiert, dass Leistungen zur beruflichen Weiterbildung nicht länger als zwei Drittel der üblichen Ausbildungszeit (für eine Erstausbildung) dauern sollen.
Regelungsinhalt: Die Vorschrift enthält in Absatz 1 allgemeine Regelungen zur 2
Dauer von Leistungen zur Teilhabe am Arbeitsleben, in Absatz 2 gesondert für Leistungen zur beruflichen Weiterbildung.
Zur Entstehung: Die Vorschrift übernimmt die Regelungen des § 11 Abs. 3 Re- 3
habilitations-Angleichungsgesetz und der entsprechenden Vorschriften für die einzelnen Rehabilitationsträger und verallgemeinert dabei für länger dauernde Maßnahmen die Regelungen in § 101 Abs. 2 Satz 6 Drittes Buch. Mit dem Gesetz zur Stärkung der Teilhabe und Selbstbestimmung von Menschen mit Behinderungen (Bundesteilhabegesetz – BTHG) wurde mit Wirkung vom 1.1.2018 durch Ergänzung des Absatzes 2 die Dauer der Leistungen zur beruflichen Weiterbildung präzisiert. Demnach sollen die Maßnahmen nicht länger als zwei Drittel der üblichen Ausbildungszeit (für eine Erstausbildung) dauern.
Materialien: Zum Regierungsentwurf nebst Begründung BT-Drs. 14/5074, 17, 4
108 und 109 und BT-Drs. 14/5531, 5; zur Ausschussempfehlung BT-Drs. 14/5786, 36.

---

1 BGBl. I 1046.

5 **Absatz 1** legt in seinem ersten Halbsatz als Grundsatz für die Dauer von Leistungen zur Teilhabe fest, dass hierfür zunächst das angestrebte Teilhabeziel maßgebend ist; anhand dieses Ziels ist von der Zeit auszugehen, die vorgeschrieben oder allgemein üblich ist. Das ist besonders wichtig für die (Erst-)Ausbildung junger behinderter Menschen; ist eine solche Ausbildung nur mithilfe von Leistungen zur Teilhabe am Arbeitsleben möglich, werden diese Leistungen für die volle vorgeschriebene oder übliche Zeit der Ausbildung erbracht.

6 Der zweite Halbsatz des Absatzes 1 erlaubt weitergehende Leistungen, wenn sie durch besondere Umstände gerechtfertigt sind, beispielsweise aufgrund krankheitsbedingter Fehlzeiten oder zur Prüfungswiederholung; zu beachten ist aber auch insoweit das angestrebte Ziel sowie die Erwartung, es durch die verlängerte Förderung zu erreichen.

7 **Absatz 2** enthält besondere Regelungen nur für die **Weiterbildung**, nicht für die Ausbildung. Sie soll in der Regel bei ganztägigem Unterricht nicht länger als zwei Jahre dauern. Ausnahmen sind[2] vorgesehen, soweit das Teilhabeziel nur über eine länger dauernde Leistung erreicht werden kann oder die Eingliederungsaussichten nur durch eine länger dauernde Leistung wesentlich verbessert werden. Nach Satz zwei sollen jedoch die Maßnahmen nicht länger als zwei Drittel der üblichen Ausbildungszeit (für eine Erstausbildung) dauern. Damit wurde ein Richtwert eingeführt, der es nur in besonders begründeten Einzelfällen noch möglich macht, von dieser Soll-Bestimmung abzuweichen; nämlich dann, wenn das Teilhabeziel nicht anders erreicht werden kann.

8 Leistungen zur Teilhabe am Arbeitsleben in **Teilzeit** für behinderte Mütter und Väter fallen nach der Begründung des Regierungsentwurfs nicht unter die entsprechende Regelzeit von zwei Jahren; hier gelten entsprechend der Teilzeit längere Fristen.

§ 54 Beteiligung der Bundesagentur für Arbeit

[1]Die Bundesagentur für Arbeit nimmt auf Anforderung eines anderen Rehabilitationsträgers gutachterlich Stellung zu Notwendigkeit, Art und Umfang von Leistungen unter Berücksichtigung arbeitsmarktlicher Zweckmäßigkeit. [2]Dies gilt auch, wenn sich die Leistungsberechtigten in einem Krankenhaus oder einer Einrichtung der medizinischen oder der medizinisch-beruflichen Rehabilitation aufhalten.

1 **Gesetzeshistorie:** Die Vorschrift wurde durch Artikel 1 und 68 Abs. 1 SGB IX vom 19.6.2001[1] mit Wirkung ab 1.7.2001 eingeführt, die Bezeichnung der früheren Bundesanstalt für Arbeit in der Überschrift und in Satz 1 mit Wirkung ab 1.1.2004 durch Artikel 8 und 124 Abs. 1 des Gesetzes vom 23.12.2003[2] angepasst. Durch Artikel 1 des Gesetzes zur Stärkung der Teilhabe und Selbstbestimmung von Menschen mit Behinderungen (Bundesteilhabegesetz – BTHG) wurden mit Wirkung vom 1.1.2018 durch Erweiterung der Regelungen des Teil 1 die bisherigen Regelungen des § 38 (aF) inhaltsgleich zum neuen § 54. Die Vorschrift entspricht der bisherigen Rechtslage.

2 **Regelungsinhalt:** Die Vorschrift soll bei Leistungen zur Teilhabe am Arbeitsleben die gutachterliche Beteiligung der Bundesagentur für Arbeit ermöglichen.

---

2 Nur, so HessLSG 25.10.2004 – L 12 RJ 1157/03.
1 BGBl. I 1046.
2 BGBl. I 2848.

Zur Entstehung: Die Vorschrift entwickelt die Regelungen des § 5 Abs. 4 Rehabilitations-Angleichungsgesetz fort. Sie wurde in den nachfolgenden Gesetzgebungsverfahren nicht verändert. 3

Materialien: Zum Regierungsentwurf nebst Begründung BT-Drs. 14/5074,17 und 109 und BT-Drs. 14/5531, 5; zur Ausschussempfehlung BT-Drs. 14/5786, 36. 4

Satz 1 verpflichtet die Bundesagentur für Arbeit, zu Notwendigkeit, Art und Umfang von Leistungen als Gutachter Stellung zu nehmen und im Rahmen dieser Stellungnahme auch eine Einschätzung der Zweckmäßigkeit der Leistungen für ihre Nutzung unter den Bedingungen des Arbeitsmarkts zu geben. Nach Stellung und Sinnzusammenhang bezieht sich die Vorschrift nur auf **Leistungen zur Teilhabe am Arbeitsleben**. 5

Voraussetzung einer Stellungnahme der Bundesagentur ist eine entsprechende **Anforderung** eines anderen Rehabilitationsträgers, der für Leistungen zur Teilhabe am Arbeitsleben nach § 6 Abs. 1 zuständig ist. Eine Einschaltung der Bundesagentur auf Wunsch eines Leistungsberechtigten ist in der Vorschrift nicht vorgesehen, müsste aber je nach Begründung auf der Grundlage des § 8 (9 aF) Abs. 1 oder des § 10 Abs. 1 Satz 1 erfolgen. 6

Die Anforderung bedarf keiner Begründung, sollte aber möglichst konkret gestellt werden. Die Bundesagentur für Arbeit hat ihre Stellungnahme unverzüglich abzugeben; der andere Rehabilitationsträger braucht der Stellungnahme der Bundesagentur nicht zu folgen. 7

Satz 2 stellt klar, dass die gutachterliche Stellungnahme nach Satz 1 bereits zu einem **Zeitpunkt** angefordert und abgegeben werden kann, zu dem zunächst noch medizinische Leistungen erbracht werden und die Leistungsberechtigten sich in einem Krankenhaus oder einer Einrichtung der medizinischen oder der medizinisch-beruflichen Rehabilitation aufhalten. Dies dient der frühzeitigen Klärung und zügigen Ausführung der notwendigen Leistungen. 8

§ 55 Unterstützte Beschäftigung

(1) ¹Ziel der Unterstützten Beschäftigung ist es, Leistungsberechtigten mit besonderem Unterstützungsbedarf eine angemessene, geeignete und sozialversicherungspflichtige Beschäftigung zu ermöglichen und zu erhalten. ²Unterstützte Beschäftigung umfasst eine individuelle betriebliche Qualifizierung und bei Bedarf Berufsbegleitung.

(2) ¹Leistungen zur individuellen betrieblichen Qualifizierung erhalten Menschen mit Behinderungen insbesondere, um sie für geeignete betriebliche Tätigkeiten zu erproben, auf ein sozialversicherungspflichtiges Beschäftigungsverhältnis vorzubereiten und bei der Einarbeitung und Qualifizierung auf einem betrieblichen Arbeitsplatz zu unterstützen. ²Die Leistungen umfassen auch die Vermittlung von berufsübergreifenden Lerninhalten und Schlüsselqualifikationen sowie die Weiterentwicklung der Persönlichkeit der Menschen mit Behinderungen. ³Die Leistungen werden vom zuständigen Rehabilitationsträger nach § 6 Absatz 1 Nummer 2 bis 5 für bis zu zwei Jahre erbracht, soweit sie wegen Art oder Schwere der Behinderung erforderlich sind. ⁴Sie können bis zu einer Dauer von weiteren zwölf Monaten verlängert werden, wenn auf Grund der Art oder Schwere der Behinderung der gewünschte nachhaltige Qualifizierungserfolg im Einzelfall nicht anders erreicht werden kann und hinreichend gewährleistet ist, dass eine weitere Qualifizierung zur Aufnahme einer sozialversicherungspflichtigen Beschäftigung führt.

(3) ¹Leistungen der Berufsbegleitung erhalten Menschen mit Behinderungen insbesondere, um nach Begründung eines sozialversicherungspflichtigen Beschäftigungsverhältnisses die zu dessen Stabilisierung erforderliche Unterstützung und Krisenintervention zu gewährleisten. ²Die Leistungen werden bei Zuständigkeit eines Rehabilitationsträgers nach § 6 Absatz 1 Nummer 3 oder 5 von diesem, im Übrigen von dem Integrationsamt im Rahmen seiner Zuständigkeit erbracht, solange und soweit sie wegen Art oder Schwere der Behinderung zur Sicherung des Beschäftigungsverhältnisses erforderlich sind.

(4) Stellt der Rehabilitationsträger während der individuellen betrieblichen Qualifizierung fest, dass voraussichtlich eine anschließende Berufsbegleitung erforderlich ist, für die ein anderer Leistungsträger zuständig ist, beteiligt er diesen frühzeitig.

(5) ¹Die Unterstützte Beschäftigung kann von Integrationsfachdiensten oder anderen Trägern durchgeführt werden. ²Mit der Durchführung kann nur beauftragt werden, wer über die erforderliche Leistungsfähigkeit verfügt, um seine Aufgaben entsprechend den individuellen Bedürfnissen der Menschen mit Behinderungen erfüllen zu können. ³Insbesondere müssen die Beauftragten
1. über Fachkräfte verfügen, die eine geeignete Berufsqualifikation, eine psychosoziale oder arbeitspädagogische Zusatzqualifikation und eine ausreichende Berufserfahrung besitzen,
2. in der Lage sein, den Menschen mit Behinderungen geeignete individuelle betriebliche Qualifizierungsplätze zur Verfügung zu stellen und ihre berufliche Eingliederung zu unterstützen,
3. über die erforderliche räumliche und sächliche Ausstattung verfügen sowie
4. ein System des Qualitätsmanagements im Sinne des § 37 Absatz 2 Satz 1 anwenden.

(6) ¹Zur Konkretisierung und Weiterentwicklung der in Absatz 5 genannten Qualitätsanforderungen vereinbaren die Rehabilitationsträger nach § 6 Absatz 1 Nummer 2 bis 5 sowie die Bundesarbeitsgemeinschaft der Integrationsämter und Hauptfürsorgestellen im Rahmen der Bundesarbeitsgemeinschaft für Rehabilitation eine gemeinsame Empfehlung. ²Die gemeinsame Empfehlung kann auch Ausführungen zu möglichen Leistungsinhalten und zur Zusammenarbeit enthalten. ³§ 26 Absatz 4, 6 und 7 sowie § 27 gelten entsprechend.

I. Allgemeines	1	V. Berufsbegleitung	14
II. Gesetzeshistorie	2	VI. Beauftragte zur Durchführung	18
III. Zielsetzung und Zielgruppe	3	VII. Rechtspolitische Wertung	22
IV. Individuelle betriebliche Qualifizierung	7		

I. Allgemeines

1 Das Gesetz zur Einführung Unterstützter Beschäftigung war ein weiterer Schritt zur Umsetzung der Ziele des SGB IX. Menschen mit Behinderungen sollten verstärkt die Möglichkeit erhalten, unabhängig von Sondereinrichtungen in üblichen sozialen und beruflichen Zusammenhängen am gesellschaftlichen Leben teilhaben zu können (Normalitätsprinzip). Mit diesem Gesetz wurde auch der Versuch unternommen, einen entsprechenden Auftrag aus der Koalitionsvereinbarung „Gemeinsam für Deutschland – mit Mut und Menschlichkeit" vom 11.11.2005 umzusetzen. Demnach sollen mehr Menschen mit Behinderungen die Möglichkeit haben, ihren Lebensunterhalt außerhalb von Werkstätten für behinderte Menschen auf dem allgemeinen Arbeitsmarkt zu erarbeiten. Das Gesetz zur Einführung der Unterstützten Beschäftigung kann auch als erstes Ele-

ment zur Umsetzung der **Konvention der Vereinten Nationen** über die Rechte von Menschen mit Behinderungen in nationales Recht gesehen werden. Inhaltlich bezog sich die Bundesregierung auf unterschiedliche Initiativen in Deutschland, denen es in den letzten eineinhalb Jahrzehnten in besonderem Maße gelungen ist, insbesondere Menschen mit einer geistigen Behinderung gezielt auf die Aufnahme einer sozialversicherungspflichtigen Beschäftigung am allgemeinen Arbeitsmarkt vorzubereiten und die erreichten Arbeitsverhältnisse nachhaltig zu stabilisieren. Die ersten systematischen und erfolgreichen Bemühungen hierzu gehen in die frühen 90 Jahre des 20. Jahrhunderts zurück. Eine Nachhaltigkeitsstudie von *Doose*[1] ergab, dass Menschen mit erheblichen Lernschwierigkeiten zu mehr als 64 % dauerhaft am allgemeinen Arbeitsmarkt bestehen können. Die meisten Modellprojekte wurden in Baden-Württemberg, Hamburg, Hessen und in Nordrhein-Westfalen durchgeführt. Eine Reihe dieser Projekte hat sich in der **Bundesarbeitsgemeinschaft „Unterstützte Beschäftigung"** (BAG-UB) zusammengeschlossen. Die BAG-UB wiederum ist Mitglied der European Union of **supported Employment** (EuSE). Der dort definierte fachliche Ansatz von Unterstützter Beschäftigung geht allerdings weit über die nun geschaffene gesetzliche Regelung hinaus.

In Baden-Württemberg wurde unter dem Titel „**Aktion 1000**" von 2005 bis 2016 eine umfassende Neugestaltung der Leistungen, Maßnahmen und Strukturen zur Förderung von Übergängen für wesentlich behinderte Menschen aus Schulen und Werkstätten zum allgemeinen Arbeitsmarkt durchgeführt und sehr erfolgreich umgesetzt. Insbesondere der Übergang Schule/Beruf wurde mit allen Beteiligten systematisch verbessert und weitgehend optimiert. Mit der Aktion 1000 wurden wesentliche Wirkfaktoren aus den früheren Modellprojekten konsequent umgesetzt. Der gesamte Unterstützungsprozess wurde konzeptionell vereinheitlicht und verbindlich geregelt. Er gliedert sich entsprechend der Hauptzuständigkeit der jeweiligen Leistungsträger in drei Stufen:

Stufe 1 = schulische Vorbereitung und berufliche Orientierung
(Kultusverwaltung)
Stufe 2 = betriebliche Erprobung, Vorbereitung und Qualifizierung
sowie Vermittlung in ein Arbeitsverhältnis
(Rehabilitationsträger – idR Arbeitsagentur/Berufsberatung)
Stufe 3 = Berufsbegleitung und Sicherung der Teilhabe
(Integrationsamt und ggf. Eingliederungshilfeträger).

Was bisher nacheinander oder nebeneinander durchgeführt wurde, wird hier als Leistungsträger übergreifende **Komplexleistung**, wie aus einem Guss, umgesetzt. Wichtige Elemente sind neben einer spezifischen schulischen Vorbereitung, die schulische Weiterbetreuung in Form von Berufsschulunterricht und der durchgehende Einsatz der Integrationsfachdienste. Beides ermöglicht die zwingend erforderliche personale Konstanz über den gesamten Unterstützungsprozess. Dies ist nicht nur für Menschen mit Behinderungen selbst, sondern vor allem auch für die Arbeitgeber ein ausschlaggebendes Kriterium, um sich auf eine solche Situation einzulassen. Das Unterstützungssystem in Baden-Württemberg unterscheidet sich somit wesentlich vom isolierten und reduzierten Ansatz der Unterstützten Beschäftigung nach § 55 (§ 38a aF). Die Unterschiede sind in den folgenden Grafiken leicht erkennbar.

---

1 Unterstützte Beschäftigung, S. 58 ff.

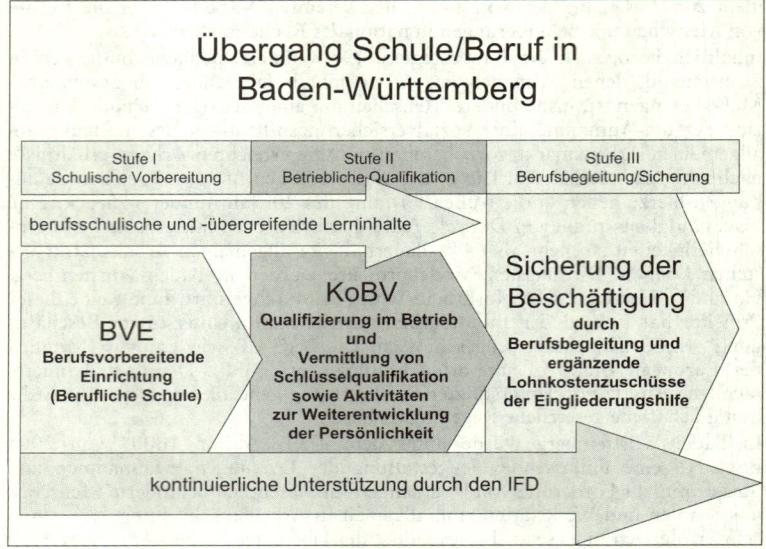

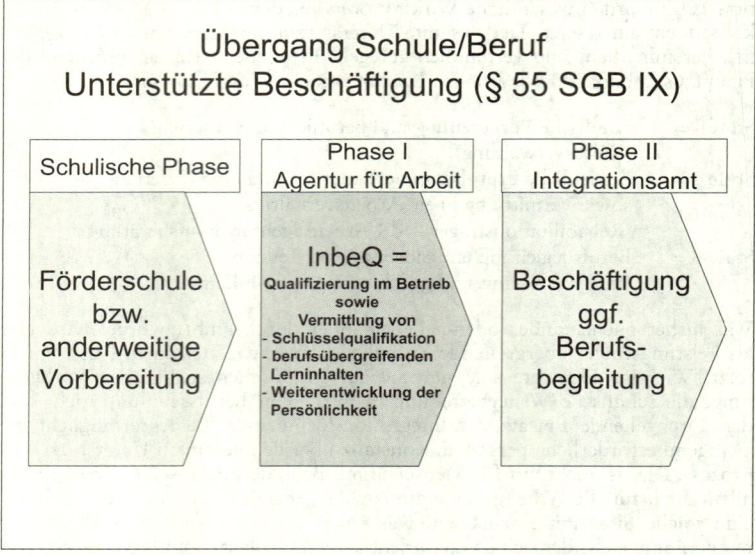

Im Rahmen der Aktion 1000 konnten von 2005 bis 2019 mehr als **5000 wesentlich behinderte Menschen in sozialversicherungspflichtige Arbeitsverhältnisse vermittelt** werden. Die Nachhaltigkeit, der seit 2005 erreichten Beschäftigungsverhältnisse, wird halbjährlich überprüft. Die Nachhaltigkeitsquote lag

zuletzt zum 31.12.2019 bei über 83 %. Näheres hierzu unter www.kvjs.de/behi
nderung-und-beruf/projektinitiativen/aktion-1000-perspektive-2020/.
Mit der **Initiative Inklusion** konnte die Bundesregierung weitere Akzente zur
Umsetzung der **Konvention der Vereinten Nationen** über die Rechte von Menschen mit Behinderungen setzen.[2] Die Bundesregierung hatte somit der oben
beschriebenen Entwicklung insoweit Rechnung getragen, dass sie mit dem
Handlungsfeld 1 der Initiative Inklusion flächendeckende Maßnahmen zur verstärkten beruflichen Orientierung von jungen Menschen mit einer schweren
Behinderung nach dem Muster der Aktion 1000 ermöglichen wollte. Demnach sollen schwerbehinderte junge Menschen – insbesondere mit einem sonderpädagogischen Förderbedarf – bereits zwei Jahre vor der Schulentlassung
durch Praktika am allgemeinen Arbeitsmarkt und entsprechende schulische
Vorbereitungs- und Unterstützungsmaßnahmen ein klares Bild von ihren beruflichen Kompetenzen (Kompetenzinventar/-analysen) erhalten; des Weiteren sollen für jeden jungen Menschen, der seine beruflichen Möglichkeiten frühzeitig
erproben und entwickeln möchte, Berufswegekonferenzen mit allen Beteiligten
durchgeführt werden.

Insgesamt sollen **wesentlich behinderte Menschen** (und deren Angehörige)
durch ein sozialversicherungspflichtiges Arbeitsverhältnis am allgemeinen Arbeitsmarkt jedoch **keine Risiken** aufgebürdet werden, die sie bei einer Eingliederung in eine Werkstatt für behinderte Menschen nicht hätten und/oder sie
alleine nicht tragen können. Dies bedeutet, dass sowohl die Menschen mit Behinderungen als auch deren Arbeitgeber sich auf eine **kontinuierliche Unterstützung durch die Integrationsfachdienste** und die dauerhafte und auskömmliche
finanzielle Förderung durch die zuständigen Leistungsträger verlassen können
müssen.

Kritische Zwischenbilanz: Das Ziel, durch Maßnahmen zur Unterstützten Beschäftigung verstärkt Alternativen zu einer Beschäftigung in einer Werkstätte
für behinderte Menschen (WfbM) zu ermöglichen, konnte bisher nur sehr bedingt erreicht werden. Nach wie vor wächst die Zahl der Menschen, die in eine
WfbM eingegliedert werden, konstant an. So waren dort zum Jahresende 2014
insgesamt 264.842 Menschen mit Beeinträchtigungen im Arbeitsbereich tätig.
Seit dem Jahr 2007 mit 220.227 Beschäftigten im Arbeitsbereich der WfbM ist
deren Zahl kontinuierlich angestiegen (+ 20 %).[3] Während die Zugangszahlen
in den Berufsbildungsbereich aus den Schulen leicht abflacht, stieg die Zahl der
Zugänge der Menschen, die im Laufe des Erwerbslebens wegen einer erheblichen funktionalen Beeinträchtigung nicht mehr oder noch nicht wieder unter
den üblichen Bedingungen auf dem allgemeinen Arbeitsmarkt beschäftigt werden können, stark an. Hier handelt es sich überwiegend um Menschen mit seelischen Behinderungen.[4] Es ist erstaunlich, dass die Unterstützte Beschäftigung
aber kaum von den für diese Zielgruppe zuständigen Rehabilitationsträgern
(insbesondere von der DRV) gefördert wird. Das ursprünglich intendierte Ziel,
den Zuwachstrend bei den Zugangszahlen zu den Werkstätten für behinderte
Menschen zu stoppen und deutlich mehr Menschen inklusive Alternativen zu
einer Beschäftigung in einer Werkstatt zu ermöglichen, konnte bei weitem nicht
erreicht werden. Statistisch betrachtet, hatte die Einführung der Unterstützten

---

2 S. http://www.einfach-teilhaben.de/SharedDocs/Downloads/DE/StdS/Aktuelles/richtl
 inie_initiative_inklusion.html.
3 Teilhabebericht der Bundesregierung über die Lebenslagen von Menschen mit Beeinträchtigungen 2016, bearb. v. Engels/Engel/Schmitz, S. 154.
4 Teilhabebericht der Bundesregierung über die Lebenslagen von Menschen mit Beeinträchtigungen 2016, bearb. v. Engels/Engel/Schmitz, S. 192.

Beschäftigung in Bezug auf die Entwicklung der Zugangszahlen zu den Werkstätten für behinderte Menschen nur geringe Wirkungen. Dennoch ist die Einführung der Unterstützten Beschäftigung inhaltlich eine richtige Entscheidung. Gründe für die mangelnde Wirksamkeit liegen in erster Linie darin, dass der Wille der Länder, die Unterstützte Beschäftigung durch die Integrationsfachdienste ausführen zu lassen, vom Bund weitgehend ignoriert wurde, weil er neben den Integrationsfachdiensten von vornherein, andere Anbieter zulassen wollte. Die Umsetzung der Unterstützen Beschäftigung nahm nur die Bundesagentur für Arbeit in Angriff. Die anderen Rehabilitationsträger beschränkten sich darauf, im Einzelfall Kontingente der Bundesagentur mitnutzen zu können. Die Bundesagentur entschied sich, nicht die Integrationsfachdienste zu nutzen, sondern, ohne gesetzlichen Zwang, die Beauftragung geeigneter Träger ausschließlich durch vergaberechtliche Ausschreibung zu gewinnen und diese auf Basis einer entsprechenden **Leistungsbeschreibung** vertraglich zu verpflichten. Durch die Anwendung des Vergaberechts sind sehr oft ungeeignete Träger wegen eines günstigen Angebotes zum Zuge gekommen, die die gesetzlichen Voraussetzungen nach § 55 Abs. 5 (→ Rn. 20) nicht oder nur unzulänglich erfüllen konnten. Demzufolge ist die Angebotsstruktur für die Unterstützte Beschäftigung von häufigen Träger- und Fachkräftewechseln gekennzeichnet.

II. Gesetzeshistorie

2 Vor dem eigentlichen Gesetzgebungsverfahren legte das BMAS bereits im Juli 2007 Eckpunkte und im Mai 2008 einen Referentenentwurf zur Unterstützten Beschäftigung vor. Die Bundesregierung brachte dann am 7.10.2008 den Entwurf eines Gesetzes zur Einführung Unterstützter Beschäftigung ein.[5] Dieser Gesetzentwurf führte zunächst zu heftigen Kontroversen zwischen dem Bund und den Ländern. Die Stellungnahme des Bundesrates vom 19.9.2008[6] wurde in fast allen Punkten von der Bundesregierung zurückgewiesen.[7] Die erste Lesung fand am 16.10.2008 statt. Nach einer Sachverständigenanhörung am 5.11.2008 legte der Ausschuss Arbeit und Soziales am 12.11.2008 eine Beschlussempfehlung und Bericht vor.[8] Diese führte zu wesentlichen Änderungen des Gesetzentwurfs, die zum großen Teil von den Ländern anregt worden waren:

- In § 38 a Abs. 2 wurde die Möglichkeit geschaffen, die maximale Dauer der individuellen betrieblichen Qualifizierung auch dann um 12 Monate auf 36 Monate Förderdauer zu verlängern, wenn dies aufgrund von Art und Schwere der Behinderung zur Erreichung des Maßnahmeziels erforderlich ist.
- In § 38 a Abs. 2 Satz 3 wurden die zuständigen Rehabilitationsträger nun durch Verweis auf § 6 Abs. 1 Nr. 2 bis 5 konkretisiert.
- In § 38 a Abs. 3 wurde die Zuständigkeit für die Berufsbegleitung der Rehabilitationsträger nach § 6 Abs. 1 Nr. 3 und 5 präzisiert.
- In § 38 a Abs. 5 wurden die Integrationsfachdienste auf Wunsch des Bundesrates ausdrücklich als möglicher Leistungsanbieter genannt.
- In § 38 a Abs. 6 Satz 1 wurden die Rehabilitationsträger nach § 6 Abs. 1 Nr. 5 ebenfalls einbezogen und mit Satz 2 klargestellt, dass auch Leistungsinhalte Gegenstand der vorgesehenen Gemeinsamen Empfehlung sein kön-

---

5 BT-Drs. 16/10487.
6 BR-Drs. 543/08.
7 BT-Drs. 16/10487.
8 BT-Drs. 16/10905.

nen. Mit Satz 3 wurde abschließend klargestellt, dass auch Absatz 4 von § 13 für den Abschluss einer gemeinsamen Empfehlung relevant sein kann.
- In § 40 Abs. 4 wurde geregelt, dass die Förderzeit in Unterstützter Beschäftigung nun nur noch zur Hälfte auf die Förderdauer im Berufsbildungsbereich der Werkstatt für behinderte Menschen angerechnet werden wird.
- In § 102 Abs. 3 a wurde der Rechtsanspruch auf Berufsbegleitung als Aufgabe der Integrationsämter im Rahmen der begleitenden Hilfe im Arbeitsleben festgelegt.
- In § 136 Abs. 1 wurde den Werkstätten für behinderte Menschen die Möglichkeit eingeräumt, ausgelagerte Arbeitsplätze auf Dauer einzurichten.

Die zweite und dritte Lesung im Bundestag fanden am 13.11.2008 statt. Am 19.12.2008 wurde dem geänderten Gesetzentwurf durch den Bundesrat zugestimmt.

Die Regelung wurde durch Artikel 5 des Gesetzes vom 22.12.2008 zur Einführung der Unterstützten Beschäftigung mit Wirkung vom 29.12.2008 in das SGB IX als § 38 a eingefügt.[9]

Durch Artikel 1 des Gesetzes zur Stärkung der Teilhabe und Selbstbestimmung von Menschen mit Behinderungen (Bundesteilhabegesetz – BTHG) wurden mit Wirkung vom 1.1.2018 durch Erweiterung der Regelungen des Teils 1 die bisherigen Regelungen des § 38 a aF inhaltsgleich zum neuen § 55. Die Vorschrift entspricht der bisherigen Rechtslage.

III. Zielsetzung und Zielgruppe

Behinderte Menschen mit einem besonderen Unterstützungsbedarf, die bisher nicht unter den Bedingungen des allgemeinen Arbeitsmarktes beschäftigt werden konnten und deshalb auf die Leistungen in einer Werkstatt für behinderte Menschen angewiesen waren, sollen durch intensive personale Unterstützung und **individuelle betriebliche Qualifizierung** in die Lage versetzt werden, unter individuell angepassten Bedingungen sozialversicherungspflichtige Arbeitsverhältnisse erreichen zu können. Hierzu sollen sie ihre Leistungsfähigkeit und ihre Basisfähigkeiten so weit entwickeln, dass sie über die kompensatorische Wirkung finanzieller Förderung hinaus Arbeitgeber von ihren Fähigkeiten und ihrer Zuverlässigkeit dauerhaft überzeugen können. Für die Sicherung der Teilhabe am Arbeitsleben stehen den behinderten Menschen so weit im Einzelfall erforderlich auch Leistungen zur **Berufsbegleitung** zur Verfügung. Mit den Leistungen zur Unterstützten Beschäftigung sollen also individuelle (auf die Fähigkeiten und Einschränkungen des Einzelnen zugeschnittene) Chancen zur **Teilhabe am Arbeitsleben des allgemeinen Arbeitsmarkts als Alternative zur Werkstatt für behinderte Menschen** eröffnet und genutzt werden.

Der Gesetzgeber hat die **Zielgruppe der Unterstützten Beschäftigung nicht näher präzisiert**. Der Gesetzestext spricht lediglich von „behinderten Menschen mit besonderem Unterstützungsbedarf". Bei der Ergänzung „mit besonderem Unterstützungsbedarf" handelt es sich um einen unbestimmten Rechtsbegriff, der dringend auslegungsbedürftig ist. Er passt auf den ersten Blick nicht in die bisherige Logik und Terminologie des Sozialgesetzbuchs. Eine Einordnung in die übliche Förderlogik (vgl. dazu Grafik → § 49 Rn. 15) ist nur dann möglich, wenn man die Ausgangssituation der Menschen mit Behinderungen, die bisher auf die Förderung der Werkstatt für behinderte Menschen angewiesen waren, und das Ziel der Maßnahme: die Erreichung und Sicherung sozialversicherungspflichtiger Arbeitsverhältnisse übereinander bringen soll. Hinweise zur

---

9 BGBl. I 2959.

Zielgruppe lassen sich lediglich am allgemeinen Ziel der Unterstützten Beschäftigung als Alternative zur Förderung durch bzw. Beschäftigung in der Werkstatt für behinderte Menschen ableiten und finden sich punktuell auch in der Begründung. Dort werden zu Nummer 3 zu § 55 (38 a aF) insbesondere Schulabgänger/innen der Förderschulen als Zielgruppe genannt.[10] An gleicher Stelle werden auch Personen genannt, die im Laufe ihres Erwerbslebens durch eine Behinderung soweit beeinträchtigt werden, dass sie unter den üblichen Bedingungen des allgemeinen Arbeitsmarktes nicht mehr oder noch nicht wieder beschäftigt werden können und die deshalb nicht nur den Tatbestand der vollen Erwerbsminderung nach § 43 SGB VI erfüllen, sondern auch bisher ebenfalls nur noch in der Werkstatt für behinderte Menschen gefördert und beschäftigt werden konnten.

5 Vergleichbar mit der Zielgruppe der Unterstützten Beschäftigung sind somit die Zielgruppe der Integrationsfachdienste nach §§ 192 (109 aF) ff., des Berufsbildungsbereichs der Werkstatt für behinderte Menschen nach § 57 (40 aF) iVm § 219 (136 aF) ff. sowie der Inklusionsbetriebe nach § 215 (132 aF) ff. Bei genauerer Betrachtung gibt es eine große Schnittmenge bei diesen Angeboten: Zur Aufgabe der Integrationsfachdienste gehört es ua nach § 192 (109 aF) Abs. 2 Nr. 2, „schwerbehinderte Schulabgänger, die für die Aufnahme einer Beschäftigung auf dem allgemeinen Arbeitsmarkt auf die **Unterstützung** eines Integrationsfachdienstes angewiesen sind", entsprechend ihrer Neigungen und Fähigkeiten auf die Aufnahme einer geeigneten Tätigkeit am allgemeinen Arbeitsmarkt vorzubereiten und solange erforderlich am konkreten Arbeitsplatz zu begleiten, bis ein angemessenes sozialversicherungspflichtiges Arbeitsverhältnis erreicht bzw. gesichert ist (vgl. auch § 193 (110 aF) Abs. 2). Dies sind nach Absatz 3 insbesondere schwerbehinderte Menschen mit einer geistigen oder seelischen Behinderung. Insofern handelt es sich bei der Zielgruppe der Integrationsfachdienste ganz überwiegend um besonders betroffene schwerbehinderte Menschen im Sinne des § 155 (72 aF), die wegen der unmittelbaren Auswirkungen ihrer Behinderung erhebliche Wettbewerbsnachteile haben, oder um behinderte Menschen, die wegen erheblicher Einschränkungen der Leistungsfähigkeit, Belastbarkeit der Arbeitsvermittlung nicht (mehr) zur Verfügung stehen (§ 138 Abs. 5 SGB III) und/oder die rentenrechtlich als dauerhaft voll erwerbsgemindert eingestuft werden können. Sie erfüllen somit auch den Tatbestand der wesentlichen Behinderung oder einer drohenden wesentlichen Behinderung nach § 53 SGB XII. Dabei handelt es sich also um Menschen, die wegen der Auswirkungen ihrer Behinderung nicht, noch nicht oder noch nicht wieder unter den üblichen Bedingungen am allgemeinen Arbeitsmarkt beschäftigt werden können.

Nach § 56 (39 aF) werden Leistungen in Werkstätten für behinderte Menschen iSd § 219 (136 aF) erbracht, um die Leistungs- oder Erwerbsfähigkeit der behinderten Menschen zu erhalten, zu entwickeln, zu verbessern oder wiederherzustellen, die Persönlichkeit zu fördern und ihre Beschäftigung zu ermöglichen. Aufgabe der Werkstatt für behinderte Menschen ist es auch, wesentlich behinderte Menschen (oder Menschen, denen eine solche Behinderung droht) auf eine geeignete Tätigkeit am allgemeinen Arbeitsmarkt vorzubereiten und einen solchen Übergang zu ermöglichen (vgl. § 219 (136 aF) Abs. 1 Satz 3).

Auch die Inklusionsunternehmen haben eine Brückenfunktion zwischen der Werkstatt für behinderte Menschen und dem allgemeinen Arbeitsmarkt. Nach

---

10 BT-Drs. 16/10487, 9.

§ 215 (132 aF) Abs. 2 Nr. 2 und 3 sollen sie schwerbehinderte Menschen beschäftigen,
- die nach einer zielgerichteten Vorbereitung in einer Werkstatt für behinderte Menschen auf den Übergang in den allgemeinen Arbeitsmarkt vorbereitet werden sollen oder
- die nach Beendigung einer schulischen Bildung nur dann Aussicht auf eine Beschäftigung auf dem allgemeinen Arbeitsmarkt haben, wenn sie zuvor in einem Inklusionsbetrieb an berufsvorbereitenden Bildungsmaßnahmen teilnehmen und dort beschäftigt und weiterqualifiziert werden.

Wenn es sich bei der Zielgruppe der Unterstützten Beschäftigung um Menschen handelt, die bisher ohne diese Fördermöglichkeit ausschließlich in einer Werkstatt für behinderte Menschen Förderung und Beschäftigung finden konnten, dann muss es sich zwangsläufig um **wesentlich behinderte Menschen oder um von einer solchen Behinderung bedrohte Menschen** handeln.

Allerdings wurde mit dem Rechtsanspruch auf Unterstützte Beschäftigung für wesentlich behinderte Menschen, die unter bestimmten Unterstützungsbedingungen auch am allgemeinen Arbeitsmarkt gefördert werden können, die Aufnahme in die Werkstatt für behinderte Menschen **nachrangig**. Alle anderen Maßnahmen zur beruflichen Bildung und Qualifizierung sowie berufsvorbereitende Bildungsmaßnahmen, die im Einzelfall genutzt werden können, sind gegenüber der Unterstützten Beschäftigung **vorrangig**.

IV. Individuelle betriebliche Qualifizierung

Nach § 55 (38a aF) Abs. 1 erhalten diejenigen Leistungen zur individuellen betrieblichen Qualifizierung und zur Berufsbegleitung, die zur Erlangung, Stabilisierung und Sicherung einer angemessenen, geeigneten und sozialversicherungspflichtigen Beschäftigung auf Unterstützung durch geeignete Fachdienste angewiesen sind. Behinderte Menschen mit besonderem Unterstützungsbedarf sollen auf Arbeitsplätzen in Betrieben des allgemeinen Arbeitsmarkts mit der Perspektive eines Arbeitsverhältnisses qualifiziert werden. Dies entspricht inhaltlich grob vereinfacht und verkürzt dem unter → Rn. 1 bereits beschrieben Ansatz der bisherigen Modellprojekte, der bei diesen Projekten jedoch konzeptionell wesentlich breiter gefasst wurde. Vergleichbar ist das **Prinzip: „Erst platzieren, dann qualifizieren"**. Im Rahmen eines „**Job Coachings**" soll ein behinderter Mensch durch einen Qualifizierungsanleiter/-trainer auf einem individuell zugeschnittenen Arbeitsplatz so lange eingearbeitet und unterstützt werden, bis er seine Arbeitsaufgaben selbstständig erledigen kann. Darin wird eine neue Möglichkeit gesehen, insbesondere Schulabgängern aus Förderschulen (Bildungszweig für geistig behinderte Menschen) eine Perspektive auf dem allgemeinen Arbeitsmarkt zu eröffnen. Entgegen der bisherigen Praxis der Modellprojekte wird jedoch vor der Aufnahme in die individuelle betriebliche Qualifizierung (InbeQ) im Rahmen der Unterstützten Beschäftigung auf eine umfassende Phase der **schulischen und beruflichen Orientierung** in der Schule ebenso verzichtet, wie auf eine durchgehende **Begleitung durch Integrationsfachdienste** und einen kontinuierlichen sonderpädagogisch ausgerichteten **Berufsschulunterricht**. Insofern müssen wesentliche Elemente der schulischen und beruflichen Orientierung durch den beauftragten Leistungsanbieter (Qualifizierungsanleiter/Qualifizierungstrainer) nachgeholt werden. Die erste Aufgabe von InbeQ ist es deshalb, die **Neigungen, Wünsche und beruflichen Ziele** der Teilnehmenden zu erfassen und mit deren Fähigkeiten bzw. den Anforderungen des allgemeinen Arbeitsmarktes abzugleichen. Dieser Prozess gelingt dann besonders überzeugend, wenn hierzu ein breites Spektrum an Orientierungs- und Erprobungsmöglichkeiten erschlossen werden kann. Nach den Verdingungsunterlagen der Bundesagentur für Arbeit sollten hierfür maximal 8 Wochen benötigt werden. Eine solche zeitliche Einschränkung ist nach bisherigen fachlichen Erfahrungen nicht sachgerecht. Eine solche zeitliche Einengung ist auch durch die gesetzliche Regelung nicht verlangt. Aussicht auf nachhaltigen Erfolg gibt es aus den bisherigen Erfahrungen nur dann, wenn auch eine tragfähige und **belastbare Eigenmotivation** der Teilnehmenden vorliegt (bzw. erzeugt werden kann) und wenn die Arbeitgeber von den Fähigkeiten und vor allem der Zuverlässigkeit der Teilnehmenden grundsätzlich überzeugt werden können. Eine zeitliche Einengung der Orientierungs- und Erprobungsphase (aus vertraglichen Vorgaben der Bundesagentur für Arbeit) führt in nicht wenigen Fällen zu suboptimalen Bedingungen und kann die Erreichung des Maßnahmeziels bereits zum Beginn der Maßnahme erheblich mindern.

Die Vorbereitung auf eine vermutlich geeignete Tätigkeit kann erst dann einsetzen, wenn vorher in der **Orientierungs- und Erprobungsphase** mit großer Sorgfalt und in der individuell erforderlichen Zeit, Neigung, Eignung und betriebliche Anforderungen zur weitgehenden Deckung gebracht werden konnten. Das eigentliche „Training on the Job" beginnt dann auf einem grundsätzlich geeigneten Arbeitsplatz, der Aussicht auf Übernahme in ein Arbeitsverhältnis versprechen kann.

8 Mit der individuellen betrieblichen Qualifizierung sollen neben der unmittelbar funktionsbezogenen Qualifizierung (Training on the Job) auch **berufsübergreifende Lerninhalte** vermittelt werden sowie die **Persönlichkeit und Schlüsselqualifikationen** (Basiskompetenzen) weiterentwickelt werden. Auch hier gibt es eine Analogie zur Aufgabenstellung der Werkstatt für behinderte Menschen bzw. der Inklusionsunternehmen. Bei einem Teil der unter → Rn. 1 beschrieben Modelle erhalten die Teilnehmer individuell ausgestalteten Unterricht an Berufsschulen. Dort werden dann nicht nur die berufsübergreifenden und persönlichkeitsfördernden Inhalte abgedeckt, sie erhalten vielmehr auch der jeweiligen betrieblichen Situation individuell angepasste fachspezifische Unterweisungen. Nicht zuletzt erhalten diese Berufsschüler am Ende der Maßnahme neben der Teilnahmebestätigung auch ein Zeugnis der Berufsschule. Die Nutzung allgemeiner Berufsschulen ist nach bisherigen Erfahrungen nicht nur ein weiteres Element zur Inklusion, sondern wirkt sich ganz wesentlich motivations- und leistungssteigernd aus.

Ziel der berufsübergreifenden und persönlichkeitsfördernden Lerninhalte ist es, nicht nur die soziale Kompetenz zu fördern, sondern auch die (wesentlich) behinderten Menschen umfassend zu einem möglichst selbstbestimmten und eigenständigen Leben sowie zu weitgehender Unabhängigkeit von laufenden Unterstützungsleistungen zu befähigen.

Die Bundesregierung äußerte in der Begründung zum Gesetzentwurf zu Absatz 2: „Individuelle betriebliche Qualifizierung sollte zu einem sozialversicherungspflichtigen Arbeitsverhältnis führen, bei dem **keine weitere Unterstützung mehr erforderlich ist**".[11] Diese Annahme ist besonders praxisfern. Dies kritisiert auch der Bundesrat in seiner Stellungnahme vom 19.9.2008.[12] Der Bundesrat bezieht sich dabei auf praktische Erfahrungen aus den Ländern, die bereits seit Jahren Übergänge aus Schulen und Werkstätten für behinderte Menschen fördern. Nach Erhebungen des Kommunalverbandes für Jugend und Soziales (KVJS) Baden-Württemberg 2009 waren bei mehr als zwei Dritteln aller bisher erreichten

---
11 BT-Drs. 16/10487.
12 BT-Drs. 16/10487, 14.

1261 Arbeitsverhältnissen für Übergänger/innen aus Schulen und Werkstätten laufende Lohnkostenzuschüsse erforderlich. Bei ca. 25 % aller Fälle reichen die Leistungen der vorrangigen Leistungsträger (Arbeitsagenturen und Integrationsämter) nicht aus, um die Beschäftigung von wesentlich behinderten Menschen dauerhaft zu sichern.[13] In einigen Bundesländern (Baden-Württemberg, Nordrhein-Westfalen und Rheinland-Pfalz) wurden deshalb spezifische Förderprogramme aufgelegt, um die vorrangigen Leistungen der Arbeitsagenturen und später der Integrationsämter aus Mitteln der Eingliederungshilfe zu ergänzen (sogenannte ergänzende Lohnkostenzuschüsse aus Mitteln der Eingliederungshilfe).

Mit der Einführung des Budgets für Arbeit nach § 61 zum 1.1.2018 folgt der Gesetzgeber diesen Erkenntnissen mit reichlicher Verspätung (→ § 61 Rn. 4).

Die **Dauer** der individuellen betrieblichen Qualifizierung geht in Abhängigkeit zu den individuellen Voraussetzungen nach Abs. 2 Satz 3 bis zu zwei Jahre. Eine **Verlängerung** um bis zu zwölf Monate ist ausnahmsweise nach Abs. 2 Satz 4 möglich, wenn wegen der Art oder Schwere der Behinderung das Ziel der Maßnahme nicht anders zu erreichen ist. Die Verlängerung setzt voraus, dass der Grund für die Verlängerung nunmehr ausschließlich in der Art und Schwere der Behinderung liegt. Darüber hinaus ist eine Verlängerung nur dann möglich, wenn hinreichend gewährleistet ist, dass eine weitere Qualifizierung zur Aufnahme einer sozialversicherungspflichtigen Beschäftigung führt. Eine solche Gewährleistung ist jedoch schon in der Natur der Sache unsinnig. Die öffentlich-rechtliche Verpflichtung des Leistungserbringers durch den Leistungsträger (Auftraggeber) geht regelmäßig ohne dessen Verschulden ins Leere, weil der Abschluss eines Arbeitsverhältnisses nicht behördlich angeordnet werden kann. Über den Abschluss eines Arbeitsvertrages entscheiden der Arbeitgeber im Rahmen der Privatautonomie völlig souverän. Arbeitsverhältnisse kommen dann zu Stande, wenn die persönlichen und betrieblichen Voraussetzungen stimmen. Es fehlen somit nunmehr die in der Gesetzesbegründung noch genannten sachlichen Gründe für eine notwendige Verlängerung. Als Beispielsfälle führt die Entwurfsbegründung an: Ein Betrieb wird wegen Insolvenz geschlossen und die Qualifizierung muss deswegen bei einem anderen Betrieb neu begonnen werden oder die Auftragslage bzw. Geschäftsentwicklung lässt auf absehbare Zeit eine Neueinstellung nicht zu. Ohne Not hat der Gesetzgeber sinnvolle und für die Praxis relevante Möglichkeiten zur Verlängerung von InbeQ ausgeschlossen. *Ernst* folgert deshalb: „dies könnte sich als deutlicher Mangel dieser Vorschrift erweisen".[14]

Zuständige Leistungsträger der individuellen betrieblichen Qualifizierung sind die in § 6 Abs. 1 Nr. 2 bis 5 aufgeführten Rehabilitationsträger. Die **Voraussetzungen** für die Leistung richten sich nach den jeweiligen Leistungsgesetzen der Rehabilitationsträger. Somit sind die Träger der Eingliederungshilfe für behinderte Menschen (für junge seelisch behinderte Menschen sind dies die Träger der öffentlichen Jugendhilfe – für geistig behinderte Menschen sind es die Träger der Sozialhilfe) nicht Träger der Unterstützten Beschäftigung (→ Rn. 14).

Unterstützte Beschäftigung ist **nachrangig** gegenüber Berufsausbildungen und berufsvorbereitenden Bildungsmaßnahmen. Wird während der Qualifizierungsphase festgestellt, dass das Ziel der Maßnahme (ein Arbeitsverhältnis) nicht erreicht werden kann und deshalb die Werkstatt für behinderte Menschen der ad-

---

13 S. https://www.kvjs.de/behinderung-und-beruf/projektinitiativen/aktion-1000-perspektive-2020/#c14587.
14 *Ernst/Adlhoch/Seel*, 2010, § 38a Abs. 2 Rn. 15.

äquate Ort für die Förderung des behinderten Menschen ist, soll die Maßnahme abgebrochen werden und ein Wechsel in die Werkstatt erfolgen. Als Folge des Wechsels wird nach § 57 (40 aF) Abs. 4 ein Teil der Zeit der InbeQ im Rahmen der Unterstützten Beschäftigung auf die Dauer des Berufsbildungsbereichs angerechnet. Die **Anrechnung der Qualifizierungszeiten** ist gemäß der Beschlussempfehlung des Ausschusses für Arbeit und Soziales vom 12.11.2008[15] auf die Hälfte begrenzt worden. Insgesamt darf die zusammengefasste Förderdauer von Unterstützter Beschäftigung und Berufsbildungsbereich jedoch 36 Monate nicht übersteigen.

12 Mit der Einordnung der Unterstützten Beschäftigung in das Kapitel 10 (5 aF) Teil 1 wird klargestellt, dass die Teilnehmer an der individuellen betrieblichen Qualifizierung Anspruch auf ergänzende Leistungen nach § 64 (44 aF) – insbesondere auf **Ausbildungsgeld** bzw. **Übergangsgeld** haben sowie sozial versichert werden. Sie sind ebenso wie die Teilnehmer an anderen Maßnahmen der Berufsvorbereitung auch **rentenversichert**. Das ist durch eine Gesetzesänderung in Art. 3 Nr. 1 des Gesetzes vom 22.12.2008 in § 1 Satz 1 Nr. 3 SGB VI sichergestellt worden. Durch eine Ergänzung des § 162 SGB VI ist geregelt, dass sie zu 20 vom Hundert der monatlichen Bezugsgröße rentenversichert werden.

13 Zwischen Teilnehmerinnen/Teilnehmern an der individuellen betrieblichen Qualifizierung und dem Inhaber des qualifizierenden Betriebs bestehen **regelmäßig keine arbeitsrechtlichen Beziehungen**. Der Betriebsinhaber stellt nur die betrieblichen Einrichtungen dem Rehabilitationsträger zur Verfügung. Zwischen diesem Träger und den Teilnehmern besteht ein besonderes sozialrechtliches Rechtsverhältnis. Soweit bei den behinderten Teilnehmern eine Schwerbehinderung oder Gleichstellung vorliegt, werden die Interessen dieser Beschäftigten auch dann, wenn **kein Arbeitsverhältnis** besteht, nach § 178 (95 aF) Abs. 1 Satz 1 SGB IX von der Schwerbehindertenvertretung vertreten.[16] Die Schwerbehindertenvertretung ist daher auch in der Lage, nach § 178 (95 aF) Abs. 1 Satz 2 Nr. 2 bei dem zuständigen Träger zu beantragen, dass die Voraussetzungen für eine Fortsetzung der Unterstützten Beschäftigung im Rahmen der Berufsbegleitung vorliegen. Folgerichtig muss diesen schwerbehinderten Menschen auch das Wahlrecht zur Schwerbehindertenvertretung nach § 177 (94 aF) Abs. 2 SGB IX zustehen.[17]

V. Berufsbegleitung

14 Unterstützte Beschäftigung umfasst bei Bedarf auch die im Einzelfall erforderliche Berufsbegleitung nach Absatz 3. Diese setzt die **Aufnahme oder den Bestand eines regulären Beschäftigungsverhältnisses** voraus. Dies bedeutet, dass nach Abschluss der betrieblichen Qualifizierung ein Arbeitsvertrag zwischen dem behinderten Menschen und dem Arbeitgeber abgeschlossen werden konnte. Berufsbegleitung setzt also frühestens dann ein, wenn nach Aufnahme (oder zur Sicherung) eines regulären Beschäftigungsverhältnisses weitere personale Unterstützung zur **Stabilisierung**, zur **Krisenintervention** oder zur **Sicherung der Beschäftigung** erforderlich sein wird. Berufsbegleitung kommt nach Darlegung der Regierungsbegründung auch für Übergänger/innen aus der Werkstatt für behinderte Menschen als Leistung der Integrationsämter im Rahmen der durch die Berufsbegleitung erweiterten begleitenden Hilfe im Arbeitsleben nach § 185

---

15 BT-Drs. 16/10905.
16 Vgl. zu der Rechtsstellung der Rehabilitanden: BAG 27.6.2001 – 7 ABR 50/99, Behindertenrecht 2001, 203.
17 Vgl. zu der Rechtsstellung der Rehabilitanden: BAG 27.6.2001 – 7 ABR 50/99, Behindertenrecht 2001, 203.

Abs. 4 (102 Abs. 3 a aF) in Betracht.[18] Übergänger/innen aus den Werkstätten für behinderte Menschen erhalten jedoch keine Leistungen zur InbeQ nach § 55 (38 a aF) Abs. 2. Die Träger der Eingliederungshilfe wurden als Leistungsträger der InbeQ ausgeschlossen. Die Förderung (Vorbereitung und Begleitung) von Übergängen aus den Werkstätten für behinderte Menschen ist nach § 58 (41 aF) Abs. 2 Nr. 3 iVm § 219 (136 aF) Abs. 1 Satz 3 originäre Aufgabe der Werkstätten. Diese Verpflichtung soll mit dem Ausschluss aus einer Förderung von InbeQ Nachdruck verliehen werden.

Neben der personalen Unterstützung durch die Berufsbegleitung werden nach bisherigen Erfahrungen regelmäßig auch andere Leistungen zur Teilhabe am Arbeitsleben erforderlich. Im Vordergrund stehen Eingliederungszuschüsse nach §§ 88 ff. SGB III bzw. nach § 50 (34 aF) Abs. 1 Nr. 2 SGB IX. Zusätzlich greifen sämtliche Leistungen zur Kompensation der Auswirkungen der Behinderung im Arbeitsleben.[19] Darüber hinaus können für schwerbehinderte Menschen sämtliche Leistungen der Begleitenden Hilfe im Arbeitsleben relevant werden. Die üblichen Förderleistungen sind in analoger Anwendung zur Förderung der InbeQ gegenüber der Berufsbegleitung **vorrangig**.

Bei der Bedarfsfeststellung von Berufsbegleitung ist zunächst zu prüfen, ob der erforderliche Unterstützungsbedarf nicht mit den og Leistungen gedeckt werden kann. Im Mittelpunkt der Berufsbegleitung stehen jedoch unmittelbar personale Unterstützungsleistungen. Hierzu werden bisher überwiegend die Integrationsfachdienste beauftragt. Diese erfolgt durch die Rehabilitationsträger im Rahmen ihrer Aufgaben nach § 49 (33 Abs. 6 Nr. 8 aF) Abs. 6 Nr. 9 iVm § 192 (109 aF) Abs. 4. Dabei wird auch auf den Aufgabenkatalog der Integrationsfachdienste nach § 193 (110 aF) verwiesen. Für den gleichen Zweck können die Integrationsämter die Integrationsfachdienste im Rahmen der psychosozialen Betreuung nach § 185 (102 aF) Abs. 2 Satz 2 beauftragen.

Erst wenn die übliche personale Unterstützung durch die Integrationsfachdienste nicht ausreicht, um die Beschäftigungssituation nachhaltig zu stabilisieren, kommen **nachrangig** spezifische Leistungen zur Berufsbegleitung in Betracht. Damit wird deutlich, dass Leistungen zur Berufsbegleitung **über die üblichen Leistungen hinausgehen** müssen. Als typische Leistung der Berufsbegleitung kann ein **intensives Jobcoaching** angesehen werden. Das intensive Jobcoaching ist dann erforderlich, wenn die bisherige Arbeit entfällt, die Arbeitsabläufe im Betrieb durch andere Aufträge, neue Produkte oder wesentlich geänderte Strukturen eine umfassende Anpassung durch gezieltes Arbeitstraining erforderlich machen. **Jobcoaching** ist in Abgrenzung zur Arbeitsassistenz dadurch gekennzeichnet, dass es **mit zunehmender Zeitdauer an Intensität und Umfang abnimmt** und am Ende eine erfolgreiche Übernahme neuer betrieblicher Aufgaben sichergestellt werden kann.

Die Beschäftigten aus der Zielgruppe der Unterstützten Beschäftigung haben nach Abschluss eines Arbeitsvertrages Anspruch auf Interessensvertretung durch die üblichen Organe. Beschäftigte, die als schwerbehinderte Menschen anerkannt oder den schwerbehinderten Menschen gleichgestellt sind, werden sowohl nach § 178 (95 aF) Abs. 1 Satz 1 SGB IX von der Schwerbehindertenvertretung als auch nach § 80 Abs. 1 Nr. 4 BetrVG vom Betriebsrat vertreten. In den Dienststellen des öffentlichen Dienstes ergibt sich die zusätzliche Interessensvertretung durch den Personalrat nach den Personalvertretungsgesetzen der Länder oder des Bundes.

---

18 BT-Drs. 16/10487, 10.
19 Kosten für die notwendige Arbeitsassistenz, berufsbezogene Hilfsmittel, technische Arbeitshilfen, Kfz-Hilfe und Wohnungshilfe.

15 Der Rehabilitationsträger soll nach Absatz 4 schon während der individuellen betrieblichen Qualifizierung feststellen, ob voraussichtlich eine anschließende Berufsbegleitung erforderlich ist. Überträgt er die Durchführung einem Integrationsfachdienst oder einem anderen Leistungserbringer nach Absatz 5, so ist sicherzustellen, dass auch dieser den möglichen Bedarf an Berufsbegleitung oder vorrangiger Unterstützungsleistungen[20] prüfen wird. Zu beachten ist, dass die Trägerzuständigkeit für die Qualifizierung und die Berufsbegleitung auseinanderfallen kann. Das betrifft insbesondere die Gruppe der schwerbehinderten und ihnen gleichgestellten behinderten Menschen, vgl. Absatz 3 Satz 2. Der Rehabilitationsträger hat in diesem Fall das Integrationsamt schon während der Qualifizierung frühzeitig an der Feststellung zu beteiligen. Soweit möglich sollte es für die behinderten Menschen und die Betriebe nicht zu einer **Diskontinuität** bei der personalen Unterstützung kommen. Der einzelne behinderte Mensch hat jedoch nur dann Einfluss, wenn er die Ausführung der Leistung im **persönlichen Budget** beantragt. Bei der derzeitigen Regelung kommt es insbesondere beim Übergang Schule/Beruf im ungünstigen Falle gleich mehrfach zum Leistungsträger- und Leistungsanbieterwechsel. Dies widerspricht den zentralen Zielen des SGB IX fundamental. Die inhaltliche Nähe zu den Leistungen an die Integrationsfachdienste, der Inklusionsbetriebe und insbesondere der Werkstätten für behinderte Menschen (als Rehabilitationseinrichtungen) stellt die **vergaberechtliche Ausschreibung** von InbeQ durch die Bundesagentur deutlich in Frage. Bisher wird aus guten Gründen bei den Rehabilitationsdiensten- und Einrichtungen nach § 51 (35 aF) SGB IX auf **Kontinuität und langjährige Erfahrung** gesetzt. Basis erfolgreicher Strukturen sind die betriebswirtschaftlich nicht unmittelbar kalkulierbaren Erfahrungs- und Vertrauensgüter. Der Erfolg der bisherigen Modellprojekte basiert darauf, dass hier Initiativen mit ideeller Zielsetzung sehr viel Engagement, viel Erfahrung zur Zielgruppe und zum lokalen Arbeitsmarkt einbrachten und lokal mit allen abgebenden Einrichtungen gut vernetzt waren. Darüber hinaus konnten alle bisherigen Modelle personale Kontinuität über alle Stufen der schulischen und beruflichen Entwicklung über viele Jahre sicherstellen. Die generelle Zuordnung von InbeQ zu den Leistungen, die nach Vergaberecht regelmäßig ausgeschrieben werden müssen, ist kontraproduktiv und wird den Ansatz der Unterstützten Beschäftigung insbesondere in Betrieben nicht befördern (→ Rn. 1).

16 Haben schwerbehinderte und ihnen gleichgestellte behinderte Menschen Bedarf an Berufsbegleitung, sind für die im Rahmen der Berufsbegleitung zu erbringenden Leistungen nach Absatz 2 Satz 2 die Integrationsämter zuständig. Die Zuständigkeit ist eingeschränkt auf die Fälle, in denen wegen Art oder Schwere der Behinderung zur Sicherung des Beschäftigungsverhältnisses die Leistungen erforderlich sind. Auf Empfehlung des Ausschusses für Arbeit und Soziales vom 12.11.2008[21] ist in § 185 Abs. 4 (102 Abs. 3 a aF) SGB IX aufgenommen worden, dass schwerbehinderte und diesen gleichgestellte Menschen iSv § 2 Abs. 3 SGB IX gegenüber dem Integrationsamt in diesen Fällen sogar einen Anspruch auf Förderung der Kosten einer Berufsbegleitung haben. Insoweit war die Regelung des Anspruchs auf Übernahme der Kosten der Arbeitsassistenz in § 185 Abs. 5 (102 Abs. 4 aF) SGB IX Vorbild. In der zu Artikel 7 ergangenen Änderung ist § 17 der **Schwerbehinderten-Ausgleichsabgabeverordnung** entsprechend ergänzt worden. Nach dem neu eingefügten Absatz 1 b wird den Integra-

---

20 ZB die psycho-soziale Betreuung nach § 49 (33 aF) Abs. 6 in Zuständigkeit der Rehabilitationsträger oder nach § 185 (102 aF) Abs. 2 in Zuständigkeit der Integrationsämter.
21 BT-Drs. 16/10905.

tionsämtern ermöglicht, zur Erfüllung der Ansprüche auf Berufsbegleitung die Mittel der Schwerbehindertenausgleichsabgabe zu verwenden. Zugleich sind damit Befürchtungen zerstreut worden, es werde das Tor für den Bund aufgemacht, die Schwerbehindertenausgleichsabgabe für andere Zwecke zu verwenden.

Neben den Integrationsämtern nennt das Gesetz lediglich noch die Träger der gesetzlichen Unfallversicherung und die Träger des Rechts der sozialen Entschädigung (Kriegsopferversorgung/Kriegsopferfürsorge). Unklar ist die Zuständigkeitsfrage für andere behinderte Personen, die nicht als schwerbehinderte Menschen anerkannt oder den schwerbehinderten Menschen gleichgestellt sind oder nicht in die Zuständigkeit der gesetzlichen Unfallversicherung bzw. der Träger des Rechts der sozialen Entschädigung fallen und Bedarf an Berufsbegleitung haben. Die Entwurfsbegründung war davon ausgegangen, „in der Regel sei das Integrationsamt zuständig".[22] Jedenfalls nach der auf Empfehlung des Ausschusses für Arbeit und Soziales vom 12.11.2008 beschlossenen Änderung des § 185 Abs. 4 (102 Abs. 3 a aF) SBG IX ist diese Regel für das in Kraft getretene Gesetz nicht anwendbar. Durch Art. 7 des Gesetzes ist in § 35 Abs. 1 SGB VII klargestellt, dass zur Zuständigkeit der Gesetzlichen Unfallversicherung auch Leistungen nach § 55 (38 a aF) SGB IX gehören. Ferner ist durch Art. 6 des Gesetzes auf Anregung des Bundesrats **§ 26 Abs. 1 Bundesversorgungsgesetz** geändert worden. Die Änderung stellt sicher, dass die Träger der Kriegsopferfürsorge nicht nur Leistungen im Rahmen der betrieblichen Qualifizierung, sondern auch zur Berufsbegleitung zu erbringen haben. Für alle anderen behinderten Menschen gibt es keinen Träger für die Berufsbegleitung. In der Gesetzesbegründung ging man jedenfalls davon aus, dass diese Menschen faktisch schwerbehindert sein werden und dass es deshalb Aufgabe des Leistungsanbieters von InbeQ sein wird, während InbeQ die behinderten Menschen zur und bei der Beantragung der Anerkennung als schwerbehinderter Mensch zu beraten/unterstützen haben. Die Bundesagentur verpflichtet nach den derzeit gültigen Verdingungsunterlagen zur InbeQ jedenfalls die Leistungsanbieter zu entsprechenden Beratungs- und Unterstützungsleistungen.

VI. Beauftragte zur Durchführung

Das Gesetz hat zwar in Abs. 5 die **Integrationsfachdienste** als geeigneten und möglichen Träger der Unterstützten Beschäftigung genannt, gleichzeitig jedoch die Absicht begründet, diesen Markt auch für andere Anbieter zu öffnen. Nach Aussage der Bundesregierung sollen sich „neue Anbieter etablieren",[23] die von den Rehabilitations- und Leistungsträgern beauftragt werden können. Die Erfüllung der gesetzlichen **Qualitätsanforderungen** muss vor der Beauftragung festgestellt werden. Mit dieser Öffnung wurde die Anwendung des Vergaberechts begründet. Ohne die nach den § 55 (38 a aF) Abs. 6 gebotene gemeinsame Entwicklung (Konkretisierung und Weiterentwicklung) von Qualitätsanforderungen hatte die Bundesagentur für Arbeit bereits in der ersten Jahreshälfte 2009 Leistungen zur InbeQ flächendeckend ausgeschrieben und eingekauft – teilweise gab es erhebliche vergaberechtliche Auseinandersetzungen. Durch die Vergabekammer wurde das Vergabeverfahren mehrfach gerügt, so dass es in den beschwerten Losen zu veränderten Verdingungsunterlagen und zur Wiederholdung des Vergabeverfahrens gekommen war. Den Zuschlag haben bis auf wenige Ausnahmen nicht die Integrationsfachdienste erhalten. Auch ein Teil der

---

22 BT-Drs. 16/10487, 10.
23 BT-Drs. 16/10487, 10.

früheren Modellprojekte konnte nicht mehr beauftragt werden. Dem regelmäßigen Anbieterwechsel wurde seither Tür und Tor geöffnet.

19 Erstaunlicherweise gibt es auch zwölf Jahre nach Einführung der Unterstützten Beschäftigung **keine bundesweiten Verlaufs- und Ergebniszahlen**, die eine Bewertung deren Wirksamkeit zuließe. Der Gesetzgeber hat es versäumt – im Gegensatz zur Einführung der Integrationsfachdienste – den zuständigen Leistungsträgern zu diesem neuen und wichtigen Instrument umfassende Berichtspflichten gesetzlich aufzuerlegen. Bekannte Ergebnisdaten zur InbeQ liegen nur von der BAG-UB[24] vor. Die BAG-UB führt hierzu seit dem Jahr 2009 jährlich Umfragen bei den Anbietern von InbeQ durch. Sie hat im Mai 2019 einen umfassenden Praxisbericht „Unterstützte Beschäftigung" vorgelegt, der sich sowohl auf nicht repräsentative eigene Erhebungen als auch auf statistische Daten der Bundesagentur für Arbeit (BA) bezieht. Demnach wurden von der BA im Zeitraum 2011 bis 2016 insgesamt 15.920 Absolventen von InbeQ erfasst. Davon konnten 5.646 (= 35,5 %) ein sozialversicherungspflichtiges Arbeitsverhältnis am allgemeinen Arbeitsmarkt erreichen. Bei der Untersuchung der Nachhaltigkeit standen nach 24 Monaten noch 56,7 % der Absolventen in einem Arbeitsverhältnis.[25] Im Vergleich zu InbeQ erreichen die Teilnehmenden der Kooperativen berufliche Bildung und Vorbereitung (KoBV), ein speziell auf die Bedarfe von jungen Menschen mit intellektuellen Einschränkungen zugeschnittenes, Leistungsträger übergreifendes Angebot in Baden-Württemberg, Vermittlungsquoten, die seit Jahren über 65 % liegen. Dies liegt insbesondere daran, dass bereits die berufliche Orientierung und Vorbereitung in den Schulen Leistungsträger übergreifend organisiert wird und die Integrationsfachdienste von der beruflichen Orientierung über die berufliche Vorbereitung und Qualifizierung bis zur Vermittlung und langjährigen beruflichen Begleitung durchgehend für die Menschen mit Behinderungen, deren Arbeitgeber und die beteiligten Leistungsträger zur Verfügung stehen. Insofern ist es auch nachvollziehbar, dass die Nachhaltigkeitsquote der KoBV-Absolventen mit über 83 % deutlich über der Nachhaltigkeitsquote der InbeQ liegt.[26]

20 Um den Erfolg der Unterstützten Beschäftigung zu sichern, werden in Absatz 5 Satz 2 und 3 für diese Beauftragten in Bezug auf Ausstattung, Personal und Konzeption grundlegende Qualitätsanforderungen aufgestellt. Dazu gehört insbesondere die konsequente Ausrichtung des Trägers der InbeQ an den individuellen Bedürfnissen des behinderten Menschen. So muss beispielsweise der Träger in der Lage sein, mehrere behinderte Menschen mit unterschiedlichen Behinderungen und unterschiedlichen Berufswünschen gleichzeitig zu qualifizieren. Die in Absatz 5 Satz 3 Nr. 1 geforderte Berufsqualifikation der Fachkräfte verlangt den Nachweis einer psychosozialen oder arbeitspädagogischen Zusatzqualifikation mit ausreichender Berufserfahrung. Diese Regelung entspricht nach Inhalt und Wortlaut den fachlichen Anforderungen an die Integrationsfachdienste nach § 195 (112 aF) Abs. 1 Nr. 3. Das soll sicherstellen, dass eine Ausrichtung auf ambulante Unterstützung und Jobcoaching stattfindet. Der Träger muss nach Absatz 5 Satz 3 Nr. 2 auch über ein Netzwerk vielfältiger, systematisch aufgebauter Arbeitgeberkontakte verfügen, um auch tatsächlich

---

24 S. www.bag-ub.de.
25 S. https://www.bar-frankfurt.de/fileadmin/dateiliste/rehabilitation_und_teilhabe/Internationale_Themen/infopool-bag-ub/materialien/Praxisbericht/BAGUB_UBNQPraxisbericht_Downloadversion.pdf.
26 Näheres siehe unter https://www.kvjs.de/fileadmin/dateien/Schwerbehinderung/Projekte-Initiativen/Aktion_1000plus/Evaluation/Aktion1000-Perspektive2020_Evaluationsergebnisse.pdf.

individuell passende, betriebliche Qualifizierungsplätze akquirieren zu können. Nach Absatz 5 Satz 3 Nr. 3 muss eine ausreichende räumliche und sächliche Ausstattung vorhanden sein. Erforderlich ist nach Absatz 5 Satz 3 Nr. 4 ferner das Vorhandensein und die Weiterentwicklung eines Qualitätsmanagements: Das ist eine allgemeine Anforderung, deren Erfüllung bereits in § 37 (20 aF) Abs. 2 Satz 1 für alle Leistungserbringer verlangt wird.

Zur Konkretisierung der in Absatz 5 Satz 2 und 3 aufgestellten Anforderungen soll eine **gemeinsame Empfehlung** beitragen. Diese haben die Rehabilitationsträger nach § 6 Abs. 1 Nr. 2 bis 5 SGB IX sowie die Bundesarbeitsgemeinschaft der Integrationsämter und Hauptfürsorgestellen nach Absatz 6 Satz 1 zu beschließen. Mit dieser gemeinsamen Empfehlung sollen jedoch lediglich die Qualitätsanforderungen (Konkretisierung und Weiterentwicklung) an die Leistungsanbieter verabredet werden. Ob und inwiefern auch Regelungen zu den möglichen Leistungsinhalten und zur Zusammenarbeit geregelt werden, hat der Gesetzgeber der freiwilligen Entschließung der Vereinbarungspartner überlassen. Die Vergleichbarkeit der Leistungen und der erzielten Ergebnisse unterschiedlicher Leistungsanbieter ist aber nur dann gewährleistet, wenn es sich um einheitliche Vorgaben und Standards handelt. Die Rehabilitationsträger haben zum 1.12.2010 die entsprechende Gemeinsame Empfehlung „Unterstützte Beschäftigung" vereinbart.[27]

VII. Rechtspolitische Wertung

Im Laufe des Gesetzgebungsverfahrens gab es **erhebliche Kritik an den getroffenen Regelungen**.[28] Die Länder beanstandeten, der Entwurf sei unzulänglich. Bemängelt wurde insbesondere das Fehlen einer rechtlich eindeutigen Zielgruppenbeschreibung und -zuordnung. Dies sei vor allem deswegen problematisch, weil auch Menschen, die dauerhaft vollständig erwerbsgemindert iSd SGB VI sind, als Alternative zu einer Beschäftigung in einer Werkstatt für behinderte Menschen (WfbM) entsprechende Unterstützungsleistungen benötigten. Weiterhin sei die gesetzliche Verankerung eines „Clearing-Verfahrens" für alle behinderten Schülerinnen und Schüler mit sonderpädagogischem Förderbedarf in Förderschulen oder Regelschulen notwendig. Eine richtig angelegte Unterstützte Beschäftigung sollte nach den Erfahrungen der Praxis spätestens zwei Jahre vor der Schulentlassung mit einer gezielten schulischen Vorbereitung und einer abgestimmten Berufswegeplanung beginnen. Sie wäre als eine Komplexleistung zu organisieren, die von den zuständigen Leistungsträgern gemeinsam koordiniert werden müsste. Die bisherige gesetzliche Regelung bleibt weit hinter diesen Anforderungen zurück. Das Gesetz geht davon aus, dass es sich um eine eigenständige nach Ablauf der Unterstützen Beschäftigung auf dem Arbeitsmarkt wettbewerbsfähige Zielgruppe handelt, deren Ausgangslage zwischen der WfbM (siehe § 56 (39 aF) und § 219 (136 aF) SGB IX) und dem allgemeinen Arbeitsmarkt anzusiedeln ist. Hinsichtlich ihres Förderbedarfes handelt es sich um sogenannte „wesentlich behinderte Menschen". Das sind Menschen, die durch eine Behinderung wesentlich in ihrer Fähigkeit, an der Gesellschaft teilzuhaben, eingeschränkt oder von einer solchen wesentlichen Behinderung bedroht sind. Allein die Tatsache, dass Arbeitgeber im Einzelfall überzeugt werden können, ein individuell angepasstes und umfassend unterstütztes sowie langfristig finanziell gefördertes Arbeitsverhältnis einzugehen, spricht noch nicht dafür, dass die derart Beschäftigten ihre wesentliche Behinderung über-

---

27 S. www.bar-frankfurt.de.
28 Vgl. BR-Drs. 543/08, 2.

winden. Kritiker der gesetzlichen Regelung verweisen deshalb darauf, dass diese Personen auch bei guter Entwicklung ihrer Leistungsfähigkeit auf dauernde Unterstützung angewiesen sind und somit auf sich allein gestellt sich nicht im Wettbewerb auf dem allgemeinen Arbeitsmarkt behaupten können.
Insgesamt greift die derzeitige gesetzliche Regelung viel zu kurz. Ohne ein geregeltes berufliche Orientierungsverfahren, das bereits drei Jahre vor der Schulentlassung mit einer gezielten schulischen Vorbereitung beginnen soll und in einen gemeinsamen Prozess der beruflichen Orientierung einmündet (Berufswegekonferenz), ohne die notwendige Verzahnung von Inhalten, Angeboten und Akteuren und die damit einhergehende personale Konstanz im Unterstützungssystem sowie eine kalkulierbare Beteiligung der Träger der Eingliederungshilfe wird nicht nur vieles Stückwerk bleiben, sondern ist zu befürchten, dass wegen fehlender Regelungen Menschen mit Behinderungen trotz guter persönlicher Entwicklungspotentiale auf der Strecke bleiben.
Das BTHG ändert an dieser Misere wenig! So sind die Regelungen zur vertieften Berufsorientierung nach § 48 SGB III abhängig davon, dass es auf Landesebne mehrseitige Vereinbarungen zur Umsetzung dieser Regelungen geben wird, bei denen das jeweilige Bundesland 50 % der Kosten zu tragen hätte, die Umsetzung aber nach Regeln der Bundesagentur für Arbeit erfolgen soll.[29]
Bisher schrecken die meisten Länder vor einer solchen Regelung zurück. Sie stellt auch keinen zusammenhängenden Prozess von der beruflichen Orientierung über die berufliche Qualifizierung bis hin zur nachhaltigen Sicherung der Teilhabe am Arbeitsleben sicher.
Auch das Budget für Arbeit nach § 61 SGB IX wird nichts bewirken, wenn es keine gemeinsame Initiative von Werkstätten für behinderte Menschen, Integrationsfachdiensten, Trägern der Eingliederungshilfe sowie der Integrationsämter und Rehabilitationsträger geben wird. So viel gemeinsame Entschließung kommt selten zufällig zusammen; sie muss organisiert werden. Hier sind die Länder und die Träger der Eingliederungshilfe ebenso gefordert wie die Integrationsämter und die Rehabilitationsträger. Es wird weiterhin so sein, dass Übergänge aus Werkstätten für behinderte Menschen in reguläre Beschäftigungsverhältnisse umfassend vorbereitet werden müssen und bisher nur in Kooperation mit den Integrationsfachdiensten auch nachhaltig gelingen konnten. Für sich allein haben die Werkstätten für behinderte Menschen wenig Interesse, und nur wenige Länder beauftragen die IFD, in diesem Feld aktiv zu werden.[30]

23 Die Bundesregierung wollte dieser Kritik begegnen und hat mit der Initiative Inklusion – Handlungsfeld 1 den Versuch unternommen, Maßnahmen zur verstärkten beruflichen Orientierung von jungen Menschen mit einer schweren Behinderung nach dem Muster der Aktion 1000 flächendeckend zu ermöglichen. Demnach konnten schwerbehinderte junge Menschen bereits zwei Jahre vor der Schulentlassung durch Praktika am allgemeinen Arbeitsmarkt und entsprechende schulische Vorbereitungs- und Unterstützungsmaßnahmen einen umfassenden Überblick über den für sie erschließbaren Arbeitsmarkt sowie ein klares Bild von ihren beruflichen Kompetenzen (Kompetenzanalysen) erhalten; des Weiteren konnten für jeden jungen Menschen, der seine beruflichen Möglich-

---

29 S. Geschäftsanweisung der BA zu Berufsorientierungsmaßnahmen nach § 48 SGB III (BOM) (Stand Juli 2013), abrufbar unter https://www3.arbeitsagentur.de/web/wcm/idc/groups/public/documents/webdatei/mdaw/mti2/~edisp/l6019022dstbai449168.pdf?_ba.sid=L6019022DSTBAI449171.
30 S. *Deusch* im Jahresbericht der BIH zur Arbeit der IFD, S. 13, abrufbar unter https://www.integrationsaemter.de/IFD-Bericht/528c7124i/index.html.

keiten frühzeitig erproben und entwickeln möchte, Berufswegekonferenzen mit allen Beteiligten durchgeführt werden (→ Rn. 1). Eine systematische Verzahnung mit entsprechenden beruflichen Folgemaßnahmen ist bisher jedoch weder durch die Initiative Inklusion – Handlungsfeld 2 (betriebliche Berufsausbildung) noch durch entsprechende gesetzliche Regelungen erkennbar. Zum Abschluss der Initiative Inklusion hat es der Gesetzgeber durch Änderungen des Schwerbehindertenrechts durch Artikel 3 des Neunten Gesetzes zur Änderung des Zweiten Buches Sozialgesetzbuch – Rechtsvereinfachung – sowie zur vorübergehenden Aussetzung der Insolvenzantragspflicht vom 26.7.2016[31] ermöglicht, dass sich die Integrationsämter nach § 185 Abs. 3 Nr. 5 nachrangig an der Finanzierung von Maßnahmen zur beruflichen Orientierung beteiligen können und dass behinderte Jugendliche während einer beruflichen Orientierung, auch ohne, dass ein Grad der Behinderung festgestellt wurde, durch eine Stellungnahme der Agentur für Arbeit mit den schwerbehinderten Menschen gleichgestellt werden können. Beide Regelungen sollen es den Integrationsämtern ermöglichen, die Integrationsfachdienste aus Mitteln der Ausgleichsabgabe bei Förderung von Übergängen aus den Schulen zum allgemeinen Arbeitsmarkt zu beauftragen. Bedauerlicherweise geht der Gesetzgeber davon aus, dass dabei eine gemeinsame Finanzierung nach § 48 SGB III zum Tragen kommen wird. Dadurch soll die gemeinsame Finanzierung von Maßnahmen zur beruflichen Orientierung auf Landesebene ermöglicht werden. Eine finanzielle Beteiligung der Bundesagentur für Arbeit nach § 48 SGB III ist nach dienstlicher Weisung der Bundesagentur jedoch nur dann möglich, wenn der dabei zu beauftragende Dienstleister nach AZAV zertifiziert ist und die Leistungen vergaberechtlich ausgeschrieben werden.

Fazit: Isoliert betrieben ist InbeQ zwar nicht wirkungslos. Das Angebot könnte jedoch bei einer systematischen Verzahnung von schulischen und beruflichen Maßnahmen sowie der Kontinuität bei der personalen Unterstützung und in der Kooperation zwischen den Beteiligten wesentlich erfolgreicher sein. Dabei kann als Kriterium des Erfolges nicht allein der kurzfristige Vermittlungserfolg zählen. Maxime muss die nachhaltige Teilhabe am Arbeitsleben des allgemeinen Arbeitsmarktes sein. Aber um diesen Maßstab anlegen zu können, müssten hierzu erforderliche Evaluationspflichten verbindlich geregelt und eingeführt werden.

§ 56 Leistungen in Werkstätten für behinderte Menschen

Leistungen in anerkannten Werkstätten für behinderte Menschen (§ 219) werden erbracht, um die Leistungs- oder Erwerbsfähigkeit der Menschen mit Behinderungen zu erhalten, zu entwickeln, zu verbessern oder wiederherzustellen, die Persönlichkeit dieser Menschen weiterzuentwickeln und ihre Beschäftigung zu ermöglichen oder zu sichern.

Gesetzeshistorie: Die Vorschrift wurde durch Artikel 1 und 68 Abs. 1 SGB IX vom 19.6.2001[1] eingeführt. Die Regelung wurde durch Gesetz vom 23.12.2016 – Bundesteilhabegesetz – inhaltlich unverändert übernommen.[2] Die bislang benutzte Bezeichnung „behinderter Mensch" wurde gemäß dem Ductus des Gesetzes geändert auf „Mensch mit Behinderungen". Der Begriff „Werkstatt für

1

---

31 BGBl. I 1824, 2718.
1 BGBl. I 1046.
2 BGBl. I 3234.

behinderte Menschen" wurde vom Gesetzgeber allerdings nicht angepasst, sondern unverändert übernommen.

2 **Regelungsinhalt:** Die Vorschrift beschreibt die Zielsetzung der Leistungen zur Teilhabe am Arbeitsleben in anerkannten Werkstätten für behinderte Menschen.

3 **Zur Entstehung:** Die Vorschrift geht auf die früheren Regelungen in § 11 Abs. 3 RehaAnglG und § 54 Abs. 1 SchwbG zurück.

4 **Materialien:** Zum Regierungsentwurf 2001 nebst Begründung BT-Drs. 14/5074, 17 und 109 sowie BT-Drs. 14/5531, 5; zur Ausschussempfehlung BT-Drs. 14/5786, 36. Zum Bundesteilhabegesetz BT-Drs. 18/9522, 253 f.

5 Die Vorschrift verdeutlicht, dass Leistungen in Werkstätten für behinderte Menschen den Leistungen zur Teilhabe am Arbeitsleben zuzuordnen sind und ergänzt somit die Regelung des § 49. Dabei ist die Zielsetzung nach § 49 Abs. 1 die möglichst dauerhafte Sicherung der Teilhabe behinderter Menschen am Arbeitsleben. Nach § 49 Abs. 3 Ziffer 7 umfassen die Leistungen aber auch diejenigen Hilfen, die auf den Erhalt und die Ermöglichung angemessener und geeigneter Beschäftigung zielen. Die Regelung des § 56 verweist auf die Erbringung der Leistungen in einer anerkannten Werkstatt für behinderte Menschen. Diese Einrichtungsart wird im Kapitel 12 des Teils 3 (Werkstätten für behinderte Menschen, §§ 219–227) näher definiert. Die Zielsetzungen der in dieser Einrichtung zu erbringenden Leistungen werden additiv aufgezählt:
- die Erhaltung, Entwicklung, Verbesserung oder Wiederherstellung der Leistungs- oder Erwerbsfähigkeit der behinderten Menschen,
- die Weiterentwicklung der Persönlichkeit dieser Menschen und
- die Ermöglichung oder Sicherung ihrer Beschäftigung.

6 Adressat der Regelung sind die zuständigen Träger der Rehabilitation (siehe dazu § 63, → § 63 Rn. 6 ff.).

7 Im Kontext der Leistungen zur Teilhabe am Arbeitsleben steht die Werkstatt für behinderte Menschen (§§ 219 ff.) als Einrichtung denjenigen Personen offen, die wegen ihrer Funktionsbeeinträchtigung zwar noch ein Mindestmaß wirtschaftlicher Arbeitsleistung erbringen können, aber dazu besonderer, auch persönlichkeitsfördernder und -unterstützender Hilfestellung bedürfen. Diese Leistungen sind vom Gesetzgeber als Leistung zur Teilhabe am Arbeitsleben benannt, die Werkstatt ist aber nicht allein auf Arbeitsleben und Leistungsprinzip ausgelegt.[3] Aufgaben und Zielsetzung der Werkstatt füllen für den Bereich der Beschäftigung das in Art. 26 Abs. 1 UN-BRK geforderte Sicherstellungsgebot aus. Daher geht es in den Werkstätten vor allem darum, dass dieser Personenkreis ein Höchstmaß an Unabhängigkeit erlangen, seine Fähigkeiten entfalten und dadurch die Einbeziehung und Teilhabe im Lebensbereich Arbeit und Beschäftigung erfahren kann. Das in § 2 Abs. 1 Satz 1 für eine gleichberechtigte Teilhabe behinderter Menschen als grundlegend benannte Konzept des bio-psycho-sozialen Modells der ICF[4] hebt für die Bewertung der Notwendigkeit und des Umfangs von Leistungen auf die Wechselwirkung der Funktionsbeeinträchtigung mit einstellungs- und umweltbedingten Barrieren ab. Leistungen zur Teilhabe am Arbeitsleben müssen daher auf besondere individuelle Situationen eines behinderten Menschen eingehen und dabei beachten, was seine Möglichkeiten zur gleichberechtigten Teilhabe stärken kann (fördernde Faktoren), oder was diesen entgegensteht (hemmende Faktoren). Für die Bemessung der Leis-

---

3 Siehe WE BAGüS Nr. 6.1, 6.2 S. 39 f.
4 ICF – International Classification of Functioning, Disability and Health WHO 2001.

tungen ist nicht allein entscheidend, wie stark die Kräfte des behinderten Menschen beeinträchtigt sind und in welchem Umfang ein Funktionsdefizit vorliegt, relevant ist vielmehr, wie sich die Beeinträchtigung auf die Teilhabemöglichkeit auswirkt.[5] Die Gemeinsamen Empfehlungen der Bundesarbeitsgemeinschaft für Rehabilitation (BAR) für den Bereich der Teilhabe am Arbeitsleben beruhen auf den ICF.[6]

Die Leistungen werden in anerkannten Werkstätten für behinderte Menschen 8 erbracht. Die formale Anerkennung nach § 225 ist Voraussetzung für die Leistungserbringung in diesen Einrichtungen. Gemäß § 60 Abs. 1 gelten diese Regelungen – über den Wortlaut des § 56 hinaus – aber auch für sog. andere Leistungsanbieter, wenn sie die zusätzlichen Voraussetzungen des § 60 Abs. 2 erfüllen.

Die Leistungen zur Teilhabe am Arbeitsleben werden gegenüber Menschen mit 9 Behinderungen erbracht. Der Begriff der Behinderung ist dabei enger gefasst als die Definition in § 2. Bei der Feststellung der Behinderung iSd § 53 SGB XII ist neben der Wesentlichkeit der Behinderung auch der Grad der Teilhabeeinschränkung zu betrachten.[7] Als zusätzliche Anforderungen für einen Rechtsanspruch auf Leistungen in einer anerkannten Werkstatt oder bei einem anderen Leistungsanbieter iSd § 60 treten die Kriterien der §§ 219, 220 hinzu.

Ziel der Leistungen ist die Erhaltung, Entwicklung oder Wiedergewinnung der 10 Leistungs- oder Erwerbsfähigkeit der Menschen mit Behinderungen. Damit wird der Auftrag aus § 49 Abs. 1 auch für Werkstätten benannt und konkretisiert. Die Zielsetzung erstreckt sich darauf, die Teilhabe am Arbeitsleben möglichst auf Dauer zu sichern bis hin zu einer Überleitung geeigneter Person auf den allgemeinen Arbeitsmarkt (§ 219 Abs. 1 S. 3).

Mindestvoraussetzung für Leistungen der Rehabilitationsträger in Werkstätten 11 ist eine geminderte Erwerbsfähigkeit oder die Erwerbsunfähigkeit (dazu → § 49 Rn. 6 ff.).

Nach § 8 Abs. 1 SGB II ist erwerbsfähig, wer nicht wegen Krankheit oder Behinderung auf absehbare Zeit imstande ist, unter den üblichen Bedingungen des allgemeinen Arbeitsmarktes mindestens drei Stunden täglich erwerbstätig zu sein (siehe dazu auch → § 49 Rn. 7).

Vor der Bewilligung von Leistungen ist dies in jedem Einzelfall zu prüfen. Das Vorliegen einer Behinderung allein schließt eine Erwerbsfähigkeit iSd § 8 SGB II nicht aus.[8]

Nach § 43 Abs. 2 Satz 2 SGB VI ist voll **erwerbsgemindert**, wer wegen Krankheit oder Behinderung auf nicht absehbare Zeit außerstande ist, unter den üblichen Bedingungen des allgemeinen Arbeitsmarktes mindestens drei Stunden täglich erwerbstätig zu sein. Behinderte Menschen, die sich im Eingangsverfahren oder Berufsbildungsbereich der Werkstatt befinden, gelten als voll erwerbsgemindert (§ 43 Abs. 2 S. 3 Nr. 1 iVm § 1 S. 1 Nr. 2 a SGB VI). Dies wurde bislang mit der Entscheidung des Fachausschusses über die Aufnahme in eine Werkstatt für behinderte Menschen festgestellt (vgl. § 45 Satz 2 und Satz 3 Nr. 4 SGB XII, Fassung bis zum 31.12.2019) oder gilt als Fiktion, wenn ein behinderter Mensch in einer Werkstatt für behinderte Menschen den Eingangs- und Berufsbildungsbereich durchläuft oder im Arbeitsbereich beschäftigt ist (§ 45

---

5 LSG BW 29.6.2017 – L 7 SO 1680/15, juris Rn. 45.
6 S. www.bar-frankfurt.de.
7 LSG BW 29.6.2017 – L 7 SO 1680/15, juris Rn. 47.
8 Dazu auch Fachliche Weisung § 8 SGB II der Bundesagentur für Arbeit, Stand: 3.12.2019, Rn. 8.7 unter www.arbeitsagentur.de.

Satz 2 und 3 Nr. 3 SGB XII). Es besteht eine gesetzliche Vermutung der dauerhaften vollen Erwerbsminderung.[9] Die entsprechende Feststellung im Teilhabe- oder Gesamtplanverfahren ersetzt die Stellungnahme des Fachausschusses.[10] § 43 Abs. 2 Satz 3 Nr. 1 SGB VI korrespondiert mit der Aufnahmevoraussetzung nach § 219 Abs. 1, der die Nichtverfügbarkeit für den allgemeinen Arbeitsmarkt als Voraussetzung für eine Zugangsberechtigung zur Werkstatt benennt, und mit der Leistungsvoraussetzung nach § 58 Abs. 1. Auch wer dauerhaft nicht erwerbsfähig ist, kann in der Werkstatt tätig sein, wenn er über eine gewisse Leistungsfähigkeit verfügt und von ihm daher ein Mindestmaß wirtschaftlich verwertbarer Arbeitsleistung erbracht werden kann (siehe dazu → § 219 Rn. 16).

12 Ziel der Leistungen ist die Erhaltung, Entwicklung, Verbesserung oder Wiederherstellung der Leistungs- oder Erwerbsfähigkeit. Ausgehend von der Kompetenz und den Fähigkeiten des behinderten Menschen soll zunächst seine Leistungsfähigkeit entwickelt werden. Ob die Verbesserung der Leistungsfähigkeit gelingt, hängt zunächst vom Leistungsvermögen des behinderten Menschen ab. Die Leistungen haben daher an den bestehenden Kenntnissen, Fähigkeiten und dem vorhandenen Leistungsvermögen anzusetzen. Für die Einbindung in den Arbeitsbereich der Werkstatt genügt dabei ein Mindestmaß wirtschaftlich verwertbarer Arbeitsleistung (siehe dazu § 57 Abs. 1 Nr. 2 und § 58 Abs. 1 S. 1).
Durch die Leistungen soll die Leistungsfähigkeit des behinderten Menschen gefördert werden. Ein irgendwie geartetes Maß von Leistungsfähigkeit braucht bei seiner Aufnahme nicht bereits vorhanden sein (so ausdrücklich § 220 Abs. 1 S. 2 Ziffer 2). Die Leistungen der Werkstatt sollen diese erst schaffen oder, sofern bereits vorhanden, weiter entwickeln. Für eine dauerhafte Einbindung in den Arbeitsbereich der Werkstatt ist dann jedes Maß von Leistungsfähigkeit ausreichend.[11]
Darauf aufbauend soll auf die Erwerbsfähigkeit eingewirkt werden, dh auf die Fähigkeit, durch erlaubte Erwerbstätigkeit eigenes Erwerbseinkommen zu erzielen,[12] und dazu, die Erwerbsfähigkeit zu erlangen oder wiederzuerlangen. Der werkstattspezifische konzeptionelle Aufbau und die dort durchgeführten Rehabilitationsmaßnahmen in den Stufen Eingangsverfahren, Berufsbildungsbereich, Arbeitsbereich entsprechen dieser Schrittfolge (vgl. §§ 3, 4, 5 WVO).

13 Ziel der Leistungen ist außerdem die Weiterentwicklung der Persönlichkeit. Dieses Kriterium wird in §§ 4 Abs. 1 Satz 1 sowie 5 Abs. 3 WVO aufgenommen. Im Zusammenhang mit den berufsfördernden Bildungsmaßnahmen sind arbeitsbegleitend persönlichkeitsfördernde Maßnahmen durchzuführen. Dazu nennen §§ 4, 5 WVO die Förderung des Selbstwertgefühls und die Förderung des Arbeits- und Sozialverhaltens. Die Anforderung, die Persönlichkeit weiterzuentwickeln, steht neben der Anforderung der Entwicklung der Leistungsfähigkeit. Sie ist als selbstständige Aufgabe zu sehen. Dieses trägt dem Umstand Rechnung, dass individuelle Entwicklung, Bildung und Kompetenz Voraussetzung jeder Leistungsfähigkeit sind (zu den psychologischen und pädagogischen Hilfen siehe den Katalog des § 49 Abs. 6). Neben der Entwicklung der individuellen Persönlichkeit gehören auch Maßnahmen zur Auseinandersetzung mit der individuellen Funktionsbeeinträchtigung und ihren Folgen wie auch die Ausein-

---

9 Dazu Fachliche Weisung § 8 SGB II der Bundesagentur für Arbeit, Stand: 3.12.2019, Rn. 8.9 unter www.arbeitsagentur.de.
10 § 45 S. 4 SGB XII idF v. 10.12.2019, gültig ab 1.1.2020, G v. 30.11.2019, BGBl. I 1948.
11 BSG 22.2.1984 – 7 Rar 72/82, AuB 1984, 249.
12 Vgl. dazu BSG 25.4.1990 – 5 RJ 68/88, juris Rn. 15 f.

andersetzung mit der Umwelt und ihren Bedingungen dazu.[13] Für den Bereich der Teilhabe am Arbeitsleben sind die Bedingungen der Einbeziehung in die sächliche und personelle Arbeitsumgebung und die Anforderungen an die individuelle Einbindung in Arbeitsprozesse zu nennen. Die Maßnahmen beschränken sich dabei nicht nur auf den Arbeitsplatz, sondern beziehen sich zB auch auf Fragen der Erreichbarkeit des Arbeitsplatzes (siehe dazu auch § 49 Abs. 8 Ziffer 4 b) wie auch weitere grundlegende Fragen der individuellen Teilhabe am Leben der Gesellschaft. Das in § 2 Abs. 1 Satz 1 für eine gleichberechtigte Teilhabe behinderter Menschen als grundlegend benannte Konzept des bio-psycho-sozialen Modells hebt gerade auf die Wechselwirkung der Funktionsbeeinträchtigung mit einstellungs- und umweltbedingten Barrieren ab. Leistungen zur Teilhabe am Arbeitsleben müssen daher auf besondere individuelle Situationen eines behinderten Menschen eingehen, soweit diese seine Möglichkeiten gleichberechtigter Teilhabe stärken (fördernde Faktoren) oder dieser entgegenstehen (hemmende Faktoren).

Die Leistungen sollen die Beschäftigung ermöglichen oder sichern. Beschäftigung bedeutet die Einbindung der behinderten Menschen in die Werkstatt und in die dort durchgeführten Bildungs- und Arbeitsprozesse. Die Förderung geschieht mit den Leistungen nach §§ 57 und 58 (vgl. auch § 220 Abs. 2). Die Zielsetzung der Beschäftigung stellt keine Bewertung seiner Arbeitsleistung, seiner sonstigen Leistung oder seiner Leistungsfähigkeit dar. Die Zielsetzung der Ermöglichung oder Sicherung der Beschäftigung des Menschen mit Behinderung währt solange, wie das Rechtsverhältnis zur Werkstatt, das arbeitnehmerähnliche Rechtsverhältnis besteht (vgl. § 221 Abs. 1 und § 220 Abs. 2). 14

Die Leistungen sind auf die Sicherung oder Ermöglichung der Beschäftigung gerichtet. Ermöglichung beinhaltet die Heranführung an die Beschäftigung sowie Sicherung, Stabilisierung und Fortführung des Erlernten. Die Leistungen sind nicht nur auf Beschäftigung und Förderung mit dem Ziel der Vermittlung auf den allgemeinen Arbeitsmarkt gerichtet. Wenn wegen Art oder Schwere der Behinderung diese Vermittlung nicht in Betracht kommt, ist auch die dauerhafte Beschäftigung in der Werkstatt ein von den Leistungen abgesichertes Ziel. 15

Die Aufzählung verdeutlicht, dass die Werkstatt nicht allein auf Arbeitsleben und Leistungsprinzip ausgelegt ist,[14] sondern deutlich erweitert im Rahmen ihrer Konzeption entsprechend den Bedürfnissen der behinderten Menschen auch – arbeitsbegleitend – sozialpädagogische und sozialbetreuerische Aufgaben wahrnehmen und medizinische und pflegerische Unterstützung anbieten muss (vgl. §§ 9, 10 WVO). 16

Die §§ 56–58 enthalten die Grundsätze für die Leistungen, die die Rehabilitationsträger gegenüber behinderten Menschen erbringen. Diese Bestimmungen werden durch die institutionellen Anforderungen an die Werkstatt in den §§ 219–227 ergänzt. Letztere richten sich an die Werkstätten, dh den Träger der Werkstatt (vgl. § 2 Abs. 2 WMVO) einerseits und an die Anerkennungsbehörden (dazu § 225 Satz 2) andererseits. 17

§ 36 Abs. 1 S. 1 verpflichtet die Rehabilitationsträger, gemeinsam darauf hinzuwirken, dass die fachlich und regional erforderlichen Rehabilitationsdienste und -einrichtungen in ausreichender Zahl und Qualität zur Verfügung stehen. Dieses dient der Umsetzung des gesetzlichen Zieles, dass Betroffene ihr Recht auf Selbstbestimmung und gleichberechtigte Teilhabe so weitgehend wie mög- 18

---

13 LSG BW 29.6.2017 – L 7 SO 1680/15 stellt hier ab auf „insbesondere Selbstbewußtsein, Selbsteinschätzung, Kritikfähigkeit", juris Rn. 49.
14 Siehe WE BAGüS Nr. 6.1, 6.2 S. 39 f.

lich und auch unter Sicherung ihrer sozialen Bezüge umsetzen können (dazu auch → § 36 Rn. 4).

§ 95 konkretisiert diesen Sicherstellungsauftrag zulasten der Träger der Eingliederungshilfe und betont, dass sie im Rahmen ihrer Leistungsverpflichtung eine personenzentrierte Leistung unabhängig vom Ort der Leistungserbringung sicherzustellen haben. Die Umsetzung soll im Rahmen der Leistungsvereinbarungen nach §§ 123 ff. erfolgen. Dies dient der Umsetzung der aus Art. 26 Abs. 1 und Art. 27 UN-BRK übernommenen staatlichen Verpflichtung.

§ 57 Leistungen im Eingangsverfahren und im Berufsbildungsbereich

(1) Leistungen im Eingangsverfahren und im Berufsbildungsbereich einer anerkannten Werkstatt für behinderte Menschen erhalten Menschen mit Behinderungen
1. im Eingangsverfahren zur Feststellung, ob die Werkstatt die geeignete Einrichtung für die Teilhabe des Menschen mit Behinderungen am Arbeitsleben ist sowie welche Bereiche der Werkstatt und welche Leistungen zur Teilhabe am Arbeitsleben für die Menschen mit Behinderungen in Betracht kommen, und um einen Eingliederungsplan zu erstellen;
2. im Berufsbildungsbereich, wenn die Leistungen erforderlich sind, um die Leistungs- oder Erwerbsfähigkeit des Menschen mit Behinderungen so weit wie möglich zu entwickeln, zu verbessern oder wiederherzustellen und erwartet werden kann, dass der Mensch mit Behinderungen nach Teilnahme an diesen Leistungen in der Lage ist, wenigstens ein Mindestmaß wirtschaftlich verwertbarer Arbeitsleistung im Sinne des § 219 zu erbringen.

(2) ¹Die Leistungen im Eingangsverfahren werden für drei Monate erbracht. ²Die Leistungsdauer kann auf bis zu vier Wochen verkürzt werden, wenn während des Eingangsverfahrens im Einzelfall festgestellt wird, dass eine kürzere Leistungsdauer ausreichend ist.

(3) ¹Die Leistungen im Berufsbildungsbereich werden für zwei Jahre erbracht. ²Sie werden in der Regel zunächst für ein Jahr bewilligt. ³Sie werden für ein weiteres Jahr bewilligt, wenn auf Grund einer fachlichen Stellungnahme, die rechtzeitig vor Ablauf des Förderzeitraums nach Satz 2 abzugeben ist, angenommen wird, dass die Leistungsfähigkeit des Menschen mit Behinderungen weiterentwickelt oder wiedergewonnen werden kann.

(4) ¹Zeiten der individuellen betrieblichen Qualifizierung im Rahmen einer Unterstützten Beschäftigung nach § 55 werden zur Hälfte auf die Dauer des Berufsbildungsbereichs angerechnet. ²Allerdings dürfen die Zeiten individueller betrieblicher Qualifizierung und die Zeiten des Berufsbildungsbereichs insgesamt nicht mehr als 36 Monate betragen.

1 **Gesetzeshistorie:** Die Vorschrift wurde durch Artikel 1 und 68 Abs. 1 SGB IX vom 19.6.2001[1] eingeführt, Absatz 2 und 3 Satz 2 durch Artikel 1 und 7 des Gesetzes vom 28.4.2004[2] mit Wirkung ab 1.5.2004 neu gefasst. Abs. 4 wurde durch Art. 5 Nr. 4 des Gesetzes zur Einführung der Unterstützten Beschäftigung vom 22.12.2008[3] angefügt. Die Vorschrift wurde durch Gesetz vom

---

1 BGBl. I 1046.
2 BGBl. I 606.
3 BGBl. I 2959.

23.12.2016 – Bundesteilhabegesetz – inhaltlich nicht geändert.[4] Die bislang benutzte Bezeichnung „behinderter" Mensch wurde gemäß dem Ductus des Gesetzes geändert auf „Mensch mit Behinderungen".

Regelungsinhalt: Die Vorschrift stellt die Leistungen dar, die in Werkstätten für behinderte Menschen im Eingangsverfahren und im Berufsbildungsbereich erbracht werden. 2

Zur Entstehung: Die Vorschrift geht inhaltlich auf § 3 Abs. 1 und 2 sowie § 4 Abs. 3 SchwbWV (jetzt WVO) zurück. 3

Die Leistungen der Rehabilitationsträger richten sich an eine anerkannte Werkstatt für behinderte Menschen. Die Anforderungen an die Institution Werkstatt sind in Kapitel 12 des Teiles 3 benannt (§§ 219 ff.). Voraussetzung der Leistungserbringung ist die Anerkennung nach § 225. Für die Organisation und für die sachgerechte Ausgestaltung des Eingangsverfahrens und des Berufsbildungsbereiches ist die Werkstatt zuständig. Die Umsetzung der formalen Anforderungen aus § 3 WVO für das Eingangsverfahren und § 4 WVO für den Berufsbildungsbereich ist Teil des Anerkennungsverfahrens nach § 225; ihre Erfüllung kann durch die Anerkennungsbehörde jederzeit überprüft werden (dazu → § 225 Rn. 10). 4

Zu erbringen sind Leistungen im Eingangsverfahren nach § 3 WVO und im Berufsbildungsbereich nach § 4 WVO. In aller Regel erfolgt zunächst die Aufnahme in das Eingangsverfahren, an das sich der Berufsbildungsbereich anschließt. Danach kann eine Beschäftigung im Arbeitsbereich einer Werkstatt, bei einem anderen Leistungsanbieter iSd § 60 oder ein Wechsel in eine sonstige Tätigkeit, zB auf dem allgemeinen Arbeitsmarkt erfolgen.

Das zum 1.1.2020 eingeführte Budget für Ausbildung[5] definiert einen Anspruch auf Leistungen nach § 57 auch für eine berufliche Ausbildung außerhalb einer anerkannten Werkstatt (§ 61a Abs. 1 S. 1). Damit wurden, wie beim Budget für Arbeit, zugunsten des behinderten Menschen seine Wahlmöglichkeiten vergrößert.[6] 5

Die Förderdauer im Eingangsverfahren und Berufsbildungsbereich kann bis zu zwei Jahren und drei Monaten betragen (Zeiten nach Abs. 2 S. 1 und nach Abs. 3 S. 1). Die Durchführung des Eingangsverfahrens ist obligatorisch. Der Mensch mit Behinderung hat auf die Leistungen einen Rechtsanspruch. 6

Zuständiger Rehabilitationsträger ist zumeist die Bundesagentur für Arbeit (§§ 63 Abs. 1 Ziffer 1, 117 Abs. 2 SGB III), soweit nicht aufgrund anderer Umstände die Leistungspflicht eines anderen Trägers in Betracht kommt. Das sind der Träger der Unfallversicherung, der Träger der Rentenversicherung oder der Träger der Kriegsopferfürsorge (§ 63 Ziffern 2–4, dazu → § 63 Rn. 6 f.). 7

Auch anerkannte Werkstätten bedürfen, wenn die Bundesagentur für Arbeit zuständig ist, für die Erbringung von Leistungen im Eingangsverfahren und Berufsbildungsbereich einer Zulassung nach § 176 Abs. 1 SGB III.

Nach **Absatz 1 Nr. 1** dient das Eingangsverfahren drei Zielen: 8

- der Feststellung, ob die Werkstatt die geeignete Einrichtung für die Teilhabe des behinderten Menschen am Arbeitsleben ist,

---

4 BGBl. I 3234.
5 Eingeführt durch Art. 2 Nr. 4 G v. 10.12.2019 (Angehörigen-EntlastungsG), BGBl. I 2135.
6 Dazu kritisch *von Drygalski*, Die Werkstatt für behinderte Menschen in der zweiten Staatenprüfung Deutschlands zur Umsetzung der UN-Behindertenrechtskonvention, www.reha-recht, Beitrag D11–2020, Abschnitt III sowie dortige Fn. 37.

- der Feststellung, welche Bereiche der Werkstatt und welche Leistungen zur Teilhabe am Arbeitsleben in Betracht kommen, sowie
- der Erstellung eines Eingliederungsplans.

9 Das Eingangsverfahren dient zunächst der Feststellung, ob die Werkstatt die geeignete Einrichtung für die Teilhabe am Arbeitsleben ist. Dies beinhaltet aber auch die Prüfung, ob statt der Übernahme in den Berufsbildungsbereich der Werkstatt auch andere Förderungen in Betracht kommen wie Unterstützte Beschäftigung nach § 55, eine Tätigkeit im Rahmen des Budgets für Arbeit nach § 61, des Budgets für Ausbildung nach § 61 a oder auch eine berufliche Bildungsmaßnahme in einer anderen Einrichtungen der beruflichen Rehabilitation (siehe § 51).

Für die Aufnahme in das Eingangsverfahren ist nicht Voraussetzung, dass seine Einbindung in die Werkstatt ein Mindestmaß an wirtschaftlich verwertbarer Arbeit erwarten lässt. Dieser Umstand ist erst bei der Übernahme in den Berufsbildungsbereich zu prüfen (dazu → Rn. 13).[7]

10 Das Eingangsverfahren dient weiter der Feststellung, welche Bereiche der Werkstatt und welche Leistungen der Teilhabe am Arbeitsleben in Betracht kommen. Als Bereiche der Werkstatt kommen der Berufsbildungsbereich und der Arbeitsbereich in Betracht. In der Regel erfolgt die Aufnahme aus dem Eingangsverfahren in den Berufsbildungsbereich. Eine Aufnahme direkt in den Arbeitsbereich kommt allenfalls dann in Betracht, wenn bereits andere Leistungen zur Teilhabe am Arbeitsleben, die den Leistungen des Berufsbildungsbereiches entsprechen, vom Rehabilitationsträger erbracht worden sind. Absatz 4 beschreibt einen entsprechenden Fall.

11 Zu anderen Leistungen zur Teilhabe am Arbeitsleben siehe § 49. Ist nach den Feststellungen im Eingangsverfahren erkennbar, dass durch eine Leistung eine Beschäftigung des behinderten Menschen auf dem allgemeinen Arbeitsmarkt realisierbar ist, so hat diese Vorrang gegenüber weiteren Leistungen der Werkstatt. Denn eine Beschäftigung in der Werkstatt kommt nach § 219 Abs. 1 S. 2 nur in Betracht, soweit ein Mensch mit Behinderung wegen Art oder Schwere der Behinderung nicht, noch nicht oder noch nicht wieder auf dem allgemeinen Arbeitsmarkt tätig sein kann (→ § 219 Rn. 6). Diese Begrenzung gilt entsprechend auch für den Bereich der beruflichen Bildung. Als andere Einrichtungen kommen insbesondere die in § 51 Genannten in Betracht.

12 Im Eingangsverfahren muss ein **Eingliederungsplan** erstellt werden. Diese Anforderung ist eine Pflichtanforderung. Der Eingliederungsplan muss die Ziele der Leistungen beschreiben sowie welche Maßnahmen der Förderung dafür in Betracht kommen. Dies umfasst insbesondere die für die Erreichung der Ziele nach § 4, hier insbes. § 4 Abs. 1 Ziffer 3 und § 49, hier insbes. Abs. 6, notwendigen Maßnahmen. Der Eingliederungsplan erfüllt vor allem drei inhaltliche Ziele: Mit ihm stellt die Werkstatt die persönlichen Interessen, Bedürfnisse und Fähigkeiten für den Prozess der Arbeits- und Berufsförderung wie der Unterstützung bei der Persönlichkeitsentwicklung fest. Er dokumentiert die Kompetenzen des Teilnehmers im Verlauf des Eingangsverfahrens. Ihm liegt deshalb eine qualifizierte Kompetenzanalyse zugrunde, die in regelmäßigen Zeit- und Förderabschnitten fortgeschrieben wird. Auf seiner Grundlage entwickelt, beschreibt und begründet die Werkstatt unter Beachtung der Festlegungen im Teilhabeplan die Ziele zur beruflichen Bildung des Teilnehmers.[8] Dabei ist zu

---

7 LSG Bln-Bbg 14.9.2017 – L 27 R 240/17, juris Rn. 19.
8 BAGüS WE Anl. 1 – Rahmenempfehlungen für das Eingangsverfahren und den Berufsbildungsbereich in Werkstätten für behinderte Menschen.

beachten, dass die Zielsetzung der umfassenden Teilhabe und ihrer Ermöglichung auf Dauer iSd § 19 Abs. 3 auch den Wechsel der Zuständigkeit des Rehabilitationsträgers nach Beendigung des Berufsbildungsbereiches berücksichtigen muss.

Die geforderten Feststellungen müssen individuell erarbeitet und getroffen werden und beschreiben, welche Maßnahmen in welchen Bereichen und welche Leistungen der Teilhabe für den behinderten Menschen notwendig sind, um die Leistungs- oder Erwerbsfähigkeit zu erhalten, entwickeln, verbessern oder wiederzugewinnen (vgl. § 56). Notwendig ist eine an diesen Zielen orientierte Prognose zur Vorbereitung der Beratung in der Teilhabeplankonferenz (§ 20). Zuständig für die tatsächlichen Feststellungen ist die Werkstatt. Diese sind nach § 3 Abs. 3 WVO Teil der Stellungnahme, die gegenüber dem zuständigen Rehabilitationsträger abzugeben ist. Dieser hat einen Eingliederungsplan zu erstellen, der Grundlage für das weitere Vorgehen ist und dessen Zielgerichtetheit und Planmäßigkeit sichert. Auf die Erstellung des Eingliederungsplanes hat der behinderte Mensch einen Rechtsanspruch. Der Eingliederungsplan fließt in den nach § 19 zu erstellenden Teilhabeplan und dann später in den nach § 121 zu erstellenden Gesamtplan ein. Er ist den Mitgliedern der Teilhabeplankonferenz rechtzeitig vorzulegen. Bislang war die Stellungnahme gegenüber dem in der Werkstatt zu bildenden **Fachausschuss**[9] abzugeben. Ein Tätigwerden des Fachausschusses erfolgt nicht, wenn für den betroffenen Menschen mit Behinderung ein Teilhabeplanverfahren nach § 19 ff. durchgeführt wird.[10] Dies dürfte der Regelfall sein, da bei Leistungen im Eingangsverfahren und Berufsbildungsbereich gerade mit Blick auf weitere zukünftige Leistungen bzw. ihrer Fortschreibung (§ 19 Abs. 2 Satz 2 Nr. 6) in aller Regel mehrere Rehabilitationsträger beteiligt sind. Zur Rolle des Fachausschusses → § 219 Rn. 19, → § 227 Rn. 5. 13

Das **Eingangsverfahren** ist kein räumlich oder organisatorisch getrennter Teil der Werkstatt. Die im Eingangsverfahren von der Werkstatt zu erbringenden Leistungen können mit den Leistungen im Berufsbildungsbereich verknüpft werden. 14

Zum Teil werden durch die Rehabilitationsträger im Rahmen der Qualitätssicherung (§§ 36 ff.), insbesondere in den Vereinbarungen nach § 38, weitergehende Festlegungen benannt. Zu erwähnen sind insbesondere die Anforderungen des Fachkonzeptes Eingangsverfahren/Berufsbildungsbereich, welche von der Bundesagentur für Arbeit für die Durchführung von Rehabilitationsleistungen in diesen zwei Bereichen erlassen worden sind.[11]

Absatz 1 Nr. 2 nennt die Ziele, die im **Berufsbildungsbereich** der Werkstätten für behinderte Menschen sowie mit den entsprechenden Leistungen zur Teilhabe am Arbeitsleben verfolgt werden. Die Leistungen umfassen berufsbildende Maßnahmen und Maßnahmen zur Weiterentwicklung der Persönlichkeit (siehe dazu → § 58 Rn. 18). Die Leistungen müssen erforderlich sein, um die Leistungs- oder Erwerbsfähigkeit des behinderten Menschen soweit wie möglich zu entwickeln, zu verbessern oder wiederherzustellen. Ziel ist es, im Rahmen eines ganzheitlichen Bildungskonzeptes die personale Entwicklung der Teilnehmer zu fördern, ihre beruflichen und lebenspraktischen Fähigkeiten planmäßig zu entwickeln und sie auf geeignete Tätigkeiten im Arbeitsbereich der Werkstatt oder 15

---

9 Zum Begriff Fachausschuss siehe §§ 2 Abs. 2, 3 Abs. 3 und 4 WVO.
10 § 2 Abs. 1 a WVO idF des Art. 19 Abs. 17 SGB IX – Bundesteilhabegesetz – vom 23.12.2016, BGBl. I 3234 (3331).
11 Fachliche Weisungen Reha zu § 57 SGB IX (Stand: 12/2019) und Fachkonzept EV/BBB vom 21.6.2010, beides abrufbar unter www.arbeitsagentur.de.

auf dem allgemeinen Arbeitsmarkt vorzubereiten.[12] Voraussetzung der Leistung ist die Prüfung, ob durch diese Maßnahmen die Entwicklung, Verbesserung oder Wiederherstellung der Leistungs- oder Erwerbsfähigkeit möglich ist. Es handelt sich um eine Prognoseentscheidung. Im Zweifel ist zugunsten des behinderten Menschen zu entscheiden.

16 Als zweite Voraussetzung benennt Absatz 1 Nr. 2 die Erwartung, dass der behinderte Mensch nach Teilnahme an diesen Leistungen in der Lage ist, wenigstens ein Mindestmaß wirtschaftlich verwertbarer **Arbeitsleistung** iSd § 219 zu erbringen (siehe dazu → § 219 Rn. 20).

17 Auf die Leistungen nach Absatz 1 haben behinderte Menschen unter den benannten Voraussetzungen einen **Rechtsanspruch**. Die Frage der dauerhaften Erbringung eines Mindestmaßes wirtschaftlich verwertbarer Arbeitsleistung durch den Menschen mit Behinderung ist eine Prognoseentscheidung,[13] die im Laufe des bis zu zwei Jahre dauernden Berufsbildungsbereiches (nach § 57 Abs. 1 Ziffer 2 ist die Feststellung nach Teilnahme an den Leistungen des Berufsbildungsbereichs zu treffen) beantwortet werden muss. Daher muss das Eingangsverfahren dazu genutzt werden, die für diese Prognoseentscheidung notwendigen tatsächlichen Grundlagen festzustellen. Eine positive Prognose ist bereits dann gerechtfertigt, wenn der Betroffene nach Teilnahme an der Förderung voraussichtlich am Arbeitsablauf der Werkstatt mitwirkt, ohne sich oder andere zu gefährden.[14] Dies ist nicht bereits Gegenstand des Antragsverfahrens auf Gewährung von Leistungen im Eingangsverfahren.[15] Eine Verneinung der Leistungen nach § 57 Abs. 1 bereits im Vorhinein schließt den Menschen mit Behinderung grundlegend von der Teilhabe am Arbeitsleben aus. So wird der Anspruch (nur) verneint, wenn von Vorneherein feststeht, dass der behinderte Mensch diese Voraussetzung nicht erfüllen wird.[16] Für diese Bewertung wird auf den konkreten Maßnahmeträger und seine Organisationsstruktur abgestellt.[17] Die Möglichkeit einer zusätzlichen Unterstützung durch eine Arbeitsassistenz ist zu prüfen.[18] Bei der Prüfung der Prognose der Werkstattfähigkeit ist die grundgesetzliche Relevanz in Bezug auf Menschenwürde, das Sozialstaatsgebot und das Diskriminierungsverbot des Art. 3 Abs. 3 S. 2 GG sowie Art. 27 UN-BRK zu beachten.[19] Auch die Bedeutsamkeit der Aufforderung aus Art. 26 UN-BRK ist zu berücksichtigen.

18 Nach **Absatz 2 Satz 1** werden die Leistungen im Eingangsverfahren für einen Zeitraum von drei Monaten erbracht. Dies ist die gesetzlich definierte Höchstzeitdauer; eine darüber hinausgehende Leistung ist nicht vorgesehen. Diese Förderungsdauer ist der Regelfall.

19 Nach **Absatz 2 Satz 2** ist eine Verkürzung der Förderdauer möglich, wenn während des Eingangsverfahrens festgestellt wird, dass eine kürzere Leistungsdauer ausreichend ist. Diese Verkürzung ist nur im Einzelfall zulässig. Es bedarf dazu konkretisierender Feststellungen, bezogen auf den einzelnen behinderten Menschen. Um die Forderung des Abs. 1 Nr. 2 nach Aufstellung eines Eingliede-

---

12 Fachkonzept EV/BBB, Abschnitt 2, abrufbar unter www.arbeitsagentur.de.
13 So HessLSG 26.9.2006 – L 2 R 307/05, juris Rn. 19.
14 LSG Bln-Bbg 11.12.2019 – L 16 R 256/19, juris Orientierungssatz 1; dazu auch BSG 1.4.1993 – 7 Rar 86/92, juris Rn. 27 ff.
15 LSG Bln-Bbg 14.9.2017 – L 27 R 240/17, juris Rn. 19.
16 BayLSG 23.5.2012 – L 10 AL 207/10, juris Ls. 1 und Rn. 21.
17 BayLSG 23.5.2012 – L 10 AL 207/10, juris, Ls. 2 und Rn. 27.
18 So LSG LSA 27.11.2014 – L 2 AL 41/14 B ER, juris Rn. 29.
19 LSG LSA 27.11.2014 – L 2 AL 41/14 B ER, juris Orientierungssatz und Rn. 30.

rungsplanes umzusetzen, ist die Regelförderdauer zugunsten des Menschen mit Behinderungen auszuschöpfen.

Für die Bemessung der Leistungen ist nicht allein entscheidend, wie stark die Kräfte des behinderten Menschen beeinträchtigt sind und in welchem Umfang ein Funktionsdefizit vorliegt, relevant ist vielmehr, wie sich die Beeinträchtigung auf die Teilhabemöglichkeit auswirkt.[20] 20

Für den Förderanspruch des behinderten Menschen gibt es keine Altersgrenze.[21] 21

Die Rechtsverhältnisse der behinderten Menschen im Eingangsverfahren entsprechen denen der behinderten Menschen im Berufsbildungsbereich (→ § 221 Rn. 38). Das Rechtsverhältnis ist durch das Sozialleistungsverhältnis zum zuständigen Rehabilitationsträger (idR die Agentur für Arbeit) und das für diesen geltende Leistungsrecht (dazu § 117 Abs. 2 SGB III) bestimmt. Die Teilnehmer sind Rehabilitanden. Für die Rechtsstellung der Teilnehmenden gilt § 52 abschließend. Die Teilnehmer werden nicht in den Betrieb der Einrichtung eingegliedert und sind nicht Arbeitnehmer des Betriebs. Sie stehen zur Werkstatt auch nicht in einem arbeitnehmerähnlichen Rechtsverhältnis, da diese Regelungen nach § 221 Abs. 1 erst ab dem Übergang in den Arbeitsbereich der Werkstatt gelten. In den Vereinbarungen zwischen dem Rehabilitationsträger und der Einrichtung sind Regelungen über die Rechte der Teilnehmer zu treffen (§ 38 Abs. 1 lit. 3). Diese Vereinbarungen sollen nach einheitlichen Grundsätzen abgeschlossen werden (§ 38 Abs. 2). 22

Die Teilnehmer wirken nicht im Mitwirkungsgremium der Mitarbeitenden (wie Betriebsrat, Personalvertretung oder Mitarbeitervertretung) mit und auch (zur Abgrenzung zur Rechtsstellung der Werkstattbeschäftigten im Arbeitsbereich siehe → § 221 Rn. 38) nicht im Werkstattrat, da § 1 WMVO diese Mitwirkung auf die Werkstattbeschäftigten im Arbeitsbereich beschränkt. § 52 S. 2 sieht eine Mitwirkung durch besondere Vertreter vor. § 8 Abs. 1 WMVO verpflichtet den Werkstattrat zur vertrauensvollen Zusammenarbeit mit diesen Vertretern. Wenn für diese Personengruppe keine entsprechende besondere Interessenvertretung besteht, berücksichtigt der Werkstattrat deren Interessen in angemessener und geeigneter Weise (§ 4 Abs. 3 WMVO).

Nach **Absatz 3** werden die Leistungen im Berufsbildungsbereich als Regelförderung für zwei Jahre erbracht. Das Gesetz sieht ein gestuftes Verfahren vor. Die Leistungen werden in der Regel für ein Jahr bewilligt. Daran schließt sich ein weiteres Jahr an, wenn die Leistungsfähigkeit des behinderten Menschen durch die weitergehende Förderung noch weiterentwickelt oder wiedergewonnen werden kann. Es genügt die positive Prognose weiterer Entwicklungsmöglichkeiten. Die Entscheidung ergeht auf der Grundlage einer fachlichen Stellungnahme. Diese ist vom Leistungserbringer zu erstellen und soll das Verfahren zur Bewilligung eines zweiten Förderjahres auf eine objektive Grundlage stellen.[22] Diese muss rechtzeitig abgegeben werden, so dass der zuständige Rehabilitationsträger eine Entscheidung treffen kann. Dabei wird die Entwicklungsmöglichkeit des behinderten Menschen zugrunde gelegt. Die Verlängerung der Leistung kann nicht allein deshalb versagt werden, weil der behinderte Mensch nach einem Jahr Förderung in der Lage ist, ein Mindestmaß wirtschaftlich verwertbarer Arbeitsleistung zu erbringen oder im Arbeitsbereich eine Leistung zu erbringen. Im Grundsatz besteht ein Anspruch auf ein zweites Förderjahr. Aller- 23

---

20 LSG BW 29.6.2017 – L 7 SO 1680/15, juris Rn. 45.
21 LSG BW 11.12.2019 – L 16 R 256/19, juris Rn. 19.
22 So die Begründung in BT-Drs. 15/2357, 23 zu Nr. 4a lit. b.

dings ist eine an den Erfahrungen des ersten Förderjahres anschließende weitere Prognoseentscheidung zu treffen. Dabei muss eine weitere Entwicklung überwiegend wahrscheinlich sein.[23] In tatsächlicher Hinsicht sind die Verhältnisse maßgebend, wie sie sich spätestens zum Zeitpunkt der letzten Verwaltungsentscheidung dargestellt haben.[24] Es reicht allerdings nicht eine bloße oder entfernt liegende Möglichkeit einer Weiterentwicklung oder Wiedergewinnung. Vielmehr muss diese nach den besonderen Umständen des Einzelfalles und insbesondere der Berücksichtigung des Gesundheitszustandes und der persönlichen Verhältnisse des Betroffenen überwiegend wahrscheinlich sein bzw. es müssen ernste Zweifel hinsichtlich einer anderen Möglichkeit ausscheiden.[25] Die benannte Dauer ist eine Höchstförderdauer.[26] Entsprechend § 58 Abs. 1 Satz 2 kann eine frühzeitige Prognose getroffen werden, wenn der Antragsteller durch eine Beschäftigung auf dem allgemeinen Arbeitsmarkt die erforderliche Eignung bereits nachgewiesen hat.[27]

24 Die einzelnen fachlichen Anforderungen an das Eingangsverfahren und den Berufsbildungsbereich wurden in dem „Fachkonzept Eingangsverfahren Berufsbildungsbereich in Werkstätten für behinderte Menschen" vom 21.6.2010 bzw. Überarbeitung vom 11.5.2015 niedergelegt.[28] Es entwickelte die im Herbst 2002 zwischen der Bundesanstalt für Arbeit und der Bundesarbeitsgemeinschaft der Werkstätten für behinderte Menschen vereinbarten Regelungen weiter.

25 Der Berufsbildungsbereich ist idR ein organisatorisch eigenständiger, abgegrenzter Bereich der Werkstatt. Er ist konzeptionell aufgeteilt in einen Grundkurs und einen Aufbaukurs von idR je zwölfmonatiger Dauer (§ 4 Abs. 3 WVO). Die Möglichkeiten des Übergangs vom Berufsbildungsbereich in andere berufliche Bildungsmaßnahmen oder auf den allgemeinen Arbeitsmarkt sind zu beachten (siehe dazu § 4 Abs. 6 WVO). Die Übernahme in den Arbeitsbereich der anerkannten Werkstatt für behinderte Menschen ist eine weitere anschließende Förderungsmöglichkeit.

26 Zu den Rechtsverhältnissen der behinderten Menschen im Berufsbildungsbereich → Rn. 22.

27 Nach § 122 SGB III zahlt die Bundesagentur für Arbeit den Teilnehmern ein Ausbildungsgeld. Dieses beträgt seit dem 1.8.2019 im Eingangsverfahren und Berufsbildungsbereich monatlich 117 Euro (§ 125 SGB III).[29] Die vor diesem Stichtag bestehende Staffelung des Betrages für das erste und zweite Teilnahmejahr wurde aufgegeben.

28 Nach **Absatz 4** werden Leistungen, die ein behinderter Mensch im Rahmen der Unterstützten Beschäftigung nach § 55 erhalten hat, auf die Dauer der Leistungen im Berufsbildungsbereich angerechnet. Abs. 4 sieht die Möglichkeit einer Konkurrenz zwischen Leistungen im Berufsbildungsbereich und der Leistung der individuellen beruflichen Qualifizierung in der Unterstützten Beschäftigung. Grundsätzlich gilt der Vorrang von Leistungen, die auf eine Beschäftigung des behinderten Menschen im allgemeinen Arbeitsmarkt zielen. Das Ziel einer nachhaltigen Beteiligung behinderter Menschen am Arbeitsleben (siehe die Kommentierung zu § 49) und der Sicherung der dafür erforderlichen berufli-

---

23 HessLSG 26.9.2006 – L 2 R 307/05, juris Rn. 19.
24 HessLSG 26.9.2006 – L 2 R 307/05, juris Rn. 19.
25 HessLSG 26.9.2006 – L 2 R 307/05, juris Rn. 19.
26 LSG Bln-Bbg 11.12.2019 – L 16 R 256/19, juris Orientierungssatz 3.
27 LSG Bln-Bbg 11.12.2019 – L 16 R 256/19, juris Orientierungssatz 3.
28 Fachkonzept EV/BBB unter www.arbeitsagentur.de.
29 Betrag neu festgesetzt durch Art. 1 Nr. 11 G. v. 8.7.2019, BGBl. I 1025.

chen Bildung und Grundausbildung gilt auch für Leistungen gegenüber behinderten Menschen, die nach der Inanspruchnahme von Leistungen im Berufsbildungsbereich in eine Unterstützte Beschäftigung wechseln.

Zwischen der Werkstatt und dem zuständigen Rehabilitationsträger besteht kein Auftragsverhältnis, vielmehr gilt das Vereinbarungsprinzip (s. § 38). In den Vereinbarungen, die nach § 38 Abs. 1 zu treffen sind, sind nach Nr. 2 auch Regelungen zur Vereinbarung von Vergütungen zu treffen. Es ist ein leistungsbezogenes Vergütungssystem anzustreben (s. § 38). Eine dem Kapitel 8 des Teiles 2 (s. §§ 123 ff.) entsprechende Regelung fehlt im Leistungsbereich des SGB III allerdings. Für einen Rechtsanspruch auf die Vereinbarung einer Vergütung in einer bestimmten Höhe bietet § 38 Abs. 1 Ziffer 2 schon nach seinem Wortlaut keine Grundlage. Erträge aus Produktion (→ § 58 Rn. 34, 36, vgl. dazu § 12 Abs. 4 Satz 2 WVO) fallen im Eingangsverfahren und im Berufsbildungsbereich nicht an. 29

Auch andere Leistungsanbieter iSd § 60 können die Leistungen des § 57 erbringen (dazu → § 60 Rn. 6). Dies kann auf Wunsch des Menschen mit Behinderung ganz oder teilweise erfolgen (§ 62 Abs. 1 und 2). Eine Aufsplittung der Leistung zwischen einer Werkstatt und einem anderen Leistungsanbieter bedarf der Zustimmung des unmittelbar verantwortlichen Leistungsanbieters. Wer dies ist, ist im Teilhabeplanverfahren zu klären. Aus der Regelung des § 62 ist abzuleiten, dass die Beteiligten eine Kooperationsverpflichtung haben. Zudem stärkt dies die Notwendigkeit, Leistungen der beruflichen Bildung modular zu gestalten. Eine Aufnahmepflicht besteht nur seitens der örtlich zuständigen Werkstatt (§ 220 Abs. 1), nicht aber seitens des anderen Leistungsanbieters (vgl. § 60 Abs. 2 lit. 4). Stellt der andere Leistungsanbieter seine Leistungen ein oder beendet sie, so lebt die Aufnahme- und Leistungspflicht der zuständigen Werkstatt wieder auf. 30

§ 58 Leistungen im Arbeitsbereich

(1) ¹Leistungen im Arbeitsbereich einer anerkannten Werkstatt für behinderte Menschen erhalten Menschen mit Behinderungen, bei denen wegen Art oder Schwere der Behinderung
1. eine Beschäftigung auf dem allgemeinen Arbeitsmarkt einschließlich einer Beschäftigung in einem Inklusionsbetrieb (§ 215) oder
2. eine Berufsvorbereitung, eine individuelle betriebliche Qualifizierung im Rahmen Unterstützter Beschäftigung, eine berufliche Anpassung und Weiterbildung oder eine berufliche Ausbildung (§ 49 Absatz 3 Nummer 2 bis 6)

nicht, noch nicht oder noch nicht wieder in Betracht kommt und die in der Lage sind, wenigstens ein Mindestmaß wirtschaftlich verwertbarer Arbeitsleistung zu erbringen. ²Leistungen im Arbeitsbereich werden im Anschluss an Leistungen im Berufsbildungsbereich (§ 57) oder an entsprechende Leistungen bei einem anderen Leistungsanbieter (§ 60) erbracht; hiervon kann abgewichen werden, wenn der Mensch mit Behinderungen bereits über die für die in Aussicht genommene Beschäftigung erforderliche Leistungsfähigkeit verfügt, die er durch eine Beschäftigung auf dem allgemeinen Arbeitsmarkt erworben hat. ³Die Leistungen sollen in der Regel längstens bis zum Ablauf des Monats erbracht werden, in dem das für die Regelaltersrente im Sinne des Sechsten Buches erforderliche Lebensalter erreicht wird.

(2) Die Leistungen im Arbeitsbereich sind gerichtet auf
1. die Aufnahme, Ausübung und Sicherung einer der Eignung und Neigung des Menschen mit Behinderungen entsprechenden Beschäftigung,
2. die Teilnahme an arbeitsbegleitenden Maßnahmen zur Erhaltung und Verbesserung der im Berufsbildungsbereich erworbenen Leistungsfähigkeit und zur Weiterentwicklung der Persönlichkeit sowie
3. die Förderung des Übergangs geeigneter Menschen mit Behinderungen auf den allgemeinen Arbeitsmarkt durch geeignete Maßnahmen.

(3) ¹Die Werkstätten erhalten für die Leistungen nach Absatz 2 vom zuständigen Rehabilitationsträger angemessene Vergütungen, die den Grundsätzen der Wirtschaftlichkeit, Sparsamkeit und Leistungsfähigkeit entsprechen. ²Die Vergütungen berücksichtigen
1. alle für die Erfüllung der Aufgaben und der fachlichen Anforderungen der Werkstatt notwendigen Kosten sowie
2. die mit der wirtschaftlichen Betätigung der Werkstatt in Zusammenhang stehenden Kosten, soweit diese unter Berücksichtigung der besonderen Verhältnisse in der Werkstatt und der dort beschäftigten Menschen mit Behinderungen nach Art und Umfang über die in einem Wirtschaftsunternehmen üblicherweise entstehenden Kosten hinausgehen.

³Können die Kosten der Werkstatt nach Satz 2 Nummer 2 im Einzelfall nicht ermittelt werden, kann eine Vergütungspauschale für diese werkstattspezifischen Kosten der wirtschaftlichen Betätigung der Werkstatt vereinbart werden.

(4) ¹Bei der Ermittlung des Arbeitsergebnisses der Werkstatt nach § 12 Absatz 4 der Werkstättenverordnung werden die Auswirkungen der Vergütungen auf die Höhe des Arbeitsergebnisses dargestellt. ²Dabei wird getrennt ausgewiesen, ob sich durch die Vergütung Verluste oder Gewinne ergeben. ³Das Arbeitsergebnis der Werkstatt darf nicht zur Minderung der Vergütungen nach Absatz 3 verwendet werden.

1 **Gesetzeshistorie:** Die Vorschrift wurde durch Artikel 1 und 68 Abs. 1 SGB IX 19.6.2001[1] eingeführt, die Bezugnahmen auf Regelungen des Zwölften Buches in Absatz 3 mit Wirkung ab 1.1.2005 durch Artikel 8 und 70 Abs. 1 SGB XII vom 27.12.2003.[2] Die Vorschrift wurde durch Gesetz vom 23.12.2016 – Bundesteilhabegesetz – inhaltlich überarbeitet und in seiner Zielsetzung weiter konkretisiert.[3] In Absatz 1 Satz 1 Ziff. 1 werden zusätzlich die Inklusionsbetriebe iSd § 215 erwähnt, in Ziff. 2 die Qualifizierung durch Unterstützte Beschäftigung und in Absatz 1 Satz 2 die anderen Leistungsanbieter iSd § 60. Neu eingefügt wurden Absatz 1 Satz 2 und 3. In Abs. 3 ist Satz 2 entfallen, in Satz 3 wurde die Bezugnahme auf die bisherigen Vergütungsbestimmungen geändert. Die bislang benutzte Bezeichnung „behinderter Mensch" wurde gemäß dem Ductus des Gesetzes geändert auf „Mensch mit Behinderungen".

2 **Regelungsinhalt:** Die Vorschrift regelt die Leistungen zur Teilhabe am Arbeitsleben im Arbeitsbereich von Werkstätten für behinderte Menschen.

3 **Zur Entstehung:** Die Vorschrift geht auf den früheren § 41 Bundessozialhilfegesetz zurück. Die Regelung wurde nahezu unverändert in das SGB IX übernommen und auch durch das BTHG nicht wesentlich verändert, aber in einigen Punkten ergänzt. Die neu eingefügten Sätze 2 und 3 in Abs. 1 dienen der rechtlichen Klarstellung, beinhalten aber keine Änderung der bisherigen Rechtslage.

---

1 BGBl. I 1046.
2 BGBl. I 3022.
3 BGBl. I 3234.

Die Bestimmungen zu den Vergütungen, die die Rehabilitationsträger an die Werkstätten zahlen, wurden überarbeitet.
Nach der Begründung im Regierungsentwurf zum SGB IX im Jahre 2001[4] diente die damalige Neufassung der Regelung der Vergütungen vor allem der Klarstellung. Aus betriebswirtschaftlicher Sicht würden die (Dienst-)Leistungen keine Kosten umfassen, sondern diese verursachen. Richtigerweise erhalte die Werkstatt für ihre Leistungen von dem Rehabilitationsträger Vergütungen. Wenn der Träger der Sozialhilfe zuständiger Leistungsträger sei, seien die in Satz 3 genannten Kosten die Grundlage zur Kalkulation. Die Formulierung der bei der Vergütung zu berücksichtigenden Kosten stelle jetzt sicher, dass Kosten entweder der Nummer 1 oder der Nummer 2 zuzuordnen sind. Fielen daher Kosten unter die Nummer 1, so könnten sie keine Kosten nach Ziffer 2 sein. 4

Mit der 2001 vorgenommenen Neufassung der Regelungen der Vergütungen nach §§ 75 ff. SGB XII wurde die Möglichkeit geschaffen, für die – zumeist schwer ermittelbaren – werkstattspezifischen Kosten der wirtschaftlichen Betätigung der Werkstatt eine Vergütungspauschale zu zahlen. Dies, so die damalige Begründung, berücksichtige die Schwierigkeiten der Praxis bei der Zuordnung der Kosten nach Satz 3. In dieser Pauschale könnten auch Investitionskosten enthalten sein, wenn wie Kosten iSv Satz 3 sind. Diese Ausnahmeregelung – für die Träger der Sozialhilfe von der damaligen Vorschrift des § 93 a Abs. 2 Satz 1 Bundessozialhilfegesetz, die die Vereinbarung eines Investitionsbetrages vorschrieb – sei wegen der wirtschaftlichen Betätigung der Werkstatt gerechtfertigt. Diese Pauschale werde vom Träger der Sozialhilfe neben der Pauschale nach § 93 a Abs. 2 Satz 3 BSHG, ab 2005: § 76 SGB XII, jetzt § 125 Abs. 4 gezahlt. Die unternehmensüblichen Kosten der wirtschaftlichen Betätigung der Werkstatt seien wie bisher von der Werkstatt zu tragen.

Durch die Einfügung der Sätze 1 und 2 im damals neuen Absatz 4 werde klargestellt, dass die Werkstattträger bei der Ermittlung des Arbeitsergebnisses verpflichtet seien, die Auswirkung der Vergütungen auf das Arbeitsergebnis – getrennt nach Gewinnen und Verlusten – auszuweisen. Satz 3 enthalte das zuvor in § 41 Abs. 3 Satz 3 BSHG geregelte Verbot der Nettoerlösrückführung an den Sozialhilfeträger für jeden Rehabilitationsträger. Diese Regelung wurde durch das Bundesteilhabegesetz unverändert übernommen und ist jetzt in § 58 Abs. 4 und § 125 Abs. 4 niedergelegt.

Absatz 1 definiert einen Rechtsanspruch der behinderten Menschen auf Leistungen im Arbeitsbereich von Werkstätten für behinderte Menschen. Adressat der Regelung sind die zuständigen Träger der Rehabilitation (siehe dazu § 63). In der Regel ist dies der Träger der Eingliederungshilfe, sofern nicht Ansprüche gegen einen anderen Rehabilitationsträger bestehen (§§ 91 Abs. 1, 63). 5

Zuständige Rehabilitationsträger sind der Träger der Unfallversicherung, der Träger Kriegsopferfürsorge, der Träger der öffentlichen Jugendhilfe nach den jeweils für sie geltenden Regelungen (§ 63 Abs. 2 Ziffern 1–3, dazu → § 63 Rn. 10, 11), im Übrigen der Träger der Eingliederungshilfe unter den Voraussetzungen des § 99. Seine Leistungen zur Beschäftigung umfassen ua die Leistungen im Arbeitsbereich anerkannter Werkstätten für behinderte Menschen (§ 111 Abs. 1 Nr. 1) einschließlich des Arbeitsförderungsgeldes nach § 59 (§ 111 Abs. 3). 6

Anspruchsberechtigt sind Menschen mit Behinderung (zum Begriff Behinderung siehe auch → § 56 Rn. 7, 9). An den Personenkreis werden drei zusätzliche An- 7

---

4 Nebst Begründung BT-Drs. 14/5074, 17 und 109 sowie BT-Drs. 14/5531, 5.

forderungen gestellt. Behinderte Menschen sind leistungsberechtigt, wenn für sie
- eine Beschäftigung auf dem allgemeinen Arbeitsmarkt einschließlich einer Beschäftigung in einem Inklusionsbetrieb nach § 215 oder
- eine Berufsvorbereitung, eine individuelle betriebliche Qualifizierung im Rahmen Unterstützter Beschäftigung nach § 55, eine berufliche Anpassung und Weiterbildung oder
- eine berufliche Ausbildung nach § 49 Abs. 3 Nr. 2 bis 6

nicht in Betracht kommen. Leistungsvoraussetzung ist der aus Art oder Schwere der Behinderung folgende Ausschluss der Möglichkeit, auf dem allgemeinen Arbeitsmarkt tätig zu werden bzw. die fehlende Vermittlungsfähigkeit. Eine andere Leistung zur Teilhabe behinderter Menschen am Arbeitsleben ist vorrangig und darf daher nicht in Betracht kommen. Satz 1 Nr. 1 und 2 erwähnen ausdrücklich andere Leistungsformen. Die Leistung in einer anerkannten Werkstatt für behinderte Menschen oder bei einem anderen Leistungsanbieter iSd § 60 ist somit gegenüber allen anderen Leistungen zur Teilhabe am Arbeitsleben die nachrangige Leistungsform. Diese müssen als Voraussetzung der Leistungserbringung in einer Werkstatt oder bei einem anderen Leistungsanbieter explizit ausgeschlossen sein. Diese Voraussetzung bezieht sich auf den Moment der Bewilligung der Leistung, muss aber, da es sich um eine Dauerleistung handelt, auch in den späteren Momenten der Leistungserbringung erfüllt sein. Die Leistungsvoraussetzungen entfallen daher auch dann, wenn durch die Förderung in der Werkstatt für behinderte Menschen der jeweilige Berechtigte zu einem späteren Zeitpunkt die Fähigkeit zur Beschäftigung auf dem allgemeinen Arbeitsmarkt erlangt. § 220 Abs. 3 definiert aber ausdrücklich ein sog. Rückkehrrecht eines – leistungsberechtigten – Menschen mit Behinderungen aus dem Allgemeinen Arbeitsmarkt oder dem Leistungsbezug bei einem anderen Leistungsanbieter iSd § 60. Das Vorliegen der Leistungsvoraussetzungen muss bei den Beratungen zum Gesamtplan (§ 121) geprüft werden.

Anderweitige Möglichkeiten der Teilhabe am Arbeitsleben kommen gerade wegen Art oder Schwere der Behinderung nicht, noch nicht oder noch nicht wieder in Betracht. Voraussetzung der Leistung ist demgemäß die Kausalität zwischen der Behinderung, ihrer Auswirkung und den daraus folgenden zu verneinenden anderen Möglichkeiten (siehe dazu → § 56 Rn. 7 ff.).

Eine anderweitige Möglichkeit der Teilhabe kann auch in der Inanspruchnahme des Budgets für Arbeit gem. § 61 liegen. Im Teilhabestärkungsgesetz ist die Öffnung des Budgets für Ausbildung gem. § 61a für diejenigen Werkstattbeschäftigten vorgesehen, die im Arbeitsbereich der Werkstatt tätig sind.[5]

8 Zur Konkretisierung des Personenkreises verwendet das Gesetz weitgehend die Bezeichnung „Menschen mit Behinderung". Der Begriff der Werkstatt für behinderte Menschen geht noch auf die bislang im SGB IX verwendete Bezeichnung behinderte Menschen zurück. Die in den Werkstätten tätigen Personen bezeichnet § 1 Abs. 1 WMVO als Werkstattbeschäftigte.

9 Voraussetzung für die Leistung im Arbeitsbereich ist, dass der behinderte Mensch in der Lage ist, wenigstens ein **Mindestmaß wirtschaftlich verwertbarer Arbeitsleistung** zu erbringen[6] (zu dieser und den weiteren in §§ 219, 220 benannten Voraussetzungen für die Aufnahme in die Werkstatt siehe → § 219 Rn. 16 f., → § 220 Rn. 11 ff.).

---

5 Teilhabestärkungsgesetz RegE v. 3.2.2021, Art 7 Nr. 10.
6 LSG BW 18.9.2017 – L 7 SO 774/16, juris Rn. 36.

Die Leistungen im Arbeitsbereich werden gemäß Satz 2 im Anschluss an Leistungen im Berufsbildungsbereich (§ 57) oder im Anschluss an entsprechende Leistungen bei einem anderen Leistungsanbieter (§§ 57, 60) erbracht. Regelfall war in der Vergangenheit, dass Menschen mit Behinderung zunächst im Berufsbildungsbereich qualifiziert wurden und nach Ablauf der dort zur Verfügung stehenden Förderung und Förderzeit in eine andere Beschäftigung oder Tätigkeit wechselten. Nunmehr kommt nach Satz 2 Hs. 2 eine Übernahme in den Arbeitsbereich auch in Betracht, wenn der behinderte Mensch zuvor im allgemeinen Arbeitsmarkt tätig war und er dort die für die in Aussicht genommene Beschäftigung erforderliche Leistungsfähigkeit erworben hat. Hierbei handelt es sich um eine Kann-Regelung. Bei ihrer Anwendung ist zu prüfen, ob nicht in der Persönlichkeit des behinderten Menschen liegende Gründe und nicht alleine seine grundsätzliche Leistungsfähigkeit den Wechsel aus dem allgemeinen Arbeitsmarkt in die Werkstatt initiierten. In diesen Fällen dürften zusätzlich Leistungen der medizinischen, psychologischen und pädagogischen Hilfen nach § 49 Abs. 6 notwendig sein. 10

Gemäß Satz 3 werden die Leistungen im Arbeitsbereich längstens bis zu dem Zeitpunkt erbracht, in dem der Beschäftigte das für die Regelaltersgrenze erforderliche Lebensalter erreicht hat. Diese Neuregelung dient zur Klarstellung, dass zum einen die Regelaltersgrenze nach §§ 35, 235 SGB VI auch für Werkstattbeschäftigte gilt, zum anderen, dass eine Beschäftigung über die Regelaltersgrenze hinaus nicht in Betracht kommt, weil der spezifische Zweck der Teilhabe am Arbeitsleben mit dem Erreichen der Ruhestandsgrenze entfällt.[7] Dies entspricht der konzeptionellen Grundidee, dass eine Teilhabe am Arbeitsleben grundsätzlich nur solange gewährt werden solle, wie ein Arbeitnehmer nach den allgemeinen Regeln im Arbeitsleben tätig ist (→ § 220 Rn. 25).[8] Bei Menschen mit Behinderung, die vorzeitig eine Altersrente beziehen, kann das Beschäftigungsverhältnis in der Werkstatt fortgesetzt werden, wenn diese an den Beschäftigungsangeboten der Werkstatt noch sinnvoll teilnehmen können, längstens jedoch bis zum Erreichen der rentenversicherungsrechtlichen Regelaltersgrenze.[9] Das gilt auch für Personen, die eine Rente wegen Erwerbsunfähigkeit beziehen. 11

Absatz 2 regelt die mit den Leistungen verfolgten **Zielsetzungen**. Eine Konkretisierung auf der institutionellen Ebene der Werkstatt erfolgt in § 5 WVO. Dazu soll die Werkstatt über ein möglichst breites Angebot an Arbeitsplätzen verfügen. 12

Im Rahmen der Eingliederungshilfe werden vom Träger der Eingliederungshilfe (nur) die Kosten für die Fachleistungen getragen; die Leistungen zur Sicherung des Lebensunterhalts nach SGB II sowie über die Hilfe zum Lebensunterhalt und die Grundsicherung im Alter und bei Erwerbsminderung nach SGB XII bleiben unberührt (§ 93 Abs. 1). 13
Diese Trennung ist eine der anspruchsvollsten vom BTHG gestellten Aufgaben. Dabei gilt es auch im Bereich der Werkstätten, im Rahmen der Vereinbarungen nach § 123 ff. die bisherige Einrichtungsfinanzierung konsequent auf Fachleistungsfinanzierung umzustellen und gleichzeitig die Existenzsicherungsbelange der Leistungsberechtigten teilhabeorientiert abzusichern.[10]

---

7 BT-Drs. 18/9522, 254.
8 BVerwG 21.12.2005 – 5 C 26/04, juris Leitsatz.
9 BT-Drs. 18/9522, 254.
10 *Gitschmann*, Bundesteilhabegesetz – Herausforderungen und Chancen aus Sicht eines Leistungsträgers, 13.2.2018, www.reha-recht.de, Beitrag D4–2018.

14 In den Werkstätten für behinderte Menschen fallen unter die Hilfen zum Lebensunterhalt nur die Kosten des Mittagessens. Von dem Umstand, dass die Kosten des Mittagessens grundsätzlich über die Kosten des Lebensunterhalts zu decken sind, macht § 113 Abs. 4 eine Ausnahme für die gemeinschaftliche Mittagsverpflegung in der Verantwortung einer Werkstatt. Nach § 42 b Abs. 2 Nr. 3 SGB XII wird hierfür ein pauschalisierter Mehrbedarf[11] anerkannt. Voraussetzung ist eine Vereinbarung zwischen dem behinderten Menschen und der Werkstatt, nach der der behinderte Mensch zur Zahlung verpflichtet ist.
Gemeinschaftliche Mittagsverpflegung bedeutet, dass das angebotene Mittagessen mit den Kollegen gemeinsam einnehmbar sein muss.[12] An dieser Voraussetzung kann es bei einer Beschäftigung auf einem ausgelagerten oder betriebsintegrierten Arbeitsplatz (siehe dazu → § 219 Rn. 10) fehlen oder wenn das Mittagessen in einer Kantine dieses Betriebes gemeinsam mit nicht-behinderten Personen eingenommen wird.
Können aus dem Mehrbedarf nicht alle über den Warenwert hinausgehenden Kosten für die Zubereitung und Bereitstellung (zB Sach-, Personal- und Investitionskosten) gedeckt werden, kann der ungedeckte Teil von der Eingliederungshilfe nach § 113 Abs. 4 als Fachleistung übernommen werden.[13]

15 Die **Nummern 1–3** beschreiben in additiver Aufzählung umfassend die Leistungen, die Rehabilitationsträger gegenüber behinderten Menschen erbringen müssen. Sie entsprechen der Aufgabenstellung der Werkstatt als Einrichtung zur Teilhabe behinderter Menschen am Arbeitsleben aus §§ 219 ff. Die Leistungen müssen so auskömmlich sein, dass alle von der Werkstatt im Rahmen der Anforderungen der §§ 219 ff. und des daraus folgenden Anerkennungsrechts nach § 225 zu erbringenden Maßnahmen gesichert sind.

16 Zielsetzung der Leistungen nach **Nummer 1** ist die Aufnahme, Ausübung und Sicherung einer der Eignung und Neigung des behinderten Menschen entsprechenden Beschäftigung. Aufnahme, Ausübung und Sicherung sind der erste Schritt, sie bewerkstelligen die Einbindung des behinderten Menschen in einen Tätigkeitsprozess. Nachdem er den Berufsbildungsbereich (zu den Leistungen siehe § 57, zu den institutionellen Anforderungen § 4 WVO) durchlaufen hat, wird er im Arbeitsbereich an einen konkreten Tätigkeitsprozess herangeführt. Hierzu erfolgt eine Auswertung der Kenntnisse aus dem Berufsbildungsbereich. Die Einbindung in diesen Tätigkeitsprozess wird dauerhaft (der Text spricht von Ausübung und Sicherung der Beschäftigung) abgesichert. Auch wenn er das generell angestrebte Ziel einer Beschäftigung auf dem allgemeinen Arbeitsmarkt nicht erreichen sollte, ist seine Einbindung in die Teilhabe am Arbeitsleben im Arbeitsbereich einer Werkstatt dauerhaft gesichert. Dies wird durch § 219 Abs. 1 S. 1 bestätigt, wonach die Werkstatt eine Einrichtung der Teilhabe am und zur Eingliederung in das Arbeitsleben ist.

17 Die Beschäftigung soll der **Eignung und Neigung des behinderten Menschen** entsprechen. Das Gesetz definiert diesen Bezug der Tätigkeit auf den behinderten Menschen als individuell auszurichtende Pflicht. Dieser entspricht auf der institutionellen Ebene die Regelung des § 5 Abs. 1 WVO. Eignung und Neigung des behinderten Menschen sind der Ausgangspunkt seiner Beschäftigung. An-

---

11 Vgl. dazu BT-Drs. 18/9522, 201 (327).
12 Ergänzendes Schreiben des BMAS zum Mehrbedarf nach § 42 b Abs. 2 SGB XII für Mittagessen auf Außenarbeitsplätzen v. 21.2.2020 (Az. Vb4–50240), abrufbar unter https://umsetzungsbegleitung-bthg.de/w/files/aktuelles/20-02-21-mittagessen-aussenarbeitsplatz-antwort-rueckfrage-.pdf.
13 Dazu RSchr des BMAS v. 28.10.2019, abrufbar unter https://umsetzungsbegleitung-bthg.de/w/files/aktuelles/19-10-28-rundschreiben-zu-c-42b-abs-2-sgb-xii.pdf.

ders als im allgemeinen Arbeitsmarkt ist daher der einzelne Mensch mit seiner Funktionsbeeinträchtigung und den daraus folgenden Einschränkungen (Barrieren) Kompetenzen (Förderfaktoren) sowie seinen Wünschen der Kern der Bewertung der Geeignetheit der Tätigkeit. Beachtung hierbei finden muss auch die Wechselwirkung zwischen diesen Faktoren (siehe § 2, dazu auch → § 56 Rn. 7). Die Werkstatt muss den einzelnen behinderten Menschen in den Blick nehmen, seine Fähigkeiten, Fertigkeiten und Wünsche ermitteln und diese Kriterien zur Grundlage der Zuordnung einer Beschäftigung an ihn machen. Die Werkstatt ordnet die Beschäftigung – personenorientiert – dem Individuum zu, die Tätigkeit dient zur Entwicklung, Förderung und Realisierung seiner Teilhabe und zur Weiterentwicklung seiner Persönlichkeit. Damit muss die Werkstatt anders verfahren als der allgemeine Arbeitsmarkt. Bei diesem muss sich der Arbeitnehmer den Vorgaben des Arbeitgebers und des Arbeitsplatzes zu- bzw. unterordnen.

Neben den tätigkeits- und beschäftigungsbezogenen Elementen des Werkstattauftrages nach Nummer 1 sichern die Leistungen nach **Nummer 2** die Erbringung der **begleitenden Maßnahmen**. Diese institutionell in § 5 Abs. 3 WVO benannten Maßnahmen umfassen die arbeitsbegleitenden Maßnahmen zur Erhaltung und Verbesserung der Leistungsfähigkeit und zur Weiterentwicklung der Persönlichkeit des behinderten Menschen. Dazu hat die Werkstatt Personal für die pädagogische, soziale und medizinische Begleitung vorzuhalten, eine psychologische Betreuung sicherzustellen und ggf auch pflegerische und therapeutische Fachkräfte zur Verfügung zu stellen (§ 10 Abs. 1 und 2 WVO). Die Tätigkeit der Werkstatt im Bereich der arbeitsbegleitenden Maßnahmen hat einen sehr individuellen Bezug. Die im Berufsbildungsbereich erworbenen Kenntnisse und Fähigkeiten sind im Arbeitsbereich weiter zu fördern und in Korrespondenz mit dem behinderten Menschen weiter zu entwickeln. 18

Die Leistungen sind auf eine Beschäftigung gerichtet. Die Leistungen müssen daher die Einbindung des behinderten Menschen in einen Tätigkeitsprozess sichern, ohne dass es auf den Umfang der wirtschaftlichen Verwertbarkeit seines Beitrages und seinen Anteil am Arbeitsergebnis ankommt. Es reicht jede, auch wirtschaftlich noch so geringe Beteiligung (siehe hierzu auch → § 219 Rn. 16). Diese individuelle berufliche Förderung ist nicht nur das Ziel des Berufsbildungsbereiches (vgl. dazu § 4 Abs. 2 WVO), sondern auch Ziel der Maßnahmen im Arbeitsbereich (vgl. dazu § 5 Abs. 3 WVO). 19

Nach **Nummer 3** müssen die Leistungen auf die geeigneten Maßnahmen zur Förderung des Übergangs geeigneter behinderter Menschen auf den allgemeinen Arbeitsmarkt gerichtet sein. Dieser Pflicht entspricht institutionell § 5 Abs. 4 WVO. Durch die Aufnahme in den gesetzlichen Leistungskatalog und die ausdrückliche Erwähnung in Absatz 2 Nr. 3 wird die Bedeutung nochmals hervorgehoben. Diese Pflicht umfasst als gestalterische Möglichkeit die Schulung der Menschen in der Werkstatt oder in einem externen Betrieb, kurz- oder längerfristige Praktika, die zeitweise Beschäftigung auf ausgelagerten Arbeitsplätzen oder die arbeitsbegleitende Betreuung in der Übergangsphase (siehe dazu → § 219 Rn. 13). Diese Maßnahmen beschränken sich auf geeignete behinderte Menschen. Die Schritte sind sehr individuell auszurichten, die Maßnahmen richten sich auf konkrete behinderte Menschen in konkreten Übergangsprozessen. Das entspricht der Anforderung in Nummer 1 nach Orientierung an Eignung und Neigung. Zulässig sind die in § 5 WVO genannten, dort beispielhaft aufgezählten Maßnahmen, aber auch weitere Maßnahmen, die der Zielsetzung der individuellen beruflichen Rehabilitation entsprechen. Grundlage und Maßstab hierfür ist der begründete Bezug zur beruflichen Rehabilitation des 20

Einzelnen sich in der Maßnahme befindenden Werkstattbeschäftigten. Der von der Werkstatt zu erbringende Aufwand ist in der Regel hoch, der Personaleinsatz intensiv. Die Kosten für diese Maßnahme sind Kosten im Sinne des § 58 Abs. 3 Ziffer 1.

21 Gemäß **Absatz 3** erhalten die Werkstätten für die Leistungen im Arbeitsbereich von den Rehabilitationsträgern angemessene **Vergütungen**. Auf diese haben sie einen Rechtsanspruch. Dies ist nunmehr in § 123 Abs. 6 ausdrücklich benannt. Im Rahmen der Vergütungen für die Leistungen der Werkstatt für behinderte Menschen nach Absatz 3 sind die Anforderungen aus Kapitel 12 des Teils 3 sowie der nach § 227 erlassenen Verordnungen zu beachten. Diese gesetzlich bestimmten Anforderungen an die Einrichtung Werkstatt für behinderte Menschen definieren den Mindeststandard. Die seitens der Werkstatt erforderlichen Kosten sind dem Grunde nach unmittelbarer und zwingender Bestandteil der Vergütungen. Ein Unterschreiten des gesetzlich und verordnungsrechtlich festgelegten Mindeststandards kann für die Werkstatt zum Verlust der Anerkennung nach § 225 führen.

Zwischen dem Träger der Eingliederungshilfe und der Werkstatt sind schriftliche Vereinbarungen gem. § 123 ff. zu treffen. Die wesentlichen und zwingenden Regelungstatbestände sind in § 125 benannt. § 125 Abs. 4 übernimmt dabei für den Themenkomplex der Vereinbarungen die Inhalte der in § 58 beschriebenen Leistungen, die der Träger der Eingliederungshilfe gegenüber dem Menschen mit Behinderungen erbringen muss. Gemäß § 123 Abs. 2 ist der Abschluss einer schriftlichen Vereinbarung grundsätzlich Voraussetzung für die Erbringung einer Leistung durch Dritte. Gemäß § 123 Abs. 6 hat der Leistungserbringer nach Abschluss der Vereinbarung einen eigenen Rechtsanspruch auf die vereinbarte Vergütung.

Die Werkstatt kann eine angemessene Vergütung beanspruchen, nicht den Ersatz betriebswirtschaftlich notwendiger Kosten.[14] Die Vergütungen haben die notwendigen Kosten zu berücksichtigen. Nach dem in der Betriebswirtschaftslehre herrschenden wertmäßigen Kostenbegriff sind Kosten der bewertete Verbrauch von Gütern und Dienstleistungen für die Herstellung und den Absatz von betrieblichen Leistungen und die Aufrechterhaltung der dafür erforderlichen Kapazitäten. Güter- und Dienstleistungsverbrauch sowie Leistungsbezogenheit sind die beiden charakteristischen Merkmale dieses Kostenbegriffs. Betriebswirtschaftlich gesehen sind Kosten Bestandteil der Kalkulation. Aufwendungen sind dasjenige, was nach Abschluss einer Wirtschaftsperiode tatsächlich entstanden ist. Da die Vergütungen im Sinne des Absatz 3 prospektiv kalkuliert und vereinbart werden sollen (§ 123 Abs. 2 Satz 3), sind die Kosten die zu berücksichtigende Grundlage. Alle Anforderungen, die anerkennungsrechtlich gestellt werden, sind in den Vergütungen zwingend zu berücksichtigen. Dies gilt insbesondere auch für die Anforderungen, die sich aus der Beschäftigung besonderer Personengruppen begründen. Der Einrichtungsträger ist verpflichtet, selbst auf den Abschluss einer Vereinbarung oder auf die Ergänzung einer bestehenden Vereinbarung mit dem Träger der Eingliederungshilfe hinzuwirken, sofern er meint, die Höhe der Vergütung entspreche nicht dem notwendigen Aufwand für die Betreuung der Werkstattbeschäftigten (siehe dazu ausführlicher → § 219 Rn. 20 und → § 220 Rn. 14 f.).[15]

22 Die Vergütungen müssen den Grundsätzen der Wirtschaftlichkeit, Sparsamkeit und Leistungsfähigkeit entsprechen (siehe hierzu § 123). Wirtschaftlichkeit be-

---

14 LSG BW 22.2.2006 – L 5 AL 4767/03, juris Rn. 54.
15 Vgl. dazu LSG BW 22.2.2006 – L 5 AL 4767/03, juris Rn. 58 f.

deutet ein angemessenes und ausgewogenes Verhältnis zwischen der angebotenen Leistung und der dafür zu vereinbarenden Vergütung. Ausgangspunkt und Vorgabe ist die nach Absatz 2 geforderte Leistung, diese ist Maßstab für eine angemessene Vergütung. Sparsamkeit bedeutet, dass unnötige Kosten nicht Gegenstand der Vergütung sein können. Das Maß des Notwendigen darf nicht überschritten werden. Leistungsfähigkeit beinhaltet die Erfüllung der fachlichen und organisatorischen Voraussetzungen für die Erbringung der Leistung. Dies ist bei einer Werkstatt aufgrund der Anerkennung zu vermuten. Die formale Anerkennung nach § 225 bindet die Beteiligten auch im Hinblick auf den Anspruch auf Vergütung der Leistungen.[16]

Absatz 3 Satz 2 stellt einen Katalog der Kosten auf, die bei der Vergütungsermittlung zu beachten sind. Wenn der Träger der Eingliederungshilfe zuständig ist, sind zusätzlich die Vorschriften des Kapitels 8 des 2. Teiles (§§ 123–134) anzuwenden. Nach § 123 Abs. 1 ist er nur zur Zahlung verpflichtet, wenn mit dem Träger der Einrichtung eine Leistungsvereinbarung (§ 125 Abs. 1 Ziffer 1 und Abs. 2) und eine Vergütungsvereinbarung (§ 125 Abs. 1 Ziffer 2 und Abs. 3 und 4) besteht. Die Leistungsvereinbarung muss die wesentlichen Merkmale der Leistung festlegen, mindestens

- den zu betreuenden Personenkreis,
- die erforderliche sächliche Ausstattung,
- Art, Umfang, Ziel und Qualität der Leistung,
- die personelle Ausstattung und die Qualifikation des Personals
- sowie, soweit erforderlich, die betriebsnotwendigen Anlagen des Leistungserbringers.

Gemäß § 123 Abs. 2 S. 2 sind die Vereinbarungen vor Beginn der jeweiligen Wirtschaftsperiode abzuschließen. Nachträgliche Ausgleiche sind nicht zulässig.

Grundlage der Kalkulation der Werkstatt sind die durch die gesetzlich bzw. verordnungsrechtlich gestellten Anforderungen begründeten notwendigen Kosten. Gemäß **Absatz 3 Satz 2** und gemäß § 125 Abs. 3 berücksichtigen die Vergütungen die Kosten der Werkstatt. Die Vergütungen sind auf der Basis der von der Werkstatt kalkulierten Kosten zu ermitteln und zu vereinbaren. Wesentlich ist die Auswirkung der Vergütung auf das Arbeitsergebnis in Absatz 4 Satz 1 und 2 und die Verbotsnorm des Satzes 3. Unter Beachtung der Zuordnung nach Absatz 3 Satz 2 Ziffern 1 und 2 besteht ein Rechtsanspruch auf Berücksichtigung der notwendigen Kosten auch in ihrer Höhe, insbesondere bei der Zuordnung nach Ziffer 1, da bei anderer Bewertung das Verbot des Absatzes 4 Satz 3 nicht beachtet wird.

Absatz 3 Satz 2 benennt zwei Gruppen von Kosten, die bei den Vergütungen zu berücksichtigen sind. Die hier genannten Kosten sind entweder der Nummer 1 oder der Nummer 2 zuzuordnen. Fallen daher Kosten unter die Nummer 1, können sie keine Kosten nach Nummer 2 sein.[17]

Das Gesetz geht von einem **zweifachen Auftrag** der Werkstatt aus: Einerseits ist sie eine Einrichtung, in der die Teilhabe behinderter Menschen am Arbeitsleben vorbereitet, durch Maßnahmen der beruflichen Bildung gefördert und durch weitere individualisierte Maßnahmen arbeitsbegleitend abgesichert wird; andererseits wird in ihr die Eingliederung und Teilhabe dieser Menschen auch insoweit realisiert als die Werkstatt durch Produktions- und Dienstleistungsaufträge selbst aktiv am Wirtschaftsleben mitwirkt (siehe hierzu auch → Vor § 219 Rn. 8). Im Vordergrund steht dabei die Pflicht der Werkstatt, eine unterstützen-

---

16 BSG 5.7.2018 – B 8 SO 28/16 R, juris Rn. 19 und Anm. *Pitz*.
17 So auch *Cramer* Werkstätten § 41 Rn. 11.

de Struktur vorzuhalten, die die Habilitation und Rehabilitation (siehe auch Art. 26 UN-BRK) des behinderten Menschen sichert, stärkt und ihn – möglichst dauerhaft – befähigt, seine Leistungsfähigkeit einzubringen. Dieser zweifache Auftrag der Werkstatt wirkt sich kostenmäßig dahin gehend aus, dass die Rehabilitationsträger den Teil über die Vergütungen finanzieren, der der Einbeziehung des behinderten Menschen in den Prozess der Teilhabe am Arbeitsleben und ihrer Eingliederung in das Arbeitsleben dient, die Werkstatt aber denjenigen Teil trägt, der originär mit der Erwirtschaftung wirtschaftlicher Arbeitsergebnisse und der damit verbundenen Beteiligung am Marktgeschehen verbunden ist.[18] Das sind die Kosten der wirtschaftlichen Betätigung, die von Absatz 3 Satz 2 gerade nicht erfasst sind.

Die Finanzierung der Aufgabe der Sicherung der Eingliederung und Einbeziehung des behinderten Menschen in die Teilhabe am Arbeitsleben ist dabei der Verantwortung des Rehabilitationsträgers zuzuordnen und von diesem im Rahmen der Vereinbarungen zu vergüten. Dieses umfasst zum einen den Grund- und Vorhalteaufwand für die Einrichtung Werkstatt, denn nur so ist es der Werkstatt überhaupt möglich, ihrem Auftrag aus §§ 219 ff. nachzukommen und behinderte Menschen zu ihrer Beschäftigung aufzunehmen.[19] Dazu gehören zum anderen auch die Kosten für die darüber hinausgehenden individuellen, auf den behinderten Menschen zugeschnittenen Leistungen zur Aufnahme, Ausübung und Sicherung einer Beschäftigung (vgl. Abs. 2 Nr. 1). Das beinhaltet auch die Möglichkeit, dass behinderte Menschen bei entsprechender Anleitung auch mit Arbeitsgeräten, die über keine behinderungsspezifische Anpassung verfügen, vergleichbare Arbeitsergebnisse wie auf dem allgemeinen Arbeitsmarkt erzielen.[20] Denn der Werkstatt ist durch den Auftrag aus §§ 219 ff., am Wirtschaftsleben durch Produktion und Dienstleistungen teilzunehmen, eine Orientierung am Marktgeschehen vorgegeben, auch wenn Produktion und Umsatz nicht im Vordergrund stehen.[21] Ein Gebot, die Arbeit von behinderten Menschen im Arbeitsbereich einer Werkstatt dürfe nicht in Konkurrenz zum „eigentlichen Marktgeschehen" treten, ergibt sich aus dem SGB IX gerade nicht.[22]

Die Erfüllung der Aufgaben der Eingliederungshilfe und der dadurch ermöglichten bzw. zu sichernden Teilhabe behinderter Menschen am Arbeitsleben in der Werkstatt muss gesichert sein, auch wenn die Werkstatt sich nicht am produktiven Geschehen beteiligen kann.[23]

Die Kosten für das produktive Geschehen selbst, die Beteiligung der Werkstatt am Markt und das Erstellungs- und Vermarktungsrisiko sind als Teil der wirtschaftlichen Betätigung von der Werkstatt zu tragen. Aus den hieraus erwirtschafteten Erträgen zahlt die Werkstatt die Arbeitsentgelte an die behinderten Menschen (siehe hierzu § 13 Abs. 2 WVO).

---

18 Vgl. hierzu den Wortlaut des § 12 Abs. 4 S. 3 WVO in der Fassung des G. v. 23.12.2016, Art. 19 Abs. 17, Ziff. 6 b, bb – BGBl. I 3234 (3331): „und infolgedessen nach § 58 Abs. 3 SGB IX von den Rehabilitationsträgern nicht übernommen werden".
19 BSG 5.7.2018 – B 8 SO 28/16 R, juris Rn. 17.
20 BSG 5.7.2018 – B 8 SO 28/16 R, juris Rn. 18.
21 BSG 5.7.2018 – B 8 SO 28/16 R, juris Rn. 19.
22 BSG 5.7.2018 – B 8 SO 28/16 R, juris Rn. 19.
23 ZB weil die Leistung der behinderten Menschen in der Werkstatt sehr gering ist, die örtliche Lage der Werkstatt ein Standortnachteil ist oder wegen einer Pandemie oder wirtschaftlichen Rezession keine Aufträge eingeworben und bearbeitet werden können oder die Werkstattprodukte nicht auf dem Markt absetzbar sind.

Die in Absatz 3 Satz 2 angesprochene Zuordnung sollte nach der bis zum 27
1.7.2001 bestehenden Rechtslage durch eine Verordnung nach § 41 Abs. 4
BSHG (sog. KostenzuordnungsVO) getroffen werden (siehe dazu → § 59
Rn. 4). Diese Verordnung wurde vom zuständigen Ministerium als Entwurf erstellt, in Kraft gesetzt wurde sie allerdings nicht.[24] Die Zuordnung der Kosten
ist insbesondere für die Ausweisung nach Abs. 4 von zentraler Bedeutung. Diese Fragestellung muss nach heutigem Recht im Rahmen der Vereinbarungen
mit den Rehabilitationsträgern, vor allem mit dem Träger der Eingliederungshilfe im Rahmen der Vereinbarungen nach §§ 123, 125 gelöst werden. Hierfür
ist eine einheitliche Basis zur bundesweiten Sicherstellung des Grundstandards
notwendig.

Die Vereinbarung der Leistungen und der Vergütungen müssen der öffentlich-rechtlichen Versorgungs- und Sicherstellungspflicht der Rehabilitationsträger
(siehe dazu § 36 Abs. 1) für die Teilhabe behinderter Menschen am Arbeitsleben in der Werkstatt angemessen Rechnung tragen. Dies erfordert insbesondere
die Berücksichtigung von Kriterien, die von der Werkstatt nicht oder nur geringfügig beeinflusst werden können wie zB geringe Belegung bei abgesprochenen Baumaßnahmen (vgl. § 125) oder eine Unterbelegung in der Startphase der
Einrichtung.

Der Berechnung der Vergütung nach Absatz 3 sind die Leistungen nach Absatz 28
2 vorgegeben. Deren Erfüllung und Sicherstellung ist Grundlage der Vergütung.
In den Vergütungen sind die notwendigen Kosten derart zu berücksichtigen,
dass das Arbeitsergebnis der Werkstatt nicht zur Minderung der Vergütungen
nach Absatz 3 herangezogen werden muss. Das ist nach Absatz 4 Satz 3 untersagt. Die für die Leistungen nach Absatz 2 notwendigen Vergütungen nach Absatz 3 müssen dabei die hier notwendigen Kosten in voller Höhe berücksichtigen. Grundlage hierfür ist eine Leistungsvereinbarung. Ohne Abschluss einer
Leistungsvereinbarung und einer darauf basierenden Vergütungsvereinbarung
ist ein Nachweis nach Absatz 4 nicht zu führen.

Nach **Absatz 3 Satz 2 Ziffer 1** berücksichtigen die Vergütungen alle für die Er- 29
füllung der Aufgaben und der fachlichen Anforderungen der Werkstatt notwendigen Kosten. Die Vorschrift gebraucht das Wort „alle"; Kosten, die den genannten Anforderungen entsprechen, können daher nicht ausgenommen werden. Alle diese Kosten müssen dem Grunde nach berücksichtigt werden. Eine
Aufteilung oder Aufsplittung dieser Kosten auf für zur Erfüllung notwendige
und allgemein unternehmensübliche ist nicht zulässig.[25]

Unter Ziffer 1 fallen alle Kosten, die dem Grunde nach durch die Erfüllung der 30
Anforderungen dieses Gesetzes und der dazu erlassenen Rechtsverordnungen
nach § 227, insbesondere der WVO, bedingt sind, sowie die Kosten, die die
Werkstatt für die Ermöglichung, Erbringung und dauerhafte Sicherung der darauf gestützten Leistungen kalkuliert. Dabei ist die Werkstatt insgesamt eine
Einrichtung zur Teilhabe behinderter Menschen am Arbeitsleben und dient insgesamt der Ermöglichung der Beteiligung und der Beschäftigung der behinderten Menschen. Zu den Kosten im Sinne dieser Bestimmung gehören alle Kosten, die der Werkstatt als Einrichtung zur Teilhabe am Arbeitsleben entstehen.
Dies beinhaltet auch die Anforderungen aus § 12 Abs. 1 WVO. Danach muss
die Werkstatt nach betriebswirtschaftlichen Grundsätzen organisiert sein und
nach kaufmännischen Grundsätzen Bücher führen. Die Grundsätze kaufmännischer Buchführung finden sich in §§ 238 bis 263 HGB, für Kapitalgesellschaf-

---

24 Dazu *Cramer* Werkstätten § 41 Rn. 14.
25 So auch *Cramer* Werkstätten § 41 Rn. 12.

31 Die **Kosten nach Ziffer 1** umfassen Vorhaltekosten und Kosten des laufenden Betriebes. Auch Vorhaltekosten sind im Rahmen der Vereinbarungen zu berücksichtigen, dies betrifft insbesondere Kosten der Werkstatt im Rahmen der Aufnahmepflicht (§ 219) und der Pflicht auf Sicherstellung der Versorgung im Einzugsgebiet (vgl. dazu auch → Vor § 219 Rn. 8).

32 Unter **Kosten nach Ziffer 1** fallen zunächst alle Kosten, die durch die Erfüllung der Aufgaben und der fachlichen Anforderungen notwendig sind, die also unmittelbar aus diesem Gesetz und den dazu erlassenen Verordnungen bedingt sind. Dazu gehören die Kosten für das ausdrücklich in den Anerkennungsvoraussetzungen benannte Personal,[26] weiterhin das Personal, das für die Erbringung und Absicherung der in Abs. 2 genannten Leistungen darüber hinaus notwendig ist wie Verwaltungs- und Wirtschaftspersonal (§ 12 Abs. 1 WVO). Hierzu gehören auch die Kosten, die für die Mitwirkung der Werkstattbeschäftigten im Rahmen der WVO und der WMVO (siehe dazu auch § 222) entstehen.

33 Ziffer 1 umfasst die Kosten für den durch die fachlichen Anforderungen begründeten notwendigen laufenden Betrieb, auch hier ist eine Aufsplittung nicht zulässig. Hierzu zählen auch die Kosten für notwendige Investitionen in Gebäude und technische Anlagen. Zu den vollständig zu berücksichtigenden Investitionskosten gehören auch die Kosten für die Erweiterung der Werkstatt um neue Werkstattplätze, auch wenn damit die wirtschaftliche Betätigung am Markt erst ermöglicht wird (dazu § 125 Abs. 2 Ziffer 6).[27]

34 Gemäß **Absatz 3 Satz 2 Ziffer 2** müssen die Vergütungen weiterhin berücksichtigen die mit der wirtschaftlichen Betätigung der Werkstatt in Zusammenhang stehenden Kosten, soweit diese unter Berücksichtigung der besonderen Verhältnisse in der Werkstatt (§ 125 Abs. 4 S. 1 spricht stattdessen von den „besonderen Verhältnissen beim Leistungserbringer") und der dort beschäftigten behinderten Menschen nach Art und Umfang über die in einem Wirtschaftsunternehmen üblicherweise entstehenden Kosten hinausgehen. Im Unterschied zu Ziffer 1 enthält Ziffer 2 nicht das Wort „alle". Die Kosten unter Ziffer 2 sind diejenigen, die mit der wirtschaftlichen Betätigung der Werkstatt unmittelbar oder mittelbar zusammenhängen. Das Gesetz ordnet diese Kosten der wirtschaftlichen Betätigung (die in einem Wirtschaftsunternehmen üblicherweise entstehenden Kosten) zunächst der Werkstatt zu, nimmt dann aber einen speziell begründeten Anteil heraus und ordnet ihn dem Rehabilitationsträger zu. Das Gesetz differenziert dreifach. Die Kosten müssen über die sonst üblichen hinausgehen, also höher sein als üblich. Diese Überschreitung muss ihren Grund in der Einbindung der behinderten Menschen haben (Art), oder die besondere Höhe (Umfang) muss aus dieser Einbindung resultieren. Darunter fallen zB höhere Kosten für personelle und technische Arbeitshilfen wie den Geräte- und Vorrichtungsbau sowie für technische Vorbereitung oder individuelle Geräte- oder Arbeitseinweisung, eine höhere Abschreibung von Maschinen wegen einer kürzeren Einsatzdauer infolge nicht sachgerechter Nutzung seitens der Beschäftigten, ein höherer Geräteverschleiß oder ein erhöhter Energieverbrauch aus nicht eingeübter oder langsamerer Arbeit.

35 Können die Kosten der Werkstatt nach Satz 2 Nummer 2 im Einzelfall nicht ermittelt werden, kann nach **Absatz 3 Satz 3** eine Vergütungspauschale für diese

---

[26] Werkstattleiter, § 9 Abs. 2 WVO; Fachkräfte zur Arbeits- und Berufsförderung, § 9 Abs. 3 WVO; Mitarbeiter der begleitenden Dienste, § 10 WVO.
[27] BSG 5.7.2018 – B 8 SO 28/16 R, juris Leitsatz 1.

werkstattspezifischen Kosten der wirtschaftlichen Betätigung vereinbart werden. Regelfall ist zunächst die direkte Zuordnung der Kosten zu Nummer 2. Ggfs. müssen sie nach vereinbartem Schlüssel aufgeteilt werden. Erst wenn das nicht möglich ist, kommt die Vereinbarung einer Pauschale in Betracht. Das gilt auch für einzelne Kostenarten. Die Vergütungspauschale nach § 58 Abs. 3 Satz 3, § 125 Abs. 4 Satz 2 ist zusätzlich zu den in § 125 Abs. 3 genannten Pauschalen (hierzu gehörten bislang: Grundpauschale, Maßnahmepauschale, Investitionsbetrag) zu zahlen.

Zu den Kosten, die die Werkstatt selber tragen muss (vgl. § 12 Abs. 4 Satz 3 Hs. 2), gehören bei den Personalkosten zB die Kosten für Personal, das im Arbeitsbereich zur Produktionssteigerung eingesetzt wird (vgl. § 223 Abs. 1 Satz 2 Hs. 2) oder Mitarbeiter für Werbung; bei den Sachkosten zB Abschreibung auf produktionssteigernde oder die Tätigkeit von behinderten Menschen ersetzende Maschinen, Abschreibung, Instandhaltung und Zinsen sowie Betriebskosten für nicht abgestimmte Gebäude. Auf die Abgrenzung in § 223 Satz 2 wird verwiesen. 36

Absatz 4 enthält Regelungen zur Abgrenzung der nach Absatz 3 zu zahlenden Vergütungen vom Arbeitsergebnis der Werkstatt. Sie führt den Gedanken des § 12 Abs. 4 und 5 WVO weiter, weitet ihn aber in die Gewährleistungspflicht und Mitverantwortung des Rehabilitationsträgers aus. Der Gesetzestext folgt dem Gedankengang in der Gesetzesbegründung zum SGB IX im Jahre 2001, dass durch Zahlung höherer Vergütungen iSd Abs. 3 an die Werkstatt das Arbeitsergebnis verbessert und dadurch an die behinderten Menschen mehr Entgelt (vgl. § 221 Abs. 2) ausgezahlt werden kann. 37

Absatz 4 Satz 1 fordert, dass bei der Ermittlung des Arbeitsergebnisses der Werkstatt nach § 12 Abs. 4 WVO die Auswirkungen der Vergütungen auf die Höhe des Arbeitsergebnisses dargestellt werden. Dabei ist gemäß Abs. 4 Satz 2 getrennt auszuweisen, ob sich Gewinne oder Verluste ergeben. Nach § 12 Abs. 4 WVO sind zunächst die Erträge der Werkstatt im Arbeitsbereich zu addieren. Diese setzen sich zusammen aus den Umsatzerlösen, Zins- und sonstigen Erträgen aus der wirtschaftlichen Tätigkeit. Zu den Erträgen zählen weiterhin die von den Rehabilitationsträgern erbrachten Kostensätze[28] aus Leistungen im Arbeitsbereich. Hierzu zählen auch Erträge aus Leistungen im Arbeitsbereich gegenüber einem behinderten Menschen in Nutzung seines Persönlichen Budgets (siehe dazu § 29). Nicht hierunter fallen Erträge aus Rehabilitationsleistungen im Eingangsverfahren und Berufsbildungsbereich. Weiterhin fallen nicht hierunter Spenden, Stiftungen, Zuwendungen Dritter, Erträge aus Vermögensverwaltung. 38

Von der Summe der Erträge werden die notwendigen Kosten abgezogen. Dieses sind die notwendigen Kosten des laufenden Betriebes nach § 58 Abs. 3 Satz 2 im Rahmen der getroffenen Vereinbarungen sowie die mit der wirtschaftlichen Betätigung der Werkstatt im Zusammenhang stehenden notwendigen Kosten gemäß § 58 Abs. 3, auch soweit sie nicht im Rahmen der Vergütungen von Rehabilitationsträgern gezahlt werden. Nicht hinzugehören die Kosten für die Arbeitsentgelte nach § 221 Abs. 2 und das Arbeitsförderungsgeld nach § 59. Zu den notwendigen Kosten gehören auch diejenigen, die für eine Leistungserbringung im Rahmen eines Persönlichen Budgets entstehen. 39

Die Berechnung des Arbeitsergebnisses und der Abgleich nach Absatz 4 erfolgt am Ende der Wirtschaftsperiode. Die nach Absatz 3 auf Basis der prospektiven 40

---

28 So der Wortlaut des § 12 Abs. 4 S. 2 WVO; §§ 58 Abs. 4, 123, 125 sprechen von Vergütungen.

Kalkulation und der Vereinbarung nach §§ 123, 125 gezahlten Vergütungen erscheinen im Sinne des § 12 Abs. 4 WVO als Erträge. Notwendige Kosten im Sinne des § 12 Abs. 4 WVO sind die für die Erbringung der vereinbarten Leistungen in der Wirtschaftsperiode entstandenen Kosten (betriebswirtschaftlich richtig wäre der Begriff Aufwendungen). Diese sind unter Beachtung der Zuordnungen nach Absatz 3 einschließlich der aus den vereinbarten Vergütungen erzielten Erträge entsprechend auszuweisen. Dies bezieht sich auf die Leistungen in ihrer Zuordnung dem Grunde nach. In der Höhe sind, da unter Beachtung der Zuordnungen nach Absatz 3 alle Kostenarten gegenseitig deckungsfähig sind, die Gesamtbeträge auszuweisen. Ist der Träger der Eingliederungshilfe zuständig, findet gemäß § 123 Abs. 2 Satz 2 ein Gewinn- und Verlustausgleich nicht statt.

41 Nach **Absatz 4 Satz 2** ist getrennt auszuweisen, ob sich durch die Vergütung Verluste oder Gewinne ergeben. Dieser Ausweis hat, zumindest wenn der Träger der Eingliederungshilfe zuständig ist, deklaratorische Bedeutung. Auszuweisen ist der Umstand, ob Gewinne oder Verluste gemacht wurden, sowie die Gesamthöhe der Gewinne oder Verluste; eine Differenzierung auf die einzelnen Kosten ist nicht erforderlich. Gewinne erhöhen das Arbeitsergebnis, Verluste sind unter Beachtung der Grundsätze kaufmännischer Buchführung gemäß § 12 Abs. 1 WVO als Verlustvortrag ins Folgejahr zu buchen. Ein Ausgleich über die Vergütungen nach §§ 58 Abs. 3, 125 ist nicht zulässig.

42 Nach **Satz 3** darf das Arbeitsergebnis der Werkstatt nicht zur Minderung der Vergütungen nach Abs. 3 verwendet werden. Das Verbot der Minderung der Vergütungen nach Abs. 3 wirkt sich prospektiv aus, rückwirkend kann in den Abschluss der Vereinbarung wegen des Prospektivgebotes des § 123 Abs. 2 Satz 2 nicht eingegriffen werden. Wird ein Verlust ausgewiesen, sind die Vergütungen im nächsten Vereinbarungszeitraum entsprechend anzupassen. § 125 Abs. 4 S. 3 übernimmt das Verrechnungsverbot auch als Vorgabe für die Vereinbarungen zwischen dem Leistungserbringer und dem Träger der Eingliederungshilfe.

43 Die Werkstatt hat das Arbeitsergebnis zu berechnen und auszuweisen (§ 12 Abs. 1 Satz 3 WVO). Die Ermittlung des Arbeitsergebnisses, seine Zusammensetzung im Einzelnen gemäß § 12 Abs. 4 WVO sind und seine Verwendung gemäß § 12 Abs. 5 WVO sind von dem Abschlussprüfer zu prüfen (§ 12 Abs. 1 Satz 4 WVO). Weitergehende handelsrechtliche und abweichende haushaltsrechtliche Vorschriften über Prüfungspflichten bleiben unberührt (§ 12 Abs. 1 Satz 5 WVO). Das Testat setzt Eindeutigkeit der Zuordnung sowie den Abschluss einer Leistungs- und Vergütungsvereinbarung voraus. Ohne diese Kriterien kann die Einhaltung der gesetzlichen Regelungen nicht bestätigt werden.

44 Gegenüber den beiden Anerkennungsbehörden[29] hat die Werkstatt gem. § 12 Abs. 6 S. 1 WVO die Ermittlung des Arbeitsergebnisses und seine Verwendung auf deren Verlangen offen zu legen. Diese sind berechtigt, die Angaben durch Einsicht in die nach § 12 Abs. 1 WVO zu führenden Unterlagen zu prüfen (§ 12 Abs. 6 WVO). Dieses Prüfrecht bezieht sich auf die institutionelle Geeignetheit der Werkstatt nach den Vorgaben der §§ 219 ff. und der WVO und ist zu unterscheiden von den Prüfungsrechten des Trägers der Eingliederungshilfe nach § 128 aus den nach §§ 123 ff. zu schließenden Vereinbarungen, bei der die Überprüfung der Leistungserbringung gegenüber den Leistungsberechtigten im Vordergrund steht.

---

29 Anerkennungsbehörden sind gem. § 225 S. 2 die Bundesagentur für Arbeit, die ihre Entscheidung im Einvernehmen mit dem zuständigen Träger der Eingliederungshilfe trifft.

Auch andere Leistungsanbieter iSd § 60 können die Leistungen des § 58 erbringen (dazu → § 60 Rn. 6). Dies kann auf Wunsch des Menschen mit Behinderung ganz oder teilweise erfolgen (§ 62 Abs. 1 und 2). Eine Aufsplittung der Leistung zwischen einer Werkstatt und einem anderen Leistungsanbieter bedarf der Zustimmung des unmittelbar verantwortlichen Leistungsanbieters. Wer dies ist, ist im Teilhabeplanverfahren zu klären. Aus der Regelung des § 62 ist abzuleiten, dass die Beteiligten eine Kooperationsverpflichtung haben. Zudem stärkt dies die Notwendigkeit, Leistungen der beruflichen Bildung modular zu gestalten. Eine Aufnahmepflicht besteht nur seitens der örtlich zuständigen Werkstatt (§ 220 Abs. 1), nicht aber seitens des anderen Leistungsanbieters (vgl. § 60 Abs. 2 lit. 4). Stellt der andere Leistungsanbieter seine Leistungen ein oder beendet sie, so lebt die Aufnahme- und Leistungspflicht der zuständigen Werkstatt wieder auf. 45

§ 59 Arbeitsförderungsgeld

(1) ¹Die Werkstätten für behinderte Menschen erhalten von dem zuständigen Rehabilitationsträger zur Auszahlung an die im Arbeitsbereich beschäftigten Menschen mit Behinderungen zusätzlich zu den Vergütungen nach § 58 Absatz 3 ein Arbeitsförderungsgeld. ²Das Arbeitsförderungsgeld beträgt monatlich 52 Euro für jeden im Arbeitsbereich beschäftigten Menschen mit Behinderungen, dessen Arbeitsentgelt zusammen mit dem Arbeitsförderungsgeld den Betrag von 351 Euro nicht übersteigt. ³Ist das Arbeitsentgelt höher als 299 Euro, beträgt das Arbeitsförderungsgeld monatlich den Differenzbetrag zwischen dem Arbeitsentgelt und 351 Euro.

(2) Das Arbeitsförderungsgeld bleibt bei Sozialleistungen, deren Zahlung von anderen Einkommen abhängig ist, als Einkommen unberücksichtigt.

Gesetzeshistorie: Die Vorschrift wurde durch Artikel 1 und 68 Abs. 1 SGB IX vom 19.6.2001[1] eingeführt. Die Umstellung auf EUR-Beträge mit Wirkung ab 1.1.2002 entspricht Artikel 66 Nr. 1 und Artikel 68 Abs. 7 SGB IX, die Änderung dieser Beträge erfolgte mit Wirkung ab 1.5.2002 durch Artikel 47c und 56 des Gesetzes vom 27.4.2002.[2] Die Regelung wurde durch Gesetz von 23.12.2016 – Bundesteilhabegesetz[3] – in Absatz 1 Satz 1 und 2 im Wesentlichen unverändert übernommen, der Zahlbetrag wurde von 26 EUR auf 52 EUR monatlich erhöht und die Obergrenze entsprechend angepasst. Der bisherige Satz 3 ist ersatzlos entfallen. Es wurde ein neuer Absatz 2 angefügt. Die bislang verwendete Bezeichnung „behinderte Menschen" wurde entsprechend dem Ductus des Gesetzes durch „Menschen mit Behinderungen" ersetzt. 1

Regelungsinhalt: Die Vorschrift sieht für behinderte Menschen im Arbeitsbereich der Werkstätten ein Arbeitsförderungsgeld vor. Dies wird gezahlt, solange das Arbeitsentgelt zusammen mit dem Arbeitsförderungsgeld die Gesamtsumme von 351 EUR nicht übersteigt. 2

Zur Entstehung: Der Regierungsentwurf[4] zum SGB IX im Jahre 2001 sah ursprünglich eine Verordnungsermächtigung entsprechend der Regelung des § 41 Abs. 4 in der bis zum 30.6.2001 geltenden Fassung des Bundessozialhilfegesetzes vor; sie wurde aber aufgrund des Änderungsantrags der Koalitionsfraktio- 3

---

1 BGBl. I 1046.
2 BGBl. I 1467.
3 BGBl. I 3234.
4 Nebst Begründung BT-Drs. 14/5074, 18 und 109 sowie BT-Drs. 14/5531, 5.

nen[5] durch eine neue Vorschrift ersetzt. Nach dem Bericht[6] war die Einführung eines Arbeitsförderungsgelds möglich, weil die Verordnungsermächtigung zum Erlass einer Rechtsverordnung über die Zuordnung der Kosten im Arbeitsbereich einer Werkstatt gemäß § 41 Abs. 3 Bundessozialhilfegesetz (Kostenzuordnungsverordnung) aufgehoben wurde. Das mit der Kostenzuordnungsverordnung verfolgte Ziel, die Arbeitsergebnisse der Werkstätten um ca. 100 Mio. Deutsche Mark zu entlasten, damit diese entsprechend die Arbeitsentgelte der behinderten Beschäftigten erhöhen können, wird nunmehr durch die Zahlung eines Arbeitsförderungsgeldes in Höhe von 26 EUR erreicht. Durch das BTHG wurde der bislang in Satz 3 enthaltene Bezug auf § 41 Abs. 3 BSHG ersatzlos gestrichen. Der Zahlbetrag des Arbeitsförderungsgeldes wurde mit Wirkung zum 1.1.2017 von 26 EUR auf 52 EUR erhöht.

4 Das SGB IX hatte mit seinem Inkrafttreten im Jahre 2001 das Arbeitsförderungsgeld als eine neue Leistung eingeführt. Dieses solle nach dem Willen des Gesetzes unmittelbar den behinderten Menschen in der Werkstatt zugutekommen und ihr Arbeitsentgelt nach § 138 Abs. 2 (jetzt § 221 Abs. 2) verbessern. Die Überlegungen, durch staatliche Leistung die Arbeitsentgelte der behinderten Menschen zu verbessern, war schon Anliegen des Gesetzes zur Reform des Sozialhilferechts vom 23.7.1996.[7] Mit der damaligen Neufassung des § 41 BSHG und der Verordnungsermächtigung des § 41 Abs. 4 BSHG sollte durch Zahlung höherer Vergütungen im Rahmen der Vereinbarungen nach Abschnitt 7 des Bundessozialhilfegesetzes die Werkstatt in die Lage versetzt werden, den behinderten Menschen im Arbeitsbereich ein höheres Arbeitsentgelt zu zahlen. Die Verordnung nach § 41 Abs. 4 BSHG war nicht in Kraft getreten. Entwürfe der Verordnung lagen vor. Mit Inkrafttreten des Gesetzes im Jahre 2001 wurde auf eine Verordnung zur Regelung der Kostenzuordnung verzichtet. Daher müsse die Fragestellung, die im Rahmen dieser Kostenzuordnungsverordnung geregelt werden sollte, jetzt unter Beachtung der Regelungen des § 41 Abs. 3 im Wesentlichen im Rahmen der Vereinbarungen nach dem Zehnten Kapitel SGB XII (jetzt Kapitel 8 des 2. Teiles: §§ 123–134) gelöst werden. Die bislang seit der Gesetzesnovellierung im Jahre 2001 bestehende Möglichkeit des § 43 S. 4 aF, höhere Vergütungen des Rehabilitationsträgers mit dem Arbeitsförderungsgeld zu verrechnen, wurde ersatzlos gestrichen.[8]

5 Das Arbeitsförderungsgeld wird vom zuständigen Rehabilitationsträger an die Werkstatt gezahlt,[9] diese wiederum zahlt es an die Berechtigten aus. Berechtigt sind die Beschäftigten im Arbeitsbereich. Dazu zählen auch Personen, die auf ausgelagerten Arbeitsplätzen (dazu → § 219 Rn. 10) oder in Maßnahmen des § 5 Abs. 4 WVO tätig sind und zum Zwecke des Übergangs in den allgemeinen Arbeitsmarkt gefördert werden (dazu § 5 Absatz 4 WVO). Im Eingangsverfahren und im Berufsbildungsbereich wird ein Arbeitsförderungsgeld nicht gezahlt. Der Wortlaut des Abs. 1 benennt die Zahlungspflicht für Personen in anerkannten Werkstätten. Wenn der Träger der Eingliederungshilfe zuständig ist, erstreckt sich seine Pflicht auch auf Personen, die bei einem anderen Leistungsanbieter iSd § 60 tätig sind (§ 111 Abs. 1 Nr. 2, Abs. 3).

6 Gemäß **Absatz 1 Satz 1** wird das Arbeitsförderungsgeld vom zuständigen Rehabilitationsträger gezahlt. Dieser ist in § 63 Abs. 2 benannt.

---

5 Ausschussempfehlung BT-Drs. 14/5786, 39.
6 BT-Drs. 14/5800, 28.
7 BGBl. I 1088.
8 BT-Drs. 18/9522, 254.
9 So auch LSG Bln-Bbg 28.9.2006 – L 23 SO 1094/05, juris Rn. 42.

Das Arbeitsförderungsgeld wird von den Rehabilitationsträgern im Rahmen ihrer Leistungspflicht an die Werkstatt gezahlt. Diese hat einen öffentlich-rechtlichen Anspruch gegen den Rehabilitationsträger. Für den Rechtsstreit über die Zahlungspflicht des Trägers der Eingliederungshilfe ist das Verwaltungsgericht zuständig.[10] Wegen der Festlegung, dass die Auszahlung über die Werkstatt an den Werkstattbeschäftigten erfolgt (dazu → Rn. 9), ist über die Modalitäten zwischen dem Rehabilitationsträger und der Werkstatt Einvernehmen herzustellen. In dieser Vereinbarung ist auch festzulegen, auf welcher zeitlichen Basis die Berechnung erfolgt bzw. ob die Berechnungsgrundlage für das Arbeitsförderungsgeld die Arbeits- oder die Kalendertage sind. 7

Das Arbeitsförderungsgeld ist von den Rehabilitationsträgern zusätzlich zu den Vergütungen der Rehabilitationsträger nach §§ 58 Abs. 3, 123, 125 Abs. 3 und 4 zu zahlen. Es ist der Höhe und dem Grunde nach durch diese Bestimmung festgelegt, es besteht ein unmittelbarer Rechtsanspruch der Werkstatt gegen den Rehabilitationsträger. Eine Vereinbarung mit dem Rehabilitationsträger über Grund und Höhe ist nicht notwendig. Das Arbeitsförderungsgeld stellt einen Ertrag der Werkstatt iSd § 12 Abs. 4 WVO dar, ist bei der Berechnung des Arbeitsergebnisses aber ausdrücklich ausgenommen (§ 12 Abs. 4 Satz 3, letzter Hs. WVO). 8

Das Arbeitsförderungsgeld wird von der Werkstatt an die Berechtigten ausgezahlt. Es soll ihnen in vollem Umfang zukommen Es ist gesondert zu zahlen und in der Lohnabrechnung getrennt auszuweisen. Die Zahlung erfolgt vom Tag der Aufnahme in den Arbeitsbereich an.[11] Es ist auch für Krankheits- und Urlaubstage zu zahlen.[12] 9

Das Arbeitsförderungsgeld ist unabhängig und als selbstständige Leistung neben Grundbetrag und Steigerungsbetrag von der Werkstatt als Bruttobetrag an den Werkstattbeschäftigten zu zahlen. Auf die Berechnung und Höhe des Grundbetrages und des Steigerungsbetrages hat die Zahlung des Arbeitsförderungsgeldes keinen Einfluss (zum Arbeitsentgelt im Arbeitsbereich siehe § 221 Abs. 2 und → § 221 Rn. 19 f.).[13] Die Auszahlungssystematik sollte den Regeln entsprechen, die die Werkstatt im Rahmen ihrer Entgeltordnung für die Auszahlung der Arbeitsentgelte festgelegt hat (siehe dazu → § 221 Rn. 27). 10

Strittig ist, ob das Arbeitsförderungsgeld bei einer Teilzeitbeschäftigung gekürzt werden kann. Dies wird verneint, wenn die Entscheidung zur Teilzeitbeschäftigung aus Gründen des § 6 Abs. 2 WVO getragen wird,[14] Da das Arbeitsförderungsgeld eine pauschale Lohnsubventionierung darstellen und den Beschäftigten in vollem Umfange zugutekommen soll, rechtfertigt eine Teilzeitbeschäftigung aus Gründen, die in der Behinderung liegen, die Kürzung des Arbeitsförderungsgeldes nicht.

Ist hingegen die Kürzung der Beschäftigungszeit aufgrund einer freien Entscheidung zwischen dem Beschäftigten und der Werkstatt in entsprechender Anwendung des Teilzeit- und Befristungsgesetzes (TzBfG), ohne aus Gründen des § 6 Abs. 2 WVO getragen zu sein, erfolgt, ist eine entsprechende Kürzung zulässig (vgl dazu auch → § 221 Rn. 20).[15]

---

10 VG Augsburg 8.7.2003 – Au 3 K 03.367, juris Orientierungssatz 1.
11 So BAGüS WE 8.2.3 b Nr. 7.
12 *Baur*, Die Werkstatt für behinderte Menschen nach neuem Recht (§§ 136–144 SGB 9), ZfSH/SGB 2002, 713.
13 Zur Berechnungssystematik des Arbeitsentgelts siehe § 12 Abs. 4 WVO.
14 So BAGüS, WE 8.2.3 (3).
15 BAGüS, WE 8.2.3 (3) zu Arbeitsförderungsgeld.

11 Nach **Absatz 1 Satz 2** beträgt das Arbeitsförderungsgeld 52 EUR monatlich, wenn das Arbeitsentgelt des im Arbeitsbereich beschäftigten behinderten Menschen zusammen mit dem Arbeitsförderungsgeld die Summe von 351 EUR nicht übersteigt. Ist das Arbeitsentgelt höher als 299 EUR, zahlt der Rehabilitationsträger ein monatliches Arbeitsförderungsgeld in Höhe des Unterschiedsbetrages zwischen dem Arbeitsentgelt und dem Betrag von 351 EUR.

12 Satz 2 stellt für die Höhe des vom Rehabilitationsträger zu zahlenden Arbeitsförderungsgeldes auf den Zeitraum Monat ab. Der vom Rehabilitationsträger zu tragende Betrag ist von der jeweiligen monatlichen Arbeitsentgeltzahlung der Werkstatt an den behinderten Menschen her zu bestimmen. Dabei ist das für den jeweiligen Monat von der Werkstatt ausgezahlte Arbeitsentgelt maßgeblich. Überschreitet dieses im jeweiligen Monat den Betrag von 299 EUR, so wird das Arbeitsförderungsgeld entsprechend gekürzt. Dies gilt auch bei einmalig erhöhten Zahlungen wie Urlaubs- oder Weihnachtsgeld.[16]

13 Die Werkstatt muss die Höhe des Arbeitsförderungsgeldes monatlich ermitteln. Sie zahlt dem behinderten Menschen das jeweils monatlich nach den Bestimmungen der **Sätze 2 und 3** berechnete Arbeitsförderungsgeld aus. Der Rehabilitationsträger zahlt an die Werkstatt das jeweils monatlich berechnete Arbeitsförderungsgeld in der für die Werkstatt ermittelten Gesamtsumme.

14 Das Arbeitsförderungsgeld ist Teil des Arbeitseinkommens und daher sozialversicherungspflichtiges Entgelt iSd § 14 Abs. 1 S. 1 SGB IV.

15 Der Anspruch des behinderten Menschen auf Arbeitsförderungsgeld richtet sich gegen den zuständigen Rehabilitationsträger. Die Zahlung dient der Lohnaufstockung und steht als öffentlich-rechtliche, selbstständige Leistung des Reha – Trägers neben dem Arbeitsentgelt. Für diese Auseinandersetzung ist die Verwaltungsgerichtsbarkeit zuständig.[17]
Die Auszahlung des Arbeitsförderungsgeldes ist für die Werkstatt eine Pflicht aus dem arbeitnehmerähnlichen Rechtsverhältnis. Der behinderte Mensch kann seinen Anspruch auf Auszahlung durch die Werkstatt im Klageweg vor dem Arbeitsgericht geltend machen (§ 2 Abs. 1 Nr. 10 ArbGG).

16 Nach **Absatz 2** bleibt das Arbeitsförderungsgeld bei Sozialleistungen, deren Zahlung von anderen Einkommen abhängig ist, als Einkommen unberücksichtigt. Es soll als staatliche Lohnsubventionierung ungeschmälert dem Beschäftigten zugutekommen. Daher bleibt es bei der Berechnung zusätzlicher Sozialleistungen unberührt. Dies wird in § 82 Abs. 2 Nr. 5 SGB XII nochmals bestätigt.

§ 60 Andere Leistungsanbieter

(1) Menschen mit Behinderungen, die Anspruch auf Leistungen nach den §§ 57 und 58 haben, können diese auch bei einem anderen Leistungsanbieter in Anspruch nehmen.

(2) Die Vorschriften für Werkstätten für behinderte Menschen gelten mit folgenden Maßgaben für andere Leistungsanbieter:
1. sie bedürfen nicht der förmlichen Anerkennung,
2. sie müssen nicht über eine Mindestplatzzahl und die für die Erbringung der Leistungen in Werkstätten erforderliche räumliche und sächliche Ausstattung verfügen,

---

16 VG Augsburg 8.7.2003 – Au 3 K 03.367, juris Orientierungssatz 1; so auch BAGüS, WE Tz 8.2.3.
17 VG Augsburg 12.5.2003 – Au 3 K 03.367, juris Orientierungssatz 1.

3. sie können ihr Angebot auf Leistungen nach § 57 oder § 58 oder Teile solcher Leistungen beschränken,
4. sie sind nicht verpflichtet, Menschen mit Behinderungen Leistungen nach § 57 oder § 58 zu erbringen, wenn und solange die Leistungsvoraussetzungen vorliegen,
5. eine dem Werkstattrat vergleichbare Vertretung wird ab fünf Wahlberechtigten gewählt. Sie besteht bei bis zu 20 Wahlberechtigten aus einem Mitglied,
6. eine Frauenbeauftragte wird ab fünf wahlberechtigten Frauen gewählt, eine Stellvertreterin ab 20 wahlberechtigten Frauen,
7. die Regelungen zur Anrechnung von Aufträgen auf die Ausgleichsabgabe und zur bevorzugten Vergabe von Aufträgen durch die öffentliche Hand sind nicht anzuwenden und
8. erbringen sie Leistungen nach den §§ 57 oder 58 ausschließlich in betrieblicher Form, soll ein besserer als der in § 9 Absatz 3 der Werkstättenverordnung für den Berufsbildungsbereich oder für den Arbeitsbereich in einer Werkstatt für behinderte Menschen festgelegte Personalschlüssel angewendet werden.

(3) Eine Verpflichtung des Leistungsträgers, Leistungen durch andere Leistungsanbieter zu ermöglichen, besteht nicht.

(4) Für das Rechtsverhältnis zwischen dem anderen Leistungsanbieter und dem Menschen mit Behinderungen gilt § 221 entsprechend.

Gesetzeshistorie: Die Vorschrift wurde durch Artikel 1 des Gesetzes zur Stärkung der Teilhabe und Selbstbestimmung von Menschen mit Behinderungen (Bundesteilhabegesetz – BTHG) vom 23.12.2016[1] mit Wirkung vom 1.1.2018 neu eingeführt. Mit dem Gesetz zur Änderung des Neunten und des Zwölften Buches Sozialgesetzbuch und anderer Rechtsvorschriften vom 19.11.2019[2] wurde durch Artikel 1 Ziffer 2 der bisherige Absatz 2 um Ziffer 7 und durch Artikel 2 des Gesetzes zur Entlastung unterhaltsverpflichteter Angehöriger in der Sozialhilfe und in der Eingliederungshilfe (Angehörigen-Entlastungsgesetz) vom 10.12.2019[3] um Ziffer 8 ergänzt. Die Ergänzungen traten mit Wirkung vom 1.1.2020 in Kraft.

Regelungsinhalt: Durch die Regelungen sollen Menschen mit Behinderungen, die wegen Art und Schwere der Behinderung Anspruch auf Leistungen nach § 57 im Eingangsverfahren und im Berufsbildungsbereich oder nach § 58 im Arbeitsbereich einer anerkannten Werkstatt für behinderte Menschen (WfbM) haben, diese Leistungen auch bei einem „anderen Leistungsanbieter" in Anspruch nehmen können. Zielgruppe sind **behinderte Menschen**, die wegen der Auswirkungen ihrer funktionalen Beeinträchtigung zum Zeitpunkt der Aufnahme in das Eingangsverfahren und in den Berufsbildungsbereich oder zur Beanspruchung von Leistungen im Arbeitsbereich **nicht, noch nicht oder noch nicht wieder auf dem allgemeinen Arbeitsmarkt tätig** sein können. Nach Durchlaufen des Berufsbildungsbereiches sollte die Leistungsfähigkeit so weit entwickelt sein, dass Personen aus der Zielgruppe in der Lage sind, ein **Mindestmaß an wirtschaftlich verwertbarer Arbeitsleistung** zu erbringen. Leistungen im Arbeitsbereich einer WfbM oder bei einem anderen Leistungsanbieter werden im Anschluss an Leistungen im Berufsbildungsbereich oder an entsprechenden Leistungen bei einem anderen Leistungsanbieter erbracht. Davon kann abgewi-

---

1 BGBl. 2016 I 3234 (v. 29.12.2016).
2 BGBl. 2019 I 1948 (v. 5.12.2019).
3 BGBl. 2019 I 2137, 2138 (v. 12.12.2019).

chen werden, wenn der Mensch mit Behinderungen bereits über die erforderliche Leistungsfähigkeit verfügt, die er durch eine vorherige Beschäftigung auf dem allgemeinen Arbeitsmarkt erworben hat. Menschen, die auf Leistungen im Arbeitsbereich einer WfbM oder bei einem anderen Leistungsanbieter angewiesen sind, werden als **wesentlich behinderte Menschen** iSd § 53 SGB XII und den §§ 1 bis 3 Eingliederungshilfeverordnung in der am 31.12.2019 geltenden Fassung eingestuft.

3 **Zur Entstehung:** In Deutschland werden seit vielen Jahren das stetige Anwachsen der Werkstätten für behinderte Menschen (WfbM) sowie ein deutlicher Mangel an Übergängen aus den WfbM zum allgemeinen Arbeitsmarkt beklagt. Besonders deutliche Kritik hatte der UN-Fachausschuss für die Rechte von Menschen mit Behinderungen (UN-BRK-Ausschuss) zur **Umsetzung der UN-Behindertenrechtskonvention** in Deutschland geübt. Dieser hatte 2015 die Umsetzung der UN-BRK in Deutschland geprüft und das Werkstattsystem in seiner heutigen Form gerügt. In der finalen Fassung seiner Abschließenden Bemerkungen zu Deutschland vom 13.5.2015 hat er festgestellt, „dass segregierte Werkstätten für behinderte Menschen weder auf den Übergang zum allgemeinen Arbeitsmarkt vorbereiten noch diesen Übergang fördern." Deshalb fordert der UN-BRK-Ausschuss die Bundesregierung auf, einen inklusiven Arbeitsmarkt zu schaffen, der im Einklang mit den Menschenrechten steht. Der Fokus soll dabei auf der Schaffung von zugänglichen Arbeitsplätzen bei öffentlichen und privaten Arbeitgebern im allgemeinen Arbeitsmarkt liegen.[4]

Die Bundesregierung möchte durch das BTHG mit Änderungen im SGB IX im Bereich der Teilhabe am Arbeitsleben dieser Kritik unter anderem mit der Zulassung anderer Leistungsanbieter entgegenwirken. In der Begründung zu Kapitel 10 „Leistungen zur Teilhabe am Arbeitsleben" stellt sie Folgendes fest:

„Die bisherige Konzentration auf das Beschäftigungsangebot anerkannter Werkstätten für behinderte Menschen trägt dem heterogenen Personenkreis der leistungsberechtigten Personen nicht in ausreichendem Maße Rechnung. Insbesondere Menschen mit psychischen Behinderungen fühlen sich in Werkstätten für behinderte Menschen oft fehlplatziert.

Mit der Zulassung anderer Leistungsanbieter und der Einführung des „Budgets für Arbeit" werden nunmehr Wahlmöglichkeiten für dauerhaft voll erwerbsgeminderte Menschen mit Behinderungen geschaffen."[5]

Die Bundesregierung stellt jedoch auch gleicher Stelle auch klar:

„Die Werkstätten für Menschen mit Behinderungen werden auch künftig Garant für die Beschäftigung von behinderten Menschen mit einer dauerhaften vollen Erwerbsminderung sein. Der aus der UN-BRK hergeleitete Anspruch nicht erwerbsfähiger Menschen mit Behinderungen auf Teilhabe am Arbeitsleben wird auch künftig in der Mehrzahl der Fälle nur dadurch eingelöst werden können, dass ihnen ein Platz im Arbeitsbereich einer anerkannten Werkstatt für behinderte Menschen im Wohnumfeld garantiert wird."[6]

4 **Kritik am bisherigen Regelungsansatz:** Die nun geschaffene Möglichkeit, dass andere Leistungsanbieter Teile aus dem Aufgabenspektrum einer WfbM nach freier Entschließung ohne ein Anerkennungsverfahren anbieten können, kann einerseits dazu führen, dass die Monopolstellung der WfbM aufgehoben wird und sich dadurch das Angebot für einen kleinen Teil der Zielgruppe (wesentlich

---

4 S. http://www.institut-fuer-menschenrechte.de/publikationen/show/crpd-abschliessende-bemerkungen-ueber-den-ersten-staatenbericht-deutschlands/.
5 BT-Drs. 18/9522, 253.
6 BT-Drs. 18/9522, 253.

behinderte Menschen mit gutem Leistungsverhalten) verbessern kann. Anderseits kann sich dadurch das Angebot der zur Aufnahme von stärker beeinträchtigten Menschen verpflichteten WfbM tendenziell verschlechtern. Insgesamt wird sich vermutlich die Zahl der Einrichtungen, die Leistungen nach den §§ 57 oder 58 erbringen können, ebenso deutlich erhöhen wie die Zahl der dort beschäftigten anspruchsberechtigten wesentlich behinderten Menschen. Es ist zu vermuten, dass sich Träger anerkannter Werkstätten ebenso auf diesen Weg machen werden wie Träger von Inklusionsunternehmen. Während die WfbM-Träger damit ihre unternehmerische Flexibilität für leistungsstärkere wesentlich behinderte Menschen verbessern können, können Inklusionsunternehmen in der Möglichkeit, als anderer Leistungsanbieter zu fungieren, einen Anreiz sehen, einen Tagessatz geförderten Unternehmensbereich für besonders leistungsgeminderte Arbeitnehmer zu eröffnen. Nicht zuletzt werden insbesondere bisherige Beschäftigungstagesstätten für seelisch behinderte Menschen, denen es bisher nicht möglich war, die erforderliche Platzzahl von 120 Mitarbeitenden zu erreichen, oder die einen Verbund mit anerkannten WfbM nicht erreichen konnten oder eingehen wollten, versuchen, in dieser Rechtsform bessere Konditionen für sich und die beschäftigten behinderten Menschen zu erreichen. Dies alles kann im Einzelfall zu einer Verbesserung der Teilhabesituation im Rahmen des „Werkstattrechts" führen. Es wird aber nach Ansicht des Autors in der Regel nicht zu mehr inklusiver Beschäftigung am allgemeinen Arbeitsmarkt führen. Im Gegenteil: Es muss davon ausgegangen werden, dass sich in der Summe die Teilhabesituation in anerkannten WfbM verschlechtern wird und die Zahl derer, die durch Leistungen nach den §§ 57 und 58 gefördert werden müssen, mittelfristig ganz erheblich zunehmen wird. Der fortgesetzt kritischen Betrachtung des UN-Fachausschuss für die Rechte von Menschen mit Behinderungen wird die Bundesregierung mit diesem Lösungsansatz jedenfalls nicht entgegenwirken können.

Materialien: Begründung zum Regierungsentwurf BT-Drs. 18/9522, 254 und 255. Abschließende Bemerkungen des UN-Fachausschusses für die Rechte von Menschen mit Behinderungen (UN-BRK-Ausschuss) vom 13.5.2015 zu Art. 27 (Arbeit und Beschäftigung), S. 12.[7] Begründung zum Angehörigenentlastungsgesetz – Regierungsentwurf vom 30.8.2019, BT-Drs. 395/19, 30. 5

Absatz 1 ermöglicht Menschen mit Behinderungen, die nach § 57 Anspruch auf Leistungen im Eingangsverfahren und im Berufsbildungsbereich oder nach § 58 im Arbeitsbereich einer anerkannten Werkstatt für behinderte Menschen (WfbM) haben (s. Zielgruppe nach → Rn. 2), diese Leistungen alternativ bei einem anderen Leistungsanbieter (soweit vorhanden) in Anspruch zu nehmen. Die Inanspruchnahme eines anderen Leistungsanbieters erfolgt für Leistungen nach § 57 unter Beibehaltung der Rechtsstellung der Teilnehmenden nach § 52 bzw. für Leistungen nach § 58 nach den Regelungen zur Rechtsstellung und zum Arbeitsentgelt behinderter Menschen nach § 221. 6

Damit wird es möglich, dass im Einzugsgebiet einer nach § 225 anerkannten WfbM oder eines Verbundes von Werkstätten iSd § 15 WVO ein oder mehrere andere Leistungsanbieter als **Alternative zur anerkannten WfbM** auftreten können und damit die **territoriale und konzeptionelle Monopolstellung** der angestammten WfbM aufheben. Mit einer größeren Vielfalt von Leistungsanbietern soll sich das Arbeits- und Förderangebot für wesentlich behinderte Menschen,

---

[7] S. http://www.institut-fuer-menschenrechte.de/publikationen/show/crpd-abschliessende-bemerkungen-ueber-den-ersten-staatenbericht-deutschlands/.

die nicht, noch nicht oder noch nicht wieder am allgemeinen Arbeitsmarkt tätig sein können, verbessern.

7 **Absatz 2** legt **grundsätzlich fest**, dass auch für andere Leistungsanbieter dieselben Vorschriften gelten, die auch an die Werkstätten für behinderte Menschen gerichtet sind. Demnach müssen auch andere Leistungsanbieter durch geeignete Maßnahmen und ein entsprechendes Arbeitsangebot in der Lage sein, den Zielen nach § 56 bzw. § 219 entsprechen zu können und somit die Leistungs- oder Erwerbsfähigkeit der Menschen mit Behinderungen zu erhalten, zu entwickeln, zu verbessern oder wiederherzustellen, die Persönlichkeit dieser Menschen weiterzuentwickeln und ihre Beschäftigung zu ermöglichen oder zu sichern. Darüber hinaus sollen die anderen Leistungsanbieter ebenso wie die WfbM den Übergang geeigneter Personen auf den allgemeinen Arbeitsmarkt durch geeignete Maßnahmen entsprechend § 5 Abs. 4 WVO fördern. Im Weiteren nennt Absatz 2 in einer abschließenden Aufzählung **Anforderungen an Werkstätten für behinderte Menschen, die ein anderer Leistungserbringer nicht erfüllen muss.**

Nach **Ziffer 1** bedürfen andere Leistungsanbieter **nicht** der **förmlichen Anerkennung** nach § 225 iVm § 17 **Werkstättenverordnung** (WVO) durch die Bundesagentur für Arbeit.

Nach **Ziffer 2** sind sie **nicht** an die erforderliche **Mindestplatzzahl von 120 Plätzen** nach § 7 Abs. 1 WVO sowie an die Anforderungen zur räumlichen und sächlichen Ausstattung nach § 8 WVO gebunden. Nach Darlegung der Bundesregierung sollen dadurch „auch kleinere Leistungsanbieter sowie solche, die Maßnahmen der beruflichen Bildung oder eine Beschäftigung nicht in eigenen Räumlichkeiten anbieten, sondern solche Maßnahmen auf Plätzen in Betrieben des allgemeinen Arbeitsmarktes in der Form von ‚ausgelagerten Bildungs- und Arbeitsplätzen' durchführen, als andere Leistungsanbieter nicht ausgeschlossen sein".[8]

Nach **Ziffer 3** muss ein anderer Leistungsanbieter auch **nicht alle Leistungen** einer WfbM **anbieten**. Er kann seine Leistungen **ganz oder teilweise** auf Leistungen zur beruflichen Bildung nach § 57 oder auf Leistungen zur Beschäftigung nach § 58 **beschränken**.

Die **Qualitätsanforderungen** an einen anderen Leistungsanbieter kann nur der Träger der Eingliederungshilfe als zuständiger Leistungsträger für Leistungen nach § 58 im Rahmen des Vertragsrechts nach Kapitel 8 Teil 2 prüfen. Demnach vergewissert sich der Träger der Eingliederungshilfe bereits vor Abschluss einer schriftlichen Vereinbarung mit dem anderen Leistungsanbieter, dass dieser den an ihn nach § 60 zu stellenden Qualitätsanforderungen gerecht wird. Erst wenn Anhaltspunkte für eine Pflichtverletzung bestehen, hat der Träger der Eingliederungshilfe auch das Recht und die Pflicht nach § 128 eine **Wirtschaftlichkeits- und Qualitätsprüfung** durchzuführen.

Nach **Ziffer 4** besteht für andere Leistungsanbieter **keine Aufnahmeverpflichtung** für Menschen aus der Zielgruppe und **keine Leistungserbringungspflicht** für Leistungen nach § 57 oder § 58.

Nach **Ziffer 5** wird eine dem **Werkstattrat vergleichbare Vertretung** gewählt. Sie besteht bei bis zu 20 Wahlberechtigten aus einem Mitglied.

Nach **Ziffer 6** wird ab fünf wahlberechtigten Frauen eine **Frauenbeauftragte** und ab 20 wahlberechtigten Frauen auch eine Stellvertreterin gewählt.

Nach **Ziffer 7** wird klargestellt, dass die Anrechnung von Aufträgen nach § 223 auf die Ausgleichsabgabe und zur bevorzugten Vergabe von Aufträgen durch

---

8 BT-Drs. 18/9522, 254.

die öffentliche Hand nach § 224 nicht angewendet werden können. Dies bedeutet einen erheblichen Wettbewerbsnachteil gegenüber den anerkannten WfbM.
Nach **Ziffer 8** wird klargestellt, dass bei einer ausschließlich betrieblichen Erbringung von Leistungen nach den §§ 57 oder 58 vom Personalschlüssel nach § 9 Absatz 3 der Werkstättenverordnung nach oben abgewichen werden soll. Damit sollen sowohl betriebsintegrierte Formen der beruflichen Bildung als auch **betriebsintegrierte Leistungen** zur Beschäftigung im Arbeitsbereich in Betrieben und Dienststellen des allgemeinen Arbeitsmarktes unter **Fortbestand des rechtlichen Rahmens der WfbM** ermöglicht werden.

Der **verbesserte Personalschlüssel** wird insbesondere mit dem Aufwand zum Aufsuchen und zur Sicherstellung einer individuell geeigneten Form der Betreuung und Unterstützung in unterschiedlichen Betrieben und Dienststellen des allgemeinen Arbeitsmarktes begründet.

Dabei geht der Gesetzgeber in der Gesetzesbegründung[9] davon aus, dass bei der betriebsintegrierten Form der beruflichen Bildung beispielsweise ein Personalschlüssel von 1:4 anstatt dem üblichen Schlüssel von 1:6 vereinbart werden soll. Dem trägt die Bundesagentur für Arbeit in der derzeit geltenden Fassung ihrer Fachlichen Weisungen zu § 60 SGB IX soweit Rechnung, indem sie in der Regel von einem Personalschlüssel von 1:4 ausgeht.[10]

Andererseits sieht der Gesetzgeber an gleicher Stelle auch Anhaltspunkte für eine **Kürzung der Vergütungen**. Diese können darin begründet sein, weil der andere Leistungsanbieter **keinen** oder einen geringen **Investitionsaufwand** hat, keine **Produktionsstätten** vorhalten und unterhalten muss, keine **Arbeitsorganisation und Arbeitsvorbereitung** sicherstellen muss und auch kein wirtschaftliches Risiko durch eine wirtschaftliche Betätigung zu tragen hat.

Für die betriebsintegrierte Form der Leistungserbringung im Arbeitsbereich würde dies bedeuten, dass in der Regel und je nach konkreter Organisation und Verteilung der Arbeitsplätze auf unterschiedliche Betriebe und Dienststellen sowie Form und Inhalt der Unterstützung der Beschäftigten der Personalschlüssel stark variieren kann. Im Mittel kann in der Regel von einem **Personalschlüssel für Fachkräfte von bis zu 1:10** ausgegangen werden. Bisherige Erfahrungen im Rahmen ausgelagerter Arbeitsplätze der WfbM zeigen, dass nach einer intensiven Adaptionsphase mit zunehmender Zeitdauer der betriebsintegrierten Beschäftigung der Unterstützungsaufwand für die WfbM in der Regel in dem Maße abnimmt, in dem die Integration in betriebliche Abläufe zunimmt. Erfolgte bereits die berufliche Bildung in betriebsintegrierter Form auf demselben oder einem vergleichbaren Arbeitsplatz beim gleichen Betrieb/Dienststelle, so kann davon ausgegangen werden, dass kein erhöhter Adaptionsaufwand besteht.

Zentrales Element einer betriebsintegrierten Form der Beschäftigung ist die Bereitschaft des kooperierenden Betriebes/der Dienststelle zur **Eingliederung in den Betrieb**. Auch wenn dadurch kein Arbeitsverhältnis entsteht, gelten dennoch die Regelungen nach § 7 SGB IV. Demnach sind Anhaltspunkte für eine Beschäftigung: eine Tätigkeit nach Weisungen und eine Eingliederung in die Arbeitsorganisation des Weisungsgebers. Dies bedeutet, dass der kooperierende Betrieb in zunehmenden Maßen die **unmittelbare Arbeitsanleitung** wahrnimmt und Arbeitsanweisungen erteilt. Dabei übernimmt er im Rahmen der Fürsorgepflicht auch die erforderliche **persönliche Ansprache** und betriebsübliche Betreuung.

---

9 BT-Drs. 395/19, 31.
10 S. https://www.arbeitsagentur.de/datei/dok_ba016011.pdf.

Der andere Leistungsanbieter hält regelmäßig Kontakt zum Beschäftigten und zu den unmittelbaren Arbeitsanleitern des kooperierenden Betriebes/der Dienststelle. Bei Änderungen der Arbeitsinhalte, der Arbeitsorganisation oder den Anleitungspersonen unterstützt der andere Leistungsanbieter die Veränderungsprozess durch ein **systematisches Jobcoaching**. „Jobcoaching ist in Abgrenzung zur Arbeitsassistenz dadurch gekennzeichnet, dass es mit **zunehmender Zeitdauer an Intensität und Umfang abnimmt** und am Ende eine erfolgreiche Übernahme neuer betrieblicher Aufgaben sichergestellt werden kann" (→ § 55 Rn. 14).

Insgesamt ist davon auszugehen, dass die betriebsintegrierte Form der Leistungen im Arbeitsbereich im ersten Beschäftigungsjahr mit einem erhöhten Betreuungswand verbunden sein werden. Nach erfolgter Einarbeitung und Integration in den Betrieb kann in der Regel von einem deutlich geringen Betreuungsaufwand ausgegangen werden. Einsatzzeiten für ein umfassendes Jobcoaching können über den Personalschlüssel hinaus individuell vereinbart und abgegolten werden.

Darüber hinaus muss der andere Leistungsanbieter in der Lage sein, die Aufgaben der Begleitenden Dienste einer WfbM nach § 10 WVO in angemessener Form sicherzustellen.

8   **Absatz 3** stellt klar, dass der für die Leistungen nach § 57 oder 58 zuständige Rehabilitationsträger **nicht verpflichtet** ist, dem leistungsberechtigten Menschen mit Behinderungen einen **anderen Leistungsanbieter** zu ermöglichen. Dies bedeutet, dass alternative Angebote zur WfbM nicht unter die Infrastrukturverpflichtung nach § 17 SGB I fallen.

9   **Absatz 4** stellt mit Verweis auf § 221 klar, dass für das Rechtsverhältnis zwischen dem anderen Leistungsanbieter und dem dort beschäftigten Menschen mit Behinderungen **dieselben Regeln** gelten wie zwischen einer Werkstatt für behinderte Menschen und einem Werkstattbeschäftigten.

In beiden Fällen steht der Mensch mit Behinderungen in einem **arbeitnehmerähnlichen Rechtsverhältnis**. Der andere Leistungsanbieter hat dem Menschen mit Behinderungen ein **angemessenes Arbeitsentgelt** zu zahlen, das insbesondere von der Arbeitsmenge und der Arbeitsgüte abhängig ist. Zu den Leistungen, die der Mensch mit Behinderungen bei einer Beschäftigung bei einem anderen Leistungsanbieter erhält, gehört wie bei einer Beschäftigung in einer WfbM auch das **Arbeitsförderungsgeld**. Der Inhalt des arbeitnehmerähnlichen Rechtsverhältnisses wird wie in einer Werkstatt durch einen Vertrag näher geregelt. Menschen mit Behinderungen, die an Maßnahmen im **Eingangsverfahren und im Berufsbildungsbereich** nach § 57 bei einem anderen Leistungsanbieter teilnehmen, stehen nicht in einem arbeitnehmerähnlichen Rechtsverhältnis, sondern **sind Rehabilitanden**, wie sie es auch in der Werkstatt wären. Für sie gelten die Regelungen zur Rechtsstellung der Teilnehmenden sowie die Vertretungsregelungen nach § 52.

§ 61 Budget für Arbeit

(1) Menschen mit Behinderungen, die Anspruch auf Leistungen nach § 58 haben und denen von einem privaten oder öffentlichen Arbeitgeber ein sozialversicherungspflichtiges Arbeitsverhältnis mit einer tarifvertraglichen oder ortsüblichen Entlohnung angeboten wird, erhalten mit Abschluss dieses Arbeitsvertrages als Leistungen zur Teilhabe am Arbeitsleben ein Budget für Arbeit.

(2) ¹Das Budget für Arbeit umfasst einen Lohnkostenzuschuss an den Arbeitgeber zum Ausgleich der Leistungsminderung des Beschäftigten und die Aufwendungen für die wegen der Behinderung erforderliche Anleitung und Begleitung am Arbeitsplatz. ²Der Lohnkostenzuschuss beträgt bis zu 75 Prozent des vom Arbeitgeber regelmäßig gezahlten Arbeitsentgelts, höchstens jedoch 40 Prozent der monatlichen Bezugsgröße nach § 18 Absatz 1 des Vierten Buches. ³Dauer und Umfang der Leistungen bestimmen sich nach den Umständen des Einzelfalles. ⁴Durch Landesrecht kann von dem Prozentsatz der Bezugsgröße nach Satz 2 zweiter Halbsatz nach oben abgewichen werden.

(3) Ein Lohnkostenzuschuss ist ausgeschlossen, wenn zu vermuten ist, dass der Arbeitgeber die Beendigung eines anderen Beschäftigungsverhältnisses veranlasst hat, um durch die ersatzweise Einstellung eines Menschen mit Behinderungen den Lohnkostenzuschuss zu erhalten.

(4) Die am Arbeitsplatz wegen der Behinderung erforderliche Anleitung und Begleitung kann von mehreren Leistungsberechtigten gemeinsam in Anspruch genommen werden.

(5) Eine Verpflichtung des Leistungsträgers, Leistungen zur Beschäftigung bei privaten oder öffentlichen Arbeitgebern zu ermöglichen, besteht nicht.

Gesetzeshistorie: Die Vorschrift wurde durch Artikel 1 des Gesetzes zur Stärkung der Teilhabe und Selbstbestimmung von Menschen mit Behinderungen (Bundesteilhabegesetz – BTHG) vom 23.12.2016[1] mit Wirkung vom 1.1.2018 neu eingeführt.

Regelungsinhalt: Mit der Einführung eines Budgets für Arbeit soll Menschen mit Behinderungen, die wegen Art und Schwere der Behinderung Anspruch auf Leistungen im Arbeitsbereich einer Werkstatt für behinderte Menschen nach § 58 haben, eine weitere Alternative (neben der Beschäftigung in einer Werkstatt für behinderte Menschen) am allgemeinen Arbeitsmarkt ermöglicht werden. **Zielgruppe** sind somit (**wesentlich**) **behinderte Menschen**, bei denen insbesondere eine Beschäftigung auf dem allgemeinen Arbeitsmarktdien nicht, noch nicht oder nicht wieder in Betracht kommt, die nach **entsprechender Vorbereitung** und umfassender **personaler Unterstützung** in der Lage sind, auf individuell, an ihre Fähigkeiten, Belastbarkeit und Kenntnisse angepassten Arbeitsplätzen sozialversicherungspflichtige Arbeitsverhältnisse mit einem Beschäftigungsumfang von **mindestens 15 Wochenstunden am allgemeinen Arbeitsmarkt** eingehen zu können. Es wird davon ausgegangen, dass einerseits deren verwertbare Arbeitsleistung auch unter individuell angepassten Beschäftigungsbedingungen in der Regel erheblich eingeschränkt ist, weshalb der wirtschaftliche Wert ihrer Arbeit deutlich hinter dem vereinbarten Entgelt zurückbleibt und sie andererseits, trotz eingeschränkter Leistungsfähigkeit und erheblicher Erwerbsminderung, in der Lage sind, ihre arbeitsvertraglichen Verpflichtungen kalkulierbar einzuhalten und mindestens 25 Prozent der Bruttolohnkosten des Arbeitgebers durch eigene Arbeitsleistungen erwirtschaften können. Für die neuen Träger der Eingliederungshilfe bestimmt sich seit dem 1.1.2020 der leistungsberechtigte Personenkreis nach § 99 iVm § 53 SGB XII und den §§ 1 bis 3 Eingliederungshilfeverordnung in der bis zum 31.12.2019 geltenden Fassung.

Das Budget für Arbeit umfasst deshalb einen **Lohnkostenzuschuss an den Arbeitgeber** zum Ausgleich der Leistungsminderung des Beschäftigten in Höhe von bis zu 75 Prozent des vom Arbeitgeber regelmäßig gezahlten Arbeitsentgelts (Arbeitnehmerbruttolohn) sowie die Aufwendungen (Kosten) für die we-

---

[1] BGBl. 2016 I 3234 (v. 29.12.2016).

gen der Auswirkungen der funktionalen Beeinträchtigung (Behinderung) erforderliche (interne oder externe) **Anleitung und Begleitung am Arbeitsplatz**.

3 **Zur Entstehung:** In Deutschland werden seit vielen Jahren das stetige Anwachsen der Werkstätten für behinderte Menschen (WfbM) sowie ein deutlicher Mangel an Übergängen aus den WfbM zum allgemeinen Arbeitsmarkt beklagt. Besonders **deutliche Kritik** hatte der UN-Fachausschuss für die Rechte von Menschen mit Behinderungen (UN-BRK-Ausschuss) zur **Umsetzung der UN-Behindertenrechtskonvention** in Deutschland geübt. Dieser hatte 2015 die Umsetzung der UN-BRK in Deutschland geprüft und das Werkstattsystem in seiner heutigen Form gerügt. In der endgültigen Fassung seiner Abschließenden Bemerkungen zu Deutschland vom 13.5.2015 hat er festgestellt, „dass segregierte Werkstätten für behinderte Menschen weder auf den Übergang zum allgemeinen Arbeitsmarkt vorbereiten noch diesen Übergang fördern." Deshalb fordert der UN-BRK-Ausschuss die Bundesregierung auf, einen inklusiven Arbeitsmarkt zu schaffen, der im Einklang mit den Menschenrechten steht. Der Fokus soll dabei auf der Schaffung von zugänglichen Arbeitsplätzen bei öffentlichen und privaten Arbeitgebern im allgemeinen Arbeitsmarkt liegen.[2]

Die Bundesregierung hat durch das BTHG mit Änderungen im SGB IX im Bereich der Teilhabe am Arbeitsleben dieser Kritik mit der Einführung des Budgets für Arbeit nun teilweise Rechnung getragen. Zur Begründung s. BT-Drs. 18/9522, 253 (→ § 60 Rn. 3).

4 **Kritik am bisherigen Regelungsansatz:** Die Bundesregierung stützt sich bei der Schaffung von Regelungen zum Budget für Arbeit sowohl auf gleichnamige Modellprojekte aus einzelnen Bundesländern als auch auf die umfassenden Eingliederungserfolge für wesentlich behinderte Menschen, die in Baden-Württemberg mit einem Leistungsträger übergreifenden Förderprogramm „Arbeit Inklusiv"[3] erzielt werden konnten. Sie schließt jedoch in der Begründung zu § 61 mit Verweis auf **Restriktionen**,[4] die sich aus den **Regelungen zu § 28 SGB III** ergeben, per se eine vorrangige Förderung durch die Bundesagentur für Arbeit ebenso aus wie eine Versicherungspflicht in der Arbeitslosenversicherung. Bisherige praktische Erfahrungen aus den Bundesländern zeigen jedoch, dass wesentlich behinderte Menschen – trotz faktischer voller Erwerbsminderung – dem Arbeitsmarkt als besonders betroffene schwerbehinderte Menschen mit entsprechender **Unterstützung durch die Integrationsfachdienste** eingeschränkt **zur Verfügung stehen** können.[5] Ein Ausschluss von der Arbeitslosenversicherung kommt nach § 28 SGB III (Sonstige versicherungsfreie Personen) nur dann zum Tragen, wenn Menschen „wegen einer Minderung ihrer Leistungsfähigkeit dauernd nicht mehr verfügbar sind, von dem Zeitpunkt an, an dem die Agentur

---

2 S. http://www.institut-fuer-menschenrechte.de/publikationen/show/crpd-abschliessen de-bemerkungen-ueber-den-ersten-staatenbericht-deutschlands/.
3 Das Förderprogramm „Arbeit inklusiv" verbindet seit dem 1.6.2012 vor- und nachrangige Leistungen unterschiedlicher Leistungsträger zu einer Komplexleistung für Arbeitgeber. Dabei können sowohl neue Arbeitsverhältnisse als auch bereits bestehende Arbeitsverhältnisse gefördert werden (vgl. https://www.kvjs.de/behinderung-u nd-beruf/projekteinitiativen/aktion-1000-perspektive-2020/foerderprogramme-ausbi ldung-inklusiv-arbeit-inklusiv/#c14794).
4 BT-Drs. 18/9522, 256.
5 *Deusch* in Kapitel 4.2 im Jahresbericht der BIH zur Arbeit der IFD 2011 bis 2015, https://www.integrationsaemter.de/IFD-Bericht/528c7124i/index.html sowie *Deusch/Gerster* in Aktion 1000. Nachhaltigkeit der Arbeitsverhältnisse für wesentlich behinderten Menschen. Durchgang V – Zeitraum 2005–2012, siehe https://www.kvjs. de/fileadmin/dateien/Schwerbehinderung/Projekte-Initiativen/Aktion_1000plus/Eval uation/Ergebnisse_Nachhaltigkeit_2005-2012_Aktion_1000plus.pdf.

für Arbeit diese Minderung der Leistungsfähigkeit und der zuständige Träger der gesetzlichen Rentenversicherung volle Erwerbsminderung im Sinne der gesetzlichen Rentenversicherung festgestellt haben". Eine Prüfung nach § 28 SGB III geht nach bisherigen Erkenntnissen ins Leere. Inklusionsunternehmen, die in Baden-Württemberg den Versuch unternommen hatten, bei entsprechenden Neueinstellungen eine Befreiung von der Arbeitslosenversicherung zu erreichen, wurden mit Verweis auf den Umfang der vereinbarten Beschäftigungsverhältnisse (im Durchschnitt mehr als 30 Wochenstunden, in jedem Fall aber mindestens mehr als 15 Wochenstunden) von den zuständigen Arbeitsagenturen abschlägig beschieden.

Die Beschäftigten, die durch ein Budget für Arbeit gefördert werden, haben nach den Vorstellungen des BMAS somit auch keinen Anspruch Entgeltersatzleistungen nach § 3 Abs. 4 SGB III:
1. Arbeitslosengeld bei Arbeitslosigkeit und bei beruflicher Weiterbildung,
2. Teilarbeitslosengeld bei Teilarbeitslosigkeit,
3. Übergangsgeld bei Teilnahme an Maßnahmen zur Teilhabe am Arbeitsleben,
4. Kurzarbeitergeld bei Arbeitsausfall,
5. Insolvenzgeld bei Zahlungsunfähigkeit des Arbeitgebers.

Die besonderen Nachteile dieser Sichtweise sind nun im laufenden Jahr insbesondere in Fällen eines Corona-bedingten Arbeitsausfalles deutlich zu Tage getreten: Die mit einem Budget für Arbeit geförderten Beschäftigten konnten kein Kurzarbeitergeld erhalten.

Die Vorstellung des BMAS, dass wesentlich behinderte Menschen einerseits in die Lage versetzt werden können, Arbeitgeber von ihren Fähigkeiten zu überzeugen, und deshalb mit diesen Arbeitsverträge abschließen und andererseits dem Arbeitsmarkt nicht zur Verfügung stehen würden, ist in sich widersprüchlich und per se inklusionsfeindlich bzw. diskriminierend.

Neben den Regelungen zum Budget für Arbeit gelten auch weiterhin die **Verpflichtungen der Bundesagentur für Arbeit** nach § 187 Abs. 1 Nr. 1 und 3 c SGB IX Übergänge für schwerbehinderte Menschen aus den Werkstätten für behinderte Menschen zum allgemeinen Arbeitsmarkt durch **Arbeitsvermittlung und entsprechenden Leistungen** zu fördern. Entsprechende Eingliederungszuschüsse (EGZ) können nach § 90 Abs. 2 SGB III für bis zu 60 Monate in Höhe von bis zu 70 Prozent der **Arbeitgeberbruttolohnkosten** aus **Mitteln der Ausgleichsabgabe** erbracht werden.

Der Gesetzgeber hat für den gleichen Zweck somit zwei unterschiedliche und voneinander unabhängige Regelungen geschaffen, anstatt diese in zeitgemäßer Form als gemeinsame Förderung mit entsprechendem Vor- und Nachrang miteinander zu verzahnen und die Leistungen arbeitgeberfreundlich in gebündelter Form aus einer Hand zu erbringen. Lohnkostenzuschüsse an Arbeitgeber werden bisher von den Trägern der Arbeitsvermittlung, den Rehabilitationsträgern und den Integrationsämtern für den gleichen Zweck nach der Systematik der Eingliederungszuschüsse nach §§ 88 ff. SGB III erbracht. Sie fördern die Beschäftigung behinderter Menschen am allgemeinen Arbeitsmarkt, indem sie die Arbeitgeber als Ausgleich für deren besondere Belastungen, die sich aus der Leistungsminderung und dem besonderen personalen Unterstützungsbedarf am Arbeitsplatz ergeben, mit bis zu 70 Prozent der **Arbeitgeberbruttolohnkosten** bezuschussen. Dabei gibt es **keine gesetzliche Begrenzung** des Betrages der Förderung. Eine restriktive Begrenzung des maximalen Förderbetrages auf 40 Prozent der monatlichen Bezugsgröße nach § 18 Abs. 1 SGB IV benachteiligt wesentlich behinderte Menschen mit einer hohen formalen beruflichen Qualifikation, die üblicherweise höher eingruppiert werden können.

Warum der Bundesgesetzgeber mit den Trägern der Eingliederungshilfe für sehr wenige Einzelfälle nun einen neuen Player mit einer bisher unbekannten Fördersystematik und einer nach oben begrenzten Förderung ins Feld führt, statt auf die Erfahrung und die Arbeitsmarktpräsenz der Integrationsämter zu bauen, die sich nach § 185 Abs. 3 Nr. 6 am Budget für Arbeit beteiligen können, ist nicht nachvollziehbar. Noch weniger nachvollziehbar ist, warum der Gesetzgeber im Teil 1 Kapitel 10 gleich an zwei Stellen Leistungen an Arbeitgeber regelt. Es wäre überschaubarer und für Arbeitgeber deutlich besser nachvollziehbar, wenn der Gesetzgeber die Regelungen zu den Lohnkostenzuschüssen an Arbeitgeber nach § 61 Abs. 2–4 unter § 50 (Leistungen an Arbeitgeber) mitgeregelt hätte.

Isoliert betrachtet sind die Regelungen zum Budget für Arbeit wenig geeignet, damit sich wesentlich behinderte Menschen einen inklusiven Arbeitsmarkt selbst erschließen können. Im Gegenteil. Es wurden weitgehend exklusive Regelungen getroffen, anstatt auf bestehende Strukturen, Unterstützungsmöglichkeiten und Systematiken zurückzugreifen. Es ist insbesondere unverständlich warum:

- keine systematische Unterstützung durch die insbesondere für diesen Zweck geschaffenen Integrationsfachdienste vorgesehen wurde,
- keine Verzahnung mit vorrangigen Leistungen sowie keine gemeinsame Förderung (wie) aus einer Hand geregelt wurden,
- keine Aufnahme in die Arbeitslosenversicherung vorgesehen wurde und
- mit dem Träger der Eingliederungshilfe nun ein exklusiver Leistungsträger ohne Kenntnisse und Durchdringung des Arbeitsmarktes mit der Ausführung des Budgets für Arbeit beauftragt wurde.

5 **Materialien:** Begründung zum Regierungsentwurf BT-Drs. 18/9522 vom 5.9.2016, S. 253 sowie 255 und 256. Stellungnahme des Bundesrates und Gegenäußerung der Bundesregierung BT-Drs. 18/9954. Abschließende Bemerkungen des UN-Fachausschuss für die Rechte von Menschen mit Behinderungen (UN-BRK-Ausschuss) vom 13.5.2015 zu Artikel 27 Arbeit und Beschäftigung, S. 12.[6]

6 **Absatz 1** regelt das Budget für Arbeit als (nachrangigen) **Rechtsanspruch** für wesentlich behinderte Menschen, die Anspruch auf Leistungen nach § 58 haben (**Zielgruppe**). Er nennt als weitere Voraussetzungen zur Inanspruchnahme das Zustandekommen eines **sozialversicherungspflichtigen Arbeitsverhältnisses** mit einer tariflichen oder ortsüblichen Entlohnung. Der Gesetzgeber geht in der Begründung zu § 61 Abs. 1 davon aus, dass damit sichergestellt werde, „dass der Mensch mit Behinderungen seinen Lebensunterhalt oder zumindest einen Großteil davon durch Einkommen bestreiten kann."[7] Dies setzt voraus, dass die Menschen aus der Zielgruppe für das Budget für Arbeit ausreichend **belastbar und leistungsfähig** sind, um damit potenzielle Arbeitgeber zu überzeugen, dass sie einen erheblichen Anteil der Bruttolohnkosten des Arbeitgebers durch eigene Arbeitsleistungen erwirtschaften können. Nach der Logik des Abs. 2 wären dies mindestens 25 Prozent der Arbeitgeberbruttolohnkosten. Warum dann nach Darlegungen der Bundesregierung[8] **Versicherungsfreiheit in der Arbeitslosenversicherung** nach § 28 Abs. 1 Nr. 2 SGB III bestehen soll, bleibt auch bei

---

6 S. http://www.institut-fuer-menschenrechte.de/publikationen/show/crpd-abschliessende-bemerkungen-ueber-den-ersten-staatenbericht-deutschlands/.
7 BT-Drs. 18/9522, 256.
8 BT-Drs. 18/9522, 256.

mehrmaliger Betrachtung und unter Kenntnis bisheriger Fälle, die beim Übergang aus einer Werkstatt für behinderte Menschen ohne solche Restriktionen nach § 90 SGB III durch die Arbeitsagenturen gefördert wurden, nicht nachvollziehbar.

Der Gesetzgeber hat es bisher versäumt, die Zielgruppenbeschreibung von vermeintlichen Widersprüchen zu befreien. Dabei müssen drei Rechtsbereiche unabhängig voneinander gesehen werden:

1. Es besteht **privatrechtliche Vertragsfreiheit.** Jeder Arbeitgeber darf grundsätzlich frei entscheiden, mit wem er Arbeitsverträge abschließt. Diese Vertragsfreiheit ist nicht unbegrenzt. Es bestehen Benachteiligungsverbote (Verbot in § 164 Abs. 2 SGB IX gegenüber schwerbehinderten und Verbot in § 1 iVm § 7 AGG gegenüber behinderten Bewerbern) und Mindestbeschäftigungspflichten (§§ 154, 155 SGB IX). Allerdings lösen Verstöße gegen die Arbeitgeberfreiheit einschränkenden Normen nach § 15 AGG nur Entschädigungsansprüche in Geld oder nach § 238 Abs. 1 Nr. 1 SGB IX ordnungswidrigkeitsrechtliche Sanktionen aus. Arbeitgeber können daher nicht gezwungen werden, besonders unterstützungsbedürftige Menschen mit funktionalen Beeinträchtigungen einzustellen. Die am allgemeinen Arbeitsmarkt teilnehmenden Arbeitgeber können (und sollen) deshalb nicht verpflichtet werden, den Anspruch auf ein Budget für Arbeit einzulösen.
2. Es besteht ein **sozialrechtlicher Anspruch** auf **Leistungen zur Teilhabe am Arbeitsleben** für Menschen mit Behinderungen im erwerbsfähigen Alter, unabhängig vom Umfang ihrer Leistungs- und Erwerbsfähigkeit, soweit sie in der Lage sind, ein Mindestmaß an wirtschaftlich verwertbarer Arbeit zu leisten. Die Leistungen zur Teilhabe am Arbeitsleben zielen nach § 49 Abs. 1 (→ § 49 Rn. 7) darauf, jedwede Form der **Erwerbstätigkeit** zu fördern. Dabei geht es nicht nur darum, die individuelle **Leistungs- und Erwerbsfähigkeit** zu erhalten, zu verbessern oder herzustellen, wieder herzustellen und ein Absinken zu verhindern oder zumindest zu verlangsamen, sondern auch und insbesondere um eine angemessene Form einer dauerhaften Erwerbstätigkeit.
3. Es gibt keinen direkten Bezug des Teilhaberechts nach § 49 ff. zu den rentenrechtlichen Regelungen zum Erhalt von Renten wegen Erwerbsminderung nach § 43 SGB IV. Es gibt auch kein Beschäftigungsverbot für Menschen mit erheblichen funktionalen Beeinträchtigungen.

Dies wird vom Gesetzgeber weder im Gesetz noch in der Gesetzesbegründung ausreichend klargestellt. Hier werden arbeitsrechtliche, sozialversicherungsrechtliche und rentenrechtliche Grundlagen in unsachgemäßer Art miteinander vermengt.

Absatz 2 legt fest, dass das Budget für Arbeit aus zwei voneinander unabhängigen Förderbestandteilen besteht:
1. aus einem Lohnkostenzuschuss an den Arbeitgeber und
2. aus der Finanzierung von Aufwendungen für (interne oder externe) personale Unterstützungsleistungen.

Zu 1. Lohnkostenzuschuss an den Arbeitgeber: Der Lohnkostenzuschuss an den Arbeitgeber dient der **Abgeltung** der wirtschaftlichen Folgen, die aus der Leistungsminderung des Beschäftigten resultieren. Dabei soll der Unterschiedsbetrag zwischen dem tariflich oder ortsüblich gezahlten Arbeitsentgelt und dem wirtschaftlichen Wert der tatsächlichen Arbeitsleistung des Menschen mit Behinderungen soweit als möglich ausgeglichen werden. Die Bundesregierung hat keine Regelungen zum Verfahren getroffen. Sie geht jedoch nach Darlegungen in der Begründung zum § 61 Abs. 2 davon aus, dass der Lohnkostenzuschuss von dem für die Leistung zuständigen Leistungsträger unmittelbar an den Arbeitgeber auszuzahlen ist.[9] Ob der Arbeitgeber dazu einen Antrag zu stellen hat, bleibt ungeregelt. Der Rechtsanspruch nach Abs. 1 richtet sich jedoch an den wesentlich behinderten Menschen.

Der Lohnkostenzuschuss ist auf eine Höhe von bis zu **75 Prozent** des vom Arbeitgeber regelmäßig gezahlten **Arbeitsentgeltes**, im Übrigen auf einen Beitrag in Höhe von **40 Prozent der monatlichen Bezugsgröße** nach § 18 Abs. 1 SGB IV begrenzt. Die individuelle Höhe des Lohnkostenzuschusses ist grundsätzlich abhängig von der Höhe des gezahlten Arbeitsentgeltes. Er soll so gestaltet sein, dass Arbeitgeber das Fördergeschehen nachvollziehen sowie darauf vertrauen können, dass ihnen mit der Bereitschaft, einen wesentlich behinderten Menschen zu beschäftigen, keine einrichtungsähnlichen Verpflichtungen auferlegt werden und die Leistungen der öffentlichen Hände zuverlässig zur Verfügung gestellt werden können.

Die Bundesregierung geht davon aus, dass durch die Begrenzung auf einen Betrag in Höhe von 40 Prozent der monatlichen Bezugsgröße gewährleistet ist, dass der Lohnkostenzuschuss in der Regel nicht höher ist als die dem Leistungsträger bei Beschäftigung in einer WfbM entstandenen Aufwendungen. Das Ziel, die **Kostenbelastung für die Träger der Eingliederungshilfe** in sinnvollen Grenzen zu halten, ist nachvollziehbar. Hierzu wäre es aber völlig ausreichend, als Referenzwert prospektiv die individuellen Kosten einer Werkstattunterbringung anzunehmen. Dies würde den individuellen Mehraufwand, den die Träger der Eingliederungshilfe beispielsweise bei einer Werkstattunterbringung von körperlich erheblich eingeschränkten Menschen mit erheblichem Unterstützungsbedarf zu leisten bereit sind, ebenso berücksichtigen wie die in der Regel höheren Tagessätze der Werkstätten für seelisch behinderte Menschen. Die Vorstellung, die Höhe des Lohnkostenzuschusses an der monatlichen Bezugsgröße restriktiv auszurichten, ist wenig praxistauglich. Sie setzt voraus, dass alle Personen der Zielgruppe vergleichbar wenig qualifiziert sind und deshalb mit einem niedrigen Einkommen ausgestattet werden. Wenn die maximale Förderhöhe derzeit im Jahr 2020 bei 1.274 EUR (West) bzw. 1.204 EUR (Ost) liegt, dann kann das maximal geförderte Bruttoeinkommen lediglich bei 1.704 EUR (West) bzw. 1.605 EUR (Ost) liegen. Dem Ziel der Bundesregierung, insbesondere **Beschäftigungsalternativen für seelisch behinderte Menschen** zu ermöglichen, die häufig über einen qualifizierten Berufsabschluss verfügen, kann man damit häufig nicht gerecht werden. In Baden-Württemberg wird die Teilhabesituation von mehr als 3.800 wesentlich behinderten Menschen am allgemeinen Arbeitsmarkt regelmäßig untersucht.[10] Dabei wird deutlich, dass diese im Jahr 2019 im Durchschnitt 31,3 Wochenstunden beschäftigt sind und dabei ein durchschnittliches Bruttoeinkommen in Höhe von 1.620 EUR (11,95 EUR Stundenlohn) erzielen. Bei einem Beschäftigungsumfang von 40 Wochenstunden bedeutet dies ein durchschnittliches Arbeitnehmerbrutto von 2.070 EUR. In Baden-Württemberg erreichen nicht wenige wesentlich behinderte Menschen aufgrund guter Tarifbedingungen ein monatliches Bruttoeinkommen, das deutlich über 2.000 Euro liegt.[11]

---

9 BT-Drs. 18/9522, 256.
10 S. https://www.kvjs.de/fileadmin/dateien/Schwerbehinderung/Projekte-Initiativen/Aktion_1000plus/Evaluation/Aktion1000-Perspektive2020_Evaluationsergebnisse.pdf.
11 S. https://www.kvjs.de/behinderung-und-beruf/foerderprogramme-und-projekte/fachliche-materialien/#c14709.

Unter Beachtung der Förderbeschränkung des § 61 Abs. 2 könnten den entsprechenden Arbeitgebern maximal 40 bis 50 Prozent der Kosten, die sich aus der tatsächlichen Leistungseinschränkung ergeben, abgegolten werden. Es ist davon auszugehen, dass die entsprechenden Arbeitsverhältnisse bei einer derartigen Förderbeschränkung teilweise erst gar nicht zustande gekommen wären.

Satz 4 ermöglicht es den Ländern, **durch Landesrecht** auch einen von dem **Prozentsatz der Bezugsgröße** nach Satz 2 nach oben abweichenden Betrag für den Lohnkostenzuschuss festzulegen. Eine solche Anhebung der Begrenzung der Maximalforderung lindert die oben beschriebe Problematik, löst das Problem aber nicht.

Zu 2. Finanzierung von Aufwendungen für (interne oder externe) personale Unterstützungsleistungen: Die Aufwendungen für interne oder externe personale Unterstützungsleistungen, die in Folge der Auswirkungen der funktionalen Beeinträchtigung am konkreten Arbeitsplatz erforderlich werden, können Bestandteil des Budgets für Arbeit sein. Dabei können die notwendigen Unterstützungsleistungen von außen eingekauft oder vom Arbeitgeber organisiert und zur Verfügung gestellt werden. Externe personale Unterstützungsleisten können insbesondere durch die Integrationsfachdienste nach §§ 192 und 193 erbracht werden oder in Form von **Jobcoaching** nach § 55 Abs. 3 oder einer notwendigen **Arbeitsassistenz** nach § 49 Abs. 8 Nr. 3 eingekauft werden. Dauer und Umfang der Leistungen bestimmen sich nach den Umständen des Einzelfalls. Die Leistungen können – insbesondere beim Einsatz von Job-Coaches auch **zeitlich begrenzt und degressiv ausgestaltet** werden.

Absatz 3 stellt sicher, dass die Gewährung eines Lohnkostenzuschusses ausgeschlossen ist, wenn zu vermuten ist, dass der Arbeitgeber die Beendigung eines anderen Arbeitsverhältnisses nur deshalb veranlasst hat, um bei der Wiederbesetzung der Stelle durch einen Menschen aus der Zielgruppe des Budgets für Arbeit den entsprechenden Lohnkostenzuschuss zu erhalten. Die Bundesregierung verweist in der Begründung zu § 61 Abs. 3 auf den im Beihilferecht der EU (Art. 33 VO (EG) Nr. 651/2014 der Kommission vom 1.7.2014 zur Erklärung der Vereinbarkeit bestimmter Gruppen von Beihilfen mit dem Gemeinsamen Markt in Anwendung der Artikel 87 und 88 EG-Vertrag) festgelegten Grundsatz eines generellen Förderausschlusses in bestimmten Fällen.[12]

Besser wäre es, wenn der Gesetzgeber an dieser Stelle auf die diesbezüglichen Regelungen zu den Eingliederungszuschüssen nach § 92 SGB III „Förderungsausschluss und Rückzahlung" verwiesen hätte. Im Gegensatz zu den Regelungen nach § 92 SGB III hat der Gesetzgeber hier keine Regelungen zu Rückzahlungsverpflichtungen des Arbeitgebers getroffen. Nun bleibt es den Verwaltungen überlassen, hierzu zielführende Regelungen zu treffen oder sich an die Regelungen des § 92 SGB III zu orientieren.

Absatz 4 weist auf die Möglichkeit hin, dass die im Einzelfall erforderliche personale Unterstützung (insbesondere Jobcoaching und berufliche Begleitung) von mehreren Leistungsberechtigten gemeinsam in Anspruch genommen werden können.

In der Begründung zu § 61 Abs. weist die Bundesregierung darauf hin, „dass mehrere Leistungsberechtigte gemeinsam etwa die **Fachdienste zur begleitenden Hilfe im Arbeitsleben** in Anspruch nehmen können. Damit werden auch die Arbeitgeber entlastet, die mehrere Menschen mit Behinderungen beschäftigen, weil ansonsten gegebenenfalls mehrere Unterstützer im Betrieb anwesend wä-

---

12 BT-Drs. 18/9522, 256.

ren".[13] Mit den Fachdiensten zur begleitenden Hilfe im Arbeitsleben sind die **Integrationsfachdienste** nach §§ 192 ff. gemeint. Warum diese dann nicht expressis verbis auch mit ihrem Namen genannt werden, bleibt schleierhaft. Es macht jedoch deutlich, dass Bund und Länder in Bezug auf die Bedeutung und Beauftragung der Integrationsfachdienste seit Jahren divergierende Auffassungen vertreten. Die Länder machten in ihrer Stellungnahme zum BTHG den Vorschlag, „(i)n § 61 Absatz 4 (...) nach dem Wort ‚Begleitung' die Wörter ‚soll durch Beauftragung der Integrationsdienste erfolgen und' einzufügen".[14] Die Länder begründeten diesen Vorschlag wie folgt:

„Zu den Aufgaben der Integrationsfachdienste gehören generell die Beratung und Unterstützung der betroffenen behinderten Menschen selbst sowie die Information und Hilfestellung für Arbeitgeber bei der Teilhabe schwerbehinderter Menschen am Arbeitsleben. Die Integrationsfachdienste werden an den Aufgaben der gesetzlichen Leistungsträger, von denen sie beauftragt werden, beteiligt. (...)

Bereits jetzt gehören zum Personenkreis der Integrationsfachdienste schwerbehinderte Menschen, die nach einer zielgerichteten Vorbereitung durch die Werkstatt für behinderte Menschen auf dem allgemeinen Arbeitsmarkt teilhaben sollen. Integrationsfachdienste haben vielfältige Aufgaben im Zusammenhang mit der Teilhabe schwerbehinderter Menschen am Arbeitsleben, insbesondere die Begleitung beim Training berufspraktischer Fähigkeiten am konkreten Arbeitsplatz sowie die Sicherung einer möglichst dauerhaften Beschäftigung auf dem allgemeinen Arbeitsmarkt.

Es ist somit sach- und fachgerecht, dass die Aufgabe der Anleitung und Begleitung der Menschen mit Behinderungen, die mit einem Budget für Arbeit nach § 61 bei einem Arbeitgeber beschäftigt werden, durch die Integrationsfachdienste (IFD) ausgeführt wird".

Die Bundesregierung hat in ihrer Erwiderung zur Ziffer 25 die Umsetzung dieses Vorschlages im Gesetzestext zwar abgelehnt, sie hat allerdings in der Gesetzesbegründung in verklausulierter Form dennoch auf die Integrationsfachdienste hingewiesen.[15]

12 Absatz 5 stellt klar, dass der für die Leistungen zuständige Rehabilitationsträger nicht verpflichtet ist, dem leistungsberechtigten Menschen mit Behinderungen ein Arbeitsverhältnis bei einem privaten oder bei einem öffentlichen Arbeitgeber zu besorgen und damit dem Menschen mit Behinderungen eine Alternative zur Teilhabe am Arbeitsleben in einer Werkstatt für behinderte Menschen zur Verfügung zu stellen.

§ 61a Budget für Ausbildung

[gültig bis 31.12.2021:]

(1) ¹Menschen mit Behinderungen, die Anspruch auf Leistungen nach § 57 haben und denen von einem privaten oder öffentlichen Arbeitgeber ein sozialversicherungspflichtiges Ausbildungsverhältnis in einem anerkannten Ausbildungsberuf oder in einem Ausbildungsgang nach § 66 des Berufsbildungsgesetzes oder § 42m der Handwerksordnung angeboten wird, erhalten mit Abschluss des Vertrages über dieses Ausbildungsverhältnis als Leistungen zur Teilhabe am

---

13 BT-Drs. 18/9522, 256.
14 BT-Drs. 18/9954, 12 und 13 (Ziff. 25).
15 BT-Drs. 18/9954, 64 (Ziff. 25).

Arbeitsleben ein Budget für Ausbildung. [2]Das Budget für Ausbildung wird von den Leistungsträgern nach § 63 Absatz 1 erbracht.

(2) [1]Das Budget für Ausbildung umfasst die Erstattung der Ausbildungsvergütung und die Aufwendungen für die wegen der Behinderung erforderliche Anleitung und Begleitung am Ausbildungsplatz und in der Berufsschule. [2]Die Erstattung der Ausbildungsvergütung erfolgt bis zu der Höhe, die in einer einschlägigen tarifvertraglichen Vergütungsregelung festgelegt ist. [3]Fehlt eine solche, erfolgt die Erstattung bis zu der Höhe der nach § 17 des Berufsbildungsgesetzes für das Berufsausbildungsverhältnis ohne öffentliche Förderung angemessenen Vergütung. [4]Ist wegen Art oder Schwere der Behinderung der Besuch einer Berufsschule am Ort des Ausbildungsplatzes nicht möglich, so kann der schulische Teil der Ausbildung in Einrichtungen der beruflichen Rehabilitation erfolgen; die entstehenden Kosten werden ebenfalls vom Budget für Ausbildung gedeckt.

(3) [1]Das Budget für Ausbildung wird erbracht, solange es erforderlich ist, längstens bis zum erfolgreichen Abschluss der Ausbildung. [2]Zeiten eines Budgets für Ausbildung werden auf die Dauer des Eingangsverfahrens und des Berufsbildungsbereiches in Werkstätten für behinderte Menschen nach § 57 Absatz 2 und 3 angerechnet, sofern der Mensch mit Behinderungen in der Werkstatt für behinderte Menschen bei einem anderen Leistungsanbieter seine berufliche Bildung in derselben Fachrichtung fortsetzt.

(4) Die wegen der Behinderung erforderliche Anleitung und Begleitung kann von mehreren Leistungsberechtigten gemeinsam in Anspruch genommen werden.

(5) Der zuständige Leistungsträger soll den Menschen mit Behinderungen bei der Suche nach einem geeigneten Ausbildungsplatz im Sinne von Absatz 1 unterstützen.

[gültig ab 1.1.2022:]

(1) Menschen mit Behinderungen, die Anspruch auf Leistungen nach § 57 oder § 58 haben und denen von einem privaten oder öffentlichen Arbeitgeber ein sozialversicherungspflichtiges Ausbildungsverhältnis in einem anerkannten Ausbildungsberuf oder in einem Ausbildungsgang nach § 66 des Berufsbildungsgesetzes oder § 42 r der Handwerksordnung angeboten wird, erhalten mit Abschluss des Vertrages über dieses Ausbildungsverhältnis als Leistungen zur Teilhabe am Arbeitsleben ein Budget für Ausbildung.

(2) [1]Das Budget für Ausbildung umfasst
1. die Erstattung der angemessenen Ausbildungsvergütung einschließlich des Anteils des Arbeitgebers am Gesamtsozialversicherungsbeitrag und des Beitrags zur Unfallversicherung nach Maßgabe des Siebten Buches,
2. die Aufwendungen für die wegen der Behinderung erforderliche Anleitung und Begleitung am Ausbildungsplatz und in der Berufsschule sowie
3. die erforderlichen Fahrkosten.

[2]Ist wegen Art oder Schwere der Behinderung der Besuch einer Berufsschule am Ort des Ausbildungsplatzes nicht möglich, so kann der schulische Teil der Ausbildung in Einrichtungen der beruflichen Rehabilitation erfolgen; die entstehenden Kosten werden ebenfalls vom Budget für Ausbildung gedeckt. [3]Vor dem Abschluss einer Vereinbarung mit einer Einrichtung der beruflichen Rehabilitation ist dem zuständigen Leistungsträger das Angebot mit konkreten Angaben zu den entstehenden Kosten zur Bewilligung vorzulegen.

(3) [1]Das Budget für Ausbildung wird erbracht, solange es erforderlich ist, längstens bis zum erfolgreichen Abschluss der Ausbildung. [2]Zeiten eines Bud-

gets für Ausbildung werden auf die Dauer des Eingangsverfahrens und des Berufsbildungsbereiches in Werkstätten für behinderte Menschen nach § 57 Absatz 2 und 3 angerechnet, sofern der Mensch mit Behinderungen in der Werkstatt für behinderte Menschen oder bei einem anderen Leistungsanbieter seine berufliche Bildung in derselben Fachrichtung fortsetzt.
(4) Die wegen der Behinderung erforderliche Anleitung und Begleitung kann von mehreren Leistungsberechtigten gemeinsam in Anspruch genommen werden.
(5) ¹Die Bundesagentur für Arbeit soll den Menschen mit Behinderungen bei der Suche nach einem geeigneten Ausbildungsplatz im Sinne von Absatz 1 unterstützen. ²Dies umfasst im Fall des Absatzes 2 Satz 4 auch die Unterstützung bei der Suche nach einer geeigneten Einrichtung der beruflichen Rehabilitation.

1 **Gesetzeshistorie:** Die Vorschrift wurde durch Artikel 2 des Gesetzes zur Entlastung unterhaltsverpflichteter Angehöriger in der Sozialhilfe und in der Eingliederungshilfe (Angehörigen-Entlastungsgesetz) vom 10.12.2019[1] mit Wirkung vom 1.1.2020 neu eingeführt. Durch das Teilhabestärkungsgesetz[2] wird mit Wirkung vom 1.1.2022 der Zugang zum Budget für Ausbildung auch auf die Beschäftigten im Arbeitsbereich der WfbM ausgeweitet. Zuständig sind somit alle Leistungsträger für Leistungen in WfbM nach § 63. Neu ist auch, dass die Bundesagentur für Arbeit die Menschen mit Behinderungen bei der Suche nach einem geeigneten Ausbildungsplatz unterstützen soll.

2 **Regelungsinhalt:** Menschen mit Behinderungen, die Anspruch auf Leistungen nach § 57 oder § 58 haben, soll mit dem Budget für Ausbildung eine Alternative zur beruflichen Bildung (Eingangsverfahren, dem Berufsbildungs- oder Arbeitsbereich in einer WfbM bzw. bei einem anderen Leistungsanbieter) in Form einer dualen Berufsausbildung (Ausbildungsverhältnis) auf dem allgemeinen Arbeitsmarkt ermöglicht werden. Das Budget für Ausbildung ist dem Budget für Arbeit nach § 61 als Förderalternative zum Arbeitsbereich (§ 58) nachgebildet. Durch die Einführung des Budgets für Ausbildung sollen die Chancen für Menschen mit Behinderungen verbessert und die Auswahlmöglichkeiten erhöht werden, indem sie künftig auch eine berufliche Ausbildung auf dem allgemeinen Arbeitsmarkt absolvieren können. Übergänge in den allgemeinen Arbeitsmarkt sollen dadurch gesteigert werden.
Auf das Budget für Ausbildung besteht ein **Rechtsanspruch**.
Zielgruppe sind **Menschen mit funktionalen Beeinträchtigungen**, die wegen der Auswirkungen ihrer funktionalen Beeinträchtigung zum Zeitpunkt der Entscheidung über ein Budget für Ausbildung das Recht auf die Aufnahme in das Eingangsverfahren, den Berufsbildungs- oder Arbeitsbereich einer WfbM bzw. bei einem anderen Leistungsanbieter haben, weil sie zu diesem Zeitpunkt nicht, noch nicht oder noch nicht wieder auf dem allgemeinen Arbeitsmarkt unter den üblichen Bedingungen beschäftigt bzw. ausgebildet werden können.
Menschen, die auf Leistungen im Eingangsverfahren/Berufsbildungsbereich bzw. Arbeitsbereich einer WfbM oder bei einem anderen Leistungsanbieter angewiesen sind, werden vom Eingliederungshilfeträger nach § 99 als leistungsberechtigte Personen iSd § 53 SGB XII und der §§ 1 bis 3 Eingliederungshilfeverordnung in der am 31.12.2019 geltenden Fassung und somit als **wesentlich behinderte Menschen** eingestuft. Dies ist deshalb von Bedeutung, weil der für das Budget für Ausbildung zuständige Leistende Rehabilitationsträger nach § 15

---
1 BGBl. 2019 I 2137, 2138 (Nr. 46 v. 12.12.2019).
2 G vom 2.6.2021, BGBl. I 1387.

den zuständigen Eingliederungshilfeträger zur gemeinsamen Bedarfsfeststellung und im Rahmen der Teilhabeplanung nach § 19 verbindlich einbindet. Zu diesem Zweck wurde auf Ebene der BAR im Juni 2019 eine „Orientierungshilfe zur trägerübergreifenden Zusammenarbeit im Kontext der Beantragung von Leistungen im Eingangsverfahren / Berufsbildungsbereich / Arbeitsbereich in Werkstätten für behinderte Menschen" zwischen der Bundesarbeitsgemeinschaft der überörtlichen Sozial- und Eingliederungshilfeträger (BAGüS), der Bundesagentur für Arbeit (BA) und der Deutschen Rentenversicherung (DRV) vereinbart[3], die mittlerweile auf Länderebene konkretisiert wurde.

Zur Entstehung: In Deutschland werden seit vielen Jahren das stetige Anwachsen der Werkstätten für behinderte Menschen (WfbM) sowie ein deutlicher Mangel an Übergängen aus den WfbM zum allgemeinen Arbeitsmarkt beklagt. Besonders deutliche Kritik hatte der UN-Fachausschuss für die Rechte von Menschen mit Behinderungen (UN-BRK-Ausschuss) zur **Umsetzung der UN-Behindertenrechtskonvention** in Deutschland geübt (→ § 61 Rn. 3).[4] Die Bundesregierung hat durch das BTHG mit Änderungen im SGB IX im Bereich der Teilhabe am Arbeitsleben dieser Kritik mit der Zulassung anderer Leistungsanbieter, dem Budget für Arbeit und dem Wahlrecht des Menschen mit Behinderungen den Versuch gemacht, dieser Kritik teilweise Rechnung zu tragen. Zur Begründung s. BT-Drs. 18/9522, 253 (→ § 60 Rn. 3). Die Länder und ein Teil der Verbände der Menschen mit Behinderungen drängten bereits im Gesetzgebungsverfahren zum BTHG darauf, neben dem Budget für Arbeit auch ein Budget für Ausbildung zu ermöglichen. Zu diesem Zeitpunkt sah die Bundesregierung keinen Bedarf für eine solche Regelung. Diesem Anliegen wurde nun Rechnung getragen.

3

Kritik am bisherigen Regelungsansatz: Einerseits begrüßen sowohl die Länder als auch die Verbände der Menschen mit Behinderungen die Einführung des Budgets für Ausbildung, andererseits wird die Auffassung vertreten, dass die nun getroffene Regelung sowohl in Bezug auf die Eingrenzung der Zielgruppe als auch die Reduzierung der Förderung auf ein sozialversicherungspflichtiges Ausbildungsverhältnis in einem anerkannten Ausbildungsberuf oder in einem Ausbildungsgang nach § 66 des Berufsbildungsgesetzes oder § 42 m der Handwerksordnung. Da das Budget für Ausbildung eine Alternative zum Berufsbildungsbereich bzw. zum Arbeitsbereich der WfbM bzw. bei einem anderen Leistungsanbieter ermöglichen sollte, müssten von diesem auch berufliche Bildungsmodule unterhalb der Voraussetzungen für einen anerkannten Ausbildungsberuf oder einen Ausbildungsgang nach § 66 des Berufsbildungsgesetzes oder § 42 m der Handwerksordnung im Sinne der Berufsvorbereitung nach § 51 iVm § 115 Ziffer 2 SGB III (Leistungen zur Förderung der Berufsvorbereitung und Berufsausbildung einschließlich der Berufsausbildungsbeihilfe und der Assistierten Ausbildung) ermöglicht werden. Dies wird insbesondere deshalb kritisiert, weil rund 75 Prozent der Schülerinnen und Schüler an Förderschulen keinen Hauptschulabschluss erzielen und ihnen damit die Aufnahme einer sozialversicherungspflichtigen Ausbildung deutlich erschwert ist.[5]

4

Deshalb sollten die beruflichen Bildungsangebote, die durch ein Budget für Ausbildung erreicht werden sollen, nach unten geöffnet werden können und

---

3 S. https://www.bar-frankfurt.de/fileadmin/dateiliste/_downloadmaterialien/news/2019/190711_orientierungshilfe_Zusammenarbeit.pdf.
4 S. http://www.institut-fuer-menschenrechte.de/publikationen/show/crpd-abschliessen-de-bemerkungen-ueber-den-ersten-staatenbericht-deutschlands/.
5 Stellungnahme der Caritas Behindertenhilfe und Psychiatrie eV, S. 8.

mindestens dem Fachkonzept der Bundesagentur für Arbeit zur Berufsvorbereitung in Verbindung mit den Fachlichen Weisungen Reha[6] entsprechen.
Die hohen formalen beruflichen Bildungsziele stehen im Widerspruch zur Beschreibung der Zielgruppe in der Begründung zu § 61a SGB IX. Demnach sollen mit dem Budget für Ausbildung Arbeitgeber dazu bewegt werden, „mit Menschen mit Behinderungen trotz deren **voller Erwerbsminderung** ein reguläres Ausbildungsverhältnis einzugehen".[7]
Ähnlich verwirrend konstruiert die Bundesagentur für Arbeit in den aktuellen Fachlichen Weisungen zum Budget für Ausbildung mit Stand 01/2020[8] einen anderen unüberwindbaren Widerspruch. Sie geht bei den Fördervoraussetzungen davon aus, dass „ungeachtet des fehlenden Leistungsvermögens für den allgemeinen Arbeitsmarkt und der dadurch zu verneinenden Ausbildungsfähigkeit für einen Ausbildungsberuf" das Ausbildungsverhältnis allein deshalb gefördert werden muss, weil „Analog der gesetzlichen Ausrichtung beim Budget für Arbeit der Wille der beiden Vertragspartner (Arbeitgeber/Auszubildender) zur Durchführung der Ausbildung entscheidend ist". Auch hier wird der Zielgruppe die Entwicklungsfähigkeit pauschal aberkannt.
Das **fiktive Konstrukt einer vollen Erwerbsminderung**, welches Sozialgerichte bereits mehrfach als Anspruchsvoraussetzung für die Grundsicherung im Alter und bei Erwerbsminderung herangezogen haben,[9] bzw. die rentenrechtlichen Regelungen nach § 43 SGB VI zur Erlangung einer Erwerbsminderungsrente können nicht im Umkehrschluss als Definitionsbasis für Erwerbsfähigkeit im teilhaberechtlichen Sinne umgedeutet werden. Auf die definitorischen Grundlagen zur Erwerbsfähigkeit dieser renten- bzw. existenzsichernden Leistungen wird weder in den grundlegenden Regelungen zu den Leistungen zur Teilhabe am Arbeitsleben nach § 49 noch für die Leistungen dieser Zielgruppe nach §§ 56, 57, 58, 61 und 61a bzw. in den gesetzlichen Regelungen zur Zuordnung zum Personenkreis der wesentlich behinderten Menschen nach § 99 als rechtliche Voraussetzung für die jeweiligen Leistungen Bezug genommen (vgl. auch → Rn. 7 zu § 49).
Vielmehr werden die jeweiligen Leistungen erbracht um die Erwerbsfähigkeit von Menschen mit Behinderungen entsprechend ihrer Leistungsfähigkeit zu erhalten, zu verbessern, herzustellen oder wiederherzustellen (§ 49 Abs. 1). Auch die Leistungen in WfbM bzw. bei anderen Leistungsanbietern werden erbracht, um die Leistungs- oder Erwerbsfähigkeit der Menschen mit Behinderungen zu erhalten, zu entwickeln, zu verbessern oder wiederherzustellen (§ 56) und Übergänge zum allgemeinen Arbeitsmarkt zu ermöglichen (§§ 58 Abs. 2 und 219 Abs. 1). Die Vorstellung einer dauerhaften (unveränderlichen) vollen Erwerbsminderung kann deshalb zu keinem Zeitpunkt als Leistungsvoraussetzung für Leistungen zur Teilhabe am Arbeitsleben angenommen werden.

5 **Materialien:** Regierungsentwurf eines Gesetzes zur Entlastung unterhaltsverpflichteter Angehöriger in der Sozialhilfe und in der Eingliederungshilfe (Ange-

---

6 S. https://www.arbeitsagentur.de/datei/dok_ba014632.pdf.
7 RegE v. 5.8.2019, S. 38, abrufbar unter https://www.bmas.de/SharedDocs/Downloads/DE/Gesetze/Regierungsentwuerfe/reg-gesetz-entlastung-unterhaltsverpflichteter-angehoeriger.pdf;jsessionid=45C859802CBBA570992953AA8FE3FB38.delivery1-replication?__blob=publicationFile&v=1..
8 S. https://www.arbeitsagentur.de/datei/ba146221.pdf.
9 Zuletzt das BayLSG 3.7.2019 – L18 SO 110/19.

hörigen-Entlastungsgesetz) BR-Drs. 395/19 sowie Stellungnahmen zum Regierungsentwurf[10], Teilhabestärkungsgesetz vom 2.6.2021[11].

Absatz 1 regelt die Voraussetzungen für den Anspruch auf ein Budget für Ausbildung und die zuständigen Leitungsträger. Als Voraussetzungen müssen 6
1. die Berechtigten einen Anspruch auf Leistungen nach § 57 oder § 58 haben (s. Zielgruppe → Rn. 2) und
2. ein sozialversicherungspflichtiges Ausbildungsverhältnis in einem anerkannten Ausbildungsberuf oder einem (theoriereduziertem) Ausbildungsgang nach § 66 Berufsbildungsgesetz oder § 42 Handwerksordnung am allgemeinen Arbeitsmarkt nachweisen können.

Zuständige Leistungsträger sind nach § 63 Abs. 1
1. die Bundesagentur für Arbeit, soweit nicht einer der in den Nummern 2 bis 4 genannten Träger zuständig ist,
2. die Träger der Unfallversicherung im Rahmen ihrer Zuständigkeit für durch Arbeitsunfälle Verletzte (dazu gehören auch Wegeunfälle und Schadensereignisse während der Schulzeit) und von Berufskrankheiten Betroffene,
3. die Träger der Rentenversicherung unter den Voraussetzungen der §§ 11 bis 13 SGB VI und
4. die Träger der Kriegsopfer unter den Voraussetzungen der §§ 26 und 26a des Bundesversorgungsgesetzes.

nach Abs. 2
1. die Träger der Unfallversicherung im Rahmen ihrer Zuständigkeit für durch Arbeitsunfälle Verletzte (dazu gehören auch Wegeunfälle und Schadensereignisse während der Schulzeit) und von Berufskrankheiten Betroffene,
2. die Träger der Kriegsopfer unter den Voraussetzungen der §§ 26 und 26a des Bundesversorgungsgesetzes,
3. die Träger der öffentlichen Jugendhilfe unter den Voraussetzungen des § 27d Absatz 1 Nummer 3 des Bundesversorgungsgesetzes und
4. im Übrigen die Träger der Eingliederungshilfe unter den Voraussetzungen des § 99.

Im Normalfall wird die Bundesagentur für Arbeit der zuständige Leistungsträger sein. Deshalb sollten die fachlichen Weisungen der Bundesagentur für Arbeit zusätzlich beachtet werden.[12]

Absatz 2 regelt Inhalt und Umfang des Budgets für Ausbildung. Demnach 7 umfasst das Budget für Ausbildung
- die Erstattung der angemessenen Ausbildungsvergütung,
- die Übernahme der Aufwendungen für die wegen der Behinderung (Auswirkungen der funktionalen Beeinträchtigung) erforderlichen Anleitung und Begleitung am Ausbildungsplatz und in der Berufsschule und
- die erforderlichen Fahrkosten.

Die Erstattung der angemessenen Ausbildungsvergütung erfolgt bis zur (vollen) Höhe
- der tarifvertraglichen Ausbildungsvergütung oder,
- fehlt eine solche, richtet sich die Erstattung der Ausbildungsvergütung nach § 17 Berufsbildungsgesetz und dem dort geregelten Vergütungsanspruch bzw. der Mindestvergütung.

---

10 S. https://www.bmas.de/DE/Service/Gesetze/angehoerigen-entlastungsgesetz.html.
11 BGBl. I 1387.
12 S. https://www.arbeitsagentur.de/datei/ba146221.pdf.

Damit wird verhindert, dass Personen der Zielgruppe durch eine einzelvertragliche Regelung (bei fehlendem Tarifvertrag) nicht besser und nicht schlechter gestellt werden können als die Mehrzahl der Auszubildenden im dualen System. Nach Auffassung des Gesetzgebers ist „angesichts des Personenkreises eine vollständige Erstattung der Kosten der Ausbildungsvergütung gerechtfertigt".[13]

Die Übernahme der erforderlichen Aufwendungen für Anleitung und Begleitung am Ausbildungsplatz kommt insbesondere dann zum Tragen, wenn diese wegen der Auswirkungen der funktionalen Beeinträchtigung deutlich über die üblichen Ausbildungsaufwendungen des Arbeitgebers hinausgehen. Mit dem Budget für Ausbildung soll neben einer fundierten Berufsausbildung auch der Einstieg in eine inklusive berufliche Teilhabe am allgemeinen Arbeitsmarkt gelingen. Die individuell erforderliche Anleitung und Begleitung sollen deshalb bevorzugt durch Mitarbeiterinnen und Mitarbeiter des Arbeitgebers erfolgen. Dabei können die Arbeitgeber insbesondere durch die Integrationsfachdienste im Auftrag des jeweiligen Rehabilitationsträgers nach § 49 Abs. 6 Nummer 9 im Rahmen ihrer gesetzlichen Aufgabenstellung nach § 193 Abs. 2 Nummer 2, 3, 6, 7 SGB IX beraten, angeleitet und unterstützt werden. Es können auch anderer externer Fachkräfte – insbesondere Job-Coaches oder Arbeitsassistenten – zum Einsatz kommen.

Zur Anleitung und Begleitung kann auch die Unterstützung beim Berufsschulunterricht gehören. Anleitung und Begleitung sollen in erster Linie als Hilfe zur Selbsthilfe umgesetzt werden. Sie soll so ausgelegt werden, dass die berufsschulischen Anforderungen bewältig werden können (Vor- und Nachbereitung, Nachhilfe und Stützunterricht sowie ggf. Berufsschulbegleitung. Der Gesetzgeber orientiert sich am Muster einer „begleiteten betrieblichen Ausbildung" nach § 117 SGB III.

Wenn wegen der Art und Schwere der funktionalen Beeinträchtigung (Behinderung) der Besuch der regulären Berufsschule nicht möglich ist, so kann der schulische Teil der Berufsausbildung auch in einer Rehabilitationseinrichtung nach § 51 (Berufsbildungswerke oder vergleichbaren Einrichtungen) durchgeführt werden. Die Übernahme der dadurch entstehenden Kosten ist ebenfalls Bestandteil des Budgets für Ausbildung.

8 **Absatz 3 regelt die Dauer der Leistung.**

Satz 1 bestimmt, dass sich die Förderung über die Gesamtdauer des Ausbildungsverhältnisses, längstens bis zum erfolgreichen Ausbildungsabschluss erstreckt. Die Förderung ist nach Darlegung der BA zu beenden, wenn ein erfolgreicher Ausbildungsabschluss nicht (mehr) möglich ist, zB weil durch die zuständige Stelle eine Zulassung zur Prüfung nicht (mehr) erfolgt.[14]

Satz 2 bestimmt, dass Zeiten eines Budgets für Ausbildung auf die Dauer des Eingangsverfahrens und des Berufsbildungsbereiches in Werkstätten für behinderte Menschen nach § 57 Absätze 2 und 3 (üblicherweise bis zu 27 Monate) angerechnet werden. Sollte das Budget für Ausbildung für einen kürzeren Zeitraum in Anspruch genommen werden, so wird die Zeit der Leistungserbringung auf die Anspruchsdauer nach § 57 Absätze 2 und 3 angerechnet. Werden Leistungen nach § 61 a für einen längeren Zeitraum als die üblichen 27 Monate für Leistungen im Eingangsverfahren und im Berufsbildungsbereich erbracht, besteht kein Anspruch mehr auf Leistungen nach § 57.

---

13 Begr. RegE v. 5.8.2019, S. 39., abrufbar unter https://www.bmas.de/SharedDocs/D ownloads/DE/Gesetze/Regierungsentwuerfe/reg-gesetz-entlastung-unterhaltsverpfli chteter-angehoeriger.pdf;jsessionid=45C859802CBBA570992953AA8FE3FB38.de livery1-replication?__blob=publicationFile&v=1.
14 FW BA zum Budget für Ausbildung.

Absatz 4 regelt, dass die wegen der Auswirkungen der funktionalen Beeinträchtigung zusätzlich erforderliche Anleitung und Begleitung von mehreren Leistungsberechtigten gemeinsam in Anspruch genommen werden kann. Wie schon beim Budget für Arbeit wird damit ermöglicht, dass mehrere Leistungsberechtigte gemeinsam einen Integrationsfachdienst (wird in der Begründung als Fachdienste zur begleitenden Hilfe im Arbeitsleben) umschrieben oder auch Job-Coaches in Anspruch nehmen können. Damit werden auch die Ausbildungsbetriebe entlastet, die mehrere Menschen mit Behinderungen ausbilden, weil ansonsten gegebenenfalls mehrere Unterstützer im Betrieb anwesend wären.

Absatz 5 regelt die Unterstützung bei der Suche nach einem Ausbildungsplatz als Soll-Leistung. Hier geht der Gesetzgeber über den Regelungsumfang des Budgets für Arbeit deutlich hinaus. Denn nach § 61 Abs. 5 besteht dort keine Verpflichtung des Leistungsträgers zur Vermittlung eines geeigneten Arbeitsplatzes.

Nach Absatz 5 soll die Bundesagentur für Arbeit anspruchsberechtigte Menschen mit Behinderungen bei der Suche nach einem geeigneten Ausbildungsplatz unterstützen. Dies umfasst im Fall des Abs. 2 Satz 4 auch die Unterstützung bei der Suche nach einer geeigneten Einrichtung der beruflichen Rehabilitation.

Der Gesetzgeber weist in der Begründung[15] darauf hin, dass

„die Bundesagentur für Arbeit dafür ihre vorhandenen Strukturen zur Ausbildungsvermittlung nutzen kann. Die Interessen und Fähigkeiten des anspruchsberechtigten Menschen mit Behinderungen sollen bei der Suche nach einem geeigneten Ausbildungsplatz berücksichtigt werden. Eine Verpflichtung des Leistungsträgers, ein Budget für Ausbildung in jedem Fall zu ermöglichen, ist damit nicht verbunden, da nicht garantiert werden kann, dass vor Ort ein Ausbildungsbetrieb vorhanden ist, der zu einer Ausbildung im Rahmen des Budgets für Ausbildung bereit ist".

Darüber hinaus gibt der Gesetzgeber in der Begründung an gleicher Stelle noch den Hinweis, dass

„Menschen mit Behinderungen, für die ein reguläres Ausbildungsverhältnis nicht in Frage kommt, die aber gleichwohl nicht in eine Werkstatt für behinderte Menschen möchten, können von dem neuen § 60 Absatz 2 Nummer 8 SGB IX profitieren: Wenn ein anderer Leistungsanbieter berufliche Bildung oder Beschäftigung ausschließlich in betrieblicher Form anbietet, soll ein besserer als der in § 9 Absatz 3 der Werkstättenverordnung für den Berufsbildungsbereich bzw. für den Arbeitsbereich in einer Werkstatt für behinderte Menschen festgelegte Personalschlüssel angewendet werden".

§ 62 Wahlrecht des Menschen mit Behinderungen

(1) **Auf Wunsch des Menschen mit Behinderungen werden die Leistungen nach den §§ 57 und 58 von einer nach § 225 anerkannten Werkstatt für behinderte Menschen, von dieser zusammen mit einem oder mehreren anderen Leistungsanbietern oder von einem oder mehreren anderen Leistungsanbietern erbracht.**

---

15 RegE, S. 39, abrufbar unter https://www.bmas.de/SharedDocs/Downloads/DE/Gesetze/Regierungsentwuerfe/reg-gesetz-entlastung-unterhaltsverpflichteter-angehoeriger.pdf;jsessionid=45C859802CBBA570992953AA8FE3FB38.delivery1-replication?__blob=publicationFile&v=1.

(2) Werden Teile einer Leistung im Verantwortungsbereich einer Werkstatt für behinderte Menschen oder eines anderen Leistungsanbieters erbracht, so bedarf die Leistungserbringung der Zustimmung des unmittelbar verantwortlichen Leistungsanbieters.

1 **Gesetzeshistorie:** Die Vorschrift wurde durch Artikel 1 des Gesetzes zur Stärkung der Teilhabe und Selbstbestimmung von Menschen mit Behinderungen (Bundesteilhabegesetz – BTHG) vom 23.12.2016[1] mit Wirkung vom 1.1.2018 neu eingeführt.

2 **Regelungsinhalt:** Menschen mit Behinderungen, die Anspruch auf Leistungen nach § 57 oder § 58 haben, haben das **Recht zu wählen**, ob sie diese Leistungen ganz oder teilweise in einer anerkannten Werkstatt für behinderte Menschen (WfbM), bei einem oder mehreren anderen Leistungsanbieter/n oder durch eine Angebotskombination einer WfbM und einem oder mehreren anderen Leistungsanbieter/n in Anspruch nehmen möchten. **Zielgruppe** sind **behinderte Menschen**, die wegen der Auswirkungen ihrer funktionalen Beeinträchtigung zum Zeitpunkt der Aufnahme in das Eingangsverfahren und in den Berufsbildungsbereich oder nach Durchlaufen des Berufsbildungsbereiches nicht, noch nicht oder noch nicht wieder auf dem allgemeinen Arbeitsmarkt tätig sein können und deren Leistungsfähigkeit im Berufsbildungsbereich einer anerkannten WfbM oder bei einem anderen Leistungsanbieter so weit entwickelt werden konnte, dass sie zur Aufnahme in den Arbeitsbereich der WfbM oder bei einem anderen Leistungsanbieter in der Lage sind, ein **Mindestmaß an wirtschaftlich verwertbarer Arbeitsleistung** zu erbringen. Menschen, die auf Leistungen im Arbeitsbereich einer WfbM oder bei einem anderen Leistungsanbieter angewiesen sind, werden als **wesentlich behinderte Menschen** eingestuft. Für die (neuen) Träger der Eingliederungshilfe bestimmt sich seit dem 1.1.2020 der leistungsberechtigte Personenkreis nach § 99 iVm § 53 SGB XII und den §§ 1 bis 3 Eingliederungshilfeverordnung in der bis zum 31.12.2019 geltenden Fassung.

3 **Zur Entstehung:** In Deutschland werden seit vielen Jahren das stetige Anwachsen der Werkstätten für behinderte Menschen (WfbM) sowie ein deutlicher Mangel an Übergängen aus den WfbM zum allgemeinen Arbeitsmarkt beklagt. Besonders deutliche Kritik hatte der UN-Fachausschuss für die Rechte von Menschen mit Behinderungen (UN-BRK-Ausschuss) in Bezug auf die **Umsetzung der UN-Behindertenrechtskonvention** in Deutschland geübt (→ § 61 Rn. 3).[2]
Die Bundesregierung hat durch das BTHG mit Änderungen im SGB IX im Bereich der Teilhabe am Arbeitsleben dieser Kritik mit der Zulassung anderer Leistungsanbieter und dem Wahlrecht des Menschen mit Behinderungen den Versuch gemacht, dieser Kritik teilweise Rechnung zu tragen. Zur Begründung s. BT-Drs. 18/9522, 253 (→ § 60 Rn. 3).

4 **Kritik am bisherigen Regelungsansatz:** Das Wahlrecht der Menschen mit Behinderungen, die Anspruch auf Leistungen nach den §§ 57 und 58 haben (s. Zielgruppe unter → Rn. 2) ist wesentlich umfassender, als es in § 62 dargestellt wird. Mit Bezug zum Wunsch- und Wahlrecht nach § 8 (§ 9 aF) in Verbindung mit dem Recht auf eine Ausführung von Leistungen zur Teilhabe haben auch in der Vergangenheit wesentlich behinderte Menschen Leistungen nach den §§ 57 und 58 in Form eines Persönlichen Budgets nach § 29 (§ 17 aF) erhalten. Dies hat das BSG am 30.11.2011 in mündlicher Verhandlung entschieden.[3] Die Bun-

---

[1] BGBl. 2016 I 3234 (v. 29.12.2016).
[2] S. http://www.institut-fuer-menschenrechte.de/publikationen/show/crpd-abschliessen de-bemerkungen-ueber-den-ersten-staatenbericht-deutschlands/.
[3] BSG 30.11.2011 – B 11 AL 7/10 R.

desagentur für Arbeit hat als Konsequenz aus diesem Urteil ihre entsprechende Geschäftsanweisung[4] um entsprechende Regelungen zum Persönlichen Budget ergänzt.[5]
Auch die Träger der Eingliederungshilfe erbringen in einigen Bundesländern seit Jahren im Rahmen der Leistungen nach § 58 Geldleistungen in Form von Lohnkostenzuschüssen an Arbeitgeber unmittelbar oder via Persönlichem Budget über den Menschen mit Behinderungen an den jeweiligen Arbeitgeber sowie Geldleistungen an Leistungsanbieter zur personalen Unterstützung, die weder WfbM noch anderer Leistungsanbieter sein müssen, um die Teilhabe am Arbeitsleben des allgemeinen Arbeitsmarktes zu ermöglichen. Die Menschen mit Behinderungen beziehen sich dabei auf das Wunsch- und Wahlrecht nach § 8 und oder die Regelungen zum Persönlichen Budget nach § 29.

Materialien: Begründung zum Regierungsentwurf BT-Drs. 18/9522, 256 und 257. Abschließende Bemerkungen des UN-Fachausschusses für die Rechte von Menschen mit Behinderungen (UN-BRK-Ausschuss) vom 13.5.2015 zu Art. 27 (Arbeit und Beschäftigung), S. 12.

Absatz 1 regelt das Wahlrecht des Menschen mit Behinderungen, bei welchem Anbieter er die Leistungen zur Teilhabe am Arbeitsleben nach den §§ 57 oder 58 in Anspruch nehmen möchte. In Betracht kommen dabei ganz oder teilweise sowohl die anerkannte WfbM, in deren Einzugsgebiet der Mensch mit Behinderungen seinen Wohnsitz hat, als auch ein oder mehrere andere Leistungsanbieter nach § 60. Es besteht jedoch nach § 60 Abs. 3 keine Verpflichtung des für die Leistung zuständigen Rehabilitationsträgers, ein entsprechendes Leistungsangebot durch andere Leistungsanbieter zu ermöglichen. Nach § 17 SGB I müssen die Leistungsträger lediglich ein ortsnah erreichbares und wirksames Angebot in anerkannten WfbM vorhalten. Nach Darlegung der Bundesregierung kann „der Mensch mit Behinderungen auch einzelne Module bei unterschiedlichen Anbietern wählen, etwa Leistungen der beruflichen Bildung in der Werkstatt und Leistungen zur Beschäftigung bei einem anderen Leistungsanbieter und umgekehrt".[6]

Die Bundesregierung stellt an gleicher Stelle auch klar, dass kein Wahlrecht besteht, neben den Leistungen nach den §§ 57, 58 zur gleichen Zeit Leistungen oder Teilleistungen in der Form des Budgets für Arbeit in Anspruch zu nehmen. Es ist jedoch mit Einverständnis des Trägers der Eingliederungshilfe auch nicht ausgeschlossen, einer Teilzeitbeschäftigung in einer Einrichtung, die Leistungen nach § 58 erbringt, und einer Teilzeitbeschäftigung am allgemeinen Arbeitsmarkt nachzugehen bzw. als Saisonmitarbeiter über die Sommermonate (bspw. in einem Gastronomiebetrieb) und über die Wintermonate in einer WfbM oder bei einem anderen Leistungsanbieter beschäftigt zu sein.

Absatz 2 legt fest, dass die lokal zuständige WfbM verpflichtet ist, mit anderen Leistungsanbietern zusammenzuarbeiten und Leistungen anzubieten. Der unmittelbar verantwortliche Leistungsanbieter (hier die WfbM) bleibt in dieser Zeit auch Verantwortlicher für die Entrichtung der Sozialversicherungsbeiträge, soweit diese nicht durch den Leistungsträger zu entrichten sind.

---

4 HEGA 12/2012–04 Geschäftsanweisung zur Förderung zur Teilhabe am Arbeitsleben (GA Reha).
5 S. https://www3.arbeitsagentur.de/web/wcm/idc/groups/public/documents/webdatei/mdaw/mjax/~edisp/egov-content504157.pdf?_ba.sid=EGOV-CONTENT504160.
6 Begründung zum Regierungsentwurf BT-Drs. 18/9522, 256 unten und 257 oben.

§ 63 Zuständigkeit nach den Leistungsgesetzen

[gültig bis 31.12.2021:]

(1) Die Leistungen im Eingangsverfahren und im Berufsbildungsbereich einer anerkannten Werkstatt für behinderte Menschen erbringen
1. die Bundesagentur für Arbeit, soweit nicht einer der in den Nummern 2 bis 4 genannten Träger zuständig ist,
2. die Träger der Unfallversicherung im Rahmen ihrer Zuständigkeit für durch Arbeitsunfälle Verletzte und von Berufskrankheiten Betroffene,
3. die Träger der Rentenversicherung unter den Voraussetzungen der §§ 11 bis 13 des Sechsten Buches und
4. die Träger der Kriegsopferfürsorge unter den Voraussetzungen der §§ 26 und 26 a des Bundesversorgungsgesetzes.

(2) Die Leistungen im Arbeitsbereich einer anerkannten Werkstatt für behinderte Menschen erbringen
1. die Träger der Unfallversicherung im Rahmen ihrer Zuständigkeit für durch Arbeitsunfälle Verletzte und von Berufskrankheiten Betroffene,
2. die Träger der Kriegsopferfürsorge unter den Voraussetzungen des § 27 d Absatz 1 Nummer 3 des Bundesversorgungsgesetzes,
3. die Träger der öffentlichen Jugendhilfe unter den Voraussetzungen des § 35 a des Achten Buches und
4. im Übrigen die Träger der Eingliederungshilfe unter den Voraussetzungen des § 99.

(3) [1]Absatz 1 gilt auch für die Leistungen zur beruflichen Bildung bei einem anderen Leistungsanbieter sowie für die Leistung des Budgets für Ausbildung. [2]Absatz 2 gilt auch für die Leistungen zur Beschäftigung bei einem anderen Leistungsanbieter sowie die Leistung des Budgets für Arbeit.

[gültig ab 1.1.2022 bis 31.12.2023:]

(1) Die Leistungen im Eingangsverfahren und im Berufsbildungsbereich einer anerkannten Werkstatt für behinderte Menschen erbringen
1. die Bundesagentur für Arbeit, soweit nicht einer der in den Nummern 2 bis 4 genannten Träger zuständig ist,
2. die Träger der Unfallversicherung im Rahmen ihrer Zuständigkeit für durch Arbeitsunfälle Verletzte und von Berufskrankheiten Betroffene,
3. die Träger der Rentenversicherung unter den Voraussetzungen der §§ 11 bis 13 des Sechsten Buches und
4. die Träger der Kriegsopferfürsorge unter den Voraussetzungen der §§ 26 und 26 a des Bundesversorgungsgesetzes.

(2) Die Leistungen im Arbeitsbereich einer anerkannten Werkstatt für behinderte Menschen erbringen
1. die Träger der Unfallversicherung im Rahmen ihrer Zuständigkeit für durch Arbeitsunfälle Verletzte und von Berufskrankheiten Betroffene,
2. die Träger der Kriegsopferfürsorge unter den Voraussetzungen des § 27 d Absatz 1 Nummer 3 des Bundesversorgungsgesetzes,
3. die Träger der öffentlichen Jugendhilfe unter den Voraussetzungen des § 35 a des Achten Buches und
4. im Übrigen die Träger der Eingliederungshilfe unter den Voraussetzungen des § 99.

(3) [1]Absatz 1 gilt auch für die Leistungen zur beruflichen Bildung bei einem anderen Leistungsanbieter sowie für die Leistung des Budgets für Ausbildung an Menschen mit Behinderungen, die Anspruch auf Leistungen nach § 57 haben.

Zuständigkeit nach den Leistungsgesetzen § 63

²Absatz 2 gilt auch für die Leistungen zur Beschäftigung bei einem anderen Leistungsanbieter, für die Leistung des Budgets für Ausbildung an Menschen mit Behinderungen, die Anspruch auf Leistungen nach § 58 haben und die keinen Anspruch auf Leistungen nach § 57 haben, sowie für die Leistung des Budgets für Arbeit.

[gültig ab 1.1.2024:]
(1) Die Leistungen im Eingangsverfahren und im Berufsbildungsbereich einer anerkannten Werkstatt für behinderte Menschen erbringen
1. die Bundesagentur für Arbeit, soweit nicht einer der in den Nummern 2 bis 4 genannten Träger zuständig ist,
2. die Träger der Unfallversicherung im Rahmen ihrer Zuständigkeit für durch Arbeitsunfälle Verletzte und von Berufskrankheiten Betroffene,
3. die Träger der Rentenversicherung unter den Voraussetzungen der §§ 11 bis 13 des Sechsten Buches und
4. die Träger der Sozialen Entschädigung unter den Voraussetzungen der §§ 63 und 64 des Vierzehnten Buches.

(2) Die Leistungen im Arbeitsbereich einer anerkannten Werkstatt für behinderte Menschen erbringen
1. die Träger der Unfallversicherung im Rahmen ihrer Zuständigkeit für durch Arbeitsunfälle Verletzte und von Berufskrankheiten Betroffene,
2. die Träger der Sozialen Entschädigung unter den Voraussetzungen des § 63 des Vierzehnten Buches,
3. die Träger der öffentlichen Jugendhilfe unter den Voraussetzungen des § 35a des Achten Buches und
4. im Übrigen die Träger der Eingliederungshilfe unter den Voraussetzungen des § 99.

(3) ¹Absatz 1 gilt auch für die Leistungen zur beruflichen Bildung bei einem anderen Leistungsanbieter sowie für die Leistung des Budgets für Ausbildung. ²Absatz 2 gilt auch für die Leistungen zur Beschäftigung bei einem anderen Leistungsanbieter sowie die Leistung des Budgets für Arbeit.

Gesetzeshistorie: Die Vorschrift wurde durch Artikel 1 und 68 Abs. 1 SGB IX vom 19.6.2001 eingeführt. Die Bezugnahme auf das Bundesversorgungsgesetz in Abs. 2 Nr. 3 wurde mit Wirkung ab 1.5.2002 durch Artikel 47c und 56 des Gesetzes vom 27.4.2002 angepasst, die Bezeichnung der früheren Bundesanstalt für Arbeit in Absatz 1 Nr. 1 mit Wirkung ab 1.1.2004 durch Artikel 8 und 124 Abs. 1 des Gesetzes vom 23.12.2003 und die Bezugnahme auf Regelungen des Zwölften Buches in Absatz 2 Nr. 4 mit Wirkung ab 1.1.2005 durch Artikel 8 und 70 Abs. 1 des Gesetzes vom 27.12.2003. Die Regelung wurde durch Gesetz vom 23.12.2016 – Bundesteilhabegesetz – in Abs. 1 und 2 dahingehend angepasst, dass die Bezugnahme auf die Leistungserbringung in anerkannten Werkstätten neu aufgenommen wurde. In Abs. 2 Ziff. 4 wurde der Bezug auf die Vorschrift angepasst. Abs. 3 wurde neu eingefügt.

Regelungsinhalt: Die Vorschrift definiert in Ergänzung zu § 6 Abs. 1, welche Rehabilitationsträger für Leistungen im Eingangsverfahren und im Berufsbildungsbereich sowie im Arbeitsbereich der Werkstätten zuständig sind. Abs. 3 erweitert diese Zuständigkeitserklärung auf andere Leistungsanbieter nach § 60 und auf die Leistungen des Budgets für Arbeit nach § 61.

Materialien: Zum Regierungsentwurf 2001 nebst Begründung BT-Drs. 14/5074, 18 und 109 sowie BT-Drs. 14/5531, 5; zur Ausschussempfehlung BT-Drs. 14/5786, 38.

4   Die Absätze 1 und 2 beziehen sich auf die inhaltlich in §§ 57 und 58 geregelten Leistungen in anerkannten Werkstätten für behinderte Menschen. Die fachlichen Anforderungen an diese sind in Teil 3, Kapitel 12 (§§ 219–227) benannt. Weiterhin muss die Werkstatt nach § 225 anerkannt sein.

5   Absatz 1 bezieht sich auf die Leistungen im Eingangsverfahren und im Berufsbildungsbereich der anerkannten Werkstätten im Sinne des § 57 und legt fest, welche Rehabilitationsträger für diese Leistungen in Betracht kommen. Die Leistungspflichten sind für die einzelnen Rehabilitationsträger einheitlich gefasst. Die Bestimmungen, die ihre Zuständigkeit begründen, sind im Wesentlichen wortgleich geregelt.

6   Als Rehabilitationsträger kommen die Träger der Unfallversicherung, die Träger der Kriegsopferfürsorge, die Träger der Rentenversicherung und die Bundesagentur für Arbeit in Betracht. Die Zuständigkeit der Bundesagentur für Arbeit ist gemäß Abs. 1 Ziff. 1 nachrangig gegenüber der Zuständigkeit anderer Rehabilitationsträger.

7   Die Zuständigkeit der Bundesagentur für Arbeit als Träger der Leistungen der Arbeitsförderung ist geregelt in §§ 112 ff. SGB III. Die Leistungspflicht für Maßnahmen des Eingangsverfahrens und des Berufsbildungsbereiches ist in Orientierung an dem Wortlaut des § 57 Abs. 1 geregelt in § 117 Abs. 2 SGB III. Weiterhin wird, falls kein Anspruch auf ein Übergangsgeld besteht, ein **Ausbildungsgeld** gezahlt (§ 122 SGB III). Dieses beträgt gemäß § 125 SGB III seit dem 1.8.2019 monatlich 117 EUR.[1]

8   Die Zuständigkeit für die Leistungen im Eingangsverfahren und Berufsbildungsbereich der anerkannten Werkstatt ist geregelt für die Rentenversicherungsträger in § 16 SGB VI, für die Träger der gesetzlichen Unfallversicherung in § 35 Abs. 1 SGB VII, für die Träger der Kriegsopferfürsorge in §§ 26 Abs. 1 BVG.

9   **Absatz 2** bezieht sich auf die inhaltlich in § 58 geregelten Leistungen im Arbeitsbereich der anerkannten Werkstätten und legt fest, welche Rehabilitationsträger für diese Leistungen in Betracht kommen. Die Leistungspflichten sind für die einzelnen Rehabilitationsträger einheitlich gefasst worden. Die Bestimmungen, die ihre Zuständigkeit begründen, sind im Wesentlichen wortgleich geregelt.

10 Als Rehabilitationsträger für Leistungen im Arbeitsbereich kommen die Träger der Unfallversicherung, die Träger der Kriegsopferfürsorge, die Träger der öffentlichen Jugendhilfe und die Träger der Eingliederungshilfe in Betracht. Die Zuständigkeit der Träger der Eingliederungshilfe ist nach Abs. 2 Ziff. 4 nachrangig gegenüber der Zuständigkeit anderer Rehabilitationsträger.

11 Die Zuständigkeit der Träger der gesetzlichen Unfallversicherung ist benannt in § 35 Abs. 1 SGB VII, für die Träger der Kriegsopferfürsorge in § 27 d Abs. 1 Nr. 3 BVG, für die Träger der Jugendhilfe in § 35 a SGB VIII, für die Träger der Eingliederungshilfe in §§ 90 ff., 111 SGB IX.

12 Die Voraussetzungen für die Leistungen zur Teilhabe richten sich nach den für den jeweiligen Rehabilitationsträger geltenden Leistungsgesetzen (§ 7 Abs. 1). § 63 hat insoweit keine anspruchsbegründende Wirkung.

13 Nach **Absatz 3 Satz 1** gilt die Regelung des Abs. 1 auch für Leistungen der beruflichen Bildung bei einem anderen Leistungsanbieter. § 62 erweitert das Wahlrecht des Menschen mit Behinderung dahin gehend, dass er die Leistungen

---

1   Art. 1 Nr. 11 G. v. 8.7.2019 (Gesetz zur Anpassung der Berufsausbildungsbeihilfe und des Ausbildungsgeldes (BABAbg-AnpG), BGBl. I 1025, dazu auch BR-Drs. 120/19 v. 14.3.2019.

der beruflichen Bildung sowohl bei einer anerkannten Werkstatt wie auch bei einem anderen Leistungsanbieter erhalten kann. Die formalen Anforderungen an einen sog. anderen Leistungsanbieter sind in § 60 benannt. Die in Abs. 3 benannten Zuständigkeiten der einzelnen Rehabilitationsträger gelten auch in diesem Falle. Diese müssen allerdings nicht komplett dem Leistungskatalog des Eingangsverfahrens nach § 57 Abs. 1 Nr. 1 und § 3 WVO oder des Berufsbildungsbereiches nach §§ 57 Abs. 1 Nr. 2, 219 Abs. 1 und § 4 WVO in einer anerkannten Werkstatt entsprechen, sondern können sich auch auf Teile der dort benannten Leistungen beschränken und ihre Leistungen auch gemeinsam mit anderen Leistungsanbietern oder Werkstätten anbieten.

Nach **Absatz 3 Satz 2** gilt die Regelung des Abs. 2 auch für Leistungen zur Beschäftigung bei einem anderen Leistungsanbieter iSd § 60 oder im Rahmen des Budgets für Arbeit nach § 61. Bei der Leistungserbringung durch einen anderen Leistungsanbieter iSd § 60 orientieren sich die Leistungen des zuständigen Rehabilitationsträgers an den Anforderungen, die nach § 219 Abs. 1 und § 5 WVO an den Arbeitsbereich in einer anerkannten Werkstatt gestellt werden. Allerdings kann der andere Leistungsanbieter gemäß § 60 Abs. 2 Ziff. 3 sein Angebot gegenüber dem umfassenden Leistungskatalog, der für anerkannte Werkstätten gilt, beschränken. Im Übrigen gelten die unter → Rn. 13 getroffenen Aussagen. 14

Die Regelung des Abs. 2 gilt auch für Leistungen zur Beschäftigung im Rahmen des Budgets für Arbeit nach § 61. Der Leistungskatalog des zuständigen Rehabilitationsträgers richtet sich nach § 61 Abs. 2. 15

Kapitel 11 Unterhaltssichernde und andere ergänzende Leistungen

Vorbemerkung

Kapitel 11 enthält die leistungsgruppenspezifischen Regelungen für die in § 5 Nr. 3 angesprochenen unterhaltssichernden und anderen ergänzenden Leistungen. 1

Es fasst jene Leistungen zusammen, die die Leistungen zur medizinischen Rehabilitation und zur Teilhabe am Arbeitsleben ergänzen und für die in § 6 Abs. 1 Nr. 1 bis 5 genannten Rehabilitationsträger einheitlich gelten. Durch das Gesetz zur Stärkung der Teilhabe und Selbstbestimmung von Menschen mit Behinderungen (Bundesteilhabegesetz – BTHG)[1] erfolgten mit Ausnahme des § 68 Abs. 2 rein redaktionelle Änderungen. Die Rechtsprechung des BSG zu §§ 44–53 SGB IX aF wird daher weiter zu beachten sein. Auch auf die früheren Kommentierungen zu den §§ 44–53 SGB IX aF kann zurückgegriffen werden. Die Änderungen der §§ 64, 65, 66, 69, 70 und 71 durch das Gesetz zur Regelung des Sozialen Entschädigungsrechtes vom 12.12.2019[2] treten erst zum 1.1.2024 in Kraft und übernehmen im Wesentlichen die neue Terminologie.[3] 2

Zuständig können für die ergänzenden Leistungen nach § 64 Abs. 1 iVm § 6 Abs. 1 Nr. 1–5 sein: 3
- die Träger der gesetzlichen Unfallversicherung,
- die Träger der Kriegsopferversorgung im Rahmen des Rechts der sozialen Entschädigung bei Gesundheitsschäden,

---
1 BGBl. I 2016 Nr. 66 vom 29.12.2016,. 3234 und BT-Drs. 18/9522, 257 ff.
2 BGBl. I 2652, dort Art. 37.
3 Zur Einführung des SGB IX s. *Knickrehm/Mushoff/Schmidt* Neues SozEntschR.

- die gesetzlichen Krankenkassen,
- die Träger der gesetzlichen Rentenversicherung,
- die Träger der Alterssicherung der Landwirte,
- die Bundesagentur für Arbeit.

Für Rehabilitationsleistungen unter Zuständigkeit der Träger der öffentlichen Jugendhilfe können ergänzende Leistungen iSd §§ 64 ff. neben den §§ 39, 40 SGB VIII allenfalls durch verfassungskonforme Auslegung der Generalklausel in § 35 a SGB VIII beansprucht werden. Auch ergänzende Leistungen sind im Rahmen der §§ 115, 116 SGB X regressfähig.[4]

§ 64 Ergänzende Leistungen

[gültig bis 31.12.2023:]

(1) Die Leistungen zur medizinischen Rehabilitation und zur Teilhabe am Arbeitsleben der in § 6 Absatz 1 Nummer 1 bis 5 genannten Rehabilitationsträger werden ergänzt durch
1. Krankengeld, Versorgungskrankengeld, Verletztengeld, Übergangsgeld, Ausbildungsgeld oder Unterhaltsbeihilfe,
2. Beiträge und Beitragszuschüsse
    a) zur Krankenversicherung nach Maßgabe des Fünften Buches, des Zweiten Gesetzes über die Krankenversicherung der Landwirte sowie des Künstlersozialversicherungsgesetzes,
    b) zur Unfallversicherung nach Maßgabe des Siebten Buches,
    c) zur Rentenversicherung nach Maßgabe des Sechsten Buches sowie des Künstlersozialversicherungsgesetzes,
    d) zur Bundesagentur für Arbeit nach Maßgabe des Dritten Buches,
    e) zur Pflegeversicherung nach Maßgabe des Elften Buches,
3. ärztlich verordneten Rehabilitationssport in Gruppen unter ärztlicher Betreuung und Überwachung, einschließlich Übungen für behinderte oder von Behinderung bedrohte Frauen und Mädchen, die der Stärkung des Selbstbewusstseins dienen,
4. ärztlich verordnetes Funktionstraining in Gruppen unter fachkundiger Anleitung und Überwachung,
5. Reisekosten sowie
6. Betriebs- oder Haushaltshilfe und Kinderbetreuungskosten.

(2) ¹Ist der Schutz von Menschen mit Behinderungen bei Krankheit oder Pflege während der Teilnahme an Leistungen zur Teilhabe am Arbeitsleben nicht anderweitig sichergestellt, können die Beiträge für eine freiwillige Krankenversicherung ohne Anspruch auf Krankengeld und zur Pflegeversicherung bei einem Träger der gesetzlichen Kranken- oder Pflegeversicherung oder, wenn dort im Einzelfall ein Schutz nicht gewährleistet ist, die Beiträge zu einem privaten Krankenversicherungsunternehmen erbracht werden. ²Arbeitslose Teilnehmer an Leistungen zur medizinischen Rehabilitation können für die Dauer des Bezuges von Verletztengeld, Versorgungskrankengeld oder Übergangsgeld einen Zuschuss zu ihrem Beitrag für eine private Versicherung gegen Krankheit oder

---

[4] S. *Plagemann*, Ersatzpflichten Dritter in SRH, 6. Aufl. 2018, § 9 Rn. 8.

für die Pflegeversicherung erhalten. ³Der Zuschuss wird nach § 174 Absatz 2 des Dritten Buches berechnet.

[gültig ab 1.1.2024:]

(1) Die Leistungen zur medizinischen Rehabilitation und zur Teilhabe am Arbeitsleben der in § 6 Absatz 1 Nummer 1 bis 5 genannten Rehabilitationsträger werden ergänzt durch
1. Krankengeld, Krankengeld der Sozialen Entschädigung, Verletztengeld, Übergangsgeld, Ausbildungsgeld oder Unterhaltsbeihilfe,
2. Beiträge und Beitragszuschüsse
   a) zur Krankenversicherung nach Maßgabe des Fünften Buches, des Zweiten Gesetzes über die Krankenversicherung der Landwirte sowie des Künstlersozialversicherungsgesetzes,
   b) zur Unfallversicherung nach Maßgabe des Siebten Buches,
   c) zur Rentenversicherung nach Maßgabe des Sechsten Buches sowie des Künstlersozialversicherungsgesetzes,
   d) zur Bundesagentur für Arbeit nach Maßgabe des Dritten Buches,
   e) zur Pflegeversicherung nach Maßgabe des Elften Buches,
3. ärztlich verordneten Rehabilitationssport in Gruppen unter ärztlicher Betreuung und Überwachung, einschließlich Übungen für behinderte oder von Behinderung bedrohte Frauen und Mädchen, die der Stärkung des Selbstbewusstseins dienen,
4. ärztlich verordnetes Funktionstraining in Gruppen unter fachkundiger Anleitung und Überwachung,
5. Reisekosten sowie
6. Betriebs- oder Haushaltshilfe und Kinderbetreuungskosten.

(2) ¹Ist der Schutz von Menschen mit Behinderungen bei Krankheit oder Pflege während der Teilnahme an Leistungen zur Teilhabe am Arbeitsleben nicht anderweitig sichergestellt, können die Beiträge für eine freiwillige Krankenversicherung ohne Anspruch auf Krankengeld und zur Pflegeversicherung bei einem Träger der gesetzlichen Kranken- oder Pflegeversicherung oder, wenn dort im Einzelfall ein Schutz nicht gewährleistet ist, die Beiträge zu einem privaten Krankenversicherungsunternehmen erbracht werden. ²Arbeitslose Teilnehmer an Leistungen zur medizinischen Rehabilitation können für die Dauer des Bezuges von Verletztengeld, Versorgungskrankengeld oder Übergangsgeld einen Zuschuss zu ihrem Beitrag für eine private Versicherung gegen Krankheit oder für die Pflegeversicherung erhalten. ³Der Zuschuss wird nach § 174 Absatz 2 des Dritten Buches berechnet.

Geltende Fassung: Die Vorschrift wurde durch Artikel 1 und 68 Abs. 1 SGB IX vom 19.6.2001[1] mit Wirkung ab 1.7.2001 eingeführt, die Bezeichnung der früheren Bundesanstalt für Arbeit in Absatz 1 Nr. 2 mit Wirkung ab 1.1.2004 durch Artikel 8 und 124 Abs. 1 des Gesetzes vom 23.12.2003[2] angepasst. Der Verweis auf die Berechnungsvorschrift des SGB III in Absatz 2 Satz 3 wurde mit Wirkung ab 1.4.2012 durch Artikel 10 Nr. 2 und Artikel 51 des Gesetzes vom 20.12.2011[3] in Folge zur Neufassung des Vierten Kapitels des SGB III angepasst. Mit Art. 1 BTHG wurde die Vorschrift in das nunmehr 11. Kapitel unter § 64 überführt. Art. 37 des Gesetzes zur Regelung des Sozialen Entschädigungs-

---

1 BGBl. I 1046.
2 BGBl. I 2848.
3 BGBl. I 2854.

rechts führt zum 1.1.2014 den Begriff „Krankengeld der Sozialen Entschädigung" in Abs. 1 Nr. 1 anstelle des Begriffs „Versorgungskrankengeld" ein.

2 **Regelungsinhalt:** Die „Einleitungs-"Vorschrift gibt einen Überblick der Leistungen, die ergänzend zu den Leistungen zur medizinischen Rehabilitation und denen zur Teilhabe am Arbeitsleben in Betracht kommen können.

3 **Zur Entstehung:** Die Vorschrift entwickelt § 12 RehaAnglG fort; Absatz 2 Satz 1 lehnt sich an den früheren § 113 SGB III an. Die ursprüngliche Fassung ist aufgrund Änderungsantrags der Koalitionsfraktionen redaktionell und sprachlich geändert worden.[4] Dem Absatz 2 des § 44 aF wurden die Sätze 2 und 3 angefügt, vgl. hierzu → Rn. 18, 20.

4 **Materialien:** Zum Regierungsentwurf nebst Begründung BT-Drs. 14/5074, 18 und 109 und BT-Drs. 14/5531, 5; zur Ausschussempfehlung BT-Drs. 14/5786, 39 und zum Bericht BT-Drs. 14/5800, 33; BT-Drs. 18/9522, 256 und BT-Drs. 18/10523.

5 Die ergänzenden Leistungen sind **akzessorisch** zur jeweiligen Hauptleistung. Auf sie kann nur ein Anspruch bestehen, wenn auch ein Anspruch auf die Hauptleistung, also auf eine Leistung zur medizinischen Rehabilitation oder zur Teilhabe am Arbeitsleben besteht. Gleichwohl kann die ergänzende Leistung durch separaten Verwaltungsakt aufgehoben werden, ohne zugleich die Bewilligung der Hauptleistung aufzuheben.[5] Entsprechend der Systematik des SGB IX, Regelungen, die für mehrere Sozialleistungsbereiche einheitlich sein können, im SGB IX bereichsübergreifend zusammenzufassen (→ Einf. Rn. 22 f. und → Einf. Rn. 34 f.), enthält der Katalog des Absatz 1 eine abschließende Aufzählung der ergänzenden Leistungen, sofern sie trägerübergreifend erbracht werden. In der Regel sind die Behörden hierbei gebunden. Darüber hinaus können – neben den Leistungen nach Absatz 2 – weitere ergänzende Leistungen auf Grundlage der für die Rehabilitationsträger jeweils geltenden Leistungsgesetze in Betracht kommen.[6] Im Ermessen der gesetzlichen Krankenkassen stehen nach § 43 SGB V ua weitere Leistungen, die erforderlich sind, um das Ziel der Rehabilitation zu erreichen oder zu sichern; ähnliches gilt nach § 39 Abs. 1 Nr. 2 SGB VII für die Träger der gesetzlichen Unfallversicherung. Bei den sonstigen Leistungen der Träger der gesetzlichen Rentenversicherung nach § 31 SGB VI handelt es sich um eigenständige Leistungen, nicht um ergänzende Leistungen.[7]

6 Klärungsbedarf wird noch zur Bedeutung der Genehmigungsfunktion nach § 18 gesehen. Auf dem 13. Deutschen REHA – Rechtstag 2019 bestand Einigkeit, dass die Genehmigungsfiktion ein Recht auf Selbstbeschaffung mit zwingender Kostenerstattungspflicht des zuständigen Leistungsträgers begründet.[8] Aus der Rechtsprechung des BSG zu § 13 Abs. 3 a SGB V folge, dass parallel dazu ein Sachleistungsanspruch bis zur Wahrnehmung der Selbstbeschaffung erhalten bleibt.[9] Aufgrund der Akzessorietät begründet daher auch eine fiktive Genehmigung der selbstbeschafften Teilhabeleistung einen Anspruch auf ergänzende Leistungen im Sinne des § 64. So hat der Träger der gesetzlichen Rentenversicherung Übergangsgeld für ein selbstbeschafftes Studium zu bewilligen und

---

4 Ausschussempfehlung BT-Drs. 14/5786, 39 und Bericht BT-Drs. 14/5800, 33.
5 BSG 21.3.2001 – 5 RJ 34/99, NZS 2001, 659.
6 Anders wohl *Schellhorn/Stähler* in HK-SGB IX § 44 aF Rn. 5.
7 Irrig insoweit *Mrozynski* § 44 aF Rn. 16.
8 *Tolmein*, Die Genehmigungsfiktion nach § 18 SGB IX aus anwaltlicher Sicht, Vortrag 13. REHA Rechtstag (n.v.).
9 *Ulrich*, Die Genehmigungsfiktion nach § 18 SGB IX aus richterlicher Sicht; Vortrag 13. REHA- Rechtstag (n.v.), unter Bezug auf BSG 27.8.2019 – B 1 KR 36/18 R und die Gesetzesbegründung.

auszuzahlen, wenn das Hochschulstudium nach § 18 Abs. 3 als Leistung zur Teilhabe am Arbeitsleben kraft Fiktion als genehmigt gilt.[10]
Allerdings hat das BSG inzwischen seine Rechtsprechung zu § 13 Abs. 3 a SGB V ausdrücklich aufgehoben und als Rechtsfolge einer Genehmigungsfiktion ausschließlich das Recht auf Kostenerstattung für selbstbeschaffte Hilfsmittel erachtet.[11]
Übertragen auf die Genehmigungsfiktion nach § 18 dürfte es dann an einem „fiktiven Verwaltungsakt"[12] für Teilhabeleistungen fehlen und kein Anspruch auf ergänzende Leistungen bestehen.

Nach dem Einleitungssatz des **Absatz 1** werden die ergänzenden Leistungen von allen Rehabilitationsträgern mit Ausnahme der **Träger der Sozial- und Jugendhilfe** erbracht, denen Leistungen in dieser Form systemfremd sind. Dies schließt jedoch nicht aus, dass die Träger der öffentlichen Jugendhilfe und insbesondere die Sozialhilfeträger Leistungen zum Lebensunterhalt nach ihren eigenen Maßstäben erbringen (vgl. § 27 ff. SGB XII und §§ 38, 39 iVm § 35 a SGB VIII). 7

Absatz 1 Nr. 1 zählt die Leistungen zum Lebensunterhalt (→ § 65 Rn. 5 f. und 7 f.) auf, die im Zusammenhang mit Leistungen zur medizinischen Rehabilitation und zur Teilhabe am Arbeitsleben erbracht werden. Der Gesetzgeber hat die verschiedenen Bezeichnungen der Barleistungen beibehalten. Die Nummer 1 enthält eine abschließende Zusammenfassung der Unterhaltsleistungen, die schon bis zum Inkrafttreten des SGB IX anlässlich von Rehabilitationsmaßnahmen nach den für die Rehabilitationsträger geltenden Leistungsgesetzen erbracht worden sind. 8

Mit der deklaratorischen Regelung zur Übernahme von **Beitragsleistungen** zur **Sozialversicherung** durch die Rehabilitationsträger in **Absatz 1 Nr. 2** macht der Gesetzgeber deutlich, dass während der Leistungen zur medizinischen Rehabilitation und zur Teilhabe am Arbeitsleben die soziale und wirtschaftliche Situation der Leistungsempfänger nicht nur durch die Unterhaltsleistungen des Absatz 1 Nr. 1, sondern darüber hinaus auch der mit der Leistung von Entgelt grundsätzlich verbundene Schutz in der Sozialversicherung gesichert werden soll. Die Voraussetzungen, Inhalt und Umfang der Beitragsleistungen bestimmen sich nach den versicherungs- und beitragsrechtlichen Vorschriften des jeweiligen Versicherungszweiges. Der Sicherstellung des Kranken- und Pflegeversicherungsschutzes dient auch die Regelung des Absatzes 2, → Rn. 17 ff. 9

Rehabilitationssport und **Funktionstraining** gehören nicht zum engeren Leistungsumfang der Leistungen zur medizinischen Rehabilitation und den Leistungen zur Teilhabe am Arbeitsleben, sondern zu den ergänzenden Leistungen (**Absatz 1 Nr. 3 und 4**). Dies ermöglicht zum einen, dass Rehabilitationssport und Funktionstraining auch nach Abschluss der eigentlichen medizinischen oder beruflichen Maßnahme erbracht werden können. Zum anderen ist dadurch klargestellt, dass die Teilnahme am Rehabilitationssport und Funktionstraining keine weiteren Ansprüche auf andere ergänzende Leistungen auslöst, etwa auf Leistungen zum Lebensunterhalt oder auf Reisekosten, insbesondere auf Fahr- 10

---

10 LSG BW 17.12.2018 – L 8 R 4195/18 ER-B, Rn. 62 f., ASR 2019, 71 ff., BeckRS 2018, 35386.
11 BSG Urt. v. 18.6.2020 – B 3 KR 14/18 R, in BSGE 130, 129 ff Nr. 144 ff., 21–25 der Entscheidung; NZS 2021,219 mit Anm. Knispel; BeckRS 2020 29834; ebenso BSG Urt. v. 18.06.2020 B 3 KR 6/19 R und 13/19 unter Hinweis auf BSG 26.5.2020 – B 1 KR 9/18 R.
12 LSG BW 17.12.2018 – L 8 R 4195/18 ER-B, Rn. 62, ASR 2019, 71 ff., BeckRS 2018, 35386.

kosten.[13] Die Teilnahme am Rehabilitationssport löst grundsätzlich auch keinen Anspruch auf die Versorgung mit Hilfsmitteln aus, die zur Ausübung des Rehabilitationssports erforderlich sind.[14] Die für die Rehabilitationsträger jeweils geltenden besonderen Bücher erklären Absatz 1 Nr. 3 und 4 für unmittelbar anwendbar (vgl. § 43 SGB V, § 28 SGB VI, § 39 SGB VII). Die Leistungen sind bei Vorliegen der Voraussetzungen zu erbringen; es handelt sich nicht um Ermessensleistungen.[15] Näheres zur Durchführung des Rehabilitationssports und des Funktionstrainings konkretisiert die auf der Ebene der Bundesarbeitsgemeinschaft für Rehabilitation (BAR) abgeschlossene Rahmenvereinbarung über den Rehabilitationssport und Funktionstraining vom 1.1.2011.[16]

11 Die rechtshistorische Entwicklung und Vorgängerregelungen stellt *Liebig* in der Vorauflage dar (→ 4. Aufl. 2014, § 44 Rn. 10 f.).

12 Die jetzige Rahmenvereinbarung gibt für die Dauer des Rehabilitationssportes lediglich Richtwerte vor. Die BAR setzt damit die Rechtsprechung des BSG[17] um, wonach ein Zusammenhang zwischen Hauptleistung und dem „ergänzenden" Rehabilitationssport besteht.
Für eine grundsätzliche Befristung der Leistungsansprüche existiert keine Rechtsgrundlage. Etwaige zeitliche Obergrenzen sind nichtig.[18] Eine Einschränkung der Anspruchshöchstdauer ergibt sich nur dadurch, dass die Leistungen individuell im Einzelfall geeignet, notwendig und wirtschaftlich sein müssen. Die Rahmenvereinbarung vom 1.1.2011 stellt klar, dass die Erforderlichkeit der Leistungen grundsätzlich bis zur Erreichung des Rehabilitationsziels gegeben ist.

13 **Rehabilitationssport** wirkt mit den Mitteln des Sports und sportlich ausgerichteter Spiele ganzheitlich auf den behinderten Menschen ein, um insbesondere seine Ausdauer, Koordination, Flexibilität und Kraft zu stärken. Er erfolgt aufgrund ärztlicher Verordnung und unter ärztlicher Betreuung und Überwachung in Gruppen und in einer gewissen Regelmäßigkeit. Eine Verordnung im Rechtssinne ist damit nicht gemeint; eine solche kennt nur das Recht der gesetzlichen Krankenversicherung in § 73 Abs. 2 Satz 1 Nr. 5 SGB V. Zweck des Rehabilitationssports ist es, durch bewegungstherapeutische Übungen, die auf die Art und Schwere der Behinderung und den gesundheitlichen Allgemeinzustand abgestimmt sein müssen, das Ziel der Leistungen zur Teilhabe zu erreichen oder zu sichern.

14 Nach dem letzten Halbsatz des **Absatzes 1 Nr. 3** werden auch solche Übungen dem Rehabilitationssport zugerechnet, die der **Stärkung des Selbstbewusstseins** von behinderten oder von Behinderung bedrohten **Frauen und Mädchen** dienen. Der Gesetzgeber trägt damit dem besonderen Hilfebedarf und den besonderen Bedürfnissen behinderter und von Behinderung bedrohter Frauen und Mädchen Rechnung.[19] Unter Übungen, die der Stärkung des Selbstbewusstseins dienen, sind vor allem sog. **Selbstbehauptungskurse** zu verstehen, in denen Frauen und/oder Mädchen u.a. in Übungen zur Selbstverteidigung lernen, ihr

---

13 Vgl. BSG 22.4.2009 – B 3 KR 5/08 R.
14 Zur Versorgung mit einem Sportrollstuhl zur Teilnahme am Rehabilitationssport vgl. SG Stralsund 17.12.2012 – S 3 KR 12/10.
15 SG Frankfurt 22.1.2003 – S 20 KR 757/02; SG Saarland 25.9.2002 – S 1 KR 179/01.
16 Abrufbar unter www.bar-frankfurt.de, Empfehlungen/Vereinbarungen (Stand 25.7.2017).
17 BSG 2.11.2010 – B 1 KR 8/10 R, NZS 2011, 814 ff.
18 Vgl. dazu auch BSG 17.6.2008 – B 1 KR 31/07 R.
19 BT-Drs. 14/5074, 109 und BT-Drs. 14/5531, 5.

Selbstbewusstsein zu stärken und dieses durch selbstsicheres Auftreten und bewusste Körpersprache zum Ausdruck zu bringen.[20] Derartige Kurse können insbesondere auch bei psychisch behinderten Frauen und Mädchen notwendig sein. Die Rehabilitationsträger haben sich in der „Rahmenvereinbarung über den Rehabilitationssport und das Funktionstraining" vom 1.1.2011 darauf verständigt, dass Übungen zur Stärkung des Selbstbewusstseins behinderter und von Behinderung bedrohter Frauen und Mädchen eine besondere Form des Rehabilitationssports darstellen, die als eigenständige Übungsveranstaltung angeboten werden, in die Übungsinhalte anderer Sportarten eingebunden werden können (z.b. Elemente aus Judo, Karate, Taekwondo, Jiu-Jitsu, Entspannungsübungen).

Durch die ausdrückliche Nennung des **Funktionstrainings** in **Absatz 1 Nr. 4** hebt der Gesetzgeber die Bedeutung des Funktionstrainings im Rahmen des Rehabilitationssports hervor. Ziel des Funktionstrainings ist der Erhalt und die Verbesserung von Funktionen sowie das Hinauszögern von Funktionsverlusten einzelner Organsysteme/Körperteile, die Schmerzlinderung, die Bewegungsverbesserung, die Unterstützung bei der Krankheitsbewältigung und die Hilfe zur Selbsthilfe. Funktionstraining kommt insbesondere bei Funktionseinschränkungen des Stütz- und Bewegungsapparates in Betracht. Dabei wird i.d.R. mit Mitteln der Krankengymnastik (z.B. Trocken- oder Wassergymnastik) und der Ergotherapie gezielt auf spezielle körperliche Strukturen wie Muskeln und Gelenke eingewirkt. Ebenso wie der Rehabilitationssport im engeren Sinne nach Absatz 1 Nummer 3 wird das Funktionstraining aufgrund ärztlicher Verordnung und in Gruppen durchgeführt. Die ärztliche Betreuung/Überwachung ist nicht vorgesehen, lediglich die **fachkundige Anleitung und Überwachung**; in der Praxis sind dies vor allem die Physiotherapeuten oder Krankengymnasten. 15

Zu den Reisekosten (**Absatz 1 Nr. 5**) vgl. § 73 mit Anmerkungen; zur Betriebs- oder Haushaltshilfe und Kinderbetreuungskosten (**Absatz 1 Nr. 6**) vgl. § 74 mit Anmerkungen. 16

Absatz 2 Satz 1 trägt dem Umstand Rechnung, dass der **Krankenversicherungsschutz** (aber auch der Schutz der Pflegeversicherung) für behinderte Menschen von besonderer Bedeutung ist, die – meist für einen längeren Zeitraum – an Leistungen zur Teilhabe am Arbeitsleben teilnehmen. Denn die Leistungsempfänger sind während der Leistungserbringung häufig auf eine „begleitende" ärztliche Behandlung angewiesen. Die Beiträge für eine freiwillige Versicherung werden nur übernommen, wenn der Schutz behinderter Menschen während der Teilnahme an Leistungen zur Teilhabe am Arbeitsleben nicht anderweitig sichergestellt ist. Die Übernahme der Beiträge für eine freiwillige Krankenversicherung führt automatisch auch zur Übernahme der Beiträge zur Pflegeversicherung, da freiwillige Mitglieder der gesetzlichen Krankenversicherung in der sozialen Pflegeversicherung pflichtversichert sind (§ 20 Abs. 3 SGB XI). Erst wenn die Prüfung des Einzelfalls ergibt, dass die gesetzliche Krankenversicherung keinen umfassenden Schutz gewährt, können die Beiträge für eine private Versicherung übernommen werden. Jedoch handelt es sich bei dieser Regelung um eine Auffangvorschrift, die in der Praxis kaum Bedeutung haben wird. Denn regelmäßig unterliegen die Teilnehmer an Leistungen zur Teilhabe am Arbeitsleben sowohl in der gesetzlichen Krankenversicherung (§ 5 Abs. 1 Nr. 6 SGB V) als auch in der sozialen Pflegeversicherung (§ 20 Abs. 1 S. 2 Nr. 6 SGB XI) der Versicherungspflicht, so dass deren Versicherungsschutz sichergestellt ist. 17

---

20 Vgl. auch SG Konstanz 29.6.2006 – S 8 KR 1641/05.

18 Nach **Absatz 2 Satz 2** können **arbeitslose Teilnehmer** an Leistungen zur medizinischen Rehabilitation vom zuständigen Rehabilitationsträger einen Beitragszuschuss für eine private Kranken- und Pflegeversicherung erhalten. Dies schließt eine Regelungslücke, indem die Träger der Leistungen zur medizinischen Rehabilitation in gleichem Umfang wie zuvor die Bundesagentur für Arbeit die Beiträge für ein privates Krankenversicherungsunternehmen übernehmen können, solange sie Leistungen zum Lebensunterhalt erbringen.

19 Dieser Anspruch besteht für die Bezieher von **Arbeitslosengeld** jedoch nicht in der Zeit, in der sie im Zusammenhang mit Leistungen zur medizinischen Rehabilitation von den für diese Leistung zuständigen Rehabilitationsträgern Verletztengeld, Versorgungskrankengeld oder Übergangsgeld beziehen. Denn gem. § 156 Abs. 1 Nr. 2 SGB III ruht während dieser Zeit der Anspruch auf Arbeitslosengeld; damit entfallen die Voraussetzungen des § 174 Abs. 2 SGB III. Die Betroffenen hatten früher während des Bezugs von Unterhaltsleistungen aufgrund einer medizinischen Rehabilitationsmaßnahme keinen Anspruch auf Übernahme der Beiträge für ein privates Krankenversicherungsunternehmen, auch nicht gegen den Träger der Leistung zur medizinischen Rehabilitation.

20 Für den Umfang des Anspruchs nach Satz 2 nimmt **Satz 3** auf § 174 Abs. 2 SGB III Bezug. Danach ist der Zuschuss begrenzt auf die Höhe der Beiträge, die ohne Befreiung von der Versicherungspflicht zu tragen wären. Für den Beitrag zur Krankenversicherung ist vom allgemeinen Beitragssatz auszugehen, der nach § 241 SGB V 14,6 Prozent der beitragspflichtigen Einnahmen der Mitglieder beträgt. Der Zuschuss zur Pflegeversicherung richtet sich nach dem gesetzlichen Beitragssatz (§ 55 Abs. 1 Satz 1 SGB XI).

§ 65 Leistungen zum Lebensunterhalt

[gültig bis 31.12.2023:]

(1) Im Zusammenhang mit Leistungen zur medizinischen Rehabilitation leisten
1. Krankengeld: die gesetzlichen Krankenkassen nach Maßgabe der §§ 44 und 46 bis 51 des Fünften Buches und des § 8 Absatz 2 in Verbindung mit den §§ 12 und 13 des Zweiten Gesetzes über die Krankenversicherung der Landwirte,
2. Verletztengeld: die Träger der Unfallversicherung nach Maßgabe der §§ 45 bis 48, 52 und 55 des Siebten Buches,
3. Übergangsgeld: die Träger der Rentenversicherung nach Maßgabe dieses Buches und der §§ 20 und 21 des Sechsten Buches,
4. Versorgungskrankengeld: die Träger der Kriegsopferversorgung nach Maßgabe der §§ 16 bis 16 h und 18 a des Bundesversorgungsgesetzes.

(2) Im Zusammenhang mit Leistungen zur Teilhabe am Arbeitsleben leisten Übergangsgeld
1. die Träger der Unfallversicherung nach Maßgabe dieses Buches und der §§ 49 bis 52 des Siebten Buches,
2. die Träger der Rentenversicherung nach Maßgabe dieses Buches und der §§ 20 und 21 des Sechsten Buches,
3. die Bundesagentur für Arbeit nach Maßgabe dieses Buches und der §§ 119 bis 121 des Dritten Buches,
4. die Träger der Kriegsopferfürsorge nach Maßgabe dieses Buches und des § 26 a des Bundesversorgungsgesetzes.

(3) Menschen mit Behinderungen oder von Behinderung bedrohte Menschen haben Anspruch auf Übergangsgeld wie bei Leistungen zur Teilhabe am Ar-

beitsleben für den Zeitraum, in dem die berufliche Eignung abgeklärt oder eine Arbeitserprobung durchgeführt wird (§ 49 Absatz 4 Satz 2) und sie wegen der Teilnahme an diesen Maßnahmen kein oder ein geringeres Arbeitsentgelt oder Arbeitseinkommen erzielen.

(4) Der Anspruch auf Übergangsgeld ruht, solange die Leistungsempfängerin einen Anspruch auf Mutterschaftsgeld hat; § 52 Nummer 2 des Siebten Buches bleibt unberührt.

(5) Während der Ausführung von Leistungen zur erstmaligen beruflichen Ausbildung von Menschen mit Behinderungen, berufsvorbereitenden Bildungsmaßnahmen und Leistungen zur individuellen betrieblichen Qualifizierung im Rahmen Unterstützter Beschäftigung sowie im Eingangsverfahren und im Berufsbildungsbereich von anerkannten Werkstätten für behinderte Menschen und anderen Leistungsanbietern leisten
1. die Bundesagentur für Arbeit Ausbildungsgeld nach Maßgabe der §§ 122 bis 126 des Dritten Buches und
2. die Träger der Kriegsopferfürsorge Unterhaltsbeihilfe unter den Voraussetzungen der §§ 26 und 26a des Bundesversorgungsgesetzes.

(6) Die Träger der Kriegsopferfürsorge leisten in den Fällen des § 27 d Absatz 1 Nummer 3 des Bundesversorgungsgesetzes ergänzende Hilfe zum Lebensunterhalt nach § 27 a des Bundesversorgungsgesetzes.

(7) Das Krankengeld, das Versorgungskrankengeld, das Verletztengeld und das Übergangsgeld werden für Kalendertage gezahlt; wird die Leistung für einen ganzen Kalendermonat gezahlt, so wird dieser mit 30 Tagen angesetzt.

[gültig ab 1.1.2024:]

(1) Im Zusammenhang mit Leistungen zur medizinischen Rehabilitation leisten
1. Krankengeld: die gesetzlichen Krankenkassen nach Maßgabe der §§ 44 und 46 bis 51 des Fünften Buches und des § 8 Absatz 2 in Verbindung mit den §§ 12 und 13 des Zweiten Gesetzes über die Krankenversicherung der Landwirte,
2. Verletztengeld: die Träger der Unfallversicherung nach Maßgabe der §§ 45 bis 48, 52 und 55 des Siebten Buches,
3. Übergangsgeld: die Träger der Rentenversicherung nach Maßgabe dieses Buches und der §§ 20 und 21 des Sechsten Buches,
4. die Träger der Sozialen Entschädigung Krankengeld der Sozialen Entschädigung nach Maßgabe des § 47 des Vierzehnten Buches.

(2) Im Zusammenhang mit Leistungen zur Teilhabe am Arbeitsleben leisten Übergangsgeld
1. die Träger der Unfallversicherung nach Maßgabe dieses Buches und der §§ 49 bis 52 des Siebten Buches,
2. die Träger der Rentenversicherung nach Maßgabe dieses Buches und der §§ 20 und 21 des Sechsten Buches,
3. die Bundesagentur für Arbeit nach Maßgabe dieses Buches und der §§ 119 bis 121 des Dritten Buches,
4. die Träger der Sozialen Entschädigung nach Maßgabe dieses Buches und des § 64 des Vierzehnten Buches.

(3) Menschen mit Behinderungen oder von Behinderung bedrohte Menschen haben Anspruch auf Übergangsgeld wie bei Leistungen zur Teilhabe am Arbeitsleben für den Zeitraum, in dem die berufliche Eignung abgeklärt oder eine Arbeitserprobung durchgeführt wird (§ 49 Absatz 4 Satz 2) und sie wegen der Teilnahme an diesen Maßnahmen kein oder ein geringeres Arbeitsentgelt oder Arbeitseinkommen erzielen.

(4) Der Anspruch auf Übergangsgeld ruht, solange die Leistungsempfängerin einen Anspruch auf Mutterschaftsgeld hat; § 52 Nummer 2 des Siebten Buches bleibt unberührt.

(5) Während der Ausführung von Leistungen zur erstmaligen beruflichen Ausbildung von Menschen mit Behinderungen, berufsvorbereitenden Bildungsmaßnahmen und Leistungen zur individuellen betrieblichen Qualifizierung im Rahmen Unterstützter Beschäftigung sowie im Eingangsverfahren und im Berufsbildungsbereich von anerkannten Werkstätten für behinderte Menschen und anderen Leistungsanbietern leisten
1. die Bundesagentur für Arbeit Ausbildungsgeld nach Maßgabe der §§ 122 bis 126 des Dritten Buches und
2. die Träger der Sozialen Entschädigung Unterhaltsbeihilfe unter den Voraussetzungen des § 64 des Vierzehnten Buches.

(6) Das Krankengeld, das Krankengeld der Sozialen Entschädigung, das Verletztengeld und das Übergangsgeld werden für Kalendertage gezahlt; wird die Leistung für einen ganzen Kalendermonat gezahlt, so wird dieser mit 30 Tagen angesetzt.

1 **Geltende Fassung:** Die Vorschrift wurde durch Artikel 1 und 68 Abs. 1 SGB IX vom 19.6.2001[1] mit Wirkung ab 1.7.2001 eingeführt, die Bezeichnung der früheren Bundesanstalt für Arbeit in Absatz 2 Nr. 3 und Absatz 5 Nr. 1 mit Wirkung ab 1.1.2004 durch Artikel 8 und 124 Abs. 1 des Gesetzes vom 23.12.2003[2] angepasst. Die Änderung des Eingangssatzes des Absatz 5 durch Artikel 5 Nr. 5 und Artikel 10 des Gesetzes vom 22.12.2008[3] mit Wirkung ab 30.12.2008 ist Folge der Einführung der Leistungen zur individuellen betrieblichen Qualifizierung im Rahmen Unterstützter Beschäftigung nach § 38a. Durch Artikel 4 und Artikel 12 des Gesetzes vom 5.8.2010[4] wurde Absatz 7 mit Wirkung ab 11.8.2010 aufgehoben. Die Bezugnahme auf die Vorschriften des SGB III in Absatz 2 Nr. 3 und in Absatz 5 Nr. 1 wurde mit Wirkung ab 1.4.2012 durch Artikel 10 Nr. 3 und Artikel 51 des Gesetzes vom 20.12.2011[5] in Folge zur Neufassung des Vierten Kapitels des SGB III angepasst. Die neue Stellung im Gesetz und die Fassung des bisherigen Absatzes 8 zu Absatz 7 erfolgten durch Art. 1 BTHG.[6] Das Gesetz vom 12.12.2019 zur Regelung des Sozialen Entschädigungsrechts[7] hebt in Art. 37m. W. v. 1.1.2024 den bisherigen Absatz 6 auf, der bisherige Absatz 7 wird als neuer Absatz 6 fortgeführt und enthält den neuen Begriff des „Krankengeld der sozialen Entschädigung". Außerdem werden die Begriffe des neuen SGB XIV in Absatz 1 Nr. 4, Abs. 2 Nr. 4 und Abs. 5 Nr. 2 eingeführt.

2 **Regelungsinhalt:** § 65 gibt einen Überblick über die Leistungen, die den Lebensunterhalt der Leistungsberechtigten und ihrer Familienangehörigen während der Durchführung von Leistungen zur medizinischen Rehabilitation und Leistungen zur Teilhabe am Arbeitsleben sicherstellen sollen. Er verweist hierzu auf die für die jeweiligen Sozialleistungsbereiche anzuwendenden Vorschriften. Die Absätze 3 und 4 enthalten – wie die §§ 66–72 – gemeinsame, vereinheitlichte Regelungen zum Übergangsgeld, wie sie bis zum Inkrafttreten des SGB IX in

---

1 BGBl. I 1046.
2 BGBl. I 2848.
3 BGBl. I 2959.
4 BGBl. I 1127.
5 BGBl. I 2854.
6 BT-Drs. 18/9522.
7 BGBl. I 2652.

den jeweiligen Leistungsgesetzen normiert waren; Vorschriften über die jeweiligen Anspruchsvoraussetzungen sowie einzelne Sonderregelungen finden sich weiterhin in den für die Rehabilitationsträger geltenden Leistungsgesetzen, § 7.

Zur Entstehung: Die Vorschrift entwickelt § 13 RehaAnglG fort. 3
Der Regierungsentwurf 2001[8] wurde redaktionell und sprachlich geändert; mit 4
Anfügung des Absatz 8 wurde die Regelung des § 13 Abs. 5 RehaAnglG übernommen, vgl. Ausschussempfehlung BT-Drs. 14/5786, 40 f. und Bericht BT-Drs. 14/5800, 34.

Absatz 1 zählt abschließend die **Entgeltersatzleistungen** auf, die im Zusammen- 5
hang mit **Leistungen zur medizinischen Rehabilitation** erbracht werden. Die Leistungsbezeichnungen sind – anders als bei den Entgeltersatzleistungen im Zusammenhang mit Leistungen zur Teilhabe am Arbeitsleben nach Absatz 2 – unterschiedlich, lediglich die Leistungen der Rentenversicherungsträger werden einheitlich als **Übergangsgeld** bezeichnet. Die Vorschrift verweist zwar für das **Krankengeld** der gesetzlichen Krankenkassen, das **Verletztengeld** der Unfallversicherungsträger sowie für das **Versorgungskrankengeld** der Träger der Kriegsopferversorgung in den **Nummern 1, 2 und 4** ausschließlich auf die für diese Träger geltenden besonderen Vorschriften in den jeweiligen Leistungsgesetzen, doch enthalten **Absatz 7** und **§§ 69–71** auch für diese Leistungen gemeinsame Vorschriften.
Ab dem 1.1.2024 verweist Abs. 1 Nr. 4 auf die neue Anspruchsgrundlage § 47 SGB XIV. Die entsprechende Leistung heißt nunmehr „Krankengeld der sozialen Entschädigung".

Für das Übergangsgeld der Rentenversicherungsträger bestimmt **Absatz 1 Nr. 3**, 6
dass sowohl die Vorschriften des SGB IX als auch die §§ 20 und 21 SGB VI anzuwenden sind; diese enthalten Bestimmungen zu den Voraussetzungen und zur Höhe und Berechnung des Übergangsgeldes, soweit sie von den Regelungen des Kapitels 11 abweichen, vgl. auch → Rn. 7 und → Rn. 8.

Die Entgeltersatzleistungen, die im Zusammenhang mit **Leistungen zur Teilha- 7
be am Arbeitsleben** erbracht werden, werden in allen Sozialleistungsbereichen einheitlich als **Übergangsgeld** bezeichnet. **Absatz 2** verweist für das Übergangsgeld – wie schon Absatz 1 Nr. 3 für das Übergangsgeld während medizinischer Leistungen – auf die für die Rehabilitationsträger geltenden Leistungsgesetze und die Vorschriften des SGB IX; konkret sind das der § 65 Abs. 3, 4 und 8 sowie die §§ 66–72.

Das SGB IX fasst nunmehr die Regelungen zum Übergangsgeld aller Leistungs- 8
träger zusammen, die früher im SGB III, SGB VI, SGB VII und im BVG verstreut waren.[9] Lediglich Regelungen, die aufgrund der Besonderheiten im gegliederten System der sozialen Sicherung unterschiedlich sein müssen, finden sich in den jeweiligen Leistungsgesetzen (§ 7 Abs. 1 Satz 1, vgl. dazu → § 7 Rn. 5–7), außerdem die Vorschriften über die Voraussetzungen des Anspruchs auf Übergangsgeld (§ 7 Abs. 1 Satz 2, vgl. dazu → § 7 Rn. 8–15). Dies führt dazu, dass bei der Prüfung, ob und in welchem Umfang ein Leistungsanspruch besteht, sowohl die Vorschriften des Kapitels 11 als auch die für den zuständigen Rehabilitationsträger geltende Leistungsgesetz zu berücksichtigen sind.
Konkret enthält § 52 SGB VII eine spezialgesetzliche Regelung zur Anrechnung von Einkommen auf das Verletztengeld und auch auf das Übergangsgeld.

---

8 Nebst Begründung BT-Drs. 14/5074, 18, 19, 109 und 110 sowie BT-Drs. 14/5531, 5.
9 BT-Drs. 14/5074, 109 und BT-Drs. 14/5531, 5.

Im Bereich der Kriegsopferfürsorge werden für die Berechnung des Übergangsgeldes §§ 16a, 16b und 16f BVG für entsprechend anwendbar erklärt (§ 26a Abs. 1 Hs. 2 BVG).
Mit Wirkung zum 1.1.2024 erfolgt die Berechnung nach dem neu gefassten § 64 SGB XIV.

9   Durch Artikel 3, 6, 7 und 47 des SGB IX wurden 2001 auch die Voraussetzungen für den Übergangsgeldanspruch in den für die Rehabilitationsträger jeweils geltenden Leistungsgesetzen geändert. Der Anspruch auf Übergangsgeld ist regelmäßig dem Grunde nach bereits gegeben, wenn der Betroffene von einem Rehabilitationsträger Leistungen zur Teilhabe am Arbeitsleben oder im Falle des Absatz 1 Nr. 3 Leistungen zur medizinischen Rehabilitation erhält. Grundsätzlich unerheblich ist es, ob der Betroffene **arbeitsunfähig** oder durch die Teilnahme an einer Maßnahme an einer **ganztägigen Erwerbstätigkeit** gehindert ist oder die Leistung zur medizinischen Rehabilitation vom Rentenversicherungsträger **stationär** oder nur **ambulant** erbracht wird. Vor diesem Hintergrund ist auch das **Teilübergangsgeld** in der **Arbeitsförderung**, das früher bei bestimmten **Teilzeitmaßnahmen** nach § 160 Abs. 1 S. 2 SGB III (alt) erbracht wurde, entbehrlich; durch Artikel 3 SGB IX wurden die Vorschriften hierzu aufgehoben. Eine Leistungsregulierung der Höhe nach bewirkt die Anrechnung von gleichzeitig bezogenem Erwerbseinkommen nach § 72 Abs. 1 Nr. 1.

10 Die in → Rn. 9 beschriebenen Änderungen korrespondieren mit dem durch Artikel 38 SGB IX geänderten § 9 Abs. 1 EntgFG. Früher war ein **Entgeltfortzahlungsanspruch** gegen den Arbeitgeber dann vorgesehen, wenn die **Arbeitsverhinderung** auf einer **stationären** medizinischen Rehabilitationsmaßnahme beruhte; seit Inkrafttreten des SGB IX besteht dieser Anspruch auch bei einer Arbeitsverhinderung infolge einer **ambulanten** Leistung zur medizinischen Rehabilitation.

§ 9 EntgFG   Maßnahmen der medizinischen Vorsorge und Rehabilitation

(1) Die Vorschriften der §§ 3 bis 4a und 6 bis 8 gelten entsprechend für die Arbeitsverhinderung infolge einer Maßnahme der medizinischen Vorsorge oder Rehabilitation, die ein Träger der gesetzlichen Renten-, Kranken- oder Unfallversicherung, eine Verwaltungsbehörde der Kriegsopferversorgung oder ein sonstiger Sozialleistungsträger bewilligt hat und die in einer Einrichtung der medizinischen Vorsorge oder Rehabilitation durchgeführt wird. Ist der Arbeitnehmer nicht Mitglied einer gesetzlichen Krankenkasse oder nicht in der gesetzlichen Rentenversicherung versichert, gelten die §§ 3 bis 4a und 6 bis 8 entsprechend, wenn eine Maßnahme der medizinischen Vorsorge oder Rehabilitation ärztlich verordnet worden ist und in einer Einrichtung der medizinischen Vorsorge oder Rehabilitation oder einer vergleichbaren Einrichtung durchgeführt wird.

11 Mit der Vereinheitlichung der Anspruchsvoraussetzungen zum Übergangsgeld unterstützt der Gesetzgeber die mit dem SGB IX verfolgte Absicht, die ambulante Form der Leistungserbringung zu stärken. Der **Bezug von Übergangsgeld** führt nicht nur zur grundsätzlichen **Versicherungspflicht** in der **gesetzlichen Rentenversicherung** kraft Gesetzes (§ 3 Abs. 1 Satz 1 Nr. 3 SGB VI), für Übergangsgeldbezieher besteht zudem die Möglichkeit, auf Antrag pflichtversichert zu werden (§ 4 Abs. 3 Satz 1 Nr. 1 SGB VI). Nach der Gesetzesbegründung soll die „kraft Gesetzes gegebene Rentenversicherungspflicht der Übergangsgeldempfänger, die ambulante medizinische Leistungen zur Rehabilitation erhalten und zeitnah zur Rehabilitation zum Versichertenkreis der Rentenversicherung gehört haben, deren Rehabilitationsbereitschaft fördern und gewährleisten, dass bei versicherungspflichtig Beschäftigten eine ununterbrochene Versiche-

rungspflicht auch bei Teilnahme an ambulanten Maßnahmen gegeben ist".[10] Aus dem **Bezug von Übergangsgeld** auch bei **ambulanten Leistungen zur medizinischen Rehabilitation** folgt außerdem die Übernahme der Beiträge zur gesetzlichen **Krankenversicherung** durch den Rehabilitationsträger (§ 251 Abs. 1 iVm § 192 Abs. 1 Nr. 3 SGB V), die grundsätzliche **Versicherungspflicht** in der **Arbeitslosenversicherung** einschließlich der Beitragstragung durch den Rehabilitationsträger (§ 26 Abs. 2 Nr. 1 iVm § 347 Nr. 5 Buchstabe a SGB III). Des Weiteren besteht – unabhängig vom Übergangsgeldbezug – nach § 2 Abs. 1 Nr. 15 a SGB VII Versicherungsschutz in der **gesetzlichen Unfallversicherung** auch für die Rehabilitanden, die auf Kosten einer Krankenkasse, eines Rentenversicherungsträgers oder eines Trägers der landwirtschaftlichen Alterskasse Leistungen zur medizinischen Rehabilitation lediglich in ambulanter Form erhalten.

Die **Abklärung der beruflichen Eignung** (früher „Berufsfindung") und die **Arbeitserprobung** nach § 49 Abs. 4 S. 2 sind keine Leistungen zur Teilhabe am Arbeitsleben, sondern werden dem Verwaltungsverfahren zugeordnet. **Absatz 3** bestimmt gleichwohl, dass die Teilnahme an einer Abklärung der beruflichen Eignung oder einer Arbeitserprobung einen Übergangsgeldanspruch auslöst, wenn der Betroffene wegen der Teilnahme an der Maßnahme kein oder ein geringeres **Arbeitsentgelt** oder **Arbeitseinkommen** erzielt. An dieser Voraussetzung fehlt es, wenn der Betroffene während der Maßnahme schon aufgrund einer **Arbeitsunfähigkeit** oder **Arbeitslosigkeit** kein Arbeitsentgelt oder Arbeitseinkommen erzielen kann. Demnach steht dem Betroffenen kein Übergangsgeld zu, wenn ihm in dieser Zeit grundsätzlich andere Entgeltersatzleitungen wie Krankengeld oder Arbeitslosengeld zustehen. 12

Nach **Absatz 4** ruht der Übergangsgeldanspruch, solange ein Anspruch auf **Mutterschaftsgeld** besteht. Mutterschaftsgeld wird bis 31.12.2017 nach § 13 MuSchG und ab 1.1.2018 nach § 19 MuSchG[11] regelmäßig für die letzten sechs Wochen vor der Entbindung, am Entbindungstag und für die ersten acht Wochen nach der Entbindung gezahlt, bei Mehrlings- und Frühgeburten für zwölf Wochen nach der Entbindung. Aus dem Wortlaut der Vorschrift („solange") ergibt sich, dass das Übergangsgeld selbst dann in vollem Umfang ruht, wenn es höher als das Mutterschaftsgeld ist. Wegen Absatz 4 Halbsatz 2 gilt dies nicht für das Übergangsgeld der Träger der gesetzlichen Unfallversicherung, da nach § 52 Nr. 2 SGB VII das Mutterschaftsgeld auf das Übergangsgeld angerechnet wird (lex specialis). 13

Die Bundesagentur für Arbeit leistet an behinderte Menschen während einer erstmaligen Ausbildung oder berufsvorbereitenden Bildungsmaßnahmen und während einer Maßnahme im Eingangsverfahren oder im Berufsbildungsbereich in Werkstätten für behinderte Menschen (WfbM) sowie während einer individuellen betrieblichen Qualifizierung im Rahmen der Unterstützten Beschäftigung nach § 55 Ausbildungsgeld. Absatz 5 Nr. 1 verweist hierzu auf die anzuwendenden Vorschriften der §§ 122 ff. SGB III. Ausbildungsgeld ist gegenüber einem möglichen Anspruch auf Übergangsgeld nachrangig. Gem. § 122 Abs. 1 letzter Hs. SGB III wird Ausbildungsgeld nur geleistet, wenn ein Übergangsgeldanspruch nicht besteht. Ein Anspruch auf Übergangsgeld bei Teilnahme an Leistungen zur erstmaligen Berufsausbildung wird idR nicht gegeben sein, da die hierfür erforderliche Vorbeschäftigungszeit des § 119 S. 1 Nr. 1 iVm § 120 SGB III regelmäßig nicht erfüllt ist. 14

---

10 BT-Drs. 14/5074, 110 und BT-Drs. 14/5531, 5.
11 In der Fassung durch das Gesetz zur Neuregelung des Mutterschutzrechts vom 23.5.2017; BGBl. 2017 I 1278.

Sind Bezieher von Ausbildungsgeld auf ergänzende Bezuschussung ihrer Unterkunftskosten nach § 27 Abs. 3 SGB II angewiesen, wurde bislang das Ausbildungsgeld als „Taschengeld" ohne Entgeltcharakter angesehen, von dem keine Freibeträge aus Erwerbstätigkeit gemäß § 11 b Abs. 3 SGB II abzusetzen waren.[12] Diese Sicherungslücke wurde durch das 9. SGB II-ÄndG zum 1.8.2016 verringert, als nunmehr auch der Regelbedarf und die Mehrbedarfe (ergänzend) zu sichern sind sowie die einschlägigen Freibeträge nach § 11 b SGB II vom anzurechnenden Einkommen der behinderten Menschen abzusetzen sind.[13]

Sind Bezieher von Ausbildungsgeld auf ergänzende Grundsicherung nach SGB XII angewiesen, soll das Ausbildungsgeld keine zweckbestimmte Leistung sein, – also grundsätzlich anzurechnendes Einkommen sein – wird aus Gleichbehandlungsgründen dennoch nicht angerechnet, wenn es für eine Tätigkeit im Berufsbildungsbereich einer WfbM gezahlt wird.[14]

15 Die Leistung der Träger der Kriegsopferfürsorge in diesen Fällen wird als **Unterhaltsbeihilfe** bezeichnet. **Absatz 5 Nr. 2** verweist auf die hierauf anzuwendenden §§ 26 und 26a BVG. Ab dem 1.1.2024 ist § 64 SGB XIV die verwiesene Norm. Im Übrigen lässt Absatz 5 etwaige Verpflichtungen anderer Träger unberührt. Da die in Absatz 5 genannten Hauptleistungen Leistungen zur Teilhabe am Arbeitsleben umfassen, kann etwa bei Zuständigkeit der Träger der Rentenversicherung gegen diese ein vorrangiger Anspruch auf Übergangsgeld bestehen.

16 Die Träger der Kriegsopferfürsorge leisten nach **Absatz 6** in den Fällen der Schwangerschaft oder der Sterilisation ergänzende Hilfe zum Lebensunterhalt unter den Voraussetzungen des § 27a BVG, also dann, wenn der Lebensunterhalt nicht aus den übrigen Leistungen und dem einzusetzenden Vermögen und Einkommen nicht bestritten werden kann.

Durch das Gesetz vom 12.12.2019 zur Regelung des sozialen Entschädigungsrechtes wird § 27a BVG überführt in § 93 Abs. 1 und § 96 SGB XIV, die Leistungen in Fällen der Schwangerschaft als Leistungen nach Kap. 3 und 4 SGB XII ausgestalten.[15] §§ 64 ff. kommen dann nicht mehr zum Tragen.

17 Der mit Wirkung zum 11.8.2010 aufgehobene **Absatz 7** (→ Rn. 1) regelte einen Erstattungsanspruch der Leistungsträger, insbesondere der Rentenversicherungsträger, gegen die gesetzlichen Krankenkassen. Hiervon verblieb zunächst § 49 Abs. 4 SGB V, für den sich kein Anwendungsbedarf mehr ergab. Die Vorschrift wurde durch Gesetz vom 23.12.2016 mWv 1.1.18 aufgehoben.[16] Zu den Einzelheiten wird auf die Vorauflage verwiesen (*Liebig* → 4. Aufl. 2011, § 45 Rn. 17).

18 Die im jetzigen **Absatz 7** genannten Leistungen zum Lebensunterhalt sind einheitlich für Kalendertage zu zahlen. Umfasst der Zahlungszeitraum einen Kalendermonat, so ist dieser stets mit 30 Tagen anzusetzen. Dies gilt grundsätzlich auch dann, wenn mehrere der in Halbsatz 1 genannten Leistungen in einem Kalendermonat an verschiedenen Kalendertagen gezahlt werden. Voraussetzung ist jedoch, dass die in Halbsatz 1 genannten Leistungen im Zusammenhang mit einer Leistung zur Teilhabe erbracht werden.[17] Treffen etwa Übergangsgeld und Krankengeld zusammen und wird Letzteres nach § 44 Abs. 1 SGB V allein wegen bestehender Arbeitsunfähigkeit erbracht, ist Absatz 7 Hs. 2 nicht anwend-

---

12 BSG 16.6.2015 – B 4 AS 37/14 Nr. 32.
13 *Sehmsdorf* info-also 2016, 205 (208).
14 BSG 23.3.2010 – B 8 SO 17/09 R, NZS 2011, 195.
15 *Knickrehm/Mushoff/Schmidt* Neues SozEntschR Teil 1. IV. Synopse, S. 42.
16 BGBl. I 3234.
17 Vgl. BSG 7.9.2010 – B 5 R 16/08 R.

bar. Gleichwohl haben die Verbände der Krankenkassen auf Bundesebene und der GKV-Spitzenverband mit Rundschreiben vom 5.4.2011 „aufgrund der ungeklärten grundlegenden Fragen" die weitere Anwendung des früheren Absatzes 8 auch in diesen Fällen empfohlen.

Der Anspruch auf Übergangsgeld geht nicht für die Wochenenden vor und nach einer Arbeitsunfähigkeit unter, wenn eine medizinische ambulante Rehabilitation von der Arbeitsunfähigkeit unterbrochen wird. § 65 Abs. 7 unterscheidet nicht zwischen Arbeits- und Werktagen, Sonn- und Feiertagen. Angeordnet wird die kalendertägliche Bewilligung.[18]

Dies ist uneingeschränkt auf den zum 1.1.2024 neu gefassten Abs. 6 zu übertragen. Das bisherige „Versorgungskrankengeld" wird künftig als „Krankengeld der Sozialen Entschädigung" bezeichnet.

§ 66 Höhe und Berechnung des Übergangsgelds

[gültig bis 31.12.2023:]

(1) ¹Der Berechnung des Übergangsgelds werden 80 Prozent des erzielten regelmäßigen Arbeitsentgelts und Arbeitseinkommens, soweit es der Beitragsberechnung unterliegt (Regelentgelt), zugrunde gelegt, höchstens jedoch das in entsprechender Anwendung des § 67 berechnete Nettoarbeitsentgelt; als Obergrenze gilt die für den Rehabilitationsträger jeweils geltende Beitragsbemessungsgrenze. ²Bei der Berechnung des Regelentgelts und des Nettoarbeitsentgelts werden die für die jeweilige Beitragsbemessung und Beitragstragung geltenden Besonderheiten des Übergangsbereichs nach § 20 Absatz 2 des Vierten Buches nicht berücksichtigt. ³Das Übergangsgeld beträgt
1. 75 Prozent der Berechnungsgrundlage für Leistungsempfänger,
   a) die mindestens ein Kind im Sinne des § 32 Absatz 1, 3 bis 5 des Einkommensteuergesetzes haben,
   b) die ein Stiefkind (§ 56 Absatz 2 Nummer 1 des Ersten Buches) in ihren Haushalt aufgenommen haben oder
   c) deren Ehegatten oder Lebenspartner, mit denen sie in häuslicher Gemeinschaft leben, eine Erwerbstätigkeit nicht ausüben können, weil sie die Leistungsempfänger pflegen oder selbst der Pflege bedürfen und keinen Anspruch auf Leistungen aus der Pflegeversicherung haben,
2. 68 Prozent der Berechnungsgrundlage für die übrigen Leistungsempfänger.

⁴Leisten Träger der Kriegsopferfürsorge Übergangsgeld, beträgt das Übergangsgeld 80 Prozent der Berechnungsgrundlage, wenn die Leistungsempfänger eine der Voraussetzungen von Satz 3 Nummer 1 erfüllen, und im Übrigen 70 Prozent der Berechnungsgrundlage.

(2) ¹Das Nettoarbeitsentgelt nach Absatz 1 Satz 1 berechnet sich, indem der Anteil am Nettoarbeitsentgelt, der sich aus dem kalendertäglichen Hinzurechnungsbetrag nach § 67 Absatz 1 Satz 6 ergibt, mit dem Prozentsatz angesetzt wird, der sich aus dem Verhältnis des kalendertäglichen Regelentgeltbetrages nach § 67 Absatz 1 Satz 1 bis 5 zu dem sich aus diesem Regelentgeltbetrag ergebenden Nettoarbeitsentgelt ergibt. ²Das kalendertägliche Übergangsgeld darf

---

[18] SG Karlsruhe 8.6.2016 – S 12 R 2116/15, NZS 2016, 591. Bemerkenswert ist der 4. Leitsatz des Gerichts, dass die entgegenstehende „verbindliche Entscheidung des Vorstands der Deutschen Rentenversicherung" keine Gesetzesqualität hat. Diese Kritik am Selbstverständnis des Rehabilitationsträgers ist vorliegend angebracht. Zustimmend *Jabben* in Neumann/Pahlen/Greiner/Winkler/Jabben SGB IX § 65 Rn. 9 ohne Nachweise.

das kalendertägliche Nettoarbeitsentgelt, das sich aus dem Arbeitsentgelt nach § 67 Absatz 1 Satz 1 bis 5 ergibt, nicht übersteigen.

[gültig ab 1.1.2024:]

(1) ¹Der Berechnung des Übergangsgelds werden 80 Prozent des erzielten regelmäßigen Arbeitsentgelts und Arbeitseinkommens, soweit es der Beitragsberechnung unterliegt (Regelentgelt), zugrunde gelegt, höchstens jedoch das in entsprechender Anwendung des § 67 berechnete Nettoarbeitsentgelt; als Obergrenze gilt die für den Rehabilitationsträger jeweils geltende Beitragsbemessungsgrenze. ²Bei der Berechnung des Regelentgelts und des Nettoarbeitsentgelts werden die für die jeweilige Beitragsbemessung und Beitragstragung geltenden Besonderheiten des Übergangsbereichs nach § 20 Absatz 2 des Vierten Buches nicht berücksichtigt. ³Das Übergangsgeld beträgt

1. 75 Prozent der Berechnungsgrundlage für Leistungsempfänger,
    a) die mindestens ein Kind im Sinne des § 32 Absatz 1, 3 bis 5 des Einkommensteuergesetzes haben,
    b) die ein Stiefkind (§ 56 Absatz 2 Nummer 1 des Ersten Buches) in ihren Haushalt aufgenommen haben oder
    c) deren Ehegatten oder Lebenspartner, mit denen sie in häuslicher Gemeinschaft leben, eine Erwerbstätigkeit nicht ausüben können, weil sie die Leistungsempfänger pflegen oder selbst der Pflege bedürfen und keinen Anspruch auf Leistungen aus der Pflegeversicherung haben,
2. 68 Prozent der Berechnungsgrundlage für die übrigen Leistungsempfänger.

⁴Leisten Träger der Sozialen Entschädigung nach dem Vierzehnten Buch Übergangsgeld, beträgt das Übergangsgeld 80 Prozent der Berechnungsgrundlage, wenn die Leistungsempfänger eine der Voraussetzungen von Satz 3 Nummer 1 erfüllen, und im Übrigen 70 Prozent der Berechnungsgrundlage.

(2) ¹Das Nettoarbeitsentgelt nach Absatz 1 Satz 1 berechnet sich, indem der Anteil am Nettoarbeitsentgelt, der sich aus dem kalendertäglichen Hinzurechnungsbetrag nach § 67 Absatz 1 Satz 6 ergibt, mit dem Prozentsatz angesetzt wird, der sich aus dem Verhältnis des kalendertäglichen Regelentgeltbetrages nach § 67 Absatz 1 Satz 1 bis 5 zu dem sich aus diesem Regelentgeltbetrag ergebenden Nettoarbeitsentgelt ergibt. ²Das kalendertägliche Übergangsgeld darf das kalendertägliche Nettoarbeitsentgelt, das sich aus dem Arbeitsentgelt nach § 67 Absatz 1 Satz 1 bis 5 ergibt, nicht übersteigen.

1 Geltende Fassung: Die Vorschrift wurde durch Artikel 1 und 68 Abs. 1 SGB IX vom 19.6.2001[1] mit Wirkung ab 1.7.2001 eingeführt. Mit Artikel 25 SGB IX wurde im „Gesetz zur Beendigung der Diskriminierung gleichgeschlechtlicher Lebensgemeinschaften" vom 16.2.2001[2] ein Artikel 3 § 55a eingefügt; damit wurden in Absatz 1 Satz 3 (früher Satz 2) Nr. 1 nach dem Wort „Ehegatte" die Wörter „oder Lebenspartner" mit Wirkung vom 1.8.2001 eingefügt. Absatz 1 Satz 2 wurde durch Artikel 4a des Gesetzes vom 23.12.2002[3] mit Wirkung vom 1.4.2003 eingefügt, Absatz 1 Satz 3 Nr. 1 letzter Hs. wurde durch Artikel 4 Nr. 3 des Gesetzes vom 5.8.2010[4] mit Wirkung ab 11.8.2010 eingefügt. Durch Art. 1 BTHG wurde die Vorschrift zu § 66 und Abs. 1 Satz 3 Nr. 1 in die Buchstaben a, b und c untergliedert. Durch Art. 6 Abs. 3 des RV- Leistungsver-

---

1 BGBl. I 1046.
2 BGBl. I 266.
3 BGBl. I 4621.
4 BGBl. I 1127.

besserungs- und StabilisierungsG v. 28.11.2018[5] wurde mit Wirkung zum 1.7.2019 der Begriff der „Gleitzone" in Abs. 1 S. 2 durch den Begriff des „Übergangsbereiches" ersetzt. Mit Wirkung zum 1.1.2024 wird Abs. 1 S. 4 Hs. 1 durch Art. 37 G zur Regelung des Sozialen Entschädigungsrechts[6] geändert.

Regelungsinhalt: Die Vorschrift bestimmt die grundsätzliche Berechnungsweise sowie die Höhe des Übergangsgeldes. Dabei wird unterschieden zwischen der Bemessungsgrundlage und dem Bemessungssatz. Bei Leistungen zur Teilhabe am Arbeitsleben ist stets eine Vergleichsberechnung nach § 68 vorzunehmen. 2

Zur Entstehung: Die Vorschrift entwickelt § 13 Abs. 3 RehaAnglG fort. Der Regierungsentwurf wurde 2001 im Gesetzgebungsverfahren zur Klarstellung des Gewollten geringfügig sprachlich verändert; ein im Regierungsentwurf noch enthaltener Absatz 3[7] entfiel als Folge der Einfügung des fast inhaltsgleichen § 45 Abs. 8 aF.[8] Die Neugliederung des Abs. 1 Satz 3 Nr. 1 in Buchstabe a–c im Zuge des BTHG ist redaktioneller Natur.[9] 3

Nach **Absatz 1** wird in der ersten Stufe zunächst ein Ausgangsbetrag ermittelt, der für die Bestimmung der **Berechnungsgrundlage** von Bedeutung ist (Satz 1), anschließend wird gemäß **Satz 3** die Höhe des Übergangsgeldes errechnet, indem die Berechnungsgrundlage mit einem der in **Satz 3 Nr. 1 oder Nr. 2** genannten Vomhundertsätze multipliziert wird. **Satz 2** enthält eine besondere Regelung für die im Übergangsbereich Beschäftigten, also für Arbeitnehmer, deren insgesamt erzieltes Arbeitsentgelt regelmäßig zwischen 450,01 EUR und 850,00 EUR liegt. Der Beitragsbemessung im Übergangsbereich wird ein reduziertes beitragspflichtiges Arbeitsentgelt zugrunde gelegt. Während der Arbeitgeber für das gesamte Arbeitsentgelt grundsätzlich den vollen Arbeitgeberanteil zum Gesamtsozialversicherungsbeitrag trägt, steigt der vom Arbeitnehmer zu zahlende Beitrag linear bis zum vollen Arbeitnehmeranteil an. Die Berechnung richtet sich nach § 163 Abs. 10 SGB VI. Satz 2 führt dazu, dass die Besserstellung der im Übergangsbereich Beschäftigten beim erhöhten Nettoarbeitsentgelt sich nicht auf die Höhe des Übergangsgelds auswirkt. Die Leistungsberechtigten werden so gestellt, als wären sie uneingeschränkt beitragspflichtig. Das Regelentgelt berechnet sich nicht nach dem reduzierten beitragspflichtigen Arbeitsentgelt, sondern nach dem tatsächlich erzielten Arbeitsentgelt; das Nettoarbeitsentgelt wird unter Berücksichtigung des fiktiven individuellen Gesamtsozialversicherungsbeitrags berechnet. 4

Die Berechnungsgrundlage für die Ermittlung der Höhe des Übergangsgeldanspruchs bestimmt sich nach **Absatz 1 Satz 1** grundsätzlich aus 80 v.H. des **Regelentgeltes**, dessen Berechnung nach § 67 erfolgt (→ § 67 Rn. 5 ff.); zur Ermittlung der Berechnungsgrundlage in Sonderfällen → § 68 Rn. 5 ff. Nach der Legaldefinition in **Satz 1** ist **Regelentgelt** das regelmäßige **Arbeitsentgelt** (§ 14 SGB IV) und **Arbeitseinkommen** (§ 15 SGB IV), soweit es der Beitragsberechnung unterliegt. Das Regelentgelt wird gem. **Absatz 1 S. 1 letzter Hs.** nur bis zur Höhe der für den jeweiligen Versicherungszweig geltenden **Beitragsbemessungsgrenze** berücksichtigt. Die 80 v.H. des Regelentgelts dürfen das kalendertägliche **Nettoarbeitsentgelt** nicht überschreiten. Das **Nettoarbeitsentgelt** wird wie das Regelentgelt nach § 67 berechnet; anstelle des Bruttoentgelts wird in diesem Fall das Nettoentgelt angesetzt. In der Begrenzung der Bemessungs- 5

---

5 BGBl. I 2016, 2022.
6 BGBl. I 2652.
7 Nebst Begründung BT-Drs. 14/5074, 19 und 110 sowie BT-Drs. 14/5531, 5.
8 Ausschussempfehlung BT-Drs. 14/5786, 41 f. und Bericht BT-Drs. 14/5800, 28.
9 BT-Drs. 18/9522, 256.

grundlage für das Übergangsgeld auf 80 v.H. des Regelentgelts liegt kein Verfassungsverstoß. Insbesondere wird der allgemeine Gleichheitssatz (Art. 3 Abs. 1 GG) nicht dadurch verletzt, dass Bezieher von Übergangsgeld Geldleistungen auf einer Bemessungsgrundlage von 80 v.H., Bezieher von Verletztengeld dagegen auf einer Bemessungsgrundlage von 100 v.H. des Regelentgelts erhalten.[10]

6 Absatz 1 Satz 3 und 4 bestimmt – im Wesentlichen abhängig vom Familienstand – die Höhe des Übergangsgeldes auf Grundlage der nach **Absatz 1 Satz 1 und 2 und Absatz 2 iVm §§ 67 und 68** ermittelten Berechnungsgrundlage. Die Quoten der maßgeblichen Berechnungsgrundlagen entsprechen der schon vor Inkrafttreten des SGB IX geltenden Rechtslage. Es beträgt einheitlich bei allen Rehabilitationsträgern regelmäßig 68 oder 75 v.H. der Berechnungsgrundlage; **Satz 4** stellt für die Träger der Kriegsopferfürsorge klar, dass das Übergangsgeld hier weiterhin 70 oder 80 v.H. der Berechnungsgrundlage beträgt.
Satz 4 wird zum 1.1.2024 lediglich redaktionell geändert. Die Träger der Kriegsopferfürsorge werden künftig als Träger der Sozialen Entschädigung bezeichnet.

7 Satz 3 Nr. 1 Hs. 1 verweist für alle Rehabilitationsträger auf einen einheitlichen Kindbegriff im steuerrechtlichen Sinne (§ 32 Abs. 1, 3–5 EStG).
Kinder iSd § 32 EStG sind zum einen im **ersten Grad** mit dem Leistungsempfänger verwandte Kinder, also eheliche Kinder einschl. angenommene Kinder, für ehelich erklärte Kinder und nichteheliche Kinder. Zum anderen zählen auch **Pflegekinder** zu den Kindern im steuerrechtlichen Sinne. Nach der Legaldefinition des § 32 Abs. 1 Nr. 2 EStG liegt ein Pflegekindschaftsverhältnis bei einer familienähnlichen, auf Dauer angelegten Beziehung mit der Pflegeperson vor, wenn sie das Kind nicht zu Erwerbszwecken in ihren Haushalt aufgenommen hat, dabei darf das Obhuts- und Pflegeverhältnis zu den Eltern nicht mehr bestehen.
Seit der Einfügung des letzten Halbsatzes des Absatz 1 Satz 3 Nr. 1 erhalten auch Leistungsempfänger mit **Stiefkindern** das erhöhte Übergangsgeld, sofern sie im Haushalt der Leistungsempfänger aufgenommen sind. Die ausdrückliche Einbeziehung von **Stiefkindern** war erforderlich, weil **Stiefkinder** nicht zu den Kindern im Sinne des § 32 Abs. 1 EStG zählen. Nach der Ausschussempfehlung und dem Bericht zu dem Gesetzentwurf der Bundesregierung eines Dritten Gesetzes zur Änderung des Vierten Buches Sozialgesetzbuch und anderer Gesetze[11] erfolgte die gesetzliche Änderung aufgrund eines Wunsches des Petitionsausschusses des Deutschen Bundestages nach einer Gleichstellung von Stiefkindern mit leiblichen Kindern bei der Bemessung des Übergangsgeldes.
Stiefkinder sind die leiblichen oder die adoptierten Kinder des Ehegatten. Das gleiche dürfte auch für Kinder eingetragener Lebenspartner (vgl. hierzu → Rn. 12) gelten, da diese im Rahmen des § 66 auch ansonsten den Ehegatten gleichgestellt sind. Keine Stiefkinder sind jedoch die Kinder des Partners einer eheähnlichen Lebensgemeinschaft und auch nicht die Kinder eines nicht „eingetragenen" Lebenspartners.[12]
Nach dem Wortlaut der Vorschrift erhalten Leistungsberechtigte, die Stiefkinder in ihren Haushalt aufgenommen haben, das erhöhte Übergangsgeld ungeachtet des Alters der Stiefkinder. Eine Besserstellung der Leistungsberechtigten mit Stiefkindern gegenüber denjenigen mit leiblichen Kindern war mit der Ge-

---

10 BSG 5.3.2002 – B 2 U 15/01 R.
11 BT-Drs. 17/2169, 9.
12 Vgl. auch BSG 21.10.1998 – B 9 VG 1/97 R.

setzesänderung jedoch nicht beabsichtigt,[13] so dass auch bei Stiefkindern, die das 18. Lebensjahr vollendet haben, dieselben weiteren Voraussetzungen erfüllt sein müssen wie bei leiblichen Kindern und § 32 Abs. 4 und 5 EStG zumindest entsprechend anzuwenden sind (→ Rn. 8 ff.).

Kinder, die das 18. Lebensjahr vollendet haben, werden berücksichtigt, wenn die weiteren Voraussetzungen des § 32 Abs. 4 und 5 EStG erfüllt sind. Stets berücksichtigt werden Kinder, die sich wegen einer vor Vollendung des 25. Lebensjahrs eingetretenen körperlichen, geistigen, oder seelischen Behinderung nicht selbst unterhalten können. 8

Darüber hinaus werden folgende **Fallgruppen** unterschieden: 9
1. Das Kind ist jünger als 21 Jahre, steht nicht in einem Beschäftigungsverhältnis und ist bei der Agentur für Arbeit als Arbeitsuchender gemeldet, § 32 Abs. 4 Satz 1 Nr. 1 EStG.
2. Das Kind ist jünger als 25 Jahre und wird für einen Beruf ausgebildet, § 32 Abs. 4 Satz 1 Nr. 2 Buchstabe a EStG.
3. Das Kind ist jünger als 25 Jahre und befindet sich in einer Übergangszeit zwischen zwei Ausbildungsabschnitten oder zwischen einem Ausbildungsabschnitt und der Ableistung des gesetzlichen Wehr- oder Zivildienstes von höchstens vier Monaten, § 32 Abs. 4 Satz 1 Nr. 2 Buchstabe b EStG.
4. Das Kind ist jünger als 25 Jahre und kann eine Berufsausbildung mangels Ausbildungsplatzes nicht beginnen oder fortsetzen, § 32 Abs. 4 Satz 1 Nr. 2 Buchstabe c EStG.
5. Das Kind ist jünger als 25 Jahre und leistet ein freiwilliges soziales oder ökologisches Jahr oder einen Freiwilligendienst, § 32 Abs. 4 Satz 1 Nr. 2 Buchstabe d EStG.

Innerhalb der Fallgruppen 1–3 dürfen die Altersgrenzen nach § 32 Abs. 5 EStG bis zur Dauer des geleisteten gesetzlichen Grundwehrdienstes oder Zivildienstes überschritten werden. Das gilt auch, wenn das Kind sich für einen den Grundwehrdienst ersetzenden freiwilligen Wehrdienst bis zu drei Jahren verpflichtet hat oder eine vom Grundwehrdienst oder Zivildienst befreiende Tätigkeit als Entwicklungshelfer geleistet hat, höchstens für die Dauer des inländischen gesetzlichen Grundwehrdienstes oder für die Dauer des inländischen gesetzlichen Zivildienstes. Auf die tatsächliche Dauer des geleisteten Grundwehr- oder Zivildienstes kommt es an, wenn er nicht in Deutschland, aber innerhalb der EU oder des EWR geleistet worden ist, § 32 Abs. 5 Satz 2 EStG. 10

Das erhöhte Übergangsgeld iHv 75 v.H. erhalten nach **Absatz 1 S. 2 Nr. 1 Hs. 2** auch Leistungsempfänger, die mit ihren **Ehegatten** oder **Lebenspartnern** in **häuslicher Gemeinschaft** leben und diese nicht erwerbstätig sein können, weil sie 11
- den Leistungsempfänger **pflegen** oder
- selbst **pflegebedürftig** sind und keinen Anspruch auf Leistungen der **Pflegeversicherung** haben.

Ob eine Lebenspartnerschaft vorliegt, richtet sich nach § 1 Satz 1 Lebenspartnerschaftsgesetz (LPartG). Danach können zwei Personen gleichen Geschlechts eine Lebenspartnerschaft begründen, wenn sie gegenseitig persönlich und bei gleichzeitiger Anwesenheit vor dem Standesbeamten erklären, dass sie miteinander eine Lebenspartnerschaft führen wollen. 12

Eine „**häusliche Gemeinschaft**" liegt regelmäßig vor, wenn die Ehe- oder Lebenspartner in einer auf unbestimmte Dauer angelegten wirtschaftlichen Lebensgemeinschaft zusammen wohnen. 13

---
13 Vgl. die Begründung im Bericht des Ausschusses, BT-Drs. 17/2169, 9.

14 Bei der Beurteilung des Tatbestandsmerkmals „**Pflegebedürftigkeit**" ist auf die Umstände des Einzelfalls abzustellen. Ein Anhaltspunkt ist die für das Leistungsrecht der sozialen Pflegeversicherung ab dem 1.1.2017 geltende Legaldefinition in § 14 Abs. 1 SGB XI durch das Pflegestärkungsgesetz II.[14] Danach sind Personen pflegebedürftig, die aufgrund körperlicher, kognitiver oder psychischer Beeinträchtigungen oder gesundheitlich bedingter Belastungen eine Einbuße bei der selbstständigen Lebensführung erleiden, und dies auf Dauer für voraussichtlich mindestens sechs Monate.

15 Ist der Ehegatte oder Lebenspartner des Leistungsempfängers pflegebedürftig, besteht ein Anspruch auf erhöhtes Übergangsgeld nur, wenn dieser keinen Anspruch auf Leistungen der Pflegeversicherung hat. Voraussetzung ist hier jedoch nicht, dass der Ehegatte oder Lebenspartner vom Leistungsempfänger gepflegt wird.

16 An Leistungsberechtigte, bei denen nicht die Voraussetzungen des **Absatz 1 Satz 3 Nr. 1** vorliegen, wird nach **Absatz 1 Satz 3 Nr. 2** der geringere Übergangsgeldbetrag iHv 68 v.H. gezahlt.

17 **Absatz 2** entspricht inhaltlich dem durch das **Einmalzahlungs-Neuregelungsgesetz** vom 21.12.2000[15] eingefügten § 47 Abs. 1 Satz 3 und 4 SGB V. Die Vorschrift ist in Verbindung mit § 67 Abs. 1 Satz 6 zu sehen, der § 47 Abs. 2 Satz 7 SGB V entspricht und ebenfalls durch das **Einmalzahlungs-Neuregelungsgesetz** in die Vorschrift eingefügt wurde. Mit dem **Einmalzahlungs-Neuregelungsgesetz** hat der Gesetzgeber Folgerungen aus den Beschlüssen des Bundesverfassungsgerichts v. 24.5.2000 – 1 BvL 1/98, 1 BvL 4/98 und 1 BvL 15/99 – gezogen. Das Bundesverfassungsgericht hatte darin entschieden, dass der Gleichheitssatz (Artikel 3 Abs. 1 GG) gebietet, einmalig gezahltes Arbeitsentgelt bei der Berechnung von kurzfristigen beitragsfinanzierten Lohnersatzleistungen zu berücksichtigen, wenn es zu Sozialversicherungsbeiträgen herangezogen wird; das Gesetz zur sozialrechtlichen Behandlung von einmalig gezahltem Arbeitsentgelt vom 12.12.1996[16] genüge dieser verfassungsrechtlichen Anforderung nicht.

18 Mit dem Einmalzahlungs-Neuregelungsgesetz wurden die notwendigen Regelungen nicht auf der Beitragsseite, sondern auf der Leistungsseite geschaffen. Seit dem 1.1.2001 wird einmalig gezahltes Arbeitsentgelt (zum Begriff vgl. § 23a SGB IV), zB Weihnachts- und Urlaubsgeld, in die Bemessung der Entgeltersatzleistungen einbezogen. Dies gilt nicht für das Übergangsgeld der Kriegsopferfürsorge, denn dabei handelt es sich – anders als beim Übergangsgeld der übrigen Rehabilitationsträger – um eine steuerfinanzierte und nicht um eine beitragsfinanzierte Leistung. Dementsprechend wurden die für das Übergangsgeld der Kriegsopferfürsorge – auch nach Inkrafttreten des SGB IX, vgl. § 26a Abs. 1 BVG – maßgeblichen Berechnungsvorschriften §§ 16a, 16b und 16f. BVG unverändert beibehalten.[17]

19 Grundsätzlich erfolgt die Berechnung des Übergangsgelds zunächst ohne Berücksichtigung von einmalig gezahltem Arbeitsentgelt, vgl. § 67 Abs. 1 Satz 1 (→ § 67 Rn. 5). Einmalig gezahltes Arbeitsentgelt wird in die Berechnung der Bemessungsgrundlage wie folgt einbezogen:
- Nach Ermittlung des Regelentgelts nach § 67 Abs. 1 Satz 1 bis 5 wird gem. § 67 Abs. 1 Satz 6 ein **Brutto-Hinzurechnungsbetrag** ermittelt; das ist der

---

14 BGBl. I 2424.
15 BGBl. I 1971.
16 BGBl. I 1859.
17 Bis zum 31.12.2023; ab dem 1.1.2024 gilt § 47 SGB XIV.

360. Teil der während der letzten 12 Kalendermonate vor Beginn der Leistung gezahlten Einmalzahlungen, soweit sie in dem jeweiligen Sozialversicherungszweig beitragspflichtig waren.
- Aus dem Brutto-Hinzurechnungsbetrag und dem zuvor nach § 67 Abs. 1 Satz 1–5 errechneten Regelentgelt wird das sog. **kumulierte Regelentgelt** ermittelt.
- Anschließend wird gem. **Absatz 2 Satz 1** der **Netto-Hinzurechnungsbetrag** ermittelt. Dazu wird der Faktor, der sich aus dem Verhältnis zwischen dem kalendertäglichen Regelentgelt nach § 67 Abs. 1 Satz 1–5 – also ohne Brutto-Hinzurechnungsbetrag – und dem kalendertäglichen Nettoarbeitsentgelt ergibt, mit dem Brutto-Hinzurechnungsbetrag multipliziert.
- Schließlich wird der so ermittelte Netto-Hinzurechnungsbetrag dem Nettoarbeitsentgelt hinzugerechnet.

Bei der Berechnung der endgültigen Höhe des kalendertäglichen Übergangsgeldes ist nach **Absatz 2 Satz 1** zu berücksichtigen, dass dieses nicht höher sein darf als das – ohne Berücksichtigung des Hinzurechnungsbetrages – kalendertägliche Nettoarbeitsentgelt.

Beispiel:

Bruttoarbeitsentgelt (gleichbleibend) im Bemessungszeitraum:	3.000,00 EUR
Nettoarbeitsentgelt:	1.950,00 EUR
Beitragspflichtige Einmalzahlungen:	4.500,00 EUR
Regelentgelt (3 000,00 : 30):	100,00 EUR
Brutto-Hinzurechnungsbetrag (4 500,00 : 360):	12,50 EUR
Kumuliertes Regelentgelt:	112,50 EUR
80 v.H. des kumulierten Regelentgelts	89,60 EUR
Nettoarbeitsentgelt (1 950,00 : 30):	65,00 EUR
Netto-Hinzurechnungsbetrag ([65,00 : 100,00] x 12,50):	8,13 EUR
Kumuliertes Nettoarbeitsentgelt:	73,13 EUR
Übergangsgeld (zB 75 v.H. von 73,13 EUR):	54,84 EUR

Maßgebliche Berechnungsgrundlage ist in diesem Fallbeispiel als Höchstgrenze das kumulierte Nettoarbeitsentgelt, → Rn. 5. Der errechnete Übergangsgeldbetrag übersteigt nicht das kalendertägliche Nettoarbeitsentgelt (→ Rn. 19) und bildet deshalb die Anspruchshöhe.

§ 67 Berechnung des Regelentgelts

(1) [1]Für die Berechnung des Regelentgelts wird das von den Leistungsempfängern im letzten vor Beginn der Leistung oder einer vorangegangenen Arbeitsunfähigkeit abgerechneten Entgeltabrechnungszeitraum, mindestens das während der letzten abgerechneten vier Wochen (Bemessungszeitraum) erzielte und um einmalig gezahltes Arbeitsentgelt verminderte Arbeitsentgelt durch die Zahl der Stunden geteilt, für die es gezahlt wurde. [2]Das Ergebnis wird mit der Zahl der sich aus dem Inhalt des Arbeitsverhältnisses ergebenden regelmäßigen wöchentlichen Arbeitsstunden vervielfacht und durch sieben geteilt. [3]Ist das Arbeitsentgelt nach Monaten bemessen oder ist eine Berechnung des Regelentgelts nach

den Sätzen 1 und 2 nicht möglich, gilt der 30. Teil des in dem letzten vor Beginn der Leistung abgerechneten Kalendermonat erzielten und um einmalig gezahltes Arbeitsentgelt verminderten Arbeitsentgelts als Regelentgelt. [4]Wird mit einer Arbeitsleistung Arbeitsentgelt erzielt, das für Zeiten einer Freistellung vor oder nach dieser Arbeitsleistung fällig wird (Wertguthaben nach § 7b des Vierten Buches), ist für die Berechnung des Regelentgelts das im Bemessungszeitraum der Beitragsberechnung zugrunde liegende und um einmalig gezahltes Arbeitsentgelt verminderte Arbeitsentgelt maßgebend; Wertguthaben, die nicht nach einer Vereinbarung über flexible Arbeitszeitregelungen verwendet werden (§ 23b Absatz 2 des Vierten Buches), bleiben außer Betracht. [5]Bei der Anwendung des Satzes 1 gilt als regelmäßige wöchentliche Arbeitszeit die Arbeitszeit, die dem gezahlten Arbeitsentgelt entspricht. [6]Für die Berechnung des Regelentgelts wird der 360.Teil des einmalig gezahlten Arbeitsentgelts, das in den letzten zwölf Kalendermonaten vor Beginn der Leistung nach § 23a des Vierten Buches der Beitragsberechnung zugrunde gelegen hat, dem nach den Sätzen 1 bis 5 berechneten Arbeitsentgelt hinzugerechnet.

(2) Bei Teilarbeitslosigkeit ist für die Berechnung das Arbeitsentgelt maßgebend, das in der infolge der Teilarbeitslosigkeit nicht mehr ausgeübten Beschäftigung erzielt wurde.

(3) Für Leistungsempfänger, die Kurzarbeitergeld bezogen haben, wird das regelmäßige Arbeitsentgelt zugrunde gelegt, das zuletzt vor dem Arbeitsausfall erzielt wurde.

(4) Das Regelentgelt wird bis zur Höhe der für den Rehabilitationsträger jeweils geltenden Leistungs- oder Beitragsbemessungsgrenze berücksichtigt, in der Rentenversicherung bis zur Höhe des der Beitragsbemessung zugrunde liegenden Entgelts.

(5) Für Leistungsempfänger, die im Inland nicht einkommensteuerpflichtig sind, werden für die Feststellung des entgangenen Nettoarbeitsentgelts die Steuern berücksichtigt, die bei einer Steuerpflicht im Inland durch Abzug vom Arbeitsentgelt erhoben würden.

1 **Geltende Fassung:** Die Vorschrift wurde durch Artikel 1 und 68 Abs. 1 SGB IX vom 19.6.2001[1] mit Wirkung ab 1.7.2001 eingeführt. Mit Wirkung ab 1.5.2002 wurden durch Artikel 48 des Gesetzes vom 27.4.2002[2] in Absatz 1 Satz 1 klarstellend die Wörter „Der Berechnung" durch die Wörter „Für die Berechnung" ersetzt, mit Wirkung ab 1.1.2007 durch Artikel 7 und 24 Abs. 3 des Gesetzes vom 24.4.2006[3] die Einbeziehung des Winterausfallgelds in Absatz 3 klarstellend gestrichen und mit Wirkung ab 1.1.2009 durch Artikel 6 Nr. 2 und Artikel 7 des Gesetzes vom 21.12.2008[4] in Absatz 1 Satz 4 als Folgeänderung die Angabe „7 Abs. 1a" durch die Angabe „7b" ersetzt. Das BTHG ordnete die bisher als § 47 geführte Regelung unter § 67 ein.

2 **Regelungsinhalt:** Die Vorschrift enthält die Einzelheiten der Berechnung des Regelentgelts, das der Ermittlung des Übergangsgeldanspruchs nach § 66 Abs. 1 Satz 1 zugrunde liegt.

3 **Zur Entstehung:** Die Vorschrift entwickelt § 13 Abs. 6 RehaAnglG fort und übernimmt darüber hinaus weitgehend die bis zum Inkrafttreten des SGB IX geltenden Regelungen der für die Rehabilitationsträger jeweils geltenden Leistungsgesetze (§ 21 SGB VI, § 47 SGB VII iVm § 47 SGB V).

---

1 BGBl. I 1046.
2 BGBl. I 1467.
3 BGBl. I 926.
4 BGBl. I 2940.

Im Text des Regierungsentwurfs 2001[5] wurden in Absatz 1 Satz 1 aufgrund 4
Änderungsantrags der Koalitionsfraktionen[6] – neben einer sprachlichen Änderung – nach dem Wort „Leistung" die Wörter „oder einer vorangegangenen Arbeitsunfähigkeit" eingefügt. Nach dem Bericht[7] erfolgte dies zur Harmonisierung der Entgeltersatzleistungen und zur Vermeidung unterschiedlicher Bemessungszeiträume bei der Berechnung von Krankengeld und Übergangsgeld.
Absatz 1 entspricht inhaltlich den Regelungen des § 47 Abs. 2 SGB V. Er unter- 5
scheidet bei der Berechnung des **Regelentgelts** zwischen Arbeitnehmern, deren Arbeitsentgelt nach Stunden (Satz 1 und 2), und Arbeitnehmern, deren Arbeitsentgelt nach Monaten bemessen wird oder bei denen eine Berechnung nach Satz 1 und 2 nicht möglich ist (Satz 3). In allen Fällen steht am Ende das kalendertägliche Regelentgelt.
Für die Berechnung des Regelentgelts bei Arbeitnehmern, deren Arbeitsentgelt 6
sich einer Stundenzahl zuordnen lässt, ist gem. **Absatz 1 Satz 1** das im **Bemessungszeitraum** erzielte und um einmalig gezahltes Arbeitsentgelt (§ 23 a SGB IV) verminderte Arbeitsentgelt durch die Zahl der Stunden zu teilen, für die es gezahlt wurde (zur Berücksichtigung von einmalig gezahltem Arbeitsentgelt → § 66 Rn. 17 ff.). Der Begriff des Arbeitsentgelts entspricht § 14 SGB IV und der aufgrund des § 17 Abs. 1 SGB IV erlassenen Arbeitsentgeltverordnung (ArEV).
Darunter fallen nicht die gemäß § 150 a SGB XI[8] gezahlten Sonderleistungen an Beschäftigte in der Altenpflege. Diese „Corona-Prämie" ist von der Einkommensteuerpflicht und der Beitragspflicht in der Sozialversicherung befreit.
Der **Bemessungszeitraum** ist bei diesen Arbeitnehmern der letzte Entgeltabrech- 7
nungszeitraum, der vor Beginn der den Anspruch auf Übergangsgeld auslösenden Leistung oder einer der Leistung vorangegangenen Arbeitsunfähigkeit abgerechnet wurde, mindestens die letzten abgerechneten vier Wochen. Unter Umständen sind mehrere kürzere Entgeltabrechnungszeiträume zusammenzufassen, um einen Bemessungszeitraum von vier Wochen festzulegen.
Bei Leistungen zur Teilhabe am Arbeitsleben darf der letzte Bemessungszeitraum nicht länger als drei Jahre zurückliegen (→ § 68 Rn. 8).
Der im Bemessungszeitraum erzielte Stundenlohn wird nach **Absatz 1 Satz 2** für 8
einen Kalendertag bestimmt, indem er mit der regelmäßigen wöchentlichen Arbeitszeit multipliziert und durch sieben geteilt wird. Auch für Teilzeitrehabilitanden erfolgt diese Berechnung nach (sieben) Kalendertagen und nicht etwa nach (fünf) Arbeitstagen.[9]
Für die Berechnung des Regelentgelts im Fall des **Absatzes 1 Satz 3** ist der Be- 9
messungszeitraum der letzte vor Beginn der Leistung abgerechnete Kalendermonat. Als Regelentgelt gilt hier der dreißigste Teil des im Bemessungszeitraum erzielten und um einmalig gezahltes Arbeitsentgelt verminderte Arbeitsentgelts. Eine Berechnung des Regelentgelts nach Absatz 1 Satz 1 und 2 ist nicht möglich, wenn das Arbeitsentgelt nicht einer Stundenzahl zugeordnet werden kann. Zu berücksichtigen ist, dass das Regelentgelt nach Absatz 4 in jedem Fall auf das Höchstregelentgelt begrenzt ist.
Absatz 2 Satz 4 und 5 entsprechen § 47 Abs. 2 Satz 4 und 5 SGB V, die durch 10
Artikel 3 Nr. 1 des Gesetzes zur sozialrechtlichen Absicherung flexibler Arbeits-

---

5 Nebst Begründung BT-Drs. 14/5074, 19 und 110 sowie BT-Drs. 14/5531, 5.
6 Ausschussempfehlung BT-Drs. 14/5786, 42 f.
7 BT-Drs. 14/5800, 28.
8 Eingeführt mit Wirkung vom 23.5.2020 durch G v. 19.5.2020, BGBl. I 1018.
9 BayLSG 25.7.2007 – 216 R 889/05.

zeitregelungen vom 6.4.1998[10] eingefügt worden sind. Die Regelungen tragen dem Umstand Rechnung, dass Arbeitgeber und Arbeitnehmer individuelle flexible Arbeitszeiten vereinbaren können, wonach Arbeitnehmer für die Zeit einer Freistellungsphase vor- oder nacharbeiten können. Das während der Arbeitszeitphase erzielte Arbeitsentgelt wird zu einem Teil angespart und erst (oder schon) während der Freistellungsphase ausgezahlt. Das Beschäftigungsverhältnis bleibt unter den weiteren Voraussetzungen des § 7 Abs. 1a SGB IV während der Freistellungsphase bestehen, so dass in dieser Zeit auch Sozialversicherungsschutz besteht. Für den Anteil des in der Freistellungsphase ausgezahlten Arbeitsentgelts werden die Beiträge ebenfalls erst in dieser Zeit erhoben.

11 Die Regelungen stellen sicher, dass die Leistungsberechtigten Übergangsgeld nur aufgrund des tatsächlich ausgezahlten Arbeitsentgelts erhalten. Denn maßgeblich ist das im Bemessungszeitraum „der Beitragsberechnung zugrunde liegende" verminderte Arbeitsentgelt. Als wöchentliche Arbeitszeit gilt die Arbeitszeit, die dem gezahlten Arbeitsentgelt entspricht. Der Anteil des Arbeitsentgelts, der für die Zeit der Freistellungsphase angespart wird, bleibt also außer Betracht. Nach **Absatz 1 Satz 4 Hs. 2** werden angesparte Wertguthaben, die nicht gemäß einer Vereinbarung über flexible Arbeitszeitregelungen verwendet werden, bei der Berechnung des Übergangsgeldes nicht berücksichtigt.

12 Soweit einmalig gezahltes Arbeitsentgelt erzielt worden ist, ist nach **Absatz 1 Satz 6** zur Berechnung eines kumulierten Regelentgelts der sog. Brutto-Hinzurechnungsbetrag zu ermitteln. Vgl. hierzu → § 66 Rn. 17 ff.

13 **Absatz 2** bestimmt, dass für die Berechnung des Übergangsgeldes bei **Teilarbeitslosigkeit** auch das Arbeitsentgelt aus der infolge der Teilarbeitslosigkeit nicht mehr ausgeübten Beschäftigung berücksichtigt wird. Nach § 162 Abs. 2 Nr. 1 SGB III ist teilarbeitslos, wer eine versicherungspflichtige Beschäftigung verloren hat, die er neben einer weiteren versicherungspflichtigen Beschäftigung ausgeübt hat, und eine versicherungspflichtige Beschäftigung sucht. Die Berechnungsgrundlage ist in diesem Fall aus der nicht mehr ausgeübten Beschäftigung und aus der weiterhin bestehenden Beschäftigung zu berechnen.

14 Nach **Absatz 3** wird bei Leistungsempfängern, die **Kurzarbeitergeld** (§§ 95 ff. SGB III; Kug) erhalten haben, die Berechnungsgrundlage für das Übergangsgeld aus dem vor dem Arbeitsausfall regelmäßig erzielten Arbeitsentgelt ermittelt. Die Regelung vermeidet Nachteile für Betroffene, die ansonsten durch das verringerte Arbeitsentgelt im maßgeblichen Abrechnungszeitraum entstehen könnten.

Dieser Sonderregelung wird mittelfristig besondere Beachtung zukommen. Aufgrund der Corona-Pandemie und den sich daraus ergebenden Belastungen der Wirtschaft wurde der Zugang zum Kug deutlich erleichtert,[11] bestehende Hinzuverdienstmöglichkeiten erleichtert und für eine Übergangszeit eine gestaffelte Anhebung ab dem vierten Monat des Bezuges eingeräumt (§ 421c SGB III).[12]

Zum gegenwärtigen Stand sind die wirtschaftlichen Folgen der Pandemie noch nicht abzusehen. Mit erheblichen Wandlungs- und Anpassungsprozessen wird jedoch allgemein gerechnet. Der Bedarf an Leistungen zur Teilhabe am Arbeitsleben wird mit Sicherheit steigen. Dabei sollten Leistungsempfänger, die Entschädigungsleistungen nach §§ 56, 56a IfSG erhalten haben, den Leistungsempfängern mit Kug gleichgestellt werden. Werden Tätigkeitsverbot oder Qua-

---

10 BGBl. I 688.
11 G v. 13.3.2020, BGBl. I 493.
12 Art. 2 „Sozialschutz-Paket" vom 27.3.2020, BGBl. I 575, Übersicht bei *Schaumberg* in Kroiß Rechtsprobleme COVID-19 § 10 Sozialrecht Rn. 2–36.

rantäne behördlich angeordnet, gewährt § 56 IfSG den Betroffenen Anspruch auf Verdienstausfall für die ersten sechs Wochen, anschließend in Höhe des Krankengeldes.[13] Der Entschädigungsanspruch ist allerdings subsidiär zum Entgeltfortzahlungsanspruch nach § 616 S. 1 BGB.[14]

Der Verdienstausfall von Sorgeberechtigten wird nach § 56 Ia IfSG entschädigt, wenn sie wegen erforderlicher häuslicher Betreuung von Kindern bis zum vollendeten 12. Lebensjahr (oder auf Hilfe angewiesenen minderjährigen behinderten Kindern) einen Verdienstausfall erleiden. Die Entschädigung beträgt 67 % des entstandenen Verdienstausfalls, maximal 2.016 EUR je Monat.[15] Ein Anspruch auf Entschädigung besteht nicht, wenn sich der/die Sorgeberechtigte in Kurzarbeit befindet.[16]

Sowohl die Subsidiarität gegenüber dem Anspruch auf Kug als auch die vergleichbare Leistungshöhe der Entschädigungsansprüche sprechen für eine Erweiterung des Anwendungsbereiches der Vorschrift § 67 Abs. 3 durch verfassungskonforme Auslegung unter dem Aspekt der Gleichbehandlung (Art. 3 Abs. 1 GG). Die eine erweiternde Auslegung erforderlich machende gesetzgeberische Lücke bestünde darin, dass beide „Sozialschutz-Pakete"[17] akute soziale Notlagen und Leistungen regeln. Voraussichtlich erforderlich werdende Sozialleistungen – wie Maßnahmen zur medizinischen Rehabilitation oder Leistungen zur Teilhabe am Arbeitsleben sind (bislang) nicht Bestandteil der „Sozialschutz-Pakete". Einzige Ausnahme bildet das Gesetz für Maßnahmen im Elterngeld aus Anlass der Corona-Pandemie.[18] Nach dessen Art. 1 wird § 2 b Abs. 1 BEEG dahingehend ergänzt, dass bei der Ermittlung des elterngeldrelevanten Einkommens solche Monate in der Zeit zwischen dem 1.3.2020 und dem 31.12.2020 außer Betracht bleiben können, in denen die elterngeldberechtigte Person aufgrund der Covid-19-Pandemie ein verringertes Erwerbseinkommen erzielte. Der Gesetzgeber sieht folglich über die „akute Phase" der Pandemie hinaus Handlungsbedarf zur Verwirklichung des Sozialstaatsgebotes. Es spricht im Lichte der UN-BRK alles dafür, auch bei den künftig zu erwartenden Ansprüchen auf unterhaltssichernde Leistungen die Vergütungsausfälle aufgrund der Covid-19-Pandemie über eine erweiternde Anwendung des § 67 Abs. 3 auszugleichen.

Für Leistungen nach § 56 IfSG soll bei den „auf behördliche Anordnung abgesonderten Personen" die Versicherungspflicht in GKV, GPflV und in der Arbeitslosenversicherung erhalten bleiben. Die Beiträge trage die Entschädigungsbehörde. Dier Zahlung der Entschädigungsleistung nach § 56 IfSG sei beitragsrechtlich wie die Zahlung von beitragspflichtigem Arbeitsentgelt zu behandeln.[19]

Die Regelung des **Absatzes 4** bestimmt, dass das ermittelte Regelentgelt die für die jeweiligen Rehabilitationsträger geltenden Beitragsbemessungsgrenzen oder Leistungsbemessungsgrenzen (vgl. § 16a Abs. 3 BVG) nicht übersteigen darf

15

---

13 *Stöß/Putzer*, Entschädigung von Verdienstausfall während der Corona-Pandemie, NJW 2020, 1465 (1468). Zu Änderungen des IfSG s. *Kluckert* Neues InfektionsschutzR.
14 *Stöß/Putzer* NJW 2020, 1465 (1467 mwN).
15 *Stöß/Putzer* NJW 2020, 1465 (1469).
16 *Stöß/Putzer* NJW 2020, 1465 (1469); mit Hinweis auf BT-Drs. 19/18111, 25.
17 „Gesetz für den erleichterten Zugang zu sozialer Sicherung und zum Einsatz und zur Absicherung sozialer Dienstleister aufgrund des Corona Virus SARS-CoV-2" vom 27.3.2020, BGBl. I 575 und „Gesetz zu sozialen Maßnahmen zur Bekämpfung der Corona-Pandemie", BGBl. I 1055.
18 BGBl. 2020 I 1061.
19 GKV Spitzenverband, Rundschreiben v. 2.4.2020 – RS 2020/255 zit. nach *Ricken* NZA 2020, 1236.

(Höchstregelentgelt). Eine Sonderregelung besteht für den Bereich der Rentenversicherung; hier gilt als Höchstregelentgelt das der Beitragsbemessung zugrunde liegende Entgelt.

16 **Absatz 5** stellt sicher, dass in Deutschland beschäftigte, aber im Ausland wohnende Leistungsempfänger gegenüber in Deutschland wohnenden Arbeitnehmern nicht besser gestellt werden. Nach § 66 Abs. 1 Satz 1 darf die Berechnungsgrundlage für das Übergangsgeld bei Arbeitnehmern das im Bemessungszeitraum erzielte Nettoarbeitsentgelt nicht übersteigen. Einem in Deutschland beschäftigten Grenzgänger, der in einem Staat wohnt, mit dem die Bundesrepublik Deutschland ein Doppelbesteuerungsabkommen abgeschlossen hat, zahlt der Arbeitgeber das Arbeitsentgelt idR ohne Abzug von Steuern. Die Vorschrift regelt deshalb, dass bei Grenzgängern ein fiktives Nettoarbeitsentgelt zu berücksichtigen ist, indem das Bruttoarbeitsentgelt um die bei deutschen Arbeitnehmern anfallenden gesetzlichen Bezüge gemindert wird.

§ 68 Berechnungsgrundlage in Sonderfällen

(1) Für die Berechnung des Übergangsgeldes während des Bezuges von Leistungen zur Teilhabe am Arbeitsleben werden 65 Prozent eines fiktiven Arbeitsentgelts zugrunde gelegt, wenn
1. die Berechnung nach den §§ 66 und 67 zu einem geringeren Betrag führt,
2. Arbeitsentgelt oder Arbeitseinkommen nicht erzielt worden ist oder
3. der letzte Tag des Bemessungszeitraums bei Beginn der Leistungen länger als drei Jahre zurückliegt.

(2) ¹Für die Festsetzung des fiktiven Arbeitsentgelts ist der Leistungsempfänger der Qualifikationsgruppe zuzuordnen, die seiner beruflichen Qualifikation entspricht. ²Dafür gilt folgende Zuordnung:
1. für eine Hochschul- oder Fachhochschulausbildung (Qualifikationsgruppe 1) ein Arbeitsentgelt in Höhe von einem Dreihundertstel der Bezugsgröße,
2. für einen Fachschulabschluss, den Nachweis über eine abgeschlossene Qualifikation als Meisterin oder Meister oder einen Abschluss in einer vergleichbaren Einrichtung (Qualifikationsgruppe 2) ein Arbeitsentgelt in Höhe von einem Dreihundertsechzigstel der Bezugsgröße,
3. für eine abgeschlossene Ausbildung in einem Ausbildungsberuf (Qualifikationsgruppe 3) ein Arbeitsentgelt in Höhe von einem Vierhundertfünfzigstel der Bezugsgröße und
4. bei einer fehlenden Ausbildung (Qualifikationsgruppe 4) ein Arbeitsentgelt in Höhe von einem Sechshundertstel der Bezugsgröße.

³Maßgebend ist die Bezugsgröße, die für den Wohnsitz oder für den gewöhnlichen Aufenthaltsort der Leistungsempfänger im letzten Kalendermonat vor dem Beginn der Leistung gilt.

1 **Geltende Fassung:** Die Vorschrift wurde mit Wirkung vom 1.7.2001 durch Art. 1 und 68 Abs. 1 SGB IX vom 19.6.2001[1] eingeführt. Durch Art. 1 § 68 BTHG wurde der bisherige § 48 neu unter § 68 eingereiht und dabei in die Absätze 1 und 2 aufgeteilt sowie neu gefasst.

2 **Regelungsinhalt:** Die Vorschrift enthält besondere Regelungen für die Ermittlung der Berechnungsgrundlage für das Übergangsgeld während Leistungen zur Teilhabe am Arbeitsleben für die Fälle, in denen eine Orientierung an den tat-

---

1 BGBl. I 1046.

sächlichen Einkommensverhältnissen des Betroffenen vor Beginn der Leistung zu einer nicht angemessenen Höhe des Übergangsgeldes führt.

Zur Entstehung: Die Vorschrift übernahm zunächst den früheren § 14 Reha-AnglG, ohne inhaltliche Veränderung. Erst im Gesetzgebungsverfahren des BTHG wurde die Berechnungsformel verändert. Der hohe Ermittlungsaufwand des im Einzelfall einschlägigen tariflichen oder ortsüblichen Entgeltes sollte entfallen. In der Praxis habe der Bundesrechnungshof zudem eine hohe Fehlerhaftigkeit der mit der Ermittlung befassten Bundesagentur für Arbeit festgestellt.[2]

Materialien: Zum Regierungsentwurf nebst Begründung BT-Drs. 14/5074, 20 und 110 sowie BT-Drs. 14/5531, 5; zur Ausschussempfehlung BT-Drs. 14/5786, 43; sowie zum BTHG BT-Drs. 18/9522, 257.

Absatz 1 bestimmt in den **Nr. 1–3** die Fälle, bei denen abweichend von den §§ 66 und 67 die Berechnung des Übergangsgeldes aus **65 v.H.** eines **fiktiven Arbeitsentgelts** erfolgt. Der Anwendungsbereich ist auf die Berechnung des Übergangsgeldes beschränkt, das anlässlich von Leistungen zur Teilhabe am Arbeitsleben geleistet wird.

Nach **Absatz 1 Nr. 1** ist neben der Berechnung nach den §§ 66 und 67 stets eine weitere **Vergleichsberechnung** mit einem **fiktiven Arbeitsentgelt** (→ Rn. 9 ff.) durchzuführen. Das Übergangsgeld wird immer auf der Grundlage eines fiktiven Arbeitsentgelts berechnet, wenn die Berechnung nach den §§ 66 und 67 zu einem geringeren Betrag führt. Damit werden Leistungsempfänger unterstützt, die innerhalb des Bemessungszeitraums (vgl. § 67 Abs. 1 bzw. → § 67 Rn. 6 ff. ein geringes Arbeitsentgelt erzielt haben. Zudem stellt die Regelung sicher, dass dieser Personenkreis nicht schlechter gestellt wird als die Leistungsempfänger, die im Bemessungszeitraum überhaupt kein Einkommen hatten. Für diese erfolgt eine Berechnung des Übergangsgeldes nach Absatz 1 Nr. 2 und 3.

Die Berechnung des Übergangsgeldes erfolgt auf Grundlage eines fiktiven Arbeitsentgelts nach **Absatz 1 Nr. 2** auch dann, wenn Arbeitsentgelt oder Arbeitseinkommen nicht erzielt worden ist. Die Regelung findet nicht nur dann Anwendung, wenn überhaupt kein Arbeitsentgelt oder Arbeitseinkommen erzielt wurde, sondern auch dann, wenn Entgelt nur für einen Zeitraum von unter vier Wochen (vgl. § 67 Abs. 1 Satz 1) erzielt worden ist, eine Berechnung nach §§ 66 und 67 also nicht möglich ist.

Auch in den Fällen, in denen der letzte Tag des Bemessungszeitraums länger als drei Jahre zurückliegt, wird das fiktive Arbeitsentgelt zur Berechnung des Übergangsgeldes herangezogen, **Absatz 1 Nr. 3**. Die Fristberechnung erfolgt gemäß § 26 Abs. 1 SGB X, § 187 Abs. 1 BGB. Demnach wird der Tag, an dem die Leistung zur Teilhabe am Arbeitsleben beginnt, bei der Berechnung der Dreijahresfrist nicht mitgerechnet. Beginnt die Leistung zB am 24.4.2020, so erstreckt sich die Dreijahresfrist vom 24.4.2017 bis zum 23.4.2020. Wäre in diesem Fall der Monat April 2017 der Bemessungszeitraum, fiele der letzte Tag des Bemessungszeitraums (30.4.2017) in den Dreijahreszeitraum, so dass die Voraussetzungen des Satz 1 Nr. 3 nicht erfüllt wären.

Wird die Dreijahresfrist infolge verzögerter Behandlung eines ReHa-Antrags überschritten, wurde dabei der umfassenden Beratungs- und Betreuungspflicht (§ 14 SGB I) durch den Leistungsträgers nicht genügt. Sind die Voraussetzungen des sozialrechtlichen Herstellungsanspruches im Übrigen erfüllt, tritt die

---

2 BT-Drs. 18/9522, 257.

Rechtsfolge des § 68 – alleinige Berechnung des Übergangsgeldes nach § 68 Abs. 2 – nicht ein.[3]
Hierauf wäre zurückzugreifen, wenn bei verzögerter Antragsbearbeitung keine Genehmigungsfiktion nach § 18 Abs. 3 eintritt, bzw. die Genehmigungsfiktion auf einen reinen Kostenerstattungsanspruch für selbstbeschaffte Leistungen beschränkt bleibt (→ § 64 Rn. 6).

9 Ist eine Voraussetzung des Absatz 1 Nr. 1–3 erfüllt, wird die Berechnungsgrundlage für das Übergangsgeld aus 65 v.H. des **fiktiven Arbeitsentgelts** der Qualifikationsgruppe des Absatz 2 Satz 2 ermittelt, der ein Leistungsempfänger nach seiner beruflichen Qualifikation zuzuordnen ist (Absatz 1 Satz 1).
Nach dem Wortlaut der Regelung („Zuordnung entsprechend der beruflichen Qualifikation") ist auf die höchste erlangte Qualifikation abzustellen, nicht auf die während der letzten ausgeübten Tätigkeit erwiesene praktische „Qualifikation".[4]
Eine Berücksichtigung des Entgeltes aus der Position, die ein Arbeitnehmer auch ohne den formalen Qualifikationsnachweis ausfüllt[5], wird unter Bezugnahme auf Kommentierung zu § 152 SGB III begründet. Dies übersieht, dass die Zuordnung nach § 152 SGB III in die dortige Qualifikationsgruppe erfolgt, die eine Beschäftigung enthält, auf die „die Arbeitsagentur ihre Vermittlungsbemühungen in erster Linie zu erstrecken hat". Eine tatsächlich ausgeübte höherwertige Tätigkeit als der ursprüngliche Berufsabschluss kann daher entscheidend sein, wenn eine Vermittlung in eine entsprechende Beschäftigung realistisch erscheint.[6]
An eben diesem Arbeitsmarktbezug fehlt es in § 68.

10 Mit der Begrenzung des Entgelts auf 65 v.H. berücksichtigt der Gesetzgeber weiterhin eine Belastungsquote von 35 v.H. wegen Steuern und Sozialversicherungsbeiträgen, um so zu einem fiktiven Nettoarbeitsentgelt zu kommen. Dies ist vergleichbar mit der in § 66 Abs. 1 Satz 1 enthaltenen Begrenzung auf das Nettoarbeitsentgelt.

11 Die Qualifikationsgruppen des Absatz 2 Satz 1 entsprechen denen des § 152 Abs. 2 Satz 2 SGB III. Damit wird die Ermittlung des fiktiven Arbeitsentgelts an das bisherige Qualifikationsniveau des Leistungsempfängers und an einen entsprechenden Prozentsatz der Bezugsgröße gekoppelt. Die Bezugsgröße ist das Durchschnittsentgelt aller rentenversicherungspflichtig Beschäftigten aus dem vorvergangenen Jahr (§ 18 Abs. 1 SGB IV).
Konkret wird unterschieden zwischen Hochschul- und Fachhochschulausbildung (Qualifikationsgruppe 1), Fachschul- oder Meisterausbildung (Qualifikationsgruppe 2), abgeschlossener Ausbildung in einem Ausbildungsberuf (Qualifikationsgruppe 3) und fehlende Ausbildung (Qualifikationsgruppe 4). Die Unterteilung geht auf das 3. Gesetz für moderne Dienstleistungen am Arbeitsmarkt[7] zurück und führte zu einer erheblichen Verwaltungsvereinfachung, da nicht mehr der jeweils günstigste Tarifvertrag ermittelt werden musste.[8]
Für Leistungsfälle, die vor dem Inkrafttreten laut BTHG – also bis zum 31.12.2017 – einsetzen, ist nach **Satz 2 aF** weiterhin auf eine Beschäftigung ab-

---

3 *Jabben* in Neumann/Pahlen/Greiner/Winkler/Jabben SGB IX § 68 Rn. 8 mit Hinweis auf BSG 30.10.1995 – 5 b RJ 86/84, BeckRS 1980, 42094.
4 Ebenso *Jabben* in Neumann/Pahlen/Greiner/Winkler/Jabben SGB IX § 68 Rn. 10.
5 So *Reyels* in juris-PK SGB IX, 3. Aufl. Stand 9.1.2020, § 68 Rn. 25.
6 *Rolfs* in Gagel, 78. EL Mai 2020, SGB III § 152 Rn. 13 mit Hinweis auf BSG 4.7.2012 – B 11 AL 21/11 R, NZS 2013, 118.
7 3. ArbMDienstlG BGBl. 2003 I 2848.
8 *Rolfs* in Gagel, 78. EL Mai 2020, SGB III § 152 Rn. 3.

zustellen, die die Leistungsempfänger – wenn sie nicht behindert wären – nach ihren beruflichen Fähigkeiten, ihrer bisherigen beruflichen Tätigkeit und ihrem Lebensalter hätten ausüben können. Regelmäßig ist dies die Beschäftigung, die die Leistungsempfänger vor Eintritt der Behinderung zuletzt ausgeübt hatten. Der zeitliche Umfang der zuletzt ausgeübten Beschäftigung ist unerheblich. Zu ermitteln ist das tarifliche oder ortsübliche Entgelt für Vollzeitbeschäftigte, hilfsweise ein ortsübliches Entgelt[9]. Die (übrigen) Rehabilitationsträger werden hierfür auf die Sachkompetenz der Bundesagentur für Arbeit im Wege der Amtshilfe zurückgreifen.

Bei Festlegung des Quotienten je Qualifikationsgruppe ging der Gesetzgeber davon aus, dass rund 70 % aller Arbeitnehmer der Gruppe 3 zuzuordnen sind. Ihnen wird ein fiktives tägliches Arbeitsentgelt in Höhe von 80 % der Bezugsgröße zugebilligt, indem die Bezugsgröße durch 450 (1/450 = 80 % von 1/360) geteilt wird. Die weiteren Gruppen werden dann um 20 %-Punkte höher gewertet oder abgewertet, was die konkreten Quotienten erklärt.[10]   12

In der Praxis bedeutet dies, dass selbst das in der tariflichen Skala unterdurchschnittliche tarifliche Entgelt einer ausgebildeten Altenpflegerin – fast 4,8 Mio. Menschen sind im Gesundheits- und Pflegewesen beschäftigt, eine „Schlüsselbranche"[11] – inklusive Zulagen und Zuschläge ein höheres tägliches Arbeitsentgelt ergeben kann als das fiktiv nach der einschlägigen Qualifikationsgruppe 3 berechnete. Das BSG[12] sah keine verfassungsrechtlichen Bedenken und wurde vom BVerfG darin bestätigt. Die Berechnung erweise sich als vertretbar und angemessen.[13]

Nach Absatz 2 Satz 3 ist das fiktive Arbeitsentgelt mittels der Bezugsgröße zu berechnen, die für den Wohnort oder den gewöhnlichen Aufenthaltsort des Leistungsempfängers im letzten Monat vor Beginn der Leistungen zur Teilhabe am Arbeitsleben gilt. Der gewöhnliche Aufenthalt bestimmt sich nach § 30 Abs. 3 Satz 2 SGB I. Es gilt entweder die Bezugsgröße West (alte Bundesländer) oder die Bezugsgröße Ost (neue Bundesländer).   13

Der Wortlaut unterscheidet sich leistungserheblich von dem Wortlaut des § 152 Abs. 2 Satz 2 SGB III, der nur auf die Bezugsgröße verweist. Dies verstand das BSG dahin gehend, dass maßgeblich für die Bemessung des fiktiven ALG stets die allgemeine Bezugsgröße West sei. § 152 SGB III stelle nicht auf den bisherigen Beschäftigungsort ab, sondern auf die künftige – nicht ortsgebundene – anzustrebende Beschäftigung.[14]

Für das Kalenderjahr 2018 lässt sich bei einer Bezugsgröße von jährlich 36.540 EUR West und 32.340 EUR Ost das fiktiv nach § 68 berechnete kalendertägliche Arbeitsentgelt tabellarisch wie folgt darstellen:[15]

---

9 Jüngst BSG 6.9.2017 – B 13 R 20/14 R, NZS 2018, 146 mit Anm. *Herberg.*
10 Siehe die Ausführungen in BSG 29.5.2008 – B 11a AL 23/07 R, BSGE 100, 295 ff., NZS 2009, 464 ff.
11 PWC Price Waterhouse Coopers (Hrsg.), 112 – und niemand hilft. 4 Szenarien zur Entwicklung fehlender Fachkräfte im Gesundheitswesen, 2012, S. 2 mwN.
12 BSG 29.5.2008 – B 11a AL 23/07 R, BSGE 100, 295 ff., NZS 2009, 464 ff.
13 BVerfG 11.3.2010 – 1 BvR 2909/08, NZS 2010, 626 f.; BVerfG 14.3.2011 – 1 BvL 13/07, NZS 2011, 812.
14 BSG 26.11.2015 – B – 11 AL 2/15, BeckRS 2016, 66376; s. auch *Rolfs* in Gagel, 78. EL Mai 2020, SGB III § 152 Rn. 18.
15 Nach *Rolfs* in Gagel, 78. EL Mai 2020, SGB III § 152 Rn. 20.

Qualifikations-gruppe	Faktor	Fiktives Entgelt West	Fiktives Entgelt Ost
I	1/300	121,80 EUR	107,80 EUR
II	1/360	101,50 EUR	89,33 EUR
III	1/450	81,20 EUR	71,87 EUR
IV	1/600	60,90 EUR	53,90 EUR

Hiervon sind 65 % in die Berechnung des Übergangsgeldes einzustellen, im Fall der Gruppe 3 (West) also 52,78 EUR.

Für das Kalenderjahr 2019 lässt sich das fiktiv nach § 68 berechnete kalendertägliche Arbeitsentgelt tabellarisch wie folgt darstellen:

Qualifikations-gruppe	Faktor	Fiktives Entgelt West	Fiktives Entgelt Ost
I	1/300	124,50 EUR	114,80 EUR
II	1/360	103,83 EUR	95,67 EUR
III	1/450	83,07 EUR	76,53 EUR
IV	1/600	63,30 EUR	57,40 EUR

Hiervon sind 65 % in die Berechnung des Übergangsgeldes einzustellen, im Fall der Gruppe 3 (West) also gerundet 53,60 EUR.

Für das Kalenderjahr 2020 lässt sich das fiktiv nach § 68 berechnete kalendertägliche Arbeitsentgelt tabellarisch wie folgt darstellen:[16]

Qualifikations-gruppe	Faktor	Fiktives Entgelt West	Fiktives Entgelt Ost
I	1/300	127,40 EUR	120,40 EUR
II	1/360	106,93 EUR	100,33 EUR
III	1/450	84,83 EUR	80,27 EUR
IV	1/600	63,70 EUR	60,20 EUR

Hiervon sind 65 % in die Berechnung des Übergangsgeldes einzustellen, im Fall der Gruppe 3 (West) also 55,14 EUR.

14 Von Behindertenverbänden wurde das BTHG als „Bundessparsgesetz" abgelehnt.[17] Solch globale Kritik scheint für die Ermittlung des im Vergleich zu § 48 S. 2 aF niedrigeren kalendertäglichen fiktiven Arbeitsentgelts berechtigt. Kommt der Gesetzgeber seinem Gestaltungsauftrag aus dem Sozialstaatsprinzip des Art. 20 Abs. 1 GG nach, hat er den gebotenen sozialen Mindeststandard zu gewährleisten und ein breites Ermessen, auf welche Weise er soziale Gerechtigkeit und soziale Sicherheit herstellen will.[18] Im Anwendungsbereich der gesetzlichen Arbeitslosenversicherung – an die sich die Vorschrift anlehnt – wurde bereits mehrfach ein Diskriminierungsvorwurf durch den Bedarf an Verwaltungs-

---

16 Nach *Rolfs* in Gagel, 78. EL Mai 2020, SGB III § 152 Rn. 20.
17 *Arnade* ASR 2016, 177 f.
18 BVerfG 18.6.1975 – 1 BvL 4/74, BVerfGE 40, 121 (133).

praktikabilität entkräftet. Es liege schließlich auch im Interesse eines Leistungsempfängers, die begehrte Leistung zeitnah (schnell) zu erhalten.[19] Dieser Tradition folgen die erwähnten Entscheidungen zur Verfassungskonformität der Regelungen in § 152 SGB III.[20] Angesichts solcher Festlegungen dürften Verstöße gegen Art. 3 Abs. 3 Satz 2 GG und Art. 26 BRK durch Art. 1 § 68 BTHG schwer zu begründen und durchzusetzen sein.

§ 69 Kontinuität der Bemessungsgrundlage

[gültig bis 31.12.2023:]

Haben Leistungsempfänger Krankengeld, Verletztengeld, Versorgungskrankengeld oder Übergangsgeld bezogen und wird im Anschluss daran eine Leistung zur medizinischen Rehabilitation oder zur Teilhabe am Arbeitsleben ausgeführt, so wird bei der Berechnung der diese Leistungen ergänzenden Leistung zum Lebensunterhalt von dem bisher zugrunde gelegten Arbeitsentgelt ausgegangen; es gilt die für den Rehabilitationsträger jeweils geltende Beitragsbemessungsgrenze.

[gültig ab 1.1.2024:]

Haben Leistungsempfänger Krankengeld, Verletztengeld, Krankengeld der Sozialen Entschädigung oder Übergangsgeld bezogen und wird im Anschluss daran eine Leistung zur medizinischen Rehabilitation oder zur Teilhabe am Arbeitsleben ausgeführt, so wird bei der Berechnung der diese Leistungen ergänzenden Leistung zum Lebensunterhalt von dem bisher zugrunde gelegten Arbeitsentgelt ausgegangen; es gilt die für den Rehabilitationsträger jeweils geltende Beitragsbemessungsgrenze.

Geltende Fassung: Die Vorschrift wurde mit Wirkung vom 1.7.2001 durch Art. 1 und 68 Abs. 1 SGB IX vom 19.6.2001[1] eingeführt. Durch das BTHG wurde die Paragrafennummer angepasst, von § 49 auf § 69. Durch Art. 37 G zur Regelung des Sozialen Entschädigungsrechts[2] erfolgt mWv 1.1.2024 eine redaktionelle Änderung. 1

Regelungsinhalt: Die Vorschrift enthält eine Regelung für die Ermittlung des Bemessungsentgelts bei sich anschließenden Ansprüchen auf die in § 65 Abs. 1 und 2 genannten Leistungen zum Lebensunterhalt. 2

Zur Entstehung: Die Vorschrift entwickelt den früheren § 16 RehaAnglG fort. 3

Der Regierungsentwurf von 2001[3] wurde im Gesetzgebungsverfahren aufgrund Änderungsantrags der Koalitionsfraktionen geändert. Aus rechtssystematischen Gründen wurde die Regelungsinhalt vor den § 50 aF eingeordnet.[4] Nach dem Bericht[5] wurde damit klargestellt, dass auch das nach § 49 a.F. berechnete Übergangsgeld nach § 50 a.F. anzupassen ist. Durch das BTHG wurde die Paragrafennummerierung angepasst. 4

---

19 BVerfGE 63, 255 (262) (Nichtberücksichtigung konkret-individueller Steuerbegünstigungen bei ALG Berechnung).
20 BSG 29.5.2008 – B 11a AL 23/07 R, BSGE 100, 295 ff., NZS 2009, 464 ff.
1 BGBl. I 1046.
2 BGBl. I 2652.
3 Nebst Begründung BT-Drs. 14/5074, 20 und 110 sowie BT-Drs. 14/5531, 5.
4 Ausschussempfehlung BT-Drs. 14/5786, 44.
5 BT-Drs. 14/5800, 28.

5 Schließt sich eine Leistung zur medizinischen Rehabilitation oder zur Teilhabe am Arbeitsleben und damit ein Anspruch auf Krankengeld (§ 65 Abs. 1 Nr. 1), Verletztengeld (§ 65 Abs. 1 Nr. 2), Übergangsgeld (§ 65 Abs. 1 Nr. 3 und Abs. 2 und 3) oder Versorgungskrankengeld (§ 65 Abs. 1 Nr. 4) an den Bezug einer dieser Leistungen an, bleibt nach der Vorschrift das bisher zugrunde gelegte Arbeitsentgelt auch für die Berechnung der anschließenden Leistung weiterhin maßgebend.

Ab dem 1.1.2024 tritt an die Stelle des „Versorgungskrankengeldes" das „Krankengeld der sozialen Entschädigung".

6 Das Verwaltungsverfahren wird somit von wiederholenden Ermittlungen des jeweils maßgeblichen Arbeitsentgeltes befreit. Unerheblich ist, ob das der Berechnung zugrunde liegende Arbeitsentgelt zutreffend ermittelt war.[6] Auch auf die Rechtmäßigkeit des Leistungsfeststellungsbescheides über das zuvor bezogene Krankengeld etc kommt es nicht an[7]. Nach einer anderen Ansicht soll dies nicht gelten, wenn die zuvor ermittelte Bemessungsgrundlage unter offensichtlichen Unrichtigkeiten leidet.[8] Das steht in Widerspruch zu den Vertrauensschutzgarantien der §§ 45 ff. SGB X. Insbesondere die Zweijahresfrist des § 45 Abs. 3 S. 1 SGB X und die Jahresfrist des § 45 Abs. 4 S. 2 SGB X verlören in diesen Fällen jegliche Bedeutung.

Nicht aufgezählt wird in Hs. 1 als sogenannte Vorleistung das ALG. Es ist auch nicht im Wege erweiternder Auslegung einzubeziehen, was die Sonderbestimmung des § 21 Abs. 4 SGB VI umgehen würde.[9]

7 Nach dem letzten Hs. sind aber die unterschiedlichen Beitragsbemessungsgrenzen der Rehabilitationsträger zu berücksichtigen, so dass das Arbeitsentgelt durch dessen jeweilige Höhe begrenzt ist.

8 Nach dem Wortlaut der Vorschrift muss die Leistung zur medizinischen Rehabilitation oder zur Teilhabe am Arbeitsleben im **Anschluss** an die genannten vorangegangenen Entgeltersatzleistungen ausgeführt werden. Ein Zeitraum von bis zu vier Wochen zwischen dem Ende der vorangegangenen Leistung und dem Beginn der sich anschließenden Leistung ist jedoch unschädlich.[10]

Als Ausnahme wurde bislang allein anerkannt, wenn die Zeit zwischen Bezug der Entgeltersatzleistung bis zum Beginn der Leistung zur Teilhabe am Arbeitsleben durch Inanspruchnahme von mehr als vier Wochen Resturlaub überbrückt wurde.[11]

Sofern ein Träger der gesetzlichen Rentenversicherung für die Leistung des Anschluss-Übergangsgeldes zuständig ist, ist § 21 Abs. 3 SGB VI zu beachten, der den Anspruch davon abhängig macht, dass die Versicherten Pflichtbeiträge geleistet haben müssen.

§ 70 Anpassung der Entgeltersatzleistungen

[gültig bis 31.12.2023:]

(1) Die Berechnungsgrundlage, die dem Krankengeld, dem Versorgungskrankengeld, dem Verletztengeld und dem Übergangsgeld zugrunde liegt, wird je-

---

6 BSG 28.3.90 – 9b/11 RAr 87/89, SozR 3-4100 § 59c Nr. 1 S. 2.
7 BSG 28.3.90 – 9b/11 RAr 87/89, SozR 3-4100 § 59c Nr. 1 S. 2.
8 *Schellhorn/Stähler* in HK-SGB IX § 49 aF Rn. 6.
9 BSG 31.10.2012 – B 13 R 10/12 R, BeckRS 2013, 66066 Nr. 40, 42.
10 Vgl. BSG 7.9.2010 – B 5 R 104/08 R, NZS 2011, 750; bereits BSGE 51, 193.
11 *Jabben* in Neumann/Pahlen/Greiner/Winkler/Jabben SGB IX § 65 Rn. 4 aE mit Hinweis auf BSG 25.9.1996 – 11 RAr 47/96, NZA-RR 1997, 498.

weils nach Ablauf eines Jahres ab dem Ende des Bemessungszeitraums an die Entwicklung der Bruttoarbeitsentgelte angepasst und zwar entsprechend der Veränderung der Bruttolöhne und -gehälter je Arbeitnehmer (§ 68 Absatz 2 Satz 1 des Sechsten Buches) vom vorvergangenen zum vergangenen Kalenderjahr.

(2) Der Anpassungsfaktor wird errechnet, indem die Bruttolöhne und -gehälter je Arbeitnehmer für das vergangene Kalenderjahr durch die entsprechenden Bruttolöhne und -gehälter für das vorvergangene Kalenderjahr geteilt werden; § 68 Absatz 7 und § 121 Absatz 1 des Sechsten Buches gelten entsprechend.

(3) Eine Anpassung nach Absatz 1 erfolgt, wenn der nach Absatz 2 berechnete Anpassungsfaktor den Wert 1,0000 überschreitet.

(4) Das Bundesministerium für Arbeit und Soziales gibt jeweils zum 30. Juni eines Kalenderjahres den Anpassungsfaktor, der für die folgenden zwölf Monate maßgebend ist, im Bundesanzeiger bekannt.

[gültig ab 1.1.2024:]

(1) Die Berechnungsgrundlage, die dem Krankengeld, dem Krankengeld der Sozialen Entschädigung, dem Verletztengeld und dem Übergangsgeld zugrunde liegt, wird jeweils nach Ablauf eines Jahres ab dem Ende des Bemessungszeitraums an die Entwicklung der Bruttoarbeitsentgelte angepasst und zwar entsprechend der Veränderung der Bruttolöhne und -gehälter je Arbeitnehmer (§ 68 Absatz 2 Satz 1 des Sechsten Buches) vom vorvergangenen zum vergangenen Kalenderjahr.

(2) Der Anpassungsfaktor wird errechnet, indem die Bruttolöhne und -gehälter je Arbeitnehmer für das vergangene Kalenderjahr durch die entsprechenden Bruttolöhne und -gehälter für das vorvergangene Kalenderjahr geteilt werden; § 68 Absatz 7 und § 121 Absatz 1 des Sechsten Buches gelten entsprechend.

(3) Eine Anpassung nach Absatz 1 erfolgt, wenn der nach Absatz 2 berechnete Anpassungsfaktor den Wert 1,0000 überschreitet.

(4) Das Bundesministerium für Arbeit und Soziales gibt jeweils zum 30. Juni eines Kalenderjahres den Anpassungsfaktor, der für die folgenden zwölf Monate maßgebend ist, im Bundesanzeiger bekannt[1].

Geltende Fassung: Die Absätze 1 und 2 der Vorschrift wurden mit Wirkung vom 1.7.2001 durch Art. 1 und 68 Abs. 1 SGB IX vom 19.6.2001[2] und mit Wirkung ab 12.12.2006 durch Art. 6 und 24 des Gesetzes vom 2.12.2006[3] redaktionell angepasst. Absatz 4 (früher: Absatz 3) wurde durch Art. 68 SGB IX mit Wirkung vom 23.6.2001 eingeführt. Die Bezeichnung des Ministeriums in Absatz 4 (früher: Absatz 3) wurde mit Wirkung ab 1.1.2003 durch Art. 1 und 4 des Gesetzes vom 3.4.2003[4] und mit Wirkung ab 8.11.2006 durch Art. 261 und 559 der Verordnung vom 31.10.2006[5] angepasst. Absatz 3 wurde durch Art. 4 Nr. 4 des Gesetzes vom 5.8.2010[6] mit Wirkung ab 1.7.2010 eingefügt. Durch das BTHG rückt die Norm von ursprünglich § 50 zu jetzt § 70. Mit Wir-

1

---

1 Siehe hierzu für das Jahr 2020 die Bek. des Anpassungsfaktors für die Anpassung der dem Krankengeld, Versorgungskrankengeld, Verletztengeld und Übergangsgeld zugrundeliegenden Berechnungsgrundlage gemäß § 70 Absatz 4 SGB IX.
2 BGBl. I 1046.
3 BGBl. I 2742.
4 BGBl. I 462.
5 BGBl. I 2407.
6 BGBl. I 1127.

kung zum 1.1.2024 erfolgt durch Art. 37 G zur Regelung des Sozialen Entschädigungsrechts[7] die jüngste Änderung.

2 **Regelungsinhalt:** Die Vorschrift enthält eine einheitliche Regelung für die Anpassung der Entgeltersatzleistungen an die laufende Lohn- und Gehaltsentwicklung.

3 **Zur Entstehung:** Die Vorschrift entwickelt den früheren § 15 RehaAnglG fort, indem im Wesentlichen die Regelungen zur Anpassung des Arbeitslosengeldes (§ 138 SGB III) übernommen werden.

4 Der Regierungsentwurf von 2001[8] wurde im Gesetzgebungsverfahren aufgrund Änderungsantrags der Koalitionsfraktionen geändert. Aus rechtssystematischen Gründen wurde der Regelungsinhalt nach dem des § 49 aF eingeordnet.[9] Nach dem Bericht[10] wurde damit klargestellt, dass auch das nach § 49 aF berechnete Übergangsgeld nach § 50 aF anzupassen ist. Durch das BTHG wurde die Paragrafennummerierung angepasst.

5 Die Vorschrift ersetzt die früher in den jeweiligen Leistungsgesetzen vorgesehenen Vorschriften zur **Anpassung** der in **Absatz 1** genannten **Entgeltersatzleistungen** (hierzu zählt ab dem 1.1.2024 das „Krankengeld der Sozialen Entschädigung" anstelle des „Versorgungskrankengeldes"). Demnach regelt die Vorschrift nicht nur die Dynamisierung der betreffenden Entgeltersatzleistungen, wenn sie aus Anlass von Leistungen zur medizinischen Rehabilitation oder zur Teilhabe am Arbeitsleben erbracht werden, sondern generell, also unabhängig vom jeweiligen Anspruchsgrund.[11] So wird etwa das Krankengeld auch dann nach § 70 angepasst, wenn es allein wegen krankheitsbedingter Arbeitsunfähigkeit erbracht wird (§ 44 Abs. 1 Satz 1 Alt. 1 SGB V, vgl. aber § 47b Abs. 1 Satz 3 SGB V).

6 **Absatz 1** bestimmt als einheitlichen Anpassungszeitpunkt den Tag nach Ablauf eines Jahres seit dem Ende des Bemessungszeitraumes. So ist etwa in Fällen, in denen der Kalendermonat der Bemessungszeitraum ist (vgl. § 67 Abs. 1 Satz 3), stets das Ende des Monats auch das Ende des Bemessungszeitraums. Ist z. B. der 31.10.2020 das Ende des Bemessungszeitraums, ist Anpassungstag der 01.11.2021.

7 Anzupassen ist nicht die Entgeltersatzleistung selbst, sondern die der Leistung jeweils zugrunde liegende Berechnungsgrundlage.

8 Die Anpassung hinkt allerdings der allgemeinen Lohn- und Gehaltsentwicklung hinterher. Denn der **Anpassungsfaktor** entspricht der Entwicklung der Bruttoarbeitsentgelte vom vorvergangenen zum vergangenen Kalenderjahr. Maßgebend ist die Summe der Bruttolöhne- und gehälter je durchschnittlich beschäftigten Arbeitnehmer. Nach **Absatz 2** errechnet sich der Anpassungsfaktor, indem diese Summe des vergangenen Kalenderjahres durch die Summe des vorvergangenen Jahres dividiert wird. Aus dem Verweis auf § 121 Abs. 1 SGB VI im **letzten Hs. des Absatz 2** ergibt sich, dass der so errechnete Anpassungsfaktor auf vier Dezimalstellen gerundet wird. **Absatz 2 letzter Hs.** bestimmt durch den Verweis auf § 68 Abs. 6 SGB VI, dass für das vergangene Kalenderjahr die dem Statistischen Bundesamt zu Beginn des Kalenderjahres vorliegenden Daten zugrunde zu legen sind und für das vorvergangene Kalenderjahr die bei der Bestimmung des bisherigen Anpassungsfaktors verwendeten Daten.

---

7 BGBl. I 2652.
8 Nebst Begründung BT-Drs. 14/5074, 20 und 110 sowie BT-Drs. 14/5531, 5.
9 Ausschussempfehlung BT-Drs. 14/5786, 44.
10 BT-Drs. 14/5800, 28.
11 Vgl. BT-Drs. 14/5800, 28.

Absatz 3 enthält eine Schutzklausel, die eine durch die Anpassung nach § 70 Abs. 1 bedingte Leistungsminderung ausschließt. Ohne diese Schutzklausel müsste es bei negativer Entwicklung der Bruttolöhne und Bruttogehälter zu Leistungskürzungen kommen, da der maßgebliche Faktor kleiner als 1,0000 wäre. 9

Der Anpassungsfaktor wird nach **Absatz 4** vom Bundesministerium für Arbeit und Soziales jeweils zum 30. Juni eines Kalenderjahres für die folgenden zwölf Monate (1. Juli-30. Juni) im Bundesanzeiger bekanntgegeben. Gemäß Bekanntmachung vom 11.4.2017[12] beträgt der Anpassungsfaktor ab 1.7.2017 bundeseinheitlich 1,0232. Gemäß Bekanntmachung vom 4.4.2018[13] beträgt der Anpassungsfaktor ab 1.7.2018 bundeseinheitlich 1,0282. Zum 1.7.2019 beträgt der Anpassungsfaktor 1,0293[14] und ab dem 1.7.2020 einheitlich 1,0304[15]. 10

§ 71 Weiterzahlung der Leistungen

[gültig bis 31.12.2023:]

(1) ¹Sind nach Abschluss von Leistungen zur medizinischen Rehabilitation oder von Leistungen zur Teilhabe am Arbeitsleben weitere Leistungen zur Teilhabe am Arbeitsleben erforderlich, während derer dem Grunde nach Anspruch auf Übergangsgeld besteht, und können diese Leistungen aus Gründen, die die Leistungsempfänger nicht zu vertreten haben, nicht unmittelbar anschließend durchgeführt werden, werden das Verletztengeld, das Versorgungskrankengeld oder das Übergangsgeld für diese Zeit weitergezahlt. ²Voraussetzung für die Weiterzahlung ist, dass
1. die Leistungsempfänger arbeitsunfähig sind und keinen Anspruch auf Krankengeld mehr haben oder
2. den Leistungsempfängern eine zumutbare Beschäftigung aus Gründen, die sie nicht zu vertreten haben, nicht vermittelt werden kann.

(2) ¹Leistungsempfänger haben die Verzögerung von Weiterzahlungen insbesondere dann zu vertreten, wenn sie zumutbare Angebote von Leistungen zur Teilhabe am Arbeitsleben nur deshalb ablehnen, weil die Leistungen in größerer Entfernung zu ihren Wohnorten angeboten werden. ²Für die Beurteilung der Zumutbarkeit ist § 140 Absatz 4 des Dritten Buches entsprechend anzuwenden.

(3) Können Leistungsempfänger Leistungen zur Teilhabe am Arbeitsleben allein aus gesundheitlichen Gründen nicht mehr, aber voraussichtlich wieder in Anspruch nehmen, werden Übergangsgeld und Unterhaltsbeihilfe bis zum Ende dieser Leistungen, höchstens bis zu sechs Wochen weitergezahlt.

(4) ¹Sind die Leistungsempfänger im Anschluss an eine abgeschlossene Leistung zur Teilhabe am Arbeitsleben arbeitslos, werden Übergangsgeld und Unterhaltsbeihilfe während der Arbeitslosigkeit bis zu drei Monate weitergezahlt, wenn sie sich bei der Agentur für Arbeit arbeitslos gemeldet haben und einen Anspruch auf Arbeitslosengeld von mindestens drei Monaten nicht geltend machen können; die Anspruchsdauer von drei Monaten vermindert sich um die Anzahl von Tagen, für die Leistungsempfänger im Anschluss an eine abge-

---

12 BAnz AT 30.6.2017 B6.
13 BAnz AT 4.4.2018 B1.
14 BAnz AT 28.6.2019 B3.
15 BAnz AT 30.6.2020 B5.

schlossene Leistung zur Teilhabe am Arbeitsleben einen Anspruch auf Arbeitslosengeld geltend machen können. ²In diesem Fall beträgt das Übergangsgeld
1. 67 Prozent bei Leistungsempfängern, bei denen die Voraussetzungen des erhöhten Bemessungssatzes nach § 66 Absatz 1 Satz 3 Nummer 1 vorliegen und
2. 60 Prozent bei den übrigen Leistungsempfängern,

des sich aus § 66 Absatz 1 Satz 1 oder § 68 ergebenden Betrages.
(5) Ist im unmittelbaren Anschluss an Leistungen zur medizinischen Rehabilitation eine stufenweise Wiedereingliederung (§ 44) erforderlich, wird das Übergangsgeld bis zum Ende der Wiedereingliederung weitergezahlt.

[gültig ab 1.1.2024:]

(1) ¹Sind nach Abschluss von Leistungen zur medizinischen Rehabilitation oder von Leistungen zur Teilhabe am Arbeitsleben weitere Leistungen zur Teilhabe am Arbeitsleben erforderlich, während derer dem Grunde nach Anspruch auf Übergangsgeld besteht, und können diese Leistungen aus Gründen, die die Leistungsempfänger nicht zu vertreten haben, nicht unmittelbar anschließend durchgeführt werden, werden das Verletztengeld, das Krankengeld der Sozialen Entschädigung oder das Übergangsgeld für diese Zeit weitergezahlt. ²Voraussetzung für die Weiterzahlung ist, dass
1. die Leistungsempfänger arbeitsunfähig sind und keinen Anspruch auf Krankengeld mehr haben oder
2. den Leistungsempfängern eine zumutbare Beschäftigung aus Gründen, die sie nicht zu vertreten haben, nicht vermittelt werden kann.

(2) ¹Leistungsempfänger haben die Verzögerung von Weiterzahlungen insbesondere dann zu vertreten, wenn sie zumutbare Angebote von Leistungen zur Teilhabe am Arbeitsleben nur deshalb ablehnen, weil die Leistungen in größerer Entfernung zu ihren Wohnorten angeboten werden. ²Für die Beurteilung der Zumutbarkeit ist § 140 Absatz 4 des Dritten Buches entsprechend anzuwenden.

(3) Können Leistungsempfänger Leistungen zur Teilhabe am Arbeitsleben allein aus gesundheitlichen Gründen nicht mehr, aber voraussichtlich wieder in Anspruch nehmen, werden Übergangsgeld und Unterhaltsbeihilfe bis zum Ende dieser Leistungen, höchstens bis zu sechs Wochen weitergezahlt.

(4) ¹Sind die Leistungsempfänger im Anschluss an eine abgeschlossene Leistung zur Teilhabe am Arbeitsleben arbeitslos, werden Übergangsgeld und Unterhaltsbeihilfe während der Arbeitslosigkeit bis zu drei Monate weitergezahlt, wenn sie sich bei der Agentur für Arbeit arbeitslos gemeldet haben und einen Anspruch auf Arbeitslosengeld von mindestens drei Monaten nicht geltend machen können; die Anspruchsdauer von drei Monaten vermindert sich um die Anzahl von Tagen, für die Leistungsempfänger im Anschluss an eine abgeschlossene Leistung zur Teilhabe am Arbeitsleben einen Anspruch auf Arbeitslosengeld geltend machen können. ²In diesem Fall beträgt das Übergangsgeld
1. 67 Prozent bei Leistungsempfängern, bei denen die Voraussetzungen des erhöhten Bemessungssatzes nach § 66 Absatz 1 Satz 3 Nummer 1 vorliegen und
2. 60 Prozent bei den übrigen Leistungsempfängern,

des sich aus § 66 Absatz 1 Satz 1 oder § 68 ergebenden Betrages.
(5) Ist im unmittelbaren Anschluss an Leistungen zur medizinischen Rehabilitation eine stufenweise Wiedereingliederung (§ 44) erforderlich, wird das Übergangsgeld bis zum Ende der Wiedereingliederung weitergezahlt.

Geltende Fassung: Die Absätze 1–4 der Vorschrift wurden durch Artikel 1 und 68 Abs. 1 SGB IX vom 19.6.2001[1] mit Wirkung ab 1.7.2001 eingeführt, die Bezeichnung der früheren Arbeitsämter in Absatz 4 Satz 1 mit Wirkung ab 1.1.2004 durch Artikel 8 und 124 Abs. 1 des Gesetzes vom 23.12.2003[2] angepasst und ein redaktionelles Versehen mit der korrekten Angabe „§ 48" in Absatz 4 Satz 2 durch Artikel 48 Nr. 3a und 56 des Gesetzes vom 27.4.2002[3] mit Wirkung ab 1.5.2002 richtiggestellt. Absatz 5 wurde durch Artikel 1 und 7 des Gesetzes vom 23.4.2004[4] mit Wirkung ab 1.5.2004 angefügt. Die Bezugnahme auf die Vorschrift des SGB III in Absatz 2 Satz 2 wurde mit Wirkung ab 1.4.2012 durch Artikel 10 Nr. 4 und Artikel 51 des Gesetzes vom 20.12.2011[5] in Folge zur Neufassung des Vierten Kapitels des SGB III angepasst, die Paragrafennummer wurde durch Art. 1 BTHG angepasst von bisher § 51 auf jetzt § 71. Den redaktionellen Fehler in Abs. 4 Satz 2 Nr. 1 (Verweis auf § 66 Abs. 1 S. 2/§ 46 Abs. 1 S. 2aF)[6] behob der Gesetzgeber durch Art. 1 des Gesetzes zur Änderung des Neunten und Zwölften Buches Sozialgesetzbuch und anderer Rechtsvorschriften vom 30.11.2019[7] mit Wirkung zum 6.12.2019. Eine redaktionelle Anpassung des Abs. 1 S. 1 erfolgt mWv 1.1.2024 durch Art. 37 G zur Regelung des Sozialen Entschädigungsrechts vom 12.12.2019.[8]

Regelungsinhalt: Die Vorschrift regelt die Fälle, in denen Leistungen zum Lebensunterhalt über die Dauer der eigentlichen Leistungen zur Teilhabe hinausgehend gezahlt werden.

Zur Entstehung: Die Vorschrift entwickelt den früheren § 17 RehaAnglG fort. Sie ist im Gesetzgebungsverfahren 2001 nicht geändert worden. Das BTHG nahm redaktionelle Änderungen vor.

Materialien: Zum Regierungsentwurf nebst Begründung BT-Drs. 14/5074, 20 und 110 sowie BT-Drs. 14/5531, 6; zur Ausschussempfehlung BT-Drs. 14/5786, 44; zum BTHG BT-Drs. 18/9522, 257.

Aus § 65 Abs. 1 und 2 ergibt sich, dass die Leistungen zum Lebensunterhalt „Im Zusammenhang mit Leistungen zur …" geleistet werden. Wegen der Zweckbestimmung dieser Leistungen werden sie grundsätzlich für die Zeit gezahlt, in der Leistungen zur medizinischen Rehabilitation oder zur Teilhabe am Arbeitsleben ausgeführt werden. Darüber hinaus sollen sie die wirtschaftliche Versorgung der Leistungsberechtigten in den in dieser Vorschrift genannten Fällen zwischen und nach den anspruchsbegründenden Leistungen zur Teilhabe sicherstellen.

Bislang irritierte das Eingangswort „ihnen" in Abs. 1 Satz 2 Nr. 2, wessen Verschulden gemeint ist. Sprachlich ist durch die Neufassung im Zuge des BTHG jetzt geklärt, dass nicht „den Leistungen", sondern „den Leistungsempfängern" unverschuldet eine Beschäftigung nicht vermittelt werden konnte.

Absatz 1 entspricht im Wesentlichen dem früheren § 17 Abs. 1 RehaAnglG, allerdings ergänzt um die Fälle, in denen verschiedene Leistungen zur Teilhabe am Arbeitsleben aufeinanderfolgen. Die Regelung stellt die wirtschaftliche Sicherung der Betroffenen durch Weiterzahlung des Verletzten-, Versorgungskranken- oder Übergangsgeldes auch in Zeiten sicher, die zwischen den eigentli-

---

1 BGBl. I 1046.
2 BGBl. I 2848.
3 BGBl. I 1467.
4 BGBl. I 606.
5 BGBl. I 2854.
6 *Liebig* in → 4. Aufl. 2014, § 51 Rn. 1.
7 BGBl. I 1948.
8 BGBl. I 2652.

chen Leistungen zur Teilhabe liegen, wenn sie ohne Krankengeldanspruch arbeitsunfähig sind oder ihnen keine zumutbare Beschäftigung vermittelt werden kann. Sie berücksichtigt den u.a. in Kapitel 4 zum Ausdruck kommenden Gedanken der einheitlichen, nahtlosen und zügigen Leistungserbringung.

7 Die Leistungsempfänger müssen bereits während der vorangegangenen Leistung zur Teilhabe Leistungen zum Lebensunterhalt bezogen haben. Ansonsten wäre eine „Weiterzahlung" nicht möglich. Die Betroffenen müssen während der Ausführung einer Leistung zur Teilhabe am Arbeitsleben Übergangsgeld (§ 65 Abs. 2) oder während einer Leistung zur medizinischen Rehabilitation Verletztengeld (§ 65 Abs. 1 Nr. 2), Versorgungskrankengeld (bzw. ab dem 1.1.2024 das Krankengeld der Sozialen Entschädigung) (§ 65 Abs. 1 Nr. 4) oder Übergangsgeld (§ 65 Abs. 1 Nr. 3) bezogen haben. Für die Weiterzahlung der Leistungen zum Lebensunterhalt sind jeweils die Rehabilitationsträger zuständig, die auch die vorangegangene Leistung zur Teilhabe erbracht haben.

8 Voraussetzung für die Weiterzahlung der Leistungen ist die **Erforderlichkeit** einer (weiteren) Leistung zur Teilhabe am Arbeitsleben, die einen Übergangsgeldanspruch dem Grunde nach auslösen. Als solche kommen Leistungen nach § 49 Abs. 3 Nr. 2–5 und 7 in Betracht, aber auch Leistungen nach §§ 56–58. Die Abklärung der beruflichen Eignung und die Arbeitsprobung gehören nicht dazu, denn dabei handelt es sich nicht um Leistungen zur Teilhabe am Arbeitsleben, vgl. § 49 Abs. 4 bzw. → § 49 Rn. 41 sowie § 65 Abs. 3 bzw. → § 65 Rn. 12. Erforderliche weitere Leistungen zur medizinischen Rehabilitation lösen keinen Anspruch auf Zwischen-Übergangsgeld aus. Der eindeutige Wortlaut lässt keinen Raum für eine analoge Anwendung der Vorschrift auf die seltenen Fälle, in denen im Anschluss von Leistungen zur medizinischen Rehabilitation weitere Leistungen zur medizinischen Rehabilitation erforderlich sind.[9] Der Gesetzgeber hat den Anwendungsbereich durch die ausdrückliche Nennung der Leistungen zur Teilhabe am Arbeitsleben, während derer ein Anspruch auf Übergangsgeld besteht, bewusst auf diese Fälle begrenzt.

9 Für die **Feststellung** der Erforderlichkeit genügt es, wenn bezogen auf den Zeitpunkt des Abschlusses der vorangegangenen Leistung feststeht, dass eine nachfolgende Leistung zur Teilhabe am Arbeitsleben notwendig ist, um die Ziele der § 1, § 4 Abs. 1 und § 49 zu erreichen, ohne dass Gegenstand und Umfang der nachfolgenden Leistung konkret bestimmt ist.

10 Weitere Anspruchsvoraussetzung ist, dass sich die nachfolgende Leistung zur Teilhabe am Arbeitsleben nur aus solchen Gründen verzögert – d. h. nicht unmittelbar anschließend ausgeführt werden kann –, die vom Leistungsempfänger nicht zu vertreten sind.
Beruht die Verzögerung auf einem Grund, den die Leistungsempfänger zu vertreten haben, handelt es sich prozessrechtlich um eine Einwendung des Leistungsträgers, die den Anspruch auf Weiterzahlung ausschließt. Hierfür trägt im Streitfall der Leistungsträger die Darlegungs- und Beweislast.
Einen Verzögerungsgrund, der von Leistungsempfängern zu vertreten ist, nennt beispielhaft Abs. 2 (→ Rn. 14 f.). Als weitere Gründe kommen Verletzungen der allgemeinen Mitwirkungspflichten (vgl. §§ 60 – 65 SGB I) in Betracht.

11 **Absatz Satz 2 Nr. 1 und 2** enthalten weitere Voraussetzungen für die Weiterzahlung der Leistungen zum Lebensunterhalt, die alternativ zueinander stehen. Nach **Nummer 1** müssen die Leistungsempfänger **arbeitsunfähig** sein und keinen **Anspruch auf Krankengeld** mehr haben. Regelmäßig begründet die **Arbeits-**

---

[9] AA *Mrozynski* § 51 Rn. 5; *Schellhorn/Stähler* in HK-SGB IX § 51 Rn. 5; *Schütze* in Hauck/Noftz § 51 Rn. 8.

unfähigkeit nach dem Recht der gesetzlichen Krankenversicherung einen Anspruch auf Krankengeld (vgl. § 44 Abs. 1 SGB V). Sie liegt vor, wenn die Betroffenen die maßgebliche vor Beginn einer Krankheit ausgeübte Tätigkeit aufgrund dieser Krankheit entweder nicht mehr oder nur auf die Gefahr hin ausüben können, ihren Zustand zu verschlimmern.[10]

Entgegen dem Wortlaut der **Nummer 1** („keinen Anspruch ... mehr haben") ist es nicht Voraussetzung, dass ein zunächst bestandener Krankengeldanspruch weggefallen sein muss. Die Voraussetzungen der Nummer 1 sind auch dann erfüllt, wenn nie ein Krankengeldanspruch bestanden hat.[11] Andernfalls wären beispielsweise diejenigen Betroffenen von der Weiterzahlung von Übergangsgeld in der Rentenversicherung nach einer Leistung zur medizinischen Rehabilitation ausgeschlossen, die in der gesetzlichen Krankenversicherung ohne Anspruch auf Krankengeld versichert sind, weil bei ihnen ein Krankengeldanspruch nicht wegfallen kann. Dieser Personenkreis hätte demnach während einer Leistung zur medizinischen Rehabilitation und während der nachfolgenden Leistung zur Teilhabe am Arbeitsleben einen Anspruch auf Übergangsgeld, wäre aber bei einer nicht von ihm verschuldeten Verzögerung der nachfolgenden Leistung in der Zwischenzeit wirtschaftlich nicht gesichert. Dies würde die Rehabilitationsbereitschaft dieses Personenkreises erheblich mindern. Des Weiteren ist es den Betroffenen nicht anzulasten, dass sich ein nahtloser Übergang von der einen zur anderen Leistung nicht immer ermöglichen lässt, zumal sie sich für die nachfolgenden Leistungen zur Verfügung halten müssen und so an anderweitigen Dispositionen gehindert sind. 12

Nach **Nummer 2** werden die Leistungen zum Lebensunterhalt auch dann weitergezahlt, wenn die Betroffenen zwar arbeitsfähig sind, ihnen aber aus Gründen, die sie nicht zu vertreten haben, keine zumutbare Beschäftigung vermittelt werden kann. Arbeitsfähigen Betroffenen ist es folglich grundsätzlich zuzumuten, zwischen den Leistungen zur Teilhabe eine Beschäftigung aufzunehmen. Die Vermittlung einer Beschäftigung wird regelmäßig nur dann zumutbar sein, wenn sich die Zeit zwischen den Leistungen zur Teilhabe über einen längeren Zeitraum erstreckt. Daneben sind Art und Schwere der Behinderung sowie der Beruf und die zuletzt ausgeübte Tätigkeit der Betroffenen zu berücksichtigen. 13

Absatz 2 nennt ausdrücklich als Verzögerungsgrund, den die Leistungsempfänger iSd Absatz 1 zu vertreten haben, wenn sie zumutbare Angebote von Leistungen zur Teilhabe am Arbeitsleben in größerer Entfernung ablehnen. Ob eine angebotene Leistung zur Teilhabe am Arbeitsleben wegen der Pendelzeiten unzumutbar ist, richtet sich gem. **Satz 2** analog § 140 Abs. 4 SGB III. 14

Dies ist dann der Fall, wenn die täglichen Pendelzeiten zwischen der Wohnung der Betroffenen und der Einrichtung oder dem Ort, an dem die Leistung zur Teilhabe ausgeführt wird, außer Verhältnis zur täglichen Dauer der Maßnahme stehen. Unverhältnismäßig lang sind idR Pendelzeiten von insgesamt mehr als zweieinhalb Stunden bei einer Maßnahmedauer von mehr als sechs Stunden und von mehr als zwei Stunden bei einer Maßnahmedauer von bis zu sechs Stunden. In strukturschwächeren Regionen können auch längere Pendelzeiten zumutbar sein. Der Verweis auf § 140 Abs. 4 SGB III erstreckt sich nur auf die Sätze 1–3 der Vorschrift. § 140 Abs. 4 Satz 4 bis 7 SGB III, die der Vorschrift durch Artikel 1 des Ersten Gesetzes für moderne Dienstleistungen vom 23.12.2002[12] mit Wirkung ab 1.1.2003 – also nach Inkrafttreten des § 51 15

---

10 Vgl. BSG 19.6.1963 – 3 RK 37/59, BSGE 19, 179; *Kruse* SGB V § 44 Rn. 12 mwN.
11 So auch *Schellhorn/Stähler* in HK-SGB IX § 51 Rn. 9.
12 BGBl. I 4607.

SGB IX aF – angefügt wurden, regeln die Zumutbarkeit von Umzügen zum Zweck der Arbeitsaufnahme. Ein zeitlich befristeter Umzug zur Aufnahme von Leistungen zur Teilhabe ist unsinnig und den Betroffenen nicht zumutbar.

16 Nach **Absatz 3** werden Übergangsgeld und Unterhaltsbeihilfe bis zum Ende der Leistungen zur Teilhabe am Arbeitsleben – längstens bis zu sechs Wochen – weitergezahlt, wenn die Leistungsempfänger die Leistungen aus gesundheitlichen Gründen nicht mehr, aber voraussichtlich wieder, in Anspruch nehmen können. Die Zahlung von Übergangsgeld und Unterhaltsbeihilfe kommt also nur zur Überbrückung des Zeitraums einer Unterbrechung in Betracht, nicht aber, wenn die Leistungen abgebrochen sind. Die Weiterzahlung beginnt mit dem Tag der Unterbrechung. Sie endet entweder

- mit dem Ende der Unterbrechung,
- mit dem Wegfall des gesundheitlichen Grundes,
- mit der planmäßigen Beendigung der Leistung zur Teilhabe oder
- spätestens nach Ablauf von sechs Wochen.

Eine mehrfache Unterbrechung einer Leistung zur Teilhabe am Arbeitsleben löst stets erneut eine Weiterzahlung der unterhaltssichernden Leistungen aus.

17 Übergangsgeld und Unterhaltsbeihilfe werden gem. **Absatz 4 Satz 1** im Anschluss an eine erfolgreich abgeschlossene Leistung zur Teilhabe am Arbeitsleben für längstens drei Monate weitergezahlt, wenn die Leistungsempfänger arbeitslos iSd § 138 SGB III sind, sich bei der Arbeitsagentur arbeitslos gemeldet haben (§ 141 SGB III) und einen Arbeitslosengeldanspruch nicht oder für weniger als drei Monate geltend machen können. Nach **Satz 1 Hs. 2** vermindert sich die Anspruchsdauer von drei Monaten um die Tage, für die die Leistungsempfänger im Anschluss an die Leistung zur Teilhabe am Arbeitsleben einen Anspruch auf Arbeitslosengeld beanspruchen können.

18 Nach **Absatz 4 Satz 2** beträgt das Übergangsgeld bei Arbeitslosigkeit im Anschluss an die Leistung zur Teilhabe am Arbeitsleben für die in § 66 Abs. 1 Satz 3 Nr. 1 genannten Leistungsempfänger 67 v.H. und für die Übrigen 60 v.H. der maßgeblichen Berechnungsgrundlage.

19 Der durch das Gesetz zur Förderung der Ausbildung und Beschäftigung schwerbehinderter Menschen angefügte **Absatz 5** stellt klar, dass entsprechend den Vorgaben des § 44 neben den gesetzlichen Krankenkassen alle weiteren Träger der Leistungen zur medizinischen Rehabilitation durch ihre Leistungen die Möglichkeiten der stufenweisen Wiedereingliederung unterstützen sollen.[13] Entsprechend dem Gebot der vollständigen und umfassenden Leistungserbringung (§ 4 Abs. 2 Satz 2) soll der primär zuständige Rehabilitationsträger auch für die sich anschließende stufenweise Wiedereingliederung (vgl. hierzu → § 44 Rn. 7 ff.) verantwortlich sein. So bleibt der Rentenversicherungsträger nach einer von ihm erbrachten Maßnahme zur medizinischen Rehabilitation für die stufenweise Wiedereingliederung und damit die Zahlung von Übergangsgeld zuständig, solange sich die stufenweise Wiedereingliederung als Bestandteil einer in der Zusammenschau einheitlichen (Gesamt-)Maßnahme darstellt.[14] Um eine kontinuierliche Übergangsgeldzahlung sicherzustellen, sind die Feststellungen nach § 44 regelmäßig spätestens bis zum Abschluss der Leistungen zur medizinischen Rehabilitation zu treffen. Der Wortlaut der Vorschrift fordert – anders als § 69 (→ § 69 Rn. 8) – den „unmittelbaren" Anschluss. Voraussetzung ist jedoch nicht der bruchlose Übergang von der Leistung zur medi-

---

13 Zur klarstellenden Wirkung des Absatz 5 vgl. BSG 29.1.2008 – B 5a/5R 26/07 R.
14 Vgl. BSG 20.10.2009 – B 5 R 22/08 R.

zinischen Rehabilitation zur stufenweisen Wiedereingliederung.[15] Das Erfordernis des unmittelbaren Anschlusses ist vielmehr das Ergebnis einer bis zum Ende der Leistungen zur medizinischen Rehabilitation zu erstellenden Prognose der Erforderlichkeit. Gleichwohl ist ein zeitlicher Zusammenhang zwischen dem Ende der medizinischen Leistungen und der stufenweisen Wiedereingliederung zu wahren; ein Zeitraum von einem Monat zwischen dem Ende der vorangegangenen Leistung und dem Beginn der sich anschließenden Leistung ist schon wegen der Koordination der stufenweisen Wiedereingliederung mit dem Leistungsberechtigtem und dem Arbeitgeber unschädlich.

Da der Gesetzgeber klar zum Ausdruck gebracht hatte, die Leistung der Stufenweisen Wiedereingliederung ist analog wie das Übergangsgeld zu ergänzen,[16] ist die Regelung des § 71 Abs. 5 gewichtiges Argument für die Einstufung der Stufenweisen Wiedereingliederung als Leistung der medizinischen Rehabilitation, und nicht als „sonstige Leistung" im Sinne des § 64.[17]

§ 72 Einkommensanrechnung

(1) Auf das Übergangsgeld der Rehabilitationsträger nach § 6 Absatz 1 Nummer 2, 4 und 5 wird Folgendes angerechnet:
1. Erwerbseinkommen aus einer Beschäftigung oder einer während des Anspruchs auf Übergangsgeld ausgeübten Tätigkeit, das bei Beschäftigten um die gesetzlichen Abzüge und um einmalig gezahltes Arbeitsentgelt und bei sonstigen Leistungsempfängern um 20 Prozent zu vermindern ist,
2. Leistungen des Arbeitgebers zum Übergangsgeld, soweit sie zusammen mit dem Übergangsgeld das vor Beginn der Leistung erzielte, um die gesetzlichen Abzüge verminderte Arbeitsentgelt übersteigen,
3. Geldleistungen, die eine öffentlich-rechtliche Stelle im Zusammenhang mit einer Leistung zur medizinischen Rehabilitation oder einer Leistung zur Teilhabe am Arbeitsleben erbringt,
4. Renten wegen verminderter Erwerbsfähigkeit oder Verletztenrenten in Höhe des sich aus § 18 a Absatz 3 Satz 1 Nummer 4 des Vierten Buches ergebenden Betrages, wenn sich die Minderung der Erwerbsfähigkeit auf die Höhe der Berechnungsgrundlage für das Übergangsgeld nicht ausgewirkt hat,
5. Renten wegen verminderter Erwerbsfähigkeit, die aus demselben Anlass wie die Leistungen zur Teilhabe erbracht werden, wenn durch die Anrechnung eine unbillige Doppelleistung vermieden wird,
6. Renten wegen Alters, die bei der Berechnung des Übergangsgeldes aus einem Teilarbeitsentgelt nicht berücksichtigt wurden,
7. Verletztengeld nach den Vorschriften des Siebten Buches und
8. vergleichbare Leistungen nach den Nummern 1 bis 7, die von einer Stelle außerhalb des Geltungsbereichs dieses Gesetzbuchs erbracht werden.

(2) Bei der Anrechnung von Verletztenrenten mit Kinderzulage und von Renten wegen verminderter Erwerbsfähigkeit mit Kinderzuschuss auf das Übergangsgeld bleibt ein Betrag in Höhe des Kindergeldes nach § 66 des Einkommensteuergesetzes oder § 6 des Bundeskindergeldgesetzes außer Ansatz.

---
15 So auch BSG 29.1.2008 – B 5a/5R 26/07 R.
16 BT-Drs. 15/1783, 13.
17 So SG Neuruppin 26.1.2017 – S 22 R 127/14, zu § 51 Abs. 5 aF, abrufbar unter www.sozialgerichtsbarkeit.de.

§ 72

(3) Wird ein Anspruch auf Leistungen, um die das Übergangsgeld nach Absatz 1 Nummer 3 zu kürzen wäre, nicht erfüllt, geht der Anspruch insoweit mit Zahlung des Übergangsgeldes auf den Rehabilitationsträger über; die §§ 104 und 115 des Zehnten Buches bleiben unberührt.

1 **Geltende Fassung:** Die Vorschrift wurde durch Artikel 1 und 68 Abs. 1 SGB IX vom 19.6.2001[1] mit Wirkung ab 1.7.2001 eingeführt. Redaktionell überarbeitet wurde sie durch Art. 1 BTHG und die Paragrafennummer aktualisiert von § 52 auf jetzt § 72.[2]

2 **Regelungsinhalt:** Die Vorschrift regelt die Anrechnung von bestimmten Einkünften auf das Übergangsgeld.

3 **Zur Entstehung:** Die Vorschrift entwickelt den früheren § 18 RehaAnglG fort, indem die bereits bis zum Inkrafttreten des SGB IX für die Rehabilitationsträger geltenden Regelungen zur Anrechnung von Einkünften zusammengefasst werden.

4 **Materialien:** Zum Regierungsentwurf nebst Begründung BT-Drs. 14/5074, 21 und 110 sowie BT-Drs. 14/5531, 5; zur Ausschussempfehlung BT-Drs. 14/5786, 45; zum BTHG BT-Drs. 18/10523.

5 Das im Zusammenhang mit Leistungen zur medizinischen Rehabilitation und Leistungen zur Teilhabe am Arbeitsleben zu gewährende Übergangsgeld dient vornehmlich dem Ausgleich des während der Teilnahme an diesen Leistungen entstehenden Ausfalls von Arbeitseinkünften und der wirtschaftlichen Sicherung der Leistungsempfänger und ihrer Angehörigen. **Absatz 1** bestimmt deshalb, dass das Übergangsgeld um die in den Nummern 1–8 genannten Einkünfte, die ebenfalls der wirtschaftlichen Sicherung dienen, gemindert wird.

6 Vorschriften über die Anrechnung von Einkünften auf andere Leistungen zum Lebensunterhalt finden sich in den für die Rehabilitationsträger jeweils geltenden Leistungsgesetzen. Das gilt auch für die Anrechnung von Einkommen auf das Übergangsgeld in der gesetzlichen Unfallversicherung; durch die Formulierung in Absatz 1 („Rehabilitationsträger nach § 6 Absatz 1 Nummer 2, 4 und 5") ist das Übergangsgeld der Träger der gesetzlichen Unfallversicherung ausdrücklich von dieser Vorschrift ausgenommen.

7 Nach **Nummer 1** wird das **Erwerbseinkommen**, das während des Anspruchs auf Übergangsgeld erzielt wird, auf das Übergangsgeld angerechnet. Darunter ist sowohl das **Arbeitsentgelt** aus einer Beschäftigung (§ 14 SGB IV) als auch das **Arbeitseinkommen** aus einer selbstständigen Tätigkeit (§ 15 SGB IV) zu verstehen. Aus der Formulierung, wonach es sich um Erwerbseinkommen aus einer „während des Anspruchs auf Übergangsgeld ausgeübten Tätigkeit" handeln muss, ist nicht zu schließen, dass die Leistungsberechtigten persönlich aktiv sein müssen. Nach dem Sinn und Zweck der Vorschrift kommt es lediglich darauf an, ob die Leistungsberechtigten während der Teilnahme an einer Leistung zur Teilhabe Einkommen erzielt haben, das – wie das Übergangsgeld – ihrer wirtschaftlichen Sicherung dient; dies ist auch dann der Fall, wenn Dritte den Betrieb des Selbstständigen führen. Gegensätzliches würde gegen den Gleichheitsgrundsatz verstoßen, denn auch bei Beziehern vergleichbarer Entgeltersatzleistungen kommt es nach § 49 Abs. 1 Nr. 1 SGB V und § 52 SGB VII nicht auf eine persönliche Betätigung an.

Die nach § 150a SGB XI nur zu bestimmten Stichtagen ausgezahlte Sonderleistung für Beschäftigte in der Altenpflege ist kein Arbeitsentgelt im Sinne des

---

1 BGBl. I 1046.
2 BT-Drs. 18/9522, 258.

§ 14 SGB IV. Gleiches gilt für nachträglich oder verspätet bewilligte Entschädigungen nach §§ 56, 56 a IfSG.

Vom anrechenbaren Arbeitsentgelt sind die gesetzlichen Abzüge abzuziehen. Einmalig gezahltes Arbeitsentgelt wird nicht auf das Übergangsgeld angerechnet. Arbeitsentgelt wird meist in den Fällen gleichzeitig erzielt, in denen die Betroffenen gegen ihren Arbeitgeber nach § 9 EntgFG einen Anspruch auf Entgeltfortzahlung haben (vgl. hierzu → § 65 Rn. 10). Vom Arbeitseinkommen sind 80 v.H. anzurechnen. Die Anrechnung von Erwerbseinkommen auf das Übergangsgeld ist getrennt für jedes Beschäftigungsverhältnis durchzuführen. Ist aus einem geringfügigen versicherungsfreien Beschäftigungsverhältnis kein Übergangsgeld berechnet worden, kann das während der Leistung bezogene Entgelt aus dieser geringfügigen Beschäftigung nicht auf das aus dem Arbeitsentgelt der Hauptbeschäftigung berechnete Übergangsgeld angerechnet werden.

Um die Leistungsberechtigten während des Bezugs von Übergangsgeld nicht besser zu stellen, werden Leistungen des Arbeitgebers zum Übergangsgeld, die er ohne Rücksicht auf eine konkrete Arbeitsleistung zahlt, nach **Nummer 2** angerechnet, soweit sie zusammen mit dem Übergangsgeld das zuvor erzielte Nettoarbeitsentgelt übersteigen.

Die Regelung der **Nummer 3** hat in der Praxis kaum Auswirkungen. Denn öffentlich-rechtliche Stellen erbringen nur in wenigen Einzelfällen unterhaltssichernde Geldleistungen im Zusammenhang mit Leistungen zur medizinischen Rehabilitation oder zur Teilhabe am Arbeitsleben.

Nach **Nummer 4** werden auf das Übergangsgeld **Renten** wegen **verminderter Erwerbsfähigkeit** oder **Verletztenrenten** angerechnet. Die Regelung findet nur in den Fällen Anwendung, in denen der Berechnung des Übergangsgeldes Arbeitseinkünfte zugrunde liegen, die **vor** Beginn der Rentengewährung erzielt worden sind. Denn auf die Berechnungsgrundlage wirkt sich die Minderung der Erwerbsfähigkeit nicht aus, wenn ihr Arbeitseinkünfte zugrunde liegen, die ohne die Erwerbsminderung erzielt worden sind. Dabei handelt es sich um vor dem Rentenbeginn erzielte Arbeitseinkünfte.

Verletztenrenten werden nur in Höhe des sich aus § 18 a Abs. 3 Satz 1 Nr. 4 SGB IV ergebenen Betrages auf das Übergangsgeld angerechnet. Danach ist anhand des Grades der Minderung der Erwerbsfähigkeit aus § 31 BVG der diesem Grad der Minderung der Erwerbsfähigkeit zugeordnete Grundrentenbetrag zu ermitteln. Der die Grundrente übersteigende Betrag der Verletztenrente ist dann auf das Übergangsgeld anzurechnen. Zur Berücksichtigung von Verletztenrenten mit Kinderzulage vgl. Absatz 2 und → Rn. 17.

Nach **Nummer 5** werden Renten wegen verminderter Erwerbsfähigkeit – nicht aber Verletztenrenten – auch dann auf das Übergangsgeld angerechnet, wenn sie aus demselben Anlass wie die Leistungen zur Teilhabe erbracht werden und eine unbillige Doppelleistung darstellen würden. Das ist etwa der Fall, wenn die Leistungsempfänger aus einem Grund Renten wegen verminderter Erwerbsfähigkeit erhalten, aufgrund dessen später Leistungen zur Teilhabe erbracht werden.

Die Regelung der **Nummer 6** trägt u.a. dem Umstand Rechnung, dass Leistungen zur Teilhabe nach § 12 Abs. 1 Nr. 2 SGB VI in der Rentenversicherung auch bei Bezug einer Altersrente gewährt werden kann, wenn ihre Höhe weniger als zwei Drittel der Vollrente beträgt. Erzielen Altersteilrentner neben der Rente Arbeitseinkünfte, aus denen ein Übergangsgeldanspruch zu leisten ist, wird die Teilaltersrente nicht auf das Übergangsgeld angerechnet.

15 Nach **Nummer 7** wird das Verletztengeld, das von einem Träger der gesetzlichen Unfallversicherung geleistet wird (§ 45 ff. SGB VII), auf das Übergangsgeld in voller Höhe angerechnet.

16 Erhalten die Leistungsempfänger von einer ausländischen Stelle Leistungen zur Sicherung des Lebensunterhaltes, die mit denen der in den Nummern 1–7 vergleichbar sind, werden auch diese gem. **Nummer 8** auf das Übergangsgeld angerechnet.

17 **Absatz 2** stellt klar, dass bei Verletztenrenten mit Kinderzulage und bei Renten wegen verminderter Erwerbsfähigkeit mit Kinderzuschuss ein Betrag in Höhe des Kindergeldes außer Acht zu lassen ist.

18 **Absatz 3 Hs. 1** enthält eine besondere Regelung des gesetzlichen Forderungsübergangs für die Fälle, in denen die Leistungsverpflichtungen einer öffentlich-rechtlichen Stelle (→ Rn. 10) nicht erfüllt werden. Sie ist erforderlich, weil sich der Erstattungsanspruch nicht unmittelbar aus § 104 SGB X ergibt.

19 Für andere Fälle verweist der letzte Hs. auf §§ 104 und 115 SGB X. Die Ansprüche nach Absatz 1 Nr. 3–7 gehen gem. § 104 SGB X auf den Rehabilitationsträger über, die Ansprüche nach Absatz 1 Nr. 1 und 2 gem. § 115 SGB X.

§ 73 Reisekosten

(1) ¹Als Reisekosten werden die erforderlichen Fahr-, Verpflegungs- und Übernachtungskosten übernommen, die im Zusammenhang mit der Ausführung einer Leistung zur medizinischen Rehabilitation oder zur Teilhabe am Arbeitsleben stehen. ²Zu den Reisekosten gehören auch die Kosten
1. für besondere Beförderungsmittel, deren Inanspruchnahme wegen der Art oder Schwere der Behinderung erforderlich ist,
2. für eine wegen der Behinderung erforderliche Begleitperson einschließlich des für die Zeit der Begleitung entstehenden Verdienstausfalls,
3. für Kinder, deren Mitnahme an den Rehabilitationsort erforderlich ist, weil ihre anderweitige Betreuung nicht sichergestellt ist sowie
4. für den erforderlichen Gepäcktransport.

(2) ¹Während der Ausführung von Leistungen zur Teilhabe am Arbeitsleben werden im Regelfall auch Reisekosten für zwei Familienheimfahrten je Monat übernommen. ²Anstelle der Kosten für die Familienheimfahrten können für Fahrten von Angehörigen vom Wohnort zum Aufenthaltsort der Leistungsempfänger und zurück Reisekosten übernommen werden.

(3) Reisekosten nach Absatz 2 werden auch im Zusammenhang mit Leistungen zur medizinischen Rehabilitation übernommen, wenn die Leistungen länger als acht Wochen erbracht werden.

(4) ¹Fahrkosten werden in Höhe des Betrages zugrunde gelegt, der bei Benutzung eines regelmäßig verkehrenden öffentlichen Verkehrsmittels der niedrigsten Beförderungsklasse des zweckmäßigsten öffentlichen Verkehrsmittels zu zahlen ist, bei Benutzung sonstiger Verkehrsmittel in Höhe der Wegstreckenentschädigung nach § 5 Absatz 1 des Bundesreisekostengesetzes. ²Bei Fahrpreiserhöhungen, die nicht geringfügig sind, hat auf Antrag des Leistungsempfängers eine Anpassung der Fahrkostenentschädigung zu erfolgen, wenn die Maßnahme noch mindestens zwei weitere Monate andauert. ³Kosten für Pendelfahrten können nur bis zur Höhe des Betrages übernommen werden, der unter Berücksichtigung von Art und Schwere der Behinderung bei einer zumutbaren auswärtigen Unterbringung für Unterbringung und Verpflegung zu leisten wäre.

Geltende Fassung: Die Absätze 1–3 der Vorschrift wurden durch Artikel 1 und 68 Abs. 1 SGB IX vom 19.6.2001[1] mit Wirkung ab 1.7.2001 eingeführt, Absatz 4 angefügt mit Wirkung ab 1.1.2004 durch Artikel 8 und 124 Abs. 1 des Gesetzes vom 23.12.2003[2] und neu gefasst durch Artikel 2 Nr. 2 und Artikel 8 des Gesetzes vom 30.7.2009[3] mit Wirkung ab 5.8.2009 als Folgeänderung der Neuregelung der Fahrkostenerstattung im Rahmen der Förderung der beruflichen Weiterbildung nach § 81 Abs. 2 SGB III. Absatz 1 wurde mit Art. 1 BTHG in zwei Sätze gefasst, die Regelung insgesamt von § 53 zu § 73 verschoben. 1

Regelungsinhalt: Die Vorschrift enthält einheitliche Bestimmungen über den Umfang der Reisekosten, die von den zuständigen Rehabilitationsträgern (§ 64 Abs. 1) im Zusammenhang mit Leistungen zur medizinischen Rehabilitation und zur Teilhabe am Arbeitsleben zu erbringen sind. Für die gesetzlichen Krankenkassen gelten nach § 60 Abs. 5 SGB V nur die Absätze 1–3. 2

Zur Entstehung: Die Vorschrift entwickelt § 19 RehaAnglG fort. Im Regierungsentwurf zur ursprünglichen Fassung[4] wurden aufgrund Änderungsantrags der Koalitionsfraktionen in Absatz 2 Satz 2 zur Klarstellung des Gewollten nach dem Wort „Leistungsempfänger" die Wörter „und zurück" eingefügt.[5] Der mit Wirkung ab 1.1.2004 angefügte Absatz 4 geht auf den Regierungsentwurf[6] zurück, er wurde im weiteren Gesetzgebungsverfahren nicht verändert. Die Aufteilung des Abs. 1 in Satz 1 und Satz 2 durch das BTHG ist redaktioneller Natur.[7] 3

Mit der Vorschrift harmonisiert der Gesetzgeber weitgehend die bis zum Inkrafttreten des SGB IX in den jeweiligen Leistungsgesetzen enthaltenen Vorschriften zum Leistungsumfang der **Reisekosten**. Durch die gleichzeitige Änderung der für die Rehabilitationsträger jeweils geltenden Leistungsgesetze werden die Reisekosten nach dieser Vorschrift erbracht bei 4

- den gesetzlichen Krankenkassen gem. Absatz 1–3 (§ 60 Abs. 5 SGB V),
- der Arbeitsverwaltung (§ 127 Abs. 1 SGB III),
- den Rentenversicherungsträgern (§ 28 SGB VI),[8]
- den Trägern der Alterssicherung der Landwirte (§ 10 ALG),
- den Trägern der Kriegsopferversorgung und den Trägern der Kriegsopferfürsorge (§ 11 Abs. 5, § 26 Abs. 4 Nr. 5 BVG).

Für die Träger der gesetzlichen Unfallversicherung gilt § 43 SGB VII.

Nach **Absatz 1** werden nur die **erforderlichen** Kosten übernommen. Erforderlich sind sie, wenn den Leistungsempfängern im Zusammenhang mit den Leistungen zur medizinischen Rehabilitation oder zur Teilhabe am Arbeitsleben unter Berücksichtigung von Art und Schwere der Behinderung keine kostengünstigere Möglichkeit zuzumuten ist. Reisekosten für die Inanspruchnahme von er- 5

---

1 BGBl. I 1046.
2 BGBl. I 2848.
3 BGBl. I 2495.
4 Nebst Begründung: BT-Drs. 14/5074, 21 und 110 sowie BT-Drs. 14/5531, 5.
5 Zur Ausschussempfehlung BT-Drs. 14/5786, 46 und zum Bericht BT-Drs. 14/5800, 28.
6 BT-Drs. 15/1515.
7 BT-Drs. 18/9522, 258.
8 Vgl. auch die Gemeinsamen Grundsätze der Rentenversicherungsträger zur Erbringung von Reisekosten im Zusammenhang mit Leistungen zur medizinischen Rehabilitation und zur Teilhabe am Arbeitsleben und sonstige Leistungen (Reisekostengrundsätze) vom 25.11.1998 idF vom 6.10.2014.

gänzenden Leistungen wie etwa Rehabilitationssport nach § 64 Abs. 1 Nr. 3 werden nicht übernommen.[9]

In Streit gestellt wurden Reisekosten von den Trägern der gesetzlichen Krankenversicherung und der gesetzlichen Rentenversicherung wiederholt im Zusammenhang mit der Leistung von stufenweiser Wiedereingliederung nach § 44 (→ § 44 Rn. 28 mwN).

Entgegen Entscheidungen des BAG[10] und vor allem des BSG[11] hält die DRV in ihren GRA daran fest, dass die stufenweise Wiedereingliederung eine ergänzende Leistung im Sinne des § 64 sei und deshalb eine Fahrtkostenerstattung ausscheide.[12]

Bereits die systematische Stellung des § 28 in Kapitel 4 statt in Kapitel 11 belegt, dass die stufenweise Wiedereingliederung eine Hauptleistung ist, zumal die Leistungen der medizinischen Rehabilitation in Kapitel 4 nicht abschließend aufgezählt sind.[13]

Darüber hinaus hat der Gesetzgeber im Bereich der gesetzlichen Krankenversicherung dem G-BA gemäß § 74 S. 2 und 3 SGB n.F.[14] eine Neuregelung der AU-Richtlinien vorgegeben, die durch Beschluss des G-BA vom 30.11.2019 mit Wirkung zum 04.02.2020 in Kraft trat.[15] § 7 AU-Richtlinie n.F. verpflichtet alle Vertragsärzte, spätestens ab einer Dauer der Arbeitsunfähigkeit von sechs Wochen die Feststellung zu treffen, ob eine stufenweise Wiedereingliederung empfohlen wird. Die Stärkung des Instruments der stufenweisen Wiedereingliederung geht mit der Verkürzung der Bezugsdauer von Krankengeld einher, womit der Gesetzgeber die Übernahme der rehabilitationsbedingten Fahrtkosten auf die Rehabilitationsträger bewusst in Kauf nimmt.[16]

6 Bei den **Fahrkosten** handelt es sich regelmäßig um die Kosten für Fahrten mit **öffentlichen Verkehrsmitteln** unter Ausnutzung möglicher Fahrpreisvergünstigungen. So versenden die Träger der gesetzlichen Rentenversicherung vor Maßnahmeantritt in der Regel bereits auf den Leistungsempfänger ausgestellte Fahrkarten der DB AG.

Eines gesonderten Antrags für die Bewilligung von Fahrtkosten bedarf es nicht. Zum einen verlangt der in § 9 SGB X festgelegte Grundsatz des nichtförmlichen Verwaltungsverfahrens keine besondere Form (dazu *Beyer* → Kap. 2 Rn. 3). Zudem ist die „ergänzende Leistung" stets akzessorisch (→ § 64 Rn. 5) mit der Hauptleistung verbunden. Daher genügt bereits die Übersendung eines Wiedereingliederungsplanes als Antragstellung auf Fahrtkostenerstattung für eine stu-

---

9 Vgl. BSG 22.4.2008 – B 14 R 22/07; LSG NRW 23.8.2007 – L 5 KR 15/07, die Revision wurde vom BSG als unzulässig verworfen BSG 10.3.2008 – B 1 KR 29/07 R.
10 BAG 13.6.2006 – 9 AZR 229/05, BAGE 118, 252; „die stufenweise Wiedereingliederung (…) ist eine spezifische medizinische Rehabilitationsleistung" (zit. nach *Düwell*, Neues zur stufenweisen Wiedereingliederung, NZA 2020, 767 (768)).
11 BSG 5.2.2009 – B 13 R 27/08 R.
12 S. https://rvrecht.deutsche–rentenversicherung.de GRA SGB IX § 44 Ziffer 7.
13 LSG MV 28.5.2020 – L 6 KR 100/15, Rn. 64, unter Verweis auf BSG 20.10.2009 – B 5 KR 44/08 R ua, abrufbar unter https://www.landesrecht-mv.de.
14 G v. 6.5.2019 für schnellere Termine und bessere Versorgung (Terminservice- und Versorgungsgesetz – TSVG) in BGBl. I 646.
15 BAnz 3.2.2020 B5.
16 *Düwell*, Neues zur stufenweisen Wiedereingliederung, NZA 2020, 767 ff., 768 mwN.

fenweise Wiedereingliederung, selbst wenn innerhalb dieser Maßnahme kein Anspruch auf Krankengeld oder Übergangsgeld besteht.[17]
Nach der Begründung zum Regierungsentwurf sind als Fahrkosten auch die **Wegstrecken-** und **Mitnahmeentschädigung** entsprechend dem Bundesreisekostengesetz anzusehen.

Zu den Fahrkosten zählen ausdrücklich auch die Kosten für aufgrund der Art und Schwere der Behinderung erforderliche **besondere Beförderungsmittel**. Hierzu zählt insbesondere die Benutzung eines Krankentransportfahrzeugs. 7

Hinsichtlich der Übernahme von **Verpflegungs-** und **Übernachtungskosten** haben sich die Rehabilitationsträger bis zum Inkrafttreten des SGB IX – unterstützt durch die Rechtsprechung[18] – an den Sätzen des Bundesreisekostengesetzes orientiert; dies bleibt auch weiterhin möglich. Bei einer unvermeidbaren Abwesenheit vom Wohn- oder Aufenthaltsort von mehr als acht Stunden täglich wird ein pauschaliertes **Verpflegungsgeld** in Höhe der ersten Reisekostenstufe gezahlt. Die Übernahme notwendiger **Übernachtungskosten** orientiert sich ebenfalls an der ersten Reisekostenstufe. 8

Die o.a. Kosten werden auch für eine wegen der Behinderung erforderliche **Begleitperson** übernommen. Die Begleitung ist erforderlich, wenn die Leistungsempfänger wegen ihrer Behinderung nicht in der Lage sind, die Reise von ihrem Wohn- oder Aufenthaltsort zum Ort, an dem die Leistung ausgeführt wird, selbstständig durchzuführen. **Absatz 1 Satz 2 Nr. 2** bestimmt zudem ausdrücklich, dass ein der Begleitperson für die Zeit der Begleitung entstehender **Verdienstausfall** zu erstatten ist. Da nur die „erforderlichen" Kosten übernommen werden, muss der Verdienstausfall **unvermeidbar** sein. 9

Der Lebenssituation alleinerziehender Mütter und Väter wird Rechnung getragen, indem klargestellt wird, dass auch **Reisekosten für Kinder** zu übernehmen sind, wenn ihre Mitnahme an den Rehabilitationsort erforderlich ist, weil ihre anderweitige Betreuung nicht sichergestellt ist. 10

Von dem im **letzten Halbsatz** genannten **Gepäcktransport** ist auch das Gepäck der Begleitperson und der Kinder erfasst. 11

Nach **Absatz 2** werden während der Leistungen zur Teilhabe am Arbeitsleben alternativ die in Absatz 1 bestimmten Reisekosten 12
- für idR zwei Familienheimfahrten/Monat übernommen oder
- für Fahrten von Angehörigen zum Aufenthaltsort der Leistungsempfänger (und zurück).

Wurde eine Leistung zur Teilhabe am Arbeitsleben mit täglicher Heimfahrt ohne auswärtige Unterbringung bewilligt, so können die Reisekosten nicht in der Höhe auf den Betrag beschränkt werden, der bei auswärtiger Unterbringung zu leisten wäre.[19]

Die unter → Rn. 12 genannten Kosten werden nach **Absatz 3** auch anlässlich von Leistungen zur medizinischen Rehabilitation übernommen, erstmals jedoch nach acht Wochen. 13

Die Regelung des **Absatzes 4** wurde wiederholt geändert. Mit der aktuellen Fassung wurde der Status quo ante zum 5.8.2009 wiederhergestellt, also die Rechtslage wie sie vor dem 1.1.2004 bestand. Nach der Begründung des Regierungsentwurfs[20] erfolgte dies als Folgeänderung der Neuregelung der Fahrkos- 14

---

17 LSG MV 28.5.2020 – L 6 KR 100/15, Rn. 41 f., abrufbar unter www.landesrecht-mv.de.
18 BSG 3.6.1981 – 3 RK 70/79.
19 BSG 25.3.2003 – B 7 AL 8/02 R.
20 BT-Drs. 16/12855, 8.

tenerstattung im Rahmen der Förderung der beruflichen Weiterbildung nach § 81 Abs. 2 SGB III. Diese wiederum erfolgte aufgrund einer Empfehlung des Petitionsausschusses des Deutschen Bundestages. Denn die verkehrsmittelunabhängige Entfernungspauschale (je nach Entfernungskilometer 0,36 EUR oder 0,40 EUR) deckte in einigen Fällen, insbesondere bei Nutzung des öffentlichen Personennahverkehrs, nicht die tatsächlich notwendigen Kosten.

Bei Nutzung des eigenen Pkw als „sonstiges Verkehrsmittel" wird die Kostenerstattung folglich ausschließlich als Wegstreckenentschädigung nach § 5 Abs. 1 BRKG mit 0,2 EUR je km zurückgelegter Strecke berechnet, maximal mit 130 EUR. Die Höchststrecke beträgt demnach jeweils 325 km für Anreise und Abreise.[21]

Falsch ist daher die Ansicht des SG Dresden, die Begrenzung der Fahrtkostenerstattung auf die jeweils günstigste Fahrkarte im ÖPNV begrenze auch die Fahrtkostenerstattung bei Nutzung des eigenen Pkw.[22] Die Entscheidung des SG Dresden ist höchst bedenklich, da in den Entscheidungsgründen keine normative Herleitung erfolgt, keine Referenzentscheidung genannt und auch nicht auf eine Literaturmeinung verwiesen wird. Es ist keine Auslegung im Rahmen der Gesetzesbindung gemäß Art. 97 Abs. 1 GG erkennbar.

Auch die Reisekostengrundsätze der Rentenversicherungsträger unterscheiden in Ziffer 4.1 und 4.2 zwei voneinander unabhängige Berechnungen der erforderlichen Fahrtkosten, allein abhängig von der Wahl des benutzten Verkehrsmittels – „öffentlich" oder „sonstig".[23]

Zutreffend ist die Berechnung des SG Berlin, für eine Wegstrecke von 78 km Hin- und Rückfahrt an 60 Tagen einer stufenweisen Wiedereingliederung nach § 73 Abs. 4 S. 1 Hs. 2 in Verbindung mit § 5 Abs. 1 S. 2 BRKG insgesamt 936 EUR Fahrtkostenerstattung zuzusprechen.[24]

§ 74 Haushalts- oder Betriebshilfe und Kinderbetreuungskosten

(1) ¹Haushaltshilfe wird geleistet, wenn
1. den Leistungsempfängern wegen der Ausführung einer Leistung zur medizinischen Rehabilitation oder einer Leistung zur Teilhabe am Arbeitsleben die Weiterführung des Haushalts nicht möglich ist,
2. eine andere im Haushalt lebende Person den Haushalt nicht weiterführen kann und

---

21 *Jabben* in BeckOK SozR SGB IX § 73 Rn. 6 54. Ed. 01.09.2019; *Jabben* in Neumann/Pahlen/Winkler/Jabben, 13. Aufl. 2018, SGB IX § 73 Rn. 19.
22 SG Dresden 17.6.2020 – S 18 KR 967/19, abrufbar unter www.sozialgerichtsbarkeit.de; die nur für die Beklagte zugelassene Berufung ist rechtshängig bei dem LSG Sachsen unter Az. L 1 KR 365/20 (Stand 30.04.21).
23 Gemeinsame Grundsätze der Rentenversicherungsträger zur Erbringung von Reisekosten im Zusammenhang mit Leistungen der medizinischen Rehabilitation und zur Teilhabe am Arbeitsleben und sonstigen Leistungen (Reiskostengrundsätze) vom 25.11.1998 idF vom 6.10.2014 (abrufbar unter https://rvrecht.deutsche-rentenversicherung.de).
24 SG Berlin 29.11.2018 – S 4 R 1970/18, die Berufung zum LSG Bln-Bbg (L 4 R 19/19) wurde zurückgenommen, abrufbar unter https://www.rehadat-recht.de. Ebenso SG Kiel 4.11.2016 – S 3 KR 201/15, rekr., über 1.369,60 EUR zu § 53 aF, abrufbar unter https://www.rehadat-recht.de.

3. im Haushalt ein Kind lebt, das bei Beginn der Haushaltshilfe noch nicht zwölf Jahre alt ist oder wenn das Kind eine Behinderung hat und auf Hilfe angewiesen ist.
²§ 38 Absatz 4 des Fünften Buches gilt entsprechend.

(2) Anstelle der Haushaltshilfe werden auf Antrag des Leistungsempfängers die Kosten für die Mitnahme oder für die anderweitige Unterbringung des Kindes bis zur Höhe der Kosten der sonst zu erbringenden Haushaltshilfe übernommen, wenn die Unterbringung und Betreuung des Kindes in dieser Weise sichergestellt ist.

(3) ¹Kosten für die Kinderbetreuung des Leistungsempfängers können bis zu einem Betrag von 160 Euro je Kind und Monat übernommen werden, wenn die Kosten durch die Ausführung einer Leistung zur medizinischen Rehabilitation oder zur Teilhabe am Arbeitsleben unvermeidbar sind. ²Es werden neben den Leistungen zur Kinderbetreuung keine Leistungen nach den Absätzen 1 und 2 erbracht. ³Der in Satz 1 genannte Betrag erhöht sich entsprechend der Veränderung der Bezugsgröße¹ nach § 18 Absatz 1 des Vierten Buches; § 160 Absatz 3 Satz 2 bis 5 gilt entsprechend.

(4) Abweichend von den Absätzen 1 bis 3 erbringen die landwirtschaftliche Alterskasse und die landwirtschaftliche Krankenkasse Betriebs- und Haushaltshilfe nach den §§ 10 und 36 des Gesetzes über die Alterssicherung der Landwirte und nach den §§ 9 und 10 des Zweiten Gesetzes über die Krankenversicherung der Landwirte, die landwirtschaftliche Berufsgenossenschaft für die bei ihr versicherten landwirtschaftlichen Unternehmer und im Unternehmen mitarbeitenden Ehegatten nach den §§ 54 und 55 des Siebten Buches.

Geltende Fassung: Die Vorschrift wurde durch Artikel 1 und 68 Abs. 1 SGB IX vom 19.6.2001² mit Wirkung ab 1.7.2001 eingeführt und durch Artikel 66 Nr. 1 und Artikel 68 Abs. 7 mit Wirkung ab 1.1.2002 die Umstellung auf Euro vollzogen. Absatz 3 Satz 1 wurde durch Artikel 5 des Gesetzes vom 10.12.2001³ mit Wirkung ab 1.1.2002 geändert, ebenso die Erhöhung der Kinderbetreuungskosten und der damit einhergehende Wegfall der Härtefallklausel durch Aufhebung des Satzes 2 vollzogen. In Absatz 4 wurde die Verweisung auf das SGB VII durch Artikel 8 und 10 des Gesetzes vom 18.12.2007⁴ mit Wirkung ab 1.1.2008 und die Bezeichnung der Leistungsträger durch Artikel 13 Abs. 26 Nr. 3 und Artikel 14 Abs. 1 mit Wirkung ab 1.1.2013 redaktionell angepasst. Weitere redaktionelle Anpassungen erfolgten mit Wirkung zum 1.1.2017 durch Art. 1 BTHG, der die Vorschrift von zuvor § 54 jetzt unter § 74 führt.

Regelungsinhalt: Die Vorschrift enthält einheitliche Bestimmungen über den Umfang und die Abgrenzung der Haushalts-, Betriebs- und Kinderbetreuungskosten, die von den zuständigen Rehabilitationsträgern (§ 64 Abs. 1) im Zusammenhang mit Leistungen zur medizinischen Rehabilitation und zur Teilhabe am Arbeitsleben zu erbringen sind.

Zur Entstehung: Die Vorschrift lehnt sich an die in den für die Rehabilitationsträger jeweils geltenden Leistungsgesetze bis zum Inkrafttreten des SGB IX enthaltenen Vorschriften zu diesem Bereich an.

---

1 Siehe hierzu ua Bek. über die Anpassung der Ausgleichsabgabe, der Eigenbeteiligung für die unentgeltliche Beförderung, der übernahmefähigen Kinderbetreuungskosten und der Finanzierung der Werkstatträte Deutschland.
2 BGBl. I 1046.
3 BGBl. I 3443.
4 BGBl. I 2984.

4 Im Regierungsentwurf 2001[5] wurde aufgrund Änderungsantrags der Koalitionsfraktionen in Absatz 3 der Satz 4 (jetzt Satz 3) angefügt, um eine Dynamisierung des in Satz 1 genannten Pauschbetrag zu erreichen; Absatz 4 wurde neu gefasst, um klarzustellen, dass Arbeitnehmer in der Landwirtschaft Anspruch auf Haushaltshilfe wie nach dem früheren Recht und die in der landwirtschaftlichen Berufsgenossenschaft versicherten Unternehmer und mitarbeitenden Ehegatten nach § 54 SGB VII haben.[6]

5 Nach der Begründung des Regierungsentwurfs dient die Vorschrift der Harmonisierung der von den Rehabilitationsträgern zu erbringenden ergänzenden Leistungen in den Fällen, in denen den Betroffenen aufgrund der Ausführung einer Leistung zur medizinischen Rehabilitation oder einer Leistung zur Teilhabe am Arbeitsleben die Weiterführung des Unternehmens oder des Haushalts oder die Betreuung der Kinder nicht möglich ist.

6 **Haushaltshilfe** nach **Absatz 1** erbringen
- die Arbeitsverwaltung (§ 127 Abs. 1 SGB III),
- die Rentenversicherungsträger (§ 28 SGB VI),
- die Träger der gesetzlichen Unfallversicherung (auch bei Leistungen zur Teilhabe am Leben in der Gemeinschaft, § 42 SGB VII),
- die Träger der Kriegsopferfürsorge (§ 26 Abs. 4 Nr. 3 BVG).

Die gesetzlichen Krankenkassen erbringen Haushaltshilfe nach § 38 SGB V. Zu den landwirtschaftlichen Alterskassen und den landwirtschaftlichen Krankenkassen vgl. Absatz 4 und → Rn. 15.

7 Nach **Satz 1 Nr. 1** müssen die Leistungsempfänger wegen der Teilnahme an einer Leistung zur medizinischen Rehabilitation oder zur Teilhabe am Arbeitsleben an der Weiterführung des Haushalts gehindert sein. Das setzt voraus, dass die Betroffenen den Haushalt bisher zu einem wesentlichen Anteil selbst geführt haben. Ist dies nicht der Fall und haben etwa deren Ehegatten den Haushalt geführt, ist der Anspruch ausgeschlossen.

8 Weitere Voraussetzung ist nach **Satz 1 Nr. 2**, dass keine andere Person im Haushalt lebt, die den Haushalt anstelle der Leistungsempfänger weiterführen kann. Kann eine im Haushalt lebende Person den Haushalt nur teilweise führen, zB berufsbedingt nur am Wochenende, ist der Leistungsumfang entsprechend einzuschränken.

9 Satz 1 Nr. 3 verlangt, dass im Haushalt ein **Kind** lebt, das bei Beginn der Haushaltshilfe jünger als zwölf Jahre alt oder behindert und auf Hilfe angewiesen ist. Demnach ist es unschädlich, wenn das Kind während des Zeitraums der Haushaltshilfe das zwölfte Lebensjahr vollendet. Auf eine Angehörigenbeziehung kommt es nicht an; in Betracht kommt jedes Kind, das auf Dauer im Haushalt der Leistungsempfänger lebt.

Die Altersgrenze gilt nicht für **behinderte Kinder**, die auf Hilfe angewiesen sind. Ob ein Kind behindert ist, beurteilt sich nach § 2 Abs. 1 Satz 1. Sie sind auf Hilfe angewiesen, wenn sie nicht nur vorübergehend für die gewöhnlich und regelmäßig wiederkehrenden Verrichtungen im Ablauf des täglichen Lebens in erheblichem Umfang der Pflege oder Aufsicht bedürfen.

Die gegenteilige Ansicht, dass nur minderjährige behinderte Kinder „Kind" im Sinne dieser Bestimmung sind,[7] ist aus mehreren Gründen abzulehnen.

---

5 Nebst Begründung: BT-Drs. 14/5074, 21 und 110 sowie BT-Drs. 14/5531, 5.
6 Zur Ausschussempfehlung BT-Drs. 14/5786, 46 und zum Bericht BT-Drs. 14/5800, 28.
7 Siehe die GRA der DRV Bund, abrufbar unter https://rvrecht.deutsche-rentenversicherung.de.

Bereits nach dem Gesetzeswortlaut ist eine Altersgrenze nur für die 1. Tatbestandsalternative anspruchsbegrenzend.[8] In systematischer Hinsicht hat der Gesetzgeber in § 66 Abs. 1 S. 3 Nr. 1 a und 1 b zwischen verschiedenen Altersgruppen von Kindern differenziert, vorliegend in der zweiten Tatbestandsalternative des „behinderten Kindes" jedoch nicht. Auch wird nicht auf die Sorgeberechtigung abgestellt, die sich „nur" auf minderjährige Kinder beziehen kann (vgl. §§ 1626 Abs. 1, 1631 Abs. 1 BGB).

Bezeichnend ist, dass für die wortgleiche Vorschrift § 45 Abs. 1 S. 1 2. Alt. SGB V (Krankengeld bei Erkrankung eines Kindes) nach herrschender Meinung keine einschränkende Altersgrenze auf „minderjährige" behinderte und auf Hilfe angewiesene Kinder erkannt werden kann.[9]

Satz 2 verweist auf § 38 Abs. 4 SGB V. Demnach sind den Leistungsempfängern die Kosten für eine selbstbeschaffte Haushaltshilfe in angemessener Höhe zu erstatten, wenn der Rehabilitationsträger selbst keine Haushaltshilfe stellen kann oder ein Grund besteht, davon abzusehen. In der Praxis werden die Rehabilitationsträger den Betroffenen die Kostenerstattung für eine selbstbeschaffte Haushaltshilfe anbieten. Für Verwandte und Verschwägerte bis zum zweiten Grad werden jedoch keine Kosten erstattet; die Rehabilitationsträger können aber die erforderlichen Fahrkosten und den Verdienstausfall erstatten, wenn die Erstattung in einem angemessenen Verhältnis zu den sonst für eine Ersatzkraft entstehenden Kosten steht. Der Grad der Verwandtschaft und der Schwägerschaft richtet sich nach den §§ 1589 und 1590 BGB. 10

Nach **Absatz 2** werden alternativ zur Haushaltshilfe auf Antrag der Leistungsempfänger die Kosten für die Mitnahme oder anderweitigen Unterbringung des Kindes bis zur Höhe des Aufwandes für die sonst zu erbringende Haushaltshilfe übernommen, wenn die Unterbringung und Betreuung des Kindes in dieser Weise sichergestellt ist. Anders als im früheren Recht der Arbeitsförderung (§ 112 Abs. 2 SGB III a.F.) und dem Recht der gesetzlichen Rentenversicherung (§ 29 Abs. 2 SGB VI a.F.) handelt es sich bei dieser Leistung um eine gebundene Entscheidung der Rehabilitationsträger und nicht mehr um eine Ermessensentscheidung begrenzt auf besonders begründete Einzelfälle. 11

Liegen die Voraussetzungen nach Absatz 1 und 2 nicht vor, können gem. **Absatz 3** pauschal **Kinderbetreuungskosten** von bis zu 160 EUR monatlich je Kind übernommen werden. Voraussetzung ist, dass die Kinderbetreuungskosten aufgrund der Teilnahme an einer Leistung zur medizinischen Rehabilitation oder zur Teilhabe am Arbeitsleben unvermeidbar entstehen. Das ist stets dann der Fall, wenn während der Teilnahme an einer Leistung zur Teilhabe keine anderen Betreuungsmöglichkeiten bestehen und insbesondere dann, wenn ansonsten die Leistung zur Teilhabe nicht in Anspruch genommen werden kann.[10] Dies kommt insbesondere alleinerziehenden Eltern zugute. Enthalten die tatsächlichen Betreuungskosten auch Verpflegungskosten, sind diese abzusetzen.[11] 12

Die Kinderbetreuungskosten nach diesem Buch gehen den entsprechenden Leistungen der Kinder- und Jugendhilfe nach dem SGB VIII vor (vgl. insbesondere § 20 SGB VIII). 13

Nach **Absatz 3 Satz 4** erhöht sich die Kinderbetreuungspauschale entsprechend der Veränderung der Bezugsgröße für die Sozialversicherung (§ 18 Abs. 1 SGB IV) zum 1. Januar eines Kalenderjahres. Voraussetzung ist, dass sich die 14

---

8 *Jabben* in Neumann/Pahlen/Greiner/Winkler/Jabben SGB IX § 74 Rn. 12 aE.
9 *Schifferdecker* in KassKomm, 109. EL Mai 2020, § 45 Rn. 12 mwN und Hinweisen auf Gesetzesbegründung und Historie.
10 Vgl. auch SächsLSG 20.11.2007 – L 4 R 268/05, BeckRS 2009, 52633.
11 LSG Bln-Bbg 12.1.2007 – L 4 RJ 61/04, BeckRS 2007, 40731.

Bezugsgröße seit der letzten Neubestimmung um mindestens 10 v.H. erhöht hat. Die letzte Änderung erfolgte 2016 von 145 EUR auf 160 EUR.[12] Ab dem 1.1.2021 beträgt die Kinderbetreuungspauschale nunmehr 180 EUR. Zum Verfahren der Berechnung und der Bekanntgabe der Beträge vgl. § 160 Abs. 3 Satz 2–5.

15 Absatz 4 enthält eine Sonderregelung für Landwirte und mitarbeitende Familienangehörige und ist eine reine Hinweisnorm auf die jeweils anzuwendenden Vorschriften. Diese bereits in der Vorauflage von Liebig vertretene Ansicht wurde vom BSG explizit bestätigt.[13] Neben der Haushaltshilfe kann dieser Personenkreis auch **Betriebshilfe** erhalten. **Betriebshilfe** kommt grundsätzlich in Betracht, wenn sie zur Aufrechterhaltung des Unternehmens der Landwirtschaft erforderlich ist. Die Voraussetzungen und der Umfang der Betriebs- und Haushaltshilfe richten sich nach §§ 10 und 38 ALG sowie nach den §§ 9 und 10 KVLG 1989 und für die in den landwirtschaftlichen Berufsgenossenschaften versicherten landwirtschaftlichen Unternehmer und ihre im Unternehmen mitarbeitenden Ehegatten nach § 54 SGB VII.

Sozialpolitisch findet angesichts der fortschreitenden technologischen Entwicklung und ihrer Folgen für die moderne Arbeitswelt ein Vorschlag des 68. DJT verstärkt Zuspruch, Solo-Selbstständige generell in die Rentenversicherungspflicht nach § 2 SGB VI aufzunehmen.[14] In diesem Zusammenhang könnte ein Anspruch auf Betriebshilfe trägerübergreifend eingeführt werden. So können durch Vertretungen Aufträge zu Ende geführt, Geschäftsbeziehungen gepflegt und ein „Abstürzen" des Betriebs während längerer medizinischer Rehabilitation vermieden oder gemildert werden. Auf der Gegenseite wird Erwerbseinkommen aus selbstständiger Tätigkeit auch ohne Arbeitseinsatz gemäß § 72 Abs. 1 Nr. 1 auf das Übergangsgeld angerechnet.

Kapitel 12 Leistungen zur Teilhabe an Bildung
§ 75 Leistungen zur Teilhabe an Bildung

(1) Zur Teilhabe an Bildung werden unterstützende Leistungen erbracht, die erforderlich sind, damit Menschen mit Behinderungen Bildungsangebote gleichberechtigt wahrnehmen können.

(2) ¹Die Leistungen umfassen insbesondere
1. Hilfen zur Schulbildung, insbesondere im Rahmen der Schulpflicht einschließlich der Vorbereitung hierzu,
2. Hilfen zur schulischen Berufsausbildung,
3. Hilfen zur Hochschulbildung und
4. Hilfen zur schulischen und hochschulischen beruflichen Weiterbildung.

²Die Rehabilitationsträger nach § 6 Absatz 1 Nummer 3 erbringen ihre Leistungen unter den Voraussetzungen und im Umfang der Bestimmungen des Siebten Buches als Leistungen zur Teilhabe am Arbeitsleben oder zur Teilhabe am Leben in der Gemeinschaft.

Literatur:
Autorengruppe Bildungsberichterstattung (2014), Bildung in Deutschland 2014. Teil H: Bildung von Menschen mit Behinderungen, abrufbar unter http://www.bildungsbericht.de/de/bildungsberichte-seit-2006/bildungsbericht-2014/pdf-bildungsbericht-2014/h-web

---

12 BT-Drs. 18/9522, 258; Bekanntgabe in BAnz AT 24.12.2015 B 2.
13 BSG 26.6.2014 – B 2 U 17/31 R, Nr. 32.
14 Siehe den Überblick bei *Mecke* SGb 2016, 481 (487).

2014.pdf; *Banafsche*, Schulbegleitung in Bayern zwischen Schul- und Sozialrecht, BayVBl 2014, 42; *Bertelsmann Stiftung* (Hrsg.), Inklusion kann gelingen. Forschungsergebnisse und Beispiele guter schulischer Praxis, 2016; *Bieritz-Harder*, Der Weg zum Beruf zwischen „Teilhabe an Bildung" und „Teilhabe am Arbeitsleben", SGb 2017, 491; *Bundesarbeitsgemeinschaft der überörtlichen Träger der Sozialhilfe*, Empfehlungen zu den Leistungen der Eingliederungshilfe zum Besuch einer Hochschule nach § 112 SGB IX (Hochschulempfehlungen), Stand 9/2020, abrufbar unter https://www.lwl.org/s pur-download/bag/08_2020an.pdf; *UN Committee on Economic, Social and Cultural Rights*, General Comment No. 13, E/C.12/1999/10; *Degener*, Das Recht auf inklusive Bildung als Menschenrecht, KJ 4/2012, 405; *Deutscher Verein für öffentliche und private Fürsorge*, Von der Schulbegleitung zur Schulassistenz in einem inklusiven Schulsystem, Empfehlungen 20/16 vom 14.12.2016; *Hochschulrektorenkonferenz*, „Eine Hochschule für Alle". Empfehlung der 6. Mitgliederversammlung am 21.4.2009 zum Studium mit Behinderung/chronischer Erkrankung, abrufbar unter https://www.hrk.de/uplo ads/tx_szconvention/Entschliessung_HS_Alle.pdf; *Hochschulrektorenkonferenz*, Kompetenzorientierung im Studium. Vom Konzept zur Umsetzung, 2012, abrufbar unter https://www.hrk-nexus.de/fileadmin/redaktion/hrk-nexus/07-Downloads/07-02-Pub likationen/impulse_1_final_Onlineversion.pdf; *Kultusministerkonferenz*, Empfehlung zur Arbeit in der Grundschule, Beschluss v. 2.7.1970 idF v. 11.6.2015, abrufbar unter http://www.kmk.org/fileadmin/Dateien/veroeffentlichungen_beschluesse/1970/1970_07 _02_Empfehlungen_Grundschule.pdf; *UN Human Rights Council*, Thematic study on the right of persons with disabilities to education, 2013, A/HRC/25/29; *UN Committee on the Rights of Persons with Disabilities*, General comment No. 4 on Article 24: Right to inclusive education, 2 September 2016, CRPD/C/GC/4; *Luthe*, Teilhabe an Bildung nach § 75 Bundesteilhabegesetz, NZS 2017, 441; *Mißling/Ückert*, Inklusive Bildung: Schulgesetze auf dem Prüfstand. Studie hrsg. vom Deutschen Institut für Menschenrechte, 2014; *Nachtschatt/Ramm*, Die Leistungen zur Teilhabe an Bildung im BTHG: Anhörung, Ausschussberatungen, Ergebnisse der abschließenden zweiten und dritten Lesung im Deutschen Bundestag, Beitrag D61–2016, abrufbar unter www.reha-recht.d e; *Nebe/Schimank*, Verantwortung der Bundesagentur für Arbeit bei der Hochschulbildung. Anmerkung zu BSG v. 24.2.2016, Az.: B 8 SO 18/14 R sowie zu BSG v. 20.4.2016, Az.: B 8 SO 20/14 R, RP Reha 2017, 16; *Schönecker/Meysen*, Rechtsfragen in der Praxis der Schulbegleitung, in Deutsches Institut für Jugend- und Familienrecht e.V. (DiJuF), Schulbegleitung als Beitrag zur Inklusion, 2016, S. 22; *Siehr/Wrase*, Das Recht auf inklusive Schulbildung als Strukturfrage des deutschen Schulrechts. Anforderungen aus Art. 24 BRK und Art. 3 Abs. 3 S. 2 GG, RdJB 2014, 161; *UNESCO*, The Salamanca Statement and Framework for Action on Special Needs Education. Paris, UNESCO/Ministry of Education, 1994; *UNICEF*, The Right of Children with Disabilities to Education: A Right-Based Approach to Inclusive Education, 2012; *Welti*, Verantwortlichkeit von Schule und Sozialleistungsträgern für angemessene Vorkehrungen und Zugänglichkeit für behinderte Schülerinnen und Schüler, Beitrag D20/2014, abrufbar unter www.reha-recht.de; *Wiesner* (Hrsg.), SGB VIII – Kinder- und Jugendhilfe, Kommentar, 5. Aufl. 2015 (zit.: Bearbeiter in Wiesner); *Zinsmeister/Platte*, Das Recht auf inklusive Bildung. Oder: Wie Kindertagesstätten Ausgrenzung und Diskriminierung verhindern können und müssen, in: Lohrentz (Hrsg.), Das große Handbuch Recht in der Kita, 2018, S. 145; *Zücker*, Tagungsbericht vom 4. Deutschen Schulrechtstag am 30. Juni 2016 in Berlin, Beitrag D46–2016, abrufbar unter www.reha-recht.de.

I. Allgemeines

Geltende Fassung: Die Vorschrift wird durch Art. 1 BTHG v. 23.12.2016 – BGBl. 2016 I S. 3234 mit Wirkung zum 1.1.2018 eingeführt. Die bisher unter § 75 SGB IX geregelte Anrechnung Beschäftigter auf die Zahl der Pflichtarbeitsplätze[1] findet sich ab 1.1.2018 in Teil 3 § 158 SGB IX. Zur Entwicklung des § 158 idF vor 2018 → § 158 Rn. 1.   1

Regelungsinhalt: § 75 regelt ab 1.1.2018 den Beitrag der Rehabilitationsträger zur Sicherung des gleichberechtigten Zugangs von Menschen mit Behinderung   2

---

1 BGBl. I 1046.

zur frühkindlichen Bildung, allgemeinen Schul- und Hochschulbildung, zur schulischen Berufsausbildung sowie zur schulischen und hochschulischen beruflichen Weiterbildung. Die Leistungen zur Teilhabe an Bildung bilden dann gem. § 5 Nr. 4 und Kapitel 12 eine eigene Leistungsgruppe. Die Leistungen werden in § 75 Abs. 1 definiert. In Abs. 2 S. 1 werden vier Bildungsbereiche genannt, in denen sie zu erbringen sind. Diese Aufzählung ist aber nicht abschließend („insbesondere"). Soweit sie nicht von anderen Trägern als Leistungen zur Teilhabe am Arbeitsleben zu erbringen sind (→ Rn. 14), werden die Leistungen gem. § 6 Abs. 1 von den Trägern der gesetzlichen Unfallversicherung, sozialen Entschädigung, öffentlichen Jugendhilfe und Sozialhilfe nach Maßgabe der für sie geltenden Leistungsgesetze erbracht (§ 7 Abs. 1 S. 2). § 75 SGB IX bildet daher keine eigenständige Anspruchsgrundlage. Für die Träger der Eingliederungshilfe bilden seit 1.1.2020 vielmehr die §§ 99, 112 SGB IX die Leistungsgrundlage. Bei der Eingliederungshilfe für seelisch behinderte und von seelischer Behinderung bedrohte Kinder und Jugendliche verweist § 35 a Abs. 3 SGB VIII seit 1.1.2020 auf Kapitel 6 SGB IX Teil 1 sowie auf § 90 und Kapitel 3–6 in SGB IX Teil 2 (Art. 26 Abs. 4 Nr. 3, eingef. durch Art. 27 Nr. 3 Buchst. a G v. 17.7.2017, BGBl. I 2541).

Für die Träger der gesetzlichen Unfallversicherung bleiben die Leistungen zur Teilhabe an Bildung gemäß Abs. 2 S. 2 ein Unterfall der Leistungen zur Teilhabe am Arbeitsleben oder der Teilhabe am Leben in der Gemeinschaft. Zu weiteren Leistungen zur Teilhabe an Bildung im Rahmen der Rehabilitation und Krankenpflege → Rn. 16.

3 **Materialien:** Zum RegE nebst Begr. BT-Drs. 18/9522, 195, 212, 258, zur Stellungn. des BR v. 23.9.2016 und der Gegenäußerung der BReg BT-Drs. 18/9954, 4–5 und 59–60; zur geplanten Sondererhebung der finanziellen Auswirkungen der Neuregelung vgl. die Entschließung des Antrags BT-Drs. 18/10528, 3.

4 **Entstehung:** Mit dem BTHG werden die Leistungen zur Teilhabe an Bildung ab 1.1.2018 erstmals als eigene Leistungsgruppe definiert. Im RehaAnglG vom 7.8.1974[2] zählten sie noch zu den „sonstigen Leistungen" des § 20, seit 1.7.2001 werden sie als Leistungen zur Teilhabe am Leben in der Gemeinschaft nach §§ 55 ff. SGB IX gewährt.[3] Sie können aber auch als Leistungen zur Teilhabe am Arbeitsleben zu erbringen sein. Die Neuregelung in § 75 hat klarstellende Wirkung.

II. Gegenstand

5 **Bildung** ist eine zentrale Stellschraube für gesellschaftliche Entwicklung und die Verwirklichung von Chancengleichheit. Der Bildungsstand einer Person beeinflusst idR lebenslang das Maß ihrer gesellschaftlichen Teilhabemöglichkeiten. Die Bildungsmöglichkeiten behinderter Menschen werden in Deutschland noch weitreichend durch die bildungsrechtlichen Rahmenbedingungen eingeschränkt.[4] Art. 3 Abs. 3 Satz 2 GG verbietet es dem Staat jedoch, Menschen mit Behinderungen Entfaltungs- und Betätigungsmöglichkeiten vorzuenthalten, die Menschen mit Behinderungen offen stehen. Auf eine Diskriminierungsabsicht kommt es nicht an, für eine mittelbare Diskriminierung reicht es vielmehr, dass

---

2 BGBl. I 1881.
3 BT-Drs. 14/5074, 101.
4 Autorengruppe Bildungsberichterstattung 2014, 35.

der Ausschluss behinderter Menschen von Bildungsangeboten sich als typische Nebenfolge der öffentlichen Gestaltung des Bildungssystems darstellt.[5] Aus dem Verbot der mittelbaren Diskriminierung können auch Förderpflichten des Staates erwachsen.[6]Diese Förderpflichten werden in Art. 24 UN-BRK konkretisiert. Bund und Ländern sind danach zur inklusiven Ausgestaltung der deutschen Bildungssysteme verpflichtet. Die UN-BRK und das nationale Recht bauen die Gewährleistung inklusiver Bildung rechtlich auf zwei Säulen auf: Die erste Säule bilden die Schul- und Hochschulgesetze der Länder ua bildungsrechtliche Bestimmungen. Sie müssen gem. Art. 24 Abs. 1 UN-BRK die erforderliche strukturelle, didaktische und inhaltliche Weiterentwicklung des bisherigen allgemeinen Bildungssystems für alle Lernenden sichern.[7] Dieses gilt es daher inklusiv weiterzuentwickeln, sachlich und personell entsprechend auszustatten und die bisherigen Zugangshindernisse technischer, kommunikativer und baulicher Art systematisch abzubauen (Art. 9 UN-BRK). Die Verantwortung der Bildungsträger für die Vornahme der im Einzelfall angemessenen Vorkehrungen und Unterstützungsmaßnahmen gem. Art. 24 Abs. 2 c–e UN-BRK überschneidet sich dabei mit dem Aufgabenkreis der Rehabilitationsträger, denn Art. 26 Abs. 1 S. 2 UN-BRK sieht die Ergänzung des Bildungssystems durch „umfassende Habilitations- und Rehabilitationsdienste und -programme" vor. Das Sozialrecht sichert mithin als zweite Säule die gleichberechtigte Teilhabe derjenigen, die für den Zugang zu Bildung und zur Sicherung ihres Lernprozesses auf weitergehende Unterstützung angewiesen sind. Zu erwarten ist, dass der Bedarf an entsprechenden rehabilitativen Leistungen mit der zunehmend inklusiven Ausgestaltung des Bildungssystems sinken wird.

Auf das Ziel der inklusiven Bildung haben sich die UNO-Vertragsstaaten erstmals 1994 in Salamanca verständigt (UNESCO 1994). **Inklusive Bildung** basiert auf vier Grundprinzipien, die der UN-Sozialpaktausschuss CESR 1999 in seiner Allgemeinen Bemerkung Nr. 13 zum Recht auf Bildung nach Art. 13 des Internationalen Pakts über die wirtschaftlichen, sozialen und kulturellen Rechte als „4-A-Schema" formuliert hat: Inklusive Bildung ist für alle Menschen gleichberechtigt verfügbar (Availability), zugänglich (Accessibility), annehmbar und angemessen (Acceptability) und für Menschen in unterschiedlichen sozialen und kulturellen Kontexten adaptierbar (Adaptability).[8] Allgemein verfügbar ist Bildung, wenn Bildungseinrichtungen und -angebote in ausreichender Zahl und Ausstattung zur Verfügung stehen. Allgemein zugänglich ist Bildung, wenn alle Gruppen und Individuen das Bildungsangebot möglichst selbstständig und barrierefrei wahrnehmen können. Annehmbar bzw. angemessen ist Bildung, die in Inhalt und Form relevant, kulturell angemessen und hochwertig ist. Bildungsangebote sind anpassungsfähig, wenn sie individuellen Bedürfnissen und den sich verändernden gesellschaftlichen Bedingungen Rechnung tragen können.[9]
In seiner Allgemeinen Bemerkung Nr. 4 zu Art. 24 UN-BRK unterscheidet der UN-Fachausschuss für die Rechte von Menschen mit Behinderungen (CRPD)

---

5 BVerfG 29.1.2019 – 2 BvC 62/14 Rn. 56; BVerfG 30.1.2020 – 2 BvR 1005/18; *Baer/Markard* in v. Mangoldt/Klein GG Art. 3 Rn. 537; *Nußberger* in Sachs, 8. Aufl. 2018, GG Art. 3 Rn. 311.
6 BVerfG 29.1.2019 – 2 BvC 62/14 Rn. 56; *Baer/Markard* in v. Mangoldt/Klein GG Art. 3 Rn. 541 mwN.
7 *Siehr/Wrase* RdJB 2014, 161 ff.
8 CESCR E/C.12/1999/10; CPRD/C/GC/4; am Bsp. Kita: *Zinsmeister/Platte* 2018, 145.
9 Vgl. *Degener* KJ 2012, 405 (410); *Zinsmeister/Platte* 2018, 147 ff.

zwischen integrativer Bildung als Prozess der Platzierung behinderter Menschen in bestehenden „Mainstream"- Bildungsangeboten und inklusiver Bildung iSd Art. 24 UN-BRK. Letztere zielt auf eine systematische inhaltliche, didaktische und strukturelle Weiterentwicklung herkömmlicher Bildungssysteme mit dem Ziel, allen Lernenden unter Berücksichtigung ihrer Heterogenität einen möglichst gleichberechtigten und partizipativen Lernprozess zu ermöglichen. Grundlage bilden zieldifferente (Unterrichts-)Angebote, die Verknüpfung der individuellen Lernziele mit der Förderung des sozialen Miteinanders durch Konzepte des von- und miteinander Lernens, der Abbau der noch bestehenden Barrieren sowie die Vornahme der im Einzelfall angemessenen Vorkehrungen.[10] Die konzeptionellen Unterschiede erfordern es, die rechtlich maßgebende englische Fassung des Art. 24 UN-BRK anstatt mit „integrativer Bildung"[11] mit „inklusiver Bildung" zu übersetzen.[12] Im Primärbereich wird inklusive Bildung in einigen Staaten wie Norwegen und Italien schon fast flächendeckend,[13] in Deutschland bisher erst an einzelnen Schulen praktiziert.[14] Die Bundesländer haben seit Inkrafttreten der UN-BRK in 2009 in unterschiedlichem Umfang landesschul- und hochschulrechtliche Änderungen und Anpassungen zur Umsetzung des Art. 24 UN-BRK vorgenommen. Noch erfüllt keines der Bundesländer vollständig die menschenrechtlichen Standards.[15]

7 **Absatz 1** definiert Leistungen zur Teilhabe an Bildung als **unterstützende Leistungen**, die erforderlich sind, damit Menschen mit Behinderungen Bildungsangebote gleichberechtigt wahrnehmen können. Unterstützende Leistungen sind zB Mobilitäts- einschließlich KFZ-Hilfen,[16] spezielle barrierefreie Lernmittel (zB sprechender Globus), Hilfsmittel einschließlich spezieller Software für den Lernprozess; Schrift- oder Gebärdensprachdolmetschung und Mitschreibhilfen,[17] Integrationshelfer in der Kita,[18] Schulbegleitung bzw. -assistenz,[19] funktionelle Belastungserprobungen[20] und Therapien zur Förderung und Sicherung der allgemeinen Schul- bzw. Studierfähigkeit.[21] Weitere Beispiele unter https://www.studentenwerke.de/de/content/technische-hilfsmittel-assistenzen. Die Finanzierung der Bildungsmaßnahme durch Schulgelder, Semesterbeiträge, Kursgebühren, allgemeine Lernmaterialien usw fällt grds. nicht in das Leistungsspektrum der Rehabilitationsträger.[22] Zu den Ausnahmen → Rn. 8.

8 Zur **Abgrenzung der Zuständigkeiten** der Bildungsträger, zB der Schulverwaltung von jener der Rehabilitationsträger, insbesondere im Bereich der Eingliederungshilfe, unterscheidet die Rspr. zwischen dem Kernbereich der pädagogischen Arbeit (zur Definition → Rn. 9) und anderen Handlungsfeldern. Im Kernbereich ist die Unterstützung aller Lernenden ausschließlich durch die Träger der Bildungseinrichtungen zu gewährleisten und die Gewährung von Sozialleistun-

---

10 Vgl. CRPD/C/GC/4.
11 BGBl. 2008 II 1419.
12 *Degener* KJ 2012, 405.
13 *Zücker* 2016, 6.
14 Bertelsmann Stiftung 2016.
15 *Mißling/Ückert* 2014, 45.
16 LSG BW 14.4.2016 – L 7 SO 1119/10.
17 BSG 20.4.2016 – B 8 SO 20/14 R.
18 OVG Brem 9.12.2009 – 3 A 443/06; LSG Nds-Brem 27.8.2015 – L 8 SO 177/15 B ER.
19 Deutscher Verein 2016.
20 SG Halle 17.9.2014 – S 24 SO 81/13.
21 BSG 22.3.2012 – B 8 SO 30/10 R – „Montessori-Therapie"; BSG 29.9.2009 – B 8 SO 19/08 R.
22 Vgl. den RegE BT-Drs. 18/9522, 258; ebenso BSG 15.11.2012 – B 8 SO 10/11 R mit Anm. *Welti* jurisPR-SozR 24/2013 Anm. 4.

gen zur Sicherung des Bildungserfolges behinderter Kinder grundsätzlich ausgeschlossen.[23] Dies gilt nach Auffassung des BSG selbst dann, wenn ein Land seiner Verpflichtung zur Gewährung einer kostenfreien Bildung im Einzelfall überhaupt nicht nachkommt.[24] Die Verwaltungsgerichte sehen den Eingliederungshilfeträger in solchen Fällen des Systemversagens, in denen zB der Besuch einer öffentlichen Grundschule aus objektiven Gründen (wegen ihrer räumlichen Entfernung vom Wohnort) oder aus schwerwiegenden subjektiven Gründen nicht möglich oder unzumutbar ist, zumindest in der Pflicht, die gleichberechtigte Teilhabe an Bildung durch vorläufige Maßnahmen (zB die Finanzierung des Schulgelds für eine Privatschule) sicherzustellen.[25]

Wie der **Kernbereich pädagogischer Arbeit** einzugrenzen ist, ist umstritten. Einer Auffassung zu Folge ist er in der Schule anhand des schulrechtlich definierten Aufgabenkreises zu ermitteln.[26] Danach wäre der pädagogische Kernbereich landesspezifisch unterschiedlich zu bestimmen. Ein solcher Ansatz kann sich auf Landesebene inklusionshemmend auswirken. Zudem lässt er sich nicht auf außerschulische Bildungsangebote übertragen, die typischerweise keine curricularen Vorgaben haben. Mit der hM ist daher einem sozialrechtlichen Ansatz der Vorzug zu geben. Das BSG begrenzt diesen Kernbereich – auch bei Förderschulen – sehr eng auf „die Unterrichtsgestaltung selbst, dh die Vorgabe und Vermittlung der Lerninhalte, die Bestimmung der Unterrichtsinhalte, das pädagogische Konzept der Wissensvermittlung und die Bewertung der Schülerleistungen."[27] Dies sei den Lehrkräften vorbehalten.[28] Die unzureichende Versorgung der Schulen mit Lehrkräften ist daher nicht durch die Sozialhilfeträger zu kompensieren, die mangelnde Bereitschaft bzw. Möglichkeit der Schule, das Lehrangebot so zu gestalten, dass behinderte Schüler es gleichberechtigt nutzen können, hingegen schon. Die (nachrangige) Leistungspflicht der Rehaträger außerhalb des Kernbereichs umfasst nach der Rspr des BSG neben Mobilitätshilfen oder Hilfsmitteln daher auch pädagogische iSv „integrierenden, beaufsichtigenden und fördernden Assistenzdiensten", die flankierend zum Unterricht erforderlich sind, „damit der behinderte Mensch das pädagogische Angebot der Schule überhaupt wahrnehmen kann."[29]

9

Bei der Bestimmung des pädagogischen Kernbereichs ist zu beachten, dass aktuellen didaktischen Standards zufolge die zentrale Aufgabe der Lehrenden nicht mehr in der bloßen Wissensvermittlung, sondern darin liegt, den Prozess der aktiven Wissens- und Kompetenzaneignung durch die Lernenden zu aktivieren, zu strukturieren und zu moderieren.[30] In diese Richtung weist auch, wenngleich zieldifferenzierter, die inklusive Weiterentwicklung der Lehre (→ Rn. 6), weshalb die Grenzen zwischen der Lehrtätigkeit und Schulbeglei-

---

23 BSG 22.3.2012 – B 8 SO 30/10 R; BSG 15.11.2012 – B 8 SO 10/11 R; BVerwG 18.10.2012 – 5 C 21/11.
24 BSG 21.9.2017 – B 8 SO 24/15 R, Rn. 18.
25 BVerwG 30.4.1992 – 5 C 1/88 – Hausunterricht; BVerwG 2.9.2003 – 5 B 259/02; BVerwG 18.10.2012 – 5 C 21/11 Rn. 38; BVerwG 17.2.2015 – 5 B 61/14; VG Würzburg 17. 2. 2020 – W 3 E 19.1570; BayVGH 15.7.2019 – 12 ZB 16.1982; aA BSG 21.9.2017 – B 8 SO 24/15 R.
26 SchlHLSG 17.2.2014 – L 9 SO 222/13 B ER.
27 Klarstellend BSG 18.7.2019 – B 8 SO 2/18 R mAnm *Mrozynski* SGb 2020, 389 ff.; BSG 22.3.2012 – B 8 SO 30/10 R; *Luthe* NZS 2017, 444.
28 BSG 18.7.2019 – B 8 SO 2/18 R.
29 BSG 18.7.2019 – B 8 SO 2/18 R, zuvor BSG 9.12.2016 – B 8 SO 8/15 R, BSG 22.3.2012 – B 8 SO 30/10 R; BSG 15.11.2012 – B 8 SO 10/11 R; BSG 15.11.2012 – B 8 SO 10/11 R BSGE 112, 196–201 = SozR 4-3500 § 54 Nr. 10112, 196.
30 Vgl. nur Hochschulrektorenkonferenz 2012; Kultusministerkonferenz 2015.

tung weiter verschwimmen und der Lernprozess zunehmend von pädagogischen Tandems bzw. Teams begleitet wird.[31]

10 Auch **außerhalb des Kernbereichs** bleibt die Umsetzung des Bildungs- und Erziehungsauftrags gegenüber allen Lernenden vorrangige Verantwortung des Bildungsträgers,[32] hier überschneidet sich aber dessen Verantwortungsbereich mit dem der Rehabilitationsträger. In Fällen des Systemversagens (→ Rn. 8) hat der Rehabilitationsträger daher in Vorleistung zu treten. Das BSG weist auf die Möglichkeit hin, den vorrangigen Anspruch der Schülerinnen und Schüler bzw. der Studierenden gegen die Bildungsträger auf sich überzuleiten.[33]

Um Zuständigkeitskonflikten vorzubeugen, bedarf es einer engen, koordinierten Zusammenarbeit,[34] zB im Rahmen von Arbeitsgemeinschaften nach § 96 Abs. 3 sowie der Einbeziehung der Schulbehörde und anderer Bildungsträger nach § 21 in die Teilhabeplanung (§§ 19 ff.). In der Jugendhilfe regelt ergänzend § 36 Abs. 2 S. 3 SGB VIII, in der sozialhilferechtlichen Eingliederungshilfe § 121 Abs. 3 SGB IX die Einbindung des Schulträgers als beteiligter Organisation in die Planung der individuellen Hilfen, um sicherzustellen, dass die Hilfen nahtlos ineinandergreifen. Praktikabel und interessengerecht erscheint *Weltis* Vorschlag, die Zuständigkeiten für Assistenzleistungen nach dem Grad der individuellen Zuordnung oder der notwendigen Einbindung in die Organisation des Bildungsträgers aufzuteilen.[35] *Schönecker/Meysen*[36] liefern eine differenzierte Aufgliederung der verschiedenen Aufgabenbereiche und der für die Aufgabenverteilung relevanten Aspekte (zB fachliche Anforderungen, Aufsichtspflicht, Weisungsgebundenheit).

Der *Deutsche Verein* empfiehlt, die bisher uneinheitlich als Schulbegleitung, Integrations- oder Inklusionshilfe bezeichnete personelle Unterstützung in die systemische und persönliche Assistenz zu unterteilen.[37] Erstere stelle eine systemische Unterstützung der gesamten Klasse/Lerngruppe dar, die als Leistung der Eingliederungshilfe künftig gepoolt werden (→ § 112 Rn. 5), perspektivisch aber auch in die alleinige Zuständigkeit der Schule verweisen könne. Letztere eine Leistung, die spezifisch auf die individuellen Bedarfe der einzelnen Lernenden und deren Lernsetting zugeschnitten bleiben muss.[38] In andere Richtung weist der Vorschlag von *Banafsche*,[39] den Schulträgern die vorrangige Verantwortung für Fördermaßnahmen mit pädagogisch bzw. didaktischem Schwerpunkt und den Rehabilitationsträgern die Förderung der körperlich-motorischen Fähigkeiten zuzuweisen.

Zur Bedeutung der Koordination und interdisziplinären Zusammenarbeit in **inklusiven Kindertageseinrichtungen** *Zinsmeister/Platte* mwN[40]

11 Als Eingliederungsleistungen sind Teilhabeleistungen zwar gem. § 10 Abs. 1 Satz 1 SGB VIII und § 91 SGB IX nachrangig zu gewähren. Kommt ein (Hoch-)Schulträger oder sonstiger Bildungsträger seiner Pflicht zur vorrangigen Leistung nicht rechtzeitig oder nicht im erforderlichen Umfang nach, haben die

---

31 Charakteristisch hierfür SchlHLSG 17.2.2014 – L 9 SO 222/13 B ER.
32 Eingehend *Schönecker/Meysen* 2016, 33.
33 BSG 22.3.2012 – B 8 SO 30/10 R, Rn. 25; BSG 9.12.2016 – B 8 SO 8/15 R zur Überleitung nach § 93 SGB XII, für die Eingliederungshilfe bildet seit 1.1.2020 § 141 SGB IX die Rechtsgrundlage.
34 Deutscher Verein 2016.
35 *Welti*, Beitrag D20/2014, S. 8.
36 *Schönecker/Meysen* 2016, 50 ff.
37 *Deutscher Verein* 2016.
38 *Deutscher Verein* 2016.
39 *Banafsche* BayVBl 2014, 42.
40 *Zinsmeister/Platte* 2018.

Rehabilitationsträger aber den gleichberechtigten Bildungszugang als **Ausfallbürgen** sicherzustellen (→ Rn. 8 und 10).[41]
Eine Kostenerstattung nach § 104 SGB X kommt nur zwischen Sozialleistungsträgern (§ 12 SGB I) in Betracht. Eingliederungshilfeträger können ggf. im Wege der **Überleitung nach § 141 SGB IX** (bis 31.12.2019: § 93 SGB XII) Rückgriff beim zuständigen (Hoch-)Schulträger nehmen.[42] Den Trägern der öffentlichen Jugendhilfe ist dies nach hM nicht möglich, da sie gem. § 95 Abs. 1 SGB VIII nur Ansprüche der in § 92 Abs. 1 SGB VIII genannten Kostenschuldner an sich überleiten können,[43] die leistungsberechtigten Kinder und Jugendlichen und ihre Angehörigen sich aber gem. §§ 90–91 SGB VIII nicht an den Kosten ambulanter Leistungen zur Teilhabe an Bildung zu beteiligen haben.
Die Überleitung des Anspruchs nach § 93 SGB XII setzt ein subjektives Recht der Leistungsberechtigten gegen den Bildungsträger voraus. Ein solches kann sich aus der Pflicht der Bildungsträger zur Vornahme angemessener Vorkehrungen nach Art. 24 Abs. 2c und Abs. 5 UN-BRK ergeben, die vereinzelt landesrechtlich konkretisiert sind (vgl. nur § 8 Abs. 1 S. 1 Nr. 1 und S. 2 BGG NRW). Zur Möglichkeit einer analogen Anwendung der **Geschäftsführung ohne Auftrag** nach §§ 677 ff. BGB eingehend *Schönecker/Meysen* 2016, 46 mwN.

Die **Zuweisung** eines Kindes an eine Schule ist originäre Aufgabe der Schulverwaltung und für die Sozialleistungsträger bindend. Die nach Schulrecht eröffnete Möglichkeit des Besuchs der Regelschule darf nicht an der fehlenden Schulbegleitung/Integrationshilfe scheitern.[44] Erteilt die Schulbehörde lediglich eine Ausnahmegenehmigung zum Besuch einer anderen als der zugewiesenen Schule, bleibt dem Rehabilitationsträger ein sozialrechtlicher Beurteilungsspielraum.[45] Seine Pflicht zur Ermöglichung einer gleichberechtigten Wahrnehmung der Bildungsangebote iSd § 75 Abs. 1 umfasst aber auch die Sicherung von **Wahlmöglichkeiten**.[46] In der Gesetzesbegründung heißt es hierzu:

„Der Anspruch auf Teilhabeleistungen muss sich dabei entsprechend der UN-BRK an den Möglichkeiten nichtbehinderter Menschen orientieren und darf sich insoweit nicht nur auf die Unterstützung ausgewählter Bildungsangebote beschränken."[47]

Absatz 2 Satz 1 enthält eine beispielhafte Aufzählung der förderungsrelevanten Bildungsbereiche:

Nr. 1 macht deutlich, dass Hilfen zur Schulbildung mit der **Vorbereitung** auf die **Einschulung**, dh mit der frühkindlichen Bildung in Kindertageseinrichtungen, beginnen und über die **Förderung der allgemeinen Schulpflicht** im Primar- und Sekundarbereich I hinausreichen können.

Die unter Nr. 2 aufgezählten Hilfen zur **schulischen Berufsausbildung** dienen der Förderung von Ausbildungen im Sekundarbereich II und dem tertiären Bereich die vielfach außerhalb der BBiG/HwO erfolgen, zB die Ausbildung in Be-

---

41 Vgl. nur BSG 22.3.2012 – B 8 SO 30/10 R, Rn. 25; BSG 21.9.2017 – B 8 SO 24/15 R; BVerwG 17.2.2015 – 5 B 61/14.
42 BSG 22.3.2012 – B 8 SO 30/10 R, Rn. 25; BSG 9.12.2016 – B 8 SO 8/15 R.
43 So auch *Schönecker/Meysen* 2016, 47 mwN; *Winkler* in BeckOK SozR SGB VIII § 95 Rn. 1; *Loos* in Wiesner SGB VIII § 95 Rn. 6.
44 Ganz hM, vgl. nur BVerwG 28.4.2005 – 5 C 20/04 mit Anm. *Berlit* jurisPR-BVerwG 23/2005 Anm. 2; OVG NRW 15.6.2000 – 16 A 3108/99; LSG Bln-Bbg 11.11.2005 – L 23 B 1035/05 SO ER; aA BayLSG 2.11.2011 – L 8 SO 164/11 B ER.
45 LSG LSA 20.4.2015 – L 8 SO 49/14 B ER mit Anm. *Axmann* RdLH 2015, 196.
46 BVerwG 28.4.2005 – 5 C 20/04; BVerwG 26.10.2007 – 5 C 35/06.
47 RegE BT-Drs. 18/9522, 195.

rufsfachschulen, Fachschulen, Fachgymnasien und -akademien oder Teilzeit-Berufsschulen. Auf eine detaillierte und abschließende Auflistung hat der Gesetzgeber verzichtet, auch § 13 Abs. 1 Eingliederungshilfe-VO enthält einen offenen Katalog.

Erbracht werden gemäß Nr. 3 im tertiären Bereich Hilfen zur **Hochschulbildung** an Universitäten, Fachhochschulen und Akademien.

Nr. 4 sieht im tertiären Bereich des Weiteren Hilfen zur **schulischen und hochschulischen beruflichen Weiterbildung** vor. Hierunter fällt die Fortsetzung oder Wiederaufnahme organisierten Lernens nach Abschluss einer ersten Bildungsphase, zB das Nachholen von Abschlüssen der allgemeinbildenden Schulen („Zweiter Bildungsweg") sowie der Erwerb von wissenschaftlichen Zusatzqualifikationen an der Hochschule im Rahmen von Einzelveranstaltungen, Kursen oder weiterbildenden Masterstudiengängen in Form von Präsenzveranstaltungen, Blended Learning oder Fernstudium.

Die Aufzählung der vier Bereiche in Abs. 2 S. 1 ist **nicht abschließend** („insbesondere"). In der Entschließung des Bundestags zum BTHG vom 1.12.2016 werden als weitere mögliche Leistungen beispielhaft aufgeführt die „Angebote der Erwachsenenbildung und Weiterbildung unter anderem durch die Volkshochschulen, gewerkschaftliche und kirchliche Einrichtungen, Bildungswerke, Akademien, Bildungszentren der Kammern (zB Industrie- und Handelskammer) oder private Bildungseinrichtungen".[48]

14 **Voraussetzungen und Umfang der Leistungen** richten sich nach den für die nach § 6 Abs. 1 SGB IX zuständigen Träger geltenden Leistungsgesetzen, § 7 Abs. 1 Satz 2 SGB IX. Der 8. Senat des BSG verlangt, vorrangig zu prüfen, ob es sich in der Unterstützung einer Bildungsmaßnahme nicht im Einzelfall um eine Leistung zur **Teilhabe am Arbeitsleben** handelt, die dann typischerweise als besondere Leistung zur Teilhabe nach §§ 112, 113 Abs. 1 Nr. 2 iVm §§ 117 Abs. 1 Satz 1 Nr. 2, 118 Satz 1 Nr. 3 SGB III in die Zuständigkeit der Bundesagentur für Arbeit fällt.[49] So kann gem. § 49 Abs. 3 Nr. 2 SGB IX schulische Bildung als Teil der Berufsvorbereitung zu unterstützen sein oder eine Maßnahme der beruflichen Anpassung bzw. Weiterbildung nach Nr. 4 darstellen. Die Förderung eines Studiums oder des ausbildungsbegleitenden Berufsschulunterrichts durch Teilhabeleistungen wie zB Gebärdensprachdolmetscher und Mitschreibhilfen können eine sonstige Hilfe iSd § 49 Abs. 3 Nr. 7 darstellen.[50]

Die **Träger der gesetzlichen Unfallversicherung** erbringen die Leistungen nach Maßgabe der §§ 26 ff. SGB VII, im **sozialen Entschädigungsrecht** ergibt sich der Umfang möglicher Fürsorgeleistungen zur Unterstützung der Teilhabe an Bildung bislang aus §§ 25 bis 27j BVG und §§ 2–9 KFürsV[51] sowie nach § 28 BVG (Eingliederungshilfe). Ab 1.1.2024 erbringen die Länder als Träger der sozialen Entschädigung die Leistungen dann nach §§ 65, 70 SGB XIV, verkündet als Art. 1 G v. 12.12.2019 (BGBl. I 2652). Für die **Träger der öffentlichen Kinder- und Jugendhilfe** bildeten bis 31.12.2019 § 35a SGB VIII iVm § 54

---

48 BT-Drs. 18/10538, 4.
49 BSG 24.2.2016 – B 8 SO 18/14 R; BSG 20.4.2016 – B 8 SO 20/14 R mAnm *Nebe/Schimank* RP Reha 2017, 16; zur Abgrenzung der Leistungsgruppen eingehend *Bieritz-Harder* SGb 2017, 491 ff.
50 BSG 4.6.2013 – B 11 AL 8/12 R; BSG 24.2.2016 – B 8 SO 18/14 R; BSG 20.4.2016 – B 8 SO 20/14 R Rn. 18; BVerwG 10.1.2013 – 5 C 24/11; LSG BW 18.2.2020 – L 13 AL 190/18 mAnm *Höhner* RP Reha 2020, 23; *Luik* in Eicher SGB III § 117 Rn. 39 ff. mwN.
51 BGBl. 1979 I 80, zuletzt geändert durch Art. 2 des G v. 20.6.2011, BGBl. I 1114; weitere Änderung durch Art. 19 Abs. 16 des G v. 23.12.2016, BGBl. I 3234.

SGB XII, für die **Träger der Sozialhilfe** § 53 ff. SGB XII (vgl. insbesondere § 54 Abs. 1 Nr. 1–3 SGB XII) iVm §§ 12 f. der VO nach § 60 SGB XII (EinglhVO) die Leistungsgrundlagen. Diese Regelungen wurden gem. Art. 26 Abs. 4 BTHG v. 23.12.2016 zum 1.1.2020 von den neu gefassten §§ 99, 112 SGB IX abgelöst. Die bisherige gesetzliche Begrenzung der unterstützenden Eingliederungsleistungen zur Teilhabe an Bildung auf einen „angemessenen" Umfang ist weggefallen, das Leistungsspektrum der Eingliederungshilfe zur Teilhabe an Bildung wird nun in § 112 abschließend geregelt (→ § 112 Rn. 2).

Absatz 2 Satz 1 zufolge erbringen die **Träger der gesetzlichen Unfallversicherung** ihre Leistungen im Bildungssektor unter den Voraussetzungen und im Umfang der Bestimmungen des SGB VII als Leistungen zur Teilhabe am Arbeitsleben oder zur Teilhabe am Leben in der Gemeinschaft. Damit soll sichergestellt werden, dass die Ansprüche der Leistungsberechtigten auf weitere Teilhabeleistungen, insbesondere auf die Zahlung von Übergangsgeld, erhalten bleiben.[52]

Für die Teilhabe an Bildung relevant sind über den § 75 hinaus des Weiteren Leistungen zur **medizinischen Rehabilitation** nach § 42, zB in Form von Früherkennung und Frühförderung nach § 46 oder medizinische Hilfsmittel nach § 47. Unter § 47 fallen aber nur Hilfsmittel, die dem unmittelbaren Ausgleich einer Körperfunktion oder der Befriedigung eines Grundbedürfnisses dienen.[53] Ob es sich in der nachgefragten Leistung um eine Leistung der medizinischen Rehabilitation oder zur Förderung der Teilhabe an Bildung handelt, richtet sich nicht nach dem Gegenstand, sondern dem Zweck der Leistung.[54] Gemäß § 37 SGB V kann auch in der Kita, Schule oder Hochschule Anspruch auf **häusliche Krankenpflege**, zB bei Katheterisierung, bestehen.

Erscheint im Klageverfahren gegen den Träger der Eingliederungshilfe unter Berücksichtigung des § 14 eine Leistungsverpflichtung weiterer Rehabilitationsträger, insbesondere der Bundesagentur für Arbeit für Leistungen der Teilhabe am Arbeitsleben (§ 5 Nr. 2) nach § 6 Abs. 1 Nr. 2 oder § 6a möglich, so ist der weitere Träger gem. § 75 Abs. 2 Alt. 1 SGG als Dritter beizuladen (**echte notwendige Beiladung**).[55]

Kapitel 13 Soziale Teilhabe

Vorbemerkung

Kapitel 13 trifft für die in § 5 Nr. 5 angesprochene Leistungsgruppe der Leistungen zur Sozialen Teilhabe die für alle zuständigen Rehabilitationsträger geltenden Regelungen. Erfasst sind die Bereiche der Sozialen Teilhabe im engeren Sinne, der Leistungen für Wohnraum, der Assistenzleistungen, der Heilpädagogischen Leistungen, der Leistungen zur Betreuung in einer Pflegefamilie, der Leistungen zum Erwerb und Erhalt praktischer Kenntnisse und Fähigkeiten, der Leistungen zur Förderung der Verständigung und der Leistungen zur Mobilität. Damit fächert das BTHG die früher in Kapitel 7 enthaltenen Leistungen zur Teilhabe am Leben in der Gemeinschaft deutlich weiter auf.

---

52 So die Gesetzesbegründung im RegE BT-Drs. 18/9522, 259.
53 Vgl. nur BSG 3.11.2011 – B 3 KR 7/11 R (Versorgung mit zweitem Therapiestuhl).
54 BSG 29.9.2009 – B 8 SO 19/08 R; BVerwG 18.10.2012 – 5 C 15/11, BVerwGE 144, 364–373; SchlHLSG 14.12.2016 – L9 SO 57/13 mAnm *Zieglmeyer* NZS 2017, 596.
55 BSG 20.4.2016 – B 8 SO 20/14 R.

2 Zuständig können für diese Leistungen nach § 6 Abs. 1 Nr. 3 und 5 bis 7 sein
- die Träger der gesetzlichen Unfallversicherung,
- die Träger der Kriegsopferfürsorge im Rahmen des Rechts der sozialen Entschädigung bei Gesundheitsschäden,
- die Träger der öffentlichen Jugendhilfe und
- die Träger der Eingliederungshilfe.
3 Sind Leistungen dieser Leistungsgruppe erforderlich, ist die Zuständigkeit sinnvollerweise in dieser Reihenfolge zu prüfen.

§ 76 Leistungen zur Sozialen Teilhabe

(1) ¹Leistungen zur Sozialen Teilhabe werden erbracht, um eine gleichberechtigte Teilhabe am Leben in der Gemeinschaft zu ermöglichen oder zu erleichtern, soweit sie nicht nach den Kapiteln 9 bis 12 erbracht werden. ²Hierzu gehört, Leistungsberechtigte zu einer möglichst selbstbestimmten und eigenverantwortlichen Lebensführung im eigenen Wohnraum sowie in ihrem Sozialraum zu befähigen oder sie hierbei zu unterstützen. ³Maßgeblich sind die Ermittlungen und Feststellungen nach den Kapiteln 3 und 4.

(2) Leistungen zur Sozialen Teilhabe sind insbesondere
1. Leistungen für Wohnraum,
2. Assistenzleistungen,
3. heilpädagogische Leistungen,
4. Leistungen zur Betreuung in einer Pflegefamilie,
5. Leistungen zum Erwerb und Erhalt praktischer Kenntnisse und Fähigkeiten,
6. Leistungen zur Förderung der Verständigung,
7. Leistungen zur Mobilität und
8. Hilfsmittel.

Literatur:
Luthe, Die Leistungen zur Teilhabe am Leben in der Gemeinschaft im SGB IX (Teil I), br 2010, 181.

1 **Gesetzeshistorie:** Die Vorschrift wurde durch Artikel 1 und 68 Abs. 1 SGB IX vom 19.6.2001[1] mit Wirkung ab 1.7.2001 als § 55 eingeführt, das Merkmal „Umbau" in Absatz 2 Nr. 5 durch Artikel 1 und 7 des Gesetzes vom 23.4.2004[2] mit Wirkung ab 1.5.2004 eingefügt. Das BTHG hat diese Vorschrift im Zuge der deutlichen Ausweitungen der nunmehr in Kapitel 13 enthaltenen Leistungen deutlich ergänzt und ausdifferenziert.
2 **Regelungsinhalt:** Die Vorschrift umschreibt in Absatz 1 zusammenfassend die Leistungen, die als Leistungen zur Sozialen Teilhabe von allen zuständigen Rehabilitationsträgern erbracht werden, und nennt in Absatz 2, allerdings nicht abschließend, sondern lediglich beispielhaft, die wichtigsten dieser Leistungen, die anschließend in den folgenden Normen näher ausgestaltet werden.
3 **Zur Entstehung:** In der Vorschrift wurden Regelungen übernommen, fortentwickelt und verallgemeinert, die für die Sozialhilfe früher, Ende 2004, in § 40 Abs. 1 Nr. 2 a, 6 a und § 8 BSHG sowie in der Eingliederungshilfeverordnung enthalten waren.

---

1 BGBl. I 1046.
2 BGBl. I 606.

Als gemeinsame **Zielsetzungen** der Leistungen zur Sozialen Teilhabe nennt **Absatz 1** das Ziel, eine gleichberechtigte Teilhabe am Leben in der Gemeinschaft zu ermöglichen oder zu erleichtern, soweit sie nicht nach den Kapiteln 9 bis 12 erbracht werden. Es geht vor allem, so auch Satz 2, darum, Menschen mit Behinderungen die Teilhabe am Leben in der Gesellschaft zu ermöglichen oder zu sichern oder sie so weit wie möglich unabhängig von Pflege zu machen. Zweck ist also einerseits, den Menschen, die aufgrund ihrer Behinderung vom gesellschaftlichen Leben ganz oder teilweise ausgegrenzt sind, den Zugang zur Gesellschaft zu ermöglichen, andererseits aber auch, den Personen, die in die Gesellschaft (noch) integriert sind, die gefundene Teilhabe zu sichern, wenn sich nämlich abzeichnet, dass sie von den gesellschaftlichen Ereignissen und Bezügen (künftig) abgeschnitten werden.[3] Diese Ziele sind in ähnlicher Weise und fast ebenso umfassend formuliert wie in § 4 Abs. 1 die Ziele der Leistungen zur Teilhabe insgesamt; von besonderer Bedeutung für die Leistungen zur Teilhabe am Leben in der Gemeinschaft sind die in § 4 Abs. 1 Nr. 4 angesprochenen Ziele, die persönliche Entwicklung ganzheitlich zu fördern und die Soziale Teilhabe sowie eine möglichst selbstständige und selbstbestimmte Lebensführung zu ermöglichen oder zu erleichtern (→ § 4 Rn. 5 ff.). Der umfassenden Zielsetzung entspricht eine ähnlich umfassende Vielfalt der nach dieser Vorschrift möglichen Leistungen gemäß dem jeweiligen **individuellen Bedarf**. Die tatsächlichen Leistungsmöglichkeiten sind aber durch eine Reihe von **Einschränkungen** bestimmt. Vor diesem Hintergrund können die mit den Leistungen zur Sozialen Teilhabe verbundenen Ziele der Ermöglichung oder Sicherung der Teilnahme am Leben in der Gemeinschaft, bzw. die Menschen mit Behinderungen von einer Pflege soweit als möglich unabhängig zu machen, zwar als wenig konkret angesehen werden. Entscheidend ist jedoch, dass dies nicht dahin gehend missverstanden wird, dass sie nur eine politische Absichtserklärung sind,[4] sondern sie sind Ausdruck einer grundlegenden Leitlinie.[5]

4

Die Leistungen kommen – anders als nach der früheren Fassung des Gesetzes – nicht nur für Menschen mit Behinderung im Sinne des § 2 Abs. 1 Satz 1 in Betracht. Menschen, die im Sinne des § 2 Abs. 1 Satz 3 von einer Behinderung bedroht sind, können ebenfalls Adressaten der Leistungen nach dieser Vorschrift und nach diesem Kapitel insgesamt sein.

5

Des Weiteren gilt nach dem Wortlaut der Norm, dass Leistungen nach den Kapiteln 9 bis 12 **Vorrang** haben. Es kommt auf die tatsächliche Leistungserbringung nach den Kapiteln 9 bis 12 und nicht auf einen Leistungsanspruch dem Grunde nach an. Leistungen nach dieser Vorschrift und nach diesem Kapitel insgesamt kommen also nur in Betracht, soweit die umfassenden Zielsetzungen nicht durch sachlogisch vorrangige Leistungen zur medizinischen Rehabilitation oder zur Teilhabe am Arbeitsleben oder durch ergänzende Leistungen erreicht werden. Daraus folgt, dass die Leistungen zur Sozialen Teilhabe überhaupt nur dann erbracht werden dürfen, wenn das angestrebte Ziel nicht bereits durch Leistungen nach den §§ 42–74 SGB IX erreicht werden kann. Diese Nachrangigkeit gilt aber nur dann, wenn Leistungen tatsächlich erbracht werden. Demgegenüber genügt nicht lediglich ein Leistungsanspruch dem Grunde nach gegenüber einem Rehabilitationsträger, um den Leistungsberechtigten im Sinne des § 76 SGB IX auf die vorrangigen Leistungen nach den §§ 42 ff. SGB IX zu verweisen.

6

---

3 BSG 19.5.2009 – B 8 SO 32/07 R, SGb 2009, 475.
4 So mit Recht auch *Schütze* in Hauck/Noftz SGB IX § 55 Rn. 10; *Jabben* in BeckOK SozR SGB IX § 76 Rn. 4.
5 BVerwG 31.8.1995 – 5 C 9/94, NJW 1996, 2588.

7 Zu beachten ist, dass Leistungen nach dieser Vorschrift und nach diesem Kapitel insgesamt **notwendig** sein müssen (→ § 4 Rn. 14–21). Aufgrund ihrer Zweckbestimmung sind sie einer „sachlogischen Bedarfsprüfung" zu unterziehen, ob die mit diesen Leistungen angestrebte Teilhabe von Menschen mit Behinderungen am Leben in der Gemeinschaft nicht auch oder sogar besser ohne Sozialleistungen oder durch die in § 4 Abs. 2 Satz 1 angesprochenen anderen Sozialleistungen (→ § 4 Rn. 5, 20 ff.) unter Einschluss der Hilfe zum Lebensunterhalt und der Grundsicherung erreicht werden kann. Diese „sachlogische Bedarfsprüfung" erfolgt bei allen für diese Leistungen zuständigen Rehabilitationsträgern – also auch in der gesetzlichen Unfallversicherung und im sozialen Entschädigungsrecht. § 90 Abs. 3 spricht in diesem Sinne von der „besondere(n) Aufgabe" der Eingliederungshilfe.

8 **Absatz 2** nennt die wichtigsten Anwendungsfälle der nach der Vorschrift möglichen und bei Bedarf zu erbringenden Leistungen. Die Aufstellung ist nicht abschließend, darauf verweist der eindeutige Wortlaut: „insbesondere". Inhaltlich werden dabei in der Vorschrift die bisherigen Leistungen zur Sozialen Teilhabe in einem weiterhin offenen Leistungskatalog neu strukturiert und gelistet, ohne dass damit zugleich eine Leistungsausweitung oder Leistungseinschränkung verbunden wäre. Das gilt auch für die scheinbar neuen Leistungstatbestände der „Assistenzleistungen" und „Leistungen zur Mobilität". Denn bei diesen handelt es sich um bisher im Rahmen des offenen Leistungskataloges unbenannte Leistungstatbestände. Die bisherigen Leistungen des § 55 Abs. 2 Nr. 6 (Hilfen zum selbstbestimmten Leben in betreuten Wohnmöglichkeiten) und 7 (Hilfen zur Teilhabe am gemeinschaftlichen und kulturellen Leben) SGB IX gehen in anderen Leistungstatbeständen, insbesondere den Assistenzleistungen, auf oder sind dem Lebensunterhalt zuzuordnen; sie sind deshalb nicht mehr Gegenstand des Leistungskataloges.

9 Die umfassenden Zielsetzungen nach Absatz 1 sind nicht nur bei der Auslegung und Anwendung der Nummern 1 bis 8 zu beachten, sondern bei entsprechendem Bedarf auch zur **Eröffnung neuartiger Leistungsmöglichkeiten** im Rahmen der allgemeinen Zielvorgaben des SGB IX.

§ 77 Leistungen für Wohnraum

(1) ¹Leistungen für Wohnraum werden erbracht, um Leistungsberechtigten zu Wohnraum zu verhelfen, der zur Führung eines möglichst selbstbestimmten, eigenverantwortlichen Lebens geeignet ist. ²Die Leistungen umfassen Leistungen für die Beschaffung, den Umbau, die Ausstattung und die Erhaltung von Wohnraum, der den besonderen Bedürfnissen von Menschen mit Behinderungen entspricht.

(2) Aufwendungen für Wohnraum oberhalb der Angemessenheitsgrenze nach § 42 a des Zwölften Buches sind zu erstatten, soweit wegen des Umfangs von Assistenzleistungen ein gesteigerter Wohnraumbedarf besteht.

1 **Gesetzeshistorie:** Die Vorschrift wurde durch das BTHG neu in das SGB IX eingeführt und ist seit dem 1.1.2018 in Kraft.

2 **Regelungsinhalt:** Die Vorschrift umschreibt in Ausgestaltung des § 76 Abs. 2 Nr. 1 Leistungen für den Wohnraum und benennt neben dem Leistungsziel vor allem den Leistungsinhalt. Zusätzlich sieht Absatz 2 vor, dass der Leistungsumfang auch oberhalb der Angemessenheitsgrenze des § 42 a SGB XII liegen kann, wenn die in Absatz 2 genannte Voraussetzung gegeben ist.

Absatz 1 entspricht hinsichtlich der Inhalte der Leistung dem bisherigen § 55 Abs. 2 Nr. 5 SGB IX nahezu vollständig, er ist lediglich sprachlich angepasst worden. Vorgeschaltet ist die Zielbestimmung des Leistungstatbestandes, der auf die Erreichung eines möglichst selbstbestimmten, eigenverantwortlichen Lebens gerichtet ist. Unter welchen Voraussetzungen eine Wohnung dann aber den Bedürfnissen des Menschen mit Behinderungen entspricht, ist auch nach dem BTHG im Gesetz selbst nicht geregelt. Zur Feststellung des Bedürfnisses ist zu berücksichtigen, dass der Gesetzgeber einen subjektiven Bedürfnisbegriff verwendet hat, so dass auch die persönlichen Vorstellungen und Wünsche des behinderten Menschen Berücksichtigung finden müssen.[1]

3

Ermöglicht werden sollen durch die Leistung für Wohnraum, unter den in § 76 Abs. 1 genannten Voraussetzungen, **Hilfen** bei der Beschaffung, Ausstattung und Erhaltung einer **Wohnung**, die den besonderen Bedürfnissen der Menschen mit Behinderungen entspricht. Die Aufzählung in Abs. 1 Satz 2 ist abschließend.[2] Als Hilfe kommen vor allem Beratung und Unterstützung bei der Suche einer geeigneten Wohnung oder eines Wohnheimplatzes, aber auch die Übernahme von Umzugskosten in Betracht. Ob von dem Anspruch auch laufende Unterkunftskosten erfasst sind, ist umstritten, dürfte aber trotz der gebotenen weiten Auslegung nicht vom Wortlaut und Inhalt der Norm erfasst sein.[3] Die Hilfe zur Wohnungserhaltung kann auch notwendige Umbauten zur behindertengerechten Gestaltung einer Wohnung umfassen, wenn der Mensch mit Behinderungen bereits eine Wohnung besitzt. Die Kosten für bauliche Änderungen in der Wohnung selbst, zB eine behinderungsgerechte Anpassung von Sanitärbereich und Küche, gehören zu den Leistungen zur Sozialen Teilhabe, wenn die Wohnung nur mit solchen baulichen Änderungen für den Menschen mit Behinderungen geeignet ist. Demgegenüber umfassen die ansonsten parallelen Regelungen für Leistungen zur Teilhabe am Arbeitsleben und der begleitenden Hilfe im Arbeitsleben nicht den Umbau; als Leistungen zur Ermöglichung einer beruflichen Tätigkeit sind sie in aller Regel nicht für Veränderungen in einer Wohnung nutzbar.

4

Zu prüfen ist hinsichtlich der jeweils beabsichtigten Leistung, „ob sie zur Erreichung des Zwecks der Wohnungshilfen, eine vorhandene Behinderung oder deren Folgen – was das Wohnumfeld anbetrifft – zu beseitigen oder zu mildern und den behinderten Menschen in die Gesellschaft einzugliedern, geeignet und erforderlich ist".[4] Zu den Umbauten können dann beispielsweise die fahrstuhlgerechte Veränderung der Wohnung, die behindertengerechte Ausstattung einer Küche, der Umbau der sanitären Anlagen oder die Verbesserung der Zugangsmöglichkeiten zur Wohnung gehören.[5] Richtigerweise wird von einer weiten Auslegung der Norm auszugehen sein, bis hin zu einem Anspruch auf den Ersatz von Aufwendungen, die für Besichtigungstermine anfallen. Dies trägt dem Umstand Rechnung, dass es sich beim Wohnraum um eine zentrale Leistung hinsichtlich eines Grundbedürfnisses eines jeden Menschen handelt.[6]

5

Absatz 2 enthält eine **ergänzende Leistung** gegenüber denjenigen aus dem SGB XII. Berücksichtigt werden soll insofern, dass Menschen mit Behinderungen oftmals einen gesteigerten Wohnraumbedarf haben, beispielsweise für Assis-

6

---

1 *Kossens* in Kossens/von der Heide/Maaß SGB IX § 55 Rn. 13.
2 LSG NRW 30.8.2012 – L 9 SO 452/11; *Böttcher* NZS 2019, 932 (934); *Jabben* in BeckOK SozR SGB IX § 77 Rn. 1.
3 Mit Hinweisen zum Streitstand wie hier *Böttcher* NZS 2019, 932 (935).
4 LSG NRW 30.8.2012 – 9 SO 452/11, ZFSH/SGB 2013, 273.
5 *Kossens* in Kossens/von der Heide/Maaß SGB IX § 55 Rn. 14.
6 LSG Hmb 26.11.2012 – L 4 SO 5/12, SAR 2013, 38.

tenten, deren Anwesenheit rund um die Uhr notwendig ist. Hierbei handelt es sich nicht um einen Bedarf an Wohnraum im Rahmen des Lebensunterhalts, sondern um eine Fachleistung. Voraussetzung für die zusätzliche Leistung ist dann, dass wegen des Umfangs von Assistenzleistungen ein gesteigerter Wohnraumbedarf besteht. Dies ist eigenständig festzustellen.

§ 78 Assistenzleistungen

(1) [1]Zur selbstbestimmten und eigenständigen Bewältigung des Alltages einschließlich der Tagesstrukturierung werden Leistungen für Assistenz erbracht. [2]Sie umfassen insbesondere Leistungen für die allgemeinen Erledigungen des Alltags wie die Haushaltsführung, die Gestaltung sozialer Beziehungen, die persönliche Lebensplanung, die Teilhabe am gemeinschaftlichen und kulturellen Leben, die Freizeitgestaltung einschließlich sportlicher Aktivitäten sowie die Sicherstellung der Wirksamkeit der ärztlichen und ärztlich verordneten Leistungen. [3]Sie beinhalten die Verständigung mit der Umwelt in diesen Bereichen.

(2) [1]Die Leistungsberechtigten entscheiden auf der Grundlage des Teilhabeplans nach § 19 über die konkrete Gestaltung der Leistungen hinsichtlich Ablauf, Ort und Zeitpunkt der Inanspruchnahme. [2]Die Leistungen umfassen
1. die vollständige und teilweise Übernahme von Handlungen zur Alltagsbewältigung sowie die Begleitung der Leistungsberechtigten und
2. die Befähigung der Leistungsberechtigten zu einer eigenständigen Alltagsbewältigung.

[3]Die Leistungen nach Nummer 2 werden von Fachkräften als qualifizierte Assistenz erbracht. [4]Sie umfassen insbesondere die Anleitungen und Übungen in den Bereichen nach Absatz 1 Satz 2.

(3) Die Leistungen für Assistenz nach Absatz 1 umfassen auch Leistungen an Mütter und Väter mit Behinderungen bei der Versorgung und Betreuung ihrer Kinder.

(4) Sind mit der Assistenz nach Absatz 1 notwendige Fahrkosten oder weitere Aufwendungen des Assistenzgebers, die nach den Besonderheiten des Einzelfalles notwendig sind, verbunden, werden diese als ergänzende Leistungen erbracht.

(5) [1]Leistungsberechtigten Personen, die ein Ehrenamt ausüben, sind angemessene Aufwendungen für eine notwendige Unterstützung zu erstatten, soweit die Unterstützung nicht zumutbar unentgeltlich erbracht werden kann. [2]Die notwendige Unterstützung soll hierbei vorrangig im Rahmen familiärer, freundschaftlicher, nachbarschaftlicher oder ähnlich persönlicher Beziehungen erbracht werden.

(6) Leistungen zur Erreichbarkeit einer Ansprechperson unabhängig von einer konkreten Inanspruchnahme werden erbracht, soweit dies nach den Besonderheiten des Einzelfalles erforderlich ist.

1 **Gesetzeshistorie:** Die Norm wurde durch das BTHG neu in das SGB IX aufgenommen und hat keine unmittelbare Vorläufernorm. Zum Teil waren die Regelungsinhalte zuvor an anderer Stelle geregelt, etwa in § 55 Abs. 2 Nr. 6 als Hilfe zum selbstbestimmten Leben in betreuten Wohnmöglichkeiten.

2 **Regelungsinhalt:** Kern der Vorschrift ist die Konkretisierung des in § 76 Abs. 1 Nr. 2 vorgesehenen **Leistungsinhalts der „Assistenzleistungen"**. Diese sollen der selbstbestimmten Alltagsbewältigung und Tagesstrukturierung dienen und sind damit unmittelbar im Zielkontext des Absatzes 1 zu sehen. Langfristig angelegt

sollen vor allem die Bereiche einer eigenständigen Lebensführung im eigenen Wohnraum bis hin zu verschiedenen Bereichen der Freizeitgestaltung wie etwa Sport, kulturelles Leben und Gestaltung der Beziehung zu Mitmenschen unterstützt werden. Der Gesetzgeber geht davon aus, dass zwar keine neuen Leistungen geschaffen werden, aber jedenfalls in die Leistungen nach § 78 auch die bisherigen Leistungen der nachgehenden Hilfe zur Sicherung der Wirksamkeit der ärztlichen und ärztlich verordneten Leistungen und zur Sicherung der Teilhabe von Menschen mit Behinderungen am Arbeitsleben nach § 111 einfließen.[1] Leistungen nach § 78 können auch im Rahmen des Persönlichen Budgets nach § 29 erbracht werden.

Der **Begriff** der „**Assistenzleistung**" macht deutlich, dass es nicht (mehr) darum geht, einen förderzentrierten Ansatz der Betreuung zu verfolgen, bei dem ein Über-/Unterordnungsverhältnis zwischen Leistungserbringern und Leistungsberechtigtem bereits terminologisch angelegt war. Vielmehr sollen die Leistungsberechtigten durch die „Assistenz" darin unterstützt werden, ihren Alltag selbstbestimmt zu gestalten.

In **Absatz 1** normiert das Gesetz den grundsätzlichen Leistungsanspruch. Er ist auf eine Assistenz gerichtet, die dazu dienen soll, die selbstbestimmte und eigenständige **Bewältigung des Alltags** zu erreichen, und zwar einschließlich der Tagesstrukturierung. Deutlich wird beispielhaft („insbesondere"), was Gegenstand dieser Form der Leistung sein kann. Primär sind dies, ganz im Sinne der zuvor skizzierten Zielrichtung der Norm, Leistungen, die für die allgemeine Erledigung des Alltags erforderlich sind, also etwa für die Haushaltsführung. Aber auch andere Zielrichtungen sind vom Gesetz in Satz 2 bereits ausdrücklich aufgeführt.

Absatz 2 verweist hinsichtlich der konkreten Gestaltung der Assistenzleistungen auf den **Teilhabeplan** nach § 19. Dies betrifft die einzelnen Parameter wie Ablauf, Ort und Zeitpunkt der Inanspruchnahme der verschiedenen Leistungsbestandteile. Letztlich wird dadurch deutlich, dass die Wünsche des Leistungsberechtigten, sofern angemessen, zu berücksichtigen sind. Das bedeutet, dass etwa ein von ihm ausgewählter Leistungsanbieter und, in Absprache mit diesem, dann auch eine konkrete Person für die Assistenz auszuwählen sind. Inhaltlich beschreibt Satz 2 dann näher, was von dieser Person zu erbringen ist. Deutlich wird, dass letztlich jede Aufgabe bzw. Handlung als „Assistenzleistung" von einer Assistenzkraft nach § 78 vollständig oder teilweise übernommen werden kann. Dies können zum Beispiel die Erledigung des Haushalts (Waschen, Bügeln, Reinigen etc) genauso wie die Hilfe bei der Überwindung von Barrieren beim Einstieg in Busse oder Bahnen sein.[2] Wie Nr. 2 klarstellt, ist aber auch schon ein vorgelagerter Bereich von der Assistenzleistung erfasst, das heißt etwa den Leistungsberechtigten zur eigenständigen Aufgabenerfüllung zu motivieren oder anzuleiten und zu begleiten.

Zu differenzieren ist zwischen diesen Arten der Leistung als **Fachleistung** auf der einen Seite und den **Hilfen zum Lebensunterhalt** auf der anderen. Letztere sind insofern ausschließlich auf die Verbrauchsaufgaben gerichtet, etwa auf den Erwerb von Nahrungsmitteln. Demgegenüber greift § 78 mit seinem Anspruch auf Assistenzleistung ein, wenn – im Rahmen der Gesamtplanung – festgestellt wird, dass der Leistungsberechtigte bestimmte, erforderliche Tätigkeiten nicht oder nicht vollständig selbst ausüben kann, beispielsweise die Zubereitung der Nahrungsmittel.

---

1 BT-Drs. 18/9522, 261.
2 Mit diesen Beispielen arbeitet der Gesetzgeber, BT-Drs. 18/9522, 262.

7 Assistenzleistungen können, sofern sie unter § 78 fallen sollen, nur von **Fachkräften** in Form der „qualifizierten Assistenz" erbracht werden, dies folgt aus Satz 3. Welche Anforderungen dann konkret an die Assistenzperson zu stellen sind, ergibt sich dann in seinen jeweiligen Einzelheiten aus dem Leistungserbringungsrecht. Allgemein verlangt ist aber jedenfalls, dass die Person mit dem Leistungsberechtigten angemessen kommunizieren kann und ihrer Persönlichkeit nach für eine Assistenzleistung geeignet ist.

8 Die weiteren Absätze gehen noch weiter auf den konkreten Leistungsinhalt ein. Absatz 3 enthält eine familienpolitische Komponente und betrifft **Mütter und Väter mit Behinderungen**. Gerade sie haben häufig einen sehr spezifischen Assistenzbedarf, wenn es um die Versorgung und Betreuung ihrer Kinder geht, der gelegentlich unter dem Begriff „Elternassistenz" subsumiert wird. Dem trägt dieser Absatz Rechnung. Nähere Eingrenzungen nimmt die Norm nicht vor, aber es ist schon aufgrund ihres offenen Wortlauts davon auszugehen, dass sie umfassend angelegt ist und sowohl „einfache" Assistenzleistungen für Eltern mit Behinderungen erfasst als auch solche der sog. „begleiteten Elternschaft". Darunter fallen pädagogische Anleitungen, Beratung und Begleitung zur Wahrnehmung der Elternrolle.

9 Absatz 4 ist anderen Vorschriften nachgebildet. Inhaltlich übernimmt er die für die Eingliederungshilfe früher nach § 22 Eingliederungshilfeverordnung vorgesehene Regelung und sieht einen **Fahrkostenersatz** vor. Dieser Ersatzanspruch betrifft aber nicht nur diese Kosten, sondern **alle weiteren Aufwendungen**, die mit der Assistenz anfallen, also etwa den Erwerb von für die Assistenzleistung erforderlichen Gegenständen.

10 Mit **Absatz 5** wird ein weiterer neuer Leistungsgegenstand durch das BTHG eingeführt. Er zielt darauf ab, Menschen mit Behinderungen zur Übernahme eines **Ehrenamts** zu ermuntern und sie hierbei so weit wie möglich auch zu unterstützen. Dazu erhalten sie einen entsprechenden **Aufwendungsersatzanspruch**, der auch die Assistenz durch eine Fachkraft erfassen kann. Doch sieht Satz 2 eine Vorrangregelung vor, die die notwendige Unterstützung primär aus dem „offiziellen" Bereich heraushalten soll. Mit dieser Art der Gesetzesformulierung wird jedoch umgekehrt deutlich, dass dort, wo eine solche zwischenmenschliche Hilfe (bei entsprechendem Aufwendungsersatzanspruch) nicht möglich ist, auch eine Assistenzkraft eingeschaltet werden kann.

11 Absatz 6 schließt die Beschreibung der diversen Anspruchsinhalte ab und ist auf Leistungen zur **Erreichbarkeit** einer Ansprechperson gerichtet, unabhängig von der Art der Behinderung des Leistungsberechtigten. Die Norm ist auf einen Anspruch gerichtet, der losgelöst von einem konkreten Anlass ist. Maßgeblich aber ist, dass eine solche Leistung nach den Besonderheiten des Einzelfalls erforderlich ist, es handelt sich somit nicht um eine Standardleistung, die jedenfalls zu gewähren ist. Inhaltlich geht es vor allem um Leistungen der Rufbereitschaft. Durch diese kann sichergestellt werden, dass für Leistungsberechtigte in Situationen, die sie als krisenhaft empfinden und wahrnehmen, eine Ansprechperson (vor allem telefonisch) erreichbar ist.

§ 79 Heilpädagogische Leistungen

(1) [1]Heilpädagogische Leistungen werden an noch nicht eingeschulte Kinder erbracht, wenn nach fachlicher Erkenntnis zu erwarten ist, dass hierdurch

1. eine drohende Behinderung abgewendet oder der fortschreitende Verlauf einer Behinderung verlangsamt wird oder
2. die Folgen einer Behinderung beseitigt oder gemildert werden können.

²Heilpädagogische Leistungen werden immer an schwerstbehinderte und schwerstmehrfachbehinderte Kinder, die noch nicht eingeschult sind, erbracht.

(2) Heilpädagogische Leistungen umfassen alle Maßnahmen, die zur Entwicklung des Kindes und zur Entfaltung seiner Persönlichkeit beitragen, einschließlich der jeweils erforderlichen nichtärztlichen therapeutischen, psychologischen, sonderpädagogischen, psychosozialen Leistungen und der Beratung der Erziehungsberechtigten, soweit die Leistungen nicht von § 46 Absatz 1 erfasst sind.

(3) ¹In Verbindung mit Leistungen zur Früherkennung und Frühförderung nach § 46 Absatz 3 werden heilpädagogische Leistungen als Komplexleistung erbracht. ²Die Vorschriften der Verordnung zur Früherkennung und Frühförderung behinderter und von Behinderung bedrohter Kinder finden Anwendung. ³In Verbindung mit schulvorbereitenden Maßnahmen der Schulträger werden die Leistungen ebenfalls als Komplexleistung erbracht.

Literatur:

Luthe, Die Leistungen zur Teilhabe am Leben in der Gemeinschaft im SGB IX (Teil 2), br 2011, 1.

Gesetzeshistorie: Der Inhalt dieser Vorschrift, gerichtet auf heilpädagogische Leistungen, war – als § 56 – durch Artikel 1 und 68 Abs. 5 vom 19.6.2001[1] rückwirkend mit Wirkung vom 1.7.2000 eingeführt worden. Das BTHG hat sie vor allem um Absatz 2 und in Absatz 3 ergänzt.

Regelungsinhalt: Ziel der mit § 46 abgestimmten Vorschrift ist die Erbringung heilpädagogischer Leistungen für Kinder, die noch nicht eingeschult sind, und zwar unabhängig von Art, Ausmaß und Schwere der Behinderung. Durch sie wird § 76 Abs. 2 Nr. 3 näher konkretisiert.

Zur Entstehung: Die Vorschrift ist eine Fortentwicklung des früheren § 40 Abs. 1 Nr. 2 a Bundessozialhilfegesetz und früheren § 11 Eingliederungshilfeverordnung.

Im Regierungsentwurf zur erstmaligen Einführung[2] wurden aufgrund Änderungsantrags der damaligen Koalitionsfraktionen[3] jeweils der Begriff „Heilpädagogische Maßnahmen" durch „Heilpädagogische Leistungen" ersetzt und außerdem Absatz 1 Satz 2 neu gefasst. Nach dem Bericht[4] erfolgte dies zur Anpassung an den gesetzlichen Sprachgebrauch. Zudem sollte die gefestigte Rechtsprechung aufgegriffen werden, die einen Anspruch auf Eingliederungshilfe für Menschen mit Behinderungen bereits dann bejaht, wenn Aussicht auf spürbare Verbesserung – sei es auch nur im Bereich einfachster lebenspraktischer Fähigkeiten – besteht. Insbesondere bei Kindern sei immer von einer Förderbarkeit auszugehen. Dies gelte auch in den Fällen, in denen Schwerbehinderung oder Schwerstmehrfachbehinderung eines Kindes eine erhebliche Pflegebedürftigkeit zur Folge habe (zB Apallisches Syndrom). Im Übrigen entspreche, der seinerzeitige Vorstellung, die Neufassung einem Vorschlag des Bundesrates,[5] da grundsätzlich von einem uneingeschränkten schulischen Bildungsrecht für alle Kinder ausgegangen werde.

---

1 BGBl. I 1046.
2 Nebst Begründung BT-Drs. 14/5074, 22 und 111 sowie BT-Drs. 14/5531, 5.
3 Ausschussempfehlung BT-Drs. 14/5786, 48.
4 BT-Drs. 14/5800, 34.
5 BR-Drs. 49/01 (Beschluss) = BT-Drs. 14/5531, 9.

5 **Heilpädagogische Leistungen** werden in der Vorschrift zwar nicht eigens definiert. Aber in **Absatz 2** sind die wesentlichen Leistungsinhalte erfasst, die vor Inkrafttreten des BTHG lediglich in Rechtsprechung und Literatur erkennbar waren. Danach umfassen heilpädagogische Leistungen alle Maßnahmen, die zur Entwicklung des Kindes und zur Entfaltung seiner Persönlichkeit beitragen, einschließlich der jeweils erforderlichen nichtärztlichen therapeutischen, psychologischen, sonderpädagogischen, psychosozialen Leistungen und der Beratung der Erziehungsberechtigten, soweit die Leistungen nicht von § 46 Abs. 1 erfasst sind. Ausgeführt werden diese Leistungen meist, aber nicht ausschließlich,[6] durch ausgebildete Heilpädagoginnen und -pädagogen. Es können aber auch, je nach Einzelfall, andere Kräfte eingesetzt werden. Durch diese Leistungsbeschreibung ist vor allem auch eine Abgrenzung dieser Leistungen von denjenigen zur medizinischen Rehabilitation möglich. Abgrenzungskriterium ist die Erbringung durch Mediziner. Werden nämlich die entsprechenden Leistungen in sozialpädiatrischen Zentren und in interdisziplinären Förderstellen neben den jeweiligen medizinischen Leistungen erbracht, sind sie insgesamt den Leistungen der medizinischen Rehabilitation zuzuordnen.[7]

6 Voraussetzung für die Leistung ist nach **Absatz 1 Satz 1**, dass durch diese Leistungen eine drohende Behinderung abgewendet oder der fortschreitende Verlauf einer Behinderung verlangsamt oder die Folgen einer Behinderung beseitigt oder gemildert werden können. Die durch diese Formulierung geforderte Erfolgsprognose ist aufgrund „fachlicher Erkenntnis" zu treffen. Das bedeutet, dass im Regelfall ein entsprechendes Gutachten vorauszusetzen ist.[8] Die heilpädagogischen Leistungen sind dabei in Bezug zu der Abwendung einer drohenden Behinderung oder der Beseitigung der Folgen einer Behinderung zu setzen, so dass in diesen Fällen, abhängig von Form und Art der Behinderung, gegebenenfalls andere Maßstäbe für das Ziel gesetzt werden müssen.[9] Nicht erforderlich ist, dass die Leistung von Heilpädagogen erbracht werden, stattdessen ist von einem offenen Begriffsverständnis auszugehen, so dass auch andere Berufsrichtungen wie Psychologen oÄ tätig werden können, sofern sie die entsprechenden Qualifikationen vorweisen können.[10]

7 **Absatz 1 Satz 2** stellt klar, dass heilpädagogische Leistungen immer[11] an schwerstbehinderte und schwerstmehrfachbehinderte Kinder, die noch nicht eingeschult sind, zu erbringen sind, da auch bei diesen Kindern immer von einer Förderbarkeit auszugehen ist. Kinder im Sprachgebrauch des SGB IX sind alle jungen Menschen bis zur Vollendung des achtzehnten Lebensjahres. „Schwerstbehindert" sind sie, wenn sie gesundheitlich außergewöhnlich betroffen sind.

8 Soweit heilpädagogische Leistungen in Verbindung mit Leistungen zur Früherkennung und Frühförderung nach § 46 und schulvorbereitenden Maßnahmen der Schulträger erbracht werden, bilden sie mit diesen eine **Komplexleistung**, wie sie in § 46 geregelt ist.

9 **Absatz 3** bildet die Komplementärregelung zu § 46 Abs. 3. Heilpädagogische Leistungen können danach nicht nur als Einzelleistungen, sondern auch als

---

6 So auch *Lachwitz* in HK-SGB IX § 56 Rn. 5.
7 BT-Drs. 18/9522, 264.
8 *Winkler* in Neumann/Pahlen/Greiner/Winkler/Jabben, 14. Aufl. 2020, SGB IX § 79 Rn. 6.
9 *Jabben* in BeckOK SozR SGB IX § 79 Rn. 7.
10 *Luthe* Behindertenrecht 2011, 1.
11 Aber nicht „nur"; wie hier *Lachwitz* in HK-SGB IX § 56 Rn. 18; aA *Oppermann* in Hauck/Noftz SGB IX § 30 Rn. 11 a, SGB IX 218 § 46 Rn. 15.

Komplexleistung zusammen mit den dort angesprochenen medizinischen Leistungen erbracht werden (sowie mit schulvorbereitenden Maßnahmen der Schulträger). Es ist also eine gemeinsame, aber auch eine gesonderte Erbringung möglich.[12] Auch hier ist wieder Ziel die möglichst weit verfolgte Leistung „aus einer Hand".

§ 80 Leistungen zur Betreuung in einer Pflegefamilie

[1]Leistungen zur Betreuung in einer Pflegefamilie werden erbracht, um Leistungsberechtigten die Betreuung in einer anderen Familie als der Herkunftsfamilie durch eine geeignete Pflegeperson zu ermöglichen. [2]Bei minderjährigen Leistungsberechtigten bedarf die Pflegeperson der Erlaubnis nach § 44 des Achten Buches. [3]Bei volljährigen Leistungsberechtigten gilt § 44 des Achten Buches entsprechend. [4]Die Regelungen über Verträge mit Leistungserbringern bleiben unberührt.

Gesetzeshistorie: Die Norm hat im bisherigen SGB IX, vor dem BTHG, keine direkte Entsprechung. Sie entspricht aber im Wesentlichen dem § 54 Abs. 3 SGB XII, der aber Ende 2018 außer Kraft getreten ist.

Regelungsinhalt: Erfasst vom Leistungsinhalt des § 80 ist jede erforderliche Unterbringung eines Menschen mit Behinderungen in einer Pflegefamilie. Handelt es sich um einen minderjährigen Leistungsberechtigten, ist für die Pflegeperson eine Erlaubnis nach § 44 SGB VIII erforderlich. Da diese Erlaubnis jedoch ihrerseits nur bei Minderjährigen eingreifen kann, ordnet Satz 3 die analoge Anwendung der Norm an, wenn es um einen volljährigen Menschen mit Behinderungen geht. Auf diese Weise soll sichergestellt sein, dass die jeweilige Pflegeperson **geeignet** ist. Als Pflegeperson kommen dann, gemäß der Erlaubnisvorschrift, insbesondere solche Personen in Betracht, die im Hinblick auf ihre persönliche Eignung und ihre fachlichen Kenntnisse, aber auch die räumlichen Verhältnisse den spezifischen Bedürfnissen körperlich bzw. geistig behinderter Kinder oder Jugendlicher (oder, nach Satz 3, Erwachsener) gerecht werden können.[1]

Geht man von dem Zweck der Regelung aus, ist naheliegend, dass die Vorschrift **alle Leistungen** für die Betreuung in einer Pflegefamilie erfasst, die auch seelisch behinderten Kindern und Jugendlichen (bzw. Erwachsenen, nach Satz 3) nach dem SGB VIII zukommen.

§ 81 Leistungen zum Erwerb und Erhalt praktischer Kenntnisse und Fähigkeiten

[1]Leistungen zum Erwerb und Erhalt praktischer Kenntnisse und Fähigkeiten werden erbracht, um Leistungsberechtigten die für sie erreichbare Teilhabe am Leben in der Gemeinschaft zu ermöglichen. [2]Die Leistungen sind insbesondere darauf gerichtet, die Leistungsberechtigten in Fördergruppen und Schulungen oder ähnlichen Maßnahmen zur Vornahme lebenspraktischer Handlungen einschließlich hauswirtschaftlicher Tätigkeiten zu befähigen, sie auf die Teilhabe am Arbeitsleben vorzubereiten, ihre Sprache und Kommunikation zu verbessern

---

12 *Luthe* Behindertenrecht 2011, 1; vgl. OVG Saarl 4.4.2007 – 3 Q 73/06, EuG 2007, 407.
1 Vgl. Ausschussbericht BR-Drs. 16/13417, 7.

und sie zu befähigen, sich ohne fremde Hilfe sicher im Verkehr zu bewegen. ³Die Leistungen umfassen auch die blindentechnische Grundausbildung.

1   **Gesetzeshistorie:** Die Norm ist durch das BTHG neu in das Gesetz aufgenommen worden, entspricht aber inhaltlich weitgehend dem früheren § 55 Abs. 2 Nr. 3. Dieser wiederum war dem früheren § 15 Eingliederungshilfeverordnung (EinglHVO) nachgebildet, der, wie die heutige Norm, Hilfen umfasste, die geleistet werden, wenn wegen der Art oder Schwere der Behinderung pädagogische, schulische oder berufliche Maßnahmen nicht in Betracht kommen, dem behinderten Menschen aber durch den Erwerb praktischer Kenntnisse und Fähigkeiten die für ihn erreichbare Teilnahme am Leben in der Gemeinschaft ermöglicht werden kann.

2   **Regelungsinhalt:** § 81 ermöglicht Hilfen zum Erwerb praktischer Kenntnisse und Fähigkeiten, die erforderlich und geeignet sind, Menschen mit Behinderungen die für sie erreichbare Teilhabe am Leben in der Gemeinschaft zu ermöglichen. Vorrangiger Zweck ist die Stärkung der allgemeinen Lebenstüchtigkeit des behinderten Menschen. Als Empfänger von Hilfen nach § 81 kommen insofern vor allem Menschen mit schweren und mehrfachen Behinderungen in Betracht, die nicht als werkstattfähig gelten und deshalb nicht in einer Werkstatt für behinderte Menschen gefördert und betreut werden können. Diese Hilfen umfassen auch diejenige Hilfe, die in den den Werkstätten für Behinderte nach § 219 Abs. 3 angegliederten Förderstätten geleistet wird.[1]

3   Die Hilfen nach § 81 haben Bedeutung insbesondere für **erwachsene und eingeschulte** Menschen mit Behinderungen und ergänzen die medizinischen Leistungen mit gleicher Zielsetzung, um die individuell erreichbare Teilhabe am Leben in der Gemeinschaft zu erreichen. Sie können aber nur dann zum Tragen kommen, wenn pädagogische, schulische oder berufliche Maßnahmen nicht in Betracht kommen.

4   Inhaltlich geht es um die **Vermittlung lebenspraktischer Kenntnisse**. Daraus folgt, dass diese Hilfen auch auf eine Milderung einer möglicherweise vorliegenden Pflegebedürftigkeit ausgerichtet sein können. Zu den Leistungen gehören dann auch Leistungen in Tagesförderstätten, um so für nicht werkstattfähige Leistungsberechtigte eine erreichbare Teilhabe am Arbeitsleben zu ermöglichen.[2]

§ 82 Leistungen zur Förderung der Verständigung

¹Leistungen zur Förderung der Verständigung werden erbracht, um Leistungsberechtigten mit Hör- und Sprachbehinderungen die Verständigung mit der Umwelt aus besonderem Anlass zu ermöglichen oder zu erleichtern. ²Die Leistungen umfassen insbesondere Hilfen durch Gebärdensprachdolmetscher und andere geeignete Kommunikationshilfen. ³§ 17 Absatz 2 des Ersten Buches bleibt unberührt.

Literatur:

Kreutz, Gesetzlich normierte Kommunikationshilfen für Gehörlose, ZfSH/SGB 2008, 586; *Luthe*, Die Leistungen zur Teilhabe am Leben in der Gemeinschaft im SGB IX (Teil II), br 2011, 1; *Mrozynski*, Die Übernahme der Kosten für einen Dolmetscher im Zusammenhang mit der Erbringung von Sozialleistungen, ZfSH/SGB 2003, 470; *Tallich*, Die Gewährleistung der Kommunikation bei behinderten Menschen am Beispiel

---

1   BSG 9.12.2008 – B 8/9 b SO 11/07 R.
2   S. dazu auch LSG Bln-Bbg 15.4.2010 – L 23 SO 277/08, FEVS 62, 321.

des Vermittlungsdienstes für Hörgeschädigte, Beitrag 8/2007 in Diskussionsforum A, abrufbar unter www.reha-recht.de.

Gesetzeshistorie: Die Vorschrift wurde durch Artikel 1 und § 68 Abs. 1 vom 19.6.2001[1] mit Wirkung ab 1.7.2001 eingeführt. Das BTHG hat die bisherige Regelung in § 57 inhaltsgleich übernommen und konkretisiert.

Regelungsinhalt: Die Vorschrift regelt die Hilfen zur Verständigung mit der Umwelt für hörbehinderte Menschen und behinderte Menschen mit besonders starker Beeinträchtigung der Sprachfähigkeit. Sie enthält einen Rechtsanspruch zugunsten dieser Menschen auf Förderung der Verständigung.

Zur Entstehung: Die Vorschrift entspricht weitgehend dem früheren, durch das SGB IX aufgehobenen § 21 Eingliederungshilfeverordnung.

Im ursprünglichen Regierungsentwurf zum SGB IX[2] wurden aufgrund eines Änderungsantrags der damaligen Koalitionsfraktionen[3] die Wörter „oder behinderte Menschen mit besonders starker Beeinträchtigung der Sprachfähigkeit" eingefügt; nach dem Bericht[4] erfolgte dies zur Anpassung an das (früher) geltende Recht.

Bedürfen gehörlose oder andere Menschen mit besonders starker Beeinträchtigung der Hörfähigkeit[5] wegen dieser Behinderung zur Verständigung der Hilfe anderer (Menschen), erhalten sie, wenn ein **besonderer Anlass** gegeben ist, die erforderlichen Hilfen – etwa in Form eines Gebärdensprachdolmetschers – oder angemessene Aufwendungen hierfür. Ist die notwendige Hilfe mit (sächlichen) Hilfsmitteln sicherzustellen, gelten hierfür § 47, § 49 Abs. 8 Satz 1 Nr. 5 und 6 und § 76 Abs. 2 Nr. 8. Das Kriterium des „besonderen Anlasses" dient also zunächst der Abgrenzung zu dauerhaften Hilfen und setzt daher eine besondere, nicht regelmäßig auftretende Situation voraus.[6] Ansonsten ergeben sich die Voraussetzungen für den Anspruch aus § 82 regelmäßig nach den speziellen Leistungsgesetzen (§ 7), die den Anwendungsbereich des § 82 dementsprechend erweitern oder auch beschränken können.[7] Mit dem Verweis auf einen „besonderen Anlass" macht das Gesetz deutlich, dass die Förderung nach § 82 keine allgemeine Verständigungshilfe für das allgemeine Kommunikationsbedürfnis des hörbehinderten Menschen sein kann.[8]

Ob ein „**besonderer Anlass**" gegeben ist, muss nach den Gegebenheiten des Einzelfalls unter Berücksichtigung der in § 76 genannten Ziele und der dadurch bestehenden, über das übliche Maß hinausgehenden Kommunikationsbedürfnisse beurteilt werden. Entscheidend bleibt, dass der Bereich der Teilhabe am Leben in der Gemeinschaft eröffnet ist.[9] Als besonderen Anlass hat man früher vor allem den Verkehr mit Behörden gesehen. Bei Sozialleistungen sieht § 17 SGB I die Pflicht der Sozialleistungsträger zur Kostenübernahme für Gebärdensprachendolmetscher vor; diese Vorschrift bleibt nach Satz 3 unberührt. Entsprechendes regelt § 19 Abs. 1 SGB X für das Sozialverwaltungsverfahren, §§ 6 und 9 BGG für den Umgang mit allen Trägern öffentlicher Gewalt und § 186

---

1 BGBl. I 1046.
2 Nebst Begründung BT-Drs. 14/5074, 22 und 111 sowie BT-Drs. 14/5531, 5.
3 Ausschussempfehlung BT-Drs. 14/5786, 48.
4 BT-Drs. 14/5800, 35.
5 Zur Begrifflichkeit vgl. § 6 BGG, auf den zurückgegriffen werden kann: Erfasst sind somit Gehörlose, Ertaubte und Schwerhörige.
6 *Luthe* in jurisPK-SGB IX § 82 Rn. 15.
7 *Luthe* Behindertenrecht 2011, 1 (3).
8 LSG Hmb 20.11.2014 – L 4 SO 15/13, ZFSH/SGB 2015, 144.
9 LSG Hmb 20.11.2014 – L 4 SO 15/13, ZFSH/SGB 2015, 144 Rn. 38.

GVG für das zivil- und strafrechtliche Gerichts- und Beurkundungsverfahren. Daraus folgt, dass für § 82 Anwendungsraum nur noch für besondere Anlässe bleibt, die durch die genannten Regelungen nicht abgedeckt sind, beispielsweise Elternversammlungen in der **Schule** oder das Aushandeln wichtiger privater Verträge,[10] sofern dort ein über das regelmäßige Kommunikationsbedürfnis hinausgehendes, gemessen an den Zielen der Leistungen zur Teilhabe schutzwürdiges besonderes Kommunikationsbedürfnis besteht.[11] Zu berücksichtigen ist, dass eine Freistellung des Leistungsempfängers und seiner Bedarfsgemeinschaft von den Maßnahmekosten in § 92 Abs. 2 SGB XII nicht vorgesehen ist.[12]

7 Die Vorschrift gilt auch für Menschen mit **besonders starker Beeinträchtigung** der Sprachfähigkeit; diese Beeinträchtigung kann sowohl die Wortfindung als auch das Artikulationsvermögen betreffen. Eine entsprechende Behinderung liegt somit vor, wenn der Behinderte sich nicht so ausdrücken kann, dass er von anderen verstanden wird, auch wenn sich diese um Verständigung bemühen.[13] Der Anspruch ist darauf gerichtet, dass entsprechende Hilfen zur Verfügung gestellt werden. Alternativ kommt auch eine Erstattung in Betracht; § 8 SGB IX mit der dort gewährleisteten Wahlfreiheit ist insofern zu berücksichtigen. Nach § 76 SGB IX gilt auch hier, dass die Hilfen geeignet und erforderlich sein müssen. Gerichtet sein kann die Hilfe dann sowohl auf Sprach- als auch auf Schriftdolmetscher; für technische Hilfsmittel ist § 82 nicht einschlägig.

8 Das **Verbandsklagerecht** in § 15 BGG erstreckt sich auch auf die Leistung nach § 82: Demzufolge kann ein anerkannter Verband, ohne in seinen Rechten verletzt zu sein, Klage nach Maßgabe der Verwaltungsgerichtsordnung oder des Sozialgerichtsgesetzes erheben auf Feststellung eines Verstoßes gegen die Vorschriften des § 82 SGB IX. Zulässig ist eine solche Verbandsklage, wenn der Verband durch die Maßnahme in seinem satzungsmäßen Aufgabenbereich berührt wird. Soweit ein Mensch mit Behinderungen selbst seine Rechte durch eine Gestaltungs- oder Leistungsklage verfolgen kann oder hätte verfolgen können, kann die Klage des Verbandes wiederum nur dann erhoben werden, wenn er geltend macht, dass es sich bei der Maßnahme um einen Fall von allgemeiner Bedeutung handelt. Dies ist insbesondere der Fall, wenn eine Vielzahl gleich gelagerter Fälle vorliegt.

§ 83 Leistungen zur Mobilität

(1) Leistungen zur Mobilität umfassen
1. Leistungen zur Beförderung, insbesondere durch einen Beförderungsdienst, und
2. Leistungen für ein Kraftfahrzeug.

(2) ¹Leistungen nach Absatz 1 erhalten Leistungsberechtigte nach § 2, denen die Nutzung öffentlicher Verkehrsmittel auf Grund der Art und Schwere ihrer Behinderung nicht zumutbar ist. ²Leistungen nach Absatz 1 Nummer 2 werden nur erbracht, wenn die Leistungsberechtigten das Kraftfahrzeug führen können

---

10 Zahlreiche Beispiele für derartige Anlässe finden sich auf der Homepage der Deutschen Gesellschaft der Hörbehinderten: Tabelle 1 Personenzentrierter behinderungsbedingter Mehrbedarf vom 20.6.2015 und Tabelle 2 Kommunikationsorientierter Mehrbedarf vom 20.6.2015 https://www.deutsche-gesellschaft.de/ueber-uns/aktuelles/positionspapier-zum-bundesteilhabegesetz.
11 LSG Hmb 20.11.2014 – L 4 SO 15/13, ZFSH/SGB 2015, 144 Rn. 48.
12 *Luthe* in jurisPK-SGB IX § 82 Rn. 20.
13 *Luthe* Behindertenrecht 2011, 1 (3).

oder gewährleistet ist, dass ein Dritter das Kraftfahrzeug für sie führt und Leistungen nach Absatz 1 Nummer 1 nicht zumutbar oder wirtschaftlich sind.

(3) ¹Die Leistungen nach Absatz 1 Nummer 2 umfassen Leistungen
1. zur Beschaffung eines Kraftfahrzeugs,
2. für die erforderliche Zusatzausstattung,
3. zur Erlangung der Fahrerlaubnis,
4. zur Instandhaltung und
5. für die mit dem Betrieb des Kraftfahrzeugs verbundenen Kosten.

²Die Bemessung der Leistungen orientiert sich an der Kraftfahrzeughilfe-Verordnung.

(4) Sind die Leistungsberechtigten minderjährig, umfassen die Leistungen nach Absatz 1 Nummer 2 den wegen der Behinderung erforderlichen Mehraufwand bei der Beschaffung des Kraftfahrzeugs sowie Leistungen nach Absatz 3 Nummer 2.

Gesetzeshistorie: Die Norm ist neu in das Gesetz aufgenommen worden und war Bestandteil des BTHG. 1

Regelungsinhalt: Inhaltlich entspricht der neue Leistungstatbestand „Leistungen zur Mobilität" dem bereits von der Rechtsprechung und Praxis gelebten Recht. Erfasst sind zwei verschiedene Leistungsinhalte, zum einen Leistungen zur Beförderung, wobei vor allem, aber nicht ausschließlich Leistungen durch einen Beförderungsdienst gemeint sind; zum anderen sieht die Norm unter den in ihr genannten Voraussetzungen Leistungen für ein Kraftfahrzeug vor. 2

Nach **Absatz 1 Nr. 1** sind vom Leistungsumfang Beförderungsleistungen erfasst. Diese werden in Absatz 2 näher spezifiziert. Voraussetzung für die Leistung ist, dass dem Leistungsberechtigten die Nutzung öffentlicher Verkehrsmittel aufgrund der Art und Schwere seiner Behinderung nicht zumutbar ist. Damit wird deutlich, dass allein subjektive Gründe für den Leistungsanspruch in Betracht kommen. Nicht ausreichend ist, dass infrastrukturelle Nachteile auszugleichen sind. 3

Absatz 1 Nr. 2 sieht des Weiteren Leistungen für ein Kraftfahrzeug vor. Diese aber werden, so formuliert Absatz 2 Satz 2 die Voraussetzungen, nur erbracht, wenn die Leistungsberechtigten das Kraftfahrzeug führen können oder gewährleistet ist, dass ein Dritter das Kraftfahrzeug für sie führt und Leistungen nach Absatz 1 Nr. 1 nicht zumutbar oder wirtschaftlich sind. Damit gibt das Gesetz eine klare Rangfolge zwischen den beiden Leistungen der Mobilität vor: Vorrangig ist die Nutzung einer Beförderungsmöglichkeit, erst nachrangig kommen Leistungen für ein Kraftfahrzeug in Betracht. 4

Mit der Voraussetzung der eigenen Führung des Kraftfahrzeugs bzw. der Gewährleistung, dass ein Dritter es führt, **parallelisiert** das Gesetz die Leistung mit den entsprechenden Leistungen zur Teilhabe am Arbeitsleben, wie sie in der **Kraftfahrzeughilfe-Verordnung** geregelt sind. Inhaltlich gibt **Absatz 3** vor, welche **Leistungsbestandteile**, bei Vorliegen der genannten Voraussetzungen, möglich sind. Die Aufzählung ist abschließend. 5

Sind **Kinder oder Jugendliche** betroffen, gilt nach Absatz 4 die dortige spezifische Regelung. Danach ist auch der Mehraufwand erfasst, der sich aus diesem Umstand ergibt, etwa für einen höheren Anschaffungspreis oder eine notwendige Zusatzausstattung. Der Gesetzgeber sieht dies etwa dann als möglich an, wenn Eltern allein wegen der Behinderung ihres Kindes ein größeres und damit kostspieligeres Kraftfahrzeug benötigen.[1] 6

---

1 BT-Drs. 18/5922, 265.

§ 84 Hilfsmittel

(1) ¹Die Leistungen umfassen Hilfsmittel, die erforderlich sind, um eine durch die Behinderung bestehende Einschränkung einer gleichberechtigten Teilhabe am Leben in der Gemeinschaft auszugleichen. ²Hierzu gehören insbesondere barrierefreie Computer.
(2) Die Leistungen umfassen auch eine notwendige Unterweisung im Gebrauch der Hilfsmittel sowie deren notwendige Instandhaltung oder Änderung.
(3) Soweit es im Einzelfall erforderlich ist, werden Leistungen für eine Doppelausstattung erbracht.

1 **Gesetzeshistorie:** Die Norm ist durch das BTHG neu in das SGB IX eingefügt worden, übernimmt aber inhaltlich weitgehend den bisherigen § 55 Abs. 2 Nr. 1.

2 **Regelungsinhalt:** Der gegenüber der früheren Bestimmung in § 55 Abs. 2 Nr. 1 neue Wortlaut des § 84 stellt ausdrücklich klar, dass ausschließlich Hilfsmittel erfasst sind, die zur Teilhabe am Leben in der Gemeinschaft erforderlich sind; Hilfsmittel zur medizinischen Rehabilitation bzw. zur Teilhabe am Arbeitsleben sind damit ausgeschlossen. Dies wird auch nochmals anhand des genannten Beispielsfalls verdeutlicht.[1]

3 Für die konkret erforderliche **Abgrenzung** setzt die Rechtsprechung darauf, dass die Abgrenzung zwischen Hilfsmitteln im Sinne der medizinischen Rehabilitation auf der einen und der sozialen Rehabilitation auf der anderen Seite nicht am Begriff des Hilfsmittels vorzunehmen ist, etwa anhand der Hilfsmittelrichtlinien. Maßgebend ist vielmehr, welche Bedürfnisse mit dem konkreten Hilfsmittel befriedigt werden sollen. Das bedeutet, dass die **Zwecke und Ziele** entscheidend sind, denen das Hilfsmittel dienen soll.[2] Während daher Hilfsmittel im Sinne von § 47 die Aufgabe haben, einer drohenden Behinderung vorzubeugen, den Erfolg einer Heilbehandlung zu sichern oder eine Behinderung nur bei den Grundbedürfnissen des täglichen Lebens auszugleichen, soweit sie nicht allgemeine Gebrauchsgegenstände des täglichen Lebens sind, dienen „andere" Hilfsmittel, wie sie in § 76 Abs. 2 Nr. 8 angesprochen und in § 84 näher geregelt sind, über die Aufgabenbestimmung nach § 47 hinaus der gesamten Alltagsbewältigung. Daraus folgert die Rechtsprechung zu Recht, sie hätten die Aufgabe, dem Menschen mit Behinderungen den Kontakt mit seiner Umwelt, nicht nur mit Familie und Nachbarschaft, sowie die Teilnahme am öffentlichen und kulturellen Leben zu ermöglichen und hierdurch insgesamt die Begegnung und den Umgang mit nicht behinderten Menschen zu fördern.[3] Die Hilfsmittel iSv § 76 Abs. 2 Nr. 8 entfalten insoweit ihre Wirkung immer erst im Bereich der Behebung der Folgen einer Behinderung. Eine gewisse Überschneidung mit § 47 ist daher ohnehin unvermeidlich. Auf der Grundlage dieser Überlegungen hat die Rechtsprechung etwa ein Hörgerät als ein Hilfsmittel im Sinne von § 76 Abs. 2 Nr. 8 eingeordnet.

4 Zu den **Hilfsmitteln**, die bei entsprechendem Bedarf nach dieser Vorschrift zu leisten sind und deren inhaltliche Bestimmung sich nach der Definition des § 47 richtet, gehören zum Beispiel – über das Regelbeispiel in Satz 2 des Absatzes 1 hinaus, das auf barrierefreie Computer gerichtet ist – Schreibmaschinen für blinde Menschen, Blindenführhunde, Hilfen zur Erleichterung oder Ermöglichung der Verständigung mit der Umwelt, Geräte zur häuslichen Kommunika-

---

1 BT-Drs. 18/9522, 265.
2 BSG 19.5.2009 – B 8 SO 32/07 R, SGb 2009, 475.
3 So auch *Fuchs* in Bihr/Fuchs/Krauskopf/Ritz SGB IX § 55 Rn. 4.

tion für Querschnittsgelähmte und andere, die auf die Benutzung solcher Geräte angewiesen sind.
Absatz 2 und Absatz 3 enthalten gegenüber dem schon vor Erlass des BTHG geltenden Recht Konkretisierungen. Dies betrifft besonders den Umstand, dass der Leistungsanspruch nach § 84 auch eine notwendige Unterweisung im Gebrauch der Hilfsmittel sowie deren notwendige Instandhaltung oder Änderung umfasst, darüber hinausgehend auch Leistungen für eine Doppelausstattung, sofern sie erforderlich ist.

Kapitel 14 Beteiligung der Verbände und Träger

§ 85 Klagerecht der Verbände

¹Werden Menschen mit Behinderungen in ihren Rechten nach diesem Buch verletzt, können an ihrer Stelle und mit ihrem Einverständnis Verbände klagen, die nach ihrer Satzung Menschen mit Behinderungen auf Bundes- oder Landesebene vertreten und nicht selbst am Prozess beteiligt sind. ²In diesem Fall müssen alle Verfahrensvoraussetzungen wie bei einem Rechtsschutzersuchen durch den Menschen mit Behinderungen selbst vorliegen.

Gesetzeshistorie: Die Vorschrift wurde durch Artikel 1 und § 68 Abs. 1 vom 19.6.2001[1] mit Wirkung ab 1.7.2001 als § 63 eingeführt. Änderungen durch das BTHG erfolgten nur durch sprachliche Korrekturen, nicht inhaltlich.

Regelungsinhalt: Die Vorschrift ermöglicht Verbänden, die behinderte Menschen vertreten, an Stelle der behinderten Menschen und mit ihrem Einverständnis die gerichtliche Geltendmachung ihrer Rechte nach diesem Buch durch eine gesetzliche Prozessstandschaft, sie enthält jedoch kein Verbandsklagerecht im engeren Sinne.[2] Dieses ist dem deutschen Prozessrecht dem Grundsatz nach ohnehin fremd.

Zur Entstehung: Die Vorschrift ist im und seit dem Verfahren nicht verändert worden.

Materialien: Zum Regierungsentwurf nebst Begründung BT-Drs. 14/5074, 23 und 111 sowie BT-Drs. 14/5531, 5; zur Ausschussempfehlung BT-Drs. 14/5786, 50.

Voraussetzung für die Anwendung der Vorschrift ist nach Satz 1 eine Verletzung von Rechten von Menschen mit Behinderungen nach diesem Buch, also eine individuelle Rechtsverletzung, die den Betroffenen nach Artikel 19 Abs. 4 Grundgesetz und den einzelnen Prozessgesetzen (insbesondere SGG und VwGO, aber auch zum Beispiel BVerfGG) eine individuelle Klagemöglichkeit gibt. Weitergehende Klagemöglichkeiten der Verbände über Individualrechtsverletzungen hinaus wurden zwar bei der Vorbereitung des Gesetzentwurfs erörtert und gefordert, aber weder im Regierungsentwurf noch bei den parlamentarischen Beratungen umgesetzt. Ein eigenständiges Verbandsklagerecht findet sich jedoch im BGG, dort geregelt in § 15 (s. die Kommentierung dort).

Rechte nach diesem Buch, die als Voraussetzung der Vorschrift verletzt sein können, sind zunächst Rechte gegenüber Rehabilitationsträgern und anderen öffentlich-rechtlichen Stellen. Soweit in diesem Buch andere Rechte geregelt sind, insbesondere im Schwerbehindertenrecht nach Teil 3 gegenüber Arbeitge-

---

1 BGBl. I 1046.
2 Eingehend zur Vorschrift *Köhler* ZfSH/SGB 2010, 19.

bern, ist ein Klagerecht der Verbände nach der Vorschrift jedoch ebenfalls gegeben.

7 Die in Satz 1 getroffene Festlegung wird durch Satz 2 bekräftigt, wonach alle **Verfahrensvoraussetzungen** wie bei einem Rechtsschutzersuchen durch den behinderten Menschen selbst vorliegen müssen. Die Begründung zum Regierungsentwurf nennt als Beispiel, dass bei einer abgelaufenen Rechtsmittelfrist den Verbänden keine weiter reichende Klagemöglichkeit eröffnet wird, als sie dem Betroffenen selbst zur Verfügung steht.

8 Erfasst von der Vorschrift sind Menschen mit Behinderung im Sinne des § 2 Abs. 1 Satz 1, mit Einbezug der schwerbehinderten und gleichgestellten Menschen im Sinne des § 2 Abs. 2 und 3, nicht aber – mangels entsprechender Erwähnung – von Behinderung bedrohte Menschen nach § 2 Abs. 1 Satz 3.

9 Eine weitere Einschränkung bedeutet die Bezugnahme auf Rechte nach dem Neunten Buch. Damit sind alle Rechtspositionen gemeint, die durch Regelungen des Neunten Buches berührt werden. Nicht erforderlich ist, dass ausschließlich Regelungen des Neunten Buches betroffen sind. Erfasst sind beispielsweise Klagen (und andere Rechtsmittel) gegen einen Rehabilitationsträger, der eine Leistung zur medizinischen Rehabilitation verweigert, die inhaltlich in § 42 umschrieben, hinsichtlich der Leistungsvoraussetzungen aber im Fünften, Sechsten oder Siebten Buch des Sozialgesetzbuches festgelegt ist.[3]

10 Die den Betroffenen zustehenden Klagemöglichkeiten können nach der Vorschrift von **Verbänden** wahrgenommen werden, die nicht selbst rechtsfähig sein müssen. Sie müssen nach ihrer Satzung Menschen mit Behinderungen auf Bundes- oder Landesebene vertreten. Das Schwergewicht dieser Verbände werden Organisationen bilden, die von Menschen mit Behinderungen selbst getragen werden; aber auch andere Verbände zum Beispiel der freien Wohlfahrtspflege oder Gewerkschaften können einbezogen sein. Der Personenkreis der Menschen mit Behinderungen muss in der Satzung ausdrücklich – und nicht nur als mitgemeinter Bestandteil eines umfassenderen Personenkreises – angesprochen sein; Ausschließlichkeit ist allerdings nicht verlangt, auch nicht die Vertretung bei allen Behinderungsformen. Der Bezug zur Bundes- oder Landesebene muss in der Satzung ebenfalls ausdrücklich angesprochen sein; für rein lokal orientierte Verbände gilt die Vorschrift also nicht. Der Verband braucht nicht rechtsfähig zu sein.[4]

11 Eine weitere Vorgabe ist, dass der Verband nicht selbst am Prozess beteiligt sein darf. Damit sollen nach der Begründung des Regierungsentwurfs Interessenkollisionen in den Fällen verhindert werden, in denen Verbänden eine Doppelrolle zufallen könnte. In der Rechtsprechung wird dazu vertreten, dass die Interessen des behinderten Menschen und des Verbandes nicht widerstreiten; ein eigener Vorteil des klagenden Verbands ist unbeachtlich.[5]

12 Ein Tätigwerden eines Verbandes im Rahmen der Vorschrift setzt das **Einverständnis** des in seinen Rechten verletzten Menschen mit Behinderungen voraus. Das Einverständnis muss erklärt werden; es aus der Interessenlage zu unterstellen – beispielsweise auch bei Abwesenheit oder krankheitsbedingter Handlungsunfähigkeit –, reicht nicht aus. Eine Form ist nicht vorgeschrieben; allerdings ist zur Klarheit eine schriftliche Einverständniserklärung ratsam. Das Einverständnis kann jederzeit – ebenso ohne Formvorgaben – widerrufen wer-

---

3 So im Ergebnis auch *Lachwitz* in HK-SGB IX § 63 Rn. 7; *Liebold*, Auswirkungen des SGB IX auf die gesetzliche Krankenversicherung, 2006, S. 328.
4 So auch *Masuch* in Hauck/Noftz SGB IX § 63 Rn. 14.
5 BayVGH 17.11.2004 – 12 CE 04.1580, ZFSH/SGB 2005, 228.

den. Wird es widerrufen, lässt dies die Klagebefugnis des Verbandes unmittelbar entfallen.

Sind die genannten Voraussetzungen gegeben, **kann** der Verband in gleicher Weise gerichtliche Verfahren (einschließlich vorgeschalteter Widerspruchsverfahren) anstrengen, betreiben und beenden wie der in seinen Rechten verletzte Mensch mit Behinderungen selbst. Ob er diese Möglichkeit überhaupt wahrnimmt, ist in das Ermessen des Verbandes gestellt. Neben der rechtlichen Beschwer des Menschen mit Behinderungen ist eine eigene Beschwer des Verbandes nicht erforderlich. Doch müssen, nach § 85 Satz 2, im Übrigen die Verfahrensvoraussetzungen wie bei einem Rechtsschutzersuchen durch den Menschen mit Behinderungen selbst vorliegen. Bei einer abgelaufenen Rechtsmittelfrist etwa haben die Verbände nach Vorstellung des Gesetzgebers kein weitergehendes Klagerecht als der Mensch mit Behinderungen.[6] 13

Die Vorschrift gewährt den Verbänden ausschließlich die Möglichkeit, eine gesetzliche Prozessstandschaft zu übernehmen, also ein fremdes Recht in eigenem Namen geltend zu machen. Damit handelt es sich hierbei **nicht** um ein **Verbandsklagerecht** im engeren Sinne. Ein solches findet sich stattdessen in § 15 BGG, dem zufolge ein vom Bundesministerium für Arbeit und Soziales anerkannter Verband Klage auf Feststellung eines Verstoßes gegen das BGG erheben kann, ohne in seinen eigenen Rechten verletzt zu sein und ohne dass auch nur das Einverständnis des behinderten Menschen vorliegt. Der entscheidende Unterschied zwischen beiden Varianten liegt daher darin, dass beim Klagerecht nach § 85 die Klägerfunktion auf den Verband übertragen wird, der dann entscheidet, ob er den Rechtsstreit führt, es muss also jedenfalls die Verletzung des Rechts eines Menschen mit Behinderungen nach den Bestimmungen des SGB IX vorliegen. Bei der Verbandsklage hingegen kann der Verband Rechtsverletzungen verfolgen, ohne in eigenen Rechten verletzt zu sein und ohne überhaupt Nachweis führen zu müssen, dass die individuellen Rechte einzelner, konkret zu benennender Menschen verletzt sind. Es genügt vielmehr, dass der Verband bei § 15 BGG geltend macht, dass ein Verstoß gegen das Benachteiligungsverbot des § 7 Abs. 1 BGG bzw. gegen die Verpflichtung des Bundes zur Herstellung der Barrierefreiheit vorliegt (vgl. eingehend die Kommentierung von *Dau* zum BGG in diesem Kommentar). 14

§ 86 Beirat für die Teilhabe von Menschen mit Behinderungen

(1) ¹Beim Bundesministerium für Arbeit und Soziales wird ein Beirat für die Teilhabe von Menschen mit Behinderungen gebildet, der das Bundesministerium für Arbeit und Soziales in Fragen der Teilhabe von Menschen mit Behinderungen berät und bei Aufgaben der Koordinierung unterstützt. ²Zu den Aufgaben des Beirats gehören insbesondere auch
1. die Unterstützung bei der Förderung von Rehabilitationseinrichtungen und die Mitwirkung bei der Vergabe der Mittel des Ausgleichsfonds sowie
2. die Anregung und Koordinierung von Maßnahmen zur Evaluierung der in diesem Buch getroffenen Regelungen im Rahmen der Rehabilitationsforschung und als forschungsbegleitender Ausschuss die Unterstützung des Bundesministeriums bei der Festlegung von Fragestellungen und Kriterien.

³Das Bundesministerium für Arbeit und Soziales trifft Entscheidungen über die Vergabe der Mittel des Ausgleichsfonds nur auf Grund von Vorschlägen des Beirats.

---

6 BT-Drs. 14/5074 zu § 63.

§ 86

(2) ¹Der Beirat besteht aus 49 Mitgliedern. ²Von diesen beruft das Bundesministerium für Arbeit und Soziales
1. zwei Mitglieder auf Vorschlag der Gruppenvertreter der Arbeitnehmer im Verwaltungsrat der Bundesagentur für Arbeit,
2. zwei Mitglieder auf Vorschlag der Gruppenvertreter der Arbeitgeber im Verwaltungsrat der Bundesagentur für Arbeit,
3. sechs Mitglieder auf Vorschlag der Behindertenverbände, die nach der Zusammensetzung ihrer Mitglieder dazu berufen sind, Menschen mit Behinderungen auf Bundesebene zu vertreten,
4. 16 Mitglieder auf Vorschlag der Länder,
5. drei Mitglieder auf Vorschlag der Bundesvereinigung der kommunalen Spitzenverbände,
6. ein Mitglied auf Vorschlag der Bundesarbeitsgemeinschaft der Integrationsämter und Hauptfürsorgestellen,
7. ein Mitglied auf Vorschlag des Vorstands der Bundesagentur für Arbeit,
8. zwei Mitglieder auf Vorschlag des Spitzenverbandes Bund der Krankenkassen,
9. ein Mitglied auf Vorschlag der Spitzenvereinigungen der Träger der gesetzlichen Unfallversicherung,
10. drei Mitglieder auf Vorschlag der Deutschen Rentenversicherung Bund,
11. ein Mitglied auf Vorschlag der Bundesarbeitsgemeinschaft der überörtlichen Träger der Sozialhilfe,
12. ein Mitglied auf Vorschlag der Bundesarbeitsgemeinschaft der Freien Wohlfahrtspflege,
13. ein Mitglied auf Vorschlag der Bundesarbeitsgemeinschaft für Unterstützte Beschäftigung,
14. fünf Mitglieder auf Vorschlag der Arbeitsgemeinschaften der Einrichtungen der medizinischen Rehabilitation, der Berufsförderungswerke, der Berufsbildungswerke, der Werkstätten für behinderte Menschen und der Inklusionsbetriebe,
15. ein Mitglied auf Vorschlag der für die Wahrnehmung der Interessen der ambulanten und stationären Rehabilitationseinrichtungen auf Bundesebene maßgeblichen Spitzenverbände,
16. zwei Mitglieder auf Vorschlag der Kassenärztlichen Bundesvereinigung und der Bundesärztekammer und
17. ein Mitglied auf Vorschlag der Bundesarbeitsgemeinschaft für Rehabilitation.

³Für jedes Mitglied ist ein stellvertretendes Mitglied zu berufen.

1 **Gesetzeshistorie:** Die Vorschrift wurde durch Artikel 1 und § 68 Abs. 1 vom 19.6.2001[1] mit Wirkung ab 1.7.2001 als § 64 eingeführt. Die Bezeichnung des Ministeriums sowie einzelner Behörden bzw. Versicherungen wurde im Laufe der Jahre auf den jeweils aktuellen Stand angepasst (Zu den einzelnen Umbenennungen und Änderungen s. die 4. Aufl.). Durch das BTHG wurde eine sprachliche Anpassung vorgenommen sowie, allerdings erst im Zuge der Ausschussberatungen,[2] der Beirat um einen Sitz zugunsten der Bundesarbeitsgemeinschaft für Rehabilitation auf 49 Sitze erweitert.

2 **Regelungsinhalt:** Die Vorschrift bildet den rechtlichen Rahmen des Beirats für die Teilhabe von Menschen mit Behinderungen, der das Bundesministerium für

---

1 BGBl. I 1046.
2 Vgl. BT-Drs. 18/10523, 9.

Arbeit und Soziales in Fragen der Teilhabe von Menschen mit Behinderungen berät und es bei Aufgaben der Koordinierung unterstützt.

Zur Entstehung: Die Vorschrift entwickelt den früheren § 35 Schwerbehindertengesetz fort und erweitert den Mitgliederkreis entsprechend der umfassenderen Aufgabenstellung. Absatz 1 Sätze 1 und 2 erhielten ihre Fassung durch einen Änderungsantrag der Koalitionsfraktionen, indem in den Regierungsentwurf aus dem Jahr 2001[3] Satz 2 Nr. 2 zur „Verdeutlichung der koordinierenden Aufgaben des Beirats bei der Bewertung der Regelungen des Neunten Buches" eingefügt wurde.[4]

Absatz 1 Satz 1 schreibt vor, ähnlich dem früheren Beirat für die Rehabilitation der Behinderten bei dem genannten Bundesministerium einen Beirat zu bilden, und legt zugleich den Namen in Anlehnung an den Sprachgebrauch des Neunten Buches fest. Inhaltlich werden in der Norm die **Aufgaben** des Beirats bestimmt. Sie bestehen insbesondere darin, das Ministerium in Fragen der Teilhabe von Menschen mit Behinderungen zu beraten und es bei Aufgaben der Koordinierung zu unterstützen. In beiden Fällen handelt es sich um Aufgaben, die auf die Arbeit des Ministeriums bezogen sind, nicht um Bereiche, die der Beirat eigenständig zu bestimmen hätte. Andererseits sind die Aufgaben des Beirats nicht auf die eigenen Zuständigkeiten des Ministeriums – und erst recht nicht auf die eigenen Zuständigkeiten des Ministeriums in Fragen der Teilhabe von Menschen mit Behinderungen – begrenzt, sondern können sich auf alle einschlägigen Fragen beziehen, in denen das Ministerium Aktivitäten entfalten könnte. Soweit Aufgabenbereiche anderer Ministerien oder Stellen berührt sind, können diese zu den Beratungen des Beirats beigezogen werden; eine entsprechende Pflicht besteht aber nicht. Der Beirat nach dem SGB IX betrachtet sich in gleicher Weise wie der frühere als zentrales Beratungsgremium für alle Fragen der Teilhabe von Menschen mit Behinderungen und berät das Ministerium beispielsweise auch zu Fragen der Gesetzgebung, bei den nach § 88 zu erstellenden Berichten sowie in einschlägigen Fragen der Europäischen Union.

Beratung des Ministeriums und Unterstützung bei der Koordinierung durch den Beirat setzen Interesse, zumindest Bereitschaft des Ministeriums voraus, entsprechende Angebote des Beirats entgegenzunehmen. Beratungsthemen und Bereiche der Unterstützung durch den Beirat werden daher in der Regel durch das Ministerium vorgegeben. Das Ministerium ist im Allgemeinen nicht verpflichtet, sich des Rates und der Unterstützung durch den Beirat zu bedienen (Ausnahme: Absatz 1 Satz 3); greift der Beirat aus eigener Initiative Fragen auf, kann das Ministerium den Beirat bitten, insoweit von einer Beratung abzusehen.

Absatz 1 Satz 2 nennt in Nummer 1 als Beratungs- und Unterstützungsthemen ausdrücklich die **Förderung von Rehabilitationseinrichtungen** (im Sinne des § 36, aus Haushaltsmitteln des Bundes- oder Ausgleichsfonds, aber zB auch durch Rehabilitationsträger oder Länder) und die Mitwirkung bei der Vergabe der Mittel des Ausgleichsfonds nach § 161. Bei der Förderung von Rehabilitationseinrichtungen besteht die Unterstützung vor allem in der Abklärung oder Bestätigung des Bedarfs, entsprechende Angebote zu schaffen oder weiterzuentwickeln.

Nach **Nummer 2** des Satzes 2 ist der Beirat in die von Seiten des Deutschen Bundestages gewünschte Evaluierung der in diesem Buch getroffenen Regelungen im Rahmen der **Rehabilitationsforschung** eingebunden und zum for-

---

3 BT-Drs. 14/5074, 23 und BT-Drs. 14/5531, 5.
4 Ausschussempfehlung BT-Drs. 14/5786, 51, Bericht BT-Drs. 14/5800, 35.

schungsbegleitenden Ausschuss bei der Festlegung von Fragestellungen und Kriterien der Forschung bestimmt. Damit war zugleich gesetzlich vorgegeben, dass die Vorbereitung der nach § 88 zu erstellenden Berichte nicht nur durch verwaltungsinterne Ermittlungen, sondern zusätzlich durch besondere Forschungsvorhaben zur Bewertung der mit dem Neunten Buch getroffenen Regelungen erfolgen sollte. Der Begriff „Rehabilitationsforschung" ist im weiten, durch die Gesamtheit der im Neunten Buch getroffenen Regelungen vorgegebenen Sinn zu verstehen (vergleichbar dem Begriff des Rehabilitationsträgers in § 6, → § 6 Rn. 9). Fragestellungen und Kriterien dieser Forschung sollten durch das Ministerium festgelegt, aber mit dem Beirat beraten werden, um die Breite der Erfahrungen und Sichtweisen wirksam werden zu lassen. Insoweit soll der Beirat – und nicht ein anderes Gremium – die Aufgabe eines forschungsbegleitenden Ausschusses übernehmen.

8 Ein **eigenes Recht**, das Bundesministerium für Arbeit und Soziales zu beraten und zu unterstützen, erhielt der Beirat durch **Absatz 1 Satz 3** (wie früher nach § 35 Abs. 1 Satz 2 Schwerbehindertengesetz). Danach darf das Ministerium Entscheidungen über die Vergabe der **Mittel des Ausgleichsfonds** nur aufgrund von Vorschlägen des Beirats treffen. Derartige Entscheidungen im rechtlichen Rahmen des § 161 können sich auf einzelne Projekte oder auf globale Zuweisungen beziehen. In allen Fällen sind sie ohne eine entsprechende vorherige Beschlussfassung des Beirats nicht nur rechtswidrig, sondern unwirksam. Erfasst von der Regelung ist allerdings nur die Vergabe von Mitteln auf der Grundlage des § 161 Satz 1, nicht Akte zur Verwaltung des Ausgleichsfonds nach § 161 Satz 2 wie insbesondere die Anlage zeitweise nicht benötigter Mittel.

9 **Absatz 2** legt in Satz 1 die Zahl der **Beiratsmitglieder** auf 49 fest und bestimmt in Satz 2, welche Institutionen wie viele Beiratsmitglieder dem Ministerium zur Berufung vorschlagen dürfen. Es handelt sich dabei um Höchstzahlen. Werden von einzelnen Institutionen weniger oder keine Mitglieder vorgeschlagen, kann das Vorschlagsrecht nicht von anderen Institutionen wahrgenommen werden. Entsprechendes gilt für die stellvertretenden Mitglieder, die nach Satz 3 zu berufen sind. Nach dem Bundesgremienbesetzungsgesetz vom 24.4.2015[5] haben die vorschlagsberechtigten Stellen gemäß § 5 Abs. 2 darauf hinzuwirken, dass eine gleichberechtigte Vertretung von Männern und Frauen im Beirat geschaffen und erhalten wird.

10 Die **Mitgliedschaft** im Beirat entsteht nicht bereits durch die Vorschläge der in Satz 2 genannten Institutionen, sondern erfordert zusätzlich eine entsprechende Berufung der Mitglieder und der stellvertretenden Mitglieder durch das Ministerium. Das Ministerium muss den Vorschlägen insofern folgen, als es keine anderen als die vorgeschlagenen Personen berufen darf; es ist aber nicht verpflichtet, die vorgeschlagenen Personen zu berufen, sondern kann beispielsweise die Berufung einer vorgeschlagenen, aber aus seiner Sicht nicht geeigneten Person ablehnen oder die vorschlagsberechtigten Institutionen auffordern, durch veränderte Vorschläge zu einer gleichberechtigten Vertretung von Männern und Frauen nach dem Bundesgremienbesetzungsgesetz beizutragen.

11 Der Beirat kann seine Aufgaben als **Plenum** wahrnehmen, aber – wie der früher bestehende Beirat – bei entsprechender eigener Entscheidung Aufgaben zur Vorbereitung oder zur abschließenden Erledigung auf **Ausschüsse** delegieren, die er aus seiner Mitte bildet. Aufgrund der gestiegenen Mitgliederzahl wird sich dies insbesondere für Aufgaben anbieten, bei denen nur ein Teil der Mitglieder Erfahrungen oder Sachinteresse einbringen kann oder bei denen zur sachgerech-

---

5 BGBl. I 642, in Kraft getreten am 1.5.2015.

ten Beratung ein kleineres Gremium zweckmäßig ist; letzteres dürfte sich vor allem bei der Wahrnehmung von Aufgaben eines forschungsbegleitenden Ausschusses nach Absatz 1 Satz 2 Nr. 2 anbieten.

An den **Beiratssitzungen** können die Beiratsmitglieder, bei Verhinderung eines Mitglieds das für ihn berufene stellvertretende Mitglied sowie die Vertreter des Ministeriums teilnehmen. Weitere Teilnehmer können durch Beschluss des Beirats (dazu § 87 Satz 2 iVm § 106 Abs. 2), auf Wunsch des Ministeriums oder über eine nach § 89 zu erlassende Verordnung zugelassen werden. Entsprechendes gilt für die Ausschüsse des Beirats. 12

§ 87 Verfahren des Beirats

[1]Der Beirat für die Teilhabe von Menschen mit Behinderungen wählt aus den ihm angehörenden Mitgliedern von Seiten der Arbeitnehmer, Arbeitgeber und Organisationen behinderter Menschen jeweils für die Dauer eines Jahres eine Vorsitzende oder einen Vorsitzenden und eine Stellvertreterin oder einen Stellvertreter. [2]Im Übrigen gilt § 189 entsprechend.

Gesetzeshistorie: Die Vorschrift wurde durch Artikel 1 und § 68 Abs. 1 vom 19.6.2001[1] mit Wirkung ab 1.7.2001 als § 65 eingeführt. Das BTHG hat keine inhaltlichen Änderungen vorgenommen, sondern lediglich sprachliche Anpassungen. 1

Regelungsinhalt: In Ergänzung des § 86 regelt die Vorschrift das Verfahren des Beirats für die Teilhabe von Menschen mit Behinderungen. 2

Zur Entstehung: Die Vorschrift entspricht dem früheren § 36 Schwerbehindertengesetz. Sie wurde im Gesetzgebungsverfahren nicht verändert. 3

Materialien: Zum Regierungsentwurf nebst Begründung BT-Drs. 14/5074, 24 und 111 sowie BT-Drs. 14/5531, 5; zur Ausschussempfehlung BT-Drs. 14/5786, 52. 4

Satz 1 regelt die Wahl des oder der Vorsitzenden. Wählbar dafür sind die vom Ministerium berufenen Mitglieder, die im Rahmen des § 86 Abs. 2 Satz 2 von einer der drei genannten Gruppen – der Arbeitnehmer, der Arbeitgeber und der Organisationen von Menschen mit Behinderungen – vorgeschlagen worden sind. Die persönliche Zugehörigkeit des Mitglieds zu einer dieser Gruppen ist unerheblich. Entscheidend ist die Mitgliedschaft aufgrund eines Vorschlags einer dieser Gruppen. 5

Vorsitzende und Stellvertreter werden jeweils für die Dauer eines Jahres gewählt. Der Zeitraum gilt von der Wahl an, bei einer „Vorratswahl" ab dem Ende der Amtszeit des vorigen Amtsinhabers. 6

Weitere Verfahrensregelungen zur Wahl von Vorsitzendem und Stellvertreter, zu Beschlüssen und zur Amtszeit trifft **Satz 2** durch Verweisung auf Regelungen für die Beratenden Ausschüsse in § 189 (vgl. dazu die Kommentierung dort). 7

Eine **Geheimhaltungspflicht** wird für Mitglieder des Beirats in § 213 festgelegt (vgl. zu den Inhalten der Schweigepflicht die Kommentierung zu § 213). Eine Verordnungsermächtigung, weitere Vorschriften über die Geschäftsführung und das Verfahren des Beirats zu erlassen, enthält § 89. 8

---

1 BGBl. I 1046.

§ 88 Berichte über die Lage von Menschen mit Behinderungen und die Entwicklung ihrer Teilhabe

(1) ¹Die Bundesregierung berichtet den gesetzgebenden Körperschaften des Bundes einmal in der Legislaturperiode, mindestens jedoch alle vier Jahre, über die Lebenslagen der Menschen mit Behinderungen und der von Behinderung bedrohten Menschen sowie über die Entwicklung ihrer Teilhabe am Arbeitsleben und am Leben in der Gesellschaft. ²Die Berichterstattung zu den Lebenslagen umfasst Querschnittsthemen wie Gender Mainstreaming, Migration, Alter, Barrierefreiheit, Diskriminierung, Assistenzbedarf und Armut. ³Gegenstand des Berichts sind auch Forschungsergebnisse über Wirtschaftlichkeit und Wirksamkeit staatlicher Maßnahmen und der Leistungen der Rehabilitationsträger für die Zielgruppen des Berichts.

(2) Die Verbände der Menschen mit Behinderungen werden an der Weiterentwicklung des Berichtskonzeptes beteiligt.

1 **Gesetzeshistorie:** Absatz 1 der Vorschrift wurde durch Artikel 1 und § 68 Abs. 1 vom 19.6.2001[1] mit Wirkung ab 1.7.2001 als § 66 eingeführt, Absatz 2 mit Wirkung ab 1.5.2002 angefügt durch Artikel 48 und 56 des Gesetzes vom 27.4.2002,[2] Absatz 3 mit Wirkung ab 1.1.2005 durch Artikel 8 und 70 Abs. 1 SGB XII vom 27.12.2003.[3] Durch das BTHG wurde die Berichtspflicht substantiell verändert und erweitert.

2 **Regelungsinhalt:** Die Vorschrift bildet die gesetzliche Grundlage für den regelmäßig vorzulegenden Bericht an die gesetzgebenden Körperschaften über die mit dem Neunten Buch getroffenen Regelungen und ihre Auswirkungen. Damit sollte Bilanz gezogen werden, ob und wie die Regelungen des Neunten Buches greifen.

3 **Zur Entstehung:** Nachdem die Vorschrift in ihrer ursprünglichen Fassung vor allem auf einen ersten Bericht hin angelegt war, hat das BTHG die Berichtspflicht verstetigt und sieht nun eine regelmäßige Berichterstattung vor.[4]

4 Mit der Einführung einer **einheitlichen und umfassenden Informationssammlung** über die Lebenslagen von Menschen mit Behinderungen und von Behinderung bedrohter Menschen werden nach Vorstellung des Gesetzgebers die Vorgaben nach Artikel 31 UN-Behindertenrechtskonvention erfüllt. Die in der Norm angesprochenen Querschnittsthemen der Berichterstattung leiten sich aus dieser ab und wurden im Nationalen Aktionsplan der Bundesregierung zur Umsetzung der UN-Behindertenrechtskonvention definiert. Eine valide Bewertung staatlicher Maßnahmen und der Leistungen der Rehabilitationsträger konnte bisher wegen unzureichender Datenlage nicht erfolgen.[5]

5 **Absatz 1 Satz 1** der Vorschrift knüpft an den schon in der ersten Fassung vorgesehenen (damals noch einmalig gedachten) **Berichtsauftrag** und die durch ihn begründete politische Tradition an.

6 Der Bericht soll zwei Zielrichtungen umfassen. Nach Absatz 1 Satz 1 zielt er allgemein darauf ab, einen Bericht über die Lebenslagen der Menschen mit Behinderungen und der von Behinderung bedrohten Menschen zu erstellen. Entsprechend den bisher erstellten Berichten hat der aufgrund der Vorschrift zu erstellende Bericht nicht nur auf behinderte, sondern auch auf von Behinderung

---

1 BGBl. I 1046.
2 BGBl. I 1467.
3 BGBl. I 3022.
4 BT-Drs. 18/10523, 274.
5 BR-Drs. 428/16, 267.

bedrohte Menschen (sowie die für beide Gruppen erbrachten Leistungen zur Teilhabe) Bezug zu nehmen. Zudem ist in dem Bericht auf die Entwicklung der Teilhabe am Leben in der Gesellschaft, die sich ja nur auf Personen mit bereits eingetretener Behinderung beziehen kann, gesondert einzugehen. Die Darstellung der „Teilhabe am Leben in der Gesellschaft" sollte sich nicht nur auf die einschlägigen Sozialleistungen beziehen, sondern insbesondere auch auf die unabhängig von und vor dem Einsatz von Sozialleistungen bestehende Lebenssituation von Menschen mit Behinderungen in allen für sie wesentlichen Bereichen.

Weitere inhaltliche Vorgaben für den Bericht enthält Satz 2. Ihm zufolge ist vorgesehen, dass die Berichterstattung zu den Lebenslagen Querschnittsthemen wie Gender Mainstreaming, Migration, Alter, Barrierefreiheit, Diskriminierung, Assistenzbedarf und Armut umfasst. Nach Satz 3 sind schließlich Gegenstand des Berichts auch Forschungsergebnisse über Wirtschaftlichkeit und Wirksamkeit staatlicher Maßnahmen und der Leistungen der Rehabilitationsträger für die Zielgruppen des Berichts. Gegenstand des Berichts sollte also nicht nur die Lebenssituation der betroffenen Menschen, sondern zugleich das Sozialleistungssystem werden, soweit es für die Regelungen des SGB IX und seine Auswirkungen von Bedeutung ist, und zwar auch unter sozialökonomischen Gesichtspunkten. Erwartet wird letztlich eine kritische Gesamtsicht des deutschen Systems von Prävention, Rehabilitation und Teilhabe von Menschen mit Behinderungen. Erwartet werden kann darüber hinaus neben einer Darstellung des Systems eine – darauf aufbauende – **Bewertung** im Hinblick auf Wirtschaftlichkeit und Wirksamkeit. 7

Zur Weiterentwicklung des Berichtskonzepts bestimmt **Absatz 2**, dass die Verbände von Menschen mit Behinderungen zu beteiligen sind. Ungeregelt bleibt, wie diese Beteiligung zu erfolgen hat. Angesichts der Gesetzesformulierung ist aber jedenfalls von einer Beteiligungspflicht auszugehen, die von der Bundesregierung zu beachten ist. 8

§ 89 Verordnungsermächtigung

Das Bundesministerium für Arbeit und Soziales kann durch Rechtsverordnung mit Zustimmung des Bundesrates weitere Vorschriften über die Geschäftsführung und das Verfahren des Beirats nach § 87 erlassen.

Gesetzeshistorie: Die Vorschrift wurde durch Artikel 1 und § 68 Abs. 1 vom 19.6.2001[1] mit Wirkung ab 1.7.2001 als § 67 eingeführt, die Bezeichnung des Ministeriums in Absatz 2 mit Wirkung ab 1.1.2003 durch Artikel 1 und 4 des Gesetzes vom 3.4.2003[2] und nochmals mit Wirkung ab 8.11.2006 durch Artikel 261 und 559 der Verordnung vom 30.10.2006[3] angepasst. Eine inhaltliche Änderung wurde durch das BTHG nicht vorgenommen. 1

Regelungsinhalt: Die Vorschrift enthält in Ergänzung zu §§ 86 und 65 eine Verordnungsermächtigung zur Regelung über die Geschäftsführung und das Verfahren des Beirats für die Teilhabe von Menschen mit Behinderungen. 2

Zur Entstehung: Die Vorschrift entspricht dem früheren § 35 Abs. 4 Schwerbehindertengesetz. Sie ist im Gesetzgebungsverfahren nicht verändert worden. 3

---

1 BGBl. I 1046.
2 BGBl. I 462.
3 BGBl. I 2407.

4 Materialien: Zum Regierungsentwurf nebst Begründung BT-Drs. 14/5074, 67 und 112 sowie BT-Drs. 14/5531, 5; zur Ausschussempfehlung BT-Drs. 14/5786, 52.
5 Erlässt das Ministerium die Verordnung, bedarf sie der Zustimmung des Bundesrates.

Teil 2
Besondere Leistungen zur selbstbestimmten Lebensführung für Menschen mit Behinderungen (Eingliederungshilferecht)[1]

Kapitel 1 Allgemeine Vorschriften

§ 90 Aufgabe der Eingliederungshilfe

(1) [1]Aufgabe der Eingliederungshilfe ist es, Leistungsberechtigten eine individuelle Lebensführung zu ermöglichen, die der Würde des Menschen entspricht, und die volle, wirksame und gleichberechtigte Teilhabe am Leben in der Gesellschaft zu fördern. [2]Die Leistung soll sie befähigen, ihre Lebensplanung und -führung möglichst selbstbestimmt und eigenverantwortlich wahrnehmen zu können.

(2) Besondere Aufgabe der medizinischen Rehabilitation ist es, eine Beeinträchtigung nach § 99 Absatz 1 abzuwenden, zu beseitigen, zu mindern, auszugleichen, eine Verschlimmerung zu verhüten oder die Leistungsberechtigten soweit wie möglich unabhängig von Pflege zu machen.

(3) Besondere Aufgabe der Teilhabe am Arbeitsleben ist es, die Aufnahme, Ausübung und Sicherung einer der Eignung und Neigung der Leistungsberechtigten entsprechenden Beschäftigung sowie die Weiterentwicklung ihrer Leistungsfähigkeit und Persönlichkeit zu fördern.

(4) Besondere Aufgabe der Teilhabe an Bildung ist es, Leistungsberechtigten eine ihren Fähigkeiten und Leistungen entsprechende Schulbildung und schulische und hochschulische Aus- und Weiterbildung für einen Beruf zur Förderung ihrer Teilhabe am Leben in der Gesellschaft zu ermöglichen.

(5) Besondere Aufgabe der Sozialen Teilhabe ist es, die gleichberechtigte Teilhabe am Leben in der Gemeinschaft zu ermöglichen oder zu erleichtern.

I. Überblick – Entstehung 1	2. Teilhabe am Arbeitsleben 7
II. Orientierung an der UN-BRK – Abs. 1 2	3. Teilhabe an Bildung – Abs. 4 10
III. Besondere Aufgaben nach Leistungsgruppen – Abs. 2 bis 5 3	4. Soziale Teilhabe – Abs. 5 12
1. Medizinische Rehabilitation 3	

I. Überblick – Entstehung

1 § 90 wurde durch Artikel 1 des Gesetzes zur Stärkung der Teilhabe und Selbstbestimmung von Menschen mit Behinderungen (Bundesteilhabegesetz – BTHG)

---
1 Teil 2 Kapitel 1–7 (§§ 90–122) sowie Kapitel 9–11 (§§ 135–150) sind mit Ausnahme von § 94 Absatz 1, der am 1.1.2018 in Kraft getreten ist, am **1.1.2020** in Kraft getreten, vgl. Anm. am Titel.

vom 23.12.2016 mWz 1.1.2020 in das SGB IX eingefügt.[1] Der gesamte § 90 stellt eine Nachfolgeregelung zum § 53 Abs. 3 und 4 SGB XII dar. § 53 Abs. 3 und 4 SGB XII aF beschränkte sich darauf, hinsichtlich der Aufgaben und Ziele der Eingliederungshilfe auf die allgemeinen Ziele des SGB IX zu verweisen. Im Unterschied dazu hat der Gesetzgeber im § 90 Aufgaben und Ziele der Eingliederungshilfe gesondert formuliert. Absatz 1 enthält eine allgemeine und alle Leistungsgruppen umfassende Ziel- und Aufgabenbestimmung. Die Absätze 2 bis 5 enthalten mit Blick auf die einzelnen Leistungsgruppen der „Medizinischen Rehabilitation", der „Teilhabe am Arbeitsleben", der „Teilhabe an Bildung" und der „Sozialen Teilhabe" jeweils spezielle Zielbestimmungen. Diese besonderen Zielbestimmungen sind zum Teil enger formuliert als die Zielbestimmungen der Leistungsgruppen im Teil 1 des SGB IX.[2]

II. Orientierung an der UN-BRK – Abs. 1

Die Gesetzesbegründung sieht in § 90 sowohl eine Weiterentwicklung des § 1 SGB XII für den Bereich der Eingliederungshilfe im Vergleich zum früheren Recht als auch eine Weiterentwicklung des § 53 Abs. 3 und 4 SGB XII aF.[3] Während es nach dem weiter geltenden § 1 S. 1 SGB XII Aufgabe der Sozialhilfe war und ist, *„den Leistungsberechtigten die Führung eines Lebens zu ermöglichen, das der Würde des Menschen entspricht"*, legt § 90 Abs. 1 unter Beibehaltung des Bezugs auf den verfassungsrechtlichen Grundsatz der Achtung der Würde des Menschen den Fokus auf die **Selbstbestimmung** bzw. **Autonomie**[4] der leistungsberechtigten Personen: Die Eingliederungshilfe soll den Leistungsberechtigten eine *„individuelle Lebensführung"* ermöglichen (Satz 1 Hs. 1). Während § 1 Satz 2 SGB XII die Hilfe zur Selbsthilfe in der Weise hervorhebt, dass Sozialhilfeleistungen die Leistungsberechtigten „so weit wie möglich befähigen (soll), unabhängig von ihr zu leben", ist es Ziel der Leistungen der Eingliederungshilfe, es Leistungsberechtigten zu ermöglichen, ihr **Leben** möglichst **selbstbestimmt und eigenverantwortlich planen und führen** zu können (Satz 2). Damit nimmt der Gesetzgeber den Grundsatz der Autonomie der Behindertenrechtskonvention auf, der nach Art. 3 a UN-BRK die Freiheit umschließt, „eigene Entscheidungen zu treffen". In § 90 Abs. 1 S. 1 Hs. 2 begegnet ein weiterer Grundsatz aus Art. 3 c UN-BRK: Aufgabe der Eingliederungshilfe ist die Förderung der *„volle(n), wirksame(n) und gleichberechtigte(n) Teilhabe am Leben in der Gesellschaft"*. Mit diesen Worten, die bereits im § 1 SGB IX zu lesen sind (→ § 1 Rn. 10 f.), macht der Gesetzgeber deutlich, dass die Eingliederungshilfe – wie das gesamte Rehabilitations- und Teilhaberecht – vor dem Hintergrund der UN-BRK zu sehen ist. Die Zielformulierung des § 90 Abs. 1 mit ihrer Orientierung an Art. 3 a und c UN-BRK trage, so die Gesetzesbegründung, einem „neuen gesellschaftlichen Verständnis" von einer „inklusiven Gesellschaft" Rechnung.[5] Menschen mit Behinderungen seien nach diesem Verständnis (bereits) Teil der Gesellschaft, müssen also nicht eingegliedert werden.[6] Deshalb taucht im Wortlaut des Abs. 1 die bis Ende 2019 geltende Aufgabe der Eingliederungshilfe, „die behinderten Menschen in die Gesellschaft einzugliedern" (§ 53 Abs. 3 Satz 1 aF) nicht mehr auf. Trotz dieser neu formulierten Zielbe-

---

1 BGBl. 2016 I 3234.
2 Zur Kritik vgl. ua *Fuchs*, Soziale Sicherheit, 2016, 272 (275).
3 Vgl. BT-Drs. 18/9522, 269.
4 Zu den Begriffen und ihrem Zusammenspiel vgl. *Banafsche* in Deinert/Welti SWK-BehindertenR, 2. Aufl. 2018, Behindertenrechtskonvention Rn. 26 ff.
5 BT-Drs. 18/9522, 269.
6 BT-Drs. 18/9522, 269 f.

stimmung im § 90 Abs. 1 betont die Gesetzesbegründung ausdrücklich, dass sich inhaltlich an den Aufgaben der Eingliederungshilfe nichts ändere.[7] Das gesellschaftliche Verständnis von einer inklusiven Gesellschaft und die gesellschaftliche Realität sind nicht deckungsgleich. Deshalb sind in vielen Fällen Leistungen der Eingliederungshilfe nicht nur notwendig, um eine zukünftige Ausgrenzung aus einzelnen Lebensbereichen zu verhindern, sondern auch, um im Einzelfall den Zustand einer tatsächlichen, realen Ausgrenzung zu überwinden. Es sind dann Leistungen zum Ermöglichen einer **Eingliederung in einen Lebensbereich**. Insofern ist nachvollziehbar, dass der Gesetzgeber trotz seines Verständnisses der Gesellschaft als einer inklusiven den Begriff „**Eingliederungshilfe**" weiterhin verwendet.

III. Besondere Aufgaben nach Leistungsgruppen – Abs. 2 bis 5
1. Medizinische Rehabilitation

3   Die besondere Aufgabe der Eingliederungshilfe im Bereich der medizinischen Rehabilitation besteht darin, mit den Leistungen die im Abs. 2 aufgeführten Ziele zu erreichen. Der Wortlaut bis zum Wort „oder" entspricht mit einem Unterschied dem Wortlaut der allgemeinen Zielsetzung medizinischer Rehabilitation im § 42 Abs. 1 Nr. 1 (siehe dazu auch → § 42 Rn. 5). Während nach § 42 Abs. 1 Nr. 1 als Ausgangspunkt der Zielsetzungen „Behinderungen einschließlich chronischer Krankheiten" benannt werden, richten sich die Ziele des § 90 Abs. 2 auf die Abwendung, Beseitigung, Minderung, den Ausgleich sowie das Verhüten der Verschlimmerung einer „**Beeinträchtigung nach § 99 Abs. 1**". Der gegenwärtig geltende § 99 besteht nun als einziger Absatz und verweist lediglich auf § 53 SGB XII aF § 53 Abs. 1 SGB XII aF knüpft die Leistungsberechtigung an das Vorliegen einer **wesentlichen Behinderung** (→ § 99 Rn. 1 ff.). Die Worte „Beeinträchtigung nach § 99 Absatz 1" verweisen auf eine zukünftige Regelung des § 99 in der Fassung des Art. 25 a BTHG[8]. Satz 1 des im Art. 25 a BTHG verkündeten § 99 Abs. 1 lautet: „Eingliederungshilfe ist Personen ... zu leisten, deren Beeinträchtigungen die Folge einer Schädigung der Körperfunktion und -struktur einschließlich der geistigen und seelischen Funktionen sind und die dadurch in Wechselwirkung mit den Barrieren in erheblichem Maße in ihrer Fähigkeit zur Teilhabe an der Gesellschaft eingeschränkt sind" (vgl. hierzu näher → § 99 Rn. 1 ff.). Der Anknüpfungspunkt „**Beeinträchtigungen**" für die Ziele zeigt ebenso wie der Anknüpfungspunkt „chronische Krankheiten" im § 26 Abs. 1 Nr. 1 die enge medizinische Ausrichtung der Leistungen.

4   Nach § 90 Abs. 2 am Ende sind medizinische Rehabilitationsleistungen auch darauf gerichtet, Leistungsberechtigte möglich unabhängig von Pflegeleistungen zu machen. Diese Zielsetzung wird im § 42 Abs. 1 Nr. 2 (dort neben weiteren anderen Zielen → § 42 Rn. 5, → § 4 Rn. 5 ff.) ebenfalls aufgeführt.

5   Wegen der engen Verknüpfung des Leistungs- und Leistungserbringungsrechts des SGB V bezüglich medizinischer Rehabilitationsleistungen mit dem Eingliederungshilferecht (→ § 109 Rn. 12 ff. und → § 110 Rn. 1 ff.) sind auch die für die Gesetzliche Krankenversicherung (GKV) konkretisierten Zielsetzungen medizinischer Rehabilitationsleistungen im SGB V mit zu betrachten und einzubeziehen. § 40 SGB V (Leistungen zur medizinischen Rehabilitation) verweist für die Ziele auf § 11 Abs. 2 SGB V. Die dort genannten Ziele entsprechen inhaltlich denen des § 42 Abs. 1 Nr. 1 und, soweit es um die Abwendung (ua) von Pflegebedürftigkeit geht auch den Zielen des § 42 Abs. 1 Nr. 2. Zur weiteren

---

7   BT-Drs. 18/9522, 270.
8   G v. 23.12.2016, BGBl. I 3234, 3339.

Konkretisierung der Ziele medizinischer Rehabilitation in der GKV kann auf die inhaltliche Umschreibung einer Rehabilitationseinrichtung des § 107 Abs. 2 Nr. 1 b SGB V zurückgegriffen werden:[9] Ziel medizinischer Rehabilitationsleistungen ist danach die Heilung einer Krankheit, das Verhüten einer Verschlimmerung der Krankheit, die Linderung von Krankheitsbeschwerden, Sicherung eines Erfolgs vorausgegangener Krankenbehandlung, verbunden mit dem Ziel, „eine drohende Behinderung oder Pflegebedürftigkeit abzuwenden, zu beseitigen, zu mindern, auszugleichen, ihre Verschlimmerung zu verhüten oder ihre Folgen zu mildern." Alle diese Ziele können auch Ziele von Krankenbehandlung sein. Die Abgrenzung kann deshalb im Einzelfall schwierig werden (→ § 42 Rn. 9; → § 93 Rn. 6).[10]

Leistungen der medizinischen Rehabilitation werden Leistungsberechtigten nach § 99 bewilligt, wenn sie im Einzelfall geeignet und notwendig sind, eines der im Abs. 2 genannten Ziele zu erreichen und die Hilfen zur Gesundheit nach dem SGB XII nicht ausreichen. (vgl. hierzu auch → § 93 Rn. 5 f.). 6

2. Teilhabe am Arbeitsleben

§ 90 Abs. 3 konkretisiert für die Leistungsgruppe „Teilhabe am Arbeitsleben" in der Eingliederungshilfe die allgemeine Aufgaben- und Zielbestimmungen des § 49 Abs. 1 und fasst sie zugleich enger. Aufgabe der Eingliederungshilfe und damit zugleich Ziel der Leistungen der Eingliederungshilfe in der Leistungsgruppe „Teilhabe am Arbeitsleben" ist die Aufnahme, Ausübung und Sicherung einer **„Beschäftigung"** einschließlich der Förderung einer Weiterentwicklung der Leistungsfähigkeit und Persönlichkeit der jeweiligen Leistungsberechtigten. Der Begriff „Beschäftigung" verweist iVm § 111 Abs. 1 auf Tätigkeiten im Arbeitsbereich einer WfbM (→ § 58 Rn. 5), bei anderen Leistungsanbietern iSd § 60 sowie auf Förderung der Aufnahme einer Tätigkeit bei einem Arbeitgeber außerhalb der WfbM oder vergleichbaren Einrichtungen mithilfe eines Budgets für Arbeit (→ § 61 Rn. 1 ff.). 7

Diese Engfassung des Aufgabenbereichs der Eingliederungshilfe in der Leistungsgruppe „Teilhabe am Arbeitsleben" korrespondiert mit der insgesamt eingeschränkten nachrangigen Zuständigkeit der Eingliederungshilfeträger im Vergleich mit anderen Rehabilitationsträgern (→ § 91 Rn. 8, vgl. auch → § 111 Rn. 2 ff.). Trotz der im Wortlaut engen Fassung der Aufgaben- und Zielbestimmung, bleibt das umfassende Ziel des § 49 Abs. 1 auch in der Eingliederungshilfe relevant. Nach § 58 Abs. 2 Nr. 3 sind die Leistungen in einer WfbM ua auch auf die **Förderung des Übergangs** Leistungsberechtigter **aus der WfbM auf den allgemeinen Arbeitsmarkt** gerichtet. Deshalb hat auch der Eingliederungshilfeträger im Zusammenhang individueller Bedarfsplanung und Bedarfsanpassung diese Möglichkeit des Übergangs aus dem Arbeitsbereich einer WfbM oder gleichartigen Einrichtung auf den allgemeinen Arbeitsmarkt in den Blick zu nehmen und im Blick zu behalten. Vor diesem Hintergrund ist eine enge Kooperation der Eingliederungshilfeträger mit der Bundesagentur für Arbeit wichtig, um mit dem Wechsel auf den allgemeinen Arbeitsmarkt gegebenenfalls verbundenen Zuständigkeitswechsel zur Bundesagentur zur Arbeit reibungslos zu gestalten. 8

Leistungen zur Beschäftigung werden Leistungsberechtigten nach § 99 bewilligt, wenn sie im Einzelfall geeignet und notwendig sind, um eines der im Abs. 3 9

---

9 Vgl. ua BSG 26.6.2007 – B 1 KR 36/06 R, Rn. 21 ff.
10 Vgl. auch *Noftz* in Hauck/Noftz SGB V K § 40 Rn. 6; BSG 26.6.2007 – B 1 KR 36/06 R, Rn. 21 ff.; BSG 20.1.2005 – B 3 KR 9/03 R, Rn. 20.

genannten Ziele zu erreichen. **Kriterien für die Auswahl** konkreter Beschäftigungen sind nach Abs. 3 **Eignung** und **Neigung** der Leistungsberechtigten. Diese beiden Kriterien werden im § 49 Abs. 4 ebenfalls als Kriterien für die Auswahl von Leistungen zur Teilhabe am Arbeitsleben aufgeführt. Dort kommen aber die Kriterien „bisherige Tätigkeit" sowie „Lage und Entwicklung auf dem Arbeitsmarkt" hinzu. Das letztgenannte Kriterium spielt in der Eingliederungshilfe keine Rolle, da die Zuständigkeit der Eingliederungshilfeträger sich auf eine Beschäftigung auf einem besonderen Arbeitsmarkt für Menschen mit Behinderungen beschränkt. Soweit die bisherigen Tätigkeiten einer leistungsberechtigten Person einbezogen werden können, führen sie im vorliegenden Zusammenhang über die Aspekte der Eignung und Neigung nicht hinaus.

3. Teilhabe an Bildung – Abs. 4

10 § 90 Abs. 4 konkretisiert und verengt die allgemeinen Ziele der Leistungsgruppe „Teilhabe an Bildung" aus dem § 75 Abs. 1 für die Eingliederungshilfe. Nach § 75 Abs. 1 zielen die Leistungen zur Teilhabe an Bildung darauf, Menschen mit Behinderungen den Zugang zu Bildungsangeboten und die Wahrnehmung von Bildungsangeboten – gleichberechtigt mit Menschen ohne Behinderungen – wahrnehmen zu können. In diesem allgemeinen Ziel ist die Möglichkeit einer umfassenden Partizipation am gesamten Bildungssystem im Sinne eines lebenslangen Lernens (UN-BRK Art. 24) enthalten (vgl. hierzu näher → § 75 Rn. 5 ff.).

11 § 90 Abs. 4 verengt diese Offenheit des Ziels für die Eingliederungshilfe. Ziel ist es, den Leistungsberechtigten – entsprechend ihren Fähigkeiten und Leistungen – eine Schulbildung, sowie eine schulische und hochschulische Ausbildung zum Beruf sowie (in begrenztem Umfang, vgl. → § 112 Rn. 3 ff.) eine schulische und hochschulische Weiterbildung für einen Beruf zu ermöglichen. Es geht somit nur im Bereich der allgemeinen Schulbildung um eine umfassende gleichberechtigte Partizipation an Bildungsangeboten. Mit Blick auf andere Bildungsangebote zeigt der geschlossene Katalog von förderungsfähigen Bildungsabschnitten im § 112, dass im Vordergrund die Aus- und Weiterbildung für einen Beruf steht und damit eigentlich das Ziel einer zukünftigen Teilhabe am Arbeitsleben. Die Förderung einer umfassenden Partizipation an Bildungsangeboten über die gesamte Lebensspanne hinweg (lebenslanges Lernen), die im Art. 24 UN-BRK angesprochen ist, gehört nicht zum Aufgabenbereich der Eingliederungshilfe. Zu den Voraussetzungen für die Bewilligung einzelner Leistungen vgl. → § 112 Rn. 1 ff.

4. Soziale Teilhabe – Abs. 5

12 Nach § 90 Abs. 5 ist es Aufgabe (und Ziel) der Leistungen zur sozialen Teilhabe, Leistungsberechtigten iSv § 99 eine gleichberechtigte Teilhabe am Leben in der Gemeinschaft zu ermöglichen oder zu erleichtern. Diese Aufgaben- und Zielbestimmung ist deckungsgleich mit dem allgemeinen Ziel der Leistungsgruppe im § 76 Abs. 1 Satz 1. Zu den Einzelheiten vgl. → § 76 Rn. 4.

§ 91 Nachrang der Eingliederungshilfe

(1) Eingliederungshilfe erhält, wer die erforderliche Leistung nicht von anderen oder von Trägern anderer Sozialleistungen erhält.
(2) ¹Verpflichtungen anderer, insbesondere der Träger anderer Sozialleistungen, bleiben unberührt. ²Leistungen anderer dürfen nicht deshalb versagt werden,

weil dieser Teil entsprechende Leistungen vorsieht; dies gilt insbesondere bei einer gesetzlichen Verpflichtung der Träger anderer Sozialleistungen oder anderer Stellen, in ihrem Verantwortungsbereich die Verwirklichung der Rechte für Menschen mit Behinderungen zu gewährleisten oder zu fördern.

(3) Das Verhältnis der Leistungen der Pflegeversicherung und der Leistungen der Eingliederungshilfe bestimmt sich nach § 13 Absatz 3 des Elften Buches.

I. Überblick – Entstehung	1	IV. Verhältnis zu den Leistungen der Pflegeversicherung	12
II. Nachrang vor tatsächlichen Leistungen Anderer – Abs. 1	3		
III. Nachrang vor Verpflichtungen Anderer – Abs. 2	6		

I. Überblick – Entstehung

§ 91 wurde durch Artikel 1 des Gesetzes zur Stärkung der Teilhabe und Selbstbestimmung von Menschen mit Behinderungen (Bundesteilhabegesetz – BTHG) vom 23.12.2016 mWz 1.1.2020 in das SGB IX eingefügt.[1] Die Regelung überträgt des Nachranggrundsatz (Subsidiarität) des § 2 SGB XII in modifizierter Form in das Recht der Eingliederungshilfe. 1

Trotz der Herauslösung der Eingliederungshilfe aus dem SGB XII und der Implementierung in den Teil 2 des SGB IX bleibt die Eingliederungshilfe dem Bereich der **Fürsorge** zugeordnet. Das wird nicht nur in der Gesetzesbegründung erkennbar, die für die Gesetzgebungskompetenz hinsichtlich des Teils 2 des SGB IX auf Art. 74 Abs. 1 GG, die „öffentliche Fürsorge" mit ihren Grundsätzen der „Subsidiarität und der Individualisierung", verweist.[2] Das wird auch im § 91 sichtbar, der den **Nachrang** der Eingliederungshilfe als „das unterste Netz für Leistungen für Menschen mit Behinderungen"[3] vor anderen realisierbaren Ansprüchen und Leistungen regelt. § 91 Abs. 1 entspricht jedoch inhaltlich nur einem Teil der Regelung des § 2 Abs. 1 SGB XII. § 91 Abs. 2 ist überwiegend mit dem § 2 Abs. 2 SGB XII vergleichbar, enthält aber Modifizierungen mit Blick auf die Verantwortung anderer Stellen, die eine Verwirklichung von Rechten für Menschen mit Behinderungen zu gewährleisten oder zu fördern haben. Hinzu kommt mit § 91 Abs. 3 eine spezielle Abgrenzungsregelung für Eingliederungshilfeleistungen im Verhältnis zu Pflegeleistungen nach dem SGB XI. 2

II. Nachrang vor tatsächlichen Leistungen Anderer – Abs. 1

Der weiterhin für Leistungen der Sozialhilfe geltende § 2 Abs. 1 SGB XII unterscheidet sich erheblich von der Regelung des § 91 Abs. 1. In der Sozialhilfe gilt nach § 2 Abs. 1 SGB XII eine ausdrückliche Verpflichtung zur **Selbsthilfe**. Als Möglichkeiten der Selbsthilfe werden dort beispielhaft der Einsatz der eigenen Arbeitskraft sowie der Einsatz von Einkommen und Vermögen genannt. In der Eingliederungshilfe ist jetzt lediglich ein Eigenbeitrag aus dem Einkommen nach § 92 iVm den §§ 135 ff. zu leisten. Ein Vermögenseinsatz wird in der Eingliederungshilfe erst für Vermögen oberhalb des Freibetrags des § 139 S. 2 verlangt. Neben diesen ausdrücklich genannten sind im Bereich der Sozialhilfe (SGB XII) im Einzelfall auch Verweise auf andere Selbsthilfemöglichkeiten denkbar. In Rechtsprechung und Literatur ist umstritten, ob es sich bei § 2 3

---

1 BGBl. 2016 I 3234.
2 Vgl. BT-Drs. 18/9522, 203, vgl. auch die Begründung der Beschlussvorlage des Ausschusses für Arbeit und Soziales BT-Drs. 18/10523, 38.
3 Vgl. BT-Drs. 18/9522, 269 und BT-Drs. 18/10523, 38.

Abs. 1 SGB XII um eine isolierte Ausschlussnorm handelt und damit das fehlende Ergreifen von Selbsthilfemöglichkeiten iSd § 2 Abs. 1 SGB XII ein „negatives Tatbestandsmerkmal"[4] für Sozialhilfeleistungsansprüche darstellt, ein Verstoß gegen das „bindende[s] Gebot"[5] der Selbsthilfe also zum Ausschluss von Leistungen führt,[6] oder ob ein Ausschluss von Leistungen erst iVm einer den Nachranggrundsatz des § 2 Abs. 1 SGB XII konkretisierenden weiteren Norm des SGB XII erfolgen kann.[7]

4 § 91 Abs. 1 enthält demgegenüber **keinen** vergleichbaren **Verweis auf ein Gebot der Selbsthilfe**. Deshalb kann das fehlende Ergreifen von Selbsthilfemöglichkeiten nicht zu einem Ausschluss von Eingliederungshilfeleistungen führen. Das ist insbes. mit Blick auf **medizinische Rehabilitationsleistungen** relevant. Schließt eine Person, die nach § 193 VVG eigentlich verpflichtet wäre, einen privaten Krankenversicherungsvertrag abzuschließen, überhaupt keinen solchen Vertrag oder wählt eine Person einen Tarif, der nicht alle (Rehabilitations-)Leistungen umfasst, die im Leistungskatalog des SGB V enthalten sind, können dieser Person im Bedarfsfall medizinische Rehabilitationsleistungen der Eingliederungshilfe nicht wegen eines Verstoßes gegen eine Selbsthilfeobliegenheit verweigert werden. Die Regelungen des Teil 2 des SGB IX enthalten auch keine dem § 103 Abs. 1 S. 1 SGB XII vergleichbare Regelung, nach der im Einzelfall ein Kostenersatz mit der Begründung verlangt werden könnte, die Person habe es grob fahrlässig unterlassen, der Verpflichtung nach § 193 VVG nachzukommen („sozialwidriges Verhalten"; vgl. hierzu auch → § 109 Rn. 10 f.). Anstelle eines Verweises auf eine (vorrangige) Selbsthilfe werden **Selbsthilferessourcen** im Rahmen des **Gesamtplanverfahrens** geprüft und erörtert. Werden im Verlauf des Gesamtplanverfahrens verfügbare, aktivierbare Selbsthilferessourcen ermittelt, mit denen Teile des Eingliederungshilfebedarfs gedeckt werden können (zB bei Eltern mit Behinderungen im Zusammenhang mit der Betreuung ihrer Kinder, vgl. → § 119 Rn. 5), sind diese nach § 121 Abs. 4 Nr. 3 in den Gesamtplan aufzunehmen (→ § 121 Rn. 7).

5 Die Bewilligung von Eingliederungshilfeleistungen ist nach § 91 Abs. 1 nur in solchen Fällen ausgeschlossen, in denen die betreffende Person die im Einzelfall erforderlichen Leistungen bereits von Trägern anderer Sozialleistungen bzw. **von anderen** Stellen oder Personen bereits **erhält**. Die Verweigerung von Eingliederungshilfe mit dem bloßen Verweis auf bestehende Ansprüche gegen Dritte ist nach § 91 Abs. 1 nicht zulässig.

III. Nachrang vor Verpflichtungen Anderer – Abs. 2

6 Nach § 91 Abs. 2 bleiben Verpflichtungen anderer, insbes. anderer Sozialleistungsträger unberührt. Diese dürfen keine Leistungen mit dem Verweis auf die Eingliederungshilfe ablehnen.

7 Für medizinische Rehabilitationsleistungen kommt eine vorrangige Zuständigkeit der in § 6 Abs. 1 Nr. 1 und 3 bis 5 aufgeführten Rehabilitationsträger in Betracht. Das Verhältnis zu den Eingliederungshilfeleistungen der Jugendhilfe regelt § 10 Abs. 4 S. 2 SGB VIII. Danach sind die Eingliederungshilfeträger für

---

4 *Wahrendorf* in Grube/Wahrendorf SGB XII § 2 Rn. 4; *Armborst* in LPK-SGB XII § 2 Rn. 6.
5 *Legros* in Schellhorn/Hohm/Scheider SGB XII § 2 Rn. 7.
6 BVerwG 29.9.1971 – V C 2.71, Rn. 6; Vgl. hierzu *Wahrendorf* in Grube/Wahrendorf SGB XII § 2 Rn. 4.
7 Keine eigenständige Ausschlussnorm, vgl. ua BSG 5.9.2019 – B 8 SO 15/18 R; 18.11.2014 – B 1 KR 12/14 R, Rn. 1; vgl. hierzu auch *Wahrendorf* in Grube/Wahrendorf SGB XII § 2 Rn. 4.

"junge Menschen" (§ 7 Abs. 1 Nr. 4 SGB VIII) mit körperlichen, geistigen oder Sinnesbeeinträchtigungen zuständig (Wortlaut des SGB VIII: „körperlich oder geistig behindert"). Die Zuständigkeit der Jugendhilfeträger beschränkt sich auf junge Menschen mit ausschließlich seelischen Beeinträchtigungen (zum Begriff vgl. → § 2 Rn. 8).

In der Leistungsgruppe der Leistungen zur Teilhabe am Arbeitsleben kommen wegen des begrenzten Leistungsumfangs in der Eingliederungshilfe (→ § 90 Rn. 7 ff.) nur vorrangige Zuständigkeiten der Rehabilitationsträger des § 6 Abs. 1 Nr. 3 (Berufsgenossenschaften und öffentliche Unfallkassen) und des § 6 Abs. 1 Nr. 5 (Träger der Kriegsopferversorgung und Kriegsopferfürsorge) in Betracht. Die Abgrenzung zur Zuständigkeit er Jugendhilfeträger ergibt sich auch hier aus § 10 Abs. 4 S. 2 SGB VIII (→ Rn. 7). 8

Sowohl für die Leistungen der Leistungsgruppe „Teilhabe an Bildung" als auch für die Leistungen der Leistungsgruppe „Soziale Teilhabe" können nur die im § 6 Abs. 1 Nr. 3 und 5 aufgeführten Träger (→ Rn. 8) zuständig sein. Zur Abgrenzung von den Leistungen der Jugendhilfe vgl. → Rn. 7. 9

Es sind nur wenige Leistungen anderer Sozialleistungsträger denkbar, die, ohne zugleich Rehabilitationsleistungen zu sein, mit diesen deckungsgleich sein könnten (zum Verhältnis zu Pflegeleistungen → Rn. 12). So sind zB Ansprüche auf Leistungen für die Unterkunft in einer Einrichtung idR keine mit Leistungen der Eingliederungshilfe deckungsgleichen Leistungen. Denn die Eingliederungshilfe umfasst bei Volljährigen im Regelfall nur Fachleistungen. Für Leistungen zum Lebensunterhalt sind die Eingliederungshilfeträger dagegen nicht zuständig. § 134 enthält Ausnahmen von der Trennung der Fachleistungen von Leistungen zum Lebensunterhalt. Das betrifft Minderjährige in stationären Einrichtungen, aber auch Volljährige, die Leistungen zur Teilhabe an Bildung erhalten und zum Zweck der schulischen bzw. hochschulischen Ausbildung in einer speziellen Einrichtung für Menschen mit Behinderung „über Tag und Nacht" untergebracht sind (Internat). Hier könnte im Einzelfall ein Anspruch auf Ausbildungsförderung nach dem BAföG bestehen.[8] Zu den Verpflichtungen anderer Stellen zählen zB Ansprüche aus bestehenden Versicherungsverhältnissen und Beihilfeansprüche aus einem Beamtenverhältnis. § 91 Abs. 2 benennt ausdrücklich auch Verpflichtungen von anderen Stellen, die in ihrem Verantwortungsbereich die Verwirklichung von Rechten für Menschen mit Behinderungen zu gewährleisten oder zu fördern haben. Zu nennen sind ua Schulträger, die im Rahmen der Landesschulgesetze verpflichtet sein können, Kinder mit Behinderungen schulisch zu fördern (vgl. näher → § 75 Rn. 9 ff.). Konkrete Verpflichtungen können sich für öffentlich-rechtliche Stellen aus dem Behindertengleichstellungsgesetz des Bundes und den Behindertengleichstellungsgesetzen der Länder ergeben. Das gilt zB für die Verpflichtung, Menschen mit Hör- und Sprachbeeinträchtigungen in Verwaltungsverfahren die Möglichkeit zur Kommunikation in der Gebärdensprache oder mithilfe anderer geeigneter Kommunikationsmittel zu eröffnen. 10

Kommen andere Sozialleistungsträger bzw. andere Stellen ihren jeweiligen Verpflichtungen nicht nach, liegt eine **ungedeckte Bedarfslage** vor, die die Eingliederungshilfeträger decken müssen. Im Verhältnis zu anderen Rehabilitationsträgern greifen die Regelungen der §§ 14 ff. In diesem Verhältnis kommen Erstattungsansprüche des Eingliederungshilfeträgers insbes. nach § 16 in Betracht (→ § 16 Rn. 1 ff.). Geht es um einen vorrangigen Anspruch eines Leistungsbe- 11

---

[8] Vgl. ua BSG 4.4.2019 – B 8 SO 12/17 R, Rn. 29; BayVGH 31.5.2019 – 12 BV 14.163.

rechtigten gegen einen anderen Sozialleistungsträger, der nicht Rehabilitationsträger ist, kommt ein Erstattungsanspruch des Eingliederungshilfeträgers nach § 104 SGB X in Betracht.[9] Mit Blick auf die Verpflichtungen anderer Stellen kann der Eingliederungshilfeträger zur nachträglichen Herstellung der Nachrangigkeit einen Übergang eines (konkreten) Anspruchs des Leistungsberechtigten gegen den Dritten nach § 141 bewirken (→ § 135–142 Rn. 7).

IV. Verhältnis zu den Leistungen der Pflegeversicherung

§ 13 SGB XI Verhältnis der Leistungen der Pflegeversicherung zu anderen Sozialleistungen

(3) ¹Die Leistungen der Pflegeversicherung gehen den Fürsorgeleistungen zur Pflege
1. nach dem Zwölften Buch,
2. nach dem Lastenausgleichsgesetz, dem Reparationsschädengesetz und dem Flüchtlingshilfegesetz,
3. nach dem Bundesversorgungsgesetz (Kriegsopferfürsorge) und nach den Gesetzen, die eine entsprechende Anwendung des Bundesversorgungsgesetzes vorsehen,

vor, soweit dieses Buch nichts anderes bestimmt. ²Leistungen zur Pflege nach diesen Gesetzen sind zu gewähren, wenn und soweit Leistungen der Pflegeversicherung nicht erbracht werden oder diese Gesetze dem Grunde oder der Höhe nach weitergehende Leistungen als die Pflegeversicherung vorsehen. ³Die Leistungen der Eingliederungshilfe für Menschen mit Behinderungen nach dem Neunten Buch, dem Bundesversorgungsgesetz und dem Achten Buch bleiben unberührt, sie sind im Verhältnis zur Pflegeversicherung nicht nachrangig; die notwendige Hilfe in den Einrichtungen und Räumlichkeiten nach § 71 Abs. 4 ist einschließlich der Pflegeleistungen zu gewähren.

12 Für das Verhältnis der Eingliederungshilfe zu den Leistungen des SGB XI verweist § 91 Abs. 3 auf § 13 Abs. 3 SGB XI. Die Regelung, um die es geht, findet sich im Satz 3 des § 13 Abs. 3 SGB XI. Danach sind die Leistungen der *Eingliederungshilfe* „im Verhältnis zur Pflegeversicherung nicht nachrangig." Neben den Leistungen der Pflegeversicherung werden im Einzelfall zugleich Leistungen der Eingliederungshilfe gewährt und erbracht, wenn die Voraussetzungen dafür vorliegen. Damit die Leistungen nahtlos ineinandergreifen können, soll für die Leistungserbringung nur ein Sozialleistungsträger verantwortlich sein. Nach § 13 Abs. 4 Satz 1 SGB XI soll dies regelmäßig der Eingliederungshilfeträger sein, wenn Eingliederungshilfeleistungen mit ambulanten Leistungen der Pflegeversicherung zusammentreffen. Voraussetzung ist eine auf den Einzelfall bezogene **Vereinbarung zwischen der jeweiligen Pflegekasse und dem Eingliederungshilfeträger**. Die Gegenstände der Vereinbarung sind im § 13 Abs. 4 Satz 1 in den Nr. 1 bis 3 aufgeführt: (1) Verpflichtung des Eingliederungshilfeträgers, die Pflegeleistungen „auf der Grundlage des von der Pflegekasse erlassenen Leistungsbescheids zu übernehmen"; (2) Verpflichtung der Pflegekasse, dem Eingliederungshilfeträger „die Kosten der von ihr zu tragenden Leistungen zu erstatten"; (3) Vereinbarung von „Modalitäten der Übernahme und der Durchführung der Leistungen sowie die Erstattung." Eine weitere Voraussetzung für diese Vorgehensweise ist, dass die Leistungsberechtigte Person der Vereinbarung jeweils zustimmt. Um eine einheitliche Umsetzung dieser Regelung gewährleisten zu können, hat der Gesetzgeber im § 13 Abs. 4 Satz 5 SGB XI eine Verpflichtung für den Spitzenverband Bund der Pflegekassen und die Bundesar-

---

9 Vgl. hierzu BayVGH 31.5.2019 – 12 BV 14.163.

beitsgemeinschaft der überörtlichen Sozialhilfeträger verankert, bis zum 1.1.2018 gemeinsame Empfehlungen zu den Vereinbarungen nach § 13 Abs. 4 Satz 1 SGB XI zu erlassen. Diese Empfehlung ist am 10.4.2018 verabschiedet worden.[10] Die Bundesministerien für Gesundheit und für Arbeit und Soziales haben der Empfehlung am selben Tag gem. § 13 Abs. 4 Satz 7 SGB XI zugestimmt. Zum Verhältnis der Eingliederungshilfe zu Leistungen der Hilfe zur Pflege nach dem SGB XII vgl. → § 103 Rn. 18 f..

Dass Pflegeleistungen neben Eingliederungshilfeleistungen in Betracht kommen bedeutet, dass sie in jedem Einzelfall voneinander abzugrenzen sind. Die **Abgrenzung** erfolgt jeweils **nach dem Ziel** der einzelnen Leistungen. Nach § 2 Abs. 1 Satz 1 SGB XI sind die Leistungen der Pflegeversicherung darauf auszurichten „die körperlichen, geistigen und seelischen Kräfte der Pflegebedürftigen, auch in Form der aktivierenden Pflege wiederzugewinnen oder zu erhalten." Es geht um das Wiedererlangen eigener Fähigkeiten, die für die alltäglichen Verrichtungen eines Menschen im Verlaufe eines Tages erforderlich sind. Die im § 90 verankerten Ziele der Eingliederungshilfe gehen darüber hinaus (→ § 90 Rn. 1 ff.). Dennoch kann die Abgrenzung im Einzelfall schwierig sein. Der Eingliederungshilfeträger muss deshalb neben dem Eingliederungshilfebedarf auch den Pflegebedarf zum Gegenstand des Gesamtplanverfahrens machen (→ vgl. § 117 Rn. 7). Im Rahmen des Gesamtplanverfahrens kann zudem die Vereinbarung nach § 13 Abs. 4 SGB XI zwischen dem Eingliederungshilfeträger und der Pflegekasse vorbereitet werden. Es wäre dagegen unzulässig, wenn sich der Eingliederungshilfeträger darauf beschränken würde, die leistungsberechtigte Person aufzufordern, Leistungen der sozialen Pflegeversicherung zu beantragen.[11] 13

Für Personen, die in **stationären Einrichtungen** nach § 71 Abs. 4 Nr. 1 SGB XI oder **in Räumlichkeiten** iSd § 71 Abs. 4 Nr. 3 SGB XI leben, in denen die Versorgung und Betreuung einen ähnlichen Umfang erreicht wie diejenige in stationären Einrichtungen (§ 71 Abs. 4 Nr. 3 SGB XI),[12] ist § 13 Abs. 3 Satz 3, letzter Satzteil relevant. Danach umfassen die Eingliederungshilfeleistungen auch die Pflegeleistungen nach dem SGB XI. Das ergibt sich auch aus dem § 103 Abs. 1 Satz 1 SGB IX (vgl. hierzu näher → § 103 Rn. 4 ff.). 14

§ 92 Beitrag

Zu den Leistungen der Eingliederungshilfe ist nach Maßgabe des Kapitels 9 ein Beitrag aufzubringen.

§ 92 wurde durch Artikel 1 des Gesetzes zur Stärkung der Teilhabe und Selbstbestimmung von Menschen mit Behinderungen (Bundesteilhabegesetz – BTHG) vom 23.12.2016 mWz 1.1.2020 in das SGB IX eingefügt.[1] Die Regelung enthält eine wesentliche **Änderung** im Zusammenhang mit der Gewährung von Eingliederungshilfe im Verhältnis **zum bisherigen System**. Im Rechtssystem der Sozialhilfe war und ist zur Deckung des Bedarfs nach § 19 Abs. 3 iVm §§ 82 ff. SGB XII vorrangig das Einkommen der Leistungsberechtigten sowie das Einkommen der Ehe- und Lebenspartner und -partnerinnen sowie bei Minderjährigen das Einkommen der Eltern einzusetzen. Dieser Einkommenseinsatz ist mit Blick auf die Leistungen der Eingliederungshilfe durch ein Eigenbeitragssystem 1

---

10 Text abrufbar unter https://www.bagues.de/de/veroeffentlichungen/empfehlungen/.
11 Vgl. hierzu *Janßen/Spellbrink* Sozialrecht aktuell 2019, 142 (146 f.).
12 Vgl. *Wahl* in jurisPK-SGB XI § 71 Rn. 43.
1 BGBl. 2016 I 3234.

abgelöst worden. § 92 regelt den Grundsatz und verweist auf die Detailreglungen des Kapitels 9 (siehe dazu die Kommentierung zu §§ 135 ff.).

§ 93 Verhältnis zu anderen Rechtsbereichen

(1) Die Vorschriften über die Leistungen zur Sicherung des Lebensunterhalts nach dem Zweiten Buch sowie über die Hilfe zum Lebensunterhalt und die Grundsicherung im Alter und bei Erwerbsminderung nach dem Zwölften Buch bleiben unberührt.
(2) Die Vorschriften über die Hilfe zur Überwindung besonderer sozialer Schwierigkeiten nach dem Achten Kapitel des Zwölften Buches, über die Altenhilfe nach § 71 des Zwölften Buches und über die Blindenhilfe nach § 72 des Zwölften Buches bleiben unberührt.
(3) Die Hilfen zur Gesundheit nach dem Zwölften Buch gehen den Leistungen der Eingliederungshilfe vor, wenn sie zur Beseitigung einer drohenden wesentlichen Behinderung nach § 99 Absatz 1 in Verbindung mit Absatz 2 geeignet sind.

I. Überblick – Entstehung 1	IV. Hilfen zur Gesundheit nach dem SGB XII – Abs. 3 5
II. Leistungen zum Lebensunterhalt – Abs. 1 2	
III. Weitere Leistungen des SGB XII – Abs. 2 4	

I. Überblick – Entstehung

1 § 93 wurde durch Artikel 1 des Gesetzes zur Stärkung der Teilhabe und Selbstbestimmung von Menschen mit Behinderungen (Bundesteilhabegesetz – BTHG) vom 23.12.2016 mWz 1.1.2020 in das SGB IX eingefügt.[1] Mit Art. 7 Nr. 12 des Teilhabestärkungsgesetzes v. 2.6.2021[2] hat der Gesetzgeber mWz 1.7.2021 im Abs. 3 die Worte „Beeinträchtigung mit drohender erheblicher Teilhabeeinschränkung nach § 99" durch die Worte „drohenden wesentlichen Behinderung nach § 99 Absatz 1 in Verbindung mit Absatz 2" ersetzt. Es handelt sich um eine Folgeänderung, die wegen der Änderung des § 99 durch Art. 7 Nr. 15 Teilhabestärkungsgesetz erforderlich wurde (vgl. näher → § 99 Rn. 1 ff.) § 93 Abs. 1 markiert die Trennung der Eingliederungshilfeleistungen von den existenzsichernden Leistungen, die neben den Eingliederungshilfeleistungen nach den Regelungen des SGB II bzw. des XII zu gewähren sind, wenn die Voraussetzungen jeweils vorliegen. § 93 Abs. 2 und 3 enthalten Regelungen zum Verhältnis zwischen Eingliederungshilfe und anderen Fürsorgeleistungen nach dem SGB XII.

II. Leistungen zum Lebensunterhalt – Abs. 1

2 Nach den Regelungen des Abs. 1 bleiben die Vorschriften über Leistungen zur Sicherung des Lebensunterhalts nach dem SGB II und dem SGB XII unberührt. Neben den Leistungen der Eingliederungshilfe kommen im Falle der Hilfebedürftigkeit auch Ansprüche, auf ALG II oder Sozialgeld nach dem SGB II bzw. Grundsicherung im Alter und bei dauerhafter voller Erwerbsminderung oder Hilfe zum Lebensunterhalt nach dem SGB XII in Betracht. Für Volljährige gilt

---

1 BGBl. 2016 I 3234.
2 BGBl. 2021 I 1387 (1394).

die Trennung der Leistungen der Eingliederungshilfe von Leistungen zur Sicherung des Lebensunterhalts idR für alle Leistungen der Eingliederungshilfe mit Ausnahme von stationären medizinischen Rehabilitationsleistungen. Für letztere gelten die leistungs- und leistungserbringungsrechtlichen Regelungen des SGB V (→ § 109 Rn. 12 ff., → § 110 Rn. 1 ff.). Dort umfassen die stationären Rehabilitationsleistungen nach § 40 Abs. 2 S. 1 SGB V auch Unterkunft und Verpflegung in der Rehabilitationseinrichtung. In allen anderen Leistungsgruppen bewilligen die Eingliederungshilfeträger Volljährigen idR nur Fachleistungen der Eingliederungshilfe. Das gilt auch, wenn die Leistungen Personen bewilligt werden, die in besonderen Wohnformen für Menschen mit Behinderungen leben bzw. dort untergebracht sind. Für Leistungen, die Minderjährigen in Einrichtungen bewilligt werden, gilt nach § 134 Abs. 1 etwas Anderes. Hier umfassen die Leistungen Unterkunft und Verpflegung. Das gilt auch für junge Volljährige, wenn die Voraussetzungen des § 134 Abs. 4 vorliegen (→ § 134 Rn. 3).

Die Leistungen zum Lebensunterhalt nach dem SGB II und dem SGB XII umfassen insbes. Regelbedarfe, Mehrbedarfe und Bedarfe für Unterkunft und Heizung. Lebt eine Person in einer besonderen Wohnform für Menschen mit Behinderungen, erhält sie nach § 8 Abs. 1 S. 2 Regelbedarfsermittlungsgesetz den Regelbedarf der Regelbedarfsstufe 2. Die angemessenen Bedarfe für Unterkunft und Heizung für eine Person, die in einer besonderen Wohnform lebt, regelt § 42 a Abs. 5 und 6 S. 2 SGB XII (zum Bedarf für Wohnraum für eine Assistenzperson vgl. hierzu auch → § 77 Rn. 6). Aufwendungen für Wohnraum in einer besonderen Wohnform, die die Angemessenheitsgrenze um mehr als 25 % übersteigen, sind nach den Regelungen des § 113 Abs. 5 den Eingliederungshilfeleistungen zuzuordnen (vgl. näher → § 113 Rn. 3). 3

III. Weitere Leistungen des SGB XII – Abs. 2

Abs. 2 stellt klar, dass die Eingliederungshilfeleistungen die **Hilfe zur Überwindung besonderer sozialer Schwierigkeiten** nach §§ 67 ff. SGB XII, die **Altenhilfe** nach § 71 SGB XII und die **Blindenhilfe** nach § 72 SGB XII nicht verdrängen. Es kommt jeweils eine parallele Gewährung der aufgeführten Leistungen des SGB XII neben der Eingliederungshilfe in Betracht. Für die Blindenhilfe stellt dies auch § 72 Abs. 6 SGB XII klar. Nach § 71 Abs. 5 SGB XII sind die Leistungen der Altenhilfe mit den Leistungen der Eingliederungshilfe zu verzahnen. Für die Hilfe zur Überwindung besonderer sozialer Schwierigkeiten enthält § 67 S. 2 SGB XII eine im Vergleich mit dem § 93 Abs. 2 etwas differenziertere Regelung. § 67 S. 2 SGB XII lautet: „Soweit der Bedarf durch Leistungen nach anderen Vorschriften (...) des Neunten Buches gedeckt wird, gehen diese der Leistung nach Satz 1 vor." Besteht bei einer Person, die dem Personenkreis des § 67 S. 1 zuzuordnen ist, eine Leistungsberechtigung nach § 99, sind ihr für die im Gesamtplanverfahren ermittelten Bedarfe Eingliederungshilfeleistungen zu bewilligen. Nur für diejenigen Bedarfe, die nicht mit Eingliederungshilfeleistungen deckungsgleich sein können und die deshalb trotz Bewilligung von Eingliederungshilfe noch offen sind, kommen neben Eingliederungshilfeleistungen Leistungen nach den §§ 67 ff. SGB XII in Betracht. 4

IV. Hilfen zur Gesundheit nach dem SGB XII – Abs. 3

Absatz 3 regelt den Vorrang der Hilfen zur Gesundheit nach den §§ 47 ff. SGB XII vor medizinischen Rehabilitationsleistungen. Dieser Vorrang greift nur, wenn bereits mit den Leistungen nach dem SGB XII eine Beeinträchtigung mit drohender erheblicher Teilhabebeeinträchtigung beseitigt werden kann. Inhalt- 5 lich entspricht die Regelung dem bisherigen § 53 Abs. 2 S. 2 SGB XII aF Dort wurde nicht auf das gesamte Kapitel „Hilfen zur Gesundheit" verwiesen, sondern speziell auf die §§ 47 (vorbeugende Gesundheitshilfe) und 48 SGB XII (Hilfe bei Krankheit). Die vorbeugende Gesundheitshilfe des SGB XII umfasst iVm § 52 Abs. 1 S. 1 SGB XII einen großen Teil der Leistungen, die im § 11 Abs. 1 Nr. 2 und 3 SGB V aufgeführt sind: „Leistungen zur Verhütung von Krankheiten und deren Verschlimmerung (...)" (Nr. 2) und „Leistungen zur Erfassung von gesundheitlichen Risiken und Früherkennung von Krankheiten" (Nr. 3). Die Leistungen der Hilfe bei Krankheit nach § 48 SGB XII entsprechen iVm § 52 Abs. 1 S. 1 SGB XII ebenfalls den Leistungen des SGB V. Ein Blick in den § 11 Abs. 1 SGB V führt zur Abgrenzung der Leistungen von denen der medizinischen Rehabilitation nicht weiter. Denn Nr. 5 des § 11 Abs. 1 SGB V zählt als Leistungen „zur Behandlung einer Krankheit" alle Leistungen der §§ 27 bis 52 SGB V auf und umschließt damit die Regelungen zur medizinischen Rehabilitation in den §§ 40 ff. SGB V. § 40 SGB V nötigt dagegen innerhalb des Rechtssystems des SGB V dazu, neben dem weiten Begriff der Krankenbehandlung des § 11 Abs. 1 Nr. 5 SGB V einen engeren Begriff „Krankenbehandlung" zu bilden, dem sich der Begriff „medizinische Rehabilitation" gegenüberstellen lässt. Denn auch im System des SGB V gilt ein Vorrang der Krankenbehandlungsleistungen vor den Leistungen zur medizinischen Rehabilitation. Die Hilfe bei Krankheit iSd § 48 SGB XII umfasst somit alle Leistungen des § 27 Abs. 1 S. 1 Nr. 1 bis 5 und § 27 Abs. 1 S. 2 SGB V. Diese Leistungen werden in den §§ 28 bis 39 c SGB V detailliert geregelt und sind nach den Regelungen des § 40 SGB V strikt von den Leistungen der medizinischen Rehabilitation zu trennen.

6 Die **Abgrenzung der Krankenbehandlungsleistungen** von den Leistungen der medizinischen Rehabilitation erfolgt nach dem im Einzelfall im Vordergrund stehenden Behandlungsziel, nach der Art des Leistungserbringers bzw. der erbringenden Einrichtung und nach den gewählten Behandlungsmethoden (vgl. hierzu näher → § 42 Rn. 7 ff.). Im Einzelfall kann es insbesondere bei psychischen Erkrankungen schwierig sein, Leistungen der Krankenbehandlung nach § 48 SGB XII von Leistungen zur medizinischen Rehabilitation zu unterscheiden, da sowohl in der Krankenbehandlung wie auch in der Rehabilitation ein komplexer und multiprofessioneller Behandlungsansatz vorherrscht.[3] Hier steht in Fällen stationärer Leistungserbringung das Abgrenzungskriterium „Art der Einrichtung" im Vordergrund. Wird die Leistung in einem zugelassenen Krankenhaus iSd § 107 Abs. 1 SGB V erbracht und liegen die Voraussetzungen für Krankenhausbehandlung nach § 39 SGB V vor, ist die Leistung Krankenbehandlung und damit den Leistungen des § 48 SGB XII zuzuordnen. Wird die Leistung dagegen in einer Rehabilitationseinrichtung iSd § 107 Abs. 2 SGB V oder durch eine solche Rehabilitationseinrichtung erbracht und liegen die Voraussetzungen für eine ambulante oder teilstationäre Rehabilitation nach § 40 Abs. 1 SGB V bzw. für eine stationäre Rehabilitation nach § 40 Abs. 2 SGB V vor, handelt es sich um eine medizinische Rehabilitationsleistung.

§ 94 Aufgaben der Länder

(1) Die Länder bestimmen die für die Durchführung dieses Teils zuständigen Träger der Eingliederungshilfe.
(2) [1]Bei der Bestimmung durch Landesrecht ist sicherzustellen, dass die Träger der Eingliederungshilfe nach ihrer Leistungsfähigkeit zur Erfüllung dieser Auf-

---

3 Vgl. BSG 20.1.2005 – B 3 KR 9/03 R, Rn. 22 ff.

gaben geeignet sind. ²Sind in einem Land mehrere Träger der Eingliederungshilfe bestimmt worden, unterstützen die obersten Landessozialbehörden die Träger bei der Durchführung der Aufgaben nach diesem Teil. ³Dabei sollen sie insbesondere den Erfahrungsaustausch zwischen den Trägern sowie die Entwicklung und Durchführung von Instrumenten zur zielgerichteten Erbringung und Überprüfung von Leistungen und der Qualitätssicherung einschließlich der Wirksamkeit der Leistungen fördern.

(3) Die Länder haben auf flächendeckende, bedarfsdeckende, am Sozialraum orientierte und inklusiv ausgerichtete Angebote von Leistungsanbietern hinzuwirken und unterstützen die Träger der Eingliederungshilfe bei der Umsetzung ihres Sicherstellungsauftrages.

(4) ¹Zur Förderung und Weiterentwicklung der Strukturen der Eingliederungshilfe bildet jedes Land eine Arbeitsgemeinschaft. ²Die Arbeitsgemeinschaften bestehen aus Vertretern des für die Eingliederungshilfe zuständigen Ministeriums, der Träger der Eingliederungshilfe, der Leistungserbringer sowie aus Vertretern der Verbände für Menschen mit Behinderungen. ³Die Landesregierungen werden ermächtigt, durch Rechtsverordnung das Nähere über die Zusammensetzung und das Verfahren zu bestimmen.

(5) ¹Die Länder treffen sich regelmäßig unter Beteiligung des Bundes sowie der Träger der Eingliederungshilfe zur Evidenzbeobachtung und zu einem Erfahrungsaustausch. ²Die Verbände der Leistungserbringer sowie die Verbände für Menschen mit Behinderungen können hinzugezogen werden. ³Gegenstand der Evidenzbeobachtung und des Erfahrungsaustausches sind insbesondere
1. die Wirkung und Qualifizierung der Steuerungsinstrumente,
2. die Wirkungen der Regelungen zur Leistungsberechtigung nach § 99 sowie der neuen Leistungen und Leistungsstrukturen,
3. die Umsetzung des Wunsch- und Wahlrechtes nach § 104 Absatz 1 und 2,
4. die Wirkung der Koordinierung der Leistungen und der trägerübergreifenden Verfahren der Bedarfsermittlung und -feststellung und
5. die Auswirkungen des Beitrags.

⁴Die Erkenntnisse sollen zur Weiterentwicklung der Eingliederungshilfe zusammengeführt werden.

I. Überblick – Entstehung

§ 94 wurde durch Artikel 1 des Gesetzes zur Stärkung der Teilhabe und Selbstbestimmung von Menschen mit Behinderungen (Bundesteilhabegesetz – BTHG) vom 23.12.2016 in das SGB IX eingefügt.[1] Die Absätze 2 bis 5 sind nach Art. 26 BTHG am 1.1.2020 in Kraft getreten, Abs. 1 bereits mWz 1.1.2018. Mit Art. 7 Nr. 13 des Teilhabestärkungsgesetzes v. 2.6.2021[2] hat der Gesetzgeber mWz 1.7.2021 im Abs. 5 Nr. 2 die Worte „zum leistungsberechtigten Personenkreis" durch die Worte „zur Leistungsberechtigung" ersetzt. Es handelt sich um eine Folgeänderung, die wegen der Änderung des § 99 durch Art. 7 Nr. 15 Teilhabestärkungsgesetz erforderlich wurde (vgl. näher → § 99 Rn. 1 ff.). Die Absätze 1 und 2 verpflichten die Länder, durch Landesrecht die für den Teil 2 des SGB IX zuständigen Eingliederungshilfeträger zu bestimmen. Die Absätze 3 und 4 legen den Ländern eine Verantwortung im Zusammenhang mit dem Aufbau und der Weiterentwicklung von bedarfsdeckenden Angebotsstrukturen auf. Abs. 5 verpflichtet die Bundesländer unter Beteiligung des Bundes und der Ein-

---

1 BGBl. 2016 I 3234.
2 BGBl. 2021 I 1387 (1394).

gliederungshilfeträger zur Kooperation. Diese soll dem Ziel der Weiterentwicklung der Eingliederungshilfe dienen.

II. Bestimmung der Träger der Eingliederungshilfe – Abs. 1 und 2

2   Nach § 94 Abs. 1 ist es Aufgabe der einzelnen Bundesländer, diejenigen Träger zu bestimmen, die sachlich für die Eingliederungshilfe zuständig sein sollen. Der Gesetzgeber hat das Inkrafttreten des Abs. 1 auf den 1.1.2018 vorgezogen, zeitgleich mit dem Inkrafttreten der Regelungen des Vertragsrechts im 8. Kapitel. Damit sollte sichergestellt werden, dass frühzeitig Vertragspartner für die nach den Regelungen der §§ 123 ff. abzuschließenden Verträge zur Verfügung stehen und den potenziellen Vertragsparteien die Möglichkeit gegeben wird, rechtzeitig vor dem Inkrafttreten der übrigen Regelungen des Teils 2 des SGB IX die für die Leistungserbringung notwendigen Verträge mit Wirkung ab dem 1.1.2020 schließen zu können.[3]

3   Die Kompetenz der Länder zur Bestimmung der zuständigen Träger ergibt sich nicht erst aus § 94 Abs. 1 sondern bereits aus Art. 84 GG. Den einzelnen Bundesländern steht es nach Art. 84 Abs. 1 S. 1 GG (im Rahmen ihres jeweiligen Landesverfassungsrechts) frei, welche Behörden sie für die Durchführung des Teil 2 des SGB IX bestimmen wollen. Das betrifft auch die Wahl der staatlichen und kommunalen Ebenen, auf denen die Aufgabe der Eingliederungshilfe jeweils angesiedelt werden soll. Die Länder können somit auch das Land selbst als Träger der Eingliederungshilfe festlegen.[4] Bei ihrer Entscheidung müssen sie die Vorgaben des Abs. 2 berücksichtigen. Es dürfen nur solche Träger als Eingliederungshilfeträger bestimmt werden, die hinsichtlich ihrer Leistungsfähigkeit geeignet sind. Abs. 2 Satz 2 knüpft an die Möglichkeit an, dass ein Bundesland mehrere Träger im Land als Eingliederungshilfeträger bestimmt. In einem solchen Fall bleibt das Land in der Pflicht, die Arbeit der Eingliederungshilfeträger zu unterstützen. Dabei soll das Land einen Erfahrungsaustausch der Eingliederungshilfeträger im Land ermöglichen und die Entwicklung und Weiterentwicklung von Instrumenten zur zielgerichteten Leistungserbringung, zur Überprüfung von Leistungen und zur Sicherung der Qualität der Leistungen fördern (Abs. 2 Satz 3). Abs. 2 Satz 2 benennt für diese Steuerungsaufgaben die „obersten Landessozialbehörden". Welche oberste Behörde in einem Land für die Unterstützung iSd Abs. 2 Satz 2 und 3 zuständig sein soll, ist mit Blick auf Art. 84 GG wiederum durch das Land selbst zu bestimmen.

4   Der **Begriff „Träger"** im Abs. 1 knüpft an den Begriff **„Leistungsträger"** im § 12 SGB I an. Nach § 12 Satz 1 SGB I sind Leistungsträger die in den §§ 18 bis 29 SGB I genannten Körperschaften, Anstalten und Behörden. In das SGB I wurde ebenfalls mWz 1.1.2018 durch Art. 3 Nr. 3 des BTHG (→ Rn. 1) der § 28 a eingefügt. Nach § 28 a Abs. 2 SGB I sind für die Eingliederungshilfe „die durch Landesrecht bestimmten Behörden" zuständig. Diese Regelung unterscheidet sich von der Regelung des § 28 Abs. 2 SGB I, der für die Sozialhilfe noch die Kreise und kreisfreien Städte sowie überörtliche Sozialhilfeträger als zuständig bestimmt hatte. § 28 a SGB I wurde im Gegensatz zum § 28 SGB I nach Änderung des Art. 84 GG im Zuge der Föderalismusreform im Jahr 2006[5] in das SGB I eingefügt. Die Wahl des Begriffs „Behörde" nimmt den Sprachgebrauch des Art. 84 GG auf. Hinzu kommt, dass Art. 84 Abs. 1 Satz 7 GG dem Bundesgesetzgeber ausdrücklich verbietet, Gemeinden und Gemeindeverbänden

---

3 Vgl. BT-Drs. 18/9522, 363.
4 AA wohl *Jabben* in Neumann/Pahlen/Greiner/Winkler/Jabben SGB IX § 94 Rn. 4.
5 Vgl. hierzu ua *Trute* in v. Mangoldt/Klein/Starck GG Art. 84 Rn. 2.

Aufgaben zu übertragen.⁶ Behörden sind im Vergleich zu den im § 12 Satz 1 SGB I ebenfalls als Leistungsträger aufgeführten Körperschaften und Anstalten keine Rechtsträger, sondern unselbständige Verwaltungseinheiten, die innerhalb eines Rechtsträgers (zB einer Körperschaft) für bestimmte Aufgabenbereiche zuständig sind.⁷ Die Verpflichtungen, die sich aus dem Teil 2 des SGB IX für die Leistungsträger der Eingliederungshilfe ergeben, können deshalb nicht Verpflichtungen der Behörden sein, sondern sind Verpflichtungen der Körperschaften, in die die Behörden eingegliedert sind. Will ein Land Behörden für die Durchführung des Teil 2 des SGB IX bestimmen, muss es zugleich den Rechtsträger, idR eine Körperschaft des öffentlichen Rechts, als Eingliederungshilfeträger festlegen.

Seit Dezember 2019 liegen für alle 16 Bundesländer Gesetze zur Umsetzung des SGB IX vor:

- **Baden-Württemberg:** Gesetz zur Ausführung des Neunten Buches Sozialgesetzbuch (AGSGB IX) v. 10.4.2018;⁸
- **Bayern** Gesetz zur Ausführung der Sozialgesetze (AGSG) v. 8.12.2006⁹ idF des Bayerischen Teilhabegesetzes II v. 23.12.2019;¹⁰
- **Berlin** Gesetz zur Ausführung des Neunten Buches Sozialgesetzbuch (AG SGB IX) v. 25.9.2019;¹¹
- **Brandenburg** Gesetz zur Ausführung des Neunten Buches Sozialgesetzbuch (AG-SGB IX) v. 18.12.2018;¹²
- **Bremen** Gesetz zur Ausführung des Neunten Buches Sozialgesetzbuch (SGB IX AG) v. 5.3.2019;¹³
- **Hamburg:** Hamburgisches Gesetz zur Ausführung des Neunten Buches Sozialgesetzbuch – Rehabilitation und Teilhabe von Menschen mit Behinderungen – (AG SGB IX) v. 21.6.2018;¹⁴
- **Hessen:** Hessisches Ausführungsgesetz zum Neunten Buch Sozialgesetzbuch (HAG/SGB IX) v. 13.9.2018;¹⁵
- **Mecklenburg-Vorpommern:** Gesetz zur Ausführung des Neunten Buches Sozialgesetzbuch (AG-SGB IX M-V) v. 16. 12. 2019;¹⁶
- **Niedersachsen:** Niedersächsisches Gesetz zur Ausführung des Neunten und des Zwölften Buchs des Sozialgesetzbuchs (Nds. AG SGB IX/XII) v. 24.10.2019;¹⁷
- **Nordrhein-Westfalen:** Ausführungsgesetz zum Neunten Buch Sozialgesetzbuch für das Land Nordrhein-Westfalen (AG-SGB IX NRW) v. 21.7.2018;¹⁸
- **Rheinland-Pfalz:** Landesgesetz zur Ausführung des Neunten Buches Sozialgesetzbuch (AGSGB IX) v. 19.12.2018;¹⁹

---

6 Vgl. auch BT-Drs. 18/9522, 320.
7 Vgl. hierzu näher *Gutzler* in Lilge/Gutzler SGB I Sozialgesetzbuch Allgemeiner Teil, 5. Aufl. 2019, SGB I § 12 Rn. 22; *Richter* in LPK-SGB I § 12 Rn. 10.
8 GBl. 2018, 113.
9 GVBl 2006, 942.
10 GVBl 2019, 747.
11 GVBl. 2019, 602.
12 GVBl. I 2018, Nr. 38.
13 Brem. GBl. 2019, 45.
14 HambGVBl. 2018, 214.
15 GVBl. 2018, 590.
16 GVOBl. M-V 2019, 796.
17 Nds. GVBl. 2019, 300.
18 GV. NRW. 2018, 414.
19 GVBl. 2018, 463.

- **Saarland:** Gesetz zur Ausführung des Neunten Buches Sozialgesetzbuch v. 13.6.2018;[20]
- **Sachsen:** Sächsisches Gesetz zur Ausführung des Sozialgesetzbuches (SächsAGSGB) v. 6.6.2002[21] idF des Gesetzes zur Regelung von Zuständigkeiten nach dem Sozialgesetzbuch und zur Zuständigkeit des Kommunalen Sozialverbands Sachsen v. 28.6.2018;[22]
- **Sachsen-Anhalt:** Gesetz zur Ausführung des Neunten Buches Sozialgesetzbuch (AG SGB IX) v. 5.12.2019;[23]
- **Schleswig-Holstein:** Gesetz zur Ausführung des Neunten Buches Sozialgesetzbuch (AG-SGB IX) v. 27.3.2018;[24]
- **Thüringen:** Thüringer Gesetz zur Ausführung des Neunten Buches Sozialgesetzbuch (ThürAGSGB IX) v. 21.9.2018.[25]

6 Die Regelungen zur Festlegung der Eingliederungshilfeträger unterscheiden sich von Bundesland zu Bundesland deutlich. Einige Bundesländer haben als einzigen **Eingliederungshilfeträger das Land** bestimmt. (**Hamburg:** § 1 AG SGB IX, **Saarland:** § 2 des Ausführungsgesetzes). Auch **Sachsen-Anhalt** hat das Land als Eingliederungshilfeträger festgelegt (§ 1 AG SGB IX), die Durchführung der Aufgaben des Trägers nimmt die Sozialagentur Sachsen-Anhalt wahr, die für einzelne Aufgaben wiederum die Landkreise und kreisfreien Städte heranzieht (§ 2 AG SGB IX). Im Land **Berlin** ist ebenfalls das Land Eingliederungshilfeträger (§ AG SGB IX). In Berlin kommen weitere sehr differenzierte Regelungen zur Durchführung der Aufgaben durch unterschiedliche Behörden auf Bezirks- und Senatsebene hinzu. Hier fällt auf, dass die Durchführung der Aufgaben des Trägers der Eingliederungshilfe für alle Kinder und Jugendlichen bei den bezirklichen Jugendämtern liegt (§ 2 Abs. 2 AG SGB IX).

7 In einigen Bundesländern sind mehrere Eingliederungshilfeträger bestimmt worden, deren sachliche Zuständigkeit sich am **Alter bzw. den Lebenslagen der Leistungsberechtigten** orientiert. In **Hessen** sind die Kreise und kreisfreien Städte für Leistungen an Minderjährige bis zur Beendigung der Schulbildung, längstens zur Beendigung der Sekundarstufe II und für Personen zuständig, die erstmals mit Erreichen der Altersgrenze einen Leistungsanspruch haben. Für alle anderen Personen ist der Landeswohlfahrtsverband Hessen Eingliederungshilfeträger (§§ 1 f. HAG SGB IX). In **Niedersachsen** ist das Land für alle Personen ab dem vollendeten 18. Lebensjahr bzw. ab der Beendigung der allgemeinen Schulbildung zuständiger Eingliederungshilfeträger. Die Kreise, kreisfreien Städte und die Region Hannover sind Eingliederungshilfeträger für alle Minderjährigen bzw. für Volljährige bis zur Beendigung der allgemeinen Schulbildung (§§ 2 f. AG SGB IX/XII). **Rheinland-Pfalz** hat vergleichbare aber etwas differenzierte Regelungen getroffen. Die Zuständigkeit für Leistungen an Personen bis zum Ende der allgemeinen Schulbildung liegt dort auch bei den Landkreisen und kreisfreien Städten. Für einige Leistungen an Minderjährige (Leistungen zur Teilhabe am Arbeitsleben) ist dort das Land Eingliederungshilfeträger (§ 1 AGSGB IX). **Nordrhein-Westfalen** hat ebenfalls unterschiedliche Eingliederungshilfeträger für Personen bis zum Ende der allgemeinen Schulbildung und Personen nach Ende der Schulbildung bestimmt. Für letztere sind die Landschaftsverbände Rheinland und Westfahlen-Lippe Eingliederungsträger. Die Re-

---

20 Amtsblatt I 384.
21 SächsGVBl. 2002, 168 (169).
22 SächsGVBl. 2018, 472.
23 GVBl. LSA 2019, 948.
24 GVOBl. 2018, 94.
25 GVBl. 2018, 386.

gelungen für Personen bis Ende der Schulbildung ist etwas differenzierter: Grundsätzlich sind die Kreise und kreisfreien Städte zuständig, für einige stationäre und teilstationäre Leistungen sind dagegen die Landschaftsverbände zuständig (§ 1 AG-SGB IX NRW). **Sachsen** knüpft für die Zuordnung der Eingliederungshilfeträger zT ebenfalls an das Alter zusätzlich aber an bestimmte Lebenslagen an. Eingliederungshilfeträger sind in Sachsen die Landkreise und kreisfreien Städte und der Kommunale Sozialverband Sachsen (§ 10 Sächs AGSGB).

Einzelne Bundesländer haben kommunale und landesweite Eingliederungshilfeträger bestimmt und die **Zuständigkeiten nach Aufgabenbereichen** zugeordnet. In **Bremen** ist das Land als Eingliederungshilfeträger für den Abschluss von Verträgen und die Wahrnehmung aller Aufgaben nach dem 8. Kapitel des SGB IX, den Erlass von Rahmenrichtlinien und die Grundsatzplanung zuständig, für alle anderen Aufgaben sind die Stadtgemeinden Bremen und Bremerhaven zuständig. Differenzierte Zuordnungen von Aufgaben an die kommunalen Eingliederungshilfeträger und das Land als Eingliederungshilfeträger finden sich in **Schleswig-Holstein** (§ 1 AG-SGB IX, Landkreise und kreisfreie Städte – Land), **Thüringen** (§§ 2 f. ThürAGSGB IX, Landkreise und kreisfreie Städte – Land), **Brandenburg** (§§ 3 f. AG-SGB IX, Landkreise und kreisfreie Städte – Land), **Mecklenburg-Vorpommern** (§ 4 AG-SGB IX M-V, Landkreise und kreisfreie Städte – Kommunaler Sozialverband M-V).

In **Bayern** sind für alle Aufgaben des Teil 2 des SGB IX die Bezirke Eingliederungshilfeträger (§ 66 d AGSG), in **Baden-Württemberg** sind es die Stadt- und Landkreise (§ 1 AGSGB IX).

III. Weitere Aufgaben der Länder – Abs. 3 bis 5

Abs. 3 verpflichtet die Bundesländer, die Träger der Eingliederungshilfe bei der Erfüllung ihres Sicherstellungsauftrags nach § 95 zu unterstützen. Es ist Aufgabe der Länder darauf hinzuwirken, dass ein landesweit flächendeckendes, bedarfsdeckendes, am Sozialraum orientiertes und inklusives Angebot von Leistungsanbietern entsteht und ausgebaut wird. Dem Land kommt insofern eine Planungs- Steuerungsverantwortung zu. Ein in allen Landesteilen vorhandenes Netz unterschiedlichster und flexibel gestaltbarer Angebote ist Voraussetzung dafür, dass die angestrebte personenzentrierte Leistungserbringung umgesetzt werden kann.[26]

Die Länder haben nach den Regelungen des Abs. 4 **Arbeitsgemeinschaften** auf Landesebene einzurichten. In den Arbeitsgemeinschaften arbeiten Vertreter des Ministeriums, die Eingliederungshilfeträger, der Leistungserbringer und Vertreter der Verbände für Menschen mit Behinderung zusammen. Die Länder können nach Abs. 4 Satz 3 nähere Regelungen zur Zusammensetzung und zum Verfahren in den Arbeitsgemeinschaften durch Rechtsverordnung erlassen. Die Mehrzahl der Ausführungsgesetze der Bundesländer zum SGB IX enthalten bereits Regelungen zu den Arbeitsgemeinschaften nach § 94 Abs. 4 sowie Regelungen zur Bestimmung der Vertreter und Vertreterinnen der Verbände für Menschen mit Behinderung.

Abs. 5 verpflichtet Bund und Länder zur bundesweiten Kooperation. Regelmäßige Treffen von Vertretern aus den Ländern, dem Bund sollen zum Erfahrungsaustausch und zur Evidenzbeobachtung genutzt werden. Die Länder können nen Vertreter und Vertreterinnen der Verbände der Leistungserbringer und der Verbände für Menschen mit Behinderungen mit hinzuziehen. Abs. 5 Satz 3

---

26 Vgl. hierzu BT-Drs. 18/9522, 273.

führt beispielhaft („insbesondere") einzelne Gegenstände der Evidenzbeobachtung und des Erfahrungsaustauschs auf. Die in dieser Zusammenarbeit gewonnenen Erkenntnisse sollen zur Weiterentwicklung der Eingliederungshilfe genutzt werden.

§ 95 Sicherstellungsauftrag

[1]Die Träger der Eingliederungshilfe haben im Rahmen ihrer Leistungsverpflichtung eine personenzentrierte Leistung für Leistungsberechtigte unabhängig vom Ort der Leistungserbringung sicherzustellen (Sicherstellungsauftrag), soweit dieser Teil nichts Abweichendes bestimmt. [2]Sie schließen hierzu Vereinbarungen mit den Leistungsanbietern nach den Vorschriften des Kapitels 8 ab. [3]Im Rahmen der Strukturplanung sind die Erkenntnisse aus der Gesamtplanung nach Kapitel 7 zu berücksichtigen.

I. Überblick – Entstehung

1 § 95 wurde durch Artikel 1 des Gesetzes zur Stärkung der Teilhabe und Selbstbestimmung von Menschen mit Behinderungen (Bundesteilhabegesetz – BTHG) vom 23.12.2016 mWz 1.1.2020 in das SGB IX eingefügt.[1] § 95 konkretisiert die allgemeinen Regelungen der §§ 1 Abs. 2, 17 Abs. 1 Nr. 2 SGB I zur Infrastrukturverantwortung der Sozialleistungsträger für den Bereich der Eingliederungshilfe. § 95 steht in einem inhaltlichen Zusammenhang mit § 94 Abs. 3 und 4 und § 96 Abs. 1.

II. Einzelheiten

2 Bereits die Regelung des § 1 Abs. 2 SGB I benennt als Aufgabe des Sozialrechts, „dazu bei(zu)tragen, daß die zur Erfüllung (…) erforderlichen Dienste und Einrichtungen rechtzeitig und ausreichend zur Verfügung stehen." Wer für den Aufbau, Erhalt und die Weiterentwicklung der notwendigen Infrastruktur von Leistungsangeboten verantwortlich sein soll, ergibt sich aus jener Regelung noch nicht. Daran knüpft § 17 Abs. 1 Nr. 2 SGB I an und erlegt die Verantwortung für die Infrastruktur den (öffentlichen) Sozialleistungsträgern auf. Diese Regelung verpflichtet die Sozialleistungsträger, „darauf hinzuwirken, dass die zur Ausführung von Sozialleistungen erforderlichen sozialen Dienste und Einrichtungen rechtzeitig und ausreichend zur Verfügung stehen." Die Formulierung in der allgemeinen Regelung des § 17 Abs. 1 Nr. 2 „darauf hinzuwirken" macht deutlich, dass die Sozialleistungsträger die Leistungen nicht durch eigene Dienste oder Einrichtungen erbringen müssen. Sie haben die Möglichkeit, auf vorhandene geeignete Angebote Dritter (freier Träger) zurückzugreifen. Die Regelung des § 17 Abs. 1 Nr. 2 SGB I lässt den Leistungsträgern aber auch Raum, eigene Angebote zu schaffen.

3 Im Gegensatz zum § 17 Abs. 1 Nr. 2 SGB I haben die Eingliederungshilfeträger nach § 95 S. 1 nicht nur „darauf hinzuwirken" dass eine personenzentrierte Leistung für Leistungsberechtigte unabhängig vom Ort der Leistungserbringung erfolgen kann, sie haben vielmehr **„sicherzustellen"**, dass in jedem Fall eine personenzentrierte Leistung (unabhängig vom Ort der Leistungserbringung) erfolgt. Satz 2 verweist als Mittel für die Umsetzung des **Sicherstellungsauftrags** auf das Vertragsrecht des 8. Kapitels (siehe dazu die Kommentierungen zu §§ 123 ff.). Damit wird zugleich deutlich, dass die Eingliederungshilfeträger

---

1 BGBl. 2016 I 3234.

in erster Linie auf Leistungsangebote Dritter zurückgreifen und das Schaffen eigener Angebote möglichst zurückstellen sollen. Wollen die Eingliederungshilfeträger den nach § 95 geforderten Sicherstellungsauftrag umsetzen, müssen sie mit Blick auf die Strukturplanung den (voraussichtlichen) Bedarf an Eingliederungshilfeleistungen bezogen auf die jeweilige Region zunächst analysieren. Hierbei sind nach Satz 3 die Erkenntnisse aus den Gesamtplanverfahren (siehe dazu die Kommentierungen zu §§ 117 ff.) einzubeziehen. Der ermittelte voraussichtliche Bedarf an unterschiedlichen Leistungen ist in einem weiteren Schritt dem vorhandenen Angebot (frei gemeinnütziger Träger, gewerblicher Träger, eigenen Angeboten) in der Region gegenüberzustellen. Ergibt sich eine Angebotslücke, so müssten die Eingliederungshilfeträger zunächst versuchen, die in der Region bereits tätigen freien Träger zu motivieren, ihr Angebot entsprechend anzupassen bzw. zu erweitern. In diesem Zusammenhang ist die nach § 96 Abs. 1 geforderte Zusammenarbeit mit Leistungsanbietern ein weiteres wichtiges Element (neben den Verträgen nach den §§ 123 ff.) zur Umsetzung des Sicherstellungsauftrags. Bleibt trotz aller Motivationsversuche eine Angebotslücke, müssen die Eingliederungshilfeträger im Notfall eigene Angebote entwickeln.[2] Andernfalls könnten sie dem Sicherstellungsauftrag des § 95 nicht gerecht werden.

Der Gesetzgeber hat dem Sicherstellungsauftrag für die Eingliederungshilfeträger eine unterstützende Verantwortung des jeweiligen Bundeslandes an die Seite gestellt. § 94 Abs. 3 und 4 SGB IX enthalten Elemente einer **Infrastrukturverantwortung für das Bundesland** (→ § 94 Rn. 10 f.). § 94 Abs. 5 SGB IX verpflichtet die Bundesländer zudem zu einem regelmäßigen **Treffen der Länder** unter Beteiligung des Bundes (→ § 94 Rn. 12). Diese **gestufte ineinandergreifende Verantwortung** von der regionalen Ebene über die Landesebene bis hin zu einem abgestimmten Handeln der Bundesländer insgesamt soll sicherstellen, dass die entsprechende Infrastruktur im gesamten Bundesgebiet entwickelt und weiterentwickelt wird. 4

Der Sicherstellungsauftrag besteht nach § 95 Satz 1 nur „im Rahmen der Leistungsverpflichtungen". Mit Blick auf die Leistungen nach § 111 besteht iVm § 61 Abs. 5 keine Verpflichtung der Eingliederungshilfeträger, Leistungen zur Beschäftigung bei privaten oder öffentlichen Arbeitgebern zu ermöglichen. Die Eingliederungshilfeträger sind gem. § 111 iVm § 60 Abs. 3 auch nicht verpflichtet, einem Leistungsberechtigten zu ermöglichen, die Leistungen durch einen anderen Anbieter anstelle durch eine WfbM zu erhalten.[3] Das bedeutet, dass die Eingliederungshilfeträger in die Strukturplanung Angebote anderer Träger iSd § 61 und geeignete Arbeitsstellen bei privaten und öffentlichen Arbeitgebern nicht miteinbeziehen müssen. 5

§ 96 Zusammenarbeit

(1) Die Träger der Eingliederungshilfe arbeiten mit Leistungsanbietern und anderen Stellen, deren Aufgabe die Lebenssituation von Menschen mit Behinderungen betrifft, zusammen.
(2) Die Stellung der Kirchen und Religionsgesellschaften des öffentlichen Rechts sowie der Verbände der Freien Wohlfahrtspflege als Träger eigener sozialer Auf-

---

2 Zu § 17 Abs. 1 Nr. 2 SGB I vgl. *Lilge/Gutzler* SGB I Sozialgesetzbuch Allgemeiner Teil, 5. Aufl. 2019, SGB I § 17 Rn. 32.
3 Vgl. hierzu BT-Drs. 18/9522, 274.

gaben und ihre Tätigkeit zur Erfüllung dieser Aufgaben werden durch diesen Teil nicht berührt.
(3) Ist die Beratung und Sicherung der gleichmäßigen, gemeinsamen oder ergänzenden Erbringung von Leistungen geboten, sollen zu diesem Zweck Arbeitsgemeinschaften gebildet werden.
(4) Sozialdaten dürfen im Rahmen der Zusammenarbeit nur verarbeitet werden, soweit dies zur Erfüllung von Aufgaben nach diesem Teil erforderlich ist oder durch Rechtsvorschriften des Sozialgesetzbuches angeordnet oder erlaubt ist.

I. Überblick – Entstehung 1	III. Stellung der Kirchen, Religionsgesellschaften und Wohlfahrtsverbände – Abs. 2 6
II. Zusammenarbeit und Arbeitsgemeinschaften – Abs. 1 und 3 2	IV. Datenschutz – Abs. 4 11

I. Überblick – Entstehung

1 § 96 wurde durch Artikel 1 des Gesetzes zur Stärkung der Teilhabe und Selbstbestimmung von Menschen mit Behinderungen (Bundesteilhabegesetz – BTHG) vom 23.12.2016 mWz 1.1.2020 in das SGB IX eingefügt.[1] Abs. 4 wurde noch vor seinem Inkrafttreten durch Art. 130 Nr. 2 des Zweiten Datenschutz-Anpassungs- und Umsetzungsgesetz EU geändert.[2] Im Satz 1 wurde anstelle der Worte „erhoben, verarbeitet oder genutzt" das Wort „verarbeitet" eingesetzt. Die früheren Sätze 2 und 3 des Abs. 4 wurden gestrichen. Sie enthielten Informationspflichten gegenüber den Leistungsberechtigten, die sich bereits direkt aus der DS-GVO-EU ergeben. Abs. 1 wurde in Anlehnung an den § 4 Abs. 1 SGB XII, Abs. 3 in Anlehnung an den § 4 Abs. 2 formuliert. § 96 Abs. 2 entspricht dem § 5 Abs. 1 SGB XII.

II. Zusammenarbeit und Arbeitsgemeinschaften – Abs. 1 und 3

2 § 96 Abs. 1 verpflichtet die Eingliederungshilfeträger mit Leistungsanbietern sowie mit allen Stellen, deren Aufgabe die Lebenssituation von Menschen mit Behinderungen betrifft, zusammenzuarbeiten. Es handelt sich um eine objektiv-rechtliche Verpflichtung. Leistungsanbieter haben keinen subjektiven Rechtsanspruch, mit dem sie eine Umsetzung der Verpflichtung erzwingen könnten.[3] Der Gesetzgeber sieht in der Zusammenarbeit aller in Abs. 1 genannten Stellen eine Grundvoraussetzung dafür, dass die mit den Leistungen der Eingliederungshilfe angestrebten Ziele bei den Leistungsberechtigten erreicht werden können.[4]

3 Abs. 1 benennt zunächst alle **Leistungsanbieter** als Stellen, mit den die Eingliederungshilfeträger zusammenzuarbeiten haben. Das betrifft zunächst die im Abs. 2 besonders hervorgehobenen frei-gemeinnützigen Träger: Kirchen, Religionsgesellschaften des öffentlichen Rechts und die Verbände der Freien Wohlfahrtspflege. Das betrifft aber auch alle anderen (frei-gemeinnützigen und privat-gewerblichen) Anbieter von Eingliederungshilfeleistungen.

4 Neben den Leistungsanbietern haben die Eingliederungshilfeträger alle **anderen Stellen**, deren Aufgabe die Lebenssituation von Menschen mit Behinderungen betrifft, in die Zusammenarbeit einzubeziehen. Das betrifft insbes. die Rehabilitationsträger nach § 6 Abs. 1 Nr. 1 bis 6. Neben Leistungen der Eingliederungs-

---

[1] BGBl. I 3234.
[2] G v. 20.11.2019, BGBl. I 1626.
[3] Vgl. zur Regelung des § 4 SGB XII *Münder* in LPK-SGB XII § 4 Rn. 5.
[4] BT-Drs. 18/9522, 274.

hilfe treten im Einzelfall weitere andere Sozialleistungen. Deshalb ist eine Zusammenarbeit auch mit anderen Sozialleistungsträgern notwendig, zB mit Trägern von Leistungen nach dem SGB II, dem SGB VIII, dem SGB XI und dem SGB XII. Die Gesetzesbegründung hebt die Notwendigkeit eines regelmäßigen Informationsaustauschs der Eingliederungshilfeträger mit den Trägern der Kinder- und Jugendhilfe (SGB VIII) hervor, um Kinder und Jugendliche mit Behinderungen effektiv unterstützen zu können.[5] Zu den anderen Stellen, deren Aufgabe die Lebenssituation der Menschen mit Behinderungen betrifft, zählen schließlich die Interessenvertretungen der Menschen mit Behinderungen.

Nach Abs. 3 sollen die Eingliederungshilfeträger **Arbeitsgemeinschaften** bilden, wenn dies zum Erreichen und zur Sicherung des Ziels einer gleichmäßigen, gemeinsamen oder ergänzenden Erbringung von Leistungen geboten ist. Die Gesetzesbegründung hält Arbeitsgemeinschaften auf allen Ebenen, der kommunalen, der Landes- und der Bundesebene für sinnvoll. Der Bundesgesetzgeber hat auf nähere Regelungen verzichtet, da sich „die Bildung von Arbeitsgemeinschaften und deren Zusammensetzung (…) weitgehend nach den Bedürfnissen der Praxis" richten.[6]

III. Stellung der Kirchen, Religionsgesellschaften und Wohlfahrtsverbände – Abs. 2

Kirchen, Religionsgesellschaften des öffentlichen Rechts und Verbände der Freien Wohlfahrtspflege sind nach § 96 Abs. 2 **Träger eigener sozialer Aufgaben.**

Kirchen sind Religionsgesellschaften iSd Art. 140 GG iVm Art. 137 WRV. Sie haben den Status „Körperschaft des öffentlichen Rechts" entweder nach Art. 137 Abs. 5 Satz 1 WRV iVm Art. 140 GG weiter behalten oder diesen Status später auf Antrag nach den Regelungen des Art. 140 GG iVm Art. 137 Abs. 5 Satz 2 WRV iVm dem jeweiligen Landesrecht zuerkannt bekommen. **Religionsgesellschaften des öffentlichen Rechts** sind Religionsgesellschaften, denen ebenfalls der Status „Körperschaft des öffentlichen Rechts" nach Art. 137 Abs. 5 Satz 2 WRV iVm Art. 140 GG iVm dem jeweiligen Landesrecht zuerkannt wurde.[7] Voraussetzung für die Zuerkennung des Status „Körperschaft des öffentlichen Rechts" ist nach Art. 137 Abs. 5 Satz 2 WRV die Gewähr der Dauerhaftigkeit der Gemeinschaft. Heranzuziehende Kriterien sind die Bestimmungen der Satzung der Religionsgemeinschaft (Regelungen des organisatorischen Aufbaus, der Organe, der Willensbildung) sowie die Zahl ihrer Mitglieder. Die Religionsgesellschaft muss in ihrem „Gesamtzustand" erkennen lassen, dass sie zu einer langfristig angelegten Kooperation mit dem Staat in der Lage ist.[8] Eine weitere unbenannte Voraussetzung für die Zuerkennung des Status „Körperschaft des öffentlichen Rechts" ist die Verfassungstreue der Religionsgesellschaft. Sie muss für die Zukunft gewährleisten, dass sie die im Art. 79 Abs. 3 GG aufgeführten „unberührbaren" Verfassungsprinzipien (Art. 1 GG: Menschenwürde; Art. 20 GG: Rechtsstaat, Demokratie) mit ihrem Verhalten nicht gefährden wird.[9]

Wie der Begriff **„Verbände der Freien Wohlfahrtspflege"** zu verstehen ist, ist umstritten. Nach einem sehr weiten Verständnis umfasst der Begriff sowohl die

---

5 Vgl. BT-Drs. 18/9522, 274.
6 Vgl. BT-Drs. 18/9522, 274.
7 Vgl. hierzu *Unruh* in v. Mangoldt/Klein/Starck GG Art. 137 WRV Rn. 202 f.
8 Vgl. hierzu ausführlich *Unruh* in v. Mangoldt/Klein/Starck GG Art. 137 WRV Rn. 204 ff.
9 Vgl. BVerfG 19.12.2000 – 2 BvR 1500/97, Rn. 91 ff.; vgl. hierzu ausführlich *Unruh* in v. Mangoldt/Klein/Starck GG Art. 137 WRV.

großen Wohlfahrtsverbände auf Landes und Bundesebene (Bundesebene: Deutscher Caritasverband eV, Evangelisches Werk für Diakonie und Entwicklung, Arbeiterwohlfahrt eV, Deutsches Rotes Kreuz eV, Deutscher Paritätischer Wohlfahrtsverband eV, Zentralwohlfahrtsstelle der Juden in Deutschland eV) als auch alle einzelnen Mitglieder dieser Verbände sowie alle anderen Organisationseinheiten, die ohne Gewinnerzielungsabsicht und ohne in die Verwaltungseinheit eines öffentlichen Träger einbezogen bzw. von diesem beliehen worden zu sein, Menschen mit unterschiedlichen Unterstützungsbedarfen Hilfeleistungen zukommen lassen.[10] Demgegenüber steht ein enges Verständnis, nach dem der Begriff „Verbände" lediglich die föderativen und überlokalen Organisationseinheiten umfasst,[11] in denen sich verschiedene freie gemeinnützige Träger mehr oder weniger eng zusammengeschlossen haben. Für ein enges Verständnis des Begriffs „Verband" im § 96 spricht, dass der Gesetzgeber an mehreren Stellen des Teil 2 des SGB IX zwischen den Begriffen „Träger eines Leistungserbringers" und dem „Verband" dem ein Leistungserbringer angehört, unterscheidet (zB § 123 Abs. 1, dazu → § 123 Rn. 9, § 131 Abs. 1 Satz 3, dazu → § 131 Rn. 2 ff.).[12] Dieser Streit braucht nicht entschieden zu werden. Denn neben dem § 96 findet im Bereich des Teil 2 des SGB IX nach § 37 SGB I auch § 17 Abs. 3 SGB I Anwendung, der die besondere Rolle jedes einzelnen freien gemeinnützigen Trägers hervorhebt (→ Rn. 10).

9 Die Gesetzesbegründung verweist auf die lange Tradition dieses Grundsatzes, dessen Ursprünge bis in die Weimarer Republik zurückreichen.[13] § 96 Abs. 2 hebt die Verbände der Freien Wohlfahrtspflege und die Religionsgesellschaften des öffentlichen Rechts aus dem Kreis der Leistungserbringer besonders hervor. Die öffentlichen Leistungsträger, die Eingliederungshilfeträger, sind verpflichtet, mit den genannten Religionsgesellschaften und den Verbänden der Freien Wohlfahrtspflege zum Wohl der Leistungsberechtigten zu kooperieren. Der Gesetzgeber knüpft mit dieser Regelung an die Praxis an, die sich in der Weimarer Republik entwickelt hat. In den Art. 151 ff. der Weimarer Reichsverfassung (WRV von 1919)[14] wurden erstmals sozialstaatliche Grundsätze verfassungsrechtlich verankert.[15] Die zur Umsetzung wohlfahrtsstaatlicher Aufgaben verpflichteten öffentlichen Träger fanden in der Gesellschaft bereits viele private Einrichtungen, Dienste und Initiativen auf dem Feld der Wohlfahrtspflege vor. Diese hatten sich insbesondere im Umfeld von Kirchen- und Religionsgemeinschaften entwickelt.[16] Die widerstreitenden Bestrebungen in der Weimarer Republik zwischen der Ausweitung staatlicher und kommunaler Aufgabenwahrnehmung beim Auf- und Ausbau des Wohlfahrtsstaates einerseits und der Betonung eines Vorrangs privat-gemeinnütziger Akteure auf dem Gebiet sozialer Aufgabenwahrnehmung andererseits mündeten ein in den Grundsatz eines „Zusammenwirkens" der öffentlichen mit den freien gemeinnützigen Trägern. Dieser Grundsatz, der sich bereits im § 6 des Reichsjugendwohlfahrtsgesetz

---

10 Vgl. zur Regelung des § 5 SGB XII *Münder* in LPK-SGB XII § 5 Rn. 8.
11 Vgl. zum früheren § 10 BSHG *Neumann*, Freiheitsgefährdung im kooperativen Sozialstaat, S. 77; vgl. auch *Münder* in LPK-SGB XII § 5 Rn. 8.
12 Vgl. zur Verwendung der Begriffe im früheren BSHG *Neumann*, Freiheitsgefährdung im kooperativen Sozialstaat, S. 77.
13 Vgl. BT-Drs. 18/9522, 274.
14 Die Verfassung des Deutschen Reichs v. 11.8.1919, RGBl. 1919, 1383.
15 Zur Entwicklung des Begriffs „Sozialstaat" vgl. *Sommermann* in v. Mangoldt/Klein/Starck Art. 20 Rn. 99 ff.
16 Vgl. zum ganzen eingehend *Boeßenecker/Vilain*, Spitzenverbände der Freien Wohlfahrtspflege, 2. Aufl. 2013.

vom 9. 7. 1922[17] andeutete, wurde im § 5 der Fürsorgepflichtverordnung vom 13. 2. 1924[18] verankert.[19] § 5 Abs. 4 der Fürsorgepflichtverordnung enthielt für die öffentlichen Fürsorgestellen ua folgende Verpflichtung: „sie sollen darauf hinwirken, daß öffentliche und freie Wohlfahrtspflege sich zweckmäßig ergänzen und in Formen zusammenarbeiten, die der Selbständigkeit beider gerecht werden." Der Bundesgesetzgeber übernahm diesen Grundsatz 1961 und formulierte die Regelungen zur Zusammenarbeit im § 10 BSHG aF in enger inhaltlicher Anlehnung an die Regelungen des § 5 der Reichsfürsorgepflichtverordnung.[20] § 5 SGB XII entspricht den Regelungen des § 10 BSHG aF.

§ 96 Abs. 2 steht in enger Verbindung mit dem ebenfalls zu beachtenden § 17 Abs. 3 SGB I (→ Rn. 8). Nach § 17 Abs. 3 Satz 3 SGB I haben die Eingliederungshilfeträger die „Selbständigkeit" jedes freien gemeinnützigen Trägers (nicht nur der Verbände) „in Zielsetzung und Durchführung ihrer Aufgaben zu achten". Werden freie gemeinnützige Träger auf dem Gebiet der Eingliederungshilfe tätig und erbringen sie dabei Leistungen, die den Leistungsberechtigten von den Eingliederungshilfeträgern bewilligt worden sind, so werden die freien gemeinnützigen Träger dennoch nicht „im Auftrag" der öffentlichen Eingliederungshilfeträger tätig. Die Tätigkeiten der freien gemeinnützigen Träger auf sozialem Gebiet gründen auf ihrem jeweiligen religiösen bzw. weltanschaulichen Selbstverständnis. Für ihre karitative, soziale Tätigkeit können sich Kirchen, Religions- und Weltanschauungsgemeinschaften auf das Grundrecht aus Art. 4 GG gegebenenfalls in Verbindung mit Art. 140 GG iVm Art. 137 Abs. 3 und 7 WRV stützen.[21] Dort, wo freie Träger Leistungen im Sinne des Sozialgesetzbuchs erbringen, überschneiden sich lediglich die sozialstaatlichen Aufgaben des Staates mit den eigenen Aufgaben der freien Träger.[22] Deshalb haben die Eingliederungshilfeträger das Selbstverständnis der freien gemeinnützigen Träger auch dann zu achten, wie diese als Erbringer von Eingliederungshilfeleistungen iSd Teil 2 des SGB IX tätig werden. § 17 Abs. 3 Satz 4 Hs. 2 SGB I verbietet es den Sozialleistungsträgern, die Regelungen zum Auftragsverhältnis (§ 97 Abs. 1 S. 1–4 und Abs. 2 SGB X) im Verhältnis zu den freien Trägern anzuwenden.

IV. Datenschutz – Abs. 4

Nach Abs. 4 dürfen Sozialdaten im Rahmen der Zusammenarbeit nach Abs. 1 nur verarbeitet werden, wenn und soweit dies zur Erfüllung von Aufgaben des Teil 2 des SGB IX erforderlich oder durch eine Rechtsvorschrift des Sozialgesetzbuchs angeordnet oder erlaubt ist. Diese Vorschrift wurde eingefügt, weil nicht ganz ausgeschlossen werden könne, dass personenbezogene Daten im Rahmen der Zusammenarbeit verarbeitet werden.[23] Die Eingliederungshilfeträger haben im Zusammenhang mit der Verarbeitung von Sozialdaten die Rege-

---

17 RGBl. I 1922, 633.
18 RGBl. I 1924, 100.
19 Vgl. hierzu näher *Sachße/Tennstedt*, Geschichte der Armenfürsorge in Deutschland, 1988, S. 169 f. mit Verweis auf *Erwin Ritter*, Denkschrift über die Vorarbeiten zu einem Reichswohlfahrtsgesetz, in Dünner (Hrsg.), Reichsfürsorgerecht, 1925, S. 81. Vgl. auch *Gerhard A. Ritter*, Der Sozialstaat, 3. Aufl. 2010, S. 106; *Banafsche*, Das Recht der Leistungserbringung in der Kinder- und Jugendhilfe zwischen Korporatismus und Wettbewerb, 2010, S. 16 ff.
20 Vgl. BT-Drs. 3/1799.
21 Vgl. hierzu ausführlich *Neumann*, Freiheitsgefährdung im kooperativen Sozialstaat, S. 14 ff.
22 Vgl. hierzu *Neumann/Sommer* in LPK-SGB I, 3. Aufl. 2014, § 17 Rn. 29.
23 Vgl. BT-Drs. 18/9522, 274.

lungen der DS-GVO-EU, des § 35 SGB I sowie der §§ 67–85 a SGB X zu beachten.

12 Nach § 35 Abs. 2 SGB I sind die Regelungen zur Verarbeitung von Sozialdaten für den gesamten Sozialrechtsbereich abschließend im 2. Kapitel des SGB X und den übrigen Büchern des SGB geregelt, „soweit nicht die (…) Datenschutz-Grundverordnung (…) unmittelbar gilt." Eine „Verarbeitung" von Sozialdaten ist nur erlaubt, wenn ein Erlaubnistatbestand iSd Art. 6 Abs. 1 DS-GVO-EU vorliegt. Für den Begriff der „Verarbeitung" gilt jetzt unmittelbar die Definition des Art. 4 Nr. 2 DS-GVO-EU: Danach erfasst der Begriff
„‚Verarbeitung' jeden mit oder ohne Hilfe automatisierter Verfahren ausgeführten Vorgang oder jede solche Vorgangsreihe im Zusammenhang mit personenbezogenen Daten wie das Erheben, das Erfassen, die Organisation, das Ordnen, die Speicherung, die Anpassung oder Veränderung, das Auslesen, das Abfragen, die Verwendung, die Offenlegung durch Übermittlung, Verbreitung oder eine andere Form der Bereitstellung, den Abgleich oder die Verknüpfung, die Einschränkung, das Löschen oder die Vernichtung."

13 Den Begriff der „Sozialdaten" definiert § 67 Abs. 2 Satz 1: „Sozialdaten sind personenbezogene Daten (Artikel 4 Nummer 1 der Verordnung (EU) 2016, 679), die von einer in § 35 des Ersten Buches genannten Stelle im Hinblick auf ihre Aufgabe nach diesem Gesetzbuch verarbeitet werden."

14 Der Eingliederungshilfeträger muss in Zusammenhang mit der Erhebung von Sozialdaten die sich unmittelbar aus Art. 13 (Erhebung bei der betroffenen Person) bzw. Art. 14 DS-GVO-EU (Erhebung bei Dritten) ergebenden **Informationspflichten** beachten. Die Informationen müssen gem. Art. 13 Abs. 1 bzw. Art. 14 Abs. 1 DS-GVO-EU ua folgende Angaben enthalten: Kontaktdaten des „Verantwortlichen" iSd Art. 4 Nr. 7 DS-GVO-EU, Kontaktdaten des Datenschutzbeauftragten, Zweck und Rechtsgrundlage der Datenverarbeitung. Nach Art. 13 Abs. 2 bzw. Art. 14 Abs. 2 DS-GVO-EU sind die betreffenden Personen zusätzlich über die voraussichtliche Dauer der Datenspeicherung sowie über ihre Rechte nach Art. 15 ff. DS-GVO-EU zu informieren.

§ 97 Fachkräfte

¹Bei der Durchführung der Aufgaben dieses Teils beschäftigen die Träger der Eingliederungshilfe eine dem Bedarf entsprechende Anzahl an Fachkräften aus unterschiedlichen Fachdisziplinen. ²Diese sollen
1. eine ihren Aufgaben entsprechende Ausbildung erhalten haben und insbesondere über umfassende Kenntnisse
   a) des Sozial- und Verwaltungsrechts,
   b) über Personen, die leistungsberechtigt im Sinne des § 99 Absatz 1 bis 3 sind, oder
   c) von Teilhabebedarfen und Teilhabebarrieren
   verfügen,
2. umfassende Kenntnisse über den regionalen Sozialraum und seine Möglichkeiten zur Durchführung von Leistungen der Eingliederungshilfe haben sowie
3. die Fähigkeit zur Kommunikation mit allen Beteiligten haben.

³Soweit Mitarbeiter der Leistungsträger nicht oder nur zum Teil die Voraussetzungen erfüllen, ist ihnen Gelegenheit zur Fortbildung und zum Austausch mit Menschen mit Behinderungen zu geben. ⁴Die fachliche Fortbildung der Fach-

kräfte, die insbesondere die Durchführung der Aufgaben nach den §§ 106 und 117 umfasst, ist zu gewährleisten.

I. Überblick – Entstehung

§ 97 wurde durch Artikel 1 des Gesetzes zur Stärkung der Teilhabe und Selbstbestimmung von Menschen mit Behinderungen (Bundesteilhabegesetz – BTHG) vom 23.12.2016 mWz 1.1.2020 in das SGB IX eingefügt.[1] Mit Art. 7 Nr. 14 des Teilhabestärkungsgesetzes v. 2.6.2021[2] hat der Gesetzgeber mWz 1.7.2021 im Satz 1 Nr. 1 b die Worte „den leistungsberechtigten Personenkreis nach § 99" durch die Worte „Personen, die leistungsberechtigt im Sinne des § 99 Absatz 1 bis 3 sind" ersetzt. Es handelt sich um eine Folgeänderung, die wegen der Änderung des § 99 durch Art. 7 Nr. 15 Teilhabestärkungsgesetz erforderlich wurde (vgl. näher → § 99 Rn. 1 ff.). Der Gesetzgeber knüpft mit § 97 an § 6 SGB XII an, der für den Bereich der Sozialhilfe allgemeine Anforderungen an die Fachkräfte der Sozialhilfeträger stellt, und entwickelt die Regelung für den Bereich der Eingliederungshilfe inhaltlich weiter.[3]

II. Einzelheiten

Die Eingliederungshilfeträger können den Aufgaben der Eingliederungshilfe nach § 90 (→ § 90 Rn. 1 ff.) und ihrem Sicherstellungsauftrag nach § 95 (→ § 95 Rn. 1 ff.) nur gerecht werden, wenn sie Fachkräften beschäftigen, deren Qualifikationen, Kenntnisse und Kompetenzen den erwarten lassen, dass der Eingliederungshilfeträger mit seinem Personal bei der Durchführung der Eingliederungshilfe den Anforderungen des Teils 2 des SGB IX gerecht werden kann. Der Einsatz qualifizierter Fachkräfte kann zu einer besseren Zielgenauigkeit der Leistungen führen. Dies liege – so die Gesetzesbegründung – sowohl im Interesse der Leistungsberechtigten als auch im Interesse des Eingliederungshilfeträgers, da zielgenauere Leistungen auch zu Kosteneinsparungen führen können.[4] Satz 2 Nr. 1 hebt beispielhaft einige Kenntnis- und Kompetenzbereiche hervor: Die besonderen Kenntnisse der Sozial- und Verwaltungsrechts (Satz 2 Nr. 1 a), insbesondere des gesamten Rehabilitationsrechts sind erforderlich, um den Anforderungen, die sich aus den Regelungen zur Koordinierung der Leistungen (§§ 14 ff.) und zum Gesamtplanverfahren (§§ 117 ff.) ergeben, erfüllen zu können. Ohne Fachkräfte mit Kenntnissen zum leistungsberechtigten Personenkreis nach § 99 (Satz 2 Nr. 1 b, → § 99 Rn. 1 ff.) lassen sich die Aufgaben der Eingliederungshilfe nicht erfüllen. Satz 2 Nr. 1 c benennt Kenntnisse von Teilhabebedarfen und Teilhabebarrieren. Dies umschließt Kenntnisse im Bereich der UN-BRK[5] und der Internationalen Klassifikation der Funktionsfähigkeit, Behinderung und Gesundheit (ICF). Alle Fachkräfte sollen nach Satz 2 Nr. 2 über umfassende Kenntnisse über den regionalen Sozialraum und seine Möglichkeiten zur Erbringung von Eingliederungshilfeleistungen verfügen. Satz 2 Nr. 3 hebt die Fähigkeit der Fachkräfte zur Kommunikation mit allen Beteiligten hervor. Neben der allgemeinen kommunikativen Kompetenz können in der Kommunikation mit Leistungsberechtigten zusätzliche Kompetenzen erforderlich sein (zB Gebärdensprache, taktiles Gebärden, Lormen[6] oder Kompetenzen in der Verwendung leichter Sprache).

---

1 BGBl. I 3234.
2 BGBl. 2021 I 1387 (1394).
3 BT-Drs. 18/9522, 274.
4 Vgl. BT-Drs. 18/9522, 275.
5 Vgl. BT-Drs. 18/9522, 275.
6 Vgl. Gesetzesbegründung zu § 124 Abs. 2: BT-Drs. 18/9522, 295.

3 Fachkräften, denen erforderliche Fachkenntnisse iSd Satz 2 fehlen, sind nach Satz 3 vom Eingliederungshilfeträger Möglichkeiten zu eröffnen, Kenntnisse und Kompetenzen im Rahmen von Fortbildungen sowie im Austausch mit Menschen mit Behinderungen zu erwerben bzw. zu erweitern. Für Fachkräfte, deren Aufgaben im Bereich der Beratung und Unterstützung nach § 106 (→ § 106 Rn. 3) bzw. in der Durchführung der Gesamtplanung nach § 117 (→ § 117 Rn. 1 ff.) liegen, haben die Eingliederungshilfeträger eine (kontinuierliche) Weiterbildung zu gewährleisten. Der Gesetzgeber verweist auf die besondere Bedeutung dieser Aufgabenbereiche.[7]

§ 98 Örtliche Zuständigkeit

(1) ¹Für die Eingliederungshilfe örtlich zuständig ist der Träger der Eingliederungshilfe, in dessen Bereich die leistungsberechtigte Person ihren gewöhnlichen Aufenthalt zum Zeitpunkt der ersten Antragstellung nach § 108 Absatz 1 hat oder in den zwei Monaten vor den Leistungen einer Betreuung über Tag und Nacht zuletzt gehabt hatte. ²Bedarf es nach § 108 Absatz 2 keines Antrags, ist der Beginn des Verfahrens nach Kapitel 7 maßgeblich. ³Diese Zuständigkeit bleibt bis zur Beendigung des Leistungsbezuges bestehen. ⁴Sie ist neu festzustellen, wenn für einen zusammenhängenden Zeitraum von mindestens sechs Monaten keine Leistungen bezogen wurden. ⁵Eine Unterbrechung des Leistungsbezuges wegen stationärer Krankenhausbehandlung oder medizinischer Rehabilitation gilt nicht als Beendigung des Leistungsbezuges.
(2) ¹Steht innerhalb von vier Wochen nicht fest, ob und wo der gewöhnliche Aufenthalt begründet worden ist, oder ist ein gewöhnlicher Aufenthalt nicht vorhanden oder nicht zu ermitteln, hat der für den tatsächlichen Aufenthalt zuständige Träger der Eingliederungshilfe über die Leistung unverzüglich zu entscheiden und sie vorläufig zu erbringen. ²Steht der gewöhnliche Aufenthalt in den Fällen des Satzes 1 fest, wird der Träger der Eingliederungshilfe nach Absatz 1 örtlich zuständig und hat dem nach Satz 1 leistenden Träger die Kosten zu erstatten. ³Ist ein gewöhnlicher Aufenthalt im Bundesgebiet nicht vorhanden oder nicht zu ermitteln, ist der Träger der Eingliederungshilfe örtlich zuständig, in dessen Bereich sich die leistungsberechtigte Person tatsächlich aufhält.
(3) Werden für ein Kind vom Zeitpunkt der Geburt an Leistungen nach diesem Teil des Buches über Tag und Nacht beantragt, tritt an die Stelle seines gewöhnlichen Aufenthalts der gewöhnliche Aufenthalt der Mutter.
(4) ¹Als gewöhnlicher Aufenthalt im Sinne dieser Vorschrift gilt nicht der stationäre Aufenthalt oder der auf richterlich angeordneter Freiheitsentziehung beruhende Aufenthalt in einer Vollzugsanstalt. ²In diesen Fällen ist der Träger der Eingliederungshilfe örtlich zuständig, in dessen Bereich die leistungsberechtigte Person ihren gewöhnlichen Aufenthalt in den letzten zwei Monaten vor der Aufnahme zuletzt hatte.
(5) ¹Bei Personen, die am 31. Dezember 2019 Leistungen nach dem Sechsten Kapitel des Zwölften Buches in der am 31. Dezember 2019 geltenden Fassung bezogen haben und auch ab dem 1. Januar 2020 Leistungen nach Teil 2 dieses Buches erhalten, ist der Träger der Eingliederungshilfe örtlich zuständig, dessen örtliche Zuständigkeit sich am 1. Januar 2020 im Einzelfall in entsprechender Anwendung von § 98 Absatz 1 Satz 1 oder Absatz 5 des Zwölften Buches oder in entsprechender Anwendung von § 98 Absatz 2 Satz 1 und 2 in Verbindung

---

[7] BT-Drs. 18/9522, 275.

mit § 107 des Zwölften Buches ergeben würde. ²Absatz 1 Satz 3 bis 5 gilt entsprechend. ³Im Übrigen bleiben die Absätze 2 bis 4 unberührt.

| I. Überblick – Entstehung | 1 | III. Tatsächlicher Aufenthalt als Anknüpfungspunkt – Abs. 2 | 9 |
| II. Gewöhnlicher Aufenthalt als Anknüpfungspunkt – Abs. 1, 3 und 4 | 3 | IV. Übergangsregelung – Abs. 5 | 15 |

I. Überblick – Entstehung

Die Absätze 1 bis 4 des § 98 wurden durch Artikel 1 des Gesetzes zur Stärkung der Teilhabe und Selbstbestimmung von Menschen mit Behinderungen (Bundesteilhabegesetz – BTHG) vom 23.12.2016 mWz 1.1.2020 in das SGB IX eingefügt.[1] Art. 2 Nr. 6 des Angehörigen-Entlastungsgesetzes erweiterte die Regelung um den Abs. 5.[2] Abs. 1 Sätze 1 bis 2, Abs. 2 Satz 1 und Abs. 3 entsprechen inhaltlich den Regelungen des § 98 Abs. 2 des SGB XII. Abs. 2 Satz 2 entspricht inhaltlich dem § 106 Abs. 1 SGB XII. 1

§ 98 regelt die örtliche Zuständigkeit eines nach § 94 sachlich zuständigen Eingliederungshilfeträgers. Für Personen, die bereits vor dem 1.1.2020 Eingliederungshilfeleistungen bezogen haben, enthält Abs. 5 eine Übergangsregelung, die für die örtliche Zuständigkeit auf eine entsprechende Anwendung des § 98 Abs. 1 Satz 1 oder Abs. 5 bzw. des § 98 Abs. 2 Sätze 1 und 2 iVm § 107 SGB XII verweist. 2

II. Gewöhnlicher Aufenthalt als Anknüpfungspunkt – Abs. 1, 3 und 4

Abs. 1 Satz 1 knüpft zur Bestimmung der örtlichen Zuständigkeit eines nach § 94 sachlich zuständigen Eingliederungshilfeträgers für alle Leistungen der Eingliederungshilfe an den gewöhnlichen Aufenthalt der leistungsberechtigten Person an. Im Bereich des Sozialhilferechts bestimmt sich die örtliche Zuständigkeit des Sozialhilfeträgers für ambulante und teilstationäre Leistungen gem. § 98 Abs. 1 Satz 1 SGB XII nach dem tatsächlichen Aufenthalt. Nur für stationäre Leistungen der Sozialhilfe ist gem. § 98 Abs. 2 Satz 1 SGB XII der gewöhnliche Aufenthalt maßgebend. Diese am gewöhnlichen Aufenthalt anknüpfende Zuständigkeitsregelung für stationäre Leistungen der Sozialhilfe im § 98 Abs. 2 Satz 1 SGB XII sollte verhindern, dass Sozialhilfeträger, in deren örtlichen Zuständigkeitsbereichen sich stationäre Einrichtungen befinden, im Vergleich zu anderen Sozialhilfeträgern überproportional mit Sozialhilfeausgaben belastet werden.[3] Aus der Gesetzesbegründung zum § 98 ergibt sich nicht, warum der Gesetzgeber für alle Leistungen der Eingliederungshilfe an den gewöhnlichen und nicht an den tatsächlichen Aufenthalt (mit Ausnahme der Konstellationen nach Abs. 2) anknüpft. Es ist zu vermuten, dass der gleiche Schutzgedanke Grund für die Regelung ist wie derjenige, der im Sozialhilferecht zur Regelung des § 98 Abs. 2 Satz 1 SGB XII geführt hat. Im Eingliederungshilferecht des Teil 2 des SGB IX wird zwar nicht mehr zwischen ambulanten, teilstationären und stationären Leistungen unterschieden. Dennoch bestehen auch weiterhin regionale Unterschiede hinsichtlich der Infrastruktur zur Leistungserbringung. Es wird weiterhin Gebiete geben, in denen es weniger oder keine besonderen 3

---

1 BGBl. I 3234.
2 G v. 10.12.2019, BGBl. I 2135.
3 Vgl. ua *Schlette* in Hauck/Noftz SGB XII K § 98 Rn. 42; *Hohm* in Schellhorn/Hohm/Scheider/Legros SGB XII § 98 Rn. 29; BSG 23.8.2013 – B 8 SO 14/12 R, Rn. 17 mit Verweis auf BT-Drs. 3/1799, 35.

Wohnformen für Menschen mit Behinderungen bzw. keine Einrichtungen geben wird, die für Kinder und Jugendliche Leistungen über Tag und Nacht erbringen. In anderen Gebieten dagegen bestehen solche Wohnformen oder Einrichtungen. Die Anknüpfung am gewöhnlichen Aufenthalt der leistungsberechtigten Person soll auch zukünftig davor schützen, dass einzelne Eingliederungshilfeträger, in deren Einzugsgebiet solche Wohnformen bzw. Einrichtungen bestehen, finanziell wesentlich mehr belastet werden als andere Eingliederungshilfeträger.

4 Maßgebend ist entweder der gewöhnliche Aufenthalt vor dem **Zeitpunkt der ersten Antragstellung** bzw. in den **zwei Monaten vor den Leistungen einer Betreuung über Tag und Nacht**. Die erste Alternative (vor der ersten Antragstellung) betrifft Personen, die erstmals nach dem 31.12.2019 Leistungen benötigen. Mit Inkrafttreten des Teil 2 des SGB IX werden Eingliederungshilfeleistungen nach § 108 Abs. 1 Satz 1 nur auf Antrag bewilligt (→ § 108 Rn. 1 ff.). Der Antrag muss nicht bei dem (zuständigen) Eingliederungshilfeträger eingegangen sein. Wegen der Zuständigkeitsklärungsregelungen des § 14 ist der Eingang des Antrags bei irgendeinem Rehabilitationsträger iSd § 6 Abs. 1 ausreichend. Das gilt auch, wenn der Antrag zwar bei einem Eingliederungshilfeträger gestellt worden ist, dieser aber seine örtliche Zuständigkeit abstreitet. Die Regelungen des § 14 sind auch bei Meinungsverschiedenheiten über die örtliche Zuständigkeit anzuwenden (→ § 14 Rn. 5). Deshalb reicht der Antragseingang bei einem örtlich unzuständigen Eingliederungshilfeträger aus. Das Antragserfordernis ist durch § 108 Abs. 2 durchbrochen. Danach bedarf es für die Bewilligung von Leistungen keines Antrags, wenn der Bedarf innerhalb des Gesamtplanverfahrens nach den §§ 117 ff. ermittelt wurde. In solchen Fällen eines unvollständigen Antrags ist nach Abs. 1 Satz 2 der gewöhnliche Aufenthalt **vor Beginn des Gesamtplanverfahrens** maßgeblich. Die zweite Alternative, die weder auf den gewöhnlichen Aufenthalt vor dem Antragseingang noch vor Beginn des Gesamtplanverfahrens abstellt, kann wegen des seit dem 1.1.2020 geltenden § 108 nur Personen betreffen, die bereits vor dem 1.1.2020 Leistungen erhalten haben und die (zukünftig) eine Betreuung über Tag und Nacht benötigen. In solchen Bestandsfällen greifen jedoch die Übergangsregelungen des Abs. 5 (→ Rn. 15).

5 § 30 Abs. 3 Satz 2 SGB I enthält eine für alle Bücher des Sozialgesetzbuchs geltende Definition des Begriffs „**gewöhnlicher Aufenthalt**". Ihren gewöhnlichen Aufenthalt hat eine Person nach jener Regelung dort, „wo (sie) unter Umständen aufhält, die erkennen lassen, dass (sie) an diesem Ort oder in diesem Gebiet nicht nur vorübergehend verweilt". Das setzt zunächst eine tatsächliche Anwesenheit, einen **Aufenthalt** an diesem Ort bzw. in diesem Gebiet voraus. Die Person muss keine Wohnung in dem Gebiet haben, so dass auch obdachlose Menschen einen gewöhnlichen Aufenthalt begründen können. Die Person darf sich **nicht nur vorübergehend** an dem Ort bzw. in dem Gebiet aufhalten. Dies ist der Fall, wenn sich die Person „bis auf weiteres" im Sinne eines zukunftsoffenen Verbleibs" an dem Ort bzw. in dem Gebiet aufhält.[4] Der gewöhnliche Aufenthalt ist von einem nur vorübergehenden Aufenthalt abzugrenzen. Eine feste zeitliche Grenze im Sinne einer Mindestaufenthaltsdauer, die als Kriterium für die Begründung eines gewöhnlichen Aufenthalts bzw. eine Höchstaufenthaltsdauer, die als Kriterium für einen nur vorübergehenden Aufenthalt herangezogen werden könnte, gibt es nicht.[5] Für die Feststellung, wo eine Person ihren gewöhnlichen Aufenthalt hat, ist eine vorausschauende Pro-

---

4 Vgl. Timme in LPK-SGB I § 30 Rn. 8 mit Verweis auf BVerwG 7.7.2005 – 5 C 9/04.
5 Vgl. ua Timme in LPK-SGB I § 30 Rn. 9; BSG 31.10.2012 – B 13 R 1/12 R, Rn. 31 mit weiteren Verweisen auf die Rechtsprechung des BSG.

gnose anzustellen, in die alle **Umstände** des Einzelfalls einzubeziehen sind. Dazu zählt der (natürliche) Wille der Person, an dem Ort, an dem sie sich aufhält einen Lebensmittelpunkt zu begründen. Weitere Indizien können die familiären Bindungen (Partnerschaft, Kinder, Eltern) am Aufenthaltsort, andere soziale Beziehungen in dem Ort oder Gebiet sowie die bisherige Dauer des Aufenthalts sein.[6] Diese in die Zukunft gerichtete Prognose findet auch Anwendung, wenn der gewöhnliche Aufenthalt für die Vergangenheit zu ermitteln ist. Es sind nur solche Umstände und Anhaltspunkte einzubeziehen, die zu dem Zeitpunkt, für den der gewöhnliche Aufenthalt ermittelt werden soll, bestanden haben.[7]

Die Tatsache, dass sich eine Person (nicht nur vorübergehend) **unfreiwillig** an einem Ort aufhält, schließt einen gewöhnlichen Aufenthalt an diesem Ort nicht aus.[8] Vor diesem Hintergrund ist Abs. 4 zu verstehen. Diese Regelung fingiert ("gilt nicht") den Aufenthalt in einer **stationären Einrichtung** bzw. den Aufenthalt in einer **Vollzugseinrichtung** aufgrund richterlich angeordneter Freiheitsentziehung als nur vorübergehenden Aufenthalt. Für die örtliche Zuständigkeit eines Eingliederungshilfeträgers für Leistungen an diese Personen stellt Abs. 4 Satz 2 auf den gewöhnlichen Aufenthalt ab, den die Person in den **letzten 2 Monaten vor dem Beginn** des Aufenthalts in der stationären Einrichtung bzw. in der Vollzugseinrichtung inne hatte. 6

Für **Neugeborene**, die ab dem Tag der Geburt Leistungen der Eingliederungshilfe über Tag und Nacht benötigen, stellt Abs. 3 auf den gewöhnlichen Aufenthalt der Mutter ab. Mit Blick auf Neugeborene, die andere Eingliederungshilfeleistungen benötigen und mit Blick auf andere **minderjährige** Leistungsberechtigte ist Abs. 1 Satz 1 anzuwenden. Der gewöhnliche Aufenthalt ist jeweils zu ermitteln. Er wird idR dort sein, wo Minderjährige nach Entscheidung der Personensorgeberechtigten nicht nur vorübergehend leben und erzogen werden.[9] 7

Gem. Abs. 1 bleibt die örtliche **Zuständigkeit bis zur Beendigung des Leistungsbezugs** bestehen. Ändert eine leistungsberechtigte Person zB durch Umzug ihren gewöhnlichen Aufenthaltsort, bleibt der Eingliederungshilfeträger ihres Herkunftsortes zuständig. Das gilt auch für den Fall, dass der Leistungsbezug beendet aber nach kurzer Zeit (weniger als sechs Monate) ein neuer Antrag auf Eingliederungshilfeleistungen gestellt wird. Denn nach Abs. 1 Satz 4 ist die örtliche Zuständigkeit erst neu festzustellen, wenn die Person über einen längeren Zeitraum, der mindestens 6 Monate betragen muss, überhaupt keine Leistungen bezogen hat. Bei einer Neufeststellung der örtlichen Zuständigkeit kann es zu einem Wechsel zu einem anderen Eingliederungshilfeträger kommen. Davon zu unterscheiden sind Fälle, in denen der **Leistungsbezug** lediglich deshalb **unterbrochen** wird, weil Leistungen in einem Krankenhaus oder einer medizinischen Rehabilitationseinrichtung (auch über einen längeren Zeitraum von sechs Monaten) erforderlich werden. Nach Ende dieser medizinischen Behandlungen werden nach Abs. 1 Satz 5 bei fortbestehendem Eingliederungshilfebedarf die Leistungen von dem bisher zuständigen Eingliederungshilfeträger weiter gewährt. 8

---

6 Vgl. ua *Timme* in LPK SGB I § 30 Rn. 8; BSG 31.10.2012 – B 13 R 1/12 R, Rn. 32 mit weiteren Verweisen auf die Rechtsprechung des BSG.
7 Vgl. ua BSG 31.10.2012 – B 13 R 1/12 R, Rn. 26 mit weiteren Verweisen auf die Rechtsprechung des BSG.
8 Vgl. ua BSG 31.10.2012 – B 13 R 1/12 R, Rn. 32 mit weiteren Verweisen auf die Rechtsprechung des BSG.
9 Vgl. auch *Timme* in LPK SGB I § 30 Rn. 8.

III. Tatsächlicher Aufenthalt als Anknüpfungspunkt – Abs. 2

9 Abs. 2 Satz 1 entspricht im Wesentlichen der Regelung des § 98 Abs. 2 Satz 3 SGB XII. Es handelt sich um eine Regelung iSd § 24 Satz 1, nach der die Bestimmungen des vierten Kapitels die Verpflichtungen der Rehabilitationsträger zur Erbringung vorläufiger Leistungen nach den für sie geltenden Leistungsgesetzen unberührt lassen. § 94 Abs. 2 Satz 1 regelt die **vorläufige örtliche Zuständigkeit** eines Eingliederungshilfeträgers, falls im Einzelfall nicht innerhalb von vier Wochen ermittelt werden kann, ob eine Person einen gewöhnlichen Aufenthalt und wo sie diesen begründet hat. In einem solchen Fall hat der Eingliederungsträger, in dessen Einzugsgebiet sich die leistungsberechtigte Person tatsächlich aufhält, nach Ablauf von vier Wochen unverzüglich (ohne schuldhaftes Zögern, § 121 Abs. 1 BGB) über den Bedarf an Eingliederungshilfeleistungen zu entscheiden und für die vorläufige Erbringung der Leistungen zu sorgen. Das ist auch der Fall, wenn feststeht, dass ein gewöhnlicher Aufenthalt überhaupt nicht vorhanden ist oder wenn dieser nicht ermittelt werden kann. § 98 Abs. 2 Satz 3 SGB XII enthält im Unterschied zu § 98 Abs. 2 Satz 1 SGB IX als weitere Alternative für eine vorläufige Zuständigkeit das Vorliegen eines Eilfalls. Im Eingliederungshilferecht des Teil 2 des SGB IX regelt § 120 Abs. 4 wie Eingliederungshilfeträger in Eilfällen vorzugehen haben (→ § 120 Rn. 6). Das gilt unabhängig davon, ob der Eingliederungshilfeträger als örtlich zuständiger oder als vorläufig zuständiger Träger handelt. Die im Abs. 2 Satz 1 genannte Frist von vier Wochen beginnt mit dem Tag, an dem die leistungsberechtigte Person ihren Antrag (→ § 108 Rn. 1 ff.) bei demjenigen Eingliederungshilfeträger stellt, in dessen Einzugsgebiet sie sich tatsächlich aufhält. Erhält der Eingliederungshilfeträger den Antrag dagegen durch Weiterleitung nach § 14 greift die Regelung des Abs. 2 Satz 1 nicht. Er gilt nur für Fälle, die mit den Regelungen des § 14 nicht zu lösen sind und hat somit eine den § 14 ergänzende Funktion (→ Rn. 13).

10 Nach Abs. 2 Satz 2 wird zu dem Zeitpunkt, zu dem später der gewöhnliche Aufenthalt ermittelt worden ist, derjenige Eingliederungshilfeträger örtlich zuständig, in dessen Einzugsgebiet der gewöhnliche Aufenthalt der leistungsberechtigten liegt bzw. lag. Er hat dem Eingliederungshilfeträger, der vorläufig geleistet hat, die Kosten zu erstatten. Soweit Abs. 2 Satz 2 die Kostenerstattung regelt, entspricht er dem § 106. Je nach Konstellation kommen Erstattungsansprüche eines Eingliederungshilfeträgers gegenüber dem eigentlich örtlich zuständigen Eingliederungshilfeträger entweder nach § 16 oder nach § 98 Abs. 2 Satz 2 in Betracht:

11 (1) Stellt die leistungsberechtigte Person einen Antrag auf Eingliederungshilfeleistungen bei dem **Eingliederungshilfeträger** ihres tatsächlichen Aufenthaltsortes, hat dieser nach § 14 Abs. 1 Satz 1 innerhalb von zwei Wochen festzustellen, ob er für die Leistungen zuständig ist. Hält er sich selber nicht für zuständig, weil die betreffende Person keinen gewöhnlichen Aufenthalt in dem Gebiet des Eingliederungshilfeträgers hat und **hält** er zugleich einen **konkreten anderen Eingliederungshilfeträger für örtlich zuständig**, hat er den **Antrag** an diesen innerhalb von zwei Wochen **weiterzuleiten**. Der Eingliederungshilfeträger, an den der Antrag weitergeleitet worden ist, wird im Außenverhältnis zur leistungsberechtigten Person umfassend zuständig und muss gem. § 14 Abs. 2 Satz 4 innerhalb der Fristen des § 14 Abs. 2 Sätze 1 bis 3 entscheiden (vgl. näher → § 14 Rn. 9 ff.). Wird später ein gewöhnlicher Aufenthalt im Einzugsgebiet eines anderen Eingliederungshilfeträgers und damit der eigentlich örtlich zuständige Träger ermittelt, hat der Eingliederungshilfeträger, der wegen seiner **aufge-**

drängten Zuständigkeit (→ § 14 Rn. 2 ff.) vorläufig geleistet hat, einen Kostenerstattungsanspruch nach § 16 Abs. 1 gegen den eigentlich zuständigen Träger.

(2) Stellt die leistungsberechtigte Person den **Antrag** nicht bei einem Eingliederungshilfeträger, sondern **bei einem anderen Rehabilitationsträger** und geht der Antrag im Wege der **Weiterleitung nach § 14** bei dem **Eingliederungshilfeträger** des tatsächlichen Aufenthaltsortes ein, wird dieser wie in der vorherigen Fallkonstellation **im Außenverhältnis** zur leistungsberechtigten Person **umfassend zuständig** und muss gem. § 14 Abs. 2 Satz 4 innerhalb der Fristen des § 14 Abs. 2 Sätze 1 bis 3 entscheiden (vgl. näher → § 14 Rn. 9 ff.). Ein Kostenerstattungsanspruch gegenüber dem eigentlich zuständigen Träger ergibt sich auch in diesem Fall aus § 16 Abs. 1.

(3) Stellt die leistungsberechtigte Person ihren **Antrag bei einem Eingliederungsträger**, der im Rahmen seiner Prüfung feststellt, dass er **nicht zuständig** ist, weil die betreffende Person keinen gewöhnlichen, sondern nur einen tatsächlichen Aufenthalt in dem betreffenden Einzugsgebiet hat, müsste der Eingliederungshilfeträger den Antrag eigentlich an den nach seiner Ansicht zuständigen Eingliederungshilfeträger gem. § 14 Abs. 1 Satz 2 innerhalb der Frist von zwei Wochen weiterleiten. Er **kann** den Antrag aber **nicht weiterleiten**, weil er innerhalb der Frist nicht feststellen kann, wo der gewöhnliche Aufenthalt liegt. Dieser Fall ist im § 14 nicht vorgesehen und nicht geregelt. In dieser Situation greift die **ergänzende Regelung des § 98 Abs. 2**. Die vorläufige Leistungserbringung nach Abs. 4 ist vereinbar mit § 24, der noch Bestandteil des auch für den Eingliederungshilfeträger verbindlichen Regelungen des Kapitel 4 des SGB I ist. Nach § 24 Satz 1 bleiben die Verpflichtungen der Rehabilitationsträger zur Erbringung vorläufiger Leistungen nach dem jeweiligen Leistungsgesetz von den Regelungen des 4. Kapitel des Teil 1 des SGB IX unberührt. Teil 2 des SGB IX ist gem. § 7 Abs. 1 Satz 3 ein Leistungsgesetz. § 24 Satz 3 versperrt für eine vorläufige Leistungserbringung den Rückgriff auf § 43 SGB I (vgl. → § 24 Rn. 1 ff.) Abs. 2 Satz 1 ist eine gesetzliche Vorschrift iSd § 102 SGB X,[10] der einen allgemeinen Kostenerstattungsanspruch eines vorläufig leistenden Sozialleistungsträgers gegen den eigentlich zuständigen enthält. § 102 SGB X wird jedoch nach § 37 SGB I durch die speziellere Regelung des § 98 Abs. 2 Satz 2 verdrängt.[11]

Kann ein gewöhnlicher Aufenthalt im Bundesgebiet (auch später) nicht ermittelt werden oder ergibt die Prüfung, dass **überhaupt kein gewöhnlicher Aufenthalt** im Bundesgebiet begründet worden ist, ist nach Abs. 2 Satz 3 der Eingliederungshilfeträger, in dessen Einzugsgebiet die betreffende Person ihren tatsächlichen Aufenthalt hat, nicht nur vorläufig, sondern **endgültig örtlich zuständig**.

IV. Übergangsregelung – Abs. 5

Abs. 5 soll mit Blick auf Personen, die bereits vor dem 1.1.2020 Eingliederungshilfeleistungen bezogen haben und ein Bedarf auch ab dem 1.1.2020 weiter besteht, einen reibungslosen Übergang in das neue System der Eingliederungshilfe ermöglichen. Der bis Ende 2019 zuständige Träger soll auch weiterhin zuständig sein.[12] Deshalb verweist Abs. 5 für sogenannte Bestandsfälle auf die entsprechende Anwendung des § 98 Abs. 1 oder Abs. 5 SGB XII bzw. des § 98 Abs. 2 Satz 1 iVm § 107 SGB XII. Bei diesen Personen wird auch für die Zukunft weiterhin danach unterschieden, in welcher Form die Leistungen

---

10 Vgl. zu § 98 Abs. 2 Satz 3 SGB XII *Becker* in Hauck/Noftz SGB X 11/17 K § 102 Rn. 26.
11 Vgl. zu § 106 Abs. 1 Satz 1 SGB XII *Klinge* in Hauck/Noftz SGB XII K § 106 Rn. 4.
12 Vgl. BT-Drs. 19/14868, 23.

(vor 2020) bewilligt und erbracht worden sind. Bei ambulanten und teilstationären Leistungen ist entsprechend § 98 Abs. 1 Satz 1 SGB XII entweder der tatsächliche Aufenthalt maßgebend oder – bei Personen, die Leistungen in ambulant betreuten Wohnmöglichkeiten – in entsprechender Anwendung des § 98 Abs. 5 SGB XII, derjenige Träger, der vor dem Eintritt in die ambulant betreute Wohnform zuständig war oder gewesen wäre. Im Fall von stationären Leistungen und der Unterbringung von Kindern oder Jugendlichen in einer Pflegefamilie (§ 107 SGB XII) ist für die örtliche Zuständigkeit der gewöhnliche Aufenthalt maßgebend. Diese Übergangsregelung waren möglich, da die Bundesländer die Zuständigkeit der Eingliederungshilfeträger in enger Anlehnung an die Zuständigkeitsregelungen der Sozialhilfeträger bestimmt haben.

Kapitel 2 Grundsätze der Leistungen
§ 99 Leistungsberechtigung, Verordnungsermächtigung

(1) Leistungen der Eingliederungshilfe erhalten Menschen mit Behinderungen im Sinne von § 2 Absatz 1 Satz 1 und 2, die wesentlich in der gleichberechtigten Teilhabe an der Gesellschaft eingeschränkt sind (wesentliche Behinderung) oder von einer solchen wesentlichen Behinderung bedroht sind, wenn und solange nach der Besonderheit des Einzelfalles Aussicht besteht, dass die Aufgabe der Eingliederungshilfe nach § 90 erfüllt werden kann.

(2) Von einer wesentlichen Behinderung bedroht sind Menschen, bei denen der Eintritt einer wesentlichen Behinderung nach fachlicher Erkenntnis mit hoher Wahrscheinlichkeit zu erwarten ist.

(3) Menschen mit anderen geistigen, seelischen, körperlichen oder Sinnesbeeinträchtigungen, durch die sie in Wechselwirkung mit einstellungs- und umweltbedingten Barrieren in der gleichberechtigten Teilhabe an der Gesellschaft eingeschränkt sind, können Leistungen der Eingliederungshilfe erhalten.

(4) [1]Die Bundesregierung kann durch Rechtsverordnung mit Zustimmung des Bundesrates Bestimmungen über die Konkretisierung der Leistungsberechtigung in der Eingliederungshilfe erlassen. [2]Bis zum Inkrafttreten einer nach Satz 1 erlassenen Rechtsverordnung gelten die §§ 1 bis 3 der Eingliederungshilfe-Verordnung in der am 31. Dezember 2019 geltenden Fassung entsprechend.

Literatur:
Arbeitsgruppe „Leistungsberechtigter Personenkreis", Informationen zur Arbeit der Arbeitsgruppe, Stand September 2019, abrufbar unter https://umsetzungsbegleitung-bthg. de/w/files/umsetzungsstand/informationen-zur-arbeit-der-ag-leistungsberechtigter-personenkreis.pdf; *von Boetticher*, Das neue Teilhaberecht, 2. Aufl. 2020; *Bundesarbeitsgemeinschaft der überörtlichen Sozialhilfeträger (BAGüS)*, Orientierungshilfe Behinderungsbegriff Stand 24.11.2009; *Dannat/Dillmann*, Wanderungen zwischen Norm und Prinzip: Die Rechtsprechung des BSG zur Eingliederungshilfe für Menschen mit Behinderung, SGb 2015, 193; *Frehe*, Überlegungen zur Reform des Behinderungsbegriffs, Forum D, Beitrag D32–2015, abrufbar unter www.reha-recht.de; *Frehe*, Kritik am Behinderungsbegriff des Bundesteilhabegesetzentwurfes, Forum D, Beitrag D27–2016, abrufbar unter www.reha.recht.de; *ISG/Welti/Schmidt-Ohlemann*, Abschlussbericht zum Forschungsprojekt Rechtliche Wirkungen im Fall der Umsetzung von Artikel 25 a § 99 BTHG (ab 2023) auf den leistungsberechtigten Personenkreis der Eingliederungshilfe, 2018, abrufbar unter http://dip21.bundestag.de/dip21/btd/19/045/1904500.pdf; *Schütte*, Abschied von der „Eingliederungshilfe" – Ein Leistungsgesetz zur sozialen Teilhabe für Menschen mit Behinderungen, Teil 1, Forum D, Beitrag D-13/2013; Verfassungsrecht und „Eingliederungshilfe" – Ein Leistungsgesetz zur sozialen Teilhabe für Menschen mit Behinderungen?, Teil 2, Forum D, Beitrag D-14/2013 und Teil 3, Forum

D, Beitrag D15/2013, abrufbar unter www.reha.recht.de. *Siefert*, Bundesteilhabegesetz–Neuerungen im Recht der Eingliederungshilfe ZAP 2020, 359.

I. Überblick – Entstehung	1	5. Drohende wesentliche Behinderung (§ 99 Abs. 1 Alt. 2 und Abs. 2)	8
II. Übergangsregelungen bis 30.6.2021	2		
III. Neuregelung ab 1.7.2021	3		
1. Anspruchs- oder Ermessensleistung (§ 99 Abs. 1 und Abs. 3)	3	6. Aussicht, dass Aufgabe erfüllt werden kann (§ 99 Abs. 1 Hs. 2)	9
2. Behinderung	4		
3. Wesentliche Behinderung	6		
4. Übergangsweise Anwendung der §§ 1 bis 3 der Eingliederungshilfe-Verordnung in der am 31.12.2019 geltenden Fassung	7		

I. Überblick – Entstehung

§ 99 wurde durch Artikel 1 des Gesetzes zur Stärkung der Teilhabe und Selbstbestimmung von Menschen mit Behinderungen (Bundesteilhabegesetz – BTHG) vom 23.12.2016 mWz 1.1.2020 in das SGB IX eingeführt und durch das Teilhabestärkungsgesetz vom 2.6.2021 mWz 1.7.2021 geändert. Die §§ 99–101 bestimmen gem. Art. 26 Abs. 4 Nr. 1 BTHG seit 1.1.2020 den Kreis der Personen, die auf Antrag Eingliederungshilfe erhalten können. § 99 bildet zusammen mit den §§ 90 ff., 109 ff. SGB IX die Leistungsgrundlage für die Eingliederungshilfe. Er trat anstelle der § 53 Abs. 1 und 2 SGB XII und §§ 1–3 EingliederungsHV, nahm bis 30.06.2021 aber übergangsweise noch auf diese Bezug (Art. 25a und Art. 26 Abs. 5 BTHG).

Die Neubestimmung des Kreises der Eingliederungshilfeberechtigten durch das BTHG wurde als erforderlich angesehen, da das in §§ 53 SGB XII und der EingliederungsHV zum Ausdruck kommende Behinderungsverständnis noch auf dem medizinischen Modell von Behinderung basierte. Es stand damit im Widerspruch zu dem modernen, teilhabeorientierten Behinderungsverständnis der UN-BRK (vgl. Präambel e) und Art. 1 Satz 2 UN-BRK), das seinen Ausdruck auch in § 2 Abs. 1 SGB IX gefunden hat. Abwertende Formulierungen wie jene der „abstoßend wirkenden Entstellungen" (§ 1 Nr. 3 EingliederungsHV) oder überholte Kategorien wie „Seelentaube" und „Hörstumme" haben in der Rechtsordnung nichts zu suchen. Erklärtes Ziel des Regierungsentwurfs für ein BTHG vom 5.9.2016 war es daher, das defizitorientierte Behinderungskonzept durch eine an der ICF orientierten Definition der Behinderung zu ersetzen, ohne den Kreis der Leistungsberechtigten zu verändern.[1] Der Entwurf sah vor, den Leistungsanspruch statt wie bisher an die „wesentliche Behinderung" künftig an eine **erhebliche Einschränkung** der Fähigkeit zur Teilhabe anzuknüpfen. Als erheblich eingeschränkt sollten Personen gelten, die bei der Ausführung von Aktivitäten in mindestens fünf der in der ICF aufgeführten neun Lebensbereiche auf personelle oder technische Unterstützung angewiesen sind oder denen Aktivitäten in mindestens drei dieser Lebensbereichen auch mit personeller oder technischer Unterstützung nicht möglich sind.[2] Dieser Vorschlag begegne-

---

1 BT-Drs. 18/9522, 71.
2 Vgl. die Begründung des RegE BT-Drs. 18/9522, 275.

te im Gesetzgebungsverfahren großen Bedenken, insbesondere der Sorge, dass der Kreis der Eingliederungshilfeberechtigten hierdurch deutlich verengt und vor allem seelisch und sinnesbehinderte Menschen ausgeschlossen würden.[3] Die daraufhin vorgenommene Modifizierung (vgl. Art. 25 a BTHG) vermochte diese Bedenken nicht auszuräumen. Das Bundesministerium für Arbeit und Soziales wurde in Folge beauftragt, bis 30.6.2018 modellhaft erproben und wissenschaftlich untersuchen zu lassen, ob die in Art. 25 a BTHG vorgesehene Neuregelung Gewähr für die Beibehaltung des leistungsberechtigten Personenkreises bietet. Die Untersuchung ergab, dass dies nicht der Fall ist.[4] Die geplante Änderung wurde verworfen.[5] Die mit dem Teilhabestärkungsgesetz eingeführte, ab 1.7.2021 geltende Neuregelung beruht im Wesentlichen auf den von der Untersuchungsgruppe in ihrem Abschlussbericht formulierten Empfehlungen[6] und einem (wenn auch nicht einstimmig verabschiedeten) Vorschlag einer vom Bundesministerium eingesetzten Arbeitsgruppe.[7]

§ 99 soll durch eine neue Rechtsverordnung konkretisiert werden. Bis zu deren Inkrafttreten werden gemäß § 99 Abs. 4 weiterhin die in §§ 53 SGB XII und 1–3 EingliederungsHV geregelten Definitionen der (wesentlichen) körperlichen, geistigen und seelischen Behinderung herangezogen. Sie wurden zum 31.12.2003 inhaltsgleich aus den Vorgängernormen (§ 39 Abs. 1–4 BSHG und §§ 1–3 EingliederungsHV) übernommen.

II. Übergangsregelungen bis 30.6.2021

Von 1.1.2020 bis 30.06.2021 lautete § 99 wie folgt:

Leistungen der Eingliederungshilfe erhalten Personen nach § 53 Absatz 1 und 2 des Zwölften Buches und den §§ 1 bis 3 der Eingliederungshilfe-Verordnung in der am 31. Dezember 2019 geltenden Fassung.

§ 53 Abs. 1 und 2 SGB XII in der bis 31.12.2019 geltenden Fassung lauten:

§ 53 Leistungsberechtigte und Aufgabe

(1) Personen, die durch eine Behinderung im Sinne von § 2 Abs. 1 Satz 1 des Neunten Buches wesentlich in ihrer Fähigkeit, an der Gesellschaft teilzuhaben, eingeschränkt oder von einer solchen wesentlichen Behinderung bedroht sind, erhalten Leistungen der Eingliederungshilfe, wenn und solange nach der Besonderheit des Einzelfalles, insbesondere nach Art oder Schwere der Behinderung, Aussicht besteht, dass die Aufgabe der Eingliederungshilfe erfüllt werden kann. Personen mit einer anderen körperlichen, geistigen oder seelischen Behinderung können Leistungen der Eingliederungshilfe erhalten.

(2) Von einer Behinderung bedroht sind Personen, bei denen der Eintritt der Behinderung nach fachlicher Erkenntnis mit hoher Wahrscheinlichkeit zu erwarten ist. Dies gilt für Personen, für die vorbeugende Gesundheitshilfe und Hilfe bei Krankheit nach den §§ 47 und 48 erforderlich ist, nur, wenn auch bei Durchführung dieser Leistungen eine Behinderung einzutreten droht.

---

3 BT-Drs. 18(11)801; *von Boetticher*, Das neue Teilhaberecht, S. 404 ff.
4 *ISG/Welti/Schmidt-Ohlemann*, Abschlussbericht 2018, S. 3, 96 ff.
5 BT-Drs. 19/4500; BT-Drs. 19/27400, 2.
6 *ISG/Welti/Schmidt-Ohlemann*, Abschlussbericht 2018, S. 116 ff.
7 S. https://umsetzungsbegleitung-bthg.de/w/files/umsetzungsstand/informationen-zur-arbeit-der-ag-leistungsberechtigter-personenkreis.pdf.

In dem Verweis auf das bis 31.12.2019 geltende Recht handelt es sich sowohl um eine Rechtsgrund- als auch um eine Rechtsfolgeverweisung.[8]

III. Neuregelung ab 1.7.2021

1. Anspruchs- oder Ermessensleistung (§ 99 Abs. 1 und Abs. 3)

Wie zuvor schon § 53 SGB XII unterscheidet auch § 99 zwischen Menschen mit **wesentlicher Behinderung (Abs. 1 Alt. 1)** bzw. jenen, die von einer solchen wesentlichen Behinderung bedroht sind (Abs. 1 Alt. 2 und Abs. 2) und Menschen mit **anderen, dh nicht wesentlicher Behinderung (Abs. 3)**.

Ob die Behinderung wesentlich ist, ist relevant für die Rechtsfolge: **Anspruch** auf Eingliederungshilfe (§ 40 SGB I) haben gem. Abs. 1 nur wesentlich behinderte und von wesentlicher Behinderung bedrohte Menschen. Menschen, die in anderer Weise behindert sind, kann nach Abs. 3 Eingliederungshilfe als **Ermessensleistung** (§ 39 SGB I) gewährt werden. Die Entscheidung über das „Wie", dh Inhalt und Umfang der Eingliederungshilfeleistung steht – von Fällen der Ermessensreduzierung auf Null abgesehen – immer im Ermessen des Leistungsträgers (Auswahlermessen), die Entscheidung erfolgt auf Basis eines Gesamtplans nach § 121 SGB (→ § 121 Rn. 2).

Das Erfordernis der „Wesentlichkeit" dient also der Einschränkung des Zugangs behinderter Menschen zur Eingliederungshilfe. Für nicht wesentlich behinderte Menschen wirkt sich dies faktisch vor allem in den Bereichen der Bildung und sozialen Teilhabe aus, in denen Teilhabeleistungen fast ausschließlich durch die Träger der Eingliederungshilfe erbracht werden (vgl. §§ 5, 6).[9]

Diese Zugangsbeschränkungen stoßen auf Kritik, da etwa steuerfinanzierte Eingliederungsleistungen wie jene der § 16 Abs. 1 Satz 3 SGB an alle erwerbsfähigen behinderten Leistungsberechtigten ohne Rücksicht auf das Ausmaß ihrer Teilhabeeinschränkung richten.[10] Zudem kommt der Eingliederungshilfe eine wichtige Rolle bei der Umsetzung der staatlichen Gewährleistungspflichten aus der UN-BRK zu, die ihrerseits nicht zwischen wesentlichen und nicht wesentlichen Teilhabeeinschränkungen unterscheidet. Der Benachteiligung „anders" behinderter Menschen iSd Art. 3 Abs. 1 GG ist zumindest dann, wenn in ihnen in vergleichbaren Fällen im SGB II und anderen Sicherungssystemen Rehabilitationsleistungen erbracht würden, durch eine Reduzierung des Ermessensspielraums gegen Null zu begegnen.[11] Abzuwarten bleibt, ob der Kreis der wesentlich behinderten Personen künftig ausschließlich anhand der neuen Rechtsverordnung (bislang §§ 1–3 EingliederungsHV) zu bestimmen ist[12] oder die VO lediglich regeln wird, wann eine solche Teilhabeeinschränkung als gesetzlich vermutet oder gesichert angesehen werden kann.[13] Eine verordnungsrechtliche Einschränkung des Kreises der Anspruchsberechtigten würde verfassungsrechtlichen Bedenken begegnen.[14]

---

8 *Wehrhahn* in jurisPK-SGB IX § 99 Rn. 8–9.
9 Krit. *Frehe*, Forum D, Beitrag D27-2016, abrufbar unter www.reha-recht.de.
10 *Voelzke* in Hauck/Noftz SGB XII § 53 Rn. 33–35.
11 *Bieritz-Harder* in LPK-SGB XII, 11. Aufl. 2018, § 53 Rn. 12; *Voelzke* in Hauck/Noftz SGB XII § 53 Rn. 33–35; *Bieback* in Grube/Wahrendorf/Flint SGB IX § 99 Rn. 35.
12 Zur früheren Rechtslage *Wehrhahn* in jurisPK-SGB IX § 99 Rn. 14; *Bieritz-Harder* in LPK-SGB XII Eingliederungshilfe Rn. 17.
13 *Voelzke* in Hauck/Noftz SGB XII § 53 Rn. 28.
14 Zur bisherigen Rechtslage: *Schütte*, Forum D, Beitrag D-13/2013 – D15/2013; *Frehe* Forum D, Beitrag D32-2015 www.reha-recht.de; *Voelzke* in Hauck/Noftz SGB XII § 53 Rn. 33–35.

2. Behinderung

4 Voraussetzung für die Eingliederungshilfe ist eine **Behinderung iSd § 2 SGB IX** (→ § 2 Rn. 4 ff.). Gem. § 2 Abs. 1 S. 1 sind Menschen behindert, wenn ihre körperlichen, seelischen, geistigen oder Sinnesbeeinträchtigungen sie in Wechselwirkung mit einstellungs- und umweltbedingten Barrieren an der gleichberechtigten Teilhabe an der Gesellschaft mit hoher Wahrscheinlichkeit länger als sechs Monate hindern können. Mit der Neufassung des § 2 zum 1.1.2018 hat der Gesetzgeber das Verständnis von Behinderung als kausaler Verkettung von Gesundheitsschaden, Funktionsbeeinträchtigung und Teilhabebeeinträchtigung zugunsten des **Wechselwirkungsmodells** aufgegeben.[15] Die Feststellung einer Behinderung erfordert damit auch die Prüfung der sozialen Kontextfaktoren („Barrieren").[16] Mit § 99 SGB IX in der ab 1.7.2021 geltenden Fassung wird dieser Paradigmenwechsel auch im Eingliederungshilferecht vollzogen. Im Einklang mit der Rspr des BSG und BVerwG wird die Behinderung nicht länger als Einschränkung der Teilhabe*fähigkeit* verstanden, sondern auf die Einschränkung der gleichberechtigten Teilhabe abgestellt.[17] Eingliederungshilfe zielt darum gem. § 90 auch nicht mehr alleine auf die Überwindung oder den Ausgleich der individuellen Beeinträchtigung, sondern ist sozialraumorientiert zu gestalten, dh auch auf den Abbau bzw. die Überwindung von Barrieren und anderen Nachteilen zu richten, die verhindern, dass Menschen mit Behinderungen frei zwischen allgemeinen Angebote wählen, sich mit ihren Ressourcen und Bedarfen im Quartier oder in sozialen Netzwerken einbringen und ihre Interessen realisieren können.

5 Mit dem Kriterium der *gleichberechtigten* Teilhabe macht der Gesetzgeber deutlich, dass die volle, wirksame und gleichberechtigte Teilhabe und der Schutz vor Benachteiligung den Maßstab für den (prognostizierten) Grad der Einschränkung bildet und hierzu der Vergleich mit den Teilhabemöglichkeiten nichtbehinderter Menschen vorzunehmen ist.[18] Korrespondierend erklärt § 90 Abs. 1 S. 1 es zur Aufgabe der Eingliederungshilfe, die *volle*, wirksame und gleichberechtigte Teilhabe der Leistungsberechtigten zu fördern.

3. Wesentliche Behinderung

6 Der Anspruch auf Eingliederungshilfe setzt gem. § 99 Abs. 1 eine **wesentliche Behinderung** voraus bzw. dass eine solche Behinderung **droht**.
Es ist also zu ermitteln, in welchem Ausmaß ein Mensch mit Beeinträchtigung in seiner Teilhabe eingeschränkt wird.[19] Die Einschränkungen sind innerhalb aller in § 118 Abs. 1 S. 3 SGB IX genannten Lebensbereiche anhand der ICF unter Identifizierung der relevanten Barrieren und damit einhergehenden Wechselwirkungen und unter Berücksichtigung der sich hieraus ergebenden, nach §§ 13, 118 SGB IX zu ermittelten Bedarfe festzustellen. Dies erfordert eine in-

---

15 So auch *Luthe* in jurisPK-SGB IX § 2 Rn. 59 und 60.1, aA *Dannat/Dillberger* SGb 2015, 195; *Schaumberg/Seidel* SGb 2017, 572 ff.
16 Das entspricht auch dem Wandel des Behinderungsverständnisses in der Rspr. EuGH 18.12.2014 – C-354/13 mAnm *Papadopoulou* Forum B, Beitrag B9–2015, abrufbar unter www.reha-recht.de; BSG 30.9.2015 – B 3 KR 14/14 R.
17 BSG v. 22.3.2012 – B 8 SO 30/10 R Rn. 19; BVerwGv. 9.2.2012, 5 C 3/11; ebenso LSG BW Beschl. v. 8.7.2008 – L 2 SO 1990/08 ER/B.
18 *Bieritz-Harder* in LPK-SGB XII Eingliederungshilfe Rn. 2.
19 BSG 13.7.2017 – B 8 SO 1/16 R; BSG 15.11.2012 – B 8 SO 10/11 R; BSG 22.3.2012 – B 8 SO 30/10 R; HessLSG 7.5.2007 – L 9 SO 54/06 ER; LSG BW 29.6.2017 – L 7 SO 1680/15.

terdisziplinäre Betrachtung, dh sowohl eine humanwissenschaftliche als auch sozialwissenschaftliche Expertise.[20]
Aus dem nach § 152 festzustellenden Grad der Behinderung kann nicht ohne Weiteres auf deren (Un-)Wesentlichkeit geschlossen werden.[21] Vielmehr ist in der Gesamtschau zu prüfen, in welchen Lebensbereichen die Person zu ihrer gleichberechtigten Teilhabe auf Hilfsmittel, Assistenz oder andere Unterstützung angewiesen ist und wie wesentlich diese Einschränkungen und die Lebensbereiche für sie sind.[22]

In ihrer Orientierungshilfe zum Behinderungsbegriff von 2009 hatte die BAGüS versucht, die Annahme einer wesentlichen geistigen Behinderung auf Teilhabeeinschränkungen zu begrenzen, die die Menschen in mehreren Lebensbereichen von Unterstützung abhängig machen.[23] Für das BSG kommt es aber grundsätzlich nicht auf die Zahl der betroffenen Lebensbereiche oder den quantitativen oder qualitativen (Mindest-)Aufwand für die Hilfeleistung, sondern allein auf das Ausmaß der Teilhabeeinschränkung an.[24] Wird zB festgestellt, dass eine Person lediglich bei der Gestaltung ihrer interpersonellen Interaktionen und Beziehungen notwendig auf Hilfe angewiesen ist, um das Eingliederungsziel zu erreichen, genügt dies für die Feststellung einer wesentlichen Behinderung.[25] Die mit der Untersuchung der rechtlichen Wirkungen im Fall der Umsetzung von Artikel 25 a § 99 BTHG auf den leistungsberechtigten Personenkreis beauftragte Forschungsgruppe empfiehlt daher in ihrem Abschlussbericht, Einschränkungen von Aktivitäten und Teilhabe als wesentliche Behinderung einzustufen, wenn die beeinträchtigte Person relevante praktische Lebensvollzüge in mindestens einem der in § 118 Abs. 1 S. 3 SGB IX genannten Lebensbereichen nicht ohne personelle oder technische Hilfe ausführen kann und nur durch personelle oder technische Unterstützung die Ausführung dieser Lebensvollzüge ermöglicht oder verbessert werden kann oder einer Verschlechterung vorgebeugt werden kann.[26]

4. Übergangsweise Anwendung der §§ 1 bis 3 der Eingliederungshilfe-Verordnung in der am 31.12.2019 geltenden Fassung

§ 99 Abs. 4 S. 2 zu Folge finden bis zum Erlass neuer Rechtsverordnungen die §§ 1–3 EingliederungsHV entsprechend Anwendung.
Die entsprechenden Bestimmungen lauten:

§ 1 Körperlich wesentlich behinderte Menschen

Durch körperliche Gebrechen wesentlich in ihrer Teilhabefähigkeit eingeschränkt im Sinne des § 53 Abs. 1 Satz 1 des Zwölften Buches Sozialgesetzbuch sind
1. Personen, deren Bewegungsfähigkeit durch eine Beeinträchtigung des Stütz- oder Bewegungssystems in erheblichem Umfange eingeschränkt ist,
2. Personen mit erheblichen Spaltbildungen des Gesichts oder des Rumpfes oder mit abstoßend wirkenden Entstellungen vor allem des Gesichts,

---

20 In diese Richtung weist schon BSG 29.8.1990 – 9a/9 RVs 7/89 Rn. 19; vgl. auch BayVGH 24.6.2009 – 12 B 09.602; eingehend *Luthe* in jurisPK-SGB IX § 2 Rn. 88.
21 Ebenso *Wehrhahn* in jurisPK-SGB IX § 99 Rn. 14; *Bieback* in Grube/Wahrendorf/Flint SGB XII § 99 Rn. 16.
22 LSG BW 10. 12. 2014 – L 2 SO 4158/12; *Voelzke* in Hauck/Noftz § 53 Rn. 30.
23 BAGüS 2009, S. 10, zustimmend *Wehrhahn* in jurisPK-SGB IX § 99 Rn. 16.
24 BSG 13.07.2017 – B 8 SO 1/16 R, Rn. 30.
25 BSG 13.07.2017 – B 8 SO 1/16 R, Rn. 30, insoweit konsequent.
26 *ISG/Welti/Schmidt-Ohlemann*, Abschlussbericht 2018, 91 (die Autoren verwenden den Begriff der erheblichen anstelle der wesentlichen Behinderung).

3. Personen, deren körperliches Leistungsvermögen infolge Erkrankung, Schädigung oder Fehlfunktion eines inneren Organs oder der Haut in erheblichem Umfange eingeschränkt ist,
4. Blinden oder solchen Sehbehinderten, bei denen mit Gläserkorrektion ohne besondere optische Hilfsmittel
   a) auf dem besseren Auge oder beidäugig im Nahbereich bei einem Abstand von mindestens 30 cm oder im Fernbereich eine Sehschärfe von nicht mehr als 0,3 besteht
   oder
   b) durch Buchstabe a nicht erfaßte Störungen der Sehfunktion von entsprechendem Schweregrad vorliegen,
5. Personen, die gehörlos sind oder denen eine sprachliche Verständigung über das Gehör nur mit Hörhilfen möglich ist,
6. Personen, die nicht sprechen können, Seelentauben und Hörstummen, Personen mit erheblichen Stimmstörungen sowie Personen, die stark stammeln, stark stottern oder deren Sprache stark unartikuliert ist.

§ 2 Geistig wesentlich behinderte Menschen

Geistig wesentlich behindert im Sinne des § 53 Abs. 1 Satz 1 des Zwölften Buches Sozialgesetzbuch sind Personen, die infolge einer Schwäche ihrer geistigen Kräfte in erheblichem Umfange in ihrer Fähigkeit zur Teilhabe am Leben in der Gesellschaft eingeschränkt sind.

§ 3 Seelisch wesentlich behinderte Menschen

Seelische Störungen, die eine wesentliche Einschränkung der Teilhabefähigkeit im Sinne des § 53 Abs. 1 Satz 1 des Zwölften Buches Sozialgesetzbuch zur Folge haben können, sind
1. körperlich nicht begründbare Psychosen,
2. seelische Störungen als Folge von Krankheiten oder Verletzungen des Gehirns, von Anfallsleiden oder von anderen Krankheiten oder körperlichen Beeinträchtigungen,
3. Suchtkrankheiten,
4. Neurosen und Persönlichkeitsstörungen.

Die EingliederungsHV trat zum 1.1.2020 außer Kraft. §§ 1 bis 3 der Verordnung bestimmten, wann eine körperliche, geistige oder seelische Behinderung als wesentlich gilt. Diese Vorgaben sind gem. § 99 Abs. 4 *entsprechend* anzuwenden, dh möglichst sinngemäß auf das neue Recht zu übertragen.

Die EingliederungsHV basiert noch auf einem medizinischen Behinderungsverständnis und setzt Beeinträchtigung mit Behinderung gleich. Beeinträchtigungen, die erst in Wechselwirkung mit Barrieren zu einer wesentlichen Teilhabeeinschränkungen führen, sind in der EingliederungsHV ggf. nicht erfasst, darunter fallen auch solche, die sich nicht eindeutig als körperliche, geistige und seelische Behinderungen (nach heutigem Verständnis: Beeinträchtigungen) kategorisieren lassen. Diese strikte Unterteilung hat sich nicht bewährt, da sich zB die Legasthenie, Dyskalkulie sowie viele Beeinträchtigungen aus dem Autismus- oder Fetalen Alkohol-Spektrum[27] nicht entsprechend kategorisieren lassen.[28]

---

27 BAGüS 2009, S. 3.
28 *Wehrhahn* in jurisPK-SGB IX § 99 Rn. 30 und 35; *Bieback* in Grube/Wahrendorf/Flint SGB XII Sozialhilfe § 99 SGB IX Rn. 27 Rn. 27.

Bei Mehrfachbeeinträchtigungen richtet sich die Wesentlichkeit danach, wie sie zusammenwirken und die Teilhabe insgesamt einschränken.[29] Eine detaillierte Darstellung der Rechtsprechung zu den in §§ 1–3 EingliederungsHV genannten wesentlichen Beeinträchtigungen liefert *Wehrhahn*.[30] Die entsprechende Anwendung der §§ 1–3 EingliederungsHV macht ggf. die Anpassung an das neue Behinderungsverständnis der §§ 2, 99 SGB IX erforderlich.

5. Drohende wesentliche Behinderung (§ 99 Abs. 1 Alt. 2 und Abs. 2)

Entsprechend der bisherigen Rechtslage genügt es für den Rechtsanspruch auf Eingliederungshilfe, dass eine wesentliche Behinderung droht. Die bisherige Legaldefinition der drohenden Behinderung in § 53 Abs. 2 S. 1 SGB XII wurde in § 99 Abs. 2 übernommen mit Modifikation, dass eine Behinderung droht, wenn sie nach *fachlicher Erkenntnis* mit hoher Wahrscheinlichkeit zu erwarten ist. Die Prognose ist unter Berücksichtigung sowohl individueller Faktoren als auch umwelt- und einstellungsbedingter Barrieren und deren Wechselwirkung vorzunehmen. Die Rspr. zur Vorgängervorschrift (§ 5 EingliederungsHV) verlangte eine Wahrscheinlichkeit von wesentlich mehr als 50 %.[31] Wegen des präventiven Charakters der Regelung und dem wachsenden Stellenwert der Prävention in der Rehabilitation (§ 3 SGB IX) sollte die Schwelle vor allem bei Kindern und Jugendlichen nicht zu hoch angesetzt werden.

8

6. Aussicht, dass Aufgabe erfüllt werden kann (§ 99 Abs. 1 Hs. 2)

Ein Anspruch auf Leistungen der Eingliederungshilfe besteht nur, **wenn und solange Aussicht besteht, dass die Aufgabe der Eingliederungshilfe (§ 90) erfüllt werden kann**. Dies ist nach der Besonderheit des Einzelfalls, insbesondere anhand der Art und Schwere der Behinderung, dh der Teilhabeeinschränkung zu beurteilen. Maßstab bilden sowohl die konkreten Lebensumstände und Barrieren als auch die **individuellen Bedürfnisse** und **Wünsche** der behinderten Menschen, soweit diese nicht über die Teilhabebedürfnisse nicht hilfebedürftiger Personen hinausgehen.[32] Bei behinderten Kindern sind je nach Alter ergänzend oder alleine die Wünsche der Eltern, orientiert am Kindeswohl nach den Umständen des Einzelfalls, maßgebend.[33] Aus § 4 Abs. 1 ergibt sich, dass nur die Eingliederungshilfe zu leisten ist, die zum Erreichen des Ziels der Eingliederungshilfe **notwendig** ist. Die Rspr. bejaht die Notwendigkeit, wenn das angestrebte Eingliederungsziel nicht auch durch andere (gleich geeignete und zumutbare) Maßnahmen erreicht werden kann.[34] Die Leistung ist zu gewähren, solange **Aussicht besteht**, dass das jeweilige Ziel der Eingliederungshilfe erreicht werden kann. Dafür genügt die Aussicht, dass die Teilhabe erleichtert, bestehende Teilhabeeinschränkungen gemindert oder eine Erhöhung der Pflegebedürftigkeit vermieden werden kann. Eingliederungshilfeleistungen sind darum ggf. notwendig lebenslang zu gewähren.[35] Wird die Verlängerung der bereits gewährten Leistung beantragt, ist darum nicht nur zu prüfen, ob die Leistungen

9

---

29 *Voelzke* in Hauck/Noftz SGB XII § 53 Rn. 27; *Wehrhahn* in jurisPK-SGB IX § 99 Rn. 14.
30 *Wehrhahn* in jurisPK-SGB IX § 99 Rn. 18–35.
31 BVerwG 26.11.1998 – 5 C 38/97; VGH BW 4.11.1997 – 9 S 1462/96; OVG LSA 17.2.2016 – 4 L 162/14.
32 BSG 8.3.2017 – B 8 SO 2/16 R, Rn. 22.
33 LSG NRW 24.6.2014 – L 20 SO 388/13, Rn. 48.
34 BSG 12.12.2013 – B 8 SO 18/12 R Rn. 17 f.; BSG 23.8.2013 – B 8 SO 24/11 R; LSG NRW 24.6.2014 – L 20 SO 388/13, Rn. 48.
35 *Bieritz-Harder* in LPK-SGB XII Eingliederungshilfe Rn. 16.

zur Förderung der gleichberechtigten Teilhabe beitragen, sondern auch, ob mit ihrem Wegfall eine stärkere Beeinträchtigung eintreten würde.[36]

§ 100 Eingliederungshilfe für Ausländer

(1) [1]Ausländer, die sich im Inland tatsächlich aufhalten, können Leistungen nach diesem Teil erhalten, soweit dies im Einzelfall gerechtfertigt ist. [2]Die Einschränkung auf Ermessensleistungen nach Satz 1 gilt nicht für Ausländer, die im Besitz einer Niederlassungserlaubnis oder eines befristeten Aufenthaltstitels sind und sich voraussichtlich dauerhaft im Bundesgebiet aufhalten. [3]Andere Rechtsvorschriften, nach denen Leistungen der Eingliederungshilfe zu erbringen sind, bleiben unberührt.

(2) Leistungsberechtigte nach § 1 des Asylbewerberleistungsgesetzes erhalten keine Leistungen der Eingliederungshilfe.

(3) Ausländer, die eingereist sind, um Leistungen nach diesem Teil zu erlangen, haben keinen Anspruch auf Leistungen der Eingliederungshilfe.

Literatur:
Born, Europa- und verfassungsrechtliche Anforderungen an die Leistungen für Asylbewerber, 2014; *Davy*, Sozialleistungen für Nicht-Deutsche. Zugang durch globale Gleichheitsrechte, in: Migration und Sozialstaat. Sozialrechtslehrertagung SDSRV 68, 2018, S. 9; *Eichenhofer*, Gesundheitsleistungen für Flüchtlinge, ZAR 2013, 169; *Frings/Janda/Kessler/Steffen*, Sozialrecht für Zuwanderer, 2. Aufl. 2018; *Kluth*, Die besonderen Bedürfnisse von schutzbedürftigen Personen im System des europäischen und deutschen Migrationsrechtsrechts, ZAR 2020, 119; *Kötter*, Ausländer*innen in: Berlit/Conradis/Pattar (Hrsg.), Existenzsicherungsrecht, Teil III/3, 3. Aufl. 2019; *Lätzsch*, Dimensions of Health Care and Social Services Accessibility for Disabled Asylum Seekers in Germany, in: Crepaz/Becker/Wacker, Health in Diversity – Diversity in Health, 2020, S. 51; *Monitoring-Stelle UN-Behindertenrechtskonvention*, Geflüchtete Menschen mit Behinderungen – Handlungsnotwendigkeiten für eine bedarfsgerechte Aufnahme, Position Nr. 16, 2018, abrufbar unter unter www.institut-fuer-menschenrechte.de/fileadmin/Redaktion/Publikationen/Position_16_Gefluechtete_mit_Behinderungen.pdf; *Schülle/Frankenstein*, Europa- und verfassungsrechtliche Anforderungen an die Auslegung von § 6 Abs. 1 AsylbLG in Hinblick auf Leistungen für geflüchtete Menschen mit Behinderungen – Anmerkungen zu LSG Hessen Beschl. v. 11.7.2018 – L 4 AY 9/18 B ER und LSG Niedersachsen-Bremen Beschl. v. 1.2.2018 – L 8 AY 16/17 B ER; Beitrag A16–2019, abrufbar unter unter www.reha-recht.de; *Schülle*, Ausschluss von Eingliederungsleistungen für Asylsuchende durch das Bundesteilhabegesetz, Forum D Beitrag D53–2016, abrufbar unter www.reha-recht.de; *Terhardt*, Diskriminierungsverbote aus dem Assoziationsrecht EU/Türkei Beschäftigungs-, sozial- und aufenthaltsrechtliche Folgen für türkische Arbeitnehmer und ihre Familienangehörigen, 2014, abrufbar unter https://pub.uni-bielefeld.de/download/2730330/2730393/Diskriminierungsverbote_aus_dem_Assoziationsrecht_EU_Turkei.pdf; *Rixen*, Zwischen Hilfe, Abschreckung und Pragmatismus: Gesundheitsrecht der Flüchtlingskrise in NVwZ 2015, 1640; *Wallrabenstein*, Primärrechtliche Freizügigkeit und sekundärrechtliches Sozialrecht in der EU, in: Migration und Sozialstaat. Sozialrechtslehrertagung SDSRV 68, 2018, S. 9, S. 149.

I. Überblick und Entstehung .. 1	
II. Regelungssystematik 2	1. Ausländer mit gefestigtem Aufenthaltsstatus (§ 100 Abs. 1 Satz 2) 3
III. Gruppen von leistungsberechtigten Ausländern 3	

---

36 So zutreffend LSG NRW 19.10.2015 – L 20 SO 255/12; *Bieritz-Harder* in LPK-SGB XII Eingliederungshilfe Rn. 16.

2. Ausländer mit Anspruch auf Eingliederungsleistungen aus anderen Rechtsvorschriften (§ 100 Abs. 1 Satz 3) 4
   a) § 2 Abs. 1 FreizügigkeitsG/EU 5
   b) Europäisches Fürsorgeabkommen (EFA) 6
   c) Art. 23 Genfer Flüchtlingskonvention (GFK) und Art. 29 Abs. 1 RL 2011/95/EU (Qualifikationsrichtlinie) 7
   d) Abkommen mit einzelnen Staaten 8
IV. Eingliederungshilfe als Ermessensleistung an sonstige Gruppen von Ausländern (§ 100 Abs. 1 Satz 1) ... 9
V. Eingliederungshilfe für Asylsuchende 10
   1. Analogleistungen § 2 AsylbLG 11
   2. § 6 AsylbLG 12
VI. Ausschluss bei Einreise von Ausländern zum Zwecke des Leistungsbezugs 13

I. Überblick und Entstehung

§ 100 wurde durch Artikel 1 des G zur Stärkung der Teilhabe und Selbstbestimmung von Menschen mit Behinderungen (Bundesteilhabegesetz – BTHG) vom 23.12.2016 mWv 1.1.2020 in das SGB IX eingeführt. Die zuvor in § 100 verankerte Verordnungsermächtigung zur Wahl der Schwerbehindertenvertretung wird seit dem 1.1.2018 in § 183 geregelt. Nach der Herauslösung der Eingliederungshilfe aus dem SGB XII bestimmen seit 1.1.2020 die §§ 99–101 den Kreis der Personen, die auf Antrag Eingliederungshilfe erhalten können. Ergänzend hierzu wurde durch Art. 20 Abs. 6 des G zur Stärkung der Teilhabe und Selbstbestimmung von Menschen mit Behinderungen (Bundesteilhabegesetz – BTHG) vom 23.12.2016 § 2 Absatz 1 AsylbLG mWv 1.1.2020 um die Maßgabe ergänzt, dass in den dort genannten besonderen Fällen neben dem SGB XII auch SGB IX Teil 2 entsprechende Anwendung findet. Die in § 100 Abs. 2 SGB IX formulierten Zugangsbeschränkungen für Ausländer entsprechen inhaltlich jenen, die bis zu diesem Zeitpunkt in § 23 Abs. 1 und 2 SGB XII idF d. Art. 1 Nr. 4. v. 2.12.2006 mWv 7.12.2006 für die Eingliederungshilfe geregelt waren,[1] Weitergehende, bisher in § 23 Abs. 3 SGB XII geregelte Leistungsausschlüsse sind weggefallen. § 23 SGB XII blieb als Regelung für die sonstigen Sozialhilfeleistungen im SGB XII bestehen. 1

II. Regelungssystematik

§ 100 regelt den Zugang von Ausländern zur Eingliederungshilfe. Als **Ausländer** gilt rechtliche jede Person, die nicht Deutsche iSd Art. 116 Abs. 1 GG ist (§ 2 AufenthG). Der Zugang von Ausländern zu den sozialen Sicherungssystemen wird nicht alleine durch nationale, sondern zunehmend auch die europäischen und internationalen Rechtssysteme bestimmt. In § 100 wurden die für die Eingliederungshilfe geltenden Regelungen des § 23 SGB XII jedoch ohne Hinweis auf die **gemeinschafts- und völkerrechtlichen Mindeststandards** übernommen. 2

In der Begründung des RegE[2] zur Neufassung des § 100 heißt es hierzu, die ggf. notwendigen Änderungen blieben einem anderen Gesetzgebungsverfahren vorbehalten. Bis zur Harmonisierung der geltenden Bestimmungen durch den Ge-

---

1 Zur Frage, ob § 23 SGB XII damit Vorgängernorm ist, eingehend *Wehrhahn* in jurisPK-SGB IX § 100 Rn. 2.
2 BT-Drs. 18/9522, 277.

setzgeber liege es an den Leistungsträgern, bei ihrer Entscheidung über die Leistungen für Ausländer auch den europa- und völkerrechtlichen Bestimmungen Rechnung zu tragen. Diese Bestimmungen sind entweder als andere Rechtsvorschriften iSd § 100 Abs. 1 S. 3 § 6 Absatz 1 Satz 3 oder bei der Auslegung und Ermessensausübung zu beachten.[3] Der Zugang von Ausländern zur Eingliederungshilfe ist folglich anhand ihres aufenthalts- oder freizügigkeitsrechtlichen Status unter Berücksichtigung europa- oder völkerrechtlicher Gleichstellungsgebote zu prüfen.[4]

Die unzureichende Umsetzung der EU-Richtlinien und verfassungs- und völkerrechtlichen Mindeststandards in nationales Recht und die Unbestimmtheit der Regelungen und der damit einhergehenden Unsicherheiten bei der Normanwendung bilden zwei der Hauptkritikpunkte, die Literatur und Rspr. an § 100 SGB IX, der Vorgängervorschrift § 23 SGB XII und vor allem an dem Regelungsregime der §§ 1, 1 a, 3 ff. AsylbLG äußern.[5]

III. Gruppen von leistungsberechtigten Ausländern

1. Ausländer mit gefestigtem Aufenthaltsstatus (§ 100 Abs. 1 Satz 2)

3 **Ausländer**, die sich **tatsächlich und voraussichtlich dauerhaft** im Bundesgebiet aufhalten, haben gem. § 100 Abs. 1 Satz 2 Anspruch auf Eingliederungshilfe wie Deutsche nach Maßgabe des § 99. **Tatsächlich** hält sich in Deutschland auf, wer sich physisch auf dem Staatsgebiet bewegt, ungeachtet des Grundes, der Dauer oder Rechtmäßigkeit des Aufenthalts.[6] **Voraussichtlich dauerhaft** ist der Aufenthalt eines Menschen ohne deutsche Staatsbürgerschaft, wenn er die Absicht hat, in Deutschland zu bleiben und die Verstetigung seines Aufenthalts rechtlich möglich erscheint. Einen solch **gefestigten Aufenthaltsstatus** haben regelmäßig zugewanderte Menschen, die im Besitz einer Niederlassungserlaubnis nach § 9 AufenthG oder einer unbefristeten Daueraufenthalt-EU-Erlaubnis nach § 9a AufenthG sind. Ob sich zugewanderte Menschen mit befristeter Aufenthaltserlaubnis nach § 7 AufenthG voraussichtlich auf Dauer im Bundesgebiet aufhalten werden, ist im Einzelfall prognostisch, insbesondere anhand des Aufenthaltszwecks (§§ 16 ff. AufenthG) zu beurteilen. Der Aufenthalt zum Zweck der Ausbildung, einer befristeten Tätigkeit zB als Au-Pair oder zu Forschungszwecken sowie aus den in § 25 Abs. 4 Satz 1, Abs. 4b AufenthG genannten Gründen führt eher zu einer negativen, eine Aufenthaltserlaubnis aus humanitären Gründen nach §§ 22, 23 Abs. 4, 25 Abs. 1–3 und Abs. 5 AufenthG oder der Aufenthalt zum Zweck des Familiennachzugs (§§ 27 ff. AufenthG) zu einer positiven Prognose.[7] Bleiberechte nach §§ 23 Abs. 1, 23 a, 25 Abs. 4 Satz 2 sowie Abs. 4 a Satz 3, 25 a und 25 b AufenthG rechtfertigen regelmäßig die Annahme eines verfestigten Aufenthaltsstatus, da sie keiner weiteren behördlichen Überprüfung nach § 26 AufenthG unterliegen.

---

3 Zu den verfassungs-, europa- und völkerrechtlichen Anforderungen an die Festlegung sozialrechtlicher Mindeststandards s. BVerfG 18.7.2012 – 1 BvL 10/10, 1 BvL 2/11.
4 So auch die Begr. des RegE in BT-Drs. 18/9522, 277.
5 LSG NRW 27.2.2012 – L 20 AY 48/08; HessLSG 11.7.2018 – L 4 AY 9/18 B, Rn. 26 ER; *Eichenhofer* ZAR 2013, 169 ff.; *Rixen* NVwZ 2015, 1640; *Frerichs* in jurisPK-SGB XII AsylbLG § 6 Rn. 31; *Kluth* ZAR 2020, 123; *Schülle/Frankenstein*, Forum A, Fachbeitrag A 16–2019 abrufbar unter www.reha-recht.de.
6 BSG 25.4.2018 – B 8 SO 20/16 R; *Winkler* in Neumann/Pahlen/Greiner/Winkler/Jabben SGB IX § 100 Rn. 6; *Hohm* in GK-AsylbLG § 1 Rn. 24.
7 *Siefert* in jurisPK-SGB XII SGB IX § 23 Rn. 38.

2. Ausländer mit Anspruch auf Eingliederungsleistungen aus anderen Rechtsvorschriften (§ 100 Abs. 1 Satz 3)

Ergibt sich der Anspruch auf Eingliederungshilfe nicht bereits aus § 100 Abs. 1 Satz 2, sind die in Abs. 1 Satz 3 genannten weiteren Rechtsvorschriften zu prüfen, nach denen Ausländer **durch inner-, supra- oder internationales Recht** Deutschen nach Absatz 1 **gleichgestellt.**

Einen strukturierten Überblick über die relevanten Bestimmungen für freizügigkeitsberechtigte EU-Bürger, drittstaatenangehörige und staatenlose Zuwanderer liefern *Frings*[8] und *Kuhn-Zuber*.[9] Die mangelnde Bestimmtheit der in den Richtlinie und Abkommen verwendeten Begriffe der „Sozialen Sicherheit", „Sozialhilfe" und „Sozialen Fürsorge" führen jedoch gerade bei Leistungen zur Rehabilitation und Teilhabe und im Besonderen bei der Eingliederungshilfe zu erheblichen Rechtsunsicherheiten, die der Gesetzgeber aus haushaltspolitischen Erwägungen heraus durch bewusst unbestimmt gehaltene Regelungen weiter vertieft.[10]

a) § 2 Abs. 1 FreizügigkeitsG/EU

Freizügigkeitsberechtigte Unionsbürgerinnen und -bürger sind deutschen Staatsangehörigen gemäß **Art. 18 AEUV** in Bezug auf **Leistungen der sozialen Sicherheit** nach Maßgabe der **Art. 4 VO (EG) 883/2004** und **Art. 24 Abs. 1 RL 2004/38/EG** gleichgestellt. Damit können auch Unionsbürger, die sich voraussichtlich nicht dauerhaft in Deutschland aufhalten, Sozialleistungsansprüche erlangen.

Bislang weitgehend ungeklärt ist jedoch, ob die **Eingliederungshilfe** oder zumindest ausgewählte Leistungsgruppen der Eingliederungshilfe als Leistung der sozialen Sicherheit in den sachlichen Anwendungsbereich der Verordnung fällt oder als Leistung der medizinischen oder sozialen Fürsorge gem. Art. 3 Abs. 5 VO (EG) 883/2004 ausgeschlossen ist.

Die Eingliederungshilfe gehört zu jenen Leistungen, die aufgrund ihres persönlichen Anwendungsbereichs und ihrer Zielsetzungen beiden Kategorien gleich nahe stehen und sich darum nicht, zumindest nicht als ganzer Leistungskomplex zweifelsfrei zuordnen lassen.[11] Die Beurteilung hängt nicht von dem nationalrechtlichen, sondern dem nach gemeinschaftsrechtlichen Maßstäben zu beurteilenden, grundlegenden Charakter der jeweiligen Leistung, insbesondere von ihrem Zweck und den Leistungsvoraussetzungen ab.[12]

Als Leistung der sozialen Sicherheit betrachtet der EuGH eine Leistung, wenn sie sich auf eines der in Art. 3 VO (EG) 883/2004[13] ausdrücklich aufgezählten Risiken bezieht und „nach objektiven Kriterien gewährt wird, deren Vorliegen den Anspruch auf diese Leistung eröffnet, ohne dass die zuständige Behörde

---

8 *Frings* in HSRB § 26 Rn. 24–343.
9 *Kuhn-Zuber*, Sozialleistungsansprüche für Flüchtlinge und Unionsbürger.
10 *Utz* in BeckOK SozR VO (EG) 883/2004 Art. 3 Rn. 42, 43; *Oppermann*, Anm. zu EuGH 25.7.2018 – C-679/16 (A.), ZESAR 2019, 130–139; *Rixen* NVwZ 2015, 1643; *Wehrhahn* in jurisPK-SGB IX § 100 Rn. 7.
11 In Richtung „Fürsorge" weisen EuGH 22.6.1972 – 1/72, Rn. 11/13 – Frilli; EuGH Urt. v. 27.3.1985 – C 249/83 – Hoeckx; differenziert *Utz* in BeckOK SozRVO (EG) 883/2004 Art. 3 Rn. 42, 43.
12 EuGH 16.9.2015 – C 433/13, Rn. 70 – Slowakische Republik; EuGH 5.3.1998 – C-160/96, Rn. 19 – Molenaar.
13 Zuvor Art. 4 Abs. 1 der VO (EWG) Nr. 1408/71.

sonstige persönliche Verhältnisse berücksichtigen kann."[14] Der Behörde darf also kein Ermessen bezüglich des „ob" der Leistung eingeräumt sein. Dies ist bei Vorliegen einer wesentlichen Behinderung (→ § 99 Rn. 3–6) grundsätzlich der Fall. Gem. Art. 3 Abs. 3 und 70 Abs. 1 zählen zu den Leistungen der sozialen Sicherheit auch besondere beitragsunabhängige Geldleistungen, die nach Rechtsvorschriften gewährt werden, die aufgrund ihres persönlichen Geltungsbereichs, ihrer Ziele und/oder ihrer Anspruchsvoraussetzungen sowohl Merkmale der in Art. 3 Abs. 1 genannten Rechtsvorschriften der sozialen Sicherheit als auch Merkmale der Sozialhilfe aufweisen. Darunter fallen gem. Art. 70 Abs. 2 a Ziff. ii VO (EG) 883/2004 auch steuerfinanzierte Leistungen, die dem besonderen Schutz von Menschen mit Behinderungen dienen und eng mit dem sozialen Umfeld dieser Person in dem betreffenden Mitgliedstaat verknüpft sind. Der EuGH legt den in Art. 3 VO (EG) 883/2004 genannten Risiken zwar ein recht weites Begriffsverständnis zu Grunde und zählt zu den Leistungen bei Krankheit nicht nur solche, die auf eine Verbesserung des Gesundheitszustands zielen, sondern auch Leistungen, die die Lebensbedingungen behinderter und pflegebedürftiger Menschen verbessern,[15] zB Pflegegeld[16] und Blindengeld.[17] Nicht zu den Leistungen bei Krankheit zählt der EuGH hingegen die persönliche Assistenz, die darauf gerichtet ist, behinderten Menschen eine selbstbestimmte Gestaltung ihres Alltags, ihrer Arbeit, des Studiums, ihrer Freizeitbeschäftigungen und ihrer Teilnahme am gesellschaftlichen Leben und die Aufrechterhaltung sozialer Interaktion zu ermöglichen.[18] Auch *Fuchs*[19] und *Frings*[20] gehen davon aus, dass die Eingliederungshilfe nicht von der VO (EG) 883/2004 erfasst wird. *Eichenhofer* erwägt, zumindest den das Existenzminimum übersteigenden Grundfreibetrag und das persönliche Budget als beitragsunabhängige Geldleistung Art. 3 Abs. 3, 70 VO (EG) 883/2004) einzuordnen. Soweit kein Anspruch auf Gleichstellung nach Art. 3 Abs. 3, 70 VO (EG) 883/2004 besteht, kann er sich ggf. aus dem Europäischen Fürsorgeabkommen ergeben (→ Rn. 6).

Leistungen der Sozialen Fürsorge sind von Leistungen der Sozialen Sicherung gem. Art. 3 Abs. 5 VO (EG) 883/2004 ausdrücklich **ausgenommen**. Den Begriff der sozialen Fürsorge verwendet der EuGH bislang auf „sämtliche von öffentlichen Stellen eingerichteten Hilfesysteme, die auf nationaler, regionaler oder örtlicher Ebene bestehen und die ein Einzelner in Anspruch nimmt, der nicht über ausreichende Existenzmittel zur Bestreitung seiner Grundbedürfnisse und derjenigen seiner Familie verfügt und deshalb während seines Aufenthalts möglicherweise die öffentlichen Finanzen des Aufnahmemitgliedstaats. In der Literatur

---

14 EuGH 16.9.2015 – C 433/13 – Slowakische Republik Rn. 73; EuGH 25.7.2018 – C-679/16 mAnm *Oppermann* ZESAR 2019, 130–139; EuGH 27.3.1985 – 2 249/83 – Hoeckx.
15 Zu den Leistungen bei Krankheit: EuGH 5.3.1998 – C-160/96 – Molenaar; zu den Leistungen bei Invalidität: EuGH 21.7.2011 – C-503/09, Rn. 45 – Stewart, grundlegend auch *Otting* in Hauck/Noftz Art. 3 Rn. 19; *Fuchs* in NK-EuSozR VO (EG) Nr. 883/2004 Art. 3 Rn. 10 und 15; *Fasselt* in HSRB § 14 Rn. 45; *Brechmann* in Calliess/Ruffert AEUV Art. 48 Rn. 30 ff.
16 EuGH 30.6.2011 – C 388/09 – Da Silva Martins.
17 EuGH 5.5.2011 – C-206/10.
18 EuGH 25.7.2018 – C-679/16 mAnm *Oppermann* ZESAR 2019, 130–139.
19 *Fuchs* in NK-EuSozR VO (EG) Nr. 883/2004 Art. 3 Rn. 40.
20 *Frings* in HSRB § 26 Rn. 88.

überwiegen die Stimmen, die die Eingliederungshilfe trotz ihrer Herauslösung aus dem SGB XII weiterhin als Fürsorgeleistung charakterisieren.[21]
Für Unionsbürgerinnen und -bürger, die sich – zB im Rahmen des Studiums – vorübergehend in Deutschland aufhalten, ihren Lebensmittelpunkt aber weiterhin in einem anderen EU-Staat haben, bleibt der Träger dieses Staates für die Leistungen zuständig.[22]

b) Europäisches Fürsorgeabkommen (EFA)

Zugewanderte Menschen aus den Vertragsstaaten des **Europäischen Fürsorgeabkommens** v. 11.12.1953 (EFA) haben im Falle ihrer wirtschaftlichen Bedürftigkeit für die Dauer ihres erlaubten Aufenthalts gemäß Art. 1 EFA Anspruch auf Eingliederungshilfe wie Deutsche.[23] Zu den Vertragsstaaten gehören ua die Türkei, das Vereinigte Königreich und Norwegen, nicht aber Polen, die Tschechische Republik, Ungarn, Österreich oder die Schweiz. Hier existieren zT zwischenstaatliche Abkommen (→ Rn. 8). Art. 2 Zusatzprotokoll zieht Flüchtlinge iSd **Genfer Flüchtlingskonvention** in den Geltungsbereich des EFA ein. Art. 2 Abs. a i) EFA definiert „Fürsorge" im Sinne des Abkommens als Leistung, die ein Vertragsstaat nach den in dem jeweiligen Teil seines Gebiets geltenden Rechtsvorschriften gewährt und wonach Personen ohne ausreichende Mittel die Mittel für ihren Lebensbedarf sowie die Betreuung erhalten, die ihre Lage erfordert. Nach nationalen Maßstäben ist die Eingliederungshilfe trotz ihrer Herauslösung aus dem SGB XII weiterhin als Fürsorgeleistung zu charakterisieren (→ § 91 Rn. 2), es spricht viel dafür, sie auch europarechtlich weiterhin als Fürsorgeleistung iSd Art. 2 a i) EUV einzustufen. Dass die Bundesregierung die Aufnahme des Teil II des SGB IX in die Liste der deutschen Fürsorgegesetze (Annex I des EFA) noch nicht mitgeteilt hat, ist unschädlich, da nicht konstitutiv.[24] Wann ein Aufenthalt als **erlaubt** einzustufen ist, ergibt sich aus Art. 11 EFA iVm Annex III.[25] Die von Deutschland zum EFA erklärten Vorbehalte beziehen sich lediglich auf Leistungen des SGB II und § 67 SGB XII.[26]

c) Art. 23 Genfer Flüchtlingskonvention (GFK) und Art. 29 Abs. 1 RL 2011/95/EU (Qualifikationsrichtlinie)

Asylberechtigte und nach Art. 1 GFK anerkannte Flüchtlinge mit Aufenthaltserlaubnis nach § 25 Abs. 1 und Abs. 2 AufenthG haben einen Rechtsanspruch auf Inländergleichbehandlung im Bereich des Sozialrechts gem. Art. 23 GFK sowie durch Art. 29 Abs. 1 RL 2011/95/EU. Hieraus kann sich für Menschen mit wesentlichen Teilhabebeeinträchtigungen analog § 99 Abs. 1 ein Anspruch auf Eingliederungshilfe ergeben oder die Pflicht des Leistungsträgers, ihre Gewährung an Menschen mit anderen Behinderungen als Ermessensleistung zu prüfen.

d) Abkommen mit einzelnen Staaten

Eine Verpflichtung der Eingliederungshilfeträger zur Gleichbehandlung mit Deutschen kann sich in Bezug auf österreichische Staatsbürger aus dem Ab-

---

21 Vgl. nur *Bieritz-Harder* → § 91 Rn. 2; *Frings* in HSRB § 26 Rn. 88; *Utz* in BeckOK SozR VO (EG) 883/2004 Art. 3 Rn. 4243, unionsrechtlich differenzierend *Tießler-Marenda* in Fuchs/Ritz/Rosenow SGB IX § 100 Rn. 34.
22 EuGH 25.7.2018 – C-679/2016 mAnm *Oppermann* ZESAR 2019, 130–139.
23 BGBl. 1956 II 564.
24 BSG 19.10.2010 – B 14 AS 23/10 R; BVerwG 18.5.2000 – 5 C 29/98; aA BayLSG 4.5.2009 – L 16 AS 130/09 B ER.
25 Hierzu eingehend *Siefert* in jurisPK-SGB IX § 23 Rn. 47.
26 BSG 17.3.2016 – B 4 AS 32/15 R, Rn. 19.

kommen zwischen der Bundesrepublik Deutschland und der Republik Österreich über Fürsorge und Jugendwohlfahrtspflege vom 17.1.1966 (DÖFA),[27] in Bezug auf Schweizer Staatsangehörige aus dem Freizügigkeitsabkommen zwischen der Schweiz und der EG vom 21.6.1999 ergeben.[28] Art. 3 Abs. 1 Assoziationsabkommen EWG-Türkei (ARB Nr. 3/80)[29] sichert Personen, die im Gebiet eines Mitgliedstaats wohnen und für die dieser Beschluss gilt, die gleichen Rechte und Pflichten aufgrund der Rechtsvorschriften eines Mitgliedstaats wie die Staatsangehörigen dieses Staates, soweit sich aus dem Abkommen nichts anderes bestimmt. Für den in Art. 2 festgelegten Kreis der türkischen Arbeitnehmer und ihrer in Deutschland wohnenden Angehörigen und Hinterbliebenen[30] leitet der EuGH aus dem Abkommen unmittelbare Leistungspflichten **im Bereich der Sozialen Sicherheit** ab.[31] Sozialhilfeleistungen sind gem. Art. 4 Abs. 4 des Abkommens aus dem Anwendungsbereich ausgeschlossen. Zur Frage, ob die Eingliederungshilfe nach unionsrechtlichem Verständnis als Leistung der Sozialen Sicherheit oder als Sozialhilfeleistung einzustufen ist, → Rn. 5. Die Frage gilt es ebenso für das **Assoziationsabkommen EG-Algerien und Europa-Mittelmeerabkommen** zu klären, das algerischen, tunesischen und marokkanischen Arbeitnehmern das Recht auf gleichberechtigten Zugang zu den Leistungen der Sozialen Sicherheit gewährt.[32]

IV. Eingliederungshilfe als Ermessensleistung an sonstige Gruppen von Ausländern (§ 100 Abs. 1 Satz 1)

9 Ausländer, die unter keine der beiden vorgenannten Gruppen der Anspruchsberechtigten fallen, **können** gemäß § 100 Abs. 1 Leistungen nach SGB IX Teil 2 erhalten, „soweit dies im Einzelfall gerechtfertigt" ist und keiner der Ausschlusstatbestände (Abs. 2–3) greift. Bei der **Ermessensausübung** sind die europa- und völkerrechtlichen Maßgaben zu beachten.
In **Art. 25** und **26 UN-BRK** haben sich die Vertragsstaaten verpflichtet, allen Menschen mit Behinderungen **ungeachtet ihres Aufenthaltsstatus** Gesundheitsleistungen anzubieten, die ihnen ein Höchstmaß an Gesundheit ermöglichen und umfassende Habilitations- und Rehabilitationsdienste und -programme zu organisieren.[33] Bei minderjährigen Ausländern sind ergänzend die Gewährleistungen der **UN-Kinderrechtskonvention**, insbesondere das in Art. 24 formulierte Recht des Kindes auf das erreichbare Höchstmaß an Gesundheit und auf Inanspruchnahme von Einrichtungen zur Behandlung von Krankheiten und zur Wiederherstellung der Gesundheit zu beachten.

---

27 BGBl. 1969 II 1285.
28 ABl. (EU) 2002, L 114/6 mWv 1.6.2002; zuvor galt das Deutsch-Schweizerische Fürsorgeabkommen vom 14.7.1952.
29 ABl. (EU) C 110 vom 25.4.1983, 60–69; BGBl. 1972 II 385.
30 Zum persönlichen Anwendungsbereich eingehend *Terhardt,* Diskriminierungsverbote aus dem Assoziationsrecht EU/Türkei Beschäftigungs-, sozial- und aufenthaltsrechtliche Folgen für türkische Arbeitnehmer und ihre Familienangehörigen, S. 116 ff.
31 EuGH 4.5.1999 – C-262/96, Rn. 60 – Sürül; *Kahil-Wolff* in NK-EuSozR Teil 9 Assoziierungsabkommen mit der Türkei Rn. 2.
32 ABl. L 265 vom 10.10.2005, 2–228.
33 BSG 6.3.2012 – B 1 KR 10/11 R; der Fachausschuss der Vereinten Nationen hat Deutschland 2015 aufgefordert, va den Rechten behinderter Frauen, Kindern und Menschen mit Migrationsgeschichte besser Rechnung zu tragen CRPD/C/DEU/CO/1.

Aus den genannten **völkerrechtlichen Vorgaben** lassen sich keine subjektiven Rechte auf konkrete Leistungen der Eingliederungshilfe ableiten.[34] Die Vorgaben sind bei der Auslegung der hierzu geltenden Bestimmungen und bei der Ermessensausübung zu beachten. Hierbei sind Art. 3 Abs. 1 GG[35] und den Diskriminierungsverboten nach Art. 2 Abs. 1 UN-KRK;[36] Art. 5 Abs. 2 UN-BRK, insbesondere der Pflicht der Leistungsträger, die im Einzelfall **angemessenen Vorkehrungen** zu treffen, Rechnung zu tragen.[37]

V. Eingliederungshilfe für Asylsuchende

Für Asyl- und Schutzsuchende und Personen ohne verfestigtes Bleiberecht und ihre Familienangehörigen hat der Gesetzgeber mit dem AsylbLG ein eigenes Fürsorgesystem geschaffen und schließt sie darum in § 100 Abs. 2 aus dem Kreis der Leistungsberechtigten nach SGB IX Teil 2 aus. Zu dem in § 1 AsylbLG erfassten Personenkreis zählen Personen während ihres Asylverfahrens, Personen, die sich nach § 23 ff. Aufenthaltsgesetz aus völkerrechtlichen oder humanitären Gründen vorübergehend im Bundesgebiet aufhalten und Menschen, die dem Grunde nach ausreisepflichtig sind, aber deren Aufenthalt geduldet wird oder deren Ausreise nicht möglich ist.

10

1. Analogleistungen § 2 AsylbLG

Leistungsberechtigte des AsylbLG, die sich 18 Monate[38] ohne wesentliche Unterbrechung in Deutschland aufhalten und die Dauer des Aufenthalts nicht rechtsmissbräuchlich selbst beeinflusst haben, erhalten gem. § 2 Abs. 1 Satz 1 AsylbLG Leistungen zur Eingliederungshilfe entsprechend Teil 2 des SGB IX (sog. Analogleistungen).[39] Sind sie wesentlich in ihrer Teilhabe eingeschränkt, handelt es sich analog § 99 Abs. 1 Satz 1 um eine Pflichtleistung, bei anderen Behinderungen (Satz 2) um eine Ermessensleistung (→ § 99 Rn. 3 f.).

11

2. § 6 AsylbLG

In den ersten 18 Monaten[40] des Aufenthalts richtet sich die Gewährung von Leistungen der Eingliederungshilfe an die gemäß § 1 AsylbLG Leistungsberechtigten nach § 6 AsylbLG.
Danach erhalten Asylsuchende sonstige Leistungen, die insbesondere zur Sicherung des Lebensunterhalts oder der Gesundheit unerlässlich, zur Deckung besonderer Bedürfnisse von Kindern geboten oder zur Erfüllung einer verwaltungsrechtlichen Mitwirkungspflicht erforderlich sind. Das BVerfG hat klarge-

12

---

34 BayLSG 23.5.2012 – L 10 AL 207/10 Rn. 33; *Welti* in Welke UN-BRK Art. 25 und 26 Rn. 32.
35 BVerfG 18.7.2012 – 1 BvL 10/10, 1 BvL 2/11 Rn. 63 ff.
36 Zum Verbot der Anknüpfung an die nationale Herkunft und den Aufenthaltsstatus in Art. 2 UN-KRK: *Schmahl* in HK-KRK Art. 2 Rn. 17 und Art. 25 Rn. 26.
37 BSG 2.9.2014 – B 1 KR 12/13, Rn. 23; BSG 8.3.2016 – B 1 KR 26/15 R, Rn. 24.
38 Anhebung von bislang 15 auf 18 Monaten durch das Zweite G zur besseren Durchsetzung der Ausreisepflicht v. 15.8.2019 mWv 21.8.2019 BGBl. I 1294, zur Begründung BT-Drs. 19/10706; krit. *Oppermann/Filges* in jurisPK-SGB XII AsylbLG § 2 Rn. 35.
39 Eingehend *Oppermann/Filges* in jurisPK-SGB XII AsylbLG § 2 Rn. 44 ff.; *Frings* in HSRB § 26 Rn. 176 ff.
40 Anhebung von bislang 15 auf 18 Monaten durch das Zweite G zur besseren Durchsetzung der Ausreisepflicht vom 15.8.2019 mWv 21.8.2019 BGBl. I 1294, zur Begründung BT-Drs. 19/10706; krit. *Oppermann/Filges* in jurisPK-SGB XII AsylbLG § 2 Rn. 35.

stellt, dass das Recht auf ein soziokulturelles Existenzminimum nicht migrationspolitisch relativierbar ist.[41] Behinderte Menschen sind zur Sicherung dieses Mindestmaßes an Teilhabe aber gegebenenfalls ergänzend auf Eingliederungshilfe angewiesen. Diese Leistungen müssen darum im Rahmen des § 6 erbracht werden.[42] Als „sonstige Leistung" sind andere Leistungen als die zumindest dem Grunde nach gem. §§ 3–5 b AsylbLG zu gewährenden Leistungen anzusehen.[43] Der Anwendungsbereich des § 6 AsylbLG ist dabei nach hM nicht auf existenzsichernde Leistungen beschränkt.[44] Die Rspr. leitet aus Art. 1 Abs. 1 iVm Art. 20 Abs. 1 GG vielmehr die Notwendigkeit ab, die Tatbestandsmerkmale der Unerlässlichkeit und der Sicherung der Gesundheit in § 6 Abs. 1 Satz 1 Alt. 2 AsylbLG weit auszulegen, so dass Personen, die sich nicht nur kurzzeitig in der Bundesrepublik Deutschland aufhalten, die medizinische Versorgung nach allen Leistungen nach §§ 47 ff. SGB XII bzw. nach dem SGB V zu gewähren ist,[45] dazu zählen auch medizinische Hilfsmittel[46] und Leistungen der Eingliederungshilfe,[47] wie zB ambulante Betreuungsleistungen wegen einer schwerwiegenden psychischen Erkrankung,[48] stationär betreutes Wohnen[49] oder die Schulbegleitung.[50]

Im begründeten Ausnahmefall sind auch an Erwachsene Leistungen zur Teilhabe an Bildung oder zur sozialen Teilhabe zu erbringen, denn die Aufzählung der zu berücksichtigenden Bedarfslagen in § 6 Abs. 1 ist nicht abschließend („insbesondere") und diese Leistungen können erforderlich sein, behinderten Menschen das ihnen verfassungsrechtlich zu gewährende Mindestmaß an soziokultureller Teilhabe[51] zu ermöglichen.

Im RegE des BTHG heißt es, bei der Auslegung und Anwendung des § 6 AsylblG hätten die Leistungsbehörden nach dem AsylbLG bei der Prüfung von Eingliederungshilfeleistungen „europarechtliche Vorgaben einzuhalten und den Wertentscheidungen völkerrechtlicher Verträge, an die Deutschland gebunden ist (UN-Kinderrechtskonvention, UN-Behindertenrechtskonvention), Rechnung zu tragen. Dies kommt insbesondere in Betracht, soweit die Gewährung von Eingliederungshilfe an Kinder betroffen ist, weil hier nicht nur die UN-Behindertenrechtskonvention, sondern auch die UN-Kinderrechtskonvention zu beachten ist."[52]

In **Art. 25 und 26 UN-BRK** haben sich die Vertragsstaaten verpflichtet, allen Menschen mit Behinderungen **ungeachtet ihres Aufenthaltsstatus** Gesundheitsleistungen anzubieten, die ihnen ein Höchstmaß an Gesundheit ermöglichen

---

41 BVerfG 18.7.2012 – 1 BvL 10/10, 1 BvL 2/11.
42 *Hohm* in Schellhorn AsylbLG § 6 Rn. 31; *Birk* in LPK-SGB XII AsylbLG § 6 Rn. 9; *Tießler-Marenda* in Fuchs/Ritz/Rosenow SGB IX § 100 Rn. 54.
43 LSG NRW 19.4.2010 – L 20 B 43/09 AY.
44 BT-Drs. 12/2746, 16; BVerfG 9.2.2010 – 1 BvL 1/09; *Cantzler* AsylbLG § 6 Rn. 3 und 20 f.; *Leopold* in Grube/Wahrendorf/Flint AsylbLG § 6 Rn. 2 ff.
45 HessLSG LSG 1.7.2018 – L 4 AY 9/18 B ER; SG Osnabrück 4.9.2018 – S 44 AY 12/18 ER; *Frerichs* in jurisPK-SGB XII AsylbLG § 6 Rn. 65.
46 LSG MV 28.8.2019 – L 9 AY 13/19 B ER – Cocheaimplantat.
47 BT-Drs. 18/9522, 278; *Frings* in HSRB § 26 Rn. 165; *Korff* in BeckOK SozR, 58. Ed. 1.9.2020, AsylbLG § 6 Rn. 10, widersprüchlich *Cantzler* in HK-AsylbLG zu § 6 AsylbLG, der die im SGB IX geregelte Eingliederungshilfe in Rn. 21 kategrisch ausschließt, unter Rn. 26 im Einzelfall aber doch gewähren will („Heimunterbringung bei schwerer psychischer Erkrankung").
48 LSG Nds-Brem 1.2.2018 – L 8 AY 16/17 B ER.
49 SG Frankfurt 16.1.2006 – S 20 AY 1/06.
50 SG Hildesheim 30.8.2012 – S 42 AY 140/12 ER.
51 BVerfG 9.2.2010 – 1 BvL 1/09, 1 BvL 3/09, 1 BVL 4/09.
52 BT-Drs. 18/9522, 278.

und umfassende Habilitations- und Rehabilitationsdienste und -programme zu organisieren.[53] Bei minderjährigen Ausländern sind ergänzend die Gewährleistungen der **UN-Kinderrechtskonvention**, insbesondere das in Art. 24 formulierte Recht des Kindes auf das erreichbare Höchstmaß an Gesundheit und auf Inanspruchnahme von Einrichtungen zur Behandlung von Krankheiten und zur Wiederherstellung der Gesundheit zu beachten.

Auch andere europa- und völkerrechtlichen Mindeststandards können zu beachten sein:

In **§ 6 Abs. 2 AsylbLG** räumt der Gesetzgeber Personen, die eine Aufenthaltserlaubnis gemäß § 24 Abs. 1 des AufenthaltsG besitzen und als besonders schutzbedürftig gelten, wie zB Minderjährigen, behinderten Menschen, Personen mit schweren körperlichen Erkrankungen oder psychischen Störungen, Schwangeren und Alleinerziehenden mit minderjährigen Kindern sowie Menschen, die Folter, Vergewaltigung oder sonstige schwere Formen psychischer, physischer oder sexueller Gewalt erlitten haben, einen Rechtsanspruch auf die erforderliche medizinische oder sonstige Hilfe ein. Die Regelung soll der Umsetzung von **Art. 13 RL 2001/55/EG** (Richtlinie für die Gewährung vorübergehenden Schutzes im Falle eines Massenzustroms) dienen, kommt bislang jedoch selten zur Anwendung. Im Ausländerzentralregister waren zum 31.12.2019 nur 123 Personen mit einer Aufenthaltserlaubnis nach § 24 AufenthG erfasst.[54]

Die Verpflichtung zur angemessenen Versorgung minderjähriger, behinderter und weiterer besonders schutzbedürftiger Asylsuchender iSd § 1 Abs. 1 S. 1 AsylbLG unter Berücksichtigung ihrer speziellen Situation ergibt sich aber auch aus Art. 21, 17 Abs. 2 S. 2, 18 Abs. 3, 19 Abs. 2, 23 Abs. 1, 24, 25 der **Aufnahmerichtlinie RL 2013/33/EU**, die Deutschland gem. Art. 31 Abs. 1 RL 2013/33/EU bis spätestens 20.7.2015 in nationales Recht umzusetzen hatte.[55] Art. 6 Abs. 1 AsylbLG muss daher richtlinienkonform ausgelegt und besonders schutzbedürftigen Flüchtlingen aus diesem Grunde die erforderliche medizinische und sonstige Hilfe gewährt werden, zu der auch Eingliederungshilfeleistungen zählen können.[56] Die Bundesregierung vertrat hierzu den Standpunkt, bei den von RL 2013/33/EU (Aufnahme-RL) erfassten schutzbedürftigen Personen reduziere sich das behördliche Ermessen in § 6 Absatz 1 AsylbLG seit Ablauf der Umsetzungsfrist auf Null.[57] Die Europäische Kommission habe dies genügen lassen und das Vertragsverletzungsverfahren gegen Deutschland am 10.10.2019 mit der Begründung eingestellt, die Aufnahmerichtlinie sei vollständig in nationales Recht umgesetzt.[58]

---

53 BSG 6.3.2012 – B 1 KR 10/11 R; der Fachausschuss der Vereinten Nationen hat Deutschland 2015 aufgefordert, va den Rechten behinderter Frauen, Kindern und Menschen mit Migrationsgeschichte besser Rechnung zu tragen CRPD/C/DEU/CO/1.
54 BT-Drs. 19/1933, 19.
55 EuGH 12.11.2019 – C-233/18.
56 LSG Nds-Brem 1.2.2018 – L 8 AY 16/17 B ER; *Rixen* NVwZ 2015, 1640; *Kaltenborn* NZS 2015, 161; *Schülle*, Forum D, D53–2016, abrufbar unter www.reha-recht.de; *Herbst* in Mergler/Zink Grundsicherungs-HdB II AsylbLG § 6 Rn. 31; *Kluth* ZAR 2020 S. 123; *Schülle/Frankenstein*, Forum A, Fachbeitrag A 16–2019, abrufbar unter www.reha-recht.de.
57 Antwort auf kleine Anfrage BT-Drs. 18/9009, 3.
58 Die noch in → 5. Aufl. 2019, §§ 99–108 Rn. 12 geführte Diskussion des self-executing-Charakters der nicht rechtzeitig umgesetzten Bestimmungen ist damit obsolet.

VI. Ausschluss bei Einreise von Ausländern zum Zwecke des Leistungsbezugs

13 Gemäß § 100 Abs. 3 haben **Ausländer, die eingereist sind, um Eingliederungshilfe zu beziehen,** keinen Anspruch auf die Leistung. Der Ausschluss greift nur, wenn der Zweck, Eingliederungshilfe zu erlangen, den **Einreiseentschluss** geprägt hat.[59] Das ist der Fall, wenn der Ausländer anderenfalls nicht eingereist wäre.[60] In § 100 Abs. 3 hat der Gesetzgeber bewusst die Regelung des § 23 Abs. 3 Satz 1 Alt. 1 SGB XII in der bis 28.12.2016 geltenden Fassung übernommen, dh keine weiteren Einschränkungen für Unionsbürger vorgenommen.[61] Es handelt sich um einen Anspruchs-, aber **keinen Leistungsausschluss**, so dass der Leistungsträger die Eingliederungshilfe weiterhin als Ermessensleistung erbringen kann, wenn dies im Einzelfall gerechtfertigt erscheint.[62]

§ 101 Eingliederungshilfe für Deutsche im Ausland

(1) ¹Deutsche, die ihren gewöhnlichen Aufenthalt im Ausland haben, erhalten keine Leistungen der Eingliederungshilfe. ²Hiervon kann im Einzelfall nur abgewichen werden, soweit dies wegen einer außergewöhnlichen Notlage unabweisbar ist und zugleich nachgewiesen wird, dass eine Rückkehr in das Inland aus folgenden Gründen nicht möglich ist:
1. Pflege und Erziehung eines Kindes, das aus rechtlichen Gründen im Ausland bleiben muss,
2. längerfristige stationäre Betreuung in einer Einrichtung oder Schwere der Pflegebedürftigkeit oder
3. hoheitliche Gewalt.

(2) Leistungen der Eingliederungshilfe werden nicht erbracht, soweit sie von dem hierzu verpflichteten Aufenthaltsland oder von anderen erbracht werden oder zu erwarten sind.

(3) Art und Maß der Leistungserbringung sowie der Einsatz des Einkommens und Vermögens richten sich nach den besonderen Verhältnissen im Aufenthaltsland.

(4) ¹Für die Leistung zuständig ist der Träger der Eingliederungshilfe, in dessen Bereich die antragstellende Person geboren ist. ²Liegt der Geburtsort im Ausland oder ist er nicht zu ermitteln, richtet sich die örtliche Zuständigkeit des Trägers der Eingliederungshilfe nach dem Geburtsort der Mutter der antragstellenden Person. ³Liegt dieser ebenfalls im Ausland oder ist er nicht zu ermitteln, richtet sich die örtliche Zuständigkeit des Trägers der Eingliederungshilfe nach dem Geburtsort des Vaters der antragstellenden Person. ⁴Liegt auch dieser im Ausland oder ist er nicht zu ermitteln, ist der Träger der Eingliederungshilfe örtlich zuständig, bei dem der Antrag eingeht.

---

59 BVerwG 4.6.1992 – 5 C 22/87; BSG 18.11.2014 – B 8 SO 9/13 R, Rn. 25; BSG 3.12.2015 – B 4 AS 44/15 R.
60 LSG NRW 22.4.2015 – L 9 SO 496/14 B; BSG 3.12.2015 – B 4 AS 44/15 R Rn. 54.
61 Zum 29.12.2016 geändert durch das G. zur Regelung von Ansprüchen ausländischer Personen in der Grundsicherung für Arbeitsuchende nach dem Zweiten Buch Sozialgesetzbuch und in der Sozialhilfe nach dem Zwölften Buch Sozialgesetzbuch v. 22.12.2016, BGBl. I 3155.
62 BSG 3.12.2015 – B 4 AS 44/15 R, Rn. 54; BSG 18.11.2014 – B 8 SO 9/13 R, Rn. 28, zuvor schon BVerwG 10.12.1987 – 5 C 32/85; zur Frage der Verfassungsmäßigkeit: Vorlagebeschluss des SG Mainz 18.4.2016 – S 3 AS 149/16 Nr. 7, InfAuslR 2016, 286, anhängig beim BVerfG unter 1 BvL 4/16.

(5) Die Träger der Eingliederungshilfe arbeiten mit den deutschen Dienststellen im Ausland zusammen.

§ 101 Abs. 1–3 schreibt die bis 31.12.2019 in § 24 Abs. 1–3 SGB XII geregelte Rechtslage fort; § 101 Abs. 4 entspricht § 24 Abs. 4 Sätze 2 und 3. § 101 Abs. 5 entspricht § 24 Abs. 6 SGB XII. § 24 SGB XII bleibt bestehen. **1**

Die Regelung findet nur auf **Deutsche** Anwendung, die ihren **gewöhnlichen Aufenthalt im Ausland** haben. Ob Deutsche mit gewöhnlichem Aufenthalt in Deutschland Leistungen der Eingliederungshilfe auch im Ausland beziehen können, regelt § 104 Abs. 5 SGB IX. **2**
Gem. § 101 Abs. 1 Satz 1 sind Deutsche mit gewöhnlichem Aufenthalt im Ausland regelmäßig vom Eingliederungshilfebezug ausgeschlossen.
Abs. 1 Satz 1 gilt für **Deutsche** iSv Art. 116 GG. Ihren **gewöhnlichen Aufenthalt** haben Personen gem. § 30 Abs. 3 Satz 2 SGB I dort, wo sie sich unter Umständen aufhalten, die erkennen lassen, dass sie an diesem Ort oder in diesem Gebiet nicht nur vorübergehend verweilen. Wer sich zum Zwecke der Therapie mit befristeter Aufenthaltserlaubnis[1] oder zu Ausbildungs- oder Studienzwecken[2] im Ausland aufhält, begründet dort keinen gewöhnlichen Aufenthalt. Zum Bezug von Eingliederungshilfe durch Deutsche mit grenznahem Wohnsitz im Ausland eingehend *Rosenow*.[3]
Der **Leistungsausschluss nach Absatz 1 Satz 1** greift gemäß **Satz 2** nicht, wenn eine Rückkehr nach Deutschland aus den dort abschließend aufgezählten Gründen nachweislich nicht möglich, die Leistung zur Abwendung einer außergewöhnlichen Notlage erforderlich und die Deckung des Bedarfs nicht von anderen, zB dem aufnehmenden Staat, zu erwarten ist (Abs. 2).
Ob Leistungen gemäß **Absatz 2** von den hierzu verpflichteten Aufenthaltsland oder von anderen erbracht werden oder zu erwarten sind, ergibt sich aus innerstaatlichem, internationalem oder vielfach aus zwischenstaatlichem Recht. Ansprüche können sich zB aus dem Europäischen Fürsorgeabkommen ergeben (hierzu und zu weiteren Abkommen → § 100 Rn. 6–8). Als andere Leistende kommen zB Wohlfahrtsorganisationen, Stiftungen oder Privatpersonen oder die nach § 5 Abs. 6 KonsularG erbrachte Hilfe in Betracht.[4]
Der Ausschluss nach Abs. 1 S. 2 greift nicht, wenn der Aufenthaltsstaat die Leistungen rechtswidrig nicht erbringt. Eine Aufstockung der im Ausland bezogenen Leistungen auf ein in Deutschland geltendes höheres Niveau ist nicht möglich.[5]

Haben deutsche Leistungsberechtigte ihren **gewöhnlichen Aufenthalt** in **Deutschland, kann** ihnen gemäß **§ 104 Abs. 5** in der ab 1.1.2020 geltenden Fassung Eingliederungshilfe auch im Ausland erbracht werden, wenn dies im Interesse der Aufgabe der Eingliederungshilfe geboten ist, die Dauer der Leistungen durch den Auslandsaufenthalt nicht wesentlich verlängert wird und keine unvertretbaren Mehraufwendungen entstehen. Geboten kann der Aufenthalt sowohl zu (Aus-)Bildungs- und Erwerbszwecken als auch aus medizinischen Gründen oder zur Sicherung der gleichberechtigten sozialen Teilhabe sein. Diese **Ermessensregelung** entspricht inhaltsgleich § 23 EinglHV, der zum 31.12.2019 außer Kraft trat. **3**

---

1 OVG NRW 6.2.1996 – 8 A 2866/93.
2 SG Hamburg 12.10.2007 – S 56 SO 350/06.
3 *Rosenow* in Fuchs/Ritz/Rosenow SGB IX § 101 Rn. 15.
4 *Bieback* in Grube/Wahrendorf/Flint SGB XII § 24 Rn. 28–33.
5 BayLSG 28.1.2014 – L 8 SO 146/12; zustimmend Bieback in Grube/Wahrendorf/Flint SGB XII § 24 SGB XII Rn. 32 a.

§ 102 Leistungen der Eingliederungshilfe

(1) Die Leistungen der Eingliederungshilfe umfassen
1. Leistungen zur medizinischen Rehabilitation,
2. Leistungen zur Teilhabe am Arbeitsleben,
3. Leistungen zur Teilhabe an Bildung und
4. Leistungen zur Sozialen Teilhabe.

(2) Leistungen nach Absatz 1 Nummer 1 bis 3 gehen den Leistungen nach Absatz 1 Nummer 4 vor.

I. Überblick und Entstehung

1 § 102 wurde durch Art. 1 des Gesetzes zur Stärkung der Teilhabe und Selbstbestimmung von Menschen mit Behinderungen (Bundesteilhabegesetz – BTHG) vom 23.12.2016 mWz 1.1.2020 in das SGB IX eingefügt. Absatz 1 entspricht überwiegend § 54 Abs. 1 Hs. 1 SGB XII, der zum 1.1.2005 § 40 BSHG abgelöst hatte und zum 1.1.2020 aus dem SGB XII entfiel. Außer Kraft getreten ist zeitgleich auch die EingliederungsHVO, in deren Abschnitt II (§§ 6–23) die in § 54 Abs. 1 SGB XII aF genannten Leistungen konkretisiert worden waren. Diese Konkretisierung erfolgt nunmehr direkt im Gesetz (SGB IX Teil II Kapitel 3 bis 6).

II. Systematik

2 § 102 Abs. 1 umfasst vier statt bislang drei Gruppen von Eingliederungshilfeleistungen, weil der Gesetzgeber seit 1.1.2020 die bisherigen Leistungen zur Teilhabe am Leben in der Gemeinschaft begrifflich in die Leistungen zur Teilhabe an Bildung und die Leistungen zur sozialen Teilhabe unterteilt (→ § 5 Rn. 1 ff.).[1] Ergänzende Leistungen (§ 5 Nr. 3) sind in § 102 weiterhin nicht als eigene Gruppe im Leistungskatalog der Eingliederungshilfe aufgeführt, gleichwohl verweist § 109 Abs. 1 im Rahmen der medizinischen Rehabilitation auf einen Teil des Katalogs der ergänzenden Leistungen (§ 64 Abs. 1 Nr. 3–6, → § 64 Rn. 10 ff.). Den in Absatz 1 genannten vier Leistungsgruppen wird in Teil 2 des SGB IX jeweils ein eigenes Kapitel gewidmet (Kap. 3 bis 6). Wie die Eingliederungshilfe zur medizinischen Rehabilitation zu gestalten ist, richtet sich daher nach den §§ 109, 110 iVm den §§ 42 ff. SGB IX; die Eingliederungshilfe zur Teilhabe am Arbeitsleben nach § 111 iVm den §§ 49 ff. SGB IX, die Eingliederungshilfe zur Teilhabe an Bildung nach § 112 iVm § 75 SGB IX und die Förderung der sozialen Teilhabe nach den §§ 113 ff. iVm den §§ 76 ff. SGB IX. Die Aufgaben und Ziele der vier Leistungsgruppen sind in § 90 geregelt (→ § 90 Rn. 1 ff.).

III. Leistungskatalog

3 § 102 Absatz 1 zufolge umfassen die Leistungen der Eingliederungshilfe die genannten vier Leistungsgruppen. Wie schon zuvor im SGB XII und der EingliederungsH-VO ist der Katalog der gesetzlich aufgeführten Leistungen nicht abschließend.[2] Dies kommt im Wortlaut des § 102 Absatz 1 („umfassen") zwar nicht mehr so deutlich zum Ausdruck wie zuvor in § 54 („sind insbesondere"), wohl aber aus den nachfolgenden §§ 109 Abs. 1 und 113 Abs. 1 („sind insbe-

---

1 BT-Drs. 18/9522, 278.
2 Ebenso *Wehrhahn* in jurisPK-SGB IX § 102 Rn. 9; *Bieback* in Grube/Wahrendorf/Flint SGB IX § 102 Rn. 2.

sondere"), aus der Gesetzesbegründung[3] und aus dem Grundsatz der einzelfallorientierten Leistungsgewährung: Nur ein offener Katalog bietet Gewähr, dass den Besonderheiten des Einzelfalls gemäß § 104 Rechnung getragen werden kann.
Es sind folglich auch andere als die ausdrücklich genannten Leistungen in Betracht zu ziehen, sofern sie nach den besonderen Verhältnissen des Einzelfalls zur Erfüllung der Aufgaben der Eingliederungshilfe geeignet und erforderlich sind.[4] Soweit sie den speziellen Zwecken und Zielen der Eingliederungshilfe dienen, hat der Eingliederungshilfeträger ggf. auch solche Leistungen zu erbringen, die andere Rehaträger nicht oder nur teilweise zu tragen haben.[5] Schließlich reicht der Rehabilitationsauftrag der Eingliederungshilfe im Bereich der Bildung und der sozialen Teilhabe über die einiger anderer Rehaträger hinaus.[6]

IV. Vorrang-Nachrang-Verhältnis

Absatz 2 regelt, dass die Leistungen zur medizinischen Rehabilitation, zur Teilhabe am Arbeitsleben und zur Teilhabe an Bildung den Leistungen der Sozialen Teilhabe vorgehen. Für die Leistungen der medizinischen Rehabilitation und die Leistungen zur Teilhabe am Arbeitsleben wird wegen des Nachrangs der Eingliederungshilfe (→ § 91 Rn. 1 ff.) in den meisten Fällen ein anderer Sozialleistungsträger zuständig sein.

4

Bei der Einordnung der einzelnen Leistungen in die jeweilige Leistungsgruppe stellt die Rspr darauf ab, welches alleinige und vorrangige Ziel oder welche gleichwertigen Ziele du zu erbringende Leistung im Schwerpunkt verfolgt.[7] Entscheidend für die Einstufung eines Hilfsmittels als medizinisches Hilfsmittel ist zB nicht, ob es in der Hilfsmittelrichtlinie des Gemeinsamen Bundesausschusses der Krankenkasse aufgeführt ist, sondern welche Bedarfe damit vorrangig gedeckt werden sollen.[8]

Die Frage nach dem vorrangigen Ziel ermöglicht allerdings noch keine Abgrenzung der ersten drei Leistungsgruppen von den Leistungen zur sozialen Teilhabe. Auf deren Ziel – die Förderung der gleichberechtigten Teilhabe am Leben in der Gemeinschaft – sind schließlich sind alle Leistungen zur Rehabilitation und Teilhabe gerichtet. Absatz 2 ermöglicht darum, die Abgrenzung ergänzend im Ausschlussverfahren vorzunehmen.

§ 103 Regelung für Menschen mit Behinderungen und Pflegebedarf

(1) ¹Werden Leistungen der Eingliederungshilfe in Einrichtungen oder Räumlichkeiten im Sinne des § 43a des Elften Buches in Verbindung mit § 71 Absatz 4 des Elften Buches erbracht, umfasst die Leistung auch die Pflegeleistungen in diesen Einrichtungen oder Räumlichkeiten. ²Stellt der Leistungserbringer fest, dass der Mensch mit Behinderungen so pflegebedürftig ist, dass die Pflege in

---

3 BR-Drs.18/9522, 266 (267).
4 So nach alter Rechtslage u.a. BSG 27.2.2020 – B 8 SO 18/18 R, Rn. 12 (Fahrtkosten als notwendiger Bestandteil einer Eingliederungsmaßnahme); BSG 24.3.2009 – B 8 SO 29/07 R, Rn. 20 zu der in §§ 53 f. SGB XII noch nicht explizit aufgeführten Elternassistenz.
5 BSG 19.5.2009 – B 8 SO 32/07 R; *Wehrhahn* in jurisPK-SGB IX § 102 Rn. 9.
6 *Bieback* in Grube/Wahrendorf/Flint SGB IX § 102 Rn. 2.
7 BSG 7.5.2020 – B 3 KR 7/19 R; BSG 28.8.2018 – B 8 SO 5/17 R; BSG 21.8.2008 – B 13 R 33/07 R; LSG NRW 8.2.2018 – L 9 SO 256/16; ThürLSG Beschl. 13.6.2019 – L 8 SO 577/18.
8 BSG 28.8.2008 – B 8 SO 5/17 R; BSG 19.5.2009 – B 8 SO 32/07 R.

diesen Einrichtungen oder Räumlichkeiten nicht sichergestellt werden kann, vereinbaren der Träger der Eingliederungshilfe und die zuständige Pflegekasse mit dem Leistungserbringer, dass die Leistung bei einem anderen Leistungserbringer erbracht wird; dabei ist angemessenen Wünschen des Menschen mit Behinderungen Rechnung zu tragen. ³Die Entscheidung zur Vorbereitung der Vereinbarung nach Satz 2 erfolgt nach den Regelungen zur Gesamtplanung nach Kapitel 7.

(2) ¹Werden Leistungen der Eingliederungshilfe außerhalb von Einrichtungen oder Räumlichkeiten im Sinne des § 43a des Elften Buches in Verbindung mit § 71 Absatz 4 des Elften Buches erbracht, umfasst die Leistung auch die Leistungen der häuslichen Pflege nach den §§ 64a bis 64f, 64i und 66 des Zwölften Buches, solange die Teilhabeziele nach Maßgabe des Gesamtplanes (§ 121) erreicht werden können, es sei denn der Leistungsberechtigte hat vor Vollendung des für die Regelaltersrente im Sinne des Sechsten Buches erforderlichen Lebensjahres keine Leistungen der Eingliederungshilfe erhalten. ²Satz 1 gilt entsprechend in Fällen, in denen der Leistungsberechtigte vorübergehend Leistungen nach den §§ 64g und 64h des Zwölften Buches in Anspruch nimmt. ³Die Länder können durch Landesrecht bestimmen, dass der für die Leistungen der häuslichen Pflege zuständige Träger der Sozialhilfe die Kosten der vom Träger der Eingliederungshilfe erbrachten Leistungen der häuslichen Pflege zu erstatten hat.

Literatur:
v. Boetticher, Das neue Teilhaberecht, 2. Aufl. 2020; *v. Boetticher/Kuhn-Zuber*, Rehabilitationsrecht, 2019; *Della Fina/Cera/Palmisano*, The United Nations Convention on the Rights. A Commentary 2017; *Deutscher Verein für öffentliche und private Fürsorge*, Zu vertragsrechtlichen Konsequenzen aus der Neuregelung in § 103 Abs. 2 SGB IX n.F. (ab 1. Januar 2020), Gutachten G 1/19 v. 28.9.2019; *Fix*, Die Schnittstelle Eingliederungshilfe – Pflege im Lichte der gesetzlichen Regelungen des Bundesteilhabegesetzes und des Pflegestärkungsgesetzes III, Beitrag D11–2017 unter www.reha-recht.de; 22.03.2017; *IGES Institut GmbH*, Wissenschaftliche Evaluation der Umstellung des Verfahrens zur Feststellung der Pflegebedürftigkeit (§ 18c Abs. 2 SGB XI). Abschlussbericht: Schnittstellen Eingliederungshilfe (Los 3), 2019, abrufbar unter https://www.bundesgesundheitsministerium.de/evaluierungsbericht-pflegebeduerftigkeit; *Rasch*, Behinderung, Eingliederung und Pflegebedürftigkeit, NDV 2015, 318; *Schindler*, Teilhabe oder Pflege? Die Schnittstelle zwischen den Leistungen der Pflegeversicherung und der Eingliederungshilfe als Praxisherausforderung, Sozialrecht Aktuell 2018, S. 137; *Welti*, Die Sonderregelung der Pflegeversicherung in Wohneinrichtungen für behinderte Menschen nach §§ 36 Abs. 1 Satz 2, 43a Sozialgesetzbuch (SGB) Elftes Buch (XI) – Soziale Pflegeversicherung – und die Einschränkung des Wahlrechts zwischen Behinderten-einrichtungen und Pflegeeinrichtungen nach § 55 Sozialgesetzbuch (SGB) Zwölftes Buch (XII) – Sozialhilfe – Vereinbarkeit mit dem Grundgesetz (GG) und der Konvention der Vereinten Nationen über die Rechte von Menschen mit Behinderungen (UN-BRK), Gutachten für den LWV Hessen 2015; *Welti*, Sonderregelung für pflegebedürftige behinderten Menschen in Behinderteneinrichtungen § 43a SGB XI verstößt gegen Grundgesetz und BRK, Beitrag D36–2016, abrufbar unter www.reha-recht.de; *Wilcken*, Pflegebedürftigkeit und Behinderung im Recht der Rehabilitation und Teilhabe und im Recht der Pflege, 2011.

I. Überblick – Entstehung 1	1. Einrichtungen und Räumlichkeiten iSd § 71 Abs. 4 SGB XI...... 5
II. Systematik 3	2. Von Eingliederungshilfe umfasste Pflegeleistungen...................... 6
III. Pflegeleistungen in stationären Einrichtungen und Räumlichkeiten der Behindertenhilfe 4	a) Sozialversicherung... 6

b) Hilfe zur Pflege nach
     § 65 SGB XII 11
  3. Vereinbarung über
     Wechsel der Einrichtung
     (Abs. 1 Satz 2) 12
IV. Pflegeleistungen für Eingliederungshilfeberechtigte außerhalb von Einrichtungen und Räumlichkeiten
     (§ 103 Abs. 2) 13
  1. Von Eingliederungshilfe
     umfasste Pflegeleistungen 14

  a) Pflegeleistungen der
     Sozialversicherung ... 14
  b) Hilfe zur Pflege nach
     SGB XII 18
  2. Kurzzeitpflege und teilstationäre Pflege 20
  3. Landesrechtliche Regelung der Kostenerstattung 21

I. Überblick – Entstehung

§ 103 Abs 1 Sätze 1–2 ersetzen § 55 Abs 1 SGB XII, der mWz 1.1.2020 aufgehoben wurde. **1**

§ 55 Abs. 1 S. 1 und S. 2 SGB XII, eingeführt mit dem G. v. 27.12.2003[1] bildete wiederum die Nachfolgeregelung des § 40a BSHG, der mit der Neuregelung des Rehabilitations- und Teilhaberechts in einem SGB IX 2001 Eingang ins BSHG gefunden hatte[2]. Vorangegangen war die Einfügung von § 43a SGB XI durch das erste Gesetz zur Änderung des Elften Buches Sozialgesetzbuch und anderer Gesetze vom 14.6.1996[3]. § 43a SGB XI (und damit verbunden § 71 Abs. 4 SGB XI) trat zum 25.6.1996 in Kraft. Aufgrund der mit dem BTHG verfolgten Aufhebung der Trennung zwischen ambulanten, teilstationären und vollstationären Eingliederungshilfeleistungen wurde die Regelung angepasst. Abs. 1 Satz 3 und Abs. 2 des § 103 wurden durch das BTHG neu eingeführt.

Die Einführung der gesetzlichen Pflegeversicherung löste bereits 1994 die Diskussion aus, ob auch die pflegerische Versorgung von Menschen mit Behinderungen in stationären Einrichtungen der Eingliederungshilfe in die Zuständigkeit der Pflegeversicherungen fällt. Sie waren bei der Berechnung der Ausgaben der Pflegeversicherung nicht mitberücksichtigt worden. In Folge wurde argumentiert, dass die Versorgung behinderter Menschen in Einrichtungen eine Aufgabe der Allgemeinheit, nicht der Beitragszahler der Pflegeversicherung sei.[4] Kritiker entgegneten ua, dass auch behinderte Menschen Beiträge zahlen und ihr Ausschluss von den Leistungen sachlich nicht zu rechtfertigen sei.[5] Als Kompromiss diente 1996 die Einführung des § 43a SGB XI, wonach Pflegeleistungen in den stationären Einrichtungen weiterhin alleine von den Trägern der Eingliederungshilfe erbracht werden, sich die Pflegekassen aber pauschal mit 10% des Heimentgelts zu beteiligen haben. Anlässlich der Neuordnung des Rehabilitationsrechts durch das SGB IX wurde 2001 ergänzend in § 40a SGB XII geregelt, dass Menschen, deren Bedarf an Pflege so weit überwiegt, dass er in der Einrichtung der Behindertenhilfe nicht mehr sichergestellt werden kann, auf Grundlage einer entsprechenden Vereinbarung der beteiligten Leistungsträger in eine Pflegeeinrichtung verlegt werden können.[6] Bei ihrer Entscheidung soll- **2**

---

1 BGBl. I 3022.
2 BGBl. I 1046.
3 BGBl. I 830.
4 BT-Drs. 13/4091, 36 (40).
5 BT-Drs. 13/4091, 37 f., 38 ff., 40 f.; BR-Drs. 228/96 (Beschl.), Anlage, 2 f.; zur Diskussion eingehend *Welti*, Gutachten § 43a SGB XI, S. 10 ff.
6 § 40a Satz 2 SGB XII idF des Art. 15 d. G. v. 19. Juni 2001, BGBl. I 1046.

ten die Träger angemessenen Wünschen der Menschen mit Behinderungen Rechnung tragen.
Die Möglichkeit der Verlegung von Menschen in eine Pflegeeinrichtung ohne deren Zustimmung stieß in der Literatur auf deutliche Kritik und wurde im Zuge der BTHG-Reform ebenso kontrovers diskutiert wie erneut die Aufteilung der Verantwortlichkeiten zwischen Eingliederungshilfeträger und Pflegeversicherung. Die von der Literatur geäußerten verfassungs- und völkerrechtlichen Bedenken fanden letztlich keine Berücksichtigung.[7] Die im Gesetzesentwurf[8] ursprünglich vorgesehene Fassung wurde aufgrund einer Beschlussempfehlung des Ausschusses für Arbeit und Soziales vom 30.11.2016 nochmals modifiziert.[9] Der Gesetzgeber gab zwar die Unterscheidung zwischen ambulanten und stationären Leistungen der Eingliederungshilfe auf, hielt aber am Ausschluss der Bewohner von Einrichtungen der Behindertenhilfe von den regulären Leistungen der Pflegeversicherung fest. Die Pflege in diesen Einrichtungen bleibt damit integraler Bestandteile der Eingliederungshilfe, vgl. auch §§ 91 Abs. 3 SGB IX iVm 13 Abs. 3 SGB XI.[10] Sie ist, soweit die Leistungsberechtigten in Pflegegrad 2 oder höher eingestuft sind, von den Pflegekassen seit 1.1.2020 mit nunmehr 15 % der nach Teil 2 Kapitel 8 SGB IX vereinbarten Vergütung, maximal aber 266 Euro monatlich zu erstatten. Auch die in § 55 SGB XII geregelte Möglichkeit der Leistungsträger, pflegebedürftige Leistungsberechtigte in eine andere Einrichtung zu verlegen, wurde in § 103 Abs. 1 Satz 2 übernommen.

II. Systematik

3   Das Verhältnis zwischen der Eingliederungshilfe und der Pflegeversicherung wird grundlegend in den §§ 91 Abs. 3 SGB IX (→ § 91 Rn. 12) und § 13 Abs. 3 S. 3 SGB XI geregelt. Die Leistungen stehen nicht in einem Vorrang-Nachrang-Verhältnis, sondern grundsätzlich gleichrangig nebeneinander. Dies wird mit den unterschiedlichen Aufgaben der Leistungen begründet.[11] Eingliederungshilfe und Pflege schließen sich nicht von vornherein gegenseitig aus; vielfach besteht Bedarf an beiden Leistungen nebeneinander. Sie können sich, zB im Bereich der sog. „einfachen" bzw. „kompensatorischen" Assistenz, der Betreuungsleistungen und der Haushaltsführung, überschneiden.[12]
Das gilt ebenso für die Hilfe zur Pflege nach den §§ 61 ff SGB XII.[13] Deren Verhältnis zur Eingliederungshilfe ist grundlegend in § 9 SGB I, § 63 b SGB XII und § 91 Abs. 1 und 2 SGB IX geregelt.
Im Zuge der Reform durch das Dritte Pflegestärkungsgesetz[14] wurde diskutiert, zur verbesserten Abgrenzung der Leistungen in § 63 b jeweils deren Schwerpunkt zu definieren. Der Vorschlag wurde auf Empfehlung des Ausschusses für Gesundheit,[15] aber nicht weiterverfolgt. Der Ausschuss hatte betont, dass beide Leistungen unterschiedliche Ziele verfolgen und deshalb das Ziel der Leistung

---

7   Eingehend hierzu *Welti*, Gutachten, 2015, S. 78 ff.
8   BT-Drs. 18/9522, 73 (278).
9   BT-Drs. 18/10523, 11.
10 BSG 26.04.2001 – B 3 P 11/00.
11 BT-Drs. 18/10523, 59.
12 IGES 2019, S. 42; BSG 28.8.2018 – B 8 SO 1/17 R, Rn. 16 und 31; LSG BW 28.6.2007 – L 7 SO 414/07.
13 BVerwG 27.10.1977 – V C 15.77, Rn. 18; SächsLSG 23.6.2015 – L 8 SO 8/15 B ER.
14 PSG III v. 23.12.2016, BGBl. 2016 I 3191.
15 BT-Drs. 18/10510, 128 zu § 63 b.

das entscheidende Abgrenzungsmerkmal bilden muss.[16] Nachdem auch Pflegeleistungen gem. § 2 Abs. 1 SGB XI darauf gerichtet sind, Menschen ein möglichst selbständiges und selbstbestimmtes Leben zu führen, das der Würde des Menschen entspricht (hierzu gehört auch ein Mindestmaß an Teilhabe), muss dabei konkret auf den Zweck der einzelnen Leistung abgestellt und nach der Geeignetheit der dafür eingesetzten Mittel gefragt werden.[17] Reicht es zur Zielerreichung aus, die Leistungsberechtigten durch wechselnden Pflegepersonal bei der Ausführung bestimmter alltäglicher Verrichtungen zu unterstützen oder bilden diese Verrichtungen lediglich einen Schritt auf dem Weg zu einer verbesserten Selbstbestimmung und Teilhabe?[18] Die kontinuierliche Förderung dieses Entwicklungsprozesses – mag er auf einen noch so kleinen Ausschnitt der gesellschaftlichen Teilhabe gerichtet sein[19] – ist Aufgabe der Eingliederungshilfe.[20]
§ 103 regelt die Schnittstellen zwischen der Eingliederungshilfe und Pflege. Absatz 1 betrifft das Verhältnis der Eingliederungshilfe zu den Leistungen der Pflegeversicherung für Menschen mit Behinderungen, die in den in § 43 a iVm § 71 Abs. 4 SGB XI genannten, vorrangig an den Zwecken der Eingliederungshilfe ausgerichteten Einrichtungen und Räumlichkeiten leben. Da im SGB IX in Folge der BTHG-Reform nicht mehr zwischen ambulanten, teil- und vollstationären Leistungen unterschieden wird, wurde der Anwendungsbereich des § 71 Abs. 4 SGB XI neu bestimmt. Absatz 2 regelt das Verhältnis der Eingliederungshilfe zu den Leistungen der Hilfe zur Pflege nach dem 7. Kapitel des SGB XII im eigenen häuslichen Umfeld des Leistungsberechtigten. Ob die im häuslichen Umfeld erbrachte Eingliederungshilfe auch Leistungen der Pflegeversicherung enthält, ist gem. § 13 Abs. 4 SGB XI von der Zustimmung der Leistungsberechtigten abhängig.

§ 103 umfasst folgende Fallgruppen:
1. In Einrichtungen oder Räumlichkeiten im Sinne des § 43 a iVm § 71 Abs. 4 SGB XI umfasst die Eingliederungshilfe weiterhin die Leistungen der Pflegeversicherung (§ 103 Abs. 1 S. 1). Dies gilt, solange die Pflege dort sichergestellt werden kann. Ob die Eingliederungshilfe auch die Hilfe zur Pflege nach § 65 SGB XII enthält, ist umstritten, → Rn. 11.
2. Für pflegebedürftige Menschen mit Behinderungen außerhalb dieser Einrichtungen und Räumlichkeiten ist das Verhältnis zwischen der Eingliederungshilfe und der Hilfe zur Pflege hingegen geregelt: Im Bereich der häuslichen Versorgung behinderter Menschen deckt die Eingliederungshilfeleistung, solange sie im Gesamtplan festgelegten Teilhabeziele erreichen können, auch ihren Anspruch auf Hilfe zur Pflege (SGB XII) ab. Die Leistungserbringung erfolgt damit nicht nur aus einer Hand, für die in der Eingliederungshilfe enthaltene Hilfe zur Pflege gelten vielmehr auch die im Vergleich zum SGB XII günstigeren Regelungen der §§ 135 ff. SGB IX zur Anrechnung von Einkommen und Vermögen. Hiervon profitieren allerdings nur Menschen, die bereits vor Vollendung des für die Regelaltersgrenze geltenden Lebensjahrs Leistungen der Eingliederungshilfe erhalten haben (§ 103 Abs. 2 S. 1).
3. Bei denjenigen, die bis zur Vollendung des für die Regelaltersrente erforderlichen Lebensjahrs keine Leistungen der Eingliederungshilfe erhalten ha-

---
16 Krit. hierzu *Wilcken* 2011, S. 297.
17 *Schindler* 2018, S. 137, 141; *Rosenow* in Fuchs/Ritz/Rosenow SGB IX § 103 Rn. 117.
18 IGES 2019, S. 44 f.
19 Vgl. nur LSG Nds-Brem 28.1.2010 – L 8 SO 233/07.
20 *Schindler* 2018, S. 137, 141.

ben, geht hingegen die Hilfe zur Pflege der Eingliederungshilfe vor (§ 103 Abs. 2 S. 1 Hs. 2). Sie müssen ihr Einkommen und Vermögen daher nach Maßgabe der §§ 82 ff SGB XII, dh in höherem Umfang einsetzen.

Im Gesetzgebungsverfahren wurde die Ungleichbehandlung damit begründet, dass Menschen, die erst im Rentenalter durch eine Behinderung in ihrer Teilhabe beeinträchtigt werden, während der Zeit ihrer Erwerbstätigkeit noch Vorsorge für den Fall der Pflegebedürftigkeit treffen konnten, während jene, die schon in der Erwerbsphase Eingliederungshilfe erhielten, keine vergleichbaren Ansparmöglichkeiten hatten.[21] Zudem seien Menschen, die erst im vorgerückten Alter pflegebedürftig und behindert würden, „typischerweise von vornherein im Wesentlichen auf Pflegeleistungen angewiesen."[22]

III. Pflegeleistungen in stationären Einrichtungen und Räumlichkeiten der Behindertenhilfe

4   Um die Eingliederungshilfe nicht mehr länger einrichtungs- sondern personenzentriert zu gestalten, unterscheidet das SGB IX nicht mehr zwischen ambulanten, teil- und vollstationären Leistungen der Eingliederungshilfe. Daher mutet es widersprüchlich an, dass der Gesetzgeber die Integration der Pflegeleistung in die Eingliederungshilfe nach § 103 Abs. 1 und deren pauschale Abgeltung durch die Pflegekasse nach § 43 a SGB XI weiterhin an die § 71 Abs. 4 SGB XI neu bestimmten Wohnformen knüpft.[23] Pflegebedürftige Menschen in besonderen Wohnformen können daher nicht die Leistungen eines ambulanten Pflegedienstes in Anspruch nehmen. Dies widerspricht dem erklärten Anspruch des BTHG-Gesetzgebers, die Leistungen so zu gestalten und zu modularisieren, dass die Leistungsberechtigten sie sich unabhängig von der jeweiligen Wohnform selbst zusammenstellen können.[24]

1. Einrichtungen und Räumlichkeiten iSd § 71 Abs. 4 SGB XI

5   § 103 Abs. 1 gilt gem. § 43 a iVm § 71 Abs. 4 Nr. 1 SGB XI in stationären Einrichtungen, in denen die Leistungen zur medizinischen Vorsorge, zur medizinischen Rehabilitation, zur Teilhabe am Arbeitsleben, zur Teilhabe an Bildung oder zur sozialen Teilhabe, die schulische Ausbildung oder die Erziehung kranker Menschen oder von Menschen mit Behinderungen im Vordergrund des Zweckes der Einrichtung stehen, also zB in Kindertageseinrichtungen, Schulen, WfbM und Wohneinrichtungen der Eingliederungshilfe. Des Weiteren in Krankenhäusern (Nr. 2) und in Räumlichkeiten (Nr. 3), die als Wohnformen für Menschen mit Behinderungen in den Anwendungsbereich des Wohn- und Betreuungsvertragsgesetzes (WBVG) fallen. Vom WBVG erfasst werden vor allem Verträge, in denen die Wohnraumüberlassung mit dem Angebot von Pflege- oder Betreuungsleistungen gekoppelt werden. Entsprechende Wohnformen fallen gem. § 71 Abs. 4 Nr. 3 SGB XI unter § 103 Abs. 1, wenn die Leistungsberechtigten dort eine Gesamtversorgung in einem Umfang erhalten, der einem stationären Setting vergleichbar ist. Der Vergleich ist im Wege der Gesamtbe-

---

21 BT-Drs. 18/10523, 61; krit. *v. Boetticher*, S. 315; *Rosenow* in Fuchs/Ritz/Rosenow SGB IX § 103 Rn. 38 ff.
22 BT-Drs. 18/10523, 60; krit. *v. Boetticher*, S. 315; krit. *Rosenow* in Fuchs/Ritz/Rosenow, 7. Aufl. 2021, SGB IX § 103 Rn. 32 ff.
23 Art. 1 Nr. 12, Art. 18 Abs. 3 Drittes G. z. Stärkung der pflegerischen Versorgung (PSG III) v. 23.12.2016, BGBl. I 3191.
24 Vgl. BT-Drs.19/9522, 197.

trachtung anhand der Richtlinie des GKV-Spitzenverbandes nach § 71 Abs. 5 S. 1 SGB XI vom 11.11.2019 vorzunehmen.[25]
Nr. 3 Abs. 1 der Richtlinie des GKV-Spitzenverbandes sieht vor, Wohnformen, die bis 31.12.2019 als stationäre Leistung galten und unverändert fortgeführt werden, weiterhin zu den Einrichtungen und Räumlichkeiten des § 71 Abs. 4 SGB XI zu zählen. Wohnformen, die bislang als ambulante Angebote galten, zählen hingegen weiterhin nicht dazu.
Als weitere Merkmale, die für eine einrichtungsähnliche Gesamtversorgung sprechen, nennt Nr. 3 Abs. 3 der Richtlinie, dass sich in der Wohnform um ein Gesamtpaket handelt, in dem der Leistungserbringer neben ständigen Unterstützungsleistungen durch geeignetes Personal Unterkunft und Verpflegung, hauswirtschaftliche Leistungen, haustechnische Dienste und die räumliche und sächliche Ausstattung (die persönliche Zimmereinrichtung ausgenommen) zur Verfügung gestellt wird, die von den Leistungsberechtigten regelmäßig, „d. h. an mindestens 5 Tagen in der Woche und grundsätzlich ganztägig 24 Stunden" in Anspruch genommen wird (Richtlinie Nr. 3 Abs. 6).
§ 145 SGB XI enthält eine Bestandschutzregelung für Menschen mit Behinderungen in besonderen Wohnformen, die vor dem 1.1.2017 häusliche Pflege erhalten haben.

2. Von Eingliederungshilfe umfasste Pflegeleistungen

a) Sozialversicherung

Wegen ihres Charakters **ausgeschlossen** sind gem. § 36 Abs. 4 S. 1 SGB XI alle **Leistungen bei häuslicher Pflege.** Dazu zählen auch die als Annex zur häuslichen Pflege gewährten zusätzlichen Betreuungsleistungen bzw. der Entlastungsbetrag nach §§ 45a, 45b SGB XI.[26] Der Anspruch auf Leistungen bei häuslicher Pflege ruht für die Dauer des stationären Aufenthalts in einer Einrichtung nach § 71 Abs 4 SGB XI, soweit § 39 SGB XI für die Verhinderungspflege nichts Abweichendes bestimmt.[27]

Von dem in § 103 Abs. 1 geregelten Ausschluss werden die Leistungen erfasst, die gem. § 43a in den Einrichtungen und Räumlichkeiten als „Assistenzleistungen mit pflegerischem Charakter" erbracht und von der Pflegeversicherung pauschal erstattet werden, das sind **die in § 43 SGB XI genannten pflegebedingten Aufwendungen** einschließlich der **Betreuung** und **medizinischen Behandlungspflege.**

Mit **medizinischer Behandlungspflege** sind in § 43 SGB XI allerdings nur solche **einfachsten Maßnahmen** gemeint, die auch von Mitarbeitenden oder Angehörigen ohne besonderen medizinischen Sachkunde oder Fertigkeiten erbracht werden können. Das BSG zählt hierzu zB die Tablettenvergabe nach ärztlicher Anweisung, das Einsalben (zumindest unverletzter Hautpartien), das Messen des Blutdrucks oder Blutzuckerspiegels, das An- und Ablegen einfach zu handhabender Stützverbände sowie Hilfe beim An- und Ablegen nicht ärztlich verordneter Stütz- und Antithrombosestrümpfe.[28] Als Orientierungshilfe kann § 37 Abs. 3 SGB V herangezogen werden.[29]

---

25 S. https://www.gkv-spitzenverband.de/media/dokumente/pflegeversicherung/richtlinien__vereinbarungen__formulare/rahmenvertraege__richlinien_und_bundesempfehlungen/2019_12_18_Richtlinien_71_Abs._5_Genehmigung.pdf.
26 BSG 20.4.2016 – B 3 P 1/15 R, Rn. 20.
27 BSG 20.4.2016 – B 3 P 1/15 R, Rn. 20.
28 BSG 7.5.2020 – B 3 KR 4/19 R, Rn. 21 mwN.
29 BSG 7.5.2020 – B 3 KR 4/19 R, Rn. 20; BSG 25.2.2015 – B 3 KR 11/14 R, Rn. 31.

Von dem in § 103 Abs. 1 geregelten Ausschluss nicht erfasst ist die **medizinische Behandlungspflege iSd § 37 Abs. 2 SGB V**. Hier ist immer im Einzelfall anhand der Verträge, Leistungsbeschreibungen, dem Aufgabenprofil, dem Bewohnerprofil und der sächlichen und personellen Ausstattung der Einrichtung zu prüfen, ob und welche Maßnahmen vom Personal der Einrichtung der Eingliederungshilfe erbracht werden können und müssen.[30] Muss die Einrichtung kein medizinisch ausgebildetes Personal vorhalten, sind regelmäßig nur einfachste Maßnahmen der Krankenpflege von der Einrichtung selbst zu erfüllen. Leistungspflichten, die nur von medizinisch ausgebildetem Fachpersonal erfüllt werden könnten, scheiden dann regelmäßig aus. Ist die Einrichtung hingegen nach ihrem Aufgabenprofil auf eine besondere Zielgruppe ausgerichtet, bei der ständig bestimmte behandlungspflegerische Maßnahmen erforderlich werden, und ist die Einrichtung deshalb entsprechend sächlich und personell auszustatten, hat sie diese behandlungspflegerischen Maßnahmen auch zu erbringen, weil ohne sie die Eingliederungsaufgabe im Hinblick auf die Zielgruppe der Einrichtung nicht erreicht werden kann.[31]

Im Zuge des PSG III mWv 1.1.2017 wurde § 37 Abs. 2 um S. 8 ergänzt, wonach die Krankenkassen ungeachtet der Frage, ob die Einrichtungen hierfür personell und sachlich ausgestattet sind, zumindest dann die Behandlungspflege der Bewohner zu übernehmen haben, wenn diese eine ständige Überwachung und Versorgung durch eine qualifizierte Pflegefachkraft erfordert.[32] Der Bedarf an ständigen Überwachung und Versorgung kann auch vorübergehender Natur, zB nach einem Krankenhausaufenthalt sein.

8 **Pflegehilfsmittel** werden durch die Pauschale des § 43a SGB XI nur insoweit abgegolten, als sie zur sächlichen Grundausstattung der Einrichtungen gehören und zum allgemeinen Gebrauch vorzuhalten sind.[33] Hilfsmittel, die individuell angepasst und ihrer Natur nach nur für einzelne Leistungsberechtigte bestimmt und grundsätzlich nur für diese verwendbar sind, sind von den jeweils zuständigen Leistungsträgern zusätzlich zu erbringen.[34] Die Abgrenzung erweist sich im Einzelfall allerdings als schwierig.[35]

9 Da die Kostenerstattungsregelung des § 43a SGB XI erst ab Pflegegrad 2 greift, stellt sich die Frage, ob **Leistungsberechtigte mit Pflegegrad 1** in den Einrichtungen zumindest den **Zuschuss von 125 EUR nach § 43 Abs. 3 SGB XI** oder – mit entsprechender Zulassung – **zusätzliche Betreuungsleistungen** nach **§ 43b SGB XI** erhalten können.[36] Diese Frage betrifft nach der Erhebung des IGES (2019) immerhin 18% der in den Einrichtungen betreuten Menschen.[37]

Dies wird in der Literatur unter Verweis auf die weite Formulierung des § 103 Abs. 1 S. 1 („die Pflegeleistungen") vielfach verneint,[38] ergibt sich aber, wie

---

30 BSG 25.2.2015 – B 3 KR 11/14 R.
31 BSG 7.5.2020 – B 3 KR 4/19 R, Rn. 20; BSG 25.2.2015 – B 3 KR 11/14 R.
32 BT-Drs. 18/10510, 129 f.
33 BSG 10.2.2000 – B 3 KR 17/99.
34 BSG 6.6.2002 – B 3 KR 67/01 R.
35 BSG 25.2.2015 – B 3 KR 11/14 R, Rn. 20; LSG NRW 26.8.2009 – L 11 KR 96/07; LSG BW 15.8.2014 – L 4 P 4137/13; LSG Bln-Bbg 4.6.2019 – L 9 KR 110/16, Rn. 27 ff.; *Renn* in NK-GesundhR SGB XI § 40 Rn. 14.
36 Abl. *Renn* in NK-GesundhR SGB XI § 43a Rn. 5 mit dem Argument, dass die Leistungen des 43b SGB XI nur in zugelassenen Pflegeeinrichtungen in Betracht kommen.
37 IGES 2019, S. 133.
38 *Siefert* jurisPR-SozR 8/2017; *Kuhn-Zuber* in SWK-BehindertenR Heim Rn. 17; aA *v. Boetticher*, Rn. 23.

auch das BSG feststellt hat, weder eindeutig aus dem Gesetz[39] noch aus den Gesetzesmaterialien zum PSG III und BTHG.[40] Das BSG hat 2016 die Frage aufgeworfen, ob die Schlechterstellung von Pflegebedürftigten der (nach damaliger Gesetzlage) Pflegestufe 0 mit Blick auf Art. 3 Abs. 3 Satz 2 GG oder das allgemeine Gleichbehandlungsrecht (Art. 3 Abs. 1 GG) verfassungswidrig ist,[41] sie seinerzeit aber offen gelassen.

Welti ist der Frage mit Blick auf den gesamten Geltungsbereich der §§ 36 Abs. 1 S. 2, 43a SGB XI und § 55 SGB XII aF nachgegangen und kommt zum Ergebnis, dass bezogen auf alle Stufen (jetzt: Grade) der Pflegebedürftigkeit keine zwingenden personen- oder systembezogenen Gründe ersichtlich sind, warum Menschen in stationären Einrichtungen der Behindertenhilfe im Vergleich mit anderen gleich pflegebedürftige Menschen außerhalb von Pflegeeinrichtungen geringere Ansprüche in der Pflegeversicherung haben.[42] Der Zweck, Teilhabeleistungen und Pflegeleistungen in Einrichtungen der Behindertenhilfe zu verknüpfen, um sie aus einer Hand zu erbringen, sei grundrechtsschonender erreichbar, wenn die Bewohnerinnen und Bewohner in Behinderteneinrichtungen die allgemeinen Pflegesachleistungen und Pflegegeld behielten und selbst entscheiden können, ob sie die Pflege eines externen Dienstes in Anspruch nehmen wollen oder das Pflegegeld in ihr Einrichtungsentgelt einbringen. *Welti* bewertet den Ausschluss dieser Gruppe von Leistungsberechtigten aus den Pflegeleistungssystemen darum insgesamt als verfassungs- und völkerrechtswidrig.[43]

Es besteht weiterhin Anspruch auf **Pflegeleistungen, die außerhalb und unabhängig von den Einrichtungen und Wohnformen** benötigt werden, wenn die Leistungsberechtigten ihren Aufenthalt unterbrechen und sich – zB am Urlaubsort oder während eines mehrtägigen Familienbesuchs – häuslich pflegen zu lassen.[44] Anteilig für diese Tage besteht gem. § 38 S. 5 SGB XI Anspruch auf ungekürztes Pflegegeld.

b) Hilfe zur Pflege nach § 65 SGB XII

§ 103 Abs. 1 S. 1 regelt nicht eindeutig, ob zu den integrierten Pflegeleistungen auch die **Hilfe zur Pflege** gem. § 65 SGB XII zählt. Die allgemein gehaltene Beschreibung „Pflegeleistungen" legt dies zunächst nahe.[45] Die Norm verweist dann aber nur auf das SGB XI. Der Annahme, die Eingliederungshilfe in Einrichtungen umfasse auch Leistungen nach § 65 SGB XII, wird weiterhin entgegen gehalten, dass es in § 103 Abs. 1 an einer § 43a SGB XI und § 103 Abs. 2 S. 3 vergleichbaren Regelung zur Kostenerstattung durch den Träger der Sozialhilfe fehlt.[46] Dies lässt sich aber damit erklären, dass stationäre Hilfe zur Pflege tatbestandlich nicht in Einrichtungen und Räumlichkeiten der Eingliederungshilfe erbracht werden kann. Unter einer **stationären Einrichtung** iSd § 65 SGB XII sind gem. § 13 Abs. 2 SGB XII nur noch solche Einrichtungen zu verstehen, die der Pflege, Behandlung oder sonstigen nach SGB XII zu deckenden Bedarfe oder der Erziehung dienen. Einrichtungen, die vorrangig der Förderung der gleichberechtigten Teilhabe behinderter Menschen dienen, werden seit der

---

39 So zu § 55 SGB XII aF BSG 20.4.2016 – B 3 P 1/15 R.
40 Eingehend *v. Boetticher*, S. 311.
41 BSG 20.4.2016 – B 3 P 1/15 R.
42 *Welti* 2015, S. 59.
43 *Welti* 2015, S. 59; aA BayLSG 7.3.2016 – L 2 P 39/13.
44 BSG 20.4.2016 – B 3 P 1/15, R, Rn. 22.
45 Für den Ausschluss *Wendtland* in GK-SRB SGB XII § 55 Rn. 7; *Fix* DVfR Diskussionsforum (www.reha-recht.de), Fachbeitrag D11–2017; gegen den Ausschluss *v. Boetticher/Kuhn-Zuber*, Rn. 286 und *v. Boetticher*, S. 316 f.
46 *v. Boetticher*, S. 317.

Herauslösung der Eingliederungshilfe aus dem SGB XII nicht mehr von dieser Legaldefinition erfasst.[47] Wie *v. Boetticher* jedoch zutreffend feststellt: Eine hinreichend bestimmte Regelung sieht anders aus.[48]

3. Vereinbarung über Wechsel der Einrichtung (Abs. 1 Satz 2)

12 § 103 Abs. 1 Satz 2 entspricht der bisherigen Regelung des § 55 Abs. 1 Satz 2 SGB XII. Die Regelung sieht vor, dass der Träger der Eingliederungshilfe und Pflegekasse mit dem Leistungserbringer den **Umzug der Leistungsberechtigten** in die Einrichtung oder Räumlichkeiten eines anderen Leistungserbringers vereinbaren können, wenn die Pflege durch den bisherigen Leistungserbringer nach dessen Einschätzung nicht mehr sichergestellt ist. Auf die **Zustimmung** der Leistungsberechtigten soll es dabei nicht ankommen, sondern es sind nur ihre Wünsche in Bezug auf die Wahl des neuen Leistungserbringers zu berücksichtigen, sofern diese angemessen sind. Eine entsprechende Beteiligung der Leistungsberechtigten soll im Rahmen der **Gesamtplanung** erfolgen, die gemäß Satz 3 nach dem 7. Kapitel vorzunehmen ist. Verneinen die Leistungsträger die Angemessenheit, sollen sie ermächtigt sein, Menschen auch gegen ihren Willen umzusiedeln.[49]

Die Regelung steht nicht nur im Widerspruch zu den in § 1 SGB IX verankerten Zielen und dem „personenzentrierten Ansatz" des Gesetzes sowie dem Zustimmungserfordernis des § 13 Abs. 4 S. 1 SGB XI, sie verstößt auch gegen **Art. 19 lit. a UN-BRK**. Art. 19 UN-BRK hat nicht nur eine abwehrrechtliche Funktion,[50] sondern stellt einem materiellen Gleichheitsverständnis folgend klar, dass Menschen mit Behinderungen, die zur Sicherung ihrer physischen und sozialen Existenz auf staatliche Leistungen angewiesen sind, ihre Freiheitsrechte, insbesondere ihr Recht auf Freizügigkeit, nur verwirklichen können, wenn sie selbst entscheiden können, an welchem Aufenthaltsort sie diese Leistungen in Anspruch nehmen wollen.[51] Der nationale Gesetzgeber hat daher bei Regelung der Eingliederungshilfe und Pflege die in Art. 19 UN-BRK genannten Wahlfreiheiten sicherzustellen. Eine Regelung, die diesen Anforderungen nicht genügt, begegnet **verfassungsrechtlichen Bedenken**.[52] Die Umsetzung des § 103 Abs. 1 S. 2 kann auch vertragsrechtliche Probleme bereiten. Hat sich der Leistungserbringer in der Leistungs- und Vergütungsvereinbarung verpflichtet, die Pflege des Leistungsberechtigten sicherzustellen, reicht seine bloße Feststellung, dass er die Pflege nicht mehr sicherstellen kann, für eine Kündigung des Wohn- und Betreuungsvertrages gem. § 12 Abs. 2 S. 1 Nr. 2 b WBVG nicht aus.[53] Ggf. hat

---

47 So im Ergebnis wohl auch *Treichel* in LPK-SGB XII SGB XII § 13 Rn. 16 und *Groth* in BeckOK-SozR, 59. Ed. 1.12.2020, SGB XII § 13 Rn. 16; *Deckers* in Grube/Wahrendorf/Flint SGB XII § 13 Rn. 28 hingegen zählt „Wohnheime für geistig behinderten Menschen" weiterhin ohne nähere Begründung zu den Einrichtungen iSd § 13 SGB XII.
48 *v. Boetticher* 2020, S. 317.
49 *Winkler* in Neumann/Pahlen/Greiner/Winkler/Jabben SGB IX § 103 Rn. 5.
50 Zu eng dahin LSG BW 22.2.2018 – L 7 SO 3516/14.
51 *Palmisano* in Della Fina/Cera/Palmisano UN-BRK Art. 19 2017, Abschnitt 4.1.2.
52 Vgl. nur *Rasch* NDV 2015, 320; *Welti* D36–2016 unter www.reha-recht.de; *Sieper* jurisPR-SozR 19/2020 Anm. 4; *v. Boetticher/Kuhn-Zuber*, Rn. 282; *Kuhn-Zuber* in SWK-BehindertenR Heim Rn. 18. Zur umgekehrten Konstellation, in der der Sozialhilfeträger die stationäre Hilfe zur Pflege einstellt mit der Begründung, der Heimbewohner sei besser in einer Einrichtung der Eingliederungshilfe aufgehoben und daher verpflichtet, Eingliederungshilfe zu beantragen: LSG NdsBrem 3.5.2021 – L 8 SO 47/21 mAnm *Plagemann* FD-SozVR 2021, 439736.
53 Hierzu eingehend *Rosenow* in Fuchs/Ritz/Rosenow SGB IX § 103 Rn. 49; *v. Boetticher*, S. 313.

er gem. § 8 Abs. 4 WBVG vor der Kündigung zunächst eine Anpassung der Leistungen anzubieten. Die Feststellung des Leistungserbringers, dass er die Pflege nicht mehr sicherstellen kann, stellt keinen Verwaltungsakt iSd § 31 SGB X dar. Eine Beteiligung des Leistungsberechtigten an der Entscheidung betreffend das „ob" seines Auszugs ist nicht vorgesehen. Seine Wünsche sollen nur bei der Auswahl des neuen Anbieters beachtlich sein. Die Vereinbarung zwischen den Leistungsträgern und dem Leistungserbringer bildet damit einen **Vertrag zu Lasten Dritter** und bedarf daher gem. § 57 Abs. 1 SGB X der **schriftlichen Zustimmung** des Leistungsberechtigten.[54] Die Vereinbarung kann mithin an der fehlenden Zustimmung scheitern. Die Evaluationsstudie 2019 liefert Hinweise darauf, dass die Praxis dem Versorgungsdefizit vielfach interessengerechter begegnet. Statt die Menschen zu verlegen, wird ihre Versorgung durch die Gewährung zusätzlicher Einzelfallhilfe sichergestellt.[55]

IV. Pflegeleistungen für Eingliederungshilfeberechtigte außerhalb von Einrichtungen und Räumlichkeiten (§ 103 Abs. 2)

§ 103 Abs. 2 regelt die **Schnittstelle** zwischen der Eingliederungshilfe und der Hilfe zur Pflege **außerhalb** der in Abs. 1 genannten Einrichtungen und Räumlichkeiten.

Die Erweiterung des Pflegebedürftigkeitsbegriffs führt vor allem in ambulanten Settings zu vermehrten Abgrenzungsproblemen. Dem Risiko von Verschiebestrategien zwischen den Leistungsträgern kann nicht durch die §§ 14,15 begegnet werden, da die Pflegeversicherung bislang nicht zu den Rehabilitationsträgern zählt. Der Evaluationsstudie von 2019 zu Folge droht v.a. im Bereich der einfachen Assistenz eine Verschiebung von Eingliederungshilfebedarfen in den Bereich der häuslichen Pflege.[56] Im Rahmen der Bedarfsermittlung ist darum genau zu prüfen, ob der Bedarf auf eine Förderung der in § 90 formulierten Ziele oder lediglich auf Hilfe bei der Vornahme alltäglicher Verrichtungen gerichtet ist. Im Zweifelsfall ist der Eingliederungshilfe aufgrund ihrer umfassenderen Zielsetzung der Vorzug zu geben, der pflegerische Hilfeleistungen (zB beim Toilettengang während des begleiteten Schulbesuchs) unterzuordnen sind.[57]

1. Von Eingliederungshilfe umfasste Pflegeleistungen

a) Pflegeleistungen der Sozialversicherung

Gem. § 91 Abs. 3 SGB IX iVm § 13 Abs. 3 S. 3 SGB XI sind die Leistungen bei häuslicher Pflege von der Pflegeversicherung grundsätzlich **neben** den Leistungen der Eingliederungshilfe zu gewähren.

Das gleiche gilt für die im häuslichen Bereich notwendige medizinische Behandlungspflege, die gem. § 37 Abs. 1 SGB V als Leistung der gesetzlichen Krankenversicherung von vornherein nicht in den Regelungsbereich des § 103 Abs. 2 fällt, sondern allenfalls Bestandteil eines trägerübergreifenden persönlichen Budgets sein kann.[58]

Bestehen im Einzelfall Anhaltspunkte für ein Zusammentreffen von fortlaufenden Leistungen der Pflegeversicherung und der Eingliederungshilfe, hat der Eingliederungshilfeträger gem. § 13 Abs. 4a SGB XI die Pflegekasse mit **Zustim-**

---

54 Zutreffend *Rosenow* in Fuchs/Ritz/Rosenow SGB IX § 103 Rn. 69 ff.
55 IGES 2019, S. 46.
56 IGES 2019, S. 44 f.
57 *Kruse* in LPK-SGB XI, 5. Aufl. 2018, § 13 Rn. 28.
58 SächsLSG 11.3.2021 – L 8 SO 12/21 B ER.

mung der Leistungsberechtigten in das Teilhabe- bzw. **Gesamtplanverfahren** beratend mit einzubeziehen, um gemeinsam eine **Vereinbarung** nach § 13 Abs. 4 SGB XI vorzubereiten.
Die Vereinbarung nach § 13 Abs. 4 SGB XI ist darauf gerichtet, dass die aufeinander abgestimmten Leistungen vom Träger der Eingliederungshilfe wie aus einer Hand erbracht werden und die Pflegekasse ihm die Kosten des von ihr zu tragenden Anteils erstattet. Sie soll auch Anforderungen an die Qualitätsentwicklung Rechnung tragen.[59]

15 Die Evaluation der Regelungen (§ 13 Abs. 4 b SGB XI) hat ergeben, dass es bislang nur äußerst selten zu dem in § 13 Abs. 4 SGB XI geregelten Verfahren und noch seltener zum Abschluss einer Vereinbarung kommt.[60] Die Autoren der Studie führen dies nicht auf die mangelnde Zustimmung der Leistungsberechtigten, sondern vorrangig auf die mangelnde Zusammenarbeit zwischen den Trägern der Eingliederungshilfe und den Pflegekassen zurück.[61] Dass die Leistungsberechtigten die Vereinbarungen kaum nachfragen, ist möglicherweise darauf zurückzuführen, dass ihnen die Möglichkeit nicht bekannt ist.
Die vom **GKV-Spitzenverband** 2018 zusammen mit der BAG der überörtlichen Sozialhilfeträger **BAGüS** beschlossene **Empfehlung** nach § 13 Abs. 4 SGB XI[62] wird von den beteiligten Trägern und den Behindertenverbänden in der Evaluation als nicht praxistauglich bewertet.[63]

16 Die Vereinbarung bedarf der **Zustimmung** der leistungsberechtigten Person (und ihrer Einwilligung in den Datentransfer).
Verweigert die bzw. der Leistungsberechtigte diese Zustimmung, sind die Leistungen getrennt zu gewähren. Der Eingliederungshilfeträger muss dann im **Gesamtplanverfahren** ermitteln, welche Leistungen die Pflegeversicherungen der Person gewährt, um die Teilhabeleistungen darauf abzustimmen.
Erteilt die leistungsberechtigte Person ihre Zustimmung, wird die Pflegekasse gem. § 13 Abs. 4 a SGB XI in das Gesamtplanverfahren einbezogen. In dem Fall sind die beteiligten Leistungsträger seit 1.1.2017 zum Abschluss der Vereinbarung verpflichtet.[64]
Bei Abschluss der Vereinbarung sind den **Wunsch- und Wahlrechten** der Leistungsberechtigten, zB ihrer Wahl zwischen Pflegesachleistungen, Pflegegeld oder der Kombinationsleistung, Rechnung zu tragen.

17 Gem. § 13 Abs. 4 S. 3 SGB XI erfolgt die **Ausführung der Leistungen** nach den für die Leistungsträger jeweils geltenden Rechtsvorschriften. Dazu zählen sowohl die verfahrensrechtlichen Vorgaben (zB zur Bedarfsfeststellung), als auch die materiell-rechtlichen Leistungsvoraussetzungen.
Der Eingliederungshilfeträger wird bezüglich der Pflegeversicherungsleistungen nicht zum leistenden Träger. Anträge, Widersprüche sind an den jeweils zuständigen Leistungsträger zu richten. Die Leistungserbringer müssen die Abrechnungen getrennt vornehmen.[65]

---

59 BT-Drs. 18/10510, 107.
60 IGES 2019, 28.
61 IGES 2019, 31.
62 S. https://www.gkv-spitzenverband.de//media/dokumente/pflegeversicherung/richtlinien__vereinbarungen__formulare/rahmenvertraege__richlinien_und_bundesempfehlungen/2018_10_15_Pflege_Empfehlungen_nach_13_Abs__4_SGB_XI.pdf.
63 *v. Boetticher*, S. 307.
64 BGBl. 2016 I 3191. Zu deren Rechtsnatur eingehend *Kruse* in LPK-SGB XI, 5. Aufl. 2018, § 13 Rn. 34.
65 GKV-Spitzenverband/BAGüS 2018, S. 5.

Einer **Kostenerstattung** (§ 13 Abs. 4 Nr. 3 SGB XI) bedarf es demnach nur im Konfliktfall oder wenn die Leistungsberechtigten anstelle von Sachleistungen Geldleistungen (zB trägerübergreifendes persönliches Budget) erhalten.

b) Hilfe zur Pflege nach SGB XII

Werden Leistungen der Eingliederungshilfe **außerhalb von Einrichtungen oder Räumlichkeiten** iSd § 43a SGB XI iVm § 71 Abs. 4 SGB XI erbracht, umfasst die Leistung seit 1.1.2020 auch die **Leistungen der häuslichen Pflege** nach §§ 64a bis 64f, 64i und 66 SGB XII, solange die Teilhabeziele nach Maßgabe des Gesamtplanes (→ § 121 Rn. 1 ff.) erreicht werden können. 18

Die letztgenannte Bedingung dient der Klarstellung, dass die Leistungen der Eingliederungshilfe unabhängig von dem Erreichen einer bestimmten Altersgrenze so lange zu gewähren sind, wie die Teilhabeziele erreichbar sind.[66]

Die Verantwortung für die Verfahrensführung und Koordination der Leistungen liegt beim Träger der Eingliederungshilfe.

Die Leistungen der Eingliederungshilfe und Hilfe zur Pflege werden aus einer Hand und **unter Anwendung** der für die Leistungsberechtigten **günstigeren Regeln des SGB IX zur Einkommen- und Vermögensanrechnung** erbracht (→ §§ 139 ff.).

Als **integraler Bestandteil der Eingliederungshilfe** wird die **Hilfe zur häuslichen Pflege** gem. § 103 Abs. 2 S. 1 dem Vertragsrecht der §§ 123 ff. unterworfen.[67] Vereinbarungen nach dem für die Hilfe zur Pflege geltenden Vertragsrecht des SGB XII sind für diese Leistungen nicht zu schließen.

Die Gewährung der Eingliederungshilfe und Hilfe zur Pflege aus einer Hand erfolgt allerdings nur, wenn der Leistungsberechtigte bereits vor Erreichen der für die **Regelaltersrente relevanten Altersgrenze** Eingliederungshilfe bezogen hat (sog. **Lebenslagenmodell**). In diesem Fall gilt die Regelung auch über das Rentenalter hinaus fort. Sind die Leistungen der Eingliederungshilfe hingegen erstmals nach Erreichen der Regelaltersrentengrenze zu erbringen, geht die Hilfe zur Pflege der Eingliederungshilfe vor. Durch das bloße Überschreiten der Altersgrenze stehen damit einem bestimmten Personenkreis Eingliederungshilfeleistungen nicht zu, die anderen Personen bei identischem Teilhabe- und Pflegebedarf zu gewähren sind.[68] Das erscheint **gleichheitsrechtlich äußerst problematisch**.[69] Ungleichbehandlungen wegen des Alters unterliegen bereits wegen Art. 19 Abs. 1 AEUV, Art. 21 EU-Grundrechtecharta und Art. 14 EMRK[70] besonders hohen Rechtfertigungsanforderungen.[71] Das BVerfG hat in seiner jüngeren Rspr.[72] zu Art. 3 Abs. 1 GG klargestellt, dass Ungleichbehandlungen aufgrund von Merkmalen, auf die die Betroffenen wenig oder keinen Einfluss haben, an einem Art. 3 Abs. 3 GG vergleichbaren strengen Maßstab zu beurteilen sind. Die Gerichte werden die in § 103 Abs. 2 erfolgte gesetzliche Schlechterstellung älterer Menschen daher einer strengen Prüfung zu unterwerfen haben. 19

---

66 Vgl. die Gesetzesbegründung in Bezug auf die identische Formulierung in § 104 Abs. 1 S. 2: BT-Drs. 18/9522, 279.
67 Deutscher Verein 2019.
68 *Fix*, Forum D Beitrag D 11–2017, www.reha-recht.de.
69 Eingehend *Welti* 2015, S. 33 ff.; *v. Boetticher*, Rn. 31 ff.; *Rosenow* in Fuchs/Ritz/Rosenow SGB IX § 103 Rn. 35.
70 Nach der Rspr des EGMR bildet das Alter einen „sonstigen Status", vgl. EGMR 25.7.2017 – 17484/15, Rn. 45, 52 mwN – Carvalho Pinto de Sousa Morais/Portugal.
71 *Baer/Markard* in v. Mangoldt/Klein/Starck GG Art. 3 Rn. 551.
72 BVerfG 27.1.1998 – 1 BvL 15/87, Rn. 42; BVerfG 7.7.2009 – 1 BvR 1164/07, Rn. 87.

2. Kurzzeitpflege und teilstationäre Pflege

20 § 103 Abs. 2 S. 2 zu Folge sind Leistungen der **teilstationären Pflege** (§ 64 g SGB XII) und der **Kurzzeitpflege** (§ 64 h SGB XII) nur integraler Bestandteil der Eingliederungshilfe, wenn sie prognostisch vorübergehend in Anspruch genommen werden. Als vorübergehend definiert der Gesetzgeber in den Gesetzesmaterialien – angelehnt an § 42 SGB XI – einen Zeitraum „von bis zu acht Wochen".[73] Zeichnet sich von Anbeginn im Verlauf der Maßnahme ab, dass die Leistungen länger gewährt werden müssen, müssen die für die Pflegeleistungen zuständigen Träger die Leistungen gewähren.

3. Landesrechtliche Regelung der Kostenerstattung

21 Da die Zuständigkeit der Leistungsträger für die Eingliederungshilfe und die Hilfe zur Pflege in einigen Bundesländern auseinanderfallen kann, ermächtigt § 103 Abs. 2 S. 3 die Länder, durch Landesrecht die **Kostenerstattung** zwischen den Trägern zu regeln.

§ 104 Leistungen nach der Besonderheit des Einzelfalles

(1) ¹Die Leistungen der Eingliederungshilfe bestimmen sich nach der Besonderheit des Einzelfalles, insbesondere nach der Art des Bedarfes, den persönlichen Verhältnissen, dem Sozialraum und den eigenen Kräften und Mitteln; dabei ist auch die Wohnform zu würdigen. ²Sie werden so lange geleistet, wie die Teilhabeziele nach Maßgabe des Gesamtplanes (§ 121) erreichbar sind.

(2) ¹Wünschen der Leistungsberechtigten, die sich auf die Gestaltung der Leistung richten, ist zu entsprechen, soweit sie angemessen sind. ²Die Wünsche der Leistungsberechtigten gelten nicht als angemessen,

1. wenn und soweit die Höhe der Kosten der gewünschten Leistung die Höhe der Kosten für eine vergleichbare Leistung von Leistungserbringern, mit denen eine Vereinbarung nach Kapitel 8 besteht, unverhältnismäßig übersteigt und
2. wenn der Bedarf nach der Besonderheit des Einzelfalles durch die vergleichbare Leistung gedeckt werden kann.

(3) ¹Bei der Entscheidung nach Absatz 2 ist zunächst die Zumutbarkeit einer von den Wünschen des Leistungsberechtigten abweichenden Leistung zu prüfen. ²Dabei sind die persönlichen, familiären und örtlichen Umstände einschließlich der gewünschten Wohnform angemessen zu berücksichtigen. ³Kommt danach ein Wohnen außerhalb von besonderen Wohnformen in Betracht, ist dieser Wohnform der Vorzug zu geben, wenn dies von der leistungsberechtigten Person gewünscht wird. ⁴Soweit die leistungsberechtigte Person dies wünscht, sind in diesem Fall die im Zusammenhang mit dem Wohnen stehenden Assistenzleistungen nach § 113 Absatz 2 Nummer 2 im Bereich der Gestaltung sozialer Beziehungen und der persönlichen Lebensplanung nicht gemeinsam zu erbringen nach § 116 Absatz 2 Nummer 1. ⁵Bei Unzumutbarkeit einer abweichenden Leistungsgestaltung ist ein Kostenvergleich nicht vorzunehmen.

(4) Auf Wunsch der Leistungsberechtigten sollen die Leistungen der Eingliederungshilfe von einem Leistungsanbieter erbracht werden, der die Betreuung durch Geistliche ihres Bekenntnisses ermöglicht.

---

[73] BT-Drs. 18/10523, 62.

(5) Leistungen der Eingliederungshilfe für Leistungsberechtigte mit gewöhnlichem Aufenthalt in Deutschland können auch im Ausland erbracht werden, wenn dies im Interesse der Aufgabe der Eingliederungshilfe geboten ist, die Dauer der Leistungen durch den Auslandsaufenthalt nicht wesentlich verlängert wird und keine unvertretbaren Mehraufwendungen entstehen.

Literatur:
Bundesarbeitsgemeinschaft der überörtlichen Träger der Sozialhilfe (BAGüS), Bericht über die Erhebung zu den fiskalischen Auswirkungen der Ambulantisierung in der Eingliederungshilfe 2012, abrufbar unter https://www.bagues.de/spur-download/bag/STN_Bericht%20Erhebung%20fiskalische%20Auswirkungen.pdf.; *Bundesministerium für Arbeit und Soziales*, Arbeitsgruppe Bundesteilhabegesetz – Abschlussbericht Teil A, 2015; *Bundesministerium für Arbeit und Soziales* (Hrsg.), Zweiter Teilhabebericht der Bundesregierung über die Lebenslagen von Menschen mit Beeinträchtigungen, 2016; *con_sens*, Kennzahlenvergleich Eingliederungshilfe der überörtlichen Träger der Sozialhilfe 2014, abrufbar unter https://consens-info.de/images/veroeffentlichungen/egh/BAGueS/2014_BagueS_Kennzahlenvergleich.pdf; *v. Boetticher, Arne*, Das neue Teilhaberecht, 2. Aufl. 2020; *Conty/Michel/Pleuß/Pöld-Krämer*, „Assistenzleistungen" im BTHG aus Sicht der Leistungserbringer, NDV 2017, 543; *Deinert/Welti/Luik/Brockmann* (Hrsg.), Behindertenrecht Stichwortkommentar, 3. Aufl. 2022 (iE); *Frankenstein*, Die individuelle Konkretisierung von Eingliederungshilfeleistungen nach § 104 SGB IX, in: Druschel/Goldbach/Paulmann/Vestena (Hrsg.) Interdisziplinäre Perspektiven auf Soziale Menschenrechte, 2020, S. 231; *Franz /Beck,* Evaluation des Ambulantisierungsprogramms in Hamburg, hrsg. von der Arbeitsgemeinschaft der Freien Wohlfahrtspflege, 2015; *Metzler/Rauscher*, Wohnen inklusiv. Wohn- und Unterstützungsangebote für Menschen mit Behinderungen in Zukunft, 2004; *Schäfers*, Personenzentrierung im Bundesteilhabegesetz: Trägt die Reform eine personenzentrierte Handschrift?, Fachbeitrag D38–2016, abrufbar unter www.reha-recht.de; *Schröttle/Hornberg*, Gewalterfahrungen von in Einrichtung lebenden Frauen mit Behinderungen. Ausmaß, Risikofaktoren, Prävention. Endbericht, hrsg. v. Bundesministerium für Familie, Senioren, Frauen und Jugend, 2014; *UN-Hochkommissariat für Menschenrechte*, Thematische Studie zum Recht von Menschen mit Behinderungen auf unabhängige Lebensführung und Einbeziehung in die Gemeinschaft vom 12.12.2014, UN-Dok. A/HRC/28/37; *Wacker*, „Wohnen", in: Dederich/Beck/Bleidick/Antor (Hrsg.), Handlexikon der Behindertenpädagogik. Schlüsselbegriffe aus Theorie und Praxis, 3. Aufl. 2016, S. 305; *Welke* (Hrsg.), UN-Behindertenrechtskonvention. Kommentar mit rechtlichen Erläuterungen, 2012.

I. Überblick und Entstehung .. 1	4. Verhältnismäßigkeit der Mehrkosten 10
II. Systematik 2	5. Betreuung durch Geistliche des eigenen Bekenntnisses 11
III. Regelungsinhalt 3	
1. Individualisierungsgrundsatz 3	
2. Wunschrecht 5	6. Leistungen im Ausland .. 12
3. Wahl der Wohnform 7	

I. Überblick und Entstehung

§ 104 wurde durch Artikel 1 des Gesetzes zur Stärkung der Teilhabe und Selbstbestimmung von Menschen mit Behinderungen (Bundesteilhabegesetz – BTHG) vom 23.12.2016 mWz 1.1.2020 in das SGB IX eingefügt.
In Abs. 1 Hs. 1 wurde die Regelung des § 9 Abs. 1 SGB XII teilweise übernommen und um Hs. 2 „dabei ist auch die Wohnform zu würdigen" ergänzt. § 104 Abs. 1 S. 2 wurde neu eingefügt.
Abs. 2 Satz 1 ersetzt die der Eingliederungshilfe § 9 Abs. 2 Satz 1 SGB XII. Abs. 2 S. 2 wurde neu eingefügt. § 104 Abs. 3 regelt die Wahl der Wohnform und tritt damit an Stelle des bislang in § 13 SGB XII geregelten Grundsatzes „ambulant vor stationär" und seiner gesetzlichen Ausnahmen. Es werden inhaltliche Ände-

rungen vorgenommen, Satz 5 entspricht § 13 Abs. 1 Satz 6 SGB XII. § 104 Abs. 4 entspricht § 9 Abs. 3 SGB XII. § 104 Abs. 5 entspricht § 23 EinglHVO, die zum 1.1.2020 außer Kraft trat. §§ 9 und 13 SGB XII bleiben im SGB XII bestehen.

§ 104 präzisiert die Geltung des allgemein in § 33 SGB I und § 8 SGB IX verankerten **Individualisierungsgrundsatz** und des **Wunsch- und Wahlrechts** der Leistungsberechtigten im Bereich der Eingliederungshilfe. Mit der Neufassung soll der Wechsel von einer einrichtungs- zu einer personenzentrierten Leistung vollzogen werden.[1] Damit reagierte der Gesetzgeber auch auf die vom UN-Fachausschuss formulierte Besorgnis über den hohen Grad der Institutionalisierung der Leistungen in Deutschland.[2] Ziel der Reform war es, den bislang in § 13 SGB XII geregelten Ausgleich zwischen den **Wünschen der Eingliederungshilfeberechtigten** und einer **wirtschaftlichen Verwendung der Steuermittel** so auszugestalten, dass es auf eine einrichtungsorientierte Abwägung nicht mehr ankommt. Die Auswahl der Leistung soll stattdessen „unter ganzheitlicher Perspektive am notwendigen individuellen Bedarf"[3] ausgerichtet werden und unter Achtung des Rechts behinderter Menschen auf eine unabhängige Lebensführung nach **Art. 19 UN-BRK** erfolgen.[4] Wie wirtschaftliche Erwägungen in den Auswahlprozess einfließen dürfen, wurde jedoch durchaus kontrovers diskutiert.[5] Es bestand aber Einigkeit, dass Menschen nicht länger verpflichtet werden dürfen, in besonderen Wohnformen zu leben.[6] Mit der Stärkung der Wunsch- und Wahlrechte etwaig verbundene **Mehrkosten** hat der Gesetzgeber bewusst in Höhe von 3,6 Mio. EUR jährlich in Kauf genommen.[7] In der verabschiedeten Fassung des § 104 handelt es sich um einen zäh ausgehandelten Kompromiss, dessen Auslegung einige Schwierigkeiten bereitet und erwartungsgemäß noch viele Gerichte beschäftigen wird.[8]

II. Systematik

§ 104 regelt das Verhältnis der nachfolgenden **drei Leistungsprinzipien** in der Eingliederungshilfe:

Absatz 1 formuliert den Grundsatz, dass die Leistung **einzelfallorientiert** zu gewähren ist,

Absatz 2 verpflichtet den Eingliederungshilfeträger, **angemessenen Wünschen** der Leistungsberechtigten zu entsprechen.

Absatz 3 zufolge können die Leistungsberechtigten auf eine andere als die von ihnen gewünschte Leistung nur verwiesen werden, wenn ihnen diese **zumutbar** ist. Zumutbar kann eine andere Leistung nur sein, wenn sie der gewünschten Leistung vergleichbar ist. Erst wenn die Zumutbarkeit bejaht werden kann, ist ein Kostenvergleich vorzunehmen. Das Kriterium der Zumutbarkeit versteht der Gesetzgeber als „übergeordnetes Korrektiv der Einzelfallprüfung."[9]

Die **Prüfung der Angemessenheit** erfolgt in **vier Schritten**:[10]

---

1 BT-Drs. 18/9522, 4.
2 CRPD/C/DEU/CO/1 Nr. 41.
3 BT-Drs. 18/9522, 4.
4 BT-Drs. 18/10523, 62.
5 Ausschuss-Drs. 18(11)801 v. 4.11.2016.
6 BT-Drs. 18/9954, 66.
7 BT-Drs. 18/10523, 62.
8 *Frankenstein* in Druschel, S. 231, 266.
9 BT-Drs. 18/9522, 279.
10 Ähnl. (in drei Schritten) *v. Boetticher/Kuhn-Zuber* 2019, S. 44.

1. Im ersten Schritt werden gemeinsam mit den Leistungsberechtigten anhand der Teilhabeziele alle zur Zielerreichung in Betracht kommenden Leistungen ermittelt.
2. Kommen neben der gewünschten Leistung weitere Leistungen in Betracht, ist zu klären, ob diese vergleichbar sind.
3. Stehen vergleichbare Leistungen zur Verfügung, muss geprüft werden, ob diese den Leistungsberechtigten zumutbar sind.
4. Sind andere als die gewünschten Leistungen zumutbar, ist festzustellen, ob die Kosten der gewünschten Leistung die Kosten der vergleichbaren Leistung unverhältnismäßig übersteigen.

III. Regelungsinhalt
1. Individualisierungsgrundsatz

Die Eingliederungshilfe orientiert sich auch nach ihrer Überführung ins SGB IX am **Individualisierungsgrundsatz**. Der bislang anhand von §§ 9 und 13 SGB XII vorzunehmende Interessenausgleich zwischen den berechtigten Wünschen der Leistungsberechtigten und dem Ziel der wirtschaftlichen Leistungsbringung ist seit 1.1.2020 in § 104 SGB IX neu geregelt. § 104 ist lex specialis gegenüber § 33 SGB I. Zum Verhältnis der Vorschrift zu Art. 19 UN-BRK → Rn. 7 ff.

§ 104 Abs. 1 verankert den Grundsatz der einzelfallorientierten Leistungsgewährung in der Eingliederungshilfe. Der Zweck der Teilhabeleistungen beschränkt sich nicht auf die Sicherstellung einer Grundversorgung.[11] Gem. Satz 1 ist die Gestaltung der Leistung, zB die Frage, wie viele Assistenzstunden oder Fahrten einen behinderten Menschen zur Förderung seiner sozialen Aktivitäten zu finanzieren sind, vielmehr am individuellen Bedarf und den persönlichen Verhältnissen auszurichten.[12] Hierzu zählen zB die sozialen und familiären Bindungen, persönlichen Neigungen, das Alter, Geschlecht, die religiöse und weltanschauliche Ausrichtung, der Bildungsstand und die eigenen Kräfte und Mittel. Abs. 4 räumt der Betreuung durch Geistliche des eigenen Bekenntnisses, Abs. 1 Satz 1 dem Sozialraum und der bisherigen Wohnform besondere Bedeutung ein. Mit dem Verweis auf den Sozialraum und die bisherige Wohnform wollte der Gesetzgeber unterstreichen, dass Menschen nicht verpflichtet sind, in besonderen Wohnformen zu leben.[13] Satz 2 dient der Klarstellung, dass die Leistungen der Eingliederungshilfe unabhängig vom Erreichen einer bestimmten Altersgrenze so lange zu gewähren sind, wie die Teilhabeziele erreichbar sind.[14]

2. Wunschrecht

Gemäß Abs. 2 hat sich die Ausgestaltung der Leistungen vorrangig an den subjektiven Vorstellungen der Leistungsberechtigten zu orientieren. Der Erfolg der Eingliederungshilfe hängt maßgeblich von ihrer Mitwirkung ab, ihre Akzeptanz der Leistung ist daher Grundbedingung für deren Erfolg. Eine objektiv geeignete Leistung kann folglich individuell ungeeignet sein.[15] Abs. 2 beschränkt das in § 8 geregelte Wunschrecht im Bereich der Eingliederungshilfe auf angemessene Wünsche. Bislang *sollten* die Eingliederungshilfeträ-

---
11 BSG 2.2.2012 – B 8 SO 9/10 R, Rn. 28.
12 BSG 2.2.2012 – B 8 SO 9/10 R; *Schäfers* DVfR Fachbeitrag D38–2016.
13 BT-Drs. 18/9954, 66: BT-Drs. 18/10523, 11.
14 BT-Drs. 18/9522, 249.
15 So schon *Neumann* in Deinert/Neumann SGB IX-HdB S. 119; *Frankenstein* in Druschel ua, S. 254.

ger diesen Wünschen Rechnung tragen (vgl. § 9 Abs. 2 S. 1 SGB XII), seit 1.1.2020 *müssen* sie es. Ob ein Wunsch angemessen ist, ist anhand der Tatbestandsmerkmale des Abs. 1, der Qualität der Leistung, der konkreten Teilhabeziele und unter Kostengesichtspunkten zu beurteilen. Unangemessenheit ist ein Wunsch, wenn eine andere Leistung (zB das Angebot eines anderen Leistungserbringers) tatsächlich verfügbar ist, die den Bedarf „nach den Besonderheiten des Einzelfalls" in vergleichbarer Weise decken kann (Nr. 2).[16]
Ein **Wunsch** ist **angemessen**, wenn es **keine vergleichbare Leistung** gibt oder die gewünschte Leistung **nicht unverhältnismäßig teurer** als die vergleichbare Leistung ist. In der Gesetzesbegründung wird klargestellt, dass eine Leistung „nur dann mit einer anderen vergleichbar ist, wenn beide neben dem Teilhabeziel auch bezüglich der Leistungsform miteinander übereinstimmen und der individuelle Bedarf durch die im Vergleich betrachteten vereinbarten Leistungen gedeckt werden kann und diese wirklich verfügbar wären. Insbesondere können Einzelleistungen mit Gruppenleistungen bei der gemeinsamen Inanspruchnahme (§§ 112 Absatz 4, 116 Absatz 2) nicht bereits nach § 104 miteinander verglichen werden."[17]

6 Abs. 3 Satz 1 und 5 stellen klar, dass zunächst stets die **Zumutbarkeit** einer von den Wünschen abweichenden Leistung anhand der persönlichen, familiären und örtlichen Umstände ohne Rücksicht auf die Kosten zu prüfen ist und Leistungsberechtigte nicht aus Kostengründen auf eine ihnen unzumutbare Leistung verwiesen werden können.

Will der Eingliederungshilfeträger auf eine vergleichbare Leistung verweisen, muss er ein konkretes Angebot (zB einen freien Platz in einer Wohngruppe) unterbreiten, damit die Leistungsberechtigten dieses auf seine Zumutbarkeit hin überprüfen können.[18]

3. Wahl der Wohnform

7 Ziel der **Eingliederungshilfe im Bereich des Wohnens** ist gem. § 113 Abs. 1 Satz 2 idF ab 1.1.2020, den Leistungsberechtigten eine möglichst selbstbestimmte und eigenverantwortliche Lebensführung im eigenen Wohnraum zu ermöglichen. Diese Maßgaben und die in § 104 Abs. 1 und 2 geregelte Pflicht der Leistungsträger, die bisherige und gewünschte Wohnform zu würdigen, soll nach dem Willen des Gesetzgebers sicherstellen, dass Menschen mit Behinderungen gemäß Art. 19 lit. a UN-BRK gleichberechtigt mit anderen ihren Aufenthaltsort wählen und entscheiden können, wo und mit wem sie leben.[19] Die Entscheidung über die Wohnform tangiert den durch Art. 1 u. 2 GG absolut geschützten **Kernbereich autonomer privater Lebensgestaltung**. Das BVerfG versteht die Privatwohnung als Mittel zur Wahrung der **Menschenwürde**, das dem Einzelnen sein Recht sichert, in Ruhe gelassen zu werden und sich zeitweise sozialer Kontrolle zu entziehen.[20] Dieser Kernbereich ist nicht nur dem Eingriff des Staates entzogen, der Staat ist in Ausfüllung seines sozialstaatlichen Gestaltungsauftrages auch verpflichtet, für diejenigen, die hierzu nicht aus eigener Kraft und eigenen Mitteln im Stande sind, die materiellen Voraussetzungen für ein menschenwürdiges Dasein zu schaffen.[21] In seinem Nichtannahmebeschluss

---

16 *Frankenstein* in Druschel ua, S. 254.
17 Vgl. BT-Drs. 18/9522, 279.
18 SG Düsseldorf 7.10.2013 – S 22 SO 319/13 ER.
19 Vgl. die Gegenäußerung der BReg v. 23.9.2016, BT-Drs. 18/9954, 15 zu Ziff. 38.
20 BVerfG 3.3.2004 – 1 BvR 2378/98 und 1 BvR 1084/99; BVerfG 31.1.1973 – 2 BvR 454/71.
21 BVerfG 9.2.2010 – 1 BvL 1/09.

v. 21.3.2016[22] hat der Erste Senat des BVerfG angekündigt, dass er die **Verfassungsmäßigkeit** des Verweises eines behinderten Menschen auf eine von ihm nicht gewünschte gesonderte Wohnform nach Art. 3 Abs. 3 Satz 2 GG unter Heranziehung des Art. 19 UN-BRK beurteilen und sich dabei an der Studie des UN-Hochkommissariats für Menschenrechte v. 12.12.2014 zum Recht von Menschen mit Behinderungen auf unabhängige Lebensführung und Einbeziehung in die Gemeinschaft orientieren wird.[23] Nach Art. 19 lit. a UN-BRK dürfen behinderte Menschen nicht verpflichtet werden, in besonderen Wohnformen zu leben. Der Gesetzgeber formuliert in § 104 Abs. 2 das Leben in besonderen Wohnformen dennoch als Regelfall. Er knüpft damit nicht an die tatsächlichen Verhältnisse an,[24] sondern begründet dies mit wirtschaftlichen Erwägungen.[25] Studien zufolge erweist sich der Wechsel aus einer stationären Wohnform in einen eigenständigen Haushalt, wenn er mit der konzeptionellen Weiterentwicklung der ambulanten Betreuung, mit ausreichender Assistenz im Alltag und einer Stärkung von Netzwerkbeziehungen einhergeht, jedoch als wirtschaftlicher.[26]

Der **Begriff der besonderen Wohnform** wird im SGB IX und den Gesetzesmaterialien nicht definiert. Er wurde aus Art. 19 UN-BRK übernommen („particular living arrangement"). Art. 19 UN-BRK beschreibt damit im Wege einer Negativdefinition Wohnformen, die speziell für Menschen mit Behinderungen vorgehalten werden und die ihnen nicht die volle Entscheidungsfreiheit lassen, wo und mit wem sie wohnen, oder die auf anderem Wege ihre Möglichkeit zur unabhängigen Lebensführung und Einbeziehung in die Gemeinde einschränken.[27] In stationären Einrichtungen besteht Untersuchungen zufolge ein besonders hohes Maß an Fremdbestimmung, sozialer Isolation und Mangel an Privatheit.[28] Auch ambulant betreute Wohngemeinschaften sind jedoch als besondere Wohnformen iSd UN-BRK einzustufen, wenn dort Leistungen gemeinsam in Anspruch genommen werden müssen oder die Selbstbestimmung in anderer Form durch den Anbieter beschränkt wird.[29]   8

Bei der Betreuung in **besonderen Wohnformen** handelt es sich **nicht** um eine mit der Assistenz in üblichen Wohnformen **vergleichbare Leistung** (→ Rn. 3). Kommt ein Wohnen außerhalb von besonderen Wohnformen in Betracht und wird es von den Leistungsberechtigten gewünscht, so ist dieser Wohnform gemäß § 104 Abs. 3 Satz 3 der Vorzug zu geben. Ziel des Gesetzgebers ist es, „dass niemand gegen seinen Willen in eine besondere Wohnform gedrängt wird."[30] Satz 4 regelt, dass gegen den Wunsch der Leistungsberechtigten „in diesem Fall" die im Zusammenhang mit dem Wohnen stehenden Assistenzleistungen nach § 113 Abs. 2 Nr. 2 im Bereich der Gestaltung sozialer Beziehungen und der persönlichen Lebensplanung nicht gepoolt werden dürfen, vgl. § 116   9

---

22 BVerfG 21.3.2016 – 1 BvR 53/14.
23 UN-Dok. A/HRC/28/37.
24 Laut *con_sens* 2014, S. 11 leben im Bundesdurchschnitt rund die Hälfte aller Leistungsberechtigten in ambulant betreuten Wohnformen, in einigen Regionen sind es bereits 2/3.
25 Vgl. Gegenäußerung der BReg v. 23.9.2016, BT-Drs. 18/9954, 16 zu Ziff. 39.
26 *Franz/Beck* 2015, S. 106; BMAS, Zweiter Teilhabebericht, S. 295; BAGüS 2012, S. 5 mwN.
27 CRPD/C/GC/5, S. 4; *Zinsmeister* in SWK-BehindertenR Betreutes Wohnen Rn. 2 ff.
28 *Metzler/Rauscher* 2004, S. 45; *Schröttle/Hornberg* 2014, S. 52; *Franz/Beck* 2015, S. 106 und 163; *Wacker* 2016, S. 305; BMAS, Zweiter Teilhabebericht 2016, S. 295.
29 CRPD/C/GC/5; *Zinsmeister* in SWK-BehindertenR Betreutes Wohnen Rn. 2 ff.
30 BT-Drs. 18/10523, 4.

Abs. 2 Nr. 1 SGB IX idF ab 1.1.2020. Die in Satz 4 enthaltene Formulierung „in diesem Fall" kann sich dabei nur auf die zuvor genannte Bedingung „soweit die leistungsberechtigte Person dies wünscht" und auf Wohnformen beziehen, in der die personelle Unterstützung vom Leistungserbringer gesteuert und an mehrere Leistungsberechtigte gemeinsam erbracht wird (→ Rn. 8).[31]

4. Verhältnismäßigkeit der Mehrkosten

10 Die **Verhältnismäßigkeit der Mehrkosten** wird unter Abwägung der wirtschaftlichen Gesichtspunkte mit den in Absatz 1 genannten Kriterien und des Grundrechts der Leistungsberechtigten auf eine autonome Lebensgestaltung unter Berücksichtigung des Diskriminierungsverbotes aus Art. 3 Abs. 3 Satz 2 GG ermittelt.[32] Die Kostenkalkulation ist auf der Basis regional verfügbarer Angebote von Leistungserbringern, mit denen entsprechende Verträge bestehen, unter Berücksichtigung der üblichen Kostenschwankungen vorzunehmen.[33] Individualisierungs- und Wirtschaftlichkeitsgebot bilden nicht notwendig einen Gegensatz, da sich die Wirtschaftlichkeit einer Leistung nicht anhand der Kosten, sondern der Kosten-Nutzen-Relation (Effizienz) bemisst. Mehrkosten sind dann unverhältnismäßig, „wenn die hieraus folgende Mehrbelastung des öffentlichen Haushalts zum Gewicht der von der bzw. dem Leistungsberechtigten angeführten Gründe für die von ihm getroffene Wahl der Hilfemaßnahme nicht mehr im rechten Verhältnis steht, so dass die Frage nach der (Un-)Verhältnismäßigkeit wunschbedingter Mehrkosten sich nicht in einem rein rechnerischen Kostenvergleich erschöpft, sondern eine wertende Betrachtungsweise verlangt."[34]

Leistungen, die in geeigneter Weise auf Grundlage einer Leistungs- und Vergütungsvereinbarung erbracht werden, sind immer angemessen. Denn die Vereinbarungen dürfen nur unter Berücksichtigung der Wirtschaftlichkeit und Sparsamkeit geschlossen werden.[35] Stehen mehrere vereinbarungsgebundene Angebote zur Auswahl, ist die Angemessenheit darum nicht an den durchschnittlichen Kosten, sondern anhand des teuersten Angebots zu beurteilen.[36]

Bei Leistungen, die nicht auf Grundlage einer entsprechenden Vereinbarung erbracht werden sollen, sah die Rspr. Differenzen von bis zu 20% immer als verhältnismäßig an, darüberhinausgehende Mehrbeträge wurden differenziert beurteilt.[37]

5. Betreuung durch Geistliche des eigenen Bekenntnisses

11 Abs. 4 zielt auf die Sicherung der Religionsausübung nach Art. 4 GG. Entsprechende Vorschriften finden sich in § 9 Abs. 3 SGB XII und § 2 Abs. 3 SGB XI. Praktische Relevanz dürfte die Regelung in Anbetracht der Dominanz von Ein-

---

31 Eingehender *Zinsmeister* in SWK-BehindertenR Betreutes Wohnen Rn. 2 ff.; *Conty/Michel/Pleuß/Pöld-Krämer* NDV 2017, 543.
32 Vgl. RegE BT-Drs. 18/9522, 279.
33 Vgl. RegE BT-Drs. 18/9522, 279.
34 StRspr, vgl. nur BVerwG 30.10.2003 – 5 B 15.03; LSG BW 22.2.2018 – L 7 SO 3516/14.
35 BSG 5.7.2018 – B 8 SO 30/16 R, Rn. 20 zu dem in § 9 Abs 2 Satz 1 SGB XII idF bis 31.12.2017 geregelten Wunsch- und Wahlrecht; *Rosenow* in Fuchs/Ritz/Rosenow SGB IX § 104 Rn. 63.
36 So auch *Rosenow* in Fuchs/Ritz/Rosenow SGB IX § 104 Rn. 65, aA *v. Bötticher*, S. 283.
37 BVerwG 11.2.1982 – 5 C 85/80; LSG BW 2.9.2010 – L 7 SO 1357–10 ER; VG Münster 24.4.2006 – 5 K 783/04 Rn. 36; SG Oldenburg 15.6.2007 – S 2 SO 22/07 ER; *Rosenow* in Fuchs/Ritz/Rosenow SGB IX § 104 Rn. 65.

richtungen in christlicher Trägerschaft am ehesten für Gläubige anderer Religionen entwickeln.

6. Leistungen im Ausland

Die bislang in der EinglHVO geregelte Vorschrift ermöglicht die Erbringung einer Leistung im Ausland. Es handelt sich um eine Ermessensentscheidung. Ist ein längerer Aufenthalt geplant, ist § 101 zu beachten, der Leistungen an Deutsche mit gewöhnlichem Aufenthalt im Ausland grds. ausschließt (→ § 101 Rn. 1). 12

§ 105 Leistungsformen

(1) Die Leistungen der Eingliederungshilfe werden als Sach-, Geld- oder Dienstleistung erbracht.

(2) Zur Dienstleistung gehören insbesondere die Beratung und Unterstützung in Angelegenheiten der Leistungen der Eingliederungshilfe sowie in sonstigen sozialen Angelegenheiten.

(3) ¹Leistungen zur Sozialen Teilhabe können mit Zustimmung der Leistungsberechtigten auch in Form einer pauschalen Geldleistung erbracht werden, soweit es dieser Teil vorsieht. ²Die Träger der Eingliederungshilfe regeln das Nähere zur Höhe und Ausgestaltung der Pauschalen.

(4) ¹Die Leistungen der Eingliederungshilfe werden auf Antrag auch als Teil eines Persönlichen Budgets ausgeführt. ²Die Vorschrift zum Persönlichen Budget nach § 29 ist insoweit anzuwenden.

I. Überblick und Entstehung

§ 105 Abs. 1 und 2 entsprechen § 10 Abs. 1 und 2 SGB XII. § 10 SGB XII blieb im SGB XII bestehen. § 105 Abs. 4 entspricht § 57 SGB XII, der zum 1.1.2020 aus dem SGB XII entfiel. 1
Gem. § 105 Abs. 1 werden die Leistungen der Eingliederungshilfe als Sach-, Geld- oder Dienstleistung erbracht. Absatz 2 widmet sich zwei spezifischen Formen von Dienstleistungen, der Beratung und der Unterstützung in Angelegenheiten der Leistungen der Eingliederungshilfe und sonstigen sozialen Angelegenheiten.

II. Regelungsinhalt

Als Sachleistungen werden Leistungen bezeichnet, die den Leistungsberechtigten vom Eingliederungshilfeträger oder deren Leistungserbringern direkt, zB in Form von Hilfsmitteln zur Verfügung gestellt werden. Ebenso werden die von ambulanten Diensten erbrachte Pflege und Assistenz – in Abgrenzung von Geldleistungen – oft als Sachleistungen bezeichnet, es handelt sich aber ihrem Charakter nach zugleich auch um Dienstleistungen. 2
Geldleistungen sollen gem. § 47 SGB I kostenfrei auf ein Konto der leistungsberechtigten Person überwiesen werden, können auf Verlangen jedoch auch kostenfrei an ihren Wohnsitz übermittelt oder bei Bedarf in anderer Weise, zB als Barzahlung erbracht werden.
Zu den Dienstleistungen zählen insbesondere die Beratung und Assistenz sowie gem. § 11 SGB I die erzieherische Hilfe.
Absatz 2 stellt klar, dass sich die Beratung und Unterstützung nicht auf Angelegenheiten der Eingliederungshilfe erschöpft, sondern auch sonstige soziale

Angelegenheiten umfasst. Der RegE eines Gesetzes zur Reform des Vormundschafts- und Betreuungsrechts v. 20.9.2020[1] sieht eine verbesserte Abstimmung der sozialrechtlichen Beratung und der Tätigkeit der rechtlichen Betreuung vor.

3 § 105 Absatz 3 sieht die gesetzliche Möglichkeit vor, Leistungen der Eingliederungshilfe mit Zustimmung der Leistungsberechtigten als **pauschale Geldleistung** zu erbringen, damit sie sich die betreffenden Leistungen selber „einkaufen" können. Welche konkreten Leistungen pauschaliert werden können, regelt § 116 Abs. 1. Beispielhaft nennt die Gesetzesbegründung im RegE[2] die pauschale Abgeltung der erforderlichen Mobilitätshilfen durch eine Beförderungspauschale. Laut Gesetzesbegründung[3] können mit der Pauschale Leistungen auch bei Anbietern „eingekauft" werden, mit denen keine Vereinbarung nach dem Kapitel 8 besteht. Der Bedarf für die entsprechende Leistung muss individuell festgestellt werden. Bei der Festlegung der Höhe und der Ausgestaltung der Pauschalen dürfen sich die Leistungsträger hingegen einer typisierenden Weise ohne Rücksicht auf individuelle Besonderheiten bedienen. Hierin unterscheidet sich die pauschale Geldleistung vom Persönlichen Budget, das gem. § 105 Abs. 4 auf Antrag nach Maßgabe des § 29 gewährt wird.

4 Gem. Absatz 4 kann Eingliederungshilfe auf Antrag auch in Form eines Persönlichen Budgets nach Maßgabe des § 29 gewährt werden. Auf die Gewährung von Leistungen in Form eines Persönlichen Budgets besteht ein Rechtsanspruch. Zu den Voraussetzungen und dem Verfahren im Einzelnen → § 29 Rn. 5 ff. Zur Budgetberatung → § 106 Rn. 1 ff.

§ 106 Beratung und Unterstützung

(1) ¹Zur Erfüllung der Aufgaben dieses Teils werden die Leistungsberechtigten, auf ihren Wunsch auch im Beisein einer Person ihres Vertrauens, vom Träger der Eingliederungshilfe beraten und, soweit erforderlich, unterstützt. ²Die Beratung erfolgt in einer für den Leistungsberechtigten wahrnehmbaren Form.

(2) Die Beratung umfasst insbesondere
1. die persönliche Situation des Leistungsberechtigten, den Bedarf, die eigenen Kräfte und Mittel sowie die mögliche Stärkung der Selbsthilfe zur Teilhabe am Leben in der Gemeinschaft einschließlich eines gesellschaftlichen Engagements,
2. die Leistungen der Eingliederungshilfe einschließlich des Zugangs zum Leistungssystem,
3. die Leistungen anderer Leistungsträger,
4. die Verwaltungsabläufe,
5. Hinweise auf Leistungsanbieter und andere Hilfemöglichkeiten im Sozialraum und auf Möglichkeiten zur Leistungserbringung,
6. Hinweise auf andere Beratungsangebote im Sozialraum,
7. eine gebotene Budgetberatung.

(3) Die Unterstützung umfasst insbesondere
1. Hilfe bei der Antragstellung,
2. Hilfe bei der Klärung weiterer zuständiger Leistungsträger,
3. das Hinwirken auf zeitnahe Entscheidungen und Leistungen der anderen Leistungsträger,
4. Hilfe bei der Erfüllung von Mitwirkungspflichten,

---

1 BR-Drs. 564/20.
2 BT-Drs. 18/9522, 280.
3 BT-Drs. 18/9522, 280.

5. Hilfe bei der Inanspruchnahme von Leistungen,
6. die Vorbereitung von Möglichkeiten der Teilhabe am Leben in der Gemeinschaft einschließlich des gesellschaftlichen Engagements,
7. die Vorbereitung von Kontakten und Begleitung zu Leistungsanbietern und anderen Hilfemöglichkeiten,
8. Hilfe bei der Entscheidung über Leistungserbringer sowie bei der Aushandlung und dem Abschluss von Verträgen mit Leistungserbringern sowie
9. Hilfe bei der Erfüllung von Verpflichtungen aus der Zielvereinbarung und dem Bewilligungsbescheid.

(4) Die Leistungsberechtigten sind hinzuweisen auf die ergänzende unabhängige Teilhabeberatung nach § 32, auf die Beratung und Unterstützung von Verbänden der Freien Wohlfahrtspflege sowie von Angehörigen der rechtsberatenden Berufe und von sonstigen Stellen.

Literatur:

Deinert/Welti/Luik/Brockmann (Hrsg.), Stichwortkommentar Behindertenrecht, 3. Aufl. 2022 (iE).

§ 106 Abs. 1 entspricht teilweise § 11 SGB XII sowie § 59 SGB XII. Inhalt und Umfang der Beratung werden in Abs. 2 näher konkretisiert. § 11 SGB XII bleibt im SGB XII bestehen, § 59 SGB XII entfällt zum 1.1.2020 aus dem SGB XII. Mit der personenzentrierten Ausrichtung der Leistungen und dem forcierten Wandel des Unterstützungskonzepts von der Betreuung zur Assistenz wächst der Bedarf behinderter Menschen an barrierefreier und kompetenter Beratung und Unterstützung.[1] Diese ist notwendige Voraussetzung für eine selbstbestimmte Teilhabe.

§ 106 konkretisiert und erweitert den in **§ 14 SGB I** geregelten allgemeinen Beratungsanspruch der Leistungsberechtigten gegen den Eingliederungshilfeträger. Dessen Pflicht zur Beratung in einer für die Leistungsberechtigten **wahrnehmbaren Form** (Satz 2) dient der Umsetzung des Art. 21 UN-BRK und steht im Zusammenhang mit den § 17 Abs. 1 Nr. 4 und Abs. 2 und 2a SGB I und § 19 Abs. 1 S. 2, 3 und Abs. 1a SGB X. Die Anwesenheit einer ggf. die Kommunikation unterstützenden Begleitperson lässt die Pflicht des Eingliederungshilfeträgers zur **barrierefreien Kommunikation** nicht entfallen.[2]

Die Beratung ist **schlichtes Verwaltungshandeln**, verweigert der Eingliederungshilfeträger die Beratung oder Unterstützung, handelt es sich um einen **Verwaltungsakt**, der mit einem Rechtsbehelf angegriffen werden kann.[3]
Eine **fehlerhafte Beratung** kann Amtshaftungsansprüche nach § 839 BGB iVm Art. 34 GG[4] oder einen sozialrechtlichen Herstellungsanspruch und die Wiedereinsetzung in den vorherigen Stand begründen.[5]

Abs. 2 konkretisiert den Beratungsauftrag des Eingliederungshilfeträgers. Er erhält eine **Lotsenfunktion** (vgl. Abs. 2 Nr. 3 und 5). Die Aufzählung ist nicht abschließend („insbesondere").
Gem. Abs. 3 hat der Eingliederungshilfeträger die Leistungsberechtigten künftig auch bei der Geltendmachung und Durchsetzung ihrer Leistungsansprüche gegen andere Träger und bei der Auswahl geeigneter Leistungserbringer zu unter-

---

1 BT-Drs. 18/9522, 280.
2 *Palsherm* in SWK-BehindertenR Beratung Rn. 7.
3 BSG 12.11.1980 – 1 RA 45/79, Rn. 31.
4 *Palsherm* in SWK-BehindertenR Beratung Rn. 25.
5 BSG 1.4.2004 – B 7 AL 52/93 R.

stützen und Hilfe bei der Erfüllung von Verpflichtungen aus der Zielvereinbarung zu leisten. Dabei kann es sich sowohl um eine Zielvereinbarung zur Umsetzung des Persönlichen Budgets (§ 29 Abs. 4; → § 29 Rn. 15) als auch um die Teilhabezielvereinbarung nach § 122 idF ab 1.1.2020 handeln.
Abs. 4 verpflichtet die Eingliederungshilfeträger, die Leistungsberechtigten auf ergänzende unabhängige Beratungsangebote hinzuweisen, insbesondere auf die ergänzende unabhängige Teilhabeberatung nach § 32. Zu den „sonstigen Stellen" können insbesondere die Interessenvertretungen behinderter Menschen, Selbsthilfegruppen und die Gewerkschaften zählen.

§ 107 Übertragung, Verpfändung oder Pfändung, Auswahlermessen

(1) Der Anspruch auf Leistungen der Eingliederungshilfe kann nicht übertragen, verpfändet oder gepfändet werden.
(2) Über Art und Maß der Leistungserbringung ist nach pflichtgemäßem Ermessen zu entscheiden, soweit das Ermessen nicht ausgeschlossen ist.

1 § 107 entspricht § 17 Abs. 1 Satz 2 und Abs. 2 Satz 1 SGB XII.
Die Norm ist lex specialis gegenüber den §§ 53, 54 SGB I. Da es sich in den Leistungen der Eingliederungshilfe um personenbezogene Leistungen handelt, können Ansprüche auf diese Leistungen gemäß Absatz 1 nicht übertragen, gepfändet oder verpfändet werden.
Rechtsgeschäfte, die gegen ein gesetzliches Verbot verstoßen, sind nichtig, §§ 134, 400 BGB.

2 Eine allgemeine Pflicht der Sozialleistungsträger zur pflichtgemäßen Ausübung des ihm eingeräumten Ermessens ergibt sich bereits aus § 39 SGB I. Da der Eingliederungshilfeträger bei der Entscheidung über Art und Maß insbesondere das Wunsch- und Wahlrecht der Leistungsberechtigten nach § 104 SGB IX zu beachten hat, dürfte sein Ermessensspielraum idR gering, wenn nicht sogar auf Null reduziert sein.

§ 108 Antragserfordernis

(1) ¹Die Leistungen der Eingliederungshilfe nach diesem Teil werden auf Antrag erbracht. ²Die Leistungen werden frühestens ab dem Ersten des Monats der Antragstellung erbracht, wenn zu diesem Zeitpunkt die Voraussetzungen bereits vorlagen.
(2) Eines Antrages bedarf es nicht für Leistungen, deren Bedarf in dem Verfahren nach Kapitel 7 ermittelt worden ist.

1 Bis 31.12.2019 wurde Eingliederungshilfe von Amts wegen gewährt (§ 18 SGB XI Einsetzen der Sozialhilfe, § 17 Abs. 1 Satz 1 SGB XII Anspruch). Seit 1.1.2020 wird die Eingliederungshilfe nur noch auf Antrag erbracht.[1] Der Eingliederungshilfeträger hat die Leistungsberechtigten im Rahmen seiner Beratungspflicht auf das Antragserfordernis hinzuweisen (§ 106 Abs. 2 Nr. 2 und 4). Der Antrag ist nicht an eine bestimmte Form gebunden (§ 9 SGB X), er kann auch formlos, zB mündlich oder konkludent, z.B. durch Teilnahme am Gesamtplanverfahren gestellt werden.[2] Auch die Verwendung des hierfür vorgesehenen

---

1 Krit. hierzu *v. Boetticher* 2020, S. 338.
2 *Rosenow* in Fuchs/Ritz/Rosenow SGB IX § 108 Rn. 11.

Formulars ist keine Wirksamkeitsvoraussetzung. § 60 Abs. 1 SGB I hat insoweit den Charakter einer bloßen Empfehlung. Mindestvoraussetzung für die Wirksamkeit des Antrags und damit einhergehend die Entstehung des Leistungsanspruchs (§ 40 SGB I) ist lediglich, dass die antragstellende Person identifizierbar und ihr Leistungsbegehren erkennbar ist.[3] Alle weiteren, fehlenden Angaben können nachgereicht werden. Ein unvollständiger Antrag darf der Leistungsträger nicht zurückweisen (§ 20 Abs. 3 SGB X), er hat die Antragsteller vielmehr bei der Antragstellung zu unterstützen und auf die Vervollständigung der Angaben hinzuwirken (§ 106 Abs. 3 Nr. 1 und 4 iVm § 16 Abs. 3 SGB I). Verweigert der Leistungsträger die Annahme des Antrags oder gibt er diesen an den Antragsteller zurück, kann dies idR als ablehnender Verwaltungsakt verstanden werden, der im Wege des Widerspruchs angefochten werden kann.[4]
Bestand bei Antragstellung bereits Bedarf an den Eingliederungshilfeleistungen, können die Leistungen gem. Abs. 1 Satz 2 auch rückwirkend, frühestens aber ab dem Ersten des Monats der Antragstellung erbracht werden.

Abs. 2 regelt die Ausnahme vom Antragserfordernis: Ergeben sich im Rahmen eines laufenden Gesamtplanverfahrens nach dem 7. Kapitel weitere Bedarfe, hat der Eingliederungshilfeträger diese von Amts wegen zu decken.[5]

Kapitel 3 Medizinische Rehabilitation[1]

§ 109 Leistungen zur medizinischen Rehabilitation

(1) Leistungen zur medizinischen Rehabilitation sind insbesondere die in § 42 Absatz 2 und 3 und § 64 Absatz 1 Nummer 3 bis 6 genannten Leistungen.
(2) Die Leistungen zur medizinischen Rehabilitation entsprechen den Rehabilitationsleistungen der gesetzlichen Krankenversicherung.

I. Überblick – Entstehung 1	2. Die „Quasiversicherung" des § 264 SGB V 6
II. Relevanz der Medizinischen Rehabilitation in der Eingliederungshilfe 2	3. Personen mit Versicherungsschutz unterhalb des GKV-Niveaus 10
1. Zweigliedriger Krankenversicherungsschutz in der Bundesrepublik Deutschland 3	III. Inhalt und Umfang der Leistungen 12

I. Überblick – Entstehung

§ 109 wurde durch Artikel 1 des Gesetzes zur Stärkung der Teilhabe und Selbstbestimmung von Menschen mit Behinderungen (Bundesteilhabegesetz – BTHG) vom 23.12.2016 mWz 1. 1. 2020 in das SGB IX eingefügt.[1] § 109 Abs. 1 enthält einen Verweis auf die allgemeinen Leistungskataloge der medizinischen Rehabilitation in § 42 Abs. 2 und 3 SGB IX. Diese Regelung entspricht damit inhaltlich dem bis zum 31. 12. 2020 geltenden § 54 Abs. 1 S. 1 SGB XII soweit sich die Vorgängerregelung auf die medizinische Rehabilitation bezog.

---

3 *Trenk-Hinterberger* in LPK-SGB I § 16 Rn. 10.
4 *Rosenow* in Fuchs/Ritz/Rosenow SGB IX § 108 Rn. 14.
5 Zur Begründung BT-Drs. 18/9522, 282.
1 Teil 2 Kapitel 1–7 (§§ 90–122) sowie Kapitel 9–11 (§§ 135–150) sind mit Ausnahme von § 94 Absatz 1, der bereits am 1.1.2018 in Kraft getreten ist, am **1.1.2020** in Kraft getreten, vgl. Anm. am Titel.
1 BGBl. I 3234.

§ 109 Abs. 2 entspricht inhaltlich dem bis zum 31. 12. 2020 geltenden § 54 Abs. 1 Satz 2 SGB XII.

II. Relevanz der Medizinischen Rehabilitation in der Eingliederungshilfe

2   Eingliederungshilfeträger können nur in wenigen Ausnahmefällen für Leistungen der medizinischen Rehabilitation zuständig sein. Das ergibt sich aus dem Nachrang der Eingliederungshilfe (vgl. näher → § 91 Rn. 6 ff.). Ein Anspruch gegenüber dem Eingliederungshilfeträger auf eine medizinische Rehabilitationsleistung kann nur in Betracht kommen, wenn eine Person weder über einen entsprechenden gesetzlichen oder (ausreichenden, → Rn. 10 f.) privaten Krankenversicherungsschutz noch über eine andere gleichartige Absicherung verfügt.

1. Zweigliedriger Krankenversicherungsschutz in der Bundesrepublik Deutschland

3   Mit dem GKV-Modernisierungsgesetz v. 14.11.2003[2] beschritt der Gesetzgeber den Weg zur krankenversicherungsrechtlichen Absicherung aller Personen, die ihren (rechtmäßigen) gewöhnlichen Aufenthalt in der Bundesrepublik Deutschland haben. Das GKV-Modernisierungsgesetz begründete zum einen mWz 1.1.2009 eine Verpflichtung zum Abschluss eines privaten Krankheitskostenversicherungsvertrages (**Basistarif**) und zum anderen (bereits mWz 1.4.2007) die Aufnahme eines weiteren Pflichtversicherungstatbestandes in der Gesetzlichen Krankenversicherung (GKV), der sich im § 5 Abs. 1 Nr. 13 SGB V findet.

4   § 193 Abs. 3 des Gesetzes über den Versicherungsvertrag (VVG) begründet seit dem 1.1.2009 eine allgemeine **Pflicht, einen privaten Krankenversicherungsvertrag abzuschließen**. Dieser Verpflichtung unterliegt jede Person, die einen Wohnsitz in der Bundesrepublik Deutschland hat. Von dieser Verpflichtung sind alle diejenigen ausgenommen, die bereits einen Versicherungsschutz in der GKV vorweisen können. Ausgenommen sind auch Leistungsberechtigte nach dem Asylbewerberleistungsgesetz und Bezieher sowie Bezieherinnen laufender Leistungen nach dem 3., 4., 6. und 7. Kapitel des SGB XII, wenn der Leistungsbezug vor dem 1.1.2009 begonnen hat. Das gilt auch, wenn der Leistungsbezug weniger als einen Monat unterbrochen war. Personen, die erst seit dem Jahr 2009 oder einem späteren Zeitpunkt Sozialhilfeleistungen beziehen und die in ihrer Versicherungsgeschichte **zuletzt privat krankenversichert** waren, werden ebenfalls von der Verpflichtung des § 193 Abs. 3 VVG erfasst. Durch § 152 Versicherungsaufsichtsgesetz (VAG) sind private Versicherungsunternehmen mit Sitz im Inland, die die substitutive Krankenversicherung betreiben, verpflichtet, einen **branchenweit einheitlichen Basistarif** anzubieten, dessen Vertragsleistungen in Art, Umfang und Höhe jeweils den Leistungen nach dem Dritten Kapitel des Fünften Buches Sozialgesetzbuch, auf die ein Anspruch besteht, vergleichbar sind. Das 3. Kapitel des SGB V (§§ 11–68 SGB V) enthält die Leistungen der GKV und umfasst auch die Leistungen zur medizinischen Rehabilitation (§§ 40 ff. SGB V). Die „Allgemeinen Versicherungsbedingungen für den Basistarif" der Privaten Krankenversicherung (PKV) sehen dementsprechend in enger Anlehnung an die Regelungen des SGB V auch Leistungen der medizinischen Rehabilitation vor.[3]

5   Der seit dem 1.4.2007 geltende neue **Pflichtversicherungstatbestand** des § 5 Abs. 1 Nr. 13 SGB V erfasst alle Personen, „die keinen anderweitigen Anspruch auf Absicherung im Krankheitsfall haben und a) zuletzt gesetzlich krankenver-

---

2 BGBl. I 2190.
3 S. https://www.pkv.de/service/broschueren/musterbedingungen/avb-bt-2009/.

sichert waren oder b) bisher nicht gesetzlich oder privat krankenversichert waren, es sei denn, dass sie zu den" hauptberuflich Selbstständigen oder den in § 6 Abs. 1 und 2 SGB V aufgeführten versicherungsfreien Personen gehören. Zum Zeitpunkt der Einführung des Pflichtversicherungstatbestandes des § 5 Abs. 1 Nr. 13 SGB V waren Personen, die laufende Leistungen nach den Kapiteln 3, 4, 6 und 7 SGB XII oder nach § 2 Asylbewerberleistungsgesetz bezogen, gem. § 5 Abs. 8 a Satz 2 SGB V von der Pflichtversicherung nach § 5 Abs. 1 Nr. 13 SGB V ausgeschlossen. Dies galt gem. § 5 Abs. 8 a Satz 3 SGB V auch, wenn eine Unterbrechung des Sozialleistungsbezugs von weniger als einem Monat eintrat. Mit Wirkung zum 1. 1. 2020 erfasst der Ausschluss vom Versicherungstatbestand des § 5 Abs. 1 Nr. 13 auch Personen, die laufende Leistungen nach dem Teil 2 des SGB IX beziehen. Personen, die aber einmal vom Krankenversicherungsschutz durch den Pflichtversicherungstatbestand erfasst waren bzw. erfasst werden, konnten bzw. können diese Mitgliedschaft in der GKV durch später einsetzenden Sozialhilfebezug bzw. den Bezug von Eingliederungshilfeleistungen nicht mehr verlieren. Dies ergibt sich aus § 190 Abs. 13 Satz 2 SGB V.[4]
Das bedeutet, dass der Ausschluss vom Versicherungstatbestand des § 5 Abs. 1 Nr. 13 SGB V durch den Bezug von Sozialhilfe- bzw. Eingliederungshilfeleistungen zukünftig immer weniger Personen betreffen wird, je weiter das Jahr 2007 in die Ferne rückt. Lediglich Leistungsberechtigte nach dem Asylbewerberleistungsgesetz werden noch vollständig von dem Ausschlussstatbestand des § 5 Abs. 8 a Satz 2 SGB V erfasst. Die **Mitgliedschaft in der GKV** kann auch nicht durch die Verletzung der Pflicht zur Zahlung von Mitgliedsbeiträgen verloren gehen. Durch Verletzung der Zahlungspflichten kann gem. § 16 SGB V allenfalls das Ruhen der Leistungsansprüche ausgelöst werden. Das Ruhen der Ansprüche tritt gem. § 16 Abs. 3 a Satz 4 SGB V aber nicht ein, wenn die betreffende Person hilfebedürftig iSd SGB II oder des SGB XII ist. Alle Mitglieder der GKV und diejenigen, die über das Mitglied nach § 10 SGB V **familienversichert** sind, haben nicht nur Ansprüche auf Krankenbehandlungsleistungen (§ 39 SGB V, vgl. näher → § 93 Rn. 5 f.), sondern auch Ansprüche auf medizinische Rehabilitationsleistungen (§ 40 SGB V), wenn die Voraussetzungen für die Leistungen vorliegen.

2. Die „Quasiversicherung" des § 264 SGB V

§ 264 Abs. 2 Satz 1 SGB V verpflichtet die Gesetzlichen Krankenkassen, die Krankenbehandlung von folgenden Personen ohne Krankenversicherungsschutz zu übernehmen: (1) Empfänger und Empfängerinnen von Leistungen nach dem SGB XII; (2) Empfänger und Empfängerinnen von Eingliederungshilfeleistungen nach dem Teil 2 des SGB IX; (3) Empfänger und Empfängerinnen laufender Leistungen nach § 2 Asylbewerberleistungsgesetz und (3) sowie Empfänger und Empfängerinnen von Krankenhilfeleistungen nach dem SGB VIII. Ausnahmen von dieser Verpflichtung enthält § 164 Abs. 2 Satz 2 SGB V.

6

Das gilt nur für Personen, die tatsächlich „**nicht versichert**" sind, die also weder als Mitglied noch im Rahmen der Familienversicherung in der GKV versichert sind noch einen Krankheitskostenversicherungsvertrag mit einem Unternehmen der PKV abgeschlossen haben. Die Tatsache, dass eine Person ihre sich aus § 193 Abs. 3 VVG ergebende Verpflichtung, einen Krankheitskostenversicherungsvertrag abzuschließen, bisher nicht umgesetzt hat, steht der Übernahme

7

---

4 Vgl. hierzu auch *Geiger* info also 2014, 3 (5).

8 Nach dem Wortlaut des § 264 Abs. 2 Satz 1 SGB V wird „**die Krankenbehandlung**" übernommen. Der im § 264 Abs. 2 SGB V verwendete Begriff der Krankenbehandlung ist weiter als derjenige des § 48 SGB XII. Krankenbehandlung iSd § 264 Abs. 2 SGB V ist identisch mit dem Begriff der Krankenbehandlung im § 11 Abs. 1 Nr. 4 iVm § 27 Abs. 1 SGB V. Nach § 27 Abs. 1 Nr. 6 SGB V umfasst der Begriff der Krankenbehandlung iwS auch „Leistungen zur medizinischen Rehabilitation und ergänzende Leistungen". Deshalb führt der fehlende Verweis des § 264 Abs. 4 SGB V auf den § 11 Abs. 2 nicht dazu, dass medizinische Rehabilitationsleistungen ausgeschlossen wären. Sie sind bereits durch den Verweis auf § 11 Abs. 1 Nr. 4 SGB V einbezogen.[6]

9 Die betreffenden Personen werden nicht zu Versicherten der GKV.[7] Für sie wird aber durch § 264 Abs. 4 Satz 3 SGB V ein Versichertenstatus fingiert, der sie den Versicherten der GKV gleichstellt. Sie wechseln hinsichtlich der Zuständigkeit der Gewährung von Leistungen der Krankenbehandlung (iSd weiten Begriffs des § 11 Abs. 1 Nr. 4 SGB V) aus dem System des Sozialhilfe- und Eingliederungshilferechts in den Leistungsbereich der GKV. Das BSG bezeichnet die Übernahme der Krankenbehandlung nach § 264 Abs. 2 SGB V als „**Quasiversicherung**".[8] Allerdings fehlt eine Anpassung der Absätze 3, 5 und 7 des § 264 SGB V in der Weise, dass dort auch Eingliederungshilfeträger genannt werden. Das bedeutet: Eine Person ohne Krankenversicherung, die nach dem Teil 2 leistungsberechtigt ist, wählt nach § 264 Abs. 3 SGB V eine Krankenkasse aus und müsste dem für ihn zuständigen Leistungsträger, hier dem (im Abs. 3 allerdings nicht genannten) zuständigen Eingliederungshilfeträger, die Bescheinigung der Krankenkasse vorlegen. Im Absatz 3 werden als mögliche zuständige Leistungsträger nur die Sozialhilfe- und Jugendhilfeträger genannt. Diese haben gegenüber der jeweiligen Krankenkasse ua Meldeverpflichtungen sowie die Verpflichtung zur Erstattung der Behandlungskosten (§ 264 Abs. 5–7 SGB V).[9] Bisher hat der Gesetzgeber keine Regelungen in den § 264 SGB V aufgenommen, nach denen die Eingliederungshilfeträger für die Kosten der Leistungen zur medizinische Rehabilitation für die nach § 264 SGB V Quasiversicherten aufkommen müssen. Nach dem derzeitigen Wortlaut des § 264 Abs. 7 Satz 1 SGB V werden die Aufwendungen der Krankenkassen für die Leistungen „von den für die Hilfe zuständigen Trägern der Sozialhilfe oder der öffentlichen Jugendhilfe" erstattet. Mit Blick auf die Kosten der medizinischen Rehabilitationsleistungen müssten noch klarstellende Regelungen hinsichtlich der Finanzierungsverantwortung der Eingliederungshilfeträger eingefügt werden.

3. Personen mit Versicherungsschutz unterhalb des GKV-Niveaus

10 Die Verpflichtung zum Abschluss eines PKV-Vertrages nach § 193 Abs. 3 VVG ist auf einen Versicherungstarif gerichtet, der in seiner Absicherung mindestens eine „Kostenerstattung für ambulante und stationäre Heilbehandlung um-

---

5 Vgl. *Böttiger* in Krauskopf, 105. EL Januar 2020, SGB V § 264 Rn. 55.
6 Vgl. BSG 28.10.2008 – Rn. 31; *Groth* in BeckOK SozR SGB V § 264 Rn. 74; *Huck* in Hauck/Noftz SGB V K 264 Rn. 22; *Böttiger* in Krauskopf SGB V § 264 Rn. 63; *Flint* in Grube/Warendorf SGB XII § 48 Rn. 34 ff.: aA *Peters* in KassKomm § 264 Rn. 24.
7 Vgl. hierzu *Marburger*, Sozialrecht und Praxis, 2014, S. 387 ff.
8 Vgl. ua BSG 27.5.2014 – B 8 SO 26/12 R NDV-RD 2015, 3; vgl. auch *Groth* in BeckOK SozR, 56. Ed. 1.3.2020, SGB V § 264 Rn. 44.
9 BSG 27.5.2014 – B 8 SO 26/12 R NDV-RD 2015, 3.

fasst." Ausgehend vom Ziel der Regelung, das „Kostenrisiko für die Allgemeinheit" deutlich zu mindern,[10] spräche vieles dafür, als Mindestumfang eines Versicherungsvertrages nach § 193 Abs. 3 Satz 1 VVG den am Katalog des SGB V orientierten Leistungsumfang des Basistarifs anzusehen. Dies wird in der Kommentarliteratur zum VVG und in der Rechtsprechung der Zivilgerichte einhellig abgelehnt.[11] Deshalb gibt es nach wie vor Personen, die einen PKV-Krankheitskostenversicherungsvertrag haben, der unterhalb des Leistungsniveaus der GKV liegt. So können zB Ansprüche auf Kostenerstattung für einzelne Leistungen der medizinischen Rehabilitation fehlen.

Diese Personen gehören nicht zu denjenigen, für die die Gesetzlichen KK die Krankenbehandlung nach § 264 SGB V übernehmen (→ Rn. 6). Denn es fehlt die Voraussetzung der Nichtversicherung. Diese Personen sind versichert, wenn auch unzureichend. Für sie greift auch der Nachranggrundsatz des § 91 nicht. Denn sie haben mit Blick auf medizinische Rehabilitationsleistungen weder gleichartige Ansprüche gegen Andere noch erhalten sie bedarfsdeckende Leistungen. Die Eingliederungshilfeträger können in diesen Fällen die Leistungen auch nicht mit dem Hinweis ablehnen, dass – wenn die Voraussetzungen des § 204 VVG vorliegen – ein Tarifwechsel in den Basistarif der PKV vollzogen werden könne. Für eine derartige Selbsthilfeverpflichtung fehlt im Teil 2 des SGB IX eine gesetzliche Grundlage. In solchen Fällen unzureichenden Versicherungsschutzes sind die Eingliederungshilfeträger für die medizinischen Rehabilitationsleistungen zuständig (→ § 91 Rn. 4, → § 91 Rn. 11). 11

III. Inhalt und Umfang der Leistungen

§ 109 Abs. 1 verweist für die Leistungen der medizinischen Rehabilitation auf 12 die Leistungskataloge des § 42 Abs. 2 und 3. Zu den Leistungen des § 42 Abs. 2 zählen:
- ärztliche Behandlung (→ § 42 Rn. 10 ff.);
- Zahnersatz (→ § 42 Rn. 13);
- Früherkennung und Frühförderung von Kindern (→ § 42 Rn. 14 und → § 46 Rn. 1 ff.);
- Arznei- und Verbandmittel (→ § 42 Rn. 15);
- Heilmittel (→ § 42 Rn. 16);
- Psychotherapie (→ § 42 Rn. 17);
- Hilfsmittel (→ § 42 Rn. 18 und § 47 Rn. 1 ff.);
- Belastungserbprobung (→ § 42 Rn. 19 ff.);
- Arbeitstherapie (→ § 42 Rn. 22);

§ 42 Abs. 3 führt ergänzend psychosoziale Leistungen auf (→ § 42 Rn. 23 ff.). 13
Der Verweis des § 109 Abs. 1 beschränkt sich nicht nur auf die Leistungen des 14 § 42 Abs. 2 und 3. Mit dem Wort „insbesondere" hat der Gesetzgeber den Verweis offen gestaltet. Nach § 109 Abs. 2 entsprechen die Leistungen zur medizinischen Rehabilitation den entsprechenden Rehabilitationsleistungen der Gesetzlichen Krankenkassen. § 109 Abs. 2 übernimmt die bis zum 31.12.2017 geltende Regelung des § 52 Abs. 4 SGB XII aF, nach der die Leistungen der medizinischen Rehabilitation der Eingliederungshilfe deckungsgleich mit den Leistungen der medizinischen Rehabilitation nach dem SGB V sind. Deshalb zählen zu

---

10 Vgl. BT-Drs. 16/4247, 66 f.
11 Vgl. ua *Volker* in HK-VVG § 193 Rn. 3 ua mit Verweis auf *Grote/Bronkars* VersR 2008, 580 (581); *Muschner* in Langheid/Rixecker, 6. Aufl. 2019, VVG § 193 Rn. 29; OLG Naumburg 22.2.2018 – 4 U 17/16 Rn. 8 mit Verweis auf BGH 24.7.2015 – IV/ZR 181/14 Rn. 22 und 4.7.2017 – IV/ZR 116/15 Rn. 19.

den Leistungen der medizinischen Rehabilitation in der Eingliederungshilfe auch die im § 44 (→ SGB V § 74) geregelten Leistungen zur stufenweisen Wiedereingliederung arbeitsunfähiger Leistungsberechtigter in das Erwerbsleben (→ § 44 Rn. 1 ff.).

15 Bei der Gewährung von medizinischen Rehabilitationsleistungen sind die **Richtlinien des Gemeinsamen Bundesausschusses** der Ärzte und Krankenkassen nach § 92 SGB V zu beachten (→ § 42 Rn. 16). So können ua nur solche (neuen) Heilmittel Bestandteil medizinischer Rehabilitationsleistungen der Eingliederungshilfeträger sein, die gem. § 138 SGB V verordnungsfähig sind. Das sind solche, die zuvor vom Gemeinsamen Bundesausschuss in die Heilmittel-Richtlinie[12] aufgenommen worden sind. Somit können zB die **Hippotherapie**[13] (zur Abgrenzung vom heilpädagogischen Reiten → § 42 Rn. 16) die **Petö-Therapie**[14] und bisher auch nicht die **„auditiv-verbale Therapie"**[15] Bestandteil der medizinischen Rehabilitation sein. Sie können aber als Leistung zur **sozialen Teilhabe** gewährt werden, wenn sie im Einzelfall geeignet und erforderlich sind, um die Ziele der sozialen Rehabilitation zu erreichen, die über die Zielsetzung der medizinischen Rehabilitation hinausgehen.[16] Konzentriert sich eine ins Heilmittelverzeichnis (noch) nicht aufgenommene Therapie lediglich auf medizinische Zielsetzungen oder steht die medizinische Zielsetzung im Vordergrund, so ist eine Gewährung dieser Therapie auch nicht im Rahmen der sozialen Rehabilitation möglich.[17] Etwas anderes gilt, wenn die therapeutischen Leistungen im Rahmen der Komplexleistung „Frühförderung" erbracht werden sollen. In der seit dem 1.1.2018 geltenden Fassung des § 5 Abs. 1 Satz 1 Nr. 3 FrühV wird anstelle des Begriffs „Heilmittel" der Begriff „medizinisch-therapeutische Leistungen" verwendet. Und § 5 Abs. 1 Satz 2 FrühV in der seit dem 1.1.2018 geltenden Fassung regelt ausdrücklich, dass die Erbringung solcher „medizinisch-therapeutischen Leistungen" nicht an die Regelungen der Heilmittelrichtlinie gebunden sind[18] (vgl. auch → § 46 Rn. 19).

16 Im Unterschied zum bisherigen Eingliederungshilferecht verweist § 109 Abs. 1 im Zusammenhang mit der medizinischen Rehabilitation auch auf einen Teil des Katalogs der ergänzenden Leistungen (§ 64 Abs. 1 Nr. 3–6, → § 64 Rn. 10 ff.). Mit Blick auf die besonderen Interessen von Frauen und Mädchen mit Behinderungen sind besonders die „Übungen für behinderte oder von Behinderung bedrohte Frauen und Mädchen, die der Stärkung des Selbstbewusstseins dienen", hervorzuheben. Bei den Übungen zur **Stärkung des Selbstbewusstseins** (→ § 64 Rn. 14) geht es in erster Linie um das Selbsterleben der Betroffenen in gesellschaftlichen Bezügen. Ein fehlendes oder defizitäres Selbstbewusstsein ist nach allgemeiner Ansicht eine verbreitete Folge von Behinderungen, wobei offensichtlich Frauen und Mädchen stärker davon betroffen zu sein scheinen als Männer.[19] Die „Übungen zur Stärkung des Selbstbewusstseins" sind deshalb in denjenigen Fällen ergänzend zu einer Hauptleistung der medizinischen Rehabilitation zu gewähren, in denen es vornehmlich darum geht, das Selbstbewusstsein der betroffenen Mädchen und Frauen zu stärken. Aus der Entstehungsgeschichte des § 44 Abs. 1 Nr. 3, Hs. 2 SGB IX aF (= § 64 Abs. 1

---

12 S. www.g-ba.de/informationen/richtlinien/.
13 BSG 19.3.2002 – B1 KR 36/00 R, SozR 3-2500 § 138 Nr. 2.
14 BSG 3.9.2003 – B 1 KR 34/01, SozR 4-2500 § 138 Nr. 2.
15 LSG NRW 20.8.2012 – L 20 SO 25/09, FEVS 64, 323.
16 Vgl. BSG 29.9.2009 – B 8 SO 19/08, SozR 4-3500 § 54 Nr. 6.
17 Vgl. SchlHLSG 10.2.2016 – L 9 SO 59/13; BayLSG 22.9.2015 – L 8 SO 23/13; LSG NRW 20.8.2012 – L 20 SO 25/09, FEVS 64, 323.
18 Vgl. hierzu BT-Drs. 18/9522, 361.
19 Vgl. BT 14/165. Sitzung S. 16114 C.

Nr. 3 Hs. 2 SGB IX nF) lässt sich darüber hinaus entnehmen, dass die im Rahmen des Rehabilitationssports vorgesehenen „Übungen zur Stärkung des Selbstbewusstseins" von Mädchen und Frauen auch unter dem Aspekt von **Gewaltprävention** zu sehen sind.[20]

Der Eingliederungshilfeträger ist nur für Leistungen der medizinischen Rehabilitation zuständig. Für andere medizinische Leistungen, insbesondere für Leistungen zur Krankenbehandlung sind sie nicht zuständig. Hier kommt eine Zuständigkeit der Sozialhilfeträger für Leistungen der Hilfen zur Gesundheit in Betracht. Es ist deshalb insbes. eine **Abgrenzung** medizinischer Rehabilitationsleistungen von den Leistungen zur **Krankenbehandlung** notwendig. Für die Zuständigkeit der Eingliederungshilfeträger muss im Einzelfall entschieden werden, ob die jeweilige medizinische Leistung der medizinischen Rehabilitation zuzuordnen ist (→ § 93 Rn. 6). 17

§ 110 Leistungserbringung

(1) Leistungsberechtigte haben entsprechend den Bestimmungen der gesetzlichen Krankenversicherung die freie Wahl unter den Ärzten und Zahnärzten sowie unter den Krankenhäusern und Vorsorge- und Rehabilitationseinrichtungen.

(2) ¹Bei der Erbringung von Leistungen zur medizinischen Rehabilitation sind die Regelungen, die für die gesetzlichen Krankenkassen nach dem Vierten Kapitel des Fünften Buches gelten, mit Ausnahme des Dritten Titels des Zweiten Abschnitts anzuwenden. ²Ärzte, Psychotherapeuten im Sinne des § 28 Absatz 3 Satz 1 des Fünften Buches und Zahnärzte haben für ihre Leistungen Anspruch auf die Vergütung, welche die Ortskrankenkasse, in deren Bereich der Arzt, Psychotherapeut oder der Zahnarzt niedergelassen ist, für ihre Mitglieder zahlt.

(3) ¹Die Verpflichtungen, die sich für die Leistungserbringer aus den §§ 294, 294a, 295, 300 bis 302 des Fünften Buches ergeben, gelten auch für die Abrechnung von Leistungen zur medizinischen Rehabilitation mit dem Träger der Eingliederungshilfe. ²Die Vereinbarungen nach § 303 Absatz 1 sowie § 304 des Fünften Buches gelten für den Träger der Eingliederungshilfe entsprechend.

I. Überblick – Entstehung

§ 110 wurde durch Artikel 1 des Gesetzes zur Stärkung der Teilhabe und Selbstbestimmung von Menschen mit Behinderungen (Bundesteilhabegesetz – BTHG) vom 23.12.2016 in das SGB IX eingefügt.[1] Für die Erbringung medizinischer Rehabilitationsleistungen verweist § 110 auf Regelungen SGB V. Damit entspricht § 110 inhaltlich den Regelungen des § 52 Abs. 2 Satz 1 und Abs. 3 SGB XII, die für die Leistungen der Hilfen zur Gesundheit der Sozialhilfeträger ebenfalls einen Verweis auf die Regelungen des SGB V enthalten. 1

II. Einzelheiten

§ 110 steht im Zusammenhang mit § 109 Abs. 2. Mit Blick auf medizinische Rehabilitationsleistungen haben die Leistungsberechtigten das gleiche Wunsch- und Wahlrecht wie Versicherte in der GKV (Abs. 1). 2

Mit Blick auf Leistungen, die den **vertragsärztlichen Leistungen** des § 73 Abs. 2 SGB V entsprechen haben die Leistungsberechtigten nach § 110 Abs. 1 iVm 3

---

20 Vgl. *Degener*, Behinderte Frauen in der beruflichen Rehabilitation, 1995, S. 25 ff.
1 BGBl. I 3234.

§ 76 Abs. 1 und 1 a SGB V das Recht, zwischen den im § 76 Abs. 1 SGB V aufgeführten Ärzten, medizinischen Versorgungszentren und anderen an der ambulanten Behandlung teilnehmenden Einrichtungen ihren Behandler frei zu wählen. In Ausnahmefällen kommt auch die Wahl eines Krankenhauses in Betracht, das im Regelfall nicht an der vertragsärztlichen Versorgung teilnimmt (§ 76 Abs. 1 a SGB V). Entsprechend anwendbar ist auch die Regelung des § 76 Abs. 2 SGB V, nach der Leistungsberechtigte die Mehrkosten zu tragen haben, wenn sie ohne zwingenden (medizinischen) Grund einen anderen als einen der nächsterreichbaren Behandler wählen. Im Regelfall sind Leistungsberechtigte an ihre Arztwahl für ein Kalendervierteljahr gebunden (SGB V § 76 Abs. 3).

4 Versicherte in der GKV können im Fall einer **Krankenhausbehandlung** das Krankenhaus unter allen zur Krankenhausbehandlung zugelassenen Krankenhäusern frei auswählen. § 39 Abs. 2 SGB V enthält allerdings die Regelung, dass den Leistungsberechtigten die Mehrkosten auferlegt werden können (Ermessen), wenn sie ohne zwingenden (medizinischen) Grund ein Krankenhaus wählen, das auf der ärztlichen Krankenhauseinweisung nicht verzeichnet ist.

5 **Ambulante und teilstationäre medizinische Rehabilitationsleistungen** werden in entsprechender Anwendung des § 40 Abs. 1 SGB V in oder durch Rehabilitationseinrichtungen erbracht, mit denen die Landesverbände der Krankenkassen einen Versorgungsvertrag nach § 111 c SGB V abgeschlossen haben. Im GKV-Recht liegt es im Ermessen der Krankenkassen, die Rehabilitationseinrichtung zu bestimmen, die im Einzelfall die Leistungen erbringen soll. Bei der Ausübung ihres Ermessens sind die Krankenkassen dabei aber verpflichtet das Wunsch- und Wahlrecht ihrer Versicherten nach § 8 SGB IX zu beachten (§ 40 Abs. 3 Satz 1 SGB V). Im Eingliederungshilferecht kommt dagegen mit Blick auf das **Wunsch- und Wahlrecht** von Leitungsberechtigten die Regelung des § 104 Abs. 2 zur Anwendung (→ § 104 Rn. 5 ff.). Das Wahlrecht beschränkt sich dabei auf alle nach den Regelungen des SGB V zur ambulanten und teilstationären medizinischen Rehabilitation zugelassenen Einrichtungen.

6 **Stationäre medizinische Rehabilitationsleistungen** dürfen in entsprechender Anwendung des § 40 Abs. 2 Satz 1 SGB V nur durch solche Rehabilitationseinrichtungen erbracht werden, die nach den Regelungen des § 37 Abs. 3 Satz 3 SGB IX zertifiziert worden sind (→ § 37 Rn. 16). Durch die Zertifizierung sind die Einrichtungen aber noch nicht zur Leistungserbringung nach dem Recht der GKV zuglassen. Sie benötigen idR zusätzlich im Einzelfall einen Versorgungsvertrag mit den Landesverbänden der Krankenkassen nach § 111 SGB V (§ 40 Abs. 2 Satz 1 SGB V) bzw. nach § 111 a SGB V (§ 40 Abs. 2 Satz 3 SGB V) besteht. Das Wahlrecht ist aber nicht auf die vertragsgebundenen Einrichtungen beschränkt, sondern erstreckt sich auf alle nach § 37 Abs. 3 Satz 3 zertifizierten Einrichtungen (§ 40 Abs. 2 Satz 4 SGB V). Ist die Auswahl einer anderen (nicht vertragsgebundenen) zertifizierten Einrichtung mit Mehrkosten verbunden, müssen die Leistungsberechtigten im Bereich der GKV diese Mehrkosten tragen, falls diese unter Berücksichtigung der Wunsch- und Wahlrechte nicht angemessen sind.

7 Nach § 110 Abs. 2 Satz 1 sind ein großer Teil der Regelungen des Vierten Kapitel des SGB V, die das Verhältnis der Krankenkassen zu den Leistungserbringern regeln, auf das Verhältnis zwischen Eingliederungshilfeträgern und Leistungserbringern der medizinischen Rehabilitation entsprechend anwendbar. Das betrifft:

- §§ 69–71 SGB V (allgemeine Grundsätze der Beziehungen zu den Leistungserbringern);
- §§ 72–81 und 88–106 SGB V (Beziehungen zu Ärzten, Zahnärzten und Psychotherapeuten);

Leistungserbringung § 110

- §§ 107–114 SGB V (Beziehungen zu Krankenhäusern und anderen Einrichtungen),
- §§ 115–123 SGB V (Beziehungen zu Krankenhäusern und Vertragsärzten),
- §§ 124–125 b SGB V (Beziehungen zu Leistungserbringern von Heilmitteln),
- §§ 126–128 SGB V (Beziehungen zu Leistungserbringern von Hilfsmitteln),
- §§ 129–131 a SGB V (Beziehungen zu Apotheken und pharmazeutischen Unternehmern),
- §§ 132–134 a SGB V (Beziehungen zu sonstigen Leistungserbringern),
- §§ 135–139 e SGB V (Sicherung der Qualität der Leistungserbringung) und
- §§ 140–140 h SGB V (Eigeneinrichtungen der Krankenkassen).

§ 110 Abs. 3 Satz 2 koppelt **Vergütung** ärztlicher, zahnärztlicher und psychotherapeutischer Leistungen an die Vergütung, die die jeweilige Allgemeinen Ortskrankenkasse (AOK) in ihrem Einzugsbereich für vergleichbare Leistungen zahlt. § 110 enthält keine ausdrückliche Regelung über die Vergütung der Leistungen anderer Leistungserbringer. Aus dem Verweis auf die Regelungen des Vierten Kapitels über die Beziehungen der Krankenkassen mit den Leistungserbringern lässt sich schließen, dass die Eingliederungshilfeträger im Fall der Erbringung bewilligter medizinischen Rehabilitationsleistungen diejenigen Vergütungen zu zahlen haben, die sich aus den jeweiligen Verträgen der Krankenkassen mit den Leistungserbringern (zB nach § 111 Abs. 5 oder 111 c Abs. 3 SGB V) ergeben.

§ 110 Absatz 3 verweist auf Regelungen des SGB V, die **Verpflichtungen zur Aufzeichnung und Übermittlung von personenbezogenen Daten** enthalten. § 294 SGB V verpflichtet Ärzte und alle anderen Leistungserbringer, personenbezogene Daten, die mit der Erbringung, Verordnung und Abgabe von (Versicherungs-)Leistungen entstehen und die für die Erfüllung der Aufgaben der Krankenkassen notwendig sind, aufzuzeichnen und nach den näheren Regelungen der §§ 294 a ff. SGB V zu übermitteln. Liegen Ärzten Anhaltspunkte dafür vor, dass als Ursache einer Krankheit ein Versicherungsfall nach dem SGB VII in Betracht kommt, oder dass als Ursache eine Körperverletzung, eine Schädigung nach dem Bundesversorgungsgesetz oder ein Impfschaden nach dem Infektionsschutzgesetz vorliegen könnte, sind die jeweiligen Ärzte verpflichtet, den Eingliederungshilfeträgern die dafür notwendigen Daten zu übermitteln (vgl. näher § 294 a SGB V). Diese Regelung dient der Herstellung des Nachranggrundsatzes (→ § 91 Rn. 1 ff.). § 295 SGB V betrifft Verpflichtungen der Ärzte zur Datenübermittlung im Zusammenhang mit der Abrechnung ärztlicher Leistungen, die §§ 300 bis 302 SGB V betreffen insbesondere Verpflichtungen von Apotheken (§ 300 SGB V), Krankenhäusern (§ 301 SGB V), Vorsorge- und Rehabilitationseinrichtungen (§ 301 Abs. 4 SGB V) und sonstige Leistungserbringer zur Datenweitergabe an die Krankenkassen im Zusammenhang mit der Abrechnung von ihnen erbrachter Leistungen. Nach § 303 Abs. 1 SGB V können die Landesverbände der Krankenkassen und die Verbände der Ersatzkassen mit den Leistungserbringern vereinbaren, dass der Umfang der übermittelten Abrechnungsbelege eingeschränkt bzw. von einzelnen Angaben abgesehen werden kann (§ 303 SGB V). Diese Vereinbarungen gelten nach § 110 Abs. 3 Satz 2 für die Eingliederungshilfeträger entsprechend. Die Regelung des § 304 SGB V zur Aufbewahrung von Daten gilt für die Eingliederungshilfeträger ebenfalls entsprechend.

Kapitel 4 Teilhabe am Arbeitsleben

§ 111 Leistungen zur Beschäftigung

[gültig bis 31.12.2021:]

(1) Leistungen zur Beschäftigung umfassen
1. Leistungen im Arbeitsbereich anerkannter Werkstätten für behinderte Menschen nach den §§ 58 und 62,
2. Leistungen bei anderen Leistungsanbietern nach den §§ 60 und 62 sowie
3. Leistungen bei privaten und öffentlichen Arbeitgebern nach § 61.

(2) ¹Leistungen nach Absatz 1 umfassen auch Gegenstände und Hilfsmittel, die wegen der gesundheitlichen Beeinträchtigung zur Aufnahme oder Fortsetzung der Beschäftigung erforderlich sind. ²Voraussetzung für eine Hilfsmittelversorgung ist, dass der Leistungsberechtigte das Hilfsmittel bedienen kann. ³Die Versorgung mit Hilfsmitteln schließt eine notwendige Unterweisung im Gebrauch und eine notwendige Instandhaltung oder Änderung ein. ⁴Die Ersatzbeschaffung des Hilfsmittels erfolgt, wenn sie infolge der körperlichen Entwicklung der Leistungsberechtigten notwendig ist oder wenn das Hilfsmittel aus anderen Gründen ungeeignet oder unbrauchbar geworden ist.

(3) Zu den Leistungen nach Absatz 1 Nummer 1 und 2 gehört auch das Arbeitsförderungsgeld nach § 59.

[gültig ab 1.1.2022:]

(1) Leistungen zur Beschäftigung umfassen
1. Leistungen im Arbeitsbereich anerkannter Werkstätten für behinderte Menschen nach den §§ 58 und 62,
2. Leistungen bei anderen Leistungsanbietern nach den §§ 60 und 62,
3. Leistungen bei privaten und öffentlichen Arbeitgebern nach § 61 sowie
4. Leistungen für ein Budget für Ausbildung nach § 61 a.

(2) ¹Leistungen nach Absatz 1 umfassen auch Gegenstände und Hilfsmittel, die wegen der gesundheitlichen Beeinträchtigung zur Aufnahme oder Fortsetzung der Beschäftigung erforderlich sind. ²Voraussetzung für eine Hilfsmittelversorgung ist, dass der Leistungsberechtigte das Hilfsmittel bedienen kann. ³Die Versorgung mit Hilfsmitteln schließt eine notwendige Unterweisung im Gebrauch und eine notwendige Instandhaltung oder Änderung ein. ⁴Die Ersatzbeschaffung des Hilfsmittels erfolgt, wenn sie infolge der körperlichen Entwicklung der Leistungsberechtigten notwendig ist oder wenn das Hilfsmittel aus anderen Gründen ungeeignet oder unbrauchbar geworden ist.

(3) Zu den Leistungen nach Absatz 1 Nummer 1 und 2 gehört auch das Arbeitsförderungsgeld nach § 59.

I. Überblick und Entstehung

1 Leistungen zur Teilhabe am Arbeitsleben wurden von den Trägern der sozialhilferechtlichen Eingliederungshilfe seit 2004 gemäß § 19 Abs. 3 iVm § 53 ff. SGB XII, ab 1.1.2020 auf der Grundlage der §§ 90 Abs. 1, 99 und 111 SGB IX gewährt. Von 1.1.2018 bis 31.12.2019 verwies übergangsweise § 54 Abs. 1 Satz 1 SGB XII auf den neu eingefügten § 140 SGB XII statt auf §§ 33, 41 SGB IX.[1] § 56 SGB XII wurde gestrichen, da die darin vorgesehene „Hilfe in sonstigen Beschäftigungsstätten" vom neuen Tatbestand der „anderen Leistungsanbieter" umfasst ist.

---

1 Vgl. Art. 12 Nr. 2 BTHG vom 23.12.2016.

§ 140 SGB XII wurde dann zum 1.1.2020 wortgleich als § 111 in Teil 2 des SGB IX übernommen (Art. 26 Abs. 4 Satz 1 Nr. 1 BTHG). Zeitgleich trat gem. Art. 26 Abs. 4 Satz 2 BTHG die EingliederungsHV außer Kraft. § 35a Abs. 3 SGB VIII wurde gem. Art. 9 Nr. 2 BTHG neu gefasst. Aufgabe und Ziel der Hilfe, die Bestimmung des Personenkreises und die Art der jugendhilferechtlichen Eingliederungshilfe richten sich nun nicht mehr nach § 54 SGB XII, sondern nach dem SGB IX und hier nach Kapitel 6 des Teils 1 und § 90 (Aufgabe der Eingliederungshilfe) und § 111, soweit diese Bestimmungen auch auf seelisch behinderte oder von einer solchen Behinderung bedrohte Personen Anwendung finden und sich aus diesem Buch nichts anderes ergibt. Mit Art. 7 Nr. 17 TeilhabestärkungsG v. 2.6.2021[2] wird § 111 Absatz 1 mWv 1.1.2022 um eine neue Nr. 4 erweitert und damit der Leistungskatalog im Arbeitsbereich auf das Budget für Ausbildung ausgedehnt.

II. Regelungsinhalt

Bis 31.12.2017 richteten sich Art und Umfang der sozialhilferechtlichen Eingliederungshilfe zur Teilhabe am Arbeitsleben gemäß § 54 Abs. 1 Satz 2 SGB XII nach den für die Bundesagentur für Arbeit geltenden Vorgaben (§ 49 SGB IX; §§ 112–118 SGB III). Für Leistungen, die außerhalb der WfBM erbracht wurden, sah das Gesetz keine klare Aufteilung der Zuständigkeiten zwischen der Bundesagentur für Arbeit und den Trägern der Eingliederungshilfe vor.[3] Zur Klärung der Zuständigkeiten und um zu verhindern, dass die Eingliederungshilfe zur Ausfallbürgin der Bundesagentur für Arbeit wird, hat der Gesetzgeber die Aufgaben des Eingliederungshilfeträgers in § 111 SGB IX nunmehr auf solche Leistungen begrenzt, von denen er meinte, dass sie für die Förderung der Beschäftigung voll erwerbsgeminderter Leistungsberechtigter geeignet und ausreichend sind.[4] Dies gilt auch für die Eingliederungshilfe nach § 35a SGB VIII (vgl. dort Abs. 3).

Dem Wortlaut nach soll sich die Leistungspflicht der Eingliederungshilfeträger erschöpfen in Leistungen im **Arbeitsbereich** anerkannter **Werkstätten für behinderte Menschen** (§ 58), vergleichbaren Leistungen **anderer Anbieter** (§ 60) und in der Förderung der Beschäftigung bei privaten und öffentlichen Arbeitgebern durch ein Budget für Arbeit (§ 61). Ab 1.1.2022 können die Beschäftigten auch im Arbeitsbereich (§ 58) ein Budget für Ausbildung (Abs. 1 Nr. 4) erhalten, nachdem es zum 1.1.2020[5] bereits im Eingangsverfahren und im Berufsbildungsbereich der WfbM und bei anderen Leistungsanbietern eingeführt worden war (→ § 61a Rn. 1 ff.). Menschen mit Behinderungen sollen damit in allen Bereichen der Werkstätten und bei sonstigen Anbietern die Möglichkeit haben, eine nach dem BBiG oder der HwO anerkannte Berufsausbildung oder eine Ausbildung nach § 66 BBiG/§ 42r HwO auf dem allgemeinen Arbeitsmarkt aufzunehmen.[6] In Ergänzung der Leistungen können gemäß Absatz 2 auch **Hilfsmittel** und gemäß Absatz 3 bei Leistungen in der WfBM oder bei Leistungen von anderen Anbietern auch **Arbeitsförderungsgeld** (§ 59) erbracht werden. Nicht mehr aufgeführt werden die nachgehende Leistungen zur Sicherung der Teilhabe behinderter Menschen am Arbeitsleben, da dieses Ziel nach Meinung des Gesetzgebers bereits durch den Gesamtplan nach § 121 erreicht wird. In

---
2 BGBl. I 1387.
3 Eingehend hierzu *Bieritz-Harder* in LPK-SGB XII § 54 Rn. 26 ff.
4 BT-Drs. 18/9522.
5 Eingef. mit Angehörigen-Entlastungsgesetz (BGBl. 2019 I 2137, 2138).
6 Vgl. die Gesetzesbegründung BT-Drs. 19/27400, 3; krit. hierzu *Deusch* → § 61a Rn. 4.

den Materialien heißt es hierzu, dass der Gesamtplan entsprechend fortzuschreiben sei, wenn die darin vereinbarten Ziele voraussichtlich nicht oder nicht mehr erreicht werden könnten.[7] Es ist also davon auszugehen, dass der Gesetzgeber diese und andere Leistungen zur Sicherung der Teilhabe am Arbeitsleben nicht ersatzlos streichen wollte. In der Gesetzesbegründung heißt es vielmehr, die Definitionen des § 113 griffen inhaltlich „im Wesentlichen die bisherigen Aufgaben dieser Leistungen unverändert auf" und die besondere Aufgabe der Teilhabe am Arbeitsleben entspräche der bisherigen Aufgaben.[8] Die insoweit unklare Gesetzeslage gefährdet nun erfolgreiche Ansätze zur Integration von Menschen mit dauerhaft eingeschränktem Leistungsvermögen auf dem allgemeinen Arbeitsmarkt, deren vollumfänglich sozialversicherte Beschäftigungsverhältnisse zB über ergänzende Lohnkostenzuschüsse gesichert werden.[9] Um diese weiterzuverfolgen, müssen sich Eingliederungshilfeträger weiterhin im Rahmen von Arbeitsgemeinschaften (§ 96 SGB IX) an Komplexleistungen (§ 28 SGB IX) beteiligen können. Das Budget für Arbeit und die Leistungen anderer Anbieter allein bieten vielfach keine Gewähr für eine nachhaltige Integration (vgl. → § 61 Rn. 4). Die Gesetzesmaterialien lassen nicht erkennen, dass der Gesetzgeber solch erfolgreichen trägerübergreifenden Förderansätze die rechtliche Grundlage entziehen oder sie nur noch als Leistungen zur Sozialen Teilhabe, dh einkommens- und vermögensabhängig erbringen wollte.

Das Beispiel zeigt, dass sich die Annahme eines abschließenden Charakters des § 111 mit dem eingliederungshilferechtlichen Grundsatz der einzelfallorientierten Leistungsgewährung (§ 104) und den gesetzgeberischen Zielen der nachhaltigen Sicherung der Teilhabe am Arbeitsleben[10] nach Maßgabe der Art. 16 und 27 UN-BRK nicht in Einklang bringen lässt.[11] Nach der Rspr. des BSG zur sozialhilferechtlichen Eingliederungshilfe waren bisher auch Leistungen, die nicht explizit im Gesetz genannt werden, zu erbringen, wenn ihre Übernahme unerlässlich ist, um die Ziele der Eingliederungshilfe durch die Ermöglichung einer spezifischen Maßnahme zu erfüllen.[12] Nur ein offener Katalog bietet Gewähr, dass den Besonderheiten des Einzelfalls gemäß § 104 Rechnung getragen werden kann.[13]

3 Der **Kreis der** nach § 111 **Leistungsberechtigten** wird weiterhin durch § 58 bestimmt. Voll erwerbsgeminderte Menschen, die (noch) kein Mindestmaß an wirtschaftlich verwertbarer Arbeitskraft erbringen können, haben daher keinen Anspruch auf Leistungen zur Beschäftigung. Damit bleiben die im SGB IX geregelten Leistungen zur Teilhabe am Arbeitsleben hinter dem Ziel des Art. 27 UN-BRK zurück, allen Menschen ungeachtet der Schwere ihrer Behinderung Zugang zu Arbeit zu eröffnen.[14] Besondere **Aufgabe** der Eingliederungshilfe zur

---

7 BT-Drs. 18/9522, 285.
8 BT-Drs. 18/9522, 270.
9 In Baden-Württemberg wurden durch trägerübergreifende Förderprogramme mehr als 5.000 wesentlich behinderte Menschen in sozialversicherungspflichtige Arbeitsverhältnisse vermittelt: https://www.kvjs.de/fileadmin/dateien/Schwerbehinderung/Projekte-Initiativen/Aktion_1000plus/Evaluation/Bericht_an_Teilhabeausschuss_Juni_2020.pdf.
10 BR-Drs. 18/9522, 266 (267).
11 Die noch in der Vorauflage vertretene gegenteilige Auffassung wird darum aufgegeben.
12 BSG 27.2.2020 – B 8 SO 18/18 R, Rn. 12 (Fahrtkosten als notwendiger Bestandteil einer Eingliederungsmaßnahme); BSG 24.3.2009 – B 8 SO 29/07 R, Rn. 20 zu der in §§ 53 f. SGB XII noch nicht explizit aufgeführten Elternassistenz.
13 *Wehrhahn* in jurisPK-SGB IX § 102 Rn. 9; *Bieback* in Grube/Wahrendorf/Flint SGB IX § 102 Rn. 2.
14 *Nebe* Sozialrecht Aktuell 2014, 2.

Teilhabe am Arbeitsleben ist, gem. § 90 Abs. 3 die Aufnahme, Ausübung und Sicherung einer der Eignung und Neigung der Leistungsberechtigten entsprechenden Beschäftigung sowie die Weiterentwicklung ihrer Leistungsfähigkeit und Persönlichkeit zu fördern. **Inhalt** und **Umfang** der Leistungen richten sich nach dem individuellen Bedarf, den Wünschen, Fähigkeiten und Neigungen der Einzelnen.[15] Diese sind im Rahmen des Gesamtplanverfahrens nach § 117 zu ermitteln. Wie die Leistungen im Arbeitsbereich der WfBM haben auch die Leistungen zur Beschäftigung bei anderen Anbietern und das Budget für Arbeit nicht nur Anreiz-, sondern Ausgleichsfunktion und sind daher so zu gestalten, dass sie Aussicht auf eine möglichst langfristige Beschäftigung bieten. Sie sollen gemäß § 58 Abs. 1 Satz 3 in der Regel längstens bis zum Ablauf des Monats erbracht werden, in dem das für die Regelaltersrente erforderliche Lebensalter erreicht wird.

Die **Beteiligung** der Leistungsberechtigten und bei Minderjährigen die ihrer Eltern **an den Kosten der Maßnahme** gem. § 92 wird in §§ 136 ff. geregelt: An Eingliederungshilfeleistungen zur Teilhabe am Arbeitsleben nach § 111 Abs. 1 müssen sich die Leistungsberechtigten und ihre Angehörigen weder mit ihrem Einkommen noch ihrem Vermögen beteiligen (§§ 138 Abs. 1, 140 Abs. 3).

Kapitel 5 Teilhabe an Bildung

§ 112 Leistungen zur Teilhabe an Bildung

(1) [1]Leistungen zur Teilhabe an Bildung umfassen
1. Hilfen zu einer Schulbildung, insbesondere im Rahmen der allgemeinen Schulpflicht und zum Besuch weiterführender Schulen einschließlich der Vorbereitung hierzu; die Bestimmungen über die Ermöglichung der Schulbildung im Rahmen der allgemeinen Schulpflicht bleiben unberührt, und
2. Hilfen zur schulischen oder hochschulischen Ausbildung oder Weiterbildung für einen Beruf.

[2]Die Hilfen nach Satz 1 Nummer 1 schließen Leistungen zur Unterstützung schulischer Ganztagsangebote in der offenen Form ein, die im Einklang mit dem Bildungs- und Erziehungsauftrag der Schule stehen und unter deren Aufsicht und Verantwortung ausgeführt werden, an den stundenplanmäßigen Unterricht anknüpfen und in der Regel in den Räumlichkeiten der Schule oder in deren Umfeld durchgeführt werden. [3]Hilfen nach Satz 1 Nummer 1 umfassen auch heilpädagogische und sonstige Maßnahmen, wenn die Maßnahmen erforderlich und geeignet sind, der leistungsberechtigten Person den Schulbesuch zu ermöglichen oder zu erleichtern. [4]Hilfen zu einer schulischen oder hochschulischen Ausbildung nach Satz 1 Nummer 2 können erneut erbracht werden, wenn dies aus behinderungsbedingten Gründen erforderlich ist. [5]Hilfen nach Satz 1 umfassen auch Gegenstände und Hilfsmittel, die wegen der gesundheitlichen Beeinträchtigung zur Teilhabe an Bildung erforderlich sind. [6]Voraussetzung für eine Hilfsmittelversorgung ist, dass die leistungsberechtigte Person des Hilfsmittel bedienen kann. [7]Die Versorgung mit Hilfsmitteln schließt eine notwendige Unterweisung im Gebrauch und eine notwendige Instandhaltung oder Änderung ein. [8]Die Ersatzbeschaffung des Hilfsmittels erfolgt, wenn sie infolge der körperlichen Entwicklung der leistungsberechtigten Person notwendig ist oder wenn das Hilfsmittel aus anderen Gründen ungeeignet oder unbrauchbar geworden ist.

---

15 *Banafsche* SDSV 2015, 180.

(2) ¹Hilfen nach Absatz 1 Satz 1 Nummer 2 werden erbracht für eine schulische oder hochschulische berufliche Weiterbildung, die
1. in einem zeitlichen Zusammenhang an eine duale, schulische oder hochschulische Berufsausbildung anschließt,
2. in dieselbe fachliche Richtung weiterführt und
3. es dem Leistungsberechtigten ermöglicht, das von ihm angestrebte Berufsziel zu erreichen.

²Hilfen für ein Masterstudium werden abweichend von Satz 1 Nummer 2 auch erbracht, wenn das Masterstudium auf ein zuvor abgeschlossenes Bachelorstudium aufbaut und dieses interdisziplinär ergänzt, ohne in dieselbe Fachrichtung weiterzuführen. ³Aus behinderungsbedingten oder aus anderen, nicht von der leistungsberechtigten Person beeinflussbaren gewichtigen Gründen kann von Satz 1 Nummer 1 abgewichen werden.

(3) Hilfen nach Absatz 1 Satz 1 Nummer 2 schließen folgende Hilfen ein:
1. Hilfen zur Teilnahme an Fernunterricht,
2. Hilfen zur Ableistung eines Praktikums, das für den Schul- oder Hochschulbesuch oder für die Berufszulassung erforderlich ist, und
3. Hilfen zur Teilnahme an Maßnahmen zur Vorbereitung auf die schulische oder hochschulische Ausbildung oder Weiterbildung für einen Beruf.

(4) ¹Die in der Schule oder Hochschule wegen der Behinderung erforderliche Anleitung und Begleitung können an mehrere Leistungsberechtigte gemeinsam erbracht werden, soweit dies nach § 104 für die Leistungsberechtigten zumutbar ist und mit Leistungserbringern entsprechende Vereinbarungen bestehen. ²Die Leistungen nach Satz 1 sind auf Wunsch der Leistungsberechtigten gemeinsam zu erbringen.

Literatur:
Bieritz-Harder, Der Weg zum Beruf zwischen „Teilhabe an Bildung" und „Teilhabe am Arbeitsleben", SGb 2017, 491; DIJuF-Rechtsgutachten v. 13.5.2020: Kostenübernahme für Laptop im schulischen Gebrauch als Hilfsmittel zur Teilhabe, JAmt 2020, 306; *Ziegenhain/Meysen/Fegert*, Schulbegleitung: Eine Leistung zwischen Integration, Sonderstatus und Ausfallbürgschaft, JAmt 2012, 500.
Für weitere Literatur siehe § 75.

I. Überblick und Entstehung .. 1	IV. Gemeinschaftliche Inanspruchnahme von Leistungen (Poolen) 6
II. Leistungen 4	V. Bedürftigkeitsprüfung 7
III. Bildungsbereiche 5	

I. Überblick und Entstehung

1 Rechtsgrundlage der Eingliederungshilfen zur **Teilhabe an Bildung** bildeten im Sozialhilferechtrecht § 19 Abs. 3 iVm §§ 53 und 54 Abs. 1 Nr. 1–3 SGB XII iVm §§ 12 ff. Eingliederungshilfe-Verordnung. Diese Regelungen wurden zum 1.1.2020 durch die §§ 90, 99 und 112 SGB IX ersetzt. Im Kinder- und Jugendhilferecht wurde § 35a Abs. 3 SGB VIII gem. Art. 9 Nr. 2 BTHG neu gefasst und verweist nun auf das SGB IX und hier auf Kapitel 6 des Teils 1, auf § 90 und in Bezug auf die Teilhabe an Bildung auf § 112, soweit diese Bestimmungen auch auf seelisch behinderte oder von einer solchen Behinderung bedrohte Personen Anwendung finden und sich aus diesem Buch nichts anderes ergibt.
§ 112 bildet eine Spezialnorm zu § 75. Die besondere **Aufgabe** der Teilhabe an Bildung ist in § 90 Abs. 4 definiert.

Anspruch auf Eingliederungshilfe zur Teilhabe an Bildung hat demnach, wer nach § 35a SGB VIII oder § 99 SGB IX eingliederungshilfeberechtigt ist und zur Förderung seiner Teilhabe am Leben in der Gesellschaft Hilfe zur Schulbildung sowie schulische und hochschulische Aus- und Weiterbildung für einen Beruf benötigt. Nicht wesentlich behinderte Menschen können Eingliederungshilfe zur Teilhabe an Bildung erhalten (Ermessensleistung).

Die Leistungen zur Teilhabe an Bildung haben **unterstützenden Charakter**. Sie sind grundsätzlich weder auf die Finanzierung der Bildungsmaßnahme selbst noch auf die Gestaltung deren **pädagogischen Kernbereichs** gerichtet (→ § 75 Rn. 7, zu den Ausnahmen: → § 75 Rn. 8). Außerhalb des Kernbereichs überschneidet sich der Verantwortungsbereich der Bildungsträger mit dem der Rehabilitationsträger, es bedarf einer entsprechend engen, koordinierten Zusammenarbeit,[1] zB im Rahmen von Arbeitsgemeinschaften nach § 4 Abs. 2 SGB XII (seit 1.1.2020: § 96 Abs. 3 SGB IX).

Die Leistungen werden **nachrangig** gewährt, § 91. Solange die Bildungsträger ihrer Pflicht zur inklusiven Bildung (Art. 24 UN-BRK) nicht oder nur unzureichend genügen, müssen die Eingliederungshilfeträger gem. § 91 Abs. 2 als Ausfallbürgen fungieren, um den gleichberechtigten Zugang der Eingliederungshilfeberechtigten zu Bildung sicherzustellen.[2] Auf den **Nachrang** seiner Leistungspflicht kann sich der Eingliederungshilfeträger nur berufen, wenn die Schule ihre Verpflichtung tatsächlich erfüllt oder die Erfüllung zumindest ohne Weiteres realisierbar ist.[3]

Das Gleiche gilt auch im Verhältnis zu anderen Rehabilitationsträgern. Es ist vor allem eine vorrangige Leistungspflicht der **Bundesagentur für Arbeit** nach § 117 Abs. 1 Satz 1 Nr. 2 SGB III in Betracht zu ziehen (→ § 75 Rn. 14), da es sich in den Hilfen zum Studium und zur Promotion nach der Rspr. des BSG[4] auch um sonstige Leistungen zur Teilhabe am Arbeitsleben nach § 33 Abs. 3 Nr. 6 SGB IX aF (§ 44 Abs. 1 Nr. 7 SGB IX nF) handeln kann.[5]

Zur Frage der Zuständigkeit für die Versorgung mit Hilfsmitteln, die den Bildungserfolg sichern sollen, → Rn. 4.

Bis 31.12.2019 war gemäß § 54 Abs. 1 SGB XII Hilfe zur einer angemessenen Schulbildung bzw. schulischen Ausbildung für einen angemessenen Beruf zu gewähren und die Angemessenheit gemäß § 13 Abs. 2 EinglHV danach zu beurteilen, ob das Ziel der Ausbildung voraussichtlich erreicht wird, der beabsichtigte Ausbildungsweg erforderlich ist und der angestrebte Beruf oder die Tätigkeit finanziell voraussichtlich mindestens zur Lebensgrundlage in angemessenem Umfang beiträgt.[6] Dass die Bildungsmaßnahme den Fähigkeiten und Leistungen der Leistungsberechtigten entsprechen muss, ergibt sich nunmehr aus § 90 Abs. 4. Von einer Eignungsprüfung durch die Eingliederungshilfeträger,

---

1 Deutscher Verein, Empfehlungen 20/16 v. 14.12.2016.
2 BSG 18.7.2019 – B 8 SO 2/18 R Rn. 21; BSG 9.12.2016 – B 8 SO 8/15 R; LSG NRW 28.4.2014 – L 9 SO 450/13 B ER; SächsLSG 3.12.2019 – L 8 SO 94/19 B ER; *Ziegenhain/Meysen/Fegert* JAmt 2012, 500; DIJuF-Rechtsgutachten JAmt 2014, 452 (454) und 2014, S. 561, 562.
3 So zuletzt BSG 18.7.2019 – B 8 SO 2/18 R, Rn. 21; LSG Nds-Brem 28.11.2019 – L 8 SO 240/18.
4 BSG 24.2.2016 – B 8 SO 18/14 R und BSG 20.4.2016 – B 8 SO 20/14 R mAnm *Nebe/Schimank* RP Reha 2017, 16; *Luik* in SWK-BehindertenR Berufsausbildung Rn. 30; Bieritz-Harder SGb 2017, 491 ff.
5 Vgl. auch LSG BW 18.2.2020 – L 13 AL 190/18 mAnm *Bienert* info also 2020, 210.
6 Eingehend hierzu *Bieritz-Harder* in LPK-SGB XII, 10. Aufl. 2015, § 54 Rn. 58.

wie im RegE für ein BTHG noch vorgesehen,[7] wurde im parlamentarischen Gesetzgebungsverfahren gezielt mit folgender Begründung Abstand genommen: „Auch Menschen mit Behinderungen sollen sich wie Menschen ohne Behinderungen für weiterführende schulische und hochschulische Angebote entscheiden können, ohne zuvor einen Leistungs- und Befähigungsnachweis erbringen zu müssen. Die Regelungen zur Gesamtplanung bleiben davon unberührt."[8]

II. Leistungen

4 Anders als die bisherigen Regelungen der Eingliederungshilfe regelt § 112 Abs. 1 abschließend, welche Leistungen zur Teilhabe an Bildung von den Trägern der Eingliederungshilfe erbracht werden. Sie erbringen Hilfen zur Förderung der
- allgemeinen Schulbildung und Bildung an weiterführenden Schulen einschließlich der Vorbereitung hierzu (Satz 1 Nr. 1),
- schulischen oder hochschulischen Berufsausbildung bzw. schulischen oder hochschulischen Weiterbildung für einen Beruf (Satz 1 Nr. 2).

Zu den förderungsfähigen Bildungsgängen im Einzelnen → § 75 Rn. 13.

Mit dem **Leistungskatalog** verfolgt der Gesetzgeber eine Ausweitung der bisherigen Eingliederungshilfeleistungen im Bereich der Bildung:[9] Das Recht auf Bildung wird nicht länger auf die zur Sicherung der Existenz erforderliche Mindestausbildung beschränkt. **Hilfen zur Schulbildung** (Satz 1 Nr. 1) erstrecken sich nunmehr gemäß Satz 2 auch auf Hilfen zur Unterstützung schulischer Ganztagsangebote. Sie umfassen auch **heilpädagogische** und **sonstige Maßnahmen**, die erforderlich und geeignet sind, der leistungsberechtigten Person den Schulbesuch zu ermöglichen oder zu erleichtern.

Zu den **sonstigen Maßnahmen** zählen **insbesondere** die nicht heilpädagogische **Integrationshilfe** in der **Kita** und **die Schulbegleitung** und **Studienassistenz,** die **Gebärdensprachdolmetschung**[10] bzw. begleitende **Vermittlung der Gebärdensprachkompetenz**[11], therapeutische Maßnahmen zur Förderung der Aufmerksamkeit und Konzentration, der kommunikativen, kognitiven und sozialen Fähigkeiten, wenn diese zum Erfolg des Schulbesuchs beitragen können.[12] Ob freiwillige **Angebote der Nachmittagsbetreuung** in einer **Offenen Ganztagsschule** als Leistungen zur Teilhabe an Schulbildung (und damit unabhängig von Einkommen und Vermögen, → Rn. 6) oder als bedürftigkeitsabhängige Leistungen zur sozialen Teilhabe zu gewähren sind, beurteilt das BSG anhand der mit den Angeboten verfolgten Zielen: Dient die Betreuung der Erleichterung, Unterstützung oder Ergänzung der pädagogischen Arbeit, stuft das Gericht sie als Hilfe zur angemessenen Schulbildung ein; dient sie vorrangig der Überbrückung der Zeit, bis die Eltern wieder die Betreuung übernehmen, hingegen als Leistung zur sozialen Teilhabe.[13] Das Gleiche gilt für **Zeiten des Selbststudiums** im Rahmen der Hochschul- und Weiterbildung: auch hier kann je Art der Einschränkung und Leistungsanforderung Anspruch auf Assistenz oder Gebärden-

---

7 BT-Drs. 18/9522, vgl. dort § 112 Abs. 1 Satz 3 SGB IX-E.
8 Beschlussempfehlung und Bericht BT-Drs. 18/10523, 59 zu Nr. 1 w) aa) bbb).
9 Vgl. die Begr. des RegE BT-Drs. 18/9522, 259.
10 SächsLSG 3.12.2019 – L 8 SO 94/19 B ER.
11 SG Magdeburg 20.7.2018 – S 25 SO 13/18 ER.
12 LSG Nds-Brem 28.11.2019 – L 8 SO 240/18.
13 BSG 6.12.2018 – B 8 SO 4/17 R und B 8 SO 7/17 R; vgl. auch SG Kassel 26.7.2018 – S 11 SO 160/16, das den Zugang behinderter Schüler zu freiwilligen Nachmittagsangeboten auch aus Gründen des Diskriminierungsschutzes sichern will.

sprachdolmetscher außerhalb der Lehrveranstaltungen (zB zur Teilnahme an Lerngruppen) bestehen. **Pflegerische Maßnahmen** sind sonstige Maßnahmen, wenn sie sich nicht sinnvoll von den anderen Unterstützungsleistungen der Eingliederungshilfe (zB Schulbegleitung) abspalten lassen und darum im Verhältnis zu diesen in den Hintergrund treten.[14] Die Schulbegleitung und sonstige Maßnahmen können sowohl an Regel- wie auch an Förderschulen erforderlich sein[15] und auch die Begleitung zur Bildungseinrichtung und zurück umfassen.[16] Zu den sonstigen Maßnahmen zählen auch **barrierebedingt erforderliche Mehrkosten der Beförderung**[17] in Form der Kfz-Hilfe nach § 114 oder Übernahme der im Einzelfall erforderlichen Taxi-/Mietwagenkosten oder eines sonstigen Beförderungsdienstes.[18]

Die Hilfen zur schulischen oder hochschulischen **Berufsausbildung** bzw. schulischen oder hochschulischen **Weiterbildung** für einen Beruf gemäß Abs. 1 Satz 1 Nr. 2 werden nunmehr auch für den Erwerb eines höherqualifizierenden Abschlusses auf dem Zweiten Bildungsweg oder für ein Masterstudium oder Promotionsstudium erbracht, die es den Leistungsberechtigten ermöglichen, das angestrebte Berufsziel zu erreichen. Der Begriff des Berufsziels weist über den Bildungsabschluss hinaus auf die Tätigkeit in einem bestimmten Arbeitsfeld, auf einer bestimmten Position oder zu bestimmten Bedingungen (zB Selbstständigkeit, Ausland). Die **Angemessenheit der Wünsche** ist nach § 104 Abs. 2 und entsprechend der UN-BRK anhand der Möglichkeiten nichtbehinderter Menschen zu beurteilen. Die Förderung der Teilhabe behinderter Menschen an Bildung darf nicht auf die Unterstützung ausgewählter Bildungsangebote beschränkt werden.[19]

Die Hilfen nach Abs. 1 Satz 1 Nr. 1 und Nr. 2 umfassen gemäß Satz 5 auch **Gegenstände und Hilfsmittel**, die wegen der gesundheitlichen Beeinträchtigung zur Teilhabe an Bildung erforderlich sind, sofern sie von der leistungsberechtigten Person bedient werden können.

Dient die Hilfsmittelversorgung der Herstellung und Sicherung der **Schulfähigkeit** versicherter junger Menschen mit Behinderungen, kann sie in die vorrangige Zuständigkeit der gesetzlichen Krankenversicherung fallen.[20] Bei Computern gilt dies aber allenfalls für deren spezifische behindertengerechte Ausstattung (zB Braillezeile oder spezielle Software).[21] Die zur Normalausstattung gehörenden Elemente sind als allgemeine Gebrauchsgegenständen des täglichen Lebens von der Leistungspflicht der Krankenkassen ausgenommen, § 33 S. 1 SGB V und fallen damit in die alleine Zuständigkeit des Eingliederungshilfeträgers. Die Leistungen können auch auf eine Zweitversorgung mit Hilfsmitteln gerichtet sein, wenn der Bildungserfolg nur so sichergestellt werden kann.[22]

---

14 HessLSG 25.4.2016 – L 4 SO 227/15 B ER; LSG BW 28.6.2007 – L 7 SO 414/07, zum Verhältnis der Eingliederungshilfe zur Pflege einschließlich der Behandlungspflege eingehender *Zinsmeister* in → § 103 Rn. 13.
15 BSG 19.7.2019 – B 8 SO 2/18 R.
16 LSG LSA 19.12.2017 – L 8 SO 46/17 B ER.
17 LSG BW 29.6.2017 – L 7 SO 5382/14.
18 Vgl. auch die Empfehlungen der BAGüS zur Schulbegleitung (2019) und den Leistungen zum Besuch einer Hochschule (2020), abrufbar unter https://www.bagues.de/de/veroeffentlichungen/orientierungshilfen-und-empfehlungen/.
19 So auch die Begr. im RegE BT-Drs. 18/9522, 195.
20 Dies soll nach BSG 22.7.2004 – B 3 KR 13/03 R nur für schulpflichtige Kinder und Jugendliche gelten.
21 BSG 6.2.1997 – 3 RK 1/96; LSG BW 8.11.2017 – L 2 SO 4546/16, Rn. 33 ff.
22 BSG 3.11.2011 – B 3 KR 4/11 R.

Können die Schüler und ihre Eltern zwischen verschiedenen geeigneten Bildungseinrichtungen **wählen**, hat der Eingliederungshilfeträger ihre Entscheidung gem. § 104 zu respektieren. Den Eltern ist es nicht zuzumuten, die finanziellen Folgen dieser Entscheidung selbst zu tragen.[23]

III. Bildungsbereiche

5 § 112 begrenzt einzelne Hilfen wie folgt:
- Hilfen für eine **akademische berufliche Weiterbildung** nach Abs. 1 Satz 1 Nr. 2 werden gemäß Abs. 2 Satz 1 in der Regel nur erbracht, wenn sie in einem engen zeitlichen und fachlichen Zusammenhang mit der Erstausbildung stehen. Ausnahmen hiervon regeln Abs. 2 Satz 2 und 3: Hilfen für ein Masterstudium sind abweichend von Satz 1 Nr. 2 zu erbringen, wenn es auf ein zuvor abgeschlossenes Bachelorstudium aufbaut und dieses interdisziplinär ergänzt, ohne in dieselbe Fachrichtung weiterzuführen. Behinderungsbedingte und andere, nicht von der leistungsberechtigten Person beeinflussbare gewichtige, zB familiäre Gründe wie zB eine Schwangerschaft oder die Pflege von Angehörigen, rechtfertigen Abweichungen von Satz 1 Nr. 1.
- Für **Praktika** werden Hilfen nach Abs. 1 Satz 1 Nr. 2 nur erbracht, wenn diese für den Schul- oder Hochschulbesuch erforderlich sind, dh nach den entsprechenden Ausbildungs- und Prüfungsordnungen Bestandteil der Ausbildung und damit Voraussetzung sind, um die Ausbildung abschließen zu können[24] oder notwendig, um zum Beruf zugelassen zu werden. In Anlehnung an die Härtefallregelungen in der Bundesausbildungsförderung regelt Abs. 2 Satz 4, dass für eine schulische oder hochschulische **Zweitausbildung** Eingliederungshilfe nur gewährt werden kann, wenn der erlernte Beruf aus behinderungsbedingten Gründen nicht mehr ausgeübt werden kann.

Die in der Gesetzesbegründung getroffene Aussage, auch für ein **Auslandsstudium** könne Hilfe nur geleistet werden, wenn dieses verpflichtender Bestandteil einer hochschulischen Aus- oder Weiterbildung für einen Beruf ist,[25] findet in § 112 keine gesetzliche Grundlage. Ob ein Auslandsstudium im Einzelfall angemessen ist, ist zunächst im Rahmen der Gesamtplanung nach § 90 Abs. 4 iVm § 104 unter Berücksichtigung der Fähigkeiten, bisherigen Leistungen und Berufsziele der behinderten Menschen zu beurteilen. Entscheidend ist weiterhin gem. § 101 Abs. 1, ob der Auslandsaufenthalt zu Studienzwecken vorübergehender Natur ist, oder die Studierenden ihren gewöhnlichen Aufenthalt (§ 30 Abs. 3 S. 2 SGB I) ins Ausland verlegen. Letzteres ist anzunehmen, wenn der Auslandsaufenthalt nicht von vornherein (zB auf eine bestimmte Zahl an Auslandssemestern oder ein Praktikum) begrenzt, sondern der weitere Studienverlauf und damit auch der Zeitpunkt der Rückkehr noch offen ist.[26]

IV. Gemeinschaftliche Inanspruchnahme von Leistungen (Poolen)

6 § 112 Abs. 4 regelt das **Poolen** der in der Schule oder Hochschule wegen der Behinderung erforderlichen Anleitung und Begleitung. Die Leistungen können an mehrere Leistungsberechtigte **gemeinsam erbracht** werden, wenn dies von ihnen ausdrücklich gewünscht oder ihnen zumindest nach § 104 zumutbar ist

---

23 BVerwG 26.10.2007 – 5 C 35/06; LSG BW 29.6.2017 – L 7 SO 5382/14.
24 BSG 29.1.2008 – B 5a/5 R 20/06 R, Rn. 17.
25 RegE BR-Drs. 18/9522, 283.
26 SächsLSG 31.3.2020 – L 8 SO 5/20 B E; SG Hamburg 12.10.2007 – S 56 SO 350/06; *Bieback* in Grube/Wahrendorf/Flint SGB XII § 24 Rn. 15.

(→ § 104 Rn. 3 ff., → § 116 Rn. 4) und mit Leistungserbringern entsprechende Vereinbarungen bestehen. Laut der Gesetzesbegründung[27] soll die Regelung insbesondere der Entschließung des Bundesrates zur schulischen Inklusion vom 16.10.2015 Rechnung tragen, dh sicherstellen, dass die individuellen Bedarfe der Schüler ggf. auch in Form einer eine Einzelbetreuung gedeckt, zugleich aber „Störungen im Unterrichtsablauf durch eine zu hohe Zahl von Erwachsenen" entgegen gewirkt werden kann.[28] Wann die Zahl der Integrationshelfer *zu* hoch ist, ist alleine aus eingliederungshilferechtlicher Perspektive, dh unter dem Aspekt der individuellen Bedarfsdeckung zu beurteilen. Wie die danach eingliederungshilferechtlich erforderliche Zahl an Integrationshelfern in den Unterricht eingeplant und dieser entsprechend organisatorisch und didaktisch gestaltet werden kann, liegt in der Verantwortung und Gestaltungsmacht der Bildungsträger und deren Lehrkräfte.

Den Leistungsberechtigten ist die gemeinschaftliche Inanspruchnahme der Leistungen zur Teilhabe an Bildung zumutbar, wenn und solange sie die Hilfen zur Teilhabe an Bildung zur gleichen Zeit, am gleichen Ort und in gleicher Form benötigen und mit der gemeinschaftlichen Inanspruchnahme der Leistungen keine Minderung des Leistungsumfangs, der -qualität oder der (hoch-)schulrechtlich eingeräumten Wahlmöglichkeiten einhergeht.[29] Hörbehinderten Studierenden zB kann es zuzumuten sein, sich in einer gemeinsam belegten Vorlesung die Schriftsprachdolmetscher zu teilen, nicht aber, sich in ihrer Studienplanung zum Zwecke der gemeinschaftlichen Inanspruchnahme der Dolmetscherdienste nach anderen Studierenden zu richten und dadurch in ihren Wahlmöglichkeiten einzuschränken. Müssen im Schulunterricht mehrere Schüler gleichzeitig, aber in unterschiedlicher Weise unterstützt und begleitet werden, kann die Leistung bedarfsdeckend nur durch mehrere Integrationshelfer/Schulbegleiter erbracht werden.

Ob Menschen mit Behinderungen vom Eingliederungshilfeträger auf die vom Bildungsträger vorgehaltenen und ggf. im Wege einer Zuwendung oder eines öffentlich-rechtlichen Vertrages nach §§ 53 ff. SGB X sozialrechtlich bezuschussten Assistenten- bzw. Schulbegleiter-Pools verwiesen werden können, ist von deren individuellen Bedarf und dem Charakter der Leistung abhängig. Hinsichtlich des Umsetzungsservice von Hochschulen zur barrierefreien Aufbereitung von digitalisierter Literatur mittels einer OCR-Software ist dies zu bejahen, nicht hingegen bei personenbezogenen Leistungen wie der Sprachmittlung für eine spastisch gelähmte Studentin oder Assistenzleistungen mit pflegerischen Anteilen. Gem. § 84 Abs. 2 S. 2 wird der barrierefreie Computer und dessen Instandhaltung bei Vorliegen einer Bedürftigkeit aber als Leistung der sozialen Teilhabe gewährt.

V. Bedürftigkeitsprüfung

Gem. § 138 Abs. 1 Nr. 4 werden für Hilfen zur Teilhabe an allgemeiner Schulbildung und Bildung an weiterführenden Schulen einschließlich der Vorbereitung hierzu (§ 112 Abs. 1 Satz 1 Nr. 1) keine Beiträge erhoben. **Beitragsfrei** sind gem. § 138 Abs. 1 Nr. 5 auch Leistungen zur schulischen und hochschulischen Ausbildung für einen Beruf nach § 112 Abs. 2 Nr. 2, soweit diese Leistungen in besonderen Ausbildungsstätten über Tag und Nacht für Menschen mit Behin-

---

27 Vgl. den RegE BT-Drs. 18/9522, 283.
28 Deutscher Bundesrat: Rahmenbedingungen für eine gelingende schulische Inklusion weiter verbessern – Poolen von Integrationshilfen rechtssicher ermöglichen – BR-Drs. 309/15 (Beschluss).
29 BVerwG 28.4.2005 – 5 C 20/04; BVerwG 26.10.2007 – 5 C 35/06.

derungen erbracht werden. An allen anderen Hilfen zur Teilhabe an Bildung werden die Leistungsberechtigten bzw. bei Minderjährigen deren Eltern nach Maßgabe der §§ 135 ff. mit ihrem Einkommen und Vermögen beteiligt.

Kapitel 6 Soziale Teilhabe

§ 113 Leistungen zur Sozialen Teilhabe

(1) ¹Leistungen zur Sozialen Teilhabe werden erbracht, um eine gleichberechtigte Teilhabe am Leben in der Gemeinschaft zu ermöglichen oder zu erleichtern, soweit sie nicht nach den Kapiteln 3 bis 5 erbracht werden. ²Hierzu gehört, Leistungsberechtigte zu einer möglichst selbstbestimmten und eigenverantwortlichen Lebensführung im eigenen Wohnraum sowie in ihrem Sozialraum zu befähigen oder sie hierbei zu unterstützen. ³Maßgeblich sind die Ermittlungen und Feststellungen nach Kapitel 7.

(2) Leistungen zur Sozialen Teilhabe sind insbesondere
1. Leistungen für Wohnraum,
2. Assistenzleistungen,
3. heilpädagogische Leistungen,
4. Leistungen zur Betreuung in einer Pflegefamilie,
5. Leistungen zum Erwerb und Erhalt praktischer Kenntnisse und Fähigkeiten,
6. Leistungen zur Förderung der Verständigung,
7. Leistungen zur Mobilität,
8. Hilfsmittel,
9. Besuchsbeihilfen.

(3) Die Leistungen nach Absatz 2 Nummer 1 bis 8 bestimmen sich nach den §§ 77 bis 84, soweit sich aus diesem Teil nichts Abweichendes ergibt.

(4) Zur Ermöglichung der gemeinschaftlichen Mittagsverpflegung in der Verantwortung einer Werkstatt für behinderte Menschen, einem anderen Leistungsanbieter oder dem Leistungserbringer vergleichbarer anderer tagesstrukturierender Maßnahmen werden die erforderliche sächliche Ausstattung, die personelle Ausstattung und die erforderlichen betriebsnotwendigen Anlagen des Leistungserbringers übernommen.

(5) ¹In besonderen Wohnformen des § 42a Absatz 2 Satz 1 Nummer 2 und Satz 3 des Zwölften Buches werden Aufwendungen für Wohnraum oberhalb der Angemessenheitsgrenze nach § 42a Absatz 6 des Zwölften Buches übernommen, sofern dies wegen der besonderen Bedürfnisse des Menschen mit Behinderungen erforderlich ist. ²Kapitel 8 ist anzuwenden.

Literatur:
Verein für öffentliche und private Fürsorge, Empfehlungen für eine praxisgerechte Unterstützung von Eltern mit Beeinträchtigungen und deren Kinder, DV 32/13, abrufbar unter https://www.deutscher-verein.de/de/download.php?file=uploads/empfehlungen-stellungnahmen/2014/dv-32-13-elternassistenz.pdf; *Kunkel*, Die Pflegefamilie in der Eingliederungshilfe nach dem SGB IX, ZfSH/SGB 2019, 377; *Rohrmann/Weber*, Selbstbestimmt leben, in: Degener/Diehl (Hrsg.), Handbuch Behindertenrechtskonvention. Teilhabe als Menschenrecht. Inklusion als gesellschaftliche Aufgabe, 2015, S. 226; *Zinsmeister*, Zum Anspruch behinderter Eltern auf staatliche Unterstützung bei der Versorgung und Betreuung ihrer Kinder („Elternassistenz") im eigenen Haushalt – Anmerkung zu LSG NRW, Urteil v. 23.2.2012 – L 9 SO 26/11, Forum A, Beitrag A29–2012, abrufbar unter www.reha-recht.de.

I. Überblick und Entstehung

Aufgabe und Voraussetzungen für die Leistungen zur sozialen Teilhabe waren bis 31.12.2019 in §§ 19 Abs. 3, 53 Abs. 1 und 2 SGB XII und sind nun in §§ 90 Abs. 5, 99 und 113 Abs. 1 SGB IX geregelt. § 113 konkretisiert als lex specialis die Regelungen des § 76 für die Eingliederungshilfe. Die bislang verstreut in § 54 SGB XII, § 55 SGB IX und der EinglHV genannten Inhalte der Hilfen werden in § 113 Abs. 2 neu zusammengefasst. Er enthält eine nicht abschließende Aufzählung („insbesondere") der Leistungen zur sozialen Teilhabe. Inhaltlich deckt sich der offene Katalog weitgehend mit dem des § 76 Abs. 2 (→ § 76 Rn. 8). § 113 Abs. 2 Nr. 9 nennt zusätzlich noch die Besuchsbeihilfen (§ 115) und die Leistungen zur gemeinschaftlichen Verpflegung in einer Werkstatt (Abs. 4). § 113 Abs. 3 zufolge bestimmen sich diese Leistungen auch nach den §§ 77 bis 84, soweit dies Teil 2 des SGB IX nichts Abweichendes ergibt. Die Leistungen zur Teilhabe an Bildung wurden zu einer eigenen Leistungsgruppe zusammengefasst und in Kap. 5 ausgegliedert. Die bis zum 31.12.2019 in § 54 Abs. 1 S. 1 Nr. 5 SGB XII vorgesehene „nachgehende Hilfe zur Sicherung der Wirksamkeit der ärztlichen und ärztlich verordneten Leistungen wird nun trägerübergreifend als Gegenstand der Assistenz (§ 78 Abs. 1 S. 2) erfasst. Zu den nachgehenden Leistungen zur Sicherung der Teilhabe der behinderten Menschen am Arbeitsleben vgl. → § 113 Rn. 2.

Der Gesetzgeber hat im dem Leistungskatalog des § 113 Abs. 2 beispielhaft bereits bestehende, typische Leistungspflichten zusammengefasst. Das gilt auch für die in § 78 Abs. 3 erstmals aufgeführten, zuvor aber bereits höchstrichterlich anerkannten Leistungen an Mütter und Väter mit Behinderungen.[1] Der Katalog ist offen formuliert („insbesondere"). Eine Ausweitung der Leistungen ist nicht intendiert.[2]

Im Kinder- und Jugendhilferecht verweist § 35 a Abs. 3 SGB VIII künftig auf Teil 1 Kapitel 6 SGB IX, auf § 90 und in Bezug auf die soziale Teilhabe auf § 113, soweit diese Bestimmungen auch auf seelisch behinderte oder von einer solchen Behinderung bedrohte Personen Anwendung finden und sich aus diesem Buch nichts anderes ergibt.

Anspruch auf Eingliederungshilfe zur sozialen Teilhabe haben Menschen, die nach § 35 a SGB VIII oder § 99 SGB IX eingliederungshilfeberechtigt und auf die Leistungen angewiesen sind. Nicht wesentlich behinderte Menschen können die Leistungen zur sozialen Teilhabe erhalten (Ermessensleistung).

§§ 76 Abs. 1, 90 Abs. 4 und 113 Abs. 1 regeln einheitlich den **Zweck** der Leistungen zur sozialen Teilhabe: Sie wird geleistet, um eine gleichberechtigte Teilhabe am Leben in der Gemeinschaft zu ermöglichen oder zu erleichtern, soweit hierfür nicht bereits Leistungen nach Kapitel 3 bis 5 erbracht werden (Abs. 1 Satz 1). Das Ziel, den Leistungsberechtigten eine möglichst selbstbestimmte und eigenverantwortliche Lebensführung im eigenen Wohnraum und Sozialraum zu ermöglichen, wird in Absatz Satz 2 besonders hervorgehoben. Die Bedarfsermittlung und -feststellung hat gemäß Satz 3 im Rahmen des Gesamtplanverfahrens (Kapitel 7) zu erfolgen.

Der **Nachranggrundsatz** ist bei den Leistungen zur sozialen Teilhabe mithin sowohl nach § 91 als auch im Verhältnis der verschiedenen Gruppen von Eingliederungshilfeleistungen zu prüfen.

---

1 Vgl. nur BVerwG 22.10.2009 – 5 C 19/08 und 5 C 6/09; BSG 24.3.2009 – B 8 SO 29/07 R; LSG NRW 23.2.2012 – L 9 SO 26/11; LSG NRW 28.1.2013 – L 20 SO 170/11; DIJuF-Rechtsgutachten in JAmt 2012, 208.
2 BT-Drs. 18/9522, 228.

Die Formulierung „soweit sie nicht nach den Kapiteln 3 bis 5 erbracht werden" charakterisiert § 113 als **Auffangtatbestand**, der sicherstellen soll, dass alle, dh auch die in den §§ 111 ff. nicht ausdrücklich genannten Förderbedarfe, Berücksichtigung finden.

II. Leistungen

3   1. **Leistungen für Wohnraum (§ 113 Abs. 2 Nr. 1, § 77)**
Ziel der Leistungen für Wohnraum ist es gem. § 77, den Leistungsberechtigten zu Wohnraum zu verhelfen, der zur Führung eines möglichst selbstbestimmten, eigenverantwortlichen Lebens geeignet ist. Davon umfasst sind Leistungen für die Beschaffung, den Umbau, die Ausstattung und die Erhaltung von Wohnraum, wobei es stets darum gehen muss, den besonderen Bedürfnissen des Menschen mit Behinderung Rechnung zu tragen. Die gewöhnlichen Unterhaltskosten einschließlich der Kosten für Schönheitsreparaturen oder der Übernahme von Mietschulden zählen daher gewöhnlich nicht zu den Leistungen für Wohnraum. Sie müssen im Bedarfsfall durch Leistungen zur Sicherung des Lebensunterhalts nach SGB II oder SGB XII, BAföG oder Wohngeld gedeckt werden. Eine Ausnahme gilt für behinderungsbedingte Mehrkosten, zB wenn die BAföG-Leistungen nicht ausreichen, die Miete für den verfügbaren barrierefreien Wohnraum zu decken[3] oder ein zusätzliches Zimmer für die Assistenzkraft benötigt wird (§ 77 Abs. 2). Als eingliederungshilferelevant stuft das BSG die Differenz zwischen Kosten der Unterkunft, die für alle Bewohner im maßgeblichen Vergleichsraum (sozialhilferechtlich) als angemessen gelten (sog. abstrakte Angemessenheit) und den behinderungsbedingt konkret angemessenen Kosten der Unterkunft. Die besonderen Bedürfnisse der Leistungsberechtigten können auf einen möglichst barrierefrei erreichbaren, zugänglichen und nutzbaren Wohnraum gerichtet sein. Dies kann (Um-)Baumaßnahmen erforderlich machen. Für die Teilhabe von Menschen mit eingeschränkter räumlicher Orientierung oder Mobilität oder Menschen mit Angststörungen kann die Lage des Wohnraums ebenfalls sehr relevant sein.
§ 113 Abs. 5 sieht vor, dass auch in **besonderen Wohnformen** nach § 42a Abs. 2 S. 1 Nr. 2 und S. 3 SGB XII **Mehrkosten** Berücksichtigung finden können, die zur Deckung besonderer Bedürfnisse erforderlich sind.
2. **Assistenzleistungen (§ 113 Abs. 2 Nr. 2 und § 78)**
Assistenzleistungen zielen auf die selbstbestimmte und eigenständige Bewältigung des Alltags, eine beispielhafte Aufzählung der Aufgaben enthält § 78 Abs. 1 S. 2 und 3. Je nach Bedarf handelt es sich um qualifizierte Assistenz (§ 78 Abs. 2 S. 2 Nr. 2) oder „einfache" bzw. „kompensatorische" Assistenz. Die qualifizierte Assistenz ist durch eine Fachkraft zu erbringen, die die in § 97 genannten Voraussetzungen erfüllt. Zur Abgrenzung der einfachen Assistenz von Pflegeleistungen → § 103 Rn. 13.
Im Bereich der qualifizierten **Elternassistenz**, zB bei der pädagogischen Anleitung, Beratung und Begleitung von Eltern mit intellektuellen Beeinträchtigungen im Rahmen einer **„begleiteten Elternschaft"** oder bei der Unterstützung behinderter Alleinerziehender und ihrer Kinder in **Eltern-Kind-Einrichtungen**, bedarf es dabei uU der engen Verzahnung der Eingliederungshilfe mit den Leistungen der **Kinder- und Jugendhilfe** nach § 19 SGB VIII und § 27 SGB VIII.[4]
Eine **weitreichende Systemänderung** verlangt die in § 78 Abs. 2 Satz 1 verankerte Maßgabe, dass die Leistungsberechtigten auf der Grundlage des Teilhabe-

---

3   BSG 4.4.2019 – B 8 SO 12/17 R mAnm *Böttcher* NZS 2019, 932.
4   Deutscher Verein 2014, Empfehlungen DV 32/13.

plans nach § 19 nunmehr selbst über die konkrete Gestaltung der Leistungen hinsichtlich Ablauf, Ort und Zeitpunkt der Inanspruchnahme entscheiden können. Der Gesetzgeber will damit der in Art. 19 lit. b UN-BRK verankerten Pflicht zur Vorhaltung Persönlicher Assistenz entsprechen. **Persönliche Assistenz** iSd UN-BRK bezeichnet ein von der US-amerikanischen Independent Living-Bewegung in den USA zur Sicherung eines selbstbestimmten Lebens entwickeltes und seit den 1980er Jahren auch in Deutschland praktiziertes Unterstützungskonzept, bei dem die Leistungsberechtigten selbst als sog. Assistenznehmer die Personal-, Organisations- und Anleitungskompetenz haben, dh selbst bestimmen, wer sie wann, wo und wie im Alltag unterstützt.[5] Der Gesetzgeber bringt den Gesetzesmaterialien zufolge mit der in § 78 verankerten Neugestaltung personaler Dienste „in Abgrenzung zu förderzentrierten Ansätzen der Betreuung, die ein Über-/Unterordnungsverhältnis zwischen Leistungserbringern und Leistungsberechtigten bergen, auch ein verändertes Verständnis von professioneller Hilfe zum Ausdruck."[6] Dieses personenzentrierte Verständnis und die gesetzlich garantierte Gestaltungsfreiheit der Leistungsberechtigten erfordert in aller Regel eine individualisierte Leistung. Die Unterstützung von Gruppen (zB im Betreuten Wohnen) durch einzelne Assistenzpersonen ist daher unter den in §§ 104, 116 genannten Voraussetzungen denkbar und zulässig.

3. **Heilpädagogische Leistungen (§ 113 Abs. 2 Nr. 3 und § 79)**
Heilpädagogische Leistungen richten sich gem. § 79 Abs. 1 S. 1 an **Kinder**, die noch nicht eingeschult sind. Es kommt auf die tatsächliche Einschulung an, nicht auf das hierfür gesetzlich festgelegte Alter.[7] Zu Inhalt und Umfang der Leistungen → § 79 Rn. 4.

4. **Leistungen zur Betreuung in einer Pflegefamilie (§ 113 Abs. 2 Nr. 4 und § 80)**
Leistungen zur Betreuung in einer Pflegefamilie unterscheiden sich gegenwärtig noch von der Vollzeitpflege nach §§ 27, 33 SGB VIII bzw. 35a SGB VIII. Die multiplen Belastungen der Pflegefamilien und ihre Schwierigkeiten bei der Durchsetzung der Rechtsansprüche an den Schnittstellen der unterschiedlichen Leistungssysteme sind aber Gegenstand der aktuellen Diskussion eines Kinder- und Jugendhilfestärkungsgesetzes. Der hierzu vorliegende RegE sieht hierzu beginnend ab 2024 ua eine Unterstützung der Familien durch Verfahrenslotsen vor.[8]

5. **Leistungen zum Erwerb und Erhalt praktischer Kenntnisse und Fähigkeiten (§ 113 Abs. 2 Nr. 5 und § 81)**
Leistungen zum Erwerb und Erhalt praktischer Kenntnisse und Fähigkeiten werden in § 81 konkreter beschrieben.

6. **Leistungen zur Förderung der Verständigung (§ 113 Abs. 2 Nr. 6 und § 82)**
Leistungen zur Förderung der Verständigung können zu besonderen Anlässen gewährt werden, wenn eine barrierefreie Kommunikation nicht bereits aus anderem Rechtsgrund heraus (zB gem. § 17 Abs. 2 S. 1 SGB I oder § 19 Abs. 1 SGB X) gesichert ist. Die Voraussetzungen im Einzelnen ergeben sich aus § 82.

7. **Leistungen zur Mobilität (§ 113 Abs. 2 Nr. 7, § 83, § 114)**
Vgl. hierzu die Kommentierung zu § 114.

---

5 *Rohrmann/Weber* 2015, S. 226 ff.; *Köbsell* 2012, S. 17 ff.
6 Aus der Begr. des RegE zu § 78, BT-Drs. 18/9522, 261; *Zinsmeister* in SWK-BehindertenR, 3. Aufl. (iE), Betreutes Wohnen Rn. 2.
7 *Kossens* in Kossens/von der Heide/Maaß § 55 Rn. 8.
8 BT-Drs. 19/26107, 5.

8. **Hilfsmittel (§ 113 Abs. 2 Nr. 8 und § 84)**
Hilfsmittel werden zur Förderung der sozialen Teilhabe erbracht, wenn sie nicht vorrangig durch andere Träger der medizinischen Rehabilitation oder Teilhabe am Arbeitsleben zu erbringen sind. Zuständigkeitsstreitigkeiten sind über §§ 14, 15 SGB IX zu lösen. Zur Geeignetheit und Erforderlichkeit eingehender → § 84 Rn. 3.
9. **Besuchsbeihilfen (§ 113 Abs. 2 Nr. 9 und § 115)**
Vgl. die Kommentierung zu § 115.
Die in § 113 Abs. 4 geregelten **Leistungen zur gemeinschaftlichen Verpflegung in einer Werkstatt** umfassen seit 1.1.2020 nur noch die sächliche, personelle Ausstattung und die erforderlichen Anlagen. Die Verpflegungskosten sind dann nicht mehr Bestandteil der Werkstattvergütung durch den Eingliederungshilfeträger, sondern als Mehrbedarf bei der Grundsicherung im Alter und bei Erwerbsminderung geltend zu machen.

III. Bedürftigkeitsprüfung

4 Bei den Leistungen zur Sozialen Teilhabe muss grundsätzlich ein Beitrag aus dem Einkommen geleistet werden. Ausgenommen hiervon sind die heilpädagogischen Leistungen nach § 113 Abs. 2 Nr. 3 (§ 138 Abs. 1 Nr. 1), den Leistungen zum Erwerb und Erhalt praktischer Kenntnisse und Fähigkeiten (§ 113 Abs. 2 Nr. 5), soweit diese der Vorbereitung auf die Teilhabe am Arbeitsleben dienen (§ 138 Abs. 2 Nr. 6) sowie Leistungen der Sozialen Teilhabe (§ 113 Abs. 1), für noch nicht eingeschulte Kinder (§ 138 Abs. 2 Nr. 7). Dasselbe gilt für den Einsatz von über dem Freibetrag liegendem Vermögen (§ 140 Abs. 3, § 142).

§ 114 Leistungen zur Mobilität

Bei den Leistungen zur Mobilität nach § 113 Absatz 2 Nummer 7 gilt § 83 mit der Maßgabe, dass
1. die Leistungsberechtigten zusätzlich zu den in § 83 Absatz 2 genannten Voraussetzungen zur Teilhabe am Leben in der Gemeinschaft ständig auf die Nutzung eines Kraftfahrzeugs angewiesen sind und
2. abweichend von § 83 Absatz 3 Satz 2 die Vorschriften der §§ 6 und 8 der Kraftfahrzeughilfe-Verordnung nicht maßgeblich sind.

Zur Entstehungsgeschichte und Systematik vgl. → § 113 Rn. 1.
Gemäß § 114 besteht ein Anspruch auf **Leistungen der Eingliederungshilfe zur Mobilität** gem. § 113 Abs. 2 Nr. 7 nur, wenn die in § 83 genannten Voraussetzungen erfüllt sind (→ § 83 Rn. 3 ff.) und die Leistungsberechtigten darüber hinaus zur Teilhabe am Leben in der Gemeinschaft ständig auf die Nutzung eines Kraftfahrzeugs angewiesen sind. **Ständige Angewiesenheit** bedeutet, dass das Kfz nicht vereinzelt oder gelegentlich zur Förderung der sozialen Teilhabe benötigt wird.[1] Der Gesetzgeber greift damit auf ein von der Rspr. zur Auslegung des § 8 EinglHV entwickeltes Tatbestandsmerkmal zurück.[2] Die Lit. spricht von einem Bedarf mehrfach in der Woche.[3] § 114 schränkt die Maßga-

---
1 So die Begr. des RegE BT-Drs. 18/9522, 285.
2 BVerwG 27.10.1977 – V C 15.77; BSG 12.12.2013 – B 8 SO 18/12 R; BSG 23.8.2013 – B 8 SO 24/11 R; LSG BW 19.10.2016 – L 2 SO 3968/15.
3 v. Boetticher/Kuhn-Zuber, Rehabilitationsrecht, Rn. 314; *Winkler* in Neumann/Pahlen/Greiner/Winkler/Jabben SGB IX § 114 Rn. 3.

ben des § 83 an Leistungen zur Mobilität im Bereich der Eingliederungshilfe dahin gehend ein, dass Kraftfahrzeughilfe zur Förderung der sozialen Teilhabe nur gewährt wird, wenn die Leistungsberechtigten ständig auf die Nutzung eines Kfz angewiesen sind. Ausgeschlossen sind auch die in §§ 6 und 8 KfzHVO vorgesehenen Hilfe zur Beschaffung eines Kraftfahrzeug und zur Erlangung einer Fahrerlaubnis.

§ 115 Besuchsbeihilfen

Werden Leistungen bei einem oder mehreren Anbietern über Tag und Nacht erbracht, können den Leistungsberechtigten oder ihren Angehörigen zum gegenseitigen Besuch Beihilfen geleistet werden, soweit es im Einzelfall erforderlich ist.

Besuchsbeihilfen können anders als § 54 Abs. 2 SGB XII aF dies noch vorsah, nach § 115 nicht nur zur Förderung der Kontakte der Bewohner stationärer Einrichtungen mit ihren Angehörigen, sondern zum gegenseitigen Besuch in allen Wohnformen gewährt werden. Das ist logische Konsequenz der Aufhebung der gedanklichen Trennung zwischen stationären, teilstationären und ambulanten Leistungen. Die Beihilfen müssen erforderlich sein. Bei der Ermessensausübung sind die räumliche sowie die persönlichen und wirtschaftlichen Verhältnisse der Leistungsberechtigten **und** ihrer Angehörigen zu berücksichtigen. Der Begriff der Angehörigen ist nach Sinn und Zweck der Vorschrift so zu verstehen, dass er auch Bezugspersonen erfasst, die zwar im streng bürgerlich-rechtlichen Sinne nicht verwandt sind, zu denen jedoch ein familienähnlich enge Bindung besteht, zB den Pflegeeltern oder Mitgliedern einer Wahlfamilie.[1]

§ 116 Pauschale Geldleistung, gemeinsame Inanspruchnahme

(1) ¹Die Leistungen
1. **zur Assistenz zur Übernahme von Handlungen zur Alltagsbewältigung sowie Begleitung der Leistungsberechtigten (§ 113 Absatz 2 Nummer 2 in Verbindung mit § 78 Absatz 2 Nummer 1 und Absatz 5),**
2. **zur Förderung der Verständigung (§ 113 Absatz 2 Nummer 6) und**
3. **zur Beförderung im Rahmen der Leistungen zur Mobilität (§ 113 Absatz 2 Nummer 7 in Verbindung mit § 83 Absatz 1 Nummer 1)**

können mit Zustimmung der Leistungsberechtigten als pauschale Geldleistungen nach § 105 Absatz 3 erbracht werden. ²Die zuständigen Träger der Eingliederungshilfe regeln das Nähere zur Höhe und Ausgestaltung der pauschalen Geldleistungen sowie zur Leistungserbringung.

(2) ¹Die Leistungen
1. **zur Assistenz (§ 113 Absatz 2 Nummer 2),**
2. **zur Heilpädagogik (§ 113 Absatz 2 Nummer 3),**
3. **zum Erwerb und Erhalt praktischer Fähigkeiten und Kenntnisse (§ 113 Absatz 2 Nummer 5),**
4. **zur Förderung der Verständigung (§ 113 Absatz 2 Nummer 6),**

---

[1] So auch *Kaiser* in BeckOK SozR, 44. Ed. 1.3.2017, SGB XII § 54 Rn. 17; *Schellhorn* in Schellhorn/Hohm/Schneider, 19. Aufl. 2015, SGB XII § 54 Rn. 79; aA *Wahrendorf* in Grube/Wahrendorf, 5. Aufl. 2014, SGB XII § 54 Rn. 50; noch enger die Begr. des RegE BT-Drs. 18/9522, 285 („Herkunftsfamilie").

5. zur Beförderung im Rahmen der Leistungen zur Mobilität (§ 113 Absatz 2 Nummer 7 in Verbindung mit § 83 Absatz 1 Nummer 1) und
6. zur Erreichbarkeit einer Ansprechperson unabhängig von einer konkreten Inanspruchnahme (§ 113 Absatz 2 Nummer 2 in Verbindung mit § 78 Absatz 6)

können an mehrere Leistungsberechtigte gemeinsam erbracht werden, soweit dies nach § 104 für die Leistungsberechtigten zumutbar ist und mit Leistungserbringern entsprechende Vereinbarungen bestehen. ²Maßgeblich sind die Ermittlungen und Feststellungen im Rahmen der Gesamtplanung nach Kapitel 7.

(3) Die Leistungen nach Absatz 2 sind auf Wunsch der Leistungsberechtigten gemeinsam zu erbringen, soweit die Teilhabeziele erreicht werden können.

Literatur:
BAG überörtlicher Sozialhilfeträger (BAGüS) (2021), Orientierungshilfe zu den Leistungen zur Sozialen Teilhabe in der Eingliederungshilfe §§ 113 bis 116 i.V.m. §§ 77 bis 84 SGB IX, abrufbar unter https://www.lwl.org/spur-download/bag/Orientierungshilfe_Soziale_Teilhabe_Stand_Januar_2021_final.pdf.

I. Überblick und Entstehung

1 § 116 wurde eingef. mWv 1.1.2020 durch Gesetz v. 23.12.2016.[1] Im SGB XII fanden sich keine entsprechende Vorgängerregelungen.

Absatz 1 und Absatz 2 regeln jeweils besondere Formen der Leistungserbringung. Zwischen beiden Absätzen besteht im Übrigen kein Zusammenhang.

II. Pauschale Geldleistungen

2 § 116 Abs. 1 nennt die Leistungen zur Sozialen Teilhabe, die gem. § 105 Abs. 3 auch in Form einer **pauschalen Geldleistung** erbracht werden können. Es handelt sich hierbei um Hilfen, die typischerweise wiederkehrend benötigt werden und keine besondere fachliche Qualifikation der Unterstützenden erfordern. Im Falle einer pauschalen Abgeltung der Leistung können auch Anbieter oder Personen aus dem persönlichen Umfeld mit der Durchführung der Leistung betraut werden, mit denen der Eingliederungshilfeträger keine Leistungsvereinbarung geschlossen hat. Eine Pauschalierung der Leistung kann nur mit Zustimmung der Leistungsberechtigten vorgenommen werden, diese können also nicht gegen ihren Willen auf die pauschale Abgeltung oder die Inanspruchnahme von Hilfe aus dem Freundes- und Verwandtenkreis verwiesen werden. Die pauschale Abgeltung ist nicht zu verwechseln mit dem in § 29 geregelten persönlichen Budget (→ § 29 Rn. 5). Die Träger der Eingliederungshilfe werden ermächtigt, das Nähere zur Höhe und Ausgestaltung der Leistungen sowie zur Leistungserbringung zu regeln. Die BAG der überörtlichen Sozialhilfeträger hat im Januar 2021 hierzu eine Orientierungshilfe vorgelegt.[2]

III. Gemeinsame Inanspruchnahme von Leistungen ("Poolen")

3 Mit der **Trennung der Fachleistungen** von den **existenzsichernden Leistungen** wurde zum 1.1.2020 die bisherige Unterteilung der Eingliederungshilfe in ambulante, teilstationäre und stationäre Leistungen und die damit verbundenen

---

1 BGBl. 2016 I 3234.
2 Vgl. Nr. 14 der Orientierungshilfe der BAGüS zu den Leistungen zur Sozialen Teilhabe in der Eingliederungshilfe §§ 113 bis 116 i.V.m. §§ 77 bis 84 SGB IX, abrufbar unter https://www.lwl.org/spur-download/bag/Orientierungshilfe_Soziale_Teilhabe_Stand_Januar_2021_final.pdf.

Vorrang-Nachrangregelungen (§§ 9 Abs. 2 Satz 2 und 13 Abs. 2 SGB XII) aufgegeben. Dadurch soll eine bessere Personenzentrierung gewährleistet werden.³ Bei den Leistungen zur Teilhabe an Bildung und den Leistungen zur sozialen Teilhabe unterscheidet der Gesetzgeber stattdessen künftig zwischen den **an mehrere Leistungsberechtigte gemeinsam erbrachten** („gepoolten") und den **individuell erbrachten Leistungen** sowie im Bereich der sozialen Teilhabe zwischen dem Leben innerhalb und außerhalb besonderer Wohnformen.

Die gemeinsame Inanspruchnahme von Leistungen (der Bundesrat hat dafür den Begriff der „gepoolten Leistung" geprägt)⁴ bedeutet, dass sich mehrere Leistungsberechtigte eine Leistung teilen. Rechtlich kommt eine gemeinsame Inanspruchnahme seit 2020 zum einen bei der Anleitung und Begleitung von Schülern und Studierenden mit Beeinträchtigungen in der Schule bzw. Hochschule gem. § 112 Abs. 4 in Betracht, zum anderen gem. § 116 Abs. 2 bei den in § 113 Abs. 2 Nr. 2, 3, 5, 6 und 7 genannten Leistungen zur sozialen Teilhabe.

Da Leistungen der Eingliederungshilfe stets personenzentriert zu erbringen sind, kommt eine gruppenbezogene Leistung an mehrere Leistungsberechtigte („poolen") nur unter den in § 116 Abs. 2 geregelten **Voraussetzungen** in Betracht: Grundvoraussetzung ist, dass Leistungsberechtigte **zur gleichen Zeit am gleichen Ort den gleichen Bedarf** haben, der durch die **gleiche Leistung** gedeckt werden kann.⁵ Nur solche Leistungen können an eine Gruppe von Leistungsberechtigten erbracht werden.

Dies ist zB bei der Gebärdensprachdolmetschung einer Vorlesung für mehrere Studierende oder bei einem von mehreren Leistungsberechtigten zeitgleich benötigten Fahrdienst in die WfBM und ähnlichen punktuellen, stets gleichförmigen und langfristig planbaren Gemeinschaftsaktivitäten der Fall, nicht aber zur Sicherung individueller Mobilität und Kommunikation oder ganzer Bildungsprozesse oder der Freizeitgestaltung, weil die Assistenz hier jeweils flexibel auf die (wechselnde) Bedarfe der Einzelnen reagieren muss.

Des Weiteren kann eine gemeinsame Inanspruchnahme nur auf Wunsch oder unter den nachfolgenden Voraussetzungen erfolgen.

Wird die gemeinsame Inanspruchnahme solcher Leistungen von **allen Leistungsberechtigten** explizit **gewünscht**, ist der Leistungsträger zum Poolen der Leistung verpflichtet (§ 112 Abs. 4 Satz 2; § 116 Abs. 3). 5

Ohne oder gegen den Willen der Leistungsberechtigten darf er die Leistungen nur poolen, sofern
1. mit den Leistungserbringern entsprechende Vereinbarungen bestehen (§§ 104 Abs. 2 Nr. 1; § 112 Abs. 4 S. 1; § 116 Abs. 2 S. 1),
2. der festgestellte individuelle Bedarf aller Leistungsberechtigten durch eine an sie gemeinschaftlich erbrachte Leistung umfassend gedeckt werden kann (= Vergleichbarkeit § 104 Abs. 2 Nr. 2);
3. ihnen unter Berücksichtigung der persönlichen, familiären und örtlichen Umstände die gemeinschaftliche Inanspruchnahme dieser Leistung zumutbar ist und
4. gem. § 104 Abs. 2 Nr. 1 die Höhe der Kosten der gewünschten Leistung die Höhe der Kosten für eine vergleichbare, an mehrere gemeinsam erbrachte Leistung unverhältnismäßig übersteigen würde. Dieser Kostenvergleich ist

---
3 So die Gesetzesbegr. zu § 104 im RegE BT-Drs. 18/9522, 278.
4 BR-Drs. 309/15.
5 So auch die Definition in der Gesetzesbegr. des RegE zu § 116 Abs. 2, BT-Drs. 18/9522, 285.

gem. § 104 Abs. 3 S. 1 erst vorzunehmen, wenn die Zumutbarkeit der gemeinsamen Inanspruchnahme positiv festgestellt ist.
Eine **gemeinschaftliche Inanspruchnahme** von **Assistenzleistungen** ist aufgrund des § 78 Abs. 2 S. 1 möglich, wenn und solange die daran beteiligten Leistungsberechtigten selbst über Ablauf, Ort und Zeitpunkt der Inanspruchnahme der Assistenz bestimmen können. Denkbar ist das **Poolen** von Assistenzleistungen im Bereich der Sozialen Teilhabe daher zu fest terminierten Anlässen und für einzelne Verrichtungen, wie zB zur Schreibdolmetschung eines Vereinstreffens. Dient die Assistenz der Unterstützung bei alltäglichen Verrichtungen im selben Haushalt, sind der Möglichkeit des Poolens ohne oder gegen den Willen der Leistungsberechtigten hingegen durch die in § 78 Abs. 2 S. 1 verankerten Selbstbestimmungsrecht Grenzen gesetzt, da ein Assistent nicht gleichzeitig eine Person zum Einkaufen begleiten und der anderen bei ihren häuslichen Verrichtungen helfen kann.

Die im Zusammenhang mit dem **Wohnen** stehenden Assistenzleistungen nach § 113 Abs. 2 Nr. 2 im Bereich der Gestaltung sozialer Beziehungen und der persönlichen Lebensplanung müssen gemäß § 104 Abs. 3 Satz 4 auf Wunsch der Leistungsberechtigten immer persönlich erbracht werden. Der Gesetzgeber will sicherstellen, dass der Privatsphäre behinderter Menschen Vorrang vor dem Interesse des Eingliederungshilfeträgers an der Steuerungsfähigkeit der Leistung eingeräumt wird. Durch die Stärkung des Wunsch- und Wahlrechts in Bezug auf die im Zusammenhang mit dem Wohnen stehenden Assistenzleistungen werden Mehrkosten im Umfang von rund 3,6 Mio. EUR jährlich erwartet.[6] Zu der in § 104 Abs. 3 Satz 4 genannten „Gestaltung der sozialen Beziehungen" gehören sowohl Hilfen im unmittelbaren als auch fernmündlichen, schriftlichen oder virtuellen Kontakt (zB in sozialen Netzwerken), beginnend ab der Kontaktsuche. Zur Assistenz im Bereich der „persönlichen Lebensplanung" zählt jede Form der Unterstützung, die Menschen mit Behinderungen zur individuellen Gestaltung ihres persönlichen Alltags benötigen. Auch in Wohngruppen müssen Menschen künftig selbst entscheiden können, wann sie sich in Begleitung oder mit Unterstützung ihrer Assistenz eine Mahlzeit zubereiten, Freunde treffen oder einkaufen gehen.

Kapitel 7 Gesamtplanung

§ 117 Gesamtplanverfahren

[gültig bis 31.12.2021:]

(1) Das Gesamtplanverfahren ist nach folgenden Maßstäben durchzuführen:
1. Beteiligung des Leistungsberechtigten in allen Verfahrensschritten, beginnend mit der Beratung,
2. Dokumentation der Wünsche des Leistungsberechtigten zu Ziel und Art der Leistungen,
3. Beachtung der Kriterien
    a) transparent,
    b) trägerübergreifend,
    c) interdisziplinär,
    d) konsensorientiert,
    e) individuell,
    f) lebensweltbezogen,

---

6 So die Beschlussempfehlung und der Bericht der Ausschüsse BT-Drs. 18/10523, 59.

g) sozialraumorientiert und
h) zielorientiert,
4. Ermittlung des individuellen Bedarfes,
5. Durchführung einer Gesamtplankonferenz,
6. Abstimmung der Leistungen nach Inhalt, Umfang und Dauer in einer Gesamtplankonferenz unter Beteiligung betroffener Leistungsträger.

(2) Am Gesamtplanverfahren wird auf Verlangen des Leistungsberechtigten eine Person seines Vertrauens beteiligt.

(3) ¹Bestehen im Einzelfall Anhaltspunkte für eine Pflegebedürftigkeit nach dem Elften Buch, wird die zuständige Pflegekasse mit Zustimmung des Leistungsberechtigten vom Träger der Eingliederungshilfe informiert und muss am Gesamtplanverfahren beratend teilnehmen, soweit dies für den Träger der Eingliederungshilfe zur Feststellung der Leistungen nach den Kapiteln 3 bis 6 erforderlich ist. ²Bestehen im Einzelfall Anhaltspunkte, dass Leistungen der Hilfe zur Pflege nach dem Siebten Kapitel des Zwölften Buches erforderlich sind, so soll der Träger dieser Leistungen mit Zustimmung der Leistungsberechtigten informiert und am Gesamtplanverfahren beteiligt werden, soweit dies zur Feststellung der Leistungen nach den Kapiteln 3 bis 6 erforderlich ist.

(4) Bestehen im Einzelfall Anhaltspunkte für einen Bedarf an notwendigem Lebensunterhalt, ist der Träger dieser Leistungen mit Zustimmung der Leistungsberechtigten zu informieren und am Gesamtplanverfahren zu beteiligen, soweit dies zur Feststellung der Leistungen nach den Kapiteln 3 bis 6 erforderlich ist.

(5) § 22 Absatz 5 ist entsprechend anzuwenden, auch wenn ein Teilhabeplan nicht zu erstellen ist.

(6) ¹Bei minderjährigen Leistungsberechtigten wird der nach § 86 des Achten Buches zuständige örtliche Träger der öffentlichen Jugendhilfe vom Träger der Eingliederungshilfe mit Zustimmung des Personensorgeberechtigten informiert und nimmt am Gesamtplanverfahren beratend teil, soweit dies zur Feststellung der Leistungen der Eingliederungshilfe nach den Kapiteln 3 bis 6 erforderlich ist. ²Hiervon kann in begründeten Ausnahmefällen abgesehen werden, insbesondere, wenn durch die Teilnahme des zuständigen örtlichen Trägers der öffentlichen Jugendhilfe das Gesamtplanverfahren verzögert würde.

[gültig ab 1.1.2022:]

(1) Das Gesamtplanverfahren ist nach folgenden Maßstäben durchzuführen:
1. Beteiligung des Leistungsberechtigten in allen Verfahrensschritten, beginnend mit der Beratung,
2. Dokumentation der Wünsche des Leistungsberechtigten zu Ziel und Art der Leistungen,
3. Beachtung der Kriterien
   a) transparent,
   b) trägerübergreifend,
   c) interdisziplinär,
   d) konsensorientiert,
   e) individuell,
   f) lebensweltbezogen,
   g) sozialraumorientiert und
   h) zielorientiert,
4. Ermittlung des individuellen Bedarfes,
5. Durchführung einer Gesamtplankonferenz,
6. Abstimmung der Leistungen nach Inhalt, Umfang und Dauer in einer Gesamtplankonferenz unter Beteiligung betroffener Leistungsträger.

(2) Am Gesamtplanverfahren wird auf Verlangen des Leistungsberechtigten eine Person seines Vertrauens beteiligt.

(3) ¹Bestehen im Einzelfall Anhaltspunkte für eine Pflegebedürftigkeit nach dem Elften Buch, wird die zuständige Pflegekasse mit Zustimmung des Leistungsberechtigten vom Träger der Eingliederungshilfe informiert und muss im Gesamtplanverfahren beratend teilnehmen, soweit dies für den Träger der Eingliederungshilfe zur Feststellung der Leistungen nach den Kapiteln 3 bis 6 erforderlich ist. ²Bestehen im Einzelfall Anhaltspunkte, dass Leistungen der Hilfe zur Pflege nach dem Siebten Kapitel des Zwölften Buches erforderlich sind, so soll der Träger dieser Leistungen mit Zustimmung der Leistungsberechtigten informiert und am Gesamtplanverfahren beteiligt werden, soweit dies zur Feststellung der Leistungen nach den Kapiteln 3 bis 6 erforderlich ist.

(4) Bestehen im Einzelfall Anhaltspunkte für einen Bedarf an notwendigem Lebensunterhalt, ist der Träger dieser Leistungen mit Zustimmung des Leistungsberechtigten zu informieren und am Gesamtplanverfahren zu beteiligen, soweit dies zur Feststellung der Leistungen nach den Kapiteln 3 bis 6 erforderlich ist.

(5) § 22 Absatz 4 ist entsprechend anzuwenden, auch wenn ein Teilhabeplan nicht zu erstellen ist.

(6) ¹Bei minderjährigen Leistungsberechtigten wird der nach § 86 des Achten Buches zuständige örtliche Träger der öffentlichen Jugendhilfe vom Träger der Eingliederungshilfe mit Zustimmung des Personensorgeberechtigten informiert und nimmt am Gesamtplanverfahren beratend teil, soweit dies zur Feststellung der Leistungen der Eingliederungshilfe nach den Kapiteln 3 bis 6 erforderlich ist. ²Hiervon kann in begründeten Ausnahmefällen abgesehen werden, insbesondere, wenn durch die Teilnahme des zuständigen örtlichen Trägers der öffentlichen Jugendhilfe das Gesamtplanverfahren verzögert würde.

Literatur:
Deutscher Verein, Empfehlungen des Deutschen Vereins zur Gesamtplanung in der Eingliederungshilfe und ihr Verhältnis zur Teilhabeplanung, NDV 2019, 337; *Steinmüller*, Umsetzung des Bundesteilhabegesetzes – Neuregelungen und Herausforderungen für die Träger der Eingliederungshilfe im Bereich Bedarfsermittlung und ICF-Orientierung, NDV 2018, 435.

I. Überblick – Entstehung

1 § 117 wurde durch Artikel 1 des Gesetzes zur Stärkung der Teilhabe und Selbstbestimmung von Menschen mit Behinderungen (Bundesteilhabegesetz – BTHG) vom 23.12.2016 mWz 1.1.2020 in das SGB IX eingefügt.[1] Für eine Übergangszeit v. 1.1.2018 bis zum 31.12.2019 enthielt der durch Art. 12 Nr. 7 BTHG in das SGB XII eingefügte § 141 SGB XII aF eine dem § 117 entsprechende Regelung. Durch Artikel 7 Nr. 18 des Teilhabestärkungsgesetzes v. 2.6.2021[2] wird § 22 Abs. 5 mWz 1.1.2022 redaktionell geändert: Die Angabe „§ 22 Absatz 5" wird durch „§ 22 Absatz 4" ersetzt.[3] Dies hängt mit der Streichung des bisherigen § 22 Abs. 4 durch Art. 7 Nr. 5 des Teilhabestärkungsgesetzes zusammen.[4] Mit Art. 4 Nr. 2 des Kinder- und Jugendstärkungsgesetzes (KJSG) v. 3.6.2021 hat der Gesetzgeber Absatz 6 mWz 10.6.2021 angefügt.[5]

---

1 BGBl. I 3234.
2 BGBl. 2021 I 1387.
3 Vgl. BGBl. 2021 I 1387 (1395).
4 Vgl. BT-Drs. 19/27400, 24.
5 BGBl. 2021 I 1444 (1463).

Die gesamte Regelung des § 117 enthält Grundsätze für das Gesamtplanverfahren.

II. Einzelheiten

Der Eingliederungshilfeträger ist in allen Fällen, in denen Eingliederungshilfeleistungen begehrt werden, verpflichtet, ein **Gesamtplanverfahren** durchzuführen. Das gilt auch wenn **Leistungen aus nur einer Leistungsgruppe** (→ § 5 Rn. 1 ff.) begehrt werden. Kommen Eingliederungshilfeleistungen aus mehreren Leistungsgruppen in Betracht und ist der Eingliederungshilfeträger leistender Rehabilitationsträger iSd § 14, so ist er auch Verantwortlicher für die Durchführung eines **Teilhabeplanverfahrens** nach § 19 (dazu → § 19 Rn. 1 ff.). In diesem Fall ist das Gesamtplanverfahren gem. § 21 Satz 1 Bestandteil des Teilhabeplanverfahrens (→ § 21 Rn. 2). Seine Regelungen ergänzen für den Eingliederungshilfeträger die Regelungen zum Teilhabeplanverfahren.

Seit dem 1.1.2020 löst nicht bereits die Kenntnis des Eingliederungshilfeträgers von Anhaltspunkten eines Eingliederungshilfebedarfs die Verpflichtung zur Durchführung eines Gesamtplanverfahrens, sondern ein **Antrag** der leistungsberechtigten Person nach § 108 Abs. 1. Der Antrag muss nicht vollständig sein. Denn nach § 108 Abs. 2 bedarf es eines Antrags nicht für diejenigen Leistungen, deren Bedarf erst während der Durchführung des Gesamtplanverfahrens ermittelt werden.

Geht der Antrag bei einem Eingliederungshilfeträger als erstangegangenem Träger ein, ist dieser verpflichtet, mit dem Gesamtplanverfahren zu beginnen, sobald er seine Zuständigkeit geprüft und positiv festgestellt hat. Bleibt er untätig und leitet er deshalb den Antrag nicht innerhalb der Frist des § 14 Abs. 1 Satz 1 oder verspätet an einen anderen Eingliederungshilfeträger weiter, hat er gem. § 14 Abs. 2 Satz 1 den Rehabilitationsbedarf unverzüglich festzustellen und zu diesem Zweck mit dem Gesamtplanverfahren zu beginnen. Stellt der erstangegangene Eingliederungshilfeträger seine örtliche Unzuständigkeit fest und ist innerhalb von vier Wochen der örtlich zuständige Eingliederungshilfeträger nicht zu ermitteln, wird der erstangegangene Träger nach § 98 Abs. 2 Satz 1, falls sich die leistungsberechtigte Person in seinem Einzugsgebiet tatsächlich aufhält, **vorläufig zuständig** und hat unverzüglich mit dem Gesamtplanverfahren zu beginnen (→ § 98 Rn. 13). Geht der Antrag einer Person beim Eingliederungshilfeträger im Wege der Weiterleitung nach § 14 Abs. 1 Satz 2 ein (→ § 14 Rn. 10 f.), hat dieser Träger nach § 14 Abs. 2 Satz 4 iVm Abs. 2 Satz 1 (→ § 14 Rn. 17 ff.) zum Zweck der Bedarfsfeststellung unverzüglich mit dem Gesamtplanverfahren zu beginnen.

§ 117 Abs. 1 legt „Maßstäbe und Kriterien"[6] für die Durchführung eines Gesamtplanverfahrens fest. An erster Stelle steht nach Abs. 1 Nr. 1 die **Beteiligung des Leistungsberechtigten in allen Verfahrensschritten**. Die Beteiligung der leistungsberechtigten Person soll deren Position im Bedarfsfeststellungsprozess stärken[7] und damit sicherstellen, dass dieser Prozess personenzentriert abläuft und damit zu einer individuellen und umfassenden Bedarfsfeststellung führt. Die Worte „beginnend mit der Beratung" signalisieren, dass in jedem Einzelfall am Anfang des Verfahrens zur Aufstellung eines Gesamtplanes eine Beratung der leistungsberechtigten Person stehen soll. § 106 Abs. 2 umfasst beispielhaft wesentliche Beratungsgegenstände, ua zu den Verwaltungsabläufen. Insofern ist die leistungsberechtigte Person zu Beginn des Verfahrens auch darüber zu infor-

---

6 BT-Drs. 18/9522, 287.
7 Vgl. BT-Drs. 18/9522, 287.

mieren bzw. (nach den Empfehlungen des DV zur Gesamtplanung) ausdrücklich darauf hinzuweisen,[8] dass sie nach § 117 Abs. 2 eine **Person ihres Vertrauens** unterstützend hinzuziehen kann. Die Beratung muss in einer Form erfolgen, die es der leistungsberechtigten Person ermöglicht, diese inhaltlich wahrnehmen zu können (vgl. näher → § 106 Rn. 1 ff.; → § 97 Rn. 2). Nach Abs. 1 Nr. 2 sind die **Wünsche** des Leistungsberechtigten zu Ziel und Art der Leistungen zu dokumentieren. Diese Verpflichtung setzt voraus, dass der Eingliederungshilfeträger die betreffende Person im Zusammenhang mit der Beratung ausdrücklich auf ihre (Wunsch- und Wahl-)Rechte hinzuweisen hat und sie danach aktiv zu befragen ist. Dies muss sich der Dokumentation nach Abs. 1 Nr. 2 entnehmen lassen.

6 Abs. 1 Nr. 3 listet **Kriterien** auf, die ein Eingliederungshilfeträger im Gesamtplanverfahren zu beachten hat: (a) Das gesamte Verfahren muss „**transparent**" ablaufen. Die Verfahrensschritte müssen vom Beginn bis zur abschließenden Bedarfsfeststellung von außen betrachtet, auch aus Sicht der leistungsberechtigten Person, nachvollziehbar sein. (b) Das Verfahren muss „**trägerübergreifend**" betrieben werden. Dieses Kriterium wird nur relevant, wenn im Einzelfall neben Eingliederungshilfeleistungen weitere Leistungen anderer Sozialleistungsträger (anderer Rehabilitationsträger, der Pflegekassen oder der Träger von existenzsichernden Leistungen) benötigt werden. Die Beteiligung weiterer Rehabilitationsträger erfolgt im Rahmen des Teilhabeplanverfahrens. Für die Beteiligung anderer Sozialleistungsträger enthalten die Abs. 3 und 4 Regelungen. (c) Ein weiteres Kriterium ist die **Interdisziplinarität**. Dieses Kriterium ist zum einen mit Blick auf die Analyse der Bedarfssituation relevant. Unter Umständen müssen Vertreter verschiedener Berufsgruppen beteiligt werden, um die individuelle Bedarfssituation passgenau darstellen zu können. Das Kriterium gewinnt aber auch Relevanz im Zusammenhang mit dem Zusammenstellen individueller Leistungspakete, bei denen das Zusammenwirken verschiedener Berufsgruppen mitgedacht wird.[9] (d) Das Verfahren soll „konsensorientiert" ablaufen. Es ist darauf zu achten, dass die Beteiligten zu einvernehmlichen Lösungen finden. Ein wesentliches Element zur Umsetzung der Konsensorientierung ist die Gesamtplankonferenz (→ § 119). (e) Das Verfahren ist „**individuell**" zu gestalten. Das erfordert in jedem Einzelfall eine Analyse der individuellen Besonderheiten. Der Deutsche Verein empfiehlt in diesem Zusammenhang ein persönliches und leitfadengestütztes Gespräch, um die „Vorstellungen und Wünsche des Menschen mit Behinderungen" strukturiert erfassen zu können.[10] (f) Das Kriterium „**lebensweltbezogen**" steht in engem Zusammenhang mit dem Kriterium individuell. Die leistungsberechtigte Person ist in ihrem Alltag, an dem Ort, an dem sie lebt, wohnt und arbeitet in den Blick zu nehmen ist. Dabei kommt den familiären und sozialen Beziehungen sowie den Lebensentwürfen der leistungsberechtigten Person eine wichtige Bedeutung zu. (g) Das Gesamtplanverfahren ist schließlich sowohl **sozialraum-** wie auch (h) **zielorientiert** durchzuführen. Die **Zielorientierung** ergibt sich aus den allgemeinen Teilhabezielen der Eingliederungshilfe (→ Rn. 23 ff.), die im Gesamtplanverfahren mit Blick auf die individuelle Bedarfs- und Lebenssituation zu konkretisieren sind. Der Blick auf den

---

8 Vgl. Deutscher Verein NDV 2019, 337 (342).
9 Vgl. hierzu auch *Steinmüller* NDV 2018, 435 (440) mit Verweis auf BAGüS: Orientierungshilfe zur Gesamtplanung §§ 117 ff. SGB IX/§§ 141 ff. SGB XII, abrufbar unter www.lwl.org/spur-download/bag/02_2018an.pdf.
10 Vgl. Deutscher Verein NDV 2019, 336 (342).

jeweiligen **Sozialraum**[11] ist notwendig, um die im Einzelfall existierenden Barrieren für die Teilhabe konkret benennen aber auch solche Faktoren einbeziehen zu können, die geeignet sind, die Teilhabe an einzelnen Lebensbereichen zu fördern.

Nach Abs. 1 Nr. 4 ist im Gesamtplanverfahren der **individuelle Bedarf** zu ermitteln. Das ergibt sich bereits aus dem Kriterium des Abs. 1 Nr. 3 e. Die Regelung des Abs. 1 Nr. 4 verstärkt dieses Kriterium und richtet wiederum den Blick auf die Person und ihren Teilhabebedarf. Näheres zur Wahl der Instrumente der Bedarfsermittlung regelt § 118. Die näheren Regelungen zu der im Abs. 1 Nr. 5 genannten Gesamtplankonferenz und zur Abstimmung der Leistungen unter Beteiligung aller betroffener Leistungsträger nach Abs. 1 Nr. 6 regelt § 119.

7

Neben einem Bedarf an Rehabilitationsleistungen kann im Einzelfall auch ein **Bedarf an Pflegeleistungen** nach dem SGB XI hinzutreten. Bestehen **Anhaltspunkte** dafür, muss der Eingliederungshilfeträger die leistungsberechtigte Person um eine **Zustimmung** zur Information der jeweiligen Pflegkasse bitten. Es ist nicht erforderlich, dass zu diesem Zeitpunkt bereits feststeht, ob ein Pflegebedarf iSd § 14 SGB XI tatsächlich besteht. Erteilt die leistungsberechtigte Person ihre Zustimmung, muss der Eingliederungshilfeträger die betreffende Pflegkasse informieren, soweit dies zur Feststellung der Eingliederungshilfeleistungen erforderlich ist. Die Pflegekasse ist verpflichtet, beratend am Gesamtplanverfahren teilzunehmen. Treffen ambulante Pflegeleistungen nach dem SGB XI mit ambulanten Eingliederungshilfeleistungen zusammen, kann im Rahmen des Gesamtplanverfahrens die Vereinbarung nach § 13 Abs. 4 SGB XI zwischen dem Eingliederungshilfeträger und der Pflegekasse vorbereitet werden (vgl. hierzu → § 91 Rn. 12 f.). Ohne die Zustimmung der leistungsberechtigten Person ist eine Information und Einbeziehung des Pflegeversicherungsträgers nicht zulässig. Liegen nach Abs. 3 Satz 2 **Anhaltspunkte** für einen Bedarf an **Hilfe zur Pflege** nach dem SGB XII vor „**soll**" der Eingliederungshilfeträger mit Zustimmung der leistungsberechtigten Person den (zuständigen) Sozialhilfeträger informieren und am Verfahren beteiligen, soweit dies zur Feststellung der Eingliederungshilfeleistungen erforderlich ist.

8

Bei Anhaltspunkten für einen Bedarf an existenzsichernden Leistungen besteht nach Abs. 4 ebenfalls eine Verpflichtung („ist (…) zu informieren und (…) zu beteiligen") des Eingliederungshilfeträgers zur **Einbeziehung des für die Existenzsicherung zuständigen Trägers** (Jobcenter, Optionskomune für Leistungen nach dem SGB II, Sozialhilfeträger für Leistungen nach dem SGB XII) in das Gesamtplanverfahren. Auch hier ist Voraussetzung, dass die leistungsberechtigte Person ihre Zustimmung erteilt. Die Einbeziehung des für die existenzsichernden Leistungen zuständigen Trägers muss Feststellung von Eingliederungshilfeleistungen erforderlich sein. Dies ist zB der Fall, wenn die leistungsberechtigte Person in einer besonderen Wohnform iSd § 42a Abs. 2 Satz 1 Nr. 2 und Satz 3 SGB XII lebt. Hier muss geklärt werden, welcher Teil der Wohnkosten den existenzsichernden Leistungen und welcher Anteil nach § 113 Abs. 5 den Eingliederungshilfeleistungen zuzuordnen ist (→ § 113 Rn. 3).

9

Abs. 5 verweist auf eine entsprechende Anwendung des § 22 Abs. 5 (ab 1.1.2022 auf § 22 Abs. 4 → Rn. 1): Wenn Anhaltspunkte für einen **Betreuungsbedarf** nach **§ 1896 BGB** erkennbar sind, hat der Eingliederungshilfeträger die zuständige Betreuungsbehörde über die Erstellung eines Gesamtplans zu informieren, soweit dies zur Vermittlung anderer Hilfen, bei denen kein Betreuer be-

10

---

11 Kritisch zum Kriterium „sozialraumorientiert" *von Boetticher*, Das neue Teilhaberecht, S. 240.

stellt wird, erforderlich ist. Voraussetzung ist, dass die leistungsberechtigte Person dem zustimmt (vgl. näher → § 22 Rn. 9).

11 Absatz 6 hängt eng mit der Regelung des § 10a Abs. 3 SGB VIII zusammen, der (ebenfalls mWz 10.6.2021) durch Art. 1 Nr. 12 KJSG[12] (→ Rn. 1) in das SGB VIII eingefügt worden ist. Mit den Änderungen, die der Gesetzgeber durch Art. 1 Nr. 12 bis 14 KJSG im SGB VIII vorgenommen hat, soll in einem über sieben Jahre andauernden Prozess die Zuständigkeit für alle Kinder mit Behinderungen, die Eingliederungshilfeleistungen benötigen, beim Jugendhilfeträger gebündelt werden. Gegenwärtig ist der Jugendhilfeträger für Eingliederungshilfeleistungen nur zuständig, wenn es um den Bedarf von Kindern bzw. Jugendlichen mit seelischen Behinderungen iSd § 35a SGB VIII geht. Bei Kindern mit anderen Behinderungen oder Mehrfachbehinderungen ist gegenwärtig der Eingliederungshilfeträger für Leistungen der Eingliederungshilfe sachlich zuständig. Ab 2028 soll für alle Kinder mit Behinderungen der Jugendhilfeträger für Leistungen der Eingliederungshilfe zuständig sein. In einem ersten Schritt auf dem Weg zur Bündelung dieser Zuständigkeit beim Jugendhilfeträger geht es darum, Schnittstellenprobleme zwischen den Eingliederungshilfe- und den Jugendhilfeträgern abzubauen. Es geht aber auch darum, bereits jetzt bei der Ermittlung des Eingliederungshilfebedarfs im Gesamtplanverfahren den gesamten entwicklungsspezifischen Bedarf des Kindes bzw. Jugendlichen in den Blick zunehmen. Diesem Ziel dienen § 117 Abs. 6 SGB IX und § 10a Abs. 3 SGB VIII. § 10a Abs. 3 SGB VIII verpflichtet den Träger der öffentlichen Jugendhilfe (mit Zustimmung des Personensorgeberechtigten) am Gesamtplanverfahren nach § 117 Abs. 6 SGB IX beratend teilzunehmen. Die Beratungsfunktion des Jugendhilfeträgers bezieht sich hier auf den pädagogischen, erzieherischen Bedarf, der im Zusammenhang mit den Eingliederungshilfeleistungen jeweils berücksichtigt werden muss, um dem Kind zu helfen, sich zu einer „selbstbestimmten, eigenverantwortlichen und gemeinschaftsfähigen Persönlichkeit" iSd § 1 Abs. 1 SGB VIII entwickeln zu können. Es kann in Einzelfällen aber auch um die Klärung gehen, ob und wie der erzieherische Bedarf vom Eingliederungshilfebedarf abgegrenzt werden kann.[13] Nach Artikel 10 Abs. 4 KJSG (→ Rn. 1) tritt § 10a Abs. 3 SGB VIII am 1.1.2028 außer Kraft, da der Jugendhilfeträger mit diesem Datum für alle minderjährigen Leistungsberechtigten Träger der Leistungen der Eingliederungshilfe sein soll. Zum 1.1.2028 wird damit auch die Regelung des Abs. 6 überflüssig werden. Ein Außerkrafttreten der Regelung zu diesem Zeitpunkt sieht das KJSG nicht vor.

12 Der Verpflichtung zur Teilnahme am Gesamtplanverfahren nach § 10a Abs. 3 SGB VIII kann der Jugendhilfeträger nur nachkommen, wenn er darüber Kenntnis hat, dass der Eingliederungshilfeträger ein Gesamtplanverfahren zur Ermittlung des Bedarfs eines Kindes mit Behinderung durchführt. Deshalb verpflichtet der Gesetzgeber den Eingliederungshilfeträger mit § 117 Abs. 6, den jeweils örtlich zuständigen Jugendhilfeträger von der Durchführung eines Gesamtplanverfahrens für einen minderjährigen Leistungsberechtigten zu informieren.[14] Voraussetzung für eine solche Information ist die Zustimmung des Personensorgeberechtigten. Wie § 10a Abs. 3 SGB VIII schreibt § 117 Abs. 6 die beratende Teilnahme des Jugendhilfeträgers am Gesamtplanverfahren für den Regelfall vor. Abweichend von § 10a Abs. 3 SGB VIII enthält Abs. 6 eine Einschränkung: Die Teilnahme erfolgt, „soweit dies zur Feststellung der Leistungen der Eingliederungshilfe nach den Kapiteln 3 bis 6 erforderlich ist."

---

12 BGBl. 2021 I 1444.
13 Vgl. auch BT-Drs. 19/26107, 126.
14 Vgl. BT-Drs. 19/26107, 126.

Nimmt man aber die Kompetenz des Jugendhilfeträgers mit Blick auf den besonderen entwicklungsbedingten Bedarf von Kindern und Jugendlichen wirklich ernst, kommt die genannte Einschränkung nur in Ausnahmefällen zum Tragen. Denn der Eingliederungshilfebedarf von Kindern und Jugendlichen nach den Kapiteln 3 bis 6 unterscheidet sich grundsätzlich von dem Bedarf eines Erwachsenen. In jedem Einzelfall muss der spezifische (erzieherische) Bedarf zur Entwicklung der Persönlichkeit des Kindes mitberücksichtigt werden.[15] Voraussetzung für eine Teilnahme des Jugendamtes am Gesamtplanverfahren ist nach Abs. 6 Satz 1 die Zustimmung des Personensorgeberechtigten. Nach Abs. 6 Satz 2 darf der Eingliederungshilfeträger nur „in begründeten Ausnahmefällen" von einer beratenden Teilnahme des Jugendhilfeträgers absehen. Der Gesetzgeber benennt beispielhaft („insbesondere") den Fall, dass durch die Teilnahme des zuständigen örtlichen Jugendhilfeträgers das Gesamtplanverfahren verzögert würde. Der Eingliederungshilfeträger muss jeweils nachvollziehbar darlegen können, aus welchen Gründen er abweichend vom Regelfall von der Teilnahme des Jugendhilfeträgers abgesehen hat.

§ 118 Instrumente der Bedarfsermittlung

(1) ¹Der Träger der Eingliederungshilfe hat die Leistungen nach den Kapiteln 3 bis 6 unter Berücksichtigung der Wünsche des Leistungsberechtigten festzustellen. ²Die Ermittlung des individuellen Bedarfes des Leistungsberechtigten muss durch ein Instrument erfolgen, das sich an der Internationalen Klassifikation der Funktionsfähigkeit, Behinderung und Gesundheit orientiert. ³Das Instrument hat die Beschreibung einer nicht nur vorübergehenden Beeinträchtigung der Aktivität und Teilhabe in den folgenden Lebensbereichen vorzusehen:
1. Lernen und Wissensanwendung,
2. Allgemeine Aufgaben und Anforderungen,
3. Kommunikation,
4. Mobilität,
5. Selbstversorgung,
6. häusliches Leben,
7. interpersonelle Interaktionen und Beziehungen,
8. bedeutende Lebensbereiche und
9. Gemeinschafts-, soziales und staatsbürgerliches Leben.

(2) Die Landesregierungen werden ermächtigt, durch Rechtsverordnung das Nähere über das Instrument zur Bedarfsermittlung zu bestimmen.

I. Überblick – Entstehung

§ 118 wurde durch Artikel 1 des Gesetzes zur Stärkung der Teilhabe und Selbstbestimmung von Menschen mit Behinderungen (Bundesteilhabegesetz – BTHG) vom 23.12.2016 mWz 1.1.2020 in das SGB IX eingefügt.[1] Für eine Übergangszeit v. 1. 1. 2018 bis zum 31. 12. 2019 enthielt der durch Art. 12 Nr. 7 BTHG in das SGB XII eingefügte § 142 SGB XII aF eine dem § 118 entsprechende Regelung. § 118 enthält eine den § 117 Abs. 1 Nr. 4 ergänzende Regelung. Während § 117 Abs. 1 Nr. 4 die Ermittlung des individuellen Bedarfs zu einem Maßstab des Gesamtplanverfahrens erhebt, benennt § 118 Orientie-

---

15 Vgl. hierzu BT-Drs. 19/26107, 78 und 126.
1 BGBl. I 3234.

rungspunkte[2] für das Instrument, mit dessen Hilfe die Bedarfsermittlung erfolgen soll.

II. Instrumente zur Bedarfsermittlung

2   Im Zentrum der Regelung steht die Bedarfsermittlung, nicht die Bedarfsfeststellung. Diese ist erst Gegenstand des § 120. Insofern ist Abs. 1 Satz 1 sprachlich ungenau.[3] Abs. 1 Satz 1 ist auf den Bedarfsermittlungsprozess zu beziehen: Der Eingliederungshilfeträger hat die Bedarfe an Eingliederungshilfeleistungen „unter Berücksichtigung der Wünsche des Leistungsberechtigten" zu erheben. Die **Bedarfsermittlung** stellt die **erste Stufe im Gesamtplanverfahren** dar. Erst wenn das Bedarfsermittlungsverfahren abgeschlossen ist, stellt der Eingliederungshilfeträger gem. § 120 Abs. 1 die Leistungen fest (→ § 120 Rn. 2).

3   Der Eingliederungshilfeträger muss gem. Abs. 1 Satz 2 für die Bedarfsermittlung ein „Instrument" verwenden. § 13 Abs. 1 Satz 1 enthält eine Legaldefinition für den Begriff „Instrumente". Danach sind Instrumente **standardisierte Arbeitsmittel**. Die Gesetzesbegründung verweist beispielhaft auf „Fragebogen, Checkliste, Leitfaden".[4] Der Gesetzgeber sah sich unter Berücksichtigung des Art. 84 Abs. 1 GG daran gehindert, ein konkretes für alle Bundesländer geltendes Instrument zur Bedarfsermittlung festzulegen, da die Bundesländer den Teil 2 des SGB IX als eigene Aufgabe ausführen.[5] In der Literatur wird zT darauf hingewiesen, dass der Bundesgesetzgeber auf der Grundlage des Art. 84 Abs. 1 Satz 5 GG sehr wohl Regelungen für ein bundeseinheitlich durchzuführendes Bedarfsermittlungsverfahren hätte vorsehen können. Art. 84 Abs. 1 Satz 5 GG erlaube es dem Bund wegen eines besonderen Bedürfnisses nach bundeseinheitlichen Regelungen das Verwaltungsverfahren ohne Abweichungsmöglichkeit für die Länder zu regeln.[6] Solche bundeseinheitlichen Regelungen nach Art. 84 Abs. 1 Satz 5 GG sind jedoch nach Art. 84 Abs. 1 Satz 6 GG nur mit Zustimmung des Bundesrates möglich und durchsetzbar. Der Bundesgesetzgeber hat sich im § 118 darauf beschränkt, Kriterien festzulegen, die die Länder bei der Entwicklung von Bedarfsfeststellungsinstrumenten zu beachten haben.

4   Das jeweilige Instrument muss sich gem. Abs. 1 Satz 2 an der Internationalen Klassifikation der Funktionsfähigkeit, Behinderung und Gesundheit („**International Classification of Functioning, Disability and Health**", ICF) orientieren. Der Begriff „orientieren" ist zwar sehr vage,[7] aber mit Abs. 1 Satz 3 gibt der Gesetzgeber eine enge Orientierung an der ICF vor, wenn er verlangt, dass das Instrument „die Beschreibung einer nicht nur vorübergehenden **Beeinträchtigung der Aktivität und Teilhabe** in den folgenden Lebensbereichen vorzusehen" habe. Zu den Begriffen „Aktivität", „Teilhabe", „Beeinträchtigungen der Aktivität" und „Beeinträchtigungen der Teilhabe" finden sich in der ICF (deutsche Übersetzung) folgende Definitionen:

„Eine **Aktivität** ist die Durchführung einer Aufgabe oder einer Handlung (Aktion) durch einen Menschen. **Partizipation [Teilhabe]** ist das Einbezogensein in eine Lebenssituation. **Beeinträchtigungen der Aktivität** sind Schwierigkeiten, die ein Mensch haben kann, die Aktivität durchzuführen. Eine **Beeinträchtigung**

---

2   Vgl. BT-Dr. 18/9522, 287.
3   Vgl. zu § 142 Abs. 1 Satz 1 SGB XII aF auch *von Boetticher*, Das neue Teilhaberecht, S. 281 Rn. 501.
4   BT-Drs. 18/9522, 287.
5   Vgl. BT-Drs. 18/9522, 288.
6   Vgl. *von Boetticher*, Das neue Teilhaberecht, S. 280 Rn. 500.
7   Vgl. hierzu *von Boetticher*, Das neue Teilhaberecht, S. 282 Rn. 504.

der Partizipation [Teilhabe] ist ein Problem, das ein Mensch im Hinblick auf sein Einbezogensein in Lebenssituationen erleben kann."[8]
Der Begriff „Beeinträchtigung" im Abs. 1 Satz 3 bezieht sich somit nicht auf die Körperfunktionen und -strukturen, sondern auf die Aktivität und Teilhabe iSd ICF. Nicht das Abweichen eines Körper- und Gesundheitszustandes iSd § 2 Abs. 1 Satz 2 Satz 2 (→ § 2 Rn. 6 ff.) ist zu ermitteln, sondern es ist zu ermitteln, ob **Aktivitäten** eines Menschen mit einer Abweichung seines Körper- und Gesundheitszustandes iSd § 2 Abs. 1 Satz 2 in den genannten Lebensbereichen **beeinträchtigt** und ob die **Teilhabe**, das Einbezogensein in einen Lebensbereich, **beeinträchtigt** ist. Die im Abs. 1 Satz 3 unter den Nummern 1 bis 9 aufgeführten Lebensbereiche hat der Gesetzgeber ebenfalls aus dem Teil 1 der ICF („Aktivitäten und Partizipation [Teilhabe]") entnommen.[9] Dort finden sich nähere Umschreibungen zu den Lebensbereichen:

- **Lernen und Wissensanwendung:** „Lernen, Anwendung des Erlernten, Denken, Probleme lösen und Entscheidungen treffen."[10]
- **Allgemeine Aufgaben und Anforderungen:** „allgemeine Aspekte der Ausführung von Einzel- und Mehrfachaufgaben, (…) Organisation von Routinen und (…) Umgang mit Stress."[11]
- **Kommunikation:** „Merkmale der Kommunikation mittels Sprache, Zeichen und Symbolen, einschließlich des Verstehens und Produzierens von Mitteilungen (…) Konversation und (…) Gebrauch[s] von Kommunikationsgeräten und -techniken."[12]
- **Mobilität:** „Bewegung durch Änderung der Körperposition oder -lage oder Verlagerung von einem Platz zu einem anderen, (…) Bewegung von Gegenständen durch Tragen, Bewegen oder Handhaben, (…) Fortbewegung durch Gehen, Rennen, Klettern oder Steigen sowie durch den Gebrauch verschiedener Transportmittel."[13]
- **Selbstversorgung:** „Waschen, Abtrocknen, (…) Pflege des eigenen Körpers und seiner Teile, (…) An- und Ablegen von Kleidung, (…) Essen und Trinken und (…) Sorge um die eigene Gesundheit."[14]
- **Häusliches Leben:** „Beschaffung einer Wohnung, von Lebensmitteln, Kleidung und anderen Notwendigkeiten, Reinigungs- und Reparaturarbeiten im Haushalt, die Pflege von persönlichen und anderen Haushaltsgegenständen und die Hilfe für andere."[15]
- **Interpersonelle Interaktionen und Beziehungen:** „Handlungen und Aufgaben, die für die elementaren und Komplexen Interaktionen von Menschen (…) in einer kontextuell und sozial angemessenen Weise erforderlich sind."[16]
- **Bedeutende Lebensbereiche:** „Ausführung von Aufgaben und Handlungen, die für die Beteiligung an Erziehung/Bildung, Arbeit und Beschäftigung sowie für die Durchführung wirtschaftlicher Transaktionen erforderlich sind."[17]

---

8 DIMDI, ICF, 2010, 16 und 155.
9 DIMDI, ICF, 2010, S. 155 ff.; vgl. auch die Übersicht in der Einführung zur ICF: DIMDI, ICF, 2010, 16.
10 DIMDI, ICF, 2010, S. 157.
11 DIMDI, ICF, 2010, S. 162.
12 DIMDI, ICF, 2010, S. 167.
13 DIMDI, ICF, 2010, S. 173.
14 DIMDI, ICF, 2010, S. 187.
15 DIMDI, ICF, 2010, S. 193.
16 DIMDI, ICF, 2010, S. 201.
17 DIMDI, ICF, 2010, S. 208.

- Gemeinschafts-, soziales und staatsbürgerliches Leben: „Handlungen und Aufgaben, die für die Beteiligung am organisierten sozialen Leben außerhalb der Familie, in der Gemeinschaft sowie in verschiedenen sozialen und staatsbürgerlichen Lebensbereichen erforderlich sind."[18]

6 Das Instrument, das ein Eingliederungshilfeträger für eine Bedarfsermittlung wählt, muss geeignet sein, in jedem Einzelfall sowohl die (nicht nur vorübergehende) Beeinträchtigung einer Aktivität in den aufgeführten neun Lebensbereichen wie auch die Beeinträchtigung der Teilhabe in den Lebensbereichen ermitteln und dokumentieren zu können.

III. Verordnungsermächtigung – Abs. 2

7 Abs. 2 ermächtigt die Bundesländer, das Nähere zur Wahl der Instrumente der Bedarfsermittlung in einer Rechtsverordnung zu regeln. Im Juli 2020 lagen erst zwei Rechtsverordnungen vor (Berlin[19] und Thüringen[20]). In den Bundesländern Bayern, Saarland und Schleswig-Holstein gab es zu diesem Zeitpunkt noch keine Bedarfsermittlungsinstrumente. In den anderen Bundesländern waren zu diesem Zeitpunkt Bedarfsermittlungsinstrument entwickelt aber (noch) nicht in Rechtsverordnungen festgeschrieben worden.[21]

§ 119 Gesamtplankonferenz

(1) ¹Mit Zustimmung des Leistungsberechtigten kann der Träger der Eingliederungshilfe eine Gesamtplankonferenz durchführen, um die Leistungen für den Leistungsberechtigten nach den Kapiteln 3 bis 6 sicherzustellen. ²Die Leistungsberechtigten, die beteiligten Rehabilitationsträger und bei minderjährigen Leistungsberechtigten der nach § 86 des Achten Buches zuständige örtliche Träger der öffentlichen Jugendhilfe können dem nach § 15 verantwortlichen Träger der Eingliederungshilfe die Durchführung einer Gesamtplankonferenz vorschlagen. ³Den Vorschlag auf Durchführung einer Gesamtplankonferenz kann der Träger der Eingliederungshilfe ablehnen, wenn der maßgebliche Sachverhalt schriftlich ermittelt werden kann oder der Aufwand zur Durchführung nicht in einem angemessenen Verhältnis zum Umfang der beantragten Leistung steht.

(2) ¹In einer Gesamtplankonferenz beraten der Träger der Eingliederungshilfe, der Leistungsberechtigte und beteiligte Leistungsträger gemeinsam auf der Grundlage des Ergebnisses der Bedarfsermittlung nach § 118 insbesondere über
1. die Stellungnahmen der beteiligten Leistungsträger und die gutachterliche Stellungnahme des Leistungserbringers bei Beendigung der Leistungen zur beruflichen Bildung nach § 57,
2. die Wünsche der Leistungsberechtigten nach § 104 Absatz 2 bis 4,
3. den Beratungs- und Unterstützungsbedarf nach § 106,
4. die Erbringung der Leistungen.

²Soweit die Beratung über die Erbringung der Leistungen nach Nummer 4 den Lebensunterhalt betrifft, umfasst sie den Anteil des Regelsatzes nach § 27a Absatz 3 des Zwölften Buches, der den Leistungsberechtigten als Barmittel verbleibt.

---

18 DIMDI, ICF, 2010, S. 214.
19 GVBl. 2019, 475.
20 GVBl. 2020, 49.
21 Vgl. zum Umsetzungsstand in den Bundesländern: https://umsetzungsbegleitung-bthg.de/gesetz/umsetzung-laender/.

(3) ¹Ist der Träger der Eingliederungshilfe Leistungsverantwortlicher nach § 15, soll er die Gesamtplankonferenz mit einer Teilhabeplankonferenz nach § 20 verbinden. ²Ist der Träger der Eingliederungshilfe nicht Leistungsverantwortlicher nach § 15, soll er nach § 19 Absatz 5 den Leistungsberechtigten und den Rehabilitationsträgern anbieten, mit deren Einvernehmen das Verfahren anstelle des leistenden Rehabilitationsträgers durchzuführen.

(4) ¹Beantragt eine leistungsberechtigte Mutter oder ein leistungsberechtigter Vater Leistungen zur Deckung von Bedarfen bei der Versorgung und Betreuung eines eigenen Kindes oder mehrerer eigener Kinder, so ist eine Gesamtplankonferenz mit Zustimmung des Leistungsberechtigten durchzuführen. ²Bestehen Anhaltspunkte dafür, dass diese Bedarfe durch Leistungen anderer Leistungsträger, durch das familiäre, freundschaftliche und nachbarschaftliche Umfeld oder ehrenamtlich gedeckt werden können, so informiert der Träger der Eingliederungshilfe mit Zustimmung der Leistungsberechtigten die als zuständig angesehenen Leistungsträger, die ehrenamtlich tätigen Stellen und Personen oder die jeweiligen Personen aus dem persönlichen Umfeld und beteiligt sie an der Gesamtplankonferenz.

Literatur:

Bundesarbeitsgemeinschaft der überörtlichen Träger der Sozialhilfe, Orientierungshilfe der BAGüS für die Beratung über den Anteil des Regelsatzes, der Leistungsberechtigten in besonderen Wohnformen als Barmittel verbleibt (Orientierungshilfe Barmittel), Stand Mai 2019, abrufbar unter https://www.lwl.org/spur-download/bag/Orientierungshilfe_Barmittelanteil_2019.pdf; *Deutscher Verein*, Empfehlungen des Deutschen Vereins zur Gesamtplanung in der Eingliederungshilfe und ihr Verhältnis zur Teilhabeplanung, NDV 2019, 337; *Länder-Bund-AG zur Umsetzung des BTHG*, Empfehlungen für die Trennung der Lebensunterhaltsleistungen von den Fachleistungen der Eingliederungshilfe in bisherigen Einrichtungen der Behindertenhilfe außerhalb der Unterkunftskosten ab dem Jahr 2020 v. 18.10.2018, abrufbar unter https://www.lwl.org/spur-download/bag/21_2018an.pdf.

I. Überblick – Entstehung 1	IV. Verbindung mit der Teilhabeplankonferenz – Abs. 3 ... 11
II. Entscheidung zur Durchführung – Abs. 1 und 4 2	
III. Beteiligte, Form und Beratungsgegenstände – Abs. 2 und 4 4	

I. Überblick – Entstehung

§ 119 wurde durch Artikel 1 des Gesetzes zur Stärkung der Teilhabe und Selbstbestimmung von Menschen mit Behinderungen (Bundesteilhabegesetz – BTHG) vom 23.12.2016 mWz 1.1.2020 in das SGB IX eingefügt.[1] Für eine Übergangszeit v. 1.1.2018 bis zum 31.12.2019 enthielt der durch Art. 12 Nr. 7 BTHG in das SGB XII eingefügte § 143 SGB XII aF eine dem § 119 entsprechende Regelung. Absatz 1 Satz 2 wurde durch Art. 4 Nr. 3 des Kinder- und Jugendstärkungsgesetzes (KJSG) v. 3.6.2021 mWz 10.6.2021 neugefasst.[2] § 119 stellt eine neben § 117 Abs. 1 Nr. 5 ergänzende Regelung dar. Während § 117 Abs. 1 Nr. 5 die Durchführung einer Gesamtplankonferenz zu einem Maßstab des Gesamtplanverfahrens erhebt, regelt § 119 das Nähere zu den Voraussetzungen und zur Durchführung der Gesamtplankonferenz. Die **Gesamtplankonferenz** stellt die **zweite Stufe im Gesamtplanverfahren** dar. Sie kommt erst in Be-

---

1 BGBl. I 3234.
2 BGBl. 2021 I 1444 (1463).

tracht, wenn das Ergebnis der an der ICF orientierten Bedarfsermittlung durch Nutzung eines Instruments iSd § 118 vorliegt (→ § 118 Rn. 3). Die Gesamtplankonferenz soll eine passgenaue „Umsetzung des ermittelten Bedarfes in Leistungen"[3] vorbereiten, die im Anschluss an die Gesamtplankonferenz nach § 120 festzustellen sind.

II. Entscheidung zur Durchführung – Abs. 1 und 4

2   Eine Gesamtplankonferenz muss nicht in jedem Fall durchgeführt werden. Die Entscheidung darüber trifft der zuständige Eingliederungshilfeträger nach Ausübung seines pflichtgemäßen Ermessens nach § 39 SGB I („kann"). Die Durchführung einer Gesamtplankonferenz ist nach Abs. 1 von der **Zustimmung der leistungsberechtigten Person** abhängig. Kommen neben Eingliederungshilfen andere Rehabilitationsleistungen in Betracht und ist der Rehabilitationsträger der nach § 15 für den Teilhabeplan zuständige Träger, so haben die anderen beteiligten Rehabilitationsträger nach Abs. 1 Satz 2 das Recht, dem Eingliederungshilfeträger die Durchführung einer Gesamtplankonferenz vorzuschlagen. Geht es um die Feststellung des Eingliederungshilfebedarfs eines Kindes oder Jugendlichen („minderjährigen Leistungsberechtigten"), ist auch der jeweils örtlich zuständige Jugendhilfeträger berechtigt, dem Eingliederungshilfeträger die Durchführung einer Gesamtplankonferenz vorzuschlagen. Diese Regelung hängt mit der Verpflichtung des Jugendhilfeträgers zur beratenden Teilnahme am Gesamtplanverfahren zusammen (→ § 117 Rn. 11 f.). Der Eingliederungshilfeträger darf den Vorschlag nur unter den Voraussetzungen des Abs. 1 Satz 3 ablehnen: (1) Eine Ablehnung ist zulässig, wenn der maßgebliche Sachverhalt auch schriftlich ermittelt werden kann. In diesem Zusammenhang ist der Grundsatz des § 117 Abs. 1 Nr. 1 zu berücksichtigen, der die Beteiligung der leistungsberechtigten Person in allen Verfahrensschritten gebietet. Eine schriftliche Ermittlung des Sachverhalts ist nur möglich, wenn die betreffende leistungsberechtigte Person vom Eingliederungshilfeträger aktiv einbezogen wird und entsprechend der vorliegenden Kommunikationsmöglichkeiten Gelegenheit erhält, sich einzubringen. Eine rein schriftliche Ermittlung des Sachverhalts stößt dort an ihre Grenzen, wo es um „komplexe Hilfebedarfe" geht oder in Situationen, in denen es um die Planung eines zukünftigen neuen Lebensabschnitts geht. In diesen Situationen sollte nach den Empfehlungen des Deutschen Vereins immer eine Gesamtplankonferenz durchgeführt werden.[4] (2) Der Eingliederungshilfeträger kann die Durchführung einer Gesamtplankonferenz auch ablehnen, wenn der Aufwand der Durchführung nicht in einem angemessenen Verhältnis zum Umfang der beantragten Leistung steht. In diesem Fall muss der Eingliederungshilfeträger der leistungsberechtigten Person eine andere Möglichkeit der aktiven Beteiligung zur Vorbereitung der Bedarfsfeststellung eröffnen.

3   Abs. 4 enthält Regelungen für den Fall, dass **Eltern mit Behinderungen** Leistungen beantragen, die es ihnen ermöglichen sollen, ihre Kinder selber zu betreuen und zu versorgen. Liegt ein Antrag der Eltern mit Behinderungen bzw. eines Elternteils mit Behinderungen vor, so ist in jedem Fall eine Gesamtplankonferenz durchzuführen. Der Eingliederungshilfeträger ist in diesem Fall in seiner Entscheidung über die Durchführung einer Gesamtplankonferenz durch Abs. 4 Satz 1 gebunden („ist (…) durchzuführen"), wenn die betreffende leistungsberechtigte Person einer Gesamtplankonferenz zustimmt.

---

3   BT-Drs. 18/9522, 287.
4   Vgl. Deutscher Verein NDV 2019, 337 (343).

III. Beteiligte, Form und Beratungsgegenstände – Abs. 2 und 4

In der Gesamtplankonferenz sitzt die leistungsberechtigte Person Vertretern aller beteiligten Rehabilitationsträger gegenüber. Wegen des damit verbundenen Machtgefälles sollte die leistungsberechtigte Person im Falle ihrer Zustimmung zur Durchführung der Konferenz noch einmal ausdrücklich auf ihr Recht aus § 117 Abs. 2 hingewiesen werden, eine Person ihres Vertrauens hinzuzuziehen. 4

Geht es um Leistungen zur Deckung von Bedarfen bei der Versorgung und Betreuung eines eigenen Kindes, hat der Eingliederungshilfeträger iVm Abs. 4 Satz 2 in Vorbereitung der Konferenz zu ermitteln, ob gegebenenfalls Personen im Umfeld der Eltern mit Behinderungen vorhanden sind, die Teile der Bedarfe decken könnte. Diese Personen und Stellen sind – mit Zustimmung der behinderten Eltern – ebenfalls zur Gesamtplankonferenz einzuladen und an der Beratung nach Abs. 2 zu beteiligen. Bestehen Anhaltspunkte für Pflegebedarfe und Bedarfe an existenzsichernden Leistungen, sind gegebenenfalls auch Vertreter der Träger der Sozialen Pflegeversicherung und Sozialhilfeträger zu beteiligen (→ § 117 Rn. 7 f.). 5

Wo und in welcher **Form** die Gesamtplankonferenz durchgeführt werden soll, regelt § 119 nicht. Möglich ist, dass alle Beteiligten zur Besprechung zusammenkommen. Möglich sind auch andere Formen, zB Telefon- oder Videokonferenzen. Bei der Wahl der Form ist zu beachten, dass die betreffende Form mit Blick auf die Kommunikationsmöglichkeiten der leistungsberechtigten Person geeignet ist, um sich aktiv an der Konferenz beteiligen zu können.[5] 6

Abs. 2 Satz 1 enthält einen offenen Katalog von **Beratungsgegenständen.** Danach sind in der Gesamtplankonferenz „insbesondere" die in den Nummern 1 bis 4 aufgelisteten Themen zu beraten: (1) Nach Abs. 2 Satz 1 Nr. 1 sind sowohl die **gutachterlichen Stellungnahmen** der beteiligten Leistungsträger als auch die gutachterliche Stellungnahme des Leistungserbringers bei Beendigung der Leistungen zur beruflichen Bildung nach § 57 Beratungsgegenstände. Der Leistungserbringer selber ist nach Abs. 2 Satz 1 nicht Beteiligter an der Gesamtplankonferenz. Die Leistungen nach § 57 umfassen Leistungen im Eingangsverfahren oder Berufsbildungsbereich einer anerkannten WfbM oder bei einem anderen Leistungsanbieter nach § 60. Nach der Beendigung von Leistungen im Eingangsverfahren bzw. im Berufsbildungsbereich ist zu entscheiden, welchen beruflichen Weg die leistungsberechtigte Person einschlagen möchte und welcher Weg unter Berücksichtigung aller Kriterien des § 49 Abs. 4 möglich ist (→ § 49 Rn. 35 ff.). (2) Im Abs. 2 Satz 1 Nr. 2 sind die **Wünsche der leistungsberechtigten Person** als eigenständiger Beratungsgegenstand aufgeführt. Der Gesetzgeber verweist auf § 104 Abs. 2 bis 4. Die Wünsche zur Gestaltung der Leistung (auch vor dem Hintergrund des religiösen Bekenntnisses der Person) und Verweise auf (gleich geeignete, zumutbare) Alternativen sind detailliert zu erfassen und zu dokumentieren. (3) Nach Abs. 2 Satz 1 Nr. 3 ist der **Beratungs- und Unterstützungsbedarf** nach § 106 ebenfalls Beratungsgegenstand (→ § 106 Rn. 1 ff.). Abs. 2 Satz 1 Nr. 4 erhebt schließlich (4) die **Erbringung der Leistungen** zum Gegenstand. Der Bedarf der leistungsberechtigten Person wird auf diese Weise in den Kontext vorhandener Angebote in der Region gestellt. Dieser Aspekt steht in engem Zusammenhang mit dem Unterstützungsangebot im § 106 Abs. 3 Nr. 7 („Vorbereitung von Kontakten und Begleitung zu Leistungsanbietern und anderen Hilfemöglichkeiten"). Stellt sich zu diesem Zeitpunkt bereits heraus, dass es in der Region keinen Anbieter mit einem für die leistungsberechtigte Person geeigneten Angebot gibt, kann der Eingliederungshilfe- 7

---

[5] Vgl. BT-Drs. 18/9522, 288.

träger die Leistungserbringer motivieren, ihr Angebot entsprechend zu erweitern bzw. anzupassen. In der Übergangszeit ist eine Bewilligung geeigneter Leistungen bei einem vertragslosen Anbieter nach § 123 Abs. 5 (→ § 123 Rn. 15 ff.) möglich. Unter Beachtung des Grundsatzes einer lebensweltbezogenen und sozialraumorientierten Gesamtplanung (→ § 117 Rn. 6) darf die leistungsberechtigte Person nur im Ausnahmefall auf Angebote außerhalb ihres derzeitigen räumlichen Bezugsfeldes verwiesen werden. Solche Ergebnisse der Bedarfsplanung sind im Rahmen der Strukturplanung zur Umsetzung des Sicherstellungsauftrags nach § 95 Satz 3 zu berücksichtigen.

8 Im Zusammenhang mit der Beratung der Erbringung von Leistungen nach Abs. 2 Satz 1 Nr. 4 für Personen, die in besonderen Wohnformen für Menschen mit Behinderungen neben den Leistungserbringern neben den Fachleistungen der Eingliederungshilfe auch Unterkunft und Verpflegung erhalten, ist nach Abs. 2 Satz 2 der **Anteil des Regelsatzes** nach § 27a Abs. 3, der der leistungsberechtigten Person zur persönlichen Verfügung verbleiben soll, in die Beratung mit einzubeziehen. Das betrifft Personen, die neben dem Anspruch auf Eingliederungshilfe gegen einen Eingliederungshilfeträger auch einen Anspruch gegenüber dem Sozialhilfeträger auf Hilfe zum Lebensunterhalt nach den §§ 27 ff. SGB XII oder auf Grundsicherung nach den §§ 41 ff. SGB XII haben. Der Gesetzgeber scheint davon auszugehen, dass bei volljährigen Menschen, die in besonderen Wohnformen leben, idR ein Anspruch auf **Grundsicherung** nach dem vierten Kapitel des SGB XII in Betracht kommen kann. Denn die besonderen Regelungen zur Angemessenheit der Kosten der Unterkunft mit Blick auf besondere Wohnformen, sind nur im vierten Kapitel im § 42a SGB XII geregelt. Im dritten Kapitel (Hilfe zum Lebensunterhalt) fehlen entsprechende Regelungen. § 42 Nr. 1 SGB XII verweist für die Regelsätze in der Grundsicherung auf die Regelungen des § 27a Abs. 3 und 4 SGB XII. Mit der Trennung von Fachleistungen der Eingliederungshilfe von den existenzsichernden Leistungen anderer Leistungsträger gibt es seit dem 1.1.2020 mit Blick auf den größten Teil der Volljährigen keine dem § 27b SGB XII vergleichbare Regelung. Für den Personenkreis des § 134 wurde § 27c SGB XII eingefügt. Dieser verweist für die Regelungen zum Lebensunterhalt für Minderjährige und einige junge Volljährige, denen Leistungen über Tag und Nacht erbracht werden, weitgehend auf die Regelungen des § 27b SGB XII (notwendiger Lebensunterhalt in Einrichtungen). Der notwendige Lebensunterhalt in Einrichtungen umfasst nach § 27b Abs. 2 SGB XII ua einen Barbetrag und eine Kleidungspauschale und damit einen Anteil an Barmitteln, über den die betreffende Person selbst verfügen kann.

9 Alle Personen, die in besonderen Wohnformen für Menschen mit Behinderungen leben und die nicht zum Personenkreis des § 134 zählen, erhalten bei bestehendem Anspruch existenzsichernde Leistungen vom Sozialhilfeträger und zahlen dem Leistungserbringer Entgelte für Unterkunft und Verpflegung. Grundlage sind die vertraglichen Regelungen des Wohn- und Betreuungsvertrages, den die Person mit dem Leistungserbringer schließt. Die Regelung des § 119 Abs. 2 Satz 2 soll iVm § 121 Abs. 4 Nr. 6 sicherstellen, dass der leistungsberechtigten Person auch nach der neuen Rechtslage ein Anteil des Regelsatzes zur persönlichen Verfügung verbleibt (→ § 121 Rn. 7).[6] Für die Festlegung des Anteils des Regelsatzes von der Länder-Bund-AG zur Umsetzung des BTHG eine Orientierung am § 27b Abs. 2 Satz 2 vorgeschlagen.[7] Die Bundesarbeitsgemeinschaft der überörtlichen Träger der Sozialhilfe (BAGüS) hat darauf aufbauend eine

---

6 Vgl. BAGüS, Orientierungshilfe Barmittel, S. 3.
7 Vgl. Länder-Bund-AG zur Umsetzung des BTHG, S. 5.

Orientierungshilfe für die Beratung über den Anteil des Regelsatzes erarbeitet.[8] Die BAGüS strebt damit an, die Höhe des Barmittelanteils nach bundeseinheitlichen Maßstäben festzulegen.[9] **Orientierungswert** soll der Barbetrag nach § 27 b Abs. 3 SGB XII sein: **27 % der Regelbedarfsstufe 1**. Dieser Betrag ist **in Einzelfällen zu erhöhen**. Sorgt die leistungsberechtigte Person selber für die Beschaffung von Kleidung und Schuhen kommt nach den Berechnungen der BAGüS ein Betrag von 8 % hinzu, so dass der Baranteil insgesamt 35 § der Regelbedarfsstufe 1 betragen würde. Sorgt die leistungsberechtigte Person für einen Teil der Verpflegung selber, zB für das Frühstück, Mittag- oder für das Abendessen, wäre der ihr verbleibende Baranteil weiter zu erhöhen.[10]

Abs. 2 Satz 2 sieht ausdrücklich nur die Beratung über den Barmittelanteil aus dem Regelsatz vor. Die BAGüS weist darauf hin, dass leistungsberechtigte Personen **Mehrbedarfe** nach § 30 bzw. § 42 b SGB XII nur in denjenigen Fällen an den Leistungserbringer weiterleiten müssen, in denen der Wohn- und Betreuungsvertrag eine entsprechende Gegenleistung vorsieht.[11] Dies kann jedoch nicht Gegenstand der Gesamtplankonferenz sein, da der Leistungserbringer grundsätzlich nicht an der Gesamtplankonferenz zu beteiligen ist und mit Blick auf einen erst zukünftigen Einzug in eine besondere Wohnform, der konkrete Leistungserbringer noch nicht feststeht. Gegenstand der Gesamtplankonferenz mit Blick auf die Verfügung über Mehrbedarfsanteile könnte aber iVm Abs. 2 Satz 1 Nr. 3 der zukünftige **Unterstützungsbedarf** bei der **Aushandlung und dem Abschluss des Vertrages** mit dem Leistungserbringer nach § 106 Abs. 3 Nr. 8 sein. 10

IV. Verbindung mit der Teilhabeplankonferenz – Abs. 3

Nach Abs. 3 ist der Eingliederungshilfeträger, der nach § 15 Leistungsverantwortlicher ist (→ § 15 Rn. 1 ff.), im Regelfall („soll") verpflichtet, die Teilhabeplankonferenz nach § 20 mit der Gesamtplankonferenz zu verbinden. Falls ein anderer Rehabilitationsträger Leistungsverantwortlicher nach § 15 ist, soll der Eingliederungshilfeträger den anderen Rehabilitationsträgern und der leistungsberechtigten Person anbieten, die Rolle des eigentlich zuständigen Trägers zu übernehmen und an seiner Stelle das Teilhabeplanverfahren nach den Regelungen des SGB IX durchzuführen. Erforderlich ist, dass der Eingliederungshilfeträger das Einvernehmen mit allen Rehabilitationsträger und der leistungsberechtigten Person erzielt. In diesem Fall hat er das Teilhabeplanverfahren mit dem Gesamtplanverfahren zu kombinieren. Die Teilhabeplankonferenz umfasst dann auch die Beratungsgegenstände der Gesamtplankonferenz (→ § 117 Rn. 2). 11

§ 120 Feststellung der Leistungen

(1) Nach Abschluss der Gesamtplankonferenz stellen der Träger der Eingliederungshilfe und die beteiligten Leistungsträger ihre Leistungen nach den für sie geltenden Leistungsgesetzen innerhalb der Fristen nach den §§ 14 und 15 fest.
(2) ¹Der Träger der Eingliederungshilfe erlässt auf Grundlage des Gesamtplanes nach § 121 den Verwaltungsakt über die festgestellte Leistung nach den Kapi-

---

8 S. https://www.lwl.org/spur-download/bag/Orientierungshilfe_Barmittelanteil_2019.pdf.
9 BAGüS, Orientierungshilfe Barmittel, S. 2.
10 Vgl. BAGüS, Orientierungshilfe Barmittel, S. 5.
11 BAGüS, Orientierungshilfe Barmittel, S. 5 ff.

teln 3 bis 6. ²Der Verwaltungsakt enthält mindestens die bewilligten Leistungen und die jeweiligen Leistungsvoraussetzungen. ³Die Feststellungen über die Leistungen sind für den Erlass des Verwaltungsaktes bindend. ⁴Ist eine Gesamtplankonferenz durchgeführt worden, sind deren Ergebnisse der Erstellung des Gesamtplanes zugrunde zu legen. ⁵Ist der Träger der Eingliederungshilfe Leistungsverantwortlicher nach § 15, sind die Feststellungen über die Leistungen für die Entscheidung nach § 15 Absatz 3 bindend.

(3) Wenn nach den Vorschriften zur Koordinierung der Leistungen nach Teil 1 Kapitel 4 ein anderer Rehabilitationsträger die Leistungsverantwortung trägt, bilden die im Rahmen der Gesamtplanung festgestellten Leistungen nach den Kapiteln 3 bis 6 die für den Teilhabeplan erforderlichen Feststellungen nach § 15 Absatz 2.

(4) In einem Eilfall erbringt der Träger der Eingliederungshilfe Leistungen der Eingliederungshilfe nach den Kapiteln 3 bis 6 vor Beginn der Gesamtplankonferenz vorläufig; der Umfang der vorläufigen Gesamtleistung bestimmt sich nach pflichtgemäßem Ermessen.

I. Überblick – Entstehung 1	III. Verwaltungsakt – Abs. 2 4
II. Feststellung der Leistungen – Abs. 1 und 3 2	IV. Eilfall – Abs. 4 6

I. Überblick – Entstehung

1 § 120 wurde durch Artikel 1 des Gesetzes zur Stärkung der Teilhabe und Selbstbestimmung von Menschen mit Behinderungen (Bundesteilhabegesetz – BTHG) vom 23.12.2016 mWz 1.1.2020 in das SGB IX eingefügt.¹ Für eine Übergangszeit v. 1.1.2018 bis zum 31.12.2019 enthielt der durch Art. 12 Nr. 7 BTHG in das SGB XII eingefügte § 143a SGB XII aF eine dem § 120 entsprechende Regelung. Die Feststellung der Leistungen stellt eine weitere Stufe des Gesamtplanverfahrens dar. Sie ist zu unterscheiden von der Bedarfsermittlung nach § 118 und der Beratung über die Leistungen nach § 119 Abs. 2.

II. Feststellung der Leistungen – Abs. 1 und 3

2 Nach Abs. 1 stellen die beteiligten Leistungsträger jeweils nach den für sie geltenden Leistungsgesetzen die Leistungen fest. Dabei haben sie Beratungsergebnisse der Gesamtplankonferenz zu berücksichtigen. Die Feststellung hat „nach Abschluss der Gesamtplankonferenz" zu erfolgen. Diese Regelung ist ungenau, da nicht in jedem Fall eine Gesamtplankonferenz durchgeführt werden muss (→ § 119 Rn. 2 ff.). Findet keine Gesamtplankonferenz statt, ist die Feststellung der Leistungen als Ergebnis der Ermittlung des Bedarfs in die Dokumentation aufzunehmen. Für die einzuhaltenden **Fristen** verweist Abs. 1 auf die §§ 14 f. Dieser Verweis bleibt undeutlich. In den §§ 14 f. werden unterschiedliche Fristen genannt: „unverzüglich", „zwei Wochen", „sechs Wochen". Für das Teilhabeplanverfahren nach den §§ 15 ff. enthält § 15 Abs. 4 Satz 2 für den Fall der Durchführung einer Teilhabeplankonferenz folgende Regelung: „Wird eine Teilhabeplankonferenz nach § 20 durchgeführt, ist innerhalb von zwei Monaten nach Antragseingang zu entscheiden". Diese Höchstfrist ist entsprechend auf das Gesamtplanverfahren zu übertragen. Wird eine Gesamtplankonferenz durchgeführt, sind die Leistungen im Anschluss so zügig festzusetzen, dass der **Verwaltungsakt** nach Abs. 2 bzw. (bei paralleler Durchführung eines Teilhabeplanverfahrens) der Verwaltungsakt des leistenden Rehabilitationsträgers nach

---

1 BGBl. I 3234.

§ 15 der leistungsberechtigten Person noch innerhalb der Frist von **zwei Monaten nach Antragseingang** bekanntgegeben werden kann. In Fällen, in denen keine Gesamtplankonferenz und keine Teilhabeplankonferenz durchgeführt wird, aber neben dem Eingliederungshilfeträger andere Rehabilitationsträger beteiligt sind, greift die Frist des § 15 Abs. 4 Satz 1: „**sechs Wochen** nach Antragstellung" (vgl. → § 15 Rn. 13). In Fällen ohne Beteiligung andere Rehabilitationsträger und ohne Gesamtplankonferenz greifen die Fristen nach § 14 (→ § 14 Rn. 1 ff.).

Wird neben dem Gesamtplanverfahren zugleich ein Teilhabeplanverfahren nach 3 den Regelungen des Kapitel 4 des Teil 1 des SGB IX durchgeführt und ist der Eingliederungshilfeträger nicht zugleich der leistende Rehabilitationsträger, meldet er die im Gesamtplanverfahren festgestellten Leistungen dem leistenden Rehabilitationsträger. Nach Abs. 3 bilden die im Gesamtplanverfahren ermittelten und festgestellten Leistungen der Eingliederungshilfe die erforderlichen Feststellungen iSd § 15 Abs. 2. Der leistende Rehabilitationsträger ist nach § 15 Abs. 2 Satz 2 für seine Entscheidung über den Antrag an die Feststellungen des Eingliederungshilfeträgers gebunden.

III. Verwaltungsakt – Abs. 2

Die Regelung des Abs. 2 ist nicht gut platziert. Der Verwaltungsakt ist **auf der** 4 **Grundlage des Gesamtplans** zu erlassen. Der Gesamtplan ist nach § 121 erst im Anschluss an die Feststellung der Leistungen nach § 120 zu erstellen. Abs. 2 wird in denjenigen Fällen relevant, in denen entweder neben Eingliederungshilfeleistungen keine weiteren Rehabilitationsleistungen in Betracht kommen, eine Antragsweiterleitung nach § 15 Abs. 1 an den Eingliederungshilfeträger erfolgt ist, nach Durchführung eines Teilhabeplanverfahrens eine Entscheidung des Eingliederungshilfeträgers nach § 15 Abs. 3 im eigenen Namen erfolgt oder wenn der Eingliederungshilfeträger bei einem Zusammentreffen von Teilhabeplanverfahren und Gesamtplanverfahren zugleich leistender Rehabilitationsträger nach § 15 ist oder durch Übernahme des Verfahrens nach § 119 Abs. 3 Satz 2 geworden ist. Abs. 2 Satz 2 enthält Regelungen zum **Mindestinhalt** des Verwaltungsaktes: Er soll mindestens die zu bewilligenden Leistungen sowie die jeweiligen Leistungsvoraussetzungen enthalten. Für den Fall, dass der Eingliederungshilfeträger konkret beantragte Leistungen ablehnt, sind darüber hinaus auch die Gründe der Ablehnung auszuführen. Nach Satz 3 ist der Eingliederungshilfeträger an die nach Abs. 1 festgestellten Leistungen gebunden. Ist der Eingliederungshilfeträger zugleich leistender Rehabilitationsträger, ist er nach Abs. 2 Satz 5 iVm § 15 Abs. 2 Satz 2 an die Feststellungen der jeweils beteiligten anderen Rehabilitationsträger gebunden.

Abs. 2 Satz 4 trifft keine Regelung für den zu erlassenden Verwaltungsakt, son- 5 dern für die **Erstellung des Gesamtplans** nach § 121. Abs. 2 Satz 4 verpflichtet den Eingliederungshilfeträger, für die Erstellung des Gesamtplans die Ergebnisse der Gesamtplankonferenz zugrunde zu legen, wenn eine Gesamtplankonferenz stattgefunden hat.

IV. Eilfall – Abs. 4

Abs. 4 ist keine Vorschrift iSd § 24. Nach § 24 lassen die Regelungen des Kapi- 6 tel 4 des Teil 1 des SGB IX die Verpflichtung der Rehabilitationsträger zur Erbringung vorläufiger Leistungen nach den für sie geltenden Leistungsgesetzen unberührt. Das betrifft nur Regelungen zur vorläufigen Leistung bei noch ungeklärter Zuständigkeit. (→ § 24 Rn. 1 ff.; → § 98 Rn. 13). Im vorliegenden Fall zeigt der Bezug „vor Beginn der Gesamtplankonferenz", dass es um Bedarfe geht, für die der Eingliederungshilfeträger sachlich zuständig ist. Denn der Eingliederungshilfeträger hat mit dem Gesamtplanverfahren erst zu beginnen, wenn entweder seine Zuständigkeit sachlich und örtlich geklärt oder durch Weiterleitung nach § 14 aufgedrängt worden oder er nach den Regelungen des § 98 Abs. 2 Satz 1 vorläufig örtlich zuständig geworden ist (→ § 98 Rn. 13). In einem Eilfall hat der Eingliederungshilfeträger nach Abs. 4 noch „vor Beginn der Gesamtplankonferenz" vorläufige Leistungen der Eingliederungshilfe zu gewähren. Ein Eilfall kann auch in anderen Phasen des Gesamtplanverfahrens entstehen. Hinzu kommt, dass eine Gesamtplankonferenz nicht in jedem Fall durchgeführt wird. Insofern ist Abs. 4 auf jeden Eilfall anzuwenden, unabhängig davon, in welcher Phase sich das Gesamtplanverfahren befindet. Die Gesetzesbegründung nennt als Beispiel für die Notwendigkeit sofortiger vorläufiger Leistungen den plötzlichen Tod eines nahen Angehörigen, mit dem die leistungsberechtigte Person bisher zusammengewohnt hat.[2] Mit dem Tod bzw. auch mit dem plötzlichen schweren Erkranken eines Angehörigen, der mit seiner Betreuung bisher notwendige Teilhabebedarfe gedeckt hatte, können Bedarfslücken entstehen, die sofort gedeckt werden müssen. In welchem Umfang der Eingliederungshilfeträger vorläufige Leistungen bewilligt, liegt nach Abs. 4 Hs. 2 in seinem nach § 39 Abs. 1 Satz 1 SGB I pflichtgemäß auszuübenden Ermessen.

§ 121 Gesamtplan

(1) Der Träger der Eingliederungshilfe stellt unverzüglich nach der Feststellung der Leistungen einen Gesamtplan insbesondere zur Durchführung der einzelnen Leistungen oder einer Einzelleistung auf.

(2) [1]Der Gesamtplan dient der Steuerung, Wirkungskontrolle und Dokumentation des Teilhabeprozesses. [2]Er bedarf der Schriftform und soll regelmäßig, spätestens nach zwei Jahren, überprüft und fortgeschrieben werden.

(3) Bei der Aufstellung des Gesamtplanes wirkt der Träger der Eingliederungshilfe zusammen mit
1. dem Leistungsberechtigten,
2. einer Person seines Vertrauens und
3. dem im Einzelfall Beteiligten, insbesondere mit
   a) dem behandelnden Arzt,
   b) dem Gesundheitsamt,
   c) dem Landesarzt,
   d) dem Jugendamt und
   e) den Dienststellen der Bundesagentur für Arbeit.

(4) Der Gesamtplan enthält neben den Inhalten nach § 19 mindestens
1. die im Rahmen der Gesamtplanung eingesetzten Verfahren und Instrumente sowie die Maßstäbe und Kriterien der Wirkungskontrolle einschließlich des Überprüfungszeitpunkts,
2. die Aktivitäten der Leistungsberechtigten,
3. die Feststellungen über die verfügbaren und aktivierbaren Selbsthilferessourcen des Leistungsberechtigten sowie über Art, Inhalt, Umfang und Dauer der zu erbringenden Leistungen,
4. die Berücksichtigung des Wunsch- und Wahlrechts nach § 8 im Hinblick auf eine pauschale Geldleistung,

---

2 BT-Drs. 18/9522, 288.

5. die Erkenntnisse aus vorliegenden sozialmedizinischen Gutachten und
6. das Ergebnis über die Beratung des Anteils des Regelsatzes nach § 27a Absatz 3 des Zwölften Buches, der den Leistungsberechtigten als Barmittel verbleibt.

(5) Der Träger der Eingliederungshilfe stellt der leistungsberechtigten Person den Gesamtplan zur Verfügung.

I. Überblick – Entstehung 1	IV. Mindestinhalte des Gesamtplans – Abs. 4 6
II. Verpflichtung zur Aufstellung und Funktion des Gesamtplans – Abs. 1 und 2 2	V. Anspruch der Leistungsberechtigten nach Abs. 5 8
III. Beteiligte – Abs. 3 5	

I. Überblick – Entstehung

§ 121 wurde durch Artikel 1 des Gesetzes zur Stärkung der Teilhabe und Selbstbestimmung von Menschen mit Behinderungen (Bundesteilhabegesetz – BTHG) vom 23.12.2016 mWz 1.1.2020 in das SGB IX eingefügt.[1] Für eine Übergangszeit v. 1.1.2018 bis zum 31.12.2019 enthielt der durch Art. 12 Nr. 7 BTHG in das SGB XII eingefügte § 144 SGB XII aF eine dem § 121 entsprechende Regelung. Im früheren Sozialhilferecht war die Verpflichtung des Sozialhilfeträgers zur Aufstellung eines Gesamtplans bis zum 31.12. 2017 im § 58 SGB XII aF geregelt. Nach § 120 Abs. 2 Satz 1stellt der Gesamtplan die Grundlage für den Erlass des Verwaltungsaktes dar, mit dem verbindlich über den Antrag der leistungsberechtigten Person entschieden wird. § 121 regelt die Verpflichtung des Eingliederungshilfeträgers zum Aufstellen eines Gesamtplans (Abs. 1), seinen Zweck (Abs. 2), die zu beteiligenden Personen und Stellen (Abs. 3) und Mindestinhalte (Abs. 4). Abs. 5 enthält einen Rechtsanspruch der leistungsberechtigten Person gegenüber dem Eingliederungshilfeträger, ihr den Gesamtplan zur Verfügung zu stellen.

II. Verpflichtung zur Aufstellung und Funktion des Gesamtplans – Abs. 1 und 2

Nach Abs. 1 ist der **Eingliederungshilfeträger** verpflichtet einen Gesamtplan aufzustellen („stellt (...) auf"). Verpflichtet ist jeweils derjenige Eingliederungshilfeträger nach § 94, der entweder nach § 98 Abs. 1 örtlich zuständig, oder nach § 98 Abs. 2 Satz 1 örtlich vorläufig zuständig ist, oder dem durch Weiterleitung des Antrags nach § 14 die Zuständigkeit im Verhältnis zur leistungsberechtigten Person aufgedrängt wurde. Ist der Eingliederungshilfeträger zugleich leistender Rehabilitationsträger nach § 15 wird der Gesamtplan zu einem Bestandteil des Teilhabeplans (→ § 21 Rn. 2). Der Eingliederungshilfeträger hat den Gesamtplan „**unverzüglich**" (§ 121 Abs. 1 Satz 1: „ohne schuldhaftes Zögern") **nach Feststellung** der Leistungen (→ § 120 Rn. 2) aufzustellen. Die Aufstellung des Gesamtplans muss zeitlich so erfolgen, dass der Verwaltungsakt nach § 120 Abs. 2 noch innerhalb der Fristen der §§ 14f. erlassen werden kann (→ § 120 Rn. 2). Der Plan bedarf nach Abs. 2 Satz 2 der „**Schriftform**". Nach § 36a Abs. 2 Satz 1 SGB I kann eine durch Rechtsvorschrift angeordnete Schriftform durch die **elektronische Form** ersetzt werden, wenn eine Rechtsnorm dies nicht ausschließt. Da Teil 2 des SGB IX keine Regelung enthält, die die elektronische Form ausschließt, hat der Eingliederungshilfeträger die Wahl

---

1 BGBl. I 3234.

zwischen schriftlicher und elektronischer Form (zur elektronischen Form vgl. § 36 a SGB I).

3 Nach Abs. 2 Satz 1 dient die Gesamtplanung der Steuerung, der Wirkungskontrolle und der Dokumentation des Teilhabeprozesses. Diese Funktionen waren in der Vorgängerregelung des § 58 SGB XII idF v. 31.12.2017 nicht geregelt. Die Rechtsprechung hatte dem Gesamtplan des § 58 SGB XII aF idF der Vorgängernorm des § 46 BSHG aF als „Richtschnur für die Durchführung der erforderlichen Eingliederungsmaßnahmen" gewertet, die keinerlei Außenwirkung entfaltet und somit keinen Verwaltungsakt darstellt.[2] Die Regelung des Abs. 2 Satz 1 zu den Funktionen des Gesamtplans soll der „Rechts- und Verfahrensklarheit" dienen.[3] Die Regelung stellt klar heraus, dass der Eingliederungshilfeträger über den Zeitpunkt der Bewilligung von Leistungen hinaus für die **Steuerung** und die **Dokumentation des Teilhabeprozesses** verantwortlich bleibt. Es ist nicht zulässig, diese Steuerungsverantwortung an einen Leistungserbringer zu übertragen. Zur **Wirkungskontrolle** vgl. → § 128 Rn. 9. Der Gesamtplan ist vom Eingliederungshilfeträger nach Abs. 2 Satz 2 zu überprüfen. Bei Änderung des Hilfebedarfs bzw. bei der Notwendigkeit einer „Umsteuerung", hat der Eingliederungshilfeträger den Gesamtplan entsprechend fortzuschreiben. In diesem Zusammenhang kann eine erneute Durchführung eines Gesamtplanverfahrens erforderlich werden. Eine Überprüfung soll spätestens nach zwei Jahren erfolgen.

4 Mit Blick auf den Gesamtplan nach § 58 SGB XII aF hat die Rechtsprechung der leistungsberechtigten Person zwar einen Anspruch auf Aufstellen eines Gesamtplans eingeräumt, der im Wege einer Leistungsklage durchgesetzt werden könne;[4] aber die leistungsberechtigte Person habe keinen Anspruch auf Aufnahme einzelner Inhalte in den Gesamtplan. Aus dem Zweck des Gesamtplans nach alter Rechtsprechung folge, „daß der Gesamtplan nur das (wiedergebe), was der Träger der Sozialhilfe als Hilfsmaßnahmen für erforderlich bzw. für möglich (halte). Die Entscheidung darüber, welchen Inhalt der Gesamtplan (habe), (treffe) also ausschließlich der Träger der Sozialhilfe."[5] Diese Ansicht lässt sich nicht ohne Modifikationen auf die neue Rechtslage übertragen. Derr Gesamtplan des § 121 enthält nicht nur Leistungen der Eingliederungshilfe, die sich im bewilligenden Verwaltungsakt des § 120 Abs. 2 wiederfinden müssen, sondern auch Bestimmungen über Leistungen, die der Eingliederungshilfeträger nicht bewilligt. Das betrifft insbesondere das Ergebnis der Beratung des Anteils des Regelsatzes nach § 27 a Abs. 3 SGB XII, der einer Leistungsberechtigten als Barmittel verbleiben soll (→ § 119 Rn. 8). In Verbindung mit § 123 Abs. 4, der die vertragsgebundenen Leistungserbringer verpflichtet, die Leistungen „unter Beachtung der Inhalte des Gesamtplans" zu erbringen, hat der Gesamtplan zum Teil auch **Schutzfunktion**.[6] Mit Blick auf Elemente, die zum Schutz der leistungsberechtigten Person in den Gesamtplan aufgenommen werden müssen, ist der leistungsberechtigten Person ein dementsprechender Anspruch auf Ergänzung bzw. Korrektur des Gesamtplans einzuräumen. Mit Blick auf konkrete Eingliederungshilfeleistungen, die entgegen dem Antrag nicht in den Plan aufgenommen werden, stehen der leistungsberechtigten Person die Rechtsschutzmög-

---

2 Vgl. VGH BW 4.11.1996 – 6 S 440/96, Rn. 3 f.; OVG NRW 7.12.1972 – VIII A 414/7.2.
3 Vgl. BT-Drs. 18/9522, 289.
4 Vgl. VGH BW 4.11.1996 – 6 S 440/96, Rn. 3 f.; OVG NRW 7.12.1972 – VIII A 414/72.
5 Vgl. VGH BW 4.11.1996 – 6 S 440/96, Rn. 4.
6 Vgl. BT-Drs. 18/10523, 64.

lichkeiten gegen den Verwaltungsakt nach § 120 Abs. 2 offen (Widerspruch, Klage).

III. Beteiligte – Abs. 3

Nach Abs. 3 Nr. 1 und 2 sind bei der Aufstellung des Gesamtplans **in jedem Fall** die **leistungsberechtigte Person** und eine **Person ihres Vertrauens** zu beteiligen. Auf die Möglichkeit, eine Person ihres Vertrauens begleitend hinzuziehen zu können, sollte die leistungsberechtigte Person vor Durchführung dieses Verfahrensschrittes noch einmal hingewiesen werden, auch wenn sie zu Beginn des Gesamtplanverfahrens über die Verfahrensschritte und ihre Rechte beraten worden ist (→ § 117 Rn. 5). Im Einzelfall kommen weitere Personen nach Abs. 3 Nr. 3 hinzu: der behandelnde Arzt, Vertreter des Gesundheitsamtes, der Landesarzt, Vertreter des Jugendamtes sowie der Dienststellen der Bundesagentur für Arbeit. Landesärzte sind die nach § 35 Abs. 1 iVm landesrechtlichen Regelungen bestellten Ärzte, die über besondere Erfahrungen in der Hilfe für Menschen mit Behinderungen und von Behinderung bedrohten Menschen verfügen (vgl. näher → § 35 Rn. 1 ff.). Der Katalog der weiteren Personen im Abs. 3 Nr. 3 ist offen („insbesondere"). Es können somit im Einzelfall auch andere Personen beteiligt werden.

IV. Mindestinhalte des Gesamtplans – Abs. 4

Abs. 4 enthält einen Katalog von Inhalten, die mindestens in den Plan aufzunehmen sind. Das sind zunächst alle **Inhalte**, die nach § 19 auch in einen Teilhabeplan aufzunehmen sind („**neben** den Inhalten nach § 19"). Der Gesamtplan muss alle im § 19 Abs. 2 Satz 2 aufgeführten Inhalte enthalten (vgl. im Einzelnen → § 19 Rn. 17 ff.).

Zusätzlich zu den Inhalten des § 19 Abs. 2 Satz 2 muss der Gesamtplan mindestens die in den Nummern 1 bis 6 aufgelisteten Inhalte enthalten:

- Nr. 1: die im Rahmen der Gesamtplanung eingesetzten Verfahren und Instrumente, Maßstäbe der Wirkungskontrolle, Zeitpunkt der Überprüfung des Gesamtplans. Diese Angaben dienen der Transparenz sowie der weiteren Steuerung des Teilhabeprozesses (Wirkungskontrolle, Überprüfungszeitpunkt).
- Nr. 2: Aktivitäten der leistungsberechtigten Person. Der Blick wird damit auf die Ressourcen der leistungsberechtigten Person gelenkt, und nicht auf die Defizite. Zum Begriff „Aktivitäten" vgl. → § 118 Rn. 4.
- Nr. 3: Verfügbare bzw. aktivierbare Selbsthilferessourcen der leistungsberechtigten Person. Insofern wird der Nachranggrundsatz im Eingliederungshilferecht im Vergleich zum Sozialhilferecht modifiziert. Die Leistungsberechtigte Person wird nicht lediglich auf (verfügbare) Leistungen anderer verwiesen, sondern es wird im Verlauf des Gesamtplanverfahrens ermittelt, welche Selbsthilferessourcen jeweils tatsächlich verfügbar bzw. aktivierbar sind, und wo Bedarfslücken verbleiben (vgl. → § 91 Rn. 4). Nr. 3 nennt als notwendige Inhaltsbestandteile Art, Inhalt, Umfang und Dauer der zu erbringenden Leistungen.
- Nr. 4: Die Berücksichtigung des Wunsch- und Wahlrechts nach § 8 im Hinblick auf eine pauschale Geldleistung. Das betrifft Leistungen der Leistungsgruppe „Soziale Teilhabe", die gem. § 105 Abs. 3 iVm § 116 als pauschale Geldleistungen erbracht werden können (vgl. näher → § 116 Rn. 1 ff.).
- Nr. 5: Falls ein sozialmedizinisches Gutachten vorliegt, sind die Erkenntnisse daraus in den Gesamtplan aufzunehmen.

- Nr. 6: Das Ergebnis der Beratung darüber, welcher Barmittelanteil der leistungsberechtigten Person aus dem Regelsatz des § 27 a Abs. 3 SGB XXII verbleiben soll. Das betrifft volljährige Personen, die in besonderen Wohnformen für Menschen mit Behinderungen leben (vgl. näher → § 119 Rn. 8).

V. Anspruch der Leistungsberechtigten nach Abs. 5

8 Während der bis zum 31.12.2019 geltende § 144 Abs. 5 SGB XII aF der leistungsberechtigten Person lediglich ein Recht auf Einsicht in den Gesamtplan einräumte, stärkt § 121 Abs. 5 die Position der leistungsberechtigten Person. Sie kann jetzt vom Eingliederungshilfeträger verlangen, dass dieser ihm den Gesamtplan zur Verfügung stellt. Das dient zum einen der **Transparenz**. Das stärkt zum anderen die Position der leistungsberechtigten Person gegenüber dem Leistungserbringer. Die leistungsberechtigte Person kann mit Unterstützung von beratenden Stellen jeweils abgleichen, ob der Leistungserbringer seiner Verpflichtung (→ § 123 Rn. 13) nachkommt, Eingliederungshilfeleistungen unter Beachtung des Gesamtplans zu erbringen.

§ 122 Teilhabezielvereinbarung

¹Der Träger der Eingliederungshilfe kann mit dem Leistungsberechtigten eine Teilhabezielvereinbarung zur Umsetzung der Mindestinhalte des Gesamtplanes oder von Teilen der Mindestinhalte des Gesamtplanes abschließen. ²Die Vereinbarung wird für die Dauer des Bewilligungszeitraumes der Leistungen der Eingliederungshilfe abgeschlossen, soweit sich aus ihr nichts Abweichendes ergibt. ³Bestehen Anhaltspunkte dafür, dass die Vereinbarungsziele nicht oder nicht mehr erreicht werden, hat der Träger der Eingliederungshilfe die Teilhabezielvereinbarung anzupassen. ⁴Die Kriterien nach § 117 Absatz 1 Nummer 3 gelten entsprechend.

1 § 122 wurde durch Artikel 1 des Gesetzes zur Stärkung der Teilhabe und Selbstbestimmung von Menschen mit Behinderungen (Bundesteilhabegesetz – BTHG) vom 23.12.2016 mWz 1.1.2020 in das SGB IX eingefügt.[1] Für eine Übergangszeit v. 1. 1. 2018 bis zum 31.12.2019 enthielt der durch Art. 12 Nr. 7 BTHG in das SGB XII eingefügte § 145 SGB XII aF eine dem § 122 entsprechende Regelung. § 122 enthält keine Verpflichtung zum Abschluss einer Teilhabezielvereinbarung. Wird eine Teilhabezielvereinbarung zwischen dem Eingliederungshilfeträger und der leistungsberechtigten Person abgeschlossen, so muss der Gesamtplan nach § 122 die Grundlage für die Teilhabezielvereinbarung sein. Wie der Gesamtplan muss auch die Teilhabezielvereinbarung an Veränderungen, die sich im Rehabilitationsprozess ergeben, angepasst werden. Der Verweis bezieht sich auf die allgemeinen Kriterien für das Gesamtplanverfahren (§ 117 Abs. 1 Nr. 3, → § 117 Rn. 6). Der Abschluss einer Teilhabezielvereinbarung ist für die Steuerung des Teilhabeprozesses nicht notwendig, aber sinnvoll.

---

1 BGBl. I 3234.

Kapitel 8 Vertragsrecht

§ 123 Allgemeine Grundsätze

[gültig bis 31.12.2021:]

(1) ¹Der Träger der Eingliederungshilfe darf Leistungen der Eingliederungshilfe mit Ausnahme der Leistungen nach § 113 Absatz 2 Nummer 2 in Verbindung mit § 78 Absatz 5 und § 116 Absatz 1 durch Dritte (Leistungserbringer) nur bewilligen, soweit eine schriftliche Vereinbarung zwischen dem Träger des Leistungserbringers und dem für den Ort der Leistungserbringung zuständigen Träger der Eingliederungshilfe besteht. ²Die Vereinbarung kann auch zwischen dem Träger der Eingliederungshilfe und dem Verband, dem der Leistungserbringer angehört, geschlossen werden, soweit der Verband eine entsprechende Vollmacht nachweist.

(2) ¹Die Vereinbarungen sind für alle übrigen Träger der Eingliederungshilfe bindend. ²Die Vereinbarungen müssen den Grundsätzen der Wirtschaftlichkeit, Sparsamkeit und Leistungsfähigkeit entsprechen und dürfen das Maß des Notwendigen nicht überschreiten. ³Sie sind vor Beginn der jeweiligen Wirtschaftsperiode für einen zukünftigen Zeitraum abzuschließen (Vereinbarungszeitraum); nachträgliche Ausgleiche sind nicht zulässig. ⁴Die Ergebnisse der Vereinbarungen sind den Leistungsberechtigten in einer wahrnehmbaren Form zugänglich zu machen.

(3) Private und öffentliche Arbeitgeber gemäß § 61 sind keine Leistungserbringer im Sinne dieses Kapitels.

(4) ¹Besteht eine schriftliche Vereinbarung, so ist der Leistungserbringer, soweit er kein anderer Leistungsanbieter im Sinne des § 60 ist, im Rahmen des vereinbarten Leistungsangebotes verpflichtet, Leistungsberechtigte aufzunehmen und Leistungen der Eingliederungshilfe unter Beachtung der Inhalte des Gesamtplanes nach § 121 zu erbringen. ²Die Verpflichtung zur Leistungserbringung besteht auch in den Fällen des § 116 Absatz 2.

(5) ¹Der Träger der Eingliederungshilfe darf die Leistungen durch Leistungserbringer, mit denen keine schriftliche Vereinbarung besteht, nur erbringen, soweit
1. dies nach der Besonderheit des Einzelfalles geboten ist,
2. der Leistungserbringer ein schriftliches Leistungsangebot vorlegt, das für den Inhalt einer Vereinbarung nach § 125 gilt,
3. der Leistungserbringer sich schriftlich verpflichtet, die Grundsätze der Wirtschaftlichkeit und Qualität der Leistungserbringung zu beachten,
4. der Leistungserbringer sich schriftlich verpflichtet, bei der Erbringung von Leistungen die Inhalte des Gesamtplanes nach § 121 zu beachten,
5. die Vergütung für die Erbringung der Leistungen nicht höher ist als die Vergütung, die der Träger der Eingliederungshilfe mit anderen Leistungserbringern für vergleichbare Leistungen vereinbart hat.

²Die allgemeinen Grundsätze der Absätze 1 bis 3 und 5 sowie die Vorschriften zur Geeignetheit der Leistungserbringer (§ 124), zum Inhalt der Vergütung (§ 125), zur Verbindlichkeit der vereinbarten Vergütung (§ 127), zur Wirtschaftlichkeits- und Qualitätsprüfung (§ 128), zur Kürzung der Vergütung (§ 129) und zur außerordentlichen Kündigung der Vereinbarung (§ 130) gelten entsprechend.

(6) Der Leistungserbringer hat gegen den Träger der Eingliederungshilfe einen Anspruch auf Vergütung der gegenüber dem Leistungsberechtigten erbrachten Leistungen der Eingliederungshilfe.

[gültig ab 1.1.2022:]

(1) ¹Der Träger der Eingliederungshilfe darf Leistungen der Eingliederungshilfe mit Ausnahme der Leistungen nach § 113 Absatz 2 Nummer 2 in Verbindung mit § 78 Absatz 5 und § 116 Absatz 1 durch Dritte (Leistungserbringer) nur bewilligen, soweit eine schriftliche Vereinbarung zwischen dem Träger des Leistungserbringers und dem für den Ort der Leistungserbringung zuständigen Träger der Eingliederungshilfe besteht. ²Die Vereinbarung kann auch zwischen dem Träger der Eingliederungshilfe und dem Verband, dem der Leistungserbringer angehört, geschlossen werden, soweit der Verband eine entsprechende Vollmacht nachweist.

(2) ¹Die Vereinbarungen sind für alle übrigen Träger der Eingliederungshilfe bindend. ²Die Vereinbarungen müssen den Grundsätzen der Wirtschaftlichkeit, Sparsamkeit und Leistungsfähigkeit entsprechen und dürfen das Maß des Notwendigen nicht überschreiten. ³Sie sind vor Beginn der jeweiligen Wirtschaftsperiode für einen zukünftigen Zeitraum abzuschließen (Vereinbarungszeitraum); nachträgliche Ausgleiche sind nicht zulässig. ⁴Die Ergebnisse der Vereinbarungen sind den Leistungsberechtigten in einer wahrnehmbaren Form zugänglich zu machen.

(3) Keine Leistungserbringer im Sinne dieses Kapitels sind
1. private und öffentliche Arbeitgeber gemäß § 61 oder § 61a sowie
2. Einrichtungen der beruflichen Rehabilitation, in denen der schulische Teil der Ausbildung nach § 61a Absatz 2 Satz 4 erfolgen kann.

(4) ¹Besteht eine schriftliche Vereinbarung, so ist der Leistungserbringer, soweit er kein anderer Leistungsanbieter im Sinne des § 60 ist, im Rahmen des vereinbarten Leistungsangebotes verpflichtet, Leistungsberechtigte aufzunehmen und Leistungen der Eingliederungshilfe unter Beachtung der Inhalte des Gesamtplanes nach § 121 zu erbringen. ²Die Verpflichtung zur Leistungserbringung besteht auch in den Fällen des § 116 Absatz 2.

(5) ¹Der Träger der Eingliederungshilfe darf die Leistungen durch Leistungserbringer, mit denen keine schriftliche Vereinbarung besteht, nur erbringen, soweit
1. dies nach der Besonderheit des Einzelfalles geboten ist,
2. der Leistungserbringer ein schriftliches Leistungsangebot vorlegt, das für den Inhalt einer Vereinbarung nach § 125 gilt,
3. der Leistungserbringer sich schriftlich verpflichtet, die Grundsätze der Wirtschaftlichkeit und Qualität der Leistungserbringung zu beachten,
4. der Leistungserbringer sich schriftlich verpflichtet, bei der Erbringung von Leistungen die Inhalte des Gesamtplanes nach § 121 zu beachten,
5. die Vergütung für die Erbringung der Leistungen nicht höher ist als die Vergütung, die der Träger der Eingliederungshilfe mit anderen Leistungserbringern für vergleichbare Leistungen vereinbart hat.

²Die allgemeinen Grundsätze der Absätze 1 bis 3 und 5 sowie die Vorschriften zur Geeignetheit der Leistungserbringer (§ 124), zum Inhalt der Vergütung (§ 125), zur Verbindlichkeit der vereinbarten Vergütung (§ 127), zur Wirtschaftlichkeits- und Qualitätsprüfung (§ 128), zur Kürzung der Vergütung (§ 129) und zur außerordentlichen Kündigung der Vereinbarung (§ 130) gelten entsprechend.

(6) Der Leistungserbringer hat gegen den Träger der Eingliederungshilfe einen Anspruch auf Vergütung der gegenüber dem Leistungsberechtigten erbrachten Leistungen der Eingliederungshilfe.

Literatur:
Coseriu, Zahlungsansprüche des Maßnahme- gegen den Sozialhilfeträger, Sozialrecht aktuell 2012, 99; *Eicher*, Der Zahlungsanspruch des Leistungserbringers im Sozialhilferecht, SGb 2013, 127; *Greiser/Šušnjar*, (Rück-)Zahlungsansprüche im sozialhilferechtlichen Dreiecksverhältnis (Teil I), SGb 2020, 211; *Greiser/Šušnjar*, (Rück-)Zahlungsansprüche im sozialhilferechtlichen Dreiecksverhältnis (Teil II), SGb 2020, 283; *Grube*, Das sozial(hilfe)rechtliche Dreiecksverhältnis und der Zahlungsanspruch des Leistungserbringers, NDV 2017, 121; *Jaritz*, Vereinbarungen im sozialhilferechtlichen Dreiecksverhältnis, Sozialrecht aktuell 2012, 105; *Klie*, Das Bundessozialgericht und die Eingliederungshilfe als „lernendes System", NDV 2019, 397; *Pattar*, Sozialhilferechtliches Dreiecksverhältnis – Rechtsbeziehungen zwischen Hilfebedürftigen, Sozialhilfeträgern und Einrichtungsträgern, Sozialrecht aktuell 2012, 85.

I. Überblick 1	2. Vereinbarungen mit Leistungserbringern – Abs. 1 bis 3 8
II. Leistungserbringung durch vertragsgebundene Leistungserbringer 2	3. Aufnahmeverpflichtung – Abs. 4 13
1. Eingliederungshilferechtliches Dreiecksverhältnis 2	III. Leistungserbringung durch Dritte ohne Vereinbarungen – Abs. 5 15
a) Rechtslage bis zum 31.12.2019 2	
b) Rechtslage seit dem 1.1.2020 3	IV. Vergütungsanspruch des Leistungserbringers – Abs. 6 20

I. Überblick

§ 123 wurde durch Artikel 1 des Gesetzes zur Stärkung der Teilhabe und Selbstbestimmung von Menschen mit Behinderungen (Bundesteilhabegesetz – BTHG) vom 23.12.2016 mWz 1.1.2018 in das SGB IX eingefügt.[1] Mit Art. 7 Nr. 19 des Teilhabestärkungsgesetzes v. 2.6.2021[2] hat der Gesetzgeber mWz 1.1.2022 Absatz 3 ergänzt und insgesamt neu gefasst. Die Regelungen des § 123 greifen Grundsätze auf, die im Vertragsrecht des SGB XII aF bis zum 31.12.2019 an verschiedenen Stellen (§§ 75, 77 SGB XII aF) geregelt waren, und führt sie für das Vertragsrecht im Bereich der Eingliederungshilfe in einer Norm zusammen. § 123 enthält an einzelnen Stellen darüber hinaus Ergänzungen.[3] Die Abs. 1 bis 2 entsprechen inhaltlich dem § 75 Abs. 1 SGB XII, die Abs. 4 bis 6 entsprechen den Regelungen des § 75 Abs. 4 bis 6 SGB XII. 1

II. Leistungserbringung durch vertragsgebundene Leistungserbringer

1. Eingliederungshilferechtliches Dreiecksverhältnis

a) Rechtslage bis zum 31.12.2019

Bis zum 31.12.2019 war die Eingliederungshilfe Bestandteil der Leistungen des SGB XII. Die Rechtsbeziehungen zwischen den drei Hauptakteuren, der leistungsberechtigten Person, dem Sozialhilfeträger und dem Träger eines Dienstes oder einer Einrichtung richteten sich nach den Normen des SGB XII. Im Bereich des SGB XII wurden und werden diese wechselseitigen Rechtsbeziehungen 2

---

1 BGBl. I 3234.
2 BGBl. 2021 I 1387 (1394).
3 Vgl. hierzu auch BT-Drs. 18/9522, 291.

mit dem Begriff „sozialhilferechtliches Dreiecksverhältnis" erfasst.[4] Nach der bis zum 31.12.2019 geltenden Vorgängerregelung des Abs. 1 Satz 1, dem § 75 Abs. 3 Satz 1 SGB XII aF, war der Sozialhilfeträger „zur Übernahme der Vergütung (...) nur verpflichtet" wenn entsprechende Vereinbarungen mit den „Trägern von Einrichtungen" vorlagen. Mit Verweis auf die Formulierung „zur **Übernahme der Vergütung** verpflichtet" entwickelte das Bundessozialgericht (BSG) seine Rechtsprechung zum sozialhilferechtlichen Dreiecksverhältnis:[5] Ausgangspunkt war die Rechtsbeziehung zwischen der leistungsberechtigten Person und dem Sozialhilfeträger. Der Sozialhilfeträger war verpflichtet, einen Bedarf an Eingliederungshilfeleistungen zu decken. Aus den leistungsrechtlichen Normen der §§ 53 ff. SGB XII aF (mit Ausnahme des § 56 SGB XII, Persönliches Budget) ergab sich nicht unmittelbar, in welcher Form (mit Sach-Geld- oder Dienstleistungen) der Bedarf zu decken war. Das BSG betonte, dass die jeweiligen leistungsrechtlichen Vorschriften **durch die leistungserbringungsrechtlichen Regelungen** des Vertragsrechts (§§ 75 ff. SGB XII) „konkretisiert" werden.[6] § 75 Abs. 3 Satz 1 SGB XII aF mache deutlich, dass der Sozialhilfeträger zur Deckung des Eingliederungshilfebedarfs keine Geldleistung erbringe. Er habe über die Verträge des § 75 Abs. 3 SGB XII aF mit Trägern von Einrichtungen und Diensten „eine Sachleistung durch diese sicherzustellen." Es handele sich somit um eine Sachleistung in Form einer **Sachleistungsverschaffung**[7] (durch Übernahme der Vergütung). Der Sozialhilfeträger komme damit seiner „**Gewährleistungsverantwortung**"[8] nach. Welche Einrichtung bzw. welcher Dienst die Leistungen im Einzelfall erbringt, hing davon ab, welchen Anbieter die leistungsberechtigte Person auswählte. Das Wunsch- und Wahlrecht der leistungsberechtigten Person war und ist idR auf Anbieter beschränkt, mit denen der Sozialhilfeträger (bereits) Vereinbarungen abgeschlossen hatte. Die leistungsberechtigte Person schloss mit einem vertragsgebundenen Anbieter ihrer Wahl einen privatrechtlichen Vertrag. Das Rechtsverhältnis zwischen dem Sozialhilfeträger und dem Leistungserbringern sei, so das BSG, geprägt vom Leistungsverschaffungsverhältnis.[9] Die Bewilligung der Leistungen gegenüber der leistungsberechtigten Person erfolge durch einen Verwaltungsakt mit Drittwirkung, der einen Schuldbeitritt des Sozialhilfeträgers zur vertraglichen Zahlungsverpflichtung der leistungsberechtigten Person gegenüber dem Leistungserbringer bewirke. Der Leistungserbringer habe gegenüber dem Sozialhilfeträger damit einen unmittelbaren (zivilrechtlichen)[10] Zahlungsanspruch, der in der Höhe durch die im Bewilligungsbescheid bewilligten Leistungen begrenzt ist.[11] Der BGH ist der Rechtsprechung des BSG gefolgt und hat den Bewilligungsbescheid des Sozialhilfeträgers an die leistungsberechtigte Person als privatrechtsgestaltenden Verwaltungsakt gewertet, der einen Schuldbeitritt bewirke.[12] Für die Bekanntgabe des Verwaltungsakts mit Drittwirkung an den Leistungserbringer reiche es aus,

---

4 Vgl. hierzu ua *Pattar* Sozialrecht aktuell 2012, 85; *Jaritz* Sozialrecht aktuell, 105.
5 Vgl. BSG 28.10.2008 – B 8 SO 22/07 R, Rn. 15 ff.; BSG 25.9.2014 – B 8 SO 8/13 R, Rn. 15 f.; BSG 18.11.2014 – B 8 SO 23/13 R, Rn. 14 ff.
6 Vgl. BSG 28.10.2008 – B 8 SO 22/07 R, Rn. 22.
7 Vgl. BSG 28.10.2008 – B 8 SO 22/07 R, Rn. 17.
8 Vgl. BSG 25.9.2014 – B 8 SO 8/13 R, Rn. 15; BSG 18.11.2014 – B 8 SO 23/13 R, Rn. 14.
9 Vgl. BSG 18.3.2013 – B 8 SF 2/13 R, Rn. 7 mit Verweisen ua auf: *Coseriu* Sozialrecht aktuell 2012, 99 ff.; *Eicher* SGb 2013, 127 ff.
10 Vgl. ua BSG 18.3.2013 – B 8 SF 2/13 R, Rn. 6 ff.
11 Vgl. BSG 28.10.2008 – B 8 SO 22/07 R, Rn. 25.
12 Vgl. BGH 11.4.2019 – III ZR 4/18, Rn. 18.

dass der Sozialhilfeträger den Leistungserbringer zeitnah über den Inhalt des Bescheides informiere.[13]

b) Rechtslage seit dem 1.1.2020

Die Formulierung des § 123 Abs. 1 Satz 1 weicht von der Formulierung des § 75 Abs. 3 Satz 1 SGB XII aF ab. Es heißt jetzt: „Der Träger der Eingliederungshilfe darf Leistungen der Eingliederungshilfe (…) durch Dritte (Leistungserbringer) nur bewilligen, soweit eine schriftliche Vereinbarung zwischen dem Träger des Leistungserbringers und dem (…) Träger der Eingliederungshilfe besteht." Von einer „Übernahme der Vergütung" ist im Wortlaut das Abs. 1 Satz 1 nichts zu lesen. Nach der Gesetzesbegründung soll die gewählte Formulierung „darf (…) nur bewilligen" keine Abkehr vom bisherigen Verständnis des sozialrechtlichen Dreiecksverhältnisses in der Eingliederungshilfe bewirken. In der einleitenden Begründung zum Kapitel 8 heißt es: „Das Vertragsrecht der Eingliederungshilfe regelt, unter welchen Voraussetzungen der Träger der Eingliederungshilfe die Kosten der Leistungen der Eingliederungshilfe zu übernehmen hat." Im Entwurf des § 123 stand anstelle des Wortes „bewilligen" das Wort „erbringen". Das Wort „bewilligen" wurde in die Beschlussvorlage eingefügt, um „Missverständnisse und Verwechslungen mit den Aufgaben der Leistungserbringer" zu vermeiden.[14] Diese (beabsichtigte) klare Trennung der Begriffe „erbringen" und „bewilligen" wird im 8. Kapitel des SGB IX nicht durchgehalten.[15] Aus dem Gesamtzusammenhang aller Regelungen des Teil 2 des SGB IX ergibt sich, dass trotz der Änderungen im Wortlaut des Abs. 1 Satz 1 das Grundgefüge der wechselseitigen Rechtsbeziehungen zwischen dem Eingliederungshilfeträger und der leistungsberechtigten Person, dem Eingliederungshilfeträger und dem Leistungserbringer sowie zwischen der leistungsberechtigten Person und einem Leistungserbringer erhalten geblieben ist:

(1) Rechtsverhältnis zwischen Eingliederungshilfeträger und leistungsberechtigter Person: Im Rahmen seiner Leistungsverpflichtungen hat der Eingliederungshilfeträger nach § 95 sicherzustellen (Sicherstellungsauftrag), dass eine personenzentrierte (am individuellen Bedarf und den individuellen Leistungszielen orientierte) Leistung erbracht wird. Insofern beschränkt sich die Verpflichtung des Eingliederungshilfeträgers gegenüber der leistungsberechtigten Person (mit Ausnahme der pauschalen Geldleistungen nach § 116; zum Persönlichen Budget → § 105 Rn. 1 ff.) nicht auf die Bewilligung einer Geldleistung, sondern erstreckt sich seine Verpflichtung auf die Verschaffung einer Sachleistung, mit der im Gesamtplanverfahren ermittelte teilhabeorientierte Bedarf gedeckt werden kann. Das zeigt die Formulierung „**Leistungen** der Eingliederungshilfe (…) **durch Dritte** (Leistungserbringer)" deutlich. Im Rahmen des Gesamtplanverfahrens werden nicht nur die abstrakt benötigten Leistungen ermittelt, sondern ist zugleich die regionale Infrastruktur vertragsgebundener Anbieter in den Blick zu nehmen. Ist der Bedarf ermittelt, hat der Eingliederungshilfeträger die leistungsberechtigte Person im Rahmen der Beratung nach § 106 Abs. 2 Nr. 5 auf mögliche geeignete Leistungsanbieter hinzuweisen. Die leistungsberechtigte Person wählt einen von mehreren geeigneten Anbietern aus. Der Eingliederungshilfeträger ist bei Bedarf verpflichtet, die leistungsberechtigte Person bei Kontakten mit Leistungsanbietern zu unterstützen (§ 106 Abs. 3 Nr. 7), gegebenenfalls auch bei der Aushandlung und dem Abschluss von Verträgen mit Leistungsan-

---

13 Vgl. BGH 11.4.2019 – III ZR 4/18, Rn. 20; zur Kritik an diesem Modell vgl. den Überblick bei *Krohn* in Hauck/Noftz SGB XII K § 75 Rn. 33 e.
14 BT-Drs. 18/10523, 64.
15 Hierzu detailliert: *Greiser/Šušnjar* SGb 2020, 211 (216).

bietern (§ 106 Abs. 3 Nr. 8, → § 106 Rn. 1 ff.). Der individuelle Unterstützungsbedarf einer leistungsberechtigten Person ist nach § 119 Abs. 2 Nr. 1 ein Beratungsgegenstand der Gesamtplankonferenz. Der Eingliederungshilfeträger erfüllt den Anspruch auf **Sachleistungsverschaffung** mit Bewilligung von Leistungen der Eingliederungshilfe durch einen konkreten Leistungserbringer. Der Bewilligungsbescheid bewirkt für den von der leistungsberechtigten Person ausgewählten Leistungserbringer einen Vergütungsanspruch gegen den Eingliederungshilfeträger nach Abs. 6. Ein Schuldbeitritt ist nicht mehr erforderlich (→ Rn. 20 ff.).[16] Der Eingliederungshilfeträger hat den Prozess der Ausführung Leistungserbringung steuernd zu begleiten (→ § 121 Rn. 3). Das Gesamtsystem der Normen macht die umfassende **Gewährleistungsverantwortung** des Eingliederungshilfeträgers gegenüber der leistungsberechtigten Person sichtbar.

5 **(2) Rechtsverhältnis zwischen dem Eingliederungshilfeträger und dem Leistungserbringer:** Der Eingliederungshilfeträger kommt seinem Sicherstellungsauftrag (→ § 95 Rn. 3) bzw. seiner Gewährleistungsverantwortung dadurch nach, dass er mithilfe der Vereinbarungen nach dem 8. Kapitel dafür sorgt, dass eine Infrastruktur von unterschiedlichen Anbietern entsteht und weiterentwickelt wird, die eine personenzentrierte Leistungserbringung unabhängig vom Ort der Leistungserbringung und unter Berücksichtigung der Wunsch- und Wahlrechte der leistungsberechtigten Person ermöglicht. Dritte erhalten durch die Vereinbarungen Zugang zur Erbringung sozialer Dienstleistungen im Bereich der Eingliederungshilfe. Es handelt sich zwar nicht um eine formale, aber doch faktische „Zulassung" zur Leistungserbringung. Der Leistungserbringer hat gegenüber dem Eingliederungshilfeträger einen gesetzlich verankerten Vergütungsanspruch (→ Rn. 20 ff.).

6 **(3) Rechtsverhältnis zwischen der leistungsberechtigten Person und dem Leistungserbringer:** Die leistungsberechtigte Person spielt eine entscheidende Rolle bei der Auswahl des jeweiligen Anbieters. Der Eingliederungshilfeträger hat nach § 106 Abs. 2 Nr. 5 und Abs. 3 Nr. 7 und 8 lediglich eine beratende, im Einzelfall auch unterstützende Rolle einzunehmen. Dem privatrechtlichen Vertrag, den die leistungsberechtigte Person mit einem Leistungsanbieter schließt, kommt mit Blick auf die personenzentrierte Leistungserbringung (unter Beachtung der Festlegungen im Gesamtplans) eine wichtige Bedeutung zu. Die vertraglichen Regelungen müssen so gestaltet werden, dass Leistungen aus dem allgemeinen Leistungsspektrum des Leistungsanbieters passgenau auf die Bedarfe der leistungsberechtigten Person zugeschnitten sind. Der Umstand, dass sie vom Eingliederungshilfeträger die Aushändigung des Gesamtplans und den Zugang zu den Ergebnissen der Vereinbarungen zwischen dem Eingliederungshilfeträger und dem Leistungserbringer verlangen kann, stärkt die Position der leistungsberechtigten Person im Verhältnis zum Leistungserbringer. Zur Aushandlung der Verträge kann die leistungsberechtigte Person zur Unterstützung andere Personen hinzuziehen.

7 **Ausnahmen:** Für Assistenzleistungen nach § 113 Abs. 2 Nr. 2, die nach § 116 Abs. 1 mit Zustimmung der leistungsberechtigten Person vom Eingliederungshilfeträger als pauschale Geldleistung nach § 105 Abs. 3 erbracht werden, gilt etwas anderes: In einem solchen Fall erbringt der Eingliederungshilfeträger die bewilligte Leistung selber. Lässt die leistungsberechtigte Person ihren Assistenzbedarf durch Dienstleistungen Dritter decken, bestehen lediglich zwei getrennt voneinander zu betrachtende Rechtsverhältnisse: Das öffentlich-rechtliche Rechtsverhältnis zwischen der leistungsberechtigten Person und dem Eingliede-

---

16 AA zu § 75 Abs. 6 SGB XII: *von Boetticher* in LPK-SGB XII § 75 Rn. 44.

Allgemeine Grundsätze § 123

rungshilfeträger einerseits sowie das privatrechtliche Rechtsverhältnis zwischen der leistungsberechtigten Person und dem Leistungserbringer andererseits. In diesen Fällen finden die Regelungen des 8. Kapitel des SGB IX gem. Abs. 1 Satz 1 keine Anwendung (zum Persönlichen Budget vgl. § 105; → § 29 Rn. 11 ff.).

2. Vereinbarungen mit Leistungserbringern – Abs. 1 bis 3

Abs. 1 Satz 1 enthält eine Legaldefinition des Begriffs „Leistungserbringer": Leistungserbringer sind „Dritte". Im Unterschied zum bisherigen Vertragsrecht des SGB XII ist nicht mehr von „Einrichtungsträgern", sondern ganz allgemein von „Leistungserbringern" die Rede. Diese sprachliche Anpassung hängt mit der Aufhebung der Unterscheidung zwischen ambulanten, teilstationären und stationären Leistungen zusammen.[17] Nach Abs. 3 sind private und öffentliche Arbeitgeber nach § 61 (→ § 61 Rn. 6) keine Leistungserbringer iSd Kapitel 8. Beschäftigen sie Arbeitnehmer und Arbeitnehmerinnen auf der Grundlage eines „Budgets für Arbeit", so erhalten sie zwar einen Lohnkostenzuschuss, bleiben aber im Verhältnis zu den Arbeitnehmern und Arbeitnehmerinnen lediglich Arbeitgeber und Arbeitgeberinnen im Sinne des Arbeitsrechts. Sie werden durch den Lohnkostenzuschuss nicht zu Leistungserbringern. Die Gesetzesbegründung bezeichnet sie lediglich als „Nutznießer einer dem Leistungsberechtigten zugedachten Teilhabeleistung".[18] Die Regelungen der §§ 123 ff. sind auf diese nicht anwendbar. 8

Absatz 1 Satz 1 benennt die möglichen **Vertragspartner**: Das sind jeweils der Träger des Leistungserbringers auf der einen Seite und der für den Ort der Leistungserbringung zuständige Eingliederungshilfeträger auf der anderen Seite. Der für den Ort der Leistungserbringung zuständige Träger darf nicht gleichgesetzt werden mit dem Begriff „örtlicher Träger". Nicht alle Bundeländer haben „örtliche" und „überörtliche" Träger als Eingliederungshilfeträger bestimmt, sondern zT andere Zuständigkeitsregelungen getroffen. Welcher Eingliederungshilfeträger zuständig ist, richtet sich deshalb nach den Zuständigkeitsregelungen des jeweiligen Bundeslandes (→ § 94 Rn. 1 ff.). Die Zuständigkeit für den Abschluss von Vereinbarungen kann von der Zuständigkeit für die Bewilligung der Leistungen abweichen, auch wenn die Dienstleistungen in demjenigen Landkreis oder der kreisfreien Stadt erbracht werden sollen, in dem die leistungsberechtigte Person ihren gewöhnlichen Aufenthalt hat. Einzelne Bundesländer haben die sachliche Zuständigkeit für den Abschluss von Verträgen und die weiteren Aufgaben nach dem 8. Kapitel auf der Landesebene angesiedelt (zB Bremen: Land; Brandenburg: überörtlicher Träger/Land). Maßgebend ist der Ort der Leistungserbringung, nicht derjenige Ort, an dem der Rechtsträger des Dienstes seinen Sitz hat. Nach Abs. 1 Satz 2 kann der Eingliederungshilfeträger die Vereinbarung auch mit dem Verband schließen, dem der Leistungserbringer angehört. Der Verband kommt als Vertragspartner aber nur in Betracht, wenn er für den konkreten Vertragsschluss vom Leistungserbringer bevollmächtigt worden ist. Dies muss er dem Eingliederungshilfeträger gegenüber nachweisen können. 9

Der Begriff „Vereinbarung" (Singular) im Abs. 1 Satz 1 umfasst die beiden Teilvereinbarungen des § 125 Abs. 1 (Leistungsvereinbarung und Vergütungsvereinbarung, → § 125 Rn. 1 ff.).[19] Beide Teilvereinbarungen sind schriftlich zu 10

---

17 Vgl. BT-Drs. 18/9522, 363.
18 BT-Drs. 18/5922, 292.
19 Vgl. BT-Drs. 18/9522, 292.

schließen. Vereinbarungen sind öffentlich-rechtliche Verträge, auf die die §§ 53 ff. SGB X Anwendung finden. § 56 SGB X ordnet für öffentlich-rechtliche Verträge ebenfalls die Schriftform an. Für die inhaltliche Bestimmung der „Schriftform" ist gem. § 61 Satz 2 SGB X § 126 BGB entsprechend anwendbar. Vereinbarungen, die ein unzuständiger Eingliederungshilfeträger mit einem Leistungserbringer schließt, sind nach § 58 Abs. 1 SGB X iVm § 134 BGB nichtig (vgl. aber → Rn. 15).[20] Die Vereinbarungen sind gem. Abs. 2 Satz 1 für alle Träger der Eingliederungshilfe **im Bundesgebiet bindend** und damit Normverträge.[21]

11 Nach Absatz 2 Satz 2 müssen die Vereinbarungen den Grundsätzen der Wirtschaftlichkeit, Sparsamkeit und Leistungsfähigkeit entsprechen. Der **Wirtschaftlichkeitsgrundsatz** findet in Form des **Minimalprinzips** Anwendung.[22] Das heißt: Die individuelle Bedarfsdeckung steht nicht zur Disposition. Für die Erbringung der bedarfsdeckenden Leistungen ist die kostengünstigste Lösung zu finden, die zugleich so viele Mittel einsetzt, wie sie nötig sind, um die Leistung in der zur Bedarfsdeckung erforderlichen Qualität erbringen zu können. § 124 Abs. 1 Satz 2 enthält nähere Regelungen, die den Grundsatz der Wirtschaftlichkeit mit Blick auf die „wirtschaftlich angemessene" Vergütung konkretisieren. Der Wirtschaftlichkeitsgrundsatz zielt zugleich auf eine sparsame Mittelverwendung. Deshalb kommt dem Grundsatz der **Sparsamkeit** keine eigenständige Bedeutung zu.[23] Mit Blick auf den Grundsatz der Leistungsfähigkeit ist auch § 124 Abs. 2 zu beachten. Wie bisher schon galt, sind die Vereinbarungen für eine jeweils zukünftige Wirtschaftsperiode zu schließen. Ein nachträglicher Kostenausgleich ist nach Absatz 2 Satz 3 Hs. 2 nicht zulässig. Die **Leistungsfähigkeit** eines Leistungserbringers ist vor dem Hintergrund der Verpflichtung einer individuell bedarfsgerechten (§ 104 Abs. 2) Leitungsbringung zu bestimmen.

12 Absatz 2 Satz 4 **stärkt die Position der leistungsberechtigten Person.** Es handelt sich um eine im Vergleich zum bisherigen Recht neue Regelung. Nach Absatz 2 Satz 4 sind die **Ergebnisse der Vereinbarungen** zwischen Eingliederungshilfeträger und Leistungserbringer **den Leistungsberechtigten zugänglich zu machen,** und zwar in einer „wahrnehmbaren Form". In welcher konkreten Form Ergebnisse der Verträge zugänglich zu machen sind, hängt im Einzelfall von der konkreten Fähigkeitsbeeinträchtigung des Menschen mit Behinderungen ab. Die Vereinbarungen zwischen dem Eingliederungshilfeträger und den Leistungserbringern sollen sicherstellen, dass der individuelle Eingliederungshilfebedarf der leistungsberechtigten Personen durch die zu erbringenden Leistungen gedeckt wird und im Zusammenhang mit der Leistungserbringung auch die **Wunschund Wahlrechte** der leistungsberechtigten Personen Berücksichtigung finden.[24] Deshalb ist es sachgerecht, Leistungsberechtigten Einblicke in die Vereinbarungsergebnisse zu ermöglichen. Sie können auf diese Weise auch die Leistungen verschiedener Leistungserbringer besser miteinander vergleichen und unter Umständen auch treffsicherer das für sie passende Angebot wählen.

Absatz 3 Nr. 1 stellt klar, dass private und öffentliche **Arbeitgeber** iSd §§ 61 und 61 a **keine Leistungserbringer** iSd 8. Kapitels sind. Arbeitgeber, die Men-

---

20 Vgl. BSG 13.7.2017 – B 8 SO21/15 R, Rn. 18 f.
21 Vgl. BSG 13.7.2017 – B 8 SO21/15 R, Rn. 18.
22 Vgl. BSG 7.10.2015 – B 8 SO 21/14 R, Rn. 17 mit Verweis auf *Jaritz/Eicher* in jurisPK–SGB XII § 75 Rn. 102.
23 Vgl. BSG 7.10.2015 – B 8 SO 21/14 R NDV-RD 2016, 77, mit Verweis auf BVerwG 1.12.1998 – 5 C 29/97, BVerwGE 108, 56 (60).
24 Vgl. hierzu ausführlich BT-Drs. 18/5922, 292.

schen mit Behinderungen ein sozialversicherungspflichtiges Arbeitsverhältnis bzw. ein sozialversicherungspflichtiges Ausbildungsverhältnis unter den Rahmenbedingungen des § 61 bzw. des § 61a anbieten, erbringen keine Teilhabeleistungen. Der Gesetzgeber bezeichnet die betreffenden Arbeitgeber lediglich als „Nutznießer"[25] des dem Menschen mit Behinderungen zustehenden Budgets für Arbeit bzw. Budgets für Ausbildung. Aus dem Budget für Arbeit erhalten die Arbeitgeber Lohnkostenzuschüsse, aus dem Budget für Ausbildung wird ihnen die Ausbildungsvergütung erstattet. Nach Absatz 3 Nr. 2 sind Einrichtungen der beruflichen Rehabilitation ebenfalls keine Leistungserbringer, wenn sie den schulischen Teil der Ausbildung unter den Rahmenbedingungen des Budgets für Ausbildung nach § 61a Abs. 2 Satz 4 übernehmen. Sie treten an die Stelle der Berufsschule. Die Kosten für die schulische Ausbildung werden jeweils aus dem Budget für Ausbildung des betreffenden Menschen mit Behinderung an die Einrichtung der beruflichen Rehabilitation gezahlt. Die Regelungen des Vertragsrechts nach Kapitel 8 finden keine Anwendung.[26]

3. Aufnahmeverpflichtung – Abs. 4

Alle Leistungserbringer, die schriftliche Vereinbarungen nach § 125 mit dem jeweils zuständigen Eingliederungshilfeträger abgeschlossen haben, sind gem. Absatz 4 verpflichtet, im Rahmen ihres Leistungsangebotes **leistungsberechtigte Personen „aufzunehmen" und Leistungen** der Eingliederungshilfe **zu „erbringen".** Der Begriff der „Aufnahme" assoziiert den Zusammenhang eines stationären Angebotes etwa in einer WfbM oder einer ähnlichen Einrichtung, ist aber umfassender zu verstehen. Die Regelung knüpft hier an den bis zum 31.12.2019 geltenden § 76 Abs. 1 Satz 2 SGB XII aF an. Danach war in die schriftlichen Vereinbarungen eine Selbstverpflichtung des Einrichtungsträgers zur Aufnahme und Betreuung von Leistungsberechtigten aufzunehmen. Diese Verpflichtung ist im Bereich der Eingliederungshilfe jetzt gesetzlich verankert worden. Neben der Verpflichtung zur Aufnahme von Leistungsberechtigten steht die Verpflichtung, im Rahmen des vereinbarten Leistungsangebots Leistungen „zu erbringen". Diese Formulierung erfasst alle Arten von Leistungen, sowohl Leistungen über Tag und Nacht wie auch Leistungen bei Wohnen in der eigenen Wohnung. Absatz 4 Satz 1 verweist zudem auf die Inhalte des Gesamtplanes nach § 121. Die Leistungserbringer sind verpflichtet, bei der Leistungserbringung die jeweiligen Besonderheiten des für jede leistungsberechtigte Person erstellten **Gesamtplanes** zu beachten. Absatz 4 Satz 2 ist ausweislich der Gesetzesbegründung lediglich als Klarstellung zu verstehen, dass die Verpflichtung auch mit Blick auf die Leistungserbringung für mehrere Personen gemeinsam (§ 116 Abs. 2) Geltung haben soll.[27]

13

Die Regelung dient dem Zweck, die „Versorgung" der leistungsberechtigten Personen sicherzustellen.[28] Leistungserbringer sollen nicht das Recht haben, Personen mit einem höheren Bedarf an Leistungen abweisen zu dürfen (Aufnahme auch „schwerer Fälle"[29]). Ist das in der Leistungsvereinbarung vereinbarte Leistungsspektrum des Leistungserbringers geeignet, den Bedarf einer Person zu decken, greift die Verpflichtung des Abs. 4. Wenn ein Leistungserbringer mit seinen (vereinbarten) personellen und sächlichen Ressourcen überhaupt

14

---

25 Vgl. BR-Drs. 129/21, 64.
26 Vgl. BR-Drs. 129/21, 64.
27 Vgl. BT-Drs. 18/9522, 293.
28 Vgl. BT-Drs. 18/9522, 294.
29 Vgl. zu § 76 Abs. 1 Satz 2 SGB XII aF: *Flint* in Grube/Wahrendorf SGB XII § 76 Rn. 15.

nicht in der Lage ist, den im Gesamtplanverfahren festgestellten und bewilligten individuellen Bedarf einer Person zu decken, ist er mit Blick auf diesen individuellen Bedarf nicht geeignet, die vom Eingliederungshilfeträger bewilligten Leistungen teilhabeorientiert erbringen zu können. Es ist Aufgabe der Eingliederungshilfeträger, mit den Vereinbarungen nach § 125 auch ausdrücklich Personen mit einem außergewöhnlich hohen Betreuungsbedarf („schreiender Bedarf"[30]) in den Blick zu nehmen. Stellt sich während des Gesamtplanverfahrens heraus, dass ein außergewöhnlicher Bedarf besteht, der in den bisher geschlossenen Vereinbarungen mit Leistungserbringern überhaupt nicht im Blick war, ist für eine Übergangszeit eine Lösung über Abs. 5 zu suchen.

III. Leistungserbringung durch Dritte ohne Vereinbarungen – Abs. 5

15 Abweichend vom Grundsatz des Absatz 1 ist im **Ausnahmefall** eine Erbringung der Eingliederungshilfe durch einen Leistungserbringer, mit dem der Eingliederungshilfeträger bisher keine Vereinbarungen nach § 125 abgeschlossen hat, zulässig, wenn die weiteren in **Absatz 5 Satz 1** genannten Voraussetzungen vorliegen. Grundvoraussetzung ist das Bestehen eines **vertragslosen Zustands**. Ein solcher vertragsloser Zustand wird nur in folgenden Fällen bejaht werden können: (1) Der Abschluss eines Vertrages ist überhaupt nicht geplant; (2) Vertragsverhandlungen wurden zwar geführt, sind aber endgültig gescheitert; (3) der bestehende Vertrag sieht die im Einzelfall benötigte Leistung überhaupt nicht vor (mit Verweis auf mögliche Vertragsergänzungen müssen die unter 1 und 2 aufgeführten Voraussetzungen hinzukommen); (4) eine früher existierende Vereinbarung ist gekündigt worden.[31] Der Eingliederungshilfeträger darf Leistungen durch einen vertragslosen Leistungserbringer gewähren, wenn die im Satz 1 aufgeführten fünf Voraussetzungen vorliegen. Voraussetzungen der Nummern 1, 2 und 5 entsprechen inhaltlich den Voraussetzungen der bis zum 31.12.2019 im Sozialhilferecht geltenden Ausnahmeregelung des § 75 Abs. 4 Satz 1 bis 3 SGB XII aF Die Voraussetzungen der Nummern 3 und 4 kommen hinzu.

16 Entscheidend für die Gewährung einer Leistung durch einen nicht vertragsgebundenen Leistungserbringer ist das Vorliegen der Voraussetzung des Absatz 5 Nr. 1. Danach müssen **Besonderheiten im Einzelfall** vorliegen, die es **gebieten**, die Erbringung der Leistung durch einen nicht vertragsgebundenen Leistungserbringer zu bewilligen. Dies ist der Fall, wenn keiner der in der Region vorhandenen vertragsgebundenen Leistungserbringer in der Lage ist, den individuellen Bedarf der betreffenden Person zu decken. Die Ausnahmeregelung greift somit nur, wenn es **objektiv unmöglich** ist, den Bedarf einer leistungsberechtigten Person mit den vertragsgebundenen Leistungserbringern zu decken, entweder weil entsprechende bedarfsdeckende Leistung in der Region überhaupt nicht angeboten werden oder im vereinbarten Leistungsspektrum ein außergewöhnlich hoher Betreuungsbedarf nicht berücksichtigt ist, so dass mit den personellen und sächlichen Mitteln der vertragsgebundenen Leistungserbringer ein solcher Bedarf objektiv nicht gedeckt werden kann, oder weil die Kapazität der vertragsgebundenen Leistungserbringer erschöpft ist. Eine Besonderheit im Einzelfall liegt auch vor, wenn es der betreffenden Person **unzumutbar** ist, Leistungen eines objektiv für die Bedarfsdeckung geeigneten zugelassenen Trägers in Anspruch zu nehmen.[32] Die Ausnahmeregelung des Absatz 5 knüpft an den Be-

---

30 Vgl. zu dieser Problematik: *Klie* NDV 2019, 397 (400).
31 Vgl. *Jaritz* SozialRecht aktuell 2012, 116; LSG NRW 10.1.2016 – L 20 SO 132/13, ZFSH/SGB 2016, 251; LSG NRW 28.5.2015 – L 9 SO 231/12, BtPrax 2015, 252.
32 Vgl. *Jaritz* SozialRecht aktuell 2012, 116; LSG BW 30.4.2014 – L 7 SO 3423/10, FEVS 66, 270.

darfsdeckungsgrundsatz des § 104 an. Dieser verpflichtet den Eingliederungshilfeträger, den individuell bestehenden Bedarf an Eingliederungshilfeleistungen vollständig zu decken.

Nach dem Wortlaut des Absatz 5 greift die Ausnahmeregelung nur, wenn auch alle weiteren Voraussetzungen der Nummern 2–5 vorliegen. Allerdings darf diese Forderung nicht die rechtzeitige Bedarfsdeckung im Einzelfall gefährden. Der **Bedarfsdeckungsgrundsatz** des § 104 Abs. 1 kann in einem seltenen Ausnahmefall gebieten, eine Leistungserbringung durch einen nicht vertragsgebundenen Dritten zu gewähren, auch wenn noch nicht alle Voraussetzungen der Nummern 2–5 erfüllt sind, der vorhandene Bedarf im Einzelfall aber eine sofortige Leistungserbringung erfordert. Das gilt etwa, wenn das Leistungsangebot (noch) nicht schriftlich vorliegt oder der Dritte (noch) nicht auf die Vergütungsvorstellungen des Eingliederungshilfeträgers eingegangen ist.[33] Andererseits müssen die Gesamtumstände auch in einem solchen Ausnahmefall erkennen lassen, dass der gebotene Bedarf der leistungsberechtigten Person tatsächlich in der erforderlichen Qualität gedeckt wird und sich der Leistungserbringer dabei am Gesamtplan orientiert.

Die Ausnahmeregelung des Absatz 5 wird nur selten relevant, wenn der Eingliederungshilfeträger seiner Infrastrukturverantwortung wirklich gerecht wird und durch die Vertragsbindung von Leistungserbringern sicherstellt, dass die unterschiedlichen Bedarfslagen in den Leistungsangeboten der vertragsgebundenen Träger ausreichend Berücksichtigung finden. Falls Angebote fehlen, um einen Bedarf im Einzelfall zu decken, wird dies bereits im Gesamtplanverfahren erkennbar. Der Aspekt der Leistungserbringung ist ein Beratungsgegenstand der Gesamtplankonferenz und damit bereits während des Gesamtplanverfahrens einzuziehen (→ § 119 Rn. 7).

Satz 2 regelt die entsprechende Anwendung der Regelungen des 8. Kapitels mit Ausnahme des § 123 Abs. 4 und 6 und §§ 126, 131, 132. Insgesamt sollen die Anforderungen an den nicht vertragsgebundenen Leistungserbringer zum einen sicherstellen, dass auch hier der Eingliederungshilfeträger seine **Gesamtverantwortung** für die Leistungserbringung wahrnehmen kann. Zum anderen sollen die Regelungen eine Besserstellung von nicht vertragsgebundenen Leistungserbringern im Vergleich zu den durch Vereinbarungen nach § 125 zugelassenen Trägern verhindern.[34]

IV. Vergütungsanspruch des Leistungserbringers – Abs. 6

Absatz 6 enthält eine Weiterentwicklung im Verhältnis zum bisherigen, bis zum 31.12.2019 geltenden, Recht. Er regelt einen eigenständigen **Anspruch des Leistungserbringers auf Vergütung gegenüber dem Eingliederungshilfeträger**. Nach der bis zum 31.12.2019 geltenden Rechtslage hatte ein Leistungserbringer keinen originären gesetzlich verankerten Vergütungsanspruch für (Dienst-)Leistungen, die er einer leistungsberechtigten Person im Rahmen der Eingliederungshilfe erbracht hatte. Erst im Zusammenhang mit dem Schuldbeitritt des Leistungsträgers zur Schuld der leistungsberechtigten Person konnte es zu einem Vergütungsanspruch des Leistungserbringers gegenüber dem Sozialleistungsträger kommen (→ Rn. 2).[35] Die Gesetzesbegründung verweist auf Praktikabilitäts-

---

33 Zur § 75 Abs. 4 vgl. *Krohn* in Hauck/Noftz SGB XII K § 75 Rn. 43, der ua auf LSG Bln-Bbg 17.12.2015 – L 23 SO 309/15 B ER und LSG BW 3.6.2013 – L 7 SO 1931/13 ER B verweist. Vgl. auch *von Boetticher* in LPK-SGB XII § 75 Rn. 37.
34 Vgl. BT-Drs. 18/9522, 293.
35 Vgl. ua BT-Drs. 18/9522, 293 mit Verweis auf BSG 28.10.2008 – B 8 SO 22/07, FEVS 60, 481.

gründe für die Einfügung dieser Regelung.[36] Der Gesetzgeber wollte die bisherige Lösung über den Schuldbeitritt durch Einführung eines gesetzlichen Vergütungsanspruchs des Leistungserbringers ablösen.[37] § 123 Abs. 6 ist nach der modifizierten Subjektstheorie dem öffentlichen Recht zuzuordnen, da er den Eingliederungshilfeträger in seiner Funktion als Sozialleistungsträger verpflichtet.[38] Gemäß § 51 Abs. 1 Nr. 6 a SGG in der ab 1.1.2020 geltenden Fassung ist der Rechtsweg zur Sozialgerichtsbarkeit eröffnet.

21 Der Leistungserbringer hat einen Anspruch auf Vergütung der „erbrachten Leistungen der Eingliederungshilfe." Die Formulierung bietet Anlass zu Missverständnissen.[39] Das Wort „erbracht" assoziiert den Leistungserbringer, der die Leistungen tatsächlich ausführt. Da ein Leistungserbringer jedoch nicht über die Zuerkennung von Eingliederungshilfeleistungen entscheiden kann, ist für die Entstehung des Zahlungsanspruch allein der **Bewilligungsbescheid** des Eingliederungshilfeträgers maßgebend. Dem steht nicht die Verwendung der Worte „erbrachte Leistungen" entgegen. Das zeigt Abs. 5 Satz 1. Dort ist davon die Rede, dass der Eingliederungshilfeträger Leistungen durch Leistungserbringer „erbringt". Diese Formulierung fand sich im ursprünglichen Gesetzentwurf auch im Abs. 1 (→ Rn. 3). Gegenüber der leistungsberechtigten Person erbringt der Eingliederungshilfeträger Leistungen, indem er die Erbringung durch einen konkreten Leistungserbringer bewilligt. Die Maßgeblichkeit des Bewilligungsbescheids für den Vergütungsanspruch ergibt sich auch aus § 127 Abs. 1 Satz 2.[40]

22 Der Vergütungsanspruch des Leistungserbringers nach Abs. 6 ist nicht abhängig von privatrechtlichen Verpflichtungen der leistungsberechtigten Person aus einem Vertrag zwischen ihr und dem Leistungserbringer.[41] Abs. 6 enthält nach seiner Formulierung keinen gesetzlichen Schuldbeitritt des Eingliederungshilfeträger zu einer privatrechtlichen Schuld der leistungsberechtigten Person.[42] Dass der Vergütungsanspruch in der Gesetzesbegründung als ein öffentlich-rechtlicher bezeichnet wird,[43] zeigt, dass kein gesetzlicher Schuldbeitritt beabsichtigt war.

§ 124 Geeignete Leistungserbringer

(1) ¹Sind geeignete Leistungserbringer vorhanden, soll der Träger der Eingliederungshilfe zur Erfüllung seiner Aufgaben eigene Angebote nicht neu schaffen. ²Geeignet ist ein externer Leistungserbringer, der unter Sicherstellung der Grundsätze des § 104 die Leistungen wirtschaftlich und sparsam erbringen kann. ³Die durch den Leistungserbringer geforderte Vergütung ist wirtschaftlich angemessen, wenn sie im Vergleich mit der Vergütung vergleichbarer Leistungserbringer im unteren Drittel liegt (externer Vergleich). ⁴Liegt die geforderte Vergütung oberhalb des unteren Drittels, kann sie wirtschaftlich angemessen sein, sofern sie nachvollziehbar auf einem höheren Aufwand des Leistungserbringers beruht und wirtschaftlicher Betriebsführung entspricht. ⁵In den externen Ver-

---

36 Vgl. BT-Drs. 18/9522, 294.
37 Vgl. BT-Drs. 18/9522, 294; Vgl. *Greiser/Šušnjar* SGb 2020, 211 (218).
38 Vgl. *Greiser/Šušnjar* SGb 2020, 211 (216).
39 Vgl. *Grube* Sozialrecht aktuell 2017, 121 (124).
40 Vgl. hierzu: *Greiser/Šušnjar* SGb 2020, 211 (217); *Grube* Sozialrecht aktuell 2017, 121 (124).
41 AA zu § 75 Abs. 6 SGB XII: *Lange* in jurisPK-SGB XII § 75 Rn. 121.
42 Vgl. hierzu detailliert: *Greiser/Šušnjar* SGb 2020, 211 (218).
43 Vgl. BT-Drs. 18/9522, 294.

gleich sind die im Einzugsbereich tätigen Leistungserbringer einzubeziehen. ⁶Die Bezahlung tariflich vereinbarter Vergütungen sowie entsprechender Vergütungen nach kirchlichen Arbeitsrechtsregelungen kann dabei nicht als unwirtschaftlich abgelehnt werden, soweit die Vergütung aus diesem Grunde oberhalb des unteren Drittels liegt.

(2) ¹Geeignete Leistungserbringer haben zur Erbringung der Leistungen der Eingliederungshilfe eine dem Leistungsangebot entsprechende Anzahl an Fach- und anderem Betreuungspersonal zu beschäftigen. ²Sie müssen über die Fähigkeit zur Kommunikation mit den Leistungsberechtigten in einer für die Leistungsberechtigten wahrnehmbaren Form verfügen und nach ihrer Persönlichkeit geeignet sein. ³Geeignete Leistungserbringer dürfen nur solche Personen beschäftigen oder ehrenamtliche Personen, die in Wahrnehmung ihrer Aufgaben Kontakt mit Leistungsberechtigten haben, mit Aufgaben betrauen, die nicht rechtskräftig wegen einer Straftat nach den §§ 171, 174 bis 174c, 176 bis 180a, 181a, 182 bis 184g, 184i bis 184l, 201a Absatz 3, §§ 225, 232 bis 233a, 234, 235 oder 236 des Strafgesetzbuchs verurteilt worden sind. ⁴Die Leistungserbringer sollen sich von Fach- und anderem Betreuungspersonal, die in Wahrnehmung ihrer Aufgaben Kontakt mit Leistungsberechtigten haben, vor deren Einstellung oder Aufnahme einer dauerhaften ehrenamtlichen Tätigkeit und in regelmäßigen Abständen ein Führungszeugnis nach § 30a Absatz 1 des Bundeszentralregistergesetzes vorlegen lassen. ⁵Nimmt der Leistungserbringer Einsicht in ein Führungszeugnis nach § 30a Absatz 1 des Bundeszentralregistergesetzes, so speichert er nur den Umstand der Einsichtnahme, das Datum des Führungszeugnisses und die Information, ob die das Führungszeugnis betreffende Person wegen einer in Satz 3 genannten Straftat rechtskräftig verurteilt worden ist. ⁶Der Leistungserbringer darf diese Daten nur verändern und nutzen, soweit dies zur Prüfung der Eignung einer Person erforderlich ist. ⁷Die Daten sind vor dem Zugriff Unbefugter zu schützen. ⁸Sie sind unverzüglich zu löschen, wenn im Anschluss an die Einsichtnahme keine Tätigkeit für den Leistungserbringer wahrgenommen wird. ⁹Sie sind spätestens drei Monate nach der letztmaligen Ausübung einer Tätigkeit für den Leistungserbringer zu löschen. ¹⁰Das Fachpersonal muss zusätzlich über eine abgeschlossene berufsspezifische Ausbildung und dem Leistungsangebot entsprechende Zusatzqualifikationen verfügen.

(3) Sind mehrere Leistungserbringer im gleichen Maße geeignet, so hat der Träger der Eingliederungshilfe Vereinbarungen vorrangig mit Leistungserbringern abzuschließen, deren Vergütung bei vergleichbarem Inhalt, Umfang und Qualität der Leistung nicht höher ist als die anderer Leistungserbringer.

I. Überblick 1	III. Fachkräftegebot – geeignetes Personal 5
II. Eignung der Leistungserbringer – wirtschaftlich angemessene Vergütung 2	IV. Anwendbarkeit des Vergaberechts 10

I. Überblick

§ 124 wurde durch Artikel 1 des Gesetzes zur Stärkung der Teilhabe und Selbstbestimmung von Menschen mit Behinderungen (Bundesteilhabegesetz – BTHG) vom 23.12.2016 mWz 1.1.2018 in das SGB IX eingefügt.[1] Er überträgt den Vorrang der Leistungserbringung durch Dritte aus dem bisherigen Sozialhilferecht in den Teil 2 des SGB IX. Die Regelung enthält eine Konkretisierung

---

1 BGBl. I 3234.

des Begriffs „Geeignete Leistungserbringer" und benennt weitere Anforderungen, die mit Blick auf einen möglichen Vertragsabschluss beim Leistungserbringer erfüllt sein müssen. Abs. 2 Satz 3 wurde durch Art. 3 des Gesetzes zur Durchführung von Verordnung der EU zur Bereitstellung von Produkten auf dem Markt und zur Änd. des Neunten und Zwölften Buches Sozialgesetzbuch mWv 26.4.2019 geändert.[2] In den Satz wurden die Straftatbestimmungen der §§ 184i, 184j und 201a Abs. 3 StGB aufgenommen. Abs. 2 Satz 3 wurde zunächst durch das 59. Strafrechtsänderungsgesetz v. 9.10.2020 mWv 1.1.2021[3] um den Verweis auf § 184k StGB ergänzt, der ebenfalls mWv 1.1.2021 in das Strafgesetzbuch neu eingefügt wurde. Eine weitere Ergänzung des Abs. 2 Satz 3 erfolgte durch Art. 8 Abs. 5 des Gesetzes zur Bekämpfung sexualisierter Gewalt gegen Kinder v. 16.6.2021 mWz 1.7.2021.[4] Der Verweis schließt jetzt § 184l StGB ein, der durch das G v. 16.6.2021 neu in das Strafgesetzbuch eingefügt wurde.

II. Eignung der Leistungserbringer – wirtschaftlich angemessene Vergütung

2 Absatz 1 Satz 1 enthält eine inhaltsgleiche Regelung im Vergleich zum. Die Regelung steht in Verbindung mit dem Sicherstellungsauftrag des § 95. Der Eingliederungshilfeträger soll vorrangig auf Angebote Dritter zurückgreifen. Eingliederungshilfeträger sollen eigene Angebote nur machen, soweit es ihnen nicht möglich ist, mit den Mitteln des Vertragsrechts Angebote „externer Leistungserbringer" zu erschließen. Kann auf diese Weise eine Bedarfslücke nicht geschlossen werden, muss der Eingliederungshilfeträger uU ein eigenes Angebot schaffen (vgl. → § 95 Rn. 3). Der Begriff „externe Leistungserbringer" (Satz 2) erfasst sowohl freie gemeinnützige wie auch gewerbliche Träger. Aus Absatz 1 Satz 1 ergibt sich zugleich, dass der Eingliederungshilfeträger **Verträge** nach § 125 **nur mit geeigneten** Leistungserbringern schließen darf.

3 Absatz 1 Satz 2 konkretisiert den Begriff der „Eignung" von Leistungserbringern. Er enthält zwei Aspekte. Zum einen müssen die Grundsätze des § 104, also die **bedarfsdeckende Leistungserbringung nach den Besonderheiten des Einzelfalls unter Berücksichtigung der Wunsch- und Wahlrechte** der leistungsberechtigten Person durch den Leistungserbringer sichergestellt sein. Dieser Aspekt war bereits in dem bis zum 31.12.2019 geltenden § 75 Abs. 2 Satz 2 iVm § 9 Abs. 1 SGB XII aF verankert. Der zweite Aspekt, mit dem Satz 2 den Begriff der Eignung näher bestimmt, ist die Sicherstellung einer **wirtschaftlichen und sparsamen Leistungserbringung** durch den Leistungserbringer. Die Sätze 3 und 4 des Abs. 1 konkretisieren wiederum den Begriff der **wirtschaftlichen und angemessenen Vergütung**. Danach ist das Ergebnis eines **externen Vergleichs** entscheidend, dem Vergleich von Vergütungen „aller im Einzugsbereich tätigen" (Absatz 1 Satz 5) Träger mit **vergleichbaren Leistungsangeboten**. Was mit dem „Einzugsbereich" gemeint ist, bleibt unklar. Stellt man auf den Einzugsbereich des für die Vertragsschließung zuständigen Eingliederungshilfeträgers ab, kommt es zu einer uneinheitlichen Anwendung des externen Vergleichs. In Bundesländern, in denen das Land für die Verträge nach dem 8. Kapitel zuständig ist, müssten dann alle Anbieter des gesamten Bundeslandes einbezogen werden. In Bundesländern, in denen ein örtlicher Eingliederungshilfeträger (Landkreis, kreisfreie Stadt) für die Vertragsschließungen zuständig wäre, würden nur die

---

2 BGBl. 2019 I 473.
3 BGBl. 2020 I 2075.
4 BGBl. 2021 I 1810.

für den Landkreis bzw. die kreisfreie Stadt relevanten Anbieter in den Vergleich einbezogen werden. Das könnten auch Anbieter aus den benachbarten Landkreisen sein, soweit sie für die leistungsberechtigten Personen erreichbar bzw. unter Aufrechterhaltung ihrer bisherigen sozialen Bezüge nutzbar wären. Bei ambulanten Dienstleistern hält das Bundessozialgericht nur dasjenige Gebiet für einen sinnvollen Vergleichsraum, in dem die Leistungsberechtigten von den einbezogenen Leistungserbringern des Vergleichsraum tatsächlich ambulant versorgt werden könnten.[5] Mit Blick auf Anbieter, die Leistungen über Tag und Nacht anbieten, kann der Vergleichsraum weiter gezogen werden. Hier müsste man noch einmal unterscheiden zwischen zeitlich befristeten Aufenthalten (zB in Internaten im Rahmen einer Bildungsmaßnahme) und auf Dauer angelegte Angebote. Um für Menschen, die auf Leistungen in besonderen Wohnformen angewiesen sind, in räumlicher Nähe zu ihren bisherigen Lebensweltbezügen Angebote sicherzustellen, müssten innerhalb eines Bundeslandes einzelne voneinander getrennt zu betrachtende Vergleichsräume gebildet werden.

Mit den Sätzen 3 und 4 überträgt der Gesetzgeber Inhalte der Entscheidung des Bundessozialgerichts v. 29.1.2009 zur Frage nach der Wirtschaftlichkeit einer Vergütung im Bereich der Gesetzlichen Pflegeversicherung unverändert auf das Eingliederungshilferecht. Der Ausschuss für Arbeit und Soziales verweist in seiner Beschlussempfehlung auf eine „vergleichbare Interessenlage" mit Blick auf das Vertragsrecht des SGB XI, des SGB XII und des Eingliederungshilferechts des Teils 2 des SGB IX, wenn es darum geht, die wirtschaftliche Angemessenheit einer geforderten Vergütung zu beurteilen.[6] Nach der genannten Entscheidung des BSG ist von der Wirtschaftlichkeit einer Vergütung immer auszugehen, wenn sie im Vergleich mit Vergütungen anderer vergleichbarer Leistungserbringer **im unteren Drittel** liegt.[7] Diese Wertung des BSG ist jetzt für das Eingliederungshilferecht im Absatz 1 Satz 3 gesetzlich verankert. Absatz 1 Satz 4, nach dem im Einzelfall auch eine Vergütung **im oberen Drittel** der Vergleichswerte als wirtschaftlich angemessen angesehen werden kann, überträgt ebenfalls Wertungen des BSG aus der genannten Entscheidung auf das Eingliederungshilferecht.[8] Der Ausschuss für Arbeit und Soziales führt dazu aus, auch eine im oberen Drittel der Vergleichswerte liegende Vergütung könne wirtschaftlich angemessen sein, „wenn sie nachvollziehbar auf einem höheren Aufwand" beruhe. In der Drucksache des Ausschusses werden folgende Aspekte aufgeführt: Leistungsangebote, „die einen höheren Personalschlüssel und ein besonders qualifiziertes Personal erfordern" sowie Lage, Größe und Zuschnitt der Einrichtung.[9] Absatz 1 Satz 6, nach dem die **Bezahlung von tariflich vereinbarter Vergütung** sowie Vergütungen nach kirchlichen Arbeitsrechtsregelungen, soweit diese dazu führt, dass die vom Leistungserbringer geforderte Vergütung im oberen Drittel des Vergleichswerte des externen Vergleichs liegt, vom Eingliederungshilfeträger **nicht** als **unwirtschaftlich** abgelehnt werden darf, wird in der Gesetzesbegründung als lediglich klarstellende Regelung bezeichnet.[10] § 38 Abs. 2 enthält eine für alle Rehabilitationsträger geltende, dem § 124 Abs. 1 Satz 6 inhaltlich entsprechende Regelung.

---

5 Vgl. BSG 25.4.2018 – B 8 SO 26/16 R NDV 2018, 238 (241).
6 Vgl. BT-Drs. 18/10523, 61 mit Verweis auf BayLSG 24.11.2011 – L 8 SO 135/10 KL.
7 Vgl. BSG 29.1.2009 – B 3 P 7/08 R NZS 2010, 35 (42 Rn. 34).
8 Vgl. BSG 29.1.2009 – B 3 P 7/08 R NZS 2010, 35 (43 Rn. 36).
9 BT-Drs. 18/10523, 62.
10 Vgl. BT-Drs. 18/9522, 294 und BT-Drs. 18/10523, 62.

III. Fachkräftegebot – geeignetes Personal

5 Absatz 2 enthält **Anforderungen an das Personal**, das ein Leistungserbringer zu beschäftigen hat, um als geeigneter Leistungserbringer für einen Vertrag nach § 125 infrage zu kommen. Satz 1 betrifft die Anzahl der Beschäftigten. Der Leistungserbringer muss bereits mit Blick auf die **Anzahl des Fachpersonals** und die Anzahl sonstigen **Betreuungspersonals** sicherstellen können, dass alle Leistungen **entsprechend seinem Leistungsangebot** in der erforderlichen Qualität erbracht werden können. Die Gesetzesbegründung verweist als Beispiel für unterschiedliche fachliche Anforderungen an das Personal auf die Unterscheidung zwischen (einfacher) Assistenz nach § 78 Abs. 1 Nr. 1 und qualifizierter Assistenz nach § 78 Abs. 1 Nr. 2. Während Assistenzleistungen iSd § 78 Abs. 1 Nr. 1 „von einem (angelernten) Mitarbeiter ohne berufsspezifische Ausbildung erbracht werden" können, benötige man für Assistenzleistungen iSd § 78 Abs. 1 Nr. 2 „eine einschlägige Ausbildung im pädagogischen, psycho-sozialen, psychiatrischen oder therapeutischen Bereich."[11] Absatz 2 Satz 4 betrifft nähere fachliche Anforderungen an das Fachpersonal. Danach muss neben der jeweils erforderlichen berufsspezifischen Ausbildung eine dem konkreten Leistungsangebot entsprechende **Zusatzqualifikation** vorhanden sein.

6 Absatz 2 Satz 2 Alt. 1 enthält dagegen Anforderungen an das gesamte Personal, sowohl Fachpersonal wie auch anderes Betreuungspersonal. Die Beschäftigten müssen **Fähigkeiten zur Kommunikation** mit denjenigen leistungsberechtigten Personen nahweisen können, mit denen sie in ihrer Arbeit bei dem Leistungserbringer zu tun haben. Satz 2 Alt. 1 spricht von einer „**für die Leistungsberechtigten wahrnehmbaren Form.**" In der Gesetzesbegründung werden folgende Kommunikationsformen beispielhaft aufgeführt: Gebärdensprache, Lormen und Brailleschrift.[12]

7 Nach Absatz 2 Satz 2 Alt. 2 muss das Personal des Leistungserbringers in jedem Fall auch **persönlich geeignet** sein. Absatz 2 Satz 3 benennt Fälle, in denen davon auszugehen ist, dass eine Person als persönlich ungeeignet anzusehen ist. Er nimmt Bezug auf Normen des StGB: § 171 StGB regelt den Straftatbestand der Verletzung der Fürsorge- oder Erziehungspflicht. Die §§ 174–184k StGB betreffen Straftaten gegen die sexuelle Selbstbestimmung. § 225 StGB enthält den Straftatbestand der Misshandlung Schutzbefohlener. Die weiteren genannten Normen betreffen einzelne Straftatbestände aus dem Abschnitt „Straftaten gegen die persönliche Freiheit". Die jetzt vorliegende Fassung des Absatz 2 Satz 3–9 wurde vom Ausschuss für Arbeit und Soziales formuliert[13] und geht auf eine Anregung des Bundesrates zurück. Die ursprüngliche Fassung des Absatz 2 Satz 3 beschränkte sich auf die Benennung der Straftatbestände, deren Erfüllung dazu führt, dass eine Person für Tätigkeiten mit Kontakt zu leistungsberechtigten Personen als ungeeignet anzusehen ist.[14] Der Bundesrat wies darauf hin, dass nach geltendem Recht „einschlägig vorbestrafte Personen dies weder bei einer Bewerbung um eine Beschäftigung in der Behindertenhilfe noch in einem bestehenden Beschäftigungsverhältnis offen legen müssen."[15] Der Bundesrat hielt zum wirksamen Schutz der leistungsberechtigten Personen deshalb ergänzende Regelungen für erforderlich. Daraufhin wurde der Satz 3 umformuliert und die Sätze 4 bis 9 wurden eingefügt. Absatz 2 enthält jetzt ein ausdrückliches Beschäftigungsverbot, das ähnlich formuliert ist wie die Rege-

---

11 BT-Drs. 18/9522, 295.
12 Vgl. BT-Drs. 18/9522, 295.
13 Vgl. BT-Drs. 18/10523, 13 f.
14 Vgl. BT-Drs. 18/9522, 84.
15 Vgl. BR-Drs. 428/16, 49.

lung zum Tätigkeitsausschluss im § 72a SGB VIII, die durch das Kinder- und Jugendhilfeweiterentwicklungsgesetz (KICK) eingeführt[16] und durch das Gesetz zur Stärkung eines aktiven Schutzes von Kindern und Jugendlichen (Bundeskinderschutzgesetz – BKiSchG) auf ehrenamtlich tätige Personen ausgeweitet wurde.[17] Die Regelungen des § 124 Abs. 2 Satz 3 ff. dienen in erster Linie dem **Schutz der leistungsberechtigten Personen** vor Straftaten durch solche Personen, die von Leistungserbringern mit Aufgaben zur Erbringung von Eingliederungshilfeleistungen betraut werden. Der Ausschuss für Arbeit und Soziales verweist insbesondere auf den „Schutz der Menschen mit Behinderungen vor sexuellen Übergriffen."[18] Der UN-Fachausschuss für die Rechte von Menschen mit Behinderungen hat im Mai 2015 in den Abschließenden Bemerkungen über den ersten Staatenbericht Deutschlands zur Umsetzung der UN-BRK zu Art. 16 empfohlen, wirksame Strategien zu entwickeln, „um in allen öffentlichen und privaten Umfeldern den wirksamen Gewaltschutz für Frauen und Mädchen mit Behinderungen zu gewährleisten."[19]

Das Beschäftigungsverbot erstreckt sich auf solche Tätigkeitsbereiche, in denen Beschäftigte oder ehrenamtlich Tätige „**Kontakt** mit Leistungsberechtigten haben." Das betrifft nicht nur Fach- und Betreuungspersonal, sondern alle Personen, die **im Rahmen ihrer Tätigkeit** Kontakt zu Leistungsberechtigten haben können. Leistungserbringer, die einschlägig vorbestraften Personen Tätigkeiten mit Kontakt zu leistungsberechtigten Personen übertragen, werden dadurch selber zu **ungeeigneten Leistungserbringern**, mit denen der Eingliederungshilfeträger Verträge nach § 125 nicht schließen darf. Die Leistungserbringer sind verpflichtet, sich vor Beginn und in regelmäßigen Abständen während der Dauer des Beschäftigungsverhältnisses ein erweitertes Führungszeugnis nach § 30a Bundeszentralregistergesetz vorlegen zu lassen. Das gilt auch mit Blick auf ehrenamtlich bei dem Leistungserbringer tätige Personen. Die weiteren Regelungen der Sätze 5 bis 9 enthalten Regelungen zum Schutz der persönlichen Daten des Personals. 8

Absatz 3 enthält eine dem § 75 Abs. 3 SGB XII inhaltlich entsprechende Regelung. Sie verpflichtet den Eingliederungshilfeträger zu einem **im Verhältnis zu Absatz 1 weiteren externen Vergleich**, wenn im Einzugsgebiet mehrere geeignete Leistungserbringer vorhanden sind. Denn der Eingliederungshilfeträger ist verpflichtet, vorrangig mit denjenigen Leistungserbringern Verträge abzuschließen, deren Vergütung bei vergleichbarem Inhalt, Umfang und Qualität der Leistung nicht höher ist als die anderer Leistungserbringer. Ein erster externer Vergleich ist bereits mit Blick auf das Eignungskriterium der wirtschaftlichen Leistungserbringung im Abs. 1 Satz 3 und 4 gefordert. Aus Absatz 1 Satz 3 und 4 ergibt sich bereits, dass die verlangten Vergütungssätze immer in Entsprechung zum konkreten Leistungsangebot des Leistungserbringers zu bewerten sind. Gibt es im Einzelfall Besonderheiten, die auch höhere Vergütungssätze nach Absatz 1 Satz 4 rechtfertigen, so darf der Eingliederungshilfeträger bei einer Entscheidung über den Vertragsschluss nach Absatz 3 nur solche Leistungserbringer zum Vergleich heranziehen, die **vergleichbare Besonderheiten** in Entsprechung zum Leistungsangebot aufweisen (→ Rn. 2). Sind vergleichbare Leistungsangebote geeigneter Träger mit etwa gleich hohen Vergütungsforderungen im Einzugsgebiet vorhanden, verdichtet sich das Ermessen des Eingliederungshilfeträ- 9

---

16 G v. 8.9.2005, BGBl. I 2729.
17 G v. 22.12.2011, BGBl. I 2975.
18 Vgl. BT-Drs. 18/10523, 62.
19 S. http://www.institut-fuer-menschenrechte.de/monitoring-stelle-un-brk/staatenpruefung/.

gers dahin, mit jedem dieser Träger einen Vertrag nach § 125 abzuschließen.[20] Der Wortlaut der Regelung zielt nicht auf eine selektive Auswahl. Wenn der Eingliederungshilfeträger vorrangig mit solchen Leistungserbringern Verträge zu schließen hat, deren Vergütungen „nicht höher (sind), **als die anderer Leistungserbringer**", so kommen für den Eingliederungshilfeträger Vertragsabschlüsse mit Leistungserbringern, wenn die genannte Voraussetzung erfüllt ist. Die Regelung enthält keine weiteren Maßgaben, nach denen der Eingliederungshilfeträger geeignete Träger von der Leistungserbringung ausschließen könnte. § 124 Abs. 3 berechtigt den Eingliederungshilfeträger nicht zu Ablehnung von Verträgen mit der Begründung, der Bedarf im Einzugsgebiet sei gedeckt. Die Verweigerung einer Vereinbarung nach § 125 stellt gegenüber einem potenziellen Leistungserbringer einen intensiven Eingriff in das Grundrecht auf Berufsfreiheit aus Art. 12 GG dar. Denn ohne Vereinbarungen nach § 125 ist es ihm nicht möglich, seine (Dienst)Leistungen im Rahmen der Eingliederungshilfe anzubieten. Ein solcher Grundrechtseingriff lässt sich verfassungsrechtlich nur rechtfertigen, wenn eine hinreichend bestimmte gesetzliche Grundlage existiert.[21] § 124 enthält keine diesen Anforderungen entsprechende Eingriffsgrundlage. Deshalb muss allen geeigneten Leistungserbringern, die die Voraussetzungen des § 124 erfüllen, der der Zugang über Vereinbarungen nach § 125 zur Erbringung von (Dienst-)Leistungen im Rahmen der Eingliederungshilfe offenstehen.

IV. Anwendbarkeit des Vergaberechts

10 Am 18.4.2016 ist das Gesetz zur Modernisierung des Vergaberechts (Vergaberechtsmodernisierungsgesetz) v. 17.2.2016 in Kraft getreten. Die Grundsätze zum Verfahren von öffentlichen Aufträgen und Konzessionen sind im Kapitel 1 des neu strukturierten Teils 4 des Gesetzes gegen Wettbewerbsbeschränkungen GWB geregelt (§§ 97–154 GWB). Mit dem Vergaberechtsmodernisierungsgesetz sollten die neuen EU-Richtlinien zum Vergaberecht umgesetzt werden. Dazu gehört ua die Richtlinie über die öffentliche Auftragsvergabe (2014/24/EU) sowie die Richtlinie über die Vergabe von Konzessionen (2014/23/EU). § 103 GWB definiert ua die Begriffe „öffentlicher Auftrag" und „Rahmenvereinbarung", § 105 GWB enthält Regelungen zum Begriff der „Konzessionen", § 130 GWB regelt die Vergabe von öffentlichen Aufträgen über soziale und andere besondere Dienstleistungen. Aus der Gesetzesbegründung zu den §§ 103, 105 und 130 GWB geht hervor, dass die neu gefassten Regelungen des Vergaberechts keine Anwendung finden, wenn alle Unternehmen, die die geforderten Voraussetzungen erfüllen, Zugang zur Erbringung der Dienstleistungen haben. Die Gesetzesbegründung nimmt ausdrücklich auf die Erwägungsgründe 4 zur Richtlinie 2014/24/EU und 13 zur Rechtlinie 2014/23/EU Bezug.[22] Die Vereinbarungen nach § 125 sind ein Mittel zur Wahrnehmung der Gewährleistungsverantwortung, die den Eingliederungshilfeträgern mit Blick auf die Sicherstellung einer dem individuellen Bedarf entsprechenden und wirtschaftlichen Leistungserbringung zukommt. Jeder Leistungserbringer, der die im § 124 näher aufgeführten Voraussetzungen erfüllt, erhält über den Abschluss der Verträge nach § 125 Zugang zur Leistungserbringung im Bereich der Eingliederungshilfe. Es fehlt deshalb an dem für die Anwendung des Vergaberechts erforderlichen **Merkmal Selektion** bestimmter Leistungserbringer, das zugleich den

---

20 Vgl. zu § 75 Abs. 3 SGB XII: *Schellhorn/Buss* in Schellhorn/Hohm/Scheider § 75 Rn. 35.1; *Münder/von Boetticher* in LPK-SGB XII § 75 Rn. 20 ff.
21 Vgl. hierzu *Neumann*, Freiheitsgefährdung, S. 174 und 394 ff. mwN.
22 Vgl. BT-Drs. 18/6281, 73 (76 und 114).

Ausschluss anderer Leistungserbringer bewirken würde, obwohl diese dieselben Voraussetzungen erfüllen wie die ausgewählten. Richten sich die Eingliederungshilfeträger mit Blick auf den Abschluss von Verträgen mit Leistungserbringern nach den Regelungen der §§ 123 ff., ist das Vergaberecht somit auf die Verträge nach § 125 nicht anwendbar.[23]

In der Literatur wird auch vor dem Hintergrund des neuen Vergaberechts zum Teil vertreten, die Anwendung des Vergaberechts sei den Leistungsträgern nicht verboten, wenn das Gesetz dies nicht ausdrücklich verbiete.[24] Dem ist Folgendes entgegenzuhalten: Die Anwendung des Vergaberechts zielt auf die Zulassung weniger Träger zur Leistungserbringung, soweit der Bedarf es jeweils erfordert. Damit zielt die Anwendung des Vergaberechts zugleich auf den Ausschluss aller anderen Träger von der Leistungserbringung. Wie bereits angemerkt (→ Rn. 9), stellt ein solches Vorgehen einen intensiven Eingriff in das Grundrecht der Berufsfreiheit des Art. 12 GG dar. Deshalb ist eine Anwendung des Vergaberechts nur zulässig, wenn eine hinreichend bestimmte gesetzliche Grundlage dies erlaubt. Das Fehlen eines ausdrücklichen Verbots kann nicht gleichgesetzt werden mit dem Vorhandensein einer klaren gesetzlichen Regelung, die einen solchen Eingriff in das Grundrecht der Berufsfreiheit zulassen würde. Eine ausdrückliche Eingriffsgrundlage fehlt hier.[25]

§ 125 Inhalt der schriftlichen Vereinbarung

(1) In der schriftlichen Vereinbarung zwischen dem Träger der Eingliederungshilfe und dem Leistungserbringer sind zu regeln:
1. Inhalt, Umfang und Qualität einschließlich der Wirksamkeit der Leistungen der Eingliederungshilfe (Leistungsvereinbarung) und
2. die Vergütung der Leistungen der Eingliederungshilfe (Vergütungsvereinbarung).

(2) ¹In der Leistungsvereinbarung sind als wesentliche Leistungsmerkmale mindestens aufzunehmen:
1. der zu betreuende Personenkreis,
2. die erforderliche sächliche Ausstattung,
3. Art, Umfang, Ziel und Qualität der Leistungen der Eingliederungshilfe,
4. die Festlegung der personellen Ausstattung,
5. die Qualifikation des Personals sowie
6. soweit erforderlich, die betriebsnotwendigen Anlagen des Leistungserbringers.

²Soweit die Erbringung von Leistungen nach § 116 Absatz 2 zu vereinbaren ist, sind darüber hinaus die für die Leistungserbringung erforderlichen Strukturen zu berücksichtigen.

(3) ¹Mit der Vergütungsvereinbarung werden unter Berücksichtigung der Leistungsmerkmale nach Absatz 2 Leistungspauschalen für die zu erbringenden Leistungen unter Beachtung der Grundsätze nach § 123 Absatz 2 festgelegt. ²Förderungen aus öffentlichen Mitteln sind anzurechnen. ³Die Leistungspauschalen sind nach Gruppen von Leistungsberechtigten mit vergleichbarem Bedarf oder Stundensätzen sowie für die gemeinsame Inanspruchnahme durch

---

23 Vgl. auch *Glahs/Rafii* SozialRecht aktuell 2016, 169; *Luthe* SGb 2016, 489 (494).
24 *Luthe* SGb 2016, 489.
25 Vgl. hierzu Vgl. hierzu *Neumann*, Freiheitsgefährdung, S. 174 und 394 ff. mwN; *Neumann/Nieland/Philipp*, Erbringung von Sozialleistungen, S. 66 f.; OVG Bln 4.4.2005 – 6 S 415/04, RSDE 63 (2006), 67.

mehrere Leistungsberechtigte (§ 116 Absatz 2) zu kalkulieren. [4]Abweichend von Satz 1 können andere geeignete Verfahren zur Vergütung und Abrechnung der Fachleistung unter Beteiligung der Interessenvertretungen der Menschen mit Behinderungen vereinbart werden.

(4) [1]Die Vergütungsvereinbarungen mit Werkstätten für behinderte Menschen und anderen Leistungsanbietern berücksichtigen zusätzlich die mit der wirtschaftlichen Betätigung in Zusammenhang stehenden Kosten, soweit diese Kosten unter Berücksichtigung der besonderen Verhältnisse beim Leistungserbringer und der dort beschäftigten Menschen mit Behinderungen nach Art und Umfang über die in einem Wirtschaftsunternehmen üblicherweise entstehenden Kosten hinausgehen. [2]Können die Kosten im Einzelfall nicht ermittelt werden, kann hierfür eine Vergütungspauschale vereinbart werden. [3]Das Arbeitsergebnis des Leistungserbringers darf nicht dazu verwendet werden, die Vergütung des Trägers der Eingliederungshilfe zu mindern.

I. Überblick	1	IV. Vergütungsvereinbarungen – Abs. 3 und 4	8
II. Teilvereinbarungen – Abs. 1	2		
III. Leistungsvereinbarung – Abs. 2	3		

I. Überblick

1   § 125 wurde durch Artikel 1 des Gesetzes zur Stärkung der Teilhabe und Selbstbestimmung von Menschen mit Behinderungen (Bundesteilhabegesetz – BTHG) vom 23.12.2016 mWz 1.1.2018 in das SGB IX eingefügt.[1] Die Abs. 1 bis 3 enthalten eine Zusammenfassung der Inhalte des bis zum 31.12.2019 geltenden § 75 Abs. 3 Satz 1 und des § 76 SGB XII aF, mit einzelnen Anpassungen. Absatz 4 ist eine inhaltsgleiche Übertragung der bis zum 31.12.2017 im § 41 Abs. 3 Satz 3 Nr. 2 und Satz 4 sowie der in § 41 Abs. 4 Satz 3 SGB IX aF verorteten Regelungen für WfbM. Die Regelung knüpft an § 123 Abs. 1 Satz 1 an und konkretisiert die dort genannte „Vereinbarung" als eine Gesamtvereinbarung, die zwei Teilvereinbarungen, die Leistungs- und die Vergütungsvereinbarung umfasst (Abs. 1). Abs. 2 regelt den Mindestinhalt der Leistungsvereinbarung, Abs. 3 den der Vergütungsvereinbarung. Abs. 4 enthält zusätzliche Elemente, die bei Vergütungsvereinbarungen mit einem Träger einer WfbM bzw. mit einem anderen Leistungsanbieter (→ § 60 Rn. 1 ff.) zu berücksichtigen sind. § 134 verdrängt mit Blick auf die dort benannten Personengruppen den § 125. Regelungen zum Verfahren, nach dem Vereinbarungen zuschließen sind und zum Inkrafttreten finden sich im § 126.

II. Teilvereinbarungen – Abs. 1

2   § 125 Abs. 1 entspricht inhaltlich dem § 76 Abs. 1 SGB XII. Im Unterschied zur Rechtslage bis 31.12.2019 sind **nur noch zwei Verträge** erforderlich: Die Leistungsvereinbarung (über Inhalt, Umfang und Qualität einschließlich der Wirksamkeit der Leistungen) und die Vergütungsvereinbarung. Im § 75 Abs. 3 Satz 1 SGB XII aF war darüber hinaus der Abschluss einer Vereinbarung über die Prüfung der Wirtschaftlichkeit und Qualität der Leistungen (Prüfungsvereinbarung) vorgesehen. Die Notwendigkeit des Abschlusses einer Prüfungsvereinbarung entfällt, da der Gesetzgeber jetzt mit § 128 ein gesetzliches Recht zur Prüfung der Wirtschaftlichkeit und Qualität zugunsten der Eingliederungshilfeträger verankert hat.

---

1   BGBl. I 3234.

III. Leistungsvereinbarung – Abs. 2

Absatz 2 Satz 1 legt die **Mindestinhalte** einer Leistungsvereinbarung fest. Die 3
aufgeführten Mindestinhalte einer Leistungsvereinbarung im Bereich der Eingliederungshilfe entsprechen inhaltlich den im § 76 Abs. 2 SGB XII aufgeführten Inhalten für den Bereich der Sozialhilfe. Die listenmäßige Gestaltung soll der besseren Übersichtlichkeit dienen.[2] Nach Nr. 1 ist in der Leistungsvereinbarung der **zu betreuende Personenkreis** festzulegen. Dieser hängt mit dem unterschiedlichen Teilhabebedarf zusammen, den Personen mit unterschiedlichen Beeinträchtigungen (körperlichen, seelischen, geistigen oder Sinnesbeeinträchtigungen) zusammen. Mit Blick auf die Aufnahmeverpflichtung nach § 123 Abs. 4 einerseits aber auch der Verpflichtung, den gesamten individuellen Bedarf einer Person, die aufgenommen wurde, decken zu können, müssten auch Bedarfskonstellationen bedacht werden, in denen der Leistungserbringer mit seinem konkreten Angebot den individuellen Bedarf nicht oder nicht in der erforderlichen Qualität decken kann (zB Bedarfe, die eine 1:1-Betreuung erfordern).Diese Personengruppen, deren individuellen Bedarf der Leistungserbringer mit seinem Angebot nicht decken kann, sollten deshalb ebenfalls konkretisiert werden. Auf diese Weise entsteht auch eine Transparenz hinsichtlich fehlender Angebote für Menschen mit einem intensiven Betreuungsbedarf („schreiende Hilfebedarfe"[3]).

Nach Nr. 2 ist die erforderliche **sächliche Ausstattung** festzulegen. Zur Ausstattung 4
der Räume, in denen Fachleistungen erbracht werden, zählen zB die notwendigen Möbel, Kommunikationshilfen, Material, Hilfsmittel. Zur „sächlichen Ausstattung" zählen auch Fahrzeuge, insbes. Mit Blick auf Angebote, die ambulant erbracht werden.

Nach Nr. 3 sind Art, Ziel und Qualität der Leistungen in der Leistungsvereinbarung 5
festzulegen. Die Art und Ziel der Leistungen sind an den Kriterien auszurichten. Da die Bedarfsermittlung des Eingliederungshilfeträgers nach § 117 Abs. 1 Satz 3 die nicht nur vorübergehende Beeinträchtigung der Aktivität und Teilhabe in den aus der ICF entnommenen neun Lebensbereichen (→ § 118 Rn. 5), erfassen sollen, sollten sich die **Art und die Ziele der Leistungen** ebenfalls auf die (Förderung der) Teilhabe in diesen Lebensbereichen beziehen. Bei der **Qualität** der Leistungen ist idR zwischen Struktur-, Prozess-, und Ergebnisqualität zu unterscheiden. Die Strukturqualität wird ua durch die räumliche, sächliche und personelle Ausstattung geprägt. Insofern bestehen zwischen der Nr., 3 und den Inhalten der Nr. 2 und 4 Überschneidungen, Die Prozessqualität betrifft den strukturierten Ablauf der Leistungserbringung bezogen auf die Leistungsziele. Die Ergebnisqualität bezieht sich auf das Erreichen der Leistungsziele und damit auf die Wirksamkeit der Leistungen. Mit Blick auf die Ergebnisqualität könnten in der Leistungsvereinbarung die Art und die zeitlichen Abstände vereinbart werden, nach denen der Leistungserbringer regelmäßig überprüft, inwiefern sich die Leistungen tatsächlich als geeignet erweisen, die jeweils im Gesamtplan festgelegten Teilhabeziele zu erreichen. Grundsätze und Maßstäbe der Qualität einschließlich der Wirksamkeit der Leistungen sind gem. § 131 Abs. 1 Satz 2 Nr. 6 auf Landesebene in Rahmenverträgen zu regeln (→ § 131 Rn. 9).

Nach Nr. 4 ist die Festlegung der **personellen Ausstattung**, nach Nr. 5 die **Qualifikation** 6
des Personals. Diese beiden Elemente sind prägend für die Qualität der Leistungen. Grundsätze und Maßstäbe der Qualität sind nach § 131 Abs. 1

---

2 Vgl. BT-Drs. 18/9522, 295.
3 Vgl. *Klie* NDV 2019, 397 (400).

Satz 2 auf Landesebene zu regeln. Die Begründung zu Absatz 1 Satz 1 Nr. 4 führt aus, damit werde ein Anliegen der Länder aus dem Entwurf zur Änderung des SGB XII v. 26.11.2010 aufgegriffen.[4] Dies ist nicht nachvollziehbar. Auch die bisherige Regelung des § 76 Abs. 1 SGB XII benennt unter den aufgeführten Mindestinhalten wie der jetzige Abs. 1 Satz 1 Nr. 4 die „personelle Ausstattung" und wie in der jetzigen Nr. 5 die „Qualifikation des Personals". Dem Bundesrat ging es in dem Gesetzentwurf von 2010 um die Ergänzung des § 76 Abs. 1 SGB XII mit folgender Formulierung: „Die Personalausstattung für das Personal, das der unmittelbaren Förderung oder Pflege der Leistungsberechtigten zu dienen bestimmt ist, soll in Personalschlüsseln festgelegt werden."[5] Wenn die Begründung zu Absatz 1 Nr. 4 anmerkt, dass die Methode zur Festlegung der personellen Ausstattung den Rahmenverträgen nach § 131 vorbehalten bleibe,[6] ist darin eine Begründung für die Regelung des § 131 Abs. 1 Nr. 5 zu sehen.

7 Nach Nr. 6 sind die **betriebsnotwendigen Anlagen** in die Leistungsvereinbarung aufzunehmen, soweit sie für die Erbringung der Leistungen der Eingliederungshilfe erforderlich sind. Dies richtet sich nach dem jeweiligen Leistungsspektrum des Anbieters. Zu den betriebsnotwendigen Anlagen zählen insbes. Grundstücke und Gebäude. Absatz 2 Satz 2 bezieht sich auf eine mögliche **Erbringung von Leistungen an mehrere Personen** zusammen (§ 116 Abs. 2) und verpflichtet mit Blick auf den Abschluss von Leistungsvereinbarungen dazu, die für eine gemeinsame Leistungserbringung erforderlichen Strukturen in der Leistungsvereinbarung zu verankern.

IV. Vergütungsvereinbarungen – Abs. 3 und 4

8 Absatz 3 enthält Vorgaben für die **Vergütungsvereinbarungen**. Im Unterschied zum § 76 Abs. 3 SGB XII unterscheidet § 125 Abs. 3 nicht zwischen Grundpauschale, Leistungspauschale und Investitionsbetrag. Die bis Ende 2019 im Rahmen stationärer Eingliederungshilfe vereinbarende Grundpauschale entfällt, da die Eingliederungshilfeleistungen seit dem 1.1.2020 von den Leistungen zum Lebensunterhalt getrennt sind. Etwas anderes gilt bei Leistungen für Minderjährige und einige junge Volljährige (→ § 134 Rn. 1 ff.). Die bis 31.12.2019 neben der Grundpauschale zu vereinbarende Maßnahmepauschale und der Investitionsbetrag sind im Begriff der „**Leistungspauschale**" zusammengefasst. Da bei der Vereinbarung der Leistungspauschalen nach Absatz 3 eine Berücksichtigung aller Leistungsmerkmale des Absatz 2 erfolgen muss, sind auch Vergütungsanteile für die nach Absatz 2 Nr. 6 erforderlichen „betriebsnotwendigen Anlagen des Leistungserbringers" in der Vergütungsvereinbarung zu berücksichtigen. Die Begründung zum Gesetzentwurf benennt in diesem Zusammenhang insbesondere den „Investitionsaufwand für Erst- und Wiederbeschaffung von Anlagegütern sowie Miete bzw. Pacht und Darlehenszinsen."[7] Eine detaillierte Befassung mit den Gebäudekosten ist im Zusammenhang mit Leistungen über Tag und Nacht für Menschen in besonderen Wohnformen notwendig. Hier sind diejenigen anteiligen Wohnkosten zu ermitteln, die nach § 113 Abs. 5 den Leistungen zur sozialen Teilhabe zuzuordnen sind.[8] In dem Begriff „Leistungspauschale" iSd § 125 Abs. 3 fließen somit unterschiedliche Kostenanteile

---

4 Vgl. BT-Drs. 18/9522, 295 unzutreffender Verweis auf BR-Drs. 379/10 – richtige Drs.-Nr.: 394/10.
5 BR-Drs. 394/10, 2.
6 BT-Drs. 18/9522, 295.
7 BT-Drs. 18/9522, 295.
8 Vgl. hierzu *Philipp* Sozialrecht aktuell 2019, 1 (12 f.).

zusammen. Dies wird mit Blick auf § 131 Abs. 1 Nr. 1 noch deutlicher. Danach ist in den Rahmenverträgen Näheres zur Abgrenzung der den Pauschalen zugrunde zu legenden Kostenarten und -bestandteilen sowie die Zusammensetzung des Investitionsbetrags zu regeln. Ob in Anlehnung an die bis Ende 2019 geltenden Regelungen insbes. Bei Leistungen für Menschen in besonderen Wohnformen zwischen Grund-, Maßnahmepauschale und Investitionsbetrag unterschieden wird,[9] oder ob alle Kostenarten in einer einheitlichen Leistungspauschale zusammenfließen, richtet sich nach Regelungen des Rahmenvertrags des einzelnen Bundeslandes, soweit dieser Anwendung findet.

Die Leistungspauschalen sind nach Absatz 3 Satz 3 entweder nach Gruppen von Leistungsberechtigten mit vergleichbaren Bedarfen oder nach Stundensätzen zu bilden. Eine Berechnung von Leistungspauschalen, die zwischen unterschiedlichen Gruppen von Leistungsberechtigten mit jeweils vergleichbaren Bedarfen unterscheidet, ist insbes. für Angebote möglich, die Leistungen über Tag und Nacht für Menschen mit Behinderungen in besonderen Wohnformen umfassen. Diese Typisierung hinsichtlich vergleichbarer Bedarfe soll lediglich als **Kalkulationsgrundlage** dienen.[10] Die konkrete Zuordnung einer leistungsberechtigten Person zu einer typisierten Gruppe kann und darf nicht dazu führen, dass Teile des Bedarfs ungedeckt bleiben bzw. über den konkreten Bedarf hinaus Leistungen erbracht werden. Für die Leistungserbringung im Einzelfall ist der jeweilige Gesamtplan maßgebend. Für ambulante Angebote bietet sich die Berechnung von Leistungspauschalen nach Stundensätzen (Fachleistungsstunden und Stundensätzen für Personal ohne Ausbildung) an.[11] Für die nach § 116 Abs. 2 mögliche Leistungserbringung an mehrere Personen gemeinsam sind besondere Leistungspauschalen zu bilden.

Wie nach der bisher geltenden vertragsrechtlichen Regelung des § 76 Abs. 2 Satz 2 SGB XII müssen **Förderungen aus öffentlichen Mitteln** auch in Zukunft im Bereich des Eingliederungshilferechts **angerechnet** werden (Abs. 3 Satz 2). Andernfalls käme es zu Wettbewerbsverzerrungen.[12] Das bedeutet, dass freie gemeinnützige Träger, die neben den Leistungsentgelten öffentliche Beihilfen erhalten, nachweisen können müssen, wie sie diese Mittel einsetzen. Werden solche Mittel im Rahmen der Leistungserbringung eingesetzt, sind sie auf die Vergütungen anzurechnen.[13]

Absatz 3 Satz 4 enthält eine Öffnungsklausel, nach der in den Bundesländern andere geeignete Verfahren zur Berechnung der Vergütung und zur Abrechnung der Fachleistungen vereinbart werden können. Dabei sind zwingend **Interessenvertretungen** der Menschen mit Behinderungen zu beteiligen. Damit tatsächlich die Interessen der Menschen mit Behinderungen selbst zur Sprache kommen, müsste sichergestellt sein, dass nicht nur solche Interessenverbände beteiligt werden, die zugleich auf der Leistungserbringerseite zu verorten sind. Es liegt nahe, Vertreter derjenigen Verbände für Menschen mit Behinderungen zu beteiligen, die im jeweiligen Bundesland nach § 94 Abs. 4 Satz 3 durch Rechtsverordnung bzw. durch ein Gesetz zur Umsetzung des Teil 2 des SGB IX als Mit-

---

9 Vgl. hierzu *Philipp* Sozialrecht aktuell 2019, 1 (12).
10 Vgl. BT-Drs. 18/9522, 296 mit Verweis auf BSG 2.2.2010 – B 8 SO 20/08 R, FEVS 61, 534.
11 Vgl. BSG 25.4.2018 – B 8 SO 26/16 R, Sozialrecht aktuell 2018, 238 (240).
12 Vgl. zur bisher geltenden Regelung des § 76 Abs. 2 Satz 2 SGB XII *Neumann* RsDE 33 (1996), 124 (140 f.).
13 Vgl. zu den Gefahren der Wettbewerbsverzerrung bei der Förderung der Wohlfahrtsverbände durch Finanzhilfen nach dem Niedersächsischen Glücksspielgesetz Landesrechnungshof Niedersachsen, Jahresbericht 2015, 30 ff., www.lrh.niedersachsen.de.

glieder der Arbeitsgemeinschaft zur Förderung und Entwicklung der Strukturen der Eingliederungshilfe (→ § 94 Rn. 11) benannt sind.

12 **§ 125.** Absatz 4 Satz 1 benennt weitere Faktoren, die neben denjenigen des Absatz 2 bei der Vereinbarung von Leistungspauschalen für Werkstätten für behinderte Menschen zusätzlich Berücksichtigung finden müssen. Neben den Bestandteilen des Abs. 3 sind in Vergütungsvereinbarungen mit einer WfbM nach Abs. 4 Kosten zu berücksichtigen, die mit der **wirtschaftlichen Betätigung** der WfbM, dem Erzielen eines Wirtschaftsergebnisses zusammenhängen. Dies gilt, soweit die Aufwendungen nach Art und Umfang über die in einem Wirtschaftsunternehmen üblicherweise entstehenden Kosten hinausgehen. Diese Regelung nötigt dazu, die jeweiligen Kostenbestandteile entweder den Aufwendungen, die mit der Ausführung der Leistungen zur Teilhabe am Arbeitsleben oder denjenigen, die mit der wirtschaftlichen Betätigung zusammenhängen, zuzuordnen. Nur diejenigen Kostenbestandteile (Sach- und Personalkosten), die ausschließlich auf die **Steigerung der Produktion** gerichtet sind, können der wirtschaftlichen Betätigung zugeordnet werden.[14] Erst nach dieser Zuordnung ist ein Vergleich mit den Aufwendungen eines üblichen Wirtschaftsunternehmens durchzuführen. Aufwendungen, die zwar auch der wirtschaftlichen Betätigung zugutekommen, aber darauf gerichtet sind, die Aufgaben der WfbM als Leistungserbringer für Leistungen zur Teilhabe am Arbeitsleben erfüllen zu können, dürfen nicht dem Bereich der wirtschaftlichen Betätigung zugeordnet werden. Dies hat das Bundessozialgericht mit Blick auf die Beiträge für die Gesetzliche Unfallversicherung entschieden: Diese sind „Annexkosten" des Aufgabenbereichs „Teilhabe am Arbeitsleben". Der Unfallversicherungsschutz beziehe sich auf alle Maßnahmen in der WfbM und damit auch auf diejenigen Maßnahmen, die in erster Linie der Förderung der Leistungsberechtigten und nur mittelbar dem Erzielen eines Wirtschaftsergebnisses dienen.[15] Da in der Praxis die genaue Zuordnung der Kostenanteile zum Bereich der wirtschaftlichen Betätigung schwierig sein kann, sieht Absatz 4 Satz 2 ist die Möglichkeit einer Vereinbarung von Vergütungspauschalen für „werkstattspezifische Kosten der wirtschaftlichen Betätigung" vor.[16] Das Arbeitsergebnis einer WfbM darf nach Abs. 4 Satz 3 auch in Zukunft nicht zu einer Absenkung der Vergütung führen.

§ 126 Verfahren und Inkrafttreten der Vereinbarung

(1) ¹Der Leistungserbringer oder der Träger der Eingliederungshilfe hat die jeweils andere Partei schriftlich zu Verhandlungen über den Abschluss einer Vereinbarung gemäß § 125 aufzufordern. ²Bei einer Aufforderung zum Abschluss einer Folgevereinbarung sind die Verhandlungsgegenstände zu benennen. ³Die Aufforderung durch den Leistungsträger kann an einen unbestimmten Kreis von Leistungserbringern gerichtet werden. ⁴Auf Verlangen einer Partei sind geeignete Nachweise zu den Verhandlungsgegenständen vorzulegen.

(2) ¹Kommt es nicht innerhalb von drei Monaten, nachdem eine Partei zu Verhandlungen aufgefordert wurde, zu einer schriftlichen Vereinbarung, so kann jede Partei hinsichtlich der strittigen Punkte die Schiedsstelle nach § 133 anrufen. ²Die Schiedsstelle hat unverzüglich über die strittigen Punkte zu entscheiden. ³Gegen die Entscheidung der Schiedsstelle ist der Rechtsweg zu den Sozial-

---

14 Vgl. BSG 29.5.2019 – B 8 SO 1/18 R, Rn. 15 ff.; B 8 SO 28/16 R, Rn. 18.
15 Vgl. BSG 29.5.2019 – B 8 SO 1/18 R, Rn. 17.
16 Vgl. BT-Drs. 14/5800, 27 zu Art. 1, § 41, Buchstabe a.

gerichten gegeben, ohne dass es eines Vorverfahrens bedarf. ⁴Die Klage ist gegen den Verhandlungspartner und nicht gegen die Schiedsstelle zu richten.
(3) ¹Vereinbarungen und Schiedsstellenentscheidungen treten zu dem darin bestimmten Zeitpunkt in Kraft. ²Wird ein Zeitpunkt nicht bestimmt, wird die Vereinbarung mit dem Tag ihres Abschlusses wirksam. ³Festsetzungen der Schiedsstelle werden, soweit keine Festlegung erfolgt ist, rückwirkend mit dem Tag wirksam, an dem der Antrag bei der Schiedsstelle eingegangen ist. ⁴Soweit in den Fällen des Satzes 3 während des Schiedsstellenverfahrens der Antrag geändert wurde, ist auf den Tag abzustellen, an dem der geänderte Antrag bei der Schiedsstelle eingegangen ist. ⁵Ein jeweils vor diesem Zeitpunkt zurückwirkendes Vereinbaren oder Festsetzen von Vergütungen ist in den Fällen der Sätze 1 bis 4 nicht zulässig.

I. Überblick

§ 126 wurde durch Artikel 1 des Gesetzes zur Stärkung der Teilhabe und Selbstbestimmung von Menschen mit Behinderungen (Bundesteilhabegesetz – BTHG) vom 23.12.2016 mWz 1.1.2018 in das SGB IX eingefügt.[1] Die Regelungen zielen auf ein zügiges Zustandekommen von Vereinbarungen nach § 125. § 126 entspricht inhaltlich dem § 77 SGB XII. Die Vertragspartner der Rahmenverträge nach § 131 haben gem. § 131 Abs. 1 Satz 2 Nr. 6 in den Rahmenverträgen das Verfahren zum Abschluss von Vereinbarungen näher zu regeln.

1

II. Anbahnung eines Vertragsabschlusses – Abs. 1

Mit Absatz 1 verankert der Gesetzgeber eine Regelung zum Beginn der Anbahnung eines Vertragsabschlusses. Sowohl die Eingliederungshilfeträger wie auch die Leistungserbringer haben ein Initiativrecht. Jede Seite hat das Recht, die jeweils andere Seite zu Vertragsverhandlungen aufzufordern. Für die **Aufforderung zur Verhandlung** ist die Schriftform vorgegeben. Wird nach Auslaufen einer Vereinbarung der Abschluss einer Folgevereinbarung angestrebt, schreibt Satz 2 vor, dass die Verhandlungsgegenstände in der Aufforderung zur Verhandlung konkret benannt werden müssen. Der Eingliederungshilfeträger kann nach Satz 3 seine Aufforderung zur Verhandlung an einen „unbestimmten Kreis von Leistungserbringern" richten. Ein solches Vorgehen kann mit Blick auf die Entwicklung neuer bzw. weiterer Angebote zur Umsetzung des Sicherstellungsauftrags nach § 95 zielführend sein. Satz 3 darf nicht missverstanden werden als Aufforderung zur Abgabe von Angeboten mit dem Ziel, von vornherein nur einzelne Leistungserbringer auszuwählen (vgl. hierzu → § 124 Rn. 9 f.). Auf der Grundlage des Abs. 1 Satz 4 kann jeder Verhandlungspartner vom jeweils anderen verlangen geeignete **Nachweise** zu den Verhandlungsgegenständen vorzulegen. Im Rahmen von Vergütungsverhandlungen sind Nachweise zur Plausibilität der vom Leistungserbringer geltend gemachten Vergütungen erforderlich. Der Leistungserbringer könnte vom Eingliederungshilfeträger Nachweise darüber verlangen, wie im Rahmen der Wirtschaftlichkeitsprüfung der externe Vergleich (→ § 124 Rn. 9) mit anderen Anbietern vorgenommen wurde. Nähere Regelungen können sich aus dem Rahmenvertrag (→ § 131 Rn. 9) des jeweiligen Bundeslandes ergeben

2

---

1 BGBl. I 3234.

III. Schiedsstellenentscheidung – Abs. 2 und 3

3 Nach Abs. 2 Satz 1 kann jede Verhandlungspartei die Schiedsstelle anrufen, wenn sich die Parteien nicht innerhalb von **drei Monaten** über Inhalte der Vereinbarungen einigen können. Der Gesetzgeber hat die Frist von sechs Wochen (§ 77 Abs. 1 Satz 3 SGB XII aF) nicht in den § 126 übernommen, sondern mit drei Monaten einen deutlich längeren Zeitraum für das Bemühen um eine Einigung geregelt. Die Gesetzesbegründung benennt Erfahrungen in der Praxis als Grund für die Änderung. Die Frist von sechs Wochen hätte sich häufig als eine zu kurze Frist erwiesen.[2] Der Gesetzgeber hat sich bewusst gegen eine über den Dreimonatszeitraum hinausreichende Frist entschieden, da sonst die „Schutzfunktion der Vorschrift", einen zügigen Vertragsabschluss zu gewährleisten gefährdet wäre.[3] Fristbeginn ist der Zugang der Aufforderung zur Verhandlung. Im Unterschied zur Regelung des § 77 Abs. 1 Satz 3 SGB XII aF sind nicht nur die Vergütungsvereinbarungen, sondern **auch die Leistungsvereinbarungen schiedsstellenfähig**.

4 Gegenstand des Schiedsstellenverfahrens sind nach Abs. 2 Satz 1 nur diejenigen **Punkte**, die zwischen den Vertragsparteien **strittig** geblieben sind. Diese Punkte müssen im **Antrag** auf die Einleitung eines Schiedsstellenverfahrens detailliert aufgeführt sein. Die Schiedsstelle nach § 133 ist nach hM in Literatur und Rechtsprechung eine Behörde iSd § 1 Abs. 2 SGB X.[4] Es gelten damit die **Verfahrensgrundsätze des SGB X**. Der Untersuchungsgrundsatz des § 20 gilt nicht uneingeschränkt. Die aus ehrenamtlich tätigen Mitgliedern bestehende Schiedsstelle ohne „Verwaltungsunterbau" wäre überfordert, wenn sie den Sachverhalt vollständig aufklären müsste. Sie ist bei der Ermittlung des Sachverhalts auf die Mitwirkung der Verfahrensbeteiligten angewiesen. Insofern wird der Untersuchungsgrundsatz des § 20 SGB X von den Mitwirkungsverpflichtungen der Verfahrensbeteiligten begrenzt.[5] Ein weiterer Verfahrensgrundsatz ist der **Grundsatz des rechtlichen Gehörs**,[6] der für das Verwaltungsverfahren in § 24 SGB X (Anhörung) ausdrücklich geregelt ist. Er kann durch Regelungen einer landesrechtlichen Schiedsstellenverordnung weiter konkretisiert sein.[7] Der Charakter der Handlungen der Schiedsstelle ist hoheitlicher Natur. Die Handlungen zielen zugleich darauf, das Zustandekommen eines Vertragsschlusses zu unterstützen, so dass die Schiedsstelle eine „vertragshelfende" Funktion hat. Diese wird in der Literatur auch als „‚Zwangs'-Vertragshilfe" bezeichnet.[8] Das Schiedsstellenverfahren richtet sich nach den näheren Regelungen der landesrechtlichen Schiedsstellenverordnung iSd § 133 Abs. 5. Die Schiedsstelle hat „**unverzüglich**" („ohne schuldhaftes Zögern", § 121 Abs. 1 Satz 1 BGB iVm § 58 Abs. 2 SGB X) zu entscheiden. Die Entscheidung erstreckt sich nur auf die zwischen den Verfahrensbeteiligten strittigen Punkte.

5 Gegen **Schiedsstellenentscheidungen** ist der **Rechtsweg zu den Sozialgerichten** (§ 51 Nr. 6a SGG, → SGG § 51) **ohne Vorverfahren** gegeben. Damit spricht die

---

2 BT-Drs. 18/9522, 297.
3 BT-Drs. 18/9522, 297.
4 Zur Übersicht über den Meinungsstand mit Blick auf das SGB XII vgl. *von Boetticher* in LPK-SGB XII § 77 Rn. 12 f.; zur inhaltlichen Begründung des Behördencharakters vgl. *Neumann* in Hauck/Noftz SGB XII K § 77 Rn. 17.
5 Vgl. BSG 7.10.2015 – B 8 SO 21/14 R, Rn. 20 mit Verweisen auf *Jaritz/Eicher* in jurisPK-SGB XII § 80 Rn. 42; *von Boetticher* in LPK-SGB XII § 77 Rn. 12; *Schellhorn* in Schellhorn/Hohm/Scheider SGB XII § 80 Rn. 4.
6 Vgl. *Neumann* in Hauck/Noftz SGB XII K § 77 Rn. 15.
7 Vgl. zB ThürLSG 1.8.2018 – L 8 SO 1543/KL, Rn. 22.
8 Vgl. *von Boetticher* in LPK-SGB XII § 77 Rn. 12 f.

Regelung den Rechtscharakter des **Schiedsspruchs** als **Verwaltungsakt**[9] an. Funktionell zuständig ist das Landessozialgericht (§ 29 Abs. 2 Nr. 1 SGG, → SGG § 29). Klagegegnerin ist nicht die Schiedsstelle, sondern die jeweils andere Vertragspartei. Deshalb kann das Gericht den Schiedsspruch lediglich aufheben. Mit der Aufhebung des Schiedsspruchs ist das Schiedsstellenverfahren wieder eröffnet.[10] Richtige Klageart ist nach der Rechtsprechung aus diesem Grund die **isolierte Anfechtungsklage**.[11] Nach der Rechtsprechung der Sozialgerichtsbarkeit wird der Schiedsstelle hinsichtlich ihrer Entscheidungen eine **Einschätzungsprärogative** zugestanden, so dass Schiedsstellenentscheidungen nur eingeschränkt von den Gerichten überprüft werden.[12] Gerichtlich überprüft wird insbes., ob der Sachverhalt richtig ermittelt worden ist, die verfahrensrechtlichen Regelungen eingehalten worden sind und die Schiedsstelle innerhalb ihres Gestaltungsspielraums entschieden hat.[13] Die von der Schiedsstelle vorgenommene **Schlüssigkeitsprüfung**, die der Schiedsstellenentscheidung zugrunde liegt, ist dagegen **in vollem Umfang** gerichtlich überprüfbar.[14]

Nach Absatz 3 treten Vereinbarungen entweder zu dem Zeitpunkt in Kraft, der in der Vereinbarung ausdrücklich bezeichnet wird (Satz 1) oder mit dem Datum des Vertragsabschlusses (Satz 2). Entscheidendes **Datum** für das **Inkrafttreten der Schiedsstellenentscheidung** ist der Tag des Antragseingangs bzw. der Tag des Eingangs der Antragsänderung bei der Schiedsstelle. Satz 5 legt verbindlich fest, dass ein über die genannten Zeitpunkte hinausgehendes rückwirkendes Inkraftsetzen von Vergütungsvereinbarungen und Schiedsstellenentscheidungen, die Vergütungsvereinbarungen betreffen, nicht zulässig ist. Die Gesetzesbegründung verweist darauf, dass mit dieser „Klarstellung" Entscheidungen wie die des BSG 23.7.2014 – nach der das Rückwirkungsverbot des bisher geltenden § 77 Abs. 2 Satz 3 SGB XII nicht ausnahmslos gelte,[15] für die Zukunft ausgeschlossen werden sollen.

§ 127 Verbindlichkeit der vereinbarten Vergütung

(1) ¹Mit der Zahlung der vereinbarten Vergütung gelten alle während des Vereinbarungszeitraumes entstandenen Ansprüche des Leistungserbringers auf Vergütung der Leistung der Eingliederungshilfe als abgegolten. ²Die im Einzelfall zu zahlende Vergütung bestimmt sich auf der Grundlage der jeweiligen Vereinbarung nach dem Betrag, der dem Leistungsberechtigten vom zuständigen Träger der Eingliederungshilfe bewilligt worden ist. ³Sind Leistungspauschalen nach Gruppen von Leistungsberechtigten kalkuliert (§ 125 Absatz 3 Satz 3),

---

9 Herrschende Meinung in Literatur und Rechtsprechung, vgl. hierzu ua *von Boetticher* in LPK-SGB XII § 77 Rn. 12; *Neumann* in Hauck/Noftz SGB XII K § 77 Rn. 17 ff.; aA *Boetticher/Tammen* RsDE 54, 34 f.
10 Vgl. LSG Bln-Bbg 2.8.2017 – L 15 SO 26/16 KL, Rn. 38; BSG 7.10.2015 – B 8 SO 1/14 R, Rn. 10; BSG 23.7.2014 – B 8 SO 3/13, Rn. 14 f. Zur Kritik an dieser Konstruktion vgl. *Neumann* in Hauck/Noftz SGB XII K § 77 Rn. 31 f.
11 Vgl. BSG 23.7.2014 – B 8 SO 2/13 R, SozialRecht aktuell 2014, 257; BayLSG 25.1.2012 – L 8 SO 89/09 KL GuP 2012, 114; *von Boetticher* in LPK-SGB XII § 77 Rn. 18. Zur Kritik an dieser Konstruktion vgl. *Neumann* in Hauck/Noftz SGB XII K § 77 Rn. 29 ff.
12 Vgl. *von Boetticher* in LPK-SGB XII § 77 Rn. 21 f.; *Neumann* in Hauck/Noftz SGB XII, Stand 2017, K § 77 Rn. 38 ff. mit zahlreichen Verweisen und kritischen Anmerkungen.
13 Vgl. ua BSG 7.10.2015 – B 8 SO 21/14 R, Rn. 12.
14 Vgl. BSG 7.10.2015 – B 8 SO 21/14 R, Rn. 18.
15 BSG 23.7.2014 – B 8 SO 2/13, SozialRecht aktuell 2014, 257.

richtet sich die zu zahlende Vergütung nach der Gruppe, die dem Leistungsberechtigten vom zuständigen Träger der Eingliederungshilfe bewilligt wurde.
(2) Einer Erhöhung der Vergütung auf Grund von Investitionsmaßnahmen, die während des laufenden Vereinbarungszeitraumes getätigt werden, muss der Träger der Eingliederungshilfe zustimmen, soweit er der Maßnahme zuvor dem Grunde und der Höhe nach zugestimmt hat.
(3) ¹Bei unvorhergesehenen wesentlichen Änderungen der Annahmen, die der Vergütungsvereinbarung oder der Entscheidung der Schiedsstelle über die Vergütung zugrunde lagen, ist die Vergütung auf Verlangen einer Vertragspartei für den laufenden Vereinbarungszeitraum neu zu verhandeln. ²Für eine Neuverhandlung gelten die Vorschriften zum Verfahren und Inkrafttreten (§ 126) entsprechend.
(4) Nach Ablauf des Vereinbarungszeitraumes gilt die vereinbarte oder durch die Schiedsstelle festgesetzte Vergütung bis zum Inkrafttreten einer neuen Vergütungsvereinbarung weiter.

I. Überblick

1 § 127 wurde durch Artikel 1 des Gesetzes zur Stärkung der Teilhabe und Selbstbestimmung von Menschen mit Behinderungen (Bundesteilhabegesetz – BTHG) vom 23.12.2016 mWz 1.1.2018 in das SGB IX eingefügt.[1] Die Regelung entspricht inhaltlich dem § 77a SGB XII. Abs. 1 regelt die Abgeltung aller Ansprüche durch Zahlung der vereinbarten Vergütung. Die Absätze 2 und 3 enthalten Durchbrechungen des Grundsatzes der Prospektivität von Vergütungsvereinbarungen. Abs. 4 regelt die Fortgeltung von Vergütungsvereinbarungen nach Ablauf des Vereinbarungszeitraums.

II. Einzelheiten

2 Absatz 1 steht in Verbindung mit § 123 Abs. 2 Satz 3, nach dem **Vergütungsvereinbarungen vor Beginn einer Wirtschaftsperiode abzuschließen sind (prospektiv)**. Satz 1 stellt klar, dass Leistungserbringer während der gesamten Laufzeit der Vergütungsvereinbarungen grundsätzlich keine weiter gehenden, über die Festlegungen in den Vergütungsvereinbarungen hinausgehenden Vergütungsforderungen geltend machen können. Ausnahmen hiervon regeln die Absätze 2 und 3. Die Höhe der vom Eingliederungshilfeträger zu zahlenden Vergütung ergibt sich aus dem Zusammenspiel der Vergütungsvereinbarungen mit den einzelnen Bescheiden, in denen der Eingliederungshilfeträger Leistungsberechtigten Eingliederungshilfeleistungen bewilligt hat. Die Formulierung des Abs. 1 Satz 2 („Vergütung bestimmt sich (…) nach dem **Betrag**, der dem Leistungsberechtigten (…) **bewilligt** worden ist") ist etwas irreführend. Grundlage für die Bewilligung einer Eingliederungshilfeleistung ist der nach den Regelungen des siebenten Kapitels aufzustellende **Gesamtplan**. Grundlage des Gesamtplans wiederum ist der Bedarf der leistungsberechtigten Person in Anknüpfung an den **Bedarfsdeckungsgrundsatz** des § 104 Abs. 2 SGB XII. Das heißt: In dem Bewilligungsbescheid wird nicht ein isolierter Geldbetrag, keine Geldleistung, bewilligt, sondern eine Sachleistung durch einen Leistungserbringer (Sachleistungsverschaffung), mit der der festgestellte Bedarf gedeckt werden kann. Wird im Bewilligungsbescheid ein Geldbetrag angesprochen (Zuordnung zu einem Bedarfsgruppentyp mit festgelegten Vergütungspauschalen), ist dieser immer in Beziehung zu derjenigen Sachleistung zu denken, die erforderlich und geeignet ist, den individuellen Bedarf zu decken. Für diese Bedarfsdeckung kommt dem Ein-

---

1 BGBl. I 3234.

gliederungshilfeträger die **Gewährleistungsverantwortung** zu (→ § 123 Rn. 2). Die Bezugnahme in Absatz 2 Satz 3 auf die Zuordnung einer leistungsberechtigten Person zu einer typisierten Bedarfsgruppen muss im Zusammenhang mit dem Grundsatz der individuellen Bedarfsdeckung betrachtet werden. Das heißt, dass die **Zuordnung zu einer Bedarfsgruppe** in erster Linie für die **Abrechnung** im Verhältnis zwischen Leistungserbringer und Eingliederungshilfeträger relevant ist. Mit Blick auf die individuelle Bedarfsdeckung im Rahmen der Leistungserbringung bleibt es jedoch bei der Verpflichtung, dass dieser in vollem Umfang nach Maßgabe des Gesamtplans zu decken ist (→ § 125 Rn. 3).

Absatz 2 durchbricht den Grundsatz der Prospektivität von Vergütungsvereinbarungen. Er betrifft mögliche nachträgliche Erhöhungen der Kostenanteile für Investitionen aufgrund von **Investitionsmaßnahmen** des Leistungserbringers, die während der Laufzeit der Vergütungsvereinbarung erforderlich werden. Vor Beginn der Maßnahme sollte der Leistungserbringer dem Eingliederungshilfeträger seine Pläne zur Kenntnis geben und um **Zustimmung** zur Maßnahme ersuchen. Stimmt der Eingliederungshilfeträger der Maßnahme dem Grunde nach zu, so ist er verpflichtet, später auch einer Erhöhung der Vergütung, die wegen der Investitionsmaßnahme erforderlich wird, zuzustimmen. Wieweit sich der Kostenanteil für Investitionen dadurch erhöht, muss zwischen den Vertragspartnern ausgehandelt werden. Können sich die Verhandlungspartner nicht einigen, können diese nach den Regelungen des § 126 Abs. 2 die Schiedsstelle anrufen (→ § 126 Rn. 3). Der Leistungserbringer hat auch bei vorheriger Zustimmung zur Investitionsmaßnahme keinen Anspruch darauf, dass seine Investitionsaufwendungen vollständig vom Eingliederungshilfeträger refinanziert werden. Dies widerspräche, so das Bundessozialgericht, „dem Gebot der prospektiven Vergütungsverhandlung".[2]

Abs. 3 enthält eine weitere Durchbrechung des Grundsatzes der Prospektivität von Vergütungsvereinbarungen. Er betrifft Fälle, in denen es nach Abschluss und innerhalb der Laufzeit der Vereinbarung zu „unvorhergesehenen wesentlichen Änderungen der Annahmen" gekommen ist, die zum Zeitpunkt des Vertragsschlusses bzw. zum Zeitpunkt der Schiedsstellentscheidung vorgelegen haben. Die Änderungen der Annahmen sind **unvorhersehbar**, wenn sie zum Zeitpunkt des Vertragsschlusses trotz sorgfältiger Prüfung aller für den Vertragsschluss relevanten Umstände nicht hätten erkannt werden können.[3] **Wesentlich** sind Änderungen der Annahmen, wenn es einer Vertragspartei unter diesen Umständen objektiv nicht zumutbar wäre, weiter an den Vertrag gebunden zu sein.[4] Nach hM sind hinsichtlich der Personalkosten Tariferhöhungen idR vorhersehbar.[5] Zur Regelung des § 77 a SGB XII wird vertreten, dass auch die Aufnahme von Personen mit einem wesentlich höheren Betreuungsbedarf im Vergleich zu denjenigen Personen, die der Kalkulation zugrunde gelegt worden waren, zu einer Neuverhandlung der Vergütungen führen könne. Für die Sicherstellung einer bedarfsdeckenden personenzentrierten Leistung sollte der Personenkreis, für den ein Leistungserbringer Leistungsangebote konzipiert, in den Leistungsvereinbarungen so abgegrenzt werden, dass mögliche Bedarfsarten einschließlich des möglichen Bedarfsumfangs vorhersehbar sind (→ § 125 Rn. 3). Die Aufnahmeverpflichtung (→ § 123 Rn. 13 f.) greift dann nicht für

---

2 Vgl. BSG 7.10.2015 – B 8 SO 1/14 R, Rn. 22.
3 Vgl. BSG 7.10.2015 – B 8 SO 1/14 R, Rn. 20; LSG Bln-Bbg 2.8.2017 – L 15 SO 26/16 KL, Rn. 59.
4 Vgl. ua *von Boetticher* in LPK-SGB XII § 77 a Rn. 8.
5 Vgl. ua *von Boetticher* in LPK-SGB XII § 77 a Rn. 8; *Busse* in Schellhorn/Hohm/Scheider SGB XII § 77 a Rn. 5; *Grube* in Grube/Wahrendorf SGB XII § 77 Rn. 28.

Personen mit einem davon stark abweichenden Bedarf. Deshalb wäre in solchen Fällen eine Erweiterung des Leistungsangebots denkbar, für das sowohl die Leistungsvereinbarung als auch die Vergütungsvereinbarung erstmals verhandelt werden müssten. Liegen die Voraussetzungen des Abs. 3 Satz 1 vor, ist ein Vertragspartner verpflichtet, auf Verlangen des anderen Vertragspartners mit diesem die Vergütungen neu zu verhandeln. Abs. 3 Satz 2 verweist für die Neuverhandlung auf die Regelungen des § 126. Liegen die Voraussetzungen des Abs. 3 nicht vor, ist ein Vertragspartner nicht verpflichtet, auf Verlangen des anderen Partners Vergütungen neu zu verhandeln. Stimmen aber beide Vertragspartner darin überein, dass sie Vergütungen neu verhandeln möchten, können sie dies jederzeit tun.[6]

5 Für den Fall, dass eine **Vergütungsvereinbarung abgelaufen ist**, ordnet Absatz 4 die Fortgeltung der vereinbarten oder durch Schiedsstellenentscheidung festgesetzten Vergütung an. Das Inkrafttreten der neuen Vergütungsvereinbarung richtet sich nach § 126 Abs. 3.

§ 128 Wirtschaftlichkeits- und Qualitätsprüfung

(1) [1]Soweit tatsächliche Anhaltspunkte dafür bestehen, dass ein Leistungserbringer seine vertraglichen oder gesetzlichen Pflichten nicht erfüllt, prüft der Träger der Eingliederungshilfe oder ein von diesem beauftragter Dritter die Wirtschaftlichkeit und Qualität einschließlich der Wirksamkeit der vereinbarten Leistungen des Leistungserbringers. [2]Die Leistungserbringer sind verpflichtet, dem Träger der Eingliederungshilfe auf Verlangen die für die Prüfung erforderlichen Unterlagen vorzulegen und Auskünfte zu erteilen. [3]Zur Vermeidung von Doppelprüfungen arbeiten die Träger der Eingliederungshilfe mit den Trägern der Sozialhilfe, mit den für die Heimaufsicht zuständigen Behörden sowie mit dem Medizinischen Dienst gemäß § 278 des Fünften Buches zusammen. [4]Der Träger der Eingliederungshilfe ist berechtigt und auf Anforderung verpflichtet, den für die Heimaufsicht zuständigen Behörden die Daten über den Leistungserbringer sowie die Ergebnisse der Prüfungen mitzuteilen, soweit sie für die Zwecke der Prüfung durch den Empfänger erforderlich sind. [5]Personenbezogene Daten sind vor der Datenübermittlung zu anonymisieren. [6]Abweichend von Satz 5 dürfen personenbezogene Daten in nicht anonymisierter Form an die für die Heimaufsicht zuständigen Behörden übermittelt werden, soweit sie zu deren Aufgabenerfüllung erforderlich sind. [7]Durch Landesrecht kann von der Einschränkung in Satz 1 erster Halbsatz abgewichen werden.
(2) Die Prüfung nach Absatz 1 kann ohne vorherige Ankündigung erfolgen und erstreckt sich auf Inhalt, Umfang, Wirtschaftlichkeit und Qualität einschließlich der Wirksamkeit der erbrachten Leistungen.
(3) [1]Der Träger der Eingliederungshilfe hat den Leistungserbringer über das Ergebnis der Prüfung schriftlich zu unterrichten. [2]Das Ergebnis der Prüfung ist dem Leistungsberechtigten in einer wahrnehmbaren Form zugänglich zu machen.

Literatur:
Beyerlein, Wirkung und Wirksamkeit im Recht der Eingliederungshilfe, NDV 2019, 251; *Gerlach/Hinrichs*, Die Einführung von Instrumenten der Wirkungssteuerung durch das Bundesteilhabegesetz und ihre rechtlichen Implikationen, NDV 2019, 466.

---

6 Vgl. LSG Bln-Bbg 2.8.2017 – L 15 SO 26/16 KL, Rn. 59.

I. Überblick	1	IV. Inhalt und Umfang der Prüfung/Mitwirkung – Abs. 1 Sätze 1 und 2, Abs. 2 Hs. 2 ..	9
II. Anlass/Ankündigung der Prüfung – Abs. 1 Satz 1 und 7, Abs. 2, Hs. 1	3	V. Ergebnis/Transparenz – Abs. 3	10
III. Vermeidung von Doppelprüfungen – Abs. 1 Sätze 3 bis 6	7		

I. Überblick

§ 128 wurde durch Artikel 1 des Gesetzes zur Stärkung der Teilhabe und Selbstbestimmung von Menschen mit Behinderungen (Bundesteilhabegesetz – BTHG) vom 23.12.2016 mWz 1.1.2018 in das SGB IX eingefügt.[1] Mit der führt der Gesetzgeber ein Recht und zT eine gesetzliche Verpflichtung der Eingliederungshilfeträger zur Prüfung der Wirtschaftlichkeit und der Qualität der von den Leistungserbringern erbrachten Leistungen ein. Dieses **gesetzlich verankerte Prüfungsrecht** bzw. die **Prüfungspflicht** löst den bisher vorgesehenen Abschluss von Prüfungsvereinbarungen zwischen Eingliederungshilfeträger und Leistungserbringer ab. Die Gesetzesbegründung verweist auf ein Anliegen der Bundesländer und spricht damit den Gesetzentwurf des Bundesrates vom 26.11.2010 zur Änderung des SGB XII an.[2] Anlass für den Gesetzentwurf des Bundesrates war die sogenannte Maserati-Affäre bei einem Berliner Sozialunternehmen. Mit den vorgeschlagenen Änderungen sollte „das Vergütungssystem transparenter und nachvollziehbarer" gemacht und sollten Voraussetzungen geschaffen werden, „dass Vertragsverletzungen besser sanktioniert werden können."[3] Der Gesetzentwurf enthielt einen Vorschlag zur Einführung einer gesetzlichen Wirtschafts- und Qualitätsprüfung sowie die Möglichkeit der Kürzung von Vergütungen im Fall von Pflichtverletzungen des Leistungserbringers. Das Anliegen des Bundesrates wurde erst mit dem Bundesteilhabegesetz aufgenommen und sowohl im Bereich der Sozialhilfe (§ 77 a SGB XII, § 78 SGB XII) als auch im Vertragsrecht des Eingliederungshilferechts (§ 128, → § 129 Rn. 1 ff.) berücksichtigt. Die Sätze 2 und 4 bis 6 des Abs. 1 wurden durch Art. 4 des Gesetzes v. 18.4.2019 mWv 1.1.2020 eingefügt.[4] Im Satz 3 wurden die Worte „der Krankenversicherung" durch die Worte „gemäß § 278 des Fünften Buches" durch Art. 8 des MDK-Reformgesetzes v. 14.12.2019 mWz 1.1.2020 ersetzt.[5] Durch Art. 4 Nr. 1 und 2 des Gesetzes zur Durchführung von Verordnungen der Europäischen Union zur Bereitstellung von Produkten auf dem Markt und zur Änderung des Neunten und Zwölften Buches Sozialgesetzbuch[6] wurden mWz 1.1.2020 im Abs. 1 die Sätze 2 und 4 bis 6 eingefügt. Der frühere Satz 2 wurde Satz 3, der frühere Satz 4 zu Satz 7.

II. Anlass/Ankündigung der Prüfung – Abs. 1 Satz 1 und 7, Abs. 2, Hs. 1

§ 128 Abs. 1 Satz 1 beschränkt das Prüfungsrecht auf Fälle, in denen **tatsächliche Anhaltspunkte** für die Verletzung vertraglicher oder gesetzlicher Pflichten vorliegen. Die Gesetzesbegründung verweist darauf, dass durch solche Prüfungen in die in Art. 12 GG verankerte Berufsausübungsfreiheit der Leistungserbringer eingegriffen werde. Deshalb werde das Prüfungsrecht auf anlassbezoge-

---
1 BGBl. I 3234.
2 Vgl. BT-Drs. 18/9522, 298 mit Verweis auf BR-Drs. 394/10.
3 BR-Drs. 394/10, 1.
4 BGBl. I 473, 477.
5 BGBl. I 2789 (2812).
6 G v. 18.4.2019, BGBl. I 473.

ne Prüfungen beschränkt. Liegen tatsächliche Anhaltspunkte vor „*prüft*" der Eingliederungshilfeträger. In einem solchen Fall hat der Eingliederungshilfeträger nicht nur ein Recht die Prüfung durchzuführen, sondern auch eine **Prüfungspflicht**. Der Gesetzgeber räumt dem Eingliederungshilfeträger für seine Entscheidung kein Ermessen ein.

4 Es müssen Anhaltspunkte dafür vorliegen, dass der Leistungserbringer seine gesetzlichen oder vertraglichen Pflichten nicht erfüllt. Gesetzliche Pflichten ergeben sich insbes. aus § 123 Abs. 4 und § 124 Abs. 2. Die vertraglichen Verpflichtungen umfassen Haupt und Nebenpflichten aus den Vereinbarungen iSd § 125. Es müssen Tatsachen vorliegen, aus denen sich der Verdacht einer Pflichtverletzung ergibt. Nicht belegbare Behauptungen und bloße Vermutungen sind keine tatsächlichen Anhaltspunkte. Sie lösen weder ein Prüfungsrecht noch eine Prüfungspflicht iSd Abs. 1 Satz 1 aus.

5 Der Vorschlag des Bundesrates aus dem Jahr 2010 sah nicht nur in denjenigen Fällen eine Überprüfung der Leistungserbringer vor, in denen tatsächliche Anhaltspunkte für eine Pflichtverletzung durch einen Leistungserbringer bestehen, sondern neben der anlassbezogenen Prüfung auch eine regelmäßige Prüfung („in angemessenen Zeiträumen").[7] Vor diesem Hintergrund ist die Öffnungsklausel zu verstehen, die der Bundesgesetzgeber trotz seiner Zurückhaltung gegenüber anlasslosen Prüfungen (→ Rn. 3) in den Abs. 1 eingefügt hat. Die Länder können nach Abs. 1 Satz 7 von der Einschränkung auf anlassbezogene Prüfungen abweichen. Fast alle Bundesländer haben von dieser Möglichkeit Gebrauch gemacht. In der überwiegenden Zahl der Länder finden sich die Regelungen in den Gesetzen zur Umsetzung des SGB IX (→ § 94 Rn. 5). Das Land Sachsen hat sich darauf beschränkt im Umsetzungsgesetz eine Verordnungsermächtigung aufzunehmen. Die Regelungen in den Landesgesetzen sind sehr knapp und ermöglichen nach ihrem Wortlaut anlasslose Prüfungen ohne weitere Voraussetzungen. Es liegt im pflichtgemäßen Ermessen der Eingliederungshilfeträger darüber zu entscheiden, ob eine **anlasslose Prüfung** durchgeführt werden soll. § 128 Abs. 2 sieht zudem die Möglichkeit zu **unangekündigten Überprüfungen** iSd Abs. 1 Satz 1 vor. Die Entscheidung, ob eine Prüfung vorher angekündigt wird oder ob sie ohne Ankündigung erfolgen soll, liegt ebenfalls im Ermessen der Eingliederungshilfeträger. Entscheidend ist der jeweilige Zweck der beabsichtigten Prüfung und die Frage, ob eine Ankündigung den Zweck der Prüfung gefährden könnte.

6 Die Prüfung wird entweder durch den Eingliederungshilfeträger selbst oder durch einen vom Eingliederungshilfeträger beauftragten **Dritten** vorgenommen. Der Gesetzgeber hat offengelassen, wen der Eingliederungshilfeträger mit der Prüfung beauftragen kann. Die Vereinbarungspartner der **Rahmenverträge** treffen nach § 131 Abs. 1 Satz 2 Nr. 6 nähere Regelungen zum Verfahren und zur Durchführung der Wirtschaftlichkeits- und Qualitätsprüfungen.

III. Vermeidung von Doppelprüfungen – Abs. 1 Sätze 3 bis 6

7 Absatz 1 Satz 2 verpflichtet die Eingliederungshilfeträger zur Zusammenarbeit („arbeiten (...) zusammen") mit den Sozialhilfeträgern, dem Medizinischen Dienst (§ 278 SGB V) und dem für die Heimaufsicht nach Landesrecht zuständigen Träger, um Doppelprüfungen bei einem Leistungserbringer zu vermeiden und die (Eingriffs-)Belastung des Leistungserbringers damit möglichst gering zu halten. Abs. 1 Satz 4 enthält eine im Verhältnis zum § 68 SGB X bereichsspezifische Erlaubnis zur Datenübermittlung an eine Behörde zur Gefahrenabwehr. Im

---

[7] Vgl. BR-Drs. 394/10, 6.

Unterschied zum § 68 Abs. 1 Satz 1 SGB X, nach dem der Eingliederungshilfeträger nur „auf Ersuchen" der Behörde Daten übermitteln dürfte, sieht Satz 4 auch die Möglichkeit einer Datenübermittlung ohne Ersuchen der Heimaufsichtsbehörde vor. Satz 4 enthält sowohl eine Berechtigung als auch eine Verpflichtung des Eingliederungshilfeträgers, Daten an die für die Heimaufsicht zuständige Behörde zu übermitteln. Dies gilt für **Daten** des jeweils geprüften Leistungserbringers und die Ergebnisse der durchgeführten Prüfungen, soweit sie für die Aufgaben der Heimaufsichtsbehörde **erforderlich** sind. Fordert die für die Heimaufsicht zuständige Behörde die Daten beim Eingliederungshilfeträger an, ist dieser verpflichtet, die Daten zu übermitteln. Liegt keine solche Aufforderung vor, liegt es im Ermessen des Eingliederungshilfeträgers, die Daten zu übermitteln. Die Sätze 5 und 6 enthalten nähere Vorgaben für die Übermittlung: Nach Satz 5 darf der Eingliederungshilfeträger personenbezogene Daten nur in anonymisierter Form übermitteln. Eine **Anonymisierung** von Daten liegt vor, wenn unter Berücksichtigung aller zur Verfügung stehenden technischen und anderen Mitteln (Hinzuziehen zusätzlicher Informationen) Personen nicht mehr identifizierbar ist.[8] Wenn eine Übermittlung anonymisierter Daten der für die Heimaufsicht zuständigen Behörde nicht ausreicht, um ihre Aufgaben zu erfüllen, und sie ohne diese Daten ihre Aufgabe nicht erfüllen könnte,[9] erlaubt Satz 6 dem Eingliederungshilfeträger, personenbezogene Daten ohne vorherige Anonymisierung zu übermitteln. Personenbezogene Daten sind nach Art. 4 Nr. 1 DS-GVO alle Informationen, die sich auf eine identifizierte oder identifizierbare natürliche Person beziehen.

Abs. 1 enthält weder eine Erlaubnis zur Übermittlung von Daten an die Träger der Sozialhilfe noch an den Medizinischen Dienst iSd § 278 SGB V. Eine Datenübermittlung durch den Eingliederungshilfeträger ist nur auf der Grundlage der §§ 67 b ff. SGB X (ggfs. iVm den Regelungen der DS-GVO) zulässig.

IV. Inhalt und Umfang der Prüfung/Mitwirkung – Abs. 1 Sätze 1 und 2, Abs. 2 Hs. 2

Nach Absatz 1 Satz 1 umfasst die Überprüfung der **Wirtschaftlichkeit** und **Qualität** der Leistung auch deren **Wirksamkeit**. Absatz 2 konkretisiert diese Vorgabe noch einmal, indem er neben den im Absatz 1 Satz 1 genannten Aspekten auch die Prüfung von **Inhalt** und **Umfang** der erbrachten Leistungen benennt. Gegenstand der Prüfung ist insbes. die tatsächliche Umsetzung der in der Leistungsvereinbarung nach § 125 Abs. 2 verankerten Leistungsmerkmale (zB Art und Umfang der Leistungen, Qualifikation des Personals, Personalschlüssel, Prozessqualität). Die Prüfung umfasst auch die gesetzlichen Verpflichtungen (zB § 123 Abs. 4, § 124 Abs. 2). Sowohl Abs. 1 Satz 1 wie auch Abs. 2 stellen ausdrücklich klar, dass zur Überprüfung der Qualität auch die Überprüfung der Wirksamkeit[10] der erbrachten Leistungen (Ergebnisqualität) gehört. Eine Leistungserbringung, die hinsichtlich der möglichen Zielerreichung unwirksam ist, ist zugleich auch unwirtschaftlich.[11] Die Eingliederungshilfeleistungen sind jeweils auf bestimmte Teilhabeziele gerichtet (→ § 90 Rn. 3 ff.). Im Gesamtplan sind die individuellen an der ICF orientierten Teilhabeziele der leistungsberechtigten Personen dokumentiert. Erweisen sich Leistungen im Prozess der Leis-

---
8 Vgl. *Klar* in Kühling/Buchner, Datenschutz-Grundverordnung/Bundesdatenschutzgesetz, 3. Aufl. 2020, DS-GVO Art. 4 Nr. 1 Rn. 31 ff. mit Verweis auf EG 26.
9 Vgl. BT-Drs. 19/5456, 27.
10 Zu den Begriffen „Wirkung" und „Wirksamkeit" vgl. *Beyerlein* NDV 2019, 251 (256 f.).
11 Vgl. auch BT-Drs. 18/9522, 298.

tungserbringung als unwirksam für die Zielerreichung, kann dies verschieden Gründe haben. Zeigt sich während der Prüfung, dass der Leistungserbringer Leistungen nicht, nicht im vorgesehenen Umfang oder nicht in der vereinbarten Qualität erbracht hat, könnte das ein Grund für die Unwirksamkeit sein. Lässt sich kein Mangel bezüglich der Leistungserbringung (in Orientierung an den Gesamtplänen) nachweisen, können andere (Kontext-)Faktoren die Unwirksamkeit bewirkt haben. Die Entwicklung von Instrumenten zur Messung der Wirksamkeit von sozialen Leistungen und damit auch zur Wirksamkeit und den „Gelingensbedingungen"[12] von Eingliederungshilfeleistungen steht noch am Anfang. Regelungen zu den Grundsätzen der Wirksamkeit sowie zum Inhalt der Wirtschaftlichkeits- und Qualitätsprüfungen sind gem. § 131 Abs. 1 Satz 2 Nr. 6 Gegenstand der **Rahmenverträge**.

V. Ergebnis/Transparenz – Abs. 3

10 Absatz 3 Satz 1 verpflichtet den Eingliederungshilfeträger den Leistungserbringer über die Ergebnisse der Prüfung schriftlich zu unterrichten. Die Informationen müssen es dem Leistungserbringer ermöglichen, nachzuvollziehen, wie der Eingliederungshilfeträger zu dem Ergebnis kommen konnte (Transparenz), Nähere Regelungen hierzu können nach § 131 Abs. 1 Satz 2 Nr. 6 Gegenstand der Rahmenverträge sein. Satz 2 enthält darüber hinaus eine Verpflichtung des Eingliederungshilfeträgers, das Prüfungsergebnis den leistungsberechtigten Personen zugänglich zu machen. Dies muss **in wahrnehmbarer Form** geschehen. Welche Form jeweils „wahrnehmbar" ist, richtet sich nach den Möglichkeiten der betreffenden leistungsberechtigten Person (zB leichte Sprache, Braille, → § 124 Rn. 6), Aus dieser Regelung ergibt sich im Umkehrschluss ein **Anspruch auf Unterrichtung** über die bzw. auf das **Zugänglichmachen** der Prüfungsergebnisse gegenüber dem Eingliederungshilfeträger.

§ 129 Kürzung der Vergütung

(1) ¹Hält ein Leistungserbringer seine gesetzlichen oder vertraglichen Verpflichtungen ganz oder teilweise nicht ein, ist die vereinbarte Vergütung für die Dauer der Pflichtverletzung entsprechend zu kürzen. ²Über die Höhe des Kürzungsbetrags ist zwischen den Vertragsparteien Einvernehmen herzustellen. ³Kommt eine Einigung nicht zustande, entscheidet auf Antrag einer Vertragspartei die Schiedsstelle. ⁴Für das Verfahren bei Entscheidungen durch die Schiedsstelle gilt § 126 Absatz 2 und 3 entsprechend.

(2) Der Kürzungsbetrag ist an den Träger der Eingliederungshilfe bis zu der Höhe zurückzuzahlen, in der die Leistung vom Träger der Eingliederungshilfe erbracht worden ist und im Übrigen an die Leistungsberechtigten zurückzuzahlen.

(3) ¹Der Kürzungsbetrag kann nicht über die Vergütungen refinanziert werden. ²Darüber hinaus besteht hinsichtlich des Kürzungsbetrags kein Anspruch auf Nachverhandlung gemäß § 127 Absatz 3.

I. Überblick

1 § 129 wurde durch Artikel 1 des Gesetzes zur Stärkung der Teilhabe und Selbstbestimmung von Menschen mit Behinderungen (Bundesteilhabegesetz –

---

12 Vgl. *Beyerlein* NDV 2019, 251 (259).

BTHG) vom 23.12.2016 mWz 1.1.2018 in das SGB IX eingefügt.[1] Mit der Regelunge greift der Gesetzgeber ein Anliegen der Bundesländer aus dem Gesetzentwurf des Bundesrates vom 26.11.2010 auf (→ § 128 Rn. 1). Die Regelung sieht Vergütungskürzungen als Folge von Pflichtverletzungen eines Leistungserbringers vor. Sie steht in engem Zusammenhang mit § 128. In der Gesetzessbegründung wird sie als „Ergänzung des neuen gesetzlichen Prüfungsrechts" bezeichnet.[2] § 79 SGB XII enthält für den Bereich der Sozialhilfe eine dem § 129 inhaltlich entsprechende Regelung.

II. Voraussetzungen einer Vergütungskürzung – Abs. 1 Satz 1

Nach dem Wortlaut des Abs. 1 Satz 1 löst jede Verletzung vertraglicher oder gesetzlicher Pflichten des Leistungserbringers die Rechtsfolge einer rückwirkenden (→ Rn. 4) Vergütungskürzung aus. Art und Schwere der möglichen Pflichtverletzungen werden nicht näher konkretisiert. § 115 Abs. 3 Satz 1 SGB XI enthält für den Bereich der Pflegeversicherung eine ähnlich weite Formulierung der Voraussetzungen einer Vergütungskürzung. Im Unterschied zum § 129, der für den Bereich der Eingliederungshilfe Konsequenzen sowohl mit Blick auf die Wirtschaftlichkeits- als auch mit Blick auf die Qualitätsprüfung regelt, knüpft § 115 Abs. 3 SGB XI lediglich an die Ergebnisse der Qualitätsprüfung an. Deshalb entschied das Bundessozialgericht im Jahr 2012, dass im Bereich der gesetzlichen Pflegeversicherung nicht jede Pflichtverletzung zur Vergütungskürzung führen darf, sondern nur solche Pflichtverletzungen, die Auswirkungen auf die Qualität der erbrachten Leistungen haben.[3] Das Bundessozialgericht hat in seiner Entscheidung zwei Fallkonstellationen benannt, bei deren Vorliegen eine Qualitätsbeeinträchtigung ausnahmsweise „unwiderlegbar zu vermuten" ist:[4] (1) Bei einer über einen Zeitraum von mehreren Monaten unumstrittenen Personalunterdeckung von wenigstens 8 Prozent[5] und (2) bei einer planmäßig und zielgerichteten hervorgerufenen, bewusst vertragswidrigen Personalunterdeckung, auch wenn diese geringer als 8 Prozent ist.[6] Der Gesetzgeber hat anknüpfend an die Entscheidung des BSG im Jahr 2017 die zweite Konstellation in einen neuen Abs. 3a des § 115 SGB XI „zur Klarstellung in der Praxis"[7] aufgenommen. Anknüpfend an die erste Konstellation aus der Entscheidung des BSG liegt nach § 115 Abs. 3a eine unwiderlegbare Vermutung für eine nicht qualitätsgerechter Leistungserbringung bei einer nicht nur vorübergehenden Personalunterdeckung vor (ohne Prozentangabe), auch wenn diese nicht beabsichtigt ist. § 115 Abs. 3a Satz 2 SGB XI enthält eine weitere Konstellation, nach der im Bereich des SGB XI eine nicht qualitätsgerechte Leistungserbringung unwiderlegbar vermutet wird, wenn der Leistungserbringer an seine Mitarbeiterinnen und Mitarbeiter geringere Vergütungen zahlt, als diejenigen, die der Pflegesatzvereinbarung zugrunde lagen. Mit Blick auf diese letzte Fallgruppe ist es problematisch, von der Vergütung der Pflegekräfte auf die Qualität der Pflegeleistungen zu schließen.

In Anlehnung an die Entscheidung des BSG und die beiden Fallgruppen im § 115 Abs. 3 a Satz 1 Nr. 1 und 2 SGB XI (→ Rn. 2) lassen sich auch im Bereich

---
1 BGBl. I 3234.
2 BT-Drs. 18/9522, 299.
3 Vgl. BSG 12.9.2012 – B 3 P 5/11 R, Rn. 29.
4 Vgl. BSG 12.9.2012 – B 3 P 5/11 R, Rn. 38; zur Kritik vgl. *Weber* in Udsching/Schütze, SGB XI, 5. Aufl. 2018, SGB XI § 115 Rn. 16 mwN.
5 Vgl. BSG 12.9.2012 – B 3 P 5/11 R, Rn. 38.
6 Vgl. BSG 12.9.2012 – B 3 P 5/11 R, Rn. 39.
7 Vgl. BT-Drs. 18/12587, 60.

der Eingliederungshilfe Kürzungen der Vergütungen damit begründen, dass im Rahmen einer Qualitätsprüfung nach § 128 entweder festgestellt wurde, dass ein Leistungserbringer vorsätzlich eine Personalunterdeckung im Vergleich zu den Festlegungen in der Leistungsvereinbarung herbeiführt, oder wenn eine (nicht bewusste) dauerhafte Personalunterdeckung (insbes. mit Blick auf die Fachkraftquote) über mehrere Monate die Annahme zulässt, dass Inhalt, Umfang und Qualität der Leistungen nicht der Leistungsvereinbarung entsprechen können. Die dritte Fallgruppe, die § 115 Abs. 3 a Satz 2 SGB XI benennt (Entlohnung der Mitarbeiterinnen und Mitarbeiter unterhalb von Tariflöhnen) lässt sich nur begrenzt auf den Bereich der Eingliederungshilfe übertragen. § 129 knüpft Konsequenzen zwar auch an Ergebnisse der Wirtschaftlichkeitsprüfung, aber die Bezahlung von Fachkräften und anderen Arbeitskräften nach Tariflöhnen bzw. nach kirchlichem Arbeitsrecht ist keine gesetzliche Verpflichtung des Leistungserbringers. § 124 Abs. 1 Satz 6 sieht lediglich vor, dass die Bezahlung der (Fach-)Kräfte in dieser Höhe nicht zur Unwirtschaftlichkeit von Vergütungen führen kann. Die beabsichtigte Bezahlung von Tariflöhnen bzw. von Löhnen nach kirchlichem Arbeitsrecht ist dann Gegenstand der Verhandlungen einer Vergütungsvereinbarung, wenn die verlangte Vergütung dadurch oberhalb des unteren Drittels der Vergütungen vergleichbarer Leistungserbringer liegt (→ § 124 Rn. 4). Gibt der Leistungserbringer diese, der Vereinbarung nach § 125 Abs. 3 zugrunde gelegten, Vergütungen nicht weiter, erweisen sich die vereinbarten Vergütungen im Nachhinein zwar als unwirtschaftlich. Die Verletzung einer vertraglichen Pflicht liegt aber nur vor, wenn sich aus der Vergütungsvereinbarung eine Verpflichtung zur Zahlung von (in der Verhandlung der Vergütungsvereinbarung zugrunde gelegten) Tariflöhnen bzw. von Löhnen nach Regelungen des kirchlichen Arbeitsrechts entnehmen lässt.[8]

III. Kürzung der Vergütung – Abs. 1 Satz 2, Abs. 2 und 3

4 Liegen die Voraussetzungen des Abs. 1 Satz 1 vor, „ist" die Vergütung „zu kürzen". Der Eingliederungshilfeträger ist verpflichtet, vom Leistungserbringer eine Kürzung der Vergütung zu fordern. Die Entscheidung liegt nicht in seinem Ermessen. Die Kürzung erstreckt sich über den gesamten Zeitraum, für den die Pflichtverletzung festgestellt wurde. Insofern handelt es sich um eine **rückwirkende** Kürzung der in der Vergütungsvereinbarung festgelegten Vergütung. Das macht Absatz 2 deutlich, der anordnet, dass der Kürzungsbetrag „zurückzuzahlen" ist.

5 Über die konkrete Höhe des Kürzungsbetrags ist nach Absatz 1 Satz 2 das Einvernehmen zwischen dem Eingliederungshilfeträger und dem Leistungserbringer herzustellen. Absatz 1 Satz 3 erklärt die „Vereinbarung" zur Höhe des Kürzungsbetrags für schiedsstellenfähig, Satz 4 verweist für das Verfahren bei der Schiedsstelle auf § 126 Abs. 2 und 3 (→ § 126 Rn. 3 ff.). Mit Blick auf den im Abs. 1 Satz 2 geregelten Kürzungszeitraum (→ Rn. 4) bleibt für die entsprechende Anwendung des § 126 Abs. 3 allerdings wenig Raum.[9] Wird der Kürzungsbetrag durch Schiedsspruch festgelegt, kann jeder der beiden Verhandlungspartner (Eingliederungshilfeträger und Leistungserbringern) nach § 126 Abs. 2 Satz 4 gegen den jeweils Anderen Klage erheben. Erhebt der Leistungserbringer **Klage** gegen den Eingliederungshilfeträger mit der Begründung, dass die ihm vorgeworfene Pflichtverletzung nicht bestehe, ist die Einschätzungsprärogative der Schiedsstelle (→ § 126 Rn. 5) nicht betroffen, da sie nicht über die

---

8 Vgl. hierzu HessLSG 14.3.2014 – L 4 SO 221/13 B ER, Rn. 78.
9 Vgl. *von Boetticher* in LPK-SGB XII § 79 Rn. 5.

Voraussetzungen der Vergütungskürzung, sondern nur über der Höhe entscheidet. Die Frage, ob überhaupt eine Pflichtverletzung vorliegt, ist deshalb in vollem Umfang gerichtlich überprüfbar.[10]

Nach Abs. 2 ist der Kürzungsbetrag anteilig an den Eingliederungshilfeträger und die leistungsberechtigten Personen zurückzuzahlen. Das betrifft einerseits den Vergütungsanteil, der vom Eingliederungshilfeträger an den Leistungserbringer gezahlt wird und gilt nur, soweit der Eingliederungshilfeträger tatsächlich (ungekürzte) Vergütungen bereits an den Leistungserbringer gezahlt hat. Für den Teil der Vergütung für Eingliederungshilfeleistungen (Eigenbeitrag → § 137 Rn. 1 ff.), der direkt von den leistungsberechtigten Personen an den Leistungserbringer gezahlt worden ist, gilt andererseits, dass der entsprechende Anteil des Kürzungsbetrags an diese zurückzuzahlen ist. 6

Absatz 3 stellt klar, dass Kürzungen infolge von Pflichtverletzungen nicht refinanzierbar sind und auch kein Anspruch auf Nachverhandlung nach § 127 Abs. 3 über die Höhe des Kürzungsbetrags besteht. 7

§ 130 Außerordentliche Kündigung der Vereinbarungen

¹Der Träger der Eingliederungshilfe kann die Vereinbarungen mit einem Leistungserbringer fristlos kündigen, wenn ihm ein Festhalten an den Vereinbarungen auf Grund einer groben Verletzung einer gesetzlichen oder vertraglichen Verpflichtung durch den Leistungserbringer nicht mehr zumutbar ist. ²Eine grobe Pflichtverletzung liegt insbesondere dann vor, wenn
1. Leistungsberechtigte infolge der Pflichtverletzung zu Schaden kommen,
2. gravierende Mängel bei der Leistungserbringung vorhanden sind,
3. dem Leistungserbringer nach heimrechtlichen Vorschriften die Betriebserlaubnis entzogen ist,
4. dem Leistungserbringer der Betrieb untersagt wird oder
5. der Leistungserbringer gegenüber dem Leistungsträger nicht erbrachte Leistungen abrechnet.

³Die Kündigung bedarf der Schriftform. ⁴§ 59 des Zehnten Buches gilt entsprechend.

I. Überblick

§ 130 wurde durch Artikel 1 des Gesetzes zur Stärkung der Teilhabe und Selbstbestimmung von Menschen mit Behinderungen (Bundesteilhabegesetz – BTHG) vom 23.12.2016 mWz 1.1.2018 in das SGB IX eingefügt.[1] Die Regelung. Bis zum 31.12.2019 enthielt § 78 SGB XII aF eine dem § 129 inhaltlich entsprechende Norm. Die im § 78 Satz 2 SGB XII aF aufgeführten Beispiele für eine „grobe Pflichtverletzung" wurden unverändert in den § 130 Satz 2 übernommen. Sie sind wegen der besseren Übersichtlichkeit in Listenform dargestellt. Für den Bereich der Sozialhilfe findet sich seit dem 1.1.2020 eine dem § 130 entsprechende Norm im § 79a SGB XII. 1

II. Einzelheiten

Nach Satz 1 ist der Eingliederungshilfeträger zur fristlosen Kündigung der Vereinbarungen mit dem Leistungserbringer berechtigt, wenn dem Leistungser- 2

---

10 Vgl. HessLSG 27.1.2011 – L 8 P 29/08 KL, Rn. 39 zu § 115 Abs. 3 SGB XI; vgl. auch *von Boetticher* in LPK-SGB XII § 79 Rn. 9.
1 BGBl. I 3234.

bringer eine grobe Verletzung einer gesetzlichen oder vertraglichen Pflicht nachgewiesen wurde. Eine grobe Pflichtverletzung liegt vor, wenn dem Eingliederungshilfeträger mit Blick auf seine Gewährleistungsverantwortung ein Festhalten an den Vereinbarungen nicht mehr zumutbar ist. Dies sieht der Gesetzgeber in den im Satz 2 aufgeführten Regelbeispielen als gegeben an. Die Nummern 1 und 2 beziehen sich auf Pflichtverletzungen, die zu erheblichen Beeinträchtigungen leistungsberechtigter Personen geführt haben: (1) Leistungsberechtigte sind durch die Pflichtverletzung zu Schaden gekommen. (2) Es liegen gravierende Mängel bei der Leistungserbringung vor. Auch die Regelbeispiele der Nr. 3 und 4 dienen dem Schutz der leistungsberechtigten Personen:[2] (3) Entziehung der Betriebserlaubnis nach heimrechtlichen Vorschriften. (4) Betriebsuntersagung. Die fünfte Fallgruppe betrifft die Abrechnung nicht erbrachter Leistungen und damit bewusstes vertragswidriges Verhalten. Der Katalog der Regelbeispiele ist offen („insbesondere"). Eine fristlose Kündigung darf sich nur auf einen Grund stützen der in seiner Schwere den aufgeführten Regelbeispielen vergleichbar ist, und eine Kündigung insbes. zum Schutz von leistungsberechtigten erforderlich sein kann.

3 Liegt eines der Regelbeispiel des Satz 2 vor oder stellt der Eingliederungshilfeträger eine vergleichbare grobe Pflichtverletzung fest, liegt die Entscheidung, ob er die Vereinbarungen fristlos kündigt in seinem Ermessen. Liegt ein Fall des Satz 2 Nr. 1, 2, vor, könnte im Einzelfall zunächst eine Behebung der Mängel gefordert werden. Ist dem Leistungserbringer die Erlaubnis zum Betrieb eines Heims oder die Führung seines Betriebs untersagt worden, ist es ihm tatsächlich nicht mehr möglich Leistungen zu erbringen. In diesen Fällen verdichtet sich das Ermessen in der Regel, so dass die Vereinbarungen zu kündigen sind. Die Vertragskündigung ist eine einseitige, empfangsbedürftige öffentlich-rechtliche Willenserklärung.[3] Sie bedarf der Schriftform. Nach Satz 4 findet § 59 SGB X eine entsprechende Anwendung. Gem. § 59 Abs. 2 Satz 2 SGB X soll die Kündigung begründet werden. Das Fehlen einer Begründung führt, da es sich bei der Kündigung nicht um einen Verwaltungsakt handelt, nicht zur Unwirksamkeit der Kündigung.[4]

§ 131 Rahmenverträge zur Erbringung von Leistungen

(1) [1]Die Träger der Eingliederungshilfe schließen auf Landesebene mit den Vereinigungen der Leistungserbringer gemeinsam und einheitlich Rahmenverträge zu den schriftlichen Vereinbarungen nach § 125 ab. [2]Die Rahmenverträge bestimmen
1. die nähere Abgrenzung der den Vergütungspauschalen und -beträgen nach § 125 Absatz 1 zugrunde zu legenden Kostenarten und -bestandteile sowie die Zusammensetzung der Investitionsbeträge nach § 125 Absatz 2,
2. den Inhalt und die Kriterien für die Ermittlung und Zusammensetzung der Leistungspauschalen, die Merkmale für die Bildung von Gruppen mit vergleichbarem Bedarf nach § 125 Absatz 3 Satz 3 sowie die Zahl der zu bildenden Gruppen,
3. die Höhe der Leistungspauschale nach § 125 Absatz 3 Satz 1,

---

2 Vgl. BT-Drs. 18/9522, 300 f.
3 Vgl. *Dierig* in LPK-SGB X § 59 Rn. 26; SG Berlin 6.7.2011 – S 51 SO 507/11 ER, Rn. 32.
4 Vgl. *Dierig* in LPK-SGB X § 59 Rn. 27.

4. die Zuordnung der Kostenarten und -bestandteile nach § 125 Absatz 4 Satz 1,
5. die Festlegung von Personalrichtwerten oder anderen Methoden zur Festlegung der personellen Ausstattung,
6. die Grundsätze und Maßstäbe für die Wirtschaftlichkeit und Qualität einschließlich der Wirksamkeit der Leistungen sowie Inhalt und Verfahren zur Durchführung von Wirtschaftlichkeits- und Qualitätsprüfungen und
7. das Verfahren zum Abschluss von Vereinbarungen.

³Für Leistungserbringer, die einer Kirche oder Religionsgemeinschaft des öffentlichen Rechts oder einem sonstigen freigemeinnützigen Träger zuzuordnen sind, können die Rahmenverträge auch von der Kirche oder Religionsgemeinschaft oder von dem Wohlfahrtsverband abgeschlossen werden, dem der Leistungserbringer angehört. ⁴In den Rahmenverträgen sollen die Merkmale und Besonderheiten der jeweiligen Leistungen berücksichtigt werden.

(2) Die durch Landesrecht bestimmten maßgeblichen Interessenvertretungen der Menschen mit Behinderungen wirken bei der Erarbeitung und Beschlussfassung der Rahmenverträge mit.

(3) Die Vereinigungen der Träger der Eingliederungshilfe und die Vereinigungen der Leistungserbringer vereinbaren gemeinsam und einheitlich Empfehlungen auf Bundesebene zum Inhalt der Rahmenverträge.

(4) Kommt es nicht innerhalb von sechs Monaten nach schriftlicher Aufforderung durch die Landesregierung zu einem Rahmenvertrag, so kann die Landesregierung die Inhalte durch Rechtsverordnung regeln.

I. Überblick 1	III. Inhalt der Rahmenverträge – Abs. 1 Satz 2 und Satz 4 5
II. Vertragspartner/Mitwirkung/Verbindlichkeit der Rahmenverträge – Abs. 1 Sätze 1 und 3, Abs. 2 2	IV. Bundesempfehlungen und Rechtsverordnung – Abs. 3 und 4 10

I. Überblick

§ 131 wurde durch Artikel 1 des Gesetzes zur Stärkung der Teilhabe und Selbstbestimmung von Menschen mit Behinderungen (Bundesteilhabegesetz – BTHG) vom 23.12.2016 mWz 1.1.2018 in das SGB IX eingefügt.[1] Vorgängerregelung war der für die Sozialhilfe noch bis einschließlich 31.12.2019 geltende § 79 SGB XII aF. Für den Bereich der Sozialhilfe enthält § 80 SGB XII mW ab dem 1.1.2020 eine entsprechende Regelung. Abs. 1 benennt die Vertragspartner und die Regelungsgegenstände der Rahmenverträge, Abs. 2 die Beteiligung von Interessenvertretungen der Menschen mit Behinderungen. Gegenstand des Abs. 3 sind Bundesempfehlungen. Abs. 4 enthält eine Ermächtigung zu einer die Rahmenverträge ersetzenden Rechtsverordnung.

II. Vertragspartner/Mitwirkung/Verbindlichkeit der Rahmenverträge – Abs. 1 Sätze 1 und 3, Abs. 2

Absatz 1 Satz 1 benennt die **Vertragsparteien** der **Landesrahmenverträge**. Die Regelung entspricht inhaltlich dem bisher geltenden § 79 Abs. 1 SGB XII. An die Stelle der dort genannten „überörtlichen Träger der Sozialhilfe" treten hier die „Träger der Eingliederungshilfe auf Landesebene" (→ § 94 Rn. 1 ff.). Im § 79 Abs. 1 Satz 1 SGB XII aF waren daneben auch die kommunalen Spitzenverbände auf Landesebene Vertragspartner. Diese Regelung wurde weder in den

---
1 BGBl. I 3234.

§ 131 SGB IX noch in den § 80 Abs. 1 SGB XII übernommen. Dort werden jetzt als Vertragspartner neben den überörtlichen Sozialhilfeträgern die örtlichen Eingliederungshilfeträger genannt. Diese können sich aber weiterhin durch ihren kommunalen Spitzenverband vertreten lassen, wenn sie diesen ausdrücklich dazu bevollmächtigen.[2] Für den Bereich der Eingliederungshilfe wird ebenfalls vertreten, dass in Ländern, in denen Städte und Landkreise Träger der Eingliederungshilfe sind, sich diese ebenfalls von einem kommunalen Spitzenverband mittels ausdrücklicher Bevollmächtigung vertreten lassen können.[3] Den Eingliederungshilfeträgern stehen die Vereinigungen der Leistungserbringer als Vertragspartner gegenüber. Das betrifft Vereinigungen aller Arten von Leistungserbringern, somit auch Vereinigungen von privat-gewerblichen Anbietern. Anstelle der Vereinigungen der Leistungserbringer können unter den Voraussetzungen des Absatz 1 Satz 3 Kirchen, Religionsgemeinschaften oder Wohlfahrtsverbände Vertragspartner der Eingliederungshilfeträger sein. Wie bisher auch müssen die Rahmenverträge **„gemeinsam und einheitlich"** geschlossen werden. „Gemeinsam" bedeutet, dass alle auf Landesebene vorhandenen Vertragsparteien an den Vertragsverhandlungen teilnehmen und „alle im Gesetz aufgeführten (potenziellen) Vertragsparteien dem Vertrag zustimmen."[4] Fehlt es an dieser Voraussetzung, ist ein unter den übrigen Vertragsparteien geschlossener Vertrag kein Rahmenvertrag iSd § 131.[5] In der Kommentarliteratur wird zT vertreten, dass die Rahmenverträge bereits zustande kommen, wenn die Sozialleistungsträger, hier die Eingliederungshilfeträger, dem Vertrag zustimmen. Das ergebe sich aus dem Zweck der Rahmenverträge, landesweit wesentliche Fragen der Leistungserbringung „vorzuklären".[6] In einem solchen Fall liegt aber gerade kein „gemeinsamer" Vertrag vor, sondern Willenserklärungen einzelner Vertragspartner, hier der Eingliederungshilfeträger. Für den Fall, dass ein Vertrag nicht zustande kommt, kann das jeweilige Land auf die Verordnungsermächtigung des Abs. 4 zurückgreifen.[7] „Einheitlich" bedeutet, dass es im jeweiligen Bundesland nur einen Rahmenvertrag geben soll, der für alle Leistungserbringer gilt.[8]

3 Hinzu kommt, dass jetzt im Bereich der Eingliederungshilfe gemäß **Absatz 2** eine **Mitwirkung von Interessenvertretungen der Menschen mit Behinderungen** an den Vertragsverhandlungen zu erfolgen hat. Welche Interessenvertretungen hinzuzuziehen sind, wird durch Landesrecht bestimmt. Wie die Mitwirkung bei der Erarbeitung und bei der Beschlussfassung aussehen soll, regelt § 131 nicht.

4 § 131 enthält keine dem § 75 Abs. 1 Satz 4 SGB XI vergleichbare Regelung, nach der im Bereich der Pflegeversicherung die Rahmenverträge sowohl für die Pflegekassen als auch für alle im Bundesgebiet zugelassenen Pflegeeinrichtungen verbindlich sind. Deshalb sind die Rahmenverträge nach § 131 nur für die Vertragspartner verbindlich.[9] Für die einzelnen Leistungserbringer, die nicht selber Vertragsparteien sind, sondern durch ihre Vereinigungen vertreten werden, ergibt sich die Verbindlichkeit entweder aus der Satzung der Vereinigung, deren

---

2 Vgl. *von Boetticher* in LPK-SGB XII § 80 Rn. 3.
3 Vgl. *Frings* Sozialrecht aktuell 2018, 177 (178).
4 VG Hannover 28.3.2006 – 3 A 541/03, SozialRecht aktuell 2006, 140 (143).
5 Vgl. zu § 79 SGB XII aF VG Hannover 28.3.2006 – 3 A 541/03, SozialRecht aktuell 2006, 140 (143).
6 AA *Flint* in Grube/Wahrendorf, 6. Aufl. 2018, SGB XII § 79 Rn. 9.
7 Vgl. *Winkler* in Neumann/Pahlen/Greiner/Winkler/Jabben SGB IX § 131 Rn. 7.
8 Vgl. ua *Frings* Sozialrecht aktuell 2018, 177 (178).
9 Vgl. zum § 80 SGB XII ua *von Boetticher* in LPK-SGB XII § 80 Rn. 13 mwN; aA noch *Bieritz-Harder* in LPK-SGB IX, 5. Aufl. 2019, Rn. 1.

Mitglied sie sind oder daraus, dass sie die Vereinigung ausdrücklich zur Verhandlung bevollmächtigt haben.[10]

III. Inhalt der Rahmenverträge – Abs. 1 Satz 2 und Satz 4

Die **Vertragsbestandteile** sind im Absatz 1 Satz 2 abschließend aufgeführt. Ein vollständiger Rahmenvertrag muss zudem Regelungen zu allen der in den Nummern 1 bis 6 aufgeführten Gegenständen enthalten.

Im Rahmenvertrag ist nach Abs. 1 Satz 2 Nr. 1 die nähere Abgrenzung der den Vergütungspauschalen und Beträgen nach § 125 Abs. 1 zugrunde zu legenden Kostenarten und Kostenbestandteile zu regeln. Der Begriff „Vergütungspauschalen" taucht im § 125 Abs. 1 nicht auf. Dort ist nur von der „Vergütung der Leistungen der Eingliederungshilfe" die Rede. Im § 125 Abs. 3 wird anstelle des Begriffs „Vergütungspauschale" der Begriff „Leistungspauschale" verwendet. Für Leistungen an Minderjährige und junge Volljährige nach § 134 ist weiterhin zwischen Grund- und Maßnahmepauschale sowie Investitionsbetrag zu unterscheiden Kostenarten sind Personal-, Sach- und Investitionskosten. Satz 2 Nr. 1 sieht vor, dass die Rahmenverträge auch die Zusammensetzung der Investitionsbeträge enthalten sollen. Der Verweis auf § 125 Abs. 2 bezieht sich auf die Nummer 6, nach dem in die Leistungsvereinbarung betriebsnotwendige Anlagen aufzunehmen sind, soweit sie für die Leistungserbringung erforderlich sind.

Nach Satz 2 Nr. 2 sind in den Rahmenverträgen der Inhalt von Leistungspauschalen sowie Kriterien für die Ermittlung und Zusammensetzung der Leistungspauschalen zu regeln. Im Vergleich zum bis einschließlich 31.12.2019 geltenden Recht sind in der Eingliederungshilfe (mit Ausnahme der Leistungen nach § 134) die Fachleistungen von den Leistungen zum Lebensunterhalt zu trennen, unabhängig davon, ob die betreffenden Personen in einer eigenen Wohnung oder in einer besonderen Wohnform für Menschen mit Behinderungen leben. Für die Fachleistungen der Eingliederungshilfe sind nach § 125 Abs. 3 Satz 1 „Leistungspauschalen" vorgesehen. In diese fließen unterschiedliche Kostenarten ein, ua auch Kostenanteile für Investitionen.

Satz 2 Nr. 3 ist irreführen. Danach soll „die **Höhe der Leistungspauschale**" im Rahmenvertrag geregelt werden. Die Festsetzung der Vergütung, die ein Leistungserbringer vom Eingliederungshilfeträger verlangen kann, ist Gegenstand der Vergütungsvereinbarung nach § 125 Abs. 3. In den Rahmenverträgen nach § 131 sind bezüglich der Höhe der Leistungspauschalen lediglich allgemeine Rahmenbedingungen zu regeln, innerhalb derer sich die Vertragspartner der Vergütungsvereinbarung nach § 125 Abs. 3 bewegen können.[11] Satz 2 Nr. 3 ergibt im Gesamtzusammenhang der Normen des Vertragsrechts der Eingliederungshilfe wenig Sinn.[12] Aus den Regelungen der §§ 124 Abs. 1, 125 Abs. 2 und 131 Abs. 1 Satz 2 Nr. 2 ist zu entnehmen, dass auch im Eingliederungshilferecht des Teil 2 des SGB IX die Vergütungen für jeden Leistungserbringer gesondert in den Vergütungsvereinbarungen zu regeln ist. Angesichts der Vielzahl an möglichen unterschiedlichen bestehenden und noch zu entwickelnden Leistungsangeboten in der Eingliederungshilfe wären die Vertragspartner der Rahmenverträge zudem überfordert, wenn sie alle im Land vorhandenen Angebote so detailliert erfassen müssten, um verbindliche Vergütungen festlegen zu kön-

---

10 Vgl. zum § 80 SGB XII ua *von Boetticher* in LPK-SGB XII § 80 Rn. 14.
11 Vgl. zum § 80 SGB XII LSG M-V 28.4.2020 – L 9 SO 3/ 19 KL, Rn. 27 mit weiteren Verweisen.
12 Vgl. auch *Rosenow* PR Reha 4/2016, 20, 26 f.

nen. Nr. 3 hat insofern für die Rahmenverträge keine Relevanz, denn Inhalt und Kriterien für die Ermittlung von Leistungspauschalen sind bereits nach Nr. 2 zu regeln.[13]

9 Satz 2 Nr. 4 regelt die Zuordnung der Kostenarten und Kostenbestandteile für Leistungen in einer WfbM oder bei einem anderen Leistungsanbieter, die nach § 125 Abs. 4 zusätzlich in die Vergütungsvereinbarungen aufzunehmen sind (→ § 125 Rn. 12). Weitere Gegenstände der Rahmenverträge sind die Festlegung von Methoden zur Festlegung der personellen Ausstattung (Nr. 5; → § 125 Rn. 6), grundsätzliche Regelungen mit Blick auf die Wirtschaftlichkeits- und Qualitätsprüfungen (Nr. 6; → § 128 Rn. 1 ff.) sowie nähere Regelungen für das Verfahren zum Abschluss von Vereinbarungen (Nr. 7; → § 125 Rn. 1 ff.). Nach Abs. 1 Satz 4 sollen die jeweiligen Merkmale und Besonderheiten der einzelnen Leistungen berücksichtigt werden. Das sind zB Unterscheidungen zwischen Leistungen, die an Personen erbracht werden, die in einer eigenen Wohnung leben (ambulante Leistungen) und Leistungen, die Menschen erbracht werden, die in besonderen Wohnformen für Menschen mit Behinderungen leben. Die Leistungen nach § 134 bedürfen einer besonderen Regelung, da dort die Vergütung wie bisher eine Grund-, eine Maßnahmepauschale sowie einen Investitionsbetrag umfasst.

IV. Bundesempfehlungen und Rechtsverordnung – Abs. 3 und 4

10 Absatz 3, der die Vereinbarung von Empfehlungen auf Bundesebene regelt, nimmt inhaltlich die Regelung des früheren § 79 Abs. 3 SGB XII aF auf die wiederum dem gegenwärtig geltenden § 80 Abs. 3 SGB XII entspricht. Nach Abs. 3 vereinbaren die Vereinigungen der Träger der Eingliederungshilfe und die Vereinigungen der Leistungserbringer auf Bundesebene gemeinsam und einheitlich **Empfehlungen** zum Inhalt der auf Landeseben zu schließenden Rahmenverträge. Diese Empfehlungen sind für die Vertragspartner der Landesrahmenverträge nicht verbindlich.[14] Eine solche Bundesempfehlung liegt bisher nicht vor.

11 Absatz 4 enthält eine Verordnungsermächtigung für den Fall, dass ein Landesrahmenvertrag nicht geschlossen wird. In einem solchen Fall kann die Landesregierung die Vertragspartner der Landesrahmenverträge schriftlich zum Vertragsschluss auffordern. Liegt nach Ablauf von sechs Monaten nach der Aufforderung immer noch kein Rahmenvertrag vor, „kann" die Landesregierung die Inhalte des Abs. 1 Satz 2 Nr. 1 bis 6 unter Berücksichtigung des Abs. 1 Satz 4 in einer Rechtsverordnung regeln. Die Entscheidung liegt somit im Ermessen der Landeregierung. Im Unterschied zum Landesrahmenvertrag sind die Regelungen durch eine Rechtsverordnung für alle Leistungserbringer bindend.[15]

§ 132 Abweichende Zielvereinbarungen

(1) Leistungsträger und Träger der Leistungserbringer können Zielvereinbarungen zur Erprobung neuer und zur Weiterentwicklung der bestehenden Leistungs- und Finanzierungsstrukturen abschließen.
(2) Die individuellen Leistungsansprüche der Leistungsberechtigten bleiben unberührt.

---

13 Zur Kritik an der Regelung der Nr. 3 vgl. eingehend *von Boetticher*, Das neue Teilhaberecht, S. 246; *Rosenow* PR Reha 4/2016, 20, 26 f.
14 Vgl. zum § 80 SGB XII *von Boetticher* in LPK-SGB XII § 80 Rn. 19.
15 Vgl. zum SGB XII ua *von Boetticher* in LPK-SGB XII § 80 Rn. 21.

(3) Absatz 1 gilt nicht, soweit auch Leistungen nach dem Siebten Kapitel des Zwölften Buches gewährt werden.

§ 132 wurde durch Artikel 1 des Gesetzes zur Stärkung der Teilhabe und Selbstbestimmung von Menschen mit Behinderungen (Bundesteilhabegesetz – BTHG) vom 23.12.2016 mWz 1.1.2018 in das SGB IX eingefügt.[1] Die Regelung soll die Erprobung neuer Modelle der Leistungserbringung und -finanzierung ermöglichen. Dadurch darf der individuelle Leistungsanspruch einer leistungsberechtigten Person nicht eingeschränkt werden (Absatz 2). Abweichende Zielvereinbarungen dürfen nach Absatz 3 aber nicht getroffen werden, wenn neben Eingliederungshilfeleistungen auch Leistungen der Hilfe zur Pflege gewährt werden. Der Gesetzgeber verwendet im § 132 anstelle des Begriffs „Träger der Eingliederungshilfe" den allgemeinen Begriff Leistungsträger (SGB I § 12). Leistungsträger der Leistungen der Eingliederungshilfe sind aber nur die Träger der Eingliederungshilfe nach § 94. Die Zielvereinbarungen sind zwischen dem jeweils zuständigen Träger der Eingliederungshilfe und dem Leistungserbringer zu schließen.

§ 133 Schiedsstelle

(1) Für jedes Land oder für Teile eines Landes wird eine Schiedsstelle gebildet.

(2) Die Schiedsstelle besteht aus Vertretern der Leistungserbringer und Vertretern der Träger der Eingliederungshilfe in gleicher Zahl sowie einem unparteiischen Vorsitzenden.

(3) [1]Die Vertreter der Leistungserbringer und deren Stellvertreter werden von den Vereinigungen der Leistungserbringer bestellt. [2]Bei der Bestellung ist die Trägervielfalt zu beachten. [3]Die Vertreter der Träger der Eingliederungshilfe und deren Stellvertreter werden von diesen bestellt. [4]Der Vorsitzende und sein Stellvertreter werden von den beteiligten Organisationen gemeinsam bestellt. [5]Kommt eine Einigung nicht zustande, werden sie durch Los bestimmt. [6]Soweit die beteiligten Organisationen der Leistungserbringer oder die Träger der Eingliederungshilfe keinen Vertreter bestellen oder im Verfahren nach Satz 3 keine Kandidaten für das Amt des Vorsitzenden und des Stellvertreters benennen, bestellt die zuständige Landesbehörde auf Antrag eines der Beteiligten die Vertreter und benennt die Kandidaten für die Position des Vorsitzenden und seines Stellvertreters.

(4) [1]Die Mitglieder der Schiedsstelle führen ihr Amt als Ehrenamt. [2]Sie sind an Weisungen nicht gebunden. [3]Jedes Mitglied hat eine Stimme. [4]Die Entscheidungen werden mit der Mehrheit der Mitglieder getroffen. [5]Ergibt sich keine Mehrheit, entscheidet die Stimme des Vorsitzenden.

(5) Die Landesregierungen werden ermächtigt, durch Rechtsverordnung das Nähere zu bestimmen über
1. die Zahl der Schiedsstellen,
2. die Zahl der Mitglieder und deren Bestellung,
3. die Amtsdauer und Amtsführung,
4. die Erstattung der baren Auslagen und die Entschädigung für den Zeitaufwand der Mitglieder der Schiedsstelle,
5. die Geschäftsführung,
6. das Verfahren,
7. die Erhebung und die Höhe der Gebühren,

---

1 BGBl. I 3234.

8. die Verteilung der Kosten,
9. die Rechtsaufsicht sowie
10. die Beteiligung der Interessenvertretungen der Menschen mit Behinderungen.

I. Überblick

1 § 133 wurde durch Artikel 1 des Gesetzes zur Stärkung der Teilhabe und Selbstbestimmung von Menschen mit Behinderungen (Bundesteilhabegesetz – BTHG) vom 23.12.2016 mWz 1.1.2018 in das SGB IX eingefügt.[1] Absatz 1 bis 4 entspricht inhaltlich dem bis Ende 2019 geltenden § 80 SGB XII aF Der Inhalt des § 80 Abs. 2 SGB XII aF wurde im § 133 auf zwei Absätze verteilt (Absatz 2 und 3), so dass der Inhalt des früheren § 80 Abs. 3 SGB XII aF in § 133 Absatz 4 verankert ist. § 133 Absatz 5 enthält eine Verordnungsermächtigung, wie sie bis Ende 2019 im § 81 Abs. 2 SGB XII aF zu finden war. Die Gegenstände, auf die sich die Verordnungsermächtigung bezieht, sind wegen der Übersichtlichkeit jetzt listenförmig aufgeführt. Im Vergleich zu den bis zum 31.12.2019 im § 81 Abs. 2 SGB XII aF genannten Verordnungsgegenständen kamen in den Nummern 9 und 10 die Rechtsaufsicht und die Beteiligung der Interessenvertretungen der Menschen mit Behinderungen hinzu. Die Regelung entspricht im Wesentlichen dem gegenwärtig geltenden § 81 SGB XII.

II. Zusammensetzung der Schiedsstelle und Amtsführung – Abs. 1 bis 4

2 Abs. 1 sieht vor, dass jedes Bundesland mindestens eine Schiedsstelle einrichtet. Die Bundesländer können aber auch mehrere Schiedsstellen einrichten, die jeweils nur für einen Teil des Landes zuständig sind. Diese ist nach Abs. 5 Nr. 1 Gegenstand der Schiedsstellenverordnung. Nach Abs. 2 sind die Schiedsstellen **paritätisch** mit einer jeweils gleichen Zahl von Mitgliedern der Eingliederungshilfeträger und der Leistungserbringer zu besetzen. Die genaue Zusammensetzung ist nach Abs. 5 Nr. 2 Gegenstand der Schiedsstellenverordnungen. Hinzu kommt ein Vorsitzender, der unparteiisch sein muss. Die Vertreter der Leistungserbringer werden nach Abs. 3 Satz 1 von den Vereinigungen der Leistungserbringer gewählt. Dabei ist nach Abs. 3 Satz 2 die Trägervielfalt zu beachten. Danach müssten sowohl Vertreter der freien gemeinnützigen Träger als auch Vertreter privat-gewerblicher Leistungserbringer berücksichtigt werden. Einzelne Bundesländer sehen auch Vertreter öffentlicher Leistungserbringer (zB kommunaler Einrichtungsträger) vor. In diesem Fall müssen die Vereinigungen der öffentlichen Leistungsträger darauf achten, dass sie keine Person bestellen, die mit einem Eingliederungshilfeträger beruflich verbunden ist, da sonst die Parität zwischen Eingliederungshilfeträgern und Leistungserbringern gefährdet wäre.[2] Nach Abs. 3 Satz 3 werden der Vorsitzende und sein Stellvertreter von allen beteiligten Organisationen gemeinsam bestellt. Können sich die Beteiligten nicht einigen oder keine Kandidaten benennen, werden Kandidaten für den Vorsitz und die Stellvertretung vom zuständigen Landesamt benannt. Voraussetzung ist der Antrag eines der Beteiligten. Alle Mitglieder führen das Amt nach Abs. 4 Satz 1 als Ehrenamt. Sie erhalten keine Vergütungen. In die Landesschiedsverordnungen können nach Abs. 5 Nr. 4 Regelungen zur Erstattung barer Auslagen und Entschädigungen aufgenommen werden. Die Entscheidungen werden nach Abs. 4 Satz 3 mit der Mehrheit der Mitglieder getroffen. Die

---

1 BGBl. I 3234.
2 Vgl. *von Boetticher* in LPK-SGB XII § 81 Rn. 4 mit Verweis auf SG Gelsenkirchen 2.8.2010 – S 8 SO 99/07, Rn. 36 ff.

Schiedsverordnungen enthalten nähere Regelungen zur Beschlussfähigkeit. Ergibt sich keine Mehrheit, entscheidet nach Abs. 4 Satz 5 die Stimme des Vorsitzenden.

Neben den Mitgliedern sieht Abs. 5 Nr. 10 mittelbar die Beteiligung der Interessenvertretungen der Menschen mit Behinderungen in den Schiedsstellen vor. Diese Beteiligung ist in den Schiedsstellenverordnungen näher zu regeln. 3

Für die Schiedsstellenverfahren sind die Grundsätze des SGB X zu beachten (→ § 126 Rn. 4). Der Amtsermittlungsgrundsatz des § 20 gilt nur eingeschränkt (→ § 126 Rn. 4). Das gilt grundsätzlich auch für die Regelungen des § 16 SGB X (vom Verfahren ausgeschlossene Personen) und § 17 SGB X (Befangenheit). Deshalb können Mitglieder der Schiedsstelle, die an den Verhandlungen der Vereinbarungen beteiligt waren, über die entschieden werden soll, grundsätzlich berechtigt, an der Beschlussfassung mitzuwirken.[3] Etwas anderes gilt, wenn in einer Schiedsstellenverordnung eine Regelung enthalten ist, die den Vorsitzenden ermächtigt, ein Mitglied wegen maßgeblicher Beteiligung an den Vertragsverhandlungen oder wegen anderer näher genannter Befangenheitsgründe von der Beteiligung auszuschließen (zB Niedersachsen). Die Bundesländer regeln das Verfahren nach Abs. 5 Nr. 6 in der Schiedsstellenverordnung. 4

III. Schiedsstellenverordnungen – Abs. 5

Neben den bereits in den → Rn. 1–4 angesprochenen Gegenständen regeln die Schiedsstellenverordnungen die Amtsdauer und die Amtsführung, die Geschäftsführung, die Erhebung und die Höhe der Gebühren für Schiedsstellenverfahren, die Verteilung der Kosten und die Rechtsaufsicht. In folgenden Ländern bestehen Schiedsstellenverordnungen (Stand Oktober 2020): 5

- **Bayern:** Verordnung zur Ausführung der Sozialgesetze (AVSG) v. 2.12.2008 idF des Bayerischen Teilhabegesetzes I v. 9.1.2018.[4]
- **Berlin:** Verordnung über die Schiedsstelle nach § 133 des Neunten Buches Sozialgesetzbuch v. 30.4.2019.[5]
- **Brandenburg:** Brandenburgische Verordnung über die Schiedsstelle nach § 133 des Neunten Buches Sozialgesetzbuch v. 24.4.2020.[6]
- **Hamburg:** Verordnung über die Schiedsstelle nach § 133 des Neunten Buches Sozialgesetzbuch v. 1.10.2019.[7]
- **Hessen:** Verordnung über die Schiedsstelle nach § 133 des Neunten Buches Sozialgesetzbuch v. 11.12.2018.[8]
- **Mecklenburg-Vorpommern:** Durch Gesetz zur Umsetzung des Bundesteilhabegesetzes v. 16.12.2019[9] wurde mit § 17 eine Übergangsvorschrift in die Landesverordnung über die Schiedsstelle nach § 80 des Zwölften Buches Sozialgesetzbuch eingefügt.
- **Niedersachsen:** Verordnung über die Schiedsstelle nach § 133 des Neunten Buches des Sozialgesetzbuchs für das Land Niedersachsen v. 26.9.2019.[10]
- **NRW:** Verordnung über die Schiedsstelle nach dem Neunten Buch Sozialgesetzbuch v. 14.6.1994, § 1 idF des Art. 7 d. G. v. 21.7.2018.[11]

---

3 Vgl. BSG 7.10.2015 – B 8 SO 1/14 R, Rn. 14.
4 GVBl. 2018, 2.
5 GVBl. 2019, 270.
6 GVBl. 2020 II Nr. 27.
7 HmbGVBl. 2019, 327.
8 GVBl. 2018, 723.
9 GVOBl. M-V 2019, 796.
10 Nds.GVBl. 2019, 273.
11 GV.NRW 2018, 414.

- **Rheinland-Pfalz:** Landesverordnung über die Schiedsstelle nach § 133 des Neunten Buches Sozialgesetzbuch v. 10.5.2019.[12]
- **Saarland:** Verordnung über die Einrichtung und das Verfahren der Schiedsstelle nach § 133 des Neunten Buches Sozialgesetzbuch v. 12.12.2017.[13]
- **Sachsen:** Verordnung der Sächsischen Staatsregierung über die Schiedsstelle gem. § 133 des Neunten Buches Sozialgesetzbuch v. 23.6.2020.[14]
- **Sachsen-Anhalt:** Verordnung über die Schiedsstelle nach § 133 des Neunten Buches Sozialgesetzbuch v. 29.5.2019.[15]
- **Schleswig-Holstein:** Landesverordnung über die Schiedsstelle nach § 133 des Neunten Buches Sozialgesetzbuch v. 3.6.2019.[16]

§ 134 Sonderregelung zum Inhalt der Vereinbarungen zur Erbringung von Leistungen für minderjährige Leistungsberechtigte und in Sonderfällen

(1) In der schriftlichen Vereinbarung zur Erbringung von Leistungen für minderjährige Leistungsberechtigte zwischen dem Träger der Eingliederungshilfe und dem Leistungserbringer sind zu regeln:
1. Inhalt, Umfang und Qualität einschließlich der Wirksamkeit der Leistungen (Leistungsvereinbarung) sowie
2. die Vergütung der Leistung (Vergütungsvereinbarung).

(2) In die Leistungsvereinbarung sind als wesentliche Leistungsmerkmale insbesondere aufzunehmen:
1. die betriebsnotwendigen Anlagen des Leistungserbringers,
2. der zu betreuende Personenkreis,
3. Art, Ziel und Qualität der Leistung,
4. die Festlegung der personellen Ausstattung,
5. die Qualifikation des Personals sowie
6. die erforderliche sächliche Ausstattung.

(3) ¹Die Vergütungsvereinbarung besteht mindestens aus
1. der Grundpauschale für Unterkunft und Verpflegung,
2. der Maßnahmepauschale sowie
3. einem Betrag für betriebsnotwendige Anlagen einschließlich ihrer Ausstattung (Investitionsbetrag).

²Förderungen aus öffentlichen Mitteln sind anzurechnen. ³Die Maßnahmepauschale ist nach Gruppen für Leistungsberechtigte mit vergleichbarem Bedarf zu kalkulieren.

(4) ¹Die Absätze 1 bis 3 finden auch Anwendung, wenn volljährige Leistungsberechtigte Leistungen zur Schulbildung nach § 112 Absatz 1 Nummer 1 sowie Leistungen zur schulischen Ausbildung für einen Beruf nach § 112 Absatz 1 Nummer 2 erhalten, soweit diese Leistungen in besonderen Ausbildungsstätten über Tag und Nacht für Menschen mit Behinderungen erbracht werden. ²Entsprechendes gilt bei anderen volljährigen Leistungsberechtigten, wenn

---

12 GVBl. 2019, 88.
13 Amtsblatt 2017, 2101.
14 SächsGVBl. 2020, 336.
15 GVBl. LSA 2019, 111.
16 GVOBl. 2019, 165.

1. das Konzept des Leistungserbringers auf Minderjährige als zu betreuenden Personenkreis ausgerichtet ist,
2. der Leistungsberechtigte von diesem Leistungserbringer bereits Leistungen über Tag und Nacht auf Grundlage von Vereinbarungen nach den Absätzen 1 bis 3, § 78 b des Achten Buches, § 75 Absatz 3 des Zwölften Buches in der am 31. Dezember 2019 geltenden Fassung oder nach Maßgabe des § 75 Absatz 4 des Zwölften Buches in der am 31. Dezember 2019 geltenden Fassung erhalten hat und
3. der Leistungsberechtigte nach Erreichen der Volljährigkeit für eine kurze Zeit, in der Regel nicht länger als bis zur Vollendung des 21. Lebensjahres, Leistungen von diesem Leistungserbringer weitererhält, mit denen insbesondere vor dem Erreichen der Volljährigkeit definierte Teilhabeziele erreicht werden sollen.

I. Überblick

§ 134 wurde durch Artikel 1 des Gesetzes zur Stärkung der Teilhabe und Selbstbestimmung von Menschen mit Behinderungen (Bundesteilhabegesetz – BTHG) vom 23.12.2016 mWz 1.1.2018 in das SGB IX eingefügt.[1] Mit Art. 2 Nr. 7 des Gesetzes zur Entlastung unterhaltsverpflichteter angehöriger in der Sozialhilfe und in der Eingliederungshilfe (Angehörigen-Entlastungsgesetz) wurde Abs. 4 um den Satz 2 ergänzt. § 134 stellt eine Sonderregelung im Verhältnis zur Regelung des § 125 dar. Die ab dem 1.1.2020 geltende Trennung der Fachleistungen der Eingliederungshilfe von den Leistungen zum Lebensunterhalt gilt nur für Volljährige. Mit Blick auf minderjährige Leistungsberechtigte und die im Abs. 4 genannten jungen Volljährigen wird diese Trennung nicht vorgenommen. Deshalb müssen in den Leistungs- und Vergütungsvereinbarungen, die auf Leistungen für Minderjährige zielen, auch Leistungsbestandteile und Vergütungsanteile einbezogen werden, die Unterkunft und Verpflegung betreffen.

II. Einzelheiten

Nach Abs. 1 sind zwischen dem Eingliederungshilfeträger und einem Leistungserbringer, der Leistungen für minderjährige Leistungsberechtigte erbringen will, schriftliche Leistungs- und Vergütungsvereinbarungen zu treffen. Die Regelung entspricht dem § 125 Abs. 1 (→ § 125 Rn. 2 ff.). Abs. 2 ist inhaltlich dem § 125 Abs. 2 vergleichbar. Die wesentlichen Regelungsgegenstände der Leistungsvereinbarung sind im Vergleich zum § 125 in einer unterschiedlichen Reihenfolge aufgeführt. Die betriebsnotwendigen Anlagen stehen im § 134 Abs. 2 an erster Stelle. Sie werden, im Unterschied zu § 125 Abs. 2 Nr. 6 immer als erforderlich angesehen, da die Regelung des § 134 auf die Erbringung von Leistungen über Tag und Nacht zielt und es somit um stationäre Leistungen geht (zu den Einzelheiten vgl. → § 125 Rn. 7). Für die zu vereinbarenden Vergütungen bleibt es nach Abs. 3 bei der bis zum 31.12.2019 geltenden Trias: Grundpauschale, Maßnahmepauschale und Investitionsbetrag.[2] Mit der Grundpauschale werden Leistungen für Unterkunft und Verpflegung vergütet. Diese Leistungen für den Lebensunterhalt sind im Unterschied zur Regelung des § 125 Abs. 3 für Minderjährige weiterhin Bestandteile der Leistungen der Eingliederungshilfe. Die Maßnahmepauschale und der Investitionsbetrag umfassen Vergütungsbestandteile, die für Volljährige in der Fachleistungspauschale zusammengefasst sind.

---

1 BGBl. I 3234.
2 Vgl. hierzu BT-Drs. 18/9522, 301.

Im Unterschied zum § 125 erfasst der Investitionsbetrag auch Investitionen für Räumlichkeiten, in denen Leistungsberechtigte wohnen.

3 Die Regelungen der Absätze 1 bis 3 gelten nach Absatz 4 Satz 1 auch für volljährige Leistungsberechtigte, die sich noch in einer Schulausbildung oder einer schulischen Berufsausbildung befinden und zu diesem Zweck in speziellen Internaten leben. Mit dieser Regelung iVm § 142 Abs. 3 soll verhindert werden, dass Eltern mit Blick auf die existenzsichernden Leistungen zum Lebensunterhalt nicht schlechter gestellt werden als bisher.[3] Die Anwendbarkeit der Abs. 1 bis 3 wird mit Abs. 4 Satz 2 auf weitere junge Volljährige ausgedehnt. Es geht um Volljährige, die bereits als Minderjährige in einer Einrichtung, deren Konzept auf Minderjährige ausgerichtet ist, Leistungen der Eingliederungshilfe erhalten haben und sie für eine Übergangszeit dort noch weiter erhalten, um die vor der Volljährigkeit definierten Teilhabeziele erreichen zu können. Erfasst sind aber auch Fälle, in denen der Umzug in eine besondere Wohnform für Volljährige beabsichtigt ist, dies aber aus tatsächlichen Gründen nicht pünktlich mit Vollendung des 18. Lebensjahres erreicht werden konnte. Dies gilt in der Regel nur bis zur Vollendung des 21. Lebensjahres. Der Gesetzgeber wollte den Bürokratieaufwand verhindern, der Leistungserbringern entstehen würde, falls unterschiedliche Vergütungsstrukturen für Minderjährige und Volljährige in derselben Einrichtung erforderlich wären.[4]

Kapitel 9 [1]Einkommen und Vermögen

§ 135 Begriff des Einkommens

(1) Maßgeblich für die Ermittlung des Beitrages nach § 136 ist die Summe der Einkünfte des Vorvorjahres nach § 2 Absatz 2 des Einkommensteuergesetzes sowie bei Renteneinkünften die Bruttorente des Vorvorjahres.

(2) Wenn zum Zeitpunkt der Leistungsgewährung eine erhebliche Abweichung zu den Einkünften des Vorvorjahres besteht, sind die voraussichtlichen Jahreseinkünfte des laufenden Jahres im Sinne des Absatzes 1 zu ermitteln und zugrunde zu legen.

§ 136 Beitrag aus Einkommen zu den Aufwendungen

(1) Bei den Leistungen nach diesem Teil ist ein Beitrag zu den Aufwendungen aufzubringen, wenn das Einkommen im Sinne des § 135 der antragstellenden Person sowie bei minderjährigen Personen der im Haushalt lebenden Eltern oder des im Haushalt lebenden Elternteils die Beträge nach Absatz 2 übersteigt.
(2) [1]Ein Beitrag zu den Aufwendungen ist aufzubringen, wenn das Einkommen im Sinne des § 135 überwiegend
1. aus einer sozialversicherungspflichtigen Beschäftigung oder selbständigen Tätigkeit erzielt wird und 85 Prozent der jährlichen Bezugsgröße nach § 18 Absatz 1 des Vierten Buches übersteigt oder

---

3 Vgl. BT-Drs. 18/9522, 301.
4 Vgl. BT-Drs. 19/14868, 23 f.
1 Teil 2 Kapitel 1–7 (§§ 90–122) sowie Kapitel 9–11 (§§ 135–150) sind mit Ausnahme von § 94 Absatz 1, der am 1.1.2018 in Kraft getreten ist, am **1.1.2020** in Kraft getreten, vgl. Anm. am Titel.

2. aus einer nicht sozialversicherungspflichtigen Beschäftigung erzielt wird und 75 Prozent der jährlichen Bezugsgröße nach § 18 Absatz 1 des Vierten Buches übersteigt oder
3. aus Renteneinkünften erzielt wird und 60 Prozent der jährlichen Bezugsgröße nach § 18 Absatz 1 des Vierten Buches übersteigt.
²Wird das Einkommen im Sinne des § 135 überwiegend aus anderen Einkunftsarten erzielt, ist Satz 1 Nummer 2 entsprechend anzuwenden.

(3) Die Beträge nach Absatz 2 erhöhen sich für den nicht getrennt lebenden Ehegatten oder Lebenspartner, den Partner einer eheähnlichen oder lebenspartnerschaftsähnlichen Gemeinschaft um 15 Prozent sowie für jedes unterhaltsberechtigte Kind im Haushalt um 10 Prozent der jährlichen Bezugsgröße nach § 18 Absatz 1 des Vierten Buches.

(4) ¹Übersteigt das Einkommen im Sinne des § 135 einer in Absatz 3 erster Halbsatz genannten Person den Betrag, der sich nach Absatz 2 ergibt, findet Absatz 3 keine Anwendung. ²In diesem Fall erhöhen sich für jedes unterhaltsberechtigte Kind im Haushalt die Beträge nach Absatz 2 um 5 Prozent der jährlichen Bezugsgröße nach § 18 Absatz 1 des Vierten Buches.

(5) ¹Ist der Leistungsberechtigte minderjährig und lebt im Haushalt der Eltern, erhöht sich der Betrag nach Absatz 2 um 75 Prozent der jährlichen Bezugsgröße nach § 18 Absatz 1 des Vierten Buches für jeden Leistungsberechtigten. ²Die Absätze 3 und 4 sind nicht anzuwenden.

§ 137 Höhe des Beitrages zu den Aufwendungen

(1) Die antragstellende Person im Sinne des § 136 Absatz 1 hat aus dem Einkommen im Sinne des § 135 einen Beitrag zu den Aufwendungen nach Maßgabe der Absätze 2 und 3 aufzubringen.

(2) ¹Wenn das Einkommen die Beträge nach § 136 Absatz 2 übersteigt, ist ein monatlicher Beitrag in Höhe von 2 Prozent des den Betrag nach § 136 Absatz 2 bis 5 übersteigenden Betrages als monatlicher Beitrag aufzubringen. ²Der nach Satz 1 als monatlicher Beitrag aufzubringende Betrag ist auf volle 10 Euro abzurunden.

(3) Der Beitrag ist von der zu erbringenden Leistung abzuziehen.

(4) ¹Ist ein Beitrag von anderen Personen aufzubringen als dem Leistungsberechtigten und ist die Durchführung der Maßnahme der Eingliederungshilfeleistung ohne Entrichtung des Beitrages gefährdet, so kann im Einzelfall die erforderliche Leistung ohne Abzug nach Absatz 3 erbracht werden. ²Die in Satz 1 genannten Personen haben dem Träger der Eingliederungshilfe die Aufwendungen im Umfang des Beitrages zu ersetzen; mehrere Verpflichtete haften als Gesamtschuldner.

§ 138 Besondere Höhe des Beitrages zu den Aufwendungen

(1) Ein Beitrag ist nicht aufzubringen bei
1. heilpädagogischen Leistungen nach § 113 Absatz 2 Nummer 3,
2. Leistungen zur medizinischen Rehabilitation nach § 109,
3. Leistungen zur Teilhabe am Arbeitsleben nach § 111 Absatz 1,
4. Leistungen zur Teilhabe an Bildung nach § 112 Absatz 1 Nummer 1,
5. Leistungen zur schulischen oder hochschulischen Ausbildung oder Weiterbildung für einen Beruf nach § 112 Absatz 1 Nummer 2, soweit diese Leis-

tungen in besonderen Ausbildungsstätten über Tag und Nacht für Menschen mit Behinderungen erbracht werden,
6. Leistungen zum Erwerb und Erhalt praktischer Kenntnisse und Fähigkeiten nach § 113 Absatz 2 Nummer 5, soweit diese der Vorbereitung auf die Teilhabe am Arbeitsleben nach § 111 Absatz 1 dienen,
7. Leistungen nach § 113 Absatz 1, die noch nicht eingeschulten leistungsberechtigten Personen die für sie erreichbare Teilnahme am Leben in der Gemeinschaft ermöglichen sollen,
8. gleichzeitiger Gewährung von Leistungen zum Lebensunterhalt nach dem Zweiten oder Zwölften Buch oder nach § 27 a des Bundesversorgungsgesetzes.

(2) Wenn ein Beitrag nach § 137 aufzubringen ist, ist für weitere Leistungen im gleichen Zeitraum oder weitere Leistungen an minderjährige Kinder im gleichen Haushalt nach diesem Teil kein weiterer Beitrag aufzubringen.

(3) Bei einmaligen Leistungen zur Beschaffung von Bedarfsgegenständen, deren Gebrauch für mindestens ein Jahr bestimmt ist, ist höchstens das Vierfache des monatlichen Beitrages einmalig aufzubringen.

Literatur:
Banafsche, Die „Systemfestigkeit" des Rechts der Rehabilitation und Teilhabe von Menschen mit Behinderungen – der Innovationsgehalt des Bundesteilhabegesetzes, SGb 2020, 661; *Bublitz*, Zur Reform des Unterhaltsrückgriffs auf Eltern und Kinder, SuP 2020, 85; *Eicher*, Das Rehabilitationsrecht nach Inkrafttreten des Bundesteilhabegesetzes, 2020; *Gerlach*, Die Festsetzung von Beiträgen als neue Form des Einsatzes von Einkommen und der Einsatz von Vermögen im Eingliederungshilferecht nach Teil 2 SGB IX ab dem 1.1.2020 – Ein „Beitrag zu den Beiträgen" nach dem Bundesteilhabegesetz, ZfF 2019, 121, 145, 169; *Keil*, Das BTHG – Die Änderungen im Eingliederungshilferecht, SGb 2017, 447; *Kuhn-Zuber*, Eigenbeitrag in der Eingliederungshilfe ab 1.1.2020, Beitrag D20–2018, 12.6.2018, abrufbar unter www.reha-recht.de; *Rasch*, BTHG und Co – Neuregelungen zur Einkommens- und Vermögensheranziehung, RdLH 2017, 58; *Kuhn-Zuber* in Deinert/Welti/Luik/Brockmann (Hrsg.), Stichwortkommentar Behindertenrecht, 3. Aufl. 2022 (iE), Stichwort „Eigenbeitrag"; *Roesen*, Die Regelungen über die Berücksichtigung von Einkommen und Vermögen bei Leistungen der Eingliederungshilfe nach dem Bundesteilhabegesetz, Teil I, Forum A, Fachbeitrag A2–2018, Teil II, Forum A, Fachbeitrag A2–2018, abrufbar unter www.reha-recht.de; *Siefert*, Bundesteilhabegesetz – Neuerungen im Recht der Eingliederungshilfe, ZAP 2020, 359.

I. Rechtsentwicklung und Bedeutung des 9. Kapitels ... 1
II. Struktur des 9. Kapitels und kritische Würdigung der Reform 5
III. Die Regelungen im Überblick 10
IV. Einkommensbegriff 12
V. Personeller Anwendungsbereich 15
VI. Sachlicher Anwendungsbereich – Einschränkungen durch § 138 18
   1. Überblick über die einkommensunabhängig zu erbringenden Leistungen 19
   2. Zusammentreffen von Eingliederungshilfe mit Leistungen zum Lebensunterhalt (§ 138 Abs. 1 Nr. 8) 20
   3. Zusammentreffen von Eingliederungshilfe mit Hilfe zur Pflege nach § 61 SGB XII 21
VII. Einkommensfreigrenzen 22
VIII. Beitragshöhe 26

I. Rechtsentwicklung und Bedeutung des 9. Kapitels

Geltende Fassung: Seit der Überführung der Eingliederungshilfe in Teil 2 des SGB IX durch das Bundesteilhabegesetz[1] zum 1.1.2020 regelt nunmehr dessen Kapitel 9, ob und in welchem Umfang den Leistungsberechtigten oder ihren Angehörigen die **Aufbringung der Mittel** zur Deckung des Eingliederungsbedarfs **aus eigenem Einkommen** und **Vermögen** zuzumuten ist (zur Gesetzesbegründung vgl. BT-Drs. 18/9522, 266 ff. (zur neuen Eingliederungshilfe) und 302 ff. (zu den §§ 135 ff.)). Die Regelungen des Kapitels 9 sind an die Stelle der §§ 82 ff., 90 SGB XII und der seit 1.1.2017 geltenden Übergangsregelung des § 60 a SGB XII getreten. Die Leistungen der neuen Eingliederungshilfe sehen vor, dass im Rahmen der finanziellen Leistungsfähigkeit auch der Leistungsberechtigte einen eigenen **Beitrag** (§ 92) zu den steuerfinanzierten Leistungen beizutragen hat. Damit will der Gesetzgeber die bisherigen sozialhilferechtlichen Regelungen zum Einkommens- und Vermögenseinsatz durch ein neues System ersetzen,[2] indem anstelle des bisherigen Einsatzes des Einkommens über der Einkommensgrenze nun ein Beitrag aufzubringen ist. Dieser Beitrag richtet sich nur nach der finanziellen Situation des Leistungsberechtigten. Das Nähere dazu regeln die §§ 135 ff.

Die Berücksichtigung des Einkommens als Grundlage für den Beitrag folgt einer neuen Systematik, als Angehörige werden nur noch die Eltern minderjähriger Kinder herangezogen, sofern sie im gleichen Haushalt leben. Zur Entlastung der Leistungsberechtigten und ihrer Angehörigen waren bereits zuvor beginnend ab 2017 die **Einkommensfreibeträge** heraufgesetzt worden. Die für die Bemessung des Beitrags aus dem Einkommen zu den Aufwendungen ausschlaggebenden Beträge wurden durch Verknüpfung mit der sozialversicherungsrechtlichen Rentenbezugsgröße (§ 18 Abs. 1 SGB IV) dynamisiert. Das **Schonvermögen** wurde schrittweise heraufgesetzt. Die Verbesserungen greifen aufgrund der erfolgten Trennung der Eingliederungshilfe in Fachleistungen und existenzsichernden Leistungen grundsätzlich nur noch bei den Fachleistungen. Sind Menschen mit Behinderungen neben diesen Leistungen auf Grundsicherung und andere existenzsichernde Leistungen nach SGB II oder XII angewiesen, bleiben sie insoweit den schärferen Anrechnungsregelungen der §§ 11 bis 12 SGB II und §§ 82–92 SGB XII unterworfen. Die Übergangsregelung des § 150 bezweckt, dass Leistungsberechtigte durch den nach §§ 135 ff. nach neuem Recht aufzubringenden Beitrag zur Eingliederungshilfe nicht höher belastet werden als nach dem am 31.12.2019 geltenden Recht des SGB XII.

Noch bevor das im Bundesteilhabegesetz vorgesehene 9. Kapitel am 1.1.2020 in Kraft treten konnte, wurden die meisten der vorgesehenen Regelungen wieder modifiziert: § 136 Abs. 1 in der im BTHG vorgesehenen Fassung wurde durch Art. 1 des Gesetzes zur Änderung des Neunten und des Zwölften Buches Sozialgesetzbuch ua Rechtsvorschriften v. 30.11.2019[3] redaktionell korrigiert, in § 136 Abs. 2 ein Satz 2 eingefügt und in Abs. 4 Satz 2 klargestellt, dass die dort geregelte Betragserhöhung nur für im Haushalt lebende Kinder erfolgt. Des Weiteren wurde in § 137 Abs. 2 Satz 1 die Bezugnahme auf § 136 geändert und Abs. 4 Satz 2 neu gefasst. In dem seit 1.1.2020 geltenden § 138 Abs. 1 Nr. 5 wurde durch G v. 17.7.2017[4] die schulische Bildung nachträglich um die hochschulische Bildung und die Weiterbildung ergänzt. Die in § 138 Abs. 4 ge-

---

1 Vom 23.12.2016, BGBl. I 3234.
2 BT-Drs. 18/9522, 272.
3 BGBl. I 1948.
4 Vgl. Art. 23 Nr. 4 und Art. 31 Abs. 3 des G zur Änderung des Bundesversorgungsgesetzes und anderer Vorschriften, BGBl. 2017 I 2557 (2573).

regelte Pflicht der Eltern, zu den Kosten der Eingliederungshilfe für ihr volljähriges Kind beizutragen, wurde mit dem Angehörigen-EntlastungsG abgeschafft.[5] § 141 regelt den gesetzlichen Forderungsübergang. Durch den mit Art. 1 G v. 30.11.2019 in Abs. 1 neu angefügten Satz 2 wird die Überleitung bürgerlich-rechtlicher Ansprüche auf den Eingliederungshilfeträger ausgeschlossen. Die im BTHG ursprünglich vorgesehene Fassung des § 142 wurde, noch bevor sie am 1.1.2020 in Kraft trat, zweimal durch das Gesetz zur Änderung des Neunten und des Zwölften Buches Sozialgesetzbuch ua Rechtsvorschriften 30.11.2019[6] und das Angehörigen-Entlastungsgesetz v. 10.12.2019[7] geändert und auch hier auf eine Heranziehung der unterhaltspflichtigen Eltern verzichtet.[8] Die zum 1.1.2020 in Kraft getretene Fassung des § 142 Abs. 3 Satz 1 wurde mWv 10.6.2021 erneut durch das TeilhabestärkungsG v. 2.6.2021[9] geändert und ein neuer Satz 2 angefügt. Er regelt, dass sich volljährige Leistungsberechtigte, die aufgrund einer Vereinbarung nach § 134 Abs. 4 stationäre bzw. teilstationäre Leistungen erhalten, an den Kosten des Lebensunterhalts nur in Höhe der Aufwendungen zu beteiligen haben, die sie für ihren häuslichen Lebensunterhalt gespart haben.

4   Die Kostenbeiträge zu den Leistungen der Eingliederungshilfe für seelisch behinderte Kinder, Jugendliche und junge Volljährige (§§ 35 a, 41 SGB VIII) richten sich weiterhin nach § 91 Abs. 1 Nr. 6 und 8 sowie Abs. 2 Nr. 3 und 4 SGB VIII, die Heranziehung der Leistungsberechtigten und ihrer Angehörigen zu diesen Kosten nach §§ 92 ff. SGB VIII. Zu den Kosten ihrer vollstationären Eingliederungshilfe können junge Menschen mit seelischer Behinderung seit 10.6.2021 nach der Neufassung des § 94 Abs. 6 SGB VIII nur noch mit max. 25 % statt bislang 75 % ihres bereinigten Einkommens herangezogen werden.[10] Weitere Änderungen sind ab 2028 zu erwarten, wenn die Eingliederungshilfe für Kinder und Jugendliche neu geordnet und ungeachtet der Art ihrer Beeinträchtigung in die vorrangige Zuständigkeit des Trägers der öffentlichen Jugendhilfe verwiesen werden soll.[11]

II. Struktur des 9. Kapitels und kritische Würdigung der Reform

5   Trotz der Herauslösung aus der Sozialhilfe bleibt die Eingliederungshilfe durch die Erhebung eines „Beitrags" und den in § 91 geregelten Nachrang in weiten Teilen einkommens- und vermögensabhängig und damit weiterhin de facto Fürsorgeleistung (→ § 90 Rn. 3); „Sozialhilfe de luxe"[12]. Der Gesetzgeber hat im BTHG aus wirtschaftlichen Gründen an der bedürftigkeitsabhängigen Ausgestaltung der Eingliederungshilfe festgehalten. Das gilt vor allem für die dem Umfang nach am häufigsten erbrachten Leistungen zur sozialen Teilhabe[13] so-

---

5   Artikel 2 Nr. 9 G v. 10.12.2019 (BGBl. I 2135).
6   BGBl. I 1948.
7   BGBl. I 2135.
8   Vgl. BT-Drs. 19/13399, 38 f.
9   BGBl. I 1387.
10 Art. 1 Nr. 57 G z. Stärkung v. Kindern und Jugendlichen v. 3.6.2021 (BGBl. I 1444).
11 Vgl. § 10 Abs. 4 S. 2 SGB VIII-E, der gem. Art. 1 Nr. 12 und 65 G z. Stärkung v. Kindern und Jugendlichen v. 3.6.2021 (BGBl. I 1444) zum 1.1.2028 in Kraft treten soll.
12 So *Eicher*, Das Rehabilitationsrecht nach Inkrafttreten des Bundesteilhabegesetzes, 2020, 28.
13 Vgl. Statistisches Bundesamt, Tabelle 22131–0004: Empfänger von Eingliederungshilfe für behinderte Menschen 2018 nach Art der Eingliederungshilfe, abrufbar unter www.destatis.de.

wie für viele Leistungen zur Teilhabe an Bildung. Zu den Aufwendungen des Eingliederungshilfeträgers bei Leistungen zur medizinischen Rehabilitation (§§ 5 Nr. 1, 109) und zur Teilhabe am Arbeitsleben (§§ 5 Nr. 2, 111) hingegen muss, wie auch schon zuvor im Sozialhilferecht, gem. § 138 Abs. 1 Nr. 1–3 kein Beitrag geleistet werden. Auch die in § 138 Abs. 1 Nr. 4–7 genannten ausgewählten Leistungen zur Teilhabe an Bildung und zur sozialen Teilhabe werden einkommens- und vermögensunabhängig erbracht. An allen anderen Leistungen haben sich die Leistungsberechtigten grundsätzlich mit einem Beitrag aus ihrem Einkommen zu beteiligen (§ 92) bzw. ihr Vermögen hierfür einzusetzen (§ 140).

Ob und in welcher Höhe ein Eigenbeitrag aus dem Einkommen zu leisten bzw. 6 das Vermögen einzusetzen ist, richtet sich nach den wirtschaftlichen Verhältnissen der Antragsteller bzw. leistungsberechtigten Person. Das Einkommen und Vermögen anderer Personen wird nur bei Minderjährigen mit Eingliederungshilfebedarf berücksichtigt, die noch im Haushalt mit ihren Eltern leben. In diesem Fall ist neben ihrem Einkommen und Vermögen auch das der Eltern(-teile) zu berücksichtigen. Einkommen und Vermögen der Ehe- oder Lebenspartner (§ 33 b SGB I), der Partner einer ehe- bzw. partnerschaftsähnlichen Gemeinschaft oder der Eltern von erwachsenen Leistungsberechtigten bleiben bei der Ermittlung des Eingliederungshilfeanspruchs seit 1.1.2020 unberücksichtigt. Der Eingliederungshilfeträger kann bürgerlich-rechtliche Ansprüche der leistungsberechtigten Person gegen Angehörige und andere Personen nicht mehr auf sich überleiten, um seine für die Eingliederungshilfe getätigten Aufwendungen zu decken (§ 141 Abs. 1 S. 2). Die Erben können nicht mehr zum Kostenersatz herangezogen werden, da der Gesetzgeber den bislang für den Ersatz der Kosten der Eingliederungshilfe geltenden § 102 SGB XII nicht ins SGB IX übertragen hat. Für Eingliederungshilfeleistungen, die vor dem 1.1.2020 nach den §§ 53 ff. SGB XII erbracht wurden, findet § 102 SGB XII jedoch weiter Anwendung.[14]

Zu Beiträgen herangezogen wird nach §§ 92, 136 f. die antragstellende Person 7 entsprechend ihrem Einkommen. Ob und in welcher Höhe sie herangezogen wird, richtet sich grundsätzlich nur nach ihrem Einkommen; Einkünfte der Ehegatten, Lebenspartner und ehe- bzw. partnerschaftsähnlichen Beziehungspartner bleiben unberücksichtigt. Nur bei Minderjährigen sind neben ihrem Einkommen auch das Einkommen ihrer im gleichen Haushalt lebenden Eltern oder des im gleichen Haushalt lebenden Elternteil maßgebend.

Was als **Einkommen** zählt, definiert § 135. Der zu leistende Eigenbeitrag wird von der zu erbringenden Leistung „abgezogen" (§ 137 Abs. 3 SGB IX) bzw. bei Sach- und Dienstleistungen (zB Assistenz) die Bewilligung der Kostenübernahme auf die nach Abzug des errechneten Eigenbeitrags verbleibenden Kosten beschränkt. Diese Abkehr vom Bruttoprinzip hat zur Folge, dass der Eingliederungshilfeträger seine Leistungspflicht von vornherein begrenzen kann, selbst wenn Leistungen Dritter unklar oder streitig sind und damit das wirtschaftliche Risiko auf den Leistungserbringer übertragen wird. Um in einem solchen Fall die Durchführung der Maßnahme nicht zu gefährden, kann der Leistungsträger gem. § 137 Abs. 4 die erforderliche Leistung auch ohne Abzug erbringen und von den Dritten Aufwendungsersatz verlangen.

Welche Werte als verwertbares **Vermögen** gelten, bestimmt **§ 139** Abs. 1. Ist 8 verwertbares Vermögen vorhanden, sind Eingliederungshilfeleistungen insoweit nachrangig. Nicht als Vermögen berücksichtigt werden der in Satz 2 genannte

---

14 *Simon* in jurisPK-SGB XII, 3. Aufl. 1/2021, § 102 Rn. 78.

Freibetrag und das nach §§ 90 Abs. 2 Nr. 1 bis 8 SGB XII zu bestimmende Schonvermögen. Vermögen, dessen Verwertung für die leistungsberechtigte Person oder deren unterhaltsberechtigten Angehörigen eine Härte bedeuten würde (Satz 3), muss ebenfalls nicht eingesetzt werden.
Den Vermögensfreibetrag wurde dynamisiert und beträgt seit 1.1.2020 150 % der jährlichen Bezugsgröße nach § 18 Abs. 1 SGB IV (§ 139 Abs. 2). Die Bezugsgröße errechnet sich aus dem Durchschnittsentgelt der Versicherten in der gesetzlichen Rentenversicherung. Sie wird jährlich angehoben. Der Verweis nur auf § 18 Abs. 1 SGB IV (Bezugsgröße West) ohne Hinweis auf § 18 Abs. 2 SGB IV (Bezugsgröße Ost) legt nahe, dass der Freibetrag bundesweit einheitlich gelten soll. Die Bezugsgröße West beträgt 39.480 Euro im Jahr 2021, der Freibetrag beträgt demnach 59.220 Euro. Bis zu diesem Betrag ist das Vermögen der antragstellenden Person geschützt, sofern sie nicht gleichzeitig existenzsichernde Leistungen erhält.

9 Mit der Neuregelung des Einkommens- und Vermögenseinsatzes hatte der Gesetzgeber in Aussicht gestellt, dass eingliederungshilfeberechtigte Menschen mit Behinderungen künftig nicht nur ihren Lebensunterhalt bestreiten können, sondern ihnen auch die Aufrechterhaltung einer angemessenen Lebensführung ermöglicht werde.[15] In „durchschnittlichen Fällen im Vergleich zum bisherigen Recht" werde eine deutliche Besserstellung erfolgen.[16] Dem dritten Teilhabebericht der Bundesregierung[17] zu Folge bestritten 2018 jedoch nur 44 % der Menschen mit Beeinträchtigungen ihren Lebensunterhalt aus dem eigenen Erwerbseinkommen (Menschen ohne Beeinträchtigungen: 76 %). Bei den wesentlich behinderten Beziehern von Eingliederungshilfe wird der Anteil der Nichterwerbstätigen noch deutlich höher sein. Eingliederungshilfeberechtigte Menschen mit Behinderungen sind daher besonders häufig auf Grundsicherung bei Erwerbsminderung und andere unterhaltssichernde Leistungen des Staates angewiesen und bleiben damit den strengen Regelungen zur Einkommens- und Vermögensanrechnung unterworfen.
Hier **blieb die Reform deutlich hinter den Forderungen behinderter Menschen auf einkommens- und vermögensunabhängige Hilfe** zurück. In seinen abschließenden Bemerkungen vom 17.4.2015 zum ersten Staatenbericht Deutschlands problematisierte der UN-Fachausschuss, dass der bedürftigkeitsabhängige Zugang behinderter Menschen zur Eingliederungshilfe sie in ihrem in Art. 19 UN-BRK verankerten Recht zum unabhängigen Leben in der Gemeinschaft und in ihren Möglichkeiten, gleichberechtigt mit nichtbehinderten Menschen einen ihrem Einkommen entsprechenden Lebensstandard zu erreichen (Art. 28 UN-BRK), beeinträchtigt.[18] Ob sich die neuen Regelungen mit Art. 3 Abs. 3 S. 2 GG vereinbaren lassen, wird auch danach zu beurteilen sein, ob sie im Einzelfall zur Vorenthaltung angemessener Vorkehrungen führen können (Art. 5 Abs. 2 iVm Art. 2 Satz 2 UN-BRK).

III. Die Regelungen im Überblick

10 Ob die Antragsteller bzw. ihre mit ihnen im Haushalt lebenden Elternteile mit ihrem **Einkommen** an den nicht in § 138 Abs. 1 aufgeführten Aufwendungen zu beteiligen sind, ist anhand der §§ 135–137 zu prüfen. Es wird zunächst das nach § 135 maßgebliche, einkommensteuerrechtlich definierte Einkommen er-

---

15 BR-Drs. 428/16, 309.
16 BT-Drs. 18/9522, 301.
17 Abrufbar unter www.bmas.de.
18 CRPD/C/DEU/CO/1; abrufbar unter www.behindertenbeauftragter.de.

mittelt.[19] Hiervon sind die in § 136 Abs. 2 Satz 1 Nr. 1–3 geregelten **Freibeträge** (Grundbeträge) unter Berücksichtigung der in Abs. 3–5 geregelten Familienzuschläge abzuziehen. Ein Beitrag ist gem. § 136 Abs. 1 nur aus dem nach Abzug der Freibeträge verbleibenden Einkommen zu leisten. Der monatliche **Beitrag zu den Aufwendungen** beträgt 2 % des verbleibenden Einkommens (§ 137 Abs. 2). Der Beitrag ist gem. § 138 Abs. 2 auf 2 % begrenzt, auch wenn mehrere Leistungen der Eingliederungshilfe bezogen werden. Dies gilt sowohl, wenn einem Menschen mit Behinderungen mehrere Eingliederungshilfeleistungen zustehen, als auch bei Familien, in denen neben einem Elternteil auch ein im Haushalt lebendes minderjähriges Kind Eingliederungshilfeleistungen bezieht. § 138 Abs. 3 entspricht inhaltsgleich dem § 87 Abs. 3 SGB XII, soweit es sich um Bedarfsgegenstände handelt, die der Eingliederungshilfe zuzuordnen sind. Mit § 138 Abs. 4 war früher vorgesehen, die früher in § 94 Abs. 2 SGB XII verankerte Regelung fortzuführen, wonach Eltern für ihre volljährigen Kinder bis zu maximal 32,75 EUR (Wert des Jahres 2018) zu den Leistungen der Eingliederungshilfe beizutragen haben. Mit dem **Angehörigen-Entlastungsgesetz**[20] wurde § 138 Abs. 4 aber mWv 1.1.2020, also zum Inkrafttreten der neuen Eingliederungshilfe, aufgehoben (ebenso § 142 Abs. 3). Damit wird auf einen Beitrag der Eltern von volljährigen Beziehern der Eingliederungshilfe verzichtet.[21] Die Kosten für die vollständige Abschaffung des Kostenbeitrags nach § 138 Abs. 4 und § 142 Abs. 3 in der ab 2020 gültigen Fassung und die Abschaffung des Kostenbeitrags nach § 94 Abs. 2 SGB XII bis zu einer Grenze von 100.000 Euro (Eltern für ihre erwachsenen Kinder) werden bei einer Fallzahl von insgesamt etwa 220.000 Betroffenen auf rund 90 Millionen Euro jährlich geschätzt, wobei der größte Teil der Mehrkosten im SGB IX (Eingliederungshilfe für Menschen mit Behinderungen) entsteht.[22]

Damit Leistungsberechtigte durch den aufzubringenden Beitrag nach Kapitel 9 nicht höher belastet werden als bisher, wurde mit § 150 eine **Übergangsregelung** eingeführt. § 150 sieht vor, dass bei der Festsetzung von Leistungen für Leistungsberechtigte, die am 31.12.2019 Leistungen nach dem Sechsten Kapitel SGB XII idF v. 31.12.2019 erhalten haben und von denen ein Einsatz des Einkommens über der bis zu diesem Zeitpunkt geltenden Einkommensgrenze (§ 87 SGB XII) gefordert wurde, abweichend von Kapitel 9 die am 31.12.2019 geltenden Einkommensgrenzen nach dem Elften Kapitel des SGB XII zugrunde zu legen sind. Dies gilt nur, solange der nach Kapitel 9 aufzubringende Beitrag höher ist als der Einkommenseinsatz nach dem am 31.12.2019 geltenden Recht. Hinreichend ist, dass eine beliebige Leistung der Eingliederungshilfe für einen Leistungszeitraum gewährt wurde, der den 31.12.2019 mitumfasst.[23] Nach der Ratio der Norm muss allerdings ein ununterbrochener Leistungsbezug über den Zeitpunkt des Außerkrafttretens des alten Rechts am 31.12.2019 hinaus vorliegen; es genügt nicht, dass nach einer Unterbrechung erst zu einem späteren Zeitpunkt nach dem 31.12.2019 wiederum Leistungen der Eingliederungshilfe bezogen werden.[24]

---

19 Zur Berechnung eingehend *Roesen*, Forum A, A2–2018, S. 2, abrufbar unter www.reha-recht.de; *von Boetticher* 2018, S. 53 ff.
20 Vom 10.12.2019, BGBl. I 2135.
21 BT-Drs. 19/13399, 1 und 38.
22 Vgl. BT-Drs. 19/13399, 25.
23 *Palsherm* in jurisPK-SGB IX, 5.3.2020, § 150 Rn. 10.
24 Vgl. *Gerlach* ZfF 2019, 169 (170).

IV. Einkommensbegriff

12 Der für die Leistungen der Eingliederungshilfe aufzubringende Eigenbeitrag bemisst sich an dem in § 135 definierten Einkommen. Maßgeblich ist nach § 135 Abs. 1 die **Summe der Einkünfte aus dem Vorvorjahr**, die sich aus § 2 Abs. 2 EStG ergibt. Hiernach sind Einkünfte bei Land- und Forstwirtschaft, Gewerbebetrieb und selbständiger Arbeit der Gewinn im Sinne der §§ 4 bis 7k und 13a EStG und bei den anderen Einkunftsarten der nach §§ 8 bis 9a EStG ermittelte Überschuss der Einnahmen über die Werbungskosten. Bei Einkünften aus Kapitalvermögen greift die Sonderregelung des § 2 Abs. 2 Satz 2 EStG, wonach § 20 Abs. 9 EStG vorbehaltlich der Regelung in § 32d Abs. 2 EStG an die Stelle der §§ 9 und 9a EStG tritt.

13 Die **Bezugnahme auf das Einkommensteuergesetz** hat materiell- und verfahrensrechtliche Konsequenzen: Materiell-rechtlich werden individuelle Umstände mit erheblicher Auswirkung auf das Nettoeinkommen, wie etwa hohe Werbungskosten oder hohe Kosten für tägliche Fahrten zwischen der Wohnung und der Arbeitsstätte (Entfernungspauschale) erfasst, da diese bereits bei der „Summe der Einkünfte" berücksichtigt werden. Zugleich kommen etwaige Steuervorteile, wie die Pauschbeträge für Menschen mit Behinderungen nach § 33b EStG, den Betroffenen zugute. Verfahrensrechtlich bedeutet die Zugrundelegung des Einkommens des Vorvorjahres insoweit eine Vereinfachung, als sich die Nachweispflicht im Wesentlichen auf die Vorlage des Einkommensteuerbescheids beschränkt.

14 Beziehen die Leistungsberechtigten eine **Rente**, bestimmt § 135 Abs. 1 die Bruttorente des Vorvorjahres als das für die Ermittlung des Eigenbeitrages maßgebliche Einkommen.

Die mit der Anknüpfung an das Vorvorjahr verbundene Verfahrensvereinfachung führt zwar bei konstanter Einkommenssituation oder unerheblicher Abweichung des Vorjahreseinkommens zum Einkommen im Zeitpunkt der Leistungsgewährung zur Ermittlung des materiell „richtigen" Beitrages, nicht jedoch bei einer erheblichen Einkommensveränderung gegenüber dem Vorjahr, etwa bei Arbeitslosigkeit, Rentenbeginn, der erstmaligen Aufnahme einer Beschäftigung oder einem Wechsel des Arbeitsverhältnisses von Vollzeit- in Teilzeitbeschäftigung (und umgekehrt). Um zu vermeiden, dass in solchen Fällen ein unzutreffender Beitrag gefordert wird, legt § 135 Abs. 2 die voraussichtlichen Jahreseinkünfte des laufenden Jahres für die Ermittlung des Einkommens im Sinne des § 135 Abs. 1 zugrunde. Reine Veränderungen oder Schwankungen des Einkommens bei unveränderter Beschäftigungssituation werden hingegen von § 135 Abs. 2 nicht erfasst.[25]

Eine Korrektur im Sinne eines nachträglichen Ausgleichs ist nach der in § 135 verankerten, pauschalen Betrachtung ausgeschlossen. Es findet weder eine Erstattung zu viel entrichteter Beiträge bei gesunkenem Einkommen noch eine Nachforderung bei gestiegenem Einkommen statt.[26]

V. Personeller Anwendungsbereich

15 Der personelle Anwendungsbereich der §§ 135–138 wird in § 136 Abs. 1 bestimmt, wonach der Beitrag zu den Aufwendungen der Eingliederungshilfe nur dann aufzubringen ist, wenn das nach § 135 ermittelte Einkommen der antrag-

---

[25] BT-Drs. 18/9522, 302.
[26] *Kuhn-Zuber*, Eigenbeitrag in der Eingliederungshilfe ab 1.1.2020, Beitrag D20-2018, 12.6.2018, abrufbar unter www.reha-recht.de, S. 2; *von Boetticher*, Das neue Teilhaberecht, Rn. 160.

stellenden Person sowie bei minderjährigen Personen auch das Einkommen der im Haushalt lebenden Eltern oder des im Haushalt lebenden Elternteils die Beträge nach § 136 Abs. 2 übersteigt.
Ist die antragstellende Person **volljährig**, ist der personelle Anwendungsbereich auf diese Person beschränkt. Im Unterschied zu der früheren, vielfach kritisierten Rechtslage[27] und anders als die heute noch geltenden Regelungen bei der Hilfe zum Lebensunterhalt werden Ehegatten bzw. Lebenspartner nicht mehr herangezogen.[28]
Nur wenn die antragsstellende Person **minderjährig** ist, werden mit Blick auf die Unterhaltspflicht nach § 1601 BGB[29] – neben dem minderjährigen Leistungsberechtigten – auch die mit ihm im gleichen Haushalt lebenden Eltern bzw. der mit ihm im gleichen Haushalt lebende Elternteil in den Kreis der Personen mit beitragsrelevantem Einkommen einbezogen. Minderjährig ist, wer das 18. Lebensjahr noch nicht vollendet hat (§ 2 BGB). Eltern sind neben den leiblichen Eltern auch die Adoptiveltern, nicht aber die Stief- oder Pflegeeltern. Eltern unterfallen nur dann dem personellen Anwendungsbereich, wenn sie mit dem Minderjährigen in einem gemeinsamen Haushalt leben. Bei getrenntlebenden Eltern umfasst die Regelung nur den Elternteil, der mit dem Minderjährigen in einem gemeinsamen Haushalt lebt; das Einkommen des nicht dem Haushalt angehörenden Elternteils bleibt indes unberücksichtigt.

Leben die miteinander verheirateten Eltern des minderjährigen Leistungsberechtigten mit diesem in einem gemeinsamen Haushalt, lässt der Wortlaut des § 136 Abs. 1 offen, ob beide Eltern „gemeinsam", also mit ihrem addierten Einkommen, herangezogen werden, oder ob eine „getrennte", mit den Vorteilen des Ehegatten-Splittings verbundene Prüfung der beiden, analog zu den Regelungen über die Zusammenveranlagung der Ehegatten nach §§ 26, 26 b EStG nach Addition halbierten Elterneinkommen stattfindet. Obgleich die einkommensteuerrechtliche Anknüpfung in § 135 die letztgenannte Sichtweise nahelegt, sprechen die besseren Argumente, insbesondere der systematische Vergleich mit dem explizit das Wort „zusammen" beinhaltenden § 85 Abs. 2 Satz 1 SGB XII, dem § 136 Abs. 1 nachgebildet sein soll, für die Berücksichtigung des addierten Einkommens beider Eltern.[30] 16

In Ermangelung einer dem § 19 Abs. 4 SGB XII vergleichbaren Regelung umfasst der personelle Anwendungsbereich des § 136 Abs. 1 auch dann die Eltern bzw. den Elternteil, wenn die minderjährige Person schwanger ist oder ihr leibliches Kind bis zur Vollendung des sechsten Lebensjahres betreut. Mit Blick auf die grundsätzliche Tendenz, wonach das neue Recht eine Besserstellung der Betroffenen, zumindest aber keine Verschlechterung gegenüber der vormaligen Rechtslage, herbeiführen soll, ist eine plausible Begründung für das wohl versehentliche Unterlassen des Gesetzgebers nicht ersichtlich.[31] Vor dem Hintergrund des grundgesetzlich garantierten Schutzes des ungeborenen Lebens nach Art. 2 Abs. 2 GG iVm Art. 1 Abs. 1 GG[32] bedarf es einer verfassungsrechtlich gebotenen Korrektur mittels richterlicher Rechtsfortbildung entweder über eine analoge Anwendung des § 19 Abs. 4 SGB XII oder – methodisch stringenter – 17

---

27 Vgl. nur *Luik* jM 2017, 195 (200).
28 Zur Relevanz des Partnereinkommens bei der Erhöhung der nach § 136 Abs. 2 maßgeblichen Einkommensgrenze vgl. § 136 Abs. 3.
29 Vgl. BT-Drs. 18/9522, 302.
30 Eingehend und mit weiteren Nachwiesen *Palsherm* in jurisPK-SGB IX § 136 Rn. 14.
31 Ebenso *Palsherm* in jurisPK-SGB IX § 136 Rn. 15.
32 Vgl. BVerfGE 88, 203 (251 ff.).

im Wege der teleologischen Reduktion des § 136 Abs. 1 dahingehend, dass das Einkommen der Eltern – entgegen dem Wortlaut – unberücksichtigt bleibt, wenn die leistungsberechtigte minderjährige Person schwanger ist oder ihr leibliches Kind bis zur Vollendung des sechsten Lebensjahres betreut.

VI. Sachlicher Anwendungsbereich – Einschränkungen durch § 138

18 Der sachliche Anwendungsbereich wird allgemein definiert in § 92, wonach zu den Leistungen der Eingliederungshilfe nach Maßgabe des Kapitels 9 ein Beitrag aufzubringen ist. Der sachlich alle Leistungen der Eingliederungshilfe umfassende Anwendungsbereich wird durch § 138 Abs. 1 **eingeschränkt**, der in weitgehender Übernahme der vormaligen Regelung in § 92 Abs. 2 SGB XII die Leistungen der Eingliederungshilfe bzw. Konstellationen benennt, bei denen ein Beitrag nicht aufzubringen ist. § 140 Abs. 3 regelt, dass die dort aufgezählten Leistungen auch ohne Rücksicht auf Vermögen zu erbringen sind. Die an die neuen Leistungstatbestände angepasste Aufzählung der im Ergebnis einkommensunabhängig zu erbringenden Leistungen ist abschließend.

1. Überblick über die einkommensunabhängig zu erbringenden Leistungen

19 Bei den letztlich **einkommensunabhängig** zu erbringenden Leistungen handelt es sich um Folgende:
Heilpädagogische Leistungen (Abs. 1 Nr. 1) nach § 113 Abs. 2 Nr. 3 sind gem. § 113 Abs. 3 solche nach § 79. Gemäß § 138 Abs. 1 Nr. 2 sind Eingliederungshilfen zur medizinischen Rehabilitation (§ 109) generell beitragsfrei zu erbringen. Für Eingliederungshilfe zur Förderung der Teilhabe am Arbeitsleben soll dies gemäß § 138 Abs. 1 Nr. 3 nur für die in § 111 Abs. 1 genannten Leistungen zur Beschäftigung gelten. Die Abs. 2 und 3 des § 111 enthalten aber keine weitergehenden Leistungen, sondern dienen lediglich der Konkretisierung des § 111 Abs. 1, so dass sich § 138 Abs. 1 Nr. 3 im Ergebnis auf alle in § 111 genannten Leistungen bezieht.[33] Nach § 138 Abs. 1 Nr. 4 sind Hilfen zur Schulbildung nach § 112 Abs. 1 Nr. 1 ohne Rücksicht auf Einkommen zu erbringen. Sonstige Hilfen zur Teilhabe an Bildung werden hingegen einkommens- und vermögensabhängig erbracht, soweit sie nicht ausnahmsweise der schulischen oder hochschulischen Ausbildung und Weiterbildung zu einem Beruf dienen, die mit einer internatsmäßigen Unterbringung in einer besonderen Ausbildungsstätte (zB in einem Berufsbildungswerk) verbunden sind (Nr. 5).[34] Diese Privilegierung der Bildung in Sondereinrichtungen ist in Anbetracht der in Art. 24 UN-BRK verankerten Verpflichtung Deutschlands, Auszubildenden mit Behinderungen gleichberechtigten Zugang zum allgemeinen Bildungssystem zu sichern und ihnen die hierfür notwendige Unterstützung zu gewähren und angemessene Vorkehrungen zu treffen, ebenso schwer nachvollziehbar wie die vom Gesetzgeber genannte Begründung, diese Eingrenzung diene der Personenzentrierung.[35] Im Bereich der sozialen Teilhabe werden nur die in § 138 Abs. 1 Nr. 1, 6, 7 genannten Hilfen beitragsfrei erbracht. An allen anderen Aufwendungen, insbesondere den Kosten ihrer Assistenz, der erforderlichen Mobilitäts-

---

33 So auch *Giere* in Grube/Wahrendorf/Flint SGB IX § 138 Rn. 7 und *Rosenow* in Fuchs/Ritz/Rosenow SGB IX § 138 Rn. 12.
34 Nr. 5 zuletzt geändert durch Art. 23 Nr. 4 und Art. 31 Abs. 3 des G v. 17.7.2017 zur Änderung des Bundesversorgungsgesetzes und anderer Vorschriften (BGBl. I 2557 (2573)).
35 BR-Drs. 428/16, 310.

hilfen und ihrer Hilfsmittel zur sozialen Teilhabe werden die Leistungsberechtigten weiterhin beteiligt. § 138 Abs. 1 Nr. 6 stellt die Förderung von Menschen beitragsfrei, die auf die Beschäftigung iSd § 111 Abs. 1 vorbereitet werden sollen. Zielgruppe sind Menschen, die als noch nicht werkstattfähig gelten und darum vielfach in den an die WfbM angegliederten Fördergruppen rehabilitiert werden.[36] § 138 Abs. 1 Nr. 7 ist der Vorgängervorschrift des § 92 Abs. 2 Satz 1 Nr. 3 SGB XII nachgebildet. In seiner Rspr zur Vorgängervorschrift schloss das BSG aus der spezifischen Zusammenstellung der privilegierten Fördermaßnahmen auf eine spezifische Binnensystematik des § 92 Abs. 2 Satz 1, wonach nur solche Leistungen der sozialen Teilhabe einkommensfrei erbracht werden sollen, die nicht nur der allgemeinen Teilhabe an der Gemeinschaft dienen, sondern ein spezifisches Förderziel verfolgen.[37]

2. Zusammentreffen von Eingliederungshilfe mit Leistungen zum Lebensunterhalt (§ 138 Abs. 1 Nr. 8)

Durch die Trennung der Leistungen der Eingliederungshilfe von jenen zum Lebensunterhalt erfolgt die Bedürftigkeitsprüfung künftig für beide Leistungskomplexe getrennt. § 138 Abs. 1 Nr. 8 stellt klar, dass Menschen mit Behinderungen, die Leistungen zum Lebensunterhalt nach § 7 iVm § 19 SGB II, § 19 iVm § 27 oder § 41 SGB XII bzw. nach § 27a BVG erhalten, auch künftig nicht an den Kosten der Eingliederungshilfe zu beteiligen sind, so dass durch die Aufbringung eines Beitrags nicht der notwendige Lebensunterhalt gefährdet werden würde.[38] Für die Annahme von „Gewährung" ist erforderlich, aber auch ausreichend, dass über die Bewilligung von Leistungen zum Lebensunterhalt nach dem SGB II, SGB XII oder BVG von dem jeweiligen Träger entschieden sein muss.[39] „Gleichzeitigkeit" bedingt eine teilweise Überschneidung der Leistungen der Eingliederungshilfe und der Leistungen zum Lebensunterhalt mindestens während eines Monats.

3. Zusammentreffen von Eingliederungshilfe mit Hilfe zur Pflege nach § 61 SGB XII

Erhalten Personen außerhalb von Einrichtungen oder Räumlichkeiten iSd § 43 SGB XI iVm § 71 Abs. 4 SGB XI sowohl Eingliederungshilfe als auch Hilfe zur Pflege nach § 61 SGB XII, umfasst die Eingliederungshilfe gem. § 103 Abs. 2 auch die Hilfe zur Pflege, solange die Teilhabeziele nach Maßgabe des Gesamtplans (§ 121) erreicht werden können, es sei denn, die leistungsberechtigte Person erhält diese Eingliederungshilfe erstmals nach Vollendung ihres für die Regelaltersrente iSd SGB VI erforderlichen Lebensjahres („Lebenslagenmodell"). Für diejenigen, die bereits **vor Eintritt in das Rentenalter Eingliederungshilfe und gleichzeitig Hilfe zur Pflege** erhalten, gelten also insgesamt die **günstigeren Anrechnungsregelungen nach § 135 ff. SGB IX**. Erhalten sie die Leistungen der Eingliederungshilfe hingegen erstmals nach Erreichen der Regelaltersgrenze, werden Eingliederungshilfe und Hilfe zur Pflege rechtlich als getrennte Leistungen betrachtet, die Anrechnung von Einkommen und Vermögen auf die Hilfe zur Pflege bemisst sich dann nach dem SGB XII. Es werden dann neben der

---

36 Vgl. *Giere* in Grube/Wahrendorf/Flint SGB IX § 138 Rn. 10.
37 BSG 20.9.2012 – B 8 SO 15/11 R BSGE 112, 67 Rn. 18 = Sozialrecht aktuell 2013, 131 zur Beteiligung an den Kosten des Einbaus eines Umzugs.
38 BT-Drs. 18/9522, 303.
39 Vgl. *Giere* in Grube/Wahrendorf/Flint SGB IX § 138 Rn. 14; *Gerlach* ZfF 2019, 126.

pflegebedürftigen Person auch ihre nicht getrennt lebenden Ehegatten und Lebenspartner (§ 19 Abs. 3) oder ihre diesen nach § 20 SGB XII gleichgestellten Partner nach Maßgabe der §§ 42, 82 ff. SGB XII zu den Kosten der Hilfe zur Pflege herangezogen. Für die Anrechnung des Einkommens auf Leistungen der Hilfe zur Pflege gelten seit 1.1.2020 gem. § 82 Abs. 6 SGB XII höhere Absetzbeträge,[40] für den Einsatz des Vermögens die Sonderregelung des § 66a SGB XII.[41]

VII. Einkommensfreigrenzen

22 Wer mit seinem Einkommen unterhalb der in § 136 Abs. 2 – differenziert nach den hauptsächlichen Quellen von Einkünften – festgelegten Grenzen bleibt, hat keinen Beitrag zu den Aufwendungen der Eingliederungshilfe zu leisten. Damit soll sichergestellt werden, dass die Leistungsberechtigten nicht nur ihren eigenen Lebensunterhalt bestreiten können, sondern ihnen auch eine angemessene Lebensführung ermöglicht wird, wobei für Erwerbstätigkeiten eine höhere Freigrenze definiert wird. Mit der Privilegierung von Erwerbseinkommen gegenüber Renteneinkommen soll zugleich ein Anreiz geschaffen werden, trotz bestehender Behinderung erwerbstätig zu sein.[42] Beim Bezug von Einkommen aus verschiedenen Einkunftsarten kommt es auf das „überwiegende" Einkommen an, also die Einkunftsart mit dem höheren Einkommen.[43]

23 Bei der Höhe der Freigrenze wird auf die Bezugsgröße nach § 18 Abs. 1 SGB IV abgestellt. Damit wird zum einen sichergestellt, dass bundesweit einheitliche Grenzen gelten, und zum anderen eine Dynamisierung gewährleistet, da die Bezugsgröße jährlich mit Sozialversicherungs-Rechengrößenverordnung aktualisiert wird.[44] Im Einzelnen sind folgende Freigrenzen zu beachten: Ein Beitrag zu den Aufwendungen ist nach § 136 Abs. 1 Satz 1 bei Einkommen aus einer sozialversicherungspflichtigen Beschäftigung oder selbständigen Tätigkeit aufzubringen, wenn es 85 % der jährlichen Bezugsgröße übersteigt, bei Einkommen aus einer nicht sozialversicherungspflichtigen Beschäftigung, wenn es 75 % der jährlichen Bezugsgröße oder bei Renteneinkünften 60 % der jährlichen Bezugsgröße übersteigt. Der nachträglich eingefügte § 136 Abs. 1 Satz 2 klärt die ursprünglich nicht geregelte Frage, welche Freigrenze gelten soll, wenn es sich um eine Einkunft handelt, die nicht unter die Nummern 1–3 des § 136 Abs. 2 S. 1 fällt, und legt hierfür die Grenze von 75 % der jährlichen Bezugsgröße fest.

24 Die Grundfreigrenze des § 136 Abs. 2 wird durch § 136 Abs. 3 und 4 erhöht. Für den nicht getrennt lebenden Ehegatten oder Lebenspartner sowie den Partner einer eheähnlichen oder lebenspartnerschaftsähnlichen Gemeinschaft erhöhen sich nach § 136 Abs. 3 die jeweiligen Beträge nach § 136 Abs. 2 um 15 % der jährlichen Bezugsgröße nach § 18 Abs. 1 SGB IV. Für jedes unterhaltsberechtigte, nicht zwingend minderjährige Kind im Haushalt erhöhen sich die Beträge nach § 136 Abs. 2 um 10 % der jährlichen Bezugsgröße nach § 18 Abs. 1 SGB IV, ohne dass es auf die tatsächliche Unterhaltszahlung ankommt. Die Erhöhung nach § 136 Abs. 3 für nicht getrennt lebende Ehegatten, Lebenspartner oder eheähnliche oder lebenspartnerschaftsähnliche Partner wird gemäß § 136

---

40 § 82 Abs. 6 neu eingef. mWv 1.1.2020 durch G v. 30.11.2019 (BGBl. I 1948).
41 § 66a SGB XII eingef. mWv 1.1.2017 durch G v. 23.12.2016 (BGBl. I 3234).
42 BR-Drs. 428/16, 309.
43 Zu den teilweise strittigen Fragen beim Einkommen aus verschiedenen Einkunftsarten vgl. einerseits *Palsherm* in jurisPK-SGB IX § 136 Rn. 17 und andererseits *Giere* in Grube/Wahrendorf/Flint SGB IX § 136 Rn. 7.
44 BT-Drs. 18/9522, 302.

Abs. 4 Satz 1 nicht gewährt, wenn ihr Einkommen den Betrag nach § 136 Abs. 2 überschreitet. In diesem Fall wird gemäß § 136 Abs. 4 Satz 2 der zusätzliche Freibetrag für Kinder halbiert (5 %).

Bei im Haushalt beider Elternteile lebenden minderjährigen Kindern mit Behinderungen erfolgt nach § 136 Abs. 5 Satz 1 eine Erhöhung der Grundfreigrenze um 75 %, wobei nach § 136 Abs. 5 Satz 2 die zusätzlichen Freigrenzen nach § 136 Abs. 3 und 4 entfallen. 25

VIII. Beitragshöhe

Der durch die Höhe der Aufwendungen gedeckelte Beitrag ist gemäß § 137 Abs. 2 monatlich in Höhe von 2 % des den Betrag nach § 136 Abs. 2–5 übersteigenden Betrages aufzubringen und ist auf die nächsten 10 Euro abzurunden. § 137 Abs. 3 stellt klar, dass der Beitrag von der zu erbringenden Leistung abzuziehen ist. Dies bedeutet, dass der Träger der Eingliederungshilfe nach dem sog. Nettoprinzip die Leistung abzüglich des Beitrags bewilligt. Wird die Eingliederungshilfe dadurch gefährdet, dass ein Elternteil den Beitrag nicht oder nicht voll leistet, ermöglicht § 137 Abs. 4 Satz 1, dass die Leistung – abweichend vom Nettoprinzip – ohne Abzug des Beitrags gewährt wird, mithin der Eingliederungshilfeträger vorleistet. Die Regelung gilt wegen der expliziten Bezugnahme auf „andere Person" nicht, wenn die antragstellende Person selbst den Beitrag nicht leisten will. Bei Vorleistung müssen die Beitragspflichtigen die Aufwendungen des Eingliederungshilfeträgers in Höhe des Beitrags ersetzen, wobei mehrere Verpflichtete nach § 137 Abs. 4 Satz 2 als Gesamtschuldner haften. 26

Wenn ein Beitrag nach § 137 aufzubringen ist, ist gemäß **§ 138 Abs. 2** für **weitere Leistungen** im gleichen Zeitraum oder weitere Leistungen an minderjährige Kinder im gleichen Haushalt **kein weiterer Beitrag** aufzubringen. Das Gleiche gilt, wenn weitere Leistungen an minderjährige Kinder im gleichen Haushalt erbracht werden.[45] Der Gesetzgeber lässt allerdings offen, an welcher der Leistungen sich die Antragsteller dann zu beteiligen haben. Bedeutsam ist dies vor allem, wenn innerhalb des maßgeblichen Zeitraums laufende und einmalige Leistungen zur Beschaffung von Bedarfsgegenständen gewährt werden, denn für letztere müssen die Antragstellenden gemäß § 138 Abs. 3 höchstens das Vierfache des monatlichen Beitrags aufbringen. In Ermangelung einer Auswahlregelung will *Giere* dem Leistungsträger in Abs. 2 ein Auswahlermessen einräumen.[46] Dies begegnet Bedenken, denn zu Ermessensentscheidungen müssen Sozialleistungsträger vom Gesetzgeber explizit ermächtigt werden (§§ 38, 39 SGB I). 27

Bei einmaligen Leistungen zur Beschaffung von Bedarfsgegenständen, deren Gebrauch für mindestens ein Jahr bestimmt ist, schreibt § 138 Abs. 3 vor, dass der höchstens das Vierfache des monatlichen Beitrages einmalig aufzubringen ist. § 138 Abs. 3 entspricht § 87 Abs. 3 SGB XII. Bei der Beschaffung von Bedarfsgegenständen, deren Gebrauch für mindestens ein Jahr bestimmt ist, kann der Eingliederungshilfeträger abweichend vom Zuflussprinzip auch den Einsatz von zukünftigem Einkommen verlangen, in dem er den Beitrag auf bis zu vier Monatsbeiträge festsetzt. Hierüber entscheidet er nach pflichtgemäßem Ermessen (§ 39 SGB I). Bedarfsgegenstände sind Gegenstände, die für den individuellen und unmittelbaren Gebrauch durch den Leistungsempfänger bestimmt sind und 28

---

45 Hierzu ausführlich *Gerlach* ZfF 2019, 121 (127).
46 Hierzu eingehender *Giere* in Grube/Wahrendorf/Flint SGB IX § 138 Rn. 17 f.

regelmäßig einer Abnutzung unterliegen.[47] Für den Gebrauch von mehr als einem Jahr bestimmt ist der Bedarfsgegenstand, wenn er für mehr als ein Jahr genutzt werden kann und der Bedarf zudem auf eine mehr als einjährige Nutzung gerichtet ist.[48] Hierzu können zB ein Kfz oder eine Kfz-Ausstattung, orthopädische oder technische Hilfsmittel, PC oder Einrichtungsgegenstände zählen.[49]

§ 139 Begriff des Vermögens

[1]Zum Vermögen im Sinne dieses Teils gehört das gesamte verwertbare Vermögen. [2]Die Leistungen nach diesem Teil dürfen nicht abhängig gemacht werden vom Einsatz oder von der Verwertung des Vermögens im Sinne des § 90 Absatz 2 Nummer 1 bis 8 des Zwölften Buches und eines Barvermögens oder sonstiger Geldwerte bis zu einem Betrag von 150 Prozent der jährlichen Bezugsgröße nach § 18 Absatz 1 des Vierten Buches. [3]Die Eingliederungshilfe darf ferner nicht vom Einsatz oder von der Verwertung eines Vermögens abhängig gemacht werden, soweit dies für den, der das Vermögen einzusetzen hat, und für seine unterhaltsberechtigten Angehörigen eine Härte bedeuten würde.

§ 140 Einsatz des Vermögens

(1) Die antragstellende Person sowie bei minderjährigen Personen die im Haushalt lebenden Eltern oder ein Elternteil haben vor der Inanspruchnahme von Leistungen nach diesem Teil die erforderlichen Mittel aus ihrem Vermögen aufzubringen.

(2) [1]Soweit für den Bedarf der nachfragenden Person Vermögen einzusetzen ist, jedoch der sofortige Verbrauch oder die sofortige Verwertung des Vermögens nicht möglich ist oder für die, die es einzusetzen hat, eine Härte bedeuten würde, soll die beantragte Leistung als Darlehen geleistet werden. [2]Die Leistungserbringung kann davon abhängig gemacht werden, dass der Anspruch auf Rückzahlung dinglich oder in anderer Weise gesichert wird.

(3) Die in § 138 Absatz 1 genannten Leistungen sind ohne Berücksichtigung von vorhandenem Vermögen zu erbringen.

Literatur:
Banafsche, Die „Systemfestigkeit" des Rechts der Rehabilitation und Teilhabe von Menschen mit Behinderungen – der Innovationsgehalt des Bundesteilhabegesetzes, SGb 2020, 661; *Eicher*, Das Rehabilitationsrecht nach Inkrafttreten des Bundesteilhabegesetzes, 2020; *Gerlach*, Die Festsetzung von Beiträgen als neue Form des Einsatzes von Einkommen und der Einsatz von Vermögen im Eingliederungshilferecht nach Teil 2 SGB IX ab dem 1.1.2020 – Ein „Beitrag zu den Beiträgen" nach dem Bundesteilhabegesetz, ZfF 2019, 121, 145, 169; *Keil*, Das BTHG – Die Änderungen im Eingliederungshilferecht, SGb 2017, 447; *Kuhn-Zuber*, Eigenbeitrag, in Deinert/Welti/Brockmann/Luik (Hrsg.), Stichwortkommentar Behindertenrecht, 3. Aufl. 2022 (iE); *Rasch*, BTHG und Co – Neuregelungen zur Einkommens- und Vermögensheranziehung, RdLH 2017, 58; *Roesen*, Die Regelungen über die Berücksichtigung von Einkommen und Vermögen bei Leistungen der Eingliederungshilfe nach dem Bundesteilhabegesetz, Teil I, Forum A, Fachbeitrag A2–2018, Teil II, Forum A, Fachbeitrag A2–2018, abrufbar unter www.reha-recht.de; *Tolmein*, Heranziehung von Einkommen und Vermögen für Teilhabeleistungen – Diskriminierung wegen der Behinderung oder bloß eine Maßnahme steue-

---

47 BSG 23.8.2013 – B 8 SO 24/11 R, Rn. 27.
48 BSG 23.8.2013 – B 8 SO 24/11 R, Rn. 27.
49 *Giere* in Grube/Wahrendorf/Flint SGB XII § 87 Rn. 26.

rungsorientierter Sozialpolitik?, in Gesundheit, Alter, Pflege, Rehabilitation – Recht und Praxis im interdisziplinären Dialog 2017, S. 392.

I. Entstehungsgeschichte und Normzweck 1
II. Verwertbares Vermögen 3
  1. Vermögensbegriff 3
  2. Verwertbarkeit 6
  3. Schonvermögen 7
  4. Härtefallregelung nach § 139 Satz 3 8
  5. Leistung als Darlehen nach § 140 Abs. 2 11
  6. Eingliederungshilfe ohne Vermögenseinsatz (§ 140 Abs. 3) 13

I. Entstehungsgeschichte und Normzweck

Gesetzeshistorie: § 139 Sätze 1 und 2 und § 140 wurden durch das Bundesteilhabegesetz v. 23.12.2016[1] m.W.v. 1.1.2020 eingeführt (zur Begründung vgl. BT-Drs. 18/9522, 304). Noch vor Inkrafttreten der Norm wurde durch das Gesetz zur Änderung des Neunten und des Zwölften Buches Sozialgesetzbuch und anderer Rechtsvorschriften v. 30.11.2019 m.W.v. 1.1.2020 § 139 Satz 3 (Härtefallregelung) angefügt (zur Begründung vgl. BT-Drs. 19/11006, 24).

Regelungsinhalt: Der Grundsatz, dass vor der Inanspruchnahme von Leistungen das vorhandene Vermögen – soweit es nicht zum geschützten Vermögen nach § 139 gehört – einzusetzen ist, ist in § 140 Abs. 1 geregelt. Soweit Leistungen nicht nach § 140 Abs. 3 iVm § 138 Abs. 1 ohne Rücksicht auf vorhandenes Vermögen zu erbringen sind, kann von den antragstellenden Personen sowie bei Minderjährigen von den im Haushalt lebenden Elternteilen eine Beteiligung an den Aufwendungen mit ihrem **verwertbaren Vermögen** verlangt werden. Durch die Beschränkung auf die antragstellende Person wird klargestellt, dass das Vermögen des Ehepartners oder Partners nicht zum einzusetzenden Vermögen gehört.[2] Die Zuordnung der einzelnen Vermögensteile des Ehe-/Partnerschaftsvermögens muss im Einzelfall erfolgen. § 139 definiert in bewusster Anlehnung an § 90 SGB XII den Begriff des Vermögens. Die Härtefallregelung des § 139 Satz 3 ist aus § 90 Abs. 3 Satz 1 SGB XII übernommen.

II. Verwertbares Vermögen

1. Vermögensbegriff

Der Prüfungsaufbau des Vermögenseinsatzes folgt der Systematik der §§ 139, 140: Zunächst muss es sich um etwas handeln, das überhaupt dem Begriff des verwertbaren Vermögens im Sinne des § 139 Satz 1 unterfällt. Der **Vermögensbegriff** des § 139 Satz 1 entspricht der bisher geltenden Definition des § 90 Abs. 1 und 2 SGB XII und umfasst alle beweglichen und unbeweglichen Güter und Rechte in Geld oder Geldeswert einschließlich der Forderungen[3] bzw. Ansprüche gegen Dritte, soweit sie nicht normativ dem Einkommen zuzurechnen sind.[4] Zum Vermögen zählen also nicht nur Mobilien und Immobilien der hilfe-

---

1 BGBl. I 3234.
2 BT-Drs. 18/9522, 304.
3 BSG 30.8.2010 – B 4 AS 70/09 R, Rn. 14 ff.
4 BSG 18.3.2008 – B 8/9 b SO 9/06 R, Rn. 15.

bedürftigen Person sondern auch der Anspruch auf schuldrechtlichen Versorgungsausgleich,[5] Pflichtteilsansprüche[6] oder eine Lebensversicherung.[7]

4 Eine Abweichung von § 90 SGB XII ist zur Höhe des Barvermögens erfolgt, um dieses der veränderten Ausgangssituation der neuen Eingliederungshilfe – Herauslösung aus dem Fürsorgesystem und zunehmende Freistellung vom Einkommenseinsatz anzupassen. Es soll durch eine Erhöhung des bisherigen Betrages ermöglicht werden, von den Leistungsverbesserungen einen Teil anzusparen, ohne dass diese Einsparungen für den eigenen Bedarf wieder eingesetzt werden müssen.[8] Damit entsprechend wie beim Einkommen eine Dynamisierung erfolgt, ist der Betrag von der Sozialversicherungsbezugsgröße abgeleitet.[9]

5 Maßgeblicher **Zeitpunkt** für die Ermittlung des Wertes des Vermögens ist der erste Tag des Monats der Antragstellung (vgl. § 108 Abs. 1 Satz 2 SGB IX).[10] Nach der von der Rechtsprechung zur Abgrenzung von Einkommen und Vermögen entwickelten Zuflusstheorie ist Einkommen das, was jemand im Bedarfszeitraum dazu erhält, und Vermögen das, was er zu Beginn des Bedarfszeitraums bereits hat.[11] Nach § 140 Abs. 1 muss das Vermögen muss entweder dem Antragsteller bzw. bei minderjährigen Personen den im gleichen Haushalt lebenden Eltern oder dem im gleichen Haushalt lebenden Elternteil zugeordnet sein.

2. Verwertbarkeit

6 Verwertbar ist der Vermögensgegenstand, wenn er durch Veräußerung, Beleihung, Vermietung oder auf andere Weise in Geld umgewandelt werden kann. Rechtlich nicht verwertbar sind Vermögensgegenstände, für den Verfügungsbeschränkungen bestehen, deren Aufhebung der Inhaber nicht erreichen kann und Forderungen, wie zB persönliche Dienstbarkeiten, die nicht übertragbar sind.[12] Nicht verwertbar sind zudem Vermögensgegenstände, für die in absehbarer Zeit kein Käufer zu finden sein wird, etwa weil Gegenstände dieser Art nicht (mehr) marktgängig sind oder sie, wie Grundstücke infolge sinkender Immobilienpreise, über den Marktwert hinaus belastet sind[13] und auch keine andere Verwertungsmöglichkeit ersichtlich ist. Ein Aspekt dieser tatsächlichen Verwertbarkeit ist die hierfür benötigte Zeit. Ist die Verwertung von einer Bedingung abhängig, deren Eintritt noch ungewiss ist und den die leistungsberechtigte Person nicht beeinflussen kann, ist das Vermögen als unverwertbar anzusehen.[14]

3. Schonvermögen

7 Wird das Vorhandensein des verwertbaren Vermögens bejaht, ist das Schonvermögen zu prüfen. Als **Schonvermögen** (§ 139 S. 2 iVm § 90 Abs. 2 Nr. 1–8

---

5 LSG BW 20.7.2015 – L 1 AS 2015/14.
6 BSG v. 6.5.2010 – B 14 AS 2/09 R, Rn. 14; LSG NRW 28.3.2011 – L 19 AS 1845/10.
7 BSG 10.8.2016 – B 14 AS 51/15 R, Rn. 15 f.
8 BT-Drs. 18/9522, 304.
9 Vgl. BT-Drs. 18/9522, 304.
10 *Palsherm* in jurisPK-SGB IX § 139 Rn. 14; vgl. auch *Giere* in Grube/Wahrendorf/Flint SGB IX § 139 Rn. 3.
11 Vgl. BSG 19.5.2009 – B 8 SO 35/07 R, SozR 4-3500 § 82 Nr. 5.
12 BSG 20.2.2014 – B 14 AS 10/13 R; BayLSG 26.9.2016 – L 8 SO 295/14, Rn. 73.
13 BSG 6.12.2007 – B 14/7 b AS 46/06 R.
14 BSG 6.12. 2007 – B 14/7 b AS 46/06 R; BSG 12.7.2012 – B 14 AS 158/11 R (lebenslanges Nießbrauchrecht).

SGB XII) nicht einzusetzen und zu verwerten sind gem. § 139 Satz 2 die in § 90 Abs. 2 Nr. 1–8 SGB XII genannten Vermögenswerte[15] oder sonstigen Geldwerte bis zu einem Betrag von 150 % der jährlichen Bezugsgröße nach § 18 Abs. 1 SGB IV (Bezugsgröße West). Der fehlende Verweis auf die abweichende Bezugsgröße Ost in § 18 Abs. 2 SGB IV legt nahe, dass der Freibetrag bundesweit einheitlich gelten soll.[16] Die Bezugsgröße West beträgt 2021 bei 39.480 Euro, der Freibetrag demnach 59.220 Euro. Bis zu diesem Betrag ist das Vermögen der Antragstellenden geschützt, sofern sie nicht gleichzeitig existenzsichernde Leistungen erhalten.

4. Härtefallregelung nach § 139 Satz 3

Anschließend ist die **Härtefallregelung** des § 139 Satz 3 zu beachten, wonach die Eingliederungshilfe nicht vom Einsatz oder von der Verwertung eines Vermögens abhängig gemacht werden darf, soweit dies für den, der das Vermögen einzusetzen hat, und für seine unterhaltsberechtigten Angehörigen eine Härte bedeuten würde. Im BTHG wurde bei der Neukonzeptionierung der neuen Eingliederungshilfe zunächst auf eine Härtefallregelung verzichtet und die allgemeine Härteregelung des § 90 Abs. 3 Satz 1 SGB XII nicht übernommen. Diese Härteregelung umfasst atypische Fälle der Regelvorschriften des § 90 Abs. 1 und Absatz 2 SGB XII. Erst kurz vor Inkrafttreten der neuen Eingliederungshilfe ist der Gesetzgeber zu dem Schluss gekommen, dass die Nichtübernahme dieser Regelung für die reformierte Eingliederungshilfe im Einzelfall dazu führen könnte, dass Leistungsberechtigte hohe Schmerzensgeldzahlungen zwar nicht für Leistungen der Sozialhilfe, aber für Leistungen der Eingliederungshilfe verwerten müssten.[17] Um diese Schlechterstellung in der Eingliederungshilfe zu vermeiden, ist der Inhalt des § 90 Abs. 3 Satz 1 SGB XII entsprechend für die Eingliederungshilfe übernommen worden.

Ziel der Härtefallregelung allgemein ist es, den Menschen einen gewissen Spielraum in ihrer wirtschaftlichen Bewegungsfreiheit zu erhalten und zu verhindern, dass die Sozialhilfe den Willen zur Selbsthilfe lähmt, es zu einem wirtschaftlichen Ausverkauf oder einer „sozialen Herabstufung" der Person kommt.[18] Es sollen Fallgestaltungen erfasst werden, die zwar nicht in § 139 Satz 2 iVm § 90 Abs. 2 Nr. 1–8 SGB XII erfasst, diesen aufgrund besonderer Umstände des Einzelfalles aber vergleichbar sind. Der erforderliche Umfang der benötigten Hilfe, die familiäre Situation, das Alter oder spezifische Belastungen der leistungsberechtigten Person und ihrer Angehörigen können eine an für sich typische Vermögenslage zu einer besonderen Situation machen, weil die soziale Stellung des Hilfesuchenden insbesondere wegen seiner Behinderung, Krankheit oder Pflegebedürftigkeit nachhaltig beeinträchtigt ist.[19]

Wenngleich der Gesetzgeber die Auslegungsregelung des § 90 Abs. 3 Satz 2 SGB XII nicht ins SGB IX übernommen hat, ist entsprechend dieser Regelung ein Härtefall insbesondere dann anzunehmen, wenn eine angemessene Lebensführung oder Aufrechterhaltung einer angemessenen Alterssicherung bei Einsatz des Vermögens wesentlich erschwert würde.[20] Neben wirtschaftlichen können auch emotionale und ideelle Gründe einen Härtefall begründen, zB wenn

---

15 Vgl. hierzu eingehend *Winkler* in Neumann/Pahlen/Greiner/Winkler/Jabben SGB IX § 139 Rn. 9 ff.
16 So auch *Kuhn-Zuber* in SWK-BehindertenR Eigenbeitrag.
17 Vgl. BT-Drs. 19/11006, 24.
18 So schon BVerwG 26.1.1966 – V C 88.64 zu § 88 Abs. 3 BSHG.
19 BSG 25.8.2011 – B 8 SO 19/10 R.
20 So auch *Giere* in Grube/Wahrendorf/Flint SGB IX § 139 Rn. 6.

die Person mit Eingliederungshilfebedarf von einer ihr nahestehenden Personen eine Schenkungen zurückfordern soll, die Beschenkte aber nicht bereit und/oder in der Lage ist, den Anspruch unverzüglich zu erfüllen.[21] Auch die Herkunft des Vermögens kann ausnahmsweise dessen Verwertung unzumutbar machen, wenn zB anrechnungsfreies Einkommen wie Blindengeld gezielt angespart wurde, um bestimmte persönliche Bedarfe zu decken.[22] Die Formulierung „soweit" erfordert die Prüfung, ob die Verwertung des Vermögensgegenstands generell eine Härte darstellt oder nur die Verwertung eines bestimmten Teils als unzumutbar anzusehen ist.

5. Leistung als Darlehen nach § 140 Abs. 2

11 Ist der „nachfragenden", dh antragstellenden (§ 108 Abs. 1 SGB IX) Person oder bei Minderjährigen deren im Haushalt lebenden Elternteilen der **sofortige Verbrauch** oder die **Verwertung** des zu berücksichtigenden Vermögens nicht möglich oder würde dies für sie eine **Härte** bedeuten, soll die beantragte Leistung gem. § 140 Abs. 2 als Darlehen geleistet werden. Das Tatbestandsmerkmal „sofortig" betrifft den Fall, dass der Bedarf nicht aufgeschoben werden kann, bis die Vermögensverwertung erfolgt ist. Grund hierfür können vorübergehende Verfügungsbeschränkungen sein, zB weil eine Forderung erst geltend gemacht, ein Grundstück erst verkauft werden muss.[23]

12 Scheidet eine Verwertung indes dauerhaft aus, mangelt es bereits an der Verwertbarkeit des Vermögens im Sinne des § 139 Satz 1. Das Tatbestandsmerkmal „nicht möglich" ist erfüllt, wenn dem Vermögeneinsatz rechtliche oder tatsächliche Hindernisse entgegenstehen.[24] Anders als der Härtebegriff des § 139 Satz 3, der wesentlich danach fragt, ob durch die Verwertung die soziale Stellung desjenigen, der sein Vermögen einzusetzen hat, und seiner unterhaltsberechtigten Angehörigen beeinträchtigt würde, ist für die Prüfung einer Härte im Sinne des § 140 Abs. 2 auf die Verwertung als solche bzw. deren Zeitpunkt abzustellen,[25] sie ergibt sich also daraus, dass es um den „sofortigen" Einsatz des Vermögens geht.
Das Darlehen beträgt max. den Wert des nicht verwertbaren Gegenstandes.[26] Nach pflichtgemäßem Ermessen des Trägers der Eingliederungshilfe kann die Leistungserbringung davon abhängig gemacht werden, dass der Anspruch auf Rückzahlung dinglich oder in anderer Weise gesichert wird.

6. Eingliederungshilfe ohne Vermögenseinsatz (§ 140 Abs. 3)

13 Die in § 138 Abs. 1 aufgezählten, einkommensfreien Leistungen werden ohne Rücksicht auf das Vermögen der antragstellenden Person erbracht. § 140 Abs. 3 entspricht § 92 Abs. 2 SGB XII. Die Leistungen werden ohne Aufbringung eines Beitrags erbracht, dh der Eingliederungshilfeträger kann bei diesen Leistungen den Einsatz von Vermögen nicht verlangen.[27]

---

21 OVG NRW 14.10.2008 – 16 A 1409/07.
22 BSG 11.12.2007 – B 8/9 b SO 20/06 R, Rn. 18.
23 *Winkler* in Neumann/Pahlen/Greiner/Winkler/Jabben SGB IX § 140 Rn. 5.
24 BSG 19.5.2009 – B 8 SO 7/08 R, NVwZ-RR 2010, 152.
25 Vgl. bereits BVerwG 26.10.1989 – 5 C 34/86 (zu § 88 Abs. 3 Satz 1 BSHG und § 89 BSHG); LSG Bln-Bbg 23.4.2015 – L 23 SO 9/11, juris Rn. 63.
26 BVerwG 17.10.1974 – V C 50/73; *Winkler* in Neumann/Pahlen/Greiner/Winkler/Jabben SGB IX § 140 Rn. 6.
27 *Winkler* in Neumann/Pahlen/Greiner/Winkler/Jabben SGB IX § 140 Rn. 4.

§ 141 Übergang von Ansprüchen

(1) ¹Hat eine Person im Sinne von § 136 Absatz 1 oder der nicht getrennt lebende Ehegatte oder Lebenspartner für die antragstellende Person einen Anspruch gegen einen anderen, der kein Leistungsträger im Sinne des § 12 des Ersten Buches ist, kann der Träger der Eingliederungshilfe durch schriftliche Anzeige an den anderen bewirken, dass dieser Anspruch bis zur Höhe seiner Aufwendungen auf ihn übergeht. ²Dies gilt nicht für bürgerlich-rechtliche Unterhaltsansprüche.

(2) ¹Der Übergang des Anspruches darf nur insoweit bewirkt werden, als bei rechtzeitiger Leistung des anderen entweder die Leistung nicht erbracht worden wäre oder ein Beitrag aufzubringen wäre. ²Der Übergang ist nicht dadurch ausgeschlossen, dass der Anspruch nicht übertragen, verpfändet oder gepfändet werden kann.

(3) ¹Die schriftliche Anzeige bewirkt den Übergang des Anspruches für die Zeit, für die der leistungsberechtigten Person die Leistung ohne Unterbrechung erbracht wird. ²Als Unterbrechung gilt ein Zeitraum von mehr als zwei Monaten.

(4) ¹Widerspruch und Anfechtungsklage gegen den Verwaltungsakt, der den Übergang des Anspruches bewirkt, haben keine aufschiebende Wirkung. ²Die §§ 115 und 116 des Zehnten Buches gehen der Regelung des Absatzes 1 vor.

Literatur:
Bublitz, Zur Reform des Unterhaltsrückgriffs auf Eltern und Kinder, SuP 2020, 85; *Gerlach*, Die Festsetzung von Beiträgen als neue Form des Einsatzes von Einkommen und der Einsatz von Vermögen im Eingliederungshilferecht nach Teil 2 SGB IX ab dem 1.1.2020 – Ein „Beitrag zu den Beiträgen" nach dem Bundesteilhabegesetz, ZfF 2019, 121, 145, 169; *Keil*, Das BTHG – Die Änderungen im Eingliederungshilferecht, SGb 2017, 447; *Rasch*, BTHG und Co – Neuregelungen zur Einkommens- und Vermögensheranziehung, RdLH 2017, 58.

I. Entstehungsgeschichte und Normzweck 1	2. Überleitungsfähigkeit (Abs. 2) 9
II. Inhalt der Norm 4	3. Dauer (Abs. 3) 11
1. Grundsätze der Überleitung – Rechtsverhältnisse (Abs. 1) 4	4. Rechtsschutz (Abs. 4) ... 12

I. Entstehungsgeschichte und Normzweck

Gesetzeshistorie: Die Vorschrift wurde durch das Bundesteilhabegesetz vom 23.12.2016[1] mWv 1.1.2020 eingeführt.[2] Der Bundesrat regte im Gesetzgebungsverfahren an, in § 141 Abs. 1 nach der Angabe „§ 136 Absatz 1" die Wörter „oder der nicht getrennt lebende Ehegatte oder Lebenspartner für die antragstellende Person" einzufügen,[3] weil der vormalige § 93 Abs. 1 Satz 1 SGB XII, an dessen Stelle der neue § 141 Abs. 1 treten sollte, neben den Ansprüchen der leistungsberechtigten Person und der Eltern auch Ansprüche der nicht getrennt lebenden Ehegatten oder Lebenspartner gegen andere auf den Eingliederungshilfeträger überleitete. Folglich sei die Ergänzung notwendig, da anderenfalls der Beihilfeanspruch eines beihilfeberechtigten Ehegatten/Lebens-

---

1 BGBl. I 3234.
2 Vgl. Begründung BT-Drs. 18/9522, 304.
3 BT-Drs. 18/9954, 31.

partners für die antragstellende Person etwa nicht übergeleitet werden könnte.[4] Dieser Begründung folgte auch die Bundesregierung[5] und der Gesetzentwurf wurde entsprechend ergänzt[6].

2 Zwecks Sicherstellung des vom Gesetzgeber gewollten Gleichlaufs des vormaligen § 93 SGB XII und des neuen § 141 und Vermeidung divergierender Auslegungen wurde Abs. 1 Satz 2 durch das Gesetz zur Änderung des Neunten und des Zwölften Buches Sozialgesetzbuch und anderer Rechtsvorschriften vom 30.11.2019[7] mWv 1.1.2020 angefügt. Die Klarstellung erschien dem Gesetzgeber geboten, weil im früheren Recht die bürgerlich-rechtlichen Ansprüche nicht von § 93 SGB XII, sondern von dem ihn verdrängenden § 94 SGB XII erfasst wurden, während das neue Recht eine dem früheren § 94 SGB XII entsprechende Bestimmung ausschließlich für den (begrenzten) Anwendungsbereich der Sonderreglung des § 142 vorsieht und eine diesem gesetzgeberischen Willen widersprechende Subsumtion der sonstigen, der Sonderregelung nicht unterfallenden, bürgerlich-rechtlichen Unterhaltsansprüche unter § 141 explizit ausgeschlossen werden sollte.[8]

3 **Regelungsinhalt:** In § 141 hat der Gesetzgeber die Teile des § 93 SGB XII, die sich auf Leistungen nach dem Sechsten Kapitel des SGB XII bezogen, in das neue Eingliederungshilferecht übertragen. Die Vorschrift dient der Durchsetzung des Nachranggrundsatzes[9] und bezweckt, beim Träger der Eingliederungshilfe diejenige Haushaltslage herzustellen, die bestünde, wenn der Anspruch des Leistungsberechtigten gegen Dritte schon früher erfüllt worden wäre.

II. Inhalt der Norm
1. Grundsätze der Überleitung – Rechtsverhältnisse (Abs. 1)

4 Hat eine Person im Sinne von § 136 Abs. 1 oder der nicht getrennt lebende Ehegatte oder Lebenspartner für die antragstellende Person einen Anspruch, der kein bürgerlich-rechtlicher Unterhaltsanspruch ist, gegen einen anderen, der kein Leistungsträger im Sinne des § 12 SGB I ist, kann der Träger der Eingliederungshilfe nach § 141 Abs. 1 Satz 1 durch schriftliche Anzeige an den anderen bewirken, dass dieser Anspruch bis zur Höhe seiner Aufwendungen auf ihn übergeht. Bei der Überleitung sind also drei Parteien involviert: der Träger der Eingliederungshilfe, der Anspruchsinhaber (Gläubiger) und der Anspruchsgegner (Schuldner).

5 Der Anwendungsbereich der Norm ist nur eröffnet, wenn „Aufwendungen" beim Träger der Eingliederungshilfe angefallen sind. Eine wirksame Überleitung setzt daher als ungeschriebenes Tatbestandsmerkmal die Erbringung von Leistungen der Eingliederungshilfe voraus, sodass sie erst mit dem Erlass des nicht notwendig bestandskräftigen Bewilligungsbescheides in Betracht kommt.[10]

6 **Anspruchsinhaber** (Gläubiger) kann nur „eine Person im Sinne des § 136 Absatz 1", also der leistungsberechtigte Person und bei minderjährigen Personen, die im Haushalt der Eltern oder eines Elternteils leben, die Eltern oder dieser Elternteil, oder „der nicht getrennt lebende Ehegatte oder Lebenspartner für die

---

4 BT-Drs. 18/9954, 32.
5 BT-Drs. 18/9954, 68.
6 BT-Drs. 18/10523, 15.
7 BGBl. I 1948.
8 Vgl. BT-Drs. 19/11006, 24 zu Nr. 10.
9 BSG 25.4.2013 – B 8 SO 104/12 B, juris Rn. 9 zu § 93 SGB XII.
10 Vgl. *Giere* in Grube/Wahrendorf/Flint SGB IX § 141 Rn. 5; zur Relevanz der Rechtmäßigkeit der Leistungsgewährung unter → Rn. 7 mwN.

antragstellende Person" sein. Die erst im Gesetzgebungsverfahren übernommene Einbeziehung von Ansprüchen der Ehegatten und Lebenspartner wird damit begründet, dass anderenfalls der Beihilfeanspruch eines beihilfeberechtigten Ehegatten/Lebenspartners für die antragstellende Person nicht mehr auf die Träger der Eingliederungshilfe übergeleitet werden könnte.[11] Als Einschränkung fordert der Wortlaut, dass es um die Ansprüche „für die antragstellende Person" handeln muss. Keine Anspruchsinhaber im Sinne der Vorschrift sind hingegen mangels ausdrücklicher Erwähnung die ehe- oder lebenspartnerschaftsähnlichen Partner.

Anspruchsgegner (Schuldner) kann jede natürliche und juristische Person oder Personenvereinigung des Privatrechts und des öffentlichen Rechts sein, außer den Leistungsträgern nach § 12 SGB I, da denen gegenüber Erstattungsansprüche nach den §§ 102 ff. SGB X bestehen.

Sachlicher Gegenstand der Überleitung ist ein „Anspruch", der grundsätzlich im Sinne des § 194 Abs. 1 BGB jedes Recht umfasst, von einem anderen ein Tun oder Unterlassen verlangen zu können, unabhängig davon, ob die Rechtsgrundlage sich im Zivilrecht (Vertrag oder Gesetz) oder im öffentlichen Recht befindet oder ob es sich um einen Anspruch auf eine Geld-, Sach- oder Dienstleistung handelt.

Nicht überleitungsfähig sind aufgrund der ausdrücklichen Anordnung in § 141 Abs. 1 Satz 2 die bürgerlich-rechtlichen Unterhaltsansprüche. Im Übrigen kann die Überleitungsfähigkeit des Anspruchs nur ausnahmsweise verneint werden, etwa bei „höchstpersönlichen" Ansprüchen.[12]

Eine Überleitung ist nur ausgeschlossen, wenn der übergeleitete Anspruch offensichtlich nicht besteht (sog. **Negativevidenz**).[13] Nicht notwendig ist, dass der überzuleitende Anspruch zum Zeitpunkt der Überleitungsanzeige tatsächlich besteht. Es genügt, wenn ein überleitungsfähiger Anspruch im Sinne der sog. Negativevidenz nicht objektiv ausgeschlossen ist.[14]

Verfahrensrechtlich setzt der Anspruchsübergang eine schriftliche Anzeige gegenüber dem Anspruchsgegner (Schuldner) voraus, in der der überzuleitende Anspruch mit Gläubiger und Schuldner bezeichnet sein muss. Bei der schriftlichen Anzeige handelt es sich um einen Verwaltungsakt, der dem Bestimmtheitsgebot des § 33 Abs. 1 SGB X unterliegt.

Aus § 37 Abs. 1 SGB X, wonach ein Verwaltungsakt demjenigen bekanntzugeben ist, der von ihm betroffen wird, folgt, dass die Überleitung nicht nur dem Schuldner, sondern auch dem Gläubiger als Inhaber des überzuleitenden Anspruchs anzuzeigen ist. Vor dem Erlass einer Überleitungsanzeige sind daher beide anzuhören.[15]

Formell verlangt das Gesetz für die Anzeige gegenüber dem Schuldner die Einhaltung der Schriftform, während die Anzeige gegenüber dem Gläubiger mangels gesetzlicher Anordnung keinem Formzwang unterliegt.

2. Überleitungsfähigkeit (Abs. 2)

Eine Überleitung ist nach der Vorgabe des Abs. 2 Satz 1 nur möglich, wenn und soweit bei rechtzeitiger Erfüllung der Ansprüche durch die anderen die Eingliederungshilfe nicht gewährt worden wäre oder zumindest ein Kostenbeitrag hät-

---

11 BT-Drs. 18/9954, 32.
12 Vgl. ausführlich *Giere* in Grube/Wahrendorf/Flint SGB IX § 141 Rn. 10 und 12.
13 BSG 25.4.2013 – B 8 SO 104/12 B.
14 Vgl. die Nachweise bei *Giere* in Grube/Wahrendorf/Flint SGB IX § 141 Rn. 9.
15 Vgl. BSG 2.2.2010 – B 8 SO 17/08 R, BeckRS 2010, 67577 Rn. 13.

te verlangt werden können. Gefordert wird somit eine **hypothetische Kausalität zwischen der Nichtleistung des Dritten und der Leistung des Trägers der Eingliederungshilfe**.[16]

Auf die sog. „Zeitidentität" – wie von dem früheren § 93 SGB XII gefordert – wird in § 141 hingegen verzichtet, mit der Folge, dass der überzuleitende Anspruch und die Leistungsgewährung nicht zeitlich aufeinander bezogen sein müssen.

Satz 2 stellt klar, dass der Forderungsübergang nicht dadurch ausgeschlossen ist, dass der Anspruch nicht übertragen, verpfändet oder gepfändet werden kann.

10 Als **Rechtsfolge** räumt das Gesetz dem Eingliederungshilfeträger bei der Überleitungsentscheidung **Entschließungs- und Auswahlermessen** sowohl im Verhältnis zum Leistungsberechtigten (Gläubiger) als auch zum Drittschuldner des überzuleitenden Anspruchs ein.[17]

Mit der Überleitung geht der Anspruch höchstens bis zur Höhe der Aufwendungen des Eingliederungshilfeträgers auf diesen über, ohne dass sich die Rechtsnatur des übergegangenen Anspruchs verändert. Die weiteren Rechtsfolgen richten sich nach den allgemeinen Regelungen zum Gläubigerwechsel.[18]

3. Dauer (Abs. 3)

11 Abs. 3 Satz 1 gibt hinsichtlich der **Wirkungsdauer** vor, dass die schriftliche Anzeige den Übergang des Anspruchs für die Zeit bewirkt, für die der leistungsberechtigten Person die Leistung ohne Unterbrechung erbracht wird. Die Überleitungsanzeige ist mithin ein Dauerverwaltungsakt. Eine schädliche Unterbrechung der Leistungsgewährung ist nach Satz 2 bei einer Nichtleistung für einen Zeitraum von mehr als zwei Monaten anzunehmen. Nach Ablauf der Frist bedarf es daher einer erneuten Überleitungsanzeige.[19] Zu den verfahrensrechtlichen Erfordernissen → Rn. 8.

4. Rechtsschutz (Abs. 4)

12 Gegen die Übergangsanzeige sind Widerspruch und Anfechtungsklage statthaft. § 141 Abs. 4 Satz 1 bestimmt, dass Widerspruch und Anfechtungsklage gegen einen Verwaltungsakt, der den Übergang des Anspruchs bewirkt, keine aufschiebende Wirkung haben. Die Betroffen können nur beim zuständigen Gericht im Rahmen des Eilverfahrens die Anordnung der aufschiebenden Wirkung beantragen.

Widerspruchs-, antrags-, und klagebefugt sind sowohl der Leistungsberechtigte, dem eine Rechtsposition entzogen wird, als auch der Drittschuldner, in dessen Rechte die Überleitungsanzeige als privatrechtsgestaltender Verwaltungsakt ebenfalls eingreift,[20] weil er etwa bei rechtswidriger Überleitung der Gefahr einer Doppelleistung ausgesetzt wird. Der Drittschuldner kann sich nicht auf die dem Leistungsberechtigten zustehende Kostenprivilegierung nach § 183 SGG berufen. Greift der Leistungsberechtigte die Überleitung an, ist der Dritt-

---

16 Ausführlich *Giere* in Grube/Wahrendorf/Flint SGB IX § 141 Rn. 13 ff.
17 Ausführlich *Giere* in Grube/Wahrendorf/Flint SGB IX § 141 Rn. 18.
18 Vgl. im Einzelnen *Giere* in Grube/Wahrendorf/Flint SGB IX § 141 Rn. 23 f.
19 Vgl. *Giere* in Grube/Wahrendorf/Flint SGB IX § 141 Rn. 25.
20 Vgl. BVerwG 27.5.1993 – 5 C 7/91, BVerwGE 92, 281; LSG NRW 20.12.2012 – L 9 SO 22/09, BeckRS 2013, 66699.

schuldner notwendig beizuladen;[21] umgekehrt ist der Leistungsberechtigte notwendig beizuladen, wenn der Drittschuldner gegen die Überleitung vorgeht.
Abs. 4 Satz 2 stellt klar, dass die Anspruchsübergänge gegenüber dem das Arbeitsentgelt säumig bleibenden Arbeitgeber nach § 115 SGB X und gegenüber dem zum Schadensersatz Verpflichteten nach § 116 SGB X der Überleitung nach § 141 vorgehen. 13

§ 142 Sonderregelungen für minderjährige Leistungsberechtigte und in Sonderfällen

(1) Minderjährigen Leistungsberechtigten und ihren Eltern oder einem Elternteil ist bei Leistungen im Sinne des § 138 Absatz 1 Nummer 1, 2, 5 und 7 die Aufbringung der Mittel für die Kosten des Lebensunterhalts nur in Höhe der für den häuslichen Lebensunterhalt ersparten Aufwendungen zuzumuten, soweit Leistungen über Tag und Nacht oder über Tag erbracht werden.

(2) ¹Sind Leistungen von einem oder mehreren Anbietern über Tag und Nacht oder über Tag oder für ärztliche oder ärztlich verordnete Maßnahmen erforderlich, sind die Leistungen, die der Vereinbarung nach § 134 Absatz 3 zugrunde liegen, durch den Träger der Eingliederungshilfe auch dann in vollem Umfang zu erbringen, wenn dem minderjährigen Leistungsberechtigten und ihren Eltern oder einem Elternteil die Aufbringung der Mittel nach Absatz 1 zu einem Teil zuzumuten ist. ²In Höhe dieses Teils haben sie zu den Kosten der erbrachten Leistungen beizutragen; mehrere Verpflichtete haften als Gesamtschuldner.

(3) ¹Die Absätze 1 und 2 gelten entsprechend für volljährige Leistungsberechtigte, wenn diese Leistungen erhalten, denen Vereinbarungen nach § 134 Absatz 4 zugrunde liegen. ²In diesem Fall ist den volljährigen Leistungsberechtigten die Aufbringung der Mittel für die Kosten des Lebensunterhalts nur in Höhe der für ihren häuslichen Lebensunterhalt ersparten Aufwendungen zuzumuten.

Literatur:
Bublitz, Zur Reform des Unterhaltsrückgriffs auf Eltern und Kinder, SuP 2020, 85; *Eicher*, Das Rehabilitationsrecht nach Inkrafttreten des Bundesteilhabegesetzes, 2020; *Gerlach*, Die Festsetzung von Beiträgen als neue Form des Einsatzes von Einkommen und der Einsatz von Vermögen im Eingliederungshilferecht nach Teil 2 SGB IX ab dem 1.1.2020 – Ein „Beitrag zu den Beiträgen" nach dem Bundesteilhabegesetz, ZfF 2019, 121 (145), 169; *Kuhn-Zuber*, Stichwort „Eigenbeitrag" in Deinert/Welti/Brockmann/Luik, Stichwortkommentar Behindertenrecht, 3. Aufl. (iE); *Rasch*, BTHG und Co – Neuregelungen zur Einkommens- und Vermögensheranziehung, RdLH 2017, 58; *Roesen*, Die Regelungen über die Berücksichtigung von Einkommen und Vermögen bei Leistungen der Eingliederungshilfe nach dem Bundesteilhabegesetz, Teil I, Forum A, Fachbeitrag A2–2018, Teil II, Forum A, Fachbeitrag A2–2018, abrufbar unter www.reha-recht.de; *Schürmann*, Das Angehörigen-Entlastungsgesetz. Sozialrechtliche Änderungen mit unterhaltsrechtlichen Folgen, FF 2020, 48; *Viefhues*, Die Bedeutung des Angehörigen-Entlastungsgesetzes für den Elternunterhalt, ZAP 2020, 345.

I. Entstehungsgeschichte und Normzweck 1	2. Vorleistung (Abs. 2) 7
II. Inhalt der Norm 3	3. Junge Volljährige (Abs. 3) 10
1. Begrenzung der Mittelaufbringung (Abs. 1) 3	

---

21 Vgl. zu § 93 SGB XII: BSG 2.2.2010 – B 8 SO 17/08 R, BeckRS 2010, 67577.

I. Entstehungsgeschichte und Normzweck

1 **Gesetzeshistorie:** Die Vorschrift wurde durch das **Bundesteilhabegesetz** vom 23.12.2016[1] mWv 1.1.2020 eingeführt.[2] Mit dem **Gesetz zur Änderung des Neunten und des Zwölften Buches Sozialgesetzbuch und anderer Rechtsvorschriften** v. 30.11.2019[3] wurden noch vor Inkrafttreten mehrere Klarstellungen und Korrekturen durchgeführt. Nach dem Wort „Nacht" wurden die Wörter „oder über Tag" eingefügt, um auch die für den Lebensunterhalt ersparten Aufwendungen in bisherigen teilstationären Einrichtungen zu erfassen (zB Mittagessen in heilpädagogischen Kindertagesstätten).[4] Abs. 2 wurde um Satz 2 ergänzt, um eine unbeabsichtigte Abweichung von § 92 Abs. 1 Satz 2 SGB XII zu korrigieren und den Träger der Eingliederungshilfe zu ermächtigen, eine Forderung auf einen Beitrag zu den zumutbaren Kosten der erbrachten Leistungen gegen die Eltern bzw. den minderjährigen Leistungsberechtigten geltend zu machen.[5] § 142 Abs. 3 SGB IX idF vom 30.11.2019 hatte außerdem einen gesetzlich pauschalierten Übergang des bürgerlich-rechtlichen Unterhaltsanspruchs gegen die Eltern von volljährigen Beziehern von Leistungen nach dem Dritten Kapitel des SGB XII vorgesehen, der § 94 Abs. 2 SGB XII aF entsprochen hätte. Mit der Streichung von Abs. 3 mWv 1.1.2020 (der bisherige Abs. 4 ist jetzt Abs. 3) durch das **Angehörigen-Entlastungsgesetz** vom 10.12.2019[6] wird auf eine Heranziehung der unterhaltspflichtigen Eltern von volljährigen Beziehern der Eingliederungshilfe verzichtet (s. auch bei § 138 zur Aufhebung von § 138 Abs. 4).[7] Damit beabsichtigt der Gesetzgeber, dass es in der gesamten Eingliederungshilfe keine Heranziehung von Unterhaltsverpflichteten mehr gibt, um auch unter unterhaltsrechtlichen Aspekten zu verdeutlichen, dass die Eingliederungshilfe aus dem Fürsorgesystem der Sozialhilfe herausgeführt wird.[8] Mit dem **Teilhabestärkungsgesetz** vom 2.6.2021[9] wurde mWv 10.6.2021 Abs. 3 Satz 1 geändert und um einen Satz 2 ergänzt. Damit will der Gesetzgeber die Frage, ob die Heranziehung der Eltern Minderjähriger in den in Abs. 1 beschriebenen Konstellationen auch für die Eltern volljähriger Leistungsberechtigter gelten soll, dahingehend beantworten, dass sowohl die Regelungen zur (auf die „häusliche Ersparnis" begrenzten) Heranziehung für die Kosten des Lebensunterhaltes (Abs. 1) als auch die Regelungen zum „Bruttoprinzip" (Abs. 2) in diesen Fällen – wie schon im bisherigen Recht nach dem SGB XII – **nur für die volljährigen Leistungsberechtigten selbst, nicht aber für deren Eltern** gelten.[10]

2 **Regelungsinhalt:** § 142, der keine Entsprechung in der bis zum 31.12.2019 geltenden Fassung des SGB IX hat, setzt das bisher in § 92 Abs. 1, Abs. 2 Satz 3 SGB XII geregelte Recht für minderjährige Leistungsberechtigte, die Eingliederungshilfe über Tag oder über Tag und Nacht beziehen, fort. Abs. 1 übernimmt die vormalige Regelung des § 92 Abs. 2 Satz 3 SGB XII und ordnet an, dass minderjährigen Leistungsberechtigten und ihren Eltern bei den in der Norm abschließend genannten Leistungen die Aufbringung der Mittel für die Kosten des Lebensunterhalts nur in Höhe der für den häuslichen Lebensunterhalt ersparten

---

1 BGBl. I 3234.
2 Zur Begründung vgl. BT-Drs. 18/9522, 304 f.
3 BGBl. I 1948.
4 BT-Drs. 19/11006, 25.
5 BT-Drs. 19/11006, 25.
6 BGBl. I 2135.
7 Vgl. BT-Drs. 19/13399, 38 f.
8 BT-Drs. 19/13399, 39.
9 BGBl. I 1387.
10 BR-Drs. 129/21, 64.

Aufwendungen zuzumuten ist. Abs. 2 entspricht der vormaligen Regelung in § 92 Abs. 1 SGB XII und ordnet im Sinne des sog. Bruttoprinzips[11] und zwecks einer zeitnahen Bedarfsdeckung an, dass die Leistungen nach Abs. 1 auch dann zunächst vom Träger der Eingliederungshilfe zu erbringen sind, wenn dem Leistungsberechtigten, seinen Eltern oder einem Elternteil die Aufbringung der Mittel zum Lebensunterhalt zum Teil zuzumuten ist, wobei diese als Gesamtschuldner einen Beitrag zu den Kosten aufzubringen haben. Abs. 3 ordnet die entsprechende Anwendung der Absätze 1 und 2 für Leistungen an volljährige Leistungsberechtigte an, wenn diese Leistungen erhalten, denen Vereinbarungen nach § 134 Abs. 4 zugrunde liegen. In diesem Fall ist nach dem durch das Teilhabestärkungsgesetz v. 2.6.2021[12] mWv 10.6.2021 angefügten Abs. 3 Satz 2 den volljährigen Leistungsberechtigten die Aufbringung der Mittel für die Kosten des Lebensunterhalts nur in Höhe der für ihren häuslichen Lebensunterhalt ersparten Aufwendungen zuzumuten.

II. Inhalt der Norm
1. Begrenzung der Mittelaufbringung (Abs. 1)

Abs. 1 begrenzt die Aufbringung der Mittel für die Kosten des Lebensunterhalts auf die Höhe der für den häuslichen Lebensunterhalt ersparten Aufwendungen, um die Eltern behinderter Kinder insoweit wirtschaftlich zu entlasten, dass sie nicht im Vergleich zu den Eltern nichtbehinderter Kinder die behinderungsbedingt höheren Aufwendungen für die Bildung und Teilhabe ihrer Kinder selbst tragen müssen. 3

Ob die Aufbringung der Mittel für die Kosten des Lebensunterhalts in Höhe der für den häuslichen Lebensunterhalt ersparten Aufwendungen auch dann zuzumuten ist, wenn kein Beitrag zu den Kosten der Maßnahme der Eingliederungshilfe nach § 137 Abs. 2 zu leisten ist, wird im Schrifttum unterschiedlich beantwortet.[13] Als eine die Mittelaufbringung begrenzende Vorschrift liefert § 142 Abs. 1 selbst keine Rechtsgrundlage für die Pflicht zur Aufbringung eines Beitrages. Da aber ein Beitrag zu den Aufwendungen gemäß § 136 Abs. 1 nur bei Überschreitung der Einkommensgrenzen nach § 136 Abs. 2 in Betracht kommt, besteht daher für § 142 weder Raum noch Bedarf bei einer vollständigen Befreiung des minderjährigen Leistungsberechtigten und seiner Eltern oder seines Elternteils nach § 137 Abs. 2 von der Entrichtung eines Eigenbeitrags.

Der personelle Anwendungsbereich der Regelung bezieht sich auf minderjährige Leistungsberechtigte; findet aber entsprechende Anwendung auf volljährige Leistungsberechtigte (vgl. Abs. 3, → Rn. 10). Minderjährig ist, wer das 18. Lebensjahr noch nicht vollendet hat (§ 2 BGB). Eltern sind die leiblichen Eltern (§§ 1591 f. BGB) und die Adoptiveltern (§§ 1741 ff. BGB), nicht aber Stief- oder Pflegeeltern. 4

Sachlich greift die Begrenzung nur bei der Erbringung der abschließend genannten Leistungen der Eingliederungshilfe: Heilpädagogische Leistungen nach § 113 Abs. 2 Nr. 3, Leistungen zur medizinischen Rehabilitation nach § 109, Leistungen zur Teilhabe an Bildung nach § 112 Abs. 1 Nr. 1, Leistungen zur schulischen Ausbildung für einen Beruf nach § 112 Abs. 2 Nr. 2, soweit diese Leistungen in besonderen Ausbildungsstätten über Tag und Nacht für Menschen mit Behinderungen erbracht werden und Leistungen (zur sozialen Teilhabe) nach § 113 Abs. 1, die noch nicht eingeschulten leistungsberechtigten Perso- 5

---

11 Vgl. BT-Drs. 19/11006, 25.
12 BGBl. I 1387.
13 Vgl. ausführlich zum Meinungsstand *Palsherm* in jurisPK-SGB IX § 142 Rn. 17.

nen die für sie erreichbare Teilnahme am Leben in der Gemeinschaft ermöglichen sollen.

Zusätzlich müssen die Leistungen „über Tag und Nacht" oder „über Tag" erbracht werden. Die Leistungserbringung „über Tag und Nacht" entspricht im Sinne der vormaligen Terminologie der stationären Leistung und meint die Unterbringung des Minderjährigen außerhalb des elterlichen Haushalts. Die Leistungserbringung „über Tag" im Sinne der bisher als „teilstationär" bezeichneten Leistungsform wurde nachträglich mit dem Angehörigen-Entlastungsgesetz vom 10.12.2019[14] aufgenommen, weil die ursprüngliche Fassung unbeabsichtigt eine Veränderung gegenüber der vormaligen Rechtslage nach § 92 Abs. 1 und Abs. 2 Satz 3 SGB XII bewirkt hatte. Mit der Neufassung werden nun ausdrücklich auch die für den Lebensunterhalt ersparten Aufwendungen in bisherigen teilstationären Einrichtungen erfasst (z.B. Mittagessen in heilpädagogischen Kindertagesstätten).[15] Nicht anwendbar ist die Norm hingegen bei rein ambulant erbrachten Leistungen, bei denen ohnehin keine Aufwendungen für den häuslichen Lebensunterhalt erspart werden.

6 Als Rechtsfolge sieht § 142 Abs. 1 vor, dass die Aufbringung der Mittel für die Kosten des Lebensunterhalts nur in Höhe der für den häuslichen Lebensunterhalt ersparten Aufwendungen zuzumuten ist. Mangels prozentualer Vorgaben oder sonstiger Indizien im Gesetzeswortlaut bedarf die konkrete, mit praktischen Unsicherheiten verbundene Bezifferung der tatsächlichen, häuslichen Ersparnisse einer Prognose, ob und in welcher Höhe (häusliche) Aufwendungen ohne die (teil- oder vollstationäre) Unterbringung entstünden. In der Praxis dürfte die Ermittlung des exakten Betrages selten möglich, jedenfalls aber mit erheblichem Aufwand verbunden sein. Im gerichtlichen Verfahren bestünde die Möglichkeit einer Schätzung unter Würdigung aller Umstände nach der freien Überzeugung des Gerichts gemäß § 202 SGG iVm § 287 ZPO.[16]

Sind die ersparten Aufwendungen der Höhe nach beziffert, wird der Beitrag in entsprechender Anwendung des § 137 Abs. 3 von der zu erbringenden Leistung abgezogen, sodass der Leistungserbringer im Sinne des sog. Nettoprinzips den abgezogenen Betrag direkt vom Leistungsberechtigten fordern kann.[17]

2. Vorleistung (Abs. 2)

7 Nach Abs. 2 Satz 1 sind erforderliche Leistungen über Tag und Nacht oder über Tag und ärztliche oder ärztlich verordneten Maßnahmen, die der Vereinbarung nach § 134 Abs. 3 zu Grunde liegen, vom Eingliederungshilfeträger zunächst ohne Abzug eines Beitrags zu erbringen. Die Regelung verfolgt das Ziel, dem minderjährigen Leistungsberechtigten unmittelbar die notwendige Leistung der Eingliederungshilfe zukommen zu lassen, ohne die u.U. zeitaufwendigen Ermittlungen zu der finanziellen Lage und der ersparten Aufwendungen abzuwarten. Damit wird bei fortbestehender Verpflichtung des Leistungsberechtigten und seiner Eltern/seines Elternteils zur Leistung eines Beitrags in Höhe der ersparten häuslichen Aufwendungen eine Vorleistungspflicht des Trägers der Eingliederungshilfe angeordnet.[18]

8 Der sachliche Anwendungsbereich umfasst die erforderlichen Leistungen von einem oder mehreren Anbietern über Tag und Nacht oder über Tag sowie die

---

14 BGBl. 2019 I 2135.
15 Vgl. BT-Drs. 19/11006, 24 f.
16 Vgl. ausführlich *Giere* in Grube/Wahrendorf/Flint SGB IX § 142 Rn. 8 ff.
17 Vgl. ausführlich *Palsherm* in jurisPK-SGB IX § 142 Rn. 19.
18 Eingehend *Palsherm* in jurisPK-SGB IX § 142 Rn. 20.

ärztlichen oder ärztlich verordneten Maßnahmen. Die Vorleistungspflicht besteht zudem nur für die Leistungen, die der Vereinbarung nach § 134 Abs. 3 zugrunde liegen.
Schließlich tritt die Vorleistungspflicht nur dann ein, wenn die Aufbringung der Mittel nur zum Teil zuzumuten ist. Ist die Aufbringung der Mittel hingegen ganz zuzumuten, kommt die Vorschrift nicht zur Anwendung.[19]
Abs. 2 Satz 2 entspricht der früheren Regelung in § 92 Abs. 1 Satz 2 SGB XII und stellt klar, dass der Träger der Eingliederungshilfe den Betrag nach Abs. 1 gegen den minderjährigen Leistungsberechtigten bzw. die Eltern geltend machen kann, wobei mehrere Verpflichtete, also der minderjährige Leistungsberechtigte und seine Eltern, als Gesamtschuldner haften.[20] Dies bedeutet, dass jeder Schuldner nach Wahl des Gläubigers verpflichtet ist, die ganze Leistung zu bewirken, der Gläubiger aber nur berechtigt, die Leistung einmal zu fordern (§ 421 BGB).

3. Junge Volljährige (Abs. 3)

Der mehrfach geänderte Abs. 3 ordnet in seiner aktuellen Fassung die entsprechende Geltung der Absätze 1 und 2 für volljährige Leistungsberechtigte an, wenn diese Leistungen erhalten, denen Vereinbarungen nach § 134 Abs. 4 zugrunde liegen. Durch die frühere Fassung von Abs. 3 waren in der Praxis Unklarheiten darüber entstanden, ob die Heranziehung der Eltern Minderjähriger in den Abs. 1 beschriebenen Konstellationen auch für die Eltern volljähriger Leistungsberechtigter, die Leistungen erhalten, denen Vereinbarungen nach § 134 Abs. 4 zugrunde liegen, gelten soll. Mit dem neu eingefügten Satz 2 soll nach der Gesetzesbegründung klargestellt werden, dass sowohl die Regelungen zur (auf die „häusliche Ersparnis" begrenzten) Heranziehung für die Kosten des Lebensunterhaltes (§ 142 Abs. 1) als auch die Regelungen zum „Bruttoprinzip" (§ 142 Abs. 2) in diesen Fällen – wie schon im bisherigen Recht nach dem SGB XII – **nur für die volljährigen Leistungsberechtigten** selbst, nicht aber für deren Eltern gelten.[21]
Systematisch hätten die nur ins SGB IX aufgenommenen Regelungen des § 142 Abs. 1 und Abs. 3 SGB IX eine Entsprechung im SGB XII finden müssen, da es nicht nur um die Beteiligung an den Lebensunterhaltungskosten geht, sondern die Regelungen auch für die Prüfung der Bedürftigkeit im SGB XII von Bedeutung sind.[22]

Kapitel 10 Statistik

§ 143 Bundesstatistik

Zur Beurteilung der Auswirkungen dieses Teils und zu seiner Fortentwicklung werden Erhebungen über
1. die Leistungsberechtigten und
2. die Ausgaben und Einnahmen der Träger der Eingliederungshilfe
als Bundesstatistik durchgeführt.

---

19 Vgl. BSG 20.4.2016 – B 8 SO 25/14 R, BSGE 121, 129, SozR 4-3500 § 92 Nr. 2 Rn. 18.
20 Einzelheiten bei *Giere* in Grube/Wahrendorf/Flint SGB IX § 142 Rn. 16 ff.
21 Vgl. BR-Drs. 129/21, 64.
22 Vgl. *Eicher*, Das Rehabilitationsrecht nach Inkrafttreten des Bundesteilhabegesetzes, S. 31.

1 § 143 wurde durch Artikel 1 des Gesetzes zur Stärkung der Teilhabe und Selbstbestimmung von Menschen mit Behinderungen (Bundesteilhabegesetz – BTHG) vom 23.12.2016 mWz 1.1.2020 in das SGB IX eingefügt.[1] Die Regelung ordnet gem. § 5 Abs. 1 Satz 1 BstatG das Führen einer Bundesstatistik an. Diese soll zur Beurteilung der Auswirkungen der Regelungen des Teils 2 des SGB IX beitragen. Die Daten werden von den Ländern erhoben und für die Statistik zusammengestellt. Das Statistische Bundesamt koordiniert gem. § 3 Abs. 1 Nr. 2 die einheitliche und termingerechte Erstellung der Bundesstatistik und sichert in Zusammenarbeit mit den Statistischen Landesämtern die Qualität der Ergebnisse.

§ 144 Erhebungsmerkmale

(1) Erhebungsmerkmale bei den Erhebungen nach § 143 Nummer 1 sind für jeden Leistungsberechtigten
1. Geschlecht, Geburtsmonat und -jahr, Staatsangehörigkeit, Bundesland, Wohngemeinde und Gemeindeteil, Kennnummer des Trägers, mit anderen Leistungsberechtigten zusammenlebend, erbrachte Leistungsarten im Laufe und am Ende des Berichtsjahres,
2. die Höhe der Bedarfe für jede erbrachte Leistungsart, die Höhe des aufgebrachten Beitrags nach § 92, die Art des angerechneten Einkommens, Beginn und Ende der Leistungserbringung nach Monat und Jahr, die für mehrere Leistungsberechtigte erbrachte Leistung, die Leistung als pauschalierte Geldleistung, die Leistung durch ein Persönliches Budget sowie
3. gleichzeitiger Bezug von Leistungen nach dem Zweiten, Elften oder Zwölften Buch.

(2) Merkmale bei den Erhebungen nach Absatz 1 Nummer 1 und 2 nach der Art der Leistung sind insbesondere:
1. Leistung zur medizinischen Rehabilitation,
2. Leistung zur Beschäftigung im Arbeitsbereich anerkannter Werkstätten für behinderte Menschen,
3. Leistung zur Beschäftigung bei anderen Leistungsanbietern,
4. Leistung zur Beschäftigung bei privaten und öffentlichen Arbeitgebern,
5. Leistung zur Teilhabe an Bildung,
6. Leistung für Wohnraum,
7. Assistenzleistung nach § 113 Absatz 2 Nummer 2 in Verbindung mit § 78 Absatz 2 Nummer 1,
8. Assistenzleistung nach § 113 Absatz 2 Nummer 2 in Verbindung mit § 78 Absatz 2 Nummer 2,
9. heilpädagogische Leistung,
10. Leistung zum Erwerb praktischer Kenntnisse und Fähigkeiten,
11. Leistung zur Förderung der Verständigung,
12. Leistung für ein Kraftfahrzeug,
13. Leistung zur Beförderung insbesondere durch einen Beförderungsdienst,
14. Hilfsmittel im Rahmen der Sozialen Teilhabe und
15. Besuchsbeihilfen.

(3) Erhebungsmerkmale nach § 143 Nummer 2 sind das Bundesland, die Ausgaben gesamt nach der Art der Leistungen die Einnahmen gesamt und nach Einnahmearten sowie die Höhe der aufgebrachten Beiträge gesamt.

---

1 BGBl. I 3234.

§ 144 wurde durch Artikel 1 des Gesetzes zur Stärkung der Teilhabe und Selbstbestimmung von Menschen mit Behinderungen (Bundesteilhabegesetz – BTHG) vom 23.12.2016 mWz 1.1.2020 in das SGB IX eingefügt.[1] Die Regelung steht in engem Zusammenhang mit § 143, der die Führung einer Bundesstatistik anordnet. Nach § 9 Abs. 1 BStatG muss eine Rechtsnorm, welche die Führung einer Bundesstatistik anordnet, neben dem Kreis der Befragten auch die Erhebungsmerkmale, die Hilfsmerkmale, die Art der Erhebung, den Berichtszeitraum und die Periodizität festlegen. § 144 legt die Erhebungsmerkmale fest, die nach § 10 Abs. 1 Satz 1 BStatG Grundlage der Bundesstatistik sind. Erhebungsmerkmale umfassen nach § 10 Abs. 1 Satz 2 BStatG Angaben zu persönlichen und sachlichen Verhältnissen.

§ 145 Hilfsmerkmale

(1) Hilfsmerkmale sind
1. Name und Anschrift des Auskunftspflichtigen,
2. Name, Telefonnummer und E-Mail-Adresse der für eventuelle Rückfragen zur Verfügung stehenden Person,
3. für die Erhebung nach § 143 Nummer 1 die Kennnummer des Leistungsberechtigten.

(2) ¹Die Kennnummern nach Absatz 1 Nummer 3 dienen der Prüfung der Richtigkeit der Statistik und der Fortschreibung der jeweils letzten Bestandserhebung. ²Sie enthalten keine Angaben über persönliche und sachliche Verhältnisse des Leistungsberechtigten und sind zum frühestmöglichen Zeitpunkt, spätestens nach Abschluss der wiederkehrenden Bestandserhebung, zu löschen.

§ 145 wurde durch Artikel 1 des Gesetzes zur Stärkung der Teilhabe und Selbstbestimmung von Menschen mit Behinderungen (Bundesteilhabegesetz – BTHG) vom 23.12.2016 mWz 1.1.2020 in das SGB IX eingefügt.[1] Die Regelung steht in engem Zusammenhang mit § 143, der die Führung einer Bundesstatistik anordnet. Nach § 9 Abs. 1 BStatG muss eine Rechtsnorm, welche die Führung einer Bundesstatistik anordnet, neben dem Kreis der Befragten auch die Erhebungsmerkmale, die Hilfsmerkmale, die Art der Erhebung, den Berichtszeitraum und die Periodizität festlegen. § 145 legt die Hilfsmerkmale fest, die nach § 10 Abs. 1 Satz 1 BStatG Grundlage der Bundesstatistik sind. Hilfsmerkmale sind nach § 10 Abs. 1 Satz 3 BStatG Angaben, die der technischen Durchführung von Bundesstatistiken dienen. Die Kennnummern der Leistungsberechtigten iSd Abs. 1 Nr. 3 sind nach Abs. 2 Satz 2 zum frühestmöglichen Zeitpunkt, spätestens nach Abschluss der wiederkehrenden Bestandserhebung, zu löschen. Abs. 2 knüpft an die Regelungen des § 12 Abs. 2 BStatG an. Danach dürfen bei periodischen Erhebungen Hilfsmerkmale, soweit sie für nachfolgende Erhebungen benötigt werden, gesondert aufbewahrt und gesondert gespeichert werden. Sie müssen aber nach Beendigung des Zeitraums der wiederkehrenden Erhebung gelöscht werden.

§ 146 Periodizität und Berichtszeitraum

Die Erhebungen erfolgen jährlich für das abgelaufene Kalenderjahr.

---

1 BGBl. I 3234.
1 BGBl. I 3234.

1 § 146 wurde durch Artikel 1 des Gesetzes zur Stärkung der Teilhabe und Selbstbestimmung von Menschen mit Behinderungen (Bundesteilhabegesetz – BTHG) vom 23.12.2016 mWz 1.1.2020 in das SGB IX eingefügt.[1] Die Regelung steht in engem Zusammenhang mit § 143, der die Führung einer Bundesstatistik anordnet. Nach § 9 Abs. 1 BStatG muss eine Rechtsnorm, welche die Führung einer Bundesstatistik anordnet, neben dem Kreis der Befragten auch die Erhebungsmerkmale, die Hilfsmerkmale, die Art der Erhebung, den Berichtszeitraum und die Periodizität festlegen. § 146 legt die Periodizität u. den Berichtszeitraum fest. Die Erhebung erfolgt einmal jährlich für das gesamte abgelaufene Kalenderjahr.

§ 147 Auskunftspflicht

(1) ¹Für die Erhebungen besteht Auskunftspflicht. ²Die Angaben nach § 145 Absatz 1 Nummer 2 und die Angaben zum Gemeindeteil nach § 144 Absatz 1 Nummer 1 sind freiwillig.
(2) Auskunftspflichtig sind die Träger der Eingliederungshilfe.

1 § 147 wurde durch Artikel 1 des Gesetzes zur Stärkung der Teilhabe und Selbstbestimmung von Menschen mit Behinderungen (Bundesteilhabegesetz – BTHG) vom 23.12.2016 mWz 1.1.2020 in das SGB IX eingefügt.[1] Die Regelung knüpft an § 15 BstatG an. Nach § 15 Abs. 1 Satz 1 BStatG hat eine Rechtsnorm, die eine Bundesstatistik anordnet, zu regeln, ob und in welchem Umfang die Erhebung mit oder ohne Auskunftspflicht erfolgen soll. Abs. 1 enthält eine Auskunftspflicht. Auskunftspflichtig sind nach Abs. 2 die Träger der Eingliederungshilfe. Die Auskunftspflicht besteht gem. § 15 Abs. 2 BStatG gegenüber der Erhebungsstelle. Die im § 144 Abs. 1 Nr. 1 aufgeführte Angabe zum Gemeindeteil und die im § 145 Abs. 1 Nr. 2 aufgeführten Angaben unterliegen der Freiwilligkeit.

§ 148 Übermittlung, Veröffentlichung

(1) Die in sich schlüssigen und nach einheitlichen Standards formatierten Einzeldatensätze sind von den Auskunftspflichtigen elektronisch bis zum Ablauf von 40 Arbeitstagen nach Ende des jeweiligen Berichtszeitraums an das jeweilige statistische Landesamt zu übermitteln.
(2) ¹An die fachlich zuständigen obersten Bundes- oder Landesbehörden dürfen für die Verwendung gegenüber den gesetzgebenden Körperschaften und für Zwecke der Planung, jedoch nicht für die Regelung von Einzelfällen, vom Statistischen Bundesamt und von den statistischen Ämtern der Länder Tabellen mit statistischen Ergebnissen übermittelt werden, auch soweit Tabellenfelder nur einen einzigen Fall ausweisen. ²Tabellen, die nur einen einzigen Fall ausweisen, dürfen nur dann übermittelt werden, wenn sie nicht differenzierter als auf Regierungsbezirksebene, bei Stadtstaaten auf Bezirksebene, aufbereitet sind.
(3) ¹Die statistischen Ämter der Länder stellen dem Statistischen Bundesamt für Zusatzaufbereitungen des Bundes jährlich unverzüglich nach Aufbereitung der Bestandserhebung und der Erhebung im Laufe des Berichtsjahres die Einzelan-

---

1 BGBl. I 3234.
1 BGBl. I 3234.

gaben aus der Erhebung zur Verfügung. ²Angaben zu den Hilfsmerkmalen nach § 145 dürfen nicht übermittelt werden.
(4) Die Ergebnisse der Bundesstatistik nach diesem Kapitel dürfen auf die einzelnen Gemeinden bezogen veröffentlicht werden.

§ 148 wurde durch Artikel 1 des Gesetzes zur Stärkung der Teilhabe und Selbstbestimmung von Menschen mit Behinderungen (Bundesteilhabegesetz – BTHG) vom 23.12.2016 mWz 1.1.2020 in das SGB IX eingefügt.[1] Abs. 1 verpflichtet die Träger der Eingliederungshilfe, die Einzeldatensätze nach einheitlichen Standards zu formatieren und diese elektronisch an das jeweils zuständige statistische Landesamt zu senden. Dies muss bis zu Ablauf von 40 Arbeitstagen nach Ende des jeweiligen Berichtszeitraums erfolgen. Nach § 148 Abs. 2 dürfen das Statistische Bundesamt und die statistischen Landesämter Ergebnistabellen für Zwecke der Gesetzgebund und der Planung an die fachlich zuständigen obersten Bundes- oder Landesbehörden übermitteln. Tabellen, die nur einen Fall aufweisen dürfen nur im Ausnahmefall des Abs. 2 Satz 2 übermittelt werden. Diese Regelung soll eine „Re-Identifizierung" von Personen und Sachverhalten durch das Zusammenführen von Daten verhindern, die nach § 21 BstatG unzulässig ist.[2] Abs. 3 verpflichtet die statistischen Landesämter, dem Statistischen Bundesamt Einzelangaben aus der Erhebung für Zusatzaufbereitungen zur Verfügung zu stellen. Diese Daten dürfen keine Angaben zu den Hilfsmerkmalen des § 145 enthalten. Nach Abs. 4 dürfen die Ergebnisse der Bundesstatistik gemeindebezogen veröffentlicht werden. 1

Kapitel 11 Übergangs- und Schlussbestimmungen

§ 149 Übergangsregelung für ambulant Betreute

Für Personen, die Leistungen der Eingliederungshilfe für behinderte Menschen erhalten, deren Betreuung am 26. Juni 1996 durch von ihnen beschäftigte Personen oder ambulante Dienste sichergestellt wurde, gilt § 3a des Bundessozialhilfegesetzes in der am 26. Juni 1996 geltenden Fassung.

§ 149 wurde durch Artikel 1 des Gesetzes zur Stärkung der Teilhabe und Selbstbestimmung von Menschen mit Behinderungen (Bundesteilhabegesetz – BTHG) vom 23.12.2016 mWz 1.1.2020 in das SGB IX eingefügt.[1] Die Regelung des § 149 ist in ihrem Wortlaut identisch mit der gegenwärtig geltenden Regelung des § 130 SGB XII. Sie verweist auf § 3a **Bundessozialhilfegesetz** (BSHG) in der am 26.6.1996 geltenden Fassung. § 3a BSHG hatte folgenden Wortlaut: „Der Träger der Sozialhilfe soll darauf hinwirken, dass die erforderliche Hilfe soweit wie möglich außerhalb von Anstalten, Heimen oder gleichartigen Einrichtungen gewährt werden kann." Im vorliegenden Zusammenhang treten an die in der Regelung genannten Sozialhilfeträger die Eingliederungshilfeträger. Liegen die Voraussetzungen des § 149 vor, kann der Eingliederungshilfeträger Fachleistungen der Eingliederungshilfe im Zusammenhang mit dem Wohnen in der eigenen Wohnung (ambulante Leistungen) nicht mit dem Argument verwehren, sie seien mit unverhältnismäßigen Mehrkosten verbunden (→ § 104 Rn. 10). 1

---

1 BGBl. I 3234.
2 Vgl. *Thie* in LPK-SGB XII § 126 Rn. 1.
1 BGBl. I 3234.

§ 150 Übergangsregelung zum Einsatz des Einkommens

Abweichend von Kapitel 9 sind bei der Festsetzung von Leistungen für Leistungsberechtigte, die am 31. Dezember 2019 Leistungen nach dem Sechsten Kapitel des Zwölften Buches in der Fassung vom 31. Dezember 2019 erhalten haben und von denen ein Einsatz des Einkommens über der Einkommensgrenze gemäß § 87 des Zwölften Buches in der Fassung vom 31. Dezember 2019 gefordert wurde, die am 31. Dezember 2019 geltenden Einkommensgrenzen nach dem Elften Kapitel des Zwölften Buches in der Fassung vom 31. Dezember 2019 zugrunde zu legen, solange der nach Kapitel 9 aufzubringende Beitrag höher ist als der Einkommenseinsatz nach dem am 31. Dezember 2019 geltenden Recht.

1 § 150 wurde durch Artikel 1 des Gesetzes zur Stärkung der Teilhabe und Selbstbestimmung von Menschen mit Behinderungen (Bundesteilhabegesetz – BTHG) vom 23.12.2016 mWz 1.1.2020 in das SGB IX eingefügt.[1] § 150 enthält eine von Kapitel 9 abweichende **Übergangsregelung zum Einsatz des Einkommens**. Die Regelung soll sicherstellen, dass Leistungsberechtigte wegen der seit dem 1.1.2020 geltenden Regelungen nicht höher belastet werden als zuvor. Für diesen Fall soll der Einsatz des Einkommens nach den bisherigen Regelungen des SGB XII berechnet werden. Führen die neuen Regelungen dagegen nicht zu einer höheren Belastung, wird der Eigenbeitrag nach dem 9. Kapitel dieses Buches ermittelt.[2]

Teil 3
Besondere Regelungen zur Teilhabe schwerbehinderter Menschen (Schwerbehindertenrecht)
Kapitel 1 Geschützter Personenkreis

§ 151 Geltungsbereich

(1) Die Regelungen dieses Teils gelten für schwerbehinderte und diesen gleichgestellte behinderte Menschen.

(2) ¹Die Gleichstellung behinderter Menschen mit schwerbehinderten Menschen (§ 2 Absatz 3) erfolgt auf Grund einer Feststellung nach § 152 auf Antrag des behinderten Menschen durch die Bundesagentur für Arbeit. ²Die Gleichstellung wird mit dem Tag des Eingangs des Antrags wirksam. ³Sie kann befristet werden.

(3) Auf gleichgestellte behinderte Menschen werden die besonderen Regelungen für schwerbehinderte Menschen mit Ausnahme des § 208 und des Kapitels 13 angewendet.

(4) ¹Schwerbehinderten Menschen gleichgestellt sind auch behinderte Jugendliche und junge Erwachsene (§ 2 Absatz 1) während der Zeit ihrer Berufsausbildung in Betrieben und Dienststellen oder einer beruflichen Orientierung, auch wenn der Grad der Behinderung weniger als 30 beträgt oder ein Grad der Behinderung nicht festgestellt ist. ²Der Nachweis der Behinderung wird durch eine Stellungnahme der Agentur für Arbeit oder durch einen Bescheid über Leistungen zur Teilhabe am Arbeitsleben erbracht. ³Die Gleichstellung gilt nur

---

1 BGBl. I 3234.
2 Vgl. auch BT-Drs. 18/9522, 305.

für Leistungen des Integrationsamtes im Rahmen der beruflichen Orientierung und der Berufsausbildung im Sinne des § 185 Absatz 3 Nummer 2 Buchstabe c.

Geltende Fassung: Die Vorschrift wurde mit Wirkung vom 1.7.2001 durch Art. 1 und 68 Abs. 1 SGB IX vom 19.6.2001[1] als § 68 eingeführt, in Abs. 2 Satz 1 – mit Wirkung vom 1.1.2004 (Art. 14 Nr. 4 b G v. 30.7.2004 [BGBl. I 2014]) – sprachlich durch Art. 9 Nr. 2 G v. 24.12.2003[2] an die Reform der Arbeitsverwaltung angepasst und durch Art. 1 Nr. 7 G v. 23.4.2004[3] um Abs. 4 ergänzt. Dessen Satz 3 wurde durch Art. 3 Abs. 12 Nr. 1 G v. 26.7.2016[4] klarstellend[5] geändert. 1

Regelungsinhalt: Die Vorschrift beschreibt den Geltungsbereich des Teils 3 (Schwerbehindertenrecht). Die Begriffe des schwerbehinderten und des diesem gleichgestellten (leichter) behinderten Menschen definiert § 2 Abs. 2 und 3. Das Gleichstellungsverfahren ist in Absatz 2 geregelt. Absatz 3 begrenzt die Wirkung der Gleichstellung inhaltlich. Abs. 4 erweitert die Möglichkeit zur Gleichstellung persönlich und sachlich, schafft dafür ein vereinfachtes Verfahren, begünstigt die so Gleichgestellten aber nur mittelbar durch Leistungen an ihre Arbeitgeber. 2

Zur Entstehung: Weitgehende Übernahme des § 2 SchwbG; die dort früher geregelten Voraussetzungen für eine Gleichstellung finden sich jetzt in § 2 Abs. 3. Abs. 4 geht auf den Koalitionsentwurf[6] mit Änderungen durch die Ausschussempfehlung[7] zurück. 3

Das als Teil 3 in das SGB IX **inkorporierte** Schwerbehindertenrecht wendet sich nach Abs. 1 ganz überwiegend an **schwerbehinderte** und diesen **gleichgestellte behinderte Menschen**. Nur sie erhalten besondere Hilfen zur Teilhabe am Arbeitsleben (Ausnahme: Integrationsfachdienste nach § 192 Abs. 4; zu Nachteilsausgleichen → § 209 Rn. 1). Das **gilt nicht** für den in Abs. 4 beschriebenen Personenkreis. Seine – **vereinfachte** – **Gleichstellung** dient allein dazu, Ansprüche der Arbeitgeber auf Prämien und Zuschüsse zu begründen (vgl. § 185 Abs. 3 Nr. 2 c und § 26 b SchwbAV, abgedruckt in Anhang 3). Zugang zum Gleichstellungsverfahren nach Abs. 2 haben **leichter behinderte Menschen** mit einem – festgestellten – GdB von wenigstens 30 (§ 2 Abs. 3), die sich rechtmäßig in Deutschland gewöhnlich aufhalten, wohnen oder ihren Arbeitsplatz haben (§ 2 Abs. 2). Das Feststellungsverfahren nach § 152 dagegen steht grundsätzlich allen behinderten Menschen offen (zu fremden Staatsangehörigen und bei Auslandswohnsitz → § 152 Rn. 11 f.); Feststellungsbescheide ergehen allerdings erst bei einem GdB von wenigstens 20 (§ 152 Abs. 1 Satz 6). 4

Das Gesetz geht unwiderleglich von der **besonderen Schutzbedürftigkeit** schwerbehinderter Menschen aus. Die ihnen nach Teil 3 ohne Weiteres zu gewährenden besonderen Hilfen zur Teilhabe am Arbeitsleben und Nachteilsausgleiche können aber – bis auf wenige Ausnahmen (→ Rn. 13) – auch – ihnen gleichgestellte – leichter behinderte Menschen mit einem GdB von wenigstens 30 erhalten. Diese Untergrenze ist verfassungs- und gemeinschaftsrechtskonform.[8] Auf Antrag eines leichter behinderten Menschen ist im Einzelfall zu prü- 5

---

1 BGBl. I 1046.
2 BGBl. I 2954.
3 BGBl. I 606.
4 BGBl. I 1824.
5 BT-Drs. 18/9522, 307.
6 BT-Drs. 15/1783, 4, 13.
7 BT-Drs. 15/2357, 6, 27.
8 BSG 5.7.2010 – B 11 AL 150/09 B mwN.

fen und im Verfahren nach Abs. 2 zu entscheiden, ob sein **Schutzbedürfnis** dem schwerbehinderten Menschen entspricht und er diesen deshalb **gleichzustellen** ist. So liegt es, wenn er infolge seiner Behinderung ohne die Gleichstellung einen geeigneten Arbeitsplatz nicht erlangen oder nicht erhalten kann (§ 2 Abs. 3).

6 Wegen dieser Voraussetzungen sind Lebenszeit**beamte** und andere **unkündbare Arbeitnehmer** nicht etwa von der Gleichstellung ausgeschlossen. Weil sie einen sicheren, kündigungsgeschützten Arbeitsplatz innehaben, ist bei ihnen aber besonders zu prüfen, weshalb sie dort gleichwohl und stärker als nichtbehinderte Arbeitnehmer gefährdet sind. Das kann etwa der Fall sein, wenn behinderungsbedingt eine Versetzung in den Ruhestand oder eine Umsetzung/Versetzung auf einen anderen, nicht gleichwertigen Arbeitsplatz droht.[9] **Selbstständige** haben nach SG Aachen keinen Anspruch auf Gleichstellung.[10] Bereits als Arbeitnehmer Gleichgestellte sind sie aber nach § 212 bei der Zulassung zu bevorzugen, wenn sie eine unabhängige Stellung – etwa als Notar oder Vertragsarzt – anstreben.

7 Das **Gleichstellungsverfahren** findet nur auf **Antrag** des Menschen mit Behinderung selbst oder seines Bevollmächtigten/gesetzlichen Vertreters statt. Er allein entscheidet nach seinem Belieben, ob er die Gleichstellung beantragt. Es gibt **keine Antragspflicht**. Arbeitgeber, Sozialleistungsträger, Betriebs- oder Personalrat können zum Antrag auffordern oder raten, ihn aber nicht selbst, sondern nur als Bevollmächtigte stellen. Insbesondere gemeinsame Servicestellen, die Agentur für Arbeit, Versorgungsämter und Integrationsämter sind nach § 14 SGB I und § 32 SGB IX verpflichtet, über die Möglichkeit zur Gleichstellung **aufzuklären**. Diese Stellen haben auf klar zu Tage liegende, offensichtlich zweckmäßige und mutmaßlich von jedem Betroffenen genutzte Gestaltungsmöglichkeiten von sich aus hinzuweisen. Geschieht das nicht, können Schadensersatzansprüche wegen Amtspflichtverletzung oder sozialrechtliche Herstellungsansprüche entstehen. Der Antrag ist **formfrei**. Er ist an die – sachlich zuständige – Bundesagentur für Arbeit und dort an die – örtlich zuständige – Agentur für Arbeit zu richten, in deren Bezirk der Antragsteller **wohnt**, seinen **gewöhnlichen Aufenthalt** hat oder – als Grenzgänger – **beschäftigt** ist. § 16 SGB I (Antrag beim unzuständigen Leistungsträger) und § 36 Abs. 1 SGB I (sozialrechtliche Handlungsfähigkeit mit Vollendung des 15. Lebensjahres) sind auch hier anzuwenden, obwohl die Gleichstellung als Statusentscheidung keine Sozialleistung im strengen Sinne ist (zur Feststellung der Schwerbehinderteneigenschaft → § 152 Rn. 7, 10). Es genügt, dass der Gleichgestellte eine konkretisierte und gefestigte Rechtsstellung erlangt, die Grundlage auch sozialrechtlicher Berechtigungen und Ansprüche sein kann.

8 Das **Verwaltungsverfahren** ist nicht an bestimmte Formen gebunden, es ist einfach, zweckmäßig und zügig durchzuführen (§ 9 SGB X). Bei beschäftigten Antragstellern wird der Sachverhalt unter Beteiligung des **Betriebs-/Personalrats** (§ 80 Abs. 1 Nr. 4 BetrVG, § 68 Abs. 1 Nr. 4 BPersVG, § 176) und der **Schwerbehindertenvertretung** (§ 178 Abs. 1 Satz 3) zu ermitteln sein. Das ist nur mit Zustimmung des Antragstellers möglich. Wegen verweigerter Zustimmung lässt sich der Gleichstellungsantrag nur unter den Voraussetzungen des § 66 SGB X ablehnen. Danach hat die Bundesagentur für Arbeit eine Ermessensentschei-

---

9 BSG 1.3.2011 – B 7 AL 6/10 R, BSGE 108, 4 = SozR 4-3250 § 2 Nr. 4; *Oppermann* in HK-SozEntschR SGB IX § 2 Rn. 60; *Dau* jurisPR-SozR 3/2011, Anm. 1, unter E.
10 SG Aachen 1.8.2006 – S 11 Al 27/06.

dung zu treffen.[11] **Ebenso** verhält es sich bei **Stellungnahmen**, die vom **Arbeitgeber** zur konkreten Arbeitsplatzsituation einzuholen sein werden. Der Arbeitgeber wird von der angestrebten Gleichstellung als **Dritter zwar doppelt betroffen**: Er wird begünstigt, weil der gleichgestellte Arbeitnehmer auf die Pflichtquote (§ 154) anzurechnen ist und sein Platz – bei nichterfüllter Pflichtquote – die Ausgleichsabgabe (§ 160) mindert. Zugleich ist er durch qualifizierten Kündigungsschutz (§§ 168 ff.) und Anspruch des gleichgestellten Arbeitnehmers auf Freistellung von Mehrarbeit (§ 207) belastet. Dabei soll es sich aber um bloße Reflexwirkungen der Gleichstellung handeln, die seine Interessen lediglich faktisch berühren.[12] Deshalb ist er weder befugt, eine Gleichstellungsentscheidung mit Widerspruch und/oder Klage anzugreifen, noch soll er nach § 12 SGB X am Verwaltungsverfahren zu beteiligen sein, gleichwohl kann es zweckmäßig sein, ihn anzuhören (§ 24 SGB X).

Die Gleichstellung wird regelmäßig auf **unbestimmte Zeit** auszusprechen sein, sie kann aber nach Abs. 2 Satz 3 auch **befristet** werden. Eine Befristung dürfte nur ausnahmsweise vorzunehmen sein, etwa, wenn der Feststellungsbescheid des Versorgungsamtes oder die Arbeitserlaubnis befristet oder eine Besserung des Gesundheitszustandes absehbar ist, wenn wegen Gleichstellung Aussicht auf einen nicht gefährdeten Dauerarbeitsplatz oder Überwindung behinderungsbedingter Schwierigkeiten nach Einarbeitung besteht.[13] Der Gleichgestellte kann die **Nebenbestimmung** (Befristung) **selbstständig angreifen** oder vor Ablauf der Frist eine Verlängerung beantragen. Wird die Nebenbestimmung nicht aufgehoben und keine Verlängerung ausgesprochen, so endet die Gleichstellung mit **Ablauf der Frist**; einer **Rücknahme** oder eines **Widerrufs** (§ 199 Abs. 2 Satz 1) bedarf es nicht. Anders als beim Widerruf (§ 199 Abs. 2 Satz 3) gibt es nach dem Ablauf der befristeten Gleichstellung keine daran anschließende (dreimonatige) Schonfrist. 9

Über die Voraussetzung eines GdB von **weniger als 50**, aber **mindestens 30** (zu den übrigen Voraussetzungen der Gleichstellung → § 2 Rn. 17, 18), wird **außerhalb** des **Gleichstellungsverfahrens** vom Versorgungsamt oder den durch Landesrecht bestimmten Behörden im **Feststellungsverfahren** nach § 152 Abs. 1 oder von den in § 152 Abs. 2 genannten Sozialversicherungsträgern, Gerichten oder Dienststellen entschieden. An deren Feststellung über den – ggf. aus Entscheidungen über GdS oder MdE übernommenen – GdB ist die Agentur für Arbeit **gebunden**. Nicht gebunden ist sie an die lediglich in der Begründung des Feststellungsbescheides anzugebenden Gesundheitsstörungen und Funktionsbeeinträchtigungen.[14] Fehlt es – noch – an einer GdB-Feststellung, so hat die Agentur für Arbeit den Antragsteller zunächst auf das der Gleichstellung notwendig vorgeschaltete Feststellungsverfahren beim Versorgungsamt hinzuweisen (§§ 14, 16 Abs. 3 SGB I). Das Gleichstellungsverfahren ist dann bis zu einer Entscheidung des Versorgungsamtes auszusetzen.[15] Behinderte Arbeitnehmer sollten deshalb unabhängig von sonstigen Nachteilsausgleichen ihren GdB vorsorglich feststellen lassen, um bei Gefährdung des Arbeitsplatzes zügig gleichgestellt werden zu können. 10

---

11 LSG RhPf 24.9.2009 – L 1 Al 59/08, juris Rn. 24 ff.
12 BSG 19.2.2001 – B 11 Al 57/01 R, BSGE 89, 119 (124), juris Rn. 27.
13 *Oppermann* in HK-SozEntschR SGB IX § 68 Rn. 9; *Goebel* in jurisPK SGB IX § 151 Rn. 34.
14 BSG 24.6.1998 – B 9 SB 17/97 R, BSGE 82, 176 (181 f.) = SozR 3-3870 § 4 Nr. 24; BSG 2.3.2000 – B 7 AL 46/99 R, BSGE 86, 10 (15) = SozR 3-3870 § 2 Nr. 1; *Schorn* in Müller-Wenner/Schorn SGB IX Teil 2 § 68 Rn. 41.
15 *Schorn* in Müller-Wenner/Schorn SGB IX Teil 2 § 68 Rn. 43.

11 Zu **Parallelverfahren** (GdB-Feststellung durch die Versorgungsverwaltung und Gleichstellung durch die Agentur für Arbeit) wird es vor allem dann kommen, wenn Arbeitnehmer, um sich Kündigungsschutz für eine kurzfristig bevorstehende Kündigung zu sichern, vorsorglich auch Gleichstellungsanträge für den Fall stellen, dass ihr Antrag auf Feststellung der Schwerbehinderteneigenschaft wegen eines GdB unter 50 erfolglos bleiben sollte. Bei absehbar erfolglosen Anträgen auf Feststellung der Schwerbehinderteneigenschaft hat das Versorgungsamt den Antragsteller auf die Möglichkeit zur Gleichstellung durch die Agentur für Arbeit hinzuweisen (§ 14 SGB I), wenn das nach den gesundheitlichen Verhältnissen des Antragstellers naheliegt. Einen Beratungsfehler der Versorgungsverwaltung müsste die Agentur für Arbeit sich zurechnen lassen; für den Antragsteller käme dann ein sozialrechtlicher Herstellungsanspruch in Betracht.[16]

12 Ein – für die **Gleichstellung** mindestens **erforderlicher – GdB von 30** kann bereits durch die Auswirkungen einer **einzelnen Gesundheitsstörung** erreicht werden, so zB durch: Herzkrankheiten mit Leistungsbeeinträchtigungen bei mittelschwerer körperlicher Belastung, Bluthochdruck mittelschwerer Form, Hepatitis mit geringer entzündlicher Aktivität, Nierenfunktionseinschränkungen leichten Grades, Verlust der weiblichen Brust (einseitig), Diabetes mellitus, entzündlich rheumatische Krankheiten mit geringen Auswirkungen, Kleinwuchs (bis 140 cm), Wirbelsäulenschäden mit schweren funktionellen Auswirkungen in einem WS-Abschnitt, Bewegungseinschränkung stärkeren Grades im Ellenbogengelenk, Verlust von zwei Fingern mit Einschluss des Daumens, beidseitige geringgradige Bewegungseinschränkung der Hüftgelenke, ausgeprägte depressive Störungen, Alkohol- und Drogenabhängigkeit. Zumeist dürften **mehrere gesundheitliche Störungen** vorliegen; sie können, auch wenn die daraus folgenden Beeinträchtigungen jeweils einzeln eingeschätzt unter 30 liegen, unter besonderen Voraussetzungen zu einem **Gesamt-GdB von 30** führen (zum Verhältnis von Einzel- und Gesamt-GdB und zur Bildung des Letzteren → § 152 Rn. 25, s. aber → § 152 Rn. 27 zum Erhöhungsverbot bei geringfügigen Einzel-GdBs).

13 Die **Gleichstellungsentscheidung** nach Abs. 2 macht leichter behinderte (rechtlich) nicht zu schwerbehinderten Menschen.[17] Die Gleichstellung bezieht sich nicht auf die Eigenschaft als schwerbehinderter Mensch, sondern lediglich auf die damit verbundenen Rechtsfolgen.[18] Sie **begründet** durch konstitutiven Verwaltungsakt[19] für Gleichgestellte aber nahezu **denselben Schutz**, den schwerbehinderte Menschen nach dem SGB IX Teil 3 bereits kraft Gesetzes genießen. Ausgenommen sind lediglich die Vorschriften über Zusatzurlaub und über die unentgeltliche Beförderung im Nahverkehr (§§ 208, 228 ff.). Damit lässt das Gesetz offen, ob **außerhalb des SGB IX** geregeltes, schwerbehinderte Menschen begünstigendes Sonderrecht auch zugunsten Gleichgestellter gilt. **Verfassungsrechtlich** ist eine durchgehende Gleichbehandlung nicht geboten. Ebenso wenig wie durch Abs. 3 verstößt die unterschiedliche Behandlung schwerbehinderter und diesen gleichgestellter behinderter Menschen durch sonstige Vorschriften

---

16 *Oppermann* in HK-SozEntschR SGB IX § 68 Rn. 8; *Schorn* in Müller-Wenner/Schorn SGB IX Teil 2 § 68 Rn. 34.
17 AA *Greiner* in Neumann/Pahlen/Greiner/Winkler/Jabben SGB IX § 151 Rn. 19: schwerbehinderte Menschen kraft Verwaltungsakts.
18 *Masuch* in Hauck/Noftz SGB IX K § 68 Rn. 6; *Schorn* in Müller-Wenner/Schorn SGB IX Teil 2 § 68 Rn. 50.
19 BAG 18.11.2008 – 9 AZR 643/07, NZA 2009, 728.

gegen den allgemeinen Gleichheitssatz; vorausgesetzt, sie ist sachlich gerechtfertigt.[20]

Nach einem Teil der Literatur sollen schwerbehinderte Menschen begünstigende Vorschriften in Gesetzen außerhalb des SGB IX, in Tarifverträgen und Betriebsvereinbarungen auch für Gleichgestellte gelten, es sei denn, sie wären ausdrücklich ausgenommen;[21] andere sehen Gleichgestellte nur bei ausdrücklicher Anordnung als besonders geschützt an.[22] Abs. 3 lässt sich keine allgemeingültige Aussage für eine dieser Meinungen entnehmen. Deshalb dürfte der Anwendungsbereich einer Vorschrift ohne ausdrückliche positive oder negative Regelung jeweils durch Auslegung zu ermitteln sein.[23] **Arbeitsrechtliche** Bestimmungen in Tarifverträgen, Betriebs- und Dienstvereinbarungen werden danach häufig aber nicht durchgehend auch Gleichgestellte begünstigen.[24] Anders die wichtigsten **sozialrechtlichen** Bestimmungen: Anspruch auf **Rente wegen Alters** bereits mit Vollendung des 63. Lebensjahres besteht nur für Versicherte, die bei Beginn der Altersrente als schwerbehinderte Menschen (§ 2 Abs. 2) anerkannt sind. Gleichgestellte sind von dieser Begünstigung ebenso ausgeschlossen,[25] wie vom **Beitrittsrecht** zur gesetzlichen **Krankenversicherung**, obwohl dort die eindeutige Formulierung „Schwerbehinderte im Sinne des § 1 Schwerbehindertengesetz" durch „Schwerbehinderte Menschen im Sinne des Neunten Buches" ersetzt worden ist (§ 9 Abs. 1 Nr. 4 SGB V). Das ergibt sich aus der Beitrittsfrist von drei Monaten nach Feststellung der Behinderung nach „§ 151 des Neunten Buches" (§ 9 Abs. 2 Nr. 4 SGB V idF Art. 6 Nr. 3 BTHG).

14

Die **Gleichstellungsentscheidung** wirkt nach Abs. 2 Satz 2 auf den Tag des Antragseingangs **zurück**, sofern die materiellen Voraussetzungen bereits vorgelegen haben. Deshalb ist dieser Tag im Bescheid zu nennen, ebenso wie nach § 6 Abs. 1 Nr. 1 SchwbAwV das Datum des Antrages auf Feststellungen nach § 152 Abs. 1 und 4. Der Rückwirkungszeitraum kann sehr lang sein, wenn die Gleichstellung zunächst abgelehnt und erst nach einem langwierigen Verwaltungs-, Vor- und ggf. mehrinstanzlichen sozialgerichtlichen Verfahren ausgesprochen wird. Nach altem Recht war der Arbeitnehmer schon in der Zeit zwi-

15

---

20 VGH BW 25.9.1998 – 4 S 2210/98, RiA 1999, 204; OVG NRW 23.4.2004 – 6 B 199/04, br 2005, 26; BayVerfGH 17.8.2006 – Vf. 65-VI-05, ZBR 2007, 92; *Neumann* in Deinert/Neumann SGB IX-HdB § 5 Rn. 19.
21 *Greiner* in Neumann/Pahlen/Winkler/Greiner/Jabben SGB IX § 151 Rn. 19; *Jung* in Wiegand SGB IX § 68 Rn. 16; *Schorn* in Müller-Wenner/Schorn SGB IX Teil 2 § 68 Rn. 50 für vertragliche Vereinbarungen.
22 *Stähler/Bieritz-Harder* in HK-SGB IX § 68 Rn. 12; so etwa in Nr. 2.2 der Teilhaberichtlinien – Inklusion behinderter Angehöriger des Öffentlichen Dienstes in Bayern – (TeilR), Bek. des Bayer. StM der Finanzen vom 19.11.2012, FMBl. 2012/16 v. 21.12.2012.
23 So schon BVerwG 19.2 2009–2 C 55/07, NWVBl 2009, 303; *Cramer* SchwbG § 2 Rn. 23; *Goebel* in jurisPK-SGB IX § 151 Rn. 36; *Dau* jurisPR-SozR 3/2011, Anm. 1; *Oppermann* in HK-SozEntschR SGB IX § 68 Rn. 13.
24 Siehe aber OVG NRW 23.4.2004 – 6 B 199/04, Beamtenrecht 2005, 26, Pflichtstundenermäßigung für Lehrer; BayVerfGH 17.8.2006 – Vf. 65-VI-05, ZBR 2007, 92 Anspruch auf Altersteilzeit im Blockmodell; BayVGH 4.8.2008 – 3 CE 05.3369, Umsetzung; BVerwG 19.2.2009 – 2 C 55.07, NVWBl. 2009, 303, Altersgrenze zur Übernahme in das Beamtenverhältnis; OVG NRW v. 27.1.2010 – 6 A 3545/07, ZBR 2010, 275, Pflichtstundenermäßigung; BVerwG 29.7.2010 – 2 C 17/09, ZBR 2011, 169, Ermäßigung der Wochenarbeitszeit für Beamte; BAG 18.7.2017 – 9 AZR 850/16, br 2018,11; tariflicher Zusatzurlaub; *Beyer* jurisPR-ArbR 45/2017 Anm. 3.
25 Zur rechtspolitischen Fragwürdigkeit der Regelung vgl. *Fichte* in Hauck/Noftz SGB VI K § 37 Rn. 17.

schen **Antragseingang** und **Gleichstellungsbescheid** uneingeschränkt – auch – gegen **Kündigung** besonders **geschützt**.[26]

16 Nach § 173 Abs. 3 sind die Vorschriften des Vierten Kapitels (Kündigungsschutz) nicht anzuwenden, wenn zum **Zeitpunkt** der **Kündigung** die Eigenschaft als schwerbehinderter Mensch nicht nachgewiesen ist oder das Versorgungsamt nach Ablauf der **Frist** des § 152 Abs. 1 Satz 3 eine Feststellung wegen fehlender Mitwirkung – noch – nicht hat treffen können. Diese Ausnahmevorschrift zum Kündigungsschutz bei laufenden Feststellungsanträgen soll einen Missbrauch der Kündigungsschutzbestimmungen durch von vornherein aussichtslose Anträge auf Feststellung der Schwerbehinderteneigenschaft verhindern. Nach der Rechtsprechung gelten dieselben Einschränkungen auch bei laufenden **Gleichstellungsverfahren**. Trotz – noch – fehlendem Nachweis einer Gleichstellung besteht Kündigungsschutz schon während des Gleichstellungsverfahrens deshalb nur dann, wenn der Arbeitnehmer seinen – erfolgreichen – Gleichstellungsantrag spätestens drei Wochen vor der Kündigung gestellt hat.[27] Die Gegenansicht hält eine Anwendung dieser auf das Feststellungsverfahren gemünzten Ausnahme-Fristvorschrift auch auf das wesensverschiedene Gleichstellungsverfahren für nicht möglich (dazu → § 173 Rn. 47 f.).

17 **Lehnt** die Agentur für Arbeit die **Gleichstellung ab**, kann der Antragsteller nach den Vorschriften des SGG **Widerspruch** einlegen. Über den Widerspruch entscheiden die Widerspruchsausschüsse der Bundesagentur für Arbeit (§§ 201 Abs. 2, 203 SGB IX). Bleibt der Widerspruch erfolglos, ist die kombinierte **Anfechtungs- und Verpflichtungsklage** zum Sozialgericht zulässig. Der von einer Gleichstellungsentscheidung beschwerte **Arbeitgeber** hat **kein Anfechtungsrecht**, weil ihn allein deren Reflexwirkung trifft. Die Gleichstellung soll nicht – zumindest auch – den Individualinteressen betroffener Arbeitgeber dienen.[28]

Liegen die gesetzlich geforderten Voraussetzungen vor, ist ein Antragsteller regelmäßig **gleichzustellen**. Der Agentur für Arbeit wird in § 2 Abs. 3 mit der Formulierung „sollen" ein **gebundenes Ermessen** eingeräumt, das – wie in § 48 Abs. 1 Satz 2 SGB X – eine andere Entscheidung nur in atypischen Ausnahmefällen zulässt, etwa wenn der Behinderte bereits Altersrente bezieht. Die Agentur für Arbeit **sicherte** Behinderten häufig die Gleichstellung **nur zu** statt sie auszusprechen. Damit sollte Arbeitsuchenden die Option offengehalten werden, sich mit besserer Aussicht auf Erfolg auch bei Arbeitgebern bewerben zu können, die Vorbehalte gegen schwerbehinderte und diesen gleichgestellte Arbeitnehmer haben. Diese Praxis dürfte sich nicht im Rahmen des gebundenen Ermessens gehalten haben. Denn die Schutzvorschriften des AGG wie auch die Bewerbungsverfahren gelten nur bei Gleichstellung, nicht bei deren bloßer Zusicherung.[29] Nachdem die Bundesagentur für Arbeit ihre Praxis zwischenzeitlich geändert und gleichgestellt hatte, wenn ein Mensch mit Behinderungen mit bloßer Zusicherung ausdrücklich nicht einverstanden war,[30] erteilt sie seit 22.5.2017 im Gleichstellungsverfahren keine Zusicherungen mehr. Zuvor ausgesprochene Zusicherungen behalten ihre Wirkung.[31]

---

26 BSG 2.3.2000 – B 7 AL 46/99 R, BSGE 86, 10 (15) = SozR 3-3870 § 2 Nr. 1.
27 BAG 1.3.2007 – 2 AZR 217/06, BAGE 121, 335 = br 2007, 166 = DB 2007, 1702.
28 BSG 19.12.2001 – B 11 Al 57/01 R, BSGE 89, 119 (121 ff.) = SozR 3-3870 § 2 Nr. 1.
29 BAG 27.1.2011 – 8 AZR 580/09, NJW 2011, 2070; zur Nichtanwendung weiterer Schutzvorschriften vgl. *Düwell*, Sozialrecht und Praxis, 2011, S. 595.
30 *Beyer* jurisPR-ArbR 35/2011, Anm. 2.
31 Bundesagentur für Arbeit, Ziff. 2 Weisung 201705020 v. 22.5.2017 – Fachliche Weisungen Reha/SB SGBX.

Die **Gleichstellung** nach Abs. 4 erfolgt **ohne eigenes förmliches Verfahren**. Sie knüpft an einen Leistungsbescheid der Agentur für Arbeit über Leistungen zur beruflichen Rehabilitation (§§ 19, 116 SGB III) an oder wird – sollte ein Leistungsbescheid noch nicht vorliegen – durch eine Stellungnahme der Agentur für Arbeit nachgewiesen. Nach dieser Vorschrift Gleichgestellte haben **keinen Zugang** zu **Vorteilen** und **Nachteilsausgleichen** schwerbehinderter Menschen. Einzige Folge der Gleichstellung sind Prämien und Zuschüsse, die Arbeitgebern nach § 185 Abs. 3 Nr. 2 Buchst. c zu den Kosten der Berufsausbildung behinderter Jugendlicher und junger Erwachsener geleistet werden können. Die Gleichstellung ist auf die Zeit der Berufsausbildung begrenzt. 18

§ 152 Feststellung der Behinderung, Ausweise

[gültig bis 31.12.2023:]

(1) ¹Auf Antrag des behinderten Menschen stellen die für die Durchführung des Bundesversorgungsgesetzes zuständigen Behörden das Vorliegen einer Behinderung und den Grad der Behinderung zum Zeitpunkt der Antragstellung fest. ²Auf Antrag kann festgestellt werden, dass ein Grad der Behinderung oder gesundheitliche Merkmale bereits zu einem früheren Zeitpunkt vorgelegen haben, wenn dafür ein besonderes Interesse glaubhaft gemacht wird. ³Beantragt eine erwerbstätige Person die Feststellung der Eigenschaft als schwerbehinderter Mensch (§ 2 Absatz 2), gelten die in § 14 Absatz 2 Satz 2 und 3 sowie § 17 Absatz 1 Satz 1 und Absatz 2 Satz 1 genannten Fristen sowie § 60 Absatz 1 des Ersten Buches entsprechend. ⁴Das Gesetz über das Verwaltungsverfahren der Kriegsopferversorgung ist entsprechend anzuwenden, soweit nicht das Zehnte Buch Anwendung findet. ⁵Die Auswirkungen auf die Teilhabe am Leben in der Gesellschaft werden als Grad der Behinderung nach Zehnergraden abgestuft festgestellt. ⁶Eine Feststellung ist nur zu treffen, wenn ein Grad der Behinderung von wenigstens 20 vorliegt. ⁷Durch Landesrecht kann die Zuständigkeit abweichend von Satz 1 geregelt werden.

(2) ¹Feststellungen nach Absatz 1 sind nicht zu treffen, wenn eine Feststellung über das Vorliegen einer Behinderung und den Grad einer auf ihr beruhenden Erwerbsminderung schon in einem Rentenbescheid, einer entsprechenden Verwaltungs- oder Gerichtsentscheidung oder einer vorläufigen Bescheinigung der für diese Entscheidungen zuständigen Dienststellen getroffen worden ist, es sei denn, dass der behinderte Mensch ein Interesse an anderweitiger Feststellung nach Absatz 1 glaubhaft macht. ²Eine Feststellung nach Satz 1 gilt zugleich als Feststellung des Grades der Behinderung.

(3) ¹Liegen mehrere Beeinträchtigungen der Teilhabe am Leben in der Gesellschaft vor, so wird der Grad der Behinderung nach den Auswirkungen der Beeinträchtigungen in ihrer Gesamtheit unter Berücksichtigung ihrer wechselseitigen Beziehungen festgestellt. ²Für diese Entscheidung gilt Absatz 1, es sei denn, dass in einer Entscheidung nach Absatz 2 eine Gesamtbeurteilung bereits getroffen worden ist.

(4) Sind neben dem Vorliegen der Behinderung weitere gesundheitliche Merkmale Voraussetzung für die Inanspruchnahme von Nachteilsausgleichen, so treffen die zuständigen Behörden die erforderlichen Feststellungen im Verfahren nach Absatz 1.

(5) ¹Auf Antrag des behinderten Menschen stellen die zuständigen Behörden auf Grund einer Feststellung der Behinderung einen Ausweis über die Eigenschaft als schwerbehinderter Mensch, den Grad der Behinderung sowie im

Falle des Absatzes 4 über weitere gesundheitliche Merkmale aus. ²Der Ausweis dient dem Nachweis für die Inanspruchnahme von Leistungen und sonstigen Hilfen, die schwerbehinderten Menschen nach diesem Teil oder nach anderen Vorschriften zustehen. ³Die Gültigkeitsdauer des Ausweises soll befristet werden. ⁴Er wird eingezogen, sobald der gesetzliche Schutz schwerbehinderter Menschen erloschen ist. ⁵Der Ausweis wird berichtigt, sobald eine Neufeststellung unanfechtbar geworden ist.

[gültig ab 1.1.2024:]

(1) ¹Auf Antrag des behinderten Menschen stellen die nach Landesrecht zuständigen Behörden das Vorliegen einer Behinderung und den Grad der Behinderung zum Zeitpunkt der Antragstellung fest. ²Auf Antrag kann festgestellt werden, dass ein Grad der Behinderung oder gesundheitliche Merkmale bereits zu einem früheren Zeitpunkt vorgelegen haben, wenn dafür ein besonderes Interesse glaubhaft gemacht wird. ³Beantragt eine erwerbstätige Person die Feststellung der Eigenschaft als schwerbehinderter Mensch (§ 2 Absatz 2), gelten die in § 14 Absatz 2 Satz 2 und 3 sowie § 17 Absatz 1 Satz 1 und Absatz 2 Satz 1 genannten Fristen sowie § 60 Absatz 1 des Ersten Buches entsprechend. ⁴Die Auswirkungen auf die Teilhabe am Leben in der Gesellschaft werden als Grad der Behinderung nach Zehnergraden abgestuft festgestellt. ⁵Eine Feststellung ist nur zu treffen, wenn ein Grad der Behinderung von wenigstens 20 vorliegt.

(2) ¹Feststellungen nach Absatz 1 sind nicht zu treffen, wenn eine Feststellung über das Vorliegen einer Behinderung und den Grad einer auf ihr beruhenden Erwerbsminderung schon in einem Rentenbescheid, einer entsprechenden Verwaltungs- oder Gerichtsentscheidung oder einer vorläufigen Bescheinigung der für diese Entscheidungen zuständigen Dienststellen getroffen worden ist, es sei denn, dass der behinderte Mensch ein Interesse an anderweitiger Feststellung nach Absatz 1 glaubhaft macht. ²Eine Feststellung nach Satz 1 gilt zugleich als Feststellung des Grades der Behinderung.

(3) ¹Liegen mehrere Beeinträchtigungen der Teilhabe am Leben in der Gesellschaft vor, so wird der Grad der Behinderung nach den Auswirkungen der Beeinträchtigungen in ihrer Gesamtheit unter Berücksichtigung ihrer wechselseitigen Beziehungen festgestellt. ²Für diese Entscheidung gilt Absatz 1, es sei denn, dass in einer Entscheidung nach Absatz 2 eine Gesamtbeurteilung bereits getroffen worden ist.

(4) Sind neben dem Vorliegen der Behinderung weitere gesundheitliche Merkmale Voraussetzung für die Inanspruchnahme von Nachteilsausgleichen, so treffen die zuständigen Behörden die erforderlichen Feststellungen im Verfahren nach Absatz 1.

(5) ¹Auf Antrag des behinderten Menschen stellen die zuständigen Behörden auf Grund einer Feststellung der Behinderung einen Ausweis über die Eigenschaft als schwerbehinderter Mensch, den Grad der Behinderung sowie im Falle des Absatzes 4 über weitere gesundheitliche Merkmale aus. ²Der Ausweis dient dem Nachweis für die Inanspruchnahme von Leistungen und sonstigen Hilfen, die schwerbehinderten Menschen nach diesem Teil oder nach anderen Vorschriften zustehen. ³Die Gültigkeitsdauer des Ausweises soll befristet werden. ⁴Er wird eingezogen, sobald der gesetzliche Schutz schwerbehinderter Menschen erloschen ist. ⁵Der Ausweis wird berichtigt, sobald eine Neufeststellung unanfechtbar geworden ist.

I. Allgemeines	1	XIII. GdB bei Fünfergraden	24
II. Der Behindertenstatus und seine Feststellung	4	XIV. Bildung des Gesamt-GdB (Abs. 3)	25
III. Verfahrensrecht	6	XV. Erhöhungsverbot bei geringfügigem Einzel-GdB	27
IV. Zuständige Behörden	8	XVI. Verhältnis von Einzel- und Gesamt-GdB	28
V. Der Antrag auf Feststellung	9	XVII. Rücknahme und Aufhebung von Bescheiden	29
VI. Feststellungsinteresse	13	XVIII. Anderweitige Feststellungen (Abs. 2)	32
VII. Entscheidungsfrist	14	XIX. Weitere gesundheitliche Merkmale (Abs. 4)	37
VIII. Inhalt der Feststellung	15	XX. Ausweis über Schwerbehinderung und Nachteilsausgleiche (Abs. 5)	40
IX. GdB-Einschätzung nach dem Maßstab des Versorgungsrechts	18	XXI. Rechtsweg und Rechtsschutz	42
X. Versorgungsrechtliches System zur Bewertung des GdS	20		
XI. Ablösung der „Anhaltspunkte" durch „Versorgungsmedizinische Grundsätze"	21		
XII. „Versorgungsmedizinische Grundsätze"	23		

I. Allgemeines

Geltende Fassung: Die Vorschrift wurde mit Wirkung vom 1.7.2001 durch Art. 1 und 68 Abs. 1 SGB IX vom 19.6.2001[1] als § 69 eingeführt. Art. 1 Nr. 8 G v. 23.4.2004[2] hat Abs. 1 um den jetzigen Satz 3 sowie den letzten Satz ergänzt und Abs. 5 Satz 3 als Sollvorschrift gefasst. Abs. 1 Satz 5 wurde aufgehoben, die bisherigen Sätze 6 und 7 wurden zu den Sätzen 5 und 6 mWv 15.1.2015 durch G v. 7.1.2015 (BGBl. II 15). Art. 2 Nr. 2 G v. 23.12.2016[3] hat Satz 1 um den Zeitpunkt der Feststellung ergänzt und Satz 2 eingefügt. Art. 37 Nr. 13, Art. 60 Abs. 7 Gesetz zur Regelung des Sozialen Entschädigungsrechts v. 12.12.2019[4] wird ab 1.1.2024 die Behördenzuständigkeit ändern; statt der „für die Durchführung des BVG" werden in Abs. 1 Satz 1 die „nach Landesrecht zuständigen" Behörden benannt. Zugleich werden die Sätze 4 und 7 gestrichen. 1

Regelungsinhalt: Die Vorschrift regelt das Verfahren zur Feststellung der Behinderung und ihres Grades. Sie legt dafür – angelehnt an das Versorgungsrecht – ein gestuftes Bewertungssystem und eine Erheblichkeitsgrenze fest, sowie – entsprechend § 14 – Verfahrensfristen. Abs. 2 klärt verfahrensrechtlich und inhaltlich das Verhältnis zwischen gleichartigen Feststellungen der Versorgungsämter oder der landesrechtlich statt dieser zuständigen Behörden nach dem SGB IX einerseits und nach dem BVG sowie zwischen Feststellungen der Versorgungsverwaltung und anderer Dienststellen andererseits. Abs. 3 behandelt die GdB-Einschätzung bei mehrfacher Beeinträchtigung; Abs. 4 erstreckt die Kompetenz der Versorgungsämter auf die Feststellung gesundheitlicher Voraussetzungen für Nachteilsausgleiche. Geregelt ist schließlich der Anspruch auf einen Schwerbehindertenausweis einschließlich der Grundzüge des Ausweisverfahrens. 2

Zur Entstehung: Nahezu vollständige Übernahme des § 4 Abs. 1 bis 5 und des § 3 Abs. 2 und 3 SchwbG. Die Rechtswegzuweisung zu den Gerichten der Sozialgerichtsbarkeit ist aus dem SchwbG nicht übernommen worden. Sie findet sich jetzt in § 51 Abs. 1 Nr. 7 SGG. Die Verordnungsermächtigung des § 4 3

---

1 BGBl. I 1046.
2 BGBl. I 606.
3 BGBl. I 3234.
4 BGBl. I 2652.

Abs. 5 Satz 5 SchwbG hat ihren Standort nunmehr in § 153 Abs. 1. Die Fristvorschriften in Abs. 1 Satz 3 gehen auf den Koalitionsentwurf[5] und die Beschlussempfehlung des Vermittlungsausschusses[6] zurück. Die – ausnahmslose – Zuständigkeit der Versorgungsverwaltung für das Feststellungsverfahren sollte nach den Vorstellungen des Bundesrates gestrichen und die Bestimmung der zuständigen Behörden vollständig dem Landesrecht überlassen bleiben.[7] Der Vermittlungsausschuss hat stattdessen die Gesetz gewordene Zuständigkeitslockerung in Abs. 1 letzter Satz empfohlen.[8] Die Länder haben ihre Befugnis zT genutzt (zur Entwicklung insbesondere in NRW → Rn. 8). Ab 1.1.2024 wird sich sich die Behördenzuständigkeit allein nach Landesrecht richten.[9]

II. Der Behindertenstatus und seine Feststellung

4   Das SGB IX wendet sich an alle tatsächlich behinderten Menschen. Ihre **Behinderung** besteht, weil die **gesetzlichen Voraussetzungen** vorliegen und damit **unabhängig** von einer förmlichen Feststellung. Ist die Behinderung aber **nicht offensichtlich**,[10] so kann der Mensch mit Behinderung besondere Rechte nur wahrnehmen und Ansprüche nur durchsetzen, wenn die behauptete und geltend gemachte Behinderung geprüft und (**deklaratorisch**) **festgestellt** worden ist. Das geschieht nach Abs. 1 Satz 1 in einem eigenständigen, bei der Versorgungsverwaltung **monopolisierten** Feststellungsverfahren. Ein Mensch mit Behinderung kann dann mit dem Feststellungsbescheid und/oder dem Schwerbehindertenausweis gegenüber anderen Trägern, Behörden und Stellen seine Behinderung nachweisen.[11] Stellen außerhalb der Versorgungsverwaltung sind an die im einheitlichen Verfahren nach einheitlichen Maßstäben getroffenen **Feststellungen** der Versorgungsämter **gebunden**.[12]

5   Eine Behinderung ist nicht **erst** dann **festzustellen**, wenn ihr Grad **wenigstens 50** beträgt und damit – bei Wohnsitz, gewöhnlichem Aufenthalt oder Arbeitsplatz in Deutschland – nach § 2 Abs. 2 den **Schwerbehindertenstatus** begründet, wie etwa schon **allein** durch schwere Gesichtsneuralgien, Depressionen mit mittelgradigen sozialen Anpassungsschwierigkeiten, Alkohol- und Drogenabhängigkeit mit körperlichen/psychischen Folgen, Krebserkrankung (auch während einer mehrjährigen „Heilungsbewährung" nach erster Therapie), Herzkrankheiten mit Leistungsbeeinträchtigung bereits bei alltäglicher leichter Belastung, Bluthochdruck in schwerer Form, chronische Hepatitis mit stark entzündlicher Aktivität, Nierenfunktionseinschränkung mittleren Grades, entzündlich-rheumatische Krankheiten mit mittelgradigen Auswirkungen, Kleinwuchs (bis 130 cm), Wirbelsäulenschäden mit besonders schweren Auswirkungen, Verlust eines

---

5   BT-Drs. 15/2357, 6, 28.
6   BR-Drs. 253/04, 2.
7   BT-Drs. 15/2557, 2.
8   BR-Drs. 253/04, 2.
9   Art. 37, Art. 60 Abs. 7 G. v. 12.12.2019, BGBl. I 2652.
10 Vgl. dazu BAG 13.10.2011 – 8 AZR 608/10, juris Rn. 42.
11 BSG 22.10.1986 – 9 a RVs 3/84, BSGE 60, 284 f. = SozR 3870 § 3 Nr. 23.
12 Vgl. dazu *Voelzke* SGb 1991, 80, abl. Anm. zu BFH 23.9.1989 – III R 167/86; vgl. zur Rspr. der Verwaltungsgerichte BVerwG 17.12.1982 – 7 C 11.81, BVerwGE 66, 315 – Merkzeichen „RF"; 17.8.1988 – 5 C 65.85, BVerwGE 80, 54 – Merkzeichen „H"; 27.2.1992 – 5 C 48.88, BVerwGE 90, 65 – Merkzeichen „Bl."; s. a. zur abw. Auffassung für das Merkzeichen „H" bei Entscheidungen nach landesrechtlichem PflegegeldG OVG Berlin 30.6.1994 – 6 B 19.93, OVGE BE 21, 147; anders wiederum VG Düsseldorf 5.6.2008 – 21 K 881/08 – zum Merkzeichen „Bl.", obwohl nordrhein-westfälisches Blindengeldrecht den Blindheitsbegriff eigenständig definiert.

Unterarmes, Verlust von vier Fingern mit Einschluss des Daumens, Verlust eines Beines im Unterschenkel; oder bei **mehreren gesundheitlichen Störungen**, die einzeln eingeschätzt jeweils deutlich unter 50 liegen, zusammengenommen häufig zu einem die Schwerbehinderteneigenschaft begründenden **Gesamt-GdB** von 50 oder höher führen (zum Verhältnis von Einzel und Gesamt-GdB und zur Bildung des Letzteren → Rn. 25). Beträgt der GdB **wenigstens 30**, so ist die Behinderung schon deshalb festzustellen, weil dies nach § 151 Abs. 2 Satz 1 persönliche Voraussetzung für die **Gleichstellung** des leichter behinderten Menschen mit schwerbehinderten Menschen ist. Darüber hinaus schreibt § 152 Abs. 1 Satz 6 auch noch die Feststellung von Behinderungen vor, deren Grad **wenigstens 20** beträgt. Erst Behinderungen noch geringeren Grades sind nicht mehr festzustellen.[13] In diesem **Feststellungsverbot** erschöpft sich die Regelung; unabhängig davon sind auch leichtere Behinderungen ab der **Erheblichkeitsgrenze** eines Grades **von 10** Behinderungen im Sinne des § 2.

III. Verfahrensrecht

Das Feststellungsverfahren richtet sich nach den Vorschriften des SGB X. § 152 Abs. 1 Satz 4 ordnet zwar – wie schon § 4 Abs. 1 Satz 3 SchwbG – die entsprechende Geltung des Gesetzes über das Verfahren der Kriegsopferversorgung (KOVVfG) an, „soweit nicht das Zehnte Buch Anwendung findet". Dieses Rangverhältnis erweckt aber den falschen Eindruck, als sei das Feststellungsverfahren umfassend durch besondere, vom SGB X abweichende Vorschriften geregelt. Das KOVVfG idF der Bekanntmachung v. 6.5.1976,[14] zuletzt geändert durch Art. 156 G. v. 29.3.2017[15] führt nach seiner weitgehenden Ablösung durch das SGB X jedoch nur noch ein Schattendasein. Wesentliche Besonderheiten enthält es nicht mehr (vgl. etwa §§ 3 Abs. 1, 4 Abs. 2 KOVVfG). Art. 49 Nr. 1 SGB IX hatte auch noch die nach Auffassung der Rechtsprechung[16] von § 2 Abs. 2 SGB X abweichende Festschreibung der örtlichen Zuständigkeit auf die Verwaltungsbehörde beseitigt, in deren Bezirk der Antragsteller „zur Zeit der Stellung des Antrages" seinen Wohnsitz oder gewöhnlichen Aufenthalt hat. Damit tritt bei Veränderung der die örtliche Zuständigkeit begründenden Umstände während des **Verwaltungsverfahrens** auch ein Wechsel der Zuständigkeit ein, es sei denn, die beteiligten Behörden einigten sich aus verfahrensökonomischen Gründen darauf, das Verfahren durch die bisher zuständige Behörde fortzusetzen. An einer einmal durch Klageerhebung begründeten (örtlichen) **Gerichtszuständigkeit** ändert sich bei Umzug des Klägers in ein anderes Bundesland nichts[17].

Zum 1.1.2024 wird Abs. 1 Satz 4 gestrichen;[18] für das Feststellungsverfahren gilt dann uneingeschränkt das SGB X.

Allerdings ist die **Feststellung** nach § 152 Abs. 1 **keine „Sozialleistung"**. Die Feststellung der Behinderung ist deshalb auch nicht im Leistungskatalog des

---

13 Zu den Gründen vgl. BT-Drs. 10/5701, 9; zur Forderung, die Feststellungsschwelle auf einen GdB von 10 abzusenken vgl. BT-Drs. 17/9931, 4 und BT-Ausschussdrucks. 17 (11)1082, 50.
14 BGBl. I 1169.
15 BGBl. I 626.
16 BSG 4.2.1998 – B 9 V 6/96 R, SozR 3-3100 § 89 Nr. 4; BSG 13.12.2000 – B 9 V 1/00 R, SozR 3-3900 § 4 Nr. 2.
17 BSG 8.5.2007 – B 12 SF 3/07 S, SozR 4-1500 § 57 Nr. 2. Zur Verwaltungs- und gerichtlichen Zuständigkeit bei Umzug ins Ausland vgl. BSG 5.7.2007 – B 9/9a SB 2/06 R, SozR 4-3250 § 69 Nr. 5; *Luik* jurisPR-SozR 7/2008, Anm. 5 und 2/07 R, SozR 4-3250 § 69 Nr. 6; *Wehrhahn* jurisPR-SozR 6/2008, Anm. 3.
18 Art. 37 Nr. 13, Art. 60 Abs. 7 G. v. 12.12.2019 (BGBl. 2652).

§ 29 Abs. 1 SGB I aufgeführt. Der Charakter als **Statusentscheidung** ist bei Anwendung des Verwaltungsverfahrensrechts zu berücksichtigen.[19]

IV. Zuständige Behörden

8 Feststellungen nach § 152 Abs. 1 Satz 1 treffen die für die Durchführung des BVG zuständigen Behörden. Das sind nach dem Gesetz über die Errichtung der Verwaltungsbehörden in der Kriegsopferversorgung idF des Zweiten Zuständigkeitslockerungsgesetzes vom 3.5.2000[20] die **Versorgungsämter** und **Landesversorgungsämter**, die von den Ländern nicht mehr als „besondere" Verwaltungsbehörden errichtet werden müssen.[21] Abs. 1 Satz 7 erlaubt den Ländern darüber hinaus, **andere Behörden** – außerhalb der Versorgungsverwaltung – für zuständig zu erklären, weil die (herkömmliche) Verbindung von Aufgaben nach dem SGB IX und nach dem BVG nicht zwingend sei.[22] Die Länder haben diese Befugnis zT genutzt. In NRW sind nach Auflösung der Versorgungsämter die Kreise und kreisfreien Städte für Aufgaben der Schwerbehindertenrechts zuständig, Aufgaben des sozialen Entschädigungsrechts nehmen die Landschaftsverbände wahr.[23] Diese **Kommunalisierung** der Versorgungsverwaltung im Bereich des Schwerbehindertenrechts widerspricht weder der Kompetenzordnung des Grundgesetzes noch § 152 Abs. 1 Satz 1 und Abs. 4, noch § 71 Abs. 5 SGG aF.[24] Ob aber das Nebeneinander von Behörden unterschiedlicher kommunaler Organisationsstufen zur Entscheidung gleicher Fragen nach einheitlichen Grundsätzen zweckmäßig ist, erscheint angesichts doppelt erforderlichen besonderen Sachverstandes und zersplitterter Zuständigkeiten allerdings fraglich.[25]

Abs. 1 Satz 7 wird mit Wirkung vom 1.1.2024 gestrichen. Die Vorschrift ist dann obsolet, weil von da an gem. S. 1 die „nach Landesrecht" zuständigen Behörden das Vorliegen einer Behinderung und den GdB festzustellen haben[26].

V. Der Antrag auf Feststellung

9 Für die Praxis stellt die Broschüre „Behinderung und Ausweis"[27] das gesamte Feststellungsverfahren erschöpfend und zugleich gut verständlich dar. Menschen mit Behinderungen sollten diese Veröffentlichung als Leitfaden und Wegweiser nutzen. Der Status als Mensch mit Behinderung gehört zum grundgesetzlich geschützten Bereich der **Persönlichkeitsrechte** (Art. 1 Abs. 1, Art. 2

---

19 Vgl. BSG 29.5.1991 – 9a/9 RVs 11/89, BSGE 69, 14 (16 ff.) = SozR 3-1300 § 44 Nr. 3 und v. 16.2.2012 – B 9 SB 2/12 R, SozR 4-3250 § 69 Nr. 14 Rn. 17 zur Rücknahme rechtswidrig abgelehnter Feststellungen sowie BSG 26.10.1989 – 9 RVs 4/88, SozR 1300 § 45 Nr. 48 zur „Abschmelzung" rechtswidrig begünstigender Feststellungen.
20 BGBl. I 632.
21 Vgl. dazu – insbesondere zur Organisation der Versorgungsverwaltung in Nordrhein-Westfalen – BSG 12.6.2001 – B 9 V 5/00 R, BSGE 88, 153 = SozR-3 3100 § 5 Nr. 9.
22 BT-Drs. 15/2557, 2.
23 Vgl. Art. 1 §§ 2 und 4 G v. 30.10.2007 (GVBl. 2007, 482).
24 BSG 23.4.2009 – B 9 SB 3/08 R; vgl. für das Versorgungsrecht BSG 11.12.2008 – B 9 VS 1/08 R, BSGE 102, 149 und die durch Art. 8 Nr. 4 a G v. 22.12.2011 (BGBl. I 3057) klargestellte Fassung des § 71 Abs. 5 SGG.
25 Vgl. zur Kommunalisierung der Versorgungsverwaltung in Sachsen und Thüringen, Die Sozialverwaltung 2008, 11 f.
26 Art. 37 Nr. 13, Art. 60 Abs. 7 G v. 12.12.2019 (BGBl. 2652).
27 Abrufbar zum Download unter www.hamburg.de/sozialbehoerde/veroeffetlichung en/115198/behinderung-und-ausweis.

Abs. 1 GG). Über dieses Recht kann der Mensch mit Behinderung nach seinem Belieben verfügen; er allein hat die **Dispositionsbefugnis**.[28] Das gesonderte Feststellungsverfahren findet deshalb nur auf seinen **Antrag** statt. Es gibt keine Feststellung **von Amts wegen** und kein **Antragsrecht Dritter**; auch nicht der Erben.[29] Mit dem **Tod des Antragstellers** endet dessen Status als Mensch mit Behinderung, ein anhängiges Feststellungsverfahren über die höchstpersönliche Behinderteneigenschaft (oder über die gesundheitlichen Voraussetzungen für Nachteilsausgleiche nach § 152 Abs. 4) erledigt sich.[30] Wegen seiner uneingeschränkten Verfügungsbefugnis über den Behindertenstatus kann der Mensch mit Behinderung das Feststellungsverfahren auf **einzelne** körperliche, geistige oder seelische **Leiden** und die dadurch beeinträchtigte Teilhabe am Leben in der Gesellschaft **begrenzen**.[31]

Obwohl die Feststellung keine Dienst-, Sach- oder Geldleistung (Sozialleistung) iSd § 11 Satz 1 SGB I ist,[32] kann auch ein nach § 36 Abs. 1 Satz 1 SGB I mit Vollendung des 15. Lebensjahres sozialrechtlich handlungsfähiger **Minderjähriger** sie **beantragen**.[33] Das folgt aus dem im Schwerbehindertenrecht zuvor anwendbaren § 9 Abs. 3 Satz 1 KOVVfG aF, wonach Minderjährige ab Vollendung des 16. Lebensjahres selbstständig Anträge stellen konnten. Hinter diesen Stand ist das Verfahrensrecht nicht zurückgefallen. 10

Bei **Auslandsberührung** haben Menschen mit Behinderungen keinen uneingeschränkten Anspruch auf Feststellung ihrer Behinderung, des GdB und der Schwerbehinderteneigenschaft. Den **Schwerbehindertenstatus in Deutschland lebender Ausländer** berührt die fremde Staatsangehörigkeit zwar nicht direkt. Mittelbar werden Ausländer aber diskriminiert, weil die Eigenschaft als schwerbehinderter Mensch nach § 2 Abs. 2 von rechtmäßigem Wohnsitz, gewöhnlichen Aufenthalt oder Arbeitsplatz im Inland abhängt. Deutsche leben stets rechtmäßig in Deutschland, fremden Staatsangehörigen gelingt das nach ausländerrechtlichen Maßstäben häufig trotz jahrelangen Aufenthalts nicht. Das BSG hat die „Rechtmäßigkeit" deshalb schon vor langer Zeit für das Schwerbehindertenrecht eigenständig beurteilt und sie auch aus verfassungsrechtlichen Gründen bei langjährig lediglich „**geduldeten**" **Ausländern** mit günstiger Aufenthaltsprognose angenommen, weil sie sonst nicht den verfassungsrechtlich gebotenen Schutz des Schwerbehindertenrechts genossen hätten.[34] Bei dieser „Klarstellung" der Rechtsprechung sollte es nach den Materialien[35] zum SGB IX bleiben. Das BSG hat seine Rechtsprechung anschließend bestätigt und präzisiert: Als schwerbehindert iSd § 2 Abs. 2 sind nunmehr auch lediglich geduldete Ausländer anzuerkennen, deren Aufenthalt in Deutschland voraussichtlich noch länger als sechs Monate andauern wird; eines bereits längeren, quasi 11

---

28 BSG 22.10.1986 – 9 a RVs 3/84, BSGE 60, 284 (286) = SozR 3870 § 3 Nr. 23; BSG 6.12.1989 – 9 RVs 4/89, BSGE 66, 120 (123) = SozR 3870 § 4 Nr. 4.
29 Nach FG BW 18.10.2019 – 13 K 1012/18, juris Rnrn. 18 ff. geht das Antragsrecht auf (rückwirkende) Kfz-Steuerbefreiung gem. § 3 a Abs. 1, 3 KraftStG auf die Erben über.
30 BSG 6.12.1989 – 9 RVs 4/89, BSGE 66, 120 (123 f.) = SozR 3870 § 4 Nr. 4; LSG Nds-Brem 19.11.2015 – L 10 SB 1/13; aA SG Speyer 16.1.2012 – S 5 SB 563/08 – zur Feststellung der Schwerbehinderteneigenschaft eines Versicherten im Rahmen des § 37 SGB VI.
31 BSG 26.2.1986 – 9 a RVs 4/83, BSGE 60, 11 (13 ff.) = SozR 3870 § 3 Nr. 21.
32 BSG 16.12.2014 – B 9 SB 3/13 R, SozR 4-3250 § 69 Nr. 15.
33 *Schorn* in Müller-Wenner/Schorn SGB IX Teil 2 § 69 Rn. 10; *Cramer* SchwbG § 4 Rn. 4; aA *Mrozynski* SGB I, 3. Aufl. 2003, § 36 Rn. 14; *Schmitt*, Die Handlungsfähigkeit im Sozialrecht, 1982, S. 34.
34 BSG 1.9.1999 – B 9 SB 1/99 R, BSGE 84, 253 (255) = SozR 3-3870 § 1 Nr. 1.
35 BT-Drs. 14/5074, 99.

anwartschaftsbegründenden Aufenthaltes in der Vergangenheit bedarf es nicht.[36] Für den Anspruch im **Ausland** lebender deutscher oder ausländischer Staatsangehöriger auf **Feststellung der Behinderung** und des **GdB** (§ 2 Abs. 1, § 152 SGB IX) gilt nach § 30 Abs. 1 SGB I zwar das **Territorialitätsprinzip** des § 30 Abs. 1 SGB I. Danach fallen allein Personen unter die Vorschriften des SGB, die ihren Wohnsitz oder gewöhnlichen Aufenthalt im Inland haben. § 37 Satz 1 SGB I schränkt dieses Prinzip jedoch ein. Das Erste und Zehnte Buch SGB gelten nur insoweit, als sich aus den übrigen Büchern nichts Abweichendes ergibt. So liegt es im Schwerbehindertenrecht bei der für Dritte verbindlichen Statusfeststellung nach § 152 SGB IX, weil diese als Schlüssel für Nachteilsausgleiche nur dienende Funktion hat.[37] Deshalb erlaubt das nachgiebige Territorialitätsprinzip Ansprüche auf **Feststellung** der **Behinderung** und des **GdB** vom Ausland aus zu betreiben, wenn Menschen mit Behinderungen aus der begehrten Feststellung in Deutschland konkrete Vergünstigungen erwachsen können, die ihrerseits keinen Inlandswohnsitz voraussetzen.[38]

12 Für die Feststellung der **Schwerbehinderteneigenschaft** durchbricht § 2 Abs. 2 das zunächst mit der Forderung nach rechtmäßigem Wohnsitz oder gewöhnlichen Aufenthalt im Inland **verschärfte Territorialitätsprinzip**, indem er erleichternd – auch bei **Auslandswohnsitz** – einen **Arbeitsplatz in Deutschland** genügen lässt. Diese gesetzlich geregelte Ausnahme ist nicht abschließend.[39] So folgt etwa aus der gemeinschaftsrechtlichen Grundfreiheit der Arbeitnehmerfreizügigkeit, dass die Schwerbehinderteneigenschaft auch solcher Versicherten festzustellen ist, die im Ausland leben und in Deutschland keinen Arbeitsplatz haben, wenn es um Altersrente nach § 37 SGB VI geht[40] und der EuGH hat die auf Schwerbehinderte mit Wohnsitz in Österreich begrenzte Autobahn-Mautfreiheit nur wegen Besonderheiten des weitgefassten österreichischen Wohnsitzbegriffes als gemeinschaftsrechtskonform angesehen.[41]

VI. Feststellungsinteresse

13 Ob ein (höherer) GdB nur festzustellen ist, wenn der Antragsteller davon **ersichtlich Vorteile** hat,[42] oder ob ein **Rechtsschutzbedürfnis** auch dann besteht, wenn solche Vorteile durch die begehrte GdB-Erhöhung sich nicht konkretisieren lassen[43] war umstritten. Das **Rechtsschutzbedürfnis fehlt nur,** wenn sich die rechtliche und wirtschaftliche Stellung durch GdB-Erhöhung **unzweifelhaft**

---

36 BSG 29.4.2010 – B 9 SB 2/09 R, BSGE 106, 101 = SozR 4-3250 § 2 Nr. 2.
37 BSG 5.7.2007 – B 9/9a 2/06 R, BSG SozR 4-3250 § 69 Nr. 5 Rn. 27; BSG 5.7.2007 – B 9/9a SB 2/07 R, BSGE 99, 9 = SozR 4-3250 § 69 Nr. 6 jeweils Rn. 22.
38 BSG 5.7.2007 – B 9/9a 2/06 R, BSG SozR 4-3250 § 69 Nr. 5 Rn. 27 f.; BSG 5.7.2007 – B 9/9a SB 2/07 R, BSGE 99, 9 = SozR 4-3250 § 69 Nr. 6 jeweils Rn. 22 f.
39 AA LSG NRW 8.6.2011 – L 10 SB 74/10, SozialVerw 2012, 13, die vom LSG zugelassene und vom Kläger eingelegte Revision wurde zurückgenommen.
40 BSG 5.7.2007 – B 9/9a SB 2/07 R, BSGE 99, 9 = SozR 4-3250 § 69 Nr. 6; anders bei Wohnsitz oder gewöhnlichem Aufenthalt im EU-Ausland: BSG 12.4.2017 – B 13 R 15/15 R.
41 EuGH 1.10.2009 – C 103/08 – Gottwald; *Dau* jurisPR-SozR 9/2010, Anm. 6.
42 So LSG BW 5.7.1999 – L 8 SB 4422/98, Breithaupt 1999, 1093 und LSG Hmb 20.6.2006 – L 4 SB 30/05, NZS 2007, 279.
43 So LSG BW 16.3.2006 – L 6 SB 4102/05, Breithaupt 2006, 859 und SächsLSG 21.12.2005 – L 6 SB 5/04, juris Rn. 48; BSG 24.4.2008 – B 9/9a SB 8/06 R, SozR 4-3250 § 69 Nr. 8.

nicht verbesserte.[44] Das bleibt bei der unüberschaubaren Zahl möglicher – auch nicht öffentlich-rechtlicher – Vergünstigungen aber **stets offen**,[45] und zwar auch bei rückwirkend verlangten Feststellungen.[46] Vom Rechtsschutzinteresse zu unterscheiden ist das für rückwirkende Feststellungen erforderliche „besondere Interesse" als materielle Voraussetzung;[47] dazu → Rn. 17.

VII. Entscheidungsfrist

Durch die in Abs. 1 Satz 3 angeordnete Übernahme der **Fristbestimmungen** des § 14 soll das Feststellungsverfahren beschleunigt werden. Die Vorschrift gilt allerdings **nicht allgemein**, wie noch im Koalitionsentwurf vorgesehen.[48] Wegen der dagegen vom Bundesrat geltend gemachten Bedenken[49] sind der Verwaltung allein in **Verfahren** über die **Schwerbehinderteneigenschaft** und auch hier nur bei **erwerbstätigen Antragstellern** Fristen gesetzt.[50] Das entspricht der ratio des G. v. 23.4.2004,[51] die Ausbildung und Beschäftigung schwerbehinderter Menschen zu fördern. Der Hinweis auf § 60 SGB I stellt klar, dass die Entscheidungsfrist erst mit Eingang des vollständigen Antrages beginnt. Antragsdatum und Beginn der Entscheidungsfrist können mithin – weit – auseinanderfallen. Ebenso wenig wie in § 14 sind hier die Folgen von Fristüberschreitungen geregelt (zu möglichen Ansprüchen → § 14 Rn. 34).[52]

14

VIII. Inhalt der Feststellung

Festzustellen sind nach Abs. 1 Satz 1 das **Vorliegen einer Behinderung** und ihr Grad. Inhalt der Feststellung ist nicht, **in welcher Weise** ein Mensch mit Behinderung in seiner Teilhabe am Leben in der Gesellschaft beeinträchtigt ist. Das Gesetz fordert dies schon deshalb nicht, weil eine erschöpfende Beschreibung aller in Betracht kommenden Auswirkungen unmöglich sein dürfte. Festzustellen ist im **Verfügungsteil** des Bescheides deshalb lediglich, **dass** eine (unbenannte) Behinderung vorliegt.[53] Die Verwaltung hat allerdings im **Begründungsteil** des Feststellungsbescheides darzulegen, welche **tatsächlichen Umstände** sie ermittelt und ihrer Entscheidung zugrunde gelegt hat. Erst wenn sie darstellt, welche körperlichen Funktionen, geistigen Fähigkeiten und/oder seelischen Zustände nach dem Ergebnis ihrer Ermittlungen von dem für das Lebensalter typischen Status abweichen und dass sie dadurch die Teilhabe am Leben in der Gesellschaft als beeinträchtigt ansieht, wird der Bescheid inhaltlich hinlänglich bestimmt, für den Adressaten verständlich und für die Gerichte nachprüfbar;[54]

15

---

44 Vgl. *Keller* in Meyer-Ladewig/Keller/Leitherer, Sozialgerichtsgesetz, Kommentar, 12. Aufl. 2017, SGG Vor § 51 Rn. 16 a.
45 Vgl. dazu anschaulich BSG 24.4.2008 – B 9/9 a SB 8/06 R, SozR 4-3250 § 69 Nr. 8; Anm. *Reyels* juris PR-SozR 7/2009, Anm. 9.
46 AA HessLSG 22.10.2008 – L 4 SB 33/07 mwN; abl. *Dau* jurisPR-SozR 12/2009, Anm. 6.
47 BSG 16.2.2012 – B 9 SB 1/11 R, SozR 4-3250 § 69 Nr. 15; *Dau* jurisPR-SozR 13/2012, Anm. 5.
48 BT-Drs. 15/1783, 4, 13.
49 Vgl. BR-Drs. 746/2/03, 2, 19 f.
50 Einzelheiten bei *Beraus* VersorgVerw 2004, 58; *Cramer* NZA 2004, 698 (699 f.).
51 BGBl. I 606.
52 S. a. BSG 7.11.2001 – B 9 SB 3/01 R, BSGE 89, 79 (84) = SozR 3-3870 § 59 Nr. 1 zu Ansprüchen bei verzögerter Feststellung gesundheitlicher Merkmale.
53 BSG 24.6.1998 – B 9 SB 17/97 R, BSGE 82, 176 (182) = SozR 3-3870 § 4 Nr. 24; aA *Beraus* br 2002, 148.
54 BSG 6.12.1989 – 9 RVs 3/89, SozR 3870 § 4 Nr. 3; BSG 24.6.1998 – B 9 SB 17/97 R, BSGE 82, 176 (180) = SozR 3-3870 § 4 Nr. 24.

erst dann kann der Bescheid bei – von der Verwaltung angenommenen – Besserungen oder bei – von behinderten Menschen behaupteten – Verschlimmerungen als Vergleichsgrundlage dienen.

16 Im Verfügungsteil des Bescheides hat die Verwaltung den **GdB** auf einer nach **Zehnergraden abgestuften Skala** anzugeben.[55] Anders als noch in § 3 Abs. 2 SchwbG legt das Gesetz das Skalenende nicht mehr ausdrücklich mit 100 fest. Dieser höchste GdB ergibt sich aber aus § 30 Abs. 1 BVG, auf den § 241 Abs. 5 verweist. § 30 Abs. 1 S. 2 BVG bestimmt, dass der GdS nach Zehnergraden von 10 bis 100 zu bemessen ist. Genauer als nach dem groben Raster von Zehnerwerten lassen sich die Auswirkungen körperlicher, geistiger und/oder seelischer Defizite auf die Teilhabe am Leben in der Gesellschaft nicht einschätzen.[56]

17 Statusfeststellungen wirken **prinzipiell in die Zukunft**. Die **begrenzte Rückwirkung**, die § 6 Abs. 1 SchwbAwV seit jeher und – klarstellend – jetzt auch Abs. 1 Satz 1 auf den Tag des Antragseingangs anordnet, vermeidet Nachteile infolge langdauernder Verwaltungsverfahren; allerdings nur dann, wenn Nachteilsausgleiche sich tatsächlich rückwirkend gewähren lassen und rechtlich rückwirkend zu gewähren sind.[57] Feststellungen für die **vor** dem Tag des **Antragseingangs** liegende **Vergangenheit** sind – wie Abs. 1 Satz 2 jetzt klarstellt[58] – immer dann zu treffen, wenn der behinderte Mensch daran ein „**besonderes Interesse**" hat,[59] ohne dass die anspruchsbegründenden gesundheitlichen Umstände offenkundig sichtlich sein müssten. **Offenkundigkeit** fordern nur Entscheidungen nach § 44 Abs. 2 SGB X über Rücknahme unanfechtbar bindender GdB-Feststellungen für die Vergangenheit.[60] Die zusätzliche Voraussetzung eines besonderen Interesses folgt aus dem Ausnahmecharakter rückwirkender Feststellungen im prinzipiell zukunftsgerichteten Schwerbehindertenrecht; sie verhindert außerdem unnötigen Verwaltungsaufwand. Die Voraussetzung galt deshalb weiterhin, obwohl ihre ausdrückliche Regelung in § 6 Abs. 1 Satz 2 SchwbAwV aF zum 1.1.2013 aufgehoben und erst ab 30.12.2016 mit Abs. 1 Satz 2 SGB IX wieder eingeführt worden ist.[61] Besonderes Interesse hat ein behinderter Mensch nur an konkreten, durch die rückwirkend begehrte Feststellung erschließbaren Rechtsvorteilen; nach der Rechtsprechung etwa am Bezug abschlagsfreier Altersrente, wofür § 236 a Abs. 4 SGB VI Schwerbehinderung bereits am 16.11.2000 fordert, an den durch Pauschbeträge des § 33 b EStG vermittelten Einkommensvorteilen[62] oder an der Ermäßigung/Befreiung von Kraftfahrzeugsteuer für Inhaber der Merkzeichen „G"/„aG".[63] Das besondere Interesse muss nicht nachgewiesen, sondern – wie Abs. 1 Satz 2 jetzt ausdrücklich bestimmt – nur **glaubhaft** gemacht sein.[64] Dazu hat der behinderte Mensch in

---

55 Zur Reform vgl. *Frehe* KJ 2012, 435 (438).
56 Vgl. dazu und zu den „Vomhundertsätzen" des BVG aF BSG 14.2.2001 – B 9 V 12/00 R, BSGE 87, 289 (292) = SozR 3-3100 § 31 Nr. 5 und zur Behandlung von Fünfergraden → Rn. 24.
57 Vgl. dazu allgemein *Dau* jurisPR-SozR 16/2011, Anm. 6 mwN und speziell zu dem an das Merkzeichen „G" geknüpften Mehrbedarfszuschlag des § 30 Abs. 1 Nr. 2 SGB XII BSG 10.11.2011 – B 8 SO 12/10 R, SozR 4-3500 § 30 Nr. 4.
58 BT-Drs. 18/9522, 313.
59 BSG 7.4.2011 – B 9 SB 3/10 R, SozR 4-3250 § 69 Nr. 3.
60 BSG 29.5.1991 – 9a/9 RVs, BSGE 69, 14 (18) = SozR 3-1300 § 45 Nr. 48; BSG 7.4.2011 – B 9 SB 3/10 R, SozR 4-3250 § 69 Nr. 3.
61 *Dau* jurisPR-SozR 22/2012, Anm. 1; vgl. Art. 2 Nr. 2 Buchst. b G v. 23.12.2016, BGBl. I 3234.
62 BSG 16.2.2012 – B 9 SB 1/11 R, SozR 4-3250 § 69 Nr. 15.
63 BSG 7.11.2001 – B 9 SB 3/01 R, BSGE 89, 79 = SozR 3-3870 § 59 Nr. 1; FG BW 6.10.2005 – 8 K 137/05, EFG 2006, 71.
64 Vgl. die ausdrückliche Regelung im aufgehobenen § 6 Abs. 1 Satz 2 SchwbAwV aF.

angesessenem Umfang Tatsachen darzulegen und Beweise beizubringen; erst wenn ihm das ausreichend nicht möglich ist, setzt die Ermittlung von Amts wegen ein.[65]

IX. GdB-Einschätzung nach dem Maßstab des Versorgungsrechts

Der GdB gibt das Ausmaß an, in dem die Teilhabe behinderter Menschen am Leben in der Gesellschaft beeinträchtigt ist. Das SGB IX stellte dafür **kein eigenes Bewertungssystem** auf. Es verweist auch nicht länger auf eine entsprechende Anwendung der Maßstäbe, nach denen im **Versorgungsrecht** der GdS einzuschätzen ist (§ 69 Abs. 1 Satz 5, Abs. 3 Satz 1 SGB IX aF), sondern ermächtigt das BMAS in § 153 Abs. 2, maßgebende Grundsätze für die medizinische Bewertung des GdS und für die Voraussetzungen zur Vergabe von Merkzeichen aufzustellen. Für die Übergangszeit bis zum Erlass einer solchen Rechtsverordnung[66] bleibt es gemäß § 241 Abs. 5 beim alten Rechtszustand: Der GdB ist nach den Maßstäben einzuschätzen, nach denen im Versorgungsrecht der GdS bemessen wird (§ 30 Abs. 1 BVG nebst aufgrund § 30 Abs. 16 BVG erlassener Rechtsverordnungen). In der ab 1.1.2022 geltenden Fassung ihres § 1 regelt die VersMedV (auch) die medizinischen Grundsätze und Kriterien, die bei der ärztlichen Begutachtung nach Teil 3 des SGB IX anzuwenden sind.[67] Die entsprechende Anwendung versorgungsrechtlicher Maßstäbe erschien bedenklich, solange dort – nach § 30 Abs. 1 Satz 2 BVG aF – anzugeben war, um wie viel die Befähigung zur üblichen, auf Erwerb gerichteten Arbeit und deren Ausnutzung im wirtschaftlichen Leben durch die als Folgen einer Schädigung anerkannten Gesundheitsstörungen beeinträchtigt war, während der GdB – nach § 152 Abs. 1 Satz 5 – angeben soll, in welchem Umfang der behinderte Mensch in seiner Teilhabe am Leben in der Gesellschaft beeinträchtigt ist. Die erhebliche Verschiedenheit der Bemessungsobjekte wirkte sich allerdings in der Praxis der MdE/GdB-Bewertung kaum aus. Nach den „**Anhaltspunkten für die ärztliche Gutachtertätigkeit im sozialen Entschädigungsrecht und nach dem Schwerbehindertenrecht (Teil 2 SGB IX)**" (AHP) hatten **beide** Begriffe die **Auswirkungen** von Funktionsbeeinträchtigungen in **allen Lebensbereichen** und **nicht** nur die Einschränkungen im allgemeinen Erwerbsleben zum Inhalt. Der Gesetzgeber hat mit der Neufassung des § 30 Abs. 1 Satz 1 BVG[68] den GdS- an den GdB-Begriff angepasst und damit die Entwicklung in Rechtsprechung und Praxis nachvollzogen.[69] Den gesellschaftlichen Bezug des Behinderungsbegriffs macht die Definition in § 2 Abs. 1 deutlich.[70] Aus dem GdB/GdS-Grad ist nicht auf das Ausmaß der Leistungsfähigkeit zu schließen. GdB und GdS sind grundsätzlich **unabhängig** vom ausgeübten oder angestrebten **Beruf** zu beurteilen, eine Höherbewertung des GdB wegen besonderen beruflichen Betroffenseins, wie sie § 30 Abs. 2 BVG für den GdS vorschreibt, findet nicht statt.[71] Wesentlich unterscheiden sich die Begriffe nur dadurch, dass der GdB (final) die Auswirkungen

18

---

65 BSG 16.2.2012 – B 9 SB 1/11 R, SozR 4-3250 § 69 Nr. 15.
66 Zu den – langwierigen – Vorbereitungsarbeiten s. *Ginda* MedSach 2013, 22; s. auch BMAS „Informationen und häufige Fragen zum Entwurf der 6. Verordnung zur Änderung der Versorgungsmedizin-Verordnung (VersMedV)"; Stand 14.2.2019.
67 Art. 27 Nr. 1 G v. 12.12.2019 (BGBl. I 2652).
68 G v. 13.12.2007 (BGBl. I 2904).
69 Vgl. *Dau* in HK-SozEntschR BVG § 30 Rn. 6 f.
70 Vgl. zur bereits seit langer Zeit teilhabeorientierten Rechtsprechung des BSG 9.10.1987 – 9a RVs 5/86, BSGE 62, 209 (211) = SozR 3870 § 3 Nr. 26; BSG 18.5.2003 – B 9 SB 302 R, BSGE 91, 205 (206 f.) = SozR 4-3250 § 69 Nr. 2.
71 Vgl. *Dau* jurisPR-SozR 19/2009, Anm. 5.

19 aller Beeinträchtigungen, gleich welcher Ursache, ausdrückt, während der GdS (kausal) nur die anerkannten Schädigungsfolgen im Blick hat.

Auf die **GdB-Bewertung** sind nur die in § 30 Abs. 1 BVG festgelegten Maßstäbe **entsprechend** anzuwenden. Ein wegen besonderer beruflicher Betroffenheit nach § 30 Abs. 2 BVG bereits höher bewerteter GdS gilt allerdings nach § 69 Abs. 2 Satz 2 „zugleich als Feststellung des Grades der Behinderung".[72] Diese **Besserstellung Versorgungsberechtigter** soll der Verwaltungsvereinfachung dienen und nach der Rechtsprechung nicht gegen das Gleichbehandlungsgebot verstoßen.[73] Auch die **Rundungsvorschrift** des § 30 Abs. 1 Satz 2 Halbsatz 2 BVG, wonach ein bis zu **fünf Grad** geringerer GdS von dem darüber liegenden Zehnergrad mit umfasst wird, ist bei Einschätzung des GdB nicht anzuwenden. Folglich war nach § 31 Abs. 3 Satz 1 iVm Abs. 2 BVG aF zwar **Schwerbeschädigter**, wer um 45 vom Hundert in seiner Erwerbsfähigkeit gemindert war, den Status des **schwerbehinderten** Menschen nach dem SchwbG/SGB IX erreichte er aber nicht.[74] Ebenso wenig eröffnet eine – nach § 31 Abs. 2 BVG aF rentenberechtigende – MdE um 25 v.H., die nach Abs. 2 ohne Feststellungsverfahren als GdB gilt, den Zugang zur Gleichstellung.

X. Versorgungsrechtliches System zur Bewertung des GdS

20 Historischer Ausgangspunkt des für GdS und GdB gleichermaßen geltenden **versorgungsrechtlichen Bewertungssystems** waren die „Mindestgrade", die auch heute noch nach § 30 Abs. 1 Satz 5 BVG für erhebliche äußere Gesundheitsschäden sollen festgesetzt werden können.[75] Auch damit waren allerdings keine Kriterien vorgegeben, nach denen sich **sämtliche denkbaren Behinderungen** mit einem GdB zwischen 20 und 100 hätten taxieren lassen. Gerade diese Aufgabe aber stellte das SchwbG und stellt das SGB IX der Verwaltung sowie mittelbar auch den Gerichten. Der **Normbefehl** war auszuführen, obwohl lange kein ausdrücklicher gesetzlicher oder aus der Natur der Sache sich ergebender **Maßstab für die GdB-Bewertung** existierte.

XI. Ablösung der „Anhaltspunkte" durch „Versorgungsmedizinische Grundsätze"

21 In dieser Situation war ein Rückgriff auf die von der Versorgungsverwaltung gewonnenen **Erfahrungswerte** und auf die Erkenntnisse der **medizinischen Wissenschaft** zulässig. Beides war in den **AHP** gesammelt, die innerhalb des von der VV Nr. 5 zu § 30 BVG abgesteckten groben Rahmens, abgeleitet von den dort vorgegebenen Mindestgraden für eine große Zahl regelwidriger körperlicher, geistiger und seelischer Zustände anhaltsweise den Grad der daraus durchschnittlich folgenden Behinderung angeben haben. Verbleibende Lücken ließen sich in Analogie zu vergleichbaren Gesundheitsstörungen schließen. Die AHP waren als **antizipierte Sachverständigengutachten** im Verwaltungs- und Gerichtsverfahren zu beachten, weil erst sie trotz **fehlender Normqualität** durch gleiche Maßstäbe bei Beurteilung verschiedener Behinderungen eine dem

---

72 Vgl. BT-Drs. 7/1515, 9.
73 BSG 24.6.1981 – 9 RVs 1/81, SozR 3870 § 1 Nr. 4 und BSG 6.10.1981 – 9 RVs 7/81, VersorgB 1982, 35.
74 BSG 24.6.1981 – 9 RVs 1/81, SozR 3870 § 1 Nr. 4 und BSG 6.10.1981 – 9 RVs 7/81, VersorgB 1982, 35.
75 Vgl. dazu die Verwaltungsvorschrift Nr. 5 zu § 30 BVG und zur Entbehrlichkeit dieser Vorschriften *Dau* in HK-SozEntschR BVG § 30 Rn. 10 ff.

allgemeinen **Gleichheitssatz** entsprechende Rechtsanwendung möglich machten.[76]

Das BSG hatte den Gesetzgeber seit langem und wiederholt aufgefordert, den AHP die bisher **fehlende Ermächtigungsgrundlage** zu geben, das BVerfG hatte im Anschluss daran das Fehlen der gesetzlichen Ermächtigungsgrundlage als **Missstand** bezeichnet.[77] Den ersten Schritt zu dessen Beseitigung machte der Gesetzgeber erst 2007 mit **§ 30 Abs. 17 BVG (jetzt: Abs. 16)**.[78] Die Vorschrift ermächtigt das BMAS ua, durch Rechtsverordnung Grundsätze für die Feststellung des GdS aufzustellen.[79] Mit der „Verordnung zur Durchführung des § 1 Abs. 1 und 3, des § 30 Abs. 1 und des § 35 Abs. 1 des Bundesversorgungsgesetzes" – **VersMedV** – v. 10.12.2008[80] hat das BMAS die Ermächtigung dann im Sinne einer bloßen „**Verrechtlichung**" der bis Ende 2008 geltenden **AHP** genutzt, auf Änderungen in der Sache aber – zunächst – bewusst verzichtet.[81] § 69 Abs. 1 Satz 5 SGB IX aF hatte zur medizinischen Bewertung des GdB noch die nach § 30 Abs. 16 BVG erlassene VersMedV für entsprechend anwendbar erklärt. Um Zweifel am Genügen dieser Vorschrift als Ermächtigungsgrundlage auch für das Schwerbehindertenrecht auszuräumen, ist mit § 153 Abs. 2 eine solche auch im SGB IX geschaffen, aber bisher nicht genutzt worden. Die Übergangsregelung in § 241 Abs. 5 ordnet die Geltung derzeit noch geltenden Rechts für die Übergangszeit bis zum Erlass einer eigenständigen Verordnung aufgrund § 153 Abs. 2 an.[82]

In der ab 1.1.2022 geltenden Fassung ihres § 1 regelt die VersMedV (auch) die medizinischen Grundsätze und Kriterien, die bei der ärztlichen Begutachtung nach Teil 3 des SGB IX anzuwenden sind.[83]

XII. „Versorgungsmedizinische Grundsätze"

Die VersMedV regelt deshalb in §§ 3 und 4 zwar Zusammensetzung, Regularien und Aufgaben eines neuen „Ärztlichen Sachverständigenbeirats Versorgungsmedizin", übernimmt in einer Anlage zu § 2 jedoch bis auf Streichungen und ohne systematische Neubearbeitung nahezu unverändert die bisherigen AHP, die nunmehr – umbenannt in „**Versorgungsmedizinische Grundsätze**" (VMG) – Bestandteil der VersMedV sind.[84] Insbesondere gelten neben der GdB-Tabelle (Teil B) weiterhin die überkommenen, nachfolgend dargestellten allgemeinen Grundsätze zur Einschätzung des GdB (Teil A).

XIII. GdB bei Fünfergraden

Die GdB/GdS-Tabelle der VMG enthält noch wenige mit **Fünfergraden** bewertete Gesundheitsstörungen (Teil A Nr. 2 Abs. e VMG). Wie in einem solchen

---

76 Vgl. BSG 23.6.1993 – 9/9 a RVs 1/91, BSGE 72, 285 (286 f.) = SozR 3-3870 § 4 Nr. 6; BSG 18.9.2003 – B 9 SB 3/02 R, BSGE 91, 205 (209) = SozR 4-4250 § 69 Nr. 2 und BVerfG 6.3.1995 – 1 BvR 60/95, SozR 3-3870 § 3 Nr. 6.
77 BSG 23.6.1993 – 9/9 a RVs 1/91, BSGE 72, 285 (286 f.) = SozR 3-3870 § 4 Nr. 6; BVerfG 6.3.1995 – 1 BvR 60/95, SozR 3-3870 § 3 Nr. 6.
78 Eingefügt durch G v. 13.12.2007 (BGBl. I 2904).
79 Vgl. dazu BR-Drs. 541/07, 16, 66 f., 81.
80 BGBl. I 2412.
81 BR-Drs. 767/08, 3.
82 BT-Drs. 18/3190, 5.
83 Art. 27 Nr. 1 G v. 12.12.2019 (BGBl. I 2652).
84 Abrufbar unter www.bmas.de; vgl. zu den VMG im Einzelnen und zur fehlenden Ermächtigungsgrundlage für Regelungen zu den Merkzeichen „G", „B", „aG" und „Gl" *Dau* jurisPR-SozR 4/2009, Anm. 4; *Ginda* MedSach 2013, 22.

Fall der GdB mit einem Zehnergrad eingeschätzt werden kann, bleibt offen. Nicht übernommen haben die VMG die – unmögliche Genauigkeit fordernde – Vorschrift, wonach die GdB-Einschätzung auf darunter liegende **Zehnergrade** lauten sollte, wenn die Gesundheitsstörung auch **nur wenig geringer** war, als in der Tabelle beschrieben und der über dem Fünfergrad gelegene Zehnergrad anzunehmen war, wenn die Gesundheitsstörung genau der beschriebenen entsprach oder **etwas ungünstiger** war.[85]

XIV. Bildung des Gesamt-GdB (Abs. 3)

25 Sind Menschen in der Weise behindert, dass **mehrere** körperliche Funktionen, geistige Fähigkeiten oder die seelische Gesundheit in mehrfacher Hinsicht von dem für das Lebensalter typischen Zustand abweichen, so ist ein **Gesamt-GdB** festzustellen.[86] Das SGB IX kennt – wie zuvor das SchwbG – nur diesen **Gesamtzustand der Behinderung**, nicht mehrere, nebeneinander bestehende Behinderungen.[87] Maßgebend für den Gesamt-GdB ist, wie sich die verschiedenen Beeinträchtigungen unter Berücksichtigung ihrer wechselseitigen Beziehungen in ihrer Gesamtheit auswirken. Das ist durch eine **natürliche, wirklichkeitsorientierte, funktionale Betrachtung** zu ermitteln, die auf medizinischen Erkenntnissen beruht.[88] Dafür sind in einem ersten Schritt die einzelnen Gesundheitsstörungen und die daraus folgenden Teilhabestörungen festzustellen, anschließend sind sie in den VMG genannten Funktionssystemen zuzuordnen und jede für sich mit einem **Einzel-GdB** anzugeben (Teil A Nr. 3 Abs. a VMG). Aus diesen Einzelgraden lässt sich der **Gesamt-GdB** aber in einem dritten Schritt nicht durch **mathematische Formeln**, insbesondere nicht durch Addition der Einzelwerte **errechnen**, er lässt sich nach den beeinträchtigenden Auswirkungen jeder einzelnen gesundheitlichen Abweichung auf die Teilnahme am gesellschaftlichen Leben unter Berücksichtigung der **wechselseitigen Beziehungen** nur **einschätzen**.[89] Ausgangspunkt für die Einschätzung des Gesamt-GdB wird regelmäßig die mit dem **höchsten Einzel-GdB** bewertete Beeinträchtigung sein. Für jede weitere – mit einem Einzel-GdB bewertete – Beeinträchtigung ist sodann zu prüfen, ob Ausmaß und Schwere der Behinderung wachsen und welchen Umfang die Zunahme – ausgedrückt in einer **Erhöhung des Ausgangs-GdB** – hat (Teil A Nr. 3 Abs. c VMG). Das Ergebnis der **Gesamt-GdB-Einschätzung** im Einzelfall ist in einem vierten und letzten Schritt – nach Teil A Nr. 3 Abs. b VMG – auf **Stimmigkeit** mit der in den VMG vorgegebenen allgemeingültigen Taxierung einzelner dort aufgeführter Beeinträchtigungen zu kontrollieren. Das geschieht durch einen **Vergleich** des gefundenen Gesamt-GdB mit einem nach der Tabelle gleich hoch bewerteten **Einzel-GdB**. Die Gesamt-GdB-Einschätzung trifft nur zu, wenn die Auswirkungen auf die Teilhabe am Leben in der Gesellschaft im Tabellenfall in etwa gleich schwer sind.

---

85 AHP 2008, Nr. 18 Abs. 4; BMA BArbBl. 1986, Nr. 12, 117.
86 Vgl. dazu *Straßfeld* VersorgVerw 2001, 60 und SGb 2003, 613; kritisch: *Schorn* SozSich 2002, 127 und *Goedelt*, Die Festsetzung des Grades der Minderung der Erwerbsfähigkeit/des Grades der Behinderung nach dem Schwerbehindertengesetz, ZfS 1994, 97.
87 BSG 10.9.1997 – 9 RVs 15/96, BSGE 81, 50 (53 f.) = SozR 3-3870 § 3 Nr. 7, dort auch zum Sprachgebrauch „Behinderungen".
88 Vgl. grundlegend BSG 15.3.1979 – 9 RVs 6/77, BSGE 48, 82 (87) = SozR 3870 § 3 Nr. 4.
89 Vgl. BSG 14.2.2001 – B 9 V 12/00 R, BSGE 87, 289 (292 f.) = SozR 3-3100 § 31 Nr. 5 mwN und zuletzt BSG 30.9.2009 – B 9 SB 4/08 R, SozR 4-3250 § 69 Nr. 10.

Die **Wechselwirkung** unterschiedlicher, zugleich vorliegender Beeinträchtigungen lässt sich – geordnet nach ihrer GdB-erhöhenden Wirkung – grob wie folgt klassifizieren: 26

- Deckungsgleichheit: Grad und Umfang der Beeinträchtigung gehen **selbstständig** und **unabhängig** voneinander auf verschiedene Funktionsstörungen zurück (zB Lähmung einer bereits komplett versteiften Extremität)
- Überschneidung: Mehrere Funktionsstörungen haben die **gleiche Auswirkung** (bereits stark eingeschränktes Gehvermögen durch Kreislaufkrankheit bei zusätzlichem orthopädischen Leiden)
- Unabhängigkeit: Die Funktionsabweichungen führen zu selbstständigen, beziehungslos **nebeneinanderstehenden Beeinträchtigungen** (zB Verlust der Zeugungsfähigkeit und Fehlen einer Niere)
- Verstärkung: Jede der verschiedenen Beeinträchtigungen wirkt sich gerade wegen der anderen **besonders nachteilig** aus (zB Schwerhörigkeit bei Blindheit; Verlust beider Arme).

XV. Erhöhungsverbot bei geringfügigem Einzel-GdB

Zur **Höherbewertung** des **Ausgangs-GdB** führen, abgesehen von Ausnahmefällen, wie zB hochgradiger Schwerhörigkeit eines Ohres bei schwerer beidseitiger Einschränkung der Sehfähigkeit, nur Beeinträchtigungen, deren **Einzel-GdB mehr als 10** beträgt und zwar auch dann, wenn **mehrere leichte** Beeinträchtigungen zusätzlich bestehen.[90] Das **Erhöhungsverbot** gilt ausnahmslos, wenn die weiteren, nur geringfügigen Funktionsstörungen sich unabhängig voneinander in verschiedenen Lebensbereichen auswirken.[91] Auch bei weiteren, mit einem **Einzel-GdB von 20** eingeschätzten Beeinträchtigungen wird der Gesamt-GdB vielfach nicht zu erhöhen sein (Teil A Nr. 3 d.ee VMG).[92] 27

XVI. Verhältnis von Einzel- und Gesamt-GdB

Bei der Bildung des Gesamt-GdB zugrunde zu legende **Einzel-GdB** für mehrere zugleich bestehende Beeinträchtigungen werden von der Verwaltung **nicht im Verfügungsteil** eines Bescheides nach § 152 Abs. 1 **festgestellt**. Es handelt sich lediglich um Einsatzgrößen, mit denen die Einschätzung des Gesamt-GdB einerseits vorbereitet, andererseits nachvollziehbar begründet und überprüfbar gemacht wird. Darin erschöpft sich ihre Bedeutung als Einzel-GdB. Sie gehen als **bloße Messgrößen** für mehrere zugleich vorliegende Beeinträchtigungen restlos im Gesamt-GdB auf und allein dieser gibt das Maß der Behinderung nach den Gesamtauswirkungen sämtlicher Beeinträchtigungen an.[93] 28

XVII. Rücknahme und Aufhebung von Bescheiden

Die **Änderung von Feststellungsbescheiden** richtet sich nach §§ 44, 45, 48 SGB X. Hat die Verwaltung rechtswidrig eine Behinderung nicht oder deren Grad zu niedrig festgestellt, so ist der **rechtswidrige nicht begünstigende** Verwaltungsakt, auch nachdem er unanfechtbar geworden ist, nach § 44 Abs. 2 29

---

90 AA *Schimanski* br 2005, 6; *Benz*, Die Festsetzung des Gesamt-GdB (Schwerbehindertenrecht) und der Gesamt-MdE, SGb 2009, 699.
91 BSG 13.12.2000 – B 9 V 8/00 R, SozR 3-3870 § 4 Nr. 28.
92 Vgl. zur Diskussion dieser Regelung im Rahmen der VersMedV-Reform: BMAS „Informationen und häufige Fragen zum Entwurf der 6. Verordnung zur Änderung der Versorgungsmedizin-Verordnung (VersMedV)"; Stand 14.2.2019, dort unter Nr. 4.
93 BSG 10.9.1997 – 9 RVs 15/96, BSGE 81, 50 (53 f.) = SozR 3-3870 § 3 Nr. 7.

§ 152

SGB X mit Wirkung für die **Zukunft zurückzunehmen**. Die Sonderregelungen der §§ 44 Abs. 1 und 4 SGB X, die zur Rücknahme rechtswidriger Verwaltungsakte auch für die Vergangenheit verpflichten, beschränken sich auf Verwaltungsakte über Sozialleistungen im engeren Sinne, wozu die schwerbehindertenrechtliche Feststellung nicht gehört (→ Rn. 7, 10). Die **Rücknahme** des rechtswidrigen Feststellungsbescheides auch für die **Vergangenheit** liegt im Ermessen der Verwaltung.[94]

30 Ein Bescheid über das Vorliegen einer Behinderung und deren Grad darf nach § 45 SGB X **zurückgenommen** werden, wenn er sich als **rechtswidrig begünstigend** erweist. Rechtswidrig begünstigend sind Bescheide, die zu Unrecht überhaupt eine Behinderung oder bei Vorliegen einer Behinderung deren Grad zu hoch feststellen. Über die Rücknahme hat die Verwaltung eine **Ermessensentscheidung** zu treffen (§ 45 Abs. 1 Satz 1 SGB X), allerdings nur, wenn nach der – negativen – Vertrauensschutzprüfung (§ 45 Abs. 2 Satz 1 SGB X) noch Ermessensgesichtspunkte verbleiben.[95] Kein solcher Gesichtspunkt ist die Verantwortlichkeit der Verwaltung für die Unrichtigkeit des Bescheides. Die Verantwortungszuweisung geht bereits in die Interessenabwägung nach § 45 Abs. 2 Satz 1 SGB X ein.[96] Die Rücknahme ist bei Verwaltungsakten mit Dauerwirkung, wozu auch die Feststellungsbescheide nach § 152 Abs. 1 zählen, grundsätzlich nur bis zum **Ablauf von zwei Jahren** nach deren Bekanntgabe möglich (§ 45 Abs. 3 Satz 1 SGB X). Lässt sich der Verwaltungsakt nicht mehr zurücknehmen, weil die Zwei-Jahres-Frist abgelaufen ist, so hat die Verwaltung nach § 48 **Abs. 3 SGB X** vorzugehen, obwohl es sich bei Feststellung der Behinderung und ihres Grades nicht um eine „Sozialleistung" im engeren Sinne handelt (→ Rn. 7, 10):[97] wegen des überhöhten GdB ist die **Rechtswidrigkeit** des Erstbescheides mit der Folge **festzustellen**, dass bei späterer Änderung der Verhältnisse zugunsten des Betroffenen der **neu festzustellende GdB** nicht über den **Wert hinausgeht**, der sich ohne Berücksichtigung der Bestandskraft ergibt. Ändern sich die Verhältnisse zulasten des Betroffenen (durch Besserung seiner gesundheitlichen Verhältnisse) ist der überhöhte GdB verhältnismäßig herabzusetzen.

31 Soweit eine **Änderung** der tatsächlichen oder rechtlichen **Verhältnisse** eintritt, die bei Erlass des Feststellungsbescheides vorgelegen haben, ist dieser nach § 48 **Abs. 1 Satz 1 SGB X** – grundsätzlich mit Wirkung für die Zukunft – **aufzuheben**. Änderungen der tatsächlichen Verhältnisse sind **Verschlimmerungen** und **Besserungen** der die Behinderung begründenden körperlichen, geistigen und seelischen Gesundheitsstörungen, die sich auf das Ausmaß der Teilhabestörung auswirken. Ob eine solche Störung sich **wesentlich**, dh mit Auswirkung auf den Grad der festgestellten Behinderung, geändert hat, ist durch einen Vergleich mit dem Gesundheitszustand und der daraus folgenden Behinderung bei Erlass des Bescheides zu prüfen. Zu den Verhältnissen bei **Erlass des Verwaltungsaktes** zählen nicht nur die im Begründungsteil des Bescheides genannten und nicht einmal nur die für die Entscheidung der Verwaltung maßgeblich gewesenen. § 48 Abs. 1 Satz 1 SGB X spricht von allen **Verhältnissen**, die bei Erlass des Bescheides **tatsächlich vorgelegen** und die mit ihm getroffene **Regelung gerechtfer-**

---

94 BSG 29.5.1991 – 9/9 a RVs 11/89, BSGE 69, 14 (19 f.) = SozR 3-1300 § 44 Nr. 3; vgl. auch *v. Steinäcker* br 2006, 98 (100).
95 BSG 13.121994 – 9 RVs 1/94, SozSich 1996, 197.
96 BSG 28.11.1985 – 11b/7 RAr 128/84, BSGE 59, 206 (208) = SozR 1300 § 45 Nr. 20.
97 Vgl. auch BSG 19.9.2000 – B 9 SB 3/00 R, SozR 3-1300 § 45 Nr. 43; BSG 22.10.1986 – 9 a RVs 55/85, BSGE 60, 287 (291) = SozR 1300 § 48 Nr. 29.

tigt haben.[98] Nicht zu berücksichtigen ist die Besserung von Beeinträchtigungen, die auf den GdB keinen Einfluss haben durften, weil der behinderte Mensch selbst die Feststellung dieser Beeinträchtigung als Behinderung ausgeschlossen hatte (→ Rn. 5).[99] Lässt sich der festgestellte GdB nach Art und Schwere der Behinderung nicht (mehr) rechtfertigen, so ist er **herabzusetzen.** Nur in Ausnahmefällen – unzulänglicher Begründung des Erstbescheides – wird der Betroffene mit dem Hinweis Erfolg haben, der GdB sei von Anfang an zu hoch eingeschätzt und die rechtswidrige Begünstigung nach **Ablauf der Rücknahmefrist** nicht mehr zu beseitigen. Es gilt der Erfahrungssatz, dass die in einem Erstbescheid genannte Beeinträchtigung **zutreffend** als **Behinderung** gewürdigt und ihr **Grad richtig bewertet** worden ist.[100]

XVIII. Anderweitige Feststellungen (Abs. 2)

Ein – weiteres – **Feststellungsverfahren** nach dem SGB IX findet regelmäßig **nicht** statt, wenn die Behinderung und der Grad einer auf ihr beruhenden Erwerbsminderung (MdE/GdS) in einem **Rentenbescheid** festgestellt sind. An solche anderweitig getroffenen Entscheidungen ist das Versorgungsamt gebunden, allerdings nur dann, wenn außer der anderweit mit MdE oder GdS bewerteten Funktionsstörung im Feststellungsverfahren nach dem SGB IX nicht weitere Funktionsstörungen geltend gemacht werden und einzuschätzen sind.[101] Die anderweit getroffene **Feststellung** der **MdE** oder des **GdS** gilt **zugleich** als Feststellung des **GdB**. Auf Antrag des Menschen mit Behinderung ist aufgrund der anderweitig getroffenen Feststellung ein Ausweis nach Abs. 5 auszustellen. Einem Rentenbescheid stehen entsprechende Verwaltungs- oder Gerichtsentscheidungen gleich.

32

Das – relative – **Feststellungsverbot** des Abs. 2 gilt bei

33

- Bescheiden der Versorgungsämter über **Rentenansprüche nach dem BVG** und den das BVG für anwendbar erklärenden Gesetzen (OEG, HHG, SVG, ZDG, IfSG, Strafrechtliches Rehabilitierungsgesetz und Verwaltungsrechtliches Rehabilitierungsgesetz)
- Bescheiden der Versorgungsämter über einmalige oder laufende **Zahlungen** nach dem **Unterstützungsabschlussgesetz** (EMUAbschlG) und über finanzielle Leistungen nach dem **Anti-D-Hilfegesetz** (ANTIDHG)
- **Rentenbescheiden** der gesetzlichen **Unfallversicherungsträger**
- Bescheiden der Entschädigungsbehörden über **Rentenansprüche nach dem BEG**
- Bescheiden der Wehrbereichsgebührnisämter über Ansprüche auf **Ausgleich nach dem SVG**
- Bescheiden nach dem Gesetz über die **Abgeltung von Besatzungsschäden**
- Entscheidungen über **Unfallausgleich** nach beamtenrechtlichen Vorschriften.

Ist eine der genannten Entscheidungen beantragt, aber noch nicht ergangen oder noch nicht bekannt gegeben, so genügt zum Ausschluss des Feststellungsverfahrens nach dem SGB IX eine **vorläufige Bescheinigung** der zuständigen Behörde über die zu erwartende MdE-Feststellung.

34

---

98 BSG 10.11.1994 – 9 RVs 2/93, SozR 3-3870 § 4 Nr. 10.
99 Vgl. auch BSG 26.2.1986 – 9a RVs 4/83, BSGE 60, 11 (17) = SozR 3870 § 3 Nr. 21.
100 BSG 10.2.1993 – 9/9a RVs 5/91, SozR 3-1300 § 48 Nr. 25; BSG 10.11.1994 – 9 RVs 2/93, SozR 3-3870 § 4 Nr. 10.
101 LSG BW 7.12.2017 – L 6 SB 4071/16.

35 Das Feststellungsverbot des Abs. 2 gilt **nicht** bei **Bescheiden** der Rentenversicherungsträger über **Erwerbs- oder Berufsunfähigkeitsrenten** oder über **Renten wegen Erwerbsminderung.** Diese Verwaltungsakte treffen keine Feststellung über den Grad einer Erwerbsminderung.[102]

36 Auch wenn bereits in einem qualifizierten Rentenbescheid (für die Versorgungsverwaltung verbindlich) das Vorliegen einer Behinderung und deren Grad festgestellt worden sind, findet **ausnahmsweise** ein – **weiteres** – **Feststellungsverfahren** nach dem SGB IX statt, nämlich dann, wenn der behinderte Mensch sein **Interesse** an anderweitiger Feststellung (nach Abs. 1) glaubhaft macht. Ein solches Interesse wird sich immer dann schlüssig darlegen und glaubhaft machen lassen, wenn sich **unterschiedliche Maßstäbe** zur Bewertung von Einzel- und/ oder Gesamt-GdS/MdE/GdB[103] auf die Höhe der bereits getroffenen Feststellung ausgewirkt haben. Dem Menschen mit Behinderung steht es auch frei, nach Versorgungsrecht **anerkannte** und dort in den Gesamt-GdS eingegangene **Schädigungsfolgen** von einer Bewertung nach dem Schwerbehindertenrecht **auszunehmen** (→ Rn. 9). Die Behinderung und ihr (Gesamt-)Grad müssen dann **unabhängig vom Versorgungsrecht** nach Abs. 1 neu festgestellt werden. Umgekehrt ist ein Feststellungsverfahren nach Abs. 1 trotz GdS-Feststellung nach Versorgungs- oder MdE-Feststellung nach Unfallversicherungsrecht immer dann durchzuführen, **wenn zusätzlich unfallfremde** oder **schädigungsunabhängige** Beeinträchtigungen in die Gesamtbewertung einzubeziehen sind.[104] Dasselbe gilt, wenn zwar alle Beeinträchtigungen durch GdS/MdE-Feststellungen in qualifizierten Rentenbescheiden berücksichtigt sind, aber jeweils nur teilweise (zB ein Teil als Unfall-, ein anderer Teil als Schädigungsfolgen), so dass es an einem in das Schwerbehindertenrecht übernahmefähigen Gesamt-GdB fehlt. Er ist dann im Verfahren nach Abs. 1 ohne Bindung an die GdS/MdE-Bewertung der Rentenbescheide festzustellen.[105]

XIX. Weitere gesundheitliche Merkmale (Abs. 4)

37 Außer über das Vorliegen einer Behinderung und ihren Grad haben die zuständigen Behörden in einem Feststellungsverfahren nach Abs. 1 **auch darüber zu entscheiden,** ob bei dem behinderten Menschen **gesundheitliche Merkmale** vorliegen, die Voraussetzung für die Inanspruchnahme von **Nachteilsausgleichen** sind. Das gilt auch dann, wenn ausschließlich über gesundheitliche Merkmale zu entscheiden ist und nicht „neben" dem Vorliegen einer Behinderung.[106] Unter Nachteilsausgleichen versteht das Gesetz Hilfen für Menschen mit Behinderungen zum Ausgleich behinderungsbedingter Nachteile oder Mehraufwendungen (§ 209). Eines **gesonderten Antrages** auf Feststellungen auch nach Abs. 4 bedarf es nicht, wenn auf Antrag des behinderten Menschen ein Feststellungsverfahren nach Abs. 1 in Gang gesetzt worden ist. Gibt es keine Anhaltspunkte für das Gegenteil, so hat das Versorgungsamt davon auszugehen, dass umfassende Feststellungen auch zu sämtlichen in Betracht kommenden gesundheitlichen Merkmalen beantragt sind (Meistbegünstigung). Der Antragsteller kann aber auch hier frei disponieren und seinen Antrag etwa darauf beschränken, dass nur bestimmte gesundheitliche Merkmale festgestellt werden sollen.

---

102 Vgl. BSG 8.8.2001 – B 9 SB 5/01 B; aA offenbar *Greiner* in Neumann/Pahlen/ Greiner/Winkler/Jabben SGB IX § 152 Rn. 29 f.
103 ZB im Unfallversicherungsrecht im Versorgungsrecht; s. dazu BSG 23.6.1982 – 9b/8/8 a RU 86/80, SozR 2200 § 581 Nr. 15.
104 Vgl. dazu BSG 5.7.2007 – B 9/9 a SB 12/06 R, SozR 4-3250 § 69 Nr. 4.
105 Vgl. dazu BSG 5.7.2007 – B 9/9 a SB 12/06 R, SozR 4-3250 § 69 Nr. 4.
106 BSG 16.3.1982 – 9/9 a RVs 8/81, SozR 3870 § 3 Nr. 14.

Die in Abs. 4 genannten Behörden sind auch zuständig zur Feststellung – bundesrechtlich – außerhalb des SGB IX oder anderer Bücher des SGB geregelter gesundheitlicher Merkmale.[107] Dasselbe gilt für das Merkzeichen „RF", das nach § 3 Abs. 1 – der mit Zustimmung des Bundesrates ergangenen – SchwbAwV festzustellen ist, wenn die „landesrechtlich festgelegten" gesundheitlichen Voraussetzungen erfüllt sind.[108] Landesrechtlich geforderte gesundheitliche Merkmale stellen die nach Landesrecht jeweils bestimmten Behörden fest. Das kann auch die Versorgungsverwaltung sein; so für das Merkzeichen „T" nach § 1 Abs. 1 BerlFahrdienstVO v. 31.7.2001.[109] Schweigt Landesrecht zur Behördenzuständigkeit, dürfte das – Ende 2023 auslaufende[110] – Feststellungsmonopol der Versorgungsverwaltung gelten.[111]   38

Nach Abs. 4 feststellbare gesundheitliche Merkmale als Voraussetzungen für Nachteilsausgleiche sind:[112]   39
- erhebliche Beeinträchtigung der Bewegungsfähigkeit im Straßenverkehr nach § 229 Abs. 1 (Merkzeichen „G");
- Hilfebedürftigkeit bei der Benutzung öffentlicher Verkehrsmittel nach § 229 Abs. 2 (Merkzeichen „B");
- außergewöhnliche Gehbehinderung nach § 229 Abs. 3 (Merkzeichen „aG");
- beidseitige Amelie oder Phokomelie nach der VV zu § 45 Abs. 1 bis 1 e StVO, Rn. 17 bis 28 und der VV zu § 46 Abs. 1 Nr. 11 StVO Rn. 135;
- starke Einschränkung der Gehfähigkeit nach der VV zu § 46 Abs. 1 Nr. 11 StVO, Rn. 136–139;
- Hilflosigkeit nach § 33 b Abs. 3 Satz 3, Abs. 6 Satz 3 EStG (Merkzeichen „H");
- Gehörlosigkeit nach § 145 (Merkzeichen „Gl");
- Hörschädigung bei Menschen, die gehörlos sind oder denen eine ausreichende Verständigung über das Gehör auch mit Hörhilfen nicht möglich ist; Blindheit oder wesentliche Sehbehinderung bei Menschen mit einem GdB von 60 allein wegen der Sehbehinderung; GdB von wenigstens 80 verbunden mit dem Ausschluss von öffentlichen Veranstaltungen nach § 4 Abs. 2 Nrn. 1 bis 3 RBStV (Merkzeichen „RF");
- schädigungsbedingter körperlicher Zustand, der eine Unterbringung in der 1. Wagenklasse erforderlich macht; Nr. 2.4 der Beförderungsbedingungen für besondere Personengruppen – Nr. 600/D des Tarifverzeichnisses Personenverkehr – TfV 600 – der Deutschen Bahn AG (Merkzeichen „1. Klasse");
- Störung der Hörfunktion mit einem GdB von 70 kombiniert mit einer Störung des Sehvermögens mit einem GdB von 100 nach § 3 Abs. 1 Nr. 8 SchwbAwV (Merkzeichen „TBl");
- Blindheit nach § 72 Abs. 5 SGB XII (Merkzeichen „Bl.").

---

107 *Schorn* in Müller-Wenner/Schorn SGB IX § 69 Rn. 77.
108 Vgl. BSG 6.10.1981 – 9 RVs 3/81, BSGE 52, 168 = SozR 3870 § 3 Nr. 13.
109 GVBl. 178.
110 Art. 37 Nr. 13, Art. 60 Abs. 7 G v. 12.12.2019 (BGBl. I 2652).
111 Vgl. *Dau* jurisPR-SozR 17/2015, Anm. 7.
112 Zu Einzelheiten → § 209 Rn. 9 ff. und die ausführliche Darstellung in der Broschüre „Nachteilsausgleiche", abrufbar unter www.hamburg.de/basfi/veroeffentlichungen/115052/nachteilsausgleiche.

XX. Ausweis über Schwerbehinderung und Nachteilsausgleiche (Abs. 5)

40 Über die nach den Absätzen 1, 2, und 4 getroffenen Feststellungen ist einem schwerbehinderten Menschen auf **Antrag** vom Versorgungsamt ein **Ausweis auszustellen**. Mit dem Ausweis lassen sich die Eigenschaft als schwerbehinderter Mensch, der GdB und die „merkzeichenfähigen" weiteren gesundheitlichen Merkmale für die Inanspruchnahme von Nachteilsausgleichen gegenüber **Dritten** (Arbeitgebern, Finanzverwaltung, Verkehrsunternehmen, Behörden, Sozialversicherungsträgern) **nachweisen**. Regelmäßig wird die im Ausweis bescheinigte Statusfeststellung daran geknüpfte Rechtsfolgen **rückwirkend** vom Tag der Antragstellung auslösen (vgl. zur eingeschränkten Rückwirkung beim besonderen Kündigungsschutz auch § 173 Abs. 3, → § 173 Rn. 36 ff.). Werden Feststellungen in Fällen besonderen Interesses (dazu → Rn. 17) rückwirkend für die Zeit vor Antragstellung getroffen, lässt sich nach Aufhebung des § 6 Abs. 1 Satz 2 SchwbAwV aF das zurückliegende Datum des Beginns nicht länger im Ausweis vermerken und deshalb nur noch mit dem Feststellungsbescheid nachweisen.[113] Ansonsten erspart es der gegenüber **jedermann verbindliche Ausweis** dem schwerbehinderten Menschen, stets aufs Neue diese Eigenschaft, den GdB und das Vorliegen weiterer gesundheitlicher Merkmale darlegen und beweisen zu müssen.[114]

41 Der **Ausweis** ist **regelmäßig zu befristen** (dazu → § 153 Rn. 7). Sobald der gesetzliche Schutz schwerbehinderter Menschen erloschen ist, hat die Versorgungsverwaltung den Ausweis **einzuziehen** (dazu → § 199 Rn. 8). Wird in einem Neufeststellungsverfahren nach Abs. 1, 2, oder 4 ein geringerer oder ein höherer GdB oder der Wegfall oder der Hinzutritt gesundheitlicher Merkmale festgestellt, so wird der Ausweis **berichtigt**, sobald die Neufeststellung unanfechtbar geworden ist.

XXI. Rechtsweg und Rechtsschutz

42 Die früher in § 4 Abs. 6 SchwbG getroffene **Rechtswegzuweisung** für Streitigkeiten über Feststellungen nach den Abs. 1 und 4 und über die Ausstellung, Berichtigung und Einziehung des Ausweises nach Abs. 5 an die **Sozialgerichtsbarkeit** unter Erstreckung der besonderen Vorschriften des SGG für die Kriegsopferversorgung auf die zugewiesenen Schwerbehindertenangelegenheiten ist entfallen. § 51 Abs. 1 Nr. 7 SGG bestimmt nunmehr, dass die Gerichte der Sozialgerichtsbarkeit auch über Streitigkeiten bei der **Feststellung** von **Behinderungen** und ihren **Grad** sowie weitere **gesundheitliche Merkmale**, ferner die **Ausstellung, Verlängerung, Berichtigung und Einziehung** von Ausweisen nach § 152 entscheiden.[115]

Ob sich behindertenrechtliche Feststellungen durch Regelungsanordnung im Verfahren des **einstweiligen Rechtsschutzes** vorläufig treffen lassen, ist zweifelhaft.[116] Zumeist werden Anordnungsanspruch und /oder Anordnungsgrund fehlen.[117]

---

113 Vgl. BR-Drs. 184/12, 8; *Dau* jurisPR-SozR, 22/2012, Anm. 1.
114 BSG 22.10.1986 – 9 a RVs 3/84, BSGE 60, 284 (285) = SozR 3870 § 3 Nr. 23.
115 Vgl. zum Rechtsweg bei nicht „merkzeichenfähigen" gesundheitlichen Merkmalen *Dau* jurisPR-SozR 17/2015, Anm. 7 und 12/2016, Anm. 3.
116 LSG Bln-Bbg 20.4.2011 – L 13 SB 69/11 B ER.
117 BayLSG Beschl. v. 3.12.2020 – L 18 SB 151/20 B ER, juris Rn. 18; *Dau* jurisPR-SozR 1/2011, Anm. 3; *Westermann* jurisPR-SozR 20/2016, Anm. 5; anders bisher nur LSG Bln-Bbg 28.1.2011 – L 11 SB 288/10 B ER zu den Merkzeichen „aG" und „T" sowie LSG W 13.11.2012 – L 8 SB 3897/12 ER-B – zum Merkzeichen „G"; vgl. auch LSG Bln-Bbg 1.9.2016 – L 13 SB 211/16 B ER.

§ 153 Verordnungsermächtigung

(1) Die Bundesregierung wird ermächtigt, durch Rechtsverordnung mit Zustimmung des Bundesrates nähere Vorschriften über die Gestaltung der Ausweise, ihre Gültigkeit und das Verwaltungsverfahren zu erlassen.

(2) Das Bundesministerium für Arbeit und Soziales wird ermächtigt, durch Rechtsverordnung mit Zustimmung des Bundesrates die Grundsätze aufzustellen, die für die Bewertung des Grades der Behinderung, die Kriterien für die Bewertung der Hilflosigkeit und die Voraussetzungen für die Vergabe von Merkzeichen maßgebend sind, die nach Bundesrecht im Schwerbehindertenausweis einzutragen sind.

Von der – früher in § 4 Abs. 5 Satz 5 SchwbG erteilten – Verordnungsermächtigung nach **Abs. 1** hat die Bundesregierung durch Erlass der **Ausweisverordnung Schwerbehindertengesetz (SchwbAwV)** vom 15.5.1981[1] Gebrauch gemacht. Sie gilt – nach mehrfachen Änderungen – idF des Art. 4a G. v. 23.4.2004; nach dessen Art. 6 auch in den geänderten Teilen mit Verordnungsrang.[2] Die SchwbAwV wurde zuletzt geändert durch Art. 18 Abs. 3 und Art. 19 Abs. 20 G. v. 23.12.2016.[3] Änderungen durch Art. 42 G. v. 12.12.2019 werden nach dessen Art. 60 Abs. 7 zum 1.1.2024 in Kraft treten.[4] Die Verordnungsermächtigung nach **Abs. 2** hat das BMAS nicht genutzt. Bis zum Erlass einer eigenständigen Verordnung für das Schwerbehindertenrecht gilt nach § 241 Abs. 5 übergangsweise die auf § 30 Abs. 16 BVG gegründete VersMedV; und zwar mit Gesetzesrang, weil die vom BVerfG[5] für eine „Parlamentsverordnung" aufgestellten Voraussetzungen fehlen.[6]

Der Übergangszeitraum wird am 31.12.2021 enden. Der Bundestag hat eine „Änderung der Versorgungsmedizin-Verordnung zum Jahr 2022" beschlossen. Nach deren § 1 regelt die VersMedV von da an – auch – die medizinischen Grundsätze und Kriterien, die bei der ärztlichen Begutachtung nach Teil 3 des SGB IX anzuwenden sind.[7]

§ 1 SchwbAwV bestimmt **Form** und (grüne) **Farbe** des Ausweises, schreibt für Berechtigte zur unentgeltlichen Beförderung im Personenverkehr einen halbseitigen **orangefarbigen Flächenaufdruck** vor und regelt die Eintragung von Merkzeichen für schwerbehinderte Menschen mit weiteren gesundheitlichen Merkmalen iSd § 151 Abs. 4. Abs. 5 lässt seit 1.1.2013 die Ausstellung des Ausweises als „Identifikationskarte" (Plastikkarte im Scheckkartenformat) zu und schreibt dies für die Zeit ab 1.1.2015 vor.

Die **Zugehörigkeit** zu den in § 2 SchwbAwV beschriebenen **Sondergruppen** (nach dem BVG Versorgungsberechtigte [„**Kriegsbeschädigt**"], nach anderen Bundesgesetzen in entsprechender Anwendung des BVG Versorgungsberechtigte [Merkzeichen „**VB**"] und Entschädigungsberechtigte nach § 28 BEG erhalten [Merkzeichen „**EB**"]), setzt einen – **allein schädigungsbedingten** – GdS von 50 oder eine solche MdE um 50 v.H. voraus.

---

1 BGBl. I 431.
2 BGBl. I 606; einer gesetzlich angeordneten Rückkehr zum Verordnungsrang hätte es nach der vom BVerfG entwickelten Figur der „Parlamentsverordnung" nicht bedurft, BVerfG 13.9.2005 – 2 BvF 2/03, BVerfGE 114, 196 (234 ff.).
3 BGBl. I 3234.
4 BGBl. I 2652.
5 BVerfG 13.9.2005 – 2 BvF 2/03, BVerfGE 114, 196 (234 ff.).
6 LSG BW 27.8.2015 – L 6 SB 1430/15, juris Rn. 28; *Dau* jurisPR-SozR 10/2016, Anm. 5.
7 Art. 27 Nr. 1 G v. 12.12.2019 (BGBl. I 2652).

4 Die weiteren – auf der Rückseite des Ausweises – einzutragenden **Merkzeichen** führt § 3 SchwbAwV auf: „aG" für außergewöhnlich Gehbehinderte, „H" für Hilflose, „Bl." für Blinde, „RF" für Personen, die die gesundheitlichen Voraussetzungen für eine Befreiung von der Rundfunkgebührenpflicht[8] erfüllen und „1.Kl" für schwerbehinderte Menschen, die nach ihrem Gesundheitszustand berechtigt sind, die 1. Wagenklasse der Eisenbahn mit einem Fahrausweis 2. Klasse zu benutzen. Durch Art. 56 Nr. 5 Buchst. a Doppelbuchst. cc SGB IX ist zusätzlich das Merkzeichen „Gl" für schwerbehinderte Menschen eingeführt worden, die **gehörlos** iSd § 145 sind. Zu diesem Personenkreis rechnet, wer **beiderseits taub** ist. Dazu zählen aber auch hörbehinderte Menschen mit einer an **Taubheit grenzenden Schwerhörigkeit** beidseits, wenn daneben **schwere Sprachstörungen** (schwer verständliche Lautsprache, geringer Sprachschatz) vorliegen. Das sind in der Regel hörbehinderte Menschen, bei denen die an Taubheit grenzende Schwerhörigkeit angeboren oder in der Kindheit erworben worden ist.[9] Einzutragen ist auch das neue, 2016 durch Art. 18 Abs. 3 Nr. 2 BTHG eingeführte Merkzeichen „TBl".

5 In die halbseitig orangefarbig gestalteten **Ausweise Freifahrtberechtigter** sind ggf. auf der Vorderseite das **Merkzeichen „B"** und der Satz „Die Berechtigung zur Mitnahme einer Begleitperson ist nachgewiesen" einzutragen, auf der Rückseite **das Merkzeichen „G", „Bl." oder Gl".**

6 Zur **unentgeltlichen Beförderung im Personenverkehr** genügt der entsprechend gekennzeichnete Ausweis nicht. Zusätzlich ist ein **Beiblatt** erforderlich, auf dem die Zahlung der **Eigenbeteiligung** von 80 EUR jährlich (vgl. § 228 Abs. 1 und 2) durch eine aufgeklebte Wertmarke nachzuweisen ist. § 3 a SchwbAwV trifft dazu eine detaillierte Regelung und bestimmt das Verfahren bei – alternativer – Kraftfahrzeugsteuerermäßigung.

7 Die **Gültigkeit des Ausweises** soll nach § 152 Abs. 5 Satz 3 SGB IX **befristet** werden, obwohl der zugrundeliegende Feststellungsbescheid regelmäßig nicht befristet ist[10]. Die Befristung stellt sicher, dass eine **missbräuchliche Nutzung** der Ausweise (nach Erlöschen des gesetzlichen Schutzes schwerbehinderter Menschen) spätestens mit Ablauf der Frist endet. Die Frist beträgt nach § 6 Abs. 2 SchwbAwV längstens 5 Jahre. Ist eine Neufeststellung wegen der gesundheitlichen Verhältnisse, die für die Feststellung maßgeblich gewesen sind, nicht zu erwarten, kann der Ausweis nach § 6 Abs. 2 Satz 2 SchwbAwV unbefristet ausgestellt werden.

8 Bei **ausländischen schwerbehinderten Menschen** deren Aufenthaltstitel, Aufenthaltsgestattung oder Arbeitserlaubnis befristet ist, ist der Ausweis nach § 6 Abs. 5 SchwbAwV längstens bis zum Ablauf des Monats dieser Frist zu befristen (zum persönlichen Geltungsbereich des Schwerbehindertenrechts bei Ausländern, die sich im strengen Sinne des **Ausländerrechts** in Deutschland **nicht** „rechtmäßig" aufhalten → § 152 Rn. 11).

9 Das **Ausweisverfahren** richtet sich nach den für die Kriegsopferversorgung maßgebenden Vorschriften, soweit sich aus § 152 Abs. 5 nichts anderes ergibt. Damit ist das Gesetz über das Verwaltungsverfahren der Kriegsopferversorgung (KOVVfG) idF der Bekanntmachung vom 6.5.1976,[11] zuletzt geändert durch

---

8 Seit 1.1.2013: Ermäßigung der Rundfunkbeitragspflicht auf ein Drittel; vgl. *Dau* jurisPR-SozR 22/2012, Anm. 1.
9 BT-Drs. 14/5074, 129 f. unter Hinweis auf AHP 2004, Nr. 30 Abs. 1.
10 Vgl. zur geplanten Neuregelung im Zuge der 6. Verordnung zur Änderung der VersMedV *Düwell* jurisPR-ArbR 19/2019, Anm. 1 unter III.
11 BGBl. I 1169.

Art. 156 G. v. 29.3.2017[12] angesprochen, so dass der **falsche Eindruck** entstehen könnte, als sei das Ausweisverfahren umfassend durch besondere, vom **SGB X abweichende Vorschriften** geregelt. Das KOVVfG führt nach seiner weitgehenden Ablösung durch das SGB X aber nur noch ein, bis zum 31.12.2023 begrenztes, Schattendasein (dazu → § 152 Rn. 6).

Kapitel 2 Beschäftigungspflicht der Arbeitgeber

§ 154 Pflicht der Arbeitgeber zur Beschäftigung schwerbehinderter Menschen

(1) ¹Private und öffentliche Arbeitgeber (Arbeitgeber) mit jahresdurchschnittlich monatlich mindestens 20 Arbeitsplätzen im Sinne des § 156 haben auf wenigstens 5 Prozent der Arbeitsplätze schwerbehinderte Menschen zu beschäftigen. ²Dabei sind schwerbehinderte Frauen besonders zu berücksichtigen. ³Abweichend von Satz 1 haben Arbeitgeber mit jahresdurchschnittlich monatlich weniger als 40 Arbeitsplätzen jahresdurchschnittlich je Monat einen schwerbehinderten Menschen, Arbeitgeber mit jahresdurchschnittlich monatlich weniger als 60 Arbeitsplätzen jahresdurchschnittlich je Monat zwei schwerbehinderte Menschen zu beschäftigen.

(2) Als öffentliche Arbeitgeber im Sinne dieses Teils gelten
1. jede oberste Bundesbehörde mit ihren nachgeordneten Dienststellen, das Bundespräsidialamt, die Verwaltungen des Deutschen Bundestages und des Bundesrates, das Bundesverfassungsgericht, die obersten Gerichtshöfe des Bundes, der Bundesgerichtshof jedoch zusammengefasst mit dem Generalbundesanwalt, sowie das Bundeseisenbahnvermögen,
2. jede oberste Landesbehörde und die Staats- und Präsidialkanzleien mit ihren nachgeordneten Dienststellen, die Verwaltungen der Landtage, die Rechnungshöfe (Rechnungskammern), die Organe der Verfassungsgerichtsbarkeit der Länder und jede sonstige Landesbehörde, zusammengefasst jedoch diejenigen Behörden, die eine gemeinsame Personalverwaltung haben,
3. jede sonstige Gebietskörperschaft und jeder Verband von Gebietskörperschaften,
4. jede sonstige Körperschaft, Anstalt oder Stiftung des öffentlichen Rechts.

I. Rechtlicher und sozialer Hintergrund 1	4. Erfüllung der Quote 29
II. Regelungsinhalt 4	5. Erleichterung für Kleinunternehmer 30
1. Das System 5	6. Frauenquote 31
2. Der Arbeitgeberbegriff .. 9	III. Entwicklung von Quotensoll und Quotenist 32
3. Die Quotenberechnung 24	

I. Rechtlicher und sozialer Hintergrund

Entstehungsgeschichte: Die in das SGB IX übernommene **Vorgängerregelung** war § 5 **SchwbG** in der Fassung des Gesetzes zur Bekämpfung der Arbeitslosigkeit Schwerbehinderter (SchwbBAG) vom 29.9.2000.[1] Die in § 5 Abs. 2 SchwbG enthaltene Ermächtigung der Bundesregierung zur Änderung des Pflichtsatzes durch Rechtsverordnung ist nicht in die neue Vorschrift übernommen worden. Im Interesse der Systematisierung und besseren Lesbarkeit des

---

12 BGBl. I 626.
1 BGBl. I 1394.

SGB IX ist diese Verordnungsermächtigung nach § 162 Nr. 1 (ursprünglich, in der aF, nach § 79 Nr. 1) „verpflanzt" worden. § 5 Abs. 1 SchwbG ist im Wesentlichen unverändert vom Regierungsentwurf des SGB IX als § 71 übernommen worden, der infolge des BTHG in § 154 aufgegangen ist.[2] Durch das Gesetz zur Änderung von Fristen und Bezeichnungen im Neunten Buch und zur Änderung anderer Gesetze vom 3.4.2003[3] sind mit Rückwirkung zum 1.1.2003 in Absatz 1 Satz 1 die Worte „jahresdurchschnittlich monatlich" eingefügt. Zusätzlich wurde in Absatz 1 Satz 3 zur Einschränkung bezüglich der Beschäftigungsverpflichtung in Kleinbetrieben mit bis zu 39 bzw. 59 Arbeitsplätzen aufgenommen. Durch das Gesetz zur Förderung der Ausbildung und Beschäftigung schwerbehinderter Menschen vom 23.4.2004[4] ist mit Wirkung zum 1.5.2004 in dem zuvor neu angehängten Absatz 1 Satz 3 die Angabe „bis zu 39" durch die Angabe „weniger als 40" und die Angabe „bis zu 59" durch die Angabe „weniger als 60" ersetzt worden. Durch dasselbe Gesetz ist mit Wirkung zum 1.1.2004 der frühere Abs. 2 aufgehoben worden. Durch das BTHG ist die Absatzzählung geglättet worden, so dass der ursprüngliche Absatz 3 jetzt als Absatz 2 firmiert.

2 **Arbeitsmarkt für schwerbehinderte Menschen:** Zum Jahresende 2019 wies die Schwerbehindertenstatistik rund 7,9 Millionen schwerbehinderte Menschen auf, das sind ca. 9,5 % der Gesamtbevölkerung.[5] Davon waren 2017 durchschnittlich über 1 Million schwerbehinderte Menschen in Betrieben und Dienststellen auf dem allgemeinen Arbeitsmarkt beschäftigt und über 308.000 in anerkannten Werkstätten für behinderte Menschen.[6] 3,2 Millionen der schwerbehinderten Menschen waren im erwerbsfähigen Alter zwischen 15 und 65 Jahren, davon etwas mehr als die Hälfte zwischen 55 und 65 Jahren. Im Jahresdurchschnitt 2019 waren rund 155.000 schwerbehinderte Menschen arbeitslos gemeldet, damit ist die Zahl gegenüber dem Vorjahr leicht, um 1,23 v.H., gesunken.[7]

3 In dem angesprochenen Bericht der Bundesagentur für Arbeit heißt es zu der Gesamtentwicklung 2018/2019 (S. 10/11):
„Im Jahr 2018 waren 157.000 schwerbehinderte Menschen arbeitslos. 42 Prozent (66.000) waren in der Arbeitslosenversicherung gemeldet. Ihr Anteil lag damit deutlich über dem bei den nicht-schwerbehinderten Arbeitslosen (34 Prozent). Bei den Trägern der Grundsicherung für Arbeitsuchende waren 58 Prozent (91.000) der arbeitslosen schwerbehinderten Menschen registriert.
Die Arbeitslosigkeit schwerbehinderter Menschen ist von 2017 auf 2018 um vier Prozent gesunken. Der Rückgang war allerdings geringer als bei nicht-schwerbehinderten Menschen (-8 Prozent). Dies war auch in den letzten Jahren zumeist der Fall. Eine Ausnahme bildete lediglich das Jahr 2017, in dem die Arbeitslosigkeit von nicht-schwerbehinderten Menschen durch die Flüchtlingszuwanderung belastet wurde. Vom Rückgang der Arbeitslosigkeit schwerbehinderter Menschen profitierten zuletzt besonders Personen in der mittleren Altersgruppe (25- bis unter 55-Jährige: -5 Prozent).

---

2 BT-Drs. 14/5531.
3 BGBl. I 462.
4 BGBl. I 606.
5 Vgl. insgesamt zur Statistik in früheren Jahren *Pfaff*, Schwerbehinderte Menschen 2007, Wirtschaft und Statistik 2010, 150 ff.
6 Sämtliche Daten finden sich auf der Homepage https://www.rehadat-statistik.de.
7 Nähere Informationen und Berichte: Bundesagentur für Arbeit (Hrsg.), Blickpunkt Arbeitsmarkt, Situation schwerbehinderter Menschen, 2019.

Im Zehnjahresvergleich zeigt sich folgendes Bild: die Arbeitslosigkeit schwerbehinderter Menschen lag 2018 um sechs Prozent unter dem Niveau des Jahres 2008. Bei nicht-schwerbehinderten Menschen ist allerdings im gleichen Zeitraum ein Minus von mehr als einem Viertel zu verzeichnen. Dabei wurde bei schwerbehinderten Arbeitslosen erst im Jahr 2017 das Niveau des Jahres 2008 unterschritten. Die ungünstigere Entwicklung der Arbeitslosigkeit schwerbehinderter Menschen wird vor allem durch die starke Zunahme bei den älteren Arbeitslosen geprägt. In der Gruppe der 55-Jährigen und Älteren gab es 2018 gegenüber 2008 einen Anstieg von 50 Prozent. Bei den nicht-schwerbehinderten Älteren ist die Arbeitslosigkeit im gleichen Zeitraum um 15 Prozent gestiegen."

II. Regelungsinhalt

Überblick: Die Vorschrift legt den Arbeitgebern eine **öffentlich-rechtliche Pflicht** zur Beschäftigung schwerbehinderter Menschen auf. Arbeitgeber, die auf mindestens 20 Arbeitsplätzen im Sinne von § 156 Abs. 1 Arbeitnehmer, Beamte sowie Richter beschäftigen, sind verpflichtet, auf wenigstens 5 % dieser Arbeitsplätze schwerbehinderte Menschen zu beschäftigen (Absatz 1 Satz 1). In Absatz 2 definiert der Gesetzgeber, wer als öffentlicher Arbeitgeber zu gelten hat. Für öffentliche Arbeitgeber, die bis zum 31.10.1999 die alte Quote von 6 % erfüllt hatten, gilt diese nach § 241 Abs. 1 weiterhin.

1. Das System

Die öffentlich-rechtliche Beschäftigungspflicht: § 154 legt den Arbeitgebern eine Pflicht zur Beschäftigung schwerbehinderter Menschen auf.[8] Die Pflicht besteht im öffentlichen Interesse.[9] Die Arbeitgeber sollen nach § 184 im Rahmen einer „freien Entschließung" an der Gemeinschaftsaufgabe mitwirken, schwerbehinderte Menschen in Arbeit, Beruf und Gesellschaft einzugliedern und so deren Chancen auf Teilhabe am Leben in der Gesellschaft zu erhöhen. Eine Verpflichtung, arbeitsuchende schwerbehinderte Menschen einzustellen, ist zwar gesetzlich nicht ausdrücklich geregelt. Nach ständiger Rechtsprechung ist davon auszugehen, dass die für den Arbeitgeber nach § 154 Abs. 1 bestehende Pflicht ausschließlich eine öffentlich-rechtliche Verpflichtung statuiert, aber keine zugunsten des Arbeitnehmers geltende Regelung (iSd § 80 BetrVG).[10] Der nach Maßgabe des § 154 Abs. 1 Satz 1 beschäftigungspflichtige Arbeitgeber kann frei wählen, wie er seiner Beschäftigungspflicht genügen will. Gibt es in seinem Unternehmen eine genügende Anzahl von Arbeitnehmern, die im Laufe des Arbeitsverhältnisses schwerbehindert oder von der Agentur für Arbeit nach § 151 Abs. 2 einem Schwerbehinderten gleichgestellt werden, dann kann der Arbeitgeber ohne Neueinstellung seiner gesetzlichen Mindestbeschäftigungspflicht genügen. Er muss dann nur deren Beschäftigung behinderungsgerecht nach Maßgabe des § 164 Abs. 4 fortsetzen. Das ist nicht zu kritisieren; denn dieser Arbeitgeber wird zugunsten der Schwerbehindertenbeschäftigung tätig, indem er insbesondere nach § 167 aktiv Maßnahmen ergreift, um der Ausgliederung von Behinderten vorzubeugen. Diesem Aspekt kommt insbesondere bei einer zunehmend alternden Belegschaft eine große Bedeutung zu. „Produziert" jedoch der Betrieb nicht genügend Schwerbehinderungen und Gleichstellungen, so erfordert die Erfüllung der gesetzlichen Beschäftigungspflicht aus § 154 zwangsläufig Einstellungen. Die Nichteinstellung von geeigneten schwerbehin-

---

8 Zur Gesetzessystematik *Greiner/Hagedorn* NJW 2019, 3483.
9 Vgl. BT-Drs. 7/656, 1.
10 BAG 20.3.2018 – 1 ABR 11/17, NZA 2018, 1420 Rn. 25.

derten oder gleichgestellten behinderten Bewerbern ist dann eine Ordnungswidrigkeit im Sinne von § 238 Abs. 1 Nr. 1; denn der Arbeitgeber unterlässt es zumindest fahrlässig, einen objektiv geeigneten schwerbehinderten Bewerber zur Erfüllung der Beschäftigungspflicht einzustellen. Der Arbeitgeber kann sich nicht dadurch von seiner Pflicht befreien, dass er die Anforderungen an die Eignung aus betriebsbezogenen oder sonstigen Gründen zu hoch ansetzt.[11] Zur Entlastung kann sich der Arbeitgeber auch nicht auf sein subjektives Recht zur Personalauswahl berufen, denn seine Einschätzung, ein anderer nicht behinderter Mitbewerber sei besser befähigt oder geeignet, kann gemessen an § 164 Abs. 3 nur bei Unzumutbarkeit der Einstellung des schwerbehinderten Bewerbers berücksichtigt werden. War die Einstellung dagegen zumutbar, hat der Arbeitgeber seine öffentlich-rechtliche Pflicht verletzt. Daraus folgt jedoch **kein individualrechtlicher Einstellungsanspruch** des abgelehnten Bewerbers. Regelmäßig wird dann ein Entschädigungsanspruch des abgelehnten Bewerbers nach § 15 Abs. 2 AGG, bei Verschulden seitens des Arbeitgebers auch ein Schadensersatzanspruch nach § 15 Abs. 1 AGG bestehen, weil (ggf. unterstützt durch § 22 AGG) zu vermuten ist, dass der Bewerber wegen seiner Behinderung im Sinne von § 164 Abs. 2 Satz 1 SGB IX oder § 1 AGG benachteiligt worden ist. Nach § 15 Abs. 6 AGG ist ein Anspruch auf Einstellung ausdrücklich ausgeschlossen. Der Schadensersatz ist auf Geldansprüche beschränkt.

6 **Beschäftigungspflicht, Ausgleichsabgabe und Bußgeld:** Die in § 154 geregelte Beschäftigungspflicht umfasst nicht nur den Abschluss des Arbeitsvertrages, sondern auch die tatsächliche Beschäftigung im Anschluss daran.[12] Sie wird durch die Verpflichtung zur Zahlung der Ausgleichsabgabe in § 160 ergänzt. Wegen des von der BA zu verantwortenden Vollzugsdefizits ist weitgehend unbekannt, dass § 238 Abs. 1 Nr. 1 eine Bußgeldbewehrung für die schuldhafte Nichtbeschäftigung vorsieht. Danach handelt ordnungswidrig, wer vorsätzlich oder fahrlässig entgegen § 154 Abs. 1 Satz 1 schwerbehinderte Menschen nicht beschäftigt. Ausdrücklich ist in § 160 Abs. 1 Satz 2 klargestellt, dass die Zahlung der Ausgleichsabgabe nicht von der Beschäftigungspflicht enthebt. Daraus folgt insbesondere auch, dass § 238 Abs. 1 Nr. 1 auch dann erfüllt ist, wenn der Arbeitgeber bei Fortzahlung des Entgelts die tatsächliche Beschäftigung des schwerbehinderten Menschen verweigert. Zusätzlich sind dem Arbeitgeber besondere Handlungspflichten auferlegt, damit besser überprüfbar ist, ob er es vorsätzlich oder fahrlässig unterlässt, seiner Beschäftigungspflicht nachzukommen. Dazu gehören insbesondere folgende Pflichten:

- Nach § 164 Abs. 1 Satz 1 hat er zu prüfen, ob freie Arbeitsplätze mit schwerbehinderten Menschen besetzt werden können. Dabei darf er nicht auf ideale Anforderungen abstellen, sondern hat „insbesondere" das Potenzial der bei der Agentur für Arbeit arbeitslos oder arbeitssuchend Gemeldeten auszuschöpfen.
- Nach § 164 Abs. 1 Satz 2 hat er zum Zwecke der Prüfung nach Satz 1 „frühzeitig" Verbindung mit der Agentur für Arbeit aufzunehmen.
- Nach § 164 Abs. 3 hat er durch geeignete Maßnahmen sicherzustellen, dass wenigstens die Pflichtplätze besetzt werden: Insoweit wird die betriebliche Organisationsfreiheit eingeschränkt. Nur was ihm unzumutbar ist, muss der Arbeitgeber zur Erfüllung dieser Pflicht nicht unternehmen. Das bedeutet, die Schwerbehindertenbeschäftigung hat Vorrang vor betriebswirtschaftlichen Erwägungen.

---

11 Zutreffend *Knittel* SGB IX § 71 Rn. 23.
12 Wie hier auch *Kossens* in Kossens/von der Heide/Maaß SGB IX § 71 Rn. 9; aA *Rolfs* in ErfK SGB IX § 71 Rn. 7.

Die **verfassungsrechtliche Zulässigkeit** der Beschäftigungspflicht: Die gesetzlich 7
auferlegte Beschäftigungspflicht ist nach der Einschätzung des BVerfG auch
heute noch ein **wirksames Mittel** zur beruflichen Integration von Menschen mit
Behinderungen. Bei der Verfolgung des Integrationsziels, das vom BVerfG
schon 1981 als legitim angesehen wurde,[13] kann sich der Gesetzgeber inzwischen auf Art. 3 Abs. 3 Satz 2 GG berufen.[14] Verfassungsrechtlich ist nicht von
Gewicht, dass die Ausgleichsabgabe wegen gegenläufiger Einflüsse nicht die gewünschte Auswirkung auf die Beschäftigung schwerbehinderter Menschen hatte und die tatsächliche Quote beschäftigter schwerbehinderter Menschen zeitweise gesunken war. Diese Entwicklung stellte für das BVerfG die Eignung der
gesetzlichen Maßnahme nicht in Frage.[15] Im Ganzen kommt der Ausgleichsabgabe vor allem auch eine Antriebsfunktion zu.[16] Sie hat primär keine Finanzierungsfunktion.

Die Beschäftigungspflicht beinhaltet **keine Inländerdiskriminierung.** Nach An- 8
sicht des BVerfG ist eine Benachteiligung deutscher Unternehmen nicht ersichtlich. Eine Pflicht zur Beschäftigung Behinderter besteht in vielen Mitgliedsstaaten der Europäischen Union, darunter Frankreich und Italien. Sie setzt bei
10 bis 50 Arbeitsplätzen ein und sieht Quoten von 2 bis 6 vom Hundert
vor. Die Nichterfüllung der Beschäftigungspflicht wird in Österreich mit Ausgleichsabgaben und in Spanien sogar mit Geldstrafen geahndet.[17] Bestünde
eine Ungleichbehandlung, so wäre sie nach der Rechtsprechung des BVerfG im
Übrigen grundsätzlich nicht zu beanstanden, weil der deutsche Gesetzgeber nur
innerhalb seines Herrschaftsbereichs an den Gleichheitssatz gebunden ist.[18]

2. Der Arbeitgeberbegriff

Der formale Begriff Arbeitgeber: Die Beschäftigungspflicht nach Absatz 1 hat 9
jeder private und öffentliche Arbeitgeber zu erfüllen. Damit ist nicht nur der
Schuldner der öffentlich-rechtlichen Pflicht umschrieben, sondern zugleich
auch der räumliche Bereich, auf den für die Zählung der zu berücksichtigenden Arbeitsplätze abzustellen ist. Maßgebend sind nicht die Arbeitsplätze des einzelnen Betriebes oder der einzelnen Dienststelle, sondern die Gesamtheit der Betriebe und Dienststellen, die dem einzelnen Arbeitgeber als Schuldner der Beschäftigungspflicht zuzuordnen sind.[19] Ein Arbeitgeber, der in einem Betrieb die
Beschäftigungsquote nicht erreicht, kann deshalb seiner Beschäftigungspflicht
dennoch genügen, wenn er in anderen Betrieben die Beschäftigungsquote übererfüllt, sogenanntes **Zusammenrechnungsprinzip.**[20] Diese Auslegung ist verfassungskonform und verstößt auch nicht gegen das europäische Gemeinschaftsrecht.[21] Durch die Zusammenfassung der Summe der Arbeitsplätze im Direkti-

---

13 Vgl. BVerfG 26.5.1981 – 1 BvL 56/78, BVerfGE 57, 139 (159); später dann auch
 BVerwG 17.4.2003 – 5 B 7/03, NZA-RR 2004, 406.
14 BVerfG 1.10.2004 – 1 BvR 2221/03, AP Nr. 1 zu § 72 SGB IX.
15 BVerfG 1.10.2004 – 1 BvR 2221/03, AP Nr. 1 zu § 72 SGB IX.
16 OVG NRW 30.3.2012 – 12 A 2146/11.
17 Vgl. Bundesministerium für Arbeit und Soziales, Sozial-Kompass Europa, 2007,
 S. 211 f. (Rubrik Publikationen unter www.bmas.bund.de); vgl. auch Europäische
 Kommission, Kompendium Vorbildliche Verfahren für die Beschäftigung von Menschen mit Behinderungen, 1999, S. 63 ff.
18 BVerfG 1.10.2004 – 1 BvR 2221/03, AP Nr. 1 zu § 72 SGB IX.
19 *Siegler*, Beschäftigungspflicht und Entrichtung der Ausgleichsabgabe im Schwerbehindertenrecht, DB 1979, 1083 (1084).
20 BSG 19.1.1999 – B 7 AL 62/98 R, SozR 3-3870 § 13 Nr. 3; BVerwG 6.7.1989 –
 5 C 64/84, Behindertenrecht 1990, 18.
21 LSG NRW 21.3.1996 – L 9 Ar 200/94.

onsbereich ein und desselben Arbeitgebers soll erreicht werden, dass auch die Arbeitsplätze der Betriebe, Dienststellen und Haushalte zur Begründung der Beschäftigungspflicht miterfasst werden, in denen jeweils weniger als 20 Arbeitsplätze bestehen. Das wird in der Kommentarliteratur und Verfassungsgerichtsbarkeit als „formaler Arbeitgeberbegriff" bezeichnet.[22] Adressat der Beschäftigungspflicht ist im Ergebnis derjenige (inländische[23]) Arbeitgeber, der arbeitsvertragliche oder sonstige Beschäftigungsverhältnisse im Geltungsbereich des SGB IX begründet.[24]

10 **Der private Arbeitgeber:** Wer Arbeitgeber in der Privatwirtschaft ist, ergibt sich aus dem Arbeitsvertrag. Arbeitgeber des privaten Rechts können alle natürlichen Personen sein, daneben könnten es die Personengesellschaft des BGB und die juristischen Personen des Handelsrechts sowie die Stiftung des privaten Rechts sein.[25] Bei rechtsfähigen Vereinen ist jeweils zu prüfen, ob die ihrerseits als Verein organisierten Untergliederungen Arbeitgeber sind.[26] Bei den Nachfolgeunternehmen der öffentlich-rechtlich organisierten Teile des Bundesvermögens (wie Post, Bahn) ist zu berücksichtigen, dass insbesondere wegen des öffentlich-rechtlichen Status der Beamten noch ein öffentlich-rechtlicher Arbeitgeber weiterbesteht, so zB das Bundeseisenbahnvermögen.

11 **Betrieb und Unternehmen:** Betreibt ein Unternehmer mehrere Betriebe, Nebenbetriebe oder Betriebsteile (§ 4 BetrVG), ist der Unternehmer für alle Beschäftigten der Arbeitgeber im Sinne des § 154. Das gilt auch für Filialketten.[27] Durch die Zusammenfassung soll erreicht werden, dass auch die Arbeitsplätze der Betriebe und Dienststellen zur Begründung der Beschäftigungspflicht miterfasst werden, in denen weniger als 20 Arbeitsplätze bestehen. Gibt ein Arbeitgeber jedoch getrennt für jeden Betrieb eine Einzelanzeige ab, so soll die BA nicht befugt sein, die Einzelmeldungen zu einer Gesamtanzeige zusammenzuziehen.[28]
Beispiel: Ein Friseur betreibt eine Filialkette. Er richtet acht Filialen mit einem Stellenplan für jeweils drei Mitarbeiter ein. Er ist beschäftigungspflichtig; denn er hat mit 24 Arbeitsplätzen die Schwelle des § 154 Abs. 1 überschritten.

12 **Gemeinsamer Betrieb:** Betreiben mehrere Unternehmen einen gemeinsamen Betrieb, ist jedes der an der Betriebsführung beteiligten Unternehmen Arbeitgeber für „seine" dort beschäftigten Arbeitnehmer. Diese Auslegung des § 154 ist verfassungskonform und verstößt auch nicht gegen das europäische Gemeinschaftsrecht.[29]

13 **Konzern:** Das BVerfG hat eine Ungleichbehandlung eines Filialkettenunternehmens mit rechtlich unselbstständigen Betrieben gegenüber Konzernunternehmen festgestellt, die ihre Betriebsstätten als selbstständige juristische Personen und damit als eigene Arbeitgeber im Sinne des § 5 Abs. 1 SchwbG (jetzt § 154

---

22 BVerfG 10.11.2004 – 1 BvR 1785/01, NZA 2005, 216; *Schönhoft/Brahmstaedt*, Die Ermittlung der Schwerbehindertenquote im Gemeinschaftsbetrieb, BB 2009, 1585; s. auch *Appelt-Kohlrausch* in FKS SGB IX § 71 Rn. 46.
23 LSG Stuttgart 23.11.2018 – L 12 AL 3147/17.
24 OVG Saarlouis 28.10.2010 – 3 B 180/10.
25 So auch *Müller-Wenner* in Müller-Wenner/Winkler SGB IX § 71 Rn. 7.
26 LSG BW 15.12.1998 – L 13 AL 2446/96, SGb 1999, 563.
27 OVG NRW 31.10.2002 – 12 A 2567/02, NWVBl. 2004, 67; bestätigt durch Nichtannahmebeschluss des BVerfG 10.11.2004 – 1 BvR 1785/01, NZA 2005, 216.
28 BSG 19.1.1999 – B 7 AL 62/98 R, Behindertenrecht 1999, 112.
29 LSG NRW 21.3.1996 – L 9 Ar 200/94; näher zum Arbeitgeberbegriff beim Gemeinschaftsbetrieb in diesem Zusammenhang und für eine ausnahmsweise Nutzung eines funktionellen Arbeitgeberbegriffs *Schönhöft/Brahmstaedt*, Die Ermittlung der Schwerbehindertenquote im Gemeinschaftsbetrieb, BB 2009, 1585.

Abs. 1 SGB IX) ausstatten. Bei derartigen Konzernunternehmen wird die Zahl der für die Erhebung der Abgabe maßgeblichen Arbeitsplätze nach den einzelnen Betriebsstätten berechnet. Diese Differenzierung erschien jedoch dem BVerfG sachlich gerechtfertigt. Bei typisierender Betrachtungsweise könne auf solche selbstständigen Einheiten von Seiten der Konzernleitung weniger Einfluss genommen und daher nicht durch Ausübung des Direktionsrechts sichergestellt werden, dass alle Pflichtplätze besetzt werden. Ob und welche Folgerungen die Fachgerichte und gegebenenfalls der Gesetzgeber zu ziehen haben, wenn ein Unternehmen eine solche Struktur schaffe, ohne den entsprechenden Einfluss auf die verbundenen Unternehmen zu verlieren, oder sich für diese Struktur entscheidet, um sich der Beschäftigungspflicht zu entziehen, hat das BVerfG offengelassen.[30]

Privathaushalt: Beschäftigt ein Arbeitgeber neben den betrieblichen Arbeitnehmern in seinem Privathaushalt eine Hausangestellte, ist deren Arbeitsplatz sowohl bei der Berechnung der Anzahl der Pflichtplätze als auch bei der Anzahl der Mindestanzahl von 20 Arbeitsplätzen für die Beschäftigungspflicht zu berücksichtigen.[31]

Der Arbeitgeber der öffentlichen Hand: Für den Bereich des öffentlichen Dienstes ist der Arbeitgeberbegriff im Sinne von Absatz 1 nicht nur arbeitsrechtlich als der Vertragspartner des Arbeitnehmers zu verstehen. Absatz 2, der eine Legaldefinition des Begriffs „öffentlicher Arbeitgeber" enthält, schränkt die Wirkung des Grundsatzes der Zusammenfassung aller Dienststellen eines öffentlichen Arbeitgebers ein. Er bestimmt insoweit eine Trennung, insbesondere bei den Bundesbehörden nach Geschäftsbereichen. Besonders deutlich wird das in Absatz 2 Nr. 1, wonach jede oberste Bundesbehörde mit ihren nachgeordneten Dienststellen als ein öffentlicher Arbeitgeber gilt. Ansonsten wären die Dienststellen aller Bundesbehörden bei der Berechnung der Beschäftigungspflicht nach Absatz 1 zusammenzurechnen. Generell gilt für **Unternehmen der öffentlichen Hand**, die **privatrechtlich organisiert** sind, etwa als AG oder GmbH, dass sie als private, nicht als öffentliche Arbeitgeber im Sinne des Absatz 2 anzusehen sind.[32] Mit der Entscheidung, eine Rechtsform des privaten Rechts zu wählen, begeht die öffentliche Hand auch keinen Rechtsmissbrauch, da die staatlichen Hoheitsträger außerhalb der hoheitlichen Verwaltung insofern eine Entscheidungsfreiheit haben, in welcher Rechtsform sie ihr Handeln organisieren.

Der Bund als Arbeitgeber: Nach Absatz 2 Nr. 1 sind das Bundeskanzleramt und die einzelnen Bundesministerien mit ihren sämtlichen zum Geschäftsbereich gehörenden nachgeordneten Dienststellen jeweils ein eigener Arbeitgeber. Zu den nachgeordneten Dienststellen gehören die Bundesoberbehörden (Art. 87 Abs. 3 Satz 1 GG, zB der Deutsche Wetterdienst), die Zentralstellen (Art. 87 Abs. 1 Satz 2 GG, zB das Bundesamt für Verfassungsschutz) sowie alle Mittel- und Unterbehörden mit ihren Einrichtungen und Betrieben. Weitere eigenständige Arbeitgeber auf Bundesebene sind das Bundespräsidialamt, die Verwaltung des Deutschen Bundestages, die Verwaltung des Bundesrates, das Bundesverfassungsgericht, der Bundesgerichtshof zusammengefasst mit dem Generalbundesanwalt sowie die anderen vier obersten Gerichtshöfe des Bundes. Eigenständiger Arbeitgeber ist neben der privatrechtlich organisierten Deutschen Bahn AG das Bundeseisenbahnvermögen (Art. 6 Abs. 103 des Gesetzes zur Neuordnung des Eisenbahnwesens vom 27.12.1993, BGBl. I 2378).

---

30 BVerfG 10.11.2004 – 1 BvR 1785/01, NZA 2005, 216.
31 *Jäger-Kuhlmann* in Ernst/Adlhoch/Seel SGB IX § 71 Rn. 20.
32 LAG Köln 12.5.2011 – 6 Sa 19/11.

17 **Die Länder als Arbeitgeber:** Nach Absatz 2 Nr. 2 gilt das in Nr. 1 für den Bund bestimmte **Trennungsprinzip** auch für die Länder. Das einzelne Bundesland gilt nicht als einheitlicher Arbeitgeber. Arbeitgeber sind die jeweiligen einzelnen obersten Landesbehörden zusammengefasst mit ihren nachgeordneten Dienststellen. Hier sind die der Landesverwaltung zugehörenden Gerichte einbezogen in das jeweilige für ihre Aufsicht zuständige Justiz- oder Fachministerium. Welche nachgeordneten Behörden zum Geschäftsbereich einer obersten Landesbehörde gehören, kann im Staatshandbuch für die Bundesrepublik Deutschland festgestellt werden. Leitlinie für den Behördenbegriff ist § 1 Abs. 2 SGB X bzw. § 1 Abs. 4 VwVfG, so dass Behörde allgemein eine Stelle ist, die Aufgaben der öffentlichen Verwaltung wahrnimmt.[33]

18 **Sonstige Gebietskörperschaften:** Nach Absatz 2 Nr. 3 gelten als Gebietskörperschaften die sonstigen neben Bund und Ländern bestehenden Gebietskörperschaften und deren Verbände. Dazu gehören insbesondere die Gemeinden, die Landkreise, die Landschaftsverbände und die sogenannten Samtgemeinden sowie die in einigen Ländern von den Gemeinden gebildeten Umlandverbände.

19 **Sonstige Körperschaften, Anstalten und Stiftungen:** Absatz 2 Nr. 4 erfasst als die jeweiligen Arbeitgeber die sonstigen Körperschaften, Anstalten und Stiftungen des öffentlichen Rechts, die nicht in die Bundes- oder Landesverwaltung eingegliedert sind. Entscheidend für die Subsumtion unter diese Begrifflichkeit ist, dass für diese besondere rechtliche Stellung ein entsprechender staatlicher Hoheitsakt vorliegt, nämlich die Verleihung des Status einer Körperschaft des öffentlichen Rechts.[34] Das betrifft insbesondere die Bundesagentur für Arbeit mit den nachgeordneten Agenturen, die Universitäten, die Industrie- und Handelskammern, die Handwerkskammern, die Rundfunkanstalten, die Stiftung Preußischer Kulturbesitz und die entsprechend verfassten Kirchen (nicht jedoch deren privatrechtlich organisierte Caritas und Diakonie). Eine analoge Anwendung auf Einrichtungen, die den angesprochenen Verleihungsakt nicht vorweisen können, kommt nach zutreffender Einschätzung des BAG nicht in Betracht – es fehlt insofern schon an einer planwidrigen Regelungslücke.[35]

20 **Besonderheiten des öffentlichen Dienstes:** Die öffentlichen Arbeitgeber des Bundes nach § 154 Abs. 2 Nr. 1 (jede oberste Bundesbehörde mit ihren nachgeordneten Dienststellen etc) und Absatz 2 Nr. 4 (jede sonstige Körperschaft, Anstalt oder Stiftung des öffentlichen Rechts), die bereits vor Inkrafttreten des Gesetzes zur Bekämpfung der Arbeitslosigkeit Schwerbehinderter (SchwbBAG) am 1.10.2000 mehr als 6 % schwerbehinderte Menschen beschäftigt hatten, müssen weiterhin nach § 241 die alte Pflichtquote von 6 % erfüllen. Sie sollen weiterhin eine Vorbildfunktion ausüben.

21 Erfüllt der Arbeitgeber des öffentlichen Dienstes seine Mindestbeschäftigungspflicht nicht, so kann er nicht nur durch ein Bußgeld (§ 238 Abs. 1 Nr. 1 iVm Abs. 2), sondern auch im Wege der Dienstaufsicht oder durch Einleitung eines Disziplinarverfahrens zur Erfüllung seiner Pflicht angehalten werden.[36]

22 Für Einstellungen im öffentlichen Dienst besteht, unabhängig davon, ob das schwerbehinderte Bewerber ein Arbeitsverhältnis oder ein öffentlich-rechtliches Beschäftigungsverhältnis angestrebt hat, ein verfassungsrechtlich geregelter Anspruch auf den gleichen Zugang zu öffentlichen Ämtern (Art. 33 Abs. 2 GG). Die in § 15 Abs. 6 AGG geregelte Beschränkung auf Geldansprüche gilt hier

---

33 BAG 16.5.2019 – 8 AZR 315/18, NZA 2019, 1419 Rn. 38.
34 BAG 16.5.2019 – 8 AZR 315/18, NZA 2019, 1419 Rn. 41; hier versagte das BAG einer Landtagsfraktion eine entsprechende Erfassung.
35 BAG 16.5.2019 – 8 AZR 315/18, NZA 2019, 1419 Rn. 43 ff.
36 *Knittel* SGB IX § 71 Rn. 49.

nicht. Das zeigt die in § 15 Abs. 6 AGG enthaltene Verweisung auf einen „anderen Rechtsgrund". Der benachteiligte Bewerber darf nicht auf einen finanziellen Schadensersatz verwiesen werden. Vielmehr erfordert die Sicherung des verfassungsrechtlich verfolgten Ziels einen Einstellungsanspruch. Dieser widerspricht zwar der grundsätzlichen Systematik des SGB IX und auch des AGG, er kann aber bestehen, wenn sich nach den Verhältnissen im Einzelfall jede andere Auswahlentscheidung als rechtswidrig oder ermessensfehlerhaft darstellt und mithin die Berücksichtigung dieses Bewerbers die einzig rechtmäßige Entscheidung ist.[37] Ist ein solcher Ausnahmefall nicht gegeben, so hat der benachteiligte Bewerber für ein zu begründendes öffentlich-rechtliches Dienstverhältnis einen Anspruch auf Neubescheidung und für ein zu begründendes Arbeitsverhältnis einen Anspruch auf Fortsetzung des noch nicht abgeschlossenen Auswahlverfahrens.[38]

Alliierte Streitkräfte und Dienststellen der NATO: Die Alliierten Streitkräfte sind an das deutsche Arbeitsrecht gebunden. Das folgt aus Art. IX Abs. 4 NATO-Truppenstatut in Verbindung mit Art. 56 Abs. 8 des Zusatzabkommens vom 3.8.1959.[39] Allerdings haben sie in ihren Dienststellen und Betrieben nur die arbeitsrechtlichen Pflichten, nicht aber die öffentlich-rechtliche Beschäftigungspflicht zu erfüllen.[40]

3. Die Quotenberechnung

Berechnung der Pflichtquote: In Absatz 1 Satz 1 ist als Quote für die Mindestbeschäftigung 5 % der Arbeitsplätze im Sinne von § 156 festgelegt. Sie gilt für alle Arbeitgeber mit jahresdurchschnittlich mindestens 20 Arbeitsplätzen. Die **Formel** zur Berechnung der zu besetzenden Anzahl von Pflichtplätzen für schwerbehinderte Menschen ist:

Anzahl der zu berücksichtigenden Arbeitsplätze (§ 156) x 5 : 100.

Sich ergebende Bruchteile von 0,5 und mehr sind aufzurunden. Arbeitgeber mit jahresdurchschnittlich bis zu 59 Arbeitsplätzen werden begünstigt. Bei ihnen ist stets jeder Bruchteil abzurunden (§ 157 Abs. 2).

Beispiel: Ein Arbeitgeber verfügt jahresdurchschnittlich über 111 zu berücksichtigende Arbeitsplätze. Die Berechnung lautet: 111 x 5/100 = 5,55. Das sind aufgerundet: 6,0 zu besetzende Pflichtplätze.

Jahresdurchschnittliche Berechnung: Für die Zählung der Arbeitsplätze war ursprünglich auf die beim Arbeitgeber im jeweiligen Monat bestehenden Verhältnisse abzustellen. Denn die Daten zur Berechnung des Umfangs der Beschäftigungspflicht waren „aufgegliedert nach Monaten" anzuzeigen (§ 163 Abs. 2 Satz 1). Dementsprechend waren alle Arbeitsplätze zu berücksichtigen, die mindestens an einem Tag im jeweiligen Monat besetzt waren. Eine stichtagsbezogene Ermittlung war ausgeschlossen. Es konnte somit ein Arbeitgeber in einem Monat, in dem er 20 Arbeitsplätze besetzt hatte, beschäftigungspflichtig sein und im darauffolgenden Monat nicht mehr, weil ein Arbeitnehmer ausgeschieden war. Seit 2003[41] gilt das nicht mehr. Mit dem Gesetz zur Änderung von Fristen und Bezeichnungen im Neunten Buch Sozialgesetzbuch und zur Änderung anderer Gesetze vom 3.4.2003 ist auf die jahresdurchschnittliche Betrach-

---

37 Zutreffend: VG Düsseldorf 6.5.2005 – 2 K 4552/03, Behindertenrecht 2005, 176.
38 BAG 15.3.2005 – 9 AZR 142/04, AP Nr. 62 zu Art. 33 Abs. 2 GG.
39 BGBl. II 1218.
40 *Neumann* in Neumann/Pahlen/Winkler/Jabben, 13. Aufl. 2018, SGB IX § 154 Rn. 20.
41 BGBl. I 462.

tung umgestellt worden. Damit sollte vor allem die Harmonisierung mit der Berechnungsweise der Ausgleichsabgabe in § 160 Abs. 1 Satz 3 SGB IX erreicht und der Beginn der Beschäftigungspflicht vom Monatsbezug gelöst werden. Die Pflichtplatzzahl errechnet sich jetzt nach dem Durchschnitt der im jeweiligen Jahr nach §§ 156, 157 zu berücksichtigenden Arbeitsplätze. Die Berechnung erfolgt so, dass die für jeden Monat einzeln festgestellte Zahl der Arbeitsplätze durch die Anzahl der Monate geteilt wird, in denen der Arbeitgeber einer Betriebstätigkeit nachgegangen ist. Das gilt grundsätzlich auch für den Fall der Insolvenz. Allerdings ist für die Berechnung der Ausgleichsabgabe als Masseschuld nur die Zahl der weiterbeschäftigten Arbeitnehmer maßgebend.[42]

Beispiel: Ein Arbeitgeber hat die Betriebstätigkeit im Februar mit folgender Anzahl von Arbeitsplätzen aufgenommen: Im Februar 0, von März bis August jeweils 19 und von September bis Dezember jeweils 23. Das waren in 11 Monaten zusammen 114 + 92 = 206 Monatsarbeitsplätze. Das ergibt bei einer im Kalenderjahr nur für 11 Monate ausgeübten Betriebstätigkeit im Jahresdurchschnitt 18,72 Arbeitsplätze im Monat. Damit bestand keine Beschäftigungspflicht.

28 **Kollektivrechtliche Folgen der Durchschnittsbetrachtung:** Das Beispiel in → Rn. 27 verdeutlicht, dass nach dieser Berechnungsmethode häufig nur im Nachhinein das Ob und die Höhe der Beschäftigungspflicht feststellbar sind. Soweit Schwerbehindertenvertretungen und die Arbeitnehmervertretungen im Sinne von § 176 nach § 178 Abs. 2 Nr. 1, § 176 Satz 2 SGB IX; § 80 Abs. 1 Nr. 1 BetrVG und den entsprechenden Bestimmungen in den Personalvertretungsgesetzen die Aufgabe haben, die Einhaltung der Beschäftigungsquote zu überwachen, können sie das praktisch auch nur anhand der Daten des Vorjahres und des nach § 163 Abs. 1 SGB IX laufend vom Arbeitgeber zu führenden Verzeichnisses für die Vergangenheit tun. Diese Daten müssen ihnen wegen der Pflicht zur Datenübermittlung nach § 163 Abs. 2 Satz 3 bekannt sein. In einem neugegründeten Betrieb fehlt allerdings die Möglichkeit des Rückgriffs auf schon bekannte Daten. Dann steht die Praxis vor der schwierigen Frage: Auf welcher Grundlage soll zB insbesondere in einem neugegründeten Betrieb festgestellt werden, ob dem Betriebsrat und der Schwerbehindertenvertretung das Recht zustehen, eine Erörterung der vom Arbeitgeber beabsichtigten Ablehnung eines schwerbehinderten Stellenbewerbers zu verlangen? Setzt doch dieses Erörterungsverlangen nach § 164 Abs. 1 Satz 7 voraus, dass die Beschäftigungspflicht besteht und die Soll-Beschäftigungsquote von 5 % nicht erfüllt ist. Die Lösung wird darin zu sehen sein, dass der Arbeitgeber verpflichtet ist, auf der Grundlage des derzeitigen Jahresdurchschnitts die Erfüllungsdaten zu übermitteln und die Schwerbehindertenvertretungen und Arbeitnehmervertretungen berechtigt sind, auf dieser Grundlage ihr von der Nichterfüllung abhängiges Erörterungsrecht auszuüben.

4. Erfüllung der Quote

29 **Erfüllbarkeit der Beschäftigungspflicht:** Die Pflichtplatzzahl gilt unabhängig davon, ob der Arbeitgeber nachweislich nicht in der Lage ist, für die von ihm eingerichteten Arbeitsplätze geeignete arbeitslose schwerbehinderte Menschen von der BA vermittelt zu erhalten oder durch eigene Bemühungen, zB durch Stellenanzeigen auf dem Arbeitsmarkt, zu finden. Er hat durch geeignete Maßnahmen die Erfüllung der Quote sicherzustellen (vgl. § 164 Abs. 3), zB durch Schaffung einer behinderungsgerechten Arbeitsorganisation und entsprechender Ausstat-

---

42 VG Braunschweig 7.9.2006 – 3 A 217/06.

tung der Arbeitsplätze (vgl. § 164 Abs. 4 Nr. 4 und 5) oder durch eine andere Zusammenfassung von Beschäftigungsmöglichkeiten zu Arbeitsplätzen. Er hat sich zu bemühen, das auf dem Arbeitsmarkt vorhandene Beschäftigungspotenzial der arbeitsuchenden schwerbehinderten Menschen für Einstellungen zu nutzen.[43] Hat der Arbeitgeber allerdings alle ihm nach § 164 Abs. 3 zumutbaren Möglichkeiten ausgeschöpft, ist er entschuldigt. Eine Ordnungswidrigkeit im Sinne des § 238 Abs. 1 Nr. 1 kann dann nicht vorliegen. Es erfolgt in diesen Fällen somit auch keine Sanktion. Für jeden nicht besetzten Pflichtplatz wird nach § 160 lediglich eine Ausgleichsabgabe erhoben. Diese soll sicherstellen, dass ein Ausgleich unter der Gesamtheit der Arbeitgeber stattfindet. Wer – gleich aus welchen Gründen – Mehraufwendungen spart, welche die Schwerbehindertenbeschäftigung zwangsläufig mit sich bringt, soll zum Ausgleich des Wettbewerbsvorteils die Ausgleichsabgabe gestaffelt nach dem Grad der Nichterfüllungsquote zahlen. Die abgeführte Ausgleichsabgabe kommt dann auch den Arbeitgebern zu, die ihrer Beschäftigungspflicht nachgekommen sind (→ § 160 Rn. 18 ff.).

5. Erleichterung für Kleinunternehmer

Arbeitgeber als Kleinunternehmer: Zum Schutz von Kleinunternehmern vor Überforderung beginnt die Beschäftigungspflicht erst mit der Mindestzahl von jahresdurchschnittlich monatlich **20 Arbeitsplätzen**. Ein Arbeitgeber, der die Mindestzahl nicht erreicht, ist von der Beschäftigungspflicht vollständig ausgenommen. Für Kleinunternehmer, die in allen ihren Betrieben **weniger als 60 Arbeitsplätze** haben, gelten nach **Absatz 1 Satz 2** weitere Erleichterungen. Bei jahresdurchschnittlicher monatlicher Beschäftigung auf weniger als 40 Arbeitsplätzen muss jahresdurchschnittlich je Monat nur ein schwerbehinderter Arbeitnehmer beschäftigt werden, bei mehr als 39 aber weniger als 60 Arbeitsplätzen sind nur zwei schwerbehinderte Arbeitnehmer zu beschäftigen. Die bis Ende April 2004 geltende Fassung enthielt die Zahlenangaben „bis zu 39" bzw. „bis zu 59". Diese sind durch „weniger als 40" bzw. „weniger als 60" ersetzt worden, weil die bisherigen Formulierungen dahin gehend missverstanden werden konnten, dass es sich um Arbeitgeber mit jeweils weniger als 39 oder 59 handeln müsse, so dass Arbeitgeber mit 39 oder 59 Arbeitsplätzen damit bereits der jeweils nächsten Gruppe hinzuzurechnen wären. In der Kommentarliteratur wird zum Teil der Begriff Kleinbetrieb benutzt.[44] Das ist irreführend; denn es kommt nicht nur auf die Zahl der Arbeitsplätze in einem „Betrieb" an.[45] Alle Arbeitsplätze im Direktionsbereich eines Arbeitgebers, dh alle Arbeitsplätze in allen Betrieben, Dienststellen und sonstigen Organisationseinheiten einschließlich privater Haushalte sind zusammenzufassen. Von daher wird ein Arbeitgeber, der mehrere Betriebe hat und bereits in seinem größeren Betrieb die Mindestbeschäftigungszahl erreicht, nicht privilegiert, wenn er zusätzlich einen Kleinbetrieb führt.

6. Frauenquote

Besondere Berücksichtigung von Frauen: In Absatz 1 Satz 2 hat der Gesetzgeber eine Norm mit appellartigem Charakter[46] aufgenommen: Bei der Erfüllung der

---

43 Vgl. OVG Saarl 12.4.1991 – 1 R 215/89.
44 So *Knittel* SGB IX § 71 Rn. 7; *Trenk-Hinterberger* in HK-SGB IX § 71 Rn. 15.
45 *Jabben* in BeckOK SozR, 17. Aufl. 2017, SGB IX § 154 Rn. 5 spricht sogar ausdrücklich von „kleineren Betrieben".
46 So zutreffend: *Trenk-Hinterberger* in HK-SGB IX § 71 Rn. 14; *Rolfs* in ErfK SGB IX § 71 Rn. 8.

Beschäftigungspflicht sollen schwerbehinderte Frauen „besonders" berücksichtigt werden. Was der Gesetzgeber damit meint, bleibt im Dunklen. Eine Nichtberücksichtigung von Frauen wäre schon eine verbotene Benachteiligung wegen des Geschlechts im Sinne von § 7 Abs. 1 AGG. Eine besondere Berücksichtigung im Sinne eines Vorzugs wäre ebenfalls eine verbotene Benachteiligung wegen des Geschlechts, diesmal zulasten der Männer. Für den gesetzgeberischen Appell zur Kompensation von Nachteilen gibt es allerdings einen Anlass. Die weiblichen Schwerbehinderten sind bisher in ihrer Erwerbsbeteiligung unterrepräsentiert. Der Frauenanteil bei den schwerbehinderten Beschäftigten insgesamt betrug im Jahre 2017 etwa 45 %.[47] Das rechtfertigt an sich noch keine Bevorzugung; denn das stärkere Risiko der Arbeitslosigkeit besteht für schwerbehinderte Männer. Frauen sind seltener von einer Schwerbehinderung betroffen als Männer. 2017 waren in Deutschland 3,83 Millionen Frauen schwerbehindert und 3,92 Millionen Männer – dies sind knapp 9 bzw. 10 % der Bevölkerung. Im erwerbsfähigen Alter von 15 bis unter 65 Jahren waren 6 % der Frauen und knapp 7 % der Männer schwerbehindert. Im Jahr 2018 waren 63.000 schwerbehinderte Frauen und 94.000 schwerbehinderte Männer arbeitslos. 60 % der schwerbehinderten arbeitslosen Menschen sind Männer, 40 % Frauen. Dieses Geschlechterverhältnis ist seit Jahren nahezu konstant.[48]

III. Entwicklung von Quotensoll und Quotenist

32 **Stand der Quotenerfüllung:** Bis zum 31.12.2000 galt für die Arbeitgeber die höhere Mindestbeschäftigungsquote von 6 %. Die Ist-Quote erreichte 1982 mit 5,9 % den höchsten Stand, seitdem sank sie ständig bis sie 2000 ihren Tiefpunkt mit 3,7 % erreichte. In den vergangenen Jahren hat die Beschäftigungsquote jedoch wieder kontinuierlich zugenommen. Für das Jahr 2019 ergab das Anzeigeverfahren eine Quote von 4,63 %.

33 **Rechtspolitischer Hintergrund:** Bereits vor Inkrafttreten des SGB IX wurde durch das Gesetz zur Bekämpfung der Arbeitslosigkeit Schwerbehinderter (SchwbAG) vom 29.9.2000 die damals geltende Pflichtquote von 6 % mit Wirkung vom 1.1.2001 auf 5 % gesenkt. Das geschah zunächst nur vorläufig. Die Arbeitgeber sollten so zu einer verstärkten Beschäftigung schwerbehinderter Menschen motiviert werden. Handlungsbedarf bestand, weil seit 1982 eine Scherenbewegung stattfand. Die Arbeitslosenzahlen stiegen bis zur Verdopplung im Oktober 1999 auf 189.766 an und die durchschnittliche Beschäftigungsquote – auch Erfüllungsquote genannt – sank von 5,9 % auf 3,8 % im Jahre 1999 und erreichte mit 3,7 % im Jahre 2000 ihren Tiefpunkt.[49] Deshalb startete das zuständige Bundesministerium unter Einsatz von zusätzlichen erheblichen Fördermitteln die Kampagne „50.000 Jobs für Schwerbehinderte". Das Ziel des Aktionsplanes wurde trotz der damals allgemein ansteigenden Arbeitslosigkeit nur knapp verfehlt. Mit dem Gesetz vom 23.4.2004[50] wurde die Beschäftigungspflichtquote dauerhaft um einen Prozentpunkt auf 5 % herabgesetzt. Das geschah, obwohl bekannt war, dass kurz nach dem maßgeblichen

---

47 Bundesagentur für Arbeit (Hrsg.), Blickpunkt Arbeitsmarkt, Situation schwerbehinderter Menschen, 2019, 18.
48 Bundesagentur für Arbeit (Hrsg.), Blickpunkt Arbeitsmarkt, Situation schwerbehinderter Menschen, 2019, 17 f.
49 Vgl. *Düwell*, Reformen am Arbeitsmarkt, AiB 2000, 649; *Düwell*, Mehr Rechte für die Schwerbehinderten und ihre Vertretungen durch das SchwbAG, BB 2000, 2570.
50 BGBl. I 606.

Stichtag 1.10.2002 die Arbeitslosigkeit schwerbehinderter Menschen wieder rapide anstieg, so dass im Oktober 2004 ein Stand von 172.516 und Ende 2006 sogar 197.000 arbeitslosen schwerbehinderten Menschen erreicht wurde. Die dauerhafte **Quotensenkung** war ein in schwieriger Arbeitsmarktlage bewusst gesetzter **wirtschaftlicher Anreiz**. Er ersparte den Arbeitgebern, welche die gesenkte Quote erfüllen und denen, die als Kleinunternehmer 16 bis 19 Arbeitsplätze haben, die Zahlung der Ausgleichsabgabe.[51] Zwar ist bereits die Ausgleichsabgabe nach § 160 Abs. 3 SGB IX zum 1.1.2012 deutlich erhöht worden (vgl. die Kommentierung dort), doch haben die Fraktionen der SPD und Die Linke im Zuge der Beratungen zum BTHG zusätzlich die Erhöhung der Beschäftigungsquote selbst beantragt, die wieder von 5 auf 6 % steigen sollte.[52] Beide Fraktionen sahen insbesondere vor dem Hintergrund der UN-Behindertenkonvention die bisherigen Regelungen im SGB IX zu den Bereichen Beschäftigungsquote und Ausgleichsabgabe als nicht ausreichend effektiv an. Diese Forderungen waren Gegenstand einer öffentlichen Anhörung des Ausschusses Arbeit und Soziales des Deutschen Bundestags.[53] Umgesetzt wurde diese Erhöhung jedoch auch unter der großen Koalition von CDU/CSU und SPD im BTHG nicht.

§ 155 Beschäftigung besonderer Gruppen schwerbehinderter Menschen

(1) Im Rahmen der Erfüllung der Beschäftigungspflicht sind in angemessenem Umfang zu beschäftigen:
1. schwerbehinderte Menschen, die nach Art oder Schwere ihrer Behinderung im Arbeitsleben besonders betroffen sind, insbesondere solche,
   a) die zur Ausübung der Beschäftigung wegen ihrer Behinderung nicht nur vorübergehend einer besonderen Hilfskraft bedürfen oder
   b) deren Beschäftigung infolge ihrer Behinderung nicht nur vorübergehend mit außergewöhnlichen Aufwendungen für den Arbeitgeber verbunden ist oder
   c) die infolge ihrer Behinderung nicht nur vorübergehend offensichtlich nur eine wesentlich verminderte Arbeitsleistung erbringen können oder
   d) bei denen ein Grad der Behinderung von wenigstens 50 allein infolge geistiger oder seelischer Behinderung oder eines Anfallsleidens vorliegt oder
   e) die wegen Art oder Schwere der Behinderung keine abgeschlossene Berufsbildung im Sinne des Berufsbildungsgesetzes haben,
2. schwerbehinderte Menschen, die das 50. Lebensjahr vollendet haben.

(2) ¹Arbeitgeber mit Stellen zur beruflichen Bildung, insbesondere für Auszubildende, haben im Rahmen der Erfüllung der Beschäftigungspflicht einen angemessenen Anteil dieser Stellen mit schwerbehinderten Menschen zu besetzen. ²Hierüber ist mit der zuständigen Interessenvertretung im Sinne des § 176 und der Schwerbehindertenvertretung zu beraten.

---

51 Vgl. insgesamt Gesetzentwurf der Fraktionen SPD und Bündnis 90/Die Grünen, BT-Drs. 15/1783, 14.
52 BT-Drs. 17/9931, 4 sowie 17/9758, 3.
53 25.2.2013, Ausschuss-Drs. 17 (11)/1082.

§ 155

1 **Gesetzesentwicklung:** Absatz 1 und Absatz 2 Satz 1 des § 72 aF wurden unverändert aus dem Regierungsentwurf des SGB IX[1] übernommen. Die **Vorgängerregelung** war § 6 SchwbG. Es hat durch den Ausschuss nur eine redaktionelle Anpassung an die neue Begrifflichkeit stattgefunden. Durch das Gesetz zur Förderung der Ausbildung und Beschäftigung schwerbehinderter Menschen vom 23.4.2004[2] ist mit Wirkung vom 1.5.2004 in Absatz 2 der Satz 2 angefügt worden. Das BTHG ließ die Vorschrift inhaltlich unverändert und führt sie als § 155 fort.

2 **Regelungsinhalt:** Die Vorschrift regelt, dass der Arbeitgeber bei der Erfüllung seiner Beschäftigungspflicht auch in angemessenem Umfang bestimmte Gruppen von schwerbehinderten Menschen zu berücksichtigen hat, die durch besondere Einschränkungen in ihrer Leistungsfähigkeit beeinträchtigt sind und daher besonderen Schutz erhalten sollen. Insoweit ergänzt § 155 die in § 154 Abs. 1 Satz 2 unsystematisch aufgenommene Bestimmung, dass schwerbehinderte Frauen besonders zu berücksichtigen sind. In Absatz 1 sind die Gruppen schwerbehinderter Menschen aufgeführt, die wegen Art oder Schwere ihrer Behinderung oder wegen einer wesentlich verminderten Arbeitsleistungsfähigkeit, eines Anfallleidens, einer Notwendigkeit einer Arbeitsassistenz oder wegen des vorgerückten Lebensalters besonders berücksichtigt werden sollen. In Absatz 2 Satz 1 werden die Arbeitgeber aufgerufen, soweit Ausbildungsplätze vorhanden sind, auch schwerbehinderte Menschen auszubilden. In Absatz 2 Satz 2 ist in Ergänzung des BetrVG und der Personalvertretungsgesetze ein neues konsultationsartiges Mitwirkungsrecht für die Interessenvertretungen im Sinne des § 176 und für die Schwerbehindertenvertretung eingeführt worden.

3 **Besondere Personengruppen der Schwerstbehinderten:** In Absatz 1 sind zwei Personengruppen hervorgehoben: Zum einen schwerbehinderte Menschen, die nach Art oder Schwere ihrer Behinderung im Arbeitsleben **besonders betroffen** sind, zum anderen schwerbehinderte Menschen nach Vollendung des 50. Lebensjahres. „Besondere Betroffenheit" ist ein **unbestimmter Rechtsbegriff**. Er wird durch die unter lit. a–e aufgeführten Beispiele erläutert. Danach zeigt sich die besondere Betroffenheit neben den aufgeführten Beispielfällen an den Schwierigkeiten bei der Erlangung eines Arbeitsplatzes. Arbeitslosigkeit, ihre bisherige Dauer und die Einschätzung der Chancen ihrer Beendigung sind maßgeblich. Wenn ein schwerbehinderter Mensch schon länger als ein Jahr arbeitslos ist, wird regelmäßig eine besondere Betroffenheit angenommen werden können.[3] Absatz 1 trifft keine Regelung, wer und in welcher Weise die nach Art und Schwere der Behinderung besondere Betroffenheit feststellt. Das geschieht implizit bei der Entscheidung der Arbeitsagentur über die Zulassung zur Mehrfachanrechnung oder des Integrationsamts über einen Fördermittelantrag.

4 **Fehlen von Rechtsfolgen:** Die Integrationswirkung dieser Vorschrift ist gering. Anders als für die Beschäftigungspflicht nach § 154 Abs. 1 Satz 1 fehlt jede Größenvorgabe. Die Vorschrift spricht lediglich allgemein und passivisch von „sind zu beschäftigen". Damit fehlt aber zugleich auch die Möglichkeit einer Sanktionierung.[4] Versuche, den Begriff der „Angemessenheit" näher zu umreißen, gibt es zwar: So soll sie sich nach dem Anteil der besonders benachteiligten schwerbehinderten Menschen an der Gesamtzahl der schwerbehinderten Men-

---

[1] BT-Drs. 14/5531.
[2] BGBl. I 606.
[3] *Knittel* SGB IX § 72 Rn. 7.
[4] *Trenk-Hinterberger* in HK-SGB IX § 72 Rn. 1.

schen auf dem allgemeinen Arbeitsmarkt und im Betrieb bemessen;[5] alternativ wird auf die betrieblichen Verhältnisse abgestellt.[6] Alle diese Versuche, die „Angemessenheit" näher zu bestimmen, führen jedoch mangels irgendeiner ersichtlichen Rechtsfolge bei Verstoß gegen die Beschäftigungspflicht ohnehin ins Leere.

Positive Anreize: Die Bestimmung lebt nicht nur vom guten Willen. Der Arbeitgeber, der schwerbehinderte Menschen aus den besonders betroffenen Gruppen nach Absatz 1 und schwerbehinderte Auszubildende nach Absatz 2 beschäftigt, wird mit der Zulassung der Mehrfachanrechnung nach § 159 Abs. 1 und 2 belohnt. So kann die Agentur für Arbeit nach § 159 Abs. 1 die Anrechnung eines besonders betroffenen schwerbehinderten Menschen auf mehr als einen Pflichtarbeitsplatz, höchstens jedoch auf drei Pflichtarbeitsplätze, zulassen, wenn dessen Teilhabe am Arbeitsleben auf besondere Schwierigkeiten stößt. Arbeitgeber können auch nach § 15 SchwbAV Darlehen oder Zuschüsse bis zur vollen Höhe der entstehenden notwendigen Kosten zu den Aufwendungen erhalten, die ihnen für die Schaffung neuer, behinderungsgerecht ausgestatteter Arbeitsplätze für besonders betroffene schwerbehinderte Menschen entstehen. Zusätzlich ist es nach § 27 SchwbAV, § 102 Abs. 3 Nr. 2 b SGB IX möglich, von den Integrationsämtern auch Zuschüsse zur Abgeltung außergewöhnlicher Belastungen zu erhalten, die wegen der Beschäftigung eines besonders betroffenen schwerbehinderten Menschen im Sinne des § 155 Abs. 1 Nr. 1 a entstehen. Das schließt auch den Ausgleich für besondere Belastungen wegen des dem Arbeitgeber entstehenden Betreuungsaufwands ein.[7]

Angemessener Anteil an Ausbildungsplätzen: Nach Absatz 2 Satz 1 hat jeder Arbeitgeber, der ausbildet, einen angemessenen Anteil für die Ausbildung von schwerbehinderten Menschen zu reservieren. Was angemessen ist, ist unklar und kann im Ergebnis nur den Statistiken der Bundesagentur über die Anzahl der Schwerbehinderten im Ausbildungsalter im Verhältnis zu den der Nichtbehinderten entnommen werden. Insofern ist eine Quote von 5 v.H. eine geeignete Leitlinie.

Mitberatungsrecht der Arbeitnehmervertretungen: Nach **Abs. 2 Satz 2** hat der Arbeitgeber, bevor er seine Prüfung abschließt, wie er seiner gesetzlichen Verpflichtung nachkommen kann, eine angemessene Zahl der Ausbildungsplätze für schwerbehinderte Auszubildende oder sonstige zur beruflichen Bildung Beschäftigte vorzuschlagen, die Schwerbehindertenvertretung, den Betriebs- oder Personalrat oder sonstige Interessenvertretungen nach § 176 SGB IX von sich aus einzuschalten. Er hat mit ihnen über die Möglichkeit der Ausbildung von behinderten jungen Menschen im Betrieb zu beraten. Eine Ordnungswidrigkeit oder eine andere Sanktion für eine Verletzung der Beratungspflicht ist nicht vorgesehen. Das Beratungsrecht dient vor allem der Verstärkung des in Absatz 2 Satz 1 enthaltenen Ausbildungsappells. Hat der Arbeitgeber seiner Beratungspflicht nicht genügt, so können die Interessenvertretungen eine Nachholung der ergebnisoffenen Beratung verlangen. Verletzt der Arbeitgeber das Beratungsrecht mehrfach oder kommt er vorsätzlich seiner Verpflichtung nicht nach, so liegt darin eine grobe Missachtung der betriebsverfassungsrechtlichen Ordnung. Deren Wiederherstellung kann der Betriebsrat nach § 23 Abs. 3 BetrVG

---

5 *Cramer* SchwbG § 6 Rn. 7; *Müller-Wenner* in Müller-Wenner/Winkler SGB IX § 72 Rn. 10.
6 *Schneider* in Hauck/Noftz SGB IX § 72 Rn. 6.
7 *Jäger-Kuhlmann* in Ernst/Adlhoch/Seel SGB IX § 72 Rn. 12; *Knittel* SGB IX § 72 Rn. 15 a.

im arbeitsgerichtlichen Beschlussverfahren durchsetzen.[8] Die Schwerbehindertenvertretung kann demgegenüber nur nach § 177 Abs. 2 Satz 2 SGB IX die Nachholung der Unterrichtung über das Ergebnis der beabsichtigten Entscheidung verlangen, welcher Anteil an Ausbildungsplätzen für schwerbehinderte Auszubildende angemessen ist. Sie kann zusätzlich noch die Aussetzung der Durchführung der Entscheidung verlangen.

§ 156 Begriff des Arbeitsplatzes

(1) Arbeitsplätze im Sinne dieses Teils sind alle Stellen, auf denen Arbeitnehmerinnen und Arbeitnehmer, Beamtinnen und Beamte, Richterinnen und Richter sowie Auszubildende und andere zu ihrer beruflichen Bildung Eingestellte beschäftigt werden.
(2) Als Arbeitsplätze gelten nicht die Stellen, auf denen beschäftigt werden:
1. behinderte Menschen, die an Leistungen zur Teilhabe am Arbeitsleben nach § 49 Absatz 3 Nummer 4 in Betrieben oder Dienststellen teilnehmen,
2. Personen, deren Beschäftigung nicht in erster Linie ihrem Erwerb dient, sondern vorwiegend durch Beweggründe karitativer oder religiöser Art bestimmt ist, und Geistliche öffentlich-rechtlicher Religionsgemeinschaften,
3. Personen, deren Beschäftigung nicht in erster Linie ihrem Erwerb dient und die vorwiegend zu ihrer Heilung, Wiedereingewöhnung oder Erziehung erfolgt,
4. Personen, die an Arbeitsbeschaffungsmaßnahmen nach dem Dritten Buch teilnehmen,
5. Personen, die nach ständiger Übung in ihre Stellen gewählt werden,
6. Personen, deren Arbeits-, Dienst- oder sonstiges Beschäftigungsverhältnis wegen Wehr- oder Zivildienst, Elternzeit, unbezahlten Urlaubs, wegen Bezuges einer Rente auf Zeit oder bei Altersteilzeitarbeit in der Freistellungsphase (Verblockungsmodell) ruht, solange für sie eine Vertretung eingestellt ist.

(3) Als Arbeitsplätze gelten ferner nicht Stellen, die nach der Natur der Arbeit oder nach den zwischen den Parteien getroffenen Vereinbarungen nur auf die Dauer von höchstens acht Wochen besetzt sind, sowie Stellen, auf denen Beschäftigte weniger als 18 Stunden wöchentlich beschäftigt werden.

I. Gesetzeshistorie 1	2. Nicht zu berücksichtigende Beschäftigungen .. 24
II. Überblick über Inhalt 4	
III. Arbeitsplatz 6	V. Beschäftigung auf Ausbildungsplätzen 30
IV. Beschäftigung von Arbeitnehmern 13	
1. Zu berücksichtigende Beschäftigungen 13	VI. Der Negativkatalog in Abs. 2 33

I. Gesetzeshistorie

1 **Vor und nach Entstehung des SGB IX:** Vorläufer dieser Vorschrift war § 7 SchwbG. Dessen Inhalt ist mit einigen Änderungen in den Regierungsentwurf des § 73 aF übernommen worden.[1] Die Fassung des Regierungsentwurfs wurde im Wesentlichen in das SGB IX übernommen. Der BT-Ausschuss für Arbeit und Sozialordnung hat mit der Änderungsempfehlung in Absatz 2 Nr. 1 klargestellt,

---
8 *Düwell* in HaKo-BetrVG § 23 Rn. 34 ff.
1 BT-Drs. 14/5531.

dass die Stellen, auf denen schwerbehinderte Menschen an innerbetrieblichen Maßnahmen der beruflichen Anpassung und Weiterbildung teilnehmen, nicht als Arbeitsplätze gelten und nicht bei der Berechnung der Mindestanzahl von Arbeitsplätzen und der Zahl der Pflichtarbeitsplätze mitzählen.[2]

Änderungen des SGB IX: Mit dem Gesetz zur Förderung der Ausbildung und Beschäftigung schwerbehinderter Menschen vom 23.4.2004[3] hat der Gesetzgeber zum 1.5.2004 Absatz 2 Nr. 7 (in der Fassung nach dem BTHG Nr. 6) geändert, um die Zählung von Stellen von Beschäftigten zu klären, die sich in der Freistellungsphase der Altersteilzeitarbeit befinden. In Absatz 2 Nr. 7 (nach dem BTHG Nr. 6) wurden dazu die Wörter „Urlaub oder" durch das Wort „Urlaub" ersetzt. Nach dem Wort „Zeit" wurden die Worte „oder bei Altersteilzeit in der Freistellungsphase (Verblockungsmodell)" eingefügt. Sinn der Änderung soll sein, dass bei der Berechnung der Zahl der Arbeitsplätze und des Umfangs der Beschäftigungspflicht die Stelle nur einmal gezählt wird, die der Altersteilzeitarbeitnehmer frei gemacht und welche der Arbeitgeber aus Anlass des Übergangs des Beschäftigten in die Altersteilzeit nach den altersteilzeitrechtlichen Vorschriften wieder mit einem neu eingestellten Arbeitnehmer besetzt hat. Das BTHG hat zu keiner inhaltlichen Änderung der nunmehr in § 156 enthaltenen Regelung geführt. 2

Ablehnung weiterer Ausnahmen: Weitere diverse Änderungen sind indes nicht Gesetz geworden, vgl. die Ausführungen in der 3. Aufl., § 73 Rn. 3. 3

II. Überblick über Inhalt

Regelungsinhalt: Die Vorschrift enthält in Absatz 1 eine Bestimmung des Begriffs des Arbeitsplatzes, der für den gesamten Teil 3 (§§ 151–241) relevant ist. Sie dient zur Ermittlung der Zahl der Arbeitsplätze, auf denen der Arbeitgeber nach § 154 Abs. 1 Satz 1 schwerbehinderte Menschen zu beschäftigen hat. Sie ist erforderlich, um eine eindeutige Bemessungsgrundlage zu schaffen. Während in § 177 Abs. 1 Satz 1 für die Wahl der Interessenvertretung der schwerbehinderten Menschen auf die Kopfzahl der in den Betrieben und Dienststellen schwerbehinderten Beschäftigten abgestellt wird, kommt es für die Beschäftigungspflicht auf die Anzahl der nach § 156 berücksichtigungsfähigen Arbeitsplätze an. Nach der Regel des Absatz 1 gelten alle Stellen, auf denen Arbeiter, Angestellte, Beamte, Richter, Auszubildende und andere zu ihrer beruflichen Bildung Eingestellte beschäftigt werden, als Arbeitsplätze. Aus nicht immer nachvollziehbaren sozialpolitischen Gründen hat der Gesetzgeber Ausnahmen geschaffen. Die in § 156 Abs. 2 genannten Stellen sind dazu von ihm aus dem Begriff des Arbeitsplatzes herausgenommen worden. In Absatz 3 bestehen weitere Ausnahmen für Stellen, die nur vorübergehend besetzt sind, sowie für Stellen, auf denen nur in Teilzeit weniger als 18 Stunden wöchentlich gearbeitet wird. 4

Geltungsbereich: Für den Geltungsbereich der Norm ist der Zusammenhang mit § 157 Abs. 1 bedeutsam. Danach zählen Stellen, auf denen Auszubildende oder Rechts- oder Studienreferendare beschäftigt werden, bei der Berechnung der Pflichtplätze nach § 154 Abs. 1 Satz 1 nicht mit. Die Definition des Arbeitsplatzes in § 156 hat nicht nur für die Berechnung der Mindestanzahl und der Anzahl der Pflichtplätze nach § 157 Abs. 2 Bedeutung, sondern auch für die Anrechnung Beschäftigter auf die Pflichtarbeitsplätze (§ 158) und die Mehrfachanrechnung (§ 159) sowie für die Anzahl der unbesetzten Pflichtarbeits- 5

---

2 BT-Drs. 14/5800, 35.
3 BGBl. I 606.

plätze, die für die Ausgleichsabgabe maßgebend sind (§ 160 Abs. 2). Sie gilt darüber hinaus auch für den gesamten Teil 3 des SGB IX. Sie findet deshalb auch auf die Prüfungspflicht nach § 164 Abs. 1 und die besonderen Pflichten für öffentliche Arbeitgeber bei freien Arbeitsplätzen nach § 165 Anwendung, wie aus dem Klammerzusatz § 165 Satz 2 deutlich wird. Dieser besondere nationale Arbeitsplatzbegriff darf bei den Normen, mit denen das Diskriminierungsverbot aus der Rahmen-Richtlinie 2000/78/EG vom 27.11.2000[4] umgesetzt worden ist, nicht als Begrenzung der positiven, zugunsten der behinderten Menschen zu ergreifenden Maßnahmen verstanden werden. Die Verpflichtung zur behinderungsgerechten Gestaltung nach § 164 Abs. 4 Nr. 4, die Verpflichtung zur Ausstattung mit den erforderlichen technischen Arbeitshilfen nach § 164 Abs. 4 Nr. 5 und die Erleichterung der Teilzeitbeschäftigung nach § 164 Abs. 5 wird daher **europarechtskonform** nicht nur auf einen Arbeitsplatz im Sinne von § 156 zu beziehen sein, sondern allgemein für den Zugang zu Beruf und Beschäftigung gelten müssen.[5] In den für die Gewährung von Leistungen im Rahmen der begleitenden Hilfe (§ 185 Abs. 2 und 3) sowie im Rahmen von Integrationsfachdiensten (§§ 192 ff.) und von Integrationsprojekten (§§ 215 ff.) aufgestellten Richtlinien und Empfehlungen der BIH wird zumeist auf den Arbeitsplatzbegriff des § 156 Abs. 1 Bezug genommen. Das ist jedoch nicht zwingend.[6]

III. Arbeitsplatz

6 **„Arbeitsplatz" im Sinne von Beschäftigung auf einer Stelle:** Der in Absatz 1 verwandte besondere gesetzliche Begriff des Arbeitsplatzes geht über seine arbeitsrechtliche Bedeutung hinaus. Insbesondere schließt er auch die Dienstposten von Beamten und Richter ein. Dennoch ist er nicht rein funktional zu sehen.[7] Er soll sicherstellen, dass alle Arbeitnehmer und Arbeitnehmerinnen, Beamte und Beamtinnen, Richter und Richterinnen sowie Auszubildende und anderen zu ihrer beruflichen Bildung Eingestellten, die in Betrieben, Dienststellen und Haushalten beschäftigt werden, erfasst werden, ohne dass es zu Mehrfachzählungen bei verhinderungsbedingten Vertretungen kommt. Gezählt werden nach dem klaren Wortlaut der Norm als „Arbeitsplätze" alle **Stellen, auf denen beschäftigt** wird. Folgerichtig zählen freigewordene und noch nicht wieder besetzte Stellen oder noch unbesetzte Planstellen des öffentlichen Dienstes nicht mit.[8] Demgegenüber zählen Stellen, auf denen ein Beschäftigter wegen Urlaubs oder Krankheit nicht tätig ist, mit.

7 **Begriff der Stelle:** Der Begriff des Arbeitsplatzes im Sinne von § 156 Abs. 1 wird näher durch den räumlich-gegenständlichen Bereich bestimmt, der in Abs. 1 „Stelle" genannt wird. Vorherrschend ist ein dreiteiliger Arbeitsplatzbegriff. Danach muss erstens ein privat- oder öffentlich-rechtliches Anstellungsverhältnis (Arbeitnehmer-, Beamten- oder Richtereigenschaft) vorliegen, zweitens muss der Arbeitgeber oder Dienstherr „Stellen" eingerichtet haben und drittens muss auf diesen Personal „beschäftigt" werden.[9] Inhaltlich wird somit an den Bestand einer arbeitsvertraglichen oder sonstigen Beschäftigungsbeziehung ange-

---

4 ABl. EG 303, 16.
5 Zutreffend *Ritz* in Bihr/Fuchs/Krauskopf/Ritz SGB IX § 73 Rn. 5.
6 Kritisch dazu: *Ritz* in Bihr/Fuchs/Krauskopf/Ritz SGB IX § 73 Rn. 6.
7 OVG Saarl 28.10.2010 – 3 B 180/10; *Müller-Wenner* in Müller-Wenner/Winkler SGB IX § 73 Rn. 5.
8 Zustimmend: *Knittel*, 11. Aufl. 2018, SGB IX § 73 Rn. 19.
9 BVerwG 16.5.2013 – 5 C 20/12, NZA-RR 2013, 534.

knüpft.[10] Schon deswegen, weil nicht nur der öffentliche Dienst erfasst wird, verbietet sich der Rückgriff auf die im Verwaltungsrecht übliche Begrifflichkeit von Stellenplan und Stelle. Richtigerweise ist der Begriff der Stelle hier in einem umfassenden Sinn zur funktionalen und gegebenenfalls auch örtlichen Abgrenzung des Tätigkeitsbereichs eines Beschäftigten innerhalb des Betriebs, der Dienststelle oder des Haushalts zu verstehen, zB Leitung der Finanzbuchhaltung im Betriebsteil Stuttgart. Dem kommt die Auffassung nahe, nach der im Rahmen einer Anstellung eine bestimmte Funktion auf der Grundlage eines Arbeits-, Dienst- oder Ausbildungsverhältnisses vollzogen wird.[11] Diese rechtlich-funktionale Abgrenzung ist schon notwendig, um das in Absatz 2 Nr. 6 verwandte Kriterium der „Vertretung" überhaupt handhabbar machen zu können. Die Zahl der Arbeitsplätze im Sinne von § 156 Abs. 1 hängt allein von der Organisationsentscheidung des Arbeitgebers ab, auf wie viele Stellen er die mit dem arbeitstechnischen Zweck des Betriebs, der Dienststelle oder des Haushalts verbundenen Aufgaben verteilen will. Es ist daher auch kein Zufall, dass nach § 163 Abs. 1 die Arbeitgeber für jeden Betrieb und jede Dienststelle gesondert ein Verzeichnis der schwerbehinderten Beschäftigten führen müssen.

Begriff der Beschäftigung: Beschäftigung – als der dritte Teil der Definition des „Arbeitsplatzes" – ist hier **nicht im sozialversicherungsrechtlichen Sinne** zu verstehen; denn es werden mit den Beamten und Richtern **auch Dienstverhältnisse außerhalb des Sozialrechts** erfasst. Unter Beschäftigung ist hier jede Art von Tätigkeit zu verstehen, die in Abhängigkeit von einer anderen Person erfolgt.[12] Das gilt mit graduellen Unterschieden für die Rechtsverhältnisse aller in Absatz 1 genannten Personengruppen. Unter Arbeitsplatz ist somit der abgegrenzte Aufgabenbereich zu verstehen, innerhalb dessen ein Beschäftigter regelmäßig auch tatsächlich zur Erfüllung der ihm vom Inhaber des Direktionsrechts zugewiesenen Arbeitsaufgaben tätig wird.[13] Ob die Beschäftigung auf der Grundlage eines wirksamen Vertrages oder eines sonstigen wirksamen Rechtaktes beruht, kommt es nicht an. Da auch ein durch einen unwirksamen Vertrag in Funktion gesetztes Arbeitsverhältnis nur mit Wirkung für die Zukunft aufhebbar ist, zählt die Stelle des betreffenden Arbeitnehmers auch im sogenannten „fehlerhaften Arbeitsverhältnis".[14]

8

Unterbrechung der Beschäftigung: Da das Wort „Beschäftigung" einen aktiven Zustand ausdrückt, bedarf es auch einer tatsächlich aufgenommenen Tätigkeit. Deren ununterbrochene Fortdauer ist jedoch nicht zwingend erforderlich. Nicht jede tatsächliche Unterbrechung der Erbringung der Leistung führt dazu, dass eine Beschäftigung nicht mehr vorliegt.[15] Nach Sinn und Zweck der durch die Zählvorschrift des Absatzes 1 zur Durchführung gelangenden Mindestbeschäftigungspflicht ist es gerechtfertigt, zumindest noch solche Arbeitnehmer als auf einer Stelle Beschäftigte anzusehen, die zwar vorübergehend keine Arbeitsleistung erbringen, aber in den Betrieb, die Dienststelle oder den Haushalt zur Wiederaufnahme der Tätigkeit zurückkehren werden. Wer allerdings schon

9

---

10 So *Ritz* in Bihr/Fuchs/Krauskopf/Ritz SGB IX § 73 Rn. 7; *Jäger-Kuhlmann* in Ernst/Adlhoch/Seel SGB IX § 73 Rn. 3; *Schneider* in Hauck/Noftz SGB IX § 73 Rn. 3.
11 *Trenk-Hinterberger* in HK-SGB IX § 73 Rn. 5.
12 Vgl. für den Begriff der Beschäftigung in § 1 Abs. 1 JArbSchG: OLG Hamm 28.2.1978 – 4 Ss OWi 444/78, OLGSt zu § 1 JArbSch, und OLG Hamm 14.8.1987 – 6 Ss OWi 445/86, AiB 1989, 267.
13 Vgl. BVerwG 21.10.1987 – 5 C 42.84, Buchholz 436.61 § 6 SchwbG Nr. 1 S. 2 mwN.
14 *Jäger-Kuhlmann* in Ernst/Adlhoch/Seel SGB IX § 73 Rn. 10.
15 So für § 76 Abs. 2 BetrVG 1952: BAG 25.10.2000 – 7 ABR 18/00, AP Nr. 32 zu § 76 BetrVG.

dauerhaft aus Betrieb, Dienststelle oder Haushalt ausgegliedert ist, wird selbst dann nicht mehr auf einer Stelle beschäftigt, wenn sein Arbeitsverhältnis noch rechtlich fortbesteht. Deshalb hat das BAG entschieden, dass der in der **Freistellungsphase** des Altersteilzeitarbeitsverhältnisses befindliche Arbeitnehmer nicht mehr beschäftigt wird;[16] denn nach dem Willen der Vertragsparteien handelt es nicht mehr um eine vorübergehende Unterbrechung der Tätigkeit, vielmehr ist das Blockmodell gerade dadurch gekennzeichnet, dass der Arbeitnehmer mit Beginn der Freistellung seine Tätigkeit im Betrieb beendet.

10 **Dauer der Unterbrechung:** Somit sind tatsächliche Unterbrechungen der Beschäftigung wegen Urlaub, Krankheit, Kur, Teilnahme an Rehabilitationsmaßnahmen, Ruhen des Arbeitsverhältnisses bei allen Beschäftigungsverboten (insbesondere wegen Mutterschutzes), in der Elternzeit oder während des Wehrdienstes – selbst wenn sie längere Zeit andauern – unerheblich.[17] Soweit im Schrifttum gelegentlich noch auf die Kurzfristigkeit einer Unterbrechung der Beschäftigung abgestellt wird,[18] ist das überholt. Das gilt insbesondere für den zum Schwerbeschädigtengesetz ergangenen Erlass des Präsidenten der BA AVAV vom 19.7.1958,[19] wonach eine Stelle nur dann als Arbeitsplatz gezählt werden sollte, wenn der Stelleninhaber nur zu einer kurzfristigen Wehrübung herangezogen wurde. Als kurzfristig galt damals eine Übungsdauer von längstens einem Monat. Nach dem heute geltenden Recht führen auch längere Zeiten der Nichtbeschäftigung nicht dazu, dass der Arbeitsplatz von der Zählung ausgenommen wird. Das zeigen die in Absatz 2 Nr. 6 aufgeführten Beispiele. Für die dort aufgeführten Ruhensfälle ist geregelt, dass, nur solange eine Vertretung eingestellt ist, die Stelle des Vertretenen nicht als weiterer Arbeitsplatz gilt. Daraus ergibt sich im Gegenschluss, dass ohne Vertretung die Stelle des Vertretenen zählt. Die Unterbrechung wegen der Elternzeit kann bis zu drei Jahre andauern (§ 15 Abs. 1 Satz 1 BEEG) und die wegen einer Rente auf Zeit noch länger. Da es in § 156 keine zeitliche Höchstbegrenzung der Dauer der Nichtbeschäftigung gibt, ist somit für die Zählung einer Stelle, auf der zurzeit der Stelleninhaber nicht beschäftigt wird, alleinige Voraussetzung, dass eine Wiederaufnahme der Beschäftigung nach der Unterbrechung zu erwarten ist.

11 **Zusammenfassung der Merkmale des Arbeitsplatzes im Sinne von § 156 Abs. 1:** Maßgebend für den Begriff des Arbeitsplatzes im Sinne von Absatz 1 sind daher, in Ausfüllung der zuvor genannten Merkmale des dreigliedrigen Arbeitsplatzbegriffs, folgende Voraussetzungen: Es bestehen innerhalb des Betriebs, der Dienststelle oder des Haushalts Stellen als räumlich und gegenständlich bestimmte Aufgabenbereiche. Diese sind den einzelnen Beschäftigten (Arbeitnehmern und Arbeitnehmerinnen, oder Beamten und Beamtinnen, oder Richtern und Richterinnen oder Auszubildenden und anderen zu ihrer beruflichen Bildung Eingestellten) ausdrücklich oder konkludent zugewiesen; zudem sind die Beschäftigten verpflichtet, eine Tätigkeit in sozialer Abhängigkeit zu verrichten, wobei sie die Tätigkeit schon tatsächlich aufgenommen haben müssen. Falls dies nicht der Fall ist, muss nach einer etwaigen Unterbrechung die Wiederaufnahme der Beschäftigung zu erwarten sein. Unter Stellen im Sinne der hier genannten Norm fallen damit alle Stellen, auf denen ua Arbeitnehmer und Arbeitnehmerinnen beschäftigt werden. Wie schon aus dem Wortlaut hervorgeht

---

16 BAG 25.10.2000 – 7 ABR 18/00, AP Nr. 32 zu § 76 BetrVG.
17 *Cramer* SchwbG § 7 Rn. 4; *Kossens* in Kossens/von der Heide/Maaß SGB IX § 73 Rn. 4.
18 *Neumann* in Neumann/Pahlen/Winkler/Jabben, 13. Aufl. 2018, SGB IX § 156 Rn. 16.
19 IA 5–537–1220/57, BB 1958, 1096.

(„beschäftigt werden"), ist der Arbeitsplatz in diesem Sinne dann letztlich nicht räumlich-gegenständlich oder in arbeitstechnisch-funktionalem Sinn zu verstehen, sondern im rechnerischen Sinn.[20]

Maßgeblicher Zeitpunkt: Aus der Pflicht, die Daten zur Berechnung des Umfangs der Beschäftigungspflicht „aufgegliedert nach Monaten" anzuzeigen (§ 163 Abs. 2 Satz 1), folgt, dass für die Bestimmung der Anzahl der Arbeitsplätze im Sinne von Absatz 1 auf die beim Arbeitgeber im jeweiligen Monat bestehenden Verhältnisse abzustellen ist. Dementsprechend sind alle Arbeitsplätze zu berücksichtigen, die mindestens an einem Tag im jeweiligen Monat existieren. Eine stichtagsbezogene Ermittlung scheidet somit aus.[21] Unerheblich ist, dass nach § 160 Abs. 1 Satz 3 die Ausgleichsabgabe demgegenüber auf der Grundlage einer jahresdurchschnittlichen Beschäftigungsquote ermittelt wird. Anders als bei der nachträglichen Berechnung der Ausgleichsabgabe (vgl. § 163 Abs. 2 Satz 1) muss für den Arbeitgeber in jedem Monat feststehen, auf wie vielen Pflichtarbeitsplätzen er schwerbehinderte Menschen zu beschäftigen hat, um der bußgeldbewährten Beschäftigungspflicht aus § 154 Abs. 1 Satz 1 zu genügen. 12

IV. Beschäftigung von Arbeitnehmern
1. Zu berücksichtigende Beschäftigungen

Auf der Stelle, die für die Bestimmung eines „Arbeitsplatzes" in Betracht kommt, muss ein **Arbeitnehmer** beschäftigt werden. Arbeitnehmer ist, wer aufgrund eines privatrechtlichen Vertrags im Dienste eines anderen zur Leistung weisungsgebundener, fremdbestimmter Arbeit in persönlicher Abhängigkeit verpflichtet ist.[22] Das Arbeitsverhältnis ist ein auf den Austausch von Arbeitsleistung und Vergütung gerichtetes Dauerschuldverhältnis. Die vertraglich geschuldete Leistung ist im Rahmen einer von Dritten bestimmten Arbeitsorganisation zu erbringen. Die Eingliederung in die fremde Arbeitsorganisation zeigt sich insbesondere darin, dass der Beschäftigte einem Weisungsrecht seines Vertragspartners (Arbeitgebers) unterliegt. Das Weisungsrecht kann Inhalt, Durchführung, Zeit, Dauer und Ort der Tätigkeit betreffen. Arbeitnehmer ist daher zur Abgrenzung von freien Mitarbeitern derjenige Mitarbeiter, der nicht im Wesentlichen seine Tätigkeit gestalten und seine Arbeitszeit frei bestimmen kann.[23] Für die Abgrenzung sind in erster Linie die tatsächlichen Umstände von Bedeutung, unter denen die Dienstleistung zu erbringen ist.[24] Erforderlich ist somit im Zweifel eine Gesamtwürdigung aller maßgebenden Umstände des Einzelfalls.[25] 13

Abgrenzung bei Verkaufstätigkeit: Filialkettenunternehmen gehen zunehmend dazu über, ihren Verkaufsleitern Ladengeschäfte zur selbstständigen Führung mit Personal zu übertragen. Beispiel: Eine Großbäckerei bietet einem bei ihr tätigen Verkäufer an, eine Filiale in Berlin als Kommissionär zu führen. Danach führt er alle Erzeugnisse in Kommission und verkauft in eigenem Namen und für Rechnung der Großbäckerei zum von dieser festgelegten Preis. Das Preisrisiko trägt die Großbäckerei. Die Ware bleibt bis zum Verkauf an den Endverbraucher Eigentum des Unternehmens. Ohne letztlich ausschlaggebende Bedeu- 14

---

20 LSG BW 23.11.2018 – L 12 AL 3147/17.
21 Vgl. BSG 6.5.1994 – 7 Rar 68/93, BSGE 74, 176.
22 BAG 16.2.2000 – 5 AZB 71/99, BAGE 93, 310 mwN; s. auch § 611 a BGB.
23 BAG 26.9.2002 – 5 AZB 19/01, BAGE 103, 20 (26 mwN).
24 BAG 22.4.1998 – 5 AZR 342/97, BAGE 88, 263 mwN.
25 Ausführlich hierzu *Joussen* in BeckOK ArbR BGB § 611 a Rn. 30 ff.

tung ist, ob der „Kommissionär" auch mit eigenem Personal tätig wird. Ist der zur Dienstleistung Verpflichtete nach den tatsächlichen Umständen nicht in der Lage, seine vertraglichen Leistungspflichten allein zu erfüllen, sondern auf Hilfskräfte angewiesen und vertraglich berechtigt, seine Leistungen durch Dritte erbringen zu lassen, spricht zwar dies regelmäßig schon gegen ein Arbeitsverhältnis. Allerdings ist es nicht in jedem Fall gerechtfertigt, wegen der bloßen Berechtigung des Vertragspartners, die vertraglich geschuldete Leistung durch Dritte erbringen zu lassen, ein Arbeitsverhältnis von vornherein auszuschließen. Dies gilt zumindest dann, wenn die persönliche Leistungserbringung die Regel und die Leistungserbringung durch einen Dritten eine seltene Ausnahme darstellt, die das Gesamtbild der Tätigkeit nicht nennenswert verändert. Die Möglichkeit, Dritte zur Leistungserbringung einzusetzen, stellt daher lediglich eines von mehreren im Rahmen einer Gesamtwürdigung zu berücksichtigenden Anzeichen dar.[26] Die Lösung liegt in dem Beispielsfall darin, dass der Gesetzgeber nach § 383 HGB den Kommissionär als selbstständigen Gewerbetreibenden und damit nicht als Arbeitnehmer eingeordnet hat.[27] Die Selbstständigkeit folgt dabei aus der Gewerbsmäßigkeit seines Tätigwerdens. Dies schließt nach § 384 Abs. 1 HGB ein, dass der Kommissionär Weisungen des Kommittenten unterliegt.[28] Ein Arbeitsverhältnis liegt nur dann vor, wenn Vereinbarungen getroffen und praktiziert werden, die zur Folge haben, dass der betreffende Kommissionär nicht mehr im Wesentlichen frei seine Tätigkeit gestalten und seine Arbeitszeit bestimmen kann. Die wirtschaftliche Abhängigkeit eines Kommissionärs kann zwar die Rechtsstellung einer arbeitnehmerähnlichen Person begründen,[29] nicht aber die Arbeitnehmereigenschaft.

15 **Abgrenzung bei Unterrichtstätigkeit:** Entscheidend ist, wie intensiv die Lehrkraft in den Unterrichtsbetrieb eingebunden ist, in welchem Umfang sie den Unterrichtsinhalt, die Art und Weise der Unterrichtserteilung, ihre Arbeitszeit und die sonstigen Umstände der Dienstleistung mitgestalten kann und inwieweit sie zu Nebenarbeiten herangezogen werden kann. Wer an einer allgemeinbildenden Schule unterrichtet, ist in der Regel Arbeitnehmer, auch wenn er seinen Beruf nebenberuflich ausübt. Dozenten, die außerhalb schulischer Lehrgänge unterrichten, können auch als freie Mitarbeiter beschäftigt werden, und zwar selbst dann, wenn es sich bei ihrem Unterricht um aufeinander abgestimmte Kurse mit vorher festgelegtem Programm handelt. Wird die Lehrtätigkeit nicht durch das Ziel der Vermittlung eines förmlichen schulischen Abschlusses geprägt, liegt der Vergleich mit Lehrkräften an einer Volkshochschule außerhalb schulischer Lehrgänge nahe.[30]

16 **Abgrenzung bei Versicherungsvermittlung:** Im Bereich der Vermittlung von Geschäften und Versicherungen für Dritte grenzt das Gesetz in § 84 Abs. 1 Satz 2 HGB wie folgt ab: Selbstständig ist, wer im Wesentlichen frei seine Tätigkeit gestalten und seine Arbeitszeit bestimmen kann. Die Rechtsprechung berücksichtigt hierbei, dass kraft Gesetzes (§ 675 iVm § 665 BGB) jeder Vertreter allgemeine Weisungen in Bezug auf den Inhalt seiner Tätigkeit zu befolgen hat. Dabei ist gemeint, in der Versicherungswirtschaft dürfe wegen der außerordentlichen Vielgestaltigkeit und Schwierigkeit des Versicherungsrechts und der sehr hohen finanziellen Risiken der Rahmen für zulässige Weisungen nicht zu eng

---

26 BAG 19.11.1997 – 5 AZR 653/96, BAGE 87, 129 (137).
27 BAG 4.12.2002 – 5 AZR 667/01, AP Nr. 115 zu § 611 BGB Abhängigkeit.
28 Dazu *Maschmann*, Arbeitsverträge und Verträge mit Selbstständigen, 2001, S. 192.
29 BAG 8.9.1997 – 5 AZB 3/97, BAGE 86, 267 (270).
30 Vgl. BAG 9.7.2003 – 5 AZR 595/02, AP Nr. 158 zu § 611 BGB Lehrer, Dozenten.

gezogen werden.³¹ Mit dem Selbstständigenstatus des Handelsvertreters ist es danach also durchaus vereinbar, dass er einem fachlichen Weisungsrecht unterliegt. Ebenso ist es mit dem Selbstständigenstatus vereinbar, wenn diese Weisungsrechte im Vertrag konkretisiert werden.³² Es führt somit nicht zwangsläufig zu einer arbeitsrechtlichen Bindung, den Vermittler anzuweisen, „die Regeln einer sorgfältigen Bedarfsanalyse und des bedarfsgerechten Verkaufs sowie die bestehenden Grundsätze, Richtlinien und Anweisungen der vertragschließenden Unternehmen zu beachten". Unerheblich ist es auch, wenn Kunden zugewiesen werden, die sich zuvor an die Zentrale gewandt hatten. Derartige singuläre Weisungen sind unter Berücksichtigung der Interessenwahrungspflicht nach § 86 Abs. 1 Hs. 2 HGB mit dem Selbstständigenstatus vereinbar.

Abgrenzung bei Franchisesystemen: Franchisenehmer können Selbstständige oder auch abhängig Beschäftigte sein. Das Franchisesystem schließt die Annahme eines Arbeitsverhältnisses nicht aus. Die Annahme, ein Franchisevertrag schließe die persönliche Abhängigkeit des Franchisenehmers per definitionem aus, beruht letztlich auf einem Zirkelschluss. Es kommt nicht darauf an, wie ein Rechtsverhältnis bezeichnet wird, sondern welches sein Geschäftsinhalt ist.³³ Ob jemand, der in diesem System tätig wird, Arbeitnehmer oder Selbstständiger ist, richtet sich allein danach, ob er weisungsgebunden und abhängig ist oder ob er seine Chancen auf dem Markt selbstständig und im Wesentlichen weisungsfrei suchen kann. Aus einer bloß verbalen Typisierung der Vertragsart lässt sich für die Frage der Arbeitnehmereigenschaft nichts herleiten.³⁴ Das Subordinationsfranchising, in welchem dem Franchisenehmer eine besondere Weisungsbindung hinsichtlich Arbeitsort und Arbeitszeit auferlegt wird, ist deshalb als Arbeitsverhältnis anzusehen. 17

Abgrenzung bei Transport und Güterverkehr: Nicht selten werden von Speditionen ehemals angestellten Fahrern Frachtaufträge als „Nahverkehrspartner" erteilt. Der richtige rechtliche Status ist nur im Einzelfall feststellbar. Nach der Rechtsprechung kann nämlich auch eine Einzelperson als Frachtführer im Güternahverkehr ein selbstständiges Gewerbe ausüben. Doch kann hier auch ein Beschäftigungsverhältnis gegeben sein. Das hat das BAG in dem Fall angenommen, in dem ein Frachtführer über seine Arbeitszeit nicht im Wesentlichen frei bestimmen konnte, weil er sich von montags bis freitags in der Zeit von 6.00 bis 16.00/17.00 Uhr bereithalten musste.³⁵ 18

Aufdeckung von Scheinselbstständigkeit: Da es nicht darauf ankommt, wie ein Rechtsverhältnis bezeichnet wird, sondern welches sein Geschäftsinhalt ist, bedarf es im Zweifel auch der Überprüfung der Stellen der für den Betrieb oder die Dienststelle tätigen Selbstständigen. Die Erforderlichkeit der Gesamtbetrachtung führt dazu, dass es im Regelfall für das Integrationsamt und die Bundesagentur aus praktischen Gründen nicht möglich ist, ohne besondere Hinweise ihrer Aufgabe nachzukommen, nach § 163 Abs. 5 die Angaben zur Beschäftigungspflicht im Hinblick auf Vollständigkeit zu überprüfen. Hier zeigt sich die Bedeutung der Datenermittlungspflicht an die Arbeitnehmer- und Schwerbehindertenvertretungen (§ 163 Abs. 2 Satz 3). Nur diese Vertretungen sind als Insider in der Lage, Hinweise auf weitere, weil nur von „Scheinselbstständigen" besetzte Stellen zu geben. Dazu sind diese Vertretungen auch verpflichtet, weil 19

---

31 BAG 20.9.2000 – 5 AZR 271/99, BAGE 95, 324.
32 BAG 15.12.1999 – 5 AZR 770/98, AP Nr. 6 zu § 92 HGB.
33 BAG 12.9.1996 – 5 AZR 1066/94, BAGE 84, 108 und – 5 AZR 104/95, BAGE 84, 124.
34 BAG 16.7.1997 – 5 AZB 29/96, BAGE 86, 178.
35 BAG 19.11.1997 – 5 AZR 653/96, AP Nr. 90 zu § 611 BGB Abhängigkeit.

sie nach § 176 Satz 2, § 178 Abs. 1 Satz 2 Nr. 1 die Einhaltung der Beschäftigungspflicht zu überwachen haben und nach § 182 Abs. 2 die zur Durchführung des Teils 3 des SGB IX beauftragten Stellen zu unterstützen haben.

20 **Befristete Beschäftigung:** Im Grundsatz ist es unerheblich, ob auf der Stelle ein Arbeitnehmer beschäftigt wird, dessen Arbeitsvertrag befristetet ist. Absatz 3 enthält jedoch für die Zählung befristeter Stellen eine Ausnahme, sofern sie nur vorübergehend bis zu acht Wochen besetzt sind. Sinn der Regelung ist es, diesen nur vorübergehenden Beschäftigungsbedarf zu vernachlässigen, weil seine Berücksichtigung zu einer unverhältnismäßigen Belastung führen würde. Dieses Motiv des Gesetzgebers hat allerdings an Bedeutung verloren, seitdem die Beschäftigungspflicht beginnend mit dem Jahre 2004 von einer jahresdurchschnittlichen Betrachtung der Anzahl der Arbeitsplätze ausgeht. Soweit im Schrifttum vertreten wird, die Befristung müsse über acht Wochen hinausgehen und ein unbefristetes Arbeitsverhältnis auch tatsächlich länger als acht Wochen bestehen,[36] ist das zumindest missverständlich. Nach § 156 Abs. 3 sind Stellen von der Zählung ausgenommen, die nur eine **vorübergehende Beschäftigung zum Ziel haben.**[37] Diese kann sich aus der Natur der Arbeit ergeben, zB Saison für Eisverkauf auf der Straße, Dauer einer Tätigkeit als Hostess auf einer Messe oder einer Ausstellung. Sie kann sich auch aus einer ausdrücklich vereinbarten Zweckbefristung ergeben, zB Einstellung als Urlaubsvertretung oder als Aushilfe für den Sommerschlussverkauf. Wird zunächst auf acht Wochen befristet zur Erprobung eingestellt, spricht das gegen eine nur vorübergehende Beschäftigung; denn bei Bewährung soll weiter beschäftigt werden.[38] Ebenso ist die Beschäftigung stets auf eine längere Dauer angelegt, wenn unbefristet eingestellt wird. Kommt es aufgrund einer Kündigung oder eines Aufhebungsvertrags zu einer vorzeitigen Beendigung, so ist das unerheblich.

21 **Teilzeitbeschäftigung:** Ebenfalls durch Absatz 3 aus der Zählung bzw. Beschäftigungspflicht herausgenommen sind Beschäftigungsverhältnisse von einem Stundenumfang von weniger als 18 Stunden wöchentlich von der Beschäftigungspflicht aus. Dahinter steckt der rechtspolitisch nachvollziehbare Gedanke, dass nicht jede geringfügige Beschäftigung zu einer bürokratischen Belastung führen soll. Auszugehen ist dabei von der vertraglich vereinbarten Arbeitszeit.[39] Nur schwer nachvollziehbar ist diesbezüglich allerdings der zu diesem Zweck festgesetzte Schwellenwert in Höhe von „**weniger als 18 Stunden wöchentlich**". Historisch ist dies damit zu begründen, dass der Gesetzgeber seinerzeit die zeitliche Limitierung aus § 102 AFG übernommen hatte. Diese Begrenzung ist jedoch seit Langem aufgehoben. Sozialversicherungsrechtlich ist die für die Geringfügigkeit geltende Begrenzung auf 15 Stunden in der Woche maßgebend. Die Beibehaltung der aufgehobenen Mindestarbeitszeitregelung aus § 102 AFG ist verfehlt. Das zeigt vor allem das Problem, das bei der Inanspruchnahme der Altersteilzeit in Branchen auftritt, in denen die 35-Stunden-Woche besteht. Dort wird in der Absatz 3 bestimmte Schwellenwert von weniger als 18 Stunden unterschritten. Das führt einerseits zu einer sozialpolitisch kaum nachvollziehbaren Entlastung der Arbeitgeber bei der Beschäftigungspflicht nach § 154 Abs. 1 und – bei wörtlicher Anwendung – zum Wegfall der Ansprüche von kon-

---

36 *Knittel* SGB IX § 73 Rn. 15; *Jäger-Kuhlmann* in Ernst/Adlhoch/Seel SGB IX § 73 Rn. 4.
37 Zutreffend: *Greiner* in Neumann/Pahlen/Greiner/Winkler/Jabben SGB IX § 156 Rn. 16.
38 Zutreffend: *Greiner* in Neumann Neumann/Pahlen/Greiner/Winkler/Jabben SGB IX § 156 Rn. 16.
39 BVerwG 16.5.2013 – 5 C 20/12, NZA-RR 2013, 534.

tinuierlich altersteilzeitbeschäftigten schwerbehinderten Menschen aus § 81 Abs. 4 Nr. 4 und Nr. 5 in Bezug auf Gestaltung und Ausstattung ihres Arbeitsplatzes. Nach Art. 3 Abs. 1 GG liegt auch eine **verfassungswidrige Privilegierung** vor. Es ist mit dem rechtspolitisch sinnvollen Ausschluss von Bagatellen sachlich nicht zu rechtfertigen, dass systematisch große Dienstleistungsunternehmen von der Beschäftigungspflicht befreit sind, die ihren Geschäftsbetrieb so organisieren, dass sie nur bis zu 19 Vollzeitkräfte und Hunderte von geringfügig Beschäftigten einstellen. Da die Mindestgröße von 20 Stellen im Sinne von § 156 nicht erreicht wird, bleiben sie von der Beschäftigungspflicht verschont. Hier müsste aus Gründen der Gleichheit vor dem Gesetz eine teilweise Anrechnung der Teilzeitstellen nach dem Vorbild der Regelung in § 23 Abs. 1 Satz 4 KSchG erfolgen.

Kurzarbeit Null und Transferkurzarbeiter: Ist Kurzarbeit „Null" angeordnet, werden die Stellen nach fragwürdiger Ansicht der Rechtsprechung aus der Zählung der für die Berechnung der Ausgleichsabgabe zu berücksichtigenden Anzahl der Arbeitsplätze herausgenommen.[40] Dem ist entgegenzuhalten, dass § 156 Abs. 1 nicht von einem funktionalen Arbeitsplatzbegriff ausgeht, so dass die zeitweise tatsächliche Beschäftigung ohne Bedeutung ist.[41] Bei Beschäftigungs- und Qualifizierungsgesellschaften ist hingegen davon auszugehen, dass auch die Stellen der übernommenen Transferkurzarbeiter in die Berechnung der Ausgleichsabgabe mit einfließen, denn sie haben Arbeitsplätze im Sinne des § 156 Abs. 1.[42]

22

Job-Sharing: Teilen sich mehrere Arbeitnehmer im Wege des Job-Sharing einen Arbeitsplatz, ist für jeden auf dieser Stelle beschäftigten Arbeitnehmer von einem eigenen Arbeitsplatz im Sinne des § 156 Abs. 1 auszugehen. Etwas anderes gilt nur dann, wenn die Arbeitnehmer weniger als 18 Stunden wöchentlich beschäftigt werden. Dann zählen ihre Stellen nach § 156 Abs. 3 nicht als Arbeitsplätze.

23

2. Nicht zu berücksichtigende Beschäftigungen

Die Stellen, die im Teil 3 des SGB IX als Arbeitsplätze gelten könnten, fallen nicht unter diesen Begriff, wenn dort ausgeübten Beschäftigungen nicht dem Arbeitnehmerbegriff oder einem der anderen in Absatz 1 genannten Begrifflichkeiten zugeordnet werden können oder wenn sie im Ausland liegen.[43] Dies gilt zunächst für **freie Mitarbeiter:** Durch die Einschränkung der Beschäftigung auf Arbeitnehmer, Beamte, Richter sowie Auszubildende und andere zu ihrer beruflichen Bildung Eingestellte nimmt § 156 Abs. 1 vom Begriff des Arbeitsplatzes im Sinne des Teils 3 alle diejenigen Stellen aus, auf denen freie Mitarbeiter beschäftigt werden, die Arbeit nicht in persönlicher Abhängigkeit leisten. Die persönliche Abhängigkeit ist begriffsnotwendig für den Arbeitnehmerbegriff.[44]

24

Ebenfalls nicht zu berücksichtigen sind Stellen, auf denen **arbeitnehmerähnliche Personen** tätig sind: Arbeitnehmerähnliche Personen sind Selbstständige. An die Stelle der das Arbeitsverhältnis prägenden Abhängigkeit tritt vor allem die wirtschaftliche Abhängigkeit. **Wirtschaftliche Abhängigkeit** ist regelmäßig gegeben, wenn der Betroffene auf die Verwertung seiner Arbeitskraft und die Einkünfte aus der Dienstleistung zur Sicherung seiner Existenzgrundla-

25

---

40 Vgl. ThürOVG 6.7.1995 – 2 KO 11/94, ThürVBl 1996,11; OVG Bbg 27.5.1998 – 4 A 133/97.
41 Zu Recht *Dörner* SchwbG § 7 Rn. 36.
42 BVerwG 16.5.2013 – 5 C 20/12, NZA-RR 2013, 534.
43 Hierzu LSG BW 23.11.2018 – L 12 AL 3147/17.
44 BAG 13.11.1991 – 7 AZR 31/91, AP Nr. 60 zu § 611 BGB Abhängigkeit.

ge angewiesen ist.[45] Insbesondere bei der Tätigkeit für nur einen Auftraggeber kann das der Fall sein. Vorausgesetzt wird weiter eine gewisse Dauerbeziehung.[46] Nach der Legaldefinition in § 12a Abs. 1 Nr. 1 TVG sind diejenigen Personen arbeitnehmerähnlich, die wirtschaftlich abhängig und vergleichbar einem Arbeitnehmer schutzbedürftig sind. Diese Vorschrift enthält jedoch keine allgemeingültige gesetzliche Definition.[47] Das schließt nicht aus, die in § 12a Abs. 1 Nr. 1 Buchst. a und Buchst. b TVG genannten Zeit- und Verdienstrelationen heranzuziehen.[48] Die ihrer gesamten sozialen Stellung nach einem Arbeitnehmer vergleichbare Schutzbedürftigkeit wird angenommen, wenn das Maß der Abhängigkeit nach der Verkehrsanschauung einen solchen Grad erreicht, wie er im Allgemeinen bei einem Arbeitsverhältnis vorkommt und die geleisteten Dienste nach ihrer soziologischen Typik mit denen eines Arbeitnehmers vergleichbar sind.[49] Maßgebend ist eine Gesamtwürdigung aller Umstände des Einzelfalls.[50] Da arbeitnehmerähnliche Personen nicht zu den in Absatz 1 aufgeführten Gruppen von Beschäftigten gehören, sind deren Stellen nicht zu berücksichtigen.

26 Auch **in Heimarbeit Beschäftigte** sind nicht zu berücksichtigen. Zwar gelten nach § 5 Abs. 1 Satz 2 BetrVG auch die in Heimarbeit Beschäftigten, die in der Hauptsache für den Betrieb arbeiten, als Arbeitnehmer. Dieser betriebsverfassungsrechtliche Arbeitnehmerbegriff ist jedoch nicht auf § 156 Abs. 1 anwendbar. Die Beschäftigung schwerbehinderter Menschen in Heimarbeit ist abschließend in § 210 geregelt. Danach werden die Stellen, auf denen schwerbehinderte Menschen in Heimarbeit beschäftigt werden, nicht für die Ermittlung der Mindestanzahl der Arbeitsplätze im Sinne von § 154 Abs. 1 oder die Anzahl der Pflichtarbeitsplätze gezählt. Nach § 210 Abs. 1 und Abs. 4 werden schwerbehinderte Heimarbeiter einem Auftraggeber auf die Anzahl der zu besetzenden Pflichtarbeitsplätze angerechnet. Heimarbeitsplätze können schon deshalb nicht als Arbeitsplätze im Sinne von § 156 Abs. 1 angesehen werden, und im Übrigen sind in Heimarbeit Beschäftigte auch keine Arbeitnehmer, da sie in ihrer Arbeit nicht persönlich, sondern nur wirtschaftlich von ihrem Auftraggeber abhängig sind (weitere Einzelheiten s. § 210).

27 Nicht unter den Arbeitnehmerbegriff im Sinne des § 156 Abs. 1 fallen zudem **Leiharbeitnehmer:** Leiharbeitnehmer stehen nach § 1 Abs. 1 AÜG in einem Arbeitsverhältnis zu dem Verleiher. Sie sind damit dessen Arbeitnehmer. Sie haben gegenüber dem Entleiher keine arbeitsrechtliche Beziehung, es sei denn, im Falle des Fehlens einer Verleiherlaubnis wird nach § 10 Abs. 1 Satz 1 AÜG ein Arbeitsverhältnis zum Entleiher fingiert. Bei Fehlen einer derartigen Fiktion können die Stellen in den Betrieben und Dienststellen, in denen überlassene Arbeitnehmer beschäftigt werden, nicht als Arbeitsplätze im Sinne des § 156 Abs. 1 gelten.[51] Deshalb wird ihr Arbeitsplatz iSd § 156 dem Entsendebetrieb zugerechnet.[52] Daran ändert sich nichts, wenn der Leiharbeitnehmer nicht nur kurzfristig im Entleiherbetrieb eingesetzt wird,[53] auch wenn zum Teil vertreten wird, dass nach einer gewissen Dauer des Einsatzes, etwa acht Wochen oder

---

45 BAG 26.9.2002 – 5 AZB 19/01, BAGE 103, 20.
46 Vgl. BAG 6.12.1974 – 5 AZR 418/74, AP Nr. 14 zu BGB § 611 Abhängigkeit.
47 So schon BAG 15.3.1978 – 5 AZR 819/76, BAGE 30, 163.
48 *Müller-Glöge* in Germelmann/Matthes/Prütting ArbGG § 5 Rn. 36.
49 BAG 2.10.1990 – 4 AZR 106/90, BAGE 66, 95.
50 BAG 17.1.2006 – 9 AZR 61/05, EzA Nr. 6 zu § 2 BUrlG.
51 Dem folgend: *Knittel* SGB IX § 73 Rn. 21.
52 BVerwG 13.12.2001 – 5 C 26/01, NZA 2002, 385; LSG BW 18.10.2001 – L 12 AL 3608/99, EzAÜG SGB IX Nr. 2.
53 *Jäger-Kuhlmann* in Ernst/Adlhoch/Seel SGB IX § 73 Rn. 16.

drei Monate,[54] der überlassene Leiharbeitnehmer auch dem Entleiherbetrieb zugerechnet werden müsse, weil sich der Entleiher durch wiederholten und verstärkten Einsatz von Leiharbeitnehmern seiner Beschäftigungspflicht gegenüber schwerbehinderten Menschen entziehen könne.[55] Doch ist richtigerweise daran festzuhalten, dass es jedenfalls bei der Zurechnung der Beschäftigung von Leiharbeitnehmern zum Entsendebetrieb bleibt.[56]

Leitende Angestellte: Zwar gelten nach § 5 Abs. 3 BetrVG leitende Angestellte nicht als Arbeitnehmer im Sinne der Betriebsverfassung. Diese gesetzliche Regelung findet jedoch nicht für das SGB IX Anwendung. Daher sind Stellen, auf denen leitende Angestellte beschäftigt werden, als Arbeitsplätze im Sinne von § 156 Abs. 1 zu zählen. Die Stelle eines **Prokuristen** zählt daher auch dann als Stelle eines Arbeitnehmers, wenn dieser zur selbstständigen Einstellung und Entlassung von Arbeitnehmern berechtigt ist.[57]

28

Vorstandsmitglieder, Gesellschafter und Geschäftsführer: Vorstandsmitglieder juristischer Personen oder Gesellschafter von Personengesellschaften sind keine Arbeitnehmer.[58] Dasselbe gilt auch für den Mehrheitsgesellschafter einer GmbH, der zugleich Geschäftsführer ist.[59] Umstritten ist die Stellung eines **Fremdgeschäftsführers.** Dieser wird so bezeichnet, weil er weder selbst Gesellschafter noch Gesellschafter einer beteiligten Gesellschaft ist. Nach der Rechtsprechung wird er jedenfalls dann nicht auf einer Stelle iSv § 156 Abs. 1 beschäftigt, wenn ihm im Anstellungsvertrag eine für arbeitgebergleiche Personen charakteristische Selbstständigkeit eingeräumt ist.[60] Umgekehrt hindert die Organstellung eines Geschäftsführers einer GmbH nicht grundsätzlich bei entsprechender Vertragsgestaltung daran, von einem Arbeitsverhältnis im Sinne des § 156 Abs. 1 auszugehen. Der schwerbehinderte Fremdgeschäftsführer einer GmbH, der zwar hinsichtlich anderer Beschäftigter Arbeitgeberaufgaben erfüllt, aber in der konkreten Ausgestaltung seiner Tätigkeit gleichwohl abhängig fremdbestimmte Arbeit leistet, hat insofern nach zutreffender Einschätzung einen auf die Pflichtarbeitsplätze anrechenbaren Arbeitsplatz als Arbeitnehmer nach § 156 Abs. 1 inne.[61] Die Bezeichnung des Anstellungsvertrages als „Geschäftsführerdienstvertrag" ist dabei – wie stets – allein nur wenig bedeutsam. Maßgeblich sind Geschäftsinhalt und dessen tatsächliche Durchführung. Die einheitliche vertragliche Grundlage der Tätigkeit eines Geschäftsführers kann nicht in einen Arbeitsvertrag als Grundlage für die Tätigkeit als leitender Angestellter und einen freien Dienstvertrag als Grundlage für die Fremdgeschäftsführertätigkeit aufgespalten werden. Einen Arbeitsplatz im Sinne von Absatz 1 kann der Geschäftsführer einer GmbH nur in dem neben einem durch Bestellung durch die Gesellschafterversammlung begründeten Organverhältnis etwa noch gesondert fortbestehenden Anstellungsverhältnis haben.[62] Im Rahmen der Schutzvorschriften des SGB IX ist daher letztlich maßgeblich, ob nach der kon-

29

---

54 *Lampe* in GK-SGB IX § 73 Rn. 35 ff.; *Müller-Wenner* in Müller-Wenner/Winkler SGB IX § 73 Rn. 6.
55 *Müller-Wenner* in Müller-Wenner/Winkler SGB IX § 73 Rn. 6.
56 So auch *Jäger-Kuhlmann* in Ernst/Adlhoch/Seel SGB IX § 73 Rn. 16.
57 OVG RhPf 2.5.1985 – 12 A 117/83.
58 *Müller-Wenner* in Müller-Wenner/Winkler SGB IX § 73 Rn. 8 mwN.
59 BVerwG 24.2.1994 – 5 C 44.92 Behindertenrecht 1994, 164 und BVerwG 25.7.1997 – C 16/96, NZA 1997, 1166.
60 So: BVerwG 26.9.2002 – 5 C 53/01, NZA 2003, 1094.
61 LSG BW 18.12.2009 – L 8 AL 5297/08.
62 VGH BW 6.9.2001 – 2 S 1428/99, VGH BW Rechtsprechungsdienst Ls. 2001 Beilage 12, B 5.

kreten Ausgestaltung ein durch persönliche Abhängigkeit geprägtes arbeitnehmerähnliches Rechtsverhältnis vorliegt.[63]

V. Beschäftigung auf Ausbildungsplätzen

30 **Auszubildende und andere zu ihrer beruflichen Bildung Eingestellte:** Die Stellen, auf denen Auszubildende und andere zu ihrer beruflichen Bildung Eingestellte beschäftigt werden, sind ebenfalls nach der eindeutigen Formulierung in § 156 Abs. 1 Arbeitsplätze im Sinne des Teils 2 des SGB IX. Der Begriff des Auszubildenden umfasst auch **Beamtenanwärter**, weil auch diese zur Ausbildung eingestellt sind.[64] Obwohl Ausbildungsplätze für Auszubildende somit Arbeitsplätze im Sinne des Teils 3 des SGB IX sind, sind sie weder bei der Ermittlung der Mindestzahl nach § 154 Abs. 1 noch bei der Ermittlung der Anzahl der Pflichtplätze nach § 157 zu berücksichtigen (vgl. Kommentierung dort). Das ergibt sich aus § 157 Abs. 1 Satz 1 für die in einem Berufsausbildungsverhältnis im Sinne von § 10 BBiG und nach § 157 Abs. 1 Satz 2 ebenso für die in einem öffentlich-rechtlichen oder privatrechtlichen Dienstverhältnis durchzuführende Berufsausbildung von Rechts- und Studienreferendaren, die einen Anspruch auf Einstellung haben. Dieser Ausnahmeregelung liegen vernünftige sozialpolitische Erwägungen zugrunde. Der Arbeitgeber, der ausbildet, verdient eine Entlastung bei der Pflicht zur Schwerbehindertenbeschäftigung. Dem ist aus rechtspolitischer Sicht voll zuzustimmen. Zu beachten ist auch, dass bei der Anrechnung beschäftigter schwerbehinderter Menschen über § 158 Abs. 1 eine Rückkoppelung zu § 156 Abs. 1 stattfindet. Wer einen schwerbehinderten Menschen beschäftigt, kann ihn danach nur anrechnen, wenn er auf einem Arbeitsplatz im Sinne von § 156 Abs. 1 beschäftigt wird oder wenn ein sozialpolitisch erwünschter Ausnahmefall nach Absatz 2 Nr. 1 oder Nr. 4 oder § 158 Abs. 3 vorliegt. Von daher ist eine weite Auslegung des Ausbildungsplatzbegriffes hier geboten, um eine möglichst große beschäftigungsfördernde Wirkung zu erzielen.

31 **Auszubildende:** Mit dem Begriff der Auszubildenden werden diejenigen erfasst, die so ausdrücklich in § 10 BBiG bezeichnet werden (frühere Bezeichnung: Lehrlinge). Dazu gehören auch Auszubildende in beruflichen Umschulungsmaßnahmen.

32 **Zu ihrer beruflichen Bildung Eingestellte:** Der Kreis der Auszubildenden wird erweitert um diejenigen, die zu ihrer beruflichen Bildung eingestellt werden. Darunter sind die Personen zu verstehen, die eingestellt werden, um berufliche Fertigkeiten, Kenntnisse, Fähigkeiten oder berufliche Erfahrungen zu erwerben. § 26 BBiG enthält diese Definition für Personen in „anderen Vertragsverhältnissen" außerhalb von Berufsausbildungsverträgen. Zwar keine Auszubildenden aber zu ihrer beruflichen Bildung im Sinne von § 26 BBiG eingestellte Personen sind die **Volontäre**. § 82 a HGB gibt insoweit eine Begriffsbestimmung. Dem Rechtsverhältnis des Volontärs ähnelt zwar das Praktikantenverhältnis. Dennoch ist es verfehlt, generell alle Praktikanten als Inhabern von Arbeitsplätzen iSv Absatz 1 zu erklären oder davon auszunehmen.[65] Nach der sozialrechtlichen Rechtsprechung werden Praktikanten, die für die Zulassung an einer Hochschule oder einer Lehranstalt oder für das weitere Studium den Nachweis einer praktischen Beschäftigung erbringen müssen, nicht zu ihrer beruflichen

---

63 OLG München 16.5.2007 – 14 U 399/04, NZA-RR 2007, 579.
64 BSG 29.7.1993 – 11 RAr 41/92, DBlR 4065 a, SchwbG/§ 8.
65 *Müller-Wenner* in Müller-Wenner/Winkler SGB IX § 73 Rn. 11.

Bildung eingestellt.⁶⁶ Die Stellen, auf denen derartige **Praktikanten** beschäftigt werden, können danach nicht als Arbeitsplätze im Sinne des § 156 Abs. 1 gelten. Zu beachten ist, dass ein Praktikum auch Teil einer der (abgeschlossenen) beruflichen Bildungsmaßnahme nachfolgenden Beschäftigung sein kann. So hat das BSG für ein **Nachpraktikum** zur Erlangung der staatlichen Erlaubnis zur Ausübung des Berufs Masseur und Medizinischer Bademeister entschieden, dass es der Erlangung der staatlichen Anerkennung oder der staatlichen Erlaubnis zur Ausübung des Berufes dient.⁶⁷ Die Übernahme dieser Rechtsprechung für die Zwecke der Beschäftigungspflicht nach § 154 ist jedoch abzulehnen; denn es wird verkannt, dass das BBiG von dem Grundsatz der unterschiedlichen Verantwortlichkeit für die duale Lernorte Schule/Hochschule und Betrieb ausgeht. Das System der Beschäftigungspflicht dient demgegenüber dazu, Arbeitgeber anzuhalten, alle im Betrieb vorhandenen Möglichkeiten zur Beschäftigung einschließlich der beruflichen Bildung von schwerbehinderten Menschen zu nutzen. Soweit der Zugang zum Beruf auch die Ableistung von Praktika während oder nach einer schulischen Ausbildung erfordert, sind diese Plätze Arbeitsplätze im Sinne von § 156 Abs. 1. Ausgenommen können nur die Plätze sein, auf denen keine Beschäftigung stattfindet, weil nicht der Arbeitgeber sondern die **Schule/Hochschule das Weisungsrecht** innehat. Für diese weite Auslegung spricht auch das in Art. 5 der Richtlinie 2000/78/EG des Rates vom 27.11.2000 zur Festlegung eines allgemeinen Rahmens für die Verwirklichung der Gleichbehandlung in Beschäftigung und Beruf⁶⁸ vorgegebene Umsetzungsziel, den Zugang zur Beschäftigung durch Teilnahme an Aus- und Weiterbildungsmaßnahmen zu ermöglichen (siehe auch → § 159 Rn. 6).

VI. Der Negativkatalog in Abs. 2

Nicht als Arbeitsplätze geltende Stellen: Absatz 2 enthält teils aus sozialpolitischen Gründen, teils aus systematischen Erwägungen einen Negativkatalog der Fälle, in denen selbst bei Erfüllung der Voraussetzungen des Absatzes 1 keine Zählung der Stelle stattfinden soll. Aufgrund dieser Sonderregelungen werden von den dort genannten „Beschäftigten" besetzte Stellen nicht als Arbeitsplätze angerechnet. Das führt dazu, dass die Stellen insbesondere bei der Berechnung der Pflichtquote nicht angerechnet werden, gleichzeitig bleiben sie auch bei der Erfüllung der Quote unberücksichtigt.⁶⁹ Insbesondere für die Nr. 2 und Nr. 4 hätte es der Aufnahme in den Negativkatalog nicht bedurft, weil es sich nicht um Beschäftigte im Sinne von Absatz 1 handelt. Der normative Gehalt der Norm ist umstritten. Man kann davon ausgehen, dass der Gesetzgeber dort nur eine Klarstellung vorgenommen hat.⁷⁰ Nach anderer Auffassung hingegen ist von einer eigenständigen Regelung mit einem konstitutiven Regelungsgehalt auszugehen, nicht lediglich von einer deklaratorischen Bedeutung.⁷¹ Die vorgenommene Aufstellung ist abschließend.⁷² Für sechs (bis Ende 2004: sieben) Fallgruppen von Stellen, auf denen Menschen beschäftigt werden, gilt eine gesetzliche Fiktion der Nichtgeltung als Arbeitsplatz.

33

---

66 BayLSG 29.10.1998 – L 9 AL 167/96.
67 Vgl. BSG 16.3.1983 – 7 RAr 5/83, AuB 1983, 283.
68 ABl. EG 2.12.2000 NV L 303/16.
69 *Jabben* in BeckOK SozR SGB IX § 156 Rn. 7.
70 Im Ergebnis wie hier OVG Bln-Bbg 19.11.2014 – 6 B 10.14, Behindertenrecht 2015, 120.
71 BVerwG 30.6.2016 – 6 C 1/15, NZA-RR 2016, 542 zu Abs. 2 Nr. 2 der Norm.
72 Einhellige Meinung, s. nur *Kossens* in Kossens/von der Heide/Maaß SGB IX § 73 Rn. 11.

34 **Absatz 2 Nr. 1 – Leistungsempfänger § 49 Abs. 3. Nr. 4:** Damit behinderte Menschen beschäftigt werden, die zur Teilhabe am Arbeitsleben nach § 49 Abs. 3 Nr. 4 Leistungen zum Zwecke ihrer beruflichen Rehabilitation erhalten, soll die entsprechende Bereitschaft von Arbeitgebern zur Einstellung von behinderten Menschen gefördert werden. Arbeitgeber sollen Plätze für behinderte Menschen zur Verfügung zu stellen, ohne eine dadurch entstehende oder sich vergrößernde Beschäftigungspflicht nach § 154 befürchten zu müssen. Stellen, die mit diesen Leistungsempfängern besetzt sind, gelten infolgedessen nicht als Arbeitsplätze.

35 **Absatz 2 Nr. 2 – Beschäftigung aus Beweggründen karitativer oder religiöser Art:** Personen, die nicht in erster Linie ihres Erwerbs wegen beschäftigt werden, sondern die vorwiegend aus Beweggründen karitativer oder religiöser Art arbeiten, sind regelmäßig schon keine Arbeitnehmer; die von ihnen besetzten Stellen unterfallen daher schon aus diesem Grund nicht dem Arbeitsplatzbegriff des § 156 Abs. 1. Daher ist die Aufnahme in den Katalog des Absatzes 2 in der Nr. 2 rein deklaratorisch. Dies sieht hingegen die Rechtsprechung des BVerwG anders. Ihm zufolge kommt zumindest Absatz 2 Nr. 2 Alt. 1 nicht nur deklaratorische Bedeutung zu. Sie erfasse eben nicht solche Personen, die schon keine Arbeitsplätze im Sinne von Absatz 1 innehätten. Vielmehr sei, so das BVerwG, Absatz 2 Nr. 2 Alt. 1, wenn schon kein Arbeitsplatz vorliege, nicht mehr zu prüfen. Die Vorschrift setze umgekehrt gerade voraus, dass es sich um Arbeitsplätze handele, die, wenn die weiteren Voraussetzungen vorlägen, nicht als solche gälten. Daher enthalte die Norm eine negative Fiktion, aufgrund derer Stellen, die Arbeitsplätze sind, nicht als solche zu behandeln seien.[73] Erfasst von der Ausnahmevorschrift sind beispielsweise Geistliche öffentlich-rechtlicher Religionsgemeinschaften, Diakonissen, Missionare, Ordensbrüder und Ordensschwestern, Rot-Kreuz-Schwestern ua.[74] Zu beachten ist, dass die Voraussetzungen der Norm kumulativ vorliegen müssen. Eine Beschäftigung dient im Sinne von § 156 Abs. 2 Nr. 2 Alt. 1 daher nicht in erster Linie dem Erwerb der Person, wenn die gewährten Zuwendungen jedenfalls deutlich hinter dem zurückbleiben, was eine Person mit der für die Beschäftigung auf der konkreten Stelle erforderlichen Qualifikation auf einer vergleichbaren Stelle bei einer typisierenden und am Durchschnitt ausgerichteten Betrachtung üblicherweise an Einkommen erzielen kann. Sie ist zudem vorwiegend durch Beweggründe karitativer Art bestimmt, wenn auf der Stelle entsprechend ihrer objektiven Zweckbestimmung Personen beschäftigt werden, deren Tätigkeit dadurch geprägt ist, dass für körperlich, geistig oder seelisch leidende Menschen soziale Dienste geleistet werden, die auf die Heilung oder Milderung innerer oder äußerer Nöte des Hilfebedürftigen oder auf deren vorbeugende Abwehr zielen.[75]

36 **Absatz 2 Nr. 3 – Beschäftigung vorwiegend zur Heilung, Wiedereingewöhnung oder Erziehung:** Personen, die nicht in erster Linie ihres Erwerbs wegen beschäftigt werden und die vorwiegend zu ihrer Heilung, Wiedereingewöhnung oder Erziehung arbeiten, sind keine Arbeitnehmer, sie besetzen daher auch keine „Arbeitsplätze". Wie bei Nr. 2 ist auch diese Bestimmung nach hier vertretener Auffassung deklaratorisch. Diese Ausnahme stimmt weitgehend mit § 5 Abs. 2 Nr. 4 BetrVG überein, so dass auf die dortige Kommentierung verwiesen

---

73 BVerwG 30.6.2016 – 6 C 1/15, NZA-RR 2016, 542.
74 Vgl. BAG 6.7.1995 – 5 AZB 9/93, AP Nr. 22 zu § 5 ArbGG 1979; BVerwG 29.4.1966 – 7 P 16/64, PersV 1966, 131; *Greiner* in Neumann/Pahlen/Greiner/Winkler/Jabben SGB IX § 156 Rn. 11.
75 BVerwG 30.6.2016 – 6 C 1/15, NZA-RR 2016, 542.

werden kann.[76] Beispiele sind mitarbeitende Patienten in Krankenanstalten, Spezialkliniken, Heil- und Pflegeanstalten, therapeutischen Heimen, Strafanstalten usw.[77] Zusätzlich erfasst werden Personen, die zu ihrer Wiedereingewöhnung beschäftigt werden. Die Beschäftigung muss vorwiegend der Rehabilitation oder Resozialisierung dienen. Dies gilt nicht nur für die Ziele der Heilung, sittlichen Besserung oder Erziehung, sondern auch für das Ziel der Wiedereingewöhnung. Es geht hierbei um die Wiederherstellung eines normalen Verhältnisses dieser Personen zum allgemeinen Erwerbsleben. Davon zu unterscheiden ist die Beschäftigung zur Vermittlung beruflicher Kenntnisse und Fertigkeiten. Derartig Beschäftigte gehören zu den zur Berufsausbildung Eingestellten. Diese Abgrenzung wird nicht selten übersehen. So hat das BAG die Teilnehmerinnen des Modellprogramms „Neuer Start durch soziales Engagement" nicht als zu ihrer Wiedereingewöhnung Beschäftigte angesehen. In diesem Programm ging es darum, den Teilnehmerinnen bestimmte berufliche Fertigkeiten in der Sozialarbeit zu vermitteln und ihnen damit auch eine Orientierungshilfe zu verschaffen, die ihnen die Entscheidung, ob sie sich künftig auf dem Gebiet der sozialen Dienste beruflich betätigen wollen, erleichtern sollte. Diese Art der Beschäftigung diente damit nicht dazu, überhaupt an (geregelte) fremdbestimmte Arbeit als solche zu gewöhnen.[78] Als Arbeitnehmer können ebenfalls berufliche Rehabilitanden anzusehen sein, wenn sie befähigt werden sollen, trotz ihrer Behinderung als Arbeitnehmer am Arbeitsmarkt teilzunehmen.[79]

Absatz 2 Nr. 4 – Teilnahme an Arbeitsbeschaffungsmaßnahmen: Personen, die an Arbeitsbeschaffungsmaßnahmen nach §§ 260–271 SGB III teilgenommen haben,[80] sind Arbeitnehmer iSd § 5 Abs. 1 BetrVG und für die Wahl des Betriebsrats nach § 7 Satz 1 BetrVG wahlberechtigt.[81] Dennoch sollen die Stellen, auf denen sie beschäftigt werden, nicht mitgezählt werden, damit Arbeitgeber motiviert werden, Plätze für Teilnehmer an Maßnahmen der Arbeitsbeschaffung zur Verfügung zu stellen. Somit soll die Beschäftigung von Arbeitslosen erleichtert werden.[82] Zur weiteren Motivationssteigerung der Arbeitgeber werden schwerbehinderte Menschen, die auf diesen Stellen beschäftigt werden, nach § 158 Abs. 1 angerechnet. 37

Absatz 2 Nr. 5 – Wahlstellen: Werden Personen nach ständiger Übung in ihre Stellen gewählt, sollen deren Stellen nicht gezählt werden. Diese Ausnahmeregelung betrifft insbesondere Stellen bei Gemeinden, die mit Wahlbeamten wie zB Bürgermeister und Dezernenten besetzt werden, sowie Stellen bei Verbänden, politischen Parteien, Gewerkschaften, die nach der Satzung nur mit Gewählten besetzt werden.[83] Zu diesem Kreis gehören auch die Stellen der Richter an den Obersten Gerichtshöfen des Bundes und an den Staats- sowie an den Verfassungsgerichtshöfen der Länder. Hintergrund dieser Ausnahme ist, dass bei der Wahl nicht der Arbeitgeber über die Besetzung einer Stelle entscheidet, 38

---

76 Vgl. *Kloppenburg* in HaKo-BetrVG § 5 Rn. 110.
77 *Greiner* in Neumann/Pahlen/Greiner/Winkler/Jabben SGB IX § 156 Rn. 12; *Jabben* in BeckOK SozR SGB IX § 156 Rn. 11.
78 BAG 25.10.1989 – 7 ABR 1/88, AP Nr. 40 zu § 5 BetrVG 1972.
79 BAG 13.5.1992 – 7 ABR 72/91, AP Nr. 4 zu § 5 BetrVG 1972 Ausbildung.
80 Mit Wegfall des Sechsten Kapitels (§§ 260 bis 271) des SGB III durch Artikel 2 Nr. 19 Gesetz zur Verbesserung der Eingliederungschancen am Arbeitsmarkt vom 20.12.2011, BGBl. I 2854 (2908) ist diese Bestimmung letztlich obsolet; so auch *Kossens* in Kossens/von der Heide/Maaß SGB IX § 73 Rn. 16.
81 BAG 13.10.2004 – 7 ABR 6/04, AP Nr. 71 zu § 5 BetrVG 1972.
82 *Knittel* SGB IX § 73 Rn. 45.
83 VG Köln 25.6.2019 – 19 K 5642/17; ablehnend *von Roetteken* jurisPR-ArbR 38/2019 Anm. 6.

daher soll er auch hierfür nicht mit der Verpflichtung zur Beschäftigung von Schwerbehinderten belastet werden.[84]

39 Unklar ist, ob die Ausnahme der Nr. 5 auch für die Stellen der durch die Beschlussfassung der Arbeitnehmervertretungen **freigestellten Personal-, Betriebs- und Schwerbehindertenvertretungen** einschlägig ist. Eine Stimme im Schrifttum[85] ist der Ansicht, die von der beruflichen Tätigkeit freigestellten Arbeitnehmervertreter haben keinen Arbeitsplatz mehr inne, sondern üben nur noch ein Amt aus, auf das sie gewählt seien. Das wird fast einhellig und zu Recht abgelehnt.[86] Die Stellen der freigestellten Arbeitnehmervertreter zählen also mit. Für dieses zutreffende Ergebnis fehlt bisher eine überzeugende Begründung.

40 **Aufgehobener Absatz 2 Nr. 6:** Früher galt eine Ausnahme für Personen, die nach § 19 BSHG in Arbeitsverhältnissen beschäftigt wurden. Diese Ausnahme war aufgehoben worden, durch das BTHG wurde zudem eine Bereinigung der Zählung in diesem Absatz vorgenommen (→ Rn. 2).

41 **Abs. 2 Nr. 6 Alt. 1 – Ruhende Beschäftigungen:** Stellen, auf denen Personen beschäftigt werden, deren Arbeits-, Dienst- oder sonstiges Beschäftigungsverhältnis wegen Wehr- oder Zivildienst, Elternzeit, unbezahltem Urlaub oder wegen Bezug einer Rente auf Zeit ruht, zählen nicht, solange für sie eine Vertretung eingestellt ist. Für diese ab dem 1.10.2000 geltende Regelung ist § 7 Abs. 2 Nr. 7 SchwbG ist bei der Vorgängerregelung des § 21 des BEEG eine Anleihe gemacht worden. Ausdrücklich heißt es in dem Bericht des Ausschusses, der diese Änderung vorgeschlagen hatte: „Vorbild der Regelung im Bundeserziehungsgeldgesetz (§ 21 Abs. 7)".[87] Ziel war die Vermeidung einer „Doppelzählung". Ansonsten besteht die Gefahr, dass kumulativ jeweils die Stelle des Vertretenen und des Vertreters gezählt würde. Von daher ermöglicht diese Regelung eine positive Einstellung der Arbeitgeber gegenüber Arbeitnehmern, die etwa Elternzeit oder unbezahlten Urlaub in Anspruch nehmen.

42 **Absatz 2 Nr. 6 Alt. 2 – Verblockte Altersteilzeit:** Durch die Gesetzesänderung zum 1.5.2004 ist die Altersteilzeit in der Freistellungsphase (Verblockungsmodell) in den Katalog der damaligen Nr. 7 eingefügt worden (→ Rn. 2). Denn die Stellen von Beschäftigten, die sich in der Freistellungsphase der Altersteilzeitarbeit befinden, sollen bei der Berechnung der Zahl der Arbeitsplätze und des Umfangs der Beschäftigungspflicht ebenfalls nicht mehr gezählt werden, wenn und solange der Arbeitgeber den Arbeitsplatz aus Anlass des Übergangs des Beschäftigten in die Altersteilzeit nach den altersteilzeitrechtlichen Vorschriften wieder besetzt hat. Die Neufassung der ehemaligen Nr. 7 (nach dem BTHG Nr. 6) ist allerdings sprachlich und gedanklich missglückt. Sie sollte sicherstellen, dass die Stelle nur einmal gezählt wird, die ein Altersteilzeitarbeitnehmer mit dem Eintritt in die Blockfreizeit zur Wiederbesetzung freimacht und die dann wieder besetzt wird. Dieses Ziel wird allerdings nach dem Wortlaut der Norm nur erreicht, wenn der Arbeitgeber aus Anlass des Übergangs des Beschäftigten in die Altersteilzeit für diesen eine **Vertretung** einstellt. Das Wort Vertretung ist nicht treffend, denn der aus dem Betrieb endgültig Ausgeschiedene hat die Stelle **freigemacht** und die freigemachte Stelle wird wieder besetzt.

---

84 *Schneider* in Hauck/Noftz SGB IX § 73 Rn. 7.
85 *Neumann* in Neumann/Pahlen/Winkler/Jabben, 13. Aufl. 2018, SGB IX § 156 Rn. 55.
86 *Ritz* in Bihr/Fuchs/Krauskopf/Ritz SGB IX § 73 Rn. 16; *Schneider* in Hauck/Noftz SGB IX § 73 Rn. 7; *Kossens* in Kossens/von der Heide/Maaß SGB IX § 73 Rn. 16; *Müller-Wenner* in Müller-Wenner/Winkler SGB IX § 73 Rn. 19; *Trenk-Hinterberger* in HK-SGB IX § 73 Rn. 25.
87 BT-Drs. 14/3799, 35.

Das entspricht auch den Nr. 6 in Bezug genommenen altersteilzeitrechtlichen Vorschriften. § 3 Abs. 1 Nr. 2 a AltersteilzeitG setzt den Einsatz auf dem freigemachten Arbeitsplatz voraus. Wird ein neu eingestellter Arbeitnehmer auf einem anderen Arbeitsplatz beschäftigt, so ist dies weder eine Vertretung noch eine Wiederbesetzung. Dennoch kann die Ausnahme nach Nr. 6 greifen. Der in Bezug genommene § 3 Abs. 1 Nr. 2 a AltersteilzeitG gestattet nämlich auch den Einsatz des Neueingestellten auf einen anderen, „durch Umbesetzung frei gewordenen Arbeitsplatz". Damit sind nach der sprachlichen Fassung der Nr. 7 allerdings alle Fälle ausgeschlossen, in denen der Arbeitgeber andere oder neue Arbeitsplätze besetzt, ohne dass aus Anlass der Altersteilzeit eine Umsetzung stattfindet.

§ 157 Berechnung der Mindestzahl von Arbeitsplätzen und der Pflichtarbeitsplatzzahl

(1) ¹Bei der Berechnung der Mindestzahl von Arbeitsplätzen und der Zahl der Arbeitsplätze, auf denen schwerbehinderte Menschen zu beschäftigen sind (§ 154), zählen Stellen, auf denen Auszubildende beschäftigt werden, nicht mit. ²Das Gleiche gilt für Stellen, auf denen Rechts- oder Studienreferendarinnen und -referendare beschäftigt werden, die einen Rechtsanspruch auf Einstellung haben.

(2) Bei der Berechnung sich ergebende Bruchteile von 0,5 und mehr sind aufzurunden, bei Arbeitgebern mit jahresdurchschnittlich weniger als 60 Arbeitsplätzen abzurunden.

Gesetzeshistorie: § 157 ist nach dem BTHG an die Stelle des früheren § 74 getreten. Dieser geht, in Hinsicht auf seinen Absatz 1 Satz 1, auf den inhaltsgleichen § 8 Satz 1 SchwbG zurück. Absatz 1 Satz 2 ist in den Regierungsentwurf aufgenommen worden, um eine Folge zu beseitigen, die sich aus der Streichung der Fallgruppe derjenigen, „die einen Rechtsanspruch auf Einstellung haben", in § 156 Abs. 3 ergibt. Zwar sollen für die Arbeitsplätze dieser Personen die sonstigen Bestimmungen des 3. Teils des SGB IX gelten, aber deren Stellen sollen nicht zur Begründung oder Erhöhung der vom Arbeitgeber nach § 154 (früher § 71) Abs. 1 Satz 1 zu besetzenden Mindestanzahl von Pflichtarbeitsplätzen zu berücksichtigen sein. § 157 (vor dem BTHG: § 74) Abs. 2 entspricht der Rundungsregelung des § 8 Satz 2 SchwbG. Die Aufteilung in zwei Absätze hat für mehr systematische Klarheit gesorgt. Die Fassung des Regierungsentwurfs[1] ist durch die Beschlussempfehlung des Ausschusses nicht verändert worden. Durch das Gesetz zur Förderung der Ausbildung und Beschäftigung schwerbehinderter Menschen vom 23.4.2004[2] ist in Absatz 2 die Angabe „bis zu 59" durch die Angabe „weniger als 60" ersetzt worden: Damit sollte das Missverständnis vermieden werden, dass bei 59 schon der Schwellenwert erreicht sei. Die Norm wurde inhaltlich durch das BTHG nicht verändert. 1

Regelungsinhalt: Die Vorschrift enthält in ihrem ersten Absatz eine **Berechnungsregel** für die Beschäftigungspflicht nach § 154 Abs. 1 Satz 1. Danach werden Stellen, auf denen Auszubildende, Rechts- oder Studienreferendare beschäftigt werden, nicht mitgezählt. Absatz 2 dieser Vorschrift enthält für sich ergebende Bruchteile von 0,5 und mehr eine Aufrundungsregel. Bei Arbeitgebern mit jahresdurchschnittlich weniger als 60 Arbeitsplätzen im Sinne von § 156 2

---

1 BT-Drs. 14/5531.
2 BGBl. I 606.

Abs. 1 ist diese Rundungsregelung jedoch nicht anzuwenden. Die Vorschrift wirkt damit nur zugunsten des Arbeitgebers: Die genannten Ausbildungsstellen werden zwar – obwohl sie auch in § 156 Abs. 1 genannt sind – nicht als Arbeitsplätze mitgezählt. Doch in den Fällen, in denen auf einer solchen Stelle ein schwerbehinderter Mensch beschäftigt wird, zählt er für die Erfüllung der Pflichtquote mit.[3]

3 **Nichtzählung von Stellen für Auszubildende:** Stellen, auf denen Auszubildende im Sinne von § 10 BBiG beschäftigt werden, sind zwar Arbeitsplätze im Sinne des § 156 Abs. 1 (→ § 156 Rn. 30), sollen aber nicht bei der Berechnung der Mindestzahl von 20 Arbeitsplätzen und der Berechnung der vom Arbeitgeber mit schwerbehinderten Menschen zu besetzenden Pflichtarbeitsplätzen mitgezählt werden (→ § 156 Rn. 30). Diese Privilegierung derjenigen Arbeitgeber, die Berufsausbildung betreiben, soll die Ausbildungsbereitschaft fördern. Die Nichtzählung der in der Norm erfassten Rechtsverhältnisse ist für die Berechnung der Pflichtplatzzahl nicht unbedeutend. Rund 1 Million Ausbildungsplätze werden aufgrund dieser Regel nicht mitgezählt. Folglich entfällt jährlich für die Arbeitgeber die Pflicht zur Besetzung von ca. 50.000 Pflichtarbeitsplätzen und bei deren Nichtbesetzung die Pflicht zur Zahlung der Ausgleichsabgabe.[4]

4 **Zählung der sonstigen Ausbildungsstellen:** Die Regelung knüpft an § 156 Abs. 1 an, wonach Stellen, auf denen „Auszubildende und andere **zu ihrer beruflichen Bildung Eingestellte**" beschäftigt werden, „Arbeitsplätze" im Sinne des Teils 2 darstellen. Es erscheint naheliegend, den Begriff „Auszubildende" in § 157 Abs. 1 Satz 1 als *pars pro toto* zu verstehen; auf diesem Weg würden auch die die zu ihrer Berufsbildung Eingestellten in den Geltungsbereich des Absatzes 1 Satz 1 einbezogen. Das wäre zumindest rechtspolitisch geboten, weil so die Arbeitgeber durch Freistellung von der Beschäftigungspflicht zur Ausweitung des Angebots an sonstigen Ausbildungsplätzen ermutigt werden könnten. Das wäre auch mit dem Ziel einer Verbesserung des Standes der Schwerbehindertenbeschäftigung gut vereinbar, weil auf diese Weise der schwierige Berufseinstieg besser durch Praktika und andere Ausbildungsmaßnahmen erleichtert werden könnte, zumal dann die Motivation der Arbeitgeber dazu noch durch die nach § 158 mögliche Anrechnung der zur Berufsbildung eingestellten Schwerbehinderten auf die Pflichtarbeitsplätze verstärkt würde. Diesem Verständnis widerspricht allerdings die Rechtsprechung des BVerwG. Diese orientiert sich hier eng am Wortlaut des Normtextes. Da § 7 Abs. 1 SchwbG (jetzt: § 156 Abs. 1 SGB IX) „Auszubildende" neben „andere(n) zu ihrer beruflichen Bildung Eingestellte(n)" erwähne, sei zu folgern, dass § 8 Satz 1 SchwbG (jetzt: § 157 Abs. 1 Satz 1 SGB IX) nur den Personenkreis erfasse, der im engeren Sinne eine „Ausbildung" erhalte.[5] Unverständlich ist es indes insbesondere, auch die Stellen für berufliche Umschüler nicht vom Geltungsbereich des § 157 Abs. 1 Satz 1 als erfasst anzusehen,[6] obwohl diese nach § 60 BBiG für einen anerkannten Ausbildungsberuf in Anwendung der für die Berufsausbildung geltenden Bestimmungen §§ 27 BBiG ausgebildet werden.

---

3 *Schneider* in Hauck/Noftz SGB IX § 74 Rn. 3; *Rolfs* in ErfK SGB IX § 74 Rn. 3.
4 Vgl. *Jäger-Kuhlmann* in Ernst/Adlhoch/Seel SGB IX § 74 Rn. 2.
5 BVerwG 16.12.2004 – 5 C 70/03, NJW 2005, 1674; vgl. in diesem Sinne etwa *Rolfs* in ErfK SGB IX § 74 Rn. 1; *Knittel* SGB IX § 74 Rn. 5; *Kossens* in Kossens/von der Heide/Maaß SGB IX § 74 Rn. 2; *Greiner* in Neumann/Pahlen/Greiner/Winkler/Jabben SGB IX § 157 Rn. 11.
6 *Kossens* in Kossens/von der Heide/Maaß SGB IX § 74 Rn. 2; *Trenk-Hinterberger* in HK-SGB IX § 74 Rn. 5.

Stellen für Referendare: Arbeitgeber, die Studienreferendare und Rechtsreferendare beschäftigen, werden ebenso wie in Absatz 1 Satz 1 begünstigt.[7] Die Einfügung des Satzes 2 war nicht zwingend notwendig. Denn als Auszubildender im öffentlichen Dienst gelten auch Referendare. Satz 1 beschränkt sich nicht auf die im privatrechtlichen Berufsausbildungsverhältnis stehenden Auszubildenden. Satz 2 hat daher nur eine klarstellende Funktion. Zweifelhaft ist auch der Relativsatz „die einen Rechtsanspruch auf Einstellung haben". Möglicherweise wollte der Gesetzgeber an die frühere in § 7 Abs. 3 verwandte Formulierung anknüpfen. Das ist zumindest deshalb missverständlich, weil das zu dem Umkehrschluss verleiten könnte, dass Rechts- oder Studienreferendare ohne Einstellungsanspruch für den öffentlich-rechtlichen Vorbereitungsdienst mitzuzählen wären.

5

Aufrundung von Bruchteilen: Die Rundungsregelung des Absatzes 2 hat ausschließlich Bedeutung für die Berechnung der Anzahl der Pflichtplätze, auf denen der Arbeitgeber nach § 154 Abs. 1 Satz 1 schwerbehinderte Menschen zu beschäftigen hat. Bei der Zählung der Arbeitsplätze nach § 156 Abs. 1 kann die Rundungsregelung keine Bedeutung haben, denn jede zu berücksichtigende Stelle (auch von Teilzeitbeschäftigten, soweit nicht ein Fall des § 156 Abs. 3 vorliegt) wird voll gezählt. Anders als beim Kündigungsschutz (§ 23 KSchG) findet keine anteilige Berücksichtigung entsprechend der Menge der Arbeitszeit statt.

6

Die **Berechnungsformel** lautet: Anzahl der Arbeitsplätze im Sinne von § 156 Abs. 1 abzüglich der Auszubildenden und Referendare (§ 157 Abs. 1) und abzüglich der Personen nach § 156 Abs. 2 und Abs. 3 multipliziert mit 5 %.

7

Ergibt sich ein Bruchteil von 0,5 und mehr, so ist nach Absatz 2 Satz 1 das Ergebnis aufzurunden. Diese Aufrundungsregel gilt nicht für kleine öffentliche Arbeitgeber und für mittelständische Unternehmer: Sie ist nicht anzuwenden, wenn diese weniger als 60, also bis zu 59 Arbeitsplätze im Sinne von § 156 Abs. 1 in ihren Betrieben oder Dienststellen unter Einbeziehung von etwaigen im Haushalt des Arbeitgebers befindlichen Arbeitsplätzen haben. Ohne diese Ausnahmebestimmung müssten Arbeitgeber mit mehr als 50 Arbeitsplätzen mindestens drei Pflichtarbeitsplätze mit schwerbehinderten Menschen besetzen. Aufgrund der Ausnahme in Absatz 2 setzt die Pflicht zur Beschäftigung eines dritten schwerbehinderten Menschen jedoch erst beim Erreichen des Schwellenwerts von 60 Arbeitsplätzen ein.

8

Beispiel für Aufrundung: Ein Arbeitgeber hat 113 Arbeitsplätze im Sinne von § 156 Abs. 1 und hat zwei Stellen, auf denen er Auszubildende beschäftigt. Es zählen nach § 157 Abs. 1 Satz 1 die Stellen der Auszubildenden nicht mit. Die Berechnung lautet somit: 111 x 5 : 100 = 5,55. Dieses rechnerische Ergebnis wird nach § 157 Abs. 2 aufgerundet auf 6,0 Pflichtarbeitsplätze, auf denen der Arbeitgeber nun schwerbehinderter Menschen beschäftigen muss.

9

Beispiel für Abrundung: Ein Arbeitgeber hat 60 Arbeitsplätze im Sinne von § 156 Abs. 1. Er bildet auf neun Stellen Auszubildende aus. Die Ausbildungsstellen rechnen nach § 157 Abs. 1 Satz 1 nicht mit. Die Berechnung der Pflichtplatzzahl lautet: 51 x 5 : 100 = 2,55. Nach § 157 Abs. 2 2. Satzhälfte ist abzurunden. Der Arbeitgeber hat also auf zwei Pflichtarbeitsplätzen schwerbehinderte Menschen zu beschäftigen.

10

---

7 BT-Drs. 14/5074, 58.

§ 158 Anrechnung Beschäftigter auf die Zahl der Pflichtarbeitsplätze für schwerbehinderte Menschen

(1) Ein schwerbehinderter Mensch, der auf einem Arbeitsplatz im Sinne des § 156 Absatz 1 oder Absatz 2 Nummer 1 oder 4 beschäftigt wird, wird auf einen Pflichtarbeitsplatz für schwerbehinderte Menschen angerechnet.

(2) ¹Ein schwerbehinderter Mensch, der in Teilzeitbeschäftigung kürzer als betriebsüblich, aber nicht weniger als 18 Stunden wöchentlich beschäftigt wird, wird auf einen Pflichtarbeitsplatz für schwerbehinderte Menschen angerechnet. ²Bei Herabsetzung der wöchentlichen Arbeitszeit auf weniger als 18 Stunden infolge von Altersteilzeit oder Teilzeitberufsausbildung gilt Satz 1 entsprechend. ³Wird ein schwerbehinderter Mensch weniger als 18 Stunden wöchentlich beschäftigt, lässt die Bundesagentur für Arbeit die Anrechnung auf einen dieser Pflichtarbeitsplätze zu, wenn die Teilzeitbeschäftigung wegen Art oder Schwere der Behinderung notwendig ist.

(3) Ein schwerbehinderter Mensch, der im Rahmen einer Maßnahme zur Förderung des Übergangs aus der Werkstatt für behinderte Menschen auf den allgemeinen Arbeitsmarkt (§ 5 Absatz 4 Satz 1 der Werkstättenverordnung) beschäftigt wird, wird auch für diese Zeit auf die Zahl der Pflichtarbeitsplätze angerechnet.

(4) Ein schwerbehinderter Arbeitgeber wird auf einen Pflichtarbeitsplatz für schwerbehinderte Menschen angerechnet.

(5) Der Inhaber eines Bergmannsversorgungsscheins wird, auch wenn er kein schwerbehinderter oder gleichgestellter behinderter Mensch im Sinne des § 2 Absatz 2 oder 3 ist, auf einen Pflichtarbeitsplatz angerechnet.

1 **Gesetzeshistorie:** Der Regierungsentwurf des § 75 aF hat inhaltsgleich den früheren § 9 SchwbG übernommen.[1] Die Beschlussempfehlung des Ausschusses für Arbeit und Sozialordnung hat keine Änderungen vorgesehen. Durch das Vierte Gesetz für moderne Dienstleistungen am Arbeitsmarkt vom 24.12.2003[2] wurde in Abs. 2 Satz 3 die Bezeichnung „das Arbeitsamt" durch „die Bundesagentur für Arbeit" ersetzt. Das Gesetz zur Förderung der Ausbildung und Beschäftigung schwerbehinderter Menschen vom 23.4.2004[3] hat folgende Änderungen bewirkt:
1. In Absatz 2 wurde zum 1.5.2004 als neuer Satz 2 eingefügt: „Bei Herabsetzung der wöchentlichen Arbeitszeit auf weniger als 18 Stunden infolge von Altersteilzeit gilt Satz 1 entsprechend."
2. Nach Absatz 2 wurde zum 1.5.2004 folgender Absatz 2a eingefügt: „Ein schwerbehinderter Mensch, der im Rahmen einer Maßnahme zur Förderung des Übergangs aus der Werkstatt für behinderte Menschen auf den allgemeinen Arbeitsmarkt (§ 5 Abs. 4 Satz 1 der Werkstättenverordnung) beschäftigt wird, wird auch für diese Zeit auf die Zahl der Pflichtarbeitsplätze angerechnet."
3. In Absatz 1 wurde zum 1.1.2005 die Angabe „Absatz 2 Nr. 1, 4 oder 6" durch die Angabe „Abs. 2 Nr. 1 oder 4" ersetzt.
4. Das BTHG hat lediglich eine Korrektur der Absatzzählung vorgenommen.

2 **Regelungsinhalt:** § 158 regelt (im Anschluss an die Bestimmungen der §§ 156 und 157) die Anrechenbarkeit von den in den Betrieben und Dienststellen tat-

---

1 BT-Drs. 14/5531.
2 BGBl. I 2954.
3 BGBl. I 606.

sächlich beschäftigten schwerbehinderten und ihnen gleichgestellten behinderten Menschen auf die vom Arbeitgeber nach der Berechnung des § 157 zu besetzende Anzahl der Pflichtarbeitsplätze. Dabei regeln die einzelnen Absätze des § 158 die Anrechnung auf einen Pflichtarbeitsplatz, während der nachfolgende § 159 für die Berufsausbildung schwerbehinderter Menschen und die weiteren in § 159 Abs. 1 und Abs. 2 umschriebenen Fälle die Anrechnung auf mehrere Pflichtarbeitsplätze zulässt. § 158 Abs. 2 eröffnet die Anrechenbarkeit von teilzeitbeschäftigten schwerbehinderten Menschen. Absatz 3 enthält für den Übergang aus Werkstätten für behinderte Menschen auf den allgemeinen Arbeitsmarkt eine besondere Anrechnungsregelung, die diesen Übergang für Arbeitgeber attraktiv machen soll. Absatz 4 bestimmt, dass auch der schwerbehinderte Arbeitgeber selbst angerechnet wird. Absatz 5 bestimmt, dass Inhaber von Bergmannversorgungsscheinen angerechnet werden.

Grundsatz der Anrechnung: In Absatz 1 wird für die Anrechenbarkeit vom Grundsatz ausgegangen, dass nur die schwerbehinderten und ihnen gleichgestellte behinderte Menschen angerechnet werden, die auf einem Arbeitsplatz im Sinne von § 156 Abs. 1 beschäftigt werden. Damit sind Anrechnungsgrundlage und Bemessungsgrundlage deckungsgleich. Der Gesetzgeber hat von diesem Grundsatz in Absatz 1 Ausnahmen gemacht. Auch wenn ihre Stellen nach § 156 Abs. 2 Nr. 1 oder 4 nicht als Arbeitsplätze gezählt werden, werden die dort beschäftigten schwerbehinderten Menschen angerechnet. Das sind Ausnahmen zugunsten von schwerbehinderten Menschen, die an Leistungen zur Teilhabe am Arbeitsleben nach § 49 Abs. 3 Nr. 4 (§ 156 Abs. 2 Nr. 1) teilnehmen (§ 156 Abs. 2 Nr. 4). 3

Teilzeitbeschäftigte schwerbehinderte Menschen: In Übereinstimmung mit der Definition des Arbeitsplatzes in § 156 Abs. 1 und Abs. 3 sind schwerbehinderte Menschen, die kürzer als betriebsüblich, aber nicht weniger als 18 Stunden wöchentlich beschäftigt werden, voll anzurechnen (Absatz 2 Satz 1). Stellen von Beschäftigten, die weniger als 18 Stunden wöchentlich arbeiten, zählen nicht. Abweichend von dieser Bestimmung in § 156 Abs. 3, die Dienstleistungsbetriebe bei der Zählung der Arbeitsplätze begünstigt, sind jedoch schwerbehinderte und gleichgestellte behinderte Menschen, die weniger als 18 Stunden wöchentlich beschäftigt werden, zur Anrechnung zugelassen. Voraussetzung ist, dass die Teilzeitbeschäftigung gerade wegen Art oder Schwere der Behinderung notwendig ist. Die Voraussetzung zur Zulassung der Anrechnung entspricht der Voraussetzung für den Anspruch des schwerbehinderten Menschen auf Verringerung seiner Arbeitszeit in § 164 Abs. 5 Satz 3.[4] 4

Zulassung der Anrechnung: Die Anrechnung ist an keine Form der Antragstellung gebunden. Die Prüfung der Anrechnung erfolgt regelmäßig auf Antrag des Arbeitgebers oder des schwerbehinderten Beschäftigten. Ein Antrag auf Zulassung der Anrechnung ist schon darin zu sehen, wenn der Arbeitgeber in der Jahresmeldung nach § 163 Abs. 2 die teilzeitbeschäftigten schwerbehinderten Beschäftigten auf die Pflichtplätze tatsächlich anrechnet. Die Bundesagentur für Arbeit kann auch ohne derartiges Anrechnungsverlangen von Amts wegen anrechnen,[5] wenn sie die Erfüllung der gesetzlichen Anrechnungsvoraussetzungen mitgeteilt erhält oder bei einer Überprüfung des Betriebes nach § 163 Abs. 4 selbst erkennt. Die örtliche Zuständigkeit für die Zulassung der Anrechnung ist umstritten. Zum alten Recht ist angenommen worden, die zuständige Stelle be- 5

---

4 So auch *Ritz* in Bihr/Fuchs/Krauskopf/Ritz SGB IX § 75 Rn. 9; *Trenk-Hinterberger* in HK-SGB IX § 75 Rn. 15.
5 Vgl. *Trenk-Hinterberger* in HK-SGB IX § 75 Rn. 15.

stimme sich nach dem Sitz des Arbeitgebers.[6] Vertreten wird heute überwiegend die Meinung, es sei nach dem Prinzip der Sachnähe die **für die Betriebsstätte örtlich zuständige Stelle der BA** zuständig.[7] Da es keines förmlichen Antrags des Arbeitgebers bedarf, kann auch die **Schwerbehindertenvertretung** in ihrer amtlichen Stellung als „Verbindungsperson" zur BA nach § 182 Abs. 2 Satz 2 die Zulassung zur Anrechnung durch Mitteilung der tatsächlich erfüllten Voraussetzungen anregen oder nach § 178 Abs. 1 Satz 2 Nr. 2 zur besseren Absicherung des Arbeitsplatzes im Einverständnis mit dem betroffenen schwerbehinderten Beschäftigten beantragen. Der betroffene schwerbehinderte Beschäftigte ist dann nach § 12 Abs. 2 SGB X Beteiligter.

6 **Zulassungsentscheidung:** Die Entscheidung über die Zulassung erfolgt als **Verwaltungsakt.** Die Bundesagentur hat **keinen Ermessensspielraum.** Liegen die Voraussetzungen vor, muss die Anrechnung zugelassen werden.[8] Die Anrechnung erfolgt auf einen „vollen" Pflichtplatz. Eine anteilige Anrechnung ist gesetzlich nicht vorgesehen. Die Zulassung soll nach der Rechtsprechung der Verwaltungsgerichte nur für die Zukunft gelten.[9]

7 **Überschreiten des Rentenalters:** Es gibt keinen Grund, schwerbehinderte Arbeitnehmer, die nach Vollendung des Renteneintrittsalters weiter beschäftigt werden, nicht auf einen Pflichtarbeitsplatz anzurechnen. Die gegenläufigen Bemühungen der Arbeitsagenturen und Integrationsämter haben keine Rechtsgrundlage.[10] Sie beinhalten eine Benachteiligung „wegen des Alters".

8 **Übergang aus der Werkstatt:** Beschäftigt ein Arbeitgeber schwerbehinderte Menschen zur Förderung des Übergangs aus einer Werkstatt für behinderte Menschen im Rahmen von Trainingsmaßnahmen, Betriebspraktika oder auch zeitweise auf aus der Werkstatt ausgelagerten Arbeitsplätzen (vgl. § 5 Abs. 4 Satz 1 Werkstättenverordnung), so soll das nach Absatz 3 für ihn den Vorteil mit sich bringen, dass deren Stellen auf die Zahl der Pflichtarbeitsplätze „auch für diese Zeit" angerechnet werden. Mit dieser Regelung ist also ein zusätzlicher Anreiz verbunden. Es wird wegen des missverständlichen Wortlauts bezweifelt, ob die Anrechnung der in den Maßnahmen zur Förderung des Übergangs angefallenen Beschäftigungszeiten auch dann erfolgen soll, wenn später keine Übernahme in ein reguläres Arbeitsverhältnis zustande kommt.[11] Damit würde allerdings der erstrebte Anreiz verloren gehen. Es findet daher auch dann eine Anrechnung der Zeit nach Absatz 2 a statt, wenn keine endgültige Übernahme erfolgt.

9 **Anrechnung bei Unterstützter Beschäftigung:** Nach dem Gesetz zur Einführung Unterstützter Beschäftigung vom 22.12.2008[12] ist flächendeckend ein zusätzliches ambulantes Angebot für behinderte Menschen mit besonderem Unterstützungsbedarf zur Verfügung gestellt worden. Als Rechtsgrundlage ist § 55 in das SGB IX eingefügt worden. Nach dem Grundsatz „Erst platzieren, dann qualifizieren", soll insbesondere Schulabgängern und Schulabgängerinnen aus Förderschulen und Berufsbildungswerken durch Qualifizierungsmaßnahmen in Betrieben der Wirtschaft eine Perspektive auf dem allgemeinen Arbeitsmarkt eröffnet

---

6 *Dörner* SchwbG § 9 Rn. 16.
7 *Knittel* SGB IX § 75 Rn. 10.
8 *Knittel* SGB IX § 75 Rn. 10; *Kossens* in Kossens/von der Heide/Maaß SGB IX § 75 Rn. 7; *Müller-Wenner* in Müller-Wenner/Winkler SGB IX § 75 Rn. 12.
9 So zur Mehrfachanrechnung nach § 10 SchwbG: VG Arnsberg 6.12.1989 – 7 K 126/89, Behindertenrecht 1991, 21.
10 *Schneider* in Hauck/Noftz SGB IX § 75 Rn. 3.
11 *Cramer* NZA 2004, 701.
12 BGBl. I 2959.

werden. Ziel ist die langfristige sozialversicherungspflichtige Beschäftigung in Unternehmen auf dem allgemeinen Arbeitsmarkt. Die Betriebe sollen zur Durchführung der Qualifizierung gewonnen werden, indem die Integrationsämter nach dem in § 185 enthaltenen Absatz 4 aus der Ausgleichsabgabe auch dafür Leistungen der begleitenden Hilfe im Arbeitsleben erbringen. Für die Betriebe ist jedoch weder bei der individuellen betrieblichen Qualifizierung (§ 55 Abs. 2) noch bei der Berufsbegleitung (§ 55 Absatz 3) eine Anrechnung der so Beschäftigten auf Pflichtarbeitsplätze zugelassen. Inhaltlich bestehen allerdings Anrechnungsmöglichkeiten nur, soweit im Einzelfall eine **Schwerbehinderung oder Gleichstellung** vorliegt. Wer im Rahmen der „Unterstützten Beschäftigung" nach § 55 SGB IX gefördert wird, kann, muss aber nicht schwerbehinderter oder gleichgestellter behinderter Mensch sein. Förderungsvoraussetzung nach § 55 ist nur eine Behinderung „mit besonderem Unterstützungsbedarf".

Anrechnung des Arbeitgebers: In Absatz 4 wird ein schwerbehinderter Arbeitgeber auf einen Pflichtarbeitsplatz angerechnet. Voraussetzung ist die Arbeitgebereigenschaft. Es genügt nicht die Ausübung von Arbeitgeberfunktionen. Deshalb kann als Arbeitgeber nur eine natürliche Person angerechnet werden. Personen, die als Organe für eine juristische Person handeln, sind damit von der Anrechnung nach Absatz 4 ausgeschlossen.[13] Das gilt auch für den Fall, dass der schwerbehinderte Mensch nicht nur Organ einer juristischen Person (zB GmbH-Geschäftsführer), sondern auch allein zur Führung der Geschäfte und Vertretung einer Personalgesellschaft insbesondere einer Kommanditgesellschaft (vgl. §§ 114, 125 iVm § 161 Abs. 2, §§ 164, 170 HGB) bestellt ist. Der Betreffende ist auch dann nicht selbst der „Arbeitgeber" im Sinne des Absatz 4, sondern lediglich eine „arbeitgebergleiche Person", die Arbeitgeberfunktionen wahrnimmt.[14] Darauf, dass die Vorgängervorschrift § 9 Abs. 3 SchwbG (jetzt: § 158 Abs. 4 SGB IX) nicht für Arbeitgeber gelten sollte, die Personengesamtheiten sind, war bereits in der Entwurfsbegründung hingewiesen worden.[15] Bei der Neufassung der Vorschrift für das SGB IX ist davon nicht abgewichen worden. Das ist unter dem Gesichtspunkt der Gleichheit vor dem Gesetz sachlich gerechtfertigt. Allerdings werden verfassungsrechtliche Bedenken für die Sonderfälle der Annäherung von Gesellschaftsrechtsform und Einzelfirmeninhaberschaft geltend gemacht, wie insbesondere bei der Einmann-GmbH oder bei der OHG, bei welcher die Gesellschaftsanteile in einer Hand liegen.[16]

Anrechnung von Arbeitsplätzen von Geschäftsführern: Von der Frage der Anrechnung nach Absatz 4 ist die der Anrechnung der Arbeitsplätze von schwerbehinderten Personen, die mit **Arbeitgeberfunktionen** beschäftigt werden (→ § 156 Rn. 28 f.), zu unterscheiden. Übereinstimmung besteht, dass Vorstandsmitglieder juristischer Personen oder Gesellschafter von Personengesellschaften wegen ihrer fehlenden Arbeitnehmereigenschaft nicht für die Anrechnung in Betracht kommen. Eine einhellige Meinung zu der Frage, ob Geschäftsführer einer GmbH einen Arbeitsplatz im Sinne von § 156 innehaben, besteht bis heute nicht. Ein Teil der Rechtsprechung und der Kommentarliteratur vertritt die Ansicht, dass Geschäftsführer als Organwalter einer juristischen Person (vgl. § 35 des GmbH-Gesetzes) in keinem Fall als Arbeitnehmer zu qualifizieren

---

13 LSG LSA 24.3.2011 – L 2 AL 85/07; BVerwG 24.2.1994 – 5 C 44/92, Behindertenrecht 1994, 164; BSG 30.9.1992 – 11 RAr 79/91, Behindertenrecht 1993, 170.
14 BVerwG 26.9.2002 – 5 C 53/01, NZA 2003, 1094.
15 Siehe BT-Drs. 10/5701, 10 zu Nr. 8.
16 *Greiner* in Neumann/Pahlen/Greiner/Winkler/Jabben SGB IX § 75 Rn. 17.

seien.[17] Vom BVerwG wird dagegen auf die Umstände des Einzelfalls abgestellt. Danach sei die Arbeitnehmereigenschaft des Geschäftsführers einer GmbH jedenfalls dann zu verneinen, wenn er zugleich Mehrheitsgesellschafter ist,[18] wenn er alleiniger Geschäftsführer und Mitgesellschafter mit nicht unwesentlicher Einlage (konkret: 24 %) oder wenn er zwar als sog. Fremdgeschäftsführer über keine Kapitalbeteiligung verfügt, ihm aber durch den Anstellungsvertrag eine für arbeitgebergleiche Personen charakteristische Selbstständigkeit eingeräumt wurde.[19] Ob der schwerbehinderte Geschäftsführer einer GmbH auf einen Pflichtarbeitsplatz im Sinne von § 158 Abs. 1 SGB IX anzurechnen ist, ist daher nach den Umständen des Einzelfalls anhand der arbeitsrechtlichen Kriterien zum Vorliegen eines Arbeitsverhältnisses zu entscheiden.[20] Gemessen daran wertet die Verwaltungsgerichtsbarkeit als Indizien für eine abhängige Beschäftigung: Regelungen zur Weisungsbefugnis der Gesellschafterversammlung, zur Berichtspflicht des Geschäftsführers, zum Urlaubsanspruch und zum Wegfall des Gehaltsanspruchs nach einer krankheitsbedingten oder sonst unverschuldeten Verhinderung von mehr als sechs Monaten. Das Vorliegen besonderer Umstände kann jedoch zu einer anderen Betrachtung führen. Als besondere, eine Arbeitnehmereigenschaft ausschließende Umstände werden angesehen, wenn der Geschäftsführer in einem für einen Arbeitnehmer außergewöhnlich hohen Alter steht (konkret: 85. Lebensjahr) und weiterhin aktiv am Erwerbsleben teilnimmt, obwohl er nach § 18 des Geschäftsführer-Dienstvertrages seit Vollendung des 65. Lebensjahres Anspruch auf ein Ruhegehalt hat.[21] Ein schwerbehinderter Sozius einer aus mehreren Rechtsanwälten bestehenden Rechtsanwaltssozietät ist nicht nach § 158 Abs. 1 und 4 auf einen Pflichtarbeitsplatz für schwerbehinderte Menschen anzurechnen.[22]

12 **Inhaber von Bergmannsversorgungsscheinen:** Bergmannsversorgungsscheine gibt es aufgrund landesgesetzlicher Grundlage in den Ländern Nordrhein-Westfalen, Niedersachsen und Saarland. Derartige Scheine erhalten Bergleute, die durch ihre bergmännische Arbeit berufsunfähig geworden sind. Inhaber der Bergmannsversorgungsscheine werden unabhängig davon, ob sie gleichgestellt oder schwerbehindert sind, nach Absatz 5 auf den Pflichtarbeitsplatz angerechnet.

13 **Gleichgestellte:** Nach den §§ 158 und 159 sind nicht nur schwerbehinderte Menschen, sondern auch den ihnen gleichgestellte behinderten Menschen mit einem Grad der Behinderung von weniger als 50 auf Pflichtarbeitsplätze anzurechnen. Das ergibt sich aus der generellen Gleichstellung mit den schwerbehinderten Menschen in § 2 Abs. 3 und dem in § 151 Abs. 2 in Verbindung mit Abs. 3 geregelten persönlichen Geltungsbereich für den Teil 3 des SGB IX.

14 **Amtliche Feststellung:** Zur Anrechnungsfähigkeit der vom Arbeitgeber beschäftigten schwerbehinderten oder ihnen gleichgestellten behinderten Menschen ist Voraussetzung, dass diese nach § 152 Abs. 1 als Schwerbehinderte anerkannt sind oder ihre Gleichstellung nach § 151 Abs. 2 – auch rückwirkend – erfolgt

---

17 Vgl. NdsOVG 22.2.1989 – 4 L 8/89; OVG NRW 12.12.1997 – 24 A 4419/95; *Jäger-Kuhlmann* in Ernst/Adlhoch/Seel SGB IX § 73 Rn. 32; *Ritz* in Bihr/Fuchs/Krauskopf/Ritz SGB IX § 75 Rn. 11 verweist insoweit auf die Mehrheitsmeinung in der BIH.
18 BVerwG 24.2.1994 – C 44/92, NZA 1995, 428.
19 BVerwG 26.9.2002 – 5 C 53/01, NZA 2003, 1094.
20 *Düwell* in Das reformierte Arbeitsrecht, Kapitel 8.
21 VG Regensburg 2.12.2004 – RO 8 K 04.00854.
22 LSG RhPf 24.9.2009 – L 1 AL 115/08.

ist.[23] Es wird als nicht genügend angesehen, wenn die gesetzlichen Voraussetzungen für die behördliche Anerkennung als schwerbehinderter Mensch oder die Gleichstellung vorliegen. Eine Ausnahme wird für die Personen gemacht, die offenkundig schwerbehindert sind, zB Kleinwüchsige oder Beinamputierte.[24] Zwar wird die Eigenschaft als Schwerbehinderter bereits nach § 2 Abs. 1 mit dem objektiven Vorliegen der Behinderung begründet, ohne dass es einer konstitutiven behördlichen Feststellung nach § 152 Abs. 1 bedarf. Da Teil 3 des SGB IX aber eine Inanspruchnahme der Rechte durch den schwerbehinderten Menschen voraussetzt, soll der Arbeitgeber die Rechtsfolge der Anrechnung nur dann geltend machen können, wenn der schwerbehinderte Mensch zumindest ein Feststellungsverfahren nach § 152 Abs. 1 in Gang gesetzt hat.[25] Verzichtet der behinderte Mensch auf die behördliche Feststellung, weil er aus seiner Schwerbehinderung keine Rechte herleiten will, dann besteht für den Arbeitgeber keine Möglichkeit der Anrechnung.

Minderbehinderte Jugendliche und junge Erwachsene während der Berufsausbildung: Der Wortlaut des § 151 Abs. 4 stellt zwar ausdrücklich alle behinderten Jugendlichen und jungen Erwachsenen während der Zeit einer Berufsausbildung in Betrieben und Dienststellen Schwerbehinderten gleich. Dennoch werden diese Beschäftigten nur dann zur Anrechnung zugelassen, wenn ihre Gleichstellung im Verfahren nach § 151 Abs. 2 erfolgt oder ein Grad der Behinderung ab 50 festgestellt ist. Der in § 151 Abs. 4 erfasste Personenkreis wird nämlich nach Maßgabe des Satzes 3 nur beschränkt auf eine Form der begleitenden Hilfe gleichgestellt: Anspruch auf Prämien und Zuschüsse zu den Kosten der Berufsausbildung nach § 185 Abs. 3 Nr. 2 c. Die Gleichstellungsanordnung beschränkt sich somit auf das „Anzapfen" der von den Integrationsämtern verwalteten Mittel der Ausgleichsabgabe.[26]

§ 159 Mehrfachanrechnung

(1) ¹Die Bundesagentur für Arbeit kann die Anrechnung eines schwerbehinderten Menschen, besonders eines schwerbehinderten Menschen im Sinne des § 155 Absatz 1 auf mehr als einen Pflichtarbeitsplatz, höchstens drei Pflichtarbeitsplätze für schwerbehinderte Menschen zulassen, wenn dessen Teilhabe am Arbeitsleben auf besondere Schwierigkeiten stößt. ²Satz 1 gilt auch für schwerbehinderte Menschen im Anschluss an eine Beschäftigung in einer Werkstatt für behinderte Menschen und für teilzeitbeschäftigte schwerbehinderte Menschen im Sinne des § 158 Absatz 2.

(2) ¹Ein schwerbehinderter Mensch, der beruflich ausgebildet wird, wird auf zwei Pflichtarbeitsplätze für schwerbehinderte Menschen angerechnet. ²Satz 1 gilt auch während der Zeit einer Ausbildung im Sinne des § 51 Absatz 2, die in einem Betrieb oder einer Dienststelle durchgeführt wird. ³Die Bundesagentur für Arbeit kann die Anrechnung auf drei Pflichtarbeitsplätze für schwerbehinderte Menschen zulassen, wenn die Vermittlung in eine berufliche Ausbildungsstelle wegen Art oder Schwere der Behinderung auf besondere Schwierigkeiten stößt. ⁴Bei Übernahme in ein Arbeits- oder Beschäftigungsverhältnis durch den ausbildenden oder einen anderen Arbeitgeber im Anschluss an eine abgeschlos-

---

23 BVerwG 21.10.1987 – 5 C 42/84, NZA 1988, 431; dem folgend: *Knittel* SGB IX § 75 Rn. 6 c; *Müller-Wenner* in Müller-Wenner/Winkler SGB IX § 75 Rn. 4; *Schneider* in Hauck/Noftz SGB IX § 75 Rn. 6.
24 Vgl. VGH BW 11.5.1984 – 4 S 776/83, ZfSH/SGB 1985, 230.
25 *Dörner* SchwbG § 9 Rn. 4.
26 *von Seggern* PersR 2005, 147.

sene Ausbildung wird der schwerbehinderte Mensch im ersten Jahr der Beschäftigung auf zwei Pflichtarbeitsplätze angerechnet; Absatz 1 bleibt unberührt.
(3) Bescheide über die Anrechnung eines schwerbehinderten Menschen auf mehr als drei Pflichtarbeitsplätze für schwerbehinderte Menschen, die vor dem 1. August 1986 erlassen worden sind, gelten fort.

I. Gesetzeshistorie 1	IV. Beschäftigungsverhältnisse ohne Ausbildungsbezug 11
II. Normzweck 3	V. Zulassung der Mehrfachanrechnung 13
III. Beschäftigung zur beruflichen Bildung 5	

I. Gesetzeshistorie

1 **Fassung des SGB IX:** Die Vorgängerregelung war in § 10 SchwbG enthalten. Sie ist inhaltsgleich mit dem Regierungsentwurf[1] in das SGB IX übernommen worden. Der Ausschuss für Arbeit und Sozialordnung hatte zuvor keine Änderung empfohlen.

2 **Änderungen des SGB IX:** Durch das Vierte Gesetz für moderne Dienstleistungen am Arbeitsmarkt vom 24.12.2003[2] ist mit Wirkung vom 1.1.2004 im Absatz 2 Satz 3 die Bezeichnung „Arbeitsamt" durch „Bundesagentur für Arbeit" ersetzt worden. Durch das Gesetz zur Förderung der Ausbildung und Beschäftigung schwerbehinderter Menschen vom 23.4.2004[3] wurden mit Wirkung vom 1.5.2004 mehre Änderungen vorgenommen:
1. In Absatz 1 Satz 2 wurde entsprechend dem Gesetzentwurf der Fraktionen SPD und Bündnis 90/Die Grünen[4] nach dem Wort „für" die Wörter „schwerbehinderte Menschen im Anschluss an eine Beschäftigung in einer Werkstatt für behinderte Menschen und für" eingefügt.
2. In Absatz 2 nach Satz 1 wurde auf Empfehlung des Ausschusses für Gesundheit und Soziale Sicherung[5] Satz 2 angehängt. Der bisherige Satz 2 wurde zu Satz 3. Nach dem neu nummerierten Satz 3 wurde Satz 4 angehängt.

Das BTHG hat nicht zu einer inhaltlichen Neufassung geführt.

II. Normzweck

3 **Regelungsinhalt:** § 159 schafft innerhalb des Systems von Beschäftigungspflicht und Ausgleichsabgabe einen **besonderen Anreiz für Arbeitgeber**. Er regelt die Mehrfachanrechnung eines schwerbehinderten oder gleichgestellten behinderten Beschäftigten auf Pflichtarbeitsplätze. Die höchstzulässige Mehrfachanrechnung ist auf drei Pflichtarbeitsplätze begrenzt. Je nach den Umständen des Einzelfalles ist eine Anrechnung auf ein, zwei oder drei volle Pflichtarbeitsplätze möglich. Eine Bruchteilanrechnung ist nicht vorgesehen.[6] Die Worte „können angerechnet werden" zeigen das der Bundesagentur eingeräumte **Ermessen**. Nach Absatz 2 Satz 1 wird ein schwerbehinderter Auszubildender auf mindestens zwei Pflichtarbeitsplätze angerechnet. Nach Absatz 2 Satz 2 werden auch Auszubildende angerechnet, die im Rahmen der beruflichen Rehabilitation in einem Betrieb oder einer Dienststelle tätig sind. Absatz 3 enthält eine aus biolo-

---
1 BT-Drs. 14/5531.
2 BGBl. I 2954.
3 BGBl. I 606.
4 BT-Drs. 15/1783.
5 BT-Drs. 15/2357.
6 *Knittel* SGB IX § 76 Rn. 10.

gischen Gründen auslaufende Übergangsregelung. Bescheide über die Anrechnung auf mehr als drei Pflichtarbeitsplätze, die nach dem vor 1986 geltenden Recht ergangen sind, gelten übergangsweise fort.

Grundsatz der Mehrfachanrechnung: Mit der **Mehrfachanrechnung** soll die Bereitschaft der Arbeitgeber erhöht werden, die in § 155 angesprochenen Aufgaben bei der Beschäftigung besonderer Gruppen schwerbehinderter Menschen zu erfüllen. Dazu bewirkt die Mehrfachanrechnung bei der Ausgleichsabgabe (vgl. § 160) eine spürbare **Entlastung**. Das Vorliegen einer Schwerbehinderung ist für die Mehrfachanrechenbarkeit keine zwingende Voraussetzung. Liegen die in § 159 genannten Voraussetzungen vor, können auch den Schwerbehinderten gleichgestellte behinderte Menschen mehrfach angerechnet werden.[7] Das folgt aus § 2 Abs. 3 in Verbindung mit § 151 Abs. 3. Jedoch werden die tatsächlichen Voraussetzungen hierfür wohl selten bestehen. Denn § 159 setzt das Vorliegen „besonderer Schwierigkeiten" voraus, auf welche die Teilhabe am Arbeitsleben stoßen muss.[8] Als Ausnahmevorschrift, die vorrangig den in § 155 genannten schwerstbehinderten Menschen zugutekommen soll, ist sie im Übrigen restriktiv auszulegen.[9] Das gilt schon für die doppelte Anrechnung und erst recht für die Anrechnung auf drei Pflichtplätze.

4

III. Beschäftigung zur beruflichen Bildung

Schwerbehinderter Mensch, der beruflich ausgebildet wird: Nach § 159 Abs. 2 Satz 1 wird ein Schwerbehinderter oder gleichgestellter behinderter Mensch von Gesetzes wegen auf zwei Pflichtarbeitsplätze angerechnet, wenn der Arbeitgeber ihn **beruflich ausbildet**. Die Vorgängerregelung in der Fassung des SchwBAG verwandte die Formulierung „Schwerbehinderter, der zur Ausbildung beschäftigt wird". Mit der Einführung des Begriffs „schwerbehinderter Mensch" durch das SGB IX war ohne Erläuterung die neue Formulierung „schwerbehinderter Mensch, der beruflich ausgebildet wird" verbunden. Es ist davon auszugehen, dass keine inhaltliche Änderung beabsichtigt war.[10] Abweichend von § 157 Abs. 1 wird in § 159 Abs. 2 nicht der engere Begriff der „Auszubildenden" verwandt. Das spricht dafür, dass ebenso wie § 156 Abs. 1 SGB IX nicht nur Auszubildende sondern alle zu ihrer beruflichen Bildung Beschäftigten erfasst werden sollen.[11] Das schließt nach §§ 1, 3 BBiG auch die Berufsausbildungsvorbereitung, die berufliche Fortbildung und die berufliche Umschulung ein. Der Anwendungsbereich der Zweifachanrechnungsvorschrift wird daher auch von dem Teil des Schrifttums, der in § 157 Abs. 1 eine Beschränkung auf Auszubildende annimmt, weiter gefasst.[12] Eine große Zahl von Autoren nimmt

5

---

7 Zum alten Recht: *Cramer* SchwbG § 10 Rn. 2; zum neuen Recht: *Knittel* SGB IX § 76 Rn. 11; *Müller-Wenner* in Müller-Wenner/Winkler SGB IX § 76 Rn. 3; *Schneider* in Hauck/Noftz SGB IX § 76 Rn. 3; *Jabben* in BeckOK SozR SGB IX § 159 Rn. 3.
8 Zutreffend: *Greiner* in Neumann/Pahlen/Greiner/Winkler/Jabben SGB IX § 159 Rn. 5; *Jabben* in BeckOK SozR SGB IX § 159 Rn. 3.
9 *Greiner* in Neumann/Pahlen/Greiner/Winkler/Jabben SGB IX § 159 Rn. 4.
10 *Ritz* in Bihr/Fuchs/Krauskopf/Ritz SGB IX § 76 Rn. 9.
11 So auch *Greiner* in Neumann/Pahlen/Greiner/Winkler/Jabben SGB IX § 159 Rn. 13; *Ritz* in Bihr/Fuchs/Krauskopf/Ritz SGB IX § 76 Rn. 9 unter Hinweis auf die Gesetzesgeschichte; Einzelheiten zu diesem Begriff → § 156 Rn. 30 ff.
12 So *Müller-Wenner* in Müller-Wenner/Winkler SGB IX § 76 Rn. 10.

jedoch unter Vernachlässigung des anderen Wortlauts ohne nähere Begründung auf den Begriff der „Auszubildenden" in § 157 Abs. 1 Bezug.[13]

6 **Abweichung von der Definition der Berufsbildung im BBiG:** Wird ohne Berücksichtigung der besonderen Zielsetzung der Mehrfachanrechnung im System der Beschäftigungspflicht auf die Definitionen des BBiG zurückgegriffen, so kann die mit § 159 Abs. 2 verfolgte Anreizfunktion nicht voll wirksam werden. Arbeitgeber sollen motiviert werden, den für schwerbehinderte Menschen besonders schweren Zugang zum Beruf zu erleichtern und alle im Betrieb vorhandenen Ausbildungsplätze, gleich welcher Art, für behinderte Menschen zur Verfügung zu stellen. Das entspricht auch der Intention des Art. 5 der Richtlinie 2000/78/EG des Rates vom 27.11.2000 zur Festlegung eines allgemeinen Rahmens für die Verwirklichung der Gleichbehandlung in Beschäftigung und Beruf.[14] Danach sollen die Mitgliedsstaaten Maßnahmen ergreifen, damit Arbeitgeber den Menschen mit Behinderung den Zugang zur Beschäftigung insbesondere durch die Zulassung zur **Teilnahme an Aus- und Weiterbildungsmaßnahmen** ermöglichen. Damit ist es nicht vereinbar, die Stellen von der Anrechnung auf Pflichtplätze auszunehmen, die der Gewinnung von erforderlichen beruflichen Fertigkeiten und Erfahrungen dienen, nur weil sie in einem Zusammenhang mit einer schulischen Bildung oder einem Studium stehen. Das verkennt die bisher hM, die gedankenlos an die Begrifflichkeit des BBiG anknüpft. Sie übersieht, dass das BBiG in seinem § 3 Abs. 2 Nr. 1 wegen der dem BBiG zugrunde liegenden „dualen" Aufgabenteilung zwischen den Lernorten Schule und Betrieb alle im Zusammenhang mit der schulischen Ausbildung stehenden betrieblichen Beschäftigungen aus dem Geltungsbereich des BBiG herausnimmt. Wegen des besonderen dualen Organisationsprinzips der dort geregelten Berufsbildung kann es nur eine **analog** auf § 159 Abs. 2 SGB IX übertragbare Begrifflichkeit geben. Dass die vorbehaltlose Anknüpfung an das BBiG nicht zwingend ist, zeigt im Übrigen schon das Beispiel der öffentlich-rechtlichen Ausbildungsverhältnisse. Obwohl § 3 Abs. 2 Nr. 2 BBiG ausdrücklich die öffentlich-rechtlichen Dienstverhältnisse ausnimmt, gelten dennoch die Beamtenanwärter im Beamtenverhältnis auf Widerruf als Menschen, die beruflich im Sinne von § 159 Abs. 2 ausgebildet werden.[15] Das SGB IX will nämlich im Unterschied zum BBiG nicht nur bürgerlich-rechtliche, sondern auch öffentlich-rechtliche Beschäftigungsverhältnisse erfassen. Der Effektivität der Anreizfunktion des § 159 Abs. 2 wegen sollten daher auch die Stellen der schwerbehinderten Menschen, die auf Praktikantenstellen ausgebildet werden, auf zwei Pflichtplätze anzurechnen sein.

7 **Betriebliche Ausbildung im Rahmen der beruflichen Rehabilitation:** Nach Absatz 2 Satz 2 gilt die Zweifachanrechnung auch für eine Ausbildung für schwerbehinderte Menschen, die an einer Maßnahme der beruflichen Rehabilitation teilnehmen, soweit die dazugehörige Ausbildung in einem Betrieb oder einer Dienststelle stattfindet. Die berufliche Rehabilitation wird nach § 51 Abs. 1 SGB IX in Berufsbildungswerken, Berufsförderungswerken und vergleichbaren Einrichtungen durchgeführt. Nach § 51 Abs. 2 Satz 1 SGB IX sollen diese Einrichtungen darauf hinwirken, dass zur Verbesserung der Beschäftigungsfähigkeit Teile der Ausbildung in Betrieben und Dienststellen durchgeführt werden.

---

13 *Trenk-Hinterberger* in HK-SGB IX § 76 Rn. 11; *Kossens* in Kossens/von der Heide/Maaß SGB IX § 76 Rn. 7; *Schneider* in Hauck/Noftz SGB IX § 76 Rn. 6, der „aus Gründen der Rechtsklarheit" den engen Begriff zugrunde legt.
14 ABl. EG 2.12.2000 Nr. L 303/16.
15 So zum SchwbG: BSG 29.7.1993 – 11 RAr 41/92, DBIR 4065a, SchwbG, § 8; zum SGB IX: *Trenk-Hinterberger* in HK-SGB IX § 76 Rn. 11.

Damit die Arbeitgeber derartige Ausbildungsplätze zur Verfügung stellen, erhalten sie den Anreiz einer Anrechnung auf mindestens zwei Pflichtarbeitsplätze. Hier zeigt sich, dass der für die Beschäftigungspflicht im SGB IX zu benutzende Begriff der beruflichen Bildung über den des BBiG hinausgeht.

Übernahme nach der Ausbildung: Übernimmt ein Arbeitgeber einen schwerbehinderten Menschen im Anschluss an dessen Ausbildung in ein Arbeits- oder Beschäftigungsverhältnis, so wird das nach Absatz 2 Satz 4 mit einer Zweifachanrechnung belohnt. Dabei ist unerheblich, ob der schwerbehinderte Beschäftigte im eigenen oder in einem anderen Unternehmen ausgebildet worden ist. Erfasst werden damit auch die Wechsler aus den Werkstätten für behinderte Menschen.[16]   8

Zwingende Zweifachanrechnung: Für die Zweifachanrechnung von schwerbehinderten oder gleichgestellten behinderten Menschen, die beruflich ausgebildet werden, bedarf es weder eines Antrags noch einer Entscheidung der Agentur für Arbeit. Die Zweifachanrechnung ist Gesetzesvollzug.[17] Der Bundesagentur kommt dabei **kein Ermessensspielraum** zu. Es genügt, wenn der Arbeitgeber in dem nach § 163 Abs. 1 laufend zu führenden Verzeichnis der schwerbehinderten Menschen und in der im Rahmen der Selbstveranlagung zur Ausgleichsabgabe nach § 163 Abs. 2 jährlich zu erstattenden Anzeige die entsprechenden Angaben aufnimmt.   9

Möglichkeit der Dreifachanrechnung: Die Agentur für Arbeit **kann** über die gesetzlich zwingend vorgesehene Anrechnung der Ausbildung auf zwei Pflichtplätze **hinausgehen**. Sie kann nach Absatz 2 Satz 3 die Anrechnung auf drei Arbeitsplätze zulassen, wenn die Vermittlung in eine berufliche Ausbildungsstelle wegen Art und Schwere der Behinderung auf besondere Schwierigkeiten stößt. Es wird angenommen, die Dreifachanrechnung komme nur für Ausbildungsplätze suchende arbeitslose schwerbehinderte Menschen in Betracht.[18] Die Zulassung soll dann auch noch voraussetzen, dass sich der Arbeitgeber sich vor der Ausbildung zur Übernahme erheblicher Aufwendungen bereit erklärt, etwa durch besondere Ausgestaltung eines Arbeitsplatzes für einen schwer Gehbehinderten oder einen Blinden oder durch Schaffung eines barrierefreien Zugangs zum Arbeitsplatz nach § 164 Abs. 4 Nr. 4 SGB IX.[19] Das ist nicht zwingend.[20] Weder Arbeitslosigkeit noch das Erfordernis erheblicher Aufwendungen vor Beginn der Ausbildung sind gesetzliche Voraussetzungen für die Zulassung der Dreifachanrechnung. Die im Gesetz vorausgesetzten besonderen Schwierigkeiten können sich anders darstellen, zB Notwendigkeit einer Arbeitsassistenz (vgl. § 185 Abs. 5 SGB IX): Sie müssen auch nicht schon vor Beginn der Ausbildung vorliegen. Sie können auch erst im Verlauf der betrieblichen Ausbildung auftreten, zB bei einer Erblindung. Auch der Arbeitgeber, der dann die Beschäftigung zur beruflichen Bildung trotz der entstandenen Schwierigkeiten fortsetzt, bedarf der Belohnung durch die Dreifachanrechnung. Allerdings müssen die besonderen Schwierigkeiten durch die Art und/oder Schwere der Behinderung bedingt sein. Umstände, die nicht mit der Behinderung im Zusammenhang stehen, können – anders als bei der Mehrfachanrechnung nach Absatz 1 Satz 1 – nicht zur Zulassung der Dreifachanrechnung führen.[21]   10

---

16 *Ritz* in Bihr/Fuchs/Krauskopf/Ritz SGB IX § 76 Rn. 8.
17 *Greiner* in Neumann/Pahlen/Greiner/Winkler/Jabben SGB IX § 159 Rn. 12; *Ritz* in Bihr/Fuchs/Krauskopf/Ritz SGB IX § 76 Rn. 8.
18 *Knittel* SGB IX § 76 Rn. 29; *Lampe* in GK-SGB IX SGB IX § 76 Rn. 48.
19 So *Knittel* SGB IX § 76 Rn. 30.
20 Ebenso *Ritz* in Bihr/Fuchs/Krauskopf/Ritz SGB IX § 76 Rn. 10.
21 *Greiner* in Neumann/Pahlen/Greiner/Winkler/Jabben SGB IX § 159 Rn. 14.

IV. Beschäftigungsverhältnisse ohne Ausbildungsbezug

11 **Besondere Schwierigkeiten:** Abweichend von der Sonderregelung für Menschen, die zu ihrer beruflichen Bildung beschäftigt werden, findet für die anderen Beschäftigten eine Mehrfachanrechnung nur dann statt, wenn diese im Rahmen ihres pflichtgemäß auszuübenden Ermessens von der Bundesagentur für Arbeit (BA) nach Absatz 1 Satz 1 zugelassen wird. Voraussetzung der Mehrfachanrechnung ist, dass die Eingliederung des schwerbehinderten Menschen in das Arbeits- oder Berufsleben auf **besondere Schwierigkeiten** stößt. Diese Schwierigkeiten können sich sowohl auf die Einstellung als auch auf den Erhalt eines Arbeitsplatzes beziehen.[22] Als Gründe kommen in Betracht:
- Eine wesentliche Leistungsminderung infolge der Art und Schwere der Behinderung (siehe dazu § 155) von mindestens 30 %,[23]
- das Erfordernis einer besonderen Ausstattung des Arbeitsplatzes mit technischen Arbeitshilfen nach § 164 Abs. 4 Nr. 4, 5,
- die Notwendigkeit der Einstellung einer besonderen Hilfskraft, wie zB die Vorlesekraft für einen Blinden,
- die Notwendigkeit eines speziell ausgerüsteten Kraftfahrzeugs oder der Notwendigkeit des täglichen durchzuführenden Fahrdienstes für den Arbeitsweg.[24]

12 Das Vorliegen „besonderer Schwierigkeiten" bei der Teilhabe am Arbeitsleben **muss nicht in Zusammenhang mit der Behinderung** stehen; auch andere jeweils im Einzelfall zu prüfende Gründe können eine Mehrfachanrechnung rechtfertigen, zB bereits länger bestehende Arbeitslosigkeit, fortgeschrittenes Lebensalter, Einstellungshemmnis wegen Vorstrafen, nicht behinderungsbedingte Minderleistung, fehlende Qualifikation und auch besondere Verhältnisse am jeweiligen Arbeitsplatz.[25]

V. Zulassung der Mehrfachanrechnung

13 Die Zulassung der Mehrfachanrechnung ist in beiden genannten Fällen, also sowohl, wenn es um die Mehrfachanrechnung in Ausbildungssituationen geht als auch dann, wenn besondere Schwierigkeiten vorliegen, an ein bestimmtes Verfahren gebunden. Sie „muss" von der Bundesagentur für Arbeit zugelassen werden, soll sie erfolgen.

14 **Antragsrecht:** Nach § 159 Abs. 1 Satz 1 und Abs. 2 Satz 2 kann die Bundesagentur für Arbeit eine Mehrfachanrechnung zulassen. Die Mehrfachanrechnung ist ebenso wie die Anrechnungsentscheidung nach § 158 Abs. 2 Satz 3 an keine besondere Form und Frist der Antragstellung gebunden (→ § 158 Rn. 5). Regelmäßig geht jedenfalls der Entscheidung ein Antrag des Arbeitgebers oder des schwerbehinderten Menschen voraus. Allerdings kommt auch die Einleitung eines Verfahrens von Amts wegen in Betracht, zB durch entsprechende Anregungen der Schwerbehindertenvertretung, des Integrationsamtes oder des Betriebs-/Personalrats.

15 Die Mehrfachanrechnung erfolgt regelmäßig auf Antrag des Arbeitgebers, möglich ist auch der Antrag durch den Schwerbehinderten.[26] Antragsberechtigt ist

---

22 *Knittel* SGB IX § 76 Rn. 14; *Schneider* in Hauck/Noftz SGB IX § 76 Rn. 4; *Müller-Wenner* in Müller-Wenner/Winkler SGB IX § 76 Rn. 4.
23 *Müller-Wenner* in Müller-Wenner/Winkler SGB IX § 76 Rn. 4 mwN.
24 *Knittel* SGB IX § 76 Rn. 15.
25 *Müller-Wenner* in Müller-Wenner/Winkler SGB IX § 76 Rn. 4; *Schneider* in Hauck/Noftz SGB IX § 76 Rn. 4.
26 *Jabben* in BeckOK SozR SGB IX § 159 Rn. 4; s. auch → Rn. 16.

der **Arbeitgeber**, weil er unmittelbar von einer positiven Entscheidung betroffen ist. Ein Antrag auf Zulassung der Mehrfachanrechnung ist schon dann anzunehmen, wenn der Arbeitgeber in der Jahresmeldung nach § 163 Abs. 2 erklärt, bestimmte schwerbehinderte Beschäftigten auf die Pflichtplätze zweifach oder dreifach anrechnen zu wollen. Die Bundesagentur für Arbeit (BA) kann auch ohne Anrechnungsverlangen **von Amts wegen** die **Anrechnung** initiieren, wenn sie zB die Erfüllung der gesetzlichen Anrechnungsvoraussetzungen bei einer Überprüfung des Betriebes nach § 163 Abs. 4 feststellt. Die Zulassung zur Anrechnung kann auch **auf Initiative der Schwerbehindertenvertretung** erfolgen. Die Vertrauensperson kann nämlich nach § 178 Abs. 1 Satz 2 Nr. 2 zur besseren Absicherung des Arbeitsplatzes die Zulassung beantragen oder als „Verbindungsperson" nach § 182 Abs. 2 die Agentur für Arbeit auf eine bestehende Mehrfachanrechnungsmöglichkeit hinweisen. Der betroffene schwerbehinderte Beschäftigte ist dann nach § 12 Abs. 2 SGB X Beteiligter. **Antragsberechtigt** ist aber nicht nur der Arbeitgeber, weil er unmittelbar von einer positiven Entscheidung betroffen ist, und die Schwerbehindertenvertretung. Vielmehr ist auch den schwerbehinderten Menschen selbst ein eigenes Antragsrecht zuzubilligen, weil ihre Interessen von einer positiven oder negativen Entscheidung berührt sind.[27] Deshalb ist auch bei Nichtzulassung der Mehrfachanrechnung ein **Widerspruchsrecht** des schwerbehinderten Menschen zu bejahen.[28]

Zuständigkeit: Die Bundesagentur für Arbeit hat die Zulassung der Mehrfachanrechnung nicht einer bestimmten Stelle zugewiesen. Soll für eine bestehende Beschäftigung die Mehrfachanrechnung erfolgen, so ist die Agentur für Arbeit zuständig, in deren örtlichen Zuständigkeitsbereich der Beschäftigungsbetrieb oder die Beschäftigungsdienststelle fällt. Bei beschäftigungslosen Schwerbehinderten ist die Agentur für Arbeit am Wohnsitz des den Antrag stellenden Arbeitsuchenden oder Arbeitslosen örtlich zuständig.[29]

Dauer und Umfang der Zulassung: Die **Zulassung** der Mehrfachanrechnung kann **befristet oder unbefristet** erfolgen. Ist sie unbefristet zugelassen, kann sie nur unter den Voraussetzungen des § 47 SGB X widerrufen werden. **Regelfall** ist die Zweifachanrechnung. Die Dreifachanrechnung ist nur für besondere Ausnahmefälle geboten.[30] Das folgt zwar nicht aus dem Wortlaut des Gesetzes, lässt sich allerdings aus der Verwendung der beiden Anrechnungsstufen in Absatz 1 Satz 1 ablesen.[31] Die Entscheidung der Agentur für Arbeit soll den Zeitpunkt enthalten, von dem an die Mehrfachanrechnung zugelassen wird. Ist das nicht der Fall, so wird die Zulassung mit Bekanntgabe[32] zulässig.

Entscheidungsmaßstab: Die Agentur für Arbeit entscheidet nach eigenem Ermessen. Es besteht somit nur ein Anspruch auf ermessensfehlerfreie Entscheidung. Das Gesetz regelt das Verfahren der Mehrfachanrechnung nur unvollkommen. Es muss deshalb auf die allgemeinen Bestimmungen des SGB X zurückgegriffen werden. Die Voraussetzung der „besonderen Schwierigkeiten" ist ein unbestimmter Rechtsbegriff, der gerichtlich überprüfbar ist. Jedoch steht die anschließende Schlussfolgerung, ob unter Abwägung aller einzelnen Umstände die Agentur für Arbeit die doppelte oder sogar eine dreifache Anrechnung zulässt, in ihrem Ermessen.[33] Ein Anspruch besteht weder bei den

---

27 *Kossens* in Kossens/von der Heide/Maaß SGB IX § 76 Rn. 11.
28 Zum alten Recht: *Dörner* SchwbG § 10 Rn. 13.
29 *Knittel* SGB IX § 76 Rn. 19; *Jabben* in BeckOK SozR SGB IX § 159 Rn. 4.
30 *Cramer* SchwbG § 10 Rn. 11.
31 Zutreffend *Dörner* SchwbG § 10 Rn. 11.
32 Vgl. VG Arnsberg 6.12.1989 – 7 K 126/89, Behindertenrecht 1991, 21.
33 *Müller-Wenner* in Müller-Wenner/Winkler SGB IX § 76 Rn. 7.

schwerstbehinderten Menschen nach § 155 Abs. 1 SGB IX noch bei sonstigen Schwerbehinderten.

19 Die Entscheidung ist ein **Verwaltungsakt**, der – im Fall der Ablehnung – durch Widerspruch und Klage beim zuständigen Sozialgericht angegriffen werden kann. **Anfechtungsberechtigt** sind sowohl der Arbeitgeber als auch der schwerbehinderte Arbeitnehmer.[34] Die Anfechtung kann darauf gestützt werden, dass entweder der unbestimmte Rechtsbegriff der „besonderen Schwierigkeiten" verkannt wurde oder die Agentur für Arbeit ihr Ermessen fehlerhaft gebraucht habe.

20 Wird die Anrechnung ausgesprochen, wirkt sie **nur für die Zukunft**. Eine rückwirkende Anrechnung oder Mehrfachanrechnung auf Pflichtarbeitsplätze ist nicht vorgesehen. Das gilt auch für die Entscheidung des Widerspruchsausschusses.[35] Es gilt der allgemeine Grundsatz des § 39 Abs. 1 Satz 1 SGB X.

21 Ausnahmsweise kann die Mehrfachanrechnung auch **befristet** werden, wenn Anhaltspunkte für das nur vorübergehende Vorliegen der Voraussetzungen erkennbar sind, etwa wenn eine wesentliche Verbesserung des Gesundheitszustandes des schwerbehinderten Menschen zu erwarten ist. Ist die Mehrfachanrechnung – wie im Regelfall – unbefristet zugelassen, kann sie nur unter den Voraussetzungen des § 47 SGB X widerrufen werden.

22 **Mehrfachanrechnung für Arbeitsplätze:** Nach § 159 Abs. 1 Satz 1 kann die BA die Anrechnung auf bis zu drei Pflichtplätze zulassen, wenn die Teilhabe des schwerbehinderten Menschen am Arbeitsleben auf **besondere Schwierigkeiten** stößt. Das können Art und Schwere der Behinderung sein, die zB die zusätzliche Ausstattung des Arbeitsplatzes nach § 164 Abs. 4 Nr. 5 erfordert. Das können auch besondere persönliche Umstände in der Person des Schwerbehinderten sein, wie zB ein vorgerücktes Lebensalter.[36] Von besonderer Bedeutung ist, dass auch die Zulassung der Mehrfachanrechnung für Teilzeitbeschäftigte eröffnet ist (§ 159 Abs. 1 Satz 2). Dafür hat der Gesetzgeber anders als nach § 156 Abs. 3 keine wöchentliche Mindestarbeitszeit vorgegeben.

23 **Dreifachanrechnung von Auszubildenden:** Nach § 159 Abs. 2 Satz 2 kann die BA über die zwingende Zweifachanrechnung hinaus auch die Dreifachanrechnung für schwerbehinderte Auszubildende zulassen. Voraussetzung ist, dass die Vermittlung in eine berufliche Ausbildungsstelle wegen der Art oder Schwere der Behinderung auf besondere Schwierigkeiten stößt, zB Schaffung eines barrierefreien Zugangs zum Arbeitsplatz nach § 164 Abs. 4 Nr. 4.

24 **Förmliche Anerkennung:** Zur Anrechnungsfähigkeit der vom Arbeitgeber beschäftigten schwerbehinderten oder ihnen gleichgestellten behinderten Menschen ist Voraussetzung, dass diese nach § 152 Abs. 1 als Schwerbehinderte anerkannt sind oder ihre Gleichstellung nach § 151 Abs. 2 – auch rückwirkend – festgestellt ist (→ § 158 Rn. 13 f.). Die in § 55 im Entwurf eines Gesetzes zur Einführung unterstützter Beschäftigung vorgesehene Qualifizierung oder Berufsbegleitung in Betrieben für „**behinderte Menschen mit besonderem Unterstützungsbedarf**" enthält ebenso wenig eine Zulassung zur Anrechnung auf Pflichtplätze wie die bereits in § 151 Abs. 4 geregelte **teilweise Gleichstellung von behinderten Jugendlichen und jungen Erwachsenen** während einer Berufsausbildung (→ § 158 Rn. 15).

---

34 *Trenk-Hinterberger* in HK-SGB IX § 76 Rn. 10.
35 VG Arnsberg 6.12.1989 – 7 K 126/89, Behindertenrecht 1991, 21 *Goebel* in jurisPK-SGB IX, 3. Aufl. 2018, § 159 Rn. 18.
36 Vgl. *Greiner* in Neumann/Pahlen/Greiner/Winkler/Jabben SGB IX § 159 Rn. 6.

§ 160 Ausgleichsabgabe

(1) ¹Solange Arbeitgeber die vorgeschriebene Zahl schwerbehinderter Menschen nicht beschäftigen, entrichten sie für jeden unbesetzten Pflichtarbeitsplatz für schwerbehinderte Menschen eine Ausgleichsabgabe. ²Die Zahlung der Ausgleichsabgabe hebt die Pflicht zur Beschäftigung schwerbehinderter Menschen nicht auf. ³Die Ausgleichsabgabe wird auf der Grundlage einer jahresdurchschnittlichen Beschäftigungsquote ermittelt.

(2) ¹Die Ausgleichsabgabe beträgt je unbesetztem Pflichtarbeitsplatz
1. 125 Euro bei einer jahresdurchschnittlichen Beschäftigungsquote von 3 Prozent bis weniger als dem geltenden Pflichtsatz,
2. 220 Euro bei einer jahresdurchschnittlichen Beschäftigungsquote von 2 Prozent bis weniger als 3 Prozent,
3. 320 Euro bei einer jahresdurchschnittlichen Beschäftigungsquote von weniger als 2 Prozent.

²Abweichend von Satz 1 beträgt die Ausgleichsabgabe je unbesetztem Pflichtarbeitsplatz für schwerbehinderte Menschen
1. für Arbeitgeber mit jahresdurchschnittlich weniger als 40 zu berücksichtigenden Arbeitsplätzen bei einer jahresdurchschnittlichen Beschäftigung von weniger als einem schwerbehinderten Menschen 125 Euro und
2. für Arbeitgeber mit jahresdurchschnittlich weniger als 60 zu berücksichtigenden Arbeitsplätzen bei einer jahresdurchschnittlichen Beschäftigung von weniger als zwei schwerbehinderten Menschen 125 Euro und bei einer jahresdurchschnittlichen Beschäftigung von weniger als einem schwerbehinderten Menschen 220 Euro.

(3)[1] ¹Die Ausgleichsabgabe erhöht sich entsprechend der Veränderung der Bezugsgröße nach § 18 Absatz 1 des Vierten Buches. ²Sie erhöht sich zum 1. Januar eines Kalenderjahres, wenn sich die Bezugsgröße seit der letzten Neubestimmung der Beträge der Ausgleichsabgabe um wenigstens 10 Prozent erhöht hat. ³Die Erhöhung der Ausgleichsabgabe erfolgt, indem der Faktor für die Veränderung der Bezugsgröße mit dem jeweiligen Betrag der Ausgleichsabgabe vervielfältigt wird. ⁴Die sich ergebenden Beträge sind auf den nächsten durch fünf teilbaren Betrag abzurunden. ⁵Das Bundesministerium für Arbeit und Soziales gibt den Erhöhungsbetrag und die sich nach Satz 3 ergebenden Beträge der Ausgleichsabgabe im Bundesanzeiger bekannt.

(4) ¹Die Ausgleichsabgabe zahlt der Arbeitgeber jährlich zugleich mit der Erstattung der Anzeige nach § 163 Absatz 2 an das für seinen Sitz zuständige Integrationsamt. ²Ist ein Arbeitgeber mehr als drei Monate im Rückstand, erlässt das Integrationsamt einen Feststellungsbescheid über die rückständigen Beträge und zieht diese ein. ³Für rückständige Beträge der Ausgleichsabgabe erhebt das Integrationsamt nach dem 31. März Säumniszuschläge nach Maßgabe des § 24 Absatz 1 des Vierten Buches; für ihre Verwendung gilt Absatz 5 entsprechend. ⁴Das Integrationsamt kann in begründeten Ausnahmefällen von der Erhebung von Säumniszuschlägen absehen. ⁵Widerspruch und Anfechtungsklage gegen den Feststellungsbescheid haben keine aufschiebende Wirkung. ⁶Gegenüber privaten Arbeitgebern wird die Zwangsvollstreckung nach den Vorschriften über das Verwaltungszwangsverfahren durchgeführt. ⁷Bei öffentlichen Arbeitgebern wendet sich das Integrationsamt an die Aufsichtsbehörde, gegen deren Entschei-

---

1 Siehe hierzu ua die Bek. über die Anpassung der Ausgleichsabgabe, der Eigenbeteiligung für die unentgeltliche Beförderung, der übernahmefähigen Kinderbetreuungskosten und der Finanzierung der Werkstatträte Deutschland.

dung es die Entscheidung der obersten Bundes- oder Landesbehörde anrufen kann. [8]Die Ausgleichsabgabe wird nach Ablauf des Kalenderjahres, das auf den Eingang der Anzeige bei der Bundesagentur für Arbeit folgt, weder nachgefordert noch erstattet.

(5) [1]Die Ausgleichsabgabe darf nur für besondere Leistungen zur Förderung der Teilhabe schwerbehinderter Menschen am Arbeitsleben einschließlich begleitender Hilfe im Arbeitsleben (§ 185 Absatz 1 Nummer 3) verwendet werden, soweit Mittel für denselben Zweck nicht von anderer Seite zu leisten sind oder geleistet werden. [2]Aus dem Aufkommen an Ausgleichsabgabe dürfen persönliche und sächliche Kosten der Verwaltung und Kosten des Verfahrens nicht bestritten werden. [3]Das Integrationsamt gibt dem Beratenden Ausschuss für behinderte Menschen bei dem Integrationsamt (§ 186) auf dessen Verlangen eine Übersicht über die Verwendung der Ausgleichsabgabe.

(6) [1]Die Integrationsämter leiten den in der Rechtsverordnung nach § 162 bestimmten Prozentsatz des Aufkommens an Ausgleichsabgabe an den Ausgleichsfonds (§ 161) weiter. [2]Zwischen den Integrationsämtern wird ein Ausgleich herbeigeführt. [3]Der auf das einzelne Integrationsamt entfallende Anteil am Aufkommen an Ausgleichsabgabe bemisst sich nach dem Mittelwert aus dem Verhältnis der Wohnbevölkerung im Zuständigkeitsbereich des Integrationsamtes zur Wohnbevölkerung im Geltungsbereich dieses Gesetzbuches und dem Verhältnis der Zahl der im Zuständigkeitsbereich des Integrationsamtes in den Betrieben und Dienststellen beschäftigungspflichtiger Arbeitgeber auf Arbeitsplätzen im Sinne des § 156 beschäftigten und der bei den Agenturen für Arbeit arbeitslos gemeldeten schwerbehinderten und diesen gleichgestellten behinderten Menschen zur entsprechenden Zahl der schwerbehinderten und diesen gleichgestellten behinderten Menschen im Geltungsbereich dieses Gesetzbuchs.

(7) [1]Die bei den Integrationsämtern verbleibenden Mittel der Ausgleichsabgabe werden von diesen gesondert verwaltet. [2]Die Rechnungslegung und die formelle Einrichtung der Rechnungen und Belege regeln sich nach den Bestimmungen, die für diese Stellen allgemein maßgebend sind.

(8) Für die Verpflichtung zur Entrichtung einer Ausgleichsabgabe (Absatz 1) gelten hinsichtlich der in § 154 Absatz 2 Nummer 1 genannten Stellen der Bund und hinsichtlich der in § 154 Absatz 2 Nummer 2 genannten Stellen das Land als ein Arbeitgeber.

I. Rechtsentwicklung 1	V. Nachforderungen und
II. Rechtsnatur und Funktion .. 4	Erstattungen 14
III. Berechnung der Ausgleichs-	VI. Gespaltene Zuständigkeit ... 17
abgabe 6	VII. Verwendung der Ausgleichs-
IV. Rechtsfolgen der Säumnis ... 13	abgabe 18

I. Rechtsentwicklung

1 Entstehung des SGB IX: Bereits in den Schwerbeschädigtengesetzen war die Pflicht privater Arbeitgeber geregelt, für jeden unbesetzten Pflichtplatz eine Ausgleichsabgabe entrichten zu müssen. Das SchwbG 1974 hat diesen Grundsatz auf die öffentlichen Arbeitgeber ausgedehnt und die Möglichkeit geschaffen, im Einzelfall die Pflichtplatzquote herabzusetzen und die Ausgleichsabgabe zu senken. Mit dem SchwbBAG vom 29.9.2000 hat der Gesetzgeber den Zusammenhang von Beschäftigungspflicht und Ausgleichsabgabe noch weiter verstärkt. Er hat die Ausgleichsabgabe gestaffelt je nach Nichterfüllungsgrad bis auf 260 EUR erhöht und diesen Rechtszustand hat der Regierungsentwurf des

SGB IX inhaltlich übernommen.[2] Der Regierungsentwurf ist aufgrund der Beschlussempfehlung des Ausschusses für Arbeit und Sozialordnung in Absatz 4 inhaltlich abgeändert worden. Auf Vorschlag des Bundesrates ist dort die Regelung angefügt worden, dass das Integrationsamt in Ausnahmefällen von der Erhebung von Säumniszuschlägen absehen kann. Im Übrigen ist nur der bisherige Begriff **Hauptfürsorgestelle** durch den neuen Begriff **Integrationsamt** ersetzt worden.

Änderungen des SGB IX: Durch das „Gesetz zur Änderung von Fristen und Bezeichnungen im Neunten Buch Sozialgesetzbuch und zur Änderung anderer Gesetze" vom 3.4.2003[3] sind mit Wirkung vom 1.1.2003 in Abs. 1 Satz 1 das Wort „monatlich" gestrichen sowie in Absatz 1 Satz 3 die Worte „indem aus den monatlichen Beschäftigungsdaten der Mittelwert der Beschäftigungsquote eines Kalenderjahres gebildet wird" eingefügt worden. In Absatz 2 und 3 die Worte „Monat und" gestrichen und in Absatz 3 der Wechsel der Zuständigkeit zum Ministerium für Gesundheit und Soziale Sicherung redaktionell nachvollzogen worden. Mit Beginn der 16. Wahlperiode ist die Zuständigkeit zu dem nach Trennung vom Wirtschaftsressort wieder verselbstständigten Bundesministerium für Arbeit und Soziales „zurückgewechselt". Art. 14 Nr. 4 b des Kommunalen Optionsgesetzes vom 30.7.2004[4] hat das Inkrafttreten der Bestimmung rückwirkend zum 1.1.2004 vorverlegt. Das Gesetz zur Förderung der Ausbildung und Beschäftigung schwerbehinderter Menschen vom 23.4.2004[5] hat mit Wirkung zum 1.5.2004 in Absatz 2 Satz 2 Nr. 1 zur Klarstellung die Angabe „bis zu 39" durch die Angabe „weniger als 40" ersetzt. Ferner ist in Nr. 2 ebenfalls zur Klarstellung die Angabe „bis zu 59" durch die Angabe „weniger als 60" ersetzt worden. Durch das Gesetz zur Förderung der Ausbildung und Beschäftigung schwerbehinderter Menschen vom 23.4.2004[6] ist mit Wirkung vom 1.1.2005 Absatz 6 Satz 1 neu gefasst worden. Diese Neufassung war als Folgeänderung zur Änderung des § 162 erforderlich. Danach haben die Integrationsämter den in der Rechtsverordnung nach § 162 bestimmten Prozentsatz des Aufkommens an Ausgleichsabgaben an den Ausgleichsfonds (§ 161) weiterzuleiten. Das BTHG hat zu einer Erhöhung der Zahlbeträge geführt, ansonsten ist die Vorschrift des § 160 (§ 77 aF) unverändert geblieben.

Regelungsinhalt: § 160 verpflichtet Arbeitgeber, die ihrer Beschäftigungspflicht nach § 154 Abs. 1 Satz 1 nicht oder nicht vollständig nachkommen, für jeden unbesetzten Pflichtarbeitsplatz monatlich eine **Ausgleichsabgabe** zu zahlen (§ 160 Abs. 1 Satz 1). Die Höhe der Ausgleichsabgabe ist für jeden **Monat und unbesetzten Pflichtplatz** in Absatz 2 gestaffelt nach tatsächlich erreichter jahresdurchschnittlicher Beschäftigungsquote zwischen 125, 220 und 320 EUR festgesetzt. In Absatz 2 Satz 2 ist davon abweichend gestaffelt nach Prozentsatz der Nichterfüllung und Anzahl von Arbeitsplätzen für mittelständische Unternehmer die Höhe der Ausgleichsabgabe herabgesetzt worden. In Absatz 3 ist vorgesehen, dass die Ausgleichsabgabe entsprechend der Veränderung der Bezugsgröße nach § 18 Abs. 1 des SGB IV dynamisiert wird.[7] In Absatz 4 ist die Erstattung der Anzeige und der Zahlung der Ausgleichsabgabe auf den 31. März des Folgejahres für das vorangegangene Kalenderjahr festgesetzt worden. In

---

2 BT-Drs. 14/5531.
3 BGBl. I 462.
4 BGBl. I 2014.
5 BGBl. I 606.
6 BGBl. I 606.
7 Unklar ist, ob die Dynamisierung auch die Kleinunternehmer nach Abs. 2 S. 2 betrifft. Davon ist auszugehen, wie der Wortlaut des Abs. 3 deutlich werden lässt.

Absatz 4 Satz 2 bis 8 ist das Verwaltungsverfahren für den Fall, dass der Arbeitgeber mehr als drei Monate in Rückstand gerät, geregelt. In Absatz 5 ist der Verwendungszweck der Ausgleichsabgabe bestimmt. In Absatz 6 ist die Verteilung des Aufkommens aus der Ausgleichsabgabe an die Integrationsämter und den Ausgleichsfonds (§ 161) geregelt. Absatz 7 enthält das Verwaltungsrecht der Integrationsämter für die bei ihnen verbleibenden Mittel der Ausgleichsabgabe. Absatz 8 enthält abweichend von § 154 Abs. 2 eine Zusammenfassung aller obersten Behörden des Landes und des Bundes zu dem fiktiv für die Ausgleichsabgabe anzunehmenden einheitlichen Arbeitgeber.

II. Rechtsnatur und Funktion

4 **Rechtsnatur der Ausgleichsabgabe:** Die Ausgleichsabgabe ist eine zulässige nichtsteuerliche **Sonderabgabe.**[8] Sie hat eine **Doppelfunktion:**[9] Nach § 154 sollen die beschäftigungspflichtigen Arbeitgeber zur Beschäftigung von schwerbehinderten Menschen auf den Pflichtarbeitsplätzen angehalten werden (**Antriebsfunktion**). Zum anderen soll aus Gründen des Wettbewerbs aller Arbeitgeber ein Ausgleich der unterschiedlichen Belastungen zwischen den Arbeitgebern stattfinden, die unter wirtschaftlichen Anstrengungen ihre Beschäftigungspflicht erfüllen und denjenigen, die dies – gleich aus welchen Gründen – nicht tun (**Ausgleichsfunktion**).

5 **Vorrang der Beschäftigungspflicht:** Die Zahlung der Ausgleichsabgabe hebt nach dem klaren Wortlaut von Absatz 1 Satz 2 die Pflicht zur Beschäftigung schwerbehinderter Menschen nicht auf. Die Beschäftigungspflicht hat somit Vorrang und erlischt nicht durch die Entrichtung der Ausgleichsabgabe. Deshalb kann bei vorsätzlicher oder fahrlässiger Verletzung der Pflicht zur Besetzung von Pflichtarbeitsplätzen durch den Arbeitgeber und durch seinen verantwortlichen Inklusionsbeauftragten (§ 181) wegen der Ordnungswidrigkeit nach § 238 Abs. 1 Nr. 1 ein **Bußgeld** bis zu 10.000 EUR verhängt werden (§ 238 Abs. 2). Das BAG hat seine ursprünglich abweichende Auffassung nachträglich korrigiert.[10] Unzutreffend ist aber die Vorstellung, dem Arbeitgeber stehe das Recht zu, zwischen Schwerbehindertenbeschäftigung und Zahlung der Ausgleichsabgabe wählen zu dürfen. Die schwerbehindertenrechtliche Kommentarliteratur stellt demgegenüber einhellig die geltende Rechtslage zutreffend dar: Der Arbeitgeber kann nicht damit gehört werden, er zahle bereits die Ausgleichsabgabe; es bestehe kein Recht, zwischen Beschäftigung und Ausgleichsabgabe zu wählen.[11] Für die Einhaltung dieser Pflicht ist, gemäß seinen Aufgaben nach § 181 S. 3, der Inklusionsbeauftragte des Arbeitgebers zuständig, zu dessen Aufgaben die Überwachung darüber gehört, dass die dem Arbeitgeber obliegenden Pflichten erfüllt werden. Kommt der Beauftragte dieser Pflicht nicht nach, kann dies als Ordnungswidrigkeit verfolgt werden.[12]

---

8 BVerfG 26.5.1981 – 1 BVL 56/78, BVerfGE 57, 139 (165); bestätigt durch BVerfG 1.10.2004 – 1 BvR 2221/03, AP Nr. 1 zu § 72 SGB IX; *Jabben* in BeckOK SozR SGB IX § 160 Rn. 4.
9 OVG NRW 24.2.2009 – 12 A 3220/08, Behindertenrecht 2009, 177.
10 Vgl. BAG 5.10.1995 – 2 AZR 923/94, AP Nr. 40 zu § 123 BGB.
11 Vgl. *Rolfs* in ErfK SGB IX § 77 Rn. 2; *Greiner* in Neumann/Pahlen/Greiner/Winkler/Jabben SGB IX § 160 Rn. 9; *Kossens* in Kossens/von der Heide/Maaß SGB IX § 77 Rn. 5; *Trenk-Hinterberger* in HK-SGB IX SGB IX § 77 Rn. 10; *Cramer*, Gesetz zur Bekämpfung der Arbeitslosigkeit Schwerbehinderter – Ein Wegweiser durch die Neuerungen, DB 2000, 2217.
12 *Kossens* in Kossens/von der Heide/Maaß SGB IX § 98 Rn. 12.

III. Berechnung der Ausgleichsabgabe

Grundlage für die Ermittlung der Ausgleichsabgabe: Die Ausgleichsabgabe wird vom Arbeitgeber im Rahmen eines **Selbstveranlagungsverfahrens** ermittelt. Verantwortlich dafür ist im Binnenbetrieb der nach § 181 zu bestellende Inklusionsbeauftragte des Arbeitgebers. Die für die Selbstveranlagung erforderlichen Daten muss der Arbeitgeber bzw. der Inklusionsbeauftragte nach § 160 Abs. 4 Satz 1 bis zum 31.3. des Folgejahres auf dem dafür vorgesehenen Vordruck der Arbeitsverwaltung (§ 163 Abs. 6) feststellen und an die für seinen Sitz zuständige Agentur für Arbeit (§ 163 Abs. 2 Satz 2) und an das für seinen Sitz zuständige Integrationsamt (§ 160 Abs. 4 Satz 1) sowie an die für den jeweiligen Betrieb oder zugehörige Dienststelle zuständigen Schwerbehindertenvertretungen und Betriebs- oder Personalräte oder die sonstigen für den öffentlichen Dienst zuständigen Personalvertretungen übermitteln (§ 163 Abs. 2 Satz 3). Hat der Arbeitgeber mehrere Betriebe oder mehrere Dienststellen, so hat er im ersten Berechnungsschritt die **Zahl der Arbeitsplätze** nach § 156 unter Ausschluss der nicht mitzählenden Ausbildungsstellen im Sinne von § 157 für jeden Betrieb und jede Dienststelle einzeln zu ermitteln, damit die jeweils zuständige Arbeitnehmervertretung die Angaben überprüfen kann. Danach ist die bereinigte Zahl der für jeden Betrieb oder jede Dienststelle zu berücksichtigenden Arbeitsplätze für die Gesamtheit aller Betriebe und Dienststellen zu addieren und in einem zweiten Berechnungsschritt die **Anzahl der Pflichtplätze** für alle Betriebe und Dienststellen zu ermitteln. Dann ist die Höhe der **jahresdurchschnittlich monatlichen Beschäftigungsquote** (vgl. § 154) zu ermitteln. Diese wird für die Anwendung der Staffelung nach Absatz 2 benötigt. In einem vierten Rechenschritt ist dann die **Zahl der einfach und mehrfach anrechenbaren Personen im jeweiligen Kalendermonat** festzustellen.[13] Maßgebend ist nicht die Zahl der am Stichtag „Jahresende" mit schwerbehinderten Menschen besetzten Arbeitsplätze, sondern die Besetzung eines jeden Pflichtplatzes in jedem einzelnen Monat; denn die Ausgleichsabgabe ist auf den im jeweiligen Monat unbesetzten Pflichtplatz zu entrichten.

Höhe der Ausgleichsabgabe: In Absatz 2 Satz 1 ist die Ausgleichsabgabe für jeden monatlich unbesetzten Pflichtplatz in einer nach dem Grad der Nichterfüllungsquote ansteigenden Staffelung festgesetzt, wobei die Dynamisierung nach Absatz 3 zu berücksichtigen ist. Danach ergeben sich folgende Tabellenwerte:[14]

Jahresdurchschnittliche Beschäftigungsquote	Monatliche Ausgleichsabgabe für einen unbesetzten Pflichtplatz
3 % bis < 5 %	125 EUR
2 % bis < 3 %	220 EUR
0 % bis < 2 %	320 EUR

Die Höhe der Abgabe selbst ist – wie die Beschäftigungsquote – immer Gegenstand der politischen Diskussion. So wurde auch in der 17. Legislaturperiode beantragt, die Ausgleichsabgabe spürbar anzuheben, um sicherzustellen, dass sich für Arbeitgeber mehr Anreize für die Beschäftigung von Menschen mit Be-

---

13 Entscheidend ist die Monatsbezogenheit, nicht Jahresbezogenheit der Abgabe, vgl. OVG NRW 30.3.2012 – 12 A 2146/11.
14 S. auch die Bekanntmachung vom 14.12.2015, BAnz AT 24.12.2015 B2.

hinderung ergeben. Der (untechnisch gesprochen sogenannte) „Freikauf"[15] von der Beschäftigungspflicht sollte somit möglichst unattraktiv gemacht werden. So beantragte etwa die SPD-Fraktion die Erhöhung der Ausgleichsabgabe von 115 auf 250 EUR bzw. von 200 auf 500 bzw. von 290 auf 750 EUR.[16] Derartige Initiativen sind vor dem Hintergrund zu sehen, dass zu bezweifeln ist, ob die Vorgaben der UN-Behindertenkonvention mit den bisherigen Regelungen im SGB IX zu den Bereichen Beschäftigungsquote und Ausgleichsabgabe als ausreichend effektiv angesehen werden können.[17]

8 **Insolvenz:** Im Falle der Insolvenz ist für die nach Eröffnung des Verfahrens besetzten Arbeitsplätze die Ausgleichsabgabe als Masseschuld zu berechnen und zu berichtigen.[18] Die restliche Ausgleichsabgabenschuld hat Rang einer Insolvenzforderung.

9 **Ausnahmen:** Für „mittelständische" Arbeitgeber enthält Satz 2 eine Erleichterung, die sich wie folgt auswirkt, ihrerseits aber auch an die Dynamisierungsklausel des Absatz 3 gebunden ist:

Jahresdurchschnittliche Arbeitsplatzzahl	Jahresdurchschnittlich Beschäftigte schwerbehinderte Menschen	Monatliche Ausgleichsabgabe für einen unbesetzten Pflichtplatz
weniger als 40	< 1	125 EUR
weniger als 60	< 2	125 EUR
weniger als 60	< 1	220 EUR

10 **Anrechnung von Aufträgen an anerkannte Werkstätten für Behinderte:** Nach § 223 ist der Arbeitgeber berechtigt, 50 v.H. des auf die Arbeitsleistung entfallenden Rechnungsbetrages von Aufträgen an anerkannte Werkstätten für behinderte Menschen auf die Ausgleichsabgabe anzurechnen (siehe § 223). So kann der Arbeitgeber seine Zahlungspflicht mindern und dennoch zur Beschäftigung schwerbehinderter Menschen beitragen.

11 **Vereinfachtes Beispiel für die Berechnung einer Ausgleichsabgabe:**

1.	Anzahl der jahresdurchschnittlich monatlichen Arbeitsplätze (§ 156) ohne Auszubildende (§ 157): Betrieb		444
	Abzüglich Personen nach § 156 Abs. 2: Teilnehmer an Arbeitsbeschaffung Aushilfe bis zu 8 Wochen Geringfügig Beschäftigte	14 2 5	21
2.	Bereinigte Zahl der Arbeitsplätze		423

---

15 *Düwell* hält diese Vorstellung explizit für „rechtsirrig", vgl. Wortprotokoll 125. Sitzung des Ausschusses für Arbeit und Soziales 17. Wahlperiode, 25.2.2013, S. 7.
16 BT-Drs. 17/9931, 4.
17 S. die ausführlichen Stellungnahmen im Rahmen des Anhörungsverfahrens, das der Ausschuss Arbeit und Soziales des Deutschen Bundestags am 18.2.2013 durchgeführt hat, BT-Drs. 17 (11)/1082.
18 VG Braunschweig 7.9.2006 – 3 A 217/06.

3.	Berechnung der Pflichtplätze: 423 x 5 % = 21,15; abgerundet (§ 157 Abs. 2)		21
4.	**Anrechnungen** schwerbehinderte Menschen (§ 2 Abs. 2) gleichgestellte behinderte Menschen (§ 2 Abs. 3) schwerbehinderte Menschen in Heimarbeit (§ 210)	12 2 1	15
5.	Weitere Anrechnungen Arbeitgeber ist schwerbehindert (§ 158 Abs. 4) Bergmannsversorgungsschein (§ 158 Abs. 5) schwerbehinderte Menschen auf mehr als 1 Pflichtplatz (§ 19) Summe der Anrechnungen	1 1 2	4 19
6.	Unbesetzte Pflichtplätze		2
7.	Jahresdurchschnittliche Beschäftigungsquote		4,49 %
8.	Monatliche Ausgleichsabgabe (2 x 125 EUR)	250 EUR	

Die Anrechnung hat jeweils monatsbezogen stattzufinden.[19] Hat ein Arbeitgeber von Januar bis Oktober 12 anrechenbare Personen beschäftigt und von November bis Dezember 14, so ist bei einer monatsdurchschnittlichen Pflichtplatzzahl nach Anrechnung von 14 schwerbehinderten Beschäftigten für 10 Monate für zwei Monate die Ausgleichsabgabe nach der Erfüllungsquotengruppe 3 % bis 5 % in Höhe von je 125 EUR zu entrichten.

IV. Rechtsfolgen der Säumnis

Verfahren bei Zahlungsrückstand: Die Ausgleichsabgabe wird spätestens zum 31.3. für das vorangegangene Kalenderjahr fällig (§ 160 Abs. 4 Satz 1). Eine Mahnung ausstehender Zahlungen durch das Integrationsamt ist nicht erforderlich. Ist der Arbeitgeber am 1.7. des Folgejahres im Rückstand (mehr als drei Monate), so erlässt das Integrationsamt einen **Feststellungsbescheid über die rückständigen Beträge**.[20] Dabei ist das Integrationsamt an den Feststellungsbescheid der BA nach § 163 Abs. 3 gebunden. Das Integrationsamt zieht die rückständigen Beträge ein. Hierbei erhebt es **Säumniszuschläge** nach Maßgabe des § 24 Abs. 1 SGB IV. In den begründeten Ausnahmefällen des Absatzes 4 Satz 5 kann das Integrationsamt von der Erhebung von Säumniszuschlägen absehen. Gegenüber privaten Arbeitgebern kann das Integrationsamt in Anwendung der Bestimmungen über das Verwaltungszwangsverfahren nach Absatz 4 Satz 6 durch eigene Vollziehungsbeamte **vollstrecken**. Dabei ist nach § 66 Abs. 3 SGB X das Vollstreckungsrecht des jeweiligen Landes maßgebend, in dem das Integrationsamt seinen Sitz hat. Gegenüber öffentlichen Arbeitgebern kann das Integrationsamt lediglich insoweit tätig werden, dass es die zuständige Aufsichtsbehörde einschaltet (Absatz 4 Satz 7).

V. Nachforderungen und Erstattungen

Ausschlussfrist und Nachmeldung: Nach Absatz 4 Satz 8 besteht eine Ausschlussfrist für die Nachforderungen und Erstattungen. Nach Ablauf des Kalen-

---

19 OVG NRW 30.3.2012 – 12 A 2146/11.
20 Zur VA-Qualität des Bescheids und möglicher Verjährung OVG Bln-Bbg 27.7.2018 – OVG 6 S 34.18.

derjahres, das auf den Eingang der Anzeige der für die Ermittlung der Ausgleichsabgaben erforderlichen Daten bei der Agentur für Arbeit (§ 163 Abs. 2 Satz 1) folgt, kann die Ausgleichsabgabe weder vom Integrationsamt nachgefordert noch vom Arbeitgeber die Erstattung einer Überzahlung verlangt werden. Diese 21 Monate betragende Ausschlussfrist soll nachträglichen Streit vermeiden und Integrationsamt sowie Arbeitgeber vor der Mühe der Wiederaufnahme bereits abgeschlossener Bearbeitungsverfahren schützen.[21] Da die Ausschlussfrist auch für Rückerstattungsverlangen des Arbeitgebers gilt, hat sie mittelbar Bedeutung für anrechnungsfähige schwerbehinderte Beschäftigte, die ihre Schwerbehinderung verschwiegen haben. Sie können, wenn Sie sich innerhalb von zwei Jahren melden, einen Vermögensschaden durch zu hohe Ausgleichsabgabe für den Arbeitgeber vermeiden; denn er kann entsprechend nachmelden und eine Erstattung verlangen. Offenbaren sie sich erst nach Ablauf der Ausschlussfrist, so ist der Schaden für die vor dem vorletzten Erhebungsjahr gezahlten Abgaben nicht mehr reparierbar.

15 **Verjährung:** Von der Ausschlussfrist zu unterscheiden ist die Verjährungsfrist für die selbst errechnete oder behördlich festgesetzte Ausgleichsabgabe. Diese verjährt erst nach vier Jahren.[22] Der Fristlauf bei durchgeführter Selbstveranlagung beginnt mit Eingang der Anzeige bei der Arbeitsagentur.[23]

16 **Feststellungsbescheid bei falschen Angaben oder Rechenfehlern:** Das Integrationsamt muss die Angaben des Arbeitgebers in seiner Anzeige nicht ungeprüft übernehmen. Das folgt schon aus § 163 Abs. 3. Danach sind die Arbeitgeber verpflichtet, dem Integrationsamt die Auskünfte zu erteilen, die zur Durchführung des Gesetzes notwendig sind. Folglich besteht ein Prüfungsrecht und eine korrespondierende Prüfungspflicht des Integrationsamtes, ob die Angaben und Berechnungen der Arbeitgeber zur Ausgleichsabgabe in der nach § 163 Abs. 2 gebotenen Anzeige zutreffend sind.[24] Dementsprechend ist das Integrationsamt schon dann befugt, nach § 160 Abs. 4 Satz 2 einen Feststellungsbescheid über die Höhe der Ausgleichsabgabe zu erlassen, wenn der Arbeitgeber die Ausgleichsabgabe falsch berechnet hat.[25] Die Befugnisse des Integrationsamtes beschränken sich damit nicht auf die einer Kassen- und Beitreibungsstelle für die Ausgleichsabgabe, welche die Angaben von Arbeitgebern über die Zahl der Arbeits- und Pflichtplätze zusammen mit der danach berechneten Ausgleichsabgabe ungeprüft entgegenzunehmen und für die Einziehung des sich aus den Angaben der Arbeitgeber rein rechnerisch ergebenden Ausgleichsabgabenbetrages Sorge zu tragen habe.[26]

VI. Gespaltene Zuständigkeit

17 **Verhältnis Integrationsamt zur Agentur für Arbeit:** Nach § 163 Abs. 3 Satz 1 erlässt die Bundesagentur für Arbeit, wenn ein Arbeitgeber die vorgeschriebene Anzeige bis zum 30. Juni nicht, nicht richtig oder nicht vollständig erstattet, einen Feststellungsbescheid über die anzuzeigenden Verhältnisse. Somit hat auch die Agentur für Arbeit die Anzeigen der Arbeitgeber auf Richtigkeit und

---

21 *Cramer* SchwbG § 11 Rn. 14 a; *Kossens* in Kossens/von der Heide/Maaß SGB IX § 77 Rn. 14.
22 *Dopatka/Ritz* in Bihr/Fuchs/Krauskopf/Ritz SGB IX § 77 Rn. 7; *Kossens* in Kossens/von der Heide/Maaß SGB IX SGB IX § 77 Rn. 19.
23 *Kossens* in Kossens/von der Heide/Maaß SGB IX § 77 Rn. 19; *Jabben* in BeckOK SozR SGB IX § 160 Rn. 11; *Rolfs* in ErfK SGB IX § 77 Rn. 5.
24 BVerwG 16.12.2004 – 5 C 70.03, NJW 2005, 1674.
25 BVerwG 16.12.2004 – 5 C 70.03, NJW 2005, 1674.
26 BVerwG 16.12.2004 – 5 C 70.03, NJW 2005, 1674.

Vollständigkeit hin zu überprüfen. Es besteht jedoch keine Bindung an die Anzeigen der Arbeitgeber, wenn im Einzelfall die in der Anzeige enthaltenen Angaben des Arbeitgebers von der Agentur für Arbeit unbeanstandet geblieben sind.[27] Die neuere Rechtsprechung des BVerwG entnimmt dem Gesetz nichts, was für eine solche Bindung des Integrationsamtes spricht.[28] Sie geht von einer zwar aufeinander bezogenen, aber doch unterschiedlichen Aufgabenstellung von Arbeitsverwaltung und Integrationsamt im Sinne eines „Kooperationsprinzips" aus. Dem Integrationsamt obliege es im Verfahren der Erhebung der Ausgleichsabgabe nach § 185 Abs. 1 Nr. 1, den „Rechtsgesichtspunkt der speziellen Schwerbehindertenfürsorge" zur Geltung zu bringen. Wäre das Integrationsamt an Bewertungen und Einschätzungen der Agentur für Arbeit zu den Berechnungsgrundlagen der Abgabenerhebung gebunden, könnte es diese Aufgabe nicht wirksam erfüllen.[29] Die überwiegende Auffassung im Schrifttum geht jedoch mit Recht davon aus, dass eine Bindung des Integrationsamtes an die Feststellung der Bundesagentur vorliegt, denn sonst wäre das Integrationsamt berechtigt, eine vom Feststellungsbescheid der Bundesagentur abweichende Würdigung vorzunehmen und den Umfang der Beschäftigungspflicht selbstständig festzusetzen. Das überzeugt nicht.[30]

VII. Verwendung der Ausgleichsabgabe

Zweckbindung der Ausgleichsabgabe: Die Ausgleichsabgabe darf nach Absatz 5 nur für besondere Leistungen zur Förderung der Teilhabe schwerbehinderter Menschen und zur begleitenden Hilfe im Arbeitsleben (§ 185 Abs. 1 Nr. 3) verwendet werden.[31] Dabei gilt der Grundsatz der **Subsidiarität**. Das heißt, vorrangig sind Mittel zu verwenden, die zu demselben Zweck von anderer Seite, zB von Rehabilitationsträgern, geleistet werden. Ergänzende Bestimmungen für die Verwendung der Ausgleichsabgabe enthält die Schwerbehinderten-Ausgleichsabgabeverordnung (SchwbAV) vom 28.3.1988. Der bei jedem Integrationsamt zu bildende Beratende Ausschuss (§ 186) kann vom jeweiligen Integrationsamt eine Übersicht über die Verwendung der Ausgleichsabgabe verlangen (Absatz 5 Satz 3). 18

Verteilung der Mittel: Die Integrationsämter erhielten nach Absatz 6 aF 55 % des Aufkommens und mussten die restlichen 45 % an den Ausgleichsfonds des Bundes (§ 161) abführen. Seit dem 1.1.2005 wird der Schlüssel flexibel durch eine Rechtsverordnung nach § 162 bestimmt. Zwischen den Integrationsämtern wird nach Satz 2 und 3 ein **Ausgleich** herbeigeführt. Das ist erforderlich, weil ansonsten die Integrationsämter übermäßig begünstigt werden, die für den Sitz finanzstarker Arbeitgeber zuständig sind. Maßgebend sind **drei Parameter**: Die Wohnbevölkerung innerhalb des Zuständigkeitsbereichs des Integrationsamtes und die Anzahl der schwerbehinderten Arbeitnehmer und Gleichgestellten, soweit sie beschäftigt oder arbeitslos gemeldet sind. Diese Daten werden zueinander ins Verhältnis gesetzt.[32] 19

---

27 *Knittel* SGB IX § 77 Rn. 44.
28 BVerwG 16.12.2004 – 5 C 70/03, NJW 2005, 1674.
29 BVerwG 16.12.2004 – 5 C 70/03, NJW 2005, 1674.
30 Wie hier *Kossens* in Kossens/von der Heide/Maaß SGB IX § 77 Rn. 13; *Müller-Wenner* in Müller-Wenner/Winkler SGB IX § 77 Rn. 20; *Schneider* in Hauck/Noftz SGB IX § 77 Rn. 10; aA *Trenk-Hinterberger* in HK-SGB IX § 77 Rn. 23; *Rolfs* in ErfK SGB IX § 77 Rn. 6.
31 *Jabben* in BeckOK SozR SGB IX § 160 Rn. 12.
32 *Knittel* SGB IX § 77 Rn. 82 f.

20 **Verwaltung des Aufkommens aus der Ausgleichsabgabe:** Nach Absatz 7 haben die Integrationsämter die bei ihnen verbleibenden Mittel der Ausgleichsabgabe gesondert zu verwalten. Deshalb ist eine haushaltsmäßige Vermengung der Ausgleichsabgabe mit anderen Mitteln unzulässig. Das gilt insbesondere für die Mittel, die die jeweiligen Träger (zumeist die Länder) dem Integrationsamt für personelle und sächliche Verwaltungs- und Verfahrenskosten zuweisen müssen.

§ 161 Ausgleichsfonds

¹Zur besonderen Förderung der Einstellung und Beschäftigung schwerbehinderter Menschen auf Arbeitsplätzen und zur Förderung von Einrichtungen und Maßnahmen, die den Interessen mehrerer Länder auf dem Gebiet der Förderung der Teilhabe schwerbehinderter Menschen am Arbeitsleben dienen, ist beim Bundesministerium für Arbeit und Soziales als zweckgebundene Vermögensmasse ein Ausgleichsfonds für überregionale Vorhaben zur Teilhabe schwerbehinderter Menschen am Arbeitsleben gebildet. ²Das Bundesministerium für Arbeit und Soziales verwaltet den Ausgleichsfonds.

1 **Gesetzeshistorie:** Die Vorschrift entspricht im Wesentlichen § 12 Abs. 1 SchwbG, dessen Inhalt in den Regierungsentwurf zum SGB IX übernommen[1] und unverändert durch die Beschlussfassung des Ausschusses Gesetz geworden ist. Bemerkenswert ist, dass mehrfach die ministerialen Zuständigkeiten gewechselt haben. Die letzte Änderung ist mit Wirkung vom 8.11.2006 durch Art. 261 Nr. 1 der Verordnung vom 31.10.2006[2] erfolgt. Das BTHG hat zu keiner inhaltlichen Änderung der Norm geführt.

2 **Regelungsinhalt – Ausgleichsfonds als Sondervermögen:** Nach § 161 Satz 1 ist beim zuständigen Bundesministerium für Arbeit und Soziales ein Ausgleichsfonds zu bilden. Nach Satz 2 verwaltet das Bundesministerium diesen Fonds. Die Einzelheiten der Fondsverwaltung sind in den §§ 35 ff. der SchwbAV geregelt. Dieser Fonds bildet ein **rechtsfähiges Sondervermögen des Bundes**. Für seine Verwaltung sind die Bestimmungen der Bundeshaushaltsordnung maßgebend (§ 37 SchwbAV). Hierfür wird jährlich ein Wirtschaftsplan aufgestellt, an dessen Aufstellung der Bundesminister für Finanzen und der Beirat nach § 86 zu beteiligen sind.

§ 162 Verordnungsermächtigungen

Die Bundesregierung wird ermächtigt, durch Rechtsverordnung mit Zustimmung des Bundesrates
1. die Pflichtquote nach § 154 Absatz 1 nach dem jeweiligen Bedarf an Arbeitsplätzen für schwerbehinderte Menschen zu ändern, jedoch auf höchstens 10 Prozent zu erhöhen oder bis auf 4 Prozent herabzusetzen; dabei kann die Pflichtquote für öffentliche Arbeitgeber höher festgesetzt werden als für private Arbeitgeber,
2. nähere Vorschriften über die Verwendung der Ausgleichsabgabe nach § 160 Absatz 5 und die Gestaltung des Ausgleichsfonds nach § 161, die Verwendung der Mittel durch ihn für die Förderung der Teilhabe schwerbehinder-

---
1 BT-Drs. 14/5531.
2 BGBl. I 2407.

ter Menschen am Arbeitsleben und das Vergabe- und Verwaltungsverfahren des Ausgleichsfonds zu erlassen,
3. in der Rechtsverordnung nach Nummer 2
   a) den Anteil des an den Ausgleichsfonds weiterzuleitenden Aufkommens an Ausgleichsabgabe entsprechend den erforderlichen Aufwendungen zur Erfüllung der Aufgaben des Ausgleichsfonds und der Integrationsämter,
   b) den Ausgleich zwischen den Integrationsämtern auf Vorschlag der Länder oder einer Mehrheit der Länder abweichend von § 160 Absatz 6 Satz 3 sowie
   c) die Zuständigkeit für die Förderung von Einrichtungen nach § 30 der Schwerbehinderten-Ausgleichsabgabeverordnung abweichend von § 41 Absatz 2 Nummer 1 dieser Verordnung und von Inklusionsbetrieben und -abteilungen abweichend von § 41 Absatz 1 Nummer 3 dieser Verordnung
   zu regeln,
4. die Ausgleichsabgabe bei Arbeitgebern, die über weniger als 30 Arbeitsplätze verfügen, für einen bestimmten Zeitraum allgemein oder für einzelne Bundesländer herabzusetzen oder zu erlassen, wenn die Zahl der unbesetzten Pflichtarbeitsplätze für schwerbehinderte Menschen die Zahl der zu beschäftigenden schwerbehinderten Menschen so erheblich übersteigt, dass die Pflichtarbeitsplätze für schwerbehinderte Menschen dieser Arbeitgeber nicht in Anspruch genommen zu werden brauchen.

Gesetzeshistorie: § 162 enthält eine Zusammenfassung der Verordnungsermächtigungen aus § 5 Abs. 2, § 11 Abs. 3 und 6 sowie § 12 Abs. 2 SchwbG. Die Vorschrift ist unverändert aus dem Regierungsentwurf BT-Drs. 14/5531 übernommen worden. § 162 Nr. 3, der den vor dem BTHG geltenden § 79 Nr. 3 abgelöst hat, Buchst. a ist durch Art. 1 Nr. 16 des Gesetzes vom 23.4.2004[1] mit Wirkung zum 1.1.2005 neu gefasst worden. Damit ist die starre Festlegung des Verteilerschlüssels zugunsten einer **flexiblen Regelung** aufgehoben worden. Nr. 4 ist durch Art. 9 Nr. 6 des Gesetzes vom 24.12.2003[2] iVm Art. 14 Nr. 4 Buchst. b des Gesetzes vom 30.7.2004[3] mit Wirkung zum 1.1.2004 geändert worden. Durch das BTHG wurde der Inhalt der Norm nicht verändert.

Regelungsinhalt: Diese Vorschrift hat erstmalig die verschiedenen Verordnungsermächtigungen zusammengefasst. Sie trägt damit zur besseren **Transparenz** bei. Von der mit Wirkung zum 1.1.2004 eingeführten Möglichkeit, Arbeitgebern ihre Ausgleichsabgabenschuld herab zu setzen oder zu erlassen, ist bisher nicht Gebrauch gemacht worden.

Kapitel 3 Sonstige Pflichten der Arbeitgeber; Rechte der schwerbehinderten Menschen

§ 163 Zusammenwirken der Arbeitgeber mit der Bundesagentur für Arbeit und den Integrationsämtern

(1) Die Arbeitgeber haben, gesondert für jeden Betrieb und jede Dienststelle, ein Verzeichnis der bei ihnen beschäftigten schwerbehinderten, ihnen gleichge-

---

1 BGBl. I 606.
2 BGBl. I 2954.
3 BGBl. I 2014.

stellten behinderten Menschen und sonstigen anrechnungsfähigen Personen laufend zu führen und dieses den Vertretern oder Vertreterinnen der Bundesagentur für Arbeit und des Integrationsamtes, die für den Sitz des Betriebes oder der Dienststelle zuständig sind, auf Verlangen vorzulegen.

(2) [1]Die Arbeitgeber haben der für ihren Sitz zuständigen Agentur für Arbeit einmal jährlich bis spätestens zum 31. März für das vorangegangene Kalenderjahr, aufgegliedert nach Monaten, die Daten anzuzeigen, die zur Berechnung des Umfangs der Beschäftigungspflicht, zur Überwachung ihrer Erfüllung und der Ausgleichsabgabe notwendig sind. [2]Der Anzeige sind das nach Absatz 1 geführte Verzeichnis sowie eine Kopie der Anzeige und des Verzeichnisses zur Weiterleitung an das für ihren Sitz zuständige Integrationsamt beizufügen. [3]Dem Betriebs-, Personal-, Richter-, Staatsanwalts- und Präsidialrat, der Schwerbehindertenvertretung und dem Inklusionsbeauftragten des Arbeitgebers ist je eine Kopie der Anzeige und des Verzeichnisses zu übermitteln.

(3) Zeigt ein Arbeitgeber die Daten bis zum 30. Juni nicht, nicht richtig oder nicht vollständig an, erlässt die Bundesagentur für Arbeit nach Prüfung in tatsächlicher sowie in rechtlicher Hinsicht einen Feststellungsbescheid über die zur Berechnung der Zahl der Pflichtarbeitsplätze für schwerbehinderte Menschen und der besetzten Arbeitsplätze notwendigen Daten.

(4) Die Arbeitgeber, die Arbeitsplätze für schwerbehinderte Menschen nicht zur Verfügung zu stellen haben, haben die Anzeige nur nach Aufforderung durch die Bundesagentur für Arbeit im Rahmen einer repräsentativen Teilerhebung zu erstatten, die mit dem Ziel der Erfassung der in Absatz 1 genannten Personengruppen, aufgegliedert nach Bundesländern, alle fünf Jahre durchgeführt wird.

(5) Die Arbeitgeber haben der Bundesagentur für Arbeit und dem Integrationsamt auf Verlangen die Auskünfte zu erteilen, die zur Durchführung der besonderen Regelungen zur Teilhabe schwerbehinderter und ihnen gleichgestellter behinderter Menschen am Arbeitsleben notwendig sind.

(6) [1]Für das Verzeichnis und die Anzeige des Arbeitgebers sind die mit der Bundesarbeitsgemeinschaft der Integrationsämter und Hauptfürsorgestellen abgestimmten Vordrucke der Bundesagentur für Arbeit zu verwenden. [2]Die Bundesagentur für Arbeit soll zur Durchführung des Anzeigeverfahrens in Abstimmung mit der Bundesarbeitsgemeinschaft ein elektronisches Übermittlungsverfahren zulassen.

(7) Die Arbeitgeber haben den Beauftragten der Bundesagentur für Arbeit und des Integrationsamtes auf Verlangen Einblick in ihren Betrieb oder ihre Dienststelle zu geben, soweit es im Interesse der schwerbehinderten Menschen erforderlich ist und Betriebs- oder Dienstgeheimnisse nicht gefährdet werden.

(8) Die Arbeitgeber haben die Vertrauenspersonen der schwerbehinderten Menschen (§ 177 Absatz 1 Satz 1 bis 3 und § 180 Absatz 1 bis 5) unverzüglich nach der Wahl und ihren Inklusionsbeauftragten für die Angelegenheiten der schwerbehinderten Menschen (§ 181 Satz 1) unverzüglich nach der Bestellung der für den Sitz des Betriebes oder der Dienststelle zuständigen Agentur für Arbeit und dem Integrationsamt zu benennen.

I. Rechtsentwicklung 1	V. Anzeige nach Aufforderung 12
II. Fortlaufendes Verzeichnis ... 4	VI. Rechtsfolgen unterlassener Anzeige 13
III. Anzeigepflicht für die maßgeblichen Daten 7	VII. Sonstige Arbeitgeberpflichten 14
IV. Überwachung durch Arbeitnehmervertretung 10	

I. Rechtsentwicklung

Fassung durch das SGB IX: In das SGB IX ist im Wesentlichen inhaltsgleich der 1
Text des bisherigen § 13 SchwbG 1986 als § 80 übertragen worden. Nur das
Anzeigeverfahren wurde geändert. Nach der Gesetzesbegründung[1] sollte damit
die Durchführung für den Arbeitgeber vereinfacht werden. Dem Text lässt sich
das nicht entnehmen, auch die Gesetzesbegründung schweigt sich aus, worin
diese Vereinfachung liegen soll. Nach der Beschlussempfehlung des Ausschusses
für Arbeit und Sozialordnung[2] ist nicht nur die Begrifflichkeit aktualisiert („Integrationsämter" statt „Hauptfürsorgestellen"), sondern § 163 Abs. 3 auch inhaltlich geändert worden. Die Agentur für Arbeit ist für den Fall, dass der Arbeitgeber die Daten für die Erhebung der Ausgleichsabgabe nicht, nicht richtig
oder nicht vollständig bis zum 30. Juni des Folgejahres anzeigt, unter Erweiterung ihrer Zuständigkeit nunmehr „nach Prüfung in tatsächlicher sowie in
rechtlicher Hinsicht" befugt, einen Feststellungsbescheid über die zur Berechnung der Zahl der Pflichtarbeitsplätze notwendigen Daten zu erlassen.

Spätere Änderungen: Das Vierte Gesetz für moderne Dienstleistungen am Arbeitsmarkt vom 24.12.2003[3] hat mit Wirkung vom 1.1.2004 die Bezeichnung 2
„Arbeitsamt" durch „Bundesagentur für Arbeit" und „Agentur für Arbeit" ersetzt. Die Bestimmung ist durch Art. 14 Nr. 4 b des Kommunalen Optionsgesetzes vom 30.7.2004[4] rückwirkend vorverlegt worden. Art. 1 Nr. 17 e des Gesetzes zur Förderung der Ausbildung und Beschäftigung schwerbehinderter Menschen vom 23.4.2004[5] hat den Gesetzestext ebenfalls nur redaktionell geändert.
Mit Wirkung vom 1.5.2004 wurden in Abs. 6 Satz 1 die Wörter „Arbeitsgemeinschaft, in der sich die Integrationsämter zusammengeschlossen haben"
durch die Wörter „Bundesarbeitsgemeinschaft der Integrationsämter und
Hauptfürsorgestellen" ersetzt. In Abs. 6 Satz 2 ist das Wort „Arbeitsgemeinschaft" durch das Wort „Bundesarbeitsgemeinschaft" ersetzt worden. Grund
für die Änderung war, dass sich die Integrationsämter und Hauptfürsorgestellen
zu einer Bundesarbeitsgemeinschaft zusammengeschlossen haben. Art. 5 Nr. 6
des Gesetzes vom 22.12.2008 hat **Abs. 9** ersatzlos gestrichen.

Regelungsinhalt: Nach der Überschrift sind in § 163 die Vorschriften zusammengefasst, die das Zusammenwirken der Arbeitgeber mit der Bundesagentur 3
für Arbeit und den Integrationsämtern regeln. Allerdings fehlt hier die für die
betriebliche Praxis bedeutsamste Pflicht des Arbeitgebers, im Zusammenwirken
mit dem Integrationsamt, eine behinderungsgerechte Beschäftigung schwerbehinderter Menschen zu ermöglichen und deren Ausgliederung bei auftretenden
Schwierigkeiten zu vermeiden. Diese Aufgabe ist in den Vorschriften über Arbeitgeberpflichten (§ 164), über Prävention (§ 167) und im Verfahren über die
Einholung der Zustimmung zur Kündigung (§§ 168 ff.) ausgestaltet. § 163 regelt nur die Aufzeichnungs-, Melde-, Auskunfts-, Informations- und Duldungspflichten des Arbeitgebers, die für die Erfüllung der Beschäftigungsquote und
die Erhebung der Ausgleichsabgabe bedeutsam sind.

II. Fortlaufendes Verzeichnis

Das Verzeichnis der schwerbehinderten Menschen: Nach § 163 Abs. 1 Satz 1 4
hat jeder Arbeitgeber **gesondert** für jeden seiner Betriebe und für jede seiner

---

1 BT-Drs. 14/5074, 113.
2 BT-Drs. 14/5786, 61.
3 BGBl. I 2954.
4 BGBl. I 2014.
5 BGBl. I 606.

Dienststellen ein **Verzeichnis** der bei ihm beschäftigten schwerbehinderten, ihnen gleichgestellten Menschen mit Behinderungen und sonstigen anrechnungsfähigen Personen (vgl. § 158) zu führen. Form und Inhalt des zu führenden Verzeichnisses ergeben sich aus Abs. 6 Satz 1. Danach ist ein Vordruck der Bundesagentur für Arbeit zu benutzen, den sie mit der Bundesarbeitsgemeinschaft der Integrationsämter und Hauptfürsorgestellen abgestimmt hat. Dort werden ua folgende Angaben gefordert: Name, Vorname, Geburtsdatum, Geschlecht, Beschäftigungszeit, Arbeitsplatz, Beruf und Grad der Behinderung, Art der Anrechnung (insbesondere auch Mehrfachanrechnung) sowie Aktenzeichen des Versorgungsamtes oder Ausstellungsdatum und Laufdauer des Schwerbehindertenausweises oder Geschäftszeichen, Ausstellungsdatum und Laufdauer des Gleichstellungsbescheides. Das Verzeichnis ist „laufend zu führen". Das bedeutet, es muss stets auf dem gegenwärtigen Stand der Beschäftigung stehen.[6] Was unter **Betrieb** und **Dienststelle** im Sinne von § 163 Abs. 1 zu verstehen ist, ergibt sich aus den in der Betriebs- und Dienststellenverfassung verwendeten Begriffen (vgl. § 170 Abs. 2 Satz 2). Da diese Vorschrift dazu dienen soll, den Agenturen für Arbeit und den Integrationsämtern die Erfassung aller Betriebe und Dienststellen zu ermöglichen, in denen schwerbehinderte Menschen und die übrigen genannten Personen beschäftigt sind, ist jeder **Arbeitgeber** verpflichtet, **unabhängig** davon, ob eine Beschäftigungspflicht nach § 154, eine Ausgleichsabgabepflicht nach § 160 oder eine uneingeschränkte Anzeigepflicht nach § 163 Abs. 2 besteht.[7] Ohne Bedeutung ist auch, ob die beschäftigten schwerbehinderten Menschen und sonstigen anrechnungsfähigen Personen eine Vollzeitbeschäftigung, eine Aushilfstätigkeit oder nur eine vorübergehende Tätigkeit ausüben; denn das Verzeichnis ist auch für die Personen zu führen, die nicht auf einem Arbeitsplatz im Sinne des § 156 beschäftigt werden. Das Verzeichnis dient nämlich nicht nur zur Überwachung der Ausgleichsabgabe, sondern auch der Arbeitsmarktstatistik (vgl. Abs. 4) und anderen Zwecken. Nur anhand des Verzeichnisses können sich Integrationsamt und Schwerbehindertenvertretung über die Personen informieren, deren Eingliederung gefördert werden soll.

5 **Vorlagepflicht:** Das Verzeichnis ist nach Abs. 1 auf **Verlangen** den Vertretern oder Vertreterinnen der **Agentur für Arbeit** und des **Integrationsamtes** vorzulegen, die für den Sitz des Betriebes oder der Dienststelle zuständig sind. Offenbar wegen des anderen systematischen Zusammenhangs ist hier die Pflicht zur **Vorlage** des Verzeichnisses gegenüber den **Schwerbehindertenvertretungen** und den sonstigen Arbeitnehmervertretungen ungeregelt geblieben. Abs. 2 Satz 3 schreibt lediglich vor, anlässlich der Anzeige für die Ausgleichsabgabe eine Kopie des Verzeichnisses zu übermitteln. Durch die den Betriebsvertretungen übertragene Überwachungsbefugnis (§ 176, § 178 Abs. 1 Satz 2 Nr. 1) soll damit sichergestellt werden, dass der Arbeitgeber sich für die Ausgleichsabgabe richtig selbst veranlagt. Die Verpflichtung zur **laufenden** Übermittlung des Inhalts des Verzeichnisses gegenüber den Schwerbehindertenvertretungen und den sonstigen Arbeitnehmervertretungen ergibt sich aber aus deren **allgemeinem Unterrichtungsrecht.**[8] Erst wenn den Arbeitnehmervertretungen die Namen und Daten der schwerbehinderten und gleichgestellten behinderten Menschen bekannt

---

6 *Dörner* SchwbG § 13 Rn. 4; *Kossens* in Kossens/von der Heide/Maaß SGB IX § 80 Rn. 5; *Müller-Wenner* in Müller-Wenner/Schorn SGB IX Teil 2 § 80 Rn. 5.
7 *Kossens* in Kossens/von der Heide/Maaß SGB IX § 80 Rn. 2; *Müller-Wenner* in Müller-Wenner/Schorn SGB IX Teil 2 § 80 Rn. 3; *Trenk-Hinterberger* in HK-SGB IX § 80 Rn. 4; *Fabricius* in jurisPK-SGB IX § 80 Rn. 10.
8 AA VG Düsseldorf 16.12.2010 – 34 K 2416/10.PVL; siehe dazu und zum Datenschutz *Düwell* jurisPR-ArbR 25/2011, Anm. 6.

gemacht werden, können sie ihre gesetzliche Eingliederungsaufgabe (vgl. § 176 Satz 1 SGB IX, § 80 Abs. 1 Nr. 4 BetrVG, § 178 Abs. 1 SGB IX) wahrnehmen. Führt der Arbeitgeber kein Verzeichnis oder ein Verzeichnis nicht fortlaufend oder nicht vollständig, so ist das nach § 156 Abs. 1 Nr. 2 mit einem **Bußgeld** zwischen 5 und 10.000 Euro (§ 238 Abs. 2) bewehrt. Allerdings bestehen Lücken im Ordnungswidrigkeitstatbestand. Er erfasst nur die Nichterfüllung der Vorlagepflicht gegenüber der zuständigen Agentur für Arbeit oder dem zuständigen Integrationsamt. Deshalb kann die Nichtvorlage oder verspätete Vorlage des Verzeichnisses gegenüber einer Arbeitnehmervertretung nicht als Ordnungswidrigkeit geahndet werden. Die Arbeitnehmervertretung ist darauf beschränkt, ihren Vorlageanspruch im arbeitsgerichtlichen **Beschlussverfahren** nach § 2 a Abs. 1 Nr. 3 a ArbGG durchzusetzen.

Geheimhaltungspflicht: Der Inhalt des Verzeichnisses betrifft **persönliche Verhältnisse** von Menschen mit Behinderungen oder sonstiger anrechnungsfähiger Personen. Nach § 130 Abs. 1 Nr. 1 sind diese Verhältnisse gegenüber Dritten geheim zu halten. Die Geheimhaltungspflicht trifft die Beschäftigten der Integrationsämter und der Agenturen für Arbeit, denen das Verzeichnis vorgelegt wird. Zur Geheimhaltung dieser Daten ist der Arbeitgeber nicht berechtigt, die Einsichtnahme in das von ihm zu führende Verzeichnis der Schwerbehindertenvertretung oder den sonstigen Arbeitnehmervertretungen vorzuenthalten. In § 130 Abs. 2 Satz 2 ist ausdrücklich klargestellt, dass **keine Geheimhaltungspflicht gegenüber diesen betrieblichen Vertretungen** besteht, soweit es deren Aufgabenstellung gegenüber schwerbehinderten Menschen erfordert. Nach § 93 Satz 1 und § 95 Abs. 1 Satz 1 haben diese Vertretungen die allgemeine Aufgabe die Eingliederung schwerbehinderter Menschen zu fördern. Sie können diese Aufgabe ohne Kenntnis der im Betrieb oder in der Dienststelle beschäftigten Menschen mit Behinderungen nicht erfüllen. Weil die Arbeitnehmervertretung an der Eingliederung schwerbehinderter Menschen auch im öffentlichen Interesse mitwirkt, darf der Arbeitgeber die im Verzeichnis zu dokumentierende Schwerbehinderung vor den Arbeitnehmervertretungen selbst dann nicht geheim halten, wenn ein schwerbehinderter Mensch das im Einzelfall einmal aus eigener Initiative wünschen sollte.[9]

III. Anzeigepflicht für die maßgeblichen Daten

Anzeigepflicht: Nach Abs. 2 hat jeder Arbeitgeber der zuständigen Agentur für Arbeit bis spätestens zum 31. März des Folgejahres für das vorangegangene Kalenderjahr die Daten anzuzeigen, die zur Berechnung des Umfangs der Beschäftigungspflicht und der Erhebung der Ausgleichsabgabe notwendig sind. Die Frist lässt sich nicht verlängern. Für Zeiten vor einem Betriebsübergang nach § 613 a BGB sind sowohl der alte wie der neue Arbeitgeber anzeigepflichtig; für Zeiten nach Betriebsübergang nur der neue Arbeitgeber. Die Anzeigepflicht soll nach § 154 Abs. 1 Satz 1 nicht beschäftigungspflichtige Arbeitgeber mit weniger als 20 Arbeitsplätzen in allen Betrieben ihres Unternehmens nur in abgemilderter Form treffen. Deshalb hängt die Anzeigepflicht dieser **Kleinunternehmer** zusätzlich davon ab, dass sie von der Arbeitsagentur zur Erstattung der Anzeige aufgefordert werden, weil für eine repräsentative Teilerhebung Daten auch von ihnen erhoben werden sollen (siehe auch → Rn. 12).

Zuständigkeit für die Anzeige: Nach § 163 Abs. 2 Satz 1 ist für die Entgegennahme der Anzeige nicht die Agentur für Arbeit zuständig, in deren Bezirk der jeweilige Betrieb des Arbeitgebers sich befindet. Zuständig ist ausschließlich die

---

9 Vgl. zum Datenschutz *Düwell* jurisPR-ArbR 25/2011, Anm. 6.

Agentur für Arbeit, in deren Bezirk der Unternehmenssitz liegt. Bei einem Einzelkaufmann kommt es nach der Gesetzesformulierung auf den Wohnsitz und nicht auf den Betriebssitz an. Bei Personengesellschaften und juristischen Personen ist der im Handels- oder Vereinsregister eingetragene Sitz maßgebend. Für öffentliche Arbeitgeber ist der in § 154 Abs. 3 Nr. 1 bis 4 näher geregelt Arbeitgeberbegriff maßgebend. Die Zuständigkeit ergibt sich dann aus deren Verwaltungssitz.

9 **Inhalt der Anzeige:** Die Anzeige muss so erstattet werden, dass die Bundesagentur für Arbeit alle Daten erhält, aus denen sich die Beschäftigungspflicht dem Grunde und der Höhe nach bestimmen lässt, die sie für die Anrechnung von Beschäftigten auf diese Pflichtarbeitsplätze braucht und die zur Errechnung der Höhe der Ausgleichsabgabe notwendig sind. Die Arbeitsverwaltung hat für diesen Zweck mit der Bundesarbeitsgemeinschaft der Integrationsämter und Hauptfürsorgestellen abgestimmte **Vordrucke** entwickelt, deren Verwendung nach Abs. 6 vorgeschrieben ist. Ein Formular ist bei jeder Agentur für Arbeit erhältlich. Mit der Software IW-Elan (früher: REHADAT-Elan) kann die Anzeige elektronisch erstattet werden. Die Software kann kostenlos unter www.iw-elan.de heruntergeladen werden. Für die Ermittlung der Anzahl der Pflichtplätze sind die Arbeitsplätze und Stellen nach § 156 anzugeben, für die Anrechnung die anrechenbar beschäftigten schwerbehinderten Menschen nach § 158, untergliedert nach Mehrfachanrechnungen im Sinne von § 159, schwerbehinderten Auszubildenden nach § 159 Abs. 2 Satz 1, sowie die gleichgestellten und sonstigen anrechnungsfähigen Personen.

IV. Überwachung durch Arbeitnehmervertretung

10 **Betriebsbezug:** Obwohl die Beschäftigungspflicht den Arbeitgeber für alle seine Betriebe, Dienststellen und Haushalte einheitlich trifft, so dass er die Nichterfüllung der Quote in dem einen Betrieb durch die Übererfüllung in einem anderen Betrieb (oder einer anderen Dienststelle) ausgleichen kann, musste vor Inkrafttreten des SGB IX die Anzeige der Beschäftigungsverhältnisse im jeweiligen Betrieb und in der jeweiligen Dienststelle gesondert angegeben werden. Das geschah aus gutem Grund; denn nur so können die im Betrieb oder der Dienststelle amtierende Schwerbehindertenvertretung und die Interessenvertretungen iSv § 176 sowie die vor Ort befindliche Agentur für Arbeit die Einhaltung der Beschäftigungspflicht effektiv kontrollieren. Allerdings ist mit der Einführung des SGB IX diese auf jede Betriebs- und Dienststelle bezogene gesonderte Darstellung der für die Zählung der Arbeitsplätze maßgeblichen Stellendaten in Abs. 2 Satz 2 aus Gründen vermeintlicher Bürokratieentlastung zugunsten einer Gesamtanzeige fallen gelassen worden.[10] Dadurch wird die Nachprüfbarkeit der übermittelten Daten erheblich erschwert. Wenn keine Aufschlüsselung der Daten bis auf die Betriebsebene erfolgt, kann die für den Betrieb zuständige Arbeitnehmervertretung und Schwerbehindertenvertretung ihre Kontrollaufgabe nach Abs. 2 Satz 3 nicht wahrnehmen. Nur sie können jedoch die Richtigkeit, Aktualität und Vollständigkeit des nach Abs. 1 laufend noch immer für jeden Betrieb und jede Dienststelle gesondert zu führenden Verzeichnisses der schwerbehinderten Menschen und der ansonsten anrechnungsfähigen Personen prüfen. Für eine Überprüfung der nach Abs. 2 zu übermittelnden unternehmensbezogenen Anzeigedaten ist nach § 180 Abs. 6 Satz 1 die Gesamtschwerbehinder-

---

10 Vgl. dazu BAG 20.3.2018 – 1 ABR 11/17, NZA 2018, 1420; Anm. *Baur* DB 2018, 2573; BAG 20.3.2018 – 1 ABR 74/16; aA *Sachadae* jurisPR-ArbR 50/2018, Anm. 5.

tenvertretung und die entsprechende Arbeitnehmervertretung Gesamtbetriebsrat oder Gesamtpersonalrat oder sonstige Stufenvertretung nach der Dienststellenerfassung zuständig. Diese können jedoch mangels eigener Kenntnis nicht die übermittelten Daten mit den tatsächlichen Verhältnissen in allen Betrieben und Dienststellen abgleichen.

Übermittlung an Integrationsamt und Schwerbehindertenvertretung: Nach Abs. 2 Satz 2 hat der Arbeitgeber eine Kopie des nach Abs. 1 geführten Verzeichnisses der im abgelaufenen Kalenderjahr beschäftigten schwerbehinderten Menschen sowie eine Kopie der Anzeige nach Abs. 2 Satz 1 dem Original des Verzeichnisses und der Anzeige beizufügen. Die Agentur für Arbeit leitet dann die Kopien an das für den Sitz des Arbeitgebers zuständige Integrationsamt weiter. Nach Abs. 2 Satz 3 muss der Arbeitgeber den Betriebs- und Personalräten, sowie den zuständigen Schwerbehindertenvertretungen und seinem Inklusionsbeauftragten nach § 181 je eine Kopie der Anzeige und des Verzeichnisses übermitteln. Die Kopien können nach dem eindeutigen Gesetzeswortlaut nicht an die Agentur für Arbeit zur Weiterleitung an die Arbeitnehmervertretungen gesandt werden. Obwohl nach den Materialien die bisherige Regelung des § 13 SchwbG inhaltsgleich übertragen worden sein soll,[11] ist der Gesetzgeber von der Vorgängervorschrift nicht unwesentlich abgewichen. Der Arbeitgeber ist nicht mehr verpflichtet, den Arbeitnehmervertretungen „Abschriften ... auszuhändigen", sondern „**Kopien ... zu übermitteln**". Anders als die Verpflichtung zur Aushändigung lässt sich das nicht mehr als Teil einer Formvorschrift für die Anzeigeerstattung verstehen und die Verletzung der Übermittlungspflicht deshalb nicht als Ordnungswidrigkeit ahnden. Nach § 238 Abs. 1 Nr. 3 handelt ordnungswidrig nur, wer entgegen § 163 Abs. 2 Satz 1 oder Abs. 4 die Anzeige nicht in der vorgeschriebenen Weise erstattet. Demgegenüber handelte nach § 68 Abs. 1 Nr. 3 SchwbG ordnungswidrig auch der Arbeitgeber, der die vorgeschriebene Form der Anzeigeerstattung nicht einhielt, weil er dem Betriebs-, Personal-, Richter-, Staatsanwaltschafts- und Präsidialrat, der Schwerbehindertenvertretung und dem Beauftragten des Arbeitgebers keine Abschrift der Anzeige und des Verzeichnisses aushändigte. Die zuvor bestehende **Bußgeldvorschrift** ist somit stillschweigend **abgeschafft** worden. Das ist für die Kontrolle der Selbstveranlagung bedauerlich, weil der Arbeitgeber die Selbstveranlagung zur Ausgleichsabgabe unkontrolliert durchführen kann, wenn die Arbeitnehmervertretungen die – nicht übermittelten – Daten nicht kennen. Die Schwerbehindertenvertretungen und übrigen Arbeitnehmervertretungen haben allerdings die Möglichkeit, ihren Anspruch auf Übermittlung im arbeitsgerichtlichen Beschlussverfahren nach § 2a Abs. 1 Nr. 3a ArbGG durchzusetzen.[12]

V. Anzeige nach Aufforderung

Anzeigeerstattung nach Aufforderung: Bereits durch das SchwbBAG ist die Anzeigepflicht für Arbeitgeber ohne Beschäftigungspflicht neu geregelt worden. Abs. 4 übernimmt diese Fassung. Danach haben diese Arbeitgeber eine Anzeige im Sinne von Abs. 2 Satz 1 nur nach **Aufforderung** durch die Bundesagentur für Arbeit zu erstatten. Derartige Aufforderungen dürfen nur im Rahmen repräsentativen Teilerhebung ergehen, mit der regelmäßig in einem Turnus von fünf Jahren (zuletzt 2015) der Stand der Schwerbehindertenbeschäftigung bei nicht beschäftigungspflichtigen Arbeitgebern festgestellt wird. Der bürokratische Aufwand für die Arbeitgeber ist gering, weil die Erhebungsintervalle sehr

---
11 BT-Drs. 14/5074, 113.
12 So zutreffend bereits *Dörner* SchwbG § 13 Rn. 14.

lang sind und nur eine repräsentative Stichprobe aller Kleinunternehmer überhaupt Angaben zu machen hat. Die nicht rechtzeitige oder unvollständige Befolgung der Aufforderung zur Anzeige erscheint als eigenständiger Tatbestand im Bußgeldkatalog unter § 238 Abs. 1 Nr. 3.

VI. Rechtsfolgen unterlassener Anzeige

13 **Ersatzfeststellung:** Kommt der Arbeitgeber seiner Anzeigepflicht für das vorangegangene Kalenderjahr bis zum 30. Juni des Folgejahres nicht, nicht richtig oder nicht vollständig nach, so erlässt die Arbeitsagentur einen **Feststellungsbescheid** nach Abs. 3. Inhalt des Feststellungsbescheids sind die zur Berechnung der Zahl der Pflichtarbeitsplätze für schwerbehinderte Menschen und der besetzten Arbeitsplätze notwendigen Daten, wie sie die Bundesagentur für Arbeit in dem nach Abs. 6 entwickelten Vordruck verlangt. Da nach altem Recht die Hauptfürsorgestelle bei Festsetzung der Ausgleichsabgabe nicht an den Inhalt des Feststellungsbescheids gebunden war,[13] ist auf Antrag des Bundesrates[14] unter Zustimmung der Bundesregierung[15] vom Ausschuss der Zusatz „nach Prüfung in tatsächlicher und rechtlicher Hinsicht" empfohlen worden, um so „in Abweichung von der Rechtsprechung des Bundessozialgerichts" die Kompetenzen zwischen Bundesagentur für Arbeit und Integrationsamt klar gegeneinander abzugrenzen.[16] Damit ist der Weg zur rechtspolitisch erwünschten Bindungswirkung bei Feststellungsbescheiden nach Abs. 3 für Entscheidungen des Integrationsamtes über rückständige Ausgleichsabgabe nach § 77 Abs. 4 bereitet, ausdrücklich angeordnet ist die Bindungswirkung nicht. Die Rechtsprechung beschreitet diesen Weg aber zunehmend, um Bürokratie abzubauen und Doppelentscheidungen der Verwaltung bei gespaltenem Rechtsweg zu vermeiden.[17]

VII. Sonstige Arbeitgeberpflichten

14 **Auskunftspflicht:** Nach Abs. 5 sind Arbeitgeber gegenüber der Bundesagentur für Arbeit und dem Integrationsamt **auskunftspflichtig**. Voraussetzung ist, dass die Auskunft zur Durchführung des Teils 3 des SGB IX notwendig ist. Das Auskunftsverlangen braucht sich nicht auf statistische Erhebungen zu beschränken. Es kann sich auch auf die Arbeitsbedingungen im Betrieb oder die einen einzelnen schwerbehinderten Menschen betreffenden Fragen der Arbeitsplatzgestaltung beziehen. Arbeitgeber, die über weniger als 20 Arbeitsplätze verfügen und deshalb zur Einstellung schwerbehinderter Menschen nicht verpflichtet sind, sind von der Auskunftspflicht nicht ausgenommen.[18] Eine Schranke findet das Auskunftsverlangen im Schutz von Betriebsgeheimnissen.[19] Insoweit ist Abs. 7

---

13 BSG 6.5.1994 – 7 RAr 68/93, SozR 3-3870 § 13 Nr. 2; BSG 19.1.1999 – B 7 AL 62/98 R, SozR 3-3270 § 13 Nr. 3; BSG 20.1.2000 – B 7 AL 26/99, SozR 3-3870 § 13 Nr. 4.
14 BT-Drs. 14/5531, 10.
15 BT-Drs. 14/5639, 2.
16 BT-Drs. 14/5800, 30.
17 Vgl. dazu BVerwG 16.12.2004 – 5 C 70/03, BVerwGE 122, 322; *Berlit* jurisPR-BVerwG 10/2005, Anm. Nr. 2 und zur nachfolgenden Rechtsprechung einerseits OVG Saarl 28.10.2010 – 3 B 180/10 – offengelassen von OVG NRW 7.8.2012 – 12 A 712/12, br 2012, 242; OVG Bln-Bbg 19.11.2014 – OVG 6 B 10.14, juris Rn. 19, br 2015, 120 – sowie andererseits LSG NRW 10.3.2011 – L 16 (1) Al 21/09, br 2011, 145; VG Düsseldorf 7.7.2014 – 13 L 433/14; OVG LSA 17.9.2019 – 4 L 101/18, juris Rn. 30 f.
18 *Greiner* in Neumann/Pahlen/Greiner/Winkler/Jabben SGB IX § 163 Rn. 26.
19 Zum Schutz persönlicher Daten *Düwell* jurisPR-ArbR 25/2011, Anm. 6.

analog anzuwenden.[20] Verstöße gegen die Auskunftspflicht werden nach § 238 Abs. 1 Nr. 4 geahndet.

Duldung von Betriebsbesichtigungen: Nach Abs. 7 hat jeder Arbeitgeber den 15 Beauftragten der Bundesagentur für Arbeit und des Integrationsamtes den **Zutritt** zum Betrieb und zur Dienststelle zu gewähren. Er hat die Besichtigung der Betriebs- oder der Dienststelle zu dulden, soweit es im Interesse von schwerbehinderten Menschen erforderlich ist. Dabei ist das Recht auf Einsichtnahme auf die Teile des Betriebs oder der Dienststelle beschränkt, deren Besichtigung zur Klärung der maßgeblichen Fragen erforderlich ist. Damit der Arbeitgeber dies erkennen kann, haben Arbeitsagentur und Integrationsamt die zu klärenden Fragen detailliert mitzuteilen.[21] Ein Verstoß wird nach § 238 Abs. 1 Nr. 5 als Ordnungswidrigkeit geahndet.

Betriebsgeheimnis als Schranke: Der Arbeitgeber braucht weder Auskunft zu 16 erteilen noch die Einsichtnahme in den Betrieb oder die Dienststelle zu gestatten, soweit **Geschäfts-, Betriebs- oder Dienstgeheimnisse** gefährdet werden. Der Begriff des Betriebs- oder Dienstgeheimnisses ist nicht definiert. Nach der Rechtsprechung wird darunter jede im Zusammenhang mit einem Betrieb oder einer Dienststelle stehende Tatsache zu verstehen sein, die nicht offenkundig, sondern nur einem eng begrenzten Personenkreis bekannt ist und nach dem Willen des Betriebsinhabers oder des Dienststellenleiters aufgrund eines berechtigten wirtschaftlichen oder dienstlichen Interesses geheim gehalten werden soll.[22]

Benennung der Vertrauenspersonen und des Inklusionsbeauftragten: Nach 17 § 182 Abs. 2 Satz 2 sind der Inklusionsbeauftragte des Arbeitgebers (§ 181) und die Vertrauensperson schwerbehinderter Menschen (§ 177) **Verbindungspersonen** zur Bundesagentur für Arbeit und zum Integrationsamt. Um die Zusammenarbeit mit diesen Behörden sicherzustellen, hat der Arbeitgeber die Vertrauenspersonen nach ihrer Wahl und seinen Beauftragten nach dessen Bestellung unverzüglich der für den Sitz des Betriebes oder der Dienststelle zuständigen Agentur für Arbeit und dem zuständigen Integrationsamt zu **benennen**. Dabei sind Namen, Vornamen und Anschrift sowie Stellung im Betrieb oder in der Dienststelle anzugeben. Jeder Verstoß soll nach § 156 Abs. 1 Nr. 6 als Ordnungswidrigkeit mit bis zu 10.000 Euro geahndet werden. In diesem Zusammenhang ist es zu großen **Vollzugsdefiziten** gekommen. Da auch nicht rechtzeitige Benennungen geahndet werden sollen, müsste jeweils nach Abschluss des regelmäßigen vierjährigen Wahlturnus (vgl. § 177 Abs. 5) – das nächste Mal am 30.11.2018 – in allen Fällen, in denen eine Woche später noch keine Benennung der Gewählten eingeht, von der der örtlichen Arbeitsagentur eine Meldung an die zuständige Verwaltungsbehörde (§ 238 Abs. 3: Regionaldirektion der Bundesagentur für Arbeit) erfolgen. Dort wäre nach pflichtgemäßem Ermessen (§ 47 Abs. 1 OWiG) ein Ordnungswidrigkeitenverfahren einzuleiten. Das Unterlassen gebotener verspäteter Benennung ist nach § 65 OWiG durch Festsetzung eines Bußgelds zu ahnden. Bei geringfügigen Ordnungswidrigkeiten, zB erstmalige verspätete Benennung, kann eine Verwarnung erteilt oder ein Verwarnungsgeld von fünf bis 35 Euro erhoben werden (§ 56 Abs. 1 OWiG). Weil den Arbeitsagenturen aus der vorangegangenen Amtszeit bekannt ist, in welchen Betrieben und Dienststellen Schwerbehindertenvertretungen bestanden haben, müsste an sich die Leitungsebene der Bundesagentur für Arbeit von Amts wegen tätig werden und die Abgleichung der Erfüllung der Arbeitgeberpflichten

---

20 *Dörner* SchwbG § 13 Rn. 22.
21 *Dörner* SchwbG § 13 Rn. 25.
22 BAG 26.2.1987 – 6 ABR 46/84, BAGE 55, 96.

organisieren. Es ist nicht erkennbar, dass diese Aufgabe wahrgenommen wird. Es stellt sich die Frage, ob das für die Rechtsaufsicht zuständige BMAS nicht im Wege der Aufsicht tätig werden müsste.

§ 164 Pflichten des Arbeitgebers und Rechte schwerbehinderter Menschen

(1) ¹Die Arbeitgeber sind verpflichtet zu prüfen, ob freie Arbeitsplätze mit schwerbehinderten Menschen, insbesondere mit bei der Agentur für Arbeit arbeitslos oder arbeitsuchend gemeldeten schwerbehinderten Menschen, besetzt werden können. ²Sie nehmen frühzeitig Verbindung mit der Agentur für Arbeit auf. ³Die Bundesagentur für Arbeit oder ein Integrationsfachdienst schlägt den Arbeitgebern geeignete schwerbehinderte Menschen vor. ⁴Über die Vermittlungsvorschläge und vorliegende Bewerbungen von schwerbehinderten Menschen haben die Arbeitgeber die Schwerbehindertenvertretung und die in § 176 genannten Vertretungen unmittelbar nach Eingang zu unterrichten. ⁵Bei Bewerbungen schwerbehinderter Richterinnen und Richter wird der Präsidialrat unterrichtet und gehört, soweit dieser an der Ernennung zu beteiligen ist. ⁶Bei der Prüfung nach Satz 1 beteiligen die Arbeitgeber die Schwerbehindertenvertretung nach § 178 Absatz 2 und hören die in § 176 genannten Vertretungen an. ⁷Erfüllt der Arbeitgeber seine Beschäftigungspflicht nicht und ist die Schwerbehindertenvertretung oder eine in § 176 genannte Vertretung mit der beabsichtigten Entscheidung des Arbeitgebers nicht einverstanden, ist diese unter Darlegung der Gründe mit ihnen zu erörtern. ⁸Dabei wird der betroffene schwerbehinderte Mensch angehört. ⁹Alle Beteiligten sind vom Arbeitgeber über die getroffene Entscheidung unter Darlegung der Gründe unverzüglich zu unterrichten. ¹⁰Bei Bewerbungen schwerbehinderter Menschen ist die Schwerbehindertenvertretung nicht zu beteiligen, wenn der schwerbehinderte Mensch die Beteiligung der Schwerbehindertenvertretung ausdrücklich ablehnt.

(2) ¹Arbeitgeber dürfen schwerbehinderte Beschäftigte nicht wegen ihrer Behinderung benachteiligen. ²Im Einzelnen gelten hierzu die Regelungen des Allgemeinen Gleichbehandlungsgesetzes.

(3) ¹Die Arbeitgeber stellen durch geeignete Maßnahmen sicher, dass in ihren Betrieben und Dienststellen wenigstens die vorgeschriebene Zahl schwerbehinderter Menschen eine möglichst dauerhafte behinderungsgerechte Beschäftigung finden kann. ²Absatz 4 Satz 2 und 3 gilt entsprechend.

(4) ¹Die schwerbehinderten Menschen haben gegenüber ihren Arbeitgebern Anspruch auf
1. Beschäftigung, bei der sie ihre Fähigkeiten und Kenntnisse möglichst voll verwerten und weiterentwickeln können,
2. bevorzugte Berücksichtigung bei innerbetrieblichen Maßnahmen der beruflichen Bildung zur Förderung ihres beruflichen Fortkommens,
3. Erleichterungen im zumutbaren Umfang zur Teilnahme an außerbetrieblichen Maßnahmen der beruflichen Bildung,
4. behinderungsgerechte Einrichtung und Unterhaltung der Arbeitsstätten einschließlich der Betriebsanlagen, Maschinen und Geräte sowie der Gestaltung der Arbeitsplätze, des Arbeitsumfelds, der Arbeitsorganisation und der Arbeitszeit, unter besonderer Berücksichtigung der Unfallgefahr,
5. Ausstattung ihres Arbeitsplatzes mit den erforderlichen technischen Arbeitshilfen

unter Berücksichtigung der Behinderung und ihrer Auswirkungen auf die Beschäftigung. ²Bei der Durchführung der Maßnahmen nach Satz 1 Nummer 1, 4 und 5 unterstützen die Bundesagentur für Arbeit und die Integrationsämter die Arbeitgeber unter Berücksichtigung der für die Beschäftigung wesentlichen Eigenschaften der schwerbehinderten Menschen. ³Ein Anspruch nach Satz 1 besteht nicht, soweit seine Erfüllung für den Arbeitgeber nicht zumutbar oder mit unverhältnismäßigen Aufwendungen verbunden wäre oder soweit die staatlichen oder berufsgenossenschaftlichen Arbeitsschutzvorschriften oder beamtenrechtliche Vorschriften entgegenstehen.

(5) ¹Die Arbeitgeber fördern die Einrichtung von Teilzeitarbeitsplätzen. ²Sie werden dabei von den Integrationsämtern unterstützt. ³Schwerbehinderte Menschen haben einen Anspruch auf Teilzeitbeschäftigung, wenn die kürzere Arbeitszeit wegen Art oder Schwere der Behinderung notwendig ist; Absatz 4 Satz 3 gilt entsprechend.

I. Überblick und Gesetzeshistorie 1	b) Unmittelbare und mittelbare Benachteiligung 41
1. Inhaltsüberblick 1	c) Rechtfertigungsgründe 53
2. Gang der Gesetzgebung 4	
II. Verbindung mit anderen Normen.................... 9	d) Förderungspflichten und angemessene Vorkehrungen 56
1. Öffentlich-rechtliche Beschäftigungspflicht ... 9	e) Erleichterung der Darlegungs- und Beweislast 59
2. Zusätzliche Pflichten des öffentlichen Arbeitgebers 10	f) Schadensersatz für Nichteinstellung 75
3. Mitwirkungsrechte von Schwerbehindertenvertretung, Betriebsrat und Personalrat 11	g) Anspruch auf Begründung eines Beschäftigungsverhältnisses 80
III. Benachteiligungsverbot „wegen Behinderung" (Abs. 2) 17	h) Schadensersatz für Nichtteilnahme am beruflichen Aufstieg 86
1. Das schwerbehindertenrechtliche und das gleichbehandlungsrechtliche Benachteiligungsverbot 17	i) Entschädigung für erlittene Benachteiligung 88
	j) Geltendmachung: Form und Frist 93
2. Die Überwachung des Benachteiligungsverbots durch die Vertretungen der Beschäftigten 26	k) Klagefrist 96
	l) Offene Fragen zu Schnittstellen 99
3. Die Kontrolle der Benachteiligung im Sozialplan 30	m) Gerichtlicher Konzentrationsgrundsatz 101
4. Die Beschwerde wegen Benachteiligung 31	n) Ausschluss von Scheinbewerbern mit Entschädigungsinteresse 102
5. Die Kontrolle der Benachteiligung im Tarifvertrag 35	IV. Organisation der Stellenbesetzung (Abs. 1) 105
6. Inhalt der Verweisung auf das AGG 36	1. Prüfung der Besetzbarkeit einer Stelle und anschließende Personalauswahl 105
a) Geltung des Benachteiligungsverbots 36	

- a) Prüf- und Konsultationspflicht statt Einstellungspflicht 105
- b) Prüfung in mehreren Phasen 108
2. Phase der Prüfung der Geeignetheit des Arbeitsplatzes 109
  - a) Geltungsbereich der Prüfpflicht 109
  - b) Keine Ausnahme bei beabsichtigter interner Stellenbesetzung 115
  - c) Keine Ausnahme bei beabsichtigter Leiharbeit 117
  - d) Keine Ausnahme für durch Drittmittel finanzierte Arbeitsplätze 120
  - e) Pflicht zur gemeinsamen Prüfung mit den Beschäftigtenvertretungen 121
  - f) Art und Weise der Geeignetheitsprüfung 125
  - g) Arbeitsplatzbeschreibung und Anforderungsprofil 130
  - h) Beteiligung der Arbeitsagentur 138
  - i) Berücksichtigung des internen Arbeitsmarkts 143
3. Organisation der Personalauswahl 145
  - a) Unterrichtung über Eingang von Bewerbungen 145
  - b) Beteiligung an Auswahlentscheidung ... 153
4. Ablehnung der Beteiligung der SBV 156
5. Auswahlentscheidung und Erörterung 159
6. Begründung der getroffenen Auswahlentscheidung 161
7. Rechtsfolgen mangelhafter Erfüllung der Arbeitgeberpflicht im Stellenbesetzungsverfahren 169
8. Rechtsfolgen der mangelhaften Beteiligung an der Personalauswahl 178
9. Weitere Rechtsfolgen der Nichteinhaltung von Arbeitgeberpflichten bei der Stellenbesetzung..... 179
- V. Sicherstellung der Mindestbeschäftigung (Abs. 3) 181
- VI. Anspruch auf behinderungsgerechte Beschäftigung (Abs. 4) 183
  1. Von der Fürsorgepflicht zum Teilhabeanspruch .. 183
  2. Behinderungsgerechte Beschäftigung 185
  3. Darlegungs- und Beweislast 194
  4. Verletzung der Beschäftigungspflicht 198
  5. Qualifizierung, Fortkommen und beruflicher Aufstieg 200
  6. Gestaltung der Arbeitsbedingungen und Ausstattung der Arbeitsplätze 206
  7. Hilfen der Arbeitsagentur und des Integrationsamts, Teilhabeleistungen der Rentenversicherung 211
  8. Zumutbarkeitsvorbehalt 212
- VII. Förderung von Teilzeit (Abs. 5) 213
  1. Verringerung der Arbeitszeit 213
  2. Altersteilzeit, Ausgleichs- und Ruhegeldleistungen 217
  3. Förderung von Teilzeitarbeitsplätzen 218
- VIII. Stufenweise Wiedereingliederung 219
- IX. Beamte, Richter und Staatsanwälte 223
- X. Hinweise zur Durchsetzung der Rechte aus § 164 226
  1. Rechtsweg 226
  2. Urteilsverfahren 227
  3. Verbandsklage 229
  4. Beschlussverfahren 230
  5. Aufstellen von Sozialplänen 232

I. Überblick und Gesetzeshistorie

1. Inhaltsüberblick

Regelungsinhalt: Die Vorschrift ist eine der umfangreichsten Bestimmungen des Schwerbehindertenrechts (Teil 3 des SGB IX). Ihr Ziel ist es, die **Teilhabechancen schwerbehinderter Menschen am Arbeitsleben** dadurch zu verbessern, dass den Arbeitgebern besondere **Förderungspflichten** auferlegt werden. Zur Erhöhung der Effektivität ihrer Bemühungen haben sie in bestimmten Fällen externe Stellen (**Integrationsamt** und **Arbeitsagentur**) und interne Stellen (**Betriebs-, Personalrat** und **Schwerbehindertenvertretung**) zu beteiligen. In Abs. 1 Satz 1 und 2 wird eine besondere Pflicht gegenüber den Arbeitsagenturen begründet, wegen der Besetzung freier Arbeitsplätze mit schwerbehinderten Menschen, die als arbeitslos oder arbeitsuchend gemeldet sind, frühzeitig Verbindung aufzunehmen. Die Arbeitsagenturen ihrerseits werden verpflichtet, geeignete schwerbehinderte Arbeitsuchende **zur Vermittlung vorzuschlagen** (Abs. 1 Satz 1, 3). Weiter werden den Arbeitgebern folgende **Pflichten** auferlegt:

1. vor der Neubesetzung von freien Arbeitsplätzen die Eignung der Arbeitsplätze zur Besetzung mit schwerbehinderten Menschen, insbesondere mit den bei der Agentur für Arbeit gemeldeten schwerbehinderten Menschen zu prüfen (Abs. 1 Satz 1),
2. bei nicht erfüllter Mindestquote die Gründe für die Ablehnung der schwerbehinderten Bewerber gegenüber den abgelehnten sowie den betrieblichen Arbeitnehmervertretungen zu erläutern (Abs. 1 Satz 7–10),
3. Maßnahmen zu ergreifen, um die Mindestbeschäftigungsquote sicherzustellen (Abs. 3),
4. Benachteiligungen wegen der Behinderung zu unterlassen (Abs. 2),
5. Arbeitsstätten, Arbeitsabläufe und Arbeitsplätze behinderungsgerecht einzurichten sowie behinderungsgerecht auszustatten (Abs. 4 Satz 1 Nr. 4 und 5),
6. die schwerbehinderten Belegschafts- und Dienstellenangehörigen behinderungsgerecht zu beschäftigen,
7. die berufliche Entwicklung der schwerbehinderten Beschäftigten zu fördern (Abs. 4 Satz 1 Nr. 1 bis 3),
8. die Einrichtung von Teilzeitarbeitsplätzen zu fördern (Abs. 5 Satz 1) und
9. auf Verlangen des schwerbehinderten Beschäftigten, ihn soweit dies wegen Schwere oder Art der Behinderung notwendig ist, mit einer kürzeren als der vertraglichen Arbeitszeit zu beschäftigen (Abs. 5 Satz 3).

Die in Abs. 1 Satz 8 und 9, Abs. 4 Satz 1 Nr. 1 bis 5 und in Abs. 5 Satz 3 geregelten **Arbeitgeberpflichten** korrespondieren mit individuellen Ansprüchen der schwerbehinderten Menschen. Den Integrationsämtern und Arbeitsagenturen wird in Abs. 4 Satz 2 und Abs. 5 Satz 2 die Aufgabe zugewiesen, die Arbeitgeber bei der Erfüllung der Ansprüche der schwerbehinderten Menschen zu unterstützen. Schließlich wird das Zusammenwirken des Arbeitgebers mit den Betriebs- und Personalräten sowie mit der Schwerbehindertenvertretung in der Weise geregelt, dass unter deren Beteiligung vor der **Neubesetzung von Arbeitsplätzen** eine Prüfung stattzufinden hat, bei der zu untersuchen ist, ob bezogen auf Art und Schwere der Behinderung die Besetzung mit als arbeitsuchend gemeldeten oder sonstigen Bewerbern möglich ist (Abs. 1 Satz 1 und 6). Zur Verbesserung der Chancen der schwerbehinderten Bewerber sind den Arbeitnehmervertretungen zusätzliche Beteiligungsrechte eingeräumt. Die Pflicht des Arbeitgebers, die Arbeitnehmervertretungen unmittelbar nach Eingang von Vermittlungsvorschlägen oder Bewerbungen zu unterrichten, soll sicherstellen, dass eine Überwachung der Gleichbehandlung möglich ist (Abs. 1 Satz 4). Erfüllt der Arbeitgeber die **Mindestbeschäftigungsquote** nicht, so ist er auf das Einverständnis der Arbeitnehmervertretungen angewiesen, wenn er einen schwerbehinderten Bewerber ablehnen will. Ansonsten muss er ein bürokratisches **Erörterungsverfahren** mit allen Beteiligten durchführen und seine Auswahlgründe darlegen (Abs. 1 Satz 7 bis 9).

2 **Normkritik:** Die in § 164 enthaltene Fülle unterschiedlicher arbeits- und dienstrechtlicher Regelungen sowie öffentlich-rechtlicher Aufgabenzuweisungen ist nur vor dem historischen Hintergrund der Genese des Schwerbehindertenrechts zu verstehen. Ihr Anwachsen auf 18 Sätze zeigt an, dass es bei der Kodifikation des SGB IX nicht gelungen ist, dem Regelungskomplex eine einheitliche systematische Struktur zu geben. Er besteht im Wesentlichen aus der Anhäufung von Arbeitgeberpflichten, die in irgendeinem Zusammenhang mit der Besetzung von Arbeitsplätzen, dem Auswahlverfahren und der Beschäftigung von bereits eingestellten schwerbehinderten Menschen stehen. An anderer Stelle sind noch besondere Förderungspflichten für das Personalauswahlverfahren im öffentlichen Dienst in § 165 SGB IX geregelt. Eine stärkere Konkretisierung der Arbeitgeberpflichten wäre wünschenswert und trüge zur Erhöhung der Transparenz für die Beteiligten bei. Dies gilt vor allem für die Fragen, welche Förderungsmaßnahmen die Arbeitgeber zur Erfüllung ihrer **öffentlich-rechtlichen Beschäftigungspflicht** zu erfüllen haben. Dabei sind zeitlich folgende Phasen zu unterscheidenden: 1. die Personalplanung für Beschäftigung und Ausbildung, 2. die Einrichtung und Gestaltung von Arbeits- und Ausbildungsplätzen (sog. Arbeitsplatzdesign), 3. das Aufstellen des Anforderungsprofils für Stellenausschreibungen, 4. die Durchführung des Auswahlverfahrens, 5. die Einstellungsentscheidung, 6. die Art und Weise der Beschäftigung und 7. die Anpassung des Arbeitsplatzes an Veränderungen. Hinsichtlich der **behinderungsgerechten Beschäftigung** und des beruflichen Aufstiegs ist bereits eine derartige Konkretisierung in Abs. 4 erfolgt. Wird aus historischer Sicht der Norminhalt betrachtet, so drängt sich der Eindruck auf, dass dem heutigen Gesetzgeber im Bereich der Durchsetzung der Mindestbeschäftigungspflicht der Mut fehlt, für die Praxis handhabbare Vorschriften zu schaffen und er deshalb in eine unverbindliche Abstraktion ausweicht. Anders als bei der Durchsetzung des individuellen Beschäftigungsanspruchs nach Abs. 4 kann die in § 154 Abs. 1 nur abstrakt geregelte öffentlich-rechtliche Beschäftigungspflicht nicht durch klagebereite schwerbehinderte Menschen im Rahmen gerichtlicher Entscheidungen einer Konkretisierung zugeführt werden. Die Fähigkeit der Rechtsprechung, eine Norm wie die Beschäftigungspflicht fallgruppenweise[1] zu konkretisieren, kommt deshalb nicht zum Zuge. Das dazu nötige Fallmaterial könnte nur aus den Vollzugsaktivitäten der für die Überwachung der öffentlich-rechtlichen Beschäftigungspflicht nach § 238 Abs. 1 Nr. 1, Abs. 3 zuständige **Verwaltungsbehörde Bundesagentur für Arbeit** anfallen. Nach § 47 Abs. 1 OWiG entscheidet diese über die Einleitung des Verfahrens und die Verhängung eines Bußgelds oder nach § 56 Abs. 1 OWiG über die Erteilung einer Verwarnung. Es gilt das Opportunitätsprinzip. Bis 2013 waren intern die Regionaldirektionen der Bundesagentur für Arbeit zuständig. Im Zuge der Effizienzsteigerung übernahm 2014 die Organisationseinheit „Operative Service Team OWi die Aufgabe". Die Daten geben Anhaltspunkte dafür, dass davor von den Sachbearbeitern vor Ort Verdachtsfälle nicht weitergeleitet wurden. So wurden 2007 nur drei Fälle aufgegriffen, von denen in zwei Bußgelder in Höhe von insgesamt 1750 EUR

---

[1] Hier für die erforderlichen Maßnahmen von der Planung bis zur Erhaltung der Beschäftigungsfähigkeit.

festgesetzt wurden.² Nach der Umorganisation stieg 2014 die Zahl der aufgegriffenen Fälle von 3 auf immerhin 270 und die Zahl der Bußgelder von 2 auf 18 mit einer Gesamtsumme von 1.750 EUR auf 6.405 EUR (vgl. die Aufstellung → § 238 Rn. 31). Die Umstrukturierung zeigte also eine Auswirkung. Diese war und ist jedoch angesichts der Tatsache, dass 126.500 Arbeitgeber ihre Pflichtquote nicht erfüllen,³ verschwindend gering. Es fällt auf, dass für denselben Zeitraum die BA die Zahl der aufgegriffenen Fälle in den übrigen Ordnungswidrigkeitstatbeständen mit 11.503 angab. Das Verhältnis von 270 zu 11.503 bestätigt die Vermutung vieler Praktiker t, dass vor allem die elektronisch leicht zu überwachenden Verstöße gegen die Anzeigepflicht zur Erhebung der Ausgleichsabgabe nach § 238 Abs. 1 Nr. 3 verfolgt und selbst beharrliche Verstöße gegen die Nichterfüllung der Pflichtquote nur seltenen Fällen geahndet werden.⁴ Dieses **Vollzugsdefizit** (vgl. die Aufstellung → § 238 Rn. 31) wird zwar von den Gewerkschaften kritisiert,⁵ aber von dem Vorstand der Bundesagentur für Arbeit und dem für deren Aufsicht zuständigen Bundesministerium für Arbeit und Soziales hingenommen. Den in Abs. 1 und 3 aufgeführten besonderen Maßnahmen, die den Arbeitgebern zur Erhöhung der Wirksamkeit der öffentlich-rechtlichen Beschäftigungspflicht auferlegt sind, kommt nur der Charakter eines Appells zu. Erst durch die Rechtsprechung, die in dem Unterlassen der gebotenen Maßnahmen eine Vermutungstatsache iSv § 22 AGG (vordem § 81 Abs. 2 Satz 2 Nr. 1, Satz 3 SGB IX aF) sieht, ist ein Sanktionierungsdruck entstanden. Der von erfolgreichen Entschädigungsklagen ausgehende kostenintensive Lernprozess führt dazu, dass sich Arbeitgeber stärker um Beachtung und Einhaltung dieser Bestimmungen bemühen. Mit ihren „Fachliche Weisungen" zu § 163 SGB IX hat inzwischen die BA Zentrale ihre Sachbearbeiter angewiesen, alle Verdachtsfälle zu melden. So ist für den Bereich Arbeitgeberberatung und Arbeitsvermittlung tätigen Beschäftigten bestimmt: „Grundsätzlich sind alle potentiellen Verdachtsfälle durch den Operativen Service Team SB-AV zu identifizieren".⁶ Die mit der Bearbeitung der Daten zur Beschäftigungspflicht nach § 163 Abs. 2 SGB IX betrauten Beschäftigten sind ebenfalls verpflichtet, über den Verdacht einer Ordnungswidrigkeit die nach § 238 Abs. 3 SGB IX zuständige Stelle der Bundesagentur für Arbeit – Operative Service Team OWi – zu unterrichten.⁷ Maßgeblich ist, was ein Umstand ist, der einen Verdacht auf schuldhaften Nichterfüllung der Beschäftigungspflicht begründet. An sich müssten alle 42.200 Fälle⁸ aufgegriffen werden, in denen – häufig seit mehr als einem Jahrzehnt – beschäftigungspflichtige Arbeitgeber keinen einzigen schwerbehinderten Menschen beschäftigen. Die Verschuldensermittlung wäre sehr einfach. Es genügte die Frage, welche geeigneten Maßnahmen der Nichterfüller der Beschäftigungspflicht im abgelaufenen Anzeigejahr

---

2 Vgl. ausführlich mit umfassenden amtlichen Datenmaterial *Düwell* → 3. Aufl. 2010, § 156 Rn. 31.
3 BIH Jahresbericht 2018 I 2019, S. 17 mit den Zahlen der Statistik der BA aus dem Anzeigeverfahren gemäß § 163 Absatz 2 SGB IX.
4 *Schimanski* in GK-SGB IX § 156 Rn. 37 f.
5 Verdi Bundesvorstand, sopoaktuell: Neues aus der Arbeitsmarkt- und Sozialpolitik Nr. 305, 18.12.2020.
6 Fachliche Weisungen SB Neuntes Buch Sozialgesetzbuch – SGB IX § 163 SGB IX, Abschnitt 5.2 Verfahren bei Ordnungswidrigkeiten (OWi) und Widersprüchen, gültig ab 1.1.2020.
7 Fachliche Weisungen SB Neuntes Buch Sozialgesetzbuch – SGB IX § 163 SGB IX, Abschnitt 5.2 Verfahren bei Ordnungswidrigkeiten (OWi) und Widersprüchen, gültig ab 1.1.2020.
8 BIH Jahresbericht 2018 I 2019, S. 17 mit den Zahlen der Statistik der BA aus dem Anzeigeverfahren gemäß § 163 Absatz 2 SGB IX.

ergriffen hat, um die Erfüllung der Beschäftigungspflicht sicherzustellen, Einzelheiten → Rn 181. Lautet die Antwort „Keine Maßnahmen ergriffen", so ist der Tatbestand der schuldhaften Ordnungswidrigkeit nach § 238 Abs. 1 Nr. 1 SGB IX indiziert.

3 **Entstehungsgeschichte:** Die Arbeitgeberpflichten zur Durchsetzung der öffentlich-rechtlichen Mindestbeschäftigung gehen auf das von der Weimarer Republik geschaffene Gesetz über die Beschäftigung Schwerbeschädigter vom 6.4.1920[9] zurück, das durch das Gesetz vom 12.1.1923[10] seine endgültige Fassung (SchwBeschG 1923) fand. Nach § 1 SchwBeschG 1923 war ein Arbeitgeber, der einen Arbeitsplatz besetzen wollte, verpflichtet einen für den Arbeitsplatz geeigneten Schwerbeschädigten anderen Bewerbern vorzuziehen. Wenn ein privater Arbeitgeber die vorgeschriebene Zahl von Pflichtplätzen nicht besetzt hatte, setzte nach § 7 Abs. 1 SchwBeschG 1923 die Hauptfürsorgestelle eine angemessene Frist zur Nachholung unter Androhung der **Zwangseinstellung**. Verstrich die Frist, galt dann mit der Zustellung des Beschlusses ein Arbeitsvertrag zwischen Arbeitgeber und Schwerbeschädigten als abgeschlossen (§ 7 Abs. 2 Satz 2 SchwBeschG 1923). Außerdem hatte der Arbeitgeber auf Verlangen der Hauptfürsorgestelle seinen Betrieb so einzurichten, dass er eine möglichst große Zahl Schwerbeschädigter beschäftigen konnte (§ 10 Abs. 2 SchwBeschG 1923). Bei Verstößen gegen die Vorschriften des Gesetzes konnte auf Antrag der Hauptfürsorgestelle durch das Gericht eine Buße bis zu 10 000 Reichsmark, im Wiederholungsfalle bis zu 100 000 Reichsmark verhängt werden (§ 18 Abs. 1 SchwBeschG 1923). Das Gesetz über die Beschäftigung Schwerbehinderter (Schwerbeschädigtengesetz – SchwBeschG) vom 16.6.1953[11] hielt an dem bereits durch Verordnung über die Beschäftigung Schwerbeschädigter vom 9.1.1919[12] eingeführtem Rechtsinstitut der **Zwangseinstellung** fest. Neu wurde die Verpflichtung zur Ausstattung des Arbeitsplatzes mit den erforderlichen technischen Arbeitshilfen eingeführt (§ 12 Abs. 4 Satz 1 SchwBeschG 1953). Das Gesetz zur Sicherung der Eingliederung Schwerbehinderter in Arbeit, Beruf und Gesellschaft (Schwerbehindertengesetz – SchwbG) vom 24.4.1974[13] nahm eine Neuregelung vor. Die Möglichkeit der Zwangseinstellung wurde fallengelassen.[14] Man war der Meinung, der Verwaltungszwang sei nicht sinnvoll. Statt auf Kontrahierungszwang setzte der Gesetzgeber nunmehr auf den **guten Willen des Arbeitgebers**, gemeinsam mit den für die Durchführung des Gesetzes zuständigen Stellen (das waren: Hauptfürsorgestellen und Arbeitsamt) an der Eingliederung mitzuwirken. Als notwendiger erster Schritt wurde geregelt, dass der Arbeitgeber vor der Besetzung freier Arbeitsplätze prüft, ob Schwerbehinderte beschäftigt werden können (§ 11 Abs. 1 Satz 1 SchwbG 1974). Neu hinzu kam die Pflicht zur Förderung der beruflichen Bildung, um der damals wie heute häufig anzutreffenden Minderqualifizierung abzuhelfen. Die bis dahin alleinige Prüfung der Besetzungsmöglichkeit durch den Arbeitgeber ist durch § 14 SchwbG 1986 geändert worden. Seitdem hat der **Arbeitgeber unter Beteiligung der Schwerbehindertenvertretung (SBV) die Prüfung** durchzuführen. Bis dahin war nach § 11 Abs. 1 Satz 2 SchwbG 1974 der Arbeitgeber nur verpflichtet, eine eingegangene Bewerbung

---

9 RGBl. 458.
10 RGBl. 57.
11 BGBl. I 389.
12 RGBl. 28.
13 BGBl. I 981.
14 Streichung durch Art. 1 Nr. 12 des Gesetzes zur Weiterentwicklung des Schwerbehindertenrechts vom 27.4.1974, BGBl. I, 981.

mit dem Vertrauensmann zu erörtern und das Ergebnis der Erörterung der Interessenvertretung mitzuteilen. Die weitergehende Beteiligung der SBV wurde als Reaktion auf die zu niedrige Ist-Beschäftigungsquote eingeführt. Damals wurde schon zutreffend erkannt: „(...) wegen der Verschiedenartigkeit der Behinderungen und der unterschiedlichen Anforderungen der Arbeitsplätze läßt sich diese Prüfung mit hinreichender Aussicht auf Erfolg nicht abstrakt, sondern nur im konkreten Einzelfall eines arbeitsuchenden Schwerbehinderten, bezogen auf einen bestimmten Arbeitsplatz, durchführen"[15]. Die Neufassung bezog deshalb zusätzlich in die gemeinsame Prüfung die Fragestellung ein, ob insbesondere beim Arbeitsamt gemeldete Schwerbehinderte für einen zu besetzenden Arbeitsplatz in Betracht kommen.[16] Diese Vorgabe für die Prüfung ist jetzt in § 164 Abs. 1 Satz 1 bis 3 als Inhalt der frühzeitigen Verbindungsaufnahme mit der Agentur für Arbeit geregelt.

2. Gang der Gesetzgebung

Die Neufassung des Schwerbehindertenrechts durch das SGB IX: Als Vorschaltgesetz zum Teil 2 des SGB IX diente das Gesetz zur Bekämpfung der Arbeitslosigkeit Schwerbehinderter vom 29.9.2000[17] (SchwbAG), in dem die wesentlichen Neuerungen des Schwerbehindertenrechts vorweg genommen wurden. Der durch das SchwbAG neu gefasste § 14 SchwbG ist dann zum 1.7.2001 inhaltsgleich als § 81 SGB IX übernommen worden. Der BT-Ausschuss für Arbeit und Sozialordnung hat allerdings die rechtliche Verpflichtung des Arbeitgebers durch eine Neuformulierung stärker betonen wollen. Die Gegenwartsform, „die Arbeitgeber (...) prüfen" ist deshalb umgewandelt worden in „die Arbeitgeber sind verpflichtet zu prüfen". In der Begründung hat der BT-Ausschuss auch auf die damals im Schrifttum nicht umstrittene Rechtsprechung des Bundesarbeitsgerichts zum **Zustimmungsverweigerungsrecht** des Betriebsrats nach § 99 Abs. 2 Nr. 1 BetrVG bei Verletzung dieser Norm Bezug genommen. Damit hat der Gesetzgeber klargestellt, dass diese Rechtsprechung seinem Regelungsplan entspricht.[18] Neu aufgenommen wurde damals nur das Benachteiligungsverbot in § 81 Abs. 2 SGB IX aF. Das geschah zur Vorwegumsetzung der Richtlinie des Rates der Europäischen Union zur Festlegung eines allgemeinen Rahmens für die Verwirklichung der Gleichbehandlung in Beschäftigung und Beruf (Rahmenrichtlinie).[19] 4

Erste Änderung des SGB IX: Durch das Dritte Gesetz für moderne Dienstleistungen am Arbeitsmarkt vom 23.12.2003[20] ist der Umbenennung der Bundesanstalt für Arbeit Rechnung getragen worden. Mit Wirkung zum 1.1.2004 ist jeweils das Wort „Bundesanstalt" durch das Wort „Bundesagentur" ersetzt worden. 5

Zweite Änderung des SGB IX: Durch Art. 3 Abs. 10 Nr. 2 des Gesetzes zur Umsetzung europäischer Richtlinien zur Verwirklichung des Grundsatzes der Gleichbehandlung vom 14.8.2006,[21] dessen wesentlicher Inhalt das Allgemeine Gleichbehandlungsgesetz (AGG) war, ist mit Wirkung vom 18.8.2006 ein erneuter Schritt zur Umsetzung der Richtlinie 2000/78/EG unternommen wor-

---

15 BT-Drs.10/3138, 20; Rechtschreibfehler im Original wiedergegeben.
16 BT-Drs.10/3138, 20.
17 BGBl. I 1394.
18 Vgl. BT-Drs. 14/5800, 35.
19 Rahmenrichtlinie 2000/78/EG des Rates vom 27.11.2000, ABl. EG Nr. L 303, 16, kurz **Rahmenrichtlinie**.
20 BGBl. I 2848.
21 BGBl. I 1897.

den. Die bisherige umfangreiche Regelung des Verbots der Benachteiligung „wegen einer Behinderung" in Abs. 2 Satz 2 Nr. 1 bis Nr. 5 enthielt entsprechend § 611a BGB eine umfangreiche Regelung der Definition der Benachteiligung, der Rechtfertigungsgründe, der Beweislastumkehr und der Entschädigung von Benachteiligungen.[22] Diese sind abgeschafft und ersetzt durch folgende schlanke Neufassung: „Im Einzelnen gelten hierzu die Regelungen des Allgemeinen Gleichbehandlungsgesetzes."

6 **Nachbesserung wegen festgestellter Vertragsverletzung:** Die Nachbesserung im Abs. 2 war erforderlich geworden, nachdem mit Urteil vom 23.2.2006 der EuGH festgestellt hatte: „Die Bundesrepublik Deutschland hat ihre Verpflichtungen aus der Richtlinie 2000/78/EG des Rates vom 27.11.2000 zur Festlegung eines allgemeinen Rahmens für die Verwirklichung der Gleichbehandlung in Beschäftigung und Beruf verletzt, indem sie nicht alle Rechts- und Verwaltungsvorschriften erlassen hat, die notwendig sind, um dieser Richtlinie in Bezug auf die Diskriminierung wegen (...) einer **Behinderung** (...) nachzukommen".[23] Entgegen der ursprünglichen Annahme reichte nämlich das in § 81 Abs. 2 SGB IX aF zugunsten der schwerbehinderten und gleichgestellten behinderten Beschäftigten geregelte Diskriminierungsverbot nicht aus, um die **Umsetzungspflicht** zu erfüllen. Der EuGH bestätigte damit im Ergebnis den vom ArbG Berlin vertretenen weiten, **alle behinderten Menschen** umfassenden Behindertenbegriff.[24] Allerdings fehlte in der Entscheidung des EuGH eine nähere Begründung dafür, aus welchen Gründen die mit § 81 Abs. 2 SGB IX aF zum 1.7.2001 vorgenommene Umsetzung des Benachteiligungsverbots unzureichend war. Diese Begründung hat das BAG in seinem Urteil v. 3.4.2007[25] nachgeholt.

7 **Doppelung der Benachteiligungsverbote in AGG und SGB IX:** Der entscheidende Schritt zur nachbessernden Umsetzung ist durch das Gesetz zur Umsetzung europäischer Richtlinien zur Verwirklichung der Grundsatzes der Gleichbehandlung vom 14.8.2006[26] erfolgt. Art. 1 des Gesetzes enthält das den weiten europarechtlichen Behindertenbegriff umsetzende Allgemeine Gleichbehandlungsgesetz (AGG). § 1 AGG stellt das Ziel auf, Benachteiligungen ua auch „wegen einer Behinderung" zu vermeiden oder wenn diese schon eingetreten ist, sie zu beseitigen. § 7 Abs. 1 AGG enthält das Verbot, Beschäftigte wegen eines in § 1 AGG genannten Grundes zu benachteiligen. Verstöße werden durch die in § 15 AGG geregelten Schadensersatz- und Entschädigungsansprüche sanktioniert. Neben dem behindertenrechtlichen Verbot der Benachteiligung in §§ 1, 7 AGG gilt weiterhin das bereits bei Schaffung des SGB IX in Kraft getretene schwerbehindertenrechtliche Benachteiligungsverbot in § 164 (bis 31.12.2017: § 81) Abs. 2 Satz 1. Der Geltungsbereich beider Verbote überschneidet sich. Gemeinsame Schnittmenge ist die Benachteiligung der schwerbehinderten und gleichgestellten behinderten Menschen. Die **Doppelung von Verboten** ist hier nicht sinnlos. Dafür sprechen drei Gründe: Erstens hat der Gesetzgeber für die durch § 164 Abs. 2 SGB IX geschützten Personen die Möglichkeit der Verbandsklage nach § 85 (bis 31.12.2017: § 63 Satz 1 SGB IX aF) er-

---

22 Vgl. BT-Drs. 14/5074, 113.
23 EuGH 23.2.2006 – C-43/05, ABl. 2006 C 131, 23 = NZA 2006, 553.
24 ArbG Berlin 13.7.2005 – 86 Ca 24618/04, NZA-RR 2005, 608; das abändernde Berufungsurteil des LAG Bln 9.3.2006 – 5 Sa 1794/05 – ist vom BAG am 3.4.2007 – 9 AZR 823/06, NZA 2007, 1098 aufgehoben worden; im erneuten Berufungsverfahren hat das LAG mit Urteil v. 30.1.2008 – 5 Sa 1755/07, *Gagel* jurisPR-ArbR 11/2009 Anm. 5, die Berufung zurückgewiesen.
25 9 AZR 823/06, NZA 2007, 1098, zustimmend: *Basch* AiB 2008, 119; *Kohte* jurisPR-ArbR 16/2008 Anm. 1; *Schlachter* RdA 2008, 179.
26 BGBl. I 1897.

halten. Diese setzt die Verletzung von Rechten **nach dem SGB IX** voraus.[27] Zweitens sind die Zuständigkeiten der Arbeitnehmervertretungen Betriebs- und Personalrat auf der einen und SBV auf der anderen Seite sinnvoll abgegrenzt: Betriebs- und Personalrat haben ab § 80 Abs. 1 Nr. 1 BetrVG bzw. § 62 Nr. 4 BPersVG nF (§ 68 Abs. 1 Nr. 2 BPersVG aF) die Einhaltung des Behindertenbetreffenden Verbots aus § 7 AGG zu überwachen, während sich nach § 178 Abs. 1 Satz 2 Nr. 1 SGB IX die Überwachungsaufgabe der SBV darauf beschränkt, ausschließlich auf die Einhaltung des schwerbehindertenrechtlichen Verbots aus § 164 Abs. 2 SGB IX zu achten. Drittens schließt § 164 Abs. 2 SGB IX aus, dass aus dem in § 2 AGG definierten engeren Anwendungsbereich keine Anwendungssperre für die Begründung, Durchführung und Beendigung des Beschäftigungsverhältnisses konstruiert werden kann.[28] § 164 Abs. 2 Satz 1 SGB IX stellt nämlich umfassend klar, dass im Verhältnis der Arbeitgeber zu ihren schwerbehinderten Beschäftigten das Benachteiligungsverbot ohne jede Einschränkung gilt. Damit hat sich der frühere Meinungsstreit über die Bedeutung der Einschränkung des Kündigungsschutzes durch § 2 Abs. 4 AGG erledigt.

Änderungen durch das BTHG: Der als Vorschaltgesetz konzipierte Art. 2 des Gesetzes zur Stärkung der Teilhabe und Selbstbestimmung von Menschen mit Behinderungen (Bundesteilhabegesetz – BTHG) vom 23.12.2016,[29] das mit Wirkung vom 30.12.2016 Änderungen zur Stärkung der SBV vorgezogen hat, enthielt keine Änderungen. Art. 1 hat mit Wirkung vom 1.1.2018 lediglich redaktionelle Änderungen vorgenommen, indem die Verweisungen auf andere Vorschriften angepasst wurden. Die Anpassung war erforderlich, weil infolge der Einfügung der Eingliederungshilfe als neuem Teil 2 das Schwerbehindertenrecht um 83 Paragrafennummern in den **Teil 3** verschoben worden ist. 8

II. Verbindung mit anderen Normen
1. Öffentlich-rechtliche Beschäftigungspflicht

Instrumente zur Durchsetzung der öffentlich-rechtlichen Beschäftigungspflicht: § 164 Abs. 1, 2, 3, 4 und Abs. 5 müssen als sich als jeweils ergänzende Instrumente zur Durchsetzung der öffentlich-rechtlichen Beschäftigungspflicht aus § 154 Abs. 1 verstanden werden. 9

Die immer wieder geltend gemachten Einwände, es gäbe nicht genügend erwerbsfähige schwerbehinderte Menschen, um die Pflichtarbeitsplätze zu besetzen, sind zu pauschal. Laut Arbeitsmarktbericht der Bundesagentur für Arbeit 2019[30] lebten in Deutschland im Jahr 2017 etwa 7,8 Millionen schwerbehinderte Menschen, von denen 3,1 Millionen im Alter von 15 bis unter 65 Jahre waren. Innerhalb dieser Altersgruppe, die das erwerbsfähige Alter bezeichnet, sind von der BA erfasst: 1,45 Millionen schwerbehinderte Menschen. Danach betrug die Erwerbstätigenquote nur 46,9 %. Die Erwerbstätigenquote der Bevölkerung insgesamt war 2017 mit 75,2 % deutlich höher.[31] Die Arbeitsmarktberichterstattung weist darauf hin, dass mit zunehmendem Alter die Erwerbstätigenquote schwerbehinderter Menschen deutlich unter der der Bevölkerung insgesamt zurückbleibt. Während von den 25- bis unter 50-jährigen schwerbe-

---

27 Einzelheiten *Düwell* BB 2006, 1741; *Gagel* jurisPR-ArbR 43/2010 Anm. 3.
28 Vgl. *von Roetteken* AGG, 72. Aktualisierung Februar 2021, Rn. 531.
29 BGBl. 2016 I 3234.
30 Bundesagentur für Arbeit, Statistik der Bundesagentur für Arbeit, Berichte: Blickpunkt Arbeitsmarkt- Situation schwerbehinderter Menschen, April 2019.
31 Bundesagentur für Arbeit, Situation schwerbehinderter Menschen, April 2019, aktualisiert Juli 2019, S. 7.

hinderten Menschen 60,8 % erwerbstätig waren (Bevölkerung insgesamt: 83,9 %), waren es bei den 60- bis unter 65-Jährigen nur noch 29,4 % (Bevölkerung insgesamt: 58,4 %).[32] Schwerbehinderte Arbeitslose sind im Durchschnitt zwar älter, aber im Mittel auch etwas höher qualifiziert als nichtschwerbehinderte Arbeitslose. So hatten 58 % der schwerbehinderten Arbeitslosen im Jahresdurchschnitt 2018 einen Berufs- oder Hochschulabschluss, während es bei nichtschwerbehinderten Arbeitslosen nur 47 % waren.[33] Diese Daten zeigen deutlich, dass ein qualifiziertes Beschäftigungspotenzial vor allem in der Altersgruppe über 50 Jahre nicht ausgeschöpft wird. Das geltende System bestehend aus Ausgleichsabgabe, begleitende Hilfe im Arbeitsleben durch das Integrationsamt und Eingliederungsförderung durch die BA enthält zu geringe Anreiz- und Ahndungsinstrumente, um Arbeitgeber zur Schwerbehindertenbeschäftigung anzuhalten. Das ist seit langem bekannt. Lange Zeit fehlte der politische Wille, das zu ändern. Erst seit 2018 ist mit der Berufung von Jürgen Dusel eine Entwicklung erkennbar, die auf einen Änderungswillen schließen lässt. Dusel weiß aufgrund seiner praktischen Erfahrung als Leiter des Brandenburger Integrationsamts, dass Handlungsbedarf besteht. Auf seinen Rat kündigte Bundesminister Heil auf einer Konferenz des Deutschen Behindertenrates am 3.12.2020 eine Erhöhung der Ausgleichsabgabe für Arbeitgeber an. Danach sollten ab 2022 Arbeitgeber, die keinen Pflichtplatz besetzen („Nullbeschäftigung"), pro unbesetztem Platz monatlich 720 Euro Ausgleichsabgabe zahlen müssen.[34] Das hätte 43.000 private Arbeitgeber, rund ein Viertel der Beschäftigungspflichtigen, dazu gezwungen, ihre Politik des leeren Pflichtplatzes zu überdenken. Dieses Vorhaben ist jedoch in der Ressortabstimmung am Widerstand des Wirtschaftsministeriums und des Koalitionspartners gescheitert. Diese waren nicht bereit, eine entsprechende Regelung in den Entwurf des Teilhabestärkungsgesetzes aufzunehmen.

Die Erfüllung der Beschäftigungspflicht setzt nicht zwingend Neueinstellungen voraus. Da nach der Statistik erwerbstätige Menschen zu über 50 % erst im Alter ab 55 Jahren schwerbehindert werden (siehe auch → § 154 Rn. 2) kann auch der Arbeitgeber, der alternde Belegschaftsmitglieder nicht ausgliedert (dazu dient das BEM → § 167 Rn. 35), wenn sie schwerbehindert werden, Pflichtarbeitsplätze besetzen. Werden im Betrieb oder in der Dienststelle im Laufe der Beschäftigung nicht genügend Arbeitnehmer schwerbehindert oder gleichgestellt, oder werden zu viele im Laufe ihrer Beschäftigung behindert werdenden Beschäftigten ausgegliedert, so muss der Arbeitgeber, um seine Beschäftigungspflicht zu erfüllen, auch arbeitslose schwerbehinderte und gleichgestellte behinderte Menschen einstellen.

Zur Förderung der Eingliederung schwerbehinderter Menschen schreibt Abs. 1 ein vom Arbeitgeber einzuhaltendes **Stellenbesetzungsverfahren** unter Beteiligung der SBV vor. Damit setzt die Bundesrepublik ihre in Art. 27 Abs. 1 Satz 2 Buchst. e UN-BRK eingegangene Förderungsverpflichtung um. Nach dieser Norm sind „Menschen mit Behinderungen (...) beim Erhalt eines Arbeitsplatzes (...) zu fördern".[35] Mit diesem Verfahren soll der gruppenspezifische Arbeitsmarktnachteil (dazu auch → § 154 Rn. 3) wenn nicht ausgeglichen, so doch ab-

---

32 Bundesagentur für Arbeit, Situation schwerbehinderter Menschen, April 2019, aktualisiert Juli 2019, S. 7.
33 Bundesagentur für Arbeit, Situation schwerbehinderter Menschen, April 2019, aktualisiert Juli 2019, S. 11.
34 Handelsblatt vom 4.12.2020; www.deutscher-behindertenrat.de/ID257720 (letzter Aufruf 17.1.2021).
35 Englische Version: „assistance in (...) obtaining (...) employment".

gemildert werden, → Rn. 10 ff. Es handelt sich um eine zulässige spezifische und positive Förderung iSv Art. 7 Abs. 2 der Rahmenrichtlinie 2000/78 EG. Soll eine freie Stelle besetzt werden, ist nach Abs. 1 Satz 1 stets die Möglichkeit der Besetzbarkeit mit einem schwerbehinderten Menschen zu prüfen. Um sicherzustellen, dass die Arbeitgeber bei ihren Besetzungsanforderungen nicht von virtuellen hochqualifizierten Behinderten, sondern von den realen arbeitsuchenden schwerbehinderten und gleichgestellten behinderten Menschen mit deren tatsächlich vorhandener Qualifikation ausgehen, müssen sie nach Abs. 1 Satz 2 „frühzeitig" Verbindung mit der Agentur für Arbeit aufnehmen. Abs. 3 verpflichtet in diesem Zusammenhang die Arbeitgeber, die ihre Beschäftigungsquote nicht erfüllen, im Rahmen des Zumutbaren auch organisatorische und betriebswirtschaftliche Erwägungen zurückzustellen. Sie sollen „durch geeignete Maßnahmen sicherstellen", dass im Betrieb oder in der Dienststelle wenigstens so viele Arbeitsplätze geschaffen oder erhalten werden, dass die Beschäftigungspflicht nach § 154 Abs. 1 erfüllt werden kann, → Rn. 175. Gesetzlich gebotene Maßnahmen sind ua das behinderungsgerechte Zuschneiden, Gestalten und Ausstatten von Arbeitsplätzen. Nur so können die im Betrieb objektiv vorhandenen **Beschäftigungsmöglichkeiten**[36] für die bei der Arbeitsagentur gemeldeten schwerbehinderten Menschen nutzbar gemacht werden, auch wenn sie nicht oder noch nicht über die vom Arbeitgeber als optimal angesehenen Qualifikationen verfügen. Arbeitgeber, die die Mindestbeschäftigungsquote erfüllen, sind nur von der Sicherstellungsverpflichtung aus Abs. 3 befreit. Sie dürfen nach § 5 AGG geeignete und angemessene positive Maßnahmen ergreifen, um die Nachteile auszugleichen, die arbeitsuchende schwerbehinderte Menschen gewöhnlich erfahren. § 164 Abs. 2 enthält zugunsten schwerbehinderter Menschen ein Benachteiligungsverbot, → Rn. 17. Es dient dem Ziel der Chancengerechtigkeit. Der Arbeitgeber soll insbesondere bei der Stellenbesetzung angehalten werden, schwerbehinderte Bewerber zu berücksichtigen. Als Sanktionen drohen für den Fall des tatsächlichen oder über die Vermutungsregelung in § 22 AGG indizierten und nicht widerlegten Verstoßes Sanktionen. Dazu gehören nach § 15 Abs. 1 AGG Ersatz des **Vermögensschadens** sowie nach § 15 Abs. 2 AGG eine angemessene **Entschädigung** in Geld für erlittene immaterielle Nachteile. Abs. 4 regelt individuelle Ansprüche, → Rn. 178. Gestützt auf die dort geregelten Ansprüche können die schwerbehinderten Beschäftigten eine ihrer Behinderung gerecht werdende Beschäftigung verlangen. Diese Vorschrift verfolgt das Ziel, Ausgliederungsversuchen entgegenzuwirken und die gleichberechtigte Teilhabe schwerbehinderter Beschäftigter an der Arbeit zu ermöglichen. Dies bedeutet mehr als Schonarbeitsplätze bereitzustellen. Der Arbeitgeber ist gehalten, Arbeitsplätze an die Behinderung anzupassen und zukunftssicher zu machen. Dazu werden dem Einzelnen Ansprüche auf **Teilhabe an beruflichen Fortentwicklungsmöglichkeiten** eingeräumt. Damit der Einzelne auch seine Teilhabe durchsetzen kann, räumt die Rspr., vom gesetzlichen Beschäftigungsanspruch in Abs. 4 Satz 1 Nr. 1 abgeleitet, dem schwerbehinderten Menschen einen Anspruch auf eine erforderliche Änderung des Arbeitsvertrags ein, → Rn. 181. Um eine die Teilhabe nicht an einer behinderungsbedingten Verringerung des zeitlichen Leistungsvermögens scheitern zu lassen, ist in Abs. 5 Satz 3 ein Anspruch schwerbehinderter Beschäftigter auf **Teilzeitbeschäftigung** geregelt. Wer wegen seiner Behinderung nicht mehr in Vollzeit arbeiten kann, soll nicht gegen seinen Willen ausgegliedert werden können, sondern darf die erforderliche kürzere Arbeitszeit verlangen, → Rn. 206. Darüber hinaus hat der Arbeitgeber sich nach

---

36 Zur Maßgeblichkeit des Begriffs Beschäftigungsmöglichkeit anstelle des Begriffs Arbeitsplatz: *Düwell* FS für Ulrich Preis, 2021, 181.

Abs. 5 Satz 1 zu bemühen, Teilzeitarbeitsplätze für die arbeitsuchenden schwerbehinderten Menschen einzurichten, die nicht vollzeitig einsetzbar sind. Der funktionale Bezug zu der in § 154 geregelten öffentlich-rechtlichen Beschäftigungspflicht ist nicht in allen Regelungen gleich stark ausgeprägt. Nur in Abs. 3 und Abs. 1 Satz 7 ist das Bestehen der Arbeitgeberpflicht speziell an das Kriterium der Nichterfüllung der Mindestbeschäftigung geknüpft. Ansonsten sind sämtliche in § 164 enthaltenen Arbeitgeberpflichten auch von dem Arbeitgeber zu erfüllen, der seiner öffentlich-rechtlichen Beschäftigungspflicht nachgekommen ist. Darin zeigt sich der in Abkehr von der Schwerbeschädigtenfürsorge geänderte Ansatz der Behindertenpolitik, die individuellen Teilhabechancen zu stärken.

2. Zusätzliche Pflichten des öffentlichen Arbeitgebers

10 **Einladung zur Vorstellung:** In § 165 hat der Gesetzgeber den öffentlichen Arbeitgebern zusätzliche Pflichten auferlegt. Die frühzeitige Meldepflicht in § 164 Abs. 1 Satz 2 wird für öffentliche Arbeitgeber nach dem Wortlaut des § 165 Satz 1 verschärft; denn es müssen nicht nur freie, sondern auch schon frei werdende Stellen den Agenturen für Arbeit gemeldet werden. In dem nach Maßgabe des Abs. 1 Satz 4 bis 10 durchzuführenden Auswahlverfahren für die Stellenbesetzung ist nach § 185 Satz 2 und 3 jeder nicht offensichtlich ungeeignete schwerbehinderte oder gleichgestellte behinderte Bewerber zum Vorstellungsgespräch einzuladen.

Förderung im Haushaltsplan: Wie in den Vorjahren ist auch im Entwurf des Haushaltsgesetzes 2022[37] unter § 20 Abs. 2 bestimmt, die Einstellung und Beschäftigung schwerbehinderter Menschen im öffentlichen Dienst des Bundes bis zu einer Beschäftigungsquote von 6 Prozent zu erleichtern. Die obersten Bundesbehörden werden ermächtigt, Planstellen und Stellen, die einen kw-Vermerk tragen, nach ihrem Freiwerden mit schwerbehinderten Menschen wiederzubesetzen, wenn es sich um eine Neueinstellung oder eine beamtenrechtliche Anstellung handelt. Mit Ausscheiden des schwerbehinderten Menschen aus der Planstelle oder Stelle fällt diese weg. Sie bleibt ausnahmsweise erhalten, wenn die Beschäftigungsquote von 6 Prozent zu diesem Zeitpunkt noch nicht erreicht ist und die Planstelle oder Stelle wieder mit einem schwerbehinderten Menschen besetzt wird.

3. Mitwirkungsrechte von Schwerbehindertenvertretung, Betriebsrat und Personalrat

11 **Stärkung der Schwerbehindertenvertretung:** Die in Abs. 1 Satz 4 bis 10 geregelte Mitwirkung der Arbeitnehmervertretungen am Stellenbesetzungsverfahren wird in § 178 Abs. 2 Satz 3 verstärkt. Danach hat die SBV das „Recht auf Beteiligung am Verfahren nach § 164 Abs. 1". Zusätzlich ist ihr das uneingeschränkte Recht auf Einsichtnahme in die entscheidungsrelevanten Teile der Bewerbungsunterlagen sowie auf Teilnahme an den Vorstellungsgesprächen eingeräumt. Das Teilnahmerecht erstreckt sich auch auf Vorstellungsgespräche nicht behinderter Bewerber (Einzelheiten → § 178 Rn. 45). Während der Vorstellungsgespräche besteht kein Weisungsrecht des Arbeitgebers, denn auch bei diesem Teil ihrer Tätigkeit sind die Mitglieder der SBV unabhängig. Sie besitzen gegenüber dem Arbeitgeber die gleiche persönliche Rechtsstellung wie die Mitglieder des

---

37 BR-Drs. 620/21.

Betriebsrats.[38] Deshalb hat das BAG es nicht beanstandet, dass eine Vertrauensperson während des Vorstellungsgesprächs an einen Bewerber Fragen stellt.[39]

Mitbestimmungsrecht in Betrieben: Gegenüber dem Betriebsrat besteht nach § 99 Abs. 1 Satz 1 Hs. 1 BetrVG eine weniger weitgehende Pflicht des Arbeitgebers, erforderliche Bewerbungsunterlagen vorzulegen und Auskunft über die Person zu geben.[40] Wesentlich für das Stellenbesetzungsverfahren nach Abs. 1 ist, dass der Arbeitgeber nach § 99 Abs. 1 Satz 1 Hs. 2 BetrVG die Zustimmung des Betriebsrats zur Besetzung der freien Stelle durch externe Einstellung, interne Beförderung oder Versetzung einholen muss. Der Betriebsrat kann in diesem Mitbestimmungsverfahren von seinem Zustimmungsverweigerungsrecht aus den in § 99 Abs. 2 BetrVG genannten Gründen Gebrauch machen.[41] Hat der Arbeitgeber seine Pflicht zur aus Abs. 1 Satz 1 oder seine Beteiligungspflichten nach Abs. 1 Satz 4, 6, 7 bis 9 verletzt, so besteht ein Zustimmungsverweigerungsrecht nach § 99 Abs. 2 Nr. 1 BetrVG.[42] Umstritten ist, ob auch bei „internen" Stellenbesetzungen die Verletzung der in Abs. 1 Satz 2 geregelten Arbeitgeberpflicht zur frühzeitigen Verbindungsaufnahme und Meldung der freien Stelle bei der Agentur für Arbeit zur Ausübung des Zustimmungsverweigerungsrechts aus § 99 Abs. 2 Nr. 1 BetrVG berechtigt. Zum Stand der Rechtsprechung des BAG → Rn. 171 ff.

12

Mitbestimmungsrecht in Dienststellen des Bundes: Nach § 78 Abs. 1 Nr. 1 bis 5 BPersVG nF (§ 75 Abs. 1 Nr. 1 BPersVG aF) hat der Personalrat mitzubestimmen bei jeder Einstellung oder Versetzung von Arbeitnehmern. Nach § 76 Abs. 1 BPersVG aF war das Mitbestimmungsrecht in den Personalangelegenheiten der Beamten besonders geregelt. Nach der Novellierung vom 9.6.2021 vereinigt der Mitbestimmungskatalog die Personalgelegenheiten von Arbeitnehmern und Beamten. Wie in der Betriebsverfassung besteht im BPersVG sowie in vielen Landesgesetzen keine volle Mitbestimmung, sondern nur ein an vorgegebene Gründe gebundenes Zustimmungsverweigerungsrecht. Nach § 78 Abs. 5 Nr. 1 bis 3 BPersVG nF kann der Personalrat seine Zustimmung verweigern, wenn

13

„1. die Maßnahme gegen ein Gesetz, eine Verordnung, eine Bestimmung in einem Tarifvertrag, eine gerichtliche Entscheidung, den Gleichstellungsplan oder eine Verwaltungsanordnung oder gegen eine Richtlinie im Sinne des § 80 Absatz 1 Nummer 12 (Richtlinien über die personelle Auswahl bei Einstellungen, Versetzungen, Umgruppierungen und Kündigungen) verstößt,

2. die durch Tatsachen begründete Besorgnis besteht, dass durch die Maßnahme der oder die betroffene Beschäftigte oder andere Beschäftigte benachteiligt werden, ohne dass dies aus dienstlichen oder persönlichen Gründen gerechtfertigt ist, oder

3. die durch Tatsachen begründete Besorgnis besteht, dass die oder der Beschäftigte oder die Bewerberin oder der Bewerber den Frieden in der Dienststelle durch unsoziales oder gesetzwidriges Verhalten stören werde."

Wie schon im alten Recht fehlt auch nach der Novellierung in dieser Aufzählung die ausdrückliche Benennung eines Zustimmungsverweigerungsgrundes „Verstoß gegen einen **Behindertenförderplan**", wie er in einer Inklusionsvereinbarung auf der Grundlage von § 166 Abs. 3 Nr. 1 und Nr. 2 SGB IX allgemein und besonders für schwerbehinderte Frauen geregelt werden kann. Das ist ein

---

38 BAG 21.2.2013 – 8 AZR 180/12, Rn. 50, DB 2013, 1670.
39 BAG 21.2.2013 – 8 AZR 180/12, Rn. 51 f., DB 2013, 1670.
40 Einzelheiten: *Kreuder* in HaKo-BetrVG § 99 Rn. 43 ff.
41 Einzelheiten: *Kreuder* in HaKo-BetrVG § 99 Rn. 55 ff.
42 *Düwell* BB 2001, 1527 (1528 f.); *Kreuder* in HaKo-BetrVG § 99 Rn. 56.

legislatorischer Fehler. Dieser schließt jedoch ein Zustimmungsverweigerungsrecht nicht aus, wenn die Förderungsbestimmungen so abgefasst werden, dass sie im Sinne von § 80 Abs. 1 Nr. 12 als Richtlinien über die personelle Auswahl bei Einstellungen, Versetzungen, Umgruppierungen und Kündigungen zu verstehen sind. Im Übrigen kann die Personalvertretung die Zustimmungsverweigerung im Sinne von § 78 Abs. 5 Nr. 1 BPersVG nF auch auf einen Verstoß gegen den in § 205 SGB IX geregelten gesetzlichen Vorrang für die Beschäftigung schwerbehinderter Menschen, → § 205 Rn. 7, stützen. Häufig sind in den SGB IX-Durchführungsrichtlinien der Innenministerien, die oft als Inklusions- und Teilhaberichtlinien bezeichnet werden, Förderungsgrundsätze (→ § 165 Rn. 39) geregelt, wie zB „Schwerbehinderte Bewerber sind bei gleicher Leistung und Befähigung bevorzugt zu berücksichtigen", → § 205 Rn. 7. Nach der Sonderregelung für den öffentlichen Dienst in § 165 Satz 4 SGB IX bedarf es keiner erneuten Regelung des **Vorrangs** in einer Inklusionsvereinbarung. Zu beachten ist das für den öffentlichen Dienst geltende **Prinzip der Bestenauslese** (Art. 33 Abs. 2 GG). Ein Gesetzesverstoß ist deshalb auch dann gegeben, wenn die Behörde mit ihrer beabsichtigten Maßnahme den Rahmen verlassen will, den ihr die Verfassung in Art. 33 Abs. 2 GG hinsichtlich der Auswahlmerkmale Eignung, Befähigung und fachliche Leistung eingeräumt hat.[43] Absolute Vorrangregelungen bestehen nicht. Die Rspr. leitet sie auch nicht aus den Benachteiligungsverboten in § 164 Abs. 2 SGB IX oder landesgesetzlichen Behindertengleichstellungsgesetzen ab.[44] In Betracht kommt nur ein relativer Vorrang, der dann zum Zuge kommt, wenn keine deutlichen Eignungs- und Leistungsunterschiede bestehen. Dann kann die Nichtbeachtung der auf Behinderung gestützten Vorrangsregelungen in Verwaltungsanordnungen (die in Wirklichkeit nur Nachteilsausgleiche darstellen) gestützt werden. Ist eine Regelung in einer Inklusionsvereinbarung ist ihrem Rang nach einer Verwaltungsvorschrift gleichzusetzen.[45] Zwar entfaltet sie keine direkte Außenwirkung, führt jedoch über Art. 3 Abs. 1 GG zu einer Selbstbindung der Verwaltung. Folglich kann der Personalrat dann den Verstoß gegen das dem Leistungsprinzip nachrangige relative Auswahlkriterium „Behinderung" zum Gegenstand seiner Zustimmungsverweigerung machen, wenn dieses in einer Verwaltungsanordnung oder in einer Inklusionsvereinbarung geregelt ist und es um eine Auswahlentscheidung unter Bediensteten bzw. ihrem Rang nach Bewerberinnen und Bewerbern geht, die nach Eignung, Befähigung und fachlicher Leistung „im Wesentlichen gleich beurteilt" sind oder – anders ausgedrückt – zwischen denen nicht mehr als ein nur „geringfügiger Beurteilungsunterschied"[46] besteht.

Zu beachten ist: Die Rechtsprechung des VGH BW weicht in der Frage, ob das Unterlassen der Prüfung nach § 164 Abs. 1 SGB IX ein „Gesetzesverstoß" im Sinne eines Zustimmungsverweigerungsgrundes sei, von der des BAG ab. Sie ist überholt (Einzelheiten: → Rn. 176).

14 **Unterrichtung:** Zur Wahrnehmung ihres Zustimmungsverweigerungsrechts sind die Personalvertretungen nach § 66 Abs. 1 BPersVG nF (§ 68 Abs. 2 BPersVG aF) rechtzeitig und umfassend von dem Dienststellenleiter zu unterrichten. Ih-

---

43 SächsOVG 24.11.2005 – PB 8 B 607/03, Rn. 26, AE 2006, 128 unter Bezug auf BVerwG 26.1.1994 – PersR 1994, 213 (217).
44 VG Bremen 8.5.2014 – 6 V 89/14, Rn. 35, ZfPR online 2014, Nr. 12, 20 unter Bezug auf BVerwG 30.6.2011 – 2 C 19/10, Rn. 21, ZTR 2011, 636.
45 Zur Integrationsvereinbarung: VG Bremen 8.5.2014 – 6 V 89/14, Rn. 38, ZfPR online 2014, Nr. 12, 20.
46 BVerwG 27.3.1990 – 6 P 34.87, Buchholz 250 § 77 BPersVG Nr. 10; BVerwG 7.12.1994 – 6 P 35.92 13, PersR 1995, 296.

nen sind die hierfür erforderlichen Unterlagen vorzulegen. Mit der Novellierung ist klargestellt: „einschließlich der für die Durchführung seiner Aufgaben erforderlichen personenbezogenen Daten".

Mitbestimmungsrecht in Dienststellen nach LPVGen: In einigen Ländern enthalten die Landespersonalvertretungsgesetze, so zB § 87 Nr. 1 Berliner PersVG und § 61 PersVG Brandenburg, abweichend von § 78 Abs. 5 BPersVG nF keinen gesetzlichen Katalog der Zustimmungsverweigerungsgründe bei Einstellungen und Versetzungen. Dort geht die Mitbestimmung weiter. Das Recht, die Zustimmung zu verweigern, gilt allerdings auch dort nicht unbegrenzt. Die Zustimmungsverweigerung durch den Personalrat wird dann als unbeachtlich angesehen, wenn der fehlende Bezug des angegebenen Verweigerungsgrundes zum gesetzlichen Mitbestimmungstatbestand offensichtlich ist.[47]   15

Mitwirkung bei der Einstellung von Zivilbeschäftigten bei den Stationierungsstreitkräften: Im Bereich der Stationierungsstreitkräfte gelten nach Art. 56 Abs. 1 in Verbindung mit Abs. 9 des Zusatzabkommens zum NATO-Truppenstatut (ZA-NTS) die für die zivilen Bediensteten bei der Bundeswehr maßgebenden arbeitsrechtlichen – einschließlich arbeitsschutzrechtlichen – Vorschriften. Dazu gehörten auch die Bestimmungen des **BPersVG**.[48] Eine Besonderheit ist, dass Art. 56 Abs. 9 ZA-NTS anstelle des Begriffes Personalrat die Bezeichnung „**Betriebsvertretung**" verwendet. Art. 56 Abs. 3 Zusatzabkommen zum NATO-Truppenstatut schränkt allerdings in Verbindung mit Ziffer 6 b des Unterzeichnungsprotokolls (UP ZA-NTS) vom 3.8.1959[49] die Anwendbarkeit des BPersVG auf eine alte Gesetzesfassung ein; denn „die für die zivilen Bediensteten bei der Bundeswehr maßgebenden Vorschriften des deutschen Rechts über die Personalvertretung gelten für die Betriebsvertretung der zivilen Arbeitskräfte bei einer Truppe und einem zivilen Gefolge, soweit in dem auf diesen Artikel Bezug nehmenden Abschnitt dieses Unterzeichnungsprotokolls nicht etwas anderes bestimmt ist." Ziffer 6 b UP ZA-NTS enthält zu Art. 56 Abs. 9 ZA-NTS ua folgende Bestimmung: „(1) Dienststellen im Sinne des Bundespersonalvertretungsgesetzes vom 15.3.1974 (Bundesgesetzblatt Teil I S. 693 mit späteren Änderungen bis einschließlich der Änderung vom 16.1.1991 Gesetz über die Beteiligung der Soldaten und der Zivildienstleistenden – BG – vom 16.1.1991, Bundesgesetzblatt 1991 Teil I S. 47) sind die einzelnen Verwaltungsstellen und Betriebe einer Truppe und eines zivilen Gefolges in der Bundesrepublik nach näherer Bestimmung durch die betreffende Truppe (...)". Nach der Rspr. des BAG soll darin eine statische Verweisung auf den alten Rechtsstand liegen. Daraus wird gefolgert, es sei nur die Gesetzesfassung anzuwenden, die am 16.1.1991 galt; denn den danach erfolgten Änderungen des deutschen Rechts haben sich die Vereinigten Staaten nicht unterworfen.[50] Deshalb soll bei Einstellungen für die Betriebsvertretung kein Mitbestimmungs- sondern lediglich ein Mitwirkungsrecht bestehen.[51] Da der in Art. 56 Abs. 9 ZA-NTS verwendete Begriff der „Betriebsvertretung" offen ist für jede Form der kollektiven Vertretung der Arbeitnehmer durch ein gesetzliches Organ der Verfassung des Betriebs oder der Dienststelle, ist auch die kollektive Vertretung der schwerbehinderten Beschäftigten durch **die SBV** nach Maßgabe des deutschen Rechts in der Zusatz-   16

---

47 BVerwG 30.4.2001 – 6 P 9/00, PersR 2001, 382; BAG 19.6.2007 – 2 AZR 58/06, AP § 74 LPV 6 Brandenburg Nr. 1 = NZA 2008, 52.
48 Vgl. BAG 11.9.2013 – 7 ABR 18/11, Rn. 15, NZA 2014, 323; LAG RhPf 6.11.2019 – 7 Sa 120/19.
49 BGBl. 1961 II 1313, zuletzt geändert 16.5.1994 – BGBl. II 3710.
50 BAG 11.9.2013 – 7 ABR 18/11, NZA 2014, 323.
51 LAG RhPf 26.2.1988 – 6 TaBV 27/87.

vereinbarung völkerrechtlich abgesichert. Wegen der von der Rechtsprechung angenommenen statischen Verweisung auf das am 16.1.1991 geltende deutsche Recht kommt jedoch für die Vertretung der schwerbehinderten Menschen nicht das SGB IX, sondern das abgelöste **SchwbG in der Fassung vom 16.1.1991** (SchwbG 1991) zur Anwendung.[52] Das SchwbG 1991 kennt nicht den geschlechtsneutralen Begriff Vertrauensperson, sondern bezeichnet die gewählten Vertreter als **Vertrauensmann** und **Vertrauensfrau**. Diese sind nach Maßgabe des § 14 Abs. 1 SchwbG 1991 zu beteiligen. Allerdings fehlen die erst mit dem SGB IX 2001 eingeführten Rechte, an **Vorstellungsgesprächen** teilzunehmen (→ § 178 Rn. 2) und sofort nach Eingang einer Bewerbung unterrichtet zu werden (→ § 164 Rn. 145 ff.). Die Rechtsprechung lehnt deshalb die Annahme einer Verpflichtung der Streitkräfte ab, der SBV die Teilnahme an Vorstellungsgesprächen zu ermöglichen.[53] Damit wir das Beteiligungsrecht nicht übermäßig eingeschränkt; denn schon § 14 Abs. 1 Satz 2 SchwbG 1991 räumte der SBV Rechte ein wirksames Beteiligungsrecht bei der Besetzung offener Stellen ein. Danach sind **Bewerbungen von Schwerbehinderten** von der Dienststellenleitung mit der SBV zu erörtern und mit deren Stellungnahme der Betriebsvertretung weiterzuleiten, bevor sich die Dienststellenleitung an diese wendet. Das entspricht in Kern der heutigen Regelung in § 164 Abs. 1 Satz 4 und 6. Im Übrigen gilt die generelle Verpflichtung, nach der die Dienststellenleitung zu prüfen hat, „ob freie Arbeitsplätze mit Schwerbehinderten, insbesondere mit beim Arbeitsamt gemeldeten Schwerbehinderten, besetzt werden können" (§ 14 Abs. 1 Hs. 1 SchwbG 1991). Nach § 14 Abs. 1 Hs. 2 SchwbG 1991 sind an dieser Prüfung der Besetzbarkeit von Stellen mit Schwerbehinderten sowohl die SBV als auch die Betriebsvertretung zu beteiligen. Das heutige Recht ist nur insoweit weitergehender, als im Stellenbesetzungsverfahren nach § 164 Abs. 1 Satz 4 die Bewerbungen schwerbehinderter Menschen bereits unmittelbar nach Eingang (→ § 164 Rn. 147). der SBV mitzuteilen sind. Dieses strenge Fristenregiment gilt für die Dienststellenleitungen der alliierten Streitkräfte nicht. Hier genügt eine **rechtzeitige Unterrichtung** und Anhörung. Das ergibt sich aus der Verweisung in § 14 Abs. 1 SchwbG 1991 auf § 25 Abs. 2 Satz 1 SchwbG 1991. Dort ist ausdrücklich eine „rechtzeitige" Unterrichtung und Anhörung vorgeschrieben. Dieser Vorgabe kann nur Rechnung getragen werden, wenn die Unterrichtung über die Bewerber so frühzeitig und umfassend erfolgt, dass sich die SBV noch ausreichend auf die für die Auswahl erforderlichen Erörterungsgespräche vorbereiten kann. Diese müssen bereits mit der Personalvorauswahl beginnen; denn sonst findet keine Beteiligung an der Prüfung der Besetzbarkeit der Stellen, sondern nur eine Beteiligung an dem Arbeitgeber einseitig gefundenem Ergebnis der Prüfung statt.

III. Benachteiligungsverbot „wegen Behinderung" (Abs. 2)
1. Das schwerbehindertenrechtliche und das gleichbehandlungsrechtliche Benachteiligungsverbot

17 Verbot im SGB IX und dessen Ausgestaltung im AGG: Abs. 2 Satz 1 enthält seit Wegfall von Satz 2 Nr. 1 bis 5 aF (→ Rn. 5) nur noch das an den Arbeitgeber gerichtete **spezielle Verbot**, schwerbehinderte Beschäftigte „wegen ihrer Behinderung" zu benachteiligen. Nach § 151 Abs. 3 entfaltet es auch gegenüber gleichgestellten behinderten Menschen Wirkung. Ergänzend verweist der neue

---

52 BAG 11.9.2013 – 7 ABR 18/1, Rn. 15, NZA 2014, 323; LAG RhPf 13.6.2016 – 3 TaBV 6/16, Rn. 23; LAG RhPf 26.2.2016 – 1 TaBV 24/15, Rn. 18, jeweils mwN.
53 LAG RhPf 6.11.2019 – 7 Sa 120/19, Rn. 74.

Satz 2 hinsichtlich der weitergehenden Einzelheiten und Rechtsfolgen auf das gegenüber allen Beschäftigten einzuhaltende Benachteiligungsverbot nach dem AGG (ausführlich → Rn. 7). § 1 AGG gibt als Ziel vor, Benachteiligungen „aus Gründen der Behinderung" zu vermeiden und, falls schon eingetreten, zu beseitigen. § 7 Abs. 1 AGG verstärkt das Ziel zu einem Verbot. Mit dieser **doppelten gesetzlichen Regelung**[54] ist der Streit um die Drittwirkung des verfassungsrechtlichen Benachteiligungsverbots aus Art. 3 Abs. 3 Satz 2 GG erledigt. Da trotz der irreführenden Verwendung des Begriffs „Beschäftigte" im Wortlaut beider Verbotsnormen auch die Stellenbewerber einzubeziehen sind, die erst noch ein Beschäftigungsverhältnis begründen wollen,[55] bedarf es keines Rückgriffs auf das Verfassungsrecht. Es besteht keine Rechtsschutzlücke.

Das AGG hat den Benachteiligungsbegriff in verschiedenen Formen ausgestaltet. Die **unmittelbare Benachteiligung** ist in § 3 Abs. 1 Satz 1 AGG definiert. Sie liegt vor, wenn ein schwerbehinderter Arbeitnehmer wegen seiner Behinderung eine weniger günstige Behandlung erfährt als ein nicht schwerbehinderter Arbeitnehmer in einer vergleichbaren Lage. Eine Benachteiligung ist unmittelbar, wenn die sich nachteilig auswirkende Maßnahme direkt an das verbotene Merkmal anknüpft.[56] Von § 3 Abs. 1 Satz 1 AGG wird auch eine sog. **verdeckte unmittelbare Ungleichbehandlung** erfasst. Bei dieser erfolgt die Differenzierung zwar nicht ausdrücklich wegen eines in § 1 AGG genannten Grundes. Vielmehr wird an ein in dieser Vorschrift nicht enthaltenes Merkmal angeknüpft, das jedoch in einem untrennbaren Zusammenhang mit einem in dieser Vorschrift genannten Grund steht.[57] Auch eine zukünftige Maßnahme unterfällt dem Benachteiligungsverbot, wenn eine konkrete Gefahr für eine Benachteiligung besteht.[58] Zur weiteren Erläuterung der unmittelbaren Benachteiligung → Rn. 40. Eine **mittelbare Benachteiligung** ist nach § 3 Abs. 2 AGG gegeben, wenn dem Anschein nach neutrale Vorschriften, Kriterien oder Verfahren Personen gegenüber anderen Personen in besonderer Weise benachteiligen, es sei denn, sie sind gerechtfertigt. Die Benachteiligung erfolgt hier gerade nicht aufgrund der Behinderung. Vielmehr wird auf neutrale Kriterien zurückzuführen, wie zB auf Teilzeitbeschäftigung. Die Vorschriften wirken sich aber bei der Personengruppe des schwerbehinderten Menschen in benachteiligender Weise aus. Zur weiteren Erläuterung der mittelbaren Benachteiligung → Rn. 41 f. Als **Belästigung** sind in § 3 Abs. 3 AGG unerwünschte Verhaltensweisen im Zusammenhang mit dem Benachteiligungsmerkmal Behinderung definiert, die bezwecken oder bewirken, dass die Würde der betreffenden Person verletzt wird und ein von Einschüchterungen, Anfeindungen, Erniedrigungen, Entwürdigungen oder Beleidigungen gekennzeichnetes Umfeld geschaffen wird (§ 3 Abs. 3 AGG). Hierbei kommt es nicht auf eine Vergleichsperson an, vielmehr stellt die unerwünschte Verhaltensweise selbst die Belästigung dar. Als **Anweisung zur Benachteiligung** ist in § 3 Abs. 5 AGG definiert, wenn jemand eine Person zu einem Verhalten bestimmt, das einen Beschäftigten oder eine Beschäftigte benachteiligt oder benachteiligen kann. Hierfür ist unerheblich, ob der Angewiesene die Handlung tatsächlich ausführt. Die Belästigung ist ausnahmslos verboten. Bei der unmittelbaren und mittelbaren Benachteiligung und der Beteiligung daran durch Anweisung gibt es von dem grundsätzlichen Verbot rechtfertigende Ausnahmen,

---

54 Zutreffend: *Faber/Rabe-Rosendahl* in FKS SGB IX § 164 Rn. 5.
55 BAG 3.4.2007 – 9 AZR 823/06, NZA 2007, 1265; Einzelheiten: → Rn. 36.
56 BAG 21.6.2011 – 9 AZR 226/10, Rn. 30 mwN.
57 BAG 7.6.2011 – 1 AZR 34/10, Rn. 23, BAGE 138, 107 unter Bezugnahme auf BT-Drs. 16/1780, 32.
58 Vgl. *Schrader/Schubert* in HK-AGG, 4. Aufl. 2018, AGG § 3 Rn. 27 a.

dh eine Benachteiligung kann in den vom AGG aufgeführten Fällen gerechtfertigt sein. Eine unmittelbare Benachteiligung aufgrund der Behinderung ist im Arbeitsleben dann gerechtfertigt, wenn dieser Grund nach § 8 AGG wegen der Art der auszuübenden Tätigkeit eine **entscheidende berufliche Anforderung** darstellt. Hinzu kommt, dass der **Zweck rechtmäßig** und die **Anforderung angemessen** sein muss. Eine mittelbare Diskriminierung liegt dann nicht vor, wenn ein **sachlicher Grund** vorliegt und dieser geeignet, erforderlich und angemessen ist, also dem Verhältnismäßigkeitsgrundsatz entspricht. Weitere Einzelheiten zur Rechtfertigung → Rn. 52.

18 **Die gesellschaftliche Bedeutung des Benachteiligungsverbots:** Im Jahresbericht der Antidiskriminierungsstelle des Bundes für 2019 wird berichtet, dass 3.580 Anfragen bei der Beratung der Antidiskriminierungsstelle im Jahr 2019 eingingen. Davon betrafen 26 % eine Diskriminierung aufgrund einer Behinderung. Der Großteil der berichteten Diskriminierungen fand mit 36 % im Arbeitsleben statt.[59]

19 **Wirkungen der Beibehaltung des Abs. 2:** Ein Sachgrund für die Beibehaltung des Verbots in Abs. 2 liegt in der Sicherung des im SGB IX geregelten Verbandsklagerechts. Nach § 85 (bis 31.12.2017: § 63) SGB IX können Verbände, die nach ihrer Satzung behinderte Menschen auf Bundes- oder Landesebene vertreten, an Stelle der Behinderten mit deren Einverständnis Klage erheben, wenn behinderte Menschen „in ihren Rechten aus dem SGB IX" verletzt werden. Da mit Abs. 2 Satz 1 gegenüber § 7 AGG als ein speziell die schwerbehinderten Menschen schützendes Recht erhalten geblieben ist, wird die für das Verbandsklagerecht aufgestellte Voraussetzung eines im SGB IX geregelten Rechts erfüllt. Es besteht folglich ein **Spezialitätsverhältnis** zu § 7 AGG. Das in § 164 Abs. 2 Satz 1 an Arbeitgeber gerichtete Verbot, schwerbehinderte und ihnen gleichgestellt behinderte Beschäftigte wegen ihrer Behinderung zu benachteiligen, hat Vorrang („lex specialis").[60] Nicht selten wird das von der Instanzrechtsprechung und im Schrifttum verkannt. Der zuständige Fachsenat bezeichnete vor dem Inkrafttreten des BTHG die Rechtsgrundlage von Entschädigungsansprüchen korrekt mit: „§ 81 Abs. 2 Satz 2 SGB IX [seit 1.1.2018: § 164 Abs. 2 Satz 2 SGB IX], § 15 Abs. 2 AGG".[61] Die Instanzrechtsprechung hat das Spezialitätsverhältnis erkannt.[62]

Im Übrigen ist die Beibehaltung des besonderen Verbots auch erforderlich, um die Benachteiligung zu erfassen, die nicht wegen des Vorliegens einer einfachen Behinderung sondern speziell wegen des Vorliegens der Eigenschaft schwerbehinderter Mensch erfolgt. Da mit der Erfüllung der den schwerbehinderten Menschen zustehenden Nachteilsausgleichsansprüche wie Zusatzurlaub (§ 208 SGB IX), Freistellung von Mehrarbeit (§ 207 SGB IX) und Anspruch auf einen behinderungsgerechten Arbeitsplatz (§ 164 Abs. 4 SGB IX) Aufwendungen verbunden sind, scheuen manche Arbeitgeber die Mehrkosten. Sie behandeln deshalb schwerbehinderte Bewerber auch gegenüber einfach behinderten Bewerbern ungünstiger oder gliedern behinderte Beschäftigte, sobald diese schwerbe-

---

59 Jahresbericht der Antidiskriminierungsstelle des Bundes für 2019, S. 43.
60 So auch *Gagel* jurisPR-ArbR 43/2010 Anm. 3; *von Roetteken*, 72. Aktualisierung Februar 2021, AGG § 1 Rn. 40.
61 So zutreffend: BAG 23.1.2020 – 8 AZR 484/18, SuP 2020,123; BAG 13.10.2011 – 8 AZR 608/10, Rn. 17, Behindertenrecht 2012, 169; jedoch Spezialitätsverhältnis übersehen: BAG 21. 2. 2013 – 8 AZR 180/12, Rn. 21, 22, NZA 2013, 840; BAG 25.8. 2020 – 9 AZR 266/19, Rn. 22; offen gelassen in: BAG 20.2.2016 – 8 AZR 194/14, Rn. 16, NZA 2016, 681.
62 So LAG Hmb 30.11.2017 – 7 Sa 90/17, Rn. 61.

hindert werden, schneller aus; vgl. zur benachteiligenden Kündigung → § 168 Rn. 71 ff.

Unzureichende Umsetzung: Art. 2 Abs. 1 der Richtlinie 2000/78/EG des Rates 20 zur Festlegung eines allgemeinen Rahmens für die Verwirklichung der Gleichbehandlung in Beschäftigung und Beruf vom 27.11.2000[63] verlangt ein Verbot der Benachteiligung wegen einer Behinderung. Dazu hat mit Urteil vom 23.2.2006 der EuGH[64] festgestellt:
„Die Bundesrepublik Deutschland hat ihre Verpflichtungen aus der Richtlinie 2000/78/EG des Rates vom 27.11.2000 zur Festlegung eines allgemeinen Rahmens für die Verwirklichung der Gleichbehandlung in Beschäftigung und Beruf verletzt, indem sie nicht alle Rechts- und Verwaltungsvorschriften erlassen hat, die notwendig sind, um dieser Richtlinie in Bezug auf die Diskriminierung wegen (...) einer Behinderung (...) nachzukommen".
Entgegen der Annahme der Bundesrepublik reichte nämlich das in § 81 Abs. 2 SGB IX aF geregelte Diskriminierungsverbot nicht aus, um die Umsetzungspflicht zu erfüllen. Im Ergebnis hat der EuGH, wenn auch ohne nähere Begründung, damit die Auffassungen des ArbG Berlin im[65] und des überwiegenden Schrifttums[66] bestätigt. Beide vertraten die Meinung, der gemeinschaftsrechtliche Begriff „Behinderung" gehe weiter als der Begriff „Schwerbehinderung" in § 2 Abs. 2, § 68 Abs. 1 SGB IX (aF, seit 1.1.2018: § 151 Abs. 1 SGB IX). Dieser Auffassung hat sich das BAG angeschlossen. Es hat das die Entscheidung des ArbG abändernde Berufungsurteil des LAG Bln[67] aufgehoben und die Sache zur Ermittlung der Höhe der Entschädigung zurückverwiesen.[68]

Diskriminierungsschutz der Einfach-Behinderten vor und nach dem 18.8.2006: 21 Das BAG hat die in dem EuGH-Urteil zum Vertragsbruch der Bundesrepublik[69] fehlende Begründung im Fall der Berliner Parkraumbewirtschafterin nachgeholt. Danach ist der Begriff der Behinderung nicht auf behinderte Menschen beschränkt, bei denen eine Schwerbehinderung vorliegt (§ 2 Abs. 2 SGB IX: GdB wenigstens 50) oder die diesen gleichgestellt sind. Zwar kann der nationale Gesetzgeber das Vorliegen einer „graduell messbaren" Behinderung verlangen. Diese Erheblichkeitsschwelle hat der Gesetzgeber des SGB IX mit der Gleichstellung zu hoch angesetzt. Diese setzt nach § 2 Abs. 3 SGB IX voraus, dass der **GdB weniger als 50, aber wenigstens 30** beträgt, dass der Behinderte seine Gleichstellung nach § 151 Abs. 2 (bis 31.12.2017: § 68 Abs. 2 SGB IX) beantragt hat und dass entsprechend § 2 Abs. 3 SGB IX die dort geregelten besonderen arbeitsmarkt- oder arbeitsplatzbezogenen Voraussetzungen erfüllt sind. Werden die Voraussetzung der Gleichstellung nicht erfüllt, so ist die Herausnahme aus dem Geltungsbereich des Benachteiligungsverbots nicht gerechtfertigt. Deshalb widersprach es den Vorgaben aus Art. 2, 5 und 17 der Richtlinie, den Geltungsbereich der zur Bekämpfung der Diskriminierung erforderlich gehaltenen Schutzvorschriften und Sanktionen auf schwerbehinderte und gleichgestellte behinderte Beschäftigte zu verengen. Da ansonsten Verstöße gegen das Benachteiligungsverbot sanktionslos blieben, mussten nach der Rechtsprechung des BAG für die Zeit vor Inkrafttreten des AGG auch die Entschädigungsan-

---

63 ABl. L 303, 16.
64 EuGH 23.2.2006 – C-43/05, ABl. 2006 C 131, 23 = NZA 2006, 553.
65 13.7.2005 – 86 Ca 24618/04 „Parkraumbewirtschafterin", NZA-RR 2005, 608.
66 *Thüsing* NZA 2006, 136; *Rolfs/Paschke* BB 2002, 1260; aA *Euler*, Zulässigkeit der Frage nach einer Schwerbehinderung, S. 103.
67 9.3.2006 – 5 Sa 1794/05.
68 BAG 3.4.2007 – 9 AZR 823/06, NZA 2007, 1265.
69 EuGH 23.2.2006 – C-43/05, ABl. 2006 C 131, 23 = NZA 2006, 553.

sprüche nach § 81 Abs. 2 Satz 2 Nr. 2 und 3 SGB IX aF für „nur behinderte" Beschäftigte und Stellenbewerber anwendbar sein.[70] Das LAG Bln-Bbg hat in Anwendung dieser Rechtsprechung das Land Berlin wegen Benachteiligung einer behinderten, aber nicht gleichgestellten Bewerberin zum Ausgleich des materiellen und immateriellen Schadens in Höhe von sechs Monatsverdiensten verurteilt.[71] Die Verwaltungsgerichtsbarkeit hat ebenso entschieden: „Für die Annahme einer Behinderung iSd RL 2000/78/EG[72] bedarf es keiner förmlichen Anerkennung. Ebenso wenig ist es erforderlich, dass eine Schwerbehinderung oder eine Gleichstellung iSd § 2 Abs. 3 SGB IX vorliegt. Auf die Einhaltung des Grundsatzes der Gleichbehandlung und des Rechts auf Nichtdiskriminierung (...) besteht ein persönlicher Anspruch, der sich nicht auf Ereignisse ab dem Inkrafttreten des AGG beschränkt."[73] In dem vom VG Frankfurt entschiedenen Fall ging es um die Versetzung eines Polizisten, der eine Minderung der Erwerbsfähigkeit in Höhe von 20 von Hundert[74] nachgewiesen hatte. Für Benachteiligungen, die sich nach Inkrafttreten des AGG zum 18.8.2006 ereignet haben, ist diese Übergangsrechtsprechung beendet worden. Der seit 2011 zuständige Fachsenat des BAG für Schadensersatz- und Entschädigungsfragen geht davon aus, dass einfach behinderte Menschen ausreichend durch das allgemeine Benachteiligungsverbot in § 7 AGG geschützt werden.[75] Für diesen Personenkreis besteht der Nachteil, dass er seitdem keine Vermutungstatsachen iSd § 22 AGG mehr geltend machen kann, die sonst aus der mangelnden Beteiligung der SBV abgeleitet werden können (→ Rn. 62).

22 **Die Ausdehnung auf Behinderte pflegende Arbeitnehmer:** Der EuGH legt die Rahmen-Richtlinie 2000/78/EG dahin aus, dass das in Art. 1 und 2 Abs. 1 und 2 Buchst. a geregelte Verbot der unmittelbaren Diskriminierung nicht auf Personen beschränkt ist, die selbst behindert sind.[76] In dem entschiedenen Fall Coleman arbeitete die Klägerin seit 2001 als Sekretärin und pflegte ihren behinderten Sohn. Sie machte geltend, sie sei schlechter behandelt worden als andere Arbeitnehmer, weil sie sich für die Betreuung ihres Kindes freinehmen wollte. Der EuGH entschied: Erfährt eine nicht behinderte Arbeitnehmerin durch ihren Arbeitgeber eine weniger günstige Behandlung, als ein anderer Arbeitnehmer in einer vergleichbaren Situation erfährt, erfahren hat oder erfahren würde, und ist nachgewiesen, dass die Benachteiligung des Arbeitnehmers wegen der Behinderung seines Kindes erfolgt ist, für das er die Pflegeleistungen erbringt, deren es bedarf, so verstößt eine solche Behandlung gegen das Verbot der unmittelbaren Diskriminierung. Der EuGH begründet diese Auslegung damit, die Richtlinie solle jede Form der Diskriminierung in Beschäftigung und Beruf aus Gründen einer Behinderung bekämpfen. Deshalb sei die Gleichbehandlung nicht beschränkt für eine bestimmte Kategorie von Personen zu gewährleisten, sondern umfassend im Hinblick auf die in der Richtlinie pönalisierten Gründe.

23 **Verhältnis von „Behinderung" und „Krankheit":** Aus Art. 1 der Rahmenrichtlinie geht hervor, dass es Zweck der Richtlinie ist, einen allgemeinen Rahmen zur Bekämpfung von Diskriminierungen wegen der Behinderung in Beschäftigung

---

70 BAG 3.4.2007 – 9 AZR 823/06, NZA 2007, 1265.
71 LAG Bln-Bbg 31.1.2008 – 5 Sa 1755/07.
72 EGRL 78/2000.
73 VG Frankfurt 8.2.2007 – 9 E 3882/06, ZBR 2007, 280.
74 Heutiger Sprachgebrauch: Grad der Schädigung (GdS): 20.
75 BAG 27.1.2011 – 8 AZR 580/09, NZA 2011, 737; kritisch dazu: *Kocher* SuP 2011, 527.
76 EuGH 17.7.2008 – C-303/06, NZA 2008, 932 – Coleman.

und Beruf zu schaffen.⁷⁷ Daraus hat der Gerichtshof zunächst gefolgert, dass die Behinderung auf eine physische, geistige oder psychische Beeinträchtigung zurückzuführen sei, die ein Hindernis für die Teilhabe des Betreffenden am Berufsleben bilde.⁷⁸ Inzwischen hat er den Begriff so weiterentwickelt, „dass er einen Zustand einschließt, der durch eine ärztlich diagnostizierte heilbare oder unheilbare Krankheit verursacht wird, wenn diese Krankheit eine Einschränkung mit sich bringt, die insbesondere auf physische, geistige oder psychische Beeinträchtigungen zurückzuführen ist, die in Wechselwirkung mit verschiedenen Barrieren den Betreffenden an der vollen und wirksamen Teilhabe am Berufsleben, gleichberechtigt mit den anderen Arbeitnehmern, hindern können, und wenn diese Einschränkung von langer Dauer ist".⁷⁹ Auch nach diesem modifizierten Begriff muss eine Einschränkung von **langer Dauer** vorliegen. Damit ist zwar klargestellt, dass Krankheiten Behinderungen bewirken können, aber zugleich auch ausgeschlossen, dass jede Krankheit als Behinderung angesehen werden muss. Davon geht auch die Definition der Behinderung in § 2 Abs. 1 Satz 1 SGB IX aus, die auf die internationale Klassifikation der Weltgesundheitsorganisation zurückgeht. Danach muss die Beeinträchtigung mit hoher Wahrscheinlichkeit länger als sechs Monate andauern.

Einbeziehung aller gesellschaftlichen Teilhabemöglichkeiten: Bereits die bei Einführung des SGB IX 2001 in § 2 Abs. 1 Satz 1 SGB IX aF formulierte Definition der Behinderung enthielt keine Beschränkung auf Beeinträchtigungen, die sich auch konkret bei der Beschäftigung oder im Beruf auswirkten. So kann zB bei Männern der Verlust des Penis nach der GdB/GdS-Tabelle zu einem GdB von 50 GdB oder bei Frauen der Verlust der Brust (Mastektomie) einseitig zu einem GdB von 30 und beidseitig zu einem GdB von 40 führen (vgl. GdB/GdS-Tabelle in: Versorgungsmedizinische Grundsätze; Einzelheiten → § 152 Rn. 23 ff.). Der Grund für diesen weiten Begriff war, dass nach § 2 Abs. 1 Satz 1 SGB IX aF Maßstab nicht allein die Möglichkeit der Teilhabe in Arbeit und Beruf, sondern umfassend „die Teilhabe am Leben in der Gesellschaft" sein sollte. Der deutsche Gesetzgeber hat diesen weiten Begriff in § 1 AGG und damit in das nach § 7 AGG bestehende Benachteiligungsverbot „aus Gründen der Behinderung" übernommen. Er hat in dem Katalog der Begriffsbestimmungen in § 3 AGG davon abgesehen, einen besonderen Behinderungsbegriff für die Anwendung des AGG zu schaffen. Damit hat er bewusst von der Möglichkeit Gebrauch gemacht, die zwingende Mindestvorgabe der Rahmenrichtlinie zu überschreiten. Das haben die dem AGG kritisch eingestellten Autoren für völlig überzogen gehalten.⁸⁰ Deren allein mit rechtspolitischen Motiven begründete teleologische Reduktion hat zu Recht keine Zustimmung erfahren. Inzwischen ist die Rechtsentwicklung weiter fortgeschritten. Art. 1 BTHG hat zum 1.1.2018 den Begriff der Behinderung in § 2 Abs. 1 Satz 1 SGB IX erweitert. Die neue Definition hat – wenn auch verspätet – dem Übereinkommen der Vereinten Nationen vom 13.12.2006 über die Rechte von Menschen mit Behinderungen (UN-BRK)⁸¹ 24

---

77 EuGH 11.7.2006 – C-13/05, AP Nr. 3 zu Richtlinie 2000/78/EG = EzA EG-Vertrag 1999 Richtlinie 2000/78 Nr. 1.
78 EuGH 11.7.2006 – C-13/05, AP Nr. 3 zu Richtlinie 2000/78/EG = EzA EG-Vertrag 1999 Richtlinie 2000/78 Nr. 1.
79 EuGH 11.4.2013 – C-335/11 und C-337/11, C-335/11, C-337/11, NZA 2013, 553 – HK Danmark, auch genannt Ring, Skouboe Werge; weiterführend: *von Roetteken* jurisPR-ArbR 33/2013 Anm. 1.
80 *Bauer/Göpfert/Krieger*, 3. Aufl. 2011, AGG § 1 Rn. 41.
81 Zustimmungsgesetz vom 21.12.2008, BGBl. 2008 II 1419, für Deutschland nach Hinterlegung der Ratifikationsurkunde in Kraft seit dem 26.3.2009, BGBl. 2009 II 812.

Rechnung getragen.[82] Es bestand nämlich seit der Ratifikation im Jahre 2009 Anpassungsbedarf, weil Art. 1 Abs. 2 UN-BRK die Einbeziehung von Umfeldfaktoren in den Behinderungsbegriff verlangt: „langfristige körperliche, seelische, geistige oder Sinnesbeeinträchtigungen (...), welche (...) in Wechselwirkung mit verschiedenen Barrieren an der vollen, wirksamen und gleichberechtigten Teilhabe an der Gesellschaft hindern können". Demgegenüber war bislang in § 2 Abs. 1 Satz 1 SGB IX auf die Beeinträchtigungen abgestellt, die allein durch einen Körper- und Gesundheitszustand hervorgerufen werden. Eine der BRK angepasste Definition muss demgegenüber die jeweiligen Wechselbeziehungen mit umweltbezogenen und personenbedingten Kontextfaktoren berücksichtigen.[83] Dementsprechend sind nach § 2 Abs. 1 Satz 1 SGB IX nF Menschen mit Behinderungen solche, die körperliche, seelische, geistige oder Sinnesbeeinträchtigungen haben, die sie in Wechselwirkung mit einstellungs- und umweltbedingten Barrieren an der gleichberechtigten Teilhabe an der Gesellschaft mit hoher Wahrscheinlichkeit länger als sechs Monate hindern können.[84] Die Rechtsprechung hat dem **erweiterten Begriffsverständnis der UN-BRK** bereits bei der Auslegung des § 2 Abs. 1 Satz 1 SGB IX aF Rechnung getragen.[85] Nachdem die EU mit Beschluss vom 26.11.2009 das Übereinkommen ratifizierte, sind die Bestimmungen der UN-BRK Bestandteil der Unionsrechtsordnung EuGH[86] und damit zugleich Bestandteil des unionsrechtskonform auszulegenden deutschen Rechts.[87] Unabhängig von dem formellen Inkrafttreten der gesetzlichen Neufassung am 1.1.2018 war die BRK-Definition der Behinderung schon seit der Ratifikation durch die Union 2009 anzuwenden. Das hat die Rspr. des BAG auch getan. Das zeigt der vom Sechsten Senat entschiedene Fall des wegen seiner HIV-Infektion diskriminierten Arbeitnehmers. Dort hat der Senat es für die Annahme der Behinderung genügen lassen, dass der infizierte Arbeitnehmer in interpersonellen Beziehungen und bei der Arbeit Stigmatisierungen ausgesetzt sein kann.[88] Damit hat der Senat die nach der UN-BRK zu berücksichtigenden gesellschaftliche Kontextfaktoren einbezogen.

25 **Geltung auch für alle Bediensteten im öffentlichen Dienst:** Nach der Rechtsprechung wurden vom schwerbehindertenrechtlichen Benachteiligungsverbot nicht nur Arbeitsverhältnisse, sondern auch öffentlich-rechtliche Beschäftigungsverhältnisse erfasst. Als „Arbeitgeber" im Sinne von Abs. 2 Satz 1 sind auch die öffentlich-rechtlichen Dienstherren anzusehen. Bis zum 17.8.2006 war zudem in § 81 Abs. 2 Satz 2 Nr. 1 Satz 1 aF klargestellt, dass nicht nur die Begründung eines Arbeitsverhältnisses, sondern auch die eines „sonstigen Beschäftigungsverhältnisses" erfasst werden sollte. Der Anwendung des so durch Auslegung erweiterten schwerbehinderungsrechtlichen Benachteiligungsverbots auf alle Arten von Beschäftigungsverhältnissen[89] bedarf es nicht mehr seit § 24 AGG eine Sonderregelung enthält, die ausdrücklich die entsprechende Anwendbarkeit des Verbots der Benachteiligung aus Gründen der Behinderung für öffentlich-rechtliche Dienstverhältnisse regelt. Danach sind insbesondere § 7 Abs. 1 AGG und

---

82 Vgl. BT-Drs. 18/9522, 227.
83 Zutreffend: *Siefert* jurisPR-SozR 6/2017 Anm. 1.
84 *Düwell/Beyer* Beschäftigte Rn. 270.
85 BSG 16.3.2016 – B 9 SB 1/15 R, Rn. 16, SozR 4-3250 § 69 Nr. 22.
86 EuGH 11.4.2013 – C-335/11 ua, Rn. 28 ff., NZA 2013, 553 – Ring, Skouboe Werge.
87 BAG 4.11.2015 – 7 ABR 62/13, Rn. 27, NZA-RR 2016, 191; BAG 19.12.2013 – 6 AZR 190/12, Rn. 53, BAGE 147, 60.
88 BAG 19.12.2013 – 6 AZR 190/12, Rn. 73 f., BAGE 147, 60.
89 VG Düsseldorf 6.5.2005 – 2 K 4552/03, Behindertenrecht 2005, 176; LAG Hamm 6.10.2005 – 2 Ta 402/05, NZA-RR 2006, 157.

§ 1 AGG auch auf Beamten- und Richterverhältnisse sowie auf die Rechtsverhältnisse der Zivildienstleistenden anwendbar. Auch der öffentliche Dienstherr muss über § 164 Abs. 2 hinausgehend jede bestehende Behinderung bei seinen Ermessungserwägungen berücksichtigen. Das galt auch für die Zeit vor Inkrafttreten des AGG.[90] Eine amtliche Feststellung oder Anerkennung der Behinderung wird nicht vorausgesetzt.[91]

2. Die Überwachung des Benachteiligungsverbots durch die Vertretungen der Beschäftigten

Überwachung der Verbotseinhaltung durch Betriebsrat: Nach § 176 Abs. 1 Satz 2 Hs. 1 sind die Betriebsräte verpflichtet, die Einhaltung des schwerbehindertenrechtlichen Benachteiligungsverbots aus Abs. 2 durch den Arbeitgeber zu überwachen, → § 176 Rn. 10. Aus § 80 Abs. 1 Nr. 1 BetrVG ergibt sich zusätzlich die Pflichtaufgabe, das auch für das gleichbehandlungsrechtliche Benachteiligungsverbot aus § 7 AGG zu tun. Allerdings gilt: Wer zur Überwachung des Benachteiligungsverbots verpflichtet ist, ist auch selbst verpflichtet, es ein zu halten. Zur Wahrnehmung der Überwachungsaufgabe besteht ein **Auskunftsanspruch**. Dieser folgt aus der Pflicht des Arbeitgebers nach § 80 Abs. 2 Satz 1 BetrVG, den Betriebsrat zur Durchführung seiner gesetzlichen Aufgaben rechtzeitig und umfassend zu unterrichten.[92] Das Überwachungsrecht des Betriebsrats entfällt nicht schon deshalb, wenn dies auf eine Kontrolle von Einzelfällen hinausläuft.[93] Der Betriebsrat kann daher auch, ohne dass eine Beschwerde des Betroffenen nach § 84 BetrVG oder nach § 13 AGG vorliegt, eine Unterrichtung verlangen. Da er nach § 17 Abs. 1 AGG aufgefordert ist, an der Verwirklichung des Gleichbehandlungsgrundsatzes im Interesse der guten betrieblichen Ordnung mitzuwirken, kann ihm nicht pauschal das Argument Datenschutz entgegengehalten werden: Das gilt auch für den Einwand, der betroffene behinderte Beschäftigte wolle nicht, dass sein Fall vom Betriebsrat auf eine Benachteiligung überprüft werde. Ein auf eine gesetzliche Aufgabenzuweisung gestützter Unterrichtungsanspruch des Betriebsrats wird nicht durch Vorschriften des BDSG eingeschränkt.[94] Zum Schutz von Informationsquellen ist der Betriebsrat nicht verpflichtet, Informanten oder konkrete Anhaltspunkte dafür zu benennen, warum er in diesem Fall Auskünfte verlangt. Unter Geltung der DS-GVO hat das BAG diese Rspr. auch für den Fall sensitiver personenbezogener Daten bestätigt, allerdings vom Betriebsrat angemessene und spezifische Schutzmaßnahmen zur Datensicherung verlangt.[95]

Überwachung der Verbotseinhaltung durch Personalvertretungen: Nach § 176 Abs. 1 Satz 2 Hs. 1 sind die Personal-, Richter-, Staatsanwaltschafts- und Präsidialräte verpflichtet, die Einhaltung des schwerbehindertenrechtlichen Benachteiligungsverbots aus § 164 Abs. 2 durch den Arbeitgeber zu überwachen. Nach § 62 Nr. 2 BPersVG nF (§ 68 Abs. 1 Nr. 2 BPersVG aF) hat der Personalrat darüber zu wachen, dass die zugunsten der Beschäftigten geltenden Gesetze, dazu gehören sowohl § 164 Abs. 2 SGB IX als auch § 7 AGG, durchgeführt werden. Das darf nicht in dem Sinne verstanden werden, dass die Personalvertretung be-

---

90 Beginnend mit dem 3.12.2003 = Ablauf der Umsetzungsfrist der Rahmenrichtlinien.
91 VG Frankfurt am Main 8.2.2007 – 9E 3882/06, ZBR 2007, 280.
92 Vgl. BAG 17.5.1983 – 1 ABR 21/80, BAGE 42, 366 und seitdem in st. Rspr.
93 Vgl. BAG 21.10.2003 – 1 ABR 39/02, AP Nr. 62 zu § 80 BetrVG 1972.
94 LAG BW 22.11.1991 – 12 TaBV 8/91, AiB 1993, 238; BAG 17.3.1983 – 6 ABR 33/80, AP Nr. 18 zu § 80 BetrVG 1972.
95 BAG 9.4. 2019 – 1 ABR 51/17, BAGE 166, 269 = NZA 2019, 1055.

rechtigt sei, die Aufgabenerfüllung und den inneren Betrieb der Dienststelle allgemein und unabhängig von den ihr zugewiesenen Aufgaben zu überwachen.[96] Ihre Aufgaben erschöpfen sich jedoch nicht darin, ihren Überwachungsauftrag nur in den ihr von der Belegschaft zugetragenen Einzelfällen zur Geltung bringen zu können. Sie hat als Kollektivorgan der Beschäftigten auch die Möglichkeit, Rechtsverstößen bereits im Vorfeld entgegenwirken zu können.[97] Dazu muss der Dienststellenleiter ihr die erforderlichen **Informationen und Unterlagen** zur Verfügung zu stellen. Dies gilt nach der höchstrichterlichen Rechtsprechung vor allem für diejenigen Bereiche, in denen der vorbeugenden Überwachung durch die Personalvertretung eine besondere Bedeutung zukommt.[98] Die Durchführung des Benachteiligungsverbots nach § 164 Abs. 2 SGB IX für schwerbehinderte Beschäftigte und nach § 7 AGG für die einfachbehinderten Beschäftigten ist ein derartiger Bereich. Das gilt insbesondere deswegen, weil nach §§ 24, 17 Abs. 1 AGG die Personalvertretung und die SBV ausdrücklich aufgefordert sind, an der Verwirklichung des Gleichbehandlungsziels mitzuwirken (sogenannte soziale Verantwortung).

28 **Überwachung der Verbotseinhaltung durch die Schwerbehindertenvertretung:** Zusätzlich ist nach § 178 Abs. 1 Satz 2 Nr. 1 SGB IX auch die SBV berechtigt und verpflichtet, die Erfüllung des **schwerbehindertenrechtlichen** – nicht jedoch des gleichbehandlungsrechtlichen Benachteiligungsverbots aus § 7 AGG – zu überwachen. Diese Begrenzung folgt aus der in § 178 Abs. 1 Satz 1 vorgenommenen Aufgabenbeschränkung. Die SBV ist nur für die Interessenvertretung und Beratung der schwerbehinderten und gleichgestellten behinderten Beschäftigten zuständig. Zur Erfüllung ihrer so begrenzten Überwachungsaufgabe hat die SBV ebenfalls ein Auskunftsanspruch gegenüber dem Arbeitgeber. Soweit es um konzeptionelle Überlegungen geht, ergibt sich der Anspruch aus der Zusammenarbeitsverpflichtung des Arbeitgebers nach § 182 Abs. 1. Geht es darum zu erfahren, welche Maßnahmen getroffen werden, ergibt sich ein Unterrichtungs- und Anhörungsanspruch aus § 178 Abs. 2 Satz 1. Im Übrigen hat der Gesetzgeber der SBV in § 164 Abs. 1 und § 178 Abs. 2 Satz 4 spezielle Rechte im Zusammenhang mit der Besetzung von freien Stellen eingeräumt, die zur Verbesserung der Einstellungs- und Beförderungschancen von schwerbehinderten und ihnen gleichgestellten Beschäftigten führen sollen (→ Rn. 145 ff.).

29 **Das Gleichbehandlungsgebot in der Betriebs- und Dienststellenverfassung:** Die Vermeidung von Benachteiligungen ist Teil des allgemeinen Grundsatzes, nach dem die Betriebsangehörigen nach „Recht und Billigkeit" zu behandeln sind, wie er als gemeinsame Aufgabe des Arbeitgebers und der Arbeitnehmervertretung in § 75 Abs. 1 BetrVG und § 2 Abs. 4 Satz 1 BPersVG nF (§ 67 Abs. 1 Satz 1 BPersVG aF) niedergelegt ist. Mit Wirkung zum 18.8.2006 ist durch Art. 3 Abs. 3 und Abs. 4 des Gesetzes zur Umsetzung europäischer Richtlinien zur Verwirklichung des Grundsatzes der Gleichbehandlung vom 14.8.2006[99] die Aufzählung der Kataloge der im Betrieb und in der Dienststelle sowohl vom Arbeitgeber als auch von den Arbeitnehmervertretungen zu vermeidenden Benachteiligungen um das Merkmal „Behinderung" ergänzt worden. Der Gesetzgeber berücksichtigte die hier in → 1. Aufl. 2002, § 81 Rn. 4 vorgebrachte Kritik an der Aussparung des Merkmals „Behinderung", indem er durch Art. 3

---

96 BVerwG 27.11.1991 – BVerwG 6 P 24.90, Buchholz 251.7 § 75 NWPersVG Nr. 1.
97 BVerwG 27.2.1985 – BVerwG 6 P 9.84, PersR 1985, 124.
98 BVerwG 27.11.1991 – BVerwG 6 P 24.90, Buchholz 251.7 § 75 NWPersVG Nr. 1.
99 BGBl. I 1897.

Abs. 4 des Gesetzes vom 14.8.2006[100] eine entsprechende Ergänzung vornahm. Diese Ergänzung ist bei der Novellierung des BPersVG nach § 2 Abs. 4 Satz 2 BPersVG nF verschoben worden. Seit der Ergänzung ist klargestellt, dass den Arbeitgebern und Beschäftigtenvertretungen die unterschiedliche Behandlung aus Gründen der Behinderung verboten ist. Regelungen in Betriebs- und Dienstvereinbarungen, die gegen diese Grundsätze verstoßen, sind nach § 134 BGB unwirksam.[101]

3. Die Kontrolle der Benachteiligung im Sozialplan

Behinderung in Sozialplänen: Werden in Sozialplänen schwerbehinderte Beschäftigte weniger günstig behandelt, weil ihnen gezielt Leistungen im Hinblick auf ihr **früheres Rentenzugangsalter** gekürzt werden, so ist das eine unmittelbar diskriminierende Entlassungsbedingung iSv §§ 2 Abs. 1 Nr. 2, 3 Abs. 1 AGG. Eine derartige von den Betriebsparteien getroffene Regelung ist nach § 7 Abs. 2 AGG unwirksam (Einzelheiten: → Rn. 44 und → Rn. 232 ff.). Im Übrigen führt die Rechtsprechung anhand des § 75 Abs. 1 Satz 1 BetrVG eine Rechtmäßigkeitskontrolle durch. Sie erfasst auch Sozialpläne, die nach § 112 Abs. 4 BetrVG von der Einigungsstelle beschlossen werden;[102] denn bei der Aufstellung eines Sozialplanes sind die Grenzen des Ermessens zu wahren und der besondere **Ermessensgrundsatz** nach § 112 Abs. 5 Satz 2 Nr. 1 BetrVG ist zu beachten. Danach müssen Leistungen „in der Regel den Gegebenheiten des Einzelfalles Rechnung tragen". Die Einigungsstelle darf trotzdem Pauschalierungen vornehmen, sofern sie typischen individuellen Situationen entsprechen.[103] Folgende pauschalierende Aufstockungsregelung ist nicht beanstandet worden: „Für schwerbehinderte Arbeitnehmer erhöht sich der Abfindungsbetrag um DM 100,00 für jede 10 % des festgestellten Grades der Schwerbehinderung zum Beendigungszeitpunkt aufgrund der regulären tariflichen Kündigungsfrist bzw. zum Zeitpunkt des Abschlusses des Aufhebungsvertrages. Für jeden Schwerbehinderten oder Gleichgestellten beträgt der zusätzliche Abfindungsbetrag einheitlich DM 500,00.".[104] Diese Rechtsprechung gilt es fortzuentwickeln. Es wäre ermessensfehlerhaft, Aufstockungen nach Inkrafttreten des AGG ausschließlich auf schwerbehinderte und gleichgestellte behinderte Beschäftigte zu beschränken. Beschäftigte, die, ohne schwerbehindert oder gleichgestellt zu sein, wegen einer Behinderung erhebliche Nachteile bei der Stellensuche zu besorgen haben, müssen berücksichtigt werden. Das setzt allerdings voraus:
1. Die behinderungsbedingte Beeinträchtigung ist bei Aufstellung des Sozialplans dem Arbeitgeber bekannt oder wird rechtzeitig vorher offenbart und
2. die Auswirkung der Beeinträchtigung ist für die Chancen auf dem Arbeitsmarkt so erheblich, dass sie unter Berücksichtigung des verfügbaren Dotierungsrahmens als ausgleichsbedürftiger wirtschaftlicher Nachteil anzusehen ist.

Zusätzlich besteht für diese Personen eine Nachweislast; denn anders als bei Schwerbehinderung und Gleichstellung fehlt es an der Möglichkeit des Nachweises durch einen Ausweis iSv § 152 Abs. 5 SGB IX oder einen amtlichen Gleichstellungsbescheid der Bundesagentur für Arbeit nach § 151 Abs. 2

30

---

100 BGBl. I 1897.
101 Für Schlechterstellung in einer Dienstvereinbarung: LAG Nds 19.5.2003 – 5 Sa 1302/02, juris Rn. 81; für Schlechterstellung in einer Betriebsvereinbarung: LAG Nds 17.4.2009 – 12 Sa 1553/08, juris Rn. 49, LAGE § 2 KSchG Nr 63.
102 BAG 24.8.2004 – 1 ABR 23/03, AP Nr. 174 zu § 112 BetrVG 1972.
103 BAG 24.8.2004 – 1 ABR 23/03, AP Nr. 174 zu § 112 BetrVG 1972.
104 BAG 24.8.2004 – 1 ABR 23/03, AP Nr. 174 zu § 112 BetrVG 1972.

SGB IX. Die SBV und der Betriebsrat sind aufgerufen, die Beschäftigten rechtzeitig auf das **Erfordernis der Offenlegung** und des Nachweises von Behinderungen hinzuweisen. Es verstößt nämlich weder gegen den Gleichheits- noch den Gleichbehandlungsgrundsatz, wenn die Einigungsstelle bei der Aufstellung eines Sozialplans Sonderabfindungen nur für solche Arbeitnehmer vorsieht, deren Behinderung bereits bei Aufstellung des Sozialplans bekannt ist. So hat das die Rechtsprechung im vergleichbaren Fall für Arbeitnehmer entschieden, deren Eigenschaft als schwerbehinderter Mensch von der zuständigen Behörde erst später rückwirkend festgestellt wird. Diese können hinsichtlich der Sonderabfindungen keine Gleichbehandlung verlangen.[105] Diese Rechtsprechung ist entsprechend auf die Beschäftigten anzuwenden, die nicht rechtzeitig den Arbeitgeber von ihrer Behinderung und deren Auswirkungen in Kenntnis setzen. Weitere Erläuterungen zur Benachteiligung bei Sozialplänen → Rn. 223.

4. Die Beschwerde wegen Benachteiligung

31 **Innerbetriebliches Beschwerdeverfahren:** Nach § 84 BetrVG hat jeder Arbeitnehmer das Recht, sich bei den zuständigen Stellen des Betriebs zu beschweren, wenn er sich vom Arbeitgeber oder von Arbeitnehmern des Betriebs benachteiligt fühlt. Er kann ein Mitglied des Betriebsrats zur Unterstützung oder Vermittlung hinzuziehen. Der Arbeitgeber hat die Beschwerde zu bescheiden und, soweit er die Beschwerde für berechtigt erachtet, ihr abzuhelfen. In § 13 Abs. 1 AGG ist dieses Beschwerderecht für die Beschwerden aus Gründen des § 1 AGG bekräftigt und dem Arbeitgeber das Recht zur Benennung der zuständigen Stelle eingeräumt worden. Ob der Betriebsrat nach § 87 Abs. 1 Nr. 1 BetrVG bei der Besetzung und Verfahrensausgestaltung der nach § 13 AGG zu errichtenden Beschwerdestelle mitzubestimmen hat, war umstritten. Das BAG hat differenziert: Der Betriebsrat hat zwar nach § 87 Abs. 1 Nr. 1 BetrVG bei der Einführung und Ausgestaltung des Verfahrens, in dem Arbeitnehmer ihr Beschwerderecht nach § 13 Abs. 1 Satz 1 AGG wahrnehmen können, mitzubestimmen. Insoweit hat der Betriebsrat auch ein Initiativrecht. Aber es besteht kein Mitbestimmungsrecht in den Fragen, wo der Arbeitgeber die Beschwerdestelle errichtet und wie er diese personell besetzt.[106] Nach § 98 BetrVG kann der Betriebsrat im Fall der Meinungsverschiedenheit vor dem Arbeitsgericht im Beschlussverfahren den Vorsitzenden für eine Einigungsstelle zur Regelung dieser Angelegenheit bestimmen lassen, weil die entsprechenden Beteiligungsrechte nicht offensichtlich auszuschließen sind.[107] Die Regelung in § 13 Abs. 2 AGG, nach der die Rechte der Arbeitnehmervertretungen unberührt bleiben, bildet zumindest einen vertretbaren rechtlichen Ansatz, dass die nach § 13 Abs. 1 AGG dem Arbeitgeber obliegende Verpflichtung, „zuständige Stellen" im Sinne dieser Bestimmung zu benennen, nicht abschließend in dem Sinne des Einleitungssatzes von § 87 Abs. 1 BetrVG ist.[108] Nach der BAG-Entscheidung vom 21.7.2010 kann nur dann noch ein Mitbestimmungsrecht hinsichtlich der personellen Besetzung der Beschwerdestelle erfolgreich geltend gemacht werden, wenn es gelingt, das Gericht davon zu überzeugen, dass gute Gründe für die Änderung dieser Rechtsprechung vorhanden sind.

32 **Beschwerdeeinlegung bei der Schwerbehindertenvertretung:** Nach § 178 Abs. 1 Satz 2 Nr. 3 SGB IX kann die SBV Beschwerden wegen einer Benachteiligung von schwerbehinderten Menschen entgegennehmen und, falls sie berechtigt er-

---

105 BAG 19.4.1983 – 1 AZR 498/81, AP Nr. 124 zu Art. 3 GG.
106 BAG 21.7.2009 – 1 ABR 42/08, NZA 2009, 1049.
107 LAG Hmb 17.4.2007 – 3 TaBV 6/07, DB 2007, 1417.
108 LAG Hmb 17.4.2007 – 3 TaBV 6/07, DB 2007, 1417.

scheinen, durch Verhandlung mit dem Arbeitgeber auf eine Erledigung hinwirken. Sie hat die schwerbehinderten Beschwerdeführer über den Stand und das Ergebnis der Verhandlungen zu unterrichten. Dieses Beschwerderecht gilt auch für die schwerbehinderten und gleichgestellten behinderten **Stellenbewerber**, denn die SBV hat nach § 178 Abs. 1 Satz 1 SGB IX auch die Eingliederung „in den Betrieb" zu fördern. Von daher kann sich ein abgewiesener Bewerber, der eine Benachteiligung vermutet, bei der SBV beschweren. Diese ist dann zur Bearbeitung der Beschwerde und Unterrichtung über deren Ergebnis verpflichtet.

Beschwerdeeinlegung beim Betriebsrat: Wirkungsvoller kann für die Benachteiligten die Einlegung der Beschwerde nach § 84 BetrVG beim Betriebsrat sein. Dieses Beschwerderecht soll jedoch erst denjenigen zustehen, die bereits eingestellte Arbeitnehmer iSv § 5 Abs. 1 BetrVG sind.[109] Diese Auslegung ist nicht zwingend, obwohl im betriebsverfassungsrechtlichen Schrifttum sich keine positive Stellungnahme dafür findet, dass bereits mit der Stellenbewerbung das Beschwerderecht beim Betriebsrat entsteht. Für die Anerkennung des Beschwerderechts jedenfalls im Fall von Bewerbungen schwerbehinderter Menschen spricht, dass Betriebsrat nach § 80 Abs. 1 Nr. 4 BetrVG die Aufgabe hat, die Eingliederung schwerbehinderter Menschen zu fördern. Daher ist spätestens nach der Einstellung oder nach der Aufnahme der Tätigkeit der Leiharbeit (vgl. insoweit § 14 Abs. 2 Satz 3 AÜG) der Betriebsrat nach § 85 Abs. 1 BetrVG berechtigt, Beschwerden entgegenzunehmen und, falls er sie für berechtigt erachtet, beim Arbeitgeber auf Abhilfe hinzuwirken. Bestehen zwischen Betriebsrat und Arbeitgeber Meinungsverschiedenheiten über die Berechtigung der Beschwerde, so kann der Betriebsrat nach § 85 Abs. 2 BetrVG die **Einigungsstelle anrufen**. Der Spruch der Einigungsstelle ersetzt die Einigung zwischen Arbeitgeber und Betriebsrat. Die Einigungsstelle ist jedoch unzuständig, wenn mit der Beschwerde ein Rechtsanspruch geltend gemacht wird.[110] Deshalb scheidet die Geltendmachung von Schadensersatz- oder Entschädigungsansprüchen im Beschwerdeverfahren aus.

Durchsetzung des Benachteiligungsverbots: Nach § 23 Abs. 3 BetrVG ist der Betriebsrat berechtigt, drohende oder bereits erfolgte grobe Verstöße des Arbeitgebers gegen dessen betriebsverfassungsrechtliche Pflichten im arbeitsgerichtlichen Beschlussverfahren zu verhindern oder zu beseitigen. Ebenso ist jede im Betrieb vertretene Gewerkschaft befugt, im Beschlussverfahren nach § 23 Abs. 3 BetrVG Anträge zu stellen, um die Einhaltung der betriebsverfassungsrechtlichen Ordnung des Betriebes sicherzustellen. § 17 Abs. 2 AGG knüpft daran an. Allerdings ist die dem Betriebsrat und jeder im Betrieb vertretenen Gewerkschaft dort eingeräumte Antragsbefugnis nicht mit einem „Klagerecht" im arbeitsgerichtlichen Urteilsverfahren zu verwechseln. Von daher können weder Betriebsrat noch Gewerkschaft als Prozessstandschafter für Beschäftigte Entschädigungs- oder Schadensersatzansprüche einklagen.[111] Um auch den letzten Zweifel auszuschließen, ist das mit dem angefügten Satz 2 in § 17 Abs. 2 AGG ausdrücklich klargestellt worden. Das Antragsrecht besteht nur bei einem groben Verstoß des Arbeitgebers gegen Vorschriften aus dem „Abschnitt 2. Schutz der Beschäftigten vor Benachteiligung" des AGG. Damit ist klargestellt, dass Betriebsrat und Gewerkschaft nicht nur die Einhaltung des Gleichbehandlungsgrundsatzes aus § 75 BetrVG sicherstellen können, sondern sich zusätzlich insbesondere für die Einhaltung der außerhalb des BetrVG geregelten Arbeitgeber-

---

109 Vgl. *Franzen* in GK-BetrVG Vor § 81 Rn. 21.
110 BAG 28.6.1984 – 6 ABR 5/83, AP Nr. 1 zu § 85 BetrVG 1972.
111 So bereits zum alten Recht: *Thüsing* in Richardi BetrVG, 10. Aufl. 2006, § 23 Rn. 75; zum neuen Recht: *Düwell* in HaKo-BetrVG § 23 Rn. 59 f.

pflichten, insbesondere aus § 11 AGG (keine diskriminierende Stellenausschreibung) und § 12 AGG (Maßnahmen zum Schutz vor Benachteiligungen) einsetzen dürfen.[112]
Beispiel: Gibt der Arbeitgeber der Personalabteilung die Weisung: „Keine Behinderten einstellen!", so können Betriebsrat und Gewerkschaft gegen diese grobe Verletzung des Benachteiligungsverbots mit einem Unterlassungsantrag vorgehen.

5. Die Kontrolle der Benachteiligung im Tarifvertrag

35 **Bindung der Tarifvertragsparteien:** Auch die Tarifvertragsparteien sind an das Verbot der Benachteiligung aus § 164 Abs. 2 SGB IX gebunden. Das ergibt sein Zweck, die Benachteiligung schwerbehinderter Menschen im Arbeitsleben auszuschließen. Würde sich die Regelung nicht auf Tarifverträge und Betriebsvereinbarungen beziehen, könnte dieser Zweck nicht erreicht werden. Zudem verlangt Art. 16 Buchst. b der Rahmenrichtlinie, dass die mit dem Gleichbehandlungsgrundsatz nicht zu vereinbarenden Bestimmungen in Tarifverträgen und Betriebsordnungen für nichtig erklärt werden können.[113] Es stellt keine unzulässige **mittelbare Benachteiligung** (Definition: → Rn. 17) schwerbehinderter Beschäftigter dar, wenn ein Tarifvertrag nur den Anspruch auf Abschluss solcher Altersteilzeitarbeitsverträge eingeräumt hat, die enden sollen, sobald der Arbeitnehmer berechtigt ist, eine Altersrente ohne Abschläge in Anspruch zu nehmen, wie das nach § 236 a SGB VI aF möglich war. Den Tarifvertragsparteien stand es damals aufgrund ihres durch Art. 9 Abs. 3 GG geschützten Gestaltungsspielraums frei, **Ansprüche auf Altersteilzeitarbeit** nur solchen Arbeitnehmern zu gewähren, hinsichtlich derer der Arbeitgeber grundsätzlich auch die Fördervoraussetzungen nach dem AltersteilzeitG erfüllen kann.[114]

Das BAG hat für den Fall, dass ein Tarifvertrag über Altersteilzeit nicht unmittelbar an die Schwerbehinderteneigenschaft, sondern an die gesetzlichen Voraussetzungen für den Bezug einer abschlagsfreien Altersrente anknüpft, eine unzulässige unmittelbare Benachteiligung (Definition: → Rn. 17) angenommen. Diese Anknüpfung führt dann zu einer verbotenen Schlechterstellung, wenn der Schwerbehinderte Altersteilzeit im Blockmodell leistet und die Freistellungsphase kürzer wird als die bereits zurückgelegte Arbeitsphase. Es liegt dann eine verdeckte unmittelbare Ungleichbehandlung vor.[115]

Fallbeispiel:[116] Der Arbeitgeber vereinbarte mit der schwerbehinderten Arbeitnehmerin ein Altersteilzeitverhältnis im Blockmodell mit einer Arbeits- und Freistellungsphase von jeweils fünf Jahren entsprechend der Regelungen eines Altersteilzeittarifvertrags. Kurz vor Ende der Arbeitsphase teilte der Arbeitgeber der Arbeitnehmerin mit, in Hinblick auf die Schwerbehinderung der Arbeitnehmerin ende das Altersteilzeitverhältnis nach dem anzuwendenden Tarifvertrag Altersteilzeit zwei Jahre früher als geplant, weil die Klägerin als schwerbehinderter Mensch eine vorgezogene ungekürzte Rente wegen Alters

---

112 Weitere Einzelheiten: *Besgen/Roloff* NZA 2007, 670.
113 BAG 18.11.2003 – 9 AZR 122/03, AP Nr. 4 zu § 81 SGB IX.
114 BAG 18.11.2003 – 9 AZR 122/03, AP Nr. 4 zu § 81 SGB IX; im Ergebnis zustimmend: *Messingschlager* Anm. zu AP Nr. 4 zu § 81 SGB IX und zweifelnd: *von Roetteken* jurisPR-ArbR 30/2004 Anm. 2.
115 BAG 12.11.2013 – 9 AZR 484/12, PersV 2014, 232.
116 Sachverhalt entnommen: BAG 12.11.2013 – 9 AZR 484/12, PersV 2014, 232.

in Anspruch nehmen könne. Die einschlägige Vorschrift des **Tarifvertrags**[117] lautete:

§ 9 Ende des Arbeitsverhältnisses

(1) (...)

(2) Das Arbeitsverhältnis endet unbeschadet der sonstigen tariflichen Beendigungstatbestände (...)

a) mit Ablauf des Kalendermonats vor dem Kalendermonat, für den der Arbeitnehmer eine Rente wegen Alters oder, wenn er von der Versicherungspflicht in der gesetzlichen Rentenversicherung befreit ist, eine vergleichbare Leistung einer Versicherungs- oder Versorgungseinrichtung oder eines Versicherungsunternehmens beanspruchen kann; dies gilt nicht für Renten, die vor dem für den Versicherten maßgebenden Rentenalter in Anspruch genommen werden können oder ...

Obwohl die einschlägige Vorschrift des Tarifvertrags das Merkmal der Schwerbehinderung überhaupt nicht erwähnt, liegt hier eine sogenannte verdeckte Benachteiligung schwerbehinderter Arbeitnehmer vor, wenn diese wegen ihrer Behinderung in die Lage versetzt werden, ihre Freistellungsphase im Vergleich zur Arbeitsphase verkürzen zu müssen. Bei der sogenannten verdeckten unmittelbaren Benachteiligung erfolgt die benachteiligende Differenzierung zwar nicht ausdrücklich wegen eines in § 1 AGG genannten Grundes. Vielmehr wird an ein in dieser Vorschrift nicht enthaltenes Merkmal angeknüpft, das jedoch in einem untrennbaren Zusammenhang mit einem in dieser Vorschrift genannten Grund steht. Der Umstand, dass schwerbehinderte Arbeitnehmer eine abschlagsfreie Rente früher in Anspruch nehmen können als nicht schwerbehinderte Arbeitnehmer, ist für sich nicht geeignet, bei im Blockmodell geleisteter Altersteilzeit eine Ungleichbehandlung von schwerbehinderten und nicht schwerbehinderten Arbeitnehmern zu rechtfertigen, wenn durch die Beendigung des Altersteilzeitarbeitsverhältnisses des schwerbehinderten Arbeitnehmers die Freistellungsphase kürzer würde als die bereits zurückgelegte Arbeitsphase. Rechtsfolge der unzulässigen Ungleichbehandlung ist, dass ein schwerbehinderter Arbeitnehmer vom Arbeitgeber verlangen kann, wie ein nicht schwerbehinderter Arbeitnehmer behandelt zu werden. Dies hat zur Folge, dass – wenn ein entsprechender Antrag gestellt wird – das Altersteilzeitarbeitsverhältnis ohne Inanspruchnahme der vorzeitigen Rente endet.[118]

6. Inhalt der Verweisung auf das AGG

a) Geltung des Benachteiligungsverbots

Reichweite des Benachteiligungsverbots: Das Benachteiligungsverbot aus § 7 AGG gilt für den Zugang zur Erwerbstätigkeit (§ 2 Abs. 1 Nr. 1 AGG), die Beschäftigungs- und Arbeitsbedingungen, die Maßnahmen bei der Durchführung und der Beendigung eines Beschäftigungsverhältnisses sowie den beruflichen Aufstieg (§ 2 Abs. 1 Nr. 2 AGG) und den Zugang zur Berufsberatung und alle Formen der Berufsbildung (§ 2 Abs. 1 Nr. 3 AGG). Erfasst werden damit vor allem die Begründung eines Arbeits- oder sonstigen Beschäftigungsverhältnisses, der berufliche Aufstieg und die Ausgestaltung der Arbeits- und Beschäftigungsbedingungen. Der Verweis in Abs. 2 Satz 2 schränkt den Geltungsbereich des speziellen schwerbehindertenrechtlichen Benachteiligungsverbots entsprechend

36

---

117 Tarifvertrag zur Regelung der Altersteilzeitarbeit vom 5.5.1998 – Tarifvertrag Nr. 671 – idF des Zweiten Änderungstarifvertrags vom 30.6.2000 – Tarifvertrag Nr. 708 – (TV ATZ), für die Bundesversicherungsanstalt für Angestellte (BfA).
118 BAG 12.11.2013 – 9 AZR 484/12, Rn. 23, PersV 2014, 232.

ein. Diese Einschränkung war vor dem Inkrafttreten des AGG in § 81 Abs. 2 Satz 2 SGB IX aF in Vorwegnahme der AGG Bestimmungen in vergleichbarer Weise geregelt.

37 **Geltung des Benachteiligungsverbots bei der Arbeitsuche:** Nicht nur eine schwerbehinderte oder gleichgestellte Person, die bereits beschäftigt wird, sondern auch die, die sich erst bewirbt, ist nach § 6 Abs. 1 Satz 2 AGG „Beschäftigter" und fällt damit in den persönlichen Anwendungsbereich des § 164 Abs. 2 SGB IX. Wenn der Arbeitgeber seine Arbeitgeberpflicht verletzt, mit der Bundesagentur für Arbeit Verbindung nach Abs. 1 Satz 2 oder nach § 165 Satz 1 aufzunehmen, spricht eine Vermutungstatsache für einen Zusammenhang zwischen Benachteiligung und Behinderung.[119] Allerdings hat der Fachsenat des BAG entschieden, ein Kläger, der sich nur bei der Arbeitsagentur arbeitslos und arbeitsuchend gemeldet habe, falle noch nicht unter den persönlichen Anwendungsbereich des AGG, weil er sich zu diesem Zeitpunkt noch bei dem Arbeitgeber beworben habe und deshalb nicht Beschäftigter iSv § 6 Abs. 1 Satz 2 AGG gewesen sei. Das erläutert der Senat anschaulich so: „Mit anderen Worten: Als der Kläger als schwerbehinderter Mensch von der Beklagten benachteiligt wurde, weil sie ihren Pflichten nach dem SGB IX nicht nachkam, war er noch nicht Beschäftigter. Nachdem er aufgrund seiner Bewerbung Beschäftigtenstatus erlangt haben mag, fand eine Benachteiligung nicht (mehr) statt. Damit fehlt es nach § 15 Abs. 2 AGG an der Voraussetzung für einen Entschädigungsanspruch."[120] Das ist dogmatisch zwar zutreffend, aber rechtspolitisch unbefriedigend; denn wer sich arbeitsuchend meldet, erwartet, dass die Arbeitsagentur entsprechend § 187 Abs. 5 dem Arbeitgeber, der den freien Arbeitsplatz meldet, einen Vermittlungsvorschlag unterbreitet, der zu dem Bewerberverhältnis führt. Wer nicht meldet, benachteiligt alle als arbeitsuchend gemeldeten schwerbehinderten Menschen. Er bringt sie um die Chance, sich im Rahmen der Arbeitsvermittlung bewerben zu können.

Die tätigkeitsneutralen Fragen nach der **Schwerbehinderung** (Vorliegen der amtlichen Feststellung der Eigenschaft schwerbehinderter Mensch) oder nach einer **Gleichstellung** mit einem schwerbehinderten Menschen sowie nach in dieser Hinsicht laufenden Antragsverfahren stellen jeweils eine ungünstigere Behandlung im Vergleich zu anderen nicht behinderten Bewerbern dar. Sie verschaffen dem Arbeitgeber eine Entscheidungssituation, die negative Folgen für den Arbeitnehmer, der die Frage beantworten soll, haben kann. Mit dieser Frage bringt der Arbeitgeber zum Ausdruck, dass es ihm für das Arbeitsverhältnis darauf ankommt, dass der Arbeitnehmer nicht iSd § 2 SGB IX behindert ist. Die erwartete Antwort zielt nämlich nicht lediglich darauf ab, berufliche Einschränkungen zu erfahren, die den Arbeitnehmer hindern, die geschuldete Tätigkeit auszuüben.[121] Deshalb bewirken diese unzulässigen Fragen eine **unmittelbare Benachteiligung**, die Ansprüche auf **Schadensersatz** und **Entschädigung** nach § 164 Abs. 2 Satz 2 SGB IX iVm § 15 Abs. 1 und 2 AGG begründet (→ § 168 Rn. 30 und Rn. 73).[122]

---

119 BAG 13.10.2011 – 8 AZR 608/10, NZA 2011, 200.
120 BAG 19.8.2010 – 8 AZR 370/09, Rn. 31, NZA 2011, 200.
121 LAG Hmb 30.11.2017 – 7 Sa 90/17, Rn. 58 ff., zustimmend: *Busch* jurisPR-ArbR 11/2018 Anm. 3; ebenso ArbG Hmb 27.6.2017 – 20 Ca 22/17, zustimmend: *Luickhardt* jurisPR-ArbR 49/2017 Anm. 5.
122 LAG Hmb 30.11.2017 – 7 Sa 90/17, Rn. 58 ff., zustimmend: *Busch* jurisPR-ArbR 11/2018 Anm. 3; ebenso ArbG Hmb 27.6.2017 – 20 Ca 22/17, zustimmend: *Luickhardt* jurisPR-ArbR 49/2017 Anm. 5.

Geltung für Beendigungstatbestände: Für **Kündigungen** soll nach dem zum 38
Schluss des Gesetzgebungsverfahrens noch einmal geänderten § 2 Abs. 4 AGG
ausschließlich der allgemeine (zB §§ 134, 138 BGB und der 1. Abschnitt des
KSchG) und der besondere Kündigungsschutz (§§ 168 ff. SGB IX) gelten. Enthält § 2 Abs. 4 AGG eine wirksame Bereichsausnahme für Kündigungen aus
Gründen der Behinderung, dann verbleiben im Anwendungsbereich des AGG
jedenfalls noch die sonstigen Beendigungstatbestände, wie zB Aufhebungsverträge, Befristungen, auflösende Bedingungen. Diese müssen sich am Ziel des § 1
AGG messen lassen, Benachteiligungen aus Gründen der Behinderung zu vermeiden. Werden zB mit Behinderten im Unterschied zu anderen Arbeitnehmern
nur befristete Verträge geschlossen, so kann das eine verbotene und nach § 134
BGB unwirksame Benachteiligung sein, wenn diese Maßnahme nicht nach § 8
AGG gerechtfertigt werden kann.

Bereichsausnahme für benachteiligende Kündigungen?: Die Wirksamkeit der 39
Bereichsausnahme für Kündigungen hat praktische Bedeutung, weil der behinderte, schwerbehinderte und gleichgestellte behinderte Arbeitnehmer erst nach
sechs Monaten Bestand des Arbeitsverhältnisses in den Schutz vor einer sozial
ungerechtfertigten Kündigung (§ 1 Abs. 1 KSchG) hineinwachsen und zudem
dieser Schutz auch noch zusätzlich die betriebliche Mindestgröße von mehr als
zehn Arbeitnehmern voraussetzt (§ 23 Abs. 1 Satz 3 KSchG). Der Beginn des
besonderen Schutzes für schwerbehinderte und gleichgestellte behinderte Arbeitnehmer nach § 168 SGB IX setzt gleichfalls die Überschreitung einer Wartezeit von sechs Monaten voraus. Die Wirksamkeit der Bereichsausnahme in § 2
Abs. 4 AGG schüfe für Arbeitgeber innerhalb der Wartezeit und für Arbeitgeber
mit bis zu zehn Arbeitnehmern Kündigungsfreiheit: Sie dürften auch „wegen
einer Behinderung oder Schwerbehinderung oder Gleichstellung" kündigen.
Darin wird vom Schrifttum mit unterschiedlicher Begründung ein Widerspruch
zum Gemeinschaftsrecht gesehen.[123] Nach der „Mangold"-Entscheidung[124] ist
eine nationale Vorschrift, die als Umsetzungsnorm so gegen das europäische
Recht verstößt, dass die Möglichkeit einer gemeinschaftskonformen Auslegung
nicht besteht, von den Gerichten nicht anzuwenden. So ist es hier.[125] Nach Artikel 3 Abs. 1 lit. c der Rahmenrichtlinie ist zwingend als Teil des Geltungsbereichs vorgegeben: „die Beschäftigungs- und Arbeitsbedingungen, einschließlich
der Entlassungsbedingungen und des Arbeitsentgelts". Das steht zu der Bereichsausnahme in § 2 Abs. 4 AGG in einem nicht auflösbaren Widerspruch.

Rechtfolge: Wird entsprechend der „Mangold"-Entscheidung diese unions- 40
rechtswidrige Ausnahme für Kündigungen nicht angewandt, so ist die in der
kündigungsschutzlosen Zeit oder im kündigungsschutzlosen Betrieb **aus Gründen der Behinderung ausgesprochene Kündigung nach § 134 BGB unwirksam**,
weil sie gegen das gesetzliche Verbot in § 7 Abs. 1 AGG verstößt,[126] es sei denn
sie ist nach § 8 AGG „wegen der Art der auszuübenden Tätigkeit oder der Bedingung ihrer Ausübung" gerechtfertigt. Die Annahme einer völligen Kündigungsfreiheit verstieße gegen das in der Rahmenrichtlinie enthaltene Absenkungsverbot. Erwägungsgrund 28 der Rahmenrichtlinie lautet: „In dieser
Richtlinie werden Mindestanforderungen festgelegt; es steht den Mitgliedstaaten somit frei, günstigere Vorschriften einzuführen oder beizubehalten. Die Um-

---

123 Vgl. *Bauer/Krieger* NZA 2007, 674; *Düwell* FA 2007, 107; *Gaul/Naumann*
ArbRB 2007, 15; *Thüsing* BB 2007, 1506.
124 EuGH 22.11.2005 – C-144/04, AP Nr. 1 zu Richtlinie 2000/78/EG.
125 Vgl. zur Altersdiskriminierung: ArbG Osnabrück 5.2.2007 – 3 Ca 724/06, NZA
2007, 626; vertiefend: *Kohte* jurisPR-ArbR 31/2007 Anm. 1.
126 *Düwell* FA 2007, 107.

setzung dieser Richtlinie darf nicht eine Absenkung des in den Mitgliedstaaten bereits bestehenden Schutzniveaus rechtfertigen." Bis zum 17.8.2006 galt nach § 81 Abs. 2 Nr. 1 Satz 1 SGB IX aF, dass ein schwerbehinderter Beschäftigter bei einer Kündigung nicht wegen seiner Behinderung benachteiligt werden durfte. Die Auffassung, § 2 Abs. 4 AGG schließe die Anwendung jeder kündigungsrechtlichen Norm aus, würde das vor Inkrafttreten des AGG eingeräumte Schutzniveau entgegen dem Erwägungsgrund 28 der Rahmen-Richtlinie absenken. Dennoch haben Stimmen im Schrifttum vertreten, es bestehe keine „richterliche Befugnis, § 2 Abs. 4 AGG zu negieren".[127] Der Sechste Senat des BAG hat für Klärung der Rechtsfrage gesorgt.[128] Er hat die Rechtssätze aufgestellt: „Eine ordentliche Kündigung, die einem Arbeitnehmer, auf den das Kündigungsschutzgesetz (noch) keine Anwendung findet, aus einem der in § 1 AGG genannten Gründe diskriminiert, ist nach § 134 BGB iVm § 7 Abs. 1, §§ 1, 3 AGG unwirksam. § 2 Abs. 4 AGG steht dem nicht entgegen."[129] Er hat sich in ausführlicher Auseinandersetzung mit dem Schrifttum der hier vertretenen Ansicht angeschlossen, die Rechtsfolge aus § 134 BGB sei auf eine diskriminierende Kündigung anzuwenden.[130] Wegen der hier vertretenen Argumentationslinie wird auf die 4. Aufl. verwiesen.

b) Unmittelbare und mittelbare Benachteiligung

41 Unmittelbare Benachteiligung: Eine unmittelbare Benachteiligung liegt dann vor, wenn eine Person wegen eines der in § 1 AGG genannten Merkmale eine weniger günstige Behandlung erfährt als eine andere Person in einer **vergleichbaren Situation** erfährt, erfahren hat oder erfahren würde (§ 3 Abs. 1 AGG). Eine unmittelbare Benachteiligung im Rahmen einer Auswahlentscheidung liegt bereits dann vor, wenn der Beschäftigte nicht in die Auswahl einbezogen, sondern vorab aussortiert wird. Die Benachteiligung liegt dann in der Versagung einer Chance.[131] Es genügt für die Annahme einer vergleichbaren Situation schon, wenn sich Personen **für dieselbe Stelle** beworben haben.[132] Sofern ein Bewerber vorab ausgenommen und damit vorzeitig aus dem Bewerbungsverfahren ausgeschlossen wurde, kommt es deshalb nicht zwangsläufig auf einen Vergleich mit dem/der letztlich eingestellten Bewerber/in an.[133] Die Linie der Rspr., die der Achte Senat nach dem Übergang der Geschäftsverteilungszuständigkeit zunächst entwickelt hat, sah als vergleichbar iSd § 3 Abs. 1 AGG nur eine Auswahlsituation an, in der die Bewerber gleichermaßen die objektive Eignung für die zu besetzende Stelle aufweisen.[134] Ob eine Vergleichbarkeit erforderlich ist, die als „objektive Eignung" des Bewerbers am Anforderungsprofil der ausgeschriebenen Stelle zu messen wäre, hat die jüngere Rspr. des Achten

---

127 So *Bauer/Krieger* NZA 2007, 674.
128 BAG 19.12.2013 – 6 AZR 190/12, BAGE 147, 60 = Behindertenrecht 2014, 134.
129 BAG 19.12.2013 – 6 AZR 190/12, Rn. 14, BAGE 147, 60 = Behindertenrecht 2014, 134.
130 BAG 19.12.2013 – 6 AZR 190/12, Rn. 22, unter Bezug auf *Düwell* jurisPR-ArbR 47/2006 Anm. 6.
131 BAG 13.10.2011 – 8 AZR 608/10, Rn. 24, Behindertenrecht 2012, 169.
132 BAG 20.1.2016 – 8 AZR 194/14, Rn. 18, NZA 2016, 681; im Anschluss an: BAG 17.8.2010 – 9 AZR 839/08, Rn. 29, Behindertenrecht 2011, 79.
133 BAG 20.1.2016 – 8 AZR 194/14, Rn. 18, NZA 2016, 68.
134 BAG 23.1.2014 – 8 AZR 118/13, Rn. 18; BAG 14.11.2013 – 8 AZR 997/12, Rn. 29; BAG 26.9.2013 – 8 AZR 650/12, Rn. 20 ff.; BAG 21.2.2013 – 8 AZR 180/12, Rn. 28, BAGE 144, 275; BAG 16.2.2012 – 8 AZR 697/10, Rn. 35; BAG 13.10.2011 – 8 AZR 608/10, Rn. 26; BAG 7.4.2011 – 8 AZR 679/09, Rn. 37; BAG 13.10.2011 – 8 AZR 608/10, Rn. 26, Behindertenrecht 2012, 169.

Senat jedoch in Frage gestellt.[135] Das Abstellen auf eine **objektive Vergleichbarkeit** sei zweifelhaft, weil § 15 Abs. 2 Satz 2 AGG den Entschädigungsanspruch für Personen, die „bei benachteiligungsfreier Auswahl nicht eingestellt worden" wären, nicht ausschließt, sondern lediglich der Höhe nach begrenzt. Zudem würde das Erfordernis der „objektiven Eignung" eine parallele Überprüfung der „objektiven Eignung" der eingeladenen Bewerber nach sich ziehen müssen. Eine derartige Prüfung und Vergleichsbetrachtung finde jedoch weder in den Bestimmungen des AGG – hier insbesondere in der in § 22 AGG getroffenen „Beweislast"-Regelung – noch in den unionsrechtlichen Vorgaben, insbesondere in denen der Richtlinie 2000/78/EG, eine hinreichende Grundlage.[136] In dem zu entscheidenden Verfahren hat der Senat die Beantwortung der Rechtsfrage offen lassen können, weil der Kläger für die ausgeschriebene Stelle objektiv geeignet war, auch wenn das beklagte Land einwandte, der Kläger sei für die Stelle einer/eines Sachbearbeiterin/Sachbearbeiters des gehobenen Dienstes „**überqualifiziert**". Wie der Senat zu Recht erkannte, stellt ein derartiger Einwand die objektive Eignung gerade nicht infrage, sondern räumt ein, dass der Kläger über eine Qualifikation verfügt, die für die ausgeschriebene Stelle mehr als ausreichend ist.[137]

Im Übrigen ist für die objektive Eignung nicht auf das formelle **Anforderungsprofil** abzustellen, welches der Arbeitgeber erstellt hat, sondern auf die Anforderungen, die der Arbeitgeber an einen Stellenbewerber unter Berücksichtigung der in § 8 AGG aufgestellten Maßgaben an beruflichen Anforderungen stellen durfte. Schließlich kann der Arbeitgeber nicht während des laufenden Auswahlverfahrens die Anforderungen ändern. Für die Dauer des Auswahlverfahrens bleibt er an das in der veröffentlichten Stellenbeschreibung bekanntgegebene Anforderungsprofil gebunden.[138]

Die **unmittelbare Benachteiligung** setzt einen Nachteil, eine Zurücksetzung voraus. Ob eine Behandlung weniger günstig ist als eine andere, ist nach objektiven Kriterien zu beurteilen. In der Praxis liegen häufig Fälle von Motivbündeln vor, dh neben zulässigen liegen auch nach § 1 AGG unzulässige Gründe vor. Nach der Rechtsprechung[139] ist es unerheblich, wenn die Benachteiligung auf einem **Motivbündel** beruht. Für die Annahme einer Benachteiligung wegen einer Behinderung genügt es, dass dieser **Benachteiligungsgrund mitursächlich** war.

Beispiel: Der Arbeitgeber lehnt einen behinderten Bewerber ab und beruft sich offiziell auf einen fehlenden Fachhochschulabschluss, der jedoch objektiv für die vorgesehene Tätigkeit nicht erforderlich ist.[140]

Eine unmittelbare Benachteiligung kann durch ein aktives Tun oder auch ein Unterlassen erfolgen, sofern eine Pflicht zum Handeln besteht. Zu denken ist an Fälle, in denen Kollegen einen behinderten Arbeitnehmer belästigen, zB durch behindertenfeindliche Äußerungen, und der Arbeitgeber hiervon zwar Kenntnis erlangt, aber entgegen § 12 Abs. 3 AGG nicht durch gebotene Maßnahmen wie Abmahnung oder Versetzung einschreitet. Zur Annahme einer unmittelbaren

---

135 BAG 20.1.2016 – 8 AZR 194/14, Rn. 21, NZA 2016, 681; ausdrücklich offen gelassen schon BAG 26.6.2014 – 8 AZR 547/13, Rn. 29.
136 BAG 20.1.2016 – 8 AZR 194/14, Rn. 21, NZA 2016, 681.
137 BAG 20.1.2016 – 8 AZR 194/14, Rn. 22, NZA 2016, 681.
138 BAG 13.10.2011 – 8 AZR 608/10, Rn. 24, 27, Behindertenrecht 2012, 169.
139 BVerfG 16.11.1993 – 1 BvR 258/86, BVerfGE 89, 276; BAG 12.9.2006 – 9 AZR 807/05, AP Nr. 13 zu § 81 SGB IX; BAG 5.2.2004 – 8 AZR 112/03, BAGE 109, 265.
140 BAG 12.9.2006 – 9 AZR 807/05, AP Nr. 13 zu § 81 SGB IX.

Benachteiligung bedarf es keiner bewussten Absicht einer weniger günstigen Behandlung.[141] Hier ist zu berücksichtigen, dass gesetzlich schon eine **hypothetische** Benachteiligung durch das AGG untersagt ist („erfahren würde"). Damit soll die Ausweitung des Diskriminierungsschutzes auf Situationen bewirkt werden, in denen ein Arbeitgeber eine nicht behinderte Vergleichsperson möglicherweise günstiger behandelt hätte.

Von § 3 Abs. 1 Satz 1 AGG wird auch eine sog. **verdeckte unmittelbare Ungleichbehandlung** erfasst, bei der an ein in dieser Vorschrift nicht enthaltenes Merkmal angeknüpft, das jedoch in einem untrennbaren Zusammenhang mit der Behinderung steht.[142]

42 **Mittelbare Benachteiligung:** Eine mittelbare Benachteiligung liegt dann vor, wenn dem Anschein nach neutrale Vorschriften, Kriterien oder Verfahren die Gruppe der behinderten Beschäftigten gegenüber anderen Personen in besonderer Weise benachteiligen können. Es reicht die potenzielle Eignung einer Regelung aus, die Gruppe der behinderten Beschäftigten zu diskriminieren. **Statistische Nachweise** müssen in einer solchen Situation nicht mehr geführt werden. Der hypothetische Vergleich genügt.[143] Die mittelbare Benachteiligung ist bereits dann ausgeschlossen, wenn ein **sachlicher Grund** die Ungleichbehandlung rechtfertigt und die eingesetzten Mittel erforderlich und angemessen sind.[144] Es bedarf dann keines Rechtfertigungsgrundes im Sinne von § 8 AGG.

43 **Mittelbare Benachteiligung Kriterium Wehrpflicht:** Die Praxis mancher Länder, bevorzugt Wehr- oder Ersatzdienstleistende in den juristischen Vorbereitungsdienst einzustellen, stellt im Verhältnis zu den schwerbehinderten Bewerbern eine mittelbare Benachteiligung dar. Denn das neutrale Kriterium Wehr- oder Ersatzdienst schließt schwerbehinderte Menschen aus. Geht es nur um eine zeitliche Priorität, so besteht jedoch ein sachlicher Grund, weil nur ein Ausgleich für die durch die Dienstpflicht eingetretene zeitliche Verzögerung der Ausbildung stattfindet.[145] Anders ist es, wenn Betriebe bei männlichen Bewerbern die Ableistung des Wehr- oder Ersatzdienstes zur Einstellungsvoraussetzung machen. Das stellt im Verhältnis zu den schwerbehinderten Bewerbern eine nicht gerechtfertigte mittelbare Benachteiligung dar.

44 **Mittelbare Benachteiligung Sozialplankürzung:** Ein Sozialplan soll nach § 112 BetrVG die künftigen Nachteile ausgleichen, die Arbeitnehmern durch eine Betriebsänderung entstehen. Werden die nach Lebensjahren, Betriebszugehörigkeitsdauer und Unterhaltspflichten berechneten Abfindungen bei Schwerbehinderten wegen der **Möglichkeit des vorzeitigen Ruhegeldbezugs** gekürzt, so ist das eine mittelbare Benachteiligung wegen der Behinderung. Dennoch gehörte die Kürzung von Abfindungen für Beschäftigte, die vorzeitig einen Rentenantrag stellen konnten, zum üblichen Inhalt von Sozialplanvereinbarungen. Betroffen waren die schwerbehinderten Beschäftigte, die nach § 236 a SGB VI vorzeitig in die Rente wechseln konnten. Das wurde als unbedenklich und als wirksam angesehen.[146] Die Wende kam auf ein Vorabentscheidungsersuchen ArbG München in der Sache Odar durch den EuGH: „Art. 2 Abs. 2 der Richtli-

---

141 *Schlachter* in ErfK, 8. Aufl. 2008, BGB § 611a Rn. 9.
142 BAG 7.6.2011 – 1 AZR 34/10, Rn. 23, BAGE 138, 107 unter Bezugnahme auf BT-Drs. 16/1780, 32.
143 *Schiek*, Gleichbehandlungsrichtlinien der EU – Umsetzung im deutschen Arbeitsrecht, NZA 2004, 873; *Wisskirchen* DB 2006, 1491.
144 BT-Drs. 16/1780, 37.
145 Vgl. EuGH 7.12.2000 – C-79/99, NJW 2001, 1045.
146 BAG 11.11.2008 – 1 AZR 475/07, NZA 2009, 210 (214); zustimmend: *Mohr* RdA 2010, 44 (53).

nie 2000/78 ist dahin auszulegen, dass er einer Regelung eines betrieblichen Systems der sozialen Sicherheit entgegensteht, die vorsieht, dass bei Mitarbeitern, die älter als 54 Jahre sind und denen betriebsbedingt gekündigt wird, die ihnen zustehende Abfindung auf der Grundlage des frühestmöglichen Rentenbeginns berechnet wird und im Vergleich zur Standardberechnungsmethode, nach der sich die Abfindung insbesondere nach der Dauer der Betriebszugehörigkeit richtet, eine geringere als die sich nach der Standardmethode ergebende Abfindungssumme, **mindestens jedoch die Hälfte** dieser Summe, zu zahlen ist".[147] Diese Auffassung hat der EuGH 2018 in der Sache Bedi bekräftigt.[148] Der Erste Senat des BAG in Beachtung der Vorabentscheidungen seine frühere Rechtsprechung korrigiert.[149] Danach enthält eine Regelung in einem Sozialplan, nach der bei der Berechnung des als Abfindung zu zahlenden fiktiven Differenzbetrags auf den „frühestmöglichen Renteneintritt" als eine die Höhe der Abfindung bestimmende Bezugsgröße abgestellt wird, eine mittelbar auf dem Kriterium der Behinderung beruhende Ungleichbehandlung. Diese Benachteiligung ist nicht gerechtfertigt, weil durch das Abstellen auf den „frühestmöglichen" Wechsel in die gesetzliche Rente die durch dieses neutrale Kriterium bewirkte Ungleichbehandlung nicht durch objektive Faktoren gerechtfertigt ist, die mit der Behinderung im Zusammenhang stehen. Zugleich führt dieses Tatbestandsmerkmal zu einer übermäßigen Beeinträchtigung der legitimen Interessen der schwerbehinderten Arbeitnehmer; denn die Betriebsparteien knüpfen damit zur Begrenzung der Höhe der diesen Arbeitnehmern zu zahlenden Abfindung an einen sozialversicherungsrechtlichen Vorteil an, dessen Berechtigung gerade den Schwierigkeiten und den besonderen Risiken Rechnung tragen soll, mit denen schwerbehinderte Arbeitnehmer konfrontiert sind. Mit dieser Benachteiligung verstoßen sowohl Betriebsparteien als auch Einigungsstellen gegen § 75 Abs 1 BetrVG: Daraus folgt ein Anspruch der Benachteiligten, die vorenthaltene Leistung zu verlangen (sog. „Anpassung nach oben").[150]
Damit sind nicht alle Abschläge in Sozialplänen beseitigt. So können für Beschäftigte, die günstigere rentenrechtliche Regeln wegen langjähriger Versicherung nach § 236 b SGB VI in Anspruch nehmen, Abschläge im Rahmen der Verhältnismäßigkeit weiter vorgenommen werden.[151] Der Erste Senat des BAG beanstandet es nicht, wenn die Betriebsparteien allen rentennahen Arbeitnehmern in gleichem Umfang nur deren bis zum vorzeitigen Renteneintritt nach Arbeitslosigkeit (§ 237 Abs. 1 Nr. 3 b SGB VI) entstehenden wirtschaftlichen Nachteile ausgleichen. Danach muss den rentennahen schwerbehinderten Arbeitnehmern nicht mindestens die Hälfte einer nach der Standardformel berechneten Abfindung gewährt werden.[152] Er sieht die Ausführungen des Gerichtshofs in der Sache Odar, „zumindest die Hälfte der Standardformel", für diese Fälle nicht als bindende Vorgabe an (weitere Einzelheiten: → Rn. 232 ff.).
Benachteiligung wegen vermuteter Behinderung: Es braucht das Diskriminierungsmerkmal nicht objektiv vorzuliegen. Es genügt, wenn der Arbeitgeber we- 45

---

147 EuGH 6.12.2012 – C-152/11, NZA 2012, 1435 – Odar.
148 EuGH 19.09.2018 – C 312/17, NZA 2018, 1268 – Bredi; erläuternd: *von Roetteken* jurisPR-ArbR 8/2019 Anm. 2.
149 Beginnend mit BAG 17.11.2015 – 1 AZR 938/13, NZA 2016, 501, dazu *Düwell* jurisPR-ArbR 18/2016 Anm. 1; fortführend: BAG 28.7.2020 – 1 AZR 590/18, BB 2021, 61, erläuternd: *Kohte* juris PR-ArbR 8/2021 Anm. 8.
150 BAG 28.7.2020 – 1 AZR 590/18, BB 2021, 61, erläuternd: *Kohte* juris PR-ArbR 8/2021 Anm. 8.
151 *Kohte* juris PR-ArbR 8/2021 Anm. 8.
152 BAG 26.3.2013 – 1 AZR 813/11, Pressemitteilung Nr. 23/13, BB 2013, 1971.

gen einer von ihm vermuteten Behinderung diskriminiert.[153] Nach § 7 Abs. 1 Hs. 2 des AGG stellt auch der Versuch am untauglichen Objekt eine verbotene Benachteiligung dar. Die in einem Bewerbungsgespräch gestellten Fragen nach näher bezeichneten gesundheitlichen Beeinträchtigungen können darauf schließen lassen, dass der Arbeitgeber davon ausgeht, es bestehe eine Behinderung. Eine derartige für den Arbeitgeber schädliche Vermutung lag in folgendem Fall nahe: Der ärztliche Inhaber eines in der Forschung und Entwicklung im Medizinbereich tätigen Unternehmens erklärte, er könne bei dem sich erfolglos bewerbenden Diplom-Biologen bestimmte Anzeichen auf Morbus Bechterew erkennen und fragte, ob er sich psychiatrisch oder psychotherapeutisch behandeln lasse. Der Argumentation des LAG, der beklagte Arzt habe mit seinen Fragen und Äußerungen nur auf das Vorliegen einer Krankheit und nicht einer Behinderung gezielt, ist das BAG nicht gefolgt. Es hat die Sache zur weiteren Aufklärung zurückverwiesen.

46 **Krankheitsbedingte Kündigung:** Eine nach § 15 AGG entschädigungspflichtige Diskriminierung wegen einer krankheitsbedingten Kündigung kommt nur dann in Betracht, wenn zwischen Behinderung und Kündigung ein Kausalzusammenhang besteht. Erforderlich ist eine gesetzwidrige Motivation der Kündigungsentscheidung oder deren Verknüpfung mit einem pönalisierten Merkmal nach § 1 AGG.[154] Der Begriff der Behinderung (§ 2 Abs. 1 SGB IX) schließt Krankheiten als Ursache von Teilhabebeeinträchtigungen ein. Er entspricht auch dem unionsrechtlichen Begriff, wie er in der Rahmen-Richtlinie (RL 2000/78/EG) verwandt wird. Für die Auslegung nimmt der EuGH auf Buchst. e der Präambel BRK der VN und Art. 1 Abs. 2 BRK der VN Bezug. Abweichend von seiner ursprünglichen Definition[155] versteht der EuGH nunmehr unter einer Behinderung eine Einschränkung, die insbesondere auf physische, geistige oder psychische Beeinträchtigungen zurückzuführen ist, die in Wechselwirkung mit verschiedenen Barrieren den Betreffenden hindern kann, am Berufsleben gleichberechtigt mit den anderen Arbeitnehmern oder Arbeitnehmerinnen teilzunehmen, und von voraussichtlich langer Dauer ist.[156] Somit muss eine Krankheit als solche an und für sich keine Behinderung darstellen, sie kann je nach Auswirkungen und Dauer jedoch zu einer Behinderung führen (→ Rn. 22).

47 **Benachteiligung wegen Betreuung eines behinderten Angehörigen:** Der EuGH hat in einer Vorabentscheidung Art. 1 und 2 Abs. 1 und 2 Buchst. a der Rahmen-Richtlinie (RL 2000/78/EG) erweiternd ausgelegt, dass das dort vorgesehene Verbot der unmittelbaren Diskriminierung nicht auf Personen beschränkt ist, die selbst behindert sind.[157] Danach gilt der für den Bereich der Beschäftigung und des Berufs in der Richtlinie verankerte Gleichbehandlungsgrundsatz nicht für eine bestimmte behinderte Personen, sondern er wird auf alle Personen ausgeweitet, die für behinderte Menschen die Erziehung oder Pflege übernehmen. Nach dem unionsrechtlichen Gebot der richtlinienkonformen Auslegung muss deshalb das Benachteiligungsverbot in § 7 AGG und § 164 Abs. 2 Satz 1 SGB IX auch auf Benachteiligungen erstreckt werden, die beschäftigte Familienangehörige erleiden, weil sie Familienpflichten gegenüber behinderten Familienangehörigen erfüllen.

---

153 BAG 17.12.2009 – 8 AZR 670/08, Behindertenrecht 2010, 53.
154 BAG 22.10.2009 – 8 AZR 642/08, NZA 2010, 280.
155 Vgl. EuGH 11.7.2006 – C-13/05, Rn. 43, NZA 2006, 839 (840) – Chacon Navas.
156 EuGH 11.4.2013 – C-335/11 und C-337/11, C-335/11, C-337/11, Rn. 41, NZA 2013, 553 – Ring, Skouboe Werge.
157 EuGH 17.7.2008 – C-303/06, NZA 2008, 932 – Coleman.

Belästigung: Eine Belästigung ist eine besondere Art der Benachteiligung: Sie wird nach § 3 Abs. 3 AGG als Schaffung eines Umfelds definiert, das durch unerwünschte Verhaltensweisen bezweckt oder bewirkt, die mit dem in § 1 genannten Grund „Behinderung" in einem Zusammenhang stehen, und die Würde der behinderten Menschen verletzen, zB durch Einschüchterungen, Anfeindungen, Erniedrigungen, Entwürdigungen oder Beleidigungen. Das kann durch Vorgesetzte, Kollegen oder sonstige Dritte (zB Kunden) erfolgen. Da die Belästigung geeignet sein muss, eine **Würdeverletzung** und ein **feindliches Umfeld** zu bewirken, scheiden geringfügige Eingriffe und einmalige Handlungen nicht aus.[158] 48

Anweisung zur Benachteiligung: Nach § 3 Abs. 5 AGG wird unter einer Benachteiligung auch die vorsätzliche Anweisung des Arbeitgebers an eine Person oder Personengruppe zur Benachteiligung verstanden. Gibt der Vorstand einer AG dem Leiter der Personalabteilung die Anweisung, keine schwerbehinderten oder behinderten Bewerber einzustellen, so stellt das bereits eine Benachteiligung dar, ohne dass es darauf ankommt, ob diese Anweisung auch tatsächlich befolgt wird. 49

Beispiele aus der Praxis: Unerheblich ist, ob die Anweisung des Arbeitgebers darauf beruht, dass er sich wegen eines „Präzedenzfalles" zu Recht über das Verhalten eines schwerbehinderten Beschäftigten empört oder durch den infolge der Doppelgleisigkeit des Rechtswegs in Kündigungssachen auftretenden Zeitverzug (→ Vor § 168 Rn. 18) verärgert ist. Eine benachteiligende Anweisung liegt auch dann vor, wenn nach Erreichen der Mindestquote in Verkennung der Rechtslage die Weisung ergeht: „Jetzt ist genug!" 50

Schutz vor Maßregelung: Der Arbeitgeber darf nach § 16 AGG Beschäftigte, die sich auf die Benachteiligungsverbote nach § 164 Abs. 2 SGB IX oder § 7 AGG berufen, oder sich als Vorgesetzte oder Arbeitskollegen weigern, eine benachteiligende Weisung auszuführen, nicht benachteiligen. Dieses besondere Maßregelungsverbot schützt auch Personen, die Betroffene unterstützen oder als Zeuginnen oder Zeugen aussagen. Der Schutz durch § 16 AGG geht über § 612 a BGB hinaus. Für die Praxis ist bedeutsam, dass die **Vermutungsregel** des § 22 AGG anwendbar ist. 51

Bedeutung der Bewerbungsfrist: Wird eine ausgeschriebene Stelle vor Eingang einer Bewerbung des schwerbehinderten Menschen besetzt, so kann dennoch eine Benachteiligung iSv § 3 Abs. 1 AGG in Betracht kommen.[159] Es müssen jedoch besondere Anhaltspunkte für eine diskriminierende Gestaltung des Bewerbungsverfahrens ersichtlich sein.[160] 52

Beispiel: Die Bewerberauswahl wird vor Ablauf der Bewerbungsfrist vollzogen, um einer zu erwartenden Bewerbung eines schwerbehinderten Menschen zuvor zu kommen.[161]

c) Rechtfertigungsgründe

Rechtfertigung der Ungleichbehandlung: Liegt der Tatbestand einer weniger günstigen Behandlung aus Gründen der Behinderung vor, kann diese im Einzelfall gerechtfertigt sein. Da der Arbeitgeber sich rechtfertigen muss, werden seine Entscheidungen damit kontrollfähig. Er befindet sich in der **Defensivposition**.[162] Bei einer auf die Behinderung bezogenen nachteiligen Behandlung steht 53

---

158 BT-Drs. 16/1780, 37.
159 BAG 17.8.2010 – 9 AZR 839/08, NZA 2011, 153.
160 BAG 19.8.2010 – 8 AZR 370/09, NZA 2011, 153.
161 BAG 17.8.2010 – 9 AZR 839/08, NZA 2011, 153.
162 *Bauer/Thüsing/Schunder* NZA 2006, 776.

dem Arbeitgeber nur den Rechtfertigungsgrund aus § 8 AGG zur Verfügung. Danach kann eine unterschiedliche Behandlung wegen einer Behinderung zulässig sein, wenn ein Unterscheidungsgrund besteht, der wegen der Art der auszuübenden Tätigkeit oder wegen einer Bedingung ihrer Ausübung eine wesentliche und entscheidende berufliche Anforderung darstellt und der mit der Unterscheidung verfolgte Zweck rechtmäßig sowie die daraus entspringende Anforderung angemessen ist. Bloße Zweckmäßigkeitserwägungen sind nicht ausreichend, vielmehr muss die an den Beschäftigten gestellte **Anforderung** erforderlich sein und dem **Grundsatz der Verhältnismäßigkeit** zwischen beruflichem Zweck und Schutz vor Benachteiligung standhalten.[163]

54 **Beispiel 1:** Will der öffentliche Arbeitgeber geltend machen, einer Bewerberin fehle wegen einer körperlichen Behinderung die gesundheitliche Eignung, als Parkraumbewirtschafterin (Politesse) tätig zu werden, so hat er im Einzelnen darzulegen, welche bestimmte körperliche Funktion wegen der Behinderung fehlt und aus welchen Gründen diese fehlende Funktion eine wesentliche und entscheidende berufliche Anforderung für eine Tätigkeit in der Parkraumbewirtschaftung ist. Das Interesse des Arbeitgebers, die Anzahl von krankheitsbedingten Arbeitsunfähigkeitszeiten möglichst gering zu halten, stellt eine Wirtschaftlichkeitserwägung, jedoch keine derartige berufliche Anforderung dar.[164] Das abstrakte Risiko, dass sich eine Neurodermitis aufgrund der Tätigkeit verschlimmern könnte, reicht nicht aus.[165]

55 **Beispiel 2:** Sucht der Arbeitgeber einen Dokumentationsassistenten und verlangt er zusätzlich gute Schreibmaschinenkenntnisse, so ist diese Zusatzqualifikation als Bedingung der Ausübung der dokumentarischen Tätigkeit rechtfertigungsbedürftig. Sie ist nur dann als Anforderung angemessen, wenn ein Großteil der Arbeit in der Erledigung von Schreibarbeiten nach Diktat besteht, für die ein hohes Maß an Schnelligkeit und Korrektheit gefordert werden kann.[166]

d) Förderungspflichten und angemessene Vorkehrungen

56 **Eignung und behinderungsgerechte Anpassung des Arbeitsplatzes:** Ist ein Bewerber aufgrund seiner Behinderung objektiv nicht geeignet, die auf dem ausgeschriebenen Arbeitsplatz auszuübende Tätigkeit zu übernehmen, so liegt keine weniger günstige Behandlung vor. Allerdings gilt das nur, wenn keine **zumutbare Möglichkeit der behinderungsgerechten Anpassung des Arbeitsplatzes** besteht.[167] Nach Artikel 5 der Rahmenrichtlinie sind angemessene Vorkehrungen zu treffen, die ausdrücklich beinhalten, „dass der Arbeitgeber die geeigneten und im konkreten Fall erforderlichen Maßnahmen ergreift, um den Menschen mit Behinderung den Zugang zur Beschäftigung, die Ausübung eines Berufes, den beruflichen Aufstieg und die Teilnahme an Aus- und Weiterbildungsmaßnahmen zu ermöglichen, es sei denn, diese Maßnahmen würden den Arbeitgeber unverhältnismäßig belasten." Der deutsche Gesetzgeber hat im Wesentlichen nur in § 164 Abs. 4 SGB IX dem Arbeitgeber Pflichten zur behinderungsgerechten Beschäftigung und Ausstattung des Arbeitsplatzes für das bestehende Beschäftigungsverhältnis auferlegt. Allerdings hat er in § 164 Abs. 1 Satz 1 SGB IX die Prüfung dem Arbeitgeber zur Pflicht gemacht, ob ein freier Arbeits-

---

163 BT-Drs. 16/1780, 40.
164 BAG 3.4.2007 – 9 AZR 823/06.
165 LAG Bln-Bbg 30.1.1998 – 5 Sa 1755/07.
166 BAG 15.2.2005 – 9 AZR 635/03, AP Nr. 7 zu § 81 SGB IX; *Kohte* jurisPR-ArbR 38/2005 Anm. 1.
167 *Brors* in HK-AGG § 8 Rn. 36; *Rolfs* in ErfK SGB IX § 81 Rn. 4.

platz mit einem schwerbehinderten oder gleichgestellten behinderten Menschen besetzt werden kann. Diese Vorschrift hat bisher zu Unrecht ein Schattendasein gefristet. Sie ist unionsrechtskonform dahin auszulegen, dass der Arbeitgeber diese Prüfung nicht nur „virtuell" (→ Rn. 9), sondern so konkret durchzuführen hat, dass er die Einsetzbarkeit von Menschen mit Behinderung angesichts der Vielfalt der Auswirkungen unterschiedlicher Arten und Schweregrade möglichst umfassend in Erwägung zieht (→ Rn. 123 ff.). Wenn sich bei einem Bewerber eine Behinderung zeigt und der Arbeitgeber wegen des aus seiner Sicht bestehenden behinderungsbedingten Eignungsdefizits den Bewerber abweisen will, muss der Arbeitgeber auf die Ergebnisse der Arbeitsplatzeignungsprüfung zurückgreifen können. Hat er die ihm nach § 164 Abs. 1 Satz 1 obliegende Prüfung unterlassen oder entgegen § 164 Abs. 1 Satz 6 SGB IX nicht unter Beteiligung der in Eingliederungsfragen sachverständigen SBV und ohne Anhörung von Betriebsrat oder Personalrat durchgeführt, so hat er ein Indiz gesetzt, das die Möglichkeit der Anpassung des Arbeitsplatzes an die Behinderung vermuten lässt und damit für Benachteiligung durch Unterlassen spricht. Es ist dann Sache des Arbeitgebers, diese Vermutung nach § 22 AGG zu widerlegen.

Anforderungen in Stellenausschreibungen des öffentlichen Dienstes: Für den öffentlichen Dienst gilt, dass der Arbeitgeber sich die Rechtfertigung nicht erleichtern kann, indem er auf die Anforderungen in der Stellenausschreibung verweist, die zB einen bestimmten formalen Ausbildungsabschluss einer bestimmten Hochschulart verlangt. Der öffentliche Arbeitgeber ist gehalten, das Anforderungsprofil ausschließlich nach **objektiven Kriterien** festzulegen. Ansonsten würde der Arbeitgeber des öffentlichen Dienstes das durch Art. 33 Abs. 2 GG gewährleistete Recht auf Zugang zu einem öffentlichen Amt einschränken, ohne dass dies durch Gründe in der Eignung, Befähigung und fachlichen Leistung des Bewerbers gerechtfertigt wäre. Daher ist es unzulässig, einen für die Art der auszuübenden Tätigkeit nicht erforderlichen Ausbildungsabschluss einer bestimmten Hochschulart[168] zu verlangen.[169] 57

Positive Förderung: Zum Ausgleich von Nachteilen ist es zulässig, wenn der Arbeitgeber behinderte Bewerber oder Beschäftigte besser als andere behandeln will. § 5 AGG gestattet es, durch geeignete und angemessene Maßnahmen bestehende Nachteile wegen eines in § 1 genannten Grundes auszugleichen. Daher ist es rechtlich unbedenklich, wenn eine positive, dh die Gruppe der Behinderten fördernde Maßnahme im Sinne des § 5 AGG, durchgeführt wird. 58

Beispiel: Der Arbeitgeber macht mit der Stellenausschreibung bekannt: „Schwerbehinderte werden bevorzugt berücksichtigt!"

Das ist zulässig, solange kein absoluter Vorrang aufgestellt wird, der keinen Raum für die Einzelabwägung zugunsten des Nichtbehinderten lässt. Der **absolute** Vorrang wäre zu weitgehend. Er verstieße gegen den Verhältnismäßigkeitsgrundsatz.[170] Bei Prüfungen und **Assessment-Center** können Maßnahmen zugunsten der Behinderten sogar unionsrechtlich geboten sein, wenn wegen der Behinderung Nachteile gegenüber den Mitbewerbern zu besorgen sind; denn der als Primärrecht geltende Art. 26 der Charta der Grundrechte der Europäischen Union erkennt den Anspruch von Menschen mit Behinderung auf Maßnahmen zu ihrer beruflichen Eingliederung und ihrer Teilnahme am Leben der Gemeinschaft an. In Konkretisierung des Primärrechts schreibt Art. 5 der

---

168 Im entschiedenen Fall: Fachhochschuldiplom unter Ausschluss des zumindest gleichwertigen Universitätsdiploms.
169 BAG 3.4.2007 – 9 AZR 823/06, NZA 2007, 1265.
170 *Hinrichs* in HK-AGG § 5 Rn. 49.

RL 2000/78/EG[171] das **Treffen angemessener Vorkehrungen** vor, damit der Gleichbehandlungsgrundsatz gewährleistet wird: „Nach dieser Bestimmung bedeutet das, dass der Arbeitgeber die geeigneten und im konkreten Fall erforderlichen Maßnahmen ergreift, um den Menschen mit Behinderung den Zugang zur Beschäftigung, die Ausübung eines Berufes und den beruflichen Aufstieg zu ermöglichen, es sei denn, diese Maßnahmen würden den Arbeitgeber unverhältnismäßig belasten".[172] Folgerichtig ist § 5 AGG so auszulegen, dass zum Ausgleich konkreter Nachteile erforderliche Maßnahmen nicht nur gestattet, sondern im Einzelfall sogar geboten sind.[173] Das entspricht auch einer guten Praxis, wie sie häufig in den SGB IX-Durchführungserlassen und Inklusionsrichtlinien des öffentlichen Dienstes (→ § 165 Rn. 39 ff.) geregelt ist. Danach ist bei Laufbahnprüfungen ua Verlängerungen der Bearbeitungszeit vorgesehen. Voraussetzung ist, dass der behinderte Bewerber seine behinderungsbedingte Einschränkung rechtzeitig offen legt. Wer als Arbeitgeber gebotene angemessene Maßnahmen unterlässt, verstößt gegen das Benachteiligungsverbot.[174] Das entspricht auch der Auffassung des EuGH, der prüft, ob „unter Berücksichtigung der Verpflichtung, angemessene Vorkehrungen für Menschen mit Behinderung zu treffen" diskriminiert wird und nur als Rechtfertigung gelten lässt, dass die betreffende Person für die Erfüllung der wesentlichen Funktionen ihres Arbeitsplatzes nicht kompetent, fähig oder verfügbar ist.[175] Arbeitsgerichtliche Rspr. ist bisher nur vereinzelt vorhanden und noch nicht auf der Höhe des Unionsrechts angekommen. Das ArbG Düsseldorf hat angenommen, die für alle Bewerber vorgeschriebene Durchführung eines Assessment-Centers sei auch dann nach § 3 Abs. 2 AGG gerechtfertigt, auch wenn Menschen mit bestimmten Behinderungen wegen ihrer Behinderung an diesem Auswahlverfahren nicht erfolgreich teilnehmen können. Für die fehlende Rechtfertigung trägt danach der Bewerber die abgestufte Darlegungslast.[176]

e) Erleichterung der Darlegungs- und Beweislast

59 **Darlegungslast für eine Benachteiligung:** Schon vor Inkrafttreten des AGG war in dem aufgehobenen § 81 Abs. 2 Satz 2 Nr. 1 Satz 3 SGB IX aF eine mit der geltenden Regelung in § 22 AGG inhaltsgleiche **Erleichterung der Darlegungs- und Beweislast** enthalten. Es waren Tatsachen glaubhaft zu machen, die eine Benachteiligung wegen der Behinderung vermuten ließen. Bloße Glaubhaftmachung mit den Mitteln des § 294 ZPO reichte nicht aus; denn die gesetzliche Regelung betraf allein das Beweismaß.[177] Das Gericht musste wie auch heute nach § 22 AGG die Überzeugung einer **überwiegenden Wahrscheinlichkeit** für die Kausalität zwischen Schwerbehinderteneigenschaft und weniger günstiger Behandlung gewinnen.[178] Die Neuregelung in § 22 AGG hat von dem missverständlichen Begriff „Glaubhaftmachen" abgesehen und stattdessen den besser

---

171 Einzelheiten: *Faber* in FKS SGB IX § 81 Rn. 108.
172 EuGH 11.7.2006 – C-13/05, Rn. 50, NZA 2006, 839.
173 Im Ergebnis ebenso: *Schiek*, Gleichbehandlungsrichtlinien der EU – Umsetzung im deutschen Arbeitsrecht, NZA 2004, 873; VG Frankfurt am Main 29.2.2008 – 9 E 941/07.
174 *Brors* in HK-AGG § 8 Rn. 36.
175 Vgl. EuGH 11.7.2006 – C-13/05, Rn. 49–51, NZA 2006, 839.
176 ArbG Düsseldorf 23.4.2010 – 10 Ca 7038/09, Behindertenrecht 2011, 92.
177 BAG 12.9.2006 – 9 AZR 807/05, AP Nr. 13 zu § 81 SGB IX; BAG 15.2.2005 – 9 AZR 635/03, BAGE 113, 361.
178 BAG 15.2.2005 – 9 AZR 635/03, BAGE 113, 361; daran anschließend: BAG 21.2.2013 – 8 AZR 180/12, BAGE 144, 275.

treffenden Begriff „**Indizien**" verwendet.[179] Für die Darlegungs- und Beweislast der Person, die eine Benachteiligung geltend macht, genügt es, wenn ihr Tatsachenvortrag eine überwiegende Wahrscheinlichkeit die Benachteiligung wegen ihrer Behinderung vermuten lässt,[180] → Rn. 62. Bestehen danach für eine Benachteiligungsvermutung Indizien, trägt die andere Partei die Darlegungs- und Beweislast dafür, dass der Gleichbehandlungsgrundsatz nicht verletzt worden ist. Auch hierfür gilt § 286 Abs. 1 Satz 1 ZPO, allerdings mit dem Beweismaß des sogenannten Vollbeweises,[181] → Rn. 72.

Benachteiligungsvermutung und Auskunftsanspruch: Nach § 22 AGG ist für ein schlüssiges Klagevorbringen nicht ausreichend, wenn die Person, die eine Benachteiligung geltend macht, lediglich vorbringt, sie sei behindert und sie habe wegen dieses Merkmals eine ungünstigere Behandlung als die vom Arbeitgeber ausgewählte andere Person erfahren. Für die Erfüllung der Darlegungslast ist es erforderlich, Tatsachen vorzutragen, die eine Benachteiligung vermuten lassen.[182] Die Vermutung greift ein, wenn die Tatsachen aus objektiver Sicht mit überwiegender Wahrscheinlichkeit indizieren, dass eine weniger günstige Behandlung wegen der Behinderung erfolgte. Deshalb hat der Anspruchsteller entweder unstreitige Indizien darzulegen oder streitige Indiztatsachen zu beweisen, die erstens eine ungünstigere Behandlung iSv § 3 Abs. 1 AGG und zweitens eine Benachteiligung wegen eines in § 1 genannten Grundes vermuten lassen. Diese Darlegungslast erfüllt nicht, wer lediglich vorträgt, er habe sich beworben, sei unberücksichtigt geblieben, erfülle das in der Ausschreibung geforderte Anforderungsprofil und sei behindert.[183] Ob ein derartiger Sachvortrag aufgrund des Unionsrechts, insbesondere wegen Art. 10 Abs. 1 der Richtlinie 2000/78/EG, den Arbeitgeber zur **Auskunft** verpflichtet, aus welchen Gründer er eine mit dem Diskriminierungsvorwurf angegriffene Personalentscheidung getroffen hat, war Gegenstand eines Vorabentscheidungsersuchens.[184] Die Antwort des Gerichtshofs ist für die Praxis wenig hilfreich: „Für einen Arbeitnehmer, der schlüssig darlegt, dass er die in einer Stellenausschreibung genannten Voraussetzungen erfüllt, und dessen Bewerbung nicht berücksichtigt wurde (gibt es), keinen Anspruch auf Auskunft darüber, ob der Arbeitgeber am Ende des Einstellungsverfahrens einen anderen Bewerber eingestellt hat. Es kann jedoch nicht ausgeschlossen werden, dass die Verweigerung jedes Zugangs zu Informationen durch einen Beklagten ein Gesichtspunkt sein kann, der im Rahmen des Nachweises von Tatsachen, die das Vorliegen einer unmittelbaren oder mittelbaren Diskriminierung vermuten lassen, heranzuziehen ist. Es ist Sache des vorlegenden Gerichts, unter Berücksichtigung aller Umstände des bei ihm anhängigen Rechtsstreits zu prüfen, ob dies im Ausgangsverfahren der Fall ist".[185] Dieser Auslegung folgend hat der Achte Senat des BAG im Grundsatz einen Anspruch auf Auskunft abgelehnt. Eine **Ausnahme** wird zugelassen, wenn der abgelehnte Bewerber entweder Anhaltspunkte schlüssig darlegt, aus denen er folgert, erst die geforderte, aber verweigerte Auskunft werde ihm ermöglichen, eine gegen § 7 AGG verstoßende Benachteiligung entsprechend der Beweislastregel des § 22 AGG nachzuweisen oder wenn er schlüssig dartut, aus welchen Gründen gerade die Verweigerung der Auskunft für sich allein be-

60

---

179 Eingehend: *Düwell* in jurisPR-ArbR Anm. 7 zu 28/2006; *Düwell* BB 2006, 1741; *Bertzbach* in HK-AGG § 22 Rn. 3; *Faber* FSK SGB IX § 81 Rn. 143.
180 BAG 26.6.2014 – 8 AZR 547/13, juris Rn. 39, Behindertenrecht 2015, 92.
181 BAG 26.6.2014 – 8 AZR 547/13, juris Rn. 40, Behindertenrecht 2015, 92.
182 BAG 21.2.2013 – 8 AZR 180/12, PM Nr. 13/13.
183 BAG 20.5.2010 – 8 AZR 287/08 (A), Rn. 25.
184 BAG 20.5.2010 – 8 AZR 287/08 (A), NZA 2010, 1006.
185 EuGH 19.4.2012 – C-415/10, NZA 2012, 493 – Meister.

trachtet oder in der Gesamtschau aller Umstände die Vermutung einer Benachteiligung (§ 22 AGG) begründet.[186]

61 **Kausalität und Kenntnis von der Schwerbehinderung:** Bei der Kausalitätsfrage handelt es sich um die Aufdeckung eines inneren Vorgangs. Folglich muss festgestellt werden, dass der Arbeitgeber entweder **Kenntnis** von der Behinderung durch Angabe in der Bewerbung oder zumindest Anlass (zB bei einem Bewerbungsgespräch eines Rollstuhlfahrers) dazu hatte, eine Behinderung anzunehmen. Bestand die Behinderung in der Vorstellung des Arbeitgebers, ist es unerheblich ist, ob sie tatsächlich objektiv oder nur subjektiv in der Vorstellung des Arbeitgebers vorhanden gewesen. Es besteht kein Erfahrungssatz des Inhalts, dass ein Arbeitgeber oder die für ihn tätige Personalstelle stets Kenntnis von einer objektiv vorhandenen Behinderung hat. Von Arbeitgebern wird immer wieder eingewandt, in Bewerbungsverfahren sei die Behinderung nicht erkannt worden, weil sie nicht offensichtlich gewesen sei. Deshalb obliegt einem Bewerber, der möchte, dass das Schwerbehindertenrecht angewandt wird, in geeigneter Weise auf seine Schwerbehinderung oder Gleichstellung hinzuweisen. Ohne einen deutlichen Hinweis kann der Bewerber nicht davon ausgehen, dass der Arbeitgeber **Kenntnis von der Behinderung** erlangt. Ist ein Stellenbewerber im Besitz eines Schwerbehindertenausweises, so genügt es, die Kopie der Ausweisvorderseite dem Arbeitgeber zur Kenntnis zu bringen, um die besonderen Regelungen zur Teilhabe schwerbehinderter Menschen im Teil 3 des SGB IX zur Anwendung zu bringen. Es besteht allerdings keine Pflicht, dem Arbeitgeber durch Vorlage des **Ausweises** die Schwerbehinderteneigenschaft nachzuweisen.[187] Ein Bewerber kann auch über seine Eigenschaft als schwerbehinderter Mensch oder auf eine Gleichstellung im **Bewerbungsschreiben** informieren.[188] Möglich ist auch eine Information im Lebenslauf. Dies hat jedoch an hervorgehobener Stelle und deutlich, etwa durch eine besondere Überschrift, zu geschehen.[189] Eingestreute oder sonst wie **unauffällige Informationen**, indirekte Hinweise in beigefügten amtlichen Dokumenten, eine in den weiteren Bewerbungsunterlagen „versteckte" Kopie des Schwerbehindertenausweises etc stellen keine ausreichende Information des angestrebten Vertragspartners dar.[190] Das ArbG Düsseldorf geht davon aus, es erscheine lebensfremd anzunehmen, dass der Arbeitgeber Arbeitszeugnisse konzentriert auf Hinweise, ob eine Behinderung besteht, durchlese. Wenn ein Arbeitgeber aufgrund des Anschreibens und des Lebenslaufes zu der Auffassung gelange, dass ein Bewerber für ihn uninteressant sei, gäbe es keinen ersichtlichen Grund für ihn, weitere Zeit in die Suche nach unauffälligen Informationen über eine Schwerbehinderung zu investieren.[191] Sicherlich muss bei Eingang von Bewerbungen nicht alles gelesen werden. Der Arbeitgeber ist jedoch gehalten, bei jeder Bewerbung das eigentliche **Bewerbungsschreiben** auf einen Hinweis zu prüfen.[192] Ein Hinweis im Lebenslauf muss an hervorgehobener Stelle und deutlich erfolgen.[193] Liegt die Eigenschaft schwerbehinderter Mensch nicht vor und soll eine „einfache" Behinderung iSd § 2 Abs. 1 SGB IX berücksichtigt werden, für die auch keine Gleichstellung nach § 2 Abs. 3 SGB IX erfolgt ist, obliegt dem Bewerber, im Bewer-

---

186 BAG 25.4.2013 – 8 AZR 287/08, BB 2013, 2227.
187 BAG 18.9.2014 – 8 AZR 759/13, Rn. 33, ZTR 2015, 216.
188 BAG 18.9.2014 – 8 AZR 759/13, Rn. 35, ZTR 2015, 216.
189 BAG 18.9.2014 – 8 AZR 759/13, Rn. 36, ZTR 2015, 216.
190 BAG 18.9.2014 – 8 AZR 759/13, Rn. 37, ZTR 2015, 216.
191 ArbG Düsseldorf 18.9.2007 – 7 CA 1969/07.
192 BAG 16.9.2008 – 9 AZR 791/07, Rn. 39, BAGE 127, 367.
193 BAG 18.9.2014 – 8 AZR 759/13, Rn. 36, ZTR 2015, 216.

bungsschreiben konkret Art und Schwere der Behinderung anzugeben.[194] Auch bei erneuten Bewerbungen hat ein externer Bewerber die Eigenschaft als behinderter oder schwerbehinderter Mensch bei jeder Bewerbung aufs Neue klar und eindeutig mitzuteilen.[195] Dem ist zuzustimmen; denn es ist datenschutzrechtlich unzulässig, personenbezogene Daten erfolgloser Bewerber, erst recht sensible Daten wie die Eigenschaft als schwerbehinderter Mensch, nach Abschluss einer Bewerbung zu speichern.

Vermutung und Widerlegung der Vermutung: Gelingt es dem Betroffenen, das Gericht von Indizientatsachen zu überzeugen, die eine überwiegende Wahrscheinlichkeit vermuten lassen, dass eine Benachteiligung wegen der Behinderung vorliegt, so trägt die andere Partei die Beweislast dafür, dass kein Verstoß gegen die Bestimmungen zum Schutz vor Benachteiligung aus Gründen der Behinderung vorgelegen hat. Die zu § 81 Abs. 2 Satz 2 Nr. 1 Satz 3 SGB IX aF ergangene Rechtsprechung ist auch für das AGG anwendbar. Einzelheiten zur Widerlegung: → Rn. 70 ff. 62

Vermutungstatsachen für Zusammenhang mit Behinderung: In Betracht kommen alle Pflichtverletzungen, die der Arbeitgeber begeht, indem er Vorschriften nicht befolgt, die zur Förderung der Chancen der Teilhabe von schwerbehinderten Menschen geschaffen wurden. Aus der Verletzung von Verfahrens- und Förderpflichten zugunsten schwerbehinderter Menschen des SGB IX kann die Vermutungswirkung des § 22 Hs. 1 AGG abgeleitet werden.[196] Derartige Pflichtverletzungen sind nämlich geeignet, den Anschein zu erwecken, gegenüber der Beschäftigung schwerbehinderter Menschen negativ eingestellt zu sein und möglichen Vermittlungsvorschlägen und Bewerbungen von arbeitsuchenden schwerbehinderten Menschen aus dem Weg gehen zu wollen.[197] Dazu gehören insbesondere: 63

- Unterlassen der in Abs. 1 Satz 1 vorgeschriebenen Prüfung, ob ein freier Arbeitsplatzes für die Schwerbehindertenbeschäftigung geeignet ist oder gemacht werden kann (→ Rn. 103 f.),
- Unterlassen des Einschaltens der BA zur Anforderung von Vermittlungsangeboten,[198]
- Unterlassen der Pflicht aus Abs. 1 Satz 4, unmittelbar nach Eingang der eingegangenen Bewerbung eines schwerbehinderten oder gleichgestellten behinderten Bewerbers dies der SBV mitzuteilen,[199]
- Verweigerung oder Vereitelung des Rechts der SBV auf Einsichtnahme in Unterlagen und auf Teilnahme an Vorstellungsgesprächen nach § 178 Abs. 2 Satz 4,
- Nichterfüllung der Pflicht aus Abs. 1 Satz 6, die SBV an der Prüfung nach Satz 1 zu beteiligen,[200]

---

194 BAG 18.9.2014 – 8 AZR 759/13, Rn. 35, ZTR 2015, 216.
195 BAG 18.9.2014 – 8 AZR 759/13, Rn. 40, ZTR 2015, 216.
196 BAG 26.9.2013 – 8 AZR 650/12, Rn. 29; BAG 21.2.2013 – 8 AZR 180/12, Rn. 37 ff., BAGE 144, 275; BAG 13.10.2011 – 8 AZR 608/10, Rn. 45; BAG 17.8.2010 – 9 AZR 839/08, Rn. 35.
197 BAG 13.10.2011 – 8 AZR 608/10, Rn. 47; BAG 12.9.2006 – 9 AZR 807/05, Rn. 22, BAGE 119, 262.
198 BAG 12.9.2006 – 9 AZR 807/05, AP Nr. 13 zu § 81 SGB IX; LAG MV 23.12.2019 – 2 Sa 224/18, Rn. 68, EzTöD 100 § 2 TVöD-AT Auswahlverfahren Nr 101; zustimmend: *Schäfer* jurisPR-ArbR 22/2020 Anm. 4.
199 BAG 15.2.2005 – 9 AZR 635/03, BAGE 113, 361; BAG 17.8.2010 – 9 AZR 839/08, NZA 2011, 153.
200 *Euler* in NK-GA SGB IX § 81/82 Rn. 9.

- Unterlassen der in Abs. 1 Satz 8, 9 den Nichterfüllern der Mindestbeschäftigungspflicht (→ § 154 Rn. 29) zusätzlich auferlegten Pflicht, auf Antrag der Beschäftigtenvertretung die Gründe der beabsichtigten Ablehnung eines schwerbehinderten Bewerbers mit diesem unter Beteiligung der Beschäftigtenvertretung zu erörtern,[201]
- Nichterfüllung der nach § 165 Satz 3 und 4 allen öffentlichen Arbeitgebern (→ § 154 Rn. 15) auferlegten Pflicht, jeden nicht offensichtlich ungeeigneten schwerbehinderten Bewerber zur Vorstellung einzuladen, damit dieser sich als geeignet präsentieren kann.[202]

64 **Böser Schein:** Ein objektiv Verfahrenspflichten verletzender Arbeitgeber erweckt den Anschein, nicht nur an der Beschäftigung schwerbehinderter Menschen uninteressiert zu sein, sondern auch möglichen Vermittlungsvorschlägen und Bewerbungen von arbeitsuchenden schwerbehinderten Menschen aus dem Weg gehen zu wollen, vgl. Rspr. des BAG zu Vermutungstatsachen → Rn. 62. Dem hat sich im Grundsatz auch die Verwaltungsgerichtsbarkeit angeschlossen.[203] Den Fall der bewussten Vereitelung kann eine vorzeitige Stellenbesetzung darstellen. Er liegt vor, wenn schwerbehinderte Bewerber nach dem Text der Ausschreibung für ihre bis zum Fristablauf eingehende Bewerbungen noch davon ausgehen durften, bei der Auswahlentscheidung berücksichtigt zu werden. Dann verhindert der Arbeitgeber, der der Bewerbung des Schwerbehinderten zuvorkommt, dass die Schwerbehindertenvertretung über dessen Bewerbung noch sinnvoll gemäß Abs. 1 Satz 4 unterrichtet werden kann. Damit zeigt der Arbeitgeber ein Verhalten, das objektiv geeignet ist, schwerbehinderten Beschäftigten keine oder schlechtere Chancen als die ihnen gesetzlich zustehenden einzuräumen.[204]

65 **Anzeichen für Benachteiligung außerhalb von Verfahrensnormen:** Die überwiegende Wahrscheinlichkeit der Benachteiligung wegen einer Behinderung können auch andere Umstände begründen. So geht das Schrifttum davon aus, eine erhebliche Unterrepräsentation der schwerbehinderten Beschäftigten sei jedenfalls bei Unterschreiten der Pflichtquote um mehr als die Hälfte ein geeigneter Anhaltspunkt für diese Vermutung.[205] Aus dem angelsächsischen Rechtskreis ist der **Wahrheitstest** bekannt. Der Bewerber gibt einmal unter seinem richtigen Namen die Behinderung offen an und bewirbt sich noch einmal unter anderem Namen ohne Angabe der Behinderung. Wird die Bewerbung des Behinderten abgelehnt und der vermeintlich „Nichtbehinderte" zum Vorstellungsgespräch geladen, so bedeutet das prozessual:
1. Es wird rechtlich festgestellt, dass der Behinderte weniger günstig behandelt wird, als die nationale Vorschrift zur Umsetzung des Art. 5 der Rahmenrichtlinie 2000/78/EG („angemessene Vorkehrung", → Rn. 57) es zwingend für den Bereich des öffentlichen Dienstes vorgibt.
2. Es wird vermutet, dass der Behinderte „wegen der Behinderung" benachteiligt wird.

66 **Überwiegende Wahrscheinlichkeit:** Nach dem 15. Erwägungsgrund der Richtlinie 2000/78/EG sind bei der Beurteilung von Tatbeständen, die ua auf eine un-

---

201 ArbG Passau 21.4.2004 – 1 Ca 2078/03.
202 BAG 12.9.2006 – 9 AZR 807/05, AP Nr. 13 zu § 81 SGB IX; BVerwG 3.3.2011 – 5 C 16/10, Behindertenrecht 2011, 174; BAG 16.2.2012 – 8 AZR 697/10, NZA 2012, 667.
203 Vgl. VGH BW 21.9.2005 – 9 S 1357/05, NJW 2006, 538; VG Trier 24.5.2007 – 6 K 736/06.TR.
204 BAG 17.8.2010 – 9 AZR 839/08, NZA 2011, 153.
205 *Großmann* in GK-SGB IX § 81 Rn. 240.

mittelbare oder mittelbare Diskriminierung schließen lassen, die einzelstaatlichen Rechtsvorschriften oder Gepflogenheiten maßgebend. Die Frage der Beweiskraft von Beweismitteln ist nach den Regeln des innerstaatlichen Rechts zu beurteilen.[206] Maßgebend für die Beweiswürdigung ist daher die freie Überzeugung des Tatsachengerichts gemäß § 286 Abs. 1 Satz 1 ZPO unter Zugrundelegung des abgesenkten Beweismaßes des § 22 AGG. Es reicht aus, wenn eine überwiegende Wahrscheinlichkeit die Benachteiligung wegen eines in § 1 AGG genannten Grundes vermuten lässt.[207] Der Arbeitgeber kann die Indizwirkung einer unstreitigen Tatsache erschüttern, so dass sie nicht mehr eine überwiegende Wahrscheinlichkeit für eine Benachteiligung begründet. So, wenn ein Arbeitgeber seit Jahren ohne Ausnahme stets die Agentur für Arbeit entsprechend § 164 Abs. 1 Satz 2 SGB IX frühzeitig unter Beteiligung der SBV um Vermittlungsangebote behinderter Arbeitsuchender für alle freien Arbeitsplätze bittet, aber im Einzelfall infolge Krankheit eines Sachbearbeiters der Vorgang liegen geblieben ist. Dann ist die Eignung des Anzeichens Nichteinschaltung der Agentur für Arbeit als Vermutung für Benachteiligung erschüttert. Unerheblich sind jedoch **pauschale Schutzbehauptungen** wie zB, der zuständige Sachbearbeiter habe die Agentur für Arbeit versehentlich nicht eingeschaltet. Auch ist der von einer Vereinigung per Rundbrief an Verbandsmitglieder verbreitete Tipp, mit dem Hinweis auf das Versehen einer Sekretärin könne die fehlende Unterrichtung der SBV von der eingegangenen Bewerbung geheilt werden, in dieser Pauschalität nicht geeignet, einem Entschädigungsanspruch auszuschließen. Denn auf ein **Verschulden** kommt es für den Entschädigungsanspruch nach § 15 Abs. 2 AGG (entspricht: § 81 Abs. 2 Satz 2 Nr. 2 SGB IX aF, der seinerseits dem § 611a Abs. 2 BGB aF nachgebildet ist) nicht an.[208] Allerdings sind bei der Bestimmung der angemessenen Höhe der Entschädigung Art und Schwere des Verstoßes und dessen Bedeutung für den Benachteiligten zu berücksichtigen.[209] Dabei kann auch ein Verschulden, insbesondere eine Kränkungsabsicht, zu Lasten der benachteiligenden Arbeitgebers berücksichtigt werden,[210] → Rn. 92. Auch das kritische Schrifttum empfiehlt daher, die Verfahrensvorschriften zur Förderung schwerbehinderter Menschen genau zu beachten und für Entschädigungsprozesse zu dokumentieren.[211] Ansonsten wird hervorgehoben, dass die Verantwortlichen in Verwaltungen und Betrieben sich nunmehr eine **Checkliste** anlegen können, die sie bei jeder Neubesetzung von Stellen durchgehen müssen, wenn sie Schadensersatzansprüche vermeiden wollen.[212]

Beweiserleichterung für ungünstigere Behandlung: Im Schrifttum wird die Auffassung vertreten, die Beweiserleichterung in § 22 AGG müsse sich in gemeinschaftskonformer Auslegung auf alle Elemente der Diskriminierung beziehen.[213] Die Entwurfsbegründung zu § 22 AGG[214] ist demgegenüber davon aus-

---

206 EuGH 21.7.2011 – C-159/10 und C-160/10, Rn. 79, 82, Slg 2011, I-6919 – Fuchs und Köhler; EuGH 25.4.2013 – C-81/12, Rn. 42 mwN – Asociatia ACCEPT.
207 BAG 26.6.2014 – 8 AZR 547/13, Rn. 45, Behindertenrecht 2015, 92.
208 EuGH 8.11.1990 – C-177/88, NZA 1991, 17 – Dekker; BAG 20.1.2016 – 8 AZR 194/14, NZA 2016, 681; BAG 12.9.2006 – 9 AZR 807/05, AP Nr. 13 zu § 81 SGB IX; vgl. zu § 611a BGB LAG Hamm 23.7.1998 – 17 Sa 870/98, LAGE Nr. 1 zu BGB § 611a nF.
209 Vgl. *Greiner* in Neumann/Pahlen/Greiner/Winkler/Jabben SGB IX § 164 Rn. 37 mwN.
210 Vgl. BAG 18.11.2008 – 9 AZR 643/07, Rn. 60, NZA 2009, 728.
211 *von Medem* NZA 2007, 545.
212 *Gagel* jurisPR-ArbR 22/2007 Anm. 1.
213 *Bertzbach* in HK-AGG § 22 Rn. 17 f.
214 BT-Drs. 16/1780.

gegangen, dass die Beweismaßabsenkung nur für die Kausalität zwischen vom Kläger bewiesener ungünstiger Behandlung und dem in § 1 AGG verpönten Merkmal (hier: Behinderung) gelten soll. Die Begründungserwägung 21 der Rahmenrichtlinie 2000/78/EG ist weiter gefasst. Danach ist eine Beweiserleichterung geboten, wenn ein „glaubhafter Anschein einer Diskriminierung besteht". Für *Bertzbachs* Ansicht spricht, dass bei den internen Abläufen eines Bewerbungsverfahrens von außenstehenden Benachteiligten die Tatsache der weniger günstigen Behandlung regelmäßig nur indiziell festgestellt werden kann. Indizien liegen vor, wenn der Arbeitgeber die Erfüllung der gesetzlich bestimmten Förderpflichten[215] wie zB der öffentliche Arbeitgeber die gebotene Einladung zum Vorstellungsgespräch iSv § 165 Satz 3 SGB IX oder ein privater Arbeitgeber die sofortige Unterrichtung des Betriebsrats über einen von der Arbeitsagentur eingegangen Vermittlungsvorschlag iSv § 164 Abs. 1 Satz 4 SBG IX unterlässt. In der Kommentarliteratur wird deshalb Arbeitgebern empfohlen, bei der Einhaltung der Bestimmungen des Schwerbehindertenrechts auf „Nummer sicher" zu gehen.[216]

68 **Nachschieben von Gründen:** Hat eine Erörterung nach § 164 Abs. 1 Satz 9 stattgefunden, ist es im Entschädigungsrechtsstreit dem Arbeitgeber grundsätzlich verwehrt, sich auf sachliche Gründe für die Ablehnung zu berufen, die er dem betroffenen Bewerber, der SBV und dem Personalrat im Rahmen der Unterrichtung nach § 164 Abs. 1 Satz 9 nicht mitgeteilt hat.[217] Zweck der Vorschrift ist es, die Entscheidung des Arbeitgebers in einem überprüfbaren Verfahren transparent zu machen. Insbesondere soll der Bewerber in die Lage versetzt werden zu prüfen, ob er im Verlauf des Bewerbungs- und Einstellungsverfahrens wegen seiner Behinderung unzulässig benachteiligt worden ist.[218] Die Mitteilung genügt nur dann den Anforderungen, wenn dem behinderten Bewerber die Gründe dargelegt werden, die den Arbeitgeber zu seiner Entscheidung veranlasst haben, sich auf Gründe zu beziehen, die er dem betroffenen Bewerber im Rahmen seiner Unterrichtung nach § 164 Abs. 1 Satz 9 nicht mitgeteilt hat.[219] Ein Nachschieben kommt nicht in Betracht. Nachträglich im Verfahren nach § 164 Abs. 2 SGB IX vorgebrachte Gründe können ausnahmsweise nur dann herangezogen werden, wenn der Arbeitgeber sie vorher nicht geltend machen konnte, weil sie ihm erst später bekannt wurden.[220]

69 **Besondere Indiztatsache im öffentlichen Dienst:** Zur Erhöhung seiner Chancen im Auswahlverfahren ist ein schwerbehinderter Bewerber nach § 165 Satz 3 von einem öffentlichen Arbeitgeber regelmäßig zu einem Vorstellungsgespräch einzuladen. Nach § 165 Satz 4 entfällt diese Pflicht ausnahmsweise, wenn dem schwerbehinderten Bewerber offensichtlich die fachliche Eignung fehlt (Einzelheiten: → § 165 Rn. 8 ff.). Die Vermutung eines Verstoßes gegen das Verbot der Benachteiligung schwerbehinderter Menschen aus § 164 Abs. 2 Satz 1 leitet sich aus der Indiztatsache der entgegen § 165 Satz 2 unterbliebenen Einladung zum Vorstellungsgespräch ab.[221] Die Bestimmung § 165 Satz 3 SGB IX iVm § 15

---

215 Angemessene Vorkehrungen iSv Art. 5 und die gesetzlich vorgeschriebenen positiven Maßnahmen iSv Art 7 der Rahmenrichtlinie 2000/78/EG.
216 *Bauer/Krieger/Günther* AGG, 5. Aufl. 2018, § 22 Rn. 10.
217 HessLAG 7.11.2005 – 7 Sa 473/05, Behindertenrecht 2007, 113; HessLAG 22.3.2006 – 2 Sa 1686/05, AR-Blattei ES 1440 Nr. 146.
218 *Großmann* in GK-SGB IX § 81 Rn. 176 f.
219 HessLAG 7.11.2005 – 7 Sa 473/05, Behindertenrecht 2007, 113; HessLAG 22.3.2006 – 2 Sa 1686/05, AR-Blattei ES 1440 Nr. 146.
220 HessLAG 7.11.2005 – 7 Sa 473/05, Behindertenrecht 2007, 113; HessLAG 22.3.2006 – 2 Sa 1686/05, AR-Blattei ES 1440 Nr. 146.
221 BAG 21.7.2009 – 9 AZR 431/08, NJW 2009, 3319.

Abs. 2 AGG schützt das Recht des Bewerbers auf ein diskriminierungsfreies Bewerbungsverfahren.[222] Die bessere Eignung von Mitbewerbern schließt eine Benachteiligung nicht aus. Das folgt schon aus § 15 Abs. 2 Satz 2 AGG. Danach ist selbst dann eine Entschädigung zu leisten, wenn der schwerbehinderte Bewerber auch bei benachteiligungsfreier Auswahl nicht eingestellt worden wäre. Daran zeigt sich, dass die Bestimmungen in § 164 Abs. 2 Satz 1, § 165 Satz 3 SGB IX iVm § 15 Abs. 2 AGG das Recht des Bewerbers auf ein diskriminierungsfreies Bewerbungsverfahren schützen. Unter das Benachteiligungsverbot fallen deshalb auch Verfahrenshandlungen.

Keine Entlastung durch Nichtlesen der Bewerbung: Teilt ein Bewerber im Bewerbungsschreiben seine Schwerbehinderung mit, ist der Arbeitgeber verpflichtet, das Bewerbungsschreiben bei seinem Eingang vollständig zur Kenntnis zu nehmen. Übersehen die für den Arbeitgeber handelnden Personen den Hinweis auf die Schwerbehinderteneigenschaft und verstößt der Arbeitgeber deshalb gegen seine Pflichten aus § 164 Abs. 1 oder § 165, so wird eine Benachteiligung wegen einer Behinderung nach § 22 AGG vermutet. Die unterlassene Kenntniserlangung der in seinem Einflussbereich eingesetzten Personen wird dem Arbeitgeber als objektive Pflichtverletzung zugerechnet. Auf ein Verschulden der handelnden Personen kommt es nicht an.[223] 70

Umfang der Widerlegung: Haben die unstreitigen oder die nachgewiesenen Indiztatsachen die Vermutung der Benachteiligung wegen der Behinderung begründet, führt das zur Umkehr der Beweislast. Da die Behinderung nicht allein ursächlich gewesen sein muss, sondern es genügt, dass sie (mit-)ursächlich für die benachteiligende Handlung gewesen ist, bedarf es der Widerlegung der Mitursächlichkeit. Diese ist erst dann ausgeschlossen, wenn der Arbeitgeber beweist, dass ausschließlich andere Gründe erheblich waren.[224] Diesen Beweis kann er auch mit solchen Gründen führen, die die Benachteiligung nicht ohne Weiteres objektiv sachlich rechtfertigen.[225] 71

Beweismaß für Widerlegung: Der Arbeitgeber muss nach § 22 AGG die Vermutung widerlegen. Besteht eine Benachteiligungsvermutung, trägt die andere Partei die Darlegungs- und Beweislast dafür, dass der Gleichbehandlungsgrundsatz nicht verletzt worden ist. Auch dafür gilt § 286 Abs. 1 Satz 1 ZPO, allerdings mit dem Beweismaß des sog. **Vollbeweises**.[226] Dh der Arbeitgeber hat den vollen Beweis zu führen, dass sachliche – nicht auf der Behinderung beruhende – Erwägungen zur Nichtberücksichtigung des behinderten Bewerbers rechtfertigen.[227] Erbringt er diesen Beweis nicht zur zweifelsfreien Überzeugung des Gerichts, so hat er die Vermutung der Benachteiligung wegen der Behinderung nach § 22 AGG nicht widerlegt.[228] Soweit die Verwaltungsgerichte eine überwiegende Wahrscheinlichkeit ausreichen lassen[229] verkennen sie das Beweismaß. 72

---

222 Vgl. BAG 3.4.2007 – 9 AZR 823/06, BAGE 122, 54.
223 BAG 16.9.2008 – 9 AZR 791/07, NZA 2009, 79.
224 BAG 21.7.2009 – 9 AZR 431/08, NJW 2009, 3319; BAG 18.11.2008 – 9 AZR 643/07, Rn. 24, NZA 2009, 728; 16.9.2008 – 9 AZR 791/07, Rn. 36, AP SGB IX § 81 Nr. 15 = EzA SGB IX § 81 Nr. 17; zu geschlechtsbezogenen Benachteiligungen BAG 5.2.2004 – 8 AZR 112/03 – zu II 2 b cc der Gründe BAGE 109, 265.
225 BAG 21.7.2009 – 9 AZR 431/08, NZA 2009, 1087; so auch *von Medem* NZA 2007, 545 (547).
226 BAG 26.6.2014 – 8 AZR 547/13, Rn. 40, Behindertenrecht 2015, 92.
227 *Großmann* in GK-SGB IX § 81 Rn. 241; *Düwell* BB 2006, 1743.
228 *Faber/Rabe-Rosendahl* in FKS SGB IX § 164 Rn. 145.
229 VGH BW 21.9.2005 – 9 S 1357/05, NJW 2006, 538; VG Trier 24.5.2007 – 6 K 736/06.TR.

73 **Widerlegung mit Rangfolge:** Einige Gerichte waren der Auffassung, der öffentliche Arbeitgeber brauche nur zu beweisen, dass behinderungsunabhängige Sachgründe die getroffene Personalentscheidung rechtfertigen. Dazu genüge es, eine **Leistungsrangfolge** der Bewerber zu beweisen, aus der sich die Erfolglosigkeit der Bewerbung des behinderten Menschen ergebe.[230] Dieser Schluss gilt nur für den Fall, dass der Betroffene einen Vermögensschaden nach § 15 Abs. 1 AGG geltend macht. Nur dann kann allein der Beste die ihm entgehende Vergütung verlangen. Die meisten Kläger fordern jedoch eine Entschädigung nach § 15 Abs. 2 AGG. Diese Entschädigung ist auch dann zu gewähren, wenn der Betroffene bei benachteiligungsfreier Auswahl nicht ausgewählt worden wäre, weil leistungsstärkeren Bewerbern der Vorzug gebührt. Entschädigungspflichtig sind die Verletzung des fairen Auswahlverfahrens und der damit verbundene **immaterielle Schaden.** Von daher genügt es, wenn sich die weniger günstige Behandlung im Verfahren gezeigt hat. Das BVerwG hat deshalb den Einwand, es seien ausschließlich sachliche, nicht auf die Behinderung bezogene Gründe für die Auswahlentscheidung kausal gewesen, weil allein an das maßgebliche Notenniveau angeknüpft wurde, in Übereinstimmung mit der arbeitsgerichtlichen Rechtsprechung[231] als nicht ausreichend angesehen, um die Benachteiligungsvermutung zu widerlegen.[232] Zutreffend hat es vielmehr den Umstand, dass das nicht im maßgeblichen Anforderungsprofil enthaltene Auswahlkriterium Examensnote zur Herstellung einer Rangfolge verwandt wurde, unter Bezug auf die verfassungsgerichtliche Rechtsprechung[233] als weiteres Indiz für die Benachteiligung angesehen.[234]

Beispiele:

1. Der Arbeitgeber sortiert die Bewerbung schwerbehinderter Menschen von vornherein heraus und sendet sie schneller als andere erfolglose Bewerbungen zurück. Das fällt bei dem „Wahrheitstest" (→ Rn. 65) auf.
2. Der Arbeitgeber bricht Bewerbungsgespräche nach der positiv beantworteten Frage nach einer Behinderung kommentarlos ab.

74 **Widerlegung bei Nichteinladung zum Vorstellungsgespräch:** Sind die Chancen eines Bewerbers bereits durch ein diskriminierendes Verfahren beeinträchtigt worden, kommt es nicht mehr darauf an, ob die (Schwer-)Behinderung bei der abschließenden Einstellungsentscheidung noch eine nachweisbare Rolle gespielt hat.[235] Da für den Bewerbungsverfahrensanspruch andere Kriterien als für die Bestenauslese nach Art. 33 Abs. 2 GG gelten, genügt deshalb nicht, wenn ein Arbeitgeber geltend macht, er knüpfe ausschließlich an die Examensnoten als Auswahlkriterium und nicht an die Schwerbehinderteneigenschaft an. Damit ist nicht ausgeschlossen, dass die Behinderung im Motivbündel doch enthalten ist. Der Arbeitgeber muss deshalb darlegen und beweisen, dass in seinem Motivbündel weder die Behinderung als negatives noch die fehlende Behinderung als positives Kriterium enthalten ist. Für die Mitursächlichkeit reicht es aus, dass die vom Arbeitgeber unterlassene Maßnahmen – etwa die Einladung zu einem Vorstellungsgespräch – objektiv geeignet sind, schwerbehinderten Bewerbern

---

230 VGH BW 21.9.2005 – 9 S 1357/05, NJW 2006, 538; BayVGH 27.1.2010 – 12 B 08.1978, KommunalPraxis BY 2010, 193.
231 Vgl. BAG 12.9.2006 – 9 AZR 807/05, BAGE 119, 262 (270).
232 BVerwG 3.3.2011 – 5 C 16/10, Rn. 29 f., Behindertenrecht 2011, 174.
233 BVerfG 16.11.1993 – 1 BvR 258/86, BVerfGE 89, 276.
234 BVerwG 3.3.2011 – 5 C 16/10, Rn. 27, Behindertenrecht 2011, 174.
235 Vgl. zu geschlechtsbezogenen Benachteiligungen BVerfG 16.11.1993 – 1 BvR 258/86, zu C I 2 c der Gründe BVerfGE 89, 276.

keine oder weniger günstige Chancen einzuräumen, als sie nach dem Gesetz zu gewähren sind.[236]

f) Schadensersatz für Nichteinstellung

Naturalrestitution und Geldersatz: Ist eine vom Arbeitgeber zu vertretende Verletzung des Benachteiligungsverbots für einen Vermögensschaden ursächlich, schuldet der Arbeitgeber nach § 15 Abs. 1 AGG Schadensersatz. Die Höhe des Schadensersatzes richtet sich nach dem Erfüllungsinteresse gemäß § 249 BGB. In § 15 Abs. 6 AGG ist geregelt, dass ein Verstoß gegen das Benachteiligungsverbot des § 7 Abs. 1 AGG keinen Anspruch auf Begründung eines Arbeitsverhältnisses begründet, es sei denn, ein solcher ergibt sich aus einem anderen Rechtsgrund. Wenn auch der Wortlaut der Regelung missglückt ist, so ist deren Inhalt klar: Bei Verstoß gegen das Benachteiligungsverbot des § 7 Abs. 1 AGG soll der Anspruch auf Naturalrestitution aus § 249 Abs. 1 BGB ausgeschlossen und der Benachteiligte auf Geldersatz nach § 249 Abs. 2 BGB verwiesen werden. Bisher nicht erörtert wurde die Rechtsfrage, ob dieser Ausschluss auch für den Verstoß gegen das speziellere Benachteiligungsverbot aus § 164 Abs. 2 Satz 1 SGB IX gelten soll. Das ist wohl zu bejahen; denn auch die durch das AGG aufgehobene Vorgängerregelung in § 81 Abs. 2 Satz 2 Nr. 1–5 SGB IX aF (zur Gesetzgebungsgeschichte → Rn. 5) schloss einen Einstellungsanspruch aus. Es gibt keinen Hinweis darauf, dass der Gesetzgeber daran etwas ändern wollte. Es handelt sich insoweit nur um eine sprachliche Unzulänglichkeit der für das Parlament Formulierungshilfe leistenden Ministerialverwaltung. 75

Verschulden: Der Arbeitgeber hat den entstandenen materiellen Schaden (sogenannter Vermögensschaden) zu ersetzen, soweit ihn ein **Verschulden** hieran trifft (§ 15 Abs. 1 AGG). Das ist dann der Fall, wenn er nicht ausschließen kann, dass er die benachteiligende Handlung oder Unterlassung zu vertreten hat, § 280 Abs. 1 Satz 2 BGB. Dabei ist zu beachten, dass der Arbeitgeber nach § 278 BGB auch für mit der Personalauswahl betraute Hilfspersonen haftet. 76

Kausalität: Voraussetzung dieses Ersatzanspruchs ist nach § 280 BGB, dass die vom Arbeitgeber zu vertretende Pflichtverletzung auch für den Schadenseintritt kausal war. Das bedeutet: Der Anspruch auf Ausgleich des Vermögensschadens besteht nur, sofern der Verletzte geltend machen kann, er wäre bei benachteiligungsfreier Auswahl eingestellt worden. Gewöhnlich werden dafür die für die Auswahl nach Art. 3 Abs. 2 GG geltenden Grundsätze der sogenannten Bestenauslese (→ Rn. 13, 134 f.) zu Grunde gelegt. Im Schrifttum wird darauf abgestellt, ob der Anspruchsteller der Bestplatzierte gewesen wäre.[237] Zu beachten ist, dass der Bestplatzierte nicht der nach Eignung, Leistung und Befähigung Beste sein muss. Die Grundsätze der Bestenauslese sind außerhalb des öffentlichen Dienstes nicht zwingend. So kann ein Betriebsinhaber abweichende Auswahlkriterien aufstellen oder die einzelnen Kriterien der Bestenauswahl (Eignung, Leistung und Befähigung) unterschiedlich gewichten. Dieser Gestaltungsspielraum wird durch mitbestimmte betriebliche Auswahlrichtlinien (vgl. § 95 BetrVG) ausgeschöpft. Sind in einer die personelle Auswahl bei Einstellungen regelnden Auswahlrichtlinie bestimmte Auswahlkriterien rechtswirksam festgelegt, so sind sie für die Kausalitätsfrage maßgebend. Hat der Bewerber keine Kenntnis von den im Betrieb angewandten Auswahlkriterien, wovon regelmäßig auszugehen ist, so genügt er seiner Darlegungslast nur, wenn er geltend 77

---

236 BAG 21.7.2009 – 9 AZR 431/08, NJW 2009, 3319; daran anschließend BVerwG 3.3.2011 – 5 C 16/10, Behindertenrecht 2011, 174; BAG 24.1.2013 – 8 AZR 188/12, NZA 2013, 896.
237 *Fabricius* in jurisPK-SGB IX § 164 Rn. 53.

macht, aufgrund seiner eigenen besonderen Eignung und Befähigung für die ausgeschriebene Stelle sei von der Bestplatzierung auszugehen.[238] Es ist dann Sache des Arbeitgebers dem entgegenzutreten. Dazu hat er die angewandten Auswahlkriterien offenzulegen und die Platzierung des Bewerbers in Anwendung dieser Kriterien zu begründen.

78 **Sonderfall Nachteil durch Anwendung einer kollektivrechtlichen Richtlinie:** Nach § 15 Abs. 3 AGG ist der Arbeitgeber, solange er nicht vorsätzlich oder grob fahrlässig handelt, bei Anwendung kollektivrechtlicher Regelungen haftungsprivilegiert. Dazu gehören auch Auswahlrichtlinien iSv § 95 BetrVG. Ob dieses Privileg mit Unionsrecht vereinbar ist, erscheint zweifelhaft; denn nach der Rechtsprechung des EuGH muss im Falle einer Diskriminierung eine volle verschuldensunabhängige Haftung durch das nationale Recht gewährleistet sein.[239] Kollektivrechtliche Regelungen eines Tarifvertrags, einer Betriebsvereinbarung oder einer Dienstvereinbarung können gegen § 7 Abs. 1 AGG verstoßen: Diese Regelungen sind dann nach § 7 Abs. 2 AGG unwirksam.[240] Ist die Unwirksamkeit der Auswahlnorm offensichtlich, ist davon auszugehen, dass ein Arbeitgeber, der eine derartige Regelung anwendet, zumindest grob fahrlässig handelt und folglich voll haftet. Beispiel: Der Arbeitgeber wendet folgende Bestimmung aus einer Betriebs- oder Inklusionsvereinbarung an: „Nach Erfüllung der Mindestbeschäftigungsquote werden Menschen mit Behinderung nur noch in Ausnahmefällen eingestellt". Diese Bestimmung verletzt das Benachteiligungsverbot aus § 7 Abs. 1 AGG unmittelbar. Dazu ist sie mit den unabdingbaren, quotenunabhängig zu erfüllenden Förderungspflichten eines Arbeitgebers nach § 164 Abs. 1 Satz 1 bis 6 SGB IX unvereinbar. Eine derartige Bestimmung ist offenkundig unwirksam. Wer sie als Arbeitgeber anwendet, haftet trotz § 15 Abs. 3 AGG voll. Anders ist die Haftungsfrage zu beantworten, wenn der Arbeitgeber eine neutrale, nur mittelbar zur einen behinderten Bewerber benachteiligende Vorzugsklausel anwendet.

Beispiel: „Bei Bewerbungen verdienen Kinder von Beschäftigten Vorrang". Hier gibt es ein in der Sache anzuerkennendes Interesse des Arbeitgebers an der Herstellung einer besonderen Bindung zum Aufbau einer den Zusammenhalt fördernden und Fluktuation begrenzenden „Unternehmensfamilie". Es handelt sich nicht um eine schon nach dem ersten Anschein nur neutrale, in Wirklichkeit aber behinderte Bewerber gezielt benachteiligende Vorschrift. Legt man den in § 15 Abs. 3 AGG genannten Maßstab zu Grunde, ist dem Arbeitgeber nicht als grobes Verschulden vorzuwerfen, wenn er angenommen hat, dass dieser absolute Vorrang auch gegenüber behinderten Bewerbern durch ein rechtmäßiges Ziel sachlich gerechtfertigt und als Mittel zur Erreichung dieses Ziels angemessen und erforderlich wäre.

79 **Begrenzung des Vermögensschadens:** Eine Haftungshöchstgrenze ist nach dem Wortlaut des § 15 Abs. 1 AGG nicht vorgesehen. Überlegungen, die darauf hinauslaufen, als Schadensersatz höchstens den Betrag zuzubilligen, der dem Entgelt entspricht, das der abgelehnte Bewerber innerhalb der Kündigungsfrist verdienen könnte, sind vom BAG abgelehnt worden.[241] Entsprechende Forderungen aus dem Bundesrat sind bei der Schaffung des § 15 Abs. 1 AGG gescheitert. Nur für den immateriellen Schaden besteht in § 15 Abs. 2 Satz 2 AGG die summenmäßige Begrenzung auf höchstens Drei-Monats-Verdienste (→ Rn. 88 f.).

---

238 BAG 12.10.2010 – 9 AZR 554/09, NZA-RR 2011, 216.
239 EuGH 22.4.1997 – C 180/95, NZA 1997, 645 – Draehmpaehl.
240 Vgl. BAG 17.4.2012 – 3 AZR 481/10, Rn. 27, NZA 2012, 929.
241 Zum Recht vor Inkrafttreten von SGB IX und AGG: BAG 14.3.1989 – 8 AZR 447/87, BAGE 61, 209.

Im Schrifttum wird nach einem Weg zur Begrenzung der Ersatzforderungen gesucht. Die Anwendung der Rechtsprechung zur Begrenzung der Haftung nach § 628 BGB[242] soll Ansprüche auf Zahlung der bis zum Eintritt des Rentenalters entgehenden Vergütung als nicht gewollten „Endlosschaden" abwehren.[243] Zutreffend ist, dass ein Arbeitsverhältnis wie jedes Dauerschuldverhältnis kündbar und kein Erfahrungssatz bekannt ist, dass bis zum Rentenalter keine Kündigung ausgesprochen wird. Jedoch wird auch bei schwacher Leistung des neu eingestellten Mitarbeiters erfahrungsgemäß nicht schon am ersten Tag, sondern in der Regel kurz vor Ende der „Probezeit" gekündigt. Deshalb wird für den Schadensersatzanspruch regelmäßig ein Betrag von sechs Monatsentgelten zu Grunde gelegt.[244] Maßstab ist die Vergütung, die der Bewerber bei Einstellung hätte erzielen können, wobei nach dem Grundsatz der Schadensminderungspflicht (§ 254 BGB) anderweitig erzielter oder böswillig unterlassener Erwerb anzurechnen ist.

g) Anspruch auf Begründung eines Beschäftigungsverhältnisses

Einstellung in den öffentlichen Dienst: Nach Art. 33 Abs. 2 GG hat jeder Deutsche nach seiner Eignung, Befähigung und fachlichen Leistung gleichen Zugang zu jedem öffentlichen Amt. Öffentliche Ämter in diesem Sinne sind nicht nur Beamtenstellen, sondern auch solche Stellen, die von Arbeitnehmern besetzt werden können[245] Art. 33 Abs. 2 GG räumt insoweit den sich bewerbenden Personen ein grundrechtsgleiches Recht auf rechtsfehlerfreie Einbeziehung in die Bewerberauswahl und auf deren Durchführung anhand der in Art. 3 Abs. 2 GG genannten Auswahlkriterien ein.[246] Der Anspruch verdichtet sich in den seltenen Ausnahmefällen, in denen der dem Dienstherrn durch Art. 33 Abs. 2 GG eröffnete Beurteilungsspielraum für die Gewichtung der Leistungskriterien auf Null reduziert ist, wenn ein Bewerber eindeutig am besten geeignet ist. Dann gibt Art. 33 Abs. 2 GG diesem Bewerber einen Anspruch auf Erfolg im Auswahlverfahren. Das ist für die bestgeeignete Person im Beamtenrecht der Anspruch auf Ernennung. Die Ernennung erfolgt durch Aushändigung der Ernennungsurkunde. Sie begründet Ansprüche auf die Einweisung in die zu dem Amt gehörende Planstelle und auf eine dem neuen Amt angemessene Beschäftigung bei dem Gericht oder der Behörde, der die Planstelle zugeordnet ist.[247] Bei der Bewerbung um Stellen, die mit Arbeitnehmern besetzt werden können, kann bei entsprechender Bestplatzierung der Anspruch auf Abschluss eines Arbeitsvertrags entstehen. Nichts anderes gilt, wenn die beste Person wegen einer Behinderung benachteiligt wird. Der Dienstherr darf die Bewerbung nur ablehnen, wenn die sich bewerbende Person ungeeignet ist oder der Dienstherr im Einklang mit Art. 33 Abs. 2 GG einen anderen Bewerber für am besten geeignet hält oder das Bewerbungsverfahren aus sachlich anzuerkennenden Gründen wirksam abbricht (→ Rn. 85, 164).

80

---

242 Ersatz der bis zur ersten Kündigungsmöglichkeit entgehenden Vergütung, vgl. BAG 22.4.2004 – 8 AZR 268/03, DB 2004, 1784.
243 *Euler* in AnwK-ArbR AGG §§ 15–16 Rn. 4.
244 *Fabricius* in jurisPK-SGB IX § 81 Rn. 31; *Knittel* SGB IX § 81 Rn. 113.
245 BAG 2.12.1997 – 9 AZR 445/96, BAGE 87, 171; BVerwG 7.12.1994 – 6 P 35.92, AP BAT § 2 SR 2 y Nr. 13; BVerwG 26.10.2000 – 2 C 31/99, ZTR 2001, 191 f.
246 Sog. Bewerbungsverfahrensanspruch: BAG 12.10.2010 – 9 AZR 554/09, NZA-RR 2011, 216.
247 BVerwG 23.9.2004 – BVerwG 2 C 27.03, BVerwGE 122, 53 (55 f.) und BVerwG 22.6.2006 – BVerwG 2 C 26.05, BVerwGE 126, 182, Rn. 12.

81 **Grundsatz der Ämterstabilität:** Der Anspruch auf Begründung eines Beamten- oder Arbeitsverhältnisses setzt dem Grundsatz nach den Grundsatz der Ämterstabilität[248] voraus, dass die Stelle noch nicht endgültig besetzt ist. Ist eine mit dem Amt verbundene Stelle rechtlich verbindlich anderweitig vergeben, kann das Amt nicht mehr besetzt werden. Dann ist der subjektive Anspruch des Bewerbers aus Art. 33 Abs. 2 GG erschöpft.[249] Es besteht keine Befugnis des Dienstherrn, für einen um Rechtsschutz nachsuchenden Bewerber eine andere als die zu besetzende Planstelle quasi als „Reserve" freizuhalten und später nachzubesetzen, wenn sich im Gerichtsverfahren die Fehlerhaftigkeit der Auswahlentscheidung herausstellen sollte. Auch die anderweitige, freigehaltene Planstelle darf erst nach einem auf sie bezogenen Vergabeverfahren besetzt werden. Deshalb kann Rechtsschutz nur im Rahmen eines Konkurrentenrechtsstreits gewährt werden.

82 **Konkurrentenklage:** Deshalb ist es Sache des sich benachteiligt fühlenden Bewerbers, solange eine entsprechende Stillhaltezusage des Arbeitgebers nicht gegeben wird, eine gerichtliche Untersagung der Stellenbesetzung mit einem Konkurrenten zu erreichen.[250] Das Justizgewährleistungsgebot aus Art. 19 Abs. 4 GG gebietet es dem öffentlichen Arbeitgeber oder beamtenrechtlichen Dienstherrn, den Vollzug seiner Auswahlentscheidung so lange zurückzustellen, bis er diese Entscheidung allen Betroffenen bekanntgegeben und mindestens zwei Wochen zugewartet hat.[251] Wird dem Arbeitgeber/Dienstherrn innerhalb dieser Frist die Einreichung eines Antrages auf Gewährung einstweiligen Rechtsschutzes mitgeteilt, besteht unmittelbar aufgrund von Art. 19 Abs. 4 Satz 1 GG iVm Art. 1 Abs. 3, Art. 20 Abs. 3 GG die Pflicht, den Vollzug der Auswahlentscheidung bis zum rechtskräftigen Abschluss des einstweiligen Rechtsschutzverfahrens zurückzustellen und danach noch eine weitere Frist von regelmäßig zwei Wochen einzuhalten, um der im Eilverfahren unterlegenen Person die Möglichkeit einer Anrufung des BVerfG zu ermöglichen.[252] Wird anders verfahren, kann das als Vereitelung angesehen werden.

83 **Durchbrechung des Grundsatzes der Ämterstabilität:** Wird bei der **Besetzung einer Beamtenstelle** die Inanspruchnahme einstweiligen Rechtsschutzes[253] einschließlich der Möglichkeit zur Anrufung des BVerfG vereitelt, so kann die in Vollzug der Auswahlentscheidung ergangene Ernennung eines Konkurrenten im Wege der Anfechtungsklage aufgehoben werden und die benachteiligte Person ihren Ernennungsanspruch durchsetzen. Das ist mit dem Grundsatz der Ämterstabilität vereinbar; denn so wird die haushaltsrechtliche bedenkliche Doppelbesetzung der Stelle vermieden.[254] Die vor der Anerkennung des Grundsatzes der Ämterstabilität ergangene Rechtsprechung war trotz des zwingenden Haushaltsrechts, das jeder Stellenausweitung entgegensteht, bereits unter Anwendung des Rechtsgedankens des § 162 Abs. 2 BGB zu einem gleichen Ergebnis

---

248 Dazu: BAG 28.5.2002 – 9 AZR 751/00, Rn. 26, BAGE 101, 153; BVerwG 21.8.2003 – 2 C 14/02, NJW 2004, 870; BGH 28.11.2005 – NotZ 18/05, BGHZ 165, 139 (142 f.); OVG Brem 15.11.2017 – 2 LA 55/16, Rn. 10.
249 BAG 28.5.2002 – 9 AZR 751/00, Rn. 26, BAGE 101, 153; OVG NRW 5.6.2003 – 6 A 4750/01, ZBR 2004, 177; BVerwG 21.8.2003 – 2 C 14.02, Rn. 16, BVerwGE 118, 370; davon in den nicht tragenden Gründen einmalig abweichend BVerwG 13.9.2001 – 2 C 39.00, Rn. 14, BVerwGE 115, 89.
250 Sog. Stoppverfügung im einstweiligen Rechtsschutz und Konkurrentenklage in der Hauptsache.
251 BAG 24.3.2009 – 9 AZR 277/08, ZTR 2009, 502.
252 BVerfG 9.7.2007 – 2 BvR 206/07, ZTR 2007, 707.
253 Sog. Stopp-Verfügung zur Verhinderung der Stellenbesetzung mit Konkurrenten.
254 BVerwG 4.11.2010 – 2 C 16.09, ZBR 2011, 91.

gekommen. Muss der Dienstherr die Ernennung des Konkurrenten aufheben, so setzt er sich den Schadensersatzansprüchen der rechtswidrig ernannten Person aus; denn die Aufhebung hat ihre Ursache beim Dienstherrn, nicht bei der ernannten Person.[255] Allerdings stellt die Rspr. große Anforderungen an den, der seinen Anspruch durchsetzen möchte. Sie verneint eine allgemeine, auf die Fürsorgepflicht gegründete Pflicht des Dienstherrn, dem Beamten zu helfen, seine prozessualen Pflichten in einem gegen den Dienstherrn gerichteten Verfahren zu erfüllen. Deshalb trifft den Beamten eine große Sorgfaltspflicht dahin gehend, dafür Sorge zu tragen, dass die im Streit stehende Beförderungsstelle eindeutig bezeichnet ist.[256] Schadensersatz wegen Nichtbeförderung wird abgelehnt, wenn der Beamte gegenüber dem Mitkonkurrenten keinen Rechtsschutz in Form der Stopp-Verfügung in Anspruch genommen hat.[257]

Bewerbung von Arbeitnehmern: Hat der Dienstherr kein Auswahlermessen, weil der am Bewerbungsverfahren teilnehmende Arbeitnehmer der Bestgeeignete ist, besteht eine Verpflichtung zur Einstellung durch Abschluss eines Arbeitsvertrags. Ebenso wie im Beamtenrecht gilt auch hier der Grundsatz der Ämterstabilität. 84

Benachteiligung durch Abbruch des Auswahlverfahrens: Der Dienstherr kann das Auswahlverfahren so lange abbrechen, bis die endgültige Auswahlentscheidung getroffen worden ist. Da mit dem Abbruch ein Eingriff in den Bewerbungsverfahrensanspruch aller Bewerber verbunden ist, bedarf der Abbruch eines Auswahlverfahrens eines ausreichenden sachlichen Grundes. Dieser ist zeitnah und nachvollziehbar zu dokumentieren. Ist die Auswahlentscheidung bereits bekanntgegeben worden, kommt ein Abbruch jedenfalls dann nicht mehr in Betracht, wenn der Abbruch nicht mit einem wesentlichen und nicht mehr heilbaren Verfahrensfehler begründet wird. Sonst hat die ausgewählte Person im Hinblick auf ihre Rechte aus Art. 33 Abs. 2 GG einen Anspruch auf Vollzug der Auswahlentscheidung.[258] Fehlt es am sachlichen Grund, kann die Fortsetzung des Auswahlverfahrens beansprucht werden. In diesem Fall müssen die von der Abbruchentscheidung Betroffenen richtig reagieren, sie müssen ausdrücklich, zumindest jedoch hilfsweise, die Fortsetzung des abgebrochenen Auswahlverfahrens beim Dienstherrn/Arbeitgeber beantragen. Die Teilnahme an einem nach neuer Ausschreibung eingeleiteten weiteren Auswahlverfahren reicht nur dann zur Aufrechterhaltung des Anspruchs aus dem abgebrochenen Verfahren aus, wenn der Bewerber das durch einen Vorbehalt zu erkennen gibt. 85

h) Schadensersatz für Nichtteilnahme am beruflichen Aufstieg

Schadensersatz wegen unterbliebenen beruflichen Aufstiegs: Anders als § 81 Abs. 2 Nr. 2 und 5 SGB IX aF enthält § 15 AGG kein differenzierendes Regelwerk, das ausdrücklich zwischen Benachteiligung bei der Einstellung und bei dem beruflichen Aufstieg unterscheidet. Übernommen ist in § 15 Abs. 6 AGG, dass die Naturalrestitution für den beruflichen Aufstieg, dh der Anspruch auf Übertragung einer höherwertigen Tätigkeit (Beförderung) nicht vollständig ausgeschlossen ist.[259] Nach der ständigen Rechtsprechung des Bundesarbeitsgerichts kann im Einzelfall aus dem „anderen Rechtsgrund", dh einem Anspruch nach Art. 33 Abs. 2 GG, die Verpflichtung des Arbeitgebers bestehen, einen 86

---

255 BVerwG 4.11.2010 – 2 C 16.09, ZBR 2011, 91.
256 OVG Brem 15.11.2017 – 2 LA 55/16, Rn. 20.
257 OVG Brem 15.11.2017 – 2 LA 55/16, Rn. 21.
258 BVerwG 4.11.2010 – 2 C 16.09, Rn. 27, ZBR 2011, 91.
259 Vgl. zum alten Recht: *Düwell* BB 2001, 1527 (1529); *Hansen* NZA 2001, 985 (987).

schwerbehinderten Stellenbewerber gegenüber sonstigen Bewerbern zu **bevorzugen**.[260] Ist die Übertragung der höherwertigen Stelle nicht nachholbar, so hat der Arbeitgeber, der ein Verschulden nicht ausschließen kann, den entstandenen und künftig entstehenden Vermögensschaden nach § 15 Abs. 1 AGG durch Zahlung der Entgeltdifferenz einschließlich Sonderleistungen und Rentennachteile auszugleichen.

87 **Organisationsermessen des Dienstherrn und Stufenvertretung:** Im Bereich des öffentlichen Dienstes werden Auswahlentscheidungen für den beruflichen Aufstieg durch Erlasse insbesondere mit dem Ziel gesteuert, Beförderungsmöglichkeit für sogenannte „unterrepräsentierte Bereiche" zu schaffen. Es handelt sich dabei um dem Anschein nach neutrale Vorschriften, die Personen in den anderen Bereichen wegen der in § 1 AGG genannten Merkmals der Behinderung oder wegen der in § 164 Abs. 2 Satz 1 SGB IX erfassten Schwerbehinderung und Gleichstellung in besonderer Weise benachteiligen können. Die Benachteiligung besteht zB darin, dass auf den Beförderungsstellen Einsatz im Wach- und Wechseldienst gefordert wird, den die behinderten Beschäftigten nicht leisten können. Die Verwaltungsgerichte gehen davon aus, dass derartige Vorgaben durch ein rechtmäßiges Ziel sachlich gerechtfertigt sind.[261] Danach will der Dienstherr mit der Verknüpfung von Funktion und Beförderungsmöglichkeit in Verbindung mit der Lenkung der Beförderungsmöglichkeit in „unterrepräsentierte Bereiche" eine ihrer Bedeutung für die Organisation entsprechende Stärkung der Führungsfunktionen erreichen. Damit verfolge der Dienstherr ein rechtmäßiges und sachlich gerechtfertigtes Ziel. Dazu setze er auch ein geeignetes, erforderliches und angemessenes Mittel ein. Folglich seien auch die für schwerbehinderte Beamte verbundenen Einschränkungen im Rahmen der in Betracht kommenden Beförderungsmöglichkeiten hinzunehmen. Der einzelne Bewerber kann – schon wegen des mangelnden Überblicks über die Organisationsmöglichkeiten des Dienstherrn – kaum die sachliche Begründetheit des eingesetzten Mittels beurteilen: Hier sind Stufenvertretungen der Beschäftigten gefordert. Die Hauptschwerbehindertenvertretung muss vor einem entsprechenden Erlass nach § 180 Abs. 7, § 178 Abs. 2 Satz 1 SGB IX unterrichtet und angehört werden: Sie ist zu einer gewissenhaften Prüfung der Erforderlichkeit und Angemessenheit verpflichtet. Sie darf und muss gegenüber den Betroffenen ihre bislang vom Dienstherrn nicht berücksichtigten Bedenken offenlegen.

i) Entschädigung für erlittene Benachteiligung

88 **Deckelung des Entschädigungsanspruchs bei Nichteinstellung:** Jeder im Einstellungsverfahren wegen seiner Behinderung benachteiligte Beschäftigte hat nach § 15 Abs. 2 AGG einen Anspruch auf Entschädigung. Dieser Anspruch ist als **verschuldensunabhängig** ausgestaltete Sanktion ausgestaltet. Er kommt deshalb selbst dann in Betracht, wenn sich der Arbeitgeber auf einen **Rechtsirrtum** beruft[262] oder dem Arbeitgeber der Nachweis des Nichtvertretenmüssens der Benachteiligung gelingen sollte. Der Arbeitgeber soll nämlich ausdrücklich auch ohne Verschulden zur Entschädigung „in angemessener Höhe" verpflichtet sein;[263] denn bei einer ungerechtfertigten Verschlechterung der Auswahlchancen wegen einer Behinderung ist regelmäßig das Persönlichkeitsrecht des behinderten Menschen verletzt. Diese Rechtsverletzung ist **angemessen** zu entschädi-

---

260 Vgl. BAG 28.4.1998 – 9 AZR 348/97, Nr. 2 zu AP § 14 SchwbG 1986; weitere Einzelheiten: → Rn. 189 ff.; zu. Vorrang → § 165 Rn. 37.
261 Vgl. OVG NRW 17.11.2011 – 6 B 1241/11, Rn. 6.
262 BAG 27.8.2020 – 8 AZR 45/19, Rn. 62.
263 BT-Drs. 16/1780, 38.

gen.²⁶⁴ Der Entschädigungsanspruch steht nach dem Willen des Gesetzgebers folgerichtig auch einem Benachteiligten zu, der auch **bei benachteiligungsfreier Auswahl nicht eingestellt** worden wäre, weil er nach den vom Arbeitgeber zulässig angewandten Auswahlkriterien nicht der Bestgeeignete war. Dieser Fall liegt vor, wenn der benachteiligte Bewerber auch dann nicht eingestellt worden wäre, wenn die benachteiligende Handlung hinweg gedacht würde. Nur für diesen Fall wird der Anspruch auf höchstens drei Monatsentgelte der entgehenden Vergütung „gedeckelt". Wäre der Bewerber bei benachteiligungsfreier Auswahl eingestellt worden, so findet keine Deckelung statt. Dh, dem Gericht ist bei der Festsetzung der Höhe der Entschädigung keine Höchstgrenze gesetzt. Der Arbeitgeber hat zu beweisen, dass die Beschäftigte auch bei benachteiligungsfreier Auswahl nicht eingestellt worden wäre und damit die in § 15 Abs. 2 Satz 2 AGG geregelte Höchstgrenze für die Entschädigungshöhe zum Tragen kommt.²⁶⁵ Das ergibt sich bereits aus der Gesetzesformulierung und Systematik, weil durch § 15 Abs. 2 Satz 2 AGG von dem in § 15 Abs. 2 Satz 1 AGG aufgestellten Grundsatz der nur durch das Kriterium der Angemessenheit begrenzten Entschädigungshöhe eine Ausnahme zugunsten des Arbeitgebers geschaffen wird. Diese **Verteilung der Beweislast** schließt allerdings nicht aus, dass der Beschäftigte im Rahmen einer abgestuften Darlegungslast geltend machen muss, dass er bei einer benachteiligungsfreien Auswahl eingestellt worden wäre. Schadensersatz- und Entschädigungsanspruch können **kumuliert** geltend gemacht werden.²⁶⁶ Sofern nicht vorher der Arbeitgeber durch Mahnung in Verzug gesetzt worden ist, besteht Anspruch auf Prozesszinsen in gesetzlicher Höhe (§§ 291, 288 Abs. 1 Satz 2, § 187 Abs. 1 BGB). Die **Verzinsung** beginnt erst ab dem Folgetag der Rechtshängigkeit.²⁶⁷

Keine Deckelung bei unterbliebener Teilnahme am beruflichen Aufstieg: Nach § 15 Abs. 2 AGG kann die benachteiligte Person gegebenenfalls auch zusätzlich zum Schadensersatzanspruch (→ Rn. 74 f.) eine angemessene Entschädigung wegen ihrer Persönlichkeitsverletzung in Geld verlangen. Dieser Entschädigungsanspruch ist hier anders als bei der Einstellung nach dem Wortlaut des § 15 Abs. 2 Satz 2 AGG **nicht in seiner Höhe beschränkt**. Dh die Person, die in Ermangelung der Bestplatzierung auch bei benachteiligungsfreier Auswahl nicht ausgewählt worden wäre, ist in ihrer Entschädigungsforderung **nicht** auf drei Monatsverdienste begrenzt. Das war in dem aufgehobenen § 81 Abs. 2 Satz 2 Nr. 3 SGB IX aF anders geregelt. Dort war die Entschädigung sowohl für den Fall der Nichteinstellung als auch für den der Nichtbeförderung auf höchstens drei Monatsgehälter „gedeckelt". 89

Bemessung der Entschädigung: Der Achte Senat knüpft für die Bemessung der Entschädigung an das Bruttomonatsentgelt an, das der/die erfolglose Bewerber/in erzielt hätte, wenn er/sie die ausgeschriebene Stelle erhalten hätte. Dies leitet er aus der in § 15 Abs. 2 Satz 2 AGG getroffenen Bestimmung ab, wonach die Entschädigung bei einer Nichteinstellung drei Monatsgehälter nicht übersteigen darf, wenn der oder die Beschäftigte auch bei benachteiligungsfreier Auswahl nicht eingestellt worden wäre.²⁶⁸ Unerheblich soll sein, dass das infol- 90

---

264 BAG 15.2.2005 – 9 AZR 635/03, BAGE 113, 361.
265 BAG 17.8.2010 – 9 AZR 839/08, NZA 2011, 153.
266 So auch: *Deinert* in HK-AGG § 15 Rn. 83.
267 BAG 25.4.2007 – 10 AZR 586/06, Rn. 14; BAG 30.10.2001 – 1 AZR 65/01, BAGE 99, 266, zu II der Gründe; BAG 15.11.2000 – 5 AZR 365/99, BAGE 96, 228, zu III der Gründe.
268 BAG 28.5.2020 – 8 AZR 170/19, juris Rn. 72; kritisch *von Roetteken* jPR-ArbR 3/2021 Anm. 8.

ge der Nichteinstellung entgangene Arbeitsentgelt ein möglicher Schadensposten im Rahmen eines auf den Ersatz des Vermögensschaden nach § 15 Abs. 1 AGG gerichteten Anspruchs sein kann, während mit der Entschädigung nach § 15 Abs. 2 AGG immaterielle Schaden ausgeglichen wird. Das begründet der Senat damit, die Entschädigung nach § 15 Abs. 2 AGG sei auch eine Sanktion dafür, dass er/sie nicht die Chance erhält, ein Arbeitseinkommen zu erzielen und auch in seinem/ihrem immateriellen Geltungs- bzw. Achtungsanspruch als Teil des Persönlichkeitsrechts berührt sei. Der EuGH habe in der Sache „Draehmpaehl"[269] eine solche Anknüpfung grundsätzlich gebilligt.[270] Dagegen wird eingewandt, die Entscheidung in der Sache „Draehmpaehl" sei überholt. Sie sei seinerzeit zu § 611a BGB a.F. ergangen. Diese Vorschrift habe damals sowohl den Ausgleich des Vermögensschadens als auch des immateriellen Schadens eingeschlossen. In § 15 Abs. 1 und 2 AGG habe der zwischen beiden Schadensarten unterschieden. Deshalb sei die Orientierung der Entschädigungsbemessung auf die Kriterien, die für eine Ermittlung von Vermögensschäden im Falle einer Einstellung gelten, systemwidrig. Es dürfe keine nach der Gehaltshöhe abgestufte Entschädigung geben; denn die Benachteiligung von gering verdienenden Menschen dürfe nicht als weniger bedeutend beurteilt werden, als die Benachteiligung von Menschen mit Spitzenverdiensten.[271] Obwohl die Beurteilung als systemwidrig zutrifft, hat der deutsche Gesetzgeber dennoch für die Bemessung der Entschädigung an die Höhe des Monatsgehalts angeknüpft. Letztlich räumt das auch die Kritik ein, wenn sie mit dem Achten Senat die Festlegung auf drei Monatsgehälter in § 15 Abs. 2 Satz 2 AGG als Kappungsgrenze auslegt.[272] Diese Deckelung in § 15 Abs. 2 Satz 2 AGG ist unionsrechtskonform.[273] Nach dem zum 18.8.2006 aufgehobenen § 81 Abs. 2 Satz 2 Nr. 3 galt als Monatsverdienst, was bei regelmäßiger Arbeitszeit an Geld- und Sachbezügen individuell zugestanden hätte, wenn das Rechtsverhältnis begründet worden wäre. Diese Definition ist auch zur Ermittlung der Höhe der Kappungsgrenze in § 15 Abs. 2 Satz 2 AGG anzuwenden.

Die Angemessenheit der Entschädigung wird vom Gericht nach § 46 Abs. 2 ArbGG, § 287 Abs. 1 Satz 1 ZPO unter Würdigung aller Umstände des Einzelfalls ermittelt. Wenn keine besonderen Umstände zu berücksichtigen sind, hält der Achte Senat den Mittelwert von 1,5 Monatsgehältern für erforderlich, aber auch ausreichend, um die notwendige abschreckende Wirkung zu erzielen.[274]

91 **Abschreckende Wirkung:** Ob ein Arbeitgeber durch eine Entschädigung von einer Benachteiligung „abgeschreckt" werden kann, hängt von der Höhe der Entschädigung und der Finanzkraft seines Unternehmens ab.[275] Das muss bei der Bemessung der Entschädigung berücksichtigt werden. Denkbar ist deshalb eine Berechnung, die sich am Ertrag oder Umsatz des Unternehmens orientiert. Eine Berechnung nach Tagessätzen (abhängig also vom Einkommen bzw. Umsatz des Arbeitgebers pro Tag), ähnlich wie im Strafverfahren, ist jedoch nicht eingeführt worden. Die Gerichte wenden folgende **Faustformel** an: Für einfache

---

269 EuGH 22.4.1997 – C-180/95, NZA 1997, 645 – Draehmpaehl.
270 BAG 28.5.2020 – 8 AZR 170/19, juris Rn. 73; kritisch *von Roetteken* jPR-ArbR 3/2021 Anm. 8.
271 *von Roetteken* jPR-ArbR 3/2021 Anm. 8.
272 Vgl. BAG 28.5.2020 – 8 AZR 170/19, juris Rn. 30; BAG 23.1.2020 – 8 AZR 484/18, juris Rn. 83; BAG 19.12.2019 – 8 AZR 2/19, juris Rn. 78; BAG 19.8.2010 – 8 AZR 530/09, juris Rn. 66.
273 Vgl. EuGH 22.4.1997 – C-180/95, NZA 1997, 645 – Draehmpaehl.
274 BAG 28.5.2020 – 8 AZR 170/19, juris Rn. 74; kritisch *von Roetteken* jPR-ArbR 3/2021 Anm. 8.
275 *Deinert* in HK-AGG § 15 Rn. 74; *Herms/Meinel* DB 2004, 2370.

Benachteiligung oder „Normal-Fälle" ein Monatsgehalt,[276] für mittelschwere Benachteiligung zwei Monatsgehälter und für schwere Benachteiligung drei Monatsgehälter. Das Schrifttum schlägt eine höhere Bemessung vor: Im Regelfall zwei Monatsgehälter.[277] Das ArbG Berlin ist im Fall einer Parkraumbewirtschafterin von der Dreimonatshöchstgrenze nach § 81 Abs. 2 Satz 2 Nr. 3 SGB IX aF (identisch mit seit 1.1.2018 geltenden Bestimmung in § 164 Abs. 2 SGB IX nF iVm § 15 Abs. 2 Satz 2 AGG) ausgegangen, weil das Land mit der Ablehnung nach einem positiven Einstellungstest über eine leichte bzw. mittlere Fahrlässigkeit hinausgegangen sei. Erschwerend kam hinzu, dass die Klägerin über ihren Prozessbevollmächtigten das beklagte Land ausdrücklich auf das Diskriminierungsverbot hingewiesen und im Rahmen von mehreren Gesprächen den Versuch unternommen hat, eine Einstellung zu realisieren und den Entschädigungsanspruch abzuwenden.[278] Bei der Festsetzung dürfen präventive Aspekte berücksichtigt werden. Von daher spielt bei der Bemessung eine Rolle, ob bisher der Arbeitgeber behindertenfreundlich aufgetreten ist oder ob der aktuelle Benachteiligungsfall das letzte bekannt gewordene Glied in einer endlosen Kette von ähnlichen Vorfällen ist.[279]

Angemessen und verhältnismäßig: Unter dem Gesichtspunkt der Sanktionswirkung ist zusätzlich das Ausmaß des Verschuldens zu beachten.[280] Für die Höhe der festzusetzenden Entschädigung sind Art und Schwere der Verstöße sowie die deshalb Folgen für die Betroffenen zu berücksichtigen.[281] Dabei ist maßgeblich, ob der Arbeitgeber neben einer Pflichtverletzung, wie zB der entgegen § 165 SGB IX unterlassenen Einladung zum Vorstellungsgespräch und der damit verwehrten Chance der Präsentation weitere Pflichten zur Förderung schwerbehinderter Bewerber verletzt. Je häufiger und gewichtiger der Arbeitgeber gegen Förderungspflichten verstößt, desto eher ist es gerechtfertigt, den von § 15 Abs. 2 Satz 2 AGG vorgegebenen Höchstrahmen von drei Monatsvergütungen auszuschöpfen. So ist ua bedeutsam ob der Arbeitgeber auch gegen die Pflicht zur Unterrichtung der Schwerbehindertenvertretung aus § 164 Abs. 1 Satz 4 und die Begründungspflicht des § 164 Abs. 1 Satz 9 verstoßen hat. Im Hinblick auf die wirtschaftliche Belastung bedarf es nach Art. 17 Satz 2 der Rahmenrichtlinie stets einer abschließenden **Verhältnismäßigkeitsprüfung**. 92

j) Geltendmachung: Form und Frist

Immaterieller Anspruch: Der Entschädigungsanspruch nach § 15 Abs. 2 AGG ist zwar ein immaterieller Anspruch, der aufgrund einer Persönlichkeitsrechtsverletzung dem Benachteiligten zusteht. Aber er kann dennoch von einem Gläubiger **gepfändet** werden. Zulässig ist auch, den Anspruch durch Rechtsgeschäft auf einen Dritten übertragen und zum Zecke der Einziehung **abzutreten**. Ansprüche wegen immaterieller Schäden sind nämlich seit dem 1.7.1990 uneingeschränkt übertragbar.[282] Diese Rechtsänderung ist durch das Gesetz zur Änderung des BGB und anderer Gesetze vom 14.3.1990[283] erfolgt. Infolge dieses Ge- 93

---

276 Vgl. BAG 14.3.1989 – 8 AZR 447/87, BAGE 61, 209; ArbG Düsseldorf 7.10.1999 – 9 Ca 4209/99, DB 2000, 381.
277 *Deinert* in HK-AGG § 15 Rn. 83.
278 ArbG Berlin 13.7.2005 – 86 Ca 24618/04, EzBAT § 8 BAT Schadensersatzpflicht des Arbeitgebers Nr. 40.
279 *Deinert* in HK-AGG § 15 Rn. 78.
280 BAG 12.9.2006 – 9 AZR 807/05, AP Nr. 13 zu § 81 SGB IX; BAG 18.11.2008 – 9 AZR 643/07, Rn. 60, NZA 2009, 679.
281 BAG 21.7.2009 – 9 AZR 431/08, NJW 2009, 3319.
282 BGH 18.6.2020 – IX ZB 11/19, WM 2020, 1439.
283 BGBl. I 478.

setzes wurde die der Übertragbarkeit entgehende Vorschrift § 847 Abs. 1 Satz 2 BGB aF mit Wirkung ab dem 1.7.1990 ersatzlos gestrichen.

94 **Form der Geltendmachung:** Der Berechtigte muss nach § 15 Abs. 4 Satz 1 AGG gegenüber dem Arbeitgeber den Anspruch **schriftlich** geltend gemacht werden. Dieses Schriftformerfordernis verlangt nach Ansicht des BAG nicht die strenge gesetzliche Schriftform des § 126 Abs. 1 BGB. Ausreichend ist danach die Textform iSv § 126 b BGB.[284] Die Geltendmachung braucht **nicht der Höhe nach beziffert** zu sein. Nach § 15 Abs. 2 AGG ist „ein Anspruch auf Entschädigung" geltend zu machen. Der unbestimmte Artikel zeigt, dass der Anspruchsteller gegenüber dem Anspruchsgegner lediglich verdeutlichen muss, für die erlittene Benachteiligung eine Entschädigung zu verlangen.[285] Im öffentlichen Dienst genügt die Geltendmachung gegenüber der die Einstellung ablehnenden Behörde. Die öffentliche Körperschaft muss sich das Handeln ihrer zuständigen Behörde zurechnen lassen.[286]

95 **Frist zur Geltendmachung:** Der Anspruch auf Entschädigung wegen Benachteiligung muss nach § 15 Abs. 4 Satz 1 AGG innerhalb einer Ausschlussfrist von zwei Monaten nach Zugang der Ablehnung der Bewerbung **schriftlich** (→ Rn. 94) geltend gemacht werden. Diese Fristsetzung ist richtlinienkonform.[287] Zugang ohne Kenntnis reicht nach Sinn und Zweck der Norm für ein Ingangsetzen der Frist nicht aus. Nach § 15 Abs. 4 Satz 2 AGG beginnt die Frist erst mit Kenntnis von der Benachteiligung. Kenntnis von der Benachteiligung bedeutet Kenntnis von den anspruchsbegründenden Tatsachen oder zumindest Kenntnis von Hilfstatsachen, die zur Beweislastumkehr des § 22 AGG führen.[288] Unerheblich ist, ob ein Widerspruchsverfahren iSd § 68 VwGO durchzuführen ist. Nach dem eindeutigen Wortlaut beginnt die Frist mit dem Zugang der Ablehnung und der Kenntnis der Benachteiligung.[289] Die Fristberechnung erfolgt gem. §§ 187 Abs. 1, 188 Abs. 2 BGB.[290]

Zu Recht hat das Bundesarbeitsgericht angenommen, dass bei Nichteinhaltung der Anspruch auf Entschädigung verfällt.[291] Zur ordnungsgemäßen Geltendmachung einer Entschädigung gehört nicht die Angabe einer bestimmten Forderungshöhe.[292] Da das AGG nichts Abweichendes geregelt hat, kann die zu § 81 Abs. 2 Satz 2 SGB IX 2001 ergangene Rspr. weiterhin angewandt werden. Daher gilt: Wer Ersatz des materiellen und immateriellen Schadens haben will, der muss den Anspruch nach § 15 Abs. 4 Satz 1 AGG innerhalb von zwei Monaten schriftlich gegenüber dem Arbeitgeber geltend machen. Ansonsten tritt Verfall ein. Der Fristlauf beginnt im Falle einer Bewerbung oder eines beruflichen Aufstiegs mit dem Zugang der Ablehnung und in den sonstigen Fällen einer Be-

---

284 BAG 19.8.2010 – 8 AZR 530/09, Rn. 42, NZA 2010, 1412 (1414); BAG 27.1.2011 – 8 AZR 580/09, Rn. 24, NZA 2011, 737 (738).
285 BAG 3.4.2007 – 9 AZR 823/06, Rn. 31, AP SGB IX § 81 Nr. 14; BAG 12.9.2006 – 9 AZR 807/05, Rn. 16, BAGE 119, 262; BAG 15.2.2005 – 9 AZR 635/03, BAGE 113, 361, zu B III der Gründe.
286 Vgl. BAG 16.9.2008 – 9 AZR 791/07, Behindertenrecht 2009, 86; BAG 3.4.2007 – 9 AZR 823/06, Rn. 31, AP SGB IX § 81 Nr. 14.
287 BAG 18.5.2017 – 8 AZR 74/16, juris Rn. 30 ff.; EuGH 8.7.2010 – C-264/09, NZA 2010, 869 – Bulicke.
288 BAG 15.3.2012 – 8 AZR 37/11, NZA 2012, 910 (917); *Schlachter* in ErfK, 18. Aufl. 2018, AGG § 15 Rn. 17; *Voigt* in Schleusener/Suckow/Voigt, Kommentar zum Allgemeinen Gleichbehandlungsgesetz (AGG), 4. Aufl. 2013, AGG § 15 Rn. 75.
289 BVerwG 16.4.2013 – 2 B 145/11, Rn. 12.
290 *Weth/M. Schmitt* in jurisPK-BGB AGG § 15 Rn. 58.
291 BAG 15.2.2005 – 9 AZR 635/03, BB 2005, 2816.
292 BAG 15.2.2005 – 9 AZR 635/03, BB 2005, 2816.

nachteiligung zu dem Zeitpunkt, in dem der oder die Beschäftigte von der Benachteiligung Kenntnis erlangt. Eine Ablehnung in Schriftform ist nicht erforderlich, aber dem öffentlichen Arbeitgeber zu empfehlen. Er trägt nämlich, wenn er eine frühere mündliche Ablehnung geltend machen will, die Darlegungs- und Beweislast.[293]

k) Klagefrist

Zweite Stufe einer besonderen materiellen Ausschlussfrist: Durch Art. 3 Abs. 1 Nr. 2 des Gesetzes zur Umsetzung europäischer Richtlinien zur Verwirklichung des Grundsatzes der Gleichbehandlung (→ Rn. 5) ist die längst fällige Angleichung prozessualer Vorschriften erfolgt. Danach muss die **Klage auf Entschädigung** nach dem neu gefassten § 61 b Abs. 1 ArbGG **innerhalb von drei Monaten** erhoben werden. Der Fristlauf beginnt, sobald der Entschädigungsanspruch schriftlich geltend gemacht worden ist. Maßgebend ist der Zugang iSv § 130 BGB beim Arbeitgeber.[294] Diese Frist ist Teil einer **zweistufigen materiellrechtlichen Ausschlussfrist**, deren erste Stufe in § 15 Abs. 4 Satz 1 AGG geregelt ist. Deren Versäumung führt zum Erlöschen des Anspruchs.[295] Die Einhaltung der Frist ist von Amts wegen zu prüfen. Für die Rechtzeitigkeit der Klage ist der Eingang bei Gericht entscheidend (§§ 253 Abs. 1, 167 ZPO). Das gilt jedenfalls dann, wenn die Zustellung demnächst erfolgt, § 270 Abs. 3 ZPO.[296]

96

Nach dem Wortlaut der Norm bezieht sich die Klagefrist nur „auf Entschädigung". In § 15 Abs. 2 AGG wird darunter der nichtvermögensrechtliche Schaden verstanden. Ansprüche auf Ersatz des Vermögensschadens sind von § 15 Abs. 1 AGG erfasst. Dennoch meint eine im Schrifttum vertretene Ansicht, diese Differenzierung sei ohne Belang. Die Klagefrist sei auch für Ansprüche aus § 15 Abs. 1 AGG einzuhalten.[297] Das BAG hat die Rechtsfrage, ob die Klagefrist des § 61 b ArbGG auch für Schadenersatzansprüche gilt, zunächst offen gelassen[298], dann aber entsprechend dem klaren Wortlaut den Geltungsbereich der Klagefrist auf die Entschädigung iSv § 15 Abs. 2 AGG beschränkt.[299] Es spricht einiges dafür, dass der Gesetzgeber gezielt für Entschädigungsforderungen eine schnelle Klärung durch Schaffung einer speziellen Ausschlussfrist herbeiführen wollte; denn bei der Ermittlung des Vermögensschadens kommt wegen des möglichen Zukunftsschadens eine schnelle Klärung nicht in Betracht. Die Rechtsfrage, ob eine Feststellungsklage geeignet sein kann, die Klagefrist des § 61 b ArbGG zu wahren, ist vom BAG abweichend von der Ansicht der Vorinstanz positiv geklärt. Der Achte Senat hat dies für den Fall bejaht, dass Schadensfolgen in der Zukunft möglich sind, auch wenn ihre Art, ihr Umfang und sogar ihr Eintritt noch ungewiss sind, aber eine gewisse Wahrscheinlichkeit für den Schadenseintritt besteht. Dann sei das erfor-

97

---

[293] BAG 19.8.2010 – 8 AZR 530/09, NZA 2010, 1412 (1414); LAG Hamm 22.5.2012 – 19 Sa 1658/11, juris Rn. 43.
[294] BAG 21.7.2009 – 9 AZR 431/08, NZA 2009, 1087; ebenso *Deinert* in HK-AGG § 15 Rn. 118.
[295] ArbG Stuttgart 18.1.2012 – 20 Ca 1059/11, NZA-RR 2012, 241; ebenso: *Deinert* in HK-AGG § 15 Rn. 115; *Koch* in ErfK ArbGG § 61 b Rn. 2.
[296] BAG 21.7.2009 – 9 AZR 431/08, NZA 2009, 1087.
[297] *Adomeit/Mohr* AGG § 15 Rn. 129; ErfK/*Koch*, 21. Aufl. 2021, § 61 b ArbGG Rn. 1; *Jacobs* RdA 2010, 193; aA *Deinert* in HK-AGG § 15 Rn. 116; *Kloppenburg* Düwell/Lipke, 5. Aufl. 2019, § 61 b Rn. 3.
[298] BAG 22.7.2010 – 8 AZR 1012/08, AP AGG § 22 Nr. 2.
[299] BAG 20.6. 2013 – 8 AZR 482/12, Rn. 32, NZA 2014, 21.

derliche Feststellungsinteresse aus § 256 Abs. 1 ZPO für eine Entschädigungsklage erfüllt.[300]

98 **Möglichkeiten bei Versäumung der Klagefrist:** Eine Wiedereinsetzung in den vorigen Stand ist bewusst nicht vorgesehen.[301] Ein Arbeitnehmer kann geltend machen, dass er so zu stellen ist, als hätte er seine Ansprüche rechtzeitig geltend gemacht, wenn der Arbeitgeber unter Verstoß gegen § 2 NachweisG nicht über die im Betrieb oder in der Dienststelle geltenden Ausschlussfristen unterrichtet hat.[302] Eine entsprechende Anwendung wegen der Verletzung der in § 12 Abs. 5 AGG vorgeschriebenen Arbeitgeberpflicht, den Gesetzestext des AGG sowie den des § 61 b ArbGG im Betrieb oder der Dienststelle durch Aushang oder Auslegung an geeigneter Stelle oder durch den Einsatz der im Betrieb oder der Dienststelle üblichen Informations- und Kommunikationstechnik bekanntzumachen, kommt für die Fristversäumung bei Entschädigungsansprüchen wegen Benachteiligung beim beruflichen Aufstieg in Betracht; denn der Verstoß gegen die Bekanntmachungspflicht kann gemäß § 280 BGB entsprechende Schadenersatzansprüche begründen.[303] Etwas anderes gilt hinsichtlich der Entschädigungsansprüche von Bewerbern. § 12 Abs. 5 AGG erfasst nicht die externen Bewerber: Sie sind zwar auch Beschäftigte in dem durch § 6 Abs. 1 Satz 2 AGG erweiterten Beschäftigtenbegriff. Somit wären sie an sich auch über das AGG und die zweite Stufe der Ausschlussfrist nach § 61 b ArbGG zu informieren. Aber der Gesetzeswortlaut der Bekanntmachungsvorschrift in § 12 Abs. 5 AGG stellt auf die Bekanntmachung im Betrieb oder in der Dienststelle ab.[304] Deshalb genügt die Auslage oder das Aushängen der entsprechenden Gesetzestexte im Betrieb oder in der Dienststelle. Der Arbeitgeber hat nach deutschem Recht gegenüber den externen Bewerbern keine Informationsbringschuld. Das ist mit dem Unionsrecht vereinbar. Zwar fordern Artikel 12 der Richtlinie 2000/78 EG sowie Artikel 8 der Richtlinie 76/207 EWG, dass der Adressatenkreis von der Bekanntmachung Kenntnis zu erlangen kann. Jedoch sprechen Artikel 8 der Richtlinie 76/207 EWG ebenfalls wie § 12 Abs. 5 AGG von einer Bekanntmachung in den Betrieben und Artikel 12 der Richtlinie 2000/78 EG von einer Bekanntmachung am Arbeitsplatz. Zweifel können nur insoweit angebracht sein, als der deutsche Gesetzgeber eine Bekanntmachung im Intranet als ausreichend ansieht,[305] weil das Intranet nur einem geschlossenen internen Adressatenkreis zugänglich ist. Demgegenüber besteht bei Bekanntmachung im Betrieb oder in der Dienststelle die Möglichkeit, dass sich auch externe Bewerber anlässlich von Vorstellungsgesprächen Kenntnis von der im AGG und ArbGG enthaltenen zweistufigen Ausschlussfrist verschaffen. Insoweit überzeugt die Auffassung des ArbG Stuttgart, die Veröffentlichung im Intranet sei ausreichend,[306] nicht restlos. Im Ergebnis ist jedoch der 20. Kammer des ArbG Stuttgart zuzustimmen. Wer im Geltendmachungsschreiben ankündigt, im Falle der Nichtbefriedigung der geltend gemachten Ansprüche „fristgerecht Klage beim zuständigen Arbeitsgericht erheben" zu wollen, kann sich nach Treu und Glauben (§ 242 BGB) nicht auf eine vom Arbeitgeber verursachte Unkenntnis von der einzuhaltenden Frist berufen.

---

300 In Abweichung von der Rechtsansicht im Berufungsurteil LAG Köln 13.2.2012 – 2 Sa 768/11; in der Revisionsinstanz: BAG 20.6.2013 – 8 AZR 482/12, Rn. 23 ff., NZA 2014, 21.
301 *Koch* in ErfK ArbGG § 61 b Rn. 2.
302 BAG 17.4.2002 – 5 AZR 89/01, BAGE 101, 75.
303 *Schlachter* in ErfK AGG § 12 Rn. 6.
304 Zutreffend: ArbG Stuttgart 18.1.2012 – 20 Ca 1059/11, NZA-RR 2012, 241.
305 Vgl. BT-Drs. 16/1780, 37.
306 Vgl. ArbG Stuttgart 18.1.2012 – 20 Ca 1059/11, NZA-RR 2012, 241.

l) Offene Fragen zu Schnittstellen

Die zweimonatige Geltendmachungs- und die dreimonatige Klagefrist aus § 15 Abs. 4 AGG, § 61 b Abs. 1 ArbGG gelten nicht für Ansprüche aus unerlaubter Handlung. Dieser Ausschluss gilt nach allgemeiner Ansicht für Ansprüche nach § 823 Abs. 1, 2 BGB iVm § 7 Abs. 1 AGG und § 826 BGB. Dafür muss die Benachteiligung einen schwerwiegenden Eingriff in das allgemeine Persönlichkeitsrecht gem. Art. 2 Abs. 1 iVm Art. 1 Abs. 1 GG oder ein anderes absolutes Recht des Arbeitnehmers darstellen, ein Schutzgesetz iSd § 823 Abs. 2 BGB verletzen oder sittenwidrig sein.[307] Dazu gehört kann auch die billige Entschädigung in Geld (§ 253 Abs. 2 BGB) wegen einer im Bewerbungsverfahren zugefügten Gesundheitsbeschädigung gehören.[308]

99

In welchem Verhältnis steht eine Abfindung wegen **Auflösung des Arbeitsverhältnisses** durch Urteil des Gerichts nach § 9 KSchG zu Schadensersatz- und Entschädigungsansprüchen aus dem AGG? Das Auflösungsurteil schließt Ansprüche, die mit der vorzeitigen Beendigung verbunden sind, aus. Diese sollen durch die Abfindung ausgeglichen werden.

100

m) Gerichtlicher Konzentrationsgrundsatz

Mehrzahl von Klagen: Klagen mehrere Bewerber wegen einer Benachteiligung in demselben Stellenbesetzungsverfahren so hat sich nach dem neu gefassten § 61 b Abs. 2 Satz 1 ArbGG auf formlosen Antrag des Arbeitgebers das Arbeitsgericht, bei dem die erste Klage erhoben worden ist, auch für die übrigen Klagen für **ausschließlich zuständig** zu erklären. Bei welchem Gericht zuerst Klage erhoben wurde, richtet sich nach dem Datum der Zustellung an den Arbeitgeber, § 253 ZPO. Dieser hat Kenntnis, wann ihm zuerst zugestellt worden ist und weiß daher, welches Gericht sich für zuständig erklären soll. Die anderen Gerichte müssen dann die Klagen von Amts wegen an dieses Gericht verweisen. Es folgt dann eine Verbindung zur gemeinsamen Verhandlung und Entscheidung, § 61 b Abs. 2 Satz 2 ArbGG. Auf Antrag des Arbeitgebers tritt nach § 61 b Abs. 3 ArbGG eine Verfahrenshemmung ein: Die mündliche Verhandlung darf nicht vor Ablauf von sechs Monaten seit Erhebung der ersten Klage stattfinden. Mit diesen Vorkehrungen soll sichergestellt werden, dass trotz Klagen mehrerer Bewerber einheitlich entschieden wird.

101

n) Ausschluss von Scheinbewerbern mit Entschädigungsinteresse

Unredliche (Schein-)Bewerbungen: In Fällen der nicht ernsthaft mit Einstellungsabsicht, also nur zum Schein, eingereichten Bewerbung ist der Entschädigungsanspruch schon deshalb zu verneinen, weil es sich um keine Bewerbung im Sinne des die Rahmenrichtlinie umsetzenden AGG handelt. Die Richtlinie soll einen diskriminierungsfreien Zugang zum Arbeitsmarkt gewähren. Wird dieser Zugang nicht angestrebt, liegt nach dem Sinn und Zweck der Regelung schon kein Benachteiligungstatbestand im Sinne von § 164 Abs. 2 SGB IX und §§ 1, 7 AGG vor. Eine Scheinbewerbung ist angenommen worden, wenn der Bewerber offensichtlich nicht qualifiziert ist oder wenn die Form oder der Inhalt zeigen, dass die Bewerbung letztlich nicht ernst gemeint ist. Entscheidend ist die Bewerbungssituation.[309] Es sind stets alle Umstände des Einzelfalles zu berücksichtigen. Die neuere Rechtsprechung vermeidet den Begriff der Schein-

102

---

307 Weth/M. Schmitt in jurisPK-BGB AGG § 15 Rn. 73.
308 Vgl. zu den Voraussetzungen für Schadensersatz wegen Mobbing, Wolmerath jurisPR-ArbR 1/2021 Anm. 4.
309 LAG BW 13.8.2007 – 3 Ta 119/07, FA 2007, 313; Brors jurisPR-ArbR 38/2007 Anm. 3.

bewerbung. Sie bezeichnet den Erwerb der Rechtsstellung eines zum Kreis der „Beschäftigten" im Sinne des § 6 Abs. 1 AGG[310] gehörenden Bewerber als unredlich, wenn die Bewerbung allein deshalb erfolgte, um Entschädigungsansprüche geltend machen zu können.[311] Das entspricht der Rspr. des EuGH. Danach darf sich niemand in betrügerischer oder missbräuchlicher Weise auf die Rechtsvorschriften der EU berufen.[312] Für die fehlende subjektive Ernsthaftigkeit ist der Arbeitgeber darlegungs- und beweisbelastet.[313] Allein aus der Zahl von Bewerbungen kann nicht auf die fehlende Ernsthaftigkeit der Bewerbung geschlossen werden.[314] Das gilt jedenfalls, wenn sich der Bewerber auch erfolgreich beworben und Anstellungen erreicht hat.[315] Wenn sich der Kläger nicht beworben hat, um die ausgeschriebene Stelle zu erhalten, sondern es ihm darum gegangen ist, nur den formalen Status als Bewerber iSv § 6 Abs. 1 Satz 2 AGG mit dem ausschließlichen Ziel zu erlangen, eine Entschädigung geltend zu machen, dann kann gegenüber dem Entschädigungsverlangen der Einwand des Rechtsmissbrauchs iSv § 242 BGB erhoben werden.[316]

103 **AGG-Hopper:** Ob die Arbeitsgerichtsbarkeit ausreichend darauf achtet, dass keine Scheinbewerbungen zum Zwecke des Gelderwerbs Erfolg haben, wird von manchen Kritikern bezweifelt. Der Achte Senat hat zur Klärung der Rechtsfrage ob auch der nach Unionsrecht geschützt werden soll, der nur den „Status als Bewerber" erreichen will, um Entschädigungsansprüche geltend zu machen, den EuGH um eine Vorabentscheidung ersucht.[317] Darauf hat der EuGH die vorgelegte Rechtsfrage so beantwortet, dass eine nicht ernst gemeinte Bewerbung missbräuchlich sei und vom Geltungsbereich der EU-Gleichbehandlungsrahmenrichtlinien (RL 2000/78 und 2006/54) ausgenommen werde.[318] Das BAG entschied darauf im Ausgangsfall: Für einen Rechtsmissbrauch, der den Entschädigungsanspruch vernichten könnte, trage derjenige die Beweislast, der den Einwand des Rechtsmissbrauchs geltend mache. Allein eine Vielzahl von Bewerbungen oder die Absage eines Bewerbungsgesprächs reiche nicht aus. Ebenso wenig genüge es, dass ein Bewerber viele Bewerbungen schreibe und viele AGG-Klagen führe.[319] Demgegenüber hat das LAG Düsseldorf den Umstand als Indiz für eine Scheinbewerbung gewertet, dass sich ein Kläger nur auf Ausschreibungen beworben hat, die ihn seiner Auffassung nach gerade diskriminierten. Die Bewerbung allein auf eine (vermeintlich) diskriminierende Ausschreibung bei gleichzeitiger bewusster Außerachtlassung von diskriminierungsfreien Ausschreibungen, „lässt kaum eine andere Erklärung zu, als dass es dem Kläger ausschließlich um die Erlangung einer Entschädigung ging".[320]

---

310 Vgl. BAG 19.8.2010 – 8 AZR 370/09.
311 BAG 13.10.2011 – 8 AZR 608/10, Behindertenrecht 2012, 169; BVerwG 3.3.2011 – 5 C 16/10, BVerwGE 139, 135; *Windel* RdA 2011, 193 (194 f.); *Jacobs* RdA 2009, 193 (198 f.); *Schlachter* in ErfK AGG § 15 Rn. 10; *Berg* in HK-ArbR AGG § 15 Rn. 9.
312 EuGH 28.7.2016 – C-423/15, NZA 2016, 1014.
313 BAG 13.10.2011 – 8 AZR 608/10, Behindertenrecht 2012, 169.
314 Vgl. BAG 21.7.2009 – 9 AZR 431/08, BAGE 131, 232 = AP SGB IX § 82 Nr. 1; dem zustimmend: BAG 13.10.2011 – 8 AZR 608/10, Behindertenrecht 2012, 169.
315 BAG 13.10.2011 – 8 AZR 608/10, Rn. 56, Behindertenrecht 2012, 169.
316 BAG 11.8.2016 – 8 AZR 809/14, Rn. 24.
317 BAG 18.11.2015 – 8 AZR 848/13 (A), NZA 2015, 1063.
318 EuGH 28.7.2016 – C-423/15, NZA 2016, 1014 – Kratzer.
319 BAG 26.1.2017 – 8 AZR 848/13, Rn. 125 ff., EzTöD 100 § 2 TVöD-AT Auswahlverfahren Nr 71.
320 LAG Düsseldorf 16.8.2017 – 4 Sa 15/17, juris Rn. 85 ff.; Nichtzulassungsbeschwerde zurückgewiesen: BAG 22.3.2018 – 8 AZN 848/17.

Die Große Strafkammer am Landgericht München hat zum ersten Mal das Strafrecht angewandt. Ein Rechtsanwalt aus München ist wegen Betrugs in drei Fällen in Tatmehrheit mit versuchtem Betrug in neun Fällen zu einer Gesamtfreiheitsstrafe von einem Jahr und vier Monaten verurteilt worden.[321]

AGG-Hopper-Archiv: Über die E-Mail-Adresse agg-archiv@gleisslutz.com konnte bis 15.8.2009 jeder Arbeitgeber, jeder Rechtsanwalt und jedes Gericht anfragen, ob ein bestimmter Bewerber in der Vergangenheit bereits mit Entschädigungsklagen wegen angeblicher Diskriminierung bei Bewerbungen aufgefallen ist. Dazu war die Angabe von Name, Vorname und Anschrift des Anspruchstellers erforderlich sowie die Übersendung einer Kopie der schriftlichen Entschädigungsforderung oder Klageschrift per E-Mail, Post oder Fax. War der Gemeldete mindestens zweimal gegenüber anderen Arbeitgebern durch Entschädigungsforderungen aufgefallen, so teilte das AGG-Archiv die Anschrift derjenigen Anwälte bzw. Personalleiter mit, die die früheren Fälle gemeldet hatten. Die Betreiberin des Archivs, die Sozietät Gleiss Lutz, hat sich entschlossen, ab dem 15.8.2009 Anfragen nach potenziellen AGG-Hoppern nicht mehr zu beantworten und auch keine Auskünfte über gespeicherte Personen mehr zu erteilen. Zugrunde lagen Beanstandungen der Aufsichtsbehörde für den Datenschutz. Nachfolgeeinrichtungen sind nicht bekannt. 104

IV. Organisation der Stellenbesetzung (Abs. 1)

1. Prüfung der Besetzbarkeit einer Stelle und anschließende Personalauswahl

a) Prüf- und Konsultationspflicht statt Einstellungspflicht

Einschränkung der Organisationsfreiheit: Abs. 1 enthält vor jeder Stellenbesetzung vom Arbeitgeber einzuhaltende Verfahrensvorschriften, mit denen in die Organisationsfreiheit des Arbeitgebers eingegriffen wird. Sinn der Regelung ist, den Arbeitgeber zu veranlassen, in Zusammenarbeit mit der SBV und den Beschäftigtenvertretungen, insbesondere Betriebs- oder Personalrat, alle **Möglichkeiten der Schwerbehindertenbeschäftigung** auszuschöpfen.[322] Es handelt sich insoweit um eine spezifische und positive Maßnahme zum Ausgleich der Nachteile der Gruppe der schwerbehinderten Menschen beim Zugang zum Arbeitsmarkt, die nach Art. 7 Abs. 1 der Rahmenrichtlinie zugelassen und nach Art. 27 Abs. 1 Satz 2 Buchst. e UN-BRK zur Förderung des Erhalts eines Arbeitsplatzes geboten ist, → Rn. 9. Diese sind eingebettet in das historisch entwickelte deutsche System der Schwerbehindertenbeschäftigung (→ § 154 Rn. 5). Dieses verpflichtet den Arbeitgeber nur mittelbar, schwerbehinderte Menschen einzustellen. Dazu nutzt es zum einen die in § 154 geregelte Mindestbeschäftigungsquote. Deren Erreichen wird durch die begleitende Hilfe im Arbeitsleben nach § 185 unter Verwendung der Mittel der Ausgleichsabgabe positiv gefördert. Durch die Erhebung der Ausgleichabgabe pro unbesetzten Pflichtplatz wird der Arbeitgeber „angetrieben", sich – soweit nicht eine genügende Anzahl der Belegschaftsangehörigen schwerbehindert sind – um die Besetzung von Pflichtplätzen zu bemühen und dazu entsprechend § 164 Abs. 3 sogar seinen Betrieb in zumutbarer Weise organisatorisch umzugestalten. Die schuldhafte Nichtbesetzung von Pflichtplätzen wird mit Bußgeld nach § 238 Abs. 1 Nr. 1 geahndet. Das System setzt auf den guten Willen des Arbeitgebers (→ Rn. 106), 105

---

321 LG München 6.7.2020 – 12 KLs 231 Js 139171/12, www.lto.de/recht/hintergruende/h/lg-muenchen-12-kls-231-js-139171-12-agg-hopper-betrug-bewaehrungsstrafe/ (letzter Aufruf 17.1.2021).
322 Zutreffend: *Faber* in FKS SGB-IX § 81 Rn. 8.

dessen „freie Entschließung" zur Einstellung und Beschäftigung in § 184 Abs. 1 hervorgehoben wird. Zum anderen setzt das System auf die in § 164 Abs. 1 Satz 7 bis 9 und zusätzlich für den öffentlichen Dienst in § 165 Satz 1 bis 3 aufgestellten Verfahrensregeln, die dem Arbeitgeber die Last auferlegen, ernsthaft vor jeder Stellenbesetzung zu prüfen, ob er alle Möglichkeiten zur Schwerbehindertenbeschäftigung auch über die Mindestquote hinaus ausschöpft.

106 **Guter Wille statt Zwangseinstellung:** Die in § 10 Schwerbeschädigtengesetz vom 16.6.1953 enthaltene Befugnis des Arbeitsamts, durch **Verwaltungszwang** ein Arbeitsverhältnis zulasten eines der Mindestbeschäftigungspflicht unterliegenden Arbeitgebers zu begründen, ist durch das SchwbG 1974 abgeschafft worden. Das erfolgte unspektakulär: § 10 Schwerbeschädigtengesetz ist ersatzlos weggefallen.[323] Zur Begründung ist ausgeführt. „(...) hat in der Vergangenheit keine praktische Bedeutung erlangt. Auf die Möglichkeit der Zwangseinstellung wird daher künftig verzichtet."[324] Seitdem gibt es keinen **Kontrahierungszwang**. Als Ersatz ist die Pflicht zur Prüfung in Abs. 1 Satz 1 eingeführt worden, ob freie Arbeitsplätze mit schwerbehinderten Menschen besetzt werden können. Diese Verpflichtung ist nicht geeignet, einen individuellen Einstellungsanspruch für arbeitsuchende schwerbehinderte Menschen zu begründen. Das war in dem zum 18.8.2006 außer Kraft getretenen § 81 Abs. 2 Satz 2 Nr. 2 Hs. 2 SGB IX aF klargestellt. § 15 Abs. 6 AGG hat das übernommen: „(...) begründet keinen Anspruch auf Begründung eines Beschäftigungsverhältnisses (...)". Die Entscheidungsfreiheit des Arbeitgebers bleibt somit gewahrt.[325] Das wird auch durch § 184 Abs. 1 bestätigt. Dort hebt der Gesetzgeber die „**freie Entschließung der Arbeitgeber**" hervor. Das bedeutet, seit 1974 setzt der Gesetzgeber statt auf Verwaltungszwang auf den „guten Willen" der Arbeitgeber, an der Teilhabe schwerbehinderter Menschen am Arbeitsleben in Erfüllung seiner gesetzlichen Pflichten mitzuwirken zu wollen. Die Arbeitsgemeinschaft der deutschen Hauptfürsorgestellen nannte deshalb programmatisch ihren von 1974 bis 1992 im Eigenverlag herausgegebenen Informationsdienst zur Schwerbehindertenbeschäftigung: „Der gute Wille". Dieser gute Wille zeigt sich darin, dass ein Arbeitgeber die meist nur verfahrensrechtlichen Vorgaben im Schwerbehindertenrecht erfüllt, so die Geeignetheitsprüfung bei der Besetzung freier Stellen in § 164 Abs. 1 Satz 1 und 6 SGB IX, das Präventionsverfahren bei Auftreten von Schwierigkeiten nach § 167 Abs. 1 oder die Einladung zum Vorstellungsgespräch bei der Bewerberauswahl nach § 165 Satz 3. Verletzungen dieser verfahrensrechtlichen Vorgaben indizieren den fehlenden guten Willen, zu Vermutungstatsachen für Benachteiligung → Rn. 63.

107 **Einschränkungen der Arbeitgeberfreiheit:** Das SchwbG ging nicht von einem Recht zur Willkür, sondern von einem „guten Willen" des Arbeitgebers aus, an der Eingliederung mitzuwirken. Die zugunsten der schwerbehinderten Menschen begründete Prüfungspflicht in § 164 Abs. 1 Satz 1 SGB IX beinhaltet mittelbar eine Einschränkung der Organisationsfreiheit. Eine weitere Einschränkung besteht nach Art. 33 Abs. 2 GG für den öffentlichen Dienst durch die Vorgabe der Bestenauslese. Da die Prüfungspflicht auch dem Ziel der Erreichung der öffentlich-rechtlichen Mindestbeschäftigungsquote dient, wird sie als **Aufforderung** ohne Rechtspflichtcharakter zu verstehen sein, zur Erreichung dieses Ziels, schwerbehinderte Stellenbewerber **bei gleicher Eignung und Befähigung**

---

323 Streichung durch Art. 1 Nr. 12 des Gesetzes zur Weiterentwicklung des Schwerbehindertenrechts vom 27.4.1974, BGBl. I 981.
324 BT-Drs. 7/656, 29.
325 Zutreffend: *Dörner* SchwbG § 14 Rn. 5.

vorzuziehen.³²⁶ Erfüllt der Arbeitgeber infolge der Nichtbeachtung seiner Prüfungspflicht nicht die Mindestbeschäftigungsquote, so erfüllt das den objektiven Tatbestand der Ordnungswidrigkeit nach § 238 Abs. 1 Nr. 1. Für eine Ahndung mit einem Bußgeld bedarf es jedoch noch eines Verschuldens. In dem bürgerlich-rechtlichen Rechtsverhältnis gegenüber dem einzelnen schwerbehinderten Bewerber begründet die Verletzung der Prüfpflicht die Vermutung einer Benachteiligung wegen der Behinderung (§ 22 AGG, Einzelheiten: → Rn. 63 ff.). Nach § 164 Abs. 2 Satz 2 sind Benachteiligungen nach Maßgabe des § 15 AGG zu entschädigen. Das entspricht auch Art. 2 Unterabs. 3 Satz 2 UN-BRK für den Fall der Versagung angemessener Vorkehrungen. Was eine angemessene Vorkehrung ist, definieren Art. 5 Satz 1 der Richtlinie 2000/78/EG und Art. 2 Unterabs. 4 BRK, der Bestandteil der Unionsrechtsordnung³²⁷ und damit zugleich Bestandteil des – unionsrechtskonform auszulegenden – deutschen Rechts,³²⁸ ist. Danach bedeutet iSd der UN-BRK „angemessene Vorkehrungen notwendige und geeignete Änderungen und Anpassungen, die keine unverhältnismäßige und unbillige Belastung darstellen und die, wenn sie in einem bestimmten Fall vorgenommen werden, um zu gewährleisten, dass Menschen mit Behinderungen gleichberechtigt mit anderen alle Menschenrechte und Grundfreiheiten genießen und ausüben können." Die Rspr. des Siebten Senats des BAG verneint grundsätzlich, dass Verfahrensregelungen angemessene sein könnten.³²⁹ Gemeint seien nur materielle oder organisatorische Maßnahmen, die der einzelne Arbeitgeber zu ergreifen habe, um den Arbeitsplatz der Behinderung entsprechend einzurichten, eine entsprechende Gestaltung der Räumlichkeiten oder eine Anpassung des Arbeitsgeräts, des Arbeitsrhythmus, der Aufgabenverteilung oder des Angebots an Ausbildungs- und Einarbeitungsmaßnahmen vorzunehmen. Zudem seien unter den in Art. 5 der Richtlinie 2000/78/EG und dessen 20. Erwägungsgrund genannten angemessenen Vorkehrungen keine Verfahrensregelungen auffindbar. Dies spreche dagegen, derartige Regelungen als Vorkehrungen im Sinne der Richtlinie anzusehen.³³⁰ Zutreffend ist, dass auch nach der Legaldefinition in Art. 2 Unterabs. 4 BRK „angemessene Vorkehrungen" notwendige und geeignete Änderungen und Anpassungen sind. Daraus ist jedoch nicht der zwingende Schluss gerechtfertigt, es sei auszuschließen, Verfahrensregelungen könnten nicht als angemessene Vorkehrungen in Betracht kommen. Insoweit handelt es sich um einen ungerechtfertigten Umkehrschluss. Ob und welche Änderungen und Anpassungen vorzunehmen sind, um zu gewährleisten, dass Menschen mit Behinderungen gleichberechtigt mit anderen alle am Arbeitsleben teilnehmen können, steht nicht ohne Weiteres fest, sondern bedarf regelmäßig einer Prüfung. Die Prüfung nach § 164 Abs. 1 Satz 1 iVm Abs. 1 Satz 6 SGB IX zielt darauf ab, dass der Arbeitgeber in einem dialogischen Prüfverfahren unter der zwingenden Beteiligung der fachkundigen SBV die Möglichkeiten für die Besetzung freier Stellen klärt. Erst nach dem Ergebnis der Prüfung kann beurteilt werden, ob eine Änderung und Anpassung notwendig und geeignet ist, um bei der anstehenden Besetzung einer konkreten Stelle insbesondere einem arbeitslos oder arbeitsuchend gemeldeten schwerbehinderten Menschen den Zugang zur Beschäftigung zu verschaf-

---

326 Vgl. *Dörner* SchwbG § 14 Rn. 5.
327 Vgl. EuGH 11.4.2013 – C-335/11 ua, Rn. 28 ff., NZA 2013, 553 – HK Danmark, auch genannt Ring, Skouboe Werge.
328 BAG 4.11.2015 – 7 ABR 62/13, Rn. 27, BAGE 153, 187; BAG 19.12. 2013 – 6 AZR 190/12, Rn. 53, BAGE 147, 60.
329 BAG 22.1.2020 – 7 ABR 18/18, Rn. 40, NZA 2020, 783.
330 BAG 22.1.2020 – 7 ABR 18/18, Rn. 40, NZA 2020, 783 unter Verweis auf *Wietfeld* SAE 2017, 22 (24).

fen. Die Arbeitsagentur ist nach ihrem gesetzlichen Auftrag (§ 182 Abs. 5 Nr. 1 SGB IX) verpflichtet, eine Vermittlung „unter Darlegung der Leistungsfähigkeit und der Auswirkungen der jeweiligen Behinderung auf die angebotene Stelle vorzuschlagen". Auf der Grundlage dieses qualifizierten Vermittlungsvorschlages hat der Arbeitgeber nach § 164 Abs. 1 Satz 6 SGB IX die Prüfung der Besetzbarkeit der angebotenen Stelle durchzuführen. Hierbei können sich zur Ermöglichung der Beschäftigung angemessene Vorkehrungen im Sinne von Änderungen und Anpassungen als notwendig erweisen. Das gemeinsame Prüfverfahren iSv § 164 Abs. 1 Satz 6 SGB IX kann deshalb als ein Verfahrensschritt angesehen werden, der Bestandteil der Vorkehrung ist; denn ohne Ermittlung des Änderungs- und Anpassungsbedarfs kann keine angemessene Vorkehrung durchgeführt werden. Die in § 164 Abs. 1 Satz 6 angeordnete Beteiligung der SBV an der Prüfung der Besetzbarkeit der freien Stelle stellt für den Arbeitgeber weder eine unverhältnismäßige noch eine unbillige Belastung dar. Bevor von der Arbeitsagentur ein qualifizierter Vermittlungsvorschlag unterbreitet wird oder eine Bewerbung mit Angabe der Auswirkungen einer Behinderung eingeht, kann nur abstrakt geprüft, ob diskriminierende Anforderungen aufgestellt werden, vgl. zur abstrakten Geeignetheitsprüfung einer Stelle für schwerbehinderte Menschen → Rn. 125.

b) Prüfung in mehreren Phasen

108 **Überblick über die auf alle Phasen verteilten Organisationspflichten:** Dem Arbeitgeber werden neben der in Abs. 1 Satz geregelten Prüfpflicht zusätzlich in Abs. 1 Satz 4 bis 9 Beteiligungspflichten auferlegt, damit er gewissenhaft erforscht, welche Beschäftigungsmöglichkeiten im Betrieb oder in der Dienststelle objektiv vorhanden sind. Für die Erfüllung dieser Pflichten werden Vorgaben, verteilt auf die Anforderungen der Stelle und auf die Auswahl der Bewerber (Personalauswahl), gemacht.[331] Diese lassen sich in drei Verfahrensschritte gliedern:
1. Prüfung der Anforderung für die zu besetzende Stelle, hier als **Geeignetheitsprüfung** bezeichnet,
2. Auswahl aus Bewerbungen und Vermittlungsvorschlägen, hier als **Personalauswahl** bezeichnet,
3. Rechtfertigung der Personalauswahlentscheidung im Rahmen einer Erörterung, mit Interessenvertretung und Betroffenen, hier **Erörterungsverfahren** bezeichnet.

Den ersten Verfahrensschritt, ob auf einer Stelle die Schwerbehindertenbeschäftigung möglich ist (**Geeignetheitsprüfung**), hat der Gesetzgeber in § 164 Abs. 1 Satz 1 bis 3 geregelt. Die Pflicht zur Prüfung entsteht, sobald vom Arbeitgeber entschieden wird, einen frei werdenden Arbeitsplatz wieder zu besetzen oder einen neuen Arbeitsplatz einzurichten. Nach § 164 Abs. 1 Satz 6 ist an der Prüfung der Möglichkeit der Schwerbehindertenbeschäftigung zwingend die SBV zu beteiligen und sind zu deren Ergebnis die Interessenvertretungen der Beschäftigten anzuhören. Zweck dieser Beteiligung ist, dass die Prüfung der an die Besetzung der Stelle zustellenden Anforderungen nicht einseitig aus Arbeitgebersicht erfolgt und die nach § 178 Abs. 1 Satz 1 auch mit einem Eingliederungsauftrag auch für externe schwerbehinderte Menschen versehene SBV (→ § 178 Rn. 4) Einfluss auf die Willensbildung des Arbeitgebers erhält. In § 164 Abs. 1 Satz 3 iVm § 187 Abs. 4 und 5 ist ferner die Verpflichtung der Bundesagentur für Arbeit geregelt, den Arbeitgeber bei seiner Prüfung der Be-

---

331 *Faber* in FKS SGB IX § 81 Rn. 11 ff.; *Fabricius* in jurisPK-SGB IX § 164 Rn. 11.

schäftigungsmöglichkeiten durch Vermittlungsverschläge geeigneter arbeitsuchender Schwerbehinderter und fachliche Beratung zu unterstützen. Von dieser gemeinsamen Geeignetheitsprüfung der Betriebsparteien ist die zweite Phase des Besetzungsverfahrens zu unterscheiden.[332] Hier geht es um die Behandlung der eingehenden Vermittlungsvorschläge und Bewerbungen, die **Personalauswahl**. Die Regelungen dazu finden sich in § 164 Abs. 1 Sätze 4 und 5. Sie beinhalten die Pflicht zur sofortigen Unterrichtung der SBV und der Interessenvertretungen und werden ergänzt durch das nachträglich in § 178 Abs. 2 Satz 4 eingefügte Recht der SBV, zur Sicherstellung eines fairen **Auswahlverfahrens** an allen Vorstellungsgesprächen teilzunehmen (→ § 178 Rn. 50). In einer dritten Phase findet ausschließlich für Arbeitgeber, die ihre Mindestbeschäftigungsquote nicht erfüllen, eine Überprüfung der vom Arbeitgeber beabsichtigten Personalauswahl in Form einer Erörterung unter Hinzuziehung des Betroffenen statt. Das ist in § 164 Abs. 1 Satz 7 bis 9 geregelt (→ Rn. 153). Das Ergebnis der Erörterung muss in die vom Arbeitgeber zu fertigende Begründung seiner Auswahlentscheidung einfließen. Für die Durchführung dieses mit Zeit und Kosten verbundenen **Erörterungsverfahrens** bedarf es eines Verlangens des Betriebs-/Personalrats oder der SBV.

2. Phase der Prüfung der Geeignetheit des Arbeitsplatzes
a) Geltungsbereich der Prüfpflicht

Arbeitgeberpflicht: Der Arbeitgeber entscheidet zwar im Rahmen seiner **Organisationsfreiheit** autonom darüber, ob er freie Arbeitsplätze besetzt und ob er sie mit eigenem oder mit fremdem Personal besetzt.[333] Das gilt somit auch für die Frage, ob er einen schwerbehinderten Bewerber einstellt. Das verdeutlicht § 184 Abs. 1, der die Entscheidungsfreiheit des Arbeitgebers hervorhebt, die seit der Abschaffung des Verwaltungszwangs durch das SchwbG 1974[334] besteht. Zeitgleich mit der Abschaffung der Zwangseinstellung ist in § 12 Abs. 1 SchwbG 1974[335] die Pflicht des Arbeitgebers zur Prüfung vor der Besetzung freier Stellen eingeführt worden. Seitdem geht das Gesetz davon aus, dass ein Arbeitgeber, der bei der Prüfung zu dem positiven Ergebnis kommt, der zu besetzende Arbeitsplatz sei für die Besetzung mit einem der zur Vermittlung vorgeschlagenen oder sich bewerbenden schwerbehinderten Menschen geeignet, diesen „**aus freier Entschließung**" bei einer zutreffenden Auswahl angemessen berücksichtigt. Der Gesetzgeber ist realistisch. Bei Einführung des SGB IX 2001 hat er zur Absicherung gegen einen fehlenden Berücksichtigungswillen in der Vorgängervorschrift zu § 164 Abs. 2 Satz 1[336] eine bürgerlich-rechtliche Verpflichtung des Arbeitgebers eingeführt, gegenüber den schwerbehinderten Bewerbern, sich jeder Benachteiligung wegen der Schwerbehinderung zu enthalten. Zusätzlich hat er dem Arbeitgeber in 164 Abs. 1 Satz 1, 2, 4, 6 bis 9 sowie § 165 Pflichten auferlegt, die ihn zwingen, bestimmte Verfahrensschritte bei der

109

---

332 Ebenso *Fabricius* in jurisPK-SGB IX § 164 Rn. 10.
333 BAG 12.11.2002 – 1 ABR 1/02, NZA 2003, 513.
334 Streichung der in § 10 Schwerbeschädigtengesetz vom 16.6.1953 geregelten Zwangseinstellung durch Art. 1 Nr. 12 des Gesetzes zur Weiterentwicklung des Schwerbehindertenrechts vom 27.4.1974, BGBl. I 981.
335 Art. 1 Nr. 15 des Gesetzes zur Weiterentwicklung des Schwerbehindertenrechts vom 27.4.1974, BGBl. I 981.
336 Das war § 81 Abs. 2 SGB IX 2001 mit einer bereits vor Einführung des AGG weitgehend und dem 2006 geschaffenen AGG Vorschriften inhaltsgleichen Erleichterung der Darlegungslast und Regelung von Schadensersatz sowie Entschädigung.

Besetzung von freien Arbeitsplätzen einzuhalten. Dazu gehört im ersten Schritt die Prüfung der Geeignetheit des freien Arbeitsplatzes für die Besetzung mit einem schwerbehinderten Menschen. Auf diese Weise ist unter Beibehaltung der Entscheidungsfreiheit des (vom Gesetz vorausgesetzten gutwilligen, → Rn. 105) Arbeitgebers das Ziel verbunden, die Chancen schwerbehinderter Menschen auf Einstellung und behinderungsgerechte Beschäftigung zu verbessern.

Der erste Schritt im Rahmen der dem Arbeitgeber obliegenden Prüfung beginnt weit **vor der Personalauswahl.** Nach Abs. 1 Satz 1 SGB IX hat jeder Arbeitgeber vor jeder Erst- oder Wiederbesetzung eines freien Arbeitsplatzes zu **prüfen,** ob dieser mit einem schwerbehinderten Menschen besetzt werden kann (**Geeignetheitsprüfung**). Bei dieser Prüfung hat der Arbeitgeber neben der SBV auch die Agenturen für Arbeit zu beteiligen. Die ausdrücklich als **frühzeitig** aufgegebene Verbindungsaufnahme mit der Agentur für Arbeit dient der Klärung der Besetzbarkeit von freiwerdenden Stellen. Die zu besetzenden Arbeitsplätze sollen nach Ansicht eines Referentenkommentars so frühzeitig mitgeteilt werden, dass es der Agentur für Arbeit möglich ist, sofern für den Arbeitsplatz ausreichend qualifizierte Bewerber nicht zur Verfügung stehen, in Betracht kommende Bewerber entsprechend zu qualifizieren.[337]

Die Nichterfüllung dieser **Prüfpflicht** kann nicht damit gerechtfertigt werden, es bestehe eine kollidierende Pflicht zur Förderung anderer Personengruppen. Das hat das BAG im Fall der Kollision mit der Frauenförderung unter Hinweis auf die Kollisionsregel in § 205 erkannt.[338]

110 **Geltung unabhängig von Mindestbeschäftigungsquote:** Jeder Arbeitgeber hat nach Abs. 1 Satz 1 zu prüfen, ob freie Arbeitsplätze mit schwerbehinderten Menschen besetzt werden können. Die Prüfungspflicht gilt für alle Arbeitgeber ohne jede Ausnahme.[339] Sie ist daher sowohl von dem nach § 154 Abs. 1 nichtbeschäftigungspflichtigen als auch von dem beschäftigungspflichtigen Arbeitgeber zu erfüllen, gleich ob dieser die Anzahl seiner Pflichtplätze noch nicht erfüllt hat oder ob die Zahl seiner anrechenbaren schwerbehinderten Beschäftigten die Zahl der Pflichtplätze übersteigt. Wo es die dienstlichen oder betrieblichen Verhältnisse zulassen, soll die Beschäftigung schwerbehinderter Menschen gefördert werden.[340] Sie ist deshalb auch von dem Arbeitgeber zu beachten, der die Mindestbeschäftigungsquote bereits erfüllt hat.[341] Die Erfüllung der Quote befreit lediglich von der Zahlung der Ausgleichsabgabe nach § 160 SGB IX. Dass dies der Konzeption des Gesetzgebers entspricht, zeigt die Regelung des Erörterungsverfahrens in Abs. 1 Satz 7 bis 9. Die **Erörterungspflicht** ist nur dem Arbeitgeber auferlegt, der durch die Nichterfüllung der Mindestbeschäftigungspflicht Anlass gibt, die Organisationspflichten zu verschärfen.

111 **Arbeitsplatz im Sinne von § 154 Abs. 1 als Voraussetzung:** Die Prüfungspflicht setzt einen freien Arbeitsplatz voraus. Ob der Begriff des Arbeitsplatzes in Abs. 1 dem in § 154 (→ § 156 Rn. 6) entspricht, wird von Vertretern eines funktionalen Arbeitsplatzbegriffs bestritten.[342] In der zweiten Auflage war noch diese Auffassung unterstützt worden. Seit der dritten Auflage wird davon aus-

---

337 *Schell* SGB IX § 164 Rn. 3.
338 BAG 16.2.2012 – 8 AZR 697/10, Rn. 62, NZA 2012, 667.
339 *Euler* in NK-GA SGB IX §§ 81/82 Rn. 2; *Trenk-Hinterberger* in HK-SGB IX § 81 Rn. 4; *Kossens* in Kossens/von der Heide/Maaß § 81 Rn. 1.
340 Vgl. BAG 14.11.1989 – 1 ABR 88/88, Nr. 77 zu AP § 99 BetrVG 1972 = Behindertenrecht 1990, 111.
341 BAG 17.8.2010 – 9 AZR 839/08, NZA 2011, 153.
342 *Müller-Wenner* in Müller-Wenner/Winkler SGB IX § 81 Rn. 6; *Adlhoch* in Ernst/Adlhoch/Seel SGB IX § 81 Rn. 12 b; *Großmann* in GK-SGB IX § 81 Rn. 24 f.

gegangen, dass in § 154 Abs. 1 iVm § 156 Abs. 1 der Begriff des Arbeitsplatzes für alle Bestimmungen des Schwerbehindertenrechts **einheitlich** festgelegt ist.[343] Geltungsbereichsausnahmen sind nämlich – wie § 156 Abs. 2 und 3 zeigen – besonders geregelt. Damit sind insbesondere von der Prüfungspflicht ausgenommen:

1. Stellen, auf denen Beschäftigte nach § 156 Abs. 3 **weniger als 18 Stunden wöchentlich** beschäftigt werden. In der zweiten Aufl. war noch in Übereinstimmung mit den Vertretern des funktionalen Arbeitsplatzbegriffes geltend gemacht worden, aus dem in § 164 Abs. 5 Satz 1 geregelten Gebot, Teilzeitarbeitsplätze für schwerbehinderte Menschen zu fördern, folge die Einbeziehung auch dieser mit Geringfügigbeschäftigten zu besetzenden Teilzeitarbeitsplätze.[344] Dieser Schluss ist schon deshalb nicht zwingend, weil nicht alle Teilzeitarbeitsplätze von der Prüfung ausgenommen sind, sondern nur solche mit einem Arbeitszeitvolumen von unter 18 Stunden in der Woche. Es ist davon auszugehen, dass der Gesetzgeber differenziert: Die Prüfpflicht soll sich nicht auf Stellen erstrecken, die weniger als 18 Wochenstunden besetzt werden sollen, weil der Gesetzgeber diese Art der Teilzeitarbeit nicht fördern möchte.[345]

2. Stellen, die wegen der Natur der Arbeit, insbesondere wegen Aushilfs- oder Urlaubsvertretungsbedarf, für **nicht mehr als acht Wochen** besetzt werden sollen. Bei diesen Stellen handelt es sich nach § 157 Abs. 3 Alt. 1 SGB IX nicht um Arbeitsplätze im Sinne des Dritten Teils des SGB IX. Folglich findet das Prüfungsverfahren zur Besetzung freier Stellen für derartig kurzzeitige Einstellungen, Versetzungen oder Übernahmen zur Arbeitsleistung nach § 164 Abs. 1 Satz 1, 2 und 6 nicht statt. Arbeitsplätze, die nur so kurzfristig besetzt werden sollen, sind nicht geeignet, für den Zweck, die Teilhabe schwerbehinderter Menschen am Arbeitsleben zu fördern, einen nennenswerten Beitrag zu leisten.

3. Stellen, auf denen keine Arbeitnehmer und Arbeitnehmerinnen oder Beamte und Beamtinnen oder Richter und Richterinnen oder Auszubildende und andere zu ihrer beruflichen Bildung Eingestellte, sondern **Soldatinnen und Soldaten** im Rahmen ihres besonderen Rechtsverhältnisses eingesetzt werden sollen (→ § 211 Rn. 19 ff.). Etwas anderes gilt, wenn Soldatinnen und Soldaten in Betrieben privatrechtlich organisierter Betriebe tätig werden sollen; denn dann gelten sie nach § 5 Abs. 1 Satz 3 BetrVG als Arbeitnehmer. Gleiches gilt, wenn Dienstposten der Verwaltung mit Soldatinnen und Soldaten besetzt werden.

Besetzte Arbeitsplätze: Die Prüfungspflicht besteht so lange, wie Arbeitsplätze frei sind. Daher ist eine Pflicht zur Überprüfung, ob Plätze für schwerbehinderte Menschen freigekündigt werden sollen, ausgeschlossen.[346] Zu den freien Arbeitsplätzen gehören auch die demnächst frei werdenden oder die neu geschaffenen Arbeitsplätze. 112

Nichtwiederzubesetzende Arbeitsplätze: Grundsätzlich bleibt die unternehmerische Entscheidungsfreiheit, einen frei werdenden Arbeitsplatz wiederzubesetzen, von Abs. 1 Satz 1 unberührt. Die freie unternehmerische Organisationsentscheidung ist grundsätzlich zu respektieren. Allerdings hat der Gesetzgeber in 113

---

343 Zustimmend: *Knittel* SGB IX § 81 Rn. 12.
344 Überblick bei *Knittel* SGB IX § 81 Rn. 12.
345 So im Ergebnis auch *Knittel* SGB IX § 81 Rn. 12; aA *Fabricius* in jurisPK-SGB IX § 164 SGB Rn. 11, der vom Vorrang einer Spezialregelung in § 164 Abs. 1 Satz 1 ausgeht.
346 *Großmann* in GK-SGB IX § 81 Rn. 70.

Abs. 3 diese Organisationsfreiheit eingeschränkt. Nach dieser Bestimmung hat der Arbeitgeber durch geeignete Maßnahmen sicherzustellen, dass wenigstens die vorgeschriebene Zahl schwerbehinderter Menschen eine Beschäftigung finden kann. Daraus folgt, dass der Arbeitgeber die Arbeitsorganisation, das Arbeitsverfahren, den Arbeitsablauf, den Zuschnitt der einzelnen Arbeitsplätze sowie die Gestaltung der Arbeitsumgebung so regeln soll, dass er die Beschäftigungsmöglichkeiten des Betriebs und der Dienststelle für die Einstellung der arbeitsuchenden Schwerbehinderten nutzt. Demnach hat er bereits vor Ausschreibung und Personalauswahl zu prüfen, ob im Betrieb oder in der Dienststelle Beschäftigungsmöglichkeiten vorhanden sind, die als Arbeitsplätze für die schwerbehinderten Arbeitsuchenden in Betracht kommen. Dieser Eingriff in die Entscheidungsfreiheit steht nach Abs. 3 Satz 2 iVm Abs. 4 Satz 3 unter dem Vorbehalt der Zumutbarkeit, der Verhältnismäßigkeit der Aufwendungen und der Einhaltung der Arbeitsschutzvorschriften. Die in Abs. 3 enthaltene Sicherstellungspflicht bezieht sich nur auf im Betrieb oder in der Dienststelle vorhandene Beschäftigungsmöglichkeiten, die für die Einrichtung von geeigneten behindertengerechten Arbeitsplätzen genutzt werden sollen. Zur Prüfung, ob durch die Ausweitung der Betriebstätigkeit neue Beschäftigungsfelder erschlossen werden, die die Einrichtung behindertengerechter Arbeitsplätze gestatten, ist der Arbeitgeber nicht verpflichtet. Sobald sich der Arbeitgeber entschieden hat, eine Stelle neu zu besetzen, treffen ihn die Pflichten des Abs. 1.[347]

114 **Sperrvermerke:** Im öffentlichen Dienst sind Stellen für Arbeiter, Angestellte, Beamte, Richter und zur Ausbildung Beschäftigte im Stellenplan ausgewiesen, weil alle Einnahmen und Ausgaben in einen Haushaltsplan einzustellen sind.[348] Bei haushaltsrechtlichen Sperrvermerken ist der öffentliche Arbeitgeber gehindert, freie Stellen wiederzubesetzen. Die Pflicht aus Abs. 3 wird dann durch das Haushaltsrecht eingeschränkt. Anders ist es in der Privatwirtschaft. Hier hat die Personalplanung (§§ 90, 92 BetrVG) keine normative Wirkung. Ein von der Geschäftsführung beschlossener Einstellungsstopp, der eine „interne" Wiederbesetzung der frei werdenden Stelle vorsieht, befreit nicht von der Prüfungspflicht. Insbesondere bei Nichterfüllung der Mindestquote kann der Arbeitgeber durch die SBV davon überzeugt werden, eine Ausnahme vom Einstellungsstopp zuzulassen. Das gilt insbesondere, wenn aufgezeigt wird, dass durch die Einstellung eines arbeitsuchenden Schwerbehinderten die Ausgleichsabgabe durch Einfach- oder Mehrfachanrechnung nach §§ 158, 159 gemindert und durch die Annahme eines Förderungsangebots der Arbeitsagentur nach § 187 Abs. 5 Nr. 2 die Personalkosten reduziert sowie durch die Besetzung eines Pflichtplatzes das Risiko der Ahndung der Nichterfüllung Beschäftigungspflicht als Ordnungswidrigkeit wegen der bisher schuldhaft unterlassenen Maßnahmen nach § 238 Abs. 1 Nr. 1 verringert wird.

b) Keine Ausnahme bei beabsichtigter interner Stellenbesetzung

115 **Meinungsstreit über Prüfung bei interner Stellenbesetzung:** Das Schrifttum geht überwiegend von einer entsprechenden Prüf- und Konsultationspflicht des Ar-

---

347 So zutreffende Eingabeantwort des BMWA vom 11.11.2004 Az. 512–96 – Weltlich/04.
348 Vgl. § 28 des Gesetzes über die Grundsätze des Haushaltsrechts des Bundes und der Länder.

beitgebers auch in Fällen interner Stellenbesetzung aus.[349] Diese Auffassung hat in der Rechtsprechung Zustimmung gefunden: „nichts anderes gilt, wenn der Arbeitgeber eine freie Stelle nicht durch Einstellung eines neuen Arbeitnehmers extern, sondern durch die Versetzung bereits auf einem anderen Arbeitsplatz beschäftigter Arbeitnehmer intern besetzt".[350] Dem gegenüber haben zwei Rheinische LAG angenommen, ein Anspruch scheitere bereits daran, dass bei vorgegebener interner Stellenbesetzung schon vom Wortlaut her kein freier oder frei werdender und neu zu besetzender oder neuer Arbeitsplatz iSv Abs. 1 Satz 1 vorliege. Es handele sich bei der Besetzung eines solchen Arbeitsplatzes nämlich nicht um eine Einstellung, sondern um eine Umsetzung oder Versetzung.[351] Diese Auffassung beruht auf einem weit verbreiteten Missverständnis. Diesem sind auch der Erste und der Siebte Senat des BAG erlegen. Der Erste Senat hat in einer nicht entscheidungserheblichen Bemerkung (sog. obiter dictum) angenommen, die Prüfpflicht solle ausschließlich verhindern, arbeitslosen schwerbehinderten Menschen eine Beschäftigungsmöglichkeit zu entziehen.[352] Dem kann nicht zugestimmt werden. Die in § 164 Abs. 1 und § 165 Satz 1 geregelten Arbeitgeberpflichten sollen nicht nur die Chancen externer, sondern interner Bewerber verbessern. Ziel des Gesetzes ist nicht nur die Einstellung von arbeitslosen Schwerbehinderten, sondern auch die Erlangung geeigneter behinderungsgerechter Arbeitsplätze für schon beschäftigte Schwerbehinderte. Das ergibt sich aus den in § 164 Abs. 4 Satz 1 aufgeführten Arbeitgeberpflichten, die ua auch die Pflicht zur Versetzung auf einen geeigneten behinderungsgerechten Arbeitsplatz umfassen (→ Rn. 181 ff.). Gegen den exklusiven Bezug auf den externen Arbeitsmarkt spricht weiterhin der Wortlaut des § 164 Abs. 1 Satz 1. Aus dem insoweit eindeutigen Gebot, zu prüfen, „ob freie Arbeitsplätze mit schwerbehinderten Menschen (...) besetzt werden können", ist keine Beschränkung nur auf eine bestimmte Art der Besetzung zu erkennen.[353] Im Gesetz wird nicht ausschließlich, sondern nur beispielhaft („insbesondere") auf „arbeitslos oder arbeitsuchend Gemeldete" verwiesen. Das Fachschrifttum weist zutreffend darauf hin, dass die externe Wiederbesetzung nur einen – wenn auch hervorgehobenen – Fall der Besetzungsmöglichkeiten darstellt und der Begriff Stellenbesetzung auch eine bloße innerbetriebliche Versetzung einschließt.[354] Zudem spricht ein teleologisches Argument für diese Einschätzung: Die Prüfungspflicht ist ein Instrument des Gesetzgebers zur Förderung der Teilhabe behinderter Menschen am Arbeitsleben. Dieses Instrument könnte nur begrenzt wirken, wenn der Arbeitgeber sich durch die Festlegung auf eine interne Stellenbesetzung der Prüfung entziehen könnte. Zwar muss der Arbeitgeber sich nicht zugunsten des externen schwerbehinderten Bewerbers entscheiden, aber er soll

---

349 Vgl. *Schröder* in Hauck/Noftz SGB IX, Stand April 2007, § 81 Rn. 4; *Greiner* in Neumann/Pahlen/Greiner/Winkler/Jabben, SGB IX § 164 Rn. 5; *Kossens* in Kossens/von der Heide/Maaß, 3. Aufl. 2009, SGB IX § 81 Rn. 4; *Braun* Behindertenrecht 2000, 66; *Knittel* SGB IX § 81 Rn. 23; AP Nr. 46 zu § 99 BetrVG 1972 Versetzung Anm. *Joussen*.
350 HessLAG 17.10.2006 – 4 TaBV 42/06; ebenso: LAG Nds 19.11.2008 – 15 TaBV 159/07 – Rechtsbeschwerdeverfahren vom BAG eingestellt, BAG 25.3.2010 – 7 ABR 2/09.
351 LAG Köln 8.2.2010 – 5 TaBV 73/09, Behindertenrecht 2011, 114; LAG Düsseldorf 30.10.2008 – 15 TaBV 114/08, LAGE § 14 AÜG Nr. 4.
352 BAG 17.6.2008 – 1 ABR 20/07, AP Nr. 46 zu § 99 BetrVG 1972 Versetzung = DB 2008, 2200; daran anschließend BAG 23.6.2010 – 7 ABR 3/09, Rn. 28 f., NZA 2010, 1361.
353 AP Nr. 46 zu § 99 BetrVG 1972 Versetzung mit einer nur im Ergebnis dem Ersten Senat zustimmenden Anm. *Joussen*.
354 *Knittel* SGB IX § 81 Rn. 26.

konfrontiert mit Vermittlungsvorschlägen der Arbeitsagentur und Initiativbewerbungen mit gutem Willen (→ Rn. 105) prüfen, ob er nicht von der internen Stellenbesetzung absieht. Zu Recht hinterfragt *Joussen* das Gedankenkonstrukt des Ersten Senats des BAG, eine rein interne Besetzung könne sich nicht nachteilig auf die Schwerbehindertenbeschäftigung auswirken, weil bei interner Besetzung kein Arbeitsplatz entzogen werde. Richtig ist vielmehr, dass bei einer internen Stellenbesetzung ohne Geeignetheitsprüfung der Gruppe der Schwerbehinderten zwei Chancen genommen werden:
1. dass ein für die bereits beschäftigten Schwerbehinderten geeigneter behinderungsgerechter und den beruflichen Aufstieg ermöglichender Arbeitsplatz entdeckt und nach entsprechender interner Stellenausschreibung[355] schwerbehinderte Beschäftigte ihr Interesse bekunden können, oder
2. dass unter dem Eindruck der Qualifikation des externen schwerbehinderten Bewerbers und der von der Arbeitsagentur nach § 187 Abs. 5 Nr. 2 zugesagten finanziellen Förderung, zB Eingliederungszuschuss nach § 218 Abs. 2 SGB III, sowie der Anrechnungsmöglichkeiten auf einen Pflichtplatz verbundenen Einsparung von Ausgleichsabgabe die mit der Einstellung des Externen verbundene vorübergehende Erhöhung der Anzahl der Arbeitsplätze in Kauf genommen wird.

Somit ist es durchaus plausibel, die Geeignetheitsprüfung auch dann für verpflichtend anzusehen, wenn der Arbeitgeber bei Freiwerden der Stelle die Absicht einer rein internen Besetzung äußert. Das entspricht auch der Rspr. des für die Teilhabe nach dem SGB IX zuständigen Fachsenats.[356]

116 **Überwindung des Meinungsstreits:** Die 2008 erfolgte Meinungsäußerung des Ersten Senats zur internen Besetzung ist nur im Rahmen eines nicht entscheidungserheblichen obiter dictum erfolgt. Der Erste Senat hat es ausdrücklich offen gelassen, ob eine Ausnahme von der Prüfpflicht vorliege, wenn sich der Arbeitgeber bei der Besetzung eines frei werdenden oder neu geschaffenen Arbeitsplatzes von vornherein auf eine interne Stellenbesetzung festlege und die Einstellung möglicher externer Bewerber ausschließe.[357] Zum anderen hat der damals für das Mitbestimmungsrecht zuständige Erste Senat für den in der Praxis häufig auftretenden Fall, dass der Arbeitgeber trotz offiziellen Einstellungsstopps dennoch mit externen Bewerbern Bewerbungsgespräche führt, ausdrücklich die Prüf- und Konsultationspflicht des Arbeitgebers aus Abs. 1 Satz 1, 2 und 6 bejaht.[358] Ebenso hat in der jüngsten Rechtsprechung der für das Entschädigungsrecht zuständige Achte Senat des BAG keine Ausnahme für interne Stellenbesetzungen zugelassen. In einem Fall, in dem gesetzlich nach § 19 HaushaltsG 2009 vorrangig die interne Besetzung einer Stelle (hier: Pförtnerstelle im BMI) vorgeschrieben war, hat er das in § 122 SGB IX aF (seit 1.1.2018: § 205 SGB IX) enthaltene besondere schwerbehindertenrechtliche Vorrangprinzip (→ § 205 Rn. 6 ff.) angewandt. Er hat mit Rücksicht auf den schwerbehindertenrechtlichen Vorrang den Dienststellenleiter nach § 82 SGB IX aF (seit 1.1.2018: § 165 SGB IX) als verpflichtet angesehen, einen externen schwerbe-

---

355 Vgl. dazu das Recht des Betriebsrats nach § 93 BetrVG, eine Ausschreibung zu verlangen.
356 BAG 17.8.2010 – 9 AZR 839/08, NZA 2011, 153; ebenso LAG Hamm 23.1.2015 – 13 TaBV 44/14, Rn. 73 = ArbR 2015, 211; zustimmend: *Spiolek* in GK-SGB IX § 81 Rn. 146; *Knittel*, 84. EL Stand 1.10.2015, SGB IX § 81 Rn. 14 und Rn. 29.
357 BAG 17.6.2008 – 1 ABR 20/07, Rn. 20, NZA 2008, 1139.
358 BAG 17.6.2008 – 1 ABR 20/07, AP Nr. 46 zu § 99 BetrVG 1972 Versetzung = DB 2008, 2200.

hinderten Bewerber zum Vorstellungsgespräch zu laden.[359] Damit hat der Achte Senat die Zulässigkeit der Beschränkung auf interne Bewerber abgelehnt. Gegen die Befreiung der privaten Arbeitgeber von der Pflicht zur frühzeitigen Verbindungsaufnahme bei beabsichtigter interner Stellenbesetzung spricht die mit Wirkung vom 30.12.2016 erfolgte Einfügung in § 165 Satz 1 SGB IX. Diese sieht lediglich eine Ausnahme von der Meldepflicht „nach einer erfolglosen Prüfung zur internen Besetzung des Arbeitsplatzes" für Dienststellen des öffentlichen Dienstes vor. Hätte der Gesetzgeber auch eine entsprechende Freistellung der privaten Arbeitgeber gewollt, hätte er dies gleichfalls in § 164 Abs. 1 Satz 2 geregelt. Davon hat er jedoch abgesehen, weil für die Freistellung der Dienststellen der tragende Grund „aufgrund haushaltsrechtlicher Vorschriften"[360] fehlt, → § 165 Rn. 5. Danach ist davon auszugehen, dass die in § 164 Abs. 1 Satz 2 geregelte Meldepflicht zusammen mit den übrigen Prüf- und Konsultationspflichten auch bei internen Stellenbesetzungen einzuhalten sind.

c) Keine Ausnahme bei beabsichtigter Leiharbeit

Besetzung von Arbeitsplätzen mit Leiharbeitnehmern: Die Rechtsfrage, ob ohne die gesetzlich in Abs. 1 vorgeschriebene Prüfung freier Arbeitsplätze auf Eignung für schwerbehinderte Menschen diese Plätze mit Leiharbeitern besetzt werden dürfen, war lange umstritten. Im Schrifttum wurde vertreten, Entleiherbetriebe könnten ohne vorherige Durchführung des Verfahrens nach Abs. 1 ihre freien Arbeitsplätze mit Leiharbeitnehmern besetzen.[361] Richtiger Ausgangspunkt ist, dass sowohl die Mindestbeschäftigungspflicht nach § 154 als auch die Prüfpflicht für den Verleiher als Arbeitgeber in Bezug auf die Besetzung eigener Stellen gilt, auf denen er Arbeitnehmer zum Zwecke der Überlassung an Entleiher beschäftigen will. Nicht zu folgen ist der Schlussfolgerung, dass mit der vom Verleiher durchgeführten Prüfung seiner Stellenbesetzung sich die Prüfpflicht des Entleihers erübrige, denn er könne frei entscheiden, ob er auf seinen Arbeitsplätzen künftig Leiharbeitnehmer einsetzen wolle.[362] Es wird verkannt, dass die „freie unternehmerische Entscheidung" des Entleihers, seine betrieblichen Arbeitsplätze nicht wieder mit eigenen Arbeitnehmern, sondern mit überlassenen Leiharbeitnehmern besetzen zu wollen, durch Abs. 1 Satz 1 eingeschränkt wird. Der Auslegung, „Arbeitsplatz" iSd Abs. 1 sei nur der Arbeitsplatz gem. § 156 Abs. 1 SGB IX, der bei der Bemessung der Pflichtplätze und der Erhebung der Ausgleichsabgabe zähle,[363] kann nicht zugestimmt werden. Es handelt sich bei den dem Verleiher- und dem Entleiherbetrieb zuzuordnenden Arbeitsplätzen um unterschiedliche Stellen. Wegen der Aufspaltung der Arbeitgeberfunktion[364] werden Leiharbeitnehmer dauerhaft auf einem Arbeitsplatz im Verleiherbetrieb und jeweils vorübergehend bei den Entleihern jeweils auf deren Arbeitsplätzen im Entleiherbetrieb beschäftigt. Das ergibt sich schon daraus, dass nach § 1 Abs. 1 Satz 4 AÜG nur die vorübergehende Überlassung an den jeweiligen Entleiher zulässig ist. Für die Bemessung der Pflichtplatzzahl und Erhebung der Ausgleichsabgabe hat das BVerwG zwar entschieden, dass

---

359 BAG 16.2.2012 – 8 AZR 697/10, Rn. 62, NZA 2012, 667.
360 BT-Drs. 18/10523, 64.
361 *Edenfeld* NZA 2006, 126.
362 So LAG Nds 19.11.2008 – 15 TaBV 159/07; LAG Düsseldorf 30.10.2008 – 15 TaBV 114/08, EzAÜG § 1 AÜG Konzerninterne Arbeitnehmerüberlassung Nr. 21; *Edenfeld* NZA 2006, 126; *Hamann* in Schüren/Hamann, 4. Aufl. 2010, AÜG § 14 Rn. 196.
363 So LAG Nds 19.11.2008 – 15 TaBV 159/07; *Edenfeld* NZA 2006, 126.
364 Vgl. BAG 22.3.2000 – 7 ABR 34/98, NZA 2000, 1119 (1120).

allein das Vertragsverhältnis zum Verleiher den Ausschlag gebe.[365] Diese Zuordnung ist nötig; denn sonst käme es zu einer Mehrfachzählung, die wie das Beispiel des § 156 Abs. 2 Nr. 7 zeigt, nicht gewollt ist. Aus dieser eine Mehrfachzählung vermeidenden Auslegung lassen sich jedoch Rückschlüsse auf die einen anderen Zweck verfolgende Prüfpflicht in § 164 Abs. 1 ziehen. Ein auf einen betrieblichen Arbeitsplatz eingesetzter Leiharbeitnehmer wird auf einer im Entleiherbetrieb eingerichteten Stelle im Rahmen der mit der Überlassung entstehenden gespaltenen Arbeitgeberfunktion vom Entleiher beschäftigt. Deshalb ist die höchstrichterliche Rechtsprechung zu Recht der Auslegung von *Edenfeld* nicht gefolgt. In der Sache spielt es keine Rolle, ob die zu besetzende Stelle mit einem Stammarbeitnehmer oder einem Leiharbeitnehmer besetzt werden soll. Da der Arbeitgeber die Prüfung vor jeder Besetzung von freien Arbeitsplätzen gleich mit welchen Arbeitnehmern durchzuführen hat, wird er davon nicht entbunden, wenn er überlassene Leiharbeitnehmer auf den betrieblichen Arbeitsplätzen tätig werden lässt.[366] Das entspricht auch der Auffassung der Fachabteilung im zuständigen Bundesministerium: Dieses hatte auf eine Eingabe mitgeteilt, den Arbeitgeber treffe die Pflicht zur Prüfung, ob ein Arbeitsplatz mit einem schwerbehinderten Menschen, der dem Arbeitgeber von einer Arbeitsagentur vorgeschlagen worden ist oder mit einem Leiharbeitnehmer besetzt werden solle.[367]

118 **Klärung durch BAG:** Die umstrittene Rechtsfrage ist höchstrichterlich geklärt. Das BAG hat ausgehend vom Wortlaut des Abs. 1 Satz 1 auch für den Fall der Besetzung von Arbeitsplätzen mit Leiharbeitnehmern das Bestehen der Prüfungspflicht des Arbeitgebers festgestellt.[368] Dem BAG ist uneingeschränkt zuzustimmen. Die Kritik verkennt den Begriff der im AÜG geregelten Leiharbeit. Trifft der Betriebsinhaber die Entscheidung, Arbeiten nicht fremd zu vergeben, sondern unter Aufrechterhaltung seines Weisungsrechts durch überlassene Leiharbeitnehmer verrichten zu lassen, so verbleiben die Arbeitsplätze im Betrieb. Sie sollen nur nicht mehr mit Stamm- sondern mit Leiharbeitnehmern besetzt werden. Die dem Arbeitgeber von der Rechtsprechung eingeräumte Organisationsfreiheit gebietet keine einschränkende Auslegung der in Abs. 1 Satz 1 und 2 normierten Prüf- und Konsultationspflicht. Zu Recht hat das BAG ausgeführt, die Befolgung dieser Pflichten durch den Arbeitgeber ermögliche den arbeitsuchenden schwerbehinderten Menschen, sich um freie Arbeitsplätze zu bewerben und verbessere dadurch ihre Aussicht auf Beschäftigung. Der Erfolg einer Bewerbung sei auch dann nicht von vornherein ausgeschlossen, wenn der Arbeitgeber beabsichtige, den freien Arbeitsplatz mit einem Leiharbeitnehmer zu besetzen. Ausgehend vom gesetzlichen Leitbild des guten Willens (→ Rn. 105) ist es nämlich nicht auszuschließen, dass der Arbeitgeber nach Durchführung der vorgeschriebenen gemeinsamen Prüfung mit der Schwerbehindertenvertretung von der zunächst beabsichtigten Besetzung des Arbeitsplatzes mit einem Leiharbeitnehmer Abstand nimmt und stattdessen einen geeigneten schwerbehinderten Bewerber als Stammarbeitnehmer einstellt. In Betracht kommt auch, dass der Arbeitgeber, nachdem ihm die Schwerbehindertenvertretung aufgezeigt hat, wie der konkrete Arbeitsplatz für Menschen mit bestimmten Behinderungsarten

---

365 BVerwG 13.12.2001 – 5 C 26/01, NZA 2002, 385.
366 Bahnbrechend: ArbG Frankfurt aM 1.3.2006 – 22 BV 856/05, jurisPR-ArbR 4/2007 zustimmende Anm. 1 *Gagel*.
367 So BMWA 11.11.2004 Az. 512 – 96-Weltlich/04.
368 BAG 23.6.2010 – 7 ABR 3/09, NZA 2010, 1361; erläuternd: *Hamann* jurisPR-ArbR 46/2010 Anm. 2; kritisch: *Fabritius* BB 2011, 317 und *Joussen* Anm. zu AP Nr. 17 zu § 81 SGB IX.

geeignet gemacht werden kann, dem Verleiher ermöglicht, einen schwerbehinderten Leiharbeitnehmer zum Einsatz zu bringen.

Rechtspolitische Einwände: Gegen das Bestehen von Prüf- und Konsultationspflichten vor dem Einsatz von Leiharbeitnehmern wird eingewandt, es sei wenig realistisch anzunehmen, die Erfüllung der Pflichten könne etwas zugunsten der Schwerbehinderten bewirken.[369] Das zeitlich aufwändige Prüfverfahren verzögere lediglich die Arbeitsaufnahme von Leiharbeitnehmern. Diese Kritik verkennt, dass hier das im Schwerbehindertenrecht übliche Verfahren vom Gesetzgeber zum Einsatz gebracht wird. Es werden wenig Ge- oder Verbote ausgesprochen, aber dafür Verfahren gestaltet, die den – nach realistischer Einschätzung des Gesetzgebers – nicht immer auf Förderung der Schwerbehindertenbeschäftigung bedachten Arbeitgeber anhalten sollen, die Einstellung schwerbehinderter Menschen ernsthaft in Erwägung zu ziehen. In dem vorgesehenen Prüfungs- und Konsultationsverfahren soll der Arbeitgeber mit der Möglichkeit der Schwerbehindertenbeschäftigung konfrontiert werden. Damit ein Arbeitgeber diese Möglichkeit nicht vorschnell abtun kann, hat der Gesetzgeber in Abs. 1 Satz 6 die Beteiligung der Schwerbehindertenvertretung und die Anhörung des Betriebs- oder Personalrats vorgeschrieben. Deshalb bleibt die Erfüllung der Prüfpflicht kein rein arbeitgeberinterner Vorgang,[370] sondern hat sich transparent unter Einschaltung der Interessenvertretungen der Beschäftigten zu vollziehen. Diese bemühen sich entsprechend ihrem Eingliederungsauftrag (§§ 176, 178 Abs. 1 Satz 1), den Arbeitgeber zur Schwerbehindertenbeschäftigung zu bewegen. Zu diesem Zwecke können die Beschäftigtenvertretungen bei Unterschreiten der Mindestbeschäftigungsquote (→ § 154 Rn. 24 ff.) eine aufwändige Erörterung nach Abs. 1 Satz 7 verlangen, die dem Arbeitgeber auch noch weitgehende Unterrichtungspflichten nach Abs. 1 Satz 9 auferlegt. Die aus diesen Regelungen ersichtliche Konzeption des Gesetzgebers setzt nicht auf starre Beschäftigungsvorgaben, sondern auf verfahrensgeleitete Kommunikationsprozesse, denen sich der Arbeitgeber nicht entziehen darf. Insoweit ist die Organisationsfreiheit, die unter dem Vorbehalt des Gesetzes steht, hier gesetzlich eingeschränkt. Das verkennt die Kritik. Deren Inhalt erschöpft sich darin, die vom Gesetzgeber dem Arbeitgeber bewusst auferlegten Verfahrenslasten als unnötige Zeitverschwendung zu beklagen. Diese Kritik erweist sich somit als rechtspolitisch motiviert und nicht juristisch begründet.

d) Keine Ausnahme für durch Drittmittel finanzierte Arbeitsplätze

Drittmittelforschung: Die durch Drittmittel finanzierten Arbeitnehmer sind als Personal der Hochschule den übrigen Arbeitnehmern der Hochschule gleichgestellt. Sie unterliegen wie die übrigen Beschäftigten denselben Beteiligungsrechten der Schwerbehindertenvertretung. Die sogenannten Drittmittelbediensteten unterfallen nicht dem Ausnahmekatalog des § 156 Abs. 2.[371] Die Unterrichtungsverpflichtung gegenüber der Schwerbehindertenvertretung entfällt nicht deshalb, weil die Einstellung eines drittmittelfinanzierten Arbeitnehmers nach § 25 Abs. 5 Satz 2 HRG voraussetzt, dass dieser Mitarbeiter von dem Hochschulmitglied, welches das drittmittelfinanzierte Forschungsvorhaben durchführt, vorgeschlagen worden ist.[372]

---

369 *Fabricius* BB 2011, 317.
370 So zutreffend: *Fabricius* BB 2011, 317.
371 BAG 15.8.2006 – 9 ABR 61/05, AP Nr. 2 zu § 25 HRG.
372 BAG 15.8.2006 – 9 ABR 61/05, AP Nr. 2 zu § 25 HRG; *Kohte* jurisPR-ArbR 26/2007 Anm. 1.

e) Pflicht zur gemeinsamen Prüfung mit den Beschäftigtenvertretungen

121 **Beteiligungsanspruch aus Abs. 1 Satz 6:** Nach Abs. 1 Satz 6 ist der Arbeitgeber nicht berechtigt, die Prüfung, ob freie Stellen mit schwerbehinderten Menschen besetzt werden können, einseitig durchzuführen. Er darf nicht prüfen, ohne die im Betrieb oder in der Dienststelle gewählten Vertretungen der Beschäftigten einzubeziehen. Bei der Ausgestaltung dieser gemeinsamen Prüfung hat der Gesetzgeber der SBV ein besonderes Gewicht gegeben. Die SBV ist vom Arbeitgeber nach der Feststellung, dass die freie Stelle besetzt werden soll, **zu beteiligen**. Die Bezugnahme in § 164 Abs. 1 Satz 6 auf § 178 Abs. 2 stellt klar, dass die Geeignetheitsprüfung eine die Gruppe der schwerbehinderten Beschäftigten berührende Angelegenheit ist und die in diesem Absatz enthaltenen Vorschriften entsprechend anzuwenden sind. Daraus folgt, dass der Arbeitgeber **unverzüglich** (§ 178 Abs. 2 Satz 1) die SBV über die beabsichtigte Stellenbesetzung und die aus seiner Sicht dafür „entscheidenden beruflichen Anforderungen" iSv § 8 AGG unterrichten sowie ihr Gelegenheit zur Stellungnahme geben muss. In dem vom Bayerischen Finanzministerium herausgegebenen „Prüfraster für Einstellungen zur besseren Berücksichtigung schwerbehinderter Bewerber bzw. schwerbehinderter Bewerberinnen"[373] wird dazu ausgeführt: „Beteiligung der Schwerbehindertenvertretung und des Personalrates wegen Zweifeln an der abstrakten Eignung." Hintergrund dieser Einschränkung ist die im Grundsatz eingliederungsfreundliche Einstellung: „Es ist grundsätzlich davon auszugehen, dass alle Arbeitsplätze des Freistaats Bayern zur Besetzung mit schwerbehinderten Menschen geeignet sind." Kritisch anzumerken ist, dass es nicht ein einheitliches Bild des „Schwerbehinderten" gibt, sondern eine große Zahl von unterschiedlichen Arten und Auswirkungen von Behinderungen existiert. Die Formulierung „abstrakte Prüfung, ob freie Stellen für Besetzung mit schwerbehinderten Menschen geeignet sind" ist daher ebenso inhaltsleer wie Bekenntnis irreführend ist: „Es ist grundsätzlich davon auszugehen, dass alle Arbeitsplätze des Freistaats Bayern zur Besetzung mit schwerbehinderten Menschen geeignet sind." Weder sind alle Arbeitsplätze des Freistaats Bayern zur Besetzung mit schwerbehinderten Menschen geeignet, noch können alle durch Anpassungsmaßnahmen geeignet gemacht werden. So wird auch bei bestem Willen kein voll erblindeter Mensch als Omnibusfahrer zur Personenbeförderung in Bayern eingesetzt werden können. Der richtige Ansatz ist, dass die Geeignetheitsprüfung darauf abzuzielen hat, den Kreis möglicher schwerbehinderter Bewerberinnen und Bewerber nicht durch ungerechtfertigte subjektive Stellenanforderungen einzuschränken und soweit wie möglich für Abbau von Barrieren und andere Anpassungsmaßnahmen zu sorgen.

Beispiel: Ist aus den Referendarsjahrgängen bekannt, dass Bewerberinnen oder Bewerber um das Lehramt der Primarstufe zu erwarten sind, die gehörgeschädigt sind, so muss geprüft werden, ob durch Induktionsschleifen für die Nutzung des Hörgeräts und akustische Umbauten in den Unterrichtsräumen die freien Stellen für sie geeignet gemacht werden können.

Ein realitätsnahes inklusionsfreundliches Bekenntnis eines Arbeitgebers könnte daher lauten: „Wir möchten so viele Arbeitsplätze wie möglich für schwerbehinderte Menschen zugänglich machen."

Realistisch muss jedoch eingeräumt werden, eine Prüfung kann auch zu dem Ergebnis führen, dass ein bestimmter freier Arbeitsplatz nicht mit Personen besetzt werden kann, die bestimmte „entscheidende berufliche Anforderungen"

---

373 S. https://www.agsv.bayern.de/wp-content/uploads/2018/07/Pruefliste_Einstellungen-1.pdf.

iSv § 8 AGG behinderungsbedingt nicht erfüllen können. Auch das kann ein Prüfergebnis sein, vgl. dazu das dargestellte Beispiel der Stelle eines Omnibusfahrers, → Rn. 121.
Gegen diesen Inhalt der Geeignetheitsprüfung wird nicht selten eingewandt, dass er zu abstrakt und zu wenig praxisrelevant sei. Diese Ansicht verkennt die Bedeutung der gemeinsamen Prüfung. Es geht vor allem darum, die Anforderungen für den zu besetzenden Arbeitsplatz darauf zu kontrollieren, ob sie objektiv in fachlicher, physischer und psychischer Hinsicht erforderlich sowie rechtmäßig iSv § 8 AGG sind, so dass sie einer Stellenausschreibung und einer Meldung bei der Arbeitsagentur (→ Rn. 135 ff.) zugrunde gelegt werden können. Wenn in der Meldung und in der Stellenausschreibung die Anforderungen zu hoch angesetzt werden (→ Rn. 127), gegen nur dem entsprechende Bewerbungen und Vermittlungsvorschläge ein.

Beispiel: Für die Tätigkeit an der Kasse eines Lebensmittelladens wird als Zusatzqualifikation eine gültige Fahrerlaubnis gefordert. Im Besetzungsverfahren kann mangels Bewerbungen von schwerbehinderten Menschen ohne Fahrerlaubnis die Stelle nicht mit sehbeeinträchtigten Menschen besetzt werden, die zwar nicht für den Straßenverkehr aber für die Kassentätigkeit noch über genügend Sehfähigkeit verfügen.

Der Betriebs- oder Personalrat ist **erst anzuhören**, wenn der Arbeitgeber nach der Beteiligung der SBV zu einem Ergebnis gekommen ist.[374] Der Gesetzgeber setzt somit auf eine in Fragen der behinderungsgerechten Beschäftigung besonders sachkundige SBV, die in einem dialogischen Klärungsprozess gemeinsam mit dem Inklusionsbeauftragten (vgl. § 181) und der Personalstelle alle Möglichkeiten der Schwerbehindertenbeschäftigung ausschöpfen soll. Das entspricht der auch an anderer Stelle vom Gesetzgeber verfolgten Konzeption. So wird gleichfalls bei Auftreten von Schwierigkeiten im bestehenden Beschäftigungsverhältnis nach § 167 Abs. 1 auf dialogische Klärung gesetzt.

Rechtsfolgen: Unterlässt der Arbeitgeber pflichtwidrig die Beteiligung der SBV an der Geeignetheitsprüfung, so zeigt das an, dass der Arbeitgeber, nicht den guten Willen hat, an dem Ziel der Eingliederung schwerbehinderter Menschen mitzuwirken. Daraus erwächst die Vermutung der Benachteiligung iSv § 164 Abs. 2 iVm § 22 AGG, → Rn. 62. Ein abgelehnter schwerbehinderter Stellenbewerber kann sich bei der Geltendmachung eines Entschädigungsanspruchs darauf berufen. Die SBV kann zudem die Aussetzung des weiteren Stellenbesetzungsverfahrens nach § 178 Abs. 2 Satz 2 verlangen, um die Geeignetheitsprüfung nachzuholen.

Art und Weise der Beteiligung der SBV: Abs. 1 Satz 6 schreibt die Beteiligung „nach § 178 Abs. 2" vor. Das beinhaltet kein Mitbestimmungs-, sondern nur ein **Mitwirkungsrecht**. Die Prüfung der Geeignetheit einer freien Stelle wird von Gesetzes wegen als eine die Gruppe der schwerbehinderten Menschen berührende Angelegenheit angesehen, die frühzeitige und umfassende Unterrichtungs- und Anhörungsansprüche für die Durchführung einer gemeinsamen Klärung der Geeignetheit des freien Arbeitsplatzes auslöst. Durch die Qualifizierung als „Beteiligung" macht der Gesetzgeber deutlich, dass keine punktuelle Unterrichtung und Anhörung, sondern ein ständiger Kommunikationsprozess stattfinden soll. Verletzt der Arbeitgeber seine Beteiligungspflicht, so kann nach § 178 Abs. 2 Satz 2 die SBV die Aussetzung des laufenden Stellenbesetzungsverfahrens

---

374 Vgl. für kirchliche Mitarbeitervertretung *Blens*, Aufgaben der Mitarbeitervertretung im Schwerbehindertenrecht bei der Stellenausschreibung, ZMV 2010, 61.

und die Nachholung der Beteiligung verlangen.[375] Vor Abschluss der Eignungsfeststellungsprüfung und nach Anhörung des Personalrats hat der Arbeitgeber die getroffene Entscheidung zur Eignungsfeststellung der SBV entsprechend § 178 Abs. 2 Satz 1 mitzuteilen. Weitere Einzelheiten der Beteiligung der SBV sind in einer Inklusionsvereinbarung nach § 166 SGB IX zu konkretisieren.

123 **Unterrichtungsanspruch aus § 178 Abs. 2 Satz 1:** Für die Praxis bedeutsam ist, dass der Streit über den Umfang der Prüfpflicht bei interner Stellenbesetzung (→ Rn. 113) den Anspruch der SBV unberührt lässt, auch über intern neu zu besetzende Arbeitsplätze zeitnah informiert zu werden. Dieser Anspruch ergibt sich schon aus § 178 Abs. 2 Satz 1; denn wegen des umfassenden Eingliederungs- und Unterstützungsauftrags der SBV aus § 178 Abs. 1 Satz 1 sind Angelegenheiten der Gruppe der Schwerbehinderten schon berührt, wenn alte Stellen frei oder neue geschaffen werden. Dann entsteht ein **Unterrichtungsanspruch**, unabhängig davon ob eine interne oder eine externe Stellenbesetzung beabsichtigt ist.[376]

124 **Bezug zur Personalplanung:** Die in Abs. 1 Satz 1 vorgeschriebene Prüfung setzt eine systematische Personalplanung (§ 92 BetrVG) voraus. Nur so können frei werdende und neue Stellen frühzeitig erkannt werden, so dass genügend Zeit für die Durchführung einer arbeitsplatzorientierten Qualifikationsanalyse besteht.[377] Bei der Personalplanung sind nach § 166 Abs. 3 Satz 3 besondere Regelungen zur Beschäftigung eines angemessenen Anteils von schwerbehinderten Frauen vorzusehen. Die mit Wirkung vom 30.12.2016 durch Art. 26 BTHG eingeführte Ergänzung des § 92 Abs. 3 BetrVG verpflichtet den Arbeitgeber, im Rahmen der Personalplanung über die Maßnahmen zu unterrichten, die er zur Eingliederung und Förderung schwerbehinderter Menschen plant.[378] Damit gewinnt die bislang weitgehend unbekannte Bestimmung in § 166 Abs. 3 SGB IX an Bedeutung. Danach ist jeder Arbeitgeber verpflichtet, geeignete Maßnahmen zur **Schwerbehinderteintegration** zu ergreifen. Er hat sicherzustellen, dass mindestens 5 % der Arbeits- und Ausbildungsplätze mit schwerbehinderten und gleichgestellt behinderten Menschen besetzt werden.[379] Der Betriebsrat hat nunmehr die Aufgabe, die Informationen des Arbeitgebers darauf zu überprüfen, ob tatsächlich geeignete Maßnahmen geplant werden; denn er ist nach § 176 Satz 2 SGB IX für die Überwachung zuständig, ob der Arbeitgeber die ihm obliegende **Mindestbeschäftigungspflicht** erfüllt. Der Betriebsrat ist nicht darauf beschränkt, unzureichende Maßnahmen zu beanstanden. Er kann nach § 90 Abs. 2 BetrVG auch dem Arbeitgeber Vorschläge für von ihm für geeignet angesehene Maßnahmen und deren Durchführung machen.[380] Verletzt der Arbeitgeber die Unterrichtungspflicht hinsichtlich der Eingliederungsmaßnahmen, so stellt das eine **Ordnungswidrigkeit** nach § 121 BetrVG dar.

f) Art und Weise der Geeignetheitsprüfung

125 **Ziel der Prüfung:** Die Prüfung soll aufzeigen, ob und welche Schwierigkeiten durch die Auswirkungen der unterschiedlichen Arten und Schweregrade von Behinderungen hervorgerufen werden und wie diese ggf. durch Hilfsmittel oder

---

375 *Faber* in FKS SGB IX § 81 Rn. 14.
376 Vgl. LAG Köln 8.2.2010 – 5 TaBV 73/09, Behindertenrecht 2011, 114.
377 Vgl. *Großmann* in GK-SGB IX § 81 Rn. 77 ff.
378 *Düwell/Beyer* Beschäftigte Rn. 256.
379 *Düwell/Beyer* Beschäftigte Rn. 256.
380 *Düwell/Beyer* Beschäftigte Rn. 256.

Gestaltungsmaßnahme kompensiert werden können.[381] Es geht nicht um eine Prüfung, ob der freie Arbeitsplatz „behindertengerecht" oder behinderungsgerecht ist; denn weder gibt es einen Einheitstyp des „Behinderten" noch – solange keine Vermittlungsvorschläge der Arbeitsagentur vorliegen – konkrete arbeitsuchende behinderte Menschen, mit dem der Abgleich der Arbeitsplatzanforderungen mit den Auswirkungen seiner Behinderung die Prüfung durchzuführen wäre. Die Prüfung anhand eines abstrakten Typs eines Behinderten wäre angesichts der Vielzahl der unterschiedlichen Arten und Schweregrade von Behinderungen unsinnig. So kann ein und derselbe Arbeitsplatz für einen Rollstuhlfahrer ungeeignet, jedoch für eine Blinde geeignet sein. Einen für alle schwerbehinderten Menschen gleichermaßen **behinderungsgerechten Arbeitsplatz** gibt es nicht. Das ist schon bei der Einführung der Prüfpflicht vom Gesetzgeber erkannt worden, → Rn. 3.[382] Erforderlich ist immer der Abgleich mit der individuellen Art und Schwere der Behinderung, um durch Änderungen oder Anpassungen iSv angemessenen Vorkehrungen (→ Rn. 183) die Beschäftigung zu ermöglichen,[383] → Rn. 179.

Zeitpunkt der Prüfpflicht: Die Geeignetheitsprüfung unter Beteiligung der SBV hat einzusetzen, sobald die Entscheidung über die Wiederbesetzung oder die Schaffung des neuen Arbeitsplatzes getroffen ist.[384] Sie hat stets der Ausschreibung des einzelnen freien Arbeitsplatzes vorauszugehen.[385] Nur so ist gewährleistet, dass schwerbehinderten Menschen nicht durch ausgrenzende Festlegungen der Anforderungsprofile und durch den Zuschnitt der Arbeitsplätze die Chance genommen wird, bei der Personalauswahl berücksichtigt werden zu können.[386] Deshalb hat der Arbeitgeber die Pflichten aus Abs. 1 Satz 1 und 2 vor der Personalauswahl zu erfüllen.[387] Diese Rechtsauffassung hat der Erste Senat des BAG auch in der Rechtsbeschwerdeinstanz bereits zur damals geltenden Fassung des SGB IX bestätigt: „Sie (die Arbeitgeberin) verstieß daher, indem sie die Möglichkeit der Stellenbesetzung mit einem schwerbehinderten arbeitslosen oder arbeitsuchenden (Schreibfehler im Gesetzestext!) Menschen nicht prüfte und sich dazu nicht mit der Agentur für Arbeit in Verbindung setzte, gegen ihre aus § 81 Abs. 1 Satz 1 und 2 SGB IX folgenden Pflichten".[388]   126

Konkrete Prüfung: Die Prüfung einer Stellenbesetzung mit schwerbehinderten Menschen sollte zunächst unter Anwendung der technischen Regeln zur Barrierefreiheit[389] erfolgen, dann hat eine Prüfung unter dem Gesichtspunkt zu erfolgen, insbesondere arbeitslos und arbeitsuchend gemeldeten schwerbehinderten   127

---

381 *Knittel* SGB IX § 81 Rn. 35; *Winkler* in Müller-Wenner/Winkler SGB IX § 81 Rn. 4.
382 BT-Drs. 10/3138, 20.
383 Zutreffend: *Schmidt* Schwb-ArbR Rn. 139 f.
384 *Adlhoch* in Ernst/Adlhoch/Seel SGB IX § 81 Rn. 17; *Faber/Rabe-Rosendahl* in FKS SGB IX § 164 Rn. 13 f.; *Trenk-Hinterberger* in HK-SGB IX § 81 Rn. 5; *Knittel* SGB IX § 81 Rn. 11; *Kossens* in Kossens/von der Heide/Maaß § 81 Rn. 1; *Schell* in Schell SGB IX § 164 SGB IX Rn. 6 (Stand: 4.1.2018).
385 *Faber/Rabe-Rosendahl* in FKS SGB IX § 164 Rn. 15; *Greiner* in Neumann/Pahlen/Greiner/Winkler/Jabben SGB IX § 164 Rn. 7; *Schmidt* Schwb-ArbR Rn. 129.
386 *Faber/Rabe-Rosendahl* in FKS SGB IX § 164 Rn. 15; *Fabricius* in jurisPK-SGB IX, 3. Aufl. 27.8.2020, § 164 Rn. 16; *Schmidt* Schwb-ArbR Rn. 125 ff.
387 HessLAG 17.10.2006 – 4 TaBV 42/06, Rn. 54, ArbuR 2007, 145.
388 BAG 17.6.2008 – 1 ABR 20/07, Rn. 21, NZA 2008, 1139.
389 Technische Regeln für Arbeitsstätten, Barrierefreie Gestaltung von Arbeitsstätten, ASR V3 a.2, Ausschuss für Arbeitsstätten (ASTA-Geschäftsführung – BAuA) Ausgabe August 2012, zuletzt geändert GMBl 2018, S. 469, abrufbar unter www.ba ua.de.

Menschen eine Beschäftigungsmöglichkeit zu verschaffen. Dazu gehört, dass der Arbeitgeber bei Aufnahme der Verbindung mit der Arbeitsagentur § 164 Abs. 1 Satz 2 SGB IX einen „betreuten Vermittlungsauftrag" auslöst[390] (→ § 187 Rn. 5). Da die Arbeitsagentur nach ihrem gesetzlichen Auftrag (§ 182 Abs. 5 Nr. 1 SGB IX) verpflichtet ist, eine Vermittlung „unter Darlegung der Leistungsfähigkeit und der Auswirkungen der jeweiligen Behinderung auf die angebotene Stelle vorzuschlagen", kann auf dieser Grundlage geprüft werden, ob durch angemessene Vorkehrungen der zur Vermittlung angebotene Arbeitsplatz passend gemacht werden kann, z.B. Ausnahme von der Nachtschicht oder Ausrüstung mit technischer Hebehilfe, Bildschirmsoftware für Sehbeeinträchtigten oder Induktionsschleife für hörbeeinträchtige. Diese Prüfung kann wegen der Unterschiede in der Art der Behinderung und im Schweregrad ihrer Auswirkungen nur konkret vorgenommen werden.[391] Da es nicht den Einheitstyp des „Schwerbehinderten" gibt, erfordert die Feststellung der Eignung eines bestimmten Arbeitsplatzes für eine Besetzung mit einem schwerbehinderten Menschen stets den Abgleich des Fähigkeitsprofils des schwerbehinderten Menschen mit dem Anforderungsprofil der konkreten Stelle. Ein schwerbehinderter Mensch kann sich im Ergebnis also in gleicher Weise wie ein nichtbehinderter Mensch für eine Stelle eignen oder nicht eignen. Maßgebend ist die arbeitsplatzbezogene Beurteilung der Auswirkungen der vorhandenen Behinderungsart unter Berücksichtigung ihres Schweregrads. Zu diesem Abgleich muss noch die zusätzliche Prüfung hinzutreten, ob durch Einsatz technischer Hilfsmittel (zB Lesegräte für sehbehinderte Schreibkräfte) oder Gestaltungsmaßnahmen (zB Entlastung von Nachtschichten für an Diabetes Erkrankte) oder durch Umgestaltung von Aufgabenbereichen[392] die Auswirkungen voll kompensiert oder ausreichend abgemildert werden können.[393] Dabei ist davon auszugehen, dass nur wenige Arbeitsplätze für schwerbehinderte Menschen ungeeignet sind, wenn angemessene Vorkehrungen ergriffen werden. Ziel muss es sein, möglichst barrierefreie Arbeitsplätze einzurichten.[394] Dazu besteht das Gebot des universellen Designs aus Art. 2 Abs. 5 der UN-BRK. Hinzukommen muss danach noch der Abgleich mit jedem qualifizierten Vermittlungsvorschlag der Arbeitsagentur oder den individuellen Angaben bei Bewerbungen zu den Auswirkungen von Behinderungen. Erst aufgrund dieser Daten werden Arbeitgeber und SBV in den Stand versetzt, Möglichkeiten für die Beschäftigung unter Berücksichtigung von Anpassungen und Änderungen zu prüfen und nach § 164 Abs. 1 Satz 6 Halbs. 2 dem Betriebs- bzw. dem Personalrat das Ergebnis ihrer gemeinsamen Prüfung zum Zwecke der Anhörung zur Verfügung zu stellen.

128 In § 164 Abs. 1 Satz 6 wird ausdrücklich die Beteiligung an der Geeignetheitsprüfung als eine Beteiligung „nach § 178 Abs. 2" bezeichnet. Das ist folgerichtig; denn die Geeignetheitsprüfung stellt sich als eine Angelegenheit dar, die das Gruppeninteresse der schwerbehinderten Menschen an der Möglichkeit der Besetzung offener Stellen berührt. Daraus folgt die Anwendbarkeit der in § 178 Abs. 2 Satz 1 geregelten Bestimmungen. Das wird in § 178 Abs. 2 Satz 4 rückverweisend bestätigt; denn dort heißt es: „die SBV hat das Recht auf Beteili-

---

390 Vgl. LAG Bln-Bbg 12.12.2013 – 26 TaBV 1164/13, Rn. 26, Behindertenrecht 2014, 174; *Beyer* jurisPR-ArbR 24/2014 Anm. 3.
391 So auch BAG 10.11.1992 – 1 ABR 21/92, NZA 1993, 376; LAG RhPf 10.9.2010 – 6 TaBV 10/10, AiB 2011, 408.
392 So 5.2. der Schwerbehindertenrichtlinien der Landesverwaltung des Landes Brandenburg vom 6.4.2005.
393 *Winkler* in Müller-Wenner/Winkler SGB IX § 81 Rn. 4; *Knittel* SGB IX § 81 Rn. 28.
394 *Faber/Rabe-Rosendahl* in FKS SGB IX § 164 Rn. 15.

gung am Verfahren nach § 164 Abs. 1". Danach sind bei der Beteiligung an der Geeignetheitsprüfung die in § 178 Abs. 2 Satz 1 geregelten folgenden drei Schritte der Beteiligung einzuhalten:
1. **unverzügliche Unterrichtung** der SBV über die zu besetzenden freien Stellen mit Stellebeschreibung und dokumentierter Gefährdungsbeurteilung[395],
2. **Anhörung** der SBV zu dem für die Stellenbesetzung vom Arbeitgeber beabsichtigten Anforderungsprofil (zB Stelle setzt gültige Fahrerlaubnis voraus, deshalb Stelle nicht geeignet für Menschen mit starker Sehbeeinträchtigung) und
3. nach Eingang der Stellungnahme der SBV unverzügliche **Mitteilung an die SBV** über das vom Arbeitgeber aufgestellte und der Arbeitsagentur im Rahmen der Verbindungsaufnahme nach § 164 Abs. 1 Satz 2 zu meldende Anforderungsprofil.

Kein Wegfall der Einzelfallprüfung bei generellen Festlegungen: Einige Integrationsvereinbarungen (seit 1.1.2018 umbenannt in Inklusionsvereinbarungen) und Verwaltungsvorschriften bestimmen: „Es ist davon auszugehen, dass grundsätzlich alle Arbeitsplätze (...) zur Besetzung mit schwerbehinderten Menschen geeignet sind".[396] Eine derartige an die Personalstellen gerichtete Weisung wird von der Absicht getragen, die Einstellung und Beschäftigung schwerbehinderter Menschen zu fördern. Sie wird missverstanden, wenn Personalstellen und Gerichte annehmen, mit dieser pauschalen Erklärung des Arbeitgebers werde die vorgeschriebene Geeignetheitsprüfung „sinnlos" und überflüssig.[397] Richtig muss eine derartige Weisung entsprechend der gesetzlichen Konzeption so verstanden werden, dass im Grundsatz kein Arbeitsplatz von vornherein für alle Arten von Behinderungen als für die Besetzung mit Schwerbehinderten ungeeignet ausgeschieden werden darf.[398] Vielmehr soll im Einzelfall geprüft werden, ob die arbeitsplatzbezogenen Anforderungsprofile mit den Qualifikationsmerkmalen und den Auswirkungen der auf dem externen sowie internen Arbeitsmarkt verfügbaren Schwerbehinderten zur Deckung gebracht werden können. Deshalb hat auch die Arbeitsagentur in § 187 Abs. 5 Nr. 1 die Aufgabe, arbeitsuchende schwerbehinderte Menschen unter Darlegung der Leistungsfähigkeit und der Auswirkungen der jeweiligen Behinderung zur Vermittlung vorzuschlagen. In den Schwerbehindertenrichtlinien der Landesverwaltung des Landes Brandenburg[399] ist deshalb zutreffend unter 5.2. Satz 2 eine Einzelfallprüfung im Benehmen mit der SBV angeordnet. Allerdings liegt auch hier noch ein Missverständnis vor. Nach dem Formblatt zur Prüfung der Stellenbesetzung[400] soll nämlich mit Ja oder Nein festgestellt werden, ob die freie Stelle für Besetzung mit schwerbehinderten Menschen geeignet ist. Diese Feststellung ist unmöglich; denn angesichts der Vielfalt der Behinderungsarten und der Spanne der Schweregrade lässt sich in dieser Allgemeinheit keine Feststellung treffen.

---

395 *Faber/Rabe-Rosendahl* in FKS SGB IX § 164 Rn. 15.
396 So seit dem 30.3.2017 unter Ziff. 303 Zentrale Dienstvorschrift A-1473/3 des BMVg, Inklusion schwerbehinderter Menschen; bereits zuvor wortgleich unter 3.2 Fürsorgeerlass des BMVg.
397 So LAG Mainz 28.6.2012 – 10 TaBV 4/12, ablehnend: *Düwell* jurisPR-ArbR 36/2012 Anm. 4.
398 So auch *Fabricius* in jurisPK-SGB IX § 164 Rn. 16; *Faber/Rabe-Rosendahl* in FKS SGB IX § 164 Rn. 15.
399 Richtlinien für die Einstellung, Beschäftigung und begleitende Hilfe schwerbehinderter und diesen gleichgestellter behinderter Menschen in der Landesverwaltung des Landes Brandenburg vom 6.4.2005, ABl./05, [Nr. 18], 530, abrufbar unter https://bravors.brandenburg.de/verwaltungsvorschriften/schwbrl.
400 Anlage 1 zu Nummer 5.5.

g) Arbeitsplatzbeschreibung und Anforderungsprofil

130 **Präventive Funktion der Prüfung:** Die gesetzlich vorgeschriebene Geeignetheitsprüfung unter Beteiligung der SBV soll erreichen, dass das in der Stellenausschreibung enthaltene Anforderungsprofil ein benachteiligungsfreies Stellenbesetzungsverfahren für schwerbehinderte Menschen gewährleistet. Das ergibt sich aus der präventiven Funktion der Beteiligung, mit der die Einstellung und Beschäftigung schwerbehinderter Menschen gefördert werden soll.[401] Deshalb ist die SBV bereits an der Formulierung von Anforderungen für Stellenausschreibungen nach Abs. 1 Satz 1 zu beteiligen. Das ergibt sich schon aus dem Adverb „unverzüglich", das in Abs. 1 Satz 6 durch die Verweisung auf § 178 Abs. 2 Satz 1 auch hier den Zeitpunkt des Tätigwerdens bestimmt. Deshalb setzt die Beteiligung der SBV an der Prüfung der Besetzungsmöglichkeiten schon ein, bevor der Arbeitgeber das Anforderungsprofil festlegt, wenn er die Stelle intern und/oder öffentlich ausschreibt bzw. die Stelle bei der Arbeitsagentur meldet. Das Gesetz bestimmt bewusst die vorhergehende Beteiligung; denn schon durch den Inhalt der Ausschreibung können sich Beschäftigungshindernisse für schwerbehinderte Menschen ergeben, die bei vorheriger gemeinsamer Beratung hätten ausgeräumt werden können.[402] Ausgehend von Arbeitsplatz- oder Stellenbeschreibungen sind unter Berücksichtigung der Auswirkungen möglicher Arten und Schweregrade von Behinderungen Anforderungen festzulegen. Demgegenüber vertritt die 10. Kammer des LAG RhPf die Ansicht, die SBV sei nicht an der Stellenausschreibung zu beteiligen.[403] Die 10. Kammer des LAG verkennt sowohl die Verweisung in § 164 Abs. 1 Satz 6 auf § 178 Abs. 2 als auch die präventive Funktion der Geeignetheitsprüfung. Diese Fehlentscheidung hat deshalb zu Recht Kritik gefunden.[404]

131 **Information zur Wahrnehmung der Beteiligung:** Zur sachgerechten Beteiligung nach Abs. 1 Satz 6 hat der Arbeitgeber der SBV nicht nur den Umstand der Wiederbesetzungs- oder Erstbesetzungsabsicht eines freien Arbeitsplatzes zu melden, sondern es sind weitere Angaben zu machen. Dazu gehören insbesondere: Eine Stellen- oder Arbeitsplatzbeschreibung, eine Darstellung der zu erwartenden Arbeitsbelastung und die nach den §§ 5, 6 ArbSchG dokumentierten Gefährdungsbeurteilungen.[405] Ist die Gefährdungsbeurteilung noch nicht erstellt, so ist sie umgehend nachzuholen.[406] Arbeitgeber sollen darauf achtgeben, die Informationspflichten sorgfältig zu erfüllen, sonst kann in dem späteren Verfahren zur Einstellung oder Versetzung nach § 99 BetrVG der Betriebsrat die Unvollständigkeit der Information rügen und das Zustimmungsverfahren verzögern (→ Rn. 173).

132 **Arbeitsplatzbeschreibung:** Wegen der in ihr möglicherweise enthaltenen ausgrenzenden Vorgaben sollte auf die Klärung der Arbeitsplatzbeschreibung Sorgfalt verwendet werden. *Schmidt*[407] schlägt dazu folgenden Kriterienkatalog vor:

---

401 *Porsche* in Forum B Schwerbehinderten- und Arbeitsrecht, betriebliches Eingliederungsmanagement – Diskussionsbeitrag Nr. 1/2013 vom 20.2.2013, veröffentlicht unter www.reha-recht.de.
402 *Fabricius* in jurisPK-SGB IX § 164 Rn. 16; *Greiner* in Neumann/Pahlen/Greiner/Winkler/Jabben SGB IX § 164 Rn. 7; *Schmidt* Schwb-ArbR Rn. 129.
403 LAG RhPf 28.6.2012 – 10 TaBV 4/12.
404 *Düwell* jurisPR-ArbR 36/2012 Anm. 4 und *Porsche* in Forum B Schwerbehinderten- und Arbeitsrecht, betriebliches Eingliederungsmanagement – Diskussionsbeitrag Nr. 1/2013 vom 20.2.2013, veröffentlicht unter www.reha-recht.de.
405 *Fabricius* in jurisPK-SGB IX § 164 Rn. 17 f.; *Faber/Rabe-Rosendahl* in FKS SGB IX § 164 Rn. 15.
406 *Faber/Rabe-Rosendahl* in FKS SGB IX § 164 Rn. 15.
407 *Schmidt* Schwb-ArbR Rn. 138 und ihr folgend *Knittel* SGB IX § 81 Rn. 33.

Pflichten des Arbeitgebers und Rechte schwerbehinderter Menschen § 164

- Welche beruflichen Qualifikationen sind erforderlich?
- Handelt es sich um eine körperlich leichte oder schwere Tätigkeit? Bestehen besondere Anforderungen an die Gebrauchsfähigkeit der Finger? Erfordert die Tätigkeit ständiges Gehen, Stehen oder Sitzen oder wechselnde Körperhaltungen bzw. Zwangshaltungen? Ist sie mit Heben oder Tragen verbunden? Wenn ja: Um welche Lasten geht es?
- Bestehen besondere Anforderungen an die Gebrauchsfähigkeit der Hände?
- Ist häufiges Bücken erforderlich oder das Ersteigen von Treppen, Leitern oder Gerüsten?
- Ist die Tätigkeit mit besonderen Anforderungen an das Konzentrations-/Reaktions-, Umstellungs- und Anpassungsvermögen verbunden?
- Besteht eine Verantwortung für Personen und Maschinen?
- Ist der Arbeitnehmer mit der Überwachung und/oder der Steuerung komplexer Arbeitsvorgänge betraut?
- Ist die Tätigkeit mit Publikumsverkehr verbunden?
- Ist der Arbeitsplatz besonderen Belastungsfaktoren ausgesetzt?[408]
- Ist der Arbeitsplatz mit Zwangshaltungen verbunden?
- Handelt es sich um Schichtarbeit oder eine Tätigkeit mit häufig wechselnden Arbeitszeiten?

Festlegung des Anforderungsprofils: Die betriebswirtschaftlich optimalen Anforderungen einer Stelle an den Arbeitsplatzinhaber sollen nicht auf willkürlichen Festlegungen beruhen, sondern sind nach einheitlichen Kriterien in einem festgelegten, nachvollziehbaren Verfahren zu ermitteln.[409] Zwar besteht hinsichtlich der Gestaltung des Anforderungsprofils eines Arbeitsplatzes eine Dispositionsfreiheit des Arbeitgebers.[410] Diese bindet jedoch nur, soweit sie nach einheitlichen Kriterien in einem festgelegten, nachvollziehbaren Verfahren ermittelt worden ist.[411] Hier ist zu beachten, dass der Gesetzgeber zur Vermeidung von ausgrenzenden Anforderungen die Beteiligung der SBV für geboten hält. Der im Rahmen der Beteiligung stattfindende dialogische Klärungsprozess ist auch deshalb so bedeutsam, weil das Anforderungsprofil Grundlage für die Vermittlungsbemühungen der Arbeitsagentur ist (→ Rn. 136 f.). 133

Dokumentiertes und objektiv gerechtfertigtes Anforderungsprofil für eine Stelle im öffentlichen Dienst: Der Arbeitgeber des öffentlichen Dienstes ist an die Bestenauslese nach Art. 33 Abs. 2 GG gebunden. Jede leistungsbezogene Auswahl setzt voraus, dass zuvor für die zu besetzende Stelle ein konkretes Anforderungsprofil festgelegt wird, damit eine sachgerechte Prognose gestellt werden kann, wer die Aufgaben am besten erfüllen kann. Durch die Bestimmung des Anforderungsprofils werden die dieser Entscheidung zugrunde liegenden Kriterien näher konkretisiert.[412] Das gilt auch in dem Sinn, dass im Auswahlverfahren keine Anforderungen eingeführt werden dürfen, die im Anforderungsprofil nicht genannt sind. Sonst ist die vom BVerwG für die Auswahlentscheidung geforderte „sachgerechte Prognose, wer von den Bewerberinnen und Bewerbern 134

---

408 ZB Nässe, Kälte, Zugluft, extrem schwankende Temperaturen, inhalative Belastungen, Allergene, Lärm, Erschütterungen, Vibrationen oder Tätigkeiten mit erhöhter Unfallgefahr.
409 BAG 31.5.1983 – 1 ABR 6/80, NZA 1984, 49; BAG 7.8.2005 – 2 AZR 399/04, NZA 2006, 266; BAG 10.7.2008 – 2 AZR 1111/06, NZA 2009, 312.
410 LAG RhPf 28.6.2012 – 10 TaBV 4/12; *Düwell* jurisPR-ArbR 36/2012 Anm. 4.
411 BAG 7.8.2005 – 2 AZR 399/04, NZA 2006, 266; BAG 10.7.2008 – 2 AZR 1111/06, NZA 2009, 312.
412 BAG 21.1.2003 – 9 AZR 72/02, AP Nr. 59 zu Art. 33 Abs. 2 GG zu A II 2 a aa (1) der Gründe; BVerwG 16.8.2001 – 2 A 3.00, DÖV 2001, 1044: ausschließlich nach objektiven Kriterien anzufertigen.

die zukünftigen Aufgaben am besten erfüllen wird" nicht möglich; denn diese Prognose „erfordert die Festlegung eines konkreten Anforderungsprofils."[413] Ohne die Abweichung kenntlich zu machen, wird von diesen Rechtssätzen bisweilen abgewichen. So hat ein Obergericht angenommen, der Aussagegehalt des Anforderungsprofils einer Stellenausschreibung für den öffentlichen Dienst erschöpfe sich in der Darstellung der Mindestvoraussetzungen für eine Auswahl.[414]

Eine Einengung des Kreises der nach Eignung, Befähigung und fachlicher Leistung zu vergleichenden Bewerberinnen und Bewerber um ein öffentliches Amt darf nur aufgrund sachlicher Erwägungen erfolgen.[415] Da das Anforderungsprofil für die Auswahlentscheidung bestimmt ist, kann es nur bindend sein, soweit es objektiv gerechtfertigt ist.[416] Es muss folglich diskriminierungsfrei und der zu besetzenden Stelle angemessen sein[417] und zudem so dokumentiert sein, dass die Auswahlentscheidung nach den Kriterien des Art. 33 Abs. 2 GG überprüft werden kann; denn sonst liefe der Rechtsschutz des unterlegenen Bewerbers nach Art. 19 Abs. 4 GG leer.[418]

135 **§ 8 AGG als objektiver Maßstab:** Vom Arbeitgeber subjektiv aufgestellte Anforderungen können behinderte Menschen unmittelbar oder mittelbar benachteiligen: Das ist dann der Fall, wenn es sich nicht um wesentliche und entscheidende berufliche Anforderungen handelt, die sich objektiv aus der den tatsächlichen Gegebenheiten entsprechenden Arbeitsplatzbeschreibung ableiten lassen. Prüfungsmaßstab ist § 8 AGG.[419] Kriterien wie „starke körperliche Belastbarkeit" oder Ähnliches sind im Hinblick auf Körperbehinderungen stets zu hinterfragen. Gleiches gilt für die in der Praxis immer wieder verlangte nützliche aber nicht objektiv erforderliche Zusatzqualifikation einer Fahrerlaubnis, die insbesondere stark sehbehinderte Menschen ausgrenzt. Auch die Anforderung, mit einer hohen Anschlagszahl pro Minute Schreibmaschine zu beherrschen, ist vor dem Hintergrund des § 8 Abs. 1 AGG heute für viele PC-Arbeitsplätze bedenklich, an denen heute nicht mehr maßgeblich ist, innerhalb welcher Zeit Diktate abgeschrieben werden. Diese Anforderung könnte geeignet sein, Personen, die Finger verloren haben, auszuschließen.[420]

136 **Beteiligung an der Festlegung des Anforderungsprofils:** Die für die Durchführung der Geeignetheitsprüfung erforderlichen Anforderungsprofile sind **keine mitbestimmungspflichtigen Auswahlrichtlinien** iSv § 95 BetrVG und unterliegen deshalb nicht der Mitbestimmung.[421] Die SBV ist gemäß Abs. 1 Satz 6 „nach § 178 Abs. 2" an ihrer Festlegung zu beteiligen. Das bedeutet hier: Der Arbeitgeber hat seine subjektiven Anforderungen, die er zum Gegenstand der Verbin-

---

413 BVerwG 3.3.2011 – 5 C 16.10, juris Rn. 21, Behindertenrecht 2011, 174; *von Roetteken* jurisPR-ArbR 37/2011 Anm. 5.
414 VGH Mannheim 4.5.2020 – 4 S 672/20, Rn. 10, VBlBW 2020, 459; kritisch auch zudem praktizierten bedenklichen „Durchentscheiden" im Verfahren der Berufungszulassung: *von Roetteken* juris PraxisReport Arbeitsrecht 5/2021 Anm. 7.
415 BVerfG 20.9.2007 – 2 BvR 1972/07, ZBR 2008, 167 (168).
416 BAG 15.3.2005 – 9 AZR 142/04, NZA 2005, 1185 zu III 2 b aa der Gründe mwN.
417 BVerwG 3.3.2011 – C 16/10, Rn. 21, NJW 2011, 2452.
418 BAG 21.1.2003 – 9 AZR 72/02, BAGE 104, 295, zu A II 2 a aa [1] und [2] der Gründe; BAG 19.2.2008 – 9 AZR 70/07, NZA 2008, 1016.
419 BAG 15.2.2005 – 9 AZR 635/03, NZA 2005, 870; zustimmend: *Porsche* in Forum B Diskussionsbeitrag Nr. 1, abrufbar unter www.reha-recht.de.
420 Vgl. BAG 15.2.2005 – 9 AZR 635/03, NZA 2005, 870.
421 BAG 31.5.1983 – 1 ABR 6/80, NZA 1984, 49.

dungsaufnahme zur Arbeitsagentur oder einer Ausschreibung machen möchte, zu dokumentieren und der SBV zusammen mit der Arbeitsplatzbeschreibung, einer Darstellung der zu erwartenden Arbeitsbelastung und den nach den §§ 5, 6 ArbSchG schriftlich niedergelegten Gefährdungsbeurteilungen vorzulegen. Die SBV kann dann eine Stellungnahme abgeben und im Fall des fehlenden Einvernehmens eine Erörterung mit der beim Arbeitgeber zuständigen Stelle und dem Inklusionsbeauftragten verlangen. Falls schwierige Fragen der Ergonomie berührt werden, kann die SBV auf die Hinzuziehung der Fachkraft für Arbeitssicherheit, des Betriebsarztes oder des Integrationsfachdienstes zur Klärung oder – soweit nötig – eines externen Arbeitswissenschaftlers bestehen. Die Entscheidung nach Abschluss der Erörterung trifft der Arbeitgeber. Die Entscheidung ist der SBV nach § 178 Abs. 1 mit Gründen versehen mitzuteilen. Danach ist der Betriebs- oder Personalrat zum Ergebnis anzuhören. Trifft der Arbeitgeber einseitige Entscheidungen über die Stellenanforderungen, die er der Arbeitsagentur übermittelt, greift § 178 Abs. 2 Satz 2. Dh die SBV kann die **Aussetzung** der Durchführung der Entscheidung und die Nachholung der gemeinsamen Geeignetheitsprüfung des freien Arbeitsplatzes sowie die Neuausschreibung gegenüber der Arbeitsagentur verlangen.

Diskriminierungsfreie Ausschreibung: Nach § 164 Abs. 2 SGB IX iVm §§ 11, 12 Abs. 1 AGG ist es verboten, Ausschreibungen in der Art zu gestalten, dass sie unmittelbar oder mittelbar wegen der Behinderung schwerbehinderte Menschen benachteiligen. Den Maßstab des § 8 AGG verletzende Anforderungen stellen einen Verstoß gegen § 11 AGG dar. Diese benachteiligenden Anforderungen begründen die Vermutung, die Benachteiligung erfolge wegen der Behinderung. Damit verbunden ist nach § 22 AGG die Umkehr der Beweislast. Der Arbeitgeber muss die Vermutung widerlegen. Arbeitet der Arbeitgeber entsprechend § 182 Abs. 1 eng mit der SBV bei der Überprüfung der Anforderungsprofile zusammen, so können Klagen auf Entschädigung oder Schadensersatz nach § 164 Abs. 2 SGB IX, § 15 AGG vermieden werden.

137

h) Beteiligung der Arbeitsagentur

Verbindungsaufnahme zur Arbeitsagentur: Ist das Anforderungsprofil im Rahmen der ersten Phase der Geeignetheitsprüfung geklärt, hat nach Abs. 1 Satz 2 die **frühzeitige** Verbindungsaufnahme zur Agentur für Arbeit zu erfolgen. Frühzeitig bedeutet nach dem Schrifttum, dass mindestens eine Woche vor der öffentlichen oder internen Bekanntmachung der Ausschreibung die Arbeitsagentur informiert wird, damit sie den entsprechenden Vorlauf für die Erarbeitung von Vermittlungsvorschlägen hat, bevor die Bewerbungen eingehen.[422] Die von einem Referenten des BMAS verfasste Kommentierung führt dazu aus: „Frühzeitig heißt, dass der Arbeitgeber nicht erst dann Kontakt mit der Agentur für Arbeit aufnehmen soll, wenn eine Stelle zur Besetzung ausgeschrieben ist."[423] Durch diese frühzeitige Verbindungsaufnahme soll der Arbeitsagentur genügend Zeit eingeräumt werden, um die Qualifikation der bei der örtlichen Agentur und sowie bei der Zentralstelle als arbeitsuchend gemeldeten schwerbehinderten Menschen abzuklären und zu prüfen, welche Fördermöglichkeiten sowie Hilfen des Rehabilitationsträger und Integrationsämtern dem Arbeitgeber für den gesetzlich vorgeschriebenen qualifizierten Vermittlungsvorschlag nach § 187 Abs. 5 Nr. 2 SGB IX aufgezeigt werden können, → § 187 Rn. 5.

138

---

422 *Schmidt* Schwb-ArbR Rn. 159.
423 *Schell* in Schell SGB IX, 4.1.2018, § 164 Rn. 3.

Erst durch eine ordnungsgemäße Meldung eines freien Arbeitsplatzes mit einer Stellenbeschreibung und dem Anforderungsprofil wird die nach § 187 Abs. 4 von der BA einzurichtende besondere Stelle zur Vermittlung behinderter Menschen in die Lage versetzt, tätig zu werden. Das setzt voraus, dass überhaupt vom Arbeitgeber ein Vermittlungsvorschlag ausgelöst wird. Wenn nur ein Stellenangebot in die Online-Jobbörse der Bundesagentur eingestellt wird, führt dieses Vorgehen noch nicht dazu, es sei denn ein Arbeitnehmervermittler stößt zufällig beim Durchsuchen der Stellenbörse auf dieses Arbeitsplatzangebot.[424] Um die Qualifikationen der arbeitslos oder arbeitsuchend Gemeldeten abzugleichen und auf jeden Einzelfall bezogene Vermittlungsvorschläge möglich zu machen, bedarf es daher einer Meldung, die die Erteilung eines betreuten Vermittlungsauftrags einschließt. In dem 2013 in Berlin angefallenen Sachverhalt hatte der Arbeitgeber nicht von der Möglichkeit eines fernmündlich oder schriftlich erteilten Vermittlungsauftrags Gebrauch gemacht, sondern das Stellenangebot nur auf dem Online-Portal der Bundesagentur eingestellt, ohne die damals in der Produktlinie „Betreuung" enthaltenen Schaltfläche „Vermittlungsauftrag erfassen" zu betätigen. Das war nicht ausreichend.[425] Im Schrifttum wurde der Bundesagentur nahegelegt, die elektronische Erteilung des betreuten Vermittlungsauftrags zu erleichtern.[426] Nach derzeitigem Stand ist auf der Startseite der Bundesagentur die Seite Vermittlung nach Maß aufrufbar.[427] Dort sind zwei Wege aufgezeigt, entweder im Kontakt mit einem persönlichen Betreuer oder elektronisch eine „Stellenmeldung mit Vermittlungsservice" auszulösen. Wer als Arbeitgeber rechtzeitig mit Auslösung eines Vermittlungsauftrags freie Stellen meldet, handelt auch im eigenen ökonomischen Interesse, weil nach Diese haben nach § 187 Abs. 5 Nr. 2 SGB IX ihm Förderung und Hilfen aufgezeigt werden. Unterlässt der Arbeitgeber die Meldung mit Vermittlungsauftrag, so ist dies auch ein Indiz iSv § 22 AGG dafür, dass er Vorbehalte gegen die Beschäftigung behinderter Menschen hegt. Dies führt zur Annahme einer Benachteiligungsvermutung.[428]

Die Pflicht zur Verbindungsaufnahme bei der Arbeitsagentur entfällt nicht, wenn sich bereits schwerbehinderte Menschen aus Eigeninitiative beworben haben.[429] § 164 Abs. 1 Satz 1 verdeutlicht dies, indem „insbesondere" diejenigen als Zielgruppe definiert werden, die als arbeitslos und arbeitsuchend gemeldet sind.

139 **Verbindungsaufnahme auch bei interner Besetzungsabsicht:** Umstritten war, ob der Arbeitgeber in Fällen interner Stellenausschreibung nach Abs. 1 Satz 2 verpflichtet ist, mit der Agentur für Arbeit Verbindung aufzunehmen und ob die SBV berechtigt ist, diesen Anspruch durchzusetzen, wenn der Arbeitgeber unwillig ist. Beide Fragen verneinte das LAG Köln.[430]

---

424 LAG Bln-Bbg 12.12.2013 – 26 TaBV 1164/13, Rn. 22, Behindertenrecht 2014, 174; *Beyer* jurisPR-ArbR 24/2014 Anm. 3.
425 LAG Bln-Bbg 12.12.2013 – 26 TaBV 1164/13, Rn. 3, 22. Behindertenrecht 2014, 174.
426 *Fabricius* in juris PK-SGB IX § 164 Rn. 19.
427 S. www.arbeitsagentur.de/unternehmen/arbeitskraefte/vermittlung-nach-mass (letzter Aufruf 19.1.2021).
428 LAG MV 23.12.2019 – 2 Sa 224/18, Rn. 68, EzTöD 100 § 2 TVöD-AT Auswahlverfahren Nr. 101; zustimmend: *Schäfer* jurisPR-ArbR 22/2020 Anm. 4.
429 *Fabricius* in jurisPK-SGB IX § 164 Rn. 18; *Knittel*, 11. Aufl. 2015, SGB IX § 81 Rn. 51, *Schmidt* Schwb-ArbR Rn. 126.
430 LAG Köln 8.2.2010 – 5 TaBV 73/09, Behindertenrecht 2011, 114; nachgehend: BAG 18.8.2010 – 9 ABN 28/10 – Verwerfung der von der SBV nicht ordnungsgemäß begründeten Nichtzulassungsbeschwerde.

Zur ersten Frage haben BAG und Fachschrifttum klargestellt, dass trotz interner Besetzungsabsicht jede freie Stelle zu melden sei. Der Gesetzeswortlaut sehe keine Einschränkung vor, unter dem Eindruck von externen Bewerbungen werde die interne Besetzungsabsicht nicht selten aufgegeben und den arbeitslos und arbeitsuchend Gemeldeten soll diese Chance eröffnet werden.[431] So ist insbesondere dann nicht von vorneherein auszuschließen, dass bei einem passenden Vermittlungsvorschlag nach § 187 Abs. 5 Nr. 1, der mit einem Förderungsangebot nach § 187 Abs. 5 Nr. 2 kombiniert ist, ein gutwilliger Arbeitgeber sich für den Vermittlungsvorschlag entscheidet. Es mag sein, dass bei strengen haushaltsrechtlichen oder betriebswirtschaftlichen Vorgaben die Flexibilität des öffentlichen Arbeitgebers stark eingeschränkt ist. Dennoch hat der Achte Senat mit Rücksicht auf das in § 205 zugunsten schwerbehinderter Menschen geregelte Vorrangprinzip einen Dienststellenleiter nach § 165 als verpflichtet angesehen, einen externen schwerbehinderten Bewerber zum Vorstellungsgespräch zu laden.[432] Die im Schrifttum geäußerte Besorgnis, die Verbindungsaufnahme zur Arbeitsagentur bei beabsichtigter interner Besetzung könne zu Bewerbungen führen, die von vornherein zum Scheitern verurteilt wären,[433] ist ernst zu nehmen. Diese Einschätzung ist allerdings als Zweckmäßigkeitsargument nicht geeignet, von der vermeintlich vom Gesetzgeber zu weitgehend ausgestalteten Pflicht zur Verbindungsaufnahme[434] zu entbinden. Seit dem 1.1.2018 durch die Einfügung der Wortfolge „nach einer erfolglosen Prüfung zur internen Besetzung des Arbeitsplatzes" für den öffentlichen Arbeitgeber eine Erleichterung geschaffen worden, → § 165 Rn. 1. Führt die Prüfung zu einer internen Besetzung, entfällt seit 30.12.2016 die Pflicht zur Verbindungsaufnahme, → § 165 Rn. 6.

Die zweite Frage beantwortete das LAG Köln dahin, die SBV können die Durchführung der Verbindungsaufnahme (§ 164 Abs. 1 Satz 2 SGB IX) nicht verlangen; denn die Agentur für Arbeit habe als Gläubigerin der Informationsansprüche auf deren Erfüllung verzichtet.[435] Das LAG hat zum einen verkannt, dass die Arbeitsagentur nicht befugt ist, auf die Durchführung des Gesetzes zu verzichten. Zum anderen, hat sie übersehen, dass Die Verbindungsaufnahme zur Arbeitsagentur ist Bestandteil des Verfahrens zur Prüfung, ob der freie Arbeitsplatz insbesondere mit einem arbeitslos oder arbeitsuchend gemeldeten schwerbehinderten Menschen besetzt werden kann. Da an dieser Prüfung die SBV nach § 164 Abs. 1 Satz 6 zu beteiligen ist, hat sie einen Anspruch, dass der Arbeitgeber das Prüfverfahren entsprechend dem Gesetz durchführt. Sonst wird in das Beteiligungsrecht der SBV eingegriffen. Daraus ergibt sich die vom LAG Köln als fraglich angesehene Antragsbefugnis im arbeitsgerichtlichen Beschlussverfahren.

Aktive Vermittlungsbemühungen der Arbeitsagentur: Die nach § 187 Abs. 4 bei jeder Arbeitsagentur von der BA einzurichtende besondere Vermittlungsstelle für behinderte Menschen (häufig Reha-Team genannt) oder ein von ihr beauf- 140

---

431 BAG 17.8.2010 – 9 AZR 839/08, Rn. 50, NZA 2011,153; LAG Hamm 23.1.2015 – 13 TaBV 44/14, Rn. 73, LAGE § 81 SGB IX Nr 16; so auch hM im Schrifttum: *Braun* Behindertenrecht 2000, 66; *Fabricius* in jurisPK-SGB IX § 164 Rn. 12; *Greiner* in Neumann/Pahlen/Greiner/Winkler/Jabben SGB IX § 164 Rn. 5, *Schmidt* Schwb-ArbR Rn. 127.
432 BAG 16.2.2012 – 8 AZR 697/10, Rn. 62, NZA 2012, 667.
433 So *Fabricius* in jurisPK-SGB IX, 2. Aufl. 2015, § 82 Rn. 16; *Knittel* SGB IX § 26 a.
434 Vgl. dazu die offene Darstellung der rechtspolitischen Argumente durch Hess-LAG 17.10.2006 – 4 TaBV 42/06.
435 LAG Köln 8.2.2010 – 5 TaBV 73/09, Rn. 29 f., Behindertenrecht 2011, 114.

tragter Integrationsfachdienst im Sinne von § 192 SGB IX schlägt nach Abs. 1 Satz 3 dem Arbeitgeber geeignete schwerbehinderte Menschen vor. Nach § 187 Abs. 5 Nr. 1 schuldet die Arbeitsagentur einen sorgfältig ausgearbeiteten Vermittlungsvorschlag. Für jede auf das Stellenangebot in etwa passende arbeitslos oder arbeitsuchend gemeldeten schwerbehinderte Person ist deren Leistungsfähigkeit mit den Auswirkungen der konkreten Behinderung auf den Arbeitsplatz darzulegen. Nach § 163 Abs. 7 kann zu dem Zweck der näheren Abklärung die zuständige Stelle der Arbeitsagentur auch eine Arbeitsplatzbesichtigung durchführen. Der Vermittlungsvorschlag soll mit einem Förderungsangebot nach § 187 Abs. 5 Nr. 2 SGB IX unter Hinweis auf Fördermittel kombiniert werden und soweit wie erforderlich auch die Hilfen der Rehabilitationsträger und der Integrationsämter aufzeigen. Besondere Bedeutung für die Einstellungsentscheidung der Arbeitgeber hat die Beratung über Eingliederungszuschüsse. Diese können nach §§ 88–92 und 131 SGB III zum Ausgleich einer behinderungsbedingten Minderleistung gewährt werden und betragen entgegen der im Regelfall geltenden Höchstgrenzen für behinderte und schwerbehinderte Menschen bis zu 70 % des zu berücksichtigenden Arbeitsentgeltes. Die Förderdauer kann bis zu 24 Monate und bei besonders betroffenen schwerbehinderten Menschen nach § 90 SGB III bis zu 96 Monaten betragen. Mit dem Teilhabechancengesetz vom 17.12.2018[436] ist in § 16 i Zweites Buch Sozialgesetzbuch (SGB II) ein neues Instrument „Teilhabe am Arbeitsmarkt" eingeführt worden. Danach ist die Förderung für Langzeitarbeitslose in den ersten beiden Jahren auf 100 % des gesetzlichen Mindestlohns aufgestockt worden.

141 **Beteiligung der SBV an der Zusammenarbeit mit der Arbeitsagentur:** Zwar ist die Beteiligung der SBV nicht darauf ausgedehnt, sich an der Verbindungsaufnahme mit der Arbeitsagentur nach Abs. 1 Satz 2 zu beteiligen. Aber es gehört zum Umfang der in Abs. 1 Satz 1 geregelten Geeignetheitsprüfung, insbesondere die bei der Agentur als arbeitslos und arbeitsuchend gemeldeten schwerbehinderten Menschen einzubeziehen. Deshalb ist der Arbeitgeber verpflichtet, die SBV darüber zu unterrichten, ob und mit welchem Ergebnis er Verbindung zur Arbeit aufgenommen hat. Nach Ansicht der Fünften Kammer des LAG Köln steht der SBV das für die Antragsbefugnis im Beschlussverfahren erforderliche eigene Recht nicht zu, den Arbeitgeber zu verpflichten, eine unterlassene Verbindungsaufnahme nachzuholen,[437] dagegen → Rn 139. Abs. 1 Satz 6 bestimmt, dass die SBV ihr Beteiligungsrecht an der gemeinsamen Geeignetheitsprüfung „nach § 178 Abs. 2" wahrzunehmen hat. Dazu gehört auch das Aussetzungsrecht nach § 178 Abs. 2 Satz 2, → Rn. 133. Holt der Arbeitgeber die unterlassene Beteiligung nach, die die Vorstufe der Verbindungsaufnahme zur Arbeitsagentur darstellt, und ändert er infolgedessen seine Anforderungsprofile für die zu besetzenden Arbeitsplätze, so ist eine erneute Verbindungsaufnahme mit der Arbeitsagentur erforderlich. Im Übrigen kann sich die SBV im Rahmen ihrer Verbindungsfunktion nach § 182 Abs. 2 Satz 2 unmittelbar an die nach § 187 Abs. 4 für die Schwerbehindertenvermittlung zuständige Stelle innerhalb der Arbeitsagentur wenden und nach § 178 Abs. 1 Satz 2 Nr. 2 eine Vermittlung einschließlich eines gezielten Arbeitsplatzförderungsangebots nach § 187 Abs. 5 Nr. 2 beantragen. Im Rahmen der nach § 182 Abs. 1 Satz 1 gesetzlich vorgeschriebenen Zusammenarbeit („gegenseitige Unterstützung") hat die Arbeitsagentur diesem Antrag zu entsprechen. Die auf der Führungsebene und in der Sachbearbeitung weit verbreitete Unkenntnis über die Pflicht zur Zusammenarbeit mit der SBV entbindet die BA nicht von der gesetzlichen Verpflichtung. Sie

---

436 BGBl. I 2583.
437 LAG Köln 8.2.2010 – 5 TaBV 73/09, Behindertenrecht 2011, 114.

erschwert jedoch der SBV die Erfüllung ihrer Aufgabe. Häufig wird rechtsirrig die Auskunft erteilt, ohne förmliche Anfrage des Arbeitgebers dürfe die Arbeitsagentur überhaupt nicht tätig werden. In diesen Fällen sollte die SBV sich beim Vorstand der BA in Nürnberg beschweren und bei dessen Untätigkeit das Bundesministerium für Arbeit und Soziales als zuständige Rechtsaufsichtsbehörde einschalten.

Ordnungsgemäße Verbindungsaufnahme: Der unterlassenen Verbindungsaufnahme zur Arbeitsagentur ist eine nicht ordnungsgemäße Meldung gleichzusetzen. So reicht es nicht aus, wenn der Arbeitgeber der Agentur für Arbeit den Arbeitsplatz nur pauschal telefonisch („Haben Sie dafür einen Behinderten?") beschreibt.[438] Es bedarf der Angabe der Daten, die für einen qualifizierten Vermittlungsvorschlag erforderlich sind. Von einer unzureichenden Erfüllung der Pflicht zur Verbindungsaufnahme ist deshalb auszugehen, wenn weder ein Anforderungsprofil noch eine konkrete Stellenbeschreibung übersandt werden.[439] Zu ordnungsgemäßen Verbindungsaufnahme gehört auch, die angemessene Zeit abzuwarten, die die Agentur braucht, um bei Arbeitnehmern mit höherer Qualifikation die schriftliche Antwort der von der Arbeitsagentur befragten Zentralstelle abzuwarten.[440] 142

i) Berücksichtigung des internen Arbeitsmarkts

Mobilisierung des innerbetrieblichen Arbeitsmarkts: Ziel des Gesetzes ist nicht nur, die Schwerbehindertenbeschäftigung durch die Einstellung von arbeitslosen Schwerbehinderten zu fördern, sondern auch das Bereitstellen geeigneter behinderungsgerechter Arbeitsplätze sowie die Verbesserung der Beförderungschancen für schon in den Betrieben und Dienststellen beschäftigte Schwerbehinderte. Das ergibt sich aus den in Abs. 4 Satz 1 aufgeführten Arbeitgeberpflichten, die ua auch die Pflicht zu Versetzung auf einen geeigneten behinderungsgerechten Arbeitsplatz und Maßnahmen zur Förderung des beruflichen Aufstiegs umfassen (→ Rn. 193 f.). Gegen den exklusiven Bezug auf den externen Arbeitsmarkt spricht weiterhin der Wortlaut des Abs. 1 Satz 1. Aus dem insoweit eindeutigen Gebot, zu prüfen, „ob freie Arbeitsplätze mit schwerbehinderten Menschen (...) besetzt werden können", ist keine Beschränkung nur auf eine bestimmte Art der Besetzung zu erkennen.[441] Wenn die SBV an der Prüfung der Besetzbarkeit freier Arbeitsplätze beteiligt wird, kann sie bereits aufgrund von vorhergehenden Interessenbekundungen schwerbehinderter Beschäftigter erkennen, ob der freie Arbeitsplatz für schwerbehinderte Beschäftigte geeignet ist, die Schwierigkeiten mit dem zurzeit innegehabten Arbeitsplatz haben oder die sich um den beruflichen Aufstieg bemühen. Das ist vom Gesetzgeber gewollt.[442] 143

Betriebsinterne Ausschreibung: Das innerbetriebliche Potenzial kann die SBV noch stärker ausschöpfen, wenn auf ihren Antrag der Betriebsrat nach § 93 BetrVG vom Arbeitgeber eine interne Stellenausschreibung verlangt. Dem Verlangen muss entsprochen werden, sonst kann nach § 99 Abs. 2 Nr. 5 BetrVG der Betriebsrat seine Zustimmung zur Einstellung oder Versetzung eines Nicht- 144

---

438 LAG RhPf 10.9.2010 – 6 TaBV 10/10, BB 2011, 704 mit Anm. *Reinsch*; *Matthes* jurisPR-ArbR 1/2011 Anm. 5.
439 LAG RhPf 10.9.2010 – 6 TaBV 10/10, BB 2011, 704; ebenso *Fabricius* in jurisPK-SGB IX, 3. Aufl. 2018 27.8.2020, § 164 Rn. 18; *Schmidt* Schwb-ArbR Rn. 129.
440 LAG RhPf 10.9.2010 – 6 TaBV 10/10, BB 2011, 704.
441 AP Nr. 46 zu § 99 BetrVG 1972 Versetzung Anm. *Joussen*.
442 *Schell* SGB IX § 164 Rn. 6.

behinderten verweigern.⁴⁴³ Das Gesetz enthält keine ausdrücklichen Bestimmungen dazu, welche Anforderungen an Inhalt, Form und Frist einer innerbetrieblichen Ausschreibung oder deren Bekanntmachung zu stellen sind. Ist in Betriebsvereinbarungen nichts geregelt, hat der Arbeitgeber das Bestimmungsrecht. Der Betriebsrat kann keine Inhalte oder Bekanntmachungsformen über die Einigungsstelle erzwingen.⁴⁴⁴ Allerdings ist der Arbeitgeber nicht völlig frei. Nach der Rechtsprechung ergeben sich die Mindestanforderungen an Inhalt und Form einer Ausschreibung aus ihrem Zweck, die zu besetzende Stelle den in Betracht kommenden Arbeitnehmern zur Kenntnis zu bringen und ihnen die Möglichkeit zu geben, ihr Interesse an der Stelle kundzutun. Aus der Ausschreibung muss somit hervorgehen, um welchen Arbeitsplatz es sich handelt und welche Anforderungen ein Bewerber erfüllen muss.⁴⁴⁵ Ferner muss die Ausschreibung so bekanntgemacht werden, dass alle Interessenten im Betrieb die Möglichkeit haben, von der Ausschreibung Kenntnis zu nehmen.⁴⁴⁶

3. Organisation der Personalauswahl

a) Unterrichtung über Eingang von Bewerbungen

145 Unterrichtung der Schwerbehindertenvertretung bei Bewerbungen: Der Arbeitgeber ist verpflichtet, nach Abs. 1 Satz 4 die SBV und den Betriebsrat – im öffentlichen Dienst die zuständige Personalvertretung – **unmittelbar nach Eingang** (→ Rn. 147) von Bewerbungen schwerbehinderter Menschen oder gleichgestellter behinderter Menschen zu unterrichten. Ebenso trifft ihn diese Pflicht beim Eingang von Vermittlungsvorschlägen der BA.

Keine Ausnahme ist angebracht, wenn die **Vertrauensperson** oder ein stellvertretendes Mitglied der SBV zu den Bewerbern gehört. Es liegt dann für die Bestimmung des Unterrichtungsadressaten ein Fall der Verhinderung iSv § 177 Abs. 1 Satz 1 vor, → § 177 Rn. 7 (unmittelbare individuelle Betroffenheit). Arbeitgeber dürfen nicht von der gesetzlich vorgeschriebenen Beteiligung der SBV Abstand nehmen.⁴⁴⁷ Zwar hat der Gesetzgeber den vom Achten Senat des BAG zur (fehlenden) **Befangenheit** aufgestellten Rechtssatz⁴⁴⁸ durch die Neufassung der Vertretungsregelung bei Verhinderung „korrigiert". Damit entfällt jedoch nicht die Unterrichtung, sondern es wird nur der Adressat geändert. Statt der selbstbetroffenen und daher als befangen geltenden Vertrauensperson ist das erste stellvertretende Mitglied der SBV zu unterrichten, das die verhinderte Vertrauensperson vertritt. Solange ausreichend stellvertretende Mitglieder ohne unmittelbare individuelle Betroffenheit gewählt sind, hat der Arbeitgeber eine Empfangsperson, an die er die geschuldete Unterrichtung senden kann.

Die Unterrichtungspflicht kann nicht unterlaufen werden, indem sich **Dienststellenleiter** oder der Betriebsleiter auf ihr persönliches **Nichtwissen** berufen. Das Wissen ihrer verantwortlichen Personalsachbearbeiter ist ihnen und dem Arbeitgeber zuzurechnen. Der Arbeitgeber hat die Erledigung seiner Personalangelegenheiten so zu organisieren, dass ein ordnungsgemäßer Hinweis auf eine Schwerbehinderung, der in den Empfangsbereich des Arbeitgebers gelangt ist, ihm auch tatsächlich zur Kenntnis kommt.⁴⁴⁹ Auf die eine effektive Gestaltung

---

443 BAG 14.12.2004 – 1 ABR 54/03, NZA 2005, 424 zu B II 3 b aa der Gründe.
444 BAG 27.10.1992 – 1 ABR 4/92, NZA 1993, 607 zu B II 2 a der Gründe mwN; BAG 6.10.2010 – 7 ABR 18/09, DB 2011, 658.
445 BAG 23.2.1988 – 1 ABR 82/86, NZA 1988, 551 zu B I 1 der Gründe.
446 BAG 17.6.2008 – 1 ABR 20/07, NZA 2008, 1139.
447 *Greiner* in Neumann/Pahlen/Greiner/Winkler/Jabben SGB IX § 164 Rn. 14.
448 BAG 22.8.2013 – 8 AZR 574/12, Pressemitteilung Nr. 50/13.
449 BAG 16.9.2008 – 9 AZR 791/07, Rn. 35, NZA 2009, 79.

der Beteiligung sicherstellenden Organisationsabläufe hat der Inklusionsbeauftragte hinzuwirken; denn er hat als verantwortlicher Vertreter des Arbeitgebers für die Erfüllung der Arbeitgeberpflichten nach § 181 Satz 3 Sorge zu tragen, → § 181 Rn. 24.

Von der Unterrichtungspflicht erfasste Bewerbungen: Unerheblich ist es, ob es sich um sog. **Vorratsbewerbungen**, Bewerbungen auf externe oder interne Ausschreibungen oder **Vermittlungsvorschläge** der Agentur für Arbeit handelt. Vom Geltungsbereich der Norm wird sowohl das Personalauswahlverfahren für Einstellungen als auch das für Versetzungen oder das für die im öffentlichen Dienst möglichen Umsetzungen und Abordnungen erfasst. Es kommt nicht auf die Erfüllung der Merkmale einer Versetzung nach § 95 Abs. 3 BetrVG an. Maßgeblich ist allein, dass es sich um die Vorbereitung einer Auswahlentscheidung für einen freien Arbeitsplatz im Sinne des Teils 3 des SGB IX handelt.[450] Rechtspolitisch mag es bedenklich sein, aber angesichts des klaren Wortlauts des § 154 Abs. 2 und 3 SGB IX „gelten" als Arbeitsplätze im Sinne des Teil 3 nicht die Stellen, auf denen Arbeitnehmer mit **weniger als 18 Stunden wöchentlich** oder höchstens für die Dauer von **acht Wochen** beschäftigt werden, sog. geringfügig oder kurzzeitig Beschäftigte, → Rn. 111. Folglich besteht keine Unterrichtungspflicht bei Bewerbungen um eine derartig **geringfügige** oder **kurzzeitige** Beschäftigung. Die SBV ist nach § 164 Abs. 1 Satz 10 auch dann nicht zu unterrichten, wenn der schwerbehinderte oder gleichgestellte behinderte Mensch ausdrücklich in seiner Bewerbung die **Beteiligung der SBV** abgelehnt hat.

Ein besonderes Problem für den Anspruch auf Unterrichtung hat das in § 34 SGB X zugelassene Instrument der **Zusicherung der Gleichstellung** bereitet. Die Sachbearbeiter der Arbeitsagenturen waren angewiesen, „insbesondere (in) solchen Fällen, in denen die Anhaltspunkte für behinderungsbedingte Eingliederungsprobleme vergleichsweise schwach ausgeprägt sind" keinen Gleichstellungsbescheid zu erteilen, sondern die Gleichstellung nur zuzusichern und den Bescheid später zu erteilen, „wenn das Eintreten der in der Zusicherung genannten Umstände entsprechend belegt wird (zB Einstellungszusage eines Arbeitgebers mit der Maßgabe, dass Gleichstellung erfolgt)".[451] Das hatte zwar für diejenigen, die ihre Behinderung zunächst verschweigen wollen, den Vorteil, auf die Frage nach der Gleichstellung wahrheitsgemäß mit Nein antworten zu können. Andererseits werden diejenigen, die eine Unterstützung des Bewerbungsverfahrens durch die SBV wünschten, benachteiligt; denn die SBV hat erst dann eine Zuständigkeit, wenn die Gleichstellung durch Bekanntgabe des Gleichstellungsbescheids erfolgt ist. Die sozialgerichtliche Rechtsprechung billigte diese Verkürzung des Rechtsanspruchs.[452] Das ist kritisiert worden.[453] Die Kritik hatte Folgen. Die BA hat mit Wirkung zum 1.1.2018 ihre **Verwaltungspraxis aufgegeben**.[454] Zur Begründung wird darauf verwiesen, die Zusicherung sei 2002 als kundenorientierte Handlungsform eingeführt worden, „um Antragstellern, die einen Arbeitsplatz erlangen wollen, die Möglichkeit zu eröffnen, flexibel auf die damals noch zulässige (tätigkeitsneutrale) Frage des Arbeitgebers nach der Schwerbehinderteneigenschaft zu reagieren. Im Zeitablauf haben sich die Rahmenbedingungen verändert. Nunmehr darf nach überwiegen-

---

450 Zutreffend: *Trenk-Hinterberger* in HK-SGB IX § 81 Rn. 5; aA für funktionale Betrachtung: *Großmann* in GK-SGB IX § 81 Rn. 24, 50 f.
451 Nr. 2.1.2 Dienstblatt-Runderlass 13/2002 v. 16.4.2002.
452 HessLSG 11.7.2007 – L 7 AL 61/06; kritisch dazu *Düwell* SuP 2011, 595 (596).
453 *Düwell* SuP 2011, 595 (596).
454 BA Zentrale, GR4, Fachliche Weisungen SB Neuntes Buch Sozialgesetzbuch – SGB IX, § 2 SGB IX Begriffsbestimmungen vom 20.12.2017, S. 7.

der Rechtsmeinung der Arbeitgeber im Bewerbungs- bzw. Einstellungsverfahren nicht nach der Eigenschaft als schwerbehinderter Mensch (dh statusbezogen) fragen, da dies eine Diskriminierung darstellt. Damit entfällt der Vorteil einer Zusicherung. Bei Vorliegen der Voraussetzungen ist eine Gleichstellung unmittelbar zu erteilen."[455] Da anstelle von Zusicherungen jetzt unmittelbar den Antragstellern die Gleichstellung erteilt wird, ist eine Lücke bei der Unterrichtung der SBV über Bewerbungen und Vermittlungsvorschläge geschlossen worden.

147 **Unterrichtungszeitpunkt:** Der richtige Unterrichtungszeitpunkt liegt früher, als das Schrifttum mit der Umschreibung „unverzüglich"[456] annimmt. Unverzüglich bedeutet nach § 121 BGB „ohne schuldhaftes Zögern": Dh dringende andere Geschäfte können vorgezogen werden. Das ist aber nach der Gesetzesformulierung in Abs. 1 Satz 4 „unmittelbar nach Eingang" ausgeschlossen. Die Benachrichtigung hat sofort zu erfolgen; insbesondere darf der Arbeitgeber nicht zunächst die eingegangenen Bewerbungen sammeln und dann die SBV gesammelt unterrichten.[457] Die Mitteilungspflicht setzt ein, sobald der Arbeitgeber erkennt oder anhand offensichtlicher Behinderungsanzeichen, zB Vorstellung eines Bewerbers im Rollstuhl, erkennen müsste, dass es sich um einen schwerbehinderten oder gleichgestellten Bewerber handelt.
Beispiel: Offenbart sich erst während des Bewerbungsgesprächs der Bewerber als schwerbehindert, so hat der Arbeitgeber das Bewerbungsgespräch zu unterbrechen und per Telefon oder E-Mail die SBV zu unterrichten.

148 **Kenntnis des Arbeitgebers von der Schwerbehinderung:** Es werden von der Rspr. keine lebensfremden überzogenen Anforderungen aufgestellt. Der Arbeitgeber muss nicht in allen Anlagen einer Bewerbung nach Anzeichen von Behinderungen forschen. Einzelheiten dazu: → Rn. 60. Nach der Lebenserfahrung kann davon ausgegangen werden, dass Arbeitgeber gewöhnlich das Bewerbungsschreiben und den Lebenslauf durchlesen.[458] Sind in diesen Unterlagen **deutliche Hinweise** auf die Schwerbehinderung oder die Gleichstellung angegeben, besteht objektiv eine Vermutungsgrundlage für die Kenntnis der Schwerbehinderung.[459] Für das Erfordernis, die SBV vom Eingang einer Bewerbung zu unterrichten, genügt die Mitteilung einer „Schwerbehinderung". Einer ausdrücklichen Erwähnung des GdB bedarf es nicht.[460] Allerdings hatte der Achte Senat zunächst eine strengere Linie verfolgt. Wenn der Nachweis der Schwerbehinderung nicht durch Kopie eines Schwerbehindertenausweises geführt wurde, sollte der Grad der Behinderung und bei einem geringeren Grad als 50 auch die erfolgte Gleichstellung mitgeteilt werden müssen.[461] An dieser Auffassung hat der Senat jedoch nicht festgehalten. Vielmehr hat er ausdrücklich klargestellt: „Es ist nicht zusätzlich erforderlich, den GdB mitzuteilen".[462]

---

455 BA Zentrale, GR4, Fachliche Weisungen SB Neuntes Buch Sozialgesetzbuch – SGB IX, § 2 SGB IX Begriffsbestimmungen vom 20.12.2017, S. 7.
456 So *Knittel* SGB IX § 81 Rn. 53; *Greiner* in Neumann/Pahlen/Greiner/Winkler/Jabben SGB IX § 164 Rn. 10; aA zutreffend „unmittelbar nach Eingang": *Schmidt* Schwb-ArbR Rn. 141.
457 ArbG Marburg 29.7.2005 – 2 Ca 65/05, DB 2005, 1860.
458 ArbG Düsseldorf 18.9.2007 – 7 Ca 1969/07, FA 2008, 82; Urteil ist in der Berufungsinstanz bestätigt worden, ohne auf die Rechtsfrage einzugehen: LAG Düsseldorf 14.2.2008 – 11 Sa 1939/07, AE 2009, 31.
459 BAG 28.8.2008 – 9 AZR791/07.
460 *Fabricius* in jurisPK-SGB IX § 164 Rn. 25.
461 BAG 18.9.2014 – 8 AZR 759/13, Rn. 33, 35; BAG 26.9.2013 – 8 AZR 650/12, Rn. 30.
462 BAG 22.10.2015 – 8 AZR 384/14, Rn. 40, NZA 2016, 625.

Der Arbeitgeber darf nicht mangelnde Kenntniserlangung vorschützen. Insoweit hilft der in einem Verbandsrundschreiben verbreitete vermeintliche „Tipp" nicht weiter, es solle geprüft werden, ob die zuständige Mitarbeiterin den Hinweis auf die Schwerbehinderung „überlesen" habe. Ebenso wenig dringt ein Arbeitgeber damit durch, er habe die Unterrichtung der Schwerbehinderung unterlassen, weil im Bewerbungsschreiben kein amtlicher Nachweis der Schwerbehinderung enthalten gewesen sei, dazu → Rn. 60. Aus der gesetzlichen Regelung, dass die Unterrichtungspflicht **unmittelbar** nach Bewerbungseingang einsetzen soll, folgt, dass keine Verzögerung durch die Aufforderung des Arbeitgebers an den Bewerber eintreten soll, noch den Nachweis durch Vorlage des Schwerbehindertenausweises oder des Feststellungsbescheids zu führen. Zweifelt der Arbeitgeber an der Richtigkeit der angegebenen Schwerbehinderung, so kann er für die im Auswahlverfahren folgenden Schritte, insbesondere die Einsichtnahme in andere Bewerbungsunterlagen, die Teilnahme am Vorstellungsgespräch und die Durchführung des Erörterungsverfahrens nach Abs. 1 Satz 7, dem Beteiligungsverlangen der SBV das Fehlen des Nachweises entgegenhalten. Da die SBV über den Bewerber unterrichtet ist, kann sie diesem verdeutlichen, welchen Schutz er verliert, wenn er den Nachweis nicht oder nicht rechtzeitig führt. Der Bewerber kann für diese Fälle vorsorgen, indem er bereits in dem Bewerbungsschreiben zur Behebung möglicher Zweifel eine Kopie des Schwerbehindertenausweises oder des Gleichstellungsbescheids als hervorgehobene Anlage anfügt und im Bewerbungsschreiben darauf hinweist.

Keine Nachforschungspflicht: Zeigt die der Bewerbung beiliegende Kopie des Schwerbehindertenausweises ein abgelaufenes Datum der **Gültigkeitsdauer**, so ist lediglich erkennbar, dass der Kläger in der Vergangenheit als schwerbehinderter Mensch anerkannt war. Ob die Schwerbehinderteneigenschaft zum Zeitpunkt der Bewerbung noch bestand, ist für den Arbeitgeber dagegen nicht erkennbar. Etwas anderes folgt auch nicht aus der Regelung des § 152 Abs. 5 Satz 4. Dort ist bestimmt, dass der Ausweis über die Eigenschaft als schwerbehinderter Mensch eingezogen wird, sobald der gesetzliche Schutz erloschen ist. Denkbar wäre, dass die Kopie noch vor der Einziehung des Ausweises gefertigt worden ist, oder dass der Ausweis ausnahmsweise mit Erlöschen der Schwerbehinderteneigenschaft nicht sofort eingezogen worden ist. Die Vorlage eines abgelaufenen Schwerbehindertenausweises kann daher nicht als hinreichender Anhaltspunkt für eine aktuell bestehende Schwerbehinderteneigenschaft angesehen werden.[463] Ein Arbeitgeber ist in dieser Situation nicht verpflichtet, von sich aus Nachforschungen zur Frage der noch weiter bestehenden Schwerbehinderteneigenschaft anzustellen.[464] Es ist vielmehr Sache des Bewerbers klarzustellen, dass trotz Ablaufs der Befristung noch eine Schwerbehinderung vorliegt. So ist es in den Fällen des nachwirkenden Schutzes, → § 199 Rn. 6. 149

Gezielte Unterrichtung der SBV: Für die geschuldete Unterrichtung reicht es nicht aus, dass der Arbeitgeber alle Bewerbungsunterlagen auf eine Plattform für die Beschäftigtenvertretungen einschließlich der SBV einstellt und diese Plattform elektronisch zugänglich macht. Wird diese Art der **elektronischen Kommunikation** gewählt, so muss zusätzlich noch ein **Hinweis** ergehen, ob und welche der sich bewerbenden Personen schwerbehindert ist.[465] Hat eine Bewerberin oder ein Bewerber nicht von dem Ablehnungsrecht aus § 164 Abs. 1 Satz 10 Gebrauch gemacht, hat der Arbeitgeber auch **Name, Adresse** und/oder 150

---

463 ArbG Ulm 17.12.2009 – 5 Ca 316/09, Behindertenrecht 2010, 214.
464 ArbG Ulm 17.12.2009 – 5 Ca 316/09, Behindertenrecht 2010, 214.
465 LAG Bln-Bbg 27.11.2019 – 15 Sa 949/19, NZA-RR 2020, 179; dazu *Zaumseil* DB 2020, 1016 und *Busch* jurisPR-ArbR 25/2020 Anm. 4.

sonstige Kontaktdaten der Bewerbungen mitzuteilen. Nur dann kann die SBV ihre gesetzlichen Aufgaben erfüllen, die Eingliederung in den Betrieb bzw. in die Dienststelle zu fördern (§ 178 Abs. 1 Satz 1) sowie beratend und helfend Beistand zu leisten; denn dazu kann es erforderlich sein, mit den schwerbehinderten und den ihnen gleichgestellten behinderten Bewerbern Kontakt aufzunehmen, um Unklarheiten hinsichtlich des Anpassungs- oder Unterstützungsbedarfs abzuklären. Geschieht das nicht, so wird die Unterrichtungspflicht nicht in gehöriger Art und Weise als Bringschuld erfüllt, sondern nur die Möglichkeit eingeräumt, nach Durchsicht zahlreicher Dokumente die erforderliche Informationen selbst zu finden.[466] Damit ist zwar eine Erweiterung des Vertretungsbereichs der SBV verbunden, der über den Kreis der Wahlberechtigten hinausgeht. In § 178 Abs. 1 Satz 1 erste Variante liegt für die Förderung der einzugliedernden externen Bewerberinnen und Bewerber eine Durchbrechung des sonst an das Wahlrecht gebundene Repräsentationsprinzips (→ § 178 Rn. 8) vor.

Datenschutzrechtliche Bedenken sind nicht angebracht; denn der Arbeitgeber verarbeitet hier sensible personenbezogene Daten nach § 26 Abs. 3 BDSG für Zwecke des Beschäftigungsverhältnisses und zur Erfüllung von Pflichten aus § 164 Abs. 1 Satz 4 SGB IX. Solange die sich bewerbende Person nicht die Beteiligung der SBV nach § 164 Abs. 1 Satz 10 abgelehnt hat, besteht kein schutzwürdiges Interesse der betroffenen Person an dem Ausschluss dieser Verarbeitung. Sinn und Zweck der Arbeitgeberpflicht in § 164 Abs. 1 Satz 4 ist es, dass der Arbeitgeber der SBV frühzeitig und umfassend Transparenz über die eingegangenen Bewerbungen verschafft. Die SBV soll in die Lage versetzt werden, die ihr vom Gesetzgeber zugewiesenen Aufgaben wahrzunehmen. Dazu gehört insbesondere, den sich bewerbenden schwerbehinderten und gleichgestellten Menschen beratend und helfend zur Seite zustehen (§ 178 Abs. 1 Satz 1 3. Alt.) sowie darüber zu wachen, dass das zugunsten dieser Personen bestehende Benachteiligungsverbot (§ 178 Abs. 1 Satz 2 iVm § 164 Abs. 2) im Bewerbungsverfahren eingehalten wird. Soweit geltend gemacht wird, „der SBV soll es ermöglicht werden, sich inhaltlich auf Augenhöhe mit dem Arbeitgeber auseinander zu setzen"[467], trifft das für das allgemeine Unterrichtungsrecht nach § 178 Abs. 2 Satz 1 SGB IX zu. Es wird jedoch die besondere Zwecksetzung des speziellen Unterrichtungsrechts bei Bewerbungen iSv § 164 Abs. 1 Satz 4 verkannt. Der Zweck der unmittelbar nach Eingang der Bewerbung zu erfolgenden Unterrichtung kann nur verwirklicht werden, wenn der Arbeitgeber die SBV zielgerichtet auf jede in Bewerbungen offengelegte Schwerbehinderung hinweist. Diese Hinweispflicht ist auch interessengerecht. Aus der Pflicht zur gegenseitigen Rücksichtnahme ist abgeleitet worden, dass im Bewerbungsschreiben oder an herausgehobener Stelle im Lebenslauf die Eigenschaften schwerbehinderter oder einem Schwerbehinderten gleichgestellten Mensch aufzuführen sind.[468] Umgekehrt ist der Arbeitgeber im Verhältnis zur SBV entsprechend dem Grundsatz der engen Zusammenarbeit (§ 182 Abs. 1) gehalten, die von ihm den Bewerbungsunterlagen entnommenen Informationen über eine Schwerbehinderung oder Gleichstellung der SBV gezielt mitzuteilen.[469] Die SBV ist jedoch ebenso wie der Betriebsrat angehalten, angemessene und spezifische **Schutz-**

---

466 LAG Bln-Bbg 27.11.2019 – 15 Sa 949/19, Rn. 36, NZA-RR 2020, 179.
467 LAG Bln-Bbg 27.11.2019 – 15 Sa 949/19, Rn. 36, NZA-RR 2020, 179 unter Bezug auf *Mushoft* in Hauck/Noftz, April 2018, SGB IX § 178 Rn. 53.
468 BAG 18.9.2014 – 8 AZR 759/13, Rn. 37, ZTR 2015, 216.
469 LAG Bln-Bbg 27.11.2019 – 15 Sa 949/19, Rn. 36, NZA-RR 2020, 179.

maßnahmen zu treffen.[470] Dazu muss der Arbeitgeber entsprechende Software und Geräte einschließlich gesicherter Verwahrmöglichkeiten zur Verfügung stellen. Der in nach § 179 Abs. 9 aufgestellte Grundsatz der gemeinsamen Nutzung mit dem Betriebs- bzw. Personalrat kann hier nicht gelten, → § 179 Rn. 108.
Da die SBV nach §§ 177, 176 ein eigenständiges Organ der Betriebs- bzw. der Dienststellenverfassung ist (→ § 178 Rn. 5), kann mit der Informationserteilung an den Betriebsrat oder den Personalrat der Arbeitgeber seine Bringschuld aus § 164 Abs. 1 Satz 4 nicht erfüllen; denn weder Betriebsrat noch Personalrat sind zuständig für den Empfang von Mitteilungen, die an die SBV zu richten sind.[471] Zuständige **Empfangsperson** ist allein die **Vertrauensperson** und im Falle der Verhinderung nach § 177 Abs. 1 Satz 1 das erste stellvertretende Mitglied. Bei der in der Praxis nicht unüblichen **Personalunion** der Vertrauensperson mit einer Betriebsrats- oder Personalratsmitgliedschaft (sog. **Doppelmandat**) ist die Unterrichtung des Vorsitzenden des Personal- oder Betriebsrats nicht geeignet, dem Arbeitgeber die Erfüllung seiner Pflicht aus § 164 Abs. 1 Satz 4 durch eine konzentrierte Zuleitung zu erleichtern. Da eine Unterrichtung „unmittelbar nach Eingang" geschuldet wird, führt die Zuleitung über den Betriebsrats- oder Personalratsvorsitzenden zu einer vom Arbeitgeber zu vertretenden Verzögerung, die der SBV ihre Aufgabe erschwert, gem § 178 Abs. 1 Satz 2 Nr. 1 darüber zu wachen, dass der Arbeitgeber schwerbehinderte Bewerber nicht entgegen § 164 Abs. 2 benachteiligt. Ebenso wird dadurch das Recht der SBV aus § 178 Abs. 2 Satz 4 vereitelt oder zumindest gefährdet, zur Begleitung der Auswahlprozesse in die Bewerbungsunterlagen auch der nichtbehinderten Bewerber Einblick zu nehmen und an den Vorstellungsgesprächen aller Bewerber teilzunehmen. Die Chance, durch einen Vergleich der Qualifikationen die benachteiligungsfreie Stellenbesetzung zu überprüfen, wird so genommen.

Sanktion Bußgeld: Das Unterlassen der in Abs. 1 Satz 4 vorgeschriebenen sofortigen Unterrichtung der SBV ist nach § 238 Abs. 1 Nr. 7 Alt. 1 bußgeldbewehrt. Das gilt auch für die nicht vollständige, oder inhaltlich nicht richtige sowie für die nicht rechtzeitige Unterrichtung, zum maßgeblichen Zeitpunkt → Rn. 147.

Sanktion Vermutungstatsache: In allen Fällen der nicht vom Arbeitgeber erfüllten Pflicht, an der Eingliederung schwerbehinderter Mensch mitzuwirken, spricht ein gewichtiges Anzeichen für die Vermutung der Benachteiligung der verschwiegenen oder verspätet mitgeteilten Bewerbung eines schwerbehinderten Bewerbers.[472] Das gilt insbesondere, wenn die Unterrichtung unterbleibt oder zu spät oder ohne Weiterleitung von Angaben zur Behinderung erfolgt; denn dann wird der SBV die Möglichkeit der Stellungnahme (Anhörung nach § 178 Abs. 2 Satz 1 SGB IX) genommen, ob die freie Stelle behinderungsgerecht „besetzbar" gemacht werden kann.

b) Beteiligung an Auswahlentscheidung

Beteiligung am Auswahlverfahren: Die Prüfung nach Abs. 1 Satz 1, ob freie Arbeitsplätze mit schwerbehinderten Menschen besetzt werden können, beinhaltet nicht nur die im Rahmen einer Anhörung die Mitbeurteilung, ob der freie Arbeitsplatz für bestimmte Arten und Schweregrade von Behinderungen geeignet ist, sondern schließt auch die **Beteiligung am Auswahlverfahren** ein. Dazu wird

---
470 Für den Betriebsrat: BAG 9.4.2019 – 1 ABR 51/17, Rn. 40, BAGE 166, 269 = NZA 2019, 1055.
471 BAG 15.2.2005 – 9 AZR 635/03, NZA 2005, 870; dem folgend: LAG Hamm 16.12.2005 – 15 Sa 1698/05, ZfPR online 2006, Nr. 9, 10.
472 Vgl. BAG 15.2.2005 – 9 AZR 635/03, NZA 2005, 870; weitere Einzelheiten: → Rn. 36.

in Abs. 1 Satz 6 auf das in § 178 Abs. 2 Satz 4 geregelte Recht verwiesen. Dies gewährleistet die Einsicht in die entscheidungserheblichen Unterlagen und die Teilnahme an den Vorstellungsgesprächen, → § 178 Rn. 49.

Die Einleitung des Auswahlverfahrens erfolgt nach § 164 Abs. 1 Satz 4 mit der unmittelbar nach Eingang stattfindenden (→ Rn. 147) Unterrichtung über den Eingang von Bewerbungen oder Vermittlungsvorschlägen, die Menschen mit Schwerbehinderung oder Gleichstellung betreffen. Stellt sich die Bewerbung aus Sicht des Arbeitgebers als bloße Vorratsbewerbung dar, ist dies der SBV mitzuteilen. Betrifft jedoch eine Bewerbung oder ein Vermittlungsvorschlag eine zu besetzende Stelle oder Dienstposten, so sind die Beteiligungsrechte der SBV (§ 178 Abs. 2) am weiteren Verfahren zu beachten. Die SBV ist dazu über den geplanten Gang des Auswahlverfahrens, insbesondere bei einer großen Anzahl von Bewerbungen über eine beabsichtigte **Vorauswahl** und deren Kriterien sowie über danach vorgesehene **Vorstellungsgespräche** und **Testverfahren** oder **Assessment Center** zu unterrichten. Vor der Entscheidung über die Durchführung einer Vorauswahl und der Festlegung der Vorstellungsgespräche und Testverfahren muss die SBV Gelegenheit erhalten, dazu Stellung zu beziehen; denn es handelt sich insoweit um Angelegenheiten, die die Gruppe der schwerbehinderten Menschen berühren. Dies stellt die Verweisung in § 164 Abs. 1 Satz 6 auf § 178 Abs. 2 klar.[473] Dazu gehört auch eine Anhörung zu den Kriterien, die zur Vorauswahl beabsichtigt sind.[474] Die Einholung der Stellungnahme der SBV ist in diesen Angelegenheiten sachlich erforderlich, damit Diskriminierungen bei der Vorauswahl durch Aufstellung vermeintlich neutraler Kriterien wie Besitz einer Fahrerlaubnis vermieden und die die SBV zur Herstellung der Chancengleichheit für Testverfahren Vorkehrungen einfordern kann, die aus ihrer fachlichen Sicht als Nachteilsausgleiche im Hinblick auf Art und Schwere der Behinderung geboten sind. Die frühzeitige Angabe der Termine der Vorstellungsgespräche ist erforderlich, damit die SBV entscheiden kann, ob und in welchen Fällen sie von ihrem Recht aus § 178 Abs. 2 Satz 4 auf Teilnahme an den Vorstellungsgesprächen (→ Rn. 11) Gebrauch machen soll. In der Praxis wird nicht selten übersehen, dass die für den Arbeitgeber handelnden Personen insoweit nach § 178 Abs. 2 Satz 1 eine informationelle Bringschuld trifft. Ist die Vertrauensperson entsprechend § 164 Ans. 1 Satz 4 über den Eingang eines Vermittlungsvorschlags oder einer Bewerbung für eine zu besetzende Stelle oder einen Dienstposten unterrichtet, kann sie die unterbliebene Information über den weiteren Gang des Auswahlverfahrens rügen und die Nachholung der Unterrichtung verlangen. Der übergangenen SBV steht nach § 178 Abs. 2 Satz 2 das Recht zu, die Aussetzung des Vollzugs (im öffentlichen Dienst) bzw. der Durchführung (in der Privatwirtschaft) der Entscheidungen über Vorauswahl und die weiteren Schritte wie **Vorstellungsgespräche** und **Testverfahren** oder **Assessment Center** zu verlangen, um ihre fachlichen Bedenken oder Hinweise für eine behinderungsgerechte Gestaltung einzubringen. Zur Sicherung dieses Rechts kann eine einstweilige Verfügung (Unterlassung der Stellenbesetzung) im Beschlussverfahren (→ Rn. 231) erwirkt werden. Sie kann auch Kriterien beanstanden, die gegen das Benachteiligungsverbot verstoßen (→ Rn. 28) Da die SBV nach § 178 Abs. 2 Satz 4 das Recht auf Einsicht in alle entscheidungsrelevanten Teile der Bewerbungsunterlagen hat, ist sie auch in der Lage, entsprechend ihrer in § 178 Abs. 1 Satz 2 Nr. 1 bestimmten Überwachungsaufgabe zu

---

473 So auch *Knittel* SGB IX § 81 Rn. 71; *Müller-Wenner* in Müller-Wenner/Winkler SGB IX § 81 Rn. 15.
474 So auch *Knittel* SGB IX § 81 Rn. 71; *Müller-Wenner* in Müller-Wenner/Winkler SGB IX § 81 Rn. 15.

überprüfen, ob die mit der Personalauswahl betraute Stelle die Kriterien eingehalten hat, die sie für die Vorauswahl angekündigt hat; denn es ist bereits entscheidungserheblich, wie und warum Bewerbungen in der Vorsichtung aussortiert werden. Darunter können auch schwerbehinderte Menschen sein.
Verbleiben nach der mitangekündigten Vorauswahl noch Vermittlungsvorschläge der Schwerbehinderten oder außerhalb der Vermittlung der Agentur für Arbeit eingegangene Bewerbungen im Auswahlverfahren, so hat die SBV nach § 178 Abs. 2 Satz 4 das Recht auf Teilnahme an allen Vorstellungsgesprächen, → § 178 Rn. 45. Im Interesse der engen Zusammenarbeit hat nach § 182 Abs. 1 der Arbeitgeber die zeitliche Lage der Vorstellungstermine mit der SBV abzustimmen. Bei der Terminabstimmung sind Verhinderungsgründe der Vertrauensperson zwar zu berücksichtigen, aber keine zwingenden Gründe für **Terminverlegungen**, soweit die Vertrauensperson durch stellvertretende Mitglieder der SBV vertreten werden kann.

Zwischenschaltung Dritter: Finden Vorstellungstermine oder sonstige Auswahlverfahren wie zB **Assessment-Center** statt und sind diese einem **externen Dienstleister** übertragen, so hat der Arbeitgeber nach § 178 Abs. 2 Satz 1 die SBV von dieser Angelegenheit, die die Gruppe der schwerbehinderten Menschen berührt, im Vorfeld zu unterrichten. Von seinen Verpflichtungen aus § 178 Abs. 2 Satz 4, der SBV die Möglichkeit einzuräumen, Bewerberunterlagen einzusehen und an den Vorstellungsgesprächen teilzunehmen, kann sich der Arbeitgeber nicht durch Übertragung des Auswahlverfahrens an Dritte befreien; denn es handelt sich um zwingendes Gesetzesrecht. Die Pflichten können daher nicht durch die Übertragung auf Dritte – wie beauftragte Arbeitsvermittler oder Beratungsunternehmen zB **Headhunter** – aufgehoben oder eingeschränkt werden.[475] Diese Auffassung entspricht auch dem Stand der Rechtsprechung. So hat der Fachsenat des BAG, der für AGG Entschädigungen zuständig ist, erkannt, ein Arbeitgeber bleibe auch dann nach § 6 Abs. 2 Satz 1 AGG **verantwortlich**, wenn er eine **Personalvermittlung** eingeschaltet und diese die endgültige Auswahl in alleiniger Verantwortung durchführt.[476] Dem hat sich die Instanzrechtsprechung angeschlossen.[477] Das entspricht auch der Rspr. zur **Zurechnung** des Fehlverhaltens des beauftragten Dritten. So hat eine von einem Dritten erstellte Stellenausschreibung zu einer Entschädigungspflicht des Arbeitgebers geführt, weil die Stellenausschreibung nicht geschlechtsneutral formuliert worden war.[478] Folglich muss der Arbeitgeber, auch aus Gründen des Selbstschutzes, den beauftragten Dritten vertraglich dazu anhalten, bei der Erfüllung seines Auftrags die Arbeitgeberpflichten zu erfüllen.[479] Das bedeutet: Der Dritte muss die SBV so beteiligen, dass er die Arbeitgeberpflichten gegenüber der SBV umfassend und rechtzeitig erfüllt. Geschieht das nicht, wird sein Fehlverhalten dem Arbeitgeber zugerechnet. Die Zurechnung führt dann zur Sanktionierung durch Ansprüche des wegen der Nichtbeteiligung der SBV diskriminierten Stellenbewerbers. Diese bestehen in dem Ersatz des Vermögensschadens (§ 15 Abs. 1 AGG) und in der Entschädigung des immateriellen Schadens (§ 15 Abs. 2 AGG). Die SBV ist auch in der Lage, da sie in ihren eigenen Beteiligungsrechten verletzt ist, im arbeitsgerichtlichen Beschlussverfahren nach

---

475 *Adlhoch* Behindertenrecht 2018, 9; *Kayser* in Ernst/Adlhoch/Seel SGB IX § 95 Rn. 68.
476 BAG 23.1.2014 – 8 AZR 118/13, Rn. 19 ff., BB 2014, 1534.
477 LAG BW 29.4.2016 – 19 Sa 45/15, Rn. 43, SuP 2016, 796; LAG 25.6.2014 – 5 Sa 75/14, Rn. 44, ZTR 2015, 22.
478 Vgl. BAG 5.2.2004 – 8 AZR 112/03, BAGE 109, 265.
479 *Adlhoch* Behindertenrecht 2018, 9.

§ 2 a Abs. 1 Nr. 3 a ArbGG zur Abwehr künftiger Rechtsverletzungen einen vorbeugenden **Unterlassungsanspruch** durchzusetzen.
Ebenso kann das Beteiligungsrecht der SBV nicht dadurch unterlaufen werden, dass die Bewerbungsverfahren und Auswahlgespräche **zentral** bei einer Stelle geführt werden, die die ausgewählten Bewerber anschließend den Beschäftigungsdienststellen **zuweist** oder an Dritte **überlässt**. Die Rechtsprechung hat das anlässlich eines Falles aus dem Bereich der **JobCenter** klargestellt.[480] Sie hat dazu den Rechtssatz aufgestellt: „Das Beteiligungsrecht ist auch nicht in den Fällen eingeschränkt, in denen der Bewerber nach Begründung des Arbeitsverhältnisses nicht in den Betrieb oder die Dienststelle des Vertragsarbeitgebers eingegliedert, sondern einem Dritten im Wege der **Personalgestellung** zugewiesen werden soll"[481]. Zur Begründung hat das BAG zutreffend darauf hingewiesen, aus der gesetzlichen Aufgabenbeschreibung in § 178 Abs. 1 Satz 1 (zur Zeit der Entscheidung im Jahr 2014 galt noch die inhaltsgleiche Norm § 95 Abs. 1 Satz 1) SGB IX, die Eingliederung schwerbehinderter Menschen zu fördern, sei keine Einschränkung zu der Beteiligungsrechte auf die Fälle zu entnehmen, in denen der Arbeitnehmer in den Betrieb oder die Dienststelle des Vertragsarbeitgebers eingegliedert werden soll. Vielmehr erfordert der Zweck der gesetzlichen Regelung, die Teilhabechancen schwerbehinderter Menschen sicherzustellen, die Beteiligung der SBV auch bei der Entscheidung über die Begründung von Arbeitsverhältnissen, in den Fällen, in denen der Arbeitnehmer nach der Begründung des Arbeitsverhältnisses einem Dritten im Wege der Personalgestellung zugewiesen werden soll.[482]
Ebenso wenig wird die Pflicht des öffentlichen Arbeitgebers, den offensichtlich nicht ungeeigneten schwerbehinderten Bewerber zum Vorstellungsgespräch zu laden, nicht durch die Zwischenschaltung eines Dritten aufgehoben. Dazu → § 165 Rn. 9.

155 **Verstärkung der Beteiligung durch Inklusionsvereinbarung oder Erlass:** Die Beteiligung der SBV an der Besetzungsentscheidung kann im Rahmen einer nach § 166 abzuschließenden Inklusionsvereinbarung oder im Bereich des öffentlichen Dienstes durch einen die Inklusionsvereinbarung gemäß § 165 Satz 5 ersetzenden Erlass verstärkt werden. Ein Beispiel dafür findet sich unter 3.6 Fürsorgeerlass des BMVg: „Die Mindestquote für die Beschäftigung schwerbehinderter Menschen in Höhe von sechs % gilt für den Geschäftsbereich des BMVg insgesamt. Jede einzelne Dienststelle des Geschäftsbereichs ist gemäß Erlass vom 2.11.1999 – PSZ V 4 – Az. 15–05–03/2 aufgefordert, die gesetzliche Vorgabe für ihren Bereich zumindest zu erfüllen. Erfüllt eine Dienststelle die Beschäftigungsquote in Höhe von sechs % nicht, so gilt für diese Dienststelle folgende Regelung: Ein freier Arbeitsplatz darf mit einem nicht behinderten Menschen gegen den Widerspruch der Schwerbehindertenvertretung nur dann besetzt werden, wenn die der personalbearbeitenden Dienststelle vorgesetzte Dienststelle nach vorheriger Berichterstattung zugestimmt hat. In dem Bericht ist eingehend zu begründen, warum der Arbeitsplatz nicht mit einem schwerbehinderten Menschen besetzt werden kann. Im Zweifelsfall ist dem BMVg zu berichten."

---

480 BAG 15.10.2014 – 7 ABR 71/12, Rn. 27, NZA 2015, 176; zustimmend: *Giese* jurisPR-ArbR 47/2015 Anm. 5.
481 BAG 15.10.2014 – 7 ABR 71/12, Rn. 27, NZA 2015, 176; zustimmend: *Giese* jurisPR-ArbR 47/2015 Anm. 5.
482 BAG 15.10.2014 – 7 ABR 71/12, Rn. 27, NZA 2015, 176; zustimmend: *Giese* jurisPR-ArbR 47/2015 Anm. 5.

4. Ablehnung der Beteiligung der SBV

Ausdrückliche Ablehnung der Beteiligung: Die SBV hat nach § 178 Abs. 1 156
Satz 1 SGB IX die Pflichtaufgabe, die Eingliederung schwerbehinderter Menschen in den Betrieb bzw. in die Dienststelle zu fördern. Zur Erfüllung dieser Aufgabe hat der Gesetzgeber der SBV in § 164 Abs. 1 Satz 4 und 6, sowie 7 bis 9 SGB IX für das Stellenbesetzungsverfahren besondere Beteiligungsrechte eingeräumt. Diese Beteiligungsrechte entfallen nach Abs. 1 Satz 10, wenn ein schwerbehinderter oder gleichgestellt behinderter Mensch ausdrücklich es ablehnt, dass die SBV in seiner Angelegenheit tätig wird. Die Initiative dazu muss vom Betroffenen ausgehen und ausdrücklich als Ablehnung formuliert sein (→ § 178 Rn. 50). Beachtlich ist die Ablehnung deshalb nur, wenn sie freiwillig und ausdrücklich erklärt worden ist. Die Ablehnung führt nur zum Ausschluss der Beteiligung der SBV von der Begleitung dessen, der eine wirksame Ablehnungserklärung abgegeben hat. Sie gilt nur für diese individuelle Angelegenheit. Die Ablehnung entfaltet keine Wirkung für andere Personen. Ist bei der Stellenbesetzung aufgrund von Bewerbungen oder Vermittlungsvorschlägen zu prüfen, ob andere schwerbehinderte Menschen geeignet sind, so ist die SBV in deren „Angelegenheiten" zu beteiligen. Diese Beteiligung schließt das Recht ein, nach § 178 Abs. 2 Satz 4 an den Vorstellungsgesprächen teilzunehmen (→ § 178 Rn. 50). Liegt bei Eingang der Bewerbung noch keine Abs. 1 Satz 10 genügende wirksame Erklärung des Bewerbers vor, so muss der Arbeitgeber die SBV nach Abs. 1 Satz 4 ohne Nachfrage beim Bewerber unterrichten. Es entbindet keine spätere Ablehnungserklärung von der bereits unmittelbar nach Eingang der Bewerbung zu erfüllenden Unterrichtungspflicht. Die nachträgliche Ablehnungserklärung kann auch nicht die bereits nach § 238 Abs. 1 Nr. 7 SGB IX vollendete Ordnungswidrigkeit heilen.

Eine Ausweitung des Ablehnungsrechts auf weitere Beteiligungstatbestände kommt nicht in Betracht. Die Belegschaft eines Betriebs oder einer Dienststelle konstituiert sich mit der Wahl der SBV als Zwangsverband. In diesem Verband sind von Gesetzes wegen die Rechtsbeziehungen zwischen SBV, Arbeitgebern und Beschäftigten geregelt. Ein Austritt ist nur durch Ausscheiden aus der Belegschaft möglich. Kein Beschäftigter kann außerhalb besonderer gesetzlich vorgesehener Optionsrechte durch Erklärung die in einem gesetzmäßigen Auftrag handelnde SBV von der Erfüllung ihrer Aufgaben entbinden. Gesetzlich ist neben dem Ablehnungsrecht nach Abs. 1 Satz 10 nur noch in § 167 Abs. 2 Satz 1 die Möglichkeit vorgesehen, die Beteiligung der SBV mittelbar „abzuwählen", indem die Zustimmung zur Durchführung des BEM verweigert wird (→ § 167 Rn. 67 ff.). Die Rechtsprechung des BVerwG[483] und ihr folgend die des Ersten Senats des BAG[484] postuliert in freier Rechtsfortbildung ein weitergehendes Recht auf Durchführung des BEM unter Abwahl der Interessenvertretungen (→ § 167 Rn. 74).

Die Ablehnungserklärung soll dem schwerbehinderten Menschen das Recht einräumen, auf die Unterstützung durch die SBV zu verzichten. Erkennt der schwerbehinderte Mensch, dass er die Situation falsch eingeschätzt hat und des Beistands bedarf, muss ihm der **Widerruf der Ablehnung** mit Wirkung für die Zukunft gestattet sein.

Legt der Arbeitgeber dem Bewerber einen Vordruck vor, der eine alternativlose 157
Ablehnungserklärung enthält, so handelt es sich um eine **Allgemeine Geschäfts-**

---

483 BVerwG 23.6.2010 – 6 P 8/09, Rn. 55 ff., BVerwGE 137, 148.
484 Vgl. BAG 22.3.2016 – 1 ABR 14/14, Rn. 30, BAGE 154, 329 = Behindertenrecht 2016, 197.

bedingung (AGB) im Sinne von § 305 Abs. 1 BGB. Diese ist nach § 307 Abs. 1 Satz 1 BGB unangemessen und unwirksam, weil sie den Bewerber entgegen Treu und Glauben von der Wahrnehmung seines Rechts auf Beistand durch die SBV abhält. War das **verwandte Formular** nicht zuvor Gegenstand einer Unterrichtung und Anhörung der SBV im Sinne von § 178 Abs. 2 Satz 1, so kann die SBV nach § 178 Abs. 2 Satz 2 die Aussetzung der Durchführung des praktizierten formularmäßigen Ablehnungsverfahrens und die Nachholung der Anhörung zur Einführung des Ablehnungsformulars verlangen. Zur Sicherung des Unterrichtungs- und Anhörungsanspruchs kann die SBV im Beschlussverfahren eine **Unterlassungsverfügung** erwirken. Ein Arbeitgeber, der durch derartige vorformulierte Erklärungen der Betroffenen die Beteiligung der SBV unterbinden will, behindert im Übrigen die Erfüllung der gesetzlichen Aufgaben der SBV. Allerdings fehlen für dieses, gegen den Grundsatz der engen Zusammenarbeit nach § 182 Abs. 1 verstoßende Verhalten unmittelbar anwendbare Sanktionsnormen. Während die **Behinderung** und Störung des Betriebsrats und der anderen Organe der Betriebsverfassung nach § 119 Abs. 1 Nr. 2 BetrVG strafbar ist, gibt es im SGB IX keine korrespondierende Strafvorschrift. Es kommen nur Bußgelder für nicht erfüllte Beteiligungspflichten gemäß § 238 Abs. 1 Nr. 7 und 8 in Betracht. Hier besteht wie beim Wahlschutz (→ § 177 Rn. 85) eine Schutzlücke. Diese wird vom zuständigen BMAS toleriert. Das zeigt die Antwort auf eine kleine Anfrage der Fraktion die LINKE: „Der Bundesregierung liegen im Übrigen keinerlei Hinweise auf Verstöße gegen Arbeitgeberpflichten (…) vor, die die Einführung einer zusätzlichen Strafvorschrift angezeigt erscheinen ließen."[485] Es fehlt auf Seiten der SBVen eine zentrale Meldestelle für derartige Verstöße. Angesichts der Vielzahl der Schilderungen von Mitgliedern der SBV in Internetforen ist die Dunkelziffer als sehr groß einzuschätzen.

158 **Keine Ablehnung der Geeignetheitsprüfung:** Die Beteiligung der SBV kann erst in der Phase der Personalauswahl abgelehnt werden.[486] Eine schwerbehinderte Person, die sich schon vor Freiwerden einer Stelle initiativ bewirbt, kann nicht verhindern, dass Arbeitgeber und Beschäftigtenvertretungen prüfen, ob die Auswirkungen unterschiedlicher Arten und Schweregrade von Behinderungen Schwierigkeiten bei der Beschäftigung auf dem freien Arbeitsplatz hervorrufen und ob diese ggf. kompensiert werden können (→ Rn. 125 f.). Diese erste Phase der Prüfung erfolgt im Interesse der Gruppe der schwerbehinderten Menschen. Erst in der späteren Phase der Personalauswahl liegt ein individuelles Interesse des schwerbehinderten Bewerbers vor, das es rechtfertigt, auf die vom Gesetz zur Unterstützung vorgesehene Beteiligung der SBV als aus Sicht des Bewerbers überflüssig zu verzichten.

5. Auswahlentscheidung und Erörterung

159 **Auswahlentscheidung:** Der Arbeitgeber trifft die endgültige Auswahlentscheidung in eigener Verantwortung. Das gilt auch dann, wenn in einer Inklusionsvereinbarung oder einer Verwaltungsvorschrift des öffentlichen Dienstes festgelegt ist: „bei ansonsten im Wesentlichen gleicher Eignung, Befähigung und fachlicher Leistung (sollen schwerbehinderte Bewerberinnen und Bewerber) bevorzugt eingestellt werden."[487] Mit der Einräumung eines derartigen Vorrangs ist

---

485 BT-Drs. 17/9347, 4.
486 *Faber/Rabe-Rosendahl* in FKS SGB IX § 164 Rn. 17.
487 So 4.4.2 Bayerische Inklusionsrichtlinien, Bekanntmachung des Bayerischen Staatsministeriums der Finanzen und für Heimat vom 29.4.2019, BayMBl. 2019 Nr. 165.

zwar eine inhaltliche Erweiterung des Überwachungsauftrags der SBV (§ 178 Abs. 1 Satz 2 Nr. 1), aber keine Mitbestimmung verbunden. Die Beteiligung der SBV am Auswahlverfahren erfolgt nach den Bestimmungen des § 178 Abs. 2 Satz 1. Deshalb hat der Arbeitgeber in der Angelegenheit des schwerbehinderten Menschen die SBV vor dem endgültigen Treffen seiner Auswahlentscheidung von seiner Auswahl zu unterrichten und sie dazu anzuhören. Im Rahmen der Anhörung kann dann die SBV ihre Bedenken vorbringen. Nach der Anhörung hat der Arbeitgeber die getroffene Auswahlentscheidung der SBV mitzuteilen. Diese Mitteilungspflicht ergibt sich aus § 178 Abs. 2 Satz 1 Hs. 2 SGB IX.

Finden Vorstellungstermine oder sonstige Auswahlverfahren, wie zB Assessment-Center oder eine Auswahl durch **externe Dienstleister** statt, so hat der Arbeitgeber nach § 178 Abs. 2 Satz 1 die SBV davon zu unterrichten. Der Arbeitgeber muss den eingeschalteten Dienstleister anweisen, vor einer beabsichtigten Auswahlentscheidung die SBV anzuhören und ihr zuvor Gelegenheit zur Einsichtnahme in Unterlagen sowie zur Teilnahme an den Vorstellungsgesprächen zu geben, → Rn. 153. Danach hat der Dienstleister oder der originär zuständige Arbeitgeber der SBV nach § 178 Abs. 2 Satz 1 Hs. 2 die Entscheidung unverzüglich mitzuteilen, nachdem er sie endgültig getroffen hat.

Erörterungsverfahren: Hat der Arbeitgeber nicht die **Pflichtquote** nach § 154 Abs. 1 erfüllt, so schreibt § 164 Abs. 1 Satz 7 ein besonderes Erörterungsverfahren für den Fall vor, dass entweder die SBV oder der Betriebsrat (im öffentlichen Dienst der Personalrat) mit der beabsichtigten Zurückweisung des schwerbehinderten Bewerbers nicht einverstanden ist. Da die Quote unternehmensbezogen (§ 154 Abs. 1) bzw. auf den Geschäftsbereich der Behörde (§ 154 Abs. 2) nach dem Zusammenrechnungsprinzip (→ § 154 Rn. 9 ff.) unter Einbezug aller nach §§ 156, 157 zu berücksichtigenden Arbeitsplätze (→ § 156 Rn. 6 f. (Beamte und Richtern), → § 156 Rn. 13 ff. (Arbeitnehmer) und zu berücksichtigende Ausbildungsplätze (→ § 156 Rn. 30 ff. (Auszubildende und zu ihrer beruflichen Bildung Eingestellte) berechnet wird, müssen der Betriebsrat und die betriebliche SBV bzw. der Personalrat und die SBV der Dienststelle die Angaben des privaten bzw. öffentlichen Arbeitgebers zum Ist- und Soll-Stand der Quote kennen, sonst können sie ihr Recht aus § 164 Abs. 1 Satz 7 nicht wahrnehmen. Deshalb hat der Erste Senat des BAG auch erkannt, dass der Arbeitgeber den einzelnen Betriebsräten über den Umfang der Mindestbeschäftigung im Unternehmen nach § 80 Abs. 2 BetrVG Auskunft erteilen muss.[488] Gleiches muss auch für das Auskunftsverlangen der SBV nach § 178 Abs. 2 Satz 1 SGB IX gelten, denn die Quotenerfüllung ist eine Angelegenheit, die die Gruppe der schwerbehinderten Menschen wegen des gesetzlichen Erörterungsverfahrens berührt. Bestehen in einem Unternehmen mehrere Betriebe, so soll nach Ansicht des Ersten Senats nicht der einzelne Betriebsrat, sondern der Gesamtbetriebsrat anspruchsberechtigt sein.[489]

Machen die Interessenvertretungen ihr Erörterungsrecht geltend, ist der Arbeitgeber auch verpflichtet, **den betroffenen schwerbehinderten Menschen zur Erörterung einzuladen** und unter seiner Beteiligung mit der Schwerbehindertenvertretung sowie dem Betriebsrat (im öffentlichen Dienst mit dem Personalrat) die Ablehnungsgründe zu erörtern.

---

488 BAG 20.3.2018 – 1 ABR 2/17, Rn. 50; BAG 20.3.2018 – 1 ABR 11/17, Rn. 34, BAGE 162, 115 = NZA 2018, 1420.
489 BAG 20.3.2018 – 1 ABR 11/17, Rn. 29, BAGE 162, 115 = NZA 2018, 1420.

Voraussetzungen des besonderen Erörterungsverfahrens sind nach § 164 Abs. 1 Satz 7:
1. Die gesetzliche **Beschäftigungspflicht** schwerbehinderter Menschen ist nicht erfüllt.
2. Die SBV oder eine der in § 176 genannten Vertretungen ist mit der beabsichtigten **Personalentscheidung** des Arbeitgebers **nicht einverstanden**.

Beide Voraussetzungen müssen **kumulativ** vorliegen.[490] Dies entspricht auch der Gesetzesbegründung. Danach ist die Erörterung ausdrücklich nicht erforderlich, wenn der Arbeitgeber dem Vermittlungsvorschlag bzw. der Bewerbung des Schwerbehinderten folgt oder wenn die SBV und der Betriebs- oder Personalrat mit der beabsichtigten Entscheidung des Arbeitgebers einverstanden sind.[491]

Die Pflichten nach § 164 Abs. 1 Satz 7–9 sind nicht auf alle beschäftigungspflichtigen Arbeitgeber auszudehnen. Sie bestehen nur, soweit Arbeitgeber ihre gesetzliche Mindestbeschäftigungspflicht nicht erfüllen.[492] Dabei ist zu beachten, dass nicht nur die 5 %-Quote aus § 154 Abs. 1 zu erfüllen ist, sondern für öffentliche Arbeitgeber des Bundes im Wege des negativen „Besitzstandsschutzes" die frühere **6 Prozent-Quote** nach Maßgabe des § 241 Abs. 1 weiterhin gilt.

Dem betroffenen schwerbehinderten Menschen ist zur **Ermöglichung der Anhörung** die Zusage der Übernahme der notwendigen **Reisekosten** zu erteilen; denn er führt mit der Anreise zur Anhörung einen Auftrag aus.

Der Arbeitgeber hat nach § 164 Abs. 1 Satz 9 über die getroffene Entscheidung **unter Darlegung der Gründe** unverzüglich zu unterrichten. Die Wendung „allen Beteiligten" in Satz 9 von Abs. 1 zeigt, dass der Arbeitgeber seine Entscheidung nicht nur gegenüber der SBV, sondern auch gegenüber dem angehörten schwerbehinderten Bewerber begründen muss.[493] Dieses Verfahren ist bürokratisch und damit für den Arbeitgeber mit Kosten sowie Zeitaufwand verbunden. Der Gesetzgeber hat es bewusst gewählt, um den für die Personalauswahl zuständigen Personen die Benachteiligung von schwerbehinderten Menschen zu erschweren. Denn werden in dem Erörterungsgespräch keine sachlichen Gründe für die Ablehnung vorgebracht, so hat der betroffene schwerbehinderte Mensch eine gute tatsächliche Grundlage für die Geltendmachung eines Schadensersatz- oder Entschädigungsanspruchs nach § 15 Abs. 1 bzw. § 15 Abs. 2 AGG.[494]

Verletzt der Arbeitgeber seine Verpflichtungen aus Abs. 1 Satz 7 bis 9, so ist das ein Indiz iSv § 22 AGG, das für die **Vermutung der Benachteiligung** spricht. Das hat das BAG bereits zu § 81 SGB IX aF festgestellt: „Wie auch bei anderen Vorschriften, die Verfahrens- und/oder Förderpflichten zugunsten schwerbehinderter Menschen enthalten (...) kann aus einem Verstoß gegen § 81 Abs. 1 Satz 9 SGB IX grundsätzlich die Vermutung iSv § 22 AGG einer Benachteiligung wegen der Schwerbehinderung abgeleitet werden".[495]

---

490 BAG 28.9.2017 – 8 AZR 492/16, Rn. 34, NZA 2018, 519.
491 BT-Drs. 14/3372, 18.
492 BAG 18.11.2008 – 9 AZR 643/07, Rn. 59, NZA 2009, 728; BAG 15.2.2005 – 9 AZR 635/03 – zu B IV 1 b bb (2) der Gründe BAGE 113, 361; HessLAG 28.8.2009 – 19/3 Sa 340/08.
493 LAG MV 8.9.2009 – 5 Sa 125/09.
494 Offen gelassen für den Fall der Widerlegung der Vermutung nach § 22 AGG: LAG MV 8.9.2009 – 5 Sa 125/09.
495 BAG 28.9.2017 – 8 AZR 492/16, Rn. 26, NZA 2018, 519; BAG 21.2.2013 – 8 AZR 180/12, Rn. 37, BAGE 144, 275.

6. Begründung der getroffenen Auswahlentscheidung

Umstritten ist der Anwendungsbereich der in Abs. 1 Satz 9 geregelten Pflicht, „unter Darlegung der Gründe unverzüglich" auch den Bewerber über die endgültig ablehnende Entscheidung zu unterrichten. Zunächst nahm der zuständige Neunte Senat wegen des Zusammenhangs mit dem Erörterungsgespräch an, die Vorschrift sei nur auf **erörterungspflichtige Arbeitgeber** anzuwenden, die ihre Beschäftigungsquote nicht erfüllten.[496] Von dieser Auffassung ist er jedoch später abgerückt und hat eine Anwendung auf **alle Arbeitgeber** erwogen: „Ob der Senat an seiner Rechtsprechung zum Geltungsbereich der Unterrichtungspflicht angesichts der in § 81 Abs. 1 SGB IX [seit 1.1.2018: § 164 Abs. 1 SGB IX] vorgegebenen Handlungspflichten des Arbeitgebers, die auf eine umfassende Gewährleistung des Schwerbehindertenschutzes durch das Verfahren zielen, festhalten kann, ist zweifelhaft.".[497] Nach der Änderung der Geschäftsverteilung für Schadensersatz und Entschädigung allein zuständige Achte Senat hat sich über diese Zweifel hinweggesetzt. Danach soll eine Unterrichtungspflicht nur bestehen, wenn der Arbeitgeber „der Pflicht zur Beschäftigung von schwerbehinderten Menschen nicht hinreichend nach § 71 SGB IX [seit 1.1.2018: § 154 SGB IX] nachgekommen" ist.[498] Das hat der Achte Senat bekräftigt und klarstellend ein zweites Erfordernis aufgestellt: „ Die nach § 81 Abs. 1 Satz 9 SGB IX [seit 1.1.2018: § 164 Abs. 1 Satz 9 SGB IX] vorgesehene Pflicht zur unverzüglichen Unterrichtung besteht nur, wenn sämtliche Voraussetzungen des § 81 Abs. 1 Satz 7 SGB IX [seit 1.1.2018: § 164 Abs. 1 Satz 7 SGB IX] vorliegen."[499] Trifft danach den Arbeitgeber nach § 164 Abs. 1 Satz 9 die Begründungspflicht, kann aus der Nichterfüllung eine Indizwirkung für einen Benachteiligung abgeleitet werden.[500]

Ebenso ist umstritten, ob für diese Unterrichtung eine zwingende **Schriftform** gilt. Da die gerichtliche Überprüfung durch eine schriftliche Begründung erleichtert und das Nachschieben von Gründen erschwert würde, verlangt ein Teil des Schrifttums die Einhaltung dieser Form.[501] Die Rechtsprechung hat jedoch eine zwingende Form abgelehnt; denn es bleibe vielmehr grundsätzlich dem Arbeitgeber die Wahl überlassen, in welcher Form er die Beteiligten unterrichte und gegenüber dem Betroffenen die Auswahlentscheidung begründe.[502] Dem ist zuzustimmen. Zwar wäre hier die Schriftform angebracht, aber der Gesetzgeber hat sie nicht angeordnet. Dafür spricht auch § 238 Abs. 1 Nr. 7. Danach wird nur als Ordnungswidrigkeit geahndet, wenn der Arbeitgeber nicht, nicht richtig, nicht vollständig oder nicht rechtzeitig unterrichtet. Hätte der Gesetzgeber eine Form für die Unterrichtung vorschreiben wollen, so hätte er wie in § 238 Abs. 1 Nr. 3 für den Fall der Anzeige zur Beschäftigungspflicht nach § 163 Abs. 2 Satz 1 auch die Nichteinhaltung der Form durch die Formulierung „nicht in der vorgeschriebenen Weise" unter Sanktionsdruck gestellt.

Soweit es sich um Bewerbungen um Stellen im öffentlichen Dienst handelt, sind Besonderheiten zu berücksichtigen, die sich aus Art. 33 Abs. 2 GG ergeben. In

---

496 BAG 15.2.2005 – 9 AZR 635/03 – zu B IV 1 b bb (2) der Gründe BAGE 113, 361.
497 BAG 18.11.2008 – 9 AZR 643/07, Rn. 59, NZA 2009, 728.
498 BAG 21.2.2013 – 8 AZR 180/12, Rn. 40, Behindertenrecht 2013, 232.
499 BAG 28.9.2017 – 8 AZR 492/16, Rn. 29, NZA 2018, 519; erneut bestätigt: BAG 16.5.2019 – 8 AZR 315/18, Rn. 32, BAGE 167, 1 = NZA 2019, 1419.
500 BAG 21.2.2013 – 8 AZR 180/12, Rn. 37, Behindertenrecht 2013, 232; zustimmend: *Schmidt* Schwb-ArbR Rn. 142.
501 *Großmann* in GK-SGB IX, September 2008, § 81 Rn. 176.
502 BAG 18.11.2008 – 9 AZR 643/07, Rn. 56, NZA 2009, 728.

diesen Auswahlverfahren gilt eine zeitnah zu erfüllende **Dokumentationspflicht** für die vom Arbeitgeber subjektiv zugrunde gelegten Auswahlgründe.[503] Im Hinblick auf Art. 19 Abs. 4 Satz 1 GG muss dazu vor der Bekanntgabe der Auswahlentscheidung ein **schriftlicher Auswahlvermerk** erstellt werden, der alle wesentlichen Auswahlerwägungen enthält.[504] Ungenügend ist eine tabellarische Übersicht der Anforderungen.[505] Einer entsprechenden schriftlichen Dokumentation der wesentlichen Abbruchgründe bedarf es auch, wenn der Arbeitgeber sich für den Abbruch des Auswahlverfahrens entscheidet.[506]

164 Die ältere Instanzrechtsprechung hat ein generelles **Verbot des Nachschiebens von Gründen** angenommen, die nicht zuvor Gegenstand der Unterrichtung nach Abs. 1 Satz 9 waren:[507] Diese Präklusionswirkung ist vom BAG abgelehnt worden.[508] Danach kann sich ein Arbeitgeber auf alle geeigneten objektiven Tatsachen berufen, um eine Benachteiligungsvermutung zu widerlegen. Zur Begründung hat das BAG auf die fehlende Schriftform verwiesen, Ohne diese sei ein Verbot des Nachschiebens nicht „sinnvoll".[509] Dem ist die Instanzrechtsprechung gefolgt. Danach kann der Arbeitgeber Gründe für die Nichtberücksichtigung des schwerbehinderten Bewerbers noch im Entschädigungsprozess geltend machen. Dies soll sogar auch dann gelten, wenn er die nachgeschobenen Gründe noch nicht einmal in seiner vorprozessualen Ablehnung von Schadensersatzforderungen erwähnt hat.[510] Wegen der bei Stellenbewerbungen im öffentlichen Dienst geltenden Dokumentationspflicht (→ Rn. 163), wird dem öffentlichen Arbeitgeber das nachträgliche Vorbringen nicht dokumentierter Auswahlerwägungen verwehrt.

165 **Begründung der Auswahlentscheidung:** Es bleibt außerhalb des Erörterungsverfahrens dem Arbeitgeber überlassen, ob und wie er die Beteiligten von der ablehnenden Auswahlentscheidung unterrichtet. Insbesondere ist er nicht verpflichtet, seine Auswahlentscheidung schriftlich zu begründen. Die Beteiligten können auch in persönlichen Gesprächen oder fernmündlich unterrichtet werden. Eine formal einheitliche Unterrichtung ist nicht vorgeschrieben. Deshalb kann zur Begründung des Verbots des Nachschiebens nicht mitgeteilter Gründe auch nicht allein auf den Schutzzweck der Norm abgestellt werden. Bei einer nur mündlichen Erläuterung müsste zunächst im Wege der Beweisaufnahme geklärt werden, welche Tatsachen der Arbeitgeber dem betroffenen Arbeitnehmer und den anderen Beteiligten mitgeteilt hat, um anschließend je nach dem Ergebnis weiteren Sachvortrag zuzulassen oder nicht. Das ist nicht sinnvoll.[511] Vor diesem Hintergrund wird im Schrifttum eine **schriftliche Begründungspflicht** angenommen.[512] Die gerichtliche Überprüfung würde durch eine schriftliche Begründung sicherlich erleichtert. Das gilt insbesondere hinsichtlich des Laufs der Geltendmachungsfrist von zwei Monaten, die mit dem Zugang der Ableh-

---

503 Vgl. BVerfG 9.7.2007 – 2 BvR 206/07, Rn. 20, ZTR 2007, 707; BAG 21.1.2003 – 9 AZR 72/02 – zu A II 2 b bb der Gründe BAGE 104, 295.
504 BVerfG 9.7.2007 – 2 BvR 206/07, ZTR 2007, 707.
505 *von Roetteken* jurisPR-ArbR 2/2012 Anm. 5.
506 BVerfG 12.7.2011 – 1 BvR 1616/11, RiA 2012, 29.
507 Vgl. HessLAG 22.3.2006 – 2 Sa 1686/05, juris Rn. 26 und 7.11.2005 – 7 Sa 473/05, juris Rn. 20, NZA-RR 2006, 312.
508 BAG 18.11.2008 – 9 AZR 643/07, Rn. 51, NZA 2009, 728.
509 BAG 18.11.2008 – 9 AZR 643/07, Rn. 56, NZA 2009, 728.
510 LAG Hamm 28.9.2010 – 9 Sa 865/10, NZA-RR 2011, 8.
511 BAG 18.11.2008 – 9 AZR 643/07, Rn. 56, NZA 2009, 728.
512 So *Großmann* in GK-SGB IX, September 2008, § 81 Rn. 176.

nung der Bewerbung beginnt, → Rn. 93. Zweckmäßigkeitsüberlegungen rechtfertigen jedoch noch nicht die Annahme einer zwingenden Schriftform.[513]

Unionsrechtlicher Anspruch auf Auskunft: Es besteht auch auf der Grundlage des Unionsrechts kein Anspruch der erfolglosen behinderten Bewerber auf die Mitteilung einer begründeten Ablehnungsentscheidung. Ein Auskunftsanspruch ist bei den Beratungen des AGG zwar diskutiert, letztlich aber nicht in das Gesetz aufgenommen worden.[514] Das BAG[515] verneinte ebenso wie die Vorinstanz[516] das Bestehen eines derartigen Auskunftsanspruchs. Es stellte ein Ersuchen auf Vorabentscheidung nach Art. 267 AEUV, ob ein solcher Auskunftsanspruch aus den einschlägigen EU-Antidiskriminierungsrichtlinien (RL 2000/43/EG, RL 2000/78/EG, RL 2006/54/EG) abgeleitet werden könne. Die erste Vorlagefrage bezog sich auf die Verankerung des Auskunftsanspruchs im Unionsrecht. Für den Fall der Bejahung erbat die zweite Vorlagefrage um Klärung, ob die völlige Informationsverweigerung als Indiz für eine diskriminierende Behandlung gewertet werden müsse. Der EuGH antwortete, es bestehe kein Auskunftsrecht. Allerdings müsse für die wirksame Durchführung des EU-Rechts sichergestellt werden, dass jeder, der sich aufgrund eines der verpönten Merkmale zurückgesetzt fühlt, seine Rechte auch gerichtlich geltend machen könne.[517] Damit wäre das Verfahren an sich beendet gewesen, weil die zweite Vorlagefrage nur für den Fall gestellt worden war, dass die erste Vorlagefrage bejaht werden sollte. Der EuGH nahm dennoch zu der zweiten Vorlagefrage inhaltlich Stellung. Er führt aus, dass die völlige Informationsverweigerung seitens des Beklagten das Ziel der EU-Antidiskriminierungsrichtlinien beeinträchtigen könne. Das sei im Hinblick auf den effet utile bedenklich.[518] Deshalb seien bei der Frage, ob genügend Indizien im Sinne der Beweislastregelungen der EU-Antidiskriminierungsrichtlinien vorliegen, alle Umstände des Ausgangsrechtsstreits zu berücksichtigen. Zu den Indizien, die eine Benachteiligung wegen eines der in den EU-Antidiskriminierungsrichtlinien enthaltenen verbotenen Differenzierungsmerkmale vermuten lassen könnten, gehöre etwa die völlige Informationsverweigerung hinsichtlich der Auswahlentscheidung.[519] Das BAG hat in Befolgung der Vorabentscheidung angenommen, die Vermutung der Benachteiligung greife, wenn der abgelehnte Bewerber entweder Anhaltspunkte schlüssig darlege, aus denen er folgert, erst die geforderte, aber verweigerte Auskunft werde es ihm ermöglichen, eine gegen § 7 AGG verstoßende Benachteiligung entsprechend der Beweislastregel des § 22 AGG nachzuweisen, oder wenn er schlüssig dartue, aus welchen Gründen gerade die Verweigerung der Auskunft für sich allein betrachtet oder in der Gesamtschau aller Umstände die Vermutung einer Benachteiligung iSv § 22 AGG begründe.[520]

Beteiligung an Stellenausschreibung: Im Allgemeinen findet eine Ausschreibung der zu besetzenden Arbeitsstelle statt. Der Betriebsrat kann eine **betriebsinterne Ausschreibung** nach § 93 BetrVG verlangen. Dem muss der Arbeitgeber entsprechen. Über die Gestaltung der Ausschreibung, die Bewerbungsfrist und die Aufstellung der beruflichen Anforderungen kann zwar der Arbeitgeber allein bestimmen; denn nach der Rechtsprechung hat der Betriebsrat kein erzwingbares Mitbestimmungsrecht hinsichtlich Form und Inhalt von Stellenausschrei-

---

513 BAG 18.11.2008 – 9 AZR 643/07, Rn. 57, NZA 2009, 728.
514 *Schleusener/Suckow/Voigt* AGG § 22 Rn. 37.
515 BAG 20.5.2010 – 8 AZR 287/08 (A).
516 LAG Hmb 9.11.2007 – H 3 Sa 102/07, EWiR 2008, 321.
517 EuGH 19.4.2012 – C-415/10, Rn. 38 – Meister.
518 EuGH 19.4.2012 – C-415/10, Rn. 39 f. – Meister.
519 EuGH 19.4.2012 – C-415/10, Rn. 44 – Meister.
520 BAG 25.4.2013 – 8 AZR 287/08, Rn. 59, DB 2013, 2509.

bungen.⁵²¹ Allerdings muss die Ausschreibung bestimmte Mindestinformationen enthalten, die es zweckmäßig erscheinen lassen, eine freiwillige Betriebsvereinbarung nach § 88 BetrVG über die Ausschreibungsmodalitäten zu schließen.⁵²² Kommt es zu einer Ausschreibung, so hat der Arbeitgeber nach § 164 Abs. 1 Satz 4 die SBV an der Arbeitsplatzbeschreibung und an der Aufstellung der beruflichen als Mitprüferin zu beteiligen, → Rn. 127 f. Die SBV als für die Eingliederung sachverständige innerbetriebliche Stelle soll mitprüfen, ob nach der Arbeitsplatz- oder Stellenbeschreibung die Besetzung des Arbeitsplatzes mit arbeitsuchenden schwerbehinderten Menschen durch Neueinstellung oder im Rahmen des unternehmensinternen Arbeitsmarktes durch Versetzung in Betracht kommt. Der Arbeitgeber soll auch den besonderen Sachverstand der SBV soll für die Frage mobilisieren, ob die verlangten beruflichen Anforderungen angemessen im Sinne von § 3 Abs. 2 AGG sind und nicht dazu dienen, Menschen mit bestimmten Behinderungen auszuschließen, obwohl durch geeignete Maßnahmen die behinderungsbedingten Beeinträchtigungen kompensiert werden könnten (→ Rn. 123, 154) werden. Das Recht, zu beabsichtigten Stellenausschreibungen mit Anforderungsprofilen beratend Stellung zu beziehen, beinhaltet noch **keine Auswahl im Sinne von** § 95 BetrVG. Deshalb besteht insoweit kein Mitbestimmungsrecht des Betriebsrats, sondern nur eine Mitwirkung nach § 92 Abs. 1 BetrVG.

168 **Auswahlrichtlinien:** Nach § 95 Abs. 1 BetrVG bedürfen Richtlinien über die personelle Auswahl bei Einstellungen und Versetzungen der Zustimmung des Betriebsrats. In Betrieben mit mehr als 1.000 Arbeitnehmern kann der Betriebsrat auch die Aufstellung von Richtlinien verlangen (§ 95 Abs. 2 Satz 1 BetrVG). In diesen mitbestimmten Auswahlrichtlinien kann für Betriebe der Privatwirtschaft ein Vorrang für schwerbehinderte Menschen geregelt werden. Im öffentlichen Dienst besteht eine durch Inklusions-Richtlinien (früher Fürsorgeerlasse genannte Verwaltungsvorschriften) gestaltete Verwaltungspraxis, bei gleicher fachlicher und persönlicher Eignung den schwerbehinderten Menschen den Vorzug gegenüber anderen Bewerbern zu geben.⁵²³ Ohne eine Regelung in der Inklusionsvereinbarung (§ 166 SGB IX) oder in einer Auswahlrichtlinie (§ 95 Abs. 1 und 2 BetrVG) oder in einem weiter in Kraft befindlichen Fürsorgeerlass des öffentlichen Dienstes (§ 165 Satz 4 SGB IX) besteht keine Verpflichtung des privaten oder öffentlichen Arbeitgebers, bereits in der Ausschreibung anzukündigen, dass schwerbehinderte Menschen bei mindestens gleicher Eignung bevorzugt eingestellt werden sollen.⁵²⁴ Dennoch ist ein derartiger Hinweis empfehlenswert, weil er arbeitsuchende schwerbehinderte Menschen ermutigt, sich zu bewerben.

7. Rechtsfolgen mangelhafter Erfüllung der Arbeitgeberpflicht im Stellenbesetzungsverfahren

169 **Sicherung der Beteiligung an der Prüfung:** In § 164 Abs. 1 Satz 6 wird ausdrücklich die Beteiligung des SBV an der Prüfung, ob die Stelle mit einem schwerbehinderten Menschen besetzt werden kann, als Beteiligung „nach § 178 Abs. 2" bezeichnet, → Rn. 125. Daraus folgt auch die Anwendbarkeit der in § 178 Abs. 2 Satz 2 geregelten Aussetzung. In der Privatwirtschaft ist die Durchführung und im öffentlichen Dienst ist die Vollziehung der Umsetzungsmaßnahmen Ausschreibung bzw. Meldung der offenen Stelle an die Arbeits-

---

521 BAG 27.10.1992 – 1 ABR 4/92, AP Nr. 29 zu § 95 BetrVG 1972.
522 *Kreuder* in Hako-BetrVG § 93 Rn. 7.
523 Vgl. *Großmann* in GK-SchwbG Rn. 100, 188 ff.
524 AA *Siegler* Behindertenrecht 1979, 11.

agentur auszusetzen. Die unterlassene Beteiligung ist vom Arbeitgeber nachzuholen. Bis zur ordnungsgemäßen Nachholung darf der Arbeitgeber nicht durchführen bzw. vollziehen. Bis zur Nachholung kann die gegenüber dem Arbeitgeber im arbeitsgerichtlichen Beschlussverfahren das Unterlassen des Auswahlverfahrens, ua der Durchführung der Bewerbungsgespräche und der daran anschließende Personalauswahlentscheidung, mit einer einstweiligen Verfügung nach § 85 Abs. 2 ArbGG durchsetzen.

Ordnungswidrigkeit: Die Verletzung der Prüfpflicht ist nicht ausdrücklich als Ordnungswidrigkeit im Katalog § 238 Abs. 1 aufgeführt. Sie ist dennoch nicht ohne Bedeutung. Verletzt ein Arbeitgeber, der nach § 154 beschäftigungspflichtig ist und die Mindestquote nicht erfüllt, die ihm obliegende Prüfungspflicht, so ist das ein starker Anhaltspunkt für die bewusste und gewollte Ausschlagung von Möglichkeiten zur Erfüllung der Beschäftigungspflicht. Die Landesdirektion der Bundesagentur für Arbeit als eine dem gesetzlichen Auftrag verpflichtete Verwaltungsbehörde im Sinne von § 47 OWiG müsste sobald sie von einem derartigen Sachverhalt Kenntnis erlangt, an sich Ermittlungen aufnehmen. Weitere Anhaltspunkte kommen hinzu, wenn der Arbeitgeber gleichfalls gegen seine Pflicht aus Abs. 3 verstoßend keine Maßnahmen zur Förderung der Schwerbehindertenbeschäftigung unternommen hat. Somit kann die Verletzung der Prüfungspflicht zur Ahndung der vorsätzlichen oder fahrlässigen Ordnungswidrigkeit nach § 238 Abs. 1 Nr. 1 „Nichterfüllung der Beschäftigungspflicht" führen. Darüber hinaus ist die Prüfung der Besetzbarkeit der Stelle aufgrund der Verweisung in § 164 Abs. 1 Satz 6 gesetzlich als Angelegenheit im Beteiligungsverfahren nach § 178 Abs. 2 Satz 1 ausgestaltet. Dh jede unterlassene, nicht umfassende oder nicht rechtzeitige Unterrichtung sowie jede unterlassene Anhörung der SBV erfüllen den objektiven Tatbestand einer Ordnungswidrigkeit nach § 238 Abs. 1 Nr. 8. 170

Zustimmungsverweigerung des Betriebsrats: Das Unterlassen der in § 164 Abs. 1 Satz 1 vorgeschriebenen Eignungsprüfung und der in § 164 Abs. 1 Satz 2 in diesem Zusammenhang angeordneten Verbindungsaufnahme zur Arbeitsagentur muss in der Betriebsverfassung nicht folgenlos bleiben. Verletzt der Arbeitgeber diese Pflichten, so kann der Betriebsrat damit nach § 99 Abs. 2 Nr. 1 BetrVG die Verweigerung der für personelle Maßnahmen wie Einstellung und Versetzung nach § 99 Abs. 1 BetrVG erforderliche Zustimmung begründen. Es liegen dann nämlich Verstöße gegen gesetzliche Gebote vor, die die personelle Maßnahme als solche betreffen und die Zustimmungsverweigerung rechtfertigen.[525] Das gilt zum einen für das vollständige Unterlassen der in § 164 Abs. 1 Satz 1 vorgeschriebenen Prüfung und zum anderen für die nicht ordnungsgemäße Prüfung. Eine nicht unzureichende **Prüfung** liegt vor, wenn sie der Arbeitgeber entgegen § 164 Abs. 1 Satz 6 nicht **gemeinsam mit der SBV** durchgeführt. Ein weiterer Fall eines gesetzwidrigen Verfahrens besteht darin dass der Arbeitgeber entgegen § 164 Abs. 1 Satz 1 und 2 es unterlässt, frühzeitig mit der Agentur für Arbeit Verbindung aufzunehmen, damit diese Gelegenheit erhält, auf die freie Stelle einen bei ihr gemeldeten arbeitslosen oder arbeitsuchenden schwer- 171

---

525 So ausdrücklich in der Gesetzesbegründung zu § 81 SGB IX aF, BT-Drs. 14/5800, 30 zu Art. 1 § 81 mit dem ausdrücklichen Hinweis auf die gewählte Form des imperativen Präsens in Abs. 1 Satz 2 „nehmen Verbindung mit der Agentur für Arbeit auf". Das Präsens ändere nichts an der sich aus der Regelung ergebenden Verpflichtung. Der Hinweis ist zutreffend; denn nach dem Handbuch der Rechtsförmlichkeit des BMJ, Teil B Abschnitt 1.5, Rn. 83 (BAnz. vom 22.10.2008) zu „Befehlsformen": „Die Verpflichtung kann auch mit dem imperativen Präsens ausgedrückt werden."

behinderten Menschen zu vermitteln. Der fehlenden Verbindungsaufnahme gleichzusetzen ist eine nicht ausreichende Meldung der für die Ausarbeitung eines qualifizierten Vermittlungsvorschlags iSv § 187 Abs. 5 erforderlichen Daten. So reicht es nicht aus, wenn der Arbeitgeber der Agentur für Arbeit den Arbeitsplatz nur telefonisch beschreibt und nicht die schriftliche Antwort der von der Arbeitsagentur befragten Zentralstelle abwartet.[526] Hat der Arbeitgeber diese vor Besetzung einer jeden freien Stelle zu erfüllenden Pflichten nicht erfüllt, so kann der Betriebsrat die Zustimmung zur Einstellung des vom Arbeitgeber ausgewählten nicht schwerbehinderten Bewerbers unter Berufung auf § 99 Abs. 2 Nr. 1 BetrVG wegen eines das Einstellungsverfahren betreffenden Gesetzesverstoßes verweigern.[527] Es soll nämlich durch die gesetzlich geregelte Prüfungspflichten sichergestellt werden, dass bei Freiwerden eines Arbeitsplatzes Arbeitsagentur, Betriebsrat und SBV an der Eingliederung Schwerbehinderter mitwirken.[528] Durch seine uneingeschränkte Übernahme der ursprünglich in § 14 Abs. 1 Satz 1 SchwbG enthaltenen Prüfungspflichten in das SchwbBAG und später in das SGB IX hat der Gesetzgeber die von einem Teil des Schrifttums abgelehnte Rechtsprechung[529] als gesetzeskonform bestätigt. Unter Geltung des SGB IX hat der Erste Senat des BAG diese Rechtsprechung für den Fall der Einstellung fortgesetzt, sie dabei für den Fall der Versetzung modifiziert.[530] Zu beachten ist, dass die Prüfpflicht bereits vor dem Auswahlverfahren beginnt. Die Eignung des konkreten Arbeitsplatzes für eine künftige behinderungsgerechte Beschäftigung ist dazu nach § 164 Abs. 1 Satz 6 gemeinsam von Arbeitgeber und SBV zu prüfen und erst nach dem Aufstellen entsprechender Arbeitsplatzanforderungen ist nach § 164 Abs. 1 Satz 2 Verbindung zur Arbeitsagentur aufzunehmen. Unterlässt der Arbeitgeber die Meldung der zu besetzende Stelle der Bundesagentur, so ist das auch ein Indiz iSv § 22 AGG dafür, dass er Vorbehalte gegen die Beschäftigung behinderter Menschen hegt.[531]

172 **Ausnahme für Versetzung:** Das HessLAG hat in Übereinstimmung mit dem Wortlaut des § 99 Abs. 2 Nr. 1 BetrVG gleichermaßen sowohl für die personelle Einzelmaßnahme Versetzung als auch für die personelle Einzelmaßnahme Versetzung ein Zustimmungsverweigerungsrecht angenommen, wenn der Arbeitgeber die das Stellenbesetzungsverfahren regelnden gesetzlichen Bestimmungen aus § 164 Abs. 1 verletzt hat.[532] Dagegen hat das BAG in der Rechtsbeschwerdeinstanz erkannt: „Dies [Recht zur Zustimmungsverweigerung] gilt nicht in gleicher Weise für die Neubesetzung eines freien Arbeitsplatzes im Wege einer betriebs- oder unternehmensinternen Versetzung.".[533] Hat der Arbeitgeber zwar gegen seine Pflichten aus Abs. 1 Satz 1 und 2 verstoßen, weil er nicht geprüft hat, ob für die zu besetzenden Stellen schwerbehinderte, bei der Agentur für Arbeit als arbeitslos oder arbeitsuchend gemeldete Menschen in Betracht kamen, und hat er insoweit keine Verbindung zur Agentur für Arbeit aufgenommen, so sollen diese Gesetzesverstöße nicht geeignet sein, eine Zustim-

---

526 LAG RhPf 10.9.2010 – 6 TaBV 10/10, BB 2011, 704 mit Anm *Reinsch*.
527 Zu § 14 Abs. 1 Satz 1 SchwbG: BAG 14.11.1989 – 1 ABR 88/88, BAGE 63, 226 = AP Nr. 77 zu § 99 BetrVG 1972 mit zustimmender Anm. *von Maydell* EzA § 99 BetrVG 1972 Nr. 84; BAG 10.11.1992 – 1 ABR 21/92, AP Nr. 100 zu § 99 BetrVG 1972.
528 BAG 10.11.1992 – 1 ABR 21/92, AP Nr. 100 zu § 99 BetrVG 1972, juris Rn. 42.
529 Vgl. *Pottmeyer* SAE 1990, 194; *Loritz* Anm. in AP Nr. 100 zu § 99 BetrVG 1972.
530 BAG 17.6.2008 – 1 ABR 20/07, DB 2008, 2200.
531 LAG MV 23.12.2019 – 2 Sa 224/18, Rn. 68, EzTöD 100 § 2 TVöD-AT Auswahlverfahren Nr. 101; zustimmend: *Schäfer* jurisPR-ArbR 22/2020 Anm. 4.
532 HessLAG 17.10.2006 – 4 TaBV 42/06, ArbuR 2007, 145.
533 BAG 17.6.2008 – 1 ABR 20/07, Rn. 26, DB 2008, 2200.

mungsverweigerung des Betriebsrats nach § 99 Abs. 1 Nr. 1 BetrVG zu rechtfertigen. Das wird damit begründet, anders als bei der Einstellung werde bei einer Versetzung nicht zulasten der Gruppe der schwerbehinderten Menschen dem Arbeitsmarkt „ein Arbeitsplatz entzogen". Die Gruppe der schwerbehinderten arbeitslosen Menschen erfahre keine potenzielle, auf ihrer Schwerbehinderung beruhende Benachteiligung. Der Grund für ihre Nichtberücksichtigung liege nicht in der Schwerbehinderung, sondern vielmehr in dem Umstand, dass der Arbeitgeber die Versetzung einer Neueinstellung vorziehe.[534] Diese Auffassung ist abzulehnen.[535] Die vom Ersten Senat und den ihm folgenden Gerichten[536] vertretene Auffassung beruht auf einer gravierenden Leseschwäche. Nach dem Wortlaut des § 164 Abs. 1 Satz 1 sind vom Arbeitgeber bei der Prüfung zwar „insbesondere", aber **nicht nur arbeitsuchend oder arbeitslos gemeldete schwerbehinderte Menschen** zu berücksichtigen. Durch die Verwendung des Wortes „insbesondere" werden schwerbehinderte Menschen, die schon in den Betrieben beschäftigt sind, nicht als sog. interne Bewerber aus der vom Arbeitgeber geschuldeten Prüfung ausgenommen. Der Arbeitgeber soll auch gehalten sein, diese schwerbehinderten Menschen bei der Besetzung der freien Stellen zu berücksichtigen: Denn auch diese „internen" Bewerber können ein großes Interesse an der zu besetzenden Stelle haben; sei es, dass sie so erstmals einen behinderungsgerechten Arbeitsplatz erhalten oder auf einen freien, längerfristig für sie sicheren behinderungsgerechten Arbeitsplatz wechseln können oder sich für die freie Stelle interessieren, weil dort die ihnen nach Abs. 4 Satz 1 Nr. 1 zu gewährende berufliche Entwicklung möglich ist. Die Berücksichtigung dieser Interessen der internen schwerbehinderten Bewerber wird vom Ersten Senat ausgeblendet. Er verengt ohne Anhalt im Gesetz den Blick darauf, ob den außenstehenden schwerbehinderten Menschen ein Arbeitsplatz entzogen werde. Dieser frei gewählte Ansatz wird nicht zu Ende gedacht; denn es lässt sich teleologisch argumentieren: Es sei doch für die Gruppe der Schwerbehinderten generell besser, wenn bei einem freien Arbeitsplatz nicht intern rekrutiert würde, sondern zusätzlich ein arbeitsloser Schwerbehinderter ins Arbeitsleben gebracht würde.[537] Für eine Bereichsausnahme zugunsten von Versetzungen besteht kein Grund;[538] denn es gibt keinen tragfähigen Grund für eine derartige teleologische Reduktion. Liegen Sachgründe für eine Versetzung vor, die ein Absehen von Einstellungschancen für schwerbehinderte Menschen rechtfertigen, so können diese vom Arbeitgeber im Zustimmungsersetzungsverfahren nach § 99 Abs. 4 BetrVG vorgebracht werden. Das Gericht hat dann zu entscheiden, ob diese Sachgründe nur vorgeschoben sind oder sie die Zustimmungsersetzung rechtfertigen.

Ausreichender Informationsstand des Betriebsrats: Enthält die nach § 99 Abs. 1 Satz 1 BetrVG unter der Vorlage von Unterlagen durchzuführende Unterrichtung des Betriebsrats keine Informationen über das vorangegangene Prüfungs- und Konsultationsverfahren nach § 164 Abs. 1 Satz 1 und 2, kann der Betriebs-

---

534 BAG 17.6.2008 – 1 ABR 20/07, Rn. 18, DB 2008, 2200; ablehnende Anmerkung: *Sommer* ZBVR online 2008, Nr 12, 17–18.
535 Jetzt auch: *Greiner* in Neumann/Pahlen/Greiner/Winkler/Jabben SGB IX § 164 Rn. 19.
536 LAG Köln 8.2.2010 – 5 TaBV 73/09, Behindertenrecht 2011, 114; LAG Düsseldorf 30.10.2008 – 15 TaBV 114/08; ablehnend: *Hamann* jurisPR-ArbR 14/2009 Anm. 3; LAG Nds 19.11.2008 – 15 TaBV 159/07.
537 So *Joussen* in seiner Anm. AP Nr. 46 zu § 99 BetrVG 1972 Versetzung, der trotz eigener Bedenken gegen die Schlüssigkeit der Argumentation dem BAG im Ergebnis zustimmt.
538 *Kreuder* in HaKo-BetrVG § 99 Rn. 56; aA *Fitting* BetrVG § 99 Rn. 195 b.

rat Auskunft darüber verlangen, ob der Arbeitgeber diese Prüfung gemeinsam mit der SBV und mit welchem Ergebnis vorgenommen hat. Solange diese Auskunft nicht erteilt ist, beginnt die Wochenfrist aus § 99 Abs. 3 BetrVG zur Abgabe der Erklärung, ob der Betriebsrat zustimmt oder die Zustimmung verweigert, nicht zu laufen. Soweit der Betriebsrat rügt, dass er entgegen § 164 Abs. 1 Satz 6 nicht zum Ergebnis der vom Arbeitgeber unter Beteiligung der SBV durchzuführenden Eignungsprüfung angehört worden ist, handelt es sich um keinen eigenständigen Zustimmungsverweigerungsgrund iSv § 99 Abs. 2 Nr. 1 BetrVG,[539] sondern um eine der Unterrichtung zur ausgewählten Person vorgeschaltete Anhörung.

174 **Vorläufige Maßnahme und deren Aufhebung:** Solange die ausreichende Information, insbesondere die Anhörung zur Eignungsprüfung nach Abs. 1 Satz 1 und 6 unter Beteiligung der SBV nicht stattgefunden hat, kann der Betriebsrat geltend machen, noch nicht ausreichend für die Entscheidung über die vom Arbeitgeber beantragte Zustimmung informiert zu sein. Führt der Arbeitgeber vor ausreichender Informationserteilung die personelle Maßnahme durch, kann der Betriebsrat nach § 101 BetrVG beim Arbeitsgericht beantragen, die personelle Maßnahme aufzuheben. Will der Arbeitgeber noch vor der Sachentscheidung des Betriebsrats die personelle Maßnahme vorläufig durchführen, so muss er nach § 100 Abs. 2 BetrVG den Betriebsrat über die vorläufige Maßnahme und über die sachlichen Gründe unterrichten, die die Dringlichkeit der Maßnahme begründen. Der Betriebsrat kann bestreiten, dass die vorläufige Maßnahme dringend erforderlich sei. Der Arbeitgeber muss dann nach § 100 Abs. 2 Satz 3 BetrVG innerhalb von drei Tagen, beim Arbeitsgericht die Ersetzung der Zustimmung des Betriebsrats und zusätzlich die Feststellung beantragen, dass die Maßnahme dringend erforderlich war. Es kann jedoch kaum angenommen werden, dass eine personelle Maßnahme so dringlich ist, dass die Zeit für die frühzeitige Einleitung der Eignungsprüfung und eine ordnungsgemäße Unterrichtung des Betriebsrats zum Auswahl fehlt. Sachliche Gründe, die es erforderlich machen, einen bestimmten Bewerber vorläufig einzustellen, können nur aus einer ordnungsgemäßen Betriebsführung erwachsen.[540]

175 **Einseitiges Vorgehen des Arbeitgebers:** Stellt der Arbeitgeber einen Arbeitnehmer ein oder lässt er einen Leiharbeitnehmer zur Arbeitsleistung tätig werden, ohne das Verfahren nach § 100 BetrVG einzuhalten, so kann der Betriebsrat nach § 101 BetrVG die Aufhebung der Einstellung oder der Überlassung beantragen. Handelt der Arbeitgeber beharrlich seinen Pflichten zuwider, kann der Betriebsrat aus §§ 23 Abs. 3, 101 BetrVG einen **Unterlassungsanspruch** geltend machen. Das macht auch dann Sinn, wenn der Einsatz der Leiharbeitnehmer nur einige Tage oder Wochen dauert. Zwar beträgt die Dauer eines Beschlussverfahrens nach § 101 BetrVG gewöhnlich länger, aber mit dem Antrag nach § 23 Abs. 3 BetrVG kann vorbeugender Rechtsschutz zur Unterlassung künftiger rechtswidriger Leiharbeitnehmerüberlassung erreicht werden.

176 **Zustimmungsverweigerungsgrund für den Personalrat:** Während früher die Verwaltungsgerichtsbarkeit häufiger von der Rechtsprechung des BAG zur Betriebsverfassung selbst bei gleichem Wortlaut der Normen in Betriebs- und Dienststellenverfassung abgewichen sind, ist sie heute zunehmend bemüht, Divergenzen zu vermeiden. Es erscheint als Überbleibsel aus der Vergangenheit, dass bei gleichem Wortlaut der **Zustimmungsverweigerungsgründe** in § 99 Abs. 2 Nr. 1 BetrVG und § 82 Nr. 1 PersVG BW der VGH BW den Personalrat

---

539 Nur im Ergebnis zutreffend: LAG Köln 8.2.2010 – 5 TaBV 73/09, Behindertenrecht 2011, 114.
540 *Knittel* SGB IX, 11. Aufl. 2017, § 81 Rn. 46.

einer Landesbehörde nicht für berechtigt gehalten hat, die Zustimmung zur Einstellung einer nichtschwerbehinderten Bewerberin durch den Personalrat mit der Begründung zu verweigern, vor der Einstellung habe keine Prüfung nach § 14 Abs. 1 Satz 1 SchwbG[541] stattgefunden, ob der Arbeitsplatz für die **Besetzung mit einem Schwerbehinderten** geeignet sei.[542] Die Ansicht des VGH, der Verstoß gegen gesetzliche Prüfungspflichten stelle keinen Verstoß „gegen das Gesetz" dar, ist abwegig.[543] Die Kommentarliteratur lehnt diese Rechtsprechung als „überholt" ab.[544] Das Zustimmungsverweigerungsrecht besteht nämlich nicht nur, um eine gesetzlich ausdrücklich verbotene Einstellung zu verhindern, es soll vielmehr auch die Einhaltung der zur Förderung der Eingliederung aufgestellten gesetzlichen Stellenbesetzungsregeln sichern.[545] Die Rechtsprechung der Verwaltungsgerichte zögerte, sich der Rechtsprechungslinie des BAG (→ Rn. 165) anzuschließen, Bezeichnend ist die Formulierung des OVG Bln-Bbg: „(...) es mag zutreffen, dass ein Verstoß gegen die Meldepflichten aus §§ 81 Abs. 1 Satz 1 und 2, 82 Satz 1 SGB IX (seit 1.1.2018: § 164 Abs. 1 Satz 1 und 2, § 165 SGB IX) bei der Besetzung eines frei werdenden oder neu geschaffenen Arbeitsplatzes mit einem Leiharbeitnehmer ein Zustimmungsverweigerungsrecht des Personalrats begründet (vgl. Beschluss des Bundesarbeitsgerichts vom 23.6.2010 – 7 ABR 3/09, juris Rn. 27 ff.)".[546] Die jüngere Rspr. hat sich ausdrücklich der Auffassung des BAG[547] angeschlossen und einen Zustimmungsverweigerungsverweigerung für den Personalrat einer Behörde des Bundes anerkannt.[548] Danach kann nach dem mit § 99 Abs. 2 Nr. 1 inhaltsgleichen Grund aus § 77 Abs. 2 Nr. 1 BPersVG aF (entspricht § 78 Abs. 1 Nr. 1 iVm Abs. 5 BPersVG nF) die Zustimmung verweigert werden, wenn eine Einstellung unter Verstoß gegen die in § 164 Abs. 1 SGB IX vorgeschriebene Beteiligung der SBV erfolgt. Das folgt ausdrücklich aus § 176 SGB IX, wonach der Personalrat die Eingliederung schwerbehinderter Menschen fördert und insbesondere darauf achtet, dass der Arbeitgeber seine ihm nach § 164 SGB IX obliegenden Verpflichtungen erfüllt. Diese neue Rspr. hat auch obergerichtlich mittelbar Bestätigung, wenn es um die Zulässigkeit der Zustimmungsverweigerung des Personalrats wegen unterlassener **Beteiligung der Gleichstellungsbeauftragten** im Rahmen der einstellungsähnlichen Zuweisung nach § 78 Abs. 1 Nr. 7 BPersVG (§ 75 Abs. 1 Nr. 4 a BPersVG aF) geht: Beruft sich ein Personalrat auf das Unterbleiben der gesetzlich vorgesehenen Beteiligung, so stellt dies „einen beachtlichen Grund für die Verweigerung der Zustimmung (...) dar".[549] Das OVG NRW hat zu Recht den typischen Einwand von Dienststellenleitungen zurückgewiesen, der Personalrat sei nicht befugt, die fehlende Beteiligung eines anderen Organs geltend zu machen. Dieser Einwand verkannte, dass es nach § 68 Abs. 1 Nr. 2 BPersVG aF (jetzt: § 62 Nr. 2 BPersVG nF) zu den allgemeinen

---

541 Später § 81 Abs. 1 Satz 1 SGB IX, seit 1.1.2018: § 164 Abs. 1 Satz 1 SGB IX.
542 VGH BW 13.12.1988 – 15 S 2173/88, PersR 1990, 149; daran anschließend: VGH BW 23.10.1990 – 15 S 2545/89, VGHBW-Ls. 1991, Beilage 2, B10.
543 *Besgen* PersR 1990, 152.
544 Vgl. *Rehak* in Lorenzen BPersVG, 216. Aktualisierung 2020, BPersVG § 77 Rn. 82; *Baden* in Altvater BPersVG, 8. Aufl. 2017, § 77 Rn. 27, aA *Kaiser/Annuß* in Richardi/Dörner/Weber BPersVG § 77 Rn. 62.
545 Grundlegend: BAG 14.11.1989 – 1 ABR 88/88, BAGE 63, 226 = Behindertenrecht 1990,111.
546 OVG Bln-Bbg 25.8.2011 – OVG 60 PV 3.11, Rn. 49: noch in Bezug auf das SGB IX in der bis zum 29.12.2016 geltenden Fassung.
547 BAG 14.11.1989 – 1 ABR 88/88, Rn. 18 f., Behindertenrecht 1990, 111.
548 VG Berlin 23.5.2012 – 71 K 3.12 PVB, Rn. 14, ZfPR online 2012, Nr. 12, 10.
549 OVG NRW 11.4.2019 – 20 A 1890/18, Rn. 54, PersR 2019, Nr 7/8, 60 mit zustimmender Anm. *Baden* PersR 2019, Nr 7/8, 63.

Aufgaben des Personalrats gehörte, darüber zu wachen, dass die zugunsten der Beschäftigten geltenden Gesetze durchgeführt werden sowie nach § 68 Abs. 1 Nr. 5 a BPersVG aF (jetzt: § 62 Nr. 4 und 5 BPersVG nF) die Durchsetzung der tatsächlichen Gleichberechtigung, insbesondere bei der Einstellung und dem beruflichen Aufstieg, zu fördern. Zudem obliegt es ihm nach § 62 Nr. 4 BPersVG nF „der Benachteiligung von Menschen mit Behinderungen entgegenzuwirken". Der Personalrat handelt, wenn er ein Unterbleiben der gesetzlich vorgesehenen Beteiligung rügt, im Rahmen seiner Aufgabenstellung. In einem solchen Fall betätigt er sich nicht nur als Anwalt für die Wahrung der Verfahrensrechte, sondern macht gleichzeitig – wenn auch nur mittelbar – materielle Rechte anderer Bewerberinnen für den zu besetzenden Dienstposten geltend.[550] Was für die Rüge der mangelnden Beteiligung der Gleichstellungsbeauftragten nach § 27 Abs. 1 Nr. 1 BGleiG gilt, muss auch für die Rüge gelten, dass die Dienststellenleitung unter Verstoß gegen § 164 Abs. 1 Satz 6 SGB IX SBV das Stellenbesetzungsverfahren durchgeführt habe.

Das BVerwG hat zum Zustimmungsverweigerungsgrund in § 77 Abs. 2 Nr. 1 BPersVG aF (jetzt § 78 Abs. 5 Nr. 1 BPersVG nF) im Anschluss an die Linie des BAG bestätigt, dass der Zustimmungsverweigerungsgrund gegeben ist, wenn der Zweck der Verbotsnorm nur dadurch erreicht werden kann, dass die Einstellung unterbleibt.[551] Das ist bei der Verletzung einer Norm wie § 164 Abs. 1 Satz 6 SGB IX der Fall, die das Stellenbesetzungsverfahren im Interesse der Verbesserung der Einstellungschancen von arbeitsuchenden schwerbehinderten Menschen durch eine Pflicht zur Beteiligung der SBV zwingend ausgestaltet.[552] Für die Beachtlichkeit der Zustimmungsverweigerung reicht nach der ständigen Rspr., wenn die angeführte Begründung des Personalrats nicht völlig aus der Luft gegriffen ist oder neben der Sache liegt.[553] Deshalb ist, wenn die Rechtsfrage in einer Rechtsbeschwerde an das BVerwG gelangt, nicht mit einer Abweichung von der Linie des BAG zu rechnen.

Unabhängig von der pflichtwidrig unterlassener Beteiligung der SBV kann der Personalrat rügen, selbst in seinen Beteiligungsrechten verletzt wird. Dazu zwei Beispiele:

- Der Personalrat wird entgegen § 164 Abs. 1 Satz 6 nicht zum Ergebnis der **gemeinsamen Prüfung** von SBV und Arbeitgeber angehört, ob der zu besetzende Dienstposten für schwerbehinderte Bewerberinnen und Bewerber geeignet ist.
- Personalrat und/oder SBV verlangen nach § 164 Abs. 1 Satz 7 ein Erörterungsverfahren mit dem betroffenen schwerbehinderten Menschen, weil der öffentliche Arbeitgeber nicht die Mindestbeschäftigungspflicht (nach § 154 Abs. 1: 5 % bzw. im Bund nach § 241 Abs. 1: 6 %) erfüllt. Die Dienststellenleitung führt jedoch keine **Erörterung unter Einbezug des Betroffenen** und der Interessenvertretungen trotz der gesetzlichen Vorgaben in § 164 Abs. 1 Satz 7 bis 9 überhaupt nicht oder nicht ordnungsgemäß durch.

Da diese dem öffentlichen Arbeitgeber aufgegebenen Beteiligungs- und Verfahrenspflichten eine ordnungsgemäße Stellenbesetzung im Interesse der schwer-

---

550 OVG NRW 11.4.2019 – 20 A 1890/18, Rn. 46 f, PersR 2019, Nr 7/8, 60 unter Bezug auf BVerwG 20.3.1996 – 6 P 7.94, BVerwGE 100, 354 = PersR 1996, 319.
551 BVerwG 17.9.2019 – 5 P 6/18, NZA-RR 2020, 156; zustimmend: *Bülow* ZTR 2020, 252 (254 f.).
552 BVerwG 17.9.2019 – 5 P 6/18, Rn. 26, NZA-RR 2020, 156; BVerwG 9.12.1992 – 6 P 16.91, BVerwGE 91, 276 (282) mwN.
553 BVerwG 17.9.2019 – 5 P 6/18, Rn. 27, NZA-RR 2020, 156; BVerwG 9.12.1992 – 6 P 16.91, BVerwGE 91, 276 (282) mwN.

behinderten Menschen sicherstellen sollen, muss der Personalrat berechtigt sein, seine Zustimmung „wegen Gesetzesverstoßes" bis zur Nachholung der ordnungsgemäßen Durchführung zu verweigern.[554]

Ist zwar die SBV formal ordnungsgemäß beteiligt worden, hat der Arbeitgeber jedoch den fachlichen Rat der SBV missachtet, so kann der Personalrat, die Nichtberücksichtigung der schwerbehinderten Bewerberinnen und Bewerber noch durch die Zustimmungsverweigerung stoppen: Das ist der Fall, wenn die aufgestellten Stellenanforderungen als diskriminierend angesehen werden können.

Beispielsfall:[555] Ein öffentlicher Arbeitgeber stellt Auszubildende für den Beruf des Mediengestalters Bild und Ton ein. Es wird der Besitz einer Fahrerlaubnis als Einstellungsvoraussetzung ausgewiesen. Der Personalrat stützt seine Zustimmungsverweigerung auf einen Gesetzesverstoß nach § 78 Abs. 5 Nr. 1 BPersVG nF. Durch die Mindestvoraussetzung des Vorhandenseins eines Pkw-Führerscheins sei der Bewerberkreis von vornherein unzulässig eingeengt worden. Potenzielle schwerbehinderte Bewerber, die nicht über einen Führerschein verfügten, seien hierdurch ausgeschlossen worden. Hierin liege zumindest ein mittelbarer Verstoß gegen das Allgemeine Gleichbehandlungsgesetz.

Lösung des BVerwG: Der Personalrat darf die Zustimmung verweigern, wenn er geltend macht, die Maßnahme verstoße gegen das Allgemeine Gleichbehandlungsgesetz (AGG). Das stellt einen beachtlichen Zustimmungsverweigerungsgrund iSv § 78 Abs. 5 Nr. 1 BPersVG nF; denn gemäß § 11 AGG darf ein Arbeitsplatz nicht unter Verstoß gegen § 7 Abs. 1 AGG ausgeschrieben werden. Diese Vorschrift bestimmt, dass Beschäftigte nicht wegen eines in § 1 AGG genannten Grundes benachteiligt werden dürfen. Hier kommt eine mittelbare Benachteiligung iSv § 3 Abs. 2 AGG in Betracht; denn ein dem Anschein nach neutrales Kriterium wie das Erfordernis einer Fahrerlaubnis für PKW ist geeignet, schwerbehinderte Menschen deshalb in besonderer Weise zu benachteiligen, weil diese von der Ausschlusswirkung für Personen, die das Erfordernis nicht erfüllen, überproportional betroffen sind.[556] Es reicht, dass die Annahme, behinderte Menschen seien überproportional von dem Erfordernis nachteilig betroffen und könnten von einer Bewerbung abgehalten werden, nicht offensichtlich fehlerhaft ist. Das ist schon deshalb der Fall, weil – unabhängig von einem statistischen Nachweis – diese Ansicht einer häufig vertretenen Auffassung entspricht.[557]

Aussetzung und Nachholungsverlangen der SBV: Eine SBV, die entgegen § 164 Abs. 1 Satz 6 iVm § 178 Abs. 2 Satz 1 nicht an der Prüfung der Eignung der Besetzung der freien Stelle mit Schwerbehinderten beteiligt worden ist, kann nach § 178 Abs. 2 Satz 2 die vom Gesetzes wegen nach § 178 Abs. 2 Satz 2 SGB IX eintretende Aussetzung der Durchführung der Arbeitgeberentscheidung geltend machen und die Nachholung der gemeinsamen Geeignetheitsprüfung verlangen.[558] Während der Aussetzung ist dem Arbeitgeber die Durchführung (im 177

---

554 *Rehak* in Lorenzen BPersVG, 216. Aktualisierung 2020, § 77 Rn. 82.
555 BVerwG 17.9.2019 – 5 P 6/18, NZA-RR 2020, 156; zustimmend: *Bülow* ZTR 2020, 252 (254),255.
556 BVerwG 17.9.2019 – 5 P 6/18, Rn. 35, NZA-RR 2020, 156 unter Bezug auf BAG 27.1.2011 – 6 AZR 526/09, Rn. 27, BAGE 137, 80 = NZA 2011, 1361; *v. Roetteken* in v. Roetteken, 63. Aktualisierung September 2019, AGG § 3 Rn. 603 f. mwN.
557 BVerwG 17.9.2019 – 5 P 6/18, Rn. 36, NZA-RR 2020, 156.
558 Im Ergebnis zutreffend: LAG Köln 8.2.2010 – 5 TaBV 73/09, Behindertenrecht 2011, 114.

Sprachgebrauch der Verwaltung: Vollziehung) der getroffenen Entscheidung (hier: Einstellung) verboten.[559] Die Einhaltung des Verbots kann theoretisch durch eine einstweilige Verfügung gesichert werden[560] (→ Rn. 231). In der Praxis scheitert diese Möglichkeit daran, dass bevor die gerichtliche Entscheidung beantragt wird, die Entscheidung schon durchgeführt ist. Dann hat sich das Verfahren erledigt.[561] im Schrifttum wird zur Lösung des Dilemmas vorgeschlagen: Die gesetzwidrige Maßnahme des Arbeitgebers ist analog § 100 BetrVG als vorläufige Maßnahme anzusehen und der SBV das Recht eingeräumt, anlog § 101 die Aufhebung der personellen Maßnahme zu beantragen.[562] Die Lösung ist interessengerecht und ermöglicht die Beseitigung der gesetzwidrigen Folgelast.

8. Rechtsfolgen der mangelhaften Beteiligung an der Personalauswahl

178 **Sanktionierung mit Bußgeld:** Die Pflicht, die Schwerbehindertenvertretung am Bewerbungsverfahren zu beteiligen, liegt im öffentlichen Interesse. In § 238 Abs. 1 Nr. 7 und 8 sind zwei verschiedene Ordnungswidrigkeitstatbestände definiert, die mit Geldbuße bewehrt sind. Der Ordnungswidrigkeitstatbestand in § 238 Abs. 1 Nr. 7 erfasst zwei Alternativen der Verletzung der Unterrichtungspflicht im Auswahlverfahren. Die erste besteht darin, dass der Arbeitgeber SBV, Betriebs- oder Personalrat entgegen § 164 Abs. 1 Satz 4 überhaupt nicht, nicht rechtzeitig oder nicht richtig bzw. nicht vollständig davon unterrichtet, es habe sich ein **schwerbehinderter Mensch beworben** oder er sei von der Arbeitsagentur zur Vermittlung vorgeschlagen worden. Die zweite Variante besteht darin, dass der Arbeitgeber nach Durchführung des **Erörterungsverfahrens** (Näheres dazu → Rn. 160) entgegen § 164 Abs. 1 Satz 9 SBV, Betriebs- oder Personalrat überhaupt nicht, nicht rechtzeitig oder nicht richtig bzw. nicht vollständig von seiner nach der Erörterung getroffenen Entscheidung unter Darlegung der Gründe unterrichtet. Der zweite als Ordnungswidrigkeit ausgestaltete Tatbestand, der in § 238 Abs. 1 Nr. 8 definiert ist, erfasst die entgegen § 164 Abs. 1 Satz 6 nicht oder verspätet durchgeführte Unterrichtung über neue oder frei gewordene Stellen, die darauf zu prüfen sind, ob sie mit schwerbehinderten Menschen besetzt werden können. Art. 1 BTHG hat in Abweichung vom alten Recht einen Ordnungswidrigkeitstatbestand übernommen. Der bis zum 31.12.2017 in § 156 Abs. 1 Nr. 8 SGB IX aF aufgeführte Tatbestand, wonach der Arbeitgeber ordnungswidrig handelt, wenn er seine Pflicht zur Erörterung mit der SBV und der betrieblichen Interessenvertretung Personal- bzw. Betriebsrat nach § 81 Abs. 1 Satz 7 SGB IX aF nicht erfüllt, wurde vom Gesetzgeber als „überflüssig" angesehen und deshalb ersatzlos gestrichen.[563] Warum die Streichung erst mit Wirkung vom 1.1.2018 erfolgen sollte, ist in der Begründung nicht angegeben. Es ist wohl übersehen worden, den Wegfall in das Vorschaltgesetz (Art. 2 BTHG) zu übertragen.[564]

---

559 *Schmidt* Schwb-ArbR Rn. 142.
560 *Schmidt* Schwb-ArbR Rn. 142.
561 Vgl. BAG 30.4.2014 – 7 ABR 30/12, Rn. 25, BAGE 148, 97 = Behindertenrecht 2015, 53.
562 *Greiner* in Neumann/Pahlen/Greiner/Winkler/Jabben SGB IX § 164 Rn. 20.
563 BT-Drs. 18/9522, 313.
564 *Düwell/Beyer* Beschäftigte S. 131.

9. Weitere Rechtsfolgen der Nichteinhaltung von Arbeitgeberpflichten bei der Stellenbesetzung

Zustimmungsverweigerung des Betriebsrats wegen Benachteiligung: Eine mit § 99 Abs. 2 Nr. 1 BetrVG begründete Zustimmungsverweigerung des Betriebsrats kommt auch in Betracht, wenn die vom Arbeitgeber beabsichtigte Besetzung der Stelle – gleich ob Einstellung oder Versetzung – gegen das **Benachteiligungsverbot aus § 164 Abs. 2 Satz 1 verstoßen würde.**[565] Eine unterschiedliche Behandlung wegen der Behinderung ist jedoch nach § 8 Abs. 1 AGG zulässig, soweit der Grund die Art der von dem schwerbehinderten Beschäftigten auszuübenden Tätigkeit oder eine Bedingung ihrer Ausübung eine wesentliche und entscheidende berufliche Anforderung für diese Tätigkeit ist. Dies ist bei einer mit der Feststellung der dauerhaften Fluguntauglichkeit begründeten Versetzung der Fall.[566] Ist der Grund der unterschiedlichen Behandlung jedoch nur vorgeschoben, insbesondere weil eine unangemessen hohe berufliche Anforderung vom Arbeitgeber aufgestellt worden ist, so liegt darin eine nicht gerechtfertigte Unterscheidung.

Beispiel: Der Arbeitgeber sucht eine Fachkraft für elektronische Dokumentation. Er verlangt eine für das Schreiben von Diktaten übliche sehr hohe Anschlagzahl pro Minute und sortiert so alle behinderten Bewerber aus, die infolge ihrer Behinderung nicht so schnell schreiben können, obwohl diese hohe Schreibgeschwindigkeit für die Erledigung der Dokumentationsaufgaben nicht erforderlich ist.

Verletzung der Beschäftigungs- und Förderungspflicht: Eine mit § 99 Abs. 2 Nr. 1 BetrVG begründete Zustimmungsverweigerung kommt ferner in Betracht, wenn die vom Arbeitgeber beabsichtigte Besetzung der Stelle – gleich ob Einstellung oder Versetzung – gegen die in § 164 Abs. 4 Satz 1 geregelte **Arbeitgeberpflicht auf Beschäftigung und auf Förderung** der beruflichen Weiterentwicklung (→ Rn. 203) verstößt.[567] Wer infolge der Behinderung nicht mehr in der Lage ist, seine bisherige vertraglich geschuldete Tätigkeit auszuüben, kann hiernach vom Arbeitgeber die Weiterbeschäftigung auf einem für ihn geeigneten freien Arbeitsplatz verlangen, auf dem er seinen Fähigkeiten und Kenntnissen entsprechend behinderungsgerecht beschäftigt werden kann.[568] Gleiches gilt, wenn ein bestimmter höherwertiger freier Arbeitsplatz für den schwerbehinderten Beschäftigten die Möglichkeit der behinderungsgerechten Weiterentwicklung seiner Fähigkeiten und Kenntnisse bietet. Wird dennoch der freie Arbeitsplatz mit einem nicht behinderten externen oder internen Bewerber besetzt, so ist eine das Stellenbesetzungsverfahren regelnde gesetzliche Vorschrift verletzt. Neben der Zustimmungsverweigerung aus § 99 Abs. 2 Nr. 1 BetrVG kommt auch noch die Zustimmungsverweigerung aus § 99 Abs. 2 Nr. 3 BetrVG in Betracht. Der letztere Grund greift bereits ein, sobald die Besorgnis besteht, dass der schwerbehinderte Beschäftigte einen Nachteil erleiden muss. Ein Nachteil liegt vor, wenn die gegenüber nicht behinderten Bewerbern bevorzugte Rechtsstellung mit Anspruch auf behinderungsgerechte, den Fähigkeiten und deren Weiterentwicklung entsprechende Beschäftigung beeinträchtigt wird.

Beispielsfall: Der schwerbehinderte Beschäftigte X ist zwar zum Bürokaufmann ausgebildet, wird aber nach Abschluss der Ausbildung seit drei Jahren in der Poststelle beschäftigt, weil kein Büroarbeitsplatz frei war. Es wird nun in-

---

565 BAG 22.11.2005 – 1 ABR 49/04, NZA 2006, 389.
566 BAG 22.11.2005 – 1 ABR 49/04, NZA 2006, 389.
567 BAG 22.11.2005 – 1 ABR 49/04, NZA 2006, 389.
568 BAG 3.12.2002 – 9 AZR 481/01, BAGE 104, 45, zu A I 2 der Gründe.

folge Verrentung ein Büroarbeitsplatz frei. X hat nach § 164 Abs. 4 Satz 1 Nr. 1 Anspruch auf den seinen Fähigkeiten und Kenntnissen entsprechenden Büroarbeitsplatz. Plant der Arbeitgeber den freien Arbeitsplatz mit einem anderen zu besetzten, kann der Betriebsrat die Zustimmung sowohl nach § 99 Abs. 2 Nr. 1 BetrVG als auch nach § 99 Abs. 2 Nr. 3 BetrVG verweigern.

180 **Vermutung der Benachteiligung:** Die Verletzung der **Prüfpflicht** auf Eignung freier Arbeitsplätze für schwerbehinderte Menschen und der **Meldepflicht** freier Stellen an die Bundesagentur für Arbeit nach § 164 Abs. 1 Satz 1 und 2 können je ein Indiz für eine Benachteiligung darstellen, Vermutung der Benachteiligung → Rn. 62 f. Das soll nach Auffassung des LAG Bln-Bbg jedoch dann nicht gelten, wenn der nicht eingestellte schwerbehinderte Bewerber zu einem **Vorstellungsgespräch** eingeladen worden und dort die SBV eingebunden gewesen sei.[569] Der Achte Senat sah in dieser Wertung für den **Einzelfall** keinen Fehler. Er verdeutlichte, es sei für die Beantwortung der Frage, ob (genügend) Indizien vorliegen, um eine Benachteiligung iSd AGG vermuten zu lassen, die Gesamtheit aller und nicht nur ein einzelner Umstand zu berücksichtigen. Für eine Verletzung von Verfahrens- und Förderpflichten des SGB IX gelte keine Ausnahme. Deshalb darf kein „Automatismus" in dem Sinne angenommen werden, dass bei Vorliegen einer Pflichtverletzung stets ohne Ausnahme die Vermutung der Benachteiligung besteht.[570]
Das völlige Unterlassen oder verspätete Erfüllen der Pflicht aus Abs. 1 Satz 4, unmittelbar nach Eingang der eingegangenen Bewerbung eines schwerbehinderten oder gleichgestellten behinderten Bewerbers diese der SBV mitzuteilen, stellt eine jedoch regelmäßig eine Vermutungstatsache dar, die einen Schadensersatz- oder Entschädigungsanspruch nach § 15 AGG begründen kann, vgl. → Rn. 62 f.[571]

V. Sicherstellung der Mindestbeschäftigung (Abs. 3)

181 **Geeignete Maßnahmen zur Beschäftigung:** Soweit beschäftigungspflichtige Arbeitgeber die 5 Prozent-Beschäftigungsquote aus § 154 Abs. 1 oder die für öffentliche Arbeitgeber des Bundes nach § 241 Abs. 1 weiter geltende 6 %-Quote nicht voll erfüllen, haben sie im Betrieb und in der Dienststelle durch geeignete Maßnahmen die Voraussetzungen für die Erfüllung der Beschäftigungspflicht „sicherzustellen". Der pauschale Einwand, nicht über genügend für behinderten Menschen geeignete Arbeitsplätze zu verfügen, soll abgeschnitten werden.[572] Zwar entscheidet der Arbeitgeber im Rahmen seiner **Organisationsfreiheit** grundsätzlich autonom darüber, wie er Arbeitsplätze zuschneidet und ob er sie mit eigenem oder mit fremdem Personal besetzt.[573] Der Gesetzgeber kann aber in die Organisationsfreiheit eingreifen. Dies hat er mit Abs. 3 getan, um zu verhindern, dass die Beschäftigungspflicht durch die Gestaltung der Arbeitsorganisation, insbesondere durch unangemessene Anforderungsprofile und Zuschnitte von Arbeitsplätzen unterlaufen wird. Deshalb **muss** der Arbeitgeber die Arbeitsorganisation seines Betriebes oder seiner Dienststelle so regeln, dass die objektiv vorhandenen Beschäftigungsmöglichkeiten für die als arbeitsuchend

---

569 LAG Bln-Bbg 14.3.2013 – 25 Sa 2304/12.
570 BAG 26.6.2014 – 8 AZR 547/13, Rn. 45 f., Behindertenrecht 2015, 92.
571 BAG 15.2.2005 – 9 AZR 635/03, BAGE 113, 361; BAG 17.8.2010 – 9 AZR 839/08, NZA 2011, 153.
572 *Euler* in AnwKom SGB IX § 81 Rn. 13; *Müller-Wenner* in Müller-Wenner/Schorn § 81 Rn. 55.
573 BAG 12.11.2002 – 1 ABR 1/02, AP Nr. 41 zu § 99 BetrVG 1972.

bei der Agentur für Arbeit gemeldeten schwerbehinderten Menschen ausgeschöpft werden.
Die geschichtliche Entwicklung der gesetzlichen Regulierung zeigt, dass der Eingriff bewusst und gewollt vorgenommen wurde und nicht allein im öffentlichen Interesse geschah. Vielmehr handelt es sich um eine Schutznorm, die auch den Individualinteressen der schwerbehinderten Menschen zu dienen bestimmt ist. Das an die Arbeitgeber gerichtete Gebot, „den Betrieb so zu regeln, dass eine tunlichst große Zahl Schwerbehinderter (...) Beschäftigung finden kann", war bereits in § 10 SchwBeschG 1923 enthalten. Es ist als § 12 Abs. 4 Satz 1 SchwBeschG 1953 in das bundesdeutsche Recht übernommen worden. Dabei hat der Gesetzgeber seine Regelungsabsicht offengelegt: „(...) verfolgt den doppelten Zweck, daß die Schwerbeschädigten in der Arbeit ihre Befriedigung finden und die ihnen verbliebene Arbeitskraft im Interesse der Volkswirtschaft und auch zum Nutzen der Arbeitgeber voll ausgewertet wird."[574] Diese Bestimmung ist als § 11 Abs. 3 Satz 1 SchwbG 1974 unter der neuen amtlichen Überschrift „Pflichten der Arbeitgeber gegenüber Schwerbehinderten" bei der Umgestaltung des Schwerbeschädigten- zum Schwerbehindertenrecht übernommen worden. Dies geschah im unmittelbaren Zusammenhang mit der Abschaffung der Befugnis des Arbeitsamts, einen arbeitslosen Schwerbehinderten im Wege des Verwaltungszwanges einzustellen. Im Vorgriff zur Einführung des SGB IX hat das SchwbBAG in § 14 Abs. 3 SchwbG 2000 die Arbeitgeberpflichten zur behinderungsgerechten Beschäftigung so ausgestaltet, wie sie heute in § 164 Abs. 4 SGB IX enthalten sind. Dabei ist in die Gesetzesbegründung klargestellt, dass nur diese Arbeitgeberpflichten „in entsprechende Ansprüche der Schwerbehinderten umgewandelt"[575] werden. Daraus ergibt sich, dass der arbeitslose schwerbehinderte Mensch keinen subjektiven Anspruch gegen einen Arbeitgeber hat, der seine Mindestbeschäftigungspflicht nicht erfüllt, dass dieser zur Ermöglichung einer Einstellung die Betriebsorganisation individuell passend zu machen. Aber das Unterlassen der geeigneten Maßnahmen kann gegenüber einem Bewerber die Vermutung der Benachteiligung auslösen und Ansprüche aus § 15 AGG begründen. Gegenüber einem Beschäftigten, dessen Arbeitsplatz in Wegfall kommt, kann sich aus dem Gebot der Rücksichtnahme (§ 241 Abs. 2 BGB) die Pflicht ergeben, die Voraussetzungen für die weitere Durchführung des Arbeitsverhältnisses zu schaffen und Erfüllungshindernisse zu beseitigen.[576] Dies gilt insbesondere, wenn der Arbeitgeber – wie hier nach § 164 Abs. 3 SGB IX – nicht nur im öffentlichen Interesse, sondern auch im Interesse der schwerbehinderten Menschen unter Einschränkung seiner Organisationsfreiheit zu ihm nach § 164 Abs. 3 Satz 2 SGB IX zumutbaren Organisationsmaßnahmen verpflichtet ist. Mit Art. 18 BTHG hat der Gesetzgeber zur stärkeren praktischen Wirksamkeit des § 164 Abs. 3 SGB IX in § 92 Abs. 3 Satz 2 BetrVG eine neue Unterrichtungspflicht eingeführt.[577] Durch diese wird der Arbeitgeber nach § 92 Abs. 1 Satz 1 BetrVG verpflichtet, über seine Maßnahmen, die er zur Sicherstellung der Mindestbeschäftigung plant, dem Betriebsrat jährlich an Hand von Unterlagen zu berichten und mit ihm nach § 92 Abs. 1 Satz 2 BetrVG über Art und Umfang der erforderlichen Maßnahmen zu beraten.[578] Zu der Personaleinsatzplanung gehören auch die Unterrichtung und Beratung über den

---

574 BT-Drs. 1/ 3430, 34 zu § 12.
575 BT-Drs. 14/3372, 18 zu § 14.
576 BAG 19.5.2010 – 5 AZR 162/09, Rn. 26, BAGE 134, 296; BAG 13.8.2009 – 6 AZR 330/08, Rn. 31, AP BGB § 241 Nr. 4.
577 *Düwell/Beyer* Beschäftigte Rn. 267.
578 *Schulze-Doll* in HaKo-BetrVG § 92 BetrVG Rn. 11.

Personalabbau, der infolge von geplantem Outsourcing zu erwarten ist.[579] Soweit die Mindestbeschäftigungsquote betroffen ist, muss darüber nach § 92 Abs. 1 Satz 1 BetrVG unterrichtet und beraten werden. Das Unterschreiten der Mindestbeschäftigungsquote infolge von **Fremdvergabe** von Aufgaben, Einsatz von Leiharbeitnehmern muss vermieden werden, indem als geeignete Maßnahmen zur Sicherstellung einer ausreichenden Zahl behinderungsgerechter die Einrichtung von **Ersatzarbeitsplätzen geprüft** werden. Dabei kommen in Betracht: die behinderungsgerechte Gestaltung neuer, frei werdender oder durch Versetzung freizumachender Ersatzarbeitsplätze. Auch die Rückholung bereits ausgelagerter Arbeitsplätze (sog. insourcing) ist zu prüfen. Wird eine Reorganisation zur Erhöhung der Produktivität geplant, ist dies ein Thema der Personalentwicklung, wenn damit eine Änderung von Anforderungsprofilen verbunden ist.[580] Hier sind die mit dem Qualifikationschancengesetz[581] in neugefassten § 82 SGB III enthaltenen Möglichkeiten der staatlich geförderten Verbesserung der beruflichen Qualifikation der schwerbehinderten Beschäftigten zu berücksichtigen. Die einschränkenden Förderungsvoraussetzungen Strukturwandel oder Engpassberuf gelten nicht für ältere und schwerbehinderte Beschäftigte in Klein- und Mittelbetrieben.[582] Im Übrigen kann der Betriebsrat nach § 92a BetrVG Vorschläge zu dieser Qualifizierung machen, die der Arbeitgeber mit ihm beraten muss, zur Durchführung bestimmter innerbetrieblicher Maßnahmen der beruflichen Bildung → Rn. 203. Die für die Sicherstellung der Quote notwenigen **Eingriffe in die betriebsorganisatorische Gestaltungsfreiheit** stehen nach Abs. 3 Satz 2 unter dem Vorbehalt der Zumutbarkeit, der Verhältnismäßigkeit der Aufwendungen und der Übereinstimmung mit Arbeitsschutzvorschriften.

Der Sechste Senat des BAG hat in einem obiter dictum den Rechtssatz aufgestellt, auch bei Unterschreiten der Mindestbeschäftigungsquote bestehe die uneingeschränkte **Entscheidungsfreiheit** des Arbeitgebers, die nur auf Missbrauch überprüft werden dürfe. Zwar knüpfe § 164 Abs. 3 an die Beschäftigungspflicht nach § 154 Abs. 1 an und verpflichte den Arbeitgeber zur Schaffung der tatsächlichen Voraussetzungen dafür, dass im Rahmen der von ihm vorgegebenen Belegschaftsstärke wenigstens die vorgeschriebene Zahl schwerbehinderter Menschen eine möglichst dauerhafte behinderungsgerechte Beschäftigung finden könne. Diese Bestimmung begründe jedoch nur eine **Organisationspflicht** des Arbeitgebers, ohne Individualansprüche des schwerbehinderten Menschen zu schaffen.[583] Eine Pflicht zur Erhaltung von Arbeitsplätzen, die nach Ansicht des Arbeitgebers nicht benötigte Arbeitsplätze würden, bestehe nicht.[584] Dem kann nicht zugestimmt werden.[585] Die Organisationspflicht besteht nicht nur gegenüber den staatlichen Stellen, die das SGB IX durchführen. Sie dienen auch den beschäftigten schwerbehinderten Menschen, dass bei Umstrukturierungen

---

579 *Schulze-Doll* in HaKo-BetrVG § 92 BetrVG Rn. 15.
580 *Schulze-Doll* in HaKo-BetrVG § 92 BetrVG Rn. 14.
581 Überblick: *Düwell* jurisPR-ArbR 1/2019 Anm. 1.
582 Überblick *Düwell* jurisPR-ArbR 1/2019 Anm. 1.
583 BAG 16.5. 2019 – 6 AZR 329/18, Rn. 47, NZA 2019, 1198 unter Bezugnahme auf *Faber/Rabe-Rosendahl* in FKS SGB IX § 164 Rn. 27 ff., 32; *Kohte* in KKW, 6. Aufl. SGB IX §§ 164, 165 Rn. 10.
584 BAG 16.5. 2019 – 6 AZR 329/18, Rn. 47, NZA 2019, 1198 unter Bezugnahme auf *Rolfs* in ErfK, 19. Aufl. 2019, SGB IX § 164 Rn. 8; *Zimmermann* in MHdB ArbR, 4. Aufl. 2019, Bd. 2 § 198 Rn. 58; aA *Fabricius* in jurisPK-SGB IX, 3. Aufl. 2018 4.2.2019, § 164 Rn. 63 f.; *Kossens* in Kossens/von der Heide/Maaß SGB IX § 71 Rn. 6.
585 Ausführlich: *Düwell* FS für Ulrich Preis, 2021, 181.

und Personalabbaumaßnahmen deren Weiterbeschäftigungsinteresse angemessen berücksichtigt wird. Das zeigt der Blick auf § 172 Abs. 1 Satz 2 und Abs. 3 Nr. 3 und 4. Nach diesen Bestimmungen soll bei Betriebsänderungen und insolvenzbedingten Entlassungen stets eine angemessene Zahl an weiterzubeschäftigenden schwerbehinderten Arbeitnehmern beim Arbeitgeber verbleiben. Gegen die vom Sechsten Senat gewählte Beschränkung auf Missbrauchskontrolle wird im Schrifttum eingewandt, es komme nicht darauf an, ob sich der Arbeitgeber gegenüber seinen schwerbehinderten Beschäftigten bestehenden Verpflichtungen nach dem SGB IX entziehen wolle, sondern darauf, ob die Neuverteilung der Aufgaben unter Aussparung der schwerbehinderten Menschen rechtmäßig war.[586] Da § 2 Abs. 1 Nr. 2 AGG nach § 164 Abs. 2 Satz 2 SGB IX anzuwenden sei, müsse geprüft werden, ob zur Erreichung des mit der Organisationsentscheidung verfolgten Ziels die Nichtberücksichtigung der betroffenen schwerbehinderten Beschäftigten angemessen sei und keine weniger benachteiligende Entscheidung in Betracht komme.[587]

Im Rahmen der Personalplanung hat der Arbeitgeber nach § 92 Abs. 3 Satz 2 iVm Abs. 1 BetrVG über die geplanten **Maßnahmen zur Sicherstellung** der Mindestbeschäftigung zu **unterrichten**. Verletzt er diese Pflicht, begeht er eine **Ordnungswidrigkeit**, die nach § 121 BetrVG zu ahnden ist. Verletzt er dagegen die Pflicht zu Sicherstellung der Mindestbeschäftigung, so soll das nach der vom Sechsten Senat vertretenen Rechtsansicht folgenlos bleiben. Das ist nicht stimmig.[588]

Vollzugsdefizite: Es fehlt an einem den Gesetzesauftrag ernstnehmenden Gesetzesvollzug, der das Ziel der Mindestbeschäftigung von schwerbehinderten Menschen verfolgt. Für die Überwachung der öffentlich-rechtlichen Beschäftigungspflicht sind nach § 238 Abs. 1 Nr. 1, Abs. 3 die Regionaldirektionen der Bundesagentur für Arbeit zuständig. Diese entscheiden über die Einleitung des Verfahrens und die Verhängung eines Verwarnungs- oder Bußgelds nach dem Opportunitätsprinzip (§ 47 Abs. 1 OWiG). Regelmäßig werden nur Verstöße gegen Anzeigepflichten nach § 238 Abs. 1 Nr. 3 verfolgt. Selbst beharrliche Verstöße gegen die Nichterfüllung der Pflichtquote werden nur in den seltenen Fällen geahndet, in denen Anzeige erstattet wird.[589] Trotz „entgegengesetzter Erfahrung" unterstellt man jedem Arbeitgeber den guten Willen zur Ausschöpfung aller zumutbaren im Betrieb vorhandenen Beschäftigungsmöglichkeiten zur Beschäftigung schwerbehinderter Menschen. Ermittlungen, ob ein Arbeitgeber, der die Pflichtquote nicht erfüllt, durch betriebliche Maßnahmen nach § 154 Abs. 1 SGB IX weitere Beschäftigungsmöglichkeiten für schwerbehinderte Arbeitnehmer schaffen könnte, unterbleiben. Dabei böte die Pflicht aus § 164 Abs. 3, Maßnahmen zur Sicherstellung der Mindestbeschäftigung zu treffen, hinreichenden Anlass zu Ermittlungen. Jeder Arbeitgeber, der die jährliche Anzeige nach § 163 Abs. 2 Satz 1 erstattet und nicht alle Pflichtplätze als besetzt meldet, müsste befragt werden, welche Maßnahmen er im abgelaufenen Jahr zur Sicherstellung der Quote ergriffen hat. Wer überhaupt nichts oder keine geeigneten Maßnahmen unternimmt, der verletzt schuldhaft die ihm obliegende Mindestbeschäftigungspflicht, zu deren Sicherstellung er nach § 164 Abs. 3 geeignete Maßnahmen ergreifen muss.

---

586 *von Roetteken* jPRArbR 42/2019 Anm. 1.
587 *von Roetteken* jPRArbR 42/2019 Anm. 1.
588 Vgl. *Greiner/Hagedorn* NJW 2019, 3483 (3485).
589 *Schimanski* in GK-SGB IX § 156 Rn. 37 f.

Ebenso wird in jüngerer Zeit von einigen **Integrationsämtern**[590] und der sie kontrollierenden Rechtsprechung der **Verwaltungsgerichte** es nicht mehr als fehlerhaft („ermessensdefizitär") angesehen, wenn bei der Zustimmungsentscheidung des Integrationsamts unberücksichtigt bleibt, dass die Schwerbehindertenquote nicht erfüllt wird, weil der Arbeitgeber keine geeigneten Maßnahmen nach § 164 Abs. 3 (bis 31.12.2017: § 81 Abs. 3 SGB IX aF) ergreift.[591] Diese Rechtsprechung leidet unter bemerkenswerter „Leseschwäche". Sie hat sich noch nicht einmal die Mühe gemacht, den Stand der Rechtsprechung zum Vorgängerrecht im SchwbG nachzulesen. Das wäre aber erforderlich gewesen; denn das OVG NRW hatte 2003 unter Bezugnahme auf das BVerwG zum SchwbG ausgeführt:

„Der Zweck des Schwerbehindertengesetzes als eines Fürsorgegesetzes besteht vor allem darin, mit seinen Vorschriften über den Sonderkündigungsschutz die Nachteile eines Schwerbehinderten auf dem allgemeinen Arbeitsmarkt auszugleichen (...) Ausgehend von diesen Leitlinien ist auch der Aspekt einer fehlenden Erfüllung der Beschäftigungspflicht nach § 5 Abs. 1 SchwbG (Ergänzung Düwell: seit 1.1.2018 § 154 Abs. 1 SGB IX) bei der Ermessensausübung zu berücksichtigen. Die Pflicht, den Umstand der Nichterfüllung der Beschäftigungspflicht in die Ermessensausübung einzustellen, ergibt sich aus dem primären Zweck der Vorschriften im Zweiten Abschnitt des Schwerbehindertengesetzes, auf die Einhaltung der dort normierten Beschäftigungspflicht hinzuwirken."[592]

In gleicher Weise hatte zuvor schon die Bayerische Verwaltungsgerichtsbarkeit erkannt.[593]

Wird den Ansichten des Sechsten Senats des BAG und des Vierten Senats des OVG Hamburg gefolgt, stellt § 164 Abs. 3 symbolisches Recht dar, das weder von den Gerichten für Arbeitssachen noch dem Integrationsamt und der es kontrollierenden Verwaltungsgerichtsbarkeit anzuwenden ist. Verletzt ein Arbeitgeber die ihm obliegende Pflicht zu Sicherstellung der Mindestbeschäftigung, so bliebe das nach der von diesen Senaten vertretenen Rechtsansicht sowohl arbeits- als auch verwaltungsrechtlich folgenlos.

VI. Anspruch auf behinderungsgerechte Beschäftigung (Abs. 4)
1. Von der Fürsorgepflicht zum Teilhabeanspruch

183 **Vorgaben aus Unions- und Völkerrecht:** In Art. 5 der Richtlinie 2000/78/EG (Rahmenrichtlinie) wird gefordert, dass zur Anwendung des Gleichbehandlungsgrundsatzes auf Menschen mit Behinderung **angemessene Vorkehrungen** zu treffen sind. Dort heißt es: „Um die Anwendung des Gleichbehandlungsgrundsatzes auf Menschen mit Behinderung zu gewährleisten, sind angemessene Vorkehrungen zu treffen. Das bedeutet, dass der Arbeitgeber die geeigneten und im konkreten Fall erforderlichen Maßnahmen ergreift, um Menschen mit Behinderung den Zugang zur Beschäftigung, die Ausübung eines Berufes, den beruflichen Aufstieg und die Teilnahme an Aus- und Weiterbildungsmaßnahmen zu ermöglichen, es sei denn, diese Maßnahmen würden den Arbeitgeber

---

590 In den Formularen (Bayern Stand 2018, Abschnitt F2) wird bei „Betriebsschließung" zwar der Stand der „Quote" abgefragt (Zahl der Beschäftigten, davon sbM), aber nur dort und selten bei den Fällen, in denen keine Ermessensbeschränkung vorliegt bei der Interessenabwägung berücksichtigt.
591 Hmb OVG 10.12.2014 – 4 Bf 159/12, Rn. 50, Behindertenrecht 2015, 204; kritisch *Luickhardt* BB 2015, 2741; *Düwell* jurisPR-ArbR 23/2015 Anm. 2.
592 OVG NRW 7.11.2003 – 12 A 750/01; BVerwG 11.11.1999 – 5 C 23/99, BVerwGE 110, 67.
593 BayVGH 6.7.1978 – 381 XII/75, Behindertenrecht 1979, 42.

unverhältnismäßig belasten. Diese Belastung ist nicht unverhältnismäßig, wenn sie durch geltende Maßnahmen im Rahmen der Behindertenpolitik des Mitgliedstaates ausreichend kompensiert wird". Mit § 81 Abs. 4 SGB IX aF (seit 1.1.2018: § 164 Abs. 4 SGB IX) hat der Bundesgesetzgeber 2001 die Rahmenrichtlinie umgesetzt.[594] Arbeitgeber müssen deshalb die im konkreten Fall erforderlichen Maßnahmen ergreifen oder vom Mitgliedstaat getroffene Vorkehrungen befolgen, um dem jeweiligen Menschen mit Behinderung den Zugang zur Beschäftigung und die Ausübung ihres Berufes zu ermöglichen.[595] Das Unterlassen bzw. Nichtbefolgen angemessener Vorkehrungen ist als eine spezifische Form der Diskriminierung zu begreifen.[596]

Die **Versagung angemessener Vorkehrungen** ist in Art. 2 Unterabs. 3 Satz 2 UN-BRK als **Diskriminierung** definiert und ergänzt so die Regelung in Art. 5 der Rahmenrichtlinie um eine Rechtsfolgenbestimmung.[597] Diese – wie alle anderen Vorgaben der UN-BRK zu angemessenen Vorkehrungen insbesondere in Art 27 Abs. 1 Satz 2 lit. i – ist infolge der Ratifikation der UN-BRK durch die EU zugleich auch Bestandteil der Unionsrechtsordnung[598] und damit Inhalt des – unionsrechtskonform auszulegenden – deutschen Rechts geworden.[599] Das ist auch aus einem anderen Grund zwingend; denn hinsichtlich des Richtlinienrechts zur Konkretisierung des Gleichbehandlungsgrundsatzes gilt: Für deren Auslegung sind die Organe der EU nach Art. 26 Abs. 2 AEUV an einen ratifizierten Vertrag gebunden.[600] Dies hat zur Folge, dass derartige Verträge Vorrang vor den Rechtsakten der EU, insbesondere ihren Richtlinien, haben.[601] Damit muss das „VN-Übereinkommen"[602] zur Auslegung der Richtlinie 2000/78 in der Weise herangezogen werden, dass nach Möglichkeit Übereinstimmung mit diesem Übereinkommen besteht.[603] Danach sind angemessene Vorkehrungen am Arbeitsplatz sowohl nach Art 27 Abs. 1 Satz 2 Buchst. i der UN-BRK als auch der

---

594 ArbG Berlin 27.1.2017 – 28 Ca 9818/16, AE 2017, 56; EzA-SD 2017, Nr. 13, 13.
595 Vgl. *Schiek*, Gleichbehandlungsrichtlinien der EU – Umsetzung im deutschen Arbeitsrecht, NZA 2004, 873 (881); *Nebe*, (Re-)Integration von Arbeitnehmern: Stufenweise Wiedereingliederung und Betriebliches Eingliederungsmanagement – ein neues Kooperationsverhältnis, DB 2008, 1801 (1804), so auch im Sinne einer klageweise durchsetzbaren Anspruchs: HessLAG 5.11.2012 – 21 Sa 593/10, EzA-SD 2013, Nr. 3, 13–14; in der Revisionsinstanz nur deshalb aufgehoben, weil die Klage infolge Freistellung des Klägers von der Arbeitsleistung unzulässig geworden war: BAG 23.9.2014 – 9 AZR 1100/12; *Straube* ArbR 2015, 83.
596 Vgl. *Leder*, Das Diskriminierungsverbot wegen einer Behinderung, 2006, S. 239 (244).
597 *von Roetteken* AGG, 72. Aktualisierung Februar 2021, AGG § 1 Rn. 322.
598 Vgl. EuGH 11.4.2013 – C-335/11 ua, Rn. 28 ff., NZA 2013, 553 – HK Danmark, auch genannt Ring, Skouboe Werge.
599 BAG 4.11.2015 – 7 ABR 62/13, Rn. 27, BAGE 153, 187; BAG 19.12.2013 – 6 AZR 190/12, Rn. 53, BAGE 147, 60.
600 EuGH 18.3.2014 – C-363/12, Rn. 71, NZA 2014, 525 (528) – Frau Z.
601 EuGH 18.3.2014 – C-363/12, Rn. 72, NZA 2014, 525 (528) – Frau Z.
602 Gemeint ist das Übereinkommen der Vereinten Nationen über die Rechte von Menschen mit Behinderungen vom 13.12.2006. Dieses wird vom EuGH korrekt in deutscher Sprache als VN -Übereinkommen bezeichnet, während das BAG in seinen Entscheidungen einen Mix von englisch und deutsch die Bezeichnung „UN-BRK" benutzt. Um Verwirrungen zu vermeiden, wird hier von der sprachlich korrekten Abkürzung „VN-BRK", wie sie der EuGH verwendet, abgesehen und die beim BAG übliche Abkürzung verwandt, zur Praxis des BAG vgl. zuletzt: BAG 27.8.2020 – 8 AZR 45/19, Rn. 48 ff., EzA-SD 2021, Nr. 1, 10–11.
603 EuGH 18.3.2014 – C-363/12, Rn. 75, NZA 2014, 525 (528) – Frau Z; so bereits schon EuGH 11.4.2013 – C-335/11 ua, Rn. 32, NZA 2013, 553 – HK Danmark, auch genannt Ring, Skouboe Werge.

die UN-BRK in ihrem Art 5 umsetzenden Rahmenrichtlinie der EU sicherzustellen, um die mit einer Benachteiligung wegen der Behinderung verbundenen Rechtsfolgen zu vermeiden. Unter angemessenen Vorkehrungen sind nach der Begriffsbestimmung in Art. 2 Abs. 4 Satz 1 UN-BRK zu verstehen: „notwendige und geeignete Änderungen und Anpassungen, die keine unverhältnismäßige oder unbillige Belastung darstellen und die, wenn sie in einem bestimmten Fall erforderlich sind, vorgenommen werden, um zu gewährleisten, dass Menschen mit Behinderung diskriminierungsfrei beschäftigt werden". Bei den in § 164 Abs. 4 Satz 1 bis 3 geregelten Organisationspflichten zur behinderungsgerechten Beschäftigung handelt es sich um vom deutschen Gesetzgeber vorgeschriebene angemessene Vorkehrungen sowohl im Sinne Art. 5 der Richtlinie 2000/78/EG als auch im Sinne von Art. 2 Unterabs. 3 Satz 2 und 27 Abs. 1 Satz 2 lit. i UN-BRK. Das entspricht auch der Sicht des BAG. Zwar hat der für das Recht der Gleichbehandlung zuständige Achte Senat es abgelehnt, das Präventionsverfahrens (§ 167 Abs. 1 SGB IX) als angemessen Vorkehrung anzusehen. Aber eine in diesem Verfahren gefundenen Maßnahme, mit der den aufgetretenen Schwierigkeiten abgeholfen werden könne, sei als „angemessene Vorkehrung iSv. Art. 5 der Richtlinie 2000/78/EG, Art. 2 Unterabs. 3 und Unterabs. 4 der UN-BRK" anzusehen, soweit sie den Arbeitgeber nicht unverhältnismäßig belaste.[604] Das wird im Schrifttum mit Blick auf § 164 Abs. 4 SGB IX auch so gesehen.[605] Die Auslegung des § 164 Abs. 4 SGB IX muss daher im Lichte der UN-BRK erfolgen. Dabei ist zu beachten, dass das BAG bisher noch nicht die für den Arbeitsplatz einschlägige spezielle Vorschrift erkannt hat. Diese ist Art. 27 Abs. 1 Satz 2 lit. i UN-BRK: „Die Vertragsstaaten sichern und fördern die Verwirklichung des Rechts auf Arbeit, (…) durch geeignete Schritte, einschließlich des Erlasses von Rechtsvorschriften, um unter anderem, (…) sicherzustellen, dass am Arbeitsplatz angemessene Vorkehrungen für Menschen mit Behinderungen getroffen werden". Mit § 164 Abs. 4 SGB IX hat Deutschland eine Rechtsvorschrift zur Umsetzung seiner Verpflichtung aus Art. 27 Abs. 1 Satz 2 lit. i UN-BRK erlassen.

Deutschland hat seine Verpflichtung zur **Umsetzung noch nicht voll erfüllt**; denn die UN-BRK hat als Zielgruppe der angemessenen Vorkehrungen am Arbeitsplatz alle Menschen mit Behinderungen, während in § 164 Abs. 4 SGB IX nur schwerbehinderten Menschen iSv § 2 Abs. 2 und über § 151 Abs. 3 SG IX auch die gleichgestellt behinderten Menschen iSv § 2 Abs. 3 SGB IX vom Geltungsbereich der Norm erfasst werden. Dies ist ein Defizit, das gleichermaßen für die Umsetzung von Art. 5 der Richtlinie 2000/78/EG gilt.[606] Zwar wird es als sachgerecht angesehen, den Anwendungsbereich des SGB IX auf alle Menschen mit Behinderung ohne Unterschied von deren Schwere zu erstrecken.[607] Aber eine solche generelle Erstreckung kommt aus zwei Gründen nicht in Betracht. Erstens fehlt für eine erweiternde Auslegung eine unbewusste Rege-

---

604 BAG 21.4.2016 – 8 AZR 402/14, Rn. 25, BAGE 155, 61 = NZA 2016, 1131; weiterführend: *Kohte* jurisPR-ArbR 2/2018 Anm. 1.
605 *Rabe-Rosendahl*, Angemessene Vorkehrungen für behinderte Menschen im Arbeitsrecht – Die Umsetzung des Artikels 5 Richtlinie 2000/78/EG in Deutschland und Großbritannien, 2018, S. 413.
606 Vgl. *von Roetteken*, 72. Aktualisierung Februar 2021, AGG Rn. 528 ff.
607 *Eichenhofer*, Angemessene Vorkehrungen als Diskriminierungsdimension im Recht, Menschenrechtliche Forderungen an das Allgemeine Gleichbehandlungsgesetz, Rechtsgutachten erstattet für die Antidiskriminierungsstelle des Bundes, 2018, S. 49.

lungslücke.⁶⁰⁸ Zweitens sind im Teil 3 des SGB IX (Schwerbehindertenrecht) Regelungen enthalten, die überobligatorisch sind, weil sie nicht zur Umsetzung erforderlich sind. Das gilt vor allem für die Bildung der SBV. Diese besteht in dem historisch gewachsenen deutschen Schwerbehindertenrecht seit 1923 als selbstgewählte **Interessenvertretung ausschließlich für schwerbehinderte Menschen**, dh für Menschen mit Behinderungen, die einen amtlich festgestellten hohen Grad der Beeinträchtigung haben. Die Ausweitung der Repräsentation auf alle Menschen mit Behinderungen wird weder von der UN-BRK noch von dem EU-Recht verlangt; denn diese enthalten insoweit keine Vorgaben.

Angemessene Vorkehrungen für Beschäftigte mit „einfachen" Behinderungen: Für die Inanspruchnahme der Vorgaben auf angemessene Vorkehrungen im Unionsrecht und in der UN-BRK, die nicht mit § 164 Abs. 4 SGB IX umgesetzt worden sind, bedarf es nicht der Feststellung eines besonderen amtlich festgestellten Behindertenstatus nach nationalem Recht.⁶⁰⁹ Die Frist zur Umsetzung von Art 5 der Richtlinie 2000/78/EG lief nach deren Art. 18 spätestens am 2.12.2006 ab. Art. 288 Abs. 3 AEUV iVm Art. 4 Abs. 3 EUV verpflichten zum Erlass von Umsetzungsvorschriften (primäre Umsetzungspflicht). Zusätzlich besteht für den Mitgliedsstaat die Pflicht zur Durchsetzung der Richtlinienregelungen im Einzelfall. Die stärkste Form der Geltungsverschaffung im Rahmen dieser sekundären Durchsetzungspflicht ist die unmittelbare Anwendbarkeit der Richtlinie. Für die Annahme einer unmittelbaren Wirkung nach erfolglosem Ablauf der Umsetzungsfrist muss die Richtlinie nach Rspr. des EuGH inhaltlich unbedingt und hinreichend genau bestimmt sein.⁶¹⁰ Das ist hier in Art. 5 Satz 2 der Richtlinie geschehen. Dort werden Arbeitgeber verpflichtet, „die geeigneten und im konkreten Fall erforderlichen Maßnahmen ergreift, um den Menschen mit Behinderung den Zugang zur Beschäftigung, die Ausübung eines Berufes, den beruflichen Aufstieg und die Teilnahme an Aus- und Weiterbildungsmaßnahmen zu ermöglichen". Dabei kann die gesetzliche Ausformung der Vorkehrungen in § 164 Abs. 4 SGB IX der weiteren Konkretisierung dienen. Noch nicht restlos geklärt ist die horizontale Wirkung gegenüber privaten Arbeitgebern. Geklärt ist jedoch die vertikale Wirkung gegenüber öffentlichen Arbeitgebern.⁶¹¹ Diese resultiert im Umkehrschluss aus dem Verbot der Berufung des Staates auf eine durch diesen selbst nicht umgesetzte Richtlinie (Verbot der umgekehrten vertikalen Wirkung). Das BAG wendet die Pflicht zu angemessenen „im Wege einer unionsrechtskonformen Auslegung von § 241 Abs. 2 BGB" gleichermaßen auf private und öffentliche Arbeitgeber an, so dass die Frage der horizontalen Wirkung offen geblieben ist.⁶¹² Im Schrifttum wird angemahnt, den unerfüllten Umsetzungsauftrag von UN-BRK und EU-Recht nachzuholen.

---

608 *Eichenhofer*, Angemessene Vorkehrungen als Diskriminierungsdimension im Recht, Menschenrechtliche Forderungen an das Allgemeine Gleichbehandlungsgesetz, Rechtsgutachten erstattet für die Antidiskriminierungsstelle des Bundes, 2018, S. 49.

609 Vgl. zur nicht erforderlichen Einstufung als „besonders gefährdete Beschäftigte": EuGH 11.9.2019 – C-397/18, Rn. 49 ff. NZA 2019, 1634 (1635) – Nobel Plastiques Ibérica.

610 EuGH 19.1.1982 – C-8/81, Rn. 25, Slg. 1982, 53 – Becker; EuGH 24.11.2011 – C-469/10, EuZW 2012, 37 (40) – FECEMD.

611 EuGH 26.2.1986 – 152/84, Rn. 49 ff., Slg. 1986, 723 – Marshall I.

612 BAG 22.5.2014 – 8 AZR 662/13, Rn. 42, BAGE 148, 158 = NZA 2014, 924; BAG 19.12.2013 – 6 AZR 190/12, Rn. 53, Behindertenrecht 2014,134; Kritisch zu diesem Ansatz: *Eichenhofer*, Angemessene Vorkehrungen als Diskriminierungsdimension im Recht, Menschenrechtliche Forderungen an das Allgemeine Gleichbehandlungsgesetz, Rechtsgutachten erstattet für die Antidiskriminierungsstelle des Bundes, 2018, S. 72, 73.

Die konventionsfreundliche Auslegung reiche aus. Dem ist zuzustimmen. Die Pflicht zur Überführung in das nationale Recht zielt darauf, im Recht des einzelnen Mitgliedstaats für alle Rechtsunterworfenen den Inhalt der höherrangigen Rechtspflicht tatbestandlich präzise zu umschreiben.[613]

Behinderung mit Bezug zur Arbeit: Betrifft die Beeinträchtigung nicht die Teilhabe am Berufsleben, liegt keine Behinderung iSd Richtlinie 2000/78/EG vor.[614] Insoweit sind schwerbehinderte Beschäftigte begünstigt, weil deren GdB nach Teil A Vorbemerkung Nr. 2 lit. b Satz 2 VersMedV unabhängig vom ausgeübten oder angestrebten Beruf zu beurteilen ist.

184 **Individuelle Ansprüche schwerbehinderter Beschäftigter:** In § 164 Abs. 4 hat der Gesetzgeber individuelle Ansprüche der schwerbehinderten Beschäftigten gegenüber ihren Arbeitgebern geregelt. Die Regelung ist aus dem SchwbBAG übernommen. Damit ist klargestellt worden, dass es sich um bürgerlich-rechtliche Verpflichtungen des Arbeitgebers gegenüber dem einzelnen schwerbehinderten Menschen handelt, die dieser auch gerichtlich durchsetzen kann. Die Regelung verpflichtet den Arbeitgeber bis zu den äußersten Grenzen des Zumut- und Machbaren (Abs. 4 Satz 3), die von ihm unterhaltenen Arbeitsstätten, Betriebsanlagen, Maschinen und Geräte sowie die gesamte Arbeitsorganisation in einen behinderungsgerechten Zustand zu versetzen und zu erhalten (Abs. 4 Satz 1 Nr. 4). Mit diesen Bestimmungen soll „ein Leitbildwechsel realisiert werden", um die Ausgliederung von Menschen aus dem Arbeitsleben zu vermeiden.[615] Gefordert sind glaubhafte Anstrengungen des Arbeitgebers, das Seine mit den verfügbaren Mitteln betrieblicher Organisation zur Erreichung dieses übergeordneten Ziels zu tun. Somit ist namentlich die Organisation der Arbeit nicht nur der rechtlichen Kontrolle nicht entzogen, sondern – genau umgekehrt – eines der zentralen Handlungsfelder, in deren Ausgestaltung bis zur Grenze des Zumutbaren (Abs. 4 Satz 3) sich die „Anpassung von Arbeitsplätzen an den Menschen" zu verwirklichen hat.[616]

2. Behinderungsgerechte Beschäftigung

185 **Unterschied von behinderungs- und leidensgerecht:** Nach der Rechtsprechung der für Bestandsschutz zuständigen Senate des BAG hat ein Arbeitgeber, bevor er wegen krankheitsbedingter Arbeitsunfähigkeit zur personenbedingten Kündigung des Arbeitsverhältnisses als letztem Mittel (ultima ratio) greift, die Möglichkeit einer Weiterbeschäftigung auf einem freien Arbeitsplatz – ggf. auch zu geänderten Bedingungen – zu prüfen. Dieser Grundsatz wird als **Vorrang der „leidensgerechten" Beschäftigung** vor Kündigung bezeichnet.[617] Er beruht auf einer Konkretisierung des Verhältnismäßigkeitsprinzips und beinhaltet eine Obliegenheit zugunsten der schwerbehinderten Arbeitnehmer. Der Anspruch auf

---

613 *Eichenhofer*, Angemessene Vorkehrungen als Diskriminierungsdimension im Recht, Menschenrechtliche Forderungen an das Allgemeine Gleichbehandlungsgesetz, Rechtsgutachten erstattet für die Antidiskriminierungsstelle des Bundes, 2018, S. 73.
614 EuGH 18.3.2014 – C-363/12, Rn. 80 ff., NZA 2014, 525 (528) – Frau Z; *von Roetteken* AGG, 72. Aktualisierung Februar 2021, Rn. 542.
615 So *Kohte* jurisPR-ArbR 47/2005: „Mit dem SGB IX soll ein Leitbildwechsel realisiert werden: Die Arbeitsplätze sollen rechtzeitig an die Menschen angepasst werden, so dass die Ausgliederung aus dem Arbeitsleben vermieden werden kann".
616 Vgl. BAG 14.3.2006 – 9 AZR 411/05, AP § 81 SGB IX Nr. 11; BAG 4.10.2005 – 9 AZR 632/04, BAGE 116, 121 = NZA 2006, 442; LAG BW 22.6.2005 – 2 Sa 11/05, Behindertenrecht 2006, 82.
617 BAG 7.2.1991 – 2 AZR 205/90, BAGE 67, 198 (204); BAG 24.11.2005 – 2 AZR 514/04, NZA 2006, 665; BAG 12.7.2007 – 2 AZR 716/06, NZA 2008, 173.

behinderungsgerechte Beschäftigung ist davon jedoch in mehrfacher Hinsicht zu unterscheiden. Mit dem Begriff „leidensgerecht" wird die Anpassung an die Auswirkungen einer Krankheit gekennzeichnet. Durch den Begriff „**behinderungsgerecht**" dagegen die Anpassung an die Auswirkungen einer festgestellten Behinderung. Zwar kann im Einzelfall eine Behinderung auf einer lang andauernden Krankheit beruhen. Das muss sie aber nicht; denn ein behinderter Mensch muss nicht krank sein (→ Rn. 23). Das wird auch in der Rechtsprechung nicht selten verkannt. Ein weiterer Unterschied zum Vorrang der „leidensgerechten" Beschäftigung besteht darin, dass dieser Vorrang nur vor der Kündigung schützt: Da nur eine Obliegenheit begründet wird, greift der Vorrang dann nicht, wenn der Arbeitgeber die Kündigungsabsicht fallen lässt. Der Arbeitgeber ist bei Fortbestand von Arbeitsunfähigkeit und Arbeitsverhältnis nicht ohne Weiteres verpflichtet, einen leidensgerechten Arbeitsplatz zuzuweisen. Nur nach Maßgabe des § 241 Abs. 2 BGB kann eine Verpflichtung des Arbeitgebers zur Neubestimmung der konkreten Tätigkeit entstehen. Diese schuldrechtliche Pflicht setzt voraus, dass der Arbeitnehmer die Umsetzung auf einen leidensgerechten Arbeitsplatz verlangt und dem Arbeitgeber mitgeteilt hat, wie er sich seine weitere, die auftretenden Leistungshindernisse ausräumende Beschäftigung vorstellt. Dem Verlangen des Arbeitnehmers muss der Arbeitgeber regelmäßig entsprechen, wenn ihm die Zuweisung einer anderen Tätigkeit durch Neubestimmung der zu bewirkenden Arbeitsleistung nach § 106 GewO zumutbar und rechtlich möglich ist.[618] Die Rücksichtnahmepflicht aus § 241 Abs. 2 BGB verlangt vom Arbeitgeber jedoch nicht, das Interesse des erkrankten Arbeitnehmers unter Hintanstellung eigener Belange oder solcher anderer Arbeitnehmer nachzugeben. Der Arbeitgeber braucht deshalb das Risiko, dass ein „zwangsweise" ausgetauschter Arbeitnehmer die Wirksamkeit der (Neu-)Ausübung des Direktionsrechts gerichtlich überprüfen lässt, nicht einzugehen.[619] Demgegenüber gewährt § 164 Abs. 4 Satz 1 Nr. 1 dem schwerbehinderten Arbeitnehmer einen weitergehenden Erfüllungsanspruch auf Versetzung (→ Rn. 191).

Unterschied von behinderten- und behinderungsgerecht: Zuweilen wird von den Instanzen und bisweilen auch vom BAG die Bezeichnung „behindertengerechte Beschäftigung" gewählt.[620] Diese Bezeichnung entspricht nicht dem Sprachgebrauch des Schwerbehindertenrechts im Teil 3 des SGB IX. Nach § 164 Abs. 4 Satz 1 haben schwerbehinderte Menschen gegenüber ihren Arbeitgebern Anspruch auf eine Beschäftigung „unter Berücksichtigung der Behinderung und ihrer Auswirkungen auf die Beschäftigung". Damit hat der Gesetzgeber klar zum Ausdruck gebracht, dass die Anpassung der Arbeit an die Art und Schwere der individuellen Behinderung zu erfolgen hat: Das wird mit „behinderungsgerechter Beschäftigung" bezeichnet. Diesen Begriff verwendet deshalb der Gesetzgeber auch ausdrücklich in Abs. 3 Satz 1. Der Gesetzgeber hat mit dem Teilhabestärkungsgesetz vom 2.6.2021 die Bedeutung der fachgerechten Sprache erkannt. Er hat dementsprechend diesen Sprachgebrauch auch im SGB II und SGB III nachvollzogen und die Bezeichnungen „behindertengerecht" und „behindertenspezifisch" jeweils durch die Wörter „behinderungsgerecht" und „behinderungsspezifisch" ersetzt.[621]

Beschäftigung entsprechend den Fähigkeiten und Kenntnissen: Der schwerbehinderte Mensch kann nach § 164 Abs. 4 Satz 1 Nr. 1 von seinem Arbeitgeber

186

187

---

618 BAG 19.5.2010 – 5 AZR 162/09, NZA 2010, 1119.
619 BAG 19.5.2010 – 5 AZR 162/09, NZA 2010, 1119.
620 Vgl. BAG 19.8.2010 – 8 AZR 315/09, NZA 2010, 1443.
621 BR-Drs. 129/21, 28.

eine Beschäftigung verlangen, bei der er seine Fähigkeiten und Kenntnisse möglichst voll verwerten und weiterentwickeln kann. Die Verpflichtung des Arbeitgebers zur Beschäftigung geht über den allgemeinen Beschäftigungsanspruch[622] hinaus. Es gilt insbesondere das Verbot unterwertiger Beschäftigung.[623] Damit wird dem schwerbehinderten Arbeitnehmer jedoch kein Anspruch auf einen bestimmten Arbeitsplatz eingeräumt, der seinen Wünschen und Neigungen entgegenkommt. Der Anspruch erstreckt sich darauf, den für den schwerbehinderten Menschen geeigneten Arbeitsplatz nach Abs. 4 Satz 1 Nr. 5 behinderungsgerecht auszustatten, ihn nach Abs. 4 Satz 1 Nr. 4 behinderungsgerecht einzurichten und ggf. umzugestalten oder dem behinderten Beschäftigten einen anderen freien Arbeitsplatz zuzuweisen.[624] Soweit erforderlich, besteht auch eine Verpflichtung zur Abgabe eines Angebots auf Vertragsänderung.[625]

Nach der Rspr. ist Inhalt der Beschäftigungsverpflichtung, einen Arbeitsplatz zur Verfügung zu stellen[626], Zutritt zum Betrieb gewähren, die mit dem Arbeitsplatz verbundenen Aufgaben zu übertragen und den Zugriff auf die sachlichen und personellen Mittel eröffnen, die zur tatsächlichen Ausübung der Arbeitsleistung erforderlich sind.[627]

188 **Zuweisung eines freien Arbeitsplatzes:** Der Beschäftigungsanspruch des behinderten Arbeitnehmers erfasst alle im Betrieb oder in der Dienststelle freien Arbeitsplätze.[628] Nach § 106 Satz 3 GewO ist der Arbeitgeber gehalten, unter Berücksichtigung der Behinderung dem schwerbehinderten Beschäftigten den freien geeigneten Arbeitsplatz zuzuweisen. Während die Rücksichtnahmepflicht aus § 241 Abs. 2 BGB vom Arbeitgeber nicht verlangt, das Risiko einzugehen, dass ein „zwangsweise" ausgetauschter Arbeitnehmer die Wirksamkeit der (Neu-)Ausübung des Direktionsrechts gerichtlich überprüfen lässt,[629] gewährt § 164 Abs. 4 Satz 1 Nr. 1 dem schwerbehinderten Arbeitnehmer einen weitergehenden Erfüllungsanspruch. Der Arbeitgeber muss wegen seiner Pflicht aus Abs. 4 Satz 1 Nr. 1 den freien Arbeitsplatz dem schwerbehinderten Beschäftigten zuweisen, sofern er keine andere geeignete Beschäftigungsmöglichkeit hat. Das gilt auch für Arbeitsplätze in anderen Betrieben oder Dienststellen des Geschäftsbereichs. Hier kann sich jedoch das Problem der Mitbestimmung stellen, weil die Zuweisung eines Arbeitsplatzes in einem anderen Betrieb oder in eine andere Dienststelle stets eine Versetzung ist (→ Rn. 188 ff., 195). Hat sich der Arbeitgeber einen Konzernvorbehalt arbeitsvertraglich einräumen lassen, so muss er sich diese Erweiterung seines Weisungsrechts auch bei Freiwerden geeigneter Stellen im anderen Konzernunternehmen entgegenhalten lassen.

189 **Bewerbungsverfahren, Versetzung und Bestenauslese:** Der öffentliche Arbeitgeber hat aufgrund seiner Organisationsfreiheit das Recht, zwischen verschiedenen Möglichkeiten zu wählen, wie er eine Stelle besetzt. So darf er von Ausschreibungen und Auswahlverfahren absehen und Umsetzungen oder **Versetzungen** vornehmen. Nur soweit es um den beruflichen Aufstieg von Bewerbern mit der Rangordnung nach niedrigeren Besoldungsgruppen geht (sog. Beförderung), ist zwingend eine Auswahl nach den Maßstäben des Art. 33 Abs. 2 GG

---

622 Vgl. BAG 27.2.1985 – GS 1/84, BAGE 48, 122.
623 Beginnend mit BAG 4.5.1962 – 1 AZR 128/61, NJW 1962, 1836.
624 Vgl. LAG Hamm 17.5.2001 – 8 (6) Sa 30/01.
625 Vgl. BAG 28.4.1998 – 9 AZR 348/97, AP Nr. 2 zu § 14 SchwbG 1986.
626 BAG 3.12.2019 – 9 AZR 78/19, Rn. 13 unter Hinweis auf BAG 10.5.2005 – 9 AZR 230/04 – zu B I 2 b bb der Gründe mwN BAGE 114, 299.
627 BAG 3.12.2019 – 9 AZR 78/19, Rn. 13 unter Hinweis auf BAG 13.6.2006 – 9 AZR 229/05, Rn. 18, BAGE 118, 252.
628 Vgl. BAG 10.5.2005 – 9 AZR 230/04, AP Nr. AP SGBIX § 8 zu § 81 SGB IX.
629 BAG 19.5.2010 – 5 AZR 162/09, NZA 2010, 1119.

geboten. Ein Art. 33 Abs. 2 GG entsprechendes Auswahlverfahren ist durchzuführen, wenn der öffentliche Arbeitgeber die zu besetzende Stelle ausgeschrieben hat. Wie der öffentliche Arbeitgeber seine Organisationsfreiheit nutzt, steht in seinem pflichtgemäßen Ermessen.[630] Er darf diese insbesondere nicht gezielt einsetzen, um den nach Maßgabe von § 164 Abs. 4 Satz 1 Nr. 1 bestehenden Beschäftigungsanspruch schwerbehinderter und mit ihnen gleichgestellter Arbeitnehmer zu umgehen oder eine Auswahlentscheidung zugunsten oder zulasten einzelner Bewerber zu steuern.[631] Allerdings folgt aus der Verletzung des Bewerbungsverfahrensanspruchs noch kein Anspruch auf die Besetzung der Stelle sondern nur auf Teilnahme an einem erneut einzuleitendem Auswahlverfahren; denn sonst bestünde die Gefahr, dass entweder unter Verstoß gegen Art. 33 Abs. 2 GG der Anspruch anderer Bewerber auf chancengleiche Teilnahme am Bewerbungsverfahren[632] vereitelt oder mit der Verpflichtung zur Doppelbesetzung unzulässig in die Organisationsgewalt des öffentlichen Arbeitgebers eingegriffen würde.[633] Ausgehend von diesen allgemeinen Grundsätzen geht die Rspr. davon aus, ein öffentlicher Arbeitgeber sei nicht verpflichtet, vorab einem schwerbehinderten Arbeitnehmer zur Erfüllung des Anspruchs auf Beschäftigung nach § 164 Abs. 4 Satz 1 Nr. 1 einen Stelle zuzuweisen, wenn er ermessensfehlerfrei diese Stelle ausgeschrieben habe. Dann müsse nach Art. 33 Abs. 2 GG das Bewerbungs- und Auswahlverfahren durchgeführt werden.[634] Dieser aufgestellte Rechtssatz ist zu weitgehend, jedenfalls zumindest missverständlich. Im Ausgangsfall war zum Zeitpunkt der Entscheidung über die Ausschreibung die spätere Bewerberin noch nicht nach § 164 Abs. 4 Satz 1 Nr. 1 anspruchsberechtigt. Deshalb ging der Senat „mangels erfolgter Gleichstellung" davon aus, es bestünden keine Anhaltspunkte dafür, dass die Entscheidung, die Stelle auszuschreiben, nicht pflichtgemäßem Ermessen entspräche.[635] Im Umkehrschluss folgt daraus: Wäre zum Zeitpunkt der Entscheidung über die Ausschreibung der Stelle die Beschäftigte schon schwerbehindert oder gleichgestellt gewesen, hätte der öffentlichen Arbeitgeber den Versetzungswunsch bei seiner Organisationsentscheidung zu Gunsten der Versetzung berücksichtigen müssen. Im Übrigen zum Anspruch auf Versetzung → Rn. 191.

Anspruch auf Freikündigung oder Schaffung eines neuen Arbeitsplatzes: Die ältere Rechtsprechung hat weitergehend auch einen Anspruch des Schwerbehinderten auf „Freikündigung" eines „leidensgerechten" Arbeitsplatzes angenommen, soweit dies für den zu entlassenden nichtbehinderten Arbeitnehmer keine soziale Härte darstelle.[636] Demgegenüber lehnt die Rspr. des Bundesverwaltungsgerichts ausdrücklich die Annahme einer Verpflichtung zur Freikündigung unter Hinweis auf den „klaren und eindeutigen Wortlaut des Gesetzes, der Ent-

190

---

630 Vgl. BAG 12. 4.2016 – 9 AZR 673/14, Rn. 25, BAGE 155, 29; BAG 23.1.2007 – 9 AZR 492/06, Rn. 40 mwN, BAGE 121, 67.
631 Zum Bewerbungsverfahrensanspruch: BAG 1212.2017 – 9 AZR 152/17, Rn. 30, BAGE 161, 157 = NZA 2018, 515; grundlegend; BAG 21.1.2003 – 9 AZR 72/02 – zu A II 1 der Gründe, BAGE 104, 295.
632 BAG 19.5.2015 – 9 AZR 837/13, Rn. 16 mwN, NZA 2015, 1074.
633 BAG 3.12.2019 – 9 AZR 78/19, Rn. 34, Behindertenrecht 2020, 164; BAG 28.5.2002 – 9 AZR 751/00 – zu II 2 a der Gründe, BAGE 101, 153.
634 BAG 3.12.2019 – 9 AZR 78/19, Rn. 25, Behindertenrecht 2020, 164; *Schäfer* jurisPR-ArbR 32/2020 Anm. 2. mit dem zutreffenden Hinweis: „Die Besonderheit des Falles liegt in dem zu späten Bemühen der Klägerin um den Schwerbehindertenschutz".
635 BAG 3.12.2019 – 9 AZR 78/19, Rn. 29, Behindertenrecht 2020, 164.
636 BAG 4.5.1962 – 1 AZR 128/61, AP Nr. 1 zu § 12 SchwBeschG; offen gelassen von BAG 10.7.1991 – 5 AZR 383/90, AP Nr. 1 zu § 14 SchwbG 1986.

stehungsgeschichte⁶³⁷ und der einhelligen Meinung" ab.⁶³⁸ Gleichfalls ist die jüngere Rspr. des Bundesarbeitsgerichts zurückhaltender. Sie hat sich bislang einer klaren Stellungnahme zur Freikündigung enthalten und nur eine Verpflichtung des Arbeitgebers ausgeschlossen, einen neuen, „bislang nicht vorhandenen" Arbeitsplatz zu schaffen.⁶³⁹ Unter dieser Formulierung ist zu verstehen, dass kein neuer Arbeitsplatz **zusätzlich** zu den bestehenden geschaffen werden muss. Bei der nach Abs. 4 Satz 1 Nr. 4 geforderten behinderungsgerechten Gestaltung von Arbeitsplatz, Arbeitsumfeld und Arbeitsorganisation kann sich nämlich ergeben, dass aus den im Betrieb anfallenden Beschäftigungsmöglichkeiten ein neuer und behinderungsgerechter Arbeitsplatz zugeschnitten werden kann, ohne dass sich die Zahl der Arbeitsplätze insgesamt erhöht.

191 **Anspruch auf Versetzung auf einen behinderungsgerechten Arbeitsplatz:** Abs. 4 Satz 1 Nr. 1 berechtigt den Arbeitgeber zu einem etwaigem „Ringtausch" von Arbeitskräften.⁶⁴⁰ Ist zu der gewünschten Beschäftigung wegen der Mitbestimmung bei Versetzungen nach § 99 BetrVG die Zustimmung der Betriebsvertretung erforderlich, so ist nach der Rechtsprechung des BAG der Arbeitgeber **verpflichtet**, deren Zustimmung einzuholen, es sei denn, die Zustimmungsverweigerung gibt keinen Anlass zu Zweifeln an ihrer Wirksamkeit.⁶⁴¹ Die Pflicht des Arbeitgebers, einem schwerbehinderten Arbeitnehmer gemäß Abs. 4 Satz 1 Nr. 1 einen seinen Fähigkeiten und Kenntnissen entsprechenden Arbeitsplatz zuzuweisen, ist auch zu berücksichtigen bei der Prüfung, ob eine Beendigungskündigung durch eine mit einer Änderungskündigung verbundene Versetzung auf einen solchen Arbeitsplatz vermieden werden kann. Verweigert jedoch der Betriebsrat die Zustimmung zur Versetzung, ist nach der Rechtsprechung des Zweiten Senats des BAG in der Regel davon auszugehen, dass eine dem Arbeitgeber zumutbare Weiterbeschäftigungsmöglichkeit nicht besteht. Danach soll der Arbeitgeber nach Einholung der Zustimmung des Integrationsamts zur Kündigung nur bei Vorliegen besonderer Umstände verpflichtet sein, ein Zustimmungsersetzungsverfahren nach § 99 Abs. 4 BetrVG durchzuführen.⁶⁴² Bei der Prüfung, ob die Erfüllung seiner Pflicht aus § 164 Abs. 4 SGB IX dem Arbeitgeber nach § 164 Abs. 4 Satz 3 SGB IX zumutbar ist oder mit unverhältnismäßigen Aufwendungen verbunden wäre, nimmt der Zweite Senat als Fachsenat für Bestandsschutz an, die Rechte des schwerbehinderten Arbeitnehmers würden bereits durch ein geordnetes Verfahren vor dem Integrationsamt mit der Möglichkeit der Nachprüfung der Entscheidung in mehreren Instanzen regelmäßig ausreichend berücksichtigt. Habe eine solche Prüfung mit der gebotenen Sorgfalt stattgefunden und sei das Integrationsamt nach eingehender Prüfung unter Hinzuziehung des Betriebsrats, der Schwerbehindertenvertretung und der sonstigen Beteiligten zu dem Ergebnis gelangt, eine solche Weiterbeschäftigungsmöglichkeit bestehe nicht, so müsse das hingenommen werden. Da die Zustimmung des Integrationsamts zur Kündigung dem Arbeitgeber nach § 171 Abs. 3 SGB IX nur den Ausspruch der Kündigung innerhalb eines Monats nach Zustellung des Zustimmungsbescheids ermögliche, sei ihm die Einleitung weiterer, innerhalb eines Monats regelmäßig nicht abzuwickelnder Maßnahmen nur ausnahmsweise zumutbar.

---

637 Vgl. BT-Drs. 10/5701, 11 zu Nr. 14.
638 So BVerwG 2.6.1999 – 5 B 130/99.
639 BAG 4.10.2005 – 9 AZR 632/04, Rn. 23, NZA 2006, 442; BAG 22.11.2005 – 1 ABR 49/04, Rn. 33, NZA 2006, 389.
640 S. dazu *Kohte* jurisPR-ArbR 22/2012 Anm. 2.
641 BAG 3.12.2002 – 9 AZR 481/01, BAGE 104, 45.
642 BAG 22.9.2005 – 2 AZR 519/04, AP Nr. 10 zu § 81 SGB IX.

Zuweisung eines mit Leiharbeitnehmern besetzten Arbeitsplatzes: Der Beschäftigungsanspruch nach Abs. 4 Satz 1 Nr. 1 erfasst auch solche Arbeitsplätze, die zur Abdeckung eines ständig vorhandenen, nicht schwankenden Arbeitsvolumens mit Leiharbeitnehmern besetzt sind.[643] Arbeitsplätze, auf denen dauerhaft Leiharbeitnehmer eingesetzt werden, um ein nicht schwankendes, ständig vorhandenes Arbeitsvolumen abzudecken, sind nämlich als alternative Beschäftigungsmöglichkeit anzusehen. Denn die Beschäftigung von Leiharbeitnehmern verändert weder die Anzahl der Arbeitsplätze noch die Arbeitsmenge. Auch werden die anfallenden Arbeiten bei einem Einsatz von Leiharbeitnehmern von dem Arbeitgeber innerhalb seiner betrieblichen Organisation mit Arbeitskräften erledigt, die diese Arbeitsaufgaben nach seinen Weisungen für ihn ausführen[644] Deshalb sind zurzeit von Leiharbeitnehmern besetzte Arbeitsplätze wie freie Arbeitsplätze zu behandeln.[645] Dem schwerbehinderten Beschäftigten kann auch nicht entgegengehalten werden, dass die von den Leiharbeitnehmern verrichtete Tätigkeit lediglich ein Teilbereich aus dem Tätigkeitsbild des schwerbehinderten Beschäftigten darstellt. Der Arbeitgeber muss notfalls auch durch eine Umorganisation der Arbeitsvorgänge einen behinderungsgerechten Arbeitsplatz schaffen. Dies ist bei Einsatz von Leiharbeitnehmern auch ohne Weiteres möglich, weil der Arbeitgeber den Umfang der wahrzunehmenden Tätigkeiten kurzfristig und ohne die Beschränkungen des § 106 GewO ändern kann.[646] Die Entscheidungsfreiheit des Arbeitgebers bei der Besetzung von freien Arbeitsplätzen ist gegenüber schwerbehinderten Beschäftigten insoweit eingeschränkt.[647] Es besteht ein Vorrang des durch Abs. 4 Satz 1 Nr. 1 geschützten Arbeitnehmers gegenüber der Entscheidung des Arbeitgebers, Arbeitsplätze mit Leiharbeitnehmern zu besetzen.

192

Entgeltanspruch bei behinderungsbedingter Arbeitsunfähigkeit: Auch für schwerbehinderte Arbeitnehmer gilt der in § 611 a Abs. 2 BGB geregelte Grundsatz: „Kein Lohn ohne Arbeit". Es besteht gegenüber schwerbehinderten Menschen keine gesteigerte Fürsorgepflicht zur Entgeltzahlung ohne Arbeit.[648] Eine Ausnahme von dem Grundsatz bildet der Entgeltfortzahlungsanspruch, der begründet wird, wenn der Arbeitgeber mit der Annahme des Leistungsangebots des schwerbehinderten Arbeitnehmers in Verzug kommt (§ 615 Satz 1 BGB). Dieser setzt jedoch Leistungsfähigkeit des schwerbehinderten Arbeitnehmers voraus (vgl. § 297 BGB). Im Rahmen des Annahmeverzugs trägt der Arbeitgeber als Gläubiger der Arbeitsleistung das verschuldensunabhängige Risiko, dem leistungsfähigen Arbeitnehmer die Erbringung der vertraglich geschuldeten Arbeitsleistung zu ermöglichen. Dazu obliegt ihm, arbeitstäglich einen vertragsgerechten Arbeitsplatz zur Verfügung stellen (§ 296 BGB). Bei der Zuweisung der konkreten Arbeit hat der Arbeitgeber nach § 106 Satz 3 GewO Rücksicht auf die behinderungsbedingten Einschränkungen der Leistungsfähigkeit zu nehmen. Weist er unter Verletzung dieser Bestimmung Arbeiten zu, die der behinderte Arbeitnehmer nicht verrichten kann, so begibt sich der Arbeitgeber jedenfalls dann mit der Annahme der Leistung des Arbeitnehmers in Verzug, wenn dieser die behinderungsbedingte Unfähigkeit geltend macht oder diese dem Arbeitge-

193

---

643 Vgl. zur betriebsbedingten Kündigung: BAG 15.12.2011 – 2 AZR 42/10, EzA § 1 KSchG Soziale Auswahl Nr. 84.
644 HessLAG 6.3.2012 – 19 Sa 1342/11 – nachgehend beim BAG 7.6.2012 – 2 AZR 438/12 – Rücknahme der Revision.
645 HessLAG 5.11.2012 – 21 Sa 593/10, EzA-SD 2013, Nr. 3.
646 HessLAG 5.11.2012 – 21 Sa 593/10, EzA-SD 2013, Nr. 3.
647 Vgl. BAG 1.2.2011 – 1 ABR 79/09, NZA 2011, 703.
648 Vgl. BAG 10.7.1991 – 5 AZR 383/90, AP Nr. 1 zu § 14 SchwbG 1986; BAG 21.1.2001 – 9 AZR 287/99.

ber bekannt ist und ihm die Zuweisung einer anderen vertragsgerechten Tätigkeit möglich wäre. Soweit der Arbeitnehmer nur zu einer weiteren Ausübung der vertraglichen Arbeitspflicht imstande ist, wenn der Arbeitgeber den Arbeitsplatz umgestaltet oder mit technischen Hebehilfen ausstattet, geht dies über die dem Arbeitgeber nach § 296 BGB obliegende Mitwirkungspflicht hinaus. Hier greift die verschuldensabhängig ausgestaltete Haftung aus § 280 BGB für die Verletzung von Pflichten ein, die dem Arbeitgeber eine Umgestaltung des Arbeitsplatzes oder die Anpassung des Arbeitsvertrags aufgeben. Demnach gilt: Ist der Arbeitnehmer infolge Krankheit oder Verschlimmerung der Behinderung nicht mehr in der Lage, den Anforderungen des vertragsgemäß zugewiesenen Arbeitsplatzes zu genügen, so besteht kein Lohnanspruch unter dem Gesichtspunkt des Annahmeverzuges.[649] Dem schwerbehinderten Menschen kann jedoch ein Schadensersatzanspruch wegen Verletzung einer Arbeitgeberpflicht aus § 280 BGB iVm § 164 Abs. 4 Satz 1 SGB IX zustehen. Das ist insbesondere dann der Fall, wenn der Arbeitgeber es schuldhaft iSv § 276 BGB unterlassen hat, ihn auf einen anderen geeigneten Arbeitsplatz zu versetzen. Verschulden des Arbeitgebers setzt voraus, dass der Arbeitnehmer dem Arbeitgeber die Schwerbehinderung offenbart und ihm die behinderungsbedingten Einschränkungen offengelegt hat. Nach § 280 Abs. 1 Satz 2 BGB obliegt es dem Arbeitgeber darzulegen und zu beweisen, dass er eine objektiv vorliegende Pflichtverletzung nicht zu vertreten hat.

3. Darlegungs- und Beweislast

194 **Allgemeiner Grundsatz der Darlegungs- und Beweislast:** Macht der schwerbehinderte Arbeitnehmer den gesetzlichen schwerbehindertenrechtlichen Beschäftigungsanspruch nach Abs. 4 Satz 1 Nr. 1 geltend, so hat er nach den allgemeinen Regeln grundsätzlich die Darlegungs- und Beweislast für die anspruchsbegründenden Voraussetzungen. Dagegen hat der Arbeitgeber die anspruchshindernden Umstände vorzutragen. Dazu gehören insbesondere diejenigen, aus denen sich die Unzumutbarkeit der Beschäftigung des Arbeitnehmers ergeben soll.

195 **Abgestufte Darlegungs- und Beweislast:** Diese Verteilung ergibt sich zunächst aus dem materiellen Recht. Hat sich der Arbeitgeber nach der gesetzlichen Konzeption des Schwerbehindertenrechts um eine behinderungsgerechte Beschäftigung des Arbeitnehmers zu bemühen, so ergibt sich daraus zugleich, dass er den geltend gemachten Beschäftigungsanspruch nicht mit der bloßen Behauptung abwehren kann, er verfüge über keinen geeigneten Arbeitsplatz. Die gebotene sachliche Auseinandersetzung mit dem Verlangen des schwerbehinderten Arbeitnehmers auf anderweitige Beschäftigung erfordert eine **substantiierte Darlegung des Arbeitgebers**, aus welchen Gründen die vom Arbeitnehmer vorgeschlagenen Beschäftigungsmöglichkeiten nicht zur Verfügung stehen. Welche Einzelheiten vom Arbeitgeber vorzutragen sind, bestimmt sich nach den Umständen des Streitfalles unter Berücksichtigung der Darlegungen des klagenden Arbeitnehmers. Als Einwände kommen in Betracht, dass entsprechende Tätigkeitsbereiche überhaupt nicht vorhanden seien, keine Arbeitsplätze frei seien und auch nicht frei gemacht werden könnten, der Arbeitnehmer das Anforderungsprofil nicht erfülle oder die Beschäftigung aus anderen Gründen unzumutbar sei. Diese Substantiierungslast entspricht der Rechtsprechung zu § 138 Abs. 1 und 2 ZPO. Danach wird dem Gegner der primär behauptungsbelasteten Partei eine sekundäre Behauptungslast auferlegt, wenn die darlegungspflich-

---

649 BAG 21.1.2001 – 9 AZR 287/99; BAG 4.10.2005 – 9 AZR 632/04, NZA 2006, 442; daran anschließend: LAG RhPf 5.6.2008 – 10 Sa 699/07.

tige Partei keine nähere Kenntnis der maßgebenden Tatsachen besitzt, während der Prozessgegner sie hat und ihm nähere Angaben zumutbar sind.[650] So ist es hier. Nur der Arbeitgeber hat einen umfassenden Überblick über die betrieblich eingerichteten Arbeitsplätze und die dort zu erfüllenden Anforderungen. Er weiß, welche Arbeitsplätze für welche Zeiträume besetzt sind, ob Arbeitsaufgaben sinnvoll anders verteilt werden können oder ob Arbeitsplätze in absehbarer Zeit frei werden, etwa infolge Erreichen des Rentenalters, oder durch Versetzung frei gemacht werden können. Einen solchen Einblick hat der Arbeitnehmer regelmäßig nicht. Das gilt insbesondere für einen Arbeitnehmer, der wie hier schon längere Zeit infolge Krankheit arbeitsunfähig und daher nicht mehr im Betrieb anwesend ist. Daraus folgt für den Vortrag des Arbeitnehmers: Dieser muss sein durch die Auswirkungen der Art und Schwere der festgestellten Behinderungen eingeschränktes Leistungsvermögen darlegen und ggf. beweisen.[651] Er muss weiterhin seine Weiterbeschäftigung verlangen und die sich aus seiner Sicht ergebenden Beschäftigungsmöglichkeiten aufzeigen, die seinen Fähigkeiten und Kenntnissen entsprechen sollen. Für den Arbeitgeber gilt dann: Der Arbeitgeber muss sich substantiiert einlassen. Er muss darlegen, aus welchen Gründen die vom Arbeitnehmer vorgeschlagenen Beschäftigungsmöglichkeiten nicht zur Verfügung stehen, insbesondere weil derartige Arbeitsplätze nicht vorhanden seien oder das Anforderungsprofil nicht erfüllt werde und eine Anpassung unzumutbar sei. Als weitere vorzutragende Einwände kommen in Betracht: Entsprechende Arbeitsplätze sind nicht frei und können auch nicht freigemacht werden oder die Beschäftigung verstieße gegen zwingende Bestimmungen des Arbeitsschutzes oder sei aus anderen Gründen unzumutbar.[652]

Verschärfung der Darlegungs- und Beweislast: Die allgemeinen Anforderungen an die Darlegungslast des schwerbehinderten Arbeitnehmers für die Geltendmachung eines Schadenersatzanspruchs gelten nicht, wenn der Arbeitgeber seinen Pflichten zur rechtzeitigen Beteiligung des Integrationsamts und der Schwerbehindertenvertretung in dem gesetzlich vorgeschriebenen Präventionsverfahren nach § 167 Abs. 1 und/oder im betrieblichen Eingliederungsmanagement nach § 167 Abs. 2 SGB IX nicht nachgekommen ist und es so versäumt hat, sich entsprechende Erkenntnisse zu verschaffen. Vielmehr greifen dann zugunsten des für die Voraussetzungen einer behinderungsgerechten Beschäftigungsmöglichkeit primär darlegungsbelasteten Arbeitnehmers die **Grundsätze der sekundären Behauptungslast** ein.[653] Das bedeutet: Der Arbeitgeber darf nicht einfach bestreiten, dass er für die klagende Arbeitnehmerin keinen behinderungsgerechten Arbeitsplatz hat, sondern muss „substantiiert" (mit Einzeltatsachen belegt) darlegen, wie er dieses Ergebnis ermittelt hat. Trägt er das nicht vor, gilt sein Bestreiten gemäß § 138 Abs. 3 ZPO als Geständnis.[654] Diese erweiterte Behauptungslast des Arbeitgebers folgt aus der Konzeption der in § 167 Abs. 1 und 2 SGB IX geregelten dialogischen und kooperativen Klärungsprozesse.[655] Gemäß § 167 Abs. 1 SGB IX ist der Arbeitgeber bei Eintreten von personen-, verhaltens- oder betriebsbedingten Schwierigkeiten im Arbeits- oder Beschäftigungsverhältnis verpflichtet, die Interessenvertretung und die

196

---

650 BGH 3.5.2002 – V ZR 115/01, NJW-RR 2002, 1280; BAG 20.9.2003 – 8 AZR 580/02, NZA 2004, 489.
651 Zutreffend: HessLAG 5.11.2012 – 21 Sa 593/10, Behindertenrecht 2013, 131.
652 Vgl. BAG 10.5.2005 – 9 AZR 230/04, AP Nr. 8 zu § 81 SGB IX.
653 BAG 3.12.2019 – 9 AZR 78/19, Rn. 17 Anschluss an BAG 4.10.2005 – 9 AZR 632/04, Rn. 30, BAGE 116, 121 zu § 84 Abs. 1 SGB IX aF; BAG 13.5.2015 – 2 AZR 565/14, Rn. 28 mwN zu § 84 Abs. 2 SGB IX aF.
654 Vgl. BGH 3.2.1999 – VIII ZR 14/98, NJW 1999, 1404.
655 BAG 3.12.2019 – 9 AZR 78/19, Rn. 17, Behindertenrecht 2020, 164.

SBV sowie das Integrationsamt einzuschalten, → § 167 Rn. 11 ff. Der Arbeitgeber hat dann unter Beteiligung dieser Stellen nach Lösungen zu suchen, um diese Schwierigkeiten zu beseitigen. Ziel dieser gesetzlichen Prävention ist somit die **frühzeitige Klärung**, ob und welche Maßnahmen zu ergreifen sind, um eine möglichst dauerhafte Fortsetzung des Beschäftigungsverhältnisses zu erreichen.[656] Eine sich teilweise übereinstimmende Zielvorstellung liegt nach § 167 Abs. 2 SGB IX auch dem dialogischen und kooperativen Suchverfahren nach Beschäftigungsmöglichkeiten im BEM zugrunde, → § 167 Rn. 35 ff. Dem Arbeitgeber wird damit eine Initiativlast für Eingliederung und gegen Ausgliederung zugewiesen. Diese Pflichten sollen gewährleisten, dass alle Möglichkeiten zur Fortsetzung des Arbeitsverhältnisses unter Nutzung des internen und externen Sachverstands fachkundig untersucht und deren technische sowie wirtschaftliche Realisierbarkeit geprüft werden.[657] Dem schwerbehinderten Arbeitnehmer fehlen regelmäßig zur Beurteilung der Frage, wie eine behinderungsgerechte Beschäftigungsmöglichkeit für ihn gefunden oder geschaffen werden kann, die notwendigen Fähigkeiten und Kenntnisse. Verletzt der Arbeitgeber seine gesetzlichen Klärungs- und Erörterungspflichten, vereitelt er damit ein möglicherweise positives Suchergebnis. Das hat Folgen für die Darlegungslast des Arbeitgebers. Er darf sich nicht durch seine dem Gesetz widersprechende Untätigkeit **darlegungs- und beweisrechtlichen Vorteile** verschaffen.[658] Für den Kündigungsschutzprozess ist deshalb anerkannt, dass die Erweiterung der Darlegungs- und Beweislast dazu führt, auch durch die frühzeitige Einschaltung der in § 167 Abs. 1 SGB IX genannten Stellen nicht den weiteren Verlauf des Arbeitsverhältnisses hätte positiv beeinflussen können.[659] Geht es nicht um die Kündigung, sondern um die vom Arbeitnehmer erstrebte Änderung der Beschäftigung, hat eine Arbeitnehmerin als primär darlegungsbelastete Partei keine nähere Kenntnis der maßgeblichen Beschäftigungsmöglichkeiten, so muss der Arbeitgeberin als beklagter Partei eine **sekundäre Behauptungslast** auferlegt werden.[660] Dies setzt zwar in der Regel voraus, dass der Prozessgegner die erforderliche Kenntnis hat. Das Wissen, wo ein behinderungsgerechter Arbeitsplatz in seinem Betrieb zu finden, und wie er einzurichten und auszustatten ist, kann zwar einem Arbeitgeber nicht immer unterstellt werden. Auf dieses fehlende Wissen kann sich jedoch der Arbeitgeber nicht berufen, wenn er seinen Klärungspflichten gemäß § 167 Abs. 1 und Abs. 2 SGB IX nicht nachgekommen ist.[661] Denn die Erörterung mit den in § 167 Abs. 1 und 2 SGB IX genannten fachkundigen Stellen dient dazu, dass er sich das entsprechende Wissen verschafft. Fand diese Erörterung statt und kamen die fachkundigen Stellen unter Beteiligung der Schwerbehindertenvertretung zu dem Ergebnis, es gäbe keine Möglichkeiten zur Sicherung der Beschäftigung des Arbeitnehmers, bleibt es bei der **primären Darlegungslast** des schwerbehinderten Arbeitnehmers. Er hat

---

656 *Deinert* in Deinert/Neumann SGB IX-HdB § 18 Rn. 3.
657 BAG 10.5.2005 – 9 AZR 230/04, DB 2006, 55.
658 Ständige Rspr. zu § 81 (seit 1.1.2018: § 164) Abs. 4 SGB IX aF: BAG 4.10.2005 – 9 AZR 632/04 – BAGE 116, 121; zum BEM § 84 (seit 1.1.2018: § 167) Abs. 2 SGB IX aF; BAG 12.7. 2007 – 2 AZR 716/06, Rn. 44, BAGE 123, 234); BAG 23.4. 2008 – 2 AZR 1012/06, Rn. 26, EzA KSchG § 1 Krankheit Nr. 55; BAG 12.7.2007 – 2 AZR 716/06, Rn. 44, BAGE 123, 234; BAG 10.12.2009 – 2 AZR 400/08, Rn. 19, Behindertenrecht 2010, 102.
659 BAG 25.1.2018 – 2 AZR 382/17, Rn. 49 ff., Behindertenrecht 2019, 159.
660 BAG 4.10.2005 – 9 AZR 632/04, BAGE 116, 121.
661 BAG 10.5.2005 – 9 AZR 230/04, DB 2006, 55.

dann vorzutragen, welche konkreten technischen oder organisatorischen Veränderungen seine behinderungsgerechte Beschäftigung ermöglichen.[662]
Nach allgemeinen Grundsätzen sollen diese Erleichterungen der Darlegungslast jedoch nur eingreifen, soweit die darlegungspflichtige Partei, obwohl sie alle ihr zur Verfügung stehenden Möglichkeiten ausgeschöpft hat, ihrer primären Darlegungslast nicht nachkommen kann, weil sie außerhalb des für ihren Anspruch erheblichen Geschehensablaufs steht. Diese **Ausnahme** wendet die jüngere Rspr. auch für das Erfordernis der hinreichend bestimmten Umschreibung der mit einer Klage begehrten behinderungsgerechten Arbeitsplätze an.[663]
Beispielsfall: Eine nicht mehr im Schuldienst verwendbare Lehrerin beantragt, sie unter Ausschluss einer Tätigkeit als Lehrerin im Schuldienst im Bereich der Schulaufsicht im Ministerium oder an einem der staatlichen Schulämter oder anderweitig im Geschäftsbereich eines anderen Ministeriums (Ressorts) als Mitarbeiterin zu beschäftigen. Der Siebte Senat des BAG verneinte hier die Anwendung der Grundsätze der sekundären Darlegungslast, weil sich „weder aus den Feststellungen des Landesarbeitsgerichts noch nach dem Vortrag der Parteien Anhaltspunkte dafür ergeben, dass die Klägerin unter Ausschöpfung aller ihr zur Verfügung stehenden Möglichkeiten nicht in der Lage gewesen wäre, jedenfalls das Berufsbild der von ihr begehrten Beschäftigung(en) oder die ihr zuzuweisenden Tätigkeiten im Klageantrag abstrakt anzugeben".[664]
Angesichts dieser Anforderungen sollten vor Klagerhebung vom Arbeitgeber Tätigkeitsbeschreibungen und Anforderungsprofile angefordert und in der Klageschrift ausdrücklich als erfüllbar dargestellt werden.

Darlegungs- und Beweislast bei Einwand der Unzumutbarkeit: Die Darlegungs- und Beweislast für die Tatsachen, die die Unzumutbarkeit bedingen sollen, trägt der **Arbeitgeber**.[665] Dabei wird in der Praxis zu wenig beachtet, dass der Arbeitgeber nach den verfahrensmäßigen Vorkehrungen des SGB IX nicht ohne vorherige Beteiligung der Beschäftigtenvertretungen die Einrede der Unzumutbarkeit erheben kann. Nach § 167 Abs. 1 ist bei Auftreten von Schwierigkeiten bei der Beschäftigung schwerbehinderter und gleichgestellter Menschen stets ein Klärungsverfahren einzuleiten. Eine derartige Schwierigkeit liegt stets vor, wenn sich zeigt, dass Probleme auftreten. Nach der Konzeption des Gesetzes findet mehr als die an sich durch § 178 Abs. 2 Satz 1 gebotene Anhörung der SBV statt. Nach der weitergehenden besonderen Beteiligungsvorschrift des § 167 Abs. 1 ist der Arbeitgeber verpflichtet, zur Beseitigung der Schwierigkeiten der behinderungsgerechten Beschäftigung den Personal- oder Betriebsrat und SBV einzuschalten und das Integrationsamt hinzuzuziehen. In einem dialogischen Suchverfahren soll dann in enger Zusammenarbeit (§ 182 Abs. 1 SGB IX) unter Einbeziehung des Erkenntnisinteresses und der Fachkompetenz der Beschäftigtenvertretungen eine gemeinsame Lösung gefunden werden (Einzelheiten → § 167 Rn. 11 ff.). In dieser Erörterung hat der Arbeitgeber auch die sich aus seiner Sicht ergebenden entgegenstehenden wirtschaftlichen oder sonstigen betrieblichen Belange einzubringen. Der Arbeitgeber, der sich dem entzieht, versucht sich in einem drohenden Kündigungsschutzprozess einen unredlichen Vorteil zu verschaffen; denn er vermeidet, dass die Sach- und Fachkunde der betrieblichen Experten zur Geltung kommt. Dass Arbeitgeber sich auf Un-

---

662 BAG 10.5.2005 – 9 AZR 230/04, DB 2006, 55.
663 BAG 3.12.2019 – 9 AZR 78/19, Rn. 17 unter Verweis auf vgl. BAG 27.5.2015 – 5 AZR 88/14, Rn. 31, BAGE 152, 1; BAG 25.2.2010 – 6 AZR 911/08, Rn. 53, BAGE 133, 265; BAG 18.9.2014 – 6 AZR 145/13, Rn. 29.
664 BAG 3.12.2019 – 9 AZR 78/19, Rn. 18.
665 BAG 14.3.2006 – 9 AZR 411/05, AP Nr. 11 zu § 81 SGB IX.

zumutbarkeit der behinderungsgerechten Ausgestaltung und Organisation des Arbeitsplatzes berufen, ohne jedoch die erforderlichen Präventionsverfahren durchzuführen, ist nach im Arbeitsschutz tätigen Wissenschaftlern „immer wieder zu beobachten".[666] Zu Recht reagieren die Gerichte darauf damit, die Einrede der Unzumutbarkeit zurückzuweisen.[667]

4. Verletzung der Beschäftigungspflicht

198 **Annahmeverzug:** Die bloße Nichtbeschäftigung begründet noch keinen Annahmeverzug. Kann der Arbeitnehmer, dessen Tätigkeit im Arbeitsvertrag nur rahmenmäßig umschrieben ist, die vom Arbeitgeber aufgrund seines Direktionsrechts nach § 106 Satz 1 GewO wirksam näher bestimmte Tätigkeit aus in seiner Person liegenden Gründen nicht mehr ausüben, begründet das Angebot des Arbeitnehmers, eine andere Arbeit verrichten zu wollen, keinen Verzug der Annahme der vertraglich geschuldeten Arbeit. Ein Verzug des Arbeitgebers setzt voraus, dass der Arbeitgeber sich weigert, die zugewiesene Arbeit anzunehmen. Es kann jedoch in der Nichtzuweisung der anderen angebotenen Arbeit eine Verletzung der Beschäftigungspflicht liegen, die, wenn sie schuldhaft erfolgt, zum Schadensersatz verpflichtet.[668]

199 **Schadensersatz:** Verstößt der Arbeitgeber **schuldhaft** gegen seine Verpflichtung zur behinderungsgerechten Beschäftigung, weil er keinen behinderungsgerechten Arbeitsplatz zuweist oder einrichtet, so macht er sich schadensersatzpflichtig.[669] Das hat vor allem dann praktische Bedeutung, wenn der Arbeitnehmer für den ihm zugeteilten Arbeitsplatz infolge Behinderung dauerhaft arbeitsunfähig ist und der Arbeitgeber schuldhaft die Zuweisung eines anderen Arbeitsplatzes verweigert, auf dem der Arbeitnehmer beschäftigt werden könnte. Zu beachten ist, dass auch dieser Anspruch unter dem Vorbehalt der Zumutbarkeit, Verhältnismäßigkeit und Vereinbarkeit mit den Geboten des Arbeitsschutzes steht (Abs. 4 Satz 3).

5. Qualifizierung, Fortkommen und beruflicher Aufstieg

200 **Anspruch auf beruflichen Aufstieg:** Die gesetzliche Beschäftigungspflicht aus Abs. 4 Satz 1 ist nicht auf die bisherige Tätigkeit beschränkt. Eine Übertragung von Arbeiten, die höher einzugruppieren sind, ist ebenso möglich[670] wie die Beschäftigung auf einem anderen gleich- oder höherwertigen Arbeitsplatz nach Durchführung einer beruflichen Fortbildung.[671] Will der schwerbehinderte Mensch die Zuweisung eines höher dotierten Arbeitsplatzes[672] durchsetzen, geht es um den beruflichen Aufstieg. Abs. 4 Satz 1 Nr. 1 enthält die Verpflichtung des Arbeitgebers, schwerbehinderte Menschen so zu beschäftigen, dass sie

---

666 *Kohte* jurisPR-ArbR 47/2005 Anm. 1.
667 ArbG Berlin 4.11.2011 – 28 Ca 8209/11, Rn. 64, PflR 2012, 104; LAG Stuttgart 22.6.2005 – 2 Sa 11/05, Behindertenrecht 2006, 82, m. zustimmender Anm. *Gagel.*
668 So schon BAG 23.1.2001 – 9 AZR 287/99; dem im Ergebnis folgend: BAG 19.5.2010 – 5 AZR 162/09, Rn. 16, NZA 2010, 1119.
669 BAG 10.7.1991 – 5 AZR 383/90, BAGE 68, 141; BAG 23.1.2001 – 9 AZR 287/99.
670 HessLAG 2.11.2015 – 16 Sa 473/15; *Kohte/Liebsch* jurisPR-ArbR 11/2016 Anm. 1.
671 *Kohte/Liebsch,* Anspruch auf behinderungsgerechte Beschäftigung, Beitrag B1–2017, abrufbar unter www.reha-recht.de, 29.3.2017.
672 Für Arbeitnehmer: Übertragung einer höherwertigen Tätigkeit iSd Eingruppierung nach TVöD gegebenenfalls auch unter Vertragsänderung; für Beamte: Übertragung einer Beförderungsstelle.

ihre Fähigkeiten und Kenntnisse weiterentwickeln (→ Rn. 200). Abs. 4 Satz 1 Nr. 2 und Nr. 3 verstärken diese Pflicht durch die Auferlegung von weiteren Pflichten zur Förderung bei der inner- und außerbetrieblichen beruflichen Bildung (→ Rn. 203). Daraus folgt weder ein Aufstiegs- oder Beförderungsanspruch noch ein Anspruch schwerbehinderter Beschäftigter, stets bei innerbetrieblichen Beförderungen bevorzugt berücksichtigt zu werden.[673] Das BAG hat in ständiger Rechtsprechung aus der um die Förderung der beruflichen Bildung erweiterten Beschäftigungspflicht des Arbeitgebers geschlossen, es müsse jeweils im Einzelfall geprüft werden, ob der Arbeitgeber verpflichtet sei, einem schwerbehinderten Menschen den beruflichen Aufstieg zu ermöglichen. Dann könne bei gleicher Qualifikation mehrerer Bewerber geboten sein, den schwerbehinderten Menschen vorzuziehen. Voraussetzung sei, dass er bei Anwendung der Kriterien von Eignung und Leistung als gleichwertig gelte und seiner Verwendung auf der „Beförderungsstelle" keine betrieblichen Gründe entgegenstünden.[674] Dem ist zuzustimmen. Die im Einzelfall gebotene Berücksichtigung ergibt sich aus dem seit langem von der Rechtsprechung in Auslegung der inhaltsgleichen Vorgängervorschriften zu Abs. 4 Satz 1 Nr. 1 entwickelten Verbot unterwertiger, weil nicht die Fähigkeiten und Kenntnisse weiterentwickelnder Beschäftigung.[675] Folglich hat der Arbeitgeber den schwerbehinderten Beschäftigten im Rahmen der persönlichen Fähigkeiten und der dem Arbeitgeber nach den betrieblichen Verhältnissen zumutbaren Beschäftigungsmöglichkeiten die Teilnahme am beruflichen Aufstieg zu gewährleisten.

Berücksichtigung der BRK: Diese seit dem Schwerbeschädigtengesetz bestehende Rechtslage muss im Lichte des Übereinkommens der Vereinten Nationen über die Rechte von Menschen mit Behinderungen (Behindertenrechtskonvention – BRK, juris: UNBehRÜbk) sowie des Fakultativprotokolls vom 13.12.2006 neu bewertet werden. Deutschland hat das Übereinkommen und das Zusatzprotokoll am 24.2.2009 ratifiziert. Seit 26.3.2009 ist das BRK-Zusatzprotokoll für Deutschland verbindlich.[676] Nach Art. 27 Abs. 1 Satz 2 Buchst. a UN-BRK ist die „Diskriminierung aufgrund von Behinderung in allen Angelegenheiten im Zusammenhang mit einer Beschäftigung gleich welcher Art, einschließlich des beruflichen Aufstiegs, zu verbieten". Art. 27 Abs. 1 Satz 2 Buchst. i UN-BRK schreibt zur gleichberechtigten Teilhabe behinderter Menschen an der beruflichen Tätigkeit ausdrücklich vor: „sicherzustellen, dass angemessene Vorkehrungen für behinderte Menschen getroffen werden". Da Deutschland zur Umsetzung des BRK keine neuen gesetzlichen Bestimmungen zur Sicherstellung angemessener Vorkehrungen erlassen hat, müssen die bereits in § 164 Abs. 4 Satz 1 Nr. 1 bis 3 bestehenden Vorkehrungen völkerrechtfreundlich ausgelegt werden. Das bedeutet hier: Es ist grundsätzlich von einem das Teilhaberecht des behinderten Beschäftigten sichernden Vorrang auszugehen. Dies bewirkt keinen absoluten Vorrang. Die Schwerbehinderung und Gleichstellung sind im Verhältnis zu Leistungskriterien als zusätzliche Hilfskriterien im Rahmen der Bestenauslese zu berücksichtigen. Sie geben bei Fehlen ei-

201

---

673 LAG Bln-Bbg 16.11.2011 – 24 Sa 1606/11; in der Revisionsinstanz aus anderen Gründen aufgehoben und zur neuen Verhandlung und Entscheidung zurückverwiesen BAG 22.8.2013 – 8 AZR 574/12, Behindertenrecht 2014, 203.
674 BAG 28.4.1998 – 9 AZR 348/97, Nr. 2 zu AP § 14 SchwbG 1986; unter Anwendung des § 242 BGB: BAG 12.11.1980 – 4 AZR 779/78, BAGE 34, 250; BAG 19.9.1979 – 4 AZR 887/77, BAGE 32, 105; vgl. auch zur Regelung in Förderungsrichtlinien und Erlassen → § 205 Rn. 7.
675 Beginnend mit BAG 4.5.1962 – 1 AZR 128/61, BAGE 13, 109 (111) = AP Nr. 1 zu § 12 SchwBeschG = NJW 1962, 1836.
676 Einzelheiten *Düwell* FA 2011, 354.

nes Leistungsvorsprungs anderer Bewerber zugunsten der behinderten Bewerber den Ausschlag. Das entspricht den unter Beachtung des Art. 33 Abs. 2 GG zum Schwerbehindertenrecht ergangenen Durchführungserlassen.[677] Dabei wird schon auf der Stufe der für den Leistungsvergleich der Bewerber in erster Linie maßgeblichen dienstlichen Beurteilungen zu gewährleisten sein, dass eine etwaige durch die Behinderung bedingte Minderung der dienstlichen Leistungsfähigkeit mit Blick auf die Vermeidung ungerechtfertigter Nachteile bei der Teilhabe am Berufsleben, hier beim beruflichen Aufstieg, angemessen berücksichtigt wird.[678] Eine Bevorzugung gegenüber solchen Bewerbern, die sich im Bewerbervergleich auch unter Berücksichtigung etwaiger hinderungsbedingter Einschränkungen der Leistungsfähigkeit des schwerbehinderten Bewerbers (ggf. auch nur in ihrer Leistungsentwicklung) durch einen beachtlichen Vorsprung als leistungsstärker bzw. besser geeignet erweisen, kann der schwerbehinderte Bewerber dagegen im Rahmen von Auswahlverfahren um Beförderungsstellen nicht verlangen.[679] Im Unterschied zum früheren Stand der Rechtsprechung ist somit sowohl für den öffentlichen Dienst als **auch für die Privatwirtschaft ein relativer Vorrang** beim beruflichen Aufstieg anzuerkennen. Dieser wird nur durch beachtliche Leistungssprünge anderer Bewerber begrenzt. Die von der älteren Rechtsprechung im Rahmen des § 242 BGB als mögliche Hinderungsgründe angeführten betrieblichen Belange sind erst dann beachtlich, wenn sie dem Vorbehalt der Zumutbarkeit, Verhältnismäßigkeit und Vereinbarkeit mit den Geboten des Arbeitsschutzes entsprechen, den Abs. 4 Satz 3 aufstellt.

202 **Durchsetzung des Anspruchs:** Wenn zur Übertragung der höherwertigen Stelle eine Vertragsänderung erforderlich ist, kann der schwerbehinderte Mensch direkt auf die Zuweisung der höherwertigen Beschäftigung klagen.[680]

203 **Qualifizierung durch Entwicklung von Fähigkeiten und Kenntnissen:** Die Beschäftigung schwerbehinderter Menschen soll durch die Weiterentwicklung ihrer Fähigkeiten und Kenntnisse gesichert werden. Das ergibt sich aus Abs. 4 Satz 1 Nr. 1. Dort ist ausdrücklich der Arbeitgeber zu einer Beschäftigung verpflichtet worden, die sich nicht in der Verwertung bestehender Kenntnisse und Fähigkeiten erschöpft, sondern vielmehr deren Weiterentwicklung einschließt. Das bedeutet, dass der Arbeitgeber den schwerbehinderten Beschäftigten adäquate Qualifizierungsmöglichkeiten anzubieten hat. Diese haben in gleichem Umfang wie den anderen Beschäftigten auch die Möglichkeit des beruflichen Aufstiegs zu eröffnen. Das folgt aus dem in § 166 Abs. 2 Satz niedergelegten Inklusionsgrundsatz, der eine gleichberechtigte Teilhabe bei der Gestaltung der Rahmenbedingungen anordnet. Ein Ausschluss des beruflichen Aufstiegs durch Abdrängen auf „Schonarbeitsplätze" widerspricht dem konzeptionellen Ansatz des SGB IX auf gleichberechtigte Teilhabe behinderter Menschen am Arbeitsleben.[681]

Damit die schwerbehinderten Beschäftigten für ihr eigenes berufliches Fortkommen aktiv werden können, hat der Gesetzgeber ihnen in Abs. 4 Satz 1 Nr. 2

---

677 ZB Richtlinie zur Durchführung der Rehabilitation und Teilhabe behinderter Menschen im öffentlichen Dienst im Lande Nordrhein-Westfalen, Runderlass des Innenministeriums vom 14.11.2003 – 25-5.35.00 – 5/03 – MBl. NRW. 2003, 1498, sog. Schwerbehindertenrichtlinie.
678 Vgl. Nr. 10 der sog. Schwerbehindertenrichtlinie.
679 Vgl. OVG NRW 1.8.2011 – 1 B 186/11; NdsOVG 14.9.2011 – 5 LA 161/10.
680 BAG 28.4.1998 – 9 AZR 348/97, AP Nr. 2 zu § 14 SchwbG; zustimmend *Fabricius* in jurisPK-SGB IX § 164 Rn. 69.
681 *Faber/Rabe-Rosendahl* in FKS SGB IX § 164 Rn. 41.

und 3 zwei Ansprüche eingeräumt, welche die Pflicht des Arbeitgebers aus Satz 1 Nr. 1 konkretisieren. Nach Abs. 4 Satz 1 Nr. 2 hat der Arbeitgeber schwerbehinderten Beschäftigte **bevorzugt** an **innerbetrieblichen Maßnahmen** teilnehmen zu lassen. Hier hat der Gesetzgeber ausdrücklich einen **Vorrang** angeordnet. Dieser wird, ohne dass es dazu der ausdrücklichen Beschränkung im Gesetzestext bedürfte, immanent durch die umschriebene Voraussetzung „**annähernd gleiche Eignung und Befähigung**" beschränkt. Denn die eingeräumte Vorrangstellung stellt sich nur als eine angemessene Vorkehrung zum Ausgleich eines mit der Behinderung tatsächlich verbundenen Nachteils dar. Es ist nicht Ziel einer gleichberechtigten Teilhabe, einem schwerbehinderten Menschen unabhängig von Eignung und Leistung eine Vorzugstellung in der betrieblichen Bildung zu verschaffen.

Beispiel: Haben sich für fünf Teilnehmerplätze sechs annähernd gleich geeignete Belegschaftsangehörige, darunter zwei schwerbehinderte Beschäftigte, beworben, so sind die zwei schwerbehinderten Interessenten in jedem Fall für die Teilnahme an der Veranstaltung von ihrer beruflichen Tätigkeit ohne Minderung des Entgelts freizustellen.

Abs. 4 Satz 1 Nr. 2 verpflichtet den Arbeitgeber nicht zur Durchführung bestimmter innerbetrieblicher Maßnahmen der beruflichen Bildung. Der Arbeitgeber hat jedoch nach § 96 Abs. 1 Satz 2 BetrVG auf Verlangen des Betriebsrats den Berufsbildungsbedarf zu ermitteln und mit dem Betriebsrat zu beraten. Ein spezifischer Bedarf kann sich ergeben:
1. aus den mit dem Betriebsrat im Rahmen der Personalplanung nach § 92 Abs. 3 Satz 2 BetrVG zu beratenden Förderungsmaßnahmen zugunsten der Eingliederung schwerbehinderter Menschen und
2. aus der Beratung mit Betriebs-/Personalrat und SBV nach § 155 Abs. 2 SGB IX über die Angebote von Stellen zur beruflichen Bildung für schwerbehinderte Auszubildende.

Werden innerbetriebliche Maßnahmen der beruflichen Bildung vom Arbeitgeber geplant, so hat er sicherzustellen, dass schwerbehinderte Interessenten bevorzugt berücksichtigt werden. Das schließt die bevorzugte Auswahl von schwerbehinderten Bewerbern um **Ausbildungs-**[682] **und Praktikantenplätze** ein, sofern die Bewerber annähernd gleich geeignet und befähigt wie ihre Mitbewerber sind. In Betrieben besteht ein qualifiziertes **Mitbestimmungsrecht** des Betriebsrats nach § 98 BetrVG. Das schließt Vorschlagsrechte hinsichtlich der Teilnehmer ein. In den Dienststellen des Bundes besteht ein davon abweichendes Mitbestimmungsregime. Nach § 80 Abs. 1 Nr. 9 BPersVG nF (§ 75 Abs. 3 Nr. 6 BPersVG aF) hat der Personalrat in den Angelegenheiten der Arbeitnehmer ein Mitbestimmungsrecht bei der Durchführung der Berufsausbildung und nach § 80 Abs. 1 Nr. 10 BPersVG nF (§ 76 Abs. 2 Nr. 6 BPersVG aF) ein Mitbestimmungsrecht in allgemeinen Fragen der Fortbildung. In § 63 Abs. 1 Nr. 22 PersVG BbG wird dem Personalrat ein Mitbestimmungsrecht vor der Entsendung zu Aus- und Fortbildungsveranstaltungen von insgesamt mehr als zwei Wochen eingeräumt. Ferner hat der Personalrat nach § 66 Abs. 1 Nr. 12 PersVG BbG ein Mitbestimmungsrecht über allgemeine Fragen der Fortbildung. Vergleichbare Regelungen bestehen in den übrigen Ländern der Bundesrepublik. Den schwerbehinderten Beschäftigten und deren Vertretungen ist deshalb zu empfehlen, auch den Betriebs-/Personalrat als Träger der Mitbestimmung auf den

---

682 Missverständlich beschränkt auf „Einstellung von Auszubildenden": *Fabricius* in jurisPK-SGB IX § 164 Rn. 71; *Knittel* SGB IX § 81 Rn. 280.

Fortbildungsbedarf in der Gruppe der schwerbehinderten Menschen aufmerksam zu machen.
Sollen **außerbetriebliche Maßnahmen** der beruflichen Bildung besucht werden, ist der Arbeitgeber nach § 164 Abs. 4 Satz 1 Nr. 3 verpflichtet, Erleichterungen zu deren Teilnahme zu gewähren (→ Rn. 198). Sämtliche Ansprüche stehen unter dem **Zumutbarkeitsvorhalt**, der in Abs. 4 Satz 3 den Arbeitgeber vor unzumutbarer Belastung schützt.

204 **Pflicht zur Prüfung der Beschäftigung nach Weiterbildung:** Geht der Arbeitgeber davon aus, dass ein Arbeitnehmer aufgrund der Art und/oder Schwere der Behinderung seiner Schwebhinderung die vertragliche Tätigkeit nicht mehr verrichten könne und ihm wegen fehlender notwendiger Kenntnisse und Erfahrungen keine andere Arbeit zugewiesen werden könne, muss er prüfen, ob nach entsprechender Weiterbildung eine andere vorhandene Tätigkeit ausgeübt werden kann.[683] Das hat die Rspr. anhand des Falles eines Gärtners entwickelt, der nach der Behauptung des Arbeitgebers nur noch für 25 % seiner Aufgaben einsatzfähig war. Der Gärtner hatte vorgeschlagen, ihm eine außerbetriebliche Weiterbildung an insgesamt 16 Tagen mit Kosten in Höhe von ca. 1.050 EUR zu genehmigen, damit er danach für Baumkontrollarbeiten eingesetzt werden könne, für deren Ausführung er ohne Abstriche geeignet sei. Das Gericht sah weder in der Freistellung noch in der Kostenhöhe eine unzumutbare Belastung des Arbeitgebers.[684]

Für die Finanzierung der betrieblichen Bildungsmaßnahmen soll sich der Arbeitgeber nach Abs. 4 Satz 2 von dem Integrationsamt und der AA beraten und unterstützen lassen. Im Rahmen der begleitenden Hilfe im Arbeitsleben kann das Integrationsamt nach Maßgabe der Schwerbehinderten-Ausgleichsabgabeverordnung (SchwbAV)[685] Leistungen an Arbeitgeber erbringen. Einschlägig sind hier § 15 Abs. 2 und §§ 26, 26a SchwbAV.

205 **Außerbetriebliche Bildung:** Bei außerbetrieblichen Bildungsmaßnahmen ist der Arbeitgeber verpflichtet, die Teilnahme für die schwerbehinderten Interessenten zu erleichtern. Das bedeutet: Der Arbeitgeber hat mehr zu tun als nur zu dulden. Er schuldet eine aktive Unterstützung des Zugangs zu der außerbetrieblichen Berufsbildung. Hierzu gehört eine allgemeine Informationspflicht gegenüber schwerbehinderten Menschen in Betrieb oder Dienststelle auf außerbetriebliche ihm zB über Kammern und Verbände zugehende Fortbildungsangebote: Wird ihm ein Interesse angezeigt, hat er gegenüber dem Veranstalter den Teilnahmewunsch zu unterstützen.[686] Als Erleichterungen kommen auch Leistungen in Betracht, die der Arbeitgeber an den schwerbehinderten Menschen erbringt, wie Übernahme von Teilnehmergebühren und Fahrtkostenzuschüsse oder bezahlte Freistellung von der Arbeitspflicht. Auch hier ist der Zumutbarkeitsvorbehalt aus Satz 3 zu beachten. Deshalb scheidet selbst dann bei Arbeitsspitzen wie zB während der Weihnachtszeit im Einzelhandel[687] eine Freistellung aus, wenn sie unbezahlt erfolgen soll. Die Gewährung von Zuschüssen oder bezahlter Freistellung ist dem Arbeitgeber nicht zumutbar, soweit dem schwerbehinderten Beschäftigten Leistungen für die Dauer der Fortbildung von einem

---

683 LAG Bln-Bbg 26.10.2016 – 15 Sa 936/16, Rn. 47, RP-Reha 2017, Nr. 4, 28.
684 LAG Bln-Bbg 26.10.2016 – 15 Sa 936/16, Rn. 48, RP-Reha 2017, Nr. 4, 28; ausführlich: *Kohte/Liebsch*, Anspruch auf behinderungsgerechte Beschäftigung, Beitrag B1–2017, abrufbar unter www.reha-recht.de, 29.3.2017.
685 SchwbAV in Anhang 3.
686 *Knittel*, 84. EL 1.10.2015, SGB IX § 81 Rn. 283.
687 *Adlhoch* in Ernst/Adlhoch/Seel SGB IX § 81 Rn. 93.

Rehabilitationsträger oder dem Integrationsamt erbracht werden.[688] Der Arbeitgeber darf von seinen Beschäftigten verlangen, dass diese Leistungen öffentlicher Stellen ausschöpfen. Das gilt sowohl für die Leistungen, die die Träger der Rehabilitation zur Teilhabe (§ 6 SGB IX) erbringen, als auch für die, die das Integrationsamt im Rahmen der begleitenden Hilfe im Arbeitsleben nach § 185 Abs. 3 SGB IX iVm §§ 17 ff. SchwbAV gewährt.[689]

6. Gestaltung der Arbeitsbedingungen und Ausstattung der Arbeitsplätze

Behinderungsgerechte Einrichtung der Arbeitsstätten: Nach Abs. 4 Satz 1 Nr. 4 hat der Arbeitgeber die Arbeitsstätten einschließlich sämtlicher Betriebsanlagen behinderungsgerecht einzurichten und zu unterhalten. Das betrifft insbesondere Anlagen wie Toiletten, Aufzüge, Zugänge zur Kantine, zum Betriebsratsbüro, Zugang zum Büro der Schwerbehindertenvertretung. Diese Bestimmung bewirkt auch, dass der Arbeitgeber nicht die Bewerbung eines Schwerbehinderten (zB eines Rollstuhlfahrers) mit der Begründung ablehnen kann, seine Arbeitsstätte sei nicht auf diese Art der Behinderung eingerichtet.[690] Ein Ablehnungsgrund kann nur dann bejaht werden, wenn er vom Arbeits- und Integrationsamt keine Unterstützung erhält und ihm die erforderlichen Maßnahmen nach Abs. 4 Satz 3 unzumutbar sind. Im Übrigen ist der Arbeitgeber auch aufgrund öffentlich-rechtlicher Pflichten zur Herstellung von Barrierefreiheit in den Arbeitsstätten angehalten. In der Arbeitsstättenverordnung (ArbStättV) ist die Pflicht zur barrierefreien und behindertengerechten Gestaltung von Arbeitsstätten in § 3 a ArbStättV mit Wirkung vom 3.12.2016 neu gefasst worden:[691]

206

(2) Beschäftigt der Arbeitgeber Menschen mit Behinderungen, hat er die Arbeitsstätte so einzurichten und zu betreiben, dass die besonderen Belange dieser Beschäftigten im Hinblick auf die Sicherheit und den Schutz der Gesundheit berücksichtigt werden. Dies gilt insbesondere für die barrierefreie Gestaltung von Arbeitsplätzen, Sanitär-, Pausen- und Bereitschaftsräumen, Kantinen, Erste-Hilfe-Räumen und Unterkünften sowie den zugehörigen Türen, Verkehrswegen, Fluchtwegen, Notausgängen, Treppen und Orientierungssystemen, die von den Beschäftigten mit Behinderungen benutzt werden.

Der Vergleich mit der Altfassung zeigt drei Neuerungen:
1. Die Pflicht, Arbeitsplätze barrierefrei zu gestalten, wird auch auf Sanitär-, Pausen- und Bereitschaftsräume, Kantinen, Erste-Hilfe-Räume und Unterkünfte erstreckt.
2. Die Pflicht zur barrierefreien Gestaltung von Türen, Verkehrswegen, Fluchtwegen, Notausgängen, Treppen und Orientierungssystemen wird auf diejenigen begrenzt, die von den Beschäftigten mit Behinderungen benutzt werden.
3. Die Verordnung regelt die Verpflichtung zur barrierefreien Gestaltung nicht nur symbolisch, sondern will sie auch in der Praxis verbindlich machen. Die Nichterfüllung der Pflichten aus § 3 a Abs. 2 ArbStättV wird unter Ahndungsdruck gestellt werden. Dazu ist der Katalog der Ordnungswidrigkeiten in § 9 Abs. 1 ArbStättV erweitert: „(1) Ordnungswidrig im Sinne des

---

688 Vgl. Übersichten bei *Seidel* Behindertenrecht 2002, 67 (69) und *Adlhoch* in Ernst/Adlhoch/Seel SGB IX § 81 Rn. 94.
689 *Knittel*, 84. EL 1.10.2015, SGB IX § 81 Rn. 283; *Kossens* in Kossens/von der Heide/Maaß Rn. 83 mwN.
690 So zutreffend *Dörner* SchwbG § 14 Rn. 39.
691 Überblick bei *Düwell* jurisPR-ArbR 42/2016 Anm. 1.

§ 25 Absatz 1 Nummer 1 des Arbeitsschutzgesetzes handelt, wer vorsätzlich oder fahrlässig (...) entgegen § 3a Abs. 2 eine Arbeitsstätte nicht in der dort vorgeschriebenen Weise einrichtet oder betreibt, (...)".

Mit dem Gesetz zur Umsetzung der Richtlinie (EU) 2019/882 des Europäischen Parlaments und des Rates über die Barrierefreiheitsanforderungen für Produkte und Dienstleistungen und zur Änderung des Jugendarbeitsschutzgesetzes[692] vom 16.7.2021 sollen Dienstleister und Produkthersteller zu einem **inklusiven Design** angehalten werden, das auch Menschen mit Behinderungen eine uneingeschränkte Teilhabe ermöglicht. In der derzeitigen Phase der Transformation von der analogen zur digitalen Arbeitswelt hat das mit der Richtlinie vorgegebene Ziel der Europäischen Union große Bedeutung auch für Betriebe und Dienststellen. Art. 1 dieses Gesetzes enthält das **Barrierefreiheitsstärkungsgesetz** (BFSG), das der Umsetzung der Richtlinie über die Barrierefreiheitsanforderungen dient. Von dem Gebot des inklusiven Designs werden nach dessen § 1 Abs. 2 auch Personal Computer erfasst, insbesondere Desktops, Notebooks, Smartphones und Tablets einschließlich der geeigneten Software für die vom Verbraucher geforderten üblichen Computeraufgaben. Allerdings räumt § 1 Abs. 2 BFSG den Herstellern und Vertreibern für Hard-Software, die bis zum 27.6.2025 in den Verkehr gebracht werden, eine Freistellung von der gesetzlichen Verpflichtung ein. Damit stellt sich solange bis das inklusive Design verwirklicht ist, für die Arbeitgeber die Notwendigkeit, besondere Hard- und Software zur Herstellung der Barrierefreiheit zB für Seh- und Gehörbeeinträchtigte anzuschaffen; denn nach § 164 Abs. 4 Satz 1 Nr. 5 SGB IX sind sie verpflichtet, die Arbeitsplätze unter Berücksichtigung der Behinderung und ihrer Auswirkung auf die Beschäftigung mit erforderlichen technischen Arbeitshilfen auszustatten, → Rn. 210.

207 **Gestaltung von Arbeitsplatz und Arbeitsorganisation:** Um eine behinderungsgerechte Beschäftigung zu ermöglichen, ist nach Abs. 4 Satz 1 Nr. 4 der Arbeitgeber zur entsprechenden Umgestaltung von Arbeitsplätzen, des Arbeitsumfelds und der Arbeitsorganisation sowie der Arbeitszeit (→ Rn. 202) verpflichtet. Handelt es sich nicht um einen Einzelarbeitsplatz ist der Arbeitgeber auch zu der Prüfung verpflichtet, wie eine Umorganisation durch „kollegiale Assistenz" ermöglicht werden kann.[693]

Beispiel: Ein Krankenhausarzt wird infolge eines Arbeitsunfalls schwerbehindert. Wegen der Art seiner Behinderung kann er nicht mehr zu den regelmäßigen Nachtdiensten eingeteilt werden. Seine Arbeit ist entsprechend auf Tagdienste zu verteilen.

Soweit erforderlich, kann auch „eine gewisse asymmetrische Aufteilung von Arbeiten"[694] zur gebotenen Umorganisation gehören.[695] Sind alle Arbeiten nicht in gleicher Weise körperlich belastend, kommt stets eine **Umorganisation** in Betracht. Diese ist nach der Rspr. sogar auch dann noch zu prüfen, wenn der Arbeitgeber geltend macht, der Arbeitnehmer sei personenbedingt **unfähig** geworden, 75 % seiner bisherigen Tätigkeit auszuführen; denn das lässt nicht ohne Weiteres darauf schließen, dass eine **vertragsgerechte Beschäftigung** im Rahmen der

---

692 Beschlussempfehlung des Ausschusses für Arbeit und Soziales vom 19.5.2021 auf BT-Drs. 19/29893; BGBl. I 2970.
693 BAG 14.3.2006 – 9 AZR 411/05, NZA 2006, 1214.
694 LAG Hmb 15.4.2015 – 5 Sa 107/12; *Kohte* jurisPR-ArbR 36/2015 Anm. 1; ferner BAG 14.3.2006 – 9 AZR 411/05, juris Rn. 26; LAG Bln-Bbg 5.6.2015 – 26 Sa 427/14, NZA-RR 2015, 74, juris Rn. 33.
695 ArbG Berlin 27.1.2017 – 28 Ca 9818/16, AE 2017, 56; EzA-SD 2017, Nr. 13, 13.

übrigen 25 % nicht möglich ist.[696] Zugunsten der behinderungsgerechten Beschäftigung schwerbehinderter Menschen muss der Arbeitgeber auch Abstriche an der von ihm als wirtschaftlich angesehenen Betriebsführung zulassen (→ Rn. 205).[697] Der Arbeitgeber darf sich nicht einer Umorganisation verschließen. Das ist auch nicht mit dem für die Eingruppierung, aber nicht für den schwerbehindertenrechtlichen Beschäftigungsanspruch geltenden Grundsatz zu rechtfertigen, ein Arbeitnehmer, der in eine bestimmte Entgeltgruppe eingruppiert ist, müsse in der Lage sein, alle in dieser Gruppe anfallenden Arbeiten in gleicher Weise zu verrichten.[698] Aufgrund dieser Einstellung werden ältere Beschäftigte schrittweise aus dem Arbeitsprozess herausgedrängt, denn es ist typisch für die Alterung, dass Beschäftigte nicht mehr alle körperlich belastenden Arbeiten durchführen können. Dagegen sind sie jedoch in der Lage, ihr Erfahrungswissen und einen größeren Überblick einzubringen.[699] Aus diesem Grund hat der zweite Senat des BAG die mangelnde soziale Rechtfertigung einer Änderungskündigung gegenüber einem Croupier festgestellt.[700] Der Croupier konnte zwar nicht mehr alle Arbeitsvorgänge durchführen, es war ihm aber mit seinem aktuellen Leistungsvermögen noch möglich, die volle Arbeitsleistung bei zumutbarer Umverteilung der Arbeit ohne wesentliche betriebliche Störungen zu erbringen.

Treten **Schwierigkeiten** bei der Beschäftigung auf, so muss der Arbeitgeber, spätestens wenn er eine ärztliche Bescheinigung über Leistungseinschränkungen erhält, ein **Präventionsverfahren** nach § 167 Abs. 1 durchführen, um die aufgetretenen personenbedingten Schwierigkeiten mit dem Ziel der Beseitigung mit der SBV und dem Betriebs-/Personalrat zu erörtern. Wenn er das nicht tut, sondern nur ein Personalgespräch mit den Betroffenen führt, geht im Rechtsstreit die sekundäre Darlegungslast für die Unmöglichkeit der Beschäftigung auf ihn über. So muss er dann darlegen und beweisen, dass eine Umverteilung der körperlich schweren Arbeitsaufgaben nicht hätte stattfinden können (→ § 167 Rn. 20, zur Auswirkung im Kündigungsfall → § 167 Rn. 112).[701] Durch die dem Arbeitgeber auferlegten Anpassungspflichten in Abs. 4 Satz 1 Nr. 4 sollen auch leistungsabhängige Entgeltdifferenzierungen zulasten schwerbehinderter Menschen vermieden werden.[702]

Bedeutung der Quote: Anders als vor Inkrafttreten des SchwbBAG entfällt diese Verpflichtung des Arbeitgebers nicht dann, wenn er die Beschäftigungsquote nach § 154 Abs. 1 erfüllt. Mit der Einräumung des individuellen Gestaltungsanspruchs durch das SchwbBAG ist die frühere Begrenzung entfallen.[703] Der Gestaltungsanspruch steht nur unter dem Vorbehalt der Unzumutbarkeit nach Abs. 4 Satz 3.

Behinderungsgerechte Arbeitszeitgestaltung: Nach Abs. 4 Satz 1 Nr. 4 besteht ein Anspruch auf behinderungsgerechte Gestaltung der Arbeitszeit, soweit dessen Erfüllung für den Arbeitgeber nicht unzumutbar oder mit unverhältnismä-

---

696 LAG Bln-Bbg 26.10.2016 – 15 Sa 936/16, Rn. 45, RP-Reha 2017, Nr. 4, 28.
697 BAG 14.3.2006 – 9 AZR 411/05, AP Nr. 11 zu § 81 SGB IX.
698 LAG Bln-Bbg 26.10.2016 – 15 Sa 936/16, Rn. 45, RP-Reha 2017, Nr. 4, 28.
699 *Kohte/Liebsch*, Anspruch auf behinderungsgerechte Beschäftigung, Beitrag B1-2017, abrufbar unter www.reha-recht.de, 29.3.2017.
700 BAG 22.10.2015 – 2 AZR 550/14, NZA-RR 2016, 243; dazu *Kohte* jurisPR-ArbR 51/2016 Anm. 1.
701 Ausführlich: *Kohte/Liebsch*, Anspruch auf behinderungsgerechte Beschäftigung, Beitrag B1–2017, abrufbar unter www.reha-recht.de, 29.3.2017.
702 LAG München 26.1.2017 – 3 TaBV 95/16, Rn. 48, AuA 2017, 434 im Anschluss an *Rolfs* in ErfK, 17. Aufl. 2017, SGB IX § 81 Rn. 13.
703 Vgl. BAG 23.1.2001 – 9 AZR 287/99, NZA 2001, 1020.

ßigen Aufwendungen verbunden ist. Hieraus kann sich die Pflicht des Arbeitgebers ergeben, einen schwerbehinderten Arbeitnehmer nicht zur **Nachtarbeit** einzuteilen.[704] Dieser Anspruch setzt voraus, dass mit Rücksicht auf die Auswirkung einer Behinderung eine Gestaltung der Arbeitszeit notwendig ist, die Nachtarbeit vermeidet. Zur Gestaltung der Arbeitszeit gehört auch die Lage der Arbeitszeit. Legt der Arbeitnehmer (in dem entschiedenen Fall litt der Arbeitnehmer unter Bluthochdruck und hatte nur noch eine Niere) ein ärztliches Attest vor, dann genügt es nicht, wenn der Arbeitgeber geltend macht, er könne zur Beeinträchtigung des Arbeitnehmers keinerlei Aussagen treffen und bestreite sie deshalb mit Nichtwissen. Nach den anerkannten Regeln, die für den Beweiswert einer ordnungsgemäß ausgestellten Arbeitsunfähigkeitsbescheinigung angewendet werden, spricht die tatsächliche Vermutung der Richtigkeit für eine von einem Arzt ordnungsgemäß attestierte derartige Auswirkung einer Behinderung.[705] Angesichts der tatsächlichen Vermutung der Richtigkeit, die die ordnungsgemäß ausgestellte Arbeitsunfähigkeitsbescheinigung hat, ist es Sache des Arbeitgebers darzulegen, dass tatsächliche Umstände Zweifel an der Richtigkeit der Feststellungen gebieten. Ebenso sind Umstände, die die Herausnahme aus der Nachtschicht unzumutbar erscheinen lassen, von dem Arbeitgeber einzuwenden. Die in einem **Wechselschichtbetrieb** auftretende überproportionale Belastung anderer Arbeitnehmer mit Nachtschichten stellt noch keine Unzumutbarkeit dar.[706]

210 **Ausstattung mit technischen Arbeitshilfen:** Nach Abs. 4 Satz 1 Nr. 5 hat der Arbeitgeber den Arbeitsplatz mit den für den dort beschäftigten schwerbehinderten Menschen erforderlichen technischen Arbeitshilfen auszustatten.

Beispiele: Hebehilfen für Rückgradgeschädigte, angepasster Personalcomputer für stark sehbehinderte oder blinde Mitarbeiter.

Durch die dem Arbeitgeber auferlegten Ausrüstungspflichten in Abs. 4 Satz 1 Nr. 5 sollen auch leistungsabhängige Entgeltdifferenzierungen zulasten schwerbehinderter Menschen vermieden werden.[707] Erfüllt der Arbeitgeber schuldhaft seine Verpflichtung nicht, ist er dem Arbeitnehmer zum Schadensersatz verpflichtet. Der Schaden wird häufig in einem Verdienstausfall liegen, den der Arbeitnehmer hat, weil er ohne technische Ausstattung nicht zur Arbeit in der Lage ist. Hat der Arbeitgeber sich in entschuldbarer Weise über die Erforderlichkeit der technischen Ausstattung oder deren praktischer Gebrauchsfähigkeit geirrt, so besteht kein Entgeltfortzahlungsanspruch.[708]

210a **Anspruch auf Zuweisung behinderungsgerechter Arbeit im Homeoffice:** Ob eine Zuweisung eines „leidensgerechten" Telearbeitsplatzes über die Ausübung des Direktionsrechts oder über eine erzwungene Vertragsänderung wegen einer (einfachen) Behinderung durchgesetzt werden kann, hat das LAG Köln offen gelassen.[709] Im entschiedenen Fall betraf der Sachverhalt keinen schwerbehinderten Beschäftigten. Deshalb wurde als Anspruchsgrundlage die Rücksichtnahmepflicht nach § 241 Abs. 2 BGB geprüft. Für diese Konstellation ist zu Recht eine Vereinbarungslösung zu fordern. Denn weder kann das Klageziel durch die Neubestimmung des Weisungsrechts nach § 106 GewO erreicht werden, noch verpflichten § 241 Abs. 2 BGB oder § 106 Satz 3 GewO (vom LAG

---

704 BAG 3.12.2002 – 9 AZR 462/01, AP Nr. 1 zu § 124 SGB IX.
705 LAG RhPf 3.2.2005 – 4 Sa 900/04.
706 LAG RhPf 3.2.2005 – 4 Sa 900/04.
707 LAG München 26.1.2017 – 3 TaBV 95/16, Rn. 48, AuA 2017, 434 im Anschluss an *Rolfs* in ErfK, 17. Aufl. 2017, SGB IX § 81 Rn. 13.
708 Vgl. BAG 23.1.2001 – 9 AZR 287/99, NZA 2001, 1020.
709 LAG Köln 24.5.2016 – 12 Sa 677/13, Rn. 80, ZTR 2016, 574.

übersehen) den Arbeitgeber zu einer Änderung des Arbeitsvertrags. Telearbeit von zu Hause (Homeoffice) muss deshalb zwischen den Arbeitsvertragsparteien vereinbart werden.[710] Zwar erstellte das BMAS einen Referentenentwurf für ein **Mobile-Arbeit-Gesetz**. Dieser Entwurf sah in §§ 111, 112 GewO einen dem Verfahren in § 8 Abs. 4 Satz 3 TzBfG entlehnten Weg zur Durchsetzung des Arbeitnehmerwunsches auf einen Arbeitsplatz im Homeoffice vor.[711] Das Gesetzgebungsvorhaben ist aber im Oktober 2020 am Widerstand des Bundeswirtschaftsministers gescheitert.[712] Erst das Vierte Gesetz zum Schutz der Bevölkerung bei einer epidemischen Lage von nationaler Tragweite vom 22.4.2021[713] hat eine gesetzliche Regelung gebracht. Dessen Art. 1 ordnet die Einfügung des § 28 b Abs. 7 in das **Infektionsschutzgesetz** (IfSG) an. In dieser Norm ist bestimmt: „Der Arbeitgeber hat den Beschäftigten im Fall von Büroarbeit oder vergleichbaren Tätigkeiten anzubieten, diese Tätigkeiten in deren Wohnung auszuführen, wenn keine zwingenden betriebsbedingten Gründe entgegenstehen. Die Beschäftigten haben dieses Angebot anzunehmen, soweit ihrerseits keine Gründe entgegenstehen." Nach § 28 b Abs. 10 IfSG gilt diese Regelung jedoch nur für die Dauer der Feststellung einer epidemischen Lage von nationaler Tragweite nach § 5 Abs. 1 Satz 1 IfSG,[714] Es fehlt somit noch eine anlassunabhängige Dauerregelung, die den Beschäftigten einen subjektiven Anspruch gegen den Arbeitgeber einräumt.[715]

Für schwerbehinderte Beschäftigte stellt sich die Rechtslage anders dar. Hier greift der gesetzliche Anspruch auf behinderungsgerechte Beschäftigung aus § 164 Abs. 4 Satz 1 SGB IX ein. Deshalb hat die Rspr. auch anerkannt, dass der schwerbehinderte Beschäftigte, wenn dies wegen Art und Schwere seiner Behinderung erforderlich ist die Änderung des Ortes verlangen kann, an dem die Arbeitsleistung zu erbringen ist. Das schließt auch die Zuweisungen der Arbeit auf einen **Telearbeitsplatz** (Homeoffice) ein.[716]

7. Hilfen der Arbeitsagentur und des Integrationsamts, Teilhabeleistungen der Rentenversicherung

Bei allen Maßnahmen, die zur behinderungsgerechten Einrichtung und Ausstattung der Arbeitsplätze erforderlich sind, wird der Arbeitgeber nach Abs. 4 Satz 2 von den Arbeitsagenturen und den Integrationsämtern unterstützt. Ruft der Arbeitgeber die Unterstützung der Bundesagentur für Arbeit und Integrationsämter nicht ab, so ist ihm die Berufung auf den Unzumutbarkeitsvorbehalt aus Abs. 4 Satz 3 (→ Rn. 197, 212) verwehrt.[717] Nach § 185 Abs. 3 Nr. 1 Buchst. a SGB IX kann das für den Betrieb oder die Dienststelle zuständige Integrationsamt im Rahmen der ihm obliegenden begleitenden Hilfe im Arbeitsleben aus den ihm zur Verfügung stehenden Mitteln der Ausgleichsabgabe sowohl für technische Arbeitshilfen **Geldleistungen** an schwerbehinderte Menschen als auch nach § 185 Abs. 3 Nr. 2 Buchst. a SGB IX für die behinderungsgerechte Einrichtung von Arbeitsplätzen an Arbeitgeber erbringen. In Betracht

211

---

710 Schaub/*Vogelsang* ArbR-HdB, 16. Aufl. 2015, § 164 Rn. 14 mwN.
711 *Düwell* jurisPR-ArbR 44/2020 Anm. 1.
712 *Düwell* BB 2020, 2868 (2869).
713 BGBl. I 802.
714 Einzelheiten: *Düwell* jurisPR-ArbR 17/2021 Anm. 1; *Sagan/Witschen* NZA 2021, 593 ff.
715 Vertiefend: *Schulze/Simon* ArbR 2021, 119.
716 LAG Nds 6.12. 2010 – 12 Sa 860/10, Rn. 35, Behindertenrecht 2013, 91; nachgehend BAG 20.12.2012 – 9 AZR 38/11, sonstige Erledigung; zustimmend: *Beyer* jurisPR-ArbR 19/2011 Anm. 4.
717 ArbG Berlin 4.11.2011 – 28 Ca 8209/11, Rn. 64, PflR 2012, 104.

kommen nach § 185 Abs. 3 Nr. 2 Buchst. e SGB IX auch Geldleistungen zur Abmilderung von außergewöhnlichen Belastungen, die mit der Beschäftigung schwerbehinderter Menschen verbunden sind. Diese Geldleistungen sind zunächst als Minderleistungszuschüsse bezeichnet worden. Die BIH verwendet seit 2015 den neuen Begriff Beschäftigungssicherungszuschuss (BSZ). Damit soll die Zielrichtung der Geldleistung besser zum Ausdruck gebracht werden. Der BSZ kommt in Betracht, wenn ohne diese Leistung das Beschäftigungsverhältnis gefährdet würde. Nach § 27 Abs. 2 SchwbAV setzt er voraus, dass einem Arbeitgeber überdurchschnittlich hohe finanzielle Aufwendungen oder sonstige Belastungen unvermeidbar und in unzumutbarer Höhe entstehen, ohne dass diese auf andere abwälzbar sind. Die Geldleistungen können zur Bestreitung von Aufwendungen für eine Hilfs- oder Ersatzkraft oder zur Betreuung während der Arbeitszeit eingesetzt werden. Sie können auch eine behinderungsbedingt erhebliche Minderleistung bei vollem Tariflohn ausgleichen. Die BIH hat zur Vereinheitlichung der Praxis der Integrationsämter gemeinsame Empfehlungen bekannt gemacht.[718] Danach können Arbeitgeber den BSZ erhalten, wenn einer der drei folgenden Konstellationen zutrifft.

1. Der Arbeitnehmer muss in der Art und Schwere der Behinderung besonders betroffen sein, sei es, dass entweder
    – der Arbeitnehmer nicht nur vorübergehend eine Hilfskraft zur Ausübung seiner Arbeit braucht oder
    – die Beschäftigung nicht nur vorübergehend mit außergewöhnlichen Aufwendungen für den Arbeitgeber verbunden ist oder
    – der Arbeitnehmer nicht nur vorübergehend eine wesentlich verminderte Arbeitsleistung erbringen kann oder
    – allein in Folge einer geistigen oder seelischen Behinderung oder wegen eines Anfallsleidens ein GdB von wenigstens 50 vorliegt.
2. Der Arbeitnehmer war vorher in einer Werkstatt für behinderte Menschen oder einem anderen Leistungsanbieter beschäftigt.
3. Es handelt sich um eine Teilzeitbeschäftigung die wegen Art und Schwere der Behinderung notwendig ist (kürzer als betriebsüblich, mindestens aber 15 Wochenstunden, nur in Inklusionsbetrieben mindestens 12 Wochenstunden, vgl. § 158 Abs. 2, § 164 Abs. 5 SGB IX, § 185 Abs. 2 Satz 3).

Hinsichtlich der unter 3. aufgeführten Förderung der Teilzeitbeschäftigung[719] besteht keine Klarheit hinsichtlich des Förderungszwecks. Ohne Zweifel sind nach § 185 Abs. 3 Nr. 2 Buchst. e SGB IX erheblich belastende Aufwendungen des Arbeitgebers für die Einrichtung von Teilzeitarbeits- und Ausbildungsplätzen förderungsfähig. Nach dem Wortlaut der Empfehlungen kommt auch die Entlastung des Arbeitgebers in Betracht, wenn er einen vollen oder teilweisen Lohnausgleich für die Verkürzung der Arbeitszeit vornimmt. Da keine gesetzliche Verpflichtung zum Lohnausgleich besteht, ist ein für diesen Zweck gewährter Zuschuss nur begründbar, wenn § 27 Abs. 2 SchwbAV so auszulegen ist, dass auch Belastungen zu berücksichtigen sind, die auf tarifvertraglich oder individualvertraglich begründeten Verpflichtungen beruhen.

Die Arbeitsagenturen fördern die Arbeitsaufnahme durch Eingliederungszuschüsse nach §§ 88 ff. SGB III. Die Zuschüsse sollen Einschränkungen der Ar-

---

718 Empfehlungen der Bundesarbeitsgemeinschaft der Integrationsämter und Hauptfürsorgestellen (BIH) zur Gewährung von Leistungen des Integrationsamts an Arbeitgeber zur Abgeltung außergewöhnlicher Belastungen nach § 27 Schwerbehinderten-Ausgleichsabgabeverordnung (SchwbAV) Stand: 13.11.2019, abrufbar unter https://www.integrationsaemter.de/bih-empfehlungen/547c236/index.html.
719 Unter 3.1. der gemeinsamen Empfehlungen aufgeführt, siehe Fn. 706.

beitsleistung ausgleichen, die ua aufgrund einer Behinderung bestehen können. Bei den Eingliederungszuschüssen handelt es sich um sog. „Kann-Leistungen" Über deren Bewilligung entscheidet die örtliche Agentur für Arbeit oder das örtliche Jobcenter im Einzelfall nach pflichtgemäßem Ermessen. Bei behinderten und schwerbehinderten Menschen kann die Förderhöhe bis zu 70 % des Arbeitsentgelts und die Förderdauer bis zu 24 Monate betragen. Nach Ablauf von 12 Monaten mindert sich der Eingliederungszuschuss um 10 Prozentpunkte. Eine Minderung auf weniger als 30 % der Bemessungsgrundlage wird nicht vorgenommen. Bei besonders betroffenen schwerbehinderten Menschen kann die Förderdauer bis zu 60 Monate und ab dem vollendeten 55. Lebensjahr bis zu 96 Monate betragen. Besonders betroffen sind vor allem schwerbehinderte Menschen, deren Eingliederung ins Erwerbsleben wegen Art oder Schwere ihrer Behinderung besonders schwierig ist (→ § 155 Rn. 3). Der Eingliederungszuschuss mindert sich nach Ablauf von 24 Monaten um 10 Prozentpunkte jährlich. Auch in diesen Fällen erfolgt keine Minderung auf weniger als 30 % der Bemessungsgrundlage.

Weitere Förderleistungen bestehen in der Erstattung der Kosten für eine Probebeschäftigung nach § 46 Abs. 1 SGB III sowie Zuschüsse für eine behindertengerechte Ausgestaltung von Ausbildungs- oder Arbeitsplätzen (sogenannte Arbeitshilfe für behinderte Menschen) nach § 46 Abs. 2 SGB III. Voraussetzung für die Erstattung der Kosten für eine befristete Probebeschäftigung ist, dass dadurch die Möglichkeit einer Teilhabe am Arbeitsleben verbessert wird oder eine vollständige und dauerhafte Teilhabe am Arbeitsleben zu erreichen ist. Begünstigt werden nicht nur schwerbehinderte und ihnen gleichgestellter Menschen, sondern auch einfach behinderte Menschen. Die Kosten werden bis zu einer Dauer von drei Monaten erstattet. Voraussetzung für Zuschüsse für eine behindertengerechte Ausgestaltung von Ausbildungs- oder Arbeitsplätzen ist, dass diese Ausgestaltung erforderlich ist, um die dauerhafte Teilhabe am Arbeitsleben zu erreichen oder zu sichern und keine entsprechende Verpflichtung des Arbeitgebers besteht. Die Arbeitsagenturen haben diese Fördermöglichkeiten bereits schon bei der Vermittlung den Arbeitgebern aufzuzeigen (siehe § 187 Abs. 5 Nr. 2 SGB IX). Auch hier besteht ein erhebliches Vollzugsdefizit.

Daneben erbringen auch Träger der gesetzlichen **Rentenversicherung** nach § 5 Nr. 2, § 6 Abs. 1 Nr. 4 SGB IX iVm § 9 Abs. 1 Satz 1 SGB VI Leistungen zur Teilhabe am Arbeitsleben, um den Auswirkungen einer körperlichen, geistigen oder seelischen Behinderung auf die Erwerbsfähigkeit der Versicherten entgegenzuwirken oder sie zu überwinden und dadurch Beeinträchtigungen der Erwerbsfähigkeit der Versicherten oder ihr vorzeitiges Ausscheiden aus dem Erwerbsleben zu verhindern oder sie möglichst dauerhaft in das Erwerbsleben wiedereinzugliedern. Eine Arbeitgeberpflicht aus § 164 Abs. 4 SGB IX ist nicht vorrangig.[720] Ob ein Individualanspruch gegen den Träger der Rentenversicherung besteht, wird von den Sozialgerichten unabhängig davon entschieden, ob ein Anspruch des Versicherten gegen seinen Arbeitgeber besteht.[721] Da Arbeitgeber gegenüber der Rentenversicherung nicht antragsbefugt sind, versuchen nicht selten Arbeitgeber, ihre Beschäftigten an die Rentenversicherung zu verweisen. Ist sie sozialrechtliche Rechtlage unklar, müssen sich Beschäftigten nicht verweisen lassen. In der Praxis ist häufig **der höhenverstellbare Schreibtisch** umkämpft, den Beschäftigte zur Entlastung der Wirbelsäule und zur Vermeidung von Haltungsstörungen im Falle ständiger Schreibtischarbeit sowie zur Ermöglichung einer wechselnden Körperhaltung während der Arbeit nutzen

---

720 LAG BW 9.9.2020 – L 2 R 2454/19, sui 6 /2021 S. 1.
721 LSG RhPf 2.3.2016 – L 6 R 504/14, juris Rn. 19, rv 2016, 179.

wollen.[722] Hier ist die Rechtslage mittlerweile sozialgerichtlich geklärt. Es besteht eine ständige Rspr., nach der die Rentenversicherung eintreten muss, wenn die persönlichen und versicherungsrechtlichen Voraussetzungen erfüllt sind.[723] Nach § 9 Abs. 2 SGB VI können nämlich derartige Leistungen zur Ausstattung des Arbeitsplatzes von der Rentenversicherung erbracht werden. Dazu bestimmt § 10 SGB VI als persönliche Voraussetzungen, dass
1. die Erwerbsfähigkeit wegen einer Krankheit oder körperlicher, geistiger oder seelischer Behinderung erheblich gefährdet oder gemindert ist
2. und voraussichtlich
    a) bei einer erheblichen Gefährdung der Erwerbsfähigkeit die Minderung der Erwerbsfähigkeit durch Leistungen zur medizinischen Rehabilitation oder zur Teilhabe am Arbeitsleben abgewendet werden kann,
    b) bei geminderter Erwerbsfähigkeit diese durch Leistungen zur medizinischen Rehabilitation oder zur Teilhabe am Arbeitsleben wesentlich gebessert oder wiederhergestellt oder hierdurch deren wesentliche Verschlechterung abgewendet werden kann,
    c) bei teilweiser Erwerbsminderung ohne Aussicht auf eine wesentliche Besserung der Erwerbsfähigkeit durch Leistungen zur Teilhabe am Arbeitsleben
        aa) der bisherige Arbeitsplatz erhalten werden kann oder
        bb) ein anderer in Aussicht stehender Arbeitsplatz erlangt werden kann, wenn die Erhaltung des bisherigen Arbeitsplatzes nach Feststellung des Trägers der Rentenversicherung nicht möglich ist.

Hinzukommen müssen nach § 11 SGB VI, dass bei Antragstellung die versicherungsrechtlichen Voraussetzungen erfüllt sind:
1. Ablauf der Wartezeit von 15 Jahren oder
2. Bezug einer Rente wegen verminderter Erwerbsfähigkeit.

Darüber hinaus dürfen Leistungen auf Teilhabeansprüche nicht nach § 12 SGB VI ausgeschlossen sein, weil z.B. wegen eines Arbeitsunfalls, einer Berufskrankheit, einer Schädigung im Sinne des sozialen Entschädigungsrechts gleichartige Leistungen eines anderen Rehabilitationsträgers erhalten werden können. Besonders zu beachten ist, dass die Ansprüche gegenüber der Rentenversicherung auf Leistungen zur Teilhabe keine Schwerbehinderung oder Gleichstellung voraussetzen und somit auch Beschäftigten mit einer „einfachen" Behinderung zustehen.

211a **Beratung und Unterstützung der Arbeitgeber durch Einheitliche Ansprechstellen:** Mit dem Teilhabestärkungsgesetz vom 2.6.2021 sind durch Einfügung des § 185a SG IX die Integrationsämter mit Wirkung vom 1.1.2022 verpflichtet worden, den Arbeitgeber flächendeckend Einheitliche Ansprechstellen zur Verfügung zu stellen (→ § 185a Rn. 1). Diese Stellen sind von den Ansprechstellen der Rehabilitationsträger iSv § 12 Abs. 1 Satz 3 SGB IX zu unterscheiden. Die Einheitlichen Ansprechstellen iSv § 185a SGB IX sind exklusiv für die Information, Beratung und Unterstützung der Arbeitgeber zuständig. Sie sollen nach § 185a Abs. 2 Satz 2 Nr. 2 SGB IX als „trägerunabhängiger Lotse" bei Fragen zur Berufsbegleitung und Beschäftigungssicherung von schwerbehinderten Menschen zur Verfügung zu stehen und nach § 185a Abs. 2 Satz 2 Nr. 3 SGB IX bei der Abklärung von Leistungen zu unterstützen. Erwünscht ist eine

---

722 LSG RhPf 2.3.2016 – L 6 R 504/14, juris Rn. 26, rv 2016, 179.
723 LAG BW 9.9.2020 – L 2 R 2454/19, sui 6/2021 S. 1; LSG RhPf 2.3.2016 – L 6 R 504/14, rv 2016, 179.

"zusätzliche Arbeitgeberperspektive".[724] Damit soll vor allem den Befürchtungen kleiner und mittlerer Unternehmer (KMU) Rechnung getragen werden, den "Ämtern" ausgeliefert zu sein. In der Praxis wird es daher für die Interessenvertretungen der Beschäftigten darauf ankommen, mit den in den Einheitlichen Ansprechstellen Tätigen einen Weg der fachlichen Zusammenarbeit zu finden; denn diese werden sich nicht auf Lotsentätigkeit beschränken, sondern jedenfalls in KMU zur Entlastung der Betriebsleitung eher die Rolle von Co-Managern übernehmen.

8. Zumutbarkeitsvorbehalt

Unzumutbarkeit für den Arbeitgeber: Der Anspruch auf behinderungsgerechte Beschäftigung, Teilhabe am beruflichen Aufstieg, behinderungsgerechte Gestaltung und Ausstattung der Arbeitsplätze, Arbeitsbedingungen und Arbeitsstätten stehen sämtlich unter dem Vorbehalt des Abs. 4 Satz 3. Alle in Abs. 4 Satz 1 Nr. 1–5 genannten Arbeitgeberpflichten werden erfasst. Sie stehen unter dem Vorbehalt, dass ihre Erfüllung für den Arbeitgeber nicht unzumutbar und auch nicht mit unverhältnismäßigen Aufwendungen verbunden sein darf. Macht der Arbeitgeber zu hohe Kosten geltend, muss er sich darauf verweisen lassen, dass er nach Abs. 4 Satz 2 mit dem Integrationsamt und der Bundesagentur für Arbeit zusammenzuarbeiten und deren Hilfen auszuschöpfen hat. Er kann deshalb als unverhältnismäßigen Aufwand nur seinen selbst zu tragenden Anteil geltend machen. In diesem Rahmen kann dann ua berücksichtigt werden, wie lange der kostspielig eingerichtete Arbeitsplatz dem konkret betroffenen schwerbehinderten Menschen noch eine behinderungsgerechte Beschäftigung ermöglicht, bis er altersbedingt ausscheidet.[725] Unerheblich ist, ob der Einsatz des schwerbehinderten Menschen dem betriebswirtschaftlichen Optimum entspricht oder ob er sich – isoliert betrachtet – wirtschaftlich „rechnet".[726] Die Herstellung einer behinderungsgerechten Beschäftigung kann nie unverhältnismäßig oder unzumutbar sein, wenn sie dazu dient, einen arbeitsschutzrechtskonformen Zustand zu erreichen.[727] Kommt es zum Streit darüber, ob eine behinderungsgerechte Beschäftigung im Betrieb verfügbar ist, genügt es nicht, dass sich der Arbeitgeber nur schlicht auf „Unvermögen" beruft. Er hat vielmehr im Einzelnen und umfassend darzulegen, welche Gründe ihn daran hindern (sollen), der betreffenden Arbeitsperson noch eine Zukunftsperspektive im betrieblichen Sozialgeschehen bieten zu können, zur Darlegungslast → Rn. 197.

VII. Förderung von Teilzeit (Abs. 5)

1. Verringerung der Arbeitszeit

Anspruch auf Teilzeitbeschäftigung: Nach Abs. 5 Satz 3 haben schwerbehinderte Menschen einen Anspruch auf Teilzeitbeschäftigung. Voraussetzung ist, dass die gewünschte kürzere Arbeitszeit wegen Art und/oder Schwere der Behinderung notwendig ist. Im Unterschied zu dem in § 8 Abs. 1 TzBfG geregelten allgemeinen Anspruch auf Verringerung der Arbeitszeit ist für die Inanspruchnahme der Teilzeitbeschäftigung für Schwerbehinderte weder eine Form oder eine Frist noch ein Verfahren vorgeschrieben. Wird ein Beschäftigter schwerbehindert oder bemerkt ein schwerbehinderter Beschäftigter eine Verschlimmerung seiner Beeinträchtigung, so kann er den Anspruch mit sofortiger Wirkung gel-

---

724 BT-Drs. 19/28834, 58.
725 *Knittel* SGB IX § 81 Rn. 179.
726 BAG 14.3.2006 – 9 AZR 411/05, AP Nr. 11 zu § 81 SGB IX.
727 *Faber* in FKS SGB IX § 81 Rn. 54.

tend machen. Als unzumutbar wird die Verringerung der Arbeitszeit dann angesehen, wenn der Arbeitgeber zu Änderungen in der Arbeitsorganisation gezwungen wäre oder wenn aufgrund besonderer Qualifikationen und Kenntnisse des schwerbehinderten Beschäftigten der Einsatz einer Ersatzperson besondere Probleme bereiten würde.[728] Diese Sicht ist zu eng. Sie berücksichtigt nicht, dass Abs. 4 Satz 1 Nr. 4 einem Arbeitgeber entsprechende organisatorische Maßnahmen **grundsätzlich zumutet**. Die Verkürzung der Arbeitszeit ist eine der derjenigen Maßnahmen, die der Arbeitgeber nach Art. 5 Satz 1 der RL 2000/78/EG zu ergreifen hat, um eine Fortsetzung der Beschäftigung zu ermöglichen.[729] Es ist allerdings Sache des nationalen Gerichts, zu beurteilen, ob unter den Umständen der Ausgangsverfahren die Verkürzung der Arbeitszeit als Vorkehrungsmaßnahme eine unverhältnismäßige Belastung des Arbeitgebers darstellt.[730]

214 **Anspruch auf Beschäftigung mit verringerter Arbeitszeit:** Abs. 5 Satz 3 iVm Abs. 4 Nr. 1 begründet für den schwerbehinderten Menschen einen individualrechtlichen Anspruch auf tatsächliche Beschäftigung mit der verringerten Arbeitszeit, die wegen Art und Schwere der Behinderung zurzeit notwendig ist. Dieser schwerbehindertenrechtliche Beschäftigungsanspruch entsteht unmittelbar bei Vorliegen der gesetzlichen Voraussetzungen.[731] Es bedarf **keiner vorhergehenden Vertragsänderung**.[732] Die in der 3. Auflage vertretene andere Ansicht ist bereits in der 4. Auflage aufgegeben. Sie hätte zu häufig kaum lösbaren Problemen geführt; denn der Anspruch hätte nur im Wege der Klage auf Abgabe einer Willenserklärung entsprechend § 894 ZPO durchgesetzt werden können. Der Wortlaut des § 164 Abs. 5 Satz 3 SGB IX bietet keinen Anhalt für die Annahme, der Arbeitgeber müsse zuvor einem Verlangen des Arbeitnehmers auf Arbeitszeitverringerung zustimmen. Der schwerbehinderte Mensch kann vielmehr – ohne an Formen und Fristen gebunden zu sein – jederzeit verlangen, nur noch in einem seiner Behinderung Rechnung tragenden zeitlichen Umfang eingesetzt zu werden. Ihm soll ermöglicht werden, ohne Gefährdung seiner Gesundheit weiterhin aktiv am beruflichen Leben teilzuhaben. Ihm wird deshalb ermöglicht, durch den Zugang seines Verlangens beim Arbeitgeber eine behinderungsgerechte Verringerung der vertraglich geschuldeten Arbeitszeit zu bewirken.

215 **Wegfall der Gründe der Arbeitszeitverringerung:** Für die behinderungsbedingt kürzere Arbeitszeit, besteht nach Abs. 4 Nr. 1 ein dem verbliebenen Leistungsvermögen entsprechender Anspruch auf tatsächliche Beschäftigung. Konsequent bedeutet das auch, dass bei einer Verbesserung der Leistungsfähigkeit die Verringerung der Arbeitszeit wieder rückgängig gemacht werden kann. Kommt es durch Fortschritte der Medizin oder der Hilfsmitteltechnik dazu, dass Art oder Schwere der Behinderung nicht mehr die kürzere Arbeitszeit notwendig

---

728 LAG SchlH 23.10.2001 – 3 Sa 393/01; ebenso *Weyand/Schubert*, Das neue Schwerbehindertenrecht, Rn. 99.
729 EuGH 11.4.2013 – C-335/11 und C-337/11, C-335/11, C-337/11, NZA 2013, 553 – Ring, Skouboe Werge; weiterführend: *von Roetteken* jurisPR-ArbR 33/2013 Anm. 1.
730 EuGH 11.4.2013 – C-335/11 und C-337/11, C-335/11, C-337/11, NZA 2013, 553 – Ring, Skouboe Werge.
731 Vgl. BAG 10.7.1991 – 5 AZR 383/90, BAGE 68, 141 (149 mwN); BAG 19.9.1979 – 4 AZR 887/77, BAGE 32, 105 (108); BAG 3.12.2002 – 9 AZR 481/01, AP Nr. 2 zu SGB IX § 81 = EzA SGB IX § 81 Nr. 1.
732 *Weyand/Schubert*, Das neue Schwerbehindertenrecht, 2. Aufl. 2002, Rn. 185 f.; aA ArbG Frankfurt aM 27.3.2002 – 2 Ca 5484/01, NZA-RR 2002, 573; *Dörner* SchwbG § 14 Rn. 47, 50.

machen, kann eine Rückkehr von der Teilzeitarbeit zur ursprünglich vertraglich vereinbarten Vollarbeit verlangt werden.

Begrenzung der tariflichen Regelungsmacht: Eine tarifvertragliche Regelung, nach der die Hauptpflichten aus dem Arbeitsverhältnis ruhen, kann nicht die schwerbehindertenrechtliche Pflicht des Arbeitgebers aufheben, einen schwerbehinderten Menschen entsprechend seinen Fähigkeiten mit behinderungsbedingter Verringerung der Arbeitszeit zu beschäftigen. Das gilt insbesondere für den Fall, dass der schwerbehinderte Arbeitnehmer nach ärztlicher Feststellung noch in der Lage ist, entsprechend der vom Rentenversicherungsträger festgestellten Erwerbsminderung mit verringerter Arbeitszeit tätig zu werden und dem Arbeitgeber diese Beschäftigung auch zumutbar ist.[733] Eine Tarifnorm, die während der Bewilligungsdauer einer Rente wegen Erwerbsminderung auf Zeit das vollständige Ruhen des Arbeitsverhältnisses anordnet, stellt zwar keine unzulässige Abweichung im Sinne von § 22 Abs. 1 TzBfG dar. Eine derartige tarifvertragliche Regelung ist aber wegen Verstoßes gegen zwingendes Recht **unwirksam**, soweit sie die schwerbehindertenrechtliche Pflicht des Arbeitgebers, den schwerbehinderten Arbeitnehmer mit einer behinderungsgerecht verringerten Arbeitszeit zu beschäftigen, aufhebt.[734]

216

2. Altersteilzeit, Ausgleichs- und Ruhegeldleistungen

Altersteilzeit für schwerbehinderte Menschen: Durch das Altersteilzeitgesetz vom 23.7.1996[735] soll älteren Arbeitnehmern, die die das 55. Lebensjahr vollendet haben, ein gleitender Übergang vom Erwerbsleben in die Altersrente ermöglicht werden (§ 1 Abs. 1 AltersteilzeitG). Dazu wird die bisherige wöchentliche Arbeitszeit um die Hälfte reduziert und die versicherungspflichtige Beschäftigung fortgesetzt. Es bestehen dazu drei Modelle:

217

Die Gleichverteilung, bei der die Arbeitszeit über den gesamten Zeitraum der Altersteilzeit auf die Hälfte mit halben Arbeitstagen oder weniger Arbeitstagen pro Woche reduziert wird.

Die Verblockung, bei der in der ersten Phase (Arbeitsphase) wie bisher und in der zweiten Phase (Freistellungsphase) gar nicht mehr gearbeitet wird.

Das individuelle Modell, in dem die Verteilung der Arbeitszeit Arbeitgeber und Arbeitnehmer individuell vereinbaren, um zB eine stufenweise Reduzierung der Arbeitszeit/-tage mit zunehmendem Alter zu ermöglichen.

Der Arbeitgeber stockt in allen Modellen das Entgelt um mindestens 20 Prozent auf und leistet mindestens 80 Prozent der bisherigen Rentenversicherungsbeiträge des Arbeitnehmers. Da das Gesetz keinen Anspruch auf Altersteilzeit einräumt, bedarf es einer Vereinbarung zwischen Arbeitgeber und Arbeitnehmer. Um den Anreiz für derartige Vereinbarungen zu erhöhen, wurden bis 2010 den Arbeitgebern Förderungsleistungen gewährt. Seitdem besteht die Förderung nur noch darin, dass der Aufstockungsbetrag steuer- und sozialabgabenfrei ist. gewährt. Zwar haben schwerbehinderte Arbeitnehmer nach § 164 Abs. 5 Satz 3 einen Anspruch auf Teilzeitarbeit. Daraus ergibt sich jedoch **kein Vorrecht** bei der Begründung eines Altersteilzeitarbeitsverhältnisses.[736] Der gesetzliche Anspruch des schwerbehinderten Menschen auf die behinderungsbedingt kürzere Arbeitszeit schließt keine Aufstockungsleistungen des Arbeitgebers oder die Übernahme zusätzlicher Rentenversicherungsbeiträge ein.

---

733 BAG 14.10.2003 – 9 AZR 100/03, AP Nr. 3 zu § 81 SGB IX.
734 BAG 14.10.2003 – 9 AZR 100/03, AP Nr. 3 zu § 81 SGB IX.
735 BGBl. 1996 I 1078.
736 BAG 26.6.2001 – 9 AZR 244/00.

217a **Ausgleichszahlungen:** Viele Tarifverträge über Altersteilzeit enthalten Klauseln, die eine Beendigung bei der frühesten Möglichkeit der Inanspruchnahme der Altersrente vorsehen und für die damit verbundenen rentenrechtlichen Nachteile Ausgleichsansprüche gewährt. Eine derartige Regelung enthält auch das zwischen dem Arbeitgeberverband der Versicherungsunternehmen in Deutschland eV und der Vereinten Dienstleistungsgewerkschaft – ver.di vereinbarte Altersteilzeitabkommen für das private Versicherungsgewerbe vom 22.12.2005 (ATzA). Dort sieht § 2 Abs. 9 Satz 1 ATzA Ausgleichsansprüche für Beschäftigte vor, deren Altersteilzeitvereinbarung mit Vollendung des 63. Lebensjahr endet und bei denen sich in Folge des **vorzeitigen Rentenbezugs** nachweislich ein Rentenabschlag in der gesetzlichen Rentenversicherung ergibt. Diese sind „wirtschaftlich so zu stellen, als ob dieser Rentenabschlag nur die Hälfte betragen würde". Eine schwerbehinderte Arbeitnehmerin, die mit Vollendung des 63. Lebensjahres nach § 236 a Abs. 1 Satz 2 SGB VI eine abschlagsfreie **vorgezogene Rente** wegen Alters in Anspruch nehmen kann, sah darin eine Benachteiligung; denn wenn sie wegen der Möglichkeit des **vorzeitigen** abschlagspflichtigen Bezugs der **Rente** wegen Alters bereits vor Vollendung des 63. Lebensjahres die Altersteilzeit beenden müsse, erhalte sie keine Ausgleichsansprüche. Der Neunte Senat des BAG bestätigte ihre Sicht: § 2 Abs. 9 Satz 1 ATzA ist gemäß § 164 Abs. 2 SGB IX iVm § 7 Abs. 2 AGG unwirksam. Die Tarifnorm benachteiligt schwerbehinderte Arbeitnehmer mittelbar wegen ihrer Behinderung gegenüber anderen Arbeitnehmern.[737]

217b **Ruhegeldleistungen:** Tarifverträge können über die gesetzlich geregelte Altersteilzeit hinausgehen und weitere Arbeitgeberleistungen bei Verringerung der Arbeitspflicht oder bei einem völligen Verzicht auf Arbeitsleistung (Ruhensregelung) vorsehen. Eine besondere Ruhensregelung enthält der Tarifvertrag über sozialverträgliche Begleitmaßnahmen im Zusammenhang mit der Umgestaltung der Bundeswehr vom 18. Juli 2001 (TV UmBw).[738] Darin werden im Zuge der Umgliederung oder Verlegung von Dienststellen auf Grund der Neuausrichtung der Bundeswehr bis zum 31.12.2023 personelle Maßnahmen geregelt, darunter auch für den Fall, dass kein Ersatzarbeitsplatz angeboten werden kann, ein Verzicht auf die arbeitsvertraglich geschuldete Arbeitsleistung. In dieser Ruhensregelung wird vereinbart, dass Beschäftigte statt des Entgelts eine monatliche Ausgleichszahlung erhalten. In § 17 Abs. 1 Satz 1 TV UmBw ist allgemein für alle Arbeitgeberleistungen bestimmt: „Ansprüche enden mit Ablauf des Kalendermonats vor dem Kalendermonat, in dem die/der Beschäftigte die Voraussetzungen nach dem SGB VI für den Bezug einer ungekürzten Vollrente wegen Alters erfüllt." Der Sechste Senat des BAG hat diesen Anspruchsausschluss als unwirksam beurteilt, soweit er bei schwerbehinderten Beschäftigten die Ausgleichszahlung bereits ab dem Zeitpunkt entfallen lässt, ab dem diese vor Erreichen der Regelaltersgrenze die Möglichkeit zum Bezug einer ungekürzten Altersrente (§§ 37, 236 a SGB VI) haben. § 17 Abs. 1 Satz 1 TV UmBw benachteiligt insoweit schwerbehinderte Menschen mittelbar wegen ihrer Schwerbehinderung.[739] Damit hat der Sechste Senat seine frühere restriktive Rspr. aufgegeben. So hatte der Senat den Rechtssatz aufgestellt: „Eine Regelung, die eine tarifliche Leistung des Arbeitgebers zur Sicherung des Lebensunterhalts von Arbeitnehmern, die ihren Arbeitsplatz betriebsbedingt verloren haben, auf die

---

737 BAG 25.8.2020 – 9 AZR 266/19, Rn. 21.
738 Inzwischen mehrfach geändert, zuletzt: Änderungstarifvertrag Nr. 4 vom 24.3.2017.
739 BAG 5.9.2019 – 6 AZR 533/18, Rn. 19, BAGE 167, 382; zustimmend: *Schäfer* jurisPR-ArbR 9/2020 Anm. 3.

Zeit bis zum Erwerb einer wirtschaftlichen Absicherung durch den Anspruch auf eine Rente aus der gesetzlichen Rentenversicherung beschränkt, diskriminiert behinderte Arbeitnehmer, die eine vorgezogene gesetzliche Altersrente in Anspruch nehmen können, weder wegen ihres Alters noch wegen ihrer Behinderung.[740]

3. Förderung von Teilzeitarbeitsplätzen

Förderung der Einrichtung von Teilzeitarbeitsplätzen: Nach Abs. 5 Satz 1 haben Arbeitgeber die Einrichtung von Teilzeitarbeitsplätzen zu fördern. Diese Vorschrift legt eine konkrete Arbeitgeberpflicht fest. Damit geht sie über in § 1 TzBfG enthaltene Zielsetzung hinaus, „Teilzeitarbeit zu fördern". Wegen ihres Standorts im Teil 3 des SGB IX besteht die Pflicht nur gegenüber schwerbehinderten und diesen gleichgestellten behinderten Beschäftigten. Für den Verringerungsanspruch nach Abs. 5 Satz 3 hat diese Förderungspflicht nur eine geringe praktische Bedeutung; denn die Arbeitgeber müssen einem behinderungsbedingten Verlangen nach kürzerer Arbeitszeit bis zur Grenze der Unzumutbarkeit nachkommen. Größere Bedeutung hat die Pflicht, die Einrichtung von Teilzeitarbeitsplätzen zu fördern, wenn schwerbehinderte Beschäftigte, auf der Grundlage von § 8 TzBfG eine Verringerung der Arbeitszeit wünschen. In diesem Fall wird die Möglichkeit, nach § 8 Abs. 4 Satz 1 TzBfG entgegenstehende betriebliche Gründe einzuwenden, eingeschränkt; denn das Gericht hat bei der Ersetzung der Zustimmung des Arbeitgebers auch zu berücksichtigen, ob der Arbeitgeber zur Erfüllung seiner Förderungspflicht aus Abs. 5 Satz 1 ausreichende Förderungsbemühungen unternommen hat. Für die schwerbehinderten Beschäftigten ist deshalb der allgemeine Verringerungsanspruch nach § 8 TzBfG von größter praktischer Bedeutung, wenn der spezielle Anspruch aus § 5 Satz 3 nicht zum Tragen kommt. Dies ist dann der Fall, wenn der schwerbehinderte zwar eine kürzere Arbeitszeit wünscht, diese aber nicht notwendig ist. Für die Notwendigkeit muss nämlich die Ursächlichkeit der im Bescheid des Versorgungsamtes festgestellten Behinderungen („wegen Art oder Schwere der Behinderung") nachgewiesen werden.

VIII. Stufenweise Wiedereingliederung

Stufenweise Wiedereingliederung: Nach § 74 SGB V können langzeitkranke Arbeitnehmer wieder eingegliedert werden.[741] Wie dies erfolgen soll, ist in den „Empfehlungen zur Umsetzung der stufenweisen Wiedereingliederung" in der Anlage zur „Richtlinie des Gemeinsamen Bundesausschusses" über die Beurteilung der Arbeitsunfähigkeit und die Maßnahmen zur stufenweisen Wiedereingliederung nach § 92 Abs. 1 Satz 2 Nr. 7 SGB V – Arbeitsunfähigkeits-Richtlinie" vom 14.11.2013[742], zuletzt geändert am 20.10.2016[743] geregelt. Nach Nr. 2 und Nr. 5 der Empfehlungen setzt die stufenweise Wiedereingliederung zunächst die Beurteilung voraus, der Arbeitnehmer sei (weiterhin) **arbeitsunfähig**. Hinzu kommen muss die Einschätzung, dass die arbeitsvertragliche Tätigkeit teilweise verrichtet werden könnte. Schließlich muss der Arzt die **Prognose** treffen, dass eine stufenweise Heranführung des Arbeitnehmers an die berufli-

---

740 BAG 6.10. 2011 – 6 AZN 815/11, Rn. 7, BAGE 139, 226 = NZA 2011, 1431.
741 Überblick über die neue Rechtslage nach Änderung der Arbeitsunfähigkeits-Richtlinie: *Düwell*, Neues zur stufenweisen Wiedereingliederung, NZA 2020, 767; *Kohte*, Stufenweise Wiedereingliederung – das deutsche Beispiel, Sozialversicherungsrecht, Jahrbuch 18, S. 57.
742 BAnz AT 27.1.2014 B4.
743 BAnz AT 23.12.2016 B5.

che Belastung seine Wiedereingliederung in das Erwerbsleben fördert. Dabei muss sich die Prognose nicht zwingend auf das Ziel der Wiederherstellung der vollen Arbeitstätigkeit richten, auch wenn dies regelmäßig verfolgt wird. Auch die Befähigung zu einer nach Art, Dauer, zeitlicher und räumlicher Lage veränderten Arbeitstätigkeit kann stufenweise Wiedereingliederung in das Erwerbsleben sein.

Aus dem Arbeitsvertrag ergibt sich kein Anspruch des nicht schwerbehinderten Arbeitnehmers auf eine entsprechende **Mitwirkung des Arbeitgebers.**[744] Das Wiedereingliederungsverhältnis gilt nämlich als ein Vertragsverhältnis eigener Art (sui generis), zu dessen Begründung es einer Vereinbarung zwischen Arbeitgeber und Arbeitnehmer bedarf, wobei für beide Seiten das Prinzip der Freiwilligkeit gilt.[745] Jedoch kann der schwerbehinderte Arbeitnehmer nach § 164 Abs. 4 Satz 1 Nr. 1 SGB IX die Beschäftigung zur stufenweisen Wiedereingliederung verlangen.[746] Da § 44 SGB IX ausdrücklich auf die ärztliche Feststellung Bezug nimmt, sind für Entscheidungen über den Anspruch auf Mitwirkung des Arbeitgebers auch die inhaltlichen Vorgaben der Arbeitsunfähigkeits-Richtlinie[747] zu berücksichtigen.[748] Allerdings ist unter Nr. 7 der Empfehlungen zur Umsetzung der stufenweisen Wiedereingliederung bestimmt: „Erklärt die Arbeitgeberin oder der Arbeitgeber, dass es nicht möglich ist, die Versicherte oder den Versicherten zu beschäftigen, ist die stufenweise Wiedereingliederung nicht durchführbar." Diese vom Gemeinsamen Bundesausschuss (G-BA) beschlossene Einschränkung ist jedoch unwirksam. Sie verstößt gegen höherrangiges Gesetzesrecht. Zudem hat der G-BA seinen Regelungsauftrag überschritten. Nach § 92 Abs. 1 SGB V sollte er die zur Sicherung der ärztlichen Versorgung erforderlichen Richtlinien über die Gewähr für eine ausreichende, zweckmäßige und wirtschaftliche Versorgung der Versicherten beschließen. Dazu gehört es nicht, Arbeitgeber von Verpflichtungen aus dem SGB IX freizustellen.[749] Der Anspruch hat immanente Grenzen. Kein Anspruch besteht auf eine Mitwirkung an einer nur therapeutischen Erprobung, ohne dass in absehbarer Zeit das „Ob" und „Wie" einer möglichen Fortsetzung des Arbeitsverhältnisses ersichtlich sind.[750] Arbeitgeber dürfen zudem die Mitwirkung am Wiedereingliederungsplan ablehnen, wenn die Beschäftigung entsprechend dem Wiedereingliederungsplan für sie unzumutbar iSv § 164 Abs. 4 Satz 3 SGB IX wäre[751] oder die sachlich begründete Befürchtung besteht, dass der Gesundheitszustand des schwerbehinderten Menschen eine Beschäftigung entsprechend diesem Plan nicht zulasse.[752] In dem vom Achten Senat entschiedenen Fall durfte aufgrund einer Mitteilung der Betriebsärztin der Arbeitgeber die Befürchtung hegen, dass der Gesundheitszustand des schwerbehinderten Menschen bei einem Einsatz auf seinem bisher innegehabten Arbeitsplatz als Bauleiter eine stufenweise Wiedereingliederung in das Erwerbsleben nicht zulassen würde. Diese Zweifel der

---

744 Grundlegend: BAG 29.1.1992 – 5 AZR 37/91, AP Nr. 1 zu § 74 SGB V.
745 BAG 6.12.2017 – 5 AZR 815/16, Rn. 12 und 19, NZA 2018, 439; BAG 29.1.1992 – 5 AZR 37/91 – zu II 3 der Gründe BAGE 69, 272; BAG 13.6.2006 – 9 AZR 229/05, Rn. 23 mwN BAGE 118, 252.
746 BAG 10.5.2005 – 9 AZR 230/04, BAGE 114, 299 = AP Nr. 8 zu § 81 SGB IX.
747 BAnz AT 3.2.2020 B5.
748 *Düwell* NZA 2020, 767 (769).
749 *Düwell* NZA 2020, 767 (769).
750 BAG 16.5.2019 – 8 AZR 530/17, Rn. 24, BB 2019, 2163; BAG 13.6.2006 – 9 AZR 229/05, Rn. 34, BAGE 118, 252.
751 BAG 10.5.2005 – 9 AZR 230/04, Rn. 40 ff, BAGE 114, 299 = AP Nr. 8 zu § 81 SGB IX.
752 BAG 16.5.2019 – 8 AZR 530/17, Rn. 31 ff., BB 2019, 2163.

Beklagten an der Geeignetheit des **Wiedereingliederungsplans** ließen sich auch nicht bis zu dem in diesem Plan vorgesehenen Beginn der Maßnahme ausräumen. Deshalb wird ein kooperatives Vorgehen empfohlen. Liegen bereits vor Beginn der stufenweisen Wiedereingliederung Umstände vorliegen, aufgrund derer die Befürchtung begründet ist, dass dem Beschäftigten aus der stufenweisen Wiedereingliederung nachteilige gesundheitliche Folgen erwachsen, sollte sich der behandelnde Arzt im Wiedereingliederungsplan oder in einer Anlage zu diesem mit diesen Umständen erläutern, ob und gegebenenfalls welche Folgen sich daraus ergeben.[753] Es kann dann geboten sein, berechtigte Zweifel des Arbeitgebers an der Geeignetheit des Wiedereingliederungsplans dadurch auszuräumen, dass sich Betriebsarzt und der behandelnde Arzt des Beschäftigten über etwaige krankheitsbedingte Leistungseinschränkungen des Arbeitnehmers verständigen.[754]

Ein schwerbehinderter Arbeitnehmer kann nach § 164 Abs. 4 Satz 1 Nr. 1 auch eine **anderweitige Tätigkeit** auch im Rahmen der stufenweisen **Wiedereingliederung** verlangen.[755]

Prognose: Die Durchsetzung der Mitwirkungspflicht des Arbeitgebers setzt voraus, dass der nach allgemeinem Recht darlegungsbelastete Arbeitnehmer spätestens bis zum Schluss der mündlichen Verhandlung vor dem Landesarbeitsgericht eine **ärztliche Bescheinigung** seines behandelnden Arztes vorlegt, aus der sich Art und Weise der empfohlenen Beschäftigung, Beschäftigungsbeschränkungen, Umfang der täglichen oder wöchentlichen Arbeitszeit sowie die Dauer der Maßnahme ergeben.[756] Sie muss eine Prognose enthalten, wann „voraussichtlich" die Wiederaufnahme der Tätigkeit erfolgt. Der Arzt hat seine Feststellungen auf dem Vordruck des Sozialversicherungsträgers zu bescheinigen und muss eine Prognose zur Arbeitsfähigkeit des Arbeitnehmers nach Durchführung der Maßnahme abgeben. Eine konkrete Zeitangabe ist dann bei Beginn der Maßnahme nicht zwingend. Die so erstellte Bescheinigung ist dem Arbeitgeber vorzulegen. Andernfalls kann er nicht beurteilen, ob er an der Wiedereingliederung mitwirken muss oder wegen der Art oder der voraussichtlichen Dauer der Maßnahme berechtigt ist, sie als unzumutbar im Sinne von Abs. 4 Satz 3 abzulehnen.[757]

Schadensersatz: Die **Mitwirkungspflicht** an der stufenweisen Wiedereingliederung eines schwerbehinderten oder diesem gleichgestellten behinderten Menschen besteht innerhalb des arbeitsvertraglichen Schuldverhältnisses. Sie gehört deshalb zu den typischen Nebenpflichten des Arbeitgebers aus dem Arbeitsverhältnis iSv § 241 Abs. 2 BGB. Verletzt der Arbeitgeber die ihn aus § 164 Abs. 4 Satz 1 SGB IX treffende Nebenpflicht, kann dies daher einen Schadensersatzanspruch des Arbeitnehmers nach § 280 Abs. 1 BGB iVm § 164 Abs. 4 Satz 1 SGB IX begründen. Da es sich bei § 164 Abs. 4 Satz 1 SGB IX zudem um ein Schutzgesetz iSv § 823 Abs. 2 BGB handelt, kann daneben auch ein Anspruch aus § 823 Abs. 2 BGB iVm § 164 Abs. 4 Satz 1 SGB IX in Betracht kommen.[758]

---

753 BAG 16.5.2019 – 8 AZR 530/17, Rn. 41, BB 2019, 2163.
754 BAG 16.5.2019 – 8 AZR 530/17, Rn. 36, BB 2019, 2163.
755 LAG Bln-Bbg 23.5.2018 – 15 Sa 1700/17, Rn. 18, LAGE § 81 SGB IX a F Nr 20; *Klug* jurisPR-ArbR 47/2018 Anm. 4.
756 BAG 10.5.2005 – 9 AZR 230/04, BAGE 114, 299 = AP Nr. 8 zu § 81 SGB IX.
757 BAG 16.5.2019 – 8 AZR 530/17, Rn. 23 ff., BB 2019, 2163; BAG 10.5.2005 – 9 AZR 230/04, Rn. 18, BAGE 114, 299 = AP Nr. 8 zu § 81 SGB IX.
758 BAG 4.10.2005 – 9 AZR 632/04, Rn. 22, BAGE 116, 121; BAG 6.12.2017 – 5 AZR 815/16, Rn. 19, NZA 2018, 439; BAG 16.5.2019 – 8 AZR 530/17, Rn. 31 ff., BB 2019, 2163.

222 **Urlaub während der stufenweisen Wiedereingliederung:** Für die stufenweise Wiedereingliederung wird Krankengeld durch die Krankenkasse bzw. Übergangsgeld nach einer Rehabilitation durch die Deutsche Rentenversicherung oder Verletztengeld nach einem Unfall durch die Berufsgenossenschaft gewährt. Da Arbeitsunfähigkeit vorliegt, kann in dieser Zeit vom Arbeitgeber kein Urlaub gewährt werden; denn Urlaubsgewährung besteht in bezahlter Freistellung von der Arbeitspflicht. Sind sich Arbeitgeber und Arbeitnehmer einig, dass die Eingliederungsmaßnahme unterbrochen werden kann, ist die Zustimmung der zahlenden Sozialversicherung (Krankenkasse, Rentenversicherung, Unfallversicherung) notwendig. Gemeinsam muss dazu geklärt werden, ob durch die Unterbrechung das Ergebnis der stufenweisen Wiedereingliederung gefährdet ist oder nicht. Voraussetzung ist, dass die Dauer der Unterbrechung festgelegt wird und der Arzt die Unterbrechung zB zur Stabilisierung des Gesundheitszustandes befürwortet.

IX. Beamte, Richter und Staatsanwälte

223 **Besetzung von Beamtenstellen:** Die Prüf- und Konsultationspflichten aus Abs. 1 gelten entsprechend für die Besetzung von Beamtenstellen (Einzelheiten: → § 211 Rn. 8 ff.). Allerdings hat das für öffentlich-rechtliche Dienstverhältnisse zuständige BVerwG den Anwendungsbereich der Prüf- und Konsultations- sowie Einladungspflichten 164 Abs. 1, § 165 Satz 2 „nach Sinn und Zweck" auf Sachverhalte begrenzt, in denen es um die Besetzung von Stellen geht, zu denen auch externe Bewerber Zugang haben.[759]

224 **Besetzung von Richterstellen:** Bei der Berufung in ein Richterverhältnis oder bei einer sonstigen Besetzung einer Richterstelle ist die besondere Schwerbehindertenvertretung der Richter nach Abs. 1 zu beteiligen. Nach § 164 Abs. 1 Satz 5 wird zusätzlich der für Personalangelegenheiten zuständige Präsidialrat bei Bewerbungen schwerbehinderter Richter und Richterinnen unterrichtet und angehört. Voraussetzung ist, dass der Richter oder die Richterin auf einem Arbeitsplatz iSv § 156 beschäftigt wird.

225 **Schwerbehindertenrecht für Beschäftigte, die in Richterstellen gewählt werden:** Nach § 156 Abs. 2 Nr. 5 gelten die Stellen nicht als Arbeitsplätze, die mit Personen besetzt sind, die „nach ständiger Übung in ihre Stellen gewählt werden". Nach Auffassung des Schrifttums fallen unter den Ausnahmetatbestand die Richter und Richterinnen des BVerfG und der obersten Bundesgerichte.[760] Folgerichtig müssten zu dieser Ausnahmeregelung ebenso die Richterinnen und Richter der Landesverfassungsgerichte gehören, die von den Landtagen gewählt werden. Dem kann nicht zugestimmt werden. Gegen die pauschale Herausnahme der Richterstellen, deren Besetzung eine Wahl voraussetzt, sprechen die Bestimmungen in § 154 Abs. 2 Nr. 1 und Nr. 2 SGB IX. Danach gelten das Bundesverfassungsgericht und die obersten Gerichtshöfe des Bundes sowie die Organe der Verfassungsgerichte der Länder als **öffentliche Arbeitgeber**. Bei diesen Gerichten setzt die Stellenbesetzung stets eine Wahl voraus. Nach § 6 Abs. 1 Satz 1 BVerfGG werden die zu berufenden Richter auf Vorschlag des Wahlaus-

---

[759] BVerwG 15.12.2011 – 2 A 13/10, Behindertenrecht 2012, 200.
[760] *Großmann* in GK-SGB IX, Bearbeitungsstand 2011, § 73 Rn. 73, 140; *Knittel* SGB IX § 73 Rn. 46; *Winkler* in Müller-Wenner/Winkler, 2. Aufl. 2011, SGB IX § 73 Rn. 18; *Voelzke* in jurisPK-SGB IX § 73 Rn. 28; *Noftz* in Hauck/Noftz SGB IX § 73 Rn. 7; *Welti* in HK-SGB IX, 3. Aufl. 2009, § 73 Rn. 25; *Kossens* in Kossens/von der Heide/Maaß, 4. Aufl. 2015, SGB IX § 73 Rn. 16; *Kohlrausch* in FKS SGB IX SGB IX § 156 Rn. 38; *Neumann* in Neumann/Pahlen/Majerski-Pahlen, 13. Aufl. 2018, SGB IX § 156 Rn. 55.

schusses durch das Plenum gewählt. Vergleichbare Regelungen bestehen für die Verfassungsgerichte der Länder. Nach § 1 Abs. 1 des Richterwahlgesetzes werden die Richter der obersten Gerichtshöfe des Bundes von dem zuständigen Bundesminister gemeinsam mit dem Richterwahlausschuss berufen und vom Bundespräsidenten ernannt. Der Wortlaut des § 156 Abs. 2 Nr. 5, der die vollständige Herausnahme dieser richterlichen (Wahl-)Stellen aus dem Arbeitsplatzbegriff anordnet, ist zu weit gefasst. Dies zeigt die Folgenkontrolle: Bei diesen Gerichten würden nur die Stellen des nichtrichterlichen Dienstes als Arbeitsplätze gelten. Zum einen würden die Richterstellen nicht für die Beschäftigungspflicht gezählt (zur Berechnung der Mindestzahl und der Pflichtarbeitsplatzzahl → § 157 Rn. 2). Zu anderen wären die auf den Stellen des richterlichen Dienstes Beschäftigten von der Wahrnehmung der Rechte aus dem Teil 3 (Schwerbehindertenrecht) ausgeschlossen. Insbesondere entfiele der Anspruch aus § 164 Abs. 4 Satz 1 Nr. 5 auf behinderungsgerechte Ausstattung eines Richterarbeitsplatzes.

Zudem ist bislang nicht berücksichtigt worden, dass viele Länder dazu übergegangen sind, grundsätzlich Berufungen in den Richterdienst erst nach Beschlussfassung durch Richterwahlausschüsse vorzunehmen. Diese Entwicklung macht es erforderlich, die Ausnahmevorschrift § 156 Abs. 2 Nr. 5 SGB IX einschränkend auszulegen. Sonst entfiel die Anwendung aller Prüf-, Konsultations- und sonstigen arbeitsplatzbezogenen Ausrüstungs- oder Gestaltungsbestimmungen. Das stünde im Widerspruch zum Wortlaut des § 156 Abs. 1. Dort heißt es ausdrücklich: „Arbeitsplätze im Sinne dieses Teils [Teil 3] sind alle Stellen, auf denen Arbeitnehmerinnen und Arbeitnehmer, Beamtinnen und Beamte, **Richterinnen und Richter** sowie Auszubildende und andere zu ihrer beruflichen Bildung Eingestellte beschäftigt werden". Schwerbehinderte Richterinnen und Richter können folglich nicht generell aus dem Geltungsbereich der Dienstherrenpflichten aus §§ 164, 165, 167 SGB IX ausgegrenzt sein. Diese Einbeziehung hat der Gesetzgeber damals bewusst vorgesehen, weil die Aufzählung der Beamten- und Richterstellen als Arbeitsplätze wegen der besonderen staatsrechtlichen Stellung dieser Personen erforderlich war.[761] Dabei ist insbesondere die Erwähnung der Richterstellen notwendig, weil Richter nach dem Gesetz nicht Beamte sind, sondern zum Bund oder den Ländern in einem besonderen Verhältnis stehen.[762] Die Regelung in § 156 Abs. 2 Nr. 5, die wortgleich mit der Vorgängerregelung in § 5 Abs. 2 lit j Schwerbeschädigtengesetz ist, soll darauf beruhen, dass im Falle der Wahl der Arbeitgeber nicht über die Besetzung der Stelle entscheiden könne.[763] Dieser Gesichtspunkt ist spätestens seit Inkrafttreten von Art. 3 Abs. 2 GG[764] obsolet. Art. 3 Abs. 3 Satz 2 GG beinhaltet nämlich außer einem Benachteiligungsverbot auch einen Förderauftrag. Er vermittelt einen Anspruch auf die Ermöglichung gleichberechtigter Teilhabe nach Maßgabe der verfügbaren finanziellen, personellen, sachlichen und organisatorischen Möglichkeiten.[765] Dieser verfassungsrechtlich verbürgte Anspruch kann nicht davon abhängen, ob Richterinnen und Richter „in ihre Stellen gewählt werden" oder vom Dienstherrn nach eigener freier Entscheidung berufen werden. Im Übrigen bestehen unterschiedliche Berufungssysteme. Herkömmlich ist das

---

761 Vgl. *Neumann* in Wilrodt Schwerbeschädigtengesetz, 3. Aufl. 1964, § 5 Rn. 26.
762 Vgl. *Dörner* in Becker Schwerbehindertengesetz, Stand 15.5.2001, § 7 Rn. 20.
763 *Neumann* in Neumann/Pahlen/Majerski-Pahlen, 13. Aufl. 2018, SGB IX § 156 Rn. 55.
764 Eingefügt durch Art. 1 Nr. 1 Buchst. b G v. 27.10.1994 (BGBl. I 3146) mWv 15.11.1994.
765 BVerfG 30.1.2020 – 2 BvR 1005/18, Rn. 35, NJW 2020, 1282.

Verfahren, dass Richter und Richterinnen durch Organe der Exekutive ausgewählt und ernannt werden und der zuständige Minister gegenüber dem Parlament die politische Verantwortung trägt (Berufung durch die Verwaltung). Dieses Berufungssystem gilt in Baden-Württemberg, Bayern, Mecklenburg-Vorpommern, Niedersachsen, Nordrhein-Westfalen, im Saarland, in Sachsen, Sachsen-Anhalt sowie im Bund für die unteren Bundesgerichte.[766] Demgegenüber werden die Richterinnen und Richter in anderen Ländern und für die obersten Bundesgerichte sowie für das Bundesverfassungsgericht durch Richterwahlausschüsse gewählt.[767] Nach § 50 Abs. 1 ThürRiStAG entscheidet in Thüringen der für Justiz zuständige Minister mit Zustimmung des Richterwahlausschusses über die erstmalige Berufung in ein Richteramt auf Lebenszeit.[768] In Berlin wird die Auswahl gemäß § 11 Abs. 1 BerlRiG 2011 durch das zuständige Mitglied des Senats gemeinsam mit dem Richterwahlausschuss getroffen. Der Senator braucht für seinen Personalvorschlag im Richterwahlausschuss im 1. Wahlgang eine 2/3-Mehrheit, danach eine einfache. Er muss sich somit vom Richterwahlausschuss keine Richterin und keinen Richter gegen seinen Willen aufdrängen lassen. Daraus folgt, dass in allen Fällen der Berufung durch die Verwaltung einschließlich des gemischten Systems in Berlin die Ausnahmevorschrift des § 156 Abs. 2 Nr. 5 nicht zum Zuge kommt, so dass die Dienstherrenpflichten aus §§ 164 ff. uneingeschränkt zu Anwendung kommen. Zudem ist für die Fälle, in denen Richterinnen und Richter in „ihre Stellen gewählt werden", klarzustellen, dass der Anspruch auf behinderungsgerechte Gestaltung des Richterarbeitsplatzes und auf entsprechende Ausstattung (§ 164 Abs. 4 Satz 1 Nr. 4 und 5) unberührt bleibt.

225a **Stufenweise Wiedereingliederung im Beamten- und Richterverhältnis:** Im Beamten- und Richterverhältnis fehlt eine § 74 SGB V entsprechende Vorschrift, dazu → Rn. 219 ff. § 46 Abs. 4 BBG verpflichtet, Beamtinnen und Beamte zur Wiederherstellung ihrer Dienstfähigkeit an geeigneten und zumutbaren gesundheitlichen und beruflichen Rehabilitationsmaßnahmen teilzunehmen. Da eine ausdrückliche Regelung über Maßnahmen zur stufenweisen Wiedereingliederung fehlt, hat die Rspr. aus der beamtenrechtlichen Fürsorgepflicht iVm mit § 84 Abs. 2 aF (§ 167 Abs. 2 SGB IX nF) auch nicht schwerbehinderte Beamte eine Regelung abgeleitet. Danach hat der Dienstherr, wenn ein Beamter, der innerhalb eines Jahres länger als sechs Wochen dienstunfähig war, einem betrieblichen Eingliederungsmanagement zustimmt, mit ihm und der Personalvertretung nach Möglichkeiten zu suchen, wie die Dienstunfähigkeit überwunden, erneuter Dienstunfähigkeit vorgebeugt und der Dienstposten erhalten werden kann. Im Hinblick auf die Regelung des § 44 Abs. 1 Satz 2 BBG, derzufolge von einer Dienstunfähigkeit ausgegangen werden kann, wenn keine Aussicht besteht, dass die Dienstfähigkeit innerhalb von sechs Monaten wieder voll hergestellt ist, wird für die zeitliche Absehbarkeit des Erfolgs der Wiedereingliederung regelmäßig eine Obergrenze von einem halben Jahr zugrunde gelegt.[769] Einige Länder haben eine Positive Regelung in ihren Arbeitszeitverordnungen getroffen. So ist in § 9 Sächsische Arbeitszeitverordnung (SächsAZVO)[770] die stufenweise Wiedereingliederung in der Weise geregelt, dass im Anschluss an eine län-

---

766 *Schmidt-Räntsch* DRiG, 6. Aufl. 2009, § 14 Rn. 5 ff.
767 *Schmidt-Räntsch* DRiG, 6. Aufl. 2009, § 14 Rn. 8.
768 *Nora Düwell*, Das Dienstrecht der Richter in Deutschland, Meiji Law Journal 2020, 238 (245).
769 VG Berlin 18.2.2013 – 7 L 559.12, juris Rn. 18; VG Gelsenkirchen 25.6.2008 – VG 1 K 3679/07, juris Rn. 50.
770 Verordnung der Sächsischen Staatsregierung über die Arbeitszeit der Beamten im Freistaat Sachsen vom 28.1.2008 in der Fassung vom 24.4.2021.

ger dauernde Erkrankung vorübergehend für die Dauer von bis zu sechs Monaten eine Ermäßigung der regelmäßigen Arbeitszeit unter Belassung der Besoldung bewilligt werden kann, wenn dies nach ärztlicher Feststellung aus gesundheitlichen Gründen zur Wiedereingliederung in den Arbeitsprozess geboten ist. In Ausnahmefällen kann die Ermäßigung verlängert werden, wenn dies nach Feststellung eines Arztes aus gesundheitlichen Gründen zur Wiedereingliederung in den Arbeitsprozess geboten ist. Eine ähnliche Regelung enthält § 2 Abs. 6 AZVO NRW.

Im Richterverhältnis stellt sich das Sonderproblem, dass die bloße Übernahme der beamtenrechtlichen Regelung an der fehlenden Festlegung fester Arbeitszeiten scheitert. Es entspricht der Übung der Kammergerichts einen gleitenden Übergang durch Senkung der Zuteilung in der internen Geschäftsverteilung des Spruchkörpers analog zum "Hamburger Modell" zu regeln. Der Rückkehrer aus der Krankheit steigt je nach Länge der Dienstunfähigkeit zunächst mit einem Arbeitsanteil von 25 % für oder 50 % wieder ein. Die Belastung steigt dann jeweils nach weiteren zwei Wochen bis nach Ablauf von sechs Wochen wieder 100 % erreicht sind. Die Entlastung bezieht sich jedoch nur auf die Zahl der Neueingänge, nicht aber auf den Bestand im Dezernat. Diese Art der Entlastung ist noch nicht optimal: denn sie ist zu kurz und spart die Altbestände aus, die in der Krankheitszeit liegen geblieben sind. Damit wird wegen der Wartezeit, die den Parteien zugemutet wird, der Erledigungsdruck beim noch nicht voll leistungsfähigen Richter erhöht. Zudem ist bei mehreren erkrankten Richtern in einem Spruchköper und bei einem Einzelrichtersystem eine interne Umverteilung nicht möglich. Hier muss das Präsidium des Gerichts eine Regelung durch die vorübergehende Einrichtung einer Hilfskammer- oder eines Hilfssenats treffen. Nach § 21 e Abs. 3 Satz 1 GVG darf das Präsidium Anordnungen im Laufe des Geschäftsjahres ändern, wenn dies wegen Überlastung eines Spruchkörpers nötig wird. Eine solche liegt vor, wenn über einen längeren Zeitraum ein erheblicher Überhang der Eingänge über die Erledigungen zu verzeichnen ist, so dass mit einer Bearbeitung der Sachen innerhalb eines angemessenen Zeitraumes nicht zu rechnen ist. Von Verfassungswegen kann eine nachträgliche Änderung der Geschäftsverteilung sogar geboten sein, wenn nur auf diese Weise eine hinreichend zügige Behandlung von eilbedürftigen Sachen erreicht werden kann.[771] Der Überhang der Eingänge über die Erledigungen tritt stets ein, wenn nach langer Krankheit ein Richter noch nicht voll leistungsfähig ist, aber im Interesse der Wiedereingliederung zur vollen Leistungsfähigkeit herangeführt werden soll.

X. Hinweise zur Durchsetzung der Rechte aus § 164
1. Rechtsweg

Für die Klage eines schwerbehinderten Menschen auf Schadensersatz gemäß § 15 Abs. 1 Satz 1 AGG ist der Rechtsweg zu den Verwaltungsgerichten eröffnet, wenn der geltend gemachte Anspruch auf einen Verstoß gegen das Benachteiligungsverbot bei der Bewerbung als Richter oder Beamter gestützt wird.[772] Denn es handelt es sich um eine Klage „aus dem Richterverhältnis" bzw. „aus dem Beamtenverhältnis" im Sinne des § 71 Abs. 3 DRiG in Verbindung mit § 126 Abs. 1 BRRG bzw. § 126 Abs. 1 BRRG in Verbindung mit § 40 Abs. 2 Satz 2 VwGO. Ansonsten ist der Rechtsweg zu den Gerichten für den Arbeitsuchenden nach § 2 Abs. 1 Nr. 3 c ArbGG eröffnet.

226

---

771 BGH 7.1.2014 – 5 StR 613/13, juris Rn. 7.
772 OVG RhPf 22.6.2007 – 2 F 10596/07.

2. Urteilsverfahren

227 **Unbezifferte Klage auf Entschädigung:** Bei der Festsetzung der angemessenen Höhe der Entschädigung ist das Gericht im Rahmen seines Ermessens nach § 287 Abs. 1 Satz 1 ZPO nicht an den von der klagenden Partei angegebenen Mindestbetrag gebunden. Es kann, ohne gegen § 308 Abs. 1 Satz 1 ZPO zu verstoßen, auch auf einen höheren Betrag erkennen.[773]

228 **Bestimmtheitsgrundsatz bei Beschäftigungsklage:** Bei der Fassung des Antrags auf behinderungsgerechte Beschäftigung hat die Anwaltschaft nicht selten Probleme. Nach § 253 Abs. 2 Nr. 2 ZPO iVm § 64 Abs. 6 Satz 1 ArbGG muss die Klageschrift die bestimmte Angabe des Gegenstandes und des Grundes des erhobenen Anspruchs sowie einen bestimmten Antrag enthalten. Der Streitgegenstand und der Umfang der gerichtlichen Prüfungs- und Entscheidungsbefugnis müssen nach § 322 ZPO klar umrissen sein, so dass die eigentliche Streitfrage mit Rechtskraftwirkung zwischen den Parteien entschieden werden kann.[774] Die klagende Partei muss eindeutig festlegen, welche Entscheidung sie begehrt.[775] Der Streit der Parteien darf nicht in die Vollstreckung verlagert werden. Diese Anforderung darf nicht überdehnt werden. Sie ist schon erfüllt, wenn der Antrag durch Auslegung, insbesondere unter Heranziehung der Klageschrift und des sonstigen Vorbringens des Klägers, hinreichend bestimmt ist.[776] Der Neunte Senat hat deshalb folgende Anträge als hinreichend bestimmt angesehen:
„die Beklagte zu verurteilen, den Kläger gegebenenfalls nach entsprechender Vertragsänderung, vorbehaltlich der Zustimmung des Betriebsrats und gegebenenfalls nach Durchführung des Zustimmungsersetzungsverfahrens
als Verwaltungsangestellter (Einkauf),
alternativ Sachbearbeiter (Telekommunikation),
alternativ Housingmanagement (Assistent),
alternativ Angestellter (Materialverwaltung) zu beschäftigen."[777]
Der Neunte Senat hat das so begründet: Mit der Verwendung des Begriffs „beschäftigen" ist ersichtlich die Zuweisung einer Beschäftigung zur Arbeit gemeint. Es soll der Arbeitgeber verpflichtet werden, einen behinderungsgerechten Arbeitsplatz zur Verfügung zu stellen. Eine Unbestimmtheit ergibt sich weder aus der Bezeichnung noch aus der Vielzahl der genannten Alternativtätigkeiten, denn aus der Klagebegründung ergibt sich, dass der Kläger Arbeitsplätze/Stellen aufgelistet hat, die im Vorfeld der gerichtlichen Auseinandersetzung ausgeschrieben waren und auf denen er nach seiner Behauptung entsprechend seinen Fähigkeiten und Kenntnissen unter Berücksichtigung seiner Behinderung und seiner festgestellten gesundheitlichen Einschränkungen eingesetzt werden kann. Ob seine Behauptung zutrifft, ist keine Frage der Bestimmtheit des Klageantrags, sondern betrifft die Begründetheit der Klage. Aus der Nennung der unterschiedlichen Tätigkeiten ergibt sich zugleich, dass der Kläger die Auswahl dem Arbeitgeber überlässt, mit welcher dieser ihn behinderungsgerecht beschäftigen will. Damit trägt der Kläger dem materiellen Recht Rechnung. Denn das Schwerbehindertenrecht räumt grundsätzlich keinen Anspruch auf einen selbst bestimmten Arbeitsplatz ein. Verlangte man für einen zulässigen Beschäftigungsantrag die Angabe eines einzigen konkreten Arbeitsplatzes, so

---

773 *Zöller/Greger* ZPO § 253 Rn. 14.
774 BAG 19.3.2003 – 4 AZR 271/02, AP Nr. 41 zu § 253 ZPO.
775 BAG 10.5.2005 – 9 AZR 230/04, AP Nr. 8 zu § 81 SGB IX.
776 BAG 10.5.2005 – 9 AZR 230/04, AP Nr. 8 zu § 81 SGB IX; BAG 1.10.2002 – 9 AZR 215/01, BAGE 103, 45.
777 BAG 10.5.2005 – 9 AZR 230/04, BAGE 114, 299 = AP Nr. 8 zu § 81 SGB IX.

liefe der klagende Arbeitnehmer stets Gefahr, dass die so konkretisierte Klage zwar zulässig, aber unbegründet wäre, weil der Arbeitgeber ihm auch einen anderen behinderungsgerechten Arbeitsplatz zuweisen dürfte. Hilfreich kann es sein, um den Anforderungen des Bestimmtheitsgrundsatzes zu genügen, **Tätigkeitsbeschreibungen aus den Eingruppierungsvorschriften** von Tarifverträgen in Bezug zu nehmen.[778] Daran hat die jüngere Rspr. angeschlossen.[779] Sie weist vertiefend darauf hin, dem Rechtsstaatsprinzip und dem daraus folgenden **Gebot effektiven Rechtsschutzes**[780] kann nur genügt werden, wenn materiellrechtliche Ansprüche auch effektiv durchgesetzt werden können. Daher könne nicht verlangt werden, dass der Klageantrag auf eine ganz bestimmte im Einzelnen beschriebene Tätigkeit oder Stelle zugeschnitten sein müsse,[781] zumal der Arbeitnehmer regelmäßig auch keinen Anspruch auf eine bestimmte Tätigkeit habe: Das ist zutreffend; denn weder die vertragliche Rücksichtnahmepflicht noch das Schwerbehindertenrecht begründen einen Anspruch des Arbeitnehmers auf einen selbst bestimmten Arbeitsplatz.[782] Es sei deshalb die **Bezeichnung des Berufsbilds** ausreichend, mit dem der Arbeitnehmer beschäftigt werden soll. Weitere Einzelheiten hinsichtlich der Art der Beschäftigung oder sonstigen Arbeitsbedingungen müsse der Antrag nicht enthalten.[783]

Einen anderen Weg zu Durchsetzung der behinderungsgerechten Beschäftigung hat das ArbG Stuttgart eingeschlagen. Es hat den auf bestimmte Tätigkeiten konkretisierten Hauptantrag, „den Kläger gegebenenfalls nach entsprechender Vertragsänderung als Arbeiter (Sägerei) alternativ als Arbeiter (Hobelmaschine) zu beschäftigen" abgewiesen und auf den Hilfsantrag hin geurteilt: „Die Beklagte wird verurteilt, den Kläger als Arbeiter nach billigem Ermessen beschäftigen".[784] In seiner Begründung hat es dazu ausgeführt, der Kläger könne nicht die Beschäftigung auf einem konkreten Arbeitsplatz in der Sägerei oder an der Hobelmaschine verlangen, sondern könne nur verlangen, dass die Beklagte ihr Direktionsrecht unter Berücksichtigung der gesundheitlichen Einschränkungen des Klägers neu ausübe. Im Schrifttum wird darauf hingewiesen, in Anwendung des Urteils des Neunten Senats vom 10.5.2005 hätte der gerichtliche Tenor wie folgt lauten müssen: „Die Bekl. wird verurteilt, den Kl. als Arbeiter (Sägerei) alternativ als Arbeiter (Hobelmaschine) zu beschäftigen", weil der klagende Arbeiter nach Auffassung des Gerichts beide Tätigkeiten ausüben kann. Der Tenor, „**nach billigem Ermessen zu beschäftigen**" sei zu unbestimmt.[785] Dazu auch → Kap. 2 Rn. 157. Im Übrigen steht der von der Neunten Kammer des ArbG Stuttgart angewandte Rechtssatz im Widerspruch zu einem vom BAG

---

778 Vgl. HessLAG 5.11.2012 – 21 Sa 593/10, EzA-SD 2013, Nr. 3.
779 BAG 3.12.2019 – 9 AZR 78/19, juris Rn. 11.
780 BVerfG 12.2.1992 – 1 BvL 1/89 - zu C I der Gründe BVerfGE 85, 337; BAG 13.6.2006 – 9 AZR 229/05, Rn. 19, BAGE 118, 252 = Behindertenrecht 2007, 79: Unwägbarkeiten sind wegen des Justizgewährleistungsanspruchs (Art. 20 Abs. 3 GG) hinzunehmen und beim Streit über die ordnungsmäßige Erfüllung des Beschäftigungsanspruchs unter Berücksichtigung der Entscheidungsgründe zu entscheiden.
781 BAG 3.12.2019 – 9 AZR 78/19, juris Rn. 11.
782 BAG 3.12.2019 – 9 AZR 78/19, juris Rn. 11; so auch schon BAG 10.5.2005 – 9 AZR 230/04, BAGE 114, 299 = AP Nr. 8 zu § 81 SGB IX.
783 BAG 3.12.2019 – 9 AZR 78/19, juris Rn. 11 unter Hinweis auf die hinreichende Bestimmtheit eines Beschäftigungstitels nach § 322 Abs. 1 ZPO: BAG 27.5.2015 – 5 AZR 88/14, Rn. 40, 44, 46, BAGE 152, 1 = NZA 2015, 1053; BAG 15.4.2009 – 3 AZB 93/08, Rn. 20, BAGE 130, 195.
784 ArbG Stuttgart 14.5.2019 – 9 Ca 135/18, teilweise zustimmend *Tiedemann* jPRArbR 41/2019 Anm. 4.
785 *Tiedemann* jPRArbR 41/2019 Anm. 4.

aufgestellten Rechtssatz. Der Zehnte Senat hat in einer Entscheidung über eine Vollstreckungsgegenklage ausgeführt: Ein auf einen konkreten Arbeitsplatz bezogener Beschäftigungstitel hindere den Arbeitgeber nicht, eine andere vertragsgemäße Beschäftigung nach Maßgabe des § 106 GewO zuzuweisen.[786] Weder der aus §§ 611 a, 613 iVm § 242 BGB, Art. 1 und Art. 2 GG noch der aus § 164 Abs. 4 Satz 1 SGB IX hergeleitete Beschäftigungsanspruch konkretisiert sich allein durch die Titulierung in der Weise, dass der Arbeitgeber ihn nur noch durch die Zuweisung eines Arbeitsplatzes mit dem im Urteilstenor beschriebenen Inhalt erfüllen könnte. Wie der Zehnte Senat zutreffend erkannt hat, wird durch den Titel nur ein Ausschnitt des durch eine Weisung zu konkretisierenden Beschäftigungsanspruchs erfasst. Der Titel verhindert keine spätere ersetzende Weisung durch Zuweisung eines anderen vertragsgerechten Arbeitsinhalts.[787]

Trotz dieser Herabsetzung der Anforderungen an den Bestimmtheitsgrundsatz bleibt es schwierig, den Beschäftigungsanspruch durchzusetzen.[788] Zumeist kann der Arbeitnehmer nur den Vergütungsanspruch vollstrecken.

Fallstudie: 2009 stellte die Arbeitgeberin Communication & Media den schwerbehinderten angestellten X als Leiter der Arbeitsgruppe Deutschland frei. Alle Kündigungen waren unwirksam. Anfang 2010 erwirkte X ein rechtskräftiges Urteil ihn „als Leiter Deutschland auf Managerebene 3 zu beschäftigen" und ihm im Einzelnen näher beschriebene Tätigkeiten zuzuweisen. Mit Antrag vom April 2010 leitete X die Zwangsvollstreckung ein. Die Arbeitgeberin beschäftigte nicht, sondern erhob Vollstreckungsgegenklage nach § 767 ZPO mit der Begründung, die Beschäftigung im titulierten Umfang sei ihr unmöglich, weil der Arbeitsplatz infolge Veränderung der Organisationsstruktur weggefallen sei. In der dritten Instanz ist die Vollstreckungsgegenklage abgewiesen worden.[789] Die Bemühungen des X, den titulierten Anspruch im Wege der Zwangsvollstreckung durchzusetzen, sind dennoch gescheitert. Sein Antrag gegen die Arbeitgeberin ein Zwangsgeld festsetzen zulassen, mit dem die vertragsgemäße Beschäftigung im bestehenden Arbeitsverhältnis erzwungen werden soll, ist vom LAG abgewiesen worden, weil im Zwangsvollstreckungsverfahren nach § 888 ZPO auch die Unmöglichkeit der Beschäftigung infolge Umstrukturierung eingewandt werden darf. Das BAG hat das bestätigt.[790] Daraus ist die Folgerung zu ziehen, dass nach Umstrukturierungen mit Wegfall der titulierten Tätigkeit jeweils erneut ein Beschäftigungstitel erwirkt werden muss.[791] Materiellrechtlich stellt sich die Rechtslage so dar: Solange der Arbeitgeber sein Direktionsrecht nicht anderweitig ausübt hat, steht dem Arbeitnehmer ein Anspruch auf Beschäftigung am bisherigen Arbeitsplatz zu. Wenn dieser Arbeitsplatz jedoch weggefallen ist und die Arbeitgeberin keine Zuweisung vornimmt, richten sich die Ansprüche des Arbeitnehmers als Gläubigers nach den §§ 280, 283 bis 285, 311 a und 326 BGB, weil die Arbeitgeberin nach § 280 Abs. 1 Satz 2 BGB den Eintritt des Leistungshindernisses aufgrund der von ihr vorgenommenen Umstrukturierung zu vertreten hat. Dh: Der Arbeitnehmer kann Schadensersatz in Form der entgangenen und entgehenden Vergütung verlangen.

---

[786] BAG 21.3.2018 – 10 AZR 560/16, Rn. 34, BAGE 162, 221 = NZA 2018, 1071.
[787] BAG 21.3.2018 – 10 AZR 560/16, Rn. 37, BAGE 162, 221 = NZA 2018, 1071.
[788] Dazu eingehend *Ziemann* jurisPR-ArbR 4/2019 Anm. 6.
[789] BAG 21.3.2018 – 10 AZR 560/16, NZA 2018, 1071; *Ziemann* jurisPR-ArbR 4/2019 Anm. 6.
[790] BAG 5.2.2020 – 10 AZB 31/19, NZA 2020, 542.
[791] Dazu *Tiedemann* jurisPR-ArbR 22/2020 Anm. 5.

3. Verbandsklage

Nach § 85 SGB IX können Verbände, die nach ihrer Satzung behinderte Menschen auf Bundes- oder Landesebene vertreten, an Stelle der Behinderten mit deren Einverständnis Klage erheben, wenn behinderte Menschen „**in ihren Rechten aus dem SGB IX**" verletzt werden. Da das Benachteiligungsverbot in § 164 Abs. 2 Satz 1 SGB IX erhalten geblieben ist, wird diese Voraussetzung erfüllt. Das Verbandsklagerecht wird auch nicht durch die 2006 in Abs. 2 Satz 2 aufgenommene Regelung: „Im Einzelnen gelten hierzu die Regelungen des Allgemeinen Gleichbehandlungsgesetzes" verdrängt. Das zeigt deutlich die in § 16 Abs. 4 AGG aufgenommene Ausnahme: „Besondere Klagerechte und Vertretungsbefugnisse von Verbänden zugunsten von behinderten Menschen bleiben unberührt". Die ursprünglich erwarteten Prozesslawinen sind ausgeblieben. In der Zeit seit Inkrafttreten des Verbandsklagerechts in § 63 SGB IX aF am 1.7.2001 sind bis heute in der Rechtsprechungsdatenbank des Bundes und der Länder bisher lediglich zwei Entscheidungen nachgewiesen, in denen ein Behindertenverband geklagt hat. Beide Entscheidungen betreffen ein Verfahren, in dem erst- und zweitinstanzlich um die Aufnahme eines Behinderten in eine Werkstatt für behinderte Menschen gestritten worden ist.[792] Das mag sich ändern. Die IG Metall hat im Oktober 2015 beschlossen, die Interessenvertretung für Schwerbehinderte als eigenständige Aufgabe in ihre Satzung aufzunehmen.[793] Jedoch sind bislang noch keine Prozesse bekannt geworden, die die IG Metall für Beschäftigte mit Behinderung vor den Gerichten für Arbeitssachen als klagender Verband geführt hat. Die Satzungsänderung mit der nachfolgenden **Anerkennung als Behindertenverband** durch das BMAS[794] dient nach den veröffentlichten Äußerungen des Vorstands vor allem der Nutzung des Verbandsklagerechts im Rahmen des Gesetzes zur Gleichstellung von Menschen mit Behinderungen (**Behindertengleichstellungsgesetz** – BGG).[795] Nach § 15 BGG kann ein anerkannter Verband nach Maßgabe der Verwaltungsgerichtsordnung oder des Sozialgerichtsgesetzes Klage auf Feststellung von folgenden Verstößen erheben:

1. gegen die Verpflichtung des Bundes zur Herstellung der Barrierefreiheit,
2. gegen bestimmte Vorschriften des Bundesrechts zur Herstellung der Barrierefreiheit und
3. gegen bestimmte Vorschriften des Bundesrechts zur Verwendung von Gebärdensprache oder anderer geeigneter Kommunikationshilfen.

Aufgrund dieses sehr eingeschränkten Klagerechts wäre es zB möglich, die Verletzung der in § 49 SGB IX dem zuständigen Träger der Leistungen zur Teilhabe obliegenden Pflicht feststellen zu lassen, zB Verständigungshilfen für hörbehinderte und stark sprachbeeinträchtigte Personen zur Verfügung zu stellen. Feststellungen der Verletzung von Pflichten, die Arbeitgebern gegenüber schwerbehinderten Beschäftigten obliegen, können damit nicht erreicht werden.

229

4. Beschlussverfahren

Die SBV kann ihr Recht zur Mitprüfung nach § 164 Abs. 1 Satz 6 SGB IX im arbeitsgerichtlichen **Beschlussverfahren** durchsetzen. Zwar enthält § 2 a Abs. 1 Nr. 3 a ArbGG nur die ausdrückliche Zuständigkeit für „Angelegenheiten aus

230

---

792 VG Augsburg 26.5.2004 – Au 3 E 04 753; BayVGH 17.11.2004 – 12 CE 04.1580, JZ 2005, 517.
793 IG Metall, einblick 6/2016 vom 21.4.2016.
794 IG Metall, einblick 6/2016 vom 21.4.2016.
795 IG Metall, einblick 6/2016 vom 21.4.2016.

den §§ 177, 178 und 222 SGB IX". Diese Aufzählung ist jedoch offensichtlich unvollständig. Das Beschlussverfahren findet daher auch zur Durchsetzung der an anderer Stelle geregelten Rechte der SBV statt. Bedeutsam ist, dass auch die im öffentlichen Dienst gebildeten SBV ihr Recht bei den Gerichten für Arbeitssachen durchsetzen müssen. Die Verwaltungsgerichtsbarkeit ist unzuständig.[796]

231 Die in § 164 Abs. 1 Satz 1, 4 bis 10 geregelte Mitwirkung bei der Prüfung der Besetzung einer freien Stelle mit einem schwerbehinderten Menschen und bei der Durchführung des Auswahlverfahrens wird für die SBV in § 178 Abs. 2 Satz 4 rechtlich qualifiziert. Danach hat die SBV das „Recht auf Beteiligung am Verfahren nach § 164 Abs. 1". Damit ist klargestellt: Dieses Beteiligungsrecht ist im Beschlussverfahren nach § 2a Abs. 1 Nr. 3a ArbGG durchsetzbar; denn es handelt sich um eine der in § 2a Abs. 1 ArbGG aufgeführten „Angelegenheiten aus den §§ 177, 178 und 222 SGB IX". Führt der Arbeitgeber entgegen § 164 Abs. 1 Satz 6 die Prüfung der Besetzbarkeit der freien Stelle ohne Beteiligung der SBV durch, so kann die SBV zur Sicherung ihres Mitprüfungsrechts die Unterlassung der einseitigen Stellenbesetzung durchsetzen.

5. Aufstellen von Sozialplänen

232 Beide Betriebsparteien sind an die **Grundsätze von Recht und Billigkeit** gebunden. Dazu ist ausdrücklich in Ergänzung des allein dem Arbeitgeber in § 164 Abs. 2 Satz 1 SGB IX auferlegten Benachteiligungsverbots in § 75 Abs. 1 BetrVG klargestellt worden, dass sowohl Arbeitgeber als auch Betriebsräte jede Benachteiligung wegen einer Behinderung zu unterlassen haben. Dieses Gebot hat besondere Bedeutung, wenn die Betriebsparteien nach § 112 Abs. 1 Satz 1 BetrVG Interessenausgleiche vereinbaren oder nach § 112 Abs. 1 Satz 2 BetrVG Sozialpläne aufstellen (Zuschläge wegen der schlechteren Vermittlungschancen für rentenferne Schwerbehinderte → Rn. 29). Sozialplanleistungen dienen regelmäßig bei rentennahen Jahrgängen zur Überbrückung bis zum Eintritt der Altersrente. Die Regelaltersgrenze ist nach § 235 Abs. 1 SGB VI: für bis 31.12.1946 Geborene die Vollendung des 65. Lebensjahres; für später Geborene ist nach § 235 Abs. 2 SGB VI eine jahrgangsweise Anhebung von einem bis 22 Monaten vorgesehen. Schwerbehinderte haben einen **früheren Zugang zur Altersrente:**
1. nach § 236a Abs. 1 Satz 1 SGB VI für vor dem 1.1.1964 geborene Schwerbehinderte Altersrente ab Vollendung des 63. Lebensjahres und nach Satz 2 vorzeitige Inanspruchnahme möglich ab Vollendung des 60. Lebensjahres,
2. nach § 236a Abs. 2 Satz 1 SGB VI für vor dem 1.1.1952 geborene Schwerbehinderte Altersrente ab Vollendung des 60. Lebensjahres,
3. nach § 236a Abs. 2 Satz 2 SGB VI für nach dem 31.12.1951 geborene Schwerbehinderte mit der Maßgabe, dass sowohl die Altersgrenze ab Vollendung des 63. Lebensjahres als auch die Altersgrenze für die vorzeitige Inanspruchnahme jahrgangsweise gestaffelt von einem bis 22 Monaten angehoben werden.

Vergleichbare frühere Berechtigungen zur Altersrente werden auch Frauen nach § 237a SGB VI gewährt. Nach der Rechtsprechung des Sechsten Senats des BAG soll eine Regelung, die eine Leistung des Arbeitgebers zur Sicherung des Lebensunterhalts von Arbeitnehmern, die ihren Arbeitsplatz betriebsbedingt verloren haben, auf die Zeit bis zum Erwerb einer wirtschaftlichen Absicherung durch den Anspruch auf eine Rente aus der gesetzlichen Rentenversicherung beschränkt, behinderte Arbeitnehmer, die eine vorgezogene gesetzliche Alters-

---

[796] BAG 15.8.2006 – 9 ABR 61/05, AP Nr. 2 zu § 25 HRG.

rente in Anspruch nehmen können, weder wegen ihres Alters noch wegen ihrer Behinderung diskriminieren.[797] Gegen die Fortführung dieser Rechtsprechung bestehen unionsrechtliche Bedenken. Werden in Sozialplänen schwerbehinderte Beschäftigte weniger günstig behandelt, weil ihnen Leistungen im Hinblick auf das nach § 236 a SGB VI frühere Rentenzugangsalter gekürzt werden, so ist das nämlich eine unmittelbar diskriminierende Entlassungsbedingung iSv §§ 2 Abs. 1 Nr. 2, 3 Abs. 1 AGG. Das hat der EuGH auf ein vom ArbG München vorgelegtes Ersuchen[798] in der Sache Johann Odar erkannt. Der EuGH hat die der Umsetzungsgesetzgebung in §§ 2 Abs. 1 Nr. 2, 3 Abs. 1 AGG zugrunde liegenden Art. 2 Abs. 2 und Art. 3 Abs. 1 Buchst. c) der Richtlinie 2000/78 (Rahmenrichtlinie) entsprechend ausgelegt. In dem Ausgangsfall der Vorlage ging es um folgende die Regelabfindung verkürzende Berechnung der Abfindung für Schwerbehinderte: „Monate bis zum frühestmöglichen Renteneintritt x 0,85 x Bruttomonatsentgelt". Der Gerichtshof sieht in einer derartigen Berechnungsmethode eine unzulässige Benachteiligung wegen der Behinderung; denn es werde sowohl das größere Risiko für Schwerbehinderte, sich wieder in den Arbeitsmarkt einzugliedern, als auch die Tatsache verkannt, dass dieses Risiko steigt, je mehr sie sich dem Renteneintrittsalter nähern. Die von der deutschen Regierung zur Rechtfertigung der Minderung vorgebrachte Rechtfertigung, der Beschäftigte Johann Odar erhalte durch die vorzeitige Altersrente einen Vorteil, hat der Gerichtshof zurückgewiesen. Diese Argumentation liefe darauf hinaus, die praktische Wirksamkeit der nationalen Vorschriften, die den genannten Vorteil vorsehen, zu beeinträchtigen, deren Daseinsberechtigung allgemein darin besteht, den Schwierigkeiten und den besonderen Risiken Rechnung zu tragen, mit denen schwerbehinderte Arbeitnehmer konfrontiert sind.[799] Eine auf die frühere Rentenzugangsberechtigung abstellende Kürzung von Sozialplanleistungen stellt deshalb nach der verbindlichen Auslegung der Rahmenrichtlinie eine übermäßige Beeinträchtigung der legitimen Interessen schwerbehinderter Arbeitnehmer dar und geht über das hinaus, was zur Erreichung der vom deutschen Gesetzgeber verfolgten sozialpolitischen Ziele erforderlich ist.[800] Damit ist der EuGH argumentativ einer vom Neunten Senat des BAG vertretenen Argumentation beigetreten. Der Neunte Senat hatte eine Vereinbarung, nach welcher der Anspruch auf betriebliche Vorruhestandsleistungen mit dem Zeitpunkt des frühestmöglichen Renteneintritts (nach § 237a SGB VI für Frauen vergleichbare Regelung wie für Schwerbehinderte) endet, als Frauen wegen ihres Geschlechts benachteiligend (§§ 1, 7 Abs. 1 AGG) und deshalb nach § 7 Abs. 2 AGG als unwirksam beurteilt.[801] Den Betriebsräten wird von dem gewerkschaftlichen Schrifttum daher empfohlen, „bei Sozialplanverhandlungen zu beachten, dass eine Kürzung von Abfindungen wegen der Möglichkeit, eine Schwerbehindertenrente früher zu beziehen, unterbleibt".[802] Für diese Empfehlung sprechen gute Gründe. Auch mit der zukunftsweisenden Unterstützungsfunktion von Abfindungen ist gut vereinbar, einen finanziellen Ausgleich für die erzwungene Inanspruchnahme der vorgezogener Altersrente nach Arbeitslosigkeit zu leisten; denn diese bringt insbesondere wegen der kürzeren Erwerbsbiographie wirtschaftliche Nachteile mit sich.

---

797 BAG 6.10.2011 – 6 AZN 815/11, Rn. 7, NZA 2011, 1431.
798 ArbG München 17.2.2011 – 22 Ca 8260/10, LAGE § 10 AGG Nr. 4 a.
799 EuGH 6.12.2012 – C-152/11, Rn. 67, NZA 2012, 1435.
800 So EuGH 6.12.2012 – C-152/11, Rn. 70, NZA 2012, 1435; erläuternd: *Boigs* jurisPR-ArbR 13/2013 Anm. 1.
801 BAG 15.2.2011 – 9 AZR 750/09, Rn. 15, NZA 2011, 740; zustimmend: *Rolfs* SAE 2011, 241.
802 *Rehwald* AiB 2013, 331.

233 Die Betriebsparteien sehen häufig bei der Aufstellung von Sozialplänen für ältere Beschäftigte Abschläge von Sozialplanleistungen mit steigender Nähe zum Rentenzugangsalter (sogenannte degressive Gestaltung der Abfindungen) vor. Genutzt werden die zweijährige Bezugsdauer für den Bezug von Arbeitslosengeld (§ 143 Abs. 1 SGB III) und der für alle Beschäftigten zugelassene frühere Rentenzugang wegen Arbeitslosigkeit. Nach § 237 Abs. 1 Nr. 3 b SGB VI kommt eine derartige nach § 77 SGB VI **mit Abschlägen verbundene Altersrente** unter folgenden Voraussetzungen für ältere Beschäftigte in Betracht:
1. die vor dem 1.1.1952 geboren sind und
2. das 60. Lebensjahr vollendet haben und
3. nach Vollendung des 58. Lebensjahres und weiteren sechs Monaten mindestens 52 Wochen arbeitslos waren.

Der Erste Senat des BAG rechtfertigt die weniger günstige Behandlung der Angehörigen der in Betracht kommenden älteren Jahrgänge im Vergleich zu den Angehörigen der jüngeren Jahrgänge, die nach Betriebszugehörigkeitsdauer progressiv berechnete Standardabfindungen erhalten, mit der „zukunftsbezogenen Ausgleichs- und Überbrückungsfunktion" der Abfindung und der in § 10 Nr. 6 AGG für Sozialpläne zugelassenen unterschiedlichen Behandlung wegen des Alters.[803] Das Abstellen auf die zukunftsbezogene Überbrückungsfunktion ist unionsrechtlich unbedenklich. Zwar hat der EuGH bislang noch nicht ausdrücklich zur Vereinbarkeit von § 10 Nr. 6 AGG mit der Rahmenrichtlinie Stellung bezogen. Er hat es aber mit Art. 6 Abs. 1 Unterabs. 1 der Richtlinie als „objektiv und angemessen" „im Rahmen des nationalen Rechts" angesehen, Abfindungsbeträge für Arbeitnehmer zu mindern, „die zum Zeitpunkt ihrer Entlassung wirtschaftlich abgesichert sind".[804] Offen ist das Maß der unionsrechtlich zulässigen Absenkung von Standardabfindungen für rentennahe Jahrgänge. Der EuGH hat im Fall „Odar" die Angemessenheit der Minderung wegen der im Sozialplan enthaltenen „Garantie, dass ihm zumindest die Hälfte des sich nach der Standardformel ergebenden Betrags tatsächlich gezahlt wird" als nicht unangemessen beurteilt.[805] Der Erste Senat des BAG hat es abgelehnt, dem Urteil die Vorgabe zu entnehmen, dass die Abfindung von rentennahen Arbeitnehmern stets mindestens die Hälfte der für andere Arbeitnehmer geltenden Abfindungsformel betragen müsse.[806] Dem ist zuzustimmen; denn eine solche Aussage trifft der EuGH nicht. Ob allerdings die Reduzierung auf weniger als ein Fünftel vom Gerichtshof in dem vom Ersten Senat entschiedenen Fall noch als angemessen angesehen worden wäre, erscheint zweifelhaft. Der Erste Senat hat sich der Klärung des unionsrechtlichen Maßstabs der Angemessenheit entzogen, weil er davon ausgeht: „die Ausführungen des Europäischen Gerichtshofs sind einzelfallbezogen und beschränken sich auf die Vereinbarkeit einer bestimmten nationalen Sozialplanregelung mit Unionsrecht. Sie enthalten lediglich einen Hinweis des Gerichtshofs an das vorlegende Gericht, mit dem diesem eine sachdienliche Antwort auf seine Vorlagefrage gegeben werden sollte."[807] Die Rechtsfrage, ob es für die Angemessenheit der Kürzung nach Art. 6 Abs. 1 Unterabs. 1 der Richtlinie einen objektiven Maßstab oder eine Untergrenze gibt, ist somit weiterhin offen. Sie ist wegen der Notwendigkeit, auch bei be-

---

803 BAG 7.6.2011 – 1 AZR 34/10, Rn. 31, NZA 2011, 1370; BAG 26.5.2009 – 1 AZR 198/08, NZA 2009, 849 mit zustimmender Anm. *Bertzbach* jurisPR-ArbR 37/2009 Anm. 1.
804 EuGH 6.12.2012 – C-152/11, Rn. 48, NZA 2012, 1435.
805 EuGH 6.12.2012 – C-152/11, Rn. 52, NZA 2012, 1435.
806 BAG 23.4.2013 – 1 AZR 916/11, Rn. 39, BB 2013, 1971.
807 Vgl. EuGH 15.4.2010 – C-433/05, Rn. 35, Slg 2010, I-2885 – Sandström.

grenzten Finanzmitteln Verteilungsgerechtigkeit herzustellen[808] auch klärungsbedürftig. Nach § 267 AEUV kann jedes Instanzgericht durch ein Ersuchen um Vorabentscheidung zur Klärung beitragen.

Fraglich ist, ob Sozialpläne, auch wenn sie keine Sonderregelungen für ältere schwerbehinderte Beschäftigte enthalten, sondern für alle abgesenkten Abfindungen pauschal an die Nähe zum Rentenalter anknüpfen, eine **mittelbare Benachteiligung** iSv § 3 Abs. 2 AGG (zum Begriff → Rn. 41 ff.) enthalten. Das ArbG München hat eine mittelbare Benachteiligung, die sich aus dem Zusammenwirken von Rentensystem und Sozialplan ergebe, bejaht.[809] Die Rechtsprechung des Ersten Senats des BAG verneint sie.[810] Zur Begründung wird darauf verwiesen, da in dem zugrunde liegenden Sachverhalt die Kürzung nicht zur Wahrnehmung des früheren Zugangs zur Altersrente für Schwerbehinderte nach § 236 a SGB VI anhalte, sondern für alle auf die Möglichkeit des Bezugs einer Rente nach Arbeitslosigkeit abstelle, erführen die Schwerbehinderten keine weniger günstige Behandlung als nicht behinderte Arbeitnehmer. Mit dieser Begründung folgt der Erste Senat – ohne sie zu zitieren – einer profilierten Stimme im diskriminierungsrechtlichen Schrifttum.[811] Da der Senat allein auf die Vergleichbarkeit der Situation der rentennahen Jahrgangsangehörigen mit und ohne Behinderung abstellt, hat er sich die Beantwortung der Frage erspart, ob die Minderung der Abfindungen unter Berücksichtigung des möglichen Bezugs von Arbeitslosengeld zu Erreichung des Ziels erforderlich und angemessen ist, für die Überbrückung der Zeit bis zum Erreichen des Altersrente nach § 237 Abs. 1 Nr. 3 a SGB VI zu sorgen. Weitergehend wäre nach § 76 Abs. 5 Satz 4 BetrVG bei der Anfechtung eines durch Spruch der Einigungsstelle aufgestellten Sozialplans auch zu prüfen, ob die Höhe der abgesenkten Abfindungen „billigem Ermessen" (§ 76 Abs. 4 Satz 4 BetrVG) im Sinne der Verteilungsgerechtigkeit entspricht.

Erster Beispielsfall:[812] In einem anlässlich einer Betriebsstilllegung aufgestellten Sozialplan ist geregelt, dass Arbeitnehmer, die am 31.12.2008 noch keine 60 Jahre alt sind, eine nach Betriebszugehörigkeitsdauer gestaffelte Abfindung erhalten, während für ältere Folgendes gilt: „Arbeitnehmer, die am 31.12.2008 60 Jahre alt aber noch keine 61 Jahre alt sind, erhalten eine Abfindung in Höhe von EUR 9.000,00, Mitarbeiter, die am 31.12.2008 61 Jahre alt aber noch keine 62 Jahre alt sind, erhalten eine Abfindung von EUR 6.000,00, und Mitarbeiter, die am 31.12.2008 62 Jahre alt aber noch keine 63 Jahre alt sind, erhalten eine Abfindung in Höhe von EUR 3.000,00. Mitarbeiter, die am 31.12.2008 63 Jahre alt sind, erhalten keine Abfindung." Ein zum Stichtag 60 Jahre alter Schwerbehinderter, dessen Abfindung sich durch die Sonderregelung für Ältere von ca. 50.000 Euro auf 9.000 Euro ermäßigte, sah darin eine unzulässige Diskriminierung wegen seines Alters und seiner Behinderung. Der Senat traf keine Aussage zu der im Tatbestand des LAG-Urteils dargestellten Gesamtregelung, die darauf abzielte, den älteren Arbeitnehmern zunächst für zwölf Monate die Übernahme in eine Transfergesellschaft zuzusagen und die danach eintretende Zeit bis zum Rentenalter mit Arbeitslosengeld und der Abfindung zu überbrücken. Der mit Abfindungen nach Ende des Jahres in der Transfergesellschaft in Ergänzung zum Arbeitslosengeld abzudeckende Überbrückungsbe-

---

808 Vgl. *Temming* RdA 2008, 205.
809 ArbG München 17.2.2011 – 22 Ca 8260/10, Rn. 70, LAGE § 10 AGG Nr. 4 a.
810 BAG 23.4.2013 – 1 AZR 916/11, BB 2013, 1971.
811 Vgl. *Mohr* RdA 2010, 44.
812 Sachverhalt aus BAG 23.4.2013 – 1 AZR 916/11, BB 2013, 1971.

darf bis zur Altersrente nach Arbeitslosigkeit (§ 237 SGB VI) für am 31.12.2008 60- bis 62-Jährige wurde in dem Sozialplan mit Pauschalbeträgen veranschlagt und für 63 Jahre alte Arbeitnehmer sogar völlig verneint, weil diese nach der Zeit der zugesagten zwölf Monate in der Transfergesellschaft nur wenige Monate Überbrückung mit Arbeitslosengeld benötigten, bis sie dann die im Vergleich zur Rente nach Arbeitslosigkeit höhere Regelaltersrente mit Vollendung des 65. Lebensjahres (§ 235 Abs. 1 Satz 1 SGB VI) oder bei Geburt nach dem 31.12.1946 mit Ablauf der Anhebungsmonate nach Vollendung des 65. Lebensjahres (§ 235 Abs. 1 Satz 2 SGB VI) erreichen. Da diese Konzeption nicht ausdrücklich den frühestmöglichen Renteneintritt für Schwerbehinderte nach § 236 a SGB VI mit der Kürzung der Abfindungen verknüpft, sah der Erste Senat die Kürzung der Abfindung für den klagenden 60-Jährigen als zulässig an. Der Erste Senat hat eine mittelbare Benachteiligung ausgeschlossen. Für diese Prüfung hat er zur Auslegung von „§§ 1, 3 Abs. 2, § 7 Abs. 1 AGG" Art. 5 Abs. 2 der Behindertenrechtskonvention der Vereinten Nationen (BRK) herangezogen. Auch daran gemessen soll keine unzulässige mittelbare Diskriminierung vorliegen.[813]

Zweiter Beispielsfall:

In einem von der Einigungsstelle aufgestellten Sozialplan ist folgende Ausschlussklausel enthalten:

„§ 1 Persönlicher Geltungsbereich, Ausschlusstatbestände
(2) Keine Leistungen nach den Bestimmungen dieses Sozialplans erhalten * die aus Gründen ausscheiden, die nicht mit der Stilllegung des Betriebes zusammenhängen, insbesondere Mitarbeiter, die entweder unmittelbar nach dem Ausscheiden aus dem Arbeitsverhältnis oder im Anschluss an eine mögliche Bezugnahme von Arbeitslosengeld I (unabhängig von der tatsächlichen Bezugnahme des Arbeitslosengeldes) eine Altersrente (gekürzt oder ungekürzt) aus der gesetzlichen Rentenversicherung in Anspruch nehmen können (sog. ‚rentennahe Arbeitnehmer'), wobei eine Altersrente für schwerbehinderte Menschen gemäß §§ 37, 236 a SGB VI sowie eine Altersrente für Frauen gem. § 237 a SGB VI außer Betracht bleibt."

Dazu hat das BAG erkannt: „Der in § 1 Abs. 2 des Sozialplans vorgesehene Ausschluss der Arbeitnehmer, die nach dem Ausscheiden oder einem möglichen Bezug von Arbeitslosengeld I eine gekürzte oder ungekürzte Altersrente in Anspruch nehmen können, von den Abfindungsleistungen bewirkt deren unmittelbare Benachteiligung wegen des Alters iSv § 3 Abs. 1 AGG. Denn der Bezug einer Altersrente ist untrennbar mit dem Erreichen eines bestimmten Alters verbunden. Demgegenüber führt die Regelung nicht zu einer Benachteiligung wegen einer Behinderung oder wegen des Geschlechts, da es für die vorzeitige Inanspruchnahme einer Altersrente ausdrücklich nicht auf die Möglichkeit des Bezugs einer Altersrente für schwerbehinderte Menschen oder für Frauen ankommt."[814]

236 Ein weiteres diskriminierungsrechtliches Problem stellt ein in Sozialplänen vereinbarter Leistungsausschluss von Schwerbehinderten und gleichgestellten Menschen mit Behinderung dar, deren Arbeitsverhältnis für die Dauer des Bezugs einer Erwerbsminderungsrente ruht.

Beispielsfall Betriebsstilllegung:[815] In dem vom BAG beurteilten Sozialplan heißt es: „Nicht anspruchsberechtigt sind des Weiteren Arbeitnehmer, die am

---

813 BAG 23.4.2013 – 1 AZR 916/11, Rn. 31 ff., BB 2013, 1971.
814 BAG 7.5.2019 – 1 ABR 54/17, Rn. 32.
815 Sachverhalt BAG 7.6.2011 – 1 AZR 34/10, NZA 2011, 1370.

4.10.2006 unter Bezug einer befristeten vollen Erwerbsminderungsrente nicht beschäftigt sind und die nach Ablauf der befristeten Erwerbsminderungsrente berechtigt sind, die gesetzliche Regelaltersrente – auch vorgezogen unter Hinnahme von Abschlägen – zu beanspruchen, sowie Arbeitnehmer, deren Renten wegen verminderter Erwerbsfähigkeit unbefristet geleistet werden oder unwahrscheinlich ist, dass die Minderung der Erwerbsfähigkeit behoben werden kann (§ 102 Abs. 2 Satz 5 SGB VI), und Arbeitnehmer, bei denen aus anderen Gründen damit zu rechnen ist, dass die mit der Erwerbsminderung einhergehende Arbeitsunfähigkeit auf Dauer fortbesteht oder zumindest in absehbarer Zeit nicht behoben werden kann und damit ein Grund zur personenbedingten, da krankheitsbedingten, Kündigung gem. § 1 Abs. 2 KSchG vorliegt. Die Betriebsparteien gehen davon aus, dass dies bei einer der Rente wegen voller Erwerbsminderung begleitenden Arbeitsunfähigkeit von mehr als drei Jahren oder einer entsprechenden Bewilligung von voller Erwerbsminderungsrente für mehr als drei Jahre gegeben ist." Ein schwerbehinderter Bezieher einer Erwerbsminderungsrente, der aus dem „Besonderen Härtefonds" eine Abfindung von 10.000 EUR erhielt, ging gegen den Anspruchsausschluss vor, weil er behinderte Menschen benachteilige. Wegen der zukunftsbezogenen Überbrückungsfunktion von Sozialplänen billigte hier der Erste Senat den vollständigen Ausschluss unter folgenden Voraussetzungen:[816]

1. Zur Zeit der Betriebsänderung findet wegen des Bezugs einer befristeten vollen Erwerbsminderungsrente keine Beschäftigung statt und
2. mit der Wiederherstellung der Arbeitsfähigkeit ist nicht zu rechnen.

Der Ausschluss von Leistungen als stärkste Form der weniger günstigen Behandlung wird vom BAG als gerechtfertigt angesehen, weil Erwerbsminderungsrentner sich nicht in einer mit anderen Arbeitnehmern vergleichbaren Lage befänden. Während die übrigen Arbeitnehmer infolge der Betriebsschließung und dem damit verbundenen Verlust der Arbeitsplätze ihren Arbeitsverdienst verlieren, habe ein Erwerbsminderungsrentner bereits vor der Betriebsschließung kein Arbeitsentgelt mehr erhalten. Daran ändere sich auch durch die Betriebsstilllegung nichts. Folglich fehle ein Diskriminierungstatbestand iSv § 3 Abs. 1 AGG.

§ 165 Besondere Pflichten der öffentlichen Arbeitgeber

[1]Die Dienststellen der öffentlichen Arbeitgeber melden den Agenturen für Arbeit frühzeitig nach einer erfolglosen Prüfung zur internen Besetzung des Arbeitsplatzes frei werdende und neu zu besetzende sowie neue Arbeitsplätze (§ 156). [2]Mit dieser Meldung gilt die Zustimmung zur Veröffentlichung der Stellenangebote als erteilt. [3]Haben schwerbehinderte Menschen sich um einen solchen Arbeitsplatz beworben oder sind sie von der Bundesagentur für Arbeit oder einem von dieser beauftragten Integrationsfachdienst vorgeschlagen worden, werden sie zu einem Vorstellungsgespräch eingeladen. [4]Eine Einladung ist entbehrlich, wenn die fachliche Eignung offensichtlich fehlt. [5]Einer Inklusionsvereinbarung nach § 166 bedarf es nicht, wenn für die Dienststellen dem § 166 entsprechende Regelungen bereits bestehen und durchgeführt werden.

I. Überblick	1	III. Pflicht zur Einladung zum	
II. Meldepflicht	5	Vorstellungsgespräch	8

---

816 BAG 7.6.2011 – 1 AZR 34/10, NZA 2011, 1370; zustimmend: *Bertzbach* jurisPR-ArbR 3/2012 Anm. 3.

IV. Eignungskriterien............	18	VIII. Inklusions- und Teilhaberichtlinien sowie Fürsorgeerlasse...........................	39
V. Ahndung als Ordnungswidrigkeit mit Bußgeld..........	25		
VI. Weitere Sanktionen bei Nichterfüllung................	28	IX. Verfahrensrechtliche Hinweise.........................	41
VII. Schadensersatz und Entschädigung.......................	30		

I. Überblick

1 **Gesetzeshistorie:** Die Vorschrift baut auf den durch das Gesetz zur Bekämpfung der Arbeitslosigkeit Schwerbehinderter vom 29.9.2000 (SchwbBAG)[1] eingeführten § 14a SchwbG auf. Dort ist die Verpflichtung für Bundesbehörden mit Wirkung vom 1.10.2000 eingeführt worden, den schwerbehinderten Bewerber zu einem Vorstellungsgespräch einzuladen. Allerdings war dort noch keine Rechtsfolge für den Fall der Pflichtverletzung geregelt.[2] Mit der Einführung des SGB IX ist die bis dahin auf die öffentlichen Arbeitgeber im Bundesbereich beschränkte Norm als § 82 SGB IX auf alle öffentlichen Arbeitgeber erstreckt worden. Durch die Regelung des Benachteiligungsverbots in § 81 Abs. 2 Satz 1 aF mit der Regelung von Schadensersatz und Entschädigung in § 81 Abs. 2 Satz 2 aF trat dann eine Rechtsfolgenregelung hinzu. Die Fassung des Regierungsentwurfs[3] unverändert übernommen worden. Durch das Vierte Gesetz für moderne Dienstleistungen am Arbeitsmarkt vom 24.12.2004 wurden der Begriff Arbeitsamt in Satz 1 und 2 sprachlich an die neuen Bezeichnungen der Dienststellen der Bundesagentur für Arbeit angepasst. Durch Art. 2 BTHG ist mit Wirkung vom 30.12.2016 in den Satz 1 der Halbsatz „nach einer erfolglosen Prüfung zur internen Besetzung des Arbeitsplatzes (...)" eingefügt. Weiter ist der Begriff „Integrationsvereinbarung" durch das Wort „Inklusionsvereinbarung" ersetzt worden. Durch Art. 1 BTHG ist mit Wirkung vom 1.1.2018 der neue Satz 2 angefügt worden: „Mit dieser Meldung gilt die Zustimmung zur Veröffentlichung der Stellenangebote als erteilt." Schließlich ist aufgrund der Einfügung der Eingliederungshilfe als neuer Teil 2 in das SGB IX der Standort der Vorschrift von § 82 nach § 165 verschoben worden. Bei dieser Gelegenheit sind redaktionelle Änderungen vorgenommen worden, um die Verweisungen auf das in den Teil 3 verschobene Schwerbehindertenrecht anzupassen.
Unionsrecht und UN-BRK: Bislang ist die Frage noch nicht abschließend geklärt, ob Pflichten, die § 165 Satz 1 und 3 SGB IX den öffentlichen Arbeitgebern auferlegt, **angemessene Vorkehrungen** iSd Art. 5 der Richtlinie 2000/78/EG (Rahmenrichtlinie) und Art. 5 Abs. 3 und Art. 2 Unterabs. 3 Satz 2 sowie Unterabs. 4 der UN-BRK sind.[4] Diese Arbeitgeberpflichten sind dem Begriff der spezifischen und positiven Maßnahmen zur Herstellung der Gleichberechtigung von Menschen mit Behinderung iSv § 5 AGG zuzuordnen, die der Umsetzung von Art. 7 Abs. 1 der Richtlinie 2000/78/EG dienen.[5] Dafür sprechen vier Gründe: Erstens geht es um den Ausgleich eines kollektiven gruppenspezifischen Nachteils bei dem Zugang zur Beschäftigung, der nicht auf die in-

---

1 BGBl. I 1394.
2 Vgl. BT-Drs. 14/3372, 18.
3 BT-Drs. 14/5531 und BT-Drs. 14/5074.
4 So BAG 27.8.2020 – 8 AZR 45/19, Rn. 48, wobei zu Unrecht auch Art. 27 UN-BRK in Bezug genommen wird, der jedoch nur im Fall des Art. 27 Satz 2 lit. I angemessene Vorkehrungen am Arbeitsplatz verlangt: ablehnend zu dieser Rspr. *von Roetteken* jPR-ArbR 3/2021 Anm. 8.
5 So BVerwG 3.3.2011 – 5 C 16.10, juris Rn. 17, Behindertenrecht 2011, 174.

dividuelle Art und Schwere der Behinderung bezogen ist.[6] Deshalb ist auch in Art. 27 Abs. 1 Satz 2 Buchst. g UN-BRK als positive Maßnahme die Verpflichtung aufgenommen „Menschen mit Behinderungen im öffentlichen Sektor zu beschäftigen". Zweitens ist die vom Achten Senat des BAG vorgenommene Subsumtion unter den Begriff der Vorkehrung nicht nachvollziehbar, denn Art. 5 Satz 2 der Richtlinie 2000/78/EG definiert als Vorkehrung: „Das bedeutet, dass der Arbeitgeber die geeigneten und im konkreten Fall erforderlichen Maßnahmen ergreift, um den Menschen mit Behinderung den Zugang zur Beschäftigung, die Ausübung eines Berufes, den beruflichen Aufstieg und die Teilnahme an Aus- und Weiterbildungsmaßnahmen zu ermöglichen, (...)". Es wird bei der Einladung keine im Einzelfall erforderliche Maßnahme trifft, sondern eine an die Gruppenzugehörigkeit und an eine pauschale Eignungsvermutung anknüpfende Einladungspflicht vollzieht. Drittens zeigt die Folgenkontrolle, dass die Auslegung des Achten Senat zu einem nicht beabsichtigen Ergebnis führt. Stellten die Melde- und die Einladungspflicht aus § 165 Satz 1 und 3 SGB IX angemessene Vorkehrungen für den Zugang zur Beschäftigung dar, so dürften sie nicht auf öffentliche Arbeitgeber beschränkt werden.[7] Eine derartige Beschränkung wäre richtlinienwidrig. Der Erwägungsgrund Nr. 21 der Richtlinie 2000/78/EG erlaubt es nur, Arbeitgeber mit wenigen Beschäftigten auszunehmen. Eine pauschale Freistellung von angemessenen Vorkehrungen wäre unzulässig.[8] Viertens widerspricht die Einordnung als angemessene Vorkehrung dem Begriffsverständnis, das der UN-Ausschuss für die Rechte von Menschen mit Behinderungen in der Allgemeinen Bemerkung (General Comments) Nr. 6 (Abkürzung in englischer Vertragssprache: CRPD/C/GC/6) im Jahr 2018[9] definiert hat.[10] Danach wird abgegrenzt zu positiven Maßnahmen iSd Richtlinie 2000/78/EG. Diese sind den im Voraus „ex-ante" vom Arbeitgeber zu erfüllenden Pflichten zuzuordnen,[11] ohne dass eine bestimmte Person mit einer Beeinträchtigung hierfür konkret einen Bedarf angemeldet hat. Diese „proaktive, systemische Pflicht"[12] entspricht der Regelung der positiven und spezifischen Maßnahmen in Art. 7 der Richtlinie 2000/78/EG. Davon ist die Bereitstellung einer angemessene Vorkehrung zu unterscheiden; denn die wird vom Ausschuss als auf den konkreten Menschen und dessen Behinderungen bezogene „individualisierte, reaktive Pflicht"[13] definiert, die „ex-nunc"[14] zu erfüllen ist.

Regelungsinhalt: § 165 legt ausschließlich den **öffentlichen Arbeitgebern** im Sinne von § 154 Abs. 2 SGB IX (→ § 154 Rn. 16 ff.) besondere Verpflichtungen auf. Deren Dienststellen sollen angehalten werden, ein gutes Vorbild für die übrigen Arbeitgeber abzugeben. So haben die Leitungen aller Dienststellen nach Satz 1 frühzeitig frei werdende sowie neue Arbeitsplätze den Agenturen für Arbeit zu melden und nach Satz 3 und 4 sämtliche schwerbehinderten Bewerberinnen und Bewerber zu Vorstellungsgesprächen einzuladen, sofern ihre mangelnde Eignung nicht offensichtlich ist. Satz 5 ist ein Fremdkörper. Er enthält

2

---

6 Zur Bedeutung dieses Abgrenzungsmerkmals: *Kocher/Wenckebach*, § 12 AGG als Grundlage für Ansprüche auf angemessene Vorkehrungen, Soziales Recht (SR) 1/2013, 17.
7 *von Roetteken* jPR-ArbR 3/2021 Anm. 8.
8 *von Roetteken* jPR-ArbR 3/2021 Anm. 8.
9 S. www.gemeinsam-einfach-machen.de/SharedDocs/Downloads/DE/AS/UN_BRK/AllgBemerkNr 6.html (Aufruf 27.1.2021).
10 Darstellung der Leitlinien und Empfehlungen durch *Hübner* SuP 2021, 5 ff.
11 Nr. 24 CRPD/C/GC/6.
12 Nr. 24 a CRPD/C/GC/6.
13 Nr. 24 CRPD/C/GC/6.
14 Nr. 24 b CRPD/C/GC/6.

eine systematisch zu § 166 gehörende Ausnahmeregelung. Bedeutung hat die Vorschrift für die Gerichtspraxis erhalten, seitdem die Gerichte in der Nichteinhaltung der hier geregelten Förderpflichten der öffentlichen Arbeitgeber die Vermutung einer Benachteiligung sehen, → Rn. 30.

3 **Begünstigte Personen:** Die Melde- und Einladungspflicht gilt nicht zugunsten aller Menschen mit Behinderungen, sondern nur zugunsten **schwerbehinderter Menschen**. Nach § 151 Abs. 3 SGB IX sind damit zwar **gleichgestellte behinderte Menschen** iSv § 151 Abs. 2, § 2 Abs. 3 SGB IX einbezogen. Ausgenommen sind jedoch **Jugendliche und junge Erwachsene**, die nach Maßgabe des § 151 Abs. 4 für die Zeit ihrer Berufsausbildung oder beruflichen Orientierung gleichgestellt sind (→ § 151 Rn. 18). Diese Gruppe ist vom Gesetzgeber zu einem besonderen Zweck „gleichgestellt" worden, nämlich um nach § 151 Abs. 4 Satz 3 SGB IX die von den Integrationsämtern verwalteten Mittel der Ausgleichsabgabe in Anspruch nehmen zu können. Das geschieht gezielt, um den allgemeinen Staatshaushalt zu entlasten, obwohl es dem Zweck der Ausgleichsabgabe widerspricht; denn nach § 160 Abs. 5 SGB IX darf die Ausgleichsabgabe „nur für besondere Leistungen zur Förderung der Teilhabe schwerbehinderter Menschen am Arbeitsleben einschließlich begleitender Hilfe im Arbeitsleben verwendet werden". Folgerichtig ist der Status „Gleichstellung" für diese geförderte Personengruppe nicht von der Feststellung eines Grads der Behinderung durch eine nach § 152 Abs. 1 SGB IX zuständige Behörde und von einer Gleichstellungsprüfung an Hand der Kriterien des § 2 Abs. 3 SGB IX durch die Arbeitsagentur abhängig. Vielmehr erfolgt die Gleichstellung nach § 151 Abs. 4 SGB IX in einem Bescheid der Agentur für Arbeit, die über Leistungen zur beruflichen Rehabilitation nach §§ 19, 116 SGB III ergeht. Deshalb ist nicht auszuschließen, dass ein Jugendlicher oder junger Erwachsener, der wegen des Bezugs von Leistungen zur beruflichen Rehabilitation nach § 151 Abs. 4 gleichgestellt ist, auch noch zugleich einem schwerbehinderten Mensch gleichgestellt iSv § 2 Abs. 3, § 151 Abs. 2 und 3 SGB IX sein kann, weil bei ihm eine Behinderung festgestellt ist, deren GdB weniger als 50 und mehr als 30 beträgt und er erfolgreich einen Gleichstellungsantrag nach § 151 Abs. 2 SGB IX bei der Arbeitsagentur gestellt hat. Dann liegt eine zweifache Gleichstellung vor. Das ist jedoch für den persönlichen Geltungsbereich des § 165 SGB IX unerheblich. Es „zählt" nur die Gleichstellung iSv § 2 Abs. 3, § 151 Abs. 2 SGB IX.

4 **Erfasste öffentliche Arbeitgeber:** Verpflichtet sind nicht alle Arbeitgeber des öffentlichen Sektors (umgangssprachlich: **öffentliche Hand**), sondern nur die in § 154 Abs. 2 aufgeführten **öffentlich- rechtlichen Arbeitgeber**, die als Körperschaften, Anstalten oder Stiftungen des öffentlichen Rechts organisiert sind (→ § 154 Rn. 15 ff). Die Tätigkeit dieser Rechtsträger wird auch unter dem Begriff **öffentlicher Dienst** (öD), umgangssprachlich auch Staatsdienst, zusammengefasst. Dem öffentlichen Dienst wird auch die Tätigkeit der Internationalen Organisationen zugerechnet. Diese sind jedoch im Katalog des § 154 Abs. 2 SGB IX nicht aufgeführt. Folglich gelten die in Deutschland belegenen Einrichtungen der **Internationalen Organisationen** selbst dann nicht als öffentliche Arbeitgeber iSv § 165 SGB IX, wenn ihnen der Bundesgesetzgeber nicht nur die Rechtsfähigkeit sondern auch den Status einer Körperschaft des öffentlichen Rechts zuerkannt hat.

Ein in privatrechtlicher Rechtsform organisierter Arbeitgeber wird nach der Rechtsprechung auch nicht dadurch zu einem aus § 165 SGB IX verpflichteten öffentlichen Arbeitgeber, wenn er die Tarifverträge des öffentlichen Dienstes, insbesondere TVöD oder TVL, anwendet.[15] Unerheblich ist danach auch, ob ein **öffentliches Unternehmen** Arbeitgeber ist.[16] Als öffentliches Unternehmen wird ein Unternehmen bezeichnet, bei der eine Körperschaft des öffentlichen Rechts oder eine sonstige Person des öffentlichen Rechts (Anstalt oder Stiftung) Alleingesellschafter oder Mehrheitsgesellschafter ist. Deshalb werden Unternehmen der öffentlichen Hand, die vor allem im Sektor der Energieversorgung und des Personennahverkehrs in Rechtsform der GmbH oder AG organisiert sind, als private Arbeitgeber angesehen.[17] Dem ist zustimmen; denn außerhalb des Bereichs der hoheitlichen Verwaltung können die staatlichen, kommunalen oder sonstigen Rechtsträger des öffentlichen Rechts grundsätzlich frei entscheiden, in welcher Rechtsform sie ihr Handeln organisieren. Diese Organisationsentscheidung unterliegt keiner gerichtlichen Zweckmäßigkeitskontrolle.[18] Sie ist auch Grundlage für die in § 130 BetrVG und § 1 Abs. 1 BPersVG nF[19] definierte Differenzierung zwischen Betriebsverfassung und Personalvertretungsrecht. Danach werden in Verwaltungen und Betrieben des Bundes, der Länder, der Gemeinden und sonstiger Körperschaften, Anstalten und Stiftungen des öffentlichen Rechts keine Betriebsräte sondern Personalräte gewählt.[20] Rechtspolitisch ist die Beschränkung auf öffentliche Arbeitgeber im Sinne von § 154 Abs. 2 fragwürdig. Es ist nicht nachvollziehbar, warum öffentliche Unternehmen keine Vorbildfunktion übernehmen sollten. Der Petitionsausschuss hat deshalb Forderungen nach einer entsprechenden Ausweitung begrüßt.[21] Er hat eine Beschlussempfehlung beschlossen, die Forderung nach Ausweitung der Verpflichtung „auch für alle Tochterunternehmen" an das Bundesministerium für Arbeit und Soziales zu überweisen. Rechtstechnisch soll dazu der Begriff der öffentlichen Arbeitgeber in § 154 Abs. 2 in Nr. 1 und 2 SGB IX ergänzt werden, so dass Mehrheitsbeteiligungen der öffentlichen Arbeitgeber „unabhängig von deren Rechtsform" erfasst werden.

Obwohl sie Bestandteil von öffentlich-rechtlichen Organisationen sind, gelten die **alliierten Stationierungsstreitkräfte** nicht als aus § 165 verpflichtete öffentliche Arbeitgeber.[22] Das ist zutreffend; denn sie sind nicht in der abschließenden (lateinisch: enumerativen) Aufzählung in § 154 Abs. 2 aufgeführt (→ § 154 Rn. 23). Unerheblich ist, dass sie in ihren in Deutschland gelegenen Dienststellen Arbeitnehmer beschäftigen und insoweit den Regelungen des Bundespersonalvertretungsgesetzes unterliegen (→ § 164 Rn. 16).

II. Meldepflicht

Meldepflichtig sind gegenüber der Agentur für Arbeit alle **personalverwaltenden** Dienststellen. Nimmt eine vorgesetzte Dienststelle zentral die Personalverwaltung wahr, so hat diese die Pflichten aus § 165 zu erfüllen.[23]
Beispiel: Ein Erlass regelt, dass das Landgericht für die Personalangelegenheiten der Amtsgerichte zuständig ist. Beruft sich in einer Entschädigungsklage ein

5

---

15 LAG Köln 12.5.2011 – 6 Sa 19/11, Rn. 17, BGleiG E.II.2.6 SGB IX § 82 Nr. 3.
16 LAG Köln 12.5.2011 – 6 Sa 19/11, Rn. 17, BGleiG E.II.2.6 SGB IX § 82 Nr. 3.
17 So auch *Kohlrausch* in FKS SGB IX § 154 Rn. 49, 51.
18 LAG Köln 12.5.2011 – 6 Sa 19/11, Rn. 17, BGleiG E.II.2.6 SGB IX § 82 Nr. 3.
19 Fassung nach dem Gesetz zur Novellierung des Bundespersonalvertretungsgesetzes vom 9.6.2021, BGBl. I 1614, Nr. 31.
20 Faustformal für den Laien: Kein öffentlicher Arbeitgeber, wo ein Betriebsrat gewählt wird.
21 heute im bundestag (hib) Nr. 115/2021.
22 LAG RhPf 6.11.2019 – 7 Sa 120/19, Rn. 69.
23 *Greiner* in Neumann/Pahlen/Greiner/Winkler/Jabben SGB IX § 165 Rn. 4.

schwerbehinderter Bewerber auf die Vermutung einer Benachteiligung, indem er geltend macht, das Amtsgericht als die den Arbeitsplatz besetzende Dienststelle habe die Meldepflicht aus § 165 Satz 1 SGB IX nicht erfüllt, so trägt der öffentliche Arbeitgeber für den Einwand die Darlegungs- und Beweislast, aufgrund einer Verwaltungsvorschrift sei das Landgericht als personalverwaltende Dienststelle zuständig gewesen und dieses habe die Pflicht erfüllt.[24] Der beklagte öffentliche Arbeitgeber hat dazu die Verwaltungsvorschrift vorzulegen, in der die Zuständigkeit geregelt ist.[25]

Satz 1 enthält gegenüber § 164 Abs. 1 Satz 2 Konkretisierungen dessen, was unter freien Arbeitsplätzen verstanden werden soll: 1. „frei werdende und neu zu besetzende" und 2. „neue Arbeitsplätze".

In der ersten Alternative müssen die Voraussetzungen „frei" und „neu (im Sinne von wieder) zu besetzen" **kumulativ** vorliegen.[26] Daraus folgt, eine zwar frei werdende Stelle ist nicht zu melden, wenn sie nicht wiederbesetzt werden soll. Demnach kann der im Stellenplan angebrachte haushaltrechtliche **kw-Vermerk** („künftig wegfallend") der Meldepflicht entgegenstehen.[27] Das ist jedoch nicht zwingend; denn bei sprunghaft erhöhtem Arbeitsaufkommen werden **kw-Vermerke** erfahrungsgemäß mehrfach von Haushaltsplan zu Haushaltsplan „geschoben".[28] In diesen Schiebefällen bleibt die Meldepflicht bestehen. Die Meldepflicht besteht auch, wenn der öffentliche Arbeitgeber beabsichtigt, einen freien Arbeitsplatz nicht mit einem eigenen Bediensteten, sondern mit einem **Leiharbeitnehmer** zu besetzen.[29]

Die in Satz 1 bestimmte Meldung ist **frühzeitig** nach der erfolglosen Prüfung der internen Besetzung auszuführen. Diese Zeitvorgabe soll sicherstellen, dass der Arbeitsagentur genügend Zeit zur Ausarbeitung eines qualifizierten Vermittlungsvorschlages iSv § 187 Abs. 5 verbleibt. Das Schrifttum veranschlagt, dass die Meldung mindestens eine Woche vor der öffentlichen oder internen Bekanntmachung der Ausschreibung zu erfolgen hat, damit die Arbeitsagentur den entsprechenden Vorlauf für die Erarbeitung von Vermittlungsvorschlägen hat, bevor die Bewerbungen eingehen (→ § 164 Rn. 138). Für einen derartigen Vorlauf spricht auch der durch Art. 1 BTHG angefügte neue Satz 2 (→ Rn. 1), nach dem mit der Meldung die Zustimmung zur späteren Veröffentlichung als Stellenangebot als erteilt gilt. Zutreffend weist das Schrifttum darauf hin, dass nach Möglichkeit noch früher gemeldet werden soll, damit gegebenenfalls erforderliche Maßnahmen der beruflichen Qualifikation der Arbeitsuchenden durchgeführt werden können.[30]

Die praktische Erfahrung zeigt, dass es dem öffentlichen Arbeitgeber, der seiner Pflicht aus § 165 SGB IX nachkommen will, nicht immer leicht gemacht wird, eine **ordnungsgemäße Meldung** zu erstatten. Nicht selten wird ihm die mündliche Auskunft erteilt, er solle die Stelle allgemein als freie Stelle melden, dann sei der Meldepflicht Genüge getan. Das ist jedoch unzureichend. Vielmehr ist die Erteilung eines ausdrücklichen Vermittlungsauftrags notwendig.[31] Arbeitgeber

---

24 *Fabricius* in jurisPK-SGB IX § 165 Rn. 17.
25 *Fabricius* in jurisPK-SGB IX § 165 Rn. 17.
26 *Fabricius* in jurisPK-SGB IX § 165 Rn. 17.
27 Braun RiA 2004, 261; *Fabricius* in jurisPK-SGB IX § 165 Rn. 17.
28 *Fabricius* in jurisPK-SGB IX § 165 Rn. 17.
29 BAG 23.6.2010 – 7 ABR 3/09, AP Nr. 17 zu § 81 SGB IX = NZA 2010, 1361; dem folgend LAG Bln-Bbg 12.12.2013 – 26 TaBV 1164/13, Behindertenrecht 2014, 174.
30 *Greiner* in Neumann/Pahlen/Greiner/Winkler/Jabben SGB IX § 165 Rn. 6.
31 LAG Bln-Bbg 12.12.2013 – 26 TaBV 1164/13, Behindertenrecht 2014, 174.

können entweder ihre konkrete Betreuungsperson bei der Arbeitsagentur anrufen oder schriftlich informieren oder das Online-Portal nutzen. Eine mündliche Information wird dabei im Zusammenhang mit der Übersendung der Stellenbeschreibung und des Stellenprofils stehen, da eine sinnvolle Suche durch die Agentur ohne Kenntnis der konkreten Anforderungen an die Stelle regelmäßig nicht möglich ist. Nicht ausreichend sind nur pauschale Angaben am Telefon, → § 164 Rn. 142. Im Fall der Online-Suche muss sich der öffentliche Arbeitgeber so verhalten, dass überhaupt ein Vermittlungsauftrag ausgelöst wird. Dazu genügt nicht das einfache Einstellen in die Online-Jobbörse. Es muss auf dem von der BA zur Verfügung gestellten Portal in der Produktlinie „Betreuung" der Auftrag erteilt werden, „Vermittlungsauftrag erfassen".[32]
Ist die Meldung bei der Arbeitsagentur eingegangen, tritt die Fiktion des neu eingefügten Satzes 2 ein. Die BA hat die Erlaubnis, auf der Grundlage der Meldung ein **Stellenangebot zu veröffentlichen**, um die arbeitsuchenden schwerbehinderten Menschen auch zu Eigenbewerbungen zu mobilisieren.

Vorrang der internen Stellenbesetzung: Umstritten war lange, ob der öffentliche 6
Arbeitgeber auch bei einer Ausschreibung nur für interne Versetzungs- oder Beförderungsbewerber Meldepflichten nach Satz 1 bestehen.[33] Das BVerwG schloss aus dem gesetzessystematischen Zusammenhang von Satz 1 und § 81 Abs. 1 aF (seit 1.1.2018: § 164) sowie dem Normzweck dieser Vorschriften, die Meldepflicht sei nur auf die freien Stellen zu beziehen, die für die Besetzung mit externen, dh nicht bereits bei dem öffentlichen Arbeitgeber beschäftigten Bewerbern, vorgesehen seien Die Meldepflicht bestehe folglich nicht, wenn der öffentliche Arbeitgeber den Arbeitsplatz nur intern für seine Beschäftigten ausschreibe, weil er sich gegen die Besetzung mit einem externen Bewerber entschieden habe.[34] Zu beachten ist, dass auch nach dieser einschränkenden Rechtsprechung der öffentliche Arbeitgeber **nicht willkürlich** handeln darf. Sonst könnten die öffentlichen Arbeitgeber die gesetzlich vorgeschriebene Förderung der als arbeitslos oder arbeitsuchend gemeldeten schwerbehinderten Menschen durch interne Ausschreibungen umgehen.[35] Die mit Wirkung vom 30.12.2016 erfolgte Einfügung in Satz 1 hat den Stand der Rspr. in Gesetzgebung umgesetzt. Danach besteht eine Meldepflicht erst „nach einer erfolglosen Prüfung zur internen Besetzung des Arbeitsplatzes". Dazu hat die Berichterstatterin des BT-Ausschusses für Arbeit und Soziales ausgeführt: „Die Einfügung ist erforderlich, weil für öffentliche Arbeitgeber die Meldung frei werdender und neu zu besetzender Arbeitsplätze aufgrund haushaltsrechtlicher Vorschriften problematisch sein kann. Es ist zunächst zu prüfen, ob offene Stellen mit vorhandenem Personal besetzt werden können."[36] Dem ist der frühere Behindertenbeauftragte der Bundesregierung Hüppe entgegen getreten: „Das bedeutet einen erneuten Rückschritt für den öffentlichen Dienst".[37] Das ist schon des-

---

32 LAG Bln-Bbg 12.12.2013 – 26 TaBV 1164/13, Rn. 26, Behindertenrecht 2014, 174; zustimmend: *Simon* in jurisPK-SGB IX § 187 Rn. 41; *Beyer* jurisPR-ArbR 24/2014 Anm. 3.
33 Grundsätzlich bejahend: *Trenk-Hinterberger* in HK-SGB IX § 81 Rn. 4; *Gagel* jurisPR-ArbR 26/2008 Anm. 4; ablehnend: LAG Saarl 13.2.2008 – 1 TaBV 15/07, LAGE § 82 SGB IX Nr. 2; LAG Köln 8.2.2010 – 5 TaBV 73/09, Behindertenrecht 2011, 114, nachgehend: Nichtzulassungsbeschwerde wegen nicht ordnungsgemäßer Begründung als unzulässig verworfen: BAG 18.8.2010 – 9 ABN 28/10.
34 BVerwG 15.12.2011 – 2 A 13/10, Rn. 19, ZTR 2012, 227.
35 BVerwG 15.12.2011 – 2 A 13/10, Rn. 24, ZTR 2012, 227.
36 BT-Drs. 18/10523, 64.
37 Veröffentlicht am 12.4.2017, www.kobinet-nachrichten.org/de/1/nachrichten/35818/Bundestagsabgeordneter (letzter Aufruf 28.1.2021).

halb nicht zutreffend, weil in den Dienststellen bereits vor der Gesetzesänderung aufgrund der Rspr. des BVerwG so verfahren wurde. Auch nach der Übernahme der Ausnahme in den Gesetzestext sind die vom BVerwG aufgestellten Grundsätze zu beachten. Für die Befreiung von der Meldepflicht müssen danach dokumentierte haushaltsrechtliche Gründe vorliegen, die nach ihrem Gewicht geeignet sind, den Ausschluss externer Bewerber zu tragen.[38] Die Änderung ist ausdrücklich wegen „**haushaltsrechtlicher Vorschriften**" erfolgt. Folgerichtig schränkt sie nicht die Pflicht privater Arbeitgeber aus § 164 Abs. 1 Satz 2 ein, frühzeitig Verbindung mit der Agentur für Arbeit aufzunehmen. Die Einschränkung gilt dort selbst dann nicht, wenn Arbeitgeber angeben, eine Stellenbesetzung ausschließlich intern vornehmen zu wollen; denn die Verbindungsaufnahme könnte zu einem qualifizierten Vermittlungsangebot nach § 187 Abs. 5 führen, das auch Förderungsmittel aufzeigt, so dass der Arbeitgeber ernsthaft die Besetzung des freien Arbeitsplatzes mit einem arbeitsuchenden schwerbehinderten Menschen erwägt.

Im Übrigen ist zu beachten, dass ein Arbeitgeber, der eine Stelle nur intern besetzen möchte und sie deshalb nur intern ausschreibt, aber Initiativbewerbungen externer Bewerber zulässt, die Tür zur verpflichtenden Kontaktaufnahme mit der Agentur für Arbeit wieder öffnet.[39]

7 **Befreiung von der Meldepflicht bei Versetzungen aus Überhangpools:** Ein Teil des Schrifttums spricht sich dafür aus, auch bei beabsichtigten Stellenbesetzungen aus sogenannten Überhangpools, in denen Beschäftigte aus überbesetzten oder aufgelösten Dienststellen zusammengefasst werden, entfalle die Meldepflicht.[40] Dem kann nicht zugestimmt werden. Sind die **Überhangpools** nicht als personalvertretungsrechtlicher Bestandteil in die Dienststelle einbezogen, kann nicht die in Satz 1 erfasste Ausnahme der „(dienststellen-)internen Besetzung" stattfinden. Ist der Überhangpool so organisiert, dass er über den Geschäftsbereich des in § 154 Abs. 2 definierten öffentlichen Arbeitgebers hinausgreift, steht dem Absehen von der Meldepflicht die Vorrangentscheidung des Gesetzgebers zugunsten der Beschäftigung schwerbehinderter Menschen in § 122 entgegen; denn mit der Ausnahme von der Meldepflicht würde dann der in § 154 Abs. 1 geregelten Beschäftigungspflicht entgegengewirkt (→ § 205 Rn. 6 ff.).

III. Pflicht zur Einladung zum Vorstellungsgespräch

8 **Pflicht zur Einladung zum Vorstellungsgespräch:** Nach Satz 3 hat der öffentliche Arbeitgeber sich initiativ bewerbende oder gemäß § 164 Abs. 1 Satz 2 zur Vermittlung von der Arbeitsagentur vorgeschlagene schwerbehinderte Menschen zu einem Vorstellungsgespräch zu laden.

Rechtsfrage, wer Bewerberin oder Bewerber iSv § 165 SGB IX ist, hat das BAG unter Rückgriff auf § 6 Abs. 1 Satz 2 Alt. 1 AGG gelöst. Danach sind dies Personen, die eine Bewerbung beim Arbeitgeber eingereicht haben. Eingereicht ist eine Bewerbung dann, wenn sie dem Arbeitgeber nach § 130 BGB zugegangen ist.. Eine tatsächliche Kenntnisnahme des Arbeitgebers oder der bei ihm für Bewerbungen zuständigen Entscheidungsträger von einer zugegangenen Bewer-

---

38 BVerwG 15.12.2011 – 2 A 13/10, Rn. 24, ZTR 2012, 227.
39 LAG Bln-Bbg 12.12.2013 – 26 TaBV 1164/13, Rn. 26, Behindertenrecht 2014, 174; zustimmend *Beyer* jurisPR-ArbR 24/2014 Anm. 3.
40 *Trenk-Hinterberger* in HK-SGB IX, 3. Aufl. 2010, § 82 Rn. 4.

bung ist für die Erfüllung des Bewerberbegriffs nach § 6 Abs. 1 Satz 2 Alt. 1 AGG nicht notwendig.[41] Dem öffentlichen Arbeitgeber muss dazu die Kenntnis von der Tatsache der Bewerbung, der Eigenschaft schwerbehinderter Mensch bzw. Gleichstellung der sich bewerbenden Person zuzurechnen sein. Ferner muss sich um ein Vorstellungsgespräch iSv § 165 Satz 2 SGB IX handeln und der Arbeitgeber darf nicht wegen offensichtlich fehlender Eignung oder mangelnder Mindestangaben der sich bewerbenden Person von der Einladungspflicht befreit sein. Daraus ergeben sich folgende sechs Voraussetzungen:

1. **Zugang der Bewerbung:** Dem öffentlichen Arbeitgeber muss eine Bewerbung oder ein Vermittlungsvorschlag zugegangen sein. Das ist dann der Fall, wenn diese dem Arbeitgeber iSv § 130 BGB **mit der Möglichkeit der Kenntnisnahme zugegangen** sind.[42] Ob die Möglichkeit der Kenntnisnahme bestand, ist nach den „gewöhnlichen Verhältnissen" und den „Gepflogenheiten des Verkehrs" zu beurteilen. Dabei ist im Interesse der Rechtssicherheit auf eine generalisierende Betrachtung abzustellen. Das bedeutet: Wenn für den Empfänger unter gewöhnlichen Verhältnissen die Möglichkeit der Kenntnisnahme bestand, ist es unerheblich, ob er daran durch Krankheit, zeitweilige Abwesenheit oder andere besondere Umstände einige Zeit gehindert war. Ihn trifft die Obliegenheit, die nötigen Vorkehrungen für eine tatsächliche Kenntnisnahme zu treffen. Unterlässt er dies, wird der Zugang durch solche – allein in seiner Person liegenden – Gründe nicht ausgeschlossen.[43] Das gilt auch für den öffentlichen Arbeitgeber. Deshalb ist es ohne Bedeutung, dass die bei dem öffentlichen Arbeitgeber über die Auswahl entscheidenden Personen tatsächlich Kenntnis von einer zugegangenen Bewerbung oder einem Vermittlungsvorschlag nehmen. Eine solche Voraussetzung ergibt sich weder aus dem Wortlaut der Bestimmung, dem durch ihn vermittelten Wortsinn noch aus dem Gesamtzusammenhang der Regelung oder ihrem Sinn und Zweck. Vielmehr liefe eine solche Anforderung dem Zweck ua der Richtlinie 2000/78/EG und dem des AGG, Diskriminierungen nicht nur im laufenden Arbeitsverhältnis, sondern ua auch im Auswahl-/Stellenbesetzungsverfahren zu verhindern, zuwider. Ein effektiver Schutz vor Diskriminierungen von Bewerbern würde nicht erreicht, wenn der Arbeitgeber sich nach Zugang einer Bewerbung iSv § 130 BGB darauf berufen könnte, die im Einzelfall von ihm mit der Personalauswahl betrauten Mitarbeiter hätten eine zugegangene Bewerbung nicht zur Kenntnis genommen.[44]

2. **Kenntnis von der Schwerbehinderung:** Dem öffentlichen Arbeitgeber muss die **Schwerbehinderteneigenschaft** oder **Gleichstellung** der sich bewerbenden Person **bekannt** gewesen sein oder er hätte sich aufgrund der Bewerbungsunterlagen diese Kenntnis verschaffen können und müssen. Soweit die Schwerbehinderteneigenschaft einem Arbeitgeber nicht schon wie zB bei einer Aufstiegsbewerbung oder einer Bewerbung vor Ablauf eines befristeten Arbeitsvertrags bekannt ist, muss der Bewerber den Arbeitgeber über

---

41 BAG 23.1.2020 – 8 AZR 484/18, Rn. 16, NZA 2020, 851; *Jesgarzewski* BB 2020, 1664.
42 BAG 23.1.2020 – 8 AZR 484/18, Rn. 18; SuP 2020,123.
43 St. Rspr. vgl. BAG 22.8.2019 – 2 AZR 111/19, Rn. 12 mwN NZA 2019, 1490; *Ulrici*, Zugang einer Kündigungserklärung bei Einwurf in Hausbriefkasten, jurisPR-ArbR 5/2020 Anm. 2.
44 BAG 23.1.2020 – 8 AZR 484/18, Rn. 19, SuP 2020,123 unter Hinweis auf das Gebot der vollen und praktischen Wirksamkeit, das dem Unionsrecht innewohnt, auf EuGH 24.10. 2018 – C-234/17 – [XC ua] Rn. 36–44, EuZW 2019, 82.

seine Schwerbehinderteneigenschaft in Kenntnis setzen. Dies hat regelmäßig im Bewerbungsschreiben selbst unter Angabe des GdB, gegebenenfalls einer Gleichstellung zu geschehen. Der Arbeitgeber ist gehalten, bei jeder Bewerbung das eigentliche Bewerbungsschreiben mit der Angabe der Schwerbehinderung oder Gleichstellung zur Kenntnis zu nehmen.[45] Wegen der Pflicht zur gegenseitigen Rücksichtnahme auf die Interessen und Rechte des Vertragspartners (§ 241 Abs. 2 BGB in Verbindung mit § 311 Abs. 2 Nr. 1 BGB) ist jedoch auch die sich bewerbende Person gehalten, den Arbeitgeber über die Eigenschaft als schwerbehinderter oder gleichgestellt behinderter Mensch klar und eindeutig zu informieren. Daher sind „eingestreute" oder unauffällige Informationen, indirekte Hinweise in beigefügten amtlichen Dokumenten, eine in den weiteren Bewerbungsunterlagen befindliche Kopie des Schwerbehindertenausweises etc keine ordnungsgemäße Information des angestrebten Vertragspartners.[46]

3. **keine offensichtlich fehlende fachliche Eignung** : Der Arbeitgeber darf nicht von der Einladungspflicht befreit sein. Nach Satz 4 besteht keine Pflicht, wenn dem Bewerber die fachliche **Eignung offensichtlich** fehlt. Der in den Vorauflagen vertretenen Ansicht zugunsten einer weit gefassten Einladungspflicht hat sich die Rechtsprechung angeschlossen. Danach muss ein schwerbehinderter Bewerber „die Chance eines Vorstellungsgesprächs bekommen, wenn seine fachliche Eignung zweifelhaft, aber nicht offensichtlich ausgeschlossen ist".[47] Das bedeutet: „Selbst wenn sich der öffentliche Arbeitgeber aufgrund der Bewerbungsunterlagen schon die Meinung gebildet hat, ein oder mehrere andere Bewerber seien so gut geeignet, dass der schwerbehinderte Bewerber nicht mehr in die nähere Auswahl komme, muss er den schwerbehinderten Bewerber nach dem Gesetzesziel einladen."[48] Ein Ausschluss aus dem weiteren Bewerbungsverfahren wäre eine Benachteiligung iSv § 164 Abs. 2 Satz 1 SGB IX, § 3 Abs. 1 AGG, weil sie nach Auffassung des BAG in einem unmittelbaren ursächlichen Zusammenhang mit der Behinderung stünde.[49]

4. **Mindestangaben der sich bewerbenden Person zur Eignung** : Die bewerbende Person hat hinreichende Angaben zur Einschätzung ihrer **Eignung** gemacht. Der öffentliche Arbeitgeber benötigt insoweit Angaben; denn er muss prüfen und entscheiden können, ob er verpflichtet ist, einen schwerbehinderten Menschen zu einem Vorstellungsgespräch einzuladen oder ob er nach § 165 Satz 4 SGB IX von der Verpflichtung zur Einladung wegen offensichtlicher Ungeeignetheit (→ Rn. 19) befreit ist. Diese Prüfung muss der schwerbehinderte Bewerber dem öffentlichen Arbeitgeber durch **Angaben zu seinem fachlichen Leistungsprofil** in den Bewerbungsunterlagen ermöglichen. Kommt der Bewerber dieser Obliegenheit nicht ausreichend nach, geht dies zu seinen Lasten. Dann besteht für den öffentlichen Arbeit-

---

45 BAG 16.9.2008 – 9 AZR 791/07, Rn. 39, Behindertenrecht 2009, 86; zustimmend: *Dahl* jurisPR-ArbR 4/2009 Anm. 1, ablehnend: *Joussen* AP Nr. 15 zu § 81 SGB IX; an die Rspr. des Neunten Senats anknüpfend: LAG München 14.8.2019 – 10 Sa 725/18, Rn. 50; Revision unter 8 AZR 171/20 anhängig.
46 BAG 26.9.2013 – 8 AZR 650/12, Rn. 30, NZA 2014, 258; zustimmend: *Diringer* AuA 2014, 617: an die Rspr. des Achten Senats anschließend: LAG München 14.8.2019 – 10 Sa 725/18, Rn. 50; Revision unter 8 AZR 171/20 anhängig.
47 BAG 16.2.2012 – 8 AZR 697/10, NZA 2012, 667.
48 BAG 16.2.2012 – 8 AZR 697/10, NZA 2012, 667.
49 BAG 16.2.2012 – 8 AZR 697/10, NZA 2012, 667.

geber regelmäßig keine Verpflichtung, den schwerbehinderten Menschen zu einem Vorstellungsgespräch einzuladen.[50]

5. **rechtzeitige Angaben:** Jede sich bewerbende Person, die wegen Ihrer Eigenschaft als schwerbehinderter oder gleichgestellt behinderter Mensch zum Vorstellungsgespräch geladen werden will, muss rechtzeitig den Arbeitgeber von ihrer besonderen Eigenschaft in Kenntnis setzen. Wird die Eigenschaft erst nach Ablauf der Bewerbungsfrist und **nach Abschluss des Auswahlverfahrens** offenbart, ist der Arbeitgeber nicht verpflichtet, den laufenden Entscheidungsprozess abzubrechen und zu einem nachträglich zu einem Vorstellungsgespräch einzuladen.[51]

   Beispiel:
   Im Entscheidungsfall hatte der Kläger den Arbeitgeber erst ca. sieben Wochen nach Ablauf der Bewerbungsfrist und zu einem Zeitpunkt, zu dem die Bewerberauswahl bereits abgeschlossen war, über seine Schwerbehinderung informiert.[52]

6. **Vorstellungsgespräch iSv Satz 2:** Der Begriff „Vorstellungsgespräch" ist nicht eng im Sinne eines Gesprächs, in dem sich der Bewerber einmalig vorstellt, zu verstehen, sondern weit auszulegen. Er umfasst grundsätzlich alle Instrumente im Verfahren der Personalauswahl unabhängig von ihrer Bezeichnung (zB als Auswahlgespräch, Test, Assessment Center, Interview etc.), der angewandten Methode (zB biografie-, test- oder simulationsorientierte Verfahren) und der konkreten Durchführungsform (zB Rollenspiele, Fallbeispiele, Ad-hoc-Präsentationen etc.), die nach der eigenen Konzeption des Arbeitgebers erforderlich sind, um sich einen umfassenden Eindruck von der fachlichen und persönlichen Eignung des Bewerbers zu machen.[53] Dies soll aus einer am Sinn und Zweck orientierten Auslegung des Begriffs „Vorstellungsgespräch" unter Berücksichtigung der in Art. 5 der Richtlinie 2000/78/EG sowie in Art. 5 Abs. 3, Art. 27 Abs. 1 und Art. 2 Unterabs. 3 UN-BRK getroffenen Bestimmungen als angemessene Vorkehrung folgen.[54] Im Schrifttum wird darauf hingewiesen, dass diese Einordnung unzutreffend sei.[55] Es handele sich vielmehr um eine positive Maßnahme iSv Art. 7 Abs. 2, 2. Alt. RL 2000/78/EG und Art. 5 Abs. 4 UN-BRK, um eine Eingliederung von Menschen mit einer Behinderung in die Arbeitswelt zu fördern.[56] Der Kritik ist zuzustimmen (→ Rn 1 Unionsrecht und UN-BRK); denn würde es sich bei den Pflichten, die § 165 Satz 1 und 3 SGB IX den öffentlichen Arbeitgebern auferlegt, um angemessene Vorkehrungen iSd Art. 5 der Richtlinie 2000/78/EG handeln, müssten diese Vorkehrungen in gleicher Weise für alle Arbeitgeber gelten. Eine Beschränkung auf öffentliche Arbeitgeber wäre richtlinienwidrig. Insoweit besteht eine Abweichung von der Rspr. des BVerwG. Dies hat § 82 S. 2 SGB IX a.F. rechtssystema-

---

50 BAG 11.8.2016 – 8 AZR 375/15, Rn. 38, BAGE 156, 107 = NZA 2017, 43.
51 LAG München 14.8.2019 – 10 Sa 725/18, Rn. 50 ff.; Revision unter Az. 8 AZR 171/20 anhängig.
52 LAG München 14.8.2019 – 10 Sa 725/18, Rn. 49; Revision unter Az. 8 AZR 171/20 anhängig.
53 BAG 27.8.2020 – 8 AZR 45/19, Rn. 44, ablehnend *von Roetteken* jPR-ArbR 3/2021 Anm. 8.
54 BAG 27.8.2020 – 8 AZR 45/19, Rn. 48, kritisch *von Roetteken* jPR-ArbR 3/2021 Anm. 8.
55 *von Roetteken* jPR-ArbR 3/2021 Anm. 8.
56 *von Roetteken* jPR-ArbR 3/2021 Anm. 8.

tisch als positive Maßnahme § 5 AGG zugeordnet, der der Umsetzung von Art. 7 Abs. 1 Richtlinie 2000/78/EG dient.[57]

9 **Personalauswahl durch Dritte:** Die Pflicht des öffentlichen Arbeitgebers aus § 165 Satz 3 SGB IX, den offensichtlich nicht ungeeigneten schwerbehinderten Bewerber zum Vorstellungsgespräch zu laden, wird nicht durch die **Zwischenschaltung eines Dritten**, zB **Headhunters**, aufgehoben. Der öffentliche Arbeitgeber kann sich der Einladungspflicht auch nicht dadurch entledigen, dass er einen Dritten, zB einen **Personaldienstleister**, als Auswahlhelfer zwischenschaltet. Bei dieser Verpflichtung handelt es sich um eine originäre Pflicht des Arbeitgebers. Sie kann daher nicht durch die Übertragung auf Dritte aufgehoben oder eingeschränkt werden.[58] Zum vergleichbaren Fall der so organisierten Abwehr von möglichen Entschädigungsansprüchen nach dem AGG hat das BAG erkannt, der Arbeitgeber bleibe auch dann für Benachteiligungen nach § 6 Abs. 2 AGG verantwortlich, wenn er eine Personalvermittlerin einschaltet und dieser die endgültige Auswahl in alleiniger Verantwortung überträgt.[59]Das entspricht auch der Rspr. zur Zurechnung einer nicht geschlechtsneutralen Stellenausschreibung.[60] Die Zwischenschaltung von Dritten kann die Beteiligung der SBV an den Vorstellungsgesprächen nicht verdrängen → § 164 Rn. 154.

10 **Keine Ausnahme für interne Stellenbesetzung:** Wenn keine Meldepflicht nach Satz 1 besteht (→ Rn. 6), weil der Arbeitgeber berechtigterweise externe Bewerbungen ausgeschlossen habe, dann soll für „solche Arbeitsplätze" auch die Einladungspflicht nach Satz 2 entfallen.[61] Gegen diese Schlussfolgerung wird eingewandt, das Wort „solche" kann ebenso gut lediglich auf die in Satz 1 genannten frei werdenden und besetzbaren sowie die neu eingerichteten Arbeitsplätze bezogen sein.[62] Mit dieser Auslegungsvariante haben sich die Vertreter der restriktiven Auslegung nicht auseinandergesetzt.[63] Noch mehr als bei der Auslegung der Meldepflicht nach Satz 1 ist hier das im SGB IX vom deutschen Gesetzgeber in Anspruch genommene Recht aus Art. 5 Art. 5 Abs. 1 Satz 1 RL 2000/78/EG zu beachten: „Der Gleichbehandlungsgrundsatz hindert die Mitgliedstaaten nicht daran, zur Gewährleistung der völligen Gleichstellung im Berufsleben spezifische Maßnahmen beizubehalten oder einzuführen, mit denen Benachteiligungen wegen eines in Artikel 1 genannten Diskriminierungsgrunds verhindert oder ausgeglichen werden". Die Regelung in Satz 3 stellt eine derartige positive Förderungsmaßnahme zum Ausgleich der gruppenspezifischen Nachteile beim Zugang zur Beschäftigung dar.[64] Sie ist auch bezogen auf den öffentlichen Dienst erforderlich; denn nach Art. 27 Abs. 1 Satz 2 lit. g UN-BRK ist Deutschland verpflichtet, „Menschen mit Behinderung im öffentlichen Sektor zu beschäftigen". Dienst somit die Einladungspflicht für öffentliche Arbeitgeber dem Zweck die Aussichten auf Einstellung und Beschäftigung im öffentlichen Dienst zu erhöhen, so scheidet eine teleologische Reduktion der Norm aus. Das hat auch der Fünfte Senat des BVerwG erkannt, wenn er Satz 2 der alten Fassung (seit 2018 zu Satz 3 verschoben) als eine spezifische Schutzbestim-

---

57 BVerwG 3.3.2011 – 5 C 16.10, juris Rn. 17, Behindertenrecht 2011, 174.
58 *Adlhoch* Behindertenrecht 2018, 9.
59 Vgl. BAG 23.1.2014 – 8 AZR 118/13, Rn. 19 ff., BB 2014, 1534.
60 Vgl. BAG 5.2.2004 – 8 AZR 112/03, BAGE 109, 265.
61 So: BVerwG 15.12.2011 – 2 A 3/10, ZTR 2012, 227; LAG Saarl 13.2.2008 – 1 TaBV 15/07, LAGE § 82 SGB IX Nr. 2; LAG Köln 8.2.2010 – 5 TaBV 73/09, Behindertenrecht 2011, 114.
62 *Gagel* jurisPR-ArbR 26/2008 Anm. 4.
63 Zutreffend: *von Roetteken* jurisPR-ArbR 24/2012 Anm. 4.
64 Soweit in der Vorauflage von einer angemessenen Vorkehrung iSv 5 RL 2000/78/EG ausgegangen wurde, wird diese Auffassung aufgegeben.

mung (besser: Nachteilsausgleich) für Schwerbehinderte iSd § 5 AGG bezeichnet.[65] Daraus folgt eine weite Auslegung, um die andernfalls eintretenden Nachteile für Schwerbehinderte so gering wie möglich zu halten.[66] Demgegenüber erkennt der Zweite Senat des BVerwG zwar die besondere Zielsetzung an,[67] zieht aber daraus nicht für die Auslegung der Norm die sachlich gebotenen Konsequenzen. Das weitere Argument, es könne davon ausgegangen werden, das Leistungsprofil der vorhandenen Beschäftigten sei den Personalverantwortlichen bereits hinlänglich bekannt, spiegelt einen für Revisionsrichter risikoreichen Erfahrungssatz wider. Er ist zudem erkennbar ungeeignet, die Sinnhaftigkeit der Einladungspflicht auch für interne Bewerber zu widerlegen. Dient doch ein Vorstellungsgespräch dazu, Vorbehalte oder Vorurteile gegenüber Schwerbehinderten zu beseitigen. Solche falschen Vorstellungen können auch im Verhältnis von Personalverantwortlichen zu bereits beschäftigten Schwerbehinderten bestehen. Auch hier ist die durch Satz 3 vermittelte Chance, sich im Vorstellungsgespräch präsentieren zu können, hilfreich. Schließlich spricht auch der sinnvolle Gleichlauf mit § 7 Abs. 1 BGleiG und entsprechenden landesrechtlichen Bestimmungen zur Geschlechtergleichstellung für die weite Auslegung; denn diese finden auch Anwendung, wenn keine externe Stellenbesetzung stattfinden soll. Der hier vertretenen Auffassung hat sich der Achte Senat des BAG angeschlossen: „Der öffentliche Arbeitgeber, dem die Bewerbung einer fachlich nicht offensichtlich ungeeigneten schwerbehinderten oder dieser gleichgestellten Person zugeht, muss diese nach auch bei einer (ausschließlich) internen Stellenausschreibung zu einem Vorstellungsgespräch einladen."[68]

Anforderungsprofil als Grundlage der Feststellung der Einladungspflicht: Der Dienstherr bestimmt durch die Festlegung des Anforderungsprofils die Kriterien für die Bewerberauswahl.[69] Er ist gehindert, erst nach Eingang der Bewerbungen Kriterien für ein Anforderungsprofil festlegen. Er kann sich nicht auf diese Weise der Mühsal der Vorstellungsgespräche mit schwerbehinderten Bewerbern entziehen, indem er durch die später festgelegten Kriterien die offensichtlich fehlende Eignung der schwerbehinderten Bewerber konstruiert. Er ist an die in der **Ausschreibung** selbst aufgestellten zwingenden Mindestanforderungen gebunden. Das gilt auch für Massenbewerbungsverfahren[70], zu der abweichenden Ansicht eines OVG → § 164 Rn. 134. Deshalb ist dem öffentlichen Arbeitgeber zu empfehlen, bereits bei der nach § 164 Abs. 1 Satz 1 und 6 mit der SBV gemeinsam vorzunehmenden Prüfung, ob die Stelle für schwerbehinderte Menschen geeignet ist, ein im Hinblick auf § 8 AGG und Art. 33 Abs. 2 GG angemessenes Anforderungsprofil zu erörtern und festzulegen. Bei juristischen Berufen ist es zulässig, als zwingende Zusatzanforderungen zur Befähigung zum Richteramt eine bestimmte Mindestnote im Zweiten Staatsexamen und ein bestimmtes Ausmaß an praktischen Erfahrungen (zB mindestens drei Jahre anwaltliche oder behördliche Tätigkeit im Verwaltungsrecht) zu verlangen (→ Rn. 15). Die Rspr. hat auch anerkannt, dass „sehr gute Sprachkenntnisse einer oder mehrerer bestimmter Sprachen" Inhalt des zulässigen Anforderungsprofils einer Stelle sein können. Deshalb sind Bewerber, die diese Sprachkennt- 11

---

65 BVerwG 3.3.2011 – 5 C 16.10, Rn. 17, NZA 2011, 977 (978).
66 Zutreffend: *von Roetteken* jurisPR-ArbR 24/2012 Anm. 4.
67 BVerwG 15.12.2011 – 2 A 13/10, ZTR 2012, 227.
68 BAG 25.6.2020 – 8 AZR 75/19, PM 18/2020; so zuvor bereits LAG Bln-Bbg 1.11.2018 – 21 Sa 1643/17; LAGE § 165 SGB IX 2018 Nr. 6; zustimmend: *von Roetteken* jurisPR-ArbR 15/2019 Anm. 4.
69 BAG 16.2.2012 – 8 AZR 697/10; LAG SchlH 9.9.2015 – 3 Sa 36/15 Rn. 33, LAG Bln-Bbg 19.2.2015 – 26 Sa 1990/14; *Salomon-Hengst* öAT 2015, 205.
70 Vgl. BAG 21.7.2009 – 9 AZR 431/08, NZA 2009, 1087.

nisse nicht aufweisen, bereits offensichtlich fachlich ungeeignet iSd § 165 Satz 4 SGB IX.[71] Werden die Sprachkenntnisse im Rahmen eines **Eignungstests** ermittelt, handelt es sich in diesem Fall um die Erfüllung des Anforderungsprofils, das der Auswahl vorgelagert ist.[72] Anders ist die Rechtslage, wenn mit dem Test eine nicht im Anforderungsprofil beschriebene Eignung geprüft werden soll. In diesem Fall ist der Arbeitgeber nicht von der Pflicht zur Einladung zum Vorstellungsgespräch entbunden; denn der Test ist dann Gegenstand des Auswahlverfahrens.[73] Hat der Arbeitgeber eine **Vorauswahl** anhand der Bewerbungsunterlagen getroffen und ist er deshalb der Meinung, ein oder mehrere andere Bewerber seien so gut geeignet, dass der schwerbehinderte Bewerber nicht mehr in die nähere Auswahl einbezogen werden sollte, muss er dennoch die schwerbehinderten Bewerber einladen und ihnen die Chance einräumen, ihn durch eine gute Präsentation im Vorstellungsgespräch umzustimmen.[74]

Der öffentliche Arbeitgeber darf nicht **willkürlich Anforderungen** an Bewerber stellen, die nach der im Arbeitsleben herrschenden Verkehrsanschauung durch die Erfordernisse der wahrzunehmenden Aufgaben unter keinem nachvollziehbaren Gesichtspunkt gedeckt sind.[75] Er ist vielmehr gehalten, das Anforderungsprofil ausschließlich **nach objektiven Kriterien** aufzustellen.[76] Erst recht ist es im Lichte von § 8 AGG als Benachteiligung zu werten, wenn Anforderungen, wie zB Besitz einer gültigen **Fahrerlaubnis**, später kunstvoll als Eignungskriterien konstruiert werden, um hochqualifizierte Menschen, die trotz Sehbehinderung gute Examensnoten erreicht haben, von Positionen wie denen eines Justiziars fernzuhalten, obwohl das eigene Führen eines Kraftfahrzeugs regelmäßig für derartige Positionen keine Bedeutung hat.[77]

12 **Erleichterung des Zugangs zum Auswahlverfahren:** Der schwerbehinderte oder gleichgestellte behinderte Bewerber ist im Bewerbungsverfahren durch die **Chance zu dem Vorstellungsgespräch** bewusst bessergestellt als der Konkurrent ohne Schwerbehinderung oder Gleichstellung. Dieser Vorteil stellt sich bei näherer Betrachtung nur als ein **Nachteilsausgleich** dar; denn auch bei Einräumung dieser Chance verbleibt die Behinderung, die sich als Beeinträchtigung auswirkt, auch wenn sie durch Hilfen kompensiert werden kann. Der Bewerber soll im Rahmen des Vorstellungsgesprächs die Chance haben, den Arbeitgeber von seiner Eignung zu überzeugen. Wird ihm diese Möglichkeit genommen, liegt darin eine weniger günstige Behandlung, als sie das Gesetz zur Herstellung gleicher Bewerbungschancen gegenüber anderen Bewerbern für erforderlich hält.[78] Der zugleich damit verbundene Ausschluss aus dem weiteren Bewerbungsverfahren stellt sich als eine Benachteiligung dar, die in einem ursächlichen Zusammenhang mit der Behinderung steht (Einzelheiten: → § 164 Rn. 41 ff.) und deshalb zu entschädigen ist (→ Rn. 30).

13 **Aufnahme in den Vorbereitungsdienst:** Auch bei Zuteilung eines Platzes zur Ableistung des Vorbereitungsdienstes im Rahmen einer Bedarfsausbildung, zB höherer Bibliotheksdienst oder Referendariat, gilt der Grundsatz, dass schwerbehinderte Menschen, die sich um einen Arbeitsplatz beworben haben, zu einem

---

71 LAG Bln-Bbg 8.1.2018 – 4 Ta 1489/17, Rn. 22, NZA-RR 2018, 271.
72 LAG Bln-Bbg 8.1.2018 – 4 Ta 1489/17, Rn. 25, NZA-RR 2018, 271.
73 So LAG SchlH 9.9.2015 – 3 Sa 36/15, Rn. 36, Behindertenrecht 2016, 147; zustimmend: *Giese* jurisPR-ArbR 2/2016 Anm. 7.
74 *Neumann* in Neumann/Pahlen/Majerski-Pahlen, 12. Aufl. 2010, SGB IX § 82 Rn. 5.
75 BAG 24.1.2013 – 8 AZR 188/12, Rn. 27, Behindertenrecht 2013, 227.
76 BAG 11.8.2016 – 8 AZR 375/15, Rn. 35, NZA 2017, 43.
77 So Sachverhalt: ArbG Osnabrück 10.2.2016 – 4 Ca 395/15 Ö, DVBl 2016, 523.
78 Grundlegend: BAG 12.9.2006 – 9 AZR 807/05, AP Nr. 13 zu § 81 SGB IX.

Vorstellungsgespräch eingeladen werden. Die Einladung ist nur entbehrlich, wenn die fachliche Eignung offensichtlich fehlt.[79] Bei der Auswahl eines Bewerbers für den höheren Bibliotheksdienst ist der Nachweis einer „erwünschten" Promotion nur ein Hilfskriterium. Dieses ist gegenüber einer anerkannten Schwerbehinderung als nachrangig zu gewichten.[80]

Bedeutung der Einladung zum Vorstellungsgespräch: Allein aus der in Befolgung der in § 165 Satz 3 geregelten Pflicht, zu einem Vorstellungsgespräch einzuladen, kann noch nicht darauf geschlossen werden, der Arbeitgeber sei selbst davon ausgegangen, der schwerbehinderte Bewerber sei für die Übertragung des Dienstpostens an sich geeignet.[81] Der öffentliche Arbeitgeber ist nämlich nach Satz 4 nur dann von der Pflicht zur Einladung befreit, soweit die fachliche Eignung offensichtlich fehlt. Das heißt: Zweifel an der Eignung können bestanden haben; denn sie befreien nicht von der Einladungspflicht. 14

Nachholung der pflichtwidrig unterlassenen Einladung: Ein Verstoß gegen die Pflicht aus Satz 3 kann **geheilt** werden, wenn der Arbeitgeber des öffentlichen Dienstes den Stellenbewerber auf dessen Beanstandung hin zu dem noch laufenden Bewerbungsverfahren zulässt und noch rechtzeitig vor Abschluss des Auswahlverfahrens zu einem Vorstellungstermin lädt. Wird so der Verstoß so geheilt, so entfällt damit auch eine etwaige Indizwirkung iSv § 22 AGG.[82] 15

Verschiebung des Vorstellungstermins bei Krankheit: Angesichts des öffentlichen Interesses an alsbaldiger Stellenbesetzung ist ein öffentlicher Arbeitgeber nicht gehalten, die **Gesundung** aller – auch langfristig erkrankter – Bewerber **abzuwarten**, bevor er eine Entscheidung über die Stellenbesetzung trifft.[83] Daraus folgt jedoch folgt nicht, dass er einen Bewerber allein deshalb im Rahmen eines Auswahlverfahrens übergehen darf, weil dieser kurzzeitig erkrankt und deshalb zur Teilnahme an einem Vorstellungstermin nicht in der Lage ist. Vielmehr stehen regelmäßig öffentliche Belange einer kurzfristigen Nachholung des Gesprächstermins nicht entgegen. Ein öffentlicher Arbeitgeber, der das nicht berücksichtigt, verletzt den auf Art. 33 Abs. 2 GG fußenden Bewerbungsverfahrensanspruch des kurzfristig erkrankten und unmittelbar wieder gesundeten Bewerbers.[84] 16

Keine Pflicht zu mehrfacher Einladung bei Mehrfachbewerbung: Hat sich ein schwerbehinderter Mensch auf mehrere Stellen zugleich beworben, kann es ausreichen, wenn er nur zu einem Vorstellungsgespräch geladen wird.[85] Das setzt voraus[86]: 17
1. für die Besetzung der Stellen ist eine (auch übergeordnete) Stelle zuständig (im Entscheidungsfall war das die Regionaldirektion Berlin-Brandenburg der BA),
2. der Bewerber ist zu einem Vorstellungsgespräch für Stellen mit identischem Anforderungsprofil eingeladen worden (im Entscheidungsfall: bei der Agentur für Arbeit Berlin-Mitte zu besetzende Stellen),
3. das Auswahlverfahren wird nach identischen Kriterien durchgeführt und
4. eine Vertreterin der zuständigen Stelle (hier: Regionaldirektion Berlin-Brandenburg) gehört den jeweils gebildeten Auswahlkommissionen an.

---

79 BayVGH 7.10.2004 – 3 CE 04.2770, Behindertenrecht 2005, 174.
80 BayVGH 7.10.2004 – 3 CE 04.2770, Behindertenrecht 2005, 174.
81 LAG MV 8.9.2009 – 5 Sa 125/09.
82 LAG Köln 29.1.2009 – 7 Sa 980/08, PersR 2010, 2.
83 OVG NRW 27.2.2012 – 6 A 2324/10, juris Rn. 10, www.nrwe.de.
84 VG Düsseldorf 16.7.2012 – 26 L 854/12.
85 BAG 25.6.2020 – 8 AZR 75/19, PM 18/2020.
86 BAG 25.6.2020 – 8 AZR 75/19, PM 18/2020.

Mit der Aufstellung dieser Anforderungen ist der Achte Senat weniger streng als die Vorinstanz. Diese hatte weitergehend gefordert, dass die Auswahlkommissionen völlig personenidentisch seien und zwischen den Auswahlentscheidungen nur wenige Wochen lägen.[87]

IV. Eignungskriterien

18 **Aufstellen der Stellenanforderungen im öffentlichen Dienst:** Die Auswahlkriterien sind einfachgesetzlich zB in § 8 a, § 12 Abs. 1 DRiG und § 9 BeamtStG als **Eignung, Befähigung und fachliche Leistung** benannt. Sie sind durch den verfassungskräftigen Grundsatz der Bestenauslese in Art. 33 Abs. 2 GG abschließend und vorbehaltlos vorgegeben.[88] Auf welchen Bezugspunkt diese Kriterien zu beziehen sind, ergibt sich aus dem „Anforderungsprofil", das als Funktionsbeschreibung des Dienstpostens objektiv die Anforderungen bestimmt, die der künftige Inhaber erfüllen muss.[89] Es liegt gleichermaßen im organisatorischen Ermessen des öffentlichen Arbeitgebers, wie er einen Dienstposten zuschneidet als auch welche Anforderungen er für die Wahrnehmung der Aufgaben auf dem Arbeitsplatz zugrunde legt. Es kann deshalb auch zulässig sein, „**Berufserfahrung** in der öffentlichen Verwaltung" zu einem sogenannten Muss-Kriterium in der Ausschreibung zu machen[90] oder **Examensnoten** zum Nachweis der geforderten fachlichen Qualifikation in sein diskriminierungsfreies und sachlich gerechtfertigtes Anforderungsprofil aufzunehmen.[91]

Der Arbeitgeber darf nach § 8 Abs. 1 AGG nur dem Arbeitsplatz objektiv angemessene berufliche Anforderungen aufstellen. Der öffentliche Arbeitgeber überschreitet den ihm bei der Organisation der Arbeit zustehenden **Ermessensspielraum**, wenn er überzogene Forderungen an die Körperfunktion, an die geistigen Fähigkeiten oder an die seelische Gesundheit stellt, weil er auf diesem Wege behinderten Menschen den nach Art. 33 Abs. 2 GG garantierten Zugang zum Amt versperrt. Deshalb ist dem öffentlichen Arbeitgeber auch verwehrt, Inhaber von höherwertigen Abschlüssen allein aus dem formalen Grund „Überqualifikation" ohne Überprüfung der tatsächlich erworbenen Qualifikationen von vornherein aus dem Auswahlverfahren auszuschließen.[92] Der Festlegung einer **formalen Qualifikation** durch den öffentlichen Arbeitgeber kommt nämlich nur die Aufgabe zu, die durch eine Prüfung nachgewiesene Befähigung zur Erledigung bestimmter Aufgaben abstrakt zu beschreiben. Daher muss jeweils geprüft werden, ob die unabhängig von der formalen Qualifikation auf Basis der durchlaufenen Ausbildung und der erworbenen Berufserfahrung **gleichwertige Fähigkeiten und Kenntnisse** vorhanden sind.[93]

Mit der Bestimmung eines angemessenen „Anforderungsprofils" für die zu vergebende Stelle (→ Rn. 9) legt der Dienstherr die maßgebenden Kriterien für die Auswahl der Bewerber fest: Daran sind die Eigenschaften und Fähigkeiten der Bewerber zu messen.[94] Hier ist zu beachten, dass der Arbeitgeber vor der Festlegung des Stellenprofils des neu zu besetzenden Arbeitsplatzes nach § 164

---

87 LAG Bln-Bbg 11.2018 – 21 Sa 1643/17, Rn. 151, LAGE § 165 SGB IX 2018 Nr. 6.
88 Vgl. BVerfG 8.10.2007 – 2 BvR 1846/07 ua, NVwZ 2008, 69.
89 Vgl. VGH BW 7.6.2005 – 4 S 838/05, NVwZ-RR 2006, 185.
90 LAG Nds 3.4.2014 – 5 Sa 1272/13, Rn. 39, LAGE § 82 SGB IX Nr. 5.
91 *Störmer* jurisPR-BVerwG 23/2011 Anm. 1.
92 BAG 16.9.2008 – 9 AZR 791/07, BAGE 127, 367; dem nachfolgend: LAG Bln-Bbg 27.11.2019 – 15 Sa 949/19, Rn. 47, NZA-RR 2020, 179.
93 LAG Bln-Bbg 27.11.2019 – 15 Sa 949/19, Rn. 47, NZA-RR 2020, 179.
94 Vgl. BVerfG 8.10.2007 – 2 BvR 1846/07 ua, NVwZ 2008, 69; BVerwG 16.8.2001 – 2 A 3/00, BVerwGE 115, 58.

Abs. 1 Satz 1 und 6 die SBV an der Prüfung zu beteiligen hat, ob und wie dieser Arbeitsplatz geeignet ist, ihn auch mit „internen" schwerbehinderten Beschäftigten oder mit „externen" arbeitslos oder arbeitsuchend gemeldeten schwerbehinderten Menschen zu besetzen (→ § 164 Rn. 105 ff.). Dabei ist es unumgänglich, auch die Fragen zu erörtern, ob es zwingende fachliche und persönliche Anforderungen gibt, die einer Stellenbesetzung mit Menschen mit bestimmten behinderungsbedingten Einschränkungen entgegenstehen. Werden Hindernisse festgestellt, ist weiter zu prüfen, ob diese Einschränkungen durch technische Hilfsmittel oder Maßnahmen iSv § 164 Abs. 4 Satz 1 kompensiert werden können.

Bindung an aufgestellte Anforderungen: Hat der öffentliche Arbeitgeber für die zu vergebende Stelle das „**Anforderungsprofil**" bestimmt und insbesondere in einer öffentlichen Ausschreibung bekannt gemacht, so hat er sich insoweit selbst gebunden. Die vorentscheidende Gestaltung der Auswahlkriterien gilt für das gesamte laufende Auswahlverfahren[95], siehe zur abweichenden Rspr. eines OVG → § 164 Rn. 134. An diesen Anforderungen sind die Eigenschaften und Fähigkeiten der Bewerber zu messen.[96] Eine gleiche Bindung kann sich auch aus einer generellen Festlegung von persönlichen Fähigkeiten und Eigenschaften, „die ein Stelleninhaber im Idealfall mitbringen soll", ergeben.[97]   19

Bindung an normative Voraussetzungen: Der Einladung zum Vorstellungsgespräch bedarf es wegen offensichtlich fehlender fachlicher Eignung eines Bewerbers nicht, wenn es aus Rechtsgründen ausgeschlossen ist, den Arbeitsplatz mit ihm zu besetzen.[98]   20

Beispiele:
1. Nach § 5 Abs. 1 DRiG ist der erfolgreiche Abschluss der Ersten und Zweiten juristischen Staatsprüfung unverzichtbarer Nachweis der fachlichen Eignung für das Richteramt.
2. Soldaten dürfen beim Bundesnachrichtendienst nur auf Stellen verwendet werden, die zumindest einen deutlichen inhaltlichen Bezug zur militärischen Auslandsaufklärung aufweisen.[99]

Aufstellen von zwingenden Zusatzanforderungen und Abweichung davon: Der öffentliche Arbeitgeber ist nicht gehindert, sachgerechte Zusatzanforderungen zusätzlich zu normativ geregelten Mindestanforderungen aufzustellen. Dabei ist zwischen Soll- und Muss-Anforderungen zu unterscheiden.[100] Soll-Kriterien sind erkennbar an einer Abschwächung, wie sie beispielsweise die Formulierungen: „ist wünschenswert", „ist von Vorteil" zum Ausdruck bringen. Fehlen derartige Abschwächungen, ist von einem Muss-Kriterium auszugehen.[101] Diese Zusatzanforderungen unterliegen einer doppelten Rechtskontrolle. Zum einen darf der öffentliche Arbeitgeber nach § 8 Abs. 1 AGG nur dem Arbeitsplatz angemessene berufliche Anforderungen aufstellen. Es ist ihm verwehrt, überzogene Forderungen an die Köperfunktion, an die geistigen Fähigkeiten oder an die seelische Gesundheit zu stellen, weil er auf diesem Wege Behinderten den Zu-   21

---

95 Vgl. BVerfG 28.2.2007 – 2 BvR 2494/06, NVwZ 2007, 693; BVerwG 25.4.2007 – 1 WB 31/06, BVerwGE 128, 329; VGH BW 16.7.2007 – 4 S 1163/07.
96 Vgl. BVerfG 8.10.2007 – 2 BvR 1846/07 ua, NVwZ 2008, 69; BVerwG 16.8.2001 – 2 A 3/00, BVerwGE 115, 58.
97 Vgl. VGH BW 4.8.2009 – 9 S 3330/08 l, ZBR 2010, 128; VGH BW 16.7.2007 – 4 S 1163/07.
98 BVerwG 15.12.2011 – 2 A 13/10, ZTR 2012, 227.
99 BVerwG 16.10.2008 – 2 A 9.07, BVerwGE 132, 110.
100 LAG Nds 3.4.2014 – 5 Sa 1272/13, Rn. 37, LAGE § 82 SGB IX Nr. 5.
101 LAG Nds 3.4.2014 – 5 Sa 1272/13, Rn. 39, LAGE § 82 SGB IX Nr. 5.

gang zum Amt versperrt. Zum anderen ist jedes aufgestellte als Muss-Anforderung aufgestellte Zusatzkriterium darauf zu überprüfen, ob es sich wirklich um ein **zwingend** in der Ausschreibung vorgegebenes Kriterium des objektiv erforderlichen Anforderungsprofils handelt. Davon ist nur dann auszugehen, wenn alle Bewerber, die diesem Maßstab nicht genügen, für die zu vergebende Stelle tatsächlich als nicht geeignet behandelt werden. Das ist nicht der Fall, wenn zB ein Land als Zusatzqualifikation für die Einstellung in den Richterdienst mindestens ein „vollbefriedigend" im Zweiten Staatsexamen verlangt, aber sich ausweislich der vorgelegten Einstellungslisten für die Jahre 2006 und 2007 in 44 von 191 erfolgten Einstellungsentscheidungen nicht daran gehalten hat, sondern **abgewichen** ist.[102]

22 **Offensichtlichkeit der fehlenden fachlichen Eignung:** Ob die **fachliche Eignung** im Sinne des Satz 4 fehlt, ist an dem vom öffentlichen Arbeitgeber mit der Stellenausschreibung bzw. Bewerbungsaufforderung bekannt gemachten Anforderungsprofil zu messen.[103] Dabei ist zwischen sogenannten Soll- und sogenannten Muss-Kriterien (auch zwingende Kriterien genannt) zu unterscheiden. Fehlt dem Stellenbewerber aufgrund der Bewerbungsunterlagen offensichtlich auch nur ein eine fachliche Muss-Voraussetzung, die nach dem Stellenprofil als unabdingbare Voraussetzung bestimmt ist, dann ist er fachlich ungeeignet.[104] Das bloße Fehlen reicht noch nicht für die Freistellung von der Einladungspflicht. Die fehlende fachliche Eignung muss offensichtlich sein. **Offensichtlich** heißt in diesem Zusammenhang, dass sie zumindest für den Kundigen klar und zweifelsfrei fehlt. Die Rspr. hat es so formuliert: „Ein Bewerber ist lediglich dann offensichtlich ungeeignet, wenn zweifelsfrei erkennbar und nachweisbar ist, dass er den Anforderungen der auszuführenden Aufgaben und Tätigkeiten nicht gewachsen ist, er darf unter keinen Gesichtspunkten für die Stelle geeignet sein".[105]

23 **Unerheblichkeit von Rankinglisten:** War zB für eine Stelle keine höhere Qualifikation als die Befähigung zum Richteramt festgelegt, so kann auch bei einem Platz weit hinten auf der **durch Noten gebildeten Rankingliste** der schwerbehinderte Bewerber nicht vom Einladungsgespräch ausgeschlossen werden.[106] Die Kritik rügt, es sei unverständlich, dass das BAG „zweimal ausreichend" in den juristischen Staatsexamina nicht als objektive Entscheidungsgrundlage für die offensichtlich fehlende Eignung eines schwerbehinderten Juristen anerkennen wolle.[107] Der Ausdruck „wenn die Eignung offensichtlich fehlt" sei relativ im Hinblick auf das Bewerberfeld zu sehen. Im Hinblick auf konkurrierende Bewerber mit den Noten vollbefriedigend und befriedigend sei der Bewerber mit zweimal ausreichend demgegenüber „offensichtlich ungeeignet". Die Kritik ist unberechtigt. Erstens beachtet sie nicht Art. 33 Abs. 2 GG und die daraus abzuleitende Transparenz des Anforderungsprofils. Zweitens ist sie widersprüchlich, weil sie einräumt, dass die vom BAG zitierte verfassungsgerichtliche Rspr. der Vorgabe des BVerfG folgt, nach der öffentliche Arbeitgeber auch an unzureichend aufgestellte Mindestanforderungen gebunden sind.[108] Bloße Zweck-

---

102 So zu Recht: vgl. VGH BW 4.8.2009 – 9 S 3330/08, ZBR 2010, 128.
103 BAG 21.7.2009 – 9 AZR 431/08, Rn. 22, NJW 2009, 3319; BVerwG 3.3.2011 – 5 C 16/10, NZA 2011, 977.
104 LAG Nds 3.4.2014 – 5 Sa 1272/13, Rn. 37, LAGE § 82 SGB IX Nr. 5.
105 LAG Nds 3.4.2014 – 5 Sa 1272/13, Rn. 35, LAGE § 82 SGB IX Nr. 5, unter Bezug auf: *Feldes* in FKS SGB IX, 3. Aufl. 2009, § 82 Rn. 6.
106 BAG 21.7.2009 – 9 AZR 431/08, NZA 2009, 1087; zustimmend: *Kohte/Porsche* jurisPR-ArbR 3/2010 Anm. 1.
107 *Wank* Anm. zu AP Nr. 1 zu § 82 SGB IX.
108 Vgl. BVerfG 16.11.1993 – 1 BvR 258/86, AP Nr. 9 zu § 611 a BGB.

mäßigkeitsüberlegungen sind nicht geeignet, verfassungsrechtliche Grundsätze aufzugeben. Unbeeindruckt von der Kritik des Schrifttums ist deshalb auch das BVerwG dem BAG gefolgt.[109] Es ist folglich den öffentlichen Arbeitgebern zu empfehlen, entweder rechtzeitig sachgerechte Anforderungsprofile zu entwickeln oder eine ungeliebte gesetzliche Verpflichtung zu akzeptieren. Sonst ist die Rspr. gehalten, die Berufung auf ein nicht im maßgeblichen Anforderungsprofil enthaltenes Auswahlkriterium als weiteres Indiz für eine Benachteiligung (§ 22 AGG) anzusehen.[110]

Persönliche Eignung: Zum Begriff der Eignung im Sinne von Art. 33 Abs. 2 GG gehört auch die persönliche Eignung. Diese umfasst im engeren Sinne insbesondere Persönlichkeit und charakterliche Eigenschaften, die für ein bestimmtes Amt von Bedeutung sind.[111] Ein schwerbehinderter Mensch, von dem feststeht, dass er für eine Stelle persönlich ungeeignet ist, ist auch dann nicht zu einem Vorstellungsgespräch einzuladen, wenn er fachlich für die Stelle geeignet ist.[112] § 164 Satz 4 SGB IX senkt den Maßstab betreffend die Einladung zum Vorstellungsgespräch hinsichtlich der fachlichen Eignung. Der schwerbehinderte Mensch soll trotz fachlicher schlechterer Leistungen gegenüber anderen Bewerbern die Chance haben, sich in einem Vorstellungsgespräch zu präsentieren und den öffentlichen Arbeitgeber von seiner Eignung zu überzeugen.[113] *Neumann* bringt dies mit dem Goethezitat auf den Punkt: „Drum prüfe, wer sich dauernd bindet, ob sich nicht was Besseres findet".[114] Dieser Prüfung bedarf es nicht, wenn feststeht, dass der schwerbehinderte Bewerber persönlich nicht geeignet ist, dh dies offensichtlich der Fall ist.[115]

V. Ahndung als Ordnungswidrigkeit mit Bußgeld

Kein gesonderter Katalogtatbestand: Weder für die Nichterfüllung der Meldepflicht aus Satz 1 noch für die Nichterfüllung der Einladungspflicht aus Satz 2 ist eine besondere Bußgeldsanktion vorgesehen; denn es ist kein spezieller Tatbestand einer Ordnungswidrigkeit wegen Verletzung von Pflichten aus § 165 gebildet (vgl. Katalog des § 238 Abs. 1 SGB IX). Damit ist die Erfassung eines Sachverhalts nicht ausgeschlossen. In Betracht kommt der Ordnungswidrigkeitstatbestand § 238 Abs. 1 Nr. 8. Danach handelt objektiv ordnungswidrig, wer entgegen § 178 Abs. 2 Satz 1 erster Halbsatz die SBV nicht, nicht richtig, nicht vollständig oder nicht rechtzeitig unterrichtet oder nicht oder nicht rechtzeitig vor einer Entscheidung anhört.

Meldepflicht und SBV-Unterrichtung: Wird eine Arbeitsplatz frei oder eine neue Stelle eingerichtet,, so hat der Dienstherr mehrere Entscheidungen zu treffen:
1. Wann soll der Arbeitsplatz besetzt werden?
2. Ergibt die Prüfung der Besetzbarkeit, dass eine intere Besetzung erfolglos ist? Soll eine interne Besetzung erfolgen?
3. Ist der neu zu besetzende oder freie neue Arbeitsplatz der Arbeitsagentur zu melden?

---

109 BVerwG 3.3.2011 – 5 C 16/10 – Rn. 24, 31, NZA 2011, 977.
110 BVerwG 3.3.2011 – 5 C 16/10 – Rn. 27, NZA 2011, 977.
111 OVG NRW 29.8.2016 – 2 B 10648/16, juris Rn. 5.
112 LAG Düsseldorf 27.6.2018 – 12 Sa 135/18, ZTR 2018, 676.
113 BAG 11.8.2016 – 8 AZR 375/15, Rn. 36 ff., BAGE 156, 107.
114 *Neumann* in Neumann/Pahlen/Majerski-Pahlen, 12. Aufl. 2010, SGB IX § 82 Rn. 5.
115 LAG Düsseldorf 27.6.2018 – 12 Sa 135/18, ZTR 2018, 676.

Diese Entscheidungen berühren **Angelegenheiten der Gruppe der schwerbehinderten Menschen**; denn es geht darum, nach § 164 Abs. 1 Satz 1 insbesondere arbeitslosen und arbeitsuchenden schwerbehinderten Menschen eine Vermittlungschance zu eröffnen. Deshalb muss der Arbeitgeber die SBV nach § 178 Abs. 2 Satz 1 über die zu besetzenden Arbeitsplätze unterrichten und vor seinen Entscheidungen Gelegenheit zur Stellungnahme geben. Die Anhörung hat besondere Bedeutung, wenn der Arbeitgeber sich für die Möglichkeit einer internen Besetzung entscheiden will; denn dann hat er der SBV Gelegenheit zur Abgabe einer Stellungnahme zu geben, ob die vom Arbeitgeber angeführten aufgabenbezogenen, personalwirtschaftlichen oder haushaltsrechtlichen Gründe nach ihrem Gewicht geeignet sind, den Ausschluss externer Bewerber zu tragen.[116] Wird die SBV überhaupt nicht unterrichtet und angehört, so ist stets der objektive Tatbestand der Ordnungswidrigkeit nach § 238 Abs. 1 Nr. 8 erfüllt. Es muss dann nur noch geprüft werden, ob das vorsätzlich oder nur fahrlässig geschah. Unterrichtet der öffentliche Arbeitgeber die SBV über die zu besetzenden Arbeitsplätze erst mit der Meldung bei der Arbeitsagentur, liegt stets eine nicht rechtzeitige Unterrichtung vor. Denn die Unterrichtung hat nach § 178 Abs. 2 Satz 1 unverzüglich nach Kenntnis der Besetzbarkeit der Arbeitsplätze zu erfolgen.

27 **Einladungspflicht und SBV-Unterrichtung:** Die nach Satz 3 und 4 vom Arbeitgeber zu treffende Entscheidung über die Einladung oder Nichteinladung ist nach § 178 Abs. 2 Satz 1 eine Angelegenheit, die sowohl den sich bewerbenden einzelnen schwerbehinderten Menschen als auch die Gruppe der schwerbehinderten Beschäftigten berührt. Die Unterrichtung ist hier auch im Interesse der Gruppe geboten, weil sonst die SBV als Gruppenvertretung ihr Recht auf **Teilnahme am Vorstellungsgespräch**, das in § 178 Abs. 2 Satz 4 geregelt ist, nicht wahrnehmen kann. Erfolgt die Unterrichtung überhaupt nicht oder verspätet, so ist der Tatbestand der Ordnungswidrigkeit nach § 238 Abs. 1 Nr. 8 verwirklicht.

VI. Weitere Sanktionen bei Nichterfüllung

28 **Abmahnung und Disziplinarverfahren:** In Satz 2 hat der Gesetzgeber zum Ausgleich von behinderungsbedingten Nachteilen zwingend die Pflicht zur Einladung für Vorstellungsgespräche bestimmt. Die große Zahl der seit Einführung der Regelung im Jahr 2000 (→ Rn. 1) wegen der Verletzung der Einladungspflicht geführten Gerichtsverfahren zeigt, dass die Akzeptanz der Norm nicht bei allen Dienststellenleitern und nachgeordneten Führungskräften vorhanden ist. Bestätigt wird dieser Eindruck durch den jüngsten Bericht des Beauftragten der Bundesregierung für die Belange von Menschen mit Behinderungen. Danach mussten im Jahresbericht 2019, im 19. Jahr nach Inkrafttreten der gesetzlichen Verpflichtung, immer noch Bundesbehörden von der Schlichtungsstelle zum Behindertengleichstellungsgesetz (BGG) auf ihre gesetzliche Pflicht zur Einladung zu Vorstellungsgesprächen hingewiesen werden.[117] Deshalb erscheint das Vorgehen einer Bezirksregierung in NRW nicht als so außergewöhnlich, die sich gegen den vom schwerbehinderten Bewerber erhobenen Entschädigungsanspruch damit verteidigte, die Einladungspflicht sei dem Personalsach-

---

116 Vgl. BVerwG 15.12.2011 – 2 A 13/10, Rn. 24, ZTR 2012, 227.
117 Jahresbericht 2019 der Schlichtungsstelle BGG bei dem Beauftragten der Bundesregierung für die Belange von Menschen mit Behinderungen S. 44, abrufbar unter: www.behindertenbeauftragter.de/SharedDocs/Downloads/DE/Schlichtungsstelle BGG/Jahresbericht%202019.pdf.

bearbeiter 15 Jahre nach dem Inkrafttreten der Bestimmung noch nicht bekannt gewesen.[118] Hier liegen gravierende Versäumnisse von **Führungskräften** und Dienststellenleitungen vor, die von der **Dienstaufsicht** zu oft geduldet werden. Jeder öffentliche Arbeitgeber hat nämlich die Erledigung seiner Personalangelegenheiten so zu organisieren, dass die gesetzlichen Pflichten zur Förderung schwerbehinderter Bewerber erfüllt werden.[119] Die für die Beachtung der Arbeitgeberpflichten nach § 182 Satz 3 SGB IX zuständigen **Inklusionsbeauftragten** sind verpflichtet, einen Maßnahmeplan zu entwickeln, um diese Missstände abzustellen. Insbesondere haben sie dafür zu sorgen, dass die Führungskräfte über die Einladungspflicht belehrt werden. Sind die Belehrungen erfolglos, muss eine **Meldung an die Dienststellenleitung** erstattet werden. Die für die Dienstaufsicht zuständigen **Leitungsorgane** müssen dann einschreiten. Tun sie das nicht, müssen sie sich fragen lassen, ob sie zulasten der Staatskasse und damit letztlich zum Schaden der Steuerzahler in diesen Fällen „wegschauen". Diese Vermutung liegt nahe, wenn keine Sanktionen ergriffen werden.[120] Die für die Nichterfüllung der Arbeitgeberpflichten zuständigen Führungskräfte müssen, wenn sie im Arbeitsverhältnis stehen, **abgemahnt** werden. Wenn diese Führungskräfte Beamte sind, ist regelmäßig die **Einleitung eines Disziplinarverfahrens** geboten. Nach der vollständigen höchstrichterlichen Klärung der Voraussetzungen der Einladungspflicht und angesichts der dem Dienstherrn entstehenden nicht unerheblichen Zahlungspflichten für Schadensersatz oder Entschädigung (→ Rn. 30 ff.) sind die Dienstvorgesetzten und deren Aufsichtsbehörden zur Sicherstellung der Einhaltung des § 165 SGB IX und zur Vermeidung eines eigenen Dienstvergehens gehalten, im Rahmen des Disziplinarrechts gegen die die Einladungspflicht verstoßenden Beamten disziplinarisch vorgehen. Das hat von Amts wegen zu erfolgen. Rechtliche Grundlage ist für Bundesbeamte § 17 Bundesdisziplinargesetz (BDG):

§ 17 BDG Einleitung von Amts wegen

(1) Liegen zureichende tatsächliche Anhaltspunkte vor, die den Verdacht eines Dienstvergehens rechtfertigen, hat der Dienstvorgesetzte die Dienstpflicht, ein Disziplinarverfahren einzuleiten. Der höhere Dienstvorgesetzte und die oberste Dienstbehörde stellen im Rahmen ihrer Aufsicht die Erfüllung dieser Pflicht sicher; sie können das Disziplinarverfahren jederzeit an sich ziehen. Die Einleitung ist aktenkundig zu machen.

Für Landesbeamte gelten die entsprechenden Ländergesetze. Mögliche Disziplinarmaßnahmen sind in folgender Eskalationsstufenfolge:
- Verweis
- Geldbuße
- Kürzung der Dienstbezüge
- Versetzung in ein Amt derselben Laufbahn mit geringerem Endgrundgehalt (Zurückstufung)
- Entfernung aus dem Dienst.

Arbeitsrechtliche Maßnahmen: § 12 Abs. 3 AGG schreibt zwingend vor, dass der Arbeitgeber dann, wenn Vorgesetzte oder Personalverantwortliche gegen das Benachteiligungsverbot aus § 164 Abs. 2 verstoßen, die im Einzelfall geeigneten, erforderlichen und angemessenen Maßnahmen zur Unterbindung der Be- 29

---

118 LAG Hamm 3.2.2016 – 5 Sa 1139/15, Rn. 50 f., LAGE § 82 SGB IX Nr. 6.
119 LAG Hamm 3.2.2016 – 5 Sa 1139/15, Rn. 52, LAGE § 82 SGB IX Nr. 6.
120 Vgl. *Busch* jurisPR-ArbR 25/2020 Anm. 4.

nachteiligung ergreifen muss. Zu diesen Maßnahmen gehören: Abmahnung, Umsetzung, Versetzung und als letztes Mittel die Kündigung. Betroffene Arbeitnehmer haben Anspruch darauf, dass der Arbeitgeber die zur Beseitigung der Störung erforderlichen und angemessenen Maßnahmen ergreift. Dem Arbeitgeber kann ein Ermessensspielraum verbleiben: Er entscheidet dann, durch welche Maßnahmen er die aufgetretenen Belästigungen des Arbeitnehmers beseitigen will.[121] Den Anspruch auf entsprechendes Tätigwerden des Arbeitgebers gegen die Melde- und Einladungspflicht nicht erfüllende Personalverantwortliche haben auch die sich bewerbenden schwerbehinderten Menschen; denn sie gelten nach § 6 Abs. Satz 2 AGG als Beschäftigte, sobald sie zur Vermittlung vorgeschlagen werden oder sie sich selbst bewerben. Der Arbeitgeber haftet nach § 278 BGB für Schäden, die ein Beschäftigter dadurch erleidet, dass ihn einer der Personalverantwortlichen schuldhaft in seinen Rechten verletzt.[122]

Sowohl die Verletzung der Melde- als auch die der Einladepflicht sind Gesetzesverstöße, die Einstellungsverfahren betreffen. Der Personalrat kann diese Verstöße als Gründe dafür anführen, der vom öffentlichen Arbeitgeber beabsichtigten Einstellung des Konkurrenten nach § 78 Abs. 5 Nr. 1 BPersVG nF (entspricht dem bis 14.6.2021 geltenden § 77 Abs. 2 Nr. 1 BPersVG aF) die **Zustimmung zu verweigern**.

VII. Schadensersatz und Entschädigung

30 **Sanktionierung durch Vermutung der Benachteiligung:** Ihre Arbeitgeber treffende Wirkung entfaltet die Einladungspflicht erst über § 164 Abs. 2 Satz 1 und die in Satz 2 enthaltene Verweisung auf das AGG.[123] Der Verstoß des öffentlichen Arbeitgebers gegen die in § 165 Satz 2 SGB IX (§ 82 Satz 2 SGB IX aF) normierte Verpflichtung als solcher begründet nach der Rspr. des BAG noch keinen Schadensersatz- oder Entschädigungsanspruch. Er löst über die Verweisung in § 164 Abs. 2 Satz 2 SGB IX auf § 22 AGG eine – vom Arbeitgeber widerlegbare – Vermutung einer Benachteiligung wegen der (Schwer-)Behinderung aus.[124] Der Vorenthaltung des gesetzlich eingeräumten Chancenvorteils kommt so eine indizielle Bedeutung zu. Die jüngste Rspr. des BAG hat das noch einmal klargestellt. Rechtsfolge der Verletzung der Einladungspflicht soll der Eintritt einer Vermutungstatsache iSv § 22 AGG dafür sein, dass die Schwerbehinderung für die Benachteiligung kausal geworden ist.[125] Sie führt zur Umkehr der Beweislast. Der öffentliche Arbeitgeber muss zur Widerlegung der Vermutung (→ Rn. 34) darlegen und beweisen, dass seine Entscheidung sachliche – nicht auf der Behinderung und/oder auf einer zweifelhaften Eignung beruhende – Erwägungen zugrunde lagen.[126] Demgegenüber sieht das BVerwG in der Vorenthaltung des Vorstellungsgesprächs bereits eine Benachteiligung iSd § 3 Abs. 1

---

121 BAG 25.10.2007 – 8 AZR 593/06, NZA 2008, 223.
122 BAG 25.10.2007 – 8 AZR 593/06, NZA 2008, 223.
123 So jetzt auch ausdrücklich: BAG 23.1.2020 – 8 AZR 484/18, SuP 2020,123.
124 BAG 23.1.2020 – 8 AZR 484/18, SuP 2020,123, aus den Gründen A III 2.
125 BAG 23.1.2020 – 8 AZR 484/18, SuP 2020, 123 klarstellend zu BAG 20.1.2016 – 8 AZR 194/14, NZA 2016, 681; BAG 16.2.2012 – 8 AZR 697/10, NZA 2012, 667; BAG 21.7.2009 – 9 AZR 431/08, NZA 2009, 1087, daran anschließend ArbG Ulm 17.12.2009 – 5 Ca 316/09, LAGE § 82 SGB IX Nr. 4; zustimmend: *Bissels* jurisPR-ArbR 7/2010 Anm. 2; BVerwG 3.3.2011 – 5 C 16/10, Rn. 27, NZA 2011, 977.
126 BAG 27.8.2020 – 8 AZR 45/19, Rn. 57; BAG 23.1.2020 – 8 AZR 484/18, SuP 2020,123; BAG 16.2.2012 – 8 AZR 697/10, NZA 2012, 667; BAG 16.9.2008 – 9 AZR 791/07, Rn. 30, AP SGB IX § 81 Nr. 15; BAG 12.9.2006 – 9 AZR 807/05, Rn. 29, BAGE 119, 262.

Satz. 1 AGG.[127] Der Achte Senat bemerkt nicht, dass er von dieser Rspr. abweicht.[128] Es handelt sich um eine verdeckte Divergenz.

Vermögensrechtlicher Schadensersatz: Zeigt der Arbeitgeber die **bessere Eignung** von tatsächlich ausgewählten Mitbewerbern auf, so kann er damit die **Kausalität der Benachteiligung** für den Vermögensschaden ausschließen. Dies gilt jedoch ausschließlich in Bezug auf die Entscheidung über Einstellung oder den Aufstieg. War der schwerbehinderte Bewerber der nach Eignung, Leistung und Befähigung Bester, so kann er den Ersatz der Vermögenswerte verlangen, deren Erwerb wegen der benachteiligenden Nichteinstellung oder Nichtbeförderung unterblieben ist. War er schlechter als der ausgewählte, so entfällt die Kausalität zwischen Benachteiligung und Einstellung oder Aufstieg, die für einen auf den Vermögensschaden nach § 15 Abs. 1 AGG zu fordern ist. 31

Nichtvermögensrechtliche Entschädigung: Die Kausalitätsfrage stellt sich für den auf drei Monatsgehälter „gedeckelten" Entschädigungsanspruch nach § 15 Abs. 2 Satz 2 AGG anders als für den **Schadensersatzanspruch** nach § 15 Abs. 1 AGG und den **unbegrenzten Entschädigungsanspruch** nach § 15 Abs. 2 Satz 1 AGG. Hat der öffentliche Arbeitgeber die vom Gesetzgeber zum Ausgleich behinderungsbedingten Nachteile als erforderlich angesehene Arbeitgeberpflicht zur Einladung zum Vorstellungsgespräch verletzt, so liegt bei der Durchführung des Auswahlverfahrens eine weniger günstige Behandlung vor. § 15 Abs. 2 Satz 2 AGG räumt wegen der Verletzung der gegenüber schwerbehinderten Menschen bestimmten Förderungspflicht einen auf drei Monatsentgelte, durch eine Kappungsgrenze[129] „gedeckelten" Anspruch auf Entschädigung des nichtmateriellen Schadens ein. Nach § 15 Abs. 2 Satz 2 AGG soll nämlich – wenn auch nur limitiert – der Benachteiligungsfall entschädigungspflichtig sein, obwohl der benachteiligte schwerbehinderte Mensch bei der Bestenauslese unterliegt. Die bessere Eignung von Mitbewerbern schließt eine Benachteiligung nicht aus.[130] Daran zeigt sich, dass die Bestimmungen in § 164 Abs. 2 Satz 1, § 165 Satz 3 und 4 SGB IX iVm § 15 Abs. 2 AGG das Recht des Bewerbers auf ein diskriminierungsfreies Bewerbungsverfahren schützen.[131] Sind die Chancen eines Bewerbers bereits durch ein diskriminierendes Verfahren beeinträchtigt worden, kommt es nicht mehr darauf an, ob die (Schwer-)Behinderung bei der abschließenden Einstellungsentscheidung noch eine nachweisbare Rolle gespielt hat.[132] Macht jedoch ein schwerbehinderter Mensch alternativ oder kumulativ zum entgehenden Verdienst auch einen drei Monatsgehälter übersteigenden Entschädigungsanspruch geltend, so kann der Arbeitgeber gegen diesen Anspruch einwenden, dass er eine besser geeignete Person ausgewählt hat. 32

Benachteiligungsvermutung bei begrenzter Entschädigungsforderung: Durch die Vorenthaltung des in Satz 3 eingeräumten Chancenvorteils wird die Kausalität von Benachteiligung und Schwerbehinderung nach § 164 Abs. 2 Satz 2 iVm § 22 AGG vermutet. Macht ein Bewerber nur die gedeckelte Entschädigung aus § 15 Abs. 2 Satz 2 AGG geltend, kann die Vermutung nicht mit dem Hinweis 33

---

127 BVerwG 3.3.2011 – 5 C 16.10, juris Rn. 17, 25, NZA 2011, 977; so auch *von Roetteken* NZA-RR 2013, 337, 340.
128 BAG 27.8.2020 – 8 AZR 45/19, Rn. 57.
129 BAG 23.1.2020 – 8 AZR 484/18, Rn. 83, NZA 2020, 85; BAG 25.10.2018 – 8 AZR 501/14, Rn. 110, BAGE 164, 117.
130 BAG 16.2.2012 – 8 AZR 697/10, NZA 2012, 667; BVerwG 3.3.2011 – 5 C 16/10, NZA 2011, 977.
131 So zu dem bis zum 31.12.2017 geltenden Recht: BAG 3.4.2007 – 9 AZR 823/06, Rn. 33, BAGE 122, 54.
132 Vgl. zu geschlechtsbezogenen Benachteiligungen BVerfG 16.11.1993 – 1 BvR 258/86 – zu C I 2 c der Gründe BVerfGE 89, 276.

darauf widerlegt werden, dass das Ergebnis des Bewerbungsverfahrens, dh die Auswahlentscheidung und die daraufhin erfolgte Einstellung, unter dem **Aspekt der fachlichen Eignung** (Bestenauslese) rechtlich nicht zu beanstanden sind. Das ergibt sich für die auf drei Monatsgehälter „gedeckelte" Entschädigung schon aus dem Wortlaut des § 15 Abs. 2 Satz 2 AGG („auch bei benachteiligungsfreier Auswahl").

34 **Widerlegung der Benachteiligungsvermutung:** Für die nach § 22 AGG mögliche Widerlegung bedarf es des **Nachweises,** dass für die Nichteinladung einer Bewerberin oder eines Bewerbers entgegen Satz 2 ausschließlich **andere Gründe** als die Behinderung erheblich waren. Dazu können nur solche Gründe herangezogen werden, die nicht die fachliche Eignung betreffen; denn die in Satz 4 geregelte Ausnahme mit dem Erfordernis der „offenkundigen" Nichteignung ist eine abschließende Regelung.[133] Es reicht folglich für die vom Arbeitgeber zu leistende Widerlegung der Benachteiligungsvermutung nicht aus, dass er „objektiv" die Auswahl nach dem **Ranking der Examensnoten** vornimmt. Da dann nicht ausgeschlossen ist, dass die Behinderung im Motivbündel des Beklagten mit enthalten war, muss der Arbeitgeber mehr darlegen und beweisen. In seinem **Motivbündel** darf weder die Behinderung als negatives noch die fehlende Behinderung als positives Kriterium enthalten gewesen sein.[134] Auf die Einbeziehung der Schwerbehinderung in das Motivbündel deutet häufig hin, dass die der Bundesagentur für Arbeit mitgeteilten Stellenanforderungen nicht mit denen übereinstimmen, die für das interne Auswahlverfahren verwandt werden. Beispiel: Beim Auswahlverfahren gewinnt plötzlich ein Menschen mit einer Sehbehinderung ausschließendes Kriterium wie zB „Fahrerlaubnis" an Bedeutung.[135]

Dem Arbeitgeber ist es nach diesen Grundsätzen nicht unmöglich, die Benachteiligungsvermutung zu widerlegen. Zur Widerlegung reicht es wegen der Regelung in § 165 Satz 4 SGB IX nicht aus, wenn der öffentliche Arbeitgeber Tatsachen vorträgt, aus denen sich ergibt, dass andere Gründe als die Behinderung für die Benachteiligung des Bewerbers ausschlaggebend waren, sondern es muss hier noch hinzukommen, dass diese Gründe auch nicht die fachliche Eignung des Bewerbers betreffen.[136] Diese zusätzliche Anforderung folgt aus der in § 165 Satz 4 SGB IX getroffenen Bestimmung, wonach eine Einladung des schwerbehinderten Bewerbers zu einem Vorstellungsgespräch nur dann entbehrlich ist, wenn diesem die fachliche Eignung offensichtlich fehlt. § 165 Satz 4 SGB IX enthält insoweit eine abschließende Regelung, die bewirkt, dass sich der (potenzielle) Arbeitgeber zur Widerlegung der infolge der Verletzung des § 165 Satz 2 SGB IX vermuteten Kausalität nicht auf Umstände berufen kann, die die fehlende fachliche Eignung des Bewerbers berühren. Die Widerlegung dieser Vermutung setzt daher den Nachweis voraus, dass die Einladung zu einem Vorstellungsgespräch aufgrund von Umständen unterblieben ist, die weder einen Bezug zur Behinderung aufweisen noch die fehlende fachliche Eignung des Bewerbers berühren.[137]

---

133 BVerwG 3.3.2011 – 5 C 16/10, NZA 2011, 977.
134 BAG 16.2.2012 – 8 AZR 697/10, NZA 2012, 667; BVerwG 3.3.2011 – 5 C 16/10, NZA 2011, 977; BAG 21.7.2009 – 9 AZR 431/08, Rn. 38 ff., NZA 2009, 1087; BAG 5.2.2004 – 8 AZR 112/03 – zu II 2 b cc der Gründe BAGE 109, 265.
135 Vgl. dazu ArbG Osnabrück 10.2.2016 – 4 Ca 395/15 Ö, DVBl 2016, 523.
136 BAG 20.1.2016 – 8 AZR 194/14, Rn. 45, NZA 2016, 681.
137 BAG 23.1.2020 – 8 AZR 484/18, SuP 2020, 123; BAG 11.8.2016 – 8 AZR 375/15, Rn. 50 mwN BAGE 156,107.

Nach der Rspr. können **personalpolitische Erwägungen**, die zB einen Ausschluss von **Höherqualifizierten** vorsehen, geeignet, sein, die Kausalitätsvermutung zu widerlegen. Das ist zB dann der Fall, wenn sie formale Qualifikationsabschlüsse begrenzen, um eine nachhaltige Personalplanung sicherzustellen und so die Mitarbeiterzufriedenheit zu steigern,[138] Diese Erwägungen sind sachlich gerechtfertigt; denn sie verfolgen den diskriminierungsfreien personalpolitischen Zweck, etwaige Mitarbeiterunzufriedenheit wegen vermeintlicher Unterforderung und fehlender Aufstiegschancen vorzubeugen.[139] Die sachlich angemessene personalpolitische Erwägung muss jedoch das einzige negative Auswahlkriterium gewesen sein, einen grundsätzlich nicht ungeeigneten schwerbehinderten Bewerber nicht zum Vorstellungsgespräch einzuladen. Hat allerdings der Arbeitgeber daneben auch aus anderen Gründen nicht zum Vorstellungsgespräch geladen, ist die von der Nichteinladung zum Vorstellungsgespräch ausgehende Kausalitätsvermutung nicht widerlegt.[140]

Beispiel: im Entscheidungsfall hatte der Arbeitgeber erst in der zweiten Instanz die vom BAG anerkannten personalpolitischen Erwägungen nachgeschoben, obwohl in einem Aktenvermerk zur Festlegung der Einladungen festgehalten war, dass der Kläger als fachlich ungeeignet ausscheide.[141]

Untauglich sind Widerlegungsversuche, mit denen der Arbeitgeber ein einmaliges **Büroversehen** vorschiebt, obwohl sich aus den Akten ergibt, dass noch nie ein schwerbehinderter Bewerber zu einem Vorstellungsgespräch geladen worden ist.[142] In diesen Fällen ist es geboten zu prüfen, ob ein versuchter Prozessbetrug vorliegt. Die Rechtsprechung hat zu der Büro- und **Ablauforganisation** den Rechtssatz aufgestellt: „Ein öffentlicher Arbeitgeber kann sich zur Entlastung nach § 22 AGG nicht darauf berufen, er habe seine behördeninternen Abläufe so schlecht organisiert, dass Bewerbungen abhandenkommen können."[143] Eine Organisation des Arbeitsablaufs, welche nicht geeignet ist, die Einhaltung der Einladungspflicht sicherzustellen, begründet dessen Verantwortung für die Nichtbeachtung des § 165 Satz 3 SGB IX.[144] Der öffentliche Arbeitgeber kann sich nämlich weder auf fehlerhafte Geschehensabläufe, Arbeitsüberlastung der Verantwortlichen[145] noch **unverschuldete Personalengpässe** berufen.[146] Auch durchgeführte **Schulungen** oder „mustergültige" Handreichungen können ihn nicht entlasten.[147] Darauf käme es nämlich nur bei einem verschuldensabhängigen Schadensersatzanspruch an.[148] Für einen Entschädigungsanspruch nach § 15 Abs. 2 AGG ist jedoch nicht Voraussetzung, dass der Arbeitgeber selbst oder eine für ihn tätig werdende Person schuldhaft gehandelt haben. Vielmehr setzt die Entschädigung weder eine Benachteiligungsabsicht noch Verschulden

---

138 BAG 20.1.2016 – 8 AZR 194/14, Rn. 47, NZA 2016, 681.
139 LAG SchlH 29.8.2019 – 5 Sa 375 öD/18, Rn. 50, ZTR 2020, 37.
140 LAG SchlH 29.8.2019 – 5 Sa 375 öD/18, Rn. 53 ff., ZTR 2020, 37.
141 LAG SchlH 29.8.2019 – 5 Sa 375 öD/18, Rn. 54, ZTR 2020, 37.
142 BAG 21.7.2009 – 9 AZR 431/08, Rn. 48, NZA 2009, 1087.
143 LAG Köln 23.8.2018 – 6 Sa 147/18, Rn. 37, NZA-RR 2019, 46 mAnm *Rudnik* (NZA-RR 2019, 50); im Ergebnis bestätigt: BAG 23.1.2020 – 8 AZR 484/18, NZA 2020, 851; ebenso: LAG RhPf 3.3.2020 – 8 Sa 259/19, Rn. 65.
144 LAG Köln 23.8.2018 – 6 Sa 147/18, Rn. 37, NZA-RR 2019, 46; im Ergebnis bestätigt: BAG 23.1.2020, 8 AZR 484/18; ebenso: LAG RhPf 3.3.2020 – 8 Sa 259/19, Rn. 65.
145 LAG RhPf 3.3.2020 – 8 Sa 259/19, Rn. 11, 65.
146 LAG Hamm 3.2.2016 – 5 Sa 1139/15, Rn. 52, LAGE § 82 SGB IX Nr. 6.
147 LAG Hamm 3.2.2016 – 5 Sa 1139/15, Rn. 52, LAGE § 82 SGB IX Nr. 6.
148 BAG 22.8.2013 – 8 AZR 563/12, NZA 2014, 82 zu einem Sachverhalt, bei dem ein Absageschreiben ohne Weisung durch eine Auszubildende versandt worden ist.

in Form der Fahrlässigkeit voraus. Folglich bedarf es weder einer Zurechnung eines schuldhaften Fehlverhaltens eines Bediensteten nach § 278 BGB oder einer Zurechnung nach § 831 BGB. Vielmehr geht es ausschließlich um die **Zurechnung der objektiven Handlungsbeiträge** oder Pflichtverletzungen der für den Arbeitgeber handelnden Personen im vorvertraglichen Vertrauensverhältnis. Gleich ob sich der Arbeitgeber bei der Anbahnung eines Arbeitsverhältnisses eigener Mitarbeiter oder Dritter, zB von Personaldienstleitern (Headhunter), bedient: Ihn trifft die volle Verantwortlichkeit für deren Verhalten.

35 **Kenntnis der Schwerbehinderung:** Voraussetzung für **Schadensersatz** und **Entschädigung** ist stets, dass der öffentliche Arbeitgeber positive Kenntnis von der Schwerbehinderung oder Gleichstellung oder zumindest Anlass dazu hatte, eine solche anzunehmen. Deshalb obliegt es im Klagefall dem abgelehnten Bewerber darzulegen, dass dem öffentlichen Arbeitgeber die Schwerbehinderteneigenschaft oder Gleichstellung bekannt gewesen sei oder dass er sich aufgrund der Bewerbungsunterlagen diese Kenntnis jedenfalls hätte verschaffen können. Dabei ist jeder Arbeitgeber bei der Erledigung seiner Personalangelegenheiten verpflichtet, diese so zu organisieren, dass er die gesetzlichen Pflichten zur Förderung schwerbehinderter Bewerber erfüllen kann. Ein ausreichender **Hinweis des Bewerbers** liegt vor, wenn er seine Schwerbehinderung oder Gleichstellung so bezeichnet, dass ein gewöhnlicher Leser der Bewerbung sie zur Kenntnis nehmen kann.[149] Aus diesem Grund sind die für den Arbeitgeber handelnden Personen verpflichtet, das Bewerbungsschreiben vollständig zu lesen und zur Kenntnis zu nehmen. Es muss kein Schwerbehindertenausweis oder der Gleichstellungsbescheid vorgelegt werden. Wird dennoch ein abgelaufener befristeter Ausweis vorgelegt, muss der Arbeitgeber nicht von sich aus Nachforschungen anstellen.[150] Er darf von der Beendigung ausgehen. Etwas anderes gilt nur dann, wenn der Bewerber darauf hingewiesen hat, dass bereits über die Verlängerung entschieden sei, aber diese noch im Ausweis nachgetragen werden müsse.

36 **Entschädigungs-Rspr. der Verwaltungsgerichte:** Die bis 2010 ergangenen Entscheidungen der Verwaltungsgerichtsbarkeit haben den in § 15 Abs. 2 Satz 2 AGG eingeräumten Entschädigungsanspruch zunächst missverstanden. Sie gingen zu Unrecht davon aus, eine unterlassene Einladung zu einem Vorstellungsgespräch könne keinen Entschädigungsanspruch begründen, wenn sich der öffentliche Arbeitgeber zur Widerlegung der Kausalitätsvermutung auf eine zu schlechte Examensnote des Bewerbers berufe.[151] Das BVerwG hat auf die Beschwerde gegen die Nichtzulassung der Revisionen durch das VGH BW die grundsätzliche Bedeutung der Rechtsfrage bejaht.[152] Es hat ausgeführt, die Revision könne Gelegenheit zur Klärung geben, wie § 82 Satz 2 und 3 SGB IX aF (seit 1.1.2018: § 165 Satz 2 und 3 SGB IX) sowie § 22 AGG auszulegen sind, wenn eine einem Schwerbehinderten gleichgestellte Bewerberin mit Blick auf ihre Examensnoten nicht zu einem Vorstellungsgespräch eingeladen wird. In dem Revisionsverfahren hat es darauf die Entscheidung aufgehoben und erkannt, dass Einstellungsbewerber entschädigungspflichtig benachteiligt werden, wenn ein öffentlicher Arbeitgeber ihnen die in § 82 Satz 2 SGB IX aF (seit

---

149 BAG 16.9.2008 – 9 AZR 791/07, Rn. 35, NZA 2009, 79.
150 ArbG Ulm 17.12.2009 – 5 Ca 316/09, LAGE § 82 SGB IX Nr. 4.
151 VGH BW 4.8.2009 – 9 S 3330/08, Rn. 34, ZBR 2010, 128; vordem: VGH BW 21.9.2005 – 9 S 1357/05, NJW 2006, 538; ebenso VG Trier 24.5.2007 – 6 K 736/06.TR; kritisch dazu *von Roetteken* jurisPR-ArbR 41/2009 Anm. 5; *Welti* ArbuR 2006, 247 (248).
152 Vgl. BVerwG 26.5.2010 – 5 B 58/09.

1.1.2018: § 165 Satz 3 SGB IX) angeordnete Besserstellung gegenüber nicht schwerbehinderten Bewerberinnen und Bewerbern durch Einladung zu einem Vorstellungsgespräch vorenthält, obwohl ihnen im Sinne von § 82 Satz 3 SGB IX aF (seit 1.1.2018: § 165 Satz 4 SGB IX) die fachliche Eignung nicht offensichtlich fehlt und dem Arbeitgeber die Widerlegung der Benachteiligungsvermutung mithilfe von Notenskalen nicht gelingt.[153] Diesem Grundsatzurteil folgen seitdem die Instanzgerichte.[154]

Auswirkung des Vorstellungsgesprächs auf Einstellung oder Aufstieg: Art. 33 Abs. 2 GG räumt allen Deutschen nach ihrer Eignung, Befähigung und fachlichen Leistung gleichen Zugang zu jedem öffentlichen Amt ein (sog. Bewerbungsverfahrensanspruch). Dieses Recht kann sich im Einzelfall zu einem Anspruch auf Einstellung oder Aufstieg verdichten, → § 164 Rn. 80 ff. Die mit § 165 Satz 2 SGB IX bezweckte Besserstellung schwerbehinderter Bewerber im Bewerbungsverfahren beschränkt sich nach der Rspr. der Verwaltungsgerichte auf das Vorstellungsgespräch.[155] Die Besserstellung (richtig: Nachteilsausgleich!) erschöpfe sich darin, das im Gegensatz zu nichtbehinderten Bewerbern ein schwerbehinderter Mensch, dessen Nichteignung nicht bereits feststeht, zum Vorstellungsgespräch einzuladen ist, selbst wenn sich der Dienstherr aufgrund der Bewerbungsunterlagen schon die Meinung gebildet hat, eine oder mehrere andere Bewerber seien so gut geeignet, dass der schwerbehinderte Bewerber nicht mehr in die nähere Auswahl komme. Der schwerbehinderte Mensch soll dann trotzdem die Möglichkeit bekommen, den Dienstherrn durch eine gute Präsentation im Vorstellungsgespräch von seiner Leistungsfähigkeit und Eignung zu überzeugen.[156] Daraus folgt für die Verwaltungsgerichte: Die Schwerbehinderung vermittelt einem schwerbehinderten Bewerber in den Grenzen des § 165 Satz 3 und 4 einen Anspruch auf ein persönliches Vorstellungsgespräch. Nach dessen Durchführung ist er aber nicht anders zu stellen als sein nichtbehinderter Mitbewerber.[157] Der schwerbehinderte Bewerber hat danach kein Recht auf Bevorzugung im Sinne einer **vorrangigen Auswahl** trotz besserer Eignung eines Mitbewerbers. Dem steht zwingend der Grundsatz der Bestenauslese aus Art. 33 Abs. 2 GG entgegen.[158] Erst dann, wenn ein Vergleich der aus dem Leistungsprinzip abgeleiteten Kriterien eine Unterscheidung zwischen konkurrierenden Bewerbern nicht zulässt, mehrere Bewerber aufgrund ihrer Aus- und Fortbildung, ihren Fähigkeiten und Leistungen für die Stelle vielmehr als gleich geeignet anzusehen sind, ist Raum für die Berücksichtigung der Schwerbehinderung als einem „sozialen Belang ohne Qualifikationsbezug". Dann ist diesem **Hilfskriterium** Vorrang vor anderen Hilfskriterien einzuräu-

---

153 BVerwG 3.3.2011 – 5 C 15/10, Rn. 18, Gute Arbeit 2012, Nr. 7/8, 49; ebenso Parallelentscheidung BVerwG 3.3.2011 – 5 C 16/10, Rn. 31, NZA 2011, 977 = Behindertenrecht 2011, 174.
154 Vgl. VGH BW 4.5.2020 – 4 S 672/20, Rn. 8; NdsOVG 10.1.2012 – 5 LB 9/10, DÖD 2012, 88; VG Freiburg (Breisgau) 23.2.2016 – 5 K 774/14, Rn. 34, BGleiG E.II.2.8 AGG § 11 Nr. 9.
155 VGH BW 4.5.2020 – 4 S 672/20, Rn. 13 f.
156 VGH BW 4.5.2020 – 4 S 672/20, Rn. 13 im Anschluss an st. Rspr. BAG 12.9.2006 – 9 AZR 807/05, Rn. 24; Behindertenrecht 2007, 134; BAG 21.7.2009 – 9 AZR 431/08, Rn. 22, 28, Behindertenrecht 2010, 18; BAG 24.1.2013 – 8 AZR 188/12, Rn. 46, Behindertenrecht 2013, 227.
157 VGH BW 4.5.2020 – 4 S 672/20, Rn. 14.
158 Vgl. BVerwG 15.2.1990 – 1 WB 36.88, Rn. 21; OVG NRW 24.7.2006 – 6 B 807/06, Rn. 31 ff.; NdsOVG 14.4.2003 – 2 ME 129/03, Rn. 11 f.; LAG Düsseldorf 26.9.2018 – 7 Sa 227/18, Rn. 51 f.

men.[159] Dieser Vorrang überwindet nach dieser Rspr. jedoch keine Unterschiede in den Beurteilungen von Leistung und Befähigung, mögen sie noch so geringfügig sein. So hat der VGH dem schwerbehinderten Bewerber, der zum Vorstellungsgespräch geladen war, den Vorrang verwehrt, weil der Dienstherr die etwas längere Berufserfahrung als ein der Befähigung zuzuschreibendes – und damit verglichen mit der Schwerbehinderteneigenschaft leistungsnäheres – Merkmal gewählt hatte. Es sei folglich nicht zu beanstanden, wenn der Dienstherr auf diese Weise zum Ergebnis einer besseren Eignung des Mitbewerbers komme: Dann sei für die ergänzende Berücksichtigung der Schwerbehinderung kein Raum.[160] Dem kann nicht zugestimmt werden. Der Sechste Senat des BVerwG hat bereits 1994 darauf hingewiesen, Art. 33 Abs. 2 GG verpflichte nicht dazu, auch geringfügige Eignungs- und Leistungsunterschiede den Ausschlag geben zu lassen, schon weil sich diese Unterschiede kaum zuverlässig feststellen ließen, sie vielmehr mit einer unvermeidlichen Schwankungsbreite und damit von notwendig subjektiven Einschätzungen geprägt seien.[161] Innerhalb dieser Grenzen steht der einstellenden Behörde ein Ermessen zu; in diesem Rahmen kann und muss eine jede **Vorrangregelung**, wie sie in einem Teilhabeerlass oder in einer Inklusionsvereinbarung enthalten sein kann, ihre **ermessensbegrenzende Wirksamkeit** entfalten.[162]

Beispiel für Vorrangregelung:[163] „In Stellenausschreibungen ist darauf hinzuweisen, dass schwerbehinderte Menschen bei gleicher Eignung, fachlicher Leistung und Befähigung bevorzugt eingestellt werden."

Übersehen wird zumeist, dass der öffentliche Arbeitgeber bei seiner Auswahlentscheidung in die Ermessensentscheidung einfließen lassen muss, wenn er die allgemeine **Beschäftigungsquote** für Schwerbehinderte in Höhe von 5 % (§ 154 Abs. 1) oder die besondere für Bundesbehörden geltende Fortgeltung der Quote in Höhe von 6 % (§ 241 Abs. 1) oder den angemessenen Anteil von schwerbehinderten Beamten (§ 211 Abs. 1) oder den angemessenen Anteil von schwerbehinderten Menschen auf Stellen zur beruflichen Bildung (§ 155 Abs. 2) verfehlt. Die Pflicht, diese Quoten zu erfüllen, darf nicht ausgeblendet werden. Es sind vom öffentlichen Arbeitgeber die triftigen Gründe darzulegen, warum trotzdem eine Person ausgewählt wird, durch deren Einstellung die Beschäftigungsquote nicht angehoben wird.

38 **Ergebnis eines Auswahlgesprächs als Hilfskriterium:** Regelmäßig wird auf die Ergebnisse der dienstlichen Beurteilung abgestellt. Liegen jedoch Beurteilungen nicht vor oder sind sie wegen anderer Dienstherren nicht vergleichbar, so gesteht die jüngere Rspr. grundsätzlich der die Auswahlentscheidung treffenden Stelle mehr Entscheidungskompetenz zu. Ausgehend vom Prinzip der Bestenauslese darf sie den Vergleich von Eignung, Befähigung und fachlicher Leistung aufgrund eigener Einschätzung und Gewichtung selbst durchzuführen.

---

159 VGH BW 4.5.2020 – 4 S 672/20, Rn. 14 unter Bezug auf: BVerwG 15.2.1990 – 1 WB 36.88, Rn. 21; *Schnellenbach/Bodanowitz*, Dienstliche Beurteilung, Stand 1.4.2020, B. Rn. 427; *Schütz/Maiwald* Beamtenrecht, 09/2018, BeamtStG § 9 Rn. 51, jeweils mwN.
160 VGH BW 4.5.2020 – 4 S 672/20, Rn. 15.
161 BVerwG 7.12.1994 – 6 P 35/92, ZTR 1996, 136; ebenso: BVerwG 25.8.1988 – 2 C 51.86 – Buchholz 237.7 § 7 NWLBG Nr. 5; BVerwG 27.3.1990 – 6 P 34.87, Buchholz 250 § 77 BPersVG Nr. 10; zustimmend: *von Roetteken* jurisPR-ArbR 35/2019 Anm. 5.
162 So zu Recht *von Roetteken* jurisPR-ArbR 35/2019 Anm. 5.
163 Erlass zur Inklusion und Teilhabe von Menschen mit Behinderungen im Landesdienst Thüringen, Ministerium für Inneres und Kommunales vom 19.3.2019, Az. 0008–2/2018, S. 21, ThürStAnz Nr. 14/2019 S. 647.

Auswahlgespräche sind in diesem Zusammenhang ein grundsätzlich geeignetes Mittel. Hier wird dem Prinzip der Bestenauslese im Rahmen der Anwendung von Hilfskriterien Geltung verschafft. Dies kann durch **strukturierte Auswahlgespräche** oder **Assessment-Center** geschehen.[164] In Diese Auswahlverfahren sind barrierefrei zu gestalten. Soweit das noch nicht gelingt, ist behinderten Bewerbern ein Nachteilausgleich zu gewähren.[165]

VIII. Inklusions- und Teilhaberichtlinien sowie Fürsorgeerlasse

Ausnahme von Verpflichtung zur Inklusionsvereinbarung: Nach Satz 5 werden die Dienststellenleiter von dem Abschluss einer Inklusionsvereinbarung nach § 166 befreit, soweit schon entsprechende Regelungen bestehen und durchgeführt werden. Unter entsprechenden Regelungen sind die integrations- und bisweilen sogar inklusionsfördernden Dienststellenvereinbarungen sowie die unter Mitwirkung der Personalvertretungen zustande gekommenen Verwaltungsvorschriften zu verstehen. Die im Anhörungsverfahren zum BTHG von den Gewerkschaften vorgetragene Forderung, Satz 5 zu streichen, hat sich nicht durchgesetzt und ist heute in Vergessenheit geraten. Die Gewerkschaften hatten argumentiert, in der Realität gäbe es keine Richtlinien (früher genannt: Fürsorgeerlasse), die voll dem möglichen Regelungsinhalt von Inklusionsvereinbarungen iSv § 166 entsprächen. Verweigern Dienststellenleiter den Abschluss von Inklusionsvereinbarungen, kommt es dann allein auf den Inhalt der erlassenen Richtlinien an. Die als Verwaltungsvorschriften von den für die allgemeine Verwaltung zuständigen Innenministern (Besonderheit in Bayern: Finanzminister) erlassenen Geschäftsbereich übergreifenden Bestimmungen enthalten zwar Regelungen zugunsten der Integration oder bisweilen sogar in Richtung Inklusion. Sie können jedoch die in ihrer Quantität und Qualität nicht voll den Vorgaben des § 166 entsprechen, weil sie zu allgemein gefasst sind. Sie können als Ressort übergreifende Bestimmungen nicht auf die besonderen Verhältnisse eines bestimmten Geschäftsbereichs, wie zB der Polizei oder Schulen, zugeschnitten sein. Erst recht können sie nicht auf der Stufe einer Dienststelle Inklusionsvereinbarungen verdrängen; denn diese stellen Zielvereinbarungen dar, die auf die besondere Situation der jeweiligen Dienststelle zugeschnitten sein sollen, → § 166 Rn. 26 f. Deshalb erlaubt Satz 5 nicht jedem Dienststellenleiter, sich auf das Vorhandensein einer Schwerbehinderten- oder Teilhaberichtlinie berufen, wenn den Verhandlungsanspruch der SBV einer Dienststelle aus § 166 Abs. 1 Satz 2 SGB IX ablehnen möchte. Das verkennen die Stimmen im Schrifttum, die behaupten, „Fürsorgepflicht-Erlasse machen Inklusionsvereinbarungen überflüssig".[166] Die Praxis bestätigt die hier vertretene Auffassung. So bestand im Geschäftsbereich des Bundesjustizministeriums seit 1978 ein sog. Fürsorgeerlass. Daraus ging 2003 die Integrationsvereinbarung hervor, die das Bundesministeriums der Justiz und für Verbraucherschutz (BMJV) mit seiner Hauptschwerbehindertenvertretung abgeschlossen hat.[167]

39

---

164 VG Gelsenkirchen 15.5.2020 – 12 L 1795/19, Rn. 28 f, OVG NRW 19.3.2019- 1 B 1301/18, Rn. 19, 22 ff.; *Schnellenbach/Bodanowitz*, Die dienstliche Beurteilung der Beamten und Richter, 62. Aktualisierung Dezember 2018, Rn. 222 b; *Schnellenbach*, Konkurrenzen im öffentlichen Dienst, 2. Aufl. 2018, S. 68.

165 Vgl. *Schulte/Dillmann*, Erste Hürden auf der Langstrecke beruflicher Teilhabe: Interdisziplinäre Betrachtung von Eignungstests und Auswahlverfahren für Menschen mit Behinderungen, ZTR 2017, 524 ff. und 577 ff.

166 So *Neumann* in Neumann/Pahlen/Winkler/Jabben SGB IX § 165 Rn. 7; zu Recht aA „nicht ausreichend": *Cramer* DB 2000, 2219; *Braasch* br 2001, 177.

167 S. www.bmjv.de/DE/Ministerium/EngagementBMJV/MenschenMitBehinderung/ MenschenMitBehinderung_node.html.

40 **Einstellung und Vorstellung von schwerbehinderten Bewerbern:** In den Verwaltungsvorschriften des Bundes und der Länder[168] sind Erleichterungen für schwerbehinderte Bewerber enthalten, → § 205 Rn. 7.
Bayerische Inklusionsrichtlinien: In Bayern bestehen seit April 2019 Inklusionsrichtlinien. Diese haben die vordem seit 2012 geltenden **Teilhaberichtlinien** abgelöst, die ihrerseits den früheren Fürsorgeerlass von 2002 ersetzt hatten.[169] Dort ist zum Einstellungsverfahren bestimmt:

4.4 Verfahrensweise bei Einstellung

[1]Die Pflichten des Arbeitgebers bei der Einstellung ergeben sich aus § 164 Abs. 1 SGB IX. [2]Diese für alle Arbeitgeber geltenden Pflichten werden durch § 165 SGB IX für die öffentlichen Arbeitgeber konkretisiert und ergänzt.

4.4.1 Prüfungspflicht

[1]Jede Dienststelle ist verpflichtet zu prüfen, ob freie Arbeitsplätze mit schwerbehinderten Menschen, insbesondere mit bei der Agentur für Arbeit als arbeitslos oder arbeitssuchend gemeldeten schwerbehinderten Menschen, besetzt werden können (§ 164 Abs. 1 Satz 1 SGB IX). [2]Dabei ist davon auszugehen, dass alle Arbeitsplätze beim Freistaat Bayern grundsätzlich zur Besetzung mit schwerbehinderten Menschen geeignet sind, soweit nicht in einzelnen Tätigkeitsbereichen besondere Anforderungen an die Beschäftigten gestellt werden müssen. [3]Die Schwerbehindertenvertretung ist im Rahmen der Prüfung unter unverzüglicher und umfassender Unterrichtung zu hören; die getroffene Entscheidung ist ihr unverzüglich mitzuteilen (§ 164 Abs. 1 Satz 6 und § 178 Abs. 2 SGB IX). [4]Der Betriebs-, Personal-, Richter-, Staatsanwalt- und Präsidialrat ist im Rahmen des Bayerischen Personalvertretungsgesetzes (BayPVG) zu beteiligen.

4.4.2 Besonderer Vermerk bei Stellenausschreibungen

[1]Bei externen und internen Stellenausschreibungen ist zu vermerken, ob die Stelle für die Besetzung mit schwerbehinderten Menschen geeignet ist und dass schwerbehinderte Bewerberinnen und Bewerber bei ansonsten im Wesentlichen gleicher Eignung, Befähigung und fachlicher Leistung bevorzugt eingestellt werden. [2]Die Schwerbehindertenvertretung erhält eine Kopie der Stellenausschreibung.

4.4.3 Marktplatz freie Stellen[170]

Den Integrationsfachdiensten sowie den Berufsbildungs- bzw. Berufsförderungswerken werden die im Marktplatz freie Stellen veröffentlichten Stellenausschreibungen per Newsletter übermittelt.

4.4.4 Meldung freier Stellen an die Agentur für Arbeit

[1]Die Dienststellen der öffentlichen Arbeitgeber nehmen nach einer erfolglosen Prüfung zur internen Besetzung des Arbeitsplatzes frühzeitig Kontakt mit den Agentu-

---

168 Alle Richtlinien der Länder abrufbar unter www.agsv-laender.de/?page=300.
169 Richtlinien über die Inklusion behinderter Angehöriger des Öffentlichen Dienstes in Bayern (Bayerische Inklusionsrichtlinien – BayInklR), Bekanntmachung des Bayerischen Staatsministeriums der Finanzen und für Heimat vom 29.4. 2019, Az. 26-P 1132–3/2, Bayerisches Ministerialblatt BayMBl. 2019 Nr. 165, 1 ff.; diese haben die Teilhaberichtlinien vom 19.11.2012, Az. PE – P 1132–002–33 316/12, FMBl. S. 605, StAnz. Nr. 51/52 abgelöst; diese wiederum haben zuvor den Fürsorgeerlass für schwerbehinderte Angehörige des öffentlichen Dienstes in Bayern, Bekanntmachungen des Bayerischen Staatsministeriums der Finanzen vom 17.4.2002, Nr. 24 abgelöst.
170 Personalbörse des öffentlichen Dienstes für Bewerberinnen oder Bewerber aus Reformbereichen, siehe dazu unter 4.5.2.

ren für Arbeit auf und melden diesen möglichst zeitgleich mit einer etwaigen Stellenausschreibung frühzeitig frei werdende und neu zu besetzende sowie neue Arbeitsplätze (§ 165 Satz 1 SGB IX). ²Dies gilt für Arbeitsplätze im Bereich der Arbeitnehmerinnen und Arbeitnehmer (einschließlich der einzelnen Beamtenverhältnissen vorgeschalteten Beschäftigungsverhältnisse) sowie in Fällen des Qualifikationserwerbs, in denen die Ausbildung nicht im Rahmen einer Bedarfsausbildung im Vorbereitungsdienst erfolgt. ³Bei akademischen Berufen wird empfohlen zusätzlich eine Anfrage an die Zentrale für Auslands- und Fachvermittlung (ZAV) in Bonn (Dienststelle der Bundesagentur für Arbeit) zu richten. ⁴Die Anforderungen des zu besetzenden Arbeitsplatzes sollen beschrieben werden.

4.4.5 Vorschlag geeigneter schwerbehinderter Menschen und Bewerbungen

¹Die Agenturen für Arbeit oder ein Integrationsfachdienst (§ 164 Abs. 1 Satz 3 SGB IX) sowie Berufsförderungs- und Berufsbildungswerke schlagen geeignete schwerbehinderte Menschen vor. ²Die Schwerbehindertenvertretung sowie der Betriebs-, Personal-, Richter-, Staatsanwalts- und Präsidialrat sind über die Vermittlungsvorschläge und vorliegende Bewerbungen von schwerbehinderten Menschen unmittelbar nach deren Eingang zu unterrichten (§ 164 Abs. 1 Satz 4 SGB IX). ³Bei Bewerbungen ist die Schwerbehindertenvertretung nicht zu beteiligen, wenn die schwerbehinderte Bewerberin bzw. der schwerbehinderte Bewerber dies ausdrücklich ablehnt (§ 164 Abs. 1 Satz 10 SGB IX). ⁴Die Schwerbehindertenvertretung hat das Recht auf Einsicht in die entscheidungserheblichen Teile der Bewerbungsunterlagen aller schwerbehinderten Menschen, sowie die entscheidungserheblichen Unterlagen der nichtbehinderten Bewerberinnen und Bewerber, die in die engere Wahl kommen. ⁵ Auf die Wahrnehmung dieses Rechtes ist neutral hinzuweisen. ⁶Die Rechte der Schwerbehindertenvertretung nach § 178 Abs. 2 Satz 1 SGB IX bleiben bestehen; die Schwerbehindertenvertretung ist daher auch im Ablehnungsfall über die beabsichtigte Einstellungsentscheidung der Dienststelle zu unterrichten und zu hören.

4.4.6 Vorstellungsgespräch

4.4.6.1

¹Schwerbehinderte und gleichgestellte behinderte Menschen, die sich auf einen Arbeitsplatz beworben haben (externe und interne Bewerberinnen und Bewerber) oder von den Agenturen für Arbeit oder einem Integrationsfachdienst oder einem Berufsförderungs- und Berufsbildungswerk vorgeschlagen worden sind, sind zu einem Vorstellungsgespräch einzuladen (§ 165 Satz 2 SGB IX). ²Nach § 165 Satz 2 SGB IX ist die Einladung zu einem Vorstellungsgespräch nur dann entbehrlich, wenn die fachliche Eignung offensichtlich fehlt. ³In Anwendung dieser Regelung ist von dem Vorstellungsgespräch nur dann abzusehen, wenn zwischen Dienstherrn bzw. Arbeitgeber und der Schwerbehindertenvertretung Einvernehmen darüber besteht, dass die Bewerberin bzw. Bewerber für den freien Arbeitsplatz nicht in Betracht kommen. ⁴Die Schwerbehindertenvertretung hat bei Vorliegen von Bewerbungen schwerbehinderter Menschen nach § 178 Abs. 2 Satz 4 SGB IX das Recht, an allen Vorstellungsgesprächen im Zusammenhang mit der Stellenbesetzung teilzunehmen und Einsicht in alle entscheidungserheblichen Bewerbungsunterlagen der zum Vorstellungsgespräch geladenen (behinderten und nichtbehinderten) Bewerberinnen und Bewerber zu nehmen. ⁵Die schwerbehinderten (nicht die nichtbehinderten) Bewerberinnen und Bewerber können allerdings die Teilnahme der Schwerbehindertenvertretung gemäß § 164 Abs. 1 Satz 10 SGB IX ablehnen; diese Beteiligung entfällt nur auf ausdrücklichen Wunsch des schwerbehinderten Bewerbers bzw. der schwerbehinderten Bewerberin. ⁶Über diese Möglichkeit sind die schwerbehinderten Bewerberinnen und Bewerber in neutraler Form zu informieren.

4.4.6.2

[1]Die vorstehenden Grundsätzen gelten auch für die Auswahlverfahren an Hochschulen, die einer Berufung von Professorinnen, Professoren, Juniorprofessorinnen und Juniorprofessoren vorausgehen. [2]Bei der Prüfung der Frage, ob die fachliche Eignung eines schwerbehinderten Menschen für die zu besetzende Stelle fehlt, ist ein strenger Maßstab anzulegen; im Zweifel sind schwerbehinderte Menschen, die sich auf eine Stelle für Professorinnen, Professoren, Juniorprofessorinnen oder Juniorprofessoren beworben haben, zum Probevortrag einzuladen.

4.4.7 Erörterung der beabsichtigten Entscheidung und Unterrichtung der Beteiligten

[1]Liegen Vermittlungsvorschläge oder Bewerbungen von schwerbehinderten Menschen vor und sind die Schwerbehindertenvertretung oder die vorgenannten Organe der Personalvertretung mit der beabsichtigten Entscheidung nicht einverstanden, ist die Entscheidung – unabhängig von der Erfüllung der Beschäftigungspflicht im Geschäftsbereich des jeweiligen Ressorts – mit diesen unter Darlegung der Gründe zu erörtern. [2]Dabei sind die betroffenen schwerbehinderten Bewerberinnen und Bewerber zu hören. [3]Eine Erörterung ist nicht erforderlich, wenn die Dienststelle dem Vermittlungsvorschlag oder der Bewerbung der schwerbehinderten Menschen folgt. [4]Alle Beteiligten sind vom Arbeitgeber über die getroffene Entscheidung unter Darlegung der Gründe unverzüglich zu unterrichten.

4.5.2 Bewerberinnen oder Bewerber aus Reformbereichen

4.5.2.1

Die Verpflichtungen der öffentlichen Arbeitgeber nach den §§ 164 und 165 SGB IX treffen regelmäßig auf das besondere Interesse des Dienstherrn, von der Struktur- und Aufgabenreform betroffenen Beschäftigten über den Marktplatz freie Stellen der Personalbörse öffentlicher Dienst einen zukunftssicheren Dienstposten oder Arbeitsplatz zu vermitteln.

4.5.2.2

[1]Bewerbungen von Beamtinnen und Beamten, Arbeitnehmerinnen und Arbeitnehmern, die von der Struktur- und Aufgabenreform betroffen sind, sind stets sorgfältig und ernsthaft in die engere Wahl zu ziehen. [2]Bei einer Konkurrenz mit Bewerbungen von schwerbehinderten Menschen ist die Bewerbung schwerbehinderter Menschen wohlwollend zu prüfen. [3]Ein genereller Vorrang einer der beiden Bewerberkreise besteht nicht.

Hinweis: In den Bestimmungen unter 4.5 ist die Konkurrenz schwerbehinderter Bewerberinnen und Bewerber mit anderen Personengruppen geregelt. Unter 4.6 sind besonderen Bestimmungen erläutert, die bei der Besetzung von Beamtenstellen zu wahren sind. Dazu → § 205 Rn. 10 ff.

IX. Verfahrensrechtliche Hinweise

41 **Gerichtliche Durchsetzung:** Das Recht auf Einladung zum Vorstellungsgespräch für ein ausgeschriebenes Arbeitsverhältnis kann nur vom schwerbehinderten Bewerber selbst oder nach § 85 von einem Behindertenverband gerichtlich durchgesetzt werden. Richtige Verfahrensart ist das Urteilsverfahren, § 2 Abs. 1 Nr. 3 c ArbGG. Ist eine Beamtenstelle nach § 40 VwGO ausgeschrieben, ist für die zu erhebende Klage die Verwaltungsgerichte zuständig. Geht es um die Durchsetzung des von der Rechtsprechung aus Art. 33 Abs. 2 GG entwickelten Bewerbungsverfahrensanspruchs, so wird dieser vom BVerwG weder von vornherein öffentlich-rechtlich noch bürgerlich-rechtlich zu verortet.[171] Danach sind

---

[171] BVerwG 17.3.2021 – 2 B 3.21, Rn. 16, IÖD 2021, 128 = ZTR 2021, 353.

die Gerichte für Arbeitssachen für Konkurrentenstreitverfahren allein zuständig, bei denen sich allein Arbeitnehmer und Selbstständige um die Besetzung einer Stelle im Arbeitsverhältnis des öffentlichen Dienstes bewerben.[172] In „Mischfällen", wenn entweder ein Beamter um Rechtsschutz nachsucht (unabhängig davon, ob die Stelle als Statusamt oder nach Tarifvertrag besetzt werden soll) oder wenn sich ein – auch nicht beamteter – Mitbewerber gegen die Auswahlentscheidung zugunsten eines Beamten wendet, soll nach § 40 VwGO zuständig sein.[173]

Die SBV hat kein eigenes Recht, die Einladung eines Bewerbers oder einer Bewerberin im Beschlussverfahren gerichtlich durchzusetzen (→ § 178 Rn. 14). Sie kann nur die Verletzung des § 165 Satz 1 bis 4 gemäß § 178 Abs. 1 Satz 2 Nr. 1 als Hüter des geltenden Schwerbehindertenrechts beanstanden und der betroffenen Person empfehlen, zur Sicherung des Bewerbungsverfahrensanspruch einstweiligen Rechtsschutz (Konkurrentenstreitverfahren) in Anspruch zu nehmen, Klage auf Schadensersatz (→ Rn. 31.), Entschädigung (→ Rn. 32) zu erheben sowie und das Ergreifen arbeitsrechtlicher Maßnahmen (→ Rn. 29) oder disziplinarischer Maßnahmen (→ Rn. 29) gegen die Personalverantwortlichen zu veranlassen. Außerdem kann sie ihre Unterrichtungs- und Anhörungsrechte im Zusammenhang mit der Melde- und Einladungspflicht (→ Rn. 26 f.) nach § 2a Abs. 1 Nr. 3a ArbGG im arbeitsgerichtlichen Beschlussverfahren vor den Gerichten für Arbeitssachen durchsetzen und die Verletzung von Unterrichts- und Anhörungspflichten als Ordnungswidrigkeit ahnden lassen. Die SBV kann auch den Personalrat veranlassen, tätig zu werden, wenn die öffentliche Arbeitgeber die Ausschreibung von Stellen unterlässt. So ist nach § 78 Abs. 1 Nr. 15 BPersVG nF mitbestimmungspflichtig, wenn der Arbeitgeber von der Ausschreibung von Dienstposten, die besetzt werden sollen, absehen möchte.

§ 166 Inklusionsvereinbarung

(1) ¹Die Arbeitgeber treffen mit der Schwerbehindertenvertretung und den in § 176 genannten Vertretungen in Zusammenarbeit mit dem Inklusionsbeauftragten des Arbeitgebers (§ 181) eine verbindliche Inklusionsvereinbarung. ²Auf Antrag der Schwerbehindertenvertretung wird unter Beteiligung der in § 176 genannten Vertretungen hierüber verhandelt. ³Ist eine Schwerbehindertenvertretung nicht vorhanden, steht das Antragsrecht den in § 176 genannten Vertretungen zu. ⁴Der Arbeitgeber oder die Schwerbehindertenvertretung kann das Integrationsamt einladen, sich an den Verhandlungen über die Inklusionsvereinbarung zu beteiligen. ⁵Das Integrationsamt soll dabei insbesondere darauf hinwirken, dass unterschiedliche Auffassungen überwunden werden. ⁶Der Agentur für Arbeit und dem Integrationsamt, die für den Sitz des Arbeitgebers zuständig sind, wird die Vereinbarung übermittelt.

(2) ¹Die Vereinbarung enthält Regelungen im Zusammenhang mit der Eingliederung schwerbehinderter Menschen, insbesondere zur Personalplanung, Arbeitsplatzgestaltung, Gestaltung des Arbeitsumfelds, Arbeitsorganisation, Arbeitszeit sowie Regelungen über die Durchführung in den Betrieben und Dienststellen. ²Dabei ist die gleichberechtigte Teilhabe schwerbehinderter Menschen am Arbeitsleben bei der Gestaltung von Arbeitsprozessen und Rahmenbedingungen von Anfang an zu berücksichtigen. ³Bei der Personalplanung wer-

---

172 BVerwG 17.3.2021 – 2 B 3.21, Rn. 12, IÖD 2021, 128 = ZTR 2021, 353.
173 BVerwG 17.3.2021 – 2 B 3.21, Rn. 20, IÖD 2021, 128 = ZTR 2021, 353.

den besondere Regelungen zur Beschäftigung eines angemessenen Anteils von schwerbehinderten Frauen vorgesehen.

(3) In der Vereinbarung können insbesondere auch Regelungen getroffen werden
1. zur angemessenen Berücksichtigung schwerbehinderter Menschen bei der Besetzung freier, frei werdender oder neuer Stellen,
2. zu einer anzustrebenden Beschäftigungsquote, einschließlich eines angemessenen Anteils schwerbehinderter Frauen,
3. zu Teilzeitarbeit,
4. zur Ausbildung behinderter Jugendlicher,
5. zur Durchführung der betrieblichen Prävention (betriebliches Eingliederungsmanagement) und zur Gesundheitsförderung,
6. über die Hinzuziehung des Werks- oder Betriebsarztes auch für Beratungen über Leistungen zur Teilhabe sowie über besondere Hilfen im Arbeitsleben.

(4) In den Versammlungen schwerbehinderter Menschen berichtet der Arbeitgeber über alle Angelegenheiten im Zusammenhang mit der Eingliederung schwerbehinderter Menschen.

I. Gesetzgebung 1	7. Übermittlung 22
II. Überblick 3	IV. Schulungsbedarf für Inklusionsvereinbarungen 23
III. Inklusionsvereinbarung als Regelungs- und Steuerungsinstrument 5	V. Inhalte von Inklusionsvereinbarungen 25
1. Vereinbarungsbefugnis .. 5	VI. Wertung des Instruments der Inklusionsvereinbarung 29
2. Kollektivvereinbarung eigener Art 10	VII. Entwicklung einer Inklusionsvereinbarung 31
3. Fortgeltung von Integrationsvereinbarungen 12	VIII. Versammlung der schwerbehinderten Menschen 75
4. Verhältnis zur Betriebs- und Dienstvereinbarung 13	IX. Hinweise zur Durchsetzung der Rechte und Pflichten 78
5. Bindungswirkung 14	
6. Gang der Verhandlungen 17	

I. Gesetzgebung

1 **Geltende Gesetzesfassung:** Die Regelung geht zurück auf § 14 b SchwbG, der durch das SchwbBAG zum 1.10.2000 eingeführt worden ist. Der Regierungsentwurf hat diese Vorschrift im Wesentlichen unverändert nach § 83 SGB IX aF übernommen.[1] Ergänzend wurde lediglich die Bestimmung eingeführt, nach der die Integrationsvereinbarung auch an das Integrationsamt zu übermitteln ist. Auf Empfehlung des Ausschusses ist der Begriff Hauptfürsorgestelle durch die Bezeichnung Integrationsamt ersetzt worden.

2 **Änderungen des SGB IX:** Durch das Dritte Gesetz für moderne Dienstleistungen am Arbeitsmarkt vom 23.12.2003[2] wurde mit Wirkung vom 1.1.2004 in Abs. 1 Satz 5 die Bezeichnung „Arbeitsamt" durch „Agentur für Arbeit" ersetzt. Durch Art. 1 Nr. 19 des Gesetzes zur Förderung der Ausbildung und Beschäftigung schwerbehinderter Menschen vom 23.4.2004[3] wurde mit Wirkung vom 1.5.2004 der Abs. 2 a (seit 1.1.2018 zu Abs. 3 umgewandelt) eingefügt. Zur Begründung ist dazu im Gesetzentwurf der Fraktionen SPD und Bündnis

---
1 BT-Drs. 14/5531.
2 BGBl. I 2848.
3 BGBl. I 606.

90/Die Grünen ausgeführt:[4] „Das Instrument der Integrationsvereinbarung ist hervorragend geeignet, betriebliche Belange im Zusammenhang mit der Eingliederung behinderter Menschen einvernehmlich zu regeln, den betrieblichen Erfordernissen Rechnung zu tragen, zum Betriebsfrieden beizutragen und damit störungsfreie Betriebsabläufe zu ermöglichen. Um dieses Instrument zu stärken, werden über die obligatorisch zu vereinbarenden Inhalte hinaus **weitere sinnvolle Regelungsgegenstände** genannt, die die Verhandlungen über die Inhalte von Integrationsvereinbarungen erleichtern sollen". Ursprünglich war vorgesehen, in einem anzufügenden Absatz 2 b zusätzlich zu regeln: „Die Rehabilitationsträger und die Integrationsämter können Arbeitgeber, die ein betriebliches Eingliederungsmanagement einführen, durch Prämien fördern". Davon ist nicht Abstand genommen worden, um der ablehnenden Stellungnahme des Bundesrats[5] entgegenzukommen, sondern um Missverständnisse auszuschließen, dass ein betriebliches Eingliederungsmanagement nur im Zusammenhang mit einer Integrationsvereinbarung unterstützt werden könne. Diese Regelung hat nur den Standort gewechselt. Sie ist nach § 84 Abs. 3 (seit 1.1.2018: § 167 Abs. 3) verschoben worden.

Art. 2 BTHG hat bereits mit Wirkung vom 30.12.2016 zwei Ergänzungen vorgenommen: Vor dem fünften Satz des ersten Absatzes wurde eingefügt: „Das Integrationsamt soll dabei insbesondere darauf hinwirken, dass unterschiedliche Auffassungen überwunden werden." Vor dem zweiten Satz des zweiten Absatzes wurde eingefügt: „Dabei ist die gleichberechtigte Teilhabe schwerbehinderter Menschen am Arbeitsleben bei der Gestaltung von Arbeitsprozessen und Rahmenbedingungen von Anfang an zu berücksichtigen." Art. 1 BTHG hat mit Wirkung vom 1.1.2018 den Standort der Norm wegen des neu eingefügten Teils 2 in den Teil 3 des SGB IX nach § 166 SGB IX verschoben. Dabei sind lediglich Verweisungen angepasst und das Wort „Integrationsvereinbarung" durch das Wort **„Inklusionsvereinbarung"** ersetzt worden.

II. Überblick

Regelungsinhalt: Die Vorschrift verpflichtet die Arbeitgeber, gemeinsam mit den im Betrieb gewählten Arbeitnehmervertretungen, dh mit den Schwerbehindertenvertretungen (SBV) und den Vertretungen nach § 176 sowie dem Arbeitgeber und dem Inklusionsbeauftragten iSv § 181 eine **verbindliche Inklusionsvereinbarung** zu treffen.[6]

3

Bereits der mit dem SchwbBAG unter der Bezeichnung Integrationsvereinbarung eingeführte Vereinbarungsauftrag gilt als ein Meilenstein auf dem Weg vom Fürsorgeprinzip zur Teilhabeorientierung.[7] Er diente dazu, auf eine integrative Personalpolitik auszurichten, die nach dem Prinzip von Zielvereinbarungen funktioniert. Zudem wurde der SBV in Abs. 1 Satz 2 ein eigenständiges **Antrags- und Initiativrecht** eingeräumt und ihr erstmals die Funktion einer verhandlungsführenden Vertragspartei zuerkannt.

Mit der Änderung der Bezeichnung in Inklusionsvereinbarung ist nicht nur eine Umbenennung verbunden. Vielmehr ist durch die Einfügung in Abs. 2 Satz 2 auch die Neuausrichtung auf das Ziel der Inklusion definiert: „gleichberechtig-

---

4 BT-Drs. 15/1783, 15.
5 BT-Drs. 15/2318, 16.
6 Überblicksaufsatz: *Kergl*, Die Inklusionsvereinbarung gemäß § 166 SGB IX, AnwZert ArbR 12/2020 Anm. 2.
7 *Kohte* in KKW SGB IX § 83 Rn. 1; *Frankhaenel/Ihme* Behindertenrecht 2003, 177.

te Teilhabe schwerbehinderter Menschen am Arbeitsleben bei der Gestaltung von Arbeitsprozessen und Rahmenbedingungen von Anfang an".

Abs. 2 Satz 1 und 3 enthalten eine Zusammenstellung der Angelegenheiten, zu denen in der Inklusionsvereinbarung **obligatorisch Regelungen** mit dem Ziel der Inklusion getroffen werden müssen. Abs. 3 zählt beispielhaft weitere **mögliche Inklusionsthemen** auf. Nach der Gesetzesbegründung zum 2004 nachgebesserten Auftrag zum Treffen von Integrationsvereinbarungen[8] ist es wünschenswert, wenn diese von den Beteiligten als Regelungsfragen verstanden werden und diese sich um Lösungen bemühen.

Abs. 4 enthält eine **Berichtspflicht** des Arbeitgebers zum Stand der Eingliederung schwerbehinderter Beschäftigter. Danach ist der Arbeitgeber auf den Schwerbehindertenversammlungen berichtspflichtig. Die Berichtspflicht ist bewusst vom Gesetzgeber angeordnet. Der Arbeitgeber soll angehalten werden, sich öffentlich gegenüber den versammelten schwerbehinderten Beschäftigten zu erklären. Dies betrifft insbesondere die Frage, aus welchen Gründen er keine Inklusionsvereinbarung abgeschlossen hat.

4 **Zusammenhang mit anderen Normen:** Systematisch gehört die Bestimmung in Abs. 3 über die **Berichtspflicht des Arbeitgebers** auf den Schwerbehindertenversammlungen zum Recht der **Schwerbehindertenversammlung**, das in § 178 Abs. 6 geregelt ist. Aus Gründen der Systematik hätte die Berichtspflicht als Satz 3 bereits bei der Überführung der Vorschrift aus § 14 b SchwbG hinter § 95 Abs. 6 SGB IX aF angefügt werden sollen. Ein weiteres rechtstechnisches Manko war und ist, dass jeder Hinweis auf die für den öffentlichen Arbeitgeber geltende Ausnahme von der Verpflichtung, eine Vereinbarung zu treffen, fehlt. Diese Fehler sind in Vorbereitung des Gesetzgebungsverfahrens für das BTHG zwar wie viele andere sprachliche und systematische Schwächen zwar vom Schrifttum angesprochen,[9] jedoch vom federführenden Ministerium ignoriert worden.[10] Deshalb muss der Gesetzesanwender stets den Zusammenhang mit anderen Normen herstellen und diesen auf Geltungsbereichsausnahmen prüfen. So ist abweichend von Abs. 1 Satz 1 in § 165 Satz 5 eine Entbindung von der Verpflichtung zum Treffen von Inklusionsvereinbarungen geregelt. Danach sind die öffentlichen Arbeitgeber von der Verpflichtung befreit, wenn für ihre Dienststellen dem „§ 166 entsprechende Regelungen bereits bestehen und durchgeführt werden".

Abs. 2 Satz 2 und Abs. 2 a Nr. 1, 2 und 3 weisen darauf hin, dass die Inklusionsvereinbarung auch genutzt werden soll, um Teilziele zur Steigerung der betrieblichen **Beschäftigungsquote** zu setzen. Die in § 154 Abs. 1 Satz 2, § 155 Abs. 1 und Abs. 2 Satz 1 enthaltenen unbestimmten Forderungen nach einer „angemessenen" Berücksichtigung von Frauen, der nach Art und Schwere der Behinderung im Arbeitsleben besonders betroffenen und der älteren schwerbehinderten Menschen sowie der schwerbehinderten Auszubildenden können mithilfe der Inklusionsvereinbarung konkretisiert werden. Die in Abs. 3 Nr. 5 angesprochene Regelung der Durchführung der betrieblichen Prävention dient der Umsetzung des betrieblichen Eingliederungsmanagements iSv § 167 Abs. 2. In diesem Rahmen bedarf es auch einer näheren Ausgestaltung der Regeln für die Hinzuziehung der Werks- und Betriebsärzte nach § 167 Abs. 2 Satz 2. Auf diesen Regelungsbedarf weist Abs. 3 Nr. 6 hin.

---

8 BT-Drs. 15/1783, 15.
9 *Edenfeld* NZA 2012, 713; *Sachadae* PersV 2015, 170; *Sachadae* ZfPR online 12/2016, 38.
10 Dazu *Düwell/Beyer* Beschäftigte Rn. 8; *Edenfeld*, Neuerungen im Schwerbehindertenrecht, PersV 2016, 364 (367).

III. Inklusionsvereinbarung als Regelungs- und Steuerungsinstrument
1. Vereinbarungsbefugnis

Mitvereinbarungsbefugnis der Schwerbehindertenvertretung: In Abs. 1 Satz 1 hat der Gesetzgeber erstmalig eine **Vereinbarungsbefugnis** der SBV anerkannt. Damit ist keine Einräumung einer eigenständig auszuübenden Abschlussbefugnis verbunden. Nur in den seltenen Fällen, in den kein Betriebsrat oder keine Personalvertretung besteht, kann die SBV allein für die Arbeitnehmerseite die Inklusionsvereinbarung mit der Arbeitgeberseite, bestehend aus Arbeitgeber und Inklusionsbeauftragten, „treffen". Ansonsten kann sie ihre Befugnis nur gemeinsam mit der Beschäftigtenvertretung nach § 176 Satz 1 ausüben. Da die Beschäftigtenseite ihren Willen gemeinsam bilden muss, kann der Betriebsrat oder die Personalvertretung allerdings auch nicht gegen den Willen der SBV zu einem Abschluss kommen. Der SBV ist jedoch in Abs. 1 Satz 2 das **Initiativrecht** eingeräumt worden.[11] Fordert die SBV die Aufnahme der Verhandlung, müssen diesem Verlangen die anderen Beteiligten folgen.

Keine SBV vor Ort: Fehlt im Betrieb oder in der Dienststelle eine SBV, so ist als **Inhaber des erstreckten Mandats** die GSBV nach § 180 Abs. 6 Satz 1 Hs. 2 oder die KSBV nach § 181 Abs. 6 Satz 2 bzw. im öffentlichen Dienst die Stufenvertretung nach § 180 Abs. 6 Satz 2 zuständig. Das hat der Gesetzgeber in diesen Bestimmungen ausdrücklich klargestellt. Danach kann die GSBV auch die Initiative für die Verhandlungen über das Treffen einer Inklusionsvereinbarung ergreifen.

Subsidiäre Zuständigkeit des Betriebs-/Personalrats: Dort, wo weder eine SBV gewählt worden ist, noch nach § 180 Abs. 6 Satz 1 die Gesamtschwerbehindertenvertretung oder die Konzernschwerbehindertenvertretung nach § 180 Abs. 6 Satz 2 kraft Gesetzes auch für einen Betrieb mit Schwerbehinderten ohne SBV zuständig ist, kann nach Abs. 1 Satz 3 der Betriebsrat/Personalrat beim Arbeitgeber die Aufnahme von Verhandlungen über die Inklusionsvereinbarung beantragen. Er ist nur insoweit ersatzweise allein zuständig. Im Übrigen gilt (→ Rn. 5), dass die SBV nicht allein befugt ist, mit dem Arbeitgeber eine Inklusionsvereinbarung zu treffen, sondern es zur Vereinbarung stets der Zustimmung des Betriebsrats oder der im öffentlichen Dienst zuständigen Personalvertretung bedarf.

Rolle des Inklusionsbeauftragten: In der Praxis und im Schrifttum wird zumeist die dem Inklusionsbeauftragten (§ 181) übertragene Rolle übersehen. Er ist zwar kraft seiner Stellung Mitglied der Arbeitgeberbank, ihm kommt aber eine eigenständige Funktion zu; denn er trifft „in Zusammenarbeit" mit dem Betriebs- und Personalrat sowie der SBV die Vereinbarung. Das bedeutet, er soll als Bindeglied zwischen Arbeitgeber und Belegschaft fungieren. Seine Zustimmung ist erforderlich. Der Gesetzgeber hat ihm damit eine besondere Rechtsstellung zugewiesen. Er ist mehr als nur ein Vertreter des Arbeitgebers iSv § 181 Satz 1.[12] Der Arbeitgeber kann, wenn der Beauftragte einer entsprechenden Weisung widerspricht, dessen Widerstand nur durch eine Abberufung aushebeln. Wird ein Beschlussverfahren wegen des Abschlusses einer Inklusionsvereinbarung geführt, so ist der Inklusionsbeauftragte als Inhaber eigener Rechte und demnach Beteiligter nach § 83 Abs. 3 ArbGG anzuhören, → § 181 Rn. 41.

Rahmenvereinbarungen: In einem Unternehmen mit mehreren Betrieben und einer GSBV kann eine Rahmeninklusionsvereinbarung abgeschlossen werden. Auf Seiten der Arbeitnehmervertretungen sind dann der Gesamtbetriebsrat und

---

11 *Fabricius* in jurisPK-SGB IX § 166 Rn. 15.
12 AA *Trenk-Hinterberger* in HK-SGB IX, 3. Aufl. 2010, § 83 Rn. 5.

die GSBV nach § 180 Abs. 6 Satz 1 Hs. 2 für die Verhandlung und den Abschluss der Vereinbarung zuständig. Soweit im Schrifttum angenommen wird, dann entfiele die Zuständigkeit der örtlichen SBVen,[13] ist dem nicht zuzustimmen. Die Inklusion für alle Betriebe kann nicht auf Unternehmensebene einheitlich „verordnet" werden. Es bleibt stets ein betrieblicher Regelungsbedarf. Es kann auf überbetrieblicher Ebene nur ein Rahmen gesetzt werden, der noch ausfüllungsbedürftig ist. Unter dieser Prämisse ist auch eine Rahmenvereinbarung auf Konzernebene rechtlich zulässig. Dieses Verhältnis von Rahmen- und Einzelvereinbarung ist auch in vielen Konzernen und Unternehmen gebräuchlich.

2. Kollektivvereinbarung eigener Art

10 **Rechtsnatur:** Die Inklusionsvereinbarung stellt einen mehrseitigen kollektivrechtlichen Vertrag eigener Art dar.[14] Sie ist keine Betriebsvereinbarung; denn § 77 BetrVG sieht für den Abschluss einer Betriebsvereinbarung keine Beteiligung Dritter wie die der SBV vor. Sie ist auch nicht einer Betriebs- bzw. Dienstvereinbarung gleichgestellt.[15] Es fehlt die gesetzliche Klarstellung ihrer unmittelbaren und zwingenden Wirkung, wie dies für die Betriebsvereinbarung in § 77 Abs. 4 BetrVG geschehen ist. Das schließt allerdings nicht aus, das eine Inklusionsvereinbarung im Sinne eines Vertrages zugunsten Dritter sich auf die Rechtsverhältnisse der schwerbehinderten Beschäftigten auswirken kann. Überwiegend ist das Schrifttum der schon in der 1. Auflage der zur damaligen Integrationsvereinbarung hier vertretenen Ansicht gefolgt, dass diese Vereinbarung eine besondere Regelungsabrede ohne Normcharakter darstelle, die im Verhältnis zwischen Arbeitgeber und SBV und Betriebsrat oder Personalrat Verbindlichkeit beanspruche.[16] Dh: Ist in der getroffenen Vereinbarung ein über die gesetzlichen Bestimmungen hinausgehendes Recht der SBV geregelt, so kann die SBV dieses Recht auch im arbeitsgerichtlichen Beschlussverfahren durchsetzen.

Beispiel: In der Inklusionsvereinbarung ist bestimmt, dass die SBV jährlich ein halbtätiges Seminar für Führungskräfte veranstaltet, auf dem sie aus ihrer Sicht die im Betrieb auftretenden Probleme der Eingliederung schwerbehinderter Menschen und ihre Lösungsvorschläge darstellt. Hält der neu berufene Betriebsleiter die Veranstaltung für überflüssig, so kann die SBV das Abhalten der Veranstaltung durchsetzen.

11 **Individualansprüche:** Bei einer Inklusionsvereinbarung handelt es sich in erster Linie um ein Steuerungsinstrument im Sinn einer Zielvereinbarung, → Rn. 3. Subjektive Rechte der schwerbehinderten Menschen erwachsen noch nicht aus den in einer Inklusionsvereinbarung gesetzten Zielen.

---

13 *Fabricius* in jurisPK-SGB IX § 166 Rn. 11.
14 *Fabricius* in jurisPK-SGB IX § 166 Rn. 13; *Seel* in Ernst/Adlhoch/Seel SGB IX, 25. Aktualisierung 2013, § 83 Rn. 12; *Knittel* SGB IX, 11. Aufl. 2017, § 83 Rn. 19; *Müller-Wenner* in Müller-Wenner/Schorn SGB IX, 1. Aufl. 2003, § 83 Rn. 7; *Schröder* in Hauck/Noftz SGB IX, Stand 2017, § 83 Rn. 21; *Weyand/Schubert*, Das neue Schwerbehindertenrecht, 2. Aufl. 2002, Rn. 236.
15 AA *Greiner* in Neumann/Pahlen/Greiner/Winkler/Jabben SGB IX § 166 Rn. 13; *Feldes*, Handbuch Integrationsvereinbarung, S. 23; unklar *Schimanski* in GK-SGB IX Stand 2015 § 83 Rn. 57: „normativer Charakter" und Rn. 138, wo zwischen schuldrechtlichen und normativen Teilen der Integrationsvereinbarung unterschieden wird.
16 So → 1. Aufl. 2002, § 83 Rn. 3; ebenso: *Müller-Wenner/Schorn* § 83 Rn. 7; *Ernst/Adlhoch/Seel* § 83 Rn. 11.

Beispiel: Es ist vereinbart, die Einstellung von schwerbehinderten Menschen zu fördern. Solange keine konkrete Förderregel vereinbart ist, kann die abstrakte Zielsetzung nicht auf das Rechtsverhältnis des Einzelnen zum Arbeitgeber durchschlagen. Es bedarf einer ausreichenden Konkretisierung, die eine unmittelbare Anwendung ermöglicht. Eine derartige Konkretisierung liegt vor, wenn vereinbart wird: Schwerbehinderten Menschen ist bei im Wesentlichen gleicher Eignung bei der Einstellung der Vorzug vor anderen Bewerbern zu geben.[17] Allerdings gilt diese Vorrangregel nur für den, der im Wege der Konkurrentenklage seine Einstellung verfolgt und nicht für den, der keine Einstellungs-, sondern einen in der Vereinbarung nicht geregelten Entschädigungsanspruch geltend macht.[18]

Unabhängig von der Beurteilung der Rechtsnatur der Inklusionsvereinbarung erwachsen aus Bestimmungen subjektive Rechte, wenn in einem Arbeitsvertrag eine Bezugnahme erfolgt, sogenannte Umsetzung.[19]

Häufig enthalten Inklusionsvereinbarungen Ausgestaltungen der in §§ 164 und 167 geregelten Beschäftigungs- und Präventionspflichten. Diese Regelungen haben für den Inhalt und für den Bestand von Arbeitsverhältnissen große Bedeutung; denn der einzelne behinderte Beschäftigte kann sich darauf berufen, zu welchen Maßnahmen sich der Arbeitgeber zur behinderungsgerechten Gestaltung des Arbeitsplatzes, des Arbeitsumfelds und der Arbeitsorganisation, sowie zur beruflichen Förderung und Weiterbildung oder zur Beschäftigungssicherung kollektiv verpflichtet hat.[20]

Beispiele:
1. Wird um die Frage gestritten, ob der Beschäftigte einen Anspruch auf Fahrtkostenerstattung für die Teilnahme an einer außerbetrieblichen Weiterbildungsmaßnahme hat, kann der Beschäftigte sich bei Geltendmachung seines Anspruches auf Erleichterung der außerbetrieblichen Berufsbildung aus § 165 Abs. 4 Satz 1 Nr. 3 auf eine entsprechende konkretisierende Regelung in der Inklusionsvereinbarung berufen.
2. Wird um die behinderungsgerechte Art der Beschäftigung nach § 164 Abs. 4 Satz 1 Nr. 1 gestritten, kann der schwerbehinderte Arbeitnehmer geltend machen, dass sich in der Inklusionsvereinbarung der Arbeitgeber verpflichtet hat, von einem bestimmten Zeitpunkt an höhenverstellbare Schreibtische zur Verfügung zu stellen.

3. Fortgeltung von Integrationsvereinbarungen

Fortgeltung von Integrationsvereinbarungen: Im Gesetz zur Änderung des Bundesversorgungsgesetzes und anderer Vorschriften vom 17.7.2017[21] ist unter Art. 23 Nr. 10 eine Korrektur des durch das BTHG geänderten SGB IX vorgenommen worden. Danach ist die Übergangsvorschrift in § 241 Abs. 6 SGB IX wie folgt gefasst:

(6) Bestehende Integrationsvereinbarungen im Sinne des § 83 in der bis zum 30. Dezember 2016 geltenden Fassung gelten als Inklusionsvereinbarungen fort.

---

17 So Nr. 2.1.9 der Bremer Integrationsvereinbarung vom 19.12.2001 (Brem ABl 2002, 13).
18 LAG Brem 9.9.2003 – 1 Sa 77/03.
19 LAG Brem 9.9.2003 – 1 Sa 77/03.
20 *Müller-Wenner/Schorn* § 83 Rn. 7.
21 BGBl. 2017 I 2541.

Zur Begründung der Korrektur führte das federführende Ministerium im Gesetzentwurf der Bundesregierung aus, es müsse eine redaktionelle Anpassung erfolgen; denn es sei fehlerhaft in Art. 1 BTHG formuliert worden: „Bestehende Integrationsvereinbarungen im Sinne des § 166 in der bis zum 1.1.2018 geltenden Fassung gelten als Inklusionsvereinbarungen fort." Zugrunde liegt jedoch kein Anpassungs- sondern ein Gedankenfehler. Die Übergangsregelung, die nach Art. 2 BTHG in § 159 Abs. 8 SGB IX für die bis 31.12.2017 geltende Fassung des SGB IX getroffen wurde, beinhaltet, dass Integrationsvereinbarungen nach § 83 „in ihrer bis zum 30.12.2016 geltenden Fassung" als Inklusionsvereinbarungen fortgelten sollten. Schon dieser Übergangsbestimmung in Art. 2 lag ein Gedankenfehler zugrunde; denn es bedurfte nur für Integrationsvereinbarungen, die bis zum 29.12.2016 getroffen wurden, einer Übergangsregelung; denn wenn eine Vereinbarung nach Inkrafttreten des Art. 2 BTHG am 30.12.2016 getroffen wurde, hätte sie schon als Inklusionsvereinbarung abgeschlossen werden müssen. Die erneute Übergangsregelung in Art. 1 BTHG sollte die alten Integrationsvereinbarungen, die auch nach dem 30.12.2016 noch nicht geändert worden sind, fortgelten lassen und ihnen zur Verdeckung ihrer mangelnden Ausrichtung auf das Inklusionsziel dennoch die Bezeichnung „Inklusionsvereinbarung" sichern. Das ist das wahre Ziel der korrigierten Übergangsbestimmung.

Wurde bis zum 29.12.2016 eine Integrationsvereinbarung abgeschlossen, gilt sie damit als Inklusionsvereinbarung auch dann fort, wenn sie nicht entsprechend Abs. 2 Satz 2 nachgebessert worden ist. Möchte die SBV eine Nachbesserung erreichen, so kann sie also nach Abs. 1 Satz 1 die anderen Beteiligten (Personal-/Betriebsrat und Arbeitgeber sowie den Inklusionsbeauftragten) zur Verhandlung auffordern. Sie hat die gesetzliche Befugnis erhalten, den Start der Verhandlung verlangen zu können. Die Verhandlungsparteien haben sich auf eine entsprechende Überarbeitung der Vereinbarung zu verständigen. Ist nach dem 29.12.2016 eine Vereinbarung – gleich unter welcher Bezeichnung – getroffen worden, so ist das eine unter der Geltung des neuen Rechts abgeschlossene Vereinbarung, die nur einvernehmlich oder nach wirksamer Kündigung (→ Rn. 14) oder nach Ablauf der vereinbarten Laufdauer geändert werden kann.

4. Verhältnis zur Betriebs- und Dienstvereinbarung

13 **Ersetzung durch andere Vereinbarungen:** Da der SBV die Mit-Vereinbarungskompetenz in Abs. 1 Satz 1 eingeräumt wurde, kann ohne sie nicht der Abschluss einer Inklusionsvereinbarung durch eine „kleine" Betriebs- oder Dienstvereinbarung ersetzt werden. Soweit in einer Betriebs- oder Dienstvereinbarung Angelegenheiten geregelt werden, die nach Abs. 2 eine Inklusionsvereinbarung zu enthalten hat (im Gesetz: „enthält" ist imperatives Präsens, → Rn. 25), liegt eine Überschreitung der Regelungsbefugnis der Beteiligten vor, wenn nicht die SBV an der Beschlussfassung beteiligt war und entsprechend § 77 Abs. 2 BetrVG ihre Zustimmung durch die Mit-Unterschrift zum Ausdruck gebracht hat. Eine Ersetzung durch eine formlose unter Einbeziehung der SBV und mit deren Zustimmung getroffene Regelungsabrede ist nicht bereits deshalb auszuschließen, weil keine unterschriebene Urkunde hergestellt ist. § 166 enthält keine Vorschrift über eine bestimmte Form, in der die Vereinbarung zu treffen ist. Schriftform ist also nicht erforderlich. Da individuelle Ansprüche erst begründet werden, wenn der Arbeitgeber die Regelungen der Vereinbarung arbeitsvertraglich umsetzt, kann es zweckmäßig sein, die über den Katalog in Abs. 2 hinausgehenden Angelegenheiten durch den dazu befugten Betriebsrat in einer frei-

willigen Betriebsvereinbarung nach § 88 Nr. 5 BetrVG abschließen zu lassen. Art. 18 BTHG hat dazu die beispielhafte Aufzählung der Regelungsgegenstände in § 88 BetrVG um „Maßnahmen zur Eingliederung schwerbehinderter Menschen" ergänzt. Wird eine derartige Betriebsvereinbarung abgeschlossen, so wirkt sie sich zugunsten der Rechte von Beschäftigten aus; denn nach § 77 Abs. 4 Satz 2 bis 4 BetrVG sind dann diese Rechte vor Verfall und Verzicht geschützt. Für einen wirksamen Verzicht bedarf es dann der Zustimmung des Betriebsrats und für die Geltung von Ausschlussfristen einer ausdrücklichen Zulassung in einem Tarifvertrag oder in einer Betriebsvereinbarung.[22] Über die freiwillige Betriebsvereinbarung kann somit eine unmittelbare zugunsten der schwerbehinderten Menschen **zwingende Wirkung** hergestellt werden. Für die in Abs. 2 a Nr. 5 angesprochene Durchführungsregelung zum betrieblichen Eingliederungsmanagement können auch Mitbestimmungsrechte nach § 87 Abs. 1 Nr. 1 und Nr. 7 BetrVG geltend gemacht werden.[23] Insoweit kommt dann auch die Ersetzung der fehlenden Zustimmung des Arbeitgebers nach § 87 Abs. 2 BetrVG über ein Einigungsstellenverfahren in Betracht. Die Einigungsstelle hat dann in eigener Kompetenz zu prüfen, ob sie für die Aufstellung eines formalisierten Verfahrens für das betriebliche Eingliederungsmanagement nach § 167 Abs. 2 SGB IX unter den Gesichtspunkten Ordnung des Verhaltens der Arbeitnehmer (§ 87 Abs. 1 Nr. 1 BetrVG) oder Gesundheitsschutz (§ 87 Abs. 1 Nr. 7 BetrVG) zuständig ist.[24]

Mit der Erweiterung des Katalogs der Regelungsgegenstände in § 88 Nr. 5 BetrVG ist das Risiko gewachsen, dass bei Störungen in der Zusammenarbeit zwischen SBV und Betriebsrat das Instrument der Inklusionsvereinbarung gemieden und stattdessen der Weg einer Regelung über die Betriebsvereinbarung gesucht wird, sogenannte Flucht aus der Inklusionsvereinbarung. Die Flucht kann jedoch die SBV stoppen. Sie kann als Trägerin des Initiativrechts aus Abs. 1 Satz 2 (→ Rn. 3; → Rn. 6) geltend machen, dass Regelungsgegenstände aus Abs. 2 berührt sind und diese Regelungsgegenstände als Bestandteile des Musskatalogs (→ Rn. 16) vorrangig der Regelung durch die Inklusionsvereinbarung vorbehalten sind. Hat sie erfolglos die nach Abs. 1 Satz 1 am Treffen der Vereinbarung Beteiligten (→ Rn. 3) zur Aufnahme der Verhandlungen aufgefordert, hat sie die Antragsbefugnis, im arbeitsgerichtlichen Beschlussverfahren durch einstweilige Untersagungsverfügung die Beeinträchtigung ihres Verhandlungsrechts zu stoppen.

5. Bindungswirkung

Verbindlichkeit: Abs. 1 Satz 1 verlangt, dass die Vereinbarung „verbindlich" getroffen wird. Diese Formulierung besagt, dass die Vereinbarung so, wie sie getroffen wurde, einzuhalten ist. Anders als bei einem Interessenausgleich nach §§ 111, 113 Abs. 1 BetrVG darf der Arbeitgeber auch nicht aus zwingenden Gründen von der Vereinbarung abweichen. Er muss vorher eine Änderung herbeiführen. Das bedeutet, wenn die SBV und die mitbeteiligte Vertretung nach § 176 SGB IX nicht einverstanden sind, muss er die getroffene Inklusionsvereinbarung rechtzeitig kündigen. Deshalb ist es ratsam, eine Vereinbarung über die Laufdauer oder über eine Kündigungsfrist zu treffen.

Die Formulierung „verbindlich" ist insoweit wenig hilfreich, weil damit keine Aussage zu einer möglichen normativen Wirkung getroffen ist. Somit fehlt der

14

---

22 *Düwell/Beyer* Beschäftigte Rn. 254.
23 *Kohte* in HaKo-BetrVG § 87 Rn. 92.
24 LAG SchlH 19.12.2006 – 6 TaBV 14/06, AiB 2007, 425.

Inklusionsvereinbarung – anders als dies für eine Betriebsvereinbarung in § 77 Abs. 4 BetrVG erfolgt ist – die Zuschreibung einer unmittelbaren und zwingenden Wirkung ihrer Bestimmungen. Die Instanzrechtsprechung nimmt deshalb an, dass eine Verletzung ihrer Bestimmungen nicht auf das einzelne Arbeitsverhältnis durchschlägt.[25] Dennoch wird im Schrifttum die Auffassung vertreten, die Inklusionsvereinbarung sei als Betriebsvereinbarung anzusehen.[26] Dem hat sich die Rspr. bislang nicht angeschlossen.[27] Zur Begründung der Rechtsnatur wird vorgebracht, nur die Einordnung entspreche dem Leitbild des BTHG. Dabei wird verkannt, dass diese Art der Vereinbarung bereits SchwbBAG zum 1.10.2000 eingeführt worden ist, → Rn. 1. Im Übrigen spricht gegen die Rechtsnatur als Betriebsvereinbarung, dass abweichend von § 77 Abs. 2 Satz 1 BetrVG keine Schriftform vorgeschrieben ist.[28]

15 **Laufdauer:** Eine Regelung zur Laufdauer enthält das Gesetz zwar nicht. Wie bei allen anderen Dauerregelungen muss jedoch auch hier eine Möglichkeit bestehen, sich von der Vereinbarung lösen zu können. Wie jede Vereinbarung, so kann auch die Inklusionsvereinbarung einvernehmlich aufgehoben werden. Das Schrifttum, das von einer Betriebsvereinbarung ausgeht, zieht § 77 Abs. 5 BetrVG unmittelbar heran.[29] Danach ist, wenn keine andere Regelung getroffen wird, die Vereinbarung mit einer Frist von drei Monaten kündbar. Wird nicht von der Rechtsnatur einer Betriebsvereinbarung ausgegangen, bedarf es für eine analoge Anwendung der Feststellung einer unbewussten Regelungslücke. Dafür ergeben sich keine konkreten Anhaltspunkte. Der Gesetzgeber hat auch in § 63 BPersVG nF[30] (entspricht dem bis 14.6.2021 geltenden § 73 BPersVG aF) für die Dienstvereinbarung davon abgesehen, die Kündigung und Nachwirkung der Vereinbarung zu regeln. Zur Dienstvereinbarung hat die Rspr. erkannt, dass wenn keine Kündigungsregelung mit Kündigungsfristen getroffen ist, jederzeit ohne Einhaltung einer Frist gekündigt werden kann.[31] Ob Dienstvereinbarungen nachwirken können ist streitig. Allerdings können nach der Rechtsprechung des BAG auch Dienstvereinbarungen nachwirken.[32] In der Literatur zum BPersVG wird eine Nachwirkung jedenfalls dann befürwortet, wenn es um Regelungen in Angelegenheiten geht, in denen der Personalrat ein uneingeschränktes Initiativrecht nach § 77 BPersVG nF (entspricht dem bis 14.6.2021 geltenden § 70 Abs. 1 BPersVG aF) hat, weil sich sonst die Dienststellenleitung jederzeit einer ungeliebten Dienstvereinbarung entledigen könnte.[33] Werden diese allgemein geltenden Erwägungen auch hier angewandt, so sind weder Kündigung noch Nachwirkung ausgeschlossen.[34] Es gibt keine triftigen Gründe, warum diese Grundsätze nicht auch für die Inklusionsvereinbarung gelten sollen.

---

25 HessLAG 17.1.2012 – 15 Sa 549/11, die zugelassene Revision – 9 AZR 264/12 – hat sich durch Rücknahme erledigt.
26 *Greiner* in Neumann/Pahlen/Greiner/Winkler/Jabben SGB IX § 166 Rn. 15; aA *Fabricius* in jurisPK-SGB IX SGB IX § 166 Rn. 13; *Rolfs* in ErfK SGB IX § 166 Rn. 1.
27 LAG Bremen 9.9.2003 – 1 Sa 77/03, Rn. 70: „Bei einer Integrationsvereinbarung gemäß § 83 SGB IX handelt es sich um ein Steuerungsinstrument. Subjektive Rechte der schwerbehinderten Menschen erwachsen nicht daraus (...)".
28 Darauf weist hin: *Rolfs* in ErfK SGB IX § 166 Rn. 1.
29 *Greiner* in Neumann/Pahlen/Greiner/Winkler/Jabben SGB IX § 166 Rn. 11.
30 Fassung nach dem Gesetz zur Novellierung des Bundespersonalvertretungsgesetzes vom 9.6.2021, BGBl. I S. 1614, Nr. 31.
31 BAG 5.5.1988 – 6 AZR 521/85, BAGE 58, 248 = PersR 1989, 17.
32 BAG 5.5.1988 – 6 AZR 521/85 BAGE 58, 248 PersR 1989, 17; daran anschließend: ArbG Kaiserslautern 9.5.2019 – 1 BV 26/18, öAT 2019, 262.
33 Vgl. *Berg* in Altvater BPersVG, 8. Aufl. 2017, § 73 Rn. 19; *Weber* in Richardi/Dörner/Weber BPersVG § 73 Rn. 49 ff.
34 AA *Fabricius* in jurisPK-SGB IX § 166 Rn. 18.

Angesichts der bislang ausstehenden Klärung der umstrittenen Rechtsfragen durch die Rspr. liegt es im eigenen Interesse der Beteiligten, selbst Kündigungsregeln und Bestimmungen zur Nachwirkung zu treffen, Beispiel → Rn. 73.

Nachwirkung: Eine Regelung über die Nachwirkung einer gekündigten Inklusionsvereinbarung fehlt. Das Schrifttum lehnt eine Nachwirkung mit der Begründung ab, es sei in der Inklusionsvereinbarung nur die „Fortführung und Durchführung ohne schon bestehender Rechte" geregelt. Von daher bestehe kein Bedarf und im Übrigen sei der Abschluss der Inklusionsvereinbarung freiwillig. Die Rechtslage sei mit der einer freiwilligen Betriebsvereinbarung nach § 88 BetrVG vergleichbar, für die keine Nachwirkung gilt.[35] Dem kann nicht zugestimmt werden. Auch hier ist ein vergleichender Blick auf die ebenfalls für die Dienstvereinbarung in § 63 BPersVG nF (entspricht dem bis 14.6.2021 geltenden § 73 BPersVG aF) ungeregelte Frage der Nachwirkung hilfreich. Dort hat das BAG[36] zur Vorgängerregelung den Rechtssatz aufgestellt: „Die Nachwirkung einer (…) gekündigten Dienstvereinbarung ist ausgeschlossen, wenn der Regelungsgegenstand nicht oder nicht mehr der Regelungsmacht der Dienstvereinbarungsparteien unterliegt." Dieser Rechtsgedanke ist auch hier anzuwenden. Sonst könnte der Arbeitgeber sich jederzeit durch eine Kündigung, gegebenenfalls mit sofortiger Wirkung (→ Rn. 15), den Verpflichtungen aus der Inklusionsvereinbarung in den Fällen entziehen, in denen es „ernst" wird, weil zum ersten Mal ein Anwendungsfall vorliegt. Dies wäre mit der Rechtslage, dass der Arbeitgeber zum Treffen einer Inklusionsvereinbarung verpflichtet ist, nicht vereinbar. Ist einmal eine Regelung getroffen, soll sie auch verbindlich sein, bis sie durch eine andere abgelöst wird. Das ist vom Sinn und Zweck der Norm gefordert; denn die Inklusionsvereinbarung soll die Maßnahmen für den einzelnen Betrieb konkretisieren, die jeder Arbeitgeber zur Verwirklichung der Teilhabe von schwerbehinderten Menschen zu treffen hat. Dazu hat der Gesetzgeber den **Regelungsbedarf** zwischen „**Muss**" und „**Kann**" differenziert. In Abs. 2 ist ein zwingender Mindestkatalog und in Abs. 3 eine in das Ermessen gestellte Kann-Liste von Regelungsaufgaben zusammengestellt. Erst wenn eine andere konstruktive Regelung getroffen ist, die den Musskatalog des Abs. 2 abdeckt, findet eine Ablösung statt. Zu erwägen ist lediglich, ob vergleichbar mit § 77 Abs. 6 BetrVG die Nachwirkung nur die Bestimmungen zum Muss- und nicht die Bestimmungen zum Kannkatalog erfasst.

6. Gang der Verhandlungen

Antragsrecht und Verhandlungspflichten: Auf Antrag der SBV ist nach Abs. 1 Satz 2 der **Arbeitgeber** zur Verhandlung über den Abschluss einer Inklusionsvereinbarung verpflichtet. Verhandlungspartner des Arbeitgebers ist die Arbeitnehmerbank gebildet aus SBV und Betriebsrat oder Personalvertretung. Gibt es keine SBV, so ist alleiniger Verhandlungspartner der Betriebs- oder Personalrat, → Rn. 6. Bei den Verhandlungen hat der Arbeitgeber mit seinem Inklusionsbeauftragten zusammenzuarbeiten. Sie bilden die Arbeitgeberbank.

Durchsetzung der Verhandlungsaufnahme: Es ist **keine** besondere Sanktion für den Fall vorgesehen, dass der Arbeitgeber die Aufnahme von Verhandlungen verweigert. Der Katalog der Ordnungswidrigkeiten in § 238 Abs. 1 enthält keinen derartigen Tatbestand. SBV und Betriebsrat/Personalrat können allerdings im Wege des arbeitsgerichtlichen **Beschlussverfahrens** nach § 2 a Abs. 1 Nr. 3 a ArbGG den Arbeitgeber zur Aufnahme von Verhandlungen gerichtlich anhal-

---

35 *Greiner* in Neumann/Pahlen/Greiner/Winkler/Jabben SGB IX § 166 Rn. 19.
36 BAG 5.5.1988 – 6 AZR 521/85, PersR 1989, 17.

ten. Denn der Arbeitgeber ist nach Abs. 1 Satz 2 auf Antrag der SBV zur Aufnahme von Verhandlungen verpflichtet.[37] Die Durchsetzung der Verhandlungsaufnahme ist eine Angelegenheit, die in den Aufgabenbereich der Schwerbehindertenvertretung nach § 178 SGB IX fällt.[38] Das LAG Köln[39] hat daher zu Recht einen **im Beschlussverfahren durchsetzbaren Verhandlungsanspruch** anerkannt.

19 **Keine Erzwingbarkeit der Einigung:** Regelungen für den Fall, dass sich Arbeitgeber und Schwerbehindertenvertretung oder Betriebsrat nicht einigen können, sind nicht vorgesehen. Das Gesetz geht von dem guten Willen aller Beteiligten aus. Die SBV hat keinen gesetzlichen Anspruch auf Abschluss einer von ihr vorgeschlagenen Inklusionsvereinbarung.[40] Auch wenn es in Abs. 1 Satz 1 heißt, der Arbeitgeber treffe mit den dort genannten Stellen eine verbindliche Inklusionsvereinbarung, kann daraus nicht im Umkehrschluss auf einen entsprechenden Anspruch auf Abschluss geschlossen werden. Allerdings gibt es zahlreiche Stimmen im Schrifttum,[41] die einen **Kontrahierungszwang** bejahen. Das Bundesministerium für Gesundheit und Soziale Sicherung hatte im Bericht über die Beschäftigungssituation schwerbehinderter Menschen vom 26.6.2003 unter 6.2.4 Überlegungen angestellt,[42] die verweigerte Zustimmung des Arbeitgebers zu einem vorgeschlagenen Text einer Inklusionsvereinbarung durch das Arbeitsgericht ersetzen zu lassen. Diese kamen bei der Novelle 2004 nicht zum Zuge.[43] Der Gesetzgeber hat sich stattdessen darauf beschränkt, den Bußgeldrahmen anzuheben.[44]

20 **Auflösung einer Pattsituation:** Kommt es zu Verhandlungen, gelingt aber keine Einigung, so kann und soll zur Auflösung des Patts das Integrationsamt als **Moderator** zu den Verhandlungen eingeladen werden. Vor der gesetzlichen Neuregelung durch das BTHG ist diese Möglichkeit aus der Verpflichtung zur Zusammenarbeit nach § 182 Abs. 2 abgeleitet worden. Die Moderatorenrolle des Integrationsamts ist im Schrifttum teils begrüßt,[45] teils abgelehnt[46] worden. Mit Wirkung vom 30.12.2016 hat der Gesetzgeber den Meinungsstreit entschieden. Er hat die Beteiligung des Integrationsamts an den Verhandlungen zwar nicht vorgeschrieben, aber der SBV und dem Arbeitgeber in Abs. 1 Satz 4 ein Einladungsrecht gegeben. In Abs. 1 Satz 5 ist zudem klargestellt, dass das

---

37 Ebenso: *Knittel* SGB IX § 83 Rn. 22; *von Seggern* AiB 2000, 717 (724); *Worseck* BehindertenR 2003, 136 (139 f.).
38 *Dörner* in GK-ArbGG § 2 a Rn. 70.
39 3.5.2005 – 9 TaBV 76/04, NZA-RR 2006, 580.
40 LAG Hamm 19.1.2007 – 13 TaBV 58/06, NZA-RR 2007, 535; *Gagel* jurisPR-ArbR 33/2007 Anm. 6.
41 *Feldes/Kamm/Peiseler* ua, Schwerbehindertenrecht, Basiskommentar zum SGB IX mit Wahlordnung 10. Aufl. 2009, SGB IX § 83 Rn. 3; *Laskowski/Welti*, Die Integrationsvereinbarung nach § 83 SGB IX – Modell für die Umsetzung „positiver Maßnahmen" nach Maßgabe der Europäischen Gleichbehandlungsrichtlinien?, ZESAR 2003, 215 (218); *Ritz* Integrationsvereinbarung – Geschichte, Anspruch und (rechts-)politische Bewertung, in Teilhabe behinderter Menschen und betriebliche Praxis, 2004, S. 6, 15; *Schröder* in Hauck/Noftz SGB IX § 83 Rn. 6; *Seel* br 2001, 61 (63 f.); *von Seggern* AiB 2000, 717 (724); *Worseck* br 2003, 136; aA *Kossens* in Kossens/von der Heide/Maaß § 83 Rn. 5; *Müller-Wenner/Schorn* SGB IX § 83 Rn. 5; *Neumann* in Neumann/Pahlen/Majerski-Jabben, 11. Aufl. 2005, SGB IX § 83 Rn. 4 und 9.
42 Vgl. BT-Drs. 15/1295, 38.
43 Einzelheiten *Düwell* in Deinert/Neumann SGB IX-HdB § 20 Rn. 300.
44 BT-Drs. 15/1295, 37 f.
45 *Worseck* BehindertenR 2003, 136.
46 *Fankhaenel/Ihme*, Zwei Jahre Integrationsvereinbarung gemäß § 83 SGB IX – Erfahrungen, Umsetzungsstand, Arbeitshilfen, BehindertenR 2003, 177.

eingeladene Integrationsamt sich nicht auf die Rolle des teilnehmenden Beobachters zurückziehen darf. Ihm wird die aktive Rolle auferlegt.[47] Es „(...) soll darauf hinwirken, dass unterschiedliche Auffassungen überwunden werden". Damit ist dem eingeladenen Integrationsamt zwar nicht die Leitung der Verhandlung, aber dennoch die Rolle eines Moderators übertragen, der die Aufgabe hat, „Brücken zu bauen". Die Einladung darf nicht zurückgewiesen werden; denn es besteht eine gesetzliche Verpflichtung zur Teilnahme. Nach § 185 Abs. 1 Satz 2 und 3 muss für diese neue Aufgabe besonders geschultes Personal von den Ländern als Träger der Integrationsämter dafür zur Verfügung gestellt werden.

Die Neuregelung schließt nicht aus, dass die Beteiligten sich freiwillig zur Auflösung eines Verhandlungspatts dem Spruch einer betriebsverfassungs- oder personalvertretungsrechtlichen **Einigungsstelle** unterwerfen.

Einigung: Ist die Vereinbarung „getroffen", das heißt durch übereinstimmende Willenserklärungen zustande gekommen, empfiehlt es sich, sie schriftlich niederzulegen. Sie ist von der Vertrauensperson, dem Vorsitzenden des Betriebs- oder Personalrats, dem Vertreter des Arbeitgebers und dem Inklusionsbeauftragten zu unterschreiben. Das ist schon aus Gründen der Nachprüfbarkeit des Inhalts der Vereinbarung sinnvoll.   21

7. Übermittlung

Zuleitung an die Arbeitsagentur und das Integrationsamt: Die abgeschlossene   22
Vereinbarung ist nach Abs. 6 dem zuständigen Integrations- und der Arbeitsagentur „zu übermitteln". Das setzt die schriftliche Niederlegung in Textform voraus. Für die Arbeitsagentur ist diese Unterrichtung von Bedeutung, weil sie einen Überblick über die innerbetrieblichen Regelungen im Zusammenhang mit der Einstellung und Beschäftigung Schwerbehinderter erhält. Dies ermöglicht eine gezielte Beratung der jeweiligen Arbeitgeber und erleichtert die Vorbereitung der Vermittlung arbeitsloser Schwerbehinderter durch entsprechende Qualifizierungsmaßnahmen. Für das Integrationsamt ist eine Übermittlung nützlich, weil die Kenntnis ihrer Regelungen bei der Prüfung von Weiterbeschäftigungsmöglichkeiten im Antragsverfahren nach § 170 hilfreich ist.

IV. Schulungsbedarf für Inklusionsvereinbarungen

Erforderlichkeit: Für den Betriebs- bzw. Personalrat oder die SBV, die den Abschluss einer Inklusionsvereinbarung anstreben, ist die Teilnahme an einer Schulungsveranstaltung oder an einer Veranstaltungsreihe nicht nur nützlich, sondern auch erforderlich iSv § 179 Abs. 4 Satz 3.[48] Das wird bisweilen eklatant verkannt. So hat eine Kammer des ArbG Berlin die Erforderlichkeit einer Schulung für die örtliche SBV kategorisch ausgeschlossen, weil „ Inklusionsvereinbarungen (...) nach dem Vortrag der Arbeitgeberin nicht auf der Ebene der Dienststelle geschlossen, sondern auf der übergeordneten Ebene von Hauptschwerbehindertenvertretung und Vorstand" abgeschlossen werden.[49] Offensichtlich hat diese Kammer weder den Wortlaut noch den Inhalt des § 166 Abs. 1 Satz 1 SGB IX erkannt. Danach wird von der örtlichen SBV die Inklusionsvereinbarung für die Dienststelle als eine Zielvereinbarung zur gleichberechtigten Teilhabe in der Dienststelle getroffen. Ist eine Vereinbarung auf der Ebe-   23

---

47 So auch *Fabricius* in jurisPK-SGB IX § 166 Rn. 16.
48 Für Betriebsrat: LAG Hamm 9.3.2007 – 10 TaBV 34/06, juris Rn. 113, ZBVR online 2007, Nr 11, 15, mAnm *Ilbertz* ZfPR online 2007, Nr. 11, 20.
49 ArbG Berlin 28.10.2020 – 60 BV 8342/19, aus den Gründen 2 a bb (3).

ne der obersten Leitungsstufe getroffen, so ist diese zwar als Rahmenvereinbarung zulässig, sie hindert aber nicht die örtliche SBV die Dienststellenleitung zum Treffen einer Inklusionsvereinbarung zur Ausfüllung des Rahmens aufzufordern. Nach § 166 Abs. 1 Satz 2 SGB IX muss „auf Antrag" der SBV der Dienststelle die Dienststellenleitung die Verhandlung aufnehmen. Im Übrigen ist in der Berliner Entscheidung auch verkannt: Es ist zumindest erforderlich, dass sich die Vertrauensperson über diese Rechtslage im Rahmen eines zweistündigen Vortrags informieren lässt.

Schulungsinhalte: Als Inhalte der Schulungsveranstaltungen kommen nicht nur die in Abs. 2 und 3 aufgeführten Regelungsgegenstände in Betracht, sondern auch alle Verfahrensfragen, die mit der Initiierung und dem Treffen der Vereinbarung verbunden sind. In diesem Zusammenhang sind auch Erfahrungen aus anderen Betrieben einzubringen. Ebenso ist die Einübung der für die Verhandlung nötigen Kommunikationstechniken erforderlich. In Betracht kommen angesichts der starken Zunahme psychischer Erkrankungen insbesondere bei den typischen Büroberufen auch Kenntnisse aus dem Bereich der Psychologie, wie zB Schulungen für den Umgang mit psychisch kranken Menschen; denn in einer Inklusionsvereinbarung sollte die Beratungsfunktion der SBV zur Motivierung für eine Behandlung verstärkt werden.[50]

Schulungsdauer: Für die Vermittlung der erforderlichen Kenntnisse und Fähigkeiten sind auch unter Berücksichtigung des Verhältnismäßigkeitsgrundsatzes ein Schulungsdauer von drei Tagen nicht als überzogen angesehen worden.[51]

24 **Einstweilige Verfügung:** Angesichts der Notwendigkeit, in die Verhandlung über den Abschluss einer Inklusionsvereinbarung gut vorbereitet zu gehen, ist Eile geboten. Deshalb sind auf die Freistellung für die Teilnahme an derartigen Schulungen gerichtete einstweilige Verfügungen zulässig, weil gemäß § 85 Abs. 2 ArbGG, §§ 935, 940 ZPO auch im Beschlussverfahren dem Verfassungsgebot eines effektiven Rechtsschutzes mit der Möglichkeit des Erlasses einer einstweiligen Verfügung Rechnung zu tragen ist.[52] Der Antrag im einstweiligen Rechtsschutz sollte darauf gerichtet werden, die Vertrauensperson von der Arbeitspflicht freizustellen. Eine einstweilige Verfügung auf Kostenübernahme ist nur denkbar, wenn die Vertrauensperson glaubhaft macht, dass es die Schulungskosten nicht selbst bestreiten kann.[53]

V. Inhalte von Inklusionsvereinbarungen

25 **Notwendige Inhalte der Vereinbarung:** In Absatz 2 werden für die Aufgabe der Eingliederung Regelungen zur Personalplanung, einschließlich der Sorge für einen angemessenen Anteil von schwerbehinderten Frauen, zur Arbeitsplatzgestaltung, zur Gestaltung des Arbeitsumfelds, zur Arbeitsorganisation, zur Arbeitszeit sowie die Regelungen zu deren Durchführung in den Betrieben und Dienststellen als Inhalte aufgelistet, die **zwingend** Gegenstand einer Inklusionsvereinbarung sein sollen. Die Formulierung „Die Vereinbarung enthält Regelungen" ist hier als Muss-Vorschrift, zu verstehen. Nach Rn. 83 des vom BMJ

---

50 HessLAG 14.1.2010 – 9 TaBVGa 229/09; zustimmend: *Wolmerath* jurisPR-ArbR 29/2010 Anm. 5.
51 Für Betriebsrat: LAG Hamm 9.3.2007 – 10 TaBV 34/06 juris Rn. 118, ZBVR online 2007, Nr. 11, 15, mit Anm. *Ilbertz* ZfPR online 2007, Nr 11, 20.
52 HessLAG 14.1.2010 – 9 TaBVGa 229/09; zustimmend: *Wolmerath* jurisPR-ArbR 29/2010 Anm. 5.
53 HessLAG 14.1.2010 – 9 TaBVGa 229/09; unter Bezug auf *U. Fischer* AiB 2005, 90.

herausgegebenen Handbuchs der Rechtsförmlichkeit[54] sind entsprechende Formulierungen als Gebote zu verstehen, die mithilfe des imperativen Präsens aufgestellt werden. Das gilt auch für Satz 2 des Abs. 2, nach dem in der Personalplanung die besonderen Bedürfnisse besonderer Gruppen Schwerbehinderter (§ 155), darunter Schwerbehinderte mit chronischen Erkrankungen, zu berücksichtigen sind. In dem später eingefügten Abs. 2a sind die „freiwilligen" Inhalte beispielhaft aufgezählt, insbesondere das BEM.

Inklusionsvereinbarung als Zielvereinbarung: Die Inklusionsvereinbarung ist ein bisher neuartiges Planungs- und Steuerungsinstrument zur Ausgestaltung einer integrativen Personalpolitik.[55] Mit ihr sollen betriebliche Integrations- und Rehabilitationsprozesse durch das Setzen von klar verständlichen und messbar formulierten **Eingliederungszielen** gesteuert und gestaltet werden. Als **Planungsinstrument** legen Inklusionsvereinbarungen die betriebliche Organisation und die beteiligten Entscheidungsträger (hier: Arbeitgeber, Betriebs- oder Personalrat und Schwerbehindertenvertretung) diese Ziele fest. Als **Steuerungsinstrument** strukturieren Inklusionsvereinbarungen den weiteren Verlauf der zielgerichteten Veränderungsprozesse in Phasen, die an die jeweiligen Gegebenheiten des Betriebes angepasst sind. Das dazugehörige **Führungsinstrument** („delegation by objectives") ist aus der unternehmerischen Praxis bekannt. Es werden danach zwischen mehreren beteiligten Parteien gemeinsame Festlegungen getroffen, von Zielen, von konkreten Verantwortungsbereichen für bestimmte Ergebnisse, von Kompetenzen, zur Zusammenarbeit, zur Laufzeit, zur Planung und Koordinierung von Aktivitäten, zur Information über den Stand der Zielerfüllung, zu den Folgen von Zielerreichung oder Zielverfehlung, zur Ergebniskontrolle und über Konfliktregelungen. Vor jeder Zielvereinbarung steht stets die **Situationsanalyse**. Zunächst sollen Stärken und Schwächen oder Chancen und Gefahren ermittelt, dann Ziele formuliert und schließlich Lösungskonzepte entwickelt werden.[56] Insoweit hat eine Inklusionsvereinbarung stets Management-Charakter.

Inklusionsvereinbarungen müssen ihrer Funktion als Planungsinstrument einer integrativen Diversity-Politik wegen für die die betriebliche Organisation und ihre Entscheidungsträger eindeutig und **messbar formulierte Zielvorgaben** festlegen, deren Erfüllung überwacht wird. Untaugliche, aber häufig angewandte Mittel sind Übernahmen aus Fürsorgeerlassen und das Abschreiben von Vereinbarungen anderer Betriebe oder das wunschzettelartige Aufstellen von Maßnahmenkatalogen. Zudem erschöpfen sich derartige Vereinbarungen häufig darin, dass sie in unzureichenden Formulierungen gesetzliche Bestimmungen wiedergeben und gutgemeinte, aber zu abstrakte Ziele wie „Unser Betrieb fördert die Eingliederung von Menschen mit Behinderung" aufstellen, ohne die konkreten Schritte zur Zielerreichung aufzuzeigen.[57] Eine sinnvolle Inklusionsvereinbarung setzt eine schonungslose Bestandsaufnahme voraus. Erst aufgrund der Ermittlung des Ist-Standes können Chancen und Gefahren beurteilt sowie Ziele festgelegt und Lösungskonzepte entwickelt werden.[58]

Nicht selten sollen mit Inklusionsvereinbarungen auch **Verbesserungen der individuellen Rechtsstellung** der im Betrieb beschäftigten Menschen mit Behinde-

---

54 S. www.hdr.bmj.de/page_b.1.html?suchfeld=imperativ#an_83.
55 *Feldes* AiB 2000, 371 (374).
56 *Feldes* AiB 2000, 371 (374).
57 Vgl. *Düwell* in Deinert/Neumann SGB IX-HdB § 20 Rn. 196.
58 *Düwell* BB 2000, 2570 (2571). Siehe dazu *Feldes*, Handbuch Integrationsvereinbarung, S. 58 mit konkreten Empfehlungen für Vorbereitungsschritte zu einer Integrationsvereinbarung.

rung erfolgen. Da der Inklusionsvereinbarung die normative Wirkung einer Betriebs- oder Dienstvereinbarung fehlt, können entsprechende Regelungen nur als schuldrechtliche Vereinbarungen zugunsten der Betroffenen angesehen werden. Betriebs- bzw. Personalrat und SBV haben Anspruch auf Durchführung der Vereinbarung. Der Arbeitgeber hat sich mittelbar auch gegenüber den Begünstigten gebunden, so dass diese Ansprüche erheben können. Insoweit besteht eine gleiche Rechtsposition wie nach den Verwaltungsvorschriften (früher als Fürsorgeerlasse bezeichnet) des öffentlichen Dienstes, die es nach § 165 Satz 4 rechtfertigen, von dem Treffen von Inklusionsvereinbarungen abzusehen (→ § 165 Rn. 39). Ein gutes Beispiel für eine mögliche Verbesserung der individuellen Rechtsposition beim Zusatzurlaub enthält 9.3 der Zentralen Dienstvorschrift Inklusion schwerbehinderter Menschen des Bundesministeriums der Verteidigung BMVg (→ § 211 Rn. 19): „Wenn sich die beantragte Feststellung der Schwerbehinderteneigenschaft in das folgende Urlaubsjahr verzögert, können Arbeitnehmerinnen/Arbeitnehmer, Beamtinnen/Beamte, Richterinnen/Richter und Soldatinnen/Soldaten den Zusatzurlaub nach Anerkennung (...) auch noch nach dem Ende des Urlaubsjahres nehmen".

VI. Wertung des Instruments der Inklusionsvereinbarung

29 **Betriebspolitische Bedeutung der Regelung:** Die Inklusionsvereinbarung bringt für die **SBV** gegenüber den Betriebsräten eine **Stärkung** mit sich. Das Antragsrecht der SBV aus Abs. 1 Satz 2 stellt das bisherige Verhältnis zum Betriebsrat auf den Kopf. Während sich ansonsten die Schwerbehindertenvertretung darum bemühen muss, als beratendes „Gastmitglied" die Beschlüsse des Betriebsrats zur Ausübung der Mitwirkungs- und Mitbestimmungsrechte zu beeinflussen, ist jetzt die SBV Träger eines **eigenen Mitwirkungsrechts**. Für SBV und Betriebsrat bedeutet die Inklusionsvereinbarung, wenn sie gut zusammenarbeiten, eine Ausdehnung der Einflussmöglichkeiten auf die Personalplanung.

30 **Akzeptanz als Voraussetzung:** Die in Abs. 2 und 3 aufgeführten Kataloge der Inhalte zeigen auf, dass der Sinn der Inklusionsvereinbarung darin besteht, Planungsprozesse zu gestalten und Leitlinien für die Umsetzung des Schwerbehindertenrechts unter den konkreten Bedingungen des jeweiligen Betriebes aufzustellen. Diese Regelungsfragen können nicht im Rechtswege entschieden werden. Sie setzen letztlich das gemeinsame Bemühen voraus. Akzeptanz lässt sich nicht gerichtlich erzwingen.[59]

VII. Entwicklung einer Inklusionsvereinbarung

31 Für die Entwicklung einer Inklusionsvereinbarung ist Voraussetzung, dass sich die Verhandlungspartner im ersten Schritt auf eine gemeinsame Ausgangsbasis verständigen und einen Grundkonsens herstellen. Üblicherweise wird das in einer „Präambel" festgehalten. Die folgende von einem Betrieb eines mittelständischen Unternehmens mit ca. 1.000 Beschäftigten vor dem 30.12.2016 abgeschlossene Vereinbarung sieht davon ab. Sie hat auch noch nicht das in § 166 Abs. 2 Satz 2 genannte Inklusionsziel in Form von Teilzielen und Maßnahmen „heruntergebrochen". Dennoch ist sie vor allem wegen der Durchführungsregeln mustergültig. Integrationsvereinbarungen und Inklusionsvereinbarungen verschiedener Branchen werden vom Institut der deutschen Wirtschaft Köln eV, Konrad-Adenauer-Ufer 21 in 50668 Köln gesammelt. Sie können abgerufen werden unter www.rehadat-gutepraxis.de.

---

[59] *Seel* Behindertenrecht 2001, 61 f.

Die Konzernbetriebsvereinbarung „Inklusion" der Leipziger Versorgungs- und Verkehrsgesellschaft mbH ist bei dem Deutschen Betriebsrätetag 2019 mit einem Preis ausgezeichnet worden.[60] Sie zeigt auf, wie auf der Konzernebene durch Zusammenarbeit von KBR und KSBV die Inklusion in den Unternehmen und Betrieben gefördert werden kann.

▶ **1. Geltungsbereich**

Diese Inklusionsvereinbarung gilt für alle schwerbehinderten und gleichgestellten Menschen im Betrieb H. Sie wird darüber hinausgehend auch auf dort beschäftigte behinderte Menschen ohne Gleichstellung angewandt, sofern von diesen wenigstens ein Grad der Behinderung (GdB) von 30 nachgewiesen ist.[61]

2. Inhalt und Zweck der Inklusionsvereinbarung

2.1 Konkrete Ziele

- Steigerung der Ist-Beschäftigungsquote für schwerbehinderte Beschäftigte von bisher ... % auf mindestens ... % bis zum ...
- Steigerung der Ist-Beschäftigungsquote für besonders schwerbehinderte Beschäftigte von bisher ... % auf mindestens ... % bis zum ...
- Steigerung der Ist-Beschäftigungsquote für behinderte Auszubildende Menschen von bisher ... % auf mindestens ... % durch ... Einstellungen bis zum ...
- Steigerung des Anteils der mit schwerbehinderten Frauen besetzten Pflichtplätze von bisher ... % auf ... % bis zum ...

2.2 Strategische Ansätze

- Abbau von Vorbehalten gegen die Beschäftigung und Inklusion von behinderten Menschen durch Aufklärung und Schulung der Führungskräfte;
- Fort- und Weiterbildung der Mitarbeiter in allen Bereichen, in denen Schwerbehinderte und Gleichgestellte beschäftigt werden können;
- Personalentwicklungsgespräche;
- Förderung der Teilzeitbeschäftigung und die Sicherung von Teilzeitarbeitsplätzen;
- Einstellung von behinderten Menschen;
- Umsetzung der Baunorm für Barrierefreiheit, ergonomische Arbeitsplatzgestaltung;
- Erfolgskontrollen.

2.3 Grundsatz

Jeder Vorgesetzter hat sich nach besten Kräften darum zu bemühen, dass den ihn unterstellten behinderten Beschäftigten dauerhaft ein behinderungsgerechter Arbeitsplatz zur Verfügung gestellt wird. Die Aufzählung von Aufgaben und Pflichten stellt keinen abschließenden Pflichtenkatalog dar. Gesetzliche Pflichten aus BetrVG, AGG und SGB IX bleiben unberührt.

---

60 S. www.bund-verlag.de/betriebsrat/deutscher-betriebsraete-preis/Preis-2019/ (zuletzt abgerufen am 30.1.2021).
61 Für die Zulässigkeit einer derartigen Ausweitung liegt keine Rechtsprechung vor. Da jedoch die Zustimmung von Arbeitgeber und Betriebsrat vorliegt, kann eine derartige Ausweitung in Betracht kommen, es sei denn die Betriebsparteien sind beim Treffen einer Inklusionsvereinbarung an den in § 151 Abs. 1 SGB IX definierten Geltungsbereich zwingend gebunden.

3. Maßnahmen

3.1 Personalplanung zur Förderung des Inklusionsgedankens

35 Die Inklusion behinderter Menschen ist Bestandteil der Personalplanung, Personalentwicklung und der betrieblichen Gesundheitsförderung.

36 Die Führungskräfte sind mit den gesetzlichen Regelungen und allen Möglichkeiten zur Förderung und Unterstützung der Beschäftigung und Inklusion behinderter Menschen vertraut zu machen. Eine Zusammenstellung der Beratungs- und Förderungsangebote der für den Betrieb zuständigen Integrationsämter, Arbeitsagenturen und Servicestellen der Rehabilitationsträger und der Kommunikationsdaten der dortigen persönlichen Ansprechpartner wird vom Inklusionsbeauftragten bekannt gegeben und fortlaufend aktualisiert.

37 Bei der Planung von Umstrukturierungs- und Rationalisierungsmaßnahmen ist sicherzustellen, dass die Anzahl der behinderungsgerechten Arbeitsplätze nicht verringert wird. Versetzung und Schaffung von Ersatzplätzen haben Vorrang vor einer Beendigung des Arbeitsverhältnisses.

38 Schwerbehinderte Auszubildende sind vorrangig einzustellen, bis 5 % der Ausbildungsplätze von behinderten Auszubildenden besetzt ist.

39 Ist absehbar, dass eine Stelle frei wird, ist das der SBV umgehend zu melden. Nach Anhörung der SBV ist dann zu prüfen, ob die Stelle wieder besetzt werden soll. Falls ja, ist dann unter Beteiligung der SBV weiter zu prüfen, für welche Arten der Behinderung die Beschäftigung auf dieser Stelle möglich ist oder durch Einsatz technischer Hilfsmittel möglich gemacht werden kann. Das gilt auch für die Besetzung neuer Stellen. Dazu ist frühzeitig ein Eignungs- und Anforderungsprofil zu entwickeln, das nach Anhörung der SBV auch der Arbeitsagentur mit der Bitte um Vermittlungsvorschläge zuzuleiten ist.

3.2 Berufliche Entwicklungsmöglichkeiten

40 Schwerbehinderte Menschen sind zu wenig in inner- oder außerbetriebliche Maßnahmen der Weiterqualifizierung einbezogen. Ihre Teilnahme an Qualifikationsmaßnahmen spielt für die Erhaltung, Erweiterung und Anpassung ihrer Fähigkeiten und Kenntnisse an die technisch-organisatorischen Anforderungen eine entscheidende Rolle. Insbesondere verlangt der Aufgabenwechsel und die Kooperation in den Arbeitssystemen erweiterte fachlich-technische und soziale Kompetenzen. Durch die Teilnahme an Qualifizierungsmaßnahmen ergibt sich für viele Mitarbeiter mit Behinderungen zum ersten Mal die Chance auf eine Beschäftigung in höherwertigen Arbeitssystemen und eine evtl. höhere Bezahlung. Die Personalabteilung bemüht sich deshalb, behinderungsbedingte Nachteile bei der beruflichen Entwicklung auszugleichen. Behinderte Menschen sollen gezielt über für sie geeignete Personalentwicklungs- und Fortbildungsmaßnahmen informiert werden. Die Personalabteilung stellt dazu der SBV regelmäßig die Daten über geplante inner- und außerbetriebliche Qualifizierungsmaßnahmen zur Verfügung. In Erfüllung der Verpflichtung aus § 64 Abs. 4 Nr. 2 SGB IX werden schwerbehinderte und gleichgestellte behinderte Menschen bei der Auswahl zu innerbetrieblichen Maßnahmen bevorzugt berücksichtigt. Vor der endgültigen Auswahlentscheidung wird der SBV rechtzeitig Gelegenheit zur Stellungnahme nach § 178 Abs. 2 Satz 1 SGB IX eingeräumt.

3.3 Seminare für Führungskräfte

41 Die Einsicht in das Ziel der Inklusion schwerbehinderter Menschen und die Verpflichtung zur Einhaltung des behindertenrechtlichen Benachteiligungsverbots ist in allen Grundseminaren den Führungskräften zu vermitteln. Dabei sind auch die Vertrauensperson der Schwerbehinderten, und der Inklusionsbeauftragte vor-

zustellen und ihnen Gelegenheit zur Darstellung ihrer Aufgaben und Rechte zu geben.

Führungskräfte mit personeller Kompetenz werden fortlaufend über die finanziellen Fördermöglichkeiten der Einstellung von schwerbehinderten und gleichgestellten behinderten Menschen und über Möglichkeiten der Anrechnung von Schwerbehinderten und Gleichgestellten auf Pflichtplätze informiert. 42

Ein didaktisches Ziel dieser Seminare ist es, die Akzeptanz für Menschen mit Behinderungen zu erhöhen und Vorbehalte gegen die Beschäftigung behinderter Menschen abzubauen. 43

3.4 Stellenbesetzung

Vor einer externen Stellenbesetzung ist das interne Potenzial auszuschöpfen. Schwerbehinderte Beschäftigte, die bisher nicht behinderungsgerecht beschäftigt werden, sind gezielt auf Versetzungsmöglichkeiten hinzuweisen. Ist erkennbar, dass sich unter den Vermittlungsvorschlägen oder Bewerbungen ein Stellenbewerber mit einer Behinderung von wenigstens GdB 30 befindet, so ist die SBV ohne jede zeitliche Verzögerung zu unterrichten und am Fortgang der Personalauswahl unter Vorlage der aussagekräftigen Teile der Unterlagen zu beteiligen. Das schließt den Hinweis auf die Möglichkeit zur Teilnahme an den terminierten Vorstellungsgesprächen mit ein. 44

Bei Stellenausschreibungen in der Tagespresse oder anderen Veröffentlichungsorganen wird, solange die Mindestquote nicht erfüllt ist, der Hinweis hinzugefügt: „Bewerbungen von schwerbehinderten und gleichgestellten behinderten Menschen werden bei gleicher Eignung und Befähigung bevorzugt berücksichtigt". Ist die Mindestquote erreicht, wird der Hinweis erteilt: „Bewerbungen von behinderten Menschen sind erwünscht". 45

3.5 Arbeitsplatzgestaltung

Die behinderungsgerechte Gestaltung der Arbeitsplätze ist regelmäßig zu überprüfen und zu dokumentieren. Über die Planung neuer Anlagen oder der Änderung von Arbeitsabläufen, die sich auf Arbeitsplätze von schwerbehinderten Beschäftigten auswirken können, ist die SBV vor deren Abschluss frühzeitig zu unterrichten und ihr Gelegenheit zur Stellungnahme zu geben. 46

3.6 Arbeitsplatzausstattung

Schwerbehinderte Menschen haben gegenüber ihrem Arbeitgeber einen Anspruch auf behindertengerechte Ausstattung ihres Arbeitsplatzes. 47

3.7 Prävention

Voraussetzung für eine dauerhafte, eignungsgerechte Beschäftigung behinderter Menschen ist, dass auch beim Arbeitseinsatz in neuen Arbeitsformen, wie agiles und mobiles Arbeiten deren Behinderung und Gesundheitszustand angemessen berücksichtigt wird. 48

Es geht dabei vor allem um eine ergonomische und **behinderungsgerechte Gestaltung der Arbeitsplätze.** 49

Es ist ständige Verpflichtung des Arbeitgebers, durch geeignete Vorsorgemaßnahmen und Gestaltungen gesundheitliche Beeinträchtigungen behinderter Menschen aus der beruflichen Tätigkeit zu vermeiden. 50

Sind körperliche, geistige oder seelische Funktionsbeeinträchtigungen feststellbar, die sich nachteilig auf die Arbeit auswirken, so unterstützen alle Organisationseinheiten des Unternehmens die schwerbehinderten Menschen bei der Überwindung der sich hieraus ergebenden Schwierigkeiten. 51

Ausgehend von der Überzeugung, dass grundsätzlich fast alle Arbeitsplätze auch für schwerbehinderte Menschen geeignet sind oder angepasst werden können, 52

suchen die Personalverantwortlichen vorrangig nach Möglichkeiten zur Weiterbeschäftigung am bisherigen Arbeitsplatz. Um dies zu erreichen, kann es erforderlich sein, in den entsprechenden Einzelfällen
- die Arbeitsablauforganisation anzupassen,
- eine abweichende Arbeitszeitregelung zu treffen,
- den Arbeitsplatz und/oder das Arbeitsumfeld behindertengerecht zu gestalten.

53 Unter Beteiligung der SBV ist bei Schwierigkeiten das Präventionsverfahren nach § 167 Ans. 1 SGB IX einzuleiten und jeweils zu prüfen, ob eine Unterstützung durch Integrationsämter, Arbeitsagenturen, Rentenversicherungsträger oder andere Leistungsträger beantragt wird. Beratungshilfen und Förderungsmittel sind auszuschöpfen.

54 Ist nach der Klärung im Präventionsverfahren die weitere Beschäftigung auf dem bisherigen Arbeitsplatz oder einem anderen Arbeitsplatz im Betrieb nicht möglich, leiten die Personalverantwortlichen das unternehmensinterne „Arbeitsvermittlungs-Verfahren beim Service-Center-Arbeit" unter Beteiligung der SBV mit dem Ziel der Inklusion auf einen anderen Arbeitsplatz im Unternehmen ein.

55 Werden betriebs-, personen- oder verhaltensbedingte Beschäftigungsschwierigkeiten erkannt, die das Arbeitsverhältnis gefährden könnten, ist die SBV unverzüglich einzuschalten. Die SBV beruft dann zur Prüfung der Möglichkeiten, wie die aufgetretenen Schwierigkeiten behoben werden können, einen **runden Tisch** ein, an dem der zuständige Mitarbeiter der Personalabteilung, die für den Betroffenen zuständige Führungskraft sowie ein Mitglied des Betriebsrats teilnehmen. Je nach Bedarf kann von der SBV der arbeitsmedizinische Dienst und das Integrationsamt hinzugezogen werden. Die Gesprächsleitung wird im alternierenden Vorsitz von der SBV und dem Inklusionsbeauftragten wahrgenommen. Vor Abschluss der Prüfung ist der Betroffene anzuhören.

56 Soweit eine krankheitsbedingte Arbeitsunfähigkeit länger als sechs Wochen andauert oder wiederholte Erkrankungen sechs Wochen im Jahr überschreiten, ist die Betriebsvereinbarung über das Betriebliche Eingliederungsmanagement anzuwenden. Kommt es zu einer übereinstimmenden Beurteilung, so ist darüber ein Protokoll niederzulegen. Werden dem Betroffenen Verhaltensänderungen oder Änderungen des Arbeitsplatzes oder eine Umschulung empfohlen, sind diese im Protokoll niederzulegen. Die betroffene Person hat dann das Protokoll mitzuunterzeichnen. Ihr ist dann eine Kopie des Protokolls auszuhändigen. Kommt es zu keiner übereinstimmenden Beurteilung, so sind die unterschiedlichen Standpunkte im Protokoll niederzulegen.

3.8 Berufliche Rehabilitation

57 Um das Ziel einer dauernden Eingliederung zu sichern, sehen die Vorschriften des SGB IX Leistungen zur Rehabilitation in medizinischer und beruflicher Hinsicht vor. Als Grundsätze gelten: Rehabilitation geht vor Rente! Betriebliche Rehabilitation geht vor externer Rehabilitation!

58 Sofern schwerbehinderte Menschen aufgrund ihrer Behinderung berufsfördernde Maßnahmen mit dem Ziel der verbesserten Eingliederung in das Berufsleben (zB Umschulungsmaßnahmen) zulasten eines Reha-Trägers, des Integrationsamts oder auf eigene Kosten durchführen, ist ihnen auf Antrag unbezahlter Urlaub zu gewähren oder durch eine entgegenkommende Arbeitszeitgestaltung der Besuch der Maßnahme zu ermöglichen.

59 Ist nach längerer Erkrankung die Wiedereingliederung in den Arbeitsprozess auf ärztliches Anraten stufenweise möglich, haben die Personalabteilung und der betriebliche Vorgesetzte das zu unterstützen. Ist nach deren Ansicht die Wieder-

eingliederung nicht möglich oder dem Betrieb unzumutbar, so erfolgt vor der förmlichen Erklärung der Ablehnung einer Mitwirkung des Arbeitgebers, eine Prüfung der Ablehnungsgründe durch die SBV unter Hinzuziehung des Betriebsarztes und des Integrationsamts. Kommt es zu keiner Übereinstimmung soll eine sachverständige Auskunft eines externen Arbeitsmediziners eingeholt werden. Inklusionsbeauftragter und SBV stellen zu diesem Zweck gemeinsam eine Liste in Betracht kommender sachverständiger Arbeitsmediziner auf.

3.9 Regelungen für besondere Personenkreise

Besonders schwerbehinderten Personen im Sinne von § 155 Abs. 1 Nr. 1 SGB IX kann Arbeitserleichterung gewährt werden. Die nähere Ausgestaltung dieser Arbeitserleichterungen ist zwischen SBV, Personalleitung und dem arbeitsmedizinischen Dienst abzustimmen. Kommt es zu keiner Übereinstimmung soll eine sachverständige Auskunft eines externen Arbeitsmediziners eingeholt werden. Inklusionsbeauftragter und SBV stellen zu diesem Zweck gemeinsam eine Liste in Betracht kommender sachverständiger Arbeitsmediziner auf. 60

Für außergewöhnlich Gehbehinderte (aG) wird auf dem Betriebsgelände in der Nähe ihres Arbeitsplatzes eine besonders gekennzeichnete Pkw-Abstellfläche für ihren Pkw kostenlos zur Verfügung gestellt. 61

3.10 Praktika

Die Personalabteilung nimmt mit den in der Region gelegenen Berufsbildungs- und Berufsförderungseinrichtungen Verbindung auf. Sie stimmt mit der SBV ab, welche Stellen geeignet sind, auf denen behinderte Menschen berufseinführende Praktika ableisten können. Auf Vorschlag der SBV hat der Inklusionsbeauftragte zu prüfen, ob **zusätzliche** Volontariats- und Praktikumsstellen für behinderte Menschen geschaffen werden. Nach Beendigung jedes Praktikums ist eine Beurteilung vorzunehmen, ob und unter welchen Voraussetzungen der behinderte Praktikant in ein Arbeitsverhältnis übernommen werden kann. 62

3.11 Teilzeit

Schwerbehinderte Menschen haben nach § 164 Abs. 5 Satz 3 SGB IX einen Anspruch auf Verringerung ihrer Arbeitszeit, wenn die kürzere Arbeitszeit wegen Art und Schwere der Behinderung notwendig ist und dies betrieblich zumutbar ist. Der **Feststellung der Unzumutbarkeit** muss eine umfassende Prüfung unter Beteiligung der SBV unter Hinzuziehung des Integrationsamtes vorausgehen. 63

Der Arbeitgeber hat nach § 164 Abs. 5 Satz 1 SGB IX die Einrichtung von Teilzeitarbeitsplätzen zu fördern. Dazu legt jährlich bis zum ... der Inklusionsbeauftragte der SBV eine Übersicht über die insoweit beabsichtigten Maßnahmen vor. 64

3.12 Aufhebungsvertrag

Soll einem schwerbehinderten Menschen ein Aufhebungsvertrag unterbreitet werden, ist die SBV frühzeitig und umfassend vor Abschluss dieses Vertrages zu unterrichten und ihr ausreichend Gelegenheit zur Stellungnahme gegenüber dem Arbeitgeber sowie zur Beratung der betroffenen Person zu geben. 65

3.13 Barrierefreiheit

Durch entsprechende Regelungen und Maßnahmen wird dafür gesorgt, dass die Einstellung und Beschäftigung behinderter Menschen nicht an baulichen oder technischen Hindernissen scheitert. 66

In Erfüllung dieses vorgenannten Grundsatzes, ist bei der Planung von Neu- und Umbauten sicherzustellen, dass sowohl die Gebäude als auch die Inneneinrichtung behindertengerecht gestaltet werden. Die entsprechenden DIN-Normen sind einzuhalten (zB DIN 18024 und DIN 18025 in der jeweils gültigen Fassung). Insbesondere ist grundsätzlich sicherzustellen, dass Eingänge, Fahrstühle, Sit- 67 zungs- und Sozialräume und ein Teil der Toiletten für Rollstuhlfahrer zugänglich sind. Können die DIN-Normen im Einzelfall nicht berücksichtigt werden, so ist die SBV umgehend einzubinden.

68 Sind an bestehenden Gebäuden Umbaumaßnahmen für allgemein zugängliche Teile der Gebäude geplant, wird im Rahmen des Möglichen den Belangen behinderter Menschen Rechnung getragen.

69 Die SBV wird von den zuständigen Fachbereichen über entsprechende Planungen rechtzeitig und umfassend informiert und erhält dadurch Gelegenheit zur Stellungnahme und Beratung.

4. Controlling und Berichtspflicht

70 Eine Erfolgskontrolle der Maßnahmen zur Beschäftigung und Inklusion von behinderten Menschen findet folgendermaßen statt:

71 In den Versammlungen der schwerbehinderten Menschen berichtet der Arbeitgeber über alle Angelegenheiten in Zusammenhang mit der Eingliederung behinderter Menschen (§ 166 Abs. 3 SGB IX). Dabei hat der Inklusionsbeauftragte eine Bestandsanalyse und einen Zwischenbericht über die Zielerreichung zu präsentieren. Die bei Abschluss diese Inklusionsvereinbarung vorgefundene Ausgangslage ist dieser Vereinbarung als Anlage beigefügt.

72 Die Parteien dieser Inklusionsvereinbarung begleiten deren Umsetzung. Soweit erforderlich, können interne und externe Fachleute **auf Antrag einer Partei** hinzugezogen werden. Dazu beraten sich die an der Umsetzung der Inklusionsvereinbarung Beteiligten mindestens einmal im Halbjahr. Auf Antrag einer Partei dieser Vereinbarung ist vom Inklusionsbeauftragten auch vor Ablauf der Halbjahresfrist eine Sitzung einzuberufen, wenn ein akuter Gesprächsbedarf geltend gemacht wird.

5. Laufzeit

73 Diese Inklusionsvereinbarung tritt mit Wirkung vom ... in Kraft. Sie kann mit einer Kündigungsfrist von 3 Monaten zum Jahresende, frühestens zum ... schriftlich gekündigt werden. Wird sie gekündigt, so wirken ihre Bestimmungen bis zum Abschluss einer sie ersetzenden Vereinbarung nach.

74 (Ort/Datum)

Geschäftsführer der X GmbH   Schwerbehindertenvertretung
Inklusionsbeauftragter   Betriebsrat ◀

VIII. Versammlung der schwerbehinderten Menschen

75 Nach Abs. 3 ist der Arbeitgeber verpflichtet, in den Versammlungen der schwerbehinderten Menschen über alle Angelegenheiten im Zusammenhang mit der Eingliederung schwerbehinderter Menschen zu berichten. Diese Versammlungen sind nach § 178 Abs. 6 mindestens **einmal im Kalenderjahr** durchzuführen (→ § 178 Rn. 130). Werden mehrere Versammlungen im Jahr durchgeführt, so besteht die **Berichtspflicht** auf jeder Versammlung. Die Berichtspflicht besteht vor allem, um die Fortschritte bei der Umsetzung der Inklusionsvereinbarung darzustellen. Deshalb ist als Standort der Norm § 166 SGB IX gewählt worden. Die Berichtspflicht entfällt jedoch nicht, wenn noch keine Inklusionsvereinbarung getroffen ist. Deshalb wäre als Standort der Norm § 178 Abs. 6 SGB IX besser geeignet.

76 Die SBV kann, solange sich der Arbeitgeber dem „Treffen" einer Inklusionsvereinbarung verweigert, auch die bei den Verhandlungen aufgetretenen Schwie-

rigkeiten zum Thema der Versammlungen machen. Der Arbeitgeber ist dann verpflichtet, entweder **selbst zu erscheinen** oder sich durch eine **kompetente Person** vertreten zu lassen. Das Recht, sich vertreten zu lassen, folgt aus der entsprechenden Anwendung des § 43 Abs. 2 Satz 2 BetrVG. In Betracht kommt insbesondere die Vertretung durch den Inklusionsbeauftragten, weil dieser nach § 181 Satz 1 den Arbeitgeber verantwortlich vertreten darf. Der Arbeitgeber bzw. sein Vertreter sind gehalten, auch auf Fragen der Versammelten nach den Gründen des Nichtzustandekommens der Inklusionsvereinbarung einzugehen.

Weder § 166 Abs. 3 noch § 178 Abs. 6 treffen eine Regelung über die Teilnahme des Betriebs- oder Personalrats an der Versammlung. Es ist Sache der SBV, diese Interessenvertretungen zur Teilnahme einzuladen. Da die Versammlung der schwerbehinderten Menschen nach § 178 Abs. 6 Satz 1 in entsprechender Anwendung von § 42 Abs. 1 Satz 2 BetrVG nicht öffentlich ist, haben ohne Einladung durch die SBV nicht schwerbehinderte und nicht gleichgestellte Beschäftigte keinen Zutritt. Eine **Einladung des Betriebs- oder Personalrats und auch des Inklusionsbeauftragten** ist dann angebracht, wenn über den Stand der Verhandlung einer Inklusionsvereinbarung berichtet wird, weil diese Stellen nach Abs. 1 Verhandlungspartner sind. 77

IX. Hinweise zur Durchsetzung der Rechte und Pflichten

Weigert sich der Arbeitgeber, auf Antrag der SBV Verhandlungen zum Treffen einer Inklusionsvereinbarung aufzunehmen, so kann er von der antragsberechtigten SBV durch ein **arbeitsgerichtliches Beschlussverfahren** dazu gerichtlich angehalten werden. Rechtsgrundlage ist § 2a Abs. 1 Nr. 3a ArbGG iVm § 178 Abs. 1 Satz 1. Die Verhandlung zum Treffen einer Inklusionsvereinbarung ist nämlich eine Angelegenheit, die in den Aufgabenbereich der SBV fällt.[62] Ebenso kann die SBV gegen einen verhandlungsunwilligen Betriebs- oder Personalrat vorgehen. 78

Da die in Abs. 2 genannten Inhalte einer Inklusionsvereinbarung zugleich Mitbestimmungstatbestände nach § 87 Abs. 1 Nr. 1, 2, 3, 7 und 13 BetrVG sowie §§ 91 und 95 BetrVG bzw. entsprechende Mitbestimmungstatbestände in den Personalvertretungsgesetzen berühren, kann die SBV bei dem Betriebs- oder Personalrat beantragen, dass diese ihre Mitbestimmungsrechte ausüben. Soweit ein zwingendes Mitbestimmungsrecht besteht, können diese Interessenvertretungen den Arbeitgeber zum Abschluss von Betriebs- oder Dienstvereinbarungen auffordern. Bei Meinungsverschiedenheiten kann der Betriebsrat nach § 87 Abs. 2 iVm § 76 BetrVG die Einigungsstelle anrufen, die dann ggf. durch Spruch entscheidet. Damit können Teilbereiche einer Inklusionsvereinbarung einer normativ wirkenden Lösung zugeführt werden. 79

Für die Einhaltung der Berichtspflicht des Arbeitgebers aus Abs. 3 fehlt sowohl der Ahndungsdruck einer Ordnungswidrigkeit als auch jede andere Sanktionsregelung. Die SBV kann jedoch im arbeitsgerichtlichen Beschlussverfahren den Arbeitgeber nach § 2a Abs. 1 Nr. 3a ArbGG iVm § 178 Abs. 6, § 166 Abs. 3 SGB IX dazu anhalten, auf der Versammlung selbst Bericht zu erstatten oder diesen durch einen kompetenten Vertreter erstatten zu lassen. Die Antragsbefugnis der SBV ergibt sich aus der entsprechenden Anwendung von § 43 Abs. 2 Satz 3 BetrVG.[63] 80

---

62 Ebenso: *Trenk-Hinterberger* in HK-SGB IX § 83 Rn. 7; LAG Hamm 19.1.2007 – 13 TaBV 58/06, Rn. 22, NZA-RR 2007, 535.
63 Vgl. zur Antragsbefugnis des Betriebsrats: BAG 8.3.1977 – 1 ABR 18/75, DB 1977, 962.

§ 167 Prävention

(1) Der Arbeitgeber schaltet bei Eintreten von personen-, verhaltens- oder betriebsbedingten Schwierigkeiten im Arbeits- oder sonstigen Beschäftigungsverhältnis, die zur Gefährdung dieses Verhältnisses führen können, möglichst frühzeitig die Schwerbehindertenvertretung und die in § 176 genannten Vertretungen sowie das Integrationsamt ein, um mit ihnen alle Möglichkeiten und alle zur Verfügung stehenden Hilfen zur Beratung und mögliche finanzielle Leistungen zu erörtern, mit denen die Schwierigkeiten beseitigt werden können und das Arbeits- oder sonstige Beschäftigungsverhältnis möglichst dauerhaft fortgesetzt werden kann.

(2) ¹Sind Beschäftigte innerhalb eines Jahres länger als sechs Wochen ununterbrochen oder wiederholt arbeitsunfähig, klärt der Arbeitgeber mit der zuständigen Interessenvertretung im Sinne des § 176, bei schwerbehinderten Menschen außerdem mit der Schwerbehindertenvertretung, mit Zustimmung und Beteiligung der betroffenen Person die Möglichkeiten, wie die Arbeitsunfähigkeit möglichst überwunden werden und mit welchen Leistungen oder Hilfen erneuter Arbeitsunfähigkeit vorgebeugt und der Arbeitsplatz erhalten werden kann (betriebliches Eingliederungsmanagement). ²Beschäftigte können zusätzlich eine Vertrauensperson eigener Wahl hinzuziehen. ³Soweit erforderlich, wird der Werks- oder Betriebsarzt hinzugezogen. ⁴Die betroffene Person oder ihr gesetzlicher Vertreter ist zuvor auf die Ziele des betrieblichen Eingliederungsmanagements sowie auf Art und Umfang der hierfür erhobenen und verwendeten Daten hinzuweisen. ⁵Kommen Leistungen zur Teilhabe oder begleitende Hilfen im Arbeitsleben in Betracht, werden vom Arbeitgeber die Rehabilitationsträger oder bei schwerbehinderten Beschäftigten das Integrationsamt hinzugezogen. ⁶Diese wirken darauf hin, dass die erforderlichen Leistungen oder Hilfen unverzüglich beantragt und innerhalb der Frist des § 14 Absatz 2 Satz 2 erbracht werden. ⁷Die zuständige Interessenvertretung im Sinne des § 176, bei schwerbehinderten Menschen außerdem die Schwerbehindertenvertretung, können die Klärung verlangen. ⁸Sie wachen darüber, dass der Arbeitgeber die ihm nach dieser Vorschrift obliegenden Verpflichtungen erfüllt.

(3) Die Rehabilitationsträger und die Integrationsämter können Arbeitgeber, die ein betriebliches Eingliederungsmanagement einführen, durch Prämien oder einen Bonus fördern.

I. Gesetzgebung 1	c) Verhaltensbedingte Gefährdung 21
II. Inhaltsübersicht 4	d) Betriebsbedingte Gefährdungen 24
III. Prävention als Verfahren zur Sicherung der Eingliederung 10	6. Nutzung des internen und externen Sachverstands 26
1. Ziel der Prävention nach Abs. 1 10	
2. Geltungsbereich 12	
3. Kein Zustimmungserfordernis 15	7. Positive Maßnahme oder angemessene Vorkehrung 32
4. Frühzeitige Einschaltung 16	
5. Schwierigkeiten in der Person, im Verhalten oder im Betrieb 17	8. Mitwirkungsrecht von SBV, Betriebsrat oder Personalrat 33
a) Arbeitsplatzgefährdung 17	IV. BEM als dialogisches, kooperatives und ergebnisoffenes Klärungsverfahren 35
b) Personenbedingte Gefährdungen 18	

1. Ziele und Ablauf des betrieblichen Eingliederungsmanagements 35
2. Nutzung des internen und externen Sachverstands 40
3. Präventionsmaßnahmen und Hilfen 48
4. Betriebliches Eingliederungsmanagement und Kleinbetrieb 58
5. Einleitung des BEM durch Angebot, Hinweise und Unterrichtung 59
6. Geschützter Personenkreis 65
7. Mitwirkung des Betroffenen 67
8. Einholung der Zustimmung des Betroffenen ... 70
9. Mitwirkung und Mitbestimmung der Interessenvertretung 75
10. Nebenpflicht des Arbeitgebers 81
11. Ausgestaltung des BEM in Betriebsvereinbarung, Dienstvereinbarung oder Inklusionsvereinbarung 82

V. Verhältnis von Kündigungsprävention und BEM 91
1. Gemeinsamkeiten und Unterschiede 91
2. Präventionsverfahren und BEM als Suchverfahren für angemessene Vorkehrungen 92
3. Verhältnis von Prävention bei Schwierigkeiten nach Abs. 1 zum BEM nach Abs. 2 93

VI. Datenschutzrechtliche Fragen 94
1. Informationsanspruch der Beschäftigtenvertretung zur Einleitung des BEM 94
2. Individueller Gesundheitsdatenschutz 104

3. BEM als geschützter Raum für die Klärung der Beschäftigungsfähigkeit 105

VII. Rechtsfolgen bei Unterlassen des Präventionsverfahrens nach Abs. 1 110
1. Kollektivrechtliche Ansprüche 110
2. Ahndung als Ordnungswidrigkeit 111
3. Auswirkungen auf Kündigung, auf Entlassung und auf Beendigung aufgrund auflösender Bedingungen 112
4. Ansprüche wegen unterlassener Beschäftigung .. 118
5. Auswirkung auf das Zustimmungsverfahren beim Integrationsamt ... 120

VIII. Rechtsfolgen bei unterlassenem oder mangelhaftem BEM 123
1. Kollektivrechtliche Ansprüche 123
2. Ahndung als Ordnungswidrigkeit 126
3. Auswirkung auf das Zustimmungsverfahren beim Integrationsamt ... 127
4. Auswirkungen auf den Kündigungsrechtsstreit ... 128
5. Auswirkungen auf den Bedingungskontrollrechtsstreit 133
6. Ansprüche wegen unterlassener Beschäftigung .. 134
7. Auswirkungen auf Verbindlichkeit von Versetzungen 138

IX. Prävention und BEM bei Beamten 139
X. Handlungsanleitungen und Beratungsangebote 144
XI. Ablaufdiagramm eines BEM 145
XII. Rechtspolitischer Ausblick .. 146
XIII. Verfahrensrechtliche Hinweise 150

I. Gesetzgebung

Geltende Fassung: Der Abs. 1 dieser Vorschrift ist durch das SchwbBAG zum 1.10.2000 als § 14 c in das SchwbG eingefügt worden. Das SGB IX hat § 14 c SchwbG inhaltlich unverändert übernommen und um Abs. 2 ergänzt.[1] Der ur-

---
1 Vgl. Regierungsentwurf BT-Drs. 14/5531 und 14/5074.

sprünglich verwandte Begriff der Hauptfürsorgestelle ist in Integrationsamt geändert worden.

2 **Änderungen des SGB IX zur Einführung und Ausgestaltung des betrieblichen Eingliederungsmanagements:** Durch Art. 1 Nr. 20 des Gesetzes zur Förderung der Ausbildung und Beschäftigung schwerbehinderter Menschen vom 23.4.2004[2] ist mit Wirkung vom 1.5.2004 Abs. 2 neu gefasst worden. Zur Begründung der Neufassung ist in dem Gesetzentwurf der Fraktionen SPD und Bündnis 90/Die Grünen[3] ausgeführt: „Absatz 2 wird neu gefasst, um ein betriebliches Eingliederungsmanagement bei gesundheitlichen Störungen sicherzustellen. Ist der Beschäftigte innerhalb eines Jahres **länger als sechs Wochen** ununterbrochen oder wiederholt arbeitsunfähig, klären jetzt der Arbeitgeber, die Interessenvertretung nach § 93[4], bei schwerbehinderten Menschen zusammen mit der Schwerbehindertenvertretung und, soweit erforderlich, unter Hinzuziehung der Werks- oder Betriebsärzte mit Zustimmung und Beteiligung des Betroffenen, wie die Arbeitsunfähigkeit möglichst überwunden werden kann und welche Leistungen und Hilfen zur Unterstützung des Arbeitnehmers erforderlich sind. Gemeinsame Servicestellen oder Integrationsämter werden hinzugezogen, wenn es um die Abklärung von Leistungen zur Teilhabe oder begleitende Hilfen im Arbeitsleben geht. Diese Stellen wirken auch darauf hin, dass die erforderlichen Leistungen oder Hilfen innerhalb der dreiwöchigen Frist nach § 14 Abs. 2 Satz 2[5] erbracht werden." Auf das Streichungsverlangen des Bundesrats[6] bemerkte die Bundesregierung in ihrer Gegenäußerung[7] „(...) die bisherigen Verfahrensregelungen zur betrieblichen Prävention zu einem wirksamen betrieblichen Eingliederungsmanagement fortentwickelt werden, um insbesondere durch Gesundheitsprävention das Arbeitsverhältnis möglichst dauerhaft zu sichern (...)." In der Beschlussempfehlung des Ausschusses für Gesundheit und Soziale Sicherung[8] ist Satz 7 angehängt worden, um klarzustellen „(...), dass die betrieblichen Interessenvertretungen und die Schwerbehindertenvertretung darüber wachen, dass ein betriebliches Eingliederungsmanagement durchgeführt und ggf. erforderliche Leistungen zur Teilhabe sowie Hilfen zur Erhaltung des Arbeitsplatzes ausgeführt werden."

Durch Art. 1 Nr. 19 des Gesetzes vom 23.4.2004 ist ebenfalls der heutige Abs. 3 angefügt worden. Nach der Beschlussempfehlung des Ausschusses:[9] „(...) handelt [es] sich um den bisherigen Absatz 2 b nach der Nummer 19 aus der Bundestagsdrucksache 15/1783, erweitert um die Möglichkeit, Arbeitgebern als Anreiz zur Einführung eines betrieblichen Eingliederungsmanagements einen **Bonus** – etwa bei den von ihnen zu tragenden Anteilen an den Sozialversicherungsbeiträgen – anzubieten", → § 166 Rn. 2.

Art. 7 Nr. 21 a des **Teilhabestärkungsgesetzes** vom 2.6.2021 hat nach § 167 Abs. 2 Satz 1 SGB IX als neuen Satz 2 eingefügt: „Beschäftigte können zusätzlich eine Vertrauensperson eigener Wahl hinzuziehen." Dabei ist versäumt worden, den bisherigen Satz 2 in Satz 3 und die nachfolgenden Sätze 3 bis 7 in die Sätze 4 bis 8 umzunummerieren. Der besseren Lesbarkeit wegen wird hier in

---

2 BGBl. I 606.
3 BT-Drs. 15/1783, 15.
4 Durch Art. 1 BTHG nach § 176 verschoben.
5 Seit 1.1.2018: § 14 ist neu gefasst. Die dreiwöchige Frist ist jedoch beibehalten.
6 BT-Drs. 2318, 16.
7 BT-Drs. 2318, 22.
8 BT-Drs. 15/2357, 24.
9 BT-Drs. 15/2357, 24.

Vorwegnahme einer vom Gesetzgeber zu erstellenden konsolidierten Gesetzesfassung die Satzfolge redaktionell angepasst.

Änderungen durch BTHG zum 1.1.2018: Die Vorschrift wurde durch Art. 1 des BTHG wegen der Einfügung des neuen Teils 2 von § 84 nach § 167 SGB IX verschoben. Der Gesetzgeber nahm eine Anpassung der Verweisungen vor. Im Übrigen ist in Abs. 2 Satz 4 der Bezug auf die **Gemeinsamen Servicestellen** weggefallen, die im Teil 1 des reformierten SGB IX nicht mehr aufgeführt sind. Es wird hinsichtlich der Stellen, die vom Arbeitgeber bei Bedarf an Leistungen der Teilhabe hinzuzuziehen sind, allgemein auf „die Rehabilitationsträger" verwiesen. Nach dem in § 241 Abs. 7 geregelten Übergangsrecht bestanden die Gemeinsamen Servicestellen, soweit sie bis zum 31.12.2017 errichtet waren, längstens bis zum 31.12.2018 fort. Nach deren Wegfall sind die im gegliederten Sozialleistungssystem jeweils für die Erbringung von Leistungen der Teilhabe zuständigen Träger hinzuzuziehen. § 6 Abs. 1 SGB IX enthält dazu eine Übersicht der Träger öffentlicher Sozialleistungen, differenziert nach Leistungsgruppen, → § 6 Rn. 5 ff. Nicht erfasst sind in der Übersicht die privaten Kranken- und Unfall- oder Berufsunfähigkeitsversicherungen, die vergleichbare Leistungen wie die öffentlichen Träger erbringen, → § 6 Rn. 6. Zu beachten ist, dass § 6 SGB IX keine Kompetenznorm ist. Das ergibt sich aus dem Vorbehalt in § 7 Abs. 1 SGB IX. Die Zuständigkeit der einzelnen Rehabilitationsträger ergibt sich aus dem jeweiligen Leistungsgesetz, zB SGB III für die Bundesagentur für Arbeit. Deshalb wird vom gegliederten Sozialleistungssystem gesprochen. 3

In § 3 SGB Abs. 1 IX ist der **Vorrang von Prävention** verdeutlicht. Danach haben die Rehabilitationsträger und die Integrationsämter im Rahmen der Zusammenarbeit mit den Arbeitgebern nach § 167 SGB IX darauf hinzuwirken, dass der Eintritt einer Behinderung einschließlich einer chronischen Krankheit vermieden wird.

In § 12 Abs. 1 Satz 1 SGB IX werden die Rehabilitationsträger verpflichtet, durch geeignete Maßnahmen sicherzustellen, dass ein Rehabilitationsbedarf frühzeitig erkannt und auf eine Antragstellung der Leistungsberechtigten hingewirkt wird. Nach § 12 Satz 3 SGB IX haben die Rehabilitationsträger **Ansprechstellen** zu benennen, die Informationsangebote an Leistungsberechtigte, an Arbeitgeber und an andere Rehabilitationsträger vermitteln.

Nach § 10 Abs. 1 SGB IX hat der für die **medizinische Rehabilitation zuständige Rehabilitationsträger**[10] gleichzeitig mit der Einleitung einer jeden Leistung, während ihrer Ausführung und nach ihrem Abschluss zu prüfen, ob durch geeignete Leistungen zur Teilhabe am Arbeitsleben die Erwerbsfähigkeit von Menschen mit Behinderungen oder von Behinderung bedrohten Menschen erhalten, gebessert oder wiederhergestellt werden kann, → § 10 Rn. 5 ff. Wird während einer Leistung zur medizinischen Rehabilitation erkennbar, dass der bisherige **Arbeitsplatz gefährdet** ist, ist nach § 10 Abs. 2 SGB IX mit den Betroffenen sowie dem zuständigen Rehabilitationsträger unverzüglich zu klären, ob **Leistungen zur Teilhabe am Arbeitsleben** erforderlich sind. Die Gefährdung des „Arbeitsplatzes" ist schon erkennbar, wenn auf dem bisherigen Arbeitsplatz gesundheits- oder behinderungsbedingt voraussichtlich nicht wieder gearbeitet werden kann. Es ist nicht erforderlich, dass eine Kündigung droht.[11] Der medizinische Rehabilitationsträger hat gemäß § 10 Abs. 5 Satz 2 SGB IX nach der

---

10 *Luthe* in jurisPK-SGB IX § 10 Rn. 22.
11 *Luthe* in jurisPK-SGB IX § 10 Rn. 26.

einschlägigen gemeinsamen Empfehlung „Reha-Prozess"[12] vorzugehen. Er muss gegenüber dem Leistungserbringer die Übermittlung entsprechender Informationen sicherzustellen. Eine Arbeitsplatzgefährdung kann sich allein aus dem Gesundheitszustand während der Maßnahme ableiten lassen. Hinweisen des Rehabilitanden zu seiner Arbeitsplatzsituation ist nach § 20 SGB X nachzugehen. Die Pflichten der Rehabilitationsträger und der Arbeitgeber sind somit in § 10 Abs. 5 SGB IX erweitert. Wird durch Arbeitgeber der Rehabilitationsträger nach § 167 Abs. 2 Satz 5 (bis 9.6.2021 Satz 4) SGB X hinzugezogen, so hat er auf eine **frühzeitige Antragstellung** auf Leistungen zur Teilhabe nach allen in Betracht kommenden Leistungsgesetzen hinzuwirken. Dies gilt insbesondere, wenn der Arbeitsplatz des Betroffen gefährdet ist.

II. Inhaltsübersicht

4 **Prävention bei Schwierigkeiten im Beschäftigungsverhältnis schwerbehinderter Beschäftigter:** Abs. 1 und Abs. 2 geben jeweils dem Arbeitgeber auf, ein am Ziel der Prävention orientiertes dialogisches, kooperatives und ergebnisoffenes Klärungsverfahren einzuleiten. Die gemeinsame Zielrichtung drückt schon die amtliche Überschrift aus. Als Prävention (abgeleitet von dem lateinischen Verb praevenire „zuvorkommen", „verhüten") werden allgemein Maßnahmen zur Abwendung von unerwünschten Ereignissen oder Zuständen bezeichnet. Im Gesundheitswissenschaft wird Prävention als ein Oberbegriff für zielgerichtete Maßnahmen und Aktivitäten verwandt, um Krankheiten oder gesundheitliche Schädigungen zu vermeiden, das Risiko der Erkrankung zu verringern oder ihr Auftreten zu verzögern. Präventive Maßnahmen lassen sich nach dem Zeitpunkt, zu dem sie eingesetzt werden, der primären, der sekundären oder der tertiären Prävention zuordnen. Präventive Maßnahmen werden im Hinblick darauf unterscheiden, ob sie am individuellen Verhalten (Verhaltensprävention) oder an den Verhältnissen ansetzen (Verhältnisprävention).[13] Von diesem Begriff ist der Gesetzgeber ausgegangen. Das in Abs. 1 angeordnete Verfahren setzt überwiegend als Verhältnisprävention an dem Beschäftigungsverhältnis der **schwerbehinderten** und **gleichgestellten** behinderten **Beschäftigten** an. Es bezieht jedoch auch das individuelle (Fehl-)Verhalten des Beschäftigten ein, sodass auch eine Vom Einsatzzeitpunkt betrachtet handelt es sich um eine sekundäre Prävention; denn sie ist nicht auf die Vermeidung, sondern auf die Früherkennung von „Schwierigkeiten" in der Person, in dem Verhalten und in betrieblichen Umständen gerichtet. Schwierigkeiten, die zur Gefährdung des Beschäftigungsverhältnisses führen können, sollen zu einem möglichst frühen Zeitpunkt zur Einschaltung von Betriebs- oder Personalrat, SBV und Integrationsamt führen. Ziel des mit der Einschaltung eingeleiteten Präventionsverfahrens ist, dass „möglichst frühzeitig (…) **Schwierigkeiten** beseitigt werden können und das Arbeits- oder sonstige Beschäftigungsverhältnis **möglichst dauerhaft fortgesetzt** werden kann". Mit der Bereitstellung dieses Verfahrens zur Klärung der „Möglichkeiten und (…) Hilfen", wie „die Schwierigkeiten beseitigt werden können" wird den betrieblichen Akteuren in Zusammenarbeit mit dem Integrationsamt

---

12 Gemeinsame Empfehlung zur Zuständigkeitsklärung, zur Erkennung, Ermittlung und Feststellung des Rehabilitationsbedarfs (einschließlich Grundsätzen der Instrumente zur Bedarfsermittlung), zur Teilhabeplanung und zu Anforderungen an die Durchführung von Leistungen zur Teilhabe gemäß § 26 Abs. 1 iVm § 25 Abs. 1 Nr. 1 bis 3 und 6 und gemäß § 26 Abs. 2 Nr. 2, 3, 5, 7 bis 9 SGB IX, Stand 2019, abrufbar unter https://www.bar-frankfurt.de/.
13 Glossar, www.bundesgesundheitsministerium.de/service/begriffe-von-a-z/p/praevention.html (letzter Aufruf: 14.2.2021).

zu Gunsten der schwerbehinderten Menschen ein besonderes Klärungsverfahren zur Verfügung gestellt. Dieses ist wegen der für schwerbehinderte Menschen geringeren Chancen der Teilhabe am Arbeitsleben erforderlich. Es ist eine Art von **Nachteilsausgleich**, der die Chancen der schwerbehinderten Beschäftigten auf **dauerhafte Beschäftigung** verbessern soll, indem frühzeitig eine transparente Klärung zur Abwendung einer vorschnellen Ausgliederungsentscheidung des Arbeitgebers zur Pflicht gemacht wird.[14]

Dieses Klärungsgebot und das dazu einhaltende Verfahren der Einschaltung der Beschäftigtenvertretungen sowie des Integrationsamts stellen **positive Maßnahmen** zugunsten schwerbehinderter Menschen iSv § 5 AGG sowie von Art. 7 Abs. 2 der Richtlinie 2000/78/EG (Rahmenrichtlinie)[15] dar.[16] Die Gründe ergeben sich aus dem vom Gesetzgeber erkannten Diskriminierungsrisiko, das mit dem Benachteiligungsverbot in § 164 Abs. 2 anerkannt wird, und aus dem erhöhten Förderungsbedarf bei der Eingliederung, der der Aufgabenzuweisung §§ 176 Satz 1, 178 Abs. 1 Satz 1 zu Grunde liegt. Der Nachteilsausgleich besteht in der Installation eines dialogischen, kooperativen und ergebnisoffenen **Klärungsverfahren** (→ Rn. 27), das frühzeitig gestartet werden soll, sobald der Arbeitgeber erste Schwierigkeiten erkennt. Der Arbeitgeber soll dann unter Beteiligung des Integrationsamts mit der SBV und dem Betriebs-/Personalrat erörtern, auf welche Weise und unter Nutzung welcher Hilfen die aufgetretenen Schwierigkeiten beseitigt werden können. Die Pflicht des Arbeitgebers, diese außerhalb der Personalverwaltung stehenden Stellen „einzuschalten", hat zwei Effekte:

1. Die Arbeitgebererkenntnis, dass Schwierigkeiten eingetreten sind, muss den Beschäftigtenvertretungen mitgeteilt werden. Das bedeutet, wer Schwierigkeiten behauptet, muss sich dem dialogischen Verfahren mit den Interessenvertretungen der Beschäftigten stellen. Das bewirkt **Transparenz** und zwingt zur **Objektivierung**. Vorurteile und Führungsschwächen treten so zutage.
2. Dem Anwachsen von Schwierigkeiten, die „zur Gefährdung (…) führen können", kann durch die besseren und eher mit **Akzeptanz** versehenen Ergebnisse, die eine kooperativen Suche nach Lösungsmöglichkeiten und Hilfen hervorbringt, vorgebeugt werden.

Während die EU den Mitgliedsstaaten die positiven Maßnahmen in Art. 7 der Rahmenrichtlinie nur freigestellt hat, ist in Art. 5 dieser Richtlinie vorgeschrieben, „angemessene Vorkehrungen" zu treffen. Beide Maßnahmen sind nicht identisch.[17] Art. 5 bezieht sich auf proaktive Maßnahmen für den einzelnen

---

14 So im Ansatz zutreffend erkannt, wenn auch irreführend als Chancenvorteil statt Nachteilsausgleich bezeichnet: LAG BW 17.3.2014 – 1 Sa 23/13, Rn. 47, LAGE § 15 AGG Nr. 19.
15 Richtlinie 2000/78/EG des Rates vom 27. November 2000 zur Festlegung eines allgemeinen Rahmens für die Verwirklichung der Gleichbehandlung in Beschäftigung und Beruf ABl. Nr. L 303, 1.
16 Überzeugend: *Schlachter* in ErfK, 20. Aufl. 2020, AGG § 5 Rn. 5; ebenso: *Hinrichs/Zimmer* in HK-AGG § 5 Rn. 45; *Deinert* NZA 2010, 969; *Deinertl* in Deinert/Neumann SGB IX-HdB § 18 Rn. 4; *Porsche*, Bedeutung, Auslegung und Realisierung des Konzepts der positiven Maßnahmen nach § 5 AGG nach unionsrechtlichem Kontext, 2016, S. 601; unklar: BAG 21.4.2016 – 8 AZR 402/14, BAGE 155, 6, dort in Rn. 21: „(…) das Präventionsverfahren nach § 84 Abs. 1 SGB IX [ist] keine angemessene Vorkehrung im Sinne dieser Bestimmung." Aber in Rn. 27: „Kann dahinstehen, ob das Präventionsverfahren eine positive Maßnahme zugunsten schwerbehinderter Menschen iSv § 5 AGG sowie von Art. 7 Abs. 2 der Richtlinie 2000/78/EG ist."
17 *Schlachter* in ErfK AGG, 20. Aufl. 2020, § 5 Rn. 5.

Menschen mit Behinderung, die bei formaler Betrachtung gegen das Gleichbehandlungsgebot verstoßen würden, aber als Ausnahmen zugelassen werden, weil sie den Zugang zur Arbeit erst ermöglichen. Dagegen sollen positive Maßnahmen durch gruppenbezogene Nachteilsausgleiche nach Art. 7 der Richtlinie gerade »die Anwendung des Gleichbehandlungsgrundsatzes (...) gewährleisten«[18] Der EuGH[19] verlangt, dass eine Verpflichtung für angemessene Vorkehrungen geschafft wird, die im Einzelfall wirksamen und praktikablen Maßnahmen zu ergreifen, um Behinderten den Zugang oder die weitere Ausübung einer Beschäftigung, den Aufstieg oder die Teilnahme an Weiterbildungsmaßnahmen zu ermöglichen, sofern diese den Arbeitgeber nicht unverhältnismäßig belasten. Nach der Rspr. des BAG soll ein Präventionsverfahren iSv § 167 Abs. 1 SGB IX keine angemessene Vorkehrung iSd der Rahmenrichtlinie sein, weil es keinen individuellen Nachteilsausgleich durch Anpassung oder Änderung von Arbeitsbedingungen gewähre.[20] Zwar sei das Verfahren hilfreich bei der Suche nach angemessenen Vorkehrungen, die zur Behebung der Schwierigkeiten erforderlich seien, dadurch werde es jedoch weder zu einer angemessenen Vorkehrung noch werde es zu deren Bestandteil.[21] Dem folgend lehnt das Schrifttum überwiegend die Einordnung als angemessene Vorkehrung ab. Es sieht das Präventionsverfahren als eine positive Maßnahme iSd Art. 7 Abs. 2 der Rahmenrichtlinie an.[22] Einzelheiten: → Rn. 32.

5   Es besteht kein Anlass, die im Betrieb oder in der Dienststelle beschäftigten schwerbehinderten Menschen, die im Vergleich zu einem Normalarbeitsverhältnis in einer mindergeschützten Rechtsposition als Beschäftigte in einem „sonstigen Beschäftigungsverhältnis" zum Weisungsorgan stehen, von diesem Klärungsverfahren auszuschließen. Auch wenn es nicht um die Verhütung der Gefährdung des Arbeitsverhältnisses geht, kann doch auch deren betriebliche Beschäftigung, zB als **Freiwilliger**, der im Rahmen des Jugend- oder Bundesfreiwilligendienstes in einer Einrichtung eingesetzt wird, „bei Eintreten von (...) Schwierigkeiten" gefährdet sein. Dieser Gesichtspunkt wird durch die Verkürzung des umfassenden, Beschäftigung sichernden Ansatzes des Gesetzes durch die Rspr.[23] auf den **Kündigungsschutz** verkannt.[24] Dieser unzulässigen Verkürzung steht schon der eindeutige Wortlaut des Abs. 1 entgegen. Danach werden Schwierigkeiten „im Arbeits- oder im sonstigen Beschäftigungsverhältnis" zum Gegenstand der Klärung gemacht. Zu den verschiedenen Arten der Beschäftigten, die wie die Beamten oder die Freiwilligen des Jugend- oder Bundesfreiwilligendienstes in einem sonstigen Beschäftigungsverhältnis stehen, → Rn. 10.

6   **BEM als Präventionsverfahren bei längerer oder häufiger Arbeitsunfähigkeit:** Zugunsten aller behinderten und nicht behinderten Beschäftigten, die innerhalb eines Jahres länger als sechs Wochen ununterbrochen oder wiederholt arbeitsunfähig sind, soll nach Abs. 2 ein „betriebliches Eingliederungsmanagement"

---

18 *Kocher/Wenckebach* SR 2013, 17 (21).
19 EuGH 11.4. 2013 – C-335/11 und C-337/11, NZA 2013, 553 – HK Danmark, auch genannt Ring, Skouboe Werge.
20 BAG 21.4.2016 – 8 AZR 402/14, BAGE 155, 61= NZA 2016, 1131.
21 BAG 21.4. 2016 – 8 AZR 402/14, Rn. 25. BAGE 155, 61 = NZA 2016, 1131; weiterführend: *Kohte* jurisPR-ArbR 2/2018 Anm. 1.
22 *Schlachter* in ErfK, 20. Aufl. 2020, AGG § 5 Rn. 5; ebenso dafür *Hinrichs/Zimmer* in HK-AGG, 3. Aufl. 2013, § 5 Rn. 45.
23 So: BAG 21.4.2016 – 8 AZR 402/14 – Rn. 28, BAGE 155, 6 = NZA 2016, 1131; BAG 28.6.2007 – 6 AZR 750/06, AP BGB § 307 Nr. 27; BAG 24.1.2008 – 6 AZR 97/07, NZA-RR 2008, 405.
24 Ebenso kritisch: *Kohte* jurisPR-ArbR 2/2018 Anm. 1; *Kohte* in KKW, 5. Aufl. 2017, SGB IX § 84 Rn. 9; *Gagel* jurisPR-ArbR 39/2007 Anm. 1.

(BEM) eingreifen. Dieses ist wie das Präventionsverfahren nach Abs. 1 gleichfalls ein dialogisches, kooperatives und ergebnisoffenes Verfahren, in dem die betrieblichen Beschäftigungsmöglichkeiten und die persönliche Beschäftigungsfähigkeit geklärt werden. Während das Präventionsverfahren nach Abs. 1 an alle Arten von Schwierigkeiten anknüpft, bezieht sich das BEM nur auf das für eine Erhaltung des Arbeitsplatzes als kritisch angesehene sechswöchige Arbeitsunfähigkeit. Dieses Anknüpfungsmerkmal führt häufig zu der verkürzenden Sicht, dem BEM liege allein der Grundsatz zu Grunde: „**Prävention vor Krankheitskündigung**". Dem ist nicht so; denn es kann mithilfe des BEM auch dem Arbeitnehmer die Möglichkeit einer behinderungsgerechten Beschäftigung aufgezeigt werden, die er dann zur Beendigung der Arbeitsunfähigkeit und Wiederaufnahme der Arbeit oder zur Grundlage von Schadensersatzansprüchen wegen entgangener Vergütung nutzen kann, → Rn. 136 ff. Somit liegt dem BEM der über den bloßen Bestandsschutz hinausführende Gedanke zugrunde, Beschäftigungsunfähigkeit zu vermeiden. Das war auch historisch betrachtet der Grund für die Einführung des BEM. Hintergrund war die demografische Entwicklung, die sich 2003/2014 zeigte. Es gab damals in Deutschlands Betrieben und Dienststellen erstmals Belegschaften, in denen mehr Mitarbeiter über 50 Jahre alt waren als unter 30 und einen Trend, der den Überalterungsprozess ansteigen ließ.[25] Vor diesem Hintergrund ist das BEM entwickelt worden, um in einem kooperativen Suchprozess alters- und alternsgerechte Beschäftigungsmöglichkeiten zu finden. BEM sichert die **Beschäftigungsfähigkeit**, wenn vor allem altersbedingt Behinderungen und Krankheiten gehäuft auftreten. Es ist ein Baustein im mehrstufigen System der Prävention im SGB IX: Betriebliche Prävention vor Rehabilitation, Rehabilitation vor Rente.

Abs. 2 enthält keine detaillierten Ausführungsregelungen. Diese müssen jedenfalls dann, wenn sie unabhängig vom Einzelfall allgemein gelten sollen, von den Betriebsparteien getroffen werden. Der Arbeitgeber kann sie nicht verordnen. Zum einen werden die Mitbestimmungstatbestände in § 87 Abs. 1 Nr. 1 und Nr. 7 BetrVG berührt (→ Rn. 83 ff.). Unabhängig von diesen Mitbestimmungstatbeständen sieht der Gesetzgeber in Abs. 2 eine ausfüllungsbedürftige Rahmenregelung, die nach § 166 Abs. 3 Nr. 5 der Aufstellung von Durchführungsregeln bedarf. Zum anderen ergibt sich das Erfordernis der Aufstellung von Verfahrensregelungen schon daraus, dass der Gesetzgeber die Regelungsmacht des durchführungspflichtigen Arbeitgebers beschränkt hat, indem er dem Arbeitgeber nicht die Befugnis zur alleinigen Klärung eingeräumt, sondern zwingend vorgeschrieben hat: „klärt der Arbeitgeber mit der zuständigen Interessenvertretung (…) außerdem mit der Schwerbehindertenvertretung".

Auch die Anwendbarkeit Abs. 2 SGB IX ist durch die Aufnahme einer Kann-Regelung in den Katalog des § 166 Abs. 3 Nr. 5 jedoch in keiner Richtung beschränkt. Er gilt für alle Arten von Beschäftigungsverhältnissen, also auch für öffentlich-rechtliche Dienstverhältnisse, → Rn. 10, 65. Mithin gilt das BEM auch für Arbeitsverhältnisse, die noch keine sechs Monate gedauert haben, oder Probearbeitsverhältnisse.[26] Allerdings ist auf die Rspr. zu dem Präventionsverfahren nach Abs. 1 hinzuweisen, die mit dem eingeschränkten Geltungsbereich des KSchG eine Nichtanwendbarkeit von zwingenden Normen begründet, → Rn. 10.

Abs. 2 wird ergänzt durch § 166 Abs. 3 Nr. 5. Danach können Grundsätze, Verfahrensabläufe und Regeln zur Durchführung des BEM in einer Inklusionsver-

---

25 Einzelheiten: *Düwell/Beyer* Beschäftigte Rn. 181.
26 *Brose* RdA 2006, 149.

einbarung aufgestellt werden (Erläuterung → § 166 Rn. 25). Das ist **nicht unproblematisch**. Während das BEM alle Beschäftigten erfasst, gilt die Inklusionsvereinbarung nur für schwerbehinderte und gleichgestellte behinderte Beschäftigte. Deshalb werden regelmäßig Betriebsvereinbarungen über die Grundsätze der BEM-Durchführung abgeschlossen.

7 **Regelungsinhalt Abs. 3:** In Abs. 3 ist die Rechtsgrundlage dafür enthalten, dass Anreize zur Einführung eines BEM zulässig sind. Die Rehabilitationsträger und die Integrationsämter dürfen gestützt auf diese Rechtsgrundlage die Einführung eines BEM fördern. Förderungsmittel sind: Auslobung von Prämien und Einräumung von Boni auf Beiträge oder auf Umlagen. Die schlichte Erfüllung der gesetzlichen Verpflichtung darf kein hinreichender Anlass für Boni und Prämien sein.[27] Abs. 3 wird durch die Aufgabenbeschreibung des Integrationsamts in § 185 Abs. 3 Satz 1 Nr. 2 c ergänzt. Danach dürfen die Integrationsämter die auszulobenden Prämien aus Mitteln der Ausgleichsabgabe gewähren. Derartige Anreize sind dort angebracht, wo besondere Hindernisse bestehen. Dies ist vor allem bei Klein- und Mittelunternehmen der Fall, die durch Innungen, Handwerkskammern und Integrationsfachdienste beraten, unterstützt und mobilisiert werden müssen.[28]

8 **Teil des Gesundheitsmanagements:** Das BEM ist ein Teilbereich des betrieblichen Gesundheitsmanagements (BGM), das zum Ziel hat, gesundheitsförderliche Strukturen im Unternehmen zu entwickeln sowie die Gesundheitskompetenz der Beschäftigten zu verbessern. Die Maßnahmen und Aktivitäten des BGM lassen sich drei Bereichen zuordnen, nämlich:
1. Betrieblicher Arbeits- und Gesundheitsschutz, der im Arbeitssicherheitsgesetz (ASiG) und im Arbeitsschutzgesetz (ArbSchG) festgelegt ist,
2. BEM, der im § 167 Abs. 2 SGB IX geregelt ist, und
3. Betriebliche Gesundheitsförderung (BGF), die im Gegensatz zum den beiden anderen Teilbereichen nicht verpflichtend ist.

9 **Unterschiede und Gemeinsamkeiten:** Im BEM erfolgt die Suche nach präventiven Schutzmaßnahmen mit Bezug auf die konkrete krankheits- oder behinderungsbedingte Arbeitsunfähigkeit und deren Auswirkungen. Darin unterscheidet sich diese Suche abstrakten, auf den Arbeitsplatz bezogenen **Gefährdungsbeurteilung** nach § 5 ArbSchG.[29] Der Arbeitsplatz wird langfristig nur erhalten werden können, wenn mit der Beschäftigung verbundene Gesundheitsrisiken ausgeschlossen oder weitestgehend vermindert werden. Die Suche im BEM-Prozess muss deshalb die risikoarmen bzw. -freien Beschäftigungsbedingungen einbeziehen.[30] Dies beugt nicht nur erneuter Arbeitsunfähigkeit vor, sondern dient zugleich auf längere Sicht auch der Erhaltung der Erwerbsfähigkeit nach dem Motto „Reha vor Rente". Der Gesetzgeber war sich dieser Zielvorgabe bewusst. So wird in der Gesetzesbegründung ausgeführt: „Durch die gemeinsame Anstrengung aller Beteiligten soll ein betriebliches Eingliederungsmanagement

---

27 Vgl. *Brandenburg/Palsherm* in jurisPK-SGB VII § 162 Rn. 51; *Bieback* VSSR 2006, 215 (220).
28 Dazu *Welti* ua, Betriebliches Eingliederungsmanagement in Klein- und Mittelbetrieben, 2010.
29 Vgl. zur Früherkennung von beruflichen Reha-Bedarfen im BEM, *Beck* in Busch/Feldhof/Nebe, Übergänge im Arbeitsleben und (Re)Inklusion in den Arbeitsmarkt, S. 73, 76.
30 *Nebe*, Prävention und Rehabilitation – Erhaltung und Wiederherstellung der Erwerbsfähigkeit als Schnittstellenproblem, SDSRV Bd. 63 (2013), Das Sozialrecht für ein längeres Leben, S. 57, 64.

geschaffen werden, das durch geeignete Gesundheitsprävention das Arbeitsverhältnis möglichst dauerhaft sichert".[31]

III. Prävention als Verfahren zur Sicherung der Eingliederung
1. Ziel der Prävention nach Abs. 1

Eingliederung contra Ausgliederung: Der Arbeitgeber ist nach § 182 Abs. 1 verpflichtet, in Zusammenarbeit mit den Interessenvertretungen an der Teilhabe der schwerbehinderten Beschäftigten am Arbeitsleben in dem Betrieb und in der Dienststelle mitzuwirken. Dieses Gebot wird konkretisiert durch den präventiven Kündigungs- und erweiterten Beendigungsschutz in §§ 168 bis 175 sowie mit der Beteiligungspflicht gegenüber der SBV gemäß § 178 Abs. 2. Der Gesetzgeber hat in §§ 168 und 175 ein Verbot unter Genehmigungsvorbehalt konstruiert. Er will eine Kündigung bzw. Beendigung nur zulassen, wenn das Integrationsamt im Antragsverfahren gemäß § 170 nach Prüfung aller dem Arbeitgeber möglichen und zumutbaren Weiterbeschäftigungsmöglichkeiten sowie nach Abwägung der Interessen der Beteiligten dem Antrag des Arbeitgebers zur beabsichtigten Kündigung zustimmt. Die Beschränkung der Kündigungsfreiheit durch den aus dem SchwbG übernommenen Zustimmungsvorbehalt des Integrationsamts hat sich in der Vergangenheit als nicht genügend wirksam erwiesen. Deshalb ist bereits durch das SchwbBAG in § 14 c SchwbG und später bei Einführung des SGB IX in dessen § 84 Abs. 1 (seit 1.1.2018: § 167 Abs. 1) die Präventionsvorschrift geschaffen worden, die bereits **im Vorfeld** speziell für Schwierigkeiten in Beschäftigungsverhältnissen von schwerbehinderten und gleichgestellten Arbeitnehmern ein **frühzeitiges Klärungsverfahren** vorschreibt, damit das „Beschäftigungsverhältnis möglichst dauerhaft fortgesetzt werden kann". Das Ziel der Sicherung der Beschäftigung einschließlich der Kündigungsvermeidung macht die Norm in ihrem Wortlaut überdeutlich. Sie nimmt den in § 1 Abs. 2 Satz 1 KSchG genannten Dreiklang der Kündigungsursachen auf: Personen-, verhaltens- und betriebsbedingte Gründe. Störungen werden als Schwierigkeiten erheblich, sobald der Arbeitgeber erkennt, dass sie einen derartigen Zustand erreicht haben, dass sie das **Beschäftigungsverhältnis gefährden können**. 10

Einleitung und Ziel der Prävention bei Beschäftigungsgefährdung: Nach Abs. 1 ist der Arbeitgeber verpflichtet, möglichst frühzeitig tätig zu werden, sobald er personen-, verhaltens- oder betriebsbedingte Schwierigkeiten erkennt, die nach seiner Ansicht zu einer Gefährdung für die Fortführung der Beschäftigung führen können. Da mit dem Begriff „**personen-, verhaltens- und betriebsbedingte Schwierigkeiten**" alle möglichen Störquellen umfassend umschrieben werden, kann es an sich keine Sachverhalte geben, die nicht erfasst werden. Pflicht auslösend werden Sachverhalte, sobald sie aus Sicht des Arbeitgebers zur Gefährdung des Arbeits- oder sonstigen Beschäftigungsverhältnisses führen können. Was nach der subjektiven Ansicht des Arbeitgebers für den weiteren Bestand des Beschäftigungsverhältnisses Gewicht hat, soll nach dem erklärten Willen des Gesetzgebers „**möglichst frühzeitig**" zur Einschaltung der SBV und des Betriebsrats oder des Personalrats sowie des Integrationsamts führen: Ziel ist die frühzeitige Klärung, wie die Schwierigkeiten beseitigt werden können, damit das Beschäftigungsverhältnis möglichst dauerhaft fortgesetzt werden kann. Soweit im Schrifttum dafür die Bezeichnung „Konfliktprävention"[32] oder Kündi- 11

---

31 BT-Drs. 15/1783, 16.
32 *Rolfs* in ErfK SGB IX § 167 Rn. 1.

gungsprävention[33] verwendet wird, ist das irreführend; denn das Ziel der Norm reicht weiter. Es sollen nicht nur Konflikte beigelegt und Kündigungen vermieden werden. Vielmehr soll alles beseitigt werden, was der Arbeitgeber als „Schwierigkeit" störend empfindet, damit eine störungsfreie, möglichst dauerhafte behinderungsgerechte Beschäftigung stattfinden kann.

2. Geltungsbereich

12 **Geschützter Personenkreis:** Zielgruppe der Prävention nach Abs. 1 ist die Gruppe der **schwerbehinderten** und diesen nach § 2 Abs. 3 **gleichgestellten** behinderten Beschäftigten. Das ergibt sich aus § 151 Abs. 1. Nach dieser Vorschrift gilt die im Teil 3 des SGB IX angesiedelte Norm des § 167 Abs. 1 „für schwerbehinderte und diesen gleichgestellte behinderte Menschen". Zudem unterfällt § 167 keiner der in § 151 Abs. 3 genannten Ausnahmen von der dort aufgestellten Anwendungsregel für gleichgestellte behinderte Menschen.

Gefördert werden durch das Verfahren nach Abs. 1 schwerbehinderte Beschäftigte, die in einem Arbeits- oder **sonstigen Beschäftigungsverhältnis** stehen. Unter den Begriff ‚sonstiges Beschäftigungsverhältnis' fallen die Rechtsverhältnisse der Auszubildenden und die der sonstigen zur beruflichen Bildung im Betrieb oder in der Dienststelle beschäftigten Personen.[34] Hinzu kommen alle öffentlich-rechtlichen Dienstverhältnisse, insbesondere Referendariat, Beamten- oder Richterverhältnis.[35] Die über das Arbeitsverhältnis zum Betriebsinhaber hinausgehende Erweiterung des persönlichen Geltungsbereichs der vom SGB IX Teil 3 geschützten schwerbehinderten Beschäftigten hat der Siebte Senat bereits für die Frage, wer Beschäftigter ist (→ § 177 Rn. 13, Stichwort Beschäftigung), so herausgearbeitet: „Die Stellung als ‚Beschäftigter' setzt ein Arbeitsverhältnis zum Betriebsinhaber nicht voraus. Das ergibt sich schon aus dem Gesetzeswortlaut. Anders als § 5 BetrVG knüpft § 94 Abs. 3 SGB IX nicht an den Arbeitnehmerbegriff, sondern an den Begriff des ‚Beschäftigten' und damit an die Beschäftigung an."[36] Davon ausgehend liegt eine Beschäftigung vor, soweit und solange eine rechtliche Verpflichtung zur Erbringung von weisungsgebundener Arbeitsleistung gegenüber dem Betriebsinhaber besteht.[37] Deshalb gelten als Beschäftigte ua auch Teilnehmer an Maßnahmen zur Rehabilitation in einem privatwirtschaftlichen Berufsbildungswerk,[38] auf Arbeitsplätzen im Rahmen der sogenannten „Betriebsintegrierten Beschäftigung" tätige Werkstattbeschäftigte[39] und Freiwillige im Jugend- oder Bundesfreiwilligendienst, die ebenso dem Weisungsrecht der Leitung der Einrichtungen unterliegen wie die übrigen Beschäftigten.[40] Diese bewusste Erweiterung für die Wahlberechtigung schlägt auf

---

33 *Feldes* in FKS SGB IX, 3. Aufl. 2015, § 94 Rn. 15 ff.
34 Zutreffend *Fabricius* in juris PK-SGB IX § 167 Rn. 10.
35 Zutreffend *Fabricius* in juris PK-SGB IX § 167 Rn. 10.
36 Für das in § 177 Abs. 2 und 3 geregelte Wahlrecht: BAG 25.10.2017 – 7 ABR 2/16, Rn. 20 f., NZA 2018, 252; grundlegend dazu: *Sachadae*, Wahl der SchwbV, 2013, S. 171.
37 Überzeugend: *Sachadae*, Wahl der SchwbV, 2013, S. 154–172.
38 BAG 27.6.2001 – 7 ABR 50/99, AP § 24 SchwbG 1986 Nr. 2; Behindertenrecht 2001, 203–204.
39 Vgl. LAG München 28.5.2014 – 8 TaBV 34/12, ZBVR online 2014, Nr. 12, 35; *Adlhoch* Behindertenrecht 2017, 63; *Wendt* in GK-SGB IX § 136 Rn. 34, *Kohte*, Neuer Beschluss zum Wahlrecht bei der SBV-Wahl – Wahlrecht von Werkstattbeschäftigten an ausgelagerten Arbeitsplätzen anerkannt, Reha-Recht Forum B, Beitrag B17–2014, abrufbar unter www.tinyurl.com/Kohte-DVfR-B17-2014 (letzter Aufruf: 14.2.2021).
40 *Leube* ZTR 2012, 207 (211).

die Repräsentation[41] durch. Sie wird im Übrigen durch den Kontext bestätigt. Abs. 1 nimmt nicht auf die Definition des Arbeitsplatzes in § 156 Bezug. Deshalb gelten weder die in § 156 Abs. 2 bestimmten Ausnahmen für besondere Rechtsverhältnisse noch die in Abs. 3 geregelten Bereichsausnahmen für geringfügige Beschäftigung bis zu 18 Stunden in der Woche sowie für kurzfristige Beschäftigung bis höchstens acht Wochen.[42] § 211 Abs. 3 Satz 2 modifiziert die Anwendung des § 167 lediglich für Soldatenverhältnisse.
Adressaten der in Abs. 1 geregelten Pflicht, die dort genannten Stellen für das Klärungsverfahren „einzuschalten" sind sowohl **private Arbeitgeber** als auch **öffentliche Arbeitgeber** wie auch Betriebs-/Dienststellenleitungen, die das arbeitgeberseitige Weisungsrecht gegenüber den sonstigen Beschäftigten ausüben, die weder in einem Arbeits- noch öffentlich-rechtlichen Dienstverhältnis zum Betriebsinhaber stehen. Der Arbeitgeberbegriff in § 167 Abs. 1 ist nicht formal, sondern **funktional** zu verstehen. Die Regelung richtet sich auch an den Arbeitgeber eines **Kleinbetriebs**, der idR weniger als 10, 25 Arbeitnehmer beschäftigt. Die Schwellenwerte des § 23 KSchG gelten hier nicht und spielen allenfalls dann eine Rolle, wenn sich die Frage stellt, wie sich die Nichteinhaltung der Arbeitgeberpflichten aus Abs. 1 auf die Wirksamkeit einer Kündigung auswirkt. Die Anwendbarkeit des Abs. 1 ist in keiner Weise durch kündigungsrechtliche Bestimmungen beschränkt. Die Pflicht aus Abs. 1 gilt für alle Arten der Beschäftigung, mithin auch für Arbeitsverhältnisse, die noch keine sechs Monate gedauert haben, häufig als **Probearbeitsverhältnisse** bezeichnet.[43] Allerdings hat der Achte Senat des BAG unter Fortführung der Rspr. Linie des Sechsten Senats den Rechtssatz aufgestellt: „Der Arbeitgeber ist nicht verpflichtet, innerhalb der Wartezeit nach § 1 KSchG ein Präventionsverfahren nach § 84 Abs. 1 SGB IX [seit 1.1.2018: § 167 Abs. 1 SGB IX] durchzuführen."[44] Der Begründungsansatz zeigt die Dominanz des richterlichen Denkens auf, das auf den Kündigungsschutz fixiert ist. Wenn das Kündigungsschutzgesetz nicht anwendbar sei, finde der Grundsatz der Verhältnismäßigkeit keine Anwendung. Es komme hinzu, dass auch der präventive Kündigungsschutz für schwerbehinderte Arbeitnehmer nach § 90 Abs. 1 Nr. 1 SGB IX (seit 1.1.2018: § 173 Abs. 1 SGB IX) nicht für Kündigungen gelte, die in den ersten sechs Monaten des Arbeitsverhältnisses erfolgten. Der Arbeitgeber habe solche Kündigungen lediglich nach § 90 Abs. 3 SGB IX (seit 1.1.2018: § 173 Abs. 3 SGB IX) innerhalb von vier Tagen dem Integrationsamt anzuzeigen. Selbst wenn die Rahmenrichtlinie 2000/78/EG zu der Ansicht führe, die Prävention als angemessene Vorkehrung im Sinne von Art. 5 der Richtlinie zu betrachten, sei aber im Rahmen der Angemessenheitsprüfung zu berücksichtigen, dass der Arbeitgeber die Möglichkeit zur Erprobung des neu eingestellten Mitarbeiters haben müsse. Der geltende schwerbehindertenrechtliche Sonderkündigungsschutz setze auch erst nach sechsmonatigem Bestehen des Arbeitsverhältnisses ein, deshalb wäre es widersprüchlich, eine Kündigung von schwerbehinderten Arbeitnehmern innerhalb der Wartezeit – von dem verfassungsrechtlichen Mindestmaß an Bestandsschutz abgesehen – an die Beachtung des Präventionsgrundsatzes zu binden.[45]

---
41 Vgl. *Sachadae*, Wahl der SchwbV, 2013, S. 216.
42 AA *Feldes* in FKS-SGB IX § 84 Rn. 11, der allerdings Teilzeitbeschäftigte ab 15 Wochenstunden nach § 102 Abs. 1 Satz 3 SGB IX (seit 1.1.2018: § 185 Abs. 1 Satz 3 SGB IX) einbezieht.
43 *Brose* RdA 2006, 149.
44 BAG 21.4.2016 – 8 AZR 402/14, Rn. 27, BAGE 155, 6 = NZA 2016, 113.
45 BAG 28.6.2007 – 6 AZR 750/06, AP BGB § 307 Nr. 27; BAG 24.1.2008 – 6 AZR 97/07, NZA-RR 2008, 405; daran anschließend: LAG BW 17.3.2014 – 1 Sa 23/13, Rn. 49 ff.

13 **Prävention und außerordentliche Kündigung:** Die in Abs. 1 aufgezählten Arten der Schwierigkeiten mit der Differenzierung nach den Störquellen in der Person, im Verhalten oder im Betrieb entsprechen den gesetzlichen Merkmalen zur Prüfung einer ordentlichen Kündigung nach § 1 Abs. 2 KSchG auf ihre Soziale Rechtfertigung. Daraus wird von Stimmen im Schrifttum gefolgert, dass der Gesetzgeber die Prävention nicht als Vorverfahren auf Schwierigkeiten mit dem Gewicht eines wichtigen Grundes im Sinne von § 626 Abs. 1 BGB ausdehnen wollte[46] Angeführt wird, es wäre auch die im Rahmen von Abs. 1 anzustellende Prüfung der Möglichkeiten zur Erhaltung des Arbeitsplatzes mit den engen zeitlichen Vorgaben zur Beantragung der Zustimmung zur außerordentlichen Kündigung in § 174 Abs. 2 nicht vereinbar.[47] Zumindest hätte der Gesetzgeber § 174 Abs. 2 Satz 2 eine Fristhemmung für die Dauer des Klärungsverfahrens nach § 167 Abs. 1 anordnen müssen. Diese Argumente überzeugen nicht. Wenn der Gesetzgeber das Klärungsverfahren in Abs. 1 pauschal alle Schwierigkeiten mit einem Schweregrad, dem der Arbeitgeber den wichtigen Grund beimisst, hätte ausnehmen wollen, so hätte er das zumindest in der Gesetzesbegründung zum Ausdruck gebracht. Das ist nicht geschehen.[48] Allerdings führt nicht jedes pflichtwidrige Unterlassen des Präventionsverfahrens zur Verneinung des wichtigen Kündigungsgrundes. Der Arbeitgeber kann nämlich einwenden, dass auch im Fall der Durchführung des Präventionsverfahrens keine Möglichkeit gefunden worden wäre, die im Verhalten des schwerbehinderten Arbeitnehmers liegende besonders gravierende Schwierigkeit für die weitere Beschäftigung zu beseitigen. Das Verfahren sei im konkreten Fall nutzlos.
Beispiel: Eine im Lager beschäftigte schwerbehinderte Arbeitnehmerin entwendete aus dem Warenlager zwölf Kinderzahnbürsten. Der Arbeitgeber kündigte nach Anhörung des Betriebsrats und der SBV. Die klagende Arbeitnehmerin machte erfolglos geltend, es müsse davon ausgegangen werden, dass bei Durchführung des Präventionsverfahrens eine Möglichkeit der weiteren Beschäftigung gefunden worden wäre. Das Gericht hat hier im Ergebnis zutreffend erkannt, dass die Nichtdurchführung des Präventionsverfahrens kündigungsrechtlich irrelevant war.[49] Hier konnte angesichts der Wiederholungsgefahr ausgeschlossen werden, dass bei der Durchführung des Präventionsverfahrens die Betriebsparteien eine dem Arbeitgeber zumutbare Möglichkeit der dauerhaften Beschäftigung gefunden hätten.

14 **Kündigungsprävention bei Änderungskündigung:** Eine Gefährdung des Arbeitsverhältnisses liegt nicht nur vor, wenn nach Ansicht des Arbeitgebers aufgrund des ihm zur Kenntnis gekommenen Sachverhalts eine ordentliche Beendigungskündigung in Betracht kommen kann, sondern auch dann, wenn die aufgetretene Schwierigkeit ihn veranlassen kann, eine Änderungskündigung zu erwägen. Da bei Nichtannahme der Änderungskündigung unter Vorbehalt der Überprüfung ihrer sozialen Rechtfertigung (§ 2 KSchG) diese in eine Beendigungskündigung umschlägt, tritt eine Gefährdung des Fortbestands des Arbeitsverhältnisses iSv Abs. 1 ein.

---

46 *Kossens* in Kossens/von der Heide/Maaß § 84 Rn. 3; *Knittel*, 10. Aufl. 2017, SGB IX § 84 Rn. 23; *Seel* in Ernst/Adlhoch/Seel § 84 Rn. 20; differenzierter *Greiner* in Neumann/Pahlen/Greiner/Winkler/Jabben SGB IX § 167 Rn. 7: Geltung nur für den Fall des „einzelnen besonders schwerwiegenden Grundes".
47 *Seel* in Ernst/Adlhoch/Seel § 84 Rn. 20.
48 Ebenso *Trenk-Hinterberger* in HK-SGB IX § 84 Rn. 9.
49 LAG RhPf 30.4.2008 – 7 Sa 43/08, juris Rn. 43.

3. Kein Zustimmungserfordernis

Beteiligung des Betroffenen: Die Durchführung des Klärungsverfahrens im Rahmen der Prävention (Abs. 1) bedarf im Unterschied zur Durchführung des Klärungsverfahrens im Rahmen des BEM (Abs. 2) **keiner** Zustimmung des Betroffenen. Anders als in Abs. 2 Satz 1 wird in Abs. 1 kein Zustimmungserfordernis aufgestellt. Grund dafür ist, dass hier jede Schwierigkeit im Beschäftigungsverhältnis eines schwerbehinderten Menschen, die aus der subjektiven Sicht des Arbeitgebers zu einer Gefährdung des Arbeitsplatzes führen kann, zum Anlass für ein kündigungspräventives Klärungsverfahren gemacht wird. Das zeigt sich insbesondere bei der betriebsbedingten Gefährdung des Arbeitsplatzes. Schon im Vorfeld eines Personalabbaus muss das Klärungsverfahren nach Abs. 1 durchgeführt werden, weil der Vorlauf für die Suche nach anderer behinderungsgerechten Beschäftigung oder für die Vorbereitung und Durchführung von Umschulungsaktivitäten bei schwerbehinderten Menschen deutlich größer sein muss als bei nichtbehinderten Beschäftigten.[50] Demgegenüber ist für das BEM das objektive Datum der 43. Kalendertags, an dem der Beschäftigte krankheitsbedingt fehlt, unabhängig von der subjektiven Gefährdungseinschätzung durch den Arbeitgeber zwingender Anlass für das Tätigwerden des Arbeitgebers. Dieses vorgegebene objektive Startsignal beruht auf einer Einschätzung des Gesetzgebers, der bei längerer Fehlzeit generell eine Gefährdungslage für die Beschäftigungsfähigkeit annimmt; denn erfahrungsgemäß fällt die Wiederaufnahme der Beschäftigung desto schwerer, je länger die krankheitsbedingten Fehlzeiten andauern. Da jeder selbst in der Lage ist, die Notwendigkeit der Klärung von Beschäftigungsmöglichkeiten im Betrieb oder der Dienststellen nach Ende der Arbeitsunfähigkeit einzuschätzen, soll das mit der Preisgabe von sensiblen Gesundheitsdaten verbundene BEM nur stattfinden, wenn der Betroffene es für die Wiederherstellung seiner Beschäftigungsfähigkeit selbst für sinnvoll hält. Da ein öffentliches Interesse an der Vermeidung der Arbeitslosigkeit von Schwerbehinderten besteht (vgl. §§ 154, 168), liegt ein einleuchtender Sachgrund vor, für das stärker auf Kündigungsvermeidung abstellende Klärungsverfahren nach Abs. 1 kein Zustimmungserfordernis aufzustellen.

4. Frühzeitige Einschaltung

Nach Abs. 1 hat der Arbeitgeber „möglichst frühzeitig" die SBV und den Betriebsrat oder Personalrat einzuschalten, um die aufgetretenen Schwierigkeiten und die Möglichkeiten sowie alle zur Verfügung stehenden Hilfen zu ihrer Beseitigung mit der SBV und dem Betriebsrat oder Personalrat zu erörtern. Somit kann der Arbeitgeber nicht bis zu dem Zeitpunkt warten, zu dem er nach Ermittlung des kündigungsrelevanten Sachverhalts seine Kündigungsabsicht gebildet hat und das Kündigungsanhörungsverfahren nach § 102 BetrVG einleiten muss. Eine gesetzliche Definition des Begriffs „möglichst frühzeitig" fehlt. Da nach § 178 Abs. 2 Satz 1 der Arbeitgeber die SBV vor jeder Entscheidung in einer Angelegenheit, die einen schwerbehinderten Beschäftigten berührt, „unverzüglich" zu unterrichten hat, darf die möglichst frühzeitige Einschaltung nach Abs. 1 jedenfalls nicht später als „unverzüglich" nach Erkennen der Schwierigkeiten stattfinden. Unverzüglich bedeutet nach § 121 BGB „ohne schuldhaftes Zögern". Die Rechtsprechung der ordentlichen Gerichte geht davon aus, dass ohne schuldhafte Verzögerung handelt, wenn die geschuldete

---

50 Vgl. *Kohte* Gute Arbeit 2007, 11 ff.

Handlung binnen ein bis drei Tagen erfolgt.[51] Für die Erklärung einer außerordentlichen Kündigung wird eine Woche als zu lang angesehen.[52] Im Schrifttum werden Fristen bis höchstens 14 Tagen zugestanden, wenn Zeiten für eine interne Abstimmung innerhalb eines Unternehmens Berücksichtigung finden müssen. Diese sind bei den personellen Angelegenheiten, die innerhalb eines Betriebes oder einer Dienststelle zu erledigen, auszuschließen. Mit der Formulierung „möglichst frühzeitig" hat der Gesetzgeber für den Arbeitgeber eine **besonders starke Beschleunigungspflicht** zum Ausdruck gebracht. Daraus folgt, der Arbeitgeber muss sofort tätig werden, sobald er Kenntnis von einem Sachverhalt erhält, der zu einer Gefährdung führen kann.[53] Er darf nicht warten, bis er eine zweifelsfreie Kenntnis über Umfang und Auswirkungen der Schwierigkeiten besitzt.[54] Er muss schon dann die Arbeitnehmervertretungen einschalten, wenn er die **Möglichkeit** einer Gefährdung des Beschäftigungsverhältnisses erkennt. Diese Pflicht zur möglichst frühzeitigen Einschaltung gilt auch in Bezug auf das Integrationsamt (→ Rn. 27). Dessen Leistungen und Hilfsangebote nach § 185 sollen nämlich so rechtzeitig in Anspruch genommen werden, dass sie noch wirken können; dh die Gefährdung des Bestandes des Beschäftigungsverhältnisses beseitigen oder verringern.

5. Schwierigkeiten in der Person, im Verhalten oder im Betrieb

a) Arbeitsplatzgefährdung

17 **Schwierigkeiten nur unterhalb einer Kündigungsreife:** Nach der Rechtsprechung des Zweiten Senats des BAG liegen nur dann „Schwierigkeiten" iSv Abs. 1 vor, wenn es sich um „Unzuträglichkeiten" handelt, die noch nicht den Charakter von Kündigungsgründen aufweisen.[55] Nach dieser Vorstellung vom Präventionsverfahren iSv Abs. 1 sollen präventive Maßnahmen nur in Betracht kommen können, wenn sie dem Entstehen von Kündigungsgründen zuvorkommen. Seien Kündigungsgründe bereits entstanden, sei das Arbeitsverhältnis bereits „kündigungsreif" und nicht etwa nur von einer Gefährdung bedroht. Prävention könne es bei Kündigungsreife nicht mehr geben. Folglich könne dann nicht mehr von „Schwierigkeiten" iSv Abs. 1 gesprochen werden. Diese Vorstellung ist verfehlt.[56] Sie berücksichtigt weder, dass das Gesetz keine graduellen Abstufungen der „Schwierigkeiten" kennt, noch den auch durch den Standort der Vorschriften hergestellten Zusammenhang mit dem Kündigungsschutz nach §§ 168 bis § 174 SGB IX. Bevor der Arbeitgeber berechtigt sein soll, einen Antrag nach § 170 bei dem Integrationsamt zu stellen, soll das präventiven Erörterungsverfahren nach Abs. 1 durchgeführt werden. Der Arbeitgeber soll durch die Pflicht zur Einschaltung des internen und externen Sachverstands nicht allein die Nutzlosigkeit des Präventionsverfahrens wegen „Kündigungsreife" (→ Rn. 13) feststellen können. Er soll gemeinsam mit den Vertretungen der Beschäftigten und mit dem Integrationsamt die Möglichkeit prüfen und erörtern müssen, ob die aus einer Sicht aufgetretenen Schwierigkeiten beseitigt werden können, ohne das Beschäftigungsverhältnis zu beenden. Der Zweite Senat übersieht die im imperativen Präsens des Abs. 1 („schaltet ... ein") liegende **aus-**

---

51 OLG Koblenz 18.9.2003 – 1 Verg 4/03, IBR 2003, 695 mwN aus der Rspr. der ordentlichen Gerichte.
52 LAG Hamm 25.10.2012 – 15 Sa 765/12.
53 So auch *Schimanski* in GK-SGB IX § 84 Rn. 68.
54 Vgl. zum dem Parallelproblem der Rüge im Vergabeverfahren: OLG Schleswig 5.4.2005 – 6 Verg 1/05 mwN.
55 BAG 7.12.2006 – 2 AZR 182/06.
56 So auch *Trenk-Hinterberger* in HK-SGB IX § 84 Rn. 11.

nahmslos ausgestaltete Pflicht zur Einschaltung der Arbeitnehmervertretungen und das damit verbundene Mitwirkungsrecht dieser Vertretungen. Das eine schließt vorzeitig einseitige Feststellung der Kündigungsreife durch den Arbeitgeber aus. Nach der gesetzlichen Konzeption kann die Kündigungsreife nur als Ergebnis des in Abs. 1 vorgeschriebenen Klärungsprozesses nach Erörterung mit den Beschäftigtenvertretungen festgestellt werden, wenn das Arbeitsverhältnis so erheblich gestört sei, dass die dauerhafte Fortsetzung nicht mehr in Betracht kommt. Von daher ist die Auffassung des Zweiten Senats unzutreffend, bei erheblichen Vertragspflichtverletzungen, die den Arbeitgeber ohne Ausspruch einer Abmahnung zur Kündigung des Arbeitsverhältnisses berechtigen, laufe das Verfahren nach Abs. 1 „ins Leere". Entgegen dem Zweiten Senat ist auch dann, wenn der Arbeitgeber von einer Kündigungsreife ausgeht, die Einleitung eines Präventionsverfahrens nicht sinnlos. Das gilt insbesondere, wenn – wie in dem vom Zweiten Senat entschiedenen Fall – noch aufzuklären war, ob der entstandene Verdacht der Zeitkartenmanipulation hätte erhärtet oder entkräftet werden können. In diesen Fällen kommt dem Beschleunigungsgebot „möglichst frühzeitig" eine besondere Bedeutung zu. Der Arbeitgeber soll nämlich nicht mit der Klärung unter Mitwirkung der SBV und des Betriebsrats oder des Personalrats warten, bis er die „reifen" Kündigungsgründe zweifelsfrei ausermittelt hat, sondern auch im Interesse der möglichen Entkräftung des gegen den schwerbehinderten Arbeitnehmer sprechenden Verdachts die Arbeitnehmervertretungen einschalten. Im Übrigen wird den Bedenken des Zweiten Senats, dass ein Arbeitgeber nur deshalb nicht im Kündigungsprozess unterliegen dürfe, weil er bei Vorliegen eines durchschlagenden Kündigungsgrundes und mit Zustimmung des Integrationsamts gekündigt habe, auch nach der hier vertretenen Ansicht von der ausnahmslosen Pflicht zur Einleitung eines Klärungsverfahrens nach Abs. 1 Rechnung getragen. Die Durchführung des Verfahrens nach Abs. 1 ist **kein formeller oder absoluter materieller Unwirksamkeitsgrund für die Kündigung.** Wer das Verfahren unterlässt, hat allerdings eine höhere Darlegungslast für eine ausgesprochene Kündigung zu erfüllen (→ Rn. 128 ff.). Im entschiedenen Fall hätte festgestellt werden können, dass auch bei Durchführung der gemeinsamen Erörterung mit SBV und Integrationsamt keine den Arbeitnehmer entlastenden Umstände vorlagen. Der Zweite Senat sollte seine Rspr. bei geeigneter Gelegenheit überprüfen. Dabei kann er auf seine Rspr. zum BEM zurückgreifen. Danach hat der Arbeitgeber die objektive Nutzlosigkeit des Klärungsverfahrens nach § 167 Abs. 2 SGB IX darzulegen und ggf. zu beweisen.[57] Es gibt keinen Grund zu der Annahme, dass für das präventive Klärungsverfahren nach § 167 Abs. 2 SGB IX etwas anderes gelten sollte. Eine Vereinheitlichung ist geboten.

b) Personenbedingte Gefährdungen

Begriff der personenbedingten Gründe: In Abgrenzung zu den verhaltensbedingten Gründen werden die Sachverhalte erfasst, in denen den Beschäftigten kein Unwerturteil trifft. Es wird allein an eine Eigenschaft, Fähigkeit oder nicht vorwerfbare Einstellung einer Person angeknüpft.[58]

Beispiel: Der Arbeitgeber macht geltend, der Arbeitnehmer könne wegen einer Erblindung, die vertragliche Beschäftigung überhaupt nicht mehr oder wegen der Verschlimmerung seiner Behinderung 75 % seiner bisherigen Tätigkeit nicht

18

---

57 BAG 20.11. 2014 – 2 AZR 664/13, Rn. 39, NZA 2015, 931.
58 *Oetker* in ErfK KSchG § 1 Rn. 99.

mehr ausführen.[59] Deshalb sei eine vertragsgerechte Beschäftigung nicht mehr möglich.

19 **Krankheitskündigung:** Krankheit als solche ist kein Kündigungsgrund. Sie bekommt erst kündigungsrechtliche Bedeutung, wenn von ihr störende Auswirkungen auf das Arbeitsverhältnis ausgehen. Die krankheitsbedingte Kündigung gilt als der Hauptfall der **personenbedingten Kündigung**. Für die Rechtfertigung einer solchen Kündigung hat die Rechtsprechung eine Drei-Stufen-Prüfung entwickelt: 1. Es muss eine negative Prognose hinsichtlich künftiger erheblicher Fehlzeiten infolge von Arbeitsunfähigkeit vorliegen, 2. es muss eine darauf beruhende erhebliche Beeinträchtigung betrieblicher Interessen festgestellt werden und 3. die Interessenabwägung muss ergeben, dass die betrieblichen Beeinträchtigungen, zu denen auch die Kosten der Entgeltfortzahlung gehören, zu einer billigerweise nicht mehr hinzunehmenden Belastung des Arbeitgebers führen.[60] Zu berücksichtigen sind auch Kosten für den Einsatz von Springern/Aushilfskräften.[61] Bei einer Krankheitskündigung ist das Präventionsverfahren nach Abs. 1 nur dann einschlägig, wenn der Arbeitgeber bereits vor Ablauf von sechs Wochen Arbeitsunfähigkeitsdauer eine Kündigung erwägt. Ansonsten ist das BEM nach Abs. 2 einschlägig.

20 **Minderleistung:** Eine personenbedingte Kündigung wegen nicht schuldhafter Minderleistungen setzt voraus, dass die Arbeitsleistung die berechtigte Erwartung des Arbeitgebers von der Gleichwertigkeit der beiderseitigen Leistungen in einem hohen Maße unterschreitet. Dem Arbeitgeber muss objektiv ein Festhalten an dem (unveränderten) Arbeitsvertrag unzumutbar werden. Als grober Anhalt gilt die 1/3-Grenze für die „Erheblichkeit" der festgestellten Minderleistung.[62] Im Präventionsverfahren ist schon lange bevor diese Kündigungsschwelle erreicht wird, zu klären, welche Möglichkeiten zur beruflichen oder medizinischen Rehabilitation zur Hebung auf Normalleistung möglich sind.

Beispiel:[63] Der schwerbehinderte A war beim Land Berlin als Landschaftsgärtner in der Entgeltgruppe 6 Stufe 6 TV-L beschäftigt. Der Vertrauensarzt stellte nach einer Verschlimmerung der Behinderung fest, dass A nur „leichte körperliche Tätigkeiten ohne schweres Heben und Tragen, im Wechsel zwischen sitzenden und stehenden bzw. gehenden Tätigkeiten mit selbst bestimmten Haltungswechseln, Führen von Kraftfahrzeugen" verrichten könne. Er solle nicht mit „Heben und Tragen von Lasten über 10 kg, Arbeiten auf Leitern, häufiges Bücken bzw. Arbeiten in ständig gebeugter Haltung, knienden Tätigkeiten, Überkopfarbeiten" beschäftigt werden. Das Land lehnte die Beschäftigung ab, weil A 75 % seiner bisherigen Tätigkeit personenbedingt nicht mehr verrichten könne. Es lehnte ebenso den Wunsch des A ab, ihm eine Fortbildung als Baumkontrolleur zu ermöglichen, damit er danach diese körperlich leichtere Tätigkeit ausüben könne. In der Berufungsinstanz hat A obsiegt. Der Arbeitgeber ist zur Beschäftigung verurteilt worden. Das LAG erkannte, spätestens nachdem es Kenntnis von der vertrauensärztlichen Stellungnahme erhielt, hätte das Land ein Präventionsverfahren nach Abs. 1 durchführen müssen, um die aufgetrete-

---

59 So der Sachverhalt in der Entscheidung LAG Bln-Bbg 26.10.2016 – 15 Sa 936/16, RP-Reha 2017, Nr. 4, 28, zur rechtlichen Würdigung → Rn. 20.
60 Vgl. BAG 7.11.2002 – 2 AZR 599/01, AP Nr. 40 zu § 1 KSchG 1969 Krankheit mwN.
61 LAG Hmb 2.10.2019 – 2 Sa 9/19, juris Rn. 56.
62 BAG 11.12.2003 – 2 AZR 667/02, AP Nr. 48 zu § 1 KSchG 1969 Verhaltensbedingte Kündigung.
63 Dem Beispielsfall ist dem Urteil LAG Bln-Bbg 26.10.2016 – 15 Sa 936/16, RP-Reha 2017, Nr. 4, 28 nachgebildet.

nen personenbedingten Schwierigkeit mit dem Ziel der Beseitigung zu erörtern. Da dies nicht geschehen sei, hat es entsprechend der Rspr. des BAG die sekundäre Darlegungslast zu tragen. Dieser ist es in dem vom LAG entschiedenen Fall nicht gerecht geworden; denn es sei weder ersichtlich, wieso eine **Umverteilung** der körperlich schweren Arbeitsaufgaben nicht hätte stattfinden noch warum die Weiterbildung zum Baumkontrolleur ausgeschlossen werden könne.[64] Unterlässt der Arbeitgeber im Rahmen des nach Abs. 1 durchzuführenden Präventionsverfahrens die Beteiligung innerbetrieblicher und außerbetrieblicher Akteure, droht ihm nicht nur eine prozessuale Schlechterstellung. Vielmehr kann die Nichtbeteiligung des Integrationsamts eine Benachteiligung schwerbehinderter Menschen indizieren, die Entschädigungsansprüche gemäß § 15 Abs. 2 AGG auslöst.

Gibt es keine Möglichkeiten zur beruflichen oder medizinischen Rehabilitation zur Hebung auf Normalleistung oder verlaufen die eingeleiteten Maßnahmen erfolglos, so kann dennoch die Ausgliederung vermieden werden. Das Integrationsamt stellt dazu **Beschäftigungssicherungszuschüsse** (früher **Minderleistungszuschüsse** genannt) für die außergewöhnliche Belastung des Arbeitgebers im Rahmen der begleitenden Hilfe nach § 185 Abs. 3 Nr. 2 SGB IX iVm § 27 SchwbAV zur Verfügung, wenn ohne diese Leistungen das Beschäftigungsverhältnis gefährdet würde. Voraussetzungen für diese Zuschüsse sind nach § 27 Satz 1 SchwbAV:

1. Entweder dient die Leistung der Beschäftigung eines schwerbehinderten Menschen, der nach Art oder Schwere seiner Behinderung im Arbeits- und Berufsleben iSv § 155 Abs. 1 Nr. 1 Buchst. a bis d SGB IX besonders betroffen ist, oder
2. sie erfolgt im Anschluss an eine Beschäftigung in einer anerkannten Werkstatt bzw. bei einem anderen mit einer Werkstatt vergleichbaren Anbieter von Bildungsleistungen nach § 60 SGB IX oder
3. sie dient der Sicherung eines Teilzeitarbeitsplatzes, der mit einem schwerbehinderten Menschen besetzt ist, und der nach § 158 Abs. 2 SGB IX auf einen Pflichtarbeitsplatz angerechnet werden kann.

Wer als Arbeitgeber diese Hilfe nicht in Anspruch nehmen will, kann nicht geltend machen, das Festhalten am Arbeitsvertrag sei unzumutbar. In der Statistik betreffen 8,78 % der Anträge auf Zustimmung zur ordentlichen Kündigung Leistungseinschränkungen wegen Krankheit und Behinderung.[65]

c) Verhaltensbedingte Gefährdung

Begriff der verhaltensbedingten Gründe: Gründe, die im Verhalten des Arbeitnehmers liegen, können zu einer sozial gerechtfertigten Kündigung führen. In Abgrenzung zu personenbedingten Gründen, beruhen sie auf einem dem Arbeitnehmer **vorwerfbaren**, weil steuerbaren Verhalten.[66] Ein steuerbares Verhalten ist nur vorwerfbar, wenn zum Zeitpunkt der Handlung der Arbeitnehmer schuldfähig war.[67] Vertragsverletzungen sind nur dann zur Kündigung geeignet, wenn der Arbeitgeber daraus schließen kann, der Vertrag werde auch in Zukunft gestört. Zur sozialen Rechtfertigung einer verhaltensbedingten Kün-

21

---

64 Ausführlich: *Kohte/Liebsch*, Anspruch auf behinderungsgerechte Beschäftigung, Beitrag B1–2017, abrufbar unter www.reha-recht.de (letzter Abruf 19.2.2021).
65 Vgl. Jahresbericht 2019/2020 der Bundesarbeitsgemeinschaft der Integrationsämter und Hauptfürsorgestellen, S. 33.
66 *Oetker* in ErfK KSchG § 1 Rn. 188.
67 *Oetker* in ErfK KSchG § 1 Rn. 191.

digung gehört deshalb die negative Zukunftsprognose.[68] Sie setzt regelmäßig voraus, dass der Arbeitnehmer trotz vorangegangener Abmahnung in rechtswidriger und schuldhafter Weise gegen arbeitsvertragliche Pflichten verstoßen hat. Nur bei einer „schweren Pflichtverletzung" muss der Arbeitnehmer ohne Weiteres damit rechnen, dass eine Hinnahme des Verhaltens durch den Arbeitgeber offensichtlich ausgeschlossen ist.[69]

22 **Schuldhafte Minderleistung:** Der Arbeitnehmer hat die vertragliche Pflicht, unter angemessener Ausschöpfung seiner persönlichen Leistungsfähigkeit zu arbeiten. Nach der Rechtsprechung des Zweiten Senats des BAG genügt der Arbeitgeber im Kündigungsschutzprozess seiner Darlegungslast, wenn er Tatsachen vorträgt, aus denen ersichtlich ist, dass die Leistungen des Arbeitnehmers mindestens ein Drittel hinter denen vergleichbarer Arbeitnehmer zurückbleiben. Dann ist es Sache des Arbeitnehmers, hierauf zu substantiiert zu erwidern. Er hat darzulegen, warum er mit seiner unterdurchschnittlichen Leistung dennoch seine persönliche Leistungsfähigkeit ausschöpft.[70] Wenn es an einer entsprechenden Darlegung fehlt, wird von einer vorwerfbaren Minderleistung ausgegangen. Hat die SBV Anlass zu der Vermutung, der schwerbehinderte Beschäftigte halte bewusst seine Leistung zurück, sollte sie ihn auf die möglichen Folgen seines Verhaltens hinweisen und den Psychosozialen Dienst des Integrationsamts beratend hinzuziehen, damit festgestellt werden kann, ob tatsächlich die Minderleistung vorwerfbar ist. Behinderungsunabhängige Leistungseinschränken machten 2019 1,63 % aller bei den Integrationsämtern eingegangenen Anträge auf Zustimmung zur ordentlichen Kündigung aus.[71]

23 **Fehlverhalten im Zusammenhang mit einer Behinderung:** Es ist zwischen verhaltensbedingten Schwierigkeiten mit und ohne Zusammenhang zur Behinderung zu unterscheiden. Liegt ein ursächlicher Zusammenhang mit einer Behinderung vor, so ist das angemessen zu berücksichtigen.[72] Der gesetzliche Schutz stellt gesteigerte Anforderungen an die zur Kündigung des Arbeitsverhältnisses führenden Gründe, wenn sie in der Behinderung selbst ihre Ursache haben.[73] Das gilt insbesondere bei psychischen Behinderungen. Die Wechselwirkung zwischen psychischer Behinderung und Arbeitsumfeld verursacht nicht selten Spannungen, die sich explosionsartig in einem Fehlverhalten gegenüber Arbeitskollegen oder Vorgesetzten entladen. Hier ist insbesondere vom SBV, Betriebsrat oder Personalrat zu untersuchen, ob der Behinderte der **agierende** oder nur der reagierende Teil ist.[74] Im Rahmen der Erörterung nach Abs. 1 ist das Ergebnis dieser Untersuchung darzustellen. Gegebenenfalls sind die Mitarbeiter über die Ursache der Spannungen aufzuklären und ein Verhaltenstraining oder, wenn das alles unzureichend ist, eine Versetzung in eine andere, besser geeignete und auf die Problematik vorbereitete Umgebung anzuregen.

d) Betriebsbedingte Gefährdungen

24 **Begriff der betriebsbedingten Gründe:** Dieser Begriff ist eine Kurzformel für die in § 1 Abs. 2 KSchG benutzte Formulierung „dringende betriebliche Erforder-

---

68 *Oetker* in ErfK KSchG § 1 Rn. 196 ff.
69 BAG 10.2.1999 – 2 ABR 31/98, BAGE 91, 30; BAG 12.1.2006 – 2 AZR 179/05, AP Nr. 54 zu KSchG 1969 § 1 Verhaltensbedingte Kündigung.
70 BAG 11.12.2003 – 2 AZR 667/02, AP Nr. 48 zu § 1 KSchG 1969 Verhaltensbedingte Kündigung.
71 Vgl. Jahresbericht 2019/2020 der Bundesarbeitsgemeinschaft der Integrationsämter und Hauptfürsorgestellen, S. 33.
72 BAG 23.2.1978 – 2 AZR 462/76, AP Nr. 3 zu § 12 SchwbG.
73 BVerwG 26.10.1971 – V C 78.70, MDR 1972, 447.
74 Vgl. *Schimanski* in GK-SGB IX § 84 Rn. 58.

nisse, die der Weiterbeschäftigung im Betrieb entgegenstehen". Als **vom Betrieb ausgehende Schwierigkeiten**, die zur Gefährdung des Arbeitsverhältnisses führen können, sind insbesondere Auftragsmangel, Absatzprobleme, Produktionsstörungen, geplante Betriebsänderungsmaßnahmen iSv § 111 BetrVG, Planungen zur Senkungen der Personalkosten und beabsichtige andere Reorganisationsmaßnahmen anzusehen. Ob tatsächlich später auch die Arbeitsplätze schwerbehinderter und gleichgestellter behinderter Beschäftigter von den Auswirkungen erfasst werden und wegen dieser „Schwierigkeiten" zur Kündigung anstehen, ist für die Einleitung des Präventionsverfahrens nach Abs. 1 nicht entscheidend. Es kommt allein darauf an, dass betriebswirtschaftliche Überlegungen angestellt werden, die Arbeitsplätze von Schwerbehinderten gefährden. Der Gesetzgeber verlangt hier bereits in der Planungsphase, dass der Arbeitgeber mit den Arbeitnehmervertretungen und dem Integrationsamt in den Klärungsprozess eintritt, wie die Arbeitsplätze der schwerbehinderten und gleichgestellten behinderten Beschäftigten gesichert werden können. Hier sind die Arbeitnehmervertretungen besonders gefordert. Den behinderten Beschäftigten sollen nicht wegzurationalisierende oder alsbald fremd zu vergebende Schonarbeitsplätze zugewiesen werden, sondern Arbeitsplätze, die deren nach § 164 Abs. 4 Nr. 1 und 2 SGB IX für Um- und Versetzungen nötige Flexibilität der beruflichen Einsatzfähigkeit erhalten.

Praktische Bedeutung der betriebsbedingten Schwierigkeiten: Aus den in den Jahresberichten der Integrationsämter veröffentlichten Statistiken ergibt sich, dass bei den ordentlichen Kündigungen gegenüber schwerbehinderten Arbeitnehmern betriebliche Kündigungsgründe mit weitem Abstand an der Spitze der Kündigungsgründe stehen. Betriebsstilllegungen, Insolvenzverfahren, Schließungen oder Umstrukturierungen von Betriebsteilen oder der Wegfall von Arbeitsplätzen wurden 2016 in 9.300 Fällen der Kündigungsanträge als Kündigungsgrund abgegeben. Das waren knapp 50 % aller Anträge.[75] Im Jahr 2019 stieg dieser Prozentsatz auf 50,91.[76]

6. Nutzung des internen und externen Sachverstands

Erörterung der Schwierigkeiten, Möglichkeiten und aller Hilfen: Die aufgetretenen Schwierigkeiten und die Möglichkeiten sowie alle zur Verfügung stehenden Hilfen zu ihrer Beseitigung sind mit der SBV und dem Betriebsrat oder Personalrat möglichst frühzeitig zu erörtern. Der Arbeitgeber ist verpflichtet, mit dem **Integrationsamt** und bei Bedarf auch mit den bei der Durchführung von Maßnahmen zur Teilhabe am Arbeitsleben beteiligten **Integrationsfachdiensten** (§ 193 Abs. 1 SGB IX) nach § 167 Abs. 1 iVm § 182 Abs. 2 zusammenzuarbeiten. Dazu gehören auch die **Psychosoziale Betreuung** (§ 193 Abs. 2 Nr. 8 SGB IX, dazu → § 194 Rn. 6) und die unterstützende **Begleitung am Arbeitsplatz** einschließlich des Trainings berufspraktischer Fähigkeiten (§ 193 Abs. 2 Nr. 6 SGB IX, dazu → § 216 Rn. 7). Einschalten und Erörtern bedeutet, dass ein Arbeitgeber mehr unternehmen muss, als nur SBV und Betriebs-/Personalrat über den Sachstand, den er als das Beschäftigungsverhältnis gefährdende Schwierigkeit ansieht, zu unterrichten und danach Gelegenheit zur Stellungnahme zu geben. Erörtern bedeutet den Austausch von Argumenten und Meinungen in Zusammenhang mit dem konkreten Einzelfall.[77] Er kann sich daher

---

[75] Vgl. Jahresbericht 2016/2017 der Bundesarbeitsgemeinschaft der Integrationsämter und Hauptfürsorgestellen, S. 47.
[76] Vgl. Jahresbericht 2019/2020 der Bundesarbeitsgemeinschaft der Integrationsämter und Hauptfürsorgestellen, S. 33.
[77] *Knittel* SGB IX § 84 Rn. 38.

nicht darauf beschränken, schlagwortartig über den zur Kenntnis gelangten Sachverhalt und seine Einschätzung der Gefährdungsrelevanz zu unterrichten. Das ist nur der erste Schritt, den das Gesetz mit „schaltet ... ein" bezeichnet. In dem zweiten Schritt, der Erörterung, muss eine Besprechung mit dem Ziel einer Klärung des Sachverhalts und der Möglichkeiten zur Kündigungsvermeidung stattfinden. Ein schriftlicher Informationsaustausch oder eine bloße Anhörung genügen nicht.[78] Zur Vorbereitung dieses Klärungsversuchs hat der Arbeitgeber auf Verlangen der Arbeitnehmervertretungen für die Prüfung der Möglichkeiten der Kündigungsvermeidung den eigenen betrieblichen Sachverstand in Anspruch zu nehmen; denn er schuldet nach § 182 Abs. 1 eine aktive Unterstützung der Arbeitnehmervertretungen bei deren Aufgabe, die Eingliederung der schwerbehinderten Beschäftigten zu fördern (§ 176 Satz 1, § 178 Abs. 1 Satz 1). Er muss dann das Ergebnis seiner Vorklärung der SBV und dem Betriebs-/ Personalrat nachvollziehbar und mit Unterlagen belegt erläutern. Er darf sich wegen der für ihn geltenden Pflicht zur engen Zusammenarbeit (§ 182 Abs. 1) bei der Suche nach Lösungsalternativen nicht verweigern. Er muss sich auf die Fragen und Vorschläge der Arbeitnehmervertretungen ernsthaft, mit dem Willen zur Verständigung einlassen. Letztlich heißt das, dass er diese an der Klärung zu beteiligen hat. Geklärt werden muss, ob tatsächlich der vom Arbeitgeber behauptete Sachverhalt vorliegt, ob dieser tatsächlich so erheblich ist, dass er das Beschäftigungsverhältnis gefährdet und welche zumutbaren Möglichkeiten unter Ausschöpfung aller Hilfsangebote des Integrationsamts zur Vermeidung einer Kündigung bestehen.

27 **Dialogische Suche nach fachlich begründeten Lösungen:** Das in § 167 Abs. 1 vorgeschriebene Klärungsverfahren ist in seiner Zielrichtung, Alternativen zum Zwecke der Kündigungsvermeidung zu **erörtern**, weitergehend als die bloße Einräumung einer Gelegenheit zur Stellungnahme, wie sie in den Anhörungsverfahren nach § 102 BetrVG oder nach § 178 Abs. 2 Satz 1 SGB IX geregelt ist. Gewollt ist ein dialogisches und kooperatives ergebnisoffenes Suchverfahren, um gemeinsam **fachlich** begründete Lösungen zur Beseitigung der Schwierigkeiten zu finden. Das erfordert eine entsprechende Qualifizierung des Inklusionsbeauftragten und der Vertrauensperson.

28 **Eingliederungsberater:** Gut aufgestellte Unternehmen und Dienststellen sorgen dafür, dass Inklusionsbeauftragte, Mitglieder von Personal- oder Betriebsräten sowie Vertrauenspersonen oder stellvertretende Mitglieder der SBV zu „Disability"-**Fallmanagern** (besser: Ability- Manager oder Eingliederungsberatern) ausgebildet werden. Die Ausbildung orientiert sich am kanadischen System des Disability Managements. Inzwischen gibt es eine Vielzahl an Schulungsanbietern in Deutschland und in der Schweiz. Dazu gehören ua ein Kooperationsprojekt der Fakultät Rehabilitationswissenschaften an der Technischen Universität Dortmund mit Arbeit und Leben NRW,[79] das Integrationsamt beim Kommunalverband für Jugend und Soziales Baden- Württemberg (KVJS) und die Deutsche Gesetzliche Unfallversicherung (DGUV).[80]

29 **Einschaltung des Integrationsamts:** In § 167 Abs. 1 ist ausdrücklich die „Einschaltung" des Integrationsamts vorgeschrieben. Einschalten bedeutet in diesem Zusammenhang, zur Unterstützung heranziehen und zum Handeln in Form von fachlicher Beratung und Gewährung von Leistungen im Rahmen der begleitenden Hilfe im Arbeitsleben (§ 185 SGB IX) veranlassen.[81] Dazu gehört

---

78 Einschränkend *Knittel* SGB IX § 84 Rn. 38: im Allgemeinen nicht.
79 Bericht in Gute Arbeit 2011, 38 ff.
80 Einzelheiten: http://www.dguv.de/disability-manager/index.jsp.
81 *Trenk-Hinterberger* in HK-SGB IX § 84 Rn. 16.

eine umfassende Information des Integrationsamts über Art und Ausmaß der aufgetretenen Schwierigkeiten, über den Grad der Gefährdung des Arbeitsplatzes sowie über Gefährdungsursache und Kündigungsrisiko.[82] Nach diesem „Einschalten" sieht das Gesetz auch die Beteiligung des Integrationsamts an dem betriebsinternen Dialog vor. Das Integrationsamt ist deshalb zu allen Erörterungsgesprächen einzuladen, die zwischen den Interessenvertretungen, SBV und Arbeitgeber geführt werden. Es hat seine Beratungsangebote wie technischer Dienst und seine finanziellen Leistungen aus der begleitenden Hilfe im Arbeitsleben (§ 185 Abs. 3 SGB IX) zur Verfügung zu stellen und – soweit erforderlich – den Integrationsfachdienst zu beauftragen (§ 194 SGB IX). Dieser hat dann nach § 193 Abs. 1 SGB IX die Aufgabe, den Arbeitgeber zu beraten und ihm Hilfe zur Bewältigung der aufgetretenen Schwierigkeit leisten. Weiter gehört es zu seinen Aufgaben,
1. die Fähigkeiten des schwerbehinderten Menschen zu bewerten und einzuschätzen,
2. die betriebliche Ausbildung schwerbehinderter, insbesondere seelisch und lernbehinderter, Jugendlicher zu begleiten,
3. den schwerbehinderten Menschen, solange erforderlich, am Arbeitsplatz zu begleiten,
4. mit Zustimmung des schwerbehinderten Menschen die Mitarbeiter im Betrieb oder in der Dienststelle über Art und Auswirkungen der Behinderung und über entsprechende Verhaltensregeln zu informieren und zu beraten,
5. eine Nachbetreuung, Krisenintervention oder psychosoziale Betreuung durchzuführen sowie
6. als Ansprechpartner für die Arbeitgeber zur Verfügung zu stehen, über die Leistungen für die Arbeitgeber zu informieren und für die Arbeitgeber diese Leistungen abzuklären.

Hinzu kommt durch die Neufassung des § 3 SGB Abs. 1 IX (→ Rn. 3) Die Verpflichtung der Integrationsämter im Rahmen der Zusammenarbeit mit den Arbeitgebern nach § 167 SGB IX darauf hinzuwirken, dass der Eintritt einer Behinderung einschließlich einer chronischen Krankheit vermieden wird. Allerdings besteht ein erhebliches Vollzugsdefizit. Obwohl die Arbeitgeber seit 2001 „möglichst frühzeitig" bei Erkennen von Schwierigkeiten gesetzlich zur Einschaltung des Integrationsamtes verpflichtet sind, lassen die Integrationsämter es zu, dass nur zu einem geringen Bruchteil aller Anträge auf Zustimmung zur Kündigung ein Präventionsverfahren vorausgeht. So sind 2019 die Integrationsämter nur in 5.462 Fällen präventiv eingeschaltet worden,[83] während in derselben Zeit 17.169 Anträge auf Zustimmung zur ordentlichen Kündigung[84] angefallen sind. Bei der Auswertung der Statistik zeigt sich, dass das Präventionsverfahren bei allen Arten vom gemeldeten Schwierigkeiten Sinn hat. Nur zu einem geringen Anteil kam es zur Weiterbearbeitung als Antragsverfahren auf Zustimmung zur Kündigung. Das zeigt die folgende Übersicht über die 2019 abgeschlossenen Präventionsfälle der Integrationsämter (InA).[85]

---

82 *Feldes* in FKS-SGB IX § 84 Rn. 23.
83 BIH, Jahresbericht 2019/2020, S. 28.
84 BIH, Jahresbericht 2019/2020, S. 31.
85 BIH, Jahresbericht 2019/2020, S. 29.

Betriebliche Schwierigkeiten	63 % erfolgreiche Beratung	19 % nachfolgender Kündigungsantrag	15 % Leistungsgewährung durch InA	3 % Abgabe an Reha-Träger
Personenbedingte Schwierigkeiten	63 % erfolgreiche Beratung	12 % nachfolgender Kündigungsantrag	22 % Leistungsgewährung durch InA	3 % Abgabe an Reha-Träger
Verhaltensbedingte Schwierigkeiten	55 % erfolgreiche Beratung	23 % nachfolgender Kündigungsantrag	13 % Leistungsgewährung durch InA	9 % Abgabe an Reha-Träger

30 **Hinzuziehung der Rehabilitationsträger:** Soweit ein Bedarf besteht, sollen alle Hilfen und finanziellen Leistungen Dritter zur Behebung der Schwierigkeiten ausgeschöpft werden. Da die in § 6 aufgeführten Rehabilitationsträger Leistungen zur Teilhabe am Arbeitsleben erbringen, ist es geboten, den für die zu erbringende Leistung zuständigen Träger hinzuzuziehen. Dies ist zwar ausdrücklich nur in § 167 Abs. 2 Satz 4 für das BEM bestimmt, ergibt sich jedoch aus dem Grundsatz alle Möglichkeiten und Hilfen zu erörtern. Zum 31.12.2018 sind alle örtliche **Gemeinsame Servicestellen** der Rehabilitationsträger (→ Rn. 3) aufgelöst. Daher haben die Arbeitgeber, die Interessenvertretung und die SBV die nicht einfache Aufgabe, den für die einschlägige Leistung zuständigen Rehabilitationsträger herauszufinden. Die Suche wird dadurch erleichtert, dass nach 12 Abs. 1 Satz 3 SGB IX alle Rehabilitationsträger verpflichtet, Ansprechstellen zu benennen, die Informationsangebote zur Bedarfserkennung, Bedarfsermittlung und Bedarfsfeststellung vermitteln. Die Ansprechstellen sollen sich gemäß § 12 Abs. 1 Satz 4 SGB IX untereinander abstimmen und nach dem Rechtsgedanken aus § 15 SGB IX eine möglichst umfassende Auskunft „wie aus einer Hand" geben. Sie sollen insoweit die aufgelösten Gemeinsamen Servicestellen ersetzen, → § 32 Rn. 4.

31 **Recht auf Hinzuziehung von Sachverstand:** Aus dem Grundsatz der engen Zusammenarbeit iSv § 182 Abs. 1 folgt, dass der Arbeitgeber die SBV und den Betriebs-/Personalrat bei der Erfüllung der diesen gesetzlich zugewiesenen Aufgabe, die Eingliederung schwerbehinderter Menschen zu fördern (§§ 176 Satz 1, 178 Abs. 1 Satz 1), unterstützen muss. Förderung der Eingliederung beinhaltet auch schwerbehinderte Menschen nicht auszugliedern, wenn aufgetretene Schwierigkeiten nach § 167 Abs. 1 beseitigt werden können. Dazu hat der Arbeitgeber den Arbeitnehmervertretungen zur Erörterung, welche Möglichkeiten und Hilfen zur in Betracht kommen, nach § 80 Abs. 2 Satz 4 BetrVG sachkundiger Mitarbeiter, zB aus der Personalabteilung, Planungsstäben und Fachdiensten wie dem Betriebsärztlichen Dienst oder der Arbeitsvorbereitung als Auskunftspersonen zur Verfügung zu stellen. Die Hinzuziehung von **externen** Sachverständigen durch den Betriebsrat setzt nach § 80 Abs. 3 Satz 1 BetrVG voraus, dass dem Betriebsrat einschlägige Fachkenntnisse zur Beantwortung einer konkreten aktuellen Frage fehlen und er ohne Hinzuziehung des Sachverständigen die ihm obliegende betriebsverfassungsrechtliche Aufgabe im Einzelfall nicht sachgerecht erfüllen kann.[86] Dies kommt in Betracht, wenn dem Arbeitgeber ein Vorschlag zur behinderungsgerechten Anpassung des Arbeitsplatzes des

---

86 BAG 19.4.1989 – 7 ABR 87/87, BAGE 61, 333 = AP Nr. 35 zu BetrVG 1972 § 80 Nr. 35.

betroffenen Beschäftigten durch einen auf Ergonomie spezialisierten Arbeitswissenschaftler gemacht werden soll, weil ausreichender Sachverstand weder im Unternehmen noch bei dem an der Erörterung beteiligten Integrationsamt zur Verfügung steht. Voraussetzung ist allerdings eine vorherige Vereinbarung mit dem Arbeitgeber über den Gegenstand der gutachterlichen Tätigkeit, über die Person des Sachverständigen und über dessen Vergütung. Durch das Erfordernis einer Vereinbarung wird dem Arbeitgeber insbesondere die Möglichkeit eröffnet, im Hinblick auf die von ihm zu tragenden Kosten Einwendungen zu erheben und den Gegenstand der Beauftragung des Sachverständigen auf das erforderliche Maß zu begrenzen.[87] Soweit der Betriebsrat die Hinzuziehung des Sachverständigen ordnungsgemäß beschlossen hat und für erforderlich halten darf, ersetzt das ArbG auf entsprechenden Antrag des Betriebsrats die fehlende Zustimmung des Arbeitgebers.[88]

7. Positive Maßnahme oder angemessene Vorkehrung

Unions- und völkerrechtliche Einordnung: Nach der Rspr. des BAG sollen Beteiligungsverfahren der SBV einschließlich des Präventionsverfahrens nicht als „angemessene Vorkehrungen" iSv Art. 2 Unterabs. 3 und Unterabs. 4 der UN-BRK und von Art. 5 der Richtlinie 2000/78/EG (Rahmenrichtlinie) angesehen werden.[89] Der Sechste, Siebte und Achte Senat des BAG geben zwar an, der Begriff sei weit zu verstehen und umfasse die Beseitigung der verschiedenen Barrieren, die die volle und wirksame, gleichberechtigte Teilhabe der Menschen mit Behinderung am Berufsleben behindern. Tatsächlich beschränken sie aber er aber den Begriffsinhalt auf die Vorkehrungen als materielle oder organisatorische Maßnahmen, die der einzelne Arbeitgeber im Rahmen der Zumutbarkeit zu ergreifen hat, um den Arbeitsplatz der Behinderung entsprechend einzurichten und den einzelnen behinderten Arbeitnehmer so die Ausübung eines Berufs zu ermöglichen. Dabei legen die Senate die Fallgestaltungen der Ausgangsverfahren zugrunde, die beim EuGH anfielen.[90] Dort ging zB um eine entsprechende Gestaltung der Räumlichkeiten oder eine Anpassung des Arbeitsgeräts, des Arbeitsrhythmus, der Aufgabenverteilung oder des Angebots an Ausbildungs- und Einarbeitungsmaßnahmen.[91] Reine Verfahrensregelungen sollen ausgeschlossen sein, weil unter den in Art. 5 der Richtlinie 2000/78/EG und dessen 20. Erwägungsgrund genannten angemessenen Vorkehrungen sich keine Verfahrensregelungen finden. Dazu beruft sich der Siebte Senat auf eine Stimme im Schrifttum.[92] Die gegebene Begründung überzeugt nicht. Zum einen wird der unsichere Umkehrschluss („e contrario") angewandt. Dieser ist methodisch un-

32

---

87 BAG 11.11.2009 – 7 ABR 26/08, BAGE 132, 232 = NZA 2010, 353.
88 BAG 11.11.2009 – 7 ABR 26/08, Rn. 18, BAGE 132, 232 = NZA 2010, 353; BAG 16.11.2005 – 7 ABR 12/05 – BAGE 116, 192 = AP BetrVG 1972 § 80 Nr. 64; BAG 26.02.r 1992–7 ABR 51/90 – zu B III 1 der Gründe BAGE 70, 1.
89 BAG 22.1.2020 – 7 ABR 18/18, Rn. 43, NZA 2020, 783; BAG 21.4.2016 – 8 AZR 402/14, Rn. 22, BAGE 155, 61; BAG 19.12.2013 – 6 AZR 190/12, Rn. 52, BAGE 147, 60.
90 Vgl. EuGH 11.9.2019 – C-397/18, ABl EU 2013, Nr. C 245, 2, Rn. 64 – Nobel Plastiques Ibérica; EuGH 4.7.2013 – C-312/11, ABl EU 2013, Nr. C 245, 2 – Vertragsverletzungsverfahren gegen Italien; EuGH 11.4. 2013 – C-335/11 ua, Rn. 49, 54, 55, NZA 2013, 553 – HK Danmark, auch genannt Ring, Skouboe Werge.
91 So EuGH 11.9.2019 – C-397/18, Rn. 65, ABl EU 2013, Nr. C 245, 2 – Nobel Plastiques Ibérica.
92 *Wietfeld*, Das Präventionsverfahren gemäß § 84 Abs. 1 SGB IX im Lichte der RL 2000/78/EG und der UN-BRK, SAE 2017, 22 (24).

zulässig, wenn der Normzweck nicht erforscht wird.⁹³ Der Umstand, dass **Verfahrensvorschriften** bislang weder in den Entscheidungen des EuGH behandelt noch in den Erwägungsgründen der Richtlinie oder der UN-BRK aufgeführt sind, erlaubt keinen zwingenden Umkehrschluss darauf, dass sie ausgeschlossen sind. Maßgebend ist vielmehr, ob auch Verfahrensregelungen im Einzelfall nötig sind, um den Arbeitsplatz der Behinderung entsprechend einzurichten und dem einzelnen behinderten Arbeitnehmer den Zugang zur Beschäftigung und zur Ausübung eines Berufs zu ermöglichen. Das ist der Fall; denn ohne dialogische Suche unter Einbeziehung des internen und externen Sachverstands werden bei auftretenden Schwierigkeiten regelmäßig keine Möglichkeiten zur Behebung der der Beschäftigung entgegenstehenden individuellen Schwierigkeit gefunden. Das ist die Regelungsidee des Klärungsverfahrens in § 167 Abs. 1 SGB IX, die mit den Zielen von Art. 2 Unterabs. 3 Satz 2 und Unterabs. 4 der UN-BRK und von Art. 5 der Rahmenrichtlinie kompatibel ist. § 167 Abs. 1 stellt auch keine gruppenbezogene Norm dar, die als positive Maßnahme iSv Art. 7 der Rahmenrichtlinie und § 5 AGG Ausnahmen von der formalen Gleichbehandlung zur Ermöglichung eines typischen Nachteilsausgleichs ermöglichen soll.⁹⁴ Im Präventionsverfahren wird vielmehr eine auf den individuellen schwerbehinderten Menschen bezogene Möglichkeit der Beseitigung von Schwierigkeiten für seine behinderungsgerechte Beschäftigung gesucht. Die Auferlegung und Erfüllung der Pflicht, an diesem Verfahren mitzuwirken, überfordert keinen Arbeitgeber guten Willens. Sie ist angemessen. Allerdings haben bei dem in § 167 Abs. 1 ausgestalteten Suchverfahren die Beschäftigtenvertretungen (Betriebs- oder Personalrat und SBV), die zwingend einzuschalten sind, ein tragende Rolle. Deren Einschaltung kann nicht zum Bestandteil einer angemessenen Vorkehrung gehören, weil weder die Rahmenrichtlinie noch die UN-BRK die Beteiligung von Beschäftigtenvertretungen vorsehen. Damit ist jedoch die Frage noch nicht beantwortet, ob nicht denknotwendiger Bestandteil jeder angemessenen Vorkehrung sein muss, vor einer Entscheidung eine ausreichende Klärung der Beschäftigungsmöglichkeiten durchzuführen, wie es die Grundidee des § 167 Abs. 1 SGB IX ist. Der Siebte Senat hat generell jede derartige Verfahrensregelung unter Bezug auf eine vereinzelte Stimme im Schrifttum⁹⁵ von der Zugehörigkeit zum Begriff der angemessenen Vorkehrungen ausgeschlossen.⁹⁶ Das ist überschießend; denn zu den wichtigsten Elementen, die als Leitlinien zur Umsetzung der Pflicht zur Bereitstellung angemessener Vorkehrungen dienen, gehören nach der CRPD/C/GC/6⁹⁷:

„(a) Die Ermittlung und Beseitigung von Barrieren, die sich auf den Genuss der Menschenrechte von Menschen mit Behinderungen auswirken, **im Dialog** mit der betreffenden Person mit Behinderung;
(b) Die Prüfung, ob eine Vorkehrung (rechtlich oder praktisch) machbar ist – eine Vorkehrung, die rechtlich oder faktisch unmöglich ist, ist nicht machbar;

---

93 *Rüthers/Birk* in Fischer, Rechtstheorie mit juristischer Methodenlehre, 7. Aufl. 2013, Rn. 899 ff.
94 Vgl. *Kocher/Wenckebach*, § 12 AGG als Grundlage für Ansprüche auf angemessene Vorkehrungen, SR 2013, 17 (21).
95 *Wietfeld* SAE 2017, 22 (24).
96 BAG 22.1.2020 – 7 ABR 18/18, Rn. 45, NZA 2020, 783.
97 Vereinte Nationen, Ausschuss für die Rechte von Menschen mit Behinderungen, Allgemeine Bemerkung Nr. 6 (2018) zu Gleichberechtigung und Nichtdiskriminierung, angenommen durch den Ausschuss bei seiner 19. Tagung (14. Februar-9. März 2018).

(c) Die Prüfung, ob die Vorkehrung relevant (d.h. notwendig und sachgerecht) oder wirksam im Hinblick auf die Sicherstellung der Realisierung des betreffenden Rechts ist;
(d) Die Prüfung, ob die Modifizierung eine unverhältnismäßige oder unbillige Belastung für den Pflichtenträger darstellt; die Feststellung, ob eine angemessene Vorkehrung unverhältnismäßig oder unbillig ist, erfordert eine Bewertung des proportionalen Verhältnisses zwischen den eingesetzten Mitteln und dem Ziel, welches darin besteht, das betreffende Recht zu genießen; (…)".

Aus der Verpflichtung zur dialogischen Ermittlung und den vorgegebenen Prüfschritten ergibt sich, dass durchaus Verfahrensregeln integraler Bestandteil angemessener Vorkehrungen sind, wenn auch die § 167 Abs. 1 SGB IX vorgeschriebene Beteiligung der Beschäftigtenvertretungen nicht umgesetzte Vorgabe anzusehen ist. Es ist den Vertragsstaaten jedoch unbenommen, insoweit ergänzende Verfahrensregeln aufzustellen,
Darüber hinaus ist der generelle Ausschluss von Verfahrenspflichten mit der Rspr. des Fünften Senat des BVerwG nicht vereinbar. Dieser hat nämlich die in § 82 Satz 2 SGB IX aF (seit 2018 zu § 165 Satz 3 verschoben) angeordnete Verfahrenspflicht, den schwerbehinderten Bewerber zum Vorstellungsgespräch einzuladen, als eine spezifische verfahrensrechtliche „**Vorkehrung**" für Schwerbehinderte bezeichnet.[98] Vermutlich liegt in der Verwendung dieses aus Art. 5 der Rahmenrichtlinie entlehnten Fachbegriffs eine missverständliche Formulierung zugrunde. Dafür spricht, dass in einer von einem der beteiligten Bundesrichter verfassten Erläuterung die nach § 82 Satz 2 und 3 SGB IX aF begründete Handlungspflicht ausdrücklich als eine positive Maßnahme iSd § 5 AGG (Umsetzung von Art. 7 Rahmenrichtlinie) bezeichnet wird.[99] Diese Einordnung ist zutreffend; denn die benachteiligte Gruppe soll gezielt iSv Art. 7 der Rahmenrichtlinie gefördert werden.

Positive Maßnahmen sind in Art. 7 Rahmenrichtlinie zugunsten Behinderter definiert. Sie sollen nach Art. 7 Abs. der Richtlinie gewährleisten, dass Benachteiligungen wegen einer Behinderung verhindert oder ausgeglichen werden. Nach Abs. 2 sollen sie einer Eingliederung von Menschen mit Behinderung in die Arbeitswelt dienen oder diese Eingliederung fördern. Dabei wird in Art. 7 Abs. 2 Rahmenrichtlinie formuliert, dass der Gleichbehandlungsgrundsatz (positiven) Maßnahmen nicht entgegensteht, mit denen „Vorkehrungen eingeführt oder beibehalten werden sollen, die einer Eingliederung von Menschen mit Behinderung in die Arbeitswelt dienen oder diese Eingliederung fördern". Es handelt sich insoweit um eine Klarstellung. Diese wäre überflüssig, wenn die Verpflichtung zu angemessenen Vorkehrungen nur ein Unterfall einer Verpflichtung zu positiven Maßnahmen handeln würde. Es liegt ein Überschneidungsbereich vor, der vor folgenden Abgrenzung nötigt: „Positive Maßnahmen zeichnen sich durch ihren expliziten Gruppenbezug aus, während angemessene Vorkehrungen ausdrücklich für individuelle Lösungen im Einzelfall gelten sollen."[100] Gemessen daran, ist das Präventionsverfahren eine Vorkehrung die nicht auf die Beseitigung von gruppenspezifischen Nachteilen ausgerichtet ist, sondern eine individuelle Lösung für den Einzelfall herbeiführen soll, um die Möglichkeit der behinderungsbedingten Beschäftigung zu erhalten. *Schlachter* nimmt zwar auf die von *Kocher/Wenckebach* entwickelte Abgrenzung Bezug, lehnt jedoch dennoch die

---

98 BVerwG 3.3.2011 – 5 C 16.10, Rn. 27, NZA 2011, 977 (978).
99 *Störmer* jurisPR-BVerwG 23/2011 Anm. 1.
100 *Kocher/Wenckebach*, § 12 AGG als Grundlage für Ansprüche auf angemessene Vorkehrungen, SR 2013, 17 (21).

Einordnung als angemessene Vorkehrung ab. Sie will das Präventionsverfahren als eine positive Maßnahme iSd Art. 7 Abs. 2 der Rahmenrichtlinie ansehen.[101] Das BAG hat es bislang dahinstehen lassen, ob das Präventionsverfahren eine positive Maßnahme zugunsten schwerbehinderter Menschen iSv § 5 AGG sowie von Art. 7 Abs. 2 der Rahmenrichtlinie ist.[102] Das Unterlassen einer solchen Maßnahme ist nach der Rspr. des BVerwG bereits an sich eine Benachteiligung wegen einer Behinderung iSv § 3 Abs. 1 AGG.[103] Demgegenüber geht die jüngste Rspr. des BAG nur von einer widerlegbaren Vermutung der Benachteiligung iSv § 22 AGG aus.[104]

8. Mitwirkungsrecht von SBV, Betriebsrat oder Personalrat

33 **Keine Bindung an Beurteilung anderer:** Die Einschaltung von SBV, Betriebsrat und Personalrat zu der Klärung der Möglichkeiten und Hilfen, die zur Beseitigung der Gefährdung des Beschäftigungsverhältnisses geeignet sind, erreicht nicht das Stadium einer Mitbestimmung. Der Arbeitgeber ist nicht gehindert, die abschließende Beurteilung, ob überhaupt eine tatsächliche Gefährdung vorliegt und welche Maßnahmen zu ergreifen sind, abweichend von den zu beteiligenden internen und externen Stellen zu treffen. Er muss zwar die Stellungnahmen und Vorschläge der Arbeitnehmervertretungen in seine zu treffende Entscheidung einbeziehen, er ist aber nicht an deren Auffassungen gebunden.[105]

34 **Initiativ- und Aussetzungsrecht:** In Abs. 1 hat der Gesetzgeber anders als in Abs. 2 Satz 7 (bis 9.6.202 Satz 6) nicht ausdrücklich geregelt, dass SBV, Betriebsrat und Personalrat die Durchführung des Präventionsverfahrens verlangen können. Da es sich um einen Anspruch auf Einschaltung und Erörterung über eine nach der **subjektiven Ansicht** des Arbeitgebers zur Gefährdung des Beschäftigungsverhältnisses führende „Schwierigkeit" handelt, ist es möglich, dass der Arbeitgeber ein Unterrichtsverlangen der Arbeitnehmervertretungen mit dem Hinweis bescheidet, seiner Ansicht nach habe der Sachverhalt noch keine Gefährdungsrelevanz. Insoweit hat sich dann der Arbeitgeber selbst gebunden. Im Kündigungsprozess kann ihm der gekündigte Beschäftigte das vorhalten. Hatte nach der im Kündigungsrecht herrschenden Lehre von der subjektiven Determination der Sachverhalt für den Arbeitgeber entgegen der ersten Einschätzung tatsächlich Gefährdungsrelevanz, so muss der Arbeitgeber die versäumte Einschaltung nachholen. Da die Arbeitnehmervertretungen auch für die Überwachung der Einhaltung der Pflichten aus Abs. 1 zuständig sind (§§ 176 Satz 2, 178 Abs. 1 Satz 2 Nr. 1), können sie den Arbeitgeber zur Einhaltung dieser Verpflichtung auffordern. Hat der Arbeitgeber den Sachverhalt als eine das Beschäftigungsverhältnis gefährdende „Schwierigkeit" angesehen, ohne die SBV zur weiteren Klärung einzuschalten, und erwägt er arbeitsrechtliche Maßnahmen wie zB Abmahnung oder Kündigung, so kann die SBV entsprechend § 178 Abs. 2 Satz 2 die Aussetzung der Maßnahmen und die Nachholung des unterlassenen Klärungsverfahrens verlangen.

---

101 Schlachter in ErfK, 20. Aufl. 2020, AGG § 5 Rn. 5; ebenso dafür *Hinrichs/Zimmer* in HK-AGG, 3. Aufl. 2013, § 5 Rn. 45.
102 BAG 21.4. 2016 – 8 AZR 402/14, Rn. 27, BAGE 155, 61 = NZA 2016, 1131.
103 BVerwG – 5 C 16.10 – Rn. 29, NZA 2011, 977.
104 BAG 23.1.2020 – 8 AZR 484/18, Rn. 37, NZA 2020, 851.
105 *Knittel* SGB IX § 84 Rn. 39.

IV. BEM als dialogisches, kooperatives und ergebnisoffenes Klärungsverfahren
1. Ziele und Ablauf des betrieblichen Eingliederungsmanagements

Ziele des BEM: Der Arbeitgeber hat zu klären, „wie die Arbeitsunfähigkeit möglichst überwunden werden und mit welchen Leistungen oder Hilfen erneuter Arbeitsunfähigkeit vorgebeugt und der Arbeitsplatz erhalten werden kann". Das dazu in Abs. 2 dem Arbeitgeber aufgegebene Verfahren (BEM) ist in seiner Struktur ebenfalls ein Klärungsverfahren wie das nach Abs. 1. Hier verfolgt das Gesetz nur eine etwas andere Präventivzwecksetzung: Es sollen die Voraussetzungen für die Erhaltung des Arbeitsplatzes durch Überwindung der Arbeitsunfähigkeit trotz Fortbestand der Krankheit und, wenn die Krankheit ausgeheilt ist, durch Vorbeugung erneuter Arbeitsunfähigkeit geschaffen werden. Es geht also nicht nur um Kündigungsvermeidung, sondern auch um das Ermöglichen einer aktiven Beschäftigung. Es soll ein rechtlich regulierter **„Suchprozess"**, stattfinden, der individuell angepasste Lösungen ermittelt.[106] Anlässlich der jeweiligen Einzelfallmanagements können dabei auch die Indikatoren erkannt werden, die für lang andauernde oder wiederholte Arbeitsunfähigkeitszeiten verantwortlich sind. Zu beachten ist, dass mit der Wortfolge „**Arbeitsplatz erhalten**" dem Gesetzgeber offensichtlich ein **Redaktionsfehler** unterlaufen ist.[107] Erhalten werden soll das Arbeits- oder sonstige Beschäftigungsverhältnis. Dieses Ziel erfordert nicht selten die Aufgabe des innegehabten, aber aufgrund der gesundheitlichen Belastung nicht mehr geeigneten Arbeitsplatzes. Notwendige Maßnahme ist dann die Umsetzung oder Versetzung auf einen **anderen Arbeitsplatz**. Ausweislich der amtlichen Überschrift des § 167 ordnet der Gesetzgeber das BEM als ein Verfahren der „Prävention" ein. Dazu passt, dass ein ausdrückliches Ziel des BEM die Vorbeugung erneuter Arbeitsunfähigkeit ist. Gesundheitliche Probleme sollen sich nicht zu einer Behinderung verfestigen. Prävention hat nämlich nach § 3 SGB IX auch die Bedeutung, den Eintritt einer Behinderung oder chronischen Erkrankung zu vermeiden.

Nutzen des BEM für den Arbeitgeber: Ein erfolgreiches BEM liegt im ökonomischen Interesse des Arbeitgebers. Es fördert die Gesundheit und Leistungsfähigkeit aller Beschäftigten, es führt zur Verminderung von Fehlzeiten, trägt dazu bei, Personalkosten zu senken, und erhält – was in Zeiten des Facharbeitermangels bedeutsam ist – bewährte Mitarbeiter mit Erfahrungswissen, die ansonsten mit Erwerbsminderungsrenten ausscheiden, dem Betrieb. Außerdem führt das BEM in den Fällen, in denen gemeinsam mit dem Betriebsrat keine Aussicht auf ein erneutes Tätigwerden im Betrieb oder Unternehmen festgestellt werden kann, zu einer notwendigen Vorklärung, dass eine **Krankheitskündigung** gerechtfertigt ist; denn wenn nach Mobilisierung des internen und externen Sachverstands alle Beteiligten in einem sorgfältig durchgeführten BEM gemeinsam zu dem Schluss kommt, dass keine Einsatzmöglichkeit mehr gegeben ist, wird das Arbeitsgericht kaum zu einer anderen Beurteilung kommen können.

Statistische Angaben zu BEM-Angeboten: Obwohl das BEM schon 2004 verpflichtend vom Gesetzgeber eingeführt wurde, besteht auf Seiten der Arbeitgeber noch immer ein großer Nachholbedarf. Eine Befragung zeigt auf: Nur 40,3 % der berechtigten Beschäftigten haben 2018 von ihren Arbeitgebern ein BEM-Angebot erhalten.[108] 68,2 % derjenigen, denen ein Angebot gemacht

---
106 *Kohte* DB 2008, 582 (583).
107 Vgl. *Düwell* SuP 2010, 163.
108 Bundesanstalt für Arbeitsschutz und Arbeitsmedizin (BAuA), Grundauswertung der BIBB/BAuA-Erwerbstätigenbefragung 2018, 2. Aufl. 2019, S. 66.

worden ist, haben es angenommen.[109] Die hohe Akzeptanz auf Seiten der Arbeitnehmer zeigt, dass diese erkannt haben: Die Annahme des Angebot eines ordnungsgemäßen BEM bringt den Gesundheitsschutz voran und erhält vor allem einer alternden Belegschaft die Beschäftigungsfähigkeit. Der Blick auf die Betriebsgröße und Branchen zeigt ein differenziertes Bild. Bei den Großbetrieben wird 50 % erreicht. Der gleiche Wert gilt für den öffentlichen Dienst. Betriebe mit bis 249 Beschäftigten weisen jedoch nur eine Angebotsquote von 36 % und der Dienstleistungssektor eine Quote von 32 % auf.[110]

37 **Nutzen des BEM für Beschäftigte:** Das BEM gilt als typische Win-Win-Situation, weil es nicht nur dem Arbeitgeber, sondern auch den von Krankheit betroffenen Beschäftigten nutzt. Der Nutzen besteht nicht in erster Linie in der Vermeidung der Krankheitskündigung; denn zumeist wird gegenüber Langzeitkranken eine Kündigung als überflüssig empfunden, weil weder Beschäftigungspflicht noch Entgeltanspruch besteht. Der Nutzen besteht in der Widerherstellung der Beschäftigungsfähigkeit. Werden – was die Regel ist – Beschäftigungsmöglichkeiten entdeckt oder Hilfen ausfindig gemacht, mit denen die Arbeitsunfähigkeit überwunden werden kann, dann ist das ein Erkenntnisgewinn, der zur Wiederaufnahme der Beschäftigung führt. Ohne das mit Beteiligung seiner fachkundigen Interessenvertretungen durchgeführte BEM könnte der Beschäftigte der Aussage des Arbeitgebers „Keine geeignete Beschäftigung vorhanden" wenig entgegensetzen. Der Versuch, ohne jede Vorabklärung eine „leidens- oder behinderungsgerechte" Beschäftigung einzuklagen, hätte kaum Erfolgsaussicht; denn konkrete Beschäftigungsmöglichkeiten blieben unentdeckt. So überwindet das BEM das Funktionsdefizit des Kündigungsschutzes. Das ist für die Lebenssituation Langzeitkranker existentiell; denn sie sind nur für die Dauer des Krankengelds bis zu 78 Wochen (§ 48 Abs. 1 SGB V) in ihrem Lebensstandard abgesichert. Zwar ist zuzugestehen, dass das BEM auch zulasten des Beschäftigten Klarheit schaffen kann, wenn es zu dem Ergebnis kommt, dass weder ein Ende der Arbeitsunfähigkeit absehbar noch andere dem Arbeitgeber zumutbare Beschäftigungsmöglichkeiten in Betracht kommen. Es ist aber jeder Klärung immanent, dass man nachher mehr weiß als vorher. Natürlich kann der Arbeitgeber dann diesen Gewinn an gesicherter Erkenntnis zu einer Kündigung nutzen. Zu fragen ist jedoch, ob Arbeitgeber ohne BEM nicht viel eher und häufiger kündigen, weil sie die Problemfälle, in denen Arbeitnehmer tatsächlich gegen ihre Krankheitskündigung vorgehen, durch das Arbeitsgericht „klären" lassen können. Dort muss der gekündigte Arbeitnehmer noch weitergehend zur Widerlegung der Fehlzeitenprognose Details seiner Erkrankungen offenlegen, als er das üblicherweise im Rahmen des BEM zu tun hat. Letztlich ist es auch eine Sache der Ausgestaltung des BEM in einer Betriebsvereinbarung, Dienstvereinbarung oder Inklusionsvereinbarung nach § 166 Abs. 3 Nr. 5, ob es zu einem für den Arbeitgeber für Krankheitskündigungen nutzbaren Erkenntnisgewinn kommt. In einigen Großbetrieben der Metallindustrie besteht die Absprache, dass auch dann, wenn zurzeit keine Aussicht auf Wiederaufnahme der Beschäftigung besteht, eine mehrjährige **Zeitspanne abgewartet** werden soll, ob nicht eine unvorhergesehene Änderung eintritt.

38 **Gang des Klärungsverfahrens:** Sind Beschäftigte länger als sechs Wochen oder wiederholt arbeitsunfähig, hat nach Satz 1 der Arbeitgeber zunächst den Betroffenen auf das Ziel der Prävention hinzuweisen und die Zustimmung zu dem

---

109 Bundesanstalt für Arbeitsschutz und Arbeitsmedizin (BAuA), Grundauswertung der BIBB/BAuA-Erwerbstätigenbefragung 2018, 2. Aufl. 2019, S. 67.
110 DGB Auswertung der Erwerbstätigenbefragung 2018, veröffentlicht in Einblick 2/2021.

vom Gesetz als betrieblichem Eingliederungsmanagement bezeichneten Verfahren einzuholen. Wird die Zustimmung erteilt, so sind nach Satz 2 mit dem Betriebs- oder Personalrat unter Beteiligung des Betroffenen und erforderlichenfalls unter Hinzuziehung des Werks- oder Betriebsarztes die Möglichkeiten zu klären, wie die Arbeitsunfähigkeit möglichst überwunden und mit welchen Leistungen oder Hilfen erneuter Arbeitsunfähigkeit vorgebeugt und der Arbeitsplatz erhalten werden kann. Nur sofern die Beschäftigten schwerbehindert oder gleichgestellt sind, ist „außerdem" noch die SBV hinzuzuziehen.

Kommen Leistungen zur Teilhabe oder begleitende Hilfen im Arbeitsleben in Betracht, sind zusätzlich die im Einzelfall zuständigen Rehabilitationsträger (anstelle der aufgelösten gemeinsamen Servicestellen) und das Integrationsamt hinzuziehen, → Rn. 30. Diese wirken darauf hin, dass die erforderlichen Leistungen oder Hilfen unverzüglich beantragt und regelmäßig innerhalb von drei Wochen (Frist nach § 14 Abs. 2 Satz 2 SGB IX) erbracht werden. Während der Dauer der Gewährung der Leistungen oder Hilfen soll der Arbeitsplatz erhalten bleiben. Hier ist durch § 10 Abs. 5 SGB IX mit Wirkung vom 1.1.2018 verdeutlicht worden, dass auch der Arbeitgeber im Rahmen des BEM prüfen muss, ob ein Teilhabebedarf besteht und zur Ermittlung und Feststellung des konkreten Bedarfs den zuständigen Rehabilitationsträger hinzuziehen muss, Arbeitgeberpflicht → § 10 Rn. 14. Diese Prüfpflicht besteht nach § 10 Abs. 5 SGB IX, wenn die „Gefährdung des Arbeitsplatzes" erkennbar ist: Das ist der Fall, wenn die betroffene Person auf dem bisherigen Arbeitsplatz gesundheits- oder behinderungsbedingt voraussichtlich nicht wieder arbeiten kann. Es ist nicht erforderlich, dass eine Kündigung erwogen wird, → Rn. 3. Das entspricht auch dem Wortlaut des Ziels des BEM nach § 167 Abs. 2 Satz 1 SGB IX „den Arbeitsplatz (zu) erhalten".

Maßnahmen, Leistungen und Hilfen: Nach Abs. 2 Satz 1 hat der Arbeitgeber 39 die Möglichkeiten zu klären, wie die Arbeitsunfähigkeit überwunden werden und mit welchen Leistungen und Hilfen erneuter Arbeitsunfähigkeit vorgebeugt werden kann. Dazu gehören insbesondere: Früherkennung des Rehabilitationsbedarfs, betriebsnahe Rehabilitationsmaßnahmen, Abbau arbeitsbedingter Gesundheitsgefahren und menschen- und behinderungsgerechte Gestaltung der Arbeit. Das sind sämtlich Maßnahmen der Verhältnisprävention. Ebenso kann jedoch ein BEM auch der Verhaltensprävention dienen, indem Maßnahmen der Verhaltenssteuerung zur Erhaltung des Arbeitsplatzes entwickelt werden. Dies ist der Fall, wenn die Ursachen krankheitsbedingter Fehlzeiten im Bereich der **privaten Lebensführung** liegen.[111] Da das Gesetz keine entsprechende Einschränkung auf betriebliche Ursachen vorsieht,[112] entfällt ein BEM nicht deshalb, weil krankheitsbedingte Fehlzeiten nicht im unmittelbaren Zusammenhang mit dem Arbeitsverhältnis stehen.[113] Nach der zutreffenden Ansicht des hessischen LAG kommt insoweit durch Einschaltung von Experten bei den Reha-Trägern auch die Erarbeitung eines umfassenden Konzepts zur Änderung der Lebensweise in Betracht, damit die Betroffene ihre Krankheitsanfälligkeit mindern. Das hat besondere Bedeutung bei Fehlzeiten, deren Ursachen Folgen ungesunder Ernährung und von **Nikotin- oder Alkoholsucht** sind. Hier können im BEM Maßnahmen der **betrieblichen Gesundheitsförderung** (→ Rn. 54) vorgeschlagen werden.

---

111 HessLAG 3.6.2013 – 21 Sa 1456/12, Rn. 58, EzTöD 100 § 34 Abs 1 TVöD-AT Krankheitsbedingte Kündigung Nr 10.
112 Das verkennt *Hoffmann-Remy* NZA 2016, 267 (270).
113 *Beck* NZA 2017, 81 (83).

2. Nutzung des internen und externen Sachverstands

40 **Werks- oder Betriebsarzt:** Nach Abs. 2 Satz 1 ist der Werks- oder Betriebsarzt, soweit erforderlich, hinzuzuziehen. Betriebsärzte haben zwar nach § 3 Abs. 1 Satz 1 ASiG den Arbeitgeber beim Arbeitsschutz, bei der Unfallverhütung und in Fragen des Gesundheitsschutzes zu beraten: Sie sind jedoch nicht einseitig auf die Beratung des Arbeitgebers festgelegt. So heben sie nach Satz 2 Nr. 2 Arbeitnehmer nicht nur arbeitsmedizinisch zu beurteilen, sondern auch zu beraten. Für die Mitwirkung an der Klärung der Beschäftigungsmöglichkeit von kranken Arbeitnehmern sind sie besonders geeignet, weil zu ihren betriebsärztlichen Aufgaben es auch nach § 3 Abs. 1 Satz 2 ASiG gehört, Ursachen von arbeitsbedingten Erkrankungen zu untersuchen und dem Arbeitgeber Maßnahmen zur Verhütung dieser Erkrankungen vorzuschlagen, arbeitsphysiologischen, arbeitspsychologischen und sonstigen ergonomischen sowie arbeitshygienischen Fragen insbesondere zum Arbeitsrhythmus, zur Arbeitszeit, zur Gestaltung der Arbeitsplätze und des Arbeitsablaufs sowie der Arbeitsumgebung nachzugehen. Ferner haben sie in diesem Zusammenhang auch die Arbeitsbedingungen zu beurteilen und Fragen des Arbeitsplatzwechsels sowie der Eingliederung und Wiedereingliederung behinderter Beschäftigter in den Arbeitsprozess zu klären. Sie unterliegen nach § 8 Abs. 1 Satz 3 ASiG der ärztlichen Schweigepflicht und sind bei Anwendung ihrer arbeitsmedizinischen Fachkunde weisungsfrei. Da nicht zu ihrer Aufgabe gehört, Krankmeldungen der Arbeitnehmer auf ihre Berechtigung hin zu überprüfen (§ 3 Abs. 3 ASiG), sind sie aufgrund ihrer **unabhängigen rechtlichen Stellung** in der Betriebshierarchie und aufgrund Ihrer Sachkunde geeignet, den Klärungsprozess entscheidend zu fördern. Das sieht auch der Gesetzgeber so. In § 166 Abs. 3 Nr. 6 hat er in den Katalog möglicher Regelungsinhalte einer Inklusionsvereinbarung „die Hinzuziehung des Werks- oder Betriebsarztes auch für Beratungen über die Leistungen zur Teilhabe sowie über besondere Hilfen im Arbeitsleben" eingefügt. Diese nur der Sache und nicht dem Arbeitgeberinteresse verpflichtete Aufgabenstellung erkennt auch die Rspr. als hilfreich für das BEM an: Bestehen unterschiedliche Auffassungen über die Einsatzfähigkeit der betroffenen Person, so muss er Betriebsarzt beteiligt werden.[114] Die Rspr. weist auch zu Recht daraufhin, dass die Inanspruchnahme des Sachverstands eines Betriebsarztes zur Klärung der Frage geboten ist, ob vom Arbeitsplatz Gefahren für die Gesundheit des Arbeitnehmers ausgehen und künftig durch geeignete Maßnahmen vermieden werden können (§ 3 Abs. 1 Satz 2 ASiG). Dennoch steht die Inanspruchnahme des betriebsärztlichen Sachverstands nicht einem BEM als Ganzem gleich.[115]

41 **BEM-Team und BEM-Beauftragte:** Empfehlenswert ist es, in den Betrieben und Dienststellen Integrations- oder BEM-Teams für die Durchführung der Suche nach den Beschäftigungsmöglichkeiten zu bilden. In diese Teams sollten erfahrene Mitglieder der SBV, des Betriebs-/Personalrats sowie weitere mit Fragen des beruflichen Eingliederungs- oder Disability-Managements befasste Personen zur Bündelung des betrieblichen Sachverstands zusammengefasst werden. Geborene Teammitglieder sollten der Betriebsarzt und eine Arbeitssicherheitsfachkraft sein. Aus der praktischen Erfahrung ergibt sich, dass an den Sitzungen des Integrationsteams der entscheidungsbefugte Inklusionsbeauftragte teilnehmen soll. Hat der Arbeitgeber den Erstkontakt zu dem betroffenen Arbeitnehmer hergestellt, kann er diesem Integrationsteam die weitere Durchführung des be-

---

114 LAG Bln-Bbg 17.8.2009 – 10 Sa 592/09.
115 BAG 20.11.2014 – 2 AZR 755/13, NZA 2015, 612.

trieblichen Eingliederungsmanagements übertragen. Die Einzelheiten sollten in einer Inklusionsvereinbarung, Betriebsvereinbarung oder Dienstvereinbarung geregelt werden. Allerdings sind in der jüngsten Rspr. gegen die in vielen Betrieben und Dienststellen erfolgreiche Praxis der Delegation der verbindlichen Klärung auf paritätisch besetzte BEM- und Integrations-Teams zur Recht Bedenken erhoben worden, soweit diese auf der Grundlage des Spruchs einer Einigungsstelle Aufgaben wahrnehmen,[116] Einzelheiten: → Rn. 100. Ob ein gemeinsames Ergebnis[117] über die Eignung der in Vorschlag gebrachten Möglichkeiten erzielt wird oder es zu einer unterschiedlichen Auffassung über das Ergebnis der Suche kommt, hängt auch von der Entscheidung des Arbeitgebers ab, denn die „Klärung von Möglichkeiten" erfolgt nach § 167 Abs. 2 Satz 1 SGB IX durch den Arbeitgeber mit dem Betriebs- oder Personalrat.[118] Hierfür ist ein Einvernehmen beider Betriebsparteien erforderlich, → Rn. 77. Der Arbeitgeber kann dem Inklusionsbeauftragten nach § 181 SGB IX die Aufgabe übertragen, für ihn die verbindliche Arbeitgebererklärung abzugeben, welches Klärungsergebnis er verbindlich anerkennt und zB durch eine Änderungsvereinbarung mit dem Arbeitnehmer oder eine Ausübung des Weisungsrechts (zB Versetzung) er zur Umsetzung bringt. In partnerschaftlich geführten Betrieben und Dienststellen ist es nicht selten üblich, einem Mitglied des Betriebsrates oder Personalrates oder der Vertrauensperson der schwerbehinderten diese, dem Arbeitgeber vorbehaltene Befugnis zu übertragen. Dagegen bestehen Bedenken. Zwar können die Mitglieder Interessenvertretungen im Einzelfall als BEM-Fallmanager fungieren und die Klärung vorbereiten. Ihnen kann jedoch nicht die Entscheidungsbefugnis des Arbeitgebers übertragen werden; denn dies würde zu einem in der Betriebs- und Dienststellenverfassung unerwünschten und unlösbaren Interessenkonflikt führen. Hier liegt ein Fall der Unvereinbarkeit der Funktionen (Inkompatibilität) vor. Die Person muss sich entscheiden, welche Funktion sie ausüben will. Wählt sie die Arbeitgeberbefugnis, muss sie das Amt in der Interessenvertretung niederlegen. Ein Ruhen der Mitgliedschaft in den Interessenvertretungen ist nicht vorgesehen.

Leistungen zur Teilhabe: Das im Teil 3 des SGB IX geregelte BEM und die im Teil 1 enthaltene Rehabilitation ergänzen sich. Deshalb hat der Gesetzgeber beide miteinander verknüpft. Er hat davon abgesehen, dass die Rehabilitationsträger den Arbeitgeber anweisen können, ein BEM durchzuführen. Die Verknüpfung der arbeitsrechtlichen Pflichten des Arbeitgebers und der sozialrechtlichen Zuständigkeit der Rehabilitationsträger und Integrationsämter findet sich in § 167 Abs. 2 Satz 4 und 5.[119] Danach muss der Arbeitgeber dann, wenn Leistungen zur Teilhabe oder begleitende Hilfen im Arbeitsleben in Betracht kommen, die Rehabilitationsträger (§ 6) oder bei schwerbehinderten Beschäftigten für die begleitende Hilfe im Arbeitsleben das Integrationsamt (§ 185) hinzuziehen. Diese haben dann darauf hinzuwirken, dass die erforderlichen Leistungen oder Hilfen unverzüglich beantragt und innerhalb der Frist des § 14 Abs. 2 Satz 2 oder Satz 3 erbracht werden. Besteht wegen des Wegfalls der Gemeinsamen Servicestellen Ungewissheit, welcher Rehabilitationsträger hinzuzuziehen ist, kann Auskunft bei den seit 2018 bei den durch die Rehabilitationsträgern nach § 12 Abs. 1 S. 2 einzurichtenden „**Ansprechstellen**" eingeholt werden. Rehabilitationsträger und Integrationsämter können sich der Hinzuzie- 42

---

116 Ausdrücklich: BAG 22.3.2016 – 1 ABR 14/14, Rn. 19 f., NZA 2016, 1283.
117 So zu Recht *Beck*, Betriebliches Eingliederungsmanagement, NZA 2017, 81 (83).
118 Ausdrücklich: BAG 22.3.2016 – 1 ABR 14/14, Rn. 18, NZA 2016, 1283.
119 *Düwell/Beyer* Beschäftigte Rn. 185 ff.

hung nicht entziehen.[120] Allerdings hat der Betroffene kein Recht, die Teilnahme einer bestimmten Person aus dem Bereich der Rehabilitationsträger oder des Integrationsamts zu fordern. Das gilt nach der Rechtsprechung selbst dann, wenn eine bestimmte sachbearbeitende Person sich besonders in den Fall eingearbeitet hat; denn das Integrationsamt legt selbst fest, welche Person sie zu einem BEM-Gespräch nach § 167 Abs. 2 Satz 4 SGB IX entsendet.[121]

Im Unterschied zum früheren Recht sind die Präventionsaufgaben erweitert. Die Rehabilitationsträger und die Integrationsämter haben nach § 3 Abs. 1 (→ Rn. 3) im Rahmen der Zusammenarbeit mit den Arbeitgebern nach § 167 dafür Sorge zu tragen, dass der **Eintritt einer Behinderung** einschließlich einer **chronischen Krankheit** vermieden wird. Um dies zu erreichen, müssen die Rehabilitationsträger und Integrationsämter darauf hinwirken, dass die erforderlichen Leistungen oder Hilfen unverzüglich beantragt und innerhalb der Frist des § 14 Abs. 2 Satz 2 erbracht werden. In dem neu gefassten § 167 Abs. 2 Satz 4 ist allgemein von **Leistungen zur Teilhabe** die Rede, dh es geht nicht nur um Leistungen zur Teilhabe am Arbeitsleben (§§ 49 ff.), sondern um alle in § 5 genannten Leistungsgruppen, vor allem auch um Leistungen zur medizinischen Rehabilitation (§§ 42 ff.).[122] Daneben treten die Leistungen der **begleitenden Hilfe im Arbeitsleben** der Integrationsämter (§ 185). Da in § 167 Abs. 2 Satz 5 zwischen den Leistungen der Rehabilitationsträger und der begleitenden Hilfe der Integrationsämter ein „oder" steht, wird verdeutlicht, dass für die Leistungen der begleitenden Hilfe der Integrationsämter ein **Aufstockungsverbot** besteht.[123]

Das heißt: Begleitende Hilfe im Arbeitsleben darf nur für schwerbehinderte und diesen gleichgestellten Menschen erbracht werden. Demgegenüber haben die Rehabilitationsträger nicht nur für schwerbehinderte und diesen gleichgestellten Menschen sondern auch für Beschäftigte mit „einfacher" oder „drohender" Behinderung Leistungen zur Teilhabe zu erbringen. Soweit es um Hilfen für schwerbehinderte Beschäftigte geht, kann sich ein Zuständigkeitsproblem ergeben. Das muss zwischen dem Rehabilitationsträger und dem Integrationsamt intern geklärt werden. Verletzt das Integrationsamt oder der Rehabilitationsträger die erforderliche Sorgfalt und entsteht daraus ein Schaden, so kommen **Schadensersatzansprüche aus Amtshaftung** und zur Herstellung des jeweils gebotenen Zustandes aus dem Blickwinkel des Herstellungsanspruchs in Betracht. Das Erfordernis der Sorgfalt bei der Beratung, Aufklärung und Auskunft wird nicht zuletzt durch eine Verpflichtung zum Hinwirken zum Ausdruck gebracht.[124]

Zu beachten ist, dass der zuständige Rehabilitationsträger und das Integrationsamt die Unterstützung des Arbeitgebers und des Betroffenen durch den auf Training, Betreuung und Krisenintervention spezialisierten **Integrationsfachdienst** nach § 193 veranlassen können. Diese Hilfen stehen nach § 192 Abs. 4 auch behinderten Menschen, die nicht schwerbehindert sind, zur Verfügung. Hierbei ist den besonderen Bedürfnissen seelisch behinderter oder von einer seelischen Behinderung bedrohter Menschen Rechnung zu tragen.

Eine nicht unbedeutende Verpflichtung ist durch das BTHG in § 10 Abs. 5 Satz 1 SGB IX den Rehabilitationsträgern auferlegt worden. Zieht der Arbeitgeber einen Träger infolge einer Arbeitsplatzgefährdung nach § 167 Abs. 2 Satz 4

---

120 *Düwell/Beyer* Beschäftigte Rn. 185.
121 LAG Köln 23.1.2020 – 7 Sa 471/19, Rn. 4, 38; zustimmend: *Schäfer* jPR-ArbR 34/2020 Anm. 3.
122 *Düwell/Beyer* Beschäftigte Rn. 185.
123 *Düwell/Beyer* Beschäftigte Rn. 185.
124 *Luthe* in jurisPK-SGB IX § 3 Rn. 18.

SGB IX zu der Klärung der Beschäftigungsmöglichkeiten im BEM hinzu, so hat dieser Träger auf eine frühzeitige Antragstellung auf Leistungen zur Teilhabe nach allen in Betracht kommenden Leistungsgesetzen hinzuwirken. Soweit es erforderlich ist, muss der hinzugezogene Träger nach § 10 Abs. 5 Satz 2 SGB IX unverzüglich die zuständigen Rehabilitationsträger zur Koordinierung der Leistungen beteiligen. Erforderlich ist die Beteiligung dann, wenn ein aufeinander abgestimmtes und zügiges Vorgehen verscheidener Träger angezeigt ist (§ 25 Abs. 1 Nr. 1 SGB IX).[125] Diese frühzeitige Beteiligung ist vor allem geboten, wenn zu erwarten ist, die Zuständigkeitsfeststellung und Begutachtung nach §§ 14, 15, 17 SGB IX könnte zeitaufwändig werden. Wird in einem BEM-Verfahren vom Arbeitgeber ein Rehabilitationsträger hinzugezogen, kommen aber mehrere Leistungsträger in Betracht, so muss sich der hinzugezogene Träger frühzeitig entsprechend §§ 14 ff. SGB IX um die Koordinierung der erforderlichen Rehabilitationsleistungen kümmern und das nahtlose Zusammenwirken der Träger nach § 25 Abs. 1 Nr. 1 SGB IX sicherstellen. Dazu gehört auch die Einleitung des **Teilhabeplanverfahrens** nach §§ 19 ff. SGB IX. In dieses ist der Arbeitgeber einzubinden. Der hinzugezogene Träger muss hierbei die Leistungen der medizinischen und beruflichen Rehabilitation sinnvoll aufeinander abstimmen, um schon im Rahmen der medizinischen Rehabilitation festzustellen, welche Anforderungen der Arbeitnehmer an seinem Arbeitsplatz nach Abschluss der Maßnahme erfüllen muss und wie die einzelnen Teilhabeleistungen hierauf abgestimmt werden müssen. Das schließt die Wiedereingliederung nach § 44 mit ein.[126] Andere notwendige Beteiligungsfälle liegen vor, wenn andere öffentliche Stellen nach § 22 SGB IX angesprochen werden müssen.

Hat die am BEM-Verfahren beteiligten Interessenvertretungen oder die SBV Beratungsbedarf in Sachen Rehabilitation, so können sie sich an die **Ergänzende Unabhängige Teilhabeberatung** (EUTB) wenden. Diese unterhält 500 Beratungsstellen bundesweit. Die örtlich nahe gelegene oder eine fachlich besonders spezialisierte Stelle kann auf der Homepage der Bundesfachstelle Teilhabeberatung[127] gefunden werden. Diese Beratung empfiehlt sich insbesondere bei Problemen mit dem Leistungsträger; denn die EUTB berät trägerunabhängig aus der Sicht des behinderten Menschen.

Integrationsamt: Kommen bei schwerbehinderten Beschäftigten Leistungen oder **begleitende Hilfen im Arbeitsleben** (vgl. § 185 Abs. 3) in Betracht, so ist nach Abs. 2 Satz 4 auch das Integrationsamt hinzuziehen. Dieses soll insbesondere seine Beratungs- und Leistungsangebote zur behinderungsgerechten Arbeitsplatzgestaltung in den Prozess des BEM einbringen, → § 185 Rn. 5 ff. 43

Beschleunigungsgrundsatz: In Abs. 2 Satz 5 ist den zu beteiligenden externen Stellen aufgegeben, darauf hinzuwirken, dass die erforderlichen Leistungen oder Hilfen unverzüglich beantragt und innerhalb der Zwei-Wochen-Frist des § 14 Abs. 1 Satz 1 die Klärung der Zuständigkeit stattfindet oder der Antrag an den zuständigen Träger weitergeleitet wird. Wird der Antrag nicht weitergeleitet, hat der Rehabilitationsträger nach § 14 Abs. 2 Satz 1 unverzüglich den Rehabilitationsbedarf festzustellen und die Leistung zu erbringen: Muss für die Feststellung kein Gutachten eingeholt werden, ist nach § 14 Abs. 2 Satz 2 innerhalb von drei Wochen nach Antragseingang zu entscheiden. Ist ein Gutachten erforderlich, muss nach § 14 Abs. 2 Satz 3 innerhalb von zwei Wochen nach Eingang des Gutachtens entschieden werden, Einzelheiten: → § 14 Rn. 18. Damit soll die Herstellung der Beschäftigungsfähigkeit beschleunigt werden. 44

---

125 *Luthe* in jurisPK-SGB IX § 10 Rn. 33.
126 *Düwell/Beyer* Beschäftigte Rn. 185.
127 S. www.teilhabeberatung.de.

45 **Folgen der Nichtbeteiligung von Integrationsamt und der Rehabilitationsträger:** Da der Arbeitgeber nach Abs. 1 Satz 1 alle Hilfen ausschöpfen soll, ist es eine Pflichtverletzung, wenn der Arbeitgeber diese Stellen nicht an der Klärung der Möglichkeiten zur Überwindung der Arbeitsunfähigkeit oder der Vorbeugung erneuter Arbeitsunfähigkeit beteiligt.[128] Diese Pflichtverletzung hat spürbare rechtliche Auswirkungen. Im Kündigungsschutzprozess muss das Gericht dem Arbeitgeber vorhalten, dass die Suche nach dem milderen Mittel unzureichend war und folglich die Kündigung als nicht sozial gerechtfertigt beurteilen, solange es nicht ausschließen kann, dass die Pflichtverletzung für das negative Ergebnis des BEM kausal war (→ Rn. 128 ff.). Kann der Arbeitnehmer darlegen, dass bei rechtzeitiger Einschaltung von Integrationsamt und/oder Gemeinsamer Servicestelle eine behinderungsgerechte Beschäftigung möglich gewesen wäre, hat der Arbeitgeber Schadensersatz für den infolge seiner Pflichtverletzung entstandenen Verdienstausfall zu tragen (→ Rn. 132).

46 **Sonstige Stellen:** Da nach Abs. 1 Satz 1 alle Hilfen ausgeschöpft werden sollen, sind auch bei Bedarf noch andere externe Stellen an der Klärung zu beteiligen. Der Medizinische Dienst der Krankenversicherung kann beteiligt werden, wenn eine Arbeitsunfähigkeit zu begutachten ist (§§ 275 ff. SGB V). Sprechen Anzeichen für eine Berufskrankheit, ist die Einschaltung der Berufsgenossenschaft geboten.[129] Bei Zweifeln an der Erwerbsfähigkeit ist die Beteiligung des Rentenversicherungsträgers empfehlenswert. Geht es um die Einschätzung der Fähigkeiten eines schwerbehinderten Beschäftigten, ist die Hinzuziehung eines Integrationsfachdienstes hilfreich. Diese Fachdienste sind auf derartige Fragestellungen spezialisiert (§ 193 Abs. 2 Nr. 1 SGB IX). Sie sind nach § 193 Abs. 2 Nr. 6 bis 9 SGB IX auch für Krisenintervention und die psychosoziale Betreuung des schwerbehinderten Beschäftigten (→ § 193 Rn. 12) sowie für die Beratung des Arbeitgebers einschließlich des Fallmanagements (→ § 194 Rn. 7) zuständig.[130] Um im Einzelfall festzustellen, ob für einen besonders von Behinderung betroffene Menschen (§ 155 Abs. 1 SGB X) eine Beschäftigung auf dem allgemeinen Arbeitsmarkt dauerhaft noch ausführbar ist oder ob die Werkstatt für behinderte Menschen (WfbM) die geeignete Einrichtung für das Teilhabe am Arbeitsleben darstellt, haben die Berufsbildungswerke eine Maßnahme zur **Diagnose der Arbeitsmarktfähigkeit.** entwickelt. Diese Maßnahme dauert maximal drei Monate. Phase 1 dient der Eignungsprüfung. Verläuft diese positiv, kann die Teilnehmerin oder der Teilnehmer in Phase 2 das Arbeiten unter realistischen Bedingungen erproben.[131] Die Berufsbildungswerke bieten auch weitere Diagnosemaßnahmen insbesondere für die Frage an, ob eine Umschulung in Betracht kommt.

47 **Hinzuziehung von Sachverständigen:** Seit 2004 gibt es in Deutschland geprüfte (zertifizierte) Disability Managerinnen und Manager. Sie sollen als Bindeglied zwischen allen an BEM Beteiligten fungieren, insbesondere wenn es um die Wiedereingliederung von langzeiterkrankten Arbeitnehmern geht.[132] Sind im Rahmen des Gesundheitsmanagements im Betrieb keine eigenen Disability Managerinnen und Manager ausgebildet worden, können externe Disability-Fallmanager der DGUV oder Berufsgenossenschaften und in besonderen Fällen

---

128 So *Gagel* jurisPR-ArbR 24/2009 Anm. 5.
129 *Knittel* SGB IX § 84 Rn. 63.
130 *Seel* in Ernst/Adlhoch/Seel § 84 Rn. 95.
131 S. www.bagbbw.de/lexikon/lexikon-detail/rehadat/10108 (letzter Aufruf: 15.2.2021).
132 S. www.dguv.de/disability-manager/disability-management/was/index.jsp (letzter Aufruf: 15.2.2021).

auch praxiserfahrene Rehabilitationswissenschaftler hinzugezogen werden. Dies setzt nach § 80 Abs. 3 Satz 1 BetrVG voraus, dass dem Betriebsrat einschlägige Fachkenntnisse zur Beantwortung einer konkreten Frage zur Überwindung der Arbeitsunfähigkeit oder in Bezug auf Vorbeugung erneuter Arbeitsunfähigkeit fehlen und er ohne Hinzuziehung des Sachverständigen die ihm obliegende Klärungsaufgabe nicht sachgerecht erfüllen kann.[133] Hier kommt die Hinzuziehung nur in Betracht, wenn entweder die Fachkunde des Betriebsarztes nicht ausreicht oder der Betriebsrat Anlass zu Zweifeln an seiner Neutralität hat. Vorrang hat die Einholung von Auskünften betrieblicher oder amtlicher Stellen. Zu den betrieblichen Stellen gehören insbesondere die Mitarbeiter, die zu Eingliederungsberatern qualifiziert wurden (→ Rn. 28). Für den Fall der unberechtigten Verweigerung der Zustimmung des Arbeitgebers zu dem Sachverständigenauftrag ist die Zustimmung des Arbeitgebers durch das Gericht auf Antrag des Betriebsrats zu ersetzen, → Rn. 31.

3. Präventionsmaßnahmen und Hilfen

BEM und Arbeitsschutz: Ein BEM verfehlt das gesetzliche Ziel, zur Überwindung der aufgetretenen Arbeitsunfähigkeit und zur Vorbeugung erneuter Arbeitsunfähigkeit beizutragen, wenn es den Austausch von Arztberichten in den Mittelpunkt stellt und die kritische Überprüfung von Arbeitsplatz sowie Arbeitsbedingungen unterbleibt. Es müssen mögliche betriebliche Ursachen einer Arbeitsunfähigkeit erkannt, verringert und nach Möglichkeit vollständig beseitigt werden. Insoweit ist mit dem BEM die Analyse der Arbeitsbedingungen zu verbinden. Das beinhaltet eine Schnittstelle zum Arbeitsschutz, der die Gefahren für die Gesundheit an der Quelle bekämpfen soll (vgl. § 4 Abs. 2 ArbSchG). Dieser will arbeitsbedingte Gesundheitsgefahren vermeiden und geeignete Maßnahmen zur menschengerechten Gestaltung der Arbeit aufzeigen. Von daher ist es unumgänglich, die jeweilige **Gefährdungsbeurteilung**, die für den konkreten Arbeitsplatz erstellt worden ist, darauf zu überprüfen, ob Situationen der Überforderung oder Unterforderung, belastender physischer oder psychischer Arbeitsbedingungen auftreten. 48

Präventive Änderung der Arbeitsbedingungen: Nach der Erfassung und Bewertung arbeitsbedingter Gesundheitsgefahren muss eine entsprechende Änderung der Arbeitsbedingungen geprüft werden. Dieser Vorgang entspricht der dritten Zeitstufe der gesundheitlichen Prävention, der so genannten tertiären Prävention.[134] Diese hat das Ziel, Krankheitsfolgen zu mildern, einen Rückfall bei schon entstandenen Krankheiten zu vermeiden und die Verschlimmerung der Erkrankung zu verhindern. Analog zur gesundheitlichen Prävention sollen hier Maßnahmen geprüft werden, die passgenau zur individuell gebotenen besseren menschengerechten Gestaltung der Arbeit trotz vorhandener alters-, gesundheits- oder behinderungsbedingter Defizite führen: 49

- die Anpassung an die konkrete Altersstufe = **altersgerechte** Arbeitsgestaltung,
- die Anpassung an die mit dem weiteren Altersverlauf auftretenden Schwierigkeiten = **alternsgerechte** Arbeitsgestaltung,

---

133 Vgl. BAG 19.4.1989 – 7 ABR 87/87, BAGE 61, 333 = AP Nr. 35 zu BetrVG 1972 § 80.
134 Vgl Glossar des Bundesgesundheitsministeriums: www.bundesgesundheitsministerium.de/service/begriffe-von-a-z/p/praevention.html (letzter Aufruf: 14.2.2021).

- die Anpassung der Arbeit an die Auswirkungen einer Krankheit = in der Terminologie des Zweiten Senats des BAG „leidensgerechte" Arbeitsgestaltung,
- die Anpassung der Arbeit an die Auswirkungen einer Behinderung = **behinderungsgerechte** Arbeitsgestaltung. Häufig wird der Begriff „behindertengerecht" angewandt. Dieser ist jedoch unpassend; denn es gibt keinen Arbeitsplatz der für alle Arten der Behinderung geeignet wäre. Vielmehr muss jeweils eine Anpassung an die individuelle Art der Behinderung und deren Schweregrad erfolgen. Das hat auch der Gesetzgeber erkannt. Deshalb verwendet er in § 164 Abs. 4 Satz 1 die Formulierung „unter Berücksichtigung der Behinderung und ihrer Auswirkungen auf die Beschäftigung."

50 **Rückenleiden und Lastenhandhabung:** Ein Großteil der längeren Arbeitsunfähigkeitszeiten beruht auf HWS-, LWS- und BWS-Beschwerden. Diese stehen häufig in einem Zusammenhang mit dem Heben und Tragen von Lasten. Eine der wichtigsten präventiven Maßnahmen sollte daher darin bestehen, die Vorgaben der Lastenhandhabungsverordnung ernst zu nehmen, indem Lastgewichte verringert, Hebehilfen zur Verfügung gestellt und entsprechende Unterweisungsmaßnahmen gut vorbereitet durchgeführt werden.[135] Gesetzliche Anforderungen an die Gestaltung der Arbeit ergeben sich in diesem Zusammenhang aus der Lastenhandhabungsverordnung.[136] Nach § 2 Abs. 2 Satz 1 LasthandhabV ist der Arbeitgeber verpflichtet, die Arbeit so zu organisieren, dass möglichst Lasten nicht mehr manuell gehandhabt werden müssen. Wenn das jedoch nicht vermieden werden kann, muss durch eine Gefährdungsbeurteilung nach § 5 ArbSchG geklärt werden, ob der Beschäftigte einer Gesundheitsgefährdung ausgesetzt ist. Dabei ergeben sich aus dem Anhang der LasthandhabV Kriterien, aus denen sich eine Gefährdung ergeben kann. Das Gewicht ist nur ein Kriterium unter anderen, wie zB Körperhaltung und Drehbewegung. Aus den Kriterien ergeben sich Ansatzpunkte zur Verminderung der Belastung. Der Arbeitgeber hat diese für eine Reduzierung der Gefährdung zu nutzen (§ 2 Abs. 2 Satz 2 LasthandhabV). Dabei muss er auch die individuelle körperliche Eignung des Beschäftigten in Rechnung stellen (§ 3 LasthandhabV). Der Betroffene hat nach § 618 BGB iVm § 2 Abs. 2 Satz 2 LasthandhabV einen **schuldrechtlichen Anspruch** darauf, dass der Arbeitgeber geeignete Maßnahmen zur Verminderung der Gesundheitsgefahren ergreift.[137]

51 **BEM und Anspruch auf behinderungsgerechte Beschäftigung:** Für schwerbehinderte und gleichgestellte behinderte Beschäftigte hat der Arbeitgeber nach § 164 Abs. 4 Satz 1 Nr. 5 die entsprechenden technischen Hilfen zur Verfügung zu stellen und nach § 164 Abs. 4 Satz 1 Nr. 4 eine der Behinderung gerecht werdende entsprechende Anpassung des Arbeitsplatzes und der Arbeitsorganisation einschließlich der Arbeitszeit vorzunehmen. Beruht zB die Arbeitsunfähigkeit einer Ärztin darauf, dass sie behinderungsbedingt keine Nachtarbeit ausführen kann, so ist sie von Nachtdiensten auszunehmen, so dass auf diesem Wege ihre volle Arbeitsfähigkeit wieder hergestellt wird.[138] Im Übrigen haben nach § 164 Abs. 4 Satz 1 Nr. 1 schwerbehinderte und gleichgestellte behinderte Beschäftigte gegenüber ihren Arbeitgebern Anspruch auf eine Beschäftigung, bei der sie ihre Fähigkeiten und Kenntnisse möglichst voll verwerten und weiterentwickeln

---

135 *Zipprich*, Diskussionsforum B, Beitrag Nr. 7/2007, unter www.reha-recht.de abrufbar.
136 BGBl. 1996 I 1842.
137 *Zipprich*, Prävention arbeitsbedingter Erkrankungen durch manuelles Handhaben von Lasten, 2006, S. 131.
138 BAG 3.12.2002 – 9 AZR 462/01, AP Nr. 1 zu § 124 SGB IX.

können. Kann der schwerbehinderte Arbeitnehmer die ihm zugewiesenen Tätigkeiten wegen seiner Behinderung nicht mehr wahrnehmen, so führt dieser Verlust nach der Konzeption der §§ 164 ff. nicht ohne Weiteres zum Wegfall des Beschäftigungsanspruches. Der schwerbehinderte Arbeitnehmer kann Anspruch auf eine **anderweitige Beschäftigung** haben und, soweit der bisherige Arbeitsvertrag diese Beschäftigungsmöglichkeit nicht abdeckt, auf eine entsprechende Vertragsänderung.[139] Kann der schwerbehinderte Arbeitnehmer nicht mehr in der vollen Arbeitszeit arbeiten, hat er nach § 164 Abs. 5 Satz 3 einen Anspruch auf behinderungsbedingte **Verminderung der Arbeitszeit**, ohne Lohnausgleich. Der Arbeitgeber ist jedoch dann nicht zur Änderung verpflichtet, wenn ihm diese unzumutbar oder eine solche nur mit unverhältnismäßig hohen Aufwendungen verbunden ist (§ 164 Abs. 4 Satz 3, Abs. 5 Satz 3). Dazu hat jedoch der Arbeitgeber substantiiert vorzutragen, weshalb die Änderungen für ihn unzumutbar oder mit unverhältnismäßigen Aufwendungen verbunden wären.[140]

Ärztliche Wechselempfehlung: Eine ärztliche Empfehlung zum Wechsel des Arbeitsplatzes oder zur Änderung der Arbeitsbedingung (zB keine Last über 10 kg) verpflichten den Arbeitgeber, eine anderweitige Beschäftigungsmöglichkeit des Arbeitnehmers zu prüfen und ihn gegebenenfalls auf einen „leidensgerechten" Arbeitsplatz umzusetzen oder zu versetzen.[141] Nicht selten taucht jedoch das Problem auf: „Gut gemeint, aber schlecht empfohlen". Ein sich nicht um die betrieblichen Beschäftigungsmöglichkeiten kümmernder Hausarzt empfiehlt nicht selten aufgrund der Erkrankung den Wechsel zu einer Tätigkeit, die im Betrieb nicht vorhanden ist. Aufgrund des nur **empfehlenden Charakters** der ärztlichen Bescheinigung liegt es dann im Verantwortungsbereich des Arbeitnehmers, für die Erhaltung seiner Gesundheit und Leistungsfähigkeit Vorsorge zu treffen oder eine Verschlechterung seines Gesundheitszustandes bei der Weiterarbeit auf den ungeeigneten Arbeitsplatz in Kauf zu nehmen.[142] Ist ihm das aber nicht möglich, hat es damit sein Bewenden, wenn sich der Arbeitnehmer für die Arbeit auf dem belastenden Arbeitsplatz entscheidet.[143] 52

Zuweisung einer gesundheitsgefährdenden Arbeit und Fürsorge: Nach der in § 618 Abs. 1 BGB konkretisierten Fürsorgepflicht hat der Arbeitgeber die zu verrichtenden Arbeiten so zu bestimmen, dass der Arbeitnehmer gegen arbeitsbedingte Gefahren für Leben und Gesundheit soweit geschützt ist, als es die Natur der Dienstleistungen gestattet. Der Arbeitnehmer kann verlangen, dass er unter Arbeitsbedingungen beschäftigt wird, die ihn gesundheitlich nicht gefährden. Unterlässt der Arbeitgeber gebotene Schutzmaßnahmen, hat der Arbeitnehmer das Recht, seine Arbeitsleistung nach § 273 BGB zurückzuhalten.[144] Ob er dieses Recht wahrnimmt, liegt in der **Entscheidungsfreiheit des Arbeitnehmers**, nicht aber des Arbeitgebers. Die ihm obliegende Fürsorgepflicht berechtigt den Arbeitgeber nicht, entgegen dem erklärten Willen des Arbeitnehmers dessen Beschäftigung auf einem Arbeitsplatz zu verweigern, wenn der Arbeitgeber dies als für den Arbeitnehmer gesundheitlich gefährdend ansieht.[145] 53

---

139 BAG 10.5.2005 – 9 AZR 230/04, AP Nr. 8 zu § 81 SGB IX.
140 BAG 14.3.2006 – 9 AZR 411/05, AP Nr. 11 zu § 81 SGB IX.
141 Vgl. BAG 29.1.1997 – 2 AZR 9/96, AP Nr. 32 zu § 1 KSchG Krankheit; BAG 25.3.1959 – 4 AZR 236/56, BAGE 7, 321 = AP Nr. 27 zu § 611 BGB Fürsorgepflicht.
142 Vgl. grundsätzlich zum Verantwortungsbereich: BAG 17.2.1998 – 9 AZR 130/97, AP Nr. 27 zu § 618 BGB.
143 Vgl. BAG 17.2.1998 – 9 AZR 130/97, AP Nr. 27 zu § 618 BGB.
144 Vgl. BAG 8.5.1996 – 5 AZR 315/95, AP Nr. 23 zu § 618 BGB.
145 Im Anschluss an BAG 17.2.1998 – 9 AZR 130/97, AP Nr. 27 zu § 618 BGB; HessLAG 27.11.2006 – 18/16 Sa 340/06.

54 **BEM und betriebliche Gesundheitsförderung:** Für den Erhalt der Beschäftigung sind auch Maßnahmen erforderlich, die in einen Prozess der Gesundheitsförderung eingebettet sind, zB zur Vermeidung von Rückenleiden und entsprechenden Arbeitsunfähigkeitszeiten die Einführung einer betrieblich veranstalteten Wirbelsäulengymnastik („Rückenschule") oder ein spezielles Muskelaufbautraining an Geräten. Insoweit ist in § 88 Nr. 1 BetrVG der Abschluss **freiwilliger Betriebsvereinbarungen** zugelassen. Allerdings dürfen die Betriebsparteien wegen des Vorrangs des Persönlichkeitsrechts (§ 75 Abs. 2 BetrVG) nicht in die private Lebensführung der Arbeitnehmerinnen und Arbeitnehmer eingreifen, indem sie Teilnahmepflichten festlegen.

Ist in einer Betriebsvereinbarung die Durchführung dieser gesundheitsfördernden Maßnahmen vorgesehen, kann bei der Klärung der Möglichkeiten zur Beschäftigungssicherung im Rahmen des BEM eine entsprechende Empfehlung erfolgen. In Betracht kommt ebenso die Empfehlung von Maßnahmen der betrieblichen Gesundheitsförderung, die durch die Krankenkassen gefördert und im Betrieb durchgeführt werden, auch wenn diese nicht in freiwilligen Betriebsvereinbarungen geregelt sind.

Die Gesundheitsförderung für die besondere Lebenswelt „Betrieb" durch die Krankenkassen ist Gegenstand der Regelungen in § 20 b SGB V und § 65 a Abs. 2 SGB V. Nach § 20 b Abs. 1 SGB V fördern die **Krankenkassen** mit Leistungen zur Gesundheitsförderung in Betrieben (betriebliche Gesundheitsförderung) insbesondere den Aufbau und die Stärkung gesundheitsförderlicher Strukturen. Nach § 20 b Abs. 1 Satz 2 SGB V erheben sie die gesundheitliche Situation einschließlich ihrer Risiken und Potenziale und entwickeln Vorschläge zur Verbesserung der gesundheitlichen Situation sowie zur Stärkung der gesundheitlichen Ressourcen und Fähigkeiten und unterstützen deren Umsetzung. Es gilt also ein Dreistufenmodell: **Situationsanalyse, Vorschlägen und Unterstützung der Umsetzung.** Die Leistungserbringung orientiert sich in sozialrechtlicher Hinsicht an der Konzeption für allgemeine lebensweltbezogene Leistungen. Eine Besonderheit besteht darin, dass die Unterstützungsleistungen durch ein **Bonussystem** nach § 65 a Abs. 2 SGB V ergänzt werden können.

Der Gesetzgeber hat es versäumt, mit der für eine schnelle Einführung einer guten Praxis nötigen Klarheit die Beteiligung der betrieblichen Interessenvertretungen anzusprechen.[146] Sie werden jedoch in § 20 b Abs. 1 Satz 2 SGB V unter dem Begriff der „**Verantwortlichen**" für die besondere Lebenswelt Betrieb miterfasst. Zusammenzuarbeiten haben:
1. Die Versicherten und
2. die Verantwortlichen für den Betrieb
3. sowie die Betriebsärzte und
4. die Fachkräfte für Arbeitssicherheit.

Wer unter dem Begriff Verantwortlicher zu verstehen ist, richtet sich nach den Entscheidungsträgern in der Lebenswelt. Bestehen mehrpolige Verantwortlichkeiten, sind alle Entscheidungsträger einzubeziehen. Es kommt maßgeblich darauf an, wessen Entscheidungskompetenzen durch den betrieblichen Gesundheitsförderungsprozess berührt werden. Soweit der Betriebsinhaber nicht alleiniger Entscheidungsträger ist, sondern ua Mitbestimmungsrechte aus § 87 Abs. 1 Nr. 1 und Nr. 7, 8 sowie Nr. 10 BetrVG zu beachten hat, ist der **Betriebsrat** im Rahmen seiner Mitbestimmung bei der Umsetzung geplanter Maßnah-

---

146 Vgl. *Düwell* jurisPR-ArbR 15/2015 Anm. 1.

men Mitverantwortlicher.[147] Ebenso kommt die Mitverantwortlichkeit der SBV in Betracht, wenn besondere Angebote sich an schwerbehinderte Beschäftigte sich richten, weil dann eine nach § 178 Abs. 2 Satz 1 die Gruppe berührende Angelegenheit vorliegt, an der die SBV zu beteiligen ist.[148]
Der Betriebsrat hat bei der Einführung der betrieblichen Gesundheitsförderung nach § 20 b bzw. 65 a Abs. 2 SGB V kein **Initiativrecht**; denn ein derartiges Recht ergibt sich nicht aus § 87 Abs. 1 Nr. 7 BetrVG.[149] Es fehlt das nach der Rspr. des BAG für das Mitbestimmungsrecht aus § 87 Abs. 1 Nr. 7 BetrVG erforderliche Bestehen einer „gesetzliche[n] Handlungspflicht".[150] Weder sind die §§ 20 b und § 65 a Abs. 2 SGB V zwingenden Arbeitsschutzvorschriften, noch begründen sie arbeitsrechtliche Handlungspflichten für Arbeitgeber.[151]
Bei der **Durchführung der betrieblichen Gesundheitsförderung** nach § 20 b und 65 a Abs. 2 SGB V sind die Mitbestimmungs- und sonstigen Beteiligungsrechte der Interessenvertretungen zu beachten.[152] So muss bereits für die Erhebung der gesundheitlichen Situation gem. § 20 b Abs. 1 S. 2 SGB V der Arbeitgeber für Mitarbeiterbefragungen das Zustimmungserfordernis des Betriebsrats nach § 94 Abs. 1 BetrVG beachten, es sei denn, wenn die Befragung rein freiwillig ausgestaltet ist.[153] Für die **Umsetzung der Ergebnisse** kommen mehrere erzwingbare Mitbestimmungstatbestände in Betracht. Hat die Erhebung das Ergebnis, eine Veränderung der Arbeitszeit oder des Entlohnungssystems sei gesundheitsförderlich, sind die Mitbestimmungsrechte aus § 87 Abs. 1 Nr. 2, 10 und 11 BetrVG einschlägig. Ist zur Förderung einer gesundheitsbewussten Ernährung das Kantinenwesen umzugestalten, greift die Mitbestimmung nach § 87 Abs. 1 Nr. 8 BetrVG ein. Die Einführung von Betriebssportmaßnahmen ist mitbestimmungsfrei.[154] Werden allerdings Änderungen der Benutzung von Sportstätten oder der Organisationsform des Betriebssports vorgenommen, ist die Mitbestimmung aus § 87 Abs. 1 Nr. 8 BetrVG zu beachten.
Zwar besteht für Arbeitgeber keine Pflicht zur Einführung des betrieblichen Gesundheitsförderprozesses nach § 20 b SGB V. Allerdings kann es dem Arbeitgeber bei einer personenbedingten Kündigung zum Nachteil gereichen, wenn durch eine von der Kasse zu unterstützende Maßnahme ein Gesundheitsrisiko hätte vermieden oder gemindert werden können. Das gilt insbesondere, wenn im Rahmen des BEM dem Arbeitgeber die Inanspruchnahme von Leistungsangeboten der Krankenkasse, zB Rückenschule und Krafttraining, gezielt für die

---

147 *Gebert*, Verhaltens- und verhältnisbezogene Primärprävention und Gesundheitsförderung im Recht der gesetzlichen Krankenversicherung, 2020, S. 210; *Nebendahl* in Spickhoff Medizinrecht, 3. Aufl. 2018, SGB V § 20 b Rn. 2.
148 *Gebert*, Verhaltens- und verhältnisbezogene Primärprävention und Gesundheitsförderung im Recht der gesetzlichen Krankenversicherung, 2020, S. 210 ff.; *Nebendahl* in Spickhoff Medizinrecht, 3. Aufl. 2018, SGB V § 20 b Rn. 2; *Welti* in Becker/Kingreen SGB V § 20 b Rn. 4.
149 *Kohte* in HaKo-BetrVG § 88 Rn. 11; *Kohte* FS Slesina, S. 193 (196 f.); vgl. ferner *Kohte* jurisPR-ArbR 27/2014 Anm. 1; *Luik* in Krauskopf, 92. EL, SGB V § 20 b Rn. 7; aA *Welti* in Becker/Kingreen SGB V § 20 b Rn. 4.
150 BAG 18.3.2014 – 1 ABR 73/12, Rn. 18, NZA 2014, 855.
151 Zutreffend *Gebert*, Verhaltens- und verhältnisbezogene Primärprävention und Gesundheitsförderung im Recht der gesetzlichen Krankenversicherung, 2020, S. 216.
152 Zutreffend *Gebert*, Verhaltens- und verhältnisbezogene Primärprävention und Gesundheitsförderung im Recht der gesetzlichen Krankenversicherung, 2020, S. 217.
153 BAG 21.11.2017 – 1 ABR 47/16, Rn. 31, NZA 2018, 380.
154 *Schwarze* in NK-GA BetrVG § 87 Rn. 189.

betroffene Person als gesundheitsfördernde Maßnahme empfohlen war, der Arbeitgeber jedoch abgelehnt hatte.

55 **Betriebsnahe Rehabilitation:** Bei den Maßnahmen, Leistungen und Hilfen zur Überwindung der Arbeitsunfähigkeit geht es insbesondere um die rechtzeitige Wiedereingliederung von Langzeiterkrankten durch Maßnahmen einer betriebsnahen Rehabilitation. Beispiel dafür ist das betriebsnahe Konzept, wie es im Werk Wörth der Daimler AG in Kooperation mit der Deutschen Rentenversicherung Rheinland-Pfalz verwirklicht wird. Dort wurde ein Netzwerk mit verschiedenen Rehabilitationseinrichtungen geschaffen, das die Wiedereingliederung von Langzeiterkrankten voranbringen will. Dazu zählt die Früherkennung eines Rehabilitationsbedarfs, zügige Bearbeitung von Reha-Anträgen, Vermittlung von Kenntnissen über die Arbeitsbedingungen im Betrieb, frühzeitige Planung der Reintegration, Verkürzung der Zeit zwischen Beginn der Arbeitsunfähigkeit und der beruflichen Reintegration und eine stärker auf die beruflichen Anforderungen abgestimmte medizinische Rehabilitation.[155]

56 **Stufenweise Wiedereingliederung arbeitsunfähig Kranker:** Es besteht weitgehend Einigkeit, dass die in § 74 SGB V geregelte schrittweise Wiedereingliederung arbeitsunfähiger Arbeitnehmer vom Prinzip der Freiwilligkeit beherrscht wird.[156] Der Grund ist, dass dieses Wiedereingliederungsverhältnis nicht auf die für Arbeitsverhältnisse typische Leistungsbeziehung „Arbeit gegen Lohn" gerichtet ist und der Arbeitnehmer nicht seiner ursprünglichen Arbeitspflicht unterliegt.[157] Er kann die Arbeit abbrechen, wenn er nachteilige gesundheitliche Folgen befürchtet.[158] Deshalb lehnt die Rechtsprechung eine Verpflichtung des Arbeitgebers zur Mitwirkung ab.[159] Der Arbeitgeber soll allein durch das von der Krankenversicherung anstelle eines Entgelts weitergezahlte Krankengeld motiviert werden, die für ihn kostenlose Arbeit anzunehmen.

57 **Stufenweise Wiedereingliederung schwerbehinderter Arbeitnehmer:** Der Gesetzgeber hat es für schwerbehinderte und gleichgestellte behinderte Beschäftigte nicht bei der Regelung in § 74 SGB V bewenden lassen. Nach § 44 soll deren stufenweise Wiedereingliederung durch zusätzliche medizinische und ergänzende Leistungen erleichtert werden. Wegen ihrer **Sonderrolle** haben sie nach der Rechtsprechung auch einen Anspruch darauf, dass der Arbeitgeber an der Durchführung der stufenweisen Wiedereingliederung mitwirkt.[160] Der Anspruch folgt aus § 164 Abs. 4 Satz 1 Nr. 1. Er setzt voraus, dass der nach allgemeinem Recht darlegungsbelastete Arbeitnehmer[161] spätestens bis zum Schluss der mündlichen Verhandlung vor dem Landesarbeitsgericht eine Bescheinigung seines behandelnden Arztes vorlegt, aus der sich Art und Weise der empfohlenen Beschäftigung, Beschäftigungsbeschränkungen, Umfang der täglichen oder wöchentlichen Arbeitszeit sowie die Dauer der Maßnahme ergeben. Sie muss eine **Prognose** enthalten, wann „voraussichtlich" die Wiederaufnahme der Tätigkeit erfolgt. Eine konkrete Zeitangabe ist nicht zwingend. Die so erstellte Bescheinigung ist dem Arbeitgeber vorzulegen. Andernfalls kann er nicht beurteilen, ob er an der Wiedereingliederung mitwirken muss oder wegen der Art oder der voraussichtlichen Dauer der Maßnahme berechtigt ist, sie als unzumutbar

---

155 *Berger/Stegmann*, Betriebliches Eingliederungsmanagement zwischen Gefährdungsbeurteilung und Gesundheitsförderung, Gute Arbeit 2007, 11.
156 Vgl. *Schmidt* AuR 1997, 461 (465).
157 BAG 28.7.1999 – 4 AZR 192/98, BAGE 92, 140.
158 BAG 29.1.1992 – 5 AZR 37/91, BAGE 69, 272.
159 BAG 29.1.1992 – 5 AZR 37/91, BAGE 69, 272.
160 BAG 13.6.2006 – 9 AZR 229/05, AP Nr. 12 zu § 81 SGB IX.
161 Vgl. BAG 10.5.2005 – 9 AZR 230/04, AP Nr. 8 zu § 81 SGB IX.

im Sinne von § 164 Abs. 4 Satz 3 abzulehnen.[162] Die im Schrifttum geforderte Ausweitung des Anspruchs auch auf **nicht schwerbehinderte** Beschäftigte[163] ist am 13.5.2013 bei der Anhörung im Bundestag zum Thema „Psychische Belastungen in der Arbeitswelt" vom Sachverständigen Prof. Dr. Kohte erneuert worden.[164] Dem ist zuzustimmen, denn die gesetzliche Verpflichtung des Arbeitgebers, an einer ärztlich empfohlenen stufenweisen Wiedereingliederung mitzuwirken, ist als angemessene Vorkehrung iSv Art. 5 der Richtlinie 2000/78/EG des Rates vom 27.11.2000 anzusehen.[165] Nach der Rechtsprechung des Europäischen Gerichtshofs sind angemessene Vorkehrungen auch chronisch kranken Menschen und anderen Beschäftigten, die behindert iSd § 2 SGB IX sind, zu gewährleisten.[166] Da die Gerichte gehalten sind, § 164 Abs. 4 Satz 1 Nr. 1 unionsrechtskonform auszulegen, haben die Arbeitgeber auch gegenüber den nur „einfach" behinderten Arbeitnehmern eine Mitwirkungspflicht.

4. Betriebliches Eingliederungsmanagement und Kleinbetrieb

BEM im Kleinbetrieb: Auch der Arbeitgeber eines Kleinbetriebes ist Adressat des in Abs. 2 enthaltenen Gesetzesbefehls. Das BEM hat keinen rechtlichen Bezug zum KSchG. Es ist ein Instrument der Gesundheitsprävention. Schon deshalb wäre es verfehlt, die Schwellenwerte des § 23 KSchG anzuwenden, zumal sich auch für den Geltungsbereich des Kündigungsverbots in §§ 167, 173 Abs. 1 Nr. 1 keine vergleichbare Regelung findet. Unerheblich ist ebenso, ob ein Betriebsrat oder eine SBV besteht.[167] Die Ziele des BEM sind auch in einem Klärungsverfahren allein zwischen Arbeitgeber und Arbeitnehmer erreichbar.[168] Wäre die gemeinsame Klärung von Beschäftigungsmöglichkeiten entbehrlich, könnte ein Arbeitgeber als Inhaber eines betriebsratslosen Betriebs daraus darlegungs- und beweisrechtlichen Vorteile ziehen; denn ihm würde die Klärung von Beschäftigungsmöglichkeiten mit dem Betroffenen und den hinzuzuziehenden Experten erspart.[169]

58

Einen auch für Kleinbetriebe gangbaren Weg haben die Fleischerei-Berufsgenossenschaft, die IKK Südwest-Direkt und die Fleischerinnung des Saarlandes in Form eines **vorbildlichen** Handlungsleitfadens entwickelt. Dazu gehört auch, dass die Fleischerei-Berufsgenossenschaft engagierte Mitgliedsunternehmen mit einem **Bonus** belohnt. In diesem Modell sind die einzelnen Handlungsschritte zur Durchführung des Eingliederungsmanagements genau festgelegt. Auch die übrigen Sozialversicherer sollten den Kleinbetrieben aktiv zur Seite stehen und

---

162 BAG 13.6.2006 – 9 AZR 229/05, AP Nr. 12 zu § 81 SGB IX.
163 *Gagel/Schian* Behindertenrecht 2006, 39; *Gagel/Schian*, Diskussionsforum Teilhabe und Prävention, Beitrag B 9/2005, abrufbar unter www.reha-recht.de.
164 BT-Ausschuss für Arbeit und Soziales Ausschussdrs. 17 (11)1152, 58.
165 *Nebe*, (Re-)Integration von Arbeitnehmern: Stufenweise Wiedereingliederung und Betriebliches Eingliederungsmanagement – ein neues Kooperationsverhältnis, DB 2008, 1801.
166 EuGH 11.4.2013 – C-335/11, NZA 2013, 553 – Jette Ring.
167 BAG 30.9.2010 – 2 AZR 88/09, Rn. 32 ff., AP KSchG 1969 § 1 Krankheit Nr. 49 mit Anmerkung *Nebe* NZA 2011, 39; zustimmend *Bödecker* jurisPR-ArbR 4/2011 Anm. 4; LAG SchlH 17.11.2005 – 4 Sa 328/05, Behindertenrecht 2006, 170.
168 BAG 30.9.2010 – 2 AZR 88/09, Rn. 35, AP KSchG 1969 § 1 Krankheit Nr. 49 mit Anmerkung *Nebe* NZA 2011, 39; zustimmend *Bödecker* jurisPR-ArbR 4/2011 Anm. 4.
169 BAG 30.9.2010 – 2 AZR 88/09, Rn. 34, AP KSchG 1969 § 1 Krankheit Nr. 49 = NZA 2011, 39 unter Hinweis auf BAG 12.7.2007 – 2 AZR 716/06, Rn. 44, BAGE 123, 234.

ihre Rehabilitationsmaßnahmen mit den betrieblichen Möglichkeiten abstimmen; denn erfahrungsgemäß ist eine Eingliederung von Langzeitkranken umso wirkungsvoller je früher und betriebsnäher sie erfolgt.

5. Einleitung des BEM durch Angebot, Hinweise und Unterrichtung

59 **BEM-Angebot in der Einleitungsphase:** Nach Abs. 2 Satz 1 hat der Arbeitgeber den gemeinsam mit dem Betriebs- oder Personalrat durchzuführenden Klärungsprozess durch ein ordnungsgemäßes **Angebot** an den Beschäftigten (→ Rn. 70) einzuleiten, sobald die dort definierte Schwelle der längeren Dauer der krankheitsbedingten Arbeitsunfähigkeit überschritten wird. Er hat sich eines Ampelsystems zu bedienen. Die Ampel springt nach Ablauf des zweiundvierzigsten Arbeitsunfähigkeitstages auf „rot", so muss er im Sinne des § 167 Abs. 2 SGB IX aktiv werden.[170] Er trägt nämlich die Initiativlast für die Durchführung eines BEM.[171] Seit Inkrafttreten der Novelle vom 23.4.2004 beträgt die maßgebliche Dauer für das Erfordernis der Klärung „länger als sechs Wochen" (vordem: länger als drei Monate). Das bedeutet: Maßgebend ist das Erreichen des 43. Kalendertags mit Arbeitsunfähigkeit innerhalb von zwölf Monaten, → Rn. 64. Folglich beginnt die Initiierungspflicht des Arbeitgebers, sobald der **43. Kalendertag** mit Arbeitsunfähigkeit bekannt wird. Es beginnt dann die sog. erste Phase, die Einleitung des BEM mit dem Angebot an den Beschäftigten. Die zweite Phase, in der die Klärung durchgeführt wird, schließt sich an, wenn die dazu erforderliche Zustimmung des Beschäftigten (→ Rn. 70) vorliegt. Soweit angenommen wird, bereits mit dem Zugang des Angebots des Arbeitgebers beim Beschäftigten ende die Einleitung,[172] kann dem nicht zugestimmt werden. Erst der Zugang der Zustimmung beim Arbeitgeber macht den Weg zur Aufnahme der Klärungstätigkeit frei.

60 **Erneutes BEM-Angebot:** In der Praxis taucht immer wieder die Frage auf: Muss Beschäftigten ein BEM angeboten werden, wenn sie bereits zu einem früheren Termin nach einem anderen Zeitraum der Arbeitsunfähigkeit, zum Beispiel vor ein oder zwei Jahren, ein BEM abgelehnt haben? Da eine gesetzliche Beschränkung fehlt, muss von einer Pflicht des Arbeitgebers ausgegangen werden, erneut ein BEM anzubieten, sobald innerhalb weiterer zwölf Monate wieder der 43. Kalendertag mit Arbeitsunfähigkeit erreicht ist.[173] Denn mit der Beendigung des Berechnungszeitraums, dh dem Zeitpunkt, in dem eine sechswöchige Arbeitsunfähigkeit eingetreten ist, setzt zugleich ein neuer ein. Der Abschluss eines BEM Verfahrens gilt dabei als der Tag „Null" für einen neuen Referenzzeitraum von einem Jahr.[174] Ein „Mindesthaltbarkeitsdatum" hat nämlich ein BEM nicht.[175] Eine Begrenzung der rechtlichen Verpflichtung auf eine nur einmalige Durchführung des BEM im Jahreszeitraum des § 167 Abs. 2 Satz 1 SGB IX lässt sich dem Gesetz nicht entnehmen. Wird vom Betroffenen ein ihm vom Arbeitgeber angebotenes BEM abgelehnt, dann gilt der Tag der Ablehnung

---

170 So anschaulich *Fabricius* in jurisPK-SGB IX § 167 Rn. 27.
171 BAG 24.3.2011 – 2 AZR 170/10, AP Nr. 6 zu § 69 ArbGG 1979.
172 So BayVGH 8.1.2018 – 17 PC 17.2202, Rn. 37 unter Bezug auf BVerwG 4.9.2012 – 6 P 5.11, Rn. 13, BVerwGE 144, 156; so auch ArbG Fulda 11.3.2020 – 4 Ca 249/19, LAGE § 1 KSchG Krankheit Nr. 53.
173 *Hinze*, Das BEM nach § 84 Abs. 2 SGB IX, 2018, S. 173 ff.
174 LAG Düsseldorf 9.12.2020 – 12 Sa 554/20, Rn. 71, br 2021, 109; zustimmend: *Glatzel* NZA-RR 2021, 221, *Schäfer* jurisPR-ArbR 13/2021 Anm. 3; *Vossen* DB 2021, 1203; ebenso: HessLAG 17.2. 2017 – 14 Sa 690/16, juris Rn. 25; LAG S-H 3.6.2015 – 6 Sa 396/14, Rn. 113, ArbRB 2015, 325.
175 So plakativ formulierend: LAG Düsseldorf 9.12.2020 – 12 Sa 554/20, Rn. 71, br 2021, 109.

ebenfalls als Tag „Null". Der Arbeitgeber hat, sobald erneut der 43. Kalendertag mit Arbeitsunfähigkeit abgelaufen ist, ein neues Angebot abzugeben.[176] Im Schrifttum ist dagegen ins Spiel gebracht worden, das sei eine sinnlose „Förmelei".[177] Dem ist zu Recht entgegengehalten worden, die Rechtsfigur der „endgültigen und ernsthaften Erfüllungsverweigerung" sei hier fehl am Platz; denn es könne angesichts der Freiwilligkeit der Teilnahme nicht aus einer vorherigen Weigerung geschlossen werden, dass erneut auf die Teilnahme am BEM verzichtet werde.[178] Hat bereits eine Klärung in einem BEM stattgefunden, muss daher als Tag „Null" des Referenzzeitraums für ein erneutes BEM-Angebot auf den Abschluss des ersten BEM bzw. auf die Ablehnung des BEM-Angebots # abgestellt werden.[179] Reagiert die betroffene Person auf eine Einladung zu einem BEM nicht, darf der Arbeitgeber das Verfahren für erledigt ansehen, sobald hinreichende Anhaltspunkte vorliegen, dass es nicht gewünscht ist. Wann das der Fall ist, richtet sich nach den Umständen des Einzelfalls. Nach dem Schrifttum soll davon spätestens nach zwei bis drei ergebnislosen Erinnerungen auszugehen sein.[180] Es empfiehlt sich, die Art und Weise der Erinnerungen in der Inklusionsvereinbarung nach § 166 Abs. 3 Nr. 5 SGB IX zu regeln. Im Übrigen ist der Regelungsspielraum der Organe der Betriebs- und Dienststellenverfassung begrenzt. Diese können nicht die gesetzliche Pflicht zur Abgabe eines BEM-Angebot abbedingen.

Hinweise zur gehörigen Aufklärung: Der Arbeitgeber erfüllt die ihm obliegende Initiativlast zur Durchführung eines BEM nur, wenn er den Arbeitnehmer zuvor nach § 167 Abs. 2 Satz 4 (bis 9.6.2021 Satz 3) auf die Ziele des BEM sowie Art und Umfang der dabei erhobenen personenbezogenen Daten hingewiesen hat.[181] Der Hinweis erfordert eine verständliche Darstellung der Ziele, die inhaltlich über eine bloße Bezugnahme auf den Gesetzestext hinausgeht Zu diesen Zielen zählt die Klärung, wie die Arbeitsunfähigkeit möglichst überwunden, erneuter Arbeitsunfähigkeit vorgebeugt und wie der Arbeitsplatz erhalten oder, wenn dies nicht möglich ist, das Arbeitsverhältnis fortgesetzt werden kann. Soweit das Gesetz hier ausschließlich von „Arbeitsplatz erhalten" spricht, beruht auf einer redaktionellen Ungeschicklichkeit.[182] Dem Arbeitnehmer muss verdeutlicht werden, dass es um die Grundlagen seiner Weiterbeschäftigung geht und dazu ein ergebnisoffenes Verfahren durchgeführt werden soll, in das auch er Vorschläge einbringen kann.

Die Rechtsprechung hat die Hinweispflichten ausgeweitet. Danach zählt eine Aufklärung des Arbeitnehmers in der Einladung oder in einem Informationsgespräch dazu, dass der Arbeitgeber über den möglichen **Teilnehmerkreis** informiert und der Arbeitnehmer über die teilnehmenden Personen „mitbestimmen"

---

176 LAG Düsseldorf 20.10.2016 – 13 Sa 356/16, Rn. 36, Behindertenrecht 2018, 40 unter Bezug auf *Wullenkord*, Arbeitsrechtliche Kernfragen des Betrieblichen Eingliederungsmanagements in der betrieblichen Praxis, 2014. Soweit in der Vorauflage die **Zwölf-Monatsperiode** in Bezug genommen wurde, konnte das als eine Einschränkung verstanden werden. Diese Einschränkung fand zu Recht Kritik, vgl. *Zorn* br 2021, 105 Fn. 11. Deshalb ist jetzt hier eine Klarstellung erfolgt.
177 *Sasse/Schönfeld* RdA 2016, 346 (351).
178 *Kohte* jurisPR-ArbR 11/2018 Anm. 2.
179 *Hinze*, Das BEM nach § 84 Abs. 2 SGB IX, 2018, S. 174.
180 *Hoffmann-Remy* NZA 2017, 159.
181 BAG 20.11.2014 – 2 AZR 755/13, BAGE 150, 117 = Behindertenrecht 2015, 165.
182 BAG 20.11.2014 – 2 AZR 755/13, Rn. 32, BAGE 150, 117 = Behindertenrecht 2015, 165.

darf.[183] Dabei wird auf die Rspr. des Ersten Senats verwiesen, in der die (hier für unzutreffend gehaltene) Ansicht vertreten wird, aus § 167 Abs. 2 Satz 1 SGB IX ergäbe sich, dass der Betriebsrat und bei schwerbehinderten Menschen die Schwerbehindertenvertretung nur teilnehmen dürfe, wenn der Arbeitnehmer dies wünsche.[184] Gleiches gilt nach der Rspr. Des BVerwG für den **Personalrat**, der ebenfalls nur auf Wunsch der betroffenen Person an der Klärung teilnehmen darf.[185] Wenn darin einen Mitbestimmung gesehen wird,[186] so liegt eine Verkennung des Wortsinnes vor; denn es kann nach der Rechtsprechung des BAG nur auf die Teilnahme der den Betroffenen unterstützenden Mitglieder des **Betriebsrats** und der **SBV** verzichtet werden. Der Betroffene hat keinen Einfluss auf die Auswahl der Personen, die den Arbeitgeber im BEM Verfahren vertreten.

Zutreffend nimmt die Rspr. der Instanzgerichte an, dass es zu den Hinweispflichten auch die Möglichkeit der Entscheidung über die **Hinzuziehung von Betriebsärzten und Reha-Trägern** gehört. Es liegt deshalb keine ordnungsgemäße Einladung des Arbeitnehmers zum BEM-Verfahren vor, wenn im Einladungsschreiben mitgeteilt wird, dass sich der Arbeitnehmer vor dem BEM-Termin beim Werksarzt einzufinden hat zur Erstellung eines positiven Leistungsprofils ohne Aufklärung darüber, dass der Arbeitnehmer auch auf den Besuch beim Werksarzt verzichten kann.[187] Bei der gemeinsamen Suche von Arbeitgeber und Arbeitnehmer nach einer Beschäftigungsmöglichkeit im Betrieb, mit der bestehende Arbeitsunfähigkeit überwunden werden oder erneuter Arbeitsunfähigkeit vorgebeugt werden kann, kann die Zuziehung eines Werks- oder Betriebsarztes regelmäßig sinnvoll und erforderlich sein, muss es aber nicht. Es können beispielsweise hinreichende Entscheidungshilfen dazu bereits aus den Stellungnahmen der den Arbeitnehmer behandelnden Ärzte vorliegen. Schließlich muss es dem Arbeitnehmer auch möglich sein, auf die Zuziehung des Werks- oder Betriebsarztes ganz zu verzichten und selber die erforderliche arbeitsmedizinische Beurteilung seiner Leistungsfähigkeit über einen Arzt seines Vertrauens im BEM-Verfahren beizubringen.[188]

Zusätzlich ist nach der zutreffenden Rspr. des Zweiten Senats des BAG ein Hinweis zur Datenerhebung und Datenverwendung zwingend erforderlich.[189] In der „modernen" Begrifflichkeit des DS-GVO wird darunter „Verarbeitung" von Daten verstanden. Art. 4 Nr. 1 der DS-GVO fasst darunter „jeden Vorgang oder jede Vorgangsreihe im Zusammenhang mit personenbezogenen Daten". Somit muss der Arbeitgeber klarstellen, dass nur solche personenbezogenen Daten verarbeitet werden, deren Kenntnis erforderlich ist, um ein zielführendes, der Beschäftigung und dem Schutz der Gesundheit der betroffenen Person dienendes BEM durchführen zu können. Der Zweite Senat verweist ausdrücklich auf „Krankheitsdaten – als **sensible Daten** iSv § 3 Abs. 9 BDSG"[190]. Der Arbeit-

---

183 So LAG Nürnberg 18.2.2020 – 7 Sa 124/1910, ArbR 2020, 362.
184 So BAG 22.3.2016 – 1 ABR 14/14, Rn. 11, und 30 Behindertenrecht 2016, 197 unter Hinweis auf BVerwG 23.6.2010 – 6 P 8/09,– Rn. 55 ff., BVerwGE 137, 148 = Behindertenrecht 2010, 165; zu Recht kritisch: *Kohte* jurisPR-ArbR 9/2017 Anm. 2.
185 BVerwG 23.6.2010 – 6 P 8/09, Rn. 55 ff., BVerwGE 137, 148.
186 So LAG Nürnberg 18.2.2020 – 7 Sa 124/1910, ArbR 2020, 362.
187 LAG Nürnberg 18.2.2020 – 7 Sa 124/1910, ArbR 2020, 362.
188 So LAG Nürnberg 18.2.2020 – 7 Sa 124/1910, ArbR 2020, 362.
189 BAG 20.11.2014 – 2 AZR 755/13, Rn. 32, BAGE 150, 117 = Behindertenrecht 2015, 165.
190 BAG 20.11.2014 – 2 AZR 755/13, Rn. 32, BAGE 150, 117 = Behindertenrecht 2015, 165.

geber hat zu erläutern, „ob sie erhoben und gespeichert und inwieweit und für welche Zwecke sie dem Arbeitgeber zugänglich gemacht werden".[191] Kritisch ist anzumerken: Regelmäßig sind für die Durchführung des BAM keine Krankheitsdaten erforderlich; denn es geht nicht um die Suche nach der Heilung von Geist, Seele und Körper der betroffenen Person, sondern um das Suchen nach Möglichkeiten, die Arbeitsunfähigkeit zu überwinden, erneuter Arbeitsunfähigkeit vorzubeugen und den Arbeitsplatz zu erhalten. Dazu bedarf es nur in außergewöhnlichen Ausnahmefällen der Angaben von Daten zu Krankheitsursachen und Krankheitsdauer. Regelmäßig ist die Angabe der durch die Krankheit oder Behinderung verursachten Auswirkungen ausreichend:

Beispiel: Für die Suche nach den Möglichkeiten der Beschäftigung ist relevant, wie stark die Sehbeeinträchtigung der betroffenen Person ist. Dagegen ist es unerheblich, welche Krankheitsursache die Beeinträchtigung verursacht hat.

Erst wenn dem Arbeitnehmer ein BEM in diesem Sinne ordnungsgemäß angeboten worden ist (häufig als Einladung bezeichnet) und er daraufhin der Klärung nicht zustimmt oder, wenn er zwar zustimmt, aber alle Auskünfte zu den Auswirkungen der zur Arbeitsunfähigkeit führenden Behinderung oder Krankheit (nicht Ursachen!) verweigert, kann von der Aussichtslosigkeit des BEM ausgegangen und von seiner Durchführung abgesehen werden.[192] Der Hinweis auf eine bestehende Dienstvereinbarung zum BEM, die ihrerseits Regelungen zu den Zielen des BEM und dem Datenschutz enthält, ersetzt die konkrete Information des Arbeitnehmers nicht.[193] Dem ist zuzustimmen. Die Existenz einer Dienstvereinbarung führt auch nicht über den Umstand, dass die Dienstvereinbarung normativ auf das Arbeitsverhältnis einwirkt, dazu, dass der Betroffene informiert ist. Das gilt insbesondere, weil der arbeitsunfähig erkrankte Beschäftigte regelmäßig keinen Zugriff auf die Dienstvereinbarung hat. Etwas anderes mag gelten, wenn der Arbeitgeber den Text der Dienstvereinbarung übersendet oder auf elektronischem Wege zugänglich macht. Die ordnungsgemäße Erfüllung der Hinweispflichten sollte jeder Arbeitgeber in eigenem Interesse **dokumentieren**. Er ist nämlich insoweit im Kündigungsschutzprozess darlegungs- und beweispflichtig.[194]

Unterrichtung über Einleitungsbedarf in Betrieben: Damit die gemeinsame Klärung stattfinden kann, ist der Betriebsrat zur Erfüllung seiner gesetzlichen Aufgabe nach § 80 Abs. 2 Satz 1 BetrVG zu unterrichten. Ferner benötigt der Betriebsrat diese Informationen auch, um seiner Überwachungsaufgabe aus Abs. 2 Satz 7 und seinem Initiativrecht aus Abs. 2 Satz 7 (bis 9.6.2021: Satz 6) nachkommen zu können. Für die Ausübung seines gesetzlichen Überwachungsrechts muss der Betriebsrat diesen Personenkreis kennen; einer namentlichen Benennung stehen weder datenschutzrechtliche Gründe noch das Unionsrecht entgegen.[195] 62

Unterrichtung über Einleitungsbedarf in Dienststellen: Das in Abs. 2 Satz 1 gesetzlich angeordnete Klärungsverfahren ist in einer Dienststelle vom Dienststellenleiter in gleicher Weise wie in einem Betrieb einzuleiten. Ebenso wie der Betriebsrat benötigt auch der Personalrat dafür, dass er den Beginn des gesetzlichen Auftrags aus Abs. 2 Satz 1 erkennen kann, die Kenntnis, bei welchen Be- 63

---

191 BAG 20.11.2014 – 2 AZR 755/13, Rn. 32, BAGE 150, 117 = Behindertenrecht 2015, 165.
192 BAG 13.5.2015 – 2 AZR 565/14, NZA 2015, 1249.
193 LAG Hmb 8.6.2017 – 7 Sa 20/17, Rn. 49, NZA-RR 2018, 25.
194 LAG Nürnberg 18.2.2020 – 7 Sa 124/1910.
195 BAG 7.2.2012 – 1 ABR 46/10, NZA 2012, 744; weitere Einzelheiten: → Rn. 104 f.

schäftigten die Schwellenwerte überschritten worden sind. Zu dieser Kenntnisverschaffung ist jeder Leiter einer Dienststelle des Bundes nach § 66 Abs. 1 BPersVG nF (bis 14.6.2021: § 68 Abs. 2 Satz 1 BPersVG aF) verpflichtet, weil er die zur Erfüllung der gemeinsamen Klärungsaufgabe notwendige Unterrichtung vorzunehmen hat. Für die Dienststellen der Länder, Gemeinden und sonstigen nicht zum Bund gehörenden Anstalten oder Körperschaften gelten nach den Personalvertretungsgesetzen der Länder entsprechende Bestimmungen, zB § 65 Abs. 1 Satz 1 LPVG NRW: „Der Personalrat ist zur Durchführung seiner Aufgaben rechtzeitig und umfassend zu unterrichten." Soweit Richter und Staatsanwälte beschäftigt werden, besteht für den Behördenleiter eine Unterrichtungsverpflichtung gegenüber deren zuständigen Personalvertretungen, dh gegenüber Richterrat und Personalrat der Staatsanwälte. Ferner sind die Interessenvertretungen der Beschäftigten auch zur Erfüllung der Überwachungsaufgabe aus Abs. 2 Satz 8 (bis 9.6.2021: Satz 7) und ihres Initiativrechts aus Abs. 2 Satz 7 (bis 9.6.2021: Satz 6) berechtigt, vom Arbeitgeber eine umfassende Unterrichtung über die **Arbeitsunfähigkeitszeiten der von Abs. 2 Satz 1 erfassten Dienststellenangehörigen** zu verlangen.[196] In der Rechtsprechung der Verwaltungsgerichtsbarkeit war das lange eine umstrittene Rechtsfrage. Inzwischen hat das BVerwG für eine Klärung der Rechtsfrage gesorgt. Schon nach seiner älteren Rechtsprechung ging das Informationsrecht des Personalrates als bereichsspezifische Regelung des Dienstrechtes dem Datenschutz vor.[197] Ohne ausdrücklich daran an zu knüpfen, hat es klargestellt: „Rechtssystematische Bedenken, den Auskunftsanspruch des Personalrats auf die Aufgaben der Personalvertretung nach § 84 Abs. 2 SGB IX [seit 1.1.2018: § 167 Abs. 2 SGB IX] anzuwenden, bestehen nicht".[198] Das für NRW zuständige OVG in Münster lehnte trotz der vorangegangenen Entscheidung des BVerwG in zwei Beschwerdebeschlüssen eine **unverschlüsselte Weitergabe der Personaldaten** ab. Nach dessen Ansicht sollte es für den Überwachungszweck ausreichen, dass der Personalrat zweimal jährlich die anonymisierte Namensliste und die entsprechend anonymisierten Anschreiben durchnummeriert erhält. Das BVerwG hat diese Entscheidungen aufgehoben. Es hat die Vorlage anonymisierter Listen und Anschreiben als untauglich für eine echte Kontrolle angesehen. Unterstelle man, dass die vom Dienststellenleiter zur Verfügung gestellte Liste vollständig sei, so könne der Personalrat durch Abgleich mit den Kopien der Anschreiben feststellen, ob allen betroffenen Beschäftigten das Angebot ordnungsgemäß unterbreitet wurde. Zu Recht hat das BVerwG argumentiert: Zusätzliche Gewissheit könne sich der Personalrat dadurch verschaffen, dass er stichprobenartig bei einzelnen Beschäftigten nachfragt, ob ihnen das Unterrichtungsschreiben des Dienststellenleiters tatsächlich zugegangen ist. Diese Möglichkeit habe der Personalrat nicht, wenn ihm die Unterlagen lediglich in anonymisierter Form zugeleitet werden.[199] In dieser Entscheidung hat das BVerwG zu Recht auch den Einwand des VG Düsseldorf verworfen, bei der Angabe der Zeiten der Arbeitsunfähigkeit handele es sich um eine Einsichtnahme in die Personalakte.[200]

64 **Länger als sechs Wochen andauernde Arbeitsunfähigkeit oder wiederholte Arbeitsunfähigkeitszeiten:** Der Arbeitgeber hat tätig zu werden, sobald ein Arbeit-

---

196 So im Ansatz auch *Seel* Behindertenrecht 2006, 33.
197 BVerwG 22.12.1993 – 6 P 15.92, PersV 1994, 523.
198 BVerwG 23.6.2010 – 6 P 8/09, ArbRB 2010, 198.
199 BVerwG 4.9.2012 – 6 P 5.11 – Aufhebung der Entscheidung des OVG NRW 26.4.2011 – 16a 1950/09.PVL; BVerwG 4.9.2012 – 6 P 7.11 – Aufhebung der Entscheidung des OVG NRW 26.4.2011 – 16a 2006/09.PVL.
200 BVerwG 4.9.2012 – 6 P 5.11, Rn. 19, NZA-RR 2013, 164.

nehmer oder sonstiger Beschäftigter länger als sechs Wochen ununterbrochen oder wiederholt **innerhalb eines Jahres** arbeitsunfähig krank ist. Als sechs Wochen sind 42 Kalendertage zu veranschlagen.[201] Dh: Ist der Beschäftigte ununterbrochen arbeitsunfähig krank, so beginnt die Pflicht zum Tätigwerden für den Arbeitgeber **am 43. Kalendertag.** Wird ein Beschäftigter wiederholt krank, so werden die Kalendertage mit **Arbeitsunfähigkeit innerhalb der jeweils letzten zwölf Monate** zusammengerechnet.[202] Maßgebend ist also nicht das Kalenderjahr.

6. Geschützter Personenkreis

Persönlicher Geltungsbereich: Mit der Neufassung des Abs. 2 durch die Novelle 2004 ist im Unterschied zu Absatz 1 die Präventionspflicht **auf alle Beschäftigten** ausgedehnt worden.[203] Trotz der Ansprache der Zielgruppe mit dem Wort „Beschäftigte" ohne das Adjektiv „schwerbehinderte" in Abs. 2 Satz 1 entstand ein heftiger Streit darüber, ob Abs. 2 alle Beschäftigungsverhältnisse erfasst.[204] Gegen die Annahme einer auf schwerbehinderte Beschäftigte beschränkten Spezialregelung sprechen die Gesetzesgeschichte, der Wortlaut und der Sinn der Regelung des § 84 Abs. 2 SGB IX aF, seit 1.1.2018: § 167 Abs. 2 SGB IX. Für die Annahme einer Spezialregelung nur für schwerbehinderte Beschäftigte sprach allein der 2004 gewählte Standort der Norm im damaligen Teil 2 des SGB IX. In § 68 Abs. 1 SGB IX aF war der Geltungsbereich des Teils 2 SGB IX wie folgt umschrieben: „Die Regelungen dieses Teils gelten für schwerbehinderte und diesen gleichgestellte behinderte Menschen". Mit dieser Umschreibung wird jedoch nicht die Ausweitung des Geltungsbereichs einer einzelnen Norm ausgeschlossen. Das wäre nur dann der Fall, wenn diese Regelungsabsicht durch das Wort „nur" zu Tage treten würde. Das entsprach jedoch nicht dem Rechtszustand, der vor der am 1.5.2004 in Kraft getretenen Novelle vom 23.4.2004 galt. Die vermeintliche Beschränkung des Teils 2 auf Schwerbehinderte und diesen gleichgestellten behinderten Menschen war **schon bei Einführung des SGB IX** durchbrochen, weil in der Vorgängerregelung bereits Behinderte und von Behinderung bedrohte Menschen erfasst waren. Das war als unbedenklich angesehen worden.[205] Der Gesetzgeber gab mit der Novellierung diese auf zwei Gruppen beschränkte Zielgruppenerweiterung zu Recht auf; denn für den Arbeitgeber war nur selten erkennbar, wer einfach behindert oder von einer Behinderung bedroht (vgl. § 2 Abs. 1 Satz 2 und 3) war. Anders als

65

---

201 *Zorn* Behindertenrecht 2006, 42; *Gagel* Behindertenrecht 2006, 46 (47).
202 *Zorn* Behindertenrecht 2006, 42; *Gagel* Behindertenrecht 2006, 46 (47); *Trenk-Hinterberger* in HK-SGB IX § 84 Rn. 20.
203 BAG 12.7.2007 – 2 AZR 716/06, Behindertenrecht 2008, 277.
204 Bejahend LAG Bln 27.10.2005 – 10 Sa 783/05, BB 2006, 560; LAG Nds 29.3.2005 – 1 Sa 1429/04, LAGE § 1 KSchG Krankheit Nr. 36; *Cramer* NZA 2004, 698 (703); *Düwell*, Das Gesetz zur Förderung der Ausbildung und Beschäftigung schwerbehinderter Menschen, FA 2004, 200 (201); *Braun* ZTR 2005, 630; *Rehwald/Kossak*, Neue Kündigungsbestimmungen im SGB IX zum 1.5.2004, AiB 2004, 604 (608); *Gagel* NZA 2004, 1359; *Gaul/Süßbrich/Kulejewski* ArbRB 2004, 308; *Britschgi* AiB 2005, 284; *Feldes* SozSich 2004, 270 (275); *Feldes/Kossack* AiB 2004, 453 (456); *Knittel* SGB IX § 84 Rn. 50; *Löw* MDR 2005, 609; *Schaumburg/Schubert* AuA 2005, 568; *Schlewing* ZfA 2005, 85; *Zorn* Behindertenrecht 2006, 42; verneinend: *Brose* DB 2005, 390; *Namendorf/Natzel* DB 2005, 1794; *Baldes/Lepping* NZA 2005, 854 f.; *Trenk-Hinterberger* in HK-SGB IX § 84 Rn. 19, der zu Unrecht annimmt, die hM spreche sich für die Spezialregelung aus.
205 Vgl. *Neumann* in Neumann/Pahlen/Majerski-Pahlen, 11. Aufl. 2005, SGB IX § 84 Rn. 10.

die Träger der Rehabilitation hatte nämlich kein Arbeitgeber Möglichkeiten festzustellen, ob bei einem kranken Beschäftigten eine Beeinträchtigung zu erwarten ist, die zur Annahme einer drohenden Behinderung führt. Diese Erkenntnisschwierigkeiten sind seit der Ausweitung des Klärungsverfahrens auf alle Beschäftigten mit krankheitsbedingter Arbeitsunfähigkeit, die länger als sechs Wochen im Jahr beträgt, überwunden. Diese Sicht ist auch vom Verlauf der Gesetzgebung bestätigt worden. Entgegen einigen Stimmen im Schrifttum[206] war das Problem erkannt und der Gesetzgeber wusste, was er tat. So war von der BDA im Gesetzgebungsverfahren kritisiert worden: „Die erneute Erweiterung der Präventionsregelung wird mit Nachdruck abgelehnt. Insbesondere die allgemeine Vorgabe, bereits bei ununterbrochener oder wiederholter Arbeitsunfähigkeit von sechs Wochen innerhalb eines Jahres tätig zu werden, hat keinen Bezug mehr zum Sonderschutzrecht für schwerbehinderte Menschen nach dem SGB IX. Damit würde die Präventionsregelung fast uferlos ausgedehnt".[207] Die gesetzgebenden Körperschaften haben sich **über diese Bedenken hinweggesetzt**. In dem Gesetz gewordenen Wortlaut der Norm sind in § 84 Abs. 2 Satz 1 SGB IX aF ohne Einschränkung alle „Beschäftigten" erfasst worden. Das sind alle **Arbeitnehmer und Beamten**.[208] Letzte Klarheit verschafft in Abs. 2 Satz 1 die Regelung der Beteiligung der SBV. Nur wenn der Kranke schwerbehindert oder gleichgestellt ist, hat der Arbeitgeber „außerdem mit der Schwerbehindertenvertretung" die Klärung durchzuführen. Ansonsten, nämlich wenn keine schwerbehinderte Person betroffen ist, hat der Arbeitgeber allein den Betriebsrat oder den Personalrat, aber nicht die Schwerbehindertenvertretung zu beteiligen. Das entspricht der Zuständigkeitsverteilung zwischen Betriebs-/Personalrat einerseits und SBV andererseits. Die Rechtsprechung ist der einschränkenden Auslegung des Geltungsbereichs nicht gefolgt. Sie hat erkannt, dass alle Beschäftigten einschließlich der Beamten erfasst werden.[209] Zusammengefasst: Der 2004 vom Gesetzgeber gewählte Standort einer allgemein für alle Arbeitnehmer und Beamte geltenden Bestimmung im Teil 2 des SGB IX mag rechtspolitisch als verfehlt und irreführend angesehen werden.[210] Der Gesetzgeber war allerdings frei, auch an unpassender Stelle Regelungen zu treffen. Anders als bei der Inhaltskontrolle Allgemeiner Geschäftsbedingungen können die Gerichte eine derartige Regelung nicht wegen mangelnder Transparenz für unwirksam erklären oder in ihrem Geltungsbereich einschränken. Der Meinungsstreit ist durch das BAG beendet worden. Der Zweite Senat hat als Fachsenat für Bestandsschutzsachen im Sinne der hM entschieden, dass das BEM auch für **Nichtschwerbehinderte** anwendbar ist.[211] Art. 1 BTHG hat in Kenntnis dieser Rspr. den Wortlaut des § 84 Abs. 2 SGB IX aF inhaltlich unverändert übernommen und lediglich mit Wirkung vom 1.1.2018 den Standort der Norm nach § 167 Abs. 2 SGB IX verschoben. Damit hat der Gesetzgeber sich die Ergebnisse der Rspr. zu eigen gemacht.

66 **Beschäftigte:** Unter „Beschäftigte" im Sinne von Abs. 2 Satz 1 sind alle Arbeitnehmer, Auszubildenden, sonstige zu ihrer beruflichen Bildung und alle Personen zu verstehen, einschließlich der Personen, die in einem öffentlich-rechtli-

---

206 *Brose* DB 2005, 390; *Balders/Lepping* NZA 2005, 854.
207 Stellungnahme der Bundesvereinigung der Deutschen Arbeitgeberverbände für den Ausschuss für Gesundheit und Soziale Sicherung, Ausschussdrucksache 0398 vom 11.11.2003.
208 OVG MV 9.10.2003 – 2 M 105/03, Behindertenrecht 2005, 143.
209 OVG MV 9.10.2003 – 2 M 105/03, Behindertenrecht 2005, 143.
210 Vgl. *Düwell*, Das Gesetz zur Förderung der Ausbildung und Beschäftigung schwerbehinderter Menschen, FA 2004, 201.
211 BAG 12.7.2007 – 2 AZR 716/06, Behindertenrecht 2008, 277.

chen Dienstverhältnis (Einzelheiten: → Rn. 10) stehen. Der in § 156 definierte Begriff des Arbeitsplatzes ist in Abs. 2 nicht in Bezug genommen. Das hat eine große praktische Bedeutung; denn ansonsten fielen bestimmte Arten von prekären Arbeitsverhältnissen aus dem Geltungsbereich heraus. Da allein auf „Beschäftigte" abzustellen ist, ist das BEM auch zugunsten von Arbeitnehmern anwendbar, die als Aushilfskräfte tätig sind oder weniger als 18 Stunden wöchentlich (§ 156 Abs. 3) beschäftigt werden.[212] **Unerheblich ist, ob ein sozialversicherungspflichtiges Beschäftigungsverhältnis** vorliegt oder ob nach § 8 SGB IV keine Versicherungspflicht besteht.[213]

7. Mitwirkung des Betroffenen

Angesichts der Irritation sahen die Koalitionsfraktionen im Verlauf der Beratung des Teilhabestärkungsgesetzes Nachbesserungsbedarf. Sie hielten es zu Recht für den Erfolg eines betrieblichen Eingliederungsmanagements (BEM) als geboten an, eine stärkere Vertrauensbasis zwischen Arbeitgebern und betroffenen Personen zu schaffen.

67

Seit dem Inkrafttreten des neuen Rechts ergibt sich die Notwendigkeit, in getroffenen Inklusionsvereinbarungen, Betriebs- oder Dienstvereinbarungen und von den zuständigen Ministerien für die Landesverwaltung erlassenen Leitfäden und Richtlinien restriktive Bestimmungen zu ändern.

Persönliche Mitwirkung des Betroffenen: Die Klärung der Überwindung der Arbeitsunfähigkeit findet nach Abs. 2 Satz 1 nur **mit Zustimmung des Betroffenen und unter seiner Beteiligung** statt Die Beschäftigten sollen sich nach Abs. 2 Satz 1 als „betroffene Personen", wenn sie der Durchführung zustimmen, aktiv an den Klärungsprozess beteiligen. Dieses Sich-selbst-Einbringen ist zum einen sinnvoll, um die Akzeptanz des Ergebnisses des BEM zu erhöhen, und zum anderen ist es zur Informationsgewinnung erforderlich; denn ohne Angaben zur voraussichtlichen Dauer einer längeren Erkrankung, deren Rezidivgefahr wiederholt angefallener Erkrankungen und vor allem zu den Auswirkungen von Krankheiten auf die Beschäftigung ist eine Klärung der Beschäftigungsfähigkeit und der insoweit bestehenden betrieblichen Beschäftigungsmöglichkeiten nicht erreichbar. Die ständige Einbeziehung des Betroffenen ist auch vom Gesetzgeber gewollt: „Die Regelung (BEM) verschafft der Gesundheitsprävention am Arbeitsplatz dadurch einen stärkeren Stellenwert, dass die Akteure *unter Mitwirkung des Betroffenen* zur Klärung der zu treffenden Maßnahmen verpflichtet werden".[214] Diese Regelungsabsicht hat der Erste Senat nicht erkannt, als er 2016 zur Überraschung der Fachwelt den Rechtssatz aufgestellt hat: „Anders als für die in § 84 (seit 1.1.2018 § 167) Abs. 2 Satz 2 und Satz 4 SGB IX genannten Personen und Stellen sieht § 84 (seit 1.1.2018 § 167) Abs. 2 SGB IX nicht vor, dass der Arbeitnehmer am Klärungsprozess zwischen Arbeitgeber und Betriebsrat zu beteiligen ist."[215] Aus den zitierten Vorschriften zur Hinzuziehung von Betriebsärzten und Reha-Trägern schließt der Erste Senat wegen des Fehlens einer Vorschrift zur Hinzuziehung des Betroffen, der Betroffene sei von den Klärungsgesprächen mit dem Betriebsrat zwingend ausgeschlossen, so

---

212 *Zorn* Behindertenrecht 2006, 42.
213 Unklar: *Schimanski* in GK-SGB IX § 84 Rn. 25, der auf das Bestehen der Sozialversicherungspflicht abzustellen scheint.
214 BT-Drs. 15/1783, 16.
215 BAG 22.3.2016 – 1 ABR 14/14, Rn. 17 ff., BAGE 154, 329 = Behindertenrecht 2016, 19; ablehnend: *Kohte* jurisPR-ArbR 9/2017 Anm. 2.

dass die Betriebsparteien keine positive Teilnahmeregelung treffen dürften.[216] Dies ist unzutreffend; denn die vom Ersten Senat vorgenommene Auslegung ist methodisch unzulässig. Ein derartiger Umkehrschluss setzt voraus, dass die historische und systematische Auslegung zu demselben Ergebnis kommen. Das heißt: Der Rechtsanwender muss zuvor den gesetzgeberischen Normzweck erforschen.[217] Dazu wäre es erforderlich gewesen, einen Blick in die Gesetzesmaterialien zu werfen. Dies ist nicht geschehen. Dies hätte aber schon deswegen getan werden müssen, weil der Kontext, anders als der Erste Senat angenommen hat, gegen einen Umkehrschluss spricht. In dem vom BAG für seine Auslegung nicht beachteten § 84 (seit 1.1.2018: § 167) Abs. 2 Satz 1 ist nämlich ausdrücklich bestimmt: „(…) klärt der Arbeitgeber mit der zuständigen Interessenvertretung (…) mit Zustimmung *und Beteiligung der betroffenen Person* die Möglichkeiten (…)". Wie ernst es der historische Gesetzgeber mit der zwingenden Beteiligung des Betroffenen gemeint hat, erhellt die Klarstellung, die er für den Fall für nötig hielt, dass die Klärung vom Betriebsrat nach § 84 (seit 1.1.2018. § 167) Abs. 2 Satz 7 (bis 9.6.2021: Satz 6) verlangt wird: „Die Zustimmung und Mitwirkung des Betroffenen ist auch erforderlich, wenn die Interessenvertretung nach § 93 oder die Schwerbehindertenvertretung die Klärung verlangen."[218] Zu der aufgezeigten methodischen Schwäche kam also noch eine Leseschwäche hinzu. Eine Überprüfung dieser Rspr. war aus Rechtsgründen geboten. Sie ist 2019 mit dem Ergebnis einer Klarstellung erfolgt.[219] Der Erste Senat hat in der jüngeren Entscheidung zu der Einsicht zurückgefunden, dass ein BEM-Fallgespräch als Bestandteil des Suchprozess iSv. § 167 Abs. 2 Satz 1 SGB IX diskursiv stattzufinden habe; denn das Gesetz enthalte die prozedurale Festlegung einer kommunikativen Verständigung zwischen Betriebsrat und Arbeitgeber über die betrieblichen Möglichkeiten. Der konkrete Klärungsprozess findet nach dieser Kurskorrektur nicht ohne Beteiligung des Arbeitnehmers zwischen Betriebsrat und Arbeitgeber statt. Der Senat bemüht sich, seine Aussage „nicht am Klärungsprozess zwischen Arbeitgeber und Betriebsrat zu beteiligen"[220] als Missverständnis darzustellen, Er habe seine Aussage nur auf die prozedurale Ausgestaltung des Klärungsverfahrens nicht aber auf die Teilnahme am BEM-Fallgespräch bezogen.[221] In der Sache liegt darin eine „klarstellende" Rspr.-Änderung. Diese war dingend im Interesse der Wirksamkeit des BEM geboten; als gute Praxis für die Klärung von Möglichkeiten hatte sich vor der Überraschungsentscheidung des BAG 2016 überwiegend das Führen von gemeinsamen Gesprächen nach dem Modell „Runder Tisch" durchgesetzt.[222] Dieses Modell war gefährdet und ist durch jüngere Rspr. aus 2019 rehabilitiert. Dabei ist das Modell der „Runden Tisches" nicht in allen Fällen zwingend. So kann in einfach gelagerten Fällen oder als Zwischenschritt für ein schriftliches Umlaufverfahren eine Vorklärung mit einzel-

---

216 BAG 22.3.2016 – 1 ABR 14/14, Rn. 17 ff., 28, BAGE 154, 329 = Behindertenrecht 2016, 19; ablehnend: *Kohte* jurisPR-ArbR 9/2017 Anm. 2.
217 *Rüthers/Birk* in Fischer, Rechtstheorie mit Juristischer Methodenlehre, 7. Aufl. 2013, Rn. 900.
218 BT-Drs. 15/1783, 16.
219 BAG 19.11.2019 – 1 ABR 36/18, Rn. 23, NZA 2020, 389.
220 BAG 22.3.2016 – 1 ABR 14/14, Rn. 17 ff. 29, BAGE 154, 329 = Behindertenrecht 2016, 19; ablehnend: *Kohte* jurisPR-ArbR 9/2017 Anm. 2.
221 BAG 19.11.2019 – 1 ABR 36/18, Rn. 23, NZA 2020, 389.
222 Vgl. BEM Best Practice FraPort, abrufbar unter https://docplayer.org/29544073-Betriebliches-eingliederungsmanagement-bem-fuer-fraport-mehr-als-e in-gesetzlicher-auftrag.html (letzter Aufruf: 17.2.2021); weitere Beispiele in REHADAT-talentplus, Das Portal zu Arbeitsleben und Behinderung, BEM.

nen Beteiligten durchgeführt werden. Das gilt insbesondere, wenn wie bei der Corona-Pandemie aus Infektionsschutzgründen der physische Kontakt minimiert werden muss. Es kann im Einzelfall einen unverhältnismäßigen Organisationsaufwand verursachen, alle Beteiligten zeitgleich an einen Tisch zu bekommen. Dem steht auch nicht der Gesetzesbefehl aus § 167 Abs. 2 entgegen, der eine Beteiligung der betroffenen Person gebietet. Vielmehr sind die Beteiligten frei, in Form einer Betriebs-, Dienst- oder auch im Rahmen einer Inklusionsvereinbarung (§ 166 Abs. 3 Nr. 5) eine Regelung der Abläufe und Verfahrensfragen zu treffen, die differenziert ausgestaltet ist.

Solange und soweit in einer kollektiven Vereinbarung keine Festlegungen enthalten sind, können im Einzelfall die Beteiligten den Ablauf und die sonstigen Verfahrensfragen frei gestalten. Aus dem Beteiligungsgebot folgt jedoch, dass die betroffene Person in die wesentlichen Verfahrensschritte eingebunden wird und eigene Vorstellungen einbringen kann. Ergibt sich aus der Sicht der Betriebsparteien ein Erörterungsbedarf, hat die betroffene Person das Recht, an diesem abschließenden Klärungsgespräch aktiv teilzunehmen. In der guten Praxis wird diese Erörterung von einem BEM-Team vorbereitet, nach Art einer Teilhabeplankonferenz (vgl. § 20 SGB IX) organisiert. Wird nach der Vorklärung durch das BEM-Team von den Betriebsparteien eine Erörterung nicht für erforderlich erachtet, ist der betroffenen Person das Recht einzuräumen zu dem bisherigen Ergebnis Stellung zu beziehen und ein Abschlussgespräch mit dem Arbeitgeber und dem Betriebs-/Personalrat zu verlangen. Sonst wird der betroffenen Person die in § 167 Abs. 2 Satz 1 vom Gesetzgeber geforderte Beteiligung nicht gewährt.

Beistand Dritter beim BEM-Gespräch: Bis zur Regelung im Teilhabestärkungsgesetz vom 2.6.2021[223] war umstritten, ob die betroffene Person sich überhaupt eines Beistands in der Klärungsphase bedienen kann. Die Rspr. lehnte einhellig ein derartiges Recht ab.[224] Argumentiert wurde: Die Hinzuziehung externer Anwälte oder Gewerkschaftsvertreter erscheine eher „kontraproduktiv". Es gehe nämlich um eine höchst vertrauliche Suche nach Beschäftigungsmöglichkeiten, deren Erfolgsaussicht davon abhinge, dass die Beteiligten im Interesse des sie verbindenden Arbeitsverhältnisses vertrauensvoll miteinander umgehen können. Da störe die Hinzuziehung eines Externen.[225] Auch unter dem Gesichtspunkt der Waffengleichheit bei der Beurteilung der zu erörternden Beschäftigungsangebote sei dessen Beistand gegenüber der geschulten Personalabteilung nicht erforderlich; denn die Belange des Betroffenen würden bereits durch die „zwingende Beteiligung der betrieblichen Arbeitnehmerinteressenvertretung, also des Personalrats, und bei Schwerbehinderten zusätzlich durch die Schwerbehindertenvertretung gewahrt".[226] Ferner könne ein externer Rechtsvertreter im Zweifel selbst wenig bis gar nichts zum Gelingen der Gespräche in der Sache beitragen. Als Jurist besitze er im Zweifel nicht die notwendige medizinische Sachkenntnis, um beurteilen zu können, in welcher Weise am Arbeitsplatz zweckmäßig auf bestehende gesundheitliche Beeinträchtigungen des Betroffenen reagiert werden könnte oder müsste. Als externe Person sei darüber

68

---

223 BGBl. I 1387.
224 Keine grundsätzliche Pflicht des Arbeitgebers, zu Gesprächen im Rahmen BEM einen Rechtsbeistand zuzulassen: LAG Köln 23.1.2020 – 7 Sa 471/19, Rn. 44, LAGE § 167 SGB IX 2018 Nr 3; zu Recht ablehnend *Schäfer* jPR-ArbR 34/2020 v. 26.8.2020 Anm. 3; ebenso: LAG RhPf 18.12.2014 – 5 Sa 518/14, Rn. 23, NZA-RR 2015, 262; LAG Hamm 13.11.2014 – 15 Sa 979/14, Rn. 38, Behindertenrecht 2015, 147.
225 LAG Köln 23.1.2020 – 7 Sa 471/19, Rn. 44, LAGE § 167 SGB IX 2018 Nr 3.
226 LAG Köln 23.1.2020 – 7 Sa 471/19, Rn. 44, LAGE § 167 SGB IX 2018 Nr 3.

hinaus im Zweifel mit den internen betrieblichen Gegebenheiten nicht vertraut, um etwa sachdienliche Hinweise bei der Suche nach Beschäftigungsmöglichkeiten erteilen zu können.[227] Vor allem aber sei der Betroffene stets „Herr des Verfahrens". Würden im Laufe eines BEM arbeitsrechtlich relevante Fragestellung angesprochen, könne der Betroffen jederzeit eine Unterbrechung der Gespräche verlangen, um sich ggf. extern anwaltlich beraten zu lassen.[228] Nach Ansicht des LAG Köln sollte nur in besonders gelagerten Einzelfällen ausnahmsweise ein Anspruch des Arbeitnehmers auf Hinzuziehung eines Rechtsanwalts oder Verbandsvertreters in Frage kommen, „wenn der Betroffene aufgrund seiner Persönlichkeitsstruktur nicht in der Lage wäre, sich sinnvoll in ein BEM-Gespräch einzubringen".[229] Wer einen anwaltlicher Beistand als nicht erforderlich ansieht, weil die betrieblichen Interessenvertretungen der betroffenen Person zur Seite stünden, berücksichtigt nicht den vom Ersten Senat des BAG 2016 überraschend aufgestellten Rechtssatz, Abs. 2 Satz 1 setze einen Klärungsprozess voraus, der zwingend getrennte Erörterungen des Arbeitgebers mit dem Betroffenen **unter Ausschluss des Betriebsrats** vorsehe.[230] Solange der Erste Senat diese Rspr. (die für verfehlt gehalten wird, → Rn. 77) nicht ausdrücklich aufgibt, geht das Argument des LAG Köln, ein zusätzlicher anwaltlicher Beistand sei überflüssig, ins Leere.

Angesicht dieser Irritation sahen die Koalitionsfraktionen im Verlauf der Beratung des **Teilhabestärkungsgesetzes** Nachbesserungsbedarf. Sie hielten zu Recht eine starke Vertrauensbasis als Schlüssel für den Erfolg eines betrieblichen Eingliederungsmanagements (BEM) an. Sie erkannten, dass die **Teilnahme einer von den Betroffenen selbst gewählten Beistandsperson** zur Stärkung des Vertrauens beiträgt. Deshalb trafen sie die politische Entscheidung, in § 167 Abs. 2 SGB IX nach Satz 1 folgenden neuen Satz 2 Satz einzufügen: „Beschäftigte können zusätzlich eine Vertrauensperson eigener Wahl hinzuziehen." Die Koalitionspartner brachten dazu Mitte April 2021 einen Änderungsantrag in den Fachausschuss ein.[231] Auf Empfehlung des Ausschusses ist darauf in Art. 7 Nr. 21 a des Teilhabestärkungsgesetzes vom 2.6.2021[232] zugunsten der Betroffenen in § 167 Abs. 2 SGB IX der neue Satz 2 eingefügt worden. Zwar kann der Begriff Vertrauensperson missverstanden werden, weil diese Bezeichnung schon in § 177 Abs. 1 Satz 1 SGB IX für das amtierende Mitglied der SBV verwandt wird. Aber der Zusammenhang macht das Gewollte deutlich. In Korrektur der Rspr. will der Gesetzgeber ausdrücklich das **Recht auf Hinzuziehung eines persönlichen Beistands**, dem vertraut wird, zu den Gesprächen im Rahmen des BEM einräumen.[233] Dieser Anspruch auf Hinzuziehung wirkt sich insbesondere in Betrieben und Dienststellen ohne Beschäftigtenvertretungen aus, weil dort kein Mitglied des Betriebs-, Personalrats oder der SBV als potenzieller Beistand

---

227 LAG Köln 23.1.2020 – 7 Sa 471/19, Rn. 47, LAGE § 167 SGB IX 2018 Nr 3.
228 LAG Köln 23.1.2020 – 7 Sa 471/19, Rn. 46, LAGE § 167 SGB IX 2018 Nr 3.
229 LAG Köln 23.1.2020 – 7 Sa 471/19, Rn. 48, LAGE § 167 SGB IX 2018 Nr 3; so auch *Giese* DVfR Forum B, B8–2015.
230 BAG 22.3.2016 – 1 ABR 14/14, Rn. 17 ff., 29, BAGE 154, 329 = Behindertenrecht 2016, 19; erläuternd: *Grambow* DB 2016, 2487; *Hoffmann-Remy* NZA 2016, 1261; ablehnend: *Britschgi* AiB 2016, Nr. 11, 61; *Kohte* jurisPR-ArbR 9/2017 Anm. 2; *Welkoborsky* Gute Arbeit 2017, Nr. 3, 17; *Wulff* Gute Arbeit 2016, Nr. 9, 23.
231 Der Änderungsantrag der Fraktionen der CDU/CSU und SPD liegt dem Autor vor; der Antrag wird vom Ausschuss nur mittelbar wiedergegeben auf BT- Drucksache19/28834 S. 42.
232 BGBl. I 1387.
233 Darstellung des Gesetzgebungsverfahrens: *Düwell* jurisPR-ArbR 22/2021 Anm. 1.

zur Verfügung steht. Bei den als Beistand auswählbaren „Vertrauenspersonen" kann es sich um Belegschaftsangehörige oder Externe handeln (zB erfahrene Kollegen, Therapeuten, Familienangehörige, Lebenspartner, Gleichstellungsbeauftragte, Gewerkschaftssekretäre und Fachanwälte). Zur Beistandsleistung kann eine betroffene Person auch einen Experten des Integrationsfachdienstes hinzuziehen; denn deren Aufgabe ist es nach § 193 Abs. 1 Nr. 1 SGB IX, die schwerbehinderten Menschen zu beraten und zu unterstützen. Wie bereits das Adjektiv „zusätzlich" zum Ausdruck bringt, darf die betroffene Person in Betrieben und Dienststellen mit Interessenvertretungen, zusätzlich zu dem an der Klärung mitwirkenden Betriebs-, bzw. Personalrat (bei schwerbehinderten Beschäftigten „außerdem" SBV) die selbst gewählte Person ihres Vertrauens hinzuziehen. Das schließt ein, auch ein namentlich bestimmtes Mitglied des Betriebsrats, die Vertrauensperson der schwerbehinderten Beschäftigten oder ein namentlich bestimmtes stellvertretendes Mitglied der SBV hinzuziehen. Das hat der Ausschussbericht ausdrücklich klargestellt.[234] Der Arbeitgeber darf die Teilnahme der hinzugezogenen Person nicht verweigern. Die Arbeitgeber hat vielmehr die Pflicht, die Beschäftigten über die Möglichkeit zu unterrichten, dass sie zusätzlich zu den von Amts wegen zu beteiligenden Stellen auch eine Person ihres Vertrauens hinzuziehen dürfen.[235] Verletzt der Arbeitgeber diese Hinweispflicht, führt er das BEM nicht ordnungsgemäß durch.

Angesicht der zahlreichen Änderungsempfehlungen des Ausschusses, die auch die Ordnungsnummern der Artikel und deren Untergliederung einschlossen, ist bei der Vorabfassung der Drucksache ein Fehler in der Wiedergabe des Inkrafttretens der Regelung aus Art 7 Nr. 21 a aufgetreten. Es wäre sachlich kaum nachvollziehbar, wenn die dort getroffene Regelung zur Hinzuziehung einer Vertrauensperson zum BEM erst mit Wirkung vom 01.01.2022 in Kraft treten sollte.[236] Der Fehler ist behoben worden. In dem Gesetzesbeschluss des Bundestags für die Fassung der **Inkrafttretensregelung** in Art. 14 Absatz 2 ist bereits die erforderliche Korrektur erfolgt.[237] Damit ist das in Art. 7 Nr. 21 a verankerte Recht, eine selbst ausgewählte Vertrauensperson hinzuziehen, am 10.6.2021 und damit am Tag nach der Verkündung des Gesetzes in Kraft getreten.

Seit dem Inkrafttreten des neuen Rechts ergibt sich die Notwendigkeit, in getroffenen Inklusionsvereinbarungen und von den zuständigen Ministerien für die Landesverwaltung erlassenen Leitfäden und Richtlinien restriktive Bestimmungen zu ändern.

Beispiel: In dem BEM-Leitfaden des bayerischen Kultusministeriums ist bestimmt: „Im Einvernehmen zwischen der Schulleitung und der Lehrkraft kommen auch andere Personen … in Betracht, die von beiden Seiten vorgeschlagen werden können."[238] Das in diesem Leitfaden geforderte **Einvernehmen** ist seit dem 10.6.2021 nicht mehr erforderlich. Es schränkt unzulässig das Recht der Betroffenen auf Hinzuziehung ein.

Zustimmung als Klärungsvoraussetzung: Solange der Arbeitnehmer keine Zustimmung erteilt hat, darf der Arbeitgeber nicht tätig werden. Die Verweige-

69

---

234 BT-Drs. 19/28834, 57.
235 BT-Drs. 19/28834, 57.
236 *Düwell* jurisPR-ArbR 22/2021 Anm. 1.
237 Vgl. BT-Drs. 349/21, 14.
238 Bay. Kultusministerium, Betriebliches Eingliederungsmanagement, Hinweise zur Durchführung des Betrieblichen Eingliederungsmanagements gem. § 167 Abs. 2 SGB IX an staatlichen Schulen und an den Staatsinstituten für die Ausbildung von Fach- und Förderlehrern, Stand: Juni 2019, Nr. 5. 1 am Ende.

rung der Zustimmung zum BEM ist rechtlich „kündigungsneutral".[239] Sie kann sich dennoch tatsächlich ungünstig für den Betroffenen auswirken, weil im Rahmen des kooperativen Suchprozesses des BEM eine Beschäftigungsmöglichkeit hätte gefunden werden können, die im Kündigungsschutzprozess unentdeckt bleibt.[240] Wenn der Arbeitnehmer die Zustimmung verweigert, weil er in Unkenntnis der Zielsetzung des BEM von einem Eindringen in seine Privatsphäre im Stil von Krankengesprächen ausgehen durfte, stellt sich die Rechtslage anders dar.

Nach Abs. 2 Satz 3 hat der Arbeitgeber den betroffenen Beschäftigten zuvor auf die Ziele des BEM sowie auf Art und Umfang der verwendeten Daten hinzuweisen. Unterbleibt dieser Hinweis oder erfolgt er nicht sachgerecht, so ist wegen der nicht erfüllten Hinweispflicht das unterlassene BEM dem Arbeitgeber rechtlich zuzurechnen. Für Arbeitgeber folgt daraus eine **Notwendigkeit der Dokumentation**. Wer nicht ordentlich den Ablauf und die gewechselten Erklärungen dokumentiert, gerät später in Darlegungs- und Beweisnot. Hat der Arbeitgeber für die formularmäßige Protokollierung der mehrstufigen Abfolge mit Erst- und Fallgespräch und die sonstigen Aktivitäten sowie Ergebnisse gemeinsam mit dem Betriebsrat Regeln aufgestellt, gehen die Gerichte davon aus, dass eine „institutionalisierte Gesundheitsprävention nach Abs. 2 in geordneten Bahnen" erfolgt.[241]

8. Einholung der Zustimmung des Betroffenen

70 Das in Abs. 2 Satz 1 bestimmte Erfordernis der Zustimmung des betroffenen Beschäftigten zur Durchführung ist Ausdruck der dem BEM zugrunde liegenden „Freiwilligkeitskonzeption".[242] Bestandteil dieser Konzeption ist die in Abs. 2 Satz 3 geregelte **Hinweispflicht des Arbeitgebers**; denn nur ein über die Ziele des BEM und über den Umfang des damit verbundenen Eingriffs in das informationelle Selbstbestimmungsrecht aufgeklärter Beschäftigter ist in der Lage, die Tragweite der Zustimmung zu erkennen und sich selbstbestimmt für oder gegen die Zustimmung zu entscheiden. Im Rahmen seiner Hinweispflicht muss deshalb der Arbeitgeber dem Beschäftigten verdeutlichen, dass es um die Grundlagen seiner Weiterbeschäftigung geht und dazu ein ergebnisoffenes Verfahren durchgeführt werden soll, in das auch er Vorschläge einbringen kann und soll.[243] Dem Arbeitnehmer muss ferner mitgeteilt werden, welche Gesundheitsdaten (dazu → Rn. 61 und 104) erhoben und gespeichert und inwieweit und für welche Zwecke sie dem Arbeitgeber zugänglich gemacht werden.[244] Dabei ist zu beachten, dass im Rahmen des BEM kein medizinischer Heilungsplan aufgestellt oder die Suche nach der besseren Therapie einer Krankheit organisiert werden soll. Es geht um die Suche nach Beschäftigungsmöglichkeiten. Deshalb sind nur die Auswirkungen einer Krankheit oder Behinderung, die zu den aufgetretenen Arbeitsunfähigkeitszeiten geführt haben, von Interesse. Nur wenn der Arbeitgeber diese ihm obliegende Hinweispflicht ordnungsgemäß er-

---

239 BAG 24.3.2011 – 2 AZR 170/10, Rn. 24, NZA 2011, 992.
240 Weitergehend auch rechtlich nachteilig, weil bei der Interessenabwägung die Verweigerung zu berücksichtigen sein soll: *Boecken/Gebert* VSSR 2013, 77 (87).
241 LAG RhPf 25.2.2013 – 6 Sa 441/12.
242 *Boecken/Gebert* VSSR 2013, 77 (78).
243 BAG 20.11.2014 – 2 AZR 755/13, NZA 2015, 612.
244 BAG 20.11.2014 – 2 AZR 755/13, NZA 2015, 612.

füllt hat, kann eine wirksame Zustimmung des betroffenen Beschäftigten vorliegen.[245]

Weitere Rechtsfolge der nicht oder nicht ordnungsgemäß erfüllten Hinweispflicht ist, dass ein dennoch durchgeführtes BEM als nicht ordnungsgemäß zu gelten hat. Das bewirkt für den Arbeitgeber im Rahmen eines Kündigungsschutzverfahrens eine Verschärfung seiner Darlegungs- und Beweislast,[246] die im Regelfall zum Prozessverlust führt (→ Rn. 128 ff.).

Ein schlechtes Beispiel für die nicht selten anzutreffende Handhabung, den Beschäftigten zu veranlassen, **sämtliche ärztliche Diagnosen** offen zu legen, wird in einem Urteil des LAG Düsseldorf[247] dargestellt. Weist der Arbeitgeber in dem Hinweisschreiben darauf hin, für die Klärung der Beschäftigungsmöglichkeiten im BEM werde die Offenlegung aller ärztlichen Diagnosen und möglichst noch die Entbindung der Ärzte von der Schweigepflicht erwartet, so geht das weit über das hinaus, was an Verarbeitung von Gesundheitsdaten für das BEM erforderlich ist. Ein derart unverhältnismäßiges Offenlegungsverlangen schreckt ab. Es liegt kein ordnungsgemäßes **BEM-Angebot** vor.

Aus der gesetzlichen Freiwilligkeitskonzeption muss für die Zustimmung geschlossen werden: Die **Zustimmung** ist **vor der Durchführung des BEM**, dh vor Ingangsetzung des Klärungsprozesses, **einzuholen** und sie ist eine höchstpersönliche Erklärung, die nur der Betroffene selbst und im Fall der Geschäftsunfähigkeit sein Vertreter abgeben kann. Ferner ist sie nicht auf einen rechtsgeschäftlichen Erfolg gerichtet. Deshalb ist die Zustimmung keine Einwilligung iSv §§ 182 Abs. 1, 183 Abs. 1 Satz 1 BGB;[248] denn unter Einwilligung ist die Erklärung des Einverständnisses eines Dritten mit einem von anderen Personen vorgenommenen Rechtsgeschäft zu verstehen.[249] Die Zustimmung iSv § 167 Abs. 2 stellt eine einseitige, das Arbeitsverhältnis gestaltende Willensäußerung des Arbeitnehmers dar. Bis zum Empfang der Zustimmung bestehen für den Arbeitgeber ein gesetzliches Handlungsverbot und danach ein Handlungsgebot. Bis zum Zugang der Zustimmung ist dem Arbeitgeber verboten, den Klärungsprozess zur Verwirklichung der BEM-Ziele in Gang zu setzen. Nach dem Zugang ist der Arbeitgeber gesetzlich berechtigt und verpflichtet, den Klärungsprozess unter Beteiligung der in Abs. 2 genannten Vertretungen und Personen durchzuführen. Aufgrund dieser Zwecksetzung gehört die Zustimmung iSv Abs. 2 zur Gruppe der rechtsgeschäftsähnlichen Erklärungen oder Handlungen. Im Unterschied zur rechtsgeschäftlichen Willenserklärung sind die Erklärungen zwar auch auf die Herbeiführung von gesetzlichen Rechtsfolgen gerichtet, deren Eintritt wird aber nicht durch die Erklärung selbst bewirkt, sondern nur durch sie tatsächlich ermöglicht. Nach allgemeiner Ansicht finden auf derartige rechtsgeschäftsähnliche Willenserklärungen die für rechtsgeschäftliche Willenserklärungen geltenden Bestimmungen entsprechende Anwendung, soweit dies mit dem Inhalt der geschäftsähnlichen Handlung und dem Zweck der jeweiligen Regelung vereinbar ist.[250]

---

245 BAG 24.3.2011 – 2 AZR 170/10, NZA 2011, 992; ebenso *Feldes* in FKS SGB IX § 84 Rn. 43.
246 BAG 24.3.2011 – 2 AZR 170/10, NZA 2011, 992.
247 LAG Düsseldorf 20.10.2016 – 13 Sa 356/16, Behindertenrecht 2018, 40.
248 *Boecken/Gebert* VSSR 2013, 77 (80 ff.).
249 *Ellenberger* in Palandt, 72. Aufl. 2013, BGB Einf. v. § 182 Rn. 1; *Boecken* BGB AT, 2. Aufl. 2012, Rn. 586.
250 *Ellenberger* in Palandt BGB Überbl. v. § 104 Rn. 7; *Boecken* BGB AT, 2. Aufl. 2012, Rn. 209.

72 Aus der Rechtsnatur der Zustimmung als rechtsgeschäftsähnlicher Willenserklärung folgt:
1. Zum Wirksamwerden der Zustimmung bedarf es neben der Abgabe der Erklärung noch des Zugangs beim Arbeitgeber als Empfänger (§ 130 Abs. 1 Satz 1 BGB). Eine besondere Formvorschrift besteht nicht.[251]
2. Die Auslegung der zugegangenen Erklärung erfolgt entsprechend den §§ 133, 157 BGB: Ob eine Erklärung als Zustimmung zur Durchführung eines BEM zu verstehen ist, hat deshalb aus der Sicht des sog. objektiven Empfängerhorizonts zu erfolgen.
3. Die Zustimmung ist analog § 183 Satz 1 BGB „bis zur Vornahme des Rechtsgeschäfts" widerruflich. Unter „Vornahme des Rechtsgeschäfts" ist die vollständige Verwirklichung des Tatbestands gemeint.[252] Das heißt hier: Der Betroffene kann bis zum Ende der Klärungsphase widerrufen; denn erst mit der Feststellung des positiven oder negativen Ergebnisses des Klärungsprozesses ist das „Geschäft" vorgenommen.[253]
4. Die Widerruflichkeit der Zustimmung kann anders als bei einer rechtsgeschäftlichen Einwilligung nicht ausgeschlossen werden. Das folgt aus Sinn und Zweck des in Abs. 2 geregelten BEM. Wegen des erforderlichen Eingriffs in die informationelle Selbstbestimmung soll nach dem Willen des Gesetzgebers der Klärungsprozess nur durchgeführt werden, wenn der Betroffene damit bis zum Ende des Klärungsverfahrens einverstanden ist.[254]

73 Ein den Zustimmungsvorbehalt nicht achtender Arbeitgeber verletzt das informationelle Selbstbestimmungsrecht des Betroffenen. Solange der Betroffene keine Zustimmung erteilt hat, kann er deshalb vom Arbeitgeber die **Unterlassung** der gesetzlich unter den Vorbehalt der Zustimmung des Betroffenen gestellten Durchführung der Klärungsphase des BEM verlangen.

74 **Erfordernis einer Zustimmung zur Beteiligung des Betriebs- und Personalrats:** Das BVerwG hat nicht nur den Unterrichtsanspruch des Personalrats (→ Rn. 62) anerkannt, sondern auch die Beteiligung des Personalrats an der Durchführung des BEM von der Zustimmung des Betroffenen abhängig gemacht.[255] Dazu hat es die folgenden drei Reaktionsmöglichkeiten des Betroffenen auf das Aufklärungsschreiben des Arbeitgebers aufgeführt:[256] Er kann erklären, dass er
- mit der Durchführung des BEM nicht einverstanden ist.
- mit der Durchführung des BEM unter Beteiligung der Personalvertretung einverstanden ist.
- der Durchführung des BEM durch die Dienststelle zustimmt, die Beteiligung des Personalrats daran aber ablehnt.

Dem ist der Erste Senat überraschend gefolgt.[257] Während in Abs. 2 Satz 1 wörtlich steht: „klärt der Arbeitgeber mit der zuständigen Interessenvertretung (…)", soll nach Meinung des BAG der Betriebsrat nur „hinzuziehen" sein,

---

251 Zutreffend *Boecken/Gebert* VSSR 2013, 77 (89).
252 Vgl. *Bayreuther* in MüKoBGB, 6. Aufl. 2012, BGB § 183 Rn. 12.
253 So schon *Düwell* → 3. Aufl. 2010, § 84 Rn. 84 ff.; dem zustimmend: *Boecken/Gebert* VSSR 2013, 77 (83).
254 So auch *Boecken/Gebert* VSSR 2013, 77 (83).
255 BVerwG 23.6.2010 – 6 P 8/09, PersR 11/2010, 442 = ArbRB 2010, 198.
256 BVerwG 23.6.2010 – 6 P 8/09, Rn. 55 ff., PersR 11/2010, 442 = ArbRB 2010, 198.
257 BAG 22.3.2016 – 1 ABR 14/14, BAGE 154, 329 = Behindertenrecht 2016, 197; kritisch: *Kohte* jurisPR-ArbR 9/2017 Anm. 2.

wenn „das Einverständnis des Arbeitnehmers" vorliege.[258] Deshalb sei im Aufklärungsschreiben des Arbeitgebers an den Betroffenen „zwingend die Information aufzunehmen, die Zustimmung zu einem BEM könne auch unter der Maßgabe erteilt werden, ein Einverständnis zur Beteiligung des Betriebsrats werde nicht erteilt". Fehle ein solcher Hinweis, so sei das ein gravierender Fehler. Eine Betriebsvereinbarung, die ein derart fehlerhaftes Musterschreiben enthalte, sei insoweit unwirksam.[259] Statt einer Begründung verweist das BAG auf die Entscheidung des BVerwG. Es setzt sich nicht damit auseinander, dass das BVerwG dort selbst eingeräumt hat, der Wortlaut der Regelung in Abs. 2 Satz 1 zeige „eher in die entgegengesetzte Richtung".[260] Er könne ohne Weiteres in der Weise gelesen werden, dass sich die „Zustimmung und Beteiligung der betroffenen Person" auf den Klärungsprozess beziehe, den der Arbeitgeber mit der zuständigen Interessenvertretung vornehme und nicht auf deren Beteiligung.[261] Diese Lesart ist auch richtig. Sie ist nur deshalb vom BVerwG verworfen worden, weil das Gericht ein informationelles Selbstbestimmungsrecht unter dem Blickwinkel des Misstrauens gegenüber den Beschäftigtenvertretungen installieren wollte.[262] Das wird aus seiner Begründung deutlich, es sei „immer denkbar, dass einzelne Beschäftigte – aus welchen Gründen auch immer – kein Vertrauen zum Personalrat haben".[263] Das Gericht räumt dem Einzelnen das Recht ein, für eine bestimmte Beteiligungsangelegenheit die ihn repräsentierende Belegschaftsvertretung „abzuwählen". BVerwG und das sich anschließende BAG verkennen, dass die Ablehnung der Beteiligung in personellen Angelegenheiten im Personalvertretungs- und Betriebsverfassungsrecht gesetzlich abschließend ua in § 82 Abs. 2 Satz 2 BetrVG für die Hinzuziehung zum Personalgespräch und in § 83 Abs. 1 BetrVG zur Personalakteneinsicht geregelt ist. Das gilt insbesondere für das SGB IX. Dort ist in § 164 Abs. 1 Satz 10 SGB IX die Ablehnung für die Beteiligung der SBV bei Bewerbungen zugelassen. Nicht im Gesetz zugelassene Ablehnungsgründe können nicht von den Gerichten erfunden werden. Sonst besteht die Gefahr, dass das Prinzip der kollektiven Vertretung in den Beteiligungsangelegenheiten ausgehöhlt wird. Die Funktion des Betriebsrats und der SBV im Rahmen der Durchführung des BEM betrifft eine kollektive Beteiligungsangelegenheit. Das verdeckt der Erste Senat des BAG mit der Formulierung, der Arbeitgeber müsse das Einverständnis einholen, „den Betriebsrat ... hinzuziehen".[264] Das ist irreführend; denn Betriebsrat und SBV werden nicht „hinzugezogen", wie in Abs. 2 Satz 2 und 4 für die Funktion von Betriebsarzt, örtlichen Gemeinsamen Servicestellen und Integrationsämter bestimmt ist. Vielmehr „klärt" nach Abs. 2 Satz 1 „der Arbeitgeber mit der zuständigen Interessenvertretung (...) außerdem mit der SBV". Hier zeigt sich das gesetzliche Modell der Beteiligung der Interessenvertretung in einer personellen Angelegenheit mit kollektivem Bezug; denn die Suche nach Beschäftigungsmöglichkeiten betrifft nicht nur das individuelle Verhältnis des Betroffenen zum Arbeitgeber, sondern wirkt sich auch auf die Belegschaft insgesamt aus. Das zeigt sich besonders deutlich, wenn ein Ringtausch zur Erhaltung des Arbeitsverhältnisses

---

258 BAG 22.3.2016 – 1 ABR 14/14, Rn. 11.
259 BAG 22.3.2016 – 1 ABR 14/14, Rn. 30.
260 BVerwG 23.6.2010 – 6 P 8/09, Rn. 56.
261 BVerwG 23.6.2010 – 6 P 8/09, Rn. 56.
262 *Düwell* Computer und Arbeit 5/2017, 19.
263 BVerwG 23.6.2010 – 6 P 8/09, Rn. 64.
264 BAG 22.3.2016 – 1 ABR 14/14, Rn. 11.

geprüft wird.[265] Dieser Gesichtspunkt wird von den Stimmen im Schrifttum[266] vernachlässigt, die eine freie Wahl der zu beteiligenden Personen propagieren. Diese Stimmen erliegen einem Fehlschluss. Sie schließen aus der Möglichkeit, die Zustimmung zu verweigern, darauf, der Betroffene könne die personelle Zusammensetzung der an der Durchführung des BEM zu beteiligenden Personen und Stellen selbst bestimmen.[267] Wer der Durchführung zustimmt, kann das BEM nur in der Weise, wie es gesetzlich geregelt ist, in Anspruch nehmen. Dabei hat der Gesetzgeber auf die Regelung von Abläufen und Verfahrensgrundsätzen verzichtet, weil er durch den von ihm festgelegten Kreis der nach Abs. 2 Satz 1 an der Klärung beteiligten Vertretungen und der nach Satz 2 und 4 hinzuzuziehenden Stellen einen ausgewogenen und fachkundigen Dialog bei der Suche nach Beschäftigungsmöglichkeiten sicherstellt.[268]

9. Mitwirkung und Mitbestimmung der Interessenvertretung

75 **Klärungs-, Initiativ und Überwachungsrecht:** Die Rechte auf Mitklärung nach § 167 Abs. 2 Satz 1 und Satz 7 (bis 9.6.2021: Satz 6) sowie nach Satz 8 (bis 9.6.2021: Satz 7) auf Überwachung der BEM- Pflichten des Arbeitgebers stehen den Interessenvertretung der Beschäftigten zu, die in § 176 Satz 1 SGB IX aufgeführt sind. Diese sind: Betriebs-, Personal-, Richter- und Staatsanwaltsrat.

Der Wortlaut des Abs. 2 Satz 7 (bis 9.6.2021: Satz 6) lässt durch die Verwendung des Wortes „verlangen" erkennen: Betriebsrat, Personalrat und SBV haben ein eigenes Initiativrecht zur Einleitung und Durchführung des betrieblichen Eingliederungsmanagements (BEM). Dieses Recht wird allerdings beschränkt durch die in Abs. 2 Satz 1 für jeden Einzelfall geforderte Zustimmung des erkrankten Beschäftigten. Lehnt dieser nach Aufklärung über die Ziele des BEM dennoch dessen Durchführung ab, so **endet** damit das Klärungsverfahren. Im Übrigen zeigt dieses Initiativrecht deutlich, dass die datenschutzrechtlichen Bedenken gegen die Weiterleitung der Daten (→ Rn. 95 ff.) in den Fällen, in denen die Sechs-Wochen-Frist nach Abs. 2 Satz 1 überschritten sind, vom Gesetzgeber nicht geteilt werden; denn ansonsten bestünde ein inhaltsleeres Initiativrecht. Uninformierte Arbeitnehmervertretungen können nämlich mangels Kenntnis keine Einleitung eines BEM verlangen.

Die Rechte aus § 167 Abs. 2 Satz 1 und Satz 7 c bis 9.6.2021: Satz 6), sowie Satz 8 (bis 9.6.2021: Satz 7) SGB IX stehen nicht einer nach § 117 Abs. 2 BetrVG gebildeten **Personalvertretung der Luftfahrt** zu. Hierfür fehlt es nach der Ansicht des Siebten Senats des BAG schon an einer entsprechenden Rechtsgrundlage. Eine solche findet sich nicht im Gesetz.[269] Nach dieser Rspr. würden folgerichtig auch bei dem BEM weder die **Bordvertretung** (§ 115 BetrVG) nicht **der Seebetriebsrat** (§ 116 BetrVG) beteiligt. Ein rechtspolitischer Grund für die Aussparung dieser Vertretungen ist nicht erkennbar. Es spricht alles dafür, dass der Gesetzgeber 2004 bei der Einfügung des BEM in das SGB IX die betriebsverfassungsrechtlichen Besonderheiten der Schifffahrt und Luftfahrt übersehen

---

265 *Düwell* Computer und Arbeit 5/2017, 19.
266 *Hinze*, Das BEM nach § 84 Abs. 2 SGB IX, 2018, S. 129; *Boecken/Gebert* VSSR 2013, 77 (94 f.); *Wullenkord*, Arbeitsrechtliche Kernfragen des Betrieblichen Eingliederungsmanagements in der betrieblichen Praxis, 2014, S. 70.
267 So: *Hinze*, Das BEM nach § 84 Abs. 2 SGB IX, 2018, S. 129; *Boecken/Gebert* VSSR 2013, 77 (95).
268 *Kohte* in KKW § 84 Rn. 24; *Daniels* PersR 2010, 428 (430); *Düwell* Computer und Arbeit 7/2015, 16 (17).
269 BAG 26.2.2020 – 7 AZR 121/19, Rn. 42; EzA § 21 TzBfG Nr. 12.

hat. Es liegt eine Regelungslücke vor; denn Gründe für die Herausnahme der besonderen betrieblichen Interessenvertretungen von Schifffahrt und Luftfahrt sind nicht gegeben. Eine analoge Lückenfüllung wäre angebracht.
Die Rechte aus § 167 Abs. 2 Satz 1 und Satz 7(bis 9.6.2021: Satz 6), sowie Satz 8 (bis 9.6.2021: Satz 7) SGB IX stehen nicht den **kirchlichen Interessenvertretungen** der Beschäftigten (dazu Überblick: Wahl und Aufgaben der kirchlichen SBV) zu; denn in § 167 Abs. 2 SGB IX wird ausdrücklich nur auf die in § 176 Satz 1 SGB IX aufgeführten Vertretungen Betriebs-, Personal-, Richter- und Staatsanwaltsrat verwiesen. Es bleibt deshalb den Kirchen im Rahmen Ihrer Selbstverwaltung nach Art. 140 GG überlassen, eigenständige Regelungen zur Beteiligung ihrer Beschäftigtenvertretungen zu treffen. Weder haben die Evangelische Kirche in dem MVD – EKD noch die Bischofskonferenz der katholischen Kirche in der Rahmen – MAVO Regelungen zum BEM getroffen. Es bleibt daher den Dienststellen und sonstigen Einrichtungen der Kirchen überlassen, durch Inklusionsvereinbarungen die Rechte ihrer Mitarbeitendenvertretungen im BEM-Verfahren zu regeln.
Beispiel: Die Evangelische Kirche in Mannheim hat, vertreten durch den Direktor der Kirchenverwaltung Mannheim, mit der Mitarbeitendenvertretung der Evangelischen Kirche in Mannheim gemäß § 36 MVG eine Dienstvereinbarung über das „Betriebliche Eingliederungsmanagement" in allen ihren Dienststellen abgeschlossen.[270] In deren § 3 Abs. 1 und 2 ist vereinbart:

„(1) **Voraussetzung für ein funktionierendes Eingliederungsmanagement ist die Schaffung eines Vertrauensklimas. Deshalb ist das erste Gespräch von großer Bedeutung**
(2) An dem Gespräch nehmen teil:
- Die Personalleitung der Evangelischen Kirche in Mannheim
- Die oder der direkte Vorgesetzte (optional)
- Ein Mitglied der Mitarbeitendenvertretung
- Bei schwerbehinderten Beschäftigten die Schwerbehindertenvertretung
- Bei Bedarf der Betriebsärztliche Dienst."

Von den Rechten der kirchlichen Mitarbeitervertretungen sind die der kirchlichen Vertrauenspersonen (SBV) zu unterscheiden. Die Evangelische Kirche hat in § 51 Abs. 1 MVD – EKD auf eine eigenständige Regelung verzichtet und auf staatliches Recht verwiesen: „Aufgaben und Befugnisse der Vertrauensperson der schwerbehinderten Mitarbeiter und Mitarbeiterinnen bestimmen sich nach §§ 177 bis 179 des SGB IX." Da die Beteiligung der SBV beim BEM nicht in §§ 177 bis 179 des SGB IX, sondern in § 167 Abs. 2 SGB IX geregelt ist, ergeben sich aus dieser Verweisung noch keine Rechte. Allerdings scheint die Auslassung des § 167 SGB IX in der Aufzählung der Verweisungsobjekte auf einem Redaktionsfehler zu beruhen; denn es ist nicht erkennbar, dass die besondere Art der Interessenvertretung und Beistandsleistung im Rahmen des BEM mit der Bezugnahme auf die allgemeine Aufgabenbeschreibung in § 178 SGB IX ausgeschlossen werden sollte. Vielmehr handelt es sich um das auch aus der Auslegung des § 2 a Abs. 1 Nr. 3 a ArbGG bekannte Problem, die Komplexität des Schwerbehindertenvertretungsrechts mit einer Kurzverweisung einzufangen, dazu → § 180 Rn. 83. Deshalb kann auch hier aus dem „Verschweigen" des § 167 SGB IX kein Schluss auf eine bewusste Aussparung gezogen werden.
In § 28 a Abs. 1 Rahmen-MAVO der **katholischen** Kirche ist ausdrücklich anerkannt, dass der kirchliche Arbeitgeber die ihm nach § 167 SGB IX obliegenden

---

270 S. https://mav.ekma.de/uploads/DV-BEM%20neu%202018.pdf.

Pflichten zu erfüllen hat. Dazu gehört auch die Klärung der Beschäftigungsmöglichkeiten unter Beteiligung des SBV. Nach § 52 Abs. 1 Rahmen-MAVO wird die Vertrauensperson „entsprechend den Vorschriften des SGB IX" gewählt. Das deutet darauf hin, dass die im staatlichen Recht enthaltenen Rechte jedenfalls dann der SBV zustehen, wenn in dem Selbstverwaltungsrecht der Kirche keine abweichende Regelung getroffen ist.

76 **Überwachungsrecht:** Die in Abs. 2 Satz 7 enthaltene Regelung konkretisiert für das BEM, was bereits allgemein in § 176 Satz 1 und § 178 Abs. 1 Satz 2 Nr. 1 SGB IX geregelt ist, nämlich dass Betriebs-/Personalrat und, soweit schwerbehinderte Kranke betroffen sind, außerdem die SBV die Einhaltung der Arbeitgeberverpflichtung aus § 167 Abs. 2 zu überwachen haben. Diese erneute Aufgabenzuweisung ist mit der Zuerkennung eines vom Bundesgesetzgeber geschaffenen Hilfsanspruchs auf Auskunft verbunden, soweit in Landespersonalvertretungsgesetzen entsprechende Unterrichtungsrechte nicht enthalten sein sollten. Das so gegen Abweichungen durch den Landesgesetzgeber gestärkte Überwachungsrecht dient der Rechtskontrolle und berechtigt die Arbeitnehmervertretungen, vom Arbeitgeber umfassende Unterrichtung insbesondere über die Arbeitsunfähigkeitszeiten der Belegschaftsangehörigen zu verlangen (→ Rn. 96 f.).

77 **Mitklären bis zur Mitbeurteilung der Möglichkeiten zur Zielerreichung:** Das „Ob" des BEM ist in Abs. 2 Satz 1 bestimmt. Das „Wie" ist nur partiell in Abs. 2 Satz 1 bis 5 geregelt. Es verbleibt ein Regelungsbedarf, der von den Betriebsparteien gestillt werden soll. Die in Abs. 2 Satz 1 getroffene Zuweisung eines Beteiligungsrechts („klärt mit") entzieht sich der traditionellen Einteilung der Mitwirkungs- und Mitbestimmungsrechte. Dieses Beteiligungsrecht ist als ein Mitklärungsrecht zu verstehen. Der Arbeitgeber soll, sofern Beschäftigtenvertretungen im Betrieb oder der Dienststelle bestehen, gehindert sein, einseitig ein BEM durchzuführen. Er darf den in Abs. 2 Satz 1 für Fälle der längeren Arbeitsunfähigkeit angeordneten Klärungsprozess nur zusammen mit den Beschäftigtenvertretungen betreiben. Das bedeutet: Zur Ermöglichung der Mitklärung besteht eine umfassende Verpflichtung zur Unterrichtung über die Fälle krankheitsbedingter Arbeitsunfähigkeit von mehr als sechs Wochen (→ Rn. 95 ff.).

Umstritten ist, wie die Mitklärung durchzuführen ist. Der Erste Senat hat dazu den Rechtssatz formuliert: „(...) ein Anwesenheitsrecht des Betriebsrats oder eines von ihm benannten Vertreters **bei den Gesprächen des Arbeitgebers mit dem betroffenen Arbeitnehmer** (ist) nicht umfasst."[271] Anstelle einer argumentativen Begründung verweist der Senat auf eine Dissertation[272] und einschränkend „wohl auch Düwell FS Küttner S. 139, 152". An der in Bezug genommenen Stelle des Festschriftbeitrags ist jedoch keine Bestätigung zu finden. Vielmehr ist dort der Handlungsleitfaden der Fleischerinnung des Saarlands beschrieben, nach dem in den in der Regel betriebsratslosen Kleinbetrieben der Fleischerinnung zunächst der Geschäftsinhaber mit dem Betroffen herausfindet, welche Beeinträchtigungen vorliegen, bevor die Klärung der Beschäftigungsmöglichkeiten mithilfe eines von der zuständigen Berufsgenossenschaft gestell-

---

271 BAG 22.3.2016 – 1 ABR 14/14, Rn. 29, BAGE 154, 329 = Behindertenrecht 2016, 19; ablehnend: *Britschgi* AiB 2016, Nr. 11, 61; *Kohte* jurisPR-ArbR 9/2017 Anm. 2, *Welkoborsky* Gute Arbeit 2017, Nr. 3, 17; *Wulff* Gute Arbeit 2016, Nr. 9, 23.
272 *Wullenkord*, Arbeitsrechtliche Kernfragen des Betrieblichen Eingliederungsmanagements in der betrieblichen Praxis, 2014, S. 120 f. mwN.

ten sachkundigen Beraters stattfindet.[273] Der vom Ersten Senat aufgestellte Rechtssatz, es fehle eine gesetzliche Regelung des Rechts des Betriebs- bzw. Personalrats an den Erörterungen des Arbeitgebers mit der betroffenen Person teilzunehmen, stützt sich lediglich auf die in der zitierten Dissertation vertretene Ansicht, eine Beteiligung an der Klärung sei vergleichbar mit der Beteiligung bei der Gestaltung von Arbeitsplatz, Arbeitsablauf und Arbeitsumgebung nach § 90 BetrVG.[274] Der Senat hat diesen Ausgangspunkt für seine Auslegung ohne nähere Prüfung übernommen. So kommt er zu dem Ergebnis, „der Klärungsprozess (erfordert nur) eine Unterrichtung des Betriebsrats".[275] Was für die Arbeitsplatzgestaltung nach § 90 BetrVG zutreffen mag, muss jedoch nicht für die Mitklärung nach § 167 Abs. 2 Satz 1 SGB IX gelten. Dies gilt schon deshalb, weil der Vergleich mit § 90 BetrVG nicht passt. Bei der Art der Beteiligung in der Angelegenheit Arbeitsplatzgestaltung hat der Gesetzgeber gesondert in § 90 BetrVG dem Betriebsrat Unterrichtungs- und Beratungsrechte und § 91 BetrVG ein weitergehendes Mitbestimmungsrecht eingeräumt. Demgegenüber fehlt in § 167 Abs. 2 SGB IX eine derartige Differenzierung. Es wird vielmehr eine im BetrVG nicht geregelte neue Mitwirkung in Gestalt der aktiven Mitklärung eingeführt, die am ehesten mit der Mitbeurteilung bei der Eingruppierung[276] vergleichbar ist. Eine sorgfältige Auslegung muss diesen Unterschied berücksichtigen. Richtiger Ansatzpunkt ist der schon wegen des Kontextes nahe liegende Abgleich mit dem in § 167 Abs. 1 SGB IX festgelegten Beteiligungstatbestand „mit ihnen (= den eingeschalteten Interessenvertretungen, SBV und Integrationsamt) alle Möglichkeiten und alle zur Verfügung stehenden Hilfen und zur zu erörtern". Erörtern heißt nach dem Duden „ausführlich und oft ins Einzelne gehend über einen noch nicht geklärten Sachverhalt sprechen".[277] Diese Erörterung geht über die Inhalte des allgemeinen Beteiligungsrechts der SBV (Unterrichtung über den Sachverhalt und Erhalt der Gelegenheit zur Stellungnahme nach § 178 Abs. 2 Satz 1 SGB X) hinaus. Sie erweitert die Beteiligung auf den Austausch von Informationen und Argumenten in einem gemeinsamen Gespräch über den zu klärenden Sachverhalt (hier: wie Schwierigkeiten beseitigt werden können). Der für das BEM gewählte Beteiligungsformat ist weiter gefasst: „klärt der Arbeitgeber mit der Interessenvertretung (...), bei schwerbehinderten Menschen außerdem mit der Schwerbehindertenvertretung und mit (...) Beteiligung der betroffenen Person". Hier ist nicht über den zu klärenden Sachverhalt zu sprechen, sondern die Mitklärung schließt eine aktive Beteiligung an der Feststellung des Klärungsergebnisses mit ein, wenn auch unterhalb der Mitbestimmungsschwelle liegend kein Konsens über das Klärungsergebnis erzielt werden muss.[278] Weder Wortlaut noch Äußerungen im Gesetzgebungsverfahren ergeben einen Anhalt für eine Beschränkung auf die aktive Rolle des Arbeitgebers als Klärer und der Beschäftigtenvertretungen als Unterrichtungsempfänger, denen Gelegenheit zur Anhörung gewährt wird. Hätte diese Art der Beteiligung der Gesetzgeber gewollt, so hätte es einer Regelung für diese beschränkte Art

---

273 Vgl. *Düwell*, Prävention und betriebliches Eingliederungsmanagement, in FS Küttner, 2006, 139 (151/152).
274 *Wullenkord*, Arbeitsrechtliche Kernfragen des Betrieblichen Eingliederungsmanagements in der betrieblichen Praxis, 2014, S. 120.
275 BAG 22.3.2016 – 1 ABR 14/14, Rn. 29, BAGE 154, 329 = Behindertenrecht 2016, 19.
276 Zum Begriff der Mitbeurteilung: BAG 12.6. 2019 – 1 ABR 30/18, Rn. 17, ZTR 2019, 574.
277 S. www.duden.de/rechtschreibung/eroertern (letzter Aufruf: 17.2.2021).
278 So zutreffend: BAG 22.3.2016 – 1 ABR 14/14, Rn. 11, BAGE 154, 329 = Behindertenrecht 2016, 19.

der Mitklärung in § 167 Abs. 2 Satz 1 SGB IX für die SBV nicht bedurft; denn das allgemeine Beteiligungsgebot in § 178 Abs. 2 Satz 1 SGB IX schließt bereits die Rechte der SBV auf Unterrichtung, Anhörung und Ergebnismitteilung in der Angelegenheit BEM ein. Der Gesetzgeber wollte aber erkennbar mit dem Format Mitklärung über diese eher passive Beteiligung hinausgehen. Dies entspricht dem Willen des Gesetzgebers nach einer dialogischen und kooperativen Klärung. Diese hat der Bundestag bei Verabschiedung des BTHG am 1.12.2016 auf den gemeinsamen Entschließungsantrag der Koalitionsfraktionen[279] beschlossen. Dort heißt es ua: „Das Betriebliche Eingliederungsmanagement ist ein organisierter und kooperativer Suchprozess." Das entspricht der vom Ersten Senat nicht beachteten Gesetzesbegründung. Diese setzt auf die „gemeinsame(n) Anstrengung aller Beteiligten".[280] Der Gesetzgeber hat zwar dem Arbeitgeber die Initiativlast für die Einleitung des BEM aufgegeben. Das ergibt sich aus der Vorgabe in § 167 Abs. 2 Satz 4 (bis 9.6.2021 Satz 3) die Betroffenen „zuvor" über die Ziele des BEM zu unterrichten und auf die Datenverwendung hinzuweisen und danach die Zustimmung zur Durchführung der Klärung einzuholen. Daraus folgt aber nicht, dass die Interessenvertretung und die SBV nur im Rahmen von Anhörungen an der Klärung der Beschäftigungsmöglichkeiten zu beteiligen sind, wenn der Arbeitgeber vorgeklärt hat. Deren Durchführung soll nach § 166 Abs. 3 Nr. 5 SGB IX durch Vereinbarungen der Organe der Betriebs- und Dienststellenverfassung verfahrens- und inhaltsmäßig näher ausgestaltbar sein. Das hat im Grundsatz auch der Erste Senat erkannt, wenn er ausführt, der „Klärungsprozess ist (…) nicht als ein formalisiertes Verfahren beschrieben, sondern lässt den Beteiligten Spielraum. Es geht um die Etablierung eines unvorstellten, verlaufs- und ergebnisoffenen Suchprozesses".[281] Solange eine abstrakte Ausgestaltung dieses gemeinsamen Suchprozesses fehlt, ist über die Art und Weise der Vorgehensweise der dialogischen und kooperativen Mitklärung im Einzelfall eine Absprache der Beteiligten zu treffen. Dies hat im Grunde auch der Erste Senat anerkannt; denn er räumt ein, dem Betriebsrat stehe nach § 87 Abs. 1 Nr. 7 BetrVG ein Initiativrecht für eine Ausgestaltung des Klärungsprozesses durch generelle Verfahrensregelungen zu.[282] Der vom Ersten Senat des BAG aufgestellte Rechtssatz, dass der Arbeitgeber den Betriebsrat von BEM-Gesprächen mit dem Betroffenen auch ohne Abschluss einer entsprechenden Regelung in einer mitbestimmten Verfahrensordnung ausschließen darf, ist deshalb überprüfungsbedürftig.

Solange keine generelle Verfahrensordnung durch eine Betriebsvereinbarung, Dienstvereinbarung oder durch eine Inklusionsvereinbarung nach § 166 Abs. 3 Nr. 5 getroffen ist, besteht das Erfordernis, den Verfahrensablauf für **jeden konkreten Einzelfall gemeinsam** festzulegen. Das ergibt sich aus dem Wortlaut, der Historie und der Systematik des Gesetzes. Der Gesetzgeber unterscheidet zwischen aktiv Klärenden und Hinzugezogenen. So benennt er in § 167 Abs. 2 Satz 2 und 4 Betriebsärzte und Rehabilitationsträger, die nur zur Klärung hinzugezogen werden. Davon grenzt er die Stellen ab, die die Klärung aktiv durch-

---

279 Entschließungsantrag auf der BT-Drs. 18/10528, 4, Beratung im BT-Plenarprotokoll 18/206, S. 20489B – 20510A und Annahme der Vorlage S. 20509D.
280 BT-Drs. 15/1783, 15 f.: „gemeinsamen Anstrengung aller Beteiligten".
281 BAG 22.3.2016 – 1 ABR 14/14, Rn. 11, BAGE 154, 329 = Behindertenrecht 2016, 19 unter Bezug auf BAG 10.12.2009 – 2 AZR 198/09, Rn. 16 ff. mwN, NZA 2010, 639.
282 BAG 22.3.2016 – 1 ABR 14/14, Rn. 12, BAGE 154, 329 = Behindertenrecht 2016, 19; deswegen besorgt, der Betriebsrat könne durch sein Verlangen nach einer Verfahrensordnung bis zur Entscheidung der Einigungsstelle einseitige Verfahrensweisen des Arbeitgebers blockieren: *Grambow* DB 2016, 2487/2488.

führen. Diese sind in § 167 Abs. 2 Satz 1 SGB IX genannt: 1. Arbeitgeber, 2. Interessenvertretung (Betriebs-/Personalrat) und im „außerdem" Fall 3. SBV. Diese drei Akteure[283] haben für ihre Zusammenarbeit Schritt für Schritt den Klärungsprozess festzulegen und zu betreiben. Deshalb muss, soweit ein schwerbehinderter Beschäftigter betroffen ist, die SBV auch an der Abstimmung der Verfahrensabschnitte beteiligt werden; denn in diesem Fall „klärt" der Arbeitgeber nach § 167 Abs. 2 Satz 1 auch „mit der SBV". In der Praxis wird das zumeist pragmatisch nach Art eines „Runden Tisches" getan.[284] Rechtlich ergibt sich das Erfordernis daraus, dass der Gesetzgeber für die Durchführung des offenen Klärungsprozesses „keine Personen oder Stellen benennt, denen die **Leitung des BEM** anvertraut wäre."[285] Davon weicht der Erste Senat ab, wenn er ohne nähere Begründung ausführt, der Arbeitgeber führe den Klärungsprozess durch. Er müsse nur „den Betriebsrat, das Einverständnis des Arbeitnehmers vorausgesetzt (BVerwG 23.6.2010 – 6 P 8/09 – Rn. 55 ff., BVerwGE 137, 148), hinzuziehen".[286] Der Erste Senat drängt den Betriebs- und Personalrat damit in die Position eines hinzuzuziehenden Experten, obwohl er gesetzlich als kollektive Interessenvertretung „mit klären" soll. Wer vom Gesetzgeber die Befugnis erhält, in einem offenen Verfahren die „Möglichkeiten" mit zu klären, ist auch befugt, an der Festlegung des im Einzelfall anzuwendenden Klärungsverfahrens mitzuwirken. Demgegenüber verweist der Erste Senat den Betriebsrat darauf, nach § 87 Abs. 1 Nr. 7 BetrVG von seinem **Initiativrecht für eine Ausgestaltung des Klärungsprozesses** durch generelle Verfahrensregelungen Gebrauch zu machen. Folglich geht der Erste Senat unausgesprochen davon aus, der Arbeitgeber sei befugt, solange keine generelle Verfahrensregelung festgelegt sei, den Klärungsprozess einseitig zu leiten und zu steuern. Das steht im Widerspruch zu dem vom Zweiten Senat aufgestellten Rechtssatz zur fehlenden Leitungsmacht für das Klärungsverfahren. Es ist im Übrigen auch kurzschlüssig; denn aus dem Umstand, dass ein Initiativrecht des Betriebsrats für eine generelle Verfahrensregelung besteht, kann nicht darauf geschlossen werden, dass solange keine generelle Regelung besteht, der Arbeitgeber freie Hand habe, das Klärungsverfahren einseitig zu steuern.

Es besteht eine Nähe zum **Mitbeurteilungsrecht**, wie es zB in § 99 Abs. 1 BetrVG für die Eingruppierung dem Betriebsrat eingeräumt ist. Allerdings besteht ein Unterschied zu § 99 Abs. 3 und 4 BetrVG. Während dort für den Fall der Nichteinigung die Anrufung des Gerichts zur Konfliktlösung vorgesehen ist, hat der Gesetzgeber des SGB IX von jeder Folgenregelung abgesehen. Das bedeutet: Können sich Arbeitgeber und Interessenvertretungen nicht über den Abschluss des Klärungsverfahrens in der Frage einigen, ob und welche Möglichkeiten zur Überwindung der Arbeitsunfähigkeit, der Vorbeugung erneuter Arbeitsunfähigkeit und zur Erhaltung des Arbeitsplatzes bestehen, so wird der **Dissens** nicht aufgelöst.[287] Es sind die unterschiedlichen Beurteilungen darüber, ob und wie die Ziele des Abs. 2 Satz 1 im Fall der Betroffenen Person erreicht

---

283 So der treffende und anschauliche Begriff in der Gesetzesbegründung BT-Drs. 15/1783, 16.
284 Vgl. BEM Best Practice FraPort https://docplayer.org/29544073-Betriebliches-eingliederungsmanagement-bem-fuer-fraport-mehr-als-ein-gesetzlicher-auftrag.html (letzter Aufruf: 17.2.2021); weitere Beispiele REHADAT-talentplus, Das Portal zu Arbeitsleben und Behinderung, BEM.
285 BAG 10.12.2009 – 2 AZR 198/09 Rn. 18, NZA 2010, 639.
286 BAG 22.3.2016 – 1 ABR 14/14, Rn. 11, BAGE 154, 329 = Behindertenrecht 2016, 19.
287 So zutreffend: BAG 22.3.2016 – 1 ABR 14/14, Rn. 23, Behindertenrecht 2016, 19.

werden können, schriftlich niederzulegen. Arbeitgebern ist zu empfehlen, sich um eine Einigung zu bemühen; denn im Fall des Dissenses sind die Arbeitnehmervertretungen berechtigt, ihre abweichenden Beurteilungen dem Betroffenen mitzuteilen. Kündigt der Arbeitgeber krankheitsbedingt, so erhält die betroffene Person dann „Munition" für den Kündigungsschutzprozess. Abzugrenzen ist auch von einem **Mitbestimmungsrecht** hinsichtlich der Mittel und Maßnahmen, die der Arbeitgeber zur Zielerreichung anzuwenden hat. Die gebotenen Maßnahmen ergeben sich aus individualarbeitsrechtlichen Ansprüchen, die für schwerbehinderten Menschen vor allem in den Arbeitgeberpflichten zur behinderungsgerechten Beschäftigung (§ 164 Abs. 4 SGB IX) geregelt sind. Praktische Bedeutung für andere Beschäftigte haben die in der Rechtsprechung der Kündigungsschutzsenate des BAG aufgestellten Obliegenheiten zur „leidensgerechten Beschäftigung" von kranken Arbeitnehmern; denn wenn der Arbeitgeber seinen Obliegenheiten nicht nachkommt, so ist eine dennoch ausgesprochene Kündigung sozial ungerechtfertigt. Abs. 2 Satz 1 räumt weder Betriebs-/Personalrat noch SBV ein Recht ein, vom Arbeitgeber die Anwendung bestimmter Mittel oder Maßnahmen zu verlangen.

Ob das Klärungsrecht auch das Recht des Betriebs- oder Personalrats einschließt, am Ende des Klärungsverfahrens mitzubeurteilen, ob die Ziele des BEM im konkreten Fall nicht erreicht oder nur mit bestimmten Maßnahmen verwirklicht werden können, war lange Zeit nicht in den Fokus der Rechtsprechung gelangt. Diese Rechtsfrage ist durch die Entscheidung des Ersten Senats im Jahr 2016 – wie hier vertreten – beantwortet worden: „Führt der Klärungsprozess zwischen Arbeitgeber und Betriebsrat zu keiner übereinstimmenden **Beurteilung der „Möglichkeiten"**, verbleibt es bei einem Dissens.[288] Zugleich hat das BAG zutreffend erkannt: „Eine sich anschließende **Umsetzung** von konkreten Maßnahmen wird von der Rahmenvorschrift des § 84 (seit 1.1.2018: § 167) Abs. 2 Satz 1 SGB IX nicht mehr erfasst".[289]

Soweit weitergehende Rechte des Betriebs- oder Personalrats zur **Mitbeurteilung** der Möglichkeiten oder Festlegung von **Umsetzungsmaßnahmen** vereinbart oder in nicht angefochtenen Sprüchen von Einigungsstellen geregelt worden sind, hat die restriktive Entscheidung des Ersten Senats des BAG vom 22.3.2016 keine unmittelbaren Auswirkungen. Da die weitergehenden Rechte in einer freiwilligen, nicht über die Einigungsstelle erzwingbaren Betriebsvereinbarung (§ 88 BetrVG) oder in einer Inklusionsvereinbarung (§ 166 Abs. 2 Nr. 5 SGB IX) vereinbart werden dürfen, gelten sie bis zur Ablösung durch eine andere Vereinbarung oder bis zum Ablauf der Kündigungsfrist weiter. Eine **Nachwirkung** nach § 77 Abs. 6 BetrVG kommt jedoch für die mitbestimmungsfreien Regelungen nicht in Betracht. Die Bestimmungen über mitbestimmungspflichtige Angelegenheiten wirken nach, sofern diese eine aus sich heraus handhabbare Regelung enthalten.[290]

78 **Mitbestimmungsrechte:** Ein alle Regelungsfragen des BEM betreffendes über die Einigungsstelle erzwingbares **Mitbestimmungsrecht** wird im Schrifttum aus § 87 Abs. 1 Nr. 7 BetrVG abgeleitet.[291] Dem ist der Erste Senat mit seiner

---

288 BAG 22.3.2016 – 1 ABR 14/14, Rn. 11, BAGE 154, 329 = Behindertenrecht 2016, 19; unter Bezug auf *Düwell* → 4. Aufl. 2014, § 84 Rn. 68.
289 BAG 22.3.2016 – 1 ABR 14/14, Rn. 11, BAGE 154, 329 = Behindertenrecht 2016, 19; unter Bezug auf *Kossens* in Kossens/von der Heide/Maaß § 84 Rn. 40.
290 BAG 23.6.1992 – 1 ABR 9/92, BAGE 70, 356 = NZA 1993, 229.
291 *Kohte* in HaKo-BetrVG, 5. Aufl. 2018, § 87 Rn. 92; *Deinert* NZA 2010, 969 (972).

Grundsatzentscheidung vom 22.3.2016 entgegengetreten.[292] Diese Rspr. wird kritisiert, weil der Senat den Rahmen für Betriebsvereinbarungen über das BEM mit den Mitbestimmungstatbeständen aus § 87 Abs. 1 Nr. 1 oder Nr. 7 BetrVG zu eng abstecke. Diese verengende Sichtweise stehe im Widerspruch zu dem vom Senat geteilten Verständnisses des BEM[293] als eines unverstellten, verlaufs- und ergebnisoffenen Suchprozess.[294] Dieser Kritik ist zuzustimmen. Zur Verneinung des Mitbestimmungsrechts wird im Schrifttum geltend gemacht, dem durchzuführenden Verfahren liege kein kollektiver Tatbestand, sondern jeweils nur ein individueller Einzelfall zugrunde.[295] Dieser Einwand verkennt, dass ein Bedarf nach einer fallübergreifend geltenden Ordnung besteht, „wie" das BEM eingeleitet, durchgeführt und abgeschlossen werden soll. Diesen kollektiven Regelungsbedarf hat der Gesetzgeber anerkannt. Zum einen hat er in § 166 Abs. 3 Nr. 5 dazu die Möglichkeit des Abschlusses einer Inklusionsvereinbarung eröffnet. Zum anderen hat er in § 167 Abs. 2 Satz 1 ausdrücklich bestimmt („klärt mit"), dass der Arbeitgeber nicht allein „klärt". Hinzu kommt, dass die kollektiven Interessen der Belegschaft im BEM berührt werden, weil es bei der Suche nach der individuellen leidens- oder behinderungsgerechten Beschäftigung notwendigerweise stets um eine Frage der Verteilung der vorhandenen Beschäftigungsmöglichkeiten innerhalb der Belegschaft geht.

Der Erste Senat des BAG hat zwar den Rechtssatz aufgestellt, es bestehe nach § 87 Abs. 1 Nr. 7 BetrVG ein Mitbestimmungsrecht einschließlich eines Initiativrechts für den Betriebsrat hinsichtlich „ der Ausgestaltung des Klärungsprozesses (…) durch generelle Verfahrensregelungen".[296] Der Senat hat das BEM jedoch nicht als eine Verfahrenseinheit erkannt, die als Ganzes dem Gesundheitsschutz iSv § 87 Abs. 1 Nr. 7 BetrVG zuzuordnen ist. Es prüft für jede einzelne zur Ausgestaltung des BEM zu treffende Regelungsfrage punktuell, ob ein Mitbestimmungsrecht besteht. Ein solches wird bejaht:
1. bei allgemeinen Verfahrensfragen aus § 87 Abs. 1 Nr. 1 BetrVG,
2. in Bezug auf die Nutzung und Verarbeitung von Gesundheitsdaten aus § 87 Abs. 1 Nr. 6 BetrVG und
3. hinsichtlich der Ausgestaltung des Gesundheitsschutzes nach § 87 Abs. 1 Nr. 7 BetrVG; denn § 167 Abs. 2 SGB IX wird als eine die Rahmenvorschriften zum Gesundheitsschutz konkretisierende Präventionsnorm verstanden.[297] Diesem Verständnis folgte auch das BVerwG für den Mitbestimmungstatbestand in § 75 Abs. 3 Nr. 11 BPersVG aF. Es hat dem dortigen Begriff der „Verhütung von sonstigen arbeitsbedingten Gesundheitsschädigungen" das weite Verständnis der arbeitsbedingten Gesundheitsgefahr zugrunde gelegt, weil der Personalrat durch Einbringung seines Sachverstandes einen wichtigen Beitrag zur „effizienten Durchsetzung vorbeugenden Gesundheitsschutzes im Arbeitsleben leisten soll".[298] Dieser auf den Gesundheitsschutz bezogene Mitbestimmungstatbestand räumt allerdings keinen Spielraum zur näheren Festlegung des Begriffs der Arbeitsunfähigkeit ein. Mit der Verwen-

---

292 BAG 22.3.2016 – 1 ABR 14/14, Rn. 11, BAGE 154, 329 = Behindertenrecht 2016, 19.
293 BAG 22.3.2016 – 1 ABR 14/14, Rn. 13 ff., BAGE 154, 329 = Behindertenrecht 2016, 19.
294 *Beck*, Betriebliches Eingliederungsmanagement, NZA 2017, 81 (84).
295 *Seel* Behindertenrecht 2006, 34; *Moderegger* ArbRB 2005, 350.
296 BAG 22.3.2016 – 1 ABR 14/14, Rn. 12, BAGE 154, 329 = Behindertenrecht 2016, 19.
297 So bereits zu § 84 Abs. 2 SGB IX aF: BAG 13.3.2012 – 1 ABR 78/10, NZA 2012, 748.
298 BVerwG 14.2.2013 – 6 PB 1/13, PersV 2013, 271.

dung des Begriffs „arbeitsunfähig" in § 167 Abs. 2 Satz 1 SGB IX hat der Gesetzgeber auf die zu § 3 Abs. 1 EFZG ergangene Begriffsbestimmung Bezug genommen.[299]

Im Geltungsbereich der Dienststellenverfassung war unter § 75 Abs. 3 Nr. 11 BPersVG aF ein im Verhältnis zum BetrVG enger gefasster Mitbestimmungstatbestand bestimmt: „Maßnahmen zur Verhütung von Dienst- und Arbeitsunfällen und sonstigen Gesundheitsschäden". Da das BEM als Suchprozesse sich auf eine Maßnahme zur Verhütung reduzieren lässt, kann hier der Ansatz des Ersten Senats des BAG, eine Mitbestimmung über generelle Verfahrensregelungen zu begründen, nicht übertragen werden. Abhilfe schafft der Gesetz zur Novellierung des Bundespersonalvertretungsgesetzes vom 9.6.2021[300], dessen Entwurf von der Bundesregierung am 1.1.2021 dem Bundesrat zugeleitet worden ist.[301] Danach ist ein eigener das BEM erfassender Mitbestimmungstatbestand in dem neuen Mitbestimmungskatalog des § 80 BPersVG aF aufgenommen:

„Mitbestimmung in organisatorischen Angelegenheiten
(1) Der Personalrat bestimmt mit, soweit eine gesetzliche oder tarifliche Regelung nicht besteht, über (...) 17. Grundsätze des behördlichen oder betrieblichen Gesundheits- und Eingliederungsmanagements, (...)".

In der Entwurfsbegründung[302] wird dazu ausgeführt:
„Auch wenn über BGM und BEM in der Bundesverwaltung häufig Dienstvereinbarungen bestehen, ist der präventive und fürsorgliche Ansatz des BGM und BEM in den Mitbestimmungstatbeständen des BPersVG, insbesondere in § 75 Absatz 3 Nummer 11 geltender Fassung, bislang nur unzureichend abgebildet. Die in der Nummer 17 klargestellte und hervorgehobene Mitbestimmungspflicht der Personalvertretungen bei der Festlegung allgemeiner Grundsätze des betrieblichen oder behördlichen BGM und BEM ergänzt die Beteiligung der Personalvertretung bei der individuellen Eingliederung betroffener Beschäftigter nach § 167 Absatz 2 SGB IX."

79 **Aufstellen von Verfahrensregeln:** Solange keine Ausgestaltung des BEM vereinbart ist, muss über alle Verfahrensfragen jeweils im Einzelfall ein Einvernehmen hergestellt werden; denn das Gesetz hat keine einseitige, sondern die Klärung in einem ergebnisoffenen, dialogischen kooperativen Suchprozess bestimmt, → Rn. 77. Diese ist nur möglich, soweit Einvernehmen über die der Klärung zugrunde liegenden Verfahrensregeln besteht.[303] Der Erste Senat hat klargestellt, dass dem Betriebsrat nach § 87 Abs. 1 Nr. 7 BetrVG ein Initiativrecht für eine Ausgestaltung des Klärungsprozesses nach § 84 Abs. 2 Satz 1 SGB IX (seit 1.1.2018: § 167 Abs. 2 Satz 1 SGB IX) durch generelle Verfahrensregelungen zusteht.[304] Das ist zu begrüßen.

Die Aufstellung einer derartigen allgemeinen Verfahrensordnung liegt auch im wohlverstandenen Eigeninteresse des Arbeitgebers: Ist das Verfahren transparent und wird dem Arbeitnehmer erkennbar die Chance eingeräumt, sich aktiv an dem Klärungsprozess zu beteiligen, dann sieht dieser eher ein, welchen eigenen Beitrag er zur Wiederherstellung seiner Beschäftigungsfähigkeit zu leisten hat oder dass er ggf. auch akzeptieren muss, wenn das Verfahren mit dem Ergebnis endet, dass keine Beschäftigungsmöglichkeit vorhanden ist. Allerdings

---

299 So bereits zu § 84 Abs. 2 Satz 1 SGB IX aF: BAG 13.3.2012 – 1 ABR 78/10, NZA 2012, 748.
300 BGBl. I 1614.
301 BR-Drs. 14/21.
302 BR-Drs. 14/21, 144.
303 *Düwell* SuP 2010, 163 (164).
304 BAG 22.3.2016 – 1 ABR 14/14, Rn. 12, BAGE 154, 329.

lehnte die bisher veröffentlichte Instanzrechtsprechung eine Sicherung des Mitklärungsrechts des Betriebsrats durch einstweilige Verfügung ab. Bei einer derartig „schwierigen und ungeklärten Rechtslage" werden die Anforderungen an den Verfügungsgrund erhöht, so dass bei einer wie hier „in hohem Maße zweifelhaften Rechtslage" regelmäßig keine einstweilige Verfügung ergehen kann.[305] Nach der Klarstellung des Mitbestimmungsrechts auf „Ausgestaltung des Klärungsprozesses nach § 84 Abs. 2 Satz 1 SGB IX (seit 1.1.2018: § 167 Abs. 2 SGB IX) durch generelle Verfahrensregelungen"[306] kann jedenfalls dann, wenn der Betriebsrats sein Initiativrecht ausgeübt hat, der Betriebsrat die einseitige Gestaltung des Klärungsprozesses durch den Arbeitgeber auf dem Wege des einstweiligen Rechtsschutzes stoppen. Das Gericht hat im Rahmen einer Regelungsverfügung (§ 940 ZPO) dem Arbeitgeber aufzugeben, bis zur abstrakten Regelung in einer Betriebs-, Dienst-, oder Inklusionsvereinbarung oder durch Spruch der Einigungsstelle aufzugeben, in jedem BEM-Fall die einzelnen Verfahrensschritte mit dem Betriebsrat abzustimmen.

Grenzen der Mitbestimmung: Durch einen Spruch der Einigungsstelle können nur Angelegenheiten geregelt werden, die der **zwingenden Mitbestimmung** unterliegen. Das sind nach § 76 Abs. 5 BetrVG Mitbestimmungstatbestände, die so ausgestaltet sind, dass auf Antrag einer Seite die Einigungsstelle die die Einigung zwischen Arbeitgeber und Betriebsrat ersetzt. Die in § 167 Abs. 2 Satz 1 SGB IX vorgenommene Einschränkung der Handlungsmöglichkeit des Arbeitgebers, nur gemeinsam mit der Interessenvertretung die Möglichkeiten zu klären, eine bestehende Arbeitsunfähigkeit zu überwinden, erneuter Arbeitsunfähigkeit vorzubeugen und eine möglichst dauerhafte Fortsetzung des Beschäftigungsverhältnisses zu fördern, räumt dem Betriebsrat eine mitbestimmungsrechtliche Position ein. Diese ist jedoch nicht mit einem zwingenden Mitbestimmungstatbestand abgesichert, der wie § 87 Abs. 2 BetrVG für den Fall der Nichteinigung die Entscheidungskompetenz der Einigungsstelle überträgt. Deshalb werden für die Anrufung der Einigungsstelle auch die folgenden drei, nicht das gesamte Klärungsverfahren abdeckende Mitbestimmungstatbestände geltend gemacht: 80

1. § 87 Abs. 1 Nr. 1 BetrVG soweit Verhalten und Ordnung der Belegschaft durch eine Regelung des BEM betroffen sein kann,
2. § 87 Abs. 1 Nr. 6 BetrVG soweit personenbezogene Gesundheitsdaten verarbeitet werden
3. § 87 Abs. 1 Nr. 7 BetrVG soweit in Ausfüllung von „167 Abs. 2 SGB IX eine generelle Verfahrensordnung für den Unfall- und Gesundheitsschutz aufgestellt wird.

Die in § 167 Abs. 2 Satz 1 SGB IX dem Arbeitgeber „mit" der Interessenvertretung und „außerdem" der SBV übertragene Klärung ist eine besondere Art der Kooperation in Form der Durchführung eines gemeinsamen Suchprozesses (Mitklärung → Rn. 77). Die Mitklärung ist nicht im Katalog der erzwingbaren sozialen Angelegenheiten in § 187 Abs. 1 BetrVG aufgenommen. Folglich kann durch einen Spruch der Einigungsstelle nach § 87 Abs. 2 BetrVG die fehlende Einigung der Betriebsparteien über die Übertragung von Klärungsaufgaben auf ein besonderes Gremium (in der guten betrieblichen Praxis zumeist **BEM-Team** genannt) nicht durch die Einigungsstelle ersetzt werden. Das gilt auch dann, wenn das Team aus Mitgliedern besteht, die Arbeitgeber und Betriebsrat jeweils paritätisch benennen. Das kann nur durch eine freiwillige Übereinkunft von Ar-

---
305 ArbG Köln 10.1.2008 – 12 BvGa 2/08.
306 BAG 22.3.2016 – 1 ABR 14/14, Rn. 12, BAGE 154, 329 = Behindertenrecht 2016, 19.

beitgeber und Betriebsrat nach § 28 Abs. 2 BetrVG erfolgen, nicht aber durch **Spruch der Einigungsstelle.**[307] Die Übertragung von Aufgaben auf gemeinsame Ausschüsse ist in § 28 Abs. 2 BetrVG nämlich nicht als durch die Einigungsstelle als erzwingbar ausgestaltet. Dazu bedarf es entweder einer entsprechenden Änderung des BetrVG oder einer Ergänzung des § 167 Abs. 2 SGB IX, → Rn. 148.

Vom **Mitbestimmungsrecht nach** § 87 Abs. 1 Nr. 7 BetrVG (Regelungen über die Verhütung von Arbeitsunfällen und Berufskrankheiten sowie über den Gesundheitsschutz) ist die sich an die Klärung anschließende Feststellung einer Pflicht zur **Umsetzung konkreter Maßnahmen** zur Ermöglichung der Beschäftigung nicht erfasst.[308] Dies ist zutreffend; denn die **Pflicht zur Durchführung von Umsetzungsmaßnahmen** besteht nur auf des Grundlage des Arbeits- oder Schwerbehindertenrechts, nämlich ob nach Maßgabe des § 241 BGB oder des § 164 Abs. 4 bzw. Abs. 5 SGB IX dem Arbeitgeber eine entsprechende Anpassung der Arbeitsbedingungen obliegt. Insoweit ist der Entscheidung zuzustimmen.[309]

Verfehlt ist jedoch die Auffassung des Ersten Senats, Abs. 2 Satz 1 setzte einen in Abschnitte geteilten Klärungsprozess voraus, der im ersten Teil getrennte Erörterungen des Arbeitgebers mit dem Betroffenen **unter Ausschluss des Betriebsrats** vorsehe: „Anders als für die in § 84 Abs. 2 Satz 2 und Satz 4 SGB IX [seit 10.6.2021: § 167 Abs. 2 Satz 3 und Satz 5 SGB IX] genannten Personen und Stellen sieht § 84 Abs. 2 SGB IX [seit 10.6.2021: § 167 Abs. 2 5 SGB IX] nicht vor, dass der Arbeitnehmer am Klärungsprozess zwischen Arbeitgeber und Betriebsrat zu beteiligen ist."[310] *Kohte* weist zutreffend darauf hin, dass die vom Ersten Senat zur Begründung angeführte Dissertation[311] ein vom Senat übernommenes Fehlzitat enthält.[312] Die in der zitierten Dissertation[313] zu § 90 BetrVG gezogene verfahrensrechtliche Parallele passt für das BEM nicht.[314] Die These, eine allein zwischen Arbeitgeber und Arbeitnehmer stattfindende Erörterung, von der der Arbeitgeber den Betriebs- oder Personalrat ausschließen könne, sei eine „Mitklärung", wie sie vom Gesetz verlangt wird,[315] ist nicht tragfähig. Sie ist sowohl rechtssystematisch als auch rechtspraktisch verfehlt.[316] Dieser Kritik hat sich auch die Kommentarliteratur angeschlossen.[317] Dort wird vermutet, es müsse sich um einen Irrtum infolge eines „Rollentauschs" handeln; denn diese Auffassung widerspreche dem klaren Wortlaut des Gesetzes,

---

307 Insoweit zutreffend: BAG 22.3.2016 – 1 ABR 14/14, Rn. 17 ff., BAGE 154, 329 = Behindertenrecht 2016, 19; kritisch in einigen Punkten: *Kohte* jurisPR-ArbR 9/2017 Anm. 2.
308 BAG 22.3.2016 – 1 ABR 14/14, Rn. 24, BAGE 154, 329 = Behindertenrecht 2016, 19.
309 Vgl. schon *Düwell* → 4. Aufl. 2014, § 84 Rn. 68; *Kohte* in KKW, 4. Aufl. 2015, § 84 Rn. 30.
310 BAG 22.3.2016 – 1 ABR 14/14, Rn. 17 ff., BAGE 154, 329 = Behindertenrecht 2016, 19.
311 *Wullenkord*, Arbeitsrechtliche Kernfragen des Betrieblichen Eingliederungsmanagements in der betrieblichen Praxis, 2014, S. 120.
312 Zitiert wird als Beleg für das fehlende Mitwirkungsrecht *Düwell* FS Küttner, 2006, 139 (152), obwohl dieser auf S. 153 bereits damals das uneingeschränkte Mitbestimmungsrecht in Verfahrensfragen hervorgehoben hat.
313 *Wullenkord*, Arbeitsrechtliche Kernfragen des Betrieblichen Eingliederungsmanagements in der betrieblichen Praxis, 2014.
314 *Kohte* jurisPR-ArbR 9/2017 Anm. 2.
315 BT-Drs. 15/1783 S. 15 f.: „gemeinsamen Anstrengung aller Beteiligten".
316 *Kohte* jurisPR-ArbR 9/2017 Anm. 2.
317 *Fabricius* in jurisPK-SGB IX § 167 Rn. 45.

das die Rolle des Betriebsrats als mitklärenden Beteiligten beschreibt.[318] Dem ist zuzustimmen, denn in § 167 Abs. 2 Satz 1 SGB IX heißt es: „(...) klärt der Arbeitgeber mit der zuständigen Interessenvertretung (...)". Im Übrigen ist die einengende Auslegung des Ersten Senats nicht mit der Rspr. des Zweiten Senats vereinbar. Dieser hat den Rechtssatz aufgestellt: „Das Gesetz benennt auch keine Personen oder Stellen, denen die Leitung des BEM anvertraut wäre. Demnach geht es um die Etablierung eines unverstellten, verlaufs- und ergebnisoffenen Suchprozesses".[319] Wenn dem Arbeitgeber nicht die Leitung des Suchprozesses anvertraut ist, kann er nicht einseitig festlegen, dass er die Klärung im Gespräch mit der betroffenen Person unter Ausschluss des Betriebsrats durchführt. Den Änderungsbedarf hat mittelbar auch der Bundestag aufgezeigt, als er nach Bekanntwerden der Entscheidung des Ersten Senats seine Regelungsabsicht für den § 167 Abs. 2 SGB IX in einer Resolution anlässlich der Verabschiedung des BTHG bekräftigt hat: „Stärkung des Betrieblichen Eingliederungsmanagements: Das Betriebliche Eingliederungsmanagement ist ein organisierter und kooperativer Suchprozess, um zu klären, wie ein Arbeitsplatz bei längerer oder wiederholter krankheitsbedingter Arbeitsunfähigkeit erhalten werden kann."[320] Mit dem Leitbild des kooperativen Suchprozesses, wie er vom Bundestag definiert und zwischenzeitlich in einer jüngeren Entscheidung des Ersten Senats[321] wieder anerkannt worden ist, kann eine Berechtigung des Arbeitgebers, den Betriebs- und Personalrat von einem Klärungsgespräch auszuschließen, nicht vereinbart werden. Ein derartiges in der Entscheidung des Ersten Senats vom 22.3.2016 erfundenes Ausschlussrecht lädt zudem zum Missbrauch ein. Vertrauenspersonen der schwerbehinderten Menschen berichten auf Seminaren der Schulungsveranstalter häufig davon, dass im Rahmen des BEM Führungskräfte nach einer schnellen Ausgliederungsmöglichkeit suchen und dazu im gezielten Einzelgespräch den betroffenen Personen Aufhebungsverträge mit Abfindungsangeboten aufdrängen. Das ist besonders zu missbilligen, weil so die SBV die gesetzlich ihr in § 178 Abs. 1 Satz 1 zugewiesene Aufgabe, „beratend und helfend zur Seite" zu stehen, nicht erfüllen kann.

10. Nebenpflicht des Arbeitgebers

Unterlassung störender Maßnahmen: § 167 Abs. 2 Satz 1 begründet gesetzliche Pflichten des Arbeitgebers, dem Betroffenen ein BEM mit der Frage nach seiner Zustimmung anzubieten (→ Rn. 59 ff.) und im Falle der Zustimmung des/der Betroffenen mit den Interessenvertretungen und im Fall der Schwerbehinderung außerdem mit der SBV durchzuführen (→ Rn. 75). Diese Pflichten werden ergänzt durch die Nebenpflichten, bis zur Verweigerung der Zustimmung des Betroffenen und im Falle der Zustimmung des Betroffenen bis zum Abschluss des Verfahrens alle die Ziele des BEM störenden einseitigen Entscheidungen oder Maßnahmen zu unterlassen. Diese Nebenpflichten ergeben sich allgemein aus dem Gebot des § 182 Abs. 1, das zur engen Zusammenarbeit mit den Beschäftigtenvertretungen verpflichtet und die **Behinderung der Aufgabenerfüllung** der

---

318 *Fabricius* in jurisPK-SGB IX § 167 Rn. 45.
319 BAG 10.12.2009 – 2 AZR 198/09 Rn. 18, NZA 2010, 639; Begriffsprägung durch *Kohte* DB 2008, 582 (583).
320 Entschließungsantrag der Fraktionen der CDU/CSU und SPD zu der dritten Beratung des Gesetzentwurfs der Bundesregierung auf BT-Drs. 18/10528, 4; die Beschlussempfehlung ist mit den Stimmen der Koalitionsfraktionen gegen die Stimmen der Opposition am 1.12.2016 angenommen worden, Deutscher Bundestag, Plenarprotokoll 18/20, 206. Sitzung, 18. Wahlperiode, S. 20510.
321 BAG 19.11.2019 – 1 ABR 36/18, Rn. 23, NZA 2020, 389: „(...) dass der Suchprozess iSv. § 167 Abs. 2 Satz 1 SGB IX diskursiv stattzufinden hat."

Beschäftigtenvertretungen verbietet. Hier treten noch die mit den in § 167 Abs. 2 Satz 1 genannten Zielen des BEM untrennbar verbundene Gebote hinzu, ein **kooperatives** und ergebnisoffenes Suchverfahren anzubieten und bei Zustimmung des Betroffenen auch durchzuführen. Zu den das BEM störenden Maßnahmen gehören insbesondere Vorladungen des Vorgesetzten zu disziplinierenden Krankenrückkehrgesprächen. Unzulässig ist es auch, die betroffene Person mit Kündigungsdrohungen einzuschüchtern, um ihr zur Vermeidung einer positiven Klärung von Beschäftigungsmöglichkeiten einen Aufhebungsvertrag aufzudrängen. Ein bloßer Hinweis, ggf. eine sozialverträgliche Vertragsbeendigung zu erwägen, stellt jedoch noch keine Pflichtverletzung dar. So hat das LAG Köln, den Vorschlag gegenüber einer Betroffenen nicht beanstandet, einmal ein Gespräch mit dem Mitarbeiter zu suchen, der für das sog. Freiwilligenprogramm zuständig ist, in dessen Rahmen Aufhebungsverträge für rentennahe Jahrgänge vermittelt werden.[322]

Die Beschäftigtenvertretungen können nach § 167 Abs. 2 Satz 7 (bis 9.6.2021: Satz 6) die Durchführung eines ordnungsgemäßen Klärungsverfahrens verlangen, sobald der Betroffene zugestimmt hat. Zudem haben sie nach § 167 Abs. 2 Satz 8 (bis 9.6.2021: Satz 7) die Aufgabe darüber zu wachen, dass der Arbeitgeber seine Klärungs- und Beteiligungspflicht ordnungsgemäß erfüllt. Diese zur Erreichung der BEM-Ziele übertragene gesetzliche Rechtsstellung darf der Arbeitgeber nicht beeinträchtigen. Betriebsrat und SBV müssen deshalb ihre Mitklärungsrechte durch Unterlassungsverfügungen sichern können. Bei Personalräten ist die Rechtslage je nach Land wegen der Unterschiede in den Personalvertretungsgesetzen unterschiedlich. So hat das BVerwG für Brandenburg erkannt, dass dem Personalrat keine einklagbaren Rechtsansprüche auf Unterlassung beteiligungspflichtiger Maßnahmen zustehen.[323] Soweit kein Unterlassungsanspruch anerkannt wird, kann jedoch der Personalrat feststellen lassen, dass seine Rechte aus § 167 Abs. 2 Satz 1, Satz 7 (bis 9.6.2021: Satz 6) und Satz 8 (bis 9.6.2021: Satz 7) verletzt worden sind. Voraussetzung für die vergangenheitsbezogene Feststellung ist, dass die von der Dienststellenleitung rechtswidrig vollzogene Maßnahme noch rückgängig gemacht werden kann.[324]

Anspruch des Betroffenen aus störungsfreie Durchführung des BEM: Im Wortlaut des § 167 Abs. 2 ist hinsichtlich der individuellen Rechtsstellung des Betroffenen – anders als in Satz 7 (bis 9.6.2021: Satz 6) und Satz 8 (bis 9.6.2021: Satz 7) hinsichtlich der Rechte der Beschäftigtenvertretungen – keine Regelung getroffen. Daraus wird vom LAG Nürnberg abgeleitet, dass dem Betroffenen nur der Schutz des Gesetzes als eine Art Reflex des Verfahrens zugutekommen soll. Weder sei ein klagbarer subjektiver Anspruch auf Durchführung des Verfahrens gegeben, noch bestehe eine Notwendigkeit, einen solchen Anspruch aus § 241 Abs 2 BGB abzuleiten.[325] Mit diesem Rechtssatz ist von des Rspr. des LAG Hamm abgewichen worden, nach der über § 241 Abs. 2 BGB in Konkretisierung der allgemeinen Fürsorgepflicht des Arbeitgebers ein klagbarer Anspruch des Betroffenen auf ein BEM-Angebot begründet wird.[326] Dieser Auffas-

---

322 LAG Köln 23.1.2020 – 7 Sa 471/19, Rn. 64.
323 BVerwG 3.7. 2013 – 6 PB 10/13, Rn. 4, PersR 2013, 516.
324 BVerwG 27.3.2018 – 5 P 3.17, ZfPR online 2018, Nr. 9, 3–5 zu einem Brandenburger Fall, in dem die Dienststellenleitung ohne Mitwirkung nach § 67 PersVG BB entschieden hatte, die begrenzte Dienstfähigkeit einer Lehrerin festzustellen und deren wöchentliche Arbeitszeit auf 20 von 27 Pflichtstunden herabzusetzen; hier wurde das Feststellungsinteresse bejaht.
325 LAG Nürnberg 8.10.2020 – 5 Sa 117/20, juris Rn 24, 27, Revision anhängig unter BAG – 9 AZR 571/20.
326 LAG Hamm 13.11. 2014 – 15 Sa 979/14, Rn. 34, Behindertenrecht 2015, 147.

sung ist auch völlig überwiegend das Fachschrifttum.³²⁷ Über diese Rechtsfrage wird das BAG in der beim Neunten Senat anhängigen Revision zu entscheiden haben. Selbst wenn das BAG den Individualanspruch ablehnt, bleibt die Erzwingung der Klärungsphase des BEM über das Initiativrecht der Beschäftigtenvertretung nach Satz 7 (bis 9.6.2021: Satz 6) zulässig. Zudem darf nicht verkannt werden, dass das BEM zugunsten der Betroffenen eine Schutzwirkung entfalten soll. Deshalb sind Schadensersatzansprüche wegen schuldhaft unterlassenem BEM nach § 280 BGB anerkannt (→ Rn. 138). Folgerichtig stellt sich jede nicht ordnungsgemäße Durchführung des BEM als eine Verletzung der Nebenpflicht aus § 241 Abs. 2 BGB dar, die den Arbeitgeber zur Rücksicht auf die Interessen der Betroffenen verpflichtet. Daraus ergeben bei Verschulden Schadensersatz- und Unterlassungsansprüche. Deshalb kann auch der Betroffene, der anstelle einer Einladung zum BEM die Aufforderung zum Erscheinen für ein Krankenrückkehr- oder Trennungsgespräch erhält, auf Unterlassung dieser Maßnahme klagen. Erfahrene Arbeitsrechter raten deshalb: besser einmal zu viel als zu wenig davon (BEM) Gebrauch zu machen.³²⁸

11. Ausgestaltung des BEM in Betriebsvereinbarung, Dienstvereinbarung oder Inklusionsvereinbarung

Ausfüllung des Rahmens für die Durchführung des BEM: Die Einzelheiten des BEM bedürfen einer Regelung in Hinblick auf eine **Verfahrensordnung** und auf eine zusammenfassende Darstellung der betrieblichen Unterstützungsangebote. Regelungsbedürftig sind aus Sicht der beratenden Rehabilitation insbesondere alle Fragen, die mit Umsetzungs- oder Versetzungswünschen zusammenhängen.³²⁹ Dazu bietet der Gesetzgeber, obwohl nicht nur schwerbehinderte Arbeitnehmer betroffen sind, ausdrücklich in § 166 Abs. 3 Nr. 5 das Instrument der schwerbehindertenrechtlichen Inklusionsvereinbarung an: „Durchführung der betrieblichen Prävention (betriebliches Eingliederungsmanagement)". Da der normative Charakter einer Inklusionsvereinbarung zumindest zweifelhaft ist (→ § 166 Rn. 28), empfiehlt das Schrifttum,³³⁰ die Regelung im Rahmen einer **Betriebsvereinbarung** oder für den öffentlichen Dienst in einer **Dienstvereinbarung** zu treffen. Ein in der Praxis gut funktionierendes Beispiel eines durch Betriebsvereinbarung geregelten BEM existiert im BMW-Werk Regensburg.³³¹ Große Erfahrungen mit dem BEM haben auch die Ford-Werke in Köln und Saarlouis. Der bei der Ford-Werke Deutschland GmbH gebildete **Steuerungskreis**, bestehend aus dem Betriebsratsvorsitzenden beider Betriebe und den Vertrauenspersonen der Schwerbehinderten sowie dem Arbeitsdirektor und der Integrationsmanagerin, haben ein **Prozesshandbuch** erstellt, das einschließlich der Musteranschreiben an die erkrankten Mitarbeiter vollständig alle Verfahrensschritte abbildet. Das Handbuch selbst stellt keine Betriebsvereinbarung oder Inklusionsvereinbarung dar. Es weist ausdrücklich darauf hin, dass die durch diese Vereinbarungen geregelten Einzelfragen unberührt bleiben. In Ausübung

82

---

327 *Beck* NZA 2017, 81 (86); *Nebe* DB 2008, 1801 (1803 ff.); *Deinert* NZA 2010, 973; *Welti* NZS 2006, 623 (625); umfassend: ebenso *Wullenkord*, Arbeitsrechtliche Kernfragen des betrieblichen Eingliederungsmanagements in der betrieblichen Praxis, 2014, 103 (107); aA *Schiefer* RdA 2016, 201.
328 *Schunder* NJW 2016, 106; *Greiner* in Neumann/Pahlen/Greiner/Winkler/Jabben SGB IX § 167 Rn. 21.
329 Vgl. *Gagel/Schian* Diskussionsforum B, Beitrag 2/2004 und Beitrag 17/2007, abrufbar unter www.reha-recht.de.
330 *Gagel* NZA 2004, 1359 (1360).
331 Vorstellung in Arbeit und Arbeitsrecht 2005, 205 ff.

des aus § 87 Abs. 1 Nr. 1 und Nr. 7 BetrVG abgeleiteten Mitbestimmungsrechts des Betriebsrats können viele Fragen des BEM durch Betriebsvereinbarung geregelt werden. Als regelungsbedürftig und regelungsfähig werden insbesondere Fragen angesehen: Welche Stellen sollen an der Durchführung des BEM aktiv teilnehmen, wie erfolgt die Information des Beschäftigten zur Art und Verwendung der zu erhebenden Daten, wer führt die weiteren Gespräche mit dem Betroffenen, unter welchen Voraussetzungen werden externe Servicestellen eingeschaltet, wem werden von Ärzten eingeholte Auskünfte zugänglich gemacht, welche Gesundheitsdaten werden gespeichert und in wie weit und für welche Zwecke werden sie der Personalabteilung zugänglich gemacht? Für die Untersuchung betrieblicher Ursachen der Arbeitsunfähigkeit bedarf es keiner Zustimmung des Betroffenen. Sollen jedoch **Krankheitsursachen in der Person des Arbeitsunfähigen** ermittelt werden, ist zur Erhebung und Verarbeitung dieser sensiblen Daten die datenschutzrechtliche **Einwilligung des Betroffenen** unabdingbar.[332] Das gilt insbesondere seitdem am 25.5.2018 das neue Datenschutzrecht anzuwenden ist, → Rn. 90 ff. Die Einwilligung kann nicht durch eine Betriebs- oder Dienstvereinbarung ersetzt werden, → Rn. 99. Zu warnen ist vor zu weitgehenden Erhebungen von medizinischen Daten des Beschäftigten. Zur Klärung der Wiederherstellung der Arbeitsfähigkeit bedarf es regelmäßig nur der Kenntnis, wie sich das Krankheitsbild auf den Arbeitsplatz auswirkt. Diese kann durch Einholung einer ärztlichen Bescheinigung verschafft werden, die zB angibt, infolge einer Behinderung bzw. Krankheit könne nicht mehr als sechs Stunden täglich, oder nicht nachts oder nicht an einem Arbeitsplatz gearbeitet werden, an dem Gegenstände von mehr als acht Kilogramm gehoben werden müssen. Im Übrigen gilt: Ziel führend zur Wiederherstellung der Arbeitsfähigkeit ist die Feststellung der positiven Leistungsfähigkeit und deren Abgleich mit dem Anforderungsprofil der möglichen Arbeitsplätze. Dem Bemühen um die Ermittlung historischer Krankheitsdaten liegt eher die Tendenz zu Grunde, die Chancen und Risiken einer **Krankheitskündigung** auszuforschen.

83 **Mitbestimmung zur Ausgestaltung des Verfahrens:** Ein volles, über die Einigungsstelle erzwingbares Mitbestimmungsrecht wird im Schrifttum aus § 87 Abs. 1 Nr. 7 BetrVG abgeleitet.[333] § 84 Abs. 2 SGB IX (seit 1.1.2018: § 167 Abs. 2 SGB IX) habe ein Verfahren der gesundheitlichen Prävention eingeführt, das auf die Ergänzung des betrieblichen Arbeits- und Gesundheitsschutzes ziele. Von daher seien die grundlegenden Verfahrensregeln, wie zB Information des Betroffenen und Ablauf des Klärungsverfahrens mitbestimmungspflichtig. Dem sind andere Stimmen mit der Begründung entgegengetreten, wenn der Arbeitgeber sich entscheide, das Verfahren einzuleiten, dann liege kein kollektiver Tatbestand vor.[334] Mit dem Tatbestandsmerkmal „Regelungen" in § 87 Abs. 1 Nr. 7 BetrVG seien Sachverhalte angesprochen, die gerade auf eine Mehrzahl von Adressaten ausgerichtet seien und damit an einen Kollektivtatbestand anknüpften. Daran mangele es bei individuell auf den jeweils betroffenen Mitar-

---

332 *Gundermann/Oberberg* ArbuR 2007, 19; *Schian/Faber*, Diskussionsforum B, Beitrag 7/2008, www.reha-recht.de; aA *Wetzling/Habel* NZA 2007, 1129.
333 *Kohte* HaKo-BetrVG, 3. Aufl. 2010, § 87 Rn. 92; ausführlich: *Düwell*, Prävention und betriebliches Eingliederungsmanagement – Neue Aufgaben für Arbeitgeber und Arbeitnehmervertretungen, in FS Küttner, 2006, 139; *Schils*, Das BEM im Sinne des § 84 Abs. 2 SGB IX, 2009, S. 195 ff., *Gagel* NZA 2004, 1359; *Gaul/Süßbrich/Kujewski* ArbRB 2004, 308; *von Steinau-Steinrück/Hagemeister* NJW-Spezial 2005, 129; *Britschgi* AiB 2005, 284; *Feldes* AiB 2005, 546.
334 *Seel* Behindertenrecht 2006, 34; *Moderegger* ArbRB 2005, 350.

beiter bezogenen Maßnahmen des BEM.[335] Ferner wird darauf verwiesen, dass Betriebsrat, Personalrat und SBV in § 84 Abs. 2 Satz 1, 6 und 7 SGB IX (seit 1.1.2018: § 167 Abs. 2 Satz 1, 6 und 7 SGB IX) Beteiligungsrechte eingeräumt seien, insofern bestehe im Sinne des Einleitungssatzes zu § 87 Abs. 1 BetrVG eine speziellere gesetzliche Regelung, welche die Geltendmachung etwaiger Mitbestimmungsrechtsrechte sperre.[336] Richtig ist an der Kritik, dass das Klärungsverfahren über die Gesundheitsprävention hinausgehend auch der Kündigungsvermeidung und Erhaltung der Beschäftigungsfähigkeit dient. Die Kritiker verkennen jedoch das aus der Gesamtheit der Fälle entstehende Bedürfnis nach einer betriebsweit geltenden einheitlichen „kollektiven" Ablaufplanung und Verfahrensordnung.[337] Solange nämlich kein allgemein geltendes Regelungswerk angewandt werden kann, bedarf es jeweils einer im Einzelfall zu treffenden Absprache über den Ablauf des Klärungsverfahrens und die einzuhaltende Verfahrensordnung. Das folgt aus dem Gebot der gemeinsamen Klärung. Dieser mittelbare Zwang macht die Auslotung der Reichweite der Mitbestimmung über gesundheitspräventive Regeln entbehrlich. Im Übrigen greift dann, wenn mit den Betroffenen über Ursachen der Fehlzeiten und Krankmeldungen Gespräche geführt und dazu standardisierte Fragebogen gebraucht werden, das Mitbestimmungsrecht aus § 87 Abs. 1 Nr. 1 BetrVG ein.[338] Zwar hat das LAG Hmb erkannt, Maßnahmen des betrieblichen Eingliederungsmanagements nach § 84 Abs. 2 SGB IX (seit 1.1.2018: § 167 Abs. 2 SGB IX) unterlägen nicht der Mitbestimmung des Betriebsrats gemäß § 87 Abs. 1 Nr. 7 BetrVG.[339] Das BAG hat jedoch die Rechtsauffassung des LAG nicht bestätigt.[340]

BEM durch Spruch einer betriebsverfassungsrechtlichen Einigungsstelle: Gehen Arbeitgeber und Betriebsrat von einem Mitbestimmungsrecht nach § 87 Abs. 1 Nr. 1 und 7 BetrVG aus, können sie sich jedoch nicht auf den Inhalt einer Verfahrensordnung zur Durchführung des BEM einigen, so können sie nach § 76 Abs. 1 BetrVG eine Einigungsstelle bilden, die nach § 87 Abs. 2 BetrVG die fehlende Zustimmung der anderen Seite ersetzt. Besteht zwischen Arbeitgeber und Betriebsrat Streit über das Bestehen des Mitbestimmungsrechts, so können sie nach § 76 Abs. 6 BetrVG die Einigungsstelle auf übereinstimmenden Antrag anrufen und sich nach dem Spruch der Einigungsstelle überlegen, ob sie sich den Spruch **nachträglich** annehmen. Sie können sich aber auch dem Spruch im Voraus unterwerfen. 84

Das Einigungsstellenbesetzungsverfahren: Kommt es im Streitfall nicht zu einer einvernehmlichen Anrufung, so kann das Arbeitsgericht auf Antrag einer Seite die Voraussetzungen für Errichtung der Einigungsstelle im Beschlussverfahren nach § 100 (früher: § 98) ArbGG dadurch schaffen, dass es den **unparteiischen Vorsitzenden** bestimmt und die **Zahl der Beisitzer** beider Seiten festlegt. Gemäß § 100 Abs. 1 Satz 2 ArbGG kann der Antrag auf Bestellung eines Einigungsstellenvorsitzenden und auf Festsetzung der Zahl der Beisitzer wegen fehlender Zuständigkeit der Einigungsstelle nur dann zurückgewiesen werden, wenn die Einigungsstelle **offensichtlich unzuständig** ist. Offensichtlich unzuständig ist die 85

---

335 *Namendorf/Natzel* DB 2005, 1794 (1795); *Balders/Lepping* NZA 2005, 854 (856); *Leuchten*, Das Betriebliche Eingliederungsmanagement in der Mitbestimmung, DB 2007, 2482 (2485).
336 *Namendorf/Natzel* DB 2005, 1794 (1795).
337 Vgl. *Kohte* LAGE § 87 BetrVG 2001 Gesundheitsschutz Nr. 3; *Düwell* SuP 2010, 163.
338 BAG 8.11.1994 – 1 ABR 22/94, NZA 1995, 857.
339 LAG Hmb 21.5.2008 – H 3 TaBV 1/08, LAGE § 87 BetrVG 2001 Gesundheitsschutz Nr. 3.
340 BAG 18.8.2009 – 1 ABR 45/08, AP Nr. 2 zu § 84 SGB IX.

Einigungsstelle nur, wenn bei fachkundiger Beurteilung durch das Gericht sofort und ohne Weiteres erkennbar ist, dass ein Mitbestimmungsrecht des Betriebsrats in der fraglichen Angelegenheit unter keinem rechtlichen Gesichtspunkt in Frage kommt und sich die beizulegende Streitigkeit zwischen Arbeitgeber und Betriebsrat erkennbar nicht unter einen mitbestimmungspflichtigen Tatbestand des Betriebsverfassungsgesetzes subsumieren lässt.[341] § 167 Abs. 2 verpflichtet den Arbeitgeber nicht zu einem generellen präventiven Gesundheitsschutz, sondern nur bezogen auf den konkreten arbeitsunfähigen Arbeitnehmer. Allerdings rechtfertigt das noch keine durchschlagenden Bedenken gegen ein Mitbestimmungsrecht aus § 87 Abs. 1 Nr. 7 BetrVG; denn § 167 Abs. 2 schreibt keine Einzelheiten der Handhabung vor, sondern verpflichtet den Arbeitgeber, ein System mit strukturierten Abläufen erst noch zu entwickeln. Das bedeutet, dass die Ausfüllung eines gesetzlichen Rahmens für den Gesundheitsschutz im Sinne von § 87 Abs. 1 Nr. 7 BetrVG betroffen sein kann.[342] Wegen der Erhebung der Daten der betroffenen Arbeitnehmer und wegen der Durchführung der Eingliederungsgespräche ergibt sich schon die Notwendigkeit eines formalisierten Verfahrens. Insoweit ist das Mitbestimmungsrecht aus § 87 Abs. 1 BetrVG tangiert. Jedenfalls kann, solange die strittige Mitbestimmungsfrage noch nicht höchstrichterlich entschieden ist, nicht von einer **offensichtlichen Unzuständigkeit** der Einigungsstelle ausgegangen werden.[343] Die Betriebsräte können daher die Errichtung einer Einigungsstelle durchsetzen. Das Bestellungsverfahren zur Errichtung der Einigungsstelle (§ 100 ArbGG) begünstigt dieses Vorhaben; denn es ist auf besondere Beschleunigung angelegt. Nach § 100 Abs. 2 Satz 4 ArbGG ist kein Rechtsmittel zum BAG statthaft. Da der Arbeitgeber nur im nicht beschleunigten Beschlussverfahren nach § 80 ArbGG die fehlende Zuständigkeit der Einigungsstelle feststellen lassen kann, hat er keine rechtliche Möglichkeit, das Tätigwerden der Einigungsstelle zu blockieren. Diese ist **befugt und verpflichtet, selbst über ihre Zuständigkeit zu beschließen**.[344] Dem Arbeitgeber bleibt bei negativem Ausgang dieses Beschlusses nur die Möglichkeit, den Spruch der Einigungsstelle nach § 76 Abs. 5 Satz 4 BetrVG anzufechten. Das Gericht prüft in diesem Verfahren nicht nur die Einhaltung des Ermessensspielraums, sondern auch, ob die Einigungsstelle die erforderliche Regelungskompetenz besaß.[345]

86 **Akzeptanzprobleme des BEM:** Die Haltung der Beschäftigtenvertretungen zur Durchführung des BEM und zur Mitgestaltung des BEM ist nicht einheitlich. Zumeist steht die Frage im Vordergrund, ob das BEM zu einer Stärkung oder Schwächung des Schutzes vor Krankheitskündigungen führt. Während einige im BEM eine Chance sehen, den Ursachen von arbeitsbedingten Erkrankungen auf den Grund zu gehen, sehen andere im BEM nur eine andere Verpackung für die Krankenrückkehrgespräche alten Stils, bei denen allzu häufig nicht die Gesundheitsprävention, sondern der Aufbau von Druck auf die sog. „leistungsgewandelten" Arbeitnehmer oder die „Jagd auf Blaumacher" im Vordergrund stand.

87 **Maßnahmen zur Verbesserung der Akzeptanz:** Zum Abbau dieser Befürchtungen sollte das **Erstgespräch** nicht vom betrieblichen Vorgesetzten oder einem

---

341 LAG Hamm 7.7.2003 – 10 TaBV 85/03, NZA-RR 2003, 637 mwN.
342 ArbG Dortmund 20.6.2005 – 5 BV 48/05; LAG SchlH 19.12.2006 – 6 TaBV 14/06, AiB 2007, 425; zustimmend: *Gagel* jurisPR-ArbR 18/2007 Anm. 1; *Hjort* AiB 2007, 427; *Faber* dbr 2007, Nr. 6, 37.
343 LAG Nds 11.11.1993 – 1 BV 59/93, LAGE § 98 ArbGG 1979 Nr. 27.
344 LAG Nds 11.11.1993 – 1 BV 59/93, LAGE § 98 ArbGG 1979 Nr. 27.
345 BAG 13.2.2007 – 1 ABR 18/06, NZA 2007, 640.

Mitarbeiter der personalaktenführenden Stelle, sondern vom Betroffenen und einem Gesprächspartner seines Vertrauens geführt werden. Zumindest sollte der Betroffene die Wahlmöglichkeit haben, eine Person seines Vertrauens hinzuzuziehen. Die gesetzlich erforderliche Zustimmungserklärung der Betroffenen, die der Wahrung des Freiwilligkeitsprinzips dient, kann **auch nach dem Erstkontakt** abgefragt werden. Die Eignungskriterien für diejenigen, die mit der Aufgabe des Erstkontakts betraut werden, sollten in der Betriebsvereinbarung, Dienstvereinbarung oder Inklusionsvereinbarung festgelegt werden. Im Übrigen sollte die weitere Durchführung nicht in der Hand der Personalabteilung liegen. Das ist auch nicht im Sinne des Gesetzgebers. Ein Eingliederungsmanagement ist nicht per se Aufgabe des Managements, sondern soll sich nach Abs. 2 in einem Kooperationsprozess vollziehen. Von daher ist die Einsetzung eines Integrationsteams oder eines Steuerungskreises angebracht, dem neben entscheidungskompetenten Mitgliedern des Managements auch sachkundige Mitglieder der Interessenvertretungen angehören.

Betriebs- und Dienstvereinbarung: Art. 6 Abs. 2 iVm Art. 88 Abs. 1 DS-GVO haben für die Datenverarbeitung im Beschäftigungskontext eine Öffnungsklausel für die Mitgliedstaaten geschaffen. Davon hat die Bundesrepublik Gebrauch gemacht. Deshalb kann nach Maßgabe des § 26 Abs. 4 Satz 1 BDSG 2018 auch eine Kollektivvereinbarung in Form der Betriebs- oder Dienstvereinbarung zum BEM eine **Erlaubnis für die Datenverarbeitung** im BEM darstellen. Die Betriebsparteien haben dazu nach § 26 Abs. 4 Satz 2 BDSG 2018 die in Art. 88 Abs. 2 DS-GVO aufgestellten Vorgaben zu beachten. Sie haben danach angemessene und besondere Maßnahmen zu vereinbaren: 88

- zur Wahrung der menschlichen Würde,
- zur Berücksichtigung der berechtigten Interessen und der Grundrechte der betroffenen Person,
- zur Herstellung der Transparenz der Verarbeitung.

Da nach § 75 Abs. 2 BetrVG die Betriebsparteien auch das Persönlichkeitsrecht mit seiner Ausprägung der informationellen Selbstbestimmung zu schützen und zu fördern haben, ist es zweifelhaft, ob ein Unterschreiten des Schutzniveaus der DS-GVO und des BDSG 2018 zulässig wäre. Im Schrifttum wird jedoch vertreten, dass die Aufnahme der Regelungsbefugnis durch Kollektivvereinbarung in Art. 88 DS-GVO als eine Art Besitzstandregelung sicherstellen soll, durch Betriebs- oder Dienstvereinbarung auch zuungunsten der Beschäftigten vom BDSG abweichen zu können.[346] Damit wäre für den Fall, dass die Rspr. aus der Änderung der datenschutzrechtlichen Vorschriften im BDSG 2018 eine Pflicht zur Pseudonymisierung der Namensliste der BEM-Betroffenen ableiten würde, die Möglichkeit eröffnet, durch eine Betriebs- oder Dienstvereinbarung zum BEM die Offenlegung der Namen oder wenigstens eine einzelfallbezogene Aufhebung der Pseudonymisierung[347] zu vereinbaren.

BEM-Team-Bildung: Der BayVGH vertritt die Auffassung, nach dem gesetzlichen Modell führe der Dienststellenleiter das BEM durch.[348] Der BayVGH hat schon deshalb grundsätzliche Bedenken dagegen, in einer Dienstvereinbarung ein Integrationsteam zu schaffen, der auch ein Mitglied der Beschäftigtenvertretung angehört. Wenn nach der Konstruktion einer Dienstvereinbarung das Eingliederungsmanagement einem Integrationsteam obliege, dem zwingend ein Mitglied der Personalvertretung angehöre, trage die Dienstvereinbarung der 89

---

346 *Hinze*, Das BEM nach § 84 Abs. 2 SGB IX, S. 191, 192.
347 So *Hinze*, Das BEM nach § 84 Abs. 2 SGB IX, S. 192.
348 BayVGH 8.1.2018 – 17 PC 17.2202, Rn. 37.

"Zustimmungsproblematik nicht hinreichend Rechnung". Diese Zustimmungsproblematik soll darin bestehen, dass dem Betroffenen, wenn er der Durchführung der Klärungsphase des BEM zustimmt, nicht die ihm vom BVerwG[349] eröffnete Wahlmöglichkeit verbleibe, das Eingliederungsmanagement ohne Beteiligung der Personalvertretung durchführen zu lassen. Die Bedenken sind nicht gerechtfertigt; denn nach dem klaren Wortlaut des § 167 Abs. 2 Satz 1 klärt nicht der Dienststellenleiter allein, sondern er „mit der zuständigen Interessenvertretung". Es hat daher eine gemeinsame Klärung stattzufinden. Problematisch ist nur, ob durch Spruch der Einigungsstelle die Klärung einem gemeinsam gebildeten BEM-Team übertragen werden kann, dazu → Rn. 95.

Schranken für kollektive Regelungsbefugnis: Die Mitglieder eines BEM-Teams, dem auch Mitglieder der Interessenvertretungen angehören, sollen nach der Rspr. des BayVGH nicht unabhängig von der Zustimmung der Betroffenen einen Zugang zu Informationen erhalten dürfen, der über das hinausgeht, was ohne Zustimmung der jeweiligen Beschäftigten deren Vertretungen zusteht.[350]

Information über Antwortschreiben der Betroffenen auf das BEM-Angebot: In der ersten Phase, in der das BEM-Angebot unterbreitet werden müsse, seien zwar den Interessenvertretungen auch ohne Zustimmung der Betroffenen deren Daten offenzulegen, damit das BEM-Angebot überwacht werden könne, → Rn. 90. Anders sei es jedoch nach der höchstrichterlichen Rspr.[351] in der sog. zweiten Phase, dem eigentlichen Klärungsprozess. Dort sei sowohl die Hinzuziehung der Personalvertretung und Schwerbehindertenvertretung als auch deren Einbindung in den Informationsfluss an die Zustimmung der Betroffenen gebunden. Insbesondere könne deshalb der Personalrat auch nicht gestützt auf eine Dienstvereinbarung verlangen, dass der Dienststellenleiter ihm die auf das Unterrichtungsschreiben eingehenden Antwortschreiben der Beschäftigten ohne deren Zustimmung zur Kenntnis bringe.[352] Richtig ist, nach der Rspr. des BVerwG[353] soll diese Information von der Zustimmung der Betroffenen abhängig sein. Es ist schon verfehlt, die Information über den Inhalt des Antwortbriefs der Betroffenen, nämlich Zustimmung zur Durchführung der Klärung oder nicht, bereits der Klärungsphase zuzuordnen; denn die Klärung soll erst danach beginnen. Zudem wird vom BayVGH nicht erkannt, dass die Dienstvereinbarung nach § 26 Abs. 4 Satz 1 BDSG 2018 eine **Erlaubnisnorm** für die Übermittlung als einen Unterfall der Datenverarbeitung darstellt. Wird der hier vertretenen Auffassung gefolgt (→ Rn. 83), kann auch eine Abweichung vom gesetzlichen Niveau zugunsten der Beschäftigten stattfinden, solange noch die Vorgaben aus Art. 88 Abs. 2 DS-GVO (→ Rn. 83) erfüllt werden. Werden die ausdrücklich nur an die Dienstellenleitung gerichteten Schreiben, in denen Vorbehalte gegen die Vertretungen geäußert werden, aus der Information ausgenommen, ist nicht erkennbar, dass berechtigte Interessen der Betroffenen durch die im Interesse der Belegschaft liegende Bemühung beeinträchtigt wird, durch umfassende Überwachung ein lückenloses BEM-Angebot sicherzustellen.

Zwangsausschluss der SBV-Mitglieder vom BEM-Team: Der BayVGH hält eine Regelung, dass auch bei nicht schwerbehinderten Beschäftigten das **Integrationsteam** unter Mitwirkung von Mitgliedern der SBV tätig werden soll, für un-

---

349 Vgl. BVerwG 23.6.2010 – 6 P 8.09, Rn. 55, BVerwGE 137, 148.
350 BayVGH 8.1.2018 – 17 PC 17.2202, Rn. 36.
351 BVerwG 23.6.2010 – 6 P 8/09 – Rn. 54 ff., BVerwGE 137, 148; BVerwG 4.9.2012 – 6 P 5.11, Rn. 13, NZA-RR 2013, 164; BAG 22.3.2016 – 1 ABR 14/14, Rn. 23 ff., BAGE 154, 329.
352 BayVGH 8.1.2018 – 17 PC 17.2202, Rn. 38.
353 BVerwG 23.6.2010 – 6 P 8/09, Rn. 55 und 61 ff., BVerwGE 137, 148.

zulässig; denn § 167 Abs. 2 SGB IX sehe eine Beteiligung der SBV nur für schwerbehinderte Beschäftigte vor.[354] Wenn nach Nr. 6.2 der vom VGH zu beurteilenden Dienstvereinbarung das dem Integrationsteam angehörende Mitglied der SBV auch hinsichtlich nicht schwerbehinderter Beschäftigter Informationen erhalte, dann sei das nicht hinnehmbar; denn der nicht schwerbehinderte Beschäftigte habe auf die Wahl der SBV keinen Einfluss nehmen können. Hier werden die Funktion des BEM-Teams und die Gründe seiner Zusammensetzung verkannt. Das BEM-Team soll aufgrund besonderer Sach- und Fachkunde seiner Mitglieder in die Lage versetzt werden, für den Betroffenen geeignete Beschäftigungsmöglichkeiten zu identifizieren oder Maßnahmen vorzuschlagen, um sie geeignet zu machen. Ein Mitglied der SBV wird deshalb dem Team regelmäßig nicht als Vertreter des Gruppeninteresses der Schwerbehinderten, sondern aufgrund seiner besonderen Erfahrungen in Fragen behinderungsgerechter Arbeit zugewiesen. Das ist sinnvoll, weil ein Großteil der BEM-Adressaten entweder einfach behindert oder von Behinderung bedroht ist. Dieses sogenannte Ability-Management liegt im Interesse der BEM-Adressaten; denn es verbessert ihre Chancen, ihre Beschäftigung fortzusetzen oder wiederaufzunehmen. Entsprechende kollektive Vereinbarungen liegen folglich im Interesse der Arbeitnehmer. Sie sind mit den Vorgaben aus Art. 88 Abs. 2 DS-GVO (→ Rn. 83) vereinbar.

Informationsmonopol für die Dienststellenleitung: In der vom BayVGH geprüften Dienstvereinbarung ist in Nr. 6.2 Abs. 2 Satz 5 bestimmt, dass wenn nach der dort festgelegten Frist keine Antwort bei der Personalstelle eingeht, das Integrationsteam von der Personalstelle darüber informiert wird. Erst nach Zustimmung der betroffenen Personen erfolgt dann ein erstes Gespräch zur Klärung und Abstimmung der Vorgehensweise und Feststellung des Bedarfs mit einem Mitglied des Integrationsteams (Dienstvereinbarung unter Nr. 6.2 Abs. 3 Satz 1). Nach Auffassung des BayVGH soll es unzulässig sein, dass derartige Informationen von der Personalstelle an das Integrationsteam übermittelt werden.[355] Auch hier hat der VGH vernachlässigt, dass die Dienstvereinbarung schon nach altem Datenschutzrecht gemäß § 4 Abs. 1 BDSG aF und auch nach dem seit dem 25.5.2018 geltenden § 26 Abs. 4 BDSG 2018 eine ausreichende Erlaubnisnorm für die Datenübermittlung sein kann. Im Übrigen ist auch zu diesem Zeitpunkt die zweite Phase des BEM, in der die Klärung der Beschäftigungsmöglichkeiten stattfindet, noch nicht angebrochen, so dass keine Zustimmung iSv § 167 Abs. 2 Satz 1 SGB IX erforderlich war.

Datenschutz-Folgenabschätzung: Art. 35 DS-GVO mit Wirkung vom 25.5.2018 hat für den Verantwortlichen, das ist der private Arbeitgeber bzw. im öffentlichen Dienst der Dienststellenleiter, die Pflicht zu einer **Datenschutz-Folgenabschätzung** (DSFA) eingeführt.[356] Art. 35 Abs. 1 DS-GVO knüpft dazu an eine Form der Verarbeitung personenbezogener Daten an, die ua aufgrund der Art, des Umfangs, der Umstände und der Zwecke der Verarbeitung voraussichtlich ein hohes Risiko für die Rechte und Freiheiten natürlicher Personen zur Folge hat. Das kann bei den BEM-Daten der Fall sein. In Betracht kommt in Art. 35 Abs. 3 Buchst. a DS-GVO aufgeführte Risiko „einer systematischen und umfassenden Bewertung persönlicher Aspekte" des Betroffenen, wenn dessen künftige Beschäftigungsfähigkeit im Abgleich mit den Anforderungsprofilen unter Nutzung der automatisierten Datenverarbeitung ermittelt wird; denn damit wird eine Grundlage für Entscheidungen über die weitere Verwendung durch

90

---

354 BayVGH 8.1.2018 – 17 PC 17.2202, Rn. 41.
355 BayVGH 8.1.2018 – 17 PC 17.2202, Rn. 40.
356 Überblick bei *Kiesche* PersR 4/2018, 25 ff.

den Arbeitgeber geschaffen, die bei fehlender betrieblicher Beschäftigungsmöglichkeit zur personenbedingten Kündigung führen kann. Außerdem ist auch das Bekanntwerden der besonders sensiblen und der Verschwiegenheit unterliegenden Gesundheitsdaten ein weiterer Risikotatbestand, der Maßnahmen zur Datensicherung erforderlich macht. Der Verantwortliche hat sich für die DSFA nach Art. 35 Abs. 2 DS-GVO vom **betrieblichen Datenschutzbeauftragten** beraten zu lassen. Folgt er nicht dessen Empfehlungen, hat er dies zu dokumentieren. Unterlässt er die Hinzuziehung, so ist dies nach Art. 83 Abs. 4 DS-GVO bußgeldbewehrt. Ein **Anhörungsrecht der Interessenvertretungen** besteht nicht, aber empfiehlt sich.

V. Verhältnis von Kündigungsprävention und BEM

1. Gemeinsamkeiten und Unterschiede

91 **Zwei unterschiedliche Klärungsverfahren:** Sowohl das Präventionsverfahren nach § 167 Abs. 1 als auch das BEM nach § 167 Abs. 2 sind dialogische und kooperative Klärungsverfahren, die ergebnisoffen unter Mobilisierung des internen und externen Sachverstands vom Arbeitgeber gemeinsam mit den Beschäftigtenvertretungen durchzuführen sind. Sie unterscheiden sich sowohl hinsichtlich des Startsignals als auch hinsichtlich des Ziels und der Zielgruppe. Auslösend für das Präventionsverfahren nach § 167 Abs. 1 ist die subjektive Einschätzung des Arbeitgebers, dass Schwierigkeiten vorliegen, die zur Gefährdung des Beschäftigungsverhältnisses führen können (→ Rn. 17 ff.). Demgegenüber ist Startsignal für das BEM das objektive Datum des 43. Fehltags (→ Rn. 59). Auch die Ziele sind verschieden, obwohl im Einzelfall Überscheidungen möglich sind. Ziel des Präventionsverfahrens ist die Vermeidung der Beendigung des Beschäftigungsverhältnisses, insbesondere durch Kündigung (→ Rn. 10). Ziel des BEM ist die Herstellung und Sicherung der Beschäftigungsfähigkeit (→ Rn. 35). Die Zielgruppe des Präventionsverfahrens ist die Gruppe der Schwerbehinderten und Gleichgestellten (→ Rn. 12). Die Zielgruppe des BEM bilden dagegen alle Beschäftigten, die längere Zeit arbeitsunfähig sind (→ Rn. 65).

2. Präventionsverfahren und BEM als Suchverfahren für angemessene Vorkehrungen

92 § 167 Abs. 1 und 2 SGB können als Gesetzgebungsakte zur Umsetzung der in Art. 5 RL 2000/78/EG (Rahmenrichtlinie) und in Art. 27 Abs. 1 Satz 2 lit. i BRK der Vereinten Nationen enthaltenen Vorgaben verstanden werden, angemessene Vorkehrungen für behinderte Menschen zur rechtlichen Absicherung ihres Zugangs zur Beschäftigung zu schaffen. Zwar definieren sie nicht, welche konkreten Maßnahmen der Arbeitgeber zur Erfüllung der Pflicht zu angemessenen Vorkehrungen zu ergreifen hat, aber sie stellen zwei Klärungsverfahren zur Verfügung, die den unter Nutzung des internen und externen Sachverstands in den Stand setzen, die im Einzelfall „geeigneten und im konkreten Fall erforderlichen Maßnahmen"[357] zu finden. Ist in einem ordnungsgemäßen Klärungsverfahren ein Ergebnis gefunden worden, so kann sich der Arbeitgeber auf dessen Richtigkeitsgewähr berufen. Ist das Verfahren pflichtwidrig unterlassen oder nicht ordnungsgemäß durchgeführt worden, ist es Sache des Arbeitgebers auszuschließen, dass trotz eines rechtzeitig und ordnungsgemäß durchgeführten

---

357 Wortlaut Art. 5 Satz 2 Rahmenrichtlinie.

Verfahrens keine geeigneten und im konkreten Fall erforderliche Maßnahmen hätte gefunden werden können,[358] Einzelheiten: → Rn. 128. Zur Definition der angemessenen Vorkehrungen und Abgrenzung zu positiven Maßnahmen iSv Art. 7 der Rahmenrichtlinie → Rn. 32. Zwar besteht für das Präventionsverfahren und das BEM die Gemeinsamkeit, dass beide Verfahren der Klärung von Beschäftigungsmöglichkeiten dienen, die den Erhalt des Arbeitsplatzes bezwecken. Es existiert jedoch der wesentliche Unterschied, dass § 167 Abs. 1 gezielt für den Erhalt des Arbeitsplatzes für schwerbehinderte Menschen dient, wohingegen § 167 Abs. 2 für alle Beschäftigten mit längeren Krankheitsfehlzeiten geöffnet ist. Dieser Unterschied wird vom BAG als Ausschlussmerkmal bezeichnet.[359] Es ist jedoch nicht geeignet, das BEM-Verfahren aus dem Kreis der angemessenen Vorkehrungen auszuschließen.[360] Eine angemessene Vorkehrung setzt nämlich nicht voraus, dass sie exklusiv zugunsten von Menschen mit Behinderung geschaffen wird. Sie verliert ihren Nutzen für den behinderten Menschen nicht dadurch, dass sie einen universellen Vorteil bewirkt, der auch Menschen ohne Behinderung zugutekommt. Das zeigt beispielhaft der Einbau eines Fahrstuhls für einen mobilitätseingeschränkten Menschen mit Behinderung. Das für dessen behinderungsgerechte Beschäftigung erforderliche technische Mittel hat auch Nutzen für Beschäftigte mit einem zeitweiligen Gehproblem, zB nach einem Beinbruch oder bei einer Verstauchung, obwohl diese Personen keine Behinderung iSv § 2 Abs. 1 SGB IX haben. So wie im Fahrstuhl – Beispiel ist es auch mit dem BEM. Nur weil der Gesetzgeber mit der Novelle von 2004 das BEM für alle gesundheitlich beeinträchtigten Beschäftigten geöffnet hat, verliert das auf den einzelnen schwerbehinderten Beschäftigten bezogene Verfahren noch nicht seine Eigenschaft als angemessene Vorkehrung.

Hierzu passt: Das Pharmaunternehmen Boehringer Ingelheim hat in seinem Aktionsplan 2012–2020 zur „Umsetzung der UN-Konvention über die Rechte von Menschen mit Behinderungen" als Ziel gesetzt: „Das betriebliche Eingliederungsmanagement kontinuierlich zu verbessern!".[361]

3. Verhältnis von Prävention bei Schwierigkeiten nach Abs. 1 zum BEM nach Abs. 2

Konkurrenzverhältnis: Schwierigkeiten, die der Arbeitgeber darin sieht, dass bei einem schwerbehinderten oder gleichgestellten Beschäftigten Krankheitsfehlzeiten entstanden sind, die sechs Wochen überschreiten, erfüllen sowohl die Voraussetzungen einer „Einschaltung" nach Abs. 1 als auch einer „Klärung" im Rahmen eines betrieblichen Eingliederungsmanagements nach Abs. 2. In diesem Fall **verdrängt das BEM das Präventionsverfahren**.[362] Über die Frage: „Was ist spezieller?" kann man trefflich streiten. Der Geltungsbereich des Abs. 1 ist zwar enger, derjenige des auf alle Beschäftigten anwendbaren BEM ist weiter.

93

---

358 Zum Kündigungsrecht: BAG 13.5.2015 – 2 AZR 565/14, Rn. 32, NZA 2015, 1249; BAG 20.3.2014 – 2 AZR 565/12 – Rn. 34; BAG 24.3.2011 – 2 AZR 170/10, NZA 2011, 952.
359 BAG 28.4.2011 – 8 AZR 515/10, Behindertenrecht 2012, 62.
360 Ausführlich: *Nebe*, Prävention und Rehabilitation – Erhaltung und Wiederherstellung der Erwerbsfähigkeit als Schnittstellenproblem in Das Sozialrecht für ein längeres Leben, Bundestagung des Deutschen Sozialrechtsverbandes eV 11./12.10.2012 in Mannheim, SDSRV 63, 2013.
361 S. www.boehringer-ingelheim.de/ueber-uns/diversity-inclusion/menschen-mit-behinderungen (letzter Aufruf: 17.2.2021).
362 *Knittel* SGB IX § 84 Rn. 50.

Dennoch wird im Unterschied zu Abs. 1, der alle Schwierigkeiten erfasst, im BEM nur eine kleine Teilmenge der Schwierigkeiten, nämlich die der Krankheitsfehlzeiten geregelt. Zudem hat der Gesetzgeber in Abs. 2 Satz 1 ausdrücklich den im BEM zu behandelnden Fall der Schwerbehinderung angesprochen.

VI. Datenschutzrechtliche Fragen

1. Informationsanspruch der Beschäftigtenvertretung zur Einleitung des BEM

94 **Überholte Bedenken von Datenschützern:** Symptomatisch für die früher weit verbreitete Geringschätzung der Überwachungsaufgabe der Beschäftigtenvertretungen war die Beanstandung der Landesbeauftragten für Datenschutz und Informationsfreiheit NRW. Diese rügte die nordrhein-westfälischen Integrationsämter, weil diese Handlungsempfehlungen zum BEM veröffentlicht hatten, nach denen vor der Einholung der Zustimmung der Arbeitgeber dem Betriebsrat und Personalrat zur Erfüllung der Überwachungsaufgabe nach § 167 Abs. 2 Satz 7 die Namen und Fehlzeiten der länger als sechs Wochen infolge Krankheit Arbeitsunfähigen mitzuteilen seien. Die Begründung der Landesbeauftragten ließ wenig Achtung vor arbeitsrechtlicher Rechtsprechung und gesetzlichen Überwachungsaufträgen erkennen: „(…) kein Grund für die Annahme einer derart weitgehenden Überwachungsfunktion gegenüber dem an Recht und Gesetz gebundenen Arbeitgeber ersichtlich".[363]

95 **Klärung des Rechts auf Namensliste durch BAG und BVerwG nach altem Recht:** Das BAG hat die Unterrichtungspflicht nach § 80 Abs. 2 BetrVG bejaht, weil sie aus der Überwachungsaufgabe nach § 80 Abs. 1 Satz 1 Nr. 1 BetrVG folgt.[364] Die Weitergabe der Fehlzeiten betreffe zwar **Gesundheitsdaten** iSv § 3 Abs. 9 BDSG idF bis 24.5.2018 (entspricht Art. 9 Abs. 1 DS-GVO). Diese Art der Datenverarbeitung sei aber nach § 28 Abs. 6 Nr. 3 BDSG (in der bis 24.5.2018 geltenden Fassung) erlaubt, weil der Arbeitgeber zur Erfüllung des gesetzlichen Informationsanspruchs des Betriebs tätig werden müsse. Dem BAG ist das BVerwG für das Unterrichtungsrecht des Personalrats gefolgt, → Rn. 63. Unabhängig von der Frage der Erlaubnis hat das BAG auf seine ständige Rechtsprechung verwiesen, nach der eine Arbeitnehmervertretung Teil der verarbeitenden Stelle und nicht Dritter sei.[365] Deshalb bedurfte es an sich für das Übermitteln durch Bekanntgabe der personenbezogenen Daten an den Betriebsrat keiner Zulassung nach § 28 Abs. 6 Nr. 3 BDSG aF; denn eine nach § 4 Abs. 1 BDSG aF erlaubnispflichtige Datenverarbeitung war eine Weitergabe von Daten nach § 3 Abs. 4 Nr. 3 a BDSG aF nur, wenn die Daten an einen nach § 3 Abs. 8 Satz 2 BDSG aF außerhalb der verarbeitenden Stelle stehenden Dritten übermittelt wurden. Der Betriebsrat war nach altem (und ist auch nach neuem) Recht jedoch kein außerhalb der verarbeitenden Stelle stehender Dritter.[366] Im Übrigen hat das BAG bei dieser Gelegenheit klargestellt: Der Arbeitgeber ist nicht befugt, sich gegenüber dem Überwachungsrecht des Betriebsrats auf dem vermeintlich entgegenstehende Grundrechte von Arbeitnehmern zu berufen.[367]

---

363 Beanstandungsschreiben der Landesbeauftragten vom 16.4.2007 – 73.16.2, 835/07.
364 BAG 7.2.2012 – 1 ABR 46/10, NZA 2012, 744.
365 Zur alten Fassung des BDSG schon BAG 11.11.1997 – 1 ABR 21/97, NZA 1998, 385; ArbG München 16.4.2010 – 27 BV 346/09, Rn. 27.
366 So auch BVerwG 23.6.2010 – 6 P 8/09, NZA-RR 2010, 554.
367 BAG 7.2.2012 – 1 ABR 46/10, NZA 2012, 744 unter Bezug auf BAG 20.12.1995 – 7 ABR 8/95, NZA 1996, 945, zu B II 1 der Gründe.

Recht auf Unterrichtung nach neuem Recht: Der vom BAG und BVerwG festgestellte Anspruch auf Unterrichtung über Zeiten der Arbeitsunfähigkeit und Namen der Betroffen für die Einleitung des BEM hat sich durch die seit dem 25.5.2018 geltende **DS-GVO**[368] im Ergebnis nicht geändert. Der unmittelbar anwendbare **Art. 4 Nr.** 10 DS-GVO grenzt gut ab, wer Dritter ist: 96

„Dritter" [ist] eine natürliche oder juristische Person, Behörde, Einrichtung oder andere Stelle, außer der betroffenen Person, dem Verantwortlichen, dem Auftragsverarbeiter und den Personen, die unter der unmittelbaren Verantwortung des Verantwortlichen oder des Auftragsverarbeiters befugt sind, die personenbezogenen Daten zu verarbeiten; (…).

Danach sind Betriebsräte/Personalräte eindeutig keine „Dritten", so dass keine Daten an „Dritte" übermittelt werden. Jedoch differenziert das neue Recht in Art. 6 Abs. 1 DS-GVO hinsichtlich der Rechtmäßigkeit nicht zwischen Übermittlung und anderen Datenverarbeitungsvorgängen. Nach Art. 6 Abs. 1 Buchst. c DS-GVO ist die Verarbeitung rechtmäßig, wenn die Verarbeitung zur Erfüllung einer rechtlichen Verpflichtung erforderlich ist, der der Verantwortliche unterliegt. Art. 6 Abs. 2 DS-GVO enthält eine Öffnungsklausel für „spezifischere Bestimmungen zur Anpassung der Anwendung … in Bezug auf die Verarbeitung zur Erfüllung von Absatz 1 Buchstabe c (…)". Der deutsche Gesetzgeber hat für die Datenverarbeitung im Beschäftigungskontext (Art. 88 DS-GVO) durch das Datenschutz-Anpassungs- und -Umsetzungsgesetz EU (DSAnpUG-EU) vom 30.6.2017[369] von dieser Option Gebrauch gemacht.[370] Art. 1 des Gesetzes enthält die Neufassung des BDSG, das für öffentliche Stellen des Bundes und der Länder (soweit nicht landesrechtliche Regelungen greifen) sowie für nichtöffentliche Stellen gilt. Die in Art. 1 neunummerierte Fassung des BDSG[371] ist nach einer langen Übergangsregelung erst mit Wirkung vom 25.5.2018 in Kraft getreten. Der Gesetzgeber des BDSG 2018 hat im Verhältnis zum alten Recht besser „lesbare" Rechtsgrundlagen für die Verarbeitung der personenbezogenen Daten im Beschäftigungskontext geschaffen. Diese Regeln schließen anders als § 32 BDSG aF auch die in Art. 4 Nr. 10 DS-GVO als **Gesundheitsdaten** definierten personenbezogenen Daten ein, die sich auf die körperliche oder geistige Gesundheit einer natürlichen Person beziehen und nach Art. 9 DS-GVO einem besonderen Schutz unterliegen. Dazu sind die bis dahin anwendbaren Regelungen in §§ 28 Abs. 6 und 32 Abs. 1 BDSG aF durch zwei neue Bestimmungen ersetzt worden, die beide von der gemeinsamen Klammer des Beschäftigungskontextes zusammen gehalten werden:[372]

§ 26 Abs. 1 Satz 1 BDSG 2018:

(1) Personenbezogene Daten von Beschäftigten dürfen für Zwecke des Beschäftigungsverhältnisses verarbeitet werden, wenn dies für die Entscheidung über die

---

368 Verordnung (EU) 2016/679 des Europäischen Parlaments und des Rates vom 27.4.2016 zum Schutz natürlicher Personen bei der Verarbeitung personenbezogener Daten, zum freien Datenverkehr und zur Aufhebung der Richtlinie 95/46/EG (Datenschutz-Grundverordnung) vom 27.4.2016, ABl. L 119 vom 4.5.2016, 1.
369 BGBl. 2017 I 2097.
370 Einzelheiten dazu: *Düwell* in Weth/Herberger/Wächter Arbeitnehmerdatenschutz-HdB, 2. Aufl. 2019, S. 19 ff.
371 Für die Neufassung wird wie die Bezeichnung BDSG 2018 verwandt.
372 Einzelheiten dazu: *Düwell* in Weth/Herberger/Wächter Arbeitnehmerdatenschutz-HdB, 2. Aufl. 2019, S. 21.

Begründung eines Beschäftigungsverhältnisses oder nach Begründung des Beschäftigungsverhältnisses für dessen Durchführung oder Beendigung oder zur Ausübung oder Erfüllung der sich aus einem Gesetz oder einem Tarifvertrag, einer Betriebs- oder Dienstvereinbarung (Kollektivvereinbarung) ergebenden Rechte und Pflichten der Interessenvertretung der Beschäftigten erforderlich ist.

§ 26 Abs. 3 Satz 1 BDSG 2018:

(3) Abweichend von Artikel 9 Absatz 1 der Verordnung (EU) 2016/679 ist die Verarbeitung besonderer Kategorien personenbezogener Daten im Sinne des Artikels 9 Absatz 1 der Verordnung (EU) 2016/679 für Zwecke des Beschäftigungsverhältnisses zulässig, wenn sie zur Ausübung von Rechten oder zur Erfüllung rechtlicher Pflichten aus dem Arbeitsrecht, dem Recht der sozialen Sicherheit und des Sozialschutzes erforderlich ist und kein Grund zu der Annahme besteht, dass das schutzwürdige Interesse der betroffenen Person an dem Ausschluss der Verarbeitung überwiegt.

Damit hat der deutsche Gesetzgeber bei der Anpassung und Umsetzung der DS-GVO die vom BAG und BVerwG aufgestellten Rechtssätze zur Zulässigkeit der Übermittlung der Namen und Arbeitsunfähigkeitszeiten der BEM-Betroffenen (→ Rn. 61 und 95) in die vierte Variante der Erlaubnisnorm des § 26 Abs. 1 Satz 1 BDSG 2018 übernommen. In § 26 Abs. 3 Satz 1 BDSG 2018 hat er zudem ausdrücklich klargestellt, dass in Erfüllung einer Pflicht aus dem Arbeitsrecht auch die Verarbeitung der sensitiven Gesundheitsdaten dazu gehört, wenn – wie beim BEM – dem Betroffenen ein ihn begünstigendes Klärungsverfahren zur Verfügung gestellt wird, dessen Durchführung zudem von seiner Zustimmung abhängig ist. Die Erfüllung der dem Arbeitgeber gegenüber dem Betriebsrat bestehenden Unterrichtungspflicht aus § 80 Abs. 2 BetrVG iVm § 167 Abs. 2 SGB IX (→ Rn. 61) kann ohne Weiteres als Erfüllung einer bürgerlich-rechtlichen Pflicht „aus dem Arbeitsrecht" verstanden werden. Die Unterrichtungspflicht, die öffentliche Arbeitgeber des Bundes aus § 66 Abs. 1 BPersVG nF (bis 14.6.2021: § 68 Abs. 2 Satz 1 BPersVG) iVm § 167 Abs. 2 SGB IX gegenüber ihren Beschäftigtenvertretungen zu erfüllen haben (→ Rn. 63), ist demgegenüber öffentlich-rechtlicher Natur. Dennoch muss auch sie hier einem weiten Begriff des Arbeitsrechts zugeordnet werden. Der Gesetzgeber hat das Personalvertretungsrecht als Bestandteil des Arbeitsrechts aufgefasst. Er wollte Personalvertretungen nicht ausschließen.

97 **Überwachung der Aufklärung über das Ziel des BEM:** Der Überwachungsauftrag der Beschäftigtenvertretungen erfasst auch die Frage, ob alle Betroffenen Hinweisschreiben zu den Zielen des BEM und zu Art sowie Umfang der hierfür erhobenen und verwendeten Daten erhalten. Die BVerwG hat dazu ausgeführt, aus dem Hinweisschreiben des Arbeitgebers nach Abs. 2 Satz 3 aF (seit 10.6. 2021 Satz 4) erfahre der Personalrat außer der Privatanschrift des Betroffenen nichts Neues. In der Abwägung mit dem Persönlichkeitsrecht der Betroffenen verdiene der Überwachungsauftrag des Personalrats Vorrang.[373] Die Überwachung der Pflicht des Dienststellenleiters, dass jeder betroffene Beschäftigte ordnungsgemäß über die Ziele des BEM unterrichtet wird, diene nämlich dem Schutz des Betroffenen vor dem drohenden Verlust seines Arbeitsplatzes. Dem ist zuzustimmen. Die korrekte Belehrung eines jeden Betroffenen ist wesentliche Voraussetzung dafür, dass das Angebot des BEM vom Mitarbeiter positiv aufgegriffen wird und die vom Gesetzgeber intendierte Wiedereingliederung in den Arbeitsprozess nach der Zeit der Arbeitsunfähigkeit gut gelingen kann.

---

373 BVerwG 23.6.2010 – 6 P 8/09, PersR 2010, 442.

Zuordnen des Antwortschreibens: Der Personalrat kann im Rahmen der Überwachung auch von der Dienststelle verlangen, ihm die Antwortschreiben der Betroffenen auf die über die Ziele des BEM aufklärenden Hinweisschreiben des Arbeitgebers vorzulegen. In Abwägung der widerstreitenden Belange hat hier jedoch das BVerwG entschieden, dass weder deren Vorlage noch die Mitteilung deren Inhalts als erforderlich anzusehen seien.[374] Der Personalrat benötige weder die Antworten der Beschäftigten, die das BEM für sich überhaupt ablehnen, noch die Antworten derjenigen, die es ohne Beteiligung der Personalvertretung wünschen. Das BVerwG hat hier die Bedeutung des Überwachungsauftrags aus Abs. 2 Satz 7 unterschätzt. Obwohl vom Personalrat Fehler beim Zuordnen von Antworten aufgezeigt worden sind, wird ihm nicht die Möglichkeit eröffnet, solche Mängel aufzudecken. Maßgeblich für das BVerwG ist, dass das richtige Zuordnen der drei möglichen verschiedenen Antwortvarianten (keine Teilnahme, Teilnahme mit oder ohne Personalratsbeteiligung) eine einfach zu lösende Aufgabe sei. Deshalb sei anzunehmen, dass „Ausreißer" typischerweise nicht unbemerkt blieben. Beschäftigte, die dem BEM unter Beteiligung der Personalvertretung zugestimmt haben, würden sich in diesem Fall beim Personalrat oder bei der Dienststelle oder bei beiden in Erinnerung bringen, wenn der Klärungsprozess im Widerspruch zu ihrem Antwortschreiben nicht oder nicht mit Beteiligung des Personalrats stattfinde. Dieser Gesichtspunkt soll nach Auffassung des BVerwG so schwer wiegen, dass den Persönlichkeitsrechten der Betroffenen Vorrang zukomme.[375]

98

Keine Beschränkung des Kreises der Einsichtnehmenden: Das BVerwG hat den Unterrichtungsanspruch des Personalrats in der Weise beschränkt, dass Einsicht in die Liste der Namen der betroffenen Personen und in die versandten Hinweisschreiben nur dem Vorsitzenden des Personalrats oder einem vom Personalrat beauftragten Mitglied gewährt werden dürfe.[376] Zur Begründung führt BVerwG unter Hinweis auf seine Rechtsprechung zum Personalaktenrecht aus, die Beschränkung von Mitteilungen des Dienststellenleiters an den Personalrat auf einzelne Personalratsmitglieder sei ein in der Verwaltungsrechtsprechung anerkanntes Mittel, um dem Schutz besonders sensibler personenbezogener Daten der Beschäftigten Rechnung zu tragen. Demgegenüber hat das VG Oldenburg von einer derartigen Beschränkung abgesehen.[377] Auch das OVG Bln-Bbg geht zu dieser Rspr. auf Distanz, in dem es sie nur anwendet, wenn ein deutlicher Widerspruch vom Betroffenen ausgeht.[378] Eine Beschränkung des Zugangs auf ausgewählte Mitglieder des Personalrats lässt sich nicht aus der in § 66 Abs. 2 Satz 1 BPersVG (bis 14.6.2021: § 68 Abs. 2 Satz 3 BPersVG) getroffenen Sonderregelung herleiten, nach der Personalakten nur mit Zustimmung des Beschäftigten und nur von den von ihm bestimmten Mitgliedern der Personalvertretung eingesehen werden dürfen. Hinweisschreiben im Sinne von § 167 Abs. 2 Satz 3 SGB IX können zwar zur Personalakte genommen werden. Die Information über den Namen und den Umstand der Einleitung des BEM kann jedoch kein vergleichbares Persönlichkeitsbild wie eine Personalakte vermitteln. Folglich scheidet mangels vergleichbarer Interessenlage auch eine analoge Anwen-

99

---

374 BVerwG 23.6.2010 – 6 P 8/09, PersR 2010, 442.
375 BVerwG 23.6.2010 – 6 P 8/09, PersR 2010, 442.
376 BVerwG 23.6.2010 – 6 P 8/09, PersR 2010, 442.
377 VG Oldenburg 3.5.2011 – 8 A 2967/10, Rn. 24, PersR 2011, 486 ff.; zustimmend *Beyer* jurisPR-ArbR 34/2011 Anm. 5, *Daniels* PersR 2010, 428 (430); *Ilbertz* ZBVR online 2011, Nr. 12, 14–15.
378 OVG Bln-Bbg 19.1.2017 – OVG 60 PV 6.16, Rn. 24 f., PersV 2018, 32; zustimmend: *Janssen* jurisPR-ArbR 19/2017 Anm. 2 und *Hinze*, Das BEM nach § 84 Abs. 2 SGB IX, 2018, S. 110.

dung des § 66 Abs. 2 Satz 1 BPersVG nF aus. Diese – das Einsichtsrecht der Personalratsmitglieder einschränkende – Rechtsprechung hat das BVerwG 2012 bestätigt.[379] Die erneut unter Bezug auf das Personalaktenrecht gegebene Begründung des BVerwG ist verfehlt. Sie berücksichtigt zudem im Ausgangsfall nicht das anzuwendende Landesrecht. In § 65 Abs. 3 Satz 1 Hs. 2 des NWPersVG ist nämlich ausdrücklich geregelt, dass listenmäßig aufgeführte Personaldaten, wie sie Namenslisten von BEM-Adressaten enthalten, dem gesamten Personalrat zur Kenntnis zu bringen sind, wenn sie regelmäßig Entscheidungsgrundlage in beteiligungspflichtigen Angelegenheiten ist. Das ist bei dem nach § 167 Abs. 2 SGB IX unter Beteiligung des Personalrats durchzuführenden Klärungsverfahren der Fall; denn an der nach Abs. 2 Satz 1 durchzuführenden Klärung ist der Personalrat und nicht nur dessen Vorsitzender zu beteiligen. Der vom BVerwG zur Rechtfertigung der Beschränkung herangezogene Ausgleich der „beiderseitigen Schutzgüter im Wege praktischer Konkordanz" stellt hier eine Leerformel dar, die keine Begründung ersetzen kann. Im Ergebnis ist das BVerwG zudem, ohne es kenntlich zu machen, von der Rspr. des BAG abgewichen; denn dieses hat eine derartige Beschränkung zu Recht ausdrücklich abgelehnt.[380] Nach § 80 Abs. 2 Satz 2 BetrVG findet zwar eine Zugangsbeschränkung aus Gründen des Persönlichkeitsschutzes bei der Einsichtnahme in die Listen über Bruttolöhne und Bruttogehalter statt. Sonst besteht aber aus gutem Grund keine Beschränkung. Wer verantwortlich als Mitglied der Beschäftigtenvertretungen mitwirken soll, braucht nämlich umfassende Informationen. Ein Informationsgefälle in einem Kollegialorgan ist nur in definierten Ausnahmefällen zulässig.[381] So ist es hier nach § 167 Abs. 2 SGB IX. Nicht der Vorsitzende „klärt" mit dem Arbeitgeber die Möglichkeiten, sondern der Betriebs- oder Personalrat. Deshalb vertritt das Fachschrifttum die Ansicht, eine Änderung der Rspr. sei erforderlich und mit der Entscheidung des OVG Bln-Bbg[382] deute sich diese bereits an.[383]

Das seit dem 25.5.2018 geltende neue Datenschutzrecht steht dem uneingeschränkten Unterrichtsanspruch der Beschäftigtenvertretungen nicht entgegen.[384] Die Mitglieder der Beschäftigtenvertretungen sind nach § 79 BetrVG, § 11 Abs. 1 Satz 1 BPersVG nF (bis 14.6.2021: § 101 BPersVG) und § 179 Abs. 7 SGB IX zur Verschwiegenheit verpflichtet. Damit wird der Vorgabe in Art. 9 Abs. 3 DS-GVO Rechnung getragen, nach der die in Art. 9 Abs. 1 DS-GVO genannten Gesundheitsdaten zu der Beurteilung der Arbeitsfähigkeit verarbeitet werden dürfen, wenn die Verarbeitung durch eine Person erfolgt, die nach dem Recht eines Mitgliedstaats einer Geheimhaltungspflicht unterliegt.

100 **Interne Beschränkungen:** § 26 Abs. 3 Satz 3 iVm § 22 Abs. 2 Satz 2 Nr. 5 BDSG 2018 schreibt jeder verantwortlichen Stelle eine Prüfung vor, wie der **Zugang zu den personenbezogenen Gesundheitsdaten** innerhalb der eigenen Organisation beschränkt werden kann. Als „Verantwortlicher" wird in Art. 4 Nr. 10 DS-GVO jede natürliche oder juristische Person, Behörde, Einrichtung oder andere Stelle bezeichnet, die allein oder gemeinsam mit anderen über die Zwecke und

---

379 BVerwG 4.9.2012 – 6 P 5.11, Behindertenrecht 2013, 23; ablehnend: *Hinze*, Das BEM nach § 84 Abs. 2 SGB IX, 2018, S. 109.
380 BAG 7.2.2012 – 1 ABR 46/10, Rn. 15, NZA 2012, 744; zustimmend, *Hinze*, Das BEM nach § 84 Abs. 2 SGB IX, 2018, S. 108.
381 *Hinze*, Das BEM nach § 84 Abs. 2 SGB IX, 2018, S. 109.
382 OVG Bln-Bbg 19.1.2017 – OVG 60 PV 6.16, Rn. 24 f., PersV 2018, 32; zustimmend: *Janssen* jurisPR-ArbR 19/2017 Anm. 2 und *Hinze*, Das BEM nach § 84 Abs. 2 SGB IX, 2018, S. 110.
383 *Hinze*, Das BEM nach § 84 Abs. 2 SGB IX, 2018, S. 110.
384 *Hinze*, Das BEM nach § 84 Abs. 2 SGB IX, 2018, S. 108.

Mittel der Verarbeitung von personenbezogenen Daten entscheidet. Zur Durchführung des BEM klärt der Arbeitgeber nach § 167 Abs. 2 Satz 1 gemeinsam mit den Interessenvertretungen nach § 176 und – soweit ein schwerbehinderter Mensch betroffen ist – außerdem mit der SBV die Möglichkeiten, die Ziele des BEM zu erreichen. Diese Art der gesetzlich verordneten gemeinsamen Klärung beinhaltet, gemeinsam über die Zwecke und Mittel der Verarbeitung der personenbezogenen Daten zu entscheiden. Deshalb sind Arbeitgeber und Beschäftigtenvertretungen gehalten, innerhalb ihrer Organisation den Zugang zu den personenbezogenen Gesundheitsdaten zu beschränken. Dazu bietet sich an, kleine paritätische zusammengesetzte Ausschüsse nach § 28 Abs. 2 BetrVG mit der selbstständigen Durchführung der Klärung zu beauftragen. Diese zumeist **Integrationsteams** oder **BEM-Teams** genannten Ausschüsse sind bei gut funktionierenden BEM Modellen auch bereits seit langem üblich.[385] Allerdings kann diese Aufgabenübertragung nach der Rspr. des BAG nicht über die Einigungsstelle nach § 76 BetrVG erzwungen werden.[386] Der Erste Senat des BAG hat insoweit zu Recht eine gesetzliche Schwachstelle für ein gutes BEM aufgezeigt. Diese kann nur der Gesetzgeber beheben. Trotz der im Koalitionsvertrag vom 16.12.2013 getroffenen Vereinbarung, das BEM zu stärken,[387] haben sich jedoch sowohl die Fraktionen der Koalition als auch die Bundesregierung in der 18. Wahlperiode jeder gesetzgeberischen Initiative enthalten. Das Versäumte sollte alsbald nachgeholt werden. Es geht hier nicht um die Ausweitung von Mitbestimmungsrechten, sondern eher um deren sinnvolle Einhegung. Erfahrene Vorsitzende von Einigungsstellen wissen, dass nicht selten erst durch **Spruch der Einigungsstelle** die Übertragung der Klärungsaufgabe von dem großen Gremium auf einen kleinen Kreis von Experten beider Betriebsparteien möglich wird. Diese „Verkleinerung" des Gremiums und die damit einhergehende größere Fachlichkeit sind sowohl im Interesse des Klärungsergebnisses als auch im Interesse des Datenschutzes dringend geboten.

Kein Bayerischer Sonderweg: Im Geltungsbereich des Bayerischen Personalvertretungsgesetzes (BayPVG) gelten mit den übrigen Personalvertretungsgesetzen vergleichbare Regelungen zum Überwachungsauftrag und Informationsanspruch des Personalrats. Nach **Art. 69 Abs. 1 BayPVG** hat der Personalrat folgende allgemeine Aufgaben: 101

… b) dafür zu sorgen, dass die zugunsten der Beschäftigten geltenden Gesetze, Verordnungen, Tarifverträge, Dienstvereinbarungen und Verwaltungsanordnungen durchgeführt werden …

In **Art. 69 Abs. 2 BayPersVG** ist bestimmt:

Der Personalrat ist zur Durchführung seiner Aufgaben rechtzeitig und umfassend zu unterrichten. Ihm sind die hierfür erforderlichen Unterlagen zur Verfügung zu stellen.

Dennoch wendete der 17. Senat des Bayerischen VGH die zum Informationsrecht des Personalrats in der Einleitungsphase des BEM ergangene Rechtsprechung des BVerwG nicht an. Vielmehr stellte er bewusst abweichend den Leitsatz auf: „§ 84 Abs. 2 Satz 7 SGB IX [seit 1.1.2018: § 167 Abs. 2 Satz 7 SGB IX] in Verbindung mit Art. 69 Abs. 2 Sätze 1 und 2 BayPersVG verleiht

---

385 *Adam* in Feldes/Niehaus/Faber, Werkbuch BEM, 2016, S. 156, 157.
386 BAG 22.3.2016 – 1 ABR 14/14, BB 2016, 2173.
387 Koalitionsvertrag zwischen CDU, CSU und SPD für die 18. Legislaturperiode, 2013, S. 70.

der Personalvertretung kein Recht, vom Leiter einer Dienststelle ohne die Einwilligung der Betroffenen die Bekanntgabe der Namen der Personen verlangen zu können, denen ein BEM angeboten wurde".[388] Nach Art. 81 Abs. 2 Satz 1 BayPersVG und Art. 81 Abs. 2 Satz 2 BayPersVG ist kein Rechtsmittel gegen die Entscheidung des VGH gegeben. Da der in § 167 Abs. 2 Satz 7 SGB IX geregelte Überwachungsauftrag eine landesrechtlich nicht abdingbare Norm des Bundesrechts darstellt, ist ein davon abweichender bayerischer Sonderweg nicht mit Art. 31 GG vereinbar (vgl. Einzelheiten in der 4. Aufl.). Inzwischen hat der 17. Senat des VGH den zunächst beschrittenen bayerischen Sonderweg aufgegeben.[389]

102 **Klarnamen oder pseudonymisierte Liste:** Die übereinstimmende Rspr. von BAG[390] und BVerwG[391] verpflichtet private wie öffentliche Arbeitgeber zur Erstellung und Übergabe einer Namensliste der Adressaten eines BEM. Dem hat sich 2016 auch der BayVGH angeschlossen.[392] Nach dessen Kehrtwende genügen eine durchnummerierte anonymisierte Liste der in Frage kommenden Beschäftigten sowie anonymisierte, die Listennummer enthaltende Kopien der Anschreiben an die Betroffenen nicht, um den Unterrichtungsanspruch zu erfüllen. Bei der anonymisierten Übermittlung von Daten könne nämlich keine hinreichende Gewissheit darüber bestehen, dass alle Beschäftigten, die die Fehlzeiten nach Abs. 2 erfüllen, vollständig erfasst und sie zudem tatsächlich über das gesetzliche Angebot nach dieser Vorschrift informiert worden seien. Dem ist zuzustimmen. Allerdings hat der VGH fälschlich die Bezeichnung Anonymisierung anstelle von Pseudonymisierung verwandt. Unter „Pseudonymisierung" ist nach Art. 4 Nr. 5 DS-GVO die Verarbeitung personenbezogener Daten in einer Weise zu verstehen, dass die personenbezogenen Daten ohne Hinzuziehung zusätzlicher Informationen nicht mehr einer spezifischen betroffenen Person zugeordnet werden können. Die Zuordnung war in dem vom VGH entschiedenen Fall anhand zusätzlicher Informationen zu den Listennummern möglich. Im Schrifttum wird jedoch bezweifelt, ob eine Liste mit Klarnamen erforderlich sei.[393] Es wird dazu auf die in § 26 Abs. 3 Satz 3 iVm § 22 Abs. 2 Satz 2 Nr. 6 BDSG 2018 enthaltene Verweisung auf die Möglichkeit der Pseudonymisierung abgestellt. Aus der zitierten Vorschrift ergibt sich jedoch kein Pseudonymisierungsgebot. Vielmehr ist eine angemessene und spezifische Maßnahme unter Berücksichtigung der Zwecke der Verarbeitung sowie der Schwere der mit der Verarbeitung verbundenen Risiken für die Rechte der betroffenen Person vorzusehen, zu der auch eine Pseudonymisierung gehören kann. Die Erforderlichkeit der Namenslisten wird mit der Möglichkeit begründet, die Interessenvertretung könne durch Befragung aller „ihr bekannten BEM-Berechtigten die Vollständigkeit der übermittelten Liste ... überprüfen".[394] Zum einen ist diese Empfehlung wenig praxistauglich. Zum anderen ist sie datenschutzrechtlich

---

388 BayVGH 12.6.2012 – 17 P 11.1140, RiA 2012, 229.
389 BayVGH 8.1.2018 – 17 PC 17.2202; BayVGH 15.3.2016 – 17 P 14.2689, PersR 10/2016, 46; *Düwell* PersR 10/2016, 36; *Düwell* Computer und Arbeit 5/2017, 18.
390 BAG 7.2.2012 – 1 ABR 46/10, NZA 2012, 744.
391 BVerwG 4.9.2012 – 6 P 5.11, Behindertenrecht 2013, 23.
392 BayVGH 15.3.2016 – 17 P 14.2689, PersR 10/2016, 46 bestätigt durch BayVGH 8.1.2018 – 17 PC 17.2202; *Düwell* PersR 10/2016, 36; *Düwell* Computer und Arbeit 5/2017, 18.
393 *Hintze*, Das BEM nach § 84 Abs. 2 SGB IX, 2018, S. 94 ff.; *Kort* Anm. zu BAG 7.2.2012 – ABR 46/10, AP Nr. 4 zu § 84 SGB IX unter V.3; *Boecken/Gebert* VSSR 2013, 77 (103 ff.).
394 *Hintze*, Das BEM nach § 84 Abs. 2 SGB IX, S. 95.

höchst zweifelhaft; denn die Interessenvertretung würde zu einer massenhaften Erhebung von Gesundheitsdaten angehalten. Das wäre mit dem von der Kritik bemühten Grundsatz der Datensparsamkeit[395] nicht vereinbar. Auch die weitere Begründung, die Kontrolle könnte durch die zusätzliche Übergabe der korrelierenden Antwortschreiben der zur BEM-Durchführung eingeladenen Beschäftigten verstärkt werden,[396] ist wenig geeignet. Ob die Korrelation tatsächlich vorliegt, kann nämlich nur bei Offenlegung der Klarnamen festgestellt werden. Der Zweck der Verarbeitung der personenbezogenen Daten, nämlich die Einhaltung der Einleitungspflichten zum BEM zu überwachen, kann ohne Nennung der Klarnamen nicht erreicht werden. Das gesteht auch die Kritik an der höchstrichterlichen Rspr. letztlich ein. Sie hält nämlich Ausnahmen von der Pseudonymisierung durch Namensnennung „wegen der faktischen Nähe des BEM zur krankheitsbedingten Kündigung (...) in den Fällen [geboten], in denen der Beschäftigte das BEM-Angebot des Arbeitgebers ignoriert".[397]

Von einem Teil des Schrifttums wird angenommen, es sei für den Zweck der Überwachung ausreichend, wenn der Arbeitgeber die Interessenvertretungen und die SBV über die BEM-Betroffenen unterrichte.[398] Eine andere Stimme verlangt, dass in jedem Einzelfall vor Absenden des Einladungs- und Aufklärungsschreibens der Arbeitgeber zu unterrichten habe.[399] Viele Betriebsvereinbarungen enthalten Regelungen, nach denen die Listen quartalsmäßig zu erstellen sind. Die Rspr. hat diese Rechtsfrage noch nicht abschließend geklärt. Der BayVGH hat eine Entscheidung des VG München bestätigt, mit der die Dienststellenleitung verpflichtet wurde, die Namen und Organisationseinheiten der vom BEM betroffenen Beschäftigten regelmäßig **monatlich** aktualisiert mitzuteilen.[400] Dem ist zuzustimmen. Das gegen die monatliche Aktualisierung eintretende Schrifttum verkennt, dass das betriebsverfassungs- und personalvertretungsrechtliche Überwachungsrecht in Abs. 2 Satz 8 (bis 9.6.2021 Satz 7) nicht einfach „gedoppelt" worden ist. Es hat vielmehr auch die Funktion, für das in Abs. 2 Satz 7 (bis 9.6.2021 Satz 6) enthaltene Recht der Interessenvertretungen, die Klärung verlangen zu dürfen, die Voraussetzungen zu schaffen. Nur wenn eine regelmäßige monatliche Unterrichtung erfolgt, ist die Interessenvertretung genügend informiert, um von ihrem Initiativrecht hinsichtlich der „vergessenen" BEM-Betroffenen Gebrauch machen zu können. Dieses Initiativrecht ist deswegen wichtig, weil das BEM frühzeitig einsetzen muss, um erfolgreich wirken zu können. Erfahrungsgemäß verringern sich die Eingliederungschancen mit zunehmender Dauer der Absenz vom Betrieb. Eine Sonderrechtslage besteht hinsichtlich der SBV, die „außerdem" zu beteiligen ist, wenn ein **schwerbehinderter Mensch** zu den betroffenen arbeitsunfähig Erkrankten gehört. Dann ist § 178 Abs. 2 Satz 2 SGB IX zu beachten. Danach hat der Arbeitgeber **unverzüglich** nach Feststellung des 43. Kalendertags mit Arbeitsunfähigkeit innerhalb von zwölf Monaten die SBV zu unterrichten; denn dann liegt eine Angelegenheit vor, die einen einzelnen schwerbehinderten Menschen berührt, wegen der Sanktion als Ordnungswidrigkeit → Rn. 126.

---

395 *Hintze*, Das BEM nach § 84 Abs. 2 SGB IX, S. 94.
396 *Hintze*, Das BEM nach § 84 Abs. 2 SGB IX, S. 96; *Boecken/Gebert* VSSR 2013, 77 (103).
397 *Hintze*, Das BEM nach § 84 Abs. 2 SGB IX, S. 98.
398 *Hintze*, Das BEM nach § 84 Abs. 2 SGB IX, S. 105.
399 *Daniels* PersR 2010, 428 (431).
400 BayVGH 15.3.2016 – 17 P 14.2689, PersR 10/2016, 46; zustimmend: *Düwell* PersR 10/2016, 36.

2. Individueller Gesundheitsdatenschutz

104 **Datenschutzrechtliche Einwilligung:** Die datenschutzrechtliche Einordnung der Zustimmung in § 167 Abs. 2 SGB IX ist umstritten. Unter der Geltung des bis zum 24.5.2018 anwendbaren BDSG hat ein Teil des Schrifttums es abgelehnt, iSv § 1 Abs. 3 Satz 1 BDSG aF einen Vorrang für die in Abs. 2 Satz 1 geforderte Zustimmung anzunehmen. Die Zustimmungsregelung sei keine „lex specialis" gegenüber § 4 a BDSG aF.[401] Das wurde damit begründet, § 84 Abs. 2 Satz 1 SGB IX (seit 1.1.2018: § 167 Abs. 2 Satz 1 SGB IX) stelle an die Erteilung der Zustimmung keine besonderen Anforderungen (siehe dazu die ausführliche Darstellung in der 4. Aufl.). Deshalb war nach *Boecken/Gebert* neben der Zustimmung zur Durchführung eines BEM zusätzlich noch die schriftliche Einwilligung nach § 4 a Abs. 1 BDSG aF einzuholen, so dass im Falle der fehlenden Einwilligung das Erheben, Verarbeiten und Nutzen der Gesundheitsdaten angesichts der strengen Anforderungen in § 28 Abs. 6 bis 8 BDSG aF für unzulässig gehalten wurde. Nach dem seit dem 25.5.2018 anwendbaren neuen Datenschutzrecht ist davon auszugehen, dass neben der Zustimmung nach § 167 Abs. 2 Satz 1 SGB IX auch noch die Einwilligung des Betroffenen nach § 26 Abs. 3 BDSG 2018 erforderlich ist. Nach § 1 Abs. 2 Satz 1 und 2 BDSG 2018 ginge die Zustimmungsregelung in § 167 Abs. 2 Satz 1 SGB IX nur dann den Rechtsvorschriften des Bundes über den Datenschutz vor, wenn sie den Sachverhalt, für den das BDSG gilt, abschließend regelt. Das ist nicht der Fall; denn in § 167 Abs. 2 SGB IX ist nur der Aspekt der Transparenz in Form der Hinweispflicht in Satz 4 (bis 9.6.2021 Satz 3) geregelt. Es fehlen jedoch Regelungen, wie sie für die Rechtmäßigkeit der Datenverarbeitung in Art. 7 DS-GVO als Voraussetzungen bestimmt sind. Dazu gehören insbesondere:

- Das Recht nach Art. 7 Abs. 3 Satz 1 DS-GVO, die Einwilligung jederzeit zu widerrufen.
- Die Belehrung nach Art. 7 Abs. 3 Satz 1 DS-GVO über das Widerrufsrecht.
- Die in Art. 7 Abs. 4 DS-GVO an die Freiwilligkeit gestellten besonderen Anforderungen.

Diese allgemeinen unionsrechtlichen Vorgaben sind in § 26 Abs. 2 BDSG 2018 speziell für den Beschäftigungskontext übernommen und konkretisiert worden:

- Für die Beurteilung der Freiwilligkeit der Einwilligung sind insbesondere die im Beschäftigungsverhältnis bestehende Abhängigkeit der beschäftigten Person sowie die Umstände, unter denen die Einwilligung erteilt worden ist, zu berücksichtigen.
- Die Einwilligung bedarf der Schriftform, soweit nicht wegen besonderer Umstände eine andere Form angemessen ist.
- Der Arbeitgeber hat die beschäftigte Person über den Zweck der Datenverarbeitung und über ihr Widerrufsrecht in Textform aufzuklären.

Daraus ergibt sich, dass zusätzlich zur Zustimmung nach § 167 Abs. 2 SGB IX auch noch eine datenschutzrechtlichen Einwilligung iSv § 26 Abs. 3 BDSG 2018 erforderlich ist. Nach § 26 Abs. 7 BDSG 2018 ist diese Einwilligung auch nicht entbehrlich, wenn die vom Betroffenen zu erhebenden Gesundheitsdaten nicht automatisiert verarbeitet werden. In Erweiterung des Anwendungsbereichs der DS-GVO ist in § 26 Abs. 7 BDSG 2018 bestimmt, dass die Daten-

---

[401] *Boecken/Gebert* VSSR 2013, 77 (88 f.), so auch *Beyer* jurisPR-ArbR 34/2011 Anm. 5 und EIBE Manual Teil 2, Datenschutzkonzept – Datenschutz im Rahmen eines betrieblichen Eingliederungsmanagements nach § 84 SGB IX, 2007, S. 14 veröffentlicht unter www.bmas.de/SharedDocs/Downloads/DE/PDF-Publikationen/f372-forschungsbericht-eibe-manual.pdf?__blob=publicationFile (letzter Aufruf: 17.2.2021); aA *Seifert* in NK-BDSG § 32 Rn. 67.

schutzregeln auch dann anzuwenden sind, wenn personenbezogene Daten verarbeitet werden, ohne dass sie in einem Dateisystem gespeichert sind oder gespeichert werden sollen.[402] Die Einwilligung kann zusammen mit der Zustimmung eingeholt werden. Die Verbindung beider Erklärungen ist nach Art. 7 Abs. 2 DS-GVO iVm § 26 Abs. 2 und 3 BDSG zulässig, sofern sie deutlich hervorgehoben wird.[403] Wird nur die Zustimmung eingeholt, ist es deshalb ausgeschlossen, in der Zustimmungserklärung auch eine konkludent erklärte Einwilligung zu sehen.

3. BEM als geschützter Raum für die Klärung der Beschäftigungsfähigkeit

Verwertbarkeit von Gesprächsinhalten zur Kündigung: Das HessLAG hat die Durchführungsphase des BEM als einen geschützten Raum angesehen; „denn der Arbeitnehmer, der sich für eine Teilnahme daran entscheidet, soll sich öffnen und soll sich bei der Suche nach Möglichkeiten zur Überwindung seiner Arbeitsunfähigkeit einbringen."[404] Dem ist der zweite Senat des BAG entgegengetreten.[405] Er hat darin die „Zuerkennung eines generell gesteigerten kündigungsrechtlichen Bestandsschutzinteresses" gesehen. Es liege „im Wesen des bEM, dass die Suche nach Möglichkeiten der Vermeidung zukünftiger Arbeitsunfähigkeitszeiten im Rahmen eines fairen und sachorientierten Gesprächs erfolgt". Ein Arbeitgeber dürfe berechtigterweise erwarten, dass der Arbeitnehmer sein Verhalten hieran ausrichte und nicht mit widerrechtlichen Drohungen das Ergebnis des Suchprozesses für ihn positiv zu beeinflussen versuche. Dem ist im Grundsatz zuzustimmen. Geschehen derartige Vorkommnisse, sollte das BEM-Gespräch sofort abgebrochen und das rechtswidrige Verhalten außerhalb des BEM-Gesprächs festgestellt werden. Dann liegt eine Datenerhebung vor, die nach § 26 Abs. 1 Satz 1 Variante 3 BDSG 2018 zur Entscheidung über die Beendigung des Beschäftigungsverhältnisses erforderlich ist. Findet jedoch im Rahmen des BEM durch eine Arbeitgeberfrage eine Datenerhebung statt, so unterliegen die sich aus der Antwort des Arbeitnehmers ergebenden personenbezogenen Daten der Zweckbindung des BEM. Das hat der Zweite Senat des BAG nicht ausreichend berücksichtigt. Dieser hat den Rechtssatz aufgestellt, ein als „Erheben" bezeichnetes Beschaffen von Daten setze eine auf die Gewinnung von Daten über den Betroffenen abzielende Handlung voraus. Daran fehle es, wenn der Betroffene überschießend antworte.[406] Das ist kritisiert worden.[407] Sinn der vom Arbeitgeber durchzuführenden Klärung ist es, den Betroffenen zu Äußerungen über seinen gesundheitlichen Zustand zu veranlassen, insbesondere, ob er sich in der Lage sieht, die vom Arbeitgeber vorgeschlagene Tätigkeit auszuüben. Dabei muss in einer für den Betroffenen bisweilen emotional hoch belastenden Situation auch mit emotionalen Äußerungen gerechnet werden, insbesondere wenn bei dem Betroffenen eine psychische Erkrankung vorliegt. Die in einer spontanen Äußerung enthaltenen Angaben zur eigenen aktuellen geistig/seelischen Befindlichkeit bleiben auch dann personenbezogene Daten, wenn sie unsachlich und überschießend sind. Sie sind vom Arbeitgeber veranlasst und damit im Sinne der datenschutzrechtlichen Vorschriften von ihm er-

---

402 *Düwell* in Weth/Herberger/Wächter Arbeitnehmerdatenschutz-HdB, 2. Aufl. 2019, S. 1, 20.
403 *Hinze*, Das BEM nach § 84 Abs. 2 SGB IX, S. 131.
404 HessLAG 22.4.2015 – 2 Sa 1305/14, Rn. 43.
405 BAG 29.6.2017 – 2 AZR 47/16, BAGE 159, 250 = NZA 2017, 1605.
406 BAG 29.6.2017 – 2 AZR 47/16, Rn. 47, BAGE 159, 250.
407 *Brink/Schwab* jurisPR-ArbR 21/2018 Anm. 1.

hoben.[408] Folglich ist, solange nicht eine Datenerhebung außerhalb des BEM erfolgt, stets die Zweckbindung „Klärung der Beschäftigungsfähigkeit für das BEM" zu beachten.[409]

106 Trennung von Zuständigkeiten in der verantwortlichen Stelle: Die seit dem 25.5.2018 geltende **DS-GVO**[410] hat für die Rechtsfrage, wer für die Verarbeitung von personenbezogenen Daten als Dritter angesehen wird, durch eine im Verhältnis zu § 3 Abs. 8 Satz 2 BDSG aF in Art. 4 Nr. 10 DS-GVO erweiterte **Definition des „Dritten"** geliefert. Danach sind Dritte auch Personen innerhalb der verantwortlichen Stelle, die nicht „unter der unmittelbaren Verantwortung des Verantwortlichen befugt sind, die personenbezogenen Daten zu verarbeiten." Damit ist geklärt: Mitarbeiter, die nicht unmittelbar zur Verarbeitung der BEM-Daten befugt sind, gelten jetzt als „Dritte". Folglich bedarf es für die Rechtmäßigkeit der Datenverarbeitung durch sie eines Rechtfertigungsgrundes nach Art. 6 DS-GVO. Hat der Betroffene auf den Hinweis des Arbeitgebers nach § 167 Abs. 2 Satz 4 (bis 9.6.2021: Satz 3) SGB IX der Durchführung des BEM zugestimmt, so reicht diese Art einer Einwilligung schon deshalb nicht aus, weil nach Art. 6 Abs. 1 Nr. 1 DS-GVO iVm § 26 Abs. 2 BDSG 2018 eine Einwilligung nur zweckbezogen wirkt. Der Verarbeitungszweck ist entsprechend der Reichweite der Belehrung in § 167 Abs. 2 Satz 4 (bis 9.6.2021: Satz 3) SGB IX nur auf die Durchführung des BEM bezogen. Die Einwilligung kann nicht die Verarbeitung der Daten zu anderen Zwecken, zB für die Kündigung, rechtfertigen. Der Arbeitgeber als verantwortliche Stelle kann die Zweckbindung auch nicht dadurch unterlaufen, dass er die Aufgaben der BEM-Durchführung den Personen überträgt, die **kündigungsberechtigt** sind. Dem steht § 22 Abs. 2 BDSG 2018 entgegen. Denn bei den durch Art. 9 Abs. 1 DS-GVO geschützten Gesundheitsdaten sind zwingend angemessene und spezifische Maßnahmen zur Wahrung der Interessen der betroffenen Person vorzusehen. Nach § 22 Abs. 2 Satz 2 BDSG 2018 gehören dazu ua

- Nr. 2: Maßnahmen, die gewährleisten, dass nachträglich überprüft und festgestellt werden kann, ob und von wem personenbezogene Daten eingegeben, verändert oder entfernt worden sind,
- Nr. 5: Beschränkung des Zugangs zu den personenbezogenen Daten innerhalb der verantwortlichen Stelle und
- Nr. 8: Sicherstellung der Vertraulichkeit.

Daraus folgt auch, medizinische Daten wie Krankheitsdiagnosen, Gutachten und Reha-Berichte dürfen nicht zur Personalakte genommen werden, sondern müssen in einer gesonderten BEM-Akte geführt werden. Das Fachschrifttum fordert, den Zugang zu beschränken. Es soll nur der **Betriebsarzt** Zugriff auf den gesamten Inhalt der BEM-Akte haben.[411]

107 Zulässige Dauer der Speicherung von Gesundheitsdaten: Sind die Gesundheitsdaten erhoben, stellt sich die Frage, wie lange diese Daten in der Personal- oder in der BEM-Akte gespeichert werden dürfen und wann sie gelöscht werden müssen. Nach dem bis zum 24.5.2018 geltenden § 35 Abs. 2 BDSG aF waren Daten zu löschen, wenn sie unzulässig erhoben oder gespeichert wurden oder

---

408 *Brink/Schwab* jurisPR-ArbR 21/2018 Anm. 1.
409 *Düwell* CuA 2018, 21 (22).
410 Verordnung (EU) 2016/679 des Europäischen Parlaments und des Rates vom 27.4.2016 zum Schutz natürlicher Personen bei der Verarbeitung personenbezogener Daten, zum freien Datenverkehr und zur Aufhebung der Richtlinie 95/46/EG (Datenschutz-Grundverordnung) vom 27.4.2016, ABl. L 119 vom 4.5.2016, 1.
411 *Kiesche* RDV 2014, 321 (324).

wenn sie für die Erfüllung des Zwecks der Speicherung nicht mehr erforderlich sind. Seit dem 25.5.2018 gilt das in Art. 17 DS-GVO geregelte Recht auf Löschung („Recht auf Vergessenwerden"). Nach dessen Abs. 1 Buchst. a hat die betroffene Person das Recht, von dem Verantwortlichen zu verlangen, dass sie betreffende personenbezogene Daten unverzüglich gelöscht werden, wenn die personenbezogenen Daten für die Zwecke, für die sie erhoben oder auf sonstige Weise verarbeitet wurden, nicht mehr notwendig sind. Werden die verschiedenen Zwecke für die Datenspeicherung in Betracht gezogen, dann ergeben sich unterschiedliche Höchstzeiträume für die Datenspeicherung. Hinsichtlich der im BEM erhobenen Daten wird üblicherweise eine Aufbewahrungszeit von längstens drei Jahren für erforderlich gehalten.[412] Da wegen verletzter BEM-Einleitungs- und Durchführungspflichten auch Schadensersatzansprüche in Betracht kommen, wird im Schrifttum eine an die Verjährungsfrist angepasste Höchstfrist von fünf Jahren erwogen.[413] Dem wird entgegengehalten, die für die Abwehr von Schadenersatzansprüchen notwendige Dokumentation müsse keine Gesundheitsdaten beinhalten und können in der Personalakte abgelegt werden.[414] Rechtsprechung fehlt bisher.

Schweigepflicht: Zu Recht wird beanstandet, wenn BEM-Dienstvereinbarungen den Hinweis enthalten „Ärztliche Diagnosen sowie Daten zur Gesundheitsprognose sind von dem betroffenen Mitarbeiter mit dem Betriebsarzt zu erörtern". Damit wird der rechtlich unzutreffende Eindruck erweckt, eine betroffene Person sei zur Offenbarung ihrer höchstpersönlichen Gesundheitsdaten an eine Betriebsärztin oder einen Betriebsarzt verpflichtet.[415] Datenschutz und betriebsärztliche Schweigepflicht müssen auch im Rahmen des BEM strikt beachtet werden. Unbefugte Offenbarungen von ärztlichen Geheimnissen und vertraulichen Gesundheitsdaten sind strafbewehrt (§ 203 Abs. 1 Nr. 5, Abs. 2 Nr. 1 bis 3 StGB, § 120 Abs. 2 BetrVG, § 155 Abs. 1 SGB VIII). Den Betriebsarzt trifft eine berufliche Schweigepflicht. Selbst wenn eine Einwilligung vorliegt, darf er gegenüber dem Arbeitgeber nicht Diagnosen, sondern nur Einschränkungen offenlegen.[416]

Sicherung der Gesundheitsdaten: Unterlagen mit medizinischen Daten müssen gesondert verwahrt oder vernichtet werden. Sie dürfen nicht bei der mit der Durchführung des BEM beauftragten Einzelperson oder einem Integrationsteam verbleiben, denn diese Personen unterliegen regelmäßig nicht der ärztlichen Schweigepflicht. Es wird deshalb empfohlen, dass die Speicherung sämtlicher sensibler Gesundheitsdaten iSv Art. 9 Abs. 1 DSG-VO abgeschottet im betriebsärztlichen Bereich erfolgt.[417] Dazu gehören auch ärztliche Aussagen und Gutachten, Stellungnahmen der Rehabilitationsträger oder des Integrationsfachdienstes. Die Integrationsämter empfehlen folgerichtig, in die Personalakte nur die Angaben aufzunehmen, ob und wann die Durchführung eines BEM angeboten wurde, ob die betroffene Person hiermit einverstanden war oder nicht und welche konkreten Maßnahmen zur Überwindung bzw. Vorbeugung von Arbeitsunfähigkeit angeboten und umgesetzt wurden. Darüber hinausgehende Informationen, die für den Arbeitgeber von Interesse sind und nicht beim Betriebsarzt zu verwahren sind, sollen in einer gesonderten BEM-Akte aufbewahrt

---

412 *Burger*, Der Schutz gesundheitsbezogener Beschäftigtendaten, 2013, S. 268 f.
413 *Hinze*, Das BEM nach § 84 Abs. 2 SGB IX, 2018, S. 179.
414 *Kiesche* RDV 2014, 321 (324).
415 LDI NRW, 19. Datenschutzbericht 2009, S. 115.
416 *Kohte*/Kiesche in HK-ArbSchR, 2. Aufl. 2018, ASiG § 8 Rn. 13, 17.
417 LDI NRW, 19. Datenschutzbericht 2009, S. 115.

werden, die nicht jedem Personalsachbearbeiter zugänglich ist.[418] Eine derartige Einschränkung des Rechts zur Personalaktenführung steht nicht dem Interesse des Arbeitgebers an der Vollständigkeit der Personalakte entgegen; denn das BAG hat bereits zum alten Recht ein vorrangiges Schutzbedürfnis des Arbeitnehmers bei sensiblen Gesundheitsdaten anerkannt.[419] Die im Rahmen des BEM erhobenen Gesundheitsdaten dürfen vom Arbeitgeber nicht zu einer nachfolgenden personenbedingten Kündigung genutzt werden. Die zur Durchführung des BEM erteilte Einwilligung verwehrte bereits nach altem Recht eine Nutzung zu einem anderen Zweck (§§ 4a Abs. 3, 3 Abs. 9 BDSG aF). Für eine Zweckänderung bedurfte es einer weiteren, gesonderten schriftlichen Einwilligung des Betroffenen.[420] Diese Rechtslage hat sich durch das seit dem 25.5.2018 geltende neue Datenschutzrecht nicht geändert, → Rn. 96 ff.

VII. Rechtsfolgen bei Unterlassen des Präventionsverfahrens nach Abs. 1

1. Kollektivrechtliche Ansprüche

110 **Kollektivrechtliche Folgen:** Kommt der Arbeitgeber seinen Verpflichtungen aus Abs. 1 nicht nach, können die SBV und der Betriebsrat oder Personalrat ihre Unterrichtungs- und Beratungsrechte gerichtlich durchsetzen. Für Betriebsrat und SBV ist das arbeitsgerichtliche Beschlussverfahren bei den Gerichten für Arbeitssachen nach § 2a Abs. 1 Nr. 3a ArbGG die richtige Verfahrensart. Für die Personalvertretungen ist der Rechtsweg zur Verwaltungsgerichtsbarkeit eröffnet. Mit Ausnahme abweichender Regelungen in einigen Ländern ist vor den Verwaltungsgerichten ebenfalls das arbeitsgerichtliche Beschlussverfahren anzuwenden (→ Rn. 123). Zur Sicherung dieser Ansprüche ist eine **einstweilige Verfügung** geboten. Dem Arbeitgeber kann auf diesem Wege bis zur Durchführung des unterbliebenen Klärungsverfahrens der Ausspruch einer Abmahnung, die Stellung eines Antrags nach § 170 beim Integrationsamt oder der Ausspruch einer Kündigung gerichtlich untersagt werden. Ist der Arbeitgeber grundsätzlich kooperationswillig, so sollte die SBV entsprechend dem Gebot der engen Zusammenarbeit in § 182 Abs. 1 einen der Zusammenarbeit weniger belastenden Weg wählen. Sie kann, ohne gerichtliche Hilfe in Anspruch nehmen zu müssen, den Arbeitgeber nach § 178 Abs. 2 Satz 2 auffordern, den Vollzug der beabsichtigten personellen Maßnahme gegenüber dem schwerbehinderten Beschäftigten zumindest bis zur Nachholung der Einleitung des Klärungsverfahrens „auszusetzen". Die Nichteinschaltung der SBV ist nämlich nicht nur eine Verletzung der Pflicht, die SBV nach Abs. 1 „einzuschalten", sondern zugleich auch ein Verstoß gegen das Unterrichtungsgebot aus § 178 Abs. 2 Satz 1. Wenn „Angelegenheiten" den einzelnen schwerbehinderten Beschäftigten iSv § 178 Abs. 2 Satz 1 „berühren", dann sind es vor allem Abmahnung, Antrag auf Zustimmung nach § 170 und Kündigung.

2. Ahndung als Ordnungswidrigkeit

111 **Ordnungswidrigkeit:** Die Erfüllung der Arbeitgeberpflichten nach Abs. 1 „Einschalten" und „Erörtern" stehen nicht unter Bußgeldandrohung. Damit hat der Gesetzgeber darauf verzichtet, soweit in diesen Vorschriften der SBV Beteiligungsrechte eingeräumt worden sind, die die Unterrichtung und Anhörung

---

418 Handlungsempfehlung der Integrationsämter, S. 22.
419 Vgl. BAG 12.9.2006 – 9 AZR 271/06, NZA 2007, 269.
420 So auch die Auffassung der Integrationsämter in ihrer Handlungsempfehlung, S. 23, zur Publikation → Rn. 135.

nach § 178 Abs. 2 Satz 1 übersteigen,[421] deren Nichterfüllung als Ordnungswidrigkeit auszugestalten. Im Übrigen bleibt es dabei, dass die unterlassene Unterrichtung und Anhörung nach § 238 Abs. 1 Nr. 8 geahndet wird. Das bewusste Unterlassen des Klärungsverfahrens nach Abs. 1 stellt sich nämlich **als eine Verletzung der Unterrichtungspflicht** aus § 178 Abs. 2 Satz 1 dar; denn entdeckt der Arbeitgeber Schwierigkeiten iSv § 167 Abs. 1 im Beschäftigungsverhältnis eines Schwerbehinderten, so liegt eine Angelegenheit vor, die einen einzelnen schwerbehinderten Menschen berührt. Bevor der Arbeitgeber entscheidet, ob er in dieser Angelegenheit das Präventionsverfahren einleitet oder eine andere Maßnahme ergreift, wie zB eine Abmahnung, muss er die SBV unterrichten und anhören. Besondere Bedeutung hat dieser Sachverhalt im öffentlichen Dienst. Schätzt der Dienstherr die körperliche Belastbarkeit oder die Tauglichkeit eines Schwerbehinderten so ein, dass er Risiken für die weitere Beschäftigung annimmt und ordnet er deshalb eine ärztliche Untersuchung der Dienstfähigkeit ohne vorherige Unterrichtung und Anhörung der SBV an, so verletzt er damit sowohl den Anspruch auf Einschaltung als auch den Anspruch auf Unterrichtung aus § 178 Abs. 2 Satz 1. Vergleichbares gilt bei bewusstem Unterlassen des BEM. Stellt der Arbeitgeber nach Auswertung der Krankheitstage fest, dass der 43. Kalendertag mit Arbeitsunfähigkeit innerhalb von zwölf Monaten erreicht ist, so liegt eine nach § 167 Abs. 2 Handlungspflichten auslösende Angelegenheit vor, die einen einzelnen Schwerbehinderten berührt und deshalb vor der Arbeitgeberentscheidung, aus bestimmten Gründen die Einleitung des BEM zu unterlassen, Unterrichtung und Anhörung der SBV erforderlich macht. Zwar sind die Beteiligungsansprüche der SBV aus § 167 Abs. 1 und Abs. 2 im Verhältnis zu dem Unterrichtungs- bzw. Anhörungsanspruch aus § 178 Abs. 2 Satz 1 weitergehend, das beseitigt jedoch nicht die Unterrichtungspflicht, die Voraussetzung für die Wahrnehmung des weitergehenden Beteiligungsanspruches ist. Folglich kommt auch in diesen Fällen der Verletzung der Unterrichtungspflichten die Ahndung einer Ordnungswidrigkeit nach § 238 Abs. 1 Nr. 8 in Betracht. Daher können SBV, BR, PR und im Betrieb vertretene Gewerkschaften sowie Behindertenverbände (vgl. § 85 SGB IX) dem Arbeitgeber und dem eigenverantwortlichen Inklusionsbeauftragten androhen, dass sie dann, wenn diese nicht das Klärungsverfahren nachträglich einleiten, bei der Bußgeldstelle[422] Anzeige erstatten. Die unterlassene oder verspätete Unterrichtung der SBV ist eine Ordnungswidrigkeit, die nach § 238 Abs. 2 SGB IX mit einer Geldbuße bis zu 10.000 Euro geahndet werden kann.

3. Auswirkungen auf Kündigung, auf Entlassung und auf Beendigung aufgrund auflösender Bedingungen

Kündigungsrechtliche Folgen im Rahmen des KSchG: Die Durchführung des Präventionsverfahrens nach Abs. 1 ist nach der Rechtsprechung des Zweiten und Sechsten Senats des BAG keine formelle Wirksamkeitsvoraussetzung für den Ausspruch einer Kündigung gegenüber einem schwerbehinderten Menschen. Die Vorschrift stellt danach allerdings eine Konkretisierung des dem gesamten Kündigungsschutzrecht innewohnenden Verhältnismäßigkeitsgrundsat-

112

---

421 Dieser Gesichtspunkt wird von *Greiner* in Neumann/Pahlen/Greiner/Winkler/Jabben SGB IX § 167 Rn. 18 und dem übrigen Schrifttum übersehen.
422 Zuständig nach § 238 Abs. 3: BA, die intern operative Einheiten bei den Regionaldirektionen gebildet hat.

zes dar.[423] Der BGH hat sich dem im Grundsatz angeschlossen.[424] Das Unterlassen dieser Präventionsmaßnahme führt danach – so der BGH bereits zum SGB IX aF – nicht zur Unwirksamkeit der Entlassung, weil dem Wortlaut des Abs. 1 diese Rechtsfolge nicht zu entnehmen sei und auch aus der systematischen Stellung der Vorschrift die Unwirksamkeit einer Entlassung ohne vorherige Präventionsmaßnahme nicht hergeleitet werden könne. § 84 SGB IX aF stehe nämlich in Teil 2 Kapitel 3 des SGB IX aF, das sonstige Pflichten der Arbeitgeber und Rechte der schwerbehinderten Menschen regelt, und nicht in Teil 2 Kapitel 4 über den Kündigungsschutz. Dem ist das Schrifttum im Ergebnis gefolgt.[425] Nach Ansicht des Zweiten Senats und des BGH ist der Verstoß dennoch nicht folgenlos. Er gewinnt Bedeutung bei der Beurteilung der Frage, ob eine Kündigung im Sinne des § 1 Abs. 2 KSchG sozial gerechtfertigt ist.[426] So wird sich eine ohne vorheriges Erörterungsverfahren ausgesprochene Kündigung im Kündigungsrechtsstreit als ungerechtfertigt erweisen, wenn der schwerbehinderte Beschäftigte konkrete Anhaltspunkte dafür vorträgt, dass bei rechtzeitiger Abhilfe der das Arbeitsverhältnis gefährdenden Schwierigkeiten die Möglichkeit bestanden habe, die Kündigung zu vermeiden. Dem muss der Arbeitgeber detailliert entgegentreten oder die Unzumutbarkeit oder die Beschäftigung ermöglichenden Maßnahmen darlegen und beweisen (→ § 164 Rn. 212).

113 **Verschärfung der Darlegungslast für den Arbeitgeber:** Rechtlich geklärt ist die Frage, dass die Nichtdurchführung eines Klärungsverfahrens dem Arbeitgeber keine darlegungs- und beweisrechtlichen Vorteile verschaffen darf. Da der Arbeitgeber unter Beteiligung des internen und externen Sachverstands nach Lösungen zu suchen hat, um Schwierigkeiten zu beseitigen (Abs. 1), soll er gewährleisten, dass alle Möglichkeiten zur Fortsetzung des Arbeitsverhältnisses frühzeitig fachkundig untersucht und deren technische sowie wirtschaftliche Realisierbarkeit geprüft werden. Dem Arbeitnehmer fehlen zumeist zur Beurteilung der Frage, wie eine behinderungsgerechte Beschäftigungsmöglichkeit gefunden oder geschaffen werden kann, die notwendigen Fähigkeiten und Kenntnisse. Verletzt der Arbeitgeber seine gesetzlichen Erörterungspflichten, **vereitelt** er damit die gesetzlich angestrebte Präventionswirkung. Das hat nach der Rechtsprechung nachteilige Folgen für die Darlegungslast.[427] Hat die primär darlegungspflichtige Partei (hier: Beschäftigter) keine nähere Kenntnis der maßgeblichen Tatsachen, kann dem Gegner (hier: Arbeitgeber) eine sekundäre Behauptungslast auferlegt werden. Das setzt zwar in der Regel voraus, dass der Prozessgegner die erforderliche Kenntnis hat.[428] Auf dieses fehlende Wissen kann sich der Arbeitgeber nicht berufen, wenn er seinen Pflichten Abs. 1 und Abs. 2 nicht nachgekommen ist.[429] Denn die Erörterung mit den fachkundigen Stellen dient gerade dazu, dass er sich das entsprechende Wissen verschafft.

---

423 BAG 7.12.2006 – 2 AZR 182/06, Behindertenrecht 2007, 140.
424 BGH Dienstgericht des Bundes 20.12.2006 – RiZ (R) 2/06, NVwZ-RR 2007, 328.
425 *Trenk-Hinterberger* in HK-SGB IX, 2. Aufl. 2010, § 84 Rn. 15; *Kossens* in Kossens/von der Heide/Maaß, 2. Aufl. 2006, SGB IX § 84 Rn. 6; *Greiner* in Neumann/Pahlen/Greiner/Winkler/Jabben SGB IX § 167 Rn. 20.
426 Dem zustimmend: *Trenk-Hinterberger* in HK-SGB IX, 2. Aufl. 2010, § 84 Rn. 17; *Kossens* in Kossens/von der Heide/Maaß, 2. Aufl. 2006, SGB IX § 84 Rn. 2; *Greiner* in Neumann/Pahlen/Greiner/Winkler/Jabben SGB IX § 167 Rn. 19; *Müller-Wenner* in Müller-Wenner/Schorn SGB IX § 84 Rn. 16.
427 BAG 3.12.2019 – 9 AZR 78/19, Rn. 17, Behindertenrecht 2020, 164.
428 BAG 4.10.2005 – 9 AZR 632/04, NJW 2006, 1691; BAG 10.5.2005 – 9 AZR 230/04, DB 2006, 55.
429 BAG 12.7.2007 – 2 AZR 716/06, Rn. 44; Behindertenrecht 2008, 77.

Fand diese Erörterung statt und kamen auch die fachkundigen Stellen zu dem Ergebnis, es gäbe keine Möglichkeiten zur Sicherung der Beschäftigung des Arbeitnehmers, bleibt es bei der primären Darlegungslast des Arbeitnehmers. Er hat dann vorzutragen, welche konkreten technischen oder organisatorischen Veränderungen die Wiederherstellung seiner Arbeitsfähigkeit oder seiner behinderungsgerechten Beschäftigung ermöglichen. Die vom Zweiten Senat im Jahr 2007 aufgestellte **Vermutungsregel**, nach der bei einem Zustimmungsbescheid des Integrationsamts davon auszugehen sei, die Klärung der Beschäftigungsmöglichkeiten sei entweder ordnungsgemäß erfolgt oder entbehrlich gewesen, ist zu Recht wieder aufgegeben worden,[430] → Rn. 128.

Den Arbeitgeber trifft danach keine erweiterte Darlegungs- und Beweislast hinsichtlich des Fehlens der Suche nach Weiterbeschäftigungsmöglichkeiten im Rahmen des Präventionsverfahrens, wenn er rechtzeitig eine Klärung in einem BEM Verfahren veranlasst hat. Dabei ist unerheblich, ob der für das BEM erforderliche Sechswochenzeitraum an krankheitsbedingter Arbeitsunfähigkeit schon erreicht war.

Für den Fall der **Auflösung des Arbeitsvertrages infolge einer vereinbarten Bedingung** reicht es, wenn die Klärung zwar nach Zugang des Unterrichtungsschreibens, aber noch vor dem Ablauf der tarifvertraglichen Auslauffrist nach §§ 20, 22 MTV Nr. 2 ordnungsgemäß durchgeführt worden ist.[431] Der Eintritt der auflösenden Bedingung hängt nicht von einer Beteiligung einer nach § 117 Abs. 2 BetrVG gebildeten Personalvertretung ab. Hierfür fehlt es schon an einer entsprechenden Rechtsgrundlage. Eine solche findet sich nicht im Gesetz.[432]

Nachholung des Klärungsverfahrens: Hat der Arbeitgeber das Verfahren nach Abs. 1 oder 1 nicht durchgeführt, soll ein „nachgeschobenes" Klärungsverfahren nach bereits erfolgtem Ausspruch einer Kündigung unerheblich sein, weil es für die Rechtswirksamkeit einer Kündigung auf den Zeitpunkt des Zugangs der Kündigung ankommt.[433] Demgegenüber wird hier vertreten, dass der Arbeitgeber nicht gehindert ist, dieses während des Prozesses nachzuholen und den entsprechenden **Vortrag nachzuschieben**. Es werden nämlich keine neuen Tatsachen in den Prozess eingeführt, sondern nur die tatsächlichen Möglichkeiten ermittelt, die vor der Kündigung bestanden, die aufgetretenen Schwierigkeiten zu beseitigen. Bei der Verwertung des Klärungsergebnisses ist der Rechtsgedanke aus § 162 BGB zu berücksichtigen. Entscheidend ist, ob eine Fortsetzung der Beschäftigung möglich gewesen wäre, wenn der Arbeitgeber schon bei Auftreten der zum Einschalten der SBV verpflichtenden Schwierigkeiten das Präventionsverfahren eingeleitet hätte. Bei unterlassener Einschaltung der Beschäftigtenvertretungen nach Abs. 1 kann sich folglich der Arbeitgeber im Prozess nur entlasten, wenn er vorbringen kann, dass einer der Extremfälle vorliegt, in denen alle Bemühungen zur Beseitigung der Schwierigkeiten auch bei rechtzeitiger Einschaltung der SBV und der übrigen Stellen aussichtslos gewesen wären und noch immer keine zumutbare Lösung erkennbar ist.[434] Insoweit trägt er die volle Beweislast. Bei personenbedingten Schwierigkeiten bedarf es dazu eines umfassenden konkreten Sachvortrags des Arbeitgebers zu einem nicht mehr möglichen Einsatz des Arbeitnehmers auf dem bisher innegehabten Arbeitsplatz sowie warum eine behinderungsgerechte Anpassung ausgeschlossen war und

114

---

430 BAG 25.1.2018 – 2 AZR 382/17, Rn. 52, NZA 2018, 845; BAG 20.11.2014 – 2 AZR 664/13, Rn. 40, NZA 2015, 931.
431 BAG 26.2.2020 – 7 AZR 121/19, Rn. 39, EzA § 21 TzBfG Nr. 12.
432 BAG 26.2.2020 – 7 AZR 121/19, Rn. 42; EzA § 21 TzBfG Nr. 12.
433 *Beck* NZA 2017, 81, 86.
434 *Düwell* BB 2011, 2485 (2487).

noch immer ist und warum der Arbeitnehmer nicht auf einem (alternativen) anderen Arbeitsplatz bei geänderter Tätigkeit frühzeitig hätte eingesetzt werden können und heute noch immer nicht eingesetzt werden kann.[435]

115 **Auswirkung auf Wirksamkeit bei Kündigungen ohne Kündigungsschutz:** Nach Auffassung des Sechsten Senats findet die sowohl in Abs. 1 enthalte Konkretisierung des Verhältnismäßigkeitsgrundsatzes außerhalb des Geltungsbereichs des Kündigungsschutzgesetzes (Kleinbetrieb bis zu zehn Beschäftigte oder Wartezeit von sechs Monate Beschäftigung nicht erfüllt) keine Anwendung.[436] Der Arbeitgeber sei selbst dann, wenn sich bei Durchführung dieser Verfahren eine Beschäftigungsmöglichkeit ergebe, nicht verpflichtet, diese dem Beschäftigten auch anzubieten. Auch der Wortlaut des Abs. 1, der sich an das KSchG anlehne, und die Festlegung der Ausnahme des Sonderkündigungsschutzes, nach der in den ersten sechs Monaten eine Zustimmung des Integrationsamts nicht erforderlich sei, sprächen dafür, dass das Präventionsverfahren in der Wartezeit nicht anzuwenden sei. Die Kritik weist zu Recht darauf hin, dass auch unter diesen Voraussetzungen die Verletzung der Pflicht zur Durchführung eines Präventionsverfahrens führen kann, die Kündigung als **treuwidrig** anzusehen, zB wenn das Präventionsverfahren möglicherweise den Kündigungsgrund hätte ausräumen können.[437] Sind nur „einfach" behinderte Arbeitnehmer betroffen, ist die Nichtanwendung des Präventionsgebots aus Abs. 1 als eine Unterlassung einer gebotenen positiven Maßnahme (→ Rn. 32 und 92) anzusehen. Das kann eine Kündigung zu einer **verbotenen Benachteiligung** im Sinne von § 3 Abs. 1, § 7 Abs. 1 AGG machen.

116 **Auswirkung auf Bedingungskontrolle bei auflösenden Bedingungen:** In einigen Tarifverträgen sind auflösende Bedingungen enthalten, die zur Beendigung des Arbeitsverhältnisses führen sollen; wenn der Arbeitnehmer aus gesundheitlichen Gründen nicht mehr imstande ist, seine bisherige Tätigkeit zu versehen, oder die Gefahr besteht, dass sich sein Gesundheitszustand verschlechtert, wenn er seine Tätigkeit fortsetzt. In älteren Tarifverträgen waren derartige Regelungen in § 37 Abs. 4 Unterabs. 1 MTV-DP AG und § 59 Abs. 1 BAT enthalten.[438] Beispiele für derartige Klauseln in noch laufenden Tarifverträgen:
1. § 33 Abs. 2 Tarifvertrag für den Öffentlichen Dienst der Länder (gültig in allen Bundesländern ausgenommen Hessen: kurz TV-L) und gleichlautend § 33 Tarifvertrag für den öffentlichen Dienst (Gültig für den Bund, kurz TVöD): „Das Arbeitsverhältnis endet ferner mit Ablauf des Monats, in dem der Bescheid eines Rentenversicherungsträgers (Rentenbescheid) zugestellt wird, wonach die/der Beschäftigte voll oder teilweise erwerbsgemindert ist." Nach § 33 Abs. 3 TV-L gilt jedoch die Einschränkung: „Im Falle teilweiser Erwerbsminderung endet beziehungsweise ruht das Arbeitsverhältnis nicht, wenn die/der Beschäftigte nach ihrem/seinem vom Rentenversicherungsträger festgestellten Leistungsvermögen auf ihrem/seinem bisherigen oder einem anderen geeigneten und freien Arbeitsplatz weiterbeschäftigt werden könnte, soweit dringende dienstliche beziehungsweise betriebliche Gründe nicht entgegenstehen, und die/der Beschäftigte innerhalb von zwei

---

435 Vgl. BAG 23.4.2008 – 2 AZR 1012/06, DB 2008, 2091.
436 BAG 28.6.2007 – 6 AZR 750/06, Behindertenrecht 2008, 82; ablehnend *Gagel* in jurisPR-ArbR 39/2007 Anm. 1.
437 Vgl. *Pick*, Diskussionsforum B, Beitrag B-6/2006, unter www.reha-recht.de abrufbar.
438 Dazu BAG 27.7. 2011 – 7 AZR 402/10, ZTR 2012, 162.

Wochen nach Zugang des Rentenbescheids ihre/seine Weiterbeschäftigung schriftlich beantragt".[439]
2. § 20 Abs. 1 Buchst a des Manteltarifvertrags Nr. 2 für das Kabinenpersonal der Deutschen Lufthansa Aktiengesellschaft (MTV Nr. 2). Danach endet das Arbeitsverhältnis, ohne dass es einer Kündigung bedarf, zu dem Zeitpunkt, zu dem nach Feststellung und Bekanntgabe der Flugdienstuntauglichkeit an den Betroffenen eine Beendigung des Arbeitsverhältnisses gemäß § 22 MTV Nr. 2 frühestens zulässig gewesen wäre, wenn durch eine fliegerärztliche Untersuchungsstelle festgestellt wird, dass ein Mitarbeiter wegen körperlicher Untauglichkeit seinen Beruf nicht mehr ausüben kann.[440]

Der Sinn und der Zweck dieser Klauseln sowie die verfassungsrechtlichen Vorgaben aus Art. 12 GG verlangen eine einschränkende Auslegung. Danach tritt eine Beendigung des Arbeitsverhältnisses grundsätzlich dann nicht ein, wenn der Arbeitnehmer noch auf seinem oder einem anderen, ihm nach seinem Leistungsvermögen zumutbaren freien Arbeitsplatz weiterbeschäftigt werden könnte.[441] Machen schwerbehinderte Beschäftigte geltend, der Arbeitgeber sei nach § 164 Abs. 4 und 5 SGB IX zu einer behinderungsgerechten Beschäftigung verpflichtet und bei gehöriger Anpassung der Arbeitsbedingungen an die individuelle Behinderung sei eine Weiterbeschäftigung möglich, kann sich der Arbeitgeber nicht darauf berufen, er habe nicht gewusst, wie er die Arbeitsbedingungen behinderungsgerecht habe ausgestalten bzw. den Arbeitsplatz behinderungsgerecht habe ausstatten sollen, wenn er zu vor kein Präventionsverfahren nach § 167 Abs. 1 SGB IX durchgeführt hat.[442]

Bei der Entlassung aus öffentlich-rechtlichen Dienstverhältnissen nach § 23 Abs. 3, 4 BeamtStG, §§ 34, 37 BBG, §§ 22 f. DRiG wird wegen von der hM vertretenen Ablehnung des § 84 Abs. 1 SGB IX aF (seit 1.1.2018: § 167 Abs. 1 SGB IX) als formeller Rechtmäßigkeitsvoraussetzung[443] auf den Rechtsgedanken des § 46 VwVfG abgestellt. Danach ist die Anfechtung des Entlassungsbescheids erfolgreich, wenn nicht auszuschließen ist, dass der Dienstherr bei rechtzeitiger Durchführung des Präventionsverfahrens im Zeitpunkt des Erlasses der Entlassungsverfügung bzw. des Widerspruchsbescheides zu einer anderen Entscheidung hätte gelangen können und jedenfalls für diesen Zeitpunkt womöglich von der Maßnahme Abstand genommen hätte.[444]

117

4. Ansprüche wegen unterlassener Beschäftigung

Folgen für Beschäftigungsanspruch: Macht der schwerbehinderte oder gleichgestellte Arbeitnehmer gegenüber dem Arbeitgeber seinen Beschäftigungsanspruch nach § 164 Abs. 4 Satz 1 Nr. 1 SGB IX geltend, so kann sich der Arbeitgeber nicht auf die Unzumutbarkeit einer Weiterbeschäftigung berufen, wenn er nicht nachweist, dass er unter Nutzung des Klärungsverfahrens nach Abs. 1 alle Möglichkeiten ausgeschöpft hat.[445] Diese Rechtsprechung haben die Oberge-

118

---

439 Dazu BAG 30.8.2017 – 7 AZR 204/16, Rn. 37, BAGE 160, 150.
440 BAG 17.4. 2019 – 7 AZR 292/17, NZA 2019, 1355.
441 BAG 27.7.2011 – 7 AZR 402/10, Rn. 42, ZTR 2012, 162; BAG 6.12.2000 – 7 AZR 302/99 – zu B II 3 der Gründe AP TVG § 1 Tarifverträge: Deutsche Post Nr. 3.
442 BAG 27.7. 2011 – 7 AZR 402/10, Rn. 59, ZTR 2012, 162 unter Verweis auf BAG 4.10.2005 – 9 AZR 632/04, Rn. 30, BAGE 116, 121.
443 BGH 20.12.2006 – RiZ (R) 2/06, NVwZ-RR 2007, 328 (329); VG Frankfurt aM 29.2.2008 – 9 E 941/07 (V), ZBR 2009, 283.
444 BGH 20.12.2006 – RiZ (R) 2/06, Rn. 25, NVwZ-RR 2007, 328 (330).
445 BAG 4.10.2005 – 9 AZR 632/04, NZA 2006, 442; BAG 14.3.2006 – 9 AZR 411/05, NZA 2006, 1214.

richte übernommen. So ist ein städtischer Arbeitgeber verurteilt worden, eine als Masseurin und medizinische Bademeisterin tätige Angestellte, die ihre bisherige Tätigkeit aus gesundheitlichen Gründen nicht mehr ausüben kann, beim Straßenverkehrsamt als Politesse zu beschäftigen, weil im Hinblick auf die fehlenden Klärungsbemühungen nach § 167 die Einwände des Arbeitgebers als unbeachtlich angesehen wurden.[446]

119 **Ersatz der entgangenen Vergütung:** Ist dem arbeitswilligen und arbeitsfähigen schwerbehinderten Arbeitnehmer ein geeigneter Arbeitsplatz zugewiesen, weigert sich jedoch der Arbeitgeber, ihm Arbeitsaufgaben zuzuweisen, so setzt sich der Arbeitgeber mit der Annahme der Dienste nach § 615 Satz 1 iVm §§ 293 ff. BGB selbst in Verzug. Soweit der Arbeitgeber sich weigert, einen geeigneten Arbeitsplatz zuzuweisen oder den zugewiesenen Arbeitsplatz so anzupassen, dass er behinderungsgerecht wird, kommt ein **Schadensersatzanspruch** in Betracht. Die schuldhafte Verletzung der Pflicht zur behinderungsgerechten Beschäftigung begründet nämlich nach § 280 Abs. 1 BGB und § 823 Abs. 2 BGB iVm § 164 Abs. 4 Satz 1 Nr. 1 den Anspruch auf Ersatz der entgangenen Vergütung.[447] Hat der Arbeitgeber das Präventionsverfahren zur Klärung der Beschäftigungsmöglichkeiten nicht durchgeführt, obwohl er das Arbeitsverhältnis für gefährdet hielt, so kann ihm der Nachweis des Nichtverschuldens regelmäßig nicht gelingen. Das gilt auch für den Fall, dass er nicht im Präventionsverfahren die Möglichkeiten geklärt hat, ob zur Beseitigung der aufgetretenen Schwierigkeiten in Erfüllung der Pflichten aus § 164 Abs. 4 Satz 1 Nr. 4 und 5 eine behinderungsgerechte Ausstattung des Arbeitsplatzes und entsprechende Anpassung oder Neugestaltung von Arbeitsabläufen, Arbeitsorganisation oder Arbeitszeit rechtzeitig möglich gewesen wäre.

5. Auswirkung auf das Zustimmungsverfahren beim Integrationsamt

120 **Auswirkungen auf das Antragsverfahren nach § 170 SGB IX:** Das Gesetz bestimmt nicht ausdrücklich, welche Rechtsfolgen für das Antragsverfahren eintreten, wenn der Arbeitgeber kein Präventionsverfahren durchführt. *Brose* vertritt bereits in Bezug auf das SGB IX aF die Ansicht, dass das Präventionsverfahren nach § 84 Abs. 1 SGB IX aF (seit 1.1.2018: § 167 Abs. 1 SGB IX) in einem nicht auflösbaren Zusammenhang zum kündigungsrechtlichen Antragsverfahren beim Integrationsamt stehe.[448] Zutreffend hat die Autorin erkannt, dass das Präventionsverfahren nicht ohne Weiteres durch die Anhörung im Antragsverfahren ersetzt werden kann. Die beim Anhörungstermin stattfindende Prüfungssituation ist eine andere, als die, die sich bei rechtzeitiger Erörterung der aufgetretenen Schwierigkeiten ergeben hätte.[449] Das Integrationsamt hat deshalb regelmäßig die **Zustimmung zur Kündigung** zu verweigern, solange der Arbeitgeber noch nicht unter Einschaltung des internen und externen Sachverstands im Präventionsverfahren alle zumutbaren Möglichkeiten der Beseitigung der aufgetretenen Schwierigkeiten geprüft und mit den zu beteiligenden Stellen erörtert hat. Bei ordnungsgemäßer Ermittlung des Sachverhalts wird das Integrationsamt selbst feststellen, dass es nicht zu den an sich erforderlichen Klärungsverfahren vom Arbeitgeber hinzugezogen wurde. Dabei ist zu differenzieren: Im Verfahren nach **Abs. 1 ist zwingend** das Integrationsamt zu beteiligen,

---

446 LAG RhPf 8.6.2006 – 6 Sa 853/05, BeckRS 2007, 40684; *Gagel* jurisPR-ArbR 21/2007 Anm. 4.
447 Grundlegend: BAG 4.10.2005 – 9 AZR 632/04, AP Nr. 9 zu § 81 SGB IX = NZA 2006, 442.
448 *Brose* RdA 2006, 1489.
449 Einzelheiten: *Düwell* BB 2011, 2485 ff.

im Verfahren nach **Abs. 2 nur dann, wenn Bedarf an Leistungen zur Teilhabe oder begleitender Hilfen im Arbeitsleben** besteht (Abs. 2 Satz 5; bis 9.6.2021 Satz 4). Ist es entgegen diesen Bestimmungen nicht beteiligt worden, so ist es angebracht, in diesen Fällen wegen des vorrangig durchzuführenden Präventionsverfahrens und BEM den Antrag des Arbeitgebers zurückweisen. Statthaft wäre auch die Aussetzung des Zustimmungsverfahrens, um dem Arbeitgeber die Möglichkeit der Nachholung des unterlassenen Klärungsverfahrens zu geben.[450] Leider meidet die Praxis zu häufig diese konsequente Linie. Stattdessen wird die Pflichtverletzung des Arbeitgebers meist nur kursorisch im Rahmen ihrer allgemeinen Interessenabwägung berücksichtigt.[451] Dies wird damit begründet, es sei so schwierig, zu erkennen, „ob bei einer gehörigen, frühzeitigen Einleitung eines Präventionsverfahrens ein Kündigungsverfahren hätte vermieden werden können. Deshalb sei es nicht gerechtfertigt, stets die Zustimmung zu verweigern.[452] Das ist auch nicht erforderlich. Vielmehr reicht es aus, regelmäßig dann die Zustimmung zu verweigern, wenn nach den Arbeitgeberangaben und den ergänzenden Ermittlungen nicht ausgeschlossen werden kann, dass bei rechtzeitiger Durchführung des Präventionsverfahrens keine ihm zumutbare Weiterbeschäftigungsmöglichkeit gefunden worden wäre. Sonst zieht der Arbeitgeber daraus Vorteile, dass er ohne vorher die gesetzlich vorgeschriebene innerbetriebliche Klärung durchzuführen, unmittelbar den Antrag nach § 170 SGB IX beim Integrationsamt stellt. Die arbeitsgerichtliche Rspr. hat deshalb dem Arbeitgeber für den Kündigungsschutzprozess eine gesteigerte Behauptungslast auferlegt,[453] ausführlich → Rn. 113. Vergleichbares muss für das Antragsverfahren beim Integrationsamt gelten. Hier wäre sonst der **Vorteil des rechtswidrig handelnden Arbeitgebers** sogar noch größer. Erstens erspart er die Zeit, die er für das innerbetriebliche Präventionsverfahren aufwenden müsste. Zweitens bringt er das Integrationsamt in Zeitnot; denn dieses kann sich – anders als vom Gesetzgeber konzipiert – sich nicht auf die unter seiner Einschaltung im Präventionsverfahren erzielten Ergebnisse stützen, sondern muss als außenstehende Stelle die innerbetrieblichen Verhältnisse in der kurzen Monatsfrist (§ 171 Abs. 1) ermitteln. Daraus erwachsen die in der Praxis kaum zu bewältigenden Schwierigkeiten, die im Schrifttum beschrieben wurden.
Die verwaltungsgerichtliche Rechtsprechung hat diese Bedeutung des Präventionsverfahrens als notwendige Vorstufe zum Antragsverfahren nach § 87 aF (seit 1.1.2018: § 170) überhaupt nicht erkannt. So stellt der BayVGH allein darauf ab, dass das Präventionsverfahren keine rechtliche Voraussetzung für die Rechtmäßigkeit der Zustimmung des Integrationsamts sei: „Die Annahme, dass schon der Antrag auf Erteilung der Zustimmung gemäß § 87 [seit 1.1.2018: § 170] Abs. 1 SGB IX fehlerhaft oder gar unzulässig wäre, hat keine Stütze im Gesetz. Gegen die Annahme spricht weiter die systematische Stellung der Vorschrift des § 84 [seit 1.1.2018: § 167] im Sozialgesetzbuch IX."[454] Dabei hätte dem Gericht „ ins Auge springen" müssen, dass die Prävention in § 84 SG IX aF [seit 1.1.2018: § 167] unmittelbar vor dem Kündigungsrecht in §§ 85 SGB IX ff. aF [seit 1.1.2018: §§ 168 ff.] steht und so schon durch seinen Standort im Gesetzestext die Funktion eines zur Klärung des Kündigungssachverhalts

---

450 *Düwell* in Schmidt, Jahrbuch des Arbeitsrechts, 2006, S. 91 ff.
451 So auch *Kuhlmann* Behindertenrecht 2013, 34 (36); die Autorin war bei dem Integrationsamt LWL im Bereich Kündigungsschutz tätig.
452 *Kuhlmann* Behindertenrecht 2013, 34 (36).
453 Zuletzt: BAG 26.2.2020 – 7 AZR 121/19, Rn. 39, EzA § 21 TzBfG Nr. 12.
454 BayVGH 14.11.2006 – 9 BV 06.1431, EzTöD 100 § 34 Abs. 1 TVöD-AT Schwerbehinderte Nr. 2.

notwendigen Vorverfahren verdeutlicht. Die gegen die Nichtzulassung der Rechtsbeschwerde durch den BayVGH eingelegte Beschwerde blieb erfolglos.[455] Da das BVerwG im Nichtzulassungsverfahren nur die Rechtfrage beantworten musste, ob das Präventionsverfahren eine Tatbestandsvoraussetzung für den Verwaltungsakt Zustimmung sei, konnte es sich zutreffend darauf beschränken: „Ohne eingehenden Begründungsbedarf ergibt sich die Antwort aus dem Gesetz dahin, dass die Durchführung eines Präventionsverfahrens keine Rechtmäßigkeitsvoraussetzung für die Zustimmungsentscheidung des Integrationsamtes ist."[456] Diese Ansicht hat es auch in einem weiteren Beschluss bestätigt, ohne auf das Problem einzugehen, welche Auswirkungen das rechtswidrige Unterlassen des antragstellenden Arbeitgebers hat.[457] Danach gebe zwar § 84 Abs. 1 SGB IX aF [seit 1.1.2018: § 167 Abs. 1] dem Arbeitgeber auf, frühzeitig die Schwerbehindertenvertretung und die Interessenvertretungen sowie das Integrationsamt einzuschalten. Diese dem Arbeitgeber aufgegebene Aufgabe sei aber weder formal noch inhaltlich mit der Aufgabe des Integrationsamts verknüpft, über die Zustimmung zur Kündigung eines schwerbehinderten Menschen zu entscheiden. Das zeigt eine Leseschwäche auf; denn im Gesetzestext steht: „Der Arbeitgeber schaltet (...) das Integrationsamt ein (...)". Gemeint war vermutlich vom Fünften Senat des BVerwG, dass der Gesetzgeber das Einschalten des Integrationsamts nicht so ausgestaltet hat, dass dieses Hinzuziehen bereits Teil des verwaltungsrechtlichen Antragsverfahren (§ 170 SGB IX) ist.

Bedeutung gewinnt nach der jüngeren Rspr. die Frage der **Ausübung des Ermessens**. Das OVG NRW hält die Nichtdurchführung eines Präventionsverfahrens im Rahmen der Ermessensentscheidung des Integrationsamts für berücksichtigungsfähig, wenn bei gehöriger Durchführung des Präventionsverfahrens die Möglichkeit bestanden hätte, die Kündigung zu vermeiden.[458] Dabei wird jedoch in Verkennung der **Darlegungslast** dem Arbeitnehmer aufgegeben, die im konkreten Fall gebotenen Präventionsmaßnahmen substantiiert darzulegen, die die Kündigung als „ultima ratio" hätte verhindern können.[459] Eine derartige Auferlegung der Darlegungslast entspricht weder der Rechtsprechung des BAG,[460] noch ist sie im Verwaltungsprozess geboten. Die Rspr. der ersten Instanz geht zu Recht einen anderen Weg. Zwar sei vorherige erfolglose Durchführung eines Präventionsverfahrens keine Tatbestandsvoraussetzung für die Erteilung der beantragten Zustimmung zur Kündigung. Das Integrationsamt habe jedoch das Fehlen eines Präventionsverfahrens bei der Entscheidungsfindung zwingend zugunsten der schwerbehinderten Menschen zu berücksichtigen.[461] Das gilt selbst bei einer beabsichtigten betriebsbedingten Kündigung, für die der Arbeitgeber seine unternehmerische Organisationsfreiheit in Anspruch nimmt. Versäumt das Integrationsamt der Frage nachzugehen, ob ein Präventionsverfahren durchgeführt worden ist, ist dies ein Fehler, der das Verwaltungsverfahren anfechtbar macht. Denn es ist aufzuklären, ob bei gehöriger, rechtzeitiger Einleitung eines Präventionsverfahrens eine Kündigung vermeidbar gewesen wäre: Dazu ist ein hypothetischer Kausalverlauf nachzuzeichnen. Unterlässt das Integrationsamt diese Aufklärung, macht dies die gleichwohl er-

---

455 BVerwG 29.8.2007 – 5 B 77/07, NJW 2008, 166.
456 Ablehnend: *Gagel/Schian* Diskussionsforum B, Beitrag 2/2008, abrufbar unter reha-recht.de.
457 BVerwG 19.8.2013 – 5 B 47/13, Rn. 12.
458 OVG NRW 5.3.2009 – 12 A 122/09, Behindertenrecht 2010, 104.
459 OVG NRW 5.3.2009 – 12 A 122/09, Rn. 32, Behindertenrecht 2010, 104.
460 Vgl. BAG 7.12.2006 – 2 AZR 182.06, NJW 2007, 1995.
461 VG Hannover 5.4.2017 – 3 A 4948/16, Rn. 5; zustimmend: *Feldes* in FKS SGB IX § 167 Rn. 31.

folgte Zustimmung zur Kündigung grundsätzlich **ermessensfehlerhaft** und damit rechtswidrig.[462] Eine Ausnahme ist zuzulassen, wenn der Arbeitgeber die betriebsbedingte Kündigung wegen einer Stilllegung seines Betriebs aussprechen will. Denn in einem solchen Fall steht bei wahrheitsgemäßen Angaben fest, dass ein Präventionsverfahren nicht zur Vermeidung der Kündigung auch des schwerbehinderten Arbeitnehmers hätte führen können. Ob eine Betriebsstilllegung im Rechtssinne erfolgt oder rechtlich ein Betriebsübergang vorliegt, wird als eine spezifisch arbeitsrechtliche Frage angesehen. Diese soll im Kündigungsschutzprozess geprüft werden, so dass insoweit eine weitergehende Aufklärungspflicht des Integrationsamts grundsätzlich nicht besteht. Geprüft werden muss jedoch, ob eine Stilllegungsabsicht nur vorgeschoben wird.[463] Dem ist zuzustimmen. Zu ergänzen bleibt nur noch, dass der Arbeitgeber die objektive Last der Nichtaufklärbarkeit dafür zu tragen hat. Wenn in der dem Integrationsamt zur Verfügung stehenden Zeit auch unter Einholung der Stellungnahmen der Interessenvertretung und der SBV (§ 170 Abs. 2) nicht aufklärbar ist, ob bei Durchführung des Präventionsverfahrens eine dem Arbeitgeber zumutbare Möglichkeit der Kündigungsvermeidung gefunden worden wäre, dann muss die Zustimmung versagt werden; denn sonst würde der rechtswidrig handelnde Arbeitgeber aus seiner rechtswidrigen Tat Vorteile ziehen.

Anfechtbarkeit des Zustimmungsbescheids: Hat das Integrationsamt die Zustimmung erteilt, obwohl kein Klärungsverfahren unter Einschaltung der Arbeitnehmervertretungen und – soweit erforderlich – des Integrationsamts durchgeführt worden war, so liegt – abweichend von der bisher noch nicht das Problem erschöpfend behandelnden verwaltungsgerichtlichen Rechtsprechung (→ Rn. 120) – dem ein Verfahrensfehler zugrunde, der den Zustimmungsbescheid anfechtbar macht.[464] Zu diesem Ergebnis ist auch die Verwaltungsgerichtsbarkeit bei der Prüfung der Rechtmäßigkeit einer dienstlichen Beurteilung einer schwerbehinderten Richterin gelangt. Danach führt der Verstoß gegen die Vorschrift des Abs. 1 **zur formellen Rechtswidrigkeit.**[465] Die verwaltungsrechtliche Anfechtbarkeit des Zustimmungsbescheids des Integrationsamts hat für den Arbeitnehmer den Vorteil, dass der vom Kündigungsverbot des § 168 SGB IX ausgehende Schutzschirm weiter gespannt ist als der nach § 1 Abs. 2 KSchG; denn in § 173 Abs. 1 SGB IX wird zwar die kündigungsschutzrechtliche Wartezeit, aber nicht die kündigungsschutzrechtliche Mindestbetriebsgröße vorausgesetzt.

121

Ermessensfehler: Die Zustimmung (§§ 171, 172) ist als Ermessensentscheidung des Integrationsamts gerichtlich nur eingeschränkt, nämlich nur dahin überprüfbar, ob die Behörde die gesetzlichen Grenzen ihres Ermessens überschritten oder von dem Ermessen in einer dem Zweck der Ermächtigung nicht entsprechenden Weise Gebrauch gemacht hat (§ 114 Satz 1 VwGO). Ein solcher Ermessensfehlgebrauch liegt vor, wenn das Integrationsamt hätte berücksichtigen müssen, dass eine Präventionsmaßnahme gemäß Abs. 1 zu dem vorgeschriebenen Zeitpunkt, nämlich beim erstmaligen Auftreten von Schwierigkeiten, rechtswidrig unterblieben war. Dieser Umstand muss gewürdigt werden, insbesondere ob bei rechtzeitiger Klärung der aufgetretenen Schwierigkeiten und der deswegen zur Stabilisierung der Beschäftigung zu ergreifenden Maßnahmen die

122

---

462 VG Hannover 5.4.2017 – 3 A 4948/16, Rn. 6.
463 VG Hannover 5.4.2017 – 3 A 4948/16, Rn. 7.
464 So auch *Schimanski* in GK-SGB IX § 84 Rn. 85: für den Fall der Weigerung an Präventivmaßnahmen mitzuwirken, mit Hinweis auf eine nicht veröffentlichte Entscheidung VG Minden v. 10.10.1990.
465 OVG MV 9.10.2003 – 2 M 105/03, Behindertenrecht 2005, 143.

mit dem Antrag behauptete Kündigungsreife zu vermeiden gewesen wäre. Dabei ist zu beachten, dass der Zustimmungsbescheid häufig unberücksichtigt lässt, dass Abs. 1 nach Wortlaut und Regelungszweck nicht nur behinderungsbedingte Schwierigkeiten,[466] sondern Probleme gleich welcher Art[467] erfasst. Auch bei Auftreten anderer als behinderungsbedingter Schwierigkeiten soll versucht werden, durch präventive Maßnahmen den Arbeitsplatz des schwerbehinderten Beschäftigten zu erhalten.[468] Das Integrationsamt darf die Zustimmung nicht allein damit begründen, zum Zeitpunkt des Antragsverfahrens verdiene das Interesse des Arbeitgebers wegen der aufgetretenen Schwierigkeiten den Vorrang. Das Richterdienstgericht des Bundes hat zu Recht darauf hingewiesen, wenn im Richterverhältnis auf Probe erst eine Woche vor dem Ende des Beurteilungszeitraums Präventionsgespräche erfolgten, dann sei das zu spät. Sie könnten den Zweck, die Fortsetzung des Richterverhältnisses auf Probe zu ermöglichen, nicht mehr erfüllen.[469] Entsprechendes muss für das Antragsverfahren nach § 170 gelten. Nur dann, wenn auch bei „frühzeitiger" Klärung der Schwierigkeiten keine Möglichkeit bestanden hätte, die weitere ansteigende Gefährdung des Beschäftigungsverhältnisses zu verhindern, darf die Zustimmung zur Kündigung erteilt werden.[470] Ist nicht auszuschließen, dass das Integrationsamt zu einer anderen Entscheidung gelangt wäre, wenn es das rechtswidrige Unterlassen der Präventionsmaßnahme gemäß § 167 Abs. 1 berücksichtigt, die Bedeutung und den Zweck dieses frühzeitigen Klärungsverfahrens richtig erkannt hätte, so stellt sich der Zustimmungsbescheid zumindest als ermessenfehlerhaft dar.

VIII. Rechtsfolgen bei unterlassenem oder mangelhaften BEM
1. Kollektivrechtliche Ansprüche

123 **Kollektivrechtliche Folgen für SBV:** Kommt der Arbeitgeber seiner Verpflichtung aus Abs. 2 („klärt mit ...") nicht nach, kann die SBV ihre Unterrichtungs- und Beratungsrechte gerichtlich durchsetzen. Das setzt jedoch voraus, dass der betroffene Beschäftigte schwerbehindert oder gleichgestellt ist. Die SBV benötigt für die Inanspruchnahme der Gerichte keine Zustimmung des Betriebsrats oder des Personalrats. Sie ist nach §§ 177, 178 eine rechtlich selbstständige Vertretung der schwerbehinderten Beschäftigten. § 167 Abs. 2 verpflichtet die SBV auch nicht zu einem mit der Interessenvertretung nach § 176 abgestimmten Verhalten. Zur Sicherung des Mitklärungsanspruchs ist eine **einstweilige Verfügung** geboten. Dem Arbeitgeber kann auf diesem Wege bis zur Nachholung des unterbliebenen Klärungsverfahrens die Stellung eines Antrags nach § 170 beim Integrationsamt oder der Ausspruch einer Krankheitskündigung gerichtlich untersagt werden. Da in der Nichtbeteiligung der SBV an dem Klärungsverfahren nach Abs. 2 zugleich eine Nichterfüllung der Unterrichtungs- und Anhörungspflicht nach § 178 Abs. 2 Satz 1 liegt, kann die SBV nach § 178 Abs. 2 Satz 2 verlangen, die Durchführung einer Krankheitskündigung oder das Stellen eines Antrags auf Zustimmung zu einer beabsichtigten Krankheitskündigung zumindest bis zur Nachholung der Einleitung des Klärungsverfahrens „auszusetzen". Vor Beantragung einer einstweiligen Verfügung hat jedoch die SBV von ihrem

---

466 *Trenk-Hinterberger* in HK-SGB IX § 84 Rn. 10.
467 *Müller-Wenner* in Müller-Wenner/*Schorn* SGB IX § 84 Rn. 4.
468 So ausdrücklich: BGH Dienstgericht des Bundes 20.12.2006 – RiZ (R) 2/06, Behindertenrecht 2007, 172.
469 BGH Dienstgericht des Bundes 20.12.2006 – RiZ (R) 2/06, Behindertenrecht 2007, 172.
470 So im Ergebnis auch: *Kayser* Behindertenrecht 2008, 65 (67).

Initiativrecht nach § 167 Abs. 2 Satz 7 (bis 9.6.2021: Satz 6) Gebrauch zu machen, die Einleitung eines Klärungsverfahrens zu verlangen. Dieses Initiativrecht muss zuvor erfolglos geltend gemacht worden sein. Ansonsten besteht kein Verfügungsgrund iSv §§ 935, 940 ZPO. Ist dem Arbeitgeber die Schwerbehinderung oder die Gleichstellung nicht bekannt, so muss sie entweder den Beschäftigten zur rechtzeitigen Offenbarung anhalten oder selbst den Arbeitgeber darauf hinweisen. Erfolgt die Offenlegung erst nach Ausspruch der Kündigung, so kommt sie für die Nachholung des BEM **zu spät**.

Verfahrensart und Rechtsweg für SBV: Die SBV kann ihre Recht auf Mitklärung im arbeitsgerichtlichen **Beschlussverfahren** nach § 2a Abs. 1 Nr. 3a ArbGG durchsetzen. Zwar ist in § 2a Abs. 1 Nr. 3a ArbGG die „Angelegenheit" aus § 167 Abs. 2 SGB IX nicht ausdrücklich aufgeführt. Das ist aber unschädlich, denn es geht um die Durchsetzung einer Aufgabe, die nach dem SGB IX der SBV übertragen ist. Die Nennung des § 178 SGB IX in § 2a Abs. 1 Nr. 3a ArbGG deckt das ab. Zu beachten ist, dass in § 2a Abs. 1 Nr. 3a ArbGG auch die **ausschließliche Zuständigkeit der Gerichte für Arbeitssachen** auch für Angelegenheiten der SBV in den Dienststellen des öffentlichen Dienstes geregelt ist.

Kollektivrechtliche Folgen für Betriebsrat und Personalrat: Ebenso wie die SBV können Betriebsrat oder Personalrat ihre Unterrichtungs- und Beratungsrechte aus Abs. 2 gerichtlich im Verfahren des einstweiligen Rechtsschutzes durchsetzen (→ Rn. 82 und 116). Sind keine schwerbehinderten oder gleichgestellten behinderten Beschäftigten betroffen, sind Betriebsrat und Personalrat allein zuständig.

Rechtsweg und Verfahrensart für Betriebsrat und Personalrat: Für den Betriebsrat ergibt sich das **Beschlussverfahren** als richtige Verfahrensart aus § 2 a Abs. 1 Nr. 1 ArbGG. Zwar ist dort nur ausdrücklich die Zuständigkeit für „Angelegenheiten aus dem BetrVG" geregelt. Gemeint ist jedoch keine Beschränkung auf Regelungen, die ausdrücklich im BetrVG getroffen wurden. Vielmehr ist von der materiellen Betriebsverfassung auszugehen, wie sie zum Teil in § 176, § 167 SGB IX geregelt ist. Der Personalrat des öffentlichen Dienstes des Bundes kann seine Unterrichtungs- und Beratungsrechte zwar ebenfalls im **arbeitsgerichtlichen Beschlussverfahren** durchsetzen (§ 108 Abs. 2 BPersVG nF bis 14.6.2021: § 83 Abs. 2 BPersVG). Zuständig sind jedoch nach § 109 BPersVG nF (bis 14.6.2021: §§ 83, 84 BPersVG) die **Fachkammern und Fachsenate der Verwaltungsgerichtsbarkeit**. Für die Personalvertretungen in den übrigen Dienststellen des öffentlichen Dienstes sind je nach Land unterschiedlich vor den Verwaltungsgerichten entweder die VwGO (so Rheinland-Pfalz) oder ebenfalls das arbeitsgerichtliche Beschlussverfahren (übrige Bundesländer) als Verfahrensarten zu beachten (vgl. dazu meine Erläuterungen → § 178 Rn. 72 und 130).

2. Ahndung als Ordnungswidrigkeit

Bußgeld: Die Erfüllung der Arbeitgeberpflichten nach Abs. 2 („klärt mit …") steht nicht unter Bußgeldandrohung. Allerdings ist der Ablauf der Sechswochenfrist aus § 167 Abs. 2 Satz 1 SGB IX eine Angelegenheit, die den einzelnen schwerbehinderten Menschen berührt, weil der Gesetzgeber dem Arbeitgeber ab diesem Zeitpunkt die Pflicht auferlegt, dem schwerbehinderten Beschäftigten ein BEM Angebot zu machen, um in eine Klärung der Beschäftigungsmöglichkeiten eintreten zu können. Nach § 178 Abs. 1 Satz 1 SGB IX ist damit ab diesem Zeitpunkt der Arbeitgeber zur unverzüglichen Unterrichtung der SBV verpflichtet.

Somit begeht ein Arbeitgeber, der schuldhaft überhaupt nicht oder nicht rechtzeitig die SBV über den BEM-Fall unterrichtet, den Tatbestand der Ordnungswidrigkeit iSv § 238 Abs. 1 Nr. 8. Die unterlassene oder verspätete Unterrichtung der SBV kann als Ordnungswidrigkeit mit einer **Geldbuße bis zu 10.000 EUR** geahndet werden kann.

3. Auswirkung auf das Zustimmungsverfahren beim Integrationsamt

127 **Auswirkungen auf das Antragsverfahren nach § 170 SGB IX:** Das Gesetz bestimmt nicht ausdrücklich, welche Rechtsfolgen für das Antragsverfahren eintreten, wenn der Arbeitgeber, ohne vorher ein BEM-Angebot abgegeben zu haben, den Antrag auf Zustimmung zur Krankheitskündigung beim Integrationsamt stellt. Das ist in rund 60 % der Fälle so.[471] Das zur Herstellung der Beschäftigungsfähigkeit und damit auch zur Vermeidung der Krankheitskündigung dienende Klärungsverfahren kann nicht durch die Einholung von Stellungnahmen des Betriebs- bzw. Personalrats und der SBV nach § 170 Abs. 2 SGB IX ersetzt werden. Auch die bei einem mündlichem Anhörungstermin stattfindende Prüfung der Kündigungsgründe kann nicht die in § 167 Abs. 2 SGB IX vorgeschriebene dialogische und kooperative Suche nach betrieblichen Beschäftigungsmöglichkeiten ersetzen, die die Betriebsparteien gemeinsam unter Heranziehung der Träger der Rehabilitation durchführen sollen. Es ist deshalb angebracht, wegen der vorrangig im BEM durchzuführenden Klärung den Antrag des Arbeitgebers zurückweisen. Dies hat insbesondere auch deshalb zu erfolgen, wenn das Integrationsamt erkennen kann, dass eine trotz unterlassenem BEM erklärte Kündigung evident sozialwidrig ist, Einzelheiten: → Rn. 128 f. Statthaft ist auch die Aussetzung des Zustimmungsverfahrens, um dem Arbeitgeber die Möglichkeit der Nachholung des unterlassenen Klärungsverfahrens zu geben.[472] Hier liegt auf Seiten der Integrationsämter ein Vollzugsdefizit vor. Die Statistik weist aus: Im Jahr 2019 sind nur 1277 BEM Verfahren durchgeführt worden.[473] Demgegenüber sind 23.769 Kündigungsfälle angefallen, von denen 4.374 (= 18,4 %) Fehlzeitenkündigungen betrafen.[474]

4. Auswirkungen auf den Kündigungsrechtsstreit

128 **Kündigungsrechtliche Folgen im Überblick:** Wegen der Gleichheit des Ansatzes in Abs. 1 und Abs. 2, den Arbeitgeber zur Klärung von Beschäftigungsmöglichkeiten zu verpflichten, müssen bei der Verletzung der im imperativen Präsens gefassten Pflicht zur Einleitung und mitbestimmter Durchführung des BEM („klärt der Arbeitgeber mit der zuständigen Interessenvertretung ..."") die gleichen kündigungsrechtlichen Rechtsfolgen wie bei der Verletzung der Einschaltungs- und Erörterungspflicht nach Abs. 1 (→ Rn. 112 ff.) eintreten. Das hat der Zweite Senat des BAG erkannt.[475] Danach ist die Durchführung des BEM ebenso wenig eine formelle Wirksamkeitsvoraussetzung für eine personenbedingte Kündigung. Die gesetzliche Regelung wird aber auch nicht nur als ein bloßer Programmsatz angesehen, sondern als Ausprägung des das Kündigungsrecht beherrschenden **Verhältnismäßigkeitsgrundsatzes**.

---

471 BIBB/BAuA, Erwerbstätigenbefragung 2018, Umsetzung des betrieblichen Eingliederungsmanagement (BEM). Es besteht immer noch Nachholbedarf, abrufbar unter https://www.baua.de/DE/Themen/Arbeitswelt-und-Arbeitsschutz-im-Wandel/Arbeitsweltberichterstattung/Arbeitsbedingungen/BIBB-BAuA-2018.html.
472 *Düwell* in Schmidt, Jahrbuch des Arbeitsrechts, 2006, S. 91 ff.
473 BIH Jahresbericht 2019/2020, S. 28.
474 BIH Jahresbericht 2019/2020, S. 33.
475 BAG 12.7.2007 – 2 AZR 716/06, Behindertenrecht 2008, 77.

Führt der Arbeitgeber kein betriebliches Eingliederungsmanagement durch, so hat das nach dieser Rechtsprechung Folgen für die **Darlegungs- und Beweislast** bei einer krankheitsbedingten Kündigung.[476] Das gilt insbesondere für die Prüfung der betrieblichen Auswirkungen von erheblichen Fehlzeiten. Der Arbeitgeber darf sich nicht pauschal darauf berufen, ihm seien keine alternativen, der Erkrankung angemessenen Einsatzmöglichkeiten bekannt.[477] Er hat vielmehr von sich aus denkbare oder vom Arbeitnehmer (außergerichtlich) bereits genannte Alternativen zu würdigen und im Einzelnen darzulegen, aus welchen Gründen sowohl eine Anpassung des bisherigen Arbeitsplatzes an dem Arbeitnehmer zuträgliche Arbeitsbedingungen als auch die Beschäftigung auf einem anderen – leidensgerechten – Arbeitsplatz ausscheiden. Erst dann ist es Sache des Arbeitnehmers, sich hierauf substantiiert einzulassen und darzulegen, wie er sich selbst eine leidensgerechte (für Behinderte lautet die zutreffende Bezeichnung „behinderungsgerechte") Beschäftigung vorstellt. Somit hat der Arbeitgeber darzulegen, dass die unterlassene Durchführung des BEM unerheblich war, weil auch bei seiner Durchführung keine Möglichkeit bestanden hätte, eine personenbedingte Kündigung wegen krankheitsbedingter Arbeitsunfähigkeit zu vermeiden. Ein solcher Fall mag vorliegen, wenn feststeht, dass die Wiederherstellung der Arbeitsfähigkeit eines Arbeitnehmers völlig ungewiss ist.[478] Es ist in derartigen Fällen darauf zu achten, dass das Gericht keinem Antritt zur Erhebung von unzulässigen Ausforschungsbeweisen nachgeht. Das entspricht auch der Auffassung der Rechtsprechung. Diese hebt hervor, es bedürfe eines umfassenden konkreten Sachvortrags des Arbeitgebers.[479] Die neuere Rechtsprechung hat deshalb die Anforderung verschärft.[480] Der darlegungs- und beweispflichtige Arbeitgeber muss danach umfassend und konkret vortragen, warum weder der weitere Einsatz des Arbeitnehmers auf dem bisher innegehabten Arbeitsplatz noch dessen leidensgerechte Anpassung und Veränderung möglich war und der Arbeitnehmer auch nicht auf einem anderen Arbeitsplatz bei geänderter Tätigkeit hätte eingesetzt werden können, warum also ein BEM in keinem Fall dazu hätte beitragen können, erneuten Krankheitszeiten des Arbeitnehmers vorzubeugen und ihm den Arbeitsplatz zu erhalten.[481]

Der Zweite Senat des BAG ist in einer älteren Entscheidung bei Zustimmung des Integrationsamts zur krankheitsbedingten Kündigung ohne „besondere Anhaltspunkte" von einer Vermutung ausgegangen, dass auch die Durchführung des Klärungsverfahrens zu keiner Weiterbeschäftigungsmöglichkeit geführt hätte.[482] Es muss bezweifelt werden, ob diese weder normativ noch empirisch, sondern eher pragmatisch begründete Annahme eine rechtliche Vermutung rechtfertigt.[483] Zu beachten ist, dass das BEM ebenso wie das Präventionsverfahren ein ergebnisoffener Klärungsprozess ist. Das Ergebnis eines Klärungsverfahrens kann nur nach Durchführung der Klärung erkannt werden, zumal der Arbeitgeber nicht befugt ist, die Klärung allein durchzuführen (vgl. Wortlaut

---

476 Dazu ein umfassender Überblick: *Stein*, Die krankheitsbedingte Kündigung im Licht des betrieblichen Eingliederungsmanagements, NZA 2020, 753.
477 BAG 23.4.2008 – 2 AZR 1012/06, Rn. 26, EzA KSchG § 1 Krankheit Nr. 55; 12.7.2007 – 2 AZR 716/06, Rn. 44, BAGE 123 (234).
478 Vgl. LAG Hamm 29.3.2006 – 18 Sa 2104/05, LAGE § 1 KSchG Krankheit Nr. 39.
479 BAG 23.4.2008 – 2 AZR 1012/06, DB 2008, 2091.
480 BAG 13.5.2015 – 2 AZR 565/14, Rn. 32, NZA 2015, 1249; BAG 20.3.2014 – 2 AZR 565/12, Rn. 34; BAG 24.3.2011 – 2 AZR 170/10, NZA 2011, 952.
481 LAG Hamm 27.1.2012 – 13 Sa 1493/11.
482 So BAG 12.7.2007 – 2 AZR 716/06, DB 2008, 189, juris Rn. 42.
483 Vgl. dazu zutreffend ArbG Berlin 10.9.2008 – 56 Ca 10703/08.

des § 167 Abs. 1 und § 167 Abs. 2 Satz 1) und deshalb nicht ausgeschlossen werden kann, dass Gesichtspunkte eine Bedeutung gewinnen, die überhaupt nicht vorhersehbar sind. Dies thematisierte die Kritik.[484] Der Zweite Senat ist daraufhin von seiner 2007 aufgestellten Vermutungsregel abgerückt, indem er diese Rechtsfrage als offen bezeichnet.[485] Dem ist die obergerichtliche Rspr. gefolgt.[486]

Was für die fehlende Durchführung eines BEM gilt, trifft auch auf die fehlende oder nicht ausreichende Initiative in Form eines **Angebots** zur Durchführung eines BEM (→ Rn. 56) zu. Der Arbeitgeber hat die objektive Nutzlosigkeit eines rechtzeitig und ordnungsgemäß angebotenen BEM darzulegen.[487]

Den Arbeitgeber trifft keine erweiterte Darlegungs- und Beweislast hinsichtlich des Fehlens von Weiterbeschäftigungsmöglichkeiten, wenn er das BEM ordnungsgemäß durchgeführt hat.[488]

Noch ungeklärt ist von der Rspr., ob ein nach bereits erfolgtem Ausspruch einer Kündigung „nachgeschobenes" Klärungsverfahren unerheblich ist, weil es für die Rechtswirksamkeit einer Kündigung auf den Zeitpunkt des Zugangs der Kündigung ankommt.[489] Demgegenüber wird hier vertreten, dass der Arbeitgeber nicht gehindert ist, dieses während des Prozesses nachzuholen und das Klärungsergebnis bezogen auf den Zeitpunkt bei Ausspruch der rechtzeitigen Durchführung des BEM **nachzuschieben** (→ Rn. 114). Es geht nämlich nicht um Tatsachen, die nach der Kündigung entstanden sind, sondern um die Aufklärung der Tatsachenlage zu den Beschäftigungsmöglichkeiten, die vor der Kündigung bestanden. Dieses Nachschieben ist jedoch nur möglich, wenn der Betroffene seine nach § 167 Abs. 2 Satz 1 erforderliche Zustimmung zur nachträglichen Durchführung der Klärung erteilt. Ohne diese Zustimmung ist ein „nachgeschobenes" Klärungsverfahren nicht verwertbar.

129 **BEM bei Erwerbsminderungsrente:** Die Nutzlosigkeit eines BEM wird danach nicht allein dadurch belegt, dass dem Arbeitnehmer eine **Rente wegen voller Erwerbsminderung** bewilligt wurde.[490] Die Bewilligung einer Rente wegen voller Erwerbsminderung besagt nämlich nur etwas über den zeitlichen Umfang der verbliebenen Leistungsfähigkeit unter den üblichen Bedingungen auf dem allgemeinen Arbeitsmarkt. Sie schließt weder eine bis zu dreistündige tägliche Tätigkeit noch eine längere tägliche Beschäftigung zu vom Regelfall abweichenden, günstigeren Arbeitsbedingungen aus. Eine Rente wegen voller Erwerbsminderung kann überdies auch dann bewilligt werden, wenn dem Versicherten eine Teilzeitarbeit von bis zu sechs Stunden täglich möglich, der übliche Arbeitsmarkt für eine solche aber verschlossen ist, sog. „Arbeitsmarktrente". Daraus folgt, dass der Arbeitgeber dem Arbeitnehmer wenigstens noch eine Tätigkeit in zeitlich geringem Umfang anbieten könnte und auf Wunsch des Arbeitnehmers nach § 164 Abs. 5 Satz 3 auch müsste.[491]

130 **Rechtsfolgen des nicht ordnungsgemäß eingeleiteten oder nicht durchgeführten BEM:** Hat der Arbeitgeber ein Verfahren durchgeführt, das nicht den gesetzli-

---

484 *Deinert* NZA 2010, 969, 974, *Düwell* BB 2011, 2485, 2487.
485 BAG 25.1.2018 – 2 AZR 382/17, Rn. 52, NZA 2018, 845; BAG 20.11.2014 – 2 AZR 664/13, Rn. 40, NZA 2015, 931,.
486 LAG Hamburg 2.10.2019 – 2 Sa 9/19, Rn. 67.
487 BAG 16.7.2015 – 2 AZR 15/15, Rn. 32, NZA 2016, 99; BAG 20.11.2014 – 2 AZR 755/13, Rn. 39 mwN, Behindertenrecht 2015, 165.
488 BAG 26.2.2020 – 7 AZR 121/19, Rn. 39, NZA 2020, 795.
489 *Beck* NZA 2017, 81, 86.
490 BAG 13.5.2015 – 2 AZR 565/14, Rn. 32, NZA 2015, 1249.
491 BAG 13.5.2015 – 2 AZR 565/14, Rn. 32, NZA 2015, 1249.

chen Mindestanforderungen an ein BEM genügt, so ist das dem Fall des überhaupt nicht durchgeführten BEM gleichzusetzen.[492] Zwar enthält § 167 Abs. 2 ebenso wie die bis zum 31.12.2017 geltende Vorgängerregelung in 84 Abs. 2 SGB IX aF keine nähere gesetzliche Ausgestaltung des BEM (→ Rn. 5).[493] Dennoch ist das BEM ein rechtlich regulierter „Suchprozess", der individuell angepasste Lösungen zur Vermeidung zukünftiger Arbeitsunfähigkeit ermitteln soll.[494] Gleichwohl lassen sich aus dem Gesetz gewisse Mindeststandards *ableiten*. Zu diesen gehört es, die gesetzlich dafür vorgesehenen Stellen, Ämter und Personen zu beteiligen und zusammen mit ihnen eine an den gesetzlichen Zielen des BEM orientierte Klärung ernsthaft zu versuchen. Ziel des BEM ist es festzustellen, aufgrund welcher gesundheitlichen Einschränkungen es zu den bisherigen Ausfallzeiten gekommen ist und ob Möglichkeiten bestehen, sie durch bestimmte Veränderungen künftig zu verringern, um so eine Kündigung zu vermeiden. Danach entspricht jedes Verfahren den gesetzlichen Anforderungen, das die zu beteiligenden Stellen, Ämter und Personen einbezieht, das keine vernünftigerweise in Betracht zu ziehende Anpassungs- und Änderungsmöglichkeit ausschließt und in dem die von den Teilnehmern eingebrachten Vorschläge sachlich erörtert werden. Wird das durchgeführte Verfahren nicht einmal diesen Mindestanforderungen gerecht, kann das zur Unbeachtlichkeit des Verfahrens insgesamt führen. Ist ein BEM ordnungsgemäß durchgeführt worden, ist der Arbeitgeber seiner gesetzlichen Verpflichtung nachgekommen. Das BEM hat seinen Zweck erfüllt und sein Ende gefunden. Dieser Umstand hat – je nach dem Ergebnis des BEM – weitere Folgen für die Darlegungslast.

Negatives BEM-Ergebnis: Hat das BEM zu einem negativen Ergebnis, also zur Erkenntnis geführt, es gebe keine Möglichkeiten, die Arbeitsunfähigkeit des Arbeitnehmers zu überwinden oder künftig zu vermeiden, genügt der Arbeitgeber seiner Darlegungslast nach § 1 Abs. 2 Satz 4 KSchG, wenn er auf diesen Umstand hinweist und behauptet, es bestünden keine anderen Beschäftigungsmöglichkeiten. Der nunmehr darlegungspflichtige Arbeitnehmer genügt seiner Darlegungslast grundsätzlich nicht dadurch, dass er auf alternative Beschäftigungsmöglichkeiten verweist, die während des BEM behandelt und verworfen worden sind. Auch der Verweis auf nicht behandelte Alternativen wird grundsätzlich ausgeschlossen sein. Der Arbeitnehmer muss diese bereits in das BEM einbringen. Er kann allenfalls auf Möglichkeiten verweisen, die sich erst nach Abschluss des BEM bis zum Zeitpunkt der Kündigung ergeben haben.[495] 131

Positives BEM-Ergebnis: Hat das BEM zu einem positiven Ergebnis geführt, ist der Arbeitgeber grundsätzlich verpflichtet, die **empfohlene Maßnahme** – soweit dies in seiner alleinigen Macht steht – vor Ausspruch einer krankheitsbedingten Kündigung als milderes Mittel umzusetzen.[496] Kündigt er ohne sie umgesetzt zu haben, muss er im Einzelnen und konkret darlegen, warum die Maßnahme entweder trotz Empfehlung undurchführbar war oder selbst bei Umsetzung dieser keinesfalls zu einer Vermeidung oder Reduzierung von Arbeitsunfähigkeitszeiten geführt hätte. Dem wird der Arbeitnehmer regelmäßig mit einem einfachen Bestreiten entgegentreten können. Bedarf es zur Durchführung des BEM Ergebnisses der Einwilligung oder der Initiative des Arbeitnehmers, wie zB für die Durchführung einer empfohlenen stationären Rehabilitation, muss der Arbeitgeber um diese nachsuchen oder den Arbeitneh- 132

---

492 BAG 10.12.2009 – 2 AZR 400/08, NJW-Spezial 2010, 275.
493 *Joussen* DB 2009, 286 (287).
494 *Kohte* DB 2008, 582 (583).
495 BAG 10.12.2009 – 2 AZR 400/08, NJW-Spezial 2010, 275.
496 Vgl. JbArbR Bd. 43 S. 91, 104; *Joussen* DB 2009, 286 (290).

mer hierzu auffordern.[497] Dazu kann er dem Arbeitnehmer eine Frist setzen. Der Arbeitgeber muss den Arbeitnehmer dabei deutlich darauf hinweisen, dass er im Weigerungsfall mit einer Kündigung rechnen müsse. Lehnt der Arbeitnehmer die Maßnahme dennoch ab oder bleibt er trotz Aufforderung untätig, braucht der Arbeitgeber die Maßnahme vor Ausspruch der Kündigung nicht mehr als milderes Mittel berücksichtigen.[498]

5. Auswirkungen auf den Bedingungskontrollrechtsstreit

133 Will sich ein Arbeitnehmer gegen die Beendigung seines Arbeitsverhältnisses aufgrund des vom Arbeitgeber geltend gemachten Eintritts einer im Arbeits- oder Tarifvertrag vereinbarten auflösenden Bedingung wehren, so muss er nach §§ 21, 17 Satz 1 TzBfG beim Arbeitsgericht innerhalb von drei Wochen Klage erheben und dazu einen sogenannten **Bedingungskontrollantrag** stellen.
Beispiel: Der Manteltarifvertrag für die Arbeitnehmer der Deutschen Post AG (MTV-DP AG) enthält eine auflösende Bedingung für die Postbeschäftigungsunfähigkeit. Danach liegt Postbeschäftigungsunfähigkeit vor, wenn der Betriebs- oder Amtsarzt feststellt, dass der Arbeitnehmer infolge eines körperlichen Gebrechens oder wegen Schwäche seiner körperlichen oder geistigen Kräfte zur Erfüllung seiner arbeitsvertraglichen Pflichten dauerhaft unfähig ist, Einzelheiten: → § 175 Rn. 32.
Der schwerbehinderte Arbeitnehmer kann dagegen einwenden:
- die Feststellung des Betriebs- oder Amtsarztes sei falsch oder
- er könne trotz der festgestellten Beeinträchtigung auf seinem Arbeitsplatz mit entsprechenden behinderungsgerechten Anpassungsmaßnahmen nach § 164 Abs. 4 Satz 1 SGB IX weiterbeschäftigt werden oder
- er könne nach Umsetzung bzw. Versetzung einem anderen Arbeitsplatz weiterbeschäftigt werden.

Um den Fortbestand des Arbeitsverhältnisses zu sichern, muss dann der schwerbehinderte Arbeitnehmer Befristungskontrollklage erheben. Die Klagefrist beginnt in entsprechender Anwendung von § 21 TzBfG mit Zugang der schriftlichen Erklärung des Arbeitgebers, dass das Arbeitsverhältnis aufgrund des Eintritts der Bedingung beendet sei.[499] Die Dreiwochenfrist wird nach der Rspr. des Siebten Senats nicht analog § 4 Satz 4 KSchG gehemmt, solange der Zustimmungsbescheid des Integrationsamts iSv § 175 SGB IX nicht zugegangen ist.[500]

6. Ansprüche wegen unterlassener Beschäftigung

134 **Anspruch auf Beschäftigung entsprechend dem Ergebnis der Klärung:** Ist eine im Klärungsprozess des BEM zu suchende Möglichkeit zur Beseitigung der Arbeitsunfähigkeit tatsächlich gemeinsam von allen Beteiligten gefunden worden, so ergibt sich daraus für den Arbeitgeber eine Pflicht, deren Umsetzung zu prüfen,[501] allerdings noch nicht per se ein Anspruch des arbeitsunfähig kranken Arbeitnehmers gegen den Arbeitgeber auf die Durchführung der entsprechenden Maßnahmen zu seiner Beschäftigung. Soweit sich durch eine bloße Weisung des Arbeitgebers die Arbeitsfähigkeit herstellen lässt, ist die Beibehaltung der alten, durch das Direktionsrecht bestimmten Arbeitsbedingungen am Maß-

---

497 BAG 10.12.2009 – 2 AZR 400/08, NJW-Spezial 2010, 275.
498 BAG 10.12.2009 – 2 AZR 400/08, NJW-Spezial 2010, 275.
499 BAG 6.4. 2011 – 7 AZR 704/09, Rn. 22, BAGE 137, 292.
500 BAG 27.7. 2011 – 7 AZR 402/10, Rn. 28, ZTR 2012, 162.
501 Zustimmung: LAG RhPf 25.2.2013 – 6 Sa 441/12, BeckRS 2013, 202314.

stab des § 106 GewO zu überprüfen. Es ist davon auszugehen, dass die Verweigerung der Umsetzung des BEM Ergebnisses ermessenfehlerhaft, deshalb unbillig und unwirksam ist, weil die Interessen der arbeitsunfähigen Person nicht gehörig berücksichtigt werden.
Beispiel: Der nicht schwerbehinderte arbeitsvertraglich zur Wechselschicht eingestellte Arbeitnehmer ist krankheitsbedingt nicht mehr in der Lage, Nachtarbeit zu verrichten. Die dadurch bedingte Arbeitsunfähigkeit kann durch die gerichtliche Konkretisierung der Arbeitspflicht auf Tagschichten behoben werden.

Zugunsten einfach behinderter Arbeitnehmer muss der Arbeitgeber zusätzlich eine vom Gesetzgeber in § 106 Satz 3 GewO vorgegebene Ermessensrichtlinie beachten. Für schwerbehinderte und gleichgestellte Arbeitnehmer ist der Arbeitgeber ausdrücklich in § 164 Abs. 4 Satz 1 Nr. 1 SGB IX zur behinderungsgerechten Beschäftigung entsprechend den „Fähigkeiten" verpflichtet. Für alle anderen Beschäftigten kann sich ein Anspruch auf leidensgerechte Beschäftigung aus der auch im Arbeitsrecht geltenden allgemeinen Pflicht aus § 241 Abs. 2 BGB zur Rücksichtnahme ergeben.[502] Die Arbeitsvertragsparteien sind aus § 241 Abs. 2 BGB zu leistungssichernden Maßnahmen verpflichtet. Dazu gehört nach Auffassung des Sechsten Senats auch die Pflicht, Erfüllungshindernisse (hier: Arbeitsunfähigkeit) zu beseitigen. Dem ist voll zuzustimmen. Die Kritik des Schrifttums setzt ein, ob es Im Rahmen dieser Mitwirkungspflicht auch geboten sein könne, auf das Direktionsrecht überschreiten Vertragsänderungen als Reaktion auf unerwartete Änderungen der tatsächlichen Verhältnisse eingehen zu müssen, weil anderenfalls das Unvermögen des Schuldners (hier: weitere Arbeitsunfähigkeit nach Auslaufen der Entgeltfortzahlung und Auslaufen des Krankengeldanspruchs) zu besorgen sei.[503] Der Zweite Senat des BAG hat angenommen, im Rahmen des BEM sei der Arbeitgeber zur Vermeidung einer Kündigung gehalten, bei entsprechender Bereitschaft des Arbeitnehmers die Vertragsstörung auch durch das Angebot eines anderen Arbeitsplatzes mit geänderter Tätigkeit zu beseitigen.[504] *Kamanabrou* sieht weitergehend in § 84 Abs. 2 aF (seit 1.1.2018: § 167 Abs. 2) einen Anknüpfungspunkt für eine vertragliche Nebenpflicht des Arbeitgebers auf Beschäftigung des leistungsgeminderten, nicht schwerbehinderten oder gleichgestellten Arbeitnehmers auch über die Grenzen des vertraglichen Direktionsrechts hinaus.

Anspruch auf Freihaltung eines Arbeitsplatzes: Führt der organisierte Suchprozess dazu, dass erst nach weiterer Qualifizierung oder Umschulung eine Beschäftigungsmöglichkeit besteht, so hat der Arbeitgeber diese Beschäftigungsmöglichkeit einen angemessenen, entsprechend der Dauer der bisherigen Beschäftigung zu bemessenden Zeitraum freizuhalten. Er darf nicht diese Möglichkeit nicht durch anderweitige Besetzung vereiteln. Nach dem Rechtsgedanken des § 162 BGB muss sich sonst der Arbeitgeber eine zwischenzeitlich besetzte Stelle als im Zeitpunkt der Kündigung „frei" entgegenhalten lassen.[505] Eine treuwidrige Vereitelung der Weiterbeschäftigungsmöglichkeit liegt immer dann vor, wenn dem Arbeitgeber die Möglichkeit der Weiterbeschäftigung aufdrängen musste.[506] War für den Arbeitgeber zum Zeitpunkt der Stellenbesetzung die Notwendigkeit einer Beschäftigungsmöglichkeit für den später gekün- 135

---
502 BAG 13.8.2009 – 6 AZR 330/08, ZTR 2010, 87.
503 Ablehnend: *Verstege* Anm. zu AP Nr. 4 zu § 241 BGB.
504 BAG 23.4.2008 – 2 AZR 1012/06, Rn. 25 f., EzA KSchG § 1 Krankheit Nr. 55.
505 Vgl. LAG Bln-Bbg 24.3.2009 – 12 Sa 1450/08, BeckRS 2011, 67107.
506 BAG 5.6.2008 – 2 AZR 107/07, AP KSchG 1969 § 1 Betriebsbedingte Kündigung Nr. 178.

digten Arbeitnehmer, also den Kläger, bereits absehbar, so liegt ein treuwidriges, weil rechtsmissbräuchliches Verhalten vor.[507] Das LAG Bln-Bbg hat erkannt, dass ab Mitteilung des Arbeitnehmers über den bevorstehenden Abschluss der Ausbildung (hier: Umschulung eines länger als zwölf Jahre beschäftigten Krankenpflegers zum Kaufmann im Gesundheitswesen) der Arbeitgeber geeignete freie Verwaltungsarbeitsplätze hätte suchen und freihalten oder auch das Freimachen eines entsprechenden Arbeitsplatzes durch Versetzungen prüfen müssen.[508]

136 **Anspruch auf entgangene Vergütung wegen eines nicht durchgeführten BEM:** Wäre bei Durchführung des BEM eine neue Beschäftigungsmöglichkeit gefunden worden, die es durch Neuausübung des Direktionsrechts ermöglicht hätte, dem erkrankten Arbeitnehmer einen leidensgerechten Arbeitsplatz zuzuweisen, so kann der Arbeitnehmer Schadensersatz verlangen. Nach § 280 Abs. 1 BGB steht ihm nämlich die entgangene Vergütung zu, wenn der Arbeitgeber schuldhaft die Rücksichtnahmepflicht aus § 241 Abs. 2 BGB dadurch verletzt, dass er keinen leidensgerechten Arbeitsplatz zuweist.[509] Würde im Rahmen des BEM eine Möglichkeit gefunden, durch Neuausübung des Weisungsrechts einen geeigneten Arbeitsplatz zuzuweisen, so wäre die Umsetzung nach § 106 Satz 1 GewO, § 241 Abs. 2 BGB geboten. Ungeklärt ist von der Rspr. noch, ob der Schadensersatzanspruch dem Arbeitnehmer auch dann zusteht, wenn er Krankengeld oder andere Leistungen von Trägern der sozialen Sicherung erhalten hat. Findet nach §§ 115, 116 SGB X ein Forderungsübergang auf die Sozialversicherung statt, dann kann der Arbeitnehmer nur den Anspruch als Prozessstandschafter geltend machen. Wenn kein Forderungsübergang vorliegt, kann der Arbeitgeber nicht den entgangenen Verdienstausfall als Schadenseintritt unter Hinweis auf den Sozialleistungsbezug bestreiten; denn diese Leistungen dienen nicht dazu, den Arbeitgeber zu entlasten. Die praktische Bedeutung dieser Rechtsfrage ist beim BEM besonders groß, weil es nicht selten Fälle von Langzeitkranken gibt, die schon aus der Bezugsdauer des Krankengeldes herausgewachsen sind.

137 **Behinderungsgerechte Beschäftigung:** Beschäftigte haben im Arbeitsverhältnis einen Anspruch nach § 106 Satz 1 GewO darauf, dass der Arbeitgeber in Ausübung seines billigen Ermessens geeignete Tätigkeiten zuweist. Das hat die Rspr. für die Zuweisung von Schichten bei nachgewiesener Nachtarbeitsuntauglichkeit entschieden.[510] Zur Lösung dieses Falles hatte das LAG noch entscheidungserheblich auf die Bestimmung § 106 Satz 3 GewO abgestellt, nach der Auswirkungen einer Behinderung zu berücksichtigen sind. Es hatte vertreten, erfasst würden – wie im Ausgangsfall – auch Behinderungen, ohne dass diese die Voraussetzungen des § 2 SGB IX erfüllten.[511] Das BAG hat in der Revision zu dieser Rechtsfrage keine Stellung bezogen. Es hat den Anspruch auf Beschäftigung außerhalb der Nachtschicht aus den § 611 BGB aF (seit 2017 § 611a BGB) iVm der allgemeinen Rücksichtnahmepflicht aus § 242 BGB her-

---

507 BAG 25.4.2002 – 2 AZR 260/01, AP KSchG 1969 § 1 Betriebsbedingte Kündigung Nr. 121.
508 LAG Bln-Bbg 17.8.2009 – 10 Sa 592/09, LAGE § 1 KSchG Krankheit Nr. 44a.
509 BAG 19.5.2010 – 5 AZR 162/09, NZA 2010, 1119; grundlegend für Zuweisung eines behinderungsgerechten Arbeitsplatzes: BAG 4.10.2005 – 9 AZR 632/04, AP Nr. 9 zu § 81 SGB IX = NZA 2006, 442; Einzelheiten: → § 164 Rn. 188.
510 LAG Bln-Bbg 30.5.2013 – 5 Sa 78/13, öAT 2013, 261; nachgehend: BAG 9.4.2014 – 10 AZR 637/13, BAGE 148, 16 = NZA 2014, 719.
511 LAG Bln-Bbg 30.5.2013 – 5 Sa 78/13, Rn. 54, öAT 2013, 261 unter Verweis auf *Preis* in ErfK, 13. Aufl. 2013, GewO § 106 Rn. 22, jetzt *Preis* in ErfK GewO § 106 Rn. 34.

geleitet.[512] Im Schrifttum wird deshalb die Ansicht vertreten, § 106 Satz 3 GewO sei „nicht anerkannt", wie sein Regelungsgehalt unklar sei.[513] Diese im Rahmen des billigen Ermessens zu wahrende arbeitgeberseitige Rücksichtnahme verlangt nicht, sich rechtlichen Risiken auszusetzen, weil zB der Betriebsrat den mit einem Austausch von Arbeitnehmern verbundenen Versetzungen (§ 95 Abs. 3 BetrVG) nicht gem. § 99 Abs. 1 BetrVG zustimmt.[514] Demgegenüber haben schwerbehinderte und gleichgestellte Arbeitnehmer einen **weitergehende Anspruch** auf behinderungsgerechte Beschäftigung. Ihnen steht ein in § 164 Abs. 4 SGB IX gesetzlich begründeter, also den Rahmen des Arbeitsvertrages übersteigenden Anspruch auf Nutzung aller dem Arbeitgeber zumutbaren Möglichkeiten zur behinderungsgerechten Beschäftigung zu (→ § 164 Rn. 184 ff.). Hat der Arbeitgeber das BEM nicht durchgeführt, so haftet er nach § 280 Abs. 1 BGB auf Schadensersatz, ohne dass ihm der Nachweis des Nichtverschuldens gelingen kann. Das gilt insbes. für die Fälle, bei denen er nicht die Möglichkeiten geklärt hat, ob bei Erfüllung der Pflichten aus § 164 Abs. 4 Satz 1 Nr. 4 und 5 SGB IX eine Überwindung der Arbeitsunfähigkeit durch eine behinderungsgerechte Ausstattung des Arbeitsplatzes oder entsprechende Gestaltung von Arbeitsabläufen, Arbeitsorganisation oder Arbeitszeit möglich gewesen wäre. Zwar hat der Arbeitnehmer nach den allgemeinen Regeln grds. die primäre Darlegungs- und Beweislast für die anspruchsbegründenden Voraussetzungen des Schadensersatzanspruchs. Hat der Arbeitgeber allerdings seine Klärungspflicht nach § 167 Abs. 2 verletzt, trifft ihn die sekundäre Darlegungslast dafür, dass ihm auch unter Berücksichtigung der besonderen Arbeitgeberpflichten nach § 164 Abs. 4 SGB IX eine zumutbare Beschäftigung des schwerbehinderten Arbeitnehmers nicht möglich war.[515]

7. Auswirkungen auf Verbindlichkeit von Versetzungen

BEM und Versetzung: Das Weisungsrecht des Arbeitgebers schließt auch die Versetzung auf einen anderen Arbeitsplatz ein. Soweit ein Betriebsrat besteht, ist nach § 99 BetrVG die Zustimmung des Betriebsrats einzuholen. Besteht eine SBV, so ist nach § 178 Abs. 2 Satz 1 SGB IX auch die SBV durch Unterrichtung und Anhörung zu beteiligen. Ist der Beschäftigte länger als sechs Wochen innerhalb von zwölf Monaten arbeitsunfähig, so hat der Versetzung auch ein BEM vorauszugehen. Allerdings ist die Durchführung des BEM keine Wirksamkeitsvoraussetzung der Versetzung.[516] Deshalb führt dessen Fehlen nicht automatisch zur Rechtswidrigkeit der Versetzung. Vielmehr kommt es darauf an, ob das Ergebnis der getroffenen Entscheidung die Grenzen billigen Ermessens wahrt.[517] Dies hat der Arbeitgeber darzulegen und zu beweisen. Wenn der Arbeitgeber wegen des fehlenden BEM erhebliche Belange des Arbeitnehmers nicht hinreichend berücksichtigt hat, weil er sie deswegen beispielsweise gar nicht kannte, wird sich die Maßnahme im Rahmen der gerichtlichen Überprüfung regelmäßig als unwirksam erweisen, sofern nicht gleichwohl die von ihm angeführten Abwägungsgesichtspunkte die Wahrung billigen Ermessens begründen können. Insofern kann das unterlassene BEM auch im Rahmen der

138

---

512 BAG 9.4. 2014 – 10 AZR 637/13, Rn. 14, BAGE 148, 16 = NZA 2014, 719.
513 *Preis* in ErfK GewO § 106 Rn. 34.
514 BAG 19.5.2010 – 5 AZR 162/09, Rn. 32, BAGE 134, 296 = NZA 2010, 1119.
515 So zu den vergleichbaren Erörterungspflichten nach § 84 Abs. 1 SGB IX aF: BAG 4.10.2005 – 9 AZR 632/04, NZA 2006, 442.
516 BAG 18.10.2017 – 10 AZR 47/17, Rn. 26, Behindertenrecht 2018, 36.
517 BAG 18.10.2017 – 10 AZR 330/16, Rn. 35 mwN NZA 2017, 1452.

IX. Prävention und BEM bei Beamten

139 **Anwendbarkeit auf „sonstige Beschäftigungsverhältnisse":** Die Präventionsbestimmungen des § 167 gelten auch für die Beschäftigungsverhältnisse von Beamten, Richtern und Staatsanwälten.[519] Sowohl das Klärungsverfahren nach Abs. 1 als auch das BEM nach Abs. 2 ist auf die Beschäftigungsverhältnisse von Beamten, Staatsanwälten und Richtern anwendbar. Zwar fehlen Hinweise aus der Entstehungsgeschichte. Gute Gründe ergeben sich jedoch aus dem Kontext und dem Regelungsziel. Im Teil 3 des SGB IX wird der Begriff „Beschäftigte" durchgehend auch für Beamte verwendet, so insbesondere in § 156 Abs. 1. § 167 geht somit in seinen Abs. 1 und 2 von demselben Begriff des „Beschäftigten" bzw. in Ergänzung zum Arbeitsverhältnis von dem „sonstigen Beschäftigungsverhältnis" aus. Im öffentlichen Dienst, für deren Dienststellen nach § 170 Abs. 1 Satz 2 das SGB IX gelten soll, werden unter dem Begriff der Beschäftigten auch Beamte und Richter erfasst (§ 4 Abs. 1 Nr. 3 und 5 BPersVG). Zu diesem Ergebnis ist auch die Rechtsprechung gelangt. Danach beansprucht der Beschäftigtenbegriff in § 167 nach der systematischen Stellung der Regelung im „Teil 3 Kap. 3. Sonstige Pflichten der Arbeitgeber; Rechte der schwerbehinderten Menschen" allgemeine Geltung und wird durch die in § 211 Abs. 2, 3 SGB IX enthaltene Spezialregelung für den Fall der Entlassung eines schwerbehinderten Richters nicht verdrängt.[520] Die Einbeziehung der Beamten in das BEM ist auch vom Regelungsziel abgedeckt; denn die Regelung in § 167 Abs. 2 zielt darauf ab, allen Beteiligten zu nützen und Chancen für eine „win-win-Situation" für alle organisatorisch sicherzustellen. Die Absicht, den Arbeitgeber anzuhalten, vor einer krankheitsbedingten Ausgliederung die Vorgabe zu machen, gemeinsam mit internem und externem Sachverstand alle Möglichkeiten auszuloten, ist auch für das Beamtenverhältnis sinnvoll. Zwar kann Beamten nicht gekündigt werden, es gibt aber auch im Beamtenrecht vergleichbare Beendigungsmöglichkeiten, in denen aus Gründen der Prävention dem Dienstherrn die **Berufung auf Krankheitsgründe erschwert** oder versagt werden soll (zB bei „Zwangspensionierung" durch Versetzung in den Ruhestand wegen Dienstunfähigkeit, bei Entlassung oder Nichtübernahme von Beamten auf Probe oder auf Widerruf). Ein Verstoß gegen diese Vorschriften führt zwar nicht zur Unwirksamkeit einer Entlassung, ist jedoch als Ermessensfehler zu berücksichtigen, soweit ein Ermessensspielraum besteht, → Rn. 140. Das hat der BGH auch im Fall der Entlassung von Richtern im Rahmen des in § 22 Abs. 1 DRiG eingeräumten Ermessens entschieden.[521]

140 Die Rechtsprechung der VG ist bei der unterlassenen Durchführung des BEM vor der **Versetzung eines Beamten in den Ruhestand** wegen Dienstunfähigkeit verwaltungsfreundlich. § 167 Abs. 1 und 2 werden danach nicht als eine von der Verwaltung zu beachtende Verfahrensvorschrift verstanden, die vor einer

---

518 Vgl. dazu *Kohte/Liebsch* juris-PR-ArbR 36/17 Anm. 5, die allerdings irreführend auf den Verhältnismäßigkeitsgrundsatz hinweisen.
519 Ebenso *Trenk-Hinterberger* in HK-SGB IX, 3. Aufl. 2009, § 84 Rn. 8.
520 OVG MV 9.10.2003 – 2 M 105/03, Behindertenrecht 2005, 143.
521 BGH Dienstgericht des Bundes 20.12.2006 – RiZ (R) 2/06, NVwZ-RR 2007, 328.

Kündigung oder Zurruhesetzung zu beachten wäre.[522] Die dem Kapitel 3 des Schwerbehindertenrechts zugeordnete Bestimmung sei vielmehr Teil von Präventionsverpflichtungen, die dem Arbeitgeber obliegen, um der Gefährdung von Arbeits- und sonstigen Beschäftigungsverhältnissen vorzubeugen (vgl. § 84 Abs. 1 SGB IX aF, seit 1.1.2018: § 167 Abs. 1 SGB IX), und über deren Einhaltung die zuständigen Interessenvertretungen wachen (vgl. § 84 Abs. 2 Satz 7 SGB IX aF, seit 1.1.2018: § 167 Abs. 2 Satz 7 SGB IX). Die Einordnung des § 167 Abs. 2 SGB IX als zwingender Verfahrensvorschrift wäre mit den besonderen beamtenrechtlichen Bestimmungen zur Versetzung in den Ruhestand wegen Dienstunfähigkeit nicht in Einklang zu bringen. Sei nach der Prognose des Dienstherrn eine dauernde Dienstunfähigkeit in Bezug auf das abstrakt-funktionelle Amt zu bejahen (§ 45 Abs. 1 Satz 1 LBG NRW aF) bzw. bei längeren Erkrankungen nicht von der Wiederherstellung der vollen Dienstfähigkeit innerhalb der nächsten sechs Monate auszugehen (§ 45 Abs. 1 Satz 2 LBG NRW aF) und komme eine anderweitige Verwendung des Beamten nicht in Betracht (vgl. § 45 Abs. 3 LBG NRW aF), sei für die Durchführung eines betrieblichen Eingliederungsmanagements kein Raum mehr.[523] Inwieweit die zitierten landesrechtlichen Normen geeignet sind, die bundesgesetzliche Regelung des § 167 Abs. 2 SGB IX zu verdrängen, wird von der Verwaltungsgerichtsbarkeit nicht begründet. Diese Kritik hat ein OVG aufgenommen, indem es die Rechtmäßigkeit der Zurruhesetzung auf § 42 Abs. 1 Satz 1 BBG, eine Norm des Bundesbeamtenrechts, gestützt hat.[524] Die verwaltungsrechtliche Rechtsprechung krankte lange Zeit daran, dass sie sich mit den Bestimmungen des SGB IX nicht hinreichend auseinandersetzt hat. So wurde die Bedeutung des Eingliederungsmanagements nur als „nicht formelle Rechtmäßigkeitsvoraussetzung" gewürdigt.[525] Es wird übersehen, dass es sich um ein dialogisches, auf Kooperation mit den Beschäftigtenvertretungen angelegtes Klärungsverfahren handelt, das dem Ziel dient, unter Ausschöpfung des internen und externen Sachverstands trotz Krankheit oder Behinderung eine Weiterverwendungsmöglichkeit zu finden (→ Rn. 35 ff., → Rn. 139). Stattdessen wird auf die einseitige Prognose des Dienstherrn abgestellt, eine dauernde Dienstunfähigkeit sei in Bezug auf das abstrakt-funktionelle Amt zu bejahen oder bei längeren Erkrankungen sei nicht von der Wiederherstellung der vollen Dienstfähigkeit innerhalb der nächsten sechs Monate auszugehen. Es wird leerformelartig auf die „Wesensverschiedenheit" von arbeitsrechtlicher Kündigung und beamtenrechtlicher Zurruhesetzung wegen Dienstunfähigkeit abgestellt, ohne konkret aufzuzeigen, wie sich diese im BEM auswirkt. Es bleibt unberücksichtigt, was ausdrücklich in § 167 Abs. 2 Satz 1 als Mittel und Ziel des BEM bestimmt ist: Die dialogische und kooperative Klärung der Möglichkeiten, ob, wie und wann der Betroffene seine Beschäftigungsfähigkeit wieder erlangen kann, damit die Ausgliederung des Betroffenen aus der Belegschaft vermieden wird. Unerheblich ist, ob die Ausgliederung arbeitsrechtlich durch Kündigung oder beamtenrechtlich durch Zurruhesetzung bewirkt werden soll. Die von den Verwaltungsgerichten bemühte Wesensverschiedenheit von Kündigung und Zurruhesetzung ist irrelevant. In beiden Fällen geht es um die im allgemeinen Interesse liegende Ersparung von unnötigen Versorgungslasten und die im individuellen Interesse des Betroffenen

---

522 BVerwG 5.6.2014 – 2 C 22/13, Behindertenrecht 2014, 207; zustimmend: *von der Weiden* jurisPR-BVerwG 21/2014 Anm. 3; ablehnend: *von Roetteken* jurisPR-ArbR 46/2014 Anm. 2; OVG NRW 21.5.2010 – 6 A 816/09, IÖD 2010, 150.
523 OVG NRW 21.5.2010 – 6 A 816/09, Rn. 7 f., IÖD 2010, 150.
524 OVG Bln-Bbg 6.4.2012 – 6 B 5.12, Rn. 47, NVwZ-RR 2012, 817.
525 OVG Bln-Bbg 26.4.2012 – 6 B 5.12, Rn. 44, NVwZ-RR 2012, 817.

liegende Verwirklichung des Beschäftigungsanspruchs. Für schwerbehinderte Beamte ergibt sich dieser Beschäftigungsanspruch aus § 164 Abs. 4 Satz 1 SGB IX und für einfachbehinderte aus einer entsprechenden Auslegung im Lichte von Art. 27 BRK und Art. 5 der Richtlinie 2000/78/EG des Rates vom 27.11.2000 (→ Rn. 32, 92). Gegenüber nicht behinderten Beamten ist der Dienstherr schon nach dem stets zu beachtenden Verhältnismäßigkeitsgrundsatz und dem in § 44 Abs. 1 Satz 3, Abs. 2 BBG enthaltenen Grundsatz „Weiterverwendung vor Versorgung" gehalten, alle zumutbaren Beschäftigungsmöglichkeiten auszuschöpfen.

141 **Höchstrichterliche Klärung:** Die von den Instanzgerichten angenommene Unbeachtlichkeit des Präventionsverfahrens bzw. des BEM für Zurruhesetzung von Beamten nach § 44 Abs. 1 Satz 1 BBG,[526] ist vom BVerwG überprüft worden. Das BVerwG hat auf Beschwerde eines Betroffenen zur Klärung dieser Rechtsfrage die Revision zugelassen.[527] Nach der Zulassung hat der Zweite Senat des BVerwG entschieden, ein Verstoß gegen die Arbeitgeberpflichten aus § 167 Abs. 2 führe zwar nicht unmittelbar zur Rechtswidrigkeit der Zurruhesetzung, müsse jedoch mittelbar berücksichtigt werden, wenn noch ein Restleistungsvermögen vorhanden sei und deshalb der Dienstherr eine Ermessensentscheidung treffe.[528]
Wegen der Einzelheiten → § 211 Rn. 16 f.

142 **Untersuchungsanordnung zur Feststellung der Dienstfähigkeit eines Beamten im Rahmen eines Zurruhesetzungsverfahrens:** Der Dienstherr ordnet zur Vorbereitung der Entscheidung, eine Beamtin bzw. einen Beamten wegen dauernder Dienstunfähigkeit iSd § 44 Abs. 1 Satz 1 BBG bzw. § 26 Abs. 1 Satz 1 BeamtStG in den Ruhestand zu versetzen, in der Regel eine ärztliche Begutachtung des Betroffenen an. Das gilt erst recht, wenn aufgrund krankheitsbedingter Fehltage nach § 44 Abs. 1 Satz 2 BBG, § 26 Abs. 1 Satz 2 BeamtStG eine dauernde Dienstunfähigkeit vermutet wird; denn die Frage, ob mit einer vollständigen Wiederherstellung der Dienstfähigkeit innerhalb eines Prognosezeitraums von meist sechs Monaten zu rechnen ist, kann kaum ohne ärztlichen Sachverstand entschieden werden. Deshalb ist in § 47 Abs. 1 Satz 1 BBG und in vielen Landesbeamtengesetzen ausdrücklich vorgeschrieben, dass über die Versetzung in den Ruhestand wegen dauernder Dienstunfähigkeit nur auf der Grundlage eines ärztlichen Gutachtens entschieden darf (vgl. zB § 36 Abs. 3 Satz 1, Abs. 4 Satz 1 HBG, § 43 Abs. 1 Satz 1 NBG). Eine derartige Untersuchungsanordnung ist gemäß § 44a VwGO nicht isoliert angreifbar.[529] Falls der Beamte der Anordnung nicht folgen will, kann er nur im Rahmen des (Eil- oder Klage-)Verfahrens gegen die nachfolgende Zurruhesetzungsverfügung gerichtlich vorgehen. In diesem Verfahren wird die Untersuchungsanordnung inzidenter überprüft.[530] Diese Einschränkung hat keine Rückwirkung auf das Beteiligungsrecht der SBV. Die Frage der individualrechtlichen gerichtlichen Angreifbarkeit einer der Untersuchungsanordnung hat mit der Beteiligung nach § 178 Abs. 2 Satz 1

---

526 OVG Bln-Bbg 26.4.2012 – 6 B 5.12, Behindertenrecht 2013, 49; OVG NRW 21.5.2010 – 6 A 816/09, ZBR 2011, 58; SchlHOVG 19.5.2009 – 3 LB 27/08, NordÖR 2010, 44.
527 BVerwG 15.3.2013 – 2 B 47/12.
528 BVerwG 5.6.2014 – 2 C 22/13, Behindertenrecht 2014, 207; *von der Weiden* jurisPR-BVerwG 21/2014 Anm. 3; *von Roetteken* jurisPR-ArbR 46/2014 Anm. 2 mit Kritik insbesondere hinsichtlich der vielen offen gelassenen Detailfragen.
529 BVerwG 14.3.2019 – 2 VR 5/18, Rn. 18, ZBR 2019, 384; *von Roetteken* jurisPR-ArbR 21/2019 Anm. 5.
530 BVerwG 14.3.2019 – 2 VR 5/18, Rn. 18, ZBR 2019, 384; *von Roetteken* jurisPR-ArbR 21/2019 Anm. 5.

SGB IX nichts zu tun. Die Untersuchungsanordnung ist eine Angelegenheit, die den schwerbehinderten Menschen berührt. Folglich ist die SBV nach § 178 Abs. 2 Satz 1 1. Variante SGB IX unverzüglich und umfassend zu unterrichten, sobald die Anordnung erwogen wird. Im zweiten Schritt ist der SBV vor dem Treffen der Entscheidung Gelegenheit zur Stellungnahme zu geben (Anhörung) und nach Kenntnisnahme der Stellungnahme hat im dritten Schritt die Dienststellenleitung der SBV das Ergebnis der Entscheidung vor dem Vollzug mitzuteilen (§ 178 Abs. 2 Satz 1 2. und 3. Variante SGB IX. Es kommt in der Praxis nicht selten vor, dass Personaler unter Bezug auf den eingeschränkten individualrechtlichen Rechtsschutz das Anhörungsrecht der SBV verneinen. Dies ist verfehlt; denn die Untersuchungsanordnung ist eine Entscheidung iSd § 178 Abs. 2 Satz 1 2. Variante SGB IX.

Nach der Rspr. gilt eine Untersuchungsanordnung als eine **mitbestimmungspflichtige personelle Maßnahme** im Sinne von § 51 Abs. 1 Satz 1 MBGSH[531] und von § 65 Abs. 3 BremPersVG[532]. Wenn sogar Mitbestimmungsrechte des Personalrats an der Untersuchungsanordnung vorgesehen sind, muss es erst recht möglich sein, dass ein Anhörungsrecht der SBV besteht: Dieses hat nach § 178 Abs. 2 Satz 1 2. Variante SGB IX dem Treffen der Entscheidung vorauszugehen. Da bei den Voraussetzungen einer Untersuchungsanordnung stets Schwierigkeiten in der Person des betroffenen schwerbehinderten Beamten eingetreten sein müssen, ist hier das besondere Beteiligungsverfahren nach § 167 Abs. 1 SGB IX (Präventionsverfahren) einschlägig. Dieses erweitert die Anhörung zu einer gemeinsamen Erörterung mit dem Dienstherrn und dem Personalrat.

Im Geschäftsbereich der Innenminister werden von den Polizeipräsidien für den Polizeivollzugsdienst sogenannte polizeiärztliche Verwendungsuntersuchungen in Auftrag gegeben: Diese sind nicht auf die Prüfung der Dienstunfähigkeit ausgerichtet und werden mit der allgemeinen Fürsorgepflicht des Dienstherrn gerechtfertigt werden (§ 45 BeamtStG iVm § 53 LBG BW). Bei diesen Untersuchungen geht es primär um die polizeiärztliche Beantwortung der Frage, welche Dienstpostenfunktionen trotz gesundheitlicher Beeinträchtigungen (noch) wahrgenommen werden können. Nicht selten wird jedoch im Anschluss an solche Untersuchungen zeitnah ein Dienstunfähigkeitsverfahren eingeleitet. Das erfolgt in der Weise, dass die Polizeiärzte von den Dienststellen unter Verwendung der gewonnenen Erkenntnisse zur Erstellung eines entsprechenden Gutachtens nach §§ 26, 27 BeamtStG iVm § 43 LBG BW aufgefordert werden. Dies ist fragwürdig. Hier besteht eine besondere Überwachungsaufgabe der SBV. Die Dienststellenleitung hat in dieser Angelegenheit frühzeitig und umfassend die SBV nach § 178 Abs. 2 Satz 1 Var. 1 SGB IX zu unterrichten. Da erst nach Eintritt von personenbedingten Schwierigkeiten auf der innegehabten Dienstpostenfunktion eine polizeiärztliche Verwendungsuntersuchungen erwogen werden kann, ist auch hier das besondere Beteiligungsverfahren nach § 167 Abs. 1 SGB IX (Präventionsverfahren) mit der gemeinsamen Erörterung einschlägig. Das Präventionsverfahren stellt zumindest eine **positive Maßnahme iSv Art. 7 Richtlinie 2000/78/EG** (Rahmenrichtlinie) dar (→ Rn. 32).[533] Ein Unterlassen

---

531 BVerwG 26.1. 2012 – 2 C 7/11, Rn. 19, ZTR 2012, 312; BVerwG 5.11.2010 – 6 P 18.09, Rn. 9 und 21, Buchholz 251.95 § 51 MBGSH Nr. 7.
532 OVG Brem 31.5.2017 – 6 LP 37/16, Rn. 39, PersV 2017, 425.
533 Vgl. *Schlachter* in ErfK, 20. Aufl. 2020, AGG § 5 Rn. 5, die bereits in der Verletzung des § 167 Abs. 1 SGB IX nach der Rspr., des BVerwG eine Diskriminierung des Betroffenen sieht, unter zutreffendem Hinweis auf BVerwG 3.3.2011 – 5 C 16/10 BVerwGE 139, 135 = NJW 2011, 2452.

begründet nach § 22 AGG die Vermutung einer Benachteiligung wegen der Schwerbehinderung. Diese Benachteiligung wird nach § 15 Abs. 1 und 2 AGG sanktioniert. Betroffenen erhalten Ansprüche auf Schadensersatz und Entschädigung.
Bei längerer Erkrankung eines Beamten steht § 167 Abs. 2 SGB IX (BEM) in einem gestuften Verhältnis zur Dienstfähigkeitsprüfung und ist als vorrangiges Klärungsverfahren durchzuführen, → Rn. 139 f.

143 **Prüfung aller Weiterverwendungsmöglichkeiten:** Im Rahmen des Präventionsverfahrens bzw. des BEM kann insbesondere die Suche nach den in der Dienststelle oder im Geschäftsbereich objektiv vorhandenen Weiterverwendungsmöglichkeiten optimiert werden. Nach der Rspr. ist dem in § 44 Abs. 2 BBG zum Ausdruck kommenden Grundsatz „Weiterverwendung vor Versorgung" Rechnung zu tragen und darf sich daher die Suche nach einem anderen Amt nicht einer pauschalen Abfrage der Übernahmebereitschaft anderer Dienststellen erschöpfen.[534] Hinzu kommt, dass sich die aktive Suche auf den gesamten Bereich des Dienstherrn und nicht nur auf einen Geschäftsbereich zu erstrecken hat.[535] Stellt sich heraus, dass eine Wiedereingliederung bezogen auf das bisher ausgeübte Amt nicht erfolgversprechend ist, darf die Prüfung nicht ohne Weiteres abgebrochen werden. Ist zu erwarten, dass der Beamte andere Funktionen noch ganz oder teilweise erbringen kann, so hat angesichts der Motivation des Gesetzgebers, der Rehabilitation den Vorrang vor dem Eintritt des Versorgungsfalls zu geben (§ 44 Abs. 2 und 3, § 45 Abs. 1 BBG), eine auf diese anderen Funktionen bezogene Wiedereingliederung zu erfolgen, soweit dies den Beteiligten zuzumuten ist.[536] Im Hinblick auf die Regelung des § 44 Abs. 1 Satz 2 BBG genügt es, wenn eine Aussicht besteht, dass die Dienstfähigkeit für diese anderweitige Verwendung innerhalb von sechs Monaten hergestellt sein kann. Es muss nicht bereits mit Sicherheit feststehen, dass eine Wiedereingliederung Erfolg haben wird.[537] Der Erfolg und die Akzeptanz der Verwendungsprüfung werden verbessert, wenn die Suchbemühungen unter Einbeziehung der Beschäftigtenvertretungen und des Betroffenen ablaufen. Hier kann das BEM für den öffentlichen Dienst erhebliche Einsparungen an Pensionierungslasten bewirken.

X. Handlungsanleitungen und Beratungsangebote

144 Das vom Bundesministerium für Arbeit und Soziales geförderte Projekt EIBE – Entwicklung und Integration eines Betrieblichen Eingliederungsmanagements – ist Ende Juni 2010 abgeschlossen worden. Das Institut für empirische Soziologie an der Universität Erlangen-Nürnberg hat unter dem Titel „Betriebliches Eingliederungsmanagement – Anreizmöglichkeiten und ökonomische Nutzenbewertung" eine Studie erstellt. In Auswertung der Ergebnisse hat das BMAS eine Handlungshilfe für Arbeitnehmer und ihre Vertretungen veröffentlicht. Sie trägt den Titel „Schritt für Schritt zurück in den Job".[538]
Die Studie der Hochschule Neubrandenburg hat insbesondere die Voraussetzungen für eine effektive Umsetzung des BEM in kleinen und mittleren Unter-

---

534 BVerwG 26.3.2009 – 2 C 73.08, Rn. 25, BVerwGE 133, 297; Einzelheiten: → § 211 Rn. 14 f.
535 NdsOVG 1.7.2013 – 5 ME 109/13, NdsVBl 2014, 26.
536 VG Berlin 18.2.2013 – 7 L 559.12, BeckRS 2013, 47232.
537 VG Berlin 18.2.2013 – 7 L 559.12, BeckRS 2013, 47232.
538 Abrufbar unter www.bmas.de/DE/Service/Medien/Publikationen/a748-betrieblich e-eingliederung.html.

nehmen (KMU) untersucht.[539] Darüber wird in einer gut lesbaren Zusammenfassung berichtet.[540]
Praxishinweise für Interessenvertretungen und auch für Arbeitgeber sind enthalten im Praxishandbuch „BEM von A–Z"[541] und für Personalleiter, Betriebsräte, Schwerbehindertenvertretungen, Arbeitnehmer und Anwälte[542] sowie unter besonderer Berücksichtigung des Datenschutzes[543].
Strategien und Empfehlungen für Interessenvertretungen sind in einen Werkbuch zum BEM[544] speziell auf die Automobilbranche bezogen in
- *Adam/Niehaus*, Gesund und qualifiziert älter werden in der Automobilindustrie.[545]

Speziell auf psychische und psychosomatische Erkrankungen bezogene Handlungsempfehlungen sind enthalten in
- *Niehaus/Vater*, Psychische Erkrankungen und betriebliche Wiedereingliederung[546]
- *Seel*, Psychische Erkrankungen – So können Betriebe die Wiedereingliederung unterstützen[547]
- *Brose*, Psychische Beeinträchtigungen und Suchterkrankungen: Besondere Anforderungen an das BEM?.[548]

Im Internet abrufbare Informationen finden sich unter
- Handlungsleitfaden der Hans-Böckler-Stiftung, 3. erweiterte und überarbeitete Aufl. 2018, abrufbar unter https://www.boeckler.de/pdf/p_mbf_praxis_2018_12.pdf
- Handlungsempfehlungen der Inklusionsämter (neue Bezeichnung in NRW für Integrationsämter) LWL und LVR zum BEM, 6. Aufl. 2017, abrufbar unter www.lwl.org/abt61-download/PDF_JPG_ready4/Broschueren/BEM/LWL-LVR_BEM_2017_ua.pdf
- Reha Forum B: Schwerbehinderten- und Arbeitsrecht, betriebliches Eingliederungsmanagement unter www.reha-recht.de. Träger des Forums ist die Deutsche Vereinigung für Rehabilitation eV (DVfR).

Beratung bei Einführung und Durchführung von Betrieblichem Eingliederungsmanagement speziell für Arbeitgeber bietet kostenlos an:
- Deutsche Rentenversicherung, Arbeitgeberservice Rehabilitation und betriebliche Eingliederung für Arbeitnehmer, erreichbar per E-Mail: Arbeitgeberservice-Rehabilitation@drv-bund.de.

---

539 *Welti*, Betriebliches Eingliederungsmanagement (BEM) in Klein- und Mittelbetrieben, insbesondere des Handwerks, rechtliche Anforderungen und Voraussetzungen ihrer erfolgreichen Umsetzung, Abschlussbericht über Projektzeitraum 1.1.2009 bis 31.8.2010.
540 *Ramm/Welti*, Forum B Nr. 10/2010, abrufbar unter www.reha-recht.de/.
541 *Althoff/Frobel/Klaesberg/Tinnefeld/de Wall-Kaplan*, 2. Aufl. 2019.
542 *Schmidt*, Gestaltung und Durchführung des BEM, 2. Aufl. 2017.
543 *Hinze*, Das betriebliche Eingliederungsmanagement nach § 84 Abs. 2 SGB IX (BEM), 2018.
544 *Feldes/Niehaus/Faber*, Betriebliches Eingliederungsmanagement, 2015.
545 *Adam/Niehaus* in Richter/Hecker/Hinz (Hrsg.), Produktionsarbeit in Deutschland – mit alternden Belegschaften, 2017.
546 *Niehaus/Vater* in Angerer/Glaser/Gündel/Henningsen/Lahmann/Letzel/Nowak (Hrsg.), Psychische und psychosomatische Gesundheit in der Arbeit. Wissenschaft, Erfahrungen, Lösungen aus Arbeitsmedizin, Arbeitspsychologie und psychosomatischer Medizin, 2014.
547 *Seel* Gute Arbeit 2014, 34.
548 *Brose* DB 2013, 1727.

Die Bundesarbeitsgemeinschaft für Rehabilitation hat einen BEM-Kompass[549] erstellt. Dieses Angebot hat eine Wegweiserfunktion. Der BEM-Kompass hilft, sich in kurzer Zeit im Themenfeld BEM zu orientieren. Arbeitgebern mit einer kleineren bis mittleren Betriebsgröße wird ein erstes Orientierungswissen an die Hand geben, um das BEM möglichst eigenständig umsetzen zu können. Gleichzeitig werden Beschäftigte aufgeklärt, so dass sie eine informierte Entscheidung darüber treffen können, ob ein BEM für sie infrage kommt und wie sie es selbst mit ausgestalten können. Aus betriebspraktischer Sicht Orientierung zu den handlungsleitenden Fragen des „Warum? Was? Wie? und Wo?". Die richtungsweisenden Informationen werden in kurzer Form überblicksartig zur Verfügung gestellt. Verweise sollen gewährleisten, dass weiterführende Informationen, geeignete Maßnahmen und zuständige Rehabilitationsträger schnell gefunden werden.

XI. Ablaufdiagramm eines BEM

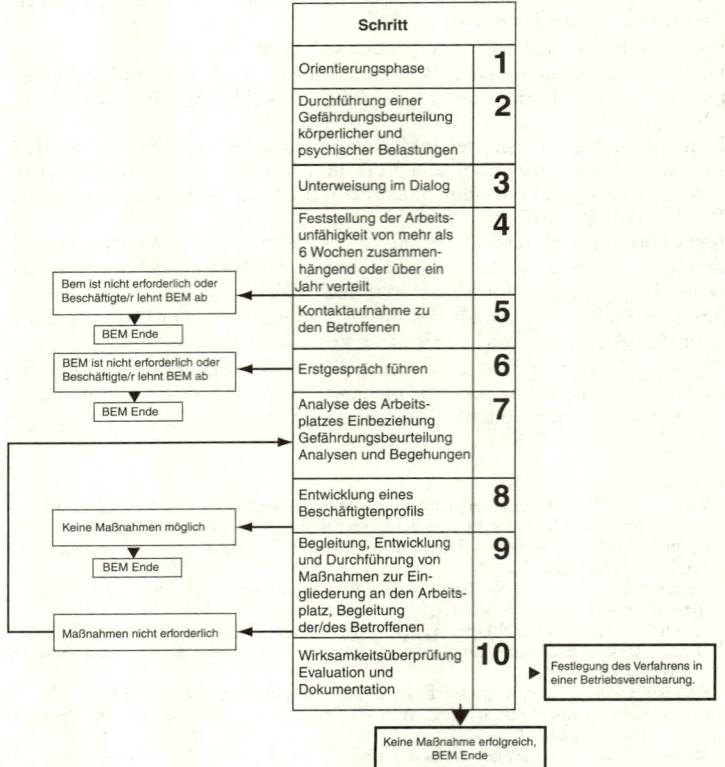

Modifizierte Prozesskette: „Schritte zum Ziel"

---

549 S. www.bar-frankfurt.de/themen/arbeitsleben/betriebliches-eingliederungsmanagement/bem-kompass.html (letzter Aufruf: 18.2.2021).

XII. Rechtspolitischer Ausblick

In einer nach Einführung des BEM vom BMAS in Auftrag gegebenen Studie wurde ermittelt, dass das BEM dort, wo es eingeführt wird, tatsächlich zu einer spürbaren **Reduktion von Fehlzeiten** und einem leistungsgerechten Einsatz der betroffenen Mitarbeiter führt.[550] Neuere Studien belegen ebenso die sozial wie betriebswirtschaftlich guten Auswirkungen des BEM, wenn eine gut geschulte SBV aktiv beteiligt wird.[551] Obwohl das BEM spürbar wirkte, wandte es jedoch bis zum Jahr 2007 nur jedes zweite Unternehmen an.[552] Das **Vollzugsdefizit** wird in einer neueren sozialwissenschaftlichen Studie darauf zurückgeführt, dass es keine effektiven **Sanktionsmöglichkeiten** gibt, die Arbeitgeber anhalten, allen Beschäftigten ein BEM anzubieten.[553] Dieser These kann nicht uneingeschränkt gefolgt werden. Wie unter → Rn. 123 ff. dargelegt, können sowohl das Unterlassen als auch das nicht ordnungsgemäße Durchführen des BEM spürbare Sanktionen auslösen. *Reese/Mittag* ist jedoch einzuräumen, dass dieser Sanktionsdruck unzureichend ist, weil er von der Initiative gut informierter Beschäftigtenvertretungen und Betroffener abhängt. Die SPD BT- Fraktion brachte deshalb, allerdings nur in Oppositionszeiten, zu Recht folgende Regelung als effizientes Druckmittel ins Spiel: „Wenn bei Beantragung des Krankengeldes kein BEM nachgewiesen werden kann, verlängert sich die Lohnfortzahlung um sechs Wochen".[554]
Angesichts der bisher in den Betrieben als unzureichend empfundenen höchstrichterlichen Rspr. zu Umfang und Grenzen der Mitbestimmung (→ Rn. 75 ff.) muss noch folgende gesetzliche Klarstellung hinzukommen: Der Arbeitgeber hat sich mit der Interessenvertretung über den Ablauf und das Verfahren der gemeinsamen Klärung der Möglichkeiten zu einigen, wie die Arbeitsunfähigkeit möglichst überwunden werden und mit welchen Leistungen oder Hilfen erneuter Arbeitsunfähigkeit vorgebeugt und der Arbeitsplatz erhalten werden kann. Wird keine Einigung erzielt, ersetzt der **Spruch der Einigungsstelle** die Einigung zwischen Arbeitgeber und Betriebsrat.[555] Angesichts der Entscheidung des BAG aus 2016[556] (vgl. → Rn. 75), muss noch aufgenommen werden: Das schließt die Übertragung von Zuständigkeiten an einen gemeinsam zu besetzenden Ausschuss (sogenanntes **BEM-Team**) ein.

146

---

550 *Niehaus/Magin/Marfels/Vater/Werkstetter*, Betriebliches Eingliederungsmanagement. Studie zur Umsetzung des Eingliederungsmanagements nach § 84 Abs. 2 SGB IX, 2008, abrufbar unter bmas.de/DE/Service/Publikationen/Forschungsberichte/Forschungsberichte-Teilhabe/f374-forschungsbericht.html (letzter Aufruf: 18.2.2021).
551 *Niehaus*, Abschlussbericht (2019), Schwerbehindertenvertretungen: Allianzpartner in Netzwerken. Faktoren für gelingende Kooperationen zum Erhalt der Beschäftigungsfähigkeit, abrufbar unter: https://www.boeckler.de/pdf_fof/101524.pdf*; Adam/Niehaus*, Gesund und qualifiziert älter werden in der Automobilindustrie, in Richter/Hecker/Hinz (Hrsg.), Produktionsarbeit in Deutschland – mit alternden Belegschaften, 2017, S. 199.
552 *Niehaus/Magin/Marfels/Vater/Werkstetter*, Betriebliches Eingliederungsmanagement. Studie zur Umsetzung des Eingliederungsmanagements nach § 84 Abs. 2 SGB IX, 2008, abrufbar unter bmas.de/DE/Service/Publikationen/Forschungsberichte/Forschungsberichte-Teilhabe/f374-forschungsbericht.html (letzter Aufruf: 18.2.2021).
553 *Reese/Mittag*, Wiedereingliederung und soziale Sicherung bei Erwerbsminderung – Vergleichsstudie für die EU-Länder Niederlande und Deutschland, SuP 2013, 343 (346).
554 BT-Drs. 17/12818.
555 BT-Drs. 17/12818.
556 BAG 22.3.2016 – 1 ABR 14/14, BAGE 154, 329.

Mit der Umsetzung der Föderalismusreform durch das Gesetz zur Änderung des Grundgesetzes vom 28.8.2006 ist mit Wirkung vom 1.9.2006[557] die früher auf Art. 74 und 75 GG gestützte Bundeskompetenz für das Personalvertretungsrecht in den Ländern entfallen. Nach Art. 125 a GG gilt das in § 84 Abs. 2 (seit 1.1.2018; § 167) SGB IX enthaltene Recht des Personalrats nur noch als altes Bundesrecht mit der Änderungsbefugnis für die Länder weiter. Eine Stärkung der Position des Personalrats im BEM-Verfahren kann demnach der Bundesgesetzgeber nicht im SGB IX vornehmen. Bei der Novellierung des BPersVG hat der Gesetzgeber für Rechtsfortschritt gesorgt, der über den Stand des BetrVG hinausgeht. Mit Wirkung vom 15.6.2021 hat er in den Betrieben und Dienststellen des Bundes die Position des Personalrats ein Stück weit verbessert. Er hat ein **Mitbestimmungsrecht** in § 80 Abs. 1 Nr. 17 BPersVG nF über die Grundsätze des behördlichen oder betrieblichen Gesundheits- und Eingliederungsmanagements eingeführt, Dieses kann auch die Bildung eines gemeinsam zu besetzenden BEM-Teams vorsehen. Dennoch ist der Rechtsfortschritt bescheiden. Zwar kann der Personalrat, wenn er in den Verhandlungen scheitert, nach § 72 BPersVG nF die **Einigungsstelle** mit dem Ziel der Bildung eines BEM-Teams anrufen. Diese kann jedoch nach § 76 Abs. 3 BPersVG nF in dem Mitbestimmungsfall des § 80 Abs. 1 Nr. 17 BPersVG nF nur eine **Empfehlung** im Sinne des Personalrats beschließen.

147 **Resolution statt Gesetz:** Im Koalitionsvertrag vom 16.12.2013[558] war vereinbart:

„Das in § 84 Abs. 2 SGB IX für alle Beschäftigten geregelte betriebliche Eingliederungsmanagement (BEM) hat sich in den Augen der Koalitionäre bewährt. Es soll gestärkt werden und mehr Verbindlichkeit erhalten."

Nachdem weder die Bundesregierung noch die Koalitionsfraktionen eine Gesetzesinitiative zur Regelung der zahlreichen regelungsbedürftigen Fragen des BEM ergriffen hatten, fasste der Deutsche Bundestag parallel zur dritten Lesung des Gesetzentwurfs der Bundesregierung am 30.11.2016 einen Entschließungsantrag zum BTHG.[559] In diesem heißt es ua:

„Das Betriebliche Eingliederungsmanagement ist ein organisierter und kooperativer Suchprozess, um zu klären, wie ein Arbeitsplatz bei längerer oder wiederholter krankheitsbedingter Arbeitsunfähigkeit erhalten werden kann. Eine auf Ebene der Bundesarbeitsgemeinschaft für Rehabilitation abgeschlossene gemeinsame Empfehlung der Rehabilitationsträger zum Betrieblichen Eingliederungsmanagement, welche konkrete verfahrensrechtliche Mindeststandards verlangt, könnte für alle Verfahrensbeteiligte ein Anlass sein, die Suche nach dem für die betriebliche Situation geeigneten Verfahren aufzunehmen oder zu intensivieren und auf diesem Weg zugleich den präventiven Arbeitsschutz zu fördern. Dabei sollte insbesondere die Interessenlage kleiner und mittlerer Unternehmen berücksichtigt werden. Hier fehlt es häufig an den personellen und fachlichen Ressourcen, die für die Einführung eines Betrieblichen Eingliederungsmanagements notwendig sind. Das Bundesministerium für Arbeit und Soziales wird deshalb gebeten, die Bundesarbeitsgemeinschaft für Rehabilitation aufzufordern, eine entsprechende gemeinsame Empfehlung zum Betrieblichen Eingliederungsmanagement zu vereinbaren."

---

557 BGBl. I 2034.
558 Koalitionsvertrag zwischen CDU, CSU und SPD für die 18. Legislaturperiode, 2013, S. 70.
559 Entschließungsantrag auf der BT-Drs. 18/10528. Beratung im BT-Plenarprotokoll 18/206, S. 20489B – 20510A und Annahme der Vorlage S. 20509D.

Mindeststandards für das BEM-Verfahren: Die Bundesarbeitsgemeinschaft für 148
Rehabilitation (BAR) ist nach § 26 Abs. 7 Satz 1 SGB IX gebildet, damit die Rehabilitationsträger, **gemeinsame Empfehlungen** im Benehmen mit dem BMAS
und den Ländern vereinbaren können. Sie erarbeitet dafür den Textvorschlag.
Nach § 26 Abs. 7 Satz 3 SGB IX hat die BAR innerhalb von sechs Monaten
einen Vorschlag vorzulegen, wenn das BMAS sie auffordert. Bis heute liegt kein
Vorschlag der BAR zum BEM-Verfahren vor. Das überrascht nicht, denn das
Instrument der gemeinsamen Empfehlung ist für die vom Bundestag gestellte
Aufgabenstellung, verfahrensrechtliche Mindeststandards für die Akteure im
Betrieb festzulegen, nicht vorgesehen. Nach § 26 Abs. 1 SGB IX vereinbaren die
in § 6 Abs. 1 Nr. 1 bis 5 SGB IX genannten Rehabilitationsträger zur Sicherung
der Zusammenarbeit bei der Erbringung ihrer Leistungen zur Teilhabe am Leben in der Gesellschaft (§ 5 SGB, § 25 Abs. 1 SGB IX) gemeinsame Empfehlungen, → § 26 Rn. 7 ff. Diese Koordination findet zwischen folgenden Trägern
statt:
1. die gesetzlichen Krankenkassen,
2. die Bundesagentur für Arbeit für Leistungen,
3. die Träger der gesetzlichen Unfallversicherung und die sonstigen Unfallversicherungsträger,
4. die Träger der gesetzlichen Rentenversicherung und die Träger der Alterssicherung der Landwirte,
5. die Träger der Kriegsopferversorgung und die Träger der Kriegsopferfürsorge im Rahmen des Rechts der sozialen Entschädigung bei Gesundheitsschäden.

Die gemeinsamen Empfehlungen dienen der Koordination dieser Träger untereinander. Für ihre Aufstellung gelten „Verfahrensgrundsätze für Gemeinsame
Empfehlungen".[560] Darin ist klargestellt: Nur in den gesetzlich benannten Fällen kann der Kreis der Vereinbarungspartner andere Stellen umfassen, wie zB
die Integrationsämter über die BIH. Träger der Eingliederungshilfe (§ 6 Abs. 1
Nr. 7 SGB IX) oder der Jugendhilfe (§ 6 Abs. 1 Nr. 6 SGB IX). Diese können
dann einer gemeinsamen Empfehlung nach § 26 Abs. 5 Satz 2 SGB IX beitreten
und werden damit Vereinbarungspartner der Gemeinsamen Empfehlung. Da
die gemeinsamen Empfehlungen als Verwaltungsvereinbarungen anzusehen
sind[561], binden sie ausschließlich die beteiligten Rehabilitationsträger, dazu
→ § 26 Rn. 10. Somit könnten weder Arbeitgeber noch die Interessenvertretungen der Beschäftigten einer Gemeinsamen Vereinbarung mit dem Regelungsgegenstand „Verfahrensrechtliche Mindeststandards für das Betriebliche Eingliederungsmanagement" zum Zwecke der Vereinbarung beitreten, noch könnten
in einer derartigen Vereinbarung zu ihren Lasten Regeln aufgestellt werden. Die
Koalitionsfraktionen waren deshalb schlecht beraten, als Ihnen zu diesem Regelungsinstrument geraten wurde. Als die BAR die Aufforderung des BMAS erhielt, hat sie der Hausleitung des BMAS sehr schnell klarmachen können, dass
sie den erbetenen Vorschlag nicht ausarbeiten könne. Als Zeichen Ihres guten
Willens und in Erkenntnis, dass ein Bedarf an Information besteht, hat die BAR
ihren BEM-Kompass entwickelt, → Rn. 144. Dies hat die BAR auch dem
BMAS mitgeteilt. Das BMAS hat allerdings weder diese Mitteilung veröffent-

---

560 Beschluss vom 3.12.2018 im Rahmen der 100. Sitzung des Vorstands der Bundesarbeitsgemeinschaft für Rehabilitation eV, abrufbar unter infothek.paritaet.org/pi
d/fachinfos.nsf/0/875bd3678b53a05bc1258438004b2aea/$FILE/ATT5PR2R.pdf
/Verfahrensgrundsaetze2019BF.web-1.pdf.
561 Zutreffend: *Reyels* in jurisPK-SGB IX § 26.

licht, noch eine sonstige Erklärung dafür bekannt gegeben, warum der in der Resolution des Bundestags enthaltene Auftrag ohne Ergebnis blieb.
Der richtige Weg zu Festlegung von Mindeststandards ist eine Regelung durch **Rechtsverordnung** des BMAS. Dazu bedarf es einer neuen gesetzlichen Ermächtigungsgrundlage im SGB IX. Diesen Weg zu gehen, scheut jedoch das BMAS, weil es dann in einer zwischen den Sozialpartnern umstrittenen Angelegenheit die politische Verantwortung übernehmen müsste.

149 Da die Gesetzgebung in Sachen BEM seit 2016 ruht, hat ein Gesamtbetriebsratsvorsitzender eines Telekommunikationsunternehmens die Initiative ergriffen und eine für eine Petition gestartet.[562] Der Petent fordert zu Recht: Die Rechte der Beschäftigten und der betrieblichen Interessenvertretungen im Verfahren müssen konkretisiert und gestärkt werden. Dazu sollen § 167 und § 176 SGB IX geändert werden. Gefordert werden eine gesetzliche Klarstellung, dass die Interessenvertretung iSv § 176 SGB IX das Recht hat, zu den BEM-Gesprächen ein Mitglied entsenden zu dürfen und eine erweiterte Mitbestimmung, die ausdrücklich einbezieht:
- die Festlegung von betrieblichen Maßnahmen, um Arbeitsunfähigkeit zu vermeiden oder zu überwinden,
- die Information der Belegschaft über das BEM Verfahren,
- die Überprüfung der Wirksamkeit und Qualität durchgeführter Maßnahmen,
- die Regelung der innerbetrieblichen Begleitung bei einer stufenweisen Wiedereingliederung,
- die Grundsätze für die Dokumentation und Sicherstellung der Vertraulichkeit der BEM-Daten,
- die Zulässigkeit der **Übertragung von Aufgaben an BEM- oder Integrationsteams** und,
- die Zuständigkeit einer Einigungsstelle bei Meinungsverschiedenheiten.

XIII. Verfahrensrechtliche Hinweise

150 **Einigungsstellenverfahren:** Kommt keine Einigung über den Inhalt einer Verfahrensordnung zur Durchführung des BEM zustande, so kann nach § 76 Abs. 1 BetrVG eine Einigungsstelle gebildet werden, die die fehlende Zustimmung der anderen Seite ersetzt. Kommt es nicht zu einer einvernehmlichen Anrufung der Einigungsstelle, so kann das Arbeitsgericht auf Antrag einer Seite im Beschlussverfahren nach § 100 ArbGG den unparteiischen Vorsitzenden bestimmen und die Zahl der Beisitzer beider Seiten festlegen. Gem. § 100 Abs. 1 Satz 2 ArbGG kann der Antrag auf Bestellung eines Einigungsstellenvorsitzenden und auf Festsetzung der Zahl der Beisitzer nur dann zurückgewiesen werden, wenn die Einigungsstelle offensichtlich unzuständig ist. Die im Einigungsstellenbesetzungsverfahren letztinstanzlich zuständigen Landesarbeitsgerichte gehen nicht von einer offensichtlichen Unzuständigkeit aus.[563] Da das BAG für drei Regelungsbereiche eine Mitbestimmung bejaht (→ Rn. 75 f.), ist davon aus zu gehen, dass Anträge der Betriebsräte im Einigungsstellenbesetzungsverfahren auf Bestellung eines unparteiischen Vorsitzenden gute Erfolgsaussichten haben.

---

562 S. https://www.change.org/p/bundesarbeitsminister-hubertus-heil-bem-krankheiten-im-beruf-vorbeugen-und-die-wiedereingliederung-verbessern?redirect=false.
563 LAG Düsseldorf 4.2.2013 – 9 TaBV 129/12; LAG Hamm 18.12.2009 – 13 TaBV 52/09, ArbuR 2010, 393; LAG SchlH 19.12.2006 – 6 TaBV 14/06, AiB 2007, 425; zust. *Gagel* jurisPR-ArbR 18/2007 Anm. 1; *Hjort* AiB 2007, 427; *Faber* dbr 2007, Nr. 6, 37.

Beschlussverfahren: im Hinblick auf seinen „punktuellen" Ansatz (→ Rn. 75 f.) hat das BAG einen Antrag, mit dem ganz pauschal und umfassend die Feststellung eines Mitbestimmungsrechts bei der „Durchführung des BEM gemäß § 84 Abs. 2 SGB IX" (seit 1.1.2018: § 167 Abs. 2 SGB IX) begehrt worden ist, als nicht den Bestimmtheitserfordernissen des § 253 Abs. 2 Nr. 2 ZPO genügend angesehen:[564] „läuft auf eine gerichtliche Kommentierung (…) mit allen im Rahmen des BEM in Betracht kommenden generell-abstrakten oder individuell-konkreten Regelungen und Maßnahmen und den dabei nach § 87 Abs. 1 Nr. 7 BetrVG etwa eröffneten Mitbestimmungsrechten hinaus". Da ein „bunter Strauß" möglicher Regelungen und Maßnahmen zu erwägen ist,[565] muss der Betriebsrat angeben, welche konkreten Regelungen zur betrieblichen Umsetzung einer sich aus Normen des Arbeits- und Gesundheitsschutzes ergebenden konkreten Handlungspflicht des Arbeitgebers aus seiner Sicht in Betracht kommt. 151

Einstweilige Verfügung zur Durchführung einer Dienstvereinbarung über BEM: Die dem Arbeitgeber nach § 77 Abs. 1 Satz 1 BetrVG obliegende Durchführung einer Betriebsvereinbarung ist im Beschlussverfahren auch im Wege der einstweiligen Verfügung erzwingbar. Gleiches gilt für die Durchführung einer Dienstvereinbarung durch den Dienststellenleiter. Nach den gemäß Art. 81 Abs. 2 BayPVG, § 85 Abs. 2 Satz 1 ArbGG für bayerische Dienststellen entsprechend anwendbaren Vorschriften des Achten Buchs der Zivilprozessordnung kann eine einstweilige Verfügung erlassen werden, wenn zu besorgen ist, dass durch eine Veränderung des bestehenden Zustands die Verwirklichung des Rechts eines Beteiligten vereitelt oder wesentlich erschwert werden könnte (§ 935 ZPO), oder wenn die Regelung eines streitigen Rechtsverhältnisses zur Abwendung wesentlicher Nachteile nötig erscheint (§ 940 ZPO). Die Gefährdung des Rechts bzw. die Notwendigkeit einer Regelung, dh der Verfügungsgrund, und der Verfügungsanspruch sind glaubhaft zu machen (§ 920 Abs. 2 ZPO). Zwar darf die einstweilige Verfügung grundsätzlich nicht die Entscheidung in der Hauptsache vorwegnehmen. Die Effektivität des Rechtsschutzes kann es aber erfordern, durch eine einstweilige Verfügung der Entscheidung in der Hauptsache vorzugreifen, sofern wirksamer Rechtsschutz im ordentlichen Verfahren nicht erreichbar ist und dies wegen der Versagung des Erlasses einer einstweiligen Verfügung zu einem endgültigen Rechtsverlust oder einem sonstigen irreparablen Zustand führt. Bei der Frage, wann schlechthin unzumutbare Folgen anzunehmen sind, ist sowohl das Interesse des Personalrats als auch dasjenige der Beschäftigten, in deren Interesse er bei Abschluss der Dienstvereinbarung gehandelt hat, in den Blick zu nehmen.[566] Als wesentlicher Gesichtspunkt ist dabei zu berücksichtigen, inwieweit der Personalrat ohne den Erlass der einstweiligen Verfügung in seiner Rechtsstellung betroffen ist bzw. ihm oder den Beschäftigten, in deren Interesse die Dienstvereinbarung abgeschlossen wurde, ein Zuwarten bis zu einer Entscheidung in der Hauptsache nicht zugemutet werden kann. 152

---

564 BAG 18.8.2009 – 1 ABR 45/08, AP Nr. 2 zu § 84 SGB IX.
565 *Kohte* Anm. LAGE BetrVG 2001 § 87 Gesundheitsschutz Nr. 3; *Feldes* AiB 2005, 546 (547).
566 BayVGH 29.10.2015 – 18 PC 15.1624, juris Rn. 20; OVG NRW 9.7.2012 – 20 B 511/12.PVL, DÖD 2012, 235.

Kapitel 4 Kündigungsschutz

Vorbemerkung

I. Entwicklung des besonderen Kündigungsschutzes 1
II. Geltungsbereich des Kündigungsverbots 5
III. Auswirkungen der Novelle 2004 8
IV. Bestandsschutz für Arbeitsverhältnisse 9
V. Erlaubnisvorbehalt und Zustimmung 15
VI. Mehrgleisiger Rechtsschutz 18
VII. Praktische Bedeutung 22

I. Entwicklung des besonderen Kündigungsschutzes

1 **Rechtsentwicklung:** Bei der Einführung des SGB IX sind die Vorschriften zum Kündigungsschutz im Wesentlichen unverändert aus dem Vierten Abschnitt Kündigungsschutz in §§ 15 bis 22 SchwbG 1986 nach § 85 bis 92 SGB IX übernommen worden. Das BTHG hat mit Wirkung vom 1.1.2018 diese Vorschriften in den Teil 3 des SGB IX nach §§ 168 bis 175 verschoben. Das in § 168 SGB IX enthaltene **Verbot der Kündigung unter Erlaubnisvorbehalt** geht zurück auf § 12 SchwbG 1974. Diese Vorschrift hat das Erfordernis der **vorherigen Zustimmung** entsprechend dem **Präventionsgedanken** in das Schwerbehindertenrecht eingeführt. Nach den bis 1974 geltenden Vorschriften der § 14 SchwbG 1961 und § 14 SchwbG 1953 genügte es, wenn die Hauptfürsorgestelle nach Ausspruch der Kündigung die Zustimmung erteilte. Art. 2 des Bundesteilhabegesetzes (BTHG) hat mit Wirkung vom 30.12.2016 den weiteren Unwirksamkeitsgrund der unterlassenen oder unzureichenden Beteiligung der SBV in § 95 Abs. 2 Satz 3 SGB IX geschaffen. Der Standort dieser so genannten Unwirksamkeitsklausel (→ § 178 Rn. 60) ist in Art. 1 BTHG mit Wirkung vom 1.1.2018 nach § 178 Abs. 2 Satz 2 SGB IX verschoben worden.

2 **Regelungsinhalt:** Die Bestimmungen des Vierten Kapitels des Dritten Teils legen dem Arbeitgeber ein **Kündigungsverbot mit Erlaubnisvorbehalt** auf und regeln das Verfahren sowie die Voraussetzungen, unter denen der Arbeitgeber die beim Integrationsamt zu beantragende behördliche Erlaubnis (**Zustimmung zur Kündigung**) erhält. Im Unterschied zu dem durch die nachträgliche Feststellung der Unwirksamkeit der Kündigung „repressiv" wirkenden arbeitsrechtlichen Kündigungsschutz wirkt der öffentlich-rechtliche Kündigungsschutz präventiv. Sein Ziel ist es, die schwerbehinderten Arbeitnehmer vor einer Ausgrenzung aus dem Arbeitsleben zu schützen. Die Rspr. der für die Kontrolle der Zustimmungsbescheide der Integrationsämter zuständigen Verwaltungsgerichtsbarkeit hat den besonderen Kündigungsschutz unter Geltung des SchwbG so definiert: „geht ...dahin, den Schwerbehinderten vor den besonderen Gefahren, denen er wegen seiner Behinderung auf dem Arbeitsmarkt ausgesetzt ist, zu bewahren und sicherzustellen, daß er gegenüber den gesunden Arbeitnehmern nicht ins Hintertreffen gerät,"[1] Dieser besondere Schutz verhält sich komplementär zu der von den Arbeitgebern geschuldeten Pflicht, „durch freie Entschließung" (§ 184 Abs. 1) an der Eingliederung von schwerbehinderten Menschen nach den Maßgaben mitzuwirken, die das SGB IX aufstellt. Diese Maßgaben sind:
1. Der Arbeitgeber hat die in §§ 154, 155 geregelte Mindestbeschäftigungspflicht zu erfüllen, sonst ist nach § 166 eine Ausgleichsabgabe zu zahlen und droht bei schuldhafter Verletzung der Beschäftigungspflicht zusätzlich nach § 238 Abs. 1 Nr. 1 eine Ahndung als Ordnungswidrigkeit.

---

[1] BVerwG 2.7.1992 – 5 C 51.90, juris Rn. 23, Buchholz 436.61 § 15 SchwbG 1986 Nr. 6; BVerwG, 12.1.1966 – V C 62.64, BVerwGE 23, 123 (127).

2. Der Arbeitgeber hat die in § 164 Abs. 1 geregelte Pflicht zu erfüllen, die Besetzung frei werdender oder neuer Arbeitsplätze gemeinsam mit der SBV und unter Einschaltung der Arbeitsagentur darauf zu prüfen, ob sie mit schwerbehinderten, insbesondere arbeitsuchenden, Menschen besetzt werden können.
3. Der Arbeitgeber darf nach § 164 Abs. 2 schwerbehinderte Bewerber nicht benachteiligen. Zu diesem Zwecke muss er nach § 182 Abs. 1 eng mit der SBV zusammenarbeiten.
4. Der Arbeitgeber muss nach § 164 Abs. 3 seinen Betrieb so einrichten, dass er wenigstens die Mindestbeschäftigungspflicht aus §§ 154, 155 erfüllen kann.
5. Der Arbeitgeber hat schwerbehinderte Menschen nicht nur einzustellen, sondern auch entsprechend § 164 Abs. 4 behinderungsgerecht zu beschäftigen.

Die im Schwerbehindertenrecht von Anfang an verfolgten Regelungsziele Eingliederung und Schutz vor Ausgrenzung werden in der durch das BTHG neu gefassten Begrifflichkeit des § 1 auf die Förderung der „Selbstbestimmung und der vollen, wirksamen und gleichberechtigten Teilhabe am Leben in der Gesellschaft" ausgedehnt. Für die Betriebe und Dienststellen sind dazu von den Arbeitgebern nach § 166 Vereinbarungen zur Umsetzung des so definierten Ziels der **Inklusion** zu treffen.

Geschichtliche Entwicklung: Der Sonderkündigungsschutz für schwerbehinderte Menschen ist unter dem Eindruck des Ersten Weltkrieges und der nach der Demobilisierung in den Wirtschaftsprozess einzugliedernden großen Zahl von Schwerbeschädigten geschaffen worden. Erstmalig sind Sondervorschriften für den Kündigungsschutz durch die Verordnung über die Beschäftigung Schwerbeschädigter vom 9.1.1919[2] eingeführt worden. § 12 SchwBeschG 1923 führte nach diversen Übergangsregelungen für die ordentliche Kündigung dauerhaft die Pflicht zur Einholung der vorherigen Zustimmung ein. Ein Erlaubnisvorbehalt für die außerordentliche Kündigung wurde nicht als erforderlich angesehen. Diese Regelungen wurden 1953 in das SchwBeschG übernommen. Mit dem Gesetz zur Weiterentwicklung des Schwerbeschädigtengesetzes vom 24.4.1974[3] ist dann der Erlaubnisvorbehalt auch auf die außerordentliche Kündigung ausgeweitet und in § 15 SchwbG vom 24.7.1986[4] übernommen worden. In der DDR galt eine vergleichbare Regelung. Nach § 59 Abs. 1 des Arbeitsgesetzbuchs vom 16.6.1977[5] war die Kündigung Schwerbehinderter von der vorherigen Zustimmung des Rates des Kreises oder des Stadtbezirks abhängig. Aufgrund des Staatsvertrags zwischen der Bundesrepublik Deutschland und der Deutschen Demokratischen Republik über die Schaffung einer Währungs-, Wirtschafts- und Sozialunion vom 25.6.1990[6] hat die DDR mit Gesetz vom 21.6.1990[7] das SchwbG 1986 übernommen. Die im Einigungsvertrag vom 31.8.1990[8] enthaltenen Übergangsregelungen sind inzwischen außer Kraft getreten. 3

Zur Übernahme des Bestandsschutzes in das SGB IX: Bei Einführung des SGB IX sind aus dem Vierten Abschnitt Kündigungsschutz in §§ 15 bis 22 4

---

2 RGBl. I 28.
3 BGBl. I 981.
4 BGBl. I 1422.
5 GBl. I 185.
6 BGBl. II 518.
7 GBl. I 381.
8 BGBl. II 889.

SchwbG 1986 die Bestimmungen nach § 85 bis 92 SGB IX übernommen worden. Die textidentischen Gesetzentwürfe der Koalitionsfraktionen[9] und der Bundesregierung[10] sahen die inhaltsgleiche Übernahme der bisherigen Bestimmungen vor. Allerdings sollte die Einholung der Stellungnahme des Arbeitsamtes (heute: Agentur für Arbeit) im Antragsverfahren (bis 31.12.2017: § 87, seit 1.1.2018: § 170 SGB IX) als überflüssig entfallen. Der BT-Ausschuss für Arbeit und Sozialordnung empfahl in seinem Beschluss vom 4.4.2001[11] die Umbenennung der Hauptfürsorgestelle in Integrationsamt, eine sprachliche Verbesserung bei der Bereichsausnahme sowie die Beibehaltung der Pflicht zur Einholung der Stellungnahme des Arbeitsamtes. Der mit dem SGB IX in Kraft getretene Gesetzestext entsprach dieser Empfehlung. Erst die Novelle von 2004 hat die Einholung der Stellungnahme des Arbeitsamtes ersatzlos entfallen lassen.

Durch das Gesetz zur Reform der Renten wegen verminderter Erwerbsfähigkeit vom 20.12.2000[12] war bereits die Anpassung des erweiterten Bestandsschutzes in § 22 SchwbG an die Neuregelung der Renten bei Erwerbs- und Berufsunfähigkeit vorgezogen worden. Der Standort dieses auf Schutz vor auflösenden Bedingungen erweiterten Bestandsschutzes ist zunächst nach § 92 SGB IX und infolge der Verschiebung des Schwerbehindertenrechts durch das BTHG mit Wirkung vom 1.1.2018 nach § 175 SGB IX gewandert.

II. Geltungsbereich des Kündigungsverbots

5 **Räumlicher Geltungsbereich:** Da der Sonderkündigungsschutz aus § 168 Teil des öffentlichen Rechts ist, ist seine Anwendung auf Arbeitsverhältnisse in der Bundesrepublik Deutschland beschränkt. Es gilt insoweit das **Territorialitätsprinzip**, das in § 2 Abs. 2 SGB IX durch die Bezugnahme „auf den Wohnsitz, gewöhnlichen Aufenthalt oder Beschäftigung auf einem Arbeitsplatz im Geltungsbereich dieses Gesetzbuches" zum Ausdruck gebracht wird. Dieser Inlandsbezug ist nur eine notwendige, aber keine hinreichende Bedingung.[13]

Die Rspr. des BAG hat den Geltungsbereich des Sonderkündigungsschutzes für Arbeitsverhältnisse mit Auslandsbezug eingeschränkt. Die Einschränkung kann sowohl ausländische Beschäftigte als auch Inländer betreffen, die bei ausländischen Arbeitgebern beschäftigt werden. In den Vorauflagen war übereinstimmend mit dem Fachschrifttum vertreten worden, es komme nicht auf die nach internationalem Privatrecht maßgeblichen Abgrenzungsmerkmalen wie Staatsangehörigkeit und Vertragsstatut an.[14] Dem ist der Zweite Senat entgegen getreten. Nach seiner Rspr. gilt: „Die Kündigung des Arbeitsverhältnisses eines schwerbehinderten Menschen bedarf nur dann der vorherigen Zustimmung des Integrationsamts, wenn eine der Varianten des § 2 Abs. 2 SGB IX vorliegt und das Arbeitsverhältnis dem deutschen Vertragsstatut unterfällt.[15] Der Territorialbezug in Gestalt von Wohnort, Aufenthalts- oder Arbeitsort ist nur eine notwendige, aber keine hinreichende Bedingung. Es muss zwingend noch als weite-

---

9 BT-Drs. 5074, 113.
10 BR-Drs. 49/01.
11 BT-Drs. 14/578, 66–68.
12 BGBl. I 1827.
13 BAG 22.10. 2015–2 AZR 720/14, Rn. 61, BAGE 153, 138 = Behindertenrecht 2016, 179.
14 So auch *Neumann* in Neumann/Pahlen/Greiner/Winkler/Jabben SGB IX § 168 Rn. 29; *Ritz/Dopotka* in Cramer/Fuchs/Hirsch/Ritz SGB IX, 6. Aufl. 2011, § 85 Rn. 9.
15 BAG 22.10.2015 – 2 AZR 720/14, Rn. 61, BAGE 153, 138 = Behindertenrecht 2016, 179.

re notwendige Voraussetzung hinzukommen, dass das zu kündigende Arbeitsverhältnis deutschem Vertragsstatut unterfällt. Das Zustimmungserfordernis fehlt, wenn das Arbeitsverhältnis weder objektiv noch kraft Rechtswahl dem deutschen Vertragsrecht unterliegt.
Fallstudie zur den Auswirkungen einer Rechtswahl: Der in Deutschland wohnhafte Seeoffizier S. war auf AIDA – Kreuzfahrtschiffen einer italienischen Gesellschaft G beschäftigt. Vereinbart war mit der Rostocker Niederlassung in dem in deutscher Sprache verfassten Arbeitsvertrag die Geltung italienischen Rechts sowie bestimmter italienischer Tarifverträge. Sozialabgaben wurden nach Italien abgeführt. S erlitt 2009 einen Arbeitsunfall, die Folge war ein GdB von 60. S war bis zum September 2010 arbeitsunfähig. Mit Schreiben von Ende September 2010 kündigte G das Arbeitsverhältnis ordentlich. S erhob vor dem Arbeitsgericht Rostock Kündigungsschutzklage und machte ua geltend, dass die Kündigung wegen der fehlenden Zustimmung des Integrationsamts nichtig sei. Ebenso wie die Vorinstanzen hielt das BAG die Zustimmung des Integrationsamts nicht für erforderlich. Der Zweite Senat des BAG verneinte die Anwendbarkeit des öffentlich-rechtlichen Kündigungsschutzes aus § 168 SGB IX. Zu dessen Anwendbarkeit genüge nicht, dass nach § 2 Abs. 2 SGB IX der Seeoffizier seinen Wohnsitz in Deutschland habe. Es müsse noch zusätzlich, als notwendige (nicht hinreichende) Bedingung hinzutreten, dass das zu kündigende Arbeitsverhältnis deutschem Vertragsstatut unterfalle.[16] Da § 168 SGB IX eine Norm zwingenden Rechts iSv Art. 3 Abs. 3 Rom I-VO sei, könne kein Arbeitgeber sich durch eine willkürliche Rechtswahl im Fall eines sog. Binnensachverhalts der Anwendung des deutschen Schwerbehindertenrechts entziehen.[17] Wäre der Sachverhalt im Zeitpunkt der Rechtswahl entsprechend Art 3 Abs. 3 Rom I-VO nicht nur mit einem Staat verbunden, würde einem Umgehungsversuch Art. 8 Abs. 1 Satz 2 Rom I-VO entgegenstehen; denn eine Rechtswahl darf nicht dazu führen, dass dem Arbeitnehmer der Schutz entzogen wird, der ihm durch die zwingenden Bestimmungen des objektiv anwendbaren Rechts gewährt wird. Dazu ist ein Günstigkeitsvergleich anzustellen.[18] Da das vereinbarte italienische Recht keinen Sonderkündigungsschutz für Schwerbehinderte in Gestalt eines Kündigungsverbots mit Erlaubnisvorbehalt kennt, verbliebe es für diesen Teilbereich bei der Geltung des günstigeren deutschen Rechts,[19] Angesichts der vorhandenen objektiven Anknüpfungspunkte italienische Arbeitsvertragsparteien, italienische Tarifverträge und Abführung der Sozialabgaben an italienische Stellen ging der Zweite Senat davon aus, dass das Arbeitsverhältnis objektiv wie subjektiv italienischem und nicht deutschem Recht unterliege, so dass das deutsche Schwerbehindertenrecht keine Anwendung fände.[20] Diese Begrenzung soll weder gegen das Unionsrecht noch gegen das Übereinkommen der Vereinten Nationen über die Rechte von Menschen mit Behinderungen

---

16 BAG 22.10.2015 – 2 AZR 720/14, Rn. 61, BAGE 153, 138 = Behindertenrecht 2016, 179.
17 BAG 22.10.2015 – 2 AZR 720/14, Rn. 71, BAGE 153, 138 = Behindertenrecht 2016, 179.
18 BAG 10. April 2014 – 2 AZR 741/13, Rn. 34, AP Nr 8 zu § 20 GVG.
19 BAG 22.10.2015 – 2 AZR 720/14, Rn. 72, BAGE 153, 138 = Behindertenrecht 2016, 179.
20 BAG 22.10.2015 – 2 AZR 720/14, Rn. 74, BAGE 153, 138 = Behindertenrecht 2016, 179.

(BEK)[21] verstoßen; denn weder das Unionsrecht noch die BRK enthalten ein Kündigungsverbot mit Erlaubnisvorbehalt für die Kündigung des Arbeitsverhältnisses eines schwerbehinderten Menschen.[22] Inhalt und Art der Begründung des Zweiten Senats sind zwar auf heftige Kritik gestoßen.[23] Dem Ergebnis ist aber zugestimmt worden, weil auch bei Anwendung des öffentlich-rechtlichen Schutzes aus § 168 SGB IX die Anwendbarkeit der Rechtsfolgenanordnung der Nichtigkeit in § 134 BGB nicht nur die Geltung des SGB IX, sondern auch die Geltung deutschen BGB voraussetzt.[24] Zwar erscheint das Ergebnis unbefriedigend. Es ist aber eine Folge der Rechtswahl der Vertragsparteien. Diese bedarf der Prüfung an Hand der Kriterien des internationalen Privatrechts: früher nach Art. 27, 30 EGBGB und heute nach der der Verordnung (EG) Nr. 593/2008 des Europäischen Parlaments und des Rates vom 17. Juni 2008 über das auf vertragliche Schuldverhältnisse anzuwendende Recht (Rom-I-VO)[25].

Bei Fällen mit Auslandsberührung besteht der besondere Schutz aus § 168 SGB IX danach:
1. für Arbeitsverhältnisse, die in Deutschland erfüllt werden, selbst wenn vertraglich eine ausländische Rechtsordnung vereinbart ist; denn gem. Art. 3 III Rom I-VO ist dann die Rechtswahl unbeachtlich;[26]
2. für Arbeitsverhältnisse, die deutschem Vertragsstatut unterliegen und bei denen der Arbeitnehmer eine der Voraussetzungen des § 2 Abs. 2 SGB IX (Wohnsitz, gewöhnlicher Aufenthalt oder Arbeitsplatz im Inland) erfüllt;[27]
3. für Arbeitsverhältnisse während einer vorübergehenden Beschäftigung im Ausland, wenn der Arbeitnehmer trotz der vorübergehenden Entsendung einem inländischen Betrieb noch zugeordnet bleibt; denn sonst könnte durch Vereinbarung die nach öffentlichem Recht bestehende Zuständigkeit des Integrationsamts aufgehoben werden.[28]

Schwerbehinderte Menschen, die mit deutschem Vertragsstatut im Ausland beschäftigt werden, können aus dem Geltungsbereich des Sonderschutzes herausfallen. Das hat das BAG jedenfalls für Arbeitnehmer entschieden, die **ausschließlich für einen Einsatz im Ausland** befristet eingestellt werden.[29] Sind schwerbehinderte Menschen **bei deutschen Dienststellen im Ausland** beschäftigt, haben sie nach dem **Ausstrahlungsprinzip**[30] (vgl. auch §§ 1 und 4 SGB IV)

---

21 Vgl. Beschluss 2010/48/EG des Rates vom 26.11.2009 über den Abschluss des Übereinkommens der Vereinten Nationen über die Rechte von Menschen mit Behinderungen durch die Europäische Gemeinschaft, ABl. L 23, 35 vom 27.1.2010; zur Gesetzeskraft der VN-Behindertenrechtskonvention in Deutschland siehe BGBl. 2008 II 1419 und BGBl. 2009 II 812.
22 Vgl. *Rolfs* in ErfK, 15. Aufl. 2015, SGB IX § 85 Rn. 3; darauf bezugnehmend: BAG 22.10. 2015 – 2 AZR 720/14, Rn. 73, BAGE 153, 138 = Behindertenrecht 2016, 179.
23 *Joussen* RdA 2017, 57 (61).
24 *Joussen* RdA 2017, 57 (61).
25 ABl. L 177 vom 4.7.2008, S. 6.
26 *Rolfs* in ErfK SGB IX § 168 Rn. 2.
27 BAG 22.10.2015 – 2 AZR 720/14, BAGE 153, 138 = Behindertenrecht 2016, 179; *Joussen* RdA 2017, 57 (59 ff.).
28 *Rolfs* in ErfK SGB IX § 168 Rn. 2.
29 BAG 30.4.1987 – 2 AZR 192/86, AP § Nr. 15 zu 12 SchwbG Nr. 15 = NZA 1988, 135.
30 Dazu BAG 30.4.1987 – 2 AZR 192/86, AP § Nr. 15 zu 12 SchwbG Nr. 15 = NZA 1988, 135.

den Sonderschutz. In einer älteren Entscheidung hat das BAG auf das sog. Ortskräftestatut abgestellt.[31]
Für schwerbehinderte **Seeleute** mit auf **Schiffen unter deutscher Flagge** gilt zwar grundsätzlich, das Recht der Flagge;[32] aber in § 21 Abs. 4 Flaggenrechtsgesetz (FlaggenRG)[33] ist bestimmt: „Arbeitsverhältnisse von Besatzungsmitgliedern eines im Internationalen Seeschifffahrtsregister eingetragenen Kauffahrteischiffes, die im Inland keinen Wohnsitz oder ständigen Aufenthalt haben, unterliegen bei der Anwendung des Art. 8 der Verordnung (EG) Nr. 593/2008 (Rom I) vorbehaltlich anderer Rechtsvorschriften der Europäischen Gemeinschaft nicht schon auf Grund der Tatsache, daß das Schiff die Bundesflagge führt, dem deutschen Recht." Die in Art 8 Abs. 2 Rom I enthaltene „von dem aus"-Klausel („Soweit das auf den Arbeitsvertrag anzuwendende Recht nicht durch Rechtswahl bestimmt ist, unterliegt der Arbeitsvertrag dem Recht des Staates, in dem oder andernfalls von dem aus der Arbeitnehmer in Erfüllung des Vertrags gewöhnlich seine Arbeit verrichtet.") vermag solche Heuerverhältnisse im Normalfall nicht zu erfassen; denn Seeschiffe laufen regelmäßig Häfen verschiedener Staaten an. Es liegt nahe, diese Arbeitsverträge an das Recht der Flagge als Unterfall des gewöhnlichen Arbeitsortes anzuknüpfen.[34] So hat der EuGH entschieden, dass ein Schiffskoch, der auf verschiedenen schwimmenden Einrichtungen über dem Festlandsockel tätig ist, seinen gewöhnlichen Arbeitsort in dem Staat hat, dem die wirtschaftliche Nutzung dieses Meeresgebiets völkerrechtlich ausschließlich zugewiesen ist.[35] Eine vergleichbare Zuordnung wird für seerechtliche Arbeitsverhältnisse empfohlen.[36]
Für die Beschäftigten der in Deutschland befindlichen exterritorialen Mitglieder diplomatischer Missionen und der weiteren nach §§ 19, 20 GVG **exterritorialen Stellen** besteht kein öffentlich-rechtlicher Kündigungsschutz.
Für das örtliche Zivilpersonal der **in Deutschland stationierten Streitkräfte** anderer Nato-Staaten ist dessen Sonderarbeitsrecht in Art. 56 Abs. 1 a des Zusatzabkommens zum Nato-Truppenstatut geregelt. Danach gelten für die Beschäftigungsverhältnisse der zivilen Arbeitskräfte bei einer Truppe und dem zivilen Gefolge alle für die zivilen Arbeitnehmer der Bundeswehr maßgeblichen arbeitsrechtlichen Vorschriften, soweit nicht ausdrücklich in diesem Artikel und in dem auf diesen Artikel Bezug nehmenden Abschnitt des Unterzeichnungsprotokolls etwas anderes bestimmt ist. Sowohl der allgemeine Kündigungsschutz[37] als auch der besondere Schutz aus § 168 SGB IX[38] sind anwendbar.[39]
Geschützter Personenkreis: Der durch den **Sonderkündigungsschutz** geschützte Personenkreis wird in **§ 151 Abs. 1** hinsichtlich des Geltungsbereichs des Teil 3 SGB IX und in § 168 durch die dortige einschränkende Bezugnahme auf „Kün-

6

---

31 Vgl. BAG 10.5.962 – 2 AZR 397/61, BAGE 13, 121 = NJW 1962, 1885.
32 *Däubler* RIW 1987, 249 (251 f.); *Gamillscheg* ZfA 1983, 307 (342); *Geffken* AiB 1987, 11 (14); *Kronke* DB 1984, 404 (405 f.).
33 Das BVerfG hat § 21 Abs. 4 Satz 1 FlaggRG für mit der Verfassung vereinbar erklärt: BVerfG 10.1. 1995 – 1 BvF 1/90, 1 BvF 342, 348/90, NZA 1995, 272 f.
34 *Wurmnest*, Das neue Internationale Arbeitsvertragsrecht der Rom I-Verordnung, EuZA 2009, 481 (497).
35 EuGH 27.2.2002 – C-37/00, NZA 2002, 459 – Weber/Ogden.
36 *Wurmnest*, Das neue Internationale Arbeitsvertragsrecht der Rom I-Verordnung, EuZA 2009, 481 (497).
37 BAG 18.5.2006 – 2 AZR 245/05, Rn. 26, ZTR 2007, 50.
38 BAG 18.5.2006 – 2 AZR 245/05, Rn. 54, ZTR 2007, 50.
39 So auch *Neumann* in Neumann/Pahlen/Greiner/Winkler/Jabben SGB IX § 168 Rn. 30.

digung des Arbeitsverhältnisses" definiert. Damit sind zwei Geltungsbereichsvoraussetzungen aufgestellt:
1. Bestehen einer **Arbeitnehmereigenschaft** iSv § 611 a Abs. 1 BGB (klärungsbedürftig die Zuordnung von Organmitgliedern wie Fremdgeschäftsführer bei starker persönlicher Abhängigkeit[40] → § 168 Rn. 86) im Verhältnis zum kündigenden Arbeitgeber (→ Rn. 9) und
2. Bestehen der **Eigenschaft als schwerbehinderter Mensch** im Zeitpunkt des Zugang der Kündigungserklärung, soweit nicht Ausnahmen nach § 173 eingreifen (→ § 173 Rn. 5 ff.) oder der Schutz nach § 173 Abs. 3 Alt. 2 auf ein laufendes Feststellungs- oder Gleichstellungsverfahren vorverlagert wird (→ § 173 Rn. 36 ff.).

Nach § 2 Abs. 2 sind Menschen **schwerbehindert**, wenn bei ihnen ein Grad der Behinderung von wenigstens 50 vorliegt und sie ihren Wohnsitz, ihren gewöhnlichen Aufenthalt oder ihre Beschäftigung auf einem Arbeitsplatz rechtmäßig im Geltungsbereich dieses Gesetzes haben. Auf den Schwerbehinderten **gleichgestellte behinderte Menschen** ist nach § 151 Abs. 3 das Kündigungsverbot aus § 168 ausdrücklich „anzuwenden". Die Gleichstellungsentscheidung durch die Agentur für Arbeit beruht nach § 151 Abs. 2 diesen Schutz. Er beginnt nach § 151 Abs. 2 Satz 2 mit dem Tag des Eingangs des Antrags auf Gleichstellung bei der Agentur für Arbeit. Demgegenüber wird der Sonderschutz für schwerbehinderte Menschen bereits mit dem tatsächlichen Vorliegen einer Schwerbehinderung im Sinne von § 2 Abs. 2 wirksam begründet (einschränkend: → Rn. 8). Nicht vom Schutz des § 168 erfasst sind schwerbehinderten Menschen, die nach § 151 Abs. 4 **für die Zeit ihrer Berufsausbildung als behinderte Jugendliche und junge Erwachsene gleichgestellt** sind, obwohl bei ihnen kein Grad der Behinderung festgestellt ist oder der festgestellte Grad der Behinderung weniger als 30 beträgt; denn es handelt sich nach § 151 Abs. 4 Satz 3 nur um eine Gleichstellung „nur für Leistungen des Integrationsamts im Rahmen der beruflichen Orientierung und der Berufsausbildung".

7   **Zugehörigkeit zum geschützten Personenkreis:** Die Feststellung des Vorliegens einer Behinderung und ihres Grades ist nach § 152 Abs. 1 durch die für die Durchführung des Bundesversorgungsgesetzes zuständigen Behörden und den nach Landesrecht gemäß § 152 Abs. 1 Satz 7 zuständigen anderen Behörden zu treffen. Sie hat keine konstitutive Wirkung, sondern nur **deklaratorische Bedeutung.** Die behördlichen Feststellungen und die Ausstellung eines Ausweises über die Eigenschaft als behinderter Mensch nach § 152 Abs. 5 erleichtern dem Arbeitnehmer lediglich im Kündigungsschutzprozess den **Nachweis.** Das Gesetz verwehrt es dem Arbeitnehmer jedoch nicht, die Eigenschaft als schwerbehinderter Mensch auch auf sonstigem Wege nachzuweisen. Das entspricht der ständigen Rechtsprechung des BAG zum früheren Schwerbehindertenrecht, das in §§ 4, 15 SchwbG geregelt war. Danach setzte der Sonderkündigungsschutz nach altem Recht voraus, dass im Zeitpunkt des Zugangs der Kündigungserklärung die Schwerbehinderteneigenschaft bereits objektiv vorgelegen hat. Es bedurfte keiner bis zu diesem Zeitpunkt amtlich getroffenen Feststellung.[41] Die Gegenmeinung[42] hat nicht überzeugen können.[43] Weder der Feststellungsbescheid noch der darüber auszustellende Ausweis sind geeignet, die Vollständig-

---

40 OLG München 16.5.2007 – 14 U 399/04, Rn. 28, NZA-RR 2007, 579.
41 BAG 19.5.1976 – 5 AZR 121/75, DB 1977, 125; 19.4.1979 – 2 AZR 469/78, EzA § 12 SchwbG Nr. 6; 5.7.1990 – 2 AZR 8/90, Nr. 1 zu AP § 15 SchwbG 1986.
42 LAG Nürnberg 29.11.1976 – 2 Sa 160/76, AMBl. BY 1977, C24.
43 Vgl. *Steinbrück* in GK-SchwbG, 2. Aufl. 1999, § 15 Rn. 55.

keit der getroffenen Feststellungen zu beweisen.⁴⁴ Spätere abweichende oder ergänzende Feststellungen zugunsten des behinderten Menschen können daher nicht ausgeschlossen werden. Der Nachweis der Behinderung und ihres Grades durch das Feststellungsverfahren nach § 152 Abs. 1 Satz 1 und 2 hat bereits wie im früheren Verfahren nach § 4 SchwbG nur die Hilfsfunktion, dem schwerbehinderten Menschen den Nachweis bereits festgestellter Behinderungen zu erleichtern. Die Möglichkeit des anderen Nachweises von Behinderungen, die die Eigenschaft eines schwerbehinderten Menschen begründen, soll nicht abgeschnitten werden.⁴⁵ Allerdings stellt die mit dem Änderungsgesetz von 2004 in § 90 Abs. 2 a (mWv 1.1.2018 nach § 173 Abs. 3 verschoben) eingeführte Bereichsausnahme (→ Rn. 8) stärker auf die amtliche Feststellung des Vorliegens einer Behinderung und ihres Grades ab, so dass diese sich einer **konstitutiven Wirkung** annähert. Zu beachten ist zudem, dass eine Einschränkung des Schutzes infolge Verwirkung eintreten kann; denn wer als Arbeitgeber die Schwerbehinderung oder Gleichstellung zum Zeitpunkt des Zugangs der Kündigungserklärung nicht kennt und auch nicht innerhalb einer Regelfrist von drei Wochen nach Zugang der Kündigung davon erfährt, genießt nach der Rspr. Vertrauensschutz.⁴⁶

III. Auswirkungen der Novelle 2004

Auswirkung der Novelle 2004: Der Gesetzgeber hat zur Bekämpfung von Missbräuchen mit der Novelle vom 23.4.2004 ab Mai 2004 in § 90 Abs. 2 a (mWv 1.1.2018 nach § 173 Abs. 3 verschoben) eine Obliegenheit für die Arbeitnehmer eingeführt. Wer sich auf das Kündigungsverbot berufen will, muss, wenn seine Schwerbehinderung dem Arbeitgeber nicht offensichtlich ist, unter Erfüllung seiner sozialrechtlichen Mitwirkungspflicht bei dem Versorgungsamt oder bei der sonst nach Landesrecht zuständigen Behörde rechtzeitig die Feststellung des Grades der Behinderung beantragen. Zum Zeitpunkt des Zugangs der Kündigung muss entweder schon die Schwerbehinderung festgestellt sein oder die spätere Feststellung des Vorliegens einer Schwerbehinderung beruht auf einer von der Feststellungsbehörde zu vertretenden Verzögerung, das die Fristen aus § 152 Abs. 1 Satz 3 für das beschleunigte Verfahren bei erwerbstätigen Personen nicht eingehalten hat. Das BAG hält die Antragstellung aus Vereinfachungsgründen abweichend von den in § 152 Abs. 1 Satz 3 in Bezug genommenen Fristen aus dem Teil 1 des SGB IX für ausreichend, wenn der Arbeitnehmer den Antrag innerhalb einer sog. „Vorfrist" von drei Wochen vor Zugang der Kündigung bei der zuständigen Feststellungsbehörde gestellt hat.⁴⁷

8

IV. Bestandsschutz für Arbeitsverhältnisse

Bestehen eines Arbeitsverhältnisses: Erfasst vom Schutz werden nach § 168 schwerbehinderte Menschen und gemäß der Anwendungsregel in § 151 Abs. 3 auch ihnen gleichgestellte, die in einem **Arbeitsverhältnis** stehen. Das SGB IX verwendet keinen eigenständigen Begriff des Arbeitsverhältnisses. Es übernimmt den Begriff, wie ihn das BAG geprägt hat: unselbstständige Dienstleistung in persönlicher Abhängigkeit.⁴⁸ Nach zutreffender Auslegung des § 3 Abs. 2 BBiG gelten **Auszubildende** auch als Arbeitnehmer, die diesen Schutz ge-

9

---

44 BSG 26.2.1986 – 9 a RVs 4/83, BSGE 60, 11.
45 Vgl. so schon für das Schwerbeschädigtenrecht BAG 13.2.1958 – 2 AZR 467/55, BAGE 5, 208; *Hillebrecht* BlStSozArbR 1978, 120.
46 BAG 23.2.2010 – 2 AZR 659/08; Einzelheiten: → § 168 Rn. 9.
47 BAG 1.3.2007 – 2 AZR 217/06, DB 2007, 1702; Einzelheiten: → § 173 Rn. 3.
48 BAG 26.5.1999 – 5 AZR 469/98, AP Nr. 104 zu § 611 BGB Abhängigkeit.

nießen sollen.⁴⁹ Ebenso werden auch **leitende Angestellte** erfasst Wegen der Besonderheit eines **Gruppenarbeitsverhältnisses**, nur einheitlich kündbar zu sein, wirkt sich das Vorliegen einer Schwerbehinderung – auch wenn es nur einem Gruppenmitglied vorliegt – zugunsten der gesamten Gruppe aus. Beispiel: Ehegatten werden für eine nur gemeinsam zu erbringende Dienstleistung als „Heimleiterehepaar" für ein Kinderheim eingestellt.⁵⁰ Wird ein schwerbehinderter Mensch aufgrund eines **Werkstattvertrags** im Rahmen von § 219 Abs. 1, § 220 Abs. 2 SGB IX beschäftigt und ist das Vertragsverhältnis nach Maßgabe des § 221 SGB IX nach der tatsächlichen Vertragsdurchführung als Arbeitsverhältnis zu werten, so gilt der besondere Kündigungsschutz auch für ihn.⁵¹ Liegt jedoch nach Wortlaut und Durchführung des Vertrags ein Werkstattverhältnis vor, so findet § 168 SGB IX keine Anwendung.⁵²

10 **Ausnahmen vom Schutz der Arbeitnehmer:** Bereichsausnahmen sind in § 173 Abs. 1 geregelt. Danach sind folgende schwerbehinderte Menschen ausgenommen:
1. deren Arbeitsverhältnis zum Zeitpunkt des Zugangs der Kündigungserklärung ohne Unterbrechung noch nicht länger als sechs Monate besteht,
2. die auf Stellen im Sinne des § 156 Abs. 2 Nr. 2 bis 5 beschäftigt werden,
3. deren Arbeitsverhältnis durch Kündigung beendet wird, sofern sie
   a) das 58. Lebensjahr vollendet haben und Anspruch auf eine Abfindung, Entschädigung oder ähnliche Leistung aufgrund eines Sozialplanes haben oder
   b) Anspruch auf Knappschaftsausgleichsleistung nach dem Sechsten Buch oder auf Anpassungsgeld für entlassene Arbeitnehmer des Bergbaus haben.

Die Ausnahme nach § 173 Abs. 1 Nr. 3 setzt eine **rechtzeitige Information** über die beabsichtigte Kündigung voraus; Einzelheiten → § 173 Rn. 22. Obwohl ihre Stellen nach § 156 Abs. 3 nicht unter den Begriff des Arbeitsplatzes fallen, werden Arbeitnehmer, die mit weniger als 18 Wochenstunden beschäftigt werden, vom Kündigungsschutz erfasst.

Nach § 173 Abs. 2 ist das Kündigungsverbot für bestimmte Fälle einer vorübergehenden **witterungsbedingten Auflösung des Arbeitsverhältnisses** eingeschränkt, sofern der entlassene Arbeitnehmer zu einem späteren Zeitpunkt wieder eingestellt werden muss, Einzelheiten → § 173 Rn. 27.

11 **Nichteinbezogene Beschäftigungsverhältnisse:** Eine Ausweitung des Schutzes auf die Rechtsverhältnisse von Arbeitnehmerähnlichen und öffentliche Dienstverhältnisses wird von Rspr. und überwiegend auch im Schrifttum abgelehnt.⁵³ Gegen diese Begrenzung werden Bedenken erhoben.⁵⁴ Diese Bedenken werden auf die Entscheidung des EuGH in der Sache Milkova⁵⁵ gestützt. In dieser Sache hat der Gerichtshof in Auslegung der Art. 20 f. GRCh iVm Art. 7 Abs. 2

---

49 BAG 10.12.1987 – 2 AZR 385/87, AP Nr. 11 zu § 18 SchwbG; zustimmend *Osnabrügge* in HaKo-KSchR §§ 168–175, 178 Rn. 2.
50 BAG 21.10.1971 – 2 AZR 17/71, AP Nr. 1 Gruppenarbeitsverhältnis.
51 ArbG Koblenz 9.8.2002 – 2 Ca 447/02, NZA-RR 2003, 188, zustimmend: *Knittel* SGB IX § 85 Rn. 11.
52 LAG Düsseldorf 11.11.2013 – 9 Sa 469/13, Rn. 85, LAGE § 85 SGB IX Nr 3; nachgehend BAG 17.3.2015 – 9 AZR 994/13, Behindertenrecht 2016, 79: Zwar hat das BAG der Revision des Klägers stattgegeben, aber aus anderen Gründen.
53 LAG Düsseldorf 11.11.2013 – 9 Sa 469/13, Rn. 85, LAGE § 85 SGB IX Nr 3; *Lampe* in GK-SGB IX § 85 Rn. 20; *Trenk-Hinterberger* in HK-SGB IX § 85 Rn. 4; *Neumann* in Neumann/Pahlen/Greiner/Winkler/Jabben SGB IX § 168 Rn. 26.
54 *Rolfs* in ErfK SGB IX § 168 Rn. 3.
55 EuGH 9.3.2017 – C-406/15, Behindertenrecht 2017, 174 – Milkova.

RL 2000/78/EG (Rahmenrichtlinie) auf ein bulgarisches Vorabentscheidungsersuchen erkannt: Art. 7 Abs. 2 der Rahmenrichtlinie ist dahin auszulegen, dass er es zwar einem Mitgliedstaat erlaubt, Arbeitnehmern mit bestimmten Behinderungen einen spezifischen vorherigen Schutz bei Entlassung zu gewähren, ohne einen solchen Schutz auch Beamten mit den gleichen Behinderungen zuzubilligen. Aber es sei zu prüfen, ob das Vorenthalten des Schutzes gegen den Gleichbehandlungsgrundsatz verstoße, wobei insbesondere das Ziel des Schutzes gegen Entlassung zu berücksichtigen sei. Komme das nationale Gericht zu dem Ergebnis, es fehle eine sachliche Rechtfertigung, so erfordere die Pflicht zur Einhaltung des Unionsrechts es, dass der Anwendungsbereich der nationalen Vorschriften, die Arbeitnehmer mit einer bestimmten Behinderung schützen, so ausgeweitet werden müsse, dass diese Schutzvorschriften auch Beamten mit der gleichen Behinderung zugutekommen. Das Schrifttum hat diese Entscheidung zum Anlass genommen, von der der Gesetzgebung und Rspr. eine unionskonforme Ausweitung des persönlichen Geltungsbereichs des § 168 auf die Rechtsverhältnisse von Beamten und Dienstordnungsangestellte[56] und der Arbeitnehmerähnlichen[57] vorzunehmen. Dem ist zuzustimmen. Es verwundert, dass die BIH keinen gesetzgeberischen Handlungsbedarf[58] sieht. Angesichts der Immobilität des für das Schwerbehindertenrecht im BMAS zuständigen Fachreferats könnte nur eine parlamentarische Initiative oder eine Koalitionsvereinbarung den Gesetzgeber zum Tätigwerden anstoßen. Die Sprache der Verwaltungsgerichte blendet diese Problematik aus. Das BAG ist mit dieser Rechtsfrage bislang nicht befasst gewesen. Soweit der Zweite Senat einmal kursorisch die Begrenzung des Schutzes auch unter Berücksichtigung des Unionsrechts bejaht hat,[59] war dies lange vor der Milkova-Entscheidung des EuGH. Es bedarf im Lichte der Vorgaben des EuGH einer Rechtsprechungsänderung.

Arbeitgeberseitige Kündigung: Die Bestimmungen in Kapitel 4 über die Kündigung von Arbeitsverhältnissen gelten einschließlich der Bestimmung der Kündigungsfrist in § 169 nur für arbeitgeberseitige Kündigungen. Erfasst werden alle Arten von Kündigungen. Dazu gehören **Änderungskündigungen** und **Beendigungskündigungen**, gleich ob ordentliche oder außerordentliche. In § 175 ist der Kündigungsschutz erweitert. Danach bedarf die Beendigung des Arbeitsverhältnisses eines schwerbehinderten Menschen auch dann der vorherigen Zustimmung des Integrationsamts wenn sie im Falle des Eintritts einer teilweisen Erwerbsminderung, einer Erwerbsminderung auf Zeit oder bei Eintritt der Berufsunfähigkeit oder der Erwerbsunfähigkeit auf Veranlassung des Arbeitgebers erfolgt. Ansonsten werden alle anderen Beendigungsarten, wie **Arbeitnehmerkündigung, Aufhebungsvertrag, Befristungsablauf** oder **Anfechtung** des Vertragsabschlusses von der Sperrfunktion des § 168 nicht erfasst. Zum Aufhebungsvertrag hat die Instanzrechtsprechung ausdrücklich klargestellt: „Eine Pflicht des Arbeitgebers vor Abschluss eines Aufhebungsvertrages das Integrationsamt zu beteiligen, besteht nicht".[60] Das BAG hat ebenso für arbeitsvertraglich nach § 14 TzBfG zulässige Befristungen und nach § 21 TzBfG zulässige

12

---

56 *Schmitt* BB 2017, 2293 (2296); *Schubert/Jerchel* EuZW 14/2017, 551 (557); *Porsche* ZESAR 10/ 2017, 451; *von Roetteken* jurisPR-ArbR 16/2017 Anm. 4.
57 *Rolfs* in ErfK SGB IX § 168 Rn. 3.
58 BIH, Behindertenrecht, 2017, 179 (181).
59 BAG 22.10.2015 – 2 AZR 720/14, Rn. 73, BAGE 153, 138 = Behindertenrecht 2016, 179.
60 LAG RhPf 7.3.2019 – 5 Sa 301/18, Rn. 78.

auflösende Bedingungen die Anwendbarkeit des Zustimmungsvorbehalts verneint.[61]

13 **Vorzeitige Zurruhesetzung von Beamten, Richtern und Soldaten:** Sollen schwerbehinderte Beamte oder Beamtinnen vorzeitig in den Ruhestand versetzt oder entlassen werden, bedarf es nach dem Gesetzeswortlaut des § 168 dazu nicht der Zustimmung des Integrationsamts. Nach der bis 30.4.2004 geltenden Fassung § 128 aF war vor der Versetzung in den einstweiligen Ruhestand die Anhörung des Integrationsamts erforderlich. Nach dem Wegfall dieser Bestimmung ist das Integrationsamt nur im Rahmen des Präventionsverfahrens nach § 167 Abs. 1 oder des BEM nach § 167 Abs. 2 zu beteiligen, → § 211 Rn. 11. Gegen die Herausnahme der öffentlich-rechtlichen Dienstverhältnisse bestehen jedoch erhebliche unionsrechtliche Bedenken, → Rn. 11.

14 **In Heimarbeit Beschäftigte:** Für in Heimarbeit beschäftigte und diesen gleichgestellte schwerbehinderte Menschen wird in § 210 Abs. 2 Satz 1 die Kündigungsfrist entsprechend § 169 von zwei Wochen auf vier Wochen erhöht. Der besondere Kündigungsschutz schwerbehinderter Menschen im Sinne des Kapitels 4 gilt nach § 210 Abs. 2 Satz 2 auch für diese genannten Personen, obwohl sie keine Arbeitnehmer sind.

V. Erlaubnisvorbehalt und Zustimmung

15 **Das System des Kündigungsverbots unter Erlaubnisvorbehalt:** Nach § 168 ist die Kündigungsfreiheit des Arbeitgebers beschränkt. Ihm ist die Kündigung des Arbeitsverhältnisses eines schwerbehinderten oder gleichgestellten behinderten Beschäftigten verboten (früher häufig als Kündigungssperre bezeichnet). Das Verbot steht unter **Erlaubnisvorbehalt.**[62] Es dient dem öffentlichen Interesse an der Schwerbehindertenbeschäftigung. Dieses öffentliche Interesse wird in den Bestimmungen zur Mindestbeschäftigungspflicht (§ 154) und in der Bezugnahme auf die Mindestbeschäftigung in den Ermessensrichtlinien (§ 172 Abs. 1 Satz 2, § 172 Abs. 3 Nr. 4) erkennbar. Zusätzlich hat der Gesetzgeber mit dem Präventionsverfahren (§ 167 Abs. 1) das öffentliche Interesse an einer möglichst dauerhaften Fortsetzung der Beschäftigung von schwerbehinderten Menschen verdeutlicht. Dabei hat er den Standort des Präventionsverfahrens bewusst vor § 168 gewählt, um dessen Vorrangigkeit vor dem Zustimmungsverfahren zu verdeutlichen. Hinzu kommt, dass die Bundesrepublik sich mit der Ratifikation der UN-BRK verpflichtet hat, den Erhalt und die Beibehaltung des Arbeitsplatzes zu fördern (Art. 17 Abs. 1 Satz 2 Buchs. e UN-BRK).

In dem der Erlaubnis (Zustimmung) vorgeschalteten Antragsverfahren (§ 170) soll geprüft werden, ob der Arbeitgeber, dem der Gesetzgeber seit der Abschaffung des Verwaltungszwangs im Jahre 1974 den guten Willen zur Teilhabe unterstellt (vgl. § 184 Abs. 1: „freie Entschließung") auch diesen tatsächlich hat oder nicht schon bei Auftreten von behebbaren Schwierigkeiten schwerbehinderte Beschäftigte ausgliedern will.[63] Diese **öffentlich-rechtliche Zwecksetzung** verkennen die Teile des Rspr. und Schrifttums, die annehmen, das Integrationsamt habe nur eine Abwägungsentscheidung zwischen Arbeitnehmer- und Ar-

---

61 BAG 15.5.2019 – 7 AZR 285/17, Rn. 25, AP Nr. 21 zu § 1 TVG Tarifverträge: Telekom.
62 *Joussen* RdA 2017, 57 (59) unter Bezugnahme auf: *Düwell* in HaKo-BetrVG, 4. Aufl. 2014, § 85 Rn. 1.
63 *Joussen* RdA 2017, 57 (59) unter Bezugnahme auf: *Düwell* in HaKo-BetrVG, 4. Aufl. 2014, § 85 Rn. 3.

beitgeberinteressen vorzunehmen.⁶⁴ Demgegenüber soll das Integrationsamt das öffentliche Interesse an der Teilhabe der schwerbehinderten Menschen am Arbeitsleben sichern. Das **Kündigungsverbot unter Erlaubnisvorbehalt** beruht zudem auf dem **Präventionsprinzip**: Kündigungen, die dem Teilhabegedanken widersprechen, sollen vermieden werden.

Die **Erlaubnis zur Kündigung** des Arbeitsverhältnisses wird dem Arbeitgeber auf dessen Antrag nach § 170 durch das das Integrationsamt in Form der „Zustimmung" erteilt. Bei Antrag auf Zustimmung zur ordentlichen Kündigung soll nach § 171 Abs. 1 die Entscheidung binnen eines Monats nach Eingang des Antrags getroffen werden. Bei einem Antrag auf Zustimmung zur außerordentlichen Kündigung, hat das Integrationsamt die Entscheidung nach § 174 Abs. 3 Satz 1 binnen zwei Wochen zu treffen. Wird in diesem Fall die Frist nicht eingehalten, so gilt von Gesetzes wegen die Zustimmung nach § 174 Abs. 3 Satz 2 als erteilt. In § 172 sind bestimmte Fälle wie insbesondere Betriebsstilllegung und Insolvenz so geregelt, dass die Ermessensentscheidung des Integrationsamts eingeschränkt wird (Muss- und Soll-Zustimmung). Sonst hat das Integrationsamt die Entscheidung über die Zustimmung zur Kündigung des Arbeitgebers nach eigenem Ermessen zu treffen. Dabei hat es das Interesse des Arbeitgebers an der Erhaltung seiner Gestaltungsmöglichkeiten gegen das Interesse des schwerbehinderten Arbeitnehmers an der Erhaltung seines Arbeitsplatzes abzuwägen.⁶⁵ Umstände, die eine personenbezogene Kündigung im Allgemeinen als sozial gerechtfertigt erscheinen lassen, führen nicht zu einer Ermessensreduzierung auf Null. Sonst wäre in materiellrechtlicher Hinsicht nicht der mit § 168 bezweckte zusätzliche Schutz vorhanden.⁶⁶ Der Zustimmungsbescheid ist für den Arbeitgeber ein **begünstigender Verwaltungsakt**. Er darf nach § 171 Abs. 3 binnen eines Monats ordentlich kündigen. Erklärt er die **Kündigung** nicht innerhalb dieser **Frist**, so erlischt die Erlaubnis, → § 171 Rn. 32. Bei einem Zustimmungsbescheid zur außerordentlichen Kündigung hat der Arbeitgeber, wenn er von der Erlaubnis Gebrauch machen will, nach § 174 Abs. 5 die Kündigung „unverzüglich" nach ihrer Erteilung zu erklären.

Erweiterter Schutz vor Ausgrenzung: In den in § 175 aufgeführten Fällen ist der Bestandsschutz für Arbeitsverhältnisse erweitert. Danach bedarf die Beendigung des Arbeitsverhältnisses eines schwerbehinderten Menschen auch dann der vorherigen Zustimmung des Integrationsamts, wenn sie **ohne Kündigung** durch den Arbeitgeber infolge einer Befristungsabrede bei Eintritt einer Erwerbsminderung erfolgt. Damit soll verhindert werden, dass im Falle des Eintritts einer teilweisen Erwerbsminderung, einer Erwerbsminderung auf Zeit oder bei Eintritt der Berufsunfähigkeit oder der Erwerbsunfähigkeit das Arbeitsverhältnis auf Veranlassung des Arbeitgebers beendet wird. 16

Möglichkeiten des Integrationsamts: Dem Integrationsamt stehen drei Entscheidungsalternativen offen: 17

- Es kann dem nach § 170 gestellten Antrag des Arbeitgebers zur Kündigung zustimmen. Diese Zustimmung kann mit Nebenbestimmungen in Form von Bedingungen oder Auflagen verbunden werden, wie sie sich aus § 172 ergeben. Als solche kommen in Betracht: 1. Die Bedingung, dass der Betrieb stillgelegt wird (§ 172 Abs. 1 Satz 1), 2. die Bedingung, dass die von einem anderen Arbeitgeber (zB Konzernunternehmen) angebotene zumutbare Be-

---

64 Beispiel für diese Verkennung: HmbOVG 10.12. 014 – 4 Bf 159/12, Behindertenrecht 2015, 204; kritisch dazu: *Düwell* jurisPR-ArbR 23/2015 Anm. 2; *Luickhardt* BB 2015, 2741; *Schumacher* RdLH 2015, 99.
65 Ständige Rspr. seit: BVerwG 2.7.1992 – 5 C 51.90, BVerwGE 90, 287 (293).
66 BVerwG 22.5.2013 – 5 B 24/13.

schäftigung rechtlich bindend zugesagt wird (§ 172 Abs. 2) und 3. die Auflage, dass der Arbeitgeber dem schwerbehinderten Menschen für drei Monate Lohn oder Gehalt fortzuzahlen hat (§ 172 Abs. 1 Satz 1).[67] Auch andere, in § 172 nicht angelegte Nebenbestimmungen, wie die Pflicht zur Einhaltung einer längeren Kündigungsfrist sind zulässig.[68] Ist die Zustimmung unter einer Bedingung erteilt, so wird die Zustimmung nur wirksam, wenn die Bedingung bereits eingetreten ist. Dh der Arbeitgeber kündigt zu früh, wenn die als Bedingung verlangte rechtlich verbindliche Zusage eines Arbeitsvertrages durch den anderen Arbeitgeber noch nicht zum Zeitpunkt des Zuganges der Kündigungserklärung beim Arbeitnehmer eingegangen ist. Sind demgegenüber Auflagen erteilt, kann der Arbeitgeber auch dann wirksam kündigen, wenn er die Auflagen noch nicht erfüllt hat.[69] Ob eine Auflage oder eine aufschiebende Bedingung vorliegt, ist durch Auslegung zu ermitteln.

- Das Integrationsamt kann den Antrag auf Zustimmung aus formellen Gründen zurückweisen oder aus inhaltlichen Gründen ablehnen.
- Das Integrationsamt kann durch ein Negativattest feststellen, dass die Kündigung nicht seiner Zustimmung bedarf. Das beinhaltet nicht die Erteilung einer unverbindlichen Rechtsauskunft, sondern den Erlass eines feststellenden Verwaltungsakts, der die Kündigungssperre beseitigt.[70] Ist ein Feststellungsverfahren nach § 152 Abs. 1 Satz 3 eingeleitet, darf kein Negativattest mehr ausgestellt werden. In diesem Fall kann das Integrationsamt nur einen vorsorglichen Zustimmungsbescheid erteilen oder das bei ihr anhängige Zustimmungsverfahren vorläufig aussetzen.[71]

VI. Mehrgleisiger Rechtsschutz

18 Rechtsschutz: Die Zustimmungsentscheidung des Integrationsamts ist ein Verwaltungsakt. Wird seinem nach § 170 gestellten Antrag die Zustimmung verweigert, so kann der Arbeitgeber gegen den versagenden Bescheid **Widerspruch** einlegen. Wird dem Arbeitgeber die Zustimmung erteilt, so kann der als Dritter belastete schwerbehinderte Arbeitnehmer dagegen Widerspruch einlegen. Ist der gegen die Entscheidung des Integrationsamts gerichtete Widerspruch (Einzelheiten → § 201 Rn. 4) erfolglos, so hat der Arbeitgeber beim **Verwaltungsgericht** eine **Verpflichtungsklage** auf Erteilung der Zustimmung zu erheben (§ 113 Abs. 5 Satz 1 VwGO). Für den Arbeitnehmer ist die **Anfechtungsklage** (§ 113 Abs. 1 Satz 1 VwGO) gegen die Erteilung der Zustimmung die richtige Klageart. Will der Arbeitnehmer den Eintritt der Wirksamkeit der vom Arbeitgeber ausgesprochenen Kündigung verhindern, muss er nach Maßgabe des § 4 KSchG binnen drei Wochen nach Zugang der schriftlichen Kündigungserklärung **Kündigungsschutzklage** beim **Arbeitsgericht** erheben. Es findet insoweit eine Verdoppelung der Rechtswege statt; denn um den Unwirksamkeitsgrund (§ 134 BGB) der nicht rechtswirksamen Zustimmung des Integrationsamts erfolgreich im Kündigungsschutzprozess geltend machen zu können, muss der Arbeitneh-

---

67 Einzelheiten: *Gallner* in KR §§ 168–173 Rn. 100; *Osnabrügge* in HaKo-KSchR SGB IX §§ 168–175, 178 Rn. 47.
68 *Neumann* in Neumann/Pahlen/Greiner/Winkler/Jabben SGB IX § 168 Rn. 74; *Gallner* in KR §§ 168–173 Rn. 100.
69 BAG 12.7.1990 – 2 AZR 35/90, NZA 1991, 348.
70 BAG 27.5.1983 – 7 AZR 482/81, NJW 1984, 1420 = AP Nr. 12 zu § 12 SchwbG; zustimmend: *Griebeling* in Hauck/Noftz SGB IX § 85 Rn. 7; *Knittel* SGB IX § 85 Rn. 56.
71 *Vossen* in APS SGB IX § 85 Rn. 3.

mer als von der Zustimmung Drittbelasteter gegen den Zustimmungsbescheid des Integrationsamts Widerspruch einlegen und bei Erfolglosigkeit gegen den Widerspruchsbescheid vor dem Verwaltungsgericht Anfechtungsklage erheben. Diese **Mehrgleisigkeit** ist eine Folge des Systems der Fachgerichtsbarkeiten. Die Gerichte für Arbeitssachen sind nach § 2 Abs. 1 Nr. 3 b ArbGG für die Kündigungsschutzklage zuständig; denn diese ist eine bürgerliche Rechtsstreitigkeiten zwischen Arbeitnehmern und Arbeitgebers über das Bestehen oder Nichtbestehen eines Arbeitsverhältnisses, für die ausschließlich die Gerichte für Arbeitssachen zuständig sind. Für die Anfechtung des Zustimmungsbescheids des Integrationsamt ist das Verwaltungsgericht nach § 40 Abs. 1 VwGO zuständig; denn insoweit liegt öffentlich-rechtlichen Streitigkeit nichtverfassungsrechtlicher Art vor, die nicht durch Bundesgesetz einem anderen Gericht ausdrücklich zugewiesen ist. Aus dieser unter fachlichen Gesichtspunkten sinnvollen Aufspaltung des Rechtswegs ergeben sich besondere prozessuale Probleme; denn in dem verfahrensmäßig schnelleren arbeitsgerichtlichen Kündigungsschutzverfahren ist dem Richter die Prüfung der Wirksamkeit des angefochtenen Zustimmungsbescheids verwehrt. Im Interesse der Beschleunigung darf nicht durch Aussetzung des arbeitsgerichtlichen Verfahrens auf die verwaltungsgerichtliche Klärung der Wirksamkeit des Zustimmungsbescheids gewartet werden, → Rn. 20.[72]

Aufschiebende Wirkung zur Verhinderung der Kündigungserklärung: Ist die Zustimmung erteilt worden, so haben der dagegen gerichtete Widerspruch des Arbeitnehmers und nach Zurückweisung seines Widerspruchs die dagegen gerichtete Anfechtungsklage **keine aufschiebende Wirkung** (§ 171 Abs. 4). Problematisch ist, wenn der nach § 202 beim Integrationsamt gebildete Widerspruchsausschuss oder das Verwaltungsgericht die aufschiebende Wirkung eines Rechtsbehelfs oder Rechtsmittels nach § 80 Abs. 5 Satz 3 VwGO **anordnet**, sog. **Wiederherstellung des Suspensiveffekts.** Das ist ein dem Arbeitnehmer zur Verfügung stehendes Mittel des einstweiligen Rechtsschutzes. In diesem Fall soll der Arbeitgeber die Kündigung nicht aussprechen dürfen.[73] Eine praktisch bedeutsame Wirkung wird dem Streit über die Zulässigkeit der Anordnung nach § 80 Abs. 5 VwGO vor allem in den äußerst seltenen Fällen zukommen können, in denen der Arbeitgeber die Kündigung noch nicht erklärt hat. Regelmäßig erklärt jedoch der Arbeitgeber sofort nach Zustellung der Zustimmung die Kündigung. Hat der Arbeitgeber bereits die Kündigung mit Zustimmung des Integrationsamts ausgesprochen, so ist die Rechtslage umstritten. Nach einem Teil der Rechtsprechung soll dann trotzdem noch ein Rechtsschutzbedürfnis des Arbeitnehmers auf Anordnung der aufschiebenden Wirkung seines Widerspruchs bestehen.[74] Nur Im Fall des übereinstimmenden Auflösungsantrages

19

---

72 Ausführlich dazu mit Lösungsvorschlag für den Gesetzgeber *Düwell*, Reform des Rechtswegs bei Beendigung von Arbeitsverhältnissen schwerbehinderter Menschen, FA 2005, 366.
73 *Zwanziger* in KSchR SGB IX § 85 Rn. 34; aA wegen der entgegenstehenden Kündigungserklärungsfristen in § 88 Abs. 3 und § 91 Abs. 5: *Etzel* in KR, 9. Aufl. 2009, SGB IX § 85 Rn. 105 und § 91 Rn. 25; unklar: BAG 25.3.2004 – 2 AZR 295/03, AP Nr. 36 zu § 9 MuSchG 1968.
74 HmbOVG 11.2.1997 – BS V 312/96, DVBl. 1997, 1446; OVG Brem 7.8.2001 – 2 B 257/01, NordÖR 2002, 35; SächsOVG 5.8.2003 – 5 BS 107/03, Behindertenrecht 2004, 81; aA OVG NRW 29.12.2003 – 1 B 957/03; VG Düsseldorf 27.2.2002 – 17 L 613/02 und 14.4.2003 – 17 L 1237/03; VG Aachen 30.6.2003 – 2 L 523/03; VG Düsseldorf 11.1.2006 – 19 L 2289/05, Behindertenrecht 2007, 114 mit Anm. *Beyer* Behindertenrecht 2007, 117.

nach § 9 KSchG besteht Übereinstimmung, dass ein Rechtsschutzbedürfnis für einen Antrag auf Anordnung der aufschiebenden Wirkung zu verneinen ist.[75]

20 **Aussetzung des Vollzugs als prozessualer Vorteil:** Erwirkt der Arbeitnehmer durch Anordnung nach § 80 Abs. 5 VwGO eine Aussetzung der Vollziehung, so gehen auch die Befürworter der Zulässigkeit der Anordnung davon aus, dass eine bereits ausgesprochene Kündigung nicht durch die Anordnung nachträglich unwirksam wird. Ihre Nichtigkeit nach § 134 BGB kann nämlich nur rückwirkend durch die rechtskräftige Aufhebung der Zustimmung eintreten.[76] Der Arbeitgeber ist auch nicht gehindert, eine Kündigung innerhalb der Monatsfrist des § 171 Abs. 3 zu erklären. Dennoch kann der Arbeitnehmer durch die Anordnung wegen der Zweigleisigkeit der Rechtswege für das Kündigungsrecht der schwerbehinderten Menschen einen rechtlich bedeutsamen prozessualen Vorteil erlangen. Dieser besteht darin, dass das Arbeitsgericht für die Ausübung seines Ermessens nach § 148 ZPO bei der ermessensgebundenen Entscheidung über die Aussetzung des Kündigungsschutzprozesses[77] die eine gerichtliche Anordnung der Aussetzung des Vollzugs als Indiz für die hohe Erfolgsaussicht des Arbeitnehmers im Hinblick auf die Anfechtung der Zustimmungsentscheidung berücksichtigen muss.

21 **Aussetzung des Kündigungsschutzrechtsstreits:** Wenn keine anderen Unwirksamkeitsgründe als eine fehlerhafte Zustimmung des Integrationsamts in Beacht kommt, sollte das arbeitsgerichtliche Kündigungsschutzverfahren nach § 148 ZPO bis zur Bestandskraft der Zustimmungsentscheidung auszusetzen sein.[78] Die Rspr. des BAG zieht einen anderen Weg vor: Um „die lange Verfahrensdauer beim Verwaltungsgericht" zu vermeiden und „das Beschleunigungsgebot der §§ 9 Abs. 1, 61a, 64 Abs. 8 ArbGG" zu befolgen, soll durchentschieden werden. Das wird damit begründet: „Der Kläger kann notfalls die Abänderung eines die Klage rechtskräftig abweisenden arbeitsgerichtlichen Urteils im Wege der Restitutionsklage gemäß § 580 Nr. 6 ZPO erreichen".[79] Zu den Bedenken und deren mangelnder Berücksichtigung → § 168 Rn. 62. Diesen Bedenken ist die Instanzrechtsprechung bislang nicht gefolgt: Vielmehr ist eine Aussetzungsentscheidung im Beschwerderechtzug mit folgender Begründung aufgehoben worden: „Es ist regelmäßig ermessensfehlerhaft, ein Kündigungsschutzverfahren bis zum rechtskräftigen Abschluss des Widerspruchs- bzw. Klageverfahrens gegen die vom Integrationsamt erteilte Zustimmung zur Kündigung nach § 148 ZPO auszusetzen".[80]

VII. Praktische Bedeutung

22 **Statistische Angaben zur Bedeutung des Kündigungsverbots:** Die im gesamten Bundesgebiet anfallen Daten werden von der BIH (Bundesarbeitsgemeinschaft der Integrationsämter und Hauptfürsorgestellen) in ihren Jahresberichten veröffentlicht. Diese Zahlen spiegeln deutlich das Auf und Ab der Konjunktur wieder. Im Jahr 2000 fielen 27.057 Kündigungsanträge an. Bis 2003 kam es zu einem Anstieg auf 38.404 Anträge. Danach sank die Zahl der Anträge: Jahr 2005 auf 32.150, 2006 auf 25.379 und 2007 auf 22.786. Obwohl 2008 die

---

75 SächsOVG 31.1.2002 – 5 BS 219/01, Sächs-VBl 2002, 145–146 = SAR 2002, 115.
76 So auch: BAG 25.3.2004 – 2 AZR 295/03, AP Nr. 36 zu § 9 MuSchG 1968.
77 Vgl. BAG 13.9.1995 – 2 AZR 587/94, AP Nr. 26 zu § 626 BGB Verdacht strafbarer Handlung; BAG 26.9.1991 – 2 AZR 132/91, AP Nr. 28 zu § 1 KSchG 1969 Krankheit.
78 *von Roetteken* jurisPR-ArbR 5/2004 Anm. 5.
79 BAG 13.9.1995 – 2 AZR 587/94, Rn. 22, BAGE 81, 27 = NZA 1996, 81.
80 LAG MV 17.03.2017 – 5 Ta 8/17, Rn. 25, NZA-RR 2017, 374.

Rezession auf dem Arbeitsmarkt noch nicht mit ihren negativen Folgen voll angekommen war, stieg die Arbeitslosigkeit der schwerbehinderten Menschen an. Ebenso nahm die Zahl der Anträge der Arbeitgeber auf Zustimmung zur Kündigung von schwerbehinderten Mitarbeitern massiv zu. Es wurden 25.069 Zustimmungsanträge gestellt. Ein weiterer Anstieg um 28,71 % fand 2009 auf 32.266 Anträge statt.[81] Nach Ende des Krisenjahres 2009 fiel im Jahr 2010 die Zahl der Anträge auf Zustimmung zur Kündigung um 17,6 % auf 26.593.[82] Danach 2011 um 6,47 % auf 24.977.[83] Danach trat ein kontinuierlicher weiterer Rückgang der Antragszahlen ein. 2016 wurden rund 23.652 Anträge gestellt.[84] In den Folgejahren fielen erneut die Antragszahlen: 2017 auf 21.784 und 2018 auf 20.945.[85] 2019 erfolgte ein Anstieg um 6,65 % auf 22.436 Anträge.[86]

Statistische Angaben zum Ergebnis der Antragsverfahren: Nach der zuletzt veröffentlichten Statistik der Integrationsämter wurden im Jahr 2019 von den Integrationsämtern 21.736 Anträge beschieden. Davon entfielen 17.169 auf ordentliche und 3.634 auf außerordentliche Kündigungen.[87]

Ordentliche Kündigungen: Betriebsbedingte Gründe bildeten 2018 mit 54 % den häufigsten Grund für Arbeitgeber, Arbeitsverhältnisse mit schwerbehinderten Mitarbeitern kündigen zu wollen. In rund 11.300 Anträgen wurden 2018 als **betriebsbedingte Gründe** Betriebsauflösungen, Insolvenzen, wesentliche Betriebseinschränkungen oder der Wegfall von Arbeitsplätzen angegeben. **Behinderungsbedingte Gründe**, also Fehlzeiten wegen Arbeitsunfähigkeit oder krankheits- und behinderungsbedingte Leistungseinschränkungen, wurden in rund 6.700, also in 34 % der beschiedenen Anträge als Kündigungsgrund angegeben.[88] Aus dem Jahresbericht für 2019 ergeben sich geringe Verschiebungen: 51 % betriebsbedingte Gründe, 27 % krankheits- oder behinderungsbedingte Leistungseinschränkungen, 2 % behinderungsunabhängige Einschränkungen und 20 % verhaltensbedingte Gründe.[89]

Außerordentliche Kündigungen: 2019 gingen 4.827 Anträge auf Zustimmung zur außerordentlichen Kündigung ein. 73,5 % der Anträge wurde mit einem **persönlichen Fehlverhalten** des Beschäftigten begründet.[90] Im Vorjahr machte dieser Grund bei 3.700 Anträgen 76 % aus.[91] Damit hat sich ein Trend fortgesetzt. Während 2016 nur in 2.700 Fällen in denen persönliches Fehlverhalten angegeben wurde,[92] stieg 2017 die Zahl dieser Fälle auf 3.600 an.[93] Das deutet darauf hin, dass seit 2017 häufiger mit Kündigungen aus wichtigem Grund auf Fehlverhalten reagiert wird.

Erfolgsquote für Erhalt des Arbeitsverhältnisses: Im langjährigen Durchschnitt lag bis 2008 der Prozentsatz der Antragsverfahren, in denen aufgrund der Entscheidungen des Integrationsamts oder der vermittelten einvernehmlichen Lösungen das Arbeitsverhältnis erhalten blieb, konstant um 23 %. In diesen Zah-

---

81 BIH Jahresbericht 2008/2009, S. 37.
82 BIH Jahresbericht 2010/2011, S. 37.
83 BIH Jahresbericht 2011/2012, S. 38.
84 BIH Jahresbericht 2016/2017, S. 46.
85 BIH Jahresbericht 2018/2019, S. 37.
86 BIH Jahresbericht 2019/2020, S. 32.
87 BIH Jahresbericht 2019/2020, S. 31.
88 BIH Jahresbericht 2018/2019, S. 38.
89 BIH Jahresbericht 2019/2020, S. 34.
90 BIH Jahresbericht 2019/2020, S. 33.
91 BIH Jahresbericht 2018/2019, S. 39.
92 BIH Jahresbericht 2016/2017, S. 47.
93 BIH Jahresbericht 2017/2018, S. 47.

lenwerten sind sowohl die Entscheidungen der Integrationsämter, die die Arbeitgeberanträge ablehnten, als auch die einvernehmlich getroffene Lösungen enthalten. Im Zuge der Wirtschaftskrise fiel 2009, bedingt durch die gewachsene Anzahl der betriebsbedingten Kündigungen dieser Prozentsatz auf 21 % und stieg 2010 wieder auf 22 %.[94] 2012 fiel er erneut auf 18 %. Ab 2013 stieg er auf 19 % und 2014 und 2015 jeweils auf 22 %. 2016 war die Erhaltungsquote erneut auf 20 % gefallen.[95] 2017 stieg die Quote auf 22,5 %[96] und erreichte 2018 mit 22,2 %[97] wieder das Niveau, das langjährig vor 2008 bestand. 2019 fiel die Quote auf 20,91 %.[98] Der durch das präventive Antragsverfahren erreichte Schutz ist nicht geringzuschätzen. Das zeigt der Vergleich zum Bestandsschutz, den die Rechtsschutzorganisation des DGB für ihre Mitglieder bei Kündigungsschutzklagen durchsetzt: Danach kann nur in 15–20 % der Bestandsschutz vor Gericht erreicht werden.[99] Zudem erspart das unbürokratische und schnelle Antragsverfahren den schwerbehinderten Menschen die psychischen Belastungen eines langwierigen Gerichtsverfahrens.

Kein Einstellungshemmnis: Die dargestellten statistischen Angaben belegen deutlich, dass der besondere Kündigungsschutz für schwerbehinderte Menschen keineswegs zu der von manchen Arbeitgebern behaupteten „Unkündbarkeit" von schwerbehinderten Beschäftigten führt. Dieses vermeintliche Einstellungshemmnis lässt sich empirisch nicht belegen; denn in fast 80 % der Antragsverfahren hat das Integrationsamt die vom Arbeitgeber beantragte Beendigung des Arbeitsverhältnisses nicht verhindert.

Zuordnung zu den Integrationsämtern: Die Zuordnung des Antragsverfahrens zu den die Integrationsämtern ist sinnvoll; denn durch die Zuständigkeit für den besonderen Kündigungsschutz und der Hinzuziehung zu den Präventions- und BEM-Verfahren erhalten die Integrationsämter die Möglichkeit, auch den Arbeitgebern Maßnahmen der Begleitenden Hilfe im Arbeitsleben anzubieten, die sich nicht selbst um Integration bemühen. Der besondere Kündigungsschutz wird deshalb von den Integrationsämtern als „Türöffner" zu den Betrieben und Dienststellen bezeichnet.[100]

Gütliche Einigung: Die **streitbeilegende Funktion des Verfahrens** vor dem Integrationsamt zeigt sich darin, dass langjährig zwischen 2/3 bis 3/4 der Antragsverfahren unstreitig abgeschlossen werden konnten: Aus den Jahresberichten ergeben sich folgende schwankenden Erfolgsquoten: 70 % (2016)[101], 73 % (2018)[102] und 65 % (2019)[103]. Nach der Erfahrung der Integrationsämter gelingt es über einvernehmliche Lösungen häufig das Arbeitsverhältnis dauerhaft zu sichern. Arbeitsverhältnisse, die auf diese Weise fortgeführt werden, sind in

---

94 BIH Jahresbericht 2011/2012, S. 40.
95 BIH Jahresbericht 2016/2017, S. 48.
96 BIH Jahresbericht 2017/2018, S. 47.
97 BIH Jahresbericht 2018/2019, S. 39.
98 BIH Jahresbericht 2019/2020, S. 31.
99 Schriftliche Stellungnahme des DGB für die Öffentliche Anhörung zum Gesetzentwurf der Fraktionen SPD und BÜNDNIS 90/DIE GRÜNEN betreffend Entwurf eines Gesetzes zu Reformen am Arbeitsmarkt vom 22.8.2003 auf der Ausschussdrs. 15(9)560 des Ausschuss für Wirtschaft und Arbeit des Deutschen Bundestags, 9.
100 BIH Jahresbericht 2018/2019, S. 39.
101 BIH Jahresbericht 2016/2017, S. 48.
102 BIH Jahresbericht 2018/2019, S. 39.
103 BIH Jahresbericht 2018/2019, S. 31.

der Regel stabil. Es ist nicht zu befürchten, dass nach kurzer Zeit erneut ein Antrag auf Zustimmung zur Kündigung gestellt wird.[104]

Wirkungen des besonderen Kündigungsschutzes: Die Arbeitslosigkeit schwerbehinderter Menschen ist wegen des besonderen Kündigungsschutzes nach § 168 SGB IX weniger **konjunkturreagibel** als die nichtschwerbehinderter Menschen.[105] Dies zeigt der Umstand, dass die Zahl schwerbehinderter Arbeitsloser der mittleren Altersgruppe 25 bis 50 Jahre selbst im Jahr der Wirtschaftskrise 2009 weiter gesunken ist. Demgegenüber nahm die Zahl der nichtschwerbehinderten Menschen in dieser Altersgruppe zu.[106] Ein weiterer beobachteter Effekt des Kündigungsschutzes ist die stärkere Nachhaltigkeit der Beschäftigungsaufnahme. Ob eine Vermittlung oder Beschäftigungsaufnahme aus Eigeninitiative nachhaltig zu einer längerfristigen Beschäftigung geführt hat, wird nach sechs oder zwölf Monaten Bestandsdauer festgestellt. Von den 63.000 schwerbehinderten Menschen, die im Jahr 2017 eine Beschäftigung auf dem ersten Arbeitsmarkt aufgenommen haben, waren nach den Daten der BA unmittelbar nach dem Abgang aus der Arbeitslosigkeit (= Einstellung) und nach weiteren sechs Monaten 74 % sozialversicherungspflichtig beschäftigt, überwiegend sogar durchgängig in einem Arbeitsverhältnis (70 %). Zwölf Monaten später waren es immerhin noch 70 %, darunter 57 % durchgängig. Der Anteil der durchgängig beschäftigten schwerbehinderten Menschen liegt deutlich über dem Anteil der nichtschwerbehinderten Arbeitslosen mit 66 % bei sechs Monaten und 52 % bei zwölf Monaten. Nach Einschätzung der BA hängt dieser Unterschied mit dem besonderen Kündigungsschutz für schwerbehinderte Menschen zusammen.[107] Soweit im betriebswirtschaftlichen Schrifttum behauptet wird, der besondere Kündigungsschutz sei wirkungslos, weil das Kündigungsrisiko sei für schwerbehinderte und nichtbehinderte Arbeitnehmer vergleichbar sei,[108] ist das an Hand dieser Arbeitsmarktdaten nicht empirisch nachvollziehbar.

Ob der besondere Kündigungsschutz – wie von interessierten Kreisen behauptet wird – ein **Einstellungshemmnis**[109] ist, lässt sich nicht belegen. Aus der Arbeitsmarktstatistik lässt sich nur entnehmen, dass schwerbehinderten Menschen, die arbeitslos sind, von Arbeitgebern eine mehr als 50 % geringere Chance auf Einstellung im Verhältnis zu nichtschwerbehinderten Arbeitslosen gewährt wird. Dieses auf Vorbehalte gegen schwerbehinderte Menschen beruhende Einstellungsverhalten belegen die Daten der Arbeitsmarktstatistik. Die von der BA erhobenen und analysierten Daten zeigen auf, dass trotz der nach Überwindung der Wirtschaftskrise 2009 anhaltend guten Konjunktur die Abgangsraten aus Arbeitslosigkeit in Beschäftigung am ersten Arbeitsmarkt von schwerbehinderten Menschen im Verhältnis zu nichtschwerbehinderten Menschen signifikante

---

104 BIH Jahresbericht 2018/2019, S. 31.
105 Bundesagentur für Arbeit, Situation schwerbehinderter Menschen, April 2019, aktualisiert Juli 2019, S. 11.
106 Bundesagentur für Arbeit, Situation schwerbehinderter Menschen, April 2019, aktualisiert Juli 2019, S. 11.
107 Bundesagentur für Arbeit, Situation schwerbehinderter Menschen, April 2019, aktualisiert Juli 2019, S. 14.
108 *Sadowski ua*, Wer beschäftigt Schwerbehinderte?, Zeitschrift für Betriebswirtschaft 1988, 58.
109 So in der Begründung des Ersten Gesetzes zur Änderung des Schwerbehindertengesetzes in BT-Drs. 10/3138, 15; ausführlich dazu: *Schröder/Steinwede*, Arbeitslosigkeit und Integrationschancen schwerbehinderter Menschen, Beiträge zur Arbeitsmarkt- und Berufsforschung (BeitrAB) Nr. 285, Institut für Arbeitsmarkt- und Berufsforschung der Bundesagentur für Arbeit, 2004.

Unterschiede aufweisen.[110] So lag die Abgangsrate bei schwerbehinderten Menschen im Jahr 2017 bei 3,4 % (Vorjahr 3,3 %) und damit erheblich unter der Abgangsrate nichtschwerbehinderter Menschen, die im Jahr 2017 7,7 % (Vorjahr 7,3 %) betrug. Dieser Unterschied ist nicht alleine auf die besondere Altersstruktur der arbeitslosen schwerbehinderten Menschen zurückzuführen, sondern gilt auch innerhalb aller Altersgruppen.[111] So beträgt die Abgangsrate aus der Arbeitslosigkeit in eine Beschäftigung bei der Altersgruppe schwerbehinderter Menschen über 55 Jahre nur 1,9 % im Vergleich dazu bei nichtschwerbehinderten Arbeitslosen 3,9 %.[112] Schließlich spricht auch die durch das Erste Gesetzes zur Änderung des Schwerbehindertengesetzes vom 24.7.1986[113] mit Wirkung vom 1.8.1986 erfolgte Anpassung des Beginns des besonderen Kündigungsschutzes Schwerbehinderter an den allgemeinen Kündigungsschutz gegen die Annahme eines Einstellungshemmnisses; denn nach diesem Abbau des Kündigungsschutzes kam es nicht zu einer erhöhten Einstellungsverhalten der Arbeitgeber. In empirischen Untersuchungen kristallisiert sich vielmehr heraus, dass sich die Vorurteile gegen die Leistungsfähigkeit von schwerbehinderten Menschen einstellungshemmend auswirken. Diese wird vor allem bei der Befragung der Arbeitgeber deutlich, die entweder überhaupt keinen schwerbehinderten Menschen beschäftigen oder die Mindestbeschäftigungsquote nicht erfüllen.[114]

Inzwischen hat auch de Bundesvereinigung der Arbeitgeberverbände (BDA) ihre frühere schroff ablehnende Haltung zum Sonderkündigungsschutz im Februar 2020 modifiziert. Sie akzeptiert den „Schwerbehindertenschutz im Sozialgesetzbuch", verlangt jedoch „die Herausnahme der Schwerbehinderung aus den Sozialauswahlkriterien" in § 1 Abs. 3 KSchG; denn dem Schwerbehindertenschutz werde durch die Sonderbestimmungen im Sozialgesetzbuch aber bereits ausreichend Rechnung getragen. Die doppelte Berücksichtigung verursache somit „unnötige Bürokratiekosten".[115]

Sachlich nachvollziehbar sind allein die Vorbehalte gegen den besonderen Kündigungsschutz, die auf den sog. „doppelte Rechtsweg" (→ Rn. 18; → § 168 Rn. 63) beruhen.[116] Zielführend wäre die Verwirklichung des Vorschlags, die Doppelgleisigkeit in der Weise zu beseitigen, dass nur noch der Rechtsweg zu den Arbeitsgerichten im Rahmen der Kündigungsschutzprozesse offen stünde und in diesem Verfahren auch über die Wirksamkeit der Zustimmung des Integrationsamts entscheiden würde, → § 168 Rn. 64.

---

110 Bundesagentur für Arbeit, Situation schwerbehinderter Menschen, April 2019, aktualisiert Juli 2019, S. 11.
111 Bundesagentur für Arbeit, Situation schwerbehinderter Menschen, April 2019, aktualisiert Juli 2019, S. 11.
112 Bundesagentur für Arbeit, Situation schwerbehinderter Menschen, April 2019, aktualisiert Juli 2019, S. 11.
113 BGBl. 1986 I 1110.
114 *Fietz/Gebauer/Hammer*, Die Beschäftigung schwerbehinderter Menschen auf dem ersten Arbeitsmarkt, Einstellungsgründe und Einstellungshemmnisse, Akzeptanz der Instrumente zur Integration, 2011, S. 24.
115 S. www.arbeitgeber.de/www/arbeitgeber.nsf/res/6ACF5CCE43339C27C12574E B002B4395/$file/kompakt-Kuendigungsschutz.pdf (letzter Aufruf 21.5.2020).
116 Arbeitgeberfachforum Integration gem. eV (Hrsg.): Positionspapier zum besonderen Kündigungsschutz schwerbehinderter Arbeitnehmer. Ingelheim, 2008, veröffentlicht als Positionspapier unter Rubrik Positionen auf http://www.unternehmensforum.org.

§ 168 Erfordernis der Zustimmung

Die Kündigung des Arbeitsverhältnisses eines schwerbehinderten Menschen durch den Arbeitgeber bedarf der vorherigen Zustimmung des Integrationsamtes.

I. Entwicklung der Norm 1
II. Voraussetzungen des Kündigungsverbots 4
III. Geltendmachung des Schutzes 9
  1. Obliegenheit zur Geltendmachung 9
  2. Information vor Kündigungszugang 12
  3. Nachweis 14
IV. Nicht vom Verbot erfasste Handlungen 15
  1. Eigenkündigung 16
  2. Aufhebungsvertrag 17
  3. Befristungsablauf 19
  4. Anfechtung 21
    a) Anfechtungserklärung 21
    b) Anfechtungsgrund ... 22
    c) Fragerecht und Offenbarungspflicht 24
    d) Anfechtungsfrist 34
    e) Rechtsfolgen der Anfechtung 35
    f) Verhältnis von Kündigungs- und Anfechtungsrecht 36
  5. Gerichtliche Auflösung 37
  6. Freistellung, Abberufung, Widerruf 38
  7. Kurzarbeit 41
  8. Auflösung der Rechtsverhältnisse von Freiwilligendiensten 42
V. Kündigung mit Zustimmung 43
  1. Kündigung innerhalb der Erklärungsfrist 43
  2. Kündigung mit Negativattest oder Vorbehaltszustimmung 49
  3. Kein Suspensiveffekt 50
  4. Kündigung nur mit Zustimmung zur erklärten Kündigungsart 51
VI. Arbeitsrechtliche Auswirkungen 52
  1. Verzicht auf Schutz 52
  2. Anrufung des Arbeitsgerichts 53
    a) Feststellungsklage ... 53
    b) Klagefrist 54
    c) Hemmung der Klagefrist 56
    d) Verwirkung 57
    e) Rechtsweg 60
    f) Bindung an Verwaltungsakte und Prüfungsdichte 61
    g) Aussetzung 62
    h) Doppelter Rechtsweg 63
VII. Ansprüche bei unwirksamer Kündigung 66
VIII. Kündigungsschutz für alle Menschen mit Behinderung? 71
IX. Kündigungsschutz außerhalb des SGB IX 74
  1. Wichtiger Grund für eine außerordentliche Kündigung 75
  2. Soziale Rechtfertigung einer ordentlichen Kündigung 76
  3. Diskriminierende Kündigung im Kleinbetrieb und in der Wartezeit 81
  4. Diskriminierende Krankheits- und sonstige personenbedingte Kündigung 83
  5. Maßregelnde Kündigung 85
  6. Sonderschutz für schwerbehinderte Geschäftsführer 86
  7. Ergänzender Schutz durch Schadensersatz und Entschädigung 87
  8. Mitwirkung Betriebsrat, Personalrat und SBV 88
  9. Zusammentreffen mit weiteren Schutzbestimmungen 94

I. Entwicklung der Norm

1 **Rechtsentwicklung:** Die Vorschrift ist bei der Einführung des SGB IX aus § 15 SchwbG 1986 nach § 85 SGB IX übernommen worden. Sie ist redaktionell geändert worden. Der veraltete Begriff Hauptfürsorgestelle ist damals durch die neue Bezeichnung Integrationsamt ersetzt worden. Die Vorschrift geht zurück auf § 12 SchwbG 1974, die mit dem Erfordernis der **vorherigen Zustimmung** zum ersten Mal den **Präventionsgedanken** in das Schwerbehindertenrecht eingeführt hat. Nach den bis 1974 geltenden Vorschriften der § 14 SchwbG 1961 und § 14 SchwbG 1953 genügte es, wenn die Hauptfürsorgestelle nach Ausspruch der Kündigung die Zustimmung erteilte. Art. 1 des BTHG hat mWv 1.1.2018 § 85 SGB IX aF wortgleich übernommen. Wegen der Einfügung des Eingliederungshilferechts als neuen Teil 2 und der dadurch bedingten Verschiebung des Schwerbehindertenrechts in den Teil 3 ist der Standort der Vorschrift nach § 168 SGB IX gewandert.

Der präventive Sonderkündigungsschutz für schwerbehinderte Menschen ist unions- und völkerrechtlich zulässig. Er stellt eine positive Maßnahme im Sinne von Art. 7 Abs. 2 RL 2000/78/EG dar; denn er wirkt der betrieblichen Ausgliederung von Menschen mit Behinderung entgegen und fördert damit deren Eingliederung in die Arbeitswelt.[1] Zugleich stellt sich dieser Sonderschutz als besondere Maßnahme zur Herbeiführung der tatsächlichen Gleichberechtigung im Sinne von Art. 5 Abs. 4 UN-BRK dar, weil er den behinderungsbedingten Nachteil auf dem Arbeitsmarkt abmildert.[2]

2 **Regelungsinhalt:** Die Vorschrift spricht für den Arbeitgeber ein **Kündigungsverbot mit Erlaubnisvorbehalt** aus. Die Wirksamkeit jeder arbeitgeberseitigen Kündigung des Arbeitsverhältnisses gegenüber einem schwerbehinderten oder gleichgestellten behinderten Arbeitnehmer ist gemäß § 168 SGB IX von der **vorherigen** Zustimmung des Integrationsamts[3] abhängig. Fehlt die Erlaubnis, so tritt nach § 134 BGB die Rechtsfolge der Unwirksamkeit des Rechtsgeschäfts, hier der Kündigung, ein.

3 **Öffentlich-rechtliches Verbot:** Das in § 168 geregelte Verbot unter Erlaubnisvorbehalt dient dem öffentlichen Interesse an der Schwerbehindertenbeschäftigung. Es soll durch das Antragverfahren die präventive Kontrolle sicherstellen, ob Arbeitgeber ihren guten Willen zur Integration (vgl. § 184 Abs. 1 „freie Entschließung") auch tatsächlich beweisen oder nicht schon bei Auftreten von behebbaren Schwierigkeiten schwerbehinderte Menschen schnell ausgliedern wollen. Das Antragverfahren bewirkt präventiven Schutz; denn es soll die Zulässigkeit der Abgabe einer Kündigungserklärung von einer zugunsten des Arbeitgebers ergehenden Ermessensentscheidung des Integrationsamts abhängig machen. Demgegenüber ist das arbeitsgerichtliche Kündigungsschutzverfahren nach § 4 KSchG reaktiv; denn es kann erst nach Zugang der Kündigungserklärung eingeleitet werden. Der weitere Unterschied besteht darin, dass im präventiven Antragverfahren zwingend die öffentlichen Belange berücksichtigt werden müssen, die für die Fortsetzung der Beschäftigung sprechen. Dazu gehören ua:

1. das allgemeine Interesse, die Teilhabe schwerbehinderter Menschen am Leben in der Gesellschaft zu ermöglichen (§ 1 Abs. 1 SGB IX),

---

1 EuGH 9.3.2017 – C-406/15, Rn. 49 f., 67 – Milkova.
2 EuGH 9.3.2017 – C-406/15, Rn. 49 f, 67 – Milkova.
3 Bis zur Einführung des SGB IX im Jahre 2001 lautete die amtliche Bezeichnung Hauptfürsorgestelle.

2. das Interesse des Integrationsamts, die ihm gestellte Aufgabe zu erfüllen, die Integration schwerbehinderter Menschen im Arbeitsleben zu sichern (184 Abs. 1 Nr. 1 SGB IX)[4],
3. das staatliche Interesse der Bundesrepublik Deutschland als Teil der Völkergemeinschaft der Vereinten Nationen, ihre Verpflichtungen aus der Behindertenrechtskonvention der Vereinten Nationen zu erfüllen. Dazu gehören insbesondere die Umsetzung des Verbots von Diskriminierung aufgrund von Behinderung in allen mit der Beschäftigung Zusammenhang stehenden Angelegenheiten (Art. 27 Abs. 1 UA a) und die Sicherstellung, dass von Arbeitgebern am Arbeitsplatz angemessene Vorkehrungen getroffen werden (Art. 27 Abs. 1 Satz 2 lit. i),
4. das staatliche Interesse der Bundesrepublik Deutschland als Mitgliedstaat der Europäischen Union an der Umsetzung der Richtlinie 2000/78/EG. Dazu gehört insbesondere sicherzustellen, dass die in Art. 5 der Richtlinie vorgeschriebenen angemessene Vorkehrungen von Arbeitgebern für Menschen mit Behinderung getroffen werden, damit der Arbeitgeber die geeigneten und im konkreten Fall erforderlichen Maßnahmen ergreift, um den Menschen mit Behinderung den Zugang zur Beschäftigung und die Ausübung eines Berufes zu ermöglichen, es sei denn, diese Maßnahmen würden den Arbeitgeber unverhältnismäßig belasten.[5]
5. das besondere öffentliche Interesse, die Erfüllung der gesetzlichen Mindestbeschäftigungspflicht sicherzustellen (§ 154 Abs. 1, § 164 Abs. 3, § 172 Abs. 1 Satz 2 und Abs. 3 Nr. 4, § 238 Abs. 1 Nr. 1, § 241 Abs. 1 SGB IX).

Im Unterschied zum präventiven Antragsverfahren, das auch dem oben dargestellten öffentlichen Interesse dienen soll, werden im arbeitsgerichtlichen Kündigungsschutzverfahren ausschließlich die widerstreitenden Interessen der Vertragsparteien für die Beantwortung der Frage nach der sozialen Rechtfertigung einer Kündigung abgewogen. Diese grundlegende Unterscheidung ist in jüngerer Zeit vielfach in Vergessenheit geraten.

Folgerichtig gilt dieses Verbot nur, soweit deutsches Öffentliches Recht anwendbar ist. Bei Vollzug des Arbeitsverhältnisses im Ausland ist das nicht schon der Fall, wenn das Arbeitsverhältnis nach den Regeln des Internationalen Privatrechts deutschem Arbeitsvertragsrecht unterliegt, → Vor § 168 Rn. 5. Vielmehr kommt das Verbot erst dann zur Anwendung, wenn nach § 4 SGB IV Ausstrahlungen des deutschen Öffentlichen Rechts vorliegen. Derartige Ausstrahlungen sind dann anzunehmen, wenn schwerbehinderte Beschäftigte vorübergehend ins Ausland entsandt werden.[6] Deshalb bedarf bei einem Auslandsarbeitsverhältnis, das nach Vertrag und Abwicklung auf den Einsatz des Arbeitnehmers bei ausländischen Baustellen beschränkt ist und keinerlei Ausstrahlung auf den inländischen Betrieb des Arbeitgebers hat, die Kündigung des Arbeitgebers auch dann keiner Zustimmung, wenn die Arbeitsvertragsparteien die Anwendung deutschen Rechts vereinbart haben und die Kündigung im Bundesgebiet ausgesprochen wird.[7]

---

4 Früher wurde die Aufgabe, die Integration im Arbeitsleben sicherzustellen, dem Begriff der Fürsorge zugeordnet. Deshalb war auch die Bezeichnung Hauptfürsorgestelle für die Vorgängerinstitution des Integrationsamts zutreffend.
5 EuGH 9.3.2017 – C-406/15, Behindertenrecht 2017, 174 – Milkova.
6 *Beyer/Seidel*, S. 42.
7 BAG 30.4.1987 – 2 AZR 192/86, BAGE 55, 236–246.

II. Voraussetzungen des Kündigungsverbots

4 **Bestimmung des Schutzbereichs:** Der besondere Kündigungsschutz setzt voraus:
1. ein Arbeitsverhältnis oder ein Heimarbeitsverhältnis (vgl. § 210 Abs. 2 Satz 2, Einzelheiten dazu → § 210 Rn. 10),
2. das mit einem schwerbehinderten (§ 2 Abs. 2) oder ihm gleichgestellten (§ 2 Abs. 3) behinderten Menschen (§ 151 Abs. 3) besteht und
3. das in den Geltungsbereich des öffentlich-rechtlichen Kündigungsverbots des SGB IX fällt (→ Rn. 3) und
4. das zum Zeitpunkt des Zugangs der Kündigungserklärung ohne Unterbrechung bereits länger als **sechs Monate** bestanden hat (§ 173 Abs. 1 Nr. 1),
5. ohne dass einer der Ausnahmetatbestände nach § 173 Abs. 1 Nr. 2 und 3, Abs. 2 bis 3 (→ § 173 Rn. 20 ff.) eingreift, in denen der Betroffene nicht als genügend schutzbedürftig angesehen wird.

5 **Rechtsverhältnisse von GmbH-Geschäftsführern:** Nicht vom Kündigungsverbot erfasst sind freie und öffentlich-rechtliche Dienstverhältnisse. Gleiches gilt im Grundsatz auch für Dienstverhältnisse arbeitnehmerähnlicher Personen.[8] Organmitglieder von Kapitalgesellschaften schließen gewöhnlich einen auf Geschäftsbesorgung durch Ausübung des Geschäftsführer- oder Vorstandsamts gerichteten freien Dienstvertrag (§§ 611, 675 BGB). GmbH-Geschäftsführer machen jedoch vermehrt geltend, in Wirklichkeit abhängige Arbeitnehmer zu sein. Das kann bei starker Weisungsgebundenheit und prägender persönlicher Abhängigkeit angenommen werden.[9] Das ältere Schrifttum nahm dennoch an, schwerbehinderte GmbH-Geschäftsführer könnten sich nicht auf das schwerbehindertenrechtliche Kündigungsverbot berufen.[10] Auch im jüngeren Schrifttum wird eine Erstreckung des Kündigungsverbots nicht als geboten angesehen.[11] Von dieser engen nationalen Sicht rückte ein Großteil des Schrifttums bereits unter dem Eindruck der Rspr. des EuGH in den Sachen Danosa[12] und Balkaya[13] ab.[14] Seit der Vorabentscheidung in der Sache Milkova[15] ist die Auffassung im Vordringen, dass es keine ausreichende Rechtfertigung für eine Begrenzung des Schutzes auf Arbeitsverhältnisse iSv § 611a BGB gibt.[16] Die Entwicklung bleibt abzuwarten; denn die Rspr. der Arbeits- und Verwaltungsgerichte ist der Rechtsfrage bislang ausgewichen, → Vor § 168 Rn. 11. Es ist dringend geboten, dass der Gesetzgeber tätig wird; denn es muss gesetzlich die Erweiterung der Zuständigkeit der Integrationsämter geregelt werden. Diese können bislang bei Beamten gegenüber dem antragstellenden Dienstherrn oder bei Fremdgeschäftsführern gegenüber dem antragstellenden Gesellschaftsorgan eine Bescheidung in der Sache ablehnen, weil sie sich auf ihre Unzuständigkeit berufen.

---

8 *Fuhlrott* ArbRB aktuell 2011, 317.
9 OLG München 16.5.2007 – 14 U 399/04; BAG 20.8.2003 – 5 AZB 79/02.
10 OLG Düsseldorf 18.10.2012 – I-6 U 47/12, GmbHR 2012, 1347; zustimmend: *Dau* jurisPR-SozR 4/2013 Anm. 1; ebenso *Müller-Wenner* in Müller-Wenner/Schorn SGB IX § 85 Rn. 12; *Etzel* in KR, 9. Aufl. 2009, SGB IX Vor § 85–92 Rn. 16.
11 *Neumann* in Neumann/Pahlen/Greiner/Winkler/Jabben SGB IX § 168 Rn. 26; *Schmidt*, Schwerbehindertenrecht, S. 166/167 Rn. 491–494.
12 EuGH 11.11.2010 – C-232/09, Rn. 60 f., NZA 2011, 143.
13 EuGH 9.7.2015 – C-229/14, Rn. 39 ff., NZA 2015, 861.
14 *Gallner* in KR, 11. Aufl. 2016, SGB IX Vor § 85–92 Rn. 21, 22 wies bereits auf das später vom EuGH aufgegriffene Gleichbehandlungsdefizit hin.
15 EuGH 9.3.2017 – C-406/15, Behindertenrecht 2017, 174 – Milkova.
16 *Rolfs* in ErfK SGB IX § 168 Rn. 3; *Schmitt* BB 2017, 2293, 2296; *Schubert/Jerchel* EuZW 14/2017, 551 (557); *Porsche* ZESAR 10/2017, 451; *von Roetteken* jurisPR-ArbR 16/2017 Anm. 4.

Es genügt zur Ausräumung dieses Problems nicht, wenn die Beteiligten die Zuständigkeit des Integrationsamts vereinbaren.[17] Einen Ausweg aus diesem Dilemma kann das Negativattest weisen. Das Integrationsamt kann den Antragstellern bescheinigen, dass es für die beabsichtigte Kündigung des Rechtsverhältnisses des Geschäftsführers oder der Entlassung bzw. Zurruhesetzung des Beamten keiner Zustimmung des Integrationsamts bedarf. Wenn der schwerbehinderte Geschäftsführer seinen Sonderschutz geltend macht, ist in diesen Fällen gem. § 5 Abs. 1 Satz 3 ArbGG nicht der Weg zum Arbeitsgericht eröffnet (→ Rn. 58).

Schutz für Beamte: Die Rspr. lehnt die Einbeziehung von Beamten in den Geltungsbereich des Sonderschutzes ab. So ist für die Entlassung eines schwerbehinderten Beamten aus dem Beamtenverhältnis auf Widerruf wegen Dienstunfähigkeit entschieden worden, dass es keiner Zustimmung oder sonstigen Beteiligung des Integrationsamts bedarf.[18] Ein tragender Grund ist, dass mit der SGB IX Novelle von 2004 die Regelung des § 128 Abs. 2 SGB IX aF aufgehoben worden ist, nach welcher vor der Entlassung eines schwerbehinderten Beamten das zuständige Integrationsamt zu hören war. Dieser Sicht schloss die Sozialgerichtsbarkeit an.[19] Sie lehnt die Gleichstellung ab, deren Ziel es ist, den Arbeitsplatz von Beamten durch Verschaffung des Sonderschutzes zu sichern. Zur Begründung wird ausgeführt: „Selbst wenn der Kläger einem schwerbehinderten Menschen gleichgestellt wäre, bedürfte seine Versetzung in den Ruhestand keiner vorherigen Zustimmung des Integrationsamtes; die Vorschrift des § 85 SGB IX (seit 1.1.2018 § 168 SGB IX) gilt nur für Arbeitsverhältnisse, nicht hingegen für Beamtenverhältnisse".[20] Der pauschale Ausschluss von Beamtenverhältnissen ist vor dem Hintergrund der Entscheidung des EuGH in der Sache Milkova[21] nicht mehr aufrecht zu erhalten, Einzelheiten: → Rn. 6, → Vor § 168 Rn. 11, → § 173 Rn. 4.

Dauer des Kündigungsverbots: Grundsätzlich sind die „besonderen Regelungen für schwerbehinderte Menschen" nach § 199 Abs. 1 nicht mehr anzuwenden, sobald die Voraussetzungen des § 2 Abs. 2 SGB IX weggefallen sind. Das gilt nur für den Wegfall der folgenden Voraussetzungen: rechtmäßiger Wohnsitz, gewöhnlicher Aufenthalt und/oder Arbeitsplatz in Deutschland. Sinkt der festzustellende GdB auf weniger als 50 oder ist bei einem GdB von weniger als 20 nach § 152 Abs. 1 Satz 6 SGB IX keine Feststellung mehr zu treffen,[22] so gilt nach § 199 Abs. 1 Hs. 2 ein den Arbeitnehmer begünstigendes Sonderrecht. Der Schutz verlängert sich bis zum Ende des dritten Kalendermonats nach Eintritt der Unanfechtbarkeit des (Herabsetzungs-)Bescheides. Der besondere Kündigungsschutz als Kern „der besonderen Regelungen zur Teilhabe schwerbehinderter Menschen" endet danach bei GdB-Herabsetzung unter 50 weder rückwirkend mit dem im Bescheid für die Änderung der Verhältnisse etwa genannten Zeitpunkt noch mit Bekanntgabe des Bescheides,[23] sondern erst, wenn die Widerspruchsfrist und anschließend weitere drei Kalendermonate verstrichen sind.[24] Legt der Betroffene Widerspruch ein und erhebt er anschließend Klage

---

17 *Dau* jurisPR-SozR 4/2013 Anm. 1 aE.
18 OVG NW 7.1.2013 – 6 A 2371/11, Rn. 5, PersR 2013, 182.
19 SG Karlsruhe 12.12.2016 – S 5 AL 3206/16, Rn. 22, ZfPR online 2017, Nr. 12, 28.
20 SG Karlsruhe 12.12.2016 – S 5 AL 3206/16, Rn. 22, ZfPR online 2017, Nr. 12, 28.
21 EuGH 9.3.2017 – C-406/15 – NZA 2017, 439.
22 Vgl. *Cramer* SchwbG § 38 Rn. 2.
23 BSG 24.2.1987 – 11 b RAr 53/86, BSGE 61, 189 = SozR 1300 § 48 Nr. 31.
24 BSG 11.5.2011 – B 5 R 56/10 R, Rn. 29 ff., Behindertenrecht 2012, 23.

beim Sozialgericht, so wird sich die Bestandskraft des Herabsetzungsbescheids und damit der Beginn der dreimonatigen Auslauffrist um Jahre verzögern.

8   **Nachweis durch behördliche Feststellung und Vorfrist für Antragstellung:** Die Schwerbehinderteneigenschaft und der Grad der Behinderung bedarf der amtlichen Feststellung. Diese ist **entbehrlich bei Offenkundigkeit**, wie zB Blindheit, Kleinwuchs oder Verlust von Gliedmaßen.[25] Offenkundig muss nicht nur das Vorliegen einer oder mehrerer Behinderungen sein, sondern auch, dass ihr Grad insgesamt mit wenigstens 50 im Feststellungsverfahren nach den Versorgungsmedizinischen Grundsätzen[26] festgesetzt würde. Ist die Eigenschaft der Schwerbehinderung nicht offenkundig, so setzte vor der Novelle vom 23.4.2004 die Rechtsprechung des Bundesarbeitsgerichts für den Schutz voraus, dass zum Zeitpunkt des Kündigungszugangs entweder ein Feststellungsbescheid schon vorgelegen hatte oder zumindest der Antrag des Arbeitnehmers auf Feststellung der Schwerbehinderung beim Versorgungsamt eingegangen war.[27] Diese Auffassung war auf Kritik gestoßen.[28] Für das Bestehen des Kündigungsschutzes sollte es nach dem klaren Wortlaut des § 85 (mWv 1.1.2018: § 168 SGB IX) allein auf das objektive Vorliegen einer Schwerbehinderung zum Zeitpunkt des Zugangs der Kündigung ankommen und bei Unkenntnis des Arbeitgebers von der Behinderung nur eine „Nachweisschwierigkeit" bestehen, die auch noch später durch eine entsprechende Feststellung des Versorgungsamtes gelöst werden könnte.[29] Dieser Kritik teilweise Rechnung tragend, nahm das BAG an, ausnahmsweise könne der Sonderkündigungsschutz bereits **vor Antragstellung** des Schwerbehinderten beim Versorgungsamt eingreifen, wenn der schwerbehinderte Arbeitnehmer den Arbeitgeber vor dem Ausspruch der Kündigung über seine körperlichen Beeinträchtigungen informiert und über die beabsichtigte Antragstellung in Kenntnis gesetzt habe.[30] Nach der zum 1.5.2004 erfolgten Einfügung des § 90 Abs. 2 a (mWv 1.1.2018: § 178 Abs. 3 SGB IX) ist der Meinungsstreit vom Gesetzgeber geklärt: In jedem Fall, in dem die Schwerbehinderung nicht offenkundig ist, muss für die Annahme eines Kündigungsverbots zumindest ein Antrag auf Feststellung so **rechtzeitig vor der Kündigung** gestellt worden sein, dass bei Zugang der Kündigung bei ordnungsgemäßem Ablauf des Feststellungsverfahrens dem Arbeitgeber der Schutz hätte nachgewiesen werden können. In § 173 Abs. 3 SGB IX sind dazu zwei Regelungsalternativen normiert (Einzelheiten → § 173 Rn. 36 ff.). Nach der ersten Alternative entfällt das Verbot, wenn weder die amtliche Feststellung oder die Gleichstellung zum Kündigungszeitpunkt „nachgewiesen" ist, dh die Schwerbehinderung weder offenkundig oder durch den deklaratorischen Bescheid der Versorgungsverwaltung festgestellt ist.[31] Nach der zweiten Alternative entfällt das Verbot, wenn das Versorgungsamt wegen der späten Antragstellung des Arbeitnehmers oder wegen dessen schuldhafter Verletzung sozialrechtlicher Mitwirkungspflichten erst nach Ablauf der Frist des § 152 Abs. 1 Satz 3 SGB IX die Schwerbehinderung feststellen konnte.[32] Zusammenfassend: Das BAG ver-

---

25 BAG 28.6.1995 – 7 AZR 555/94, AP Nr. 6 zu § 59 BAT.
26 Früher: GdB-Tabelle in den ärztlichen Anhaltspunkten.
27 BAG 5.7.1990 – 2 AZR 8/90, Nr. 1 zu AP § 15 SchwbG 1986; BAG 28.6.1995 – 7 AZR 555/94, AP § 59 BAT Nr. 6.
28 *Steinbrück* in GK-SchwbG, 2. Aufl. 1999, § 15 Rn. 70; *Lampe* in GK-SGB IX Rn. 62; HessLAG 26.5.2000 – 2 Sa 347/00.
29 *Neumann* in Neumann/Pahlen/Greiner/Winkler/Jabben SGB IX § 168 Rn. 36.
30 BAG 7.3.2002 – 2 AZR 612/00, AP Nr. 11 zu § 15 SchwbG 1986.
31 *Düwell* BB 2004, 2811; *Griebeling* NZA 2005, 494 (496); *Schlewing* NZA 2005, 1218 (1219); aA *Bauer/Powietzka* NZA-RR 2004, 505 (507).
32 *Düwell* BB 2004, 2811.

einfacht die für das beschleunigte Feststellungsverfahren bestimmten Fristen von drei bis sieben Wochen auf eine einheitliche „Vorfrist" von **drei Wochen**. Zur Begründung hat es ausgeführt: „Dabei ist, da § 90 Abs. 2a SGB IX [mWv 1.1.2018: § 173 Abs. 3 SGB IX] allein auf ‚die Frist' des § 69 Abs. 1 Satz 2 SGB IX [mWv 1.1.2018: § 152 Abs. 1 Satz 3 SGB IX] verweist, nur die dreiwöchige Grundfrist maßgeblich. Ein anderes Verständnis – je nach Lage drei- oder siebenwöchige Frist – würde dem Ziel des Gesetzgebers zuwiderlaufen, Rechtssicherheit in die, wie schon der Wortlaut des Gesetzes zeigt, durch verfahrensrechtliche Komplikationen erheblich befrachtete Materie hinein zu tragen." Bei der Anwendung des neuen Rechts geht das BAG somit von einer nicht erfüllten Mitwirkungspflicht des Arbeitnehmers aus, wenn er weniger **als drei Wochen vor dem Zugang des Kündigungsschreibens** den Antrag auf Feststellung der Schwerbehinderung gestellt hat: „Das Fehlen des Nachweises beruht nach dem Gesetz jedenfalls dann auf fehlender Mitwirkung des Arbeitnehmers, wenn er den **Antrag auf Anerkennung oder Gleichstellung** nicht mindestens **drei Wochen vor der Kündigung** gestellt hat".[33]

III. Geltendmachung des Schutzes
1. Obliegenheit zur Geltendmachung

Geltendmachung der Schwerbehinderung: Ist die Schwerbehinderung weder offenkundig noch hat der Arbeitgeber positive Kenntnis von der amtlichen Feststellung der Eigenschaft als schwerbehinderter oder gleichgestellter behinderter Mensch, so ist er nicht in der Lage, das Eingreifen des Kündigungsschutzes zu erkennen. Positive Kenntnis liegt vor, wenn der Arbeitnehmer dem Arbeitgeber die Eigenschaft als geschützter schwerbehinderter Mensch durch Vorlage des Ausweises oder den Gleichstellungsbescheid nachgewiesen hat. Die Nachweisführung ist zwar sinnvoll, aber nicht Voraussetzung für den Schutz. Es genügt eine Mitteilung; denn dann kann der Arbeitgeber, wenn er die Kündigung beabsichtigt, nach § 170 einen Antrag auf Zustimmung beim Integrationsamt stellen. Der Arbeitgeber ist nicht gehalten, Ermittlungen anzustellen. So ist ihm die Kenntnis, dass eine Person auf der Wählerliste zu den SBV-Wahlen geführt wird, nicht ohne Weiteres zuzurechnen. Hat er jedoch in der Liste einen nicht bekannten schwerbehinderten Menschen entdeckt, und diesen darauf angesprochen, so ist ihm dieses positive Wissen zurechenbar.

9

Fehlt es an dieser positiven Kenntnis, bedarf es spätestens innerhalb der vom BAG angenommen **dreiwöchigen Regelfrist** der **Geltendmachung des Kündigungsschutzes** durch den schwerbehinderten Menschen. Nur dann kann sich der Arbeitgeber veranlasst sehen, das Zustimmungsverfahren einzuleiten. Deshalb ist dem Bundesarbeitsgericht zuzustimmen, dass sich ein Schwerbehinderter nach Zugang der Kündigungserklärung innerhalb einer bestimmten **Frist** gegenüber dem Arbeitgeber auf seine noch nicht mitgeteilte und nicht offenkundige Schwerbehinderung zu berufen hat.[34] Seit Aufnahme des besonderen Kündigungsschutzes in das Schwerbehindertenrecht besteht hier eine **Regelungslücke**, die auch das SGB IX nicht geschlossen hat. Soweit kritisiert worden war, die Schließung der Lücke müsse diejenigen ausnehmen, die bis zum Zugang der Kündigung keinen Feststellungsantrag beim Versorgungsamt gestellt haben,[35] ist das seit der Einfügung des § 90 Abs. 2a (mWv 1.1.2018 nach § 173 Abs. 3

---

33 BAG 1.3.2007 – 2 AZR 217/06, DB 2007, 1702.
34 BAG 28.6.1995 – 7 AZR 555/94, AP § 59 BAT Nr. 6.
35 So LAG Nds 15.6.2000 – 14 Sa 376/00, DB 2001, 874; zust. *Zwanziger* in Däubler/Deinert/Zwanziger SGB IX § 168 Rn. 29.

10 **Geltendmachungsfrist:** Nach den vom Zweiten Senat des BAG entwickelten Grundsätzen zur Verwirkung hatte sich vor dem Inkrafttreten des Arbeitsmarktreformgesetzes am 1.1.2004 der schwerbehinderte Arbeitnehmer, wenn seine Schwerbehinderung dem Arbeitgeber noch nicht bekannt war, innerhalb einer **Frist von einem Monat** nach Zugang der Kündigungserklärung auf seine Schwerbehinderteneigenschaft zu berufen. Die Offenbarungspflicht ist eine **Obliegenheit** des schwerbehinderten Menschen, der seinen Arbeitgeber nicht im Ungewissen darüber lassen darf, dass ein besonderer Kündigungsschutz besteht.[36] Fraglich war schon immer die richtige Bestimmung der Dauer der angemessenen Frist. Nahe lag die Übernahme der Zwei-Wochen-Frist des § 9 Abs. 1 Satz 1 MuSchG aF.[37] Dem schloss sich das BAG jedoch nicht an. Es wandte in ständiger Rechtsprechung in Analogie zur verwaltungsrechtlichen Widerspruchsfrist die Monatsfrist an.[38] Angesichts der mit dem Arbeitsmarktreformgesetz zum 1.1.2004 erfolgten Ausweitung der dreiwöchigen Klagefrist nach § 4 Satz 1 KSchG auf die gerichtliche Geltendmachung aller möglichen Unwirksamkeitsgründe ist diese Rechtsprechung geändert worden. Es kann nämlich nicht sein, dass der schwerbehinderte Arbeitnehmer nur drei Wochen Zeit zur Klageerhebung hat, sich aber einen Monat Zeit lassen kann, bis er seinen Arbeitgeber über den Unwirksamkeitsgrund fehlende Zustimmung unterrichtet. Deshalb hat der Zweite Senat des BAG bereits 2006 erkannt: „Vor dem Hintergrund der Neufassung des SGB IX und des § 4 KSchG erwägt der Senat, in Zukunft von einer **Regelfrist von drei Wochen** auszugehen, innerhalb derer der Arbeitnehmer nach Zugang der Kündigung dem Arbeitgeber seine Schwerbehinderung oder den entsprechenden Feststellungsantrag mitteilen muss".[39] Diese Ankündigungsrechtsprechung hat das Vertrauen in den Fortbestand der alten Monatsfrist zerstört. Der Zweite Senat hat der Ankündigung folgend die Maßgeblichkeit der Dreiwochenfrist inzwischen als neue Rechtsfortbildung mehrfach bestätigt.[40] Sie gilt auch für das Berufen auf Gleichstellungen oder auf zwar beantragte, aber bis zum Zugang der Kündigung noch nicht von dem Versorgungsamt getroffene Feststellungen zum Vorliegen von Schwerbehinderungen.[41]

Zu beachten ist, dass diese Frist nicht als **Ausschlussfrist** verstanden wird. Vielmehr handelt es sich um eine Frist, die aus dem Bedürfnis des Vertrauensschutzes für den Arbeitgeber und dem Grundsatz abgeleitet wird, dass das Recht des Arbeitnehmers, sich nachträglich auf eine Schwerbehinderung zu berufen und die Zustimmungsbedürftigkeit der Kündigung geltend zu machen, der **Verwirkung** (§ 242 BGB) unterliegt. Die Verwirkung ist ein Sonderfall der unzulässigen Rechtsausübung. Sie setzt voraus, dass das Recht illoyal verspätet geltend wird.[42] Sie dient dem Vertrauensschutz des redlichen Schuldners (hier: des Arbeitgebers). Sie verfolgt nicht den Zweck, den Schuldner stets dann von seiner Verpflichtung zu befreien, wenn der Gläubiger (hier: Arbeitnehmer als Begüns-

---

36 BAG 23.2.1978 – 2 AZR 214/77, AP § 12 SchwbG Nr. 4.
37 Zum alten Recht: *Etzel* in KR, 5. Aufl. 1998, SchwbG §§ 15–20 Rn. 24.
38 BAG 23.2.1978 – 2 AZR 214/77, AP § 12 SchwbG Nr. 4.
39 BAG 12.1.2006 – 2 AZR 539/05, NZA 2006, 1035.
40 BAG 13.2.2008 – 2 AZR 864/06, BAGE 125, 345 = Behindertenrecht 2008, 176; BAG 23.2.2010 – 2 AZR 659/08; BAG 9.6.2011 – 2 AZR 703/09, NZA-RR 2011, 516.
41 *Kreitner* in jurisPK-SGB IX, 2. Aufl. 2015, § 90 Rn. 32 mwN.
42 BAG 25.3.2004 – 2 AZR 295/03 – zu II 3 b der Gründe AP MuSchG 1968 § 9 Nr. 36 = EzA MuSchG § 9 nF Nr. 40.

tigter des Sonderschutzes) sich längere Zeit nicht auf seine Rechte berufen hat (Zeitmoment). Der Berechtigte muss vielmehr unter Umständen untätig geblieben sein, die den Eindruck erweckt haben, dass er sein Recht nicht mehr wahrnehmen wolle, so dass der Verpflichtete (hier: Arbeitgeber als der durch den Sonderschutz Belastete) sich darauf einstellen durfte, nicht mehr in Anspruch genommen zu werden (Umstandsmoment). Der Zweite Senat wendet die neue Regelfrist entsprechend dem Grundgedanken von Treu und Glauben großzügig flexibel an.

Beispiel:[43] Eine Klägerin hat mit einem an das Gericht gerichteten Schreiben vom 20.12.2006 ausgeführt, die Kündigung „sei auch deshalb unwirksam, da das Integrationsamt nicht über die Kündigung unterrichtet wurde." Das BAG hat darin ein ausreichendes Berufen auf das Bestehen von Sonderkündigungsschutz gesehen; denn einer Einschaltung des Integrationsamts bedürfe es ausschließlich bei schwerbehinderten Beschäftigten. Auch die Frist wurde großzügig bemessen. Das Schreiben vom 20. Dezember ging bei Gericht am 21. Dezember ein und wurde der Beklagten Arbeitgeberin zusammen mit der Klage am 28.12.2006 zugestellt. Das Kündigungsschreiben war der Klägerin bereits am 30. November zugegangen. Folglich hat der Zweite Senat zur Einhaltung der Dreiwochenfrist für die rechtzeitige Geltendmachung nicht auf den Zeitpunkt des Zugangs der Geltendmachung bei der Arbeitgeberin abgestellt, sondern auf den bei Gericht. Diese allein auf die Einhaltung der Klagefrist abstellende Fristbemessung war dem Senat so klar, dass er auf eine Begründung verzichtet hat. Dabei wäre es unter dem Gesichtspunkt des Vertrauensschutzes der Arbeitgeberseite näher liegend, auf den Eingang des Geltendmachungsschreibens bei der Arbeitgeberin abzustellen.

Zu beachten ist: Die Verwirkung setzt stets voraus, dass der Arbeitgeber die Schwerbehinderung nicht kennt und deshalb mit der Zustimmungspflichtigkeit der Kündigung nicht rechnen kann.[44] Das muss auch für den Fall gelten, dass der Arbeitgeber bei einem erkrankten oder verunfallten Arbeitnehmer mit dem Eintritt der Schwerbehinderung rechnet. Wer aus Vorsorge gegen das Stellen eines Antrags beim Versorgungsamt dem Arbeitnehmer kündigt und dadurch die Einhaltung der Vorfrist aus § 173 Abs. 3 Alt. 2 verhindert, betreibt Rechtsvereitelung. Der Arbeitnehmer ist dann nach dem Rechtsgedanken des § 162 BGB so zu stellen, als ob die Vorfrist gewährt worden wäre. Noch nicht entschieden ist, ob ein geringfügiges Überschreiten der Regelfrist nach den Umständen des Einzelfalls unschädlich sein kann. Das hat ein LAG bei länger bestehender und auf einen Arbeitsunfall zurückzuführenden Erkrankung des Arbeitnehmers angenommen.[45]

Berücksichtigung der verschwiegenen Behinderung im Kündigungsschutzprozess: Hat der Arbeitnehmer die richterrechtliche Geltendmachungsfrist für den Schutz aus § 168 versäumt und hat er damit den besonderen Kündigungsschutz verwirkt, soll er nach der Rechtsprechung des BAG dennoch bei der Prüfung der sozialen Rechtfertigung der Kündigung die Schwerbehinderteneigenschaft geltend machen können.[46] Das ist unstimmig. Insbesondere für die nach § 1 Abs. 3 Satz 1 KSchG vom Arbeitgeber zu treffende ausreichende Sozialauswahl kann derjenige, der bis zum Kündigungszeitpunkt seine Behinderung verschwie-

11

---

43 Gebildet nach BAG 23.2.2010 – 2 AZR 659/08.
44 SächsLAG 21.8.2009 – 3 Sa 698/08; zustimmend: *Kreitner* in jurisPK-SGB IX, 2. Aufl. 2015, § 90.
45 LAG München 25.7.2009 – 4 Sa 1049/08, NZA-RR 2010, 19; Revision nach Teilzulassung beim BAG unter 2 AZR 165/10 am 1.9.2011 zurückgenommen.
46 BAG 23.2.1978 – 2 AZR 462/76, AP § 12 SchwbG Nr. 3.

gen hat, **nicht nachträglich im Prozess** erklären, dass an seiner statt ein anderer bei richtiger Sozialauswahl zu entlassen gewesen wäre. Der Arbeitgeber kann die Auswahl nur anhand der ihm zur Kenntnis gebrachten Daten treffen. Wer den Arbeitgeber nicht über ein diesem unbekanntes Datum zu einem der gesetzlichen Auswahlkriterien aufklärt und sich später auf einen durch die Unkenntnis des Arbeitgebers hervorgerufenen Auswahlfehler beruft, handelt widersprüchlich (§ 242 BGB).

2. Information vor Kündigungszugang

12 **Mitteilung der Schwerbehinderung kurz vor Kündigung:** Unterrichtet der Arbeitnehmer den Arbeitgeber vor Zugang der Kündigung über die Antragsstellung beim Versorgungsamt, ist der Arbeitgeber ausreichend geschützt. Er kann **vorsorglich** die Zustimmung zur Kündigung beim Integrationsamt **beantragen**. Weiter gehender Informationen durch den Arbeitnehmer bedarf es nach Ansicht des Zweiten Senats nicht.[47] Insbesondere ist der Arbeitnehmer nicht verpflichtet, das Datum der Antragstellung mitzuteilen oder seine Schwerbehinderung innerhalb von drei Wochen nach Zugang der Kündigung durch Vorlage des Feststellungsbescheids nachzuweisen. **Bezweifelt** der Arbeitgeber die ihm mitgeteilte Schwerbehinderung oder Antragstellung, kann er die Anerkennung bestreiten und sich auf diese Weise Klarheit verschaffen.[48] Hat der Arbeitnehmer vorprozessual eine Antragstellung behauptet, kann der Arbeitgeber beim Integrationsamt vorsorglich einen Antrag auf Zustimmung zur Kündigung stellen. Erhält er auf seinen form- und fristgerecht gestellten Antrag ein **Negativattest,** beseitigt dieses, jedenfalls wenn es bestandskräftig ist, die Kündigungssperre.[49]

Nach der zutreffenden Rspr. des Zweiten Senats findet der besondere Kündigungsschutz in den Fällen, in denen bis zum Zeitpunkt der Kündigung noch keine positive Antragsbescheidung erfolgt ist, nach § 173 Abs. 3 Alt. 2 SGB IX nur dann Anwendung, wenn die in § 152 Abs. 1 Satz 3 SGB IX bestimmte **Vorfrist von drei Wochen** (→ Rn. 7) bei Kündigungszugang eingehalten ist und die zu diesem Zeitpunkt noch fehlende Feststellung des Versorgungsamtes bzw. fehlende Gleichstellung durch die Arbeitsagentur nicht auf einer unzureichenden Mitwirkung des Antragstellers beruht.[50]

13 **Unkenntnis des Arbeitgebers von der Schwerbehinderung und persönliche Geltendmachung:** Es ist nach der Rspr. des BAG nicht ausreichend, wenn der Arbeitgeber innerhalb der dreiwöchigen Geltendmachungsfrist zufällig **von dritter Seite** von der Schwerbehinderung erfährt.[51]

Beispiel: Der Arbeitgeber hörte Ende Dezember den Betriebsrat zur beabsichtigten Kündigung an. Nachdem der Betriebsrat wegen einer Sitzungspause über die Jahreswende vergeblich um eine Verlängerung der Anhörungsfrist bis zum 13. Januar gebeten hatte, widersprach er der Kündigung unter dem 29. Dezember. Mit Schreiben vom 29. Dezember kündigte die Beklagte das Arbeitsverhältnis zum 30. Juni. Unter dem 27. Januar unterrichtete die Bundesagentur für

---

47 BAG 9.6.2011 – 2 AZR 703/09, NZA-RR 2011, 516.
48 BAG 11.12.2008 – 2 AZR 395/07, BAGE 129, 25.
49 BAG 6.9.2007 – 2 AZR 324/06, Rn. 15, BAGE 124, 43.
50 BAG 1.3.2007 – 2 AZR 217/06, Rn. 41 f., BAGE 121, 335 in Ablehnung von *Bauer/Powietzka* NZA-RR 2004, 505 (506 f.) unter Bezug auf: *Düwell* in JbArbR, Bd. 43, S. 91 (99 ff.); *Düwell* BB 2004, 2811 (2812); *Etzel* in FS zum 25-jährigen Bestehen der Arbeitsgemeinschaft Arbeitsrecht im DAV, S. 241 (250).
51 BAG 1.3.2007 – 2 AZR 650/05, Rn. 30, AP Nr. 164 zu § 1 KSchG 1969 Betriebsbedingte Kündigung.

Arbeit den Arbeitgeber über einen bereits am 20. November eingegangenen Antrag auf Gleichstellung. Der Zweite Senat des BAG hat darauf abgestellt, der Betroffene müsse zur Vermeidung einer ansonsten eintretenden Verwirkung selbst seinen Sonderschutz geltend machen.[52]

Zusammenfassend: Es soll nicht allein auf die Kenntnis des Arbeitgebers von dem bestehenden Sonderkündigungsschutz ankommen. Vielmehr soll es darauf ankommen, dass der Arbeitgeber mit der Berufung des Arbeitnehmers auf den ihm unbekannten Sonderkündigungsschutz rechnen muss. Für die gehörige Geltendmachung müsse daher gefordert werden, dass der **Arbeitnehmer sich selbst rechtzeitig** auf den Sonderkündigungsschutz berufe.[53] Mitteilungen Dritter reichen nicht aus.

3. Nachweis

Nachweis der Schwerbehinderung im Prozess: Bestreitet der Arbeitgeber die „Eigenschaft als schwerbehinderter Mensch", so kann der Arbeitnehmer diese Eigenschaft außer durch Feststellungsbescheid iSv § 152 Abs. 1 auch durch seinen Schwerbehindertenausweis nach § 152 Abs. 5 nachweisen.[54] Der Sonderkündigungsschutz hängt nach § 173 Abs. 3 SGB IX lediglich vom Nachweis der – ggf. rückwirkend zuerkannten – Schwerbehinderteneigenschaft zur Zeit der Kündigung ab.[55] Die Eigenschaft als schwerbehinderter Mensch ergibt sich mit verbindlicher Wirkung aus dem Ausweis als öffentlicher Urkunde iSd § 417 ZPO.[56] § 173 Abs. 3 Alt. 1 SGB IX verlangt nicht, dass der Arbeitgeber den Bescheid über die Schwerbehinderung vorlegt. Ausreichend ist die objektive Existenz eines geeigneten Bescheides, der die Schwerbehinderung nachweist.[57]   14

IV. Nicht vom Verbot erfasste Handlungen

Beendigung ohne zustimmungsbedürftige Kündigung: § 168 legt dem Arbeitgeber das Verbot auf, ohne behördliche Zustimmung das Arbeitsverhältnis zu kündigen. Dieses Verbot schließt andere Beendigungsarten nicht aus. Das Arbeitsverhältnis kann deshalb zustimmungsfrei insbesondere durch **Eigenkündigung**, **Aufhebungsvertrag**, vereinbarten Ablauf einer nach § 14 TzBfG zulässigen **Befristung**, durch Anfechtungserklärung oder durch gerichtliche Auflösung beendet werden. Grundsätzlich besteht auch für Arbeitgeber die Freiheit, das Arbeitsverhältnis mit dem schwerbehinderten Menschen unter eine nach § 21 TzBfG zugelassene auflösende Bedingung zu stellen, aber nach § 175 SGB IX besteht dann ein erweiterter Beendigungsschutz. Der Arbeitgeber bedarf der Zustimmung des Integrationsamts, wenn als auflösende Bedingung der Eintritt einer teilweisen oder zeitweisen Erwerbsminderung bzw. der Eintritt der Berufs- oder der zeitweisen Erwerbsunfähigkeit vereinbart ist, → § 175 Rn. 7 ff. Stellt sich der Arbeitsvertrag wegen fehlender Geschäftsfähigkeit des Arbeitnehmers   15

---

52 BAG 1.3.2007 – 2 AZR 650/05, Rn. 30, AP Nr. 164 zu § 1 KSchG 1969 Betriebsbedingte Kündigung unter Bezug auf BAG 12.1.2006 – 2 AZR 539/05, AP SGB IX § 85 Nr. 3.
53 BAG 1.3.2007 – 2 AZR 650/05, Rn. 31, AP Nr. 164 zu § 1 KSchG 1969 Betriebsbedingte Kündigung.
54 BAG 13.2.2008 – 2 AZR 864/06, BAGE 125, 345; vgl. auch BT-Drs. 15/2318, 16.
55 LAG Düsseldorf 29.3.2006 – 17 Sa 1321/05, Behindertenrecht 2007, 19.
56 Vgl. zur Bindungswirkung der Feststellungen in Schwerbehindertenausweisen *Voelzke* SGb 1991, 80.
57 BAG 11.12.2008 – 2 AZR 395/07, Rn. 28, BAGE 129, 25.

nach § 105 BGB als nichtig dar, kann sich der Arbeitgeber ohne Kündigung von ihm lösen.

1. Eigenkündigung

16 **Eigenkündigung:** Schwerbehinderte Arbeitnehmer sind in ihrer Vertragsfreiheit nicht eingeschränkt. Sie können jederzeit das Arbeitsverhältnis durch Eigenkündigung beenden. Nach § 200 kann allerdings das Integrationsamt einem schwerbehinderten Menschen, der einen zumutbaren Arbeitsplatz ohne berechtigten Grund aufgibt, die besonderen Hilfen für schwerbehinderte Menschen zeitweilig entziehen. Bei Ausübung seines Kündigungsrechts hat der schwerbehinderte Arbeitnehmer zu beachten, dass seit dem 1.5.2000 nach § 623 BGB für die Kündigung ein konstitutives **Schriftformgebot** besteht. Er hat außerdem in § 622 BGB bestimmte gesetzliche **Mindestkündigungsfristen** einzuhalten. Diese können durch tarifliche oder vertragliche Regelungen verkürzt oder verlängert worden sein.

2. Aufhebungsvertrag

17 **Aufhebungsvertrag:** Die Arbeitsvertragsparteien sind mit der einigen Ausnahme im Fall des Eintritt einer auflösenden Bedingung in bestimmten Fällen der Erwerbsminderung (§ 175 Satz 1 SGB IX) frei, das Arbeitsverhältnis im Wege gegenseitigen Einvernehmens sofort oder zu einem späteren Zeitpunkt aufzulösen sowie die bisherigen vertraglich geregelten Arbeitsbedingungen abzuändern. Das ergibt sich aus dem Wortlaut des § 168 und dem Kontext zu § 175 SGB IX.[58]

Seit dem 1.5.2000 ist nach § 623 BGB für den Aufhebungsvertrag die strenge **Schriftform** (§ 126 BGB) zu beachten. Damit hat sich im Wesentlichen auch das Problem der einseitig vom Arbeitnehmer zu unterschreibenden sogenannten „Ausgleichsquittung" erledigt. Nur wenn beide Vertragsparteien die Aufhebungsvereinbarung auf derselben Urkunde unterschrieben haben, wird der Schriftform des § 623 BGB genügt.[59] Ein gesetzliches **Rücktritts-** oder **Widerrufsrecht** besteht nicht.[60] Reut den Arbeitnehmer seine Zustimmung zur Aufhebungsvereinbarung, so ist das noch kein Anfechtungsgrund. In der Praxis wird nicht selten die Zustimmung des Arbeitnehmers erreicht, indem mit einer fristlosen Kündigung gedroht wird. Hätte ein verständiger Arbeitgeber die angedrohte außerordentliche Kündigung nicht ernsthaft in Erwägung gezogen hätte, dann ist ein Grund für die **Anfechtung** der Erklärung nach **§ 123 BGB** wegen widerrechtlicher Drohung gegeben.[61] In Betracht kommt auch die Anfechtung wegen arglistiger Täuschung, so zB wenn der Arbeitgeber dem Arbeitnehmer die angeblich sicher zu erwartende Zustimmung des Integrationsamts zu seiner Kündigung vorspiegelt.[62]

18 **Unwirksamkeit bei unfairem Verhandeln des Arbeitgebers:** Die Rspr. hat das **Gebot fairen Verhandelns** als Nebenpflicht bei der Vertragsanbahnung nach

---

58 Im Ergebnis zutreffend: LAG RhPf 7.3.2019 – 5 Sa 301/18, Rn. 78.
59 Vgl. *Dörner* SchwbG § 15 Rn. 65.
60 BAG 7.2.2019 – 6 AZR 75/18, Rn. 15 NZA 2019, 688; *Fischer* jurisPR-ArbR 23/2019, Anm. 5.
61 BAG 30.1.1986 – 2 AZR 196/85, NZA 1988, 91.
62 Vgl. *Dörner* SchwbG § 15 Rn. 66.

§ 311 Abs. 2 Nr. 1 iVm § 241 Abs. 2 BGB anerkannt.[63] Es soll ein Mindestmaß an Fairness im Vorfeld des Vertragsschlusses sicherstellen.[64] Weder ist das Einräumen einer Bedenkzeit noch eines Rücktritts- oder Widerrufsrechts erforderlich.[65] Es ist auch nicht die vorherige Ankündigung des Unterbreitens einer Aufhebungsvereinbarung zwingend geboten.[66] Eine Verhandlungssituation ist erst dann als unfair zu bewerten, wenn eine derartige **psychische Drucksituation** geschaffen oder ausgenutzt wird, die eine freie und überlegte Entscheidung des Vertragspartners erheblich erschwert oder sogar unmöglich macht.[67] Verstößt der Arbeitgeber schuldhaft gegen das Gebot, so ist er zum Schadensersatz verpflichtet. Aus der Pflicht zum Schadensausgleich (§ 249 Abs. 1 BGB) wird unmittelbar die Unwirksamkeit des Aufhebungsvertrags abgeleitet.[68]
Die Darlegungs- und Beweislast für einen Verstoß gegen das Gebot fairen Verhandelns und die Kausalität dieses Verstoßes für den Abschluss des Aufhebungsvertrags trägt der Arbeitnehmer als derjenige, der sich auf eine Verletzung des § 311 Abs. 2 Nr. 1 iVm § 241 Abs. 2 BGB beruft.[69] Allerdings kommt dem Arbeitnehmer die Vermutung aufklärungsgemäßen Verhaltens bei Verletzung von Hinweis- und Aufklärungspflichten[70] zugute. Daraus folgt, dass in Bezug auf die Kausalität zwischen Verhandlungsverschulden und Schaden davon ausgegangen werden darf, dass ein Arbeitnehmer ohne die unfaire Behandlung seine Eigeninteressen in vernünftiger Weise gewahrt und den Aufhebungsvertrag nicht abgeschlossen hätte.[71] Deshalb ist der von der Rspr. des Sechsten Senats begründeten Unwirksamkeitsfolge zuzustimmen. Dieser neuen Entwicklung kommen für die arbeitsrechtliche Praxis erhebliche Auswirkungen zu.

1. Beispielsfall: Der Sechste Senat hat unter Verletzung des Gebot fairen Verhandelns die Entscheidungsfreiheit einer Arbeitnehmerin bzgl. des Vertragsschlusses schuldhaft als beeinträchtigt angesehen, wenn die erkrankte Arbeitnehmerin unangekündigt in ihrer Wohnung zum Abschluss eines Aufhebungsvertrags aufgesucht worden ist. Dabei hat der Senat ausgeführt: „Das Gebot fairen Verhandelns wäre schon für sich genommen verletzt, wenn sich die Klägerin bei den Vertragsverhandlungen erkennbar in einem körperlich ge-

---

63 BAG 7.2.2019 – 6 AZR 75/18, NZA 2019, 688; LAG MV 19.5.2020 – 5 Sa 173/19; LAG RhPf 27.3.2019 – 7 Sa 421/18, Rn. 63 ff., LAGE § 241 BGB 2002 Nr 7; LAG Bln-Bbg 19.12.2019 – 10 Sa 1319/19, FA 2020, 142; zustimmend: *Fischer* jurisPR-ArbR 23/2019, Anm. 5; *Schmidt* AP Nr. 50 zu § 620 BGB Aufhebungsvertrag; *Zimmer* JZ 2019, 897 ff.
64 So *Reinecke* in Wolmerath/Gallner/Krasshöfer/Weyand (Hrsg.), Recht – Politik – Gesellschaft, Festschrift für Franz Josef Düwell zum 65. Geburtstag, 2011, S. 410.
65 Vgl. BAG 14.2.1996 – 2 AZR 234/95, zu II 2 der Gründe NZA 1996, 811.
66 Vgl. BAG 30.9.1993 – 2 AZR 268/93, zu II 8 der Gründe BAGE 74, 281.
67 Vgl. *Becker*, Die unzulässige Einflussnahme des Arbeitgebers auf die Entscheidungsfreiheit des Arbeitnehmers am Beispiel des arbeitsrechtlichen Aufhebungsvertrages, 2011, S. 392 ff.; *Lorenz* JZ 1997, 277 (282).
68 Vgl. BAG 7.2.2019 – 6 AZR 75/18, Rn. 34 ff., NZA 2019, 688; *Fischer* jurisPR-ArbR 23/2019, Anm. 5 LAG RhPf 27.3.2019 – 7 Sa 421/18, juris Rn. 63 ff., LAGE § 241 BGB 2002 Nr 7; LAG Bln-Bbg 19.12.2019 – 10 Sa 1319/19, FA 2020, 142; zustimmend: *Fischer* jurisPR-ArbR 23/2019, Anm. 5; *Schmidt* AP Nr. 50 zu § 620 BGB Aufhebungsvertrag; *Zimmer* JZ 2019, 897 ff.; kritisch zur Unwirksamkeitsfolge: *Hamann* jurisPR-ArbR 31/2010 Anm. 2; *Bauer/Romero* ZfA 2019, 608 (613 ff.); *Fischinger* NZA 2019, 729 (730 ff.).
69 So BAG 7.2.2019 – 6 AZR 75/18, Rn. 43, NZA 2019, 688 unter Verweis auf *Reinecke* Sonderbeilage zu NZA Heft 18/2004, 27, 37.
70 Vgl. hierzu BAG 21.2. 2017 – 3 AZR 542/15, Rn. 45, NZA 2017, 944; *Emmerich* in MüKoBGB, § 311 Rn. 207 ff.
71 BAG 7.2.2019 – 6 AZR 75/18, Rn. 38, NZA 2019, 688; BAG 17.10.2000 – 3 AZR 605/99, zu II 4 e der Gründe NZA 2001, 206.

schwächten Zustand befunden und der Arbeitgeber diese Situation ausgenutzt hätte.[72]

2. **Beispielsfall:** Das LAG MV[73] hat einen aufgedrängten Aufhebungsvertrag wegen des Ausnutzens einer psychischen Schwäche als unwirksam angesehen, obwohl der von den Parteien kontrovers dargestellte Gesprächsverlauf nicht geklärt werden konnte. Das Gericht stützt ein Ausnutzen der unfairen Verhandlungssituation darauf, dass der Arbeitgeber einräumte, der Arbeitnehmer wäre „völlig verzweifelt" und „mit den Nerven am Ende" gewesen, hätte die Arbeit am Vortrag vorzeitig beendet, einen Arzt aufgesucht und sich eine Arbeitsunfähigkeit attestieren lassen. Einem Arbeitnehmer, der sich in einem solchen psychisch labilen Zustand präsentiert, trägt ein fair verhandelnder Arbeitgeber keinen Aufhebungsvertrag ohne das Angebot einer Bedenkzeit oder die Möglichkeit des Widerrufs an.[74]

Bislang hat die Rspr. die Rechtsfrage noch nicht angemessen aufgearbeitet, ob das Aufdrängen eines Aufhebungsvertrags gegenüber einem schwerbehinderten Menschen deswegen unfair sein kann, weil ihm gezielt der Beistand der SBV vorenthalten wird. Zwar hat ein LAG dies verneint, die dazu gegebenen Begründung geht jedoch einer Verkennung des Schwerbehindertenrechts aus: „Eine Pflicht des Arbeitgebers vor Abschluss eines Aufhebungsvertrages die Schwerbehindertenvertretung zu beteiligen besteht nicht"[75].

Dabei muss berücksichtigt werden, ob der Arbeitgeber gezielt gegen das Gebot aus § 178 Abs. 2 Satz 1 SGB IX verstoßen hat, in der **Angelegenheit** „Angebot auf Abschluss eines Aufhebungsvertrags" die SBV **zu unterrichten**. Geschieht dies, so ist das nicht eine Verletzung der Beteiligungspflichtverletzung gegenüber der SBV und eine Ordnungswidrigkeit nach § 238 Abs. 1 Nr. 8 SGB IX, sondern auch eine unfaire Maßnahme gegenüber dem schwerbehinderten Menschen; denn diesem wird in einer existenziellen Angelegenheit der vom Gesetzgeber als erforderlich angesehene Beistand entzogen. Der SBV ist nämlich gegenüber dem schwerbehinderten Menschen in § 178 Abs. 1 Satz 1 SGB IX nicht nur die Aufgabe der Interessenvertretung sondern auch die eines persönlichen Beistands zugewiesen, so dass sie beratend und helfend dem schwerbehinderten Menschen zur Seite zu stehen hat. Wer gezielt die Beratung und Hilfe vereitelt, um den schwerbehinderten Menschen unangekündigt zu einem sofortigen Abschluss eines widerrufslosen Aufhebungsvertrag zu drängen, verstößt schuldhaft gegen das Gebot fairen Verhandelns. Dieses Vorgehen setzt darauf, einen beistandsbedürftigen schwerbehinderten Mensch zu überrumpeln.

3. Befristungsablauf

19 **Beendigung nach Befristung:** Es bedarf keiner Kündigung, wenn das Arbeitsverhältnis aufgrund vertraglicher Vereinbarung durch Zeitablauf endet (§ 620 BGB). Für die Zulässigkeit der kalendermäßigen Befristung eines Arbeitsverhältnisses oder der Vereinbarung auflösender Bedingungen gelten die Bestimmungen des § 620 BGB und seit dem 1.1.2001 die §§ **14 bis 21 TzBfG**. Zur formellen Wirksamkeit der Befristungsabrede bedarf es nach § 14 Abs. 4 TzBfG der **Schriftform**. Jede Befristung oder auflösende Bedingung ist als unwirksam anzusehen, wenn sie der **Umgehung des Sonderkündigungsschutzes** dient. Das gilt insbesondere für die Vereinbarung, dass das Arbeitsverhältnis endet, wenn

---

72 BAG 7.2.2019 – 6 AZR 75/18, Rn. 44 f., NZA 2019, 68.
73 LAG MV 19.5.2020 – 5 Sa 173/19; *Hamann* jurisPR-ArbR 31/2010 Anm. 2.
74 So treffend formuliert: *Hamann* jurisPR-ArbR 31/2010 Anm. 2.
75 LAG RhPf 7.3.2019 – 5 Sa 301/18, Rn. 78.

der Arbeitnehmer einen Antrag auf Feststellung der Schwerbehinderung stellt oder eine Schwerbehinderung eintritt.[76] Da bei Ablauf der Befristung die Beendigung ohne Kündigung eintritt, entfällt die Pflicht des Arbeitgebers, eine Zustimmung des Integrationsamts einzuholen. Das gilt auch dann, wenn die Schwerbehinderung erst während des befristeten Arbeitsverhältnisses eingetreten ist oder festgestellt wird. Der Betroffene sollte jedoch prüfen, ob die Verlängerung der Befristung oder die Entfristung wegen der bekannt gewordenen Schwerbehinderung erfolgt ist. Das wäre eine gegen § 164 Abs. 2 verstoßende Benachteiligung. Nicht selten erfolgt die Befristung zur Erprobung. Nach § 173 Abs. 4 hat der Arbeitgeber die Einstellung auf Probe dem Integrationsamt innerhalb von vier Tagen anzuzeigen. Will der Arbeitgeber das Probearbeitsverhältnis nach Auslaufen der kalendermäßig befristeten Zeit (§ 15 Abs. 1 TzBfG) nicht verlängern, so hat er ebenfalls nach § 173 Abs. 4 das Integrationsamt davon zu unterrichten. Es besteht keine Verpflichtung, eine Zustimmung einzuholen.

§ 175 enthält für den Fall der teilweisen Erwerbsminderung, Erwerbsminderung auf Zeit oder Berufs- oder Erwerbsunfähigkeit auf Zeit eine Ausweitung des Bestandsschutzes für schwerbehinderte Menschen. Diese Vorschrift verbietet nicht eine an den Eintritt dieser Ereignisse anknüpfende Klausel. Die Wirksamkeit der regelmäßig iSv § 305 BGB vom Arbeitgeber vorformulierten Bedingung ist vielmehr anhand von §§ 306, 307 BGB einer Überraschungs-, Transparenz- und Inhaltskontrolle zu unterziehen. § 175 ordnet nur für die dort bestimmten Ereignisse einen Zustimmungsvorbehalt an. Will der Arbeitgeber sich auf die beendigende Wirkung berufen, muss er die Zustimmung des Integrationsamtes eingeholt haben, → § 175 Rn. 7.

Anspruch auf Übernahme: Hat der Arbeitgeber während der Probezeit die Erwartung geweckt, er werde nach Eignung und Bewährung den Arbeitnehmer unbefristet weiterbeschäftigen, so kann er verpflichtet sein, das Arbeitsverhältnis auf unbestimmte Zeit fortzusetzen. Voraussetzung ist, dass der Arbeitnehmer darlegen kann, dass der Arbeitgeber sich in Widerspruch zu seinem früheren Verhalten und dem von ihm geschaffenen Vertrauenstatbestand setzt. Das BAG hat das in einem Fall bejaht. Der Arbeitgeber hatte einer schwerbehinderten Klägerin während des befristeten Probearbeitsverhältnisses bestätigt, dass sie sich voll den gestellten Anforderungen gewachsen gezeigt habe. Mit einer derartigen Aussage könne sich der Arbeitgeber selbst binden, so dass er unter dem Gesichtspunkt des Verschuldens bei Vertragsschluss Schadensersatz durch Fortsetzung des Arbeitsverhältnisses gewähren müsse.[77] Ob an dieser Rechtsprechung festgehalten werden kann, erscheint zweifelhaft. Denn nach § 164 Abs. 2 SGB IX iVm § 15 AGG soll nur ein Anspruch auf angemessene Entschädigung in Geld, aber nicht auf Begründung eines Arbeitsverhältnisses bestehen, wenn der Arbeitgeber Beschäftigte wegen ihrer Behinderung benachteiligt.

4. Anfechtung

a) Anfechtungserklärung

Anfechtungserklärung des Arbeitgebers: Es bedarf **keiner Zustimmung des Integrationsamts**, wenn der Arbeitgeber sein Angebot zum Abschluss eines Arbeitsvertrages wegen Irrtums (§ 119 BGB) oder wegen arglistiger Täuschung oder widerrechtlicher Drohung (§ 123 BGB) anficht. Das Recht zur Anfechtung wird jedenfalls dann nicht durch das Recht zur außerordentlichen Kündigung ver-

---

76 *Zwanziger* in Däubler/Deinert/Zwanziger SGB IX § 168 Rn. 9.
77 BAG 16.3.1989 – 2 AZR 325/88, AP § 1 BeschFG 1985 Nr. 8.

drängt, solange der Anfechtungsgrund bei Abgabe der Anfechtungserklärung seine Bedeutung für das Arbeitsverhältnis noch nicht verloren hat.[78] Der Anfechtungsberechtigte kann nicht auf sein Recht zur Kündigung des Arbeitsverhältnisses verwiesen werden.[79]

b) Anfechtungsgrund

22 **Anfechtung wegen Irrtums über Eigenschaft:** Eine Behinderung, die die Fähigkeit zur Erbringung der vertraglich geschuldeten Tätigkeit erheblich beeinträchtigt, gilt als **verkehrswesentliche Eigenschaft** im Sinne von § 119 Abs. 2 BGB.[80] Zu beachten ist jedoch, dass vorübergehende Beeinträchtigungen des Gesundheitszustands weder nach § 2 Abs. 2 SGB IX Behinderungen sind, noch als verkehrswesentliche Eigenschaft angesehen werden können.[81] Hätte der Arbeitgeber die Beeinträchtigung der Leistungsfähigkeit bereits bei der Einstellung wegen der Offenkundigkeit der Behinderung erkennen müssen, so liegt kein Anfechtungsgrund vor. Es fehlt dann an der erforderlichen Fehlvorstellung.[82] Ist ein Arbeitnehmer schwerbehindert, ohne dass die der Behinderung zugrunde liegenden Funktionsbeeinträchtigungen sich auf die Erbringung der Arbeitsleistung nachteilig auswirken, wird die Fehlvorstellung des Arbeitgebers über das Nichtvorliegen einer Schwerbehinderung nicht geschützt. Der „Status" schwerbehinderter Mensch an sich ist keine verkehrswesentliche Eigenschaft.[83] Entscheidend ist, ob tatsächlich eine Beeinträchtigung der beruflichen Eignung und Fähigkeiten durch die objektiv vorliegenden Behinderungen eintritt. Hier ist seit dem 18.8.2006 die in § 8 AGG neugefasste Definition der **„wesentlichen und entscheidenden beruflichen Anforderung"** maßgeblich. Fehlt dem behinderten Bewerber um den Posten eines Kraftfahrers die persönliche Eignung wegen einer Sehschwäche, so ist der Irrtum des Arbeitgebers über die für das Führen eines Fahrzeugs erforderliche Sehfähigkeit beachtlich. Unerheblich ist jedoch die Fehlvorstellung über den Status „schwerbehinderter Mensch".

23 **Täuschungsanfechtung:** Eine wegen arglistiger Täuschung (§ 123 Abs. 1 BGB) erklärte und dem Arbeitnehmer zugegangene Anfechtungserklärung (§ 143 Abs. 1 BGB) bewirkt nur dann die Nichtigkeit des Arbeitsverhältnisses (§ 142 BGB), wenn der Arbeitnehmer zur Offenbarung verpflichtet war oder auf eine zulässige Frage eine wahrheitswidrige Antwort gegeben hat. Für die Erfüllung des Merkmals **„arglistig"** reicht es aus, wenn der Täuschende bezweckt hat, den anderen zur Abgabe der maßgeblichen Willenserklärung zu veranlassen. Die Täuschung muss dann auch **tatsächlich kausal** geworden sein. Daran fehlt es zB wenn die Entscheidung, den Arbeitnehmer einzustellen, bereits vor der wahrheitswidrigen Angabe im Fragebogen „nicht schwerbehindert" gefallen ist.[84] Ebenso fehlt es an der Kausalität, wenn die vom Arbeitnehmer geleugnete Schwerbehinderung offenkundig war.[85] In dem vom BAG entschiedenen Fall ist wegen der Funktionseinschränkung der Gliedmaßen und des Rumpfes bei angeborenem Minderwuchs von einer Offenkundigkeit der Schwerbehinderung ausgegangen worden.

---

78 BAG 28.3.1974 – 2 AZR 92/73, AP § 119 BGB Nr. 3.
79 LAG Hamm 9.11.2006 – 17 Sa 172/06.
80 BAG 28.3.1974 – 2 AZR 92/93, AP § 119 BGB Nr. 3.
81 Zutreffend: LAG Hamm 9.11.2006 – 17 Sa 172/06.
82 BAG 18.10.2000 – 2 AZR 380/99, AP § 123 BGB Nr. 59.
83 Vgl. *Dörner* SchwbG § 15 Rn. 77; *Steinbrück* in GK-SchwbG § 15 Rn. 149; *Lampe* in GK-SGB IX § 85 Rn. 143; *Trenk-Hinterberger* in HK-SGB IX § 85 Rn. 33.
84 *Däubler* in Däubler/Deinert/Zwanziger BGB §§ 123, 124 Rn. 29.
85 BAG 18.10.2000 – 2 AZR 280/99, AP BGB § 123 Nr. 59.

c) Fragerecht und Offenbarungspflicht

Offenbarungspflicht: Der Arbeitnehmer hat bei Vertragsverhandlungen ungefragt alle Umstände anzugeben, die ihm eine ordnungsgemäße Ausführung der vorgesehenen Arbeit unmöglich machen.[86] Der Umstand, dass für jemand die Eigenschaft schwerbehinderter Mensch festgestellt ist, stellt **kein objektives Leistungshindernis** dar. Entgegen einem weit verbreiteten Vorurteil ist mit der behördlichen Feststellung einer Schwerbehinderung nicht die Feststellung verbunden, dass der Behinderte leistungsgemindert sei (→ § 152 Rn. 18). Im Einzelfall können Funktionsbeeinträchtigungen, die der Feststellung der Schwerbehinderung zugrunde liegen, eine vertragsgemäße Arbeitsausführung unmöglich machen oder erheblich erschweren. Ein Bewerber ist dann gegenüber dem künftigen Arbeitgeber zur Offenbarung dieser Funktionsbeeinträchtigung verpflichtet, wenn er erkennen muss, dass er die mit dem in Aussicht gestellten Arbeitsplatz verbundenen Anforderungen nicht erfüllen kann.[87]

Beispiele:

- Ein Bewerber mit Heilungsbewährung nach Krebserkrankung (GdB 50) bewirbt sich um die Stelle eines Kassierers im Supermarkt: Keine Offenbarungspflicht.
- Ein an Epilepsie leidender Arbeitnehmer (GdB 60) bewirbt sich um die Stelle eines Dachdeckers: Offenbarungspflicht.

Fragerecht des Arbeitgebers: Vor Inkrafttreten des SGB IX war umstritten, wie weit die Offenbarungspflicht des schwerbehinderten Bewerbers geht, wenn er im mündlichen Vorstellungsgespräch oder schriftlich mittels eines Personalfragebogens befragt wird. Grundsätzlich gilt, dass ein Arbeitnehmer zu der wahrheitsgemäßen Beantwortung einer Frage verpflichtet ist, falls die gestellte Frage zulässig ist. Allgemein wird ein Fragerecht des Arbeitgebers bei den Einstellungsverhandlungen nur insoweit anerkannt, als der Arbeitgeber ein **berechtigtes, billigenswertes und schutzwürdiges Interesse** an der Beantwortung seiner Frage im Hinblick auf das Arbeitsverhältnis hat.[88] Ein berechtigtes Interesse des Arbeitgebers wurde angenommen, wenn sich die der Behinderung zugrunde liegenden Leiden oder Funktionsbeeinträchtigungen belastend auf die vorgesehene Tätigkeit auswirken und dies der Bewerber auch erkennen muss. Das können insbesondere sein: Unvermögen zur Leistung eines Teils der vertraglich vorgesehenen Aufgaben, Notwendigkeit zusätzlicher technischer Arbeitshilfen, Erfordernis spezieller Sicherheitsvorkehrung, Zurverfügungstellung besonderer Transportmittel, Ausschluss bestimmter Arbeitszeiten (zB Nachtarbeit), Einhaltung besonderer Pausen, Einrichtung besonderer Küchen oder Sanitäranlagen, Einhaltung bestimmter klimatischer Bedingungen.[89] Die ständige Rechtsprechung des BAG ging noch weiter. Sie bejahte ein **tätigkeitsneutrales Interesse** auch dann, wenn die Schwerbehinderung oder die Gleichstellung für die auszuübende Tätigkeit ohne Bedeutung war. Der Arbeitgeber sollte danach stets für die Frage nach der **amtlich festgestellten „Schwerbehinderteneigenschaft", der Gleichstellung** oder auch nach dem **gestellten Antrag auf Feststellung** des Vorliegens einer Schwerbehinderung oder nach dem Antrag auf Gleichstellung ein berechtigtes Interesse haben. Das berechtigte Interesse ergebe sich daraus, dass mit dem Schwerbehindertenstatus zahlreiche Rechtspflichten verbunden seien,

---

86 *Lampe* in GK-SGB IX § 15 Rn. 148.
87 BAG 25.3.1976 – 2 AZR 136/75, AP § 123 BGB Nr. 19.
88 BAG 7.6.1984 – 2 AZR 270/83, AP § 123 BGB Nr. 26; BAG 11.11.1993 – 2 AZR 467/93, BAGE 75, 77; 5.10.1995 – 2 AZR 923/94, BAGE 81, 120.
89 Vgl. *Steinbrück* in GK-SchwbG, 2. Aufl. 1999, § 15 Rn. 150.

die der Arbeitgeber erfüllen müsse.[90] Diese Rechtsprechung räumte dem Arbeitgeber das Recht ein, die schwerbehinderten und ihnen gleichgestellten Menschen aus allen Stellenbewerbern auszusortieren. Sie gelangte dazu, weil sie aus dem Fehlen eines Kontrahierungszwangs auf eine uneingeschränkte Vertragsfreiheit des Arbeitgebers und damit auf ein entsprechend weitgefasstes Fragerecht geschlossen hat. Die in §§ 14, 28 SchwbG geregelte Pflicht des Arbeitgebers, an der Eingliederung von schwerbehinderten Stellenbewerbern in den Betrieb mitwirken zu müssen, war übersehen worden.[91] Symptomatisch für dieses Verständnis war, dass entgegen dem klaren Wortlaut des § 11 Abs. 1 Satz 2 SchwbG (wortgleich in § 77 Abs. 1 Satz 2 SGB IX aF und von dort mit Wirkung vom 1.1.2018 nach § 160 Abs. 1 Satz 2 SGB IX übernommen) davon ausgegangen worden war, es bestehe für den Arbeitgeber die Freiheit, zwischen der Pflicht zur Schwerbehindertenbeschäftigung und der Zahlung einer Ausgleichsabgabe zu wählen. Der Zweite Senat korrigierte zwar diese „Leseschwäche",[92] aber beharrte dennoch darauf, es bestünde ein berechtigtes Interesse für ein tätigkeitsneutrales Fragerecht. Liege beim Arbeitnehmer eine Funktionsstörung vor, die möglicherweise eine Schwerbehinderung begründe, so habe es der Arbeitnehmer in der Hand, ob er seine Anerkennung als Schwerbehinderter betreiben wolle. Habe er dies getan, so ergäben sich „für den Arbeitgeber aus dem Schwerbehindertenstatus nachteilige Folgen". In das System des gesetzlichen Schutzes der Schwerbehinderten passe es nicht, wenn einzelne vom Erscheinungsbild her unauffällige Schwerbehinderte auf einem „zweiten Weg" die Einstellung durch falsche Angaben über ihren Schwerbehindertenstatus erreichen, indem sie erst nach Ablauf der sechsmonatigen Wartezeit für den Kündigungsschutz dem Arbeitgeber ihre Schwerbehinderteneigenschaft offenbaren und entsprechende Ansprüche wie zB Zusatzurlaub geltend machten. Es bestehe kein Grund für Notlügen bei den Einstellungsverhandlungen; denn der Gesetzgeber habe ein System geschaffen, das Schwerbehinderte nicht vom Arbeitsmarkt ausschlössen, wenn sie ihren Schwerbehindertenstatus bei der Einstellung offenbarten. Der überwiegende Teil des Schrifttums ist dieser auch empirisch falschen Argumentation nicht gefolgt und hat das tätigkeitsneutrale Fragerecht abgelehnt.[93]

26 **Die Beschränkung des Fragerechts durch das GG:** Seitdem das Gesetz zur Änderung des Grundgesetzes vom 27.10.1994[94] in Art. 3 Abs. 3 den Satz 2 eingefügt hat: „Niemand darf wegen seiner Behinderung benachteiligt werden" war das tätigkeitsneutrale Fragerecht nicht mehr mit der Verfassung vereinbar. Die Ausdehnung des Fragerechts auf die tätigkeitsneutralen Eigenschaften Schwerbehinderung oder Gleichstellung widerspricht der objektiven Wertentscheidung des Grundgesetzes. Das Benachteiligungsverbot soll verhindern, dass Behinderten Entfaltungs- und Betätigungsmöglichkeiten vorenthalten werden, welche anderen offenstehen.[95] Da bei der Anwendung von Generalklauseln im Privatrechtsverkehr die verfassungsrechtliche Wertordnung zu beachten ist, muss die-

---

90 BAG 7.6.1984 – 2 AZR 270/83, AP § 123 BGB Nr. 26; BAG 1.8.1985 – 2 AZR 101/83, AP § 123 Nr. 30; zweifelnd: BAG 11.11.1993 – 2 AZR 467/93, AP § 123 BGB Nr. 38; klarstellend: BAG 5.10.1995 – 2 AZR 923/94, AP § 123 BGB Nr. 40; bestätigend: BAG 18.10.2000 – 2 AZR 380/99, AP § 123 BGB Nr. 59.
91 *Düwell* AuR 1998, 151 f.; *Düwell* ZTR 1995, 478.
92 Vgl. BAG 5.10.1995 – 2 AZR 923/94, AP § 123 BGB Nr. 40, juris Rn. 22.
93 Vgl. *Düwell* ZTR 2000, 408; *Dieterich* in ErfK, 8. Aufl. 2008, GG Art. 3 Rn. 82; *Pahlen* RdA 2001, 143 (148 f.); *Weyand/Schubert*, Das neue Schwerbehindertenrecht, Rn. 85.
94 BGBl. I 3146.
95 BVerfG 8.10.1997 – 1 BvR 9/97, BVerfGE 96, 288 (302 f.).

se Wertentscheidung folgerichtig auch bei der nach § 242 BGB zu bestimmenden Reichweite des Fragerechts[96] berücksichtigt werden.[97] Das gilt umso mehr als nach dem erklärten Willen des verfassungsändernden Gesetzgebers das Verbot der Benachteiligung Behinderter als Teil der objektiven Wertordnung in die Auslegung des Zivilrechts einfließen soll.[98] Der Zweiten Senat des BAG hat dagegen eingewandt, es fehle „eine § 611a BGB vergleichbare einzelgesetzliche Regelung zur Durchsetzung dieses Benachteiligungsverbots".[99]

Fragerecht und 164 Abs. 2 SGB IX: Der vom Zweiten Senat 1995 gemachte Vorbehalt ist bereits seit Inkrafttreten des SGB IX im Jahre 2001 hinfällig geworden. Seitdem gilt (zunächst nach § 81 Abs. 2 Satz 1 SGB IX aF jetzt durch Art. 1 BTHG mit Wirkung vom 1.1.2018 nach § 164 SGB IX nF verschoben): „Arbeitgeber dürfen schwerbehinderte Beschäftigte nicht wegen ihrer Behinderung benachteiligen". In der ursprünglichen Fassung von § 81 Abs. 2 Satz 2 Nr. 1 SGB IX aF[100] war die Rechtfertigung einer unterschiedlichen Behandlung wegen der Behinderung an die Art der von dem Beschäftigten zu verrichtenden Tätigkeit und an deren Ausübungsbedingungen geknüpft. Damit war jede rechtliche Grundlage für die Ausweitung des Fragerechts auf eine tätigkeitsneutrale Behinderung oder „Anerkennung" als schwerbehinderter oder gleichgestellter Mensch weggefallen.[101] Das einfach gesetzliche **Benachteiligungsverbot** bezweckt die Verbesserung der Chancen von schwerbehinderten Menschen in Bewerbungsverfahren für Einstellungen und beim beruflichen Aufstieg. Die Berücksichtigung dieses Zwecks führt dazu, dass ein berechtigtes Interesse des Arbeitgebers, den abstrakten „Status" schwerbehinderter oder gleichgestellter Mensch **vor** der Einstellung festzustellen, nicht anerkannt werden kann. Die von der Rechtsprechung angeführten Melde- und Fürsorgepflichten können auch noch dann erfüllt werden, wenn der Arbeitgeber erst **nach** der Einstellung den „Status" abfragt.   27

Unvereinbarkeit des tätigkeitsneutralen Fragerechts mit Unionsrecht: Das vom BAG für behinderte Bewerber entwickelte tätigkeitsneutrale Fragerecht des Arbeitgebers ist auch nicht mit der **Richtlinie 2000/78/EG** des Rates zur Festlegung eines allgemeinen Rahmens für die Verwirklichung der Gleichbehandlung in Beschäftigung und Beruf vom 27.11.2000[102] vereinbar. Nach deren Art. 1 ist Zweck der Richtlinie ua die Bekämpfung der Diskriminierung „wegen einer Behinderung". Nach Art. 4 Abs. 1 dürfen die Mitgliedsstaaten nur eine Regelung zur gerechtfertigten Ungleichbehandlung im Hinblick auf eine Behinderung treffen, sofern sie sich „wesentliche und entscheidende berufliche Anforderun-   28

---

96 Vgl. BAG 11.11.1993 – 2 AZR 476/93, AP § 123 BGB Nr. 38.
97 *Käppler* ZfA 1995, 274 (276); *Düwell* BB 2000, 20570 (2572).
98 Vgl. BVerfG 28.3.2000 – 1 BvR 1460/99, NJW 2000, 2658; BVerfG 19.1.1999 – 1 BvR 2161/94, BVerfGE 99, 341 (356).
99 BAG 5.10.1995 – 2 AZR 923/94, AP § 123 BGB Nr. 40, juris Rn. 29.
100 Mit G v. 14.8.2006 mWv 18.8.2006 ersetzt durch die Verweisung auf den inhaltsgleichen § 8 Abs. 1 AGG.
101 *Düwell* BB 2001, 1527 (1530); dem folgend: *Griebeling* in Hauck/Noftz SGB IX § 85 Rn. 29; *Etzel* in KR, 7. Aufl. 2009, SGB IX §§ 85–90 Rn. 32; unter Aufgabe der früheren Auffassung *Gallner* in KR, 11. Aufl. 2016, SGB IX §§ 85–90 Rn. 22 f.; *Trenk-Hinterberger* in HK-SGB IX § 85 Rn. 36; *Brors* DB 2003, 1734; *Braun* MDR 2004, 64; *Kaehler* ZfA 2006, 537; *Brecht/Heitzmann* ZTR 2006, 640; *Joussen* NZA 2007, 176; *Wisskirchen/Bissels* NZA 2007, 173; *Schredder/Klagges* NZA-RR 2009, 170; *Onabrügge* in HaKo-KSchR SGB IX §§ 168–175, 178 Rn. 24; *Koch* in Schaub ArbR-HdB SGB IX § 179 Rn. 49; umfassend: *Euler*, Die Zulässigkeit der Frage nach einer Schwerbehinderung nach Einführung des Benachteiligungsverbots des § 81 Abs. 2 SGB IX, 2004.
102 ABl. EG L 303/16.

gen darstellt" und es sich „um einen rechtmäßigen Zweck und eine angemessene Anforderung handelt". Gemäß Art. 5 Satz 2 haben die Arbeitgeber im Übrigen geeignete Maßnahmen zu ergreifen, um den Menschen mit Behinderung den Zugang zur Beschäftigung zu ermöglichen. Die Zulassung eines tätigkeitsneutralen Fragerechts ist mit diesen Richtlinienbestimmungen unvereinbar. Es verhindert die Chancengleichheit behinderter Bewerber. Die nach Art. 18 der Richtlinie bestehende Umsetzungsfrist ist am 2.12.2003 24 Uhr abgelaufen. Dem Inhalt der Richtlinie ist deshalb von allen deutschen Gerichten zur Wirksamkeit zu verhelfen. Das zwingt dazu, die ständige Rspr. aufzugeben. Da seit langem die völlig hM davon ausgeht, dass die höchstrichterliche Rspr. überholt ist, darf den Arbeitgebern auch kein Vertrauensschutz gewährt werden. Vorbildlich ist insoweit die Rspr. zum Fragerecht nach der Schwangerschaft. Nach den Entscheidungen des EuGH zur Auslegung der Richtlinie 76/207/EWG des Rates vom 9.2.1976 zur Verwirklichung des Grundsatzes der Gleichbehandlung von Männern und Frauen hinsichtlich des Zugangs zur Beschäftigung[103] kam es zu einer vergleichbaren Änderung der Rechtsprechungslinie wie heute ansteht.[104] Das Inkrafttreten des AGG am 18.8.2006 hat für die schwerbehinderten Menschen die Rechtslage nicht verändert. Es hat nur die schon vorher in § 81 Abs. 2 Satz 2 aF seit dem 1.7.2001 enthaltenen Ausführungsbestimmungen zum Benachteiligungsverbot nach § 8, § 15 Abs. 1 und 2, § 22 AGG „verpflanzt". Gegenüber den einfach behinderten Menschen hat es zu einer Ausweitung des Diskriminierungsschutzes geführt. Seitdem ist auch gegenüber einfach behinderten Bewerbern die tätigkeitsneutrale Frage nach einer Behinderung verboten.[105]

29 **Keine ausdrückliche Aufgabe der alten Rechtsprechung zum Fragerecht:** Der Zweite Senat des BAG hat seine Rechtsprechung bisher weder ausdrücklich noch in einem obiter dictum geändert. Er hat mehrere Gelegenheiten ausgelassen. Am 11.12.2004 fand vor dem Zweiten Senat des BAG die Revisionsverhandlung über das Urteil des LAG Hamm vom 6.11.2003[106] statt. Das LAG hatte im Berufungsurteil folgende Auffassung vertreten: „Hat der Arbeitnehmer bei seiner Einstellung im Jahre 1999 die Frage nach der Schwerbehinderteneigenschaft unrichtig beantwortet, so ist der Arbeitgeber zur Anfechtung des Arbeitsvertrages wegen arglistiger Täuschung im Jahre 2002 auch dann noch berechtigt, wenn man seit Inkrafttreten des SGB IX die Frage nach der Schwerbehinderteneigenschaft für unzulässig hält". Das BAG war hier an der Entscheidung gehindert, weil der beim LAG obsiegende Arbeitgeber in der Revisionsverhandlung nach der mündlichen Erörterung der Rechtsfrage dem Arbeitnehmer einen Abfindungsvergleich angeboten hat. Darauf ist die Rechtsprechung der Obergerichte von der Unzulässigkeit der tätigkeitsneutralen Frage ausgegangen, ohne wegen der Klärungsbedürftigkeit der Rechtsfrage die Revision zuzulassen.[107] Auch danach hat der Zweite Senat die Beantwortung der Rechtsfrage

---

103 EuGH 8.11.1990 – C-177/88, AP § 119 EWG-Vertrag Nr. 23; EuGH 3.2.2000 – C-207/98, AP § 611 a BGB Nr. 18.
104 Vgl. BAG 15.10.1992 – 2 AZR 227/92, AP § 611a BGB Nr. 8 unter Aufgabe der früheren Rechtsprechung im Urteil v. 20.2.1986 – 2 AZR 244/85, BAGE 51, 167 = AP § 123 BGB Nr. 31.
105 *Joussen*, Schwerbehinderung, Fragerecht und positive Diskriminierung nach dem AGG, NZA 2007, 174 (178).
106 LAG Hamm 6.11.2003 – 8 (16) Sa 1072/03, LAGReport 2004, 230, 233.
107 Vgl. LAG Hamm 19.10.2006 – 15 Sa 740/06; zustimmend: *Tolmein* jurisPR-ArbR 18/2007 Anm. 4; LAG Hamm 30.6.2010 – 2 Sa 49/10; zustimmend: *Gravenhorst* jurisPR-ArbR 4/2011 Anm. 5.

bewusst offen gehalten.¹⁰⁸ Er hat dort ausgeführt, die falsche Beantwortung einer dem Arbeitnehmer bei der Einstellung zulässigerweise gestellten Frage könne den Arbeitgeber dazu berechtigen, den Arbeitsvertrag wegen arglistiger Täuschung anzufechten, wenn die Täuschung kausal gewesen sei. Im Streitfall hatte jedoch der Arbeitgeber zur Verteidigung gegen die gleichzeitig geltend gemachte Entschädigungsforderung nach § 15 AGG erklärt, er hätte auch bei Kenntnis der Schwerbehinderung die Bewerberin eingestellt. Deshalb kam der Zweite Senat zu dem Ergebnis, es fehle hier schon an der Kausalität der Täuschung, so dass es „keiner Entscheidung darüber bedürfe, ob sich der Arbeitgeber weiterhin nach einer Anerkennung als Schwerbehinderter auch dann erkundigen darf, wenn die Behinderung für die Ausübung der vorgesehenen Tätigkeit ohne Bedeutung ist". Die Kritik rügt mit Recht, der Zweite Senat hätte „Farbe bekennen" müssen.¹⁰⁹ Sollte erneut ein Fall zur Entscheidung anfallen und dieser an seiner alten Rspr. festhalten wollen, so müsste der Zweite Senat nach Art. 267 Abs. 3 AEUV den EuGH um Vorabentscheidung ersuchen. Der Zweite Senat wäre auch gehalten, nach § 45 ArbGG das Verfahren zur Anrufung des Großen Senats zu prüfen. Die Fortsetzung der alten Rspr. stünde im Widerspruch zu der Rspr. anderer Senate. So hat der Achte Senat den Rechtssatz aufgestellt, in der Bewerbungssituation sei eine Frage nach der Behinderung bedenklich, wenn für sie kein besonderer Anlass bestehe. Diesen hat der Achte Senat darin gesehen, dass sich aus den in den Bewerbungsunterlagen angegebenen Einschränkungen ein Nachfragebedarf im Hinblick daraus ergab, vom Bewerber zu erfahren, welche Maßnahmen der Arbeitgeber ergreifen soll, um seine Verpflichtung zu „angemessenen Vorkehrungen" iSv Art. 5 der Richtlinie 2000/78/EG iVm Art. 27 Abs. 1 Satz 2 Buchst. i und Art. 2 Unterabs. 4 UN-BRK¹¹⁰ zu erfüllen.¹¹¹ Eine solche, den besonderen Umständen geschuldete Nachfrage im Bewerbungsgespräch dürfe nicht mit der „Frage nach der (Schwer)behinderung" verwechselt werden. Die Fortsetzung der alten Rspr. stünde auch im Widerspruch zu dem vom Sechsten Senat erkannten datenschutzrechtlichen Vorbehalt, der für die mit der Frage verbundene Erhebung des personenbezogenen Datums „Schwerbehinderung" besteht.¹¹²
Begründung der Unzulässigkeit des tätigkeitsneutralen Fragerechts: Es gelten 30 zwei Benachteiligungsverbote wegen Behinderung. Das besondere Verbot aus § 164 Abs. 2 S. 1 SGB IX schützt ausschließlich schwerbehinderte iSv § 2 Abs. 2 SGB IX und gleichgestellte Beschäftigte.¹¹³ Das allgemeine Verbot aus §§ 1, 7 AGG schützt einfach behinderte Beschäftigte. Sowohl für das allgemeine als auch für das besondere Verbot gelten die Ausführungsbestimmung in § 8 AGG; denn § 164 Abs. 2 Satz 2 SGB IX verweist auf § 8 Abs. 1 AGG. Dort ist bestimmt, dass wegen einer Behinderung eine unterschiedliche Behandlung nur zulässig ist, wenn der Grund wegen der Art der auszuübenden Tätigkeit oder der Bedingungen ihrer Ausübung eine wesentliche und entscheidende sowie angemessene berufliche Anforderung darstellt. Dass die wahrheitsgemäße Beant-

---

108 BAG 7.7.2011 – 2 AZR 396/10, NZA 2012, 34.
109 *J.-H. Bauer* beck-fachdienst Arbeitsrecht 28/2011 vom 21.7.2011; *Gravenhorst* jurisPR-ArbR 3/2012 Anm. 2; *Höser* BB 2012, 1291.
110 Übereinkommen der Vereinten Nationen vom 13.12.2006 über die Rechte von Menschen mit Behinderungen (UN-Behindertenrechtskonvention).
111 BAG 26.6.2014 – 8 AZR 547/13, Rn. 53, Behindertenrecht 2015, 92.
112 BAG 16.2.2012 – 6 AZR 553/10, Rn. 11 ff., BAGE 141, 1 = Behindertenrecht 2012, 129.
113 So zutreffend angewandt: LAG Hmb 30.11.2017 – 7 Sa 90/17, Rn. 61; *Busch* jurisPR-ArbR 11/2018 Anm. 3; vgl. ausführliche Begründung unter → § 164 Rn. 37.

wortung der Frage nach der Schwerbehinderteneigenschaft, nach der Gleichstellung iSv § 2 Abs. 3 oder dem Vorliegen einer Behinderung iSv § 2 Abs. 1 Satz 1 SGB IX zu einer Benachteiligung des Klägers geführt hätte, zeigt sich in jedem Anfechtungsfall. Denn der Anfechtende muss die Kausalität der wahrheitswidrigen Antwort darlegen. Er muss vorgetragen, dass er Arbeitgeber den Bewerber nicht eingestellt hätte, wenn er von dessen Behinderung, Gleichstellung oder Schwerbehinderung Kenntnis gehabt hätte. Zwar kann nach Maßgabe des § 8 Abs. 1 AGG eine unterschiedliche Behandlung zulässig sein. Dies gilt jedoch nur, sofern die Art der auszuübenden Tätigkeit eine bestimmte körperliche Funktion, geistige Fähigkeit oder seelische Gesundheit als wesentliche und angemessene berufliche Anforderung voraussetzt. Ein Arbeitgeber ist deshalb nur berechtigt, danach zu fragen, ob beim Stellenbewerber eine körperliche, geistige oder seelische Beeinträchtigung vorhanden ist, durch die dieser wesentliche und angemessene berufliche Anforderungen der beabsichtigten vertraglichen Tätigkeit nicht erfüllen kann. Ist diese Voraussetzung nicht gegeben, so ist die Frage als unzulässig anzusehen, weil sie unmittelbar und direkt an die von § 164 Abs. 2 Satz 1 SGB IX oder durch §§ 1, 7 AGG geschützte Eigenschaft Behinderung anknüpft und damit eine **unmittelbare Diskriminierung** darstellt.[114] Besteht kein Fragerecht, so ist der Bewerber berechtigt, die unzulässige Frage falsch zu beantworten.[115] Zudem stehen ihm Ansprüche auf Schadensersatz und Entschädigung nach § 164 Abs. 2 Satz 2 SGB IX iVm § 15 Abs. 1 und 2 AGG zu; denn die tätigkeitsneutrale Frage führt zu einer ungünstigeren Behandlung im Vergleich zu nicht schwerbehinderten Bewerbern: Sie schafft eine Entscheidungssituation, die negative Folgen für den Arbeitnehmer, die die Frage beantworten soll, haben kann. Mit dieser Frage bringt der Arbeitgeber zum Ausdruck, dass es ihm für das Arbeitsverhältnis darauf ankommt, dass der Arbeitnehmer nicht iSd § 2 SGB IX behindert ist. Die erwartete Antwort zielt nicht lediglich darauf ab, zu erfahren, ob der Arbeitnehmer die geschuldete Tätigkeit ausüben kann.[116]

31 **Fragerecht für positive Förderungsmaßnahmen:** Will der Arbeitgeber schwerbehinderte oder gleichgestellte Bewerber einstellen, um die gesetzliche **Mindestquote** § 154 zu erfüllen oder als sozial vorbildlicher Betriebsinhaber überobligationsmäßig zu überschreiten, so hat er ein schutzwürdiges Interesse daran, bereits vor der Einstellung den abstrakten behinderungsrechtlichen „Status" zu erfahren. Dieser, die Eingliederung fördernde Arbeitgeber verfolgt eine behindertenfreundliche „Tendenz". Zu diesem Zweck muss die tätigkeitsneutrale Frage zulässig sein. Gleiches gilt für Maßnahmen zugunsten einfach behinderter Menschen. Das folgt auch aus § 5 AGG, der ausdrücklich die gezielte Förderung durch **positive Maßnahmen** zulässt. Damit auch der Bewerber diese

---

114 HM *Deinert* in Deinert/Neumann SGB IX-HdB § 17 Rn. 17; *Düwell* BB 2001, 1527 (1529) und BB 2006, 1741 (1743); *Etzel/Gallner* in KR, 11. Aufl. 2016, SGB IX §§ 85–90 Rn. 32; *Osnabrügge* in HaKo-KSchR SGB IX §§ 168–175, § 178 Rn. 24; *Trenk-Hinterberger* in HK-SGB IX, 3. Aufl. 2009, Rn. 36; *Knittel* SGB IX § 68 Rn. 43; *Messingschlager* NZA 2003, 301 (303); *Perreng* in Nollert-Borasio AGG, 4. Aufl. 2015, § 2 Rn. 17 f.; *Preis* in ErfK, 21. Aufl. 2021, BGB § 611a Rn. 272; *Rolfs/Paschke* BB 2002, 1260 (1261); *Thüsing/Lambrich* BB 2002, 1046 (1049); *Vossen* SPV Kündigung § 85 Rn. 1522; *Wisskirchen/Bissels* NZA 2007, 169 (173); zu § 7 AGG *Däubler* in HK-AGG, 3. Aufl. 2013, § 7 Rn. 35 f.; aA einzig *Schaub* NZA 2003, 299.
115 *Preis* in ErfK BGB § 611a Rn. 272; *Schlachter* in ErfK AGG § 7 Rn. 2.
116 LAG Hmb 30.11.2017 – 7 Sa 90/17, Rn. 58 ff.; zustimmend *Busch* jurisPR-ArbR 11/2018 Anm. 3; ebenso ArbG Hmb 27.6.2017 – 20 Ca 22/17, zustimmend *Luickhardt* jurisPR-ArbR 49/2017 Anm. 5.

Tendenz und die Berechtigung der Frage erkennen kann, muss der Arbeitgeber sein **Frageziel offenlegen**. Das kann zB durch die zusätzliche Erklärung zur Stellenausschreibung geschehen: „Bewerbungen von Behinderten sind erwünscht. Der Betrieb unternimmt aufgrund der mit der Schwerbehindertenvertretung abgeschlossenen Inklusionsvereinbarung besondere Anstrengungen zur Eingliederung von Behinderten". Beantwortet ein schwerbehinderter Mensch dann diese zulässig gestellte Frage aus Furcht, hier werde nur unter einem Vorwand eine Aussortierung von Behinderten organisiert, wahrheitswidrig, so kann zwar dadurch beim Arbeitgeber ein Irrtum erregt werden. Dann hat aber der wahrheitswidrig Antwortende zum einen nicht den Arbeitgeber „arglistig" getäuscht. Er durfte nach dem Erklärungsinhalt des Zusatzes zur Ausschreibung davon ausgehen, die Auswahl eines behinderten Menschen sei erwünscht. Mit der wahrheitswidrigen Antwort hat er somit nur auf den in Aussicht gestellten Behindertenbonus verzichtet. Zum anderen kann der beim Arbeitgeber entstandene Irrtum nicht als kausal angesehen werden. Denn wer als Arbeitgeber erklärt, einen schwerbehinderten oder behinderten Menschen einstellen oder „befördern" zu wollen, und tatsächlich auch einen objektiv behinderten Menschen auserwählt, hat den Erfolg, den er nach der eigenen Erklärung erreichen wollte. Es wäre zumindest widersprüchlich, sich darauf zu berufen, bei Kenntnis der objektiv vorliegenden Behinderteneigenschaft wäre subjektiv eine andere Entscheidung getroffen worden.

Fragerecht im bestehenden Arbeitsverhältnis: Geklärt ist vom Sechsten Senat 32 des BAG die Zulässigkeit der Frage nach der tätigkeitsneutralen Schwerbehinderung im bestehenden Arbeitsverhältnis nach Ablauf der sechsmonatigen Wartezeit für den besonderen Kündigungsschutz. Die Frage ist dann insbesondere erforderlich, um dem Arbeitgeber ein rechtstreues Verhalten im Zusammenhang mit seinen Pflichten zur behinderungsgerechten Beschäftigung (§ 165 Abs. 4 Satz 1 Nr. 1 SGB IX), Zahlung einer Ausgleichsabgabe (§ 160 SGB IX) und Gewährung von Zusatzurlaub (§ 208 SGB IX) zu ermöglichen.[117] Die Frage nach der Schwerbehinderung ist ebenso auch im Vorfeld einer Kündigung zulässig, um die Zustimmungsbedürftigkeit nach § 168 SGB IX oder die Berücksichtigung der Schwerbehinderung bei der Sozialauswahl nach § 1 Abs. 3 KSchG zu ermitteln. Diese tätigkeitsneutrale Frage diskriminiert den Arbeitnehmer nicht wegen seiner Behinderung unmittelbar iSd § 3 Abs. 1 Satz 1 AGG; denn es gibt keine Handlungsalternativen. Entgegen einer im Schrifttum vertretenen Auffassung schützt die Verpflichtung des Arbeitnehmers, den Arbeitgeber nach Erklärung einer Kündigung zum Erhalt des Sonderkündigungsschutzes binnen angemessener Frist auf die Schwerbehinderung hinzuweisen,[118] den Arbeitgeber nicht hinreichend, weil dies die Einhaltung der dem Arbeitgeber bereits vor Erklärung der Kündigung obliegenden Pflichten nicht sicherstellen kann.[119] Verneint der Arbeitnehmer auf die zulässige Frage die Schwerbehinderung oder Gleichstellung, so folgt daraus kein Anfechtungsrecht; denn die spätere Täuschung kann für das vorher begründete Arbeitsverhältnis niemals kausal werden. Dem Arbeitnehmer ist es jedoch wegen seines treuwidrigen und widersprüchlichen Verhaltens verwehrt, sich auf seinen Sonderschutz zu berufen.[120]

Das Fragerecht im Beschäftigtendatenschutzrecht: Das Fragerecht ist Teil des 33 Rechts, personenbezogene Daten zu verarbeiten. Es handelt sich um den spezi-

---

117 BAG 16.2.2012 – 6 AZR 553/10, NZA 2012, 555.
118 So *Deinert* in Deinert/Neumann SGB IX-HdB § 17 Rn. 29.
119 BAG 16.2.2012 – 6 AZR 553/10, NZA 2012, 555.
120 BAG 16.2.2012 – 6 AZR 553/10, NZA 2012, 555.

ellen Vorgang der **Erhebung**. Das Beschäftigtendatenschutzrecht ist durch die seit dem 25.5.2018 unmittelbar geltende unionsrechtliche DS-GVO (→ § 167 Rn. 91) umgestaltet worden. In Anpassung und Umsetzung der DS-GVO hat der deutsche Gesetzgeber auch das Datenschutzrecht im Beschäftigungskontext in § 26 BDSG als Datenverarbeitung **für Zwecke des Beschäftigungsverhältnisses** neu gefasst. Nach § 26 Abs. 1 Satz 1 BDSG nF dürfen personenbezogene Daten von Beschäftigten für Zwecke des Beschäftigungsverhältnisses verarbeitet werden, wenn dies für die Entscheidung über die Begründung eines Beschäftigungsverhältnisses oder nach Begründung des Beschäftigungsverhältnisses für dessen Durchführung oder Beendigung oder zur Ausübung oder Erfüllung der sich aus einem Gesetz oder einem Tarifvertrag, einer Betriebs- oder Dienstvereinbarung ergebenden Rechte und Pflichten der Interessenvertretung der Beschäftigten erforderlich ist. Nach § 26 Abs. 3 Satz 1 BDSG nF ist die Verarbeitung besonderer personenbezogener Daten, wie sie **Gesundheitsdaten** und Daten über die **Schwerbehinderteneigenschaft** darstellen, für Zwecke des Beschäftigungsverhältnisses nur zulässig, wenn sie zur Ausübung von Rechten oder zur Erfüllung rechtlicher Pflichten aus dem Arbeitsrecht, dem Recht der sozialen Sicherheit und des Sozialschutzes erforderlich ist und kein Grund zu der Annahme besteht, dass das schutzwürdige Interesse der betroffenen Person an dem Ausschluss der Verarbeitung überwiegt. Danach ist die tätigkeitsneutrale Frage zur Erhebung dieser Daten vor der Einstellung ausgeschlossen.[121]

d) Anfechtungsfrist

34 **Anfechtungsfrist:** Liegt ein Anfechtungsgrund nach § 119 BGB vor, so muss die Irrtumsanfechtung „**ohne schuldhaftes Zögern**" (§ 121 BGB) erklärt werden. Das BAG hat zur Bestimmung der Dauer dieser Frist einmal die Zwei-Wochen-Frist des § 626 Abs. 2 BGB herangezogen.[122] Das ist abzulehnen.[123] Entsprechend der Legaldefinition des § 121 Abs. 1 BGB bedeutet „unverzüglich" nach dem allgemeinen Rechtsverständnis **ohne schuldhaftes Zögern**. Schuldhaft ist ein Zögern dann, wenn das Zuwarten durch die Umstände des Einzelfalles nicht geboten ist.[124] „Unverzüglich" bedeutet damit weder „sofort" noch ist damit eine starre Zeitvorgabe verbunden.[125] Es kommt vielmehr auf eine verständige Abwägung der beiderseitigen Interessen an.[126] In der Regel wird, kein externer Rechtsrat eingeholt werden muss, eine Frist von **drei Tagen** für die Entscheidung zu veranschlagen.[127] Unerwartete Verzögerungen bei der Übermittlung der Erklärung hat der Absender nicht zu verantworten.[128] Die Rechtsprechung der Obergerichte ist bisher dem Zweiten Senat des BAG gefolgt und nimmt an, die bei einem Irrtum über eine verkehrswesentliche Eigenschaft einzuhaltende Anfechtungsfrist werde durch die **Zweiwochenfrist** des § 626 Abs. 2 BGB konkretisiert.[129]

---

121 *Düwell* in Weth/Herberger/Wächter Arbeitnehmerdatenschutz-HdB, 2. Aufl. 2019, S. 19 ff.
122 BAG 14.12.1979 – 7 AZR 38/78, AP § 119 BGB Nr. 4.
123 *Dörner* SchwbG § 15 Rn. 79.
124 RG 22.2.1929 – II 357/28, RGZ 124, 115 (118).
125 *Schorn* in Müller-Wenner/Schorn SGB IX § 91 Rn. 22.
126 BGH 26.1.1962 – V ZR 168/60, DB 1962, 600.
127 Vgl. OLG Koblenz 18.9.2003 – 1 Verg 4/03, IBR 2003, 695 mwN aus der Rspr.
128 OLG Naumburg 25.1.2005 – 1 Verg 22/04, ZfBR 2005, 415.
129 LAG Hamm 9.11.2006 – 17 Sa 172/06.

e) Rechtsfolgen der Anfechtung

Folgen der wirksamen Anfechtungserklärung: Nach § 142 Abs. 1 BGB bewirkt 35
der Zugang einer Anfechtungserklärung des Arbeitgebers beim Arbeitnehmer
als Anfechtungsgegner dass das Rechtsgeschäft „als von Anfang an nichtig anzusehen" (ex tunc), sofern der vom Arbeitgeber geltend gemachte Anfechtungsgrund tatsächlich besteht. Rechtsgeschäft bedeutet hier richtigerweise Willenserklärung. Ist infolge aufgrund der Willenserklärung (gleich ob Annahme oder
Abgabe des Angebots auf Anschluss) ein Arbeitsvertrag zustande gekommen,
so ist infolge der Anfechtung der Arbeitsvertrag unwirksam. Im Grundsatz sind
dann alle Leistungen nach Bereicherungsrecht (§§ 812 ff. BGB) rückabzuwi-
ckeln, weil ihr Rechtsgrund weggefallen ist. Für bereits in Vollzug gesetzte Arbeitsverhältnisse gilt nach der Rechtsprechung des BAG für das „faktische"
(besser: „fehlerhafte") Arbeitsverhältnis, in dem der Arbeitnehmer Arbeit ohne
wirksame Vertragsgrundlage geleistet hat, die Ausnahme: Ansprüche und Rechte aus dem Arbeitsverhältnis entfallen **nur für die Zukunft** (ex nunc) und bereits ausgetauschte Leistungen brauchen deshalb nicht rückabgewickelt zu werden.[130] Von dieser besonderen arbeitsrechtlichen Rechtsfortbildung sind zwei
Rückausnahmen entwickelt worden:
1. Wenn ein besonders schwerer Mangel vorliegt, ist die Nichtigkeit des Arbeitsverhältnisses in vollem Umfang zu beachten; die erbrachten Leistungen
   werden dann nach Bereicherungsrecht rückabgewickelt.[131] Das gilt für die
   Fälle, in denen die Beschäftigung gegen ein gesetzliches Verbot verstößt,
   zB im Falle einer von Anfang an fehlenden Approbation für ärztliche Tätigkeit; denn durch die strafbare Praktizierung des Arbeitsvertrags kann keine
   „Heilung" für die Vergangenheit eintreten.[132]
2. Wie im Fall des schweren Mangels soll kein Grund bestehen, von der
   Regelfolge rückwirkender Anfechtung (ex tunc) abzuweichen, wenn der
   Arbeitgeber im Anschluss an eine Arbeitsunfähigkeit des Arbeitnehmers
   den Arbeitsvertrag wegen arglistiger Täuschung anficht.[133] Das bedeutet,
   der Arbeitgeber kann die vor Zugang der Anfechtungserklärung begründete Entgeltfortzahlung im Krankheitsfall verweigern. Dieser Ansatz, arbeitsrechtliche Sonderregelungen zu begrenzen, bewirkt erhebliche Rechtsunsi-
   cherheit.[134]

f) Verhältnis von Kündigungs- und Anfechtungsrecht

Das Recht zur außerordentlichen Kündigung wird durch eine Möglichkeit 36
zur Anfechtung nicht ausgeschlossen. Beide Gestaltungsrechte bestehen nebeneinander.[135] Die Anfechtung setzt einen Grund voraus, der schon bei Abschluss
des Arbeitsvertrags vorgelegen hat, während die Kündigung dazu dient, ein
durch nachträgliche Umstände belastetes oder sinnlos gewordenes Arbeitsverhältnis zu beenden. Ein Anfechtungsgrund kann jedoch noch so stark nachwirken, dass dem Arbeitgeber die Fortsetzung des Arbeitsverhältnisses bis zum

---

130 St. Rspr. BAG 16.9.1982 – 2 AZR 228/80, AP § 123 BGB Nr. 24; für Einschrän-
    kung des Vertrauensschutzes, wenn sich der Arbeitnehmer den Vertragsschluss
    rechtswidrig erschlichen habe: *Joussen* NZA 2006, 963.
131 BAG 7.6.1972 – 5 AZR 512/71, AP BGB § 611 Faktisches Arbeitsverhältnis
    Nr. 18, zu 2 der Gründe mwN.
132 BAG 3.11.2004 – 5 AZR 592/03, AP Nr. 25 zu § 134 BGB = BB 2005, 782; kri-
    tisch zur Nichtanwendung der Saldotheorie: *Gravenhorst* jurisPR-ArbR 20/2007
    Anm. 1.
133 BAG 3.12.1998 – 2 AZR 754/97, AP § 123 BGB Nr. 49.
134 Kritisch: *Dörner* SchwbG § 15 Rn. 76.
135 BAG 28.3.1974 – 2 AZR 92/73 – zu 1 der Gründe AP BGB § 119 Nr. 3.

Ablauf der Kündigungsfrist unzumutbar ist.[136] Deshalb kann der Arbeitgeber grundsätzlich nicht darauf verwiesen werden, von der Anfechtungserklärung Abstand zu nehmen und stattdessen die Kündigung zu erklären.

5. Gerichtliche Auflösung

37 **Auflösung durch das Gericht:** Unterfällt ein Arbeitsverhältnis, weil es länger als sechs Monate bestanden hat (§ 1 Abs. 1 KSchG) und es mit einem Arbeitgeber begründet worden ist, der mehr als fünf (Altfälle) oder seit 2004 mehr als zehn Arbeitnehmer beschäftigt (§ 23 Abs. 2 Satz 2, 3 KSchG), dem allgemeinen Kündigungsschutz nach § 1 KSchG, so kann das Gericht **im Kündigungsschutzprozess** das Arbeitsverhältnis auf Antrag des Arbeitgebers auflösen. Nach § 9 KSchG ist dazu Voraussetzung, dass es der vom Arbeitgeber erklärten ordentlichen Kündigung an der sozialen Rechtfertigung mangelt. Ein derartiger Antrag des Arbeitgebers bedarf nicht der Zustimmung des Integrationsamts.[137] Nach Rechtskraft eines entsprechenden arbeitsgerichtlichen Urteils ist die Hauptsache der verwaltungsgerichtlichen Klage gegen die Zustimmung des Integrationsamts insoweit erledigt.[138] Trotz des bestehenden Kündigungsverbots kann daher eine unter Verstoß gegen § 168 erklärte Kündigung des Arbeitgebers dennoch geeignet sein, das Arbeitsverhältnis aufzulösen. Voraussetzung ist jedoch, dass das Gericht nicht die Nichtigkeit der Kündigung nach § 134 BGG, sondern die **mangelnde Rechtfertigung der Kündigung nach § 1 Abs. 2 KSchG** feststellt und der Arbeitgeber dem Gericht einen Auflösungsgrund im Sinne von § 9 KSchG darlegt.

6. Freistellung, Abberufung, Widerruf

38 **Freistellung von der Arbeitspflicht:** Nicht zustimmungsbedürftig ist die **Freistellung** des schwerbehinderten oder gleichgestellten Arbeitnehmers von seiner Arbeitspflicht. Das gilt sowohl für den Fall der Vorbereitung einer Kündigung als auch für die Aufhebung einer betriebsverfassungswidrigen Einstellung (§ 101 BetrVG). Zustimmungsfrei ist auch die **Aussperrung** von schwerbehinderten und gleichgestellten Arbeitnehmern im Rahmen eines Arbeitskampfes.[139]

39 **Abberufung von Beauftragten und Teilkündigung:** Die gesetzlich in Personalvertretungsgesetzen oder anderen Gesetzen geregelte Abberufung von Arbeitgeberbeauftragten, zB Inklusions-, Gleichstellungs- und Datenschutzbeauftragten, wird von § 168 dann nicht erfasst, wenn zur Abberufung keine Kündigung, auch keine Änderungskündigung, des Arbeitsverhältnisses erforderlich ist. Gehört die Tätigkeit des Beauftragten dagegen zum arbeitsvertraglichen Pflichtenkreis des Arbeitnehmers, kann die Bestellung eines Datenschutzbeauftragten nur bei gleichzeitiger **Teilkündigung** der arbeitsvertraglich geschuldeten Sonderaufgabe wirksam widerrufen werden. Sind schuldrechtliches Grundverhältnis und Bestellung nach dem BDSG derartig miteinander verknüpft, bedarf es zur Entziehung des arbeitsvertraglich übernommenen Pflichtenkreises einer Teilkündigung.[140] Auch diese wird vom Kündigungsverbot des § 168 erfasst.

---

136 BAG 7.7.2011 – 2 AZR 396/10, NZA 2012, 34.
137 VGH BW 12.12.2005 – 9 S 1580/05; zustimmend *Griebeling* in Hauck/Noftz SGB IX § 89 Rn. 32; *Linck* in v. Hoyningen-Huene/Linck, 13. Aufl. 2002, KSchG § 9 Rn. 38 b; *Knittel* SGB IX § 85 Rn. 35; aA NdsOVG 12.7.1989 – 4 L 21/89, NZA 1990, 66.
138 *Knittel* SGB IX § 85 Rn. 35.
139 BAG GS 21.4.1971 – GS 1/68, AP Art. 9 GG Arbeitskampf Nr. 43; BAG 10.6.1980 – 1 AZR 822/79, AP Art. 9 GG Arbeitskampf Nr. 64.
140 BAG 13.3.2007 – 9 AZR 612/05, AP zu § 4 f. BDSG Nr. 1.

Widerruf: Gibt der Arbeitgeber die Erklärung ab, einzelne Arbeitsbedingungen sollen nicht mehr gelten, so zielt diese Erklärung nicht auf die Beendigung des Arbeitsverhältnisses ab. Hinter dieser missverständlich häufig Teilkündigung genannten Erklärung verbirgt sich nichts anderes als ein **Widerruf**, den sich der Arbeitgeber **vertraglich vorbehalten** hatte.[141] Für die Ausübung des Widerrufsrechts bedarf es keiner Zustimmung des Integrationsamts.[142] Die Zulässigkeit des Widerrufs unterliegt nach §§ 305 BGB der Inhaltskontrolle allgemeiner Geschäftsbedingungen. 40

7. Kurzarbeit

Kurzarbeit: Führt der Arbeitgeber, ermächtigt durch Tarifvertrag oder Betriebsvereinbarung oder Arbeitsvertrag, Kurzarbeit ein, so bedarf es keiner vorherigen Zustimmung des Integrationsamts. Der öffentlich-rechtliche Sonderkündigungsschutz ist in diesem Fall weder unmittelbar noch entsprechend anwendbar.[143] Fehlt eine Rechtsgrundlage für die einseitige Einführung der Kurzarbeit, so muss für die zur Erreichung der Reduzierung der Arbeitszeit notwendige Änderungskündigung die Zustimmung des Integrationsamts eingeholt werden. 41

8. Auflösung der Rechtsverhältnisse von Freiwilligendiensten

Eingliederung von Teilnehmern an Freiwilligendiensten: Eine besondere Art der Eingliederung findet beim Bundesfreiwilligendienst (Rechtsgrundlage: Gesetz zur Einführung eines Bundesfreiwilligendienstes – BFD) statt. Der Freiwillige erbringt auf der Grundlage eines Vertrages mit dem Bundesamt für Familie und zivilgesellschaftliche Aufgaben (BAFzA) Arbeitsleistungen (§ 8 Abs. 1 BFDG) in einer Einsatzstelle (§ 6 BFDG). Die Einsatzstelle selbst ist nicht Vertragspartner des BFD-Vertrages.[144] Nach § 13 BFDG sind die arbeits- und arbeitsschutzrechtlichen Bestimmungen auf das Rechtsverhältnis der Freiwilligen entsprechend anzuwenden. Ausdrücklich sind in § 13 Abs. 1 BFDG als entsprechend anwendbare Bestimmungen genannt: „die Arbeitsschutzbestimmungen, das Jugendarbeitsschutzgesetz und das Bundesurlaubsgesetz".[145] Anstelle des KSchG wird nur eine Beschränkung des Kündigungsrechts aus § 242 BGB für anwendbar gehalten.[146] Da aber ausdrücklich in § 13 BFD auf die arbeitsrechtlichen Arbeitsschutzbestimmungen verwiesen wird, kommt eine Einschränkung der Kündigungsfreiheit durch § 168 SGB IX in Betracht; denn in Bezug auf den Teil 3 des SGB IX gilt das Rechtsverhältnis als Arbeitsverhältnis. Gleiches muss für Freiwillige im Jugendfreiwilligendienst gelten; denn auch dort werden ebenso in § 13 Jugendfreiwilligendienstegesetz (JFDG) die Arbeitsschutzbestimmungen in Bezug genommen. 42

---

141 Vgl. *Dörner* SchwbG § 15 Rn. 88.
142 Vgl. *Griebeling* in Hauck/Noftz SGB IX § 85 Rn. 34.
143 Vgl. für den Mutterschutz BAG 7.4.1970 – 2 AZR 201/69, AP § 615 BGB Kurzarbeit Nr. 3.
144 Zu den sich hieraus ergebenden rechtlichen Fragestellungen vgl. *Leube*, Bundes- und Jugendfreiwilligendienst – Rechte und Pflichten im Dreipersonenverhältnis, ZFSH/SGB 2012, 18.
145 Einzelheiten *Düwell* jurisPR-ArbR 29/2011 Anm. 7.
146 SächsLAG 19.6.2013 – 2 Sa 171/12; erläuternd *Klenter* jurisPR-ArbR 38/2013 Anm. 3.

V. Kündigung mit Zustimmung
1. Kündigung innerhalb der Erklärungsfrist

43 **Geltung der Zustimmung des Integrationsamts nur für den Antragsteller:** Der Arbeitgeber, der das mit ihm bestehende Arbeitsverhältnis kündigen will, muss vor Ausspruch der Kündigung die Zustimmung des Integrationsamts zur beabsichtigten Kündigung beantragt und erhalten haben. Nur der, dem die Zustimmung erteilt worden ist, kann nach § 171 Abs. 3 SGB IX eine wirksame Kündigung erklären. Was so im Wortlaut des § 171 Abs. 3 SGB IX ausgedrückt ist, bestätigt sich, wenn die rechtliche Konstruktion der Zustimmung als ein die Kündigungserklärung erlaubender Verwaltungsakt iSv § 31 Satz 1 SGB X betrachtet wird. Demnach gestaltet der Verwaltungsakt nicht das privatrechtliche Verhältnis. Das verkennt die Rspr., wenn sie in als „privatrechtsgestaltenden Verwaltungsakt mit Doppelwirkung"[147] bezeichnet; denn nicht durch den Verwaltungsakt, sondern erst durch die spätere Kündigungserklärung des Arbeitgebers wird das privatrechtliche Arbeitsverhältnis gestaltet.

Im Antragsverfahren nach § 170 SGB IX entscheidet die Landesbehörde Integrationsamt im Rahmen einer öffentlich-rechtlichen Verwaltungstätigkeit nach dem Sozialgesetzbuch. Gemäß § 1 Abs. 1 Satz 2 SGB X ist das im ersten Kapitel des SGB X geregelte Verwaltungsverfahren einzuhalten, → § 170 Rn. 5.

Findet ein rechtsgeschäftlicher Betriebsübergang statt, tritt nach § 613a Abs. 1 Satz 1 BGB der Erwerber automatisch in die Rechte und Pflichten des Betriebsveräußerers in Bezug auf die zum Zeitpunkt des Übergangs bestehenden Arbeitsverhältnisse ein. Es passiert insoweit ein gesetzlicher Arbeitgeberwechsel. Jedoch erfolgt kein gesetzlicher Eintritt in ein von dem Integrationsamt laufendes Antragsverfahren oder in die Rechtstellung dessen, dem die Erlaubnis erteilt wurde. Deshalb hat die Rspr. erkannt: Die vor dem Eintritt eines Betriebsübergangs beim Integrationsamt beantragte und nach dem Betriebsübergang an den Veräußerer zugestellte Zustimmung zur Kündigung eines schwerbehinderten Arbeitnehmers stellt keine dem Betriebserwerber als neuen Arbeitgeber erteilte Zustimmung dar, auf die er sich zur Kündigung dieses Arbeitnehmers berufen kann.[148] Etwas anderes kann nur bei einem Betriebsübergang gelten, der sich im Rahmen einer **Gesamtrechtsnachfolge** bei einer Verschmelzung oder Aufspaltung nach dem Umwandlungsgesetz vollzieht.

44 **Kündigungserklärungsfrist:** Die Abgabe der Kündigungserklärung gegenüber dem schwerbehinderten Arbeitnehmer ist nur nach der zustimmenden Entscheidung des Integrationsamts zur beabsichtigten **ordentlichen Kündigung innerhalb eines Monats** nach Zustellung des Zustimmungsbescheids zulässig (§ 171 Abs. 3). Für den Ausspruch einer **außerordentlichen Kündigung** gilt, dass sie abweichend von der zweiwöchigen Erklärungsfrist nach § 626 Abs. 2 Satz 1 BGB auch noch **unverzüglich nach Erteilung der Zustimmung** durch das Integrationsamt erklärt werden kann (§ 174 Abs. 5). Eine Kündigung, die der Arbeitgeber erklärt, ohne dass bereits das Integrationsamt zugestimmt hat, ist wegen Verstoßes gegen ein gesetzliches Verbot nach § 134 BGB nichtig.[149] Eine **Heilung** durch nachträgliche Zustimmung ist ausgeschlossen.[150] Der Arbeitgeber, der die Einholung der Zustimmung versäumt, ist gut beraten, für eine künftige Kündigung die Zustimmung des Integrationsamts einzuholen und hin-

---

147 BVerwG 10.9.1992 – 5 C 39/88, juris Rn. 12, BVerwGE 91, 7 = Behindertenrecht 1993, 17.
148 BAG 15.11.2012 – 8 AZR 827/11, NZA 2013, 504.
149 BAG 23.2.1978 – 2 AZR 426/76, AP § 12 SchwbG Nr. 3.
150 BAG 17.2.1977 – 2 AZR 787/75, AP § 12 SchwbG Nr. 1.

sichtlich der schon ausgesprochenen Kündigung zu erklären, daraus keine Rechte herleiten zu wollen. Das gilt insbesondere dann, wenn er von der Schwerbehinderung erst nach Ausspruch der Kündigung erfährt, die Mitteilung aber noch innerhalb der dreiwöchigen Regelfrist zur nachträglichen Geltendmachung der Schwerbehinderung erfolgt (→ Rn. 8 f.).

Beginn der Kündigungserklärungsfrist: Unerheblich ist, wenn der Arbeitgeber, ohne die förmliche Zustellung der Zustimmungserklärung des Integrationsamts abzuwarten, die schriftliche Kündigung absendet. Maßgeblich ist, dass der Zustimmungsbescheid des Integrationsamts zur **ordentlichen Kündigung** dem Arbeitgeber **zugestellt** worden ist, **bevor das Kündigungsschreiben** dem Schwerbehinderten nach § 130 BGB zugeht.[151] Während die Zustellung des Zustimmungsbescheids bei der ordentlichen Kündigung Wirksamkeitsvoraussetzung ist, genügt für die Absendung der **außerordentlichen Kündigung** nach § 174 Abs. 5 die „Erteilung" der Zustimmungserklärung durch das Integrationsamt. Die Rechtsprechung sieht in der mündlichen oder telefonischen Mitteilung der getroffenen Zustimmungsentscheidung eine ausreichende Bekanntgabe, die zum Ausspruch der außerordentlichen Kündigung berechtigt.[152] 45

Rechtzeitiger Kündigungszugang: Nach § 130 BGB bedarf die Kündigungserklärung des Zugangs beim Adressaten. Nur dann entfaltet sie ihre das Rechtsverhältnis gestaltende Wirkung. Nach § 130 Abs. 1 Satz 1 BGB wird eine unter Abwesenden abgegebene Willenserklärung in dem Zeitpunkt wirksam, in welchem sie dem Empfänger zugeht. Eine in einem Brief verkörperte Kündigungserklärung ist zugegangen, sobald sie in verkehrsüblicher Weise in die tatsächliche Verfügungsgewalt des Empfängers gelangt ist und für diesen unter gewöhnlichen Verhältnisses die Möglichkeit besteht, von dem Schreiben Kenntnis zu nehmen. Zum Bereich des Empfängers gehört ein **Briefkasten**. Ob die Möglichkeit der Kenntnisnahme bestand, ist nach den „gewöhnlichen Verhältnissen" und den „Gepflogenheiten des Verkehrs" zu beurteilen. So bewirkt der Einwurf in einen Briefkasten den Zugang, sobald nach der Verkehrsanschauung mit der nächsten Entnahme zu rechnen ist. Dabei ist nicht auf die individuellen Verhältnisse des Empfängers abzustellen, sondern im Interesse der Rechtssicherheit zu generalisieren. Bei Hausbriefkästen ist mit einer Leerung im Allgemeinen zum Zeitpunkt der üblichen Postzustellzeiten zu rechnen.[153] Wird das Kündigungsschreiben durch Einwurfeinschreiben übersandt, soll der Einlieferungsbeleg eines Einwurfeinschreibens zusammen mit der Reproduktion des Auslieferungsbelegs den Beweis des ersten Anscheins dafür begründen, dass die Sendung durch Einlegen in den Briefkasten zugegangen sei, sofern das Zustellungsverfahren im Übrigen ordnungsgemäß abgelaufen sei.[154] 46

Steht ein betreuter Arbeitnehmer unter Einwilligungsvorbehalt, der die Vermögenssorge erfasst, dann muss die Kündigungserklärung dem Betreuer zugehen.[155] Dieser Schutz kann auch durch die in § 1903 Abs. 1 Satz 2 BGB angeordnete entsprechende Anwendung von § 113 BGB nicht aufgehoben werden.

---

151 BAG 15.5.1997 – 2 AZR 43/96, AP § 123 BGB Nr. 45; vgl. zum Zustellungsbegriff → § 171 Rn. 13.
152 BAG 12.8.1999 – 2 AZR 748/98, AP § 21 SchwbG 1986 Nr. 7.
153 LAG RhPf 17.9.2019 – 8 Sa 57/19, juris Rn. 41 f.
154 LAG MV 12.3.2019 – 2 Sa 139/18, Rn. 40, LAGE § 130 BGB 2002 Nr. 11 unter Bezugnahme auf BGH 27.9. 2016 – II ZR 299/15, Rn. 33, NJW 2017, 68; zustimmend: *Oehlschläger* jurisPR-ArbR 26/2020 Anm. 5; aA LAG RhPf 23.9. 2013 – 5 Sa 18 /13, juris Rn. 50 f.; ArbG Düsseldorf 22.2.2019 – 14 Ca 465/19, juris Rn. 39–41, LAG Hamm 5.8.2009 – 3 Sa 1677/08, juris Rn. 107.
155 LAG Bln 22.6.2006 – 18 Sa 385/06; zustimmend: *Beetz/Kohte* jurisPR-ArbR 12/2007 Anm. 5.

Das kann für Arbeitgeber, die nach § 171 Abs. 3 bei ordentlichen Kündigungen nur eine Erklärungsfrist von einem Monat haben und bei der außerordentlichen Kündigung „unverzüglich" nach § 174 Abs. 5 die Kündigung erklären müssen, eine Fristenfalle werden: Ist die Frist nicht gewahrt, so ist die Erlaubnis zur Kündigung verbraucht.

47 **Kein Verbrauch für erneute Kündigung nach vorzeitiger Kündigung:** Bei unverändertem Kündigungsgrund kann der Arbeitgeber die Kündigung auch **mehrfach** erklären. Das ist arbeitsrechtliche Praxis insbesondere bei einer Kündigung, die vorsorglich hilfsweise erneut erklärt wird, weil Form- oder Beteiligungsmängel zu besorgen sind. Das gilt auch für das Zeitfenster „innerhalb eines Monats nach Zustellung", das die Zustimmung in § 172 Abs. 3 für die Kündigung eröffnet. Hat der Arbeitgeber bereits vor Zustellung des Zustimmungsbescheids die ordentliche Kündigung dem Arbeitnehmer übergeben, so ist zwar die verfrühte Kündigung, weil noch nicht das Kündigungsverbot aufgehoben war, nach § 134 BGB nichtig. Mit der verfrühten Kündigung ist aber die Zustimmung noch nicht verbraucht. Innerhalb des Monatszeitraums kann der Arbeitgeber bei gleichbleibendem Kündigungssachverhalt erneut, zur Not auch mehrfach kündigen, ohne eine erneute Zustimmung einholen zu müssen.[156]

48 **Mehrfache Kündigungsverbote unter Erlaubnisvorbehalt:** Bedarf die ordentliche Kündigung eines schwerbehinderten Menschen außer der Zustimmung des Integrationsamts einer weiteren Erlaubnis, wie zB der Zulässigkeitserklärung nach § 18 Abs. 1 Satz 2 BEEG oder nach § 17 Abs. 2 MuSchG, und hat der Arbeitgeber diese vor dem Ablauf der Monatsfrist des § 171 Abs. 3 SGB IX beantragt, kann die Kündigung auch noch nach Fristablauf wirksam ausgesprochen werden. Das gilt jedenfalls dann, wenn der Arbeitgeber die Kündigung unverzüglich erklärt, nachdem die Zulässigkeitserklärung nach § 18 BEEG oder § 17 Abs. 2 MuSchG vorliegt.[157] Das BAG begründet das damit, das Gesetz gebe für den Fall eines Zusammentreffens eines weiteren Zustimmungserfordernisses keine Antragsreihenfolge vor. Liege aus Sicht des Arbeitgebers ein Kündigungsgrund vor, müsse ihm mit Blick auf sein von Art. 12 Abs. 1 GG geschütztes Interesse daran, das Arbeitsverhältnis bei Vorliegen eines vom Gesetz anerkannten Kündigungsgrundes zu beenden, die Möglichkeit gegeben werden, die ordentliche Kündigung möglichst zügig zu erklären. Dazu dürfe er beide Verfahren auch parallel betreiben, um Zeit zu sparen. Dabei dürfe „es ihm nicht zum Nachteil gereichen, wenn die behördlichen Entscheidungen zeitlich so weit auseinanderfallen, dass ihm die Einhaltung der Monatsfrist des § 171 Abs. 3 SGB IX aus tatsächlichen Gründen nicht möglich ist".

2. Kündigung mit Negativattest oder Vorbehaltszustimmung

49 **Negativattest oder vorsorgliche Zustimmung:** Teilt das Integrationsamt dem Arbeitgeber auf dessen Zustimmungsantrag mit, die Kündigung bedürfe keiner Zustimmung, weil der sich auf die Schwerbehinderung berufende Arbeitnehmer nicht durch das Kündigungsverbot des § 168 geschützt werde, so liegt darin ein sogenanntes **Negativattest**. Dieses Attest hat dieselbe **Wirkung** wie eine **Zustimmungserklärung**.[158] Das Negativattest beseitigt die Kündigungssperre auch dann, wenn sich später herausstellt, dass der Arbeitnehmer zum Zeitpunkt des

---

156 BAG 8.11.2007 – 2 AZR 425/06, NZA 2008, 471.
157 BAG 24.11.2011 – 2 AZR 429/10, NZA 2012, 610.
158 BAG 27.5.1983 – 7 AZR 482/81, AP § 12 SchwbG Nr. 12; BAG 6.9.2007 – 2 AZR 324/06, NZA 2008, 407; VGH München 13.4.2015 – 12 ZB 14.2070.

Zugangs der Kündigungserklärung schwerbehindert war.[159] Dies ist nicht unproblematisch. Während das BAG noch vorsichtig formuliert, die Erlaubniswirkung des Negativattestes bestehe „jedenfalls" für bestandskräftige Negativatteste,[160] geht die Instanzrechtsprechung weiter. Sie beschränkt die Erlaubniswirkung. Nur bestandskräftige Negativatteste seien geeignet, die Sperrwirkung des § 168 SGB IX aufzuheben.[161] Die bessere Handlungsform für das Integrationsamt ist der vorsorgliche Bescheid. Mit ihm wird bei Unterstellen der Voraussetzungen des § 168 der Zustimmungsantrag positiv beschieden.[162] In Betracht kommen aus Sicht des Integrationsamts insbesondere folgende Konstellationen: Vorübergehender oder dauerhafter Wegfall des Schwerbehindertenschutzes (vgl. §§ 199, 200), Vorliegen eines Ausnahmetatbestands iSv § 173 oder weil das Arbeitsverhältnis als bereits aus anderen Gründen als beendet angesehen wird. Möglich ist auch eine **Zustimmung unter Vorbehalt**. Sie kommt in Betracht, wenn das Ende des nach § 152 Abs. 1 Satz 3 beim Versorgungsamt laufenden Feststellungsverfahrens aus zeitlichen Gründen nicht abgewartet werden kann und dort die Ablehnung wegen nicht eingehaltenen Vorfrist oder wegen fehlender Mitwirkung zu erwarten ist. Wegen dieser flexiblen Verfahrensgestaltung ist Arbeitgebern bei Ungewissheit, ob der besondere Kündigungsschutz eingreift, stets zu einem vorsorglichen Zustimmungsantrag zu raten.

3. Kein Suspensiveffekt

Kein Suspensiveffekt von Widerspruch und Klage: Ist die Zustimmungserteilung durch das Integrationsamt erteilt worden, so hat der dagegen gerichtete Widerspruch des Arbeitnehmers und nach Zurückweisung seines Widerspruchs die dagegen gerichtet Anfechtungsklage **keine aufschiebende Wirkung** (§ 171 Abs. 4). Wird von dem durch die Zustimmung belasteten Arbeitnehmer Widerspruch eingelegt und/oder ist nach Zurückweisung des Widerspruchs ein verwaltungsgerichtliches Klageverfahren anhängig, so wird die Kündigungserklärung schwebend wirksam. Wird die Zustimmungserklärung durch den Widerspruchsausschuss oder ein Verwaltungsgericht aufgehoben, so wird die Kündigung damit nach § 134 BGB nichtig. Unklar ist welche Wirkung es hat, wenn der Widerspruchsausschuss oder das Verwaltungsgericht die aufschiebende Wirkung eines Rechtsbehelfs oder Rechtsmittels nach § 80 Abs. 5 VwGO anordnet. Ein Teil der Verwaltungsgerichte und des Schrifttums nimmt an, wegen der Doppelspurigkeit der Rechtswege verfolge der schwerbehinderte Arbeitnehmer mit dem Eilantrag auf Aussetzung der Vollziehung ein anzuerkennendes Rechtsschutzziel. Durch die Anordnung werde nämlich gegenüber dem den Kündigungsschutzprozess entscheidenden Arbeitsrichter signalisiert, dass das Widerspruch oder die verwaltungsgerichtliche Anfechtungsklage eine hohe Erfolgsaussicht habe. Deshalb habe das Arbeitsgericht den Kündigungsschutzprozess wegen der Vorgreiflichkeit des Widerspruchs- oder der verwaltungsgerichtlichen Anfechtungsklage nach § 148 ZPO auszusetzen (→ Vor § 168 Rn. 21). Hier zeigt sich, dass die Doppelspurigkeit von verwaltungsgerichtlichem Anfechtungsverfahren und arbeitsgerichtlichem Kündigungsschutzverfahren eine unzumutbar lange Verfahrensdauer bereiten kann.[163]

50

---

159 *Trenk-Hinterberger* in HK-SGB IX § 85 Rn. 15; aA (bis zur 6. Aufl.) *Etzel* in KR SchwbG §§ 15–20 Rn. 57, aufgegeben seit 7. Aufl.: *Etzel* in KR SchwbG SGB IX Vor §§ 85–92 Rn. 57; *Etzel/Gallner* in KR, 11. Aufl. 2016, §§ 85–90 Rn. 60.
160 BAG 6.9.2007 – 2 AZR 324/06, NZA 2008, 407.
161 LAG Köln 16.7.2008 – 3 Sa 190/08, AuR 2008, 361.
162 Vgl. BVerwG 15.12.1988 – 5 C 67/85, NZA 1989, 554.
163 *Düwell*, JbArbR, Bd. 43, S. 91 ff.; Einzelheiten: → Rn. 61 f.

4. Kündigung nur mit Zustimmung zur erklärten Kündigungsart

51 **Richtige Kündigungsart:** Der Arbeitgeber hat aufgrund der ihm erteilten Zustimmung nur die Freiheit, die Kündigung in der Art und Weise zu erklären, die in dem Zustimmungsbescheid angegeben ist. In dem Zustimmungsbescheid des Integrationsamts zu einer außerordentlichen Kündigung ist weder konkludent eine Zustimmung auch zur ordentlichen Kündigung enthalten, noch kann seine Entscheidung nach § 43 Abs. 1 SGB X in eine Zustimmung zur ordentlichen Kündigung umgedeutet werden.[164] Folglich ist dann die erklärte ordentliche Kündigung nach § 134 BGB unwirksam.

VI. Arbeitsrechtliche Auswirkungen

1. Verzicht auf Schutz

52 **Wirkung des besonderen Kündigungsschutzes:** Der besondere Kündigungsschutz nach § 168 ist als öffentlich-rechtlicher Kündigungsschutz **unabdingbar**. Er kann weder durch Tarifverträge, Betriebsvereinbarungen noch durch arbeitsvertragliche Einzelvereinbarungen ausgeschlossen oder eingeschränkt werden.[165] Das Verzichtsverbot greift nicht ein, wenn die Arbeitsvertragsparteien einen wirksamen Aufhebungsvertrag oder Prozessvergleich abschließen. Während ein **Vorausverzicht** stets unwirksam ist, kann ein nach Zugang der Kündigung erklärter Verzicht auf Erhebung einer Klage zulässig sein.[166] In einer einseitig vom Arbeitnehmer unterschriebenen sogenannten **Ausgleichsquittung** ist schon wegen Verletzung der Schriftform kein wirksamer Verzicht zu sehen (→ Rn. 17). In der von beiden Seiten unterschriebenen Klausel, aus Anlass der Beendigung des Arbeitsverhältnisses seien keine Ansprüche mehr gegeben, sieht die Rechtsprechung In der allgemeinen Formulierung, dass Ansprüche abgegolten sind, liegt weder ein konstitutives negatives Schuldanerkenntnis und kein Verzicht auf ein Recht wie auf den allgemeinen Kündigungsschutz.[167] Das muss erst recht für den Verzicht auf den besonderen Kündigungsschutz gelten.[168] Klauseln, die klarer im Sinne eines Kündigungsschutzverzichts gefasst sind, scheitern zumeist an zwei weiteren Hürden, die sich seit 2002 mit der AGB-Kontrolle für vom Arbeitgeber verwandte Formulare auftun. Zunächst ist die Einbeziehungskontrolle wegen überraschender Verzichtsklauseln nach § 305 c Abs. 1 BGB durchzuführen. Ist die Klausel zum Gegenstand der vertraglichen Abmachung geworden („einbezogen"), findet noch nach § 307 BGB als dritte Hürde die Inhaltskontrolle statt. Die Rspr. sieht in einem ohne Gegenleistung erklärten, formularmäßigen Verzicht des Arbeitnehmers auf die Erhebung einer Kündigungsschutzklage eine unangemessene Benachteiligung iSv § 307 Abs. 1 Satz 1 BGB.[169]

---

164 BAG 7.7.2011 – 2 AZR 355/10, NZA 2011, 1412.
165 BAG 30.4.1987 – 2 AZR 192/86, BB 1987, 1670.
166 *Gallner* in KR, 10. Aufl. 2016, §§ 85–90 Rn. 32.
167 Vgl. BAG 3.5.1979 – 2 AZR 679/77, AP § 4 KSchG 1969 Nr. 6 = EzA § 14 KSchG Nr. 15; BAG 7.11.2007 – 5 AZR 880/06, DB 2008, 185.
168 *Steinbrück* in GK-SGB IX § 85 Rn. 328; *Neumann* in Neumann/Pahlen/Greiner/Winkler/Jabben SGB IX § 168 Rn. 50 f.
169 BAG 6.9.2007 – 2 AZR 722/06, AP Nr. 62 zu § 4 KSchG 1969, zustimmend: *Ahrens* RdA 2009, 111; *Boemke* jurisPR-ArbR 12/2008 Anm. 1.

2. Anrufung des Arbeitsgerichts
a) Feststellungsklage

Folge der Aufspaltung des Rechtsschutzes: Folge der Aufspaltung der Gerichtsorganisation in Fachgerichtsbarkeiten und der daraus sich ergebenden Mehrgleisigkeit des Rechtswegs ist, dass es nicht ausreicht, wenn der schwerbehinderte Arbeitnehmer gegen den ihn belastenden Verwaltungsakt des Integrationsamts Widerspruch einlegt und bei Erfolglosigkeit **Anfechtungsklage vor dem VG** erhebt (→ Vor § 168 Rn. 18). Damit er sich die Möglichkeit erhält, dass die bürgerlich-rechtliche Unwirksamkeit der Kündigung nach § 134 BGB festgestellt werden kann, ist der Arbeitnehmer gehalten, zusätzlich das nach § 2 Abs. 1 Nr. 3 b ArbGG zuständige ArbG anzurufen. Nach § 4 Satz 1 KSchG muss er dazu **Klage auf Feststellung der Unwirksamkeit der Kündigung** erheben, so dass das Arbeitsverhältnis nicht aufgelöst worden ist. Unterlässt er die Feststellungsklage beim Arbeitsgericht, so fehlt der verwaltungsgerichtlichen Anfechtungsklage das Rechtsschutzinteresse; denn das Ziel zunächst des Widerspruchs und der späteren Anfechtungsklage ist es, die Rechtswirksamkeit der Kündigung durch Aufhebung der zustimmenden Verwaltungsentscheidungen zu beseitigen und dem schwerbehinderten Menschen den Arbeitsplatz zu erhalten.[170] Dieses Ziel kann bei unterlassener Klageerhebung nicht erreicht werden, weil nach § 7 KSchG die Wirksamkeit der Kündigung fingiert wird. Gleiches gilt für eine **Klagerücknahme**;[171] denn bei einer Klagerücknahme ist der „Rechtsstreit als nicht anhängig geworden anzusehen" (§ 46 Abs. 2 ArbGG iVm § 269 Abs. 3 Satz 1 ZPO). Ferner entfällt das Rechtsschutzbedürfnis auch bei einem **Abfindungsvergleich**, mit dem die Beendigung des Arbeitsverhältnisses vereinbart wird.[172] Anders ist es, wenn die arbeitsgerichtliche Feststellungsklage rechtskräftig abgewiesen wird, dann kann der schwerbehinderte Mensch gegen das abweisende Urteil des Arbeitsgerichts noch mit einer **Restitutionsklage** (§ 580 ZPO) vorgehen,[173] falls die Zustimmung des Integrationsamts aufgehoben wird.[174] In diesem Fall entfällt das Rechtsschutzinteresse nicht. Dies gilt jedoch nicht, wenn die Gerichte für Arbeitssachen die Kündigung aus anderen Gründen, die nicht im Zusammenhang mit dem Zustimmungsbescheid stehen, als wirksam angesehen haben; denn dann fehlt die Statthaftigkeit der Restitutionsklage nach § 79 Satz 1 ArbGG iVm § 580 Nr. 6 ZPO. Diese ist nur eröffnet, wenn eine Kausalbeziehung zwischen der aufgehobenen und der angegriffenen Entscheidung besteht.[175]

b) Klagefrist

Einheitliche Klagefrist für Unwirksamkeitsgründe: Nach dem § 4 Satz 1 KSchG ist seit Inkrafttreten des Arbeitsmarktreformgesetzes vom 24.12.2003 nicht nur gegen eine für sozial ungerechtfertigt gehaltene Kündigung **binnen drei Wochen** Klage auf Feststellung der Rechtsunwirksamkeit der Kündigung zu erheben, sondern auch dann, wenn die Kündigung „aus anderen Gründen" für unwirksam gehalten wird. Rechtspolitischer Hintergrund der Ausweitung des Gel-

---

170 VG Aachen 16.10. 2012 – 2 K 2015/11, juris Rn. 31.
171 VG Düsseldorf 20.11. 2014 – 13 K 546/14, Rn. 26, ArbR 2015, 55; *Hlava* jurisPR-ArbR 9/2015 Anm. 6.
172 VG Aachen 16.10. 2012 – 2 K 2015/11, juris Rn. 29; so auch: *Osnabrügge* in HaKo-KSchR SGB IX §§ 168–175, § 178 Rn. 70.
173 Nach *Osnabrügge* in HaKo-KSchR SGB IX §§ 168–175, § 178 Rn. 69 Restitutionsklage analog § 580 Nr. 7 b ZPO.
174 *Hlava* jurisPR-ArbR 9/2015 Anm. 6.
175 VGH BW 11.5. 2018 – 12 S 2721/17, Rn. 5, FA 2018, 268.

tungsbereichs der Norm ist, dass für den Arbeitgeber eine beschleunigte Klärung der Rechtslage herbeigeführt werden soll. Er soll nach Ablauf von drei Wochen wissen, ob die Kündigung angegriffen wird oder nicht. Die vordem ausschließlich für den Insolvenzverwalter geltende Sonderregelung des § 103 Abs. 2 InsO aF ist verallgemeinert worden. Die insolvenzrechtliche Sondervorschrift wurde deshalb aufgehoben.

55 **Fristberechnung:** Die Klagefrist läuft ab dem Zugang der schriftlichen Kündigung. Bei der Berechnung der Frist wird der Tag des Zugangs nicht mitgerechnet (§ 187 Abs. 1 BGB). Die Klagefrist endet mit dem Ablauf desjenigen Tages der dritten Woche, welcher durch seine Benennung dem Tage entspricht, an dem die Kündigung zuging (§ 188 Abs. 2 BGB). Fällt der letzte Tag der Klagefrist auf einen Sonnabend, Sonntag oder auf einen am Gerichtsort staatlich anerkannten allgemeinen Feiertag, so endet die Frist am folgenden Werktag (§ 193 BGB). Die Frist beginnt erst zu laufen, sobald eine **schriftliche** Kündigung zugeht, § 4 Satz 1 KSchG. Eine mündliche Kündigung setzt die Frist nicht in Lauf.

c) Hemmung der Klagefrist

56 **Ausnahmsweise Hemmung der Klagefrist nach § 4 Satz 4 KSchG:** Nach § 4 Satz 4 KSchG beginnt der Lauf der Klagefrist des § 4 Satz 1 KSchG ausnahmsweise nicht bereits mit dem Zugang der Kündigung. Das gilt für die Fälle, in denen für die Kündigung die Zustimmung einer Behörde erforderlich ist. Dann beginnt die Frist erst zum Zeitpunkt der Bekanntgabe der Entscheidung gegenüber dem Arbeitnehmer. Gemeint ist die **Bekanntgabe einer die Kündigung zulassenden Behördenentscheidung.** Die Vorschrift des § 4 Satz 4 KSchG ist in den Fällen von Bedeutung, in denen eine Zulässigerklärung nach § 17 Abs. 2 MuSchG, § 18 BEEG oder eine vorherige Zustimmung wie im Fall des § 168 SGB IX erforderlich sind. Der Arbeitgeber ist erst berechtigt, die Kündigung zu schreiben, sobald ihm der Bescheid über die erteilte Erlaubnis zugegangen ist. Ist dem Arbeitnehmer der Erlaubnis-Bescheid zum Zeitpunkt des Zugangs des Kündigungsschreibens noch nicht bekannt gegeben worden, beginnt die Dreiwochenfrist wegen § 4 Satz 4 KSchG erst **nach Bekanntgabe des Bescheids** bei dem zu kündigenden Arbeitnehmer zu laufen. Daran ändert sich nichts, wenn der Arbeitgeber der Arbeitnehmerin im Kündigungsschreiben oder auf andere Weise der Arbeitnehmerin mitteilt, dass die zuständige Behörde der Kündigung zugestimmt habe. Auf die Bestandskraft des Bescheids kommt es nicht an. Die erforderliche vorherige Zustimmung zur Kündigung eines schwerbehinderten Arbeitnehmers ist bereits dann erteilt, wenn nur dem Arbeitgeber der Zustimmungsbescheid der Hauptfürsorgestelle zugestellt worden ist. In großer Klarheit hat das BAG schon früh den Leitsatz gebildet: „Wird einem schwerbehinderten Arbeitnehmer der Zustimmungsbescheid der Hauptfürsorgestelle erst nach Zugang der Kündigung zugestellt, so wird erst zu diesem Zeitpunkt die dreiwöchige Klagefrist für die Erhebung der Kündigungsschutzklage in Lauf gesetzt; KSchG § 4 Satz 4 findet auch in einem solchen Fall Anwendung".[176] Die Frist beginnt wegen § 4 Satz 4 KSchG auch dann nicht zu laufen, wenn die Zustimmung der Behörde überhaupt nicht eingeholt worden ist. Das hat das BAG im Fall einer Kündigung durch den Insolvenzverwalter entschieden, für die der alle Unwirksamkeitsgründe umfassende Anwendungsbereich der Klagefrist wegen § 113 Abs. 2 InsO schon vor dem 1.1.2004 maßgeblich war. Da § 113 Abs. 2 InsO im Zuge des Arbeitsmarktreformgesetzes in § 4 KSchG aufgehen

---

176 BAG 13.2.2008 – 2 AZR 864/06, Rn. 36, BAGE 125, 345 = Behindertenrecht 2008, 176; BAG 17.2.1982 – 7 AZR 846/79, BAGE 38, 42 = NJW 1982, 2630.

sollte, hätte der Gesetzgeber damals, um eine größtmögliche Beschleunigung zu erzielen, diese Bestimmung ersatzlos streichen müssen. Tatsächlich hat der Gesetzgeber eine so weit reichende Änderung der Rechtslage jedoch nicht beschlossen. Die unterlassene Streichung kann auch nicht als Redaktionsversehen des Gesetzgebers angesehen werden. Bereits nach den Regeln der Insolvenzordnung (§ 113 Abs. 2 InsO aF) galt für die Kündigung durch den Insolvenzverwalter die dreiwöchige Klagefrist für sämtliche Unwirksamkeitsgründe, also auch für Verstöße gegen den gesetzlichen Sonderkündigungsschutz. Gleichwohl sah § 113 Abs. 2 Satz 2 InsO die entsprechende Geltung des § 4 Satz 4 KSchG vor. In Anwendung dieser Norm ging deshalb das BAG auch von einer Hemmung der Klagefrist in dem Fall aus, in dem der Insolvenzverwalter einem in Erziehungsurlaub befindlichen Arbeitnehmer ohne die nach § 18 Abs. 1 Satz 2 BErzGG erforderliche Zulässigkeitserklärung gekündigt hatte, weil ihm die entsprechende Entscheidung der zuständigen Behörde nicht bekannt gegeben worden war (§ 113 Abs. 2 Satz 2 InsO, § 4 Satz 4 KSchG). Die mit der Neufassung des Kündigungsschutzgesetzes getroffene Regelung über die Ausweitung der dreiwöchigen Klagefrist auf sämtliche Unwirksamkeitsgründe bedeutet dementsprechend eine Angleichung der Rechtslage an die zuvor allein im Bereich der Insolvenzordnung geltende Regelung. Die vordem nur im Insolvenzverfahren vorgesehene beschleunigte umfassende Klärung der Rechtslage ist seit der Neufassung des § 4 KSchG mit Wirkung vom 1.1.2004 auf das gesamte Kündigungsrecht ausgedehnt, dies jedoch nur in demselben Umfang wie nach der Insolvenzordnung. Damit wird für diejenigen Fälle, in denen der gesetzliche Sonderkündigungsschutz in Form eines eigenständigen behördlichen Zustimmungsverfahrens zur Kündigung ausgestaltet ist, zwar die dreiwöchige Klagefrist für anwendbar erklärt; der **Beginn der Klagefrist** ist jedoch – wie nach § 113 Abs. 2 InsO aF – **weiterhin an die Bekanntgabe der Behördenentscheidung an den Arbeitnehmer gebunden**. Allein der Umstand, dass ohne die Regelung des § 4 Satz 4 KSchG ein noch größeres Maß an Beschleunigung erreicht werden könnte, reicht nicht aus, dem Gesetzgeber ein Redaktionsversehen zu unterstellen. Das war nicht unumstritten. Sofern der Arbeitgeber vom Vorliegen der Schwerbehinderteneigenschaft zum Zeitpunkt der Kündigung keine Kenntnis habe, sollte nach zwei Autoren § 4 Satz 4 KSchG keine Anwendung finden und sich die Klagefrist nach § 4 Satz 1 KSchG richten.[177] Die Hemmungsvorschrift in § 4 Satz 4 KSchG sollte danach lediglich Anwendung auf Fälle finden, in denen es der nachträglichen behördlichen Zustimmung zu einer bereits ausgesprochenen Kündigung bedürfe. Nur in diesen Fällen begönne die Klagefrist erst mit der Bekanntgabe der behördlichen Entscheidung an den Arbeitnehmer. Diese teleologische Reduktion hat keine Anerkennung gefunden. In Bestätigung seines Urteils v. 3.7.2003[178] hat der Zweite Senat erkannt: „Nach § 4 Satz 4 KSchG beginnt in derartigen Fällen die dreiwöchige Klagefrist gem. § 4 Satz 1 KSchG erst ab der Bekanntgabe der Entscheidung des Integrationsamts an den Arbeitnehmer".[179] Seitdem ist die Rechtsfrage geklärt.

d) Verwirkung

Kumulierung von Verwirkungsfrist und Klagefrist: Die Einhaltung der Drei-Wochen-Frist nach § 4 Satz 1 KSchG reicht nicht in allen Fällen aus, um den Schutz aus § 168 durchzusetzen. War dem Arbeitgeber die Schwerbehinde- 57

---
177 *Zeising/Kröpelin* DB 2005, 1626.
178 BAG 3.7.2003 – 2 AZR 487/02, BAGE 107, 50 zur Insolvenzverwalterkündigung (§ 113 Abs. 2 Satz 2 InsO aF).
179 BAG 13.2.2008 – 2 AZR 864/06, PM 12/08.

rung nicht bekannt, so muss zur Vermeidung der Verwirkung der Arbeitnehmer auch die vom Zweiten Senat des BAG im Wege der Analogie gebildete „**Regelfrist von drei Wochen**" für die Geltendmachung gegenüber dem Arbeitgeber[180] wahren. Wird auf den Zugang der Mitteilung beim Arbeitgeber abgestellt, so kann trotz rechtzeitiger Klagerhebung diese Frist verletzt werden, wenn die Mitteilung mit der Klageschrift verbunden wird. Erfahrungsgemäß dauert die Bearbeitung der bei Gericht eingehenden Schriftsätze einige Zeit bis sie dem Arbeitgeber zugestellt werden. Zur Vermeidung rechtlicher Risiken ist zu empfehlen, spätestens zeitgleich zur Klageeinreichung dem Arbeitgeber die Schwerbehinderung durch Kopie des Schwerbehindertenausweises nachzuweisen. Zwar gilt nach § 167 ZPO für die Klageerhebung die Rückwirkungsfiktion der Zustellung; denn wenn durch die Zustellung eine Frist gewahrt wird oder die Verjährung neu beginnt oder gehemmt wird, tritt diese Wirkung bereits mit Eingang des Antrags oder der Erklärung bei Gericht ein, wenn die Zustellung demnächst erfolgt. Aber ob diese Bestimmung auch dann anzuwenden ist, wenn es um Wissenszurechnung ankommt, erscheint zweifelhaft. Der Zweite Senat hat auf den Zeitpunkt der Anhängigkeit bei Gericht abgestellt (→ Rn. 9). In seiner jüngeren Rspr. hat der Zweite Senat die Dreiwochenfrist des § 4 Satz 1 KSchG nur noch als Ausgangspunkt für die Berechnung der Regelfrist angesehen. Hinzuzurechnen sei noch die Zeitspanne, innerhalb derer die Mitteilung über den bestehenden Sonderkündigungsschutz dem Arbeitgeber zugeht.[181] Ein Berufen auf den Sonderkündigungsschutz innerhalb dieses Zeitraums wird regelmäßig nicht als illoyal verspätet anzusehen.[182] Ihre Überschreitung führt aber nicht zwingend zur Verwirkung.[183] Bei Vorliegen besonderer Umstände lässt die Rspr. eine **Überschreitung der Regelfrist** zu.[184] Dem hat sich die Instanzrechtsprechung angeschlossen.[185]

Als Ausnahmesituation ist anerkannt worden, wenn bereits vor Ausspruch der Kündigung der Arbeitgeber vom Betriebsrat auf einen möglichen Schutz hingewiesen wurde und die Überschreitung der Regelfrist nur gering war.[186] Gleiches hat zu gelten, wenn der Arbeitgeber von der Arbeitsagentur im **Gleichstellungsverfahren** zu dem Antrag des Arbeitnehmers auf Gleichstellung (→ § 151

---

180 BAG 12.1.2006 – 2 AZR 539/05, NZA 2006, 1035; BAG 13.2.2008 – 2 AZR 864/06, NZA 2008, 1055; Einzelheiten: → Rn. 8 ff.
181 BAG 22.9.2016 – 2 AZR 700/15, Rn. 22 AP SGB IX § 85 Nr. 14 = Behindertenrecht 2017, 93.
182 BAG 22.9.2016 – 2 AZR 700/15, AP SGB IX § 85 Nr. 14, Rn. 23: Behindertenrecht 2017, 93: Zugang am Tag nach Ablauf der Klagefrist des § 4 Satz 1 KSchG die Frist noch gewahrt.
183 BAG 13.2.2008 – 2 AZR 864/06, Rn. 16, NZA 2008, 1055; BAG 22.9.2016 – 2 AZR 700/15, Rn. 22 AP SGB IX § 85 Nr. 14 = Behindertenrecht 2017, 93.
184 Grundlegend: BAG 12.1.2006 – 2 AZR 539/05, AP zu § 85 SGB IX Nr. 3; Bestätigt: BAG 13.2.2008 – 2 AZR 864/06, BAGE 125, 345.
185 LAG MV 13.8.2019 – 2 Sa 217/18, *Schäfer* jurisPR-ArbR 20/2020 Anm. 4.
186 BAG 12.1.2006 – 2 AZR 539/05, AP § 85 SGB IX Nr. 3; BAG 13.2.2008 – 2 AZR 864/06, BAGE 125, 345; BAG 23.2. 2010 – 2 AZR 659/08, BAGE 133, 249.

Rn. 7 ff.) befragt wird.[187] Da der antragstellende Arbeitnehmer zu der Befragung des Arbeitgebers seine Zustimmung gegeben haben muss,[188] ist dem Arbeitgeber seit Zugang des Befragungsformulars der BA bekannt, dass ein Antragsverfahren auf Gleichstellung läuft. Im Verhältnis zu einem Arbeitgeber, der diese Kenntnis nicht hat, verdient der informierte Arbeitgeber weniger Vertrauen. Das kann bei der Prüfung der Verwirkung nicht unberücksichtigt bleiben.

Prozessverwirkung: Obwohl die Hemmungswirkung nach § 4 Satz 4 KSchG eintritt, kann eine Prozessverwirkung eintreten. Dazu bedarf es eines Zeit- und Umstandsmoments. Als ausreichendes **Zeitmoment** wird der Ablauf eines längeren Zeitraums (knappes Jahr) vorausgesetzt. Das **Umstandsmoment** liegt vor, sofern der Arbeitgeber angesichts des Verhaltens des Arbeitnehmers auf die Beendigung des Arbeitsverhältnisses vertrauen durfte und schon entsprechende Dispositionen getroffen hat.[189]   58

Art der gerichtlichen Geltendmachung: Will der Arbeitnehmer ausschließlich die Unwirksamkeit der Kündigung wegen Verletzung des Zustimmungsvorbehalts aus § 168 gerichtlich geltend machen, so ist nach der seit 2004 geltenden Fassung des § 4 Satz 1 KSchG der allgemeine **Feststellungsantrag nach § 256 Abs. 1 ZPO** nicht mehr zulässig.[190] Entsprechend dem sog. **punktuellen Streitgegenstandsbegriff** ist zu beantragen: „Es wird festgestellt, dass das Arbeitsverhältnis der Parteien durch die Kündigung des Beklagten vom … nicht aufgelöst worden ist". Diese Klage ist, weil um das Bestehen eines Arbeitsverhältnisses gestritten wird, bei dem Arbeitsgericht zu erheben (§ 2 Abs. 1 Nr. 3 b ArbGG). Dieser Antrag kann im Wege der objektiven Klagehäufung mit dem allgemeinen Feststellungsantrag verbunden werden.[191] Damit sichert sich der Arbeitnehmer durch den sog. Schleppnetzantrag gegen andere oder weitere Beendigungstatbestände ab. Die ältere Praktikerliteratur empfahl, stets neben dem Antrag gem. § 4 KSchG einen allgemeinen Feststellungsantrag zu stellen,[192] um insbesondere die Gefahr unerkannter Schriftsatzkündigungen aufzufangen. Das jüngere Schrifttum hält nur unter Einschränkungen an der Empfehlung mit der Maßgabe fest, zu beantragen „dass das Arbeitsverhältnis der Parteien auch nicht durch andere Beendigungstatbestände aufgelöst wird, sondern fortbe-   59

---

187 BA Zentrale, Fachliche Weisungen Neuntes Buch Sozialgesetzbuch – SGB IX § 2 SGB IX Begriffsbestimmungen, gültig ab: 1.1.2018 Seite 15 Abschnitt Nr. 4. Übergreifendes zum Verfahren 4.1 Sachverhaltsaufklärung: „(2) Zur weiteren Aufklärung des Sachverhalts für die Entscheidung über den Antrag auf Gleichstellung zur Erhaltung eines Arbeitsplatzes (siehe Nr. 3.5) ist eine Stellungnahme des Arbeitgebers zur konkreten Arbeitsplatzsituation notwendig. Zur Sachverhaltsaufklärung sind zudem die in § 176 SGB IX genannten Vertretungen sowie die Schwerbehindertenvertretungen (§ 178 SGB IX) zu befragen. Für ein solches Herantreten an den Arbeitgeber sowie die og Vertretungen ist jeweils die vorherige Zustimmung des behinderten Menschen notwendig. Wird diese Zustimmung nicht erteilt, ist nach § 66 SGB I (Folgen fehlender Mitwirkung) zu verfahren. Abrufbar unter https://www.arbeitsagentur.de/datei/fw-sgb-ix-2_ba014661.pdf (Aufruf 20.2.2021).
188 Vgl. BA Zentrale, Fachliche Weisungen Neuntes Buch Sozialgesetzbuch – SGB IX § 2 SGB IX Begriffsbestimmungen, gültig ab: 1.1.2018 Seite 15 Abschnitt Nr. 4. Übergreifendes zum Verfahren 4.1 Sachverhaltsaufklärung Abs. (2) Satz 3 aaO Fn. 149.
189 Vgl. dazu BAG 9.1.1987 – 2 AZR 126/86, AP § 242 BGB Prozessverwirkung Nr. 6.
190 *Kloppenburg* in Düwell, Das reformierte Arbeitsrecht, Kapitel 7 Rn. 109 ff.
191 *Kloppenburg* in Düwell, Das reformierte Arbeitsrecht, Kapitel 7 Rn. 110 f.
192 Vgl. *Holthöwer* in Tschöpe, Arbeitsrecht Handbuch, 3. Aufl. 2002, Teil 5 A Rn. 20.

steht."[193] Nach der erweiterten punktuellen Streitgegenstandstheorie erfasst der Kündigungsschutzantrag bereits sämtliche Beendigungstatbestände bis zum beabsichtigten Beendigungstermin der angegriffenen Kündigung.[194] Das BAG spricht deshalb von einem „kleinen Schleppnetz".[195] Zweck des erweiterten Schleppnetzes ist die Vorsorge.[196] Der Arbeitgeber soll regelmäßig vor Beginn der streitigen Verhandlung zu der Erklärung veranlasst werden, dass es außer der oder den bereits streitgegenständlichen Kündigung(en) keine weiteren Beendigungstatbestände gebe. Der erweiterte Schleppnetzantrag hat dann seinen Zweck erfüllt und kann ebenso regelmäßig zurückgenommen werden.[197] Die Gerichte für Arbeitssachen berücksichtigen diese Praxis bei der Bewilligung von Prozesskostenhilfe.[198]

e) Rechtsweg

60 **Besonderer Rechtsweg für organschaftliche Vertreter:** Schwerbehinderte Menschen, die aufgrund eines Arbeitsvertrages als organschaftliche Vertreter einer juristischen Person oder einer Personengesamtheit beschäftigt werden, gelten im Unterschied zum materiellen Recht verfahrensrechtlich nach § 5 Abs. 1 Satz 3 ArbGG unwiderleglich als **Nicht-Arbeitnehmer**. Wollen sie die Nichtigkeit einer Kündigung nach § 168 SGB IX, § 134 BGB gerichtlich geltend machen, müssen sie den Rechtsweg zu den ordentlichen Gerichten beschreiten.[199]

f) Bindung an Verwaltungsakte und Prüfungsdichte

61 **Bindung der Arbeitsgerichte an Verwaltungsakte:** Die Gerichte für Arbeitssachen haben die öffentlich-rechtlichen Voraussetzungen des besonderen Kündigungsschutzes als **Vorfragen** nach § 17 Abs. 2 GVG zu prüfen. Sie sind dabei an bestandskräftige **Verwaltungsakte** gebunden. Dazu gehören insbesondere die Feststellungsbescheide der Versorgungsverwaltung über das Vorliegen einer Schwerbehinderung und die Feststellung des Grades der Behinderung, (§ 2 Abs. 2, § 152) die Gleichstellung durch die Agentur für Arbeit (§ 2 Abs. 3, § 151 Abs. 2) und die Zustimmung oder Verweigerung der Zustimmung des Integrationsamts zur Kündigung (§§ 171, 174). Macht im arbeitsgerichtlichen Urteilsverfahren eine Partei materiellrechtliche Bedenken geltend, so fehlt den Gerichten für Arbeitssachen die Prüfkompetenz. Die Beurteilung der Rechtmäßigkeit eines Verwaltungsaktes wie der Zustimmung zur Kündigung oder der Gleichstellung bleibt den zuständigen Verwaltungs- und Sozialgerichten vorbehalten. Nur soweit geltend gemacht wird, der Verwaltungsakt sei widerrufen oder aufgehoben worden oder wegen offensichtlicher Mängel ausnahmsweise nichtig, sind die Gerichte für Arbeitssachen zur eigenständigen rechtlichen Würdigung in der Lage.[200]
Hat das Verwaltungsgericht über die Zustimmung entschieden, so bindet diese Entscheidung hinsichtlich der Wirksamkeit der Kündigungserlaubnis. Das gilt erst recht, wenn die Entscheidung rechtskräftig ist. Damit ist jedoch den Gerichten für Arbeitssachen nicht verwehrt, die arbeitsrechtliche Wirksamkeit der

---

193 Vgl. *Hamacher* Antragslexikon ArbR 51.
194 BAG 18.12.2014 – 2 AZR 163/14, BAGE 150, 234 = NZA 2015, 635.
195 BAG 24.5.2018 – 2 AZR 67/18, BAGE 163, 24 = NZA 2018, 1127.
196 *Reinartz*, Vom Sinn und Unsinn des Schleppnetzantrags, NZA 2020, 215.
197 *Reinartz* NZA 2020, 215 (216).
198 HessLAG 1.8.2006 – 19 Ta 373/06, LAGE § 114 ZPO 2002 Nr. 6.
199 BAG 6.5.1999 – 5 AZB 22/98, AP ArbGG 1979 § 5 Nr. 46; zustimmend: *Kreitner* in jurisPK-SGB IX § 168 Rn. 12.
200 Vgl. BAG 25.11.1980 – 6 AZR 210/80, AP SchwbG § 12 Nr. 7; BAG 11.5.2000 – 2 AZR 276/99, AP BetrVG 1972 § 103 Nr. 42.

Kündigung unter dem Gesichtspunkt der im SGB IX kodifizierten Beschäftigungspflicht zu prüfen, selbst wenn das Verwaltungsgericht dazu Ausführungen gemacht hat, die dessen Entscheidung tragen. Der Grundsatz der Unabhängigkeit der Gerichtszweige hindert die Gerichte für Arbeitssachen nicht an einer erneuten Prüfung der einschlägigen Normen des SGB IX, nur weil auch im verwaltungsgerichtlichen Verfahren zu beachten waren.[201] Dies gilt insbesondere für die Frage, ob der Arbeitgeber ein Präventionsverfahren (§ 167 Abs. 1 SGB IX) oder ein BEM (§ 167 Abs. 2 SGB IX) hätte durchführen müssen, welches Ergebnis im Hinblick auf Beschäftigungsmöglichkeiten dieses hatte, oder ob das Klärungsverfahren entbehrlich war, weil es nutzlos gewesen wäre. Zunächst bejahte der Zweite Senat des BAG, dass insoweit einem Zustimmungsbescheid des Integrationsamts eine Indizwirkung für die vom Integrationsamt angenommene Entbehrlichkeit der Klärung nach § 167 SGB IX beigemessen werden kann.[202] Diese Auffassung erfuhr in der Instanz Kritik, weil weder normative noch empirische Grundlagen für eine Vermutungsregel aufgezeigt wurden.[203] Ebenso lehnte das Schrifttum die Annahme einer Indizwirkung ab.[204] Darauf hat der Zweite Senat nicht mehr an seiner Vermutungsregel festgehalten.[205]

g) Aussetzung

Aussetzung wegen Vorgreiflichkeit: Sind die vom Arbeitsgericht als Vorfrage zu prüfenden **Verwaltungsakte nicht bestandskräftig**, so ist nach **§ 148 ZPO** die **Aussetzung** des anhängigen Arbeitsrechtsstreits zu prüfen. Eine derartige Aussetzung setzt voraus, dass der Streitstoff ansonsten geklärt ist und die Entscheidung ausschließlich vom Gegenstand des anderen, vorgreiflichen Verfahrens abhängt. Nach der Rechtsprechung des Bundesarbeitsgerichts ist bei der Frage der Aussetzung auch das **Beschleunigungsprinzip** nach § 9 ArbGG zu berücksichtigen. In Fällen, in denen keine Erfolgsaussicht für eine Abänderung der vorgreiflichen Verwaltungsakte angenommen wird, sollen die arbeitsgerichtlichen Urteilsverfahren deshalb nicht ausgesetzt werden. Wird von dem Widerspruchsausschuss oder von dem VG die Aussetzung der Vollziehung der Zustimmung nach § 80 Abs. 5 VwGO angeordnet, so hat das Arbeitsgericht diesen Umstand zu berücksichtigen. Ist allein die Frage der Rechtswirksamkeit der Zustimmung des Integrationsamts entscheidungserheblich, so ist es angezeigt, den Kündigungsschutzprozess wegen der hohen Erfolgsaussicht des Arbeitnehmers im Anfechtungsverfahren nach § 148 ZPO auszusetzen. Wird nicht ausgesetzt und das arbeitsgerichtliche Urteilsverfahren vor dem Abschluss der öffentlich-rechtlichen Verfahren rechtskräftig beendet, kann die unterlegene Partei, wenn sie im sozialgerichtlichen oder verwaltungsgerichtlichen Verfahren obsiegt, **Restitutionsklage** nach § 580 Nr. 6, Nr. 7 ZPO erheben.[206] Die in der jüngeren Rspr. des BAG wiederholte Empfehlung, im Interesse der Beschleunigung

62

---

201 BAG 16.5. 2019 – 6 AZR 329/18, Rn. 34, NZA 2019, 1198; BAG 23.5.2013 – 2 AZR 991/11, Rn. 28, BAGE 145, 199.
202 BAG 7.12.2006 – 2 AZR 182/06, Rn. 27, BAGE 120, 293.
203 Vgl. dazu zutreffend ArbG Berlin 10.9.2008 – 56 Ca 10703/08.
204 *Düwell* → 2. Aufl. 2009, § 84 Rn. 82; *Deinert* NZA 2010, 969; *Düwell* BB 2011, 2485.
205 BAG 25.1.2018 – 2 AZR 382/17, Rn. 52, NZA 2018, 845; BAG 20.11.2014 – 2 AZR 664/13, Rn. 40, NZA 2015, 931.
206 BAG 15.8.1984 – 7 AZR 558/82, AP SchwbG § 12 Nr. 13; 13.9.1995 – 2 AZR 587/94, AP BGB § 626 Verdacht strafbarer Handlung Nr. 25.

durchzuentscheiden,[207] ist bedenklich.[208] Angesichts der langen Verfahrensdauer insbesondere von verwaltungsgerichtlichen Verfahren ist es durchaus möglich, dass die für die Restitutionsklage geltende Klagefrist nicht eingehalten werden kann. Nach § 586 Abs. 1 ZPO ist die Restitutionsklage innerhalb einer Notfrist von einem Monat nach Kenntnis der verwaltungsgerichtlichen Entscheidung über die Aufhebung der Zustimmungsentscheidung des Integrationsamts zu erheben (§ 580 Nr. 6 ZPO analog). Die Erhebung der Klage ist nach § 586 Abs. 2 Satz 2 ZPO unstatthaft, wenn **fünf Jahre gerechnet vom Tage der Rechtskraft des arbeitsgerichtlichen Urteils** abgelaufen sind. Zur Vermeidung des Ausschlusses wegen Nichteinhaltung der Fünfjahresfrist wird empfohlen, kurz **vor Fristablauf Klage** zu erheben, auf das noch laufende verwaltungsgerichtliche Verfahren zu verweisen und zu bitten, erst nach der anstehenden verwaltungsgerichtlichen Entscheidung zu terminieren.[209] Ob die Rspr. dieser durchaus sinnvollen Empfehlung zur Aussetzung des Restitutionsverfahrens folgt, erscheint zweifelhaft; denn das Prozessrecht hat für einen derartigen Aussetzungsgrund keine Rechtsgrundlage. Entscheidungen zu dieser Rechtsfrage sind nicht veröffentlicht. Den hier geäußerten Bedenken trägt die Instanzrechtsprechung keine Rechnung. Sie hält vielmehr wegen des Beschleunigungsgrundsatzes eine Aussetzung „regelmäßig (als) ermessensfehlerhaft".[210] Zur Begründung bezieht sie sich auf die Meinung im Schrifttum, eine Aussetzung müsse wegen der besonderen Prozessförderungspflicht im Kündigungsverfahren (§ 61 a Abs. 1 ArbGG) ermessensfehlerhaft sein.[211] Zudem sei die gesetzgeberische Wertung des § 171 (§ 88 aF) Abs. 4 SGB IX zu berücksichtigen, wonach Widerspruch und Anfechtungsklage gegen die Zustimmung des Integrationsamts zur Kündigung keine aufschiebende Wirkung haben. Die vom Integrationsamt einmal erteilte Zustimmung zur Kündigung entfalte deshalb so lange Wirksamkeit, wie sie nicht rechtskräftig aufgehoben sei.[212] Nach dieser Wertung sei es dem Arbeitgeber nicht zumutbar, trotz der erteilten Zustimmung die Entscheidung im verwaltungsrechtlichen Widerspruchs- und Anfechtungsverfahren abzuwarten.[213] Folglich kann bei diesem Stand der Rspr.[214] der Arbeitgeber im Fall der Verfahrensaussetzung erfolgreich mit einer sofortigen Beschwerde die Fortführung des arbeitsgerichtlichen Kündigungsschutzverfahrens erreichen.

h) Doppelter Rechtsweg

63 **Mehrspurigkeit als Rechtswegsperre:** Die Rechtswegspaltung im Schwerbehindertenkündigungsrecht wird schon seit den 80er Jahren heftig kritisiert.[215] In

---

207 BAG 23.5.2013 – 2 AZR 991/11, Rn. 28, NJW 2013, 3597: Eine Aussetzung des arbeitsgerichtlichen Verfahrens für die Dauer des Verwaltungsrechtsstreits ist in der Regel nicht angezeigt.
208 Vgl. zum alten Recht *Dörner* SchwbG § 15 Rn. 116: zum neuen Recht *Gallner* in KR §§ 168–173 En. 163 ff.; aA *Koch* in Schaub ArbR-HdB SGB IX § 179 Rn. 45; *Osnabrügge* in HaKo-KSchR SGB IX §§ 168–175, § 178 Rn. 69.
209 *Zwanziger* in Däubler/Deinert/Zwanziger, 10. Aufl. 2017, KSchG § 4 Rn. 116.
210 LAG MV 17. 03.2017 – 5 Ta 8/17, Rn. 25, NZA-RR 2017, 374; erläuternd: *Kohte* jurisPR-ArbR 14/2018 Anm. 6.
211 *Koch* in ErfK, 17. Aufl. 2017, ArbGG § 9 Rn. 3, so auch *Koch* in ErfK ArbGG § 9 Rn. 3.
212 Vgl. BAG 23.5.2013 – 2 AZR 991/11, Rn. 22, NJW 2013, 3597.
213 LAG MV 17.3.2017 – 5 Ta 8/17, Rn. 25, NZA-RR 2017, 374.
214 Der Beschluss hat Zustimmung gefunden vgl. Stamer DB 2017, 1457; *Koch* in Schaub ArbR-HdB SGB IX § 179 Rn. 45; ausführlich *Deinert* AP Nr. 2 zu § 88 SGB IX.
215 Vgl. *Wenzel* AuR 1985, 326.

einem zwischenzeitlich aufgehobenen Vorlagebeschluss hatte das Landesarbeitsgericht Hamm die Auffassung vertreten, der vorgeschaltete Verwaltungsprozess führe zu einer den Arbeitsgerichtsprozess unangemessen blockierenden und damit gegen Art 101 Abs. 1 Satz 2 GG verstoßenden Rechtswegsperre.[216] Der Bundesrat nahm damals dieses Argument auf und unterbreitete erfolglos entsprechende Vorschläge.[217] Der Bundestag entschied sich für die Beibehaltung der Mehrspurigkeit.[218] Dies Beibehaltung dieser Aufspaltung des Rechtswegs war und ist verfassungsrechtlich zweifelhaft. Mehrere Gerichte für Arbeitssachen hielten diese Regelung für verfassungswidrig und beschlossen Richtervorlagen an das BVerfG.[219] Die Verfahren beim BVerfG erledigten sich sämtlich, weil die Ausgangsverfahren angesichts der Zeitdauer der verfassungsgerichtlichen Prüfung jeweils durch Abfindungsvergleiche beendet wurden.[220] Die Mehrspurigkeit ist auch menschenrechtlich bedenklich, weil sie systemisch zu einer **zu überlangen Verfahrensdauer** führt, die gegen das in Art. 6 Abs. 1 der Europäischen Menschenrechtskonvention (EMRK) garantierte Recht auf ein faires Verfahren verstößt.[221] In dem Ausgangsfall der EGMR-Entscheidung im Fall Obermeier ging es um die Wirksamkeit der Kündigung eines österreichischen Invaliden, die nach dem österreichischen Invalideneinstellungsgesetz von der Zustimmung eines Ausschusses und in der Berufungsinstanz von der des Landeshauptmanns abhängig war. Hier hat der EGMR dem gegen die Kündigung beim Zivilgericht klagenden Behinderten ein wichtiges persönliches Interesse an rascher gerichtlicher Entscheidung über die Rechtmäßigkeit der Kündigung anerkannt und angesichts der seit **neun Jahren laufenden Verfahrensdauer** einen **Verstoß gegen EMRK Art. 6 Abs. 1** festgestellt.

Rechtspolitische Alternativen: Ein geeigneter Vorschlag zur Vermeidung einer überlangen Verfahrensdauer ist, die Zustimmung des Integrationsamts zur beabsichtigten Kündigung in einem arbeitsgerichtlichen Beschlussverfahren entsprechend § 103 BetrVG zu klären.[222] Die 63. Konferenz der Präsidentinnen und Präsidenten der Landesarbeitsgerichte hat im Mai 2001 diese Initiative aufgegriffen und dem Gesetzgeber die **Schaffung eines einheitlichen Rechtswegs** empfohlen.[223] Darauf hat nur das Hessische Arbeitsministerium reagiert. Es wollte 2005 für das Land Hessen einen Entwurf eines Gesetzes zur Reform des Rechtsweges bei der Beendigung von Arbeitsverhältnissen mit schwerbehinderten Menschen in den Bundesrat einbringen.[224] Danach sollten die Gerichte für Arbeitssachen eine einheitliche Prüfungskompetenz erhalten, die es ihnen ermöglicht, sowohl die Entscheidung des Integrationsamts zu überprüfen, als auch über die soziale Rechtfertigung der Kündigung zu entscheiden. Begründet

---

216 LAG Hamm 19.12.1985 – 8 Ta 9/85, Behindertenrecht 1987, 29.
217 BT-Drs. 10/3138, 32.
218 BT-Drs. 10/3138, 38.
219 Als einziger Vorlagebeschlüsse ist veröffentlicht: LAG Hamm 19.12.1985 – 8 Ta 9/85, LAGE Art. 101 GG Nr. 1 = Behindertenrecht 1987, 29; *Grunsky* EWiR 1986, 271.
220 Dazu *Düwell* NZA 2001, 929 (932).
221 Vgl. die Verurteilung der Republik Österreich im Fall Obermeier EGMR 28.6.1990 – Nr. 6/1989/166/266, EuGRZ 1990, 209.
222 Vgl. *Dörner*, Reformüberlegung zum SchwbG, in Festschrift 40 Jahre Verlag R. S. Schulz, 1998, S. 241 ff.; *Düwell* NZA 2001, 929 (932); *Kohte* jurisPR-ArbR 14/2018 Anm. 6.
223 AuR 2001, 342.
224 Vgl. auch mit Erläuterung der Regelungsalternativen: *Düwell* in Schmidt JbArbR, Bd. 43, S. 104; *Düwell*, Reform des Rechtswegs bei Beendigung von Arbeitsverhältnissen schwerbehinderter Menschen, FA 2005, 366: dem Änderungsbedarf zustimmend: *Koch* in Schaub ArbR-HdB SGB IX § 179 Rn. 40.

wird die Bindung der Kompetenzen bei den Arbeitsgerichten damit, dass sie dafür bekannt sind, auch unter der Last hoher Eingangszahlen zügig die ihnen zugewiesenen Verfahren zu erledigen. Als Vorbild diente dabei das **Zustimmungsersetzungsverfahren nach § 103 BetrVG**. Der Ansatz der im Kabinett gescheiterten Hessischen Initiative ging nicht weit genug. Es wären noch immer zwei unterschiedliche Verfahren verblieben, wenn auch eine Zuordnung zu ein und derselben Gerichtsbarkeit erfolgen sollte. Besser wäre es, die Integrationsämter von der Last des verwaltungsrechtlichen Kündigungsschutzverfahrens zu befreien; denn diese führt in der Praxis häufig zu einer sinnlosen Verdoppelung von Interessenabwägungen. Wie die hohe Zahl der mit 70 Prozent veranschlagten einvernehmlichen Lösungen[225] zeigt, liegt die Stärke der Integrationsämter in ihrer hohen Fachkompetenz im Bereich der begleitenden Hilfe und ihrer Rolle als Vermittler zwischen den Arbeitsvertragsparteien, § 185 Abs. 2 SGB IX. Ein Fortschreiten auf dem Weg der Moderation und möglicherweise auch der Mediation müsste das Kündigungsverbot in § 168 SGB IX modifizieren. Es sollte ausreichen, dass ein Arbeitgeber nach Erfüllung der in § 167 SGB IX geregelten Präventionspflichten, das Integrationsamt zu seiner Kündigungsabsicht anhören und sich mit ihm beraten muss. Das Integrationsamt hätte dann die Beschäftigungsmöglichkeiten sachverständig zu prüfen und zu versuchen, mit den Beteiligten zu einer einvernehmlichen Regelung zu kommen. Kommt es zu keiner Einigung, sollte das Integrationsamt in **einer gutachterlichen Stellungnahme** die untersuchten Möglichkeiten für die Beschäftigung des schwerbehinderten Beschäftigten und die Ursachen der fehlenden Einigung aufzeigen. Erst danach dürfte die Kündigung, ähnlich wie beim Anhörungsverfahren nach § 102 BetrVG, erklärt werden. Bei dieser Gelegenheit wäre auch gesetzlich klarzustellen, dass dann, wenn die Präventionsverfahren nach § 167 SGB IX nicht durchgeführt sind, das Antragsverfahren zur Kündigung nach § 170 SGB IX auszusetzen ist. Das Schrifttum[226] und das von Arbeitgebern als bundesweite Plattform für inklusionsstarke Akteure aus der Wirtschaft gegründete **UnternehmensForum** haben sich 2008 in seinem Positionspapier zum besonderen Kündigungsschutz schwerbehinderter Arbeitnehmer der Forderung nach einem einheitlichen Rechtsweg, der – wie er hier als „eingleisig" dargestellt ist – ausschließlich zu den Gerichten für Arbeitssachen führt, angeschlossen.[227] Politische Initiativen zur Änderung der wegen der strukturell angelegten Möglichkeit menschrechtswidrig langer Verfahrensdauer (→ Rn. 63) änderungsbedürftigen Rechtslage sind nicht bekannt. Insider verlautbaren, dass bei einer Zuweisung der Sachen an die Arbeitsgerichtsbarkeit eine entsprechende Aufgabenmehrung bei der Verwaltungsgerichtsbarkeit zu erfolgen habe, sonst sei eine solches Vorhaben nicht „ausgewogen". Diese überfällige Reform hat sich auch nicht durch die Verfahrensaussetzung vermeidende jüngere Rspr. (→ Rn. 62.) erübrigt. Vielmehr hat sich das Problem menschenrechtswidrig zu langen Verfahrensdauer (→ Rn. 63) noch verschärft; denn wird vom Arbeitsgericht durchentschieden und der unterliegende schwerbehinderte Kläger auf das Restitutionsverfahren nach rechtskräftiger Entscheidung im dritten Rechtszug der Verwaltungsgerichtsbarkeit verwiesen, so kommt ohne Weiteres, wie im Fall Obermeier in Österreich geschehen, auch in Deutschland eine neunjährige Verfahrensdauer in Betracht.

---

225 BIH Jahresbericht 2016/2017, S. 48.
226 *Knittel* SGB IX § 85 Rn. 210.
227 Positionspapier zum besonderen Kündigungsschutz schwerbehinderter Arbeitnehmer, 2008, abrufbar unter Rubrik Positionen auf der Homepage http://www.unternehmensforum.org.

Stellt der Arbeitgeber im Kündigungsrechtsstreit einen Auflösungsantrag nach §§ 9,10 KSchG ist dieser abzuweisen, wenn der Arbeitnehmer die Unwirksamkeit der Kündigung nach § 168 SGB IX iVm § 134 BGG geltend gemacht hat. Eine Auflösung des Arbeitsverhältnisses gegen Zahlung einer Abfindung auf Antrag des Arbeitgebers nach § 9 Abs. 1 Satz 2 KSchG kommt nämlich nur in Betracht, wenn eine ordentliche Kündigung allein aufgrund ihrer Sozialwidrigkeit und nicht aus anderen Gründen iSv § 13 Abs. 3 KSchG rechtsunwirksam ist.[228]

65

VII. Ansprüche bei unwirksamer Kündigung

Anspruch auf Entgelt nach unwirksamer Kündigung: Stellt das Arbeitsgericht fest, dass das Arbeitsverhältnis wegen der Unwirksamkeit der Kündigung des Arbeitgebers fortbesteht, so ist damit die Grundlage für den Anspruch des Arbeitnehmers auf Entgelt für die infolge der Nichtannahme der Dienste geleisteten Arbeit (§ 615 Satz 1 BGB) festgestellt. Für die Begründung des Anspruchs auf Verzugslohn bedarf es nach Ablauf der Kündigungsfrist nicht eines besonderen Angebots der Arbeitsleistung. Der Arbeitgeber gerät dadurch in Annahmeverzug, dass er trotz Fortbestehens des Arbeitsverhältnisses es unterlässt, den Arbeitseinsatz des Arbeitnehmers fortlaufend zu planen und hinsichtlich Ort und Zeit der Arbeitsleistung näher zu konkretisieren. Denn ihm obliegt es, dem Arbeitnehmer für jeden Arbeitstag Arbeitsaufträge zuzuteilen und einen als solchen funktionsfähigen Arbeitsplatz zuzuweisen.[229] Allerdings setzt der Entgeltanspruch nach § 297 BGB voraus, dass der Arbeitnehmer **leistungsfähig und leistungsbereit** war.[230] Ist die Kündigung nur wegen des objektiven Verstoßes gegen § 168 SGB IX unwirksam, so entsteht kein Anspruch auf Verzugslohn.[231] Solange dem Arbeitgeber die für den Beschäftigungsanspruch maßgebenden Umstände unbekannt sind, weil der Arbeitnehmer nicht seine Schwerbehinderung offenbart hatte, fehlte es an einem ordnungsgemäßen Leistungsangebot. Bezweifelt der Arbeitgeber die geltend gemachte Schwerbehinderung, so kann er die Vorlage des Schwerbehindertenausweises nach § 152 Abs. 5 SGB IX verlangen. Solange der Nachweis nicht geführt wird, kann er die angebotene Arbeitsleistung ablehnen.[232] Erkennt der Arbeitgeber wegen des Verschweigens erst mit Verzögerung die Unwirksamkeit seiner Kündigung, so kann ihm bei Verschulden der Schwerbehinderten ein **Schadensersatzanspruch aus positiver Vertragsverletzung** zustehen. Ein derartiger Anspruch kommt in Betracht, wenn dem Arbeitgeber durch die kostenhöhere Beschäftigung einer Ersatzkraft ein Vermögensschaden entstanden ist. Der Arbeitgeber kann dann gegen den Anspruch auf Verzugslohn nach Maßgabe der §§ 387, 394 BGB aufrechnen.

66

Annahmeverzug und Arbeitsplatzzuweisung: Der Arbeitgeber, der nach gerichtlicher oder einvernehmlicher Klärung des Fortbestands des Arbeitsverhältnisses einem schwerbehinderten Arbeitnehmer den bisher ausgeübten Arbeitsplatz wieder zuweist, genügt auch dann seiner **Mitwirkungspflicht** nach §§ 295, 296 BGB, wenn der Arbeitnehmer für diesen Arbeitsplatz arbeitsunfähig ist.[233] Die

67

---

228 BAG 22.9.2016 – 2 AZR 700/15, Rn. 34, Behindertenrecht 2017, 93; BAG 31.7.2014 – 2 AZR 434/13, Rn. 44, Behindertenrecht 2015, 141; BAG 24.11.2011 – 2 AZR 429/10, Rn. 19, BAGE 140, 47.
229 BAG 19.1.1999 – 9 AZR 679/97, BAGE 90, 329 = AP § 615 BGB Nr. 79; BAG 24.11.1994 – 2 AZR 179/94, BAGE 78, 333 = AP § 615 BGB Nr. 60.
230 LAG Hamm 6.3.2006 – 8 (10) Sa 1932/04, Rn. 16, AuA 2006, 488.
231 So *Etzel* in KR, 9. Aufl. 2009, SGB IX §§ 85–90 Rn. 30.
232 *Etzel* in KR, 9. Aufl. 2009, SGB IX §§ 85–90 Rn. 30.
233 BAG 21.1.2001 – 9 AZR 287/99, AP zu § 81 SGB IX Nr. 1.

nach § 296 Satz 1 BGB vom Gläubiger vorzunehmende Handlung besteht darin, die vom Arbeitnehmer geschuldete Leistung hinreichend zu bestimmen und durch Zuweisung eines bestimmten Arbeitsplatzes zu ermöglichen.[234]

68 **Annahmeverzug bei Wunsch nach Arbeitsplatzänderungen:** Der Arbeitnehmer kann unter Hinweis auf seine Behinderung gemäß § 106 Satz 3 GewO bzw. § 611 a iVm § 241 BGB eine erneute Ausübung des Weisungsrechts im Rahmen der Ermessensausübung verlangen. Dann hat der Arbeitgeber die Auswirkungen der Behinderung zu berücksichtigen und eine im Betrieb vorhandene behinderungsgerechte Beschäftigungsmöglichkeit zuweisen, soweit nicht gewichtige betriebliche Interessen entgegenstehen, → § 164 Rn. 188. Ist der Arbeitnehmer schwerbehindert, hat der Arbeitnehmer den Anspruch aus § 164 Abs. 4 SGB IX auf behinderungsgerechte Beschäftigung. Dieser Anspruch schließt die behinderungsgerechte Gestaltung des Arbeitsplatzes ein, → § 164 Rn. 207. So kann der Arbeitgeber zB verpflichtet sein, aus den im Rahmen der Arbeitsvertrags zu verrichtenden Tätigkeit einzelne, die Leistungsfähigkeit übersteigende Tätigkeiten aus der Aufgabenstellung herauszunehmen.[235] Ist eine behinderungsgerechte Gestaltung im Rahmen des vor Jahrzehnten abgeschlossenen Arbeitsvertrags nicht möglich, ist auch eine zumutbare Änderung zu prüfen. Eine Verpflichtung zur Zuweisung einer Beschäftigung, die mit einer Vertragsänderung verbunden ist, kann jedoch aus § 106 GewO bzw. § 241 BGB nicht hergeleitet werden.[236] Kommt nach diesen Grundsätzen eine Beschäftigung mit dem vorhandenen Leistungsvermögen nicht in Betracht, so enthält das Schwerbehindertenrecht keine Rechtsgrundlage für eine Verpflichtung des Arbeitgebers, das Entgelt fort zu zahlen.[237]

69 **Schadensersatz für entgangenen Verdienst:** Hat der Arbeitnehmer zur Abwendung der aufgetretenen Schwierigkeiten eine Änderung der Arbeit durch eine andere Gestaltung des Arbeitsplatzes oder dessen Ausstattung zB mit technischen Hebehilfen verlangt, macht er eine Verpflichtung des Arbeitgebers nach § 164 Abs. 4 Satz 1 geltend. Diese geht über die eine Obliegenheit hinaus, die sich aus dem Kündigungsrecht oder dem Recht des Gläubigerverzugs ergibt. Die Haftung des Arbeitgebers für die Verletzung entsprechender Pflichten ist **verschuldensabhängig** ausgestaltet.[238] Daher ist der Arbeitgeber insoweit nur bei Vorsatz oder Fahrlässigkeit verpflichtet (§ 276 Abs. 1 BGB), dem Arbeitnehmer den Schaden in Gestalt der entgangenen Vergütung zu ersetzen.[239] Nach der Einführung der Präventionspflichten durch § 164 Abs. 1 und 2 muss der Arbeitgeber unter Einschaltung des betrieblichen Sachverstands diesen Fragen selbst nachgehen. Hat er das nicht getan, so hat er eine im Interesse des behinderten Menschen angeordnete Pflicht verletzt, so dass er auch dann, die entgangene Vergütung zu zahlen hat, wenn der Arbeitnehmer auf dem zuletzt innege-

---

234 BAG 25.3.1959 – 4 AZR 236/56, BAGE 7, 321 (323) = AP § 611 BGB Fürsorgepflicht Nr. 27.
235 LAG Hamm 6.3.2006 – 8 (10) Sa 1932/04, AuA 2006, 488.
236 BAG 6.12.2001 – 2 AZR 422/00; BAG 23.1.2001 – 9 AZR 287/99, AP Nr. 1 zu § 81 SGB IX.
237 BAG 23.1.2001 – 9 AZR 287/99, AP Nr. 1 zu § 81 SGB IX.
238 BAG 4.10.2005 – 9 AZR 632/04; Behindertenrecht 2006, 135; BAG 3.12.2002 – 9 AZR 481/01, AP Nr. 2 zu § 81 SGB IX; BAG 21.1.2001 – 9 AZR 287/99, AP § 81 SGB IX Nr. 1.
239 Vgl. BAG 25.3.1959 – 4 AZR 236/56, BAGE 7, 321 = AP § 611 BGB Fürsorgepflicht Nr. 27; 10.7.1991 – 5 AZR 383/90, BAGE 68, 141 = AP § 14 SchwbG Nr. 1; BAG 21.1.2001 – 9 AZR 287/99, AP § 81 SGB IX Nr. 1; BAG 4.10.2005 – 9 AZR 632/04, NJW 2006, 1691 mit teilweise kritischer Anm. *Kohte* jurisPR-ArbR 49/2006 Anm. 6.

habten Arbeitsplatz bei Fortbestand des Arbeitsverhältnisses arbeitsunfähig gewesen wäre.

Anspruch auf Weiterbeschäftigung nach Kündigung: Nach Zugang der Kündigung und Ablauf der Kündigungsfrist kann der schwerbehinderte Arbeitnehmer seine Weiterbeschäftigung gerichtlich durchsetzen, wenn die Kündigung wegen **fehlender Zustimmung** des Integrationsamts unwirksam ist. Dieser **Weiterbeschäftigungsanspruch** ist schon unter der Geltung des Schwerbeschädigtengesetzes von der Rechtsprechung anerkannt worden.[240] Nach den vom Großen Senat des Bundesarbeitsgerichts festgelegten Grundsätzen kann der Beschäftigungsanspruch, der in § 164 Abs. 4 Nr. 1 SGB IX festgeschrieben worden ist, im Hauptsacheverfahren durchgesetzt werden, sobald eine die Unwirksamkeit der Kündigung feststellende Entscheidung ergangen ist.[241] Hat der Arbeitnehmer seine Schwerbehinderung nachgewiesen und steht fest, dass bis zum Zugang der Kündigungserklärung beim Arbeitnehmer dem Arbeitgeber keine Zustimmung erteilt worden ist, so ist die Nichtigkeit der Kündigung offensichtlich. Der Arbeitnehmer kann dann seinen Beschäftigungsanspruch auch im Wege der einstweiligen Verfügung per Zwangsvollstreckung nach § 888 ZPO durchsetzen, → Kap. 2 Rn. 167.

70

VIII. Kündigungsschutz für alle Menschen mit Behinderung?

Verhältnis des Kündigungsrechts im SGB IX zum europäischen Unionsrecht: Die **Richtlinie 2000/78/EG** des Rates zur Festlegung eines allgemeinen Rahmens für die Verwirklichung der Gleichbehandlung in Beschäftigung und Beruf vom 27.11.2000 (Rahmenrichtlinie) verpflichtete den nationalen Gesetzgeber, bis zum 2.12.2003 einen allgemeinen Rahmen zur Bekämpfung der Diskriminierung wegen einer Behinderung zu schaffen (Art. 1 der Richtlinie). Dazu gehören auch die Entlassungsbedingungen (Art. 3 Abs. 1 c der Richtlinie). In der Vorschrift bis zum 30.4.2004 geltenden Fassung des § 81 Abs. 2 Satz 2 Nr. 1 des SGB IX[242] hatte der deutsche Gesetzgeber in Umsetzung dieser Richtlinie die Benachteiligung wegen einer Behinderung auch bei Kündigungen verboten. Das weitergehende in Kapitel 4 des Schwerbehindertenrechts enthaltene Kündigungsverbot mit Erlaubnisvorbehalt war und ist unionsrechtlich nicht gefordert. Es stellt eine spezifische und positive Schutzmaßnahme iSv Art. 7 Abs. 2 der Rahmenrichtlinie und Art. 5 Abs. 4 UN-BRK dar.[243] Dieser Sonderschutz ist ein geeignetes Mittel, das zugelassen ist, um den Zweck der Rahmenrichtlinie und der UN-BRK zu erfüllen, nämlich gleichberechtigte Teilhabe sicherzustellen. Wegen des unionsrechtlichen Verschlechterungsverbots hätte keine Absenkung des bis dahin in der alten Fassung des § 81 Abs. 2 Satz 2 Nr. 1 SGB IX idF des Gesetzes vom 19.6.2001 Schutzniveaus erfolgen dürfen (vgl. Art. 8 Abs. 2 der Richtlinie), wie sie mit der Einschränkung des Anwendungsbereichs des AGG in § 2 Abs. 4 AGG durch die Klausel beabsichtigt war: „Für Kündigungen gelten ausschließlich die Bestimmungen zum allgemeinen und besonderen Kündigungsschutz". Demgegenüber bezog § 81 Abs. 2 Satz 2 Nr. 1 SGB IX idF des Gesetzes vom 19.6.2001 die Benachteiligung „bei der Kündigung" uneinge-

71

---

240 BAG 7.8.1964 – 1 AZR 27/84, AP § 12 SchwBeschG Nr. 3; BAG 26.5.1977 – 2 AZR 632/76, AP § 611 BGB Beschäftigungspflicht Nr. 5.
241 BAG 27.2.1985 – GS 1/84, AP § 611 BGB Beschäftigungspflicht Nr. 14.
242 G v. 19.6.2001, BGBl. I 1046.
243 EuGH 9.3.2017 – C-406/15, juris Rn. 49 f., 64, Behindertenrecht 2017, 174 – Milkova.

schränkt ein.[244] Die Rahmenrichtlinie erlaubt die im deutschen Recht vorgenommene Differenzierung, nach der der in § 168 SGB IX vorgesehene Sonderschutz nicht für alle Menschen mit Behinderungen sondern nur für schwerbehinderte Menschen gilt. Zwar sind die Mitgliedstaaten beim Erlass von fakultativen Maßnahmen – wie hier bei der Einführung dieses Sonderschutzes – an den unionsrechtlichen Grundsatz der Gleichbehandlung („in Art. 20 und 21 der Charta verankerter allgemeiner Grundsatz des Unionsrechts") gebunden.[245] Aber die unterschiedliche Behandlung ist gerechtfertigt. wenn sie im Zusammenhang mit einem rechtlich zulässigen Ziel steht und wenn die unterschiedliche Behandlung in angemessenem Verhältnis zu dem verfolgten Ziel steht.[246] Hier bestehen derartige Rechtfertigungsgründe. Rechtlich zulässiges Ziel ist es, für den Teil der Gruppe der Menschen mit Behinderung, die besonders schlechte Chancen auf dem Arbeitsmarkt haben, ein Verwaltungsverfahren der Kündigung vorzuschalten, indem geprüft wird, ob der Arbeitgeber vorschnell ausgliedern will, vgl. → Rn. 3. Die unterschiedliche Behandlung steht in einem Zusammenhang mit dem Ziel und sie erfolgt in einem angemessenen Verhältnis zu dem verfolgten Ziel. Die Beschränkung beruht auf dem unterschiedlich großen Schutzbedarf, der von Art und Schwere der Behinderung sowie der Schwierigkeit des Behaltens eines behinderungsgerechtes Arbeitsplatzes abhängig ist. Die unterschiedliche Behandlung ist angemessen, weil für die Ausweitung des verwaltungsrechtlichen Sonderschutzes auf alle Menschen mit Behinderungen ein aufwändiges amtliches Feststellungsverfahren erforderlich machte, wie es für die Eigenschaft schwerbehinderter Mensch in § 152 Abs. 1 Satz 3 SGB IX und für die Gleichstellung in § 151 Abs. 2 SGB IX bereits besteht. Die Beschränkung soll schließlich eine von Arbeitgebern als übermäßig empfundene bürokratische Belastung mit einem zusätzlichen Antragsverfahren vermeiden, obwohl durch das geltende Kündigungsschutzrecht bereits ein gerichtlicher Schutz vor diskriminierenden Kündigungen auch außerhalb des Geltungsbereichs des KSchG sichergestellt ist, vgl. → Rn. 74 ff.

72 **Verhältnis des AGG zum europäischen Unionsrecht:** In Art. 3 Abs. 1 der Rahmenrichtlinie 2000/78/EG ist ausdrücklich der Geltungsbereich der Umsetzungspflichten bestimmt. Danach fallen in den Geltungsbereich ua:

c) die Beschäftigungs- und Arbeitsbedingungen, einschließlich der Entlassungsbedingungen und des Arbeitsentgelts (...)

§ 81 Abs. 2 Satz 2 SGB IX aF ist mit Inkrafttreten des AGG am 18.8.2006 aufgehoben und durch auf eine Verweisung auf die das Verbot aus Satz 1 ergänzenden Bestimmungen des AGG ersetzt worden. In § 2 Abs. 4 AGG ist geregelt, dass für Kündigungen entsprechend einer zum Schluss des Gesetzgebungsverfahrens getroffenen Abrede der Koalition ausschließlich der allgemeine (zB §§ 134, 138 BGB und der 1. Abschnitt des KSchG) und der besondere Kündigungsschutz (zB §§ 15, 17 ff. KSchG, § 17 MuSchG, §§ 18, 19 BEEG, §§ 168 ff. SGB IX) gelten soll. In dem Urteil „Chacón Navas" hat der EuGH demgegen-

---

244 Einzelheiten *Düwell* zu den Streichungen von § 10 Satz 3 Nr. 6 und 7 AGG durch Art. 8 des Gesetz zur Änderung des Betriebsrentengesetzes und anderer Gesetze vom 2.12.2006, FA 2007, 107 (109).
245 EuGH 9.3.2017 – C-406/15, juris Rn. 53 ff, Behindertenrecht 2017, 174 – Milkova.
246 EuGH 9.3.2017 – C-406/15, juris Rn. 55, Behindertenrecht 2017, 174 – Milkova; EuGH 22.5.2014 – C-356/12, Rn. 43, ABl EU 2014, Nr. C 253, 5 – Glatzel; für erhöhten Rechtfertigungsbedarf: *Sprenger* ZTR 2021, 218 in Anm. zu EuGH 26.1.2021 – C 16/19, NZA 2021, 267.

über ausdrücklich festgestellt, dass das in Rahmenrichtlinie geregelte Verbot der Diskriminierung wegen einer Behinderung auch bei Entlassungen gemäß „Art. 3 Abs. 1 Buchstabe c der Richtlinie 2000/78" anzuwenden ist.[247] *Kohte* hatte im Rahmen der Sachverständigenanhörung vor dem BT-Ausschuss ohne Erfolg ausdrücklich auf die Problematik des § 2 Abs. 4 AGG hingewiesen. Wenn Kündigungen als Benachteiligungen wegen eines unzulässigen Merkmals qualifiziert werden müssten, dann seien sie vom Anwendungsbereich der Richtlinien 2000/78 und 2000/43 erfasst. Da diese Richtlinien für sämtliche Beschäftigungsverhältnisse gelten und keine Ausnahme für Kleinbetriebe kennen, können sie mit Sicherheit nicht allein durch eine Verweisung auf das KSchG umgesetzt werden, das in § 1 Abs. 1 KSchG Arbeitsverhältnisse von bis zu sechs Monaten Dauer und Arbeitsverhältnisse in Kleinunternehmen nach Maßgabe des § 23 KSchG vollständig ausnimmt. Nach der Entscheidung des EuGH in der Sache „Chacón Navas" ist der Geltungsbereich der Rahmenrichtlinie 2000/78 so klar bestimmt, dass kein vernünftiger Zweifel mehr an der Erfassung von Kündigungen bestehen kann, die an ein verpöntes Unterscheidungsmerkmal anknüpfen. Der Zweite Senat hat eine elegante Lösung gewählt. Nach seiner Auffassung steht § 2 Abs. 4 AGG der Anwendung der materiellen Diskriminierungsverbote im Rahmen des allgemeinen Kündigungsschutzes nach dem KSchG nicht im Wege. Die Diskriminierungsverbote des AGG – einschließlich der ebenfalls im AGG vorgesehenen Rechtfertigungen für unterschiedliche Behandlungen – seien bei der Auslegung der unbestimmten Rechtsbegriffe des Kündigungsschutzgesetzes in der Weise zu beachten, dass sie Konkretisierungen des Begriffs der Sozialwidrigkeit darstellen.[248]

Unionsrechtliches Diskriminierungsverbot außerhalb des KSchG und SGB IX: 73
Für den Kündigungsschutz außerhalb des Kündigungsschutzgesetzes und außerhalb des § 168 SGB IX ist inzwischen das Problem der Bereichsausnahme durch die Rspr gelöst. Danach ist jede Kündigung „aus Gründen der Behinderung" **nach § 134 BGB** wegen Verstoßes gegen ein gesetzliches Verbot **unwirksam**.[249] Der Sechste Senat des BAG[250] hat erkannt: „Eine ordentliche Kündigung, die einen Arbeitnehmer, auf den das Kündigungsschutzgesetz (noch) keine Anwendung findet, aus einem in § 1 AGG genannten Gründe diskriminiert, ist nach § 134 BGB iVm § 7 Abs. 1, §§ 1, 3 AGG unwirksam. § 2 Abs. 4 AGG steht dem nicht entgegen." Die Rspr des Sechsten Senats hat auch überzeugend herausgearbeitet, bei unwirksamen diskriminierenden Kündigungen komme ebenso wie bei diskriminierenden Abmahnungen oder Versetzungen ohne Weiteres die Anwendung des § 15 AGG in Betracht. § 2 Abs. 4 AGG steht damit der zusätzlichen Geltendmachung von Schadensersatz und Entschädigung nicht entgegen.[251]

IX. Kündigungsschutz außerhalb des SGB IX

Verhältnis zu anderen Kündigungsschutzbestimmungen: Der besondere für 74 schwerbehinderte Menschen geltende Kündigungsschutz aus § 168 SGB IX verdrängt nicht andere zum Schutz von Arbeitnehmern bestehende Regelungen, die die Kündigungsfreiheit des Arbeitgebers einschränken. Vielmehr tritt eine **Kumulierung der Schutzbestimmungen** ein. Das gilt sowohl für den allgemein für Arbeitnehmer geltenden Schutz, wie zB den Massenentlassungsschutz nach

---

247 EuGH 11.7.2006 – C-13/05, NZA 2006, 839 – Chacón Navas.
248 BAG 6.11.2008 – 2 AZR 523/07, Rn. 28 ff., NZA 2009, 361.
249 Vgl. *Düwell* FA 2007, 107; *Düwell* jurisPR-ArbR 28/2006 Anm. 7.
250 BAG 19.12.2013 – 6 AZR 190/12, Rn. 14 f., BAGE 147, 60.
251 BAG 19.12.2013 – 6 AZR 190/12, Rn. 40 f., BAGE 147, 60.

§§ 17 ff. KSchG, als auch für den Sonderschutz bestimmter Arbeitnehmergruppen, wie zB den Mutterschutz nach § 17 MuSchG oder den Elternzeitschutz nach § 18 BEEG.

1. Wichtiger Grund für eine außerordentliche Kündigung

75 **Außerordentliche Kündigung:** Arbeitnehmer sind vor willkürlichen fristlosen Kündigungen durch § 626 BGB geschützt. Der Arbeitgeber muss objektiv vorliegende Tatsachen geltend machen, die an sich als **wichtiger Grund** für eine außerordentliche Kündigung ohne Einhaltung von Fristen in Betracht kommen. In einem zweiten Schritt wird dann geprüft, ob der Arbeitgeber unter **Berücksichtigung aller Umstände des Einzelfalles** die Interessen der Beteiligten widerspruchsfrei zugunsten der Kündigung abwägen durfte.[252] So hat das BAG zB entschieden, wiederholte Unpünktlichkeiten eines Arbeitnehmers seien dann an sich geeignet, eine außerordentliche Kündigung zu rechtfertigen, wenn sie den Grad und die Auswirkung einer beharrlichen Verweigerung der Arbeitspflicht erreicht haben. Für die weiter erforderliche **Interessenabwägung** ist nach Auffassung des BAG erheblich, ob es im Einzelfall neben der Störung im Leistungsbereich auch noch zu nachteiligen Auswirkungen im Bereich der betrieblichen Verbundenheit gekommen ist.[253] Auf der Stufe der Interessenabwägung ist die Schwerbehinderung stets gebührend zu berücksichtigen. In einer dritten Stufe ist schließlich zu prüfen, ob der Zugang der Kündigung die seit Kenntnis der Tatsachen laufende zweiwöchige Erklärungsfrist nach § 626 Abs. 2 BGB gewahrt hat. Für die außerordentliche Kündigung des Arbeitsverhältnisses eines schwerbehinderten Menschen ist in § 174 Abs. 5 mit Rücksicht auf die Dauer des Zustimmungsverfahrens diese **Kündigungserklärungsfrist** besonders geregelt, soweit der Arbeitgeber der Zustimmung des Integrationsamts nach § 173 Abs. 1 wegen des mehr als sechsmonatigen Bestands des Arbeitsverhältnisses bedarf, → § 174 Rn. 28.

2. Soziale Rechtfertigung einer ordentlichen Kündigung

76 **Soziale Rechtfertigung einer ordentlichen Kündigung:** § 1 KSchG verbietet dem Arbeitgeber eine ordentliche Kündigung des Arbeitsverhältnisses, die sozial ungerechtfertigt ist, wenn zwei vom Arbeitnehmer darzulegende Voraussetzungen erfüllt sind:
1. Es darf **kein Kleinbetrieb** sein. Der Schutz gilt nur **in Betrieben und Verwaltungen,** deren regelmäßige Belegschaftsgröße den Schwellenwert von fünf (§ 23 Abs. 1 Satz 2 KSchG) oder zehn Arbeitnehmern ohne Auszubildende (§ 23 Abs. 1 Satz 2 KSchG) übersteigt. Der Schwellenwert mehr als fünf knüpft an den Stichtag 1.1.2004 an. Für Arbeitnehmer die vor dem Stichtag ihr Arbeitsverhältnis begonnen haben, gilt der bis dahin geltende Schwellenwert mehr als fünf, solange insgesamt mehr als fünf „alte" Arbeitsverhältnisse bestehen. Für die Zeit nach dem 31.12.2003 gilt der neue Schwellenwert mehr als zehn. Bei der Feststellung der Zahl der beschäftigten Arbeitnehmer sind teilzeitbeschäftigte Arbeitnehmer mit einer regelmäßigen wöchentlichen Arbeitszeit von nicht mehr als 20 Stunden mit 0,5 und nicht mehr als 30 Stunden mit 0,75 zu berücksichtigen (§ 23 Abs. 1 Satz 4 KSchG). Liegt ein gemeinsamer Betrieb vor, sind die von den beteiligten Unternehmen beschäftigten Arbeitnehmer bei der Ermittlung der nach § 23

---

252 *Niemann* ErfK BGB § 626 Rn. 24; *Däubler* in KSchR, 11. Aufl. 2020, BGB § 626 Rn. 37.
253 BAG 17.3.1988 – 2 AZR 576/87, AP § 626 BGB Nr. 99.

Abs. 1 Satz 2 und 3 KSchG maßgebenden Arbeitnehmerzahl zusammenzurechnen.[254]

2. Erfasst von diesem Schutz wird nach § 1 Abs. 1 KSchG nur der, dessen Arbeitsverhältnis zum Zeitpunkt des Zugangs der Kündigungserklärung **mehr als sechs Monate bestanden** hat: Hier besteht, seitdem 1986 in § 90 Abs. 1 SGB IX aF die **sechsmonatige Wartezeit** für den Zustimmungsvorbehalt eingeführt worden ist, ein Gleichlauf zwischen allgemeinem und besonderem Kündigungsschutz der schwerbehinderten Arbeitnehmer (vgl. § 173 Abs. 1 Nr. 1).

Es mangelt an der sozialen Rechtfertigung nach § 1 Abs. 2 KSchG, wenn die Kündigung nicht aus Gründen bedingt ist, die in der **Person des Arbeitnehmers** oder im **Verhalten des Arbeitnehmers** liegen, und auch nicht durch **dringende betriebliche Erfordernissen** bedingt ist, die der Weiterbeschäftigung in diesem Betrieb entgegenstehen (kurz bezeichnet: betriebsbedingt). Bei den personen- und verhaltensbedingten Gründen hat nach der Rechtsprechung stets noch in einer zweiten Prüfungsstufe eine **Interessenabwägung**[255] stattzufinden, bei der auch beim dem Arbeitgeber bekannte Behinderung, Gleichstellung und Schwerbehinderung hinsichtlich der Auswirkungen auf den Arbeitsmarkt angemessen zu berücksichtigen ist.[256] Da eine Kündigung die negative Prognose der künftig nicht mehr störungsfreien Zusammenarbeit voraussetzt, ist die Sozialwidrigkeit einer verhaltensbedingten Kündigung erst gegeben, wenn der Arbeitnehmer nach einer Abmahnung den Vertrag in gleicher oder ähnlicher Art erneut verletzt hat.[257]

Auswahl bei betriebsbedingter Kündigung: Im Fall der betrieblich bedingten Kündigung wird nach § 1 Abs. 3 Satz 1 KSchG vom Arbeitgeber zusätzlich eine ausreichende **soziale Auswahl** verlangt. Einer Auswahlentscheidung bedarf es jedoch nur dann, wenn von dem Wegfall von Arbeitsmöglichkeiten ein größerer Kreis von vergleichbaren Arbeitnehmern betroffen ist.[258] Aus dem Kreis scheiden vor der Auswahlentscheidung aus: 77

- die Arbeitnehmer, für die eine Weiterbeschäftigungsmöglichkeit auf einem anderen freien Arbeitsplatz im Unternehmen gefunden wird,[259]
- die Arbeitnehmer, denen aus besonderen Gründen, zB wegen besonderen Kündigungsschutzes als Betriebs- oder Personalräte oder als Vertrauenspersonen der schwerbehinderten Menschen nach § 179 Abs. 3 nicht betriebsbedingt gekündigt werden kann,
- die schwerbehinderten und gleichgestellten Menschen, denen nicht gekündigt werden kann, solange das Integrationsamt dem Arbeitgeber noch keine Zustimmung zur Kündigung erteilt hat.[260]

Wer miteinander vergleichbar ist; bestimmt sich nach arbeitsplatzbezogenen Merkmalen, also zunächst nach der ausgeübten Tätigkeit. Dies gilt auch dann, wenn der schwerbehinderte Beschäftigte aufgrund seiner Tätigkeit und Ausbildung eine andersartige, aber gleichwertige Tätigkeit ausführen kann. Die Notwendigkeit einer kurzen Einarbeitungszeit steht der Vergleichbarkeit nicht

---

254 Vgl. BAG 23.5.2013 – 2 AZR 54/12, Rn. 28, BAGE 145, 184.
255 *Oetker* in ErfK, 20. Aufl. 2020, KSchG § 1 Rn. 82.
256 Vgl. *Rachor* in KR KSchG § 1 Rn. 275.
257 BAG 13.12.2007 – 2 AZR 818/06, Rn. 38, NZA 2008, 589; BAG 10.6.2010 – 2 AZR 541/09, Rn. 36, NZA 2010, 1227.
258 BAG 17.9.1998 – 2 AZR 725/97, AP § 1 KSchG 1969 Soziale Auswahl Nr. 36.
259 BAG 29.3.1990 – 2 AZR 369/89, AP § 1 KSchG 1969 Betriebsbedingte Kündigung Nr. 50.
260 *Kiel* in APS KSchG § 1 Rn. 691; *Oetker* in ErfK KSchG § 1 Rn. 334; *Griebeling* SGB IX § 85 Rn. 45.

entgegen.²⁶¹ An einer Vergleichbarkeit fehlt es jedoch, wenn der Arbeitgeber den anderen Arbeitnehmer nicht einseitig im Rahmen des Direktionsrechts auf den anderen Arbeitsplatz umsetzen oder versetzen kann.

78 Der Arbeitgeber hat die in § 1 Abs. 3 Satz 1 KSchG genannten vier sozialen Auswahlkriterien (→ Rn. 77) unter Beachtung des ihm zustehenden Bewertungsspielraums ausreichend zu berücksichtigen. Ihm steht für die Gewichtung der Kriterien ein Wertungsspielraum zu. Dem Gesetzeswortlaut ist nicht zu entnehmen, wie die genannten sozialen Gesichtspunkte zueinander ins Verhältnis zu setzen sind. Deshalb kommt keinem Kriterium eine Priorität gegenüber den anderen zu. Vielmehr sind stets die individuellen Unterschiede zwischen den vergleichbaren Arbeitnehmern und deren „Sozialdaten" zu berücksichtigen und abzuwägen.²⁶² Als Ergebnis der Berücksichtigung und Abwägung ist eine **Reihenfolge** festzulegen. Ziel dieser Reihenfolge ist, mit ausreichender Genauigkeit denjenigen zu ermitteln, den es im Vergleich zu den anderen am wenigstens hart trifft. Der dem Arbeitgeber von der Rspr. eingeräumte Wertungsspielraum führt dazu, dass nur deutlich schutzwürdigere Arbeitnehmer sich mit Erfolg auf einen Auswahlfehler berufen können.²⁶³

79 **Soziale Kriterien:** Mit dem Arbeitsrechtlichen Beschäftigungsförderungsgesetz war 1996 eine „Präzisierung" der sozialen Gesichtspunkte auf die drei Kriterien Dauer der Betriebszugehörigkeit, Lebensalter und Unterhaltspflichten eingeführt worden. Das war eine Einschränkung der Berücksichtigung von Sozialdaten in der Weise, dass der Schutz der Schwerbehinderten eingeschränkt wurde. Nach Aufhebung dieser Regelung durch das am 1.1.1999 in Kraft getretene Korrekturgesetz hatte zeitweise wieder die Rechtsprechung die Aufgabe, den unbestimmten Rechtsbegriff „soziale Gesichtspunkte" zu konkretisieren und sah erneut die Schwebehinderung und Gleichstellung als zu beachtende Merkmale an. Durch das Gesetz zu Reformen am Arbeitsmarkt vom 24.12.2003²⁶⁴ kehrte der Gesetzgeber zum Rechtszustand des Arbeitsrechtlichen Beschäftigungsförderungsgesetzes 1996 zurück, führte jedoch zusätzlich als viertes Kriterium die **Schwerbehinderung** ein.²⁶⁵ Der Regierungsentwurf ging ebenso wie das Gesetz von 1996 davon aus, dass schwerbehinderte Arbeitnehmer durch den präventiven Sonderschutz in §§ 178–175 SGB IX) ausreichend geschützt seien.²⁶⁶ Dies wurde kritisiert.²⁶⁷ Insbesondere wurde auf einen verfassungsrechtlichen Schutzauftrag verwiesen, der zugunsten der Schwerbehinderten verlange, dass die Berücksichtigung ihrer Nachteilsbedürftigkeit bei der Sozialauswahl erhalten bleibe.²⁶⁸ Der Ausschuss für Wirtschaft und Arbeit schlug darauf für die abschließende Beratung dem Bundestag vor, die Schwerbehinderteneigenschaft als weiteres Merkmal als viertes Kriterium hinzufügen, um den nach dem damaligen Stand der Rspr. bestehenden Schutz für diese Gruppe bei der Sozialauswahl zu erhalten.²⁶⁹

---

261 BAG 18.10.2006 – 2 AZR 676/05, NZA 2007, 798.
262 BAG 18.9.2018 – 9 AZR 20/18, Rn. 28, AP Nr. 16 zu § 22 AGG.
263 BAG 18.9.2018 – 9 AZR 20/18, Rn. 28, AP Nr. 16 zu § 22 AGG.
264 BGBl. I 3002.
265 Dazu *Willemsen/Annuß* NJW 2004, 177.
266 RegE BT-Drs. 15/1204, 11.
267 *Düwell* DB 2003, 1574.
268 *Dieterich*, Stellungnahme vor dem Ausschuss für Arbeit und Wirtschaft, 60. Sitzung, S. 24, 25 zitiert nach *Kiel* in APS, 5. Aufl. 2017, KSchG § 1 Rn. 651; *Dörner*, Der Kündigungsschutz Schwerbehinderter bei betriebsbedingten Kündigungen und das Grundgesetz, in FS Dieterich, 1999, S. 83 (86 ff.).
269 BT-Drs. 15/1587, 4, 8, 27.

§ 1 Abs. 3 Satz 1 KSchG definiert den Begriff „Schwerbehinderung" nicht eigenständig, knüpft vielmehr erkennbar an § 2 Abs. 2 und 3 SGB IX an, so dass sowohl eine Schwerbehinderung als auch ein Gleichstellung zu berücksichtigen sein soll.[270] Es ist auf die Verhältnisse im Zeitpunkt des Zugangs der Kündigung abzustellen. Diese hat der Arbeitgeber im Zweifel durch Befragung der betroffenen Arbeitnehmer vorher zu klären.[271] Hat der Betroffene eine Behinderung, die nicht den für die Feststellung der Eigenschaft schwerbehinderter Mensch erforderlichen Grad von 50 erreicht, und ist auch keine Gleichstellung durch die Arbeitagentur nach § 151 Abs. 2 SGB IX erfolgt, so darf diese Behinderung nicht in die Abwägung einbezogen werden. Der Gesetzgeber wollte nur den Schutz bei Schwerbehinderung und Gleichstellung erhalten, nicht aber die mit der früheren Generalklausel erfassten sonstigen gesundheitlichen Beeinträchtigungen oder Behinderungen als Kriterien zulassen.[272] Noch zu klären ist, ob der Arbeitgeber nach dem Grad der Behinderung differenziert gewichten darf.[273] Das ist zu bejahen.

Rechtsfolgen der fehlerhaften Sozialauswahl: Eine unterlassene Sozialauswahl oder die Nichtberücksichtigung des Kriteriums Schwerbehinderung führen nicht zwingend stets zu mangelnden sozialen Rechtfertigung einer betriebsbedingten Kündigung. Die Rechtsfolge der Unwirksamkeit der Kündigung tritt nur ein, wenn auch das Ergebnis der getroffenen Sozialauswahl sich bei der gerichtlichen Überprüfung als tatsächlich so fehlerhaft erweist, dass bei einer ordnungsmäßen Berücksichtigung der Wertungsspielraum des Arbeitgebers überschritten wäre. 80

Bei der Frage nach der ausreichenden Berücksichtigung des sozialen Gesichtspunkts Schwerbehinderung im Rahmen der sozialen Auswahl des zu kündigenden Arbeitnehmers handelt es sich um die Anwendung eines unbestimmten Rechtsbegriffs, die vom BAG nur darauf eingeschränkt überprüft werden kann, ob der Rechtsbegriff selbst verkannt worden ist, das Gericht bei der Unterordnung des Sachverhalts unter die Rechtsnorm des § 1 Abs. 3 KSchG Denkgesetze oder allg. Erfahrungssätze verletzt hat, ob es wesentliche Umstände berücksichtigt und in sich widerspruchsfrei entschieden hat.[274]

3. Diskriminierende Kündigung im Kleinbetrieb und in der Wartezeit

Schutz vor Kündigung in der Wartezeit und im Kleinbetrieb nach dem AGG: Der allgemeine Kündigungsschutz nach § 1 Abs. 1 KSchG und der besondere Schutz in Form des Zustimmungsvorbehalts des Integrationsamts (§§ 168, 173 Abs. 1 SGB IX) beginnen erst nach Ablauf einer sechsmonatigen Wartezeit. Zudem setzt der allgemeine Kündigungsschutz auch noch eine Beschäftigung in einem Betrieb mit mehr als zehn in der Regel beschäftigten Arbeitnehmern (§ 23 Abs. 1 Satz 3 KSchG) voraus, zu dem nur noch eingeschränkt geltendem Mindestschwellenwert mehr als fünf in der Regel beschäftigten Arbeitnehmern (§ 23 Abs. 1 Satz 2 KSchG), → Rn. 76. Behinderte Menschen sind sowohl in dieser Wartezeit als auch im Kleinbetrieb nicht ohne jeden Schutz. Nach § 2 81

---

270 *Kiel* in APS, 5. Aufl. 2017, KSchG § 1 Rn. 651 mwN; *Griebeling/Rachor* in KR KSchG § 1 Rn. 678 a; *Oetker* in ErfK KSchG § 1 Rn. 344.
271 *Kiel* in APS, 5. Aufl. 2017, KSchG § 1 Rn. 651, 663 mwN.
272 *Kiel* in APS, 5. Aufl. 2017, KSchG § 1 Rn. 651 mwN.
273 So *Eylert* SES KSchG § 1 Rn. 419, offen gelassen BAG 18.10.2012 – 6 AZR 289/11, Rn. 50, NZA-RR 2013, 68.
274 Vgl. BAG 18.9.2018 – 9 AZR 20/18, Rn. 27, AP Nr. 16 zu § 22 AGG; BAG 22.3.2012 – 2 AZR 167/11, Rn. 22 mwN; BAG 23.11.2000 – 2 AZR 533/99, NZA 2001, 601.

Abs. 1 Nr. 2 AGG ist der Arbeitnehmer auch davor geschützt, dass er bei der Beendigung des Arbeitsverhältnisses unmittelbar oder mittelbar wegen des in § 1 AGG genannten Merkmals Behinderung benachteiligt wird. Maßnahmen des AG, die hiergegen verstoßen, sind unwirksam (§ 7 Abs. 1 AGG) und verpflichten nach § 15 AGG zum Ersatz des materiellen Schadens und zu einer Entschädigung.[275] Spricht der Arbeitgeber eine Kündigung **wegen der Behinderung** aus, verstößt die Kündigung gegen § 7 Abs. 1 AGG und ist nach § 134 BGB unwirksam. Diese bereits in den Vorauflagen zur Anwendbarkeit des § 7 AGG näher begründete Ansicht[276] entspricht inzwischen der Rspr. des BAG. Danach ist anerkannt, dass eine ordentliche Kündigung, die aus einem der in § 1 AGG genannten Gründe diskriminiert, nach § 134 BGB iVm § 7 Abs. 1, §§ 1, 3 AGG unwirksam ist, auch wenn das Kündigungsschutzgesetz (noch) keine Anwendung findet.[277] § 2 Abs. 4 AGG steht dem nicht entgegen.[278]

Der Zweite Senat des BAG hat die Rspr. des Sechsten Senats fortgeführt. Danach kann eine Kündigung, falls es eine Beschäftigungsalternativen gab, wegen einer Diskriminierung gemäß § 1 Abs. 2 KSchG iVm § 2 Abs. 1 Nr. 2, §§ 1, 7 AGG **sozial ungerechtfertigt** sein.[279] Die Diskriminierungsverbote der AGG werden als Konkretisierungen der Sozialwidrigkeit iSv § 1 KSchG angesehen.[280] Für die Fälle, in denen wegen nicht erfüllter Wartezeit oder wegen der zu geringen Betriebsgröße kein allgemeiner Kündigungsschutz besteht, hat der Zweite Senat ebenso wie der Sechste Senat einen Unwirksamkeitsgrund für Kündigungen gemäß § 7 AGG iVm § 134 BGB angenommen. Der entschiedene Fall betraf ebenfalls eine verdeckte unmittelbare Ungleichbehandlung. Hier ging es um die Seedienstuntauglichkeit nach Verlust eines Unterarms bei einem Arbeitsunfall.[281] Das scheinbar objektive Kriterium Seedienstuntauglichkeit stand hier in untrennbarem Zusammenhang mit dem in § 1 AGG (umgesetzte Vorgabe aus Art. 1 RL 2000/78/EG = Rahmenrichtlinie) genannten Merkmal Behinderung und traf ausschließlich Träger dieses Diskriminierungsmerkmals.[282] Eine derartige ungleiche Behandlung ist als unzulässig anzusehen, wenn sich der Arbeitgeber nicht auf einen **Rechtfertigungsgrund aus § 8 Abs. 1 AGG** (Bedingung oder wesentliche und entscheidende berufliche Anforderung) berufen kann. Das kann er nur, wenn er nicht durch angemessene Vorkehrungen die erforderliche Leistungsfähigkeit (hier: Seedienstuntauglichkeit) herstellen kann. Dazu muss er nachweisen, dass er vergeblich alle effektiven und praktikablen Maßnahmen ergriffen hat, die ihn nicht unzumutbar belasten oder keine ihm auch unter Inanspruchnahme von staatlichen Hilfen zumutbare Maßnahmen möglich sind.[283]

---

275 Oetker in ErfK, 20. Aufl. 2020, KSchG § 1 Rn. 90a.
276 Vgl. zB *Düwell* → 4. Aufl. 2014, § 168 Rn. 78.
277 BAG 19.12.2013 – 6 AZR 190/12, Rn. 22, BAGE 147, 60, unter Bezug auf: *Düwell* jurisPR-ArbR 47/2006 Anm. 6.
278 BAG 19.12.2013 – 6 AZR 190/12, Rn. 14 ff., BAGE 147, 60.
279 BAG 20.11.2014 – 2 AZR 664/13, Rn. 56 ff., Behindertenrecht 2015, 196.
280 BAG 20.11.2014 – 2 AZR 664/13, Rn. 56 ff., Behindertenrecht 2015, 196; BAG 19.12.2013 – 6 AZR 190/12 – Rn. 16 mwN BAGE 147, 60; BAG 20.6. 2013 – 2 AZR 295/12, Rn. 36, BAGE 145, 296.
281 BAG 20.11.2014 – 2 AZR 664/13, Rn. 56 ff., Behindertenrecht 2015, 196 mit erläuternder Anmerkung von Joussen in RdA 2017, 57.
282 BAG 20.11.2014 – 2 AZR 664/13, Rn. 56 ff., Behindertenrecht 2015, 196; BAG 19.12.2013 – 6 AZR 190/12, Rn. 46, BAGE 147, 60.
283 BAG 20.11.2014 – 2 AZR 664/13, Rn. 56 ff., Behindertenrecht 2015, 196; BAG 19.12.2013 – 6 AZR 190/12, Rn. 60, BAGE 147, 60 = Behindertenrecht 2014, 134.

Schutz aus dem Benachteiligungsverbot § 164 Abs. 2 SGB IX: Von dem von § 7 82
Abs. 1 AGG ausgehenden Schutz wird der schwerbehinderte Beschäftigte nicht erfasst, wenn der Arbeitgeber nicht wegen der Behinderung sondern **wegen der Schwerbehinderung** kündigt. Hier wird der Schutz durch das in § 164 Abs. 2 Satz 1 SGB IX geregelte Verbot der Benachteiligung sichergestellt. Das ist nicht graue Theorie, sondern praxisrelevant; denn manche Arbeitgeber scheuen die Mehrkosten, die mit der Erfüllung der den schwerbehinderten Menschen zustehenden Nachteilsausgleichsansprüche wie Zusatzurlaub (§ 208 SGB IX), Freistellung von Mehrarbeit (§ 207 SGB IX) und Anspruch auf einen behinderungsgerechten Arbeitsplatz (§ 164 Abs. 4 SGB IX) verbunden sind.
Fallstudie: Meier ist seit fünf Monaten bei dem Lebensmitteleinzelhandel R GmbH beschäftigt: Als er den vor zwei Monaten beantragten Schwerbehindertenausweis vom Versorgungsamt erhält, legt er diesen sofort dem Personalleiter vor. Dieser äußert „Ich habe schon genug Schwerbehinderte, die Anspruch auf Zusatzurlaub haben. Das kostet zu viel. Ist ja noch Probezeit. Deshalb kündige ich Ihnen das Arbeitsverhältnis. Das Kündigungsschreiben kommt per Post." Hier wird unmittelbar iSv § 3 Abs. 1 Satz 1 AGG der Arbeitnehmer wegen seiner Eigenschaft als schwerbehinderter Mensch ungünstiger als Menschen ohne diese Eigenschaft behandelt. Die ungünstigere Behandlung erfolgt jedoch nicht wegen eines der in § 1 AGG genannten Merkmale, sondern wegen der Schwerbehinderung. Die Kündigung erweist sich nach § 134 BGB wegen der **Verletzung des Benachteiligungsverbots** aus § 164 Abs. 2 SGB IX als unwirksam.

4. Diskriminierende Krankheits- und sonstige personenbedingte Kündigung

Diskriminierende Kündigung wegen Wegfalls einer Fähigkeit: Eine personenbedingte 83
Kündigung kann als unmittelbare oder als mittelbare Benachteiligung wegen des Merkmals Behinderung unwirksam sein.
Fallstudie: Der als Produktionshelfer tätige Müller verunglückt im zweiten Monat der Beschäftigung im Betrieb. An einem Auge ist infolge des Unfalls die Sehschärfe stark reduziert. Die Berufsgenossenschaft setzt die Minderung der Erwerbsfähigkeit (MdE) in Folge des Arbeitsunfalls auf 20 v.H. fest. Der Arbeitgeber erfährt davon, als Müller die Beschäftigung unter Vorlage des Abschlussberichts der mehrwöchigen Rehabilitation wieder aufnehmen will. Er erklärt, „Behinderte brauche ich nicht!" Am nächsten Tag erhält Müller das Kündigungsschreiben. Hier wird unmittelbar iSv § 3 Abs. 1 Satz 1 AGG Müller wegen seines GdS ungünstiger als Menschen ohne diese Eigenschaft behandelt. Die festgestellte MdE richtet sich entsprechend § 56 Abs. 2 Satz 1 SGB VII nach dem Umfang der sich aus der Beeinträchtigung des körperlichen und geistigen Leistungsvermögens ergebenden verminderten Arbeitsmöglichkeiten auf dem gesamten Gebiet des Erwerbslebens und wird mit dem GdB nach § 152 Abs. 2 Satz 2 SGB IX gleichgesetzt, → § 152 Rn. 32. Somit liegt eine unmittelbare Benachteiligung wegen eines in § 1 AGG genannten Grundes vor; denn das Merkmal Behinderung ist in § 1 AGG genannt. Nach § 7 Abs. 1 AGG ist jede Benachteiligung wegen der Behinderung verboten. Das Verbot gilt nach § 2 Abs. 1 Nr. 2 AGG auch für die Beendigung von Beschäftigungsverhältnissen. Das Rechtsgeschäft Kündigung ist deshalb wegen des Gesetzesverstoßes unwirksam. Diese Rechtsfolge ergibt sich erst aus der Anwendung von § 134 BGB.[284]

---

284 BAG 19.12.2013 – 6 AZR 190/12, Rn. 22, BAGE 147, 60 = Behindertenrecht 2014, 134, unter Bezug auf: *Düwell* jurisPR-ArbR 47/2006 Anm. 6.

Von § 3 Abs. 1 Satz 1 AGG wird auch eine sog. **verdeckte unmittelbare Ungleichbehandlung** erfasst. Bei dieser erfolgt die Differenzierung zwar nicht ausdrücklich wegen eines in § 1 AGG genannten Grundes. Vielmehr wird an ein in dieser Vorschrift nicht enthaltenes Merkmal angeknüpft, das jedoch in einem untrennbaren Zusammenhang mit einem in dieser Vorschrift genannten Grund steht.[285] Das ist der Fall, wenn auf die Erfüllung einer **wesentlichen beruflichen Anforderung** iSv § 8 AGG wie zB Bergtauglichkeit oder Reinraumtauglichkeit abgestellt wird und die vorhandene Art oder Schwere der Behinderung ein Ausschlusskriterium darstellt. Ein Arbeitgeber, der eine Kündigung darauf stützt, dass er den Betroffenen wegen seiner Behinderung nicht einsetzen könne, kann sich nur dann auf den Rechtfertigungsgrund des § 8 Abs. 1 AGG berufen, wenn auch angemessene Vorkehrungen iSd Art. 5 RL 2000/78/EG iVm Art. 27 Abs. 1 Satz 2 Buchst. i, Art. 2 Unterabs. 4 des Übereinkommens der Vereinten Nationen vom 13.12.2006 über die Rechte von Menschen mit Behinderungen (BRK) nicht zu einer Einsatzmöglichkeit führen.[286] Unterlässt der Arbeitgeber die danach gebotenen Vorkehrungen und kann er den Arbeitnehmer deshalb nicht einsetzen, ist dieser Umstand regelmäßig nicht auf die Behinderung des Arbeitnehmers, sondern auf die Untätigkeit des Arbeitgebers zurückzuführen. Die Kündigung ist dann aus der Sicht der EuGH-Rspr. nicht gerechtfertigt.[287] Nach deutschem Recht ist dann die Kündigung nach § 7 Abs. 1 AGG iVm § 134 BGB unwirksam.

84 **Krankheitskündigung:** Eine dauerhafte krankheitsbedingte Arbeitsunfähigkeit kann nach Unionsrecht auch, ohne dass Feststellungen nach § 152 Abs. 1 Satz 5 iVm § 2 Abs. 1 Satz 1 SGB IX getroffen worden sind, als Behinderung angesehen werden. In den Entscheidungen der EuGH[288] hat der Gerichtshof der Europäischen Union seine Auslegung des Begriffs der „Behinderung" iSd Rahmenrichtlinie an Art. 1 Unterabs. 2 UN-BRK modifiziert. Erfasst sind danach alle Einschränkungen, die insbesondere auf physische, geistige oder psychische Beeinträchtigungen zurückzuführen sind, die in Wechselwirkung mit verschiedenen Barrieren den Betreffenden an der vollen und wirksamen Teilhabe am Berufsleben, gleichberechtigt mit den anderen Arbeitnehmern, hindern können, sofern die körperlichen, seelischen, geistigen oder Sinnesbeeinträchtigungen **langfristig** sind, zu dem Merkmal → § 2 Rn. 9. Das schließt einen Zustand ein, der durch eine ärztlich diagnostizierte heilbare oder unheilbare Krankheit verursacht wird, wenn diese Krankheit die vorgenannten Einschränkungen mit sich bringt.[289] Eine auf eine derartige langfristige Erkrankung, die als Behinderung angesehen werden kann, gestützte Kündigung verstößt nicht ohne Weiteres gegen das Verbot der Benachteiligung wegen einer Behinderung nach § 7 Abs. 1 AGG. Die gilt auch bei unionskonformer Auslegung, die geboten ist,

---

285 BAG 19.12.2013 – 6 AZR 190/12, Rn. 46, BAGE 147, 60 = Behindertenrecht 2014, 134; BAG 7.6.2011 – 1 AZR 34/10, Rn. 23, BAGE 138, 107, unter Bezugnahme auf BT-Drs. 16/1780, 32; EuGH 12.10. 2010 – C-499/08, Rn. 23, Slg 2010, I-9343 – Andersen.
286 BAG 19.12.2013 – 6 AZR 190/12, Rn. 50, BAGE 147, 60 = Behindertenrecht 2014, 134.
287 So EuGH 11.4.2013 – C-335/11 ua, Rn. 66, 68; NZA 2013, 553 – Ring; EuGH 11.7.2006 – C-13/05, Rn. 52, Slg 2006, I-6467 = NZA 2006, 839 – Chacón Navas.
288 EuGH 11.4. 2013 – C-335/11, und C-337/11, C-335/11, C-337/11, Rn. 41 f., 47, 75, NZA 2013, 553 – Ring, Skouboe Werge; *von Roetteken* jurisPR-ArbR 33/2013 Anm. 1.
289 BAG 20.11.2014 – 2 AZR 664/13, Rn. 60, Behindertenrecht 2015, 196; zustimmend: *Beyer* jurisPR-ArbR 34/2015 Anm. 1; BAG 19.12. 2013 – 6 AZR 190/12, Rn. 59, BAGE 147, 60 = Behindertenrecht 2014, 134.

weil § 7 AGG der Umsetzung von Art. 2 Abs. 1, Art. 3 Abs. 1 Buchst. c der Rahmenrichtlinie dient. Bei Anwendung des Unionsrechts ist eine Krankheitskündigung nicht zu beanstanden, wenn der Arbeitgeber nicht imstande ist, die bestehende Leistungsunfähigkeit des Arbeitnehmers durch **angemessene Vorkehrungen**, dh durch effektive und praktikable, ihn – den Arbeitgeber – nicht unzumutbar belastende Maßnahmen zu beseitigen.[290]

5. Maßregelnde Kündigung

Verstößt die Kündigung gegen das Maßregelungsverbot, ist sie nach § 612 a iVm § 134 BGB unwirksam. Als „Maßnahmen" iSd § 612 a BGB kommen nämlich auch Kündigungen in Betracht. Zwischen der Benachteiligung und der Rechtsausübung muss allerdings ein unmittelbarer Zusammenhang bestehen.[291] Der Schutz durch das Maßregelungsverbot besteht schon vom ersten Tag der Beschäftigung an, also auch in der Wartezeit (→ Rn. 76), in der das Kündigungsschutzgesetz (noch) keine Anwendung findet. 85

Beispiele:
1. Ein wegen Krankheit arbeitsunfähiger Arbeitnehmer ist von der Pflicht zur Arbeitsleistung befreit und berechtigt, der Arbeit fernzubleiben. Droht der Arbeitgeberin Kenntnis der Arbeitsunfähigkeit dem Arbeitnehmer, das Arbeitsverhältnis zu kündigen, wenn nicht zur Arbeit erscheine, und kündigt der Arbeitgeber unmittelbar nach der Weigerung des Arbeitnehmers, die Arbeit aufzunehmen, das Arbeitsverhältnis, ist eine Maßregelung iSd § 612 a BGB indiziert.[292]
2. Macht der schwerbehinderte Arbeitnehmer von seinem Recht aus § 207 SGB IX Gebrauch, Mehrarbeit iSv § 3 ArbZG zu verweigern und droht der Arbeitgeber für diesen Fall mit der Kündigung, die er unmittelbar danach auch erklärt, liegt ein ausreichender unmittelbarer Zusammenhang zwischen der nach § 207 SGB IX zulässigen Rechtsausübung in Form der Mehrarbeitsverweigerung und der Kündigungsmaßnahme vor.
3. Der seit fünf Monaten beschäftigte schwerbehinderte Arbeitnehmer legt am 1. Juni den soeben vom Versorgungsamt erhaltenen Schwerbehindertenausweis vor und gibt an, dass er seine Anspruchsberechtigung auf Zusatzurlaub anmelden und wegen der Schulferien seiner Kinder für die Festlegung des Zeitraums um Berücksichtigung im Oktober bitten möchte. Der Personalleiter erklärt darauf, es sei unverschämt, noch während der Probezeit Zusatzurlaub zu verlangen. Gottseidank bestehe noch Kündigungsfreiheit; denn die sechsmonatige Wartezeit für den Kündigungsschutz sei noch nicht abgelaufen. Morgen komme das Kündigungsschreiben. Auch hier liegt ein ausreichender unmittelbarer Zusammenhang zwischen der nach § 208 SGB IX iVm § 7 Abs. 1 Satz 1 BUrlG zulässigen Rechtsausübung in Form der Anmeldung des Wunsches auf Zusatzurlaub und der Kündigungsmaßnahme vor. Allerdings tun nicht alle Personalleiter so offenherzig ihre Kündigungsmotivation kund. Deshalb stellt sich in der Praxis häufig ein Kenntnis- und Nachweisproblem.

6. Sonderschutz für schwerbehinderte Geschäftsführer

Schutz für schwerbehinderte Geschäftsführer und Vorstandsmitglieder: Nach dem weiten Arbeitnehmerbegriff im Sinne des unionsrechtlichen Antidiskrimi- 86

---

290 Vgl. BAG 19.12.2013 – 6 AZR 190/12, Rn. 90, BAGE 147, 60.
291 BAG 23.4. 2009 – 6 AZR 189/08, Rn. 12, NZA 2009, 974.
292 BAG 23.4.2009 – 6 AZR 189/08, Rn. 14, NZA 2009, 974.

nierungsrechts ist es ohne Bedeutung, dass das Beschäftigungsverhältnis nach nationalem Recht kein Arbeitsverhältnis ist. Maßgeblich ist, ob die Person während einer bestimmten Zeit für eine andere nach deren Weisung Leistungen erbringt, für die sie als Gegenleistung eine Vergütung erhält (Arbeitsverhältnis im Sinne des § 45 AEUV). Schließt die Eigenschaft als Mitglied der Unternehmensleitung einer Kapitalgesellschaft nicht als solche aus, dass sich die betroffene Person in einem Unterordnungsverhältnis gegenüber der betreffenden Gesellschaft befand, so ist die Person auch vor eine Abberufung zu schützen, die eine Benachteiligung wegen des Geschlechts darstellt.[293] Gleiches soll für die Benachteiligung wegen einer Schwerbehinderung gelten.[294] Die Anwendung des präventiven Sonderschutzes wird mit dem in der Milkova Entscheidung des EuGH herangezogenen Gleichbehandlungsgrundsatz[295] begründet.

7. Ergänzender Schutz durch Schadensersatz und Entschädigung

87 Sanktionierung durch Entschädigung: Der Staat hat eine verfassungsrechtliche Schutzpflicht.[296] In Erfüllung dieser Schutzpflicht war mit § 81 Abs. 2 Satz 2 Nr. 1, 2 SGB IX idF des Gesetzes vom 19.6.2001 zusätzlich noch ein Anspruch auf Entschädigung für den schwerbehinderten Beschäftigten eingeführt worden, der „bei einer Kündigung" benachteiligt wird. Abs. 2 Satz 2 ist mit der Novelle vom 23.4.2004 durch den Verweis auf das AGG ersetzt worden. Bei europarechtskonformer Auslegung des AGG ist dieser Diskriminierungsschutz trotz der Bereichsausnahme in § 2 Abs. 4 AGG erhalten geblieben und mit Wirkung vom 1.1.2018 in § 164 Abs. 2 SGB IX übernommen worden. Deshalb steht auch dem schwerbehinderten Beschäftigten, dessen Schwerbehinderung nicht bei der Sozialauswahl berücksichtigt worden ist, nach Maßgabe von § 15 Abs. 1 und 2 AGG ein Anspruch auf Schadensersatz und Entschädigung unabhängig von der Unwirksamkeit der betriebsbedingten Kündigung (→ Rn. 76) zu. Die Verpflichtung zur Berücksichtigung der Schwerbehinderung bei der Sozialauswahl ist eine positive Maßnahme im Sinne von Art. 7 der Richtlinie 2000/78/EG (Rahmenrichtlinie), um den schwerbehinderten Menschen eine besseren Zugang zur Beschäftigung zu sichern. Folglich muss das Unterlassen der gesetzlich vorgeschriebenen positiven Maßnahme als ein Indiz im Sinne von § 22 AGG für eine Benachteiligung bei der Kündigung wegen der Schwerbehinderung angesehen werden.[297] Das Unionsrecht enthält ein Sanktionsgebot in der Form einer Schadensausgleichspflicht.[298] Die Rspr. des BAG schließt deshalb auch dann nicht, wenn die Unwirksamkeit der Kündigung festgestellt wird, Entschädigungsansprüche aus.[299] Benachteiligungen wegen des in § 1

---

293 Vgl. EuGH 11.11.2010 – C-232/09, NZA 2011, 143 – Danosa; vgl. dazu *Schubert* ZESAR 2013, 5.
294 *Haase*, Der besondere Kündigungsschutz eines schwerbehinderten Geschäftsführers einer GmbH iSd §§ 168, 174 Abs. 1 SGB IX, GmbHR 2019, 980.
295 EuGH 9.3.2017 – C-406/15, NZA 2017, 439.
296 *Schmidt* in ErfK GG Art. 3 Rn. 80; *Düwell* AiB 1996, 393; *Dieterich*, Stellungnahme vor dem Ausschuss für Arbeit und Wirtschaft, 60. Sitzung, S. 24, 25 zitiert nach *Kiel* in APS, 5. Aufl. 2017, KSchG § 1 Rn. 651; *Dörner*, Der Kündigungsschutz schwerbehinderter bei betriebsbedingten Kündigungen und das Grundgesetz, in FS Dieterich, 1999, S. 83 (86 ff.).
297 Vgl. *Schlachter* in ErfK, 20. Aufl. 2020, AGG § 5 Rn. 5, die unter Bezug auf BVerwG 3.3.2011 – 5 C 16/10, NJW 2011, 2452 in der Verletzung einer positiven Maßnahme bereits eine Diskriminierung sieht.
298 *Jacobs* RdA 2009, 193 (196); *Stoffels* RdA 2009, 204 (206); aA *Sagan* NZA 2006, 125.
299 BAG 22.10. 2009 – 8 AZR 642/08, Rn. 16.

AGG genannten Merkmals Behinderung werden deshalb durch § 15 AGG sanktioniert. Dabei stellt der Entschädigungsanspruch nach § 15 Abs. 2 AGG einen besonderen Schutz gegen Persönlichkeitsrechtsverletzungen dar.[300] Hat der Arbeitgeber das ihm bekannte Merkmal der Schwerbehinderung nicht berücksichtigt, ist die Benachteiligung bei der Kündigungsauswahl zu vermuten. Ist das Unterlassen für die Auswahlentscheidung nicht kausal geworden, ist dennoch nach § 15 Abs. 2 Satz 1 AGG ein Entschädigung zu leisten, sofern der Arbeitgeber nicht die Vermutung der Benachteiligung widerlegt.

8. Mitwirkung Betriebsrat, Personalrat und SBV

Anhörung des Betriebsrates vor der Kündigung: Der Arbeitgeber hat zur beabsichtigten Kündigung in jedem Fall **vor Ausspruch der Kündigung** den im Betrieb gewählten Betriebsrat anzuhören (§ 102 BetrVG). Eine ohne Anhörung ausgesprochene Kündigung ist unwirksam (§ 102 Abs. 1 Satz 3 BetrVG). Die **Sanktion** des § 102 Abs. 1 Satz 3 BetrVG gilt aufgrund einer ausdehnenden Auslegung auch dann, wenn der Arbeitgeber den Betriebsrat **nicht ordnungsgemäß anhört**.[301] Die Pflicht zur Anhörung besteht auch in der Wartezeit, dh wenn das Arbeitsverhältnis zur Zeit der Kündigung **noch nicht länger als sechs Monate** bestanden hat.[302] Der Arbeitgeber ist gehalten, die Gründe dem Betriebsrat mitteilen, die ihn zur Kündigung bestimmen (sog. subjektive Determinierung der Kündigungsgründe). Deshalb trifft den Arbeitgeber keine Pflicht, den Kündigungssachverhalt weiter aufzuklären, als er es nach seinen Vorstellungen für erforderlich hält. Er muss den Betriebsrat über den für ihn maßgebenden Kündigungssachverhalt so unterrichten, dass dieser erkennt, was aus der Sicht des Arbeitgebers die maßgebenden tatsächlichen Umstände sind.[303]

88

Kündigung vor Abschluss des Anhörungsverfahrens: Will der Betriebsrat **Bedenken** gegen eine ordentliche Kündigung äußern, so hat er diese nach § 102 Abs. 2 Satz 1 BetrVG **innerhalb einer Woche** nach Unterrichtung schriftlich dem Arbeitgeber mitzuteilen. Diese Frist und Form gelten auch, wenn der Betriebsrat zum stärkeren Mittel des Widerspruchs nach § 102 Abs. 3 BetrVG greift. Die Frist zur Stellungnahme zu einer außerordentlichen Kündigung beträgt **drei Kalendertage** (§ 102 Abs. 2 Satz 3 BetrVG). Da der Arbeitgeber nicht verpflichtet ist, einen Nachtbriefkasten einzurichten, endet die Frist für eine gegenüber dem Arbeitgeber abzugebende Erklärung mit dem Dienstschluss der Personalverwaltung am letzten Tag.[304] Lässt der Betriebsrat die Fristen verstreichen, ist das Verfahren beendet. Das Schweigen gilt hier als Zustimmung. Der Arbeitgeber kann jetzt kündigen, ohne sich mit einer verspätet eingehenden Stellungnahme des Betriebsrats auseinandersetzen zu müssen. Wartet er die Stellungnahme oder den Fristablauf nicht ab, sondern kündigt er vorher, so liegt ein vom Arbeitgeber zu vertretender Mangel vor, der die Kündigung unwirksam macht. Dabei ist die notwendige Schriftform der Kündigung zu beachten. Eine

89

---

300 BAG 19.12.2013 – 6 AZR 190/12, Rn. 38 ff., BAGE 147, 60 = Behindertenrecht 2014, 134.
301 BAG 16.9.1993 – 2 AZR 267/93, AP BetrVG 1972 § 102 Nr. 62 = NZA 1994, 311; BAG 22.9.1994 – 2 AZR 31/94, AP BetrVG 1972 § 102 Nr. 68; kritisch *Raab* ZfA 1995, 479 (520 ff.).
302 BAG 13.7.1978 – 2 AZR 717/76, AP BetrVG 1972 § 102 Nr. 17; BAG 18.5.1994 – 2 AZR 920/93, AP BetrVG 1972 § 102 Nr. 64 Anm. *Kraft.*
303 BAG 22.9.1994 – 2 AZR 31/94, AP BetrVG 1972 § 102 Nr. 68 = NZA 1995, 363.
304 LAG Hamm 11.2.1992 – 2 Sa 1615/91, LAGE § 102 BetrVG 1972 Nr. 33; *Kania* in ErfK BetrVG § 102 Rn. 11; aA *Kiel/Koch*, Die betriebsbedingte Kündigung, Rn. 740.

schriftliche **Kündigung** ist bereits **ausgesprochen**, sobald das Kündigungsschreiben endgültig den **Machtbereich des Arbeitgebers** verlassen hat, weil der es zB zur Post gibt[305] und keine Möglichkeit des Auslieferungsstopps hat.

90 **Personalratsbeteiligung:** In Dienststellen des Bundes ist nach § 85 Abs. 3 BPersVG nF[306] (entspricht dem bis 14.6.2021 geltenden § 79 Abs. 4 BPersVG aF) eine ordentliche Kündigung unwirksam, wenn der **Personalrat** nicht beteiligt worden ist. Der Personalrat kann gegen die Kündigung Einwendungen erheben, wenn nach seiner Ansicht
1. bei der Auswahl der zu kündigenden Arbeitnehmerin oder des zu kündigenden Arbeitnehmers soziale Gesichtspunkte nicht oder nicht ausreichend berücksichtigt worden sind,
2. die Kündigung gegen eine Richtlinie über die personelle Auswahl bei Kündigungen verstößt,
3. die zu kündigende Arbeitnehmerin oder der zu kündigende Arbeitnehmer an einem anderen Arbeitsplatz in derselben Dienststelle oder in einer anderen Dienststelle desselben Verwaltungszweiges an demselben Dienstort einschließlich seines Einzugsgebietes weiterbeschäftigt werden kann,
4. die Weiterbeschäftigung der Arbeitnehmerin oder des Arbeitnehmers nach zumutbaren Umschulungs- oder Fortbildungsmaßnahmen möglich ist oder
5. die Weiterbeschäftigung der Arbeitnehmerin oder des Arbeitnehmers unter geänderten Vertragsbedingungen möglich ist und die Arbeitnehmerin oder der Arbeitnehmer sich damit einverstanden erklärt.

Wird der Arbeitnehmerin oder dem Arbeitnehmer gekündigt, obwohl der Personalrat Einwendungen gegen die Kündigung erhoben hat, so ist dem Arbeitnehmer mit der Kündigung eine Kopie der Stellungnahme des Personalrats zuzuleiten, es sei denn, dass die Stufenvertretung die Einwendungen nicht aufrechterhalten hat. Vor fristlosen Entlassungen und außerordentlichen Kündigungen ist nach § 86 BPersVG nF der Personalrat anzuhören. Hat der Personalrat Bedenken, so hat er sie unter Angabe der Gründe der Leiterin oder dem Leiter der Dienststelle unverzüglich, spätestens jedoch innerhalb von drei Arbeitstagen schriftlich oder elektronisch mitzuteilen. Die Unwirksamkeitsklausel des § 85 Abs. 3 BPersVG nF gilt entsprechend. Für die Dienststellen der anderen öffentlichen Arbeitgeber gilt das im BPersVG mit unmittelbarer Wirkung für die Länder geregelte Bundesrecht. Nach dessen § 128 BPersVG nF (entspricht dem bis 14.6.2021 geltenden § 108 Abs. 2 BPersVG aF) sind Kündigungen, die ohne vorherige Beteiligung vom Arbeitgeber ausgesprochen worden sind, unwirksam. Zu beachten ist, dass in einigen Ländern den Personalräten Mitbestimmungsrechte eingeräumt sind.[307]

91 **Zustimmungs- und Beteiligungsverfahren:** Nach der älteren Rspr. stand es dem Arbeitgeber grundsätzlich frei, den Antrag auf Zustimmung zur Kündigung eines Schwerbehinderten bei dem Integrationsamt vor, während oder erst nach der Betriebsrats- bzw. Personalratsbeteiligung zu stellen.[308] Diese Rspr. ist spätestens seit Inkrafttreten des BTHG am 30.12.2016 überholt, → § 178 Rn. 53 ff. Das ArbG Hagen hat zu Recht eine Kündigung für unwirksam erklärt, bei der erst nach Antragstellung beim Integrationsamt die SBV unterrich-

---

305 BAG 2.3.1989 – 2 AZR 280/80, AP BGB § 626 Nr. 101 = NZA 1989, 755.
306 Neufassung aufgrund der Novellierung des Bundespersonalvertretungsgesetzes vom 9.6.2021.
307 Überblick *Benecke* in Richardi/Dörner/Weber BPersVG § 79 Rn. 144 ff.
308 BAG 18.5.1994 – 2 AZR 626/93, AP BPersVG § 108 Nr. 3 = EzA BGB § 611 Abmahnung Nr. 31; 11.3.1998 – 2 AZR 401/97, RzK IV 8 a Nr. 45.

tet und angehört wurde.³⁰⁹ Dem ist zuzustimmen; denn § 178 Abs. 2 Satz 1 SGB IX schreibt die unverzügliche Unterrichtung und Anhörung der SBV über den Kündigungsentschluss vor, weitere Einzelheiten → § 178 Rn. 60 f. Allerdings hat der Zweite Senat des BAG es wegen der Nachholungsmöglichkeit (automatische Aussetzung in § 178 Abs. 2 Satz 2 SGB IX) abgelehnt, die Unwirksamkeitsfolge eintreten zu lassen, wenn der Arbeitgeber die SBV nachträglich vor Ausspruch der Kündigung anhört.³¹⁰

Im Fall der **außerordentlichen** Kündigung ist zudem bei der Antragstellung die Zweiwochenfrist des § 174 Abs. 2 zu wahren.³¹¹ Hat der Arbeitgeber das betriebsverfassungs- oder das personalvertretungsrechtliche Beteiligungsverfahren vor der Antragstellung durchgeführt, ist dann, wenn sich im Rahmen der Verhandlung vor dem Integrationsamt der zur Beteiligung herangezogene Kündigungssachverhalt geändert hat, die Beteiligung der Interessenvertretungen erneut durchzuführen.

Pflicht zur Anhörung der Schwerbehindertenvertretung: Die Schwerbehindertenvertretung ist vom Arbeitgeber in allen Angelegenheiten, die einen einzelnen Schwerbehinderten berühren, rechtzeitig und umfassend **zu unterrichten** und vor einer Entscheidung **zu hören**; die getroffene Entscheidung ist ihr unverzüglich mitzuteilen (§ 178 Abs. 2). Das bedeutet, dass der Arbeitgeber die Schwerbehindertenvertretung vor jeder ordentlichen oder außerordentlichen Kündigung eines Schwerbehinderten unter Mitteilung der Kündigungsgründe anzuhören hat. Die **Anhörung** kann vom Arbeitgeber vor, während oder nach Durchführung des Zustimmungsverfahrens nach §§ 168 ff. vorgenommen werden, muss aber jedenfalls vor Ausspruch der Kündigung abgeschlossen sein.³¹² Hierbei ist der Schwerbehindertenvertretung in Anlehnung an § 102 Abs. 2 BetrVG eine **Äußerungsfrist von einer Woche** (bei ordentlicher Kündigung) bzw. **drei Tagen** (bei außerordentlicher Kündigung) einzuräumen.³¹³ Die von Amts wegen vorgesehene Mitwirkung der Beschäftigtenvertretungen im Zustimmungsverfahren (§ 170 Abs. 2) macht die Beteiligung nach § 178 Abs. 2 nicht entbehrlich.³¹⁴

Rechtsfolge der mangelhaften Beteiligung der Schwerbehindertenvertretung: Die unterbliebene Anhörung der Schwerbehindertenvertretung sollte nach der vom BAG bestätigten³¹⁵ vereinzelten Ansicht im Schrifttum, die Nipperdeys Theorie zur Nichtanwendbarkeit des § 134 BGB aus der Betriebsverfassung ins Schwerbehindertenrecht übertrug,³¹⁶ trotz Ordnungswidrigkeit nicht zur Unwirksamkeit der Kündigung führen. Der Gesetzgeber hat zur Korrektur der ver-

---

309 ArbG Hagen 6.3.2018 – 5 Ca 1902/17, Rn. 30.
310 BAG 13.12. 2018 – 2 AZR 378/18, Rn. 15, BAGE 164, 360 = Behindertenrecht 2019, 70.
311 *Steinbrück* in GK-SchwbG, 2. Aufl. 1999, § 15 Rn. 224; *Dörner* SchwbG § 21 Anm. II 2 d.
312 *Adlhoch* Behindertenrecht 1983, 25 ff.
313 BAG 13.12. 2018 – 2 AZR 378/18, Rn. 23, BAGE 164, 360 = Behindertenrecht 2019, 70.
314 *Neumann* Neumann/Pahlen/Greiner/Winkler/Jabben SGB IX § 170 Rn. 19; *Knittel* SGB IX § 857 Rn. 30.
315 BAG 28.6.2007 – 6 AZR 750/06, NZA 2007, 1049.
316 *Oetker* BlStSozArbR 1983, 193; dem folgend: BAG 28.7.1983 – 2 AZR 122/82, EzA § 22 SchwbG Nr. 1; LAG RhPf 18.8.1993 – 10 Sa 332/93, NZA 1993, 1133; LAG Hamm 4.10.1990 – 17 Sa 316/90, RzK IV 8 e Nr. 2; LAG Düsseldorf 4.9.1979 – 11 Sa 948/79, DB 1980, 261; *Braasch* in SBG IX-HdB § 12 Rn. 24; aA LAG Hamm 19.2.1982 – 4 Sa 462/81, DB 1982, 2407; LAG Nds 8.5.1978 – 8 Sa 130/77, AR-Blattei, Schwerbehinderte: Entsch. 47; *Herschel* Anm. AP Nr. 1 zu § 22 SchwbG und SAE 1976, 162.

fehlten Rspr. mWv 30.12.2016 eine Klarstellung der Unwirksamkeit als Rechtsfolge entsprechend dem Gesetzesbefehl aus § 134 BGB getroffen: „Die Kündigung eines schwerbehinderten Menschen, die der Arbeitgeber ohne eine Beteiligung nach Satz 1 ausspricht, ist unwirksam." (Zum Anlass und zum Ablauf der Gesetzgebung → § 178 Rn. 1).[317] Damit ist der Meinungsstreit im Sinne der in den Vorauflagen vertretenen Auffassung vom Gesetzgeber entschieden. Einzelheiten: → § 178 Rn. 59 ff.

9. Zusammentreffen mit weiteren Schutzbestimmungen

94 **Zusammentreffen mit weiterem Sonderschutz:** Der Sonderschutz aus § 168 SGB IX ergänzt nicht nur den allgemeinen Kündigungsschutz nach dem KSchG. Er ist vielmehr auch neben den anderen kündigungsrechtlichen Schutzbestimmungen anzuwenden. So gelten weitere Sonderkündigungsschutzbestimmungen für Betriebsratsmitglieder in § 15 KSchG, § 103 BetrVG, für schwangere Arbeitnehmerinnen in § 9 MuSchG sowie für Mitarbeiter in Elternzeit in § 18 BEEG oder in Pflegezeit in § 5 PflegeZG. Die Kündigung eines schwerbehinderten Mitarbeiters in Elternzeit bedarf deshalb sowohl der vorherigen Zustimmung des Integrationsamts als auch der vorherigen Zulässigkeitserklärung durch die hierfür zuständigen Behörden iSv § 18 Abs. 1 Satz 3 BEEG. Die Zustimmung des Integrationsamts schließt nicht andere erforderliche Beteiligungen oder Erlaubnisse mit ein. Es fehlt das sogenannte Huckepackverfahren, mit dem nach dem One-Shop-Prinzip eine zusammenfassende Beteiligung aller Behörden organisiert wird. Dieses Fehlen bereitet den betroffenen Arbeitgeber erhebliche Schwierigkeiten.

95 **Zusammentreffen mit Massenentlassungsschutz:** Die Schwierigkeiten beim Zusammentreffen der Sonderschutzbestimmungen werden noch durch die jüngste Rspr. des BVerfG zum Schutz bei Massenentlassungen nach §§ 17 ff. KSchG gesteigert; denn nach Auffassung des BVerfG soll es verfassungswidrig sein, wenn durch ein Zustimmungserfordernis eine Kündigung gegenüber einer geschützten Person außerhalb des 30-Tage-Zeitraums des § 17 Abs. 1 Satz 1 KSchG erfolgt und diese Person damit der Schutzwirkung des Massenentlassungsschutzes entzogen würde.[318] Nach der bisherigen Rechtsprechung des BAG waren Arbeitnehmer mit Sonderkündigungsschutz, deren Arbeitsverhältnis erst nach einer behördlichen Zulassung außerhalb der Frist des § 17 Abs. 1 KSchG gekündigt wird, nicht im Massenentlassungsverfahren nach § 17 KSchG zu berücksichtigen. Als das BVerfG diese Rspr. für unvereinbar mit Art. 3 Abs. 1 GG erklärte, musste das BAG dem folgen. Das BAG war durch die das System des Massenentlassungsschutzes verkennende verfassungsgerichtliche Entscheidung gehalten festzustellen, dass bei geschützten Arbeitnehmern (dort: Arbeitnehmer in Elternzeit) die Entlassung iSd § 17 KSchG bereits der Eingang des Antrags auf Zustimmung zur Kündigung bei der zuständigen Behörde ist.[319] Die kritische Sicht des BAG auf die verfassungsgerichtliche Vorgabe wird im Fachschrifttum geteilt.[320] Ihr ist uneingeschränkt zuzustimmen.

---

317 Ausführliche Darstellung des Gesetzgebungsverfahrens: *Düwell/Beyer* Beschäftigte Rn. 338–346.
318 BVerfG 8.6.2016 – 1 BvR 3634/13, NZA 2016, 939.
319 BAG 16.1.2017 – 6 AZR 442/16, NZA 2017, 577.
320 *Mückl/Vielmeier* DB 2017, 1393.

§ 169 Kündigungsfrist

Die Kündigungsfrist beträgt mindestens vier Wochen.

Geltende Fassung: Die Vorschrift ist 2001 aus § 16 SchwbG in das SGB IX unverändert übernommen worden. Die in ihr enthaltene Vierwochenfrist geht zurück auf § 12 Abs. 1 SchwBeschG 1920. Art. 1 BTHG hat den Standort der Vorschrift mit Wirkung vom 1.1.2018 in den Teil 3 des SGB IX nach § 169 verschoben.

Regelungsinhalt: § 169 garantiert den schwerbehinderten und gleichgestellten Arbeitnehmern eine **vom Arbeitgeber** einzuhaltende **Mindestkündigungsfrist** von vier Wochen. Die Bestimmung gilt nicht für Kündigungen durch den Arbeitnehmer. Die Schutzwirkung der Norm hat durch das Kündigungsfristengesetz vom 7.10.1993[1] an Bedeutung verloren. Vor Inkrafttreten des Kündigungsfristengesetzes gab es nach § 622 BGB aF unterschiedliche Kündigungsfristen für Arbeiter und Angestellte. So betrug die Grundkündigungsfrist für Arbeiter lediglich zwei Wochen. § 16 SchwbG kam damals die Funktion zu, den Unterschied zwischen Arbeitern und Angestellten für die Gruppe der Schwerbehinderten abzumildern. Nach Inkrafttreten des Kündigungsfristengesetzes hat sich die Funktion dieser Vorschrift verändert. Von wenigen Ausnahmen abgesehen bleibt die Frist des § 169 hinter den arbeitsrechtlichen Kündigungsfristen des **§ 622** BGB zurück.

Sachlicher und persönlicher Anwendungsbereich: Die Mindestkündigungsfrist von vier Wochen erfasst alle Arbeitsverhältnisse, die dem **Sonderkündigungsschutz** aus Kapitel 4 des Teil 3 des SGB IX unterliegen (→ Vor § 168 Rn. 5 ff.). Das heißt, die Mindestkündigungsfrist gilt nicht für schwerbehinderte Menschen, die nach § 173 vom Sonderkündigungsschutz ausgenommen sind. Dazu gehören insbesondere nach § 173 Abs. 2 Entlassungen, die aus Witterungsgründen vorgenommen werden, sofern die Wiedereinstellung bei Wiederaufnahme der Arbeit gewährleistet ist. Nicht erfasst werden auch die in § 156 Abs. 2 Nr. 2 bis 5 aufgeführten Beschäftigungsverhältnisse karitativer oder religiöser Art, zu Therapie-, Rehabilitations- oder Erziehungszwecken und die Wahlämter. Die größte Bedeutung für die Praxis hat die Geltungsbereichsausnahme in § 173 Abs. 1 für die schwerbehinderten Arbeitnehmer, deren Arbeitsverhältnis zum Zeitpunkt der Kündigung noch nicht länger als sechs Monate (sogenannte Wartezeit für den Kündigungsschutz) bestanden hat.

Den Arbeitnehmern in der Wartezeit könnte der Arbeitgeber nach Maßgabe des § 622 Abs. 3 BGB bei einer Probezeitvereinbarung mit einer Kündigungsfrist von **zwei Wochen** kündigen. Hier unterschreitet die bürgerlich-rechtliche Mindestkündigungsfrist die schwerbehindertenrechtliche Vierwochenfrist. § 173 Abs. 1 schließt die Anwendung sämtlicher Bestimmungen des im Kapitel 4 SGB IX Teil 3 geregelten Schutzes aus. Von diesem Geltungsbereichsausschluss wird auch die schwerbehindertenrechtliche Mindestkündigungsfrist aufgrund ihres Standorts im 4. Kapitel erfasst. Damit hat § 169 in der betrieblichen Praxis regelmäßig **keine Wirkung zugunsten von Aushilfs- und Probearbeitsverhältnissen**; denn deren Dauer überschreitet regelmäßig nicht sechs Monate.[2] § 169 kann daher als Mindestkündigungsfrist nur Schutzwirkung für die geringe Anzahl von Arbeitsverhältnissen entfalten,

---

1 BGBl. I 1668.
2 Zutreffend bereits zum alten Recht: *Dörner* SchwbG § 16 Rn. 3.

- die länger als sechs Monate bestehen und
- für die abweichend von § 622 Abs. 1 BGB entweder kraft beiderseitiger Tarifbindung (→ Rn. 5) oder kraft Bezugnahme (→ Rn. 6) sonst die kürzere tarifliche Kündigungsfrist gelten würde.

Die vierwöchige Mindestkündigungsfrist gilt nicht nur für Beendigungskündigungen, sondern auch **Änderungskündigungen**.[3]

4 **Arbeitsverhältnisse mit gesetzlicher Kündigungsfrist:** Für Arbeitsverhältnisse, die der gesetzlichen Kündigungsfrist nach § 622 Abs. 1 bis Abs. 3 BGB unterliegen, hat § 169 keine Bedeutung. Denn bereits die **Grundkündigungsfrist des § 622 Abs. 1 BGB** bewirkt wegen der Kombination von vierwöchiger Mindestfrist und Kündigungstermin zum 15. oder Ende eines Kalendermonats einen größeren Schutz als die isolierte Vierwochenfrist in § 169. Soweit in § 622 Abs. 4 BGB einzelvertragliche Abweichungen von dieser Grundfrist zugelassen sind, haben die Abweichungen keine Bedeutung; denn auch dort ist die Vierwochenmindestfrist garantiert.

5 **Verkürzte tarifvertragliche Kündigungsfristen bei Tarifbindung oder AVE:** Da nach § 622 Abs. 4 BGB kürzere als gesetzliche Kündigungsfristen durch Tarifvertrag vereinbart werden können, kann die Vierwochenfrist des § 169 dort bedeutsam werden. Beispiele für **kürzere tarifliche Kündigungsfristen:** § 12 des für allgemeinverbindlich erklärten Bundesrahmentarifvertrags für das **Baugewerbe (BRTV-Bau)** enthält eine Grundkündigungsfrist von sechs Werktagen, die sich nach sechsmonatiger Dauer des Arbeitsverhältnisses auf **zwölf Werktage** verlängert. § 20 des für allgemeinverbindlich erklärten Rahmentarifvertrags für die gewerblichen Arbeitnehmer im **Gebäudereinigerhandwerk** enthält eine Grundkündigungsfrist von zwei Wochen, die sich nach zweijähriger Dauer des Arbeitsverhältnisses auf einen Monat zum Monatsende erhöht. Voraussetzung ist jedoch, dass die Rechtsnormen des Tarifvertrags nach § 4 Abs. 1 TVG zwischen den **beiderseits tarifgebundenen Parteien** zur Anwendung gelangen oder nach § 5 Abs. 3 TVG mit einer **Allgemeinverbindlicherklärung (AVE)** die tarifvertraglichen Kündigungsvorschriften auch die nicht tarifgebunden Arbeitgeber und Arbeitnehmer erfassen.

6 **Bezugnahme auf tarifliche Kündigungsfristen:** § 622 Abs. 4 Satz 2 BGB gestattet für nicht tarifgebundene Arbeitnehmer und Arbeitgeber die **vertragliche Bezugnahme auf Tarifwerke**, in denen die Vierwochenfrist des § 169 SGB IX unterschritten wird. Der Arbeitgeber, der einen vorformulierten Vertrag dem Beschäftigten zur Unterschrift vorlegt, stellt darin für eine Vielzahl von Verträgen vorformulierte Vertragsbedingungen (§ 305 Abs. 1 Satz 1 BGB). Diese Bedingungen werden als Allgemeine Geschäftsbedingungen (AGB) bezeichnet. Sie unterliegen nach § 307 Abs. 1 BGB der richterlichen Transparenz- und Inhaltskontrolle. Intransparent und damit unwirksam ist eine Bestimmung, wenn sie unangemessen sind, weil für den Beschäftigten bei Abschluss des Vertrags nicht klar und verständlich ist, was gelten soll. Hier stellt sich für den Arbeitnehmer die Frage: Welche Kündigungsfrist hat der Arbeitgeber einzuhalten?

Die Bezugnahme auf Tarifverträge oder auf das gesamte tarifliche Regelwerk einer Branche ist zulässig. Dies gilt auch, wenn die Bezugnahme dynamisch die spätere Tarifentwicklung mit erfassen soll. Diese Regelungstechnik entspricht einer im Arbeitsrecht gebräuchlichen Praxis, die als angemessen gilt.[4] Daher gilt eine in einem Tarifvertrag enthaltene verkürzte Kündigungsfrist auch dann,

---

3 *Gallner* in KR, 11. Aufl. 2016, §§ 85–90 Rn. 147.
4 Vgl. BAG 14.11.2012 – 5 AZR 107/11, Rn. 22 mwN AP Nr. 118 zu § 1 TVG Bezugnahme auf Tarifvertrag.

wenn sie erst später nach Abschluss des Arbeitsvertrags von den Tarifvertragsparteien vereinbart worden ist.
Unzulässig ist das „Rosinenpicken". Wird bei Vertragsabschluss nicht auf den gesamten Tarifvertrag sondern nur auf die für den Arbeitgeber günstige Bestimmung über die verkürzte Kündigungsfrist Bezug genommen, so liegt darin eine unangemessene Benachteiligung. Diese Bestimmung ist dann nach § 307 Abs. 1 Satz 1 BGB unwirksam.[5]

Abweichende Vereinbarung von der Regelkündigungsfrist im Arbeitsvertrag: 7
Nach § 622 Abs. 5 BGB können einzelvertraglich Kündigungsfristen abweichend von der gesetzlichen Mindestfrist von vier Wochen zum Fünfzehnten oder zum Ende eines Kalendermonats vereinbart werden. Allerdings ist diese Vereinbarungsfreiheit zugunsten des Arbeitgebers nur zugelassen:
1. nach § 622 Abs. 5 Nr. 1 BGB nur der Fall, dass ein Arbeitnehmer zur vorübergehenden Aushilfe für nicht länger als drei Monate eingestellt wird. Für das Schwerbehindertenrecht ist dieser Fall ohne Bedeutung; denn nach § 173 Abs. 1 Nr. 1 sind Arbeitsverhältnisse, die nicht länger als sechs Monate bestehen, von der Geltung des § 169 ausgenommen, → Rn. 3.
2. nach § 622 Abs. 5 Nr. 2 BGB für **Kleinbetriebe**, in denen der Arbeitgeber in der Regel nicht mehr als 20 Arbeitnehmer ausschließlich der zu ihrer Berufsbildung Beschäftigten hat. Nach dem bürgerlichen Recht darf aber dort die Kündigungsfrist von vier Wochen nicht unterschritten werden.

Hier läuft die die in § 169 SGB IX bestimmte vierwöchige Mindestkündigungsfrist ins „Leere".

Kündigung durch den Arbeitnehmer: Ob die vierwöchige Mindestkündigungs- 8
frist auch von den geschützten Arbeitnehmern eingehalten werden muss, war im Schrifttum zum SchwbG umstritten.[6] Für die Mindermeinung sprach der Wortlaut des § 16 SchwbG, der unverändert in § 169 übernommen ist. Mit der herrschenden Meinung ist jedoch auch unter Geltung des SGB IX davon auszugehen, dass sich aus dem systematischen Zusammenhang des § 169 mit den übrigen Bestimmungen des Kündigungsschutzes in Teil 3 Kapitel IV eine **Einschränkung auf Arbeitgeberkündigungen** ergibt.[7] § 168 bezeichnet als Regelungsgegenstand des Kündigungsschutzes „die Kündigung des Arbeitsverhältnisses eines schwerbehinderten Menschen durch den Arbeitgeber". Für diese Kündigung beträgt nach § 169 die Kündigungsfrist mindestens vier Wochen. Demnach kann ein schwerbehinderter oder gleichgestellter Arbeitnehmer das Arbeitsverhältnis mit einer kürzeren Kündigungsfrist lösen, soweit eine für das Arbeitsverhältnis anwendbare tarifliche Bestimmung eine kürzere Kündigungsfrist vorsieht.

Berechnung der Kündigungsfrist: Beginn und Ende der vierwöchigen Mindest- 9
kündigungsfrist wird nach den Regeln der Zivilkomputation gemäß **§§ 186 ff. BGB** bestimmt. Nach § 188 Abs. 2 BGB endigt eine Frist, die nach Wochen be-

---

5 Vgl. zur Teilbezugnahmevereinbarung als Verstoß gegen § 307 Abs. 1 BGB: LAG Düsseldorf 19.8.2014 – 8 Sa 764/13, Rn. 142, Streit 2015, 29.
6 Bejahend zum alten Recht *Neumann* in Neumann/Pahlen, 9. Aufl. 1999, SchwbG § 16 Rn. 4: zum neuen Recht *Neumann* in Neumann/Pahlen/Greiner/Winkler/Jabben SGB IX § 169 Rn. 4; *Dörner* SchwbG § 16 Rn. 5; verneinend: zum alten Recht *Cramer* SchwbG § 16 Rn. 2; *Etzel* in KR SchwbG § 15–22 Rn. 134; *Gröninger/Thomas* SchwbG § 16 Rn. 2; *Steinbrück* in GK-SchwbG § 16 Rn. 26.
7 Im Ergebnis ebenso *Gallner* in KR,§§ 168–173 Rn. 152; *Griebeling* in Hauck/Noftz SGB IX § 86 Rn. 5; *Kossens* in Kossens/von der Heide/Maaß § 86 Rn. 7; *Rolfs* in ErfK SGB IX § 169 Rn. 1; *Knittel*, 11. Aufl. 2016, SGB IX § 86 Rn. 1.

stimmt ist, mit dem Ablauf desjenigen Tages der letzten Woche, welcher durch seine Benennung dem Tage entspricht, an dem die Kündigung zugegangen ist.
Beispiel: Ist die Kündigung an einem Dienstag zugegangen, so endet die Vierwochenfrist mit Ablauf des Wochentags Dienstag in der vierten Woche. Fällt der letzte Tag der Vierwochenfrist auf einen Sonnabend, Sonntag oder Feiertag, so ist umstritten, ob nach § 193 BGB eine Fristverlängerung auf den nächsten Werktag eintritt.[8] Zutreffend ist, dass die Verlängerungsregel nur gilt, wenn eine Erklärung zur Bewirkung von Handlungen an einem bestimmten Tag oder innerhalb einer bestimmten Frist abzugeben ist. Sie gilt deshalb nicht für den bloßen Eintritt einer Rechtswirkung wie im Fall der Kündigung.[9]

Nach der für das Arbeitsverhältnis geltenden Grundkündigungsfristregel des § 622 Abs. 1 BGB ist neben der Einhaltung der Kündigungsfrist auch ein **Kündigungsendtermin** zum 15. oder zum Ende eines Kalendermonats zu beachten. § 169 enthält wie vordem § 16 SchwbG keine Aussage darüber, ob der Arbeitgeber bei Wahrung der vierwöchigen Mindestkündigungsfrist auch Kündigungsendtermine einzuhalten hat. Die hM folgert daraus, dass mangels einer Sonderregelung die Kündigungsendtermine aus § 622 Abs. 1 BGB zu übernehmen seien.[10] Geht man mit der hM von der Berechnung der Kündigungsfrist unter Einbeziehung des Endtermins (15. oder Ende des Kalendermonats) aus, so ist jedenfalls von der Fristverlängerungsvorschrift des § 193 BGB kein Gebrauch zu machen.[11]

10 **Mindestkündigungsfrist bei Insolvenzverwalterkündigung:** Nach der Eröffnung des Insolvenzverfahrens über das Vermögen des Arbeitgebers verkürzen sich für die Kündigung durch den Verwalter die längeren Kündigungsfristen auf drei Monate zum Monatsende, sofern nicht eine noch kürzere Kündigungsfrist maßgeblich ist (§ 113 Satz 2 InsO). Die Kündigungsfrist des § 169 zählt zu Mindestkündigungsfristen, so dass die Frist von drei Monaten zum Monatsende des § 113 Satz 2 InsO unterschritten werden kann.[12] Dem steht der Schutzcharakter des § 169 nicht entgegen; denn die vierwöchige Kündigungsfrist ist die maßgeblich kürzere Frist iSv § 113 Satz 2 InsO, soweit ihre Voraussetzungen erfüllt sind; → Rn. 4 bis 7.[13] Eine längere Kündigungsfrist nach § 622 Abs. 2 BGB oder Tarifvertrag ist auch für den Insolvenzverwalter als maßgebliche Frist einzuhalten, solange diese die insolvenzrechtliche Höchstdauer von drei Monaten zum Monatsende nicht überschreitet.[14] Die vierwöchige Mindestfrist des § 169 hat deshalb nur dann praktische Bedeutung, wenn die tarifliche Kündigungs-

---

8 Dörner SchwbG § 16 Rn. 16; Steinbrück in GK-SchwbG, 2. Aufl. 1999, § 16 Rn. 39; aA Griebeling in Hauck/Noftz SGB IX § 86 Rn. 7.
9 Ebenso: Kreitner in jurisPK-SGB IX § 169 Rn. 17; LAG Köln 26.10.2001 – 11 Sa 832/01, NZA-RR 2002, 355; Ellenberger in Palandt BGB § 193 Rn. 3.
10 BAG 25.2.1981 – 7 AZR 25/79, NJW 1981, 2831 zum früheren § 13 SchwbG; Vossen in APS SGB IX § 169 Rn. 3; Knittel, 10. Aufl. 2017, SGB IX § 86 Rn. 9a; Lampe, Kündigungsschutz behinderter Arbeitnehmer, Rn. 438; Griebeling in Hauck/Noftz SGB IX § 86 Rn. 6; Gallner in KR, 11. Aufl. 2016, SGB IX §§ 85–90 Rn. 147; Dörner SchwbG § 16 Rn. 1; aA Schmitz in FKS SGB IX, 3. Aufl. 2015, § 86 Rn. 11; Kreitner in jurisPK-SGB IX § 169 Rn. 18.
11 Vgl. BAG 5.3.1970 – 2 AZR 112/69, AP § 193 BGB Nr. 1.
12 Neumann in Neumann/Pahlen/Greiner/Winkler/Jabben SGB IX § 169 Rn. 6; Griebeling in Hauck/Noftz SGB IX § 86 Rn. 8.
13 Gallner in KR SGB IX §§ 168–173 Rn. 150; Vossen in APS SGB IX § 169 Rn. 5.
14 BAGE 92, 41 = AP Nr. 3 zu § 113 InsO = NZA 1999, 1331; Griebeling in Hauck/Noftz SGB IX § 86 Rn. 8; 16.6.1999 – 4 AZR 191/98; Neumann in Neumann/Pahlen/Greiner/Winkler/Jabben SGB IX § 169 Rn. 6.

frist im Einzelfall vier Wochen unterschreitet, so dass dann die Mindestkündigungsfrist fristverlängernd eingreift.[15]

Rechtsfolgen der Nichteinhaltung der Mindestkündigungsfrist: Gewährt der Arbeitgeber eine zu lange Kündigungsfrist, so beeinträchtigt das nicht den Schutz der schwerbehinderten und ihnen gleichgestellten Menschen. Anders ist es, wenn durch die Kündigungserklärung des Arbeitgebers die Mindestfrist verkürzt werden soll. Eine derartige Kündigung ist wegen Gesetzesverstoßes nach § 134 BGB **unwirksam**. Im Ergebnis wirkt dann die Kündigung zum **nächstzulässigen Zeitpunkt**. Umstritten ist die rechtliche Konstruktion. Die hM wendet die Umdeutungsvorschrift des § 140 BGB an.[16] Ob das dogmatisch richtig ist, bezweifelt *Griebeling*.[17] Er geht zu Recht von der Anwendung der Vorschriften über die Teilnichtigkeit aus. Die Kündigung bleibt dann nach § 139 BGB mit Ausnahme der fehlerhaften Bestimmung des Endtermins wirksam. Die Auffassungen unterscheiden sich nur in der Begründung. Im Ergebnis stimmen sie überein.[18]

§ 170 Antragsverfahren

(1) ¹Die Zustimmung zur Kündigung beantragt der Arbeitgeber bei dem für den Sitz des Betriebes oder der Dienststelle zuständigen Integrationsamt schriftlich oder elektronisch. ²Der Begriff des Betriebes und der Begriff der Dienststelle im Sinne dieses Teils bestimmen sich nach dem Betriebsverfassungsgesetz und dem Personalvertretungsrecht.

(2) Das Integrationsamt holt eine Stellungnahme des Betriebsrates oder Personalrates und der Schwerbehindertenvertretung ein und hört den schwerbehinderten Menschen an.

(3) Das Integrationsamt wirkt in jeder Lage des Verfahrens auf eine gütliche Einigung hin.

I. Gesetzeshistorie	1	V. Dienststellenbegriff	27
II. Überblick über Inhalt	4	VI. Ablauf des Antragsverfahrens	28
III. Arbeitgeberantrag auf Zustimmung	7	VII. Hinwirken auf gütliche Einigung	40
IV. Betriebsbegriff	21		

I. Gesetzeshistorie

Geltende Fassung: Die Regelung wurde aus § 17 SchwbG 1986 als § 87 in das SGB IX übernommen. Dabei ist lediglich die Bezeichnung „Hauptfürsorgestelle" durch „Integrationsamt" ausgetauscht worden. Art. 1 BTHG vom 23.12.2016 hat wegen des Wechsels des Schwerbehindertenrechts vom Teil 2 zum Teil 3 des SGB IX den Standort der Vorschrift mit Wirkung vom 1.1.2018 nach § 170 verschoben. Es ist zu einer überholenden Rechtsänderung vor dem Wirksamwerden des Art. 1 BTHG gekommen. Das Gesetz zum Abbau verzichtbarer Anordnungen der Schriftform im Verwaltungsrecht des Bundes (VwRSFAOAbbG) vom 29.3.2017[1] hat nämlich die elektronische Form als zulässige

---

15 Zutreffend: *Gallner* in KR §§ 168–173 Rn. 150.
16 *Dörner* SchwbG § 16 Rn. 17; *Steinbrück* in GK-SchwbG, 2. Aufl. 1999, § 16 Rn. 45.
17 *Griebeling* in Hauck/Noftz SGB IX Rn. 6.
18 Ebenso: *Kreitner* in jurisPK-SGB IX § 169 Rn. 19.
1 BGBl. 2017 I 626.

Erklärungsform in 182 Gesetzen und Verordnungen zugelassen. Durch Art. 165 VwRSFAOAbbG ist auch die Schriftform für das Antragsverfahren vor dem Integrationsamt um die Möglichkeit der elektronischen Antragstellung ergänzt worden. Die in § 87 Abs. 1 Satz 1 SGB IX aF für den Antrag auf Zustimmung zur beabsichtigten Kündigung vorgeschriebene strenge Schriftform iSv § 126 BGB ist so mit Wirkung vom 5.4.2017 abgeschwächt worden. Diese Änderung hat schließlich auch den mit Wirkung vom 1.1.2018 in Kraft getretenen § 170 Abs. 1 Satz 1 SGB IX erfasst.[2] Allerdings war zunächst der durch Art. 165 VwRSFAOAbbG bewirkte redaktionelle Anpassungsbedarf in Art. 1 BTHG übersehen worden. Das ist im Schrifttum gerügt worden.[3] Durch Art. 23 Nr. 5 des Gesetzes zur Änderungen des Bundesversorgungsgesetzes und anderer Vorschriften vom 17.7.2017 ist dann **nachgebessert** worden. Die Zulässigkeit des **elektronischen Antrags** hat so auch in den Wortlaut des mit Wirkung vom dem 1.1.2018 geltenden § 170 Abs. 1 SGB IX Eingang gefunden.

2 **Rechtsentwicklung:** Nach der VO vom 9.1.1919[4] war die beabsichtigte Kündigung der **Hauptfürsorgestelle** anzuzeigen. § 12 SchwBeschG 1923 führte für die ordentliche Kündigung die **Einholung der vorherigen Zustimmung** ein. Nach § 13 Abs. 1 Satz 4 SchwBeschG 1923 war diese Zustimmung schriftlich zu beantragen. Diese Regelungen wurden als bewährt angesehen und deshalb 1953 in das SchwBeschG übernommen. Seit 1974 gilt die Formvorschrift sowohl für den Antrag auf Zustimmung **zur ordentlichen** wie **zur außerordentlichen Kündigung.**

Das Vierte Gesetz für moderne Dienstleistungen am Arbeitsmarkt vom 24.12.2003[5] hat mit Wirkung vom 1.1.2004 die Bezeichnung „Arbeitsamt" durch „Bundesagentur für Arbeit" ersetzt. Art. 1 Nr. 20 a des Gesetzes zur Förderung der Ausbildung und Beschäftigung schwerbehinderter Menschen vom 23.4.2004[6] mit Wirkung vom 1.5.2004 strich in Abs. 2 die Angabe „des zuständigen Arbeitsamtes". Das ging zurück auf die Beschlussempfehlung des Ausschusses für Gesundheit und Soziale Sicherung.[7] Der Ausschuss nahm folgende Anregung des Bundesrates[8] auf: „Auf die Einholung einer Stellungnahme des Arbeitsamtes kann verzichtet werden. Diese Stellungnahme besteht in der Regel darin, dass im betreffenden Einzelfall bei Kündigung Arbeitslosigkeit droht, ohne auf den konkreten Einzelfall einzugehen. Wird aber nur formularmäßig geantwortet, führt die Beteiligung der Arbeitsämter lediglich zu einer unnötigen Verlängerung des Verfahrens."

3 **Zuständigkeitsübertragung nach Landesrecht:** In § 190 Abs. 2 SGB IX sind die Länder ermächtigt, Befugnisse der Integrationsämter auf dem Gebiet des Schwerbehindertenrechts auf örtliche Fürsorgestellen übertragen. Das ist in NRW[9] und Schleswig-Holstein[10] geschehen. Gem. § 1 Abs. 1 Nr. 2 ZustVO NRW sind den **örtlichen Fürsorgestellen** folgende Aufgaben übertragen: In Kündigungsverfahren den Sachverhalt zu ermitteln, nach § 170 Abs. 2 SGB IX

---

2 Vgl. *Düwell* NZA 2017, 1237 (1739).
3 *Düwell/Beyer* Beschäftigte Rn. 11.
4 RGBl. I 28.
5 BGBl. I 2954.
6 BGBl. I 606.
7 BT-Drs. 15/2357.
8 BT-Drs. 15/2318, 16.
9 Verordnung zur Regelung von Zuständigkeiten nach dem SGB IX (ZustVO) vom 31.1.1989, GVBl. NRW 1989, 78, zuletzt geändert durch das Gesetz vom 30.10.2007, GVBl. NRW 2007, 482.
10 Landesverordnung über die Zuständigkeit der örtlichen Fürsorgestellen nach dem SGB IX (ZustVO) vom 29.1.2003, GVBl. Schleswig-Holstein 2003, 28.

die Stellungnahmen des Betriebsrates oder Personalrates und der Schwerbehindertenvertretungen einzuholen, den schwerbehinderten Menschen zu hören sowie nach § 170 Abs. 3 SGB IX auf eine gütliche Einigung hinzuwirken. Für die Entgegennahme des Antrags und die Entscheidung über die Zustimmung bleibt das Integrationsamt zuständig.

II. Überblick über Inhalt

Wesentlicher Inhalt und Kontext: § 170 regelt das Antragsverfahren beim Integrationsamt. Die Einleitung des Verfahrens, in dem die **Zustimmung zur Kündigung** des Arbeitsverhältnisses eines schwerbehinderten Menschen erteilt werden soll, erfolgt nur auf **Antrag des Arbeitgebers**. Die §§ 171, 172 und 174 regeln die Entscheidung des Integrationsamts mit Besonderheiten für die betriebsbedingte Kündigung wegen Betriebseinschränkung, für die Kündigung im Fall der Insolvenz und für die außerordentliche Kündigung. 4

Das **Integrationsamt** ist eine Behörde iSv § 1 Abs. 2 Zehntes Buch Sozialgesetzbuch – Sozialverwaltungsverfahren und Sozialdatenschutz (SGB X); denn sie ist eine Stelle, die im Antragsverfahren nach § 170 SGB IX öffentlich-rechtliche Verwaltungsaufgaben nach dem Sozialgesetzbuch (SGB) wahrnimmt. Nach § 1 Abs. 1 Satz 1 SGB X ist grundsätzlich das im ersten Kapitel des SGB X geregelte bundeseinheitliche Verwaltungsverfahren auf die behördliche Durchführung des in Kapitel 4 des 3. Teils des SGB IX geregelten präventiven Kündigungsschutzes anzuwenden. Allerdings ist in § 1 Abs. 1 Satz 2 SGB X zur Sicherung des in Art. 20 GG verankerten föderalen Prinzips ausgeschlossen, dass der Bund auf Kosten der Länder die Anwendbarkeit seines Verfahrensrechts ausweitet. Dazu ist als Ausnahme bestimmt, dass § 1 Abs. 1 Satz 1 SGB X nicht gilt, wenn in der öffentlich-rechtlichen Verwaltungstätigkeit der Behörden der Länder, der Gemeinden und Gemeindeverbänden neue Aufgaben wahrzunehmen sind, die in besonderen Teilen des Sozialgesetzbuchs (SGB) geregelt sind, soweit diese erst nach dem Inkrafttreten des Ersten Kapitels des SGB X Bestandteil des SGB werden.[11] Das SGB X ist am 8.8.1980 ausgefertigt[12] und am 1.1.1981 in Kraft getreten. Das Antragsverfahren, in dem das Integrationsamt tätig wird, ist in § 170 des SGB IX geregelt. Das SGB IX ist erst mit Wirkung zum 1.7.2001, also 20 Jahre nach dem Inkrafttreten des SGB X, Teil des Sozialgesetzbuchs geworden. Wird an dem Wortlaut des § 1 Abs. 1 Satz 2 SGB X gehaftet, so hat ein als Landes- oder Gemeindebehörde tätiges Integrationsamt nur dann die Bestimmungen des ersten Kapitels des SGB X anwenden, wenn das SGB IX als besonderer Teil des Sozialgesetzbuchs mit Zustimmung des Bundesrates die Vorschriften des SGX für anwendbar erklärte. Eine derartige Erklärung ist im SGB IX nicht erkennbar. Allerdings ist eine einschränkende Auslegung des § 1 Abs. 1 Satz 2 SGB X geboten; denn der Regelungszweck geht dahin, die schleichende Ausweitung der Bundeskompetenz zu verhindern. Dieser Zweck wird schon dann erfüllt, wenn die in denen der nach den später in Kraft getretenen besonderen Teilen des SGB auszuführende Verwaltungstätigkeit bereits vorher in anderen Gesetzen geregelt war. So hat das BSG für die mit dem SGB XII erfolgte umfassende Reform des Sozialhilferechts es für unerheblich gehalten, dass „ein besonderer Anwendungsbefehl" für die Anwendung des SGB X nicht ergangen sei, weil die Reform nur eine Weiterentwicklung des Sozialhilferechts darstelle und die formelle Einordnung in das SGB nicht zur Folge 5

---

11 BSG 16.10.2007 – B 8/9 b SO 8/06 R, Rn. 15, BSGE 99, 137 = SozR 4-1300 § 44 Nr. 11.
12 BGBl. I 1469.

habe, dass das SGB XII „zu einem neuen Bestandteil des SGB iSv § 1 Abs. 1 Satz 2 SGB X werde.[13] So liegt der Fall auch hier. Die Sozialleistung präventiver Kündigungsschutz in Gestalt eines Kündigungsverbots unter Erlaubnisvorbehalt ist bereits 1922 eingeführt worden. Das geschah in § 13 Satz 1 des Gesetzes über die Beschäftigung Schwerbeschädigter vom 23. 12.1922[14] mit Wirkung vom 1.1.1923 und wurde in § 14 des Gesetzes über die Beschäftigung Schwerbeschädigter (Schwerbeschädigtengesetz) vom 16.6.1953[15] übernommen. Seitdem waren die Hauptfürsorgestellen sowohl für die Durchführung der Kriegsopferfürsorge als auch der Schwerbeschädigtenfürsorge (heutiger Sprachgebrauch: Teilhabe schwerbehinderter Menschen) zuständig. Seit dem 1.7.2001 heißt die Stelle, die ausschließlich die Aufgaben nach dem Schwerbehindertenrecht wahrnimmt, Integrationsamt. Die Umbenennung geht auf eine Beschlussempfehlung des BT-Ausschusses für Arbeit und Soziales zurück. Dieser empfahl zu dem im Artikel 1 des Gesetzentwurfs enthaltenen SGB IX allgemein, die Wörter „Die Hauptfürsorgestelle" durch die Wörter „Das Integrationsamt" zu ersetzen, weil die Namensänderung wegen der historischen Überlebtheit des Begriffs „Hauptfürsorgestellen" angezeigt sei und durch den Begriff „Integrationsamt" besser deutlich gemacht werde, welche Integrationsaufgabe diese Stelle zu erfüllen habe.[16] Die Stelle, die die Aufgaben der Kriegsopferfürsorge als Teil des sozialen Entschädigungsrechts nach dem Bundesversorgungsgesetz (BVG) wahrnimmt, führt weiterhin den Name Hauptfürsorgestelle. Aus dieser Historie wird hinreichend deutlich: Das durch § 1 Abs. 1 Satz 2 SGB X zu sichernde Föderalismusprinzip nicht verletzt wird, wenn – wie hier – angenommen wird, der Anwendungsbefehl des § 1 Abs. 1 Satz 1 SGB X auch das Antragsverfahren beim Integrationsamt erfasst. Das von den Integrationsämtern zu beachtende **Verwaltungsverfahren** ergibt sich somit aus dem im ersten Kapitel des SGB X geregelten Verwaltungsverfahrensrecht,[17] Danach gilt das Amtsermittlungsprinzip, das in §§ 20, 21 SGB X näher ausgestaltet ist. Soweit im Kapitel 4 des Teils 3 des SGB IX im Einzelfall abweichende Regelungen getroffen sind, gehen diese nach dem Spezialitätsprinzip vor. Das ist entspricht dem „Vorbehalt abweichender Regelungen", wie er in § 37 Satz 1 Sozialgesetzbuch Erstes Buch – Allgemeiner Teil (SGB I) ausdrücklich niedergelegt ist.[18] Dem entsprechend entscheidet das Integrationsamt nicht nach § 18 Satz 1 SGB X selbst über die Einleitung des Verfahrens, sondern es darf nach § 18 Satz 2 Nr. 2 SGB X iVm § 170 Abs. 1 Satz 1 SGB IX nur bei Vorliegen eines formgerechten Antrags des Arbeitgebers tätig werden. Ferner wird durch die in § 170 Abs. 2 SGB IX geregelte Pflicht, Stellungnahmen des Betriebs- oder Personalrats und der SBV einzuholen, das allgemeine Amtsermittlungsprinzip ergänzt. Deshalb machen Verstöße gegen die in § 170 Abs. 2 SGB geregelten Ermittlungspflichten eine Entscheidung des Integrationsamts verfahrensfehlerhaft und anfechtbar.

---

13 BSG 16.10.2007 – B 8/9 b SO 8/06 R, Rn. 16, BSGE 99, 137 = SozR 4-1300 § 44 Nr. 11; zustimmend *Breitkreutz* in LPK-SGB X, 5. Aufl. 2005, § 1 Rn. 4.
14 Reichsgesetzblatt I 972.
15 BGBl. I 389.
16 BT-Drs. 14/5800, 32.
17 So ohne jede Begründung im Ergebnis auch: BAG 15.11.2012 – 8 AZR 827/11, juris Rn. 18, 27, Behindertenrecht 2013, 149; *Beyer/Seidel*, S. 16; *Palsherm* in jurisPK-SGB X, 2. Aufl. 2017, SGB X § 1 Rn. 14; OVG Bln-Bbg 27.07. 2018 – OVG 6 S 34.18, juris Rn. 3, das allerdings die Anwendbarkeit auf § 1 Abs. 1 Satz 1 SGB IX stützt und den Vorbehalt übersieht, der zugunsten des Landesrechts für die Durchführung von Verwaltungsaufgaben gilt, die den 1.1.1981 als besondere Teile dem SGB zugefügt worden sind.
18 BVerwG 11.6.1992 – 5B 16/92, Buchholz 436.61 § 15 SchwbG 1986 Nr. 5.

Abs. 1 Satz 2 bestimmt, welches Integrationsamt für die Entgegennahme des 6
Antrags zuständig ist. Damit ist zugleich auch die für das Recht der Schwerbehindertenvertretung wesentliche Verweisung auf den **Betriebsbegriff des BetrVG** und auf den **Dienststellenbegriff der Personalvertretungsgesetze** getroffen (Einzelheiten: → Rn. 19 ff.). Rechtstechnisch ist das keine Meisterleistung; denn dieser Regelungsstandort ist eine für die Interessenvertretungen versteckte Stelle.

III. Arbeitgeberantrag auf Zustimmung

Antrag des Arbeitgebers: Das Verwaltungsverfahren wird nur auf formgerecht 7
gestellten (→ Rn. 6) **Antrag des kündigungsberechtigten Arbeitgebers** eingeleitet. Das Integrationsamt kann nicht von sich aus ein Zustimmungsverfahren einleiten, wenn es zB durch die Schwerbehindertenvertretung, den Betriebsrat oder den Betroffenen von einer bevorstehenden Kündigung Kenntnis erhält. Anträge Dritter (zB Kommanditist einer Kommanditgesellschaft) sind nicht bearbeitungsfähig.[19] Setzt sich das Integrationsamt über das Antragserfordernis hinweg, so ist das Verfahren fehlerhaft und der Zustimmungsbescheid anfechtbar.[20]
Zu beachten ist, dass die Kündigungsberechtigung sich mit dem Wechsel der Arbeitgeberstellung ändert. Diese Änderung hat auch Auswirkungen auf die Antragstellung und die mit der Zustimmung verbundene Erlaubnis. Ist das **Insolvenzverfahren** eröffnet, bedarf es für eine vom Verwalter beabsichtigte Kündigung unabhängig davon, ob bereits eine Zustimmung für eine Kündigung der Schuldnerin vorliegt, einer erneuten Antragstellung durch den Insolvenzverwalter; denn die Kündigung wird in diesem Fall auf neue Tatsachen, die Insolvenzeröffnung, gestützt, so dass erneut alle formellen Wirksamkeitsvoraussetzungen der Kündigung erfüllt sein müssen.[21] Im Falle eines nach Antragstellung stattfindenden **rechtsgeschäftlichen Betriebsübergangs** wirkt der Zustimmungsbescheid, der dem antragstellenden Veräußerer zugestellt wird, nicht gegenüber dem Betriebserwerber.[22] Es wird deshalb empfohlen, dass der antragstellende Betriebsveräußerer seine Veräußerungsabsicht rechtzeitig dem Integrationsamt mitteilt, damit dieses den potenziellen Erwerber nach § 12 Abs. 1 Nr. 2 SGB X am Verfahren beteiligen und ihm nach erfolgtem Betriebsübergang als kündigungsberechtigtem Arbeitgeber den Zustimmungsbescheid zustellen kann.[23] Anders ist die Rechtslage bei einer nach dem Umwandlungsgesetz stattfindenden Gesamtrechtsnachfolge zu beurteilen; denn dann tritt der Rechtsnachfolger in die Rechtsstellung des Antragstellers ein.
Ordnungsgemäße Form des Antrags: Nach § 170 Abs. 1 Satz 1 muss der Antrag 8
schriftlich oder **elektronisch** gestellt werden. Nach der ersten Alt. muss der Arbeitgeber den Antrag in der strengen Schriftform iSv § 126 BGB stellen. Das Integrationsamt hält für die Schriftform Antragsformulare bereit, die zumeist in doppelter Ausfertigung auszufüllen und abzugeben sind. Das dient allein der Verwaltungsvereinfachung. Wird der Antrag nur in einfacher Ausfertigung ge-

---

19 *Dörner* SchwbG § 17 Rn. 1.
20 OVG Bln 28.6.1989 – 4 S 38.89, Behindertenrecht 1990, 44.
21 LAG Bbg 18.6.2003 – 7 Sa 63/03, ZInsO 2003, 915.
22 BAG 15.11.2012 – 8 AZR 827/11, NZA 2013, 504 = Behindertenrecht 2013, 149; *Kliemt/Teusch* in jurisPK-BGB § 613a Rn. 71; *Kreitner* in jurisPK-SGB IX § 170 Rn. 9; *Zimmermann/Gerstung* jurisPR-ArbR 46/2014 Anm. 4.
23 *Kreitner* jurisPK-SGB IX § 170 Rn. 9; *Kreitner* in Küttner, Personalbuch 2017, Betriebsübergang Rn. 62, *Zimmermann/Gerstung* jurisPR-ArbR 46/2014 Anm. 4.

stellt, so liegt kein Formmangel vor.[24] Die vorgeschriebene **Schriftform** setzt eine Urkunde mit der eigenhändigen Unterschrift des Antragstellers oder mit einem notariell beglaubigten Handzeichen voraus, § 126 Abs. 1 BGB.[25] Für die Erfüllung des Schriftformerfordernisses genügt es nicht, dass irgendeine handschriftlich unterzeichnete Urkunde vorgelegt wird, die mit dem Kündigungssachverhalt in irgendeiner Art Zusammenhang steht. Vielmehr muss aus der vorgelegten Antragsschrift ersichtlich sein, dass der Unterzeichner im Zeitpunkt der Beifügung seiner eigenhändigen Namensunterschrift in dem Bewusstsein gehandelt hat, einen entsprechenden Antrag an das Integrationsamt rechtswirksam zu stellen.[26] Um die Gefahr von Manipulationen auszuschließen, ist das Schriftformerfordernis streng anzuwenden.[27]

Zu der strengen Schriftform ist im Jahr 2017 in § 170 Abs. 1 Satz 1 SGB IX als zweite Alternative die elektronische Antragstellung vom Gesetzgeber hinzugefügt worden, → Rn. 1. Es ist bislang noch nicht gerichtlich geklärt, ob damit die Einführung der Antragstellung per E-Mail ohne Signatur zugelassen ist. In dem auf das Antragsverfahren anwendbaren Allgemeinen Teil des SGB (SGB I) ist in § 36a SGB I bestimmt, dass die bürgerlich-rechtliche Schriftform durch die im Sozialverwaltungsverfahren zugelassene elektronische Kommunikation ergänzt wird. Nach § 36a Abs. 2 Satz 4 SGB I kann die **Schriftform** unter folgenden Voraussetzungen **ersetzt** werden:

1. durch unmittelbare Abgabe der Erklärung in einem elektronischen Formular, das von der Behörde in einem Eingabegerät oder über öffentlich zugängliche Netze zur Verfügung gestellt wird;
2. bei Anträgen und Anzeigen durch Versendung eines elektronischen Dokuments an die Behörde mit der Versandart nach § 5 Absatz 5 des De-Mail-Gesetzes; etc.

Die neu in § 170 Abs. 1 Satz 1 SGB IX eingeführte zweite Alt. lässt zusätzlich zur Schriftform und die in § 36a Abs. 1 Satz 4 SGB IX der Schriftform gleichgestellte elektronische Kommunikation auch die „elektronische" Antragstellung zu. Was darunter zu verstehen ist, bedarf der Auslegung. Erfasst wird zum einen die elektronische Form iSv § 126a BGB. Soweit nach dem Schrifttum die elektronische Form iSv § 126a BGB nur deshalb zugelassen sein soll, weil sie nicht nach § 126 Abs. 3 BGB ausgeschlossen sei,[28] ist die positivgesetzliche Ergänzung durch das Gesetz vom 29.3.2017 übersehen worden, dazu → Rn. 1. Bei der elektronischen Form, die in § 126a BGB geregelt ist, wird die bei der Schriftform nach § 126 BGB erforderliche Unterschrift durch eine qualifizierte elektronische Signatur ersetzt. Da die technischen Voraussetzungen für den Gebrauch der qualifizierten elektronischen Signatur häufig noch nicht vorhanden sind, hat der Gesetzgeber mit der zweiten Alt. in § 170 Abs. 1 Satz 1 eine vereinfachte elektronische Form als weitere Möglichkeit zulassen wollen. Das ergibt sich aus der Gesetzesbegründung.[29] Danach soll der Antrag auch per **einfache E-Mail** gestellt werden können.[30] Die Voraussetzungen einer nach der Gesetzesbegründung gewollten einfachen E-Mail-Kommunikation ist durch die in § 36a Abs. 2 Satz 4 Nr. 1 SGB I eröffnete Möglichkeit, unmittelbar eine Erklärung in einem elektronischen Formular abzugeben, das von dem Integrations-

---

24 *Cramer* SchwbG, 3. Aufl. 1987, § 17 Rn. 2.
25 VG Stuttgart 8.7.2010 – 11 K 2831/09, juris Rn. 24.
26 VG Stuttgart 8.7.2010 – 11 K 2831/09, juris Rn. 26.
27 VG Stuttgart 8.7.2010 – 11 K 2831/09, juris Rn. 29.
28 So *Neumann* in Neumann/Pahlen/Greiner/Winkler/Jabben SGB IX § 170 Rn. 1.
29 BT-Drs. 18/10183, 64.
30 Ausführlich: *Düwell* NZA 2017, 1237 (1739).

amt über öffentlich zugängliche Netze zur Verfügung gestellt wird, noch nicht erfüllt; denn nach Satz 5 des § 36 a Abs. 2 SGB I muss bei einer Eingabe über öffentlich zugängliche Netze ein sicherer Identitätsnachweis nach § 18 Personalausweisgesetz oder nach § 78 Abs. 5 Aufenthaltsgesetz erfolgen. Diese Signatur ist als Funktionsäquivalent zur Unterschrift anzusehen. Hintergrund der Regelung ist, dass gewährleistet sein muss, dass das elektronische Dokument dem angegebenen Absender zuzurechnen ist (Authentizität) und inhaltlich (Integrität) durch die Übermittlung nicht verändert werden konnte.[31] Deshalb wird davon ausgegangen, der Gesetzgeber habe mit der zweiten Alt. in § 170 Abs. 1 Satz 1 SGB IX für Arbeitgeberanträge eine besonders einfache elektronische **Kommunikation** ohne Identitätsnachweis nach § 18 Personalausweisgesetz oder nach § 78 Abs. 5 Aufenthaltsgesetz zulassen wollen. Das sei auch mit § 36 a Abs. 1 SGB I vereinbar; denn die dortige Generalklausel lasse anderweitige **elektronische Kommunikation** zu.[32] Somit besage die Formulierung „schriftlich oder elektronisch" in § 170 Abs. 1 Satz 1 SGB IX, dass der Antrag sowohl in den Schriftformen nach §§ 126, 126 a BGB einschließlich ihrer elektronischen Ersatzformen nach § 36 a Abs. 2 SGB I als auch „grundsätzlich in der einfachsten elektronischen Variante zB als einfache E-Mail"[33] erfolgen könne. Wird dieser Ansicht gefolgt, soll bei elektronischer Antragstellung die **Einhaltung der Textform** nach § 126 b BGB genügen.[34] Diese Form ist eingehalten, wenn die **Person des Erklärenden** ausdrücklich genannt und der **Abschluss der Erklärung** hinreichend deutlich gemacht wird.[35] Im Interesse der Datensicherheit und des Schutzes personenbezogener Daten sollen dazu die Integrationsämter einen verschlüsselten elektronischen Kommunikationsweg eröffnen, der per E-Mail von den Arbeitgebern genutzt werden kann.

Da die **Textform** eine heute weithin übliche Form ohne eigenhändige Unterschrift ist, soll auch die durch ein Faxgerät übermittelte Fernkopie (**Telefax**) für die Einhaltung der Form des § 170 Abs. 1 Satz 1 genügen.[36] Allerdings ist das nicht der „sichere Weg", der von der Anwaltschaft zur Vermeidung von Haftungsrisiken gewählt werden sollte, obwohl ihn einige Integrationsämter auf ihren Portalen anbieten.[37] Wird von der Auffassung ausgegangen, in § 170 Abs. 1 Satz 1 sei mit „elektronisch" die „Elektronische Kommunikation" iSv § 36 a SGB I zu verstehen, dann ist ein Rückgriff auf Rechtsprechungsgrundsätze auszuschließen, die entwickelt wurden, um bei Nutzung damals neuer technischer Übermittlungsformen wie Telefax oder Computerfax die Einhaltung der Schriftform begründen zu können. So schließt die Verwaltungsgerichtsbarkeit die „Heilung" von Mängeln der elektronischen Übermittlung nach der vergleichbaren Bestimmung in § 3 a Abs. 2 VwVfG aus, weil Sinn und Zweck der Vorschrift ist, alle Fallgestaltungen der elektronischen Kommunikation abschließend zu regeln.[38] Übereinstimmung besteht, dass nach der Einfügung „elektronisch" in § 170 Abs. 1 Satz 1 SGB IX eine mündliche oder fernmündli-

---

31 BT-Drs. 17/11473, 49.
32 *Jäger-Kuhlmann* Behindertenrecht 2018, 26 (27).
33 *Pflüger* in jurisPK-SGB I, 3. Aufl. 2018, § 36 a Rn. 69.
34 Zutreffend: *Jäger-Kuhlmann* Behindertenrecht 2018, 26 (27).
35 *Jäger-Kuhlmann* Behindertenrecht 2018, 26 (27).
36 *Rolfs* in ErfK SGB IX § 170 Rn. 2; *Knittel* SGB IX § 87 Rn. 11.
37 So Landschaftsverband Rheinland (LVR-Inklusionsamt) unter https://www.lvr.de/de/nav_main/; dort sind unter „LVR-Inklusionsamt" Formulare mit Faxanschrift auffindbar (https://www.lvr.de/de/nav_main/soziales_1/inklusionsamt/wir_ueber_uns/antraege_und_publikationen/formulare_1/formulare.jsp).
38 VG Neustadt/Weinstraße 11.2.2021 – 4 K 758/20.NW, juris Rn. 34; zustimmend: *Müller* in jurisPK-ERV Rn. 41.1.

che Antragstellung weiterhin unwirksam ist.[39] Genügt die Antragstellung nicht der Formvorschrift, so tritt keine Heilung ein, so dass die Zustimmung nicht als erteilt gilt. Dies hat ist unter Geltung des SchwBG entschieden worden, wenn die Hauptfürsorgestelle über den nur mündlich gestellten Antrag entschieden hatte.[40] Das entspricht auch noch immer der geltenden Rechtslage; denn nach § 41 Abs 1 Nr. 1 SGB X muss für eine **Heilung des Formmangels** der Antrag nachträglich formwirksam wiederholt werden. Die zeitliche Beschränkung des § 41 Abs. 2 SGB X „bis zur letzten Tatsacheninstanz des verwaltungsgerichtlichen Verfahrens" soll dann nach einer älteren Entscheidung des BVerwG nicht gelten.[41] Zu den Rechtsfolgen des Formmangels → Rn. 10.

Die Benutzung von Antragsformularen ist nicht zwingend. Sie empfiehlt sich jedoch, damit der Ablauf der Antragsbearbeitung beschleunigt wird. Hinweise auf die bei den einzelnen Integrationsämtern zu verwendenden Formulare sind unter → Rn. 41 angefügt.

9 **Vertretung bei der Antragsstellung:** Nach § 126 Abs. 1 BGB muss der Antrag vom Arbeitgeber unterschrieben werden. Bei einem Einzelunternehmen hat der Inhaber selbst, bei einer Personen- oder Kapitalgesellschaft das vertretungsberechtigte Organ geschäftsführender Gesellschafter, Geschäftsführer oder Vorstand zu unterschreiben. Vertretung durch einen rechtsgeschäftlich Bevollmächtigten ist zulässig. Die Bevollmächtigung muss auch zum Ausdruck gebracht werden. Das geschieht üblicherweise durch den Zusatz „i.V.". Unterschreibt jemand mit „i.A.", so spricht das nicht für den Vertretungswillen, es sei denn dieser ergibt sich aus dem Inhalt der Erklärung.[42] Ein **Personalleiter** oder in größeren Unternehmen ein Personalabteilungsleiter ist regelmäßig als rechtsgeschäftlicher Vertreter des Arbeitgebers anzusehen.[43] Wird der Antrag elektronisch gestellt, muss die Person, die die Erklärung abgibt, mit vollständigem Namen angeben werden, → Rn. 6. Wird die Erklärung im Namen und im Auftrag des Arbeitgebers abgegeben, ist das Vertretungsverhältnis anzugeben, wie es zur Einhaltung der Schriftform erforderlich ist. Da auf das Antragsverfahren der Allgemeine Teil des SGB (SGB I) anzuwenden ist, ergibt sich die Antwort auf die Frage, ob ein Bevollmächtigter dem Antrag eine Vollmacht des Arbeitgebers beizufügen hat, aus § 13 Abs. 1 Satz 3 SGB I. Danach ist dies nur erforderlich, wenn das Integrationsamt die Vorlage der Vollmacht verlangt.[44]

10 **Rechtsfolgen des Formmangels:** Der Mangel des Antrags wird nicht durch die stattgebende Entscheidung geheilt.[45] Dieser Mangel macht den Verwaltungsakt nach der hM stets nicht iSv § 40 SGB X nichtig, sondern nur formell rechtswidrig.[46] Dies ist zu pauschal. Fehlt der Antrag eines Kündigungsberechtigten stellt dies einen so offensichtlichen und schwerwiegenden Fehler iSv § 40 Abs. 1 SGB X für den antragsbedürftigen Verwaltungsakt Zustimmung dar, dass dieser

---

39 Ebenso: *Kreitner* in jurisPK-SGB IX § 170 Rn. 10.
40 BVerwG 17.3.1988 – 5 B 60.87, juris Rn. 4, Buchholz 448.6 § 13 KDVG Nr. 8; ebenso *Gallner* in KR, 12. Aufl. 2019, § 168 – § 173 BGB Rn. 69; aA in *Jabben* in Neumann/Pahlen/Greiner/Winkler SGB IX § 170 Rn. 1.
41 BVerwG 17.3.1988 – 5 B 60. 87, juris Rn. 4, Buchholz 448.6 § 13 KDVG Nr. 8; a. A. VG Stuttgart 8.7.2010 – 11 K 2831/09, juris Rn. 34.
42 LAG RhPf 19.12.2007 – 7 Sa 530/07.
43 Vgl. BAG 30.5.1972 – 2 AZR 298/71, AP § 174 BGB Nr. 1.
44 VG Karlsruhe 9.3.2004 – 5 K 3302, Behindertenrecht 2004, 114: zustimmend: *Schmidt* Schwb-ArbR Rn. 574.
45 BVerwG 17.3.1988 – 6 B 60.87, Buchholz 448.6 § 13 KDVG Nr. 8.
46 *Knittel*, 11. Aufl. 2018, SGB IX Rn. 13; *Zwanziger/Voigt* in KSchR, 11. Aufl. 2020, SGB IX §§ 87, 88 Rn. 4; *Gallner* in KR, 11. Aufl. 2016, SGB IX §§ 85–90 Rn. 68; *Griebeling* in Hauck/Noftz SGB IX § 87 Rn. 3; *Vossen* in APS SGB IX § 87 Rn. 5.

nach § 39 Abs. 3 SGB X unwirksam (nichtig) ist. Für die Abgrenzung zwischen Nichtigkeit und formeller Rechtswidrigkeit ist der Schutzweck der Norm (hier: § 170 SGB IX) maßgebend.[47] Mit dem Antragserfordernis in § 170 SGB IX wollte der Gesetzgeber das Beschäftigungsinteresse des schwerbehinderten Menschen gegenüber der Kündigungsfreiheit des Arbeitgebers schützen. Fehlt der Antrag eines Kündigungsberechtigten, dann verdient das Interesse des Kündigungsberechtigten an der Wiederherstellung der Kündigungsfreiheit durch Aufhebung des Kündigungsverbots keine Berücksichtigung. Anders ist es bei einem Antrag des Kündigungsberechtigten mit einem Formmangel. Das auch ein Formmangel dem Begriff des fehlenden Antrags zugeordnet wird,[48] stellt sich hier die Abgrenzung anders dar. Würde jeder Antragsmangel zur Nichtigkeit führen, bliebe für § 41 Abs. 1 Nr. 1 SGB X kein Anwendungsbereich.[49] Deshalb eröffnet ein bloßer Formmangel des Antrags dessen Heilbarkeit. Ist der Zustimmungsbescheid (nur) formell rechtswidrig, kann er nach Maßgabe des § 42 SGB X angefochten und aufgehoben werden. Der schwerbehinderte Mensch muss deshalb den rechtswidrigen Bescheid mit dem Widerspruch (§ 171 Abs. 4) anfechten. Bis zur Aufhebung bindet ein nicht nichtiger Zustimmungsbescheid die Gerichte für Arbeitssachen.[50] Die Verletzung der Formvorschrift wird gemäß § 41 Abs. 1 Nr. 1 SGB X nur geheilt, wenn der für den Erlass des Verwaltungsakts erforderliche Antrag nachträglich ordnungsgemäß gestellt wird.[51] Die vereinzelt vertretene Gegenmeinung, nach der mit erteilter Zustimmung der Formmangel bereits geheilt ist,[52] wird zu Recht in Rspr. und Schrifttum abgelehnt.[53] Sie lässt das Antragserfordernis unberücksichtigt.[54] Umstritten ist, ob der für den Erlass des Verwaltungsaktes erforderliche schriftliche Antrag entsprechend dem Wortlaut des § 41 Abs. 2 SGB X noch mit heilender Wirkung **bis zur letzten Tatsacheninstanz** des verwaltungsgerichtlichen Verfahrens nachgeholt werden kann.[55] Da das Integrationsamt den Antragsteller davon zu unterrichten hat, wenn es die Antragsform als verletzt ansieht,[56] ist gewöhnlich ein entdeckter Mangel schnell entweder durch eine **erneute Antragstellung** oder durch die nachholende Unterzeichnung des mangelhaften Antrags behoben. Ein neu gestellter Antrag wirkt nur ab Eingang, jedoch **nicht rückwirkend**. Deshalb kann bei beabsichtigter außerordentlicher Kündigung wegen der einzuhaltenden Zweiwochenfrist des § 174 Abs. 2 dem Zeitpunkt des Eingangs des Schriftform wahrenden Antrags entscheidungserhebliche Bedeutung zu kommen. Dem verspätet eingehenden neuen Antrag darf nicht zu-

---

47 *Schneider-Danwitz* in jurisPK-SGB X, 2. Aufl. 2017, § 41 Rn. 17.
48 *Schneider-Danwitz* in jurisPK-SGB X, 2. Aufl. 2017, § 41 Rn. 18.
49 Zutreffend: *Schneider-Danwitz* in jurisPK-SGB X, 2. Aufl. 2017, § 41 Rn. 17.
50 BAG 11.5.2000 – 2 AZR 276/99, Rn. 28, NZA 2000, 1106; BAG 25.11.1980 – 6 AZR 210/80, BAGE 34, 275, 279 f.
51 Vgl. § 41 Abs. 1 Satz 1 SGB X; BVerwG 17.3.1988 – 6 B 60.87, Buchholz 448.6 § 13 KDVG Nr. 8; *Gallner* in KR, 11. Aufl. 2016, SGB IX §§ 85–90 Rn. 68.
52 *Zwanziger/Voigt* in KSchR, 11. Aufl. 2020, SGB IX § 170 Rn. 4; *Neumann* in Neumann/Pahlen/Greiner/Winkler/Jabben SGB IX § 170 Rn. 1.
53 BVerwG 17.3.1988 – 6 B 60/87, Buchholz 448.6 § 13 KDVG Nr. 8; VG Berlin 8.12.1992 – 8 A 275.91; *Vossen* in APS SGB IX § 87 Rn. 4; *Rolfs* in ErfK SGB IX § 170 Rn. 2; *Griebeling* in Hauck/Noftz SGB IX § 87 Rn. 3; *Kreitner* in jurisPK-SGB IX § 170 Rn. 2; *Knittel* SGB IX § 87 Rn. 5; *Gallner* in KR, 12. Aufl. 2019, SGB IX §§ 168–173 Rn. 69.
54 Ebenso: *Kreitner* in jurisPK-SGB IX § 170 Rn. 12.
55 Dafür: BVerwG 17.3.1988 – 5 B 60. 87, juris Rn. 4, Buchholz 448.6 § 13 KDVG Nr. 8; dagegen: VG Stuttgart 8.7.2010 – 11 K 2831/09, juris Rn. 34.
56 *Neumann* in Neumann/Pahlen/Greiner/Winkler/Jabben SGB IX § 170 Rn. 1; *Müller-Wenner/Schorn* SGB IX § 87 Rn. 6.

gestimmt werden. Anders ist es, wenn kein neuer Antrag gestellt, sondern der für den Erlass des Verwaltungsaktes erforderliche Antrag iSv § 41 Abs. 1 Nr. 1 SGB X „nachträglich gestellt wird", dann tritt **Heilung mit Rückwirkung** („ex tunc") ein. Dh der Verwaltungsakt ist von dem Tag seiner Heilung an so anzusehen, als sei er von Anfang an mangelfrei gewesen.[57] Dem Fehlen eines erforderlichen Antrags steht es gleich, wenn eine gesetzlich vorgeschriebene Form zunächst nicht eingehalten und dies später nachgeholt wird. Kündigt ein Arbeitgeber einen Schwerbehinderten nach mündlichem Antrag an das Integrationsamt mit dessen Zustimmung, kann dem Schriftformerfordernis des § 87 Abs. 1 Satz 1 SGB IX durch den Arbeitgeber nachträglich Rechnung getragen werden und damit der Verfahrensfehler der Zustimmungsentscheidung nachträglich geheilt werden. Etwas anderes gilt, wenn materiellrechtliche Gründe einer rückwirkenden Heilung entgegenstehen. Davon geht eine jüngere verwaltungsgerichtliche Entscheidung für den Formmangel bei der Antragsstellung für die Zustimmung zur beabsichtigten Kündigung aus. Danach soll die Nachholung der Schriftform aus teleologischen Gründen ausscheiden; denn der Antrag sei materiell darauf gerichtet, den sozialen Schutz eines gesetzlich anerkannt Schutzbedürftigen entfallen zu lassen. Würde man auch in einem solchen Fall die – erhebliche – Erleichterung des § 41 Abs. 1 Nr. 1 SGB X zulassen, hätte dies eine Reduzierung des Schutzgedankens der Betroffenen zur Folge. Nach der generellen Auslegungsregel des § 2 Abs. 2 SGB I sei aber bei der Auslegung der Vorschriften des Sozialgesetzbuches sicherzustellen, dass die sozialen Rechte möglichst weitgehend verwirklicht werden. Dies gebiete, die Erleichterungsregel des § 41 Abs. 1 Nr. 1 SGB X hier nicht anzuwenden.[58] Solange das Erfordernis der Schriftform nicht erfüllt ist, darf das Integrationsamt das Zustimmungsverfahren nicht betreiben, weil kein wirksamer Antrag vorliegt (vgl. § 18 Satz 2 Nr. 2 SGB X). Der unwirksam gestellte Zustimmungsantrag muss nicht förmlich zurückgewiesen werden.[59] Ist nämlich die gesetzliche Form nicht eingehalten, liegt kein ordnungsgemäßer Antrag vor.

11 **Mindestinhalt des Antrags:** Der Arbeitgeber hat in seinem Antrag hinreichend deutlich zu machen, dass er die Zustimmung zu einer bestimmten Kündigung gegenüber einem bestimmten schwerbehinderten oder gleichgestellten Menschen begehrt. Dazu gehören mindestens folgende **Daten:** Name und wegen der nach § 170 Abs. 2 notwendigen Anhörung des Betroffenen die **Anschrift** des schwerbehinderten oder gleichgestellten Menschen, Name des Arbeitgebers, Bezeichnung und Sitz des Beschäftigungsbetriebs, **Kündigungsart** (ordentliche Kündigung, außerordentliche Kündigung, Änderungskündigung), beabsichtigter **Kündigungstermin** und anzuwendende **Kündigungsfrist**.[60] Bestehen hinsichtlich der Kündigungsart Zweifel, so ist im Zweifel dem Antrag zu unterstellen, dass die Zustimmung zu einer ordentlichen Kündigung beabsichtigt sei, → Rn. 12.[61] Will der Arbeitgeber sowohl die Zustimmung zu einer außerordentlichen als auch einer **hilfsweisen ordentlichen Kündigung**, muss er diese

---

57 VGH BW 6.3.2007 – 12 S 2473/06, juris Rn. 19, VBlBW 2007, 425; so schon: BSG 6.10.1994 – GS 1/91, BSGE 75, 163.
58 VG Stuttgart 8.7.2010 – 11 K 2831/09, juris Rn. 34.
59 *Krause* in GK-SGB X § 18 Rn. 13; *Griebeling* in Hauck/Noftz SGB IX § 87 Rn. 3; *Neumann* in Neumann/Pahlen/Greiner/Winkler/Jabben SGB IX § 170 Rn. 1; *Vossen* in APS SGB IX § 87 Rn. 4; aA *Etzel* in KR, 9. Aufl. 2009, SGB IX §§ 85–90 Rn. 62, fortgeführt *Gallner* in KR, 11. Aufl. 2016, SGB IX §§ 85–90 Rn. 67.
60 *Rolfs* in ErfK SGB IX § 170 Rn. 3; *Vossen* in APS SGB IX § 87 Rn. 5.
61 *Neumann* in Neumann/Pahlen/Greiner/Winkler/Jabben SGB IX § 170 Rn. 1; *Vossen* in APS SGB IX § 87 Rn. 6; *Zwanziger/Voigt* in KSchR, 11. Aufl. 2020, SGB IX § 170 Rn. 5.

Doppelung im Antrag deutlich machen. Es handelt sich nämlich um zwei Anträge, die vom Integrationsamt innerhalb der unterschiedlichen Fristen für eine ordentliche (§ 171 Abs. 1: ein Monat) und eine außerordentliche Kündigung (§ 174 Abs. 2: zwei Wochen) bearbeitet werden müssen, → Rn. 13.

Kündigungsgründe als Teil der Antragsbegründung: Eine Begründung des Zustimmungsantrags ist nicht vorgeschrieben. Daher ist ein Antrag nicht schon deswegen unwirksam, weil er keine Gründe enthält. Ohne die subjektiv vom Arbeitgeber aus dem historischen Geschehen ausgewählten Gründe kann das Integrationsamt jedoch nicht in der Sache entscheiden. Im Wege der Aufklärung von Amts wegen hat es gegebenenfalls den Arbeitgeber zur nachträglichen Begründung aufzufordern.[62] Kommt der Arbeitgeber einer solchen Aufforderung nicht nach und liegen deshalb keine vom Arbeitgeber geltend gemachten Kündigungsgründe vor, hat es den Zustimmungsantrag zurückzuweisen.[63] Fehlerhaft wäre es, wenn das Integrationsamt dann von Amts wegen ermittelte, ob objektiv hinreichend gewichtige Gründe, die den Antrag rechtfertigten, vorlägen. Insoweit ist das Schrifttum missverständlich, wenn es den Rechtssatz aufstellt: „Die Vorschrift schreibt keine Begründung des Zustimmungsantrags vor"[64] Es ist nämlich unerheblich, ob ein vom Integrationsamt als kündigungserheblich angesehener Sachverhalt vorliegt: Maßgebend ist vielmehr allein, ob ein vom Arbeitgeber gegenüber dem Integrationsamt als kündigungserheblich bezeichneter Sachverhalt tatsächlich vorliegt und genügend gewichtig für dessen Entscheidung (gegebenenfalls in Ermessensausübung, → § 172 Rn. 4) zugunsten der Zustimmung ist.

Hinweise zur Antragsbegründung: Empfehlenswert sind im Hinblick auf die vom Integrationsamt nach §§ 171, 172 oder § 174 zu treffende Ermessensentscheidung Angaben über **Alter, Art und Schwere der Behinderung**, Gesundheitsstand und **soziale Situation** des zu kündigenden Arbeitnehmers, über die Kündigungsgründe, die **Möglichkeiten der Weiterbeschäftigung**, den **Ist-Stand der Schwerbehindertenbeschäftigung** im Unternehmen und im Betrieb zu machen. Ratsam ist auch die Unterrichtung des Integrationsamts über die nach § 178 Abs. 2 Satz 1 erforderliche und durchgeführte Anhörung der Schwerbehindertenvertretung zur Stellung des Antrages. Nützlich ist weiterhin die Mitteilung des Ergebnisses der Anhörung des Betriebsrats oder des Personalvertretung, wenn die entsprechenden Beteiligungsverfahren schon vor Antragstellung abgeschlossen worden sind. Eine sorgfältige, ausführliche Begründung des Antrags liegt **im eigenen Interesse des Arbeitgebers**, weil so Zeit für Rückfragen gespart wird. Das ist insbesondere deswegen wichtig, weil das Integrationsamt nach § 171 Abs. 1 bei beabsichtigten ordentlichen Kündigungen innerhalb eines Monats und bei beabsichtigter außerordentlicher Kündigung nach § 174 Abs. 3 innerhalb von zwei Wochen entscheiden soll. Zur Beschleunigung und Verfahrenserleichterungen haben die Integrationsämter Formulare im Sinne von **Antragsmustern** entwickelt. Diese werden im Internet auf den Seiten der Integrationsämter zur Verfügung gestellt.[65] Einige Integrationsämter bieten auch die

---

62 *Neumann* in Neumann/Pahlen/Greiner/Winkler/Jabben SGB IX § 170 Rn. 1.
63 *Neumann* in Neumann/Pahlen/Greiner/Winkler/Jabben SGB IX § 170 Rn. 1; *Gallner* in KR, 12. Aufl. 2019, §§ 168–173 Rn. 77.
64 *Knittel* SGB IX § 87 Rn. 17.
65 Landschaftsverband Rheinland (LVR-Inklusionsamt) unter: https://www.lvr.de/de/nav_main/ dort unter „LVR-Inklusionsamt".

elektronische Antragstellung an.[66] Die Wirksamkeit der Antragstellung ist nicht von der Benutzung dieses oder eines anderen Formulars abhängig.[67]

14 **Behandlung von Unklarheiten:** Ist aus dem Antrag des Arbeitgebers nicht hinreichend deutlich erkennbar, dass er die Zustimmung zu einer außerordentlichen Kündigung des Arbeitsverhältnisses begehrt, so hat das Integrationsamt **im Zweifel** von der **Beantragung einer ordentlichen Kündigung** auszugehen.[68] Nur wenn sich eindeutig aus den Gründen des Zustimmungsantrags ergibt, dass der Arbeitgeber eine außerordentliche Kündigung beabsichtigt, zB wenn die Unzumutbarkeit einer Fortsetzung des Arbeitsverhältnisses ohne Einhaltung einer Kündigungsfrist zum Ausdruck gebracht wird, kann von einem Antrag auf Zustimmung zur außerordentlichen Kündigung ausgegangen werden.[69] Zur Sicherheit sollte das Integrationsamt um eine Klarstellung bitten. Hat der Arbeitgeber keine Kündigungsgründe angegeben, so obliegt es nicht der Amtsermittlung des Integrationsamts, mögliche Kündigungsgründe festzustellen. Die **Angabe von Kündigungsgründen** ist eine subjektive Entscheidung des Arbeitgebers. Er bestimmt, welchen Sachverhalt er zum Anlass einer Kündigung nehmen will. Von daher hat das Integrationsamt bei Unklarheiten hinsichtlich des Kündigungsgrundes, den Arbeitgeber nur zur Ergänzung seines Antrages zu veranlassen. Kommt er dem nicht nach, so ist der Antrag als unbegründet zurückzuweisen.[70]

15 **Hilfsweise oder vorsorgliche ordentliche Kündigungen:** Will der Arbeitgeber eine außerordentliche Kündigung aus wichtigem Grund und für den Fall ihrer Unwirksamkeit zugleich eine ordentliche Kündigung aussprechen, so muss er das in dem Antrag auf Zustimmung hinreichend deutlich machen. Dazu gehört, dass er **für jede der beabsichtigten Kündigungen** einen Antrag stellt.[71] In der Zustimmung zur außerordentlichen Kündigung ist keine Zustimmung zur hilfsweisen ordentlichen Kündigung zu sehen. Deshalb wird den Arbeitgebern empfohlen, mit jedem Antrag auf Zustimmung zur außerordentlichen Kündigung auch die zusätzliche Beantragung einer Zustimmung zu einer möglichen ordentlichen Kündigung zu verbinden. Nur bei beiderseitiger Zustimmung kann eine spätere **Umdeutung** der außerordentlichen in eine ordentliche Kündigung in Betracht kommen.[72] Es ist daher jedem Arbeitgeber zu empfehlen, den Zustimmungsantrag nicht nur für eine beabsichtigte außerordentliche Kündigung, sondern zugleich auch für eine hilfsweise auszusprechende ordentliche Kündigung zu stellen.[73]

16 **Zeitpunkt der Antragstellung:** Eine Höchstfrist für die Beantragung der Zustimmung zur **ordentlichen Kündigung** ab Kenntnis vom Kündigungssachverhalt ist nicht vorgesehen. Das Integrationsamt ist jedoch nicht gehindert, wenn die Kündigung vom Arbeitgeber mit einem zeitlich lange zurückliegenden Vor-

---

66 Serviceportal Baden-Württemberg erreichbar unter www.service-bw.de.
67 BSG 30.5.1978 – 7/12 Rar 100/76, BSGE 46, 218.
68 *Vossen* in APS SGB IX § 87 Rn. 6; *Neumann* Neumann/Pahlen/Greiner/Winkler/Jabben SGB IX § 170 Rn. 1; *Gallner* in KR, 11. Aufl. 2016, SGB IX §§ 85–90 Rn. 71.
69 *Vossen* in APS SGB IX § 87 Rn. 6; *Knittel* SGB IX § 87 Rn. 5 a.
70 *Gallner* in KR, 11. Aufl. 2016, SGB IX §§ 85–90 Rn. 72.
71 Zum alten Recht unter Geltung des SchwbG: *Cramer* SchwbG, 3. Aufl. 1987, § 17 Rn. 3; zum Recht nach Einführung des SGB IX, das bis 31.12.2017 galt: *Knittel* SGB IX § 87 Rn. 5 b mwN.
72 *Kreitner* in jurisPK-SGB IX § 170 Rn. 17; *Vossen* in APS SGB IX § 87 Rn. 6 a; *Griebeling* in Hauck/Noftz SGB IX § 87 Rn. 6.
73 *Kossens* in Kossens/von der Heide/Maaß SGB IX § 87 Rn. 4; *Griebeling* in Hauck/Noftz SGB IX § 87 Rn. 4; *Rolfs* in ErfK SGB IX § 87 Rn. 3.

fall begründet wird, die Zustimmung deshalb zu verweigern, weil dieser Vorfall für die Fortführung des Arbeitsverhältnisses nur noch geringe Bedeutung hat. Für die Zustimmung zur **außerordentlichen Kündigung** ist in § 174 Abs. 2 bestimmt, dass die Zustimmung nur innerhalb von **zwei Wochen** nach Kenntnis des Arbeitgebers von den für die Kündigung maßgebenden Tatsachen beantragt werden kann, → § 174 Rn. 12.

Antrag vor Feststellung der Schwerbehinderung oder vor Gleichstellung: Stehen 17 Feststellungen des Versorgungsamtes zum Grad der Behinderung oder die Gleichstellungsentscheidung der Arbeitsagentur noch aus, so ist zu prüfen, ob das Antragsverfahren auf Zustimmung auszusetzen ist.[74] Nach dem vor dem 1.5.2004 geltenden Recht kamen drei Möglichkeiten in Betracht: Entweder die Zustimmung zu erteilen oder das Antragsverfahren bis zur Entscheidung des Feststellungsverfahrens auszusetzen oder unter Vorbehalt der Feststellung der Schwerbehinderung zu entscheiden.[75] Da mit dem Gesetz zur Förderung der Ausbildung und Beschäftigung schwerbehinderter Menschen vom 23.4.2004 § 90 Abs. 2a SGB IX aF (seit 1.1.2018: § 173 Abs. 3 SGB IX) erstmalig eine ausdrückliche Regelung über die Frage des Bestehens des Kündigungsschutzes während des Laufs eines Feststellungsverfahrens getroffen worden ist, muss die auf der Grundlage des bis zum 30.4.2004 geltenden Rechts ergangene Rechtsprechung als überholt gelten.

Die Integrationsämter sind an einem schnellen Verfahren interessiert, zumal sie bei ordentlichen Kündigungen an die **Monatsfrist** des § 171 Abs. 1 SGB IX und bei außerordentlichen Kündigungen an die **Zweiwochenfrist** des § 174 Abs. 3 SGB IX gebunden sind. Es ist daher nicht überraschend, wenn sie die Erteilung eines Negativattestes bevorzugen.[76] Das Negativattest hat die Wirkung einer erteilten Zustimmung und berechtigt den Arbeitgeber damit zunächst zur Kündigung. Das bestandskräftige **Negativattest beseitigt die Kündigungssperre** auch dann, wenn sich später herausstellt, dass der Arbeitnehmer zum Zeitpunkt des Zugangs der Kündigungserklärung schwerbehindert war.[77] Begründet wird diese Vorgehensweise mit dem Wortlaut der Ausnahmen vom Sonderschutz, wie sie in § 173 Abs. 3 SGB IX geregelt sind, und dem mit der Gesetzesänderung verfolgten Zweck, den Missbrauch zu bekämpfen, der massenhaft mit kurzfristigen und häufig grundlosen Feststellungsanträgen zulasten der Verhandlungsposition der Arbeitgeber im Kündigungsschutzprozess betrieben worden ist. Bedenklich ist es, ein Negativattest auch in den Fällen zu erteilen, in denen der betroffene Beschäftigte erkennbar wegen des Ablaufs der einschlägigen Bearbeitungsfristen beim Versorgungsamt demnächst in den besonderen Kündigungsschutz hineinwachsen kann. Hier ist es geboten, entweder das Antragsverfahren auszusetzen oder in der Sache zu entscheiden, wobei das Vorliegen einer Schwerbehinderung zu unterstellen ist (→ Vor § 168 Rn. 17).

Anhörung der Schwerbehindertenvertretung vor Antragstellung: Nach § 178 18 Abs. 2 Satz 1 ist die Schwerbehindertenvertretung vor der Entscheidung des Arbeitgebers in Angelegenheiten, die einen einzelnen Schwerbehinderten berühren, unverzüglich und umfassend zu **unterrichten** und **anzuhören**. Beabsichtigt der Arbeitgeber, Zustimmung zur Kündigung zu beantragen, so ist das eine den schwerbehinderten Menschen berührende Entscheidung. Nach § 178 Abs. 2

---

74 Vgl. BAG 30.6.1983 – 2 AZR 10/82, AP § 12 SchwbG Nr. 11.
75 Vgl. BVerwG 15.12.1988 – 5 C 67/85, NZA 1989, 554; aA *Großmann* in GK-SchwbG § 18 Rn. 38.
76 Dazu Landesverwaltungsdirektorin *Westers* Integrationsamt des Landschaftsverbandes Westfalen-Lippe, Behindertenrecht 2004, 93 (95).
77 BAG 27.5.1983 – 7 AZR 482/81, AP § 12 SchwbG Nr. 12.

§ 170

Satz 1 ist deshalb vorher die SBV anzuhören.[78] Dies ergibt sich unmittelbar aus dem Wortlaut des § 95 Abs. 2 Satz 1 SGB IX in der bis zum 31.12.2017 gültigen Fassung (jetzt: § 178 Abs. 2 Satz 1 SGB IX) und wird durch dessen Zweck, der Schwerbehindertenvertretung eine Mitwirkung an der Willensbildung des Arbeitgebers zu ermöglichen, unterstrichen.
Da die SBV als Verbindungsstelle zum Integrationsamt fungiert (§ 182 Abs. 2), ist nach der hier vertretenen Auffassung das ihr gegenüber zu beachtende Verfahren auch vom Integrationsamt im Verwaltungsverfahren zu berücksichtigen. Ist die vorherige Anhörung der SBV unterblieben, so hat das Integrationsamt den Zustimmungsantrag **zurückzuweisen**.[79] Der Arbeitgeber kann allerdings nach § 178 Abs. 2 Satz 2 innerhalb von **sieben Tagen** die unterbliebene Beteiligung der SBV nachholen. Das Integrationsamt muss ihn darauf hinzuweisen.[80] Das ist jedoch nicht die Praxis der Integrationsämter.

19 **Antragstellung vor Durchführung des Präventionsverfahrens:** Das Integrationsamt sollte keine Zustimmung erteilen, wenn vor Antragstellung kein Klärungsverfahren nach § 167 Abs. 1 oder Abs. 2 unter „Einschaltung" der Arbeitnehmervertretungen und – soweit erforderlich – des Integrationsamts durchgeführt worden ist (→ § 167 Rn. 120). Es liegt dann ein Verfahrensfehler vor, der den Zustimmungsbescheid anfechtbar macht.[81] Die Verletzung des Gebots, unter Beteiligung des Integrationsamts ein internes Klärungsverfahren durchzuführen, hat zunächst die Rspr. als **formelle Rechtswidrigkeit** angesehen.[82] Für diese Ansicht spricht viel. Sie hat sich aber nicht durchgesetzt. Nach der Rspr. des BVerwG, die zur Gesetzeslage vor 2018 erging, ist die Durchführung eines Präventionsverfahrens **keine Rechtmäßigkeitsvoraussetzung** für die Zustimmungsentscheidung des Integrationsamts.[83] Das SGB IX gebe zwar dem Arbeitgeber auf, frühzeitig die Schwerbehindertenvertretung sowie das Interessenvertretungen sowie das Integrationsamt einzuschalten. Diese Regelung sei aber weder formal noch inhaltlich mit der Aufgabe des Integrationsamts verknüpft, über die Zustimmung zur Kündigung eines schwerbehinderten Menschen zu entscheiden. Die Nichtdurchführung eines Präventionsverfahrens könne deshalb nur im Rahmen der Ermessensentscheidung des Integrationsamts berücksichtigt werden, wenn bei gehöriger Durchführung des Präventionsverfahrens die Möglichkeit bestanden hätte, die Kündigung zu vermeiden.[84] Einzelheiten → § 167 Rn. 120 ff.. Übersehen wird, dass nach § 37 Satz 1 SGB I den im SGB IX enthaltenen besonderen Verfahrensvorschriften, damit auch denen in § 167 Abs. 1 und Abs. 2 Satz 4, Bindungswirkung zukommt. Sie sind zwingend zu beachten. Daher müssen die Verfahren, die zur Klärung von Schwierigkeiten und zur Klärung von Beschäftigungsmöglichkeiten sowie Hilfen gesetzlich vorgeschrieben sind, auch dann beachtet werden. Das ist schon deswegen sinnvoll, weil zu einem Zeitpunkt vor der Antragstellung nach § 170 SGB IX erfahrungsgemäß noch ein größerer Handlungsspielraum besteht. Zwar begründen die Vorschrif-

---

78 ArbG Hagen 6.3.2018 – 5 Ca 1902/17 Rn. 30; *Esser/Isenhardt* in jurisPK-SGB IX § 178 Rn. 26 mwN.
79 *Vossen* in APS SGB IX § 87 Rn. 12; *Griebeling* in Hauk/Noftz SGB IX § 87 Rn. 5; *Steinbrück* in GK-SchwbG § 17 Rn. 30.
80 *Vossen* in APS SGB IX § 87 Rn. 12.
81 So auch *Schimanski* in GK-SGB IX § 84 Rn. 85: für den Fall der Weigerung an Präventivmaßnahmen mitzuwirken, mit Hinweis auf eine nicht veröffentlichte Entscheidung des VG Minden 10.10.1990 – die sich in der verwaltungsgerichtlichen Rspr. nicht durchgesetzt hat.
82 OVG MV 9.10.2003 – 2 M 105/03, Behindertenrecht 2005, 143.
83 BVerwG 19.8.2013 – 5 B 47/13, Rn. 12.
84 OVG NRW 5.3.2009 – 12 A 122/09, Behindertenrecht 2010, 104.

ten ihrem Wortlaut nach nur für den Arbeitgeber die Pflicht zur Verfahrenseinleitung. Das Integrationsamt ist aber nach § 167 Abs. 1 und § 167 Abs. 2 Satz 4 zwingend hinzuzuziehen. Wie auch aus der systematischen Stellung des § 167 vor § 168 deutlich wird, soll in Bezug auf das Antragsverfahren eine Vorklärung unter Aktivierung des innerbetrieblichen Sachverstands stattfinden. Das Integrationsamt soll so mit seinem Sachverstand und seinen Leistungen zur Teilhabe oder seinen begleitenden Hilfen in einer frühen Phase verhindern, dass der Fall sich zur „Kündigungsreife" entwickelt. Das Präventionsverfahren ist somit ein **gesetzlich vorgesehenes Vorverfahren** zum Antragsverfahren nach §§ 170 ff. SGB IX. Das Integrationsamt darf weder die Mitwirkung an diesem Vorverfahren verweigern, noch darf es auf dessen Durchführung zulasten der Betroffenen verzichten. Ist die Klärung unterblieben, ist es geboten, dass das Integrationsamt darauf dringt, das Präventionsverfahren nach § 167 Abs. 1 und im Fall von mehr als sechswöchigen Krankheitsfehlzeiten – soweit der Betroffene zustimmt – das BEM nach § 167 Abs. 2 als notwendige Vorverfahren vor der Durchführung eines Antragsverfahrens nach § 170 nachzuholen.[85] Das wird im Prinzip auch von den Integrationsämtern als die an sich gebotene Vorgehensweise erkannt.[86] Aber dieser Weg wird, weil er konfliktreich ist, nicht immer beschritten, → § 167 Rn. 20.

Das Integrationsamt sollte das Antragsverfahren zur Nachholung des „Klärungsverfahrens" nach § 167 Abs. 1 bzw. Abs. 2 aussetzen. Weigert sich der Arbeitgeber, sollte es den Antrag zurückzuweisen, weil der Arbeitgeber seiner Mitwirkungspflicht nicht nachkommt und ohne die vorherige innerbetriebliche dialogische und kooperative Klärung das Präventionsziel verfehlt wird. In diese Richtung bewegt sich auch die neuere Rspr. der Verwaltungsgerichte. Danach hat das Integrationsamt auch bei einer beabsichtigten betriebsbedingten Kündigung das Fehlen eines Präventionsverfahrens grundsätzlich bei der Entscheidungsfindung zulasten des Arbeitgebers zu berücksichtigen, sonst ist die Entscheidung des Integrationsamts grundsätzlich ermessensfehlerhaft und damit rechtswidrig.[87]

Antrag bei dem nach Betriebs- und Dienststellensitz zuständigen Amt: Der private Arbeitgeber hat den formgerechten Antrag bei dem für den Sitz des Beschäftigungsbetriebes und der öffentliche Arbeitgeber bei dem für den Sitz seiner beschäftigenden Dienststelle zuständigen Integrationsamt zu stellen. Stellt ein Arbeitgeber den Antrag bei einer örtlich oder sachlich nicht zuständigen Behörde, so hat diese nach § 16 Abs. 2 Satz 1 SGB I den Antrag unverzüglich an das örtlich und sachlich zuständige Integrationsamt weiterzuleiten. Der Antrag gilt erst mit Eingang beim zuständigen Integrationsamt als gestellt.[88] Das hat große praktische Bedeutung für den Fall des fristgebundenen Antrags auf Zustimmung zur außerordentlichen Kündigung nach § 174 SGB IX, → § 174 Rn. 12. Nach § 190 Abs. 2 SGB IX können Aufgaben und Befugnisse der Integrationsämter auf „örtliche Fürsorgestellen" übertragen werden, → § 190 Rn. 2. Von der Ermächtigung haben Nordrhein-Westfalen, Hessen und Schleswig-Holstein Gebrauch gemacht.

20

---

85 So im Ergebnis auch: *Steinbrück* in GK-SGB IX § 85 Rn. 45; *Schimanski* in GK-SGB IX § 84 Rn. 69; *Seel* in Ernst/Adlhoch/Seel SGB IX § 84 Rn. 11.
86 *Kuhlmann* Behindertenrecht 2013, 34.
87 VG Hannover 5.4.2017 – 3 A 4948/16.
88 So auch *Neumann* in Neumann/Pahlen/Greiner/Winkler/Jabben SGB IX § 170 Rn. 2.

IV. Betriebsbegriff

21 **Beschäftigungsbetrieb:** Das SGB IX kennt keinen eigenständigen **Betriebsbegriff**. Es verweist in § 170 Abs. 1 Satz 2 auf die Vorschriften des **Betriebsverfassungsgesetzes**. Für Betriebe privater Arbeitgeber sind daher die **§§ 1 bis 4 BetrVG** maßgebend. Von Bedeutung für die Praxis ist dabei, dass Nebenbetriebe und Betriebsteile nach § 4 Satz 1 BetrVG als selbstständige Betriebe gelten können. Bei Betrieben mit örtlich getrennten Betriebsstätten, die nicht nach § 4 BetrVG als selbstständig gelten, ist als **Betriebssitz** der **Ort der Leitung im Personal- und Sozialwesen** anzusehen.[89]

22 **Betriebsteil:** Ein Betriebsteil ist eine in den Betrieb eingegliederte Organisationseinheit (zB Abteilung, Zweigstelle, Filiale), die rechtlich einem Hauptbetrieb zugeordnet wird. Ein Teil des Betriebes kann nach § 4 Abs. 1 Satz 1 Nr. 2 BetrVG dann als **selbstständiger Betrieb** gelten, wenn er entweder vom Hauptbetrieb organisatorisch abgrenzbar, relativ selbstständig und durch seinen Aufgabenbereich eigenständig ist,[90] oder nach § 4 Abs. 1 Satz 1 Nr. 1 BetrVG räumlich weit vom Hauptbetrieb entfernt ist. Voraussetzung für die Geltung als selbstständiger Betrieb ist, dass die Mindestgröße nach § 1 Abs. 1 Satz 1 BetrVG erfüllt wird, dh: Beschäftigung von in der Regel mindestens fünf zur Betriebsratswahl wahlberechtigten und von nicht weniger als drei wählbaren Arbeitnehmern. Die Arbeitnehmer eines Betriebsteils können mit Mehrheit nach § 4 Abs. 1 Satz 2 BetrVG beschließen, an der Wahl des Betriebsrates im Hauptbetrieb teilzunehmen. Diese Entscheidung bindet auch für die Wahl der SBV.

23 **Kleinbetrieb und Kleinstbetrieb:** Erfüllt ein Kleinstbetrieb nicht die Mindestgröße nach § 1 Abs. 1 Satz 1 BetrVG, ist er als nicht selbstständiger Betrieb anzusehen, sondern nach § 4 Abs. 2 BetrVG als Betriebsteil dem nächstgelegenen Betrieb (Hauptbetrieb) zuzuordnen. Ein Kleinbetrieb, der die Voraussetzung der Mindestgröße erfüllt, ist im Umkehrschluss eigenständig.[91]

24 **Gemeinsamer Betrieb:** Mehrere Unternehmer können **gemeinsam** einen Betrieb führen. Nach § 1 Abs. 2 BetrVG wird ein gemeinsamer Betrieb mehrerer Unternehmen vermutet, wenn zur Verfolgung arbeitstechnischer Zwecke die Betriebsmittel sowie die Arbeitnehmer von den Unternehmen gemeinsam eingesetzt werden (Nr. 1), oder wenn die Spaltung eines Unternehmens zur Folge hat, dass von einem Betrieb ein oder mehrere Betriebsteile einem an der Spaltung beteiligten Unternehmen zugeordnet werden, ohne dass die Organisation wesentlich geändert wird (Nr. 2). Diese Vermutungstatbestände sollen, Betriebsräten und Wahlvorständen den in der Praxis oft schwer zu erbringenden Nachweis einer Führungsvereinbarung der beteiligten Unternehmen ersparen.[92] Von daher besteht auch ohne Vorliegen der Vermutungstatbestände ein gemeinsamer Betrieb, wenn sich mehrere Unternehmen – ausdrücklich oder stillschweigend – zur Führung eines gemeinsamen Betriebes rechtlich verbunden haben. Dabei kann auf die Existenz einer Führungsvereinbarung nach wie vor aus den tatsächlichen Umständen des Einzelfalls geschlossen werden.[93]

25 **Bindung an nicht angefochtene Betriebsratswahlen:** Unerheblich ist, ob der Arbeitgeber für die Beurteilung der Zuständigkeit von einer **Verkennung des betriebsverfassungsrechtlichen Betriebsbegriffs** ausgeht. Solange der Betriebsrat in der Betriebsstätte amtiert, bindet das alle an der Durchführung des Schwer-

---

89 BAG 23.9.1982 – 6 ABR 42/81, AP § 4 BetrVG 1972 Nr. 3.
90 BAG 19.2.2002 – 1 ABR 26/01, NZA 2002, 1300 = AP § 4 BetrVG 1972 Nr. 13.
91 *Vossen* in APS SGB IX § 87 Rn. 8.
92 Vgl. BT-Drs. 14/5741, 33.
93 BAG 17.8.2005 – 7 ABR 62/04.

behindertenrechts Beteiligten einschließlich SBV, Arbeitsagentur und Integrationsamt. Denn die Verkennung des Betriebsbegriffs führt nicht etwa zur Nichtigkeit, sondern allenfalls zur Anfechtbarkeit der Betriebsratswahlen.[94] Der Wahlbezirk der Betriebsratswahlen gilt dann bis zur nächsten regelmäßigen Wahl als Betrieb. Diese richterrechtliche Rechtsfortbildung erleichtert die Bestimmung des zuständigen Integrationsamts. Ist ein Betriebsrat gewählt, so ist nach Ablauf der Wahlanfechtungsfrist dessen Wahlbezirk für die Bestimmung des Betriebs zugrunde zu legen, es sei denn die Wahl ist wegen Verkennung des Betriebsbegriffs angefochten.

Abweichende Organisationsstrukturen: Zu berücksichtigen ist, dass durch Tarifvertrag oder Betriebsvereinbarung nach § 3 BetrVG vom Betriebsbegriff abweichende Organisationseinheiten als Betriebe gelten. Da die Praxis sich nicht immer an die starren Organisationsmodelle des BetrVG hält, hat das BetrVG-Reformgesetz vom 23.7.2001[95] die Anpassung des betriebsrätlichen „Vertretungsbezirks" an die flexible Bildung von Organisationseinheiten und von Entscheidungsstrukturen erleichtert. Möglich sind jetzt: **Sparten- und Filialbetriebsräte** oder **unternehmenseinheitliche Betriebsräte**. Rechtlich geschieht das durch eine entsprechende Ausweitung der kollektiven Regelungsbefugnis in § 3 BetrVG, die zudem vom staatlichen Genehmigungsvorbehalt freigestellt worden ist.

V. Dienststellenbegriff

Beschäftigende Dienststelle: § 170 Abs. 1 Satz 2 verweist auf die Vorschriften des Personalvertretungsrechts des Bundes sowie der Länder. Der Begriff der Dienststelle ist für den Bund in § 4 Abs. 1 Nr. 6 BPersVG nF[96] definiert. Danach gelten als Dienststellen die Verwaltungsstellen und Betriebe des Bundes und die bundesunmittelbaren Körperschaften, Anstalten und Stiftungen des öffentlichen Rechts sowie die Gerichte des Bundes. Nach § 1 Abs. 1 Satz 2 BPersVG nF gehören zu den Verwaltungen auch die Betriebsverwaltungen. In § 6 Abs. 1 Satz 1 BPersVG nF ist abweichend von § 4 BPersVG nF bestimmt, dass eine Behörde der Mittelstufe mit der unmittelbar nachgeordneten Behörde und mit den ihr nachgeordneten Stellen eine einheitliche Dienststelle bildet. Ausnahmsweise gilt dies nicht für die weiter nachgeordneten Stellen; soweit diese im Verwaltungsaufbau nach Aufgabenbereich und Organisation selbstständig sind. Nebenstellen und Teile einer Dienststelle sind nach § 7 Satz 1 BPersVG nF (entspricht dem bis 14.6.2021 geltenden § 6 Abs. 3 BPersVG aF) nur dann als selbstständige Dienststellen zu behandeln, wenn sie von der Hauptdienststelle räumlich entfernt liegen und die Mehrheit ihrer wahlberechtigten Beschäftigten die Selbstständigkeit in geheimer Abstimmung beschließt. Der Beschluss wirkt nach § 7 Satz 2 BPersVG nF nur die folgende Wahl und die Amtszeit der aus ihr hervorgehenden Personalvertretung. Der personalvertretungsrechtliche Dienststellenbegriff gilt nach Art. 56 des Zusatzabkommens zum NATO-Truppenstatut auch für die Betriebe der zivilen Arbeitskräfte der Stationierungsstreitkräfte. Für die Verwaltungen und Betriebe der Länder und Gemeinden gelten die entsprechenden Begriffsbestimmungen in den Landespersonalvertretungsgesetzen. Sie enthalten mit dem BPersVG vergleichbare Definitionen.

---

94 BAG 11.4.1978 – 6 ABR 22/77, AP § 19 BetrVG 1972 Nr. 8; 27.6.1995 – 1 ABR 62/94, AP § 4 BetrVG 1972 Nr. 7; 9.5.1996 – 2 AZR 438/95, BAGE 83, 127 = AP § 1 KSchG 1969 Betriebsbedingte Kündigung Nr. 79.
95 BGBl. I 1852.
96 Neufassung aufgrund der Novellierung des Bundespersonalvertretungsgesetzes vom 9.6.2021.

VI. Ablauf des Antragsverfahrens

28 **Fristlauf ab Eingang beim zuständigen Integrationsamt:** Die Bestimmung des zuständigen Integrationsamts ist von großer praktischer Bedeutung. Denn der Lauf der **Monatsfrist** des **§ 171 Abs. 1** und der **Zweiwochenfrist** des **§ 174 Abs. 3**, die dem Amt für Ermittlungen zur Verfügung stehen, beginnt erst mit dem Eingang des die in § 170 Abs. 1 Satz 1 vorgeschriebene Form erfüllenden Antrags bei dem zuständigen Integrationsamt. Noch größere Auswirkung hat die falsche Beurteilung der Zuständigkeitsfrage für die Wirksamkeit einer außerordentlichen Kündigung. Die bei der Einholung der Zustimmung zur außerordentlichen Kündigung nach **§ 172 Abs. 2** einzuhaltende Zweiwochenfrist für die Antragstellung wird nämlich durch die Antragstellung bei der unzuständigen Behörde nicht gewahrt.[97] Eine analoge Anwendung des § 16 Abs. 2 Satz 2 SGB I kommt nicht in Betracht.[98] Ein Irrtum des Arbeitgebers, der bei der falschen Stelle den Antrag stellt, darf sich nicht zum Nachteil des schwerbehinderten Menschen auswirken.[99]

29 **Verfahrensgrundsätze:** Soweit das SGB IX nichts Abweichendes regelt, gelten die Verfahrensbestimmungen des **SGB X**. Der Arbeitgeber ist nach § 12 Abs. 1 Nr. 1 SGB X als Antragsteller Verfahrensbeteiligter, ebenso wie der Arbeitnehmer als Antragsgegner.[100] Die nach § 170 Abs. 2 vom Integrationsamt zu befragenden Vertretungen (Betriebs-, Personalrat, Schwerbehindertenvertretung) haben nicht die Stellung von Verfahrensbeteiligten. Sie sind nur Auskunftsstellen. Nach § 9 SGB X ist das Verwaltungsverfahren einfach und zweckmäßig durchzuführen und an bestimmte Formen nicht gebunden.

30 **Sachverhaltsermittlung:** Das Integrationsamt hat nach den §§ 20, 21 SGB X den Sachverhalt **von Amts wegen** zu erforschen. Dabei hat es im Rahmen der vom Arbeitgeber gestellten Anträge und der von ihm mitgeteilten Kündigungsgründe all das zu ermitteln, was für eine Entscheidung über den Zustimmungsantrag oder eine gütliche Einigung erforderlich ist. Es bestimmt selbst Art und Umfang der Ermittlungen und ist weder an das Vorbringen noch an die Beweisanträge der Beteiligten gebunden (§ 20 Abs. 1 SGB X). Im Rahmen dieses **Untersuchungsgrundsatzes** hat es sich der Beweismittel zu bedienen, die es nach pflichtmäßigem Ermessen zur Ermittlung des Sachverhalts für erforderlich hält (§ 21 Abs. 1 Satz 1 SGB X). Wegen des in § 37 Satz 1 SGB I enthaltenen Vorbehalts für abweichende Regelungen in den besonderen Teilen des Sozialgesetzbuchs wird das allgemeine Verwaltungsverfahren nach SGB X durch die im SGB IX enthaltenen Bestimmungen abgeändert, die dem Integrationsamt besondere Ermittlungspflichten auferlegen. Dazu gehört auch die Bestimmung in § 170 Abs. 2. Danach hat das Integrationsamt **Stellungnahmen** des Betriebs- oder Personalrats, der Schwerbehindertenvertretung und des betroffenen schwerbehinderten Menschen einzuholen. Eine Einholung von Stellungnahmen des Arbeitgebers ist nicht erforderlich. Nur soweit seine Angaben im Kündigungsantrag unvollständig oder unklar sind, besteht Veranlassung, durch Zwischenverfügungen auf eine Ergänzung oder Klarstellung hinzuwirken.

31 **Anhörung des schwerbehinderten Menschen:** Die Anhörung des schwerbehinderten Menschen zu dem Zustimmungsantrag ist in § 170 Abs. 2 Hs. 2 SGB IX **zwingend** vorgeschrieben. Zum einen ergibt sich aus § 24 Abs. 1 SGB X allgemein: „Bevor ein Verwaltungsakt erlassen wird, der in Rechte eines Beteiligten

---

97 *Dörner* SchwbG § 17 Rn. 12.
98 *Griebeling* in Hauck/Noftz SGB IX § 87 Rn. 6; *Knittel* § 87 Rn. 8; *Müller-Wenner/Schorn* SGB IX § 87 Rn. 24.
99 *Neumann* in Neumann/Pahlen/Greiner/Winkler/Jabben SGB IX § 170 Rn. 2.
100 *Griebeling* in Hauck/Noftz SGB IX § 87 Rn. 9.

eingreift, ist diesem Gelegenheit zu geben, sich zu den für die Entscheidung erheblichen Tatsachen zu äußern." Zum anderen schreibt § 170 Abs. 2 Hs. 2 SGB IX ausdrücklich dem Integrationsamt vor, es „hört den schwerbehinderten Menschen an". Insoweit wird die Regelung in § 24 Abs. 2 Nr. 2 SGB X verdrängt, nach der von der Anhörung abgesehen werden kann, wenn durch eine Anhörung die für die Entscheidung maßgebende Frist überschritten werden könnte (hier: Monatsfrist für Zustimmung zur ordentlichen Kündigung nach § 171 Abs. 1 SGB IX, → § 171 Rn. 10; Zweiwochenfrist für die Zustimmung zur außerordentlichen Kündigung nach § 174 Abs. 3 Satz 1, → § 174 Rn. 20). Der schwerbehinderte Mensch hat das Recht auf Anhörung. Es steht ihm frei, ob und wie er sich äußert. Zur Vorbereitung seiner Anhörung kann er Einsicht in die Akte nehmen (→ Rn. 37). Er kann seine Äußerungen schriftlich und/oder mündlich vorbringen. Auf Wunsch des schwerbehinderten Menschen ist ihm Gelegenheit zur persönlichen Vorsprache beim Sachbearbeiter zu geben und die Erörterung des Sachverhalts sowie der rechtlichen Einschätzung zu ermöglichen.[101] Dem ist allerdings in einer vereinzelt gebliebenen Entscheidung das VG Ansbach entgegengetreten. Danach soll es für eine Anhörung ausreichen, wenn dem Betroffenen die Möglichkeit eingeräumt wird, eine Stellungnahme zum Zustimmungsantrag abzugeben.[102] Diese Entscheidung verkennt, dass § 170 Abs. 2 SGB IX ausdrücklich zwischen dem Einholen einer Stellungnahme und der Anhörung differenziert. Anhörung ist gegenüber dem Einholen einer Stellungnahme die intensivere Beteiligungsform.[103] Deshalb können die Anforderungen an die „Anhörung" nicht auf Abgabe einer schriftlichen Stellungnahme reduziert werden. Zur mündlichen Anhörung kann der schwerbehinderte Mensch einen Rechtsanwalt hinzuziehen.[104] Das Integrationsamt wird als nicht verpflichtet angesehen, über die mündliche Anhörung des schwerbehinderten Arbeitnehmers eine Niederschrift zu fertigen.[105]

Unterlässt das Integrationsamt die Anhörung des schwerbehinderten Menschen, so liegt ein schwerwiegender **Verfahrensverstoß** vor. Eine erteilte Zustimmung ist dann anfechtbar.[106] Der Fehler kann jedoch noch durch die nach § 204 Abs. 2 SGB IX vorgeschriebene Anhörung im Widerspruchsverfahren **geheilt werden**.[107]

Die Pflicht des Integrationsamts zur Amtsermittlung wird nach § 21 Abs. 2 SGB X durch die Mitwirkungspflicht der Beteiligten ergänzt und damit zugleich auch begrenzt. Das Integrationsamt muss daher nicht sämtliche denkbaren Umstände zugunsten des schwerbehinderten Menschen ermitteln. Vielmehr obliegt dem Betroffenen, auch insoweit mitzuwirken und die für seinen Schutz sprechenden wesentlichen Gesichtspunkte vorzubringen. Da der betroffene schwerbehinderten Mensch nach § 170 Abs. 2 „**anzuhören**" ist, muss ihm auch Gelegenheit zur abschließenden Stellungnahme nach Offenlegung der getroffenen Sachverhaltsfeststellungen gegeben werden.[108] Insoweit geht nach Ansicht des

---

101 *Kreitner* in jurisPK-SGB IX § 170 Rn. 30 mwN; zum alten Recht: *Dörner* SchwbG § 17 Rn. 17.
102 VG Ansbach 12.7.2007 – AN 14 K 07.00121, Rn. 42.
103 *Kreitner* in jurisPK-SGB IX § 170 Rn. 30.
104 *Kossens* in Kossens/von der Heide/Maaß § 87 Rn. 12.
105 BVerwG 1.7.1993 – 5B 73/93, Behindertenrecht 1994, 22 = Buchholz 436.61 § 17 SchwbG Nr. 3; dem zustimmend: *Gallner* in KR, 11. Aufl. 2016, SGB IX §§ 85–90 Rn. 85; *Kossens* in Kossens/von der Heide/Maaß SGB IX § 87 Rn. 13.
106 BSG 23.5.1958 – 7 Rar 46/57, AP Art. 103 GG Nr. 2; ebenso: VG Saarland 16.11.2018 – 3 K 1144/17, Rn. 27.
107 Vgl. *Dörner* SchwbG § 17 Rn. 18 zum alten Recht in § 43 Abs. 2 SchwbG.
108 BayVGH 17.12.2009 – 12 CS 09.2691, Rn. 20.

Schrifttums die Verpflichtung des Integrationsamts nach § 170 Abs. 2 weiter als nach den allgemeinen Verfahrensgrundsätzen des SGB X.[109] Findet vor Ort eine Inaugenscheinnahme durch eine Betriebsbegehung statt, ist der Arbeitnehmer zu beteiligen.[110]

32 **Mitwirkung des Schwerbehinderten an der Sachverhaltsermittlung:** Aus § 21 Abs. 2 SGB X ergibt sich eine Mitwirkungsobliegenheit des Betroffenen. Nachteilige Schlüsse für die Beweiswürdigung darf das Integrationsamt jedoch aus der Nichtbeachtung nur ziehen, wenn es den Arbeitnehmer zuvor auf die Erheblichkeit bestimmter tatsächlicher Umstände hingewiesen hat. Der Betroffene muss wissen, worauf die Behörde ihre Entscheidung maßgeblich stützt und welche Konsequenzen sie aus einer Verletzung der Mitwirkungsobliegenheit zu ziehen beabsichtigt.[111] Verweigert der Arbeitnehmer die Weitergabe der im Rahmen der Anhörung nach § 170 Abs. 2 SGB IX erhobenen besonders geschützten personenbezogenen Daten, wie zB Gesundheitsdaten, können diese im weiteren Verfahren nicht verwertet werden. Das Integrationsamt darf seiner Entscheidung keine Daten zugrunde legen, die vor dem antragstellenden Arbeitgeber geheim gehalten werden sollen.[112]

33 **Einholung der Stellungnahme der Arbeitsagentur:** Zu der zwingenden Sachverhaltsermittlung von Amts wegen gehörte nach § 87 Abs. 2 aF bis 30.4.2004 die Einholung der **Stellungnahme des Arbeitsamtes**. Damit sollte abgeklärt werden, welche Chancen der Neuvermittlung auf dem örtlichen Arbeitsmarkt bestehen. Dieses Ergebnis war mit in die Abwägung einzubeziehen. Eine Entscheidung des Integrationsamts ohne vorherige Einholung der Stellungnahme des Arbeitsamtes wurde als fehlerhaft angesehen.[113] Der Fehler konnte jedoch noch bis zum Abschluss des Widerspruchsverfahrens geheilt werden.[114] Diese Regelung ist durch die Novelle vom 23.4.2004 **aufgehoben** worden, weil die Arbeitsämter nur wenig aussagekräftige Formularstellungnahmen abgaben. Auch wenn seit Mai 2004 keine Pflicht zur Einholung einer amtlichen Stellungnahme besteht, ist das Integrationsamt nicht gehindert, sich zur Vorbereitung seiner Entscheidung einen Überblick über die Vermittlungsaussichten des Betroffenen zu machen.

34 **Einholung der Stellungnahme des Betriebs- oder Personalrats:** § 170 Abs. 2 schreibt **zwingend** vor, dass eine **Stellungnahme des Betriebs- oder Personalrats** einzuholen ist. Das dient der Sachverhaltsermittlung hinsichtlich der Kündigungsgründe. Dazu gehört insbesondere die Feststellung, durch welche geeignete Maßnahmen eine weitere Beschäftigung des Arbeitnehmers ggf. zu veränderten Bedingungen und mit organisatorischen und technischen Änderungen im Sinne von § 164 Abs. 4 Satz 1 Nr. 4 und 5 die Kündigung vermieden werden kann. Die Einholung der Stellungnahme **ersetzt nicht** die betriebsverfassungs- oder personalvertretungsrechtliche Beteiligung, die dem Arbeitgeber nach den §§ 102, 103 BetrVG oder den entsprechenden Bestimmungen des Personalvertretungsrechts obliegt. Hat der Arbeitgeber bereits vor Beantragung der Zustimmung die Arbeitnehmervertretung angehört, so wird von einem Teil des Schrifttums die Einholung einer erneuten Stellungnahme durch das Integrati-

---

109 *Vossen* in APS SGB IX § 87 Rn. 14; *Großmann* in GK-SGB IX § 87 Rn. 116 ff.; aA *Warendorf* BB 1986, 523.
110 BayVGH 21.12.2010 – 12 CS 10.2676.
111 BayVGH 31.1.2013 – 12 B 12.860, KommunalPraxis BY 2013, 152.
112 *Beyer* jurisPR-ArbR 20/2013 Anm. 6.
113 BVerwG 10.9.1992 – 5 C 39.88, NZA 1993, 76.
114 BVerwG 11.11.1999 – 5 C 23.99.

onsamt für entbehrlich gehalten.[115] Das ist abzulehnen.[116] Die von Amts wegen einzuholende Stellungnahme im Verwaltungsverfahren sichert die Berücksichtigung der aktuellen Verhältnisse und gewährleistet, dass der bei der Antragstellung vom Arbeitgeber vorgebrachte Kündigungssachverhalt Grundlage der Stellungnahme der Arbeitnehmervertretung ist.[117] Die Einholung von Stellungnahmen ist ohne Übermittlung personenbezogener Daten dessen, dessen Kündigung beantragt wird, nicht möglich. Diese **Datenverarbeitung** ist unionsrechtlich rechtmäßig; denn sie für die Wahrnehmung einer Aufgabe erforderlich, die in Ausübung öffentlicher Gewalt erfolgt, die dem Integrationsamt nach § 168 SGB IX als verantwortlicher Stelle übertragen wurde (Art 6 Abs. 1 lit c DS-GVO).[118] Sie ist auch nach nationalem Datenschutzrecht zulässig; denn die nach § 67 b Abs. 1 SGB X zum Schutz des **Sozialgeheimnisses** erforderliche Erlaubnisnorm befindet sich in § 170 Abs. 2 SGB IX.[119] Geht keine Stellungnahme ein, ist zu **erinnern**. Geht trotz Anmahnung keine Stellungnahme ein, kann ohne sie entschieden werden.[120] Weitere Einzelheiten: → Rn. 36.

Einholung der Stellungnahme des Sprecherausschusses: Schon im SchwbG 1986 hatte der Gesetzgeber es unterlassen,[121] die Zuständigkeit des Sprecherausschusses bei der Vertretung der Interessen der schwerbehinderten leitenden Angestellten zu berücksichtigen. Deshalb wurde zurzeit der Geltung von § 17 SchwbG angenommen, der Betriebsrat sei auch dann zu beteiligen, wenn die Zustimmung zur Kündigung eines schwerbehinderten leitenden Angestellten beantragt wird.[122] Da der Betriebsrat nach § 5 Abs. 3 BetrVG für die Vertretung leitender Angestellter keine Zuständigkeit hat, ist die Einholung einer Stellungnahme des Betriebsrats entbehrlich. Stattdessen sollte das Integrationsamt eine Stellungnahme des Sprecherausschusses der leitenden Angestellten anfordern. Auch bei der Übernahme der schwerbehindertenrechtlichen Vorschriften für das SGB IX ist dieses Versäumnis erneut aufgetreten. Angesichts des Unterlassens des Gesetzgebers ist die Einholung dieser Stellungnahme nicht zwingend. 35

Einholung der Stellungnahme der Schwerbehindertenvertretung: Nach § 177 Abs. 2 hat das Integrationsamt auch eine Stellungnahme der im Beschäftigungsbetrieb oder der Beschäftigungsdienststelle bestehenden **SBV** zu dem Kündigungssachverhalt einzuholen. Die dazu erforderlichen Übermittlung personenbezogener Daten ist ebenso zulässig, wie bei der Einholung der Stellungnahmen des Betriebs- oder Personalrats, → Rn. 34. Besteht in diesen Organisationseinheiten keine eigenständige SBV, so ist ggf. die gemeinsam für mehrere Betriebe oder mehrere Dienststellen nach § 177 Abs. 1 Satz 4 gewählte gemeinsame SBV zur Stellungnahme aufzufordern. Besteht auch keine gemeinsame SBV, ist die **Gesamtschwerbehindertenvertretung** (GSBV) für die Abgabe der Stellungnahme zuständig. Das ergibt sich aus § 180 Abs. 6 Satz 1. Danach nimmt die Gesamtschwerbehindertenvertretung auch die Interessen der schwerbehinderten Menschen wahr, die in einem Betrieb oder in einer Dienststelle tätig sind, für die keine Schwerbehindertenvertretung gewählt ist. Besteht auch in einem konzern- 36

---

115 *Dörner* SchwbG § 17 Rn. 22; *Thomas* in Gröninger SchwbG § 17 Rn. 6.
116 *Kreitner* in jurisPK-SGB IX § 170 Rn. 25.
117 *Griebeling* in Hauck/Noftz SGB IX § 87 Rn. 14.
118 *Düwell*, Schwerbehindertenrecht und Inklusion (sui) 2019 Heft 9 S. 3.
119 *Düwell*, Schwerbehindertenrecht und Inklusion (sui) 2019 Heft 9 S. 3, 4.
120 VG Ansbach 26.3.2009 – AN 14 K 08.01924; VG Halle 15.12.2006 – 4 A 652/04; VG Köln 3.12.2003 – 21 K 7252/02; *Besgen*, Schwerbehindertenrecht, 2018, Rn. 91.
121 Dazu: *Bayer* DB 1990, 933 (934).
122 *Lampe* in GK-SGB IX § 87 Rn. 102; *Vossen* in APS SGB IX § 87 Rn. 9.

angehörigen Unternehmen weder eine GSBV noch eine SBV, so ist nach § 180 Abs. 6 Satz 2 die gewählte Konzernschwerbehindertenvertretung zuständig. In der Kommentierung eines Referenten aus dem BMAS wird dazu erläutert, die Einholung einer Stellungnahme der SBV sei erforderlich, damit das Integrationsamt prüfen könne, ob die SBV von dem Arbeitgeber gemäß § 178 Abs. 2 Satz 1 beteiligt worden sei.[123] Sei eine solche Beteiligung nicht erfolgt, dann sei eine solche (später erklärte) Kündigung nach § 178 Abs. 2 Satz 3 unwirksam.[124] Damit wird der hier und vom ArbG Hagen[125] vertretenen Ansicht zugestimmt, dass die unverzügliche Unterrichtung und Anhörung der SBV es gebietet, bereits vor der Antragstellung beim Integrationsamt die SBV zu beteiligen, → § 168 Rn. 92. Das entspricht ist jedoch nicht dem Stand der Rspr. des Zweiten Senats des BAG. Dieser hat den Rechtssatz aufgestellt: Die Anhörung müsse nicht schon erfolgen, bevor der Arbeitgeber das Integrationsamt um Zustimmung zu einer beabsichtigten Kündigung ersucht; denn die Kündigungsentscheidung werde erst durch den Kündigungsausspruch iSv § 178 Abs. 2 Satz 3 SBG IX durch den Ausspruch „vollzogen".[126] Kündigungsrechtlich ist diese Auffassung des BAG vertretbar; denn die Unwirksamkeitsfolgenanordnung stellt dem Wortlaut nach auf „Kündigung (...) ausspricht" ab. Demgegenüber stellt jedoch die Beteiligung nach § 178 Abs. 2 Satz 1 SGB IX den Zeitpunkt des Treffens der Entscheidung ab; denn die SBV ist in der Angelegenheit unverzüglich zu unterrichten und „vor einer Entscheidung anzuhören". Die Entscheidung in der den schwerbehinderten Menschen berührenden Angelegenheit wird getroffen, wenn der Arbeitgeber beschließt, die Zustimmung zu beantragen. Damit ist – wenn auch keine kündigungsrechtliche Unwirksamkeit – so doch der Tatbestand einer Verletzung der Beteiligungspflicht als **Ordnungswidrigkeit** nach § 238 Abs. 1 Nr. 8 SGB IX zu ahnden, wenn der Arbeitgeber schuldhaft vor der Stellung des Zustimmungsantrags die SBV nicht unterrichtet und ihr nicht Gelegenheit zur Stellungnahme gegeben hat.

37 **Rechtsfolgen einer unterlassenen Einholung der Stellungnahme der SBV:** Unterbleibt die Einholung der Stellungnahme der Schwerbehindertenvertretung, so ist das ein **Verfahrensfehler**, der den Zustimmungsbescheid anfechtbar macht.[127] Der Fehler ist noch im Widerspruchsverfahren durch Nachholung der Anhörung gemäß § 41 Abs. 1 Nr. 3 SGB X heilbar.[128] Von der Einholung der Stellungnahme kann das Integrationsamt auch dann nicht absehen, wenn der Arbeitgeber bereits in Erfüllung seiner Verpflichtung aus § 178 Abs. 2 Satz 1 die Schwerbehindertenvertretung vor der Antragstellung angehört und das Ergebnis dem Integrationsamt mitgeteilt hat. Allerdings kann dann, wenn keine neuen Gesichtspunkte aufgetaucht sind, die SBV auf ihre gegenüber dem Arbeitgeber abgegebene Stellungnahme Bezug nehmen. Ausnahmsweise führt es nicht zur Anfechtbarkeit der Zustimmungsentscheidung, wenn auch bei recht-

---

123 *Schell* SGB IX § 170 Rn. 7.
124 *Schell* SGB IX § 170 Rn. 7.
125 ArbG Hagen 6.3.2018 – 5 Ca 1902/17, Rn. 30: aA BAG 13.12. 2018 – 2 AZR 378/18, Rn. 15, BAGE 164, 360 = Behindertenrecht 2019, 70.
126 BAG 13.12. 2018 – 2 AZR 378/18, Rn. 19, BAGE 164, 360 = Behindertenrecht 2019, 70.
127 BVerwG 13.12.1963 – VI C 203.61, AP § 630 SchwBeschG Nr. 1.
128 BVerwG 10.2.1997 – 5 B 108/96, Buchholz 436.61 § 17 SchwbG Nr. 7; BVerwG 11.11.1999 – 5 C 23/99, BVerwGE 110, 67 = NZA 2000, 146 = Behindertenrecht 2000, 83; zustimmend: *Müller-Wenner/Schorn* SGB IX § 87 Rn. 33; *Gallner* in KR, 11. Aufl. 2016, SGB IX §§ 85–90 Rn. 76; Neumann in Neumann/Pahlen/Greiner/Winkler/Jabben SGB IX § 170 Rn. 19.

zeitiger Einholung der Stellungnahme keine andere Sachentscheidung hätte ergehen können.[129] Dem hat sich das Schrifttum angeschlossen.[130]

Aufklärung des Sachverhalts: Nach § 170 Abs. 2 Satz 1 sind zur Aufklärung des Sachverhalts Stellungnahmen der SBV (→ Rn. 34) und des Betriebsrats oder Personalrats (→ Rn. 32) einzuholen. Das Integrationsamt sollte diesen Vertretungen für ihre Äußerungen eine Frist setzen und ihnen die Begründung des Arbeitgebers für seinen Zustimmungsantrag beifügen.[131] Geht eine unklare oder klärungsbedürftige Stellungnahme ein, ist eine erneute vollständige oder klarstellende Stellungnahme einzuholen.[132] Ob nach fruchtloser Anforderung einer Stellungnahme das Integrationsamt nochmals zu erinnern ist oder entschieden wird, richtet sich gem. § 20 Abs. 1 SGB X nach pflichtgemäßem Ermessen.[133] Geht eine verspätete Stellungnahme noch vor Ablauf der für die Entscheidung geltenden Monats- oder Zweiwochenfrist (§ 171 Abs. 1, § 174 Abs. 3 SGB IX) ein, so ist sie trotz Verspätung zu berücksichtigen, wenn dies nicht zu einer Verzögerung des Verfahrens führt. Die Rechtsprechung räumt dem Integrationsamt das Recht ein, wenn innerhalb angemessener Frist keine Stellungnahme eingehe, ohne sie zu entscheiden.[134] Ob eine Erinnerung und Mahnung erforderlich ist, richtet sich nach pflichtgemäßem Ermessen (§ 20 Abs. 1 SGB X). Bei einer unklaren Stellungnahme ist stets unter Hinweis auf die Mängel eine klarstellende Äußerung einzuholen.[135] Macht das Integrationsamt von der Möglichkeit Gebrauch, eine mündliche Verhandlung anzusetzen, bei der mit den zu beteiligenden Stellen und dem schwerbehinderten Arbeitnehmer zugleich die vom Arbeitgeber beabsichtigte Kündigung erörtert wird, und nimmt einer der Beteiligten an der mündlichen Verhandlung nicht teil, so muss das Integrationsamt ihn zur schriftlichen Stellungnahme auffordern.[136] Im Übrigen hat das Integrationsamt den Sachverhalt nach § 20 Abs. 1 SGB X von Amts wegen zu ermitteln. Dabei ist es an das Vorbringen und die Beweisanträge der Beteiligten nicht gebunden. Es bedient sich der **Beweismittel**, die es nach pflichtgemäßem Ermessen für erforderlich halten darf.[137] Dementsprechend kann es amtliche Auskünfte einholen, Zeugen und Sachverständige vernehmen oder deren schriftliche Äußerung einholen, Urkunden und Akten beiziehen und vor Ort den Augenschein einnehmen.[138] Allerdings fehlt dem Integrationsamt die Rechtsmacht, Privatpersonen zwangsweise zur Aussage oder zur Erstattung von Gutachten anzuhalten.[139] Gesetzlich ist lediglich die **Verpflichtung des Arbeitgebers** in § 163 Abs. 5 geregelt, auf Verlangen des Integrationsamts die erforderlichen Auskünfte zu erteilen und nach § 163 Abs. 7 Einblick in den Betrieb oder die Dienststel-

---

129 BVerwG 28.9.1995 – 5 C 14/94, BVerwGE 90, 262 (267) = NZA-RR 1996, 290 (291); OVG RhPf 15.5.1997 – 12 A 12213/96, BehindertenR 1998, 18; OVG Saarl 12.2.1997 – 8 R 38/95.
130 *Rolfs* in ErfK SGB IX § 87 Rn. 4; *Knittel* SGB IX § 87 Rn. 12; *Kossens* in Kossens/von der Heide/Maaß SGB IX § 87 Rn. 11.
131 *Vossen* in APS SGB IX § 87 Rn. 10.
132 OVG NRW 9.2.1996 – 24 A 5457/94, Behindertenrecht 1997, 49.
133 BVerwG 11.11.1999 – 5 C 23.99, AP SchwbG 1986 § 17 Nr. 1.
134 BVerwG 11.11.1999 – 5 C 23/99, BVerwGE 110, 67 = NZA 2000, 146 = Behindertenrecht 2000, 83.
135 OVG NRW 9.2.1996 – 24 A 5457/94, Behindertenrecht 1997, 49.
136 *Neumann* in Neumann/Pahlen/Greiner/Winkler/Jabben SGB IX § 170 Rn. 22; *Etzel* in KR SGB IX §§ 85–90 Rn. 75.
137 *Wahrendorf* BB 1986, 523.
138 *Dörner* SchwbG § 17 Rn. 26.
139 *Dörner* SchwbG § 17 Rn. 27; aA *Steinbrück* in GK-SGB IX § 87 Rn. 68, der die behördliche Entscheidung über den Kündigungsschutz als besondere Sozialleistung im Sinne von § 21 Abs. 3 SGB X qualifiziert.

le zu gewähren. Beschließt das Integrationsamt, eine Besichtigung des Arbeitsplatzes mit einer entsprechenden Betriebsbegehung durchzuführen, so hat es auch den schwerbehinderten Arbeitnehmer davon zu unterrichten und das Ergebnis der Inaugenscheinnahme ihm mit der Möglichkeit zur Stellungnahme mitzuteilen.[140] Kann der Sachverhalt trotz der Bemühungen des Integrationsamts in der für das Zustimmungsverfahren geltenden Frist nicht aufgeklärt werden, hat die **Feststellungslast** der Verfahrensbeteiligte zu tragen, der aus der geltend gemachten Tatsache eine ihm günstige Rechtsfolge ableiten will.[141] So wirkt sich zB die Ungewissheit der Täterschaft des schwerbehinderten Menschen an einer vom Arbeitgeber behaupteten vorsätzlichen Schadenszufügung zulasten des Arbeitgebers aus.

39 **Akteneinsichtsrecht des Betroffenen:** Die Einholung der Stellungnahmen der Schwerbehindertenvertretung, des Betriebsrats oder des Personalrats ist Verwaltungshandeln, das den Regeln des SGB X unterliegt. Dem schwerbehinderten Menschen ist daher auf Verlangen nach § 25 SGB X Einsicht in die zu den Akten gelangten Stellungnahmen zu gewähren.

VII. Hinwirken auf gütliche Einigung

40 **Gütliche Einigung:** Das Integrationsamt ist verpflichtet, in jeder Lage des Verfahrens auf eine gütliche Einigung hinzuwirken. In der Vergangenheit haben die Integrationsämter entsprechend diesem Gebot gehandelt. Regelmäßig sind etwa 70 % der Zustimmungsverfahren gütlich erledigt worden.[142] Als Inhalte für gütliche Einigungen kommen insbesondere Vereinbarungen über die Weiterbeschäftigung zu veränderten Arbeitsbedingungen, die Weiterbeschäftigung unter Umgestaltung des Arbeitsplatzes unter Zuhilfenahme von Unterstützungsleistungen der Arbeitsverwaltung und des Integrationsamts oder ein Aufhebungsvertrag mit sozialer Abfederung in Betracht. Rechtlich zulässig sind Vereinbarungen über die Beendigung des Arbeitsverhältnisses, weil die schwerbehinderten Arbeitnehmer jederzeit auf ihren Kündigungsschutz verzichten können. Problematisch sind Aufhebungsverträge insoweit, als bei Verzicht auf den Kündigungsschutz **Sperrzeiten** nach § 144 SGB III zwischen drei und zwölf Wochen bei dem Bezug von Arbeitslosengeld nach § 144 SGB III zu befürchten sind. Zur Vorbereitung der gütlichen Einigung ist deshalb dem Integrationsamt eine Abklärung mit der Arbeitsagentur im Wege der Amtshilfe zu empfehlen.

41 **Form der Einigung:** Besondere Formen sind nicht vorgeschrieben. Im Interesse des schwerbehinderten Menschen ist es geboten, die Einigung zu Beweiszwecken **schriftlich** festzuhalten.[143]

42 **Unterlassen des Einigungsversuchs:** Es besteht eine Pflicht des Integrationsamts, in jeder Lage des Verfahrens auf eine gütliche Einigung hinzuwirken. Die Nichterfüllung dieser Pflicht macht jedoch eine Zustimmungsentscheidung nicht rechtswidrig. Die Rechtsprechung verneint die Verletzung von subjektiven Verfahrensrechten der Beteiligten. Sie nimmt nur an, dass eine Amtspflicht

---

140 BayVGH 21.12.2010 – 12 CS 10.2676; VG Gelsenkirchen 2.5.1983 – 11 K 1502/82, ZfSH/SGB 1983, 517.
141 BVerwG 16.1.1974 – VIII C 117.2, BVerwGE 44, 265.
142 Vgl. Jahresberichte der BIH, siehe dazu Übersicht über Ergebnisse der letzten Jahre → Vor § 168 Rn. 22.
143 Im Sinne einer Empfehlung: *Neumann* in Neumann/Pahlen/Greiner/Winkler/Jabben SGB IX § 170 Rn. 22; *Knittel* SGB IX § 87 Rn. 50.

des Integrationsamts verletzt wird, die nicht zur Anfechtung der Entscheidung berechtige.[144]

Die Bundesarbeitsgemeinschaft der Integrationsämter und Hauptfürsorgestellen (BIH) stellt auf ihrer Homepage eine bundesweite Liste aller 17 zuständigen Integrationsämter nebst Internetadressen und Zuständigkeitsbereichen zur Verfügung.[145] Über ein nach Postleitzahlen organisiertes Suchprogramm kann das für den jeweiligen Betrieb oder die Dienststelle zuständige Integrationsamt bequem und sicher gefunden werden. Die im Suchprogramm gefundenen Integrationsämter ihrerseits halten unter dem Suchwort Kündigungsschutz auf ihren Homepages ihre für den eigenen regionalen Zuständigkeitsbereich entwickelten **Antragsformulare für Zustimmungsanträge** zum Herunterladen und Ausdrucken bereit.

43

§ 171 Entscheidung des Integrationsamtes

(1) Das Integrationsamt soll die Entscheidung, falls erforderlich, auf Grund mündlicher Verhandlung, innerhalb eines Monats vom Tag des Eingangs des Antrages an treffen.

(2) ¹Die Entscheidung wird dem Arbeitgeber und dem schwerbehinderten Menschen zugestellt. ²Der Bundesagentur für Arbeit wird eine Abschrift der Entscheidung übersandt.

(3) Erteilt das Integrationsamt die Zustimmung zur Kündigung, kann der Arbeitgeber die Kündigung nur innerhalb eines Monats nach Zustellung erklären.

(4) Widerspruch und Anfechtungsklage gegen die Zustimmung des Integrationsamtes zur Kündigung haben keine aufschiebende Wirkung.

(5) ¹In den Fällen des § 172 Absatz 1 Satz 1 und Absatz 3 gilt Absatz 1 mit der Maßgabe, dass die Entscheidung innerhalb eines Monats vom Tag des Eingangs des Antrages an zu treffen ist. ²Wird innerhalb dieser Frist eine Entscheidung nicht getroffen, gilt die Zustimmung als erteilt. ³Die Absätze 3 und 4 gelten entsprechend.

I. Gesetzeshistorie 1	VIII. Kündigungserklärungsfrist .. 31
II. Überblick über Norminhalt 3	IX. Fälle der Zustimmungsfiktion 33
III. Entscheidungsvoraussetzungen und einzuhaltendes Verfahren 5	X. Prozessuale Hinweise 39
	1. Individualarbeitsrecht ... 39
IV. Entscheidung in Form eines Verwaltungsaktes 10	2. Verwaltungsgerichtliches Verfahren 42
V. Bekanntgabe der Zustimmung durch Zustellung 13	3. Kündigung von schwerbehinderten Mitgliedern der SBV und des Betriebs- oder Personalrats 44
VI. Nebenbestimmungen des Zustimmungsbescheids 18	
VII. Wirksamkeit und Bestandskraft des Zustimmungsbescheids 21	

---

144 VG Karlsruhe 9.3.2004 – 5 K 3302/02, BehindertenR 2004, 114; aA *Gallner* in KR, 11. Aufl. 2016, SGB IX §§ 85–90 Rn. 84; *Vossen* in APS SGB IX § 87 Rn. 17: Anfechtungsgrund.
145 S. https://www.integrationsaemter.de/kontakt.

I. Gesetzeshistorie

1 **Vorgängervorschriften:** Vorläuferbestimmung war § 18 SchwbG 1986. Bei deren Übernahme als § 88 in das SGB IX sind nur redaktionelle Änderungen vollzogen worden, die mit der Umbenennung der Hauptfürsorgestelle verbunden sind. Der Regelungsinhalt geht auf § 17 Abs. 1 SchwBeschG 1953 zurück. Dort ist erstmals geregelt worden, dass eine Entscheidung der Hauptfürsorgestelle vier Wochen nach Antragseingang getroffen werden soll. 1974 ist diese Frist durch eine **Monatsfrist** ersetzt und zugleich eine einmonatige **Kündigungserklärungsfrist** für den Arbeitgeber eingeführt worden, wie sie in § 171 Abs. 3 noch heute gilt.[1] 1986 ist in dem damaligen § 15 SchwbG eine dem späteren § 88 Abs. 4 SGB IX aF und jetzigen § 171 Abs. 4 SGB IX entsprechende Regelung zu Widerspruch und Anfechtungsklage angefügt worden.[2]

2 **Rechtsentwicklung nach Einführung des SGB IX:** Das Vierte Gesetz für moderne Dienstleistungen am Arbeitsmarkt vom 24.12.2003[3] hat mit Wirkung vom 1.1.2004 die Bezeichnung „Arbeitsamt" durch „Bundesagentur für Arbeit" ersetzt. Art. 1 Nr. 21 des Gesetzes zur Förderung der Ausbildung und Beschäftigung schwerbehinderter Menschen vom 23.4.2004[4] hat mit Wirkung vom 1.5.2004 nach Abs. 4 den Abs. 5 angefügt. Dessen Fassung entspricht im Wesentlichen dem Gesetzentwurf der Fraktionen SPD und Bündnis 90/Die Grünen. Zur Begründung ist dort[5] ausgeführt: „Absatz 5 verpflichtet nunmehr die Integrationsämter, die Entscheidung innerhalb eines Monats zu treffen. Die Regelung führt zu mehr Rechtssicherheit in den Fällen, in denen das Ermessen der Integrationsämter eingeschränkt ist. Es ist nun nicht mehr zu prüfen, ob ein Sachverhalt vorliegt, der ein Abweichen von der regelmäßigen Monatsfrist in besonderen Fällen zulässt. Die Regelung führt zu einer **Beschleunigung des Verfahrens** und trägt dem berechtigten Interesse des Arbeitgebers an möglichst kurzfristiger Klärung der Frage Rechnung, ob die öffentlich-rechtlichen Wirksamkeitsvoraussetzungen für eine Kündigung vorliegen. Satz 2 enthält wie bereits bei der außerordentlichen Kündigung die **Fiktion einer positiven Entscheidung** zugunsten des antragstellenden Arbeitgebers. Das heißt, dass alle Vorschriften und Grundsätze anwendbar sind, die maßgebend wären, wenn das Integrationsamt eine entsprechende Zustimmung ausdrücklich erteilt hätte. Auch die **fingierte Zustimmung** ist also mit **Widerspruch und Anfechtungsklage** angreifbar. Die entsprechende Geltung des Absatzes 3 und 4 bedeutet, dass die Kündigung nur innerhalb eines Monats erklärt werden kann und Widerspruch und Anfechtungsklage auch in den Fällen der Zustimmungsfiktion keine aufschiebende Wirkung haben." Zunächst war – inhaltlich die Fiktionstatbestände weiter fassend – die Formulierung vorgesehen: „In den Fällen des § 89 gilt Absatz 1 (…)". Einen Vorschlag des Bundesrates aufnehmend hat der BT-Ausschuss für Gesundheit und Soziale Sicherung die zum Gesetz gewordene Fassung mit folgender Begründung empfohlen: „Die im Interesse des Arbeitgeber beabsichtigte Beschleunigung des Kündigungsschutzverfahrens soll nicht für **Änderungskündigungen** gemäß § 89 Abs. 2 SGB IX [seit 1.1.2018: § 172 Abs. 2 SGB IX] gelten. In diesen Fällen müssen die Integrationsämter auch weiterhin zu einer ggf. umfangreichen Aufklärung des häufig mit der Schwerbehinderung des Beschäftigten in Zusammenhang stehenden Sachverhalts als Ursache der

---

1 BGBl. 1974 I 981.
2 BGBl. 1986 I 1110.
3 BGBl. I 2954.
4 BGBl. I 606.
5 BT-Drs. 15/1783, 16.

Kündigung in der Lage sein.".[6] Art. 1 BTHG vom 23.12.2016[7] hat mit Wirkung vom 1.1.2018 die bis zum 31.12.2017 geltende Fassung des § 88 SGB IX übernommen. Deren Standort ist infolge Einfügung der Eingliederungshilfe als Teil 2 des SGB IX nach § 171 SGB IX verschoben worden.

II. Überblick über Norminhalt

Regelungsumfang: § 171 Abs. 1 und 5 enthalten Bestimmungen über die vom Integrationsamt innerhalb einer **Monatsfrist** zu treffende Entscheidung über den Arbeitgeberantrag auf Zustimmung. § 171 Abs. 2 bestimmt die Form der Bekanntmachung der Zustimmung durch **förmliche Zustellung**. § 171 Abs. 3 und 4 regeln die arbeitsrechtlichen sowie verwaltungsrechtlichen Rechtsfolgen der zugestellten Entscheidung. 3

In § 171 ist verfahrensrechtlich zur Entscheidungsfindung in Abs. 1 bestimmt: „falls erforderlich, aufgrund **mündlicher Verhandlung**". Weitere Regeln, die das Integrationsamt für die Entscheidung über den Arbeitgeberantrag anzuwenden hat, finden sich in § 170. In § 170 Abs. 2 ist die Pflicht zur Einholung von Stellungnahmen geregelt (→ § 170 Rn. 30 ff.) und in § 170 Abs. 3 ist bestimmt, dass das Integrationsamt in jeder Lage des Verfahrens auf eine **gütliche Einigung** hinwirken soll (→ § 170 Rn. 40 ff.). Die Pflicht zur **unparteiischen Amtsführung** ist deshalb nicht berührt, wenn das Integrationsamt aus Sicht des Arbeitgebers einen unangemessenen Vergleich vorschlägt. Damit sind nur wenige besondere Verfahrensregeln aufgestellt, die nach § 37 Satz 1 SGB I den allgemeinen, in §§ 8 ff. SGB X enthaltenen Vorschriften über das vom Integrationsamt einzuhaltende Sozialverwaltungsverfahren vorgehen (→ § 170 Rn. 28 f). Aus der Überschrift des § 172 und den dort geregelten Einschränkungen des Ermessens für Sonderfälle folgt, dass im Regelfall die Entscheidung des Integrationsamts als ungebundene Ermessensentscheidung ausgestaltet ist. Dazu ist eine Interessenabwägung vorzunehmen, → § 172 Rn. 4. Bereits unter Geltung des SchwbG hat das BVerwG darauf hingewiesen, dass nicht nur die widerstreitenden Interessen zwischen Arbeitgeber und Arbeitnehmer abzuwägen, sondern auch die vom Schutzzweck des Schwerbehindertenrechts erfassten Interessen einzubeziehen seien.[8] Das ist zutreffend; denn dem Integrationsamt „obliegt im Rahmen des Sonderkündigungsschutzes die fürsorgerische Inschutznahme des Schwerbehinderten".[9] In heutigem Sprachgebrauch bedeutet das, das öffentliche Interesse an der Eingliederung/Teilhabe/Inklusion der schwerbehinderten Menschen ist zu berücksichtigen.[10]

Regelungsinhalte: Die Entscheidung über den Antrag auf Zustimmung zur ordentlichen Kündigung soll nach Abs. 1 **innerhalb eines Monats** nach Antragseingang getroffen werden. Sie ist dem Arbeitgeber und dem schwerbehinderten Menschen zuzustellen, Abs. 2 Satz 1. Eine Abschrift der Entscheidung ist nach Abs. 2 Satz 1 für die Agentur für Arbeit bestimmt. Es ist gesetzlich eine Frist bestimmt, innerhalb derer der Arbeitgeber von der zugestellten Zustimmung Gebrauch machen muss. Diese Frist für den Ausspruch der Kündigung einschließlich des Zugangs beim Adressaten (**Erklärungsfrist**) beträgt einen Monat. In Abs. 4 ist geregelt, dass Widerspruch und Anfechtungsklage des schwerbehin- 4

---

6 BT-Drs. 15/2318, 16.
7 BGBl. 2016 I 3234.
8 BVerwG 10.9.1992 – 5 C 80/88, Rn. 20, Buchholz 436.61 § 18 SchwbG Nr. 6.
9 BVerwG 10.9.1992 – 5 C 80/88, Rn. 20, Buchholz 436.61 § 18 SchwbG Nr. 6.
10 So auch: OVG NRW 7.11.2003 – 12 A 750/01, unter Bezugnahme auf BVerwG 11.11.1999 – 5 C 23/99, BVerwGE 110, 67; BayVGH 6.7.1978 – 381 XII/75, Behindertenrecht 1979, 42.

derten Beschäftigten gegen die Zustimmung des Integrationsamts zur Kündigung **keine aufschiebende Wirkung** (kein Suspensiveffekt) haben. Dem Arbeitgeber ist daher nicht durch den ansonsten nach Anfechtung eines Verwaltungsaktes eingreifenden **Suspensiveffekt** verwehrt, eine Kündigung auszusprechen, wenn die Zustimmung des Integrationsamts vom schwerbehinderten Beschäftigten angefochten wird. Für Anträge auf Zustimmung zu Kündigungen wegen endgültiger **Betriebseinstellung** oder wegen der **Auflösung einer Dienststelle** oder wegen der Eröffnung des **Insolvenzverfahrens** über das Arbeitgebervermögen enthält Abs. 5 Sonderregelungen. Ergänzend zu der Regelung in § 172 Abs. 1, nach der das Ermessen des Integrationsamts schon zugunsten der Antragsteller eingeschränkt ist, ist hier zusätzlich angeordnet, dass die Entscheidung zwingend innerhalb eines Monats nach Eingang des Antrags getroffen werden muss. Verstreicht die Frist, ohne dass eine Entscheidung ergeht, so gilt die Zustimmung als erteilt (**Fiktion der Zustimmung**).

III. Entscheidungsvoraussetzungen und einzuhaltendes Verfahren

5 **Erforderlichkeit der mündlichen Verhandlung:** Ist der betroffene Arbeitnehmer im Zeitpunkt des Eingangs des Antrags auf Zustimmung zur Kündigung noch nicht als schwerbehinderter Mensch anerkannt und liegt die Antragstellung beim Versorgungsamt noch nicht länger als drei Wochen zurück, findet in Anwendung des § 173 Abs. 3 der besondere Kündigungsschutz für schwerbehinderte Menschen keine Anwendung. Liegt die Antragstellung länger als drei Wochen zurück, kommt ein **Negativattest** oder eine **Vorbehaltszustimmung** in Betracht (→ § 168 Rn. 49). In Niedersachsen geht das Integrationsamt vorsorglich davon aus, dass der besondere Kündigungsschutz Anwendung findet. Das gilt auch dann, wenn der Feststellungsantrag abgelehnt oder ein Grad der Behinderung von weniger als 50 festgestellt und gegen die Entscheidung Widerspruch erhoben wurde.[11] Für länderübergreifende Fälle zu beachten ist, dass aufgrund der den Ländern in § 152 Abs. 1 Satz 7 SGB IX eingeräumten Organisationshoheit es keine einheitliche Versorgungsverwaltung mehr gibt.

Wird kein Negativattest erlassen, sind zunächst die in § 171 Abs. 2 vorgeschriebenen Stellungnahmen einzuholen und der Sachverhalt aufzuklären (→ § 170 Rn. 30 ff). Dann hat der zuständige Sachbearbeiter des Integrationsamts zu entscheiden, ob aufgrund einer **mündlichen Verhandlung** die Entscheidung über den Antrag des Arbeitgebers getroffen wird. Die mündliche Verhandlung dient der gemeinsamen Erörterung. Sie wird in aller Regel geboten sein.[12] Schon in der Praxis der Hauptfürsorgestellen war die mündliche Verhandlung die Regel. Im Sprachgebrauch der Integrationsämter wird diese mündliche Verhandlung zumeist als „**Kündigungsschutzverhandlung**" bezeichnet.[13] Sie war und ist allerdings **keine Wirksamkeitsvoraussetzung** für die zu treffende Entscheidung.

Wegen der Pflicht des Integrationsamts, sich um eine gütliche Einigung zu bemühen (§ 170 Abs. 3), sollte einer Bitte des schwerbehinderten Beschäftigten, mündlich über den Kündigungssachverhalt zu verhandeln, regelmäßig entspro-

---

11 Niedersächsisches Landesamt für Soziales, Jugend und Familie, Merkblatt des Integrationsamts Dezember 2018, veröffentlicht unter: https://soziales.niedersachsen.de/startseite Pfad >Menschen mit Behinderung > Schwerbehinderte Menschen im Arbeitsleben (Integrationsamt) > Kündigungsschutz (letzter Aufruf 4.3.2021).
12 *Müller-Wenner/Schorn* § 87 Rn. 3.
13 *Beyer/Seidel*, S. 73.

chen werden.¹⁴ Ob der Bitte entsprochen wird, liegt in pflichtgemäßen Ermessen.¹⁵ Kontroverse Darstellungen sowie eine entsprechende Anregungen von Arbeitgeber, Betriebs- oder Personalrat oder SBV geben regelmäßig Veranlassung, eine mündliche Verhandlung anzuberaumen.¹⁶ Die mündliche Verhandlung eröffnet nämlich nicht nur eine Chance für eine Ergänzung des Sachvortrags der Beteiligten, sondern dient auch der Klärung. Sie ist erforderlich, wenn trotz Einholung schriftlicher Stellungnahmen noch für die Ausübung des Ermessens bedeutsame Umstände unklar sind. Zur amtswegigen Aufklärung werden von dem langjährigen Leiter eines Integrationsamtes folgende Gesichtspunkte für erforderlich gehalten:¹⁷

- behinderungsgerechte Umsetzung bzw. Gestaltung des Arbeitsplatzes,
- Weiterbeschäftigungsmöglichkeit auf anderen Arbeitsplätzen auch nach Weiterqualifizierung,
- Ergebnisse von Präventionsverfahren und BEM,
- Vermittlungschancen auf dem Arbeitsmarkt,
- Möglichkeit der betrieblichen Verursachung der Behinderung,
- Pflichtquotenerfüllung durch den Arbeitgeber.

Wenn bei einer Entscheidung ein Beteiligter geltend machen kann, die Behörde habe es unterlassen, auf einen Gesichtspunkt hinzuweisen, der in der mündlichen Verhandlung hätte aufgeklärt werden können, kann damit die Schlussentscheidung anfechtbar werden. Für eine erfolgreiche Rüge unterlassenen **rechtlichen Gehörs** muss der Rügende auch vortragen, was er auf den Hinweis im Rahmen der mündlichen Erörterung Neues vorgebracht hätte.

Nach § 190 Abs. 2 können Aufgaben und Befugnisse der Integrationsämter auf „örtliche Fürsorgestellen" übertragen werden, → § 190 Rn. 2. Von der Ermächtigung haben Nordrhein-Westfalen, Hessen und Schleswig-Holstein in der Weise Gebrauch, dass Teile der Begleitenden Hilfe im Arbeitsleben und des Kündigungsschutzes von diesen Fachstellen durchgeführt werden. Mit § 1 der Verordnung zur Regelung von Zuständigkeiten nach dem Neunten Buch Sozialgesetzbuch – Schwerbehindertenrecht (ZustVO SGB IX SchwbR) vom 31. Januar 1989¹⁸ ist auf die örtlichen Träger ua übertragen: „2 im Kündigungsverfahren den Sachverhalt zu ermitteln, nach § 170 Absatz 2 des Neunten Buches Sozialgesetzbuch Stellungnahmen des Betriebsrates oder Personalrates und der Schwerbehindertenvertretungen einzuholen, den schwerbehinderten Menschen zu hören sowie nach § 170 Absatz 3 des Neunten Buches Sozialgesetzbuch auf eine gütliche Einigung hinzuwirken." In Nordrhein-Westfalen ist somit die Kündigungsverhandlung und Sachverhaltsaufklärung den **örtlichen Fachstellen für behinderte Menschen** (frühere Bezeichnung: örtliche Fürsorgestelle) übertragen. Auf der Grundlage der Sachverhaltsaufklärung der örtlichen Fachstelle entscheidet dann das Inklusionsamt Arbeit des jeweils zuständigen Landschaftsverbandes (für Westfalen LWL und für Nordrhein LVR), ob es der Kündigung zustimmt oder nicht.

In der Zeiten einer der epidemischen Lage von nationaler Tragweite wie der **Corona-Pandemie** stellt sich die Frage, ob mündliche Verhandlungen stattfin-

---

14 AA *Knittel* SGB IX, 11. Aufl. 2017, § 87 Rn. 38: Auf Wunsch mündliche Anhörung des schwerbehinderten Menschen; *Knittel* SGB IX, 11. Aufl. 2017, § 87 Rn. 51 kein Anspruch auf mündliche Verhandlung mit Ziel gütlicher Einigung.
15 *Rolfs* in ErfK § 171 Rn. 1; *Gallner* in KR SGB IX §§ 168–173 Rn. 87.
16 *Neumann* in Neumann/Pahlen/Winkler/Jabben SGB IX § 171 Rn. 6.
17 *Beyer/Seidel*, S. 70.
18 Aufgrund der Änderung der VO durch Artikel 6 des Gesetzes vom 21. Juli 2018 (GV. NRW. S. 414), in Kraft getreten mit Wirkung vom 1. Januar 2018.

den. Dazu hat das für Westfalen zuständige „Integrationsamt Arbeit" des LWL mitgeteilt, die Mündlichkeit der Kündigungsverhandlungen sei nur ein Soll. Deshalb könne ohne Verfahrensmangel davon abgesehen werden.[19] Das ist in dieser Absolutheit nicht richtig. Wäre an sich die mündliche Anhörung erforderlich, kann von ihr aus Gründen des Infektionsschutzes nur abgesehen werden, wenn sie durch andere geeignete Maßnahmen wie z.B. eine Telefonkonferenz oder elektronische Kommunikation kompensiert wird.

6 **Gang der erforderlichen mündlichen Verhandlung:** Die mündliche Verhandlung wird üblicherweise als Kündigungsschutzverhandlung bezeichnet.[20] Sie ist **nicht öffentlich**. Es besteht keine gesetzliche Verfahrensordnung. Die Verhandlung ist insbesondere nicht an Ablauf und Förmlichkeiten eines Gerichtsverfahrens gebunden. Es besteht auch keine Pflicht, als Antragsteller oder als betroffener schwerbehinderter Mensch persönlich zu erscheinen oder als Zeuge auszusagen. Wer abwesend bleibt, trägt das Risiko der Nichtaufklärung des Sachverhalts. Niemand muss sich psychologisch unterlegen fühlen, weil der „Gegner" in Überzahl erscheint. Die Beteiligten können sich durch Bevollmächtigte wie Rechtsanwälte oder Verbandsvertreter **vertreten** lassen (vgl. § 13 SGB X). Stellungnahmen der Interessenvertretungen und SBV können auch telefonisch eingeholt werden.[21] Auch wenn es weitgehend üblich ist, besteht keine Pflicht des Integrationsamts, während der Verhandlung ein **Protokoll** zu führen.[22] Der Verhandlungsführer hat jedoch, wenn er kein Protokoll aufnimmt, zur Gewährleistung rechtsstaatlicher Überprüfbarkeit für eine **zeitnahe schriftliche Niederlegung** seiner tatsächlichen Feststellungen in Form eines Vermerks zu sorgen.[23] Das Integrationsamt kann auch **Zeugen** und **Sachverständige** (zB Werksärzte, Sicherheitsfachkräfte oder technische Berater) laden und anhören. Möglich ist auch, im Betrieb den Arbeitsplatz oder Arbeitsabläufe **in Augenschein** zu nehmen, sogenannte **Betriebsbegehung**. Das kann Grundlage der Tatsachenfeststellung sein. Eine **Beweisaufnahme** ist zulässig.[24] Sie findet jedoch nicht unter Anwendung des Prozessrechts, sondern formlos statt. Allerdings ist dem Grundsatz des rechtlichen Gehörs Rechnung zu tragen.[25] Werden zu der Kündigungsschutzverhandlung Fremdsprachendolmetscher, Gebärdendolmetscher oder Sachverständige hinzugezogen, hat das Integrationsamt die Kosten zu tragen.[26] Die Erstattung von Reise- und Zeitaufwand findet in Anwendung des Justizvergütungs- und -entschädigungsgesetzes (JVEG) statt.[27]

7 **Handlungsoptionen bei Verfahrensverzögerung:** Die Beteiligten haben ein berechtigtes Interesse an einer Beschleunigung. Das gilt insbesondere für den Arbeitgeber, der, solange das Verfahren nicht abgeschlossen ist, an dem Ausspruch einer Kündigung gehindert ist. Deshalb ist die Monatsfrist geschaffen worden. Es besteht allerdings **kein Anspruch** des Arbeitgebers auf **Einhaltung der Frist**. Eine unangemessene Verzögerung des Verfahrens berechtigt den Arbeitgeber, nach Ablauf von drei Monaten beim Verwaltungsgericht Untätigkeitsklage

---

19 INFO Zeitschrift der Arbeitsgemeinschaft der Schwerbehindertenvertretungen für Industrie, Wirtschaft und Verwaltungen NRW 2020 (60. Jahrgang) Heft 2 S. 4.
20 *Beyer/Seidel*, S. 73.
21 *Beyer/Seidel*, S. 69, zu den Anforderungen an eine telefonische Einholung der Stellungnahme: OVG NRW 3.10.1989 – 13 A 74/88, Behindertenrecht 1990, 89.
22 BVerwG 1.7.1993 – 5 B 73/93, Behindertenrecht 1994, 22; *Beyer/Seidel*, S. 74; *Müller-Wenner/Schorn* § 87 Rn. 4; *Knittel*, 11. Aufl. 2007, SGB IX § 87 Rn. 42.
23 *Beyer/Seidel*, S. 74 f.
24 *Beyer/Seidel*, S. 69.
25 VG Köln 16.1.2006 – 26 K 3346/04, nv.
26 *Beyer/Seidel*, S. 72.
27 *Beyer/Seidel*, S. 72.

nach §§ 42, 75 VwGO zu erheben.[28] Angesichts der langen Verfahrensdauer beim Verwaltungsgericht ist das aber eher ein symbolischer Akt ohne praktischen Nutzen. Bei schuldhafter erheblicher Fristüberziehung kann der Arbeitgeber für den Verzögerungsschaden **Staatshaftungsansprüche** nach Art. 34 GG iVm § 839 BGB geltend machen.[29]

Aussetzung wegen laufenden Feststellungsverfahrens: Heftig umstritten ist, ob das Integrationsamt das Zustimmungsverfahren aussetzen kann, solange ein Verfahren über das Vorliegen einer Behinderung und den Grad der Behinderung nach § 152 Abs. 1 Satz 1 läuft. Das hat das Bundesarbeitsgericht angenommen.[30] Demgegenüber wird im Schrifttum auf die Möglichkeit hingewiesen, den Zustimmungsbescheid nach § 33 Abs. 2 Nr. 2 SGB X unter dem **Vorbehalt der rückwirkenden Feststellung der Schwerbehinderteneigenschaft** bedingt zu erlassen.[31] Die Zulässigkeit derartiger „vorsorglicher Verwaltungsakte" hat die Rechtsprechung des Bundesverwaltungsgerichts jedenfalls für die Zustimmung zur außerordentlichen Kündigung anerkannt.[32] Danach gilt, dass das Integrationsamt berechtigt ist, bei noch ungewisser, weil beantragter, aber noch nicht festgestellter Schwerbehinderteneigenschaft des Arbeitnehmers über Anträge des Arbeitgebers auf Zustimmung zur Kündigung zu entscheiden. Diesen Zustimmungsbescheiden ist der Vorbehalt immanent, dass das Verfahren vor dem Versorgungsamt zu einer Feststellung der Schwerbehinderteneigenschaft führt. Unerheblich ist dabei, dass der Grad der Behinderung noch nicht feststeht.[33] Für die Entscheidung des Integrationsamts kommt es nämlich nicht darauf an, welcher Grad der Behinderung gegeben ist, sondern welche konkreten Beeinträchtigungen vorliegen. Diese kann das Integrationsamt selbst aufklären.

Aussetzung zur Nachholung des Präventionsverfahrens: Nach der mit dem SGB IX verbundenen Einführung der Präventionsverfahren in § 167 Abs. 1 und 2, die dem Kündigungsantrag zwingend vorausgehen müssen (→ § 170 Rn. 19), stellt sich die Frage, ob die Integrationsämter zur Nachholung der versäumten „Einschaltung" nach Abs. 1 oder zur Nachholung der versäumten „Klärung" nach Abs. 2 das Antragsverfahren aussetzen dürfen. Das ist zu bejahen. Allerdings verkürzt eine Aussetzung die Monatsfrist des Abs. 1. Der Gesetzgeber hat die beiden Klärungsverfahren bewusst den Antragsverfahren „vorgeschaltet". Das zeigt schon ihr Standort unmittelbar vor § 168. Die Integrationsämter sollen nach der gesetzlichen Regelung erst dann im Antragsverfahren tätig werden, wenn das Ergebnis der vorgeschalteten Verfahren bekannt ist. Deshalb ist es zweckmäßig, darauf hinzuwirken, dass erst nach Nachholung des Präventionsverfahrens der Antrag gestellt wird. Wird die dem Integrationsamt zur Ermittlung und Entscheidung eingeräumte Monatsfrist durch das vom Arbeitgeber verschuldete Nachholen des Präventionsverfahren so verkürzt, dass der Kündigungssachverhalt nicht ausreichend aufgeklärt wird, ist das ein Verfahrensmangel, den der betroffene Arbeitnehmer rügen kann.

---

28 *Dörner* SchwbG § 18 Rn. 10; *Kossens* in Kossens/von der Heide/Maaß SGB IX § 88 Rn. 2.
29 *Kossens* in Kossens/von der Heide/Maaß SGB IX § 88 Rn. 2; *Rolfs* in ErfK SGB IX § 171 Rn. 1.
30 BAG 16.8.1991 – 2 AZR 241/90, AP § 15 SchwbG Nr. 2.
31 *Griebeling* in Hauck/Noftz SGB IX § 18 Rn. 6; *Knittel* SGB IX § 88 Rn. 19; *Söhngen/Zwanziger* in Däubler/Deinert/Zwanziger, 8. Aufl. 2010, §§ 87, 88 Rn. 21.
32 BVerwG 15.12.1988 – 5 C 67.85, EzA § 15 SchwbG 1986 Nr. 6; dem folgend VG Karlsruhe 9.3.2004 – 5 K 3302/02, Behindertenrecht 2004, 114.
33 AA *Steinbrück* in GK-SchwbG § 18 Rn. 38.

IV. Entscheidung in Form eines Verwaltungsaktes

10 **Bescheid des Integrationsamts:** Liegt ein Antrag nach § 170 vor, so soll das Integrationsamt nach Abs. 1 **innerhalb eines Monats** entscheiden. „Soll" bedeutet, dass im **Regelfall** innerhalb der Monatsfrist über den Antrag zu entscheiden ist. Jedoch kann das Integrationsamt in atypisch gelagerten Fällen, über den Antrag auch noch später entscheiden. **Atypisch** ist ein Fall, der vom Regelfall signifikant abweicht. Ob ein Fall atypisch ist, stellt eine Rechtsfrage dar, die der vollen gerichtlichen Prüfung unterliegt.[34] Wird nicht innerhalb eines Monats die Entscheidung getroffen, ohne dass ein atypischer Fall vorliegt, bewirkt die Fristüberschreitung anders als nach § 174 Abs. 2 Satz 2 SGB IX in den Fällen der außerordentlichen Kündigung (→ § 174 Rn. 20) und nach § 171 Abs. 5 Satz 2 SGB IX in den Fällen der Stilllegung sowie der Insolvenz (→ Rn. 33) keine Erteilung der Zustimmung. Welche Auswirkungen die Fristüberschreitung auf die Anfechtbarkeit eines Zustimmungsbescheids hat, ist noch zu klären. Das BVerwG hat zwar zur Vorgängervorschrift erkannt, „(...) eine Verletzung der Fristbestimmung des § 17 Abs. 1 Satz 1 SchwBG (könnte) nur dann die Rechtswidrigkeit der Entscheidung der Hauptfürsorgestelle begründen, wenn kein sachlicher Grund für eine Überschreitung der Frist erkennbar wäre"[35]. *Neumann* weist aber zu Recht darauf hin, durch eine verzögerte Zustimmung könne dem schwerbehinderten Menschen kein Rechtsnachteil entstehen.[36] Bleibt somit nur der Schaden des Arbeitgebers, der durch eine verzögerte Entscheidung entsteht. Dieser kann nach § 839 BGB iVm Art. 34 GG gegenüber dem jeweiligen Land als Träger des Integrationsamts geltend gemacht werden.[37] Im Schrifttum besteht deshalb Übereinstimmung, die Fristüberschreitung führe nicht zur Anfechtbarkeit der Entscheidung.[38]

Nach § 1 Abs. 1 SGB X ist die Entscheidung in Anwendung des Verwaltungsverfahrensrechts nach dem ersten Kapitel des SGB X zu treffen. Die Entscheidung ist ein öffentlich-rechtlicher **Verwaltungsakt iSv § 31 Satz 1 SGB X**; denn die Entscheidung, die die Behörde Integrationsamt trifft, regelt in dem Einzelfall des antragstellenden Arbeitgebers auf dem Gebiet des öffentlichen Rechts (hier: des in § 168 SGB IX aufgestellten Kündigungsverbots unter Erlaubnisvorbehalt) das Ob und Wie der Erlaubnis zur Kündigung. Die Entscheidung ist auch auf die unmittelbare Rechtswirkung nach außen gerichtet. Die Rechtswirkung tritt bei positiver Bescheidung in zweifacher Hinsicht ein:
1. Die Erlaubnis räumt dem antragstellenden Arbeitgeber das Recht ein, innerhalb der Frist aus § 171 Abs. 3 SGB IX das Arbeitsverhältnis mit dem im Antrag bezeichneten Arbeitnehmer zu kündigen.
2. Die Erlaubnis bewirkt, dass der im Antrag bezeichnete Arbeitnehmer seine durch § 168 SGB IX geschützte Rechtsstellung im Fall der Bestandskraft der Entscheidung für die Dauer der Frist aus § 171 Abs. 3 SGB IX verliert.

---

34 Zutreffend *Schell* SGB IX § 171 Rn. 2.
35 BVerwG 9.12.1964 – V C 94.63, BVerwGE 20, 78 = AP Nr. 5 zu § 18 SchwBeschG.
36 *Neumann* in Neumann/Pahlen/Winkler/Jabben SGB IX § 171 Rn. 4.
37 *Gallner* in KR SGB IX §§ 168–173 Rn. 88.
38 *Neumann* in Neumann/Pahlen/Winkler/Jabben SGB IX § 171 Rn. 3; *Schmidt* Schwb-ArbR Rn. 598; *Griebeling* in Hauck/Noftz SGB IX § 88 Rn. 15; *Knittel* SGB IX § 88 Rn. 17.

Bei einer ablehnender Entscheidung zeigt sich deren Außenwirkung darin:
1. Dem antragstellenden Arbeitgeber wird die begehrte Kündigungserlaubnis verwehrt.
2. Der im Antrag bezeichnete Arbeitnehmer behält seine durch § 168 SGB IX geschützte Rechtsstellung.

Die Entscheidung des Integrationsamts ist folglich ein **Verwaltungsakt mit Drittwirkung**. Dieser Verwaltungsakt gestaltet nicht das Privatrecht unmittelbar, sondern erlaubt erst die bürgerlich-rechtliche Gestaltung durch die zugelassene Kündigungserklärung.[39] Das wird sprachbildlich als Beseitigung der öffentlich-rechtlichen Kündigungssperre des § 168 SGB IX benannt. Von daher ist die häufig gebrauchte Bezeichnung „privatrechtsgestaltender Verwaltungsakt"[40] irreführend. Das Integrationsamt hat die Möglichkeit, dem Antrag durch Zustimmung zur beabsichtigten Kündigung stattzugeben oder den Antrag durch Verweigerung der Zustimmung abzulehnen. Außerdem besteht noch die Möglichkeit, dass in den Fällen, in denen das Integrationsamt eine Zustimmung für nicht erforderlich hält, ein sogenanntes Negativattest ausgestellt wird. Ein derartiges Negativattest bietet sich insbesondere an, wenn die Zustimmung zu einer Kündigung des Arbeitsverhältnisses beantragt wird, das nicht vom Kündigungsschutz erfasst wird, weil einer der Ausnahmetatbestände des § 173 Abs. 1 oder Abs. 2 vorliegt. Das Negativattest ist ein feststellender Verwaltungsakt, der in seiner Wirkung einer erteilten Zustimmung gleichsteht.[41]

Form des Bescheids: Die Entscheidung muss **schriftlich** abgefasst und begründet werden (§ 31 SGB X). Ferner ist eine **Rechtsbehelfsbelehrung** nach § 36 SGB X erforderlich. Der Bescheid muss die erlassende Behörde bezeichnen, die Unterschrift oder die Namenswiedergabe des Behördenleiters, seines Vertreters oder seines Beauftragten enthalten (§ 33 Abs. 3 SGB X) und hinreichend bestimmt sein (§ 33 Abs. 1 SGB X). Die Entscheidung muss dazu hinreichend deutlich wiedergeben, ob die Zustimmung zur ordentlichen oder außerordentlichen Kündigung eines bestimmten Arbeitnehmers (Vor- und Zunamen und möglichst auch Geburtsdatum und Adresse) erteilt oder abgelehnt oder nicht für erforderlich gehalten wird. 11

Begründung des Verwaltungsakts: Die Entscheidung muss nach § 35 Abs. 1 SGB X auch **schriftlich begründet** werden. Denn ohne schriftliche Begründung wird den Beteiligten eine Überprüfung verwehrt.[42] Soweit nach mündlicher Verhandlung der zuständige Sachbearbeiter gegenüber den anwesenden Beteiligten die Entscheidungsgründe mündlich mitteilt, kann das ausreichen, soweit ein Protokoll gefertigt und mit dem Bescheid versandt wird. Weitergehend hält ein Teil des Schrifttums eine schriftliche Begründung auch dann für entbehrlich, wenn der Sachbearbeiter den Beteiligten im Rahmen eines Erörterungsgesprächs die Entscheidungsgründe mitgeteilt hat.[43] Das wird damit gerechtfertigt, § 35 Abs. 2 Nr. 2 SGB X lasse die Begründungspflicht entfallen, wenn demjenigen, für den der Verwaltungsakt bestimmt ist, die Auffassung der Behörde über die Sach- und Rechtslage bereits bekannt sei. Demgegenüber bezweifelt die Gegenauffassung, dass der beschwerte Arbeitgeber oder Arbeitnehmer ohne schriftliche Unterlage sich sachgerecht mit den Entscheidungsgründen auseinandersetzen kann.[44] Fehlt die Begründung, so ist die Entscheidung des Integrati- 12

---
39 Zutreffend *Neumann* in Neumann/Pahlen/Winkler/Jabben SGB IX § 168 Rn. 72.
40 So *Schell* SGB IX § 171 Rn. 4.
41 BAG 27.5.1983 – 7 AZR 482/81, AP § 12 SchwbG Nr. 12.
42 *Steinbrück* in GK-SGB IX § 88 Rn. 56.
43 *Dörner* SchwbG § 18 Rn. 38.
44 *Steinbrück* in GK-SGB IX § 88 Rn. 56.

onsamts auf den Widerspruch der beschwerten Partei aufzuheben. Die Begründung kann im Widerspruchsverfahren nachgeholt werden (§ 41 Abs. 1 Nr. 2, Abs. 2 SGB X).

V. Bekanntgabe der Zustimmung durch Zustellung

13 **Zustellung als Wirksamkeitsvoraussetzung:** Nach § 39 Abs. 1 SGB X wird ein Verwaltungsakt wie der Zustimmungsbescheid gegenüber demjenigen, für den er bestimmt ist oder der von ihm betroffen wird, in dem Zeitpunkt wirksam, in dem er bekannt gegeben wird. § 37 SGB X trifft nähere Bestimmungen zur **Bekanntgabe**, ohne zu regeln, in welcher Form der Bekanntgabe vorzunehmen ist. § 171 Abs. 3 SGB IX bestimmt, dass das Integrationsamt den Bescheid sowohl dem Arbeitgeber als auch dem schwerbehinderten Menschen **förmlich zustellen** muss. Diese Form ist deshalb vorgeschrieben, weil der Verwaltungsakt für den Bestand des Arbeitsverhältnisses von großer Bedeutung ist und Fristen in Lauf setzt.

Erst mit der **Zustellung an den Arbeitgeber** ist der Bescheid des Integrationsamts wirksam und die öffentlich-rechtliche Sperre für den Zugang der Kündigung beim schwerbehinderten Arbeitnehmer beseitigt. Für den Arbeitgeber beginnt deshalb dann der Lauf des Zeitraums, innerhalb dessen die **Kündigung zu erklären** ist (→ Rn. 31 f).

Die **Zustellung an den Arbeitnehmer** hat mittelbar Bedeutung für den Lauf der Klagefrist; denn nach § 4 Satz 4 KSchG ist der Lauf der dreiwöchige Klagefrist nach § 4 Satz 1 KSchG gehemmt, solange die „Bekanntgabe der Entscheidung der Behörde an den Arbeitnehmer" unterblieben ist, ist (→ § 168 Rn. 56). Da in § 171 Abs. 3 SGB IX die besondere Bekanntgabeform Zustellung vorgeschrieben ist, wird auch hier auf die förmliche Zustellung abzustellen sein. Die förmliche Zustellung ist zudem erforderlich, um den Lauf der **Widerspruchsfrist** für den durch die Zustimmung belasteten Arbeitnehmer in Gang zu setzen (→ Rn. 14). Unerheblich ist für die Berechnung der Kündigungserklärungsfrist, ob das Datum der Zustellung an den Arbeitgeber und den Arbeitnehmer auseinanderfällt; denn die Einhaltung dieser Frist obliegt ausschließlich dem Arbeitgeber, → Rn. 14.

14 **Bewirken der Zustellung:** Da die Integrationsämter Bestandteil der Landesverwaltung sind, richtet sich die Zustellung ihrer Verwaltungsakte aufgrund von § 65 Abs. 2 SGB X nach dem jeweiligen Verwaltungszustellungsgesetz des Landes.[45] Diese verweisen auf die Vorschriften des Verwaltungszustellungsgesetzes des Bundes. Die Zustellung ist in § 2 Abs. 1 VwZG als besondere Form der Bekanntgabe eines schriftlichen oder elektronischen Dokuments legaldefiniert. Dies entspricht auch der für die allgemeinen Verwaltung geltenden Regelung in § 41 Abs. 5 Verwaltungsverfahrensgesetz (VwVfG), nach der die Vorschriften über die Bekanntgabe eines Verwaltungsakts mittels Zustellung unberührt bleiben. Daraus ergibt sich, dass es sich bei der Zustellung um eine besondere Form der Bekanntgabe handelt, die als spezielle Art andere Bekanntmachungsarten verdrängt.[46]

---

45 BAG 16.9.1993 – 2 AZR 267/93, AP § 102 BetrVG 1972 Nr. 62.
46 So auch BT-Drs. 15/5216, 18 Stellungnahme des Bundesrates zu Artikel 1 (§ 2 Abs. 1 VwZG) und S. 21 Gegenäußerung der Bundesregierung: „Die Bundesregierung stimmt dem Vorschlag zu".

Nach § 2 Abs. 2 VwZG wird die Zustellung ausgeführt durch
- einen Erbringer von Postdienstleistungen (Post),
- einen nach § 17 des De-Mail-Gesetzes akkreditierten Diensteanbieter
- oder durch die Behörde selbst.

Nach § 2 Abs. 3 VwZG hat das Integrationsamt als Behörde die Wahl zwischen den einzelnen Zustellungsarten. Daneben gelten als weitere Sonderarten der Zustellung:
- die in § 9 VwZG geregelte Zustellung im Ausland und
- die in § 10 VwZG geregelte öffentliche Zustellung.

Nach § 3 VwZG ist auch die Zustellung durch die Post mit **Zustellungsurkunde** zugelassen. Dazu übergibt das Integrationsamt der Post den Zustellungsauftrag, das zuzustellende Dokument in einem verschlossenen Umschlag und einen vorbereiteten Vordruck einer Zustellungsurkunde. Für die Ausführung der Zustellung gelten die §§ 177 bis 182 der Zivilprozessordnung (ZPO) entsprechend. Nach § 177 ZPO kann ein Schriftstück der Person, der zugestellt werden soll, an jedem Ort übergeben werden, an dem sie angetroffen wird. Wird die Person in ihrer Wohnung, in dem Geschäftsraum oder in einer Gemeinschaftseinrichtung, in der sie wohnt, nicht angetroffen, kann das Schriftstück nach § 178 ZPO zugestellt werden:
- in der Wohnung einem erwachsenen Familienangehörigen, einer in der Familie beschäftigten Person oder einem erwachsenen ständigen Mitbewohner
- in Geschäftsräumen einer dort beschäftigten Person,
- in Gemeinschaftseinrichtungen dem Leiter der Einrichtung oder einem dazu ermächtigten Vertreter.

Wird die Annahme unberechtigt verweigert, so ist das Schriftstück in der Wohnung oder in dem Geschäftsraum nach § 179 ZPO zurückzulassen. Ist die Zustellung in der Wohnung oder im Geschäftsraum nicht ausführbar, kann nach § 180 ZPO das Schriftstück in einen zu der Wohnung oder dem Geschäftsraum gehörenden Briefkasten oder in eine ähnliche Vorrichtung eingelegt werden. Ist der Post die Zustellung weder in der Gemeinschaftsunterkunft noch durch Einlegen in den Briefkasten möglich, ist das zuzustellende Schriftstück bei einer von der Post dafür bestimmten Stelle niederzulegen (**Ersatzzustellung**) nach § 181 ZPO). Über die Niederlegung ist eine schriftliche Mitteilung auf dem vorgesehenen Formular unter der Anschrift der Person, der zugestellt werden soll, in der bei gewöhnlichen Briefen üblichen Weise abzugeben oder, wenn das nicht möglich ist, an der Tür der Wohnung, des Geschäftsraums oder der Gemeinschaftseinrichtung anzuheften. Das Schriftstück gilt dann mit der Abgabe der schriftlichen Mitteilung als zugestellt, wobei zur Orientierung des Empfängers der Zusteller auf dem Umschlag des zuzustellenden Schriftstücks das Datum der Zustellung vermerkt.

§ 4 VwZG regelt die Zustellung durch die Post mittels **Einschreiben**. Nach Abs. 1 kann ein Dokument durch die Post mittels Einschreiben durch Übergabe oder mittels Einschreiben mit Rückschein zugestellt werden. Mit der Änderung des § 4 Abs. 1 VwZG durch das Gesetz zur Novellierung des Verwaltungszustellungsrechts vom 12.8.2005[47] mit Wirkung vom 1.1.2006 ist zwar die Zustellung mittels Einschreiben erhalten geblieben, aber unter Berücksichtigung der von den Postdienstleistern inzwischen angebotenen Einschreibvarianten auf das Übergabe-Einschreiben und das Einschreiben gegen Rückschein begrenzt worden. Ein Einwurf-Einschreiben, bei dem der absendenden Behörde wie dem Empfänger kein Zustellungsdatum verlässlich mitgeteilt wird, genügt diesen Er-

---

47 BGBl. I 2354.

fordernissen nicht.[48] Abs. 2 Satz 1 bestimmt, dass zum Nachweis der Zustellung der Rückschein genügt. Nach Abs. 2 Satz 2 gilt „im Übrigen" das Dokument **am dritten Tag nach der Aufgabe zur Post** als zugestellt (**Zustellungsfiktion**), es sei denn, dass es nicht oder zu einem späteren Zeitpunkt zugegangen ist. Im Zweifel hat die Behörde den Zugang und dessen Zeitpunkt nachzuweisen. Der Tag der Aufgabe zur Post ist in den Akten zu vermerken. Nach der Rspr. zum alten Zustellungsrecht kam es aus Gründen der Rechtsklarheit auf den vorangehenden tatsächlichen Zugang des Bescheids nicht an, vielmehr sollte der Tag der Zustellungsfiktion maßgebend sein.[49] Ging eine Kündigung bereits vor Ablauf der Drei-Tages-Zustellungsfiktion zu, war sie nach Auffassung der Rspr. unwirksam.[50] Die Maßgeblichkeit der Zustimmungsfiktion für das Übergabe-Einschreiben ist im Gesetzgebungsverfahren zur Novellierung des Verwaltungszustellungsrechts bestätigt worden.[51] Ergänzend wird in der Begründung des Gesetzentwurfs darauf hingewiesen: „Die Fiktion der Zustellung gilt nur für Einschreiben mittels Übergabe und für Zustellungen, bei denen der Rückschein den Beweisanforderungen nicht genügt oder verloren gegangen ist."[52] Das BVerwG geht auch nach der Novellierung von der Maßgeblichkeit der Drei-Tages-Zustellungsfiktion aus. Selbst wenn feststeht, dass im Übergabeeinschreiben dem Empfänger vor diesem Zeitpunkt zugegangen ist, greift die gesetzliche Fiktion mit dem späteren Fristlauf ein.[53] Deshalb ist es ein Gebot der Vorsorge, dass ein Arbeitgeber sich vor Ausspruch der Kündigung bei dem Integrationsamt nach dem maßgebenden Datum der Zustellung des Zustimmungsbescheids erkundigt.

Stellt das Integrationsamt selbst zu, ist nach den im § 5 Abs. 1 VwZG geregelten Grundsätzen der **Behördenzustellung** zu verfahren: Der für das Integrationsamt zustellende Bedienstete händigt das Dokument dem Empfänger in einem verschlossenen Umschlag aus. Der Empfänger hat ein mit dem Datum der Aushändigung versehenes Empfangsbekenntnis zu unterschreiben. Der Bedienstete vermerkt das Datum der Zustellung auf dem Umschlag des auszuhändigenden Dokuments. Haben der Arbeitgeber und/oder der schwerbehinderte Arbeitnehmer Rechtsanwälte als Verfahrensbevollmächtigte mit Zustellvollmacht bestellt, kann diesen nach § 5 Abs. 4 VwZG das Dokument auch elektronisch, gegen **Empfangsbekenntnis** zugestellt werden.

Wird nach § 201 Abs. 1 SGB IX erst auf den Widerspruch des Arbeitgebers die **Zustimmung vom Widerspruchsausschuss** beim Integrationsamt (§ 202) erteilt, sind die Bestimmungen der Verwaltungsgerichtsordnung (VwGO) anzuwenden,[54] → § 201 Rn. 4. Gemäß § 73 Abs. 3 VwGO ist der Widerspruchsbescheid zu begründen, mit einer Rechtsmittelbelehrung zu versehen (Hinweis auf Zulässigkeit, Art, Ort, Frist einer Klage) und zuzustellen. Diese Zustellung ist nach Maßgabe des § 56 VwGO vorzunehmen, und zwar gemäß § 56 Abs. 2 VwGO

---

48 BVerwG 24.3.2015 – 1 B 6/15, Rn. 6; VG Köln 14.10.2019 – 7 K 3885/19, Rn. 18; VG Göttingen 24.9.2018 – 1 B 251/18, Rn. 4.
49 LAG BW 22.9.2006 – 18 Sa 28/06, Rn. 44, DÖD 2007, 96; LAG Hamm 9.11.2000 – 8 Sa 1016/00, LAGE § 18 SchwbG 1986 Nr. 2.
50 Bedenken, weil er die Rspr. für nicht „praxisgerecht" hält: *Schell* SGB IX § 171 Rn. 9 ff.
51 BT-Drs. 16/5216, 12 zu § 4.
52 BT-Drs. 16/5216, 12 zu § 4.
53 BVerwG 24.3.2015 – 1 B 6/15, Rn. 6, anknüpfend an BVerwG 23.7.1965 – 7 C 170.64 – BVerwGE 22, 11.
54 BAG 16.10.1991 – 2 AZR 332/91, Rn. 33, NZA 1992, 503; *Schell* SGB IX § 171 Rn. 6.

unmittelbar nach den Bestimmungen des Verwaltungszustellungsgesetz (VwZG).[55]

Verwaltungsrechtliche Bedeutung der Zustellung: Der Wortlaut des § 171 Abs. 2 Satz 1 schreibt die Zustellung an beide Beteiligte (Arbeitgeber und Arbeitnehmer) vor. Ein Teil des Schrifttums schließt daraus, dass die Zustellung an beide Wirksamkeitsvoraussetzung sei.[56] Es wird zudem eine differenzierende Lösung vertreten: Solange die Zustellung an den Arbeitnehmer fehle, sei der Bescheid unwirksam. Erfolge die Zustellung nur zeitlich verzögert, so werde er mit der Zustellung an den Arbeitnehmer wirksam.[57] Dem ist insoweit zuzustimmen, dass § 171 Abs. 2 Satz 1 nicht die gleichzeitige Zustellung vorschreibt. Jedoch kann die differenzierende Lösung in zweierlei Hinsicht nicht überzeugen. Zum einen sieht Gesetzgeber in § 4 Satz 4 KSchG die Hemmung der Klagefrist für die Dauer der fehlenden Bekanntgabe der Erlaubnis vor. Diese wäre entbehrlich, wenn die Zustimmung nichtig wäre. Zum anderen müsste der Arbeitgeber vor Kündigungsausspruch erst ermitteln, ob und wann dem Arbeitnehmer der Zustimmungsbescheid zugestellt ist. Sowohl die Zeit der Ermittlung als auch die Verzögerung der Zustellung würden die Monatsfrist aus § 171 Abs. 3 aufzehren. Die zutreffende Lösung liegt darin, dass das Zustellungserfordernis für den Arbeitnehmer allein die Bedeutung hat, dass mit Zustellung des Zustimmungsbescheids der Lauf der **Widerspruchsfrist** und der **Klagefrist gegen die Kündigung** beim Arbeitsgericht **beginnt**. Für den Arbeitgeber bedeutet die Zustellung des Zustimmungsbescheids an ihn als Empfänger, dass von jetzt an die **Kündigungssperre aufgehoben** ist und der Lauf der **Fristen für die Kündigungserklärung** nach § 171 Abs. 3 und § 174 Abs. 2 beginnt.[58] Deshalb hat auch die zu den Vorgängervorschriften § 18 Abs. 2 und 3 SchwbG. ergangene Rspr. die Zustellung an den Arbeitgeber als ausreichend angesehen.[59] Für die in das SGB IX übernommenen Vorschriften kann nichts anderes gelten.[60] 15

Arbeitsrechtliche Bedeutung der Zustellung: Maßgebender Zeitpunkt für den Beginn des Laufs der Kündigungserklärungsfrist ist nicht die einfache Bekanntgabe des Zustimmungsbescheids (§ 37 Abs. 1 SGB X) sondern die besondere Art der Bekanntmachung iS einer beurkundenden Übergabe, die als „Zustellung" in § 171 Abs. 3 SGB IX und § 37 Abs. 5 SGB X bezeichnet wird (zum Bewirken der Zustellung → Rn. 14). Die Zustellung des Bescheids an den Arbeitgeber reicht aus; denn die Zustellung des Zustimmungsbescheides an den Schwerbehinderten behält ihre Bedeutung für das Verwaltungsstreitverfahren, weil erst mit diesem Zeitpunkt die Widerspruchsfrist in Lauf gesetzt wird.[61] Wenn die Zustellungen an Arbeitgeber und schwerbehinderten Arbeitnehmer zeitversetzt erfolgen, hat dies auf den Lauf der Kündigungserklärungsfrist keine Auswirkung.[62] 16

---

55 *Schell* SGB IX § 171 Rn. 6.
56 *Braasch* in SWK-BehindertenR, 2. Aufl. 2018, Offenbarung einer Behinderung Rn. 130; *Neumann* in Neumann/Pahlen/Winkler/Jabben SGB IX § 171 Rn. 7; aA *Gallner* in KR §§ 168–175 Rn. 114.
57 *Schmitz* in FKS SGB IX, 4. Aufl. 2018, § 171 Rn. 18.
58 Vgl. BAG 17.2.1982 – 7 AZR 846/79, AP § 15 SchwbG Nr. 1; BAG 5.9.1986 – 7 AZR 136/85; BAG 16.10.1991 – 2 AZR 332/91, Rn. 43, NZA 1992, 503.
59 BAG 16.10.1991 – 2 AZR 332/91, Rn. 43, NZA 1992, 503.
60 So zu Recht *Gallner* in KR §§ 168–175 Rn. 114.
61 BAG 17.2.1982 – 7 AZR 846/79, juris Rn. 25, AP SchwbG § 15 Nr. 1 = Behindertenrecht 1983, 13.
62 *Kreitner* in jurisPK-SGB IX, 3. Aufl. 2018 8.12.2020, § 171 Rn. 31.

Nicht selten wird angenommen, eine unter Verletzung der Zustellungsvorschriften durchgeführte Zustellung habe stets als **unwirksam** zu gelten.[63] Das entspricht nicht dem geltenden Recht. Danach werden Zustellungsmängel insbesondere als geheilt angesehen: 1. Bei tatsächlichem Zugang und 2. bei erneuter, nunmehr formwirksamer Zustellung. Gesetzlich geregelt ist nur der Fall des tatsächlichen Zugangs. Lässt sich die formgerechte Zustellung eines Dokuments nicht nachweisen oder ist es unter Verletzung zwingender Zustellungsvorschriften zugegangen, gilt es nach § 8 VwZG als in dem Zeitpunkt zugestellt, in dem dazu zu übergebende Schriftstück dem Empfangsberechtigten tatsächlich zugegangen ist.[64] Damit wird eine fehlerhafte Zustellung durch den tatsächlichen Zugang ex nunc, also mit Wirkung vom Zeitpunkt des tatsächlichen Zugangs, geheilt.[65] Nach Ansicht des VG Stuttgart soll deshalb eine Zustellung durch Übermittlung einer E-Mail-Nachricht mit angehängter Bilddatei (PDF-Datei) bewirkt werden, wenn der Empfänger die körperliche Urkunde durch Ausdruck in seinem Herrschaftsbereich hergestellt hat.[66] Es wird dagegen zu Recht eingewandt, die Übermittlung einer PDF Datei per E-Mail könne nicht mit einem Aushändigen im Sinne einer Übergabe von Hand zu Hand gleichgesetzt werden. Wenn die Zustellung eines elektronischen Dokuments erfolgen solle, müsse der dazu eingerichtete Weg genutzt werden, den das Integrationsamt nach § 5 Abs. 5 VwZG BW hatte, von dem es aber nicht Gebrauch machte.[67] Eine Heilung von Verfahrensmängeln ist solange ausgeschlossen, wie noch ein erneuter, diesmal ordnungsgemäßer Zustellungsversuch erwartet werden kann.[68] Will ein Arbeitgeber die überschrittene Kündigungserklärungsfrist durch die Geltendmachung von Zustellungsmängeln bei tatsächlichem Erhalt des Zustimmungsbescheids „retten", so kann er das nur, wenn er sein Zögern damit rechtfertigen kann, er habe noch einen weiteren, diesmal ordnungsgemäßen Zustellungsversuch erwarten dürfen.

Ein Arbeitgeber kann nicht wirksam kündigen, solange ihm die Entscheidung nicht zugestellt worden ist. Die bloße Bekanntgabe genügt nicht.[69] Allerdings hindert die noch ausstehende Zustellung ihn nicht am Ausspruch der Kündigung. Maßgebend ist, ob die Zustellung des zustimmenden Bescheids noch vor dem rechtlichen Zugang des Kündigungsschreibens nach § 130 BGB an den schwerbehinderten Menschen erfolgt (Erläuterung → § 168 Rn. 46). Ist die Arbeitgeberkündigung **zu früh**, weil vor erfolgter Zustellung des Zustimmungsbescheids zugegangen, so fehlt im Zeitpunkt des Zugangs des Kündigungsschreibens beim Arbeitnehmer, eine noch gültige Kündigungserlaubnis.[70] Der Arbeitgeber kann die **Nichtigkeit der vorzeitigen Kündigung** nicht heilen. Ihm bleibt es jedoch unbenommen, nach Zustellung des Zustimmungsbescheids **erneut** die Kündigung zu erklären. Diese spätere, die Erlaubnis nutzende Kündigungserklärung muss jedoch noch in der Monatsfrist des Abs. 3 dem zu Kündigenden zugehen, sonst ist sie zu **spät** und damit, weil die Erlaubnis abgelaufen ist, ge-

---

63 So *Steinbrück* in GK-SGB IX § 88 Rn. 69; ebenso LAG BW 22.9.2006 – 18 Sa 28/06, Rn. 36 ff., DÖD 2007, 96.
64 *Pattar* in jurisPK-SGB X, 2. Aufl. 2018 21.12.2020, SGB X § 37 Rn. 161 ff.
65 *Pattar* in jurisPK-SGB X, 2. Aufl. 2018 21.12.2020, SGB X § 37 Rn. 162.
66 VG Stuttgart 12.5.2011 – 11 K 5112/10, juris Rn. 38; aA *Beyer* jurisPR-ArbR 7/2012 Anm. 6.
67 *Beyer* jurisPR-ArbR 7/2012 Anm. 6; zustimmend: *Kreitner* in jurisPK-SGB IX, 3. Aufl. 2018 8.12.2020, § 171 Rn. 31.
68 *Neumann* in Neumann/Pahlen/Winkler/Jabben SGB IX § 171 Rn. 8.
69 BAG 16.10.1991 – 2 AZR 332/91, AP § 18 SchwbG 1986 Nr. 1.
70 LAG BW 22.9.2006 – 18 Sa 28/06, Rn. 36 ff., DÖD 2007, 96.

mäß § 134 BGB **unwirksam**.[71] In der Praxis misslingt regelmäßig das erneute Gebrauchmachen von der Erlaubnis nach bewirkter Zustellung, weil der Umstand der Abgabe der Kündigungserklärung vor der Zustellung des Zustimmungsbescheids frühestens in der Güteverhandlung vor dem Arbeitsgericht entdeckt wird.

Übersendung an die Arbeitsagentur: Die in § 171 Abs. 2 Satz 2 vorgesehene Übersendung einer Abschrift an die Arbeitsagentur hat ausschließlich behördeninterne Bedeutung. Ihr Sinn ist in heutiger Zeit zweifelhaft geworden. Die Regelung stammt noch aus einer Zeit, in der das Arbeitsamt als Teil der Verwaltung noch aktiv die Aufgabe wahrgenommen hat, besondere Vermittlungsbemühungen für schwerbehinderte Arbeitsuchende zu entwickeln. Nach Wegfall der Pflicht zur Einholung einer Stellungnahme der Arbeitsagentur zur Vermittlungsfähigkeit des schwerbehinderten Betroffenen müsste folgerichtig auch die Übersendung des Zustimmungsbescheids entfallen. 17

VI. Nebenbestimmungen des Zustimmungsbescheids

Nebenbestimmungen: Nach § 32 SGB X können mit dem Zustimmungsbescheid auch Nebenbestimmungen verbunden werden. Voraussetzung ist, dass sie sicherstellen sollen, dass die gesetzlichen Voraussetzungen für die Erteilung der Zustimmung eingehalten werden oder bestimmte Ermessensgesichtspunkte angemessen berücksichtigt werden können. Dazu gehören insbesondere die bei der Einschränkung der Ermessensentscheidung in § 172 Abs. 1 vorgesehenen Auflagen und Bedingungen. Unzulässige Einschränkungen und Bedingungen führen nach § 40 SGB X die Nichtigkeit der Zustimmung herbei. Es fällt somit nicht nur die Bedingung fort. Vielmehr wird der ganze Verwaltungsakt der Zustimmung von der Nichtigkeit erfasst.[72] 18

Bedingung: Das Integrationsamt kann es nach § 32 SGB X zur Bedingung der Zustimmung erheben, dass der Betrieb stillgelegt wird[73] und dass zwischen dem Tag der Kündigung und dem Tag, bis zu dem das Entgelt gezahlt wird, nach § 172 Abs. 1 Satz 1 mindestens drei Monate liegen. Ebenso kann zur Bedingung gemacht werden, dass der Arbeitgeber noch für drei Monate Lohn oder Gehalt zu zahlen oder dass er entsprechend § 172 Abs. 1 Satz 2 dem schwerbehinderten Menschen einen anderen Arbeitsplatz zB bei einer Konzerntochter zuzuweisen hat.[74] Als weitere Bedingung kommt in Betracht, dass nach der wesentlichen Einschränkung des Betriebs durch Personalabbau die Gesamtzahl der weiterhin beschäftigten schwerbehinderten Menschen zur Erfüllung der Beschäftigungspflicht nach § 154 ausreicht (§ 172 Abs. 1 Satz 2). Umstritten ist, ob die Zustimmung unter der Bedingung erteilt werden kann, dass der schwerbehinderte Mensch nach Wiederaufnahme des Produktionsbetriebes bevorzugt eingestellt werden muss.[75] Wird die zulässige Bedingung nicht eingehalten, ist damit die Zustimmung hinfällig.[76] Die Zustimmung wirkt erst dann als Erlaubnis, wenn die Bedingung erfüllt ist.[77] 19

---

71 *Knittel*, 11. Aufl. 2017, § 88 Rn. 42.
72 *Neumann* in Neumann/Pahlen/Greiner/Winkler/Jabben SGB IX § 168 Rn. 74; *Gallner* in KR §§ 168–173 Rn. 95.
73 So schon RAG 20.8.1928 – RAG 221/28, ArbRS 3, 13.
74 BAG 12.7.1990 – 2 AZR 35/90, AP SchwbG 1986 § 19 Nr. 2; *Gallner* in KR §§ 85–90 Rn. 95.
75 *Dörner* SchwbG § 18 Rn. 33: unzulässig.
76 BAG 12.7.1990 – 2 AZR 35/90, AP § 19 SchwbG 1986 Nr. 2.
77 Zutreffend *Gallner* in KR §§ 168–173 Rn. 94 ff.

20 **Auflage:** Anstelle einer Bedingung kommt auch eine Auflage in Betracht. Die Auflage (§ 32 Abs. 2 Nr. 4 und 5 SGB X) ist im Unterschied zur Bedingung eine Nebenbestimmung, die nicht mit der Hauptentscheidung untrennbar verbunden ist. Wird die Auflage nicht eingehalten, so kann das Integrationsamt nach § 47 SGB X die Zustimmung widerrufen. Als typische Auflagen des Integrationsamts werden angesehen, zB dem Arbeitgeber die Zustimmung mit der Nebenbestimmung zu erteilen, dem schwerbehinderten Menschen eine längere Auslauffrist als die normale Kündigungsfrist zu gewähren,[78] ihm eine günstige Werkswohnung vorübergehend zu belassen oder ihn über künftige Beschäftigungsmöglichkeiten zu unterrichten. Ob im Einzelfall eine Nebenbestimmung als Auflage oder Bedingung zu verstehen ist, bedarf der **Auslegung**.[79] So ist nach der Auslegung des BAG eine dem Arbeitgeber auferlegte Verpflichtung, die Vergütung für einen Zeitraum von mindestens drei Monaten fortzuzahlen, als Auflage angesehen worden.[80] Denn wäre es eine Bedingung, entfiele mit der Nichterfüllung die Zustimmung. Damit wäre jedoch nicht sichergestellt, dass der Arbeitgeber zur dreimonatigen Gehaltszahlung verpflichtet wäre. Um für die **Fortzahlung der Vergütung** eine besondere Rechtsgrundlage zu schaffen, ist die Auflage das geeignete Mittel. Ihre Erfüllung kann als eine zusätzliche mit dem Verwaltungsakt verbundene hoheitliche Anordnung dadurch erzwungen werden, dass der begünstigende Verwaltungsakt noch nach Eintritt seiner Unanfechtbarkeit nach § 47 Abs. 1 Nr. 2 SGB X (§ 49 Abs. 2 Satz 1 Nr. 2 VwVfG) widerrufen wird.[81] Ist die Zustimmung nicht unter der aufschiebenden Bedingung der Fortzahlung der Vergütung erteilt worden, kann der Arbeitgeber wirksam kündigen, solange die Zustimmung nicht nach § 47 SGB X widerrufen worden ist.

VII. Wirksamkeit und Bestandskraft des Zustimmungsbescheids

21 **Wirksamkeit und Bestandskraft:** Nach § 39 Abs. 1 SGB X wird der Zustimmungsbescheid als Verwaltungsakt (VA) mit der im Gesetz bestimmten Art der Bekanntgabe gegenüber demjenigen wirksam, für den er bestimmt ist oder der von ihm betroffen wird (→ Rn. 13). In § 39 Abs. 2 SGB X ist bestimmt: „Ein Verwaltungsakt bleibt wirksam, solange und soweit er nicht zurückgenommen [→ Rn. 23], widerrufen [→ Rn. 24], anderweitig aufgehoben [→ Rn. 25] oder durch Zeitablauf oder auf andere Weise erledigt ist." Nach § 39 Abs. 1 SGB X ist ein nichtiger Verwaltungsakt [→ Rn. 22] unwirksam. Nur ein wirksamer VA kann Bindungswirkungen entfalten, indem er vollziehbar, vollstreckbar, unanfechtbar oder bestandskräftig wird. Die Bestandskraft sichert den Rechtsfrieden. Sie entspricht grundsätzlich der Rechtskraft eines gerichtlichen Urteils. Dementsprechend ist zwischen formeller und materieller Bestandskraft zu unterscheiden. Wegen der Bestandskraftdurchbrechungen der §§ 44 ff. SGB X ist allerdings die Bestandskraft eines VA schwächer als die Rechtskraft eines gerichtlichen Urteils.[82] Die formelle Bestandskraft tritt mit Ablauf der Rechtsbehelfsfrist ein. Die materielle Bestandskraft gilt für die Behörde schon ab Erlass des Verwaltungsaktes, für den Adressaten aber erst mit dem Eintritt der formel-

---

78 *Gallner* in KR §§ 168–173 Rn. 95.
79 BAG 12.7.1990 – 2 AZR 35/90, AP § 19 SchwbG 1986 Nr. 2 = Behindertenrecht 1991, 68.
80 BAG 12.7.1990 – 2 AZR 35/90, AP § 19 SchwbG 1986 Nr. 2 = Behindertenrecht 1991, 68.
81 Vgl. BSG 13.05.2015 – B 6 KA 23/14 R, juris Rn. 35, MedR 2016, 80; *Burkiczak* in jurisPK-SGB X, 2. Aufl. 2015 29.1.2021, § 32 Rn. 78.
82 *Claus* in jurisPK-SGG, 1. Aufl. 2017, SGG § 179 Rn. 8.

len Bestandskraft.[83] Die formelle Bestandskraft ist für die öffentlich-rechtliche Angelegenheiten, die nach § 51 Sozialgerichtsgesetz (SGG) in die Zuständigkeit der Gerichte der Sozialgerichtsbarkeit fallen, in § 77 SGG geregelt. Sie wird in den §§ 44 ff. SGB X dementsprechend als Unanfechtbarkeit bezeichnet. Für sonstige öffentlich-rechtliche Angelegenheiten ist nach § 40 Verwaltungsgerichtsordnung (VwGO) der „**Verwaltungsrechtsweg**" eröffnet, der zu den Verwaltungsgerichten führt. Zu diesen sonstigen öffentlich-rechtliche Angelegenheiten gehören die Entscheidungen des Integrationsamts nach §§ 168 ff SGB IX. Deshalb gelten für die Bestandskraft des Zustimmungsbescheid die Bestimmungen der VwGO Nach § 42 Abs. 1 VwGO kann die Aufhebung des den Arbeitnehmer belastenden VA durch Anfechtungsklage und die Verurteilung des Integrationsamts zum Erlass der abgelehnten Zustimmung durch Verpflichtungsklage begehrt werden. Nach § 68 VwGO sind in einem Vorverfahren vor Erhebung der Anfechtungs- und Verpflichtungsklage Rechtmäßigkeit und Zweckmäßigkeit des VA nachzuprüfen, soweit nicht ein Gesetz etwas anderes bestimmt. Dazu bedarf es der Einlegung eines Widerspruchs. Wird die Entscheidung des Integrationsamts nicht in der in der VwGO bestimmten Weise fristgerecht angefochten, so wird die Entscheidung bestandskräftig. Der Bescheid **bindet** dann die unmittelbar Beteiligten (Arbeitgeber, Arbeitnehmer) und die Behörden und Gerichte. Die Bestandskraft tritt nicht ein, wenn der Bescheid nichtig ist. Sie endet, wenn der Bescheid auf Widerspruch oder auf Klage aufgehoben wird, bzw. wenn der Bescheid von dem Integrationsamt zurückgenommen oder widerrufen wird oder sich auf sonstige Art erledigt. Hat das Integrationsamt die Zustimmung erteilt, wird aber im Rechtsmittelverfahren die Zustimmung aufgehoben, dann aber wieder bestätigt, so kommt es stets auf die endgültige Entscheidung an. Eine nur zwischenzeitliche Aufhebung, die nicht rechtskräftig wird, lässt die Zustimmung nicht wegfallen.[84] Die Rspr. des BAG hat dies mit dem zutreffenden Rechtssatz klar zum Ausdruck gebracht: „Die durch das Integrationsamt erteilte Zustimmung zur Kündigung entfaltet – es sei denn, sie wäre nichtig – für den Kündigungsschutzprozess solange Wirksamkeit, wie sie nicht bestands- oder rechtskräftig aufgehoben worden ist."[85]

Nichtigkeit: Nach § 40 Abs. 1 SGB X ist der Bescheid nichtig, wenn er an einem **besonders schwerwiegenden offenkundigen Fehler** leidet oder ein besonders gesetzlich bestimmter **Nichtigkeitsgrund** vorliegt.[86] Liegt keiner der Nichtigkeitsgründe vor, bindet die Entscheidung selbst dann, wenn sie fehlerhaft zustande gekommen ist oder die Behörde ihr Ermessen pflichtwidrig ausgeübt hat, sogenannte **Tatbestandswirkung**.[87] Kein Nichtigkeitsgrund liegt vor, wenn das Integrationsamt trotz Kenntnis des beim Versorgungsamt anhängig gemachten Feststellungsverfahrens dem Arbeitgeber ein Negativattest erteilt.[88] Ein derartiges Negativattest ist allerdings mit dem Mittel des Widerspruchs anfechtbar.

Rücknahme: Die Bindungswirkung gilt auch für das Integrationsamt. Es kann seine Entscheidung nur unter den Voraussetzungen der §§ **44 bis 49 SGB X** zurücknehmen oder widerrufen. Die Rücknahme nach § 45 SGB X ist nur dann zulässig, wenn der Zustimmungsbescheid rechtswidrig ist und der Arbeitgeber

---

83 *Schneider-Danwitz* in jurisPK-SGB X, 2. Aufl. 2015 1.12.2017, § 39 Rn. 14.
84 *Schmitz* in FKS SGB IX, 4. Aufl. 2018, § 171 Rn. 17; *Neumann* in Neumann/Pahlen/Greiner/Winkler/Jabben SGB IX § 168 Rn. 80; *Gallner* in KR §§ 168–173 Rn. 124.
85 BAG 23.5.2013 – 2 AZR 991/11, Rn. 22, Behindertenrecht 2014, 19; *Steiner* ArbR 2013, 606.
86 BAG 27.5.1983 – 7 AZR 482/81, AP § 12 SchwbG Nr. 12.
87 *Steinbrück* in GK-SGB IX § 88 Rn. 123; *Griebeling* SGB IX § 88 Rn. 10.
88 BAG 27.5.1983 – 7 AZR 482/81, AP § 12 SchwbG Nr. 12.

auf dessen Bestand nicht vertrauen durfte. Erkennt das Integrationsamt die Rechtswidrigkeit der von ihr erteilten Zustimmung nach, so ist sie während der Anhängigkeit eines Rechtsbehelfsverfahrens iS von § 49 SGB IX zur Rücknahme der Zustimmung verpflichtet. Sonst ist es zur Rücknahme verpflichtet, wenn keine Einschränkungen der Rücknehmbarkeit iSv. § 45 SGB X bestehen.[89] Dies ist insbesondere der Fall, wenn der Arbeitgeber die Rechtswidrigkeit des Bescheids durch bewusst falsche Angaben bei der Antragstellung zu vertreten hat. Hat der Arbeitgeber auf den Bestand der Zustimmung vertraut und ist dieses Vertrauen schutzwürdig iS von § 45 Abs. 2 SGB X, so ist die Rücknahme unzulässig. Bis zum Zugang der Kündigungserklärung beim schwerbehinderten Menschen kann somit ein rechtswidriger Zustimmungsbescheid ohne Weiteres zurückgenommen werden. Denn hier ist noch kein schutzwürdiges Vertrauen des Arbeitgebers entstanden. Entscheidungen dazu sind nicht veröffentlicht.

24 **Widerruf:** Der Widerruf einer rechtmäßigen Zustimmung darf nach Eintritt der Bestandskraft nur erfolgen, wenn eine besondere gesetzliche Zulassung geregelt ist oder sich die Behörde im Verwaltungsakt den Widerruf vorbehalten hat (§ 47 SGB X). Wegen des Vertrauensschutzes kommt in der Praxis allein der Widerruf wegen einer neben dem Bescheid erteilten Auflage in Betracht. So wenn der Arbeitgeber, eine mit dem Zustimmungsbescheid verbundene Auflage nicht oder nicht innerhalb einer ihm gesetzten Frist erfüllt hat (§ 47 Abs. 1 Nr. 2 SGB X → Rn. 20).

25 **Widerspruch:** Hat das Integrationsamt die Zustimmung oder ein Negativattest erteilt, ist der Arbeitnehmer beschwert. Er kann den Bescheid anfechten. Dazu ist das § 68 VwGO iVm §§ 201, 202 SGB IX der verwaltungsgerichtlichen Klage vorgelagerte Widerspruchsverfahren einzuhalten, → Rn. 21. Der Arbeitgeber kann ebenfalls Widerspruch einlegen, wenn sein Antrag zurückgewiesen wird. Allerdings ist in § 201 Abs. 1 SGB IX das Vorverfahren nur insoweit geregelt, wie nach Landesrecht überhaupt ein Vorverfahren stattfindet, in dem nach § 73 VwGO ein Widerspruchsbescheid erlassen wird. So ist in Niedersachsen das Widerspruchsverfahren in § 8a Nds. AG VwGO[90] abgeschafft. Das gilt sowohl für den Arbeitnehmer, der zur Vermeidung der Bestandskraft Anfechtungsklage gegen die Zustimmung erheben muss wie auch für den Arbeitgeber, der bei Ablehnung seines Zustimmungsantrags auf Verpflichtung des Integrationsamts zum Erlass der Zustimmung klagen muss. Die Abschaffung des Vorverfahrens durch den Landesgesetzgeber ist zulässig; denn § 68 Abs. 1 Satz 2 VwGO enthält einen entsprechenden Vorbehalt. Ist der Wegfall zwar zulässig, so ist er aber rechtspolitisch verfehlt; denn er nimmt dem schwerbehinderten Menschen und dem Arbeitgeber die Möglichkeit der vorgerichtlichen Klärung durch den nach § 202 SGB IX überwiegend mit Praktikern besetzten siebenköpfigen Widerspruchsausschuss. Zudem entfällt mit dem Wegfall des Widerspruchsverfahrens eine gegenüber der gerichtlichen Terminierung zeitlich rasche Überprüfung der Entscheidung des Integrationsamts. Das ist für beide Arbeitsvertragsparteien ein erheblicher Nachteil.

Soweit das Vorverfahren stattfindet, ist der Widerspruch ist nach § 70 VwGO **innerhalb eines Monats** nach Zustellung der Entscheidung einzulegen; Überblick → § 201 Rn. 4. Für den Lauf der Frist ist die Zustellung bei der beschwer-

---

[89] Vertiefend: *Zanker* NVwZ 1984, 85.
[90] Niedersächsisches Ausführungsgesetz zur Verwaltungsgerichtsordnung (Nds. AG VwGO) vom 1.7. 1993 (Nds GVBl. 1993, 175), zuletzt geändert durch Art. 1 des Gesetzes v. 25.11.2009 (Nds.GVBl. S. 437).

ten Partei maßgebend.[91] Der Lauf der Frist beginnt nach §§ 70 Abs. 2, 58 Abs. 1 VwGO nur, sofern eine ordnungsgemäße schriftliche Rechtsbehelfsbelehrung dem Bescheid beiliegt. Ist das nicht der Fall, so gilt eine Jahresfrist (§§ 70 Abs. 2, 58 Abs. 2 VwGO). Nach § 74 Abs. 1 Satz 2 VwGO muss, wenn ein Widerspruchsverfahren nicht vorgesehen ist, beim Verwaltungsgericht innerhalb eines Monats nach Bekanntgabe des Verwaltungsakts Klage erhoben werden. Ist ein Widerspruchsbescheid erlassen, weil ein Vorverfahren stattfindet, muss nach § 74 Abs. 1 Satz 1 VwGO binnen der Monatsfrist Klage beim Verwaltungsgericht erhoben werden. Diese Differenzierung mag Laien verwirren. Da auf der Rechtsbehelfsbelehrung des Integrationsamts der einzuhaltende Rechtsweg angegeben wird, wirkt sie sich in der Praxis kaum aus.

Anfechtungsklage des schwerbehinderten Menschen: Hilft der nach § 202 SGB IX beim Integrationsamt unter Beteiligung von schwerbehinderten Arbeitnehmern gebildete Widerspruchsausschuss dem Widerspruch des schwerbehinderten Arbeitnehmers nicht ab, so kann dieser beim Verwaltungsgericht Anfechtungsklage erheben. Dasselbe gilt, wenn der Arbeitnehmer sich gegen ein Negativattest wendet, weil er eine bereits eingetretene Schwerbehinderung geltend machen will. 26

Verpflichtungsklage des Arbeitgebers: Bei einer den Zustimmungsantrag des Arbeitgebers ablehnenden Entscheidung des Widerspruchsausschusses kann der Arbeitgeber Verpflichtungsklage beim Verwaltungsgericht erheben. Hat seine Verpflichtungsklage Erfolg, so ist die Kündigungssperre noch nicht automatisch aufgehoben. Wegen der Gewaltenteilung zwischen Gerichtsbarkeit und Verwaltung kann das Verwaltungsgericht die Zustimmung nicht dem Arbeitgeber unmittelbar erteilen. Nach § 113 Abs. 4 Satz 1 VwGO kann es in seinem Verpflichtungsurteil nur der Behörde aufgeben, die Zustimmung zu erteilen. Das Integrationsamt muss dann erst noch in Befolgung des Urteils den Zustimmungsbescheid erlassen und ihn dem Arbeitgeber sowie dem schwerbehinderten Menschen nach § 171 Abs. 2 Satz 1 zustellen.[92] 27

Anfechtungsklage des Arbeitgebers: Hat das Integrationsamt zunächst dem Arbeitgeber die Zustimmung erteilt, war dann aber der Widerspruch des Arbeitnehmers erfolgreich, bedarf es keiner Verpflichtungsklage des Arbeitgebers. In diesem Fall hat der Arbeitgeber nach § 79 Abs. 1 Nr. 2 VwGO Anfechtungsklage zu erheben. Denn er möchte den ihn beschwerenden Widerspruchsbescheid beseitigen. Das ist erforderlich. Würde nämlich der Widerspruchsbescheid bestandskräftig, so wäre seine bereits nach der Zustellung des Zustimmungsbescheids ausgesprochene Kündigung wegen der aufgehobenen behördlichen Zustimmung nichtig. 28

Aufschiebende Wirkung: Nach **§ 171 Abs. 4** haben Widerspruch und Anfechtungsklage **keine** aufschiebende Wirkung (Einzelheiten: → Vor § 168 Rn. 19). Diese gesetzliche Regelung ist im Zusammenhang mit § 80 Abs. 2 Nr. 3 VwGO zu sehen. Sie erleichtert dem Arbeitgeber die Kündigung, weil er nicht die Bestandskraft des Zustimmungsbescheids abwarten muss, bis er kündigen darf. Die Regelung bewirkt, dass auch ein rechtswidriger Zustimmungsbescheid solange bindet, bis er aufgrund des Widerspruchs oder der Anfechtungsklage des schwerbehinderten Menschen aufgehoben wird. 29

Sonstige Erledigung: Nach § 39 Abs. 2 SGB X wird der Zustimmungsbescheid des Integrationsamts unwirksam, wenn er sich durch **Zeitablauf** erledigt. Das ist insbesondere dann der Fall, wenn der Arbeitgeber die in § 171 Abs. 3 für die 30

---

91 BAG 17.2.1982 – 7 AZR 846/79, AP § 15 SchwbG Nr. 1.
92 So zutreffend *Dörner* SchwbG § 18 Rn. 51.

Erklärung der ordentlichen Kündigung bestimmte Monatsfrist und die in § 174 Abs. 2 Satz 1 für die außerordentliche Kündigung bestimmte Zweiwochenfrist verstreichen lässt. Auf sonstige Weise erledigt sich auch der Zustimmungsbescheid, wenn der betroffene schwerbehinderte Arbeitnehmer aufgrund einer Einigung aus dem Arbeitsverhältnis ausscheidet. Dabei ist es ohne Bedeutung, ob der Aufhebungsvertrag ohne Ausspruch einer Kündigung oder nach Ausspruch eine Kündigung geschlossen wird. War der Zustimmungsbescheid vom Arbeitnehmer vor der Einigung im Kündigungsschutzprozess bereits mit der Anfechtungsklage beim Verwaltungsgericht angefochten worden, stellt sich die Frage, wie das verwaltungsgerichtliche Verfahren zu beenden ist. Das geschieht durch Abgabe von Erledigungserklärungen. Dann stellt das Verwaltungsgericht das Verfahren in entsprechender Anwendung des § 92 Abs. 3 VwGO ein; zugleich entscheidet das Gericht gemäß § 161 Abs. 2 VwGO unter Berücksichtigung des bisherigen Sach- und Streitstandes nach billigem Ermessen über die Kosten.[93] War der erteilte Zustimmungsbescheid bei summarischer Würdigung rechtswidrig, entspricht es der Billigkeit, dass das Integrationsamt die Verfahrenskosten zu tragen hat.[94]

VIII. Kündigungserklärungsfrist

31 **Dauer der Kündigungserklärungsfrist:** Hat das Integrationsamt die Zustimmung erteilt, kann der Arbeitgeber nach Abs. 3 die ordentliche Kündigung des Arbeitsverhältnisses nur innerhalb **eines Monats nach Zustellung** „erklären". Damit wird für die ordentliche Kündigung durch die Zustellung des Zustimmungsbescheids ein **einmonatiges Zeitfenster** eröffnet. Für den Arbeitgeber beendet die Zustellung eines zustimmenden Bescheids das Kündigungsverbot des § 168 SGB IX und setzt zugleich den Lauf der einmonatigen Kündigungserklärungsfrist in Gang.[95] Ob zeitgleich oder später der Zustimmungsbescheid als drittbelastender Verwaltungsakt auch dem Arbeitnehmer zugestellt wird, ist unerheblich. Die Zustellung beim Arbeitnehmer bewirkt nur den Lauf der für ihn geltenden Widerspruchsfrist.[96]

Für die außerordentliche Kündigung gilt nach § 626 Abs. 2 Satz 1 BGB nur eine zweiwöchige Erklärungsfrist nach Kenntnis des wichtigen Kündigungsgrundes, die für die Kündigung gegenüber einem schwerbehinderten Arbeitnehmer allerdings durch § 174 Abs. 2 und Abs. 5 zugunsten des Arbeitgebers modifiziert wird, → § 174 Rn. 28 ff. Beide Fristen sind materiellrechtliche **Ausschlussfristen.** Eine Wiedereinsetzung bei Fristversäumnis findet nicht statt. Eine Aussetzung der Frist zB bei Insolvenz kommt nicht in Betracht.[97]

Der **Lauf der Frist** beginnt nach § 187 Abs. 1 BGB mit dem Ereignis der Zustellung des Zustimmungsbescheids. Die **förmliche Zustellung** ist in § 171 Abs. 3 ausdrücklich als fristauslösendes Ereignis benannt. Nach § 1 Abs. 1 S. 1 und S. 2 iVm § 65 Abs. 2 SGB X sind die für das Integrationsamt geltenden landesrechtlichen Zustellvorschriften, die in den jeweiligen Verwaltungszustellungsgesetzen geregelt sind, maßgebend.[98]

Beispiel: Gemäß § 1 Abs. 1 des VwZG für das Land Brandenburg vom 18.10.1991 gelten als Zustellungsverfahren der Landesbehörden mit Ausnahme

---

93 VG Hannover 14.2.2018 – 3 A 12366/17, Rn. 1.
94 VG Hannover 14.2.2018 – 3 A 12366/17, Rn. 3.
95 Zutreffend: *Kreitner* in jurisPK-SGB IX § 171 Rn. 32.
96 Zutreffend: *Kreitner* in jurisPK-SGB IX § 171 Rn. 31, 33.
97 LAG Düsseldorf 3.3.1982 – 5 Sa 1532/81, ZIP 1982, 737.
98 Vgl. BAG 19.4.2012 – 2 AZR 118/11 – NZA 2013, 507; BAG 16.9.1993 – 2 AZR 267/93, NZA 1994, 311.

der Landesfinanzbehörden die Vorschriften der §§ 2 bis 10 des VwZG des Bundes in der jeweils geltenden Fassung, → Rn. 14.

Für die **Berechnung** des Fristendes gilt somit § 188 Abs. 2 Alt. 1 BGB. Die Monatsfrist endigt danach mit Ablauf des Tages, welcher durch seine Zahl dem Tag entspricht, an dem der Zustimmungsbescheid dem Arbeitgeber zugestellt worden ist.

Beispiel: Am 2.6.2021 ist der Zustimmungsbescheid zugestellt worden. Der Arbeitgeber hat für den Zugang der Kündigungserklärung beim Arbeitnehmer Zeit bis zum 2.7.2021.

Hinweis: Hat der Arbeitgeber Personen mit seiner Vertretung gegenüber dem Integrationsamt beauftragt (Verband oder Rechtsanwältin/Rechtsanwalt), die sich durch eine Vollmacht ausgewiesen haben, ist eine zeitlich frühere Bekanntgabe gegenüber diesen Personen für den Lauf der Kündigungserklärungsfrist maßgebend. Der Arbeitgeber trägt das Risiko, dass seine Bevollmächtigten die Übermittlung verzögern. Nach § 37 Abs. 1 Satz 2 SGB X darf die Behörde, wenn ein Bevollmächtigter bestellt ist, die Bekanntgabe diesem gegenüber vornehmen.

Zugang beim Adressaten innerhalb der Erklärungsfrist: Der Wortlaut des Abs. 3 ist missverständlich. Nach völlig übereinstimmender Meinung reicht für die Fristwahrung nicht die Abgabe der Kündigungserklärung innerhalb der Monatsfrist aus. Es muss die schriftliche Kündigungserklärung auch dem Arbeitnehmer noch innerhalb der Frist **wirksam** nach § 130 BGB **zugehen**.[99] Der Arbeitgeber trägt daher das Risiko des **Ob und Wann** des Zugangs. 32

Die Kündigung darf dem schwerbehinderten Menschen muss innerhalb des Zeitfensters, also nicht zu früh und nicht zu spät, zugehen. Das hindert den Arbeitgeber nicht, das Kündigungsschreiben bereits nach mündlicher Bekanntgabe der Zustimmung und schon vor der Zustellung absenden, wenn er sicherstellt, dass das Kündigungsschreiben dem Arbeitnehmer erst nach Zustellung des Zustimmungsbescheids zugeht. Das kann zB zur Einhaltung eines Kündigungstermins angebracht sein. Es muss aber gewährleistet sein, dass das Schreiben nicht vor der förmlichen Zustellung des Zustimmungsbescheids dem schwerbehinderten Menschen zugeht. Ansonsten ist die Kündigung unwirksam; denn maßgebend ist im Kündigungsrecht der Zeitpunkt des Zugangs der Kündigung. War zum Zeitpunkt des Zugangs der Kündigungserklärung beim Arbeitnehmer noch nicht die Zustellung des Zustimmungsbescheids beim Arbeitgeber bewirkt, so liegt ein Fall der **verfrühten Kündigungserklärung** vor; denn der Zustimmungsbescheid war zu diesem Zeitpunkt mangels ordnungsgemäßer Bekanntmachung gemäß § 39 Abs. 1 SGB X noch unwirksam. Folglich muss dann die Kündigung wegen der zum Zeitpunkt des Zugangs fehlenden Erlaubnis nach § 134 BGB als unwirksam gelten. Geht das Kündigungsschreiben erst nach Ablauf der Erklärungsfrist zu, ist dies zu spät; denn dann ist die befristete Wirkung der Erlaubnis verbraucht.

IX. Fälle der Zustimmungsfiktion

Zustimmung zur Kündigung wegen Stilllegung: Bei massenhaften Anträgen auf Kündigung aus Anlass der Einstellung von Betrieben oder der Auflösung von 33

---

[99] Zum SchwbG: BAG 3.7.1980 – 2 AZR 340/78, AP § 18 SchwbG Nr. 2; LAG Köln 27.2.1997 – 5 Sa 1377/96, LAGE § 18 SchwbG 1986 Nr. 1; zum SGB IX: LAG Hamm 19.11.2009 – 8 Sa 771/09, LAGE § 88 SGB IX Nr. 1; *Stähler* jurisPR-ArbR 15/2010 Anm. 3; *Vossen* in APS SGB IX § 88 Rn. 9; *Rolfs* in ErfK SGB IX § 171 Rn. 3.

Dienststellen hat das Integrationsamt unter den Voraussetzungen des § 172 Abs. 1 Satz 1 und 3 zuzustimmen (sog. Muss-Zustimmung). Hier hat der Gesetzgeber zur Beschleunigung eine **Zustimmungsfiktion** eingeführt. Wird entgegen Abs. 1 die Entscheidung nicht **binnen eines Monats** vom Tage des Antragseingangs an **getroffen**, so gilt sie als erteilt (Abs. 5 Satz 2). Zu beachten ist hier der von § 171 Abs. 3 SGB IX und § 174 Abs. 5 abweichende Wortlaut hinsichtlich des maßgebenden Ereignisses, an den der Fristlauf anknüpft. Hier wird wie in § 174 Abs. 3 Satz 1 SGB IX an das **Treffen der Entscheidung** angeknüpft. Umstritten ist, ob der Zustimmungsbescheid beim Integrationsamt unterschrieben sein muss.[100] Einigkeit besteht darin, dass eine Bekanntgabe oder Zustellung nicht erforderlich ist. Nach der hier vertretenen Auffassung ist eine Entscheidung erst getroffen, wenn sie schriftlich verkörpert ist. Danach tritt Fiktionswirkung ein, wenn der Bescheid bei Ablauf der Monatsfrist noch nicht unterschrieben ist.[101] Ist er rechtzeitig unterschrieben, ist es unerheblich, ob seine Bekanntgabe verzögert wird. Erst recht kommt es nicht darauf an, ob der Bescheid innerhalb eines Monats nach Antragstellung zugestellt wird. Die Rspr. des BAG, die das Abstellen auf einen unterschriebenen Bescheid verworfen hat, verkennt, dass die Zustimmung als Verwaltungsakt verkörpert werden muss, → § 174 Rn. 30. Letztlich stellt diese Rspr. auf einen jederzeit änderbaren Entschluss des Sachbearbeiters abgestellt.

Vorbild ist die Regelung der Fiktion bei der Antragstellung für eine außerordentliche Kündigung nach § 174 Abs. 3 Satz 2, → § 174 Rn. 20 (Wirkung der Fiktion). Das Integrationsamt muss dem betroffenen Arbeitnehmer diese fiktive Zustimmungsentscheidung durch einen schriftlichen Bescheid mit Rechtsbehelfsbelehrung bekannt geben,[102] → § 174 Rn. 20 (Rechtsschutz). Hat der Betroffene gegen den Eintritt der Fiktionswirkung des § 171 Abs. 5 Satz 2 Widerspruch eingelegt und der Widerspruchsausschuss den dagegen gerichteten Widerspruch zurückgewiesen, so haben die Arbeitsgerichte bis zu einer eventuellen rechtskräftigen Aufhebung des Verwaltungsaktes durch die Verwaltungsgerichte dennoch von einer wirksamen Zustimmung des Integrationsamts zur Kündigung auszugehen. Unerheblich ist dann, ob die Voraussetzungen des Eintritts der Fiktion vorlagen. Das ergibt sich daraus, dass eine einmal amtlich erteilte bzw. wie hier als erteilt bestätigte Zustimmung des Integrationsamts für den Kündigungsschutzprozess vor den Arbeitsgerichten **Tatbestandswirkung** besitzt. Die Arbeitsgerichte sind deshalb nicht befugt, in eigener Regie die Zustimmung erteilenden bzw. als erteilt bestätigenden Verwaltungsakt des Integrationsamts auf seine Rechtmäßigkeit und Wirksamkeit hin zu überprüfen. Die Tatbestandswirkung einer fehlerhaft erteilten bzw. als erteilt bestätigten Zustimmungserklärung kann nur im Verwaltungsrechtsweg beseitigt werden.[103]

Ist vom betroffenen schwerbehinderten Beschäftigten Widerspruch gegen die Fiktionswirkung „Zustimmung gilt als erteilt" eingelegt, ist der beim Integrationsamt gebildete Widerspruchsausschuss im Rahmen seiner Zuständigkeit nach § 201 SGB IX (118 SGB IX aF) in Verbindung mit §§ 68, 73 VwGO berechtigt, die Voraussetzungen des Fiktionseintritts zu prüfen und bei deren Fehlen an-

---

100 Ja: LAG Düsseldorf 29.1.2004 – 5 Sa 1588/03, Rn. 45, NZA-RR 2004, 406; nein: BAG 12.5.2005 – 2 AZR 159/04, Rn. 21, NZA 2005, 1173.
101 Insoweit zutreffend: LAG Düsseldorf 29.1.2004 – 5 Sa 1588/03, Rn. 45, NZA-RR 2004, 406; aA BAG 12.5.2005 – 2 AZR 159/04, Rn. 21, NZA 2005, 1173.
102 *Knittel SGB IX* § 88 Rn. 63 unter Hinweis auf die vergleichbare Fiktion nach § 91 Abs. 3 Satz 2 SGB IX aF BVerwG 10.9.1992 – 5 C 39.88, Behindertenrecht 1993, 17.
103 LAG Köln 18.1.2018 – 7 Sa 791/17, Rn. 32; nachgehend BAG 15.6.2018 – 2 AZN 182/18: Verwerfung der Nichtzulassungsbeschwerde.

stelle des rechtswidrigen Feststellungsbescheides eine Ermessensentscheidung nach § 168 SGB IX über die Zustimmung zur Kündigung zu erlassen.[104] Fraglich ist zunächst, welche tatbestandlichen Voraussetzungen der Arbeitgeber im Zustimmungsantrag dem Integrationsamt für das Eingreifen der Fiktion bei einem Antrag wegen einer Betriebsstilllegung darlegen muss. Das VG Köln ist davon ausgegangen, dass dem schwerbehinderten Beschäftigten die **dreimonatige Entgeltfortzahlung** nach § 172 Abs. 1 Satz 1 entweder geleistet oder rechtsgeschäftlich verbindlich zugesagt sein muss, damit die **Fiktionswirkung** überhaupt **eintreten** könne.[105] Dies wird damit begründet, die erforderliche Gewissheit über den nach der Kündigung zu zahlenden Lohn setze eine vertragliche Vereinbarung zwischen dem Arbeitgeber und dem schwerbehinderten Arbeitnehmer über die Lohnfortzahlung oder eine schriftlichen Zusicherung des Arbeitgebers gegenüber dem Arbeitnehmer im Sinne eines **Schuldversprechens** voraus. In Betracht komme zur Absicherung auch der Nachweis einer entsprechenden Verpflichtung, die in einer Betriebsvereinbarung oder in einem Tarifvertrag geregelt sei. Die Abgabe einer Zusicherung gegenüber dem Integrationsamt genüge nicht.[106] Sei die tatsächliche Zahlung des Lohns nicht so abgesichert, fehle eine zwingende Voraussetzung des § 172 Abs. 1 Satz 1, so dass die Fiktionswirkung infolge Zeitablaufs des Antrags nicht eintreten könne.[107] Diese Auffassung hat das OVG NRW bestätigt.[108] Daran schließt sich die Frage an: Unter welchen Voraussetzungen ist der Ausschuss berechtigt, die Zustimmung zur Kündigung zu erteilen? Die Verwaltungsgerichte sind der Auffassung, der Ausschuss sei frei von jeder Ermessenbindung; denn „die §§ 85 ff. und §§ 118 ff. SGB IX a.F (§§ 168 ff und § 201 SGB IX n.F.) enthalten keine solche Begrenzung des Entscheidungsrechts".[109] Begründet wird diese Freistellung von den Ermessensrichtlinien, wie sie in § 172 enthalten sind, mit der besonderen in § 202 geregelten Zusammensetzung des Ausschusses unter Beteiligung von schwerbehinderten Beschäftigten: „Ein derartiges Gremium wäre überflüssig, wenn es lediglich zur rechtlichen Überprüfung und Aufhebung der Entscheidung des Integrationsamts berechtigt wäre."[110] Deshalb kann der Widerspruchsausschuss auch den Ausgangsbescheid durch eine eigene Ermessensentscheidung ersetzen. Das VG Dresden nimmt zutreffend Ermessenfreiheit an, wenn die Voraussetzungen der Muss-Zustimmung im Antrag nicht geltend gemacht werden, sondern die Willensrichtung des Arbeitgebers erkennbar ist, den Lohn für drei Monate nach der Kündigung des Arbeitnehmers nicht fortzuzahlen.[111] Das VG Köln geht weiter. Es sieht das freie Ermessen schon dann als eröffnet an, wenn zwar der Arbeitgeber bei der Antragstellung gegenüber dem In-

---

104 *Greiner/Hagedorn*, Der Schutz schwerbehinderter Arbeitnehmer zwischen Pflichtarbeitsplatzquote, Beschäftigungsanspruch und Bestandsschutz, NJW 2019, 3483.
105 VG Köln 11.9.2018 – 7 K 14218/17; Antrag auf Zulassung der Berufung abgelehnt: OVG NRW 26.10.2020 – 12 A 3861/18.
106 VG Köln 11.9.2018 – 7 K 14218/17, juris Rn. 50; aA VG Dresden 1.4.2009 – 1 K 449/08, juris Rn. 28.
107 VG Köln 11.9.2018 – 7 K 14218/17, juris Rn. 50–55.
108 OVG NRW 26.10.2020 – 12 A 3861/18, juris Rn. 5; *Sobotta* jPR-ArbR 4/2021 Anm. 6.
109 VG Köln 11.9.2018 – 7 K 14218/17, juris Rn. 61, bestätigend: OVG NRW 26.10.2020 – 12 A 3861/18, juris Rn. 3; ebenso OVG Bbg 17.10.2003 – 4 B 59/03; VG Bayreuth 11.6.2007 – B 3 K 05.142; VG Dresden 1.4.2009 – 1 K 449/08.
110 VG Köln 11.9.2018 – 7 K 14218/17, juris Rn. 65.
111 VG Dresden 1.4.2009 – 1 K 449/08, juris Rn. 31.

tegrationsamt angegeben hat, er zahle für drei Monate das Entgelt fort,[112] aber die – von der Rspr. der Arbeitsgerichte für die erfolgreiche Entgeltklage vorausgesetzte – bindende rechtsgeschäftliche Erklärung gegenüber dem Betroffenen fehlt. Auch in dem Fall seien die tatbestandlichen Voraussetzungen des § 89 Abs. 1 Satz 1 aF nicht erfüllt, sodass die in § 88 Abs. 5 Satz 2 aF vorgesehene Zustimmungsfiktion nicht habe eintreten können.[113] Sollte diese Auffassung sich durchsetzen, müssen die Integrationsämter mehr aufklären. Sie müssen dann nach § 20 ermitteln, ob eine rechtsgeschäftliche Verpflichtung zur Zahlung erklärt worden ist oder sich aus einem anwendbaren Tarifvertrag ergibt. Jedenfalls sollte die BIH für eine entsprechende Änderung der Fragebogen sorgen.

34 **Kündigungsanträge des Insolvenzverwalters:** Nach der Eröffnung des Insolvenzverfahrens über das Vermögen des Arbeitgebers soll nach § 179 Abs. 3 das Integrationsamt die Zustimmung unter den dort näher geregelten Voraussetzungen erteilen. Liegen diese Voraussetzungen vor, hat das Integrationsamt innerhalb der Monatsfrist des Abs. 1 genügend Zeit für die verbleibende Prüfung, ob im besonderen Einzelfall von der Muss-Zustimmung-Regel abzuweichen ist. Von daher hat hier der Gesetzgeber zu Recht die Rechtsfolge der Zustimmungsfiktion eingeführt, wenn das Integrationsamt nicht innerhalb der Frist entscheidet. Die Zustimmungsfiktion kann nicht bereits für eine Sanierung geltend gemacht werden. Das Gesetz stellt ausdrücklich auf die Eröffnung des Insolvenzverfahrens ab. Hat der Insolvenzverwalter vor Zustellung der Zustimmung den Betrieb an einen Dritten veräußert, so geht die Zustimmung nicht auf den Dritten über, der nach § 613a Abs. 1 BGB in das Arbeitsverhältnis mit dem schwerbehinderten Arbeitnehmer eingetreten ist.[114] Folglich ist eine vom Betriebserwerber ausgesprochene Kündigung gem. § 168 SGB IX, § 134 BGB unwirksam. Es wird empfohlen, dass der Betriebsveräußerer bereits bei der Antragstellung auf die beabsichtigte Betriebsveräußerung hinweist und eine Beteiligung des Betriebserwerbers nach den §§ 1, 12 Abs. 1 Nr. 2 SGB X anregt.[115]

35 **Wirkung der Fiktion:** Die Fiktionen nach Abs. 5 Satz 2 sind ebenso zu behandeln wie eine ausdrückliche Zustimmungserklärung des Integrationsamts. Der betroffene schwerbehinderte Arbeitnehmer kann sie daher mit Widerspruch und Anfechtungsklage anfechten. Für die Wirkung der Fiktionen stellt Abs. 5 Satz 3 mit der Anordnung der entsprechenden Geltung der Absätze 3 und 4 klar:
1. Der von der Fiktion begünstigte Antragsteller kann die Kündigung nur innerhalb eines Monats erklären. Danach ist die Erlaubnis verbraucht (→ Rn. 32 f.).
2. Widerspruch und Anfechtungsklage kommt auch in den Fällen der Zustimmungsfiktion keine aufschiebende Wirkung zu.

> **Hinweis für die Praxis:** Es ist zu empfehlen, den Bescheid des Integrationsamts abzuwarten, aber das ist nicht erforderlich. Es kann telefonisch nachgefragt werden, ob die Fiktion eingetreten ist. Die telefonische oder mündliche Bekanntgabe reicht aus.

---

112 VG Köln 11.9.2018 – 7 K 14218/17, juris Rn. 2: „im übersandten ‚Fragebogen für Arbeitgeber in Kündigungsfällen wegen Betriebsstilllegung' kreuzte die Beigeladene auf die Frage ‚Können Sie verbindlich zusagen, nach Ausspruch der Kündigung noch drei Monate Lohn oder Gehalt zu zahlen?' das Kästchen ‚Ja'".
113 VG Köln 11.9.2018 – 7 K 14218/17, juris Rn. 8.
114 BAG 15.11.2012 – 8 AZR 827/11, NZA 2013, 504.
115 *Kreitner* in jurisPK-SGB IX § 171 Rn. 32 unter Bezug auf BAG 15.11.2012 – 8 AZR 827/11, NZA 2013, 504.

Betriebseinschränkung und Personalabbau: Wird in Umsetzung von Einsparplänen oder wegen einer nicht nur vorübergehenden Betriebseinschränkung Personal abgebaut, so soll nach § 172 Abs. 1 Satz 2 das Integrationsamt die Zustimmung zum Kündigungsantrag erteilen. Für diese Fälle der Soll-Zustimmung war zwar ursprünglich in der Novelle vom 23.4.2004 auch eine Zustimmungsfiktion vorgesehen. Diese ist jedoch nicht Gesetz geworden, vielmehr ist der Geltungsbereich der Fiktion ausdrücklich auf Stilllegungskündigungen nach Abs. 1 Satz 1 beschränkt worden (→ Rn. 4). 36

Änderungskündigungen: Bei der Anfügung des Abs. 5 ist zunächst erwogen worden, die Fiktionsregelung auch auf Anträge zu Kündigungen zu erstrecken, wenn ein anderer zumutbarer Arbeitsplatz nach § 89 Abs. 2 (seit 1.1.2018: § 172 Abs. 2) angeboten wird. Dieses Vorhaben ist nicht Gesetz geworden. Der federführende BT-Ausschuss hat den Einwand für berechtigt angesehen, die erforderliche umfangreiche Aufklärung des Sachverhalts, insbesondere des Zusammenhangs zwischen der Schwerbehinderung und der beabsichtigten Kündigung sei vom Integrationsamt häufig nicht innerhalb eines Monats zu leisten (→ Rn. 2). 37

Weiterbeschäftigungsmöglichkeit: Umstritten ist, ob anders als bei der Entscheidung in der Sache ein Fiktionstatbestand auch dann vorliegt, wenn die Voraussetzungen von § 172 Abs. 1 Satz 3 nicht erfüllt sind, dh eine Weiterbeschäftigung in einem anderen Betrieb oder einer anderen Dienststelle desselben Arbeitgebers mit Einverständnis des schwerbehinderten Menschen möglich und für den Arbeitgeber zumutbar ist. Diese Auffassung vertreten die im BIH zusammengeschlossenen Integrationsämter.[116] Ursprünglich war für alle Fiktionsfälle in § 88 Abs. 5 Satz 1 SGB IX aF (seit 1.1.2018: § 171 Abs. 5 Satz 1 SGB IX) eine pauschale Verweisung auf § 89 Abs. 1 SGB IX aF (seit 1.1.2018: § 172 Abs. 1 SGB IX) ohne Einschränkung beabsichtigt. Die BIH hat auf jedoch die zeitaufwändige Prüfung der in § 89 Abs. 1 Satz 3 SGB IX aF (seit 1.1.2018: § 172 Abs. 1 Satz 3 SGB IX geregelten Frage, ob ein anderweiter Einsatz auf einem freien Arbeitsplatz möglich ist, hingewiesen und Bedenken vorgebracht. Zwar ist dann im Gesetz eine Einschränkung der Verweisung auf die „Fälle des § 89 Abs. 1 Satz 1 SGB IX" (seit 1.1.208: Fälle des § 172 Abs. 1 Satz 1) vorgenommen worden. Damit ist die Prüfung der anderweiten Beschäftigungsmöglichkeit jedoch nicht entfallen. Dagegen spricht schon der Wortlaut der Rechtsfolgenverweisung: „gilt Abs. 1". Das schließt die Pflicht zur Prüfung nach Satzes 3 ein. Daher gilt die Zustimmungspflicht des § 172 Abs. 1 Satz 1 SGB nicht, wenn eine Weiterbeschäftigung auf einem anderen Arbeitsplatz desselben Betriebes oder derselben Dienststelle oder auf einem freien Arbeitsplatz in einem anderen Betrieb oder einer anderen Dienststelle desselben Arbeitgebers mit Einverständnis des schwerbehinderten Menschen möglich und für den Arbeitgeber zumutbar ist. Die Initiative der Integrationsämter war also erfolglos. Die tatsächlich vorgenommene Änderung des Entwurfs ging nicht auf den Vorschlag der BIH, sondern darauf zurück, dass die Zustimmungsfiktion entgegen der ursprünglichen Absicht nicht mehr auf die in Satz 2 geregelte Zustimmung zu Kündigungen bei Betriebseinschränkungen erstreckt werden sollte.[117] 38

---

116 *Westers*, Landesverwaltungsdirektorin Integrationsamt des Landschaftsverbandes Westfalen-Lippe, Neuregelungen im Recht dieses besonderen Kündigungsschutzes nach dem Sozialgesetzbuch IX, Behindertenrecht 2004, 93 (94).
117 *Cramer* NZA 2004, 698 (704).

X. Prozessuale Hinweise
1. Individualarbeitsrecht

39 **Berufen auf mangelnde soziale Rechtfertigung und auf „andere" Unwirksamkeitsgründe der Kündigung:** Das Arbeitsmarktreformgesetz hat mit Wirkung vom 1.1.2004 das Erfordernis der Klageerhebung (§ 4 Satz 1 KSchG) innerhalb von drei Wochen auf alle Unwirksamkeitsgründe einer schriftlichen Kündigung ausgedehnt.[118] Ergänzend dazu ist in § 6 Satz 1 KSchG dem Arbeitnehmer ermöglicht worden, bis zum Schluss der mündlichen Verhandlung erster Instanz sich zur Begründung der Unwirksamkeit der Kündigung auch auf innerhalb der **Klagefrist** noch nicht geltend gemachte Gründe zu berufen.[119] Das bezieht sämtliche **anderen Unwirksamkeitsgründe**, wie zB die unterbliebene oder mit Mängeln behaftete Anhörung des Betriebsrats[120] oder die unzureichende Beteiligung der SBV nach § 178 Abs. 2 Satz 3 SGB IX sowie die mangelnde soziale Rechtfertigung nach § 1 Abs. 2 und 3 KSchG mit ein.[121] Das bedeutet: Der Arbeitnehmer, der zunächst nur die mangelnde soziale Rechtfertigung gerügt hat, kann sich bis zum Schluss der mündlichen Verhandlung noch auf eine wegen der Eigenschaft schwerbehinderter Mensch erforderliche, aber fehlende Zustimmung des Integrationsamts berufen. Das gilt auch umgekehrt.[122] Das ArbG „soll" auf die Möglichkeit der verlängerten Anrufung hinweisen. Dieses „soll" ist eine besondere Ausprägung der Frage- und Hinweispflicht gem. § 139 ZPO und ist deshalb als „muss" zu verstehen.[123] Hat das ArbG gegen seine Hinweispflicht verstoßen, muss der Arbeitnehmer dies rügen. Das Berufungsgericht muss dann den nachgeholten Vortrag berücksichtigen. Hat das Arbeitsgericht einen ausreichenden Hinweis erteilt, so ist der Arbeitnehmer mit der Nachholung in der Berufungsinstanz ausgeschlossen. Voraussetzung ist jedoch, dass der Hinweis nach § 139 Abs. 4 Satz 1 ZPO aktenkundig gemacht oder in das Sitzungsprotokoll aufgenommen worden ist.[124] Nach § 139 Abs. 4 Satz 2 ZPO kann die Erteilung eines Hinweises nämlich nur durch den Inhalt der Akte bewiesen werden.

Beispielsfall: Der schwerbehinderte Arbeitnehmer hat erstinstanzlich vorgetragen, die vom Arbeitgeber eingeholte Zustimmung des Integrationsamts sei nicht bestandskräftig geworden. Er ist nach der Entscheidung des LAG Hamm nicht gehindert, in der Berufungsinstanz auch die Unwirksamkeit der Kündigung wegen **Versäumung der Kündigungserklärungsfrist** des § 171 Abs. 3 SGB IX geltend zu machen.[125] Obwohl nur ein Einzelaspekt des Sonderkündigungsschutzes, nämlich dass der Zustimmungsbescheid angefochten sei und nicht bestandskräftig werde, angesprochen wurde, hat ist das LAG Hamm zu Recht davon ausgegangen, dass mit dem Berufen auf den Sonderkündigungsschutz, ein ausreichendes Geltendmachen des gesamten mit dem „Sonderkündigungsschutz" zusammenhängenden Unwirksamkeitsgrundes erfolgt sei. Der Arbeit-

---

118 Einzelheiten *Kloppenburg* in Düwell, Das reformierte Arbeitsrecht, 2005, S. 214 ff.
119 BAG 8.11.2007 – 2 AZR 314/06, Rn. 16 BAGE 124, 367= NZA 2008, 936; *Kloppenburg* in Düwell, Das reformierte Arbeitsrecht, 2005, S. 232.
120 BAG 8.11.2007 – 2 AZR 314/06, Rn. 16 BAGE 124, 367= NZA 2008, 936.
121 *Kiel* in ErfK KSchG § 6 Rn. 4.
122 BAG 8.11.2007 – 2 AZR 314/06, Rn. 16 BAGE 124, 367= NZA 2008, 936; zustimmend: *Kiel* in ErfK, 19. Aufl. 2019, KSchG § 6 Rn. 4.
123 *Bader* NZA 2004, 65; *Friedrich/Treber* in KR, 11. Aufl. 2016, KSchG § 6 Rn. 28.
124 Vgl. LAG Hamm 19.11.2009 – 8 Sa 771/09, Rn. 24, LAGE § 88 SGB IX Nr. 1.
125 LAG Hamm 19.11.2009 – 8 Sa 771/09, Rn. 24, LAGE § 88 SGB IX Nr. 1; *Stähler* jurisPR-ArbR 15/2010 Anm. 3.

geber habe damit rechnen müssen, dass der Arbeitnehmer nicht darauf verzichte, einen anderen Teilaspekt des Sonderkündigungsschutzes, hier die später entdeckte Einhaltung der Kündigungserklärungsfrist, aufzugreifen,[126] vgl. Unwirksamkeitsgrund § 134 BGB iVm § 168 SGB IX → Rn. 32. Das LAG empfiehlt, in Fällen wie diesen solle das ArbG auf die mögliche Nichteinhaltung der Kündigungserklärungsfrist des § 171 Abs. 3 SGB IX hinweisen, auch wenn keine Verpflichtung bestehe, weil noch in der Berufungsinstanz der weitere Einzelaspekt des Sonderkündigungsschutzes eingeführt werden dürfe.[127] Dem ist zuzustimmen; denn das gebietet die Prozessökonomie.

Hat der Arbeitgeber **zu früh** den Zugang der Kündigung bewirkt, bevor der Zustimmungsbescheid ihm zugestellt worden war, so ist die Kündigung nach § 134 BGB unwirksam, weil die erteilte Zustimmung ihn zu diesem Zeitpunkt noch nicht wirksam vom Kündigungsverbot befreit hatte, → Rn. 32. Ist bei Klageerhebung die Unwirksamkeit wegen fehlender Erlaubnis geltend gemacht worden, so ist bereits dieser Unwirksamkeitsgrund, § 134 BGB iVm § 168 SGB IX, als „anderer" iSv § 4 KSchG benannt worden. Hat der Arbeitgeber **zu spät gekündigt**, also die Monatsfrist iSv § 171 Abs. 3 SGB IX versäumt, dann ist erscheint die Kündigung infolge der Nichteinhaltung des § 171 Abs. 3 SGB IX als unwirksam. Bei näherer Betrachtung liegt aber auch hier der Unwirksamkeitsgrund aus § 134 BGB iVm § 168 SGB IX vor, → Rn. 32; denn § 171 Abs. 3 SGB IX stellt sich weder als eine Verbotsnorm noch als eine Rechtsfolgenanordnung dar, sondern bestimmt lediglich eine Höchstfrist für die Geltung der Kündigungserlaubnis iSv § 168 SGB IX.[128] Deshalb ist aus prozessualen Gründen der schwerbehinderte Arbeitnehmer selbst im Berufungsrechtszug nicht gehindert, sich auf die Versäumung der Kündigungserklärungsfrist zu berufen, wenn er innerhalb der Klagefrist „anderen" Kündigungsunwirksamkeitsgrund einen Verstoß gegen den besonderen Kündigungsschutz der schwerbehinderten Arbeitnehmer geltend gemacht hat.[129]

Hat der schwerbehinderte Arbeitnehmer im Kündigungsschutzprozess bereits erstinstanzlich vorgetragen, die vom Arbeitgeber eingeholte **Zustimmung des Integrationsamts sei nicht bestandskräftig** geworden, so hat er sich damit im Sinne des § 6 Satz 1 KSchG auf die Unwirksamkeit der Kündigung aus Gründen des Schwerbehindertenschutzes berufen und ist damit nicht gehindert, erstmals im zweiten Rechtszuge ergänzend die Unwirksamkeit der Kündigung wegen Versäumung der Kündigungserklärungsfrist des § 171 Abs. 3 geltend zu machen.[130] Hat das Arbeitsgericht entgegen § 6 Satz 2 KSchG keinen Hinweis darauf erteilt, dass die Gründe für die Unwirksamkeit der Kündigung nur bis zum Schluss der mündlichen Verhandlung in der ersten Instanz geltend gemacht werden können, so ist die Geltendmachung weiterer Unwirksamkeitsgründe auch im Berufungsverfahren möglich. Ein Hinweis des Arbeitsgerichts auf die mögliche Nichteinhaltung der Kündigungserklärungsfrist des § 171 Abs. 3 ist

---

126 LAG Hamm 19.11.2009 – 8 Sa 771/09, Rn. 24, LAGE § 88 SGB IX Nr. 1; *Stähler* jurisPR-ArbR 15/2010 Anm. 3.
127 LAG Hamm 19.11.2009 – 8 Sa 771/09, LAGE § 88 SGB IX Nr. 1; *Stähler* jurisPR-ArbR 15/2010 Anm. 3.
128 So schon zutreffend erkannt zu § 88 Abs. 3 SGB IX aF: LAG Hamm 19.11.2009 – 8 Sa 771/09, Rn. 22, LAGE § 88 SGB IX Nr. 1; *Stähler* jurisPR-ArbR 15/2010 Anm. 3.
129 Zu § 88 Abs. 3 SGB IX aF: LAG Hamm 19.11.2009 – 8 Sa 771/09, Rn. 17 ff., LAGE § 88 SGB IX Nr. 1; *Stähler* jurisPR-ArbR 15/2010 Anm. 3.
130 LAG Hamm 19.11.2009 – 8 Sa 771/09, LAGE § 88 SGB IX Nr. 1; *Stähler* jurisPR-ArbR 15/2010 Anm. 3.

auch dann erforderlich, wenn der anwaltlich vertretene Arbeitnehmer bereits einen anderen Aspekt des Sonderkündigungsschutzes aufgegriffen hat.[131]

40 **Ordentliche Kündigung bei Zustimmung zur außerordentlichen Kündigung:** Die Zustimmung des Integrationsamts zur außerordentlichen Kündigung berechtigt den Arbeitgeber nicht, hilfsweise für den Fall der arbeitsrechtlichen Unwirksamkeit der außerordentlichen Kündigung eine ordentliche Kündigung auszusprechen, → § 174 Rn. 33. Die Zustimmung zur außerordentlichen Kündigung enthält nämlich nicht die Zustimmung zum „milderen Mittel" der ordentlichen Kündigung.[132] Die Zustimmung zum Antrag auf außerordentliche Kündigung kann nach § 43 Abs. 1 SGB X nicht in eine Zustimmung zur ordentlichen Kündigung **umgedeutet** werden.[133] Soweit das Integrationsamt später eine Zustimmung zur ordentlichen Kündigung erteilen sollte, so wirkt diese nicht zurück.[134]

41 **Anhörung der Beschäftigtenvertretungen wegen neuer Tatsachen aus der Verhandlung vor dem Integrationsamt:** Nicht selten werden im Rahmen der Anhörung vor dem Integrationsamt neue Tatsachen bekannt, die für den vom Arbeitgeber ausgewählten Kündigungssachverhalt Bedeutung haben, sei es, dass die vom Arbeitgeber angenommene Sachverhalt widerlegt wird oder dass im Lichte dieser neuen Tatsachen der Sachverhalt anders zu bewerten ist. Erhält der Arbeitgeber davon Kenntnis, weil mündlich verhandelt wurde oder ihm schriftliche Unterlagen zugeleitet wurden, so kann er gehalten sein, diese neuen Gesichtspunkte dem Betriebs- bzw. Personalrat für die Anhörung nach § 102 BetrVG bzw. für die Mitwirkung in der Bundesverwaltung nach § 85 BPersVG nF[135] (für den Bund) und für die Anhörung in den anderen Dienststellen nach § 128 BPersVG nF (entspricht dem bis 14.6.2021 geltenden § 108 Abs. 2 BPersVG aF) mitzuteilen. Diese Mitteilung ist zwingend, wenn das **Unterlassen** bei den Interessenvertretungen sonst **irreführend** wäre oder die neuen Tatsachen zu einer **wesentlichen Änderung des Sachverhalts** führen, den der Arbeitgeber bisher als für seinen Kündigungsentschluss maßgeblich dargestellt hat.[136] Dies hat auch für die Anhörung der SBV nach § 178 Abs. 2 Satz 1 zu gelten. Ist die Beteiligung aus dem vom Arbeitgeber zu vertretendem Grund mangelhaft, so ist die Kündigung nach § 102 Abs. 1 Satz 3 BetrVG bzw. nach § 178 Abs. 2 Satz 3 SGB IX unwirksam.

41a **Nachschieben von den dem Integrationsamt unbekannten Kündigungsgründen:** In Rspr. und Schrifttum ist die Rechtsfrage umstritten, ob das Nachschieben von Kündigungsgründen im Kündigungsschutzprozess zulässig ist,→ § 174 Rn. 37. Das LAG Köln hat jüngst zu Recht eine klare Position bezogen: Jedes

---

131 LAG Hamm 19.11.2009 – 8 Sa 771/09, LAGE § 88 SGB IX Nr. 1; *Stähler* jurisPR-ArbR 15/2010 Anm. 3.
132 HessLAG 1.7.2019 – 16 Sa 1318/18, Rn. 42, EzA-SD 2020, Nr. 3, 3; LAG Köln 11.8.1998 – 3 Sa 100/98, LAGE § 626 BGB Nr. 121; LAG SchlH 8.9.1998 – 1 Sa 111/98, LAGE § 21 SchwbG 1986 Nr. 2; aA *Etzel* in KR, 9. Aufl. 2009, SGB IX § 91 Rn. 35 mit dem Argument, das Ermessen des Integrationsamts sei in beiden Fällen gleichermaßen eingeschränkt; ausdrücklich aufgegeben in der Neubearbeitung (ab 10. Aufl. 2013) *Etzel/Gallner* in KR, 10. Aufl. 2013, SGB IX § 91 Rn. 35; *Gallner* in KR SGB IX § 174 Rn. 14 Fortführung der Auffassung.
133 BAG 23.1.2014 – 2 AZR 372/13, Rn. 25 ff., NZA 2014, 895; BAG 07.07. 2011 – 2 AZR 355/10, Rn. 36, NZA 2011, 1412; zustimmend: *Nassall* in jurisPK-BGB BGB § 140 Rn. 51.
134 Zutreffend: HessLAG 1.7.2019 – 16 Sa 1318/18, Rn. 42, EzA-SD 2020, Nr. 3, 3.
135 Neufassung aufgrund der Novellierung des Bundespersonalvertretungsgesetzes vom 9.6.2021.
136 BAG 22.9.2016 – 2 AZR 700/15, Rn. 33, Behindertenrecht 2017, 93; *Luickhardt* jurisPR-ArbR 18/2017 Anm. 1.

Nachschieben scheitert an der fehlenden vorherigen Mitteilung dieser Kündigungsgründe an das Integrationsamt. Deren Mitteilung ist anders als bei einer Betriebsratsanhörung auch nicht nachholbar.[137] Für das Nachschieben von Gründen bei der außerordentlichen Kündigung besteht ein Spielraum, weil nach § 174 Abs. 4 SGB IX bei einem Antrag der auf Kündigungsgründe gestützt wird, die in keinem Zusammenhang mit einer Behinderung stehen, das Integrationsamt zustimmen soll, → § 174 Rn. 37. Diese „Leerstelle" im Prüfungsprogramm des Integrationsamts besteht beim Antrag auf Zustimmung zur ordentlichen Kündigung nicht. Da bei der ordentlichen Kündigung „der Gegenstand der öffentlich-rechtlichen Prüfung demjenigen der arbeitsrechtlichen Prüfung entspricht"[138], ist hier nach der zutreffenden ständigen Rspr. des BVerwG das Nachschieben neuer Gründe im Kündigungsrechtsstreit unzulässig. Deshalb ist zu Recht ein nachträglicher Austausch des Kündigungsgrunds von betriebsbedingt zu personenbedingt als unzulässig angesehen worden.[139] Der Arbeitgeber ist in diesem Fall auf den Weg der Folgekündigung nach erneuter Zustimmungserteilung zu verweisen.

2. Verwaltungsgerichtliches Verfahren

Unvollständige Sachverhaltsaufklärung: Die Ermessensentscheidung über die Zustimmung zur Kündigung des Arbeitsverhältnisses eines schwerbehinderten Menschen ist rechtswidrig, wenn das Integrationsamt von einem unvollständigen Sachverhalt ausgeht oder erhebliche Umstände des Einzelfalls unberücksichtigt lässt. In diesem Fall beschränkt sich die Verpflichtung der Verwaltungsgerichte, die Streitsache **spruchreif** zu machen, auf die Ermittlung, ob die von der Behörde herangezogenen Erwägungen ausreichen, die getroffene Verwaltungsentscheidung zu tragen.[140] Erweist sich die Sache nicht als spruchreif, besteht nach § 113 Abs. 5 Satz 2 VwGO nur ein **Anspruch auf Neuverbescheidung** unter Beachtung der Rechtsauffassung des Gerichts. Die außergerichtlichen Kosten sind dann nach §§ 155 Abs. 1 Satz 1, 154 Abs. 3 und 162 Abs. 3 VwGO aufzuteilen. 42

Kosten und Gegenstandswert: Nach § 188 Satz 2 VwGO werden in Angelegenheiten der „Schwerbehindertenfürsorge" Gerichtskosten (Gebühren und Auslagen) nicht erhoben. Dazu gehören auch die Streitigkeiten über die Wirksamkeit der Zustimmung des Integrationsamts. Die Zustimmungsentscheidung des Integrationsamts regelt nicht das Arbeitsverhältnis. Deshalb ist der Gegenstandswert die verwaltungsgerichtliche Verfahren auch nicht mit dem Streitwert von § 12 Abs. 7 ArbGG zu bemessen. Vielmehr bestimmt sich der nach § 33 Abs. 1 RVG auf Antrag festzusetzende Gegenstandswert der anwaltlichen Tätigkeit nach § 23 Abs. 1 Satz 1 RVG an Hand der für die Gerichtsgebühren geltenden Wertvorschriften. Diesbezüglich sieht § 52 Abs. 2 GKG die Festsetzung des Regelstreitwerts von 5.000 Euro vor, wenn der Sach- und Streitstand für die Bestimmung des Streitwerts keine genügenden Anhaltspunkte bietet. Nach Ziffer 39.1 des Streitwertkatalogs für die Verwaltungsgerichtsbarkeit vom 7./8. Juli 43

---

137 LAG Köln 15.7.2020 – 3 Sa 736/19, Rn. 32, AE 2020, 219.
138 BVerwG 12.7. 2012 – 5 C 16/11, Rn. 18, Behindertenrecht 2012, 233; BVerwG 2.7 1992 – 5 C 39.90 – BVerwGE 90, 275 (281) = Buchholz 436.61 § 21 SchwbG 1986 Nr. 3 S. 8; BVerwG 18.9.996 – BVerwG 5 B 109.96 – Buchholz 436.61 § 21 SchwbG Nr. 8 S. 3; *Wagner* FA 2012, 339.
139 ArbG Lüneburg 18.5.2000 – 2 Ca 726/00, Rn. 31, NZA-RR 2000, 530.
140 BayVGH 31.1.2013 – 12 B 12.860, KommunalPraxis BY 2013, 152.

2004 ist bei Streitigkeiten über die Zustimmung zur Kündigung eines schwerbehinderten Arbeitnehmers der Regelstreitwert anzusetzen.[141]

3. Kündigung von schwerbehinderten Mitgliedern der SBV und des Betriebs- oder Personalrats

44 Will der Arbeitgeber vermeintliches Fehlverhalten von schwerbehinderten Mitgliedern der SBV oder des Betriebs- oder Personalrats ahnden, so ist zu prüfen, ob es sich um Fehlverhalten in der Amtstätigkeit oder um eine Vertragspflichtverletzung handelt.[142] Ist dem Mitglied **ausschließlich** eine Amtspflichtverletzung vorzuwerfen, kommt nur ein **Ausschlussverfahren**, aber keine Kündigung in Betracht.[143] Das Ausschlussverfahren ist für Betriebsratsmitglieder in § 23 Abs. 1 BetrVG, für Personalratsmitglieder in Dienststellen des Bundes in § 30 BPersVG nF[144] (entspricht dem bis 14.6.2021 geltenden § 28 Abs. 1 BPersVG aF) und für die sonstigen Personalratsmitglieder in den entsprechenden Bestimmungen der Länder geregelt, wie zB in Bayern nach Art. 28 Abs. 1 BayPVG. Danach haben Arbeitgeber bzw. Dienststellenleitungen die Befugnis, für Betriebsräte beim Arbeitsgericht bzw. für Personalräte beim Verwaltungsgericht wegen grober Verletzung von gesetzlichen Pflichten deren Ausschluss zu beantragen. Bei groben Pflichtverletzungen von Vertrauenspersonen besteht nach § 177 Abs. 7 Satz 5 SGB IX die Möglichkeit, das Erlöschen des Amtes einer Vertrauensperson durch den Widerspruchsausschuss beim Integrationsamt wegen grober Pflichtverletzung beschließen zu lassen. Für diesen Fall hat der Gesetzgeber jedoch bewusst abweichend vom Betriebsverfassungs- und Personalvertretungsrecht nur dem Quorum eines Viertels der Wahlberechtigten das Antragsrecht eingeräumt. Die Entscheidung, ob vermeintliche grobe Verletzungen von Amtspflichten geahndet werden sollen, hat hier der Gesetzgeber der Gruppe der schwerbehinderten Beschäftigten überlassen. Stellt der Arbeitgeber beim Integrationsamt den Antrag auf Zustimmung zur Kündigung eines schwerbehinderten Amtsträgers und stützt er sich auf einen Kündigungssachverhalt, der **ausschließlich Verletzungen von Amtstätigkeiten** beinhaltet, so ist der Antrag nicht zustimmungsfähig; denn nach der eindeutigen Rspr. des BAG[145] ist die **Kündigung** des Arbeitsverhältnisses aus diesem Grund **ausgeschlossen**.[146] Es liegt somit eine Fallkonstellation der sogenannten Evidenzkontrolle[147] vor, in der kein Ermessensspielraum des Integrationsamts eröffnet ist. Das Integrationsamt als Teil der vollziehenden Gewalt darf nämlich nicht an evident rechtswidrigen Kündigungen durch Erteilung einer Erlaubnis zulasten von schwerbehinderten

---

141 BayVGH 11.3.2013 – 12 C 12.2773, BeckRS 2013, 48239 = RVGreport 2013, 243.
142 *Kloppenburg* in HaKo-BetrVG § 103 Rn. 18.
143 BAG 12.5.2010 – 2 AZR 587/08, Rn. 15 f., NZA-RR 2011, 15; BAG 23.10.2008 – 2 ABR 59/07, Rn. 15, NZA 2009, 855.
144 Neufassung aufgrund der Novellierung des Bundespersonalvertretungsgesetzes vom 9.6.2021.
145 BAG 12.5.2010 – 2 AZR 587/08, Rn. 15 f., NZA-RR 2011, 15; BAG 23.10.2008 – 2 ABR 59/07, Rn. 15, NZA 2009, 855.
146 Zustimmend: *Kohte* jurisPR-ArbR 28/2018 Anm. 3; *Kloppenburg* in HaKo-BetrVG § 103 Rn. 18.
147 OVG MV 24.3.2015 – 1 L 19/14; OVG NRW 29.1.2015 – 12 A 412/14; OVG Hamburg 10.12.2014 – 4 Bf 159/12; OVG NRW 13.11.2012 – 12 A 1903/12, ZB Beilage (ZB info) 2014, Nr. 3, 4; BayVGH 5.10.2011 – 12 B 10.2811, Rn. 48; BayVGH 28.9.2010 – 12 B 10.1088; OVG LSA 22.7.2011 – 3 L 246/09, Rn. 32; VG Ansbach 6.10.2011 – AN 14 K 11.01275, Rn. 33; zu Fällen der Anwendung in der Praxis der Integrationsämter: *Beyer/Seidel*, S. 178, 188.

Menschen mitwirken.¹⁴⁸ Dazu auch → § 172 Rn. 4. Die nach Maßgabe von § 179 Abs. 3 Satz 1 SGB IX iVm § 15 Abs. 1 Satz 1 KSchG zulässige außerordentliche Kündigung des Amtsträgers kommt nur in Betracht, wenn in dem fraglichen Verhalten zugleich eine Vertragspflichtverletzung zu sehen ist. In solchen Fällen ist an die Berechtigung der fristlosen Entlassung allerdings ein „strenger" Maßstab anzulegen; denn es muss vermieden werden, dass Amtsträger gemaßregelt werden.¹⁴⁹

Beispielsfall: Eine schwerbehinderte Vertrauensperson, die in Personalunion Betriebsratsmitglied ist, übersandte in elf Fällen die Korrespondenz mit der Personalleitung an die Bußgeldstelle der Regionaldirektion der Bundesagentur für Arbeit und machte geltend, aus den Unterlagen ergäben sich elf unzureichende oder unterlassene Unterrichtungen, die als Ordnungswidrigkeiten zu ahnden seien. Nicht in allen Fällen kam es zum Erlass von Bußgeldbescheiden. Der Arbeitgeber sah den Betriebsfrieden gestört und beantragte, nachdem er den Betriebsrat zu einem zustimmenden Mehrheitsbeschuss veranlasst hatte, beim Integrationsamt die Zustimmung zur außerordentlichen Kündigung. Das Integrationsamt versagte die Zustimmung zur Kündigung im Wesentlichen mit der Begründung, es sei nicht auszuschließen, dass sie im Zusammenhang mit der Behinderung stehe. Weiterhin sei zu beachten, dass die der Kündigung zugrunde gelegten Vorwürfe sämtlich aus der Amtsführung der Beigeladenen als Vertrauensperson herrührten. Der Widerspruchsausschuss wies den Widerspruch des Arbeitgebers mit der Begründung zurück, eine unrichtige Darstellung der Sachverhalte bei der Erstattung der Anzeigen sei nicht feststellbar. Die Klage des Arbeitgebers auf Zustimmung hatte beim Verwaltungsgericht teilweise Erfolg. Der ablehnende Bescheid wurde aufgehoben und das Integrationsamt zur Neubescheidung verurteilt. Das Gericht gab vor, die Zustimmung müsse erteilt werden, wenn kein Zusammenhang der Behinderung und dem konkreten Fehlverhalten des § 174 Abs. 4 SGB IX vorliege. Das sei noch näher aufklären. Alles andere sei unerheblich. Insbesondere unterfalle der „beanspruchte Schutz im Zusammenhang mit ihrer Funktion als Vertrauensperson für schwerbehinderte Menschen gerade nicht" dem Zweck des schwerbehindertenrechtlichen Kündigungsschutzes.¹⁵⁰ Das Gericht stellt dazu den grundsätzlich zutreffenden Rechtssatz auf: „Streitigkeiten im Zusammenhang mit der Kündigung eines Mitglieds der Schwerbehindertenvertretung sind (somit) ausschließlich vor den Arbeitsgerichten zu klären."¹⁵¹ Die Entscheidung hat dennoch zu Recht Kritik gefunden.¹⁵² Das Gericht hat nämlich die **Evidenzkontrolle** vernachlässigt. Wenn – wie hier – ein Fall vorliegt, in dem ein Arbeitgeber wegen vermeintlichen Fehlverhaltens im Amt kündigen will, darf nicht zugestimmt werden; denn die Behörde ließe sehenden Auges eine arbeitsrechtlich rechtswidrige Kündigung zu. Dieser Fall ist hier gegeben, weil nach den Feststellungen

---

148 So bereits *Düwell* in LPK-SGB IX, 4. Aufl. 2014, § 91 Rn. 27; ebenso *Schmitz* in FKS SGB IX, 4. Aufl. 2018, SGB IX § 85 Rn. 41; *Kohte* jurisPR-ArbR 28/2018 Anm. 3, so auch VG Düsseldorf 4.5.2012 – 13 K 6422/11, Rn. 58, ArbR 2012, 386 mwN.
149 Ständige Rspr. BAG 12.5.2010 – 2 AZR 587/08, Rn. 16, NZA-RR 2011, 15; BAG 5.11.2009 – 2 AZR 487/08, Rn. 30, AP KSchG 1969 § 15 Nr. 65 = EzA KSchG § 15 nF Nr. 64; BAG 23.10.2008 – 2 ABR 59/07, Rn. 19, AP BetrVG 1972 § 103 Nr. 58 = EzA BGB 2002 § 626 Nr. 25; jeweils mwN.
150 VG Bayreuth 17.8.2017 – B 3 K 16.346, juris Rn. 38.
151 VG Bayreuth 17.8.2017 – B 3 K 16.346, juris Rn. 38.
152 So zutreffend: *Kohte* jurisPR-ArbR 28/2018 Anm. 3.

des Widerspruchausschusses ausschließlich ein vermeintliches amtliches Fehlverhalten zur Beurteilung anstand.[153]

§ 172 Einschränkungen der Ermessensentscheidung

(1) ¹Das Integrationsamt erteilt die Zustimmung bei Kündigungen in Betrieben und Dienststellen, die nicht nur vorübergehend eingestellt oder aufgelöst werden, wenn zwischen dem Tag der Kündigung und dem Tag, bis zu dem Gehalt oder Lohn gezahlt wird, mindestens drei Monate liegen. ²Unter der gleichen Voraussetzung soll es die Zustimmung auch bei Kündigungen in Betrieben und Dienststellen erteilen, die nicht nur vorübergehend wesentlich eingeschränkt werden, wenn die Gesamtzahl der weiterhin beschäftigten schwerbehinderten Menschen zur Erfüllung der Beschäftigungspflicht nach § 154 ausreicht. ³Die Sätze 1 und 2 gelten nicht, wenn eine Weiterbeschäftigung auf einem anderen Arbeitsplatz desselben Betriebes oder derselben Dienststelle oder auf einem freien Arbeitsplatz in einem anderen Betrieb oder einer anderen Dienststelle desselben Arbeitgebers mit Einverständnis des schwerbehinderten Menschen möglich und für den Arbeitgeber zumutbar ist.

(2) Das Integrationsamt soll die Zustimmung erteilen, wenn dem schwerbehinderten Menschen ein anderer angemessener und zumutbarer Arbeitsplatz gesichert ist.

(3) Ist das Insolvenzverfahren über das Vermögen des Arbeitgebers eröffnet, soll das Integrationsamt die Zustimmung erteilen, wenn
1. der schwerbehinderte Mensch in einem Interessenausgleich namentlich als einer der zu entlassenden Arbeitnehmer bezeichnet ist (§ 125 der Insolvenzordnung),
2. die Schwerbehindertenvertretung beim Zustandekommen des Interessenausgleichs gemäß § 178 Absatz 2 beteiligt worden ist,
3. der Anteil der nach dem Interessenausgleich zu entlassenden schwerbehinderten Menschen an der Zahl der beschäftigten schwerbehinderten Menschen nicht größer ist als der Anteil der zu entlassenden übrigen Arbeitnehmer an der Zahl der beschäftigten übrigen Arbeitnehmer und
4. die Gesamtzahl der schwerbehinderten Menschen, die nach dem Interessenausgleich bei dem Arbeitgeber verbleiben sollen, zur Erfüllung der Beschäftigungspflicht nach § 154 ausreicht.

I. Gesetzeshistorie 1	VII. Entgeltfortzahlung für drei Monate 57
II. Überblick über Gesetzesinhalt 2	VIII. Weiterbeschäftigungsmöglichkeiten 63
III. Entscheidungskompetenz der Integrationsämter 3	IX. Soll-Zustimmung für Änderungskündigung 70
IV. Kündigungsgründe 15	X. Soll-Zustimmung für Kündigung seitens des Insolvenzverwalters 74
1. Personenbedingte Gründe 15	
2. Verhaltensbedingte Gründe 26	XI. Prüfung der Kündigungsgründe im Kündigungsschutzprozess 79
3. Betriebsbedingte Gründe 30	
V. Muss-Zustimmung bei Stilllegung 37	XII. Rechtmäßigkeitskontrolle der Zustimmung 80
VI. Soll-Zustimmung bei Betriebseinschränkung 49	

---

153 So zutreffend: *Kohte* jurisPR-ArbR 28/2018 Anm. 3.

I. Gesetzeshistorie

Rechtsentwicklung: Eine vergleichbare Vorschrift war zunächst in § 18 Schw- 1
BeschG 1953 enthalten, ist von dort nach § 16 SchwbG 1974 und sodann weiter nach § 19 SchwbG 1986 verpflanzt worden. Von dort ist sie als § 89 in das SGB IX übernommen worden. Sie ist dabei redaktionell wegen der Umbenennung des Teils der Hauptfürsorgestelle, die die Schwerbehindertenfürsorge betraf, in Integrationsamt geändert worden. Die weiteren Aufgaben für Leistungen nach dem Bundesversorgungsgesetz (BVG) an Kriegsopfer, Wehrdienstbeschädigte (Kriegsopferfürsorge), Opfer von Gewalttaten und andere Beschädigte sowie an deren Hinterbliebene verblieben jedoch bei den Hauptfürsorgestellen. Diese Aufgaben werden unter der Bezeichnung Soziales Entschädigungsrecht/Kriegsopferfürsorge zusammengefasst.[1] Eine Besonderheit gilt für die auf das Insolvenzverfahren bezogene Regelung in Abs. 3. Diese Bestimmung ist durch das Einführungsgesetz zur Insolvenzordnung vom 5.10.1994 angefügt worden. Nach Art. 110 des Einführungsgesetzes zur InsO ist diese Bestimmung zum 1.1.1999 in Kraft getreten. Die in § 89 Abs. 1 und 2 SGB IX aF geregelte Ermessenseinschränkung für die Zustimmungsentscheidung beruht auf einer Regelung, die bereits in der Vorgängervorschrift § 18 SchwBeschG 1920 getroffen war. Nach Inkrafttreten des SGB IX blieb die Vorschrift inhaltlich unverändert. Ihr Standort ist durch Art. 1 BTHG wegen der Einfügung der Eingliederungshilfe in den Teil 2 des SGB IX mit Wirkung vom 1.1.2018 nach § 172 verschoben worden.

II. Überblick über Gesetzesinhalt

Regelungsinhalt: § 172 enthält keine vollständige Regelung der Ermessensent- 2
scheidung des Integrationsamts. Die Vorschrift enthält nur Regeln für die Einschränkung des Ermessens in bestimmten Fällen. Bei der **Einstellung und Auflösung von Betrieben und Dienststellen** muss nach Maßgabe des § 172 Abs. 1 Satz 1 die Zustimmung erteilt werden. Bei **Betriebseinschränkungen** (§ 172 Abs. 1 Satz 2) und bei einem **insolvenzrechtlichen Interessenausgleich** über die namentlich zu entlassenen Arbeitnehmer (§ 172 Abs. 3) soll die Zustimmung erteilt werden, wenn die Gesamtzahl der nach dem Personalabbau beschäftigten schwerbehinderten Menschen zur Erfüllung der Beschäftigungspflicht nach § 154 ausreicht. Diese Ermessensrichtlinie zeigt, welche Bedeutung der Gesetzgeber dem öffentlichen Interesse an der Sicherung der Mindestbeschäftigungspflicht im Rahmen des besonderen Kündigungsschutzes zumisst. Weiterhin soll nach § 172 Abs. 2 die Zustimmung erteilt werden, wenn dem schwerbehinderten Menschen ein anderer angemessener und zumutbarer Arbeitsplatz gesichert ist. In den anderen, nicht in § 172 geregelten Fällen, steht die Zustimmungsentscheidung der Integrationsämter, soweit die Rechtmäßigkeitsprüfung (→ Rn. 3) ergibt, dass der Antrag wirksam und auf ein rechtlich zulässiges Ziel gerichtet ist, in deren **freien, pflichtgemäßen Ermessen**. Bisweilen wird angenommen, dass sich das Ermessen des Integrationsamts zugunsten des Arbeitgebers auf Null reduziere, wenn sich der Ausspruch einer Kündigung gemessen am KSchG als sozial gerechtfertigt erweise. Das ist unzutreffend, weil das Integrationsamt soll nicht – zumindest nicht in der Tiefe wie ein Arbeitsgericht – die soziale Rechtfertigung der Kündigung prüfen.[2] Es ist vielmehr seit Einführung der Schwerbeschädigtenfürsorge auch das öffentliche Interesse an der Beschäfti-

---

[1] Zu der Leistungsbilanz der Hauptfürsorgestellen siehe BIH Jahresbericht 2029/2020, S. 49.
[2] So zutreffend: BVerwG 22.5.2013 – 5 B 24/13.

gung der schwerbehinderten Menschen zu berücksichtigen. Dies hat die Rspr. des BVerwG bereits zu den Ermessensrichtlinien in § 18 Abs. 2 SchwBeschG (entspricht § 172 Abs. 1 SGB IX), die auf die Erfüllung der Mindestbeschäftigungsquote Bezug nehmen, erkannt. Danach soll ein Arbeitsplatz nicht allein der persönlichen Interessen des Einzelnen wegen, sondern auch im Gruppeninteresse („Gesamtheit der Schwerbeschädigten willen") erhalten bleiben. Daraus sei jedoch nicht zu folgern, dass der Schutz des Schwerbeschädigten schon dann entfalle, wenn der Arbeitgeber über den Pflichtsatz hinaus Schwerbeschädigte beschäftige. Denn bei der Bezugnahme auf die Mindestbeschäftigungsquote für Sollzustimmungen werde gerade vorausgesetzt, dass der Arbeitgeber seiner Beschäftigungspflicht bereits genügt hat. Die Erfüllung der Beschäftigungspflicht sei aber insofern von Bedeutung für den Umfang des Schutzes, als bei der Abwägung der Interessen des Arbeitgebers gegen das Interesse des Arbeitnehmers an der Erhaltung des Arbeitsplatzes diesem Umstand angemessen Rechnung zu tragen ist.

III. Entscheidungskompetenz der Integrationsämter

3 **Amtsermittlung:** Die Entscheidung des Integrationsamts über den Zustimmungsantrag richtet sich, soweit im SGB IX nichts Abweichendes bestimmt ist, nach den Bestimmungen des SGB X. Nach § 20 SGB X hat das Integrationsamt ausgehend vom Antrag des Arbeitgebers von Amts wegen alle **maßgeblichen Umstände** zu ermitteln (Erläuterung → § 170 Rn. 30 f.). Seine **Amtsermittlungspflicht** erstreckt sich auf die Ermittlung streitiger Tatsachen zum Kündigungssachverhalt, sofern diese für seine Abwägung von Bedeutung sein können. Welche Umstände im Einzelnen und mit welchem Gewicht für die Interessenabwägung maßgeblich sind, lässt sich nicht allgemein bestimmen; entscheidend sind der Bezug zur Behinderung und die an der Zweckrichtung des behindertenrechtlichen Sonderkündigungsschutzes gemessene Bedeutung.[3]

Für die Beurteilung eines gegen das Interesse des schwerbehinderten Menschen abzuwägenden Kündigungsinteresses des Arbeitgebers kommt es maßgeblich auf den der Kündigung zugrunde liegenden **historischen Sachverhalt** an. Das ist der Sachverhalt, aus dem der Arbeitgeber das seinem Antrag zugrunde liegende Kündigungsinteresse herleitet. Dieser bildet den Kündigungsgrund, so wie er bis zum Zugang der Kündigungserklärung vorliegt.[4] Für diesen maßgeblichen Zeitpunkt sind diejenigen Umstände zu berücksichtigen, die von den Beteiligten an das Integrationsamt herangetragen worden sind oder die sich ihm aufdrängen. Dabei sind nur die vom Arbeitgeber geltend gemachten Kündigungsgründe zu berücksichtigen. Tatsachen und Umstände, die erst nach dem Zugang der Kündigung eingetreten sind, gehören nicht zu dem zugrunde zu legenden Sachverhalt.[5]

Die mit der Sachverhaltsaufklärung nach §§ 20, 21 SGB X beauftragten und zum Treffen der Entscheidung befugten Bediensteten des Integrationsamts müssen zwar nach § 17 SGB X jeden Grund vermeiden, der geeignet ist, Misstrauen gegen eine **unparteiische Amtsausübung** zu rechtfertigen. Das darf sie jedoch nicht davon abhalten, Tatsachen zulasten des Antragstellers zu ermitteln und bei der Entscheidung entsprechend zu berücksichtigen. Das betrifft insbesonde-

---

3 BVerwG 19.10.1995 – 5 C 24/93, Rn. 15, NZA-RR 1996, 288.
4 BVerwG 12.7.2012 – 5 C 16/11, Rn. 14 mit Hinweis auf BVerwG 7.3.1991 – 5 B 114.89, Buchholz 436.61 § 12 SchwbG Nr. 3 S. 2 und BVerwG 22.1.1993 – 5 B 80.92, Buchholz 436.61 § 15 SchwbG 1986 Nr. 7 S. 18.
5 OVG MV 24.3.2015 – 1 L 19/14, R.45; BayVGH 25.11.2008 – 12 ZB 07.2677, Rn. 17.

re die Frage, ob der Arbeitgeber seiner Pflicht nachgekommen ist, bei Eintritt von Schwierigkeiten ein **Präventionsverfahren** nach § 167 Abs. 1 und bei mehr als sechswöchiger Arbeitsunfähigkeit ein **BEM** nach Maßgabe des § 167 Abs. 2 durchzuführen. Dabei muss auch geprüft werden, ob der Arbeitgeber nach § 167 Abs. 1 und § 167 Abs. 2 Satz 4 und 5 das Integrationsamt und die Rehabilitationsträger hinzugezogen hat. War vom Arbeitgeber das Integrationsamt pflichtgemäß hinzugezogen, müssen auch die empfohlenen **Leistungen und Hilfen** sowie eventuelle Versäumnisse auf Seiten des Integrationsamts berücksichtigt werden. Wie die Aufgabenbeschreibung in § 185 Abs. 2 Satz 6 Hs. 1 klarstellt, soll sich nämlich das Integrationsamt nicht auf eine passive Rolle als Anbieter von Hilfen beschränken, sondern es soll vielmehr „darauf Einfluss nehmen, dass Schwierigkeiten im Arbeitsleben verhindert oder beseitigt werden".

Ermessensentscheidung: Auf einen Antrag auf Zustimmung zu einer ordentlichen Kündigung trifft das Integrationsamt die Entscheidung nach § 171 Abs. 1 SGB IX nach **pflichtgemäßem Ermessen** unter Berücksichtigung aller ermittelten Umstände des Einzelfalles. Zwar besagt der Wortlaut des § 171 SGB IX nicht ausdrücklich, dass das Integrationsamt eine Ermessensentscheidung zu treffen hat. Dies ergibt sich aber zwangsläufig aus den Einschränkungen der Ermessensentscheidung in § 172 SGB IX.[6] Soweit ein Ermessensspielraum eröffnet ist, hat eine umfassende, nach § 39 Abs. 1 SGB I am Zweck der Ermächtigungsgrundlage ausgerichtete **Abwägung der beiderseitigen Interessenlagen** stattzufinden, in die sämtliche zweckbezogenen erheblichen Gesichtspunkte miteinzubeziehen sind.[7] Der Zweck, an dem das Integrationsamt seine Interessenabwägung ausrichten soll, wird von den Verwaltungsgerichten in der „Fürsorge" (zu der überholten Ausrichtung auf das Fürsorgeprinzip vgl. die Kritik → Rn. 6) gesehen, die „dem Ausgleich der Nachteile der behinderten Menschen auf dem allgemeinen Arbeitsmarkt dient".[8] Sieht man von der überholten Begrifflichkeit ab (dazu → Rn. 6, Kritik an der Rspr. Nr. 1), sind zwei unterschiedliche Belange angesprochen, die in eine Abwägungsentscheidung eingebracht werden müssen: 4

1. Das **öffentliche Interesse** an der Erfüllung der öffentlich-rechtlichen Beschäftigungspflicht zur Verwirklichung der Teilhabe am Arbeitsleben, das durch den verwaltungsrechtlichen Zustimmungsvorbehalt gesichert wird, und
2. das **individuelle Interesse des Arbeitgebers** an der Kündigungsfreiheit, das im Widerstreit steht zu dem **individuellen Interesse des schwerbehinderten Menschen** an der Fortsetzung der Beschäftigung zur Verwirklichung seiner Teilhabe am Arbeitsleben.

Das hat das OVG NRW in seiner Rspr. in der Phase des Übergangs vom SchwbG zum SGB IX deutlich zum Ausdruck gebracht: „Der Zweck des Schwerbehindertengesetzes als eines Fürsorgegesetzes besteht vor allem darin, mit seinen Vorschriften über den Sonderkündigungsschutz die Nachteile eines Schwerbehinderten auf dem allgemeinen Arbeitsmarkt auszugleichen. (…)"[9] Das OVG NRW hat weiter ausgeführt: „Ausgehend von diesen Leitlinien ist (…) auch der Aspekt einer fehlenden Erfüllung der Beschäftigungspflicht nach

---

6 VG Mainz 5.4. 2019 – 1 K 731/18.MZ, Rn. 38, Behindertenrecht 2020, 22.
7 Vgl. *Kreitner* in jurisPK-SGB IX § 171 Rn. 24; *Wagner* in jurisPK-SGB I § 39 Rn. 23; OVG Bln-Bbg 23.1.2013 – OVG 6 B 35.11, Rn. 18.
8 OVG Bln-Bbg 23.1.2013 – OVG 6 B 35.11, Rn. 18 unter Bezug auf BVerwG 2.7.1992 – 5 C 51.90, BVerwGE 90, 287.
9 OVG NRW 7.11.2003 – 12 A 750/01, juris Rn. 34; ebenso: VG Mainz 5.4. 2019 – 1 K 731/18.MZ, Rn. 40, Behindertenrecht 2020, 22.

§ 5 Abs. 1 SchwbG [übernommen nach § 71 Abs. 1 SGB IX aF, seit 1.1.2018: § 154 SGB IX] bei der Ermessensausübung zu berücksichtigen. (...) Die Pflicht, den Umstand der Nichterfüllung der Beschäftigungspflicht (...) in die Ermessensausübung einzustellen, ergibt sich aus dem primären Zweck der Vorschriften im Zweiten Abschnitt des Schwerbehindertengesetzes, auf die Einhaltung der dort normierten Beschäftigungspflicht hinzuwirken."[10] Die umfassende Abwägung der widerstreitenden Interessen zwischen Arbeitgeber und Arbeitnehmer erfolgt im Kündigungsschutzprozess vor den Gerichten für Arbeitssachen. Davon unterscheidet sich schon deshalb die vom Integrationsamt vorzunehmende Interessenabwägung, weil diese auch die vom Schutzzweck des Schwerbehindertenrechts erfassten öffentlichen Interessen einbeziehen muss.[11] In heutigen Sprachgebrauch bedeutet das: Das öffentliche Interesse an der Eingliederung/Teilhabe/Inklusion der schwerbehinderten Menschen am Arbeitsleben ist zu berücksichtigen.[12] Das wird bisweilen in der jüngeren Rspr. verkannt.[13] In dem vom langjährigen Leiter des Inklusionsamtsamts LVR Köln geschriebenen Praxisratgeber für Kündigungsschutzverhandlungen im Integrationsamt ist deshalb auch als ein von Amtswegen aufzuklärender Gesichtspunkt benannt: „ob der Arbeitgeber seine Pflichtquote erfüllt hat".[14]

Die vom Kündigungsrechtsstreit abweichende Art der Abwägung muss deshalb darauf ausgerichtet sein, die schwerbehinderten Beschäftigten vor den besonderen Gefahren, denen sie wegen ihrer Behinderung auf dem Arbeitsmarkt ausgesetzt sind, zu bewahren.[15] Insbesondere ist sicherzustellen, dass sie gegenüber nicht schwerbehinderten Menschen nicht ins Hintertreffen geraten. Deshalb gewinnt der Schwerbehindertenschutz an stärkeres Gewicht, wenn die Kündigung des Arbeitsverhältnisses auf Gründe gestützt wird, die in der Behinderung selbst ihre Ursache haben. Entsprechend verringert sich der Schutz, je weniger ein **Zusammenhang zwischen Kündigungsgrund und Behinderung** feststellbar ist.[16] Die Grenze des dem Arbeitgeber Zumutbaren wird jedenfalls dann erreicht, wenn eine dauerhafte Weiterbeschäftigung allen Gesetzen wirtschaftlicher Vernunft widerspricht.[17] Bevor ein Ermessen ausgeübt werden kann, muss eine **Rechtmäßigkeitsprüfung** des Zustimmungsantrags stattfinden. Das gilt insbesondere für die Form- und Verfahrensvorschriften, die das SGB IX in § 170 Abs. 1 an **Förmlichkeit** und **Zuständigkeit** für die Antragstellung stellt (Schriftlichkeit und Zuständigkeit). Solange kein formgerechter Antrag bei dem örtlich

---

10 OVG NRW 7.11.2003 – 12 A 750/01, juris Rn. 36; OVG NRW 10.3.1999 – 24 A 2164/97.
11 BVerwG 10.9.1992 – 5 C 80/88, Rn. 20, Buchholz 436.61 § 18 SchwbG Nr. 6.
12 So auch: OVG NRW 7.11.2003 – 12 A 750/01, unter Bezugnahme auf BVerwG 11.11.1999 – 5 C 23/99, BVerwGE 110, 67; BayVGH 6.7.1978 – 381 XII/75, Behindertenrecht 1979, 42; so auch: *Söhngen/Zwanziger* in KDZ, 8. Aufl. 2011, § 89 Rn. 7.
13 So geschehen: HmbOVG 10.12.2014 – 4 Bf 159/12, Behindertenrecht 2015, 204; kritisch *Luickhardt* BB 2015, 2741; ablehnend *Düwell* jurisPR-ArbR 23/2015 Anm. 2.
14 *Beyer/Seidel*, Der Kündigungsschutz schwerbehinderter Menschen im Arbeitsleben, 3. Aufl. 2010, S. 70.
15 VG Mainz 5.4. 2019 – 1 K 731/18.MZ, Rn. 40, Behindertenrecht 2020, 22.
16 BVerwG 19.10.1995 – 5 C 24/93, Rn. 16, NZA-RR 1996, 288; VG Düsseldorf 13.7.7.2012 – 13 K 3548/12, Rn. 79; BayVGH 18.6.2008 – 12 BV 05.2467, Rn. 41; VG Mainz 5.4. 2019 – 1 K 731/18.MZ, Rn. 40, Behindertenrecht 2020, 22.
17 BVerwG 19.10.1995 – 5 C 24/93, Rn. 16, NZA-RR 1996, 288; daran anknüpfend: VG Mainz 5.4. 2019 – 1 K 731/18.MZ, Rn. 40, Behindertenrecht 2020, 22.

zuständigen Integrationsamt gestellt ist, liegt kein wirksamer Antrag vor, der Voraussetzung für einen rechtmäßigen Verwaltungsakt ist. Liegt eine wirksame Antragstellung vor, ist zu prüfen, ob die mit der Antragstellung verfolgte Kündigungsabsicht offensichtlich gegen geltendes Recht verstößt; denn dann darf schon wegen des Grundsatzes der Gesetzmäßigkeit der Verwaltung (Art. 20 Abs. 3 GG) dem Antrag nicht entsprochen werden. Diesen Gesichtspunkt behandelt die verwaltungsgerichtliche Rspr. unter den Begriffen **Evidenzkontrolle** oder **Offenkundigkeitsprüfung**. Beantragt der Arbeitgeber die Zustimmung zu einer Kündigung, „wenn die arbeitsrechtliche Unwirksamkeit der Kündigung ohne jeden vernünftigen Zweifel in rechtlicher und tatsächlicher Hinsicht offen zu Tage liegt" oder „sich jedem Kundigen geradezu aufdrängt", ist der Antrag nicht zustimmungsfähig. Das Integrationsamt soll nämlich nicht an einer offensichtlich rechtswidrigen Kündigung zum Nachteil des Schwerbehinderten mitwirken.[18] Die Instanzgerichte haben diese Rspr. bis heute fortgeführt.[19] Allerdings wird der Maßstab der Offenkundigkeit von den Instanzgerichten **uneinheitlich** angewendet. So wird vertreten, dass die Evidenzkontrolle bei einer verhaltensbedingten Kündigung nicht die Prüfung erfordere, ob eine **vorherige Abmahnung** als milderes Mittel erforderlich gewesen wäre.[20] Im Grundsatz ist dem Erfordernis der Evidenzkontrolle zuzustimmen; denn das Integrationsamt darf als Teil der vollziehenden Gewalt die aus Gründen des Schwerbehindertenschutzes eingerichtete präventive Sperre für Kündigungen nicht sehenden Auges aufheben, wenn eine evident rechtswidrige Kündigung ausgesprochen werden soll und damit dem betroffenen schwerbehinderten Menschen die Last auferlegt wird, dass er nach § 4 KSchG das Arbeitsgericht anrufen muss, um die Rechtswidrigkeit der Kündigung feststellen zu lassen.[21] Dagegen wird eingewandt, das Integrationsamt wirke überhaupt nicht an der Kündigung mit, sondern nehme lediglich in dem ihm durch das Gesetz vorgegebenen Rahmen eine Ermessenskontrolle der Maßnahme im Hinblick auf behinderungsrechtliche Belange vor, bei der die Frage der Rechtmäßigkeit der Kündigung der ausschließlichen Beurteilung der Gerichte für Arbeitssachen vorbehalten bleibe.[22] Dieser Einwand greift nicht durch. Er verkennt, dass die Zustimmung eine präventive Zulässigkeitsvoraussetzung für die Kündigung ist wie die Zulässigkeitserklärung nach § 17 Abs. 2 MuSchG zur Kündigung werdender Mütter. Präventiv bedeutet hier, dass eine die Person mit erhöhten Schutzbedarf besonders belastende Kündigung vermieden werden sol. Insoweit beinhaltet die Erlaubnis auch den Ausschluss dieses Schutzbedarfs. Dieser Schutzbedarf wird in der Rspr. der Verwaltungsgerichtsbarkeit bejaht, weil es ermes-

---

18 Grundlegend: BVerwG 2.7.1992 – 5 C 51/90, DVBl. 1992, 1490; BayVGH 16.11.1993 – 12 B 92.84.
19 OVG MV 24.3.2015 – 1 L 19/14; OVG NRW 29.1.2015 – 12 A 412/14; HmbOVG 10.12.2014 – 4 Bf 159/12; OVG NRW 13.11.2012 – 12 A 1903/12, ZB Beilage (ZB info) 2014, Nr. 3, 4; BayVGH 5.10.2011 – 12 B 10.2811, Rn. 48; BayVGH 28.9.2010 – 12 B 10.1088; OVG LSA 22.7.2011 – 3 L 246/09, Rn. 32; VG Ansbach 6.10.2011 – AN 14 K 11.01275, Rn. 33; VG Düsseldorf 4.5.2012 – 13 K 6422/11, Rn. 58 ArbR 2012, 386; zu Fällen der Anwendung in der Praxis der Integrationsämter: *Beyer/Seidel*, Der Kündigungsschutz für schwerbehinderte Menschen im Arbeitsleben, 3. Aufl. 2010, S. 178, 188; ebenso *Schmitz* in FKS, 4. Aufl. 2018, SGB IX § 168 Rn. 41; *Kohte* jurisPR-ArbR 28/2018 Anm. 3; *Trenk-Hinterberger* in HK-SGB IX § 88 Rn. 12 ff.; *Gallner* in KR, 11. Aufl. 2016, SGB IX §§ 85–90 Rn. 93; aA *Kreitner* in jurisPK-SGB IX § 171 Rn. 27.
20 BayVGH 18.6.2008 – 12 BV 05.2467.
21 VG Mainz 5.4. 2019 – 1 K 731/18.MZ, Rn. 43, Behindertenrecht 2020, 22; BayVGH 8.9.2011 – 12 C 11.1554, Rn. 4.
22 *Kreitner* in jurisPK-SGB IX § 171 Rn. 27.

sensfehlerhaft wäre, die Erlaubnis zu erteilen, wenn die Unwirksamkeit der Kündigung „ohne jeden vernünftigen Zweifel in rechtlicher und tatsächlicher Hinsicht offen zu Tage liegt und sich jedem Kundigen geradezu aufdrängt"[23] Dem ist zuzustimmen; denn es steht der öffentlichen Verwaltung nicht zu, sehenden Auges einer privatrechtlichen Willenserklärung die hoheitliche Zustimmung zu erteilen, die erkennbar und offensichtlich rechtswidrig sein wird.[24] Deshalb ist auch bei einer offenkundig fehlerhaften **Sozialauswahl** die Zustimmung zu verweigern.[25] Eine offenkundige rechtswidrige Sozialauswahl soll ausgeschlossen sein, wenn die Tatsachen, die die Sozialauswahl betreffen streitig vorgetragen werden.[26] Dem ist zu widersprechen; denn in diesem Fall muss zumindest der Versuch einer Amtsaufklärung (→ Rn. 3) unternommen werden. Diese ist auch innerhalb der Monatsfrist des § 171 Abs. 1 SGB IX durchführbar, indem dem Arbeitgeber aufgegeben wird, seine zur Auswahl erstellte Punkteliste vorzulegen. Datenschutzbedenken kann durch eine weitgehende Anonymisierung Rechnung getragen werden.

Nach der Rspr. des BVerwG stellt die Durchführung des **Präventionsverfahrens** und des **BEM-Verfahrens**, die in § 167 Abs. 1 und Abs. 2[27] geregelt sind, keine „**Rechtmäßigkeitsvoraussetzung**" (im Sinne einer Tatbestandsvoraussetzung[28]) eines notwendigen Vorverfahrens für einen zulässigen Zustimmungsantrag dar.[29] Jedoch ist deren Nichtdurchführung im Rahmen der Ermessensentscheidung des Integrationsamts stets zulasten des Arbeitgebers zu berücksichtigen, wenn die Möglichkeit bestanden hätte, die Kündigung zu vermeiden;[30] Einzelheiten → § 170 Rn. 19.

Vom HmbOVG wird die Erfüllung der dem Arbeitgeber aufgegebenen öffentlich-rechtlichen Pflichten als unerheblich angesehen.[31] Diese Entscheidung wird kritisiert[32] und bedarf der Überprüfung; denn der Arbeitgeber hat nach § 164 Abs. 3 die öffentlich-rechtliche Pflicht, durch geeignete Maßnahmen sicherzustellen, dass er die ihm obliegende **Mindestbeschäftigungspflicht** iSv § 154 erfüllt. Beantragt ein die Mindestbeschäftigung nicht erfüllender Arbeitgeber die Zustimmung zur Kündigung eines schwerbehinderten Beschäftigten aus be-

---

23 OVG NRW 13.11.2012 – 12 A 1903/12, juris Rn. 12, ZB Beilage (ZB info) 2014, Nr 3, 4; BayVGH 8.9.2011 – 12 C 11.1554, juris Rn. 4; BVerwG vom 2.7.1992 – 5 C 51/90, BVerwGE 90, 287, 293 = Behindertenrecht 1993, 15 = MDR 1993, 1242; BayVGH 16.11.1993 – 12 B 92.84 juris Kurztext bestätigt nachgehend durch BVerwG 20.10.1994 – 5 B 19/94, juris Rn. 2, RzK IV 8 b Nr 8; so auch *Schmitz* in FKS, 4. Aufl. 2018, § 168 Rn. 41; *Gallner* in KR, 11. Aufl. 2016, SGB IX §§ 85–90 Rn. 93.
24 So zutreffend: OVG NRW 25.4.1989 – 13 A 2399/87; NVwZ-RR 1990, 573; VG Schleswig 8.3.2006 – 15 A 187/05, juris Rn. 38.
25 VG Mainz 5.4. 2019 – 1 K 731/18.MZ, Rn. 43, Behindertenrecht 2020, 22; OVG MV 24.3.2015 – 1 L 19/14, Rn. 51.
26 So VG Mainz 5.4. 2019 – 1 K 731/18.MZ, Rn. 43 unter Bezug auf *Kayser*, in Personal-Lexikon, Edition 24 2019, Stand: 15.2.2019, Schwerbehinderte Menschen – Betriebsbedingte Kündigung, Ziffer II. 1.
27 Präventive Einschaltung des Integrationsamts zur Klärung der Beschäftigungsmöglichkeiten bei ersten „Schwierigkeiten" und nach längerer Arbeitsunfähigkeit.
28 Zutreffend: VG Hannover 5.4.2017 – 3 A 4948/16, Rn. 5.
29 BVerwG 19.8.2013 – 5 B 47/13, Rn. 12.
30 VG Hannover 5.4.2017 – 3 A 4948/16, Rn. 5, 6; VG Mainz 5.4. 2019 – 1 K 731/18.MZ, Rn. 46, Behindertenrecht 2020, 22.
31 HmbOVG 10.12.2014 – 4 Bf 159/12; aA *Düwell* jurisPR-ArbR 23/2015 Anm. 2; OVG Bln-Bbg 28.3.2007 – OVG 6 B 14.06, Rn. 45; OVG NRW 7.11.2003 – 12 A 750/01; BayVGH 6.7.1978 – 381 XII/75, Behindertenrecht 1979, 42; BVerwG 11.11.1999 – 5 C 23/99, BVerwGE 110, 67.
32 *Düwell* jurisPR-ArbR 23/2015 Anm. 2; *Luickhardt* BB 2015, 2741.

trieblichen Gründen zB wegen der Fremdvergabe der ausgeübten Tätigkeit, gebietet schon die Bindung an Recht und Gesetz, dass das Integrationsamt bei der Interessenabwägung diesen Gesichtspunkt[33] berücksichtigen muss. Der Arbeitgeber kann nur einwenden, dass er geeignete Maßnahmen zwar geprüft, aber diese nicht möglich oder ihm im Sinne von § 164 Abs. 3 Satz 2 SGB IX für die Fortsetzung der Beschäftigung unzumutbar sind. Wird kein tatsachengestützter Einwand vorgebracht, muss regelmäßig dem öffentlichen Interesse Vorrang eingeräumt werden, → Rn. 31.

Ermessensentscheidung des Integrationsamts und Interessenabwägung des ArbG: Soweit überhaupt ein Ermessensspielraum eröffnet ist (→ Rn. 4) und nicht die besonderen Fallkonstellationen der Ermessensbindung nach § 172 vorliegen, trifft das Integrationsamt eine in sein **pflichtgemäßes Ermessen** gestellte Entscheidung.[34] Findet entsprechend der häufig benutzten Formel eine Abwägung der gegensätzlichen Arbeitgeber- und Arbeitnehmerinteressen statt, müssen die unterschiedlichen Ziele und Prüfmaßstäbe des verwaltungsrechtlichen und arbeitsrechtlichen Rechtsschutzes miteinander koordiniert werden. Da der Sonderkündigungsschutz für schwerbehinderte Menschen dem Ziel dient, deren Nachteile auf dem allgemeinen Arbeitsmarkt auszugleichen[35] und seit der Reform des SGB IX durch das BTHG vom 23.12.2016 auch die gleichberechtigte Teilhabe schwerbehinderter Menschen (§§ 1 Satz 1 und 166 Abs. 2 Satz 2 SGB IX) sichern soll, erfordert die Ermessensentscheidung eine Abwägung des Interesses des Arbeitgebers an der Freisetzung mit dem Interesse des schwerbehinderten Menschen an der Verwirklichung seiner Teilhabechancen am Arbeitsleben möglichst durch Fortsetzung der Beschäftigung unter Erhalt seines Arbeitsplatzes. Diese Interessenabwägung hat zwar eine große Gemeinsamkeit mit der umfassenden Interessenabwägung, die die Gerichte für Arbeitssachen bei der Prüfung der sozialen Rechtfertigung einer Kündigung bei dem Kündigungsschutz unterliegenden Arbeitsverhältnissen vornehmen, dazu → Rn. 4 f. Sie ist kann aber schon deswegen nicht identisch sein, weil das Integrationsamt auch das öffentliche Interesse zu berücksichtigen hat, das in der früheren Terminolge mit dem Begriff „Schwerbehindertenfürsorge" verbunden war.

Für die Arbeitsverhältnisse schwerbehinderter Menschen, die in **Kleinstbetrieben** iSv § 23 Abs. 1 KSchG beschäftigt werden, bewirkt der Rechtssatz des BVerwG, der schwerbehindertenrechtliche Kündigungsschutz trete zu dem arbeitsrechtlichen Schutz hinzu,[36] eine Stärkung ihrer Rechtsposition. Für diese sonst kündigungsrechtlich schutzlosen Beschäftigten wird der **fehlende arbeitsrechtliche Schutz** durch die Interessenabwägung des Integrationsamts **ersetzt**. Hier zeigt sich die Differenz zum arbeitsgerichtlichen Prüfprogramm, denn anders als bei der Prüfung der sozialen Rechtfertigung einer betriebsbedingten Kündigung kann das Integrationsamt nicht die Sozialauswahl beanstanden.[37]
Auf die Abwägung der individuellen Interessen des betroffenen Arbeitgebers und Arbeitnehmers darf sich jedoch die Entscheidung des Integrationsamts

---

33 Die Liste der zu berücksichtigenden Gesichtspunkte enthält die Frage nach der Erfüllung der Beschäftigungspflicht: *Beyer/Seidel*, Der Kündigungsschutz schwerbehinderter Menschen im Arbeitsleben (SGB IX), 3. Aufl. 2010, S. 70.
34 Für die Hauptfürsorgestelle ständige Rechtsprechung der Verwaltungsgerichtsbarkeit BVerwG 11.11.1999 – 5 C 23.99, BVerwGE 110, 67.
35 So schon BVerwG 2.7.1992 – 5 C 51.90, BVerwGE 90, 287.
36 Grundlegend dafür: BVerwG 19.10.1995 – 5 C 24.93, BVerwGE 99, 336 = BB 1996, 1443; BVerwG 2.7.1992 – 5 C 51.90, BVerwGE 90, 287; BVerwG 2.7.1992 – 5 C 39.90, BVerwGE 90, 275.
37 OVG MV 24.3.2015 – 1 L 19/14, Rn. 50, Behindertenrecht 2016, 22.

nicht beschränken. Vielmehr muss die Entscheidung auch das **öffentliche Interesse an der Schwerbehindertenbeschäftigung** berücksichtigen, das der Gesetzgeber in §§ 154, 155 und 164 Abs. 3 SGB IX deutlich zum Ausdruck gebracht hat. Hier zeigt sich ein wesentlicher Unterschied zu der umfassenden Interessenabwägung, die die Gerichte für Arbeitssachen im Kündigungsschutzverfahren auch unter Berücksichtigung der Behinderung durchführen, weitere Einzelheiten → Rn. 6.

6 **Berücksichtigung arbeitsrechtlicher und behinderungsspezifischer Gesichtspunkte:** Stützt die Behörde ihre Entscheidung über die Zustimmung zur Kündigung des Arbeitsverhältnisses eines schwerbehinderten Menschen auf die arbeitsrechtliche Zulässigkeit der beabsichtigten Kündigung, soll dies nach Ansicht des VG Düsseldorf ermessensfehlerhaft sein.[38] Dieser Gesichtspunkt dürfe für die von dem Integrationsamt vorzunehmende Interessenabwägung keine maßgebliche Rolle spielen.[39] Das VG missversteht insoweit die Rspr. des BVerwG, auf die es sich bezieht. Das BVerwG hat in dem zitierten Urteil ausgeführt, die damals zuständige Hauptfürsorgestelle habe nicht zu prüfen, ob die beabsichtigte Kündigung des Arbeitsverhältnisses des Schwerbehinderten sozial ungerechtfertigt im Sinne des § 1 Abs. 1 KSchG sei. Das hindert jedoch nach Ansicht des BVerwG das Integrationsamt bei einem Antrag auf Zustimmung zu einer personenbedingten Kündigung nicht daran, den Umfang der behinderungsbedingten Leistungsminderung und deren Auswirkungen für die ihm obliegende Abwägungsentscheidung zu ermitteln und zu berücksichtigen. Darin liegt keine Vorwegnahme der Prüfung der sozialen Rechtfertigung der Kündigung, sondern vielmehr verschafft so das Integrationsamt dem zusätzlich zum allgemeinen arbeitsrechtlichen Schutz hinzutretenden Gesichtspunkt der „speziellen Schwerbehindertenfürsorge" Geltung.[40] Im Schrifttum wird zu Recht darauf hingewiesen, der kleine aber entscheidende Unterschied bestehe darin, dass nach der Rspr. des BVerwG das Integrationsamt zwar nicht über die soziale Rechtfertigung der beabsichtigten Kündigung zu entscheiden habe, es aber nicht gehindert sei, im Rahmen seiner auf die Schwerbehindertenfürsorge ausgerichteten Ermessensentscheidung auf die arbeitsgerichtlich entwickelten Kriterien für eine personenbedingte Kündigung zurückzugreifen.[41] Dementsprechend wird von der obergerichtlichen Rspr. nicht beanstandet, wenn das Integrationsamt bei einer krankheitsbedingten Kündigung das Vorliegen einer negativen Gesundheitsprognose prüft.[42] Das Integrationsamt ist jedoch weder an den arbeitsgerichtlichen Kriterienkatalog gebunden noch besteht eine entsprechende Beschränkung auf diese Kriterien. Deshalb wird weder sein Ermessensspielraum bei Vorliegen der Kriterien für eine sozial gerechtfertigte Kündigung auf Null reduziert, noch liegt ein Fall der Evidenzkontrolle vor.[43] Das hat das BVerwG in einer jüngeren Entscheidung noch einmal bestätigt. Bei der dem Integrationsamt obliegenden Interessenabwägung ist danach nicht der Maßstab der sozialen Rechtfertigung anwendbar, dessen Überprüfung den Gerichten für Arbeitssachen vorbehalten bleibt. Deshalb sollen, wenn ein Zusammenhang

---

38 VG Düsseldorf 4.5.2012 – 13 K 6422/11, ArbR 2012, 386.
39 VG Düsseldorf 4.5.2012 – 13 K 6422/11, ArbR 2012, 386; ablehnend: *Beyer* jurisPR-ArbR 38/2012 Anm. 5.
40 BVerwG 19.10.1995 – 5 C 24.93, BVerwGE 99, 336 = BB 1996, 1443.
41 *Beyer* jurisPR-ArbR 38/2012 Anm. 5.
42 OVG NRW 25.2.2009 – 12 A 96/09, *Gagel* jurisPR-ArbR 48/2009 Anm. 6; BVerwG 19.10.1995 – 5 C 24.93, BB 1996, 1443.
43 Vgl. BVerwG 22.5.2013 – 5 B 24/13, USK 2013–168.

zwischen Kündigung und Behinderung besteht, erhöhte Anforderungen dafür gelten, welche Lasten dem Arbeitgeber zumutbar seien.[44]
Beispielsfall Fehlzeitenkündigung: Ein Arbeitgeber beantragt die Zustimmung zur Kündigung wegen langer **behinderungsbedingter Arbeitsunfähigkeit.** Hier sind nach der Rspr. im Rahmen der interessenabwägenden Ermessensentscheidung an die Unzumutbarkeit der Fortsetzung der Beschäftigung „besonders hohe Anforderungen" zu stellen, um „den **Schutzgedanken der Rehabilitation**" verwirklichen zu können.[45] Daraus folgt das BVerwG, dass in den Fällen, „in denen die Kündigung auf behinderungsbedingte Erkrankungszeiten gestützt wird, eine Ermessensreduzierung auf Null nur in seltenen Ausnahmefällen in Betracht kommt und jedenfalls bei einer im Raum stehenden gesundheitlichen Stabilisierung nach einem Aufenthalt in einer Rehabilitationsklinik nicht schematisch aufgrund einer allein die Fehltage in den Blick nehmenden Betrachtungsweise angenommen werden kann."[46] Davon weicht auch das kritisierte Urteil des VG Düsseldorf nicht ab. Dort sind die folgenden zwei Rechtssätze aufgestellt:[47] 1. Es genügt nicht, den üblichen arbeitsgerichtlichen Kriterienkatalog für eine krankheitsbedingte Kündigung abzuarbeiten. 2. Der Verweis des Arbeitgebers darauf, es entstünden Aufwendungen, die eine **Entgeltfortzahlungspflicht von mehr als sechs Wochen** überstiegen, reicht nicht aus um das Interesse des Arbeitgebers an der Kündigung zu begründen.

Zusammenfassung:
1. Wäre nach den von den Gerichten für Arbeitssachen aufgestellten rechtlichen Kriterien eine Kündigung gerechtfertigt, so ergibt sich daraus noch nicht, dass vom Integrationsamt die Zustimmung zu erteilen ist, weil dann sein Ermessen auf Null reduziert ist. Diesen komplexen Zusammenhang bringt das VG Düsseldorf auf die prägnante Formel: „Insbesondere stellt die Zulässigkeit einer beabsichtigten Kündigung keine Rechtfertigung für die (…) Zustimmung dar, sondern wird die Kündigung erst durch die Zustimmung ermöglicht. Ob sie nach den insoweit maßgeblichen Kriterien zulässig ist, obliegt dann den insoweit zur Entscheidung berufenen Arbeitsgerichten."[48]
2. Soweit zwischen Kündigung und Behinderung ein Zusammenhang besteht, verschiebt sich die Zumutbarkeitsgrenze zulasten des Arbeitgebers („besonders hohe Anforderungen").[49]
3. Besteht kein Zusammenhang zwischen Behinderung und Kündigungsabsicht, sollen die „besonders hohen Anforderungen" entfallen.[50] Dies soll gelten, obwohl auch in diesem Fall der schwerbehinderte Mensch auf dem Arbeitsmarkt erhebliche Nachteile hat.[51]

---

44 BVerwG 22.5.2013 – 5 B 24/13, Rn. 13, USK 2013–168 unter Bestätigung der Rspr. BVerwG 19.10.1995 – BVerwG 5 C 24.93, BVerwGE 99, 336 (339) = Buchholz 436.61 § 15 SchwbG Nr. 10 S. 7 f.
45 BVerwG 22.5.2013 – 5 B 24/13, Rn. 13, USK 2013–168 unter Bestätigung der Rspr. BVerwG 19.10.1995 – BVerwG 5 C 24.93, BVerwGE 99, 336 (339) = Buchholz 436.61 § 15 SchwbG Nr. 10 S. 7 f.
46 BVerwG 22.5.2013 – 5 B 24/13, Rn. 13, USK 2013–168.
47 VG Düsseldorf 4.5.2012 – 13 K 6422/11, Rn. 48, ArbR 2012, 386.
48 VG Düsseldorf 4.5.2012 – 13 K 6422/11, Rn. 65, ArbR 2012, 386.
49 BVerwG 22.5.2013 – 5 B 24/13, Rn. 13, USK 2013–168 in Weiterführung der zur Schwerbeschädigung ergangenen Rspr. BVerwG 18.9.1989 – 5 B 100.89, Buchholz § 15 SchwbG Nr. 2.
50 Umkehrschluss aus BVerwG 22.5.2013 – 5 B 24/13, Rn. 13, USK 2013–168.
51 BVerwG 19.8.2004 – 5 B 90/03, KirchE 46, 79.

Kritik an der Rechtsprechung: Die Rechtsprechungslinie des BVerwG, der sich die Instanzgerichte angeschlossen haben,[52] ist in mehrfacher Hinsicht überprüfungsbedürftig.

1. Der **Paradigmenwechsel**, der mit dem SGB IX in Abkehr vom **Fürsorgeprinzip** zugunsten der Teilhabe eingeleitet und durch das BTHG in Richtung Inklusion verstärkt worden ist, muss nachvollzogen werden. Die Nachholung des Paradigmenwechsels wirkt sich jedoch ergebnisneutral aus; denn auch das in §§ 1 Satz 1 und 166 Abs. 2 Satz 2 SGB IX vorgegebene Ziel, eine **gleichberechtigte Teilhabe schwerbehinderter Menschen am Arbeitsleben** zu erreichen, mutet auch dem Arbeitgeber mehr als in anderen Arbeitsverhältnissen zu. Das im Fürsorgeprinzip enthaltene **staatliche Interesse an der Schwerbehindertenbeschäftigung** ist durch die neue Teilhabeorientierung nicht abgeschafft; denn die in §§ 154, 155, 164 Abs. 3 geregelten öffentlich-rechtlichen Beschäftigungspflichten sind weiterhin den Arbeitgebern auferlegt. Diese Beschäftigungspflichten müssen deshalb auch vom Integrationsamt in seine Interessenabwägung miteinbezogen werden, wenn ein beschäftigungspflichtiger Arbeitgeber den Antrag nach § 170 stellt.
2. Das Grundsatzurteil des BVerwG aus dem Jahr 1992, nach dem allein das Arbeitsgericht über die Sozialwidrigkeit einer Kündigung iSv § 1 Abs. 2 KSchG befinden könne,[53] ist zwar zutreffend. Es ist aber wenig hilfreich für die Aufstellung eines eigenständigen Prüfprogramms für Interessenabwägungen des Integrationsamts. Die Fortsetzung der auf das Schwerbeschädigtenrecht zurückgehenden Rspr., nach der die vom Integrationsamt durchzuführende Interessenabwägung sich von der Überprüfung der sozialen Rechtfertigung durch das Arbeitsgericht abhebe, weil vom Integrationsamt „besonders hohe Anforderungen"[54] zu berücksichtigen seien, insbesondere wenn die Kündigung in einem Zusammenhang mit der Behinderung stehe, geht von einer Fehlvorstellung aus. Sie übersieht, dass beim Arbeitsgericht eine **umfassende Interessenabwägung** vorzunehmen ist, in die alle Umstände einfließen, also sowohl der Gesichtspunkt der schlechteren Aussichten auf dem Arbeitsmarkt als auch der Zusammenhang von Behinderung und Kündigung. Darauf weist zu Recht das Schrifttum hin.[55] Das BVerwG will damit einen zusätzlichen Schutz durch „besonders hohen Anforderungen" schaffen. Es verkennt jedoch, dass für jedes Arbeitsverhältnis, das nicht in einem Kleinstbetrieb nach § 23 Abs. 1 Satz 2 bis 4 KSchG besteht, das nach § 4 KSchG angerufene Arbeitsgericht eine umfassende Interessenabwägung durchführt, in die auch alle Umstände einfließen müssen, die das BVerwG zum Anlass nimmt, „besonders hohen Anforderungen" zu verlangen. Bemerkenswert ist, dass noch aus dem Schwerbeschädigtenrecht stammende Grundsätze im Rahmen von Beschlüssen über Nichtzulassungsbeschwerden für das heute geltende Teilhaberecht übernommen worden sind, ohne dass eine vertiefte Auseinandersetzung mit den neuen Rechtsfragen im Rahmen von Revisionsurteilen ergangen ist. Die vom BVerwG nicht gewünschte **Doppelung des Prüfprogramms** ist im Geltungsbereich außerhalb des Kleinstbetriebs unvermeidbar. Sie ist ein Resultat des vom Gesetz-

---

52 Vgl. OVG NRW 29.1.2015 – 12 A 412/14; OVG NRW 22.3.2013 – 12 A 2792/12; OVG NRW 25.5.2009 – 12 A 472/09; OVG Bln-Bbg 23.1.2013 – OVG 6 B 35.11; OVG Bln-Bbg 28.3.2007 – OVG 6 B 14.06; BayVGH 31.1.2013 – 12 B 12.860; BayVGH 22.5.2012 – 12 ZB 11.1063.
53 BVerwG 2.7.1992 – 5 C 51/90, BVerwGE 90, 287 = Behindertenrecht 1993, 15.
54 BVerwG 22.5.2013 – 5 B 24/13, Rn. 13, USK 2013–168.
55 *Kreitner* in jurisPK-SGB IX § 171 Rn. 25.

geber ausgestalteten Systems des allgemeinen und besonderen Kündigungsschutzes sowie der unterschiedlichen Zuordnung des allgemeinen Schutzes zu den Gerichten für Arbeitssachen und des besonderen Schutzes zu dem Integrationsamt bzw. den Verwaltungsgerichten. Diese Ausgestaltung ist zwar nicht besonders zweckmäßig, sie lässt sich aber nicht durch die Rspr., sondern nur durch den Gesetzgeber abschaffen. Dazu bedürfte es einer **Zuständigkeitskonzentration bei den Gerichten für Arbeitssachen** (dazu → § 168 Rn. 63 ff.) und der Beseitigung der Zweigleisigkeit des Rechtswegs (→ Vor § 168 Rn. 18). Solange diese Reform nicht erfolgt, kann im Überschneidungsbereich nur eine graduale Aufgabenteilung stattfinden. Das Integrationsamt verweigert im Rahmen der Evidenzkontrolle Anträgen die Zustimmung, die nach dem bekannten Stand der veröffentlichten Rspr. der Gerichte für Arbeitssachen offenkundig rechtswidrig sind, und trifft in den übrigen Fällen eine freie Interessenabwägung, ohne in dieselbe Prüftiefe wie die Arbeitsgerichte einzusteigen. Gegen diese Konzeption macht neuerdings eine Stimme im Schrifttum geltend, eine vorgeschaltete, zudem nach unklaren Maßstäben erfolgende, behördliche und verwaltungsgerichtliche Rechtskontrolle, die keine vom Arbeitsgericht abweichende rechtliche Maßstäbe haben soll, sei sinnlos. Sinn mache nur, wie positivrechtlich in § 174 Abs. 4 ausdrücklich für die außerordentliche Kündigung vorgeschrieben, dass das Integrationsamt prüft, ob der Kündigungsgrund in einem Zusammenhang mit der festgestellten Behinderung stehe. Wenn das nicht der Fall sei, sei regelmäßig die Zustimmung zu erteilen und es sei dann Sache des betroffenen schwerbehinderten Menschen im Kündigungsschutzprozess die soziale Rechtfertigung klären zu lassen.[56] Zum einen vernachlässigt dieser Vorschlag, dass der besondere Schutz aus § 168 auch den schwerbehinderten Menschen zusteht, die im Kleinstbetrieb beschäftigt werden und die deshalb keine Überprüfung der sozialen Rechtfertigung der Kündigung beim Arbeitsgericht veranlassen können. Zum anderen ist diese Auffassung mit dem geltenden Recht unvereinbar; denn die zur Lösung des Problems herangezogene Vorschrift ist nicht auf Zustimmungsanträge zu ordentlichen Kündigungen anwendbar, und nur bei diesen stellt sich das Abgrenzungsproblem zur sozialen Rechtfertigung. Auch rechtspolitisch taugt der Vorschlag wenig; denn dann entfiele die Filterwirkung des Integrationsamts, das fast 70 % der Anträge schnell und gütlich löst, → Vor § 168 Rn. 22 f.

3. Die Konstruktion „besonders hoher Anforderungen"[57] ist verfehlt. Sie soll eine Unterscheidung der Interessenabwägung des Integrationsamts von der Interessenabwägung im Rahmen der sozialen Rechtfertigung durch das Arbeitsgericht rechtfertigen, die, wie unter 2. bereits dargelegt, nicht möglich ist, weil die arbeitsgerichtliche Interessenabwägung umfassend ist. Sie leitet zudem aus dem Zusammenhang von Kündigung und Behinderung eine erhöhte Schutzbedürftigkeit ab, die so nicht vorhanden ist. Die besondere Schutzbedürftigkeit schwerbehinderter Beschäftigter ergibt sich nämlich aus ihrem besonders hohen Risiko nach einer Kündigung arbeitslos zu bleiben. Dieses spezifische Risiko wird nicht dadurch beeinflusst, ob eine Kündigung in einem Zusammenhang mit der Schwerbehinderung steht. Das Zusammenhangskriterium in § 174 Abs. 4 ist vom Gesetzgeber 1953 entwickelt worden, um für einen begrenzten Kreis der schwerbehinderten Beschäftigten auch den Schutz vor einer außerordentlichen Kündigung einfüh-

---

56 *Kreitner* in jurisPK-SGB IX § 171 Rn. 26, 27.
57 BVerwG 22.5.2013 – 5 B 24/13, Rn. 13, USK 2013–168.

ren zu können, → § 174 Rn. 2. Dieses Kriterium ist der Problematik geschuldet, dass bei einer außerordentlichen Kündigung eine besonders schnelle Ermittlung und Entscheidung geboten ist, die eine vereinfachte Prüfung erforderlich macht. Dazu bietet sich das Zusammenhangskriterium an. Es ermöglicht, schnell und einfach die Fälle auszusortieren, deren Klärung aus Zeitgründen besser dem Kündigungsschutzverfahren überlassen werden soll. Der Gesetzgeber hat also bewusst für die ordentliche Kündigung auf dieses Unterscheidungskriterium verzichtet. Die Rspr. muss das respektieren.

7 **Berücksichtigung des öffentlichen Interesses:** Das Integrationsamt hat auch das öffentliche Interesse an der Schwerbehindertenbeschäftigung zu berücksichtigen. Deshalb ist es berechtigt und verpflichtet, auch darauf abzustellen, ob überhaupt und in welchem Umfang ein Arbeitgeber seinen Beschäftigungspflichten nach §§ 154, 155 nachkommt und wie sich die Beschäftigungssituation für schwerbehinderte Menschen auf dem regionalen Arbeitsmarkt darstellt.[58] Die Beschäftigungspflicht ist zwar nach der obergerichtlichen Rspr. stets zu berücksichtigen. Ihr wird aber keine derart gewichtige Bedeutung zugemessen, dass die Zustimmung zur ordentlichen Kündigung grundsätzlich oder regelmäßig versagt werden müsste, solange die Beschäftigungspflicht nicht erfüllt wird.[59] Das verleitet nicht selten die Verwaltungsgerichte dazu, bei der Überprüfung der Ermessensentscheidung die Nichterfüllung der Beschäftigungspflicht völlig unberücksichtigt zu lassen. Dabei bestünde dazu vor allem bei betrieblich begründeten Kündigungsanträgen im Hinblick auf § 164 Abs. 3 SGB IX genügend Anlass zur Aufklärung; es würde sich zumeist herausstellen, dass der Arbeitgeber keine der gesetzlich gebotenen Maßnahmen zur **Sicherstellung der Mindestbeschäftigung** ergriffen hat. Solange er seiner Sicherstellungspflicht nicht nachkommt, ist es ihm regelmäßig auch zumutbar, eine auf Ausgliederung oder Fremdvergabe gestützte betriebsbedingte Kündigung zu unterlassen. Dazu → Rn. 31.

8 **Abgrenzung zur arbeitsgerichtlichen Prüfung:** Da im Kündigungsschutzprozess bei der Beurteilung der sozialen Rechtfertigung der ordentlichen Kündigung nach § 1 Abs. 2 KSchG eine umfassende Interessenabwägung stattfindet, ist die Grenze zwischen der Prüfkompetenz der Gerichte für Arbeitssachen und den Gesichtspunkten, welche die Integrationsämter bei ihrer Ermessensentscheidung zu berücksichtigen haben, schwierig zu ziehen. Auch wenn die jüngste Rechtsprechungslinie des BVerwG zugrunde gelegt wird (→ Rn. 6), ist eine Abgrenzung allenfalls in der Theorie gelungen. In der Praxis ergibt sich ein verwirrendes Nebeneinander.[60] Ein Teil der verwaltungsgerichtlichen Rechtsprechung bemüht sich deshalb, den Prüfungsumfang auf eine **Schlüssigkeitsüberprüfung des Arbeitgeberantrags** zu beschränken. Danach soll die summarische Feststellung ausreichen, dass gemessen an den arbeitsrechtlichen Vorgaben eine Kündigung ernsthaft in Betracht kommt.[61] Die Beschränkung auf eine Schlüssigkeitsprüfung des Arbeitgeberantrags lehnt das BVerwG ab, weil das Integrationsamt zur Aufklärung verpflichtet sei.[62] Inhaltlich schränkt es die Aufklärungspflicht jedoch ein. Danach hat das Integrationsamt zu prüfen, ob und inwieweit durch

---

58 BVerwG 28.11.1958 – 5 C 32.56, BVerwGE 8, 49.
59 OVG NRW 7.11.2003 – 12 A 750/01.
60 *Dörner* SchwbG § 18 Rn. 13.
61 So BayVGH 8.8.1985 – 9 B 84 a 4/61, Behindertenrecht 1986, 45: „soweit aufklären, dass zumindest überschlägig oder summarisch beurteilt werden kann, ob die Kündigung gerechtfertigt ist".
62 BVerwG 6.2.1995 – 5 B 75.94, Buchholz 436.61 § 15 SchwbG Nr. 9.

die Kündigung die besonderen, wegen der Behinderung geschützten Interessen berührt werden. Die von der Behinderung unabhängigen sozialen Interessen des schwerbehinderten Menschen sollen danach im Rahmen des präventiven verwaltungsrechtlichen Kündigungsschutzes nach § 168 nicht zu schützen sein.[63] Damit wird tendenziell den Integrationsämtern aufgegeben, entsprechend § 174 Abs. 4 auch bei Anträgen zur ordentlichen Kündigung festzustellen, ob ein **Zusammenhang mit der Behinderung bestehe**. Wenn dieser nicht feststellbar sei, solle der Arbeitgeber vom Kündigungsverbot befreit werden, soweit nicht Gründe der „öffentlichen Fürsorge" entgegenstünden. Diese Konzeption ist überholungsbedürftig, dazu die Kritik → Rn. 5 f.

Die widersprüchliche Praxis: Das BVerwG geht selbst davon aus, dass eine strikte Beschränkung auf den Zusammenhang zwischen Behinderung und Kündigungsgrund sowie die ausschließliche Berücksichtigung von Erwägungen der „öffentlichen Fürsorge" nicht angebracht sei. In der zur Abgrenzung ergangenen Grundsatzentscheidung[64] tritt es der Auffassung, schutzwürdige Belange des Schwerbehinderten könnten noch ausreichend im arbeitsgerichtlichen Verfahren berücksichtigt werden, unter Hinweis auf die spezifische Sperrwirkung des Sonderkündigungsschutzes entgegen. Für die Entscheidung über den Antrag sei zwar nicht aufzuklären, ob das Fehlverhalten des Arbeitnehmers so erheblich sei, dass es die beabsichtigte Kündigung des Arbeitsverhältnisses im Sinne des § 1 Abs. 2 KSchG sozial rechtfertige. Die Integrationsämter sollten jedoch für die **erforderliche Abwägung der Interessen** der Frage einer Mitverantwortung des Schwerbehinderten für Spannungen zu seinem Arbeitgeber nachgehen, derentwegen dieser die Kündigung beabsichtige. Es wird zwar postuliert: „entscheidend ist der Bezug eines Umstandes zur Behinderung und seine an der Zweckrichtung des behindertenrechtlichen Sonderkündigungsschutzes gemessene Bedeutung".[65] Tatsächlich wird jedoch für eine Einzelfallbetrachtung vieles offen gelassen: „Welche Umstände im Einzelnen und mit welchem Gewicht für die Interessenabwägung maßgeblich sind, lässt sich nicht allgemein bestimmen".[66] So kommt es stets zu einer Abwägung zwischen dem Interesse des Arbeitgebers an der Erhaltung seiner kündigungsrechtlichen Gestaltungsmöglichkeit und dem Interesse des schwerbehinderten Arbeitnehmers an seiner Weiterbeschäftigung. Hier kann die Rspr. der Arbeitsgerichtsbarkeit, die eine nach vielen Fallgruppen ausdifferenzierte Dogmatik der kündigungsrechtlichen Interessenabwägung entwickelt hat, Orientierung vermitteln. Die zahlreichen Kündigungsschutzprozesse, die auch von schwerbehinderten Beschäftigten geführt und deren Entscheidungen in juristischen Datenbanken veröffentlicht werden, bilden dazu den Fundus. Es ist schwer nachvollziehbar, warum sich ein Integrationsamt dieses Material nicht nutzbar machen sollte. Spätestens wenn sich eine gefestigte arbeitsgerichtliche Rspr. zu einer bestimmten Fallgruppe herausgebildet hat, stellt sich die Frage, ob der im Antrag beschriebene Kündigungssachverhalt im Rahmen der **Evidenzkontrolle** (→ Rn. 4) so zu bewerten ist, dass die Zustimmung zu einer **offenkundig rechtswidrigen Kündigung** (→ Rn. 10) erteilt werden soll.

---

63 BVerwG 2.7.1992 – 5 C 51.90, BVerwGE 90, 287; BVerwG 2.7.1992 – 5 C 39.90, BVerwGE 90, 275.
64 BVerwG 2.7.1992 – 5 C 51.90, BVerwGE 90, 287= Behindertenrecht 1993, 15 = MDR 1993, 1242; BayVGH 16.11.1993 – 12 B 92.84, juris Kurztext, bestätigt nachgehend durch BVerwG 20.10.1994 – 5 B 19/94, RzK IV 8 b Nr. 8, juris Rn. 2.
65 BVerwG 19.10.1995 – 5 C 24.93, BVerwGE 99, 336.
66 BVerwG 2.7.1992 – 5 C 51.90, BVerwGE 90, 287 (292 f.).

10 **Offensichtliche arbeitsrechtliche Unwirksamkeit:** Ausnahmsweise ist es zulässig, die Versagung der Zustimmung darauf zu stützen, dass in rechtlicher und tatsächlicher Hinsicht die beabsichtigte Kündigung nach dem allgemeinen Kündigungsrecht offensichtlich unwirksam wäre.[67] Wie der BayVGH[68] zum SchwbG erkannt hat, kann eine Interessenabwägung nicht zu Ungunsten des Arbeitnehmers ausfallen, wenn sich schon bei summarischer Überprüfung anhand der vom BAG aufgestellten Rechtssätze zur sozialen Rechtfertigung eindeutig ergibt, dass eine nach Aufhebung des Verbots auszusprechende Kündigung unwirksam wäre. Diese gewissermaßen vorweggenommene Gewährung arbeitsrechtlichen Schutzes kann nicht beanstandet werden, wenn die arbeitsrechtliche Unwirksamkeit der Kündigung *ohne jeden vernünftigen Zweifel* in rechtlicher und tatsächlicher Hinsicht so offen zu Tage tritt, dass sie sich jedem Kundigen geradezu aufdrängt.[69] Einzelheiten zur Evidenzkontrolle → Rn. 3. Auch wenn eine derartige Berechtigung des Integrationsamts unterstellt wird, führt sie allerdings nicht schon dann zur Versagung der Zustimmung, wenn ein schwerbehinderter Arbeitnehmer geltend macht, ihm sei wegen des mit der Kündigung zu beanstandenden Verhaltens keine vorherige Abmahnung zugegangen. Da aus dem Fehlen einer Abmahnung noch nicht ohne Weiteres auf die offensichtliche Sozialwidrigkeit der noch zu erklärenden Kündigung geschlossen werden könne, will die Rechtsprechung des BVerwG die Entscheidung über die Frage, ob eine Ausnahme vom Regelfall der Abmahnungsbedürftigkeit gerechtfertigt sei, der eine vorherige Abmahnung entbehrlich mache, den Gerichten für Arbeitssachen überlassen.[70]

11 **Aufklärungspflicht:** Um eine Ermessensentscheidung in sachgerechter Weise treffen zu können, muss das Integrationsamt ausgehend von dem Antrag des Arbeitgebers all das ermitteln, was erforderlich ist, um die gegensätzlichen Interessen abwägen zu können. Dazu gehört zunächst, ob der vom Arbeitgeber im Antrag angegebene Kündigungssachverhalt überhaupt tatsächlich vorliegt. Die Zustimmungsentscheidung wäre fehlerhaft, wenn sie allein auf die einseitigen Behauptungen des Arbeitgebers gestützt sich nur auf eine Schlüssigkeitsprüfung beschränkte.[71] Ein derartiges Verhalten verletzte die in § 20 SGB X geregelte Aufklärungspflicht. Ihr Umfang und ihre Dichte kann nicht generalisierend, sondern nur anhand der einzelnen Kündigungsbegründungen festgelegt werden. Dazu bietet sich die im Kündigungsschutz übliche Dreiteilung der Kündigungsgründe nach den Störquellen an, die in der Person, in dem Verhalten oder in dem Betrieb liegen (→ Rn. 14 ff.).

12 **Gewichtung der Abwägung:** Nach der Rechtsprechung des BVerwG hat das Integrationsamt zwingend zu beachten, dass der Schwerbehindertenschutz gegenüber der Kündigungsfreiheit des Arbeitgebers an Gewicht gewinnt, wenn der Antragsteller die Kündigung des Arbeitsverhältnisses auf Gründe stützt, die in der Behinderung selbst ihre Ursache haben. Dann sollen an die im Rahmen der interessenabwägenden Ermessensentscheidung zu berücksichtigende Zumutbarkeitsgrenze für den Arbeitgeber besonders hohe Anforderungen zu stellen sein, um auch den im Schwerbehindertenrecht zum Ausdruck gekomme-

---

67 Zum alten Recht: *Dörner* SchwbG § 18 Rn. 14; zum neuen Recht: *Dopotka* Bihr/Fuchs/Krauskopf/Lewering SGB IX § 89 Rn. 9; *Trenk-Hinterberger* in HK-SGB IX § 88 Rn. 8; *Müller-Wenner/Schorn*, 1. Aufl. 2003, SGB IX § 89 Rn. 4 ff.; *Fiebig* in HaKo-KSchR, 3. Aufl. 2010, §§ 85–92 Rn. 31.
68 BayVGH 8.8.1985 – 9 B 84 a 4/61, Behindertenrecht 1986, 45.
69 VGH BW 15.7.1997 – 9 S 1490/96, Behindertenrecht 1998, 75.
70 BVerwG 2.7.1992 – 5 C 51.90, BVerwGE 90, 287.
71 BVerwG 19.10.1995 – 5 C 24.93, BVerwGE 99, 336.

nen Schutzgedanken der Rehabilitation verwirklichen zu können.[72] So kann der Arbeitgeber in Ausnahmefällen sogar verpflichtet sein, den schwerbehinderten Arbeitnehmer „durchzuschleppen", während andererseits die im Interesse der Schwerbehindertenfürsorge gebotene Sicherung des Arbeitsplatzes auf jeden Fall dort ihre Grenze findet, wo eine Weiterbeschäftigung des Schwerbehinderten allen Gesetzen wirtschaftlicher Vernunft widersprechen, insbesondere dem Arbeitgeber einseitig die Lohnzahlungspflicht auferlegt würde.[73]

Beschäftigungs- und Präventionspflichten als neue Gesichtspunkte für die Abwägung: Das BVerwG ist bislang noch in keinem Revisionsurteil auf die zuerst im SchwBAG und dann nach § 81 bis 84 SGB IX übernommenen (mWv 1.1.2018 nach §§ 164 bis 167 SGB IX verschobenen) schwerbehindertenrechtlichen Arbeitgeberpflichten eingegangen. Nach seiner Rechtsprechung zur Gewichtung der Abwägungsumstände nach den Maßgaben des Schwerbehindertenrechts kommt in allen Antragsfällen, die geltend machen, es lägen Eignungs- und Leistungsmängel vor, den Fragen entscheidungserhebliche Bedeutung zu, welche Maßnahmen dem Arbeitgeber zur Behebung der Mängel möglich und nach § 164 Abs. 4 Satz 3 zumutbar sind. Da in § 167 Abs. 1 (Einschaltung und Erörterung bei Eintritt von Schwierigkeiten) und § 167 Abs. 2 Satz 4 (Hinzuziehung im Rahmen des bei längerer Arbeitsunfähigkeit erforderlichen betrieblichen Eingliederungsmanagements [BEM]) gesetzlich definierte dem Antragsverfahren nach § 170 vorhergehende „Vorverfahren" unter Beteiligung des Integrationsamts geregelt sind, stellt sich zudem die Frage, ob überhaupt eine positive Sachentscheidung im Antragsverfahren zulässig ist oder nicht vorher das fehlende Vorverfahren zwingend nachzuholen ist (→ § 170 Rn. 17, → § 171 Rn. 9). Jedenfalls sind Versäumnisse bei der Interessenabwägung zu berücksichtigen. Das gilt insbesondere für den Fall, dass bei rechtzeitiger Einschaltung des Integrationsamts nach § 167 Abs. 1 noch eine Überwindung der zur Kündigung vorgebrachten Probleme möglich oder zumutbar gewesen wäre. Das hat auch die Rspr. des BVerwG inzwischen erkannt. Danach ist „bei der Ermessensentscheidung des Integrationsamts über die Zustimmung zur Kündigung und unter dem Gesichtspunkt des Verhältnismäßigkeitsgrundsatzes gegebenenfalls zulasten des Arbeitgebers zu berücksichtigen", wenn bei gehöriger Durchführung des Präventionsverfahrens die Möglichkeit bestanden hätte, die Kündigung zu vermeiden.[74] In einer neueren Nichtzulassungsbeschwerdeentscheidung wird ausgeführt: „Das Unterbleiben des Präventionsverfahrens steht einer Kündigung dann nicht entgegen, wenn die Kündigung auch durch dieses Verfahren nicht hätte verhindert werden können. Ist das Integrationsamt nach eingehender Prüfung zu dem Ergebnis gelangt, dass die Zustimmung zur Kündigung zu erteilen ist, kann nur bei Vorliegen besonderer Anhaltspunkte davon ausgegangen werden, ein Präventionsverfahren nach § 84 Abs. 1 SGB IX hätte die Kündigung verhindern können."[75] Soweit die Kommentarliteratur das Problem überhaupt erkennt, wird angenommen, die Ermessensentscheidung müsse zulasten des Antragstellers ausgehen.[76]

---

72 BVerwG 28.2.1968 – V C 33.66, BVerwGE 29, 140 (141); BVerwG 16.6.1990 – 5 B 127.89, Buchholz 436.61 § 15 SchwbG 1986 Nr. 3 Satz 4.
73 BVerwG 16.6.1990 – 5 B 127.89, Buchholz 436.61 § 15 SchwbG 1986 Nr. 3 Satz 5; BVerwG 19.10.1995 – 5 C 24.93, juris Rn. 16 = BVerwGE 99, 336.
74 BVerwG 29.8.2007 – BVerwG 5 B 77.07, Rn. 5, Buchholz 436.62 § 84 SGB IX Nr. 1.
75 BVerwG 19.8.2013 – 5 B 47/13, Rn. 12.
76 *Dopotka* in Bihr/Fuchs/Krauskopf/Lewering SGB IX § 89 Rn. 7.

14 **Verwaltungsgerichtlicher Überprüfungsmaßstab:** Soweit die Zustimmung des Integrationsamts in der Form des Widerspruchsbescheids als Ermessensentscheidung ergeht (zur Rechtmäßigkeitsprüfung → Rn. 4 f.) ist sie nur eingeschränkt einer gerichtlichen Prüfung zugänglich (§ 114 Satz 1 VwGO). Dem Gericht ist es versagt, die behördlichen Ermessenserwägungen durch eigene zu ersetzen. Vielmehr kann nur geprüft werden, ob die gesetzlichen Grenzen des Ermessens überschritten sind oder von dem Ermessen in einer dem Zweck der Ermächtigung nicht entsprechenden Weise Gebrauch gemacht wurde.[77] Die Verwaltungsgerichte prüfen in Anwendung der Rechtsprechung des BVerwG, ob die Behörde eine an der Zweckrichtung des behinderungsrechtlichen Sonderkündigungsschutzes ausgerichtete Interessenabwägung vorgenommen hat (→ Rn. 7). Als Normzweck des Schwerbehindertenschutzes wird es bezeichnet, die Nachteile schwerbehinderter Arbeitnehmer auf dem Arbeitsmarkt auszugleichen, nicht aber eine zusätzliche Kontrolle der arbeitsrechtlichen Zulässigkeit der Kündigung zu gewähren, oder den von den Arbeitsgerichten nach erfolgter Kündigung zu gewährenden arbeitsrechtlichen Kündigungsschutz vorwegzunehmen oder gar überflüssig zu machen.[78] Es hat zu berücksichtigen, ob und inwieweit die Kündigung die besondere, durch seine „Leiden" bedingte Stellung des einzelnen schwerbehinderten Arbeitnehmers im Wirtschaftsleben berührt.[79] Schon die von § 2 Abs. 1 abweichende Beibehaltung des veralteten Sprachgebrauchs „Leiden" zeigt eine Rechtsprechung an, die noch nicht auf die Höhe der Zeit des 2001 in Kraft getretenen SGB IX angekommen ist. Entsprechend der Vorgabe des BVerwG wird verlangt, dass die Interessen des Schwerbehinderten dann stärker zu gewichten sind, wenn der Arbeitgeber sein Kündigungsverlangen auf Gründe stützt, die in einem engen Zusammenhang mit der Behinderung des Arbeitnehmers stehen. Auffällig ist jedoch, dass die verwaltungsgerichtliche Rechtsprechungspraxis immer noch nicht die Bedeutung der „neuen" Arbeitgeberpflichten aus §§ 164 Abs. 4, 167 SGB IX erkannt hat, sondern sich zumeist in der Wiedergabe der zu § 15 SchwbG ergangenen höchstrichterlichen Rechtsprechung erschöpft. Das wird im Schrifttum zu Recht kritisiert.[80] Bei der Interessenabwägung wird der Ermessensspielraum des Integrationsamts respektiert. Es wird nicht das Ergebnis dieser Gewichtung überprüft. Das Gericht untersucht nur die einzelnen Punkte, die in die Interessenabwägung einzustellen sind, mithin also „den Weg" zum Abwägungsergebnis.[81]

IV. Kündigungsgründe

1. Personenbedingte Gründe

15 **Personenbedingte Kündigungsgründe:** Macht der Arbeitgeber in seinem Antrag als personenbedingte Gründe **partielle Einschränkungen der Leistungsfähigkeit** oder den Eintritt einer **sonstigen Leistungsminderung** geltend, so stellt sich die Frage der Eignung des schwerbehinderten Menschen für den Arbeitsplatz. Bei seinen Ermittlungen soll das Integrationsamt keine umfassende Prüfung der sozialen Rechtfertigung des Kündigungsgrundes vorwegnehmen. Nach der Rechtsprechung soll dem Gesichtspunkt der speziellen **„Schwerbehindertenfürsorge"** Geltung verschafft werden.[82] Nach der programmatischen Neuausrichtung des Schwerbehindertenrechts in § 1 SGB IX tritt an die Stelle der paternalistischen

---

77 Vgl. *Kopp/Schenke*, 14. Aufl. 2005, VwGO § 114 Rn. 4.
78 VG München 29.3.2007 – M 15 K 06.3256.
79 VG München 29.3.2007 – M 15 K 06.3256.
80 *Gagel* jurisPR-ArbR 40/2006 Anm. 6.
81 VG München 29.3.2007 – M 15 K 06.3256.
82 BVerwG 19.10.1995 – 5 C 24.93, BVerwGE 99, 336.

Fürsorge die **Förderung der selbstbestimmten und gleichberechtigten Teilhabe am Arbeitsleben**. Diesem Ziel dienen insbesondere die Pflichten, die dem Arbeitgeber in §§ 164 bis 167 zur Vermeidung der „Ausgrenzung" und zur Sicherung der längerfristigen Beschäftigungschancen auferlegt sind. Das Integrationsamt hat deshalb stets zu prüfen, ob der Arbeitgeber dem Anspruch des schwerbehinderten Menschen auf eine seinen Fähigkeiten und seiner Behinderung gerecht werdenden Beschäftigung nach § 164 Abs. 4 Rechnung trägt. Dazu ist zu ermitteln, ob die geltend gemachten Leistungseinschränkungen durch eine dem Arbeitgeber zumutbare, der Behinderung angepasste technische Ausstattung des Arbeitsplatzes nach § 164 Abs. 4 Satz Nr. 5 oder eine weitergehende Neugestaltung des Arbeitsplatzes nach § 164 Abs. 4 Satz 1 Nr. 4 ausgeglichen werden können. Dabei hat das Integrationsamt nach § 164 Abs. 4 Satz 2 den Arbeitgeber durch Beratungsdienstleistungen (auch mit denen des Integrationsfachdienstes) und durch Angebote im Rahmen der der begleitenden Hilfe nach § 185 zu unterstützen. In diesem Rahmen ist auch zu prüfen, ob dann, wenn die personenbedingte Minderleistung nicht durch Maßnahmen des Arbeitgebers behoben werden kann. Deshalb ist auch zu prüfen, ob die weitere Beschäftigung durch einen nach § 185 Abs. 3 Nr. 2 Buchst. e zu zahlenden Zuschuss wirtschaftlich zumutbar gemacht werden kann.[83] Dieser Zuschuss wurde bis November 2015 von den Integrationsämtern entsprechend seiner Funktion als Minderleistungsausgleich bezeichnet. Diese Bezeichnung ist durch den neuen, eine Abwertung vermeidenden Begriff „Beschäftigungssicherungszuschuss" ersetzt worden (→ Rn. 20).

Präventionspflicht bei Leistungsminderung: Die durch das SchwbAG zum 1.10.2000 eingeführte **Präventionspflicht des Arbeitgebers** (seit 1.1.2018: § 167) erleichtert dem Integrationsamt die Ermittlungen, die sich wegen der Hinzuziehung von technischen Sachverständigen oder Integrationsfachdiensten langwierig gestalten können. Denn der Arbeitgeber darf nicht warten, bis die personenbedingten Schwierigkeiten die Kündigungsreife erlangen. Er hat möglichst frühzeitig das Integrationsamt einzuschalten (→ § 167 Rn. 17, § 167 Rn. 122). Hält der Arbeitgeber die Pflicht zur frühzeitigen Einschaltung des Integrationsamts nicht ein, „bestraft" er sich selbst. Nach der hier vertretenen Auffassung muss das Integrationsamt entweder den Zustimmungsantrag zurückweisen oder das Antragsverfahren bis zur Nachholung des Klärungsverfahrens aussetzen (→ § 170 Rn. 19). Die dadurch eintretende Verzögerung hat der Arbeitgeber selbst zu vertreten. Im Gegenzug muss sich zulasten des Arbeitnehmers auswirken, wenn er sich bei der Durchführung des Präventionsverfahrens nach § 167 Abs. 1 unkooperativ verhält. Das soll bei personenbedingten Schwierigkeiten dann der Fall sein, wenn der Arbeitnehmer nähere Angaben zu Art und Verlauf seiner Erkrankung gegenüber des Beigeladenen durchgängig verweigert.[84] Dem ist jedoch nur zuzustimmen, soweit der Arbeitnehmer Angaben zu Auswirkungen seiner Behinderung auf die Arbeit verweigert. Im Präventionsverfahren geht es nämlich nicht um Heilung. Deshalb besteht kein berechtigtes Bedürfnis des Arbeitgebers, die Art einer Erkrankung (Krankheitsdiagnose) zu erfahren. Dem steht im Übrigen auch § 26 Abs. 3 BDSG entgegen.

Krankheitskündigung: Beruft sich der Arbeitgeber in seinem Antrag auf **krankheitsbedingte Fehlzeiten**, so hat das Integrationsamt die **Richtigkeit dieser Angaben** zu überprüfen und in seine Abwägung auch die **Prognose über zukünftige Fehlzeiten** einzubeziehen.[85] Die Pflicht zur sorgfältigen Aufklärung des dem

---

83 Zutreffend *Trenk-Hinterberger* in HK-SGB IX § 88 Rn. 13.
84 OVG Bln-Bbg 23.1.2013 – OVG 6 B 35.11, Rn. 20.
85 OVG NRW 21.3.1990 – 13 A 1605/89, Behindertenrecht 1991, 93.

Kündigungsbegehrens zugrunde liegenden Sachverhalts (§ 20 SGB X) erfordert in aller Regel die Hinzuziehung eines ärztlichen Gutachters, weil weder der Schwerbehinderte noch das Integrationsamt selbst über die zur Beurteilung des eingeschränkten Leistungsvermögens erforderlichen medizinischen Kenntnisse und Erfahrungen verfügen.[86] Denn die erforderliche medizinische Sachkunde fehlt auf Seiten der Behörde regelmäßig.[87] Die Einholung des Gutachtens ist notwendig, um auch den Gesichtspunkt einer möglichen Vermittelbarkeit des schwerbehinderten Menschen in eine andere Arbeitsstelle zu berücksichtigen. Kommt es zu einer Anfechtung des Zustimmungsbescheids, so ist zu beachten, dass eine Heilung, die erst nach der Kündigung eingetreten ist, nicht zu dem zugrunde liegenden Kündigungssachverhalt gehört.[88] Im Unterschied dazu sind nach der Kündigung erstattete Gutachten allerdings zu berücksichtigen, sofern sie sich auf den Zustand zur Zeit der Kündigung beziehen; denn es handelt sich dann um Äußerungen über die objektive Richtigkeit einer Prognose der künftigen Leistungsfähigkeit.[89] Die weitergehende Prüfung, ob die prognostizierte Fehlzeit im Ergebnis so erheblich ist, dass eine Kündigung sozial gerechtfertigt wäre, ist keine spezifisch behindertenrechtliche sondern eine Frage des allgemeinen Kündigungsschutzes, die deshalb allein von den Gerichten für Arbeitssachen im Kündigungsschutzverfahren zu beantworten ist.[90] Bei der Abwägung der gegenläufigen Interessen ist bisher in der verwaltungsgerichtlichen Rechtsprechung der behindertenrechtliche Schutzgedanke durch die wirtschaftliche Zumutbarkeit für den Arbeitgeber begrenzt worden. Die **Zumutbarkeitsgrenze** wird überschritten, wenn die Weiterbeschäftigung nicht mehr zu einem wirtschaftlich sinnvollen Austausch von Leistung und Gegenleistung führt.[91] Wird die Kündigung des Arbeitsverhältnisses auf Gründe gestützt, die in der Behinderung selbst ihre Ursache haben, und werden besonders hohe Anforderungen an die Zumutbarkeit für den Arbeitgeber gestellt, dann muss die Behörde bei prognostizierten krankheitsbedingten Fehlzeiten prüfen, in welchem Umfang sie diese erwartet und warum diese für den Arbeitgeber nicht mehr zumutbar sind. Der Verweis auf eine Entgeltfortzahlungspflicht von mehr als sechs Wochen genügt nicht. Dann liegt ein schwerer Ermessensfehler vor.[92] Die obergerichtliche Rechtsprechung hat einmal Fehlzeiten ab 14 vH. der Arbeitstage als Grenze des Hinnehmbaren bezeichnet.[93]

18 **Berücksichtigung von möglichen angemessenen Vorkehrungen:** Gegen das nicht selten praktizierte pauschale Abstellen auf Fehlzeiten bestehen erhebliche Bedenken. Die Rechtsprechung hat schon vor Einführung des **betrieblichen Eingliederungsmanagements** (BEM) und der dort zu klärenden Frage der Beschäftigungsfähigkeit die möglichen fürsorglichen Maßnahmen des Arbeitgebers geprüft. Bei der Ermessensausübung des Integrationsamts war zu berücksichtigen, ob der Schwerbehinderte auf einem umgestalteten und behindertengerecht ausgestatteten Arbeitsplatz beschäftigt werden kann oder die Möglichkeit besteht, ihn auf einem anderen Arbeitsplatz ggf. unter Änderung der Arbeitsvertragsbedingungen einzusetzen.[94] Auch nach dem Zurücktreten des Fürsorgegedankens zugunsten des in § 1 Satz 1 SGB IX beschriebenen Ziels der selbstbe-

---

86 VG Berlin 14.1.1992 – 8 A 496.90, juris Rn. 19.
87 BayVGH 31.1.2013 – 12 B 12.860, KommunalPraxis BY 2013, 152.
88 BVerwG 7.3.1991 – 5 B 114/89, NZA 1991, 511.
89 VG Berlin 14.1.1992 – 8 A 496.90, juris Rn. 21.
90 OVG NRW 27.2.1998 – 24 A 6870/95, Behindertenrecht 1998, 170.
91 BVerwG 19.10.1995 – 5 C 24.93, BVerwGE 99, 336.
92 VG Düsseldorf 4.5.2012 – 13 K 6422/11, ArbR 2012, 386.
93 OVG NRW 17.1.1994 – 13 A 3135/93.
94 BVerwG 22.11.1994 – 5 B 16.94, RzK IV 8 a Nr. 36.

stimmten und gleichberechtigten Teilhabe am Arbeitsleben besteht kein Anlass davon abzurücken. Denn die gleichberechtigte Teilhabe bedarf zumindest solange des Schutzes, wie die Arbeitsplatzchancen schwerbehinderter Menschen im Vergleich zu Nichtbehinderten erheblich schlechter sind. Die dem Arbeitgeber ausdrücklich in § 164 Abs. 4 Satz 1 Nr. 1 iVm Satz 3 bis zur Grenze der Unzumutbarkeit auferlegte Pflicht zur behinderungsgerechten Beschäftigung entsprechend den tatsächlich bestehenden Fähigkeiten (→ § 164 Rn. 184) ist daher auch vom Integrationsamt zu berücksichtigen. Zudem wird zumeist übersehen, dass die Zustimmung zur Kündigung zu einer mittelbaren Diskriminierung von Menschen mit Behinderung führt. So hat der EuGH erkannt, dass eine Kündigung wegen einer hohen Fehlzeitquote dann Arbeitnehmer mit Behinderung benachteilige, wenn die Abwesenheitszeiten auf einer mit der Behinderung zusammenhängenden Krankheit beruht. Nur soweit der Arbeitgeber vorher angemessene Vorkehrungen getroffen habe, um die Anwendung des Gleichbehandlungsgrundsatzes zu gewährleisten, schließt der EuGH eine Benachteiligung aus.[95] Nach deutschem Recht ist in diesem Zusammenhang zulasten des Arbeitgebers zu berücksichtigen, wenn der Arbeitgeber dem schwerbehinderten Arbeitnehmer die Durchführung eines die Möglichkeit der Beschäftigung trotz Krankheit dienenden **BEM nicht angeboten** hat oder der Arbeitgeber das **BEM** trotz Zustimmung des Arbeitnehmers **nicht** bzw. **nicht ordnungsgemäß durchgeführt** hat. Hat der Arbeitnehmer die Zustimmung zum BEM verweigert, darf das Integrationsamt daraus keine negativen Schlüsse zulasten des Arbeitnehmers ziehen; denn im Unterschied zum Präventionsverfahren ist das BEM freiwillig. Liegt ein **positives BEM-Ergebnis** in dem Sinne vor, dass eine geeignete betriebliche Beschäftigungsmöglichkeit ermittelt worden ist, muss § 164 Abs. 4 Satz 3 entsprechend angewandt werden. Danach kann der Arbeitgeber die **Umsetzung verweigern**, wenn

- die Erfüllung für den Arbeitgeber nicht zumutbar oder
- mit unverhältnismäßigen Aufwendungen verbunden wäre oder
- staatliche oder berufsgenossenschaftliche Arbeitsschutzvorschriften entgegenstehen.

Liegen derartige Gründe nicht vor, ist das Ermessen auf Null reduziert und der Zustimmungsantrag abzulehnen. Dies gilt jedenfalls dann, wenn die **Arbeitsunfähigkeitszeiten**, deretwegen ein BEM erforderlich war, **behinderungsbedingt** waren; denn dann gelten nach der Rspr. des BVerwG erhöhte Anforderungen. In diesen Fällen darf das Integrationsamt nicht auf die den Gerichten für Arbeitssachen vorbehaltene Prüfung der Sozialwidrigkeit verweisen. Es muss selbst prüfen.[96] Einzelheiten dazu → Rn. 3 ff.

„Durchschleppen" eines dauerhaft Arbeitsunfähigen: In Ausnahmefällen hält 19 die Rechtsprechung des BVerwG den Arbeitgeber für verpflichtet, den leistungsunfähigen schwerbehinderten Arbeitnehmer „durchzuschleppen".[97] Allerdings soll danach die im Interesse der Schwerbehindertenfürsorge gebotene Sicherung des Arbeitsplatzes auf jeden Fall dort ihre Grenze finden, wo eine Weiterbeschäftigung des Schwerbehinderten allen Gesetzen wirtschaftlicher Vernunft widerspreche, insbesondere weil dem Arbeitgeber einseitig die Lohn-

---

95 EuGH 11.9.2019 – C-397/18, NZA 2019, 1634 – Nobel Plastiques Ibérica; zustimmend: *von Roetteken* jurisPR-ArbR 43/2019 Anm. 4; *Welti* ZESAR 2020, 289.
96 BVerwG 22.5.2013 – 5 B 24/13, Rn. 13, USK 2013-168 in Weiterführung der zur Schwerbeschädigung ergangenen Rspr. BVerwG 18.9.1989 – 5 B 100.89, Buchholz, § 15 SchwbG Nr. 2.
97 BVerwG 19.10.1995 – 5 C 24.93, BVerwGE 99, 336.

zahlungspflicht auferlegt würde.[98] In Umsetzung dieser höchstrichterlichen Rechtsprechung ist es nicht beanstandet worden, dass das Integrationsamt die Unzumutbarkeit des „Durchschleppens" damit begründet hat, zum maßgeblichen Zeitpunkt (§ 84 Abs. 2 SGB IX aF) sei der Arbeitnehmer schon seit über vier Jahren arbeitsunfähig erkrankt gewesen.[99] Die Grobschlächtigkeit der Argumentation erstaunt. Zum einen ist schwer verständlich, wie bei Ruhen der beiderseitigen Leistungspflichten jemand „durchgeschleppt" werden muss. Zum anderen ist die Präventionspflicht, die von Juli 2001 bis Ende April 2004 in § 84 Abs. 2 SGB IX aF nach mehr als dreimonatiger Arbeitsunfähigkeit geregelt war, und die seit Mai 2004 geltende Präventionspflicht bei länger als sechswöchiger Arbeitsunfähigkeit (§ 84 Abs. 2 SGB IX verschoben mWv 1.1.2018 nach § 167 Abs. 2 SGB IX) überhaupt nicht berücksichtigt worden. Ferner wird völlig übersehen, dass nach § 167 Abs. 2 Satz 4 bereits vor Antragstellung vom Arbeitgeber zu klären wäre, ob für den betroffenen Arbeitnehmer geeignete andere Beschäftigungsmöglichkeiten zur Überwindung der Arbeitsunfähigkeit vorhanden sind oder geschaffen werden können. Die Rechtsprechung der Verwaltungsgerichte geht demgegenüber in Unkenntnis dieser Rechtslage davon aus, der Arbeitnehmer müsse dem Integrationsamt konkret vortragen, auf welchem anderen Arbeitsplatz er beschäftigt werden könnte.[100] Erst wenn das geschehen sei, bedürfe es einer „Nachermittlung" durch das Integrationsamt. Verkannt wird, dass in dem in § 167 Abs. 1 und Abs. 2 geregelten Verfahren der Prävention und betrieblichen Eingliederungsmanagements der Wille des Gesetzgebers zum Ausdruck kommt, zugunsten des behinderten Arbeitnehmers unter Mobilisierung des betrieblichen und behördlichen Sachverstands die vorhandenen Beschäftigungsmöglichkeiten zu sichern. Es geht nicht um wirtschaftlich sinnloses „Durchschleppen" mit Hilfsarbeiten wie „Hof fegen", sondern um Ausschöpfung aller sinnvoll nutzbaren Beschäftigungspotenziale.[101] Damit ist schwer vereinbar, eine Zustimmung zu einer Kündigung schon dann zu erteilen, bevor die Möglichkeiten zur Überwindung der Arbeitsunfähigkeit in dem gesetzlich vorgesehenen Verfahren geklärt sind (→ § 167 Rn. 35, → § 167 Rn. 137).

20 **Ausschöpfung aller Mittel bei Minderleistung:** Nicht selten wird die Zustimmung zur Kündigung von schwerbehinderten Arbeitnehmern wegen deren geringerer Produktivität und/oder deren fehlender vielseitiger Einsetzbarkeit beantragt. Da diese persönlichen Eigenschaften bei Beschäftigten mit Behinderungen häufiger als bei anderen Beschäftigten auftreten, nimmt der EuGH eine mittelbare Benachteiligung wegen der Behinderung an. Nur soweit der Arbeitgeber vorher angemessene Vorkehrungen zur Überwindung der Schwierigkeiten getroffen hat, um die Anwendung des Gleichbehandlungsgrundsatzes zu gewährleisten, schließt der EuGH eine Benachteiligung aus.[102] Diese Entscheidung zeigt den Zusammenhang zwischen mittelbarer Benachteiligung und angemessenen Vorkehrungen auf. Sie führt zur Erweiterung der Voraussetzungen einer personenbedingten Kündigung, weil das Unterlassen möglicher angemessener Vorkehrungen geprüft werden muss.[103] Ob und welche angemessenen

---

98 Vgl. BVerwG 28.11.1958 – V C 32.56, BVerwGE 8, 46 (51); BVerwG 19.10.1995 – 5 C 24.93, BVerwGE 99, 336.
99 VG München 29.3.2007 – M 15 K 06.3256.
100 VG München 29.3.2007 – M 15 K 06.3256.
101 *Gagel* jurisPR-ArbR 40/2006 Anm. 6 unter Bezug auf BAG 4.10.2005 – 9 AZR 632/04, NJW 2006, 169.
102 EuGH 11.9.2019 – C-397/18, NZA 2019, 1634 – Nobel Plastiques Ibérica; zustimmend: *von Roetteken* jurisPR-ArbR 43/2019 Anm. 4; *Welti* ZESAR 2020, 289.
103 *Welti* ZESAR 2020, 289.

Vorkehrungen zur dauerhaften Fortsetzung des Beschäftigungsverhältnisses geboten sind, ist in dem Erörterungsverfahren nach § 167 Abs. 1 SGB IX unter Einschaltung der Interessenvertretungen und des Integrationsamts zu prüfen. Obwohl dieses Verfahren seit 2001 gesetzlich vorgeschrieben ist, geht zu einem geringen Bruchteil dem Antrag auf Zustimmung zur Kündigung ein Präventionsverfahren voraus. So sind 2019 die Integrationsämter nur in 5.462 Präventionsverfahren eingeschaltet worden[104], während in derselben Zeit allein 17.169 Anträge auf Zustimmung zur ordentlichen Kündigung[105] angefallen sind, weitere Einzelheiten → § 167 Rn. 29.

Die Zustimmung des Integrationsamts zur ordentlichen Kündigung des Arbeitsverhältnisses eines Schwerbehinderten verlangt, zuvor alle anderen Möglichkeiten für den Erhalt des Arbeitsplatzes zu untersuchen und auszuschöpfen (Verhältnismäßigkeitsgrundsatz). Bei einer in der Behinderung wurzelnden erheblichen personenbedingten **Minderleistung** muss zugleich die mögliche Inanspruchnahme von Mitteln des Integrationsamts, zB die Zahlung einer Geldleistung nach § 185 Abs. 3 Satz 1 Nr. 2 e SGB IX iVm § 27 Schwerbehinderten-Ausgleichsabgabenverordnung (SchwbAV), bei der Beurteilung der wirtschaftlichen Zumutbarkeit der Fortsetzung des Arbeitsverhältnisses berücksichtigt werden.[106] Die der Sicherung der Beschäftigung dienende Geldleistung wird seit Ende 2015 von den Integrationsämtern als **Beschäftigungssicherungszuschuss** (früher: „Minderleistungsausgleich") bezeichnet. Dieser Zuschuss wird nur auf Antrag gewährt. Er setzt voraus, dass die Arbeitsleistung des schwerbehinderten Menschen dauerhaft oder für längere Zeit unter der üblichen Normalleistung auf einem vergleichbaren Arbeitsplatz liegt. Maßgebend ist, welche Minderleistung die Rechtsprechung der Arbeitsgerichte als erhebliche Gefährdung des Arbeitsverhältnisses ansieht. Das ist der Fall, wenn die Arbeitsleistung des schwerbehinderten Menschen mindestens um 30 vom Hundert geringer ist als diejenige eines anderen Beschäftigten, der eine vergleichbare Tätigkeit oder Funktion im Betrieb oder in der Dienststelle ausübt.[107] Beträgt die Minderleistung über 50 vom Hundert, gehen die Integrationsämter von einem nicht mehr vertretbaren Missverhältnis im Austauschverhältnis von Arbeit und Lohn aus. In diesen Fällen soll kein Zuschuss mehr gewährt werden, vielmehr sei gemäß § 164 Abs. 4 Satz 1 Nr. 1 SGB IX die Versetzung auf einen anderen Arbeitsplatz zu prüfen, auf dem der schwerbehinderte Mensch seine Fähigkeiten und Kenntnisse besser nutzen und weiterentwickeln kann. Das Ob und Wie einer erforderlichen Beschäftigungssicherung wird durch den Technischen Beratungsdienst des Integrationsamts oder durch den Integrationsfachdienst ermittelt.[108] Die Bundesarbeitsgemeinschaft der Integrationsämter und Hauptfürsorgestellen (BIH) hat Empfehlungen zur Gewährung von Leistungen an Arbeitgeber zur Abgeltung außergewöhnlicher Belastungen veröffentlicht.[109] Danach wird der

---

104 BIH, Jahresbericht 2019/2020. S. 28.
105 BIH, Jahresbericht 209/2020. S. 31.
106 BayVGH 31.1.2013 – 12 B 12.860, KommunalPraxis BY 2013, 152.
107 BAG 11.12.2003 – 2 AZR 667/02, BAGE 109, 87.
108 BIH, Fachlexikon Behinderung & Beruf, Stichwort Beschäftigungssicherungszuschuss, abrufbar unter https://www.integrationsaemter.de/Fachlexikon/77c10706 i1p/index.html.
109 S. www.integrationsaemter.de/bih-empfehlungen.

Beschäftigungssicherungszuschuss wird in 3 Bedarfsstufen erbracht. Die Stufen sind nach dem Grad der Leistungsverringerung gestaffelt[110]:
- Stufe 1: um 30 %
- Stufe 2: um 40 %
- Stufe 3: um 50 %.

Der Beschäftigungssicherungszuschuss wird längstens für drei Jahre bewilligt. Erneute Bewilligung ist möglich.[111]

Muss der schwerbehinderte Beschäftigte von einer seiner Aufgaben behinderungsbedingt befreit, kommt ein Beschäftigungssicherungszuschuss nur in Betracht, wenn die Arbeit durch Kolleginnen und Kollegen übernommen wird (Umverteilung) und durch den schwerbehinderten Menschen keine anderen Aufgaben/Arbeiten zusätzlich und uneingeschränkt übernommen werden (fehlende Kompensation).[112]

Zusätzlich kommt ein Zuschuss in Betracht, wenn wegen der Beeinträchtig des schwerbehinderten Beschäftigten für den Arbeitgeber außergewöhnliche Belastungen wegen innerbetrieblicher personeller Unterstützung entstehen. Die Lohnkosten für die Person, die die **personelle Unterstützung** erbringt, werden ausgeglichen,[113] insbesondere
- bei längerer oder regelmäßig wiederkehrender fachlicher bzw. arbeitspädagogischer Unterweisung, Anleitung und/oder Kontrolle (insbesondere bei lern-/geistig behinderten Menschen),
- bei regelmäßiger arbeitsbegleitender Betreuung und Motivation zur Arbeitsausführung (insbesondere bei seelisch behinderten Menschen),
- bei regelmäßig erforderlichen tätigkeitsbezogenen Handreichungen und Hilfestellungen (zB Heben und Tragen, Wege im Betrieb) bei der Arbeitsausführung
- bei der Sicherstellung der Kommunikation am Arbeitsplatz (insbesondere für erheblich körperbehinderte und/oder sinnesbehinderte Menschen).

Voraussetzungen sind:[114]
- arbeitstäglich ist durchschnittlich mindestens eine Stunde personelle Unterstützung erforderlich oder
- es wird zusätzliches Personal eingesetzt, das den Teil der Arbeitsaufgaben übernimmt, von denen der schwerbehinderte Mensch wegen seiner Behinderung freigestellt wird.

Stellt das Integrationsamt für den Fall der Beantragung einen Zuschuss zum Ausgleich der Belastungen in Aussicht, lehnt der Arbeitgeber jedoch die Antragstellung ab, ist dies vom Integrationsamt bei der Ausübung des Ermessens über den **Zustimmungsantrag** des Arbeitgebers zu berücksichtigen. In der Regel ist dann der Arbeitgeberantrag auf Zustimmung zur beabsichtigten Kündigung abzuweisen; denn das Beschäftigungsinteresse des schwerbehinderten Menschen verdient dann Vorrang.

21 **Freimachen eines geeigneten Arbeitsplatzes:** Der Arbeitgeber brauchte nach der Rechtsprechung des BVerwG zum SchwbG für den aus persönlichen Gründen an der Arbeitsleistung gehinderten „Schwerbeschädigten" keinen anderen Ar-

---

110 Nr. 8.1 der Empfehlungen der Bundesarbeitsgemeinschaft der Integrationsämter und Hauptfürsorgestellen (BIH) zur Gewährung von Leistungen des Integrationsamts an Arbeitgeber zur Abgeltung außergewöhnlicher Belastungen nach § 27 Schwerbehinderten-Ausgleichsabgabeverordnung (SchwbAV), Stand 13.11.2019.
111 Nr. 9 der Empfehlungen der BIH.
112 Nr. 6.6 der Empfehlungen der BIH.
113 Nr. 6.1.2 der Empfehlungen der BIH.
114 Nr. 6.6 der Empfehlungen der BIH.

beitnehmer zu entlassen, um für den „Schwerbeschädigten" Platz zu schaffen. Zuzumuten war dem Arbeitgeber jedoch, den Schwerbeschädigten nach Möglichkeit umzusetzen, dh ihm im Rahmen der vorhandenen Arbeitsplätze einen geeigneten Arbeitsplatz zuzuweisen.[115] Dies galt unterschiedslos. Einem Arbeitgeber des öffentlichen Dienstes oblagen keine weitergehenden Pflichten gegenüber einem Schwerbeschädigten als einem privaten Betriebsinhaber.[116] Diese Rechtsprechung wird auch in jüngerer Zeit noch von den Verwaltungsgerichten angewandt[117] und von den Integrationsämtern umgesetzt. Die Änderungen des Schwerbehindertenrechts durch das SGB IX machen Präzisierungen und Korrekturen erforderlich. Kann der schwerbehinderte Arbeitnehmer die mit dem zugewiesenen Arbeitsplatz verbundenen Tätigkeiten wegen seiner Behinderung nicht mehr wahrnehmen, so führt dieser Verlust nach der Konzeption der §§ 164 ff. SGB IX nicht ohne Weiteres zum Wegfall des Beschäftigungsanspruchs.[118] Der schwerbehinderte Arbeitnehmer kann dann vielmehr Anspruch auf eine anderweitige Beschäftigung haben und, soweit der bisherige Arbeitsvertrag diese Beschäftigungsmöglichkeit nicht abdeckt, auf eine entsprechende Vertragsänderung.[119] Besteht zwar ein **geeigneter Arbeitsplatz**, ist dieser jedoch **nicht frei**, so ist der **Arbeitgeber zur Freimachung** verpflichtet. Die Verpflichtung zur Freimachung beschränkt sich nicht nur auf eine Umsetzung, sondern bezieht auch die Versetzung mit ein.[120] Ist zu der von einem schwerbehinderten Menschen gewünschten anderweitigen Beschäftigung die Zustimmung der Betriebsvertretung erforderlich, so kann der Arbeitgeber verpflichtet sein, deren Zustimmung einzuholen.[121]

Schaffung eines neuen Arbeitsplatzes: Der Arbeitgeber brauchte nach der Rechtsprechung des BVerwG zum SchwbG für den aus persönlichen Gründen an der Arbeitsleistung gehinderten „Schwerbeschädigten" keinen „neuen Arbeitsplatz" schaffen.[122] Diese Aussage war und ist zu pauschal. Besteht kein anderweitiger geeigneter Arbeitsplatz, so kann auch die Schaffung eines neuen Arbeitsplatzes in dem Sinne erforderlich sein, dass bestehende Beschäftigungsmöglichkeiten erstmals zu einem für den Betroffenen geeigneten behinderungsgerechten Arbeitsplatz zusammengefasst werden. Eine entsprechende Verpflichtung spätestens ist seit Juli 2001 in § 81 Abs. 4 Satz 1 Nr. 4 (mWv 1.1.2018 nach § 164 Abs. 4 Satz 1 Nr. 4 SGB IX verschoben) durch die Verpflichtung zur „Gestaltung der Arbeitsplätze, des Arbeitsumfeldes, der Arbeitsorganisation" geregelt. Sie ergab sich im Übrigen für Arbeitgeber, die die Mindestbeschäftigung nicht erfüllen, schon immer aus der Vorschrift, nach der dieser Arbeitgeber geeignete Maßnahmen zur Sicherstellung der Schwerbehindertenbeschäftigung ergreifen muss.[123] Es besteht allerdings keine Verpflichtung, einen zusätzlichen Arbeitsplatz einzurichten, für den kein **Beschäftigungsbedarf** besteht, Beispiel Heizer auf der E-Lok.

22

---

115 BVerwG 5.6.1975 – V C 57.73, BVerwGE 48, 264.
116 BVerwG 21.10.1964 – V C 14.63, BVerwGE 19, 327; BVerwG 5.6.1975 – V C 57.73, BVerwGE 48, 264.
117 VG Berlin 14.1.1992 – 8 A 496.90, juris Rn. 17.
118 BAG 10.5.2005 – 9 AZR 230/04, AP § 81 SGB IX Nr. 8.
119 BAG 28.4.1998 – 9 AZR 348/97, AP SchwbG 1986 § 14 Nr. 2.
120 BAG 10.5.2005 – 9 AZR 230/04, AP § 81 SGB IX Nr. 8.
121 Vgl. BAG 3.12.2002 – 9 AZR 481/01, BAGE 104, 45.
122 BVerwG 5.6.1975 – V C 57.73, BVerwGE 48, 264.
123 Übernommen aus SchwbG und mit Einführung des SGB IX 2011 nach § 81 Abs. 3 Satz 1 überführt. Mit Wirkung vom 1.1.2018 nach § 164 Abs. 3 Satz 1 SGB IX verschoben.

23 **Kündigung wegen Ruhens des Arbeitsverhältnisses bei Erwerbsminderung:** Soweit tarifliche Regeln[124] bei Bezug einer **Zeitrente** das Ruhen des Arbeitsverhältnisses anordnen, soll darin kein Hinderungsgrund für den Antrag auf Zustimmung zur Kündigung zu sehen sein. Die Tatsache des zeitweisen Ruhens der Hauptpflichten aus dem Arbeitsverhältnis wird lediglich als ein Abwägungselement betrachtet, das bei der Frage der Zumutbarkeit einer Weiterbeschäftigung angemessen zugunsten des Arbeitnehmers zu berücksichtigen ist.[125] Dessen Gewicht für den Schutz des Arbeitnehmers wird verstärkt, wenn der Antrag auf Zustimmung zur Kündigung auf Gründe gestützt wird, die in der Behinderung selbst ihre Ursache haben und die auch zu der Zeitrente geführt haben. Der **erweiterte Bestandsschutz in § 175** zeigt, dass der Gesetzgeber die Erhaltung der Beschäftigungsmöglichkeit nach Auslaufen der Zeitrente anstrebt. Das zeigt ferner die Regelung in § 33 Abs. 3 TVöD, nach der die Tarifvertragsparteien dem betroffenen Zeitrentner das Recht eingeräumt haben, binnen zwei Wochen nach Zugang des Rentenbescheids die Weiterbeschäftigung nach dem vom Rentenversicherungsträger festgestellten Leistungsvermögen zu verlangen. Im Übrigen muss auch hier einem positiven Zustimmungsbescheid ein Klärungsverfahren nach § 167 Abs. 1 oder Abs. 2 vorangegangen sein. Das trifft den Arbeitgeber nicht besonders, weil während der Dauer des Verfahrens wegen des Ruhens der Hauptpflichten kein Entgelt geschuldet wird und genügend Zeit vorhanden ist.

24 **Präventionspflicht bei Erkrankungen:** Hält der Arbeitgeber das Arbeitsverhältnis für gestört, weil ein schwerbehinderter, behinderter oder von Behinderung bedrohter Mensch länger als sechs Wochen ununterbrochen arbeitsunfähig krank ist, so hat er nach § 167 Abs. 2 Satz 1 die Schwerbehindertenvertretung im Rahmen des BEM einzuschalten. Voraussetzung ist, dass der Betroffene auf Anfrage des Arbeitgebers dem zustimmt. Auch diese Pflicht erfüllt eine Präventionsfunktion. Sie soll die Möglichkeit klären, wie die Arbeitsunfähigkeit überwunden, erneuter Arbeitsunfähigkeit vorgebeugt und der Arbeitsplatz erhalten werden kann. Damit dient sie der Verhütung der Ausgrenzung aus der Belegschaft. Nach § 167 Abs. 2 Satz 4 muss das Integrationsamt hinzugezogen werden, wenn Leistungen zur Teilhabe oder begleitende Hilfe in Betracht kommen. Das wird regelmäßig der Fall sein, wenn die innerbetriebliche Klärung zeigt, dass zur Überwindung der Arbeitsunfähigkeit Veränderungen in der Arbeitsorganisation oder am Arbeitsplatz erforderlich sind. Nach § 164 Abs. 4 Satz 2 ist es Pflichtaufgabe des Integrationsamts, den Arbeitgeber insoweit mit Rat und Tat zu unterstützen. So hat nach der Konzeption des Gesetzes schon im „Vorfeld" eines Zustimmungsantrags das Integrationsamt die Aufgabe, kurz- und langfristige Alternativen zur Kündigung zu prüfen. Hat der Arbeitgeber seine Pflicht aus § 167 Abs. 2 Satz 4 zur Hinzuziehung des Integrationsamts verletzt, so hat er die Verlängerung des Zustimmungsverfahrens zu vertreten. Das trifft nicht zu, wenn der betroffene behinderte Arbeitnehmer, obwohl er nach § 167 Abs. 2 Satz 3 auf die Ziele des Eingliederungsmanagements hingewiesen worden ist, die Durchführung des Klärungsverfahrens abgelehnt hat.

25 **Mitwirkungspflicht des schwerbehinderten Menschen:** Die Pflicht zur Sachverhaltsaufklärung findet eine Begrenzung in der Mitwirkungspflicht des betroffenen Schwerbehinderten (§ 21 Abs. 2 SGB X). Deshalb besteht für die Behörde kein Anlass, ohne entsprechende Hinweise des betroffenen schwerbehinderten Menschen alle denkbaren Möglichkeiten einer anderweitigen Beschäftigung

---

124 So zB vor Inkrafttreten des TVöD § 59 Abs. 1 BAT; Neuregelung in § 33 Abs. 2 Satz 5 und 6 TVöD.
125 VGH BW 12.7.1997 – 9 S 1490/96, Behindertenrecht 1998, 75.

aufzuklären. Hat der von dem Zustimmungsantrag betroffene Arbeitnehmer sich selbst gegen die sachverständige Klärung der Beschäftigungsmöglichkeiten in dem Verfahren nach § 167 Abs. 2 entschieden, so treffen ihn in vollem Umfang die sozialrechtlichen Mitwirkungspflichten. Will er der Negativprognose des Arbeitgebers entgegentreten, muss er konkret darlegen, aus welchen Gründen er von einer künftigen Beschäftigungsfähigkeit auf welchem Arbeitsplatz ausgeht.

2. Verhaltensbedingte Gründe

Verhaltensbedingte Kündigungsgründe: Gibt der Arbeitgeber in seinem Antrag auf Zustimmung verhaltensbedingte Gründe an, zB der Arbeitnehmer verweigere ohne sachlichen Grund die ihm aufgetragene Arbeit, so hat das Integrationsamt zu ermitteln, ob die behaupteten Tatsachen überhaupt vorliegen. Kommt es zu **Störungen des Arbeitsverhältnisses** durch Streitereien, soll nach Ansicht des Bundesverwaltungsgerichts mit in die Interessenabwägung einbezogen werden, ob der Arbeitgeber oder der schwerbehinderte Arbeitnehmer die Störung überwiegend zu verantworten habe.[126] Das wird im Schrifttum zu Recht als eine Frage betrachtet, die im Rahmen der kündigungsschutzrechtlichen Interessenabwägung der Beurteilung der Gerichte für Arbeitssachen unterliegt.[127] Nur soweit die **Streitigkeit im Zusammenhang mit einer Behinderung** steht, ist das vom Integrationsamt zu berücksichtigen. Das gilt beispielsweise für den Fall, dass der schwerbehinderte Mensch wegen seiner Behinderung gehänselt wird und darauf mit übersteigerter Aggressivität reagiert.[128]

Verhältnismäßigkeitsgrundsatz: Der Verhältnismäßigkeitsgrundsatz hat universelle Bedeutung. Er muss daher auch vom Integrationsamt beachtet werden. Bei der Nutzbarmachung des von der Arbeitsrechtsrechtsprechung in Konkretisierung des Verhältnismäßigkeitsgrundsatzes entwickelten Abmahnungserfordernisses ist die verwaltungsgerichtliche Rechtsprechung zurückhaltend. Da es Ausnahmen vom Regelfall der Abmahnung gebe, solle die Frage den Gerichten für Arbeitssachen überlassen werden, ob eine vorherige Abmahnung im Einzelfall erforderlich gewesen sei.[129]

Präventionspflicht bei Verhaltensauffälligkeiten: Die Pflicht, frühzeitig die SBV unter Hinzuziehung des Integrationsamts einzuschalten, gilt nach § 167 Abs. 1 auch bei verhaltensbedingten Schwierigkeiten, um Eskalationen bis zur **Kündigung zu vermeiden**. Denn auch dann, wenn das Arbeitsverhältnis wegen des Verhaltens gefährdet ist, kann eine rechtzeitig ergriffene Maßnahme geeignet sein, eine Kündigung zu verhüten. Reagiert zB der schwerbehinderte Mensch aggressiv auf „Hänseleien", ist es angebracht, die betreffenden Mitarbeiter zu ermahnen und gegebenenfalls umzusetzen. Bedenkenswert kann auch sein, die Hilfe des Integrationsfachdienstes (psycho-sozialer Dienst des Integrationsamts, Integrationsfachdienst) in Anspruch zu nehmen, um den schwerbehinderten Menschen in einem Anti-Aggressionstraining zu mehr Gelassenheit zu verhelfen. Hat der Arbeitgeber entgegen § 167 Abs. 1 das Integrationsamt nicht frühzeitig eingeschaltet, ist er nicht nur die längere Ermittlungsdauer zu ertragen. Ihm ist auch zuzumuten, das Versäumte – soweit möglich – nachzuholen. Die Zustimmung zum Kündigungsantrag ist dann zu verweigern oder das Antragsverfahren bis zur Nachholung des Präventionsverfahrens auszusetzen.

---

126 BVerwG 2.7.1992 – 5 C 51.90, BVerwGE 90, 287 = MDR 1993, 1242.
127 *Dörner* SchwbG § 18 Rn. 18.
128 *Dörner* SchwbG § 18 Rn. 18; aA *Großmann* in GK-SGB IX § 89 Rn. 145 f.
129 BVerwG 2.7.1992 – 5 C 51/90, BVerwGE 90, 287.

29 **Loyalitätsverstoß gegenüber dem kirchlichen Arbeitgeber:** Der Kirchenaustritt eines Arbeitnehmers ist im Rahmen des dem Integrationsamt zustehenden Ermessens im Antragsverfahren nach § 170 in jedem Einzelfall gesondert zu prüfen. Das BVerwG hat es abgelehnt, in diesen Fällen des Verstoßes gegenüber dem kirchlichen Arbeitgeber geschuldeten Loyalitätspflichten grundsätzlich von einer Ermessensreduzierung auf Null auszugehen.[130] Es hat die Zustimmung zur Kündigung einer schwerbehinderten leitenden Krankenschwester nicht beanstandet, obwohl eine Neueinstellung der Betroffenen in Anbetracht ihrer Behinderung und ihres Alters nur schwerlich erwartet werden konnte. In diesem Einzelfall gab den Ausschlag, dass für eine leitende Angestellte keine Beschäftigungsalternative mit geringeren Loyalitätspflichten beim kirchlichen Arbeitgeber vorhanden war.

3. Betriebsbedingte Gründe

30 **Betriebsbedingte Kündigungsgründe:** Macht der Arbeitgeber in seinem Antrag auf Zustimmung geltend, die bisherige **Beschäftigungsmöglichkeit** im Betrieb sei **weggefallen**, so muss das Integrationsamt feststellen, ob die Behauptung zutrifft.[131] Das Integrationsamt muss nämlich nach § 20 Abs. 1 SGB X von Amts wegen den im Antrag dargestellten Sachverhalt ermitteln. Das bedeutet, sie muss untersuchen, ob ein behaupteter Kündigungsgrund überhaupt vorliegt.[132] Die behaupteten betriebsbedingten Kündigungsgründe dürfen deshalb nicht ungeprüft aus dem Antrag des Arbeitgebers übernommen werden, es muss vielmehr geprüft werden, ob sie vorgeschoben sind.[133] Da die Organisation und Struktur eines Betriebes, so nicht § 164 Abs. 3 SGB IX eingreift (dazu → Rn. 31), der unternehmerischen Entscheidung unterliegen, können die hierauf bezogenen Entscheidungen des Unternehmers nicht inhaltlich auf Zweckmäßigkeit überprüft werden.[134] Solche Entscheidungen, die zum Wegfall des Arbeitsplatzes führen, darf das Integrationsamt aber daraufhin überprüfen, ob sie unsachlich oder willkürlich sind.[135] Nach der Rechtsprechungslinie des BVerwG beschränken sich Verwaltungsgerichte im Rahmen der Evidenzkontrolle darauf festzustellen, ob die arbeitsrechtliche Unwirksamkeit der betriebsbedingten Kündigung ohne jeden vernünftigen Zweifel in rechtlicher und tatsächlicher Hinsicht offen zu Tage liegt und sich jedem Kundigen geradezu aufdrängt.[136]
Beispielsfall zum vermeintlichen Wegfall des Arbeitsplatzes: Ein Verleihunternehmen beschäftigt 120 Leiharbeitnehmer. Eine schwerbehinderte Leiharbeitnehmerin ist als Kassiererin an ein Einzelhandelsunternehmen überlassen. Der Entleiher möchte die mit dem Verleiher vereinbarten höheren Überlassungsentgelte bei Beginn der Equal-Pay-Pflicht nach neun Monaten Überlassungsdauer (§ 8 Abs. 4 Satz 4 AÜG) vermeiden. Er veranlasst den Verleiher, die Kassiererin gegen eine andere für mindestens drei Monate und einen Tag auszutauschen. Der Verleiher beantragt die Zustimmung zur Kündigung. Zur Begründung gibt er an, der Arbeitsplatz sei wegen vorzeitiger Beendigung des Kundenauftrags

---

130 BVerwG 19.8.2004 – 5 B 90.03; *Hohm* jurisPR-SozR 2/2005 Anm. 6.
131 OVG NRW 23.1.1992 – 13 A 297/91, NZA 1992, 844.
132 BVerwG 28.11.1958 – V C 32.56, BVerwGE 8, 46 = BB 1959, 740.
133 SächsOVG 25.8.2003 – 5 BS 107/03, Behindertenrecht 2004, 81.
134 Vgl. BAG 23.4.2008 – 2 AZR 1110/06, NZA 2008, 939 mwN.
135 BayVGH 1.3.2012 – 12 ZB 10.587, Rn. 9; *Trenk-Hinterberger* in HK-SGB IX, 3. Aufl. 2010, § 88 Rn. 14.
136 BayVGH 1.3.2012 – 12 ZB 10.587, Rn. 9 unter Bezug auf BVerwG 2.7.1992 – 5 C 39/90, BVerwGE 90, 275.

weggefallen. Um nach Ablauf der Karenzzeit von drei Monaten und einem Tag wieder neun Monate in Abweichung von Equal-Pay beschäftigen zu können, gibt der Verleiher der Kassiererin gleichzeitig eine Wiedereinstellungszusage für die Zeit nach Ablauf der Karenzzeit.
Lösung: Das Integrationsamt darf die Zustimmung nicht erteilen. Eine betriebsbedingte Kündigung wäre offensichtlich rechtswidrig; denn es mag zwar der bisherige Einsatzplatz für drei Monate und einen Tag weggefallen sein, aber damit ist noch nicht gesagt, dass die Beschäftigungsmöglichkeiten bei anderen Kunden des Verleihers weggefallen sind. Maßgebend sind die gesamten betrieblichen Beschäftigungsmöglichkeiten, wobei auch eine Überbrückungszeit bis zum nächsten Auftrag zugemutet werden kann. Weitergehend nimmt die arbeitsgerichtliche Rspr. an, dass der für eine betriebsbedingte Kündigung erforderliche dauerhafte Wegfall grundsätzlich nicht anzunehmen ist, wenn der Kunde einen Einsatz eines Leiharbeitnehmers nach einer Einsatzdauer von neun Monaten nur für einen weiteren Zeitraum von drei Monaten und einem Tag ablehnt und danach wieder beschäftigen will.[137]

Mangelnde Auslastung: Wird festgestellt, dass für den schwerbehinderten Arbeitnehmer nur Aufgaben vorhanden sind, die seine Arbeitskraft zu etwa 20 % auslasten, wird es als eine dem Arbeitgeber vorbehaltene unternehmerische Entscheidung angesehen, diesen **unrentablen Arbeitsplatz** durch anderweitige Verteilung der Arbeit wegfallen zu lassen.[138] Zunächst ist zu prüfen, ob der Arbeitgeber sich zur Umverteilung der Arbeit entschlossen hat, etwa weil er eine behinderungsgerechte Ausstattung des Arbeitsplatzes wegen der hohen Kosten vermeiden möchte. Dabei ist zu beachten, dass mit dem Wegfall des zuletzt innegehabten Arbeitsplatzes noch nicht die Beschäftigungsmöglichkeit entfallen ist; denn die Prüfung des Beschäftigungsbedarfs ist bezogen auf alle freien oder freizumachenden Arbeitsplätze (→ Rn. 22), für die der schwerbehinderte Mensch geeignet ist, durchzuführen. Das gilt für alle Tätigkeiten, die im Betrieb oder im Unternehmen vom schwerbehinderten Arbeitnehmer übernommen werden können.

Erhaltung oder Ersatz von Arbeitsplätzen bei Unterschreiten der Quote: Stets hat das Integrationsamt zu prüfen, ob eine **andere Einsatzmöglichkeit** in Betracht kommt[139] (Einzelheiten dazu für öffentliche Arbeitgeber → Rn. 32, für private Arbeitgeber → Rn. 35). Das gilt vor allem dann, wenn der Arbeitgeber die Beschäftigungsquote aus § 154 nicht erfüllt hat. Der Arbeitgeber ist dann vom Gesetzgeber bewusst und gewollt in seiner **unternehmerischen Organisationsfreiheit eingeschränkt.** § 164 Abs. 3 Satz 1 legt dem Arbeitgeber eine **Pflicht zur Sicherstellung der Mindestbeschäftigung** auf. Deren Erfüllung hat Vorrang.[140] Jeder beschäftigungspflichtige Arbeitgeber, der die Mindestanzahl der Pflichtplätze nicht besetzt hat, muss organisatorische Maßnahmen zur Erhöhung der Schwerbehindertenbeschäftigung in Richtung Mindestbeschäftigung ergreifen. Dazu hat er zu prüfen, welche Maßnahmen zur Schwerbehinderteneingliederung geeignet sind, und über das Ergebnis dieser Prüfung nach § 92 Abs. 3 Satz 2 iVm § 92 Abs. 1 Satz 1 BetrVG den Betriebsrat im Rahmen der Personalplanung unterrichten.[141] In den Inklusionsvereinbarungen (→ § 166 Rn. 25) sollten dazu konkretisierende Regeln aufgestellt und einzuleitende Pro-

---

137 ArbG Mönchengladbach 20.3.2018 – 1 Ca 2686/17, AuR 2018, 262.
138 OVG NRW 23.1.1992 – 13 A 297/91, NZA 1992, 844.
139 Vgl. Liste der zur berücksichtigenden Gesichtspunkte: *Beyer/Seidel*, Der Kündigungsschutz schwerbehinderter Menschen im Arbeitsleben, 3. Aufl. 2010, S. 70.
140 Zustimmung: *Söhngen/Zwanziger* in KDZ, 8. Aufl. 2011, § 89 Rn. 15.
141 *Schulze-Doll* in HaKo-BetrVG § 92 Rn. 7, 13, 28.

zessschritte vorgegeben werden. So ist in der Gesamtinklusionsvereinbarung der Daimler AG unter II a und b vereinbart,
1. Im Rahmen der Personalplanung sind behinderungsgerechte Arbeitsplätze einzuplanen.
2. Die SBV oder der Betriebsrat können ergänzend Bedarfe einsteuern.
3. Bei Betriebsänderungen ist für schwerbehinderte Beschäftigte gesondert zu prüfen, ob eine Weiterbeschäftigung zugesagt werden kann.

Zu den geeigneten Maßnahmen gehören insbesondere auch die Schaffung von **Ersatzarbeitsplätzen** oder der an den sonst zur Kündigung anstehenden schwerbehinderten Menschen angepasste Zuschnitt des Anforderungsprofils von neuen oder frei werdenden Arbeitsplätzen (→ § 164 Rn. 133). Beispielhaft ist auch hier die Gesamtinklusionsvereinbarung der Daimler AG. Dort ist unter V c geregelt, dass für die Berechnung der Wirtschaftlichkeit von Fremdvergaben (sog. „Bezugsartenfestlegung") auch die weitere Einsatzmöglichkeit der schwerbehinderten Beschäftigten als eine Grundlage für die Wirtschaftlichkeit der Maßnahme zu berücksichtigen ist. Dazu ist auf Verlangen des Gesamtbetriebsrats oder der Gesamt-SBV eine erweiterte **Wirtschaftlichkeitsrechnung** durchzuführen und vor Ort mit der SBV und mit dem Betriebsrat zu beraten. Der Arbeitgeber kann zur Steigerung der Beschäftigung als geeignet erkannte Maßnahmen nicht pauschal mit der Behauptung verweigern, deren Umsetzung sei mit unverhältnismäßigen Aufwendungen verbunden oder aus sonstigen Gründen unzumutbar. Der Vorbehalt der Unverhältnismäßigkeit oder Unzumutbarkeit ist in § 164 Abs. 3 Satz 2 iVm Abs. 4 Satz 2 und 3 definiert. Dazu gehört ua auch die Schaffung von **Ersatzarbeitsplätzen** für die sonst zur Kündigung anstehenden schwerbehinderten Menschen. Beispielhaft ist die Gesamtinklusionsvereinbarung der Daimler AG. Dort ist unter V c geregelt, dass für die Berechnung der Wirtschaftlichkeit von Fremdvergaben (sog. „Bezugsartenfestlegung") auch die weitere Einsatzmöglichkeit der schwerbehinderten Beschäftigten als eine Grundlage für die Wirtschaftlichkeit der Maßnahme zu berücksichtigen ist. Dazu ist auf Verlangen des Gesamtbetriebsrats oder der Gesamt-SBV eine erweiterte **Wirtschaftlichkeitsrechnung** durchzuführen und vor Ort mit der SBV und mit dem Betriebsrat zu beraten. Für deren Einrichtung der Arbeitgeber nach § 164 Abs. 4 Satz 2 SGB IX auch die Hilfen der Bundesagentur für Arbeit (→ §,187 Rn. 4 ff) und der begleitenden Hilfe des Integrationsamts (→ § 185 Rn. 5 ff.) zu berücksichtigen hat. Das kann im Einzelfall die Verpflichtung zum Unterlassen der Fremdvergabe von Aufträgen oder deren Rücknahme bedeuten. Das Gesetz begrenzt mit diesem Ziel die am betriebswirtschaftlichen Nutzen ausgerichtete Organisationsfreiheit des Arbeitgebers. Diese Rechtsvorschrift ist vielen Anwälten, Personalern und Richtern unbekannt.[142] Auch die Integrationsämter tun sich schwer, die Vorschrift anzuwenden; denn ihre Anwendung sorgt für Konfliktpotenzial, weil sie mit der Vorstellung einer unbeschränkten Organisationsfreiheit bricht.

Beispielsfall 1: Der Betrieb beabsichtigt, im Rahmen von Outsourcing den Pförtnerdienst an ein Bewachungsunternehmen zu übertragen. Die als Pförtner beschäftigten drei schwerbehinderten Menschen sollen betriebsbedingt entlassen werden. Solange der Unternehmer nicht die vorgeschriebene Anzahl der Pflichtplätze nach § 154 besetzt, muss das Integrationsamt die Erfüllung der Pflicht aus § 164 Abs. 3 prüfen. Der Arbeitgeber hat nicht nur die Möglichkeit zu prüfen, ob er die schwerbehinderten Beschäftigten nach entsprechender Einarbeitung auf anderen freien oder frei werdenden Arbeitsplätzen im eigenen Be-

---

142 Vgl. dazu *Düwell* jurisPR-ArbR 23/2015 Anm. 2.

trieb, zB im Warenlager oder auf der Poststelle einsetzt. Fehlen derartige Einsatzmöglichkeiten, die nach § 167 Abs. 1 im Rahmen des Präventionsverfahren gemeinsam mit den Interessenvertretungen und der SBV zu klären sind, hat der Arbeitgeber sich nach § 172 Abs. 2 darum zu bemühen, dass das beauftragte Bewachungsunternehmen die betroffenen Arbeitnehmer zu angemessenen und den Beschäftigten zumutbaren Bedingungen übernimmt. Wenn der Arbeitgeber insoweit nichts unternimmt, wird ihm die Zustimmung zur Kündigung zu verweigern sein. Er hat dann die Wahl, entweder das gesamte Outsourcingprojekt zurückzustellen oder die drei Schwerbehindertenarbeitsplätze davon auszunehmen. Die Erfahrung zeigt jedoch, dass die Integrationsämter und Verwaltungsgerichte sich mit der Anwendung des § 164 Abs. 3 schwertun.

Beispielsfall 2: Ein Zeitschriftenverlag erfüllt nicht seine Pflicht aus § 154, auf 5 % seiner Arbeitsplätze schwerbehinderte Menschen zu beschäftigen. Der Verlag beantragt, einer schwerbehinderten Redakteurin mit einem Grad der Behinderung von 80 sowie den festgestellten Merkzeichen „G", „aG" und „B" das Arbeitsverhältnis zu kündigen. Hintergrund ist die Umstrukturierung der Redaktion: Alle Redakteursstellen sollen wegfallen, die redaktionellen Beiträge durch freie Mitarbeiter verfasst werden, nur die Stellen der Ressortleitung bleiben bestehen und werden durch neu geschaffene Stellen für stellvertretende Ressortleiter ergänzt. Die schwerbehinderte Redakteurin macht geltend, sie habe über ein Jahr den abwesenden Redaktionsleiter beanstandungsfrei vertreten und sei für die Stelle der stellvertretenden Ressortleitung geeignet. Der Verlag erhielt vom Integrationsamt die Zustimmung, nachdem in zwei Erörterungsterminen keine einvernehmliche Lösung zustande kam. Zur Begründung wurde ausgeführt, die unternehmerische Entscheidung sei nicht offenbar unsachlich oder willkürlich. Sie müsse daher als bindend hingenommen werden. Dem Integrationsamt sei eine abschließende Klärung des komplexen Sachverhalts nicht möglich. Diese sei auch nicht erforderlich, weil das Integrationsamt den Kündigungsschutzprozess nicht vorwegnehmen solle. Dagegen erhob die Redakteurin erfolglos Widerspruch und Anfechtungsklage und scheiterte auch in der Berufungsinstanz.[143] Das Berufungsgericht hat ausdrücklich die Berücksichtigung des öffentlichen Interesses an der Schwerbehindertenbeschäftigung ausgeschlossen. Es ist damit, ohne darauf einzugehen, von der Rspr. anderer Gerichte abgewichen.[144] Bei korrekter Durchführung der Interessenabwägung hätte das Integrationsamt das öffentliche Interesse berücksichtigen müssen. Bereits unter Geltung des SchwbG hat das BVerwG darauf hingewiesen, dass es nicht die umfassende Abwägung aller den Kündigungsstreit zwischen Arbeitgeber und Arbeitnehmer bestimmenden widerstreitenden Interessen gehe, sondern nur um die Einbringung der vom Schutzzweck des Schwerbehindertengesetzes erfassten Interessen, denn der Behörde „obliegt im Rahmen des Sonderkündigungsschutzes die fürsorgerische Inschutznahme des Schwerbehinderten".[145] Zudem hätte das OVG die öffentlich-rechtliche Pflicht des Verlegers aus § 164 Abs. 3 Satz 1 berücksichtigen müssen, bei der Umstrukturierung geeignete Maßnahmen zur Sicherstellung der Mindestbeschäftigung zu ergreifen. In Unkenntnis dieser Norm ist dagegen fehlerhaft eine uneingeschränkte Organisationsfreiheit des Arbeitgebers angenommen worden. Eine geeignete und wahrscheinlich auch zu-

---

143 HmbOVG 10.12.2014 – 4 Bf 159/12, Behindertenrecht 2015, 204; kritisch *Luickhardt* BB 2015, 2741; ablehnend *Düwell* jurisPR-ArbR 23/2015 Anm. 2.
144 Abweichung von OVG NRW 7.11.2003 – 12 A 750/01, unter Bezugnahme auf BVerwG 11.11.1999 – 5 C 23/99, BVerwGE 110, 67; BayVGH 6.7.1978 – 381 XII/75, Behindertenrecht 1979, 42.
145 BVerwG 10.9.1992 – 5 C 80/88, Rn. 20, Buchholz 436.61 § 18 SchwbG Nr. 6.

mutbare Maßnahme wäre gewesen, der schwerbehinderten Beschäftigten zumindest probeweise die Aufgabe der stellvertretenden Ressortleitung zu übertragen.

32 **Suche nach freien Ersatzarbeitsplätzen:** Die verwaltungsgerichtliche Rspr. stellt an die öffentlichen Arbeitgeber besondere Anforderungen, → § 211 Rn. 15. Es reicht danach für die Zurruhesetzung im Beamtenverhältnis nicht aus, wenn die Dienststellenleitung angibt, eine Rundfrage bei anderen Dienststellen im gesamten Geschäftsbereich habe keine Meldung einer geeigneten freien Stelle ergeben.[146] Vielmehr muss eine **aktive Suche** durchgeführt und dokumentiert werden.[147] Die Suche muss auch auf Dienstposten ausgedehnt werden, die **in absehbarer Zeit neu zu besetzen** sind. Zur Suchpflicht gehören auch **Nachfragen**. Diese sind insbesondere geboten, wenn eine Abfrage unbeantwortet bleibt oder dienstlichen Bedenken gegen eine behinderungsbedingt eingeschränkte Verwendung erhoben worden sind. Der öffentliche Arbeitgeber nämlich zu untersuchen, ob mit einer zumutbaren Veränderung der bestehenden Aufgabenverteilung eine Weiterverwendung ermöglicht werden kann, ohne dass es zu Störungen des Betriebsablaufs über das mit einem Stellenwechsel sonst übliche Maß hinaus kommt.[148] Um hierfür gesicherte Erkenntnisse zu erhalten, ist es erforderlich, die Fachabteilungen der anderen Behörden und Dienststellen, die die Möglichkeit einer Anpassung des Aufgabenzuschnitts der Dienstposten sachnah beurteilen können, bereits bei der Suche nach geeigneten Verwendungsmöglichkeit mit einzubinden.[149] Diese Maßstäbe für die Suche nach einem freien geeigneten Arbeitsplatz sind auch auf die betriebsbedingte Kündigung von Arbeitsverhältnissen in öffentlichen Dienst anwendbar; denn § 172 Abs. 1 Satz 3 enthält einen **Vorrang für die Weiterverwendung** auf freien Arbeitsplätzen. Deshalb hat das Integrationsamt sich im Antragsverfahren eines öffentlichen Arbeitgebers die Dokumentation der Suchbemühungen vorlegen zu lassen. Ist die **aktive Suche** nicht dokumentiert[150] oder wird die Dokumentation nicht vorgelegt, kann die Zustimmung nicht erteilt werden; denn eine Kündigung wäre offensichtlich ungerechtfertigt. Für die Arbeitsverhältnisse in der Privatwirtschaft können diese Maßstäbe nur eingeschränkt gelten, weil hier sowohl die hierarchische Behördenstruktur als auch die mit der Aktenführung verbundene Dokumentationspflicht fehlt. Hier muss das Integrationsamt zur Aufklärung des Kündigungssachverhalts den Arbeitgeber anhalten, seine aktiven Bemühungen bei der Suche nach freien Arbeitsplätzen darzulegen.
Sowohl dem öffentlichen Arbeitgeber als auch dem privaten Arbeitgeber, die dem Leitbild des Gesetzes folgend einen „gutem Willen" (→ § 164 Rn. 107) zeigen, kann es nicht schwerfallen, diese Anforderungen zu genügen; denn sie

---

146 BVerwG 26.3.2009 – 2 C 73.08, BVerwGE 133, 297, Rn. 25; BayVGH 26.9.2019 – 3 BV 17.2302, Rn. 50, Behindertenrecht 2020, 17.
147 BayVGH 26.9.2019 – 3 BV 17.2302, Behindertenrecht 2020, 17; NdsOVG 1.7.2013 – 5 ME 109/13, DÖD 2013, 231.
148 BayVGH 26.9.2019 – 3 BV 17.2302, Rn. 50 ff., Behindertenrecht 2020, 17 unter Hinweis auf BVerwG 26.3.2009 – 2 C 46.08, juris Rn. 26, ZTR 2009, 555; BVerwG 26.3.2009 – 2 C 73.08, juris Rn. 25, BVerwGE 133, 297 = ZBR 2009, 415.
149 BayVGH 26.9.2019 – 3 BV 17.2302, Rn. 56, Behindertenrecht 2020, 17 unter Hinweis auf BVerwG 26.3.2009 – 2 C 46.08, juris Rn. 26, ZTR 2009, 555; BVerwG 26.3.2009 – 2 C 73.08, juris Rn. 25, BVerwGE 133, 297 = ZBR 2009, 415.
150 Zu den Anforderungen an die der Dienststellenleitung obliegenden zu dokumentierenden Suchpflicht: BayVGH 26.9.2019 – 3 BV 17.2302, Rn. 44 ff., Behindertenrecht 2020.

haben bereits bei Eintreten der **betriebsbedingten Schwierigkeiten** im Präventionsverfahren nach § 167 Abs. 1 diese Suchergebnisse mit dem Betriebs- oder Personalrat und der SBV erörtert. Hat diese Erörterung nicht stattgefunden, muss das Integrationsamt dies zwingend zulasten des Arbeitgebers bei seiner **Ermessensentscheidung** berücksichtigen, → Rn. 4.

Sozialauswahl bei betriebsbedingter Kündigung: Soweit das Integrationsamt die 33 geltend gemachten betrieblichen Gründe als hinreichend gewichtig ansieht, bedarf es **keiner weiteren Überprüfung** der arbeitgeberseitigen Auswahlentscheidung analog § 1 Abs. 3 KSchG.[151] Die Rechtsprechung der Verwaltungsgerichtsbarkeit ist zu Recht zurückhaltend. Sie will allenfalls eine offenkundige Sozialwidrigkeit wegen einer offenkundig fehlerhaften Sozialauswahl berücksichtigen.[152] Wird die Rechtslage genauer betrachtet, so zeigt sich: Das Integrationsamt kann diese Frage nicht mit letzter Genauigkeit in seine Prüfung einbeziehen. Eine verlässliche Sozialauswahl ist für den Arbeitgeber nämlich erst dann möglich, wenn er die personellen Verhältnisse zum Zeitpunkt kennt, zu dem das Integrationsamt die Zustimmung erteilt (→ § 168 Rn. 77). Es besteht folglich nur die Möglichkeit einer summarischen Beurteilung.

Wegfall einer Haushaltsstelle im öffentlichen Dienst: Das ThürOVG geht davon 34 aus, dass dann, wenn die Planstelle, auf der der einzige Schwerbehinderte einer Gemeinde beschäftigt wird, wegen einer Umstrukturierung der Organisation wegfällt, damit auch automatisch jede Beschäftigungsmöglichkeit wegfalle. Da eine Freisetzung anderer Stellen durch Kündigung ausgeschlossen sei (→ § 164 Rn. 190), bleibe dann nur zu prüfen, ob die Entscheidung des kommunalen Haushaltsgesetzgebers **willkürlich** sei.[153] Im Haushaltsplanstellensystem des öffentlichen Dienstes ergibt die Fokussierung auf die Planstelle, dass der auch mit dem Kündigungsverbot unter Erlaubnisvorbehalt in § 168 verfolgte Gedanke der Kündigungsvermeidung durch Nutzung aller Weiterbeschäftigungsmöglichkeiten im Betrieb oder in der Dienststelle unterlaufen werden kann. Es muss daher jeweils sorgfältig geprüft werden, ob andere Beschäftigungsmöglichkeiten sich durch Fluktuation oder Pensionierung in absehbarer Zeit eröffnen. Nach § 164 Abs. 3 Satz 2 SGB IX ist dabei einer Gemeinde, die nach der Entlassung eine Nullquote in Sachen Schwerbehindertenbeschäftigung erreicht, auch eine **längere Wartezeit** auf das Freiwerden der Stelle zuzumuten.

Anderweitige Beschäftigungsmöglichkeit: Ebenso wie bei Wegfall der persönli- 35 chen Eignung für die Weiterarbeit am bisherigen Arbeitsplatz führt der Wegfall des zuletzt zugewiesenen Arbeitsplatzes nach der Konzeption der §§ 164 ff. SGB IX nicht ohne Weiteres zum Wegfall des Beschäftigungsanspruchs.[154] Der schwerbehinderte Arbeitnehmer kann dann vielmehr Anspruch auf eine anderweitige Beschäftigung haben und, soweit der bisherige Arbeitsvertrag diese Beschäftigungsmöglichkeit nicht abdeckt, auf eine entsprechende Vertragsänderung.[155] Besteht ein geeigneter Arbeitsplatz, ist dieser jedoch nicht frei, so ist der Arbeitgeber zur Ermöglichung der Beschäftigung durch einen Stellentausch verpflichtet. Besteht keine Bereitschaft zum Tausch hat der Arbeitgeber, soweit es ihm zumutbar ist, auch in Ausübung seines Weisungsrechts Versetzungen

---

151 So aber zum alten SchwbG: *Steinbrück* in GK-SchwbG § 19 Rn. 128; *Dörner* SchwbG § 18 Rn. 21; zum SGB IX in der Fassung bis 31.12.2017: *Steinbrück* in GK-SchwbG § 89 Rn. 133: „unabhängig vom Eingreifen des KSchG nach allgemein gültigen Wertmaßstäben".
152 BVerwG 11.11.1999 – 5 C 23.99, BVerwGE 100, 67.
153 ThürOVG 26.11.2003 – 3 KO 858/01, ThürVBl. 2004, 187.
154 BAG 10.5.2005 – 9 AZR 230/03, AP § 81 SGB IX Nr. 8.
155 BAG 28.4.1998 – 9 AZR 348/97, AP SchwbG 1986 § 14 Nr. 2.

vorzunehmen. Dies bezieht auch die Kettenversetzung mit ein.[156] Steht kein anderweitiger geeigneter Arbeitsplatz zur Verfügung, so können Beschäftigungsmöglichkeiten zu einem für den Betroffenen geeigneten behinderungsgerechten Arbeitsplatz zusammengefasst werden. Eine entsprechende Verpflichtung ist seit Juli 2001 mit der Einführung der Regelung in § 81 Abs. 4 Satz 1 Nr. 4 SGB IX aF (mWv 1.1.2018: § 164 Abs. 4 Satz 1 Nr. 4) durch die Verpflichtung zur „Gestaltung der Arbeitsplätze, des Arbeitsumfeldes, der Arbeitsorganisation" geregelt (→ § 164 Rn. 206). Zuzustimmen ist der verwaltungsgerichtlichen Rechtsprechung, dass dem Arbeitgeber nicht nach § 164 Abs. 4 Satz 3 zumutbar ist, andere Arbeitnehmer zu entlassen, um eine Stelle für den Schwerbehinderten freizumachen.[157]

36 **Präventionspflicht vor betriebsbedingter Kündigung:** Die Pflicht, frühzeitig das Integrationsamt einzuschalten, gilt nach § 167 Abs. 1 auch zur **Verhütung betriebsbedingter Kündigungen.** Denn auch dann, wenn das Arbeitsverhältnis wegen eines geänderten Beschäftigungsbedarfs gefährdet ist, kann eine rechtzeitig ergriffene Maßnahme geeignet sein, eine spätere Kündigung zu vermeiden. Dies gilt insbesondere für den Fall, dass höhere Anforderungen an das Qualifikationsniveau gestellt werden. Hier muss der Arbeitgeber seine **besonderen Förderungspflichten** aus § 164 Abs. 4 Satz 1 Nr. 2 und 3 beachten. Hat der Arbeitgeber entgegen § 167 Abs. 1 das Integrationsamt nicht frühzeitig eingeschaltet, so hat er nicht nur die längere Ermittlungsdauer zu ertragen. Ihm ist auch zuzumuten, das Versäumte – soweit noch möglich – nachzuholen. Die Zustimmung zum Kündigungsantrag ist dann zu verweigern oder das Antragsverfahren bis zur Nachholung des Präventionsverfahrens auszusetzen. Ist die versäumte **Maßnahme nicht mehr nachholbar,** weil zB der Arbeitgeber die geeignete freie Stelle, auf die der schwerbehinderte Mensch hätte umgesetzt werden können, unter Verletzung seiner Pflicht, ein Präventionsverfahren durchzuführen, mit einer Neueinstellung besetzt hat, so ist der Antrag auf Zustimmung abzulehnen. Auch in dieser Frage besteht ein erhebliches Vollzugsdefizit. Immer wieder wird von Vertrauenspersonen berichtet, das Integrationsamt zöge sich auf die bequeme Position zurück, es handele sich um eine arbeitsrechtliche Frage, deren Beantwortung der Prüfung der sozialen Rechtfertigung der Kündigung im arbeitsgerichtlichen Kündigungsschutzprozess zu überlassen sei. Das ist unzutreffend; denn hier geht es um die Anwendung einer rechtlichen Regelung des Schwerbehindertenrechts. Diese Regelung tritt zum allgemeinen Arbeitsrecht hinzu, um gezielt die Teilhabechancen schwerbehinderter Menschen zu erhöhen. Deshalb muss sich die Rechtsverletzung des Arbeitgebers zwingend zulasten des Arbeitgebers auswirken. Im Gegenzug muss zulasten des schwerbehinderten Arbeitnehmers ins Gewicht fallen, wenn er durch eigenes **unkooperatives Verhalten** die Durchführung eines Präventionsverfahrens nach § 167 SGB IX verhindert hat.[158]

V. Muss-Zustimmung bei Stilllegung

37 **Ermessensbindung bei betriebsbedingten Massenkündigungen:** Abs. 1 ordnet die Einschränkung des Abwägungsermessens des Integrationsamts für bestimmte Fälle der Massenkündigung an. Nach Abs. 1 Satz 1 **muss** das Integrationsamt die Zustimmung zu einer betriebsbedingten Kündigung bei einer Betriebsstillle-

---

156 BAG 10.5.2005 – 9 AZR 230/04, AP § 81 SGB IX Nr. 8; weitere Einzelheiten: → Rn. 21 f.
157 Im Anschluss an BVerwG 11.9.1990 – 5 B 63.90, Buchholz 436.61 § 15 SchwbG 1986 Nr. 4; ThürOVG 26.11.2003 – 3 KO 858/01, ThürVBl. 2004, 187.
158 OVG Bln-Bbg 23.1.2013 – OVG 6 B 35.11, Rn. 20.

gung oder Auflösung der Dienststelle erteilen. Nach Abs. 1 Satz 2 **soll** die Zustimmung bei einer wesentlichen Betriebseinschränkung von Betrieben und Dienststellen erteilt werden, sofern keine Weiterbeschäftigungsmöglichkeit besteht und die Einhaltung der Pflichtquote nach § 154 nach vollzogenem Personalabbau sichergestellt ist. Sowohl für die Fälle der Muss- oder der Soll-Zustimmung gilt als weitere Voraussetzung, dass zwischen dem Tage der Kündigung und dem Tage, bis zu dem Gehalt oder Lohn gezahlt wird, mindestens drei Monate liegen, zur Sicherstellung der Entgeltfortzahlung → Rn. 57.

Entscheidungsbindung bei Muss-Zustimmung: Sind die Voraussetzungen der Muss-Zustimmung nach Abs. 1 Satz 1 erfüllt, darf das Integrationsamt **kein Ermessen** mehr ausüben. Es muss allerdings die tatbestandlichen Voraussetzungen der Muss-Zustimmung ohne Zweifel festgestellt haben. Dazu gehört nach § 172 Abs. 1 Satz 3 auch der Ausschluss der Weiterbeschäftigungsmöglichkeit auf einem freien Arbeitsplatz in anderen Betrieben des Unternehmens oder bei anderen Dienststellen des Geschäftsbereichs eines öffentlichen Arbeitgebers, → Rn. 32. Die Feststellungen hat das Integrationsamt von Amts wegen nach § 20 SGB X zu treffen. 38

Entscheidungsermessen bei der Soll-Zustimmung: Der Unterschied zwischen der Muss- und der Soll-Zustimmung liegt darin, dass bei der Soll-Zustimmung eine **abweichende Entscheidung ausnahmsweise zulässig** ist, wenn **besondere sachliche Gründe** dies rechtfertigen. Dh im **Regelfall** ist die Zustimmung zu erteilen. Nur bei Vorliegen von Umständen, die den Fall als **atypisch** erscheinen lassen, darf die Behörde anders verfahren und nach pflichtgemäßem Ermessen entscheiden. Das verbleibende Restermessen ist somit davon abhängig, inwieweit der Kündigungssachverhalt Besonderheiten zugunsten des schwerbehinderten Menschen aufweist, die eine Verweigerung der Zustimmung ausnahmsweise rechtfertigen können.[159] Sind die tatbestandsmäßigen Voraussetzungen der Soll-Zustimmung nach Abs. 1 Satz 2 nicht erfüllt, so entfällt die Ermesseneinschränkung. Das Integrationsamt hat dann wieder den vollen Ermessensspielraum auszuschöpfen. Das gilt in gleicher Weise auch für die in Abs. 2 und 3 geregelten Fälle der Soll-Zustimmung. Dabei ist zu beachten: Nach § 172 Abs. 1 Satz 3 gehört der Ausschluss der Weiterbeschäftigungsmöglichkeit auf einem freien Arbeitsplatz in anderen Betrieben des Unternehmens oder bei anderen Dienststellen des Geschäftsbereichs eines öffentlichen Arbeitgebers (→ Rn. 32) zu den vom Integrationsamt zu untersuchenden Voraussetzungen der Ermesseneinschränkung. 39

Betriebseinstellung: Der Begriff des Betriebs ergibt sich aus § 170 Abs. 1 Satz 2. Er entspricht dem des BetrVG (→ § 170 Rn. 21). Unter einer nicht nur vorübergehenden Einstellung des Betriebs nach Abs. 1 Satz 1 ist dasselbe zu verstehen wie unter einer **Betriebsstilllegung** nach **§ 111 Satz 3 Nr. 1 BetrVG** und **§ 15 Abs. 4 KSchG**.[160] In der Rechtsprechung des Bundesarbeitsgerichts wird darunter die Aufgabe des Betriebszwecks und Auflösung der zwischen Arbeitgeber und Arbeitnehmern bestehenden Betriebsgemeinschaft verstanden. Daran fehlt es, wenn es sich noch nicht um eine **endgültige, abschließende Planung** handelt, weil zB noch über eine Veräußerung verhandelt wird.[161] Die über den geplanten Endzeitraum hinausgehende kurzfristige Weiterbeschäftigung einiger weni- 40

---

159 BVerwG 6.3.1995 – 5 B 59.94, RzK IV 8 a Nr. 38 = Buchholz, 436.61 § 19 SchwbG Nr. 1.
160 *Müller-Wenner/Schorn* SGB IX § 89 Rn. 33; *Kossens* in Kossens/von der Heide/Maaß SGB IX § 89 Rn. 5; *Vossen* in APS SGB IX § 89 Rn. 6.
161 BAG 10.10.1996 – 2 AZR 477/95, AP § 1 KSchG 1969 Betriebsbedingte Kündigung Nr. 81.

ger Mitarbeiter mit Abwicklungs- und Aufräumarbeiten steht der Annahme einer Betriebsstilllegung nicht entgegen.[162] Die Verwaltungsgerichtsbarkeit hat sich zur Auslegung des Begriffs der Betriebseinstellung in § 89 Abs. 1 Satz 1 aF (seit 1.1.2018: § 172 Abs. 1 Satz 1) dem angeschlossen.[163] Nicht unter den Begriff der Einstellung im Sinne von § 172 Abs. 1 Satz 1 fällt die Stilllegung einer **Betriebsabteilung**.[164] Diese kann den Tatbestand der Einschränkung in Abs. 1 Satz 2 erfüllen, insbesondere wenn mehrere Abteilungen geschlossen werden (→ Rn. 48).[165]

Das Integrationsamt hat die Zustimmung zu erteilen, wenn
1. der Betrieb stillgelegt wird und
2. die Weiterbeschäftigung dem Arbeitgeber auf einem freien oder frei werdenden Arbeitsplatz eines andere Betriebs des Unternehmens nicht möglich oder ihm unzumutbar ist (§ 172 Abs. 1 Satz 3, zur Suchpflicht des Arbeitgebers → Rn. 32) und
3. die dreimonatige Entgeltfortzahlung nach der Kündigung gesichert ist.

41 **Abgrenzung zur Betriebsunterbrechung:** Soweit das Gesetz in Abs. 1 Satz 1 als besonderes Merkmal der Betriebsstilllegung „nicht nur vorübergehend" bezeichnet, ist das überflüssig. Denn im Begriff der Einstellung des Betriebes ist dieses **Moment der Dauer** eingeschlossen. Mit diesem Pleonasmus wollten die Verfasser des Gesetzestextes wahrscheinlich verdeutlichen, dass keine Betriebsstilllegung vorliegt, wenn der Betriebsinhaber nur eine Pause in seiner unternehmerischen Tätigkeit plant. Das ist insbesondere bei **Saison- und Kampagnenbetrieben** zu berücksichtigen. Im Einzelfall kann dieser Fall auch bei Produktions- oder Dienstleistungsbetrieben vorkommen. Beispiele dafür sind: **Betriebspause** wegen schlechter Witterungsbedingungen, wegen Brandschadens, wegen einer sonstigen Betriebsstörung oder wenn zunächst ein Sanierungskonzept erstellt und geprüft werden soll.[166]

42 **Endgültige Stilllegungsabsicht:** Schwierig sind für das Integrationsamt die Fälle zu behandeln, in denen der Arbeitgeber in seinem Antrag ausführt, eine endgültige Betriebseinstellung sei geplant, sich aber später eine **Betriebsveräußerung mit Weiterführung** des Betriebs ergibt. Zwar schließt der Tatbestand der Betriebsübertragung nach § 613a Abs. 1 Satz 1 BGB grundsätzlich die Annahme einer Betriebsstilllegung nach Abs. 1 Satz 1 aus.[167] Der Kündigungsrechtsprechung der Gerichte für Arbeitssachen genügt jedoch die endgültige Stilllegungs**absicht** zum Zeitpunkt des Zugangs der Kündigungserklärung. Um missbräuchliche Gestaltung auszuschließen wird für die endgültige Stilllegungsabsicht vorausgesetzt, dass die betrieblichen Umstände der **Stilllegung bereits greifbare Formen** angenommen haben, zB die Entscheidung gegenüber Geschäftspartnern bekannt gegeben oder Verhandlungen über einen Interessenausgleich nach § 112 BetrVG aufgenommen worden sind. Dann ist auch ein Vorbehalt, den Betrieb bei sich bietender Gelegenheit noch zu veräußern, unschädlich.[168] Ein formeller Stilllegungsbeschluss des zuständigen Gesellschaftsorgans

---

162 BAG 14.10.1982 – 2 AZR 568/80, AP § 1 KSchG 1969 Nr. 1.
163 OVG Bbg 20.3.1996 – 4 A 171/95; VG Gelsenkirchen 17.7.2006 – 11 K 178/05.
164 *Rolfs* in ErfK § 172 Rn. 5; *Gallner* in KR SGB IX §§ 168–173 Rn. 98; *Neumann* in Neumann/Pahlen/Greiner/Winkler/Jabben SGB IX § 172 Rn. 12, zur Stilllegung einer einzelnen Fachabteilung eines Krankenhauses vgl. OVG RhPf 29.5.1998 – 12 A 12950/97, Behindertenrecht 1999, 202 = FEVS 49, 326.
165 *Neumann* in Neumann/Pahlen/Greiner/Winkler/Jabben SGB IX § 172 Rn. 12.
166 *Dörner* SchwbG § 19 Rn. 6.
167 BAG 23.4.1980 – 5 AZR 49/78, AP § 15 KSchG 1969 Nr. 8.
168 BAG 10.10.1969 – 2 AZR 477/95, AP KSchG 1969 § 1 Betriebsbedingte Kündigung Nr. 81.

ist ein weiteres Indiz für die endgültige Stilllegungsabsicht, aber nicht zwingend erforderlich.[169] Diese Rechtsprechung kann nicht ohne Weiteres auf die nach Abs. 1 Satz 1 zu treffende Entscheidung übertragen werden. Bei der auf eine Anfechtungsklage vorzunehmenden verwaltungsgerichtlichen Nachprüfung der Verwaltungsentscheidung ist nämlich regelmäßig die Sach- und Rechtslage zum Zeitpunkt des Ergehens des Widerspruchsbescheids zugrunde zu legen.[170] Änderungen der Sach- und Rechtslage nach diesem Zeitpunkt sind daher für das gerichtliche Verfahren unbeachtlich.[171] Die Verwaltungsgerichtsbarkeit sieht jedoch von dieser Regel abweichend als **maßgebend** den **Zeitpunkt der Kündigungserklärung** an.[172] Die Verwaltungsgerichte rechtfertigen das damit, der Zustimmungsbescheid solle die eine alsbald nachfolgende Kündigung ermöglichen. Von daher müsse auf den für die Kündigung maßgeblichen Zeitpunkt abgestellt werden. Legt man diesen Standpunkt zugrunde, so ist entscheidend, ob das Integrationsamt feststellen kann, dass die endgültige Stilllegungsabsicht bereits greifbare Formen angenommen hat und bis zum Zugang der Kündigungserklärung keine Änderung zu erwarten ist. Die Frage, ob im maßgebenden Zeitpunkt des Zugangs der Kündigung die Stilllegung des Betriebes bereits erfolgt oder zumindest ernsthaft beabsichtigt war, darf nicht offengelassen und ihre Entscheidung dem arbeitsgerichtlichen Verfahren überlassen werden.[173]

Das BAG hat die Schwierigkeit einer Verwaltungsbehörde erkannt, einen Betriebsübergang festzustellen. Es hat deshalb die pragmatische Lösung einer Behörde anerkannt, die nach § 18 Abs. 1 Satz 2 BEEG die Anträge auf Zulässigerklärung der Kündigungen in der Elternzeit bescheidet. Diese Behörde hatte die Zulässigerklärung unter der Bedingung erteilt, dass das Arbeitsgericht einen Betriebsübergang verneint. Das BAG sah darin einen die Gerichte für Arbeitssachen bindenden „vorsorglichen Verwaltungsakt", der nur wirken soll, wenn die Arbeitsgerichte einen Betriebsübergang in einer rechtskräftigen Entscheidung verneinen.[174]

Späterer Betriebsübergang: Ist das dem Betriebsübergang zugrunde liegende Rechtsgeschäft **vor Erlass des Zustimmungsbescheids** abgeschlossen worden, so stellt sich die Rechtsfrage, ob die Zustimmung zurückgenommen werden kann. Hat das Integrationsamt nach Abs. 1 Satz 1 die Musszustimmung erteilt, so kommt eine **Zurücknahme nach den §§ 44 Abs. 1 SGB X** in Betracht, wenn der Zustimmungsbescheid der Antragsteller wissentlich falsch als Kündigungssachverhalt eine Betriebsstilllegung angegeben hat und das Integrationsamt in seinem Bescheid auch davon ausgegangen ist.- Nach § 45 Abs. 2 SGB X darf ein objektiv rechtswidriger begünstigender Verwaltungsakt nur dann nicht zurückgenommen werden, soweit der Begünstigte auf den Bestand des Verwaltungsaktes vertraut hat und sein Vertrauen unter Abwägung mit dem öffentlichen Inter-

43

---

169 BAG 11.3.1998 – 2 AZR 414/97, AP BetrVG 1972 § 111 Nr. 43.
170 BVerwG 3.11.2006 -10 B 19/06, DÖV 2007, 302; *Posser/Wolff* in BeckOK VwGO, 56. Edition 1.1.2021, § 68 Rn. 21; *Rennert* DVBl 2019, 593; *Käß* BayVBl. 2009, 677; *Polzin* JuS 2004, 211.
171 BayVGH 8.12.1993 – 21 B 92.799, BayVBl. 1994, 404.
172 BVerwG 12.7.2012 – 5 C 16/11, Rn. 14, BVerwGE 143, 325, mit Hinweis auf BVerwG 7.3.1991 – 5 B 114.89, Buchholz 436.61 § 12 SchwbG Nr. 3 S. 2 und BVerwG 22.1.1993 – 5 B 80.92, Buchholz 436.61 § 15 SchwbG 1986 Nr. 7 S. 18; OVG NRW 23.1.1992 – 13 A 297/91, NZA 1992, 844; OVG Bbg 20.3.1996 – 4 A 171/95.
173 VG Freiburg (Breisgau) 29.11.2001 – 5 K 121/99.
174 BAG 18.10.2012 – 6 AZR 41/11, juris Rn 25, NZA 2013, 1007; BAG 22.6.2011 – 8 AZR 107/10 – Rn. 20 f. mwN, AP BGB § 613a Nr. 408 = EzA BGB 2002 § 613a Nr. 126; zustimmend: *Rolfs* in ErfK § 172 Rn. 3 aE.

esse an einer Rücknahme schutzwürdig ist. Auf Vertrauen kann sich der Begünstigte nicht berufen, soweit er den Verwaltungsakt durch arglistige Täuschung erwirkt hat oder der Verwaltungsakt auf Angaben beruht, die der Begünstigte vorsätzlich oder grob fahrlässig in wesentlicher Beziehung unrichtig oder unvollständig gemacht hat. Das Schrifttum ist nur vereinzelt auf dieses Problem eingegangen.[175] Sind erst nach der Entscheidung des Integrationsamts überraschend neue Entwicklungen eingetreten, die zu einer Übernahme des Betriebs geführt haben, bleibt die Wirksamkeit des Zustimmungsbescheids davon unberührt.[176] Ist der Zustimmungsbescheid noch nicht bestandskräftig, so kann der Arbeitnehmer mit dem Widerspruch (→ § 171 Rn. 25) eine **erneute Sach- und Rechtsprüfung** erreichen. Die das Kündigungsrecht gestaltende Wirkung der Zustimmung zum Kündigungsantrag steht nicht der Berücksichtigung der zwischenzeitlich eingetretenen Entwicklung entgegen.

Es besteht ein Unterschied zwischen dem präventiven verwaltungsrechtlichen Kündigungsschutz nach § 168 und dem repressiven arbeitsrechtlichen Kündigungsschutz nach § 1 KSchG. Schwerbehinderte Arbeitnehmer, die in Kleinbetrieben beschäftigt werden, genießen nach § 23 Abs. 2 Satz 2 KSchG keinen Kündigungsschutz. Da eine dem KSchG entsprechende Geltungsbereichsausnahme in § 173 SGB IX nicht enthalten ist, sind auch die in Kleinbetrieben beschäftigten schwerbehinderten Menschen gegenüber Arbeitgebern vom Integrationsamt zu schützen, die eine Zustimmung wegen einer Betriebsstilllegung nach § 172 Abs. 1 Satz 1 SGB IX beantragen, obwohl diese wegen eines geplanten Betriebsübergangs nicht beabsichtigt ist. Lässt sich die behauptete Absicht einer Betriebsstilllegung nicht feststellen, so besteht kein durch Ermessenbindung vermittelter Anspruch auf Zustimmung. Es hat dann vielmehr das Integrationsamt in Ausübung freien Ermessens die Interessen der Beteiligten unter Berücksichtigung der im öffentlichen Interesse liegenden Schwerbehindertenbeschäftigung abzuwägen. Dabei kommt insbesondere bei vorgerücktem Alter und fehlender Perspektive auf dem Arbeitsmarkt ein überwiegendes Interesse an der Ablehnung des Zustimmungsantrags in Betracht. Diesen Sonderschutz verkennen die Autoren, die meinen, die Behauptung der Stilllegungsabsicht sei ausreichend und erspare die Prüfung, ob Anhaltspunkte für eine Stilllegung oder einen Betriebsübergang zu erkennen seien; denn die nach der Zustimmung ausgesprochene Kündigung des Arbeitsverhältnisses erweise sich nach späterem Betriebsübergang in einem Kündigungsschutzprozess als unwirksam.[177] Richtig ist demgegenüber: Wird ein Zustimmungsantrag auf eine geplante Betriebsstilllegung gestützt, liegt dieser Grund aber tatsächlich nicht vor, so ist die Kündigung, wenn sie vor dem Arbeitsgericht angegriffen wird, nach § 1 Abs 2 Satz 1 KSchG sozial ungerechtfertigt.[178] Das nützt jedoch dem schwerbehinderten Menschen nicht, der im Kleinbetrieb beschäftigt ist. Zwar kann auch jemand, der keinen Schutz vor einer sozial ungerechtfertigten Kündigung iSv § 1 KSchG genießt, gegen die nach der Zustimmung vom Arbeitgeber ausgesprochene Kündigung auf Feststellung ihrer Unwirksamkeit klagen. Er muss dazu geltend machen, die Kündigung verstoße gegen § 613a Abs. 4 BGB, weil sie „wegen des Betriebsübergangs" erfolgt sei. § 613a Abs. 4 Satz 1 BGB enthält ein eigen-

---

175 Wie hier: so zum SchwbG: *Steinbrück* in GK-SchwbG § 19 Rn. 75; zum SGB IX idF bis 31.12.2017: *Großmann* in GK-SGB IX § 89 Rn. 72.
176 AA *Thomas* in Gröninger SchwbG § 19 Rn. 4.
177 *Osnabbrügge* in HaKo-KSchR SGB IX §§ 168–175, § 178 Rn. 42; *Söhngen/Zwanziger* in KDZ, 8. Aufl. 2011, SGB IX § 89 Rn. 31; *Dörner* SchwbG § 19 Rn. 8.
178 BAG 27.9.1984 – 2 AZR 309/83, Rn. 40, BAGE 47, 13 = NZA 1985, 493.

ständiges Kündigungsverbot, für das nicht die Geltungsbereichsausnahmen des KSchG zur Anwendung kommen.[179] Aber dieses Verbot schützt nur eingeschränkt; denn es reicht nicht aus, dass der Arbeitnehmer geltend macht, der Betriebsübergang sei für die Kündigung ursächlich, sondern er muss auch darlegen und ggf. nachweisen, dass der Betriebsübergang ein tragender Beweggrund gewesen ist.[180] Beispiel: Der neue Betriebsinhaber hatte in den Kaufverhandlungen gegenüber dem Betriebsveräußerer erklärt, die Übernahme eines bestimmten Arbeitnehmers, dessen Arbeitsplatz erhalten bleibt, sei „ihm zu teuer". Darauf kündigte der Veräußerer, um dem Käufer entgegenzukommen. Das BAG hat darin eine Kündigung wegen des Betriebsübergangs gesehen.[181] Diese Insiderkenntnisse hat nicht jeder gekündigte Arbeitnehmer. Zudem hindert § 613 a Abs. 4 Satz 1 BGB nicht, im Zusammenhang mit der Veräußerung eines Betriebes Rationalisierungen zur Verbesserung des Betriebes durchzuführen und zu diesem Zweck betriebsbedingte Kündigungen auch nach dem Reorganisationskonzept des Erwerbes auszusprechen.[182]

Unklarheit ob Stilllegung oder Betriebsübergang: Lässt sich auch bei sorgfältiger Ermittlung nicht feststellen, ob ein Betrieb voraussichtlich stillgelegt werden wird oder ob ein Betriebsübergang abzusehen ist, soll nach Ansicht des OVG NRW das Integrationsamt die Zustimmung zur Kündigung nicht mit der Begründung verweigern dürfen, der Betrieb sei auf einen anderen Inhaber übergegangen. Denn eine verbindliche Entscheidung darüber, ob ein Betrieb stillgelegt worden oder auf einen anderen Erwerber nach § 613 a Abs. 1 Satz 1 BGB übergegangen sei, könnten **nur die Arbeitsgerichte** treffen.[183] Diese Rspr. ist bedenklich; denn sie verkürzt den Sonderschutz aus § 168 SGB IX, den die schwerbehinderten Menschen wegen ihres erhöhten Arbeitsmarktrisikos insbesondere im vorgerückten Alter benötigen. Sie ermöglicht Inhabern von Kleinbetrieben die diskriminierende Praxis, ihren Betrieb für den Verkauf attraktiver zu machen, indem weniger leistungsfähige ältere schwerbehinderte Beschäftigte entlassen werden. Nur für den Sonderfall, dass die Zustimmung unmittelbar vor dem Betriebsübergang erteilt wird und zum Zeitpunkt des Zugangs des Kündigungsschreibens der Betriebsübergang schon vollzogen ist, ergibt sich nach dieser Rspr. eine befriedigende Lösung. Die Zustimmung entfaltet dann keine rechtliche Wirkung; denn der Kündigende hat zwar eine Befreiung vom Kündigungsverbot des § 168 SGB IX, er ist aber nicht mehr Inhaber der Kündigungsbefugnis, die mit dem Betriebsübergang nach § 613 a Abs. 1 Satz 1 BGB auf den neuen Betriebsinhaber übergeht. Nur hier passt die Annahme, es dürfe ohne Aufklärung auf die behauptete Stilllegungsabsicht abgestellt werden; denn nach einem Betriebsübergang geht die Erlaubnis „und die darauf folgende Kündigung ins Leere".[184]

Zustimmungsantrag zur betriebsbedingten Kündigung nach Betriebsübergang: Will der Erwerber nach dem Betriebsübergang zur Umsetzung seines Sanierungs- oder Reorganisationskonzepts betriebsbedingt kündigen, kann er bei beabsichtigter Betriebsstilllegung oder Betriebseinschränkung auch die gebundenen Ermessensentscheidungen nach beantragen. Ist die Frage des Betriebsübergangs

---

179 *Preis* in ErfK BGB § 613 a Rn. 153.
180 BAG 27.9.1984 – 2 AZR 309/83, Rn. 37, BAGE 47, 13 = NZA 1985, 493.
181 BAG 26.5.1983 – 2 AZR 477/81, juris Rn. 33, BAGE 43, 13 = NJW 1984, 627.
182 BAG 20.9.2006 – 6 AZR 249/05, juris Rn. 33, NZA 2007, 387.
183 OVG NRW 21.3.2000 – 22 A 5137/99, NZA-RR 2000, 406 = Behindertenrecht 2000, 205; dem folgend: *Vossen* in APS SGB IX § 89 Rn. 6 a; *Knittel* SGB IX § 89 Rn. 14.
184 Für die Zulässigerklärung nach dem MuSchG: OVG NRW 21.3.2000 – 22 A 5137/99, juris Rn. 55 NZA-RR 2000, 406 = Behindertenrecht 2000, 205.

noch ungeklärt, soll das Integrationsamt unterstellen, der Antragsteller sei auch Arbeitgeber.[185] Der Erwerber geht jedoch ein Risiko ein; denn widerspricht im Verlauf des Antrags- oder Widerspruchsverfahren der Arbeitnehmer nach § 613a Abs. 6 BGB dem Übergang des Arbeitsverhältnisses, so tritt mit Wirkung ex tunc ein Rückfall des Arbeitsverhältnisses an des Veräußerer ein: Das Arbeitsverhältnis wird so behandelt, als ob es den gesamten Zeitraum über mit dem bisherigen Arbeitgeber fortbestanden habe.[186] Zwar mag der Erwerber eine Zustimmung erhalten, aber er kann die Sonderkündigungsschutzfreiheit nicht nutzen; denn nach ordnungsgemäß erklärtem und ihm zugegangenem Widerspruch ist er nicht mehr Arbeitgeber und somit auch nicht kündigungsberechtigt. Hat der Veräußerer die Zustimmung beantragt und wird noch vor der Bekanntgabe der Zustimmung der Betriebsübergang vollzogen, ohne dass der Arbeitnehmer dem Übergang des Arbeitsverhältnisses widersprochen hat, steht dem früheren Arbeitgeber kein Sachbescheidungsinteresse mehr an einer Zustimmung der Hauptfürsorgestelle zur Kündigung zu. Für die Verpflichtungsklage gegen die Zustimmungsverweigerung fehlt gleichfalls die nach § 42 Abs. 2 VwGO erforderliche **Klagebefugnis**, die nur dem gegenwärtigen Arbeitgeber zusteht.[187]

46 **Auflösung einer Dienststelle:** Der Begriff der Dienststelle ergibt sich aus § 170 Abs. 1 Satz 2. Er entspricht dem der Personalvertretungsgesetze (→ § 170 Rn. 27). Das Integrationsamt hat die Zustimmung zu erteilen, wenn
1. eine Dienststelle aufgelöst wird und
2. die Weiterbeschäftigung dem öffentlichen Arbeitgeber auf einem freien oder frei werdenden Dienstposten einer andere Dienststelle nicht möglich oder ihm unzumutbar ist (§ 172 Abs. 1 Satz 3, zur Suchpflicht des Arbeitgebers → Rn. 32) und
3. die dreimonatige Entgeltfortzahlung nach der Kündigung gesichert ist.

Der Begriff der Auflösung entspricht dem der Stilllegung. Er beinhaltet die **Einstellung des mit der Dienststelle** verfolgten Zwecks und **Auflösung** der die Einheit der Dienststelle gestaltenden **Organisation**.[188] Sie liegt nach § 84 Abs. 1 Nr. 2 BPersVG nF[189] (entspricht dem bis 14.6.2021 geltenden § 78 Abs. 1 Nr. 2 BPersVG aF) vor, wenn die vorgesetzte Behörde aufgrund ihrer Organisationsgewalt eine Behörde, selbstständige Verwaltungsstelle oder einen öffentlichen Betrieb auflöst. In diesen Fällen darf das Integrationsamt nicht die Zweckmäßigkeit der Umstrukturierung überprüfen.[190] Die Musszustimmung nach Abs. 1 Satz 1 setzt voraus, dass tatsächlich eine Dienststelle im Sinne des BPersVG oder der entsprechenden Vorschriften der Landespersonalvertretungsgesetze aufgelöst wird. Es ist hier zu beachten, dass häufig von Laien der Begriff der Dienststelle (→ § 170 Rn. 27) nicht immer in diesem Sinne gebraucht wird. So ist eine Schule **in der Regel keine selbstständige Dienststelle**, sondern nur Teil einer Dienststelle. Keine Auflösung stellt die Änderung des zwecks der Dienststelle dar. Bei Umstrukturierungen ist entscheidend, ob der Personalkörper in seiner Identität erhalten bleibt. Dann liegt keine Auflösung vor.[191] Bei Zusam-

---

185 *Trenk-Hinterberger* in HK-SGB IX, 3. Aufl. 2010, § 89 Rn. 12.
186 BAG 16.04.2013 – 9 AZR 731/11, juris Rn. 26, BAGE 145, 8 = NZA 2013, 850.
187 VG Meiningen 19.5.1994 – 1 K 442/93 Me NJ 1994, 482.
188 *Benecke* in Richardi/Dörner/Weber, 5. Aufl. 2020, BPersVG § 78 Rn. 14; *Neumann* in Neumann/Pahlen/Greiner/Winkler/Jabben SGB IX § 172 Rn. 14; *Kossens* in Kossens/von der Heide/Maaß SGB IX § 89 Rn. 7.
189 Neufassung aufgrund der Novellierung des Bundespersonalvertretungsgesetzes vom 9.6.2021.
190 ThürOVG 26.11.2003 – 3 KO 858/01, ThürVBl 2004, 187.
191 *Benecke* in Richardi/Dörner/Weber BPersVG § 78 Rn. 14.

menlegungen von Dienststellen ist kommt es ebenfalls auf die Identitätswahrung an. Möglich ist, dass alle Dienststellen ihre Identität verlieren und damit aufgelöst werden. Es kommt aber auch in Betracht, dass eine Dienststelle die anderen aufnimmt und ihre eigene Identität wahrt.[192]

Folgen von Umstrukturierungen: Werden im Rahmen einer Struktur- und Aufgabenreform Dienststellen aufgelöst oder verkleinert, so schaffen öffentliche Arbeitgeber für die betroffenen Beschäftigten einen **Pool**, in dem die freigesetzten Beschäftigten für die Ausleihe an andere Dienststellen bereit gehalten werden, oder sie schaffen eine **Personalbörse**, wie zB in Bayern dem Marktplatz öffentlicher Dienst,[193] um einen zukunftssicheren Dienstposten oder Arbeitsplatz zu vermitteln. Soweit dies zur Vermeidung betriebsbedingter Kündigungen geschieht, ist dagegen nichts einzuwenden. Allerdings bestehen Bedenken, wenn die betroffenen schwerbehinderten Beschäftigten bei der Bewerbung um die zukunftssicheren Stellen in eine Konkurrenzsituation geschickt werden, bei der sie keinen Erfolg haben können und nach erfolglosen Bewerbungen als nicht vermittelbar entlassen werden. Aus dieser Sicht ist die Regelung in den Bayerischen Inklusionsrichtlinien zweifelhaft. Dort ist unter 4.5.2.2 bestimmt: 47

„[1]**Bewerbungen von Beamtinnen und Beamten, Arbeitnehmerinnen und Arbeitnehmern, die von der Struktur- und Aufgabenreform betroffen sind, sind stets sorgfältig und ernsthaft in die engere Wahl zu ziehen.** [2]**Bei einer Konkurrenz mit Bewerbungen von schwerbehinderten Menschen ist die Bewerbung schwerbehinderter Menschen wohlwollend zu prüfen.** [3]**Ein genereller Vorrang einer der beiden Bewerberkreise besteht nicht.**"

Mit dieser Regelung wird der Anspruch auf behinderungsgerechte Beschäftigung, der in § 164 Abs. 4 Satz 1 bis 3 geregelt wird, erheblich eingeschränkt. Nach der bundesgesetzlichen Regelung haben die freigesetzten schwerbehinderten Beschäftigten einen Anspruch, bei der Zuweisung der freien Stellen berücksichtigt zu werden. Die Verwaltungsvorschrift drängt sie dem gegenüber in die Rollen von „Bewerberinnen und Bewerber", die bei der Bestenauslese zumeist trotz „wohlwollender" Prüfung ausscheiden. Soll nach mehrfachen erfolglosen Bewerbungen die Zustimmung des Integrationsamts eingeholt werden, muss die Zustimmung verweigert werden; denn es waren freie Plätze für die Weiterbeschäftigung vorhanden, die unter Verletzung des vorrangigen Beschäftigungsanspruchs nicht mit den schwerbehinderten Arbeitnehmern besetzt worden sind.

Freies Ermessen bei Nichterfüllung: Nach der Rspr. der Verwaltungsgerichte kann aus der Bestimmung, dass die Zustimmung unter bestimmten Voraussetzungen erteilt werden muss oder soll, nicht gefolgert werden, dass in allen anderen Fällen die Zustimmung verweigert werden müsse.[194] Das Integrationsamt soll dann, wenn vom Antragsteller die Voraussetzungen einer Muss- oder Soll-Zustimmung nicht dargelegt werden, frei nach eigenem **Ermessen** entscheiden dürfen.[195] Ist vom betroffenen schwerbehinderten Beschäftigten Widerspruch gegen die Fiktionswirkung „Zustimmung gilt als erteilt" eingelegt, nimmt die Rspr. an, der beim Integrationsamt gebildete Widerspruchsausschuss sei im Rahmen seiner Zuständigkeit nach § 201 SGB IX (118 SGB IX aF) in Verbindung mit §§ 68, 73 VwGO berechtigt, die Voraussetzungen des Fiktionseintritts 48

---

192 *Benecke* in Richardi/Dörner/Weber BPersVG § 78 Rn. 20.
193 Bayerische Inklusionsrichtlinien, Bekanntmachung des Bayerischen Staatsministeriums der Finanzen und für Heimat vom 29.4.2019, BayMBl. 2019 Nr. 165.
194 So zu der Vorgängervorschrift § 14 Schwerbeschädigtengesetz.
195 OVG Bbg 17.10.2003 – 4 B 59/03; VG Bayreuth 11.6.2007 – B 3 K 05.142; VG Dresden 1.4.2009 – 1 K 449/08.

zu prüfen und bei deren Fehlen anstelle des rechtswidrigen Feststellungsbescheides eine Ermessensentscheidung nach § 168 SGB IX über die Zustimmung zur Kündigung zu erlassen.[196] Der Inhalt und die Grenzen des eingeräumten Ermessens bestimmen sich dann allein nach dem Zweck des Gesetzes. Dazu ist unter der Geltung des Schwerbeschädigtengesetzes 1953 zutreffend erkannt worden, der Schwerbeschädigte solle seinen Arbeitsplatz nicht ohne triftigen Grund verlieren.[197] Dabei sei nicht nur das Interesse des Einzelnen sondern „in erster Linie" das **Gruppeninteresse** („die Interessen der Schwerbeschädigten als Gruppe") zu wahren, denn der Arbeitsplatz solle nicht allein der persönlichen Interessen wegen, sondern auch der Gesamtheit der Schwerbeschädigten willen erhalten bleiben.[198] Daran hat sich inhaltlich nichts geändert, obwohl 2001 mit dem BTHG ein Paradigmenwechsel von der Fürsorge zu der benachteiligungsfreien[199] Teilhabe erfolgt ist, der 2009 mit der Ratifikation des UN-BRK völkerrechtlich verbindlich in Richtung Inklusion ausgerichtet worden ist. Die Pflicht, das öffentliche Interesse an der Beschäftigung von schwerbehinderten Menschen zu berücksichtigen, ist damit eher verstärkt worden; denn die Integrationsämter und Verwaltungsgerichte sind als Teil der staatlichen Gewalt im Rahmen ihrer Zuständigkeiten gehalten, an der Erfüllung der unions- und völkerrechtlichen Vorgaben mitzuwirken.[200] Dieses öffentliche Interesse zeigt sich ua auch daran, dass nach § 188 Satz 2 VwGO in Angelegenheiten der „Schwerbehindertenfürsorge" Gerichtskosten (Gebühren und Auslagen) nicht erhoben werden, Einzelheiten → § 171 Rn. 43. Bei der Entscheidung über die Zustimmung zur Kündigung wegen einer Betriebsstilllegung oder Betriebseinschränkung besteht ein öffentliches Interesse an der Sicherstellung der **Entgeltfortzahlung für drei Monate**. Damit soll nämlich verhindert werden, dass die wegen ihrer Behinderung auf dem Arbeitsmarkt besonders schwervermittelbaren schwerbehinderten Menschen ausreichend Zeit haben, sich ohne Inanspruchnahme der öffentlichen Kassen um eine neue Stelle zu bemühen.[201] Diese **Erleichterung der Stellensuche** bedarf es vor allem bei Entlassungswellen, wie sie mit Betriebsstilllegungen und Betriebseinschränkungen typischerweise verbunden sind und zu einer zusätzlichen und plötzlichen Anspannung des Arbeitsmarktes führen. Wird dieser Gesichtspunkt bei der Ausübung des Ermessens nicht berücksichtigt, liegt ein Ermessensfehler vor. Kommt das Integrationsamt zu der Erkenntnis, dass im Einzelfall der schwerbehinderte Beschäftigte nicht schwervermittelbar ist oder es zB wegen der geringen Belegschaftsstärke des Betriebs zu keiner spürbaren Verschlechterung der Arbeitsmarktsituation kommt, kann von einer Nebenbestimmung zur Sicherung des Dreimonatslohns abgesehen werden. Leider ist dieser Gesichtspunkt bislang übersehen worden. Bislang ist nur nach dem Prinzip entweder bedingte Muss-Zustimmung mit Entgeltsicherung oder unbedingte Erteilung der beantragten Zustimmung ohne Entgeltsicherung entschieden worden. So hat auf einen ohne Zusicherung des Dreimonatslohns gestellten Antrag die Rspr. erkannt, dass jede andere Entscheidung als die unbedingte Erteilung der

---

196 *Greiner/Hagedorn*, Der Schutz schwerbehinderter Arbeitnehmer zwischen Pflichtarbeitsplatzquote, Beschäftigungsanspruch und Bestandsschutz, NJW 2019, 3483.
197 So zu der Vorgängervorschrift § 14 Schwerbeschädigtengesetz 1953: BVerwG 17.12.1958 – V C 177.56, BVerwGE 8, 68.
198 So zu der Vorgängervorschrift § 14 Schwerbeschädigtengesetz.
199 Vgl. § 81 Abs. 2 Satz 2 SGB IX aF zur Umsetzung des Diskriminierungsverbots wegen Behinderung in der Richtlinie 2000/78/EG des Rates.
200 Vgl. EuGH 14.10.2020 – C-681/18, J/KG, Rn. 64, NZA 2020, 1463.
201 Vgl. BAG 12.7.1990 – 2 AZR 35/90, Rn. 27, NZA 1991, 348.

beantragten Zustimmung bei einer vollständigen insolvenzbedingten Betriebsstilllegung ermessensfehlerhaft wäre.[202] Es bedarf entsprechend der Vielfalt der Lebenssachverhalte einer Differenzierung. So kann auch bei Ausübung des freien Ermessens unter Berücksichtigung des im Einzelfall bestehenden Arbeitsmarktrisikos eine Nebenbestimmung zur Entgeltfortzahlung getroffen werden, nach der zwei Monatslöhne zur Arbeitssuche sicherzustellen sind. Diese kommt insbesondere in Betracht, wenn die gegenüber § 622 Abs. 1 BGB abgekürzte vierwöchige Kündigungsfrist aus § 169 SGB IX anzuwenden ist. Stellt die Abwägung pauschal darauf ab, dass die Kündigung nicht in Zusammenhang mit der Schwerbehinderung stehe, indiziert dies jedenfalls dann einen Ermessensfehlgebrauch, wenn der betroffene Arbeitnehmer auf seine Schwervermittelbarkeit in der aktuellen Arbeitsmarktsituation hingewiesen hat.

VI. Soll-Zustimmung bei Betriebseinschränkung

Betriebseinschränkung nach Abs. 1 Satz 2: Das Integrationsamt soll die Zustimmung erteilen, wenn Betriebe oder Dienststellen nicht nur vorübergehend wesentlich eingeschränkt werden. Was eine **wesentliche Einschränkung** ist, führt das Gesetz nicht weiter aus. Es kann auf die Rechtsprechung zu dem vergleichbaren Begriff „Einschränkung von wesentlichen Betriebsteilen" (§ 111 Satz 3 Nr. 1 BetrVG) zurückgegriffen werden.[203] Mit diesem Begriff wird im Betriebsverfassungsrecht eine bestimmte Art der Betriebsänderung umschrieben, die für den Gesamtbetrieb von erheblicher wirtschaftlicher Bedeutung ist und in dem ein erheblicher Teil der Arbeitnehmer beschäftigt wird.[204] Im Übrigen greift das BAG auf die für Massenentlassungen geltenden Schwellenwerte zurück, wie sie in **§ 17 Abs. 1 KSchG** festgelegt sind: 49

Nr. 1 In Betrieben mit in der Regel mehr als 20 und weniger als 60 Arbeitnehmern mehr als fünf Arbeitnehmer,

Nr. 2 in Betrieben mit in der Regel mindestens 60 und weniger als 500 Arbeitnehmern 10 v.H. der im Betrieb regelmäßig beschäftigten Arbeitnehmer oder aber mehr als 25 Arbeitnehmer,

Nr. 3 in Betrieben mit in der Regel mindestens 500 Arbeitnehmern mindestens 30 Arbeitnehmer.

Wegen der unterschiedlichen Zweckbestimmung der Massenentlassungsanzeigepflicht und des präventiven Schwerbehindertenschutzes galt nach der fachgerichtlichen Rspr., dass der für die Berechnung der Anzeigepflicht bei Massenentlassungen maßgebliche Entlassungszeitraum von 30 Kalendertagen unbeachtlich sein soll. Ob der für die Betriebsgröße maßgebliche Schwellenwert für die Zustimmung nach Abs. 1 Satz 2 erreicht wird, sei nach dem unternehmerischen Plan zu bestimmen, der Grundlage für den Personalabbau ist.[205] Das BVerfG hat jedoch für den Fall des Zustimmungserfordernisses des § 18 BEEG aF erkannt, dass der dortige verwaltungsrechtliche Sonderschutz dazu führen könne, dass eine Kündigung gegenüber einer Person in Elternzeit außerhalb des 30-Tage-Zeitraums des § 17 Abs. 1 Satz 1 KSchG erfolgt. An die Rechtfertigung dieser Benachteiligung von Personen in Elternzeit sind mit Blick auf Art. 6 Abs. 1 GG erhöhte Anforderungen zu stellen. Insbesondere könne eine unter-   50

---

202 OVG Brandenburg 17.10.2003 – 4 B 59/03, juris Rn. 1.
203 OVG NRW 12.12.1989 – 13 A 181/89, Behindertenrecht 1991, 66.
204 BAG 6.12.1988 – 1 ABR 47/87, AP § 111 BetrVG 1972 Nr. 26.
205 OVG NRW 12.12.1989 – 13 A 181/89, Behindertenrecht 1991, 66; zustimmend: *Trenk-Hinterberger* in HK-SGB IX § 89 Rn. 27.

schiedliche Behandlung nicht dadurch gerechtfertigt werden, dass § 18 Abs. 1 BEEG aF einen besonderen Kündigungsschutz eröffne.[206] Für den Sonderschutz aus § 168 SGB IX dürfte nichts anderes gelten.

51 **Personalausdünnung als wesentliche Einschränkung:** Eine wesentliche Einschränkung im Sinne von Abs. 1 Satz 2 liegt auch dann vor, wenn kein Teil einer Dienststelle oder eines Betriebs geschlossen wird. Auch der reine „Personalabbau" ist eine Betriebsänderung im Sinne von § 111 Satz 3 BetrVG. Soweit in § 112a Abs. 1 BetrVG durch eine „Verdoppelung" die Schwellenwerte im Vergleich zu § 17 Abs. 1 KSchG heraufgesetzt worden sind, erschöpft sich diese Maßnahme darin, Arbeitgeber von den Belastungen erzwingbarer Sozialpläne freizustellen. Der Begriff der wesentlichen Betriebseinschränkung bleibt davon unberührt.[207]

52 **Betriebsänderung ohne erheblichen Personalabbau:** Organisatorische oder technische Änderungen, die für den Gesamtbetrieb von erheblicher „qualitativer" Bedeutung sind, genügen nicht dem Begriff der wesentlichen Betriebseinschränkung.[208] Die Soll-Zustimmung nach Abs. 1 Satz 2 setzt stets das „quantitative" Moment voraus. Denn bei einem prozentual unerheblichen Personalabbau fällt es dem Arbeitgeber typischerweise leichter, die schwerbehinderten Menschen anderweitig einzusetzen. Für personalwirtschaftlich nicht gravierende Änderungen soll deshalb das Ermessen des Integrationsamts nicht eingeschränkt werden.[209]

53 **Dauer der Betriebseinschränkung:** Die Soll-Zustimmung nach Abs. 1 Satz 2 setzt voraus, dass die wesentliche Betriebseinschränkung nicht nur für einen vorübergehenden Zeitraum geplant ist. Es muss sich somit um eine Maßnahme handeln, die **für einen unbestimmten und wirtschaftlich erheblichen Zeitraum** geplant ist. Damit scheidet ein vorübergehender Personalabbau aus saisonalen oder konjunkturellen Gründen aus.[210]

54 **Erfüllung der Pflichtquote nach Abbau:** Die Soll-Zustimmung nach Abs. 1 Satz 2 setzt voraus, dass nach dem mit der wesentlichen Betriebseinschränkung verbundenen Personalabbau dem Integrationsamt nachgewiesen werden kann, dass die Gesamtzahl der weiterhin beschäftigten schwerbehinderten Menschen zur Erfüllung der **Beschäftigungspflicht nach** § 154 ausreicht. Nach § 154 Abs. 1 hat der Arbeitgeber auf wenigstens 5 % der Arbeitsplätze schwerbehinderte Menschen zu beschäftigen. Welche Arbeitsplätze für diese Berechnung zählen, ergibt sich aus §§ **156 und 157.** Ob überhaupt mit und welcher Zahl die für den Betrieb tätigen schwerbehinderten Menschen auf die Zahl der Pflichtarbeitsplätze angerechnet werden, ergibt sich aus §§ **158, 159** für die Arbeitnehmer und aus § **210 Abs. 1** für die in Heimarbeit Beschäftigten. Unerheblich ist, ob der Arbeitgeber in der Vergangenheit die Quote unterschritten oder übererfüllt hatte. Entscheidend für die Soll-Zustimmung ist der Zustand nach Betriebseinschränkung.

55 **Ausgleich durch Übererfüllung in anderen Betrieben des Unternehmens:** Zu beachten ist, dass die Beschäftigungspflicht nach § 154 nicht auf den Betrieb, sondern **auf das Unternehmen bezogen** ist. Der Arbeitgeber kann daher einen Ab-

---

206 BVerfG 8.6.2016 – 1 BvR 3634/13, NZA 2016, 939.
207 OVG NRW 12.12.1989 – 13 A 181/89, Behindertenrecht 1991, 66.
208 Zum SchwBG: *Steinbrück* in GK-SchwBG § 89 Rn. 80; zum SGB IX idF bis 31.12.2017: *Trenk-Hinterberger* in HK-SGB IX, 3. Aufl. 2010, § 89 Rn. 28; *Großmann* in GK-SGB IX § 89 Rn. 80.
209 So zutreffend: *Söhngen/Zwanziger* in KDZ, 8. Aufl. 2011, § 89 Rn. 21.
210 Zum SchwBG: *Steinbrück* in GK-SchwBG § 19 Rn. 82; zum SGB IX idF bis 31.12.2017: *Großmann* in GK-SchwBG § 89 Rn. 83.

bau von Schwerbehindertenarbeitsplätzen in einem Betrieb durch verstärkte Einstellungen von schwerbehinderten Menschen in anderen Betrieben ausgleichen. Macht der Arbeitgeber die Sachvoraussetzungen einer Soll-Zustimmung geltend, kann das Integrationsamt zur Sicherung des Erreichens der Pflichtquote nach § 32 Abs. 1 iVm Abs. 2 Nr. 4 SGB X die Soll-Zustimmung mit einer **Auflage** verbinden. Wird nach dem Personalabbau dann, weil zB die beabsichtigten Einstellungen von schwerbehinderten Menschen unterbleiben, die Pflichtquote nicht erreicht, so kann das Integrationsamt die Zustimmung nach § 47 Abs. 1 Nr. 2 SGB X widerrufen. Das Integrationsamt kann auch die Zustimmung mit der **aufschiebenden Bedingung** nach § 32 Abs. 2 Nr. 2 SGB X versehen, dass die Zustimmung nur dann gelten soll, wenn der Arbeitgeber an dem zu bestimmenden Stichtag die Beschäftigungspflicht nach § 154 Abs. 1 erfüllt. Wird an dem Stichtag nicht die Beschäftigungsquote erfüllt, dann tritt die Kündigungssperre des § 168 wieder ein, und welche Nebenbestimmung das Integrationsamt wählt, ist eine Frage der Zweckmäßigkeit. Beabsichtigt der Arbeitgeber einen Ausgleich des Abbaus von Schwerbehindertenarbeitsplätzen durch Einstellung von schwerbehinderten Menschen in anderen Betrieben, empfiehlt sich eine **Nebenbestimmung** zur Zustimmung in Form der Auflage. Denn geplante Einstellungen können auch aus Gründen scheitern, die nicht vom Arbeitgeber beeinflusst werden können.

Kein Ausgleich durch Zahlung einer Ausgleichsabgabe: Die Zahlung einer Ausgleichsabgabe steht der Erfüllung der Pflichtquote nicht gleich. Das ist in § 160 Abs. 1 Satz 2 deutlich zum Ausdruck gebracht. Es besteht entgegen der häufig auch in der Fachpresse vertretenen Ansicht **keine Möglichkeit des „Freikaufs"** (Einzelheiten: → § 160 Rn. 5). 56

VII. Entgeltfortzahlung für drei Monate

Entgeltzahlung für drei Monate: Sowohl für die Muss-Zustimmung nach Abs. 1 Satz 1 als auch für die Soll-Zustimmung nach Abs. 1 Satz 2 ist Voraussetzung, dass zwischen dem Tage der Kündigung und dem Tage, bis zu dem Gehalt oder Lohn gezahlt wird, mindestens drei Monate liegen. Anstelle einer Lohn- oder Gehaltszahlung ist auch der Bezug von Lohnersatzleistungen, wie **Kurzarbeiter**- oder **Krankengeld**[211], ausreichend. Der Sinn und Zweck dieser Bestimmung besteht darin, dem schwerbehinderten Menschen durch die Entgeltfortzahlung für eine begrenzte Übergangszeit die im Regelfall schwere Suche nach einem neuen Arbeitsplatz zu erleichtern, indem sein bisheriger Lebensstandard gesichert wird.[212] Dem Wortlaut nach ist diese Sachvoraussetzung als Prognose formuliert. Ziel ist es, dem schwerbehinderten Menschen einen Anspruch auf die Weiterzahlung seines **Entgelts für drei Monate** zu sichern. Höhe des Entgelts richtet sich nach den arbeits- bzw. tarifvertraglichen Vereinbarungen.[213] Ist die für das Arbeitsverhältnis maßgebliche Kündigungsfrist kürzer als drei Monate, so tritt die Ermessenseinschränkung für das Integrationsamt nur dann ein, wenn der Arbeitgeber nachweist, dass er auch über den Zeitraum der Kündigungsfrist hinaus **für insgesamt drei Monate verpflichtet ist, das Entgelt weiterzuzahlen.** Dieser Nachweis kann auf unterschiedliche Weise geführt werden. In Betracht kommen ua ein in einem für die Arbeitsvertragsparteien geltenden Tarifvertrag geregelter Anspruch, eine arbeitsvertragliche Vereinbarung oder ein Schuldversprechen des Arbeitgebers. Möglich ist auch, dass die Arbeitsvertrags- 57

---

211 LAG Düsseldorf 6.9.1989 – 11 Sa 782/89, ZIP 1990, 529.
212 BAG 12.7.1990 – 2 AZR 35/90, Rn. 27, NZA 1991, 348.
213 *Knittel* SGB IX § 89 Rn. 18.

parteien die in Abs. 1 Satz 1 vorausgesetzte dreimonatige Entgeltfortzahlung dadurch gewährleisten, dass sie eine entsprechende Verlängerung der Kündigungsfrist vereinbaren. In Betracht kommt auch eine gegenüber dem Arbeitnehmer eingegangene rechtsgeschäftliche Verpflichtung des Arbeitgebers oder eine Verpflichtung aus Betriebsvereinbarung oder Tarifvertrag, → § 171 Rn. 33. Nicht ausreichend soll eine Zusicherung des Arbeitgebers sein, die dieser nur gegenüber dem Integrationsamt erklärt.[214]

58 **Entgelt ohne Arbeit:** Während der Dauer der Kündigungsfrist erhält der Arbeitnehmer das Entgelt für geleistete Arbeit (§ 611a Abs. 2 BGB). Ohne Arbeitsleistung hat er nur dann Anspruch auf Entgelt, wenn ein vertraglicher, tarifvertraglicher oder gesetzlicher Entgeltfortzahlungsanspruch begründet ist. Für den Fall der Arbeitsunfähigkeit infolge Krankheit ist ein derartiger Anspruch in § 3 Abs. 1 EFZG bis zur Dauer von sechs Wochen geregelt. Umstritten ist, ob die Bestimmung über die Entgeltfortzahlung in Abs. 1 Satz 1 einen **eigenständigen Entgeltfortzahlungsanspruch** für schwerbehinderte Menschen begründet. Nach der Rechtsprechung des Bundesarbeitsgerichts rechtfertigt der Gesichtspunkt, Schwerbehinderte zu versorgen, nicht eine eigenständige Entgeltfortzahlung.[215] Abs. 1 Satz 1 hat nicht zum Ziel, die schwerbehinderte Menschen während der Kündigungsfrist besserzustellen.[216] Während des Laufs der Kündigungsfrist hat der Arbeitgeber daher nur nach Maßgabe des allgemeinen Arbeitsrechts Entgelt zu zahlen. Anders ist jedoch die Situation nach Ablauf der Kündigungsfrist zu beurteilen, wenn der Arbeitgeber sich zur Erreichung der Muss-Zustimmung nach Abs. 1 Satz 1 oder der Soll-Zustimmung nach Abs. 1 Satz 2 zur Entgeltfortzahlung bis zum Ablauf von drei Monaten verpflichtet hat. Für die Zeit nach Ablauf der Kündigungsfrist erwirbt dann der schwerbehinderte Mensch einen vom Austauschgedanken des § 611a Abs. 2 BGB unabhängigen Entgeltanspruch. Der Arbeitgeber muss diesen Entgeltanspruch auch dann erfüllen, wenn der Arbeitnehmer arbeitsunfähig ist und kein Anspruch nach Maßgabe des Entgeltfortzahlungsgesetzes besteht.[217] Allerdings wird ein von der Sozialversicherung gewährtes Krankengeld angerechnet (→ Rn. 57).

59 **Anrechenbarkeit anderer Leistungen:** Für die Zeit nach Ablauf der Kündigungsfrist ist der besonderen Natur dieses Entgeltfortzahlungsanspruchs Rechnung zu tragen. Zahlungen Dritter lassen den Anspruch des schwerbehinderten Menschen unberührt. Das gilt insbesondere für Leistungen wie Krankengeld, Insolvenzgeld und Arbeitslosengeld. Ausgeschlossen ist auch die Anrechnung von Abfindungen für den Verlust des Arbeitsplatzes nach § 1a oder §§ 9, 10 KSchG, von Sozialplanleistungen nach § 112 BetrVG, von Nachteilsausgleichsansprüchen nach § 113 BetrVG.[218] Entgeltersatzleistungen, welche die wirtschaftliche Existenz in vergleichbarer Weise sichern, werden angerechnet. Das trifft namentlich auf das **Krankengeld**[219] und das Urlaubsentgelt,[220] nicht aber

---

214 OVG NRW 26.10.2020 – 12 A 3861/18, Rn. 5; ebenso vorgehend: VG Köln 11.9.2018 – 7 K 14218/17, Rn. 49; aA VG Dresden 1.4.2009 – 1 K 449/08, juris Rn. 28.
215 BAG 13.5.1992 – 5 AZR 432/91, EzA § 14 SchwbG 1986 Nr. 69; BAG 23.1.2001 – 9 AZR 287/99, NZA 2001, 1020.
216 *Dörner* SchwbG § 19 Rn. 27; aA *Thomas* in Gröninger Rn. 9.
217 So zutreffend *Dörner* SchwbG § 19 Rn. 28.
218 *Trenk-Hinterberger* in HK-SGB IX, 3. Aufl. 2010, § 89 Rn. 19; *Knittel* SGB IX § 89 Rn. 18.
219 LAG Düsseldorf 6.9.1989 – 11 Sa 782/89, ZIP 1990, 529; *Trenk-Hinterberger* in HK-SGB IX § 89 Rn. 19; *Neumann* in Neumann/Pahlen/Greiner/Winkler/Jabben SGB IX § 172 Rn. 17.
220 *Neumann* in Neumann/Pahlen/Greiner/Winkler/Jabben SGB IX § 172 Rn. 17.

auf das Insolvenz- oder Arbeitslosengeld nach dem SGB III[221] und die Urlaubsabgeltung nach § 7 Abs. 4 BUrlG zu.

Tod vor Ablauf des Dreimonatszeitraums: Verstirbt der schwerbehinderte Mensch vor Ablauf des Dreimonatszeitraums, so soll die **Entgeltzahlungspflicht** des Arbeitgebers jedenfalls für die Zeit nach Ablauf der Kündigungsfrist erlöschen.[222] Das wird damit begründet, dass dieser Anspruch vom Zweck her **höchstpersönlich, nicht übertragbar** und **nicht vererbbar** sei. Dafür findet sich im Gesetz kein hinreichender Anhaltspunkt. Abs. 1 Satz 1 sichert dem schwerbehinderten Menschen und seinen Unterhaltsberechtigten für den Dreimonatszeitraum die Fortzahlung des Entgelts. Es steht dem schwerbehinderten Menschen im Rahmen der Lohnsicherungsbestimmungen der §§ 850 ff. ZPO frei, über diesen Anspruch durch **Abtretung** zu verfügen. In diesem Rahmen sind auch Pfändung und Aufrechnung zulässig. Da der rechtliche Anspruch mit Ablauf der Kündigungsfrist fällig wird, fällt er auch bei späterem Tod des Arbeitnehmers in den **Nachlass (§ 1922 BGB).** 60

Berechnung der Dreimonatsfrist: Die Dreimonatsfrist ist nicht mit der Kündigungsfrist zu verwechseln. **Fristbeginn** der Dreimonatsfrist ist an dem Tag, an dem das **Kündigungsschreiben** dem Arbeitnehmer **zugeht.**[223] Nach § 188 Abs. 2 Alt. 1 BGB endigt die Frist mit Ablauf desjenigen Tages des dritten Monats, welcher durch seine Zahl dem Monatstag entspricht, an dem das Kündigungsschreiben zugegangen ist. 61

Verwaltungsrechtliche Absicherung der Zahlungspflicht: Nach dem Zweck der Regelung darf die Zustimmung nur erteilt werden, wenn die tatsächliche Fortzahlung sichergestellt ist.[224] Dazu ist der Nachweis einer bestehenden rechtsgeschäftlichen Verpflichtung des Arbeitgebers eine zwar eine notwendige, aber keine hinreichende Voraussetzung. Die Verpflichtung des Arbeitgebers zur Lohnfortzahlung kann und muss durch Nebenbestimmungen zum Zustimmungsbescheid abgesichert werden.[225] Die bloße vertragliche Verpflichtung des Arbeitgebers genügt nicht, denn diese müsste der der Arbeitnehmer noch im Klagewege durchsetzen, während das Gesetz von der Voraussetzung ausgeht, dass der Arbeitgeber zur Absicherung der Stellensuche tatsächlich noch drei Monate nach der Kündigung Entgelt zahlt.[226] 62

Die Notwendigkeit der Absicherung durch Nebenbestimmungen stellt die folgende Folgenkontrolle für den Fall dar, dass der Arbeitgeber trotz erhaltener Zustimmung zur Kündigung **nicht zahlt.** Wenn das Integrationsamt im Zustimmungsbescheid keine Nebenbestimmung beigefügt hat, ist vom Bestand einer wirksamen Zustimmung auszugehen.[227] Soweit die Auffassung vertreten wird, es komme ein Widerruf nach § 47 SGB X in Betracht,[228] ist das nur dann zutreffend, wenn das Integrationsamt die Zustimmung mit einer nach § 32 Abs. 1 iVm Abs. 2 Nr. 4 SGB X zulässigen Auflage verknüpft hat. Bei einer Bedingung

---

221 *Neumann* in Neumann/Pahlen/Greiner/Winkler/Jabben SGB IX § 172 Rn. 17.
222 *Dörner* SchwbG § 19 Rn. 28.
223 BAG 12.7.1990 – 2 AZR 35/90, AP § 19 SchwbG 1989 Nr. 2.
224 *Trenk-Hinterberger* in HK-SGB IX § 89 Rn. 15; *Kreitner* in jurisPK-SGB IX, 3. Aufl. 2018 18.11.2019, SGB IX § 172 Rn. 17.
225 Vgl. VG Dresden 1.4.2009 – 1 K 449/08, juris Rn. 28; VG Bayreuth 11.06.2007 – B 3 K 05.142, juris Rn. 5; *Kreitner* in jurisPK-SGB IX, 3. Aufl. 2018 18.11.2019, § 172 Rn. 13 und 17.
226 AA OVG NRW 12.12.1989 – 13 A 181/89, Behindertenrecht 1990,89; offen gelassen von BAG 12.7.1990 – 2 AZR 35/90, NZA 1991, 348 und von OVG Bbg 17.10.2003 – 4 B 59/03.
227 AA *Thomas* in Gröninger § 19 Rn. 10.
228 *Neumann* in Neumann/Pahlen/Greiner/Winkler/Jabben SGB IX § 172 Rn. 16.

bedarf es keines Widerrufs. Abzulehnen ist auch die Auffassung, im Falle der Nichtzahlung sei die Zustimmung wegen des Wegfalls einer Tatbestandsvoraussetzung arbeitsrechtlich unwirksam.[229] Diese Auffassung verkennt die Bindungswirkung eines rechtswidrigen Verwaltungsaktes, und das Ausbleiben der Zahlung ist noch kein Nichtigkeitsgrund im Sinne von § 40 SGB X. Die rechtswidrige Zustimmung kann nur durch das Integrationsamt nach **§§ 45 Abs. 5, 47 Abs. 3 iVm § 44 Abs. 3 SGB X** beseitigt werden. Das Integrationsamt hat auch die Möglichkeit, die Zustimmung mit einer aufschiebenden Bedingung nach § 32 Abs. 2 Nr. 2 SGB X zu verbinden. Dann hängt die Wirksamkeit der Zustimmung von der Erfüllung der Vergütungsansprüche durch den Arbeitgeber ab. Es empfiehlt sich dann jedoch, den Bedingungseintritt der Zahlung an einen bestimmten Stichtag zu binden, damit der Eintritt der Bedingung festgestellt werden kann. Geschieht dies nicht, ist die endgültige Wirkung der Zustimmung so lange unklar, bis die Klage im Vollstreckungsverfahren die Erfüllung oder Nichterfüllung feststeht.[230] Die Rücknahme der erteilten Zustimmung kommt nur dann in Betracht, wenn der Zustimmungsbescheid rechtswidrig ist und der Arbeitgeber durch falsche Angaben hierzu beigetragen hat.[231] Daraus ergibt sich: Das Integrationsamt hat von der nach § 32 Abs. 2 SGB X bestehenden Möglichkeit Gebrauch zu machen, den Zustimmungsbescheid mit einer Nebenbestimmung zu erlassen.[232] Eine Bedingung (§ 32 Abs. 2 Nr. 2 SGB X) ist einer Auflage (§ 32 Abs. 2 Nr. 4 SGB X) vorzuziehen. Es bedarf dann im Falle der unterbleibenden Entgeltzahlung keines zusätzlichen Widerrufs seitens des Integrationsamts, weil das Kündigungsverbot des § 168 SGB IX bestehen bleibt.[233]

VIII. Weiterbeschäftigungsmöglichkeiten

63 **Weiterbeschäftigungsmöglichkeit:** Nach Abs. 1 Satz 3 ist sowohl für die Muss-Zustimmung nach Satz 1 als auch für die Soll-Zustimmung nach Satz 2 Voraussetzung, dass eine Weiterbeschäftigung auf einem anderen Arbeitsplatz desselben Betriebes oder auf einem freien Arbeitsplatz in einem anderen Betrieb desselben Arbeitgebers auszuschließen ist, weil sie entweder
1. nicht möglich ist oder
2. für den Arbeitgeber nicht zumutbar ist
3. der Arbeitnehmer mit der Weiterbeschäftigung auf dem anderen Arbeitsplatz nicht einverstanden ist.
Die ältere Rspr. hat zur Vorgängerregelung in § 18 Abs. 2 SchwBeschG 1953 herausgearbeitet, das Gesetz garantiere nicht die Beibehaltung des bisherigen Arbeitsplatzes, sondern solle die Beschäftigung als angemessene Lebensgrundlage sichern. Dies könne auch auf einem anderen Arbeitsplatz mit niedrigerer Vergütung geschehen.[234] Unter Geltung des im BTHG verankerten Teilhabeprinzips ist für die Frage der Angemessenheit nicht nur auf die Sicherung der Lebensgrundlage abzustellen. Deshalb sind für die Zustimmungsvoraussetzungen verschärft worden, indem die Weiterbeschäf-

---

229 So *Dörner* SchwbG § 19 Rn. 33.
230 So OVG NRW 12.12.1989 – 13 A 181/89, Behindertenrecht 1991, 66.
231 *Knittel* SGB IX § 98 Rn. 25.
232 So auch: *Kreitner* in jurisPK-SGB IX, 3. Aufl. 2018 18.11.2019, SGB IX § 172 Rn. 17.
233 BAG 12.7.1990 – 2 AZR 35/90, NZA 1991, 348; *Kreitner* in jurisPK-SGB IX, 3. Aufl. 2018 18.11.2019, SGB IX § 172 Rn. 17; *Hohmann* in Wiegand SGB IX § 89 Rn. 20; *Vossen* in APS SGB IX § 89 Rn. 8.
234 BVerwG 29. 5.1959 – BVerwG V B 207/58, NJW 1959, 1382.

tigung vom Einvernehmen des Arbeitnehmers abhängig ist. Ist die Weiterbeschäftigung auf einem anderen Arbeitsplatz im Einvernehmen mit dem betroffenen schwerbehinderten Arbeitnehmer möglich und dem Arbeitgeber zumutbar, so besteht kein Anspruch auf Zustimmung. Verweigert dagegen der Betroffene das Einvernehmen, so entsteht für den Arbeitgeber der Zustimmungsanspruch.

Weiterbeschäftigungsmöglichkeit als Zustimmungsverweigerungsgrund: Wenn das Integrationsamt feststellt, dass eine Weiterbeschäftigung möglich und dem Arbeitgeber zumutbar ist, entfällt nicht nur eine Voraussetzung für die Muss- oder Soll-Zustimmung. Es kommt dann auch bei der Ausübung des freien Ermessens regelmäßig keine fehlerfreie Zustimmung aus sonstigen betriebsbedingten Gründen in Betracht. Von daher muss Abs. 1 Satz 2 so verstanden werden, dass bei ausschließlich betriebsbezogenen Kündigungsgründen die **Zustimmung wegen der vom Arbeitnehmer akzeptierten Weiterbeschäftigungsmöglichkeit zu verweigern ist**.[235] 64

Anderer Arbeitsplatz in demselben Betrieb: Das Integrationsamt hat bei einer vom Arbeitgeber vorgebrachten wesentlichen Betriebseinschränkung insbesondere durch Einholung von Stellungnahmen des Betriebsrats der Schwerbehindertenvertretung sowie durch Anhörung des schwerbehinderten Menschen (§ 170 Abs. 2) zu ermitteln, ob ein anderer Arbeitsplatz in demselben Betrieb vorhanden ist, an dem der Arbeitnehmer weiterbeschäftigt werden kann. Ist der schwerbehinderte Mensch mit der Weiterbeschäftigung auf dem anderen Arbeitsplatz nicht einverstanden, so ist die **Soll-Zustimmung** nach Abs. 1 Satz 2 zu erteilen. Soweit ein Einverständnis vorliegt, sind in die Prüfung die freien Arbeitsplätze einzubeziehen, die nach § 164 Abs. 3 durch geeignete Maßnahmen eingerichtet oder nach § 164 Abs. 4 behindertengerecht gestaltet oder nach § 164 Abs. 4 Nr. 5 behinderungsgerecht mit den erforderlichen technischen Arbeitshilfen ausgestattet werden müssen. Weiter in Betracht kommen auch die Arbeitsplätze, die von anderen Arbeitnehmern besetzt und für den schwerbehinderten Menschen freizumachen sind.[236] 65

Freier anderer Arbeitsplatz: Ein Arbeitsplatz ist als frei anzusehen, wenn er **zum Zeitpunkt der Kündigung unbesetzt** ist oder es zumindest absehbar ist, dass er **bis zum Ablauf der Kündigungsfrist zur Verfügung steht**. Arbeitsplätze, die erst nach dem Ablauf der Kündigungsfrist frei werden, sind im Rahmen der Zumutbarkeit einzubeziehen. **Zumutbar** ist nach der arbeitsrechtlichen Rechtsprechung ein Zeitraum, der die Einarbeitung eines neu einzustellenden Arbeitnehmers nicht übersteigt.[237] Wegen der in Abs. 1 Satz 1 vom Gesetzgeber festgelegten Dreimonatsfrist für die Entgeltfortzahlung muss davon ausgegangen werden, dass dem Arbeitgeber mindestens zuzumuten ist, die Weiterbeschäftigung auf Arbeitsplätzen zu prüfen, die innerhalb von drei Monaten frei werden.[238] Dem Arbeitgeber kann auch bei entsprechender Eignung die Zuweisung eines höherwertigen freien Arbeitsplatzes zugemutet werden. Er muss dabei in Kauf nehmen, dass dem schwerbehinderten Menschen eine längere Einarbeitungszeit einzuräumen ist als sie bei einem nicht behinderten Arbeitnehmer in Betracht 66

---

235 So zutreffend *Dörner* SchwbG § 19 Rn. 40.
236 *Dörner* SchwbG § 19 Rn. 54.
237 BAG 15.12.1994 – 2 AZR 327/94, AP KSchG 1969 § 1 Betriebsbedingte Kündigung Nr. 67.
238 *Griebeling* in Hauck/Noftz SGB IX § 89 Rn. 16.

käme. Dies wird zu Recht aus § 164 Abs. 4 Satz 1 Nr. 1 bis 3 SGB IX gefolgert.[239]

67 **Freimachen eines anderen Arbeitsplatzes:** Der Arbeitgeber hat zur Vermeidung einer Kündigung des schwerbehinderten Menschen auch die **Möglichkeit einer Um- und Versetzung** auf einen mit einem anderen Arbeitnehmer besetzten Arbeitsplatz zu prüfen. Das Ermessen des Integrationsamts ist allerdings zulasten des schwerbehinderten Beschäftigten eingeschränkt, wenn kein Ursachenzusammenhang zwischen der Behinderung und der Kündigung des Arbeitsverhältnisses besteht. Weder der traditionelle Gedanke der Schwerbehindertenfürsorge noch die in § 1 SGB IX verankerte Förderung der gleichberechtigten Teilhabe verlangen vom Arbeitgeber, anstelle des schwerbehinderten Menschen einen anderen Arbeitnehmer zu entlassen.[240] Soweit ein **Ursachenzusammenhang** besteht, tritt der schwerbehinderte Mensch in Konkurrenz zu anderen Arbeitnehmern. Diese Konkurrenz wird nach den Grundsätzen über die **Sozialauswahl** entsprechend § 1 Abs. § KSchG zu lösen sein.[241] Es ist allerdings nicht Aufgabe des Integrationsamts, vorab über die vom Arbeitgeber zu beachtende ausreichende Sozialauswahl zu entscheiden. Es kann allenfalls eine Zustimmung ablehnen, wenn nach seinen Ermittlungen der Arbeitgeber sich weigert, eine soziale Auswahl zu treffen oder eine soziale Auswahl offensichtlich fehlerhaft ist.[242] Ist der schwerbehinderte Mensch nach § 1 Ab. 3 KSchG sozial stärker einzustufen, muss die Interessenabwägung zu Lasten des schwerbehinderten Menschen ausfallen, denn es ist dem Arbeitgeber nicht zumutbar, den stärker Schutzbedürftigen zu entlassen.[243] Der Arbeitnehmer wird dadurch nicht schutzlos gestellt; soweit er nicht in einem Kleinstbetrieb beschäftigt wird, kann er nach § 1 Abs. 3 KSchG eine nicht ausreichende Sozialauswahl im Kündigungsschutzprozess vor den Gerichten für Arbeitssachen geltend machen.

68 **Freier Arbeitsplatz in einem anderen Betrieb:** Bei der Betriebsstillegung und bei der wesentlichen Betriebseinschränkung hat das Integrationsamt zu ermitteln, ob der Arbeitgeber **außerhalb des Beschäftigungsbetriebs** den Arbeitnehmer auf einen **freien Arbeitsplatz** einsetzen kann. Die Verdrängung eines anderen Arbeitnehmers in einem anderen Betrieb des Arbeitgebers nach den Gesichtspunkten der Sozialauswahl scheidet hier wegen des Grundsatzes des Betriebsbezuges der Sozialauswahl aus.[244] Als freie Arbeitsplätze in einem anderen Betrieb desselben Arbeitgebers (§ 172 Abs. 1 Satz 3) kommen nur Arbeitsplätze in Betrieben in Betracht, die im Bundesgebiet liegen.[245] Arbeitsplätze in Betrieben von Konzern angehörigen Unternehmen kommen nicht in Betracht.[246]

69 **Zumutbarkeit des anderen Arbeitsplatzes:** Dem Arbeitgeber ist die Weiterbeschäftigung des schwerbehinderten Menschen auf einem freien Arbeitsplatz gleicher Qualifikation stets zuzumuten. Soweit der Arbeitsplatz noch behindertengerecht eingerichtet oder ausgestattet werden muss, ist die besondere **Zumutbarkeitsvorschrift** des § 164 Abs. 4 Satz 3 zu beachten. Dem Arbeitgeber kann auch die Zuweisung eines höherwertigen freien Arbeitsplatzes zugemutet werden und dabei ist von dem Arbeitgeber mehr an **Einarbeitungszeit** einzuräu-

---

239 *Trenk-Hinterberger* in HK-SGB IX, 3. Aufl. 2010, SGB IX § 89 Rn. 38; *Knittel* SGB IX § 89 Rn. 42.
240 HmbOVG 27.11.1987 – Bf I 36/85, BB 1989, 220.
241 *Gallner* in KR SGB IX §§ 85–90 Rn. 104; *Söhngen/Zwanziger* in KDZ, 8. Aufl. 2011, SGB IX § 89 Rn. 30.
242 OVG NRW 12.12.1989 – 13 A 181/89, Behindertenrecht 1991, 66.
243 *Söhngen/Zwanziger* in KDZ, 8. Aufl. 2011, SGB IX § 89 Rn. 30.
244 *Dörner* SchwbG § 19 Rn. 55; *Gallner* in KR SGB IX §§ 85–90 Rn. 105.
245 BayVGH 28.7.2006 – 9 BV 05.1863, ZFSH/SGB 2007, 357.
246 VG Berlin 28.7.1992 – 8 A 466.91, juris Rn. 20 f.

men, als er sie Nichtbehinderten gewährt. Das folgt aus der Verpflichtung des Arbeitgebers nach § 164 Abs. 4 Nr. 1 bis 3, das berufliche Fortkommen des schwerbehinderten Menschen zu fördern. Maßgebend sind die Fähigkeiten und Kenntnisse des schwerbehinderten Menschen und die Möglichkeit ihrer Weiterentwicklung. Pauschale Aussagen, wie zB es sei unzumutbar, eine Zahntechnikerin als Zahnarzthelferin einzusetzen,[247] sind bedenklich.[248]

IX. Soll-Zustimmung für Änderungskündigung

Soll-Zustimmung nach Abs. 2: Das Integrationsamt soll die Zustimmung nach Abs. 2 erteilen, wenn dem schwerbehinderten Menschen ein **anderer angemessener und zumutbarer Arbeitsplatz gesichert** ist. Dieser Fall ist regelmäßig mit einer Änderungskündigung und der Weiterbeschäftigung beim bisherigen Arbeitgeber verbunden. Es kann jedoch auch ein anderer Arbeitgeber die Arbeitsplatzsicherung durch eine Beschäftigungszusage bewirken, → Rn. 73. Diese Möglichkeit wird vor allem auf konzerninternen Arbeitsmärkten genutzt. **Gesichert** ist ein Arbeitsplatz dann, wenn ein Arbeitsvertrag abgeschlossen ist oder unwiderruflich angeboten wird, in dem ein Arbeitgeber sich verpflichtet, den schwerbehinderten Menschen zu beschäftigen. Der beschäftigungswillige Arbeitgeber muss somit nicht mit dem bisherigen Arbeitgeber identisch sein, der den Kündigungsantrag beim Integrationsamt stellt. Besteht eine Weiterbeschäftigungsmöglichkeit beim antragstellenden bisherigen Arbeitgeber, so steht Abs. 1 Satz 3 regelmäßig eine Zustimmung entgegen. Ein Anwendungsbereich für die vom bisherigen Arbeitgeber einzuholende Soll-Zustimmung nach Abs. 2 besteht im Wesentlichen nur in den Fällen der Änderungskündigung. 70

Beispiel: Der bisherige Arbeitgeber beabsichtigt eine Änderungskündigung. Auch eine Änderungskündigung, die eine Verringerung der wöchentlichen Arbeitszeit von 40 auf 20 Stunden und entsprechend die Halbierung des Entgelts bewirken würde, fällt unter den Anwendungsbereich der Norm.[249] Ist das Änderungsangebot dem schwerbehinderten Menschen zumutbar, so hat der Arbeitgeber einen Anspruch auf Soll-Zustimmung nach Abs. 2.

Angemessenheit des Arbeitsplatzes nach Abs. 2: Bei den Begriffen **angemessen** und **zumutbar** kommt es zu Überschneidungen.[250] Das gilt insbesondere für die Einbeziehung der wirtschaftlichen Folgen des Arbeitsplatzwechsels. Angemessenheit und Zumutbarkeit sind unbestimmte Rechtsbegriffe, die der uneingeschränkten verwaltungsgerichtlichen Überprüfung unterliegen und ausschließlich den neuen Arbeitsplatz betreffen.[251] Als angemessen gilt der andere Arbeitsplatz, wenn er nach Entgelt und Art der Tätigkeit, den Fähigkeiten und der Vorbildung des schwerbehinderten Menschen entspricht.[252] Zumutbarkeit geht über Angemessenheit hinaus, weil auch andere Umstände, wie zB Arbeitsweg 71

---

247 So OVG NRW 3.10.1989 – 13 A 74/88, Behindertenrecht 1990, 89 (92).
248 So zutreffend *Dörner* SchwbG § 19 Rn. 45.
249 VG Frankfurt (Oder) 19.12.2003 – 6 L 123/03; *Gallner* in KR SGB IX §§ 168–173 Rn. 105 ff.; *Neumann* in Neumann/Pahlen/Greiner/Winkler/Jabben SGB IX § 172 Rn. 27 ff.
250 VG Ansbach 25.2. 2010 – AN 14 K 08.00537, Rn. 36 unter Bezug auf OVG RhPf 8.11.1996 – 12 A 10.457/96.
251 BayVGH 17.9. 2009–12 B 09.52, Rn. 531, KommunalPraxis BY 2009, 417.
252 BVerwG 12.1.1966 – V C 62.64, BVerwGE 23, 123; dem folgend: *Neumann* in Neumann/Pahlen/Greiner/Winkler/Jabben SGB IX § 172 Rn. 28; *Osnabrügge* in HaKo-KSchR SGB IX §§ 168–175, 178 Rn. 49.

und Zusammenarbeit mit anderen Beschäftigten, berücksichtigt werden.[253] Näheres → Rn. 72.

Ob ein anderer Arbeitsplatz angemessen ist, kann nicht in subjektiven Vorstellungen des schwerbehinderten Menschen entnommen werden. Maßgeblich ist, ob der andere Arbeitsplatz objektiv hinsichtlich **Entgelt** und **Art der Tätigkeit** den Fähigkeiten und der Vorbildung des schwerbehinderten Menschen entspricht.[254] Bei Beschäftigten, deren Tätigkeit nach Besoldungs- und Vergütungsgruppen bewertet wird, bilden regelmäßig allein diese einen sachgerechten Vergleichsmaßstab, weil in ihnen zugleich auch Vorbildung und Fähigkeiten berücksichtigt sind, die von den jeweiligen Stelleninhabern gefordert werden.[255] Bei einer Tätigkeit auf tariflicher Grundlage wird ein Vergütungsgruppenwechsel für angemessen erachtet, soweit dieser innerhalb einer Laufbahngruppe erfolgt. Ein Laufbahnübergreifender Entgeltgruppenwechsel ist als unangemessen angesehen worden.[256] Zu berücksichtigen ist auch die Stellung in der Hierarchie. So ist der Wechsel vom geschäftsführenden Bildredakteur zum einfachen Bildredakteurs mit dem Verlust der Vorgesetztenstellung, einer Vergütungseinbuße von 17 %, dem Wegfall der Dienstwagennutzung sowie mit dem Verlust weiterer geldwerter Sonderleistungen als unangemessen beurteilt worden.[257] Demgegenüber ist die mit einer Änderungskündigung Versetzung vom Leiter der EDV Abteilung zum Leiter der Ausbildungsabteilung, verbunden mit einer Kürzung des Bruttojahresgehalts um 26,55 % bei gleichzeitigem Wegfall des Firmenwagens, nicht für unangemessen angesehen worden.[258]

Sinkt das Leistungsvermögen, kann auch eine geringer vergütete Arbeit angemessen sein; denn die nicht die Gleichwertigkeit, sondern nur die Angemessenheit und Zumutbarkeit des anderen Arbeitsplatzes wird gesichert.[259] Soweit die Auffassung vertreten wird, eine betriebsbedingte Änderung des Aufgabenbereichs sei in der Regel unangemessen, sofern der schwerbehinderte Mensch seine bisherige Aufgabe noch erfüllen könne,[260] ist das zu weitgehend.[261]

Soweit erhebliche **Einbußen am Arbeitsentgelt** anfallen, verweist ein Verwaltungsgericht darauf, dass eine Sicherung des bisherigen Entgelts nicht vom Schutzzweck des § 168 SGB IX umfasst würde.[262] Das erscheint zu weitgehend; denn zu dem Schwerbehindertenschutz gehört auch, dass sichergestellt wird, dass dem schwerbehinderten Arbeitnehmer die Möglichkeit erhalten bleibt, von seiner Arbeit zu leben. Deshalb muss auch berücksichtigt werden, ob durch die geringer vergütete Stelle die Lebensstellung des Betroffenen als solche erheblich verschlechtert wird.[263] Wenn ein Arbeitsplatz angeboten wird, bei dem die Vergütung unter die zur Sicherung des Lebensunterhalts erforderliche Grenze ab-

---

253 *Rolfs* in ErfK SGB IX § 172 Rn. 9; *Neumann* in Neumann/Pahlen/Greiner/Winkler/Jabben SGB IX § 172 Rn. 30; *Osnabrügge* in HaKo-KSchR SGB IX §§ 168–175, 178 Rn. 49; *Schmidt*, Schwerbehindertenarbeitsrecht, S. 228 Rn. 716.
254 BVerwG 12.1.1966 – VC 62.64, BVerwGE 23, 123; BayVGH 17.9. 2009–12 B 09.52, Rn. 53, KommunalPraxis BY 2009, 417; BayVGH 13.11.2012 – 12 B 12.1675, Rn. 29, NDV-RD 2014, 70.
255 BayVGH 13.11.2012 – 12 B 12.1675, Rn. 30, NDV-RD 2014, 70.
256 BayVGH 13.11.2012 – 12 B 12.1675, Rn. 32, NDV-RD 2014, 70.
257 VG München 22.10.2009 – M 15 K 08.1938, Rn. 50.
258 VG Mainz 6.9.18 – 1 K 25/18.Mz, Rn. 47.
259 VG Mainz 6.9.18 – 1 K 25/18.Mz, Rn. 47 unter Bezug BVerwG 12.1.1966 – V C 62.64, Rn. 33.
260 *Steinbrück* in GK-SchwbG § 19 Rn. 163.
261 Zutreffend *Söhngen/Zwanziger* in KDZ, 8. Aufl. 2010, SGB IX § 89 Rn. 467.
262 VG Frankfurt (Oder) 19.12.2003 – 6 L 123/03.
263 BayVGH 13.11.2012 – 12 B 12.1675, Rn. 30, NDV-RD 2014, 70.

sinkt, ist dieser Arbeitsplatz stets unangemessen.[264] Die Rspr. hat ansonsten folgende Maßstäbe gesetzt: Herabsetzung von 2.400 EUR auf 1.500 EUR nicht zumutbar[265] und von 3.853 EUR auf 2.743 EUR ebenfalls nicht zumutbar.[266] Das Fachschrifttum geht von einem allgemeinen Grenzwert bis zu 30 % aus und setzt bei niedrigen Arbeitseinkommen die Belastungsgrenze auf 20 % an.[267]

Zumutbarkeit des Arbeitsplatzes nach Abs. 2: Die Soll-Zustimmung ist nur dann zu erteilen, wenn das Integrationsamt in seinen Ermittlungen feststellen kann, dass der zugesicherte Arbeitsplatz dem schwerbehinderten Menschen auch zumutbar ist. **Ein angemessener Arbeitsplatz ist in der Regel zumutbar.** Unzumutbar kann ein angemessener Arbeitsplatz nur dann sein, wenn mit dem Wechsel auf den anderen Arbeitsplatz besondere Nachteile für den schwerbehinderten Menschen im Einzelfall verbunden sind, die ihn übermäßig belasten. Diese können in der verkehrsmäßige Erreichbarkeit der neuen Arbeitsstätte, in den Folgekosten des Arbeitsplatzwechsels sowie in den Auswirkungen auf das soziale und familiäre Umfeld bestehen.[268] Maßgeblich ist eine Bewertung der Gesamtumstände des jeweiligen Einzelfalles.

72

Beispiele:
1. Der schwerbehinderte Mensch hat gravierende Schwierigkeiten, den anderen Arbeitsplatz verkehrstechnisch zu erreichen. Ein 90 km entfernter Arbeitsplatz ist jedoch bei einer betriebsbedingten Änderungskündigung wegen Stilllegung einer Filiale als zumutbar angesehen worden. Notfalls müsse umgezogen werden.[269]
2. Die Arbeitsplatzwechsel eines alkoholkranken Bademeisters auf eine Stelle als Hilfskraft in der Stadtgärtnerei oder im städtischen Bauhof ist als zumutbar beurteilt worden, weil der Betroffene aufgrund seiner Alkoholkrankheit aus haftungsrechtlichen Gründen im Schwimmbad weder in der Aufsicht noch in der Technik beschäftigt werden konnte.[270]

Hinreichende Sicherung des zugesagten neuen Arbeitsplatzes: „Gesichert" ist dem schwerbehinderten Menschen der Arbeitsplatz auch dann, wenn bei dem neuen Arbeitgeber, der auf Veranlassung des bisherigen Arbeitgebers einen angemessenen und zumutbaren Arbeitsplatz zusagt, die Wartezeit für den Kündigungsschutz von sechs Monaten (§ 1 Abs. 1 KSchG, § 173 Abs. 1 Nr. 1 SGB IX) noch zurückzulegen ist.[271] Es ist ausreichend, wenn das Integrationsamt feststellt, dass das zugesicherte Arbeitsverhältnis nicht von vornherein innerhalb der Wartefrist beendet werden soll.[272] Nicht hinreichend gesichert ist das Arbeitsverhältnis, wenn es von vornherein befristet oder auflösend bedingt ist.[273] Soll eine Änderungskündigung erklärt werden, dann liegt darin eine hinreichende Sicherung; denn der Bestand des Arbeitsverhältnisses hängt allein von der

73

---

264 Im entschiedenen Fall Absenkung von 1283,20 auf 721,80 EUR: VG Ansbach 21.1.2010 – AN 14 K 09.00066, Rn. 37.
265 OVG NRW 3.2.2009 – 12 A 2931/08, Behindertenrecht 2009, 175.
266 Auch BayVGH 13.11.2012 – 12 B 12.1675, BeckRS 2012, 59836.
267 *Schmidt*, Schwerbehindertenarbeitsrecht, S. 229 Rn. 717.
268 *Kreitner* in jurisPK-SGB IX § 172 Rn. 25.
269 VG Bayreuth 14.2.2011 – B 3 K 10.639, Rn. 35.
270 VG Ansbach 25.2.2010 – AN 14 K 08.00537, Rn. 38.
271 *Rolfs* in ErfK § 172 Rn. 9; *Neumann* in Neumann/Pahlen/Greiner/Winkler/Jabben SGB IX § 172 Rn. 27; so schon zum SchwbG: *Dörner* SchwbG § 19 Anm. III 2; aA *Thomas* in Gröninger SchwbG § 19 Rn. 18; *Steinbrück* in GK-SchwbG § 19 Rn. 159.
272 So zutreffend *Söhngen/Zwanziger* in KDZ, 8. Aufl. 2010, SGB IX § 89 Rn. 49.
273 *Steinbrück* in GK-SchwbG § 19 Rn. 160; *Großmann* in GK-SGB IX § 89 Rn. 164.

Annahme des Änderungsangebots ab, die auch unter Vorbehalt der gerichtlichen Prüfung abgegeben werden kann.[274]

X. Soll-Zustimmung für Kündigung seitens des Insolvenzverwalters

74 **Soll-Zustimmung bei Insolvenz:** Nach Abs. 3 soll das Integrationsamt die Zustimmung zum Kündigungsantrag erteilen, wenn im Insolvenzverfahren eine **Betriebsänderung im Sinne von § 111 Satz 3 BetrVG** geplant ist. Weitere Voraussetzungen sind, dass
1. der Insolvenzverwalter einen Interessenausgleich nach § 125 InsO geschlossen hat, in dem der schwerbehinderte Arbeitnehmer namentlich bezeichnet ist, und
2. die Schwerbehindertenvertretung beteiligt war
3. der Anteil der nach dem Interessenausgleich zu entlassenden schwerbehinderten Menschen an der Zahl der beschäftigten schwerbehinderten Menschen nicht größer ist als der Anteil der zu entlassenden übrigen Arbeitnehmer an der Zahl der beschäftigten übrigen Arbeitnehmer und
4. die verbleibende Gesamtzahl der schwerbehinderten Menschen zur Erfüllung der Beschäftigungspflicht Mindestbeschäftigung ausreicht, → § 154 Rn. 24 ff.

Die Vorschrift verschafft mit der Soll-Zustimmung des Integrationsamts dem Verwalter einen Anreiz, einen Interessenausgleich unter Berücksichtigung der besonderen Belange der schwerbehinderten Beschäftigten zu schließen; denn bei einer Soll-Zustimmung ist mit einem schnelleren Abschluss des Antragsverfahrens zu rechnen. Da in der Vergangenheit in Insolvenzverfahren die Anzahl der Schwerbehindertenarbeitsplätze häufig rigoros „heruntergefahren" worden war, brachte mit dieser Einfügung in das SGB IX der Gesetzgeber zugleich das **öffentliche Interesse** an der Aufrechterhaltung der Beschäftigung von schwerbehinderten Menschen in den Abs. 3 Nr. 3 und 4 betont deutlich zum Ausdruck. Hatte bereits der Schuldner die Zustimmung vom Integrationsamt erhalten, so bedarf der Verwalter dennoch einer erneuten Zustimmung; denn die Kündigung wird in diesem Fall auf die neue Tatsache, nämlich die Insolvenzeröffnung, gestützt.[275]

75 **Beteiligung der SBV am Interessenausgleich:** Die Soll-Zustimmung nach Abs. 3 setzt voraus, dass der Betriebsrat und die **Schwerbehindertenvertretung ordnungsgemäß nach § 178 Abs. 2** vor Abschluss des Interessenausgleichs **beteiligt** worden sind (§ 172 Abs. 3 Nr. 2). Mit dem Interessenausgleich im Sinne des § 172 Abs. 3 Nr. 1 SGB IX wird eine Vereinbarung zwischen dem Insolvenzverwalter im Sinne des § 125 Abs. 1 Satz 1 InsO (→ Rn. 76) und dem Betriebsrat die gewählte Arbeitnehmervertretung im Sinne des § 1 Abs. 1 S 1 BetrVG bezeichnet. Diese Voraussetzungen sind von den Behörden zu beachten und im verwaltungsgerichtlichen Verfahren in vollem Umfang zu überprüfen.[276] Hat der Verwalter eine Vereinbarung mit dem unzuständigen Gesamtbetriebsrat oder Konzernbetriebsrat abgeschlossen so fehlt eine notwendige Voraussetzung.[277] Die Zustimmung der SBV ist zwar nicht erforderlich. Ihre ordnungsgemäße **Beteiligung** nach § 178 Abs. 2 Satz 1 SGB IX ist aber **zwingend**. Für den Fall, dass im Betrieb keine Schwerbehindertenvertretung gewählt worden ist, hat der Insolvenzverwalter nach § 180 Abs. 6 Satz 1, 2 die Gesamt- oder die

---

274 Zutreffend *Großmann* in GK-SGB IX § 89 Rn. 161.
275 LAG Bbg 18.6.2003 – 7 Sa 63/03, ZInsO 2003, 915.
276 BayVGH 24.8.2006 – 9 ZB 05 442, KommunalPraxis BY 2006, 398.
277 BayVGH 24.8.2006 – 9 ZB 05 442, KommunalPraxis BY 2006, 398.

Konzernschwerbehindertenvertretung zu beteiligen, welche ersatzweise die schwerbehinderten Menschen ohne betriebliche SBV mitvertreten.[278] Gibt es keine Schwerbehindertenvertretung, die die Betroffenen vertritt, so entfällt dieser gesetzlich besonders ausgestaltete Fall der Ermessensbindung.[279] Der Umstand, dass keine Beteiligung stattfinden kann, führt zu keinem Wegfall des Erfordernisses nach Nr. 2. Denn ohne Beteiligung der SBV gibt es keine Richtigkeitsgewähr dafür, dass die Interessen der schwerbehinderten Menschen beim Interessenausgleich angemessen berücksichtigt worden sind. Es ist dann eine Entscheidung nach freiem Ermessen zu treffen.

Inhalt und Rechtsfolgen des Interessenausgleichs: Die Anwendbarkeit der Sonderregelung des § 125 InsO setzt voraus, dass der Insolvenzverwalter eine Betriebsänderung im Sinne von § 111 BetrVG plant und zu diesem Zweck zwischen Verwalter und Betriebsrat ein besonderer Interessenausgleich abgeschlossen wird. Diese Vereinbarung muss die Arbeitnehmer, denen gekündigt werden soll, namentlich bezeichnen. Sie muss entsprechend § 112 Abs. 1 Satz 1 BetrVG schriftlich niedergelegt und von beiden Betriebspartnern unterschrieben werden. Ist die **Namensliste** der zu kündigenden Arbeitnehmer nicht im Interessenausgleich selbst enthalten, sondern als Anlage beigefügt, ist sie zur Sicherheit nochmals gesondert zu unterzeichnen. Eine bloße Bezugnahme auf eine lediglich als Anlage zum Interessenausgleich beigefügte Namensliste reicht nicht aus. Es genügt jedoch, wenn die Anlage mittels einer Heftmaschine untrennbar fest verbunden ist.[280] Der wirksame Interessenausgleich bewirkt zwei Rechtsfolgen:

1. Es wird vermutet, dass die Kündigungen der Arbeitsverhältnisse der Arbeitnehmer durch dringende betriebliche Erfordernisse bedingt sind, die einer Weiterbeschäftigung in diesem Betrieb oder einer Weiterbeschäftigung zu unveränderten Arbeitsbedingungen entgegenstehen (§ 125 Abs. 1 Nr. 1 InsO).
2. Die soziale Auswahl der Arbeitnehmer kann nur auf grobe Fehler überprüft werden.

Kein Sonderopfer der schwerbehinderten Menschen: Weitere Voraussetzungen für die Soll-Zustimmung ist nach Abs. 3 Nr. 3, dass die schwerbehinderten Menschen **kein Sonderopfer** bei der Betriebsänderung zu tragen haben. Ihre Anzahl darf nur **proportional zu dem erreichten Stand der Schwerbehindertenbeschäftigung** im Betrieb abgebaut werden. War vor dem Interessenausgleich die Mindestbeschäftigungsquote erfüllt, ist durch die Proportionalität auch sichergestellt, dass die Quote nach dem Interessenausgleich noch erhalten bleibt. War die Quote nicht erfüllt, ist eine weitere Maßnahme zur Erfüllung der Voraussetzungen der Soll-Zustimmung erforderlich. Wie nach Abs. 1 Satz 2 ist dann sicherzustellen, dass nach dem Personalabbau erstmals die Pflichtquote des § 154 erreicht wird (Abs. 3 Nr. 4). Da Abs. 3 an das betriebsverfassungsrechtliche Instrument des Interessenausgleichs anknüpft, darf im Unterschied zu Abs. 1 Satz 2 hier **nicht auf das Unternehmen** abgestellt werden.[281] Maßgebend sind die im Betrieb vorhandenen Arbeitsplätze, die nach §§ 156, 157 zu be-

---

278 Ebenso *Schmitz* in FKS, 4. Aufl. 2018, § 172 Rn. 19.
279 *Söhngen/Zwanziger* in DKZ, 8. Aufl. 2010, SGB IX § 89 Rn. 37; *Söhngen* in DDZ SGB IX § 172 Rn. 37; *Knittel* SGB IX § 89 Rn. 57; *Gallner* in KR SGB IX §§ 168–173 Rn. 111; aA *Rolfs* in ErfK SGB IX § 172 Rn. 10; *Neumann* in Neumann/Pahlen/Greiner/Winkler/Jabben SGB IX § 172 Rn. 34; *Schmidt* Schwb-ArbR S. 230 Rn. 722.
280 BAG 16.6.1999 – 4 AZR 662/98, ZInsO 2000, 351; zustimmend: *Knittel* SGB IX § 89 Rn. 54.
281 So zutreffend *Söhngen/Zwanziger* in DKZ, 8. Aufl. 2010, SGB IX § 89 Rn. 39.

rücksichtigen sind, und die dem Betrieb angehörenden schwerbehinderten Menschen, sofern sie nach §§ 158, 159, 210 angerechnet werden.

78 **Prüfschritte des Integrationsamts:** Das Integrationsamt hat das Vorliegen der Voraussetzungen des Abs. 3 zu prüfen. Hierzu gehört auch, ob die Voraussetzungen der Eröffnung des Insolvenzverfahrens und des Zustandekommens eines Interessenausgleichs im Sinne des § 125 InsO schon erfüllt sind. Fehlen diese oder eine weitere der in Abs. 3 Nr. 2 oder 3 aufgeführten Voraussetzungen, so entfällt die Sollbindung des Integrationsamts. Das gilt dann für den gesamten Zustimmungsantrag, der mit einer Namensliste der zu Kündigenden versehen ist. Scheitert der Antrag nur an der Erfüllung der Voraussetzungen nach Abs. 3 Nr. 3 und 4, so ist es im Antragsverfahren nicht zulässig, nunmehr in Absprache zwischen Verwalter und Integrationsamt eine Auswahl bis zur Einhaltung der Proportionalität oder der künftigen Pflichtquote zu treffen.[282] Es bedarf einer neuen Namensliste und eines neuen Antrags.
Liegen die Voraussetzungen des Abs. 3 vor, so wird in diesem sogenannten „Regelfall" die Zustimmung rechtmäßig als Folge der Sollvorschrift ergehen.[283] Trotz Sicherung der Proportionalität kann jedoch im Einzelfall dennoch die Zustimmung verweigert werden. So kann die Zustimmung etwa an der fehlenden Dreimonatszahlung scheitern.[284] Außerdem darf sich bei Stilllegung von Unternehmensteilen das Integrationsamt nicht mit der Feststellung begnügen, dass der Name des schwerbehinderten Menschen in einer Liste zum Interessenausgleich enthalten ist, sondern es muss weitergehend ermitteln, dass die Belange der schwerbehinderten Menschen und ggf. nach welchen Kriterien bei der Sozialauswahl überhaupt berücksichtigt worden sind.[285]

XI. Prüfung der Kündigungsgründe im Kündigungsschutzprozess

79 **Prüfung der Kündigungsgründe im Kündigungsschutzprozess:** Die Gerichte für Arbeitssachen prüfen ohne Bindung an die Entscheidungsgründe des Integrationsamts und deren verwaltungsgerichtlicher Kontrolle die Gründe der Kündigung.[286] Somit besteht eine echte „Zweispurigkeit" bei der Prüfung der Kündigungsgründe. Dh: „Die Gerichte für Arbeitssachen [sind] nicht an einer Prüfung der einschlägigen arbeitsrechtlichen Vorschriften [gehindert], auch wenn diese im Kontext zu Normen des SGB IX stehen, welche ebenso im verwaltungsgerichtlichen Verfahren zu beachten sind:"[287] Soweit Kündigungen dem KSchG unterfallen, haben sie zusätzlich auch die Diskriminierungsverbote des AGG als Konkretisierungen der Sozialwidrigkeit zu prüfen; denn diese sind als Konkretisierungen der Sozialwidrigkeit zu beachten.[288]

---

282 *Neumann* in Neumann/Pahlen/Greiner/Winkler/Jabben SGB IX § 172 Rn. 37; *Knittel* SGB IX § 89 Rn. 60.
283 VG Ansbach 25.3.2010 – AN 14 K 09.02214, BeckRS 2010, 34447; VG Ansbach 10.2.2011 – AN 14 K 10.02436, BeckRS 2011, 29945; VG Bayreuth 30.8.2010 – B 3 K 09.83, BeckRS 2011, 51244; VG Augsburg 8.10.2013 – Au 3 K 13.868, BeckRS 2014, 45388.
284 VG Dresden 1.4.2009 – 1 K 449/08.
285 VG Stuttgart 4.3.2013 – 11 K 3968/12, ArbuR 2013, 234, *Hülbach* ArbRB 2013, 181.
286 *Greiner/Hagedorn* NJW 2019, 3483.
287 BAG 16.5.2019 – 6 AZR 329/18, Rn. 34, NJW 2019, 3538; so schon BAG 23.5.2013 – 2 AZR 991/11, Rn. 28, BAGE 145, 99 = NJW 2013, 3597.
288 BAG 16.5.2019 – 6 AZR 329/18, Rn. 38, NJW 2019, 3538; BAG 20.6.2013 – 2 AZR 295/12, Rn. 36, BAGE 145, 296; BAG 6.11.2008 – 2 AZR 523/07, Rn. 34 ff., BAGE 128, 238.

Betriebsbedingte Kündigung: Gemäß § 1 Abs. 2 KSchG ist eine Kündigung dann sozial gerechtfertigt, wenn sie durch dringende betriebliche Erfordernisse bedingt ist, die der Weiterbeschäftigung des Arbeitnehmers in diesem Betrieb entgegenstehen. Diese können sich auch aus Unternehmerentscheidungen zur Rationalisierung, Umstellung oder Einschränkung der Produktion oder von Arbeitsabläufen ergeben, sofern sie sich auf die Einsatzmöglichkeit des gekündigten Arbeitnehmers auswirken.[289] Die unternehmerische Entscheidung kann auch darin bestehen, die Zahl der Arbeitskräfte zu bestimmen, mit denen eine Arbeitsaufgabe erledigt werden soll. Denn der Arbeitgeber kann sowohl das Arbeitsvolumen (Menge der zu erledigenden Arbeit) als auch das diesem zugeordnete Arbeitskraftvolumen (Arbeitnehmer-Stunden) und damit auch das Verhältnis dieser beiden Größen zueinander festlegen.[290] Die unternehmerische Entscheidung selbst ist nicht auf ihre sachliche Rechtfertigung oder ihre Zweckmäßigkeit zu überprüfen, sondern nur darauf, ob sie offenbar unsachlich, unvernünftig oder willkürlich ist oder gegen gesetzliche und tarifliche Normen verstößt.[291] Da die Kündigungsentscheidung selbst nicht frei, sondern an das Vorliegen von Gründen gebunden ist, gilt eine erweiterte Darlegungslast. In den Fällen, in denen die Organisationsentscheidung und die Kündigungsentscheidung praktisch deckungsgleich sind. Hier muss der Arbeitgeber das Ziel seiner Organisationsänderung, ihre organisatorischen Durchführbarkeit und ihre Nachhaltigkeit („Dauer") dem Gericht nachvollziehbar darlegen.[292] Das Gericht muss davon überzeugt werden, dass die Organisationsentscheidung ursächlich für den vom Arbeitgeber behaupteten Wegfall des Beschäftigungsbedürfnisses ist.[293] Das gelingt nicht immer.

Studie 1 Ziehereifall:[294] Nach dem Vortrag des Arbeitgebers lag dem Wegfall des Beschäftigungsbedürfnisses für den aufgrund eines Betriebsunfalls schwerbehinderten Arbeiter die unternehmerische Entscheidung zugrunde, die im Bereich der Zieherei behinderungsgerecht eingerichtete Funktion eines „Kranbedieners" ab dem 1.10.2009 vollständig und dauerhaft wegfallen und die verbleibenden Aufgaben von drei anderen Mitarbeitern wahrnehmen zu lassen, die in den Funktionen „Kranbediener/Anfaser/Richter und Einteilsäger" bzw. den Funktionen „Kranbediener/Anfaser/Ofenbediener" tätig sind. Nach diesem Vortrag sollen die beiden Arbeitsplätze eines alleinigen Kranbedieners in Wegfall geraten und nur noch kombinierte Arbeitsplätze, die für einen schnelleren Materialfluss sorgen, vorhanden sein.

Da der schwerbehinderte Arbeiter aufgrund der durch seinen Arbeitsunfall eingetretenen Verletzungen zur Verrichtung der kombinierten Tätigkeiten nicht in der Lage ist, argumentierte der Arbeitgeber, der Arbeitsplatz sei weggefallen. Dem liegt jedoch ein logischer Fehler zugrunde. Die Beschäftigungsmöglichkeit bleibt weiterhin vorhanden. Der Arbeitgeber möchte nur im Interesse der Steigerung der Produktivität den behinderungsgerecht eingerichteten Arbeitsplatz

---

289 BAG 23.4.2008 – 2 AZR 1110/06, NZA 2008, 939.
290 BAG 22.5.2003 – 2 AZR 326/02, AP Nr. 128 zu § 1 KSchG 1969 Betriebsbedingte Kündigung.
291 Vgl. BAG 18.12.1997 – 2 AZR 709/96, BAGE 87, 327.
292 BAG 16.5.2019 – 6 AZR 329/18, Rn. 43, NJW 2019, 3538; BAG 22.10.2015 – 2 AZR 650/14, Rn. 34 mwN; BAG 24.5.2012 – 2 AZR 124/11, Rn. 23: grundlegend: BAG 22.5.2003 – 2 AZR 326/02, AP Nr. 128 zu § 1 KSchG 1969 Betriebsbedingte Kündigung.
293 BAG 22.5.2003 – 2 AZR 326/02, Rn. 19, AP Nr. 128 zu § 1 KSchG 1969 Betriebsbedingte Kündigung.
294 Nach LAG Bln-Bbg 30.3.2010 – 7 Sa 58/10, AE 2010, 243; zustimmend: *Gagel* jurisPR-ArbR 31/2010 Anm. 2.

als Kranbediener abschaffen. Einer solchen auf Dauer angelegten unternehmerischen Entscheidung der Beklagten stehen indes nach der zutreffenden Ansicht des LAG Bln-Bbg die gesetzlichen Pflichten der Beklagten nach § 81 Abs. 4 Satz 1 Nr. 1 SGB IX (seit 1.1.2018: § 164 Abs. 4 Satz 1 Nr. 1 SGB IX) entgegen. Danach ist der Arbeitgeber verpflichtet, eine behinderungsgerechte Beschäftigung zu ermöglichen.[295] Der Arbeitgeber kann nur dann dieser Verpflichtung entgehen, wenn er darlegt, dass weder die Weiterbeschäftigung als Kranbediener noch eine andere im Betrieb mögliche behindertengerechte Beschäftigung ihm zumutbar wäre (seit 1.1.2018: § 164 Abs. 4 Satz 3 SGB IX). Bevor ihm das gelingen kann, müsste er auch das Präventionsverfahren nach § 84 Abs. 1 SGB IX (seit 1.1.2018: § 164 Abs. 1) durchführen; denn sonst würde er die vom Gesetzgeber als zwingend vorgeschriebene Mobilisierung des internen und externen Sachverstands auslassen und könnte sich so darlegungsrechtliche Vorteile erschleichen,[296] Einzelheiten zur erweiterten Darlegungslast: → § 167 Rn. 17, 113.

Studie 2 Kernmachereifall:[297] Der schwerbehinderte Arbeitnehmer war mit einfachen Hilfstätigkeiten in einer Kernmacherei eingesetzt. Aufgrund einer Insolvenz in Eigenverantwortung entschied sich der Arbeitgeber, diese Tätigkeiten künftig von den vier weiteren dort Beschäftigten („Kernmachern") erledigen zu lassen. Nach Maßgabe einer in einem Interessenausgleich mit dem Betriebsrat vereinbaren Namensliste kündigte der Arbeitgeber betriebsbedingt. Die Kündigung wurde vom Sechsten Senat wegen des mit dem Betriebsrat abgeschlossenen Interessenausgleichs nach § 125 Abs. 1 Satz 1 Nr. 1 InsO als durch dringende betriebliche Erfordernisse, die einer Weiterbeschäftigung des Klägers entgegenstehen, bedingt als sozial gerechtfertigt angesehen.[298]
Wegen der Regelung in § 125 Abs. 1 Satz 1 Nr. 1 InsO war hier Kläger gehalten, die Vermutung zu der Betriebsbedingtheit widerlegen: Dazu hat er substantiiert darzulegen und im Bestreitensfall zu beweisen, dass der nach dem Interessenausgleich in Betracht kommende betriebliche Grund in Wirklichkeit nicht besteht[299] oder die beabsichtigte Änderung der betrieblichen Aufgabenverteilung aus rechtlichen Gründen nicht umgesetzt werden darf.[300] Das ist dem klagenden schwerbehinderten Arbeitnehmer in allen drei Instanzen nicht gelungen.[301] Der Sechste Senat hat sich nicht auf die Anwendung und Auslegung des Insolvenzrechts beschränkt, sondern zahlreiche Rechtssätze aufgestellt, die spezifische Rechtsfragen des Schwerbehindertenrecht betreffen und deren Beantwortung besser dem dafür nach dem Geschäftsverteilungsplan des BAG zuständigen Fachsenat überlassen worden wären. So bestätigt zwar der Sechste Senat entsprechend dem Wortlaut des Gesetzes die Rspr. des Fachsenats, nach der der Anspruch auf behinderungsgerechte Beschäftigung aus § 164 Absatz 4 Satz 1 Nr. 1 SGB IX, einschließlich der weiteren Ansprüchen aus Nr. 4 auf behinderungsgerechte Einrichtung sowie Gestaltung und Nr. 5 auf behinderungsgerechte Ausstattung, eine Einschränkung der Organisationsfreiheit des Arbeitgebers

---

295 BAG 14.3.2006 – 9 AZR 411/05, AP Nr. 11 zu § 81 SGB IX.
296 Beginnend mit: BAG 12.7.2007 – 2 AZR 716/06, Rn. 44; Behindertenrecht 2008, 77; zum Fall vergleichbaren Fall der Suche nach Beschäftigungsmöglichkeiten im Rahmen des Klärungsverfahrens nach § 167 Abs. 2 SGB IX: BAG 26.2.2020 – 7 AZR 121/19, Rn. 30, NZA 2020, 795.
297 BAG 16.5.2019 – 6 AZR 329/18, NJW 2019, 3538 = NZA 2019, 1198.
298 BAG 16.5.2019 – 6 AZR 329/18, NJW 2019, 3538 = NZA 2019, 1198.
299 BAG 19.12.2013 – 6 AZR 790/12, Rn. 19, BAGE 147, 89.
300 BAG 16.5.2019 – 6 AZR 329/18, Rn. 30, NJW 2019, 3538.
301 Vgl. die sorgfältig begründete Vorentscheidung des BAG: LAG Hamm 5.1.2018 – 16 Sa 1410/16, ArbR 2018, 398.

bis zur Grenze der Zumutbarkeit bewirkt.[302] Für diese Einschränkung der Organisationsfreiheit stellt der insolvenzrechtliche Fachsenat aber den einschränkenden generellen Rechtssatz auf, der Geltungsbereich der schwerbehindertenrechtlichen Arbeitgeberpflichten aus § 164 Abs. 4 SGB IX erfasse nur die Durchführung des laufenden Arbeitsverhältnisses, Deshalb bestünde im Fall der Beendigung durch Kündigung die uneingeschränkte Organisationsfreiheit.[303] Ohne dies offenzulegen, ist mit diesem neuen Rechtssatz der Sechste Senat von der im Berufungsurteil sorgfältig aufgezeigten Rspr.[304] abgewichen. Danach dessen Stand ist bei Wegfall des bisherigen Arbeitsplatzes der Arbeitgeber nach § 164 Abs. 4 SGB IX auch zu einer Umgestaltung der Arbeitsorganisation verpflichtet, um so den Beschäftigungsanspruch des schwerbehinderten Menschen zu erfüllen.[305] Dies kann auch beinhalten, die im Betrieb anfallende Arbeit zugunsten der Weiterbeschäftigung des schwerbehinderten Arbeitnehmers umzuverteilen.[306]

Die Instanzrechtsprechung hat im Rahmen der Prüfung einer anderweiten Weiterbeschäftigung darauf hingewiesen, eine unternehmerische Entscheidung erweise sich als willkürlich, wenn der Arbeitgeber aufgrund seiner Verpflichtung nach § 164 Abs. 4 Satz 1 Nr. 1, 4 und 5 SGB IX verpflichtet wäre, für den schwerbehinderten Arbeitnehmer einen anderen Arbeitsplatz behinderungsgerecht einzurichten oder behinderungsgerecht auszustatten.[307] Dem ist zuzustimmen.[308]

XII. Rechtmäßigkeitskontrolle der Zustimmung

Rechtmäßigkeitskontrolle im Anfechtungsprozess durch das VG: Die vom Arbeitnehmer zu erhebende Anfechtungsklage richtet sich gegen die Zustimmung des Integrationsamts in der Fassung des Widerspruchsbescheids. Die Rechtmäßigkeitskontrolle der behördlichen Ermessensentscheidung hat in tatsächlicher Hinsicht auf der Grundlage des historischen Sachverhalts zu erfolgen, der der Kündigung zugrunde liegt. Das Integrationsamt und der ihr zugeordnete Widerspruchsausschuss haben nur diejenigen verwaltungsrechtlich relevanten Umstände in ihre Ermessensentscheidung einzustellen, die ihr zum maßgeblichen Zeitpunkt der Kündigung von den Beteiligten mitgeteilt worden sind oder sich ihr zumindest aufdrängen, während demgegenüber in rechtlicher Hinsicht auf den Zeitpunkt des Erlasses des Widerspruchsbescheids abzustellen ist. Die Ermessensentscheidung ihrerseits hat sich am konkreten Antrag des Arbeitgebers auf Erteilung der Zustimmung zu einer bestimmten Kündigung zu orientieren, so dass für die Interessenabwägung grundsätzlich nur die jeweilige einzelne Kündigung in den Blick zu nehmen ist. Dabei hat das Integrationsamt von dem ihm eingeräumten Ermessen mit der Erteilung der Zustimmung rechtsfehlerfreien Gebrauch zu machen. Das ist insbesondere dann nicht der Fall, wenn es

80

---

302 BAG 16.5.2019 – 6 AZR 329/18, Rn. 36, NJW 2019, 3538.
303 BAG 16.5.2019 – 6 AZR 329/18, Rn. 35, NJW 2019, 3538.
304 LAG Hamm 5.1.2018 – 16 Sa 1410/16, Rn. 57, ArbR 2018, 398.
305 BAG 14.3.2006 – 9 AZR 411/05; Rn. 18, NZA 2006, 1214; zustimmend: *Kohte* JR 2007, 527; dem folgend: OVG Bln-Bbg 30.3.2010 – 7 Sa 58/10, AE 2010, 243; zustimmend: *Gagel* jurisPR-ArbR 31/2010 Anm. 2; LAG Hamm 5.1.2018 – 16 Sa 1410/16, Rn. 57, ArbR 2018, 398.
306 Zu § 14 SchwbG: BAG 28.4.1998 – 9 AZR 348/97, AP SchwbG 1986 § 14 Nr. 2.
307 LAG Bln-Bbg 30.3.2010 – 7 Sa 58/10.
308 Vertiefend demnächst *Düwell* in FS Preis, Die Organisationsentscheidung bei der betriebsbedingten Kündigung des Arbeitsverhältnisses gegenüber einem schwerbehinderten Menschen, 2021, S. 181 ff.

nicht alle wesentlichen, für eine ausgewogene Entscheidungsfindung erforderlichen Gesichtspunkte ermittelt und in seine Erwägungen eingestellt.[309]

Beispielsfall Zusammenlegung von Amtsleiterstellen: Werden zwei Vorgesetztenstellen durch eine Umstrukturierung der Dienststelle zugunsten einer anderen Stelle zusammengelegt, ist damit nicht notwendigerweise der Wegfall des Arbeitsplatzes des betroffenen schwerbehinderten Amtsleiters verbunden. Es ist nicht zu beanstanden, wenn das Integrationsamt mit der Beschlussfassung über den Haushalt und der Änderung des Stellenplans entsprechend dem Wegfallvermerk davon ausgeht, der konkrete Arbeitsplatz, den der schwerbehinderte Amtsleiter ausgefüllt hat, besteht nicht mehr. Die Änderung des Stellenplanes kann als Teil der Haushaltssatzung nur darauf überprüft werden, ob sie sich als missbräuchlich darstellt. Ein unabhängig vom Interesse an der Umstrukturierung bestehendes grundsätzliches Anliegen des Dienststellenleiters, das Arbeitsverhältnis mit einem schwierigen Amtsleiter zu beenden, hindert nicht an einer aus innerorganisatorischen Erwägungen als geboten erachteten Änderung der Verwaltungsstruktur. Nur dann, wenn ein Verwaltungsträger eine Änderung seiner Organisationsstruktur, für die er selbst aus verwaltungsorganisatorischen Gründen keinen Anlass sieht, – erklärtermaßen oder sonst evident – als Mittel zum Zwecke der Kündigung eines Beschäftigten anstrebt, übt er das Organisationsermessen rechtsmissbräuchlich aus.[310] Hat jedoch das Integrationsamt keine Erwägungen dazu angestellt, ob der schwerbehinderte Amtsleiter nicht ersatzweise zu geänderten Bedingungen hätte weiter beschäftigt werden können, dann hat es einen wesentlichen, für eine ausgewogene Entscheidungsfindung erforderlichen Gesichtspunkt übersehen. Es besteht in diesen Fällen stets Anlass, alternative Beschäftigungsmöglichkeiten aufzuklären; denn fällt die Verwaltungsaufgabe nicht weg, besteht der Arbeitsplatz eines Amtsleiters in reduzierter Form als Sachbearbeiterarbeitsplatz ohne Leitungsaufgaben regelmäßig fort.[311]

81 **Widerspruchsbescheid:** Die fehlerhafte Besetzung des Widerspruchsausschusses beim Integrationsamt ist kein Anfechtungsgrund, der zur Aufhebung des Verwaltungsaktes führt. Dass bei einem Integrationsamt unterschiedliche Spezialkammern zur Differenzierung der Besetzung gemäß § 202 Abs. 4 SGB IX eingerichtet sind, ändert an der gesetzlichen Zuständigkeit des Widerspruchsausschusses als solchem nichts. Die Verletzung der Verfahrensvorschrift des § 202 Abs. 4 SGB IX hat die Entscheidung in der Sache nicht beeinträchtigt, wenn „in der Sache" eine andere als die getroffene Entscheidung rechtlich nicht zulässig gewesen wäre (sogenannte „rechtliche Alternativlosigkeit"), also wenn aus rechtlichen Gründen die Entscheidung auch unter Berücksichtigung des Verfahrensfehlers und des Zwecks der verletzten Vorschrift jedenfalls im Ergebnis nicht anders ausfallen durfte.[312]

§ 173 Ausnahmen

(1) [1]Die Vorschriften dieses Kapitels gelten nicht für schwerbehinderte Menschen,
1. deren Arbeitsverhältnis zum Zeitpunkt des Zugangs der Kündigungserklärung ohne Unterbrechung noch nicht länger als sechs Monate besteht oder

---

309 ThürOVG 25.4.2006 – 3 KO 217/05.
310 ThürOVG 25.4.2006 – 3 KO 217/05.
311 ThürOVG 25.4.2006 – 3 KO 217/05.
312 So: OVG NRW 28.1.2013 – 12 A 1635/10.

2. die auf Stellen im Sinne des § 156 Absatz 2 Nummer 2 bis 5 beschäftigt werden oder
3. deren Arbeitsverhältnis durch Kündigung beendet wird, sofern sie
   a) das 58. Lebensjahr vollendet haben und Anspruch auf eine Abfindung, Entschädigung oder ähnliche Leistung auf Grund eines Sozialplanes haben oder
   b) Anspruch auf Knappschaftsausgleichsleistung nach dem Sechsten Buch oder auf Anpassungsgeld für entlassene Arbeitnehmer des Bergbaus haben.

²Satz 1 Nummer 3 (Buchstabe a und b) finden Anwendung, wenn der Arbeitgeber ihnen die Kündigungsabsicht rechtzeitig mitgeteilt hat und sie der beabsichtigten Kündigung bis zu deren Ausspruch nicht widersprechen.

(2) Die Vorschriften dieses Kapitels finden ferner bei Entlassungen, die aus Witterungsgründen vorgenommen werden, keine Anwendung, sofern die Wiedereinstellung der schwerbehinderten Menschen bei Wiederaufnahme der Arbeit gewährleistet ist.

(3) Die Vorschriften dieses Kapitels finden ferner keine Anwendung, wenn zum Zeitpunkt der Kündigung die Eigenschaft als schwerbehinderter Mensch nicht nachgewiesen ist oder das Versorgungsamt nach Ablauf der Frist des § 152 Absatz 1 Satz 3 eine Feststellung wegen fehlender Mitwirkung nicht treffen konnte.

(4) Der Arbeitgeber zeigt Einstellungen auf Probe und die Beendigung von Arbeitsverhältnissen schwerbehinderter Menschen in den Fällen des Absatzes 1 Nummer 1 unabhängig von der Anzeigepflicht nach anderen Gesetzen dem Integrationsamt innerhalb von vier Tagen an.

I. Gesetzeshistorie 1	VII. Ausnahmen für witterungsbedingte Entlassungen 27
II. Überblick 3	VIII. Bestimmungen für Kündigung in der Wartefrist 31
III. Geltung für Berufbildungs-, Dienst- und Beamtenverhältnisse 4	IX. Ausnahmen für laufende Feststellungsanträge 36
IV. Wartezeit 5	X. Ausnahmen für laufende Gleichstellungsverfahren 47
V. Ausnahmen für Stelleninhaber nach § 156 Abs. 2 20	XI. Rückwirkung von Rechtsbehelfen und Rechtsmitteln 49
VI. Ausnahmen für ältere Arbeitnehmer 21	

I. Gesetzeshistorie

Rechtsentwicklung bis zur Einführung des SGB IX: Auch wenn damals noch kein Zustimmungserfordernis bestand, sondern nur eine Anzeige bei der Hauptfürsorgestelle und die Einhaltung der Mindestkündigungsfrist vorgeschrieben war, enthielt bereits § 12 Abs. 2 SchwBeschG 1920 Ausnahmevorschriften vom „Kündigungsschutz". Diese Ausnahmen wurden 1953 in § 19 SchwBeschG neugefasst. Änderungen erfolgten in Absatz 2 im Jahr 1961 sowie mit dem SchwbG 1974[1] und 1986.[2] Das SchwbG 1974, das erstmalig das Zustimmungserfordernis brachte, begrenzte in seinem § 17 den Kreis der Ausgeschlossenen auf die atypischen Beschäftigungsverhältnisse, wie sie im Wesentlichen heute in § 173 Abs. 1 Nr. 2 erfasst sind. Die Novelle von 1986 hat in § 20 Abs. Nr. 1 SchwbG 1986 die Schwerbehinderten mit einer Beschäftigungsdauer bis zu sechs Monaten vom Kündigungsschutz ausgeschlossen. Das geschah zur

1

---

1 BGBl. 1974 I 981.
2 BGBl. 1986 I 1110.

Beseitigung von sogenannten „Einstellungshemmnissen", um den Arbeitgebern die Einstellungsentscheidung durch das Hinausschieben des Beginns des besonderen Kündigungsschutzes zu erleichtern.[3] Obwohl diese Einstellungserleichterung erkennbar ohne jede Wirkung geblieben ist, ist sie weiter aufrechterhalten worden.[4] Durch das Gesetz zur Reform des Sozialhilferechts vom 23.7.1996[5] sind als weitere atypisch Beschäftigte „Personen in Arbeitsverhältnissen nach § 19 BSGH" ausgenommen worden. Das geschah rechtstechnisch in Abs. 1 Nr. 2 durch die Bezugnahme auf die in § 7 Abs. 2 Nr. 6 SchwbG neu aufgenommene Beschäftigungsgruppe der Sozialhilfeempfänger. Das SGB IX übernahm diesen Regelungsstand fast textidentisch bei der Einführung des SGB IX im Jahre 2001 in § 90. Auf die Beschlussempfehlung des 11. Ausschusses[6] ist diese Fassung für die dritte Lesung noch redaktionell überarbeitet worden. Die Bezeichnung Hauptfürsorgestelle ist durch Integrationsamt ersetzt worden. Bei der Definition des für die Wartezeit maßgeblichen Zeitpunkts ist in Abs. 1 Nr. 1 die Formulierung von „im Zeitpunkt" „zum Zeitpunkt" des Zugangs der Kündigungserklärung geändert worden.

2 **Änderungen des SGB IX:** Durch das Gesetz zur Förderung der Ausbildung und Beschäftigung schwerbehinderter Menschen vom 23.4.2004[7] (**Novelle 2004**) ist mit Wirkung vom 1.5.2004 Abs. 2 a eingefügt worden. Der Ausschuss für Gesundheit und Soziale Sicherung begründete in seiner **Beschlussempfehlung**[8] die Ergänzung wie folgt:
„Die Ergänzung stellt sicher, dass der Arbeitgeber zur Kündigung gegenüber einem schwerbehinderten Menschen nicht der vorherigen Zustimmung des Integrationsamts bedarf, wenn zum Zeitpunkt der beabsichtigten Kündigung die Eigenschaft als schwerbehinderter Mensch nicht nachgewiesen ist, also entweder nicht offenkundig ist, so dass es eines durch ein Feststellungsverfahren zu führenden Nachweises nicht bedarf oder der Nachweis über die Eigenschaft als schwerbehinderter Mensch nicht durch einen Feststellungsbescheid nach § 69 Abs. 1 erbracht ist; diesem Bescheid stehen Feststellungen nach § 69 Abs. 2 gleich. Der Kündigungsschutz gilt daneben nur in den Fällen, in denen ein Verfahren auf Feststellung der Eigenschaft als schwerbehinderter Mensch zwar anhängig ist, das Versorgungsamt aber ohne ein Verschulden des Antragstellers noch keine Feststellung treffen konnte. Die Regelung schließt damit aus, dass ein besonderer Kündigungsschutz auch für den Zeitraum gilt, in dem ein in der Regel aussichtsloses Anerkennungsverfahren betrieben wird. Im Übrigen wird mit der Neufassung grundsätzlich einem Anliegen aus der Sachverständigenanhörung und des Bundesrates Rechnung getragen."
Weiter wurde durch dasselbe Gesetz mit Wirkung vom 1.1.2005 in Abs. 1 Nr. 2 eine redaktionelle Folgeänderung vorgenommen. Die Angabe „6" wurde durch die Angabe „5" ersetzt, weil durch Art. 81 Nr. 10 des Gesetzes zur Einordnung des Sozialhilferechts in das SGB vom 27.12.2003[9] bereits § 73 Abs. 2 Nr. 6 ersatzlos weggefallen war. Der Standort der Vorschrift ist mWv 1.1.2018 durch Art. 1 Bundesteilhabegesetz (BTHG) vom 23.12.2016[10] nach § 173 SGB IX verschoben worden, weil das Schwerbehindertenrecht vom Teil 2 des SGB IX zum

---

3 BT-Drs. 10/3138.
4 Kritisch dazu *Dörner* SchwbG § 20 Anm. II 1 b.
5 BGBl. I 1088.
6 BT-Drs. 14/5786.
7 BGBl. I 606.
8 BT-Drs. 15/2357, 24.
9 BGBl. I 3022.
10 BGBl. 2016 I 3234.

Teil 3 verrückt worden ist. Zur Bereinigung der Zählung ist dabei die Ausnahmeregelung im Abs. 2a in Abs. 3 umgewandelt worden. Nachträglich, aber noch vor dem 1.1.2018, sind redaktionelle Versehen bei der Formulierung von § 173 Abs. 1 Satz 1 Nr. 2 und 3 sowie Satz 2 SGB IX durch das Gesetz zur Änderung des Bundesversorgungsgesetzes und anderer Vorschriften vom 17.7.2017[11] korrigiert worden.[12]

II. Überblick

Regelungsinhalt: § 173 regelt enumerativ die **Ausnahmen** von dem in § 168 geregelten Kündigungsverbot unter Erlaubnisvorbehalt sowie von der in § 169 geregelten Mindestkündigungsfrist (sog. **besonderer Kündigungsschutz**) für im Arbeits- oder Ausbildungsverhältnis beschäftigte schwerbehinderte Menschen. In den dort beschriebenen Fällen entfällt der Kündigungsschutz. Das heißt, der Arbeitgeber kann **zustimmungsfrei kündigen**. Er muss auch nicht die Mindestkündigungsfrist des § 169 einhalten. Weitere Befreiungen vom besonderen Kündigungsschutz gibt es nicht. Die Ausnahmen sind abschließend. Eine analoge Erweiterung ist ausgeschlossen.[13] Soweit das BAG im Urteil v. 4.2.1993[14] die Erweiterung auf nicht in der Fallgruppe Abs. 1 Nr. 2 aufgeführte atypische Beschäftigungsverhältnisse erörtert hat, war das methodisch verfehlt. Das rechtspolitische Anliegen der BAG-Entscheidung ist 1996 vom Gesetzgeber durch das Gesetz zur Reform des Sozialhilferechts vom 23.7.1996[15] umgesetzt worden (→ Rn. 1). 3

III. Geltung für Berufbildungs-, Dienst- und Beamtenverhältnisse

Geltungsbereich: Zu beachten ist, dass der besondere Kündigungsschutz nach dem Wortlaut des § 168 SGB IX nur für die „Kündigung des Arbeitsverhältnisses" gilt. Die Rechtsverhältnisse der Auszubildenden und anderen zu ihrer beruflichen Bildung Beschäftigten sind keine Arbeitsverhältnisse. Das BAG hat in Ablehnung der Wortlautauslegung erkannt: „Diese rein begriffliche Auslegung greift zu kurz".[16] Es hat auf den Schutzzweck abgestellt, Schwerbehinderte in das Arbeitsleben einzugliedern. Da sich aus diesem Zweck keine Anhaltspunkte ergeben, Auszubildende hiervon auszuschließen, und nach der Regelung im Berufsbildungsgesetz (damals § 3 Abs. 2 jetzt § 10 Abs. 2 BBiG) ergänzend die Rechtsvorschriften und Rechtsgrundsätze für den Arbeitsvertrag anzuwenden sind, hat das BAG die Auszubildenden in den Geltungsbereich des Sonderschutzes einbezogen.[17] Das Schrifttum sieht darauf gestützt alle zu ihrer Berufsbildung Beschäftigten als geschützt an.[18] 4

Umstritten ist, ob auch die Dienstverhältnisse von Geschäftsführern und Vorstandsmitgliedern aufgrund des weiten unionsrechtlichen Arbeitnehmerbegriffs

---

11 BGBl. 2017 I 2541.
12 Einzelheiten: *Düwell/Beyer* Beschäftigte Rn. 12.
13 Zum alten Recht: *Dörner* SchwbG § 20 Anm. I; zum neuen Recht: *Kreitner* in jurisPK-SGB IX § 173 Rn. 4; *Neumann* in Neumann/Pahlen/Greiner/Winkler/Jabben SGB IX § 173 Rn. 1.
14 BAG 4.2.1993 – 2 AZR 416/92, EzA § 20 SchwbG 1986 Nr. 1 mit Anm. *Wendt* AiB 1994, 439.
15 BGBl. I 1088.
16 BAG 10.12.1987 – 2 AZR 385/87, Rn. 16, BAGE 57, 136 = Behindertenrecht 1988, 89.
17 BAG 10.12.1987 – 2 AZR 385/87, Rn. 19, BAGE 57, 136 = Behindertenrecht 1988, 89.
18 *Schmitz* in FKS SGB IX § 168 Rn. 11; *Schell* SGB IX § 168 Rn. 3.

im Sinne des Antidiskriminierungsrechts miterfasst werden.[19] Weitere Einzelheiten: → Vor § 168 Rn. 11.

Öffentlich-rechtliche Beschäftigungsverhältnisse, insbesondere Beamtenverhältnisse, sollten – weil es keine Arbeitsverhältnisse sind – nicht einbezogen. Das verdeutlichten die gesetzgebenden Körperschaften, indem sie die damals in § 128 Abs. 2 SGB IX aF geregelte Pflicht zur Anhörung des Integrationsamts vor der vorzeitigen Versetzung des Beamten in den Ruhestand und vor der Entlassung eines Beamten mit dem Gesetz zur Förderung der Ausbildung und Beschäftigung schwerbehinderter Menschen vom 23.4.2004[20] ersatzlos gestrichen haben (→ § 211 Rn. 1). Die vollständige **Herausnahme von Beamtenverhältnissen** aus dem Schutzbereich ist sachlich nicht zu vertreten. Der EuGH hat in einer Vorabentscheidung zu einer bulgarischen Vorlage zur Anwendung von Art. 7 RL 2000/78/EG iVm Art. 27 UN-BRK in der Rechtssache Milkova entschieden:[21]

„Falls Art. 7 Abs. 2 der RL 2000/78/EG im Licht des Übereinkommens der Vereinten Nationen über die Rechte von Menschen mit Behinderungen und in Verbindung mit dem allgemeinen Gleichbehandlungsgrundsatz einer Regelung eines Mitgliedstaats wie der im Ausgangsverfahren fraglichen entgegenstehen sollte, würde die Pflicht zur Einhaltung des Unionsrechts erfordern, dass der Anwendungsbereich der nationalen Vorschriften, die Arbeitnehmer mit einer bestimmten Behinderung schützen, so ausgeweitet wird, dass diese Schutzvorschriften auch Beamten mit der gleichen Behinderung zugutekommen."

Das Vorlageverfahren betraf die Kündigung eines Beamtenverhältnisses einer unter einer psychischen Erkrankung leidenden Beamtin; diese Erkrankung hatte eine Minderung ihrer Arbeitsfähigkeit um 50 % zur Folge. Im bulgarischen Recht ist in einem derartigen Fall vorgesehen, dass die Kündigung des Arbeitsverhältnisses der Zustimmung einer Behörde bedarf, auch wenn das Arbeitsverhältnis im öffentlichen Dienst besteht. Für die Kündigung von Beamtenverhältnissen war das entsprechende Zustimmungserfordernis 1999 in Bulgarien beseitigt worden. Das oberste bulgarische Verwaltungsgericht fragte den EuGH nach der Vereinbarkeit dieser Differenzierung mit der RL 2000/78/EG in Verbindung mit den sich aus Art. 27 UN-BRK ergebenden Verpflichtungen. Der EuGH stellt fest, dass die Differenzierung im bulgarischen Recht nicht nach der Behinderung erfolgt, sondern sich auf den unterschiedlichen Status von Beamtinnen, Beamten einerseits und Arbeitnehmerinnen, Arbeitnehmern andererseits bezieht. Deshalb verneint er eine Ungleichbehandlung iSd Art. 2 Abs. 2 Buchst. a RL 2000/78/EG. Im nächsten Schritt stellt der EuGH fest, dass eine Diskriminierung wegen des Beschäftigungsverhältnisses als solches nicht in den Geltungsbereich der RL 2000/78/EG fällt; denn Beamtenverhältnisse werden von der RL 2000/78/EG nicht erfasst. Da der EuGH in den behördlichen Zustimmungserfordernissen bei der Kündigung von Arbeitsverhältnissen positive Maßnahmen iSd Art. 7 Abs. 2 RL 2000/78/EG sieht, kommt der EuGH hier zum Schluss, die Herausnahme der Beamtenverhältnisse aus der positiven Schutzmaßnahme verstoße gegen den allgemeinen Gleichbehandlungsgrundsatz. Auch im deutschen Recht stellt sich die Frage, ob die Zustimmung des In-

---

19 Dafür: *Haase*, Der besondere Kündigungsschutz eines schwerbehinderten Geschäftsführers einer GmbH iSd §§ 168, 174 Abs. 1 SGB IX, GmbHR 2019, 980.
20 BGBl. I 606.
21 EuGH 9.3.2017 – C-406/15, Behindertenrecht 2017, 174 – Milkova; *von Roetteken* jurisPR-ArbR 16/2017 Anm. 4; *von Roetteken*, Auswirkungen des zum 1.1.2018 neu gefassten SGB IX auf den öffentlichen Dienst, ZBR 2018, 73 (79 ff.); *Porsche* ZESAR 2017, 451.

tegrationsamts auch bei Beamten und DO-Angestellten einzuholen ist. Das wird im Schrifttum zu Recht bejaht.[22] Es besteht auch hier die vom EuGH für das bulgarische Recht in Anwendung des Unionsrechts festgestellte Schutzlücke. Bis zur Schließung der für schwerbehinderte Beamtinnen und Beamte bestehenden Gesetzeslücke müssen die Kündigungsschutzbestimmungen des Kapitels 4 aus dem Teil 3 SGB IX zur Beachtung des unionsrechtlichen Grundsatzes der Gleichbehandlung gem. Art. 20 f., 51 Abs. 1 S. 1 GRCh entsprechend auf Beamtinnen und Beamte angewandt werden. Erfasst von diesem Sonderschutz nach §§ 168 bis 175 SGB IX (Kapitel 4 des Teils 3 SGB IX) sind alle in § 23 BeamtStG genannten Varianten der Entlassung und die Entlassungen nach §§ 32, 33–37 BBG. Ausgenommen ist die Entlassung auf eigenen Antrag nach § 23 Abs. 1 S. 4 BeamtStG.[23] Auf Versetzungen in den Ruhestand nach den §§ 26, 28, 30 BeamtStG, §§ 44, 49, 54 f. BBG sind Bestimmungen zum präventiven Sonderschutz entsprechend anzuwenden. Soweit Betroffene das 58. Lebensjahr bereits vollendet haben, ist die Geltungsbereichsausnahme in § 173 Abs. 1 Satz 1 Nr. 3 SGB IX entsprechend anzuwenden.[24] Das bedeutet: Einer Zustimmung des Integrationsamts bedarf es nur, wenn der oder die Betroffene der Versetzung in den Ruhestand vor dem Ausspruch widersprochen hat. Nicht erfasst werden die Fälle, in denen kraft Gesetzes die Entlassung oder der Verlustes der Rechte aus dem Beamtenverhältnis eintritt; denn für sachlich vergleichbare Fallgestaltungen ist auch in den §§ 168 SGB IX kein Schutz für Beschäftigte vorgesehen.[25] Allerdings sperren sich die öffentlichen Arbeitgeber gegen die Anwendung. So hat ein Brandenburger Ministerium seinen Beschäftigten und deren Vertretungen mitgeteilt, die Entscheidung des EuGH sein nicht anwendbar.[26] Das von der Berliner Senat um eine Einschätzung gebetene BMAS vertritt die Ansicht:[27]

„Die Nichteinholung der Zustimmung des Integrationsamts wird durch die besondere Rechtsstellung der Beamtinnen und Beamten kompensiert. Sie sind gegen eine Entlassung oder ihre vorzeitige Versetzung in den Ruhestand gegen ihren Willen in einer Weise geschützt, die ihnen vergleichbaren Schutz wie in gleicher Weise behinderten Arbeitnehmerinnen und Arbeitnehmern bietet. In Deutschland können Beamtinnen und Beamten nur als ultima ratio und praktisch nur in seltenen Fällen gegen ihren Willen entlassen oder in den vorzeitigen Ruhestand versetzt werden."

Diese Begründung kann schon deshalb nicht überzeugen, weil auch bei der Kündigung von Arbeitsverhältnissen das Prinzip „ultima ratio" gilt und der Gesetzgeber dennoch den zusätzlichen Sonderschutz für schwerbehinderte Arbeitnehmer für erforderlich gehalten hat. Die verwaltungsgerichtliche Rspr. hat – soweit dokumentiert – in Streitigkeiten über die Entlassung oder zur Ruhesetzung die Entscheidung des EuGH noch nicht einmal zur Kenntnis genommen. So hat der BayVGH nur lapidar erkannt: „Eine Beteiligung des Integrationsamts war entgegen der Ansicht der Klägerin nicht erforderlich. Die früher vor der Versetzung eines schwerbehinderten Beamten in den Ruhestand nach § 128 Abs. 2 SGB IX aF vorgeschriebene Anhörung des Integrationsamts ist seit

---

22 *von Roetteken* jurisPR-ArbR 16/2017 Anm. 4; *Porsche* ZESAR 2017, 451; *Kreitner* in jurisPK-SGB IX § 173 Rn. 12: „Der Ausschluss von Beamten erscheint vor dem Hintergrund der Entscheidung des EuGH rechtlich problematisch".
23 *von Roetteken* ZBR 2018, 73 (79).
24 *von Roetteken* ZBR 2018, 73 (79).
25 *von Roetteken* ZBR 2018, 73 (79).
26 Ministerium für Bildung, Jugend und Sport des Landes Brandenburg Mitteilung für den Geschäftsbereich 11/19 vom 30.1.2019.
27 BMAS 28.1.2019, GZ Va2–58115–3.

30.4.2004 ersatzlos weggefallen."[28] Es verwundert schon sehr, dass ein Obergericht entweder die EuGH Rspr. nicht verfolgt, oder diese für so wenig bedeutsam hält, um in einer Entscheidung darauf einzugehen, zumal bereits zu der Frage der Lückenfüllung Beiträge im Fachschrifttum erschienen waren.

IV. Wartezeit

5 **Sechs Monate als gesetzliche Wartezeit:** Hat das Arbeits- oder Ausbildungsverhältnis zum Zeitpunkt des Zugangs der Kündigungserklärung ohne Unterbrechung **noch nicht länger als sechs Monate** bestanden, entfällt nach Abs. 1 Nr. 1 der besondere Kündigungsschutz. Weder bedarf eine Arbeitgeberkündigung, die vor Ablauf der Wartezeit dem Arbeitnehmer zugeht, der Zustimmung des Integrationsamts, noch muss sie die Mindestkündigungsfrist nach § 169 einhalten. Die mit Wirkung vom 1.8.1986 eingeführte Wartezeit bezweckt, die Einstellung schwerbehinderter Menschen zu erleichtern, indem ein sogenanntes Einstellungshemmnis abgebaut wird.[29] Das Auferlegen dieser **gesetzlichen Wartezeit** wurde als rechtspolitisch zweifelhaft angesehen, weil der Erprobungszweck vor der Neuregelung bereits nach § 17 Abs. 3 SchwbG 1974 durch die Ausnahme vom Geltungsbereich des Zustimmungsvorbehalts dem Arbeitgeber eine zustimmungsfreie Kündigung ermöglichte, wenn er eine Probezeit bis zu sechs Monaten vereinbarte. Dies Änderung wurde zwar als legislativer Fehler bezeichnet.[30] Sie führt aber nicht zur Verfassungswidrigkeit. Die Grenze zur Willkür wurde nicht überschritten, obwohl voraussehbar war, dass die Prognose des Gesetzgebers nicht eintreten würde, dass die Änderung sich nicht erkennbar auf die Bereitschaft auswirke, schwerbehinderte Menschen einzustellen.[31] Seitdem verläuft der Beginn des besonderen Kündigungsschutzes synchron zu dem allgemeinen Kündigungsschutz nach § 1 Abs. 1 KSchG. Allerdings hat nicht jeder schwerbehinderte Arbeitnehmer, der die Wartezeit erfüllt hat, auch Schutz vor einer sozial ungerechtfertigten ordentlichen Kündigung. Während der besondere Kündigungsschutz auch im Kleinstunternehmen gilt, setzt der allgemeine Kündigungsschutz nach § 23 Abs. 1 Satz 3 KSchG seit 2004 voraus, dass der Arbeitgeber regelmäßig mehr als zehn Arbeitnehmer beschäftigt.

6 **Wartezeit und ununterbrochener Bestand des Arbeitsverhältnisses:** Die zur Berechnung des **Sechsmonatszeitraumes** zu § 1 Abs. 1 KSchG entwickelten Grundsätze können ohne Weiteres herangezogen werden.[32] Maßgeblich ist nach Abs. 1 Nr. 1 allein der **Bestand des Arbeitsverhältnisses.** Anders als nach § 1 Abs. 1 KSchG wird nicht ausdrücklich ein Bezug zum Unternehmen oder Betrieb gefordert. Einigkeit besteht darin, dass **tatsächliche Unterbrechungen** durch Krankheit, Urlaub und Arbeitskampf den Lauf der Sechsmonatsfrist nicht hemmen.[33] Ohne Einfluss auf den Lauf der Sechsmonatsfrist ist eine **rechtliche Unterbrechung** durch Beendigung des bisherigen Arbeitsverhältnisses dann, wenn sich ohne zeitliche Unterbrechung an ein weiteres Arbeitsverhältnis mit dem bisherigen Arbeitgeber anschließt.[34] Ob eine unerhebliche Unterbrechung vorliegt, bestimmt sich auch danach, ob zwischen den Beschäftigungsverhältnissen ein sachlicher Zusammenhang besteht. Einzelheiten: → Rn. 7. Eine

---

28 BayVGH 28.2.2018 – 3 B 16.1996, Rn. 46.
29 Vgl. BT-Drs. 10/3138, 21.
30 Zutreffend: *Dörner* SchwbG § 20 Anm. II.
31 *Großmann* in GK-SGB IX § 90 Rn. 25.
32 BAG 19.6.2007 – 2 AZR 94/06, ZTR 2007, 432; *Rolfs* in ErfK SGB IX § 173 Rn. 1; *Osnabrügge* in HaKo-KSchR SGB IX § 178 Rn. 6.
33 *Vossen* in APS SGB IX § 90 Rn. 4.
34 Vgl. BAG 23.9.1976 – 2 AZR 309/75, EzA § 1 KSchG Nr. 35.

längere rechtliche Unterbrechung wird stets eine neue Wartezeit beginnen lassen.[35] Wegen des engen sachlichen Zusammenhangs hat die Rspr. die mehrmonatige Unterbrechung für die Zeit der Schulferien bei Arbeitsverhältnissen von Lehrkräften als unerheblich angesehen;[36] dazu → Rn. 8. Es kommt stets auf eine Gesamtbetrachtung an.[37] Liegt eine erhebliche Unterbrechung vor, kann nur unter besonderen Umständen geltend gemacht werden, dass die vom Arbeitgeber herbeigeführte Unterbrechung als Verstoß gegen Treu und Glauben im Sinne von § 162 Abs. 2 BGB zu werten ist.[38] Ein derartiger Fall kann ausnahmsweise vorliegen, wenn der Arbeitgeber kurz vor dem Ende der Wartezeit eine Kündigung ausspricht, um entgegen Treu und Glauben ohne jeden sachlichen Grund den Eintritt des Sonderschutzes zu vereiteln. Aber nicht jede Kündigung kurz vor Ablauf der Wartefrist, hat als Verstoß gegen Treu und Glauben zu gelten; denn ein Arbeitgeber darf die ihm gesetzlich eingeräumte Kündigungsfreiheit bis zum letzten Tag ausüben.[39] Einzelheiten: → Rn. 19.

Anrechnung von Vorbeschäftigungszeiten: Trotz rechtlicher Unterbrechung 7 kann die Dauer eines früheren Arbeitsverhältnisses mit demselben Arbeitgeber auf den Sechsmonatszeitraum anzurechnen sein. Das ist dann der Fall, wenn zwischen beiden Arbeitsverhältnissen ein innerer, **enger sachlicher Zusammenhang** besteht. Für die Annahme des engen sachlichen Zusammenhangs ist nicht erforderlich, dass der Arbeitgeber den Kündigungsschutz umgehen will. Bei unmittelbar aufeinanderfolgenden Arbeitsverhältnissen bedarf es keines engen sachlichen Zusammenhangs.[40] Setzt sich die Beschäftigung nahtlos fort, ist von einem „ununterbrochenen" Arbeitsverhältnis auszugehen.[41] Das Schrifttum schlägt vor, generell Unterbrechungen bis zu zwei Wochen als unschädlich anzusehen.[42] Die Rspr. ist zurückhaltend. Selbst bei einer kurzfristigen Unterbrechung von zwei und vier Tagen hat sie einen engen sachlichen Zusammenhang verlangt, damit diese Unterbrechung unerheblich sei.[43] Maßgebend sind Anlass und Dauer der Unterbrechung sowie die Ähnlichkeit der Beschäftigung nach der Wiedereinstellung. Entscheidungskriterium ist: War die Art der Vorbeschäftigung aussagekräftig genug, um dem Arbeitgeber das mit der Wartezeit verfolgte Ziel einer Prüfung zu ermöglichen, ob er sich auf Dauer binden wolle?[44] Kommt es zu einer zeitlichen Unterbrechung, so gilt die Faustformel: Je länger

---

35 BAG 18.1.1979 – 2 AZR 254/77, AP KSchG 1969 § 1 Wartezeit Nr. 3.
36 BAG 19.6.2007 – 2 AZR 94/06, AP KSchG 1969 § 1 Wartezeit Nr. 23.
37 BAG 28.8.2008 – 2 AZR 101/07, AP KSchG 1969 § 1 Nr. 88; BAG 7.7.2011 – 2 AZR 12/10, AP KSchG 1969 § 1 Wartezeit Nr. 25.
38 BAG 19.6.2007 – 2 AZR 94/06, Rn. 18, ZTR 2007, 432; BAG 28.9.1978 – 2 AZR 2/77, EzA § 102 BetrVG 1972 Nr. 39.
39 LAG Bln-Bbg 27.8.2010 – 13 Sa 988/10, Rn. 23, LAGE § 90 SGB IX Nr 6; *Gagel* jurisPR-ArbR 47/2010 Anm. 5; zur Wartezeit nach § 1 KSchG: BAG 18.8.1982 – 7 AZR 437/80, Rn. 23, BAGE 40, 42 = DB 1983, 288.
40 Vgl. *Mestwerdt* in HaKo-KSchR KSchG § 1 Rn. 85; aA *Löwisch* in Löwisch/Schlünder/Spinner/Wertheimer, 11. Aufl. 2018, KSchG § 1 Rn. 57.
41 Zwei Tage Unterbrechung wegen des Wochenendes: BAG 27.7.2002 – 2 AZR 270/01, Rn. 38, NZA 2003, 145; für vier Tage Unterbrechung: BAG 7.7.2011 – 2 AZR 12/10, Rn. 21, BAGE 138, 321 = NZA 2012, 148; *Ahrendt* jurisPR-ArbR 16/2012 Anm. 2.
42 *Gagel* jurisPR-ArbR 42/2007 Anm. 1.
43 BAG 7.7.2011 – 2 AZR 12/10, Rn. 22, BAGE 138, 321 = NZA 2012, 148; *Ahrendt* jurisPR-ArbR 16/2012 Anm. 2.
44 BAG 24.11.2005 – 2 AZR 614/04, Rn. 15, BAGE 116, 254 = NZA 2006, 366; *Boemke* jurisPR-ArbR 15/2006 Anm. 2.

die Unterbrechung, desto gewichtiger müssen die Gründe für die Anrechnung sein.[45]

8 **Befristungspraxis im Schuldienst:** Das BAG hat sich auf den Standpunkt gestellt, dass ein enger sachlicher Zusammenhang zwischen zwei Lehrer-Arbeitsverhältnissen, die lediglich durch die Schulferien voneinander getrennt waren, dadurch indiziert wird, dass im ersten befristeten Arbeitsvertrag für die Zeit nach dessen Ablauf eine bevorzugte Berücksichtigung bei der Besetzung von Dauerarbeitsplätzen zugesagt war.[46] Ein solcher Zusammenhang ist bei einer Lehrerin für Sonderpädagogik auch dann zu bejahen, wenn der Unterricht zwar an unterschiedlichen Schultypen, aber an Schulen derselben Schulform Sonderschule erteilt wird.[47] In dem das LAG bestätigenden Revisionsurteil hat das BAG ausdrücklich gegen die weit verbreitete Praxis Stellung bezogen, während der Schulferien das Arbeitsverhältnis zu unterbrechen. Da die Arbeitszeit der angestellten Lehrer nur nach Pflichtstunden festgelegt und auch die Urlaubsansprüche dem Beamtenrecht angepasst abweichend von den sonstigen tariflichen Vorschriften geregelt seien, könne als rechtfertigender Grund für eine solche, die betreffenden Arbeitnehmer benachteiligende Handhabung nicht allein der Umstand gesehen werden, dass während der Schulferien kein Unterricht anfalle. Sonst könnte der Arbeitgeber den Schwerbehindertenschutz dadurch unterlaufen, dass er sich trotz positiver Leistungsbeurteilung im befristeten Arbeitsverhältnis stets die Möglichkeit vorbehielte, in dem jeweils neuen Arbeitsverhältnis sechs Monate lang zu prüfen, ob der schwerbehinderte Arbeitnehmer noch seinen Anforderungen gerecht werde. Eine solche Möglichkeit wolle die Ausnahmevorschrift ersichtlich nicht schaffen, wenn sie auf ein ununterbrochenes Arbeitsverhältnis abstelle.[48] Zu beachten ist, dass der Zweite Senat des BAG eine Unterbrechung von sechs Wochen schon als so erheblich ansieht, dass nur aufgrund besonderer Umstände noch von einem rechtlich „ununterbrochenen" Arbeitsverhältnis ausgegangen werden kann. Solche besonderen Umstände werden dann vom Zweiten Senat angenommen, wenn das Vorbringen des Arbeitgebers für die Unterbrechung als Verstoß gegen Treu und Glauben im Sinne von § 162 Abs. 2 BGB zu werten ist. Ein derartiger Verstoß wird angenommen, wenn trotz einer positiven Leistungsbeurteilung im ersten Arbeitsverhältnis der Arbeitgeber sich auf die von ihm selbst gesetzte Bedingung beruft, die Beschäftigung während der Schulferien, in denen keine Unterrichtstätigkeit anfällt, nicht fortzuführen.[49]

9 **Rechtsprechung ohne feste zeitliche Grenze:** Die Rspr. der Kündigungsschutzsenate will sich nicht auf eine feste zeitliche Grenze festlegen lassen. Eine derartige zeitliche Grenze war bis zum 30.4.2007 in § 14 Abs. 3 Satz 3 TzBfG aF mit der Festlegung auf einen zeitlichen Abstand von mindestens sechs Monaten enthalten. Nach der Neufassung des § 14 Abs. 3 Satz 1 TzBfG wird seit Mai 2007 eine Unterbrechung durch einen beschäftigungslosen Zeitraum von mindestens vier Monaten vorausgesetzt. Die Rspr. der Kündigungsschutzsenate des BAG hat es abgelehnt, diesen Maßstab zu übernehmen.[50] Zur Begründung wird angeführt, die befristungsrechtlichen Vorschriften knüpften zur Abgrenzung un-

---

45 *Mestwerdt* in HaKo-KSchR KSchG § 1 Rn. 88.
46 BAG 20.8.1998 – 2 AZR 83/98, AP KSchG 1969 § 1 Wartezeit Nr. 10.
47 LAG Düsseldorf 16.11.2005 – 1 (11) Sa 900/05, LAGE § 90 SGB IX Nr. 2 mit Anm. *Bödecker* jurisPR-ArbR 14/2006 Anm. 5.
48 BAG 19.6.2007 – 2 AZR 94/06, Rn. 18, ZTR 2007, 432.
49 BAG 20.8.1998 – 2 AZR 76/98, AP KSchG 1969 § 1 Wartezeit Nr. 9 = EzA KSchG § 1 Nr. 49; fortgeführt durch: BAG 19.6.2007 – 2 AZR 94/06, Rn. 18, ZTR 2007, 432.
50 BAG 19.6.2007 – 2 AZR 94/06, Rn. 15, ZTR 2007, 432.

Ausnahmen § 173

mittelbar an einen engen sachlichen Zusammenhang zwischen mehreren Arbeitsverhältnissen an. Hier gehe es um die Abgrenzung, in welchen Ausnahmefällen **entgegen dem Gesetzeswortlaut** trotz einer rechtlichen Unterbrechung von einem **ununterbrochenen Arbeitsverhältnis** auszugehen sei.[51] Die zeitlichen Abstandsgebote des Befristungsrechts erhalten nach der hier vertretenen Ansicht die Bedeutung von **Vermutungstatbeständen** für eine ununterbrochene Beschäftigung. Nur soweit der Arbeitgeber nachvollziehbare Anhaltspunkte zur Widerlegung der von der Fristüberschreitung begründeten Vermutung vorbringt, bedarf es einer gerichtlichen Würdigung. Liegt danach der indizierte enge sachliche Zusammenhang vor, so werden die Beschäftigungszeiten zusammengerechnet. Die Zeit der rechtlichen Unterbrechung zählt dabei nicht mit, so dass nur eine **Addition** der tatsächlich zurückgelegten Zeiten der Betriebszugehörigkeit erfolgt.[52]

Erforderlichkeit einer neuen Beurteilung: Für die Wertung, ob die Unterbrechung wegen des engen sachlichen Zusammenhangs zweier aufeinander folgender Arbeitsverhältnisse unschädlich sein soll, ist maßgeblich, ob der bei im folgenden Arbeitsverhältnis übertragene neue Aufgabenbereich in engem fachlichen Zusammenhang mit der vorangegangenen Tätigkeit steht. Eine Unterbrechung ist dann schädlich, wenn das zweite Arbeitsverhältnis eine ganz andere Aufgabe zum Inhalt hat, so dass eine **erneute Beurteilung** der fachlichen Eignung notwendig wird.[53]   10

Beispiel: Ein Arbeitnehmer ist fünf Monate als Krankheitsvertretung als Lagerist in einer Spedition tätig. Nach einer Unterbrechung, die sechs Wochen dauert, wird er für den nächsten krankheitsbedingten Vertretungsfall erneut für die gleiche Tätigkeit von demselben Arbeitgeber eingestellt. Hier ist wegen der Gleichheit der Arbeitsaufgabe, die keinen erneuten Erprobungsbedarf indiziert, von einer ununterbrochenen Beschäftigung als Dauervertretung für Krankheitsfälle auszugehen. Nach der Rspr. des Zweiten Senats des BAG wäre nach § 242 BGB zu prüfen, ob dem Arbeitgeber das Berufen auf die Beendigung des ersten Arbeitsverhältnisses und die damit verbundene Unterbrechung zu verwehren sei. Auch das wäre zu bejahen; denn mit der erneuten Einstellung für die gleiche Tätigkeit bringt der Arbeitgeber in der Regel zum Ausdruck, dass der Arbeitnehmer sich im ersten Arbeitsverhältnis bewährt hat.   11

Beschäftigungszeiten bei Anschlussbeschäftigung: Zeiten eines vorausgegangenen **Berufsausbildungsverhältnisses** im Sinne von § 10 BBiG sowie von anderen Vertragsverhältnissen nach § 26 BBiG, die begründet werden, um berufliche Fertigkeiten, Fähigkeiten oder berufliche Erfahrungen zu erwerben, sind **anzurechnen**.[54] Wird jemand aus dem Berufsausbildungsverhältnis in ein Arbeitsverhältnis „übernommen", gilt die Zeit der Ausbildung als Arbeitsverhältnis.[55] Gleiches hat für die Zeit der praktischen Ausbildung in einem **dualen Studium** zu gelten. **Praktika** sind nur anrechnungsfähig, sofern sie im Rahmen eines Arbeitsverhältnisses stattfinden. Zeiten aus Beschäftigungsmaßnahmen nach dem SGB III sind zu berücksichtigen.[56] Zeiten von **Fortbildungsmaßnahmen** nach   12

---

51 Oetker in ErfK KSchG § 1 Rn. 42; im Ergebnis ebenso: *Mayer* in HaKo-KSchR KSchG § 1 Rn. 87 ff.
52 BAG 17.6.2003 – 2 AZR 257/02, Rn 48, AP Nr. 61 zu § 622 BGB; so auch schon: LAG BW 17.2.1988 – 2 Sa 92/87, RzK I 4 d Nr. 9.
53 So auch *Gagel* jurisPR-ArbR 42/2007 Anm. 1.
54 BAG 18.11.1999 – 2 AZR 89/99, AP KSchG 1969 § 1 Wartezeit Nr. 11.
55 Vgl. *Mestwerdt* in HaKo-KSchR KSchG § 1 Rn. 85.
56 BAG 12.2.1981 – 2 AZR 1108/78, AP BAT § 5 Nr. 1.

§ 77 SGB III aF (nunmehr §§ 81 ff SGB III) wurden nicht angerechnet.[57] Wenn die geförderte berufliche Weiterbildung nach § 82 SGB III im Rahmen eines bestehenden Arbeitsverhältnisses durchgeführt wird, kommt eine Anrechnung in Betracht. Dies gilt insbesondere, wenn nach § 82 Abs. 1 Satz 1 Nr. 4 Alt. 2 SGB III die Maßnahme auch von einem zugelassenen Träger (§§ 176 ff. SGB III) im Betrieb, dem der Arbeitnehmer angehört, durchgeführt wird.

13 **Anrechnung von Beschäftigungszeiten bei anderen Arbeitgebern:** Grundsätzlich gilt: Beschäftigungszeiten bei anderen Arbeitgebern sind nicht anrechnungsfähig. Ausgehend von diesem dogmatischen Grundsatz hat das BAG für den Begriff der Neueinstellung iSd § 1 Abs. 1 BeschFG die Zeit der **Überlassung des Leiharbeitnehmers** im Unternehmen des Entleihers nicht als erheblich angesehen.[58] Daraus wird im Schrifttum geschlossen, die der Einstellung vorausgehende Zeit der Überlassung könne nicht angerechnet werden.[59] Dieser Ansicht hat sich auch der Zweite Senat des BAG angeschlossen: „Zeiten, während derer ein Leiharbeitnehmer in den Betrieb des Entleihers eingegliedert war, sind in einem späteren Arbeitsverhältnis zwischen ihm und dem Entleiher regelmäßig nicht auf die Wartezeit des § 1 Abs. 1 KSchG anzurechnen."[60] Diese Rspr. steht im Widerspruch zu der Anrechnung der Überlassungszeit für die Wählbarkeit zum Betriebsrat durch den Siebten Senat.[61] Die Dauer der Wartezeitregelung in Abs. 1 Nr. 1 ist zugunsten des Arbeitnehmers abänderbar, dh sie kann vertraglich nicht verlängert, sondern nur verkürzt werden.[62] Daraus folgt: Beschäftigungszeiten bei einem anderen Arbeitgeber sind anzurechnen, sofern eine **Anrechnungsvereinbarung** getroffen worden ist.[63] Um den offenen Widerspruch in der Rechtsfrage der Anrechnung von Leiharbeit abzumildern, hat der Zweite Senat das Instrument einer konkludenten Anrechnungsvereinbarung entwickelt. Diese sei anzunehmen, wenn der Arbeitgeberwechsel allein auf die Initiative des Arbeitgebers erfolge und der Arbeitnehmer zu annähernd gleichen Arbeitsbedingungen ohne Vereinbarung einer Probezeit weiterbeschäftigt werde.[64]

14 **Anrechnung der Beschäftigungszeit bei Konzernunternehmen:** In Fällen mit Konzernbezug, in denen aufeinander folgend Arbeitsverhältnisse mit Arbeitgebern geschlossen werden, die konzernrechtlich verbunden sind, ist umstritten, ob eine Anrechnung auch stattfinden muss, wenn keine ausdrückliche Anrechnungsvereinbarung getroffen ist. Richtig ist der Ausgangspunkt, dass die Zusammenfassung mehrerer Unternehmen unter einheitlicher Leitung (Konzernbegriff nach § 18 AktG) noch nicht die Zurechnung der im jeweiligen Unternehmen verbrachten Beschäftigungszeiten bewirkt.[65] Wegen des Fehlens einer gesetzlichen Regelung zur konzerndimensionalen Wartezeitberechnung ist die rechtsgeschäftliche Anrechnung von Vorbeschäftigungszeiten jedoch nicht aus-

---

57 BAG 8.4.1988 – 2 AZR 684/87, RzK I 4 d Nr. 10.
58 BAG 8.12.1988 – 2 AZR 308/88, Rn. 27, BAGE 60, 282 = NZA 1989, 459.
59 *Mestwerdt* in HaKo-KSchR KSchG § 1 Rn. 83; *Rachor* in KR § 1 Rn. 113. *Löwisch* in Löwisch/Spinner/Wertheimer, 10. Aufl. 2013, KSchG § 1 Rn. 63.
60 BAG 20.2.2014 – 2 AZR 859/11, Rn. 23, BAGE 147, 251 = NZA 2014, 1083.
61 BAG 10.10.2012 – 7 ABR 53/11, Rn. 13, AP Nr 15 zu § 8 BetrVG 1972.
62 Zu § 1 KSchG: BAG 20.2.2014 – 2 AZR 859/11, Rn. 44, BAGE 147, 251 = NZA 2014, 1083; Zimmermann/Ringling, jurisPR-ArbR 27/2015 Anm. 3; zum SchwbG: *Dörner* SchwbG § 20 Anm. 1; zum SGB IX idF bis 31.12.2017: *Kossens* in Kossens/von der Heide/Maaß SGB IX § 90 Rn. 2; *Müller-Wenner/Schorn* SGB IX § 90 Rn. 4.
63 *Griebeling* in Hauck/Noftz SGB IX § 90 Rn. 4.
64 BAG 20.2.2014 – 2 AZR 859/11, Rn. 45 f, BAGE 147, 251 = NZA 2014, 1083; *Zimmermann/Ringling* jurisPR-ArbR 27/2015 Anm. 3.
65 *Oetker* in ErfK KSchG § 1 Rn. 87.

geschlossen. Ein Teil des Schrifttums nimmt deshalb eine Anrechnungsvereinbarung durch schlüssiges Verhalten an.[66] Entscheidend für die Annahme einer derartigen Anrechnungsvereinbarung sind nach §§ 133, 157 BGB jeweils die Umstände des Einzelfalls. Es fehlen bisher empirische Feststellungen, aus denen auf einen allgemein oder speziell auf einen für den einzelnen Konzern geltenden Erfahrungssatz geschlossen werden kann, die Zeit aus einem vorhergehenden Arbeitsverhältnis mit einem anderen Konzernunternehmen anrechnen zu wollen. Ein Teil des Schrifttums klammert sich zu stark am Begriff des Unternehmens als eines selbstständigen Rechtsträgers.[67] Es wird außer Acht gelassen, dass zumindest dann hinreichende Anhaltspunkte für den nach außen deutlich gewordenen Willen vorhanden sind, die Wartezeit nicht erneut bei Null beginnen zu lassen, wenn der Wechsel von dem einen zum anderen Konzernunternehmen dreiseitig vereinbart wird.[68] Im Übrigen wird bisher im Schrifttum noch nicht der in Abs. 1 Nr. 1 fehlende Betriebs- und Unternehmensbezug gewürdigt.

Fortbestehen des Arbeitsverhältnisses beim Betriebsübergang und Umwandlung: Da der Erwerber nach § 613a Abs. 1 Satz 1 BGB in das bestehende Arbeitsverhältnis eintritt, bewirkt ein Betriebsübergang keine Unterbrechung des Arbeitsverhältnisses. Da nach § 324 UmwG bei übertragenden Umwandlungen (Verschmelzung, Aufspaltung, Abspaltung, Ausgliederung und Vermögensübertragung) die Betriebe als Gegenstände des Vermögens den jeweils beteiligten Rechtsträgern kraft Rechtsgeschäft (Vertrag oder Plan) zugeteilt werden, tritt für die in aller Regel einem Betrieb zuzuordnenden Arbeitsverhältnisse der Arbeitgeberwechsel in Anwendung des § 613a Abs. 1 Satz 1 BGB ein.[69] Wandelt ein Rechtsträger seine Rechtsform nach § 190 UmwG um, so ändert sich nur die Rechtsform (zB von GmbH in AG); die Identität des Arbeitgebers bleibt unberührt.[70] 15

Gesetzliche Anrechnungsbestimmungen: Besondere gesetzliche Anrechnungsregeln bestehen für die Ableistung des Wehrdienstes und Wehrübungen nach § 6 Abs. 2, § 10, § 16a ArbPlSchG, § 6 EignÜG, für die Ableistung des Zivildienstes nach § 78 ZDG und für die Tätigkeitsdauer im Zivilschutz nach § 9 ZSchG. 16

Berechnung des Beginns und Endes der Wartefrist: Der Lauf der **Wartefrist** beginnt nicht mit dem Tag des Vertragsabschlusses, sondern mit dem Tag der arbeitsvertraglich vereinbarten **Aufnahme der Arbeit**.[71] Folglich beginnt die Wartezeit mit Beginn des ersten Arbeitstags, der nach § 187 Abs. 2 Satz 1 BGB für die Berechnung der Frist mitzurechnen ist. Nach § 188 Abs. 2 Alt. 2 BGB endet die Wartezeit sechs Monate später mit dem Tag, dem Tag vorhergeht, der durch seine Zahl dem Anfangstag der Frist entspricht.[72] Für den **Fristablauf** ist maßgeblich der **Zugang der Kündigungserklärung** beim Arbeitnehmer. Es findet dann eine Rückwärtsberechnung der Ereignisfrist nach §§ 187 Abs. 1, 188 17

---

66 *Deinert* in KDZ, 8. Aufl. 2010, KSchG § 1 Rn. 28; *v. Hoyningen-Huene/Linck*, 13. Aufl. 2002, KSchG § 1 Rn. 74; *Dörner* in APS KSchG § 1 Rn. 45: bei Wechsel zwischen Mutter und Tochter mit 100 % Beteiligung.
67 So *Mayer* in HaKo-KSchR KSchG § 1 Rn. 61.
68 Zutreffend *Quecke* in HWK KSchG § 1 Rn. 8: Ein weiterer Anhaltspunkt ist die Aufnahme einer konzernweiten „Versetzungsklausel" in den Arbeitsvertrag.
69 Einzelheiten: *Düwell* in Beseler/Düwell/Göttling, Arbeitsrechtliche Probleme bei Betriebsübergang, Betriebsänderung und Unternehmensumwandlung, 4. Aufl. 2011, S. 418 ff.
70 Zutreffend: *Oetker* in ErfK KSchG § 1 Rn. 48.
71 BAG 16.3.2000 – 2 AZR 828/98, AP LPVG Sachsen-Anhalt § 67 Nr. 2.
72 So auch für § 1 KSchG. *Mestwerdt* in HaKo-KSchR KSchG § 1 Rn. 69 f.

Abs. 2 Alt. 1 BGB für die Frage statt, ob mehr als sechs Monate bestehendes Arbeitsverhältnis bei Zugang der Kündigung vorausgegangen sind.

18 **Beispiel:** Der erste Arbeitstag beginnt am 2. Januar 0.00 Uhr. Fristende ist somit der 1. Juli 24.00 Uhr. Bis dahin muss die Kündigungserklärung dem Arbeitnehmer zugegangen sein.

19 **Ausnutzen der Frist:** Der Arbeitgeber kann die Frist voll ausnutzen.[73] Die schriftliche Kündigungserklärung muss noch bis zum Ende des letzten Tags der Sechsmonatsfrist nach § 130 BGB dem Arbeitnehmer zugehen.[74] Die im Einzelfall maßgebliche Kündigungsfrist (§ 169 gilt nicht, wenn Zugang der Kündigung innerhalb der Sechsmonatsfrist) muss nicht innerhalb der Sechsmonatsfrist liegen.[75] Soweit bisweilen eine auf den „letzten Drücker" zugehende Kündigung als Unterlaufen des gesetzlichen Schutzes angesehen wurde, kann dem nicht zugestimmt werden. Die Ausschöpfung der Frist kann auch dann nicht, wenn der Arbeitgeber erst spät den drohenden Eintritt des Kündigungsschutzes nach § 168 bemerkt und ihn verhindern will, als Rechtsvereitelung im Sinne von § 162 BGB angesehen werden. Fristen sind dazu geschaffen, dass sie ausgeschöpft werden können. In Betracht kommt für die Vereitelung nur die vorfristig ausgesprochene Kündigung, bei der der Arbeitgeber gegen Ende des sechsten Beschäftigungsmonats eine Kündigung mit langer Kündigungsfrist erklärt, obwohl nur eine kurze Kündigungsfrist gilt, um auf diese Weise den Arbeitnehmer länger im Beschäftigungsverhältnis zu behalten, aber dennoch den Eintritt des Sonderkündigungsschutzes zu vermeiden.[76]
Der Arbeitgeber trägt das **Risiko des rechtzeitigen Zugangs**. Er hat diesen daher zu beweisen.[77] Er muss somit eine ausreichende Zeit für den Postlauf berücksichtigen oder selbst für den Zugang durch Boten sorgen. Geht das Kündigungsschreiben dem Arbeitnehmer – gleich aus welchen Gründen – erst nach dem Fristablauf zu, bedarf die Kündigung der Zustimmung des Integrationsamts und der Einhaltung der Mindestkündigungsfrist nach § 169. Der Arbeitgeber, der die Frist ausschöpft, sollte bedenken, dass der Kündigungsadressat die Kündigung nach § 174 BGB zurückweisen kann, wenn dieser das **Fehlen der Originalvollmacht** rügt.[78] Die auf die berechtigte Rüge erfolgte erneute Zusendung kann dann zu spät zugehen.

V. Ausnahmen für Stelleninhaber nach § 156 Abs. 2

20 **Ausnahme für Beschäftigte auf Stellen nach § 156 Abs. 2 Nr. 2–5:** Kein Kündigungsschutz besteht nach Abs. 1 Nr. 2 für schwerbehinderte Menschen, die auf einer **Stelle im Sinne von § 156 Abs. 2 Nr. 2–5** beschäftigt werden. Die Verweisung ist rechtstechnisch verfehlt; denn fast alle in § 156 Abs. 2 Nr. 2–5 genannten Personengruppen sind keine Arbeitnehmer. So ist insbesondere für die Beendigung der Rechtsverhältnisse vorwiegend durch Beweggründe karitativer oder religiöser Art bestimmter Beschäftigter, zB von Ordensschwestern, Diakonissen, Missionaren, Geistlichen öffentlich-rechtlicher Religionsgemeinschaften ohnehin keine Zustimmung zur Kündigung erforderlich, weil sie nicht in einem Ar-

---

73 So auch: *Mestwerdt* in HaKo-KSchR KSchG § 1 Rn. 71.
74 Für die früheren § 17 Abs. 3 SchwbG: BAG 25.2.1981 – 7 AZR 25/79, BAGE 35, 110 = EzA § 17 SchwbG Nr. 3.
75 *Rolfs* in ErfK SGB IX § 173 Rn. 1.
76 *Knittel* SGB IX § 90 Rn. 13; *Kossens* in Kossens/von der Heide/Maaß SGB IX § 90 Rn. 3.
77 *Mestwerdt* in HaKo-KSchR KSchG § 1 Rn. 169.
78 LAG Köln 2.3.2018 – 6 Sa 958/17, FA 2018, 204.

beitsverhältnis stehen.⁷⁹ Soweit von einer Pflegeeinrichtung aufgrund eines Gestellungsvertrags mit einer vereinsrechtlich organisierten Rot-Kreuz-Schwesternschaft Vereinsmitglieder beschäftigt werden, besteht zu dem entleihenden Träger der Pflegeeinrichtung zwar eine Überlassung nach dem AÜG. Diese begründet jedoch, wenn sie legal durchgeführt wird, kein Arbeitsverhältnis zu der in der Einrichtung tätigen **Rot-Kreuz-Schwester**.⁸⁰ Ob für die Beendigung der Mitgliedschaft im Verein § 168 SGB IX angewandt werden kann, erscheint zweifelhaft.

Personen, die **nach ständiger Übung in ihren Stellen gewählt** werden, sind nach § 156 Abs. 2 Nr. 5 nicht auf Arbeitsplätzen iSd Teil 3 des SGB IX beschäftigt. Zwar kann hier nach der Wahl entweder ein öffentlich-rechtliches Dienst- oder ein Arbeitsverhältnis begründet werden, so dass im letzteren Fall für für schwerbehinderte Arbeitnehmer geltende Schutz aus § 168 zur Anwendung kommen könnte. Es würde jedoch demokratischen Grundsätzen nicht entsprechen, solche Personen in ihrer Stellung zu halten, obwohl eine Wiederwahl gescheitert ist.⁸¹ Deshalb ist die Ausnahme auch sachlich gerechtfertigt.

VI. Ausnahmen für ältere Arbeitnehmer

Kündigung ausreichend sozial abgesicherter älterer Arbeitnehmer: Kein Kündigungsschutz besteht für ältere schwerbehinderte Arbeitnehmer, die das Gesetz als hinreichend sozial abgesichert ansieht. Bei Vorliegen der in Abs. 1 Nr. 3 Buchst. a und b genannten Voraussetzungen geht das Gesetz unwiderlegbar davon aus, ein besonderer Kündigungsschutz sei deshalb entbehrlich. Das betrifft die zwei unterschiedlichen Personengruppen. 21

Älter als 58 Jahre und Absicherung über Sozialplan: Als ausreichend abgesichert werden nach Abs. 1 Nr. 3 Buchst. a angesehen Arbeitnehmer, die das 58. Lebensjahr vollendet haben und Anspruch auf eine Abfindung, Entschädigung oder ähnliche Leistung aufgrund eines Sozialplanes haben. Der Arbeitgeber muss ihnen dann die Kündigungsabsicht **rechtzeitig mitgeteilt** und sie dürfen nicht der beabsichtigten Kündigung bis zu deren Ausspruch widersprochen haben. Es ist nicht erforderlich, dass der Sozialplan erst nach Vollendung des 58. Lebensjahres des Arbeitnehmers zustande gekommen ist. Unerheblich ist auch die Höhe der dem Arbeitnehmer aus dem Sozialplan zustehenden Leistung. Denn dem Arbeitnehmer bleibt es bei zu geringen Leistungen aus dem Sozialplan unbenommen, dem Ausspruch der Kündigung zu **widersprechen**. Dadurch führt er dann die Zustimmungspflichtigkeit der Kündigung nach § 168 SGB IX herbei, Einzelheiten → Rn. 24. Als „**Sozialplan**" kommen nur kollektivrechtliche Regelungen in Betracht, die nach den Vorschriften des Betriebsverfassungsgesetzes (§ 112 BetrVG), des Tarifvertragsgesetzes oder des Personalvertretungsrechts zustande gekommen sind und dem Arbeitnehmer einen unmittelbaren Anspruch (vgl. § 4 Abs. 1 TVG, § 77 Abs. 4 BetrVG) gewähren.⁸² Die schuldrechtliche Verpflichtung zum Nachteilsausgleich nach § 113 BetrVG oder die vereinbarte oder gerichtlich zugesprochene Abfindung nach §§ 9, 10 KSchG genügen nicht. 22

Anspruch auf Knappschaftsausgleichsleistungen: Ebenfalls als hinreichend abgesichert gelten Arbeitnehmer, die Anspruch auf Knappschaftsausgleichsleistun- 23

---

79 Zum SchwbG: *Thomas* in Gröninger SchwbG § 7 Rn. 10; zum SGB IX: *Neumann* in Neumann/Pahlen/Greiner/Winkler/Jabben SGB IX § 173 Rn. 12.
80 Einzelheiten: *Düwell* ZESAR 2018, 163.
81 *Neumann* in Neumann/Pahlen/Greiner/Winkler/Jabben SGB IX § 173 Rn. 15.
82 LAG Köln 4.4.1997 – 11 Sa 1138/96.

gen nach dem Reichsknappschaftsgesetz oder einen **Anspruch auf Anpassungsgeld** für entlassene Arbeitnehmer des Bergbaus haben (Abs. 1 Nr. 3 Buchst. b). Ein Mindestalter wird im Unterschied zu Gruppe der Sozialplanempfänger nicht vorausgesetzt. Auch hier kommt es nicht auf die Höhe der Knappschaftsausgleichsleistungen und des Anpassungsgeldes an. Denn hält der Arbeitnehmer seine Leistungen für zu niedrig, kann er ebenfalls **widersprechen**.[83]

24 **Mitteilung der Kündigungsabsicht und Widerspruch:** Für die **Unterrichtung** des Arbeitnehmers durch die im Gesetz vorgesehene „Mitteilung" über die Kündigungsabsicht ist weder eine Frist noch eine besondere Form vorgeschrieben. Rechtzeitig ist die Unterrichtung nur, wenn der Arbeitnehmer noch ausreichend Zeit zur Erkundigung über die Höhe der zu erwartenden Sozialplanleistung hat und bedenken kann, ob er widersprechen soll. Als angemessen und ausreichend wird in Anlehnung an § 4 KSchG eine Frist von drei Wochen empfohlen.[84] Für eine nicht zu unterschreitende **Mindestfrist** kommt in Anlehnung an § 102 Abs. 2 BetrVG eine Überlegungszeit von einer Woche in Betracht, ehe der Arbeitgeber die Kündigung „aussprechen" darf.[85] Der hM erscheint diese Frist als zu kurz. Sie will die dreiwöchige Klagefrist im Kündigungsschutzverfahren nach § 4 Satz 1 KSchG entsprechend anwenden.[86] Ein Teil des Schrifttums will sogar in Anlehnung an § 613a Abs. 6 Satz 1 BGB die Frist auf einen Monat ausdehnen.[87] Notwendiger Inhalt der Unterrichtung des Arbeitgebers ist auch die Angabe, wann die Kündigung ausgesprochen werden soll; denn nur dann weiß der Arbeitnehmer, bis wann er seinen Widerspruch erklären kann.[88] Auf die nach dem Gesetz bestehende Widerspruchsmöglichkeit muss – anders als nach § 613a Abs. 5 BGB – der Arbeitgeber nicht hinweisen.[89] Daraus wird gefolgert, wenn der Arbeitgeber nicht belehren müsse, könne unter diesen Umständen eine Mitteilung der Kündigungsabsicht nur dann als rechtzeitig angesehen werden, wenn sie wenigstens drei Wochen vor der Kündigung ergehe.[90] Dem ist zuzustimmen; denn diese Überlegungsdauer hat der Gesetzgeber für den vergleichbaren Fall der Kündigung, der ebenso wenig eine Rechtsbehelfsbelehrung zugefügt werden muss, als angemessen und ausreichend angesehen. Wenn bei der rechtzeitigen Mitteilung der Kündigungsabsicht alle notwendigen Daten bekannt sind bzw. bekannt gegeben werden, und bis zum Zugang der Kündigung nicht widersprochen hat, so entfällt nach Abs. 1 Nr. 3 der Sonderkündigungsschutz aus § 168 SGB IX.[91] Bei näherer Betrachtung zeigt sich, der Widerspruch selbst ist nicht fristgebunden. Er muss nur vor dem Zugang des

---

83 Vgl. BT-Drs. 10/3138, 21; *Osnabrügge* in HaKo-KSchR SGB IX § 178 Rn. 9; *Schmidt* Schwb-ArbR Rn. 531; *Trenk-Hinterberger* in HK-SGB IX, 3. Aufl. 2010, § 90 Rn. 20.
84 *Rolfs* in ErfK SGB IX § 173 Rn. 3; *Osnabrügge* in HaKo-KSchR SGB IX § 178 Rn. 9; *Neumann* in Neumann/Pahlen/Greiner/Winkler/Jabben SGB IX § 173 Rn. 17; *Schmidt* Schwb-ArbR Rn. 534.
85 *Gallner* in KR SGB IX §§ 168–173 Rn. 59.
86 *Braasch* in Deinert/Neumann SGB IX-HdB § 19 Rn. 125; *Rolfs* in ErfK § 173 Rn. 3; *Osnabrügge* in HaKo-KSchR SGB IX § 178 Rn. 9; *Neumann* in Neumann/Pahlen/Greiner/Winkler/Jabben SGB IX § 173 Rn. 17; *Schmidt* Schwb-ArbR Rn. 534; *Kossens* in Kossens/von der Heide/Maaß SGB IX § 90 Rn. 7; *Müller-Wenner/Schorn* SGB IX § 90 Rn. 25; *Knittel* SGB IX § 90 Rn. 23.
87 *Trenk-Hinterberger* in HK-SGB IX, 3. Aufl. 2010, § 90 Rn. 18.
88 *Osnabrügge* in HaKo-KSchR SGB IX § 178 Rn. 9; *Neumann* in Neumann/Pahlen/Greiner/Winkler/Jabben SGB IX § 90 Rn. 18; *Knittel* SGB IX § 90 Rn. 18.
89 *Neumann* in Neumann/Pahlen/Greiner/Winkler/Jabben SGB IX § 173 Rn. 17.
90 *Neumann* in Neumann/Pahlen/Greiner/Winkler/Jabben SGB IX § 173 Rn. 17.
91 *Osnabrügge* in HaKo-KSchR SGB IX § 178 Rn. 9; *Neumann* in Neumann/Pahlen/Greiner/Winkler/Jabben SGB IX § 90 Rn. 18.

Kündigungsschreibens beim Arbeitnehmer dem Arbeitgeber zugegangen sein,[92] → Rn. 25.

Ausspruch der Kündigung: Der Widerspruch des Arbeitnehmers gegen die Kündigungsabsicht kann **formlos** erfolgen. Es genügt, dass der Arbeitnehmer dem Arbeitgeber nach Mitteilung über eine beabsichtigte Kündigung mitteilt, er sei damit nicht einverstanden. Das muss nach Abs. 1 Nr. 3 Satz 2 „bis vor Ausspruch der Kündigung" geschehen. Der hier gebrauchte Begriff „**Ausspruch**" ist missverständlich; denn der Arbeitgeber kann nach § 623 BGB nur schriftlich wirksam kündigen. Zu bedauern ist, dass dieser seit Einführung der zwingenden Schriftform der Kündigung in § 623 BGB seit langem überholte Begriff in das SGB IX übernommen und auch bei dessen Reform durch das BTHG 2016 nicht korrigiert worden ist. Dieser Umstand zeigt an, wie wenig es der Ministerialbürokratie gelungen ist die Gesetzgebung durch ihre Formulierungshilfen so zu steuern, dass das Gesetz in einer für die Betroffenen klaren und verständlichen Sprache formuliert wird. Diesen Umstand sollte die Wissenschaft künftig stärker bei der Auslegung berücksichtigen. 25

Noch durch die Rspr. zu klären bleibt, ob entsprechend dem Wortlaut der Norm der Zeitpunkt des „Ausspruchs" der Kündigung im Sinne des Entäußerns der schriftlichen Kündigungserklärung durch den Arbeitgeber oder der Zeitpunkt des Zugangs der Kündigungserklärung beim Arbeitnehmer maßgebend sein soll.[93] Die Überlegung, es sei ohne Weiteres stets auf den Zugang abzustellen, ist nicht zwingend; denn hier könnte auch das Abstellen auf den Wortlaut der Norm sinnvoll sein. Wird auf das Absenden der schriftlichen Kündigungserklärung abgestellt, dann trägt der Arbeitgeber nicht das Zugangsrisiko. Der Arbeitnehmer ist dann eher gehalten, die angemessene Überlegungsfrist nicht zu überziehen und sich rechtzeitig zu Wort zu melden.

Ist der Arbeitnehmer nicht rechtzeitig über deren Ausspruch unterrichtet worden, bedarf die Kündigung zu ihrer Wirksamkeit der vorherigen Zustimmung des Integrationsamts. Eine dennoch ausgesprochene Kündigung ist wegen Verstoßes gegen das Verbot aus § 168 nach § 134 BGB unwirksam.

Widerspruch gegen Kündigungsabsicht: Da für den **Widerspruch** des Arbeitnehmers nach Abs. 1 Nr. 3 keine bestimmte Frist oder Form vorgeschrieben ist, muss der schwerbehinderte Mensch dem Arbeitgeber nur zu erkennen geben, dass er mit der mitgeteilten Kündigungsabsicht nicht einverstanden ist. Er braucht seine Erklärung nicht zu begründen. Entscheidend ist allein, dass – bei rechtzeitiger Unterrichtung (→ Rn. 24) – der Widerspruch dem Arbeitgeber **noch vor „Ausspruch" der Kündigung zugeht**.[94] Da eine mündliche Kündigung ausscheidet, ist die Aufgabe des Kündigungsschreibens zur Post oder die Beauftragung eines Boten mit der Übergabe maßgebend. Verschweigt sich der schwerbehinderte Mensch bis dahin, so darf der Arbeitgeber zustimmungsfrei kündigen. Es besteht Einvernehmen, dass der Widerspruch jederzeit zurückgenommen werden kann.[95] Das bedeutet: Er kann auch noch im Rechtsmittelverfahren zurückgenommen werden. Dann entfällt das Zustimmungserfordernis 26

---

92 *Rolfs* in ErfK SGB IX § 173 Rn. 3; *Osnabrügge* in HaKo-KSchR SGB IX § 178 Rn. 9; *Neumann* in Neumann/Pahlen/Greiner/Winkler/Jabben SGB IX § 173 Rn. 18.
93 So *Kreitner* in jurisPK-SGB IX § 173 Rn. 22; *Trenk-Hinterberger* in HK-SGB IX, 3. Aufl. 2010, § 90 Rn. 19.
94 *Osnabrügge* in HaKo-KSchR SGB IX § 178 Rn. 9; *Neumann* in Neumann/Pahlen/Greiner/Winkler/Jabben SGB IX § 173 Rn. 18; ebenso bereits zum SchwbG: *Thomas* in Gröninger SchwbG § 20 Rn. 4.
95 *Braasch* in Deinert/Neumann SGB IX-HdB § 19 Rn. 125; *Neumann* in Neumann/Pahlen/Greiner/Winkler/Jabben SGB IX § 173 Rn. 18; *Knittel* SGB IX § 90 Rn. 24.

und in dem Verwaltungsverfahren (Antragsverfahren nach § 170 SGB IX) tritt ein erledigendes Ereignis ein.[96]

VII. Ausnahmen für witterungsbedingte Entlassungen

27 **Witterungsbedingte Entlassungen:** Kein besonderer Kündigungsschutz besteht nach Abs. 2 bei Entlassungen, die aus Witterungsgründen vorgenommen werden, sofern die **Wiedereinstellung** der Schwerbehinderten bei Wiederaufnahme der Arbeit gewährleistet ist. In Betracht kommen hier insbesondere Arbeitsverhältnisse in der Land- und Forstwirtschaft, im Gartenbau und Tagebergbau, Der Ausschluss des besonderen Kündigungsschutzes betrifft vielmehr alle Wirtschaftszweige, in denen aus Witterungsgründen die Arbeit nicht mehr durchgeführt werden kann, zB in den Bereichen Land- und Forstwirtschaft, Gartenbau und Gärtnereien, Fischerei, Binnenschifffahrt und Flößerei, Tagebergbau, Steinbrüche und Ziegeleien[97] und bei Montagetätigkeiten in der Metallindustrie sowie Metallhandwerk. Im Baugewerbe ist die Vorschrift weitgehend ohne Bedeutung. Nach § 12 Nr. 2 des allgemeinverbindlichen Bundesrahmentarifvertrages für das Baugewerbe (BRTV-Bau) kann das Arbeitsverhältnis in der gesetzlichen Schlechtwetterzeit (1. November bis 31. März) nicht aus Witterungsgründen gekündigt werden, entsprechende Kündigungen sind daher unwirksam.

28 **Witterungsgründe:** Witterungsgründe, die zur Entlassung im Sinne von Abs. 2 berechtigen, setzen voraus, dass die Fortsetzung der Arbeit infolge ungünstiger Klimaeinflüsse insbesondere wegen Regen, Hagel, Schnee, Frost, Dürre, Überschwemmungen oder wegen zu großer Hitze entweder nicht möglich ist oder zumindest nicht zugemutet werden kann.[98] Das weitere gesetzliche Merkmal der späteren „Wiederaufnahme" verdeutlicht, dass die **konkret** geschuldeten **Arbeiten wegen der Wetterlage unterbrochen** werden müssen.[99] Zu verneinen ist eine zustimmungsfreie Entlassung im Sinne von Abs. 2 dann, wenn dem Arbeitgeber Aufträge aus Witterungsgründen fehlen und Arbeitnehmer deshalb nicht beschäftigt werden können.[100] Zu prüfen ist stets, ob die Unterbrechung der Arbeit wegen der Witterungseinflüsse **alleinige Ursache** ist. Sie ist es nicht, wenn noch anderweitige dem Arbeitgeber zumutbare Möglichkeiten vorhanden sind, die eine Beschäftigung des schwerbehinderten Menschen, zB im Innendienst zulassen. Von daher gilt der Ausnahmetatbestand nur für Beschäftigte im Außendienst. Fällt wegen der Unterbrechung der Außenarbeiten nicht mehr genügend Arbeit im Innendienst an, so ist für die Kündigung eines schwerbehinderten oder gleichgestellten behinderten Menschen, der im Innendienst beschäftigt wird, die Zustimmung des Integrationsamts nach § 168 SGB IX erforderlich.[101]

29 **Gewährleistung der Wiedereinstellung als Ausnahmevoraussetzung:** Der besondere Kündigungsschutz entfällt nur dann witterungsbedingt, wenn die **spätere Wiedereinstellung gewährleistet** ist. Der Arbeitgeber muss deshalb zum Zeitpunkt des Zugangs der Kündigung gegenüber dem Schwerbehinderten aufgrund eines Tarifvertrages, einer Betriebsvereinbarung oder einzelvertraglicher

---

96 *Neumann* in Neumann/Pahlen/Greiner/Winkler/Jabben SGB IX § 173 Rn. 18.
97 *Neumann* in Neumann/Pahlen/Greiner/Winkler/Jabben SGB IX § 173 Rn. 20.
98 *Neumann* in Neumann/Pahlen/Greiner/Winkler/Jabben SGB IX § 173 Rn. 20; *Knittel* SGB IX § 90 Rn. 29.
99 Zutreffend *Dörner* SchwbG § 20 Anm. V 1.
100 So aber: LAG München 24.10.1986 – 3 Sa 438/86, DB 1987, 1444.
101 *Neumann* in Neumann/Pahlen/Greiner/Winkler/Jabben SGB IX § 173 Rn. 20; *Braasch* in Deinert/Neumann SGB IX-HdB § 19 Rn. 127; *Knittel* SGB IX § 90 Rn. 32; aA *Griebeling* in Hauck/Noftz SGB IX § 90 Rn. 16.

Zusage verpflichtet sein, den Arbeitnehmer bei Wiederaufnahme der Tätigkeit nach dem „schlechten Wetter" wieder einzustellen. Ohne eine entsprechende Vereinbarung oder Zusage fehlt eine Voraussetzung für die Geltung der Ausnahme vom Kündigungsverbot. Die ohne Zustimmung des Integrationsamts erklärte Kündigung ist dann nach § 134 BGB unwirksam. Greift der Arbeitnehmer die Wirksamkeit der Kündigung an, so ist der Arbeitgeber für das Vorliegen der entsprechenden Zusage darlegungs- und beweispflichtig.[102]

Rechtsfolgen der Nichterfüllung der Wiedereinstellungszusage: Ob die Kündigung wegen Verbotsverletzung auch dann nach § 134 BBG unwirksam wird, wenn ein Arbeitgeber seiner Verpflichtung zur Wiedereinstellung nicht nachkommt, ist umstritten. Ein Teil des Schrifttums nimmt an, der Ausnahmetatbestand des Abs. 2 sei dann nicht erfüllt und mangels Ausnahme gelte die ohne Zustimmung ausgesprochene Kündigung von Anfang an als unwirksam.[103] Allerdings soll davon eine Rückausnahme gelten, wenn die Arbeiten aus einem von dem Arbeitgeber nicht zu vertretenden Grund überhaupt nicht wieder aufgenommen werden können. Dann sei die ohne Zustimmung ausgesprochene Kündigung trotzdem wirksam und es bestünden auch keine Schadensersatzansprüche.[104] Diese Auffassung ist abzulehnen. Es bedarf dieser kunstvollen Auslegungsbemühungen nicht; denn aus der Wiedereinstellungszusage folgt ein Anspruch auf Wiedereinstellung nach der Wiederaufnahme der Arbeit und ein Anspruch auf Schadensersatz wegen Nichterfüllung (wie hier auch → 1. Aufl. 2002, § 90 Rn. 18).[105] Der Arbeitnehmer muss daher seine Beschäftigung oder den Schadensersatz einklagen. Er kann nicht mit Erfolg die Unwirksamkeit der Entlassung gelten machen. Das war schon überwiegende Ansicht zu § 20 SchwbG.[106]

VIII. Bestimmungen für Kündigung in der Wartefrist

Anzeigepflicht bei Kündigung innerhalb der Wartefrist: Solange die Wartefrist läuft, tritt nach Abs. 3 in den Fällen des Abs. 1 Nr. 1 an die Stelle der Zustimmungs- die **Anzeigepflicht**. Der Arbeitgeber hat wegen des Verweises auf Abs. 1 Nr. 1 nur die Tatsache der Kündigung, nicht aber anderer Arten der Beendigung von Arbeitsverhältnissen schwerbehinderter Menschen dem Integrationsamt anzuzeigen.[107] Die Frist dafür beträgt **vier Tage**. Das soll dem Integrationsamt die Wahrnehmung seiner Aufgaben nach § 185 Abs. 1 und 2 erleichtern. Die Beschränkung der Anzeigepflicht auf Kündigungen ist rechtspolitisch verfehlt; denn der mit der Anzeigepflicht verfolgte Zweck, den schwerbehinderten Menschen in Hinblick auf die Beendigung des Arbeitsverhältnisses zu unterstützen,[108] setzt die rechtzeitige Kenntnis aller Beendigungstatbestände voraus. Nur bei rechtzeitiger Kenntnis könnte das Integrationsamt den Arbeitgeber zur Fort-

---

102 *Braasch* in Deinert/Neumann SGB IX-HdB § 19 Rn. 130; *Knittel* SGB IX § 173 Rn. 34.
103 *Neumann* in Neumann/Pahlen/Greiner/Winkler/Jabben SGB IX § 173 Rn. 22; *Braasch* in Deinert/Neumann SGB IX-HdB § 19 Rn. 130; *Knittel* SGB IX § 90 Rn. 34.
104 *Neumann* in Neumann/Pahlen/Greiner/Winkler/Jabben SGB IX § 173 Rn. 22 mwN; *Großmann* in GK-SGB IX § 90 Rn. 58.
105 Ebenso *Rolfs* in ErfK SGB IX § 173 Rn. 4.
106 Vgl. *Dörner* SchwbG § 20 Anm. V 2; *Cramer*, 3. Aufl. 1987, SchwbG § 20 SchwbG Rn. 3; aA *Neubert/Becke* Schwerbehindertengesetz, Handkommentar für die Praxis, 2. Aufl. 1986, SchwbG § 20 Rn. 5.
107 *Trenk-Hinterberger* in HK-SGB IX, 3. Aufl. 2010, § 90 Rn. 37; aA *Neumann* in Neumann/Pahlen/Greiner/Winkler/Jabben SGB IX § 173 Rn. 26.
108 BT-Drs. 7/656, 31; *Cramer*, 3. Aufl. 1987, SchwbG § 20 Rn. 7.

setzung des Arbeitsverhältnisses bewegen. Dazu kann es Beratungsleistungen im Rahmen der begleitenden Hilfe erbringen oder Leistungen nach § 185 Abs. 3 Nr. 2 dem Arbeitgeber zusagen. Strittig ist der Beginn der Anzeigepflicht. Das Gesetz spricht von „Beendigung". Begrifflich deutet das zwar auf den Endtermin nach Ablauf der Kündigungsfrist hin. Wegen des Zwecks der Anzeigepflicht, eine begleitende Hilfe noch zu ermöglichen, wird der Beginn der Frist aber auf den Tag der Kündigung zu beziehen sein.[109]

32 **Präventionsverfahren in der Wartezeit:** Das BAG meinte bereits zu § 84 Abs. 1 und 2 SGB IX aF (seit 1.1.2018: § 167 Abs. 1 und 2 SGB IX), dass die Durchführung der Präventionsverfahren in der Wartezeit nach nicht geboten sei. Die im Schrifttum vertretene Gegenauffassung[110] sei widersprüchlich, weil sie annehme, die Durchführung der Verfahren nach § 84 Abs. 1 und 2 SGB IX (aF) sei zwar keine Wirksamkeitsvoraussetzung, könne aber dennoch zur Unwirksamkeit der Kündigung führen.[111] Die Argumentation des Sechsten Senats ist zu pauschal. Es bedarf keines gesetzlich bestimmten formellen Unwirksamkeitsgrundes. Die Verletzung der Pflicht zur Durchführung eines gesetzlich vorgeschriebenen Präventionsverfahrens kann dazu führen, die Kündigung als **treuwidrig** im Sinne von § 242 BGB anzusehen. Dies gilt insbesondere dann, wenn nicht ausgeschlossen werden kann, dass das Präventionsverfahren den Kündigungsgrund hätte ausräumen können.[112] Ferner kann die Kündigung auch eine verbotene Benachteiligung im Sinne von § 1, § 7 Abs. 1 des AGG sein. Das Verbot der Diskriminierung ist nicht an die Anwendbarkeit des Kündigungsschutzgesetzes gebunden. Die Bereichsausnahme des § 2 Abs. 4 AGG ist hier nicht anwendbar (→ § 168 Rn. 81). Nach § 8 Abs. 1 AGG kann zwar eine unterschiedliche Behandlung wegen der Arbeitsanforderungen zulässig sein. Nach Art. 5 der Richtlinie EG/2000/78, der zur Auslegung heranzuziehen ist, liegt aber eine Diskriminierung schon dann vor, wenn im Präventionsverfahren zu ermittelnde Hilfen zur Beseitigung der Schwierigkeiten hätten eingesetzt werden können.

33 **Verletzung der Pflicht zur Anzeige von Kündigungen:** Nach § 173 Abs. 4 trifft den Arbeitgeber bei Beendigung des Arbeitsverhältnisses schwerbehinderter Menschen in der Wartezeit eine Pflicht, innerhalb von vier Tagen dem Integrationsamt die Beendigung anzuzeigen. Große praktische Bedeutung kommt dieser Vorschrift nicht zu. Die Einhaltung der Anzeigepflicht ist ohne **Einfluss auf den Kündigungsschutz**. Auch bei unterbliebener Anzeige ist eine Kündigung durch den Arbeitgeber ohne Zustimmung nicht erforderlich.[113] Der Gesetzgeber hat für die Verletzung weder in § 238 einen Bußgeldtatbestand vorgesehen noch eine andere Sanktion angedroht. Das BAG hat als Sanktion einen Ersatzanspruch für den Verzugsschaden erörtert,[114] sofern wegen der unterlassenen Anzeige amtliche Leistungen verzögert worden sind.[115]

34 **Anzeigepflicht bei Probearbeitsverträgen:** Bei der Vereinbarung einer Einstellung zur Probe besteht nach § 173 Abs. 4 eine Anzeigepflicht.

---

109 *Neumann* in Neumann/Pahlen/Greiner/Winkler/Jabben § 173 Rn. 26; zum SchwbG: *Dörner* SchwbG § 20 Anm. VI 2.
110 *Deinert* JR 2007, 177 (180); *Gagel* jurisPR-ArbR 22/2007 Anm. 3.
111 BAG 28.6.2007 – 6 AZR 750/06, ArbuR 2007, 325, mit ablehnender Anmerkung *Gagel* jurisPR-ArbR 39/2007 Anm. 1.
112 Dazu *Pick* Diskussionsforum B, Beitrag B-6/2006, abrufbar unter www.reha-recht.de.
113 BAG 21.3.1980 – 7 AZR 314/78, AP SchwbG § 17 Nr. 1; aA ArbG München 30.10.1975 – 11 Ca 7935/75, BB 1976, 139.
114 BAG 21.3.1980 – 7 AZR 314/78, AP SchwbG § 17 Nr. 1.
115 *Neumann* in Neumann/Pahlen/Greiner/Winkler/Jabben SGB IX § 173 Rn. 25.

Anzeige der Probezeitvereinbarung: Anzeigepflichtig ist auch die Vereinbarung 35
einer Probezeit. Das Gesetz schreibt dazu weder eine Mindest- noch eine
Höchstprobezeit für Schwerbehinderte vor.[116] Fristbeginn ist der Tag des vereinbarten Antritts des Arbeitsverhältnisses. Das Unterlassen der Anzeige führt
nicht zur Unwirksamkeit der Probezeitvereinbarung.[117] Die Anzeigepflicht ist
seit 1.8.1986 nicht mehr bußgeldbewehrt. Sie ist heute eine **bloße Ordnungsvorschrift**.

IX. Ausnahmen für laufende Feststellungsanträge

Einschränkung des Schutzes im laufenden Feststellungsverfahren: Kündigungs- 36
verbot und Mindestkündigungsfrist finden nach Abs. 3 keine Anwendung,
wenn zum Zeitpunkt des Zugangs der Kündigung die Eigenschaft als schwerbehinderter Mensch weder nachgewiesen ist (1. Alternative), noch im Falle eines
laufenden Feststellungsverfahrens das Versorgungsamt trotz Verfahrensbeschleunigung nach § 152 Abs. 1 Satz 3 die Feststellung bis dahin treffen konnte
(2. Alternative). Die Einschränkung des Schutzes wird durch die 2. Alternative
bewirkt; denn die in § 152 Abs. 1 Satz 1 an sich angeordnete Rückwirkung der
Feststellung auf den Tag der Antragstellung wird für die Fälle der Nichteinhaltung der von der Rspr. aus § 152 Abs. 1 Satz 3 entnommenen Vorfrist für die
Antragstellung (dazu → Rn. 42) und der fehlenden Mitwirkung des Antragstellers im Feststellungsverfahren aufgehoben. Diese komplexe Regelung dient der
Missbrauchsbekämpfung. Im Gesetzgebungsverfahren für das Gesetz zur Förderung der Ausbildung und Beschäftigung schwerbehinderter Menschen vom
23.4.2004 war vom Bundesrat eine Einschränkung des Schutzes auf bis zum
Zugang der Kündigung festgestellte Schwebehinderungen verlangt worden.[118]
Diese Forderung ging zurück auf eine Stellungnahme der Bundesarbeitsgemeinschaft der Integrationsämter und Hauptfürsorgestellen (BIH) gegenüber dem
Ausschuss für Gesundheit und Soziale Sicherung vom 30.10.2003:[119]
„In diesem Bereich wird durch entsprechende Beratung von Anwälten ein zunehmender Missbrauch betrieben, wenn Arbeitnehmer vorsorglich ein in der
Regel aussichtsloses Anerkennungsverfahren einleiten, das nur den Zweck hat,
die Regelungen über den Sonderkündigungsschutz für die Zeit dieses Verfahrens nutzen zu können. Beispielhaft sei auf die Praxis einiger Anwälte hingewiesen, die für ihre Mandanten per Fax zeitgleich Anträge auf Anerkennung
der Schwerbehinderteneigenschaft/des Grades der Behinderung – zumeist ohne
jegliche gesundheitliche Begründung – an das Versorgungsamt und auf Gleichstellung an das Arbeitsamt richten."
Gewünscht wurde eine Regelung, nach der es der vorherigen Zustimmung des
Integrationsamts erst dann bedürfe, wenn der behinderte Mensch bereits vor
Zugang der Kündigung vom Versorgungsamt die „Anerkennung als schwerbehinderter Mensch" erhalten habe. Auf Empfehlung des federführenden Ausschusses ist die weniger weitgehende Fassung der Ausnahmeregelung durch
Aufnahme der zweiten Alternative beschlossen worden (→ Rn. 2). Dass diese in
der Ausschussberatung entwickelte Fassung gesetzestechnisch problematisch
ist, zeigt sich schon in der Wortwahl. Während § 152 die Verwendung des Wortes **„Versorgungsamt"** zu Recht meidet, weil inzwischen die Länder nach § 152
Abs. 1 Satz 7 die für die Ausführung des Feststellungsverfahrens zuständigen

---

116 BAG 7.8.1980 – 2 AZR 563/78, AP § 620 BGB Probearbeitsverhältnis Nr. 15.
117 LAG Düsseldorf 9.6.1978 – 16 Sa 891/77, EzA § 17 SchwbG Nr. 1.
118 BT-Drs. 15/2357, 24.
119 BT-Ausschussdrs. 15/0376, 6.

Behörden bestimmen, benennt hier der Bundesgesetzgeber dennoch ausdrücklich das Versorgungsamt die Feststellungsbehörde.

37 **Feststellung vor Kündigungszugang:** Nach der 1. Alternative des Abs. 3 gilt das Kündigungsverbot nur, wenn zum Zeitpunkt der Kündigung die Eigenschaft als schwerbehinderter Mensch „nachgewiesen" ist. Zwar wird nach § 152 Abs. 5 SGB IX unter Nachweis der Schwerbehindertenausweis verstanden. Der behördliche Kündigungsschutz soll aber erklärtermaßen schon vor der Ausstellung des Ausweises beginnen. Das Wort Nachweis darf hier nicht wörtlich genommen werden.[120] Der vom Bundestag 2004 auf Empfehlung des Ausschusses beschlossene Änderungsantrag enthält dazu eine Begründung. Danach kann der Nachweis über die Eigenschaft als schwerbehinderter Mensch „durch einen Feststellungsbescheid nach § 69 Abs. 1 [seit 1.1.2018: § 152 Abs. 1] erbracht" werden und „diesem Bescheid stehen Feststellungen nach § 69 Abs. 2 [seit 1.1.2018: § 152 Abs. 2] gleich".[121] Unerheblich ist, dass in den nach § 152 Abs. 2 SGB IX gleichgestellten Rentenbescheiden kein GdB, sondern nur die Minderung der Erwerbsfähigkeit festgesetzt ist. Danach muss der in der 1. Alt. des Abs. 2 aF angesprochene geforderte Nachweis gegenüber dem Arbeitgeber nicht vor Zugang der Kündigung geführt worden sein.[122] Zu dieser an den Materialien orientierten Auslegung der 1. Alt. passt, dass die 2. Alt. ebenfalls auf die „Feststellung" abstellt. Dadurch ergibt sich die für Alternativen typische Aussage, die sich auf zwei sich ergänzende Varianten der „Feststellung" bezieht: Entweder ist bei Zugang der Kündigung die Schwerbehinderung schon festgestellt oder sie wäre festgestellt worden, wenn bei rechtzeitiger und ordnungsgemäßer Antragstellung des Arbeitnehmers das Versorgungsamt die Feststellung der Schwerbehinderung bereits zum Zeitpunkt der Arbeitgeberkündigung hätte treffen müssen.[123] Die Rspr. hat die hier vertretene Auslegung im Ergebnis bestätigt.[124] Danach findet die Bereichsausnahme nach Alt. 1 keine Anwendung, wenn der Arbeitnehmer am Tag des Zugangs der Kündigung bereits Zeit im Besitz des Bescheides ist, in dem die Eigenschaft als schwerbehinderter Mensch festgestellt wird. Die vereinzelt im Schrifttum vertretene Auffassung, dass das Gesetz nicht nur einen objektiven Nachweis der Schwerbehinderteneigenschaft verlange, sondern dass diese auch dem Arbeitgeber gegenüber nachgewiesen sein müsse[125], ist ausdrücklich verworfen worden.[126] Dem ist zuzustimmen; denn § 178 Abs. 3 1. Alt SGB IX nF (= § 90 Abs. 2a 1. Alt. SGB IX aF) setzt nur einen objektiv existierenden behördlichen Nachweis über eine

---

120 So zu Recht: LAG Düsseldorf 29.3.2006 – 17 Sa 1321/05, Behindertenrecht 2007, 19.
121 BT-Ausschuss-Drs. 13/0423, zu Art. 1 Nr. 21 a; BT-Drs. 15/2357, 24.
122 So auch ArbG Bonn 25.11.2004 – 7 Ca 2459/04, NZA-RR 2005, 193; ArbG Kassel 19.11.2004 – 3 Ca 323/04, Behindertenrecht 2005, 85 mit zustimmender Anmerkung *Düwell* jurisPR-ArbR 25/2005 Anm. 5; *Düwell* BB 2004, 2811 (2812); *Westers* Behindertenrecht 2004, 93 (95); *Kuhlmann* Behindertenrecht 2004, 181 (182); zustimmend: *Knittel* SGB IX § 90 Rn. 49 „Bescheid vorliegt".
123 So im Ergebnis auch: *Knittel* SGB IX § 90 Rn. 49.
124 ThürLAG 12.07. 2018–3 Sa 104/16, juris Rn. 50, nachgehend: Verwerfung der Nichtzulassungsbeschwerde durch BAG 13.2.2019 – 2 AZN 980/18, nv; im Ergebnis vorher ebenso: BAG 11.12.2008 – 2 AZR 395/07, NZA 2009, 556; LAG SchlH 21.4.2009 – 5 Sa 412/08, LAGE § 90 SGB IX Nr. 5; *Kreitner* in jurisPK-SGB IX § 173 Rn. 21; *Vossen* in APS SGB IX § 90 Rn. 10 a; *Fröhlich*, Schwerbehindertenrecht: Voraussetzungen des Sonderkündigungsschutzes, ArbRB 2009, 145; *Griebeling* NZA 2005, 494.
125 *Bauer/Powietzka* NZA-RR 2004, 505 (507); *Cramer* NZA 2004, 698 (704).
126 ThürLAG 12.07. 2018–3 Sa 104/16, juris Rn. 50, nachgehend: Verwerfung der Nichtzulassungsbeschwerde durch BAG 13.2.2019 – 2 AZN 980/18, nv.

festgestellte Schwerbehinderung des Arbeitnehmers voraus, bestimmt jedoch keine Pflicht, den Schwerbehindertenausweis als Nachweis dem Arbeitgeber vorzulegen. Das Ziel des Gesetzgebers bei der Einführung der Bereichsausnahme war es, die Missbrauchsfälle einzugrenzen, in denen ein Arbeitnehmer kurz vor einer Kündigung einen aussichtslosen Antrag auf Anerkennung als schwerbehinderter Mensch stellt, um das Risiko des Arbeitgebers im Kündigungsschutzprozess scheinbar zu erhöhen (→ Rn. 2). Zur Verhinderung eines solchen Missbrauchs müssen dem schwerbehinderten Arbeitnehmer keine über den objektiv erlangten Nachweis hinausgehenden Hürden auferlegt werden.[127]

Nachträgliche Feststellung nach Abs. 3 Alt. 2: Die Neuregelung hat nach dem klaren Wortlaut der Alt. 2 nicht vollständig die nach altem Recht gegebene Möglichkeit ausgeschlossen, aufgrund eines vor Zugang der Kündigung beim Versorgungsamt gestellten Feststellungsantrags noch rückwirkend zum Tag der Antragstellung in den besonderen Kündigungsschutz hineinzuwachsen. Die Bestimmungen des besonderen Kündigungsschutzes sind nach der Alt. 2 nur dann nicht anzuwenden, wenn das Versorgungsamt erst **nach Zugang der Kündigung** die Feststellung der Schwerbehinderung aus vom Antragsteller zu vertretenden Gründen getroffen hat, weil: 38

- entweder er so spät den Antrag gestellt hat, dass das Versorgungsamt nicht innerhalb der Fristen des beschleunigten Feststellungsverfahrens nach § 152 Abs. 1 Satz 3 die beantragte Feststellung treffen konnte,
- oder er den Antrag zwar so rechtzeitig gestellt hat, dass das Versorgungsamt innerhalb der in § 152 Abs. 1 Satz 3 in Bezug genommenen Bearbeitungsfristen hätte entscheiden können, es aber tatsächlich erst später zur Feststellung kam, weil der Antragsteller die Verzögerung wegen Verletzung seiner sozialrechtlichen Mitwirkungspflichten zu vertreten hat.

Sinn dieser vom Ausschuss empfohlenen und vom Bundestag 2004 zur Vorgängervorschrift § 90 Abs. 2 a beschlossenen Regelung ist: Wer sich zu seinem Bestandsschutz auf das schwerbehindertenrechtliche Kündigungsverbot mit Erlaubnisvorbehalt berufen will, soll rechtzeitig die Feststellung der Eigenschaft als schwerbehinderter Mensch beantragen und seine Mitwirkungspflicht voll erfüllen, so dass bei ordnungsgemäßer Sachbearbeitung spätestens zum Zeitpunkt des Zugangs der Kündigung die Schwerbehinderung festgestellt sein müsste. Während nach dem alten Recht der Arbeitgeber voll das Risiko trug, dass ein noch in der letzten Minute vor Zugang der Kündigung beim Versorgungsamt gestellter Antrag rückwirkend zum Eingreifen des Kündigungsverbots führen konnte, findet seit dem 2004 geänderten Recht eine **Risikoteilung** statt. Danach trägt der Arbeitgeber das Risiko der zu **langsamen Sachbearbeitung** und der Arbeitnehmer das Risiko der Verzögerung infolge zu später oder **unzureichender Antragstellung**. Dem von der BIH festgestellten Missbrauch, durch in letzter Minute gestellte Feststellungsanträge die Verhandlungsposition des Arbeitnehmers beim Abfindungspoker wegen der Ungewissheit des Ausgangs des Feststellungsverfahrens und der unbegrenzt zulasten des Arbeitgebers eintretenden Rückwirkung zu erhöhen, wird durch diese Art der Risikoverteilung entgegengewirkt. 39

In Bezug genommenes beschleunigtes Verfahren: Nach § 173 Abs. 3 Alt. 2 SGB IX finden die Vorschriften über den Sonderkündigungsschutz keine Anwendung, wenn das „Versorgungsamt nach Ablauf der Frist des § 152 Abs. 1 Satz 3 SGB IX eine Feststellung wegen fehlender Mitwirkung nicht treffen 40

---

[127] ThürLAG 12.07. 2018–3 Sa 104/16, juris Rn. 50, nachgehend: Verwerfung der Nichtzulassungsbeschwerde durch BAG 13.2.2019 – 2 AZN 980/18, nv.

konnte". Hier kommt der mit dem Gesetz vom 23.4.2004 in § 69 Abs. 1 SGB IX aF für das Feststellungsverfahren eingeführte Beschleunigungsgrundsatz für Feststellungsanträge von Erwerbstätigen zur Anwendung. Die 2004 mit diesem Gesetz geänderte Fassung von § 69 Abs. 1 Satz 2 SGB IX verwies auf die Fristen des § 14 Abs. 2 sowie Abs. 5 Satz 2 und 5 SGB IX aF, die sich auf die Feststellung von Rehabilitationsbedarf bezogen. Danach galt: Musste kein Gutachten eingeholt werden, hatte nach § 14 Abs. 2 Satz 2 SGB IX aF der Rehabilitationsträger innerhalb von **drei Wochen** nach Antragseingang zu entscheiden. War für die Feststellung des Rehabilitationsbedarfs ein Gutachten erforderlich, sollte der Gutachter das Gutachten innerhalb von **zwei Wochen** erstellen und der Rehabilitationsträger gemäß § 14 Abs. 2 Satz 4, Abs. 5 Satz 2, 5 SGB IX aF die Entscheidung über die Feststellung nach weiteren zwei Wochen treffen. Durch Art. 1 BTHG ist mWv 1.1.2018 eine Verschiebung dieser im Teil 2 befindlichen Bestimmungen um 83 Paragrafennummern in den Teil 3 des SGB IX erfolgt. Dabei ist in der neuen, die Bereichsausnahme regelnden Vorschrift des § 173 Abs. 3 die Verweisung auf das um einen Satz nach § 152 Abs. 1 Satz 3 aufgerückte beschleunigte Feststellungsverfahren beibehalten worden. Die dort geregelte Weiterverweisung auf das Fristenregime in § 14 SGB IX ist der Sache nach ebenfalls beibehalten, jedoch an die Neuregelung der Begutachtung der Feststellung des Rehabilitationsbedarfs in § 17 SGB IX nF angepasst worden.

Art. 1 BTHG hat mWv 1.1.2018 zu keiner inhaltlichen Änderung geführt. Es hat nur eine mehrfache Umnummerierung stattgefunden. Auch nach dem nach § 152 Abs. 1 Satz 3 verschobenen beschleunigten Feststellungsverfahren gilt: Wenn für das Versorgungsamt die Einholung eines Gutachtens entbehrlich ist, beträgt die gesetzliche Höchstbearbeitungsfrist **drei Wochen**; bei Erforderlichkeit eines Gutachtens **sieben Wochen**.

41 **Der Streit um die Auslegung der Alt. 2:** Nach wohl überwiegender Auffassung[128] fand der besondere Kündigungsschutz nach der vom 1.5.2004 bis 31.12.2017 geltenden Fassung der Bereichsausnahme in § 90 Abs. 2 a Alt. 2 SGB IX nur dann Anwendung, wenn zwar die in § 69 Abs. 1 Satz 2 SGB IX aF für Anträge von Erwerbstätigen bestimmten Fristen – mindestens jedoch die Dreiwochenfrist – vor Kündigungszugang eingehalten sind, eine Feststellung des Versorgungsamtes dennoch bis zum Zeitpunkt der Kündigungszugangs nicht getroffen ist und diese verzögerte Feststellung nicht auf einer fehlenden Mitwirkung des Antragstellers beruht. Dem hat sich der Zweite Senat des BAG angeschlossen.[129]

42 **Die Alt. 2 in der Auslegung des BAG:** Nach Ansicht des als Fachsenat für Bestandsschutz zuständigen Zweiten Senats ist kein Fall denkbar, in dem die 2. Alternative des § 90 Abs. 2 a SGB IX (aF) (es liegt kein Nachweis vor, weil das Versorgungsamt mangels Mitwirkung noch keine Feststellung treffen konnte) eingreift, ohne dass gleichzeitig bereits die 1. Alternative (es liegt kein Nachweis vor) erfüllt ist. Da der Gesetzgeber kaum beabsichtigt haben dürfte, die 2. Alternative ohne Anwendungsfall zu lassen, müsse § 90 Abs. 2 a Alt. 2 SGB IX

---

128 *Düwell* JbArbR, 91, 99 ff., *Düwell* BB 2004, 2811 (2812); *Etzel* FS zum 25-jährigen Bestehen der Arbeitsgemeinschaft Arbeitsrecht im DAV, S. 241 (250); *Griebeling* NZA 2005, 494 (497 f.); *Griebeling* in Hauck/Noftz SGB IX § 90 Rn. 23; *Friemel/Walk* AiB 2005, 598 (599); *Gaul/Süßbrich* ArbRB 2005, 212 (213); *Grimm/Brock/Windeln* DB 2005, 282 (283); *Brock/Windeln* ArbRB 2006, 272 (275); *Westers* br 2004, 93 (96); *Staffhorst* AuA 1/2005, 35 (37); *Bernhardt/Barthel* AuA 8/2004, 20 (23); aA *Rolfs/Barg*, Kein Sonderkündigungsschutz bei fehlendem Nachweis der Schwerbehinderung – der neue § 90 Abs. 2 a SGB IX, BB 2005, 1678 (1682); *Bauer/Powietzka* NZA-RR 2004, 505 (506).
129 BAG 1.3.2007 – 2 AZR 217/06, DB 2007, 1702.

(aF) als Einschränkung der 1. Alternative verstanden werden. Grundsätzlich finde der Sonderkündigungsschutz daher keine Anwendung, wenn zum Zeitpunkt der Kündigung die Eigenschaft als schwerbehinderter Mensch nicht nachgewiesen sei (§ 90 Abs. 2 a Alt. 1 SGB IX (aF)). Dagegen bleibe nach § 90 Abs. 2 a Alt. 2 SGB IX (aF)) der Sonderkündigungsschutz trotz fehlenden Nachweises bestehen, wenn der Antrag so frühzeitig vor Kündigungszugang gestellt worden sei, dass eine Entscheidung vor Ausspruch der Kündigung – bei ordnungsgemäßer Mitwirkung des Antragstellers – binnen der Frist des § 69 Abs. 1 Satz 2 SGB IX (aF)) möglich gewesen wäre. Der Antrag muss danach also **mindestens drei Wochen** vor der Kündigung gestellt sein. § 90 Abs. 2 a Alt. 2 SGB IX (aF)) erweist sich zur Überzeugung des BAG damit als Bestimmung einer Vorfrist. Das entspricht aus dem hier beschriebenen Zweck des § 90 Abs. 2 a SGB IX (aF), → Rn. 36 ff., und der Änderungsabsicht des Gesetzgebers, die zu Missbräuchen einladende alte Rechtslage zu beseitigen: Es soll nicht mehr jeder kurz vor Zugang der Kündigung gestellte Antrag die Wirksamkeit der ohne Zustimmung des Integrationsamts ausgesprochenen Kündigung in Frage stellen. Da ein sich endgültig als aussichtslos erweisendes Anerkennungsverfahren auch nach bisheriger Rechtslage keinen besonderen Kündigungsschutz begründen konnte, kann das Gesetz nur dahin gehend verstanden werden, dass mit § 90 Abs. 2 a SGB IX (aF) für den Arbeitgeber mehr Rechtssicherheit geschaffen werden sollte. Das setzt voraus, dass der Arbeitnehmer einen Antrag auf Anerkennung der Schwerbehinderteneigenschaft so frühzeitig – dh unter Einhaltung der Dreiwochenfrist der §§ 69 Abs. 1 Satz 2, 14 Abs. 2 SGB IX (aF) – und zudem ordnungsgemäß mit allen erforderlichen Angaben stellen muss, dass eine positive Entscheidung vor Ausspruch der Kündigung bei ordnungsgemäßer Bearbeitung möglich ist.[130] Dem stimmt die Schrifttum zu. Es kritisiert allerdings die Verwendung des Begriffs „Vorfrist" und die Art der Fristenberechnung. Das Erfordernis rechtzeitiger Antragstellung setze keine Fristen, sondern sei ein **Reflex** aus den für die Feststellungsbehörde bestehenden Fristen. Diese seien auf den Tag genau nach § 26 Abs. 1 SGB IX (aF) iVm §§ 187 ff. BGB zu berechnen.[131] Für die Einhaltung der Vorfrist ist maßgebend, wann der Antrag gestellt worden ist. Hier ist zu beachten, dass der den Fristbeginn auslösende Antrag bereits telefonisch oder mündlich gestellt werden kann.[132] Auf den Eingangszeitpunkt eines später ausgefüllten Formulars kommt es nicht an.[133] Nach den allgemeinen sozialrechtlichen Verfahrensgrundsätzen der § 16 SGB I, §§ 9 und 18 SGB X können nämlich formfrei, dh mündlich oder auch telefonisch gestellt werden.[134]

Dreiwochenvorfrist: Daraus, dass § 90 Abs. 2 a SGB IX aF allein auf „die Frist" des § 69 Abs. 1 Satz 2 SGB IX aF verweist, schließt der Zweite Senat des BAG, dass **nur die dreiwöchige Grundfrist maßgeblich sei.**[135] Ein anderes Verständnis – je nach Lage drei- oder siebenwöchige Frist – würde nach seiner Ansicht dem Ziel des Gesetzgebers zuwiderlaufen, Rechtssicherheit in die durch verfahrens- 43

---

130 BAG 1.3.2007 – 2 AZR 217/06, DB 2007, 1702.
131 Vgl. *Gagel* Beitrag 10/2008, Diskussionsforum B, abrufbar unter www.reha-recht.de.
132 LAG Niedersachsen 23.10.2018 – 11 Sa 225/18, ArbR 2019, 101.
133 LAG Niedersachsen 23.10.2018 – 11 Sa 225/18, ArbR 2019, 101.
134 Ausführlich dazu: *Düwell*, Verfahrensänderungen im Schwerbehindertenrecht und deren Auswirkungen auf die betriebliche Praxis, NZA 2017, 1237 ff.
135 Zuletzt ohne jede Erläuterung: BAG 22.9. 2016 – 2 AZR 700/15, Rn. 18, Behindertenrecht 2017, 93.

rechtliche Komplikationen erheblich befrachtete Materie hineinzutragen.[136] Das ist auf scharfe Kritik gestoßen.[137] *Gagel* hält es für „Irritierend (...), dass in dem Urteil vom 29.11.2007 nicht dargelegt wird, ob im Verwaltungsverfahren ein Gutachten eingeholt wurde oder nicht, obwohl dies für die Bearbeitungsfrist, die der zuständigen Behörde einzuräumen ist, von großer Bedeutung ist.".[138] Gagel bezieht sich zu Recht auf den Gesetzeswortlaut: § 90 Abs. 2 a SGB IX aF verweist auf § 69 Abs. 1 Satz 2 SGB IX aF und dieser wiederum auf § 14 Abs. 2 Satz 2 und Satz 4 sowie Abs. 5 Satz 5 SGB IX aF § 14 Abs. 5 Satz 5 aF sieht für die Erstellung eines Gutachtens eine Frist von zwei Wochen vor; § 14 Abs. 2 Satz 4 aF sieht vor, dass die Entscheidung zwei Wochen nach Eingang des Gutachtens zu erfolgen hat, wenn ein solches eingeholt werden musste. Das hat nach Gagel zur Konsequenz: In den Fällen, in denen die Versorgungsverwaltung ein Gutachten eingeholt hat, muss der Antrag so frühzeitig gestellt gewesen sein, dass außerdem die Frist für die Erstellung des Gutachtens und die Bearbeitungszeit von zwei Wochen nach § 14 Abs. 2 Satz 4 aF im Zeitpunkt des Zugangs der Kündigung abgelaufen waren, dh drei Wochen plus zwei Wochen plus zwei Wochen (= sieben Wochen).[139] Unabhängig von der richtigen Dauer der Vorfrist gilt: War es bis Ende April 2004 möglich, nachdem der Betriebsrat bei Eingang des Schreibens zur Kündigungsanhörung nach § 102 BetrVG den Arbeitnehmer von der Kündigungsabsicht informiert hatte, noch in der Nacht vor Zugang der Kündigung „vorsorglich" den Antrag auf Feststellung der Schwerbehinderung in den Nachtbriefkasten des Versorgungsamtes einzuwerfen, um so die Verhandlungsposition zu verbessern, so ist seit dem 1.5.2004 dieses Verfahren nicht mehr Erfolg versprechend. Nach der Auslegung der 2. Alt. des Abs. 2 a aF durch das BAG ist der Arbeitnehmer **im Eigeninteresse** gehalten, so frühzeitig den Antrag zu stellen, dass regelmäßig beim Kündigungszugang schon von der zuständigen Feststellungsbehörde spätestens binnen drei Wochen geklärt werden kann, ob die für den Sonderschutz erforderliche Schwerbehinderung oder Gleichstellung objektiv vorliegt. Die durch Art. 1 BTHG mWv 1.1.2018 erfolgte Umnummerierung der schwerbehindertenrechtlichen Bestimmungen um 83 Paragrafennummern und die Neuordnung der Vorschriften zur Rehabilitation im Teil 1 des SGB IX haben an dieser Rechtslage nichts geändert. Im Rahmen der BTHG-Gesetzgebung ist nicht auf die Rechtsfragen eingegangen worden, die die Novelle von 2004 aufgeworfen und zu deren Beantwortung sich eine gefestigte Rspr. entwickelt hat. Der Gesetzgeber hat diese Rspr. sehenden Auges akzeptiert.

44 **Die beseitigte Regelungslücke:** Im Schrifttum ist verlangt worden, den Beginn des Sonderschutzes des schwerbehinderten Menschen mit dem objektiven Beginn der Schwerbehinderung zu verknüpfen.[140] Das hat das BAG abgelehnt. Das geltende Recht wurde insoweit jedoch als „lückenhaft" angesehen, weil eine Regelung für die Zeit vor Feststellung der Schwerbehinderung fehle. Daher wurde aus „Praktikabilitätsaspekten und aus Gründen der Rechtssicherheit"

---

136 BAG 1.3.2007 – 2 AZR 217/06, DB 2007, 1702; BAG 29.11.2007 – 2 AZR 613/06, NZA 2008, 361.
137 Vgl. *Etzel* in KR, 9. Aufl. 2009, SGB IX §§ 85–90 Rn. 53 l: nicht mit dem Wortlaut vereinbar; vgl. *Gallner* in KR, 11. Aufl. 2016, SGB IX §§ 85–90 Rn. 52: Übernahme der Konzeption des Zweiten Senats.
138 *Gagel* juris PraxisReport Arbeitsrecht Nr. 19/2008 Anm. 2.
139 So auch: *Schlewing* NZA 2005, 1218 (1221); *Griebeling* NZA 2005, 494 (498); *Düwell* BB 2004, 2811 (2813); *Grimm/Brock/Windeln* DB 2005, 282 (283); *Bauer/Powietzka* NZA RR 2004, 305 (307).
140 *Etzel* in KR, 9. Aufl. 2009, SGB IX Vor §§ 85–92 Rn. 23, die Konzeption verneinend *Gallner* in KR, 11. Aufl. 2016, SGB IX Vor §§ 85–92 Rn. 30 f.

gefolgert,[141] der Schwerbehinderte müsse zumindest einen Anerkennungsantrag beim Versorgungsamt gestellt haben.[142] Nur ausnahmsweise könne der Sonderkündigungsschutz bereits vor Antragstellung des Schwerbehinderten beim Versorgungsamt eingreifen. Diese Ausnahme hat es akzeptiert, falls der schwerbehinderte Arbeitnehmer den Arbeitgeber vor dem Ausspruch der Kündigung über seine körperlichen Beeinträchtigungen informiert und über die beabsichtigte Antragstellung in Kenntnis gesetzt habe. Nach der Einfügung des § 92 Abs. 2 a SGB IX aF ist das bedenklich. Nach der Zielsetzung des zum Gesetz gewordenen Entwurfes sollte der Kündigungsschutz mit Ausnahme des Falles der offenkundigen Schwerbehinderung[143] nicht auf einen Zeitpunkt vor Antragstellung ausgedehnt werden.[144] Soweit im Schrifttum darauf hingewiesen wird,[145] mit § 90 Abs. 2 a (aF) sei auch die vom BAG angenommene Lücke gestopft, ist das zutreffend. Auch wenn der Bundesrat mit seinem Verlangen, den Schutzbeginn mit dem spätestens beim Zugang der Kündigung zu führenden Nachweis der Schwerbehinderung, gescheitert ist, so kann daraus nicht der Schluss gezogen werden, das objektive Vorhandensein einer Schwerbehinderung bei Zugang der Kündigung sei maßgebend. Folgerichtig hat das BAG es ausdrücklich abgelehnt, dem später rückwirkend als schwerbehindert anerkannten Arbeitnehmer die Möglichkeit einzuräumen, durch Restitutionsklage die Unwirksamkeit der Kündigung geltend zu machen. Würde man diesem Vorschlag folgen, so wäre das Ziel des Gesetzgebers, den Arbeitnehmer zu einer frühzeitigen behördlichen Klärung anzuhalten, ob eine Schwerbehinderung vorliegt (→ Rn. 36 ff.), deutlich verfehlt. Es hätte sich im Ergebnis nichts an der alten, nach Meinung des Gesetzgebers zum Missbrauch einladenden Rechtslage geändert.[146]

Nichterfüllung der sozialrechtlichen Mitwirkungspflicht: Dass den Arbeitnehmer im Feststellungsverfahren nach § 152 Abs. 1 Satz 3 eine Mitwirkungspflicht als Antragsteller trifft, ist in § 173 Abs. 3 Alt. 2 ebenso wie in der Vorgängervorschrift § 90 Abs. 2 a Alt. 2 aF ausdrücklich klargestellt. Welche Mitwirkungspflichten für den Antragsteller von Sozialleistungen gelten, ist in § 60 Abs. 1 bis 3 SGB I geregelt. Nach der Gesetzesbegründung soll der Kündigungsschutz erhalten bleiben, „wenn das Versorgungsamt ohne ein Verschulden des Arbeitnehmers noch keine Feststellung treffen konnte".[147] Da der Arbeitgeber sich auf die in § 173 Abs. 3 SGB IX geregelte Ausnahme vom Kündigungsverbot des § 168 SGB IX beruft, muss er in dem vom Arbeitnehmer nach § 4

45

---

141 Dazu *von Maydell* SAE 1979, 36 (37).
142 In Bestätigung der ständigen Senatsrechtsprechung, zuletzt: BAG 7.3.2002 – 2 AZR 612/00, AP § 15 SchwbG 1986 Nr. 11; BAG 16.8.1991 – 2 AZR 241/90, AP § 15 SchwbG 1986 Nr. 2.
143 So ausdrücklich BT- Drucks 15/2357 S. 24: „(...) der vorherigen Zustimmung des Integrationsamtes bedarf, wenn zum Zeitpunkt der beabsichtigten Kündigung die Eigenschaft als schwerbehinderter Mensch nicht nachgewiesen ist, also entweder nicht offenkundig ist, (...) oder der Nachweis über die Eigenschaft als schwerbehinderter Mensch nicht durch einen Feststellungsbescheid nach § 69 Abs. 1 erbracht ist."
144 So ausdrücklich BT-Drs. 15/2357, 24: „(...) der vorherigen Zustimmung des Integrationsamtes bedarf, wenn zum Zeitpunkt der beabsichtigten Kündigung die Eigenschaft als schwerbehinderter Mensch nicht nachgewiesen ist, also entweder nicht offenkundig ist, (...) oder der Nachweis über die Eigenschaft als schwerbehinderter Mensch nicht durch einen Feststellungsbescheid nach § 69 Abs. 1 erbracht ist."
145 *Kohte* Anm. zu LAG Hamm 16.10.2003 – 8 Sa 471/03, juris PR-ArbR 2004, 33 Nr. 6.
146 BAG 1.3.2007 – 2 AZR 217/06, DB 2007, 1702.
147 BT-Drs. 15/2357, 24.

KSchG anhängig gemachten arbeitsgerichtlichen Urteilsverfahren darlegen und gegebenenfalls beweisen, dass bei Zugang der Kündigung das beim Versorgungsamt laufende Feststellungsverfahren deshalb noch nicht beendet war, weil der Arbeitnehmer seine Mitwirkungspflicht schuldhaft verletzt hat.[148] So hat auch unter Anwendung einer gestuften Darlegungslast die Rspr. erkannt.[149] Danach hat sich der Arbeitnehmer nach § 138 Abs. 2 ZPO substantiiert zur Erfüllung seiner Mitwirkungspflichten erklären, wenn der Arbeitgeber bei feststehender Fristüberschreitung pauschal die Verletzung von Mitwirkungspflichten behauptet.[150] Die Anwendung der Grundsätze der gestuften Darlegungs- und Beweislast ist hier geboten; denn dem Arbeitgeber, der nicht am Feststellungsverfahren beteiligt ist, ist es nicht möglich, ohne vom Versorgungsamt Auskünfte zu erhalten, Tatsachen vorzutragen. Eine Auskunftspflicht des Versorgungsamtes besteht jedoch nicht.[151] Welcher Verschuldensmaßstab gilt, ist noch ungeklärt. In der einzigen bisher veröffentlichten Entscheidung ist das Gericht von einfacher Fahrlässigkeit ausgegangen, ohne das näher zu begründen.[152]

46 **Beibehaltung der alten Rechtslage bei offenkundiger Schwerbehinderung:** Die behördliche Feststellung der Schwerbehinderteneigenschaft und ihres Grades ist nach der Rspr. des Bundesarbeitsgerichts entbehrlich bei Offenkundigkeit, wie zB Blindheit, Kleinwuchs oder Verlust von Gliedmaßen.[153] **Offenkundig** muss dabei nicht nur das Vorliegen einer oder mehrerer Behinderungen sein, sondern auch, dass der **Grad der Behinderung** auf wenigstens 50 im Feststellungsverfahren nach der GdB-Tabelle in den ärztlichen Anhaltspunkten festgesetzt würde. Diese Rspr. hat das Gesetz vom 23.4.2004 in seinen Regelungsplan aufgenommen.[154] In der Begründung des Gesetzesentwurfs wird nämlich als Voraussetzung für die Ausnahme von der Anwendung des Sonderschutzes angegeben, es dürfe im Fall des fehlenden Nachweises eine Schwerbehinderung auch „nicht offenkundig" sein. Aus der doppelten Verneinung ergibt sich, dass es bei Offenkundigkeit keines Nachweises der Schwerbehinderung bei Zugang der Kündigung bedarf, wie er an sich in Abs. 3 Alt. 2 gefordert wird.

X. Ausnahmen für laufende Gleichstellungsverfahren

47 **Der Streit um die Ausweitung der Ausnahme auf Gleichstellungsverfahren:** Die Reichweite der in Abs. 3 geregelten Ausnahme vom Sonderschutz ist umstritten. Sie gilt nach ihrem Wortlaut nur für Anträge auf Feststellung der „Eigenschaft als schwerbehinderter Mensch", die unter Nichteinhaltung von Mitwirkungspflichten oder „der Frist nach § 152 Abs. 1 Satz 3" beim „Versorgungsamt" gestellt werden. Die Anwendung dieser Ausnahmeregelung auf das Gleichstellungsverfahren ist nach einer am Wortlaut der Norm orientierten

---

148 *Cramer* NZA 2004, 698 (704).
149 LAG Düsseldorf 22.3.5 – 6 Sa 1938/04, Behindertenrecht 2005, 198; offengelassen: LAG Niedersachsen 23.10.2018 – 11 Sa 225/18, ArbR 2019, 101.
150 LAG Düsseldorf 22.3.5 – 6 Sa 1938/04, Behindertenrecht 2005, 198; offengelassen: LAG Nds 23.10.2018 – 11 Sa 225/18, ArbR 2019, 101.
151 *Cramer* NZA 2004, 698 (704); aA *Gallner* in KR, 11. Aufl. 2016, SGB IX § 85–90 Rn. 58.
152 ArbG Freiburg (Breisgau) 31.3.2006 – 16 Ca 19/06; kritische Anmerkung *Kohte* jurisPR-ArbR 8/2007 Anm. 1.
153 BAG 28.6.1995 – 7 AZR 555/94, AP § 59 BAT Nr. 6.
154 BT-Drs. 15/2357, 24.

Auslegung nicht möglich.[155] Die Anwendung der in § 151 Abs. 3 getroffenen rechtlichen Gleichstellungsregelung von schwerbehinderten und gleichgestellten behinderten Menschen scheidet aus; denn hier wird eine Sonderregelung für das Feststellungsverfahren getroffen, die nicht auf das nach § 151 Abs. 2 bei einer anderen Behörde mit völlig anderem Prüfungsprogramm durchzuführende Gleichstellungsverfahren übertragbar ist. Die Gegenansicht[156] hat die wortgleiche Vorgängervorschrift § 90 Abs. 2 a, die bis zum 31.12.2017 galt, jedoch „aus Gerechtigkeitsgründen" auch auf das Gleichstellungsverfahren für anwendbar gehalten, weil eine Besserstellung der weniger schutzbedürftigen Gruppe der Gleichgestellten sachlich nicht zu rechtfertigen wäre. Die in der Bundesarbeitsgemeinschaft BIH zusammengeschlossenen Integrationsämter folgten dieser kreativen Auslegung, weil eine derartige Gleichschaltung für die Arbeit der Integrationsämter eine Vereinfachung bedeutet. Das ist mit dem Wortlaut schwer vereinbar. Für noch nicht abgeschlossene Antragsverfahren nimmt das Gesetz ausdrücklich nur auf den Ablauf des Verfahrens vor dem „Versorgungsamt" Bezug. Das nach § 151 Abs. 2 Satz 1 SGB IX bei der Arbeitsagentur laufende Gleichstellungsverfahren wird nicht erwähnt. Das Schweigen des Gesetzes ist beredt. Es zeigt, dass differenziert werden soll. Entgegen dem Schrifttum besteht keine Gerechtigkeitslücke, die durch analoge Anwendung zu füllen wäre. Feststellungs- und Gleichstellungsverfahren unterscheiden sich vor allem im Hinblick auf die Stellung des Arbeitgebers. Der Arbeitgeber wird im Gleichstellungsverfahren nach Antragseingang unterrichtet und weiß daher beim Ausspruch der Kündigung, ob ein Antrag gestellt ist. Er kann gegenüber der Arbeitsagentur auch auf die Dauer sowie auf Ergebnis des Verfahrens Einfluss nehmen, indem er schnell und substantiiert über den Arbeitsplatz des Antragstellers informiert. Die Gegenansicht hat sich durchgesetzt. Die hM geht über die hier geäußerten Bedenken hinweg.[157]

Ausweitende Auslegung der Ausnahme auf Gleichstellungsanträge: Entgegen dem Wortlaut des § 90 Abs. 2 a SGB IX aF, der bis zum 31.12.2017 galt und gemäß Art. 1 BTHG mWv 11.1.2018 unverändert nach § 173 Abs. 3 SGB IX übernommen worden ist, hat der Zweite Senat des BAG die Ausnahmevorschrift auch auf das Gleichstellungsverfahren ausgeweitet.[158] Er sah in der Generalverweisung des § 68 Abs. 3 IX aF (mWv 1.1.2018 inhaltsgleich nach § 151 Abs. 3 SGB IX verschoben) ein Anwendungsgebot, das „klar und unmissver- 48

---

155 *Düwell* BB 2004, 2811 (2813); vertiefend *Düwell* Jahrbuch Arbeitsrecht 2005, 91 (102); *Vossen* in Stahlhacke/Preis/Vossen, Kündigung und Kündigungsschutz im Arbeitsverhältnis, Handbuch, 9. Aufl. 2005, Rn. 1472 d; *Bauer/Powietzka* NZA-RR 2004, 505 (507); *Gaul/Süßbrich* ArbRB 2005, 212 (214); *Schlewing* NZA 2005, 1218 (1224); *Seel* MDR 2007, 501.
156 *Griebeling* NZA 2005, 494 (496); *Griebeling* in Hauck/Noftz, Dezember 2006, SGB IX § 90 Rn. 20; *Kossens* in Kossens/von der Heide/Maaß, 2. Aufl. 2006, SGB IX § 90 Rn. 18; *Grimm/Brock/Windeln* DB 2005, 282 (284); *Westers* Behindertenrecht 2004, 93 (96); *Rolfs/Barg*, Kein Sonderkündigungsschutz bei fehlendem Nachweis der Schwerbehinderung – der neue § 90 Abs. 2 a SGB IX, BB 2005, 1678 (1680 f.); *Staffhorst* AuA 1/2005, 35 (38); *Bernhardt/Barthel* AuA 8/2004, 20 (23); LAG BW 14.6.2006 – 10 Sa 43/06 und 8.3.2006 – 17 Sa 82/05.
157 *Rolfs* in ErfK SGB IX § 173 Rn. 6; *Osnabrügge* in HaKo-KSchR SGB IX § 178 Rn. 14; *Neumann* in Neumann/Pahlen/Greiner/Winkler/Jabben SGB IX § 173 Rn. 23; *Schmidt* Schwb-ArbR Rn. 546.
158 BAG 1.3.2007 – 2 AZR 217/06, DB 2007, 1702; BAG 29.11.2007 – 2 AZR 613/06, APSGB IX § 90 Nr. 5 zu § 90; BAG 9.6.2011 – 2 AZR 703/09, AP SGB IX § 85 Nr. 11; 26.9.2013 – 8 AZR 650/12, AP AGG § 15 Nr. 14; BAG 23.7.2015 – 6 AZR 457/14, AP AGG § 7 Nr. 7; aA ArbG Pforzheim 23.2.2005 – 5 Ca 348/04.

ständlich" sei. Ebenso wie die Kündigung eines Gleichgestellten anerkanntermaßen der Zustimmung des Integrationsamts bedürfe, obwohl auch das schwerbehindertenrechtliche Kündigungsverbot sich seinem Wortlaut nach nicht auf Gleichgestellte beziehe, müsse die Ausnahmevorschrift auch für Gleichgestellte gelten. Von daher liege keine planwidrige Regelungslücke vor, so dass es keiner Analogie bedürfe. Unerheblich sei, dass der Wortlaut der Alt. 2 der Ausnahmevorschrift auf das beschleunigte Verfahren für die Feststellung der Eigenschaft als schwerbehinderter Mensch verweist (damals § 69 Abs. 1 Satz 2) und für das Gleichstellungsverfahren vor der Bundesagentur für Arbeit nicht gilt. Dennoch soll nach dieser Rspr. der Fristenverweis auf das Feststellungsverfahren mittelbar auch im Gleichstellungsverfahren Anwendung finden. In diese Richtung weise auch die Entstehungsgeschichte der mit der Novelle von 2004 eingefügten Ausnahmevorschrift hin. Der Bundesrat habe zunächst entsprechend der Anregung der BIH angestrebt, den Sonderkündigungsschutz in den Fällen entfallen zu lassen, in denen der behinderte Mensch dem Arbeitgeber vor der Kündigung den Ausweis über die Eigenschaft als schwerbehinderter Mensch (§ 69 Abs. 5 SGB IX aF) oder den Gleichstellungsbescheid (§ 68 Abs. 2 SGB IX aF) nicht vorgelegt hat.[159] Da der Gesetzgeber Missbrauch nicht lediglich beim Sonderkündigungsschutz für schwerbehinderte Menschen, sondern auch bei der Anerkennung als einem schwerbehinderten Menschen Gleichgestellten erkannt hatte, verlange der Sinn und Zweck der Vorschrift ihre Anwendung auch auf Gleichgestellte. Die den Schutz der gleichgestellten Behinderten einschränkende Rspr. des BAG ist vom Schrifttum ohne nähere Begründung übernommen worden.[160] Die Instanzrechtsprechung hat sich dieser Sicht angeschlossen. Danach enthält die 2. Alternative eine Rückausnahme für den Fall der rechtzeitigen Antragstellung, der auch den Gleichstellungsantrag erfasse.[161] Es ist daran festzuhalten, dass nach dem Wortlaut und der Besonderheit des Gleichstellungsverfahrens kein Anlass für die von der Rspr. vorgenommene Extension besteht.[162] Die Mehrheitsmeinungsbildung führt jedoch in die andere Richtung.[163] Die Gesetzgebung hätte 2016 bei der Überführung des Schwerbehindertenrechts vom Teil 2 nach Teil 3 des SGB IX durch das BTHG für Klärung sorgen können. Dazu hätte es nur einer Anpassung der Verweisungen bedurft. Das den Gesetzentwurf ausarbeitende BMAS und der in zahlreichen Fällen mit korrigierenden Änderungsempfehlungen eingreifende Ausschuss für Arbeit und Soziales haben jedoch davon abgesehen. Wie das zu deuten ist, ist unklar. Es kann so verstanden werden, dass der unveränderte Wortlaut aussagekräftig genug sei. Es ist jedoch auch möglich hineinzuinterpretieren, diese Rechtsfrage sei angesichts der Fülle der mit dem Jahrhundertgesetz BTHG verbundenen Probleme zu unbedeutend, als dass der Gesetzgeber hier tätig werden müsse. Die Rspr. habe doch anstelle der Gesetzgebung „gesprochen". Das genüge. Die letztere Auffassung mag zwar nicht der verfassungstheoretischen Aufteilung der Zuständigkeiten zwischen Gesetzgebung und Rspr. ent-

---

159 BR-Drs. 746/2/03, 23; BT-Drs. 15/2357, 24.
160 Vgl. *Trenk-Hinterberger* in HK-SGB IX, 3. Aufl. 2010, § 90 Rn. 31; *Rolfs* in ErfK, 10. Aufl. 2010, SGB IX § 90 Rn. 6.
161 LAG Nds 23.10.2018 – 11 Sa 225/18, nachgehend BAG 28.3.2019 – 2 AZR 513/18, sonstige Erledigung durch Vergleich.
162 So auch *Schlewing* NZA 2005, 1218; *Bauer/Powietzka* NZA-RR 2004, 505.
163 SächsLAG 17.5.2011 – 5 Sa 493/10 mit Anm. von *Beyer* jurisPR-ArbR 46/2011 Anm. 3; LSG BW 5.11.2013 – L 8 AL 3774/13 B; VGH BW 11.5.2018 – 12 S 2721/17; ebenso *Kreitner* in jurisPK-SGB IX § 173 Rn. 32.

sprechen, ist jedoch bei Ministerialen und Abgeordneten vorherrschend.[164] Dieser „reale" Gesichtspunkt muss auch bei der Auslegung berücksichtigt werden.

XI. Rückwirkung von Rechtsbehelfen und Rechtsmitteln

Streit um die Beschränkung des Sonderschutzes auf Erstverfahren: Wird zunächst der Antrag des Arbeitnehmers auf Feststellung einer Schwerbehinderung abgelehnt und erst im Widerspruchs- oder sozialgerichtlichen Rechtsmittelverfahren zugunsten des Antragstellers ein GdB von wenigstens 50 festgesetzt, so sollte nach der Einfügung des § 90 Abs. 2 a SGB IX aF im Jahre 2004 der besondere Kündigungsschutz wegen der Regelung in Abs. 2 a keine Anwendung finden.[165] Das wurde damit begründet, die Eigenschaft als schwerbehinderter Mensch könne bis zur Abänderung des ablehnenden Bescheids zum einen nicht nachgewiesen werden, zum anderen sei Abs. 2 a Alt 2 nicht einschlägig, weil bereits eine negative Feststellung durch das Versorgungsamt getroffen worden sei. Der Wortlaut des Abs. 2 a Alt. 2 beziehe sich nur auf die positive Entscheidung im Verfahren beim Versorgungsamt bis zu dessen Abschluss. In allen anderen Fällen, also auch bei Widerspruch und Klage gegen Erstentscheidungen des Versorgungsamtes komme der Grundsatz des Abs. 2 a Alt. 1 zur Anwendung: Kein Kündigungsschutz mangels Nachweises der Schwerbehinderteneigenschaft. Diese Auffassung war auf Seiten der Integrationsämter[166] vermutlich vor allem der Arbeitsökonomie geschuldet. Sie verkennt zudem die grundsätzlich deklaratorische Natur des Feststellungsbescheids. Inzwischen darf die Ansicht als überholt gelten.[167] Das ist auch zutreffend. Die Gesetzesänderung hat nämlich nur zwei Gruppen von Antragstellern in den Kreis der vom Schutz Ausgeschlossenen einbezogen:

1. die missbräuchlich „späten" Antragsteller und
2. diejenigen, die im Erstfeststellungsverfahren vor dem Versorgungsamt zunächst ihrer Mitwirkungspflicht nicht nachkommen sind, dann aber nach Zugang der Kündigung den ablehnenden Bescheid angreifen und erst nach Erfüllung ihrer Mitwirkungspflicht die Feststellung erreichen.[168] Allerdings ist die zweite Gruppe nur äußerst selten für den Arbeitgeber erkennbar; denn weder wird er am Feststellungsverfahren vor dem Versorgungsamt beteiligt noch erhält er dort Akteneinsicht.

Rückwirkung des Rechtsbehelfs- oder des Rechtsmittelverfahrens: Die obergerichtliche Rspr. geht von der Rückwirkung des erfolgreichen Rechtsbehelfs oder der erfolgreichen verwaltungsgerichtlichen Klage auf Feststellung der Schwerbehinderung oder auf Gleichstellung aus.[169] Das ist auch wegen der grundgesetzlich garantierten Effektivität des Rechtsschutzes und wegen des Gleichheitssatzes geboten.[170] Danach ist es grundsätzlich ausgeschlossen, im Rechtsmittelverfahren erzielte rückwirkende Änderungen behördlicher Entscheidungen für unbeachtlich zu erklären. Allerdings folgt nicht jedes Gericht dieser Linie. So

---

164 Empirisch gewonnene Erkenntnis des Autors aus zahlreichen parlamentarischen Anhörungen des Autors als Sachverständiger des Deutschen Bundestags.
165 *Kuhlmann* Behindertenrecht 2005, 181; ebenso: *Grimm/Brock/Windeln* DB 2005, 282 (284); *Schlewing* NZA 2005, 1218 (1221).
166 Vgl. *Kuhlmann* Behindertenrecht 2005, 181.
167 Vgl. VG Oldenburg 16.2.2007 – 13 A 2793/05, Rn. 27 ff.; VG Arnsberg 20.11.2007 – 11 K 3670/06, Rn. 25 f.
168 *Düwell*, Jahrbuch des Arbeitsrechts, Bd. 43, S. 101 f.
169 LAG Köln 16.6.2006 – 12 Sa 168/06, NZA-RR 2007, 133.
170 *Gagel* jurisPR-ArbR 1/2007 Anm. 3; *Gagel* jurisPR-ArbR 35/2007 Anm. 6.

vertritt das ArbG Essen[171] die Ansicht, die Zustimmung des Integrationsamts zur Kündigung sei dann nicht erforderlich, wenn das Versorgungsamt im Zeitpunkt des Zugangs der Kündigung lediglich einen Grad der Behinderung von weniger als 50 festgestellt hatte und die Anerkennung als schwerbehinderter Mensch mit einem Grad der Behinderung von mindestens 50 erst im Widerspruchsverfahren oder auf eine sich anschließende Klage hin rückwirkend auf den Zeitpunkt des Zugangs der Kündigung erfolgt. Das entspricht auch der Auffassung des OVG RhPf.[172] Diese Auffassung, nach der durch § 90 Abs. 2 a Alt. 2 SGB IX aF der Sonderkündigungsschutz auch dann ausscheidet, wenn dem Feststellungs- oder Gleichstellungsantrag erst nach Einlegung eines Rechtsbehelfs gegen die ablehnende Entscheidung der zuständigen Agentur für Arbeit entsprochen wird, läuft darauf hinaus, die Wertung des § 90 Abs. 2 a Alt. 1 SGB IX aF auch auf die 2. Alternative der Regelung zu übertragen, so dass die Feststellung oder Gleichstellung bei einer verspäteten ablehnenden behördlichen oder gerichtlichen Entscheidung als nicht nachgewiesen gilt. Diese scheinbar nahe liegende systematische Angleichung der beiden Tatbestandsalternativen überzeugt nicht. § 90 Abs. 2 a SGB IX aF hat zwei voneinander unabhängige Alternativen. Diese treffen im Verhältnis zueinander scheinbar widersprüchliche Aussagen, so dass die Regelung sprachlich missglückt ist. Während die 1. Alternative den Sonderkündigungsschutz ausschließt, soweit zum Zeitpunkt der Kündigung noch kein positiver Feststellungs- oder Gleichstellungsbescheid vorliegt, lässt die 2. Alternative gerade in diesem Fall Kündigungsschutz zu, soweit den Antragssteller keine Schuld daran trifft, dass noch kein Bescheid vorliegt. Die beiden Teilregelungen müssen daher sinnvoll aufeinander abgestimmt werden.[173]

Es würde dem Rechtsstaatprinzip widersprechen, wenn ein Antragsteller erst in der Rechtsmittelinstanz mit seinem Anerkennungsantrag obsiegt und ihm dann vorgehalten würde, schutzbedürftig sei nur derjenige, der bereits im Verwaltungsverfahren vor dem Versorgungsamt die Feststellung der Eigenschaft als schwerbehinderter Mensch durchsetze. Im Übrigen entspricht es auch nicht der gesetzgeberischen Intention, die in § 173 Abs. 3 Alt. 2 zum Ausdruck kommt, dem Arbeitnehmer das Risiko einer möglicherweise falschen Entscheidung des Versorgungsamtes aufzubürden.[174] Die verwaltungsgerichtliche Rspr. hat sich daher der hier ab der 4. Auflage dargelegten Argumentation angeschlossen.[175] Dem ist der Zweite Senat des BAG für das Kündigungsrecht unter ausdrücklicher Ablehnung der Gegenmeinung gefolgt,[176]

Zusammenfassung: Im Extremfall kann die Wirksamkeit einer Arbeitgeberkündigung daran scheitern, dass erst im Revisionsverfahren vor dem BSG das Vorliegen der Eigenschaft als schwerbehinderter Mensch festgestellt wird (GdB des Gekündigten wenigstens 50). Voraussetzungen dafür sind:
1. Der Antrag auf Feststellung der Schwerbehinderung ist rechtzeitig mindestens drei Wochen vor Zugang der Kündigung gestellt worden und

---

171 15.5.2007 – 2 Ca 4309/06, EzA-SD 2007, Nr. 16, 12; aA *Gabel* jurisPR-ArbR 35/2007 Anm. 6.
172 7.3.2006 – 7 A 11298/05, NZA 2006, 1108; kritisch dazu: *Gabke* jurisPR-SozR 20/2007 Anm. 4; *Gagel* jurisPR-ArbR 35/2007 Anm. 6.
173 Zutreffend: VG Oldenburg 16.2.2007 – 13 A 2793/05.
174 So zu der bis 31.12.2017 geltenden Vorgängerfassung in § 90 Abs. 2 a Alt. 2 SGB IX aF: VG Augsburg 10.1.2012 – Au 3 K 11.1635, Rn. 19.
175 So zu der bis 31.12.2017 geltenden Vorgängerfassung in § 90 Abs. 2 a Alt. 2 SGB IX aF: VG Augsburg 10.1.2012 – Au 3 K 11.1635, Rn. 18.
176 BAG 6.9.2007 – 2 AZR 324/06, Rn. 21 f, BAGE 124, 43 = Behindertenrecht 2008, 109.

2. der Betroffene hat innerhalb von drei Wochen nach Zugang der Kündigung den Arbeitgeber darauf hingewiesen, die Kündigung sei wegen seiner Schwerbehinderung unwirksam, weil die vorherige Zustimmung nach § 168 SGB IX fehle, und
3. der Arbeitgeber hat weder eine bestandskräftige Entscheidung des Integrationsamts in Form einer vorsorglichen Zustimmung zur Kündigung noch ein Negativattest bewirkt und
4. der Arbeitnehmer hat das Arbeitsgericht nach Maßgabe des § 4 KSchG unter Geltendmachung des Unwirksamkeitsgrundes aus § 168 SGB IX angerufen.

Auswirkung eines Versäumnisses im Rahmen der Kündigungsschutzklage im System der Fachgerichtsbarkeiten: Es ist jedem Prozessbevollmächtigten, der einen Arbeitnehmer vertritt, zur Sorgfalt bei der zur Erhaltung des Schutzes nach § 4 KSchG zu erhebenden Feststellungsklage zu raten. Er muss sich beim Arbeitnehmer rechtzeitig erkundigen, ob ein Feststellungs- oder Gleichstellungsantrag gemäß § 173 Abs. 3 SGB IX läuft, und den Unwirksamkeitsgrund aus § 168 SGB IX vor Ablauf der Klagefrist geltend machen. Hat das Arbeitsgericht unanfechtbar die Wirksamkeit der Kündigung durch den Arbeitgeber festgestellt, ohne dass der Unwirksamkeitsgrund aus § 168 SGB IX Gegenstand des Verfahrens war, besteht kein Rechtsschutzbedürfnis für eine Klage gegen die erfolgte Zustimmung des Integrationsamts zur Kündigung, wenn durch die Aufhebung der Zustimmung zur Kündigung die Grundlage für die frühere arbeitsgerichtliche Entscheidung über die Wirksamkeit der Kündigung nicht entfallen würde und daher auch die Möglichkeit der Restitutionsklage nach § 79 Satz 1 ArbGG iVm § 580 Nr. 6 ZPO nicht in Betracht käme.[177] Befindet sich das verwaltungsgerichtliche Verfahren im Rechtsmittelzug, so entfällt mit der Rechtskraft des arbeitsgerichtlichen Urteils das Rechtsschutzinteresse.[178]

51

§ 174 Außerordentliche Kündigung

(1) Die Vorschriften dieses Kapitels gelten mit Ausnahme von § 169 auch bei außerordentlicher Kündigung, soweit sich aus den folgenden Bestimmungen nichts Abweichendes ergibt.
(2) ¹Die Zustimmung zur Kündigung kann nur innerhalb von zwei Wochen beantragt werden; maßgebend ist der Eingang des Antrages bei dem Integrationsamt. ²Die Frist beginnt mit dem Zeitpunkt, in dem der Arbeitgeber von den für die Kündigung maßgebenden Tatsachen Kenntnis erlangt.
(3) ¹Das Integrationsamt trifft die Entscheidung innerhalb von zwei Wochen vom Tag des Eingangs des Antrages an. ²Wird innerhalb dieser Frist eine Entscheidung nicht getroffen, gilt die Zustimmung als erteilt.
(4) Das Integrationsamt soll die Zustimmung erteilen, wenn die Kündigung aus einem Grund erfolgt, der nicht im Zusammenhang mit der Behinderung steht.
(5) Die Kündigung kann auch nach Ablauf der Frist des § 626 Absatz 2 Satz 1 des Bürgerlichen Gesetzbuchs erfolgen, wenn sie unverzüglich nach Erteilung der Zustimmung erklärt wird.
(6) Schwerbehinderte Menschen, denen lediglich aus Anlass eines Streiks oder einer Aussperrung fristlos gekündigt worden ist, werden nach Beendigung des Streiks oder der Aussperrung wieder eingestellt.

---

177 VGH BW 11.5.2018 – 12 S 2721/17, Rn. 5.
178 VGH BW 11.5.2018 – 12 S 2721/17, Rn. 5.

I. Gesetzeshistorie	1	VII. Besonderheiten des Antrags auf Zustimmung zur außerordentlichen Kündigung	12
II. Überblick über Regelungsinhalt	3	VIII. Die Zustimmung zur außerordentlichen Kündigung	19
III. Reichweite des Verbots der außerordentlichen Kündigung	4	IX. Kündigungserklärungsfrist	28
IV. Außerordentliche fristlose Kündigung	8	X. Vorsorgliche ordentliche Kündigung	33
V. Außerordentliche Kündigung mit Auslauffrist	9	XI. Prozessrecht	35
VI. Entfristete ordentliche Kündigung	11	XII. Sonderregeln für Arbeitskämpfe	40

I. Gesetzeshistorie

1 **Fassung im SGB IX:** Die Vorschrift ist 2001 aus § 21 SchwbG 1986 nach § 91 SGB IX aF übernommen worden. Sie wurde lediglich wegen der Umbenennung der Hauptfürsorgestelle in Integrationsamt redaktionell angepasst. Art. 1 BTHG hat mWv 1.1.2018 den Standort der Vorschrift nach § 174 verschoben. Das ist eine Folge des Wechsels des Schwerbehindertenrechts vom Teil 2 zum Teil 3 des SGB IX.

2 **Rechtsentwicklung vor Inkrafttreten des SGB IX:** Das Schwerbeschädigtengesetz 1920[1] ließ die gesetzlichen Bestimmungen über die außerordentliche Kündigung noch unberührt (§ 12 Abs. 2 SchwBeschG). Dessen Neufassung durch das Schwerbeschädigtengesetz 1923[2] führte das Zustimmungserfordernis der Hauptfürsorgestelle ein, sofern die außerordentliche Kündigung wegen einer Krankheit ausgesprochen werden sollte, die Folge der Kriegsbeschädigung war (§ 13 Abs. 2 Satz 2 SchwBeschG). Das Schwerbeschädigtengesetz 1953 weitete die Zustimmungsbedürftigkeit auf die Fälle aus, in denen Kündigung und gesundheitliche Schädigung in einem unmittelbaren Zusammenhang standen (§ 19 Abs. 3 Satz 2 SchwBeschG). Mit der generellen Einführung der Zustimmungspflicht für jede Arbeitgeberkündigung durch das Schwerbehindertengesetz vom 29.4.1974 (SchwbG)[3] wurde auch die außerordentliche Kündigung zustimmungsbedürftig (§ 18 Abs. 1 SchwbG). Die Hauptfürsorgestelle sollte die Zustimmung erteilen, wenn die Kündigung aus einem Grund erfolgt, der nicht im Zusammenhang mit der Behinderung steht (§ 18 Abs. 4 SchwbG). Hinzu kam die Fristenregelung, nach der der Arbeitgeber die Zustimmung innerhalb von zwei Wochen nach Erlangung der Kündigungsgründe zu beantragen (§ 18 Abs. 2 SchwbG) und die Hauptfürsorgestelle innerhalb von zehn Tagen entscheiden (§ 18 Abs. 3 SchwbG) sowie danach der Arbeitgeber die Kündigung unverzüglich nach Erteilung der Zustimmung zu erklären hatte (§ 18 Abs. 6 SchwbG). Durch das Änderungsgesetz von 1986 wurde die Höchstdauer der Entscheidungsfrist der Hauptfürsorgestelle auf zwei Wochen verlängert und die Vorschrift neu durchnummeriert (§ 21 SchwbG).

II. Überblick über Regelungsinhalt

3 **Wesentlicher Inhalt:** Nach §§ 168, 174 Abs. 1 SGB IX bedarf die außerordentliche Kündigung eines schwerbehinderten Menschen durch den Arbeitgeber der **vorherigen Zustimmung** durch das Integrationsamt. § 174 SGB IX ist keine abschließende, sondern eine § 626 BGB ergänzende Sonderregelung. § 174 regelt

---

1 Vom 6.4.1920, RGBl. S. 458.
2 Vom 23.1.1923, RGBl. I 57.
3 BGBl. I 1005.

die Auswirkungen des Zustimmungsvorbehalts nach § 168 auf die für die Kündigung aus wichtigem Grund einzuhaltende Erklärungsfrist des § 626 Abs. 2 BGB. § 174 Abs. 2 trägt der Erklärungsfrist des § 626 Abs. 2 BGB Rechnung. Dem Arbeitgeber wird auferlegt, den Zustimmungsantrag binnen zwei Wochen nach Kenntniserlangung von dem maßgeblichen Kündigungsgrund beim Integrationsamt zu stellen. Das Integrationsamt ist nach Abs. 3 Satz 1 gehalten, innerhalb von zwei Wochen zu entscheiden, ansonsten wird nach Abs. 3 Satz 2 seine Zustimmung fingiert. Entsprechend der knappen Zeit ist auch das Überprüfungsermessen darauf reduziert, ob ein Zusammenhang zwischen Kündigungsgrund und Behinderung besteht. Trotz aller Bemühungen, das Verwaltungsverfahren zu beschleunigen, wird die zweiwöchige Erklärungsfrist des § 626 Abs. 2 BGB regelmäßig nicht einzuhalten sein. Deshalb wird sie in § 174 Abs. 5 verlängert. Es genügt, dass der Arbeitgeber innerhalb von zwei Wochen nach Kenntnis vom Kündigungssachverhalt den Antrag auf Zustimmung beim Integrationsamt entsprechend § 170 stellt (→ § 170 Rn. 7 ff.) und nach dessen Zustimmung die Kündigung gegenüber dem schwerbehinderten Beschäftigten **unverzüglich** erklärt (→ Rn. 28).

III. Reichweite des Verbots der außerordentlichen Kündigung

Geltungsbereich des Kündigungsverbots: Aufgrund der Verweisung in § 174 Abs. 1 ist derselbe persönliche, räumliche und betriebliche Geltungsbereich für die außerordentliche Kündigung wie für die ordentliche Kündigung zugrunde zu legen. Das heißt: Es findet der besondere Kündigungsschutz durch das Kündigungsverbot nach § 168 Anwendung, soweit keine **Ausnahme** nach § 173 eingreift. Wegen der regelmäßigen Fristlosigkeit der außerordentlichen Kündigung nach § 626 Abs. 1 BGB findet die Mindestkündigungsfrist des § 169 nur im Sonderfall der außerordentlichen Kündigung mit sozialer Auslauffrist Anwendung.[4]

Kündigungszugang in der Wartezeit: Der Arbeitgeber benötigt die Zustimmung des Integrationsamts schon dann, wenn zum Zeitpunkt des Zugangs der außerordentlichen Kündigungserklärung beim schwerbehinderten Arbeitnehmer das Arbeitsverhältnis **länger als sechs Monate** besteht. Das ergibt sich aus dem Umkehrschluss zu § 173 Abs. 1 Nr. 1 SGB IX. Zur Fristberechnung → § 173 Rn. 17. Dem Arbeitgeber ist daher zu raten, einen ausreichenden Zeitraum für die Bewirkung des Zugangs stets mit einzukalkulieren. Ansonsten kann infolge von Zugangsverzögerungen, soweit sie nicht auf beweisbaren mutwilligen Zugangsvereitelungen beruhen, die bei Ausspruch noch wirksame außerordentliche Kündigungserklärung zum Zeitpunkt des Zugangs beim Arbeitnehmer unwirksam werden.

Kündigung vor Feststellung der Schwerbehinderung oder Gleichstellung: Wenn der Arbeitnehmer bei Zugang der Kündigungserklärung schwerbehindert oder gleichgestellt ist, greift das Verbot der Arbeitgeberkündigung aus § 168 SGB IX ein. Eine behördliche Feststellung der Schwerbehinderteneigenschaft und ihres Grades ist nach der Rspr. bei Offenkundigkeit der Behinderung, wie zB Blindheit, Kleinwuchs oder Verlust von Gliedmaßen keine Voraussetzung.[5] Ansonsten bedarf es einer behördlichen Feststellung nach § 152 Abs. 1 SGB IX, einer Feststellung im Rentenbescheid nach § 152 Abs. 2 SGB IX und für Behinderte mit einem GdB von 30 oder 40 nach § 151 Abs. 3 SGB IX eines Gleichstel-

---

4 AA *Neumann* in Neumann/Pahlen/Greiner/Winkler/Jabben SGB IX § 174 Rn. 4, nach dem die Frist auch weniger als vier Wochen betragen kann.
5 BAG 28.6.1995 – 7 AZR 555/94, AP § 59 BAT Nr. 6.

lungsbescheids durch die Arbeitsagentur. Das ergibt sich aus § 173 Abs. 3 Alt. 1 SGB IX. Hat der Arbeitnehmer vor Zugang des Feststellungs- oder des Gleichstellungsbescheids die Kündigung erhalten, so kann sich die nachträgliche **rückwirkende Feststellung der Schwerbehinderung** oder die der **rückwirkenden Gleichstellung** nach § 173 Abs. 3 Alt. 2 SGB IX zu seinen Gunsten auswirken. Der Arbeitnehmer wird dann durch das Kündigungsverbot des § 163 SGB IX geschützt, wenn er durch einen frühzeitig vor Zugang der Kündigung bei der Feststellungsbehörde oder der Arbeitsagentur gestellten Antrag rückwirkend zum Tag der Antragstellung in den besonderen Kündigungsschutz hineinwächst (Einzelheiten: → § 173 Rn. 37 ff.). Das ist dann der Fall, wenn:
1. der Arbeitnehmer den Antrag so rechtzeitig im Sinne einer Vorfrist gestellt hat, dass die zuständige Behörde (das Gesetz nennt nur das „Versorgungsamt") innerhalb der in § 152 Abs. 1 Satz 3 in Bezug genommenen Höchstbearbeitungsfristen hätte entscheiden können, sie aber tatsächlich erst später entschieden hat, und
2. den Arbeitnehmer als Antragsteller kein Verschulden an der Verzögerung trifft, weil er seine sozialrechtlichen Mitwirkungspflichten voll erfüllt hat.

Der Zweite Senat des BAG geht davon aus, dass für die Verschaffung des Sonderschutzes nach § 173 Abs. 3 Alt. 2 in laufenden Antragsverfahren beim Versorgungsamt und bei der Arbeitsagentur die Einhaltung einer **dreiwöchigen Vorfrist** ausreichend sei.[6]

7 **Unkenntnis des Arbeitgebers von Schwerbehinderung oder Gleichstellung:** Der besondere Schutz durch das Kündigungsverbot unter Erlaubnisvorbehalt besteht unabhängig davon, ob der Arbeitgeber die Schwerbehinderung oder die Gleichstellung kennt oder von einem laufenden Antragsverfahren weiß, für das früh genug nach § 173 Abs. 3 Alt. 2 ein Antrag auf Feststellung der Eigenschaft schwerbehinderter Mensch oder auf Gleichstellung gestellt wurde (→ § 173 Rn. 38).[7] § 168 iVm § 2 stellt auf die objektive Rechtslage bei Zugang der Kündigung ab. Dabei wird jedoch nur nach Maßgabe der 2. Alt. in § 173 Abs. 3 die Rückwirkung eines rechtzeitig gestellten Antrags auf Feststellung der Schwerbehinderung oder auf Gleichstellung berücksichtigt (→ Rn. 6).

Der objektiv durch den Zustimmungsvorbehalt in § 168 geschützte Arbeitnehmer kann seinen Schutz verwirken. Den Einwand der Verwirkung muss sich der Arbeitnehmer entgegenhalten lassen, der den Arbeitgeber in Unkenntnis lässt, dass er durch § 168 vor Kündigungen geschützt ist. Der Arbeitnehmer muss, wenn er sich in dieser Situation den Sonderkündigungsschutz, erhalten will, **innerhalb einer angemessenen Frist** seine bereits festgestellte oder zur Feststellung beantragte Schwerbehinderteneigenschaft oder die bereits erfolgte oder zumindest beantragte Gleichstellung **offenbaren**. Unterlässt der Arbeitnehmer diese **Geltendmachung** hat er den besonderen Kündigungsschutz verwirkt.[8] Nach der älteren höchstrichterlichen Rspr. konnte der schwerbehinderte Arbeitnehmer eine an der verwaltungsrechtlichen Widerspruchsfrist orientierte **Regelfrist von einem Monat** in Anspruch nehmen.[9] Analog zur Neufassung des § 4 KSchG durch das Arbeitsmarktreformgesetz hat der Zweite Senat die **Regelfrist auf**

---

6 BAG 1.3.2007 – 2 AZR 217/06, DB 2007, 1702.
7 Vgl. BAG 22.9. 2016 – 2 AZR 700/15, Rn. 20, Behindertenrecht 2017, 93; BAG 23.2.2010 – 2 AZR 659/08, Rn. 16, BAGE 133, 249; BAG 12.1.2006 – 2 AZR 539/05, Rn. 15, Behindertenrecht 2007, 32.
8 BAG 12.1.2006 – 2 AZR 539/05, AP § 85 SGB IX Nr. 3.
9 BAG 22.1.1987 – 2 ABR 6/86, AP BetrVG 1972 § 103 Nr. 24.

drei Wochen verkürzt.[10] Das ist in der Sache zu begrüßen; denn es hat so eine Harmonisierung mit der Klagefrist in § 4 KSchG stattgefunden (→ § 168 Rn. 54). Zwar erhob das LAG Hamm gegen die erneute Rechtsfortbildung methodische Bedenken.[11] Nachdem sich die gegen die Hammer Entscheidung eingelegte Revision auf andere Art erledigt, brauchte sich jedoch der Zweite Senat mit diesen Bedenken nicht auseinanderzusetzen.
Zu beachten ist, dass nach der Rspr. des BAG keine starre Ausschlussfrist sondern eine flexible Regelfrist gelten soll.[12] Dazu hat der Zweite Senat in seiner jüngeren Rspr. die Dreiwochenfrist des § 4 Satz 1 KSchG nur noch als Ausgangspunkt für die Berechnung der Regelfrist angesehen. Hinzuzurechnen sei noch die Zeitspanne, innerhalb derer die Mitteilung über den bestehenden Sonderkündigungsschutz dem Arbeitgeber zugeht.[13] Eine Überschreitung führt zudem nicht zwingend zur Verwirkung.[14] Es kommt auf die Umstände an.[15] Umstände, die dagegen sprechen, dass der Arbeitgeber darauf vertrauen kann, dass sich der Arbeitnehmer auf den Schwerbehindertenschutz beruft, lassen eine Überschreitung der Regelfrist als hinnehmbar erscheinen.[16] Das ist zB der Fall, wenn der Arbeitgeber bereits vom Betriebsrat auf eine Antragstellung hingewiesen wurde. Gleiches hat zu gelten, wenn der Arbeitgeber von der Arbeitsagentur im **Gleichstellungsverfahren** zu dem Antrag des Arbeitnehmers auf Gleichstellung (→ § 151 Rn. 8) befragt wird.[17] Da der antragstellende Arbeitnehmer zu der Befragung des Arbeitgebers seine Zustimmung gegeben haben muss,[18] ist dem Arbeitgeber seit dem Zugang des Befragungsformulars der BA bekannt, dass ein Antragsverfahren auf Gleichstellung läuft. Im Verhältnis zu dem Arbeitgeber, der vom Feststellungsverfahren vollständig ausgeschlossen ist, ist die

---

10 Zunächst Ankündigung der Rspr. Änderung in BAG 12.1.2006 – 2 AZR 539/05, AP § 85 SGB IX Nr. 3; dann Umsetzung der Ankündigung in BAG 11.12.2008 – 2 AZR 395/07, AP BGB § 613a Nr. 362; BAG 13.2.2008 – 2 AZR 864/06, AP SGB IX § 85 Nr. 5; BAG 23.2.2010 – 2 AZR 659/08, AP SGB IX § 85 Nr. 8; BAG 16.2.2012 – 6 AZR 553/10, AP SGB IX § 85 Nr. 9; BAG 22.9.2016 – 2 AZR 700/15, AP SGB IX § 85 Nr. 14, Rn. 23.
11 LAG Hamm 10.5.2007 – 8 Sa 263/07.
12 BAG 12.1.2006 – 2 AZR 539/05, AP zu § 85 SGB IX Nr. 3.
13 BAG 22.9.2016 – 2 AZR 700/15,Rn. 22 AP SGB IX § 85 Nr. 14 = Behindertenrecht 2017, 93.
14 BAG 13.2.2008 – 2 AZR 864/06, Rn. 16, NZA 2008, 1055; BAG 22.9.2016 – 2 AZR 700/15,Rn. 22 AP SGB IX § 85 Nr. 14 = Behindertenrecht 2017, 93.
15 Grundlegend: BAG 12.1.2006 – 2 AZR 539/05, AP zu § 85 SGB IX Nr. 3; Bestätigt: BAG 13.2.2008 – 2 AZR 864/06, BAGE 125, 345.
16 BAG 12.1.2006 – 2 AZR 539/05, AP § 85 SGB IX Nr. 3; BAG 13.2.2008 – 2 AZR 864/06, BAGE 125, 345; BAG 23.2. 2010 – 2 AZR 659/08, BAGE 133, 249.
17 BA Zentrale, Fachliche Weisungen Neuntes Buch Sozialgesetzbuch – SGB IX § 2 SGB IX Begriffsbestimmungen, gültig ab: 1.1.2018 Seite 15 Abschnitt Nr. 4. Übergreifendes zum Verfahren 4.1Sachverhaltsaufklärung: »(2) Zur weiteren Aufklärung des Sachverhalts für die Entscheidung über den Antrag auf Gleichstellung zur Erhaltung eines Arbeitsplatzes (siehe Nr. 3.5) ist eine Stellungnahme des Arbeitgebers zur konkreten Arbeitsplatzsituation notwendig. Zur Sachverhaltsaufklärung sind zudem die in § 176 SGB IX genannten Vertretungen sowie die Schwerbehindertenvertretungen (§ 178 SGB IX) zu befragen. Für ein solches Herantreten an den Arbeitgeber sowie die og Vertretungen ist jeweils die vorherige Zustimmung des behinderten Menschen notwendig. Wird diese Zustimmung erteilt, ist nach § 66 SGB I (Folgen fehlender Mitwirkung) zu verfahren. Veröffentlicht unter https://www.arbeitsagentur.de/datei/fw-sgb-ix-2_ba014661.pdf (letzter Aufruf 13.5.2020).
18 Vgl. BA Zentrale, Fachliche Weisungen Neuntes Buch Sozialgesetzbuch – SGB IX § 2 SGB IX Begriffsbestimmungen, gültig ab: 1.1.2018, S. 15 Abschnitt Nr. 4. Übergreifendes zum Verfahren 4.1 Sachverhaltsaufklärung Abs. (2) Satz 3 aaO Fn. 18.

Vertrauensposition des Arbeitgebers im Gleichstellungsverfahren anders einzuschätzen. Regelmäßig erfährt hier der Arbeitgeber vom laufenden Antragsverfahren: er ist deshalb als weniger schutzbedürftig einzuschätzen. Das ist bei der Prüfung der Verwirkung als eines Falles der illoyal verspäteten Geltendmachung zu berücksichtigen. Allerdings hat bislang die Rspr. noch nicht berücksichtigt, dass bei außerordentlichen Kündigungen ohne Einhaltung einer Kündigungsfrist ein beschleunigtes Handeln erwartet werden kann. Dieser Gesichtspunkt könnte dafür sprechen, dass der schwerbehinderte Arbeitnehmer, dem fristlos gekündigt worden ist, bei der Geltendmachung seines Sonderschutzes die Dreiwochenfrist des § 4 Satz 1 KSchG nicht überschreiten darf.

IV. Außerordentliche fristlose Kündigung

8 **Fristlose Kündigung aus wichtigem Grund:** Der wesentliche Unterschied zur ordentlichen Kündigung besteht darin, dass die außerordentliche Kündigung eines wichtigen Grundes im Sinne von § 626 Abs. 1 BGB bedarf. Dieser liegt vor, wenn Tatsachen vorliegen, die unter Berücksichtigung aller Umstände des Einzelfalles bei Abwägung der Interessen beider Parteien dem Arbeitgeber die Fortsetzung des Arbeitsverhältnisses so unzumutbar machen, dass er noch nicht einmal die Kündigungsfrist einhalten soll. Das bedeutet:
1. Der aus wichtigem Grund Kündigende braucht keine Frist einzuhalten.
2. Eine wirksame außerordentliche Kündigung führt soweit nichts Abweichendes erklärt wird – ab Zugang der Kündigungserklärung beim Arbeitnehmer zur **fristlosen** Beendigung des Arbeitsverhältnisses.

V. Außerordentliche Kündigung mit Auslauffrist

9 **Außerordentliche Kündigung mit Auslauffrist:** Der Arbeitgeber kann aus sozialen Gründen auch bei einer außerordentlichen Kündigung eine sog. Auslauffrist gewähren.[19] Bei betrieblich bedingten außerordentlichen Kündigungen muss diese Auslauffrist unter Beachtung des § 169 gewahrt werden.[20] Das hat Bedeutung vor allem in den Fällen, in denen auf vertraglicher oder tarifvertraglicher Grundlage nach längerer Betriebszugehörigkeit das **Recht zur ordentlichen Kündigung** ausgeschlossen ist.

10 **Antragsverfahren bei Kündigung mit Auslauffrist:** Umstritten ist, inwieweit das besondere Zustimmungsverfahren nach § 174 Abs. 2 bis 4 auf außerordentliche Kündigungen mit Auslauffrist gegenüber ordentlich unkündbaren Arbeitnehmern anwendbar ist. Nach der Rspr. des Bundesarbeitsgerichts darf ein Arbeitgeber, der einer Beschränkung des ordentlichen Kündigungsrechts unterliegt, aus wichtigem Grund unter Einhaltung der ansonsten für ordentliche Kündigungen geltenden Kündigungsfrist (sogenannte Auslauffrist) kündigen. Voraussetzungen dafür sind, dass die Weiterbeschäftigung des Arbeitnehmers bis zur Altersgrenze oder zumindest für einen längeren Zeitraum nicht zumutbar ist und gegenüber einem ordentlich kündbaren Arbeitnehmer ein hinreichend sozial gerechtfertigter Kündigungsgrund vorhanden wäre. Damit soll der Wertungswiderspruch vermieden werden, dass ordentlich kündbare Arbeitnehmer besser stehen als ordentlich **unkündbare**.[21] Bei der Anwendung der Vorgängervorschrift § 21 SchwbG ist die Rspr. sehenden Auges über diesen Wertungswiderspruch hinweggegangen. Sie hat den in § 174 Abs. 3 bis 4 geringer ausgestalte-

---

19 BAG 4.6.1964 – 2 AZR 346/63, BAGE 16, 89.
20 AA *Neumann* Neumann/Pahlen/Greiner/Winkler/Jabben SGB IX § 174 Rn. 4, nach dem die Frist auch weniger als vier Wochen betragen kann.
21 Vgl. BAG 5.2.1998 – 2 AZR 227/97, AP BGB § 626 Nr. 143.

ten Schutz vor außerordentlichen Kündigungen auf die Kündigung von ordentlich nicht kündbaren schwerbehinderten Arbeitnehmern und nicht das an und für sich gebotene Verfahren nach §§ 170 bis 172 angewandt.[22] Das ist zu Recht im Schrifttum als fehlerhaft kritisiert worden.[23] Die Anwendung von § 174 Abs. 3 und Abs. 4 benachteiligt die ordentlich unkündbaren schwerbehinderten Arbeitnehmer, ohne dass dafür ein sachlicher Grund ersichtlich wäre. Entweder ist das gesamte Antragsverfahren nach §§ 170 bis 172 durchzuführen[24] oder zumindest dem Integrationsamt die längere Entscheidungsfrist nach § 171 Abs. 1 einzuräumen und von der Ermessensbeschränkung des § 174 Abs. 4 abzusehen. Da die Fristbestimmungen des § 174 Abs. 2 und Abs. 5 dem besonderen Schutz eines schwerbehinderten Menschen gegenüber einer außerordentlichen Kündigung dienen, sind sie auch zugunsten ordentlich unkündbarer schwerbehinderter Arbeitnehmer anzuwenden, denen außerordentlich gekündigt werden soll. Das BAG ist nicht der Kritik gefolgt. Es hat an seiner Rechtsprechungslinie starr festgehalten und diese auch auf das SGB IX voll übertragen.[25] Dem ist zu widersprechen. Die schon in der 4. Aufl. vertretene differenzierte Sicht, nach der zwar § 174 Abs. 2 und 5, nicht aber § 174 Abs. 3 und 4 angewandt werden,[26] verdient den Vorzug.[27]

VI. Entfristete ordentliche Kündigung

Neben der außerordentlichen fristlosen Kündigung kennt das Arbeitsrecht noch die **ordentliche Kündigung**, die **entfristet** ist und deshalb auch das Arbeitsverhältnis fristlos beenden kann. Diese Kündigungsart ergibt sich aus der in § 622 Abs. 4 BGB geregelten Befugnis der Tarifvertragsparteien, ohne Bindung an Mindestkündigungsfristen die gesetzlichen Kündigungsfristen abzukürzen.[28] Voraussetzung ist, dass der **Tarifvertrag** eindeutig eine entfristete ordentliche Kündigung regelt. Das ist nur dann der Fall, wenn kein wichtiger Grund iSd § 626 BGB festgelegt wird.[29] Das schließt nicht aus, dass andere Gründe als Voraussetzung für die entfristete Kündigung festgelegt werden können, zB für Arbeitsverhältnisse mit einer Tätigkeit im Freien als Kündigungsgrund schlechtes Wetter. Gesetzlich ist die entfristete ordentliche Kündigung für das **Berufsausbildungsverhältnis** in § 22 Abs. 1 BBiG vorgesehen. Dort kann während der Probezeit (§ 20 BBiG) jederzeit ohne Einhaltung einer Kündigungsfrist gekündigt werden. Aus dem zwingenden Charakter des in den Bestimmungen der §§ 168, 171, 172 SGB IX geregelten Verbots der ordentlichen Kündigung unter

11

---

22 Vgl. BAG 12.8.1999 – 2 AZR 748/98, AP SchwbG 1986 § 21 Nr. 7; zustimmend dazu *Vossen* in APS SGB IX § 91 Rn. 4, 15.
23 *Griebeling* in Hauck/Noftz SGB IX § 91 Rn. 4; *Söhngen/Zwanziger* in KDZ, 8. Aufl. 2010, SGB IX § 91 Rn. 2; *Müller-Wenner/Schorn* SGB IX § 91 Rn. 47.
24 So *Söhngen/Zwanziger* KDZ/KSchR- 8. Aufl 2010 SGB IX § 91 Rn. 2.
25 BAG 22.10.2015 – 2 AZR 381/14, AP BGB § 626 Unkündbarkeit Nr. 12; ohne Begründung folgend: Neumann/Pahlen/Greiner/Winkler/Jabben SGB IX § 174 Rn. 4.
26 *Düwell* in LPK-SGB IX, 4. Aufl. 2014, § 91 Rn. 11.
27 So auch *Kreitner* in jurisPK-SGB IX § 174 Rn. 16; *Schmitz* in FKS, 4. Aufl. 2018, § 174 Rn. 6; zum bis 31.12.2017 geltenden Recht: *Beyer* Behindertenrecht 2014, 145; *Beyer* jurisPR-ArbR 28/2013 Anm. 4; *Griebeling* in Hauck/Noftz SGB IX § 91 Rn. 4; *Trenk-Hinterberger* in HK-SGB IX, 4. Aufl. 2015, § 91 Rn. 12; *Lampe*, Der Kündigungsschutz behinderter Arbeitnehmer, Rn. 591; der Rspr folgend: *Osnabrügge* in HaKo-KSchR SGB IX § 178 Rn. 69.
28 *Müller-Glöge* in ErfK BGB § 622 Rn. 20; *Fenski* DB 1991, 2438.
29 BAG 24.6.2004 – 2 AZR 656/02, Rn. 34, nv; *Weth* in jurisPK-BGB, 8. Aufl. 2017, § 622 Rn. 32.

Erlaubnisvorbehalt und der Bestimmung in § 169 über die Mindestkündigungsfrist folgt:
1. Über den Antrag des Arbeitgebers auf Zustimmung hat das Integrationsamt innerhalb eines Monats zu entscheiden,
2. für die Ausübung des Ermessens gelten die Ermessensbeschränkungen nach § 172 SGB IX,
3. die Kündigung ist innerhalb eines Monats nach Zustellung der Zustimmung zu erklären und
4. die vierwöchigen Mindestkündigungsfrist nach § 169 SGB IX ist selbst dann einzuhalten, wenn nach den gesetzlichen Bestimmungen die entfristete ordentliche Kündigung zulässig ist.[30]

VII. Besonderheiten des Antrags auf Zustimmung zur außerordentlichen Kündigung

12 **Antragsfrist für Zustimmung des Integrationsamts:** In dem nach § 170 SGB IX an das Integrationsamt des Betriebssitzes (→ § 170 Rn. 20) zu richtenden **schriftlichen** (→ § 170 Rn. 8) Antrag des Arbeitgebers (→ § 170 Rn. 7 ff.) muss hinreichend zum Ausdruck kommen, dass die Zustimmung zu einer außerordentlichen Kündigung aus wichtigem Grund beantragt wird. Dieser Antrag kann nach Abs. 2 nur innerhalb einer **Frist von zwei Wochen** seit Kenntniserlangung über die für die Kündigung maßgeblichen Tatsachen gestellt werden. Unerheblich ist, dass unterschiedliche Begriffe, in § 174 Abs. 2 SGB IX „Arbeitgeber" und in § 626 Abs. 2 BGB „Kündigungsberechtigter", verwandt werden.[31] Entscheidend ist die Kenntnis des Arbeitgebers oder seines kündigungsberechtigten Vertreters von den für die Kündigung maßgebenden Tatsachen, → Rn. 13. Maßgeblich für den Beginn des Fristenlaufs ist der **Eingang des Antrags** beim zuständigen Integrationsamt. Das hebt § 174 Abs. 2 Satz 1 Hs. 2 besonders hervor. § 174 Abs. 2 SGB IX ergänzt die Fristenregelung des § 626 Abs. 2 BGB, ohne sie zu verdrängen, → Rn. 28. Wegen der Dauer des Antragsverfahrens beim Integrationsamt gewährt Abs. 5 dem Arbeitgeber das Recht, die Kündigungserklärungsfrist des § 626 Abs. 2 BGB für die Abgabe der Kündigungserklärung zu überschreiten, wenn er nach der getroffenen Zustimmungsentscheidung **unverzüglich** die Kündigung erklärt. Abs. 5 wird für die Dauer einer Beteiligung der Beschäftigtenvertretungen, die nach der Zustimmung stattfindet, analog angewandt, so dass die Zweiwochenfrist des § 626 Abs. 2 BGB überschritten werden kann, → Rn. 32. Eine Fristverlängerung für die Dauer einer Beteiligung der Beschäftigtenvertretungen, die vor der Antragstellung stattfindet, ist demgegenüber nicht angebracht, → Rn. 13.

13 **Beginn des Laufs der Antragsfrist:** § 174 Abs. 2 Satz 2 stellt ebenso wie § 626 Abs. 2 Satz 2 BGB auf den Zeitpunkt ab, an dem der Arbeitgeber von den für die Kündigung maßgebenden Tatsachen Kenntnis erlangt. Es kann daher die zu § 626 Abs. 2 Satz 2 BGB ergangene Rspr. angewandt werden.[32]
Die Frist beginnt mit dem Zeitpunkt, in dem der Arbeitgeber eine möglichst **zuverlässige und vollständige Kenntnis** von dem Kündigungssachverhalt hat, den er als wichtigen Grund ansieht.[33] Fahrlässige Unkenntnis ist ohne Bedeutung.[34]

---

30 *Neumann* in Neumann/Pahlen/Greiner/Winkler/Jabben SGB IX § 174 Rn. 5.
31 BVerwG 15.9.2005 – 5 B 48/05 mit Anm. *Berlit* jurisPR-BVerwG 26/2005 Anm. 1; BayVGH 6.12.2010 – 12 ZB 09.954.
32 Vgl. BVerwG 2.5.1996 – 5 B 186/95.
33 BAG 18.12.1986 – 2 AZR 36/86; BVerwG 2.5.1996 – 5 B 186.95; OVG NRW 28.1.2013 – 12 A 1633/10; BayVGH 6.12.2010 – 12 ZB 09.954.
34 BAG 29.7.1993 – 2 AZR 90/93, AP BGB § 626 Ausschlussfrist Nr. 31.

Zu den maßgeblichen Tatsachen gehören sowohl die den Arbeitnehmer belastenden als auch die entlastenden Umstände. Ohne eine umfassende Kenntnis des Kündigungsberechtigten vom Kündigungssachverhalt kann der Arbeitgeber sein Kündigungsrecht nicht verwirken. Ein Arbeitgeber, der Anhaltspunkte für einen Sachverhalt hat, der zur außerordentlichen Kündigung berechtigen könnte, darf daher **Ermittlungen** anstellen und den **Betroffenen anhören**, ohne dass die Frist zu laufen beginnt. Dazu kann er entsprechende Maßnahmen der Aufklärung ergreifen, zB den Arbeitnehmer anhören.[35] In aller Regel genügt dazu ein **Zeitraum von einer Woche**.[36] Muss der Arbeitgeber **Beweismittel** beschaffen, so kann das den Fristbeginn hinausschieben. In diesem Fall muss der Arbeitgeber erläutern, warum die weiteren Ermittlungen aus seiner Sicht erforderlich waren.[37] Geht es um mögliche Straftaten, darf gegebenenfalls auch die Entscheidung in einem **Strafverfahren** oder der Eintritt der Rechtskraft einer solchen Entscheidung abgewartet werden.[38]

Der Ansicht, es sei unerheblich, ob es sich bei dem Kündigungsgrund um einen **Dauertatbestand** handelt,[39] ist nicht zuzustimmen. Ein Dauertatbestand liegt vor, wenn fortlaufend neue kündigungsrelevante Tatsachen eintreten, die zur Störung des Arbeitsverhältnisses führen. Die Rechtsfrage, ob krankheitsbedingte Fehlzeiten verbunden mit einer negativen Gesundheitsprognose als ein Dauertatbestand anzusehen sind, hat das LAG Köln in seiner Entscheidung zwar offen gelassen, in seiner Leitsatzbildung jedoch wie folgt beantwortet: „handelt es sich bei der Zustimmung des Integrationsamts zum Ausspruch einer krankheitsbedingten Kündigung um ein zeitlich punktuelles Ereignis."[40] Das LAG hat die richtige Fragestellung verkannt. Für die Einhaltung des Zweiwochenfrist aus § 626 Abs. 2 BGB ist wegen des notwendigen Antragsverfahrens nach § 170 SGB IX nicht der erteilter Zustimmung einzuhaltende Erklärungsfrist nach § 174 Abs. 5, sondern die ab Kenntnis vom Kündigungssachverhalt einzuhaltende Antragsfrist nach § 174 Abs. 2 SGB IX maßgebend. Dauern **Krankheitsfehlzeiten** so lange an, dass der Arbeitgeber zu der Auffassung gelangt, eine negative Prognose sei gerechtfertigt und ihm sei das weitere Abwarten nicht mehr zumutbar, so hat er binnen zwei Wochen den Antrag bei dem Integrationsamt zu stellen. Wann hier der Zeitpunkt der positiven Kenntnis eintritt, ist höchst subjektiv. Anders als bei Wiederaufnahme der Arbeit nach unentschuldigten Fehlzeiten[41] gibt es bei einer andauernden Erkrankung keine Beendigung, an die für den Fristlauf angeknüpft werden könnte. Bei echten Dauertatbeständen ist die Frist des § 174 Abs. 2 SGB IX wie auch bei § 626 Abs. 2 Satz 1 BGB eingehalten, wenn bis in die letzten zwei Wochen vor Antragstellung der Dauertatbestand angehalten hat und damit die Störung des Arbeitsver-

---

35 Vgl. BAG 29.7.1993 – 2 AZR 90/93, NZA 1994, 171.
36 BAG 20.3.2014 – 2 AZR 1037/12, NZA 2014, 1015; BAG 27.1.2011 – 2 AZR 825/09, NZA 2011, 798; BAG 2.3.2006 – 2 AZR 46/05, NZA 2006, 1211.
37 BAG 1.12.2007 – 2 AZR 333/06, NZA 2007, 744.
38 BAG 18.11.1998 – 2 AZR 852/98, AP BGB § 262 Nr. 160.
39 So Ls. 1 zum Urteil: LAG Köln 5.9.2019 – 6 Sa 72/19, NZA-RR 2019, 637.
40 So Ls. 2 zu dem Urteil: LAG Köln 5.9.2019 – 6 Sa 72/19, NZA-RR 2019, 637, dort jedoch unter Rn. 40 „kommt es nicht mehr auf die Frage an, (...) welche Bedeutung die Tatsache, dass eine negative Zukunftsprognose möglicherweise als Dauertatbestand angesehen werden müsste."
41 Vgl. BAG 23.1.2014 – 2 AZR 582/13, NZA 2014, 962; BAG 22.1.1998 – 2 AZR 19/97, AP BGB § 626 Ausschlussfrist Nr. 38; VG München 18.11.2010 – M 15 K 09.5850; *Griebeling* in Hauck/Noftz SGB IX § 91 Rn. 6; *Trenk-Hinterberger* in HK-SGB IX, 4. Aufl. 2015, § 91 Rn. 17.

hältnisses noch nicht abgeschlossen war.[42] Kein Dauertatbestand, aufgrund dessen die Zweiwochenfrist erst gar nicht zu laufen beginnt, liegt vor, wenn nach Ansicht des Arbeitgebers das Vertrauen „auf Dauer" zerstört ist. Es kommt nämlich nicht auf die Dauer des Vertrauensverlustes, sondern auf die Dauer der Kenntnis der Tatsachen an, die den Vertrauensverlust hervorrufen.[43]
Bei Personengesellschaften oder Partnerschaften kommt es auf die **Kenntnis des gesetzlichen Vertretungsorgans** an. Geht es um die Kündigung eines in den Schutzbereich des § 168 SGB IX fallenden **Fremdgeschäftsführers einer GmbH**, ist nach der Rspr. des BGH der Wissensstand des zur Entscheidung über die fristlose Kündigung berufenen und bereiten Gremiums der Gesellschaft maßgebend.[44] Die **Kenntnis von Vorgesetzten** des Arbeitnehmers ist dem Arbeitgeber zuzurechnen, wenn und soweit deren Stellung es erwarten lässt, dass sie den Kündigungsberechtigten unterrichten und die verzögerte Unterrichtung auf einer unzureichenden betrieblichen Organisation beruht.[45] In der **öffentlichen Verwaltung** ist zu prüfen, ob das zur Kündigungsentscheidung berufene Organ durch ein vorwerfbares Organisationsverschulden zu spät unterrichtet worden ist. Hier ist an die Rspr. des Zweiten Senats des BAG[46] anzuknüpfen. Dieses hat in einem Fall entscheiden, in dem Kündigungsberechtigter der Ausschuss eines Gemeinderats war. Tagt dieser Ausschuss im Monatsrhythmus, so wird danach die Ausschlussfrist aus § 626 Abs 2 BGB regelmäßig auch dann gewahrt, wenn die außerordentliche Kündigung eines Arbeitnehmers der Gemeinde in der nächsten ordentlichen Ausschusssitzung beschlossen wird, nachdem der Erste Bürgermeister von dem Kündigungssachverhalt Kenntnis erlangt hat. Allgemein gilt bei einer **organisationsbedingt verspäteten Kenntniserlangung**, dass nach Treu und Glauben die Frist schon vor tatsächlicher Kenntnisnahme in Lauf gesetzt wird. Die Frist des § 174 Abs. 2 soll nach Bekanntwerden des Kündigungssachverhalts nämlich rasch Klarheit darüber verschaffen, ob daraus Konsequenzen gezogen werden sollen.[47] Die Antragsfrist soll einem „Aufsparen" des Kündigungsgrundes vorbeugen.[48]

Ein Sonderfall liegt vor, wenn der Arbeitgeber **keine Kenntnis von der Schwerbehinderung** des Arbeitnehmers hat. Dann fehlt es an der Veranlassung für die Stellung des Antrags. Allerdings muss der Arbeitgeber auch dann die zweiwöchige Kündigungserklärungsfrist des § 626 Abs. 2 BGB einhalten. Tut er das nicht, ist die Kündigung unabhängig von der Schwerbehinderung unwirksam.[49] Erfährt der Arbeitgeber erst nach der Kündigung von der Schwerbehinderung, sollte er **unverzüglich** den Antrag beim Integrationsamt für eine erneute Kündigung stellen; denn für eine wirksame Kündigung bedarf er der vorherigen Erlaubnis. Einzelheiten: → Rn. 16.

Das Gesetz berücksichtigt bei der Antragsfrist nicht, ob der Arbeitgeber vor der Antragstellung bereits ein Anhörungs- oder Zustimmungsverfahren beim Personal- oder Betriebsrat oder bei einer kirchlichen Mitarbeitervertretung zu einer beabsichtigten außerordentlichen Kündigung eingeleitet hat. Zwar wendet die Rspr. zutreffend für den Fall, dass der Arbeitgeber nach der Zustimmung des

---

42 Zutreffend BVerwG 15.9.2005 – 5 B 48/05, juris Rn. 6; *Berlit* jurisPR-BVerwG 26/2005 Anm. 1; dem folgend: VG Mainz 13.9. 2019 – 1 K 787/18.MZ, Rn. 9.
43 BAG 2.3.2006 – 2 AZR 46/05, NZA 2006, 1211.
44 BGH 10.9.2001 – II ZR 14/00, AP Nr 15 zu § 35 GmbHG = DB 2001, 2438.
45 Vgl. BAG 25.2.1998 – 2 AZR 279/97, AP BGB § 620 Befristeter Arbeitsvertrag Nr. 195.
46 BAG 18.5.1994 – 2 AZR 930/93, NZA 1994, 1086.
47 Grundlegend:BAG 28.10.1971 – 2 AZR 32/71, BAGE 23, 475 = BB 1972, 133.
48 *Berlit* jurisPR-BVerwG 26/2005 Anm. 1.
49 BAG 2.3.2006 – 2 AZR 46/05, NZA 2006, 1211.

Integrationsamts ein **Beteiligungsverfahren** durchführt, die Regelung aus § 174 Abs. 5 SGB IX mit fristverlängernder Wirkung anlog an.[50] Demgegenüber hat der Gesetzgeber jedoch keine Fristverlängerung für die Antragsfrist in § 174 Abs. 2 Satz 1. AGB IX vorgesehen. Insoweit hat der Gesetzgeber eine klare Entscheidung getroffen, so dass keine Grundlage für eine analoge Lückenfüllung gegeben ist. Folglich wird die Zweiwochenfrist für die Antragstallung beim Integrationsamt durch kein Beteiligungsverfahren unterbrochen oder gehemmt.

Bei der Antragstellung hat der Arbeitgeber auch den Zeitpunkt der zuverlässigen und vollständigen Kenntnis von dem von ihm als maßgeblich angesehenen Kündigungssachverhalt darzulegen. Das Integrationsamt hat die Einhaltung der Frist **von Amts wegen** zu überprüfen.[51] Zur Darlegungslast des Arbeitgebers → Rn. 18.

Bestimmtheit des Antrags und Antragsinhalt: Der Antrag muss hinreichend bestimmt sein. In dem Zustimmungsantrag muss zwingend der Name des zu Kündigenden angegeben werden. Es muss auch deutlich erkennbar zum Ausdruck gebracht werden, dass die Zustimmung zu einer **außerordentlichen** Kündigung aus wichtigem Grund im Sinne des § 626 BGB begehrt wird. Im Zweifel ist von einem Antrag auf Zustimmung zur ordentlichen Kündigung auszugehen.[52] Der Gesichtspunkt der Bestimmtheit wird im Schrifttum vernachlässigt. Er ist jedoch bedeutsam, weil allein der Arbeitgeber als Antragsteller bestimmen darf, ob die Zustimmung zur außerordentlichen Kündigung oder ordentlichen Kündigung begehrt wird. Die Entscheidung, ob der angegebene Sachverhalt einen wichtigen Grund rechtfertigt und deshalb die Zustimmung zur außerordentlichen Kündigung zulässt, darf nicht dem Integrationsamt überlassen werden. Die Klarstellung, ob eine ordentliche oder außerordentliche Kündigung beabsichtigt ist, muss verfahrensrechtlich schon deshalb erfolgen, weil unterschiedliche Bearbeitungsfristen für das Integrationsamt nach § 171 Abs. 1 oder § 174 Abs. 3 SGB gelten und das Integrationsamt bei Antrag auf Zustimmung zur außerordentlichen Kündigung die Einhaltung der Antragsfrist in § 174 Abs. 2 SGB IX zu prüfen hat. Erklärt der Antragsteller, er überlasse die Entscheidung über die Zustimmung zur ordentlichen oder außerordentlichen Kündigung dem Integrationsamt, ist er darauf hinzuweisen, dass dies nicht zulässig ist. Verweigert er eine Klarstellung, ist der Antrag als zu unbestimmt zurückzuweisen. Will der Arbeitgeber hilfsweise eine ordentliche Kündigung aussprechen, so hat er auch die weitere Zustimmung zu dieser Kündigung vorsorglich mit zu beantragen, die dann im einem weiteren Antragsverfahren nach §§ 170 bis 172 zu bearbeiten ist. Dies ergibt sich daraus, dass beide Arten der Zustimmung voneinander unabhängig sind. Es ist nämlich nicht möglich, die Zustimmung zur außerordentlichen Kündigung in eine Zustimmung zur ordentlichen Kündigung umzudeuten und umgekehrt.[53]

Umfassende Angabe der Kündigungsgründe: Den Arbeitgeber trifft die Obliegenheit, die für ihn maßgeblichen Kündigungsgründe innerhalb der Antragsfrist dem Integrationsamt vollständig anzugeben. Ansonsten hat er bei nachfolgen-

14

15

---

50 BAG 26.9.2013 – 2 AZR 843/12, NZA-RR 2014, 236 mit Anm. *Sixtus* jurisPR-ArbR 31/2014 Anm. 6; BAG 3.7.1980 – 2 AZR 340/78, AP § 18 SchwbG Nr. 2; LAG Köln 5.9.2019 – 6 Sa 72/19, NZA-RR 2019, 637 zustimmend: *Kohte/Eberhardt* jurisPR-ArbR 9/2020 Anm. 2.
51 BVerwG 2.5.1996 – 5 B 186.95, Buchholz 436.61 SchwbG Nr. 7.
52 *Gallner* in KR, 11. Aufl. 2016, SGB IX § 91 Rn. 2; *Neumann* in Neumann/Pahlen/Greiner/Winkler/Jabben SGB IX § 174 Rn. 7.
53 Vgl. *Rolfs* in ErfK SGB IX § 174 Rn. 8; *Molkenbur-Krasshöfer/Pidde* RdA 1989, 343; *Neumann* in Neumann/Pahlen/Greiner/Winkler/Jabben SGB IX § 174 Rn. 16; *Gallner* in KR SGB IX § 174 Rn. 14, im Übrigen zur Umdeutung: → Rn. 33.

den Rechtsstreiten einen gravierenden Nachteil; denn das **Nachschieben** neuer Kündigungsgründe ist grundsätzlich nicht mehr zulässig.[54]

16 **Späte Kenntniserlangung des Arbeitgebers von der Schwerbehinderteneigenschaft:** Erfährt ein Arbeitgeber von der Schwerbehinderteneigenschaft oder der Gleichstellung erst kurz vor der beabsichtigten Zuleitung der Kündigung, so stellt sich die Frage, ob der Lauf der Zweiwochenfrist aus § 174 Abs. 2 bereits ab positiver Kenntnis des Kündigungssachverhalts oder erst mit der Kenntnis der Gleichstellung oder Schwerbehinderung beginnt. Nach der 1. Alt. müsste der Arbeitgeber die verbleibende Restfrist ausschöpfen. Bei Anwendung des Rechtsgedankens aus § 174 Abs. 5 wäre allerdings eine Fristüberschreitung unerheblich, wenn der Arbeitgeber jedenfalls unverzüglich nach Kenntniserlangung den Antrag stellte. Weist der Arbeitnehmer erst nach Zugang der Kündigung innerhalb der Regelfrist zur Geltendmachung (→ Rn. 7) auf eine dem Arbeitgeber unbekannte Schwerbehinderung oder Gleichstellung hin, so ist die Kündigung wegen fehlender Erlaubnis nach § 134 BGB unwirksam. Für eine erneute, diesmal nach Zustimmung des Integrationsamts zu erklärende Kündigung stellt sich die Frage, ob bis zur Kenntniserlangung von der Schwerbehinderung eine Hemmung der Fristen aus § 626 Abs. 2 BGB und § 174 Abs. 2 SGB IX eingetreten ist.

Nach der zu § 21 SchwbG ergangenen Rspr. sollte die Tatsache der Schwerbehinderung oder Gleichstellung zu den für die positive Kenntnis nach Abs. 2 Satz 2 maßgeblichen Tatsachen gehören, so dass eine volle neue Zweiwochenfrist ab Kenntnis läuft.[55] Im Hinblick auf Wortlaut und Sinn des § 626 Abs. 2 BGB ist das jedenfalls in dieser Allgemeinheit bedenklich. Die bei Kenntnis des Kündigungssachverhalts laufende Frist für die außerordentliche Kündigung aus wichtigem Grund ist geschaffen, um dem Arbeitnehmer Klarheit über das Vorgehen des Arbeitgebers im Hinblick darauf zu verschaffen, ob er den Kündigungssachverhalt als so wichtig ansieht, dass er das weitere Festhalten am Arbeitsvertrag bis zum Ablauf der ordentlichen Kündigungsfrist als unzumutbar ansieht. Mit diesem Zweck ist es unvereinbar, nach Ablauf der Frist dem Arbeitgeber noch eine Möglichkeit zur außerordentlichen Kündigung nur deswegen zu eröffnen, weil der Arbeitgeber erfahren hat, dass der Arbeitnehmer schwerbehindert oder gleichgestellt ist. Das ist eine Schlechterstellung wegen der Schwerbehinderung, die mit dem **Benachteiligungsverbot** aus § 164 Abs. 2 SGB IX nicht zu vereinbaren ist.[56] Die Verwaltungsgerichtsbarkeit hat, ohne sich mit diesen Bedenken auseinanderzusetzen, die ältere Rspr. zu § 21 SchwbG auch für den bis zum 31.12.2017 geltenden § 91 Abs. 2 SGB IX aF angewandt.[57] Das BAG ist demgegenüber 2006 von seiner alten Rspr. abgerückt. Das BAG hat es als eine **nicht zu vertretende Schlechterstellung** des schwerbehinderten Menschen bezeichnet, wenn dem Arbeitgeber nach Ablauf der Frist des § 626 Abs. 2 Satz 1 BGB noch eine Möglichkeit zur außerordentlichen Kündigung nur deshalb eröffnet würde, weil er erst jetzt erfahren hat, dass der Arbeitnehmer schwerbehindert ist.[58] Dem ist auch unter Geltung der mWv

---

54 VGH BW 5.8.1996 – 7 S 483/95, VGHBW-Ls. 1996, Beilage 11, B 5–6.
55 BAG 14.5.1982 – 7 AZR 1221/79, EzA § 18 SchwbG Nr. 5; BVerwG 5.10.1995 – 5 B 73/94, Buchholz 436.61 § 21 SchwbG Nr. 6.
56 AA *Trenk-Hinterberger* in HK-SGB IX § 91 Rn. 18.
57 VGH BW 20.6.2006 – 9 S 604/06, BehindertenR 2007, 23; BayVGH 29.7.2004 – 9 ZB 04.698; VG Göttingen 16.1.2007 – 2 A 275/06; VG Saarland 5.10.2005 – 10 K 40/05.
58 Im Anschluss an → 1. Aufl. 2002, § 91 Rn. 9, 12; BAG 2.3.2006 – 2 AZR 46/05, Rn. 21, AP § 91 SGB IX Nr. 6 = NZA 2006, 1211.

1.1.2018 umnummerierten Vorschrift § 174 SGB IX zuzustimmen.[59] Allerdings gilt die jüngste Auffassung des BAG nur für die Anwendung der Frist des § 174 Abs. 5 SGB IX, deren Überprüfung in die eigenständige **Kompetenz der Gerichte für Arbeitssachen** fällt.[60] Demgegenüber unterfällt die Antragsfrist aus § 174 Abs. 2 SGB IX der alleinigen **Prüfungskompetenz der Integrationsämter**, und im Falle der Anfechtung sind dafür die **Verwaltungsgerichte** alleinzuständig. An deren Entscheidungen sind alle anderen Behörden und Gerichte, insbesondere im Kündigungsprozess die die Arbeitsgerichte, wegen der sogenannten **Tatbestandswirkung** der Verwaltungsentscheidung gebunden.[61] Bislang gibt es keine Anhaltspunkte für ein Einschwenken der Verwaltungsgerichte auf die gewandelte Ansicht des BAG. Diese Änderung wäre jedoch geboten.[62] Schwerbehinderung oder Gleichstellung sind entgegen der Rspr. keine „für die Kündigung maßgebenden Tatsachen". Sie gehören nämlich nicht zum historischen Sachverhalt, den der Arbeitgeber zum wichtigen Grund iSv § 626 Abs. 1 BGB nimmt und dessentwegen er die Zustimmung beantragt. Es liegt bei später oder nachträglicher Kenntniserlangung von den einen Sonderschutz begründenden Tatsachen (Gleichstellung oder Schwerbehinderung) ein Sonderfall vor, der weder im § 21 SchwbG noch im § 91 SGB IX aF bzw. im § 174 SGB IX geregelt worden ist. Es bietet sich an, den in § 174 Abs. 5 SGB IX zum Ausdruck gebrachten allgemeinen Rechtsgedanken anzuwenden, dass eine Fristüberschreitung der knapp bemessenen Zweiwochenfrist unschädlich ist, wenn der Arbeitgeber **unverzüglich** handelt. Danach ist der Arbeitgeber, der kurz vor Ablauf der Zweiwochenfrist, zB unmittelbar vor Aushändigung der Kündigung von der Schwerbehinderung erfährt, gehalten, unverzüglich den Antrag nach § 174 Abs. 2 SGB IX beim Integrationsamt zu stellen. Warum in diesem Fall noch einmal ein Neustart der vollen Zweiwochenfrist erfolgen soll, ist sachlich nicht nachzuvollziehen. Das Gleiche gilt für den Fall, dass der Arbeitnehmer erst nach Erhalt der Kündigung seinen Sonderschutz geltend macht.

Verlängerung der Antragsfrist: Ist die Antragsfrist versäumt, besteht selbst bei unverschuldeter Fristüberschreitung keine Möglichkeit der Verlängerung oder der Wiedereinsetzung in den vorigen Stand.[63] Die Antragsfrist für die Zustimmung zur außerordentlichen Kündigung gilt unabhängig davon, ob dem Arbeitgeber eine ordentliche Kündigung tarifrechtlich verschlossen ist. Eine Differenzierung danach, aus welchen Gründen dem Arbeitgeber eine ordentliche Kündigung verschlossen ist und er deshalb den Weg der außerordentlichen Kündigung beschreiten zu müssen glaubt, ist von der Rspr. zu § 21 SchwbG ausgeschlossen worden.[64] Bei der Schaffung des SGB IX war dem Gesetzgeber diese Rspr. bekannt. Er hat keinen Anlass zu einer abweichenden Regelung gesehen. Von daher ist die zum alten Recht ergangene Rspr. auch heute noch anwend-

---

59 *Boemke* jurisPR-ArbR 30/2020 Anm. 3.
60 In Abkehr von BAG 2.3.2006 – 2 AZR 46/05, Rn. 19, NZA 2006, 1211 nunmehr: BAG 22.7.2021 – 2 AZR 193/21, juris Rn. 21; BAG 11.6.2020 – 2 AZR 442/19, Rn. 26, 32, NZA 2020, 1326.
61 BAG 22.7.2021 – 2 AZR 193/21, juris Rn. 21; BAG 11.6.2020 – 2 AZR 442/19, Rn. 31, NZA 2020, 1326; *Euler* AP Nr. 2 zu § 174 SGB IX 2018 (Anmerkung); BAG 2.3.2006 – 2 AZR 46/05, Rn. 17 f., NZA 2006, 1211.
62 *Boemke* jurisPR-ArbR 30/2020 Anm. 3.
63 *Gallner* in KR, 11. Aufl. 2016, SGB IX § 91 Rn. 12; *Dörner* SchwbG § 21 Anm. II 4.
64 VGH BW 5.8.1996 – 7 S 483/95, VGHBW-Ls. 1996, Beilage 11, B 5–6.

bar.[65] Für einen mit einem zurückgenommenen Zustimmungsantrag inhaltsgleichen Zweitantrag läuft keine neue Antragsfrist.[66]

18 **Nichteinhaltung der Antragsfrist:** Der Arbeitgeber hat die Einhaltung der Antragsfrist aus § 174 Abs. 2 SGB IX darzulegen und nachzuweisen; denn es handelt sich um eine Ausformung der Erklärungsfrist aus § 626 Abs. 2 Satz 1 BGB, die eine Ausschlussfrist darstellt. Folglich muss der Arbeitgeber darlegen, dass er von den für die Kündigung maßgebenden Tatsachen erst innerhalb der letzten zwei Wochen vor ihrem Ausspruch erfahren hat. Diese **Darlegungslast** ist nicht bereits erfüllt, wenn er lediglich allgemein vorträgt, er kenne die Kündigungsgründe nicht länger als zwei Wochen vor Ausspruch der Kündigung. Er muss jedenfalls, wenn der betroffene schwerbehinderte Arbeitnehmer dem entgegentritt, die Umstände schildern, aus denen sich ergibt, wann und wodurch er von den maßgebenden Tatsachen erfahren hat. Um den Zeitpunkt, in dem der Wissensstand des Kündigungsberechtigten ausreicht, bestimmen zu können, und um es dem Arbeitnehmer zu ermöglichen, die behauptete Schilderung zu überprüfen und gegebenenfalls qualifiziert zu bestreiten, muss grundsätzlich angegeben werden, wie es zu der Aufdeckung des Kündigungsgrundes gekommen sein soll. Hat der Arbeitgeber noch Ermittlungen durchgeführt, muss er hierzu weiter darlegen, welche Tatsachenbehauptungen unklar und daher ermittlungsbedürftig waren, und welche – sei es auch nur aus damaliger Sicht – erforderlichen weiteren Ermittlungen er zur Klärung der Zweifel angestellt hat.[67]

Rügt der Arbeitnehmer im Kündigungsschutzprozess die Nichteinhaltung der Antragsfrist des Abs. 2, so ist den Gerichten für Arbeitssachen eine Überprüfung der Frist entgegen *Fenski*[68] **verwehrt**.[69] Das Integrationsamt hat nämlich die Einhaltung der Frist **von Amts wegen** zu überprüfen.[70] Die Frage, ob der Zustimmungsbescheid rechtmäßig zustande gekommen ist oder ob er deswegen anfechtbar ist, weil die Antragsfrist nach Abs. 2 nicht gewahrt wurde, gehört folglich in die Prüfungskompetenz der Verwaltungsgerichte, → Rn. 16. Die Gerichte für Arbeitssachen können nur überprüfen, ob die Kündigungserklärungsfrist nach § 626 Abs. 2 BGB und die Verlängerung dieser Frist durch § 174 Abs. 5 gewahrt worden ist. Nur dann liegt keine bindende Tatbestandswirkung vor, wenn der Zustimmungsbescheid des Integrationsamts nach § 40 Abs. 1 SGB X als nichtig angesehen werden, weil es zB offensichtlich ist, dass die Antragsfrist überschritten wurde und das Integrationsamt pflichtwidrig die Fristwahrung überhaupt nicht überprüft hat.[71] Ansonsten muss der schwerbehinderte Mensch wegen der Nichteinhaltung der Frist des Abs. 2 den Zustimmungsbescheid des Integrationsamts oder die fingierte Zustimmung des Integrationsamts mit Widerspruch und Klage anfechten.

---

65 So auch *Kossens* in Kossens/von der Heide/Maaß SGB IX § 91 Rn. 8; *Rolfs* in ErfK SGB IX § 174 Rn. 3.
66 VGH BW 5.8.1996 – 7 S 483/95, VGHBW-Ls. 1996, Beilage 11, B 5–6.
67 BAG 1.2.2007 – 2 AZR 333/06, NZA 2007, 744.
68 *Fenski* BB 2001, 570 (571).
69 BAG 2.3.2006 – 2 AZR 46/05, Rn. 17 f., NZA 2006, 1211.
70 BVerwG 2.5.1996 – 5 B 186.95, Buchholz 436.61 SchwbG Nr. 7.
71 Ebenso: *Kreitner* in jurisPK-SGB IX § 174 Rn. 23; *Gallner* in KR, 11. Aufl. 2016, SGB IX § 91 Rn. 10.

VIII. Die Zustimmung zur außerordentlichen Kündigung

Entscheidung und Entscheidungsfindung: Es kommen vier Entscheidungsvarianten in Betracht: 19
1. die Zustimmung in Form des Zustimmungsbescheids oder
2. die Zustimmung, die per Fiktion als erteilt gilt (hierzu → Rn. 20), oder
3. die Zurückweisung des Antrags oder
4. die Erteilung eines Negativattests (hierzu → Rn. 22).

Für das Verwaltungsverfahren gelten nach Abs. 1 die Verfahrensvorschriften für die ordentliche Kündigung. Aus der Verweisung folgt, dass auch die zustimmende Entscheidung zu einer außerordentlichen Kündigung **schriftlich** zu ergehen hat.[72] Ferner gilt auch hier das **Amtsermittlungsprinzip** des § 20 SGB X, das dem Integrationsamt umfangreiche Sachaufklärungspflichten auferlegt (→ § 170 Rn. 30 ff.). Allerdings ist hier nach Abs. 3 Satz 1 die besonders kurze Entscheidungsfrist von **zwei Wochen** zu beachten. Es ist insoweit ein Zwang zur Konzentration, damit das Integrationsamt seine Ermittlung fristgerecht abschließen kann. Dennoch sind die Stellungnahmen der zuständigen Schwerbehindertenvertretungen, Betriebsräte oder Personalräte nach § 170 Abs. 2 einzuholen. Gegebenenfalls müssen dazu die modernen Kommunikationsmittel wie Telefon, Fax oder Internet benutzt werden. Der gebotenen Eile kann dadurch entsprochen werden, indem eine sehr kurze Frist gesetzt wird, wie sie zB in § 102 Abs. 2 Satz 3 BetrVG im Verhältnis des Betriebsrats gegenüber dem Arbeitgeber besteht. Unterbleibt die zwingende Einholung dieser Stellungnahmen und die anschließende Anhörung des schwerbehinderten Menschen zu deren Ergebnis, so beruht die Zustimmungsentscheidung zwar auf einem **Fehler**. Dieser Fehler kann jedoch noch bis zum Abschluss des Widerspruchsverfahrens **geheilt** werden.[73]

Eintritt der Zustimmungsfiktion: Trifft das Integrationsamt innerhalb von **zwei Wochen** keine Entscheidung, dem Antrag des Arbeitgebers zur außerordentlichen Kündigung zuzustimmen, so **gilt** nach Abs. 3 Satz 2 **die Zustimmung als erteilt**. Eine Verlängerung der Zweiwochenfrist zur Vermeidung der Fiktionswirkung ist selbst bei einem Einverständnis aller Beteiligten nicht statthaft.[74] Der Fiktionseintritt darf vom Integrationsamt nicht durch gezieltes Untätigbleiben bewusst herbeigeführt werden. Ein derartiges Vorgehen verstieße eklatant gegen § 20 SGB X.[75] 20

Wirkung der Fiktion: Die gesetzliche Regelung soll nach der Rspr. einen „**privatrechtsgestaltenden Verwaltungsakt** mit Doppelwirkung" fingieren.[76] Zutreffend beurteilt ist die Doppelwirkung, nämlich einerseits Aufhebung des Sonderschutzes gegenüber dem schwerbehinderten Beschäftigten und andererseits Aufhebung des Kündigungserklärungsverbots für den Arbeitgeber. Verfehlt ist jedoch die Einordnung als **privatrechtsgestaltend**; denn nicht durch den fingierten Verwaltungsakt, vielmehr erst durch die spätere Kündigungserklärung des Arbeitgebers wird das privatrechtliche Arbeitsverhältnis gestaltet.

---

72 Zutreffend: LAG Düsseldorf 29.1.2004 – 5 Sa 1588/03, Rn. 53; NZA-RR 2004, 406; aA nach „Sinn und Zweck" BAG 12.5.2005 – 2 AZR 159/04, Rn. 24, Behindertenrecht 2006, 18; BAG 15.11.1990 – 2 AZR 255/90; BAG 13.5.1981 – 7 AZR 144/79 BAGE 35, 268; zustimmend: *Natter* ArbRB 2007, 244.
73 Vgl. BVerwG 10.2.1997 – 5 B 108/96, Buchholz 436.61 § 17 SchwbG Nr. 7.
74 *Knittel*, 10. Aufl. 2017, SGB IX § 91 Rn. 58; *Kreitner* in jurisPK-SGB IX § 174 Rn. 25.
75 *Kreitner* in jurisPK-SGB IX § 174 Rn. 27.
76 BVerwG 10.9.1992 – 5 C 39/88, juris Rn. 12, BVerwGE 91, 7 = Behindertenrecht 1993, 17.

Rechtsschutz gegen die Fiktionswirkung: Der schwerbehinderte Mensch wird durch den Eintritt der Fiktion **beschwert:** Die öffentlich-rechtliche Kündigungssperre entfällt. Die Nichtentscheidung des Integrationsamts begünstigt daher den Arbeitgeber. Der Arbeitnehmer kann die Rechtmäßigkeit der fingierten Zustimmung im Widerspruchsverfahren überprüfen lassen. Das ergibt sich daraus, dass nach dem Wortlaut der Regelung keine Verschweigungsfrist normiert ist, mit deren fruchtlosem Verstreichen der verwaltungsrechtliche Zustimmungsvorbehalt für die Kündigung des Arbeitgebers gewissermaßen entfällt. Vielmehr hat sich der Gesetzgeber für die Fiktion einer positiven Entscheidung zugunsten des antragstellenden Arbeitgebers entschieden.[77] Das führt zur Anwendbarkeit aller der Vorschriften und Grundsätze, die maßgebend wären, wenn die Behörde eine entsprechende Zustimmung ausdrücklich durch Verwaltungsakt erteilt hätte.[78] Für den Beginn der **Widerspruchsfrist** ist nach § 36 SGB X maßgebend, dass das Integrationsamt eine schriftliche Bestätigung des fingierten Verwaltungsaktes mit Rechtsmittelbelehrung dem schwerbehinderten Menschen zustellt.[79] Ansonsten kann mangels Rechtsbehelfsbelehrung nach § 58 Abs. 2 VWGO innerhalb eines Jahres Widerspruch eingelegt werden.[80] Dem Integrationsamt steht es auch frei, den Eintritt der Bestandskraft des Zustimmungsbescheids zu beschleunigen, in dem es nach Ablauf der Zweiwochenfrist einen förmlichen Zustimmungsbescheid dem schwerbehinderten Menschen mit einer ordnungsgemäßen **Rechtsbehelfsbelehrung** zustellt.[81] Sonst läuft nach § 58 Abs. 2 VwGO die Widerspruchsfrist in Ermangelung einer Rechtsbehelfsbelehrung ein Jahr.

21 **Voraussetzungen für den Eintritt der Zustimmungsfiktion:** In Abs. 3 Satz 2 stellt das Gesetz im Gegensatz zur Zustimmung zu einer ordentlichen Kündigung des Arbeitsverhältnisses nach § 171 Abs. 2 Satz 1 nicht auf die Zustellung des Bescheids des Integrationsamts ab. Maßgeblich für den Wegfall der öffentlich-rechtlichen Kündigungssperre soll der Zeitpunkt von zwei Wochen nach Eingang des Arbeitgeberantrags sein, sofern zu diesem Zeitpunkt das Integrationsamt noch keine Entscheidung „getroffen" hat. **Getroffen** ist eine Entscheidung, wenn nach außen der **dokumentierte Abschluss** des behördeninternen Entscheidungsvorgangs mitgeteilt wird.[82] Dazu genügt sowohl die mündliche oder fernmündliche Bekanntgabe der Zustimmung als auch eine Mitteilung per E-Mail an den Arbeitgeber.[83] Noch keine Entscheidung ist getroffen, wenn mitgeteilt wird, man wolle die Frist des § 174 Abs. 3 SGB IX verstreichen lassen.[84] Gleichfalls fehlt ein Abschluss des behördeninternen Entscheidungsvorgangs, wenn mitgeteilt wird, die Zustimmung werde voraussichtlich erteilt, der Bescheid müsse nur noch unterschrieben werden.[85]

Hat das Integrationsamt innerhalb der zwei Wochen entschieden, den Antrag des Arbeitgebers zurückzuweisen, und diese Entscheidung noch vor Ablauf der

---

77 BVerwG 15.12.1988 – 5 C 67/85, juris Rn. 12, 13, BVerwGE 81, 84 = NZA 1989, 554.
78 BVerwG 10.9.1992 – 5 C 39/88, juris Rn. 12, Behindertenrecht 1993, 17.
79 BVerwG 10.9.1992 – 5 C 39/98, BVerwGE 91, 7.
80 So NdsOVG 31.7.1978 – IV A 64/78, FEVS 28, 326.
81 *Gallner* in KR, 11. Aufl. 2016, SGB IX § 91 Rn. 27.
82 BAG 12.5.2005 – 2 AZR 159/04, NZA 2005, 1173; BAG 9.2.1994 – 2 AZR 720/93, NZA 1994, 1030.
83 BAG 19.6.2007 – 2 AZR 226/06, NZA 2007, 1153; BAG 12.5.2005 – 2 AZR 159/04, NZA 2005, 1173.
84 BAG 19.6.2007 – 2 AZR 226/06, NZA 2007, 1153.
85 LAG BW 6.9.2004 – 15 Sa 39/04, NZA-RR 2005, 297.

Frist zur Post aufgegeben, so tritt keine Zustimmungsfiktion ein.[86] Im Schrifttum zum SchwbG wurde gegen diese Rspr. eingewandt, ein Verwaltungsakt werde erst mit seiner **Bekanntgabe** wirksam, deshalb müsse zumindest noch vor Fristablauf dem Arbeitgeber die Zustimmungsversagung mitgeteilt werden.[87] Dieser Streit hat angesichts der modernen Kommunikationsmittel an Bedeutung verloren. Wenn das Integrationsamt den Bescheid erlässt und zur Post aufgibt, ist es ohne Weiteres möglich, den Arbeitgeber über Telefon, Fax oder Internet zu unterrichten und so für Rechtssicherheit zu sorgen. Um Missverständnisse zu vermeiden, sind die Integrationsämter dazu übergegangen, auch den Fiktionseintritt zu bestätigen. Das BVerwG hat eine derartige Verpflichtung angenommen.[88] Auf eine Bekanntgabe oder Zustellung kommt es jedoch nach der Rspr. des BAG, die auf das Erteilen der Zustimmung abstellt (→ Rn. 30), nicht an.[89]

Negativattest: Ebenso wie bei der ordentlichen Kündigung (vgl. Erläuterungen → § 168 Rn. 49) hat das Integrationsamt in Form eines rechtsmittelfähigen Bescheids ein Negativattest zu erteilen, sofern die Frage der Schwerbehinderteneigenschaft oder der Gleichstellung im Streit ist und innerhalb der Zweiwochenfrist die Ermittlungen nicht abgeschlossen werden können. Das Integrationsamt kann allerdings auch unter dem Vorbehalt der rückwirkenden Feststellung der Schwerbehinderteneigenschaft dem Arbeitgeber die Zustimmung zur beabsichtigten außerordentlichen Kündigung erteilen.[90] 22

Ermessensbindung und Ermessensentscheidung: Das Integrationsamt hat, soweit kein Fall der Ermessensbindung wegen des fehlenden Zusammenhangs von Kündigungsgrund und Behinderung (vgl. Zustimmungsregel unter → Rn. 24) vorliegt, die Entscheidung über den Arbeitgeberantrag nach freiem, **pflichtgemäßem Ermessen** zu treffen. Der Entscheidung ist allein der Sachverhalt zugrunde zu legen, den der Arbeitgeber in seinem Antrag als Kündigungsgrund bezeichnet hat. In Betracht kommen nicht nur verhaltensbedingte, sondern auch betriebs- und personenbedingte Gründe. Das Integrationsamt hat nicht zu prüfen, ob ein wichtiger Grund iSv § 626 Abs. 1 BGB besteht; denn das ist eine Aufgabe, die den Gerichten für Arbeitssachen vorbehalten ist,[91] vgl. die Parallele zur Prüfung der sozialen Rechtfertigung bei der ordentlichen Kündigung: → § 172 Rn. 8. 23

Obwohl im arbeitsgerichtlichen Kündigungsverfahren eine Interessenabwägung stattfindet, ist dem Integrationsamt eine Abwägung der widerstreitenden Interessen an der sofortigen Beendigung und an der zumindest vorübergehenden Fortsetzung der Beschäftigung nicht verwehrt. Da auch die Gerichte für Ar-

---

86 BAG 12.8.1999 – 2 AZR 748/98, AP SchwbG 1986 § 21 Nr. 7; BAG 9.2.1994 – 2 AZR 720/93, EzA § 21 SchwbG 1986 Nr. 5, unter Bestätigung von BAG 16.3.1983 – 7 AZR 96/81, AP SchwbG § 18 Nr. 6 und unter Aufgabe von BAG 15.11.1990 – 2 AZR 255/90, AP SchwbG 1986 § 21 Nr. 6.
87 Dörner SchwbG § 21 Anm. III 4 b cc; Cramer, 3. Aufl. 1987, SchwbG § 21 Rn. 6.
88 Zu der wortgleichen Vorgängerregelung des § 21 Abs. 4 SchwbG: BVerwG 10.9.1992 – 5 C 39/88, NZA 1993, 76.
89 Kreitner in jurisPK-SGB IX § 174 Rn. 26; Knittel SGB IX § 91 Rn. 60; Vossen in APS SGB IX § 91 Rn. 11.
90 Vgl. zur wortgleichen Vorgängerregelung des § 21 Abs. 4 SchwbG: BVerwG 15.12.1988 – 5C 67/86, NZA 1989, 554.
91 OVG LSA 22.6. 2011 – 3 L 246/09 n Rn. 32, Behindertenrecht 2012, 107; OVG NRW 27.2.2011 – 12 A 705/10, Rn. 17, Behindertenrecht 2011, 212; OVG NRW 25.2.2009 – 12 A 472/09; OVG NRW 25.2.2009 – 12 A 96/09; zu der wortgleichen Vorgängerregelung des § 21 Abs. 4 SchwbG: BVerwG 18.9.1996 – 5 B 109.96, Buchholz 436.61 § 21 SchwbG Nr. 8; BVerwG 2.7.1992 – 5 C 39.90, BVerwGE 90, 275 ff.

beitssachen eine derartige umfassende Interessenabwägung bei Anwendung des wichtigen Grundes iSv § 626 BGB vornehmen, bedarf es jedoch zur Vermeidung einer Doppelung einer Abgrenzung beider Interessenabwägungen. Sie unterscheiden vor allem darin, dass das Integrationsamt auch noch **öffentliche Belange** wie das staatliche Interesse an der Erfüllung der Beschäftigungspflicht zu berücksichtigen hat, → § 172 Rn. 7.

Die Rspr. löst das Abgrenzungsproblem, indem sie zu Recht von der unterschiedlichen Zwecksetzungen ausgeht.[92] Der Sonderkündigungsschutz aus §§ 168 ff. SGB IX ist im Unterschied zum bürgerlichrechtlichen Kündigungsschutz nach § 626 BGB ist **präventiver und öffentlich-rechtlicher Art**. Er unterwirft die Ausübung des arbeitgeberseitigen Kündigungsrechts einer vorherigen Kontrolle des Integrationsamts, indem er die Kündigung einem Verbot mit Erlaubnis-(Zustimmungs-)Vorbehalt unterstellt, um bereits im Vorfeld der Kündigung die spezifischen Schutzinteressen schwerbehinderter Arbeitnehmer zur Geltung zu bringen und eine mit den Schutzzwecken des im Teil 3 des SGB IX geregelten Schwerbehindertenrechts unvereinbare Kündigung zu verhindern.[93] Daraus wird die Schlussfolgerung gezogen, es sei nicht Sinn des Sonderkündigungsschutzes, den schwerbehinderten Arbeitnehmer im Vorfeld von jeder möglichen Belastung eines Kündigungsrechtsstreites mit dem Arbeitgeber freizustellen.[94] Vielmehr könnten derartige Lasten alle Arbeitnehmer treffen; der Schwerbehinderte habe insoweit grundsätzlich keinen besonderen Schutzanspruch. Das Sozialgesetzbuch IX wolle ihn nicht gegenüber Nichtbehinderten bevorzugen, sondern lediglich seine behinderungsbedingten Nachteile ausgleichen. Der Schwerbehinderte müsse sich deshalb, was die privatrechtliche Wirksamkeit der Kündigung anlangt, auf die Überprüfung durch die Arbeitsgerichte verweisen lassen. Das Integrationsamt prüfe im Rahmen der durch § 174 Abs. 3 und 4 SGB IX gezogenen Grenzen nur die spezifischen, in der Behinderung wurzelnden Schutzinteressen, in dem sie diese gegenüber den vom Arbeitgeber geltend gemachten Kündigungsgründen in die Abwägung einbringe und abwäge, ob diesen Schutzinteressen der Vorrang vor den vom Arbeitgeber geltend gemachten Auflösungsgründen zukomme. Lediglich in dem Fall, dass sich aus den vom Arbeitgeber geltend gemachten Gründen **offensichtlich kein wichtiger Grund** für eine Kündigung herleiten lässt, könne es zulässig sein, dass das Integrationsamt abweichend vom Regelfall die Zustimmung zur Kündigung nach § 174 Abs. 4 SGB IX versage, obwohl die Kündigung aus einem Grund erfolgen soll, der mit der Behinderung nicht im Zusammenhang stehe.[95]

Da den Integrationsämtern innerhalb der ihnen in § 174 Abs. 3 Satz 1 SGB IX gesetzten zweiwöchigen Entscheidungsfrist eine umfassende Aufklärung des Sachverhaltes regelmäßig kaum möglich ist, kann nur regelmäßig nur eine **Evidenzprüfung** (Offensichtlichkeitsprüfung) hinsichtlich des wichtigen Grundes stattfinden. Eine offensichtlich ungerechtfertigte Kündigung liegt daher nur dann vor, wenn die Rechtswidrigkeit der Kündigung **ohne jeden vernünftigen**

---

92 OVG LSA 22.6. 2011 – 3 L 246/09, Rn. 32, Behindertenrecht 2012, 107; OVG NRW 27.2.2011 – 12 A 705/10, Rn. 17, Behindertenrecht 2011, 212; VG Mainz 13.6.2019 – 1 K 787/18.MZ, unter Bezug auf die Rspr. zum SchwbG: BVerwG 2.7.1992 – 5 C 39.90, BVerwGE 90, 275; *Schäfer* jurisPR-ArbR 15/2020 Anm. 4.
93 OVG LSA 22.6. 2011 – 3 L 246/09 n Rn. 32, Behindertenrecht 2012, 107; OVG NRW 27.2.2011 – 12 A 705/10, Rn. 17, Behindertenrecht 2011, 212; VG Mainz 13.6.2019 – 1 K 787/18.MZ, *Schäfer* jurisPR-ArbR 15/2020 Anm. 4.
94 VG Mainz 13.6.2019 – 1 K 787/18.MZ, Rn. 32 unter Bezug auf die Rspr. zum SchwbG: BVerwG 2.7.1992 – 5 C 39.90, BVerwGE 90, 275.
95 VG Mainz 13.6.2019 – 1 K 787/18.MZ, Rn. 32 unter Bezug auf die Rspr. zum SchwbG: BVerwG 2.7.1992 – 5 C 39.90, BVerwGE 90, 275.

Zweifel und sich jedem Kundigen geradezu aufdrängt.[96] Es liegt auf der Hand, dass wegen der kurzen Zweiwochenfrist für Ermittlung und Entscheidung die Integrationsämter sich für die ihnen obliegende Offensichtlichkeitsprüfung an den Grundsatzentscheidungen orientieren, die sich in der Rspr. der Arbeitsgerichtsbarkeit aus deren hohen Fallzahl von Entscheidungen herausbilden. So ist es auch nicht verwunderlich, dass die Kommentarliteratur zu § 174 SGB IX die Entscheidungen der Gerichte für Arbeitssachen zu § 626 BGB auswertet und nur als Unterscheidungsmerkmal auf die Verschiedenheit der Maßstäbe hinweist. Danach könnten Gründe, die den Arbeitgeber zur außerordentlichen Kündigung berechtigen, nicht mit den gleichen Maßstäben gemessen werden wie bei „gesunden Arbeitnehmern".[97] Dem kann nicht zugestimmt werden. Zum einen ist das Abstellen auf einen Gegensatz von „behindert" und „gesund" verfehlt. Zum anderen hat im Rahmen der nach § 626 BGB vorzunehmenden Interessenabwägung das Arbeitsgericht auch eine bestehende Behinderung des Arbeitnehmers einzubeziehen. Es ist nämlich zu prüfen, ob aufgrund derer dem Kündigenden unter Berücksichtigung aller Umstände des Einzelfalls und unter Abwägung der beiderseitigen Interessen die Fortsetzung des Arbeitsverhältnisses bis zum Ablauf der Kündigungsfrist oder bis zu der vereinbarten Beendigung des Arbeitsverhältnisses zugemutet werden kann. Dabei ist zunächst zu untersuchen, ob der Sachverhalt ohne seine besonderen Umstände „an sich" und damit typischerweise als wichtiger Grund geeignet ist. Alsdann bedarf es der weiteren Prüfung, ob dem Kündigenden die Fortsetzung des Arbeitsverhältnisses unter Berücksichtigung der konkreten Umstände des Falls und unter Abwägung der Interessen beider Vertragsteile jedenfalls bis zum Ablauf der Kündigungsfrist zumutbar war oder nicht.[98] In diesem Rahmen wird auch von den Instanzgerichten eine Schwerbehinderung berücksichtigt.[99]

Ein weiterer Unterschied zur arbeitsgerichtlichen Interessenabwägung liegt darin, dass im arbeitsgerichtlichen Kündigungsschutzverfahren der **Beibringungsgrundsatz** gilt, während das Integrationsamt nach § 20 Abs. 1 SGB X zur **Amtsermittlung** verpflichtet ist. Das Integrationsamt darf sich deshalb nicht auf eine Schlüssigkeitsprüfung des Vorbringens des Arbeitgebers zurückziehen.[100] Es hat sich von der Richtigkeit der für seine Entscheidung wesentlichen Behauptungen des Arbeitgebers auch eine eigene Überzeugung zu verschaffen.[101] Zusätzlich hat das Integrationsamt auch all das zu ermitteln, was erforderlich ist, um die gegensätzlichen Interessen des Arbeitgebers und des schwerbehinderten Arbeitnehmers abwägen zu können.[102] Allerdings setzt die Zweiwochenfrist des § 174 Abs. 3 Satz 1 dem Amtsermittlungsgrundsatz faktische Grenzen. Daraus ziehen die Verwaltungsgerichte den vorschnellen Schluss, die Offensichtlichkeitsprüfung habe nur zu berücksichtigen, was „ohne **Beweiserhebung** in tatsächlicher Hinsicht zutage tritt".[103] Dem kann nicht zugestimmt werden. So ist es trotz Zeitnot durchaus möglich, nach § 21 Abs. 1 Satz 2 Nr. 1 SGB X elektronische

---

96 VG Mainz 13.6.2019 – 1 K 787/18.MZ, unter Bezug auf die Rspr. zum SchwbG: BVerwG 2.7.1992 – 5 C 39.90, BVerwGE 90, 275; *Schäfer* jurisPR-ArbR 15/2020 Anm. 4.
97 *Neumann* in Neumann/Pahlen/Greiner/Winkler/Jabben SGB IX § 174 Rn. 15 im ersten Satz.
98 BAG 18.12.2014 – 2 AZR 265/14, Rn. 14, NZA 2015, 797; BAG 31.7.2014 – 2 AZR 505/13, Rn. 39; BAG 8.5.2014 – 2 AZR 249/13, Rn. 16.
99 Vgl. HessLAG 2.12.2013 – 16 Sa 1248/12, Rn. 25.
100 BVerwG 19.10.1995 – 5 C 24/93, EzA § 15 SchwbG 1986 Nr. 8.
101 So bereits BVerwG 28.11.1958 – 5 C 32.56, BVerwGE 8, 46 (52).
102 BVerwG 19.10.1995 – 5 C 24/92, BB 1996, 1443.
103 So VG Mainz 13.6.2019 – 1 K 787/18.MZ, Rn. 32.

Auskünfte oder nach § 21 Abs. 1 Satz 2 Nr. 3 SGB X elektronische Äußerungen von Beteiligten und Zeugen einzuholen oder nach § 21 Abs. 1 Satz 2 Nr. 3 SGB X Urkunden beizuziehen oder nach § 21 Abs. 1 Satz 2 Nr. 4 SGB X einen Augenschein einzunehmen.

Beispielsfall: Der unbequeme schwerbehinderte Arbeitnehmer Karl Müller wird vom Arbeitgeber beschuldigt, einen Spesenbetrug auf einer Dienstreise nach Hamburg begangen zu haben. Der Arbeitgeber beantragt die Zustimmung zur außerordentlichen Kündigung. Karl Müller bestreitet den Abrechnungsbetrug und macht geltend, an der Sache sei nichts daran. Der Arbeitgeber solle doch die angeblich verfälschten Belege vorlegen. Das Hotel könne die Richtigkeit der eingereichten Belege bestätigen. Der Arbeitgeber spekuliere lediglich darauf, dass er (Müller) wegen einer akuten Depressionsphase ein arbeitsgerichtliches Kündigungsverfahren nicht durchstehen könne. Hier ist es innerhalb weniger Tage möglich, eine Überprüfung in tatsächlicher Hinsicht durch die Anordnung der Vorlage der Belege und der audio-visuellen oder telefonischen Einholung der Äußerungen des Hotelpersonals vorzunehmen.

24 **Zustimmungsregel:** Ist die Zustimmung zur außerordentlichen Kündigung aus wichtigem Grund beantragt, soll nach § 174 Abs. 4 das Integrationsamt die Zustimmung erteilen, wenn die Kündigung aus einem Grunde erfolgt, der nicht im Zusammenhang mit der Behinderung steht. Die Frage, ob ein Zusammenhang mit der Behinderung besteht, ist damit von ausschlaggebender Bedeutung; denn fehlt dieser Zusammenhang, so ist die Zustimmung zur außerordentlichen Kündigung **in der Regel zu erteilen.** Der Zusammenhang kann sowohl mit einem Grund zur verhaltens- als auch einer personenbedingten Kündigung bestehen. Bei der Prüfung des Zusammenhangs mit einer Behinderung darf das Integrationsamt nur nach § 152 Abs. 1 SGB IX festgestellte oder offensichtlich vorhandene Behinderungen berücksichtigen.[104] Maßgebend sind die im Bescheid konkret benannten Funktionsstörungen.[105]

Beispiel: Ist wegen Durchblutungsstörungen in den Extremitäten sowie einer Funktionseinschränkung der Wirbelsäule eine Behinderung festgestellt, so steht eine Kündigung, die wegen der Auswirkungen einer nicht als Behinderung festgestellten psychischen Erkrankung erfolgt, nicht im gleichen Zusammenhang. Da der Zusammenhang mit dem Kündigungsgrund fehlt, gilt der Grundsatz der regelmäßigen Zustimmung.[106]

Nur bei Vorliegen von Umständen, die den Fall als **atypisch** erscheinen lassen, darf das Integrationsamt nach pflichtgemäßem Ermessen entscheiden.[107] Ein atypischer Fall soll nach der Rspr. insbesondere dann gegeben sein, wenn im Zustimmungsverfahren offenbar wird, dass die vom Arbeitgeber geltend gemachten Gründe eine außerordentliche Kündigung **offensichtlich** nicht zu rechtfertigen vermögen.[108] Die Rspr. übersieht in diesem der **Evidenzkontrolle** zuzuordnenden „atypischen" Fall jedoch, dass kein Ermessen eröffnet, sondern das Ermessen zulasten des Antragstellers auf Null reduziert ist. Weitere Einzelheiten zur Prüfung im atypischen Fall: → Rn. 27.

---

104 VG Aachen 7.2.2006 – 2 K 4421/04 juris Rn. 35.
105 OVG NW 28.1.2013 – 12 A 1635/10, juris Rn. 79.
106 VG Aachen 7.2.2006 – 2 K 4421/04, juris Rn. 37.
107 Zu der wortgleichen Vorgängerregelung des § 21 Abs. 4 SchwbG: BVerwG 2.7.1992 – 5 C 39.90, BVerwGE 90, 275; zum SGB IX idF bis 31.12.2017: OVG NRW 26.3.2008 – 12 A 2914/07; OVG NRW 31.10.2006 – 12 A 3554/06; die hiergegen eingelegte Verfassungsbeschwerde hat die 1. Kammer des Ersten Senats des BVerfG am 20.2.2007 – 1 BvR 3222/06 zurückgewiesen.
108 VG Mainz 31.3.2011 – 1 K 780/10.MZ, Rn. 34.

Zusammenhang von Behinderung und Kündigungsgrund: Einen Zusammenhang zwischen Kündigungsgrund und Behinderung nimmt die Rspr. der zuständigen Verwaltungsgerichtsbarkeit auch dann an, wenn dieser **Zusammenhang nur mittelbar** ist, wie bei der Beschaffungskriminalität als Kündigungsgrund und der Suchterkrankung als anerkannter Behinderung.[109] Für einen Zusammenhang zwischen der Behinderung und dem Kündigungsgrund iSd Abs. 4 reicht nach der Rspr. nicht jedweder Einfluss der Behinderung auf das **Verhalten des Behinderten**. Der erforderliche Zusammenhang ist vielmehr erst dann gegeben, 25

1. wenn die jeweilige Behinderung unmittelbar oder mittelbar zu Defiziten in der Einsichtsfähigkeit und/oder Verhaltenssteuerung des schwerbehinderten Arbeitnehmers geführt hat, denen behinderungsbedingt nicht entgegengewirkt werden konnte, und
2. wenn das einer Kündigung aus wichtigem Grund zugrunde liegende Verhalten des schwerbehinderten Arbeitnehmers gerade auf diese behinderungsbedingte mangelhafte Verhaltenssteuerung zurückzuführen ist.[110]

Das in § 174 Abs. 4 SGB IX aufgestellte Zusammenhangskriterium dient der Beschleunigung und nimmt den Sonderkündigungsschutz partiell zurück. Deshalb muss an sich jeglicher Zusammenhang zwischen Behinderung und Kündigungsgrund ausgeschlossen sein, um die Ermessensbindung eingreifen zu lassen. Dem entspricht auch das als Negation formulierte Tatbestandmerkmal des „nicht vorliegenden Zusammenhangs".[111] Demgegenüber bemüht sich die Rspr. der Verwaltungsgerichte um eine unnötige Ausdifferenzierung. So darf nach der Rspr. des OVG NRW der Zusammenhang „nicht nur ein entfernter sein".[112]

Ermessensausübung bei Zusammenhang mit Kündigungsgrund: Wird der Zusammenhang bejaht, sind alle Gesichtspunkte, die für oder gegen die Weiterbeschäftigung des Schwerbehinderten sprechen, uneingeschränkt zu prüfen und gegeneinander abzuwägen. Auch bei einem Zusammenhang zwischen Kündigungsgrund und Behinderung kann das Integrationsamt berechtigt sein, die Zustimmung zur außerordentlichen Kündigung zu erteilen. Das ist dann der Fall, wenn aufgrund der Besonderheit des Falles jede andere Entscheidung ermessensfehlerhaft wäre. Das hat das OVG NRW bejaht. Zugrunde lag der Sachverhalt, dass der schwerbehinderte Hausmeister an einer Grundschule zur Finanzierung seiner Heroinsucht Geldbeträge aus den Taschen der Lehrer entwendet hatte.[113] In einem Fall, in dem die Kündigung des Arbeitsverhältnisses auf Gründe gestützt wird, die in der Behinderung selbst ihr Ursache haben, reicht jedoch nicht jedes als Kündigungsgrund geltend gemachte Verhalten des schwerbehinderten Beschäftigten aus, um die Zumutbarkeitsgrenze für den Arbeitgeber, an die in einem derartigen Fall besonders hohe Anforderungen zu stellen sind, zu überschreiten. Vielmehr bedingen die auf der einen Seite zulasten des Arbeitgebers bestehenden besonders hohen Anforderungen an dessen Zumutbarkeitsgrenze, dass auf der anderen Seite der schwerbehinderte Beschäftigte durch sein Verhalten, das den Kündigungsgrund bildet, seine arbeitsvertraglichen Pflichten nach Art und Umfang in besonders schwerem Maß verletzt 26

---

109 OVG NRW 23.5.2000 – 22 A 3145/98, Behindertenrecht 2000, 176.
110 OVG NRW 22.1.2009 – 12 A 2094/08, Behindertenrecht 2010, 73.
111 Zutreffend: *Kreitner* in jurisPK-SGB IX § 174 Rn. 35.
112 OVG NRW 28.1.2013 – 12 A 1635/10, Rn. 65; OVG NRW 28.1.2013 – 12 A 1633/10; OVG NRW 27.6.2011 – 12 A 705/10, jeweils mwN.
113 OVG NRW 23.5.2000 – 22 A 3145/98, Behindertenrecht 2000, 176.

haben muss.[114] In einem Fall, in dem die Kündigung mit einem konkreten Fehlverhalten begründet wird, das im Rahmen der Ermessensbetätigung zu gewichten ist, sind die Feststellung dieses Fehlverhaltens und die Feststellung der für die Bewertung der Schwere dieses schließlich etwaiger Verantwortungsanteile des Arbeitgebers oder der Arbeitskollegen des schwerbehinderten Menschen erforderlich.[115]

27 **Einschränkung der Sach- und Rechtskontrolle:** Aus dem Antrag des Arbeitgebers ergibt sich eine Einschränkung der dem Integrationsamt obliegenden Sach- und Rechtskontrolle. Das Integrationsamt darf nur den im Antrag des Arbeitgebers als Kündigungsgrund angegebenen Sachverhalt zugrunde legen. Daran ist es **gebunden.** Andere, möglicherweise objektiv vorliegende **wichtige Gründe** dürfen nicht von Amts wegen ermittelt und dem Kündigungswillen des Arbeitgebers unterstellt werden.[116] Die Kündigung „erfolgt" allein aus dem subjektiv zum Kündigungsgrund im Antrag mitgeteilten Sachverhalt, den der Arbeitgeber zu ihrer Rechtfertigung angibt.[117] Es gilt hier wie bei der Mitteilung der Kündigungsgründe im Rahmen der Betriebsratsanhörung der Grundsatz der „subjektiven Determinierung".[118]

Wird ein **Zusammenhang** zwischen behauptetem **Kündigungssachverhalt** und **Behinderung** des Arbeitnehmers **festgestellt,** so kommt das Integrationsamt nicht umhin, einen im Streit befindlichen Kündigungssachverhalt festzustellen und eine umfassende Interessenabwägung vorzunehmen, → Rn. 26.

Fehlt der Zusammenhang zwischen dem Kündigungsgrund und der Behinderung, soll nach § 174 Abs. 3 SGB IX in der Regel die Zustimmung erteilt werden. Es bedarf dann nach der Rspr. der Verwaltungsgerichtsbarkeit keiner Prüfung der Kündigungsgründe am Maßstab des § 626 Abs. 1 BGB.[119] Deshalb entscheidet das Integrationsamt auf der Grundlage des vom Arbeitgeber angegebenen Kündigungsgrundes, wenn der Arbeitgeber seine Absicht zur außerordentlichen Kündigung auf mutmaßlich strafbarem Verhalten des schwerbehinderten Menschen stützt.[120] Es bedarf dann keiner Beweiserhebung.

Dieser Rspr. zufolge soll nur bei Vorliegen von Umständen, die den Fall als **atypisch** erscheinen lassen, noch ein **„Restermessen"** bestehen: Dann sei das freie, pflichtgemäße Ermessen auszuüben. Diese Rspr. hat zu Recht Kritik erfahren.[121] Die Berücksichtigung atypischer Fallkonstellationen ist nämlich nichts anderes als die Beachtung aller **Umstände des Einzelfalls im Rahmen einer Interessenabwägung.** Dazu wird aufgrund der hier dargestellten Erwägungen folgender Verfahrensgang empfohlen:

1. Ist der Kündigungssachverhalt unstreitig und genügt dieser offensichtlich nicht den Anforderungen des wichtigen Grundes im Sinne von § 626 Abs. 1 BGB, so ist die beantragte Zustimmung abzulehnen. Hier muss entsprechend dem Präventionszweck der schwerbehinderte Arbeitnehmer davor geschützt werden, dass der Arbeitgeber kalkulieren kann trotz eines für ihn voraussehbaren negativem Ergebnis eines Kündigungsschutzprozesses den schwerbehinderten Arbeitnehmer durch die psychischen Belastungen „mürbe" machen zu können.

---

114 OVG NRW 20.4.2009 – 12 A 2431/08, Behindertenrecht 2010, 75.
115 OVG NRW 20.4.2009 – 12 A 2431/08, Behindertenrecht 2010, 75.
116 BVerwG 2.7.1992 – 5 C 39/90, AP § 18 SchwbG 1986 Nr. 3.
117 OVG NRW 22.1.2009 – 12 A 2094/08, Behindertenrecht 2010, 73.
118 Zur Betriebsratsanhörung: BAG 23.10.2014 – 2 AZR 736/13, NZA 2015, 476.
119 BVerwG 2.7.1992 – 5 C 39.90, BVerwGE 90, 275.
120 VG Mainz 13.6.2019 – 1 K 787/18.MZ, *Schäfer* jurisPR-ArbR 15/2020 Anm. 4.
121 Vgl. *Dörner* SchwbG § 21 Anm. IV 2 b.

2. Erfüllen die vom Arbeitgeber mitgeteilten Tatsachen den Begriff des wichtigen Grundes und wird kein Zusammenhang zwischen Kündigungssachverhalt und Behinderung festgestellt, so hat der Arbeitgeber Anspruch auf Erteilung der Zustimmung, wenn der betroffene Arbeitnehmer nicht den Arbeitgeberbehauptungen substantiiert entgegen tritt und/oder nach Ausschöpfung der in der kurzen Zeit der Zweiwochenfrist zur Verfügung stehenden Möglichkeiten der Sachverhalt streitig bleibt.
3. Wird ein Zusammenhang zwischen Kündigung und Behinderung festgestellt, so hat so hat das Integrationsamt eine Interessenabwägung darüber zu treffen, ob die spezifischen, in der Behinderung wurzelnden Schutzinteressen der Vorrang vor den vom Arbeitgeber geltend gemachten Auflösungsgründen zukommt.[122]

Davon kommt es nach dem Stand der Rspr. der Verwaltungsgerichte in der Konstellation Nr. 2 zu einer Abweichung. Erfüllen die vom Arbeitgeber mitgeteilten Tatsachen den Begriff des wichtigen Grundes und wird kein Zusammenhang zwischen Kündigungssachverhalt und Behinderung festgestellt, so hat danach der Arbeitgeber stets Anspruch auf Erteilung der Zustimmung. Eine Ausnahme wird nur für einen atypischen Fall (→ Rn. 24) gemacht, der dem schwerbehinderten Menschen ein Sonderopfer abverlangt.[123] Diese Abweichung wird damit gerechtfertigt, dass es nicht Ziel des §§ 168 ff. SGB IX sei, eine zusätzliche, zweite Kontrolle der arbeitsrechtlichen Wirksamkeit der Kündigung zu schaffen.[124]

IX. Kündigungserklärungsfrist

Modifikation von § 626 Abs. 2 Satz 1 BGB: Der Arbeitgeber hat nach § 626 Abs. 2 Satz 1 BGB eine **zweiwöchige Ausschlussfrist** für die Erklärung der Kündigung einzuhalten. Das bedeutet: Innerhalb der Frist hat er die Kündigung abzugeben und auch den **Zugang der Kündigungserklärung** beim Adressaten zu bewirken. Die Absendung der Kündigungserklärung innerhalb dieses Zeitraums genügt nicht.[125] Das ist eine gesetzlich konkretisierte **Verwirkungsfrist**.[126] Ziel des § 626 Abs. 2 BGB ist es, dem betroffenen Arbeitnehmer rasch Klarheit darüber zu verschaffen, ob der Kündigungsberechtigte einen Sachverhalt zum Anlass für eine außerordentliche Kündigung nimmt. Nach § 626 Abs. 2 Satz 2 BGB beginnt diese Frist mit dem Zeitpunkt, in dem der kündigungsberechtigte Arbeitgeber von den für die Kündigung maßgebenden Tatsachen Kenntnis erlangt hat, → Rn. 13.

Für die außerordentliche Kündigung der Arbeitsverhältnisse schwerbehinderter Menschen wird nach der hier vertretenen Ansicht die Regelung der Erklärungs-

28

---

122 So schon BVerwG 27.1.1992 – 5 C 39.90, Rn. 23, BVerwGE 90, 275 = Behindertenrecht 1992, 165.
123 Vgl. BVerwG 2.7.1992 – 5 C 39.90, BVerwGE 90, 275 = Behindertenrecht 1992, 165; BVerwG 2.7.1992 – 5 C 51/90, BVerwGE 90, 287; VGH BW 24.11.2005 – 9 S 2178/05; OVG LSA 22.6.2011 – 3 L 246/09.
124 OVG MV 24.3.2015 – 1 L 19/14, Rn. 55, Behindertenrecht 2016, 22; HessVGH 24.1.2012 – 10 A 2619/10.Z, Rn. 13, ZB 2015, Nr. 1, 9; BayVGH 28.9.2010 – 12 B 10.1088, Rn. 30, VG Mainz 13.6.2019 – 1 K 787/18.MZ, *Schäfer* jurisPR-ArbR 15/2020 Anm. 4.
125 BAG 3.7.1980 – 2 AZR 340/78, BAGE 34, 20 = Behindertenrecht 1981, 15.
126 BAG 2.2.2006 – 2 AZR 57/05, AP BGB § 626 Nr. 204.

frist in § 626 Abs. 2 BGB durch § 174 SGB IX in zweifacher Hinsicht **modifiziert:**[127]
1. durch die vorgeschaltete **Antragsfrist** in § 174 Abs. 2 SGB IX
2. durch die Verlängerung der **Erklärungsfrist** in § 174 Abs. 5 SGB IX über den Ablauf der Frist aus § 626 Abs. 2 BGB hinaus.

Zur Antragfrist beim Integrationsamt: Die Zustimmung zur außerordentlichen Kündigung kann **nur innerhalb von zwei Wochen** beim Integrationsamt **beantragt** werden. Diese Frist beginnt mit dem Zeitpunkt, in dem der Arbeitgeber von den für die Kündigung maßgebenden Tatsachen Kenntnis erlangt (§ 174 Abs. 2 Satz 1 und 2 SGB IX). Durch eine vom Integrationsamt erteilte Zustimmung steht noch nicht fest, dass die **Zweiwochenfrist des § 626 Abs. 2 Satz 1 BGB** gewahrt ist oder noch bis zum Zugang der Kündigungserklärung beim Betroffenen gewahrt werden kann. Nach dem jüngsten Stand der Rspr. des Zweiten Senats verdrängen sich die Fristen des § 626 Abs. 2 Satz 1 BGB und des § 174 Abs. 2 Satz 1 SGB IX.[128] Gegen die Fortführung dieser älteren Rspr. spricht, dass eine Doppelprüfung stattfindet. Die Integrationsämter prüfen die Zweiwochenfrist ab Kenntnis des wichtigen Grundes bis zum Eingang des Zustimmungsantrags. Die **Gerichte für Arbeitssachen haben** die Einhaltung der **Ausschlussfrist** des § 626 Abs. 2 Satz 1 BGB unter Einbeziehung der Möglichkeit der Fristverlängerung durch § 174 Abs. 5 SGB IX **eigenständig zu prüfen**. Gegen diese partielle Doppelprüfung spricht die **Tatbestandswirkung der Entscheidung des Integrationsamts** über die Zulässigkeit des Zustimmungsantrags. Den Gerichten für Arbeitssachen ist die Überprüfung der Beurteilung der Integrationsämter verwehrt.[129] Die Bindungswirkung folgt aus Art. 20 Abs. 3 GG und § 43 VwVfG bzw. § 39 SGB X. Danach ist ein rechtswirksamer Verwaltungsakt zu beachten und als gegeben zugrunde zu legen.[130] Die sich anbahnende Rechtsprechungsänderung wird zu Recht im Sinne der Rechtsklarheit und Rechtseinheitlichkeit begrüßt.[131] Weitere Einzelheiten: → Rn. 16.

Zur verlängerten Erklärungsfrist: Da die seit positiver Kenntnis des wichtigen Grundes laufende Erklärungsfrist des § 626 Abs. 2 BGB wegen der Dauer des Antragsverfahrens beim Integrationsamt regelmäßig bereits bei Bekanntgabe der Zustimmung abgelaufen ist, verschafft in § 174 Abs. 5 SGB IX dem Arbeitgeber eine Nachfrist. Er hat die Möglichkeit, „unverzüglich nach Erteilung der

---

127 Vgl. dazu die Entwicklung der neuen Sicht des Zweiten Senats, der zunächst in einem obiter dictum auf eine Rechtsprechungsänderung entsprechend der Kommentierung des Berichterstatters in *Niemann* in ErfK, 20. Aufl. 2020, BGB § 626 Rn. 228 b hinwies: BAG 27.2.2020 – 2 AZR 390/19, Rn. 25, EzA § 91 SGB IX Nr. 7 = Behindertenrecht 2020, 103; dazu *Boemke* jurisPR-ArbR 30/2020 Anm. 3. Inzwischen geht der Zweite Senat jedoch vereinfachend von strikter Arbeitsteilung mit der Verwaltungsgerichtsbarkeit aus: Das BAG ist allein für die Prüfung der Einhaltung der Frist des § 174 Abs. 5 SGB IX zuständig, so BAG 22.7. 2021 – 2 AZR 193/21, juris Rn. 21; BAG 11.6.2020 – 2 AZR 442/19, Rn. 26, 32, NZA 2020, 717.
128 Unter Aufgabe von BAG 2.3.2006 – 2 AZR 46/05, AP SGB IX § 91 Nr. 6 = NZA 2006, 1211; jetzt BAG 22.7.2021 – 2 AZR 193/21, juris Rn. 21; BAG 11.6.2020 – 2 AZR 442/19, Rn 26, 32, NZA 2020, 717.
129 So erstmals BAG 27.2.2020 – 2 AZR 390/19, Rn. 26, EzA § 91 SGB IX Nr. 7= Behindertenrecht 2020, 103 unter Hinweis auf die deshalb aufzugebende Senatsmeinung BAG 2.3.2006 – 2 AZR 46/05, Rn. 14 ff., BAGE 117, 168.
130 BAG 8.5.2018 – 9 AZR 531/17 Rn. 33, ZTR 2018, 598.
131 *Boemke* jurisPR-ArbR 30/2020 Anm. 3.

Zustimmung" die Kündigung wirksam zu erklären.[132] Geht die Kündigung entgegen § 174 Abs. 5 SGB IX nicht unverzüglich nach Bekanntgabe der Zustimmungserteilung oder nach Fiktionseintritt dem Arbeitnehmer iSv § 130 BGB zu, so ist sie unwirksam.[133]

Auswirkungen der Änderung der Rspr. für den Arbeitgeber: Hat der Arbeitgeber in Unkenntnis der Schwerbehinderung die Frist nach § 626 Abs. 2 Satz 1 BGB bereits verstreichen lassen, stellt er dann jedoch bei Kenntniserlangung von der Schwerbehinderung oder Gleichstellung den Antrag auf Zustimmung zu ao Kündigung, so ist nur die Ablehnung des Zustimmungsantrags durch das Integrationsamt rechtmäßig, vgl. → 16. Die Arbeitsgerichte wären jedoch nach der angekündigten Änderung der Rspr. an die von den Grundsätzen des BAG, kein (faktisch) zweites Kündigungsrecht[134] einzuräumen (vgl. → 16), abweichende Beurteilung der Integrationsämter gebunden. Das wird von Autorinnen, die leitende Funktionen in Integrationsämtern wahrnehmen, heftig kritisiert.[135] Insbesondere wird darauf hingewiesen, dass sich die Zahl der fingierten Zustimmungen erhöhen wird, weil die Integrationsämter bei der Prüfung der Einhaltung der Antragsfrist sich nicht mehr auf eine Offensichtlichkeitskontrolle beschränken und die Endkontrolle den Gerichten für Arbeitssachen überlassen können.[136] Daraus ergeben sich Rückwirkungen auf den arbeitsgerichtlichen Kündigungsschutzprozess, die der Zweite Senat bei seiner Rechtssprechungsänderung nicht angesprochen und möglicherweise im Rahmen einer Folgenkontrolle nicht bedacht hat. Solange im verwaltungsrechtlichen oder verwaltungsgerichtlichen Verfahren die Einhaltung der Antragsfrist gerügt wird, bleibt die Wirksamkeit der Zustimmung und wegen der Bindung der Arbeitsgerichte auch die Wirksamkeit der außerordentlichen Kündigung in der Schwebe. Das führt entweder zu Verfahrensaussetzungen nach § 148 ZPO oder zu vermehrten Restitutionsklagen nach § 79 ArbGG, sofern im verwaltungsgerichtlichen Verfahren die Nichteinhaltung der Antragsfrist festgestellt wird.[137] Für Arbeitgeber bewirkt diese neue Rspr. das Risiko einer erheblich längeren Verfahrensdauer. Hinzu kommt die wegen des doppelten Rechtswegs die offene Frage, ob die Verwaltungsgerichtsbarkeit die vom Zweiten Senat des BAG angenommene Prüfkompetenz des Integrationsamt zur Einhaltung der Antragsfrist bestätigt.[138]

Hinweis: Für den betroffenen schwerbehinderten Beschäftigten empfiehlt es sich, schon im Antragsverfahren oder im Widerspruchsverfahren die Versäumung der Antragsfrist des § 174 Abs. 2 SGB IX zu rügen und damit das Integrationsamt zu Prüfung zu veranlassen. Nach der dem Integrationsamt obliegenden Evidenzkontrolle müsste dann das Integrationsamt die Zustimmung verweigern; denn es darf nicht „sehenden Auges" für eine unwirksame Kündigung die Zustimmung erteilen.

---

132 BAG 2.3.2006 – 2 AZR 46/05, NZA 2006, 1211; BAG 7.11.2002 – 2 AZR 475/01, BAGE 103, 277 (286); 21.4.2005 – 2 AZR 255/04, AP SGB IX § 91 Nr. 4 = EzA SGB IX § 91 Nr. 1; LAG RhPf 7.6.2016 – 6 Sa 522/15; LAG Hamm 20.4.2016 – 3 Sa 1689/15; LAG Köln 4.2.2010 – 6 Sa 1045/09.
133 LAG Hamm 31.7.2014 – 8 Sa 1457/13; LAG RhPf 31.3.2004 – 10 Sa 1437/03, NZA-RR 2005, 71.
134 Anschauliche Begriffsbildung durch *Boemke* jurisPR-ArbR 30/2020 Anm. 3.
135 *Koch/Kayser*, Offene Fragen im Verhältnis der schwerbehindertenrechtlichen Antragsfrist zur arbeitsrechtlichen Kündigungsfrist, Behinderung und Recht 2021, 8.
136 *Koch/Kayser* Behinderung und Recht 2021, 8, 12/13.
137 *Koch/Kayser* Behinderung und Recht 2021, 8, 13/14.
138 *Koch/Kayser* Behinderung und Recht 2021, 8, 14.

29 **Unverzüglich nach Erteilung der Zustimmung:** § 174 Abs. 5 SGB IX trägt dem Umstand Rechnung, dass es dem Arbeitgeber regelmäßig nicht möglich ist, bis zum Ablauf der zweiwöchigen Ausschlussfrist des § 626 Abs. 2 Satz 1 BGB bei einem schwerbehinderten Menschen die Zustimmung des Integrationsamts einzuholen.[139] Für den regelmäßig eintretenden Fall, dass nach Erteilung der Zustimmung die Frist nach § 626 Abs. 2 Satz 1 BGB bereits abgelaufen ist, verlangt § 174 Abs. 5 SGB IX, dass die Kündigung **unverzüglich nach Erteilung der Zustimmung** dem Arbeitnehmer zugehen muss, → Rn. 28. Darin liegt nach neuerer Sicht des Zweiten Senats des BAG weder eine „Ausdehnung" der Frist noch ein „Aufschieben" ihres Ablaufs, sondern eine neue Frist.[140] Daraus ergeben sich drei Folgerungen:
1. Nach erteilter Zustimmung beginnt der Lauf einer weiteren Ausschlussfrist, innerhalb der Arbeitgeber in dem unbestimmten Zeitraum „unverzüglich" die Kündigung zu erklären hat.
2. Abweichend von der Rechtslage der Zustimmung zur ordentlichen Kündigung bedarf es für die Aufhebung des Kündigungsverbots bei der außerordentlichen Kündigung keiner förmlichen Zustellung des Zustimmungsbescheids nach dem Verwaltungszustellungsgesetz.
3. Für die Beurteilung, ob die Kündigung unverzüglich erklärt worden ist, darf nicht auf den Zugang des Zustimmungsbescheids abgestellt werden. Maßgebend ist vielmehr der Eintritt der Zustimmungsfiktion nach § 174 Abs. 3 Satz 2 (keine Entscheidung innerhalb von zwei Wochen nach Eingang des Antrags) oder für den Fall, dass eine Entscheidung vor Ablauf der Zweiwochenfrist aus § 174 Abs. 3 Satz 2 getroffen worden ist, der Tag, an dem die Bekanntgabe der Entscheidung erfolgt ist.

Entsprechend der Legaldefinition des § 121 Abs. 1 BGB bedeutet „unverzüglich" „ohne schuldhaftes Zögern". Schuldhaft ist ein Zögern dann, wenn das Zuwarten durch die Umstände des Einzelfalls nicht geboten ist.[141] Da „unverzüglich" weder „sofort" bedeutet noch damit eine starre Zeitvorgabe verbunden ist,[142] kommt es auf eine verständige **Abwägung der beiderseitigen Interessen** an.[143] Die Rspr. stellt an die Unverzüglichkeit des Handelns strenge Anforderungen.[144] Das Erklären einer außerordentlichen Kündigung **sieben Tage** nach Eintritt der Zustimmungsfiktion ist nicht mehr als ein unverzügliches Erklären angesehen worden.[145] Das ArbG Berlin hat die Zustellung der Kündigung durch einen Boten des Arbeitgebers am vierten Tag nach Zugang der Zustimmungserklärung und am übernächsten Tag nach Fertigung der Kündigung nicht mehr als unverzüglich angesehen. Das LAG Bln-Bbg hat nur deswegen die Entscheidung abgeändert, weil aufgrund der besonderen Umstände einer gro-

---

139 BAG 21.4.2005 – 2 AZR 255/04, BAGE 114, 264; 15.11.2001 – 2 AZR 380/00, BAGE 99, 358.
140 So klarstellend: BAG 27.2.2020 – 2 AZR 390/19, Rn. 24 f., EzA § 91 SGB IX Nr. 7 unter Hinweis auf *Niemann* in ErfK, 20. Aufl. 2020, BGB § 626 Rn. 228 b.
141 RG 22.2.1929 – II 357/28, RGZ 124, 115 (118) = JW 1929, 1457.
142 BAG 27.2.2020 – 2 AZR 390/19, Rn. 17; so auch: *Müller-Wenner/Schorn* SGB IX § 91 Rn. 22.
143 BAG 27.2.2020 – 2 AZR 390/19, Rn. 17, EzA § 91 SGB IX Nr. 7; BAG 19.4.2012 – 2 AZR 118/11, Rn. 16, NZA 2013, 507; BAG 1.2.2007 – 2 AZR 333/06, Rn. 31, NZA 2007, 744; BAG 2.2.2006 – 2 AZR 57/05, AP BGB § 626 Nr. 204.
144 LAG Hamm 20.1.2011 – 15 Sa 20/10; LAG RhPf 5.10.2005 – 10 TaBV 22/05, NZA-RR 2006, 245.
145 LAG Hamm 25.10.2012 – 15 Sa 765/12, nachgehend Erledigung durch Vergleich BAG 29.7.2013 – 2 AZR 329/13; zustimmend: *Beyer* jurisPR-ArbR 21/2013 Anm. 1 und *Kohte/Eberhardt* jurisPR-ArbR 9/2020 Anm. 2.

ßen Behörde mit mehreren Dienstsitzen und der alleinigen Kündigungsbefugnis des Geschäftsführers keine schuldhafte Verzögerung angenommen wurde.[146] Der Zweite Senat des BAG sieht nach einer Zeitspanne von **mehr als einer Woche** ohne das Vorliegen besonderer Umstände grundsätzlich keine Unverzüglichkeit mehr gegeben.[147] Zur Rechtslage bei nach der Zustimmung eingeleitetem personalvertretungsrechtlichen Zustimmungsverfahren → Rn. 32.
Bei der Beurteilung der Unverzüglichkeit kann ein Tag mehr oder weniger entscheidungserheblich sein. Deshalb lohnt es sich, der Frage Aufmerksamkeit zu widmen, wie möglichst schnell und sicher der Zugang der Kündigungserklärung beim Arbeitnehmer bewirkt werden kann. Hier ist auch zu beachten, dass nach § 37 Abs. 1 Satz 2 SGB X die Behörde, wenn ein Bevollmächtigter bestellt ist, die Bekanntgabe des Zustimmungsbescheids diesem gegenüber mit Wirkung für den Arbeitgeber vornehmen darf. Kommt es zu Verzögerungen der Kommunikation zwischen Bevollmächtigten und Arbeitgeber, wirken diese sich zulasten des Arbeitgebers aus.
Kündigungserklärung nach Erteilung der Zustimmung: Wird, obwohl nicht erforderlich (→ Rn. 29), der Zustimmungsbescheid förmlich zugestellt, so ist zu beachten, dass gemäß § 1 Abs. 1, § 65 Abs. 2 SGB X die **landesrechtlichen Vorschriften** über das Zustellungsverfahren Anwendung finden. Diese bestimmen einheitlich in § 4 VwVfG:

30

„(1) Ein Dokument kann durch die Post mittels Einschreiben durch Übergabe oder mittels Einschreiben mit Rückschein zugestellt werden. Das zuzustellende Dokument ist der Post verschlossen zu übergeben.
(2) Zum Nachweis der Zustellung genügt der Rückschein. Im Übrigen gilt das Dokument am dritten Tag nach der Aufgabe zur Post als zugestellt, es sei denn, dass es nicht oder zu einem späteren Zeitpunkt zugegangen ist. Im Zweifel hat die Behörde den Zugang und dessen Zeitpunkt nachzuweisen. Der Tag der Aufgabe zur Post ist in den Akten zu vermerken."

Damit ist nach neuem Recht regelmäßig durch Übergabe oder Rückschein der Tag des Zugangs feststellbar. Nach § 4 Abs. 1 VwZG BW aF galt 2006 bei der Zustellung durch die Post mittels eingeschriebenen Briefes (ohne Rückschein) dieser stets mit dem dritten Tag nach der Aufgabe zur Post als zugestellt, es sei denn, dass das zuzustellende Schriftstück nicht oder zu einem späteren Zeitpunkt zugegangen war.[148] Das konnte damals dazu führen, dass das Kündigungsschreiben beim Arbeitnehmer zu früh, nämlich vor Eintritt der Fiktion der förmlichen Zustellung (drei Tage nach Aufgabe zur Post) einging.
Weder die förmliche Zustellung noch der Zugang des schriftlichen Bescheids sind fristauslösende Ereignisse, wenn zeitlich vorhergehend bereits eine wirksame Bekanntgabe des Zustimmungsbescheids erfolgt oder die Fiktion aus § 174 Abs. 3 Satz 2 eingetreten ist. Nach Meinung des BAG soll mit Rücksicht auf die Formulierung in § 174 Abs. 3 SGB IX der Arbeitgeber schon die außerordentliche Kündigung erklären dürfen, **sobald die Entscheidung des Integrationsamts „getroffen"** ist. Dafür lässt die Rspr. des BAG die mündliche oder fernmündli-

---

146 LAG Bln-Bbg 16.4.2010 – 9 Sa 63/10; nachgehend BAG 28.10.2010 – 2 AZN 679/10 – Zurückweisung der Nichtzulassungsbeschwerde.
147 BAG 27.2.2020 – 2 AZR 390/19, Rn. 17 EzA § 91 SGB IX Nr. 7 unter Hinweis auf die Rspr. zu § 174 BGB BAG 8.12.2011 – 6 AZR 354/10, Rn. 33, BAGE 140, 64 = NZA 2012, 495.
148 LAG BW 22.9.2006 – 18 Sa 28/06, DÖD 2007, 96.

che Bekanntgabe ausreichen.[149] Das entspricht jedoch nicht dem Wirksamwerden eines Verwaltungsaktes nach § 39 Abs. 1 SGB X. Danach wird ein Verwaltungsakt gegenüber demjenigen, für den er bestimmt ist oder der von ihm betroffen wird, in dem Zeitpunkt wirksam, in dem er ihm nach § 37 Abs. 1 Satz 1 SGB X bekannt gegeben wird. Der Zustimmungsbescheid zur ordentlichen Kündigung wird schriftlich erlassen: Das ergibt sich aus dem in § 171 Abs. 2 Satz 1 SGB IX geregelten Zustellungserfordernis und dem in § 171 Abs. 2 Satz 2 SGB IX bestimmten Gebot, der BA eine Abschrift zu übersenden. Für die Form der Zustimmung zur außerordentlichen Kündigung ist in § 174 SGB IX nichts Abweichendes bestimmt. Wird von der Schriftform ausgegangen, kann die Zustimmung als sog. **verkörperter Verwaltungsakt an sich nur durch Besitzverschaffung an dem Schriftstück** bekanntgegeben werden.[150] Mit dem Zugang nach § 130 BGB hat dann der Arbeitgeber sichere Kenntnis davon, dass das Integrationsamt in seinem Sinne entschieden hat. Er braucht dann nicht mehr zu warten und darf es auch nicht, weil er ansonsten nicht unverzüglich kündigen würde.[151] Mit der mündlichen Erklärung im Rahmen einer telefonischen Nachfrage, der Antrag sei positiv beschieden, ist noch keine ordnungsgemäße Bekanntgabe des Zustimmungsbescheids verbunden. Das wird verkannt, wenn der Rechtssatzaufgestellt wird, der Arbeitgeber könne eine außerordentliche Kündigung bereits dann gegenüber einem schwerbehinderten Menschen erklären, wenn ihm das Integrationsamt „mündlich oder fernmündlich" seine Zustimmung mitgeteilt habe.[152] Das BAG vermeidet die Klärung, ob eine wirksamen Bekanntgabe vorliegt, in dem es darauf abstellt, wann „die Zustimmungsentscheidung vom Integrationsamt iSd. § 91 Abs. 3 SGB IX aF (entspricht dem geltenden § 174 Abs. 3 SGB IX) **getroffen** und das Integrationsamt sie dem Arbeitgeber – innerhalb der gesetzlichen Zwei-Wochen-Frist ...- mündlich oder fernmündlich bekannt gegeben hat.[153] Der Zweite Senat des BAG bemüht sich um eine sachgerechte Lösung in der komplexen Lage mit Zustimmungsfiktion und Zustimmungsbescheid. Er vernachlässigt jedoch, dass die anzuwendende Norm in § 174 Abs. 5 SGB IX auf die „**Erteilung der Zustimmung**" und nicht auf das Treffen der Zustimmung in § 174 Abs. 3 SGB IX abstellt. Folglich ist auszulegen, was die Erteilung der Zustimmung bedeutet. Hier verdient der Auslegung den Vorzug, die sich an die für das Sozialverwaltungsverfahren im SGB X geregelten Grundsätze zum Wirksamwerden von Verwaltungsakten hält. Ist der Zustimmungsbescheid schriftlich abgefasst, so muss er als verkörperter Veraltungsakt zur wirksamen Bekanntgabe dem Adressaten übergeben werden. Allerdings kann in der in § 174 Abs. 5 SGB IX verwandten Formulierung „**Erteilung der Zustimmung**" auch ein Abweichen von der für die ordentliche Kündigung vorausgesetzten Schriftform gesehen werden. Für diesen Fall genügt jedoch nicht die telefonische Mitteilung der Tatsache einer positiven Antragsbescheidung, die schriftlich verkörpert ist und per Post zugeleitet wird. In diesem Fall liegt einer telefonischen Mitteilung der für die Bekanntgabe eines an sich

---

149 So zum inhaltsgleichen § 21 SchwbG 1986 BAG 15.11.1990 – 2 AZR 255/90, AP SchwbG 1986 § 21 Nr. 6; 12.8.1999 – 2 AZR 748/98, AP SchwbG 1986 § 21 Nr. 7.
150 Vgl. *Pattar* in jurisPK-SGB X, 2. Aufl. 2017 21.12.2020, § 37 SGB X Rn. 34 unter Bezug auf BSG 3.6.2004 – B 11 AL 71/03 R, Rn. 24 mwN; BVerwG 22.1.1994 – 4 B 212/93, Rn. 3 mwN, Buchholz 316 § 41 VwVfG Nr. 2; BFH 12.8.1998 – IV B 145/97, Rn. 5 mwN – BFH/NV 1999, 286.
151 BAG 21.4.2005 – 2 AZR 255/04, AP § 91 SGB IX Nr. 4.
152 BAG 12.5.2005 – 2 AZR 159/04, Rn. 24, Behindertenrecht 2006, 18; LAG Düsseldorf 29.1.2004 – 5 Sa 1588/03, Rn. 44, NZA-RR 2004, 406.
153 BAG 12.5.2005 – 2 AZR 159/04, Rn. 24, Behindertenrecht 2006, 18.

möglichen mündlichen Verwaltungsaktes **notwendige Bekanntgabewille**[154] nicht vor. Es wird nur eine Wissenserklärung über eine bereits getroffene Regelung abgegeben. Folglich ist die Erlaubnis zur Kündigung zu dem Zeitpunkt, zu dem der Arbeitgeber die Tatsache der positiven Entscheidung erfährt, mangels Bekanntgabe noch nicht wirksam.
Beispiel: Der Arbeitgeber Dr. Schnell erkundigt sich am 3.6. um 11 Uhr bei der Zentrale des Integrationsamts nach seinem vor fünf Tagen eingegangenem Antrag. Der Telefonist erkundigt sich im Schreibbüro und teilt mit, der Bescheid sei unterschrieben auf dem Weg zur Poststelle. Dr. Schnell übergibt darauf hin um 11:30 Uhr das Kündigungsschreiben an dem im Betrieb anwesenden schwerbehinderten Meier. Meiers Anwalt beanstandet im Kündigungsschutzprozess zu Recht, dass zum Zeitpunkt des Zugangs der Kündigung noch keine Erlaubnis vorlag. Diese ist erst am nächsten Tag mit Zugang des schriftlichen Zustimmungsbescheids an Dr. Schnell wirksam geworden.

Wird die Zustimmung zur außerordentlichen Kündigung eines schwerbehinderten Menschen erst vom Widerspruchsausschuss erteilt, so läuft die Frist für die „unverzügliche" Erklärung der Kündigung, sobald der Arbeitgeber sichere Kenntnis davon hat, dass der Widerspruchsausschuss zustimmt. Hierfür reicht die mündliche Bekanntgabe aus, dass dem Widerspruch stattgegeben wird.[155] Hat der Arbeitgeber Personen mit seiner Vertretung gegenüber dem Integrationsamt beauftragt (Verband oder Rechtsanwältin/Rechtsanwalt), die sich durch eine Vollmacht als Empfangsperson ausgewiesen haben, ist eine zeitlich frühere Bekanntgabe gegenüber diesen Personen für den Lauf der Kündigungserklärungsfrist maßgebend. Der Arbeitgeber trägt das Risiko, dass seine Bevollmächtigten die Übermittlung verzögern. Nach § 37 Abs. 1 Satz 2 SGB X darf die Behörde, wenn ein Bevollmächtigter bestellt ist, die Bekanntgabe diesem gegenüber vornehmen.

Zu frühe und zu späte Kündigungserklärung bei Eintritt der Fiktion: Durch die Ankündigung des Integrationsamts, es sei beabsichtigt, die Frist des § 174 Abs. 3 SGB IX verstreichen zu lassen, wird klargestellt, dass das Integrationsamt innerhalb der Frist des § 174 Abs. 3 Satz 1 keine positive Entscheidung über den Zustimmungsantrag des Arbeitgebers treffen will. Nimmt der Arbeitgeber diese Mitteilung zum Anlass, bereits im Laufe des Tages, an dem zu Mitternacht die Frist des § 174 Abs. 3 Satz 2 SGB IX verstreicht, die Kündigung zu erklären und den Zugang des Kündigungsschreibens beim Arbeitnehmer zB durch Aushändigung eines Boten zu bewirken, so ist das zu früh. Die Kündigung ist dann, weil noch keine Zustimmungsentscheidung per Fiktion als „getroffen" gilt, rechtsunwirksam.[156]

31

Da die Zustimmung nicht durch eine „zu früh" abgegebene Erklärung verbraucht wird, kann der Arbeitgeber jedoch noch an den Folgetagen erneut die Kündigung erklären. Diese Kündigungen sind jedoch nur dann wirksam, wenn bei deren Zugang noch der Zeitraum eingehalten ist, der noch nicht als verspätet iSv schuldhafter Verzögerung anzusehen ist, → Rn. 29 f.

Kündigungserklärung nach Mitbestimmungsverfahren: § 174 Abs. 5 SGB IX verlängert die Kündigungserklärungsfrist über den Ablauf der Zweiwochenfrist aus § 626 Abs. 2 BGB hinaus, wenn die Erklärung **unverzüglich** erfolgt. Diese Verlängerung ist analog anzuwenden, wenn vor Ausspruch einer außerordentlichen Kündigung noch ein personalvertretungsrechtliches oder betriebsverfas-

32

---

154 *Pattar* in jurisPK-SGB X, 2. Aufl. 2017 21.12.2020, § 37 Rn. 28.
155 BAG 21.4.2005 – 2 AZR 255/04, AP § 91 SGB IX Nr. 4.
156 BAG 19.6.2007 – 2 AZR 226/06, NJW 2007, 3454.

sungsrechtliches Beteiligungs- bzw. **Mitbestimmungsverfahren** vor der Kündigung durchzuführen ist.[157] Nach § 86 BPersVG nF[158] (entspricht dem bis 14.6.2021 geltenden § 79 Abs. 3 Satz 1 BPersVG aF) ist der Personalrat vor fristlosen Entlassungen und außerordentlichen Kündigungen anzuhören. Hat der Personalrat Bedenken, so hat er sie unter Angabe der Gründe der Leiterin oder dem Leiter der Dienststelle unverzüglich, spätestens jedoch innerhalb von **drei Arbeitstagen schriftlich oder elektronisch** mitzuteilen. Die für ordentliche Kündigungen geltende Unwirksamkeitsklausel des § 85 Abs. 3 BPersVG nF ist entsprechend anzuwenden. Der Betriebsrat ist nach § 102 Abs. 1 Satz 1 BetrVG vor jeder Arbeitgeberkündigung, also auch vor einer außerordentlichen Kündigung, anzuhören. Auch er hat nach § 102 Abs. 2 Satz 3 BetrVG Bedenken spätestens innerhalb von **drei Kalendertagen**[159] **schriftlich** mitzuteilen. Textform iSv § 126 b BGB ist ausreichend.[160] Allerdings kann nach § 102 Abs. 6 BetrVG durch Betriebsvereinbarung ein zwingendes Mitbestimmungsrecht mit Entscheidung durch den Spruch der Einigungsstelle vereinbart werden.

Nach der Rspr. hat der Arbeitgeber ein Wahlrecht. Er kann frei wählen, ob der das Beteiligungsverfahren **vor** der Einholung der Zustimmung des Integrationsamts **oder nachher** durchführt. Nur wenn er anlässlich des Termins vor dem Integrationsamt oder aus dem Zustimmungsbescheid von wesentlichen Änderungen des Kündigungssachverhalts Kenntnis erlangt, muss der Arbeitgeber ausnahmsweise nach der Zustimmung des Integrationsamts, erneut das Beteiligungsverfahren durchführen, indem er auf die veränderte Sachlage hinweist und die Möglichkeit zur Stellungnahme eröffnet.[161]

Hat der Arbeitgeber sich dafür entschieden, die Beteiligung erst nach der Zustimmung des Integrationsamts einzuleiten oder ist er wegen der veränderten Kündigungssachverhalts sogar dazu angehalten, ist regelmäßig die Zweiwochenfrist für die Erklärung der Kündigung nach § 626 Abs. 2 BGB schon abgelaufen. Hier hilft die **Verlängerung**. Wird die vom Arbeitgeber abzuwartende Stellungnahme der Vertretung bei verweigerter Zustimmung noch innerhalb der Zweiwochenfrist das nach den personalvertretungsrechtlichen Vorschriften dann durchzuführende **Mitbestimmungsverfahren** eingeleitet, so ist die Kündigung nicht wegen Versäumung der Ausschlussfrist des § 626 Abs. 2 BGB unwirksam, wenn das Mitbestimmungsverfahren bei Ablauf der Zweiwochenfrist noch nicht abgeschlossen ist.[162] Die entsprechende Anwendung bedeutet dann, dass die Kündigung **unverzüglich nach der Entscheidung des Personal- bzw. Betriebsrats** erfolgen muss.[163]

Ist ein Einigungsstellenverfahren zu durchlaufen, so muss die Kündigungserklärung unverzüglich nach der **Beendigung des Einigungsstellenverfahrens** dem

---

157 BAG 26.9.2013 – 2 AZR 843/12, NZA-RR 2014, 236 mit Anm. *Sixtus* jurisPR-ArbR 31/2014 Anm. 6; BAG 3.7.1980 – 2 AZR 340/78, AP § 18 SchwbG Nr. 2; LAG Köln 5.9.2019 – 6 Sa 72/19, NZA-RR 2019, 637 zustimmend: *Kohte/Eberhardt* jurisPR-ArbR 9/2020 Anm. 2.
158 Neufassung aufgrund der Novellierung des Bundespersonalvertretungsgesetzes vom 9.6.2021.
159 *Braasch* in HaKo-BetrVG § 102 Rn. 78.
160 Fitting BetrVG 30. Aufl. 2020 § 102 Rn. 64 unter Hinweis auf Entscheidung des Ersten Senat zur Schriftform für die Mitteilung des Betriebsrats nach § 99 Abs. 3 BetrVG: BAG 9.12.2008 – 1 ABR 79/07, Rn. 35 ff., BAGE 128, 364.
161 BAG 22.9.2016 – 2 AZR 700/15, Rn. 33, Behindertenrecht 2017, 93; BAG 20.1.2000 – 2 AZR 378/99, zu B II 2 der Gründe BAGE 93, 255; BAG 18.5.1994 – 2 AZR 626/93, zu B II 2 a der Gründe.
162 BAG 2.2.2006 – 2 AZR 57/05, NZA-RR 2006, 440.
163 BAG 2.2.2006 – 2 AZR 57/05, NZA-RR 2006, 440.

betroffenen schwerbehinderten Arbeitnehmer zugehen. Das Mitbestimmungsverfahren endet frühestens mit dem Unterschreiben des Beschlusstenors durch den Vorsitzenden der Einigungsstelle, spätestens mit dem Zugang der Begründung des Einigungsstellenspruchs bei dem Arbeitgeber. Hat der Spruch nach Personalvertretungsrecht nur eine empfehlende Wirkung, so muss das personalvertretungsrechtliche Verfahren auch in diesem Fall bei **Zugang des Spruches** für beendet erachtet werden. Die folgende Entscheidung der zuständigen Stelle ist schon Teil der Organisations- und Personalhoheit, die allein durch den Dienstherrn oder durch dessen Verwaltungsträger ausgeübt werden könne.[164]

Die Regelung in § 174 Abs. 2 Satz 1 kann dazu führen, dass das personalvertretungs- und betriebsverfassungsrechtlichen **Beteiligungsverfahren** zeitlich hinausgeschoben wird. Ist ein Anhörungsverfahren nach § 102 BetrVG oder nach § 86 BPersVG nF(entspricht dem bis 14.6.2021 geltenden § 79 BPersVG aF) durchzuführen, so hat der Arbeitgeber nämlich die Möglichkeit, auch nach erteilter Zustimmung dieses Verfahren einzuleiten.[165] Hört er erst nach der Zustimmung des Integrationsamts an, so hat er jedoch das Anhörungsverfahren sofort nach Bekanntgabe der Zustimmungsentscheidung oder nach Eintritt der Zustimmungsfiktion einzuleiten und unverzüglich nach Eingang der Stellungnahme des Personal- oder Betriebsrats die Kündigung zu erklären.[166] Das gilt in gleicher Weise für das bei **schwerbehinderten Amtsträgern** erforderliche **Zustimmungsersetzungsverfahren** nach § 55 Abs. 1 BPersVG nF bzw. § 103 Abs. 2 BetrVG.[167] Eine entsprechende Anwendung ist auch für die **Beteiligung der SBV** geboten, wenn der Arbeitgeber die SBV nach § 178 Abs. 2 Satz 1 SGB IX von der Zustimmung des Integrationsamts unterrichtet und pflichtgemäß Gelegenheit zur Stellungnahme zu seiner Kündigungsabsicht einräumt.

Nach Beendigung der Beteiligung muss der Arbeitgeber **unverzüglich** die Kündigung erklären. Nach der gesetzlichen Definition in § 121 BGB ist das Wort „unverzüglich" gleichbedeutend mit „ohne schuldhaftes Zögern". Die Kündigungserklärung muss also grundsätzlich nicht sofort, sondern innerhalb einer nach den Umständen des Einzelfalles zu bemessenden Prüfungs- und Überlegungsfrist erklärt werden.[168] Dazu → Rn. 29.

Fallstudie:[169] Der gleichgestellte Arbeitnehmer ist bei einer Behörde in NRW beschäftigt. Nach dem Tarifvertrag ist das Arbeitsverhältnis zwischen den Parteien ordentlich nicht kündbar. Der Arbeitgeber wollte außerordentlich mit einer sozialen Auslauffrist kündigen. Nach Anhörung des Gesamtpersonalrats, der Gesamtschwerbehindertenvertretung und der bei dem Beklagten sogenannte „Stabsstelle Gleichstellung und Gender Mainstreaming", erteilte das Integrationsamt am 6.2.2018 die Zustimmung zur beabsichtigten Kündigung. Weil der Gesamtpersonalrat zwischenzeitlich die nach LPVG NRW erforderliche

---

164 BVerwG 17.3.1987 – 6 P 15/85, Rn. 18, PersR 1987, 188; dem folgend LAG 5.9.2019 – 6 Sa 72/19, Rn. 30, NZA-RR 2019, 637; zustimmend: *Kohte/Eberhardt* jurisPR-ArbR 9/2020 Anm. 2.
165 BAG 5.9.1979 – 4 AZR 875/77, AP § 12 SchwbG Nr. 6.
166 BAG 26.9.2013 – 2 AZR 843/12, NZA-RR 2014, 236 mit Anm. *Sixtus* jurisPR-ArbR 31/2014 Anm. 6; BAG 3.7.1980 – 2 AZR 340/78, AP § 18 SchwbG Nr. 2.
167 BAG 2.2.2006 – 2 AZR 57/05, NZA-RR 2006, 440; LAG SchlH 17.12.2008 – 6 Sa 272/08, NZA-RR 2009, 397; LAG RhPf 26.2.2008 – 3 Sa 765/07; LAG MV 13.3.2007 – 5 Sa 79/06; LAG RhPf 5.10.2005 – 10 TaBV 22/05, NZA-RR 2006, 245; LAG Bln 1.12.2004 – 4 Sa 1821/04.
168 *Ellenberger* in Palandt, 79. Aufl. 2020, § 121 Rn. 3.
169 LAG 5.9.2019 – 6 Sa 72/19 – NZA-RR 2019, 637; rechtskräftig nach der nachrichtlich mitgeteilten Verwerfung der von der Arbeitgeberin eingelegten Nichtzulassungsbeschwerde BAG 4.12.2019 – 2 AZN 1057/19.

Zustimmung verweigert hatte, tagte die Einigungsstelle mehr als zwei Monate später am 26.4.2018 und endete an diesem Tag nach der zweiten Abstimmung unter Beteiligung des Vorsitzenden mit einem Spruch, der die Empfehlung zum Gegenstand hatte, die Kündigung möge ausgesprochen werden. Die schriftliche Begründung des Beschlusses der Einigungsstelle ist am 8.5.2018 dem Dezernat 1 der Arbeitgeberin zugegangen, nachdem dort bereits am 4.5.2018 das Protokoll der Einigungsstelle eingegangen war. Der Direktorin des Beklagten wurde durch interne Verfügung vom 9.5.2018 die schriftliche Begründung des Einigungsstellenspruchs zugesandt mit der Anfrage, ob sie mit der beabsichtigten Kündigung einverstanden sei. Dieses Einverständnis erteilte die Direktorin des Beklagten nach nochmaliger Beteiligung diverser Gremien und Ansprechpartner mit Verfügung vom 17.5.2018. Die Kündigung ging dem Kläger am 18.5.2018 zu. Das war mehr als drei Monate nach Zustimmung des Integrationsamts und 22 Tage nach dem Spruch der Einigungsstelle, zehn Tage nach Zustellung der Begründung des Einigungsstellenbeschlusses an den Beklagten, neun Tage nach Zusendung des Einigungsstellenspruchs an die Direktorin der Beklagten und einen Tag nach Einverständniserklärung durch diese. Das LAG verneinte die Unverzüglichkeit.[170] Es führte ua aus, dass der Verlauf der Einigungsstellensitzung und deren Ergebnis der Arbeitgeberin seit dem 26.4.2018 bekannt war und sich die gesamte Organisation auf ein unverzügliches Handeln ab Zugang der Beschlussgründe hat vorbereiten können. Selbst wenn der Arbeitgeberin zugestanden wird, nach den Anhörungen von vier Gremien zu einer von ihm beabsichtigten Kündigung, nach aktiv erwirkter Zustimmung durch das Integrationsamt und nach zeit- arbeits- und kostenintensiver Durchführung eines von ihm betriebenen Einigungsstellenverfahrens noch einmal überlegen zu dürfen, ob man denn wirklich kündigen wolle, dürfe diese Überlegungsfrist **keinesfalls länger als eine Woche** sein. Im Ausgangsfall waren es aber neun Tage, also zwei Tage zu viel.

X. Vorsorgliche ordentliche Kündigung

33 **Umdeutung in Zustimmung zur vorsorglichen ordentlichen Kündigung:** Die Zustimmung des Integrationsamts berechtigt den Arbeitgeber nicht, vorsorglich für den Fall der arbeitsrechtlichen Unwirksamkeit der außerordentlichen Kündigung eine ordentliche Kündigung auszusprechen. Ebenso wie für die Umdeutung einer unwirksamen außerordentlichen in eine ordentliche Kündigung bedarf es einer gesonderten Zustimmung des Integrationsamts. Die Zustimmung zur außerordentlichen Kündigung enthält nämlich nicht die Zustimmung zum „milderen Mittel" der ordentlichen Kündigung.[171] Die abweichende Meinung im Schrifttum ist vereinzelt geblieben und überzeugt nicht. Sie ist auch durch die jüngere Rspr. des BAG überholt; denn die Zustimmung zum Antrag auf außerordentliche Kündigung kann nicht nach § 43 Abs. 1 SGB X in eine Zustim-

---

170 LAG 5.9.2019 – 6 Sa 72/19, NZA-RR 2019, 637; rechtskräftig nach Verwerfung der von der Arbeitgeberin eingelegten Nichtzulassungsbeschwerde BAG 4.12.2019 – 2 AZN 1057/19.
171 BAG 7.7. 2011 – 2 AZR 355/10, Rn. 36, BAGE 138, 312 = NZA 2011, 141; HessLAG 1.7.2019 – 16 Sa 1318/18, Rn. 42, EzA-SD 2020, Nr. 3, 3; LAG Köln 11.8.1998 – 3 Sa 100/98, LAGE § 626 BGB Nr. 121; LAG SchlH 8.9.1998 – 1 Sa 111/98, LAGE § 21 SchwbG 1986 Nr. 2; aA *Etzel* in KR, 9. Aufl. 2009, SGB IX § 91 Rn. 35 mit dem Argument, das Ermessen des Integrationsamts sei in beiden Fällen gleichermaßen eingeschränkt; ausdrücklich aufgegeben in der Neubearbeitung *Etzel/Gallner* in KR, 10. Aufl. 2012, SGB IX § 91 Rn. 35; *Gallner* in KR SGB IX § 91 Rn. 14 Fortführung der Auffassung.

mung zur ordentlichen Kündigung umgedeutet werden.[172] Soweit das Integrationsamt später eine Zustimmung zur ordentlichen Kündigung erteilen sollte, so wirkt diese nicht zurück, sondern kann nur als Erlaubniserteilung für eine noch auszusprechende Kündigung angesehen werden.[173] Zu beachten ist hier: Die einmonatige Erklärungsfrist des § 171 Abs. 3 muss eingehalten werden (→ § 171 Rn. 31 f.).
Die Entscheidungsfrist des Integrationsamts bei dem Antrag auf Zustimmung zur ordentlichen Kündigung beträgt nach § 171 Abs. 1 SGB IX einen Monat. Sie gewährleistet eine sorgfältigere Prüfung. Deshalb kann nicht unterstellt werden, dass das Integrationsamt bei dem Antrag auf Zustimmung zur ordentlichen Kündigung zu demselben Ergebnis kommen würde. Anders als bei der außerordentlichen Kündigung ist bei der ordentlichen Kündigung auch keine generelle Zustimmungsfiktion für alle Fälle vorgesehen, in denen das Integrationsamt nicht innerhalb einer bestimmten Frist eine Entscheidung trifft. Daher ist mit der völlig überwiegenden Meinung eine Umdeutung schon im Grundsatz abzulehnen.[174]

Unklarer Zustimmungsbescheid: Beantragt der Arbeitgeber beim Integrationsamt die Zustimmung zu einer fristlosen und hilfsweise fristgerechten Kündigung gegenüber einem tariflich unkündbaren Arbeitnehmer und trifft das Integrationsamt innerhalb der Zweiwochenfrist des § 174 Abs. 3 SGB IX eine Entscheidung, welche dem Arbeitgeber zunächst im Sinne einer antragsgemäßen Zustimmung bekannt gegeben wird, ausweislich der später zugestellten Entscheidungsbegründung sich jedoch über die Zustimmung zu einer außerordentlichen Kündigung mit sozialer Auslauffrist verhält, so kann nicht von einer Zustimmung zur außerordentlichen Kündigung mit sozialer Auslauffrist ausgegangen werden. Etwas anderes kann nur dann gelten, wenn der Arbeitgeber eine entsprechende Klarstellung beim Integrationsamt bewirkt hat und im Kündigungsschutzprozess deshalb geklärt ist, ob der weitergehende Antrag des Arbeitgebers auf Zustimmung zur fristlosen Kündigung stillschweigend zurückgewiesen oder versehentlich übergangen worden ist[175] 34

XI. Prozessrecht

Rechtsbehelfe des Arbeitnehmers: Gegen die mit der Zustimmung des Integrationsamts ausgesprochene Kündigung kann und muss der schwerbehinderte Arbeitnehmer nach § 4 Satz 1 KSchG **binnen drei Wochen beim Arbeitsgericht** Klage auf Feststellung erheben, dass das Arbeitsverhältnis durch die Kündigung nicht aufgelöst worden ist. Ansonsten tritt nach §§ 13 Abs. 1, 7 KSchG die Fiktion der Wirksamkeit der außerordentlichen Kündigung ein. Im Kündigungsschutzprozess muss der Arbeitgeber den wichtigen Grund im Sinne des § 626 Abs. 1 BGB sowie die Einhaltung der Ausschlussfristen aus § 626 Abs. 2 BGB und § 174 Abs. 5 SGB IX sowie die vor Zugang der Kündigung erteilte Zustimmung, die zum Zeitpunkt der Entscheidung noch immer vorliegen muss, darlegen und beweisen. Der Arbeitnehmer kann zugleich die Zustimmungsentscheidung innerhalb eines Monats im Wege des **Widerspruchs** anfechten. Kommt es auf die Rechtmäßigkeit der angefochtenen Zustimmung an, so hat das Arbeits- 35

---

172 BAG 23.1.2014 – 2 AZR 372/13, Rn. 25 ff., NZA 2014, 895; BAG 07.07. 2011 – 2 AZR 355/10, Rn. 36, NZA 2011, 1412.
173 Zutreffend: HessLAG 1.7.2019 – 16 Sa 1318/18, Rn. 42, EzA-SD 2020, Nr. 3, 3.
174 Ebenso: *Rolfs* in ErfK SGB IX § 174 Rn. 8; *Molkenbur/Krasshöfer-Pidde* RdA 1989, 343.
175 LAG Hamm 12.12.2005 – 8 Sa 1700/05, FA 2006, 189; *Gravenhorst* jurisPR-ArbR 21/2006 Anm. 6.

gericht im Kündigungsschutzverfahren zu entscheiden, ob das arbeitsgerichtliche Verfahren wegen Vorgreiflichkeit des Verwaltungsverfahrens nach § 148 ZPO auszusetzen ist, zumindest bis das Widerspruchsverfahren abgeschlossen ist. Zu der umstrittenen Frage der Zweckmäßigkeit einer Aussetzung → § 168 Rn. 62.

36 **Rechtslage des Arbeitgebers:** Der Arbeitgeber muss abwarten, bis die Zustimmungsentscheidung getroffen wird. Gegebenenfalls muss er im **Widerspruchsverfahren** oder im verwaltungsgerichtlichen **Klageverfahren** die vom Integrationsamt verweigerte Zustimmung erstreiten. Ist die Zustimmungsentscheidung getroffen, wird er durch die Anfechtung des Zustimmungsbescheids von Seiten des Arbeitnehmers nicht gehindert, die Kündigung auszusprechen. Dem Rechtsbehelf des Arbeitnehmers kommt nach § 171 Abs. 4 SGB IX keine aufschiebende Wirkung zu. Aus dieser Rechtslage können sich Wartezeiten für den Arbeitgeber ergeben. Der Arbeitgeber ist jedoch grundsätzlich nicht berechtigt, den Schwerbehinderten bis zum Eingang der Zustimmung unbezahlt von der Arbeit freizustellen.[176]

37 **Verbot des Nachschiebens neuer Kündigungsgründe:** Das Nachschieben neuer Kündigungsgründe ist im **Verwaltungsstreitverfahren** grundsätzlich nicht zulässig.[177] Erweiternd wird von der Verwaltungsgerichtsbarkeit auch eine spätere wesentliche Veränderung der Angaben zu den Kündigungsgründen und zur Kenntniserlangung von diesen Gründen als rechtlich nicht mehr berücksichtigungsfähig angesehen. Als eine solche verspätete wesentliche Änderung des Vortrags zu den maßgeblichen Kündigungsgründen ist die ca. zwei Jahre nach Zustimmungsantrag erstmals aufgestellte Behauptung gewertet worden, die als notwendig angesehene Verlagerung wesentlicher Teile der Ausführung eines Auftrags ins Ausland sei der entscheidende Punkt dafür geworden, dass für den Arbeitnehmer keine Weiterbeschäftigungsmöglichkeit mehr bestanden habe.[178] Diese Beschränkung des zulässigen Vorbringens des Arbeitgebers muss auch für den **Kündigungsschutzprozess** gelten.[179] Nur der Sachverhalt, der vom Integrationsamt zur Grundlage der Zustimmungsentscheidung gemacht wurde, darf Berücksichtigung finden. Das BAG hat in seiner älteren Rspr. allerdings Ausnahmen zugelassen. Das Nachschieben von Kündigungsgründen soll dann zulässig sein, wenn der nachgeschobene Kündigungsgrund offensichtlich nicht im Zusammenhang mit der Behinderung stehe, weil dann die Zustimmung auch für diesen Kündigungsgrund hätte erteilt werden müssen.[180] Das erscheint zweifelhaft; denn hier greift ein Gericht für Arbeitssachen in einen Bereich ein, der nach § 174 Abs. 4 der Prüfung eines Ursachenzusammenhangs im Verwaltungsverfahren vorbehalten ist. Unproblematisch erscheint die Zulassung des Nachschiebens, wenn Umstände vorgebracht werden, welche die bei einem Zusammenhang mit einer Behinderung nach § 174 Abs. 4 getroffene Interessenabwägung des Integrationsamts zu Gunsten des Arbeitgebers noch verstärken;

---

176 BAG 20.12.1976 – 5 AZR 736/75, AP § 18 SchwbG Nr. 1; kritisch dazu: *Peterek* SAE 1977, 162.
177 VGH BW 5.8.1996 – 7 S 483/95, VGHBW-Ls. 1996, Beilage 11, B 5–6.
178 VGH BW 5.8.1996 – 7 S 483/95, juris Rn. 26, VGHBW-Ls. 1996, Beilage 11, B 5–6.
179 LAG 15.7.2020 – 3 Sa 736/19, Rn. 32, AE 2020, 219; *Luickhardt* jurisPR-ArbR 48/2020 Anm. 5; *Salamon* ArbR 2020, 501.
180 BAG 20.1.1984 – 7 AZR 143/82; Bestätigung durch BAG 3.4.1986 – 2 AZR 324/85, AP § 626 BGB Verdacht strafbarer Handlung Nr. 18 und BAG 19.12.1991 – 2 AZR 367/91, RzK I 6 a Nr. 82; zustimmend: *Etzel/Gallner* in KR, 10. Aufl. 2012, SGB IX § 91 Rn. 39 b; *Gallner* in KR SGB IX § 173 Rn. 160; aA *Nägele-Berkner* NZA 2016, 19.

denn der Schutzzweck des Zustimmungsverfahrens wird nicht verletzt, wenn im Kündigungsschutzprozess keine Gründe ausgetauscht, sondern nur weitere Umstände hinzugefügt werden, die die Zustimmungsentscheidung bestätigen.[181] Dem Arbeitgeber ist es jedoch verwehrt, im Kündigungsschutzprozess die Kündigungsbegründung vollständig auszutauschen.[182] Das gilt insbesondere für den Fall, dass sich der ursprüngliche Kündigungsvorwurf als unzutreffend erwiesen hat. Die Abwägung des Integrationsamts bezieht sich dann auf einen völlig anderen Sachverhalt, der eine erneute Entscheidung des Integrationsamts erforderlich macht. Als pragmatischer Lösungsvorschlag bietet sich an: Steht der nachträglich bekannt gewordene Grund in einem Zusammenhang mit der Behinderung, so hat der Arbeitgeber, bevor er die neuen Tatsachen in den Kündigungsschutzprozess nachschieben darf, binnen zwei Wochen diese Gründe in einem weiteren Antragsverfahren dem Integrationsamt mitzuteilen.[183] Nur wenn das Integrationsamt der Verwertung zustimmt, darf der Arbeitgeber die neuen Tatsachen wirksam in den Arbeitsgerichtsprozess einführen. Demgegenüber wird von einigen Stimmen im Schrifttum und in der arbeitsgerichtlichen Rspr. eine totale Freigabe des Nachschiebens gefordert.[184] Zur Begründung wird angegeben: „Ausweislich des Tenors des Bescheids wird die Zustimmung zur außerordentlichen Kündigung erteilt, nicht nur die Zustimmung zur außerordentlichen Kündigung aus bestimmtem Grund. Die Gründe nehmen an der Bindungswirkung des Zustimmungsbescheids nicht teil."[185] Zwar ist dem zustimmen, dass die Zustimmung dem kündigungswilligen Arbeitgeber die Rechtsstellung zurückgibt, die er ohne den besonderen Kündigungsschutz für Schwerbehinderte hätte. Aber diese Argumentation verkennt die in dem Zustimmungsvorbehalt mit gespaltenem Rechtsweg angelegte gesetzgeberische Konzeption. Diese hat das BVerwG treffend zum Ausdruck gebracht: „Die Zustimmung des Integrationsamtes zu dieser Kündigung ist öffentlich-rechtliche Voraussetzung für deren Wirksamkeit. Dies setzt zwingend voraus, dass der Gegenstand der öffentlich-rechtlichen Prüfung demjenigen der arbeitsrechtlichen Prüfung entspricht".[186] Offen hat das BVerwG gelassen, ob die durch § 174 Abs. 4 verursachte „Leerstelle" im Prüfprogramm des Integrationsamts für das Nachschieben genutzt werden darf.

Treuwidriges Berufen auf Nichteinhaltung der Kündigungserklärungsfrist: Hat der Arbeitgeber, der eine außerordentliche Kündigung gegenüber seinem Arbeitnehmer beabsichtigt, von einem Antrag des Arbeitnehmers auf Feststellung der Schwerbehinderung Kenntnis erlangt und kündigt er mit Rücksicht auf den Antrag nicht innerhalb der Frist des § 626 Abs. 2 BGB, sondern beantragt er innerhalb der Frist des § 174 Abs. 2 SGB IX die Zustimmung des Integrationsamts, so gereicht ihm das nicht zum Nachteil; denn die Kündigungserklärungs- 38

---

181 *Gieseler* in HaKo-KSchR BGB § 626 Rn. 62.
182 ArbG Lüneburg 18.5.2000 – 2 Ca 726/00, Rn. 31, NZA-RR 2000, 530; zustimmend: *Niemann* in ErfK, 21. Aufl. 2021, BGB § 626 Rn. 230 a; *Griebeling/Herget* in HK-ArbR, 4. Aufl. 2017, § 626 Rn. 56; *Gieseler* in HaKo-KSchR BGB § 626 Rn. 62; *Nägele-Berkner* NZA 2016, 19.
183 *Etzel/Gallner* in KR, 10. Aufl. 2012, SGB IX § 91 Rn. 39 b; *Salamon* ArbR 2020, 501.
184 *Rolfs* ErfK SGB IX § 174 Rn. 7; HessLAG 28.9.2001 – 9/2 Sa 1270/99, Rn. 89, LAGReport 2002, 96, LAG LSA 24.11.1999 – 3 Sa 164/99, BB 2000, 2051.
185 HessLAG 28.9.2001 – 9/2 Sa 1270/99, Rn. 89, LAGReport 2002, 96.
186 BVerwG 12.7. 2012 – 5 C 16/11, Rn. 18, Behindertenrecht 2012, 233; BVerwG 2.7 1992 – 5 C 39.90 – BVerwGE 90, 275 (281) = Buchholz 436.61 § 21 SchwbG 1986 Nr. 3 S. 8; BVerwG 18.9.996 – BVerwG 5 B 109.96, Buchholz 436.61 § 21 SchwbG Nr. 8 S. 2; *Wagner* FA 2012, 337; *Thies* in Henssler/Willemsen/Kalb, 9. Aufl. 2020, SGB IX § 174 Rn. 9.

frist gilt auch in diesem Fall der Antragstellung nach in § 174 Abs. 5 SGB IX verlängert, → Rn. 28. Beruft sich in diesem Fall der Arbeitnehmer im Kündigungsschutzprozess auf die Versäumung der Frist des § 626 Abs. 2 BGB durch den Arbeitgeber, denn er sei bei Zugang der Kündigungserklärung wegen des noch laufenden Feststellungsverfahrens nicht schwerbehindert gewesen und es habe deshalb der Zustimmung nicht bedurft, so ist das treuwidrig.[187]

39 **Geltendmachung im Kündigungsrechtsstreit:** Der Arbeitnehmer kann sich auf die Nichteinhaltung der Kündigungserklärungsfrist, die eine Unwirksamkeit der Kündigung nach § 134 BGB bewirkt, im Kündigungsrechtstreit nur berufen, wenn er den konkreten Unwirksamkeitsgrund innerhalb der dreiwöchigen Klagefrist nach § 4 Satz 1 KSchG geltend gemacht hat. Diese knappe Frist wird ausnahmsweise über § 6 Satz 1 KSchG bis zum Schluss der mündlichen Verhandlung erster Instanz verlängert, wenn bereits andere Unwirksamkeitsgründe in der Klageschrift rechtzeitig geltend gemacht wurden.[188] Hat der schwerbehinderte Arbeitnehmer im Kündigungsschutzprozess bereits erstinstanzlich vorgetragen, die vom Arbeitgeber eingeholte Zustimmung des Integrationsamts sei nicht bestandskräftig geworden, so hat er sich damit im Sinne des § 6 Satz 1 KSchG auf die Unwirksamkeit der Kündigung aus Gründen des Schwerbehindertenschutzes berufen und ist damit nicht gehindert, erstmals im zweiten Rechtszuge ergänzend die Unwirksamkeit der Kündigung wegen Versäumung der Kündigungserklärungsfrist des § 171 Abs. 3 geltend zu machen. Hat das Arbeitsgericht entgegen § 6 Satz 2 KSchG keinen Hinweis darauf erteilt, dass die Gründe für die Unwirksamkeit der Kündigung nur bis zum Schluss der mündlichen Verhandlung in der ersten Instanz geltend gemacht werden können, so ist die Geltendmachung weiterer Unwirksamkeitsgründe auch im Berufungsverfahren möglich. Ein Hinweis des Arbeitsgerichts auf die mögliche Nichteinhaltung der Kündigungserklärungsfrist des § 171 Abs. 3 ist auch dann erforderlich, wenn der anwaltlich vertretene Arbeitnehmer bereits einen anderen Aspekt des Sonderkündigungsschutzes aufgegriffen hat.[189]

XII. Sonderregeln für Arbeitskämpfe

40 **Wiedereinstellungsanspruch nach Arbeitskämpfen:** Nach Abs. 6 sind fristlos entlassene schwerbehinderte Menschen wieder einzustellen, wenn Entlassungsgrund ein Arbeitskampf war. Da ein rechtmäßiger Streik dem Arbeitgeber keinen Kündigungsgrund gibt, hat diese Vorschrift heute nur noch eine sehr begrenzte praktische Bedeutung. In rechtmäßigen Arbeitskämpfen kommt der Aussperrung auch keine lösende, sondern nur eine suspendierende Wirkung zu.[190] Deshalb hat der Wiedereinstellungsanspruch nur einen Anwendungsbereich als Folge eines rechtswidrigen Streiks. Bei einem rechtswidrigen Streik ist der Arbeitgeber grundsätzlich berechtigt, die Arbeitsverhältnisse der am Streik teilnehmenden Arbeitnehmer fristlos zu kündigen, wenn sie trotz Aufforderung die Arbeit nicht wieder aufnehmen.[191] Soweit sich schwerbehinderte Menschen an Streikexzessen, wie Körperverletzung und Sachbeschädigungen beteiligt ha-

---

187 BAG 27.2.1987 – 7 AZR 632/85, AP § 626 BGB Ausschlussfrist Nr. 26; zustimmend: *Grimm/Baron* DB 2000, 571; *Etzel/Gallner* in KR, 10. Aufl. 2012, SGB IX § 91 Rn. 9a.
188 LAG Hamm 19.11.2009 – 8 Sa 771/09, LAGE § 88 SGB IX Nr. 1; *Stähler* jurisPR-ArbR 15/2010 Anm. 3.
189 LAG Hamm 19.11.2009 – 8 Sa 771/09, LAGE § 88 SGB IX Nr. 1; *Stähler* jurisPR-ArbR 15/2010 Anm. 3.
190 BAG 21.4.1971 – GS 1/68, AP Nr. 43 zu Art. 9 GG Arbeitskampf.
191 BAG 21.10.1969 – 1 AZR 93/68, AP Art. 9 GG Arbeitskampf Nr. 41.

ben, besteht kein Anspruch auf Wiedereinstellung. Denn hier war nicht bloße Teilnahme am rechtswidrigen Arbeitskampf, sondern der Streikexzess Kündigungsgrund. Allerdings ist in der heutigen Praxis meistens auch die Wiedereinstellung für diese Fälle durch tarifvertragliche Maßregelungsverbote gesichert. Als Antwort auf einen rechtswidrigen Streik kann auch eine das Arbeitsverhältnis lösende Aussperrung in Betracht kommen.[192] In diesem Fall bedarf es an sich nicht des Wiedereinstellungsanspruchs nach Abs. 6. Denn in einem solchen Fall hat der Arbeitnehmer bereits nach der Entscheidung des Großen Senats einen Wiedereinstellungsanspruch nach billigem Ermessen.

Suspendierende Aussperrung: Nehmen schwerbehinderte Arbeitnehmer an einem Arbeitskampf teil, verlieren sie ihren **Lohnanspruch.** Der Arbeitgeber ist auch berechtigt im Rahmen zulässiger Arbeitskämpfe schwerbehinderte Menschen auszusperren.[193] Die Ausgesperrten verlieren dann ihren Entgeltanspruch. Die Zustimmung des Integrationsamts zu dieser Maßnahme ist nicht erforderlich. Nach Beendigung des Arbeitskampfes bedarf es keiner Wiedereinstellung, weil für die Dauer des Arbeitskampfes nur die Pflichten und Rechte aus dem Arbeitsverhältnis suspendiert worden sind.

41

§ 175 Erweiterter Beendigungsschutz

¹Die Beendigung des Arbeitsverhältnisses eines schwerbehinderten Menschen bedarf auch dann der vorherigen Zustimmung des Integrationsamtes, wenn sie im Falle des Eintritts einer teilweisen Erwerbsminderung, der Erwerbsminderung auf Zeit, der Berufsunfähigkeit oder der Erwerbsunfähigkeit auf Zeit ohne Kündigung erfolgt. ²Die Vorschriften dieses Kapitels über die Zustimmung zur ordentlichen Kündigung gelten entsprechend.

I. Bestandsschutz bei Erwerbsminderung 1	IV. Wirkung und Verwirkung des erweiterten Schutzes 22
1. Rechtsentwicklung 1	1. Bedingungskontrollklage gegen Beendigung 22
2. Regelungsziel und praktische Bedeutung 3	2. Verwirkung des Schutzes 23
II. Geltungsbereich 5	V. Die tarifliche Regelung der Erwerbsminderung im öffentlichen Dienst 24
1. Schutz vor auflösender Bedingung im Arbeitsverhältnis 5	VI. Auflösende Bedingung bei Eignungswegfall 31
2. Schutz vor aufgedrängten Aufhebungsverträgen 8	VII. Auflösende Bedingung für Beurlaubung zur Beschäftigung in anderen Unternehmen 33
3. Schutz bei Zurruhesetzung von Dienstordnungsangestellten und Beamten 11	VIII. Prozessrecht 34
III. Antragsverfahren 13	
1. Verfahrensgrundsätze ... 13	
2. Ermessensentscheidung ... 16	
3. Unterrichtung über den Zeitpunkt des Eintritts der auflösenden Bedingung § 15 Abs 2 TzBfG 21	

---

192 BAG GS 21.4.1971 – GS 1/68, AP Art. 9 GG Arbeitskampf Nr. 43.
193 BAG 7.6.1988 – 1 AZR 597/86, AP Art. 9 GG Arbeitskampf Nr. 107.

I. Bestandsschutz bei Erwerbsminderung
1. Rechtsentwicklung

1 **Geltende Fassung:** Die Vorschrift ist 2001 aus § 22 SchwbG 1986 nach § 92 SGB IX übernommen worden. Dabei ist zugleich die Hauptfürsorgestelle in Integrationsamt umbenannt worden. Mit Wirkung zum 1.1.2001 war § 22 SchwbG noch vor Inkrafttreten des SGB IX durch Art. 20 des Gesetzes zur Reform der Renten wegen verminderter Erwerbsfähigkeit vom 20.12.2000[1] den Tatbeständen der teilweisen Erwerbsminderung und der Erwerbsminderung auf Zeit angepasst worden. Art. 1 Bundesteilhabegesetz (BTHG) vom 23.12.2016 hat mit Wirkung vom 1.1.2018 den Standort der Norm um 83 Paragrafen nach § 175 verschoben. Das ist eine Folge der Einfügung des neuen Teils 2 in das SGB IX und des Wechsels des Schwerbehindertenrechts zum Teil 3 des SGB IX.

2 **Rechtsentwicklung:** Erstmals mit dem SchwbG 1974 ist die Zustimmungsbedürftigkeit so erweitert worden, dass auch andere Formen der Beendigung des Arbeitsverhältnisses ohne Kündigung der öffentlich-rechtlichen Erlaubnis durch die Hauptfürsorgestelle bedurften. Damit sollte die Hauptfürsorgestelle in den Stand gesetzt werden, dem Schwerbehinderten trotz Berufsunfähigkeit Weiterbeschäftigungsmöglichkeiten im Arbeitsverhältnis zu erhalten. 1979 wurden diese Fälle auch auf die Erwerbsunfähigkeit auf Zeit ausgedehnt. Mit der SchwbG-Novelle 1986 wurde klargestellt, dass die verfahrensrechtlichen Vorschriften bei der Entscheidung über die Zustimmung zur außerordentlichen Kündigung selbst dann nicht zur Anwendung gelangen sollen, wenn die maßgebliche Beendigungsvorschrift keine Auslauffrist vorsieht.[2]

2. Regelungsziel und praktische Bedeutung

3 **Regelungsinhalt:** § 175 SGB IX erweitert den Kündigungsschutz für Arbeitsverhältnisse zum Bestandsschutz gegenüber Formen der Beendigung, für die es keiner Kündigung bedarf. Das gilt insbesondere für den Schutz der schwerbehinderten Menschen gegen **auflösende Bedingungen**, mit denen in Tarifverträgen, Betriebsvereinbarungen, Dienstvereinbarungen oder in Einzelarbeitsverträgen bestimmt ist, dass das Arbeitsverhältnis bei Eintritt einer Bedingung endet. Hätte der Gesetzgeber nicht den besonderen Bestandsschutz in § 175 geregelt, wäre der schwerbehinderte Mensch gegenüber auflösenden Bedingungen sonst schutzlos (zu der zweifelhaften Rechtsprechung, nach dem Wegfall der Tauglichkeit wirksam als auflösende Bedingung vereinbart werden kann, → Rn. 22 f.); denn das Kündigungsverbot des § 168 erfasst nicht derartige Beendigungstatbestände. Kalendermäßige Befristungen werden überhaupt nicht und **Auflösungsverträge** (→ Rn. 8) nur zu einem geringen Teil erfasst.

4 **Praktische Bedeutung:** § 175 schützt insbesondere vor Auflösungsklauseln, wie sie üblicherweise in Tarifverträgen an die teilweise **Erwerbsminderung** oder die volle Erwerbsminderung auf Zeit geknüpft werden. Die Definition der Erwerbsminderung stammt aus dem Rentenrecht, → Rn. 7. Sie ist mit Rentenleistungen wegen Erwerbsminderung in §§ 43, 45, 100 240 SGB VI verbunden. Mit Wirkung zum 1.1.2001 ist vom Gesetzgeber die Unterscheidung in Berufs- und Erwerbsunfähigkeitsrenten durch die einheitliche Rente wegen Erwerbsminderung ersetzt. Das ist durch das durch das Gesetz zur Reform der Renten wegen verminderter Erwerbsfähigkeit vom 20.12.2000 geschehen.[3] Trotz mehr-

---
1 BGBl. I 1827.
2 Vgl. BT-Drs. 10/3138, 21.
3 BGBl. 2000 I 2988.

facher weiterer Reformen bestehen noch immer sozialrechtliche Sicherungslücken bei befristeten Erwerbsminderungsrenten.[4].

Praktische Bedeutung hat der Zustimmungsvorbehalt im Falle der **teilweisen Erwerbsminderung**. Diese setzt im Rentenrecht nach § 43 Abs. 1 Satz 2 SGB VI voraus, dass ein Versicherter wegen Krankheit oder Behinderung unter den üblichen Bedingungen des allgemeinen Arbeitsmarktes zwar noch in der Lage ist, drei Stunden täglich erwerbstätig zu sein aber auf nicht absehbare Zeit außerstande ist, mindestens sechs Stunden täglich erwerbstätig zu sein. Hier soll das Integrationsamt im Antragsverfahren durch seine Ermittlung (§ 170 Abs. 2) vor allem sicherstellen, dass dem schwerbehinderten Beschäftigten nicht die nach § 164 Abs. 5 SGB IX vom Arbeitgeber einzurichtenden Teilzeitarbeitsplätze vorenthalten werden. Dabei kann das Integrationsamt sich, wenn der Arbeitgeber das geltende Recht eingehalten hat, auf die Ergebnisse des Präventionsverfahrens nach § 167 Abs. 1 SGB IX stützen; denn wenn ein schwerbehinderter Beschäftigter erwerbsgemindert ist, treten Schwierigkeiten in der Beschäftigung auf, die die Einschaltung der Interessenvertretung, der SBV und des Integrationsamts gebieten. Hat der Arbeitgeber es unterlassen, das Präventionsverfahren durchzuführen, dann ist ihm Gelegenheit zu geben, dass nachzuholen. Alternativ kann auch bei der Ermessensausübung zu Lasten des Arbeitgebers berücksichtigt werden, dass bei rechtzeitiger Durchführung des Präventionsverfahrens eine Möglichkeit zur ergänzenden Teilzeitbeschäftigung gefunden worden wäre. Diese Verschiebung der Feststellungslast ist zwingend; denn sonst würde der Antragsteller aus seiner Pflichtverletzung einen Vorteil erlangen, → § 167 Rn. 113. Nur soweit ausgeschlossen werden kann, dass auch bei rechtzeitiger Durchführung keine Beschäftigungsmöglichkeit hätte gefunden werden können, darf die Verletzung der Arbeitgeberpflicht aus § 167 Abs. 1 SGB IX als unerheblich angesehen werden. Wird zwar eine **volle Erwerbsminderung** festgestellt, die Rente jedoch nur befristet gewährt, hat das Integrationsamt darauf zu achten, dass für die Zeit nach Fristablauf dem schwerbehinderten Beschäftigten die Möglichkeit der Beschäftigung erhalten bleibt.

Bei Inkrafttreten des SchwbG 1974 wollte der Gesetzgeber mit der Vorgängervorschrift im Wesentlichen die entsprechenden Klauseln in § 59 des Bundes-Angestelltentarifvertrags, in § 56 des Manteltarifvertrags für die Arbeiter des Bundes und in § 62 des Manteltarifvertrags für die Arbeiter der Länder entschärfen. Nachdem das BAG in Auslegung dieser Tarifvertragsklauseln erkannt hatte, dass das Arbeitsverhältnis eines dauerhaft berufsunfähigen Arbeitnehmers nur ende, soweit es an zumutbaren Weiterbeschäftigungsmöglichkeiten fehle,[5] nahm die praktische Bedeutung dieses besonderen Bestandsschutzes ab.

II. Geltungsbereich

1. Schutz vor auflösender Bedingung im Arbeitsverhältnis

Geschützter Personenkreis: Der Schutz des § 175 kommt allen schwerbehinderten und ihnen gleichgestellten Arbeitnehmern zugute. Er umfasst denselben Personenkreis, der auch vor Kündigungen geschützt wird, → § 168 Rn. 4. Deshalb beginnt der Schutz nach § 173 Abs. 1 Nr. 1 erst, wenn das Arbeitsverhältnis **länger als sechs Monate** bestanden hat. Es gelten auch die weiteren in § 173 aufgeführten Ausnahmen vom Geltungsbereich, → § 173 Rn. 20 ff.

---

4 *Schrehardt*, Das Flexirentengesetz – Sozialrechtliche Weichenstellung mit Langzeitwirkung?, DStR 2017, 501; *Welti*, Ein Schritt nach vorn – aber es bleibt noch viel Reformbedarf, SozSich 2019, 338.
5 BAG 28.6.1995 – 7 AZR 555/94, AP § 59 BAT Nr. 6.

6 **Vorfrist für die Antragsstellung:** Hat der Arbeitnehmer bei Eintritt der auflösenden Bedingung zwar bereits einen Antrag auf Feststellung der Eigenschaft schwerbehinderter Mensch oder auf Gleichstellung gestellt, dieser ist aber noch nicht beschieden, so stellt sich hier ebenso wie bei einer Kündigung die Frage nach einer Vorwirkung des mit der positiven Bescheidung bewirkten Schutzes. Für den Fall der Kündigung gilt nach der Rspr. eine aus § 173 Abs. 3 SGB IX abgeleitete dreiwöchige Vorfrist.[6] Diese wird auch hier angewandt.[7] Das ist zutreffend; denn gemäß § 175 Satz 2 SGB IX gelten die Vorschriften zum Kündigungsschutz (§ 168 bis § 174 SGB IX) im vierten Kapitel des dritten Teils des SGB IX entsprechend für den erweiterten Beendigungsschutz schwerbehinderter Arbeitnehmer nach § 175 Satz 1 SGB IX. Für die Berechnung der Vorfrist kommt es hier auf den **Zeitpunkt des Zugangs der schriftlichen Mitteilung des Arbeitgebers über den Eintritt der auflösenden Bedingung** nach §§ 21, 15 Abs. 2 TzBfG an.[8] Der Schutz des Zustimmungsvorbehalts aus § 175 SGB IX greift also dann ein, wenn bei Zugang der schriftlichen Unterrichtung des Arbeitnehmers durch den Arbeitgeber über den Eintritt der auflösenden Bedingung (§§ 21, 15 Abs. 2 TzBfG)
1. entweder die **Anerkennung der Schwerbehinderung** oder die **Gleichstellung** mit einem schwerbehinderten Menschen **bereits vorliegt** oder
2. die **Antragstellung** beim Versorgungsamt bzw. der Arbeitsagentur **mindestens drei Wochen zurückliegt.**

Rechtlich unerheblich ist demgegenüber, ob der Antrag auf Feststellung der Schwerbehinderung bzw. auf Gleichstellung vor oder nach der Rentenbewilligung erfolgt ist.[9] Dementsprechend muss der Arbeitgeber die Zustimmung des Integrationsamts einholen, wenn der Arbeitnehmer zwar noch nicht im Zeitpunkt der Zustellung des Bescheids über die **Bewilligung der Rente** wegen teilweiser Erwerbsminderung, wohl aber bei Zugang der Unterrichtung nach §§ 21, 15 Abs. 2 TzBfG als schwerbehinderter Mensch anerkannt oder diesem gleichgestellt war, oder die entsprechende Antragstellung mindestens drei Wochen zurücklag.

Die durch die Einführung einer Vorfrist (§ 173 Abs. 3 zweite Alternative) bewirkte Einschränkung des Geltungsbereichs gilt nicht, wenn die Schwerbehinderung dem Arbeitgeber die objektiv vorliegende Schwerbehinderung (zB schwere Krebserkrankung im Stadium t 4) bekannt war oder die Behinderung so offensichtlich war, dass es zu ihrer Einordnung als Schwerbehinderung nach der GdB-Tabelle (Bestandteil der versorgungsmedizinischen Grundsätze vgl. § 152) keines Feststellungsverfahrens nach § 152 Abs. 1 bedurfte (Beispiel: Kleinwuchs bis 130 cm). Ansonsten besteht kein erweiterter Bestandsschutz.

7 **Sachlicher Anwendungsbereich:** § 168 stellt nur die Beendigung des Arbeitsverhältnisses durch Kündigung unter Erlaubnisvorbehalt. Dieser Zustimmungsvorbehalt wird in § 175 auf die Fälle erweitert, dass der Arbeitgeber entweder eine **Beendigungsklausel** in einem Tarifvertrag oder in einer Betriebs- oder Dienstvereinbarung oder in dem Arbeitsvertrag nutzen will. Dieses weitere Verbot betrifft jedoch nicht jede Art der Beendigung infolge einer auflösenden Bedin-

---

6 Vgl. BAG 22.9.2016 – 2 AZR 700/15, Rn. 18, Behindertenrecht 2017, 93; BAG 9.6.2011 – 2 AZR 703/09, Rn. 18, Behindertenrecht 2011, 209; BAG 1. 3.2007 – 2 AZR 217/06, Rn. 38 ff., BAGE 121, 335.
7 BAG 16.1.2018 – 7 AZR 622/15, Rn. 18, BAGE 161, 266 = NZA 2018, 925.
8 BAG 16.1.2018 – 7 AZR 622/15, Rn. 21, BAGE 161, 266 = NZA 2018, 925; vordem schon zur Anwendung der Vorgängervorschrift § 90 Abs. 2 a: LAG BW 15.2.2007 – 3 Sa 49/06.
9 BAG 16.1.2018 – 7 AZR 622/15, Rn. 27, BAGE 161, 266 = NZA 2018, 925.

gung, sondern knüpft an das bei der betroffenen Person vorhandene restliche Leistungsvermögen an, auf dessen mögliche Verwendung das Integrationsamt im Antragsverfahren nach § 175 Satz 2 iVm § 170 SGB IX achten soll. Deshalb gilt der Zustimmungsvorbehalt nur:

- bei Eintritt der **teilweisen Erwerbsminderung** oder
- bei Eintritt der Erwerbsminderung **auf Zeit** oder
- bei Eintritt der Berufsunfähigkeit **auf Zeit**[10] oder
- bei Eintritt der Erwerbsunfähigkeit **auf Zeit**[11].

Nach § 43 Abs. 1 Satz 2 SGB VI tritt die **teilweise Erwerbsminderung** ein, wenn Versicherte wegen Krankheit oder Behinderung auf nicht absehbare Zeit außerstande sind, unter den üblichen Bedingungen des allgemeinen Arbeitsmarktes **mindestens sechs Stunden täglich** erwerbstätig zu sein. **Voll erwerbsgemindert** sind nach 43 Abs. 2 Satz 2 SGB VI Versicherte, die wegen Krankheit oder Behinderung auf nicht absehbare Zeit außerstande sind, unter den üblichen Bedingungen des allgemeinen Arbeitsmarktes **mindestens drei Stunden täglich** erwerbstätig zu sein.

Besteht volle Erwerbsminderung, wird – bei Vorliegen der weiteren versicherungsrechtlichen Voraussetzungen – eine **Rente** wegen verminderter Erwerbsfähigkeit gemäß § 101 Abs. 2 Satz 1 SGB VI nur **auf Zeit** geleistet. Nach Satz 2 und 3 erfolgt die **Befristung für längstens drei Jahre** nach Rentenbeginn mit der Option der Verlängerung. Nach Satz 5 gilt eine Ausnahme, wenn es unwahrscheinlich ist, dass die Minderung behoben werden kann. In diesen Fällen ist die Rente wegen Erwerbsminderung unbefristet zu gewähren.[12] Wird einem schwerbehinderten Arbeitnehmer die **volle, unbefristete Erwerbsminderung** bescheinigt, bedarf es zur Beendigung des Arbeitsverhältnisses aufgrund des Eintritts einer rechtswirksamen auflösenden Bedingung keiner **Zustimmung des Integrationsamts** nach § 175.[13] Das ist keine Verweigerung des Schutzes, sondern beruht darauf, dass bei dem dann dauerhaft nur noch vorhandenen Leistungsvermögen zu täglicher Arbeitsleistung von weniger als drei Stunden die Kontrolle des Integrationsamts überflüssig erscheint; denn die Verwertung dieses geringen Maßes an möglicher Arbeitsleistung wird dem Arbeitgeber nicht im Rahmen seiner Pflicht aus § 164 Abs. 5 SGB IX Teilzeitarbeit zu ermöglichen, nicht zugemutet. In Ermangelung einer planwidrigen gesetzlicher Regelungslücke scheidet deshalb auch eine analoge Ausweitung der Norm aus.[14]

Wird eine Erwerbsminderungsrente erneut in der Weise befristet verlängert, dass die Bewilligungsdauer sich bis zum **Erreichen der Regelaltersgrenze** und

---

10 Nur noch Altfälle, weil nach neuem Recht nur noch Erwerbsminderungsrenten gewährt werden. Das Risiko der Berufsunfähigkeit wird im Rahmen einer Vertrauensschutzregelung weiterhin abgesichert, wenn Versicherte vor dem 2.1.1961 geboren sind, § 240 Abs. 2 SGB VI.
11 Seit 1.1.2001 wird in der Rentenversicherung zwischen teilweiser und voller Erwerbsminderung unterschieden, vgl. die Übergangsbestimmungen in § 302a SGB VI zu Renten wegen verminderter Erwerbsfähigkeit und Bergmannsvollrenten. Die Regelung kann nur noch in der seltenen „Altfällen" zur Anwendung kommen, wenn bis zum 31.12.2000 eine Erwerbsunfähigkeitsrente auf Zeit bewilligt worden war und diese gemäß § 314b SGB VI weiterhin verlängert worden ist.
12 *Schmidt/Kador* in jurisPK-SGB VI, 2. Aufl. 2015, § 102 Rn. 7.
13 SächsLAG 21.7.2006 – 2 Sa 818/05, ZTR 2007, 266; zustimmend: *Kreitner* in jurisPK-SGB IX § 175 Rn. 17.
14 BAG 20.6.2018 – 7 AZR 737/16, R. 38, ZTR 2019, 100; BAG 10.12.2014 – 7 AZR 1002/12, Rn. 61, BAGE 150, 165; *Kossens* jurisPR-ArbR 9/2013 Anm. 2 zur vorinstanzlichen Entscheidung des LArbG Nürnberg 26.9.2012 – 2 Sa 75/12.

damit bis zum Altersruhegeld erstreckt, so hat sie als unbefristet zu gelten. Die anschließende Änderung der Rentenart kann nicht dazu führen, dass die Erwerbsminderung weiterhin als befristet anzusehen ist. Eine Zustimmungspflicht nach § 175 Satz 1 SGB IX besteht in diesem Fall nicht.[15] Das stimmt auch mit der Regelungsidee des § 175 Satz 1 überein; denn in diesem Fall entfällt der Sinn der Überwachungsaufgabe des Integrationsamts. Nach Eintritt der Regelaltersgrenze für die Altersrente endet die Aufgabe des Staates, dafür zu sorgen, dass die betroffene Person vor behinderungsbedingten Nachteilen auf den Arbeitsmarkt bewahrt bleibt.

2. Schutz vor aufgedrängten Aufhebungsverträgen

8 **Schutz vor Aufhebungsverträgen:** Der Wortlaut des § 175 Satz 1 erweitert das Kündigungsverbot aus § 168: Die Beendigung des Arbeitsverhältnisses bedarf auch, wenn sie ohne Kündigung erfolgt, in den aufgeführten Fällen der vorherigen Zustimmung des Integrationsamts. Der Tatbestand einer Beendigung ohne Kündigung wird zwar nicht nur aber auch erfüllt, wenn die Beendigung durch das Gestaltungsmittel Aufhebungsvertrag „erfolgt". Die überwiegende Ansicht im Schrifttum kommt nicht zu diesem systematischen Auslegungsergebnis. Sie stellt apodiktisch fest: „Eine Mitwirkung des Integrationsamt bei Aufhebungsverträgen kommt nicht in Betracht".[16] Soweit eine Begründung für erforderlich gehalten wird, erfolgt ein Verweis auf die Vertragsfreiheit. Es müsse ohne Zustimmungsvorbehalt möglich sein, einen Aufhebungsvertrag zu schließen. Dieser sei erforderlich, wenn einzelvertraglich oder kollektivrechtlich keine auflösende Bedingung vereinbart sei.[17] Bei genauer Betrachtung wird in diesem Fall die im Arbeitsvertrag versäumte Aufnahme einer auflösenden Bedingung nachgeholt. Warum in diesem Fall der Zustimmungsvorbehalt entfallen soll, erschließt sich nicht; denn sowohl in den Fällen, dass die auflösende Bedingung bei Abschluss des Arbeitsvertrag vereinbart worden ist oder später oder sogar erst am Tage des Eintritts der Bedingung vereinbart wird, greift § 175 Satz 1 aus gutem Grund in die rechtliche Fähigkeit des Arbeitgebers ein, das Arbeitsverhältnis unkontrolliert beenden zu können. Da der Zustimmungsvorbehalt in § 168 auf die Beendigung „durch den Arbeitgeber" abstellt, muss diese Voraussetzung der auch für den erweiterten Beendigungsschutz gelten. § 175 Satz 1 erweitert nämlich den Schutz aus § 168 lediglich auf Beendigungstatbestände „ohne Kündigung", nicht aber auf die eigen veranlasste Beendigung. Das ist auch von der Sache her geboten; denn es fehlt an einer Schutzbedürftigkeit, wenn der schwerbehinderte Mensch wegen seiner Erwerbsminderung das Arbeitsverhältnis beenden will. Liegt dagegen die **Initiative beim Arbeitgeber**, so gilt: Der Arbeitgeber hat für eine von ihm wegen des Eintritts einer teilweisen oder zeitweisen Erwerbsminderung angestrebte Beendigung durch Aufhebungsvertrag die Zustimmung des Integrationsamts nach § 175 Satz 2, § 170 Abs. 1 zu beantragen. Zulässig ist es, weil die Zustimmung erst für das Wirksamwerden der Beendigung erforderlich ist, auch einen Aufhebungsvertrag abzuschließen und für dessen beendigende Wirkung die Zustimmung einzuholen. Nur für

---

15 LAG RhPf 6.6.2019 – 5 Sa 14/19, Rn. 25, 29, AuA 2019, 647; zustimmend *Kreitner* in jurisPK-SGB IX § 175 Rn. 14.1.
16 So *Kreitner* in jurisPK-SGB IX § 175 Rn. 21; ebenso, wenn auch mit anderen Formulierungen: *Braasch* in Deinert/Neumann SGB IX-HdB § 19 Rn. 142; *Knittel* SGB IX § 92 Rn. 3; *Schmidt* Schwb-ArbR Rn. 891; *Trenk-Hinterberger* in HK-SGB IX, 4. Aufl. 2015, § 92 Rn. 14; zu Recht: aA *Schmitz* in FKS SGB IX, 4. Aufl. 2018, § 175 Rn. 7; *Söhngen* in DDZ SGB IX § 175 Rn. 3.
17 So *Kreitner* in jurisPK-SGB IX § 175 Rn. 20.

einen Aufhebungsvertrag, der **auf Veranlassung des schwerbehinderten Arbeitnehmers** abgeschlossen wird, bedarf es keiner Zustimmung.
Verzicht auf Beendigungsschutz: Nach allgemeinem Vertragsrecht (§§ 145, 151 BGB) bedarf ein vom Arbeitgeber angebotener Aufhebungsvertrag der Annahmeerklärung des Arbeitnehmers. In dieser Annahmeerklärung des schwerbehinderten oder gleichgestellten behinderten Menschen liegt regelmäßig ein **Verzicht auf den gesetzlichen Schutz.** Dieser Verzicht ist nach allgemeinen Grundsätzen **nach Eintritt der Schutzvoraussetzungen** zulässig.[18] Diese sind:

9

1. Eigenschaft schwerbehinderter Mensch oder Gleichstellung und
2. teilweise Erwerbsminderung oder Erwerbsminderung auf Zeit.

Hat der schwerbehinderte oder gleichgestellte behinderte Arbeitnehmer schon **vor Eintritt der Erwerbsminderung** in Erwartung der positiven Bescheidung seines Rentenantrags einen Aufhebungsvertrag geschlossen, so war zum Abschlusszeitpunkt der Schutzbereich des § 175 Satz 1 noch nicht erreicht. Zu diesem Zeitpunkt galt nicht der erweiterte Beendigungsschutz, sondern nur das Kündigungsverbot aus § 168. Diese erfasste jedoch nicht den Aufhebungsvertrag. Nach Bewilligung der Erwerbsminderungsrente sind die Schutzvoraussetzungen unzweifelhaft gegeben, dann kann auf den Schutz durch § 175 Satz 1 wirksam im Rahmen des Aufhebungsvertrags verzichtet werden.[19]
Problematisch ist der Fall, dass der Aufhebungsvertrag mit dem Arbeitnehmer in Erwartung der positiven Bescheidung seines Rentenantrags abgeschlossen wird, ohne dass der Arbeitnehmer zu diesem Zeitpunkt schwerbehindert ist. Dann kann in der Annahmeerklärung des Arbeitnehmers kein Verzicht auf den erweiterten Beendigungsschutz gesehen werden.
Beispiel: Der Aufhebungsvertrag wird am 31.3.2021 mit Wirkung zum 30.4.2021 geschlossen. Am 1.4.2021 verunglückt der Arbeitnehmer so schwer, dass bei ihm mit Wirkung vom 1.2021 ein GdB von 50 festgestellt wird.

Im Fachschrifttum wird zur **Rechtsfolge eines wirksamen Verzichts** des schwerbehinderten Arbeitnehmers ausgeführt, „dass § 175 im Ergebnis doch nicht zum Tragen kommt".[20] Das ist eine zutreffende Ergebnismitteilung. Rechtlich ist das Ergebnis so zu begründen: Der Verzicht führt zwar nicht zum Wegfall des Zustimmungsvorbehalts nach § 175 Satz 1; denn die Arbeitsvertragsparteien sind können nicht über den öffentlich-rechtlichen Beendigungsschutz verfügen. Aber ein nach Eintritt des Schutzfalles erklärter Verzicht bewirkt, dass der Verzichtende sich nicht auf die bürgerlich-rechtlich Unwirksamkeit berufen kann, die als Rechtsfolge nach § 134 BGB eintritt, wenn die erforderliche öffentlich-rechtliche Erlaubnis fehlt.
Wirksamkeit des Aufhebungsvertrags: Ob überhaupt ein Aufhebungsvertrag wirksam zustande gekommen ist, bedarf einer genauen Prüfung. In der widerspruchslosen Entgegennahme der Mitteilung des Schreibens des Arbeitgebers, das Arbeitsverhältnis sei mit Ablauf des Monats, in dem die Zeitrente bewilligt sei, nach dem Tarifvertrag beendet, liegt kein **konkludent** geschlossener wirksamer Aufhebungsvertrag.[21] Jeder Aufhebungsvertrag bedarf nämlich nach § 623 BGB zu seiner Wirksamkeit der **Schriftform.** Diese setzt eine die strenge Form des § 126 BGB erfüllende **schriftliche Willenserklärung** des Arbeitnehmers voraus.

10

---

18 Zutreffend: *Gallner* in KR, 11. Aufl. 2016, SGB IX § 92 Rn. 6; *Kreitner* jurisPK-SGB IX § 175 Rn. 21; *Schmidt* Schwb-ArbR Rn. 891.
19 *Kreitner* jurisPK-SGB IX § 175 Rn. 21.
20 So *Kreitner* jurisPK-SGB IX § 175 Rn. 21.
21 Zutreffend: *Gallner* in KR SGB IX § 92 Rn. 6.

Hat ein schwerbehinderter Mensch einen aufgedrängten Aufhebungsvertrag unterschrieben, ist es für ihn kaum noch möglich, dies rückgängig zu machen. Ein gesetzliches **Rücktritts-** oder **Widerrufsrecht** besteht nicht.[22] Eine **Anfechtung** wegen arglistiger Täuschung oder widerrechtlicher Drohung (§ 123 BGB) scheitert regelmäßig daran, dass der Arbeitnehmer den Anfechtungsgrund jedenfalls nicht beweisen kann. Der Sechste Senat des BAG hat jedoch eine weitere Möglichkeit eröffnet, die Unwirksamkeit eines Aufhebungsvertrags geltend zu machen: Wenn der Arbeitgeber schuldhaft gegen das **Gebot fairen Verhandelns** (Nebenpflicht aus Vertragsanbahnung nach § 311 Abs. 2 Nr. 1 iVm § 241 Abs. 2 BGB) verstößt, ist der Aufhebungsvertrag im Regelfall unwirksam.[23] Das Gebot fairen Verhandelns soll ein Mindestmaß an Fairness im Vorfeld des Vertragsschlusses sicherstellen.[24] Eine rechtlich zu missbilligende Einschränkung der Entscheidungsfreiheit ist noch nicht gegeben, nur weil der eine Auflösungsvereinbarung anstrebende Arbeitgeber dem Arbeitnehmer weder eine Bedenkzeit noch ein Rücktritts- oder Widerrufsrecht einräumt.[25] Auch eine Ankündigung des Unterbreitens einer Aufhebungsvereinbarung ist nicht erforderlich.[26] Eine Verhandlungssituation ist erst dann als unfair zu bewerten, wenn eine **psychische Drucksituation** geschaffen oder ausgenutzt wird, die eine freie und überlegte Entscheidung des Vertragspartners erheblich erschwert oder sogar unmöglich macht.[27] Dies kann durch die Schaffung besonders unangenehmer Rahmenbedingungen, die erheblich ablenken oder sogar den Fluchtinstinkt wecken, geschehen.

Beispiel:
Eine jugendliche Verkäuferin wird unter dem Vorwand einer Kassenschulung in das Marktleiterzimmer gebeten und dort drei bis vier Stunden in einer kreuzverhörähnlichen Situation festgehalten, von allen Außenkontakten durch Sprech- und Telefonverbot isoliert und nicht eher aus dem Raum gelassen, bis sie eine vorbereitete Erklärung unterschrieben hat.[28]

Die Beweislast für einen Verstoß gegen das Gebot fairen Verhandelns und die Kausalität dieses Verstoßes für den Abschluss des Aufhebungsvertrags trägt der Arbeitnehmer als derjenige, der sich auf eine Verletzung des § 311 Abs. 2 Nr. 1 iVm § 241 Abs. 2 BGB beruft.[29] Allerdings kommt dem Arbeitnehmer die Vermutung aufklärungsgemäßen Verhaltens bei Verletzung von Hinweis- und Aufklärungspflichten[30] zu gute. Daraus folgt, dass in Bezug auf die Kausalität zwischen Verhandlungsverschulden und Schaden davon ausgegangen werden, dass ein Arbeitnehmer ohne die unfaire Behandlung seine Eigeninteressen in ver-

---

22 BAG 7.2.2019 – 6 AZR 75/18, Rn. 15 NZA 2019, 688; *Fischer* jurisPR-ArbR 23/2019, Anm. 5.
23 BAG 7.2.2019 – 6 AZR 75/18, Rn. 34 ff., NZA 2019, 688; *Fischer* jurisPR-ArbR 23/2019, Anm. 5.
24 So *Reinecke* in in Wolmerath/Gallner/Krasshöfer/Weyand (Hrsg.), Recht – Politik – Gesellschaft, Festschrift für Franz Josef Düwell zum 65. Geburtstag, 2011, S. 410.
25 Vgl. BAG 14.2.1996 – 2 AZR 234/95, zu II 2 der Gründe NZA 1996, 811.
26 Vgl. BAG 30.9.1993 – 2 AZR 268/93, zu II 8 der Gründe BAGE 74, 281.
27 Vgl. *Becker*, Die unzulässige Einflussnahme des Arbeitgebers auf die Entscheidungsfreiheit des Arbeitnehmers am Beispiel des arbeitsrechtlichen Aufhebungsvertrages, 2011, S. 392 ff.; *Lorenz* JZ 1997, 277 (282).
28 Vgl. Sachverhalt in der Entscheidung LAG Thüringen 10.9.1998 – 5 Sa 104/97, NZA-RR 1999, 399.
29 So BAG 7.2.2019 – 6 AZR 75/18, Rn. 43, NZA 2019, 688 unter Verweis auf *Reinecke* Sonderbeilage zu NZA Heft 18/2004, 27, 37.
30 Vgl. hierzu BAG 21.2. 2017 – 3 AZR 542/15, Rn. 45, NZA 2017, 944; *Emmerich* in MüKoBGB § 311 Rn. 207 ff.

nünftiger Weise gewahrt und den Aufhebungsvertrag nicht abgeschlossen hätte.[31]

1. Beispielsfall: Der Sechste Senat hat unter Verletzung des Gebots fairen Verhandelns die Entscheidungsfreiheit einer Arbeitnehmerin bzgl. des Vertragsschlusses schuldhaft als beeinträchtigt angesehen, wenn die erkrankte Arbeitnehmerin unangekündigt in ihrer Wohnung zum Abschluss eines Aufhebungsvertrags aufgesucht worden ist. Dabei hat der Senat ausgeführt: „Das Gebot fairen Verhandelns wäre schon für sich genommen verletzt, wenn sich die Klägerin bei den Vertragsverhandlungen erkennbar in einem körperlich geschwächten Zustand befunden und der Arbeitgeber diese Situation ausgenutzt hätte."[32]

2. Beispielsfall: Das LAG MV[33] hat einen aufgedrängten Aufhebungsvertrag wegen des Ausnutzens einer psychischen Schwäche als unwirksam angesehen, obwohl der von den Parteien kontrovers dargestellte Gesprächsverlauf nicht geklärt werden konnte. Das Gericht stützt ein Ausnutzen der unfairen Verhandlungssituation darauf, dass der Arbeitgeber einräumte, der Arbeitnehmer wäre „völlig verzweifelt" und „mit den Nerven am Ende" gewesen, hätte die Arbeit am Vortrag vorzeitig beendet, einen Arzt aufgesucht und sich eine Arbeitsunfähigkeit attestieren lassen. Einem Arbeitnehmer, der sich in einem solchen Zustand präsentiert, trägt ein fair verhandelnder Arbeitgeber keinen Aufhebungsvertrag ohne das Angebot einer Bedenkzeit oder die Möglichkeit des Widerrufs an.

Bislang hat die Rspr. ersichtlich noch in keiner veröffentlichten Entscheidung über einen Aufhebungsvertrag entschieden, der einem schwerbehinderten Menschen unfair aufgedrängt worden ist. Kommt es zu einer derartigen Konstellation muss berücksichtigt werden, ob der Arbeitgeber bewusst gegen das in § 178 Abs. 2 Satz 1 SGB IX aufgestellte Gebot verstoßen hat, in der Angelegenheit „Angebot auf Abschluss eines Aufhebungsvertrags" die SBV so **vor Abschluss des Vertrags zu unterrichten**, damit diese der betroffenen Person noch entsprechend § 178 Abs. 1 Satz 1 SGB IX beratend und helfend zur Seite stehen kann. Wer gezielt die SBV als Berater und Helfer eines schwerbehinderten Menschen ausschaltet, um die betroffene Person überraschend zu einem sofortigen Abschluss eines widerrufslosen Aufhebungsvertrag zu drängen, verstößt schuldhaft gegen das **Gebot fairen Verhandelns**.

3. Schutz bei Zurruhesetzung von Dienstordnungsangestellten und Beamten

Dienstordnungsangestellte: In § 175 Satz 1 SGB IX ist nicht der Eintritt der Dienstunfähigkeit im Beamtenverhältnis (§§ 42, 44 BBG) geregelt. Bei Schaffung des SGB IX 2001 sah der Gesetzgeber vor einer dienstunfähigkeitsbedingte Zurruhesetzung im Beamtenverhältnis in § 128 Abs. 2 SGB IX aF keine Zustimmung vor, sondern beschränkte sich auf die Pflicht des öffentlichen Arbeitgebers, das Integrationsamt anzuhören. Mit der Novelle 2004[34] ist auch die Anhörungspflicht weggefallen. In der Begründung des dazu von den Koalitionsfraktionen SPD und BÜNDNIS 90/DIE GRÜNEN in den Bundestag einge-

11

---

31 BAG 7.2.2019 – 6 AZR 75/18, Rn. 38, NZA 2019, 688; BAG 17.10.2000 – 3 AZR 605/99, zu II 4 e der Gründe NZA 2001, 206.
32 BAG 7.2.2019 – 6 AZR 75/18, Rn. 44 f., NZA 2019, 688.
33 LAG MV 19.5.2020 – 5 Sa 173/19.
34 Gesetz zur Förderung der Ausbildung und Beschäftigung schwerbehinderter Menschen vom 28.4.2004, BGBl. I 606.

brachten Gesetzentwurfs[35] findet sich kein Sachgrund, sondern nur eine Ergebnismitteilung: „Durch die Aufhebung des Absatzes 2 entfällt die Beteiligung des Integrationsamtes in den Fällen, in denen schwerbehinderte Beamtinnen und Beamte vorzeitig in den Ruhestand versetzt oder entlassen werden sollen." Ob und wie sich die 2004 erfolgte Änderung, die von der BIH zur eigenen Arbeitsentlastung betrieben wurde,[36] auf den Geltungsbereich des § 175 Satz 1 SGB IX auswirkt, ist klärungsbedürftig.

Zu klären ist zunächst, ob der Zustimmungsvorbehalt auch für das **Rechtsverhältnis der Dienstordnungsangestellten** gilt, wenn deren Rechtsverhältnis wegen einer Erwerbsminderung enden soll. Unter Dienstordnungsangestellten werden Angestellte bei Krankenkassen und Berufsgenossenschaften verstanden, mit denen arbeitsvertraglich ein beamtenähnliches Rechtsverhältnis begründet wird, das in den Satzungsbestimmungen der Kassen (Dienstordnung) näher ausgestaltet ist.[37] Dass der persönliche Geltungsbereich des § 175 Satz 1 auch die Rechtsverhältnisse von Dienstordnungsangestellten erfasst, war seit Einführung des Zustimmungsvorbehalts einhellige Ansicht von Rspr. und Fachwelt.[38] Dabei bestand auch kein Zweifel daran, dass die Hauptfürsorgestelle (mit der Einführung des SGB IX in Integrationsamt umbenannt) für die Zustimmungserteilung im Falle der vorzeitigen Versetzung in den Ruhestand an zuständig war.[39] 2010 folgte das LAG Düsseldorf in einem Fall der Versetzung in den Ruhestand dieser Linie[40] Überraschend gab in der Revisionsinstanz der Sechste Senat des BAG 2012 die analoge Anwendung[41] auf.[42] Nach diesem überraschenden Bruch mit der jahrzehntelangen Rspr. soll sich der Bestandsschutz allein nach den in der Dienstordnung in Bezug genommenen beamtenrechtlichen Bestimmungen richten. Danach kann das Dienstverhältnis von Dienstordnungsangestellten bei Wiederherstellung der Dienstfähigkeit gemäß § 29 Abs. 1 BeamtStG reaktiviert werden. Mit Rücksicht auf das nach der Versetzung in den Ruhestand „immer noch enge(s) Verhältnis" hielt der Sechste Senat des BAG ein Kontroll-Korrektiv in Form einer Zustimmung des Integrationsamts nicht für erforderlich. Das ist kritisiert worden.[43] Der Kritik ist zuzustimmen; denn erstens hat der Sechste Senat die Begrifflichkeit des Beamtenrechts verkannt. Anders als er annahm, wird in § 21 Nr. 4 BeamtStG ausdrücklich bestimmt, dass nach einer Versetzung in den Ruhestand das **Beamtenverhältnis endet**. An die Stelle des Beamtenverhältnisses tritt ein Ruhestandsverhältnis. Zwar schließt der Ruhestand auch die Pflicht und das Recht ein, gegebenenfalls wieder aktiv zu werden. An der Beendigung des Beamtenverhältnisses ändert dies jedoch

---

35 BT-Drs. 15/1783, 19 zu Nummer 32 (§ 128).
36 Vgl. *Kayser* Behindertenrecht 2008, 153, 154.
37 BAG 5.9.1986 – 7 AZR 193/85 – AP Nr. 27 zu § 15 KSchG 1969; BAG 6.11.1985 – 4 AZR 107/84, BAGE 50, 92; BAG 25.5.1982 – 1 AZR 1073/79, BAGE 39, 76; zur neuesten Entwicklung des Rechts der Dienstordnungsangestellten vgl. *Düwell* jurisPR-ArbR 19/2020 Anm. 1.
38 BAG 29.6.1961 – 2 AZR 371/60, BB 1961, 977; BAG 20.10.1977 – 2 AZR 688/76, DB 1978, 990; BAG 25.5.1982 – 1 AZR 1073/79, BAGE 39, 76; statt aller: *Cramer*, SchwbG, 5. Aufl. 1998, § 22 Rn. 3 mwN.
39 Vgl. die Kommentierung des für das Schwerbehindertenrecht zuständigen ministerialen Referatsleiters *Cramer* SchwbG, 5. Aufl. 1998, § 22 Rn. 3 mwN.
40 LAG Düsseldorf 23.9.2010 – 5 Sa 737/10, EzTöD 100 § 2 TVöD-AT Dienstordnungs-Angestellte Nr. 5.
41 BAG 29.6.1961 – 2 AZR 371/60, BB 1961, 977, BAG 20.10.1977 – 2 AZR 688/76, DB 1978, 990; BAG 25.5.1982 – 1 AZR 1073/79, BAGE 39, 76.
42 BAG 24.5.2012 – 6 AZR 679/10, NZA 2012, 1158.
43 *von Roetteken* jurisPR-ArbR 44/2012, Anm. 2.

nichts.[44] Zweitens hat der Sechste Senat den Sinn des präventiven Schutzes vor einer auflösenden Bedingung bei Eintritt einer Erwerbsminderung nicht berücksichtigt. Zudem ist übersehen worden, dass es nicht nur Dienstordnungsangestellte auf Lebenszeit gibt, die bei einer Erwerbsminderung in den Vorzeitigen Ruhestand versetzt werden können, sondern noch zwei andere Arten:[45]
- Dienstordnungsangestellter auf Widerruf (Anwärter) und
- Dienstordnungsangestellter auf Probe.

Deshalb hätte der Senat berücksichtigen müssen, dass sich bei Eintritt der Erwerbsminderung während der Zeit als Anwärter oder Dienstordnungsangestellter auf Probe ebenso die Geltungsbereichsfrage stellt. Jedenfalls in diesen Fällen wird überdeutlich, dass die beamtenähnliche Rechtsstellung nicht per se so schützt, dass der präventive Schutz des Schwerbehindertenrechts, der vor den behinderungsbedingten Nachteilen auf dem Arbeitsmarkt schützen soll, entfallen kann. Kommt es zu nämlich Entlassungen der Anwärter und Dienstordnungsangestellten auf Probe, werden diese Personen lediglich in der gesetzlicher DRV nachversichert, ohne dass ein beamtenrechtsähnliches Ruhestandsverhältnis mit einem Reaktivierungsrecht begründet wird. Die übrige Kommentarliteratur hat dies noch nicht erkannt, sondern beschränkt sich darauf, die neue Linie der Rspr. wiederzugeben.[46] Die Rechtsprechungsänderung von 2012 sollte überdacht werden. Sie ist auch deshalb rückänderungsbedürftig, weil hinsichtlich des schwerbehindertenrechtlichen Schutzes von Beamten Folgerungen aus dem Urteil des EuGH in der Rechtsache Milkova[47] zu ziehen sind.

Der erweiterte Beendigungsschutz in § 175 betrifft lediglich Fälle der Erwerbsminderung, Erwerbsunfähigkeit oder der Berufsunfähigkeit, in denen aufgrund tariflicher oder vertraglicher Regelungen die Beendigung des Rechtsverhältnisses ohne Kündigung eintritt. Derartige auflösende Bedingungen bestehen im Beamtenrecht nicht. Deshalb kann hier die für Arbeitsverhältnisse geltende Schutznorm nicht analog angewandt werden.

III. Antragsverfahren

1. Verfahrensgrundsätze

Das einzuhaltende Antragsverfahren: Nach § 175 Satz 2 sind die Bestimmungen des Antragsverfahrens für eine ordentliche Kündigung §§ 171, 172 entsprechend anzuwenden. Der Arbeitgeber hat nach § 170 Abs. 1 bei dem für den Betriebs- oder Dienststellensitz zuständigen Integrationsamt den Antrag auf vorherige Zustimmung zur Beendigung des Arbeitsverhältnisses schriftlich zu stellen. Er sollte das im eigenen Interesse frühzeitig tun, spätestens jedoch sobald der Rentenbescheid dem Arbeitnehmer zugegangen ist. Zur korrekten Vorbereitung der Antragstellung gehört auch, dass der Arbeitgeber prüft, ob wegen der schon im Vorfeld aufgetretenen personenbedingten Schwierigkeiten das zwingend in § 167 Abs. 1 für schwerbehinderte und gleichgestellte behinderte Beschäftigte vorgeschriebene Präventionsverfahren sowie bei längerer Arbeitsun-

---

44 Vgl. *von Roetteken* in v. Roetteken/Rothländer BeamtStG § 21 Rn. 37; OVG NRW 31.5.1968 – VI A 867/66, ZBR 1968, 414 (415); BSG 21.6.1994 – 11 Rar 89/93, NJW 1995, 2245 (2246).
45 Vgl. *Düwell* jurisPR-ArbR 19/2020 Anm. 1.
46 *Schmitz* in FKS SGB IX, 4. Aufl. 2018, § 175 Rn. 6a; *Neumann* in Neumann/Pahlen/Greiner/Winkler/Jabben SGB IX § 175 Rn. 7; lediglich *Kreitner* in jurisPK-SGB IX § 175 Rn. 10 mit Hinweis auf die Kritik.
47 EuGH 9.3.2017 – C-406/15, Behindertenrecht 2017, 174; *Jäger-Kuhlmann* Behindertenrecht 2017, 179, *v. Roetteken* jurisPR-ArbR 16/2017 Anm. 4; *Porsche* ZESAR 2017, 451.

fähigkeitszeit das BEM (§ 167 Abs. 2) durchgeführt worden sind; denn das Integrationsamt hat auch zu prüfen, ob bei rechtzeitiger Durchführung dieser Klärungsverfahren Weiterbeschäftigungsmöglichkeiten hätten genutzt werden können. Deshalb sind unterlassene Klärungsverfahren vor Antragstellung nachzuholen. Sind diese Klärungsverfahren erfolglos abgeschlossen worden, bedarf es nach § 178 Abs. 2 Satz 1 vor der Antragstellung noch einer Unterrichtung der SBV von der beabsichtigten Arbeitgeberentscheidung, die Zustimmung des Integrationsamts für die Beendigung des Beschäftigungsverhältnisses einzuholen. Auch im Antragsverfahren nach § 175 hat das Integrationsamt die Möglichkeit einer gütlichen Einigung zu versuchen.[48] Anzuwenden ist entsprechend der Verweisung auf § 171 Abs. 1 auch die vom Integrationsamt für die Entscheidung einzuhaltende Monatsfrist. Die Ermessenseinschränkungen des § 172 Abs. 1 gelten hier nicht.

14 **Unkenntnis des Arbeitgebers:** Hat der Arbeitgeber keine Kenntnis vom Eintritt der Erwerbsminderung, die ihm regelmäßig durch den Rentenbescheid vermittelt wird, und unterlässt er deshalb die Antragstellung beim Integrationsamt, so kommt es wegen der fehlenden Zustimmung nach § 175 Satz 1 SGB IX iVm § 134 BGB nicht zur wirksamen Beendigung des Arbeitsverhältnisses. Eine Frist für die Stellung des Antrags durch den Arbeitgeber ist gesetzlich nicht vorgesehen. Die Antragsfrist aus § 174 Abs. 2 Satz 1 SGB IX ist nicht anwendbar, weil in § 175 Satz 2 SGB IX nur die Bestimmungen zur ordentlichen Kündigung in Bezug genommen worden sind. Erfährt der Arbeitgeber später von der Rentenbewilligung, so kann er deshalb das Zustimmungsverfahren noch einleiten, um eine rechtswirksame Beendigung des Arbeitsverhältnisses zu erreichen.[49] Bis zur Erteilung der Zustimmung wird das Wirksamwerden der Beendigung des Arbeitsverhältnisses durch § 134 BGB verhindert.[50]

15 **Sachverhaltsfeststellung:** Zur Vorbereitung der Entscheidung hat das Integrationsamt den Sachverhalt festzustellen. Dazu hat es Stellungnahmen des Betriebs- oder Personalrats und der SBV einzuholen, §§ 175 Satz 2, 171 Abs. 2. Wird das versäumt, so ist das ein Verfahrensfehler, der zur erfolgreichen Anfechtung der Zustimmung führen kann. Nach der Feststellung des Sachverhalts sind der Antragsteller und der betroffene Schwerbehinderte oder Gleichgestellte anzuhören. Regelmäßig erfolgt nach § 171 Abs. 1 die Anhörung in mündlicher Verhandlung, bei der auch nach § 170 Abs. 3 auf eine gütliche Einigung hinzuwirken ist. Für die Entscheidungsfindung gelten die Ermessenseinschränkungen des § 172 Abs. 1 nicht. Das Integrationsamt entscheidet nach pflichtgemäßem Ermessen. Für die Entscheidung ist maßgebend, aus welchem Grund die auflösende Bedingung eingetreten ist, wobei zu berücksichtigen ist, ob und inwieweit der Arbeitnehmer versorgungsrechtlich durch die Bewilligung von Erwerbsminderungsrenten abgesichert ist. Da bei Eintritt einer vollen Erwerbsminderung auf Dauer der Arbeitnehmer regelmäßig versorgungsrechtlich ausreichend abgesichert und das restliche Arbeitsvermögen mit unter drei Stunden täglich zu geringfügig ist, hat der Gesetzgeber für diesen Fall das Zustimmungserfordernis entfallen lassen. Beantragt der Arbeitgeber dennoch die Zustimmung, hat ihn das Integrationsamt auf die Entbehrlichkeit der Zustimmung hinzuweisen oder ihm ein **Negativattest** zu erteilen.[51]

---

48 *Müller-Wenner/Schorn* Rn. 12; *Knittel* SGB IX, 11. Aufl. 2017, § 92 Rn. 16.
49 So *Gallner* KR, 11. Aufl. 2016, SGB IX § 92 Rn. 7; *Kreitner* in jurisPK-SGB IX § 175 Rn. 28.
50 LAG Hamm 11.3.2014 – 7 Sa 1277/13, Rn. 86; ZTR 2014, 663.
51 *Müller-Wenner/Schorn* § 92 Rn. 13; *Knittel* SGB IX § 92 Rn. 17.

2. Ermessensentscheidung

Entscheidung des Integrationsamts bei Erwerbsminderungsrente: Eine Rente 16
wegen **teilweiser** Erwerbsminderung wird nach § 43 Abs. 1 SGB VI nur gewährt, wenn der Arbeitnehmer noch zwischen drei und sechs Stunden unter den üblichen Bedingungen des Arbeitsmarktes tätig sein kann. Sie ist nur eine Teilrente, von der nicht der Lebensunterhalt bestritten werden kann. Der Gesetzgeber geht deshalb davon aus, dass der Betroffene in Teilzeit auch nach der Rentenbewilligung noch erwerbstätig bleibt, um durch Hinzuverdienst seinen Lebensstandard möglichst zu erhalten. Wird dem Arbeitnehmer eine Teilrente bewilligt, so hat deshalb das Integrationsamt zu prüfen, ob dem Arbeitgeber eine anderweitige Beschäftigung oder eine Beschäftigung mit verringerter Arbeitszeit zumutbar ist. Dabei sind insbesondere der Anspruch des schwerbehinderten Menschen auf Schaffung eines Teilzeitarbeitsplatzes nach § 164 Abs. 5 Satz 3 und der Anspruch auf behinderungsgerechte Beschäftigung nach § 164 Abs. 4 Satz 1 Nr. 1, 4 und 5 zu beachten. Nur wenn auch eine geänderte Beschäftigung nicht möglich oder dem Arbeitgeber nach § 164 Abs. 4 Satz 3 unzumutbar ist, hat das Integrationsamt in Ausübung des pflichtgemäßen Ermessens die Zustimmung zu erteilen. Die ermessensfehlerfreie Zustimmung setzt voraus, dass nach Klärung mit dem Betriebs-, Personalrat und der Schwerbehindertenvertretung die Beteiligungsverfahren nach § 167 Abs. 1 (sogenanntes Präventionsverfahren) oder § 167 Abs. 2 (sogenanntes BEM) ohne Aufdeckung von zumutbaren Alternativen durchgeführt worden sind und im Antragsverfahren auch keine gefunden werden konnten. Ist vor der Antragstellung keine Klärung nach § 167 durchgeführt worden, so ist das unterlassene Verfahren vor der Entscheidung nachzuholen. Das Integrationsamt kann ausnahmsweise im Fall der Antragsablehnung „durchentscheiden", wenn es erkennt, dass dem Arbeitgeber eine anderweitige Beschäftigung oder eine Beschäftigung mit verringerter Arbeitszeit zumutbar ist oder durch Maßnahmen der begleitenden Hilfe zumutbar gemacht werden kann.[52] Sonst ist geboten, entweder das Zustimmungsverfahren zur Nachholung der Klärungsverfahren nach § 167 auszusetzen oder den Antrag auf Zustimmung zurückzuweisen. Praktiker in den Integrationsämtern sehen sich der gütlichen Einigung verpflichtet und scheuen deshalb nicht selten klare Positionen. Sie bemühen sich, im Rahmen des Antragsverfahrens die im Betrieb unterlassene Klärung nachzuholen. Diese Praxis wird mit der Rechtsprechung, nach der die Durchführung der Verfahren nach § 167 keine formelle Rechtmäßigkeitsvoraussetzung sei, legitimiert.[53] Verkannt wird jedoch, dass die Klärungsmöglichkeiten des Integrationsamts nicht gleichwertig sind. Die Dauer des Antragsverfahrens ist nach § 171 Abs. 1 auf einen Monat begrenzt und kann trotz Einholung der Stellungnahmen der Interessenvertretungen die innerbetriebliche Sachkunde nicht in einem vergleichbaren dialogischen Suchprozess ausschöpfen. Die Integrationsämter setzen sich dennoch nicht selten über diese Bedenken hinweg. Sie berücksichtigen das versäumte Klärungsverfahren zulasten des Arbeitgebers nur, soweit sie entdecken, dass bei gehöriger und rechtzeitiger Durchführung die Möglichkeit bestanden hätte, die Beendigung zu vermeiden.[54] Zutreffend wäre jedoch ein strengerer Maßstab: Die Zustimmung kann nur erteilt werden, soweit ausgeschlossen werden kann, dass auch bei rechtzeitiger Durchführung keine Möglichkeit bestanden hätte, die Beendigung zu vermeiden. Bei Eintritt einer **vollen Erwerbsminderung auf Zeit**, also einem Herabsinken der Erwerbsfähigkeit auf unter drei Stunden täglich (§ 43 Abs. 2

---

52 So auch *Kuhlmann* Behindertenrecht 2013, 34 (35).
53 So *Kuhlmann* Behindertenrecht 2013, 34 (36).
54 *Kuhlmann* Behindertenrecht 2013, 34 (38).

Satz 2 SGB VI), ist eine Weiterbeschäftigung oft nicht möglich. Die Zustimmung des Integrationsamts muss dann erteilt werden, wenn für die Dauer des Bezugs der Zeitrente dem Arbeitgeber ein Freihalten des Arbeitsplatzes oder die Überbrückung durch die befristete Einstellung einer Vertretung nicht zugemutet werden kann.[55] Bei unterlassenen Klärungsverfahren darf das Integrationsamt nicht die Zustimmung erteilen, wenn nicht ausgeschlossen werden kann, dass bei rechtzeitiger Durchführung der Klärungsverfahren ein **Freihalten der Stelle** bis zum Auslaufen der Zeitrente möglich und zumutbar gewesen wäre.

17 **Entscheidung des Integrationsamts bei Berufsunfähigkeitsrente:** Konnte dem schwerbehinderten Menschen eine befristete Berufsunfähigkeitsrente auf Zeit nach § 43 SGB VI idF vom 31.12.2000 bewilligt werden, so trat regelmäßig kein tarifvertraglicher Beendigungstatbestand ein, sondern nur das Ruhen des Arbeitsverhältnisses (vgl. § 59 BAT; abgelöst durch: § 33 TVöD und § 33 TV-L, → Rn. 24 f.). Ein Zustimmungsverfahren war dafür nicht erforderlich. Diese Fallgestaltung ist inzwischen infolge Auslaufens der Übergangsregelung für die Berufsunfähigkeitsrente in § 240 SGB VI überholt. Die Unterscheidung zwischen Berufsunfähigkeits- und Erwerbsunfähigkeitsrenten ist seit dem 1.1.2001 entfallen. § 240 SGB VI sieht nur noch übergangsweise eine Rente wegen Berufsunfähigkeit für Personen vor, die vor dem 2.1.1961 geboren worden sind.

18 **Entscheidung des Integrationsamts bei Erwerbsminderung auf Dauer:** Ist eine volle Erwerbsminderung **auf Dauer** vom Rentenversicherungsträger festgestellt, so muss die Zustimmung des Integrationsamts nach § 175 nicht eingeholt werden. Es liegt keine planwidrige Regelungslücke vor. Deshalb scheidet eine analoge Anwendung der Vorschrift aus.[56] Beantragt der Arbeitgeber die Zustimmung, hat ihn das Integrationsamt auf die Rechtslage hinzuweisen oder ihm auf seinen Wunsch ein Negativattest zu erteilen.[57] Ist in einem Tarifvertrag die auflösende Bedingung geregelt, dass das Arbeitsverhältnis bei Gewährung einer Rente auf unbestimmte Dauer wegen voller Erwerbsminderung endet, so liegt darin nach der Rspr. des BAG noch keine unzulässige Benachteiligung wegen einer Behinderung des Arbeitnehmers.[58]

19 **Wiedereinstellungszusage und Betriebsrente:** In einigen Großunternehmen ist es üblich, bei befristeter Erwerbsminderungsrente[59] die Zusage zu erteilen, dass schwerbehinderte Arbeitnehmer, wenn sie ihr Arbeitsverhältnis einvernehmlich beenden, eine Wiedereinstellungszusage erhalten, falls die Erwerbsminderungsrente vor Erreichen einer Altersrente enden sollte. Hintergrund dieser Zusage ist, dass nach der Betrieblichen Versorgungsordnung die Beendigung des Arbeitsverhältnisses Voraussetzung für den Bezug einer an den sozialrechtlichen Leistungsbezug anknüpfenden Betriebsrente ist. Die Zustimmung des Integrationsamts zu der vom Arbeitnehmer wegen des Bezugs der Betriebsrente gewünschten Beendigung ist dennoch erforderlich. Sie wird wegen der Wiedereinstellungszusage unproblematisch erteilt.

20 **Maßgeblicher Zeitpunkt für die Beurteilung der Weiterbeschäftigung:** Für das Bestehen von Weiterbeschäftigungsmöglichkeiten ist auf die Umstände bei der

---

55 *Griebeling* in Hauck/Noftz SGB IX § 92 Rn. 5.
56 BAG 10.12.2014 – 7 AZR 1002/12, Rn. 39, BAGE 150, 165; so auch LAG Hamm 13.8.2015 – 15 Sa 97/15.
57 *Müller-Wenner/Schorn* § 92 Rn. 13; *Knittel* SGB IX § 92 Rn. 17.
58 BAG 10.12.2014 – 7 AZR 1002/12, Rn. 39, BAGE 150, 165.
59 Hinweis: Die frühere Bezeichnung Erwerbsunfähigkeitsrente wurde zum 31.12.2000 abgeschafft und durch die Erwerbsminderungsrente ersetzt, → Rn. 4.

Mitteilung des Arbeitgebers über den Eintritt der auflösenden Bedingung und nicht auf die Umstände bei Zustellung des Rentenbescheids abzustellen.[60]

3. Unterrichtung über den Zeitpunkt des Eintritts der auflösenden Bedingung § 15 Abs 2 TzBfG

Die Monatsfrist in § 171 Abs. 3 SGB IX dem Arbeitgeber für die Dauer der Wirksamkeit der Zustimmung vorgegebene Kündigungserklärungsfrist (→ § 171 Rn. 31) ist hier weder unmittelbar noch anlog anwendbar. Die Beendigung des Arbeitsverhältnisses wird durch den Eintritt des in Bedingungsklausel beschriebenen Ereignisses der Erwerbsminderung bewirkt. Einer Kündigung des Arbeitsverhältnisses oder einer sonstigen Willenserklärung des Arbeitgebers bedarf es nicht mehr. Zwar endet das Arbeitsverhältnis nach § 15 Abs 2 TzBfG erst zwei Wochen nach Zugang einer schriftlichen Unterrichtung über den Zeitpunkt des Eintritts der auflösenden Bedingung. Das Gesetz räumt damit lediglich eine der Kündigungsfrist vergleichbare Auslauffrist ein. Auch nach Sinn und Zweck der Vorschrift nach § 171 Abs. 3 SGB IX kommt eine Anwendung der Monatsfrist für die Arbeitgebermitteilung über den Eintritt der auflösenden Bedingung nach § 15 Abs 2 TzBfG nicht in Betracht.[61]

21

Das Schriftformerfordernis des § 15 Abs. 2 TzBfG wird durch die Einhaltung der **Textform** nach § 126 b BGB gewahrt.[62] Die Unterrichtung nach § 15 Abs. 2 TzBfG ist nämlich keine Willenserklärung, sondern lediglich eine einseitige rechtsgeschäftsähnliche Handlung. Deshalb finden die Formvorschriften nach §§ 126 ff. BGB nicht unmittelbar, sondern lediglich entsprechend Anwendung. Der Siebte Senat hält nach dem mit dem Formerfordernis verfolgten Zweck der Unterrichtung die Textform nach § 126 b BGB als ausreichend.[63]

IV. Wirkung und Verwirkung des erweiterten Schutzes
1. Bedingungskontrollklage gegen Beendigung

Beendigungswirkung: Ist eine entsprechende auflösende Bedingung wirksam vereinbart, so tritt nach tatsächlichem Eintritt der Bedingung die Beendigung des Arbeitsverhältnisses ein, wenn der Arbeitnehmer nicht binnen der **Dreiwochenfrist** der §§ 21, 17 Satz 1 und Satz 3, § 15 Abs. 2 TzBfG erfolgreich Klage auf Feststellung der Nichtauflösung erhebt (sog. Bedingungskontrollklage). Versäumt der Arbeitnehmer die Klagefrist, tritt die Fiktion der §§ 21, 17 Satz 2 TzBfG iVm § 7 Hs. 1 KSchG ein. Nach §§ 21, 15 Abs. 2 TzBfG endet das Arbeitsverhältnis hier frühestens **zwei Wochen** nach Zugang der **schriftlichen Unterrichtung** des Arbeitnehmers durch den Arbeitgeber über den Zeitpunkt des Eintritts der auflösenden Bedingung, → Rn. 30.

22

In den Fällen des Eintritts einer teilweisen Erwerbsminderung, der Erwerbsminderung auf Zeit, der Berufsunfähigkeit oder der Erwerbsunfähigkeit auf Zeit bedarf es zur Wirksamkeit der Beendigung des Arbeitsverhältnisses mit einem schwerbehinderten oder einem gleichgestellten behinderten Menschen nach § 175 zusätzlich der **Zustimmung des Integrationsamts**. Fehlt diese, ist die Be-

---

60 Zu § 33 Abs. 3 TV DRV KBS: BAG 16.1.2018 – 7 AZR 622/15, Rn. 28, DB 2018, 1538; zu inhaltsgleichen Tarifbestimmungen im § 33 TVöD: BAG 27.7.2016 – 7 AZR 276/14, Rn. 34, BAGE 156, 8; BAG 23.7.2014 – 7 AZR 771/12, Rn. 65 f., BAGE 148, 357; BAG 10.10.2012 – 7 AZR 602/11, Rn. 14; BAG 6.4.2011 – 7 AZR 704/09, Rn. 22, BAGE 137, 292.
61 LAG Berlin 28.3.2006 – 7 Sa 1970/05, Rn. 37, ZTR 2006, 551.
62 BAG 20.6.2018 – 7 AZR 689/16, Rn. 65, NZA 2019, 331.
63 BAG 20.6.2018 – 7 AZR 689/16, Rn. 65, NZA 2019, 331.

endigung des Arbeitsverhältnisses trotz auflösender Bedingung und unterlassener Klageerhebung unwirksam, weil die Fiktion der §§ 21, 17 Satz 2 TzBfG iVm § 7 Hs. 1 KSchG nicht eintritt; denn die Dreiwochenfrist der §§ 21, 17 Satz 1 und Satz 3, § 15 Abs. 2 TzBfG wird nicht in Lauf gesetzt, solange dem Arbeitnehmer nicht der Zustimmungsbescheid des Integrationsamts zugegangen ist. Das folgt aus einer **Analogie zu § 4 Satz 4 KSchG**.[64] Dieser Analogieschluss wird von der Rspr. des Siebten Senats nicht angewandt, wenn tarifliche Auflösungsklauseln bei Wegfall der Eignung zur Anwendung kommen, zB Fluguntauglichkeit oder Postdienstuntauglichkeit, → Rn. 32.

2. Verwirkung des Schutzes

23 **Verwirkung bei Nichtberufen auf Schwerbehinderung:** Der Schutz aus § 175 Satz 1 kann materiell rechtlich verwirken. Nach der älteren Rechtsprechung zur Verwirkung des Schutzes aus § 168 musste der schwerbehinderte oder gleichgestellte Mensch binnen eines Monats nach Eintritt der beendigenden Ereignisse gegenüber dem Arbeitgeber den erweiterten Bestandsschutz geltend machen. Nach der Rechtsprechungsänderung durch den Zweiten Senat des BAG[65] ist bei Kündigungen die neue **dreiwöchige Regelfrist** zur Geltendmachung des Kündigungsschutzes anzuwenden. Mangels Kündigungserklärung ist für die Verwirkung des erweiterten Schutzes vor Beendigung fraglich, ob auf die Dreiwochenfrist des § 4 KSchG abgestellt werden kann. Eine analoge Anwendung ist auch hier geboten. Das gilt insbesondere, seit das BAG auch für die Hemmung der Klagefrist § 4 Satz 4 KSchG anwendet (→ Rn. 34). Zu beachten ist, dass zu dem Zeitmoment auch das sogenannte „Umstandsmoment" hinzutreten muss. Dieses liegt nur vor, wenn der Berechtigte (hier der Arbeitnehmer) durch sein Verhalten den Eindruck erweckt hat, er wolle sein Recht endgültig nicht mehr geltend machen, der Verpflichtete sich darauf eingerichtet hat und ihm deshalb die verspätete Inanspruchnahme nach Treu und Glauben nun nicht mehr zugemutet werden kann.[66] Ob dies der Fall ist, richtet sich nicht nur nach dem Verhalten des Berechtigten, sondern auch nach dem Verhalten des Verpflichteten (hier der Arbeitgeber). Wenn der Arbeitnehmer mit der Geltendmachung seines Rechts so spät hervorgetreten ist, kann das seine Ursache in dem pflichtwidrigen Verhalten des Arbeitgebers haben. Hat zB der Arbeitgeber dem Arbeitnehmer mitgeteilt, wegen des Eintritts der Erwerbsminderung oder der Erwerbsunfähigkeit auf Zeit ende das Arbeitsverhältnis, ohne dass es einer Kündigung und der Zustimmung des Integrationsamts bedürfe, so liegt darin ein Abhalten des rechtsunkundigen Arbeitnehmers von der Geltendmachung des Fortbestands des Arbeitsverhältnisses.[67] Der Arbeitgeber kann sich nicht auf mangelnde Rechtskenntnis berufen. Er muss sich pflichtgemäß mit der einschlägigen Bestimmung des § 175 vertraut machen. Seit rund 40 Jahren[68] bedarf der wirksame Eintritt der auflösenden Bedingung der vorherigen Zustimmung des Integrationsamts.

---

64 BAG 6.4.2011 – 7 AZR 704/09, NZA-RR 2013, 43.
65 Vgl. BAG 12.1.2006 – 2 AZR 539/05, AP § 85 SGB IX Nr. 3.
66 BAG 14.11.1978 – 6 ABR 11/77, AP § 242 BGB Verwirkung Nr. 39.
67 So: BAG 4.2.1987 – 7 AZR 560/85, RzK IV 8 c Nr. 2.
68 Vgl. Neufassung des § 19 SchwbG durch das Gesetz vom 9.7.1979, BGBl. I S. 989.

V. Die tarifliche Regelung der Erwerbsminderung im öffentlichen Dienst

Tarifverträge mit auflösender Bedingung: Häufig soll nach tarifvertraglichen 24
Bestimmungen[69] das Arbeitsverhältnis unter anderem bei Gewährung einer
unbefristeten Rente wegen teilweiser oder voller Erwerbsminderung mit der
Zustellung des Rentenbescheides enden.
Vorbild für diese Regelungen war der § 59 BAT. Nach Ablösung des BAT und
der Arbeitertarifverträge des öffentlichen Dienstes werden entsprechende Auflösungsregelungen durch jetzt § 33 TVöD für den Bund und die Gemeinden
und durch § 33 TV-L für die Länder fortgeführt. § 33 Abs. 2 TVöD und § 33
Abs. 2 TV-L lauten inhaltlich gleich (Hinweis: Die Tarifvertragsparteien haben
noch § 92 SGB IX aF in Bezug genommen):

Das Arbeitsverhältnis endet ferner mit Ablauf des Monats, in dem der Bescheid eines
Rentenversicherungsträgers (Rentenbescheid) zugestellt wird, wonach die/der Beschäftigte voll oder teilweise erwerbsgemindert ist. Die/Der Beschäftigte hat den Arbeitgeber von der Zustellung des Rentenbescheids unverzüglich zu unterrichten. Beginnt die Rente erst nach dem Zeitpunkt der Zustellung des Rentenbescheides, endet das Arbeitsverhältnis mit Ablauf des dem Rentenbeginn vorangehenden Tages. Liegt im Zeitpunkt der Beendigung des Arbeitsverhältnisses eine nach § 92 SGB IX erforderliche Zustimmung des Integrationsamtes noch nicht vor, endet das Arbeitsverhältnis mit Ablauf des Tages der Zustellung des Zustimmungsbescheids des Integrationsamtes. (…)

Diese in Abs. 2 Satz 1 bis 4 getroffene tarifliche Regelung stellt eine auflösende
Bedingung für den Bestand des Arbeitsvertrags dar. Sie wird ergänzt durch
Abs. 4:

Verzögert die/der Beschäftigte schuldhaft den Rentenantrag oder bezieht sie/er Altersrente nach § 236 oder § 236 a SGB VI oder ist sie/er nicht in der gesetzlichen
Rentenversicherung versichert, so tritt an die Stelle des Rentenbescheids das Gutachten einer Amtsärztin/eines Amtsarztes oder einer/eines nach § 3 Abs. 4 Satz 2 bestimmten Ärztin/Arztes. Das Arbeitsverhältnis endet in diesem Fall mit Ablauf des
Monats, in dem der/dem Beschäftigten das Gutachten bekannt gegeben worden ist.

Tarifvertragliche Ruhensregelungen bei Bewilligung befristeter Renten: In den 25
Tarifverträgen des öffentlichen Dienstes endet das Arbeitsverhältnis dann nicht,
wenn nur eine befristete Rente wegen verminderter oder voller Erwerbsfähigkeit gewährt wird (**§ 33 Abs. 2 Satz 5, 6 TVöD Bund** und **§ 33 Abs. 2 Satz 5
und 6 TV-L**):

Das Arbeitsverhältnis endet nicht, wenn nach dem Bescheid des Rentenversicherungsträgers eine Rente auf Zeit gewährt wird. In diesem Fall ruht das Arbeitsverhältnis für den Zeitraum, für den eine Rente auf Zeit gewährt wird; beginnt die
Rente rückwirkend, ruht das Arbeitsverhältnis ab dem ersten Tag des Monats, der
auf den Monat der Zustellung des Rentenbescheids folgt.

In diesem Falle ruht das Arbeitsverhältnis mit allen Rechten und Pflichten bis
zum Ablauf des Tages, bis zu dem die befristete Rente bewilligt ist. Im Falle
teilweiser Erwerbsminderung endet bzw. ruht das Arbeitsverhältnis nicht, wenn
der Beschäftigte nach seinem vom Rentenversicherungsträger festgestellten
Leistungsvermögen auf seinem bisherigen oder einem anderen geeigneten und

---

69 ZB § 21 Ziff. 1 des Manteltarifvertrages für die Arbeitnehmer von Schienenverkehrs- und Schieneninfrastrukturunternehmen oder § 22 des Basistarifvertrags zu
den Funktionsgruppenspezifischen Tarifverträgen und Funktionsspezifischen Tarifverträgen verschiedener Unternehmen des DB Konzerns.

freien Arbeitsplatz weiterbeschäftigt werden könnte, soweit dringende dienstliche bzw. betriebliche Gründe nicht entgegenstehen, und der Beschäftigte innerhalb von zwei Wochen nach Zugang des Rentenbescheids seine Weiterbeschäftigung schriftlich beantragt (§ 33 Abs. 3 TVÖD Bund und § 33 Abs. 3 TV-L).

26 **Fristbeginn für tarifvertragliches Weiterbeschäftigungsverlangen:** Fraglich ist, wann die Frist für die Geltendmachung des Weiterbeschäftigungsverlangens nach § 33 Abs. 3 TVöD und § 33 Abs. 3 TV-L (vormals § 59 Abs. 3 BAT) zu laufen beginnt. Nach der Rechtsprechung des BAG beginnt diese mit der Zustellung des Rentenbescheids. Dies gilt auch dann, wenn der Arbeitnehmer schwerbehindert ist und das Arbeitsverhältnis daher erst nach Zustimmung des Integrationsamts nach § 175 SGB IX und damit zu einem späteren Zeitpunkt enden kann.[70] Die starre tarifliche Zweiwochenfrist, deren Versäumung einen Wegfall des Anspruchs auf Weiterbeschäftigung zur Folge hat, ist kaum mit § 167 Abs. 1 und Abs. 2 SGB IX vereinbar. Mit den dort geregelten Klärungsverfahren wird erkennbar das Ziel verfolgt, zugunsten der schwerbehinderten Beschäftigten alle Möglichkeiten auszuschöpfen, trotz der aufgetretenen personenbedingten Schwierigkeiten oder der länger als sechs Wochen andauernden Zeit der Arbeitsfähigkeit das Beschäftigungsverhältnis zu erhalten. Dazu ist zwingend ein dialogisches innerbetriebliches Klärungsverfahren über die Behebung der Beschäftigungsschwierigkeiten durchzuführen. Hat der Arbeitgeber das nicht durchgeführt und ist dem Arbeitnehmer deshalb keine Weiterbeschäftigungsmöglichkeit bekannt, so ist es dem Arbeitgeber verwehrt, sich auf die Nichteinhaltung der Zweiwochenfrist zu berufen. Ohne diese Ausnahme von der starren Zweiwochenfrist wird das zur Erhaltung des Arbeitsplatzes in § 167 SGB IX geschaffene Regelwerk umgangen. Das wäre eine Überschreitung des in Art. 9 Abs. 3 den Tarifvertragsparteien eingeräumten Regelungsspielraums. Die Kritik empfiehlt den Tarifvertragsparteien § 33 TVöD und § 33 TV-L anzupassen oder zu streichen.[71] Den Arbeitnehmeranwälten rät sie, die Unwirksamkeit der Zweiwochenfrist vor Gericht geltend zu machen.

27 **Wirksamkeit der tarifvertraglichen Beendigungsregelung:** Die Wirksamkeit der Regelung in § 33 TVöD und § 33 TV-L und entsprechender Bestimmungen anderer Tarifverträge ist zu prüfen. Das BAG hat zur Vorgängervorschrift § 59 BAT die verminderte Erwerbsfähigkeit allein nicht als einen ausreichenden Sachgrund für eine wirksame auflösende Bedingung angesehen. Es hat nur wegen folgender Annahmen die Wirksamkeit des § 59 BAT begründet:[72]
1. dass der Regelung die Annahme der Tarifvertragsparteien zugrunde liegt, der Arbeitnehmer könne im Falle rentenrechtlicher Erwerbsminderung die arbeitsvertraglich geschuldeten Leistungen nicht mehr erbringen,
2. dass die Regelung dem Schutz des Arbeitnehmers vor Weiterarbeit auf Kosten der Gesundheit diene und
3. dass sie dem berechtigten Interesse des Arbeitgebers Rechnung trage, sich von einem Arbeitnehmer trennen zu können, der nicht mehr in der Lage sei, die geschuldete Leistung zu erbringen.

28 **Kritik an der tariflichen Regelung und der dazu ergangenen Rechtsprechung:** Das BAG ist davon ausgegangen, ein ausreichender, die Beendigung rechtfertigender Sachgrund sei hier durch die Verknüpfung mit einem Rentenbezug gege-

---

70 BAG 15.3.2006 – 7 AZR 332/05, AP § 59 BAT Nr. 14 = ZTR 2006, 548, dem folgend für § 61 Abs. 3 Manteltarifvertrag Waldarbeiter Ost: LAG MV 11.9.2007 – 5 Sa 110/07; kritisch *Gagel* jurisPR-ArbR 6/2008 Anm. 4.
71 Vgl. *Gagel* jurisPR-ArbR 6/2008 Anm. 4.
72 BAG 15.3.2006 – 7 AZR 332/05, AP § 59 BAT Nr. 14.

ben. Diese Begründung wird kritisiert.[73] Sie sei zumindest bei Bewilligung von Renten wegen teilweiser Erwerbsminderung nicht tragfähig. Eine Ausweitung der Möglichkeiten zur Beendigung des Arbeitsverhältnisses zugunsten des Arbeitgebers durch Tarifvertrag setze voraus, dass es um schwerwiegende sachlich gerechtfertigte Bedürfnisse geht, die Interessen des Arbeitnehmers ausreichend gewahrt sind und gesetzliche Vorgaben nicht durchkreuzt werden. Die tarifliche Regelung in § 59 BAT (abgelöst durch § 33 TVöD und § 33 TV-L) genüge diesen Anforderungen nicht.[74] Dem ist zuzustimmen. Da die Einsatzmöglichkeiten für die Angehörigen dieser Gruppe nicht wesentlich anders als bei sonstigen Erwerbsgeminderten ist, kann das besondere schwerwiegende Interesse der Arbeitgeber an eine Auflösung ohne Kündigung nicht nachvollzogen werden. Die Regelung berücksichtigt zudem nicht ausreichend das Risiko, durch Versäumnis der kurzen Zweiwochenfrist den Anspruch auf Weiterbeschäftigung zu verlieren (→ Rn. 20). Außerdem wird der Gleichheitssatz aus Art. 3 Abs. 1 verletzt. Die unterschiedliche Behandlung der Bezieher von Erwerbsminderungsrenten auf Zeit mit anderen Leistungsgeminderten lässt sich nicht damit begründen, dass der Rentenbezieher nunmehr durch eine Rente abgesichert sein: denn mit der Teilrente wird das Ziel verfolgt, dem Arbeitnehmer im Hinblick auf seine noch vorhandene Restleistungsfähigkeit die Möglichkeit zu verschaffen, den Einkommensverlust durch eine Teilzeitarbeit ausgleichen oder zu verringern.

Das BAG ist inzwischen teilweise auf die Kritik eingegangen. Es hat zunächst daran festgehalten, dass die durch § 33 Abs. 2 TVöD angeordnete Beendigung des Arbeitsverhältnisses nach Bewilligung einer Rente wegen voller Erwerbsminderung auf unbestimmte Dauer ein Sachgrund sei, der im Sinne von §§ 21, 14 Abs. 1 TzBfG die Auflösung rechtfertige.[75] Allerdings stellt der Senat zur Wirksamkeit folgende Voraussetzungen auf:

1. Das Arbeitsverhältnis darf nur bei einem voraussichtlich dauerhaften Rentenbezug enden; denn eine Rentenbewilligung, die zu keiner rentenrechtlichen Absicherung auf unbestimmte Dauer führt, ist als Auflösungstatbestand ungeeignet.[76]
2. Die Gewährung einer Rente wegen voller Erwerbsminderung auf unbestimmte Zeit stellt eine aller Voraussicht nach dauerhafte Absicherung des Beschäftigten durch die rentenrechtliche Versorgung dar. Einem Arbeitnehmer wird eine Erwerbsminderungsrente nach § 43 Abs. 2 SGB VI bis zum Erreichen der Regelaltersgrenze bewilligt. Ab diesem Zeitpunkt erhält der Arbeitnehmer Altersrente. Die Änderung der Rentenart führt nicht dazu, dass eine auf unbestimmte Dauer bewilligte Rente wegen Erwerbsminderung als befristet anzusehen ist.[77]
3. Die im Bescheid des Rentenversicherungsträgers vorbehaltene Möglichkeit einer späteren Überprüfung der Rentenberechtigung ändert nichts daran, dass im Zeitpunkt der Bewilligung der Rente wegen voller Erwerbsminderung auf unbestimmte Dauer eine hinreichende, voraussichtlich dauerhafte rentenrechtliche Absicherung gegeben ist.[78]

---

73 *Gagel* jurisPR-ArbR 6/2008 Anm. 4.
74 So auch *Däubler*, Tarifvertragsrecht, 3. Aufl. 1993, Rn. 953 f. mwN.
75 BAG 10.12.2014 – 7 AZR 1002/12, Rn. 24, BAGE 150, 165.
76 BAG 10.12.2014 – 7 AZR 1002/12, Rn. 29, BAGE 150, 165.
77 BAG 10.12.2014 – 7 AZR 1002/12, Rn. 30, BAGE 150, 165.
78 BAG 10.12.2014 – 7 AZR 1002/12, Rn. 31, BAGE 150, 165.

4. Erst die sozialrechtliche Dispositionsbefugnis des Arbeitnehmers rechtfertigt den Auflösungstatbestand ohne Kündigung.[79]
Der Siebte Senat hat offen gelassen, ob es mit dem verfassungsrechtlich zu gewährleistenden Mindestbestandsschutz des Art. 12 Abs. 1 GG zu vereinbaren ist, dass ein Arbeitsverhältnis nach § 33 Abs. 2 TV-L, der § 33 Abs. 2 TVöD entspricht, enden kann, obwohl der Arbeitnehmer durch die Regelung in § 33 Abs. 4 TVöD faktisch angehalten wird, einen Rentenantrag zu stellen.[80] Geklärt hat der Senat, dass er die auflösende Bedingung in § 33 Abs. 2 TVöD nicht deshalb als unwirksam ansieht, weil die Regelung für den Fall der späteren Wiederherstellung der Erwerbsfähigkeit keinen Wiedereinstellungsanspruch vorsieht.[81] Dies gilt nach seiner Ansicht selbst dann, wenn der betroffene Arbeitnehmer nach § 34 Abs. 2 TVöD ordentlich unkündbar ist.[82]

29 **Wirksamkeit der tarifvertraglichen Ruhensregelungen:** Wenn teilweise Erwerbsminderung bescheinigt wird, ist der Versicherte noch fähig, zumindest drei und je nach Lage des Falles evtl. sogar bis sechs Stunden Arbeiten zu verrichten. Das bedeutet zwar, dass der Arbeitnehmer häufig seinen arbeitsvertraglichen Verpflichtungen nicht mehr voll nachkommen kann. Eine Tarifnorm, die während der Bewilligungsdauer einer Rente wegen Erwerbsminderung auf Zeit pauschal das vollständige Ruhen des Arbeitsverhältnisses anordnet, ist wegen Verstoßes gegen zwingendes Recht unwirksam. Sie vereitelt die schwerbehindertenrechtliche Pflicht des Arbeitgebers, nach § 164 Abs. 4 Satz 1 Nr. 1, Abs. 5 Satz 3 SGB IX den schwerbehinderten Arbeitnehmer mit einer behinderungsgerecht verringerten Arbeitszeit zu beschäftigen. Dafür haben die Tarifvertragsparteien keine Regelungsmacht.[83]

30 **Auflösungsmitteilung:** Nach §§ 21, 15 Abs. 2 TzBfG endet ein Arbeitsvertrag, der unter einer auflösenden Bedingung abgeschlossen worden ist, noch nicht mit Eintritt der auflösenden Bedingung, sondern frühestens zwei Wochen nach Zugang einer schriftlichen Unterrichtung des Arbeitnehmers durch den Arbeitgeber über den Eintritt der auflösenden Bedingung. Diese Bestimmung ist nach § 22 Abs. 1 TzBfG für die Tarifvertragsparteien nicht abdingbar. Deshalb wird bei Fehlen des Hinweises auf die Mitteilungsfrist des § 15 Abs. 2 TzBfG in einer tariflichen Regelung der Tarifvertrag gesetzeskonform in der Weise ausgelegt (so zu § 21 Abs. 1 Spiegelstrich 5 Unterabs. 1 Satz 1 MTV Schiene), dass entsprechend §§ 21, 15 Abs. 2 TzBfG das Arbeitsverhältnis frühestens zwei Wochen nach Zugang der Beendigungsmitteilung des Arbeitgebers endet.[84] Für die Frage, ob ein Arbeitsplatz im Sinne von § 33 Abs. 3 TVöD (§ 59 Abs. 3 BAT) frei ist, haben die Gerichte auf den Zeitpunkt des Eintritts der auflösenden Bedingung abzustellen. Das gilt auch dann, wenn die tatsächliche Beendigung des Arbeitsverhältnisses aufgrund der einzuhaltenden Ankündigung der Beendigung nach § 15 Abs. 2 TzBfG erst nach dem Zeitpunkt liegt, nach der eine ordentliche Kündigung binnen eines Monats nach Zustellung der Zustimmung dem Kündigungsadressaten zugehen muss. Die Monatsfrist nach § 88 Abs. 3 SGB IX

---

79 BAG 10.12.2014 – 7 AZR 1002/12, Rn. 32, BAGE 150, 165.
80 BAG 10.12.2014 – 7 AZR 1002/12, Rn. 34, BAGE 150, 165.
81 BAG 10.12.2014 – 7 AZR 1002/12, Rn. 35, BAGE 150, 165.
82 BAG 10.12.2014 – 7 AZR 1002/12, Rn. 37, BAGE 150, 165.
83 BAG 14.10.2003 – 9 AZR 100/03, AP § 81 SGB IX Nr. 3.
84 BAG 9.2.2011 – 7 AZR 221/10, BAGE 137, 113 = NZA 2011, 854; vgl. zu § 59 BAT BAG 15.3.2006 – 7 AZR 332/05, Rn. 16 und 36, BAGE 117, 255; für § 21 Abs. 1 Spiegelstrich 5 MTV Schiene offen gelassen: BAG 18.10.2006 – 7 AZR 662/05, Rn. 15 und Rn. 23, EzTöD 100 TVöD-AT § 33 Erwerbsminderungsrente Nr. 2.

findet auf die Mitteilung über den Eintritt der auflösenden Bedingung nach § 15 Abs. 2 TzBfG weder unmittelbare noch analoge Anwendung.[85]

VI. Auflösende Bedingung bei Eignungswegfall

Eignung für Bewachung bei den Stationierungsstreitkräften: Insbesondere im Bewachungs- und Sicherheitsgewerbe werden hohe Anforderungen an die körperliche Fitness der Beschäftigten gestellt. Die US-Streitkräfte verlangen von den Unternehmen, denen sie Bewachungsaufträge erteilen, ein sogenanntes **Performance Work Statement** (PWS). Über die Erfüllung der Voraussetzungen des PWS entscheidet ein Offizier der US-Streitkräfte, der bei Nichterfüllung den Widerruf der Einsatzgenehmigung erklärt. Der Siebte Senat des BAG hat dazu erkannt, die auflösende Bedingung in der Vereinbarung über die Beendigung des Arbeitsverhältnisses bei Entzug einer Einsatzgenehmigung durch die US-Streitkräfte sei wirksam.[86] Zwar stelle der **Widerruf der Einsatzgenehmigung** allein keinen ausreichenden Sachgrund für die auflösende Bedingung dar. Aber die sich aus dem Entzug der Einsatzgenehmigung des Arbeitnehmers ergebende fehlende Beschäftigungsmöglichkeit des Arbeitgebers rechtfertige die Beendigung des Arbeitsverhältnisses ohne Kündigung.[87] Bestehe nach dem Entzug der Einsatzgenehmigung kein freier und geeigneter Arbeitsplatz, sei die Aufrechterhaltung des bisherigen Vertragsverhältnisses sinnentleert, da der Arbeitgeber den Arbeitnehmer nicht mehr beschäftigen könne. Die sich nach einem Entzug einer Einsatzgenehmigung ergebende fehlende Beschäftigungsmöglichkeit zähle auch nicht zum allgemeinen Wirtschaftsrisiko des Arbeitgebers, das er durch die Vereinbarung einer auflösenden Bedingung auf den Arbeitnehmer nicht überwälzen dürfe. Der Arbeitgeber könne bei der Bewachung von militärischen Einrichtungen der US-Streitkräfte über das eingesetzte Personal nicht frei entscheiden, sondern dürfe nur solche Arbeitnehmer einsetzen, die über eine Einsatzgenehmigung seines Auftraggebers verfügten, auf deren Erteilung und Entzug der Arbeitgeber keinen Einfluss habe. In den zugrunde liegenden Vereinbarungen sei regelmäßig ein Vorbehalt des Auftraggebers des Arbeitgebers enthalten, wonach dieser bei Zweifeln an der Zuverlässigkeit des in den zu bewachenden Objekten eingesetzten Personals verlangen könne, dass diese nicht oder nicht mehr vom Arbeitgeber eingesetzt werden. Auf die den amerikanischen Streitkräften eingeräumte Rechtsposition müssten sich Arbeitgeber und Arbeitnehmer einlassen. Sie folge aus den Besonderheiten bei der Bewachung von militärischen Einrichtungen.[88] Diese Rechtsprechung ist in sich widersprüchlich; denn der Widerruf der Einsatzgenehmigung allein soll noch keinen ausreichenden Sachgrund für die auflösende Bedingung darstellen, sondern es müsse noch das Fehlen der weiteren Beschäftigungsmöglichkeit hinzutreten. Damit wird die fehlende Beschäftigungsmöglichkeit zum eigentlichen Sachgrund gemacht. Das wird im Schrifttum auch für alle Fälle des Eignungswegfalls erkannt.[89] Letztlich wird mit der auflösenden Bedingung in allen Fällen des Wegfalls der Tauglichkeit das Wirtschaftsrisiko ohne Auslauffrist auf den Arbeitnehmer abgewälzt. Das ist regelmäßig eine nach § 307 Abs. 1 Satz 1 BGB unangemessen benachtei-

31

---

85 LAG Bln 28.3.2006 – 7 Sa 1970/05, ZTR 2006, 551.
86 BAG 19.3.2008 – 7 AZR 1033/06, Rn. 10, AP § 21 TzBfG Nr. 5; LAG RhPf 11.4.2013 – 10 Sa 528/12.
87 So ausdrücklich: BAG 19.3.2008 – 7 AZR 1033/06, Rn. 12, AP § 21 TzBfG Nr. 5; LAG RhPf 6.7.2011 – 7 Sa 581/10; LAG RhPf 15.3.2012 – 11 Sa 662/11.
88 So ausdrücklich: BAG 19.3.2008 – 7 AZR 1033/06, Rn. 12, AP § 21 TzBfG Nr. 5.
89 Vgl. *Lipke* in KR TzBfG § 21 Rn. 44; *Mestwerdt* in HaKo-KSchR TzBfG § 21 Rn. 29.

ligende Abweichung von der einem jeden Arbeitgeber für derartige Fälle zur Verfügung stehenden Möglichkeit, dem Arbeitnehmer betriebsbedingt zu kündigen (§ 1 Abs. 2 KSchG). Etwas anders kann nur gelten, wenn der Bewachungsunternehmer ausschließlich Bewachungsdienstleistungen für die US-Streitkräfte ausführt, so dass keine anderen Beschäftigungsmöglichkeiten in Betracht kommen. Legt man den vom BAG selbst bei der Prüfung des § 59 BAT aufgestellten Grundsatz als Maßstab für einen ausreichenden Sachgrund iSv § 14 Abs. 1 Satz 2 TzBfG an, so gilt: „Die verminderte Erwerbsfähigkeit stellt allein allerdings keinen ausreichenden Sachgrund für die auflösende Bedingung dar. Erst die Einbindung der Interessen des Arbeitnehmers durch die Anknüpfung an die rentenrechtliche Versorgung rechtfertigt die Beendigung des Arbeitsverhältnisses ohne Kündigung".[90] Daran gemessen erweist sich der Widerruf der Einsatzgenehmigung als nicht ausreichender Sachgrund.

32 **Postbeschäftigungsunfähigkeit:** § 37 Abs. 4 Unterabs. 1 des Manteltarifvertrages für die Arbeitnehmer der Deutschen Post AG (MTV-DP AG) enthält eine auflösende Bedingung. Diese knüpft jedoch nicht an eine Feststellung der allgemeinen Erwerbsminderung, sondern an die **Feststellung der speziellen Postbeschäftigungsunfähigkeit** an. Eine derartige Beschäftigungsunfähigkeit liegt nach der tariflichen Definition vor, wenn der Betriebs- oder Amtsarzt feststellt, dass der Arbeitnehmer infolge eines körperlichen Gebrechens oder wegen Schwäche seiner körperlichen oder geistigen Kräfte zur Erfüllung seiner arbeitsvertraglichen Pflichten dauerhaft unfähig ist. Dies kann auch dann gegeben sein, wenn der Betriebs- oder Amtsarzt feststellt, dass der Arbeitnehmer infolge Erkrankung innerhalb eines Zeitraumes von sechs Monaten mehr als drei Monate arbeitsunfähig erkrankt war und keine Aussicht besteht, dass er innerhalb weiterer sechs Monate wieder voll arbeitsfähig wird. Die Feststellung der Postbeschäftigungsunfähigkeit erfolgt auf Veranlassung des Arbeitgebers oder auf Antrag des Arbeitnehmers unter Vorlage eines ärztlichen Attestes. Zusätzlich wird die auflösende Bedingung mit der **Gewährung einer Betriebsrente** verknüpft. Das Arbeitsverhältnis endet deshalb nicht vor Ablauf des Vormonats des ersten Rentenzahlmonats, der sich aus der Mitteilung zur Betriebsrente ergibt.

Nach Auffassung des für das Befristungsrecht zuständigen Siebten Senats des BAG ist der auflösenden Bedingung wegen Postbeschäftigungsunfähigkeit der Zustimmungsvorbehalt aus § 175 Satz 1 SGB IX (§ 92 Satz 1 SGB IX aF) weder unmittelbar (es liegt kein Fall der teilweisen oder befristeten Erwerbsminderung vor) noch analog anzuwenden.[91] Eine für den Analogieschluss erforderliche vergleichbare Interessenlage liege jedenfalls bei der Postbeschäftigungsunfähigkeit im Verhältnis zur Regelung des Zustimmungsvorbehalts bei Eintritt einer Erwerbsminderung nicht vor. Der Kontrolle durch das Integrationsamt im Zustimmungsverfahren bedürfe es nämlich hier nicht, weil durch § 37 Abs. 4 Unterabs. 2 Satz 1 und Satz 2 MTV-DP AG der schwerbehinderte Arbeitnehmer für den Fall der Wiederherstellung seiner Postbeschäftigungsfähigkeit durch die Einräumung eines **Wiedereinstellungsanspruchs** ausreichend geschützt werde.

Nach Auffassung der Bundesarbeitsgemeinschaft der Integrationsämter und Hauptfürsorgestellen (BIH) ist auch bei den sonstigen tariflichen Auflösungsklauseln, die wie zB die Flugdienstuntauglichkeit an die persönliche Eignung anknüpfen, keine Zustimmung des Integrationsamts erforderlich.[92] Das ent-

---

90 BAG 15.3.2006 – 7 AZR 332/05, Rn. 22, AP § 59 BAT Nr. 14; BAG 23.6.2004 – 7 AZR 440/03, BAGE 111, 148 = AP TzBfG § 17 Nr. 5 zu II 1 b bb (1) der Gründe.
91 BAG 27.7.2011 – 7 AZR 402/10, ZTR 2012, 162.
92 Vgl. *Kayser* Behindertenrecht 2008, 153, 154.

spricht auch der Praxis der Integrationsämter, die in diesen Fällen einem antragstellenden Arbeitgeber ein Negativattest ausstellen.[93] Da dem Negativattest eine Erlaubniswirkung zukommt, geht ein Arbeitgeber stets den sicheren Weg, wenn er vor der Unterrichtung über den Eintritt der Bedingung den Antrag auf Zustimmung stellt.

Die Rspr. hat gegen die analoge Anwendung des Zustimmungsvorbehalts Bedenken angemeldet. Diese hat der Siebte Senat damit begründet, es sei bei Schaffung des SGB IX dem Gesetzgeber erkennbar gewesen, dass eine Vielzahl tariflicher Regelungen bestanden habe, die auflösende Bedingungen nicht an eine Erwerbsminderung sondern an ein spezielle Tauglichkeitsanforderung wie zB Flugdiensttauglichkeit (→ § 167 Rn. 116) anknüpften. Letztlich hat der Senat jedoch die Beantwortung der für den Analogieschluss maßgeblichen Frage offen gelassen, ob in diesen Fällen eine unbewusste Regelungslücke vorliegt.[94] Deshalb ist die Rechtsfrage, ob § 175 SGB IX auf diese tariflichen Dienstunfähigkeitsfälle analog anzuwenden ist noch nicht abschließend beantwortet. Das Fachschrifttum hat dieses Problem noch nicht erkannt.

VII. Auflösende Bedingung für Beurlaubung zur Beschäftigung in anderen Unternehmen

§ 175 SGB IX schreibt einen erweiterten Beendigungsschutz nur für die im 33 Normtext bezeichneten auflösende Bedingungen, nämlich teilweise Erwerbsminderung, Erwerbsminderung auf Zeit, Berufsunfähigkeit oder Erwerbsunfähigkeit auf Zeit, vor. Knüpft die auflösende Bedingung an andere Umstände an, so schreibt das Schwerbehindertenrecht keinen besonderen Schutz vor.[95] Das betrifft die schwerbehinderten Beamtinnen und Beamten sowie die Arbeitnehmerinnen und Arbeitnehmer, die ohne Bezüge von der Deutschen Telekom AG (DT AG) beurlaubt sind und Arbeitsverhältnisse mit Dritten, insbesondere mit der T-Systems International eingegangen sind. Diese Arbeitsverträgen liegt folgende Vereinbarung zugrunde:

„§ 4 Abs. 3 Ende des Arbeitsverhältnisses nach § 28 MTV T-Systems International

Das Arbeitsverhältnis endet, wenn das ruhende Beamten- oder Arbeitsverhältnis bei der Deutschen Telekom AG wieder auflebt."

Das BAG hat diese Klausel als wirksam beurteilt.[96] Das Wiederaufleben des Beamten- oder Arbeitsverhältnisses lässt sich zwar keinem der in dem Katalog des § 14 Abs. 1 Satz 2 TzBfG genannten Sachgründe zuordnen, die Aufzählung von Sachgründen in § 14 Abs. 1 Satz 2 Nr. 1 bis Nr. 8 TzBfG ist jedoch nicht abschließend. Das zeigt schon das Wort „insbesondere" an. Eine Nichtanwendung oder eine einschränkende Auslegung von § 4 Abs. 3 der Vereinbarung ist auch nicht im Hinblick auf eine Schwerbehinderung erforderlich.[97] Nach § 168 SGB IX bedarf nur die Kündigung des Arbeitsverhältnisses eines schwerbehinderten Menschen der vorherigen Zustimmung des Integrationsamtes, nicht jedoch die Beendigung nach Ablauf einer nach § 14 TzBfG zulässigen Befristung. Ein bestehender besonderer Kündigungsschutz erfordert keine höheren Anfor-

---

93 So dargestellt in BAG 27.7.2011 – 7 AZR 402/10, Rn. 31, ZTR 2012, 162.
94 BAG 27.7.2011 – 7 AZR 402/10, Rn. 32, ZTR 2012, 162.
95 BAG 15.5.2019 – 7 AZR 285/17, Rn. 25, AP Nr. 21 zu § 1 TVG Tarifverträge: Telekom.
96 BAG 15.5.2019 – 7 AZR 285/17, Rn. 20, AP Nr. 21 zu § 1 TVG Tarifverträge: Telekom.
97 BAG 15.5.2019 – 7 AZR 285/17, Rn. 20, AP Nr. 21 zu § 1 TVG Tarifverträge: Telekom.

derungen an den Sachgrund.⁹⁸ Daher besteht auch die Möglichkeit, das Arbeitsverhältnis mit einem schwerbehinderten Menschen unter eine nach § 21 TzBfG zulässige auflösende Bedingung zu stellen. Dem steht § 175 SGB IX nicht entgegen; denn er schreibt einen erweiterten Beendigungsschutz nur für die dort bestimmten auflösende Bedingungen vor.

VIII. Prozessrecht

34 **Klagefrist bei auflösender Bedingung:** Die dreiwöchige Klagefrist der §§ 21, 17 Satz 1 TzBfG gilt nicht nur für die Geltendmachung der Rechtsunwirksamkeit der Bedingungsabrede, sondern auch für den Streit über den Eintritt der auflösenden Bedingung, sog. Bedingungskontrollklage. Das hat der Siebte Senat des BAG 2011 unter Änderung seiner Senatsrechtsprechung entschieden.⁹⁹ Wird die Frist versäumt, gilt die auflösende Bedingung, auf die sich § 33 TVöD (früher § 59 BAT) bezieht, nach §§ 21, 17 Satz 2 TzBfG iVm § 7 Hs. 1 KSchG als wirksam und als zu dem Zeitpunkt **als eingetreten**, den der Arbeitgeber in seiner schriftlichen Unterrichtung des Arbeitnehmers angegeben hat.¹⁰⁰ Will der Arbeitnehmer diese Rechtsfolge bei einer auf den Eintritt der Erwerbsminderung bezogenen Auflösungsklausel verhindern, muss der Arbeitnehmer die Rechtsunwirksamkeit der auflösenden Bedingung und/oder deren Nichteintritt zu dem in der schriftlichen Unterrichtung angegebenen Zeitpunkt innerhalb der Dreiwochenfrist nach §§ 21, 17 Satz 1 und Satz 3, § 15 Abs. 2 TzBfG, also spätestens innerhalb drei Wochen nach Zugang der Arbeitgebermitteilung gerichtlich geltend machen.¹⁰¹

Die Klagefrist für die Bedingungskontrollklage nach §§ 21, 17 Satz 1 und Satz 3, § 15 Abs. 2 TzBfG beginnt jedoch ausnahmsweise nicht, wenn der Arbeitgeber weiß, dass der Arbeitnehmer schwerbehindert ist, und das Integrationsamt der erstrebten Beendigung durch auflösende Bedingung nicht zugestimmt hat.¹⁰² Das folgt aus der gebotenen Analogie zu § 4 Satz 4 KSchG. Der Gesetzgeber nämlich hat von der generellen Regelung der Klagefrist in § 4 Satz 1 KSchG, die der Rechtsklarheit und Rechtssicherheit dient, in § 4 Satz 4 KSchG die Fälle ausgenommen, in denen der Schutz des Arbeitnehmers durch ein besonderes Verfahren vor einer Behörde verstärkt wird.¹⁰³ § 4 Satz 4 KSchG will ein Informationsdefizit des Arbeitnehmers im Hinblick auf die erforderliche behördliche Zustimmung ausgleichen. Kennt der Arbeitgeber die Umstände, die den Sonderkündigungsschutz auslösen, dagegen nicht, kann kein Informationsdefizit des betroffenen Arbeitnehmers ausgeglichen werden.¹⁰⁴ Die Klagefrist der §§ 21, 17 Satz 1 TzBfG beginnt demnach in Analogie zu § 4 Satz 4 KSchG erst mit Bekanntgabe der zustimmenden Behördenentscheidung.¹⁰⁵ Diese Hemmung der Klagefrist wird zutreffend analog zu § 4 Satz 4 KSchG angewandt, wenn ein Zustimmungsvorbehalt nach § 175 Satz 1 SGB IX gilt. Dies setzt voraus, dass die Voraussetzungen des § 175 Satz 1 erfüllt sind. Dies ist vor

---

98 Vgl. BAG 25.6.2014 – 7 AZR 847/12, Rn. 16, BAGE 148, 299.
99 BAG 6.4.2011 – 7 AZR 704/09, NZA-RR 2013, 43; unter Aufgabe von BAG 21.1.2009 – 7 AZR 843/07 und BAG 23.6.2004 – 7 AZR 440/03.
100 BAG 20.6.2018 – 7 AZR 689/16, Rn. 38 mwN NZA 2019, 331.
101 Der Rspr. des BAG folgend.
102 BAG 9.2.2011 – 7 AZR 221/10, Rn. 18 ff., NZA 2011, 854.
103 Vgl. BAG 13.2.2008 – 2 AZR 864/06, Rn. 41, AP MuSchG 1968 § 9 Nr. 38 = EzA KSchG § 4 nF Nr. 88.
104 Vgl. *Joussen* RdA 2009, 181 (185).
105 Vgl. für das Kündigungsschutzrecht *Joussen* RdA 2009, 181 (185 f.); für das Bedingungskontrollrecht im Ergebnis so schon *Düwell* in → 3. Aufl. 2010, § 92 Rn. 14.

allem der Fall, wenn eine teilweise oder befristete Erwerbsminderung eingetreten ist. In den Fällen der tariflichen Auflösungstatbestände, die an spezielle **Beschäftigungsunfähigkeiten** zB die Postbeschäftigungsunfähigkeit anknüpfen, kann diese Fristhemmung nicht zur Anwendung kommen; denn es liegen die Voraussetzung für das Erfordernis der Zustimmung nicht vor. Deshalb kann auch der Lauf der Klagefrist nicht erst mit der **Bekanntgabe der Entscheidung des Integrationsamts** beginnen; denn es gibt keine Entscheidung, es sei denn der Arbeitgeber bemüht sich vorsorglich um ein Negativattest. Der Siebte Senat hat zu Recht hier erkannt: „Deshalb kommt auch keine weitere Analogie zu § 4 S 4 KSchG in Betracht."[106]

Beteiligung der SBV: Da die Entscheidung über die Beantragung der Zustimmung des Integrationsamts eine Angelegenheit ist, die den einzelnen schwerbehinderten Menschen berührt, muss der Arbeitgeber vor der Antragstellung die SBV nach § 178 Abs. 2 Satz 1 SGB IX unterrichten und anhören. Unterlässt der Arbeitgeber die Beteiligung, kann die SBV nach § 178 Abs. 2 Satz 2 die Aussetzung der Durchführung der Antragstellung verlangen. Sichert der Arbeitgeber der SBV nicht die Einhaltung des Moratoriums und die gesetzlich geforderte Nachholung von Unterrichtung sowie Anhörung zu, kann die SBV im Beschlussverfahren (§ 2 a Abs. 1 Nr. 3 a ArbGG) mithilfe des einstweiligen Rechtsschutzes (§ 85 Abs. 2 Satz 1 ArbGG) die Unterlassung der Antragstellung beim Integrationsamt durchsetzen, um das der SBV zustehende Anhörungsrecht zu sichern. Zusätzlich kann die Bundesagentur für Arbeit als zuständige Verwaltungsbehörde nach § 238 Abs. 1 Nr. 8 SGB IX wegen der nicht rechtzeitigen Unterrichtung ein Ordnungswidrigkeitsverfahren einleiten. Zur Ahndung der Ordnungswidrigkeit können gegen das Unternehmen sowie gegen die persönlich Verantwortlichen als weitere Betroffene, insbesondere gegen den Inklusionsbeauftragten (§ 181 SGB IX), Bußgelder bis 10.000 Euro festgesetzt werden. Anders als bei der Kündigung ist in § 178 Abs. 2 Satz 3 SGB IX für den Fall des Eintritts der auflösenden Bedingung keine generelle Unwirksamkeitsfolge bei Nichtbeteiligung der Schwerbehindertenvertretung vorgesehen. Die bürgerlich-rechtliche Unwirksamkeit kann sich jedoch im Einzelfall daraus ergeben, dass der Arbeitgeber schuldhaft das Gebot fairen Verhandelns verletzt hat, → Rn. 8. 35

Kapitel 5 Betriebs-, Personal-, Richter-, Staatsanwalts- und Präsidialrat, Schwerbehindertenvertretung, Inklusionsbeauftragter des Arbeitgebers

§ 176 Aufgaben des Betriebs-, Personal-, Richter-, Staatsanwalts- und Präsidialrates

¹Betriebs-, Personal-, Richter-, Staatsanwalts- und Präsidialrat fördern die Eingliederung schwerbehinderter Menschen. ²Sie achten insbesondere darauf, dass die dem Arbeitgeber nach den §§ 154, 155 und 164 bis 167 obliegenden Verpflichtungen erfüllt werden; sie wirken auf die Wahl der Schwerbehindertenvertretung hin.

I. Gesetzeshistorie	1	V. Überwachungsaufgabe		9
II. Übersicht	2	VI. Aufgabenzuweisungen in		
III. Interessenvertretungen	3	anderen Gesetzen		14
IV. Eingliederungsaufgabe	8			

---

106 BAG 27.7.2011 – 7 AZR 402/10, Rn. 28, ZTR 2012, 162.

VII. Zusammenarbeit von Betriebs- und Personalrat mit der Schwerbehindertenvertretung 16

VIII. Hinwirken auf die Wahl der Schwerbehindertenvertretung 19

I. Gesetzeshistorie

1 **Geltende Fassung:** Die Vorgängervorschrift § 93 war aus § 23 SchwbG 1986 in das SGB IX übernommen worden. Vor 1986 war in § 20 SchwbG 1974 eine fast inhaltsgleiche Vorschrift enthalten, die jedoch hinsichtlich der Aufgabe des Betriebsrats, auf die Wahl einer SBV hinzuwirken, nur als Sollbestimmung formuliert war. Mit dem Art. 1 Nr. 19 c des Ersten Gesetzes zur Änderung des Schwerbehindertengesetzes ist bewusst eine Umwandlung in eine Mussbestimmung erfolgt. Zur Begründung ist darauf verwiesen worden: „(...) weil in vielen Betrieben und Dienststellen bisher noch kein Vertrauensmann gewählt worden ist, obwohl die gesetzlichen Voraussetzungen für die Wahl eines Vertrauensmannes gegeben sind. (...) Die Änderung verpflichtet daher die kollektive Interessenvertretung, auf die Wahl eines Vertrauensmannes hinzuwirken."[1] Die Umschreibung der Aufgabe, „die Eingliederung" zu fördern, ist beibehalten worden, obwohl der Paradigmenwechsel in der Behindertenpolitik bei Schaffung des SGB IX im Gesetzestitel zur Ersetzung des Begriffs „Eingliederung in Arbeit, Beruf und Gesellschaft" durch das Wort „Teilhabe" geführt hat. Dies ist auch bei der Neufassung des SGB IX durch Art. 1 BTHG nicht geändert worden. Der Text des § 93 SGB IX ist inhaltsgleich in § 176 SGB IX übernommen worden. Es hat lediglich eine Umnummerierung wegen der Einfügung des neuen Teils 2 in das SGB IX stattgefunden.[2]

II. Übersicht

2 **Inhaltsübersicht:** § 176 ist eine **Grundnorm**. Satz 1 verpflichtet alle Betriebs-, Personal-, Richter, Staatsanwaltschafts- und Präsidialräte, an der gesellschaftlichen Aufgabe mitzuwirken, schwerbehinderte Menschen einzugliedern. Ziel der Eingliederung ist entsprechend § 1 Satz 1, dass schwerbehinderte Menschen selbstbestimmt und gleichberechtigt am Arbeitsleben teilhaben können. Gleichgestellte behinderte Menschen gehören nach § 151 Abs. 3 mit zu der zu fördernden Zielgruppe. Der erste Teil des Satzes 2 dient der Durchsetzung der im Teil 3 des SGB IX geregelten öffentlich-rechtlichen und arbeitsrechtlichen Pflichten der Arbeitgeber. Zusätzlich zu den Schwerbehindertenvertretungen (SBV) sollen auch die allgemeinen Vertretungen der Beschäftigten auf deren Erfüllung achten. Im 2. Hs. des Satzes 2 macht der Gesetzgeber deutlich, dass die nach der Betriebs- und Dienststellenverfassung gebildeten Beschäftigtenvertretungen **kein Alleinvertretungsrecht** haben. Sie sollen als Interessenvertretung der Gesamtbelegschaft durch die nach §§ 177, 180 auf allen Vertretungsebenen zu bildenden eigenständigen SBVen ergänzt werden. Deshalb ist es dritte Pflichtaufgabe der Beschäftigtenvertretungen, in ihrem jeweiligen Vertretungsbereich auf die Wahl der entsprechenden SBV **hinzuwirken**.

III. Interessenvertretungen

3 **Die Vertretungen der Beschäftigten:** In § 176 Satz 1 werden nicht alle Vertretungen der Beschäftigten angesprochen. Aufgeführt sind nur die folgenden Ver-

---

1 BT-Drs. 10/3138, 21/22.
2 Merkregel: Die alten Paragrafennummern steigen um +83 an.

tretungen der Arbeitnehmer, Beamten, Richter und Staatsanwälte eines Betriebes oder einer Dienststelle:
1. der **Betriebsrat**, der in allen Betrieben mit regelmäßig mindestens fünf wahlberechtigten Arbeitnehmern, von denen drei wählbar sind, nach § 1 Abs. 1 BetrVG gewählt wird,
2. der **Personalrat**, der nach § 13 BPersVG nF[3] (entspricht dem bis 14.6.2021 geltenden § 12 BPersVG aF) in allen Dienststellen des Bundes und nach entsprechender Regelung in den Personalvertretungsgesetzen der Länder auch für Dienststellen der Länder sowie der Gemeinden gewählt wird, sofern diese in der Regel mindestens fünf Wahlberechtigte beschäftigen, von denen drei wählbar sind,
3. der **Richterrat**, der von den Richtern eines Gerichts nach §§ 49, 50 DRiG als besonderes Personalvertretungsorgan der Richter gewählt wird und nach § 52 DRiG Aufgaben wahrnimmt, die der Personalvertretung für Beamte entsprechen, wobei der Richterrat auch Mitglieder in die Personalvertretung entsendet, so dass gemeinsame Beschlüsse der Personalvertretung eines Gerichts gemäß § 53 Abs. 1 DRiG gefasst werden können,
4. der **Präsidialrat**, der nach §§ 49, 54 DRiG als vom Richterkollegium gewählte besondere Personalvertretung gemäß § 55 DRiG an jeder Ernennung oder Wahl eines Richters zu beteiligen ist,
5. der **Staatsanwaltschaftsrat**, der nach Landesrecht zB §§ 88, 89 LRiG Baden-Württemberg, Art. 86a BayPVG, § 78a HessRiG §§ 96, 97 LPVG NRW als Personalvertretung der Staatsanwälte gewählt wird.

Den in § 176 genannten Vertretungen ist die Wahrnehmung der in § 176 zugewiesenen Eingliederungs-, Überwachungs- und Hinwirkungsaufgaben ausdrücklich übertragen. Die Wahrnehmung der Aufgaben ist **Amtspflicht**. Deren grobe Verletzung berechtigt in § 23 Abs. 1 BetrVG den Arbeitgeber, eine im Betrieb vertretene Gewerkschaft oder ein Viertel der wahlberechtigten Belegschaft, einen Antrag auf Auflösung des Betriebsrats zu stellen. Zur Verdeutlichung der schwerbehindertenrechtlichen Aufgabenstellung des Betriebsrats ist durch Art. 18 BTHG mWv 30.12.2016 die bereits in § 80 Abs. 1 Nr. 4 BetrVG enthaltene Eingliederungsaufgabe um folgende Punkte erweitert worden:

4

- den Abschluss von Inklusionsvereinbarungen zu fördern (§ 80 Abs. 1 Nr. 4 BetrVG),
- Betriebsvereinbarungen zu Maßnahmen abzuschließen, die der Eingliederung schwerbehinderter Menschen dienen (§ 88 Nr. 5 BetrVG),
- dem Arbeitgeber Vorschläge zu Eingliederungsmaßnahmen zu machen, die der Arbeitgeber mit dem Betriebsrat beraten muss (§ 92 Abs. 3 Satz 2 in Verbindung mit Abs. 1 BetrVG).

Der das BTHG erlassende Bundesgesetzgeber hat davon abgesehen, im Gleichlauf zu den Betriebsräten die Rechte der Personalräte zu erweitern. Das ist zwar in der Gesetzesbegründung nicht thematisiert, aber vermutlich der **Föderalismusreform** geschuldet.[4] Aufgrund der Föderalismusreform entfiel im Jahr 2006 die in Art. 75 GG aF enthaltene **Zuständigkeit des Bundes** für den Erlass von Rahmenvorschriften über die Rechtsverhältnisse der im öffentlichen Dienst der Länder, Gemeinden und anderen Körperschaften des öffentlichen Rechtes stehenden Personen, Einzelheiten: → Rn. 8. Die Gelegenheit, das Versäumte nachzuholen, hat der Gesetzgeber bei der Modernisierung des aus 1974 stammenden Personalvertretungsrechts BPersVG nicht genutzt, obwohl in Art. 19 des

---

3 Das BPersVG ist durch das Gesetz zur Novellierung des Bundespersonalvertretungsgesetzes vom 9.6.2021 mit Wirkung vom 15.6.2021 neugefasst worden.
4 Einzelheiten: *von Roetteken* ZBR 2018, 73 ff.

Artikelgesetzes zur Novellierung des BPersVG auch einbezogen ist: „Änderung des Neunten Buches Sozialgesetzbuch".[5] Jedoch ist in diesem Artikel nur eine redaktionelle Anpassung an die veränderte Paragrafenfolge vorgenommen.

5 **Die nicht aufgeführten Vertretungen:** In § 176 Satz 1 werden folgende Vertretungen der Beschäftigten nicht angesprochen:
1. der **Sprecherausschuss**, der nach § 1 SprAuG in Betrieben mit in der Regel mindestens zehn leitenden Angestellten als deren Sondervertretung gewählt wird,
2. die besondere **Interessenvertretung der Auszubildenden** nach § 51 BBiG, deren praktische Berufsbildung in einer sonstigen Berufsbildungseinrichtung außerhalb der schulischen und betrieblichen Berufsbildung mit in der Regel mindestens fünf Auszubildenden stattfindet,
3. die betriebliche **Jugend- und Auszubildendenvertretung**, die nach § 60 BetrVG als zusätzliche Vertretung in Betrieben mit in der Regel mindestens fünf Arbeitnehmern gewählt wird, sofern diese Arbeitnehmer noch nicht das 18. Lebensjahr vollendet haben oder zu einer Berufsausbildung beschäftigt werden und das 25. Lebensjahr noch nicht vollendet haben,
4. die **Gleichstellungsbeauftragte** und die Vertrauensfrau, die nach §§ 19, 20 des Gesetzes für die Gleichstellung von Frauen und Männern in der Bundesverwaltung und in den Unternehmen und Gerichten des Bundes (BGleiG)[6] als Vertretungen der weiblichen Beschäftigten einer Dienststelle gewählt und von der Dienststelle bestellt werden. Vergleichbare Vertretungen sehen einige Landesgleichstellungsgesetze vor, so zB LGG Bln und HGlG.

6 Die in § 176 vorgenommene Aufgabenzuweisung erfasst nicht alle in Betrieben und Dienststellen von den Beschäftigten gewählten Belegschaftsvertretungen. So sind insbesondere der Sprecherausschuss und die kirchlichen **Mitarbeitervertretungen** ausgespart. Das Zusammenarbeitsverhältnis des **Sprecherausschusses** mit der SBV in Fragen der Interessenvertretung von leitenden Angestellten ist gesetzlich ungeregelt geblieben. Die Beziehungen der kirchlichen Beschäftigtenvertretungen zur SBV sind wegen des von den Religionsgesellschaften in Anspruch genommenen Selbstverwaltungsrechts aus Art. 140 GG in kirchlichen Bestimmungen geregelt. Die von den Beschäftigten gewählten Interessenvertretungen werden dort Mitarbeitervertretungen (MAV) genannt. Sie haben ähnliche Mitbestimmungsrechte wie Personal- und Betriebsräte.[7] Die evangelische Kirche hat dazu einheitliche Regelungen in ihrem Mitarbeitervertretungsgesetz (MVG-EKD) erlassen.[8] Da in der katholischen Kirche jeder Bischof für seine Diözese zuständig ist, besteht dort keine einheitliche Regelung. Allerdings existiert auf der Grundlage eines einstimmigen Beschlusses der Vollversammlung des Verbandes der Diözesen Deutschlands vom 20.11.1995, zuletzt geändert durch Beschluss vom 19.7.2017, eine Rahmenordnung für eine Mitarbeitervertretungsordnung (Rahmen-MAVO).[9] Nach § 52 Rahmen-MAVO nimmt „die

---

5 *Düwell* jurisPR-ArbR 9/2021 Anm. 1.
6 G v. 24.4.2015, BGBl. I 642 (643).
7 Zu den Übereinstimmungen und Unterschieden siehe www.baumann-czichon.de/2020/10/29/mitbestimmung-im-vergleich (letzter Aufruf 2.2.2021).
8 Kirchengesetz über Mitarbeitervertretungen in der Evangelischen Kirche in Deutschland (MVG-EKD) In der Bekanntmachung der Neufassung vom 1.1.2019 (ABl. EKD S. 2); zuletzt geändert am 11.9. 2020 (ABl. EKD S. 199) geändert durch Artikel 7 des Kirchengesetzes vom 13.11.2019. (ABl. EKD S. 199) abrufbar unter https://kirchenrecht-ekd.de/document/28404 (letzter Aufruf 3.2.2021).
9 S. https://caritas-dienstgeber.de/fileadmin/user_upload/ueber_uns/Grundlagen/070625-rahmenmavo.pdf (letzter Aufruf 3.2.2021).

entsprechend den Vorschriften des SGB IX gewählte Vertrauensperson der schwerbehinderten Mitarbeiterinnen und Mitarbeiter" an den Sitzungen der Mitarbeitervertretung teil und arbeitet mit dieser zusammen. Bemerkenswert ist, dass nach § 51 Abs. 1 Satz 2 Nr. 2 Rahmen-MAVO die Vertrauensperson, soweit Angelegenheiten der schwerbehinderten Menschen beraten werden, ein Stimmrecht bei der Beschlussfassung der MAV erhalten hat.

Ungeregelt ist in § 176 auch das Verhältnis der betrieblichen **Jugend- und Auszubildendenvertretung** zur SBV geblieben. Im Hinblick auf die Gruppe der Jugendlichen und Auszubildenden erfasst die SBV die kleinere Schnittmenge, bestehend aus der Gruppe der schwerbehinderten Jugendlichen und Auszubildenden. Nicht von der SBV vertreten werden die nach § 151 Abs. 4 Satz 1 gleichstellten **behinderten Jugendlichen und jungen Erwachsene**.[10] Die Gleichstellung dieser Personengruppe gilt nämlich nach ausdrücklicher Maßgabe in § 151 Abs. 4 Satz 3 nur für die Leistungen des Integrationsamts. Das wird vom Schrifttum verkannt, das diese Einschränkung der Gleichstellungswirkung nicht beachtet.[11] Für die Überwachung der zugunsten dieser behinderten Menschen geltenden Bestimmungen ist neben Betriebsrat und SBV nach § 70 Abs. 1 Nr. 2 BetrVG auch die Jugend- und Auszubildendenvertretung zuständig. Dazu gehört insbesondere darüber zu wachen, dass der Arbeitgeber seine gegenüber den jugendlichen schwerbehinderten Menschen und gleichgestellten behinderten Jugendlichen bestehenden Pflichten erfüllt und gemäß § 155 Abs. 2 einen angemessenen Anteil der Ausbildungsplätze mit schwerbehinderten Menschen besetzt.

Die Vertretungen auf höheren Entscheidungsebenen: In Satz 1 sind nur die Vertretungen auf der Ebene des Betriebs und der Dienststelle genannt. Damit sind die auf anderen Ebenen gebildeten Vertretungen nicht von der Wahrnehmung der Aufgaben ausgenommen. So haben die in der Betriebsverfassung auf der Ebene des Unternehmens gebildeten Gesamtbetriebsräte und die auf der Konzernebene gebildeten Konzernbetriebsräte ebenfalls die Eingliederung zu fördern und nach Satz 2 auch auf die Einhaltung der Bestimmungen zu achten. Ihre Aufgabenstellung hat von den Möglichkeiten und Pflichten des Entscheidungsträgers auszugehen, zu dessen Machtbegrenzung sie gebildet sind. Hier zeigt sich die Richtigkeit dieser Auffassung schon bei den Pflichten zur Mindestbeschäftigung im Sinne von §§ 154 ff. Die Erfüllung dieser Pflichten ist nicht auf den einzelnen Betrieb, sondern auf die Gesamtheit aller dem Unternehmen zuzuordnenden Betriebe bezogen, → § 154 Rn. 11 ff. Daher hat auch der Gesamtbetriebsrat die Einhaltung dieser auf das Unternehmen bezogenen Pflicht überprüfen. Vergleichbares gilt für den öffentlichen Dienst. In § 154 Abs. 2 Nr. 1 und 2 wird der öffentliche Arbeitgeber, der die Mindestbeschäftigungspflicht zu erfüllen hat, als oberste Bundes- oder Landesbehörde definiert. Folglich ist in diesen Fällen für die Überwachung der Beschäftigungspflicht der für den Geschäftsbereich gewählte Hauptpersonalrat zuständig.

Im Geltungsbereich des BetrVG ist von dem sogenannten Grundsatz der **Primärzuständigkeit der Einzelbetriebsräte** auszugehen.[12] Er erfasst insbesondere die sozialen Regelungstatbestände des § 87 Abs. 1 BetrVG, die im Allgemeinen betriebs- und nicht unternehmensbezogen sind. Hinsichtlich des Überwachungsrechts aus § 80 Abs. 1 Nr. 1 BetrVG hat das BAG dem Grundsatz folgend erkannt: „Für dessen Wahrnehmung ist allein der Betriebsrat zustän-

7

---

10 AA *Esser* in jurisPK-SGB IX § 176 Rn. 7.
11 So *Esser* in jurisPK-SGB IX § 176 Rn. 7.
12 Ständige Rechtsprechung zum BetrVG 1972 seit: BAG 6.4.1976 – 1 ABR 27/74, juris Rn. 22, DB 1976, 1290.

dig."[13] Personalvertretungsrechtlich sind die Zuständigkeiten anders verteilt. Die Zuständigkeit ist nach §§ 88 ff BPersVG nF (vordem §§ 82 ff BPersVG aF) bei einem mehrstufigen Verwaltungsaufbau davon abhängig, ob die jeweilige **Dienststelle**, bei der die Personalvertretung gewählt wurde, oder die **Stufenvertretung** zur Entscheidung über die betreffende Angelegenheit befugt ist.[14] Die Länder haben im Geltungsbereich ihrer Personalvertretungsgesetze vergleichbare Regelungen getroffen.

IV. Eingliederungsaufgabe

8   **Umfang der Eingliederungsaufgabe:** Der Gesetzgeber hat in § 176 versäumt klarzustellen, dass die Zuständigkeit der aufgeführten Beschäftigtenvertretungen nicht auf die im Betrieb oder in der Dienststelle schon beschäftigten schwerbehinderten Menschen beschränkt ist, sondern auch die zur Vermittlung von der Arbeitsagentur vorgeschlagene oder sich aus Eigeninitiative bewerbenden schwerbehinderten Arbeitsuchenden einbezieht. Diese über die Interessenvertretung der **im Betrieb und in der Dienststelle bereits** beschäftigten Schwerbehinderten hinausgehende Aufgabenstellung der SBV ist in § 178 Abs. 1 Satz 1 mit der zutreffenden grammatikalischen Formulierung „Eingliederung schwerbehinderter Menschen **in den Betrieb oder die Dienststelle**" deutlich zum Ausdruck gebracht worden. Aus der hier für den Betriebs- und Personalrat verwandten Kurzfassung „fördern die Eingliederung", die die Aufgabenzuweisung in § 80 Abs. 1 Nr. 4 BetrVG und § 68 Abs. 1 Nr. 4 BPersVG aF sowie § 62 Nr. 4 BPersVG nF inhaltlich wiederholt, kann nicht auf eine Zuständigkeitsbeschränkung für schon der Belegschaft Angehörige geschlossen werden; denn in § 164 Abs. 1 Satz 4, Satz 6 bis 9 ist den Betriebs- und Personalräten ein über die Repräsentation der Belegschaft hinausgehendes Maß der Beteiligung zugewiesen worden. Sie sind nämlich vom Arbeitgeber an der Prüfung zu beteiligen, ob freie Stellen mit geeigneten schwerbehinderten Arbeitsuchenden, also von Außenstehenden, besetzt werden können. Mit dem Gesetz zur Novellierung des BPersVG vom 9.6.2021[15] hat der Gesetzgeber mit Wirkung vom 15.6.2021 die Aufgabenbeschreibung des Personalrats für die Betriebe und Dienststellen des Bundes in § 62 Nr. 4 BPersVG wie folgt erweitert: „der Benachteiligung von Menschen mit Behinderungen entgegenzuwirken sowie die Inklusion und Teilhabe behinderter Menschen zu fördern, insbesondere die Eingliederung und berufliche Entwicklung schwerbehinderter und ihnen gleichgestellter Beschäftigter und sonstiger besonders schutzbedürftiger, insbesondere älterer Beschäftigter zu fördern sowie Maßnahmen zur beruflichen Förderung schwerbehinderter und ihnen gleichgestellter Beschäftigter zu beantragen". Diese sprachliche Erweiterung dient nur einer Klarstellung von Aufgaben, die schon immer bestanden, aber einer besonderen Konkretisierung bedürfen.[16]

Die auf die Mitwirkung an der Eingliederung von arbeitsuchenden schwerbehinderten Menschen ausgerichtete Aufgabenstellung ist durch Art. 18 BTHG mWv 30.12.2016 im Bereich der **Personalplanung** verdeutlicht worden. In dem angefügten § 92 Abs. 3 Satz 2 BetrVG sind dem Arbeitgeber aufgegeben worden, den **Betriebsrat** über alle **Maßnahmen** zu unterrichten, die er **zur Eingliederung** schwerbehinderter Menschen plant. Damit gewinnt auch die bislang unbeachte-

---

13   BAG 16.11.2011 – 1 ABR 22/10, Rn. 29, BAGE 139, 25.
14   *Baden* in Altvater BPersVG, 9. Aufl. 2020, § 82 Rn. 1; *Fischer/Goeres/Goronimus*, Personalvertretungsrecht des Bundes und der Länder BPersVG, Stand 2019, BPersVG § 82 Rn. 5.
15   BGBl. I 1614.
16   BT-Drs. 19/26820, 73.

te Vorschrift in § 164 Abs. 3 Bedeutung; denn der Arbeitgeber muss nach dieser Bestimmung, solange er die gesetzliche **Mindestbeschäftigung** nicht erfüllt, konkrete Maßnahmen planen und durchführen, die geeignet sind, die Erfüllung der Mindestbeschäftigung sicherzustellen. Der Betriebsrat hat aufgrund der Verweisung in § 92 Abs. 3 Satz 2 BetrVG auf die Bestimmungen in den Absätzen 1 und 2 seit dem 30.12.2016 auch das Recht und die Pflicht, mit dem Arbeitgeber Art und Umfang der geplanten Maßnahmen zu beraten sowie eigene Vorschläge zu unterbreiten. Nach § 80 Abs. 2 Satz 4 BetrVG hat der Arbeitgeber zur Vorbereitung der Beratung und zur Ausarbeitung von Alternativvorschlägen sachkundige Auskunftspersonen, insbesondere den betrieblichen Inklusionsbeauftragten, zur Verfügung zu stellen. Bedarf er der Unterstützung durch externen Sachverstand, um die Geeignetheit der geplanten Maßnahmen zu prüfen oder Alternativvorschläge zu entwickeln, so kann der Betriebsrat nach näherer Vereinbarung mit dem Arbeitgeber einen Sachverständigen hinzuziehen. Ein Rechtsanspruch auf Hinzuziehung eines Sachverständigen besteht nach § 80 Abs. 3 BetrVG dann, wenn die Hinzuziehung eines Sachverständigen für die ordnungsgemäße Erledigung dieser Betriebsratsaufgabe erforderlich ist, um Wissens- und Kenntnislücken ersetzen. Die Erforderlichkeit ist gegeben, wenn der Betriebsrat angesichts der Schwierigkeit der Materie ohne einen fachlichen Rat seine Aufgabe nicht ordnungsgemäß ausüben kann.[17]

Im Hinblick auf das Recht der **Personalvertretungen** des öffentlichen Dienstes hat sich der Gesetzgeber des BTHG zurückgehalten. Er hat weder in Art. 18 BTHG noch anderswo Regelungen für Personalvertretungen getroffen, an der Planung der Maßnahmen zur Eingliederung beteiligt zu werden, so dass sich der Umfang der Befugnisse von Betriebs- und Personalrat unterscheiden. Die Herstellung des sinnvollen Gleichlaufs war dem Gesetzgeber des BTHG wegen fehlender Zuständigkeit verwehrt. Während bei Schaffung des SGB IX im Jahre 2001 und dessen Novellierung im Jahr 2004 durch die Einführung des BEM noch die Kompetenznorm des Art. 75 GG aF für den Erlass von Rahmenvorschriften über die Rechtsverhältnisse der im öffentlichen Dienste der Länder, Gemeinden und anderen Körperschaften des öffentlichen Rechtes stehenden Personen zur Verfügung stand, entfiel aufgrund der **Föderalismusreform** diese **Bundeszuständigkeit** mWv 1.9.2006. Das im SGB IX enthaltene materielle Personalvertretungsrecht gilt nach Art. 125 a Abs. 1 Satz 1 GG nF seitdem für die in die **Zuständigkeit der Landesgesetzgebung** fallenden Dienststellen nur noch „einstweilen" als Bundesrecht fort.[18] Dieses fortgeltende Recht kann nach Art. 125 a Abs. 1 Satz 2 GG nF jederzeit durch neues Landesrecht ersetzt werden. Nur für die in den Geltungsbereich des BPersVG fallenden Dienststellen hätte das BTHG eine mit § 92 Abs. 3 Satz 2 BetrVG vergleichbare Bestimmung treffen dürfen. Der Bundesgesetzgeber hat jedoch von Eingriffen in das BPersVG vollständig abgesehen. Für die 19. Legislaturperiode ist im Koalitionsvertrag vom 14.3.2018 eine Überarbeitung des BPersVG angekündigt. Bei der Umsetzung dieser Ankündigung hätte der Gleichlauf von BetrVG und BPersVG in Angelegenheiten des Schwerbehindertenrechts wiederhergestellt werden können. Der Anfang Januar 2021 dem Bundesrat zugeleitete Gesetzentwurf der Bundesregierung für ein Gesetz zur Novellierung des Bundespersonalvertre-

---

17 LAG SchlH 19.8.2008 – 5 TaBV 23/08, Rn. 54, NZA-RR 2009, 136.
18 BVerwG 23.6.2010 – 6 P 8.09, Rn. 33, BVerwGE 137, 148 = NZA-RR 2010, 554 (556).

tungsgesetzes[19] ist auf diese Problematik überhaupt nicht eingegangen.[20] Er beschränkte sich darauf, in Artikel 19 des Gesetzes die Korrektur einer Verweisung vorzunehmen, in § 178 Abs. 5 des Neunten Buches Sozialgesetzbuch vom 23. Dezember 2016[21], die Angabe „§ 66 Absatz 1" durch die Angabe „§ 65" ersetzen. Dabei sticht es ins Auge, dass es kein „Neuntes Buches Sozialgesetzbuch vom 23. Dezember 2016" gibt, sondern nur das BTHG vom 23. Dezember 2016, das in Art. 1 und Art. 2 des BTHG zwei unterschiedliche Fassungen des SGB IX enthält. Auch sonst finden sich nur verpasste Chancen. So ist in § 29 des novellierten BPersVG ein Übergangsmandat und Restmandat bei Umstrukturierungsmaßnahmen für den Personalrat eingeführt. An die Regelung des für die SBV in Behörden überfällige Übergangsmandats hat weder das federführende BMI noch im Rahmen der Ressortabstimmung das BMAS gedacht. Da auch der federführende Ausschuss für Inneres und Heimat in seiner Beschlussempfehlung vom 21.4.2021[22] insoweit keine Nachbesserung empfohlen hat, ist das am 9.6.2021 ausgefertigte Gesetz[23] lückenhaft. Es ist dabei geblieben, dass ein Übergangsmandat in § 177 Abs. 8 SGB IX nur für eine betriebliche SBV geregelt ist. § 29 BPersVG enthält keine Ausdehnung auf die gleichermaßen wie der Personalrat von einer Umstrukturierung betroffene SBV. Das ist unionsrechtlich bedenklich. Das Übergangsmandat für den Personalrat wird mit Pflicht zur Umsetzung des Art. 6 Abs. 1 Unterabs. 4 der Richtlinie 2001/23/EG (Betriebsübergangsrichtlinie) begründet; weil Dienststellen, die auch wirtschaftlich im Geltungsbereich des BPersVG tätig werden, der Richtlinie unterfallen.[24] Das federführende Bundesministerium für Inneres und Heimat (BMI) hat jedoch verkannt, dass auch nicht nur der Personalrat, sondern auch die SBV eine Vertretung der Arbeitnehmer iSv Art 2 lit. c der Betriebsübergangsrichtlinie ist, deren Kontinuität der Amtsführung gesichert werden muss. Art. 2 lit. c der Betriebsübergangsrichtlinie definiert nämlich: „Vertreter der Arbeitnehmer" oder ein entsprechender Ausdruck bezeichnet die Vertreter der Arbeitnehmer nach den Rechtsvorschriften oder der Praxis der Mitgliedstaaten. Es ist kein Anhaltspunkt ersichtlich, nach dem die SBV keine derartige Arbeitnehmervertretung sein sollte.[25] Folglich ist auch hier Art. 6 Abs. 1 Unterabs. 3 der Richtlinie zu beachten: „Behält das Unternehmen, der Betrieb oder der Unternehmens- bzw. Betriebsteil seine Selbständigkeit nicht, so treffen die Mitgliedstaaten die erforderlichen Maßnahmen, damit die vom Übergang betroffenen Arbeitnehmer, die vor dem Übergang vertreten wurden, während des Zeitraums, der für die Neubildung oder Neubenennung der Arbeitnehmervertretung erforderlich ist, im Einklang mit dem Recht oder der Praxis der Mitgliedstaaten weiterhin angemessen vertreten werden." Die in im Anhang der Richtlinie gesetzte Umsetzungsfrist ist am 17.7.2001 abgelaufen.

V. Überwachungsaufgabe

9 **Überwachung der Einhaltung des Schwerbehindertenrechts:** Die in Satz 1 aufgezählten Vertretungen der Beschäftigten haben in Satz 2 eine besondere Verant-

---

19 BR-Drs. 14/21, als Gesetz ausgefertigt am 9.6.2021 und in Kraft getreten am 15.6.2021.
20 Überblick *Düwell* jurisPR-ArbR 9/2021 Anm. 1 und *Düwell* jurisPR-ArbR 12/2021 Anm. 1.
21 BGBl. I 3234.
22 BT-Drs. 19/28839.
23 BGBl. I 1614 (Nr. 31).
24 BT-Drs. 19/26820, 78.
25 Ausführlich: *Bötzel*, SBV und Betriebsrat als Interessenvertretung schwerbehinderter Menschen im Betrieb, 2020, S. 346, 349.

wortung für die Durchsetzung der wesentlichen Bestimmungen des Teils 2 des SGB IX erhalten. Sie sollen darauf achten, dass der Arbeitgeber seine **schwerbehindertenrechtlichen Verpflichtungen** erfüllt. Dazu zählen auch insbesondere die Arbeitgeberpflichten wie die Pflicht zur behinderungsgerechten Beschäftigung nach § 164 Abs. 4 Satz 1 SGB IX, die einklagbare Rechte zugunsten der schwerbehinderten Beschäftigten begründen. Zwar hat der Gesetzgeber nach § 178 Abs. 1 Satz 2 Nr. 1 auch der SBV die Aufgabe zugewiesen, darüber zu wachen, dass die zugunsten der schwerbehinderten Menschen und gleichgestellten behinderten Menschen geltenden Bestimmungen durchgeführt werden. Darin liegt jedoch keine sinnlose Mehrfachregelung. Vielmehr ist mit der Zuweisung der Aufgabe an die Betriebs- und Personalräte ein erhöhter Überwachungsdruck verbunden. Wenn diese als Träger der betriebsverfassungs- und personalvertretungsrechtlichen Mitbestimmungsrechte darauf achten, ob die zugunsten der schwerbehinderten Menschen geltenden Gesetze eingehalten werden, wird bei den Arbeitgebern die Bereitschaft zur Pflichterfüllung wachsen. Zugleich macht die Doppelzuständigkeit deutlich, dass Belegschaftsvertretungen auf der einen Seite und SBVen auf der anderen Seite sich gemeinsam für die Durchführung des Schwerbehindertenrechts engagieren sollen. Die unterschiedliche Wortwahl „überwachen" in § 178 Abs. 1 Satz 2 Nr. 1 und „achten" in § 176 Satz 2 zeigt an, dass der Gesetzgeber von einer unterschiedlichen Kontrollintensität ausgeht. Die SBV soll intensiv überwachen. Der Betriebs- oder Personalrat soll ergänzend darauf achten. Das gilt insbesondere bei uneinsichtigem Verhalten eines Arbeitgebers.[26] Zusätzlich soll der Personalrat auch auf die Einhaltung der Verpflichtungen achten, die wie die Mindestbeschäftigungspflicht aus § 154 SGB IX und die Pflicht zur angemessenen Besetzung von Ausbildungsstellen mit schwerbehinderten Menschen nach § 155 Abs. 3 SGB IX keinen subjektiven Anspruch zugunsten von Beschäftigten begründen.

Die wichtigsten Arbeitgeberpflichten: Auf die Einhaltung welcher einzelnen 10
Pflichten Betriebs- und Personalräte zu achten haben, ist in § 176 Satz 2 nicht abschließend aufgeführt. Das Gesetz geht von allen im Teil 3 des SGB zugunsten der schwerbehinderten Menschen aufgestellten Arbeitgeberpflichten aus. Es hebt durch das Wort „insbesondere" folgende Arbeitgeberpflichten als besonders überwachungsbedürftig hervor:

- die in § 154 Abs. 1 geregelte Mindestbeschäftigungspflicht durch Besetzung aller Pflichtplätze zu erfüllen,[27]
- im Rahmen der Mindestbeschäftigungspflicht nach § 155 Abs. 1 auch im angemessenen Umfang Menschen mit besonders schwerer Behinderung sowie ältere schwerbehinderte Menschen, die das 50. Lebensjahr vollendet haben, zu beschäftigen,
- einen angemessenen Teil der vorhandenen Ausbildungsstellen nach § 155 Abs. 2 Satz 1 mit schwerbehinderten Menschen zu besetzen,
- unter Beteiligung der SBV über den angemessenen Anteil der mit schwerbehinderten Bewerbern zu besetzenden Ausbildungsstellen nach § 155 Abs. 2 Satz 2 zu beraten,
- gemeinsam mit der SBV nach § 164 Abs. 1 Satz 1 und 6 zu prüfen, ob freie Stellen mit schwerbehinderten Menschen besetzt werden können,
- frühzeitig nach § 164 Abs. 1 Satz 2 mit der Arbeitsagentur Verbindung aufzunehmen, ob freie Arbeitsplätze mit schwerbehinderten Arbeitsuchenden besetzt werden können,

---

26 So zutreffend *Knittel* SGB IX § 93 Rn. 8.
27 § 154 Abs. 1 allgemeine Quote: 5 %; § 241 Abs. 1 besondere Quote für Bundesbehörden, die am 31.10.1999 bereits 6 % erreicht hatten, weiterhin 6 %.

- unmittelbar nach Eingang die SBV gemäß § 164 Abs. 1 Satz 4 über alle eingegangenen Vermittlungsvorschläge und Bewerbungen schwerbehinderter Menschen zu unterrichten,
- im Falle der Nichterfüllung der Mindestbeschäftigungspflicht und fehlendem Einverständnis der SBV mit einer Einstellungsentscheidung gemäß § 164 Abs. 1 Satz 7 bis 9 eine Erörterung unter Anhörung des betroffenen schwerbehinderten Menschen durchzuführen,
- das in § 164 Abs. 2 Satz 1 aufgestellte besondere Benachteiligungsverbot zu befolgen,
- durch geeignete betriebliche Maßnahmen nach § 164 Abs. 3 sicherzustellen, dass alle unbesetzten Pflichtplätze für schwerbehinderte Menschen besetzt werden können,
- schwerbehinderte Menschen behinderungsgerecht nach Maßgabe der Bestimmungen in § 164 Abs. 4 Satz 1 Nr. 1 und 4 zu beschäftigen,
- Arbeitsplätze nach § 164 Abs. 4 Satz 1 Nr. 5 mit den für eine behinderungsgerechte Beschäftigung erforderlichen technischen Arbeitshilfen auszustatten,
- schwerbehinderte Beschäftigte nach § 164 Abs. 4 Satz 1 Nr. 2 bei der innerbetrieblichen Bildung bevorzugt zu fördern,
- schwerbehinderten Beschäftigten nach § 164 Abs. 4 Satz 1 Nr. 3 die Teilnahme an außerbetrieblichen Maßnahmen der beruflichen Bildung zu erleichtern,
- die Einrichtung von Teilzeitarbeitsplätzen nach § 164 Abs. 5 Satz 1 zu fördern,
- schwerbehinderte Menschen nach § 164 Abs. 5 Satz 3 auf deren Verlangen entsprechend der Art und Schwere der Behinderung mit „kürzerer", dh im Sprachgebrauch des TzBfG und des BEEG mit verringerter Arbeitszeit, zu beschäftigen,
- mit der SBV und in Zusammenarbeit mit dem Inklusionsbeauftragten (bis 31.12.2017 lautete dessen Bezeichnung Arbeitgeberbeauftragter) nach § 166 Abs. 1 eine verbindliche Inklusionsvereinbarung (bis 31.12.: Integrationsvereinbarung) zu treffen bzw. eine bereits abgeschlossene Integrationsvereinbarung zu einer den in § 166 Abs. 2 Satz 2 neu aufgestellten Anforderung an eine Inklusionsvereinbarung fortzuentwickeln,
- bei Eintreten von personen-, verhaltens- oder betriebsbedingten Schwierigkeiten schwerbehinderter Menschen möglichst frühzeitig die SBV sowie das Integrationsamt nach § 167 Abs. 1 einzuschalten,
- wenn Beschäftigte länger als sechs Wochen arbeitsunfähig sind nach § 167 Abs. 2 mit Zustimmung und Beteiligung des schwerbehinderten Betroffenen gemeinsam mit der SBV die Möglichkeiten zu klären, wie die Arbeitsunfähigkeit überwunden, wie erneuter Arbeitsunfähigkeit vorgebeugt und wie der Arbeitsplatz erhalten werden kann.

11 Folgende, nach § 176 Satz 2 als besonders zu beachtende Pflichten richten sich **ausschließlich an öffentliche Arbeitgeber**:
- der Agentur für Arbeit frühzeitig nach § 165 Satz 1 frei werdende und neu zu besetzende sowie neue Arbeitsplätze zu melden, sofern die Prüfung der internen Besetzung erfolglos war,
- schwerbehinderte Bewerber nach § 165 Satz 3 schon dann, wenn sie nicht offensichtlich ungeeignet sind, zu einem Vorstellungsgespräch einzuladen.

Obwohl die folgenden Pflichten nicht in die „insbesondere" Aufzählung aufgenommen worden sind, ist auch auf deren Einhaltung sowohl durch **private als auch öffentliche Arbeitgeber** zu achten:

- schwerbehinderte und gleichgestellte behinderte Beschäftigte auf deren Verlangen nach § 207 von der Mehrarbeit freizustellen,
- schwerbehinderten Beschäftigten nach § 208 den Zusatzurlaub zu gewähren,
- die Anrechnung von Renten und vergleichbaren Leistungen auf das Arbeitsentgelt oder die Dienstbezüge nach § 206 zu unterlassen.

Die Überwachungsaufgabe der Betriebs- und Personalräte in Bezug auf die vorstehenden Arbeitgeberpflichten ergibt sich zum einen daraus, dass die Aufzählung in § 176 Satz 2 nicht abschließend ist. Zum anderen folgt sie daraus, dass in § 80 Abs. 1 Nr. 1 BetrVG für den Betriebsrat und in den Personalvertretungsgesetzen des Bundes und der Länder ausdrücklich die Durchführung der zugunsten der Arbeitnehmer bzw. der Beschäftigten geltenden Gesetze als Überwachungsaufgabe definiert ist. Dazu gehören auch diese Bestimmungen des SGB IX, in denen spezifische Arbeitgeberpflichten zum Schutz und zur Förderung schwerbehinderter Belegschaftsangehörigen festgelegt sind.[28]

Bedeutung der Überwachung für die Durchsetzung individueller Rechte: Die Bedeutung der in § 176 Satz 2 für den Betriebs- bzw. Personalrat und in § 178 Abs. 1 Satz 2 Nr. 1 für die SBV geregelten Überwachung wird zumeist unterschätzt. Grundsätzlich hat nach der Vorstellung des bürgerlichen Rechts und seines Verfahrensrechts jeder Bürger seine **Rechte selbst gerichtlich durchzusetzen**. Es gilt das Sprichwort: „Wo kein Kläger, da kein Richter". Der schwerbehinderte Mensch muss nach § 2 Abs. 1 Nr. 3a ArbGG seine Rechte aus dem Arbeitsverhältnis im arbeitsgerichtlichen Urteilsverfahren gegen den Arbeitgeber erstreiten. Beschäftigte scheuen sich jedoch aus verständlichen Gründen, ihren Arbeitgeber während des Bestandes des Arbeitsverhältnisses zu verklagen. Die gesetzliche Zuweisung der Aufgabe, auf die Einhaltung der Arbeitgeberpflichten zu achten, bewirkt, dass aus dem individuellen Kampf um das Recht eine **kollektive Angelegenheit** gemacht werden kann. Das entlastet das Verhältnis der einzelnen Beschäftigten gegenüber seinem Arbeitgeber. Zusätzlich kommt der Beanstandung des Betriebs- oder Personalrats mehr Gewicht zu als einer individuellen Geltendmachung. Da die Beanstandung der mangelnden Einhaltung des Rechts zudem eine Amtstätigkeit der Betriebs- und Personalräte ist, hat der Arbeitgeber auch die entsprechenden Kosten zu tragen. Insbesondere hat er den Ausfall an Arbeitszeit, der durch die Befassung der Betriebs- und Personalratsmitglieder mit dieser Angelegenheit entsteht, im Wege von Entgeltfortzahlung oder Freizeitgewährung nach § 37 Abs. 3 BetrVG bzw. der entsprechenden personalvertretungsrechtlichen Norm auszugleichen.

Überwachung öffentlich-rechtlicher und sozialrechtlicher Pflichten: Die Auflistung der Arbeitgeberpflichten in § 176 Satz 2, auf deren Einhaltung Betriebs- und Personalräte achten sollen, enthält **auch öffentlich-rechtliche bzw. sozialrechtliche Pflichten** des Arbeitgebers. Dazu gehören nach § 154 insbesondere die Pflicht zur Beschäftigung von schwerbehinderten Menschen auf mindestens 5 % der Arbeitsplätze einschließlich der Verpflichtung nach § 155 Abs. 1 auch im angemessenen Umfang Menschen mit besonders schwerer Behinderung sowie ältere schwerbehinderte Menschen, die das 50. Lebensjahr vollendet haben, zu beschäftigen und nach § 155 Abs. 2 einen angemessenen Teil der vorhandenen Ausbildungsstellen mit schwerbehinderten Menschen zu besetzen sowie gemäß § 164 Abs. 3 durch geeignete betriebliche Maßnahmen sicherzustellen, dass alle unbesetzten Pflichtplätze für schwerbehinderte Menschen besetzt werden können. Hier bedient sich der Staat der Hilfe der Beschäftigtenvertretun-

---

28 *Kohte/Schulz-Doll* in HaKo-BetrVG § 80 Rn. 14.

gen, um die geringe Kontrolldichte zu erhöhen, die von der für die Überwachung der Einhaltung der Mindestbeschäftigungsregeln nach § 187 Abs. 1 Nr. 7 zuständigen Bundesagentur für Arbeit ausgeht.

VI. Aufgabenzuweisungen in anderen Gesetzen

14 **Aufgaben nach dem Betriebsverfassungsrecht:** Die Betriebsräte haben bereits nach § 80 Abs. 1 Nr. 4 BetrVG die Aufgabe, die „Eingliederung Schwerbehinderter und sonstiger besonders schutzbedürftiger Personen zu fördern". Gemeinsame Schnittmenge ist nur die Förderung der schwerbehinderten Menschen und der gleichgestellten behinderten Menschen. Demnach ist der Betriebsrat alleinzuständig für die Förderung der Arbeitnehmer mit einer Behinderung, die einem GdB von weniger als 50 entspricht und nicht zu einer Gleichgestellung iSv § 2 Abs. 3 durch die Arbeitsagentur geführt hat.[29] § 176 Satz 1 bestätigt diese schon im BetrVG angelegte Abtrennung der Zuständigkeiten: Er macht diese Zuständigkeit im SGB IX „lesbar". Neben der in § 176 Satz 2 zugewiesenen Kompetenz, auf die Einhaltung der Pflichten aus §§ 154, 155 und 164 bis 168 zu achten, haben Betriebsräte nach § 80 Abs. 1 Nr. 1 BetrVG zusätzlich auch darüber zu wachen, dass alle sonstigen zugunsten der Arbeitnehmer geltenden gesetzlichen Bestimmungen vom Arbeitgeber tatsächlich durchgeführt werden. Der Betriebsrat wird somit zum **Hüter der gesetzlichen Ordnung** im Betrieb. Das bedeutet, dass die Mitglieder des Betriebsrats, soweit diese Überwachungszuständigkeit besteht, auch im Hinblick auf die im Betrieb beschäftigten schwerbehinderten Menschen und gleichgestellten behinderten Menschen eine **betriebsverfassungsrechtliche Pflicht** zu erfüllen haben. Bleiben sie untätig oder sehen sie weg, so verletzen sie ihre Amtspflichten. Nach § 23 Abs. 1 BetrVG können bei beharrlicher Pflichtverletzung einzelne Betriebsratsmitglieder oder der gesamte Betriebsrat des Amtes enthoben werden. Das geschieht auf Antrag des Arbeitgebers, einer im Betrieb vertretenen Gewerkschaft oder eines Viertels der Belegschaft durch das Arbeitsgericht.

15 **Aufgaben nach dem Personalvertretungsrecht:** Die Personalvertretungen haben nach § 62 Nr. 4 BPersVG nF „der Benachteiligung von Menschen mit Behinderungen entgegenzuwirken sowie die **Inklusion** und Teilhabe behinderter Menschen zu fördern, insbesondere die Eingliederung und **berufliche Entwicklung** schwerbehinderter und ihnen gleichgestellter Beschäftigter und sonstiger besonders schutzbedürftiger, insbesondere älterer Beschäftigter zu fördern sowie Maßnahmen zur beruflichen Förderung schwerbehinderter und ihnen gleichgestellter Beschäftigter zu beantragen". Bis 14.6.2021 war in § 68 Abs. 1 Nr. 4 BPersVG aF die Aufgabenstellung knapper gefasst: „die Eingliederung und berufliche Entwicklung Schwerbehinderter" zu fördern. Nach § 62 Nr. 2 BPersVG nF gehört – wie vordem in § 68 Abs. 1 Nr. 2 BPersVG aF bestimmt – es zu ihrer Amtspflicht, die Einhaltung der Bestimmungen zu überwachen, die zugunsten der Beschäftigten gelten. Dazu gehören auch die Arbeitgeberpflichten aus dem SGB IX, die wie ua das Recht auf behinderungsgerechte Beschäftigung in § 164 Abs. 4 Satz 1 SGB IX und das Recht auf Arbeitszeitverkürzung in § 164 Abs. 5 Satz 3 SGB IX subjektive Rechte ausgestaltet sind. Auf Antrag eines Viertels der Wahlberechtigten oder einer in der Dienststelle vertretenen Gewerkschaft kann nach § 30 Satz 1 BPersVG nF (bis 14.6.2011: § 28 Abs. 1 Satz 1 BPersVG aF) das Verwaltungsgericht die **Auflösung des Personalrats** wegen grober Vernachlässigung dieser gesetzlichen Befugnisse beschließen. Entsprechende Bestimmungen enthalten auch die Landespersonalvertretungsgesetze.

---

29 So auch: *Esser* in jurisPK-SGB IX § 176 Rn. 3.

VII. Zusammenarbeit von Betriebs- und Personalrat mit der Schwerbehindertenvertretung

Zusammenarbeit mit der Schwerbehindertenvertretung: Die in § 176 Satz 1 genannten Beschäftigtenvertretungen haben ihre Förderung- und Überwachungspflichten unabhängig davon zu erfüllen, ob im jeweiligen Betrieb oder Dienststelle eine SBV besteht. Existiert eine SBV, so kommt eine Zusammenarbeitspflicht hinzu. Nach § 182 Abs. 1 sind der Betriebsrat und die anderen in § 176 genannten Vertretungen verpflichtet, mit der SBV und mit dem nach § 181 vom Arbeitgeber zu bestellenden Inklusionsbeauftragten eng zusammenzuarbeiten. Die SBV hat deshalb nach § 178 Abs. 4 Satz 1 das Recht, an allen Sitzungen dieser Vertretungen und derer Ausschüsse beratend sowie nach § 178 Abs. 6 Satz 1 an deren monatlichen Besprechungen mit dem Arbeitgeber teilzunehmen. Der Betriebs- und Personalrat haben dazu die zuständige SBV zu allen Sitzungen und Besprechungen mit dem Arbeitgeber oder Dienststellenleiter rechtzeitig unter Mitteilung der Tagesordnung zu laden, um nach § 29 Abs. 2, § 32 BetrVG, § 34 Abs. 2, § 37 Abs. 1 Satz 1 und 4 BPersVG nF (entspricht dem bis 14.6.2021 geltenden § 40 BPersVG aF) die Teilnahme mit beratender Stimme möglich zu machen. Wenn die SBV dies beantragt, müssen nach § 35 Abs. 3 BetrVG der Betriebs- und nach § 42 Abs. 3 BPersVG nF ((entspricht dem bis 14.6.2021 geltenden § 39 BPersVG aF) der Personalrat ihre Beschlüsse für die Dauer einer Woche aussetzen. Eine inhaltsgleiche Regelung trifft § 178 Abs. 4 Satz 2 und 3. Weitere Einzelheiten: → § 178 Rn. 84. Die Regelung dieser Pflichten im Betriebsverfassungsgesetz und in den Personalvertretungsgesetzen verdeutlicht, dass es sich insoweit um Amtspflichten der Betriebs- und Personalräte handelt. Entsprechende Verpflichtungen haben auch die Richter-, Staatsanwalts- und Präsidialräte als die für besondere Justizbeschäftigtengruppen bestehenden Sondervertretungen. Die Vernachlässigung dieser Aufgaben ist eine Amtspflichtverletzung. 16

Hybride Struktur der Interessenvertretung: Ein in § 176 angelegtes Strukturmerkmal der gesetzlich geregelten Interessenvertretung schwerbehinderter Beschäftigter ist die Bündelung zweier Interessenvertretungen. Einerseits wird die SBV für die Vertretung der besonderen Interessen der Gruppe der schwerbehinderten Menschen im Betrieb, Unternehmen und Konzern nach den §§ 177, 180 gewählt. Andererseits werden die Interessen der schwerbehinderten Menschen, weil sie als Arbeitnehmer, Beamte, Staatsanwälte, Soldaten oder Richter auch Teil eines Kollektivs des Betriebs, des Unternehmens, des Konzerns bzw. der Dienststelle und deren übergeordneten Behörden sind, von ihnen nach der Betriebs- oder Dienststellenverfassung gewählten Beschäftigtenvertretungen wahrgenommen. Diese Zweigleisigkeit führt zu einer teilweisen **Überschneidung der Repräsentationskörper**, → Rn. 18. Diese führt entgegen der im Gesetzgebungsverfahren zum BTHG geäußerten Ansicht des BMAS[30] nicht zu einer Rangordnung in den Beteiligungsrechten nach dem Maßstab von großer Belegschafts- und kleiner Gruppenvertretung. Diese Fehlvorstellung liegt jedoch der Antwort der Bundesregierung auf eine parlamentarische Anfrage zugrunde. Danach werde der SBV, obwohl sie „nur für einen Teil der Belegschaft zuständig ist (…) eine privilegiertere Stellung eingeräumt, als sie der Betriebsrat als Interessenvertreter aller Arbeitnehmerinnen und Arbeitnehmer des Betriebes hat", wenn die SBV ein stärker gegen Rechtsverletzungen abgesichertes Unterrichtungsrecht er- 17

---

30 Schriftliche Antwort der Parlamentarischen Staatssekretärin Lösekrug-Möller zur Frage 53 der Abgeordneten Rüffer vom 2.12.2014, BT-Drs. 18/3476, 40; dazu ausführlich *Düwell/Beyer* Beschäftigte Rn. 116.

halte.³¹ Diese auf Spaltung der Arbeitnehmervertretungen abzielende Rhetorik verstößt schon gegen die Regeln von Grammatik und Logik; denn die Eigenschaft „privilegiert" ist ebenso wenig steigerungsfähig wie die Eigenschaft „voll". Sie ist auch unvereinbar mit dem gesetzlich geregelten Verhältnis von Gruppen- zur Belegschaftsvertretung.

Nach der Architektur der Betriebs- und Dienststellenverfassung besteht eine differenzierte **Aufgaben- und Kompetenzverteilung.** Betriebs- bzw. Personalrat sind danach Träger der sämtlich dem Gesamtkollektiv Belegschaft zugewiesenen und in kollektiver Interessenvertretung gegenüber dem Arbeitgeber wahrzunehmenden Mitwirkungs- und Mitbestimmungsrechte. Gruppen- und Belegschaftsvertretung sind dabei nach § 182 Abs. 1 zur engen Zusammenarbeit verpflichtet. Diese Zusammenarbeit ist in § 178 Abs. 4 näher in der Weise ausgestaltet, dass der SBV ein Teilnahme-, Beratungs- und Aussetzungsrecht eingeräumt worden ist, damit sie in den Sitzungen des Betriebs- und Personalrats in den Angelegenheiten der einzelnen schwerbehinderten Beschäftigten und in den Gruppenangelegenheiten die Beschlüsse beeinflussen kann, die in Mitwirkungs- und Mitbestimmungssachen gefasst werden. Damit auch die Betriebs- und Personalräte, die sich nicht am Text des SGB IX orientieren, diese Rechte der SBV finden, haben die Gesetzgeber des BetrVG und der Personalvertretungsgesetze inhaltsgleiche Bestimmungen in ihre Gesetze aufgenommen. Nur wenn eine **Inklusionsvereinbarung** nach § 166 getroffen werden soll, hat die SBV eine Rechtsstellung, die weiter geht. Sie hat für diesen Regelungsgegenstand die Befugnis erhalten, die Verhandlungen zu initiieren und gemeinsam mit Betriebs-Personalrat als Verhandlungspartner gegenüber dem Arbeitgeber und dem Inklusionsbeauftragten zu führen. Im Übrigen kann die Rechtsstellung der schwerbehinderten Menschen im Betrieb oder in der Dienststelle nur durch eine Betriebs- oder Dienststellenvereinbarung geregelt werden, deren Abschluss dem Betriebs- oder Personalrat vorbehalten ist. Anders stellt sich die Rechtslage im Bereich der Unterrichtungs- und Anhörungsrechte dar. Dort zeigt sich die Verschiedenartigkeit der Interessenwahrnehmung durch die Gesamt- und Gruppenvertretung. Während der Betriebsrat nach § 80 Abs. 2 BetrVG und der Personalrat in Bundesbehörden nach BPersVG nur die Unterrichtungsrechte haben, die zur Durchführung ihrer im Einzelnen gesetzlich zugewiesenen Aufgaben erforderlich sind, sind der SBV in § 178 Abs. 2 Satz 1 Unterrichtungs- und Anhörungsrecht in **allen Angelegenheiten,** die einen einzelnen oder die Gruppe der schwerbehinderten Beschäftigten berühren, eingeräumt. Dieses umfassende Unterrichtungs- und Anhörungsrecht wird verständlich, wenn die unterschiedliche Ausrichtung der Vertretungsaufgaben betrachtet wird. Die SBV soll zwar auch die **Interessen** der Beschäftigten **vertreten,** jedoch in anderer Weise als ein Betriebs- und Personalrat. Ihr ist ausdrücklich die Aufgabe in § 178 Abs. 1 Satz 1 zugewiesen, in allen Angelegenheiten, die schwerbehinderte Menschen berühren, diesen **beratend und helfend zur Seite zu stehen.**

18 **Unterschiede in der Repräsentanz:** Die Unterschiede in der Repräsentanz werden häufig verkannt. Betriebsräte vertreten nur den in § 5 Abs. 1 BetrVG definierten Kreis der Belegschaftsangehörigen. Die **leitenden Angestellten** sind nach § 5 Abs. 3 BetrVG aus der Belegschaft ausgeschlossen. Demgegenüber haben diese, wenn sie schwerbehindert oder gleichgestellt sind, nach § 177 Abs. 2 SGB IX auch das Wahlrecht zur SBV. Sie werden folglich von der SBV mit vertreten. Vergleichbares gilt für die weiter ausdrücklich nach § 5 Abs. 2 BetrVG

---

31 Schriftliche Antwort der Parlamentarischen Staatssekretärin Lösekrug-Möller zur Frage 53 der Abgeordneten Rüffer vom 2.12.2014 BT-Drs. 18/3476, 40; dazu ausführlich: *Düwell/Beyer* Beschäftigte Rn. 116.

aus der Belegschaft ausgeschlossenen Personengruppen, die jedoch wie zB die im Betrieb beschäftigten Rehabilitanden von der SBV repräsentiert werden.[32] Damit ist die SBV nicht nur die Vertretung der (auch) vom Betriebsrat als Belegschaftsvertretung repräsentierten schwerbehinderten Belegschaftsangehörigen, sondern sie repräsentiert zusätzlich auch Personen, die nicht zur Belegschaft des Betriebs im Sinne von § 5 BetrVG gehören. So werden in die Vertretung durch die SBV und folglich auch in das Wahlrecht einbezogen:

- die dem Betrieb zur Verfügung gestellten, in einem vereinsrechtlichen Mitgliedschaftsverhältnis stehenden schwerbehinderten Pflegekräfte, die dem Verein der DRK-Schwesternschaft angehören,[33]
- die in den Betriebsablauf eingegliederten schwerbehinderten Rehabilitanden der Werkstätten für Behinderte, die auf ausgelagerten Arbeitsplätzen (sogenannte „Betriebsintegrierte Beschäftigung") tätig sind,[34]
- die zur eigenen Ausbildung mit anerkanntem Abschluss in einem Betrieb tätigen schwerbehinderten Rehabilitanden, die mit dem Betriebsinhaber Rehabilitationsverträge abschließen[35] und
- Freiwillige im Jugend- oder Bundesfreiwilligendienst.[36]

VIII. Hinwirken auf die Wahl der Schwerbehindertenvertretung

Initiierung der Wahl der Schwerbehindertenvertretung: Nach § 177 Abs. 1 Satz 1 können in allen Betrieben und Dienststellen mit wenigstens fünf nicht nur vorübergehend beschäftigten schwerbehinderten oder ihnen gleichgestellten Menschen eine SBV gewählt werden. Nach § 22 BPersVG muss für den Fall, dass keine Wahlinitiative von der Belegschaft ausgeht, die Dienststellenleitung auf Antrag einer in der Dienststelle vertretenen Gewerkschaft oder von drei Wahlberechtigten initiativ werden. Demgegenüber gilt im Schwerbehindertenrecht wie in der Betriebsverfassung[37] der Grundsatz der Selbstorganisation[38]. Die schwerbehinderten Beschäftigten sollen selbst initiativ werden. Um die Selbstorganisation zu fördern, hat der Gesetzgeber seit 1986 den in § 176 Satz 1 genannten Beschäftigtenvertretungen nach Satz 2 die **Pflichtaufgabe** auferlegt, jederzeit **auf die Wahl einer SBV hinzuwirken**. Solange keine SBV besteht, haben diese Vertretungen einen mit Absicht vom Gesetzgeber erteilten Handlungsauftrag zu erfüllen, auch wenn die Verpflichtung sprachlich im Präsens „wirken hin" ausgedrückt ist.[39] Das wird nicht selten verkannt.[40] In der

19

---

32 BAG 27.6.2001 – 7 ABR 50/99, Behindertenrecht 2001, 203.
33 Vgl. BAG 21.2.2017 – 1 ABR 62/12, NZA 2017, 662; *Mestwerdt* jurisPR-ArbR 23/2017 Anm. 2.
34 Vgl. LAG München 28.5.2014 – 8 TaBV 34/12, ZBVR online 2014, Nr. 12, 35; zustimmend *Kothe*, Diskussionsforum Reha- und Teilhaberecht, Forum B, Beitrag Nr. 17/2014; *Adlhoch* Behindertenrecht 2017, 23 (64); kritisch: *Sachadae*, (Keine) Wahlberechtigung von Fremdarbeitnehmern bei Wahl der Schwerbehindertenvertretung, jurisPR-ArbR 43/2014 Anm. 3.
35 BAG 16.4.2003 – 7 ABR 27/02, NZA 2003, 1105.
36 *Leube* ZTR 2012, 207 (211).
37 Vgl. *Boemke* jurisPR-ArbR 2/2020 Anm. 3; *Kothe* FS Höland, Menschenrechte und Solidarität im internationalen Diskurs, 2015, 544 ff.
38 Vgl. *Sachadae*, Wahl der SchwbV, 2013, S. 305.
39 Sog. imperatives Präsens, vgl. Handbuch der Rechtsförmlichkeit des BMJ, Teil B Abschnitt 1.5, Rn. 83 (BAnz. vom 22.10.2008) zu „Befehlsformen": „Die Verpflichtung kann auch mit dem imperativen Präsens ausgedrückt werden."
40 Ein beredtes Beispiel ist die einer anfragenden schwerbehinderten Beschäftigten auf dem Diskussionsforum der Integrationsämter erteilte Auskunft: „verpflichtet ist niemand", abrufbar unter forum.integrationsaemter.de/viewtopic.php?f.=5&t=107 7&p=4038&hilit=verpflichtet+ist+niemand#p4038.

Begründung zur Vorgängervorschrift in § 20 Satz 2 des Ersten Gesetzes zur Änderung des Schwerbehindertengesetzes wird ausdrücklich das Ziel der Gesetzgebung klargestellt: „Die bisherige ‚Sollvorschrift' (...) wird nicht selten als unverbindlich verstanden. Die Änderung verpflichtet daher die kollektive Interessenvertretung, auf die Wahl eines Vertrauensmannes hinzuwirken".[41] Daraus ergibt sich: Betriebs- und Personalrat dürfen nicht abwarten, bis sich schwerbehinderte Beschäftigte an sie wenden, sondern haben die **Amtspflicht**, selbst für die Initiierung einer SBV Wahl tätig zu werden. Dazu sind in einem ersten Schritt die Beschäftigten zu informieren. Dazu gehört, die Beschäftigten über die Aufgaben der SBV werbend aufzuklären und ihnen das Wahlverfahren sowie die Wahlbestimmungen zu erläutern (→ Rn. 22). Ob dies durch Rundschreiben, über elektronische Kommunikationsmittel oder mündlich auf Versammlungen vor Ort geschieht, ist eine Frage der Zweckmäßigkeit, deren Beantwortung in das Ermessen der Vertretungen gestellt ist. Die Wahlordnung geht davon aus, dass nach entsprechender Information entsprechend dem Grundsatz der Selbstorganisation gemäß § 1 Abs. 2 Satz 2 SchwbVWO drei Wahlberechtigten zu der in § 1 Abs. 2 Satz 1 SchwbVWO vorgesehenen Versammlung einladen, damit dort für das förmliche Wahlverfahren (→ § 177 Rn. 57) ein Wahlvorstand gewählt wird. Findet das vereinfachte Wahlverfahren (→ § 177 Rn. 70) Anwendung, so laden drei Wahlberechtigte zur Wahlversammlung ein. Auf dieser Versammlung ist zunächst ein Wahlleiter und dann unter dessen Leitung in getrennten Wahlgängen Vertrauenspersonen und stellvertretende Mitglieder zu wählen. Wegen des Vorrangs der Selbstorganisation der schwerbehinderten Beschäftigten[42] dürfen die Interessenvertretungen erst dann die Wahl im Wege der Einladung initiieren, wenn sich keine Gruppe von drei Wahlberechtigten findet, die initiativ wird. Eine Pluralität der Einladungen durch Wahlberechtigte und Betriebs- bzw. Personalrat ist unerwünscht. Gleiches gilt für ein Wetttrennen, ob zuerst Wahlberechtigte oder Interessenvertretungen eine Einladung aushängen. Rechtsprechung und Wissenschaft haben es für Betriebsratswahlen ausgeschlossen, dass mehre Wahlvorstände in Konkurrenz zueinander eingesetzt[43] oder zu mehreren Wahlversammlungen eingeladen werden darf (→ SchwbVWO § 1 Rn. 43). So ist nach allgemeiner Ansicht eine Einladung ausgeschlossen, wenn bereits anderweitig ein Wahlvorstand wirksam eingesetzt ist.[44] Bei Anwendung dieser zu Betriebsratswahlen einhellig vertretenen Grundsätze auf die SBV-Wahl ist die spezifische Stellung der SBV in der Betriebs- und Dienststellenverfassung zu berücksichtigen. Im Verhältnis zu der vom Betriebs- oder Personalrat vertretenen Belegschaft bildet die Gruppe der schwerbehinderten Beschäftigten keine Teil-, sondern vielmehr nur eine gemeinsame Schnittmenge, weil nach § 177 Abs. 2 SGB IX zusätzlich zu der Belegschaft auch schwerbehinderte Beschäftigte vertreten werden, die weder Arbeitnehmer noch Beamte sind. Diese Gruppe der Beschäftigten wählt nach § 177 Abs. 1 Satz 1 SGB IX eine eigenständige Repräsentation. Deshalb muss das in § 1 Abs. 2 Satz 2 und § 19 Abs. 2 SchwbVWO dem Betriebs- und Personalrecht aus der Hinwirkungspflicht in § 176 Satz 2 SGB IX abgeleitete Einladungsrecht

---

41 BT-Drs. 10/3138 vom 3.4.1985, 21/22.
42 Dazu *Düwell*, Die Einleitung der Wahl bei Nichtvorhandensein einer SBV, br 2021, 5.
43 Zu dieser Situation bei Betriebsratswahlen: LAG Düsseldorf 25.6.2003 – 12 TaBV 34/03, Rn. 14; LAG Hamm 16.5.2014 – 7 TaBVGa 17/14, Rn. 41 ff.; LAG Hamm 16.3.2015 – 13 TaBVGa 3/15, Rn. 29; HessLAG 14.9.2020 – 16 TaBVGa 127/20, Rn. 43; *Sachadae* jurisPR-ArbR 23/2015, Anm. 6.
44 LAG Düsseldorf 25.6.2006 – 12 TaBV 34/03; *Fitting* BetrVG § 16 Rn. 76; *Kreutz* in GK-BetrVG § 16 Rn. 74; *Löwisch* BB 2001, 1734 (1738).

zurücktreten, wenn aus der Gruppe der schwerbehinderten Beschäftigten drei Wahlberechtigte ein SBV- Wahl initiieren. Betriebs- und Personalrat haben nur eine Auffangzuständigkeit. Die Historie des Entstehens der Hinwirkungspflicht (vertiefend → Rn. 1) macht das deutlich.

Nehmen Betriebs- und Personalrat ihre Auffangzuständigkeit wahr, können sie alternativ vorgehen: Entweder regen sie beim zuständigen Integrationsamt an, dass dieses nach § 177 Abs. 6 Satz 4 SGB IX iVm § 1 Abs. 2 Satz 3 SchwbVWO zu der Wahl des Wahlvorstandes bzw. der SBV einlädt oder die Interessenvertretungen machen von ihrer Befugnis aus § 1 Abs. 2 Satz 2 SchwbVWO Gebrauch und laden selbst ein. Wird trotz Aufforderung das Integrationsamt nicht tätig, so müssen die Interessenvertretungen selbst handeln. Sie haben im förmlichen Verfahren zur Wahl eines Wahlvorstandes nach § 1 Abs. 2 Satz 2 SchwbVWO auf einer Versammlung und im vereinfachten Wahlverfahren nach § 19 Abs. 2 SchwbVWO zur **Wahlversammlung** einzuladen. Die Wahl selbst dürfen sie auch im vereinfachten Verfahren nicht durchführen; denn das ist nach § 20 Abs. 1 SchwbVWO Aufgabe des in der Versammlung zu wählenden Wahlleiters. Die Durchführung der Wahl ist im förmlichen Wahlverfahren nach § 2 Abs. 1 SchwbVWO Aufgabe des Wahlvorstandes. Dieses Verfahren ist in größeren und in weit auseinander liegenden Betrieben bzw. Dienststellen anzuwenden (→ § 177 Rn. 57).

Erfüllen die Interessenvertretungen ihre Pflichtaufgabe aus § 176 Satz 2 Hs. 2 SGB IX nicht, so ist dies als Verletzung der ihnen obliegenden Amtspflicht anzusehen. Nach § 23 Abs. 1 Satz 1 BetrVG sind Sanktionen möglich: Ein Quorum von einem Viertel der wahlberechtigten Arbeitnehmer, der Arbeitgeber oder eine im Betrieb vertretene Gewerkschaft können die Auflösung des Betriebsrats beim Arbeitsgerichts wegen grober Pflichtverletzung beantragen. Eine grobe Verletzung ist anzunehmen, wenn trotz Mahnung der Betriebsrat „beharrlich" untätig bleibt. Eine inhaltlich übereinstimmende Sanktionsregelung ist in § 30 Satz 1 BPersVG (entspricht dem bis 14.6.2021 geltenden § 28 Abs. 1 BPersVG aF) und in den Ländergesetzen für die Auflösung des Personalrats getroffen.

Konkurrierende Einladungsrechte: Initiativen in der Form der Einladung zur Versammlung, die im förmlichen Wahlverfahren nach 1 Abs. 2 Satz 2 SchwbVWO den Wahlvorstand oder im vereinfachten Wahlverfahren nach § 20 SchwbVWO die Vertrauensperson und deren Stellvertreter wählt, können Betriebs- und Personalrat als Interessenvertretungen entfalten, wenn im Betrieb oder in der Dienststelle keine SBV „vorhanden" ist (vertiefend: → SchwbVWO § 1 Rn. 3 ff). Für das Vorhandensein im Sinne von § 1 Abs. 2 Satz 2 SchwbVWO und § 19 Abs. 2 SchwbVWO reicht es nicht aus, dass für vertretungslose Dienststellen oder Betriebe nach § 180 Abs. 6 Satz 1 oder 2 SGB IX eine Stufenvertretung ein erstrecktes Mandat wahrnimmt. Zwar wird im Schrifttum vertreten, den Gesamtschwerbehindertenvertretung (GSBV) könne nach § 180 Abs. 6 Satz 1 oder der Konzernschwerbehindertenvertretung (KSBV) bzw. einer Stufenvertretung könne nach § 180 Abs. 6 Satz 2 die Einladungsbefugnis zukommen.[45] Dem kann jedoch nicht zugestimmt werden.[46] Während der Gesetzgeber dem Betriebs- und Personalrat in § 176 Satz 2. Hs. 2 SGB IX die Aufgabe zugewiesen hat, auf eine Wahl der SBV hinzuwirken, fehlt in § 180 Abs. 6 Satz 1 und 2 SGB IX eine entsprechende Zuweisung. Das Schweigen des Bundesgesetzgebers ist beredt. Darauf hat schon der ministeriale

20

---

45 Vgl. Nachweise bei *Sachadae*, Wahl der SchwbV, 2013, S. 367.
46 So auch ArbG Stuttgart 26.1.2021 – 7 BVGa 1/21, juris Rn. 48; *Düwell* jurisPR-ArbR 7/2021 Anm. 9.

Verfasser der Entwürfe zum SchwbG und zur Wahlordnung hingewiesen.[47] Der Bundesgesetzgeber hat damit die Aufgabe des „Hinwirkens" allein dem Personal- bzw. dem Betriebsrat zugewiesen.[48] Nachdem die Föderalismusreform (→ Rn. 8) die Zuständigkeit der Länder auf dem Gebiet der Dienststellenverfassung erweitert hat, ist es jedoch zulässig, dass die Länder in ihren Personalvertretungsgesetzen den Stufenvertretungen Hinwirkungskompetenzen einräumen. So ist im baden-württembergischen Polizeistrukturgesetz 2020 in Art. § 4 Satz 2 PolSG2020 vom 26.3.2019[49] im Hinblick auf die neuerrichteten Präsidien bestimmt worden: „Die Wahl der Schwerbehindertenvertretung kann jederzeit nach § 1 Absatz 1 der Wahlordnung Schwerbehindertenvertretungen (SchwbVWO) durch die Hauptschwerbehindertenvertretung der Polizei oder dadurch eingeleitet werden, indem auf Antrag von mindestens drei Wahlberechtigten die Leiterin oder der Leiter der Dienststelle eine Versammlung zur Wahl eines Wahlvorstands einberuft." Insbesondere bei Umstrukturierungen der öffentlichen Verwaltung kann eine derartige Regelung sinnvoll sein. Die HSBV, auf die in dieser Situation durch das erstreckte Mandat für die vertretungslosen neuen Dienststellen eine kaum zu bewältigende Aufgabenfülle zukommt, wird durch eine derartige Regelung in die Lage versetzt, für eine schnelle Durchführung der örtlichen Wahlen zu sorgen. Eine vergleichbare Regelung findet sich im Mitbestimmungsgesetz von Schleswig-Holstein. In dessen § 2 Abs. 2 Nr. 7 ist bestimmt, dass Personalrat und Dienststellenleitung gemeinsam dafür sorgen, dass die Wahl der SBV durchgeführt wird.

21 **Übergriffige Übernahme von Funktionen durch Dritte:** Unzulässig ist die in manchen Betrieben und Dienststellen übliche Praxis, dass der Betriebs- oder Personalrat die Einleitung und Durchführung des Wahlverfahrens an sich reißt. Weder darf der Personal- oder Betriebsrat im förmlichen Wahlverfahren als Wahlvorstand fungieren[50] noch diesen bestellen.[51] In der Praxis kommen immer wieder derartige Übergriffe vor. So wird von einem Personalratsvorsitzenden berichtet, der mit der Arbeit der SBV nicht zufrieden war. Er bestellte während der laufenden Amtszeit einen Wahlvorstand zur Neuwahl der SBV. Gegen diese „Wahl" kann von jedem Beschäftigten und vom Arbeitgeber jederzeit die Nichtigkeit der Wahl geltend gemacht[52] und – soweit seine Rechtsstellung unmittelbar davon betroffen ist – der Antrag auf Feststellung der Nichtigkeit im arbeitsgerichtlichen Beschlussverfahren beim Arbeitsgericht gestellt werden (→ § 177 Rn. 119). Aus der Durchführung der nichtigen Wahl können keinerlei Rechte abgeleitet werden. Die SBV kann im Wege der einstweiligen Verfügung gegen diese Behinderungen ihres Amtes vorgehen, vgl zum Recht der Wahlinitiatoren → Rn. 123.

Unzulässig ist auch die **Bestellung des Wahlvorstands** durch eine überörtliche Vertretung der Schwerbehinderten. Das in § 180 Abs. 6 Satz 1 bzw. in Satz 2 AGB V auf vertretungslose Betriebe erstreckte Mandat von **Gesamt-** und **Konzernschwerbehindertenvertretung** greift nur ersatzweise bei „Nichtvorhandensein" einer SBV ein. Es erstreckt sich nicht auf das Bestellen eines Wahlvor-

---

47 *Cramer* SchwbG, 5. Aufl. 1998, SchwbWO § 1 Rn. 1, dem zustimmend *Hohmann* in Wiegand/Hohmann SchwbVWO, 2. Aufl. 2014, § 1 Rn. 5 mwN.
48 Die in den Vorauflagen vertretene Auffassung, dass vorrangige Initiierungsrechte der Stufenvertretungen bestehen, wird aufgegeben.
49 BW GBl. Nr. 8 vom 5.4.2019, S. 93.
50 Unklar in dieser Hinsicht: LAG BW 4.5.2016 – 10 TaBV 2/16, Rn. 30, NZA-RR 2017.
51 So auch *Pahlen* in Neumann/Pahlen/Greiner/Winkler/Jabben SGB IX § 176 Rn. 16; *Hohmann* in Wiegand SGB IX § 93 Rn. 48; *Esser* in jurisPK-SGB IX § 176 Rn. 21.
52 BVerwG 18.1.1990 – 6 P 8/88, PersR 1990, 108.

stands.⁵³ Damit ist gerichtlich der im Schrifttum vertretenen gegenteiligen Ansicht⁵⁴ eine Absage erteilt.

Unzulässig ist auch die **Behinderung der Wahl durch Mitglieder des Betriebs- oder Personalrats.** So wird berichtet, dass bisweilen Betriebsratsvorsitzende dem Wahlvorstand den Zugang zu den vom Arbeitgeber zur gemeinsamen Nutzung nach § 179 Abs. 9 SGB IX überlassenen Büroräumen verwehren oder auf der Betriebsversammlungen zur Nichtteilnahme an der Wahl aufrufen, weil sie die Wahl einer SBV für überflüssig halten. Derartige Maßnahmen sind als Wahlbehinderungen zu betrachten; denn sie zielen darauf ab, die Einleitung oder Durchführung der Wahl durch ein rechtswidriges Verhalten erschweren oder unmöglich zu machen⁵⁵. Von der Behinderung zu unterscheiden ist die ebenfalls verbotene Wahlbeeinflussung, die in § 177 Abs. 6 Satz 2 SGB IX iVm § 20 Abs. 2 BetrVG geregelt ist. Diese soll nach der Rspr. entsprechend dem Wortlaut der Norm erst unzulässig sein, wenn die Beeinflussung durch Zufügung oder Androhung von Nachteilen oder durch Gewährung oder Versprechen von Vorteilen erfolgt.⁵⁶ Danach besteht kein striktes **Neutralitätsgebot für den Arbeitgeber,** so dass dessen **Wahlempfehlungen** nicht als Akte verbotener Wahlbeeinflussungen angesehen werden.⁵⁷ Nach der Logik dieser Rspr. dürfte für Wahlempfehlungen des Betriebsrates nichts anderes gelten. Allerdings ist hier das besondere schwerbehindertenrechtliche Gebot der engen Zusammenarbeit von Betriebsrat und SBV in § 182 Abs. 1 SGB IX und die Eigenständigkeit der SBV zu berücksichtigen. Daran gemessen ist jede Empfehlung, nur dem Betriebsrat angehörende oder von ihm „aufgestellte" Kandidaten zu wählen, als eine die künftige Zusammenarbeit schwer belastende Maßnahme anzusehen, die zudem noch den Anspruch des Betriebsrats ausdrückt, auf die künftige Amtstätigkeit einwirken zu wollen. Diese Einflussnahme hat folglich zu unterbleiben.

Zulässiges Hinwirken: Die in Satz 2 Hs. 2 genannte Aufgabe des Hinwirkens auf die Wahl einer SBV kann in vielfältiger Form wahrgenommen werden. So können Personal- und Betriebsrat zu einer **Versammlung der schwerbehinderten Menschen** nach § 179 Abs. 6 einladen, auf der gemeinsam mit dem zuständigen Integrationsamt über die Aufgabe, Rechtsstellung und Wahl der SBV informiert wird. Es können zu dieser Versammlung auch interessierte nichtbehinderte Menschen eingeladen werden, damit diese sich als **Kandidaten für die Wahl** der Vertrauenspersonen und stellvertretenden Mitglieder zur Verfügung stellen. Nach § 177 Abs. 3 sind nämlich alle im Betrieb nicht nur vorübergehend Beschäftigten, die älter als 18 Jahre sind, wählbar. Zwar ist das Vorliegen einer Behinderung keine Voraussetzung der Wählbarkeit, aber ohne Wahlvorschlag durch einen wahlberechtigten schwerbehinderten Menschen kann keine Wahl stattfinden (vgl. § 6 Abs. 1 Satz 1 und 2, § 20 Abs. 2 Satz 3 SchwbVWO). Schon deshalb bedarf es einer Informationsveranstaltung, damit sich die Wahlberechtigten und die an einem Wahlvorschlag interessierten Betriebsangehörigen informieren können. Ferner können Personal- und Betriebsräte auf Ihren Medien, zB Schwarzes Brett, Informationsschreiben, Intranet über die Bedeutung der

22

---

53 ArbG Stuttgart 26.1.2021 – 7 BVGa 1/21, Rn. 48; erläuternd: *Düwell* juris PR-ArbR. 7/2021 Anm. 9.
54 So *Schubert* in Knittel, 1.9.2019, SGB IX § 177 Rn. 91.
55 So die Definition der Behinderung nach BAG 25.10.2017 – 7 ABR 10/16, Rn. 17, BAGE 161, 1 = NZA 2018, 458.
56 So die Definition der Behinderung nach BAG 25.10.2017 – 7 ABR 10/16, Rn. 17, BAGE 161, 1 = NZA 2018, 458.
57 So BAG 25.10.2017 – 7 ABR 10/16, Rn. 17 f., BAGE 161, 1 = NZA 2018, 458; zur Recht kritisch: *Dohna-Jaeger* ArbuR 2019, 185 f.

Wahlen zur SBV aufklären. Sie sind auch berechtigt, das für den Sitz des Betriebs oder der Dienststelle zuständige Integrationsamt auf das Nichtvorhandensein einer SBV hinzuweisen: Dies hat dann in eigener Zuständigkeit zu prüfen, ob es von der in § 177 Abs. 6 Satz 4 eingeräumten Zuständigkeit Gebrauch macht, zu einer Versammlung schwerbehinderter Menschen zu laden. Gibt es Betriebe oder Dienststellen, in denen nicht wenigstens fünf schwerbehinderte Menschen beschäftigt werden, so können Personal- und Betriebsräte auch dem Arbeitgeber und dem Integrationsamt vorschlagen, räumlich naheliegenden Betriebe und gleichstufigen Dienststellen derselben Verwaltung zusammenzufassen, so dass nach § 177 Abs. 1 Satz 4 eine **gemeinsame SBV** gewählt werden kann.

§ 177 Wahl und Amtszeit der Schwerbehindertenvertretung

(1) ¹In Betrieben und Dienststellen, in denen wenigstens fünf schwerbehinderte Menschen nicht nur vorübergehend beschäftigt sind, werden eine Vertrauensperson und wenigstens ein stellvertretendes Mitglied gewählt, das die Vertrauensperson im Falle der Verhinderung vertritt. ²Ferner wählen bei Gerichten, denen mindestens fünf schwerbehinderte Richter oder Richterinnen angehören, diese einen Richter oder eine Richterin zu ihrer Schwerbehindertenvertretung. ³Satz 2 gilt entsprechend für Staatsanwälte oder Staatsanwältinnen, soweit für sie eine besondere Personalvertretung gebildet wird. ⁴Betriebe oder Dienststellen, die die Voraussetzungen des Satzes 1 nicht erfüllen, können für die Wahl mit räumlich nahe liegenden Betrieben des Arbeitgebers oder gleichstufigen Dienststellen derselben Verwaltung zusammengefasst werden; soweit erforderlich, können Gerichte unterschiedlicher Gerichtszweige und Stufen zusammengefasst werden. ⁵Über die Zusammenfassung entscheidet der Arbeitgeber im Benehmen mit dem für den Sitz der Betriebe oder Dienststellen einschließlich Gerichten zuständigen Integrationsamt.

(2) Wahlberechtigt sind alle in dem Betrieb oder der Dienststelle beschäftigten schwerbehinderten Menschen.

(3) ¹Wählbar sind alle in dem Betrieb oder der Dienststelle nicht nur vorübergehend Beschäftigten, die am Wahltag das 18. Lebensjahr vollendet haben und dem Betrieb oder der Dienststelle seit sechs Monaten angehören; besteht der Betrieb oder die Dienststelle weniger als ein Jahr, so bedarf es für die Wählbarkeit nicht der sechsmonatigen Zugehörigkeit. ²Nicht wählbar ist, wer kraft Gesetzes dem Betriebs-, Personal-, Richter-, Staatsanwalts- oder Präsidialrat nicht angehören kann.

(4) In Dienststellen der Bundeswehr sind auch schwerbehinderte Soldatinnen und Soldaten wahlberechtigt und auch Soldatinnen und Soldaten wählbar.

(5) ¹Die regelmäßigen Wahlen finden alle vier Jahre in der Zeit vom 1. Oktober bis 30. November statt. ²Außerhalb dieser Zeit finden Wahlen statt, wenn

1. das Amt der Schwerbehindertenvertretung vorzeitig erlischt und ein stellvertretendes Mitglied nicht nachrückt,
2. die Wahl mit Erfolg angefochten worden ist oder
3. eine Schwerbehindertenvertretung noch nicht gewählt ist.

³Hat außerhalb des für die regelmäßigen Wahlen festgelegten Zeitraumes eine Wahl der Schwerbehindertenvertretung stattgefunden, wird die Schwerbehindertenvertretung in dem auf die Wahl folgenden nächsten Zeitraum der regelmäßigen Wahlen neu gewählt. ⁴Hat die Amtszeit der Schwerbehindertenvertretung zum Beginn des für die regelmäßigen Wahlen festgelegten Zeitraums noch

nicht ein Jahr beträgt, wird die Schwerbehindertenvertretung im übernächsten Zeitraum für regelmäßige Wahlen neu gewählt.

(6) ¹Die Vertrauensperson und das stellvertretende Mitglied werden in geheimer und unmittelbarer Wahl nach den Grundsätzen der Mehrheitswahl gewählt. ²Im Übrigen sind die Vorschriften über die Wahlanfechtung, den Wahlschutz und die Wahlkosten bei der Wahl des Betriebs-, Personal-, Richter-, Staatsanwalts- oder Präsidialrates sinngemäß anzuwenden. ³In Betrieben und Dienststellen mit weniger als 50 wahlberechtigten schwerbehinderten Menschen wird die Vertrauensperson und das stellvertretende Mitglied im vereinfachten Wahlverfahren gewählt, sofern der Betrieb oder die Dienststelle nicht aus räumlich weit auseinanderliegenden Teilen besteht. ⁴Ist in einem Betrieb oder einer Dienststelle eine Schwerbehindertenvertretung nicht gewählt, so kann das für den Betrieb oder die Dienststelle zuständige Integrationsamt zu einer Versammlung schwerbehinderter Menschen zum Zwecke der Wahl eines Wahlvorstandes einladen.

(7) ¹Die Amtszeit der Schwerbehindertenvertretung beträgt vier Jahre. ²Sie beginnt mit der Bekanntgabe des Wahlergebnisses oder, wenn die Amtszeit der bisherigen Schwerbehindertenvertretung noch nicht beendet ist, mit deren Ablauf. ³Das Amt erlischt vorzeitig, wenn die Vertrauensperson es niederlegt, aus dem Arbeits-, Dienst- oder Richterverhältnis ausscheidet oder die Wählbarkeit verliert. ⁴Scheidet die Vertrauensperson vorzeitig aus dem Amt aus, rückt das mit der höchsten Stimmenzahl gewählte stellvertretende Mitglied für den Rest der Amtszeit nach; dies gilt für das stellvertretende Mitglied entsprechend. ⁵Auf Antrag eines Viertels der wahlberechtigten schwerbehinderten Menschen kann der Widerspruchsausschuss bei dem Integrationsamt (§ 202) das Erlöschen des Amtes einer Vertrauensperson wegen grober Verletzung ihrer Pflichten beschließen.

(8) In Betrieben gilt § 21 a des Betriebsverfassungsgesetzes entsprechend.

I. Überblick über den Norminhalt 1	IV. Gemeinsame Schwerbehindertenvertretung (Abs. 1 Satz 4 und 5) 39
II. Funktion und Struktur der SBV 4	V. Jobcenter, Justiz, Bundeswehr, Stationierungsstreitkräfte, Seeschiff-, Luftfahrt und Kirchen 47
1. Aufgabenstellung 4	
2. Ein-Personen-Vertretung 6	
3. Stellvertretung, abgestimmtes Heranziehen und ersatzweises Nachrücken 7	VI. Wahlverfahren (Abs. 6) 55
	1. Anzahl der zu wählenden Personen 55
	2. Förmliches Wahlverfahren 57
4. Ersatzvertretung für vertretungslose Betriebe und Dienststellen 9	3. Vereinfachtes Wahlverfahren 70
III. Wahlvorschriften 10	VII. Wahlschutz und Wahlkosten (Abs. 6 Satz 2) 84
1. Feste Wahltermine (Abs. 5) 10	
2. Aktives Wahlrecht (Abs. 2) 13	VIII. Wahlanfechtung und Nichtigkeitsfeststellung (Abs. 6 Satz 2) 88
3. Passives Wahlrecht (Abs. 3) 18	IX. Amtszeit der Schwerbehindertenvertretung (Abs. 7) 99
4. Wahlbezirk Betrieb oder Dienststelle 22	X. Übergangsmandat (Abs. 8) .. 107
5. Wahlgrundsätze (Abs. 6 Satz 1) 35	1. Sicherung der Kontinuität der SBV 107
	2. Voraussetzungen 108
	3. Inhalt und Dauer 110

4. Eingeschränkte Anwendbarkeit 113	2. Örtliche Zuständigkeit .. 121
5. Übergangsmandat für SBV in Dienststellen 117	3. Freistellung und Schulung des Wahlvorstands 122
XI. Prozessuale Hinweise 119	4. Rechtsschutz gegen SBV und Wahlvorstand 123
1. Rechtsweg, Verfahrensart und Kosten 119	

I. Überblick über den Norminhalt

1 **Die Entwicklung zur besonderen Vertretung der schwerbehinderten Beschäftigten und zu einem eigenständigen Wahlrecht:** Seit dem Betriebsrätegesetz vom 4.2.1920 werden Betriebsräte als kollektiven Vertretungen der Belegschaften gewählt. Durch das SchwBeschG vom 6.4.1920 ist eine zusätzliche Vertretung in Form des sogenannten Vertrauensmannes der Schwerbeschädigten eingeführt worden. Das geschah nicht ohne Widerstände. Im Gesetzentwurf vom 12.12.1919[1] war in § 11 Abs. 2 noch die Formulierung enthalten, dass die Arbeitnehmervertretung (Betriebsrat) die Bestellung des Vertrauensmannes „tunlichst aus ihrer Mitte" vornehmen sollte. Es wurde damals bezweifelt, ob eine besondere Vertretung neben der allgemeinen Vertretung durch den Betriebsrat sinnvoll sei. Es gelang jedoch durch einen Abänderungsantrag „tunlichst aus ihrer Mitte" zu streichen und so die Eigenständigkeit der Vertretung herzustellen.[2] 1922 ist erkannt worden, dass die besondere Aufgabenstellung auch das Vertrauen der Schwerbeschädigten erfordert, das sich in der Wahl ihres „Vertrauensmannes" zeigen soll. Deshalb ist mit dem Gesetz zur Änderung des Gesetzes über die Beschäftigung Schwerbeschädigter vom 23.12.1922[3] mit Wirkung vom 1.1.1923 in § 11 Abs. 2 Satz 1 bestimmt worden: „Sofern in einem Betriebe wenigstens fünf schwerbeschädigte Arbeitnehmer nicht nur vorübergehend beschäftigt sind, haben sie für diese Aufgabe auf die Dauer eines Jahres einen Vertrauensmann zu bestellen, der tunlichst ein Schwerbeschäftigter sein soll." Das 1922 geänderte Gesetz ist in seiner bereinigten Neufassung am 12.1.1923 bekannt gemacht worden.[4] Dort hat die Bestellung in § 12 Abs. 2 keine Änderung erfahren, sondern nur einen neuen Standort erhalten. Auch in dieser Fassung fehlen nähere Regelungen über die Art und Weise der Bestellung durch die schwerbeschädigten Arbeitnehmer. Die zeitgenössische Kommentarliteratur war sich einig, dass zur Bestellung eine Wahl erforderlich sei, diese jedoch in Form einer frei gestaltbaren Abstimmung durchgeführt werden könne.[5] Beginnend mit dem Gesetz über die Beschäftigung Schwerbeschädigter (Schwerbeschädigtengesetz) vom 16.6.1953[6] ist das Wahlrecht im dortigen § 13 Abs. 2 sparsam näher ausgestaltet worden. Es ist sowohl für die Wahlberechtigung als auch die Wählbarkeit eine Beschäftigung auf einen Arbeitsplatz entsprechend der Arbeitsplatzdefinition des Gesetzes eingeführt worden. Zugleich ist die Wählbarkeit zum Vertrauensmann an die Wählbarkeit zum Betriebsrat geknüpft worden. Da im damals geltenden Betriebsrätegesetz noch nicht zwischen

---

1 Verfassungsgebende Deutsche Nationalversammlung, Aktenstück Nr. 1750, Reichstagsprotokolle 1919/20, 15, S. 1779.
2 Verfassungsgebende Deutsche Nationalversammlung, Aktenstück Nr. 2422, Reichstagsprotokolle 1919/20, 16, S. 2615.
3 RGBl. 1922, 972.
4 RGBl. 1923, 57.
5 *Knaack* SchwerbeschädigtenG § 12 Anm. 2; *Richter* SchwerbeschädigtenG § 12 Anm. 9; *Schneider/Günther* SchwerbeschädigtenG § 12 Anm. 11; *Schoppen* SchwerbeschädigtenG § 12 Anm. 6.
6 BGBl. 1953 I 389.

Betriebs- und Personalrat differenziert wurde, bedurfte es Erwähnung des Personalrats. Mit dem Gesetz zur Weiterentwicklung des Schwerbeschädigtenrechts vom 24.4.1974[7] erhielt das Gesetz schließlich die neue Bezeichnung Schwerbehindertengesetz. In dessen Neubekanntmachung durch das Arbeitsministerium vom 29.4.1974[8] war in § 21 Abs. 2 und 3 die noch heute geltende Regelung der Wahlberechtigung und Wählbarkeit sowie in Abs. 5 SchwbG eine weitgehende Bezugnahme auf das Wahlrecht der Betriebs- und Personalräte enthalten: „Der Vertrauensmann oder die Vertrauensfrau und der Stellvertreter werden in geheimer und unmittelbarer Wahl nach den Grundsätzen der Mehrheitswahl gewählt. Im Übrigen sind die Vorschriften über das Wahlverfahren, den Wahlschutz und die Wahlkosten bei der Wahl des Betriebs-, Personal-, Richter- oder Staatsanwaltsrates sinngemäß anzuwenden." Aufgrund der in § 21 Abs. 6 SchwbG aufgenommenen Ermächtigung erließ der Bundesregierung am 22.7.1975[9] die Erste Verordnung zur Durchführung des Schwerbehindertengesetzes (Wahlordnung Schwerbehindertengesetz – SchwbWO). Mit dem Ersten Gesetz zur Änderung des Schwerbehindertengesetzes vom 24.7.1986[10] ist die Bezugnahme auf das Wahlverfahren weggefallen. Der Gesetzgeber hat bewusst und gewollt die Übernahme des Betriebsverfassungs- und Personalvertretungsrechts auf „Vorschriften über Wahlanfechtung, den Wahlschutz und die Wahlkosten" beschränkt. Das ist in dem Bericht des federführenden BT-Ausschusses damit begründet worden: „Vorschriften über das Wahlverfahren sind aufgrund der Ermächtigung des § 21 Abs. 6 durch die Wahlordnung Schwerbehindertengesetz vom 22.7.1975 (BGBl. I S. 1965) erlassen. Eines Rückgriffs auf die Vorschriften, die für das Verfahren bei der Wahl des Betriebs-, Personalrats usw. maßgeblich sind, bedarf es nicht (mehr)."[11] Inzwischen ist die Wahlordnung von 1975 durch die Wahlordnung Schwerbehindertenvertretungen vom 23.4.1990 (SchwbVWO)[12] ersetzt worden.

Das 1922 gescheiterte Vorhaben, die eigenständige Repräsentation der schwerbehinderten Menschen abzuschaffen, ist in der 17. Wahlperiode des Deutschen Bundestags von der Fachabteilung des zuständigen Arbeitsministeriums wieder in Erwägung gezogen worden. Regelungsziel war der Schritt zurück zu dem gescheiterten Gesetzentwurf von 1919. Je nach Betriebsgröße sollte der Betriebsrat einem seiner Mitglieder oder einem besonderen „Sozialausschuss" die Aufgaben der SBV übertragen. Mit diesem Ziel wurden bereits im Vorfeld eines Referentenentwurfs mit Vorstandsmitgliedern von Gewerkschaften und ausgesuchten Betriebsratsvorsitzenden Sondierungsgespräche geführt. Um die Planung nicht zu gefährden, geschah dies unter Abschirmung vor der Öffentlichkeit. Die Planung ist durch die im Koalitionsvertrag der dritten großen Koalition vom 16.12.2013 vereinbarte Stärkung des SBV gestoppt worden (→ Rn. 5). Sie erst im Mai 2017 bekannt geworden, als bei einem Treffen der Schwerbehindertenvertretungen der Automobilindustrie ein Politiker davon berichtet hat.[13]

Durch Art. 2 des Gesetzes zur Stärkung der Teilhabe und Selbstbestimmung von Menschen mit Behinderungen (Bundesteilhabegesetz – BTHG) vom

---

7 BGBl. 1974 I 981.
8 BGBl. 1974 I 1006.
9 BGBl. I 1965.
10 BGBl. I 1110.
11 BT-Drs. 10/5701, 11.
12 BGBl. 1990 I 811.
13 Einzelheiten *Düwell*, Betriebsrat und Schwerbehindertenvertretung, FS Klebe, 2018, 105 (109).

23.12.2016[14] sind mit Wirkung vom 30.12.2016 erhebliche Verbesserungen vorgenommen worden, die die Rechtsstellung von Betriebs-, Personalräten und Schwerbehindertenvertretungen gestärkt haben.[15] Mit Wirkung vom 1.1.2018 ist das SGB IX 2001 nach Art. 26 Abs. 1 Satz 2 BTHG aufgehoben und durch die in Art. 1 des BTHG enthaltene vollständige Neufassung ersetzt worden. Da mit der der Eingliederungshilfe ein neuer Teil 2 in das SGB IX 2018 eingefügt wurde, wanderte das Schwerbehindertenrecht vom Teil 2 in den Teil 3. In Art. 1 BTHG ist der Normtext der §§ 93,94 SGB IX 2001 unverändert nach §§ 177 SGB IX „verschoben".[16] Die inhaltlichen Änderungen in Art. 2 BTHG, die bereits vom 30.12.2016 bis 31.12.2017 galten, betrafen die Regelung der Vertretung der Vertrauensperson bei Verhinderung, die Erleichterung von Wahlen bei der Bundeswehr und die Einfügung eines Übergangsmandats. Ansonsten ist § 177 SGB IX hinsichtlich Wahl und Amtszeit der SBV der Normtext inhaltsgleich geblieben. Dieser war bereits in § 24 SchwbG. Es fand 2001 mit der Einführung des SGB IX lediglich eine redaktionelle Anpassung statt. Die alten Begriffe Schwerbehinderter, Vertrauensmann und Vertrauensfrau sowie Stellvertreter sind damals ersetzt worden durch: schwerbehinderter Mensch, Vertrauensperson und stellvertretendes Mitglied. Zur Ausweitung der Verhinderungsgründe, in denen die Vertrauensperson zu vertreten ist, wurde der Text des § 94 SGB IX aF durch Art. 2 Nr. 5 BTHG mit Wirkung vom 30.12.2016 bis zum 31.12.2017 durch das Streichen der Wortfolge „durch Abwesenheit oder Wahrnehmung anderer Aufgaben" geändert. In § 94 Abs. 4 SGB IX idF von Art. 2 BTHG entfiel zur Erleichterung der Wahlen in Dienststellen der Bundeswehr der Einschub „bei denen eine Vertretung der Soldaten nach dem Bundespersonalvertretungsgesetz zu wählen ist". Darüber hinaus ist in § 94 Abs. 8 SGB IX idF von Art. 2 BTHG eine Regelung angehängt worden, die die Anwendung des betriebsverfassungsrechtlichen Übergangsmandats auch für die SBV ermöglichen soll. Die bereits zum 29.12.2016 in § 94 SGB IX aF eingeführten Änderungen sind zum 1.1.2018 unverändert nach § 177 SGB IX übernommen worden.

2 **Wesentlicher Inhalt:** Abs. 1 Satz 1 enthält die Grundnorm für die Zusammensetzung und Bildung einer SBV durch Wahl in einem Betrieb oder in einer Dienststelle. Für den im Teil 3 (Schwerbehindertenrecht) des SGB IX geltenden Betriebs- oder Dienststellenbegriffs verweist der Gesetzgeber an versteckter Stelle in § 170 Abs. 1 Satz 2 auf die Definitionen der Betriebs- und Dienststellenverfassung (→ § 170 Rn. 21 ff.).

Abs. 1 Satz 4 und 5 regeln die Zusammenfassung mehrerer Betriebe oder Dienststellen zu einem Wahlbezirk. Abs. 2 bis 6 regeln die Wahlgrundsätze. Zu Ihrer Durchführung muss auf die SchwbVWO zurückgegriffen werden (siehe Kommentierung SchwbVWO). Im ersten und zweiten Abschnitt des ersten Teils der SchwbVWO sind die Vorbereitung und Durchführung der Wahlen geregelt, im dritten Abschnitt das vereinfachte Wahlverfahren, das in der betrieblichen

---

14 BGBl. I 3234.
15 Dazu: *Boecken*, Neuregelungen des Rechts der Schwerbehindertenvertretung durch das Bundesteilhabegesetz (BTHG) – insbes. zur Unwirksamkeit von Kündigungen nach § 95 Abs. 2 Satz 3 SGB IX, VSSR 2017, 69; *Düwell/Beyer* Beschäftigte Rn. 21 ff.; *Düwell*, Schwerbehindertenvertretung deutlich gestärkt, Gute Arbeit 2017, Nr. 11, 8; *Heide/Niehaus*, Der Stellenwert der Schwerbehindertenvertretung in der betrieblichen Inklusion, WSI-Mitteilungen 2019, 358; *Kleinebrink*, Bundesteilhabegesetz: Stärkung der Rechte der Schwerbehindertenvertretung, DB 2017, 126; *Grupp*, DVfR Forum D, D1–2020, der Volltext ist auf www.reha-recht.de frei verfügbar.
16 Merkregel: Die alten Paragrafennummern steigen um +83 an.

Praxis überwiegend zum Einsatz kommt. Der zweite bis vierte Teil der SchwbVWO regelt die Wahl der überbetrieblichen SBVen. Für die Wahlanfechtung, den Wahlschutz und die Wahlkosten wird in Abs. 6 Satz 2 auf die Vorschriften des BetrVG und der Personalvertretungsgesetze verwiesen. Abs. 7 enthält die Bestimmungen über die Amtszeit und der vorzeitigen Beendigung.

Geschichtliche Entwicklung: Wahlen zu Vertrauensmännern der Schwerbeschädigten sind erstmalig durch das SchwBeschG 1923 gesetzlich geregelt worden. Bei der Novellierung 1974 sind die Wahlvorschriften und die Bestimmungen über die persönliche Rechtsstellung der Vertreter der Schwerbehinderten weitgehend der der Mitglieder von Betriebs- und Personalräten angepasst worden. Seit der Novellierung 1986 bestehen einheitliche Wahltermine, welche die Wahlen zu den Beschäftigtenvertretungen entzerren.

II. Funktion und Struktur der SBV
1. Aufgabenstellung

Besondere Aufgabenstellung: Die SBV hat eine Doppelrolle zu erfüllen. Einerseits soll sie die spezifischen Interessen der schwerbehinderten und ihnen gleichgestellten Menschen gegenüber dem Arbeitgeber vertreten, andererseits soll sie ihnen gemeinsam mit dem Arbeitgeber beratend und helfend zur Seite stehen, Einzelheiten dazu: → § 178 Rn. 16 f. Der SBV sind dazu keine erzwingbaren Mitbestimmungsrechte gegenüber dem Arbeitgeber, sondern nur Überwachungs-, Unterrichtungs-, Anhörungs- und Mitwirkungsrechte an verschiedenen Stellen des Teil 3 (bis 31.12.2017 Teil 2) des SGB IX eingeräumt, zur Stellenbesetzung → § 164 Rn. 11 ff., § 164 Rn. 105 ff., zur Klärung von Beschäftigungsmöglichkeiten → § 167 Rn. 33 ff., zu allen Angelegenheiten, die die Gruppe oder einen Einzelnen der schwerbehinderten Menschen berühren, → § 178 Rn. 34 ff. Träger der Mitbestimmung sind die Betriebs- und Personalräte. Eine stärkere Art der Beteiligung ist nur in § 166 SGB IX vorgesehen. Dort ist zugunsten der SBV die Befugnis eingeräumt, in Zusammenarbeit mit Betriebs- oder Personalrat eine kollektive Vereinbarung zu treffen. Erst das Gesetz zur Bekämpfung der Arbeitslosigkeit Schwerbehinderter vom 29.9.2000[17] hat mit § 14 b SchwbG den bis dahin geltenden Grundsatz eingeschränkt, dass die Befugnis, kollektive Regelungen zu treffen, allein den Betriebs- und Personalräten zusteht. Seitdem kann die SBV an der Verhandlungsführung gegenüber dem Arbeitgeber mitwirken und hat sogar das Initiativrecht, die Aufnahme von Verhandlungen zum Treffen einer Integrationsvereinbarung fordern zu können. Diese Regelung ist bei Einführung des SGB IX nach § 83 SGB IX übernommen worden. Art. 2 BTHG hat mWv 30.12.2016 die Integrationsvereinbarung zur Inklusionsvereinbarung weiterentwickelt.[18] Dabei hat nicht nur eine Umbenennung stattgefunden, sondern auch eine Ausrichtung auf das bloße Eingliederung überschreitende Ziel der Inklusion (→ § 166 Rn. 3). Durch Art. 1 BTHG ist der unveränderte Inhalt der Regelung mWv 1.1.2018 nach § 166 SGB IX verschoben worden. Noch ungeklärt ist, wie sich die unter dem Zustimmungsvorbehalt der SBV stehende Inklusionsvereinbarung zu der nach § 88 Nr. 6 BetrVG allein vom Betriebsrat mit dem Arbeitgeber abzuschließenden „freiwilligen" Betriebsvereinbarung (BV) über „Maßnahmen zur Eingliederung schwerbehinderter Menschen" verhält (→ § 166 Rn. 13). Hier besteht bei einem böswilligen Zusammenwirken von Arbeitgeber und Betriebsrat die Gefahr einer Flucht vor der Inklusionsvereinbarung in die freiwillige BV; denn an der Ver-

---
17 BGBl. I 1394.
18 Vgl. *Düwell/Beyer* Beschäftigte Rn. 21 ff.

handlung über eine BV wirkt die SBV nicht unmittelbar mit. Sie kann nur mittelbar über ihre beratende Teilnahme an den Sitzungen auf die Willensbildung des Betriebsrats Einfluss nehmen, → § 178 Rn. 95 ff.

5 **Eigenständige Beschäftigtenvertretung:** Die SBV ist eine eigenständige Beschäftigtenvertretung für die besonderen Interessen der schwerbehinderten und ihnen gleichgestellten Menschen in den **Betrieben der Privatwirtschaft** sowie in den **Verwaltungen des öffentlichen Dienstes**. Sie ist rechtlich vom Betriebs- und Personalrat **unabhängig.** Als Sondervertretung aller im Betrieb oder in der Dienststelle beschäftigten schwerbehinderten Menschen vertritt sie abweichend vom Betriebs- und Personalrat **auch leitende Angestellte**, so sie schwerbehindert oder gleichgestellt sind. Sie kann deshalb, anders als die Jugend- und Auszubildendenvertretung, auch dann gebildet werden, wenn kein Betriebsrat besteht. Sie kann, ohne der Zustimmung des Betriebsrats zu bedürfen, **selbstständig** ihre Rechte im Beschlussverfahren (§ 2a Abs. 1 Nr. 3a ArbGG) gerichtlich gegen den Arbeitgeber geltend machen. Allerdings ist sie auf die Unterstützung des Betriebs- oder Personalrats angewiesen, wenn es um kollektive Regelungen geht. Sie hat nämlich **keine Mitbestimmungsrechte** und auch nicht die Befugnis, für die Gruppe der schwerbehinderten Menschen verbindliche kollektive Regelungen zu vereinbaren. Dazu bedarf es in der Betriebsverfassung einer vom Betriebsrat nach § 77 BetrVG abzuschließenden Betriebsvereinbarung. Durch das Gesetz zur Bekämpfung der Arbeitslosigkeit Schwerbehinderter vom 29.9.2000 sind die Rechte der SBVen ausgeweitet worden. Seitdem waren die SBVen in der Lage, über verbindliche Integrationsvereinbarungen (seit 1.1.2018: Inklusionsvereinbarung) mit den Arbeitgebern zu verhandeln. Dieses Recht ist bei der Schaffung des SGB IX in § 83 SGB IX aF übernommen und mit dem BTHG seit dem 30.12.2016 auf das Ziel der gleichberechtigten Teilhabe im Sinne von Inklusion ausgeweitet worden. Eine wesentliche Stärkung der Rechtsstellung der SBV war damit nicht verbunden; denn der Gesetzgeber hat es auch noch im BTHG unterlassen, das Recht so auszugestalten, dass die SBV den Abschluss einer Inklusionsvereinbarung gegen den Willen eines blockierenden Arbeitgebers oder des Betriebsrats durchsetzen kann. Es besteht keine Möglichkeit der Ersetzung einer fehlenden Zustimmung durch eine Einigungsstelle oder das Arbeitsgericht.

Eine hybride Konstruktion der Verwaltung stellt die nach § 44b SGB II gebildete **gemeinsame Einrichtung** zum Betreiben eines **Jobcenters** (→ Rn. 47) dar. Diese Einrichtung wird zur einheitlichen Durchführung der Grundsicherung für Arbeitsuchende von der Bundesagentur für Arbeit mit den kommunalen Trägern der Grundsicherung und den weiteren nach § 6 Abs. 2 SGB II herangezogenen Gemeinden gebildet. Die Aufgaben werden nach § 44b Abs. 1 Satz 4 SGB II von Beamtinnen und Beamten sowie Arbeitnehmerinnen und Arbeitnehmern wahrgenommen, denen von ihren Dienstherrn/Arbeitgebern entsprechende Tätigkeiten bei der gemeinsamen Einrichtung zugewiesen worden sind. Nach § 44h Abs. 1 SGB II wird in den gemeinsamen Einrichtungen eine Personalvertretung gebildet, für die die Regelungen des Bundespersonalvertretungsgesetzes entsprechend gelten. In § 44i SGB II ist bestimmt: „Auf die Schwerbehindertenvertretung ist § 44h entsprechend anzuwenden". Dieser sparsamen Regelung ist zu entnehmen, dass die gemeinsame Einrichtung als Dienststelle des Bundes im Sinne des § 170 Abs. 1 Satz 2 SGB IX gilt. Es kann in ihr eine SBV gewählt werden, sofern die übrigen Voraussetzungen des § 177 Abs. 1 Satz 1 SGB IX vorliegen.[19] Erforderlich ist insbesondere, dass in der gemeinsa-

---

19 *Knapp* in jurisPK-SGB II § 44i Rn. 8.

men Einrichtung mindestens fünf schwerbehinderte Menschen nicht nur vorübergehend beschäftigt sind (§ 177 Abs. 1 SGB IX).[20]
Die SBV kann als eigenständige Gruppenvertretung auch in **kirchlichen Einrichtungen** zusätzlich zur **Mitarbeitervertretung** gewählt werden; Einzelheiten: → Rn. 52, ausführlich → Kap. 1 Rn. 1 ff.). So ist in § 51 MVG-EKD geregelt, dass die nach der Wahlordnung der Kirche gewählte Vertrauensperson der schwerbehinderten Mitarbeiter und Mitarbeiterinnen die Aufgaben der SBV „nach staatlichem Recht gemäß SGB IX" wahrnimmt.

Die SBV wird von den in einem Betrieb, in einer Dienststelle, in einer kirchlichen Einrichtung oder in einer gemeinsamen Einrichtung (Jobcenter → 47) beschäftigten Menschen mit Schwerbehinderung selbst gewählt. Sie stellt insoweit eine **Selbstrepräsentation** von Menschen mit Behinderung dar. Sie entspricht dem in Art. 29 Abs. 1 Buchst. a Behindertenrechtskonvention der Vereinten Nationen[21] enthaltenen Grundsatz, „durch frei gewählten Vertreterinnen und Vertreter" am politischen und öffentlichen Leben teilzunehmen zu können. Diese Forderung wird in der Behindertenpolitik schlagwortartig mit der Formel zum Ausdruck gebracht: „Nicht ohne uns über uns!".[22] Mit dieser emanzipatorischen Zielrichtung war die ursprünglich im Bundesarbeitsministerium geplante Ersetzung der SBV durch einen vom Betriebs- oder Personalrat eingesetzten Ausschuss nicht vereinbar. Die Umsetzung dieser Geheimplanung ist durch den Koalitionsvertrag vom 16.12.2013 gestoppt worden. Damals ist vereinbart worden: „Zentrales Element der sozialen Inklusion ist eine aktive Arbeitsmarktpolitik. Wir wollen die Integration von Menschen mit Behinderungen in den allgemeinen Arbeitsmarkt begleiten und so die Beschäftigungssituation nachhaltig verbessern. Dazu gehört auch die Anerkennung und Stärkung des ehrenamtlichen Engagements der Schwerbehindertenvertretungen."[23] In Umsetzung des Koalitionsvertrags ist in der 18. Wahlperiode die Stärkung der Schwerbehindertenvertretung gegen den anfänglichen Widerstand der Fachabteilung im BMAS im Rahmen der Gesetzgebung zum Bundesteilhabegesetz durchgesetzt worden.[24]

2. Ein-Personen-Vertretung

Modifiziertes Prinzip der Ein-Personen-Vertretung: Die SBV ist eine gewählte Vertretung für die besonderen Interessen der schwerbehinderten und ihnen gleichgestellten Menschen in den Betrieben der Privatwirtschaft und in den Verwaltungen des öffentlichen Dienstes. Die SBV ist insoweit eine eigenständige Arbeitnehmervertretung in der Betriebsverfassung und eine eigenständige Beschäftigtenvertretung in der Dienststellenverfassung des öffentlichen Dienstes. Damit ist die SBV eine auch zur Erfüllung unionsrechtlicher Verpflichtungen zu beteiligende Arbeitnehmervertretung;[25] zur Beteiligung bei Massenentlassungen iSd der Massenentlassungsrichtlinie (MERL): → § 178 Rn. 92. Sie kann im Un-

6

---

20 *Knapp* in jurisPK-SGB II § 44 i Rn. 8.
21 Übereinkommen der Vereinten Nationen über die Rechte von Menschen mit Behinderung vom 13.12.2006, ratifiziert durch das G v. 21.12.2008, BGBl. II 1412.
22 So auch das Bundesministerium für Arbeit und Soziales als Motto für das BTHG https://www.bundesregierung.de/Content/DE/Artikel/2014/03/2014-03-25-5-jahre-ratifizierung-un-konvention-inklusion.html (letzter Aufruf 15.3.2021).
23 Koalitionsvertrag zwischen CDU, CSU und SPD, 18. Legislaturperiode, S. 110.
24 Dazu Werkstattberichte: *Düwell* FS Eichenhofer, 2015, 155 ff., *Düwell* FS Kohte, 2016, 47 ff.; Bestandsaufnahme: *Düwell* in Düwell/Beyer Beschäftigte Rn. 338.
25 *Bötzel*, SBV du Betriebsrat als Interessenvertretung schwerbehinderter Menschen im Betrieb, 2010, S. 377.

terschied zum Betriebs- oder Personalrat entsprechend der Anzahl der Wahlberechtigten nicht zu einem **mehrköpfigen Kollegialorgan** anwachsen. Die Aufgaben der SBV nimmt regelmäßig die gewählte Vertrauensperson allein wahr. Die Bezeichnung SBV ist nicht eingeführt worden, um ein geschlechtsneutrales Wort für die frühere Bezeichnung „Vertrauensmann" zu verwenden; denn dieser Begriff ist durch „Vertrauensperson" ersetzt worden. Soweit Gerichte, insbesondere der Siebte Senat des BAG als Fachsenat, den Begriff „Schwerbehindertenvertreter" verwenden,[26] ist das nicht lege artis. Es handelt sich um einen inhaltlich irreführenden Begriff, den die Rechtssprache nicht kennt. In Abgrenzung zur Vertrauensperson definiert § 177 Abs. 1 Satz 1 die „Schwerbehindertenvertretung" als Zusammenfassung von Vertrauensperson und stellvertretenden Mitgliedern zu einem besonderen kollektiven Vertretungskörper: „Vertrauensperson und wenigstens ein stellvertretendes Mitglied".[27] Dieser Vertretungskörper ist nach § 177 Abs. 1 Satz 1 so ausgestaltet, dass er bei Verhinderung der Vertrauensperson und bei Heranziehung von stellvertretenden Mitgliedern nach § 178 Abs. 1 Satz 4 und 5 mehrere Personen erfasst, die zeitgleich die Aufgaben als Kollektiv wahrnehmen und sich nach § 178 Abs. 1 Satz 6 hinsichtlich ihrer Aufgabenwahrnehmung abstimmen dürfen.

Beispiele:
1. Ist die Vertrauensperson durch die Wahrnehmung anderer Aufgaben, zB Teilnahme an der Betriebsratssitzung verhindert, so nimmt das erste stellvertretende Mitglied zeitgleich die Sprechstunde der SBV wahr.
2. Sind im Betrieb oder in der Dienststelle mehr als 100 schwerbehinderte Menschen zu vertreten, so kann die Vertrauensperson durch „Heranziehung" Aufgaben auf stellvertretende Mitglieder delegieren.

Insoweit unterscheidet sich die Funktion des stellvertretenden Mitglieds rechtlich erheblich von der der Ersatzmitglieder bei Betriebs- oder Personalräten. Anders als Ersatzmitgliedern können, wie in den beiden obigen Beispielen aufgezeigt, Vertrauenspersonen und stellvertretende Mitglieder auch zeitgleich amtieren. Deshalb ist nach Abs. 1 Satz 1 ist zwingend „wenigstens" ein stellvertretendes Mitglied zu wählen, das die Vertrauensperson im Falle der Verhinderung vertritt. Folglich ist zu unterscheiden: Zwischen der Schwerbehindertenvertretung als „Stelle" in der Betriebs- und Dienststellenverfassung und der Vertrauensperson der schwerbehinderten Menschen als Teil dieser Stelle mit eigenen Rechten und der Befugnis für diese Stelle zu handeln.[28] Diese Unterscheidung hat Auswirkungen; denn in einem Beschlussverfahren, das die Vertrauensperson oder ein stellvertretendes Mitglied wegen ihrer Rechte, zB Erstattung von Schulungskosten, führen, ist die SBV als Stelle iSv § 10 Satz 1 ArbGG zu beteiligen.[29]

Das in § 177 Abs. 1 Satz 1 und § 178 Abs. 1 Satz 4 bis 6 vorsichtig abgeänderte Prinzip der Ein-Personen-Vertretung ist seit zunächst 2004 erweitert worden, indem der **Schwellenwert** für die Heranziehung des Stellvertreters durch die Vertrauensperson **auf „100"** herabgesetzt und klargestellt worden war, so dass

---

26 So BAG 14.3.2012 – 7 ABR 67/10, Behindertenrecht 2012, 236.
27 So auch LAG Düsseldorf 18.10.2017 – 12 TaBVGa 4/17, Rn. 79, ZBVR online 2018, Nr. 3, 15.
28 So zutreffend: BAG 8.6.2016 – 7 ABR 39/14, Rn. 17, Behindertenrecht 2017, 49; LAG Bln-Bbg 25.5.2020 – 25 Ta 41/20, juris Rn. 31; aA ArbG Berlin 28.10.2020 – 60 BV 8342/19, aus den Gründen II 1 c.
29 So zutreffend: BAG 8.6.2016 – 7 ABR 39/14, Rn. 15, Behindertenrecht 2017, 49; LAG Bln-Bbg 25.5.2020 – 25 Ta 41/20, juris Rn. 30; aA ArbG Berlin 28.10.2020 – 60 BV 8342/19, aus den Gründen II 1 c.

in Betrieben und Dienststellen mit mehr als 200 schwerbehinderten Menschen die Vertrauensperson nicht nur das erste stellvertretende Mitglied, sondern auch zusätzlich noch das mit der nächsthöchsten Stimmzahl gewählte weitere (= zweite) stellvertretende Mitglied zur Mitarbeit herangezogen werden konnte und nach dem angefügten § 95 Abs. 1 Satz 5 SGB IX aF auch eine Rechtsgrundlage für **die Abstimmung untereinander** geschaffen wurde. Ein weiterer Ausbau der Heranziehungsmöglichkeiten durch Wegfall der Deckelung auf zwei Herangezogene ist dann durch Art. 2 BTHG mWv 30.12.2016 erfolgt, der von Art. 1 BTHG unter neuer Nummerierung nach § 178 Abs. 1 Satz 4 bis 6 übernommen ist.

3. Stellvertretung, abgestimmtes Heranziehen und ersatzweises Nachrücken

Stellvertretung bei Verhinderung: Nach § 177 Abs. 1 Satz 1 SGB IX vertritt das mit der höchsten Stimmzahl gewählte (= erste) stellvertretende Mitglied die Vertrauensperson im Falle der Verhinderung. Dieser Grundsatz der Stellvertretung entspricht der Regelung in § 25 Abs. 1 Satz 2 BetrVG, nach der bei „zeitweiliger" Verhinderung das gewählte Betriebsratsmitglied durch das Ersatzmitglied vertreten wird. Danach gilt ein Mitglied zeitweilig verhindert, wenn es aus tatsächlichen oder rechtlichen Gründen nicht in der Lage ist, die Amtsgeschäfte zu besorgen. Das Gesetz geht davon aus, dass ein Mitglied ungeachtet der Themen einer Sitzung für sich entscheiden soll, ob es wegen anderweitiger Pflichten an der Teilnahme an einer Sitzung gehindert ist. Diese Entscheidung über eine rein zeitliche Pflichtenkollision hat es eigenverantwortlich zu treffen und darüber zu befinden, welche Pflicht für ihn vorrangig ist.[30] Allerdings ist es verpflichtet, rechtzeitig das Vorliegen eines Verhinderungsfalles anzuzeigen. Liegt ein Interessenkonflikt zwischen Amts- und Arbeitspflicht vor, ist die Entscheidung des Mitglieds über seine Verhinderung regelmäßig weder vom Betriebsvorsitzenden noch gerichtlich überprüfbar.[31] Es ist zunächst davon auszugehen, dass das Mitglied nach pflichtgemäßer Abwägung einen Verhinderungsgrund angenommen hat. Nur wenn Anhaltspunkte für eine pflichtwidrige Entscheidung vorliegen, kann für den Betriebsratsvorsitzenden Veranlassung bestehen, nachzufragen und auf einer Sitzungsteilnahme zu bestehen.[32] Die Grundsätze sind unter Berücksichtigung der Eigenständigkeit der SBV und der Besonderheit ihrer Struktur auf die Prüfung anzuwenden, ob ein Verhinderungsfall vorliegt, der zur Stellvertretung iSv § 177 Abs. 1 Satz 1 führt.

Nach der bis zum 31.12.2016 geltenden Vorgängerfassung in § 94 Abs. 1 Satz 1 aF war die Vertrauensperson „im Falle der Verhinderung durch Abwesenheit" zu vertreten. Seit der mWv 30.12.2016 erfolgten Gesetzesänderung durch Art. 2 BTHG ist die Konkretisierung des Verhinderungsfalles „durch Abwesenheit" gestrichen. Damit ist eine weitere Annäherung an die Stellvertretung nach § 25 Abs. 1 Satz 2 BetrVG vorgenommen worden. Danach ist ua bei **Abwesenheit** regelmäßig von einer Verhinderung auszugehen.[33] Dies gilt insbesondere, wenn die Vertrauensperson **arbeitsunfähig erkrankt** nicht zur Arbeit erscheint

7

---

30 BAG 15.4.2014 – 1 ABR 2/13 (B), Rn. 32; BAGE 148, 26 = NZA 2014, 551: zustimmend: *Koch* in ErfK BetrVG § 25 Rn. 3; *Boemke* jurisPR-ArbR 33/2014 Anm. 1; aA LAG SchlH 1.11.2012 – 5 TaBV 13/12, Rn. 42, DB 2012, 2814.
31 BAG 15.4.2014 – 1 ABR 2/13 (B), Rn. 32, BAGE 148, 26 = NZA 2014, 551: zustimmend: *Koch* in ErfK BetrVG § 25 Rn. 3; *Boemke* jurisPR-ArbR 33/2014 Anm. 1.
32 *Koch* in ErfK BetrVG § 25 Rn. 3.
33 Einzelheiten: *Düwell* in HaKo-BetrVG § 25 Rn. 7 ff.

oder nicht im Betrieb ist, oder weil sie auf einer **Dienstreise** ist. Zwar beinhaltet die Abwesenheit wegen **Urlaub**, Arbeitsunfähigkeit oder **Elternzeit** noch nicht zwingend, dass die Vertrauensperson an der Wahrnehmung ihrer Amtsgeschäfte gehindert ist. Die Rspr. geht jedoch zu Recht im Betriebsverfassungsrecht von dem Erfahrungssatz aus, ein Betriebsratsmitglied sei so lange als verhindert anzusehen, wie es dem Betriebsratsvorsitzenden nicht positiv angezeigt hat, dass es ungeachtet der Abwesenheitssituation seine Betriebsratstätigkeit durchführen möchte.[34] Ebenso ist vom BAG entschieden worden, auch wenn ein Betriebsratsmitglied während der Zeit des Mutterschutzes oder der Elternzeit berechtigt sei, an Sitzungen teilzunehmen, liege eine zeitweilige Verhinderung jedenfalls dann vor, wenn das wegen Mutterschutz oder Elternzeit abwesende Betriebsratsmitglied positiv angezeigt habe, es möchte während dieser Zeit keine Amtstätigkeit durchführen.[35] Demgegenüber ging für das Personalvertretungsrecht die Verwaltungsgerichtsbarkeit bislang davon aus, ein Personalratsmitglied verletze seine Amtspflicht, wenn es während des Erholungsurlaubs an der Personalratssitzung teilnehme.[36] Ein Personalratsmitglied dürfe während des ihm gewährten Erholungsurlaubs nicht an Personalratssitzungen teilnehmen.[37] In ausdrücklicher Abweichung von der in Bezug genommenen Rspr. des BAG zur Verhinderung nach § 25 Abs. 1 Satz 2 BetrVG[38] sei ein Personalratsmitglied nämlich nach § 31 Abs. 1 Satz 2 BPersVG aF dann an der Ausübung von Personalratstätigkeit objektiv verhindert und deshalb zwingend durch das zuständige Ersatzmitglied zu vertreten. Es stehe nicht in seinem Belieben sich für nicht verhindert zu erklären.[39] Diese widersprechende Ansicht haben Rspr. und Schrifttum zum BetrVG bislang nicht zur Kenntnis genommen. Sie muss jedoch bei der Auslegung des Begriffs der Verhinderung in § 177 Abs. 1 Satz 1 SGB IX berücksichtigt werden, weil die SBV sowohl ein Organ der Verfassung des Betriebs- als auch der der Dienststelle ist. Dabei ist die Ansicht des BAG vorzugswürdig. Diese erkennt nämlich zutreffend die Ausgestaltung des Mandats als Ehrenamt an. Wer Inhaber eines Ehrenamts ist, kann selbst entscheiden, ob auch im Fall des Urlaubs oder der sonstigen Freistellung ihm die unentgeltliche Ausübung des Ehrenamts zumutbar ist. Möglicherweise kann die Novellierung des BPersVG zu einer Annäherung zur betriebsverfassungsrechtlichen Rspr. führen; denn in § 36 Abs. 2 Satz 4 BPersVG nF ist eingeführt, dass ein Mitglied des Personalrats sich zu erklären hat, ob er an der Sitzungsteilnahme verhindert ist.

Die zur **Anzeige der Nichtverhinderung** von Betriebsratsmitgliedern aufgestellten Rechtssätze sind auf das Schwerbehindertenrecht übertragbar. Das heißt: Möchte die Vertrauensperson, trotz des Rechts, zB wegen krankheitsbedingter Arbeitsunfähigkeit der Arbeit fernzubleiben, seine Amtstätigkeit durchführen, so hat sie das dem Arbeitgeber, dem Betriebs- oder Personalratsvorsitzenden und dem Stellvertreter anzuzeigen. Tut sie es nicht, dürfen diese von einer Verhinderung ausgehen. Dazu bedarf es keiner Nachfragen. Die Erklärung, trotz Urlaubs weiterhin die Amtstätigkeit ausüben zu wollen, muss eindeutig sein. Die folgende im Original zitierte Erklärung hat die Rspr. als zu unklar angesehen: „Ich gehe ab heute für 14 Tage in den Urlaub, fahre aber nicht weg. Falls

---

34 BAG 27.9.2012 – 2 AZR 955/11, Rn. 19, NZA 2013, 425; BAG 8.9. 2011 – 2 AZR 388/10, Rn. 29, NZA 2012, 400; LAG Berlin 1.3.2005 – 7 TaBV 2220/04, Rn. 22, NZA-RR 2006, 32.
35 Zur Verhinderung im Sinne des § 25 Abs. 1 Satz 2 BetrVG: BAG 25.5.2005 – 7 ABR 45/04, AP Nr. 13 zu § 24 BetrVG 1972.
36 VG Köln 21.11.2014 – 33 K 6754/13.PVB, Rn. 19, ZfPR online 2015, Nr. 4, 21.
37 VG Köln 28.3.2014 – 33 K 5730/13.PVB, Rn. 19, ZfPR 2015, 43.
38 BAG 8.9. 2011 – 2 AZR 388/10, Rn. 29, NZA 2012, 400.
39 VG Köln 28.3.2014 – 33 K 5730/13.PVB, Rn. 20 f, ZfPR 2015, 43.

Du eine BR-Sitzung einberufst, musst Du mir die Einladungen nur auf meine private Mailadresse schicken (...). Sofern ich nicht weg bin an diesem Tag, würde ich zur Sitzung kommen, da es ja ein Ehrenamt ist." Das Gericht hat zu Recht darauf verwiesen, es müssten im Interesse der Praktikabilität und Rechtssicherheit strenge Anforderungen an eine positive Erklärung gestellt werden. Wenn sich ein Mitglied vorbehält, frei darüber zu entscheiden, ob es zu Betriebsratssitzungen oder sonstiger Betriebsratstätigkeit zur Verfügung steht oder nicht, kann diesen Anforderungen nicht genügt werden.[40] Liegt keine hinreichend klare positive Anzeige vor, das Amt trotz Freistellung wahrnehmen zu wollen, rückt analog § 177 Abs. 7 Satz 4 das erste stellvertretende Mitglied vorübergehend für die Zeit der Verhinderung nach. Der Übergang von dem passiv ruhenden Stellvertretermandat in das aktive Mandat als Vertrauensperson vollzieht sich automatisch. Die Vertretung beginnt mit der Arbeitsaufnahme des Stellvertreters an dem Tag, an dem die Vertrauensperson erstmals verhindert ist.[41] Es bedarf für die Wirksamkeit der aktiven Stellvertretung keiner Erklärung der Vertrauensperson an das stellvertretende Mitglied.[42] Insoweit unterscheidet sich der Vertretungsfall grundlegend vom Fall der Heranziehung nach § 178 Abs. 1 Satz 4 (→ § 178 Rn. 27). Die Stellvertretung hängt nicht davon ab, ob dem stellvertretenden Mitglied die Tatsache des Verhinderungsfalles bekannt wird.[43] Das BAG hat sowohl für die Stellvertretung eines Ersatzmitglieds des Betriebsrats nach § 25 Abs. 1 Satz 2 BetrVG als auch eines Mitglieds des Personalrats nach des § 33 Abs. 1 Satz 2 BPersVG nF (entspricht dem bis 14.6.2021 geltenden § 31 Abs. 1 Satz 2 BPersVG aF) erkannt, es sei unerheblich, ob Angelegenheiten anfallen, die eine Beteiligung erfordern.[44] Es genüge die Möglichkeit, dass Aufgaben anfallen könnten.[45] Für die Stellvertretung der Vertrauensperson kann nichts anderes gelten, zumal die SNV sich im Unterschied zum Betriebsrat für die schwerbehinderten Menschen ständig beratend und helfend bereit halten muss, → § 178 Rn. 16 ff.

Unbeachtet ist von Rspr. und Schrifttum bislang ein bayerisches Sonderproblem geblieben. Nach Art. 40 Abs. 2 Hs 2 BayPVG hat die Vertrauensperson bei Personalratssitzungen kraft Landesgesetz ein Stimmrecht. Wird die verwaltungsgerichtliche Rspr. angewandt, dürfte der Personalratsvorsitzende, dem die Prüfung der Abstimmungsberechtigung obliegt, eine Vertrauensperson, die angezeigt hat, trotz Urlaubs an der Sitzung teilnehmen zu wollen, ausschließen.[46] Da er jedoch nicht die der SBV obliegende Entscheidung überprüfen darf, wer für die SBV das Teilnahmerecht aus der bundesgesetzlichen Vorschrift § 178 Abs. 4 Satz 1 SGB IX wahrnimmt, müsste er die für den Urlaub freigestellte Vertrauensperson zur beratenden Teilnahme einladen. Hier zeigt sich, wie nötig die Vereinheitlichung der Rspr. der Gerichte für Arbeitssachen und der Verwaltungsgerichte zur Verhinderung an der Ehrenamtsausübung während des Urlaubs ist.

Ist die Vertrauensperson zwar im Betrieb anwesend, kann aber dennoch ein **Verhinderungsfall** gegeben sein. Das ist zB dann der Fall, wenn die Vertrauens-

---

40 HessLAG 20.6. 2018 – 6 Sa 1551/17, juris Rn. 29.
41 BAG 17.1.1979 – 5 AZR 891/77, Rn. 16, DB 1979, 1136.
42 BAG 17.1.1979 – 5 AZR 891/77, Rn. 16, DB 1979, 1136.
43 BAG 8.9.2011 – 2 AZR 388/10, Rn. 34, NZA 2012, 400.
44 Für den Betriebsrat: BAG 8.9.2011 – 2 AZR 388/10, Rn. 35, NZA 2012, 400; für den Personalrat: BAG 5.9.1986 – 7 AZR 175/85, Rn. 22, BAGE 53, 23 = Behindertenrecht 1988, 22.
45 So überzeugend für die Stellvertretung im Betriebsrat *Koch* in ErfK, 11. Aufl. 2011, BetrVG § 25 Rn. 8.
46 VG Köln 21.11.2014 – 33 K 6754/13.PVB, Rn. 19, ZfPR online 2015, Nr. 4, 21.

person an einer Sitzung des Betriebsrats teilnimmt und zur gleichen Zeit die monatliche Sprechstunde ansteht. Dann ist die Vertrauensperson an der Abhaltung der Sprechstunde verhindert und wird durch das stellvertretende Mitglied vertreten. Das war in der bis zum 29.12.2016 geltenden Fassung der Vorgängervorschrift § 94 Abs. 1 Satz 1 ausdrücklich durch die Angabe des Verhinderungsgrundes „**Wahrnehmung anderer Aufgaben**" klargestellt. Art. 2 BTHG hat in der bis zum 31.12.2017 geltenden Fassung diese Wörter gestrichen. Diese Änderung ist in Art. 1 BTHG übernommen worden. Ziel der Streichung war, eine unerwünschte Auslegung zu korrigieren, die eine **Befangenheit** als Verhinderungsgrund ausschloss. Das BAG hatte 2013 wegen der fehlenden Entscheidungsbefugnis der SBV erkannt: „Erwägungen der Gesetzessystematik (sprechen) gegen eine ‚Befangenheit der Schwerbehindertenvertretung im Rechtssinn'".[47] Das war zutreffend.[48] Befangen kann nämlich nur sein, wer in eigener Sache entscheidet.[49] Da die Vertrauensperson keine Entscheidungen zu treffen hat, konnte das BAG im Streitfall den Einwand eines Arbeitgebers zurückweisen, er sei von seiner Verpflichtung entbunden, die Vertrauensperson über den Eingang von Bewerbungen schwerbehinderter Menschen zu unterrichten, weil er sich selbst beworben habe. Der Gesetzgeber sah wegen der Auslegung des BAG eine noch zu füllende Gesetzeslücke.[50] Er schuf deshalb eine umfassenden Verhinderungstatbestand, der bewusst auch die **unmittelbare und direkte Betroffenheit** der Vertrauensperson als Verhinderungsgrund einschließen soll.[51] Damit ist seit dem 30.12.2016 die Auslegung des BAG, die zur Nichtberücksichtigung der Besorgnis der Befangenheit führte, nicht mehr zulässig.[52] Folglich wird die Vertrauensperson auch in den Fällen, in denen sie individuell und unmittelbar betroffen ist und damit „befangen" sein könnte, durch ein stellvertretendes Mitglied vertreten.[53]

Kommt es zu **Terminkollisionen**, obliegt der Vertrauensperson die Entscheidung darüber, welchen Termin sie persönlich wahrnehmen und für welchen sie sich verhindert erklären will. Dies ist zwar gesetzlich nicht festgehalten, jedoch muss sie diese Entscheidungsfreiheit haben. Die Rspr. weist zu Recht darauf hin, dass dann, wenn die Vertrauensperson schon bei der Frage der Heranziehung von ständig zu übertragenden Aufgaben entscheidungsbefugt sei, sie erst recht bei Fragen der Terminkoordinierung die Entscheidungshoheit haben muss.[54]

Neue Rechtsfragen werden durch das **Duale Studium** aufgeworfen: Ist eine Vertrauensperson die im Rahmen des Dualen Studiums beschäftigt wird, verhindert, wenn sie für den Hochschulabschluss Prüfungen ablegt oder ihre Masterarbeit erstellt? Ist wegen dieser Prüfungssituation der Vertrauensperson die Wahrnehmung des Amts subjektiv unzumutbar, hat sie dies dem Arbeitgeber und dem stellvertretenden Mitgliedern der SBV mitzuteilen und die Dauer der vorübergehenden Verhinderung anzugeben. Das schließt nicht aus, dass

---

47 BAG 22.8.2013 – 8 AZR 574/12, Rn. 45, ZTR 2014, 175.
48 So *Düwell* jurisPR-ArbR 38/2016, Anm. 1.
49 So zum Grundsatz der Ausgeschlossenheit bei Betroffenheit in eigener Sache BAG 26.8.1981 – 7 AZR 550/79, AiB 1982, 32; BAG 3.8.1999 – 1 ABR 30/98 – zu B II 1 der Gründe BAGE 92, 162; BAG 10.11.2009 – 1 ABR 64/08, Rn. 22, BAG 24.4.2013 – 7 ABR 82/11, NZA 2013, 857.
50 So BR-Drs. 428/16, 322.
51 So BR-Drs. 428/16, 322.
52 Einzelheiten *Düwell/Beyer* Beschäftigte Rn. 50.
53 Einzelheiten: *Düwell* PersR 2018, Nr. 1, 8.
54 ArbG Hamburg 19.5.2016 – 12 BV 7/15, Rn. 61, ZBVR online 2016, Nr. 12, 24; zustimmend: *Ilbertz* ZfPR online 2016, Nr. 12, 27.

während der Zeit, die für die Erstellung der Masterarbeit von der Hochschule festgelegt ist, die Vertrauensperson ihr Amt ausübt; denn maßgebend ist die subjektive Unzumutbarkeit. So ist es zB durchaus zulässig, sich dahin zu erklären, die Amtsgeschäfte bis zu einem bestimmten Zeitpunkt wahrzunehmen, so dass erst für die letzten zwei Wochen der Masterarbeit der Verhinderungsfall eintritt.

Vertrauenspersonen, denen gekündigt wurde, sind an der Ausübung ihres Amtes verhindert.[55] Sie können durch einstweilige Verfügung die Fortsetzung ihrer Amtstätigkeit während des **Kündigungsrechtsstreits** erzwingen. Solange die Vertrauensperson ihr Recht nicht gerichtlich durchgesetzt hat, rückt das stellvertretende Mitglied nach.

Die Aufgaben der SBV nimmt regelmäßig die gewählte Vertrauensperson allein wahr. Im Fall der Verhinderung vertritt nach § 177 Abs. 1 Satz 1 SGB IX das stellvertretende Mitglied die Vertrauensperson im Falle dieser Verhinderung. Sind mehrere stellvertretende Mitglieder gewählt, so vertritt das mit der höchsten Stimmenzahl gewählte stellvertretende Mitglied. Umgangssprachlich wird dieses das **erste stellvertretende Mitglied** genannt. Ist kein weiteres stellvertretendes Mitglied gewählt oder zwar eines gewählt, aber dessen Amt inzwischen erloschen, weil es zB infolge Versetzung aus dem Betrieb ausgeschieden ist, so entfällt die Pflicht des Arbeitgebers zur Unterrichtung und Anhörung. Das zeigt, wie wichtig die Wahl einer ausreichenden Anzahl von stellvertretenden Mitgliedern ist.[56] Ist seinerseits das erste stellvertretende Mitglied verhindert, so kommt es zur Kettenvertretung, → § 178 Rn. 24.

Das stellvertretende Mitglied besitzt im Vertretungsfall nach § 179 Abs. 3 Satz 2 die gleiche **persönliche Rechtsstellung** wie die Vertrauensperson. Das entspricht dem zeitweiligen Nachrücken eines Ersatzmitglieds nach § 25 Abs. 1 Satz 2 BetrVG. Stellvertretende Mitglieder können jedoch im Unterschied zum Ersatzmitglied auch im Fall der Heranziehung iSv § 178 Abs. 1 Satz 3 und 4 die Rechtsstellung eines aktiven Amtsträgers erlangen.

Ist die Vertrauensperson nach Maßgabe des § 177 Abs. 1 Satz 1 verhindert, so wird das der SBV nach § 178 Abs. 4 zustehende **Teilnahme- und Antragsrecht** von dem stellvertretenden Mitglied wahrgenommen, das zur Vertretung der Vertrauensperson berufen ist. Da die SBV nach § 178 Abs. 4 Satz 1 nur zur Teilnahme an den Sitzungen des Betriebs- und Personalrats sowie an denen des Arbeitsschutzausschusses iSv § 11 Arbeitssicherheitsgesetz berechtigt, aber nicht zur Teilnahme verpflichtet ist, gibt es für die Vertrauensperson anders als für Betriebsratsmitglieder keine vorrangige Pflicht, an diesen Sitzungen teilzunehmen. Deshalb darf sich die Vertrauensperson mit dem im Verhinderungsfall vertretungsberechtigten Stellvertreter oder einem herangezogenen stellvertretenden Mitglied abstimmen, wer die Sitzung besucht oder wer zeitgleich zu erfüllende andere Aufgaben wahrnimmt. Zeigt die Vertrauensperson das Ergebnis dieser internen Abstimmung dem Vorsitzenden des Betriebs- oder Personalrats bzw. dem für die Einberufung des Arbeitsschutzausschusses iSv § 11 Arbeitssicherheitsgesetz zuständigen Arbeitgeber an, so sind diese daran gebunden.

Nachrücken: Scheidet die Vertrauensperson vorzeitig aus dem Amt aus 8 (→ Rn. 100), **rückt** das mit der höchsten Stimmenzahl gewählte, erste stellvertretende Mitglied für den Rest der Amtszeit gemäß § 177 Abs. 7 Satz 4 SGB IX **nach** (→ Rn. 106). Das stellvertretende Mitglied wird dann Vertrauensperson. Da nach Abs. 1 Satz 1 in einem gesonderten Wahlgang eine bestimmte Zahl von

---

55 LAG Köln 6.9.2010 – 5 TaBVGa 7/10, AE 2011, 130.
56 Einzelheiten: *Düwell* PersR 2018, Nr. 1, 8.

stellvertretenden Mitgliedern zu wählen sind, rückt ein bei der Wahl der Vertrauensperson unterlegener Mitbewerber nur dann nach, wenn er als stellvertretendes Mitglied gewählt worden ist. Das in § 25 Abs. 1 Satz 1 BetrVG für Ersatzmitglieder entwickelte Verfahren des Nachrückens kann nicht angewandt werden. Da die im vereinfachten Wahlverfahren die Wahlversammlung oder im förmlichen Wahlverfahren der Wahlvorstand die Zahl der Stellvertreter verbindlich bestimmt hat, findet bei vorzeitiger Beendigung der Amtszeit von stellvertretenden Mitgliedern das Nachrücken nur so lange statt, bis die für die Wahl bestimmte Zahl der stellvertretenden Mitglieder verbraucht ist. Die erfolglos an der Wahl der stellvertretenden Mitglieder teilgenommenen Wahlbewerber dürfen nicht nachrücken. Die Abweichung von der Regelung des Nachrückens in der Betriebsverfassung beruht darauf: Erstens wird schon zwischen der Bezeichnung Ersatzmitgliedschaft und stellvertretender Mitgliedschaft unterschieden. Dieser formale Benennungsunterschied spiegelt sich auch in der Bedeutung der stellvertretenden Mitgliedschaft im Verhältnis zur bloßen Ersatzmitgliedschaft wider; denn stellvertretende Mitglieder der SBV sind nicht nur auf die Nachrück- und Vertretungsfunktion beschränkt. Deshalb werden auch abweichend von der Betriebsratswahl die ordentlichen Mitglieder, das sind die Vertrauenspersonen, und die stellvertretenden Mitglieder nach § 177 Abs. 6 Satz 1 iVm § 9 Abs. 2 Satz 2 SchwbVWO, § 20 Abs. 2 Satz 2 SchwbVWO in getrennten Wahlgängen gewählt. Zweitens wird für die SBV-Wahlen die Zahl möglicher Nachrücker in § 177 Abs. 1 Satz 1 SGB IX iVm § 5 Abs. 1 Satz 2 Nr. 6 SchwbVWO, § 20 Abs. 2 Satz 1 SchwbVWO ausdrücklich auf die Zahl der gewählten Stellvertreter begrenzt. Aus diesen beiden Gründen ist mit dem Nachrücken des letzten gewählten stellvertretenden Mitglieds die Möglichkeit des Nachrückens erschöpft. In diesem Fall muss dann gemäß § 17 SchwbVWO wenigstens ein neues stellvertretendes Mitglied **nachgewählt** werden. Die Nachwahl ist auch sinnvoll, weil dann, wenn das mit der niedrigsten Stimmenzahl gewählte, also das letzte stellvertretende Mitglied nachgerückt ist und ein weiterer Fall des Ausscheidens aus dem Amt auftritt, **Neuwahlen** nach § 177 Abs. 5 Satz 2 Nr. 1 geboten sind.

4. Ersatzvertretung für vertretungslose Betriebe und Dienststellen

9 **Vertretungsebenen, Stufenvertretungen und Mandat bei fehlender SBV:** Ebenso wie für mehrere Betriebe eines Unternehmens ein Gesamtbetriebsrat errichtet wird, so wählen die SBVen der einzelnen Betriebe als Verhandlungspartner für die Unternehmensleitung nach § 180 Abs. 1 Satz 1 eine Gesamtschwerbehindertenvertretung. Ist für mehrere Unternehmen ein Konzernbetriebsrat errichtet, so wählen nach § 180 Abs. 2 die Gesamtschwerbehindertenvertretungen eine Konzernschwerbehindertenvertretung. Für den Geschäftsbereich mehrerer Dienststellen des öffentlichen Dienstes werden nach § 180 Abs. 1 Gesamtschwerbehindertenvertretungen und für den Geschäftsbereich mehrstufiger Verwaltungen nach § 180 Abs. 3 Bezirks- und Hauptschwerbehindertenvertretungen gewählt. Entsprechendes gilt nach § 180 Abs. 4 für die Gerichte eines Gerichtszweiges. Eine Besonderheit ist, dass die auf der höheren Vertretungsebene gewählte Gesamt- oder Konzernschwerbehindertenvertretung nach § 180 Abs. 6 Satz 1 und 2 nicht nur die gemeinsamen Interessen auf Unternehmens- und Konzernebene, sondern auch für **vertretungslose Betriebe** zuständig sind; denn sie haben auch die Interessen der schwerbehinderten Menschen in dem Betrieb oder in dem Unternehmen vertreten, in denen keine SBV gewählt worden ist. Gleiches gilt nach § 180 Abs. 6 Satz 2 für die Stufenvertretungen des öffentlichen Dienstes.

III. Wahlvorschriften
1. Feste Wahltermine (Abs. 5)

Regelmäßige Wahlen: Die regelmäßigen Wahlen zu den SBVen werden für alle Betriebe und Dienststellen in der Bundesrepublik gemäß § 177 Abs. 5 Satz 1 einheitlich **alle vier Jahre** vom 1. Oktober bis 30. November in einem einheitlichen Zeitkorridor durchgeführt. Die letzte Wahl hat 2018 stattgefunden, so dass die nächste Wahl im Oktober/November 2022 ansteht. Dieser Zeitraum ist auf die Wahlen zum Betriebsrat abgestimmt, die nach § 13 Abs. 1 BetrVG ebenfalls in vierjährigem Turnus in der Zeit vom 1. März bis 31. Mai desselben Jahres durchgeführt werden. Gleiches gilt jedoch nicht uneingeschränkt für die Personalvertretungen. Deren Amtszeit beträgt zwar in den Dienststellen des Bundes nach § 27 Abs. 1 BPersVG nF (entspricht dem bis 14.6.2021 geltenden § 26 Satz 1 BPersVG aF) und in den Ländern zumeist auch vier Jahre. Allerdings haben einige Länder wie Baden-Württemberg, Bayern, Sachsen und Sachsen-Anhalt auf eine fünfjährige Amtszeit umgestellt, so dass dort die Amtszeiten von SBV und Personalrat für längere Zeit auseinanderfallen und so die Möglichkeit der Personalunion zur Wahrnehmung von Mitgliedschaft im Personalrat und in der SBV erschwert ist.[57]

10

Wahlen außerhalb der regelmäßigen Wahlzeit: Außerhalb der gesetzlich festgelegten einheitlichen regelmäßigen Wahlzeit findet für einen Betrieb oder eine Dienststelle die Wahl zur SBV nur in den in § 177 Abs. 5 Satz 2 aufgeführten Fällen statt. Anlässe dafür sind nach der Aufzählung im Gesetz vorhanden, wenn

11

1. das Amt der Schwerbehindertenvertretung (SBV) vorzeitig erlischt, weil die Vertrauensperson ausgeschieden ist oder ihr Amt niedergelegt oder ihre Wählbarkeit verloren hat (§ 177 Abs. 7 Satz 2 → Rn. 104) und kein gewähltes stellvertretendes Mitglied mehr vorhanden ist, das nach § 177 Abs. 7 Satz 3 nachrücken (→ Rn. 106) kann,
2. die Wahl mit Erfolg angefochten worden ist (→ Rn. 88) oder
3. eine SBV entweder überhaupt noch nicht gewählt oder nach Ablauf der Amtszeit in der regelmäßigen Wahlzeit nicht erneut eine SBV gewählt worden ist.

Diese Regelung ist § 13 Abs. 2 Nr. 2, 4, 6 BetrVG nachgebildet, jedoch nicht vollständig übernommen worden. Der in der Praxis bedeutsamste Unterschied besteht darin, dass es zur Vermeidung von Neuwahlen, im Schwerbehindertenrecht die Möglichkeit der **Nachwahl** stellvertretender Mitglieder der SBV gibt. Diese Nachwahlmöglichkeit ergibt sich daraus, dass abweichend von der Regelung in § 25 Abs. 1 BetrVG kein **Nachrücken** von nichtgewählten Wahlbewerbern stattfindet. Während nach § 25 Abs. 2 BetrVG nichtgewählte Wahlbewerber als nachrückende **Ersatzmitglieder** gelten, ist das Nachrücken in § 177 Abs. 7 Satz 3 SGB IX anders geregelt. Nachrücken kann nur, wer als stellvertretendes Mitglied gewählt worden ist. Deshalb ist es so wichtig, dass bei der Festlegung der Anzahl der zu wählenden stellvertretenden Mitglieder eine ausreichende Anzahl festgelegt wird. Dabei ist auch vorausschauend zu berücksichtigen, ob im Laufe der Amtszeit Wahlbewerber altersbedingt oder aus anderen Gründen möglicherweise vorzeitig ausscheiden. Kommt es während der Amtszeit zum Nachrücken des einzigen gewählten stellvertretenden Mitglieds, so muss zur Vermeidung von Neuwahlen von der Vertrauensperson eine Nachwahl des stellvertretenden Mitglieds unverzüglich eingeleitet werden. Im förmlichen Verfahren (→ Rn. 57) ist dazu nach § 17 SchwbVWO ein Wahlvorstand

---
57 Weitere Einzelheiten: *Düwell*, Wahl der SBV, 2. Aufl. 2018, S. 21.

zu bestellen. Im vereinfachten Verfahren (→ Rn. 68) lädt die Vertrauensperson nach § 21 Satz 2 SchwbVWO zu einer Wahlversammlung ein. Nach beiden Wahlverfahren ist es zulässig, nicht nur den Ersatz für das ausgeschiedene „einzige" oder nachgerückte letzte stellvertretende Mitglied zu wählen, sondern auch den vorausgegangenen Fehler der zu geringen Festlegung der **Anzahl der stellvertretenden Mitglieder** zu korrigieren. Es entscheidet nach § 17 Satz 2 SchwbVWO der **Wahlvorstand**, ob die „Wahl eines oder mehrerer Stellvertreter für den Rest der Amtszeit" stattfindet. Es hat keine inhaltliche Bedeutung, dass der Verordnungsgeber anstelle des einschlägigen Rechtsbegriffs stellvertretende Mitglieder hier das Wort „**Stellvertreter**" benutzt hat. Es liegt nur ein redaktioneller Fehler vor. Dieser zeigt allerdings die mangelnde Sorgfalt auf, die der Verordnungsgeber aufgewandt hat, und kann als weiterer Beleg für den Überarbeitsbedarf (→ § 180 Rn. 16) angesehen werden. Ist das vereinfachten Wahlverfahren anzuwenden, so von der Vertrauensperson nach § 21 Satz 1 SchwbVWO „unverzüglich zur Wahlversammlung zur Wahl eines oder mehrerer stellvertretender Mitglieder" einzuladen. Hier beschließt nach § 20 Abs. 2 Satz 1 SchwbVWO die **Wahlversammlung**, „wie viele stellvertretende Mitglieder zu wählen sind".

12 **Anschlussgebot:** Die außerhalb des einheitlichen Wahlzeitraums stattfindenden Wahlen sind „Zwischenwahlen".[58] Sie müssen wieder den Anschluss an den nächsten oder übernächsten Zeitraum der regelmäßigen Wahlen gewährleisten. Das führt gemäß Abs. 5 Satz 3, 4 regelmäßig zu einer **verkürzten Amtszeit**. Nur ausnahmsweise führt dieses Anschlussgebot zu einer **verlängerten Amtsperiode**. Das ist dann der Fall, wenn die außerplanmäßige Wahl zum Beginn der einheitlichen Wahlzeit noch nicht ein Jahr betragen hat.[59] In diesen Fällen kann sich die Amtszeit also ausnahmsweise auf über vier Jahre verlängern. Wenn außerhalb der Regelwahlzeit nach dem 30.11.2018 so spät gewählt worden ist, dass der Zeitraum bis zum nächsten Regelwahl am 1.10.2022 weniger als ein Jahr beträgt, dann endet die Amtszeit nicht mit Ablauf von vier Jahren, sondern verlängert sich nach § 177 Abs. 5 Satz 3 iVm Satz 4 bis zur übernächsten Regelwahl. Die verlängerte Amtszeit endet mit der Bekanntgabe des Wahlergebnisses der übernächsten Regelwahl, spätestens jedoch mit Ablauf des letzten Tags des Wahlzeitraums. Die Amtszeit der neuen SBV beginnt erst mit der Bekanntmachung des Wahlergebnisses, vgl. § 177 Abs. 7 Satz 2. Deshalb kann es zu Kontinuitätslücken in der Vertretung kommen.

Beispiel für Verlängerung der Amtszeit: Die SBV wurde außerplanmäßig wegen Entstehens eines neuen Betriebs im Mai 2018 gewählt. Ihre Amtszeit bestand bei Beginn der regelmäßigen Wahlen am 1.10.2018 noch nicht ein Jahr. Die verlängerte Amtszeit endet mit der Bekanntgabe des Wahlergebnisses der übernächsten regelmäßigen Neuwahlen im Jahre 2022, spätestens aber mit Ablauf des 30.11.2022.

Beispiel für Verkürzung der Amtszeit: Die SBV wurde außerplanmäßig wegen Ausscheiden der Vertrauensperson und aller stellvertretenden Mitglieder im August 2020 gewählt. Ihre gekürzte Amtszeit endet mit der Bekanntgabe des Ergebnisses der regelmäßigen Neuwahlen im Jahre 2022, spätestens aber mit Ablauf des 30.11.2022.

---

58 Vgl. *Knittel* SGB IX § 94 Rn. 74.
59 *Knittel*, 11. Aufl. 2017, SGB IX § 94 Rn. 77; *Müller-Wenner/Schorn* SGB IX § 94 Rn. 27.

2. Aktives Wahlrecht (Abs. 2)

Wahlberechtigung: Die in § 177 Abs. 2 SGB IX definierte Wahlberechtigung 13
setzt zwei Eigenschaften voraus:
1. die **Eigenschaft schwerbehinderter Mensch** im Sinne von § 2 Abs. 2 iVm § 152 Abs. 1 oder dem schwerbehinderten Menschen im Sinne von § 2 Abs. 3 iVm § 151 Abs. 2 **gleichgestellt** und
2. die Eigenschaft im Betrieb oder in der Dienststelle **beschäftigter** Mensch.

Stichworte in der Reihenfolge A-Z zur Klärung der Wahlberechtigung

> **Abgeordnet zur Beschäftigung**
> Unter **Abordnung** ist der vorübergehende Übertragung einer dem Amt der Beamtin oder des Beamten entsprechenden Tätigkeit bei einer anderen Dienststelle (Abordnungsbehörde) desselben oder eines anderen Dienstherrn unter Beibehaltung der Zugehörigkeit zur bisherigen Dienststelle (Stammbehörde) zu verstehen. Für Bundesbeamte ist die Rechtsgrundlage § 27 BBG, für Richter § 37 DRiG und für Landesbeamte § 14 Beamtenstatusgesetz. Analog zum Beamtenrecht können öffentliche Arbeitnehmer nach § 4 Abs. 1 des Tarifvertrags für den öffentlichen Dienst im Bund (TVöD) und der gleichlautenden Bestimmung für die Länder (§ 4 Abs. 1 TvL) abgeordnet werden. Hinsichtlich des Wahlrechts schwerbehinderter Menschen, die von ihrer Stammdienststelle zu einer anderen Dienststelle des öffentlichen Dienstherrn **abgeordnet** werden, wird bisweilen behauptet, sie seien nicht bei der anderen Dienststelle (Abordnungsbehörde) sondern ausschließlich bei ihrer Stammdienststelle wahlberechtigt. Es bestünde nämlich hinsichtlich der Frage, wer als Beschäftigter im Sinne von § 177 Abs. 2 SGB IX gelte, eine Regelungslücke, die durch die Anwendung des Personalvertretungsrechts geschlossen werden müsse.[60] Das führte nach der bis 14.6.2021 geltenden Regelung zur Wahlberechtigung bei Abordnung in § 13 Abs. 2 Satz 1 BPersVG aF zu einem Ausschluss der Wahlberechtigung, wenn die Abordnung noch keine drei Monate gedauert hat. In der Neufassung der Vorschrift in dem seit 15.6.2021 geltenden § 14 Abs. 2 Satz 1 BPersVG nF ist es bei der Dreimonatsvoraussetzung geblieben. In § 12 Abs. 2 PersVG Berlin hat der Landesgesetzgeber den völligen Ausschluss von der Wahlberechtigung bestimmt: „Abgeordnete Dienstkräfte, Beamte im Vorbereitungsdienst und Dienstkräfte in entsprechender Ausbildung sind nur bei ihrer Stammbehörde wahlberechtigt." In entsprechender Anwendung des Personalvertretungsrechts wird auch die Wahlberechtigung zu Schwerbehindertenvertretung ausgeschlossen[61] oder eine abgeordnete Dienstkraft erst dann als wahlberechtigt angesehen, wenn sie die für die Wahlberechtigung zu Personalratswahlen erforderliche

---

60 So Verlautbarung des Leiters des Integrationsamts Berlin vom 22.12.2017, auszugsweise wiedergegeben im Rundschreiben der Behörden, Gerichte und nichtrechtsfähigen Anstalten des Landes Berlin Nr. 2–2018.
61 So Verlautbarung des Leiters des Integrationsamts Berlin vom 22.12.2017, auszugsweise wiedergegeben im Rundschreiben der Hauptschwerbehindertenvertretung für die Behörden, Gerichte und nichtrechtsfähigen Anstalten des Landes Berlin Nr. 2–2018.

Mindestbeschäftigungszeit zurückgelegt hat.[62] Beide Auffassungen sind unzutreffend.[63] Die personalvertretungsrechtlichen Bestimmungen sind nicht anwendbar. Zwar hat der Leiter des Integrationsamts Berlin in einem Schreiben vom 22.12.2017[64] den Ausschluss aller abgeordneten schwerbehinderten Beschäftigten so begründet: „Da eine ausdrückliche Regelung im Wahlrecht für die SBV fehlt, ist der Rückgriff auf die parallele Regelung des Personalvertretungsrechts zwingend." Aber der Analogieschluss ist unzulässig. Für ihn müssen eine planwidrige Unvollständigkeit des Gesetzes und eine vergleichbare Interessenlage vorliegen.[65] In § 177 Abs. 2 und 4 SGB IX hat der Bundesgesetzgeber das Recht der Wahlberechtigung zur SBV jedoch abschließend geregelt. Danach darf auch wählen, wer unmittelbar vor der Wahl die Beschäftigung aufgenommen hat.[66] Weiter verweist § 177 Abs. 6 Satz 2 SGB IX nur auf die Vorschriften „über die Wahlanfechtung, den Wahlschutz und die Wahlkosten bei der Wahl des Betriebs-, Personal-, Richter-, Staatsanwalts- oder Präsidialrates". Diese Verweisung stellt ihren beschränkten Geltungsumfang ausdrücklich durch die Formulierung „im Übrigen" klar. Schon deshalb scheidet eine Übernahme der personalvertretungsrechtlichen Regeln zur Wahlberechtigung aus.[67] Der Gesetzgeber hat sich in § 170 Abs. 1 Satz 2 SGB IX zudem auf die Regelung beschränkt, für die Ausfüllung der Begriffe Betrieb und Dienststelle das BetrVG und das Personalvertretungsrecht als maßgebend zu bestimmen. Weitere Maßgaben, insbesondere wie das Adjektiv „beschäftigt" in § 177 Abs. 2 SGB IX zu verstehen sein soll, fehlen. Das Schweigen des Gesetzgebers ist hier beredt. Der Begriff der Beschäftigung in § 177 Abs. 2 SGB IX stellt allein auf die rechtliche Verpflichtung ab, in der Dienststelle oder im Betrieb nach Weisung der Leitung zu erbringende Arbeit zu leisten.[68] Diese gegenüber dem Personalvertretungsrecht eigenständige Wahlberechtigung zur SBV entsteht bereits mit der Aufnahme des Dienstes bei der Dienststelle, zu der abgeordnet worden ist. Das ist vom Gesetzgeber des SGB IX bewusst und gewollt so geregelt worden; denn bei der Einführung des SGB IX hat der Bundesgesetzgeber in Art. 54 Nr. 1[69] die entsprechenden Ausführungsbestimmungen selbst getroffen. So hat er in § 4 Abs. 3 Satz 2 SchwbVWO die Ergänzung der Liste der Wahlberechtigten „bei Eintritt" eines Wahlberechtigten bis zum Tage vor Beginn der Stimm-

---

62 In diese Richtung deutend: *Adlhoch* in Ernst/Adlhoch/Seel SGB IX § 94 Rn. 44, so im Ergebnis auch BIH (Hrsg.), ZB Spezial SBV Wahl 2014, 10. Aufl. S. 13/14, unter Verweis in Endnote 30 a auf Ernst/Adlhoch/Seel SGB IX § 94 Rn. 25.
63 Ausführlich: *Düwell*, Personalvertretungsrecht im Widerstreit zum SGB IX – Die Wahlberechtigung abgeordneter, zugewiesener und abkommandierter schwerbehinderter Menschen, ZTR 2019, 539 ff.
64 So Verlautbarung des Leiters des Integrationsamts Berlin vom 22.12.2017, auszugsweise wiedergegeben im Rundschreiben der Hauptschwerbehindertenvertretung für die Behörden, Gerichte und nichtrechtsfähigen Anstalten des Landes Berlin Nr. 2–2018.
65 Vgl. zu den Voraussetzungen einer Analogie: BGH 13.5.2018 – II ZR 158/16, Rn. 31 ff., BGHZ 218, 80; BGH 28.5.2008 – VIII ZR 126/07, Rn. 7 ff., NJW 2008, 2257.
66 *Esser/Isenhardt* in jurisPK-SGB IX § 177 Rn. 18; *Pahlen* in Neumann/Pahlen/Greiner/Winkler/Jabben SGB IX § 177 Rn. 23; *Knittel* SGB IX § 94 Rn. 37; *Sieg* NZA 2002, 1064 (1065).
67 *Düwell*, Wahl der SBV, Handbuch mit Formularen zu den Wahlen 2018/2019, 2018, S. 57.
68 *Sachadae*, Wahl der SchwbV, 2013, S. 129 ff., 171.
69 BGBl. 2001 I 1046.

abgabe zugelassen. Das bedeutet: Es wird für die Wahlberechtigung auf den Beginn der Arbeitsaufnahme bei der Dienststelle abgestellt, zu der schwerbehinderte Mensch abgeordnet ist. Der hier vertretenen Ansicht hat sich im Ergebnis auch die arbeitsgerichtliche Rechtsprechung angeschlossen. Sie weist abschließend darauf hin: „Zudem ist es nicht möglich, durch ein Landesgesetz die Anordnungen eines Bundesgesetzes außer Kraft zu setzen, wie dies widrigenfalls hier im Verhältnis zwischen dem PersVG Berlin und dem SGB IX geschähe".[70]

Außendienst, Telearbeit, Homeoffice
Angesichts der Zunahme **mobilen Arbeitens** gewinnt die Rechtsfrage an Bedeutung, ob ein stationärer Arbeitsort **im Betrieb** oder in der Dienststelle zwingende Voraussetzung für die Erfüllung des Adjektivs „beschäftigt" für die Wahlberechtigung nach § 177 Abs. 2 SGB IX ist. In § 5 Abs. 1 Satz 1 BetrVG ist klargestellt, dass auch Außendienstmitarbeiter und Telearbeiter, dem Betrieb angehören. Dort ist nicht nur für das BetrVG sondern allgemein klargestellt, dass auch diejenigen Beschäftigte des Betriebes oder der Dienststelle sind, deren Arbeitsplätze sich nicht innerhalb einer stationären Betriebsstätte befinden. Insofern kommt es nicht darauf an, wo sich der Arbeitsplatz befindet. Entscheidend ist die Eingliederung in die zur Verfolgung der betrieblichen Zwecke aufgebaute arbeitsteilige Organisation (Verknüpfung der Wertschöpfungsfaktoren). Ist schon deshalb eine eng auf den Wortlaut „im Betrieb (...) beschäftigt" abstellende Auffassung[71] überholt, so bereitet auch die Einordnung der im Homeoffice beschäftigten Arbeitnehmer, Beamten, Richter und Staatsanwälte als „im Betrieb oder in der Dienststelle beschäftigt" keine Schwierigkeiten. Zur Vermeidung von Missverständnissen ist darauf hinzuweisen, dass die deutsche Übersetzung von Homeoffice als Heimarbeitsplatz dazu verleitet, diejenigen, die von zu Hause für den Betrieb arbeiten, als Heimarbeitnehmer anzusehen. Dem ist jedoch nicht so (siehe Stichwort Heimarbeiter).

Auszubildende und andere zur beruflichen Bildung Eingestellte
Nach § 156 Abs. 1 SGB IX gelten **Auszubildende** und andere **zur beruflichen Bildung Eingestellte** als Beschäftigte, weil sie fremdbestimmt in persönlicher Abhängigkeit im Rahmen der Ausbildung arbeitend tätig sein müssen. Das entspricht auch der Rechtslage zu den Betriebs- und Personalratswahlen nach § 5 Abs. 1 BetrVG, § 4 Abs. 1 Nr. 5 BPersVG nF. Erfasst werden in erster Linie die Personen, die zur Berufsausbildung nach § 10 BBiG mit einem Berufsausbildungsvertrag eingestellt sind. Der Kreis der zur Berufsbildung Eingestellten ist jedoch entsprechend § 1 Abs. 1 BBiG weiterzuziehen. Ihm sind auch die Teilnehmer an Maßnahmen der Berufsausbildungsvorbereitung, beruflichen Fortbildung und beruflichen Umschulung zuzuordnen, soweit die Maßnahmen in Betrieben oder Dienststellen durchgeführt werden. Somit sind auch die Teilnehmer an nach dem SGB III förderungsfähigen berufsvorbereitenden Bildungsmaßnahmen Beschäfte. Gleichfalls sind **Volontäre** zur beruflichen Bildung eingestellte Beschäftigte, da sie zum Erwerb von beruflichen Fertigkeiten, Kenntnissen, Fähigkeiten oder Erfahrungen fremdbestimmt in persönlicher Abhängigkeit arbeiten müssen (§ 26 BBiG).[72] Ist ein Praktikum Bestandteil einer außerschulischen Ausbildung, sind auch die Praktikanten wie Auszubildende zu

---

70 ArbG Berlin 6.11.2019 – 60 BV 15435/18, juris Rn. 22.
71 So *Pahlen* in Neumann/Pahlen/Greiner/Winkler/Jabben SGB IX § 177 Rn. 4.
72 *Martini/Thomas* AiB 2010, 571 (573).

behandeln. Gleiches gilt für Teilnehmer an einer Umschulung (**Umschüler**) nach § 58 BBiG, wenn die Umschulung in Rahmen des dualen Systems in einem Ausbildungsbetrieb absolviert wird. Zu den zur Berufsbildung Eingestellten zählen weiterhin auch **Trainees** und **Referendare**. Diese Personengruppen zählen sämtlich zu den Wahlberechtigten im Sinne von § 177 Abs. 2 SGB IX.

Beschäftigung im Arbeitsverhältnis

Wer in einem **Arbeitsverhältnis** zum Betriebsinhaber oder dem öffentlichen Arbeitgeber steht, wird auf einem Arbeitsplatz iSv § 156 Abs. 1 SGB IX „beschäftigt". Der dort verwandte Beschäftigungsbegriff dient vor allem der Berechnung der Mindestzahl von Arbeitsplätzen und der Pflichtarbeitsplatz. Er bezeichnet jedoch zugleich das Recht der Mindestbeschäftigung übergreifend die Arbeitnehmer und Beamten (dazu Einzelheiten in den Stichworten Beamte, Staatsanwälte, Richter und Soldaten) als Hauptgruppen der Beschäftigten im Sinne der Vorschriften des Teils 3 des SGB IX. Es besteht allgemeine Übereinstimmung, dass in jedem Fall ein Mensch, der in einem Arbeitsverhältnis zum Betriebsinhaber („im Betrieb") oder in einem öffentlich-rechtlichen Dienstverhältnis zum Träger der Dienststelle („in der Dienststelle") steht und von dem noch eine aktive Tätigkeit zu erwarten ist, als schwerbehinderter Beschäftigter wahlberechtigt ist. Das schließt jedoch nicht aus, dass auch Menschen, die nicht in einem derartigen Rechtsverhältnis zum Betriebsinhaber oder Dienststellenleiter stehen, nicht auch wahlberechtigte Beschäftigte sein können. Dazu: vgl. Stichwort Abgeordnet zur Beschäftigung.

Durch die Novellierung des BPersVG vom 14.6.2021 ist in § 14 BPersVG nF mit Wirkung vom 15.6.2021 der bislang nach § 13 Abs. 1 Satz 2 BPersVG geltende Ausschluss des aktiven Wahlrechts bei Beschäftigten, die am Wahltag seit **mehr als sechs Monaten** unter Fortfall der Bezüge **beurlaubt** sind, abgeändert worden. Der Schwellenwert ist auf **mehr als zwölf Monate** ausgeweitet. Die Beschränkung auf sechs Monate erweise sich angesichts der zunehmenden Flexibilisierung von Arbeitszeiten und den hierdurch ausgeweiteten Möglichkeiten längerer dienstlicher Abwesenheiten nicht mehr als zeitgemäß. Die Begründung im Gesetzentwurf verwies dazu auf die für die Elternzeit nach den §§ 13 ff. des Bundeselterngeld- und Elternzeitgesetzes oder den §§ 6 ff. der Mutterschutz- und Elternzeitverordnung, auf die familienbedingte Beurlaubung i. S. d. § 92 Abs. 1 Nr. 2 BBG, auf die Beurlaubung ohne Besoldung nach i. S. d. § 95 BBG, auf den Sonderurlaub zur Ableistung von Freiwilligendiensten nach § 13 SUrlV sowie auf den Sonderurlaub nach § 28 TVöD.[73] Da § 177 Abs. 2 SGB IX eine eigenständige Definition der Wahlberechtigung trifft, schlägt diese Änderung des BPersVG auf die Wahlberechtigung zur SBV-Wahl nicht durch. Anderes gilt für die Wählbarkeit → Rn. 19.

Beschäftigung im geförderten Arbeitsverhältnis

Nach § 46 Abs. 1 SGB III können Arbeitgebern von der Bundesagentur für Arbeit (BA) die Kosten für eine befristete Probebeschäftigung behinderter, schwerbehinderter und ihnen gleichgestellter Menschen bis zu einer Dauer von drei Monaten erstattet werden, wenn dadurch die Möglichkeit einer Teilhabe am Arbeitsleben verbessert wird oder eine vollständige und dauerhafte Teilhabe am Arbeitsleben zu erreichen ist. Voraussetzung ist der Abschluss eines befristeten

---

[73] BT-Drs. 19/26820, 87.

Probearbeitsvertrags.[74] Art. 1 Nr. 4 des Zehnten Gesetzes zur Änderung des Zweiten Buches Sozialgesetzbuch – Schaffung neuer Teilhabechancen für Langzeitarbeitslose auf dem allgemeinen und sozialen Arbeitsmarkt (Teilhabechancengesetz – 10. SGB II-ÄndG) hat in § 16 i SGB II mit Wirkung vom 1.1.2019 eine neue Förderungsmöglichkeit geschaffen. Ziel des Gesetzgebers ist es, 150.000 Langzeitarbeitslose, unter denen überproportional schwerbehinderte Menschen sind, in ein Arbeitsverhältnis zu vermitteln. Dazu können Arbeitgeber für die Beschäftigung von der BA zugewiesenen erwerbsfähigen Leistungsberechtigten Zuschüsse zum Arbeitsentgelt erhalten, wenn sie mit einer erwerbsfähigen leistungsberechtigten Person ein Arbeitsverhältnis begründen. Voraussetzung ist, dass die zuzuweisende Person für insgesamt mindestens sechs Jahre innerhalb der letzten sieben Jahre Leistungen zur Sicherung des Lebensunterhalts nach dem SGB II erhalten hat. Das diese Art der Förderung sowohl nach § 46 Abs. 1 SGB III als auch nach § 16 i SGB II die Begründung eines Arbeitsverhältnisses voraussetzt, sind diese so geförderten schwerbehinderten Menschen vom ersten Tag der Aufnahme der Arbeit an „im Betrieb Beschäftigte" und damit wahlberechtigt.

Beschäftigung ohne Arbeitsverhältnis
Nach § 177 Abs. 2 sind **sämtliche** im Betrieb oder einer Dienststelle **beschäftigten** schwerbehinderten und denen gleichgestellten Menschen im Sinne von § 151 Abs. 3. wahlberechtigt. Das hat auch der Siebte Senat zu der bis zum 31.12.2017 geltenden Fassung des SGB IX erkannt: „Die Stellung als ‚Beschäftigter' iSv § 94 Abs. 3 Satz 1 SGB IX setzt kein Arbeitsverhältnis zum Betriebsinhaber voraus. Das ergibt sich schon aus dem Gesetzeswortlaut. Anders als § 5 BetrVG knüpft § 94 Abs. 3 SGB IX nicht an den Arbeitnehmerbegriff, sondern an den Begriff des ‚Beschäftigten' und damit an die Beschäftigung an."[75] Somit ist die Reichweite des Begriffs der Beschäftigung maßgebend. Nach der umfassenden historischen und teleologischen Untersuchung von *Sachadae* ist Beschäftigter, wer aufgrund einer rechtlichen Verpflichtung, die durch ein freiwillig eingegangenes Rechtsverhältnis („Sonderstatusverhältnis") begründet ist, fremdbestimmte Arbeitsleistungen in persönlicher Abhängigkeit erbringt.[76] § 611 a Abs. 1 Satz 1 BGB definiert: „Durch den Arbeitsvertrag wird der Arbeitnehmer im Dienste eines anderen zur Leistung weisungsgebundener, fremdbestimmter Arbeit in persönlicher Abhängigkeit verpflichtet." Damit sind in zwar in erster Linie Arbeitnehmer Beschäftigte iSv § 177 Abs. 2 SGB X, aber der Kreis der Wahlberechtigten ist weiter gefasst; denn nicht nur Arbeitnehmer erbringen fremdbestimmte Arbeit in persönlicher Abhängigkeit. Eine Beschäftigung liegt auch für Nichtarbeitnehmer vor, soweit und solange diese aufgrund einer freiwillig eingegangenen rechtlichen Verpflichtung weisungsgebundene Arbeit verrichten.[77] Auf der Höhe der Zeit ist der Landesgesetzgeber in BW. Er hat dort in § 4 Abs. 1 LPVG[78] bestimmt: „Beschäftigte im Sinne dieses Gesetzes sind Personen, die 1. weisungsgebunden in die Arbeitsorganisation der Dienststelle eingegliedert und innerhalb dieser tätig sind (…), 2. sich in der Ausbildung für

---

74 *Voelzke* in jurisPK-SGB III § 46 Rn. 64.
75 BAG 25.10.2017 – 7 ABR 2/16, Rn. 20 f., NZA 2018, 252; grundlegend dazu: *Sachadae*, Wahl der SchwbV, 2013, S. 171.
76 *Sachadae*, Wahl der SchwbV, 2013, S. 149 ff., 171.
77 Überzeugend: *Sachadae*, Wahl der SchwbV, 2013, S. 154–172.
78 Letzte Änderung durch Artikel 1 des G v. 3.12.2013 (GBl., 329).

eine Beamtenlaufbahn oder in sonstiger beruflicher Ausbildung befinden, unabhängig davon, ob sie in einem Dienst-, Arbeits- oder Ausbildungsverhältnis mit einer juristischen Person nach § 1 stehen."

Betriebsintegrierte Beschäftigung

Einen Sonderfall der Werkstattbeschäftigung liegt bei der sogenannten „Betriebsintegrierten Beschäftigung" vor. Hier werden auf ausgelagerten Arbeitsplätzen die in den Betriebsablauf anderer Unternehmen eingegliederten Werkstattbeschäftigten tätig (vgl. § 219 Abs. 1 Satz 5 und 6 SGB IX). Sie müssen als im Betrieb des Vertragspartners der Werkstatt angesehen werden, wenn sie dort fremdbestimmt nach Weisung der Betriebsleitung in persönlicher Abhängigkeit tätig werden. Folglich muss ihnen das Wahlrecht zu der SBV des Beschäftigungsbetriebs zustehen.[79] Dieses Wahlrecht wird auch nicht dadurch ausgeschlossen, dass sie als von der Werkstatt „Ausgelagerte" auch zur Wahl des Werkstattrats berechtigt sind. Hier gelten die Grundsätze des Doppelwahlrechts und des Splittings der Zuständigkeiten zwischen Werkstattrat und SBV im Beschäftigungsbetrieb. Ob allerdings auf den ausgelagerten Arbeitsplätzen die Betriebsleitung die Arbeit im Sinne des § 106 GewO steuert, ist eine Tatfrage.[80]

Ein-Euro-Job

§ 16 d SGB II regelt die Verschaffung von Arbeitsgelegenheiten zur Eingliederung in Arbeit durch die Arbeitsagentur. Personen, denen in Betrieben oder Dienststellen „Arbeitsgelegenheiten" zugewiesen sind, stehen gemäß § 16 d Abs. 7 Satz 2 SGB nicht in einem Arbeitsvertrag. Dennoch sind sie bei Vorliegen einer Schwerbehinderung oder Gleichstellung im Betrieb oder in der Dienststelle wahlberechtigt, weil ihre Tätigkeit als „Beschäftigung" und ihre Arbeitsaufnahme als mitbestimmungspflichtige „Einstellung" angesehen wird.[81] Die früher als Perspektiv-Job bezeichnete Art der Arbeitsgelegenheit für Personen mit mehrfachen Vermittlungshemmnissen ist durch das Teilhabechancengesetz abgeschafft und durch geförderte Arbeitsverhältnisse ersetzt worden.

Elternzeit, Familienpflegezeit, Sabbatical

Wer Eltern- oder Pflegezeit in Anspruch nimmt, bleibt auch in der Zeit, in der die Hauptpflichten aus dem Arbeitsvertrag ruhen, wahlberechtigt. Diese Personen gelten als „im Betrieb beschäftigte Menschen" iSv § 177 Abs. 2, weil sie nach der Eltern- oder Pflegezeit ihre Beschäftigung wieder aufnehmen. Gleiches gilt für schwerbehinderte Arbeitnehmer, die sich in einem längeren unbezahlten Urlaub, zB Sabbatical, befinden. Diese sind ebenfalls nur vorübergehend nicht im Betrieb (weitere Einzelheiten zu Personen, deren Arbeitspflicht vorübergehend ruht, → Rn. 16).

---

79 Vgl. LAG München 28.5.2014 – 8 TaBV 34/12, ZBVR online 2014, Nr. 12, 35; *Adlhoch* Behindertenrecht 2017, 63; *Wendt* in GK-SGB IX § 136 Rn. 34; *Kohte* mwN unter www.tinyurl.com/Kohte-DVfR-B17-2014; *Esser/Isenhardt* in jurisPK-SGB IX § 177 Rn. 12.
80 Auf diese Schwachstelle der Entscheidung des LAG München weist in seiner Besprechung hin *Sachadae*, (Keine) Wahlberechtigung von Fremdarbeitnehmern bei Wahl der Schwerbehindertenvertretung, jurisPR-ArbR 43/2014 Anm. 3.
81 Zu § 16 Abs. 3 Satz 2 SGB II aF: BAG 2.10.2007 – 1 ABR 60/06, NZA 2008, 244; für das Personalvertretungsrecht: BVerwG 21.3.2007 – 6 P 4.06, PersR 2007, 301; aA BIH, ZB Spezial SBV Wahl 2018, S. 16 und 17, wo maßgebend auf die Begründung eines Arbeitsverhältnisses abgestellt wird, obwohl die Wahlberechtigung nur eine Beschäftigung voraussetzt.

Freiwillige im Jugend- oder Bundesfreiwilligendienst

Schwerbehinderte **Freiwillige im Jugend- oder Bundesfreiwilligendienst** besitzen die Wahlberechtigung, weil sie dem Weisungsrecht der Leitung der Einrichtungen unterliegen wie die übrigen Beschäftigten und in Befolgung der Weisungen zur fremdbestimmten Arbeitsleistung verpflichtet sind.[82]

Geschäftsunfähig und unter Betreuung stehend

Da § 177 Abs. 2 SGB IX weder auf das Bestehen eines Arbeitsverhältnisses noch eines öffentlich-rechtlichen Dienstverhältnisses sondern auf die Eigenschaft „beschäftigt" abstellt, sind schwerbehinderte Menschen unabhängig davon, ob sie rechtsgeschäftsfähig sind, wahlberechtigt. Das gilt insbesondere für Beschäftigte, die **geschäftsunfähig** gem. § 104 Nr. 2 BGB sind oder **unter gesetzlicher Betreuung** (§ 1896 BGB) stehen. Allerdings wird von den Integrationsämtern unter Bezug auf §§ 13 Nr. 2, 15 Abs. 2 Nr. 1 BWahlG geltend gemacht, dass diese schwerbehinderten Menschen vom Wahlrecht ausgeschlossen seien, wenn für Rechtsgeschäfte im Zusammenhang mit dem Arbeitsverhältnis die Betreuung angeordnet ist.[83] Dem ist entgegenzuhalten, dass die Betreuung zwar den Abschluss von Rechtsgeschäften durch die betreute Person, aber nicht die Stimmabgabe bei der SBV-Wahl einschließt; denn die Stimmabgabe ist **keine rechtsgeschäftliche Willenserklärung**, die dem Betreuer vorbehalten ist. Sie ist vielmehr ein Rechtsakt sui generis, auf den § 105 Abs. 1 BGB keine Anwendung findet.[84] Dieser Personenkreis ist in besonderer Weise auf die Wahl einer SBV angewiesen, damit diese ihnen als Helferin und Betreuerin zur Verfügung steht.[85] Im Übrigen besteht nach Art. 29 lit. a BRK die Verpflichtung sicherzustellen, „dass Menschen mit Behinderungen gleichberechtigt mit anderen wirksam und umfassend am politischen und öffentlichen Leben teilhaben können, (...) was auch das Recht und die Möglichkeit einschließt, zu wählen". Dazu gehört auch die Teilnahme an den SBV Wahlen. Erst dann ist ein Wahlrechtsauschluss zulässig, wenn auch bei Einsatz aller denkbaren Assistenzmöglichkeiten es an der Fähigkeit mangelt, am demokratischen Kommunikationsprozess teilzunehmen und auf dieser Grundlage selbstbestimmt eine Wahlentscheidung zu treffen.[86]

Gleichgestellt

Nachweis: Nach § 151 Abs. 3 SGB IX wird die Wahlberechtigung auch auf die **behinderten Beschäftigten** ausgedehnt, die nach § 2 Abs. 3 iVm § 151 Abs. 2 SGB IX mit schwerbehinderten Menschen gleichgestellt sind. Zum Zeitpunkt der Wahl muss die die Gleichstellung schon „erfolgt" iSv § 151 Abs. 2 Satz 1 sein. Es genügt nicht, dass rechtzeitig vor der Wahl bei den zuständigen Stellen ein Antrag gestellt worden ist und nach den Wahlen ein entsprechender Bescheid ergeht.[87] Die Einhaltung der Vorfrist in § 173 Abs. 3 2. Alt. hat nur für den Kündigungsschutz aber nicht für das Wahlrecht Bedeutung Die hier vertre-

---

82 *Leube* ZTR 2012, 207 (211).
83 BIH (Hrsg.), ZB Spezial SBV Wahl 2018, S. 35.
84 *Sachadae*, Wahl der SchwbV, 2013, S. 226–228; aA *Welti* in SWK-BehindertenR Wahlrecht Rn. 3 ff.
85 *Knittel* SGB IX § 94 Rn. 49; *Sieg* NZA 2002, 1064.
86 BVerfG 29.1.2019 – 2 BvC 62/14, Rn. 72, NJW 2019, 1201.
87 *Düwell*, Wahl der SBV, 2. Aufl. 2018, S. 45.

tene Ansicht hat die Rspr. bestätigt.[88] Ist am Wahltag die Gleichstellung nach § 199 Abs. 2 Satz 1 SGB IX widerrufen oder zurückgenommen (→ § 199 Rn. 9 ff.), schließt dies die Wahlberechtigung nur aus, sofern der Widerruf oder die Rücknahme bereits rechtskräftig sind. Ist die einmonatige Rechtsbehelfsfrist am Wahltag bereits abgelaufen, muss die wahlberechtigte Person nachweisen, dass das Rechtsbehelfs- oder Rechtsmittelverfahren eingeleitet und noch nicht abgeschlossen ist. Von dem Zeitpunkt an, an dem der Widerruf bestandskräftig geworden ist, besteht das Wahlrecht nach § 199 Abs. 2 Satz 3 SGB IX noch bis zu Ende des dritten Kalendermonats nach Eintritt der Unanfechtbarkeit des Widerrufsbescheids (Auslauffrist als Schonfrist, → § 199 Rn. 13).

Heimarbeit

Heimarbeiter ist, wer in eigener Wohnung oder Betriebsstätte allein oder mit seinen Familienangehörigen im Auftrag von Gewerbetreibenden oder Zwischenmeistern erwerbsmäßig arbeitet, jedoch die Verwertung der Arbeitsergebnisse dem auftraggebenden Gewerbetreibenden überlässt (§ 2 Abs. 1 Satz 1 HAG). Der Einordnung als Heimarbeitsverhältnis steht nicht entgegen, dass es sich bei den verrichteten Arbeiten um Tätigkeiten handelt, die eine höherwertige Qualifikation erfordern, wie zB die Programmierung von EDV-Programmen.[89] Von Teilen des Schrifttums werden diese Personen vom Wahlrecht pauschal als Nichtarbeitnehmer ausgeschlossen.[90] Das ist nicht gerechtfertigt; denn § 177 Abs. 2 SGB IX setzt kein Arbeitsverhältnis voraus. Maßgebend ist die Reichweite des Begriffs der Beschäftigung. Nach der umfassenden historischen und teleologischen Untersuchung von *Sachadae* ist Beschäftigter, wer aufgrund einer rechtlichen Verpflichtung, die durch ein freiwillig eingegangenes Rechtsverhältnis („Sonderstatusverhältnis") begründet ist, fremdbestimmte Arbeitsleistungen in persönlicher Abhängigkeit erbringt.[91] Das sind in erster Linie zwar Arbeitnehmer; denn in § 611 a Abs. 1 Satz 1 BGB ist definiert: „Durch den Arbeitsvertrag wird der Arbeitnehmer im Dienste eines anderen zur Leistung weisungsgebundener, fremdbestimmter Arbeit in persönlicher Abhängigkeit verpflichtet." In § 5 Abs. 1 Satz 2 BetrVG wird aber fingiert, dass die in der Hauptsache (= überwiegend) für einen Betrieb in Heimarbeit Beschäftigten (= Heimarbeiter und Hausgewerbetreibende nach § 2 Abs. 1 und 2 HAG[92]) als Arbeitnehmer gelten, obwohl sie nicht in persönlicher, sondern nur wirtschaftlicher Abhängigkeit zur Arbeit verpflichtet sind. Diese Fiktion enthält den Rechtsgedanken der Gleichwertigkeit, der bereits bei der Regelung der Anrechnung eines Heimarbeitsplatzes auf einen Pflichtarbeitsplatz in § 34 Schwerbeschädigtengesetz 1953 (jetzt § 210 Abs. 1 SGB IX) zugrunde gelegt wurde.[93] Diese Gleichsetzung, von der der historische Gesetzgeber des Schwerbehindertenrechts ausging, ist später parallel in § 5 Abs. 1 Satz 2 BetrVG als Fiktion der

---

88 BAG 22.1.2020 – 7 ABR 18/18, Rn. 30 unter Bezug auf *Düwell* → 5. Aufl. 2019, § 177 Rn. 13; *Düwell*, Wahl der SBV, 2. Aufl. 2018, S. 45; *Greiner* in Neumann/Pahlen/Greiner/Winkler/Jabben SGB IX § 151 Rn. 21; so schon zu § 24 Abs. 1 und Abs. 2 SchwbG: BayVGH 1.7.1987 – 18 C 87.00852, PersV 1988, 278.
89 BAG 14.6.2016 – 9 AZR 305/15, BAGE 155, 264.
90 So ohne nähere Begründung: *Pahlen* in Neumann/Pahlen/Greiner/Winkler/Jabben SGB IX § 177 Rn. 4, 23; *Esser/Isenhardt* in jurisPK-SGB IX § 177 Rn. 12.
91 *Sachadae*, Wahl der SchwbV, 2013, S. 149 ff., 171.
92 BAG 25.3.1992 – 7 ABR 52/91, BAGE 70, 104 = NZA 1992, 899.
93 Vgl. *Gröninger/Thomas* SchwbG § 13 Anm. Rn. 2; *Wilrodt/Gotzen* SchwbG § 13 Rn. 15.

Arbeitnehmereigenschaft ausdrücklich normiert worden. Die Normierung im BetrVG steht der Anwendung im SGB IX nicht im Wege, sondern bekräftigt im Gegenteil die Richtigkeit der weiteren Anwendbarkeit des bereits 1953 für das Schwerbehindertenrecht aufgestellten Grundsatzes.[94] Das ist auch gut so; denn nur wenn die Wahlberechtigung bejaht wird, ist die SBV berechtigt, in den Angelegenheiten der schwerbehinderten Heimarbeiter die Aussetzung eines Betriebsratsbeschlusses nach § 178 Abs. 4 Satz 2 SGB IX zu verlangen, der schwerbehinderte Heimarbeiter betrifft. Würde eine Wahlberechtigung verneint, wäre keine Zuständigkeit der SBV für schwerbehinderte Heimarbeiter gegeben. Es entstünde dann die widersprüchliche Situation, dass der Betriebsrat wegen § 5 Abs. 1 Satz BetrVG für die schwerbehinderten Heimarbeiter zwar zuständig, aber das in § 178 Abs. 4 Satz 2 SGB IX vorgesehene Kontroll- und Aussetzungsrecht der SBV nicht anwendbar wäre. Die SBV dürfte nicht prüfen, ob eine erhebliche Beeinträchtigung der Interessen der schwerbehinderten Heimarbeiter vorliegt und den Beschluss aussetzen lassen. Damit wäre das vom Gesetzgeber konstruierte Zusammenspiel der unterschiedlichen Erkenntnis- und Vertretungsinteressen von Betriebsrat und SBV außer Kraft gesetzt.

Jugendliche
Im Unterschied zur Betriebsratswahl gilt nicht das in § 7 Satz 1 BetrVG geregelte Erfordernis des **Mindestalters** „Vollendung 16. Lebensjahr"[95]. Darüber hinaus kommt es auch nicht auf die **Dauer des Beschäftigungsverhältnisses** an. Wählen kann daher auch, wer erst am Tag vor der Wahl die Beschäftigung aufgenommen hat oder unmittelbar am Tag nach der Wahl ausscheidet.[96] Wegen der fehlenden Eigenschaft **schwerbehinderter Mensch** sind nicht wahlberechtigt die **behinderten Jugendlichen oder jungen Erwachsenen**, die nach § 151 Abs. 4 SGB IX bei Vorliegen der dort aufgestellten Voraussetzungen kraft Gesetzes als für die Dauer der Berufsausbildung bzw. beruflichen Orientierung befristet als gleichgestellt gelten. Sie erhalten entgegen einer vereinzelten Stimme im Schrifttum[97] weder den Status eines schwerbehinderten noch den eines diesem gleichgestellten behinderten Menschen. Vielmehr bleiben alle besonderen Bestimmungen des 3. Teils des SGB IX mit Ausnahme des § 185 Abs. 3 Nr. 2 lit. c SGB IX unanwendbar.[98] Die so eingeschränkte Gleichstellung dient nur dem rechtspolitisch zweifelhaften Zweck Haushaltsmittel einzusparen, indem aus Mitteln der Ausgleichsabgabe den Arbeitgebern für diesen Kreis der Jugendlichen und jungen Erwachsenen Prämien und Zuschüsse zu den Kosten der Berufsausbildung bzw. beruflichen Orientierung zur Verfügung gestellt werden können.[99] Damit wird in rechtlich bedenklicher Weise die Ausgleichsabgabe mit dem Ziel zweckentfremdet, zugunsten der öffentlichen Haushalte Mittel einzusparen, die sonst zur Förderung lernschwacher Jugendlicher aufzubringen wären. Diese Zweckentfremdung der Ausgleichsabgabe führt bei einigen Integrationsämtern zu finanziellen Engpässen. So ist in Baden-Württemberg die Dauer der Förderung

---

94 Mit ausführlicher und überzeugender Darstellung der Gesetzgebungsgeschichte: *Sachadae*, Wahl der SchwbV, 2013, S. 137 f., 166.
95 Das Mindestalter von 18 Jahren ist durch Art. 1 Nr. 1 des Betriebsrätemodernisierungsgesetzes vom 14.6.2021 auf 16 Jahre herabgesetzt worden.
96 *Esser* in jurisPK-SGB IX § 176 Rn. 18.
97 AA *Esser* in jurisPK-SGB IX § 176 Rn. 8.
98 *Goebel* in jurisPK-SGB IX § 151 Rn. 38.
99 Vgl. BT-Drs. 15/2318, 28.

durch Beschäftigungssicherungszuschüsse nach § 27 SchwbAV wegen der Mittelknappheit begrenzt. Die Folge ist, dass leistungsschwache schwerbehinderte Beschäftigte wegen der ausbleibenden Beschäftigungssicherungszuschüsse entlassen werden.

Leiharbeit

Schwerbehinderte **Leiharbeitnehmer** sind nach § 7 Satz 2 BetrVG zu den Wahlen zum Betriebsrat wahlberechtigt, wenn sie länger als drei Monate überlassen werden sollen. Vergleichbare Zeiten der Mindestüberlassungsdauer gelten auch für die Personalratswahlen. Derartige Beschränkungen des Wahlrechts gelten jedoch nur für die Wahlen zu den Personalvertretungen. Sie haben keine Bedeutung für die Wahl zur SBV,[100] → Rn. 16.

Leitende Angestellte

Ein Wahlberechtigter muss kein Arbeitnehmer im Sinne von § 5 Abs. 1 BetrVG sein. Deshalb sind auch **leitende Angestellte** im Sinne von § 5 Abs. 3 BetrVG wahlberechtigt, sofern sie schwerbehindert oder gleichgestellt sind.[101] Gleiches gilt für alle Personen, die wie Dienststellenleiterinnen und Dienststellenleiter wegen ihrer Leitungsfunktion eine große Arbeitgebernähe besitzen. Diese Arbeitgebernähe ist für die Wahl der SBV als Vertretung, die jedem schwerbehinderten Beschäftigten beratend und helfend zur Seite stehen soll, unerheblich. Für die Wählbarkeit gilt wegen möglicher Interessenkollisionen etwas anderes, → Rn. 19.

Personalgestellung

Die Personalgestellung von Arbeitnehmern des öffentlichen Dienstes ist in § 4 Abs. 3 TVöD und TVL geregelt. Danach ist auf Verlangen des Arbeitgebers bei weiter bestehendem Arbeitsverhältnis die arbeitsvertraglich geschuldete Arbeitsleistung bei dem Dritten zu erbringen, wenn Aufgaben der Beschäftigten zu dem Dritten verlagert werden. Hier findet eine Aufspaltung der Arbeitgeberstellung statt, um den Arbeitgeberwechsel nach § 613a BGB zu einem privaten Betriebsinhaber zu vermeiden. Der vertragliche Arbeitgeber bleibt für die Angelegenheiten, die den Vertragsstatus betreffen, verantwortlich, während der „Dritte" das Weisungsrecht nach § 106 GewO ausübt. Deshalb kann die Gestellung als eine Unterform der Leiharbeit angesehen werden. Es gibt keinen Grund, die gestellten schwerbehinderten Arbeitnehmer von der Wahlberechtigung auszunehmen, zumal sie nach § 5 Abs. 1 Satz 3 BetrVG als wahlberechtigte Belegschaftsangehörige gelten.[102] Sie stehen in einem Arbeitsverhältnis, das sie zu Erbringung fremdbestimmter Arbeit in persönlicher Abhängigkeit nach § 4 TVöD/TVL gegenüber dem Betriebsinhaber verpflichtet. Dass der Betriebsinhaber nicht ihr Vertragsarbeitgeber ist, ist unerheblich (siehe Stichwort Beschäftigte ohne Arbeitsverhältnis).

---

100 So zutreffend auch BIH (Hrsg.), ZB Spezial SBV Wahl 2018, S. 35.
101 *Pahlen* in Neumann/Pahlen/Greiner/Winkler/Jabben SGB IX § 174 Rn. 23; *Rolfs* in BeckOK SozR, 48. Ed. 1.12.2017, SGB IX § 177 Rn. 10.
102 BAG 15.8.2012 – 7 ABR 24/11, BB 2012, 2239 und BAG 15.8.2012 – 7 ABR 34/11, NZA 2013, 107.

Rehabilitation

Da es nicht auf das Bestehen eines Arbeitsverhältnisses zum Betriebsinhaber oder zum Träger der Dienststelle ankommt, sondern die SBV auch andere Beschäftigte mit einem Sonderstatus repräsentiert (vertritt)[103], werden auch diese schwerbehinderten Menschen in das Wahlrecht einbezogen. Dies gilt nach der Rspr. insbesondere für **Teilnehmer an Maßnahmen zur Rehabilitation** in einem privatwirtschaftlichen Berufsbildungswerk.[104] Dagegen wird eingewandt, in § 152 Satz 2 SGB IX habe der Gesetzgeber klargestellt, dass **Rehabilitanden in Berufsbildungs- oder Berufsförderungswerken** nicht wahlberechtigt zur SBV sein könnten.[105] Zur Begründung wird auf den Wortlaut verwiesen: „Sie sind keine Arbeitnehmer im Sinne des Betriebsverfassungsgesetzes und wählen zu ihrer Mitwirkung besondere Vertreter." Dem wird entgegengehalten, die dort bezeichneten Vertretungen seien nur Ersatz dafür, dass die Rehabilitanden nicht von dem in der Einrichtung gewählten Betriebsrat vertreten werden. Die zusätzliche Vertretung schwerbehinderter Rehabilitanden werde dadurch nicht überflüssig.[106] Dem ist zustimmen; denn von den Rehabilitanden in Berufsbildungs- oder Berufsförderungswerken ist nur eine kleine Gruppe schwerbehindert. Diese bedarf des Beistands einer SBV.

Rotkreuzschwestern

Die dem Betrieb zur Verfügung gestellten, aber nicht in einem Arbeitsverhältnis, sondern in einem vereinsrechtlichen Mitgliedschaftsverhältnis stehenden schwerbehinderten Menschen, wie die dem Verein der **DRK-Schwesternschaft** angehörenden Rote-Kreuz-Schwestern,[107] gelten als Beschäftigte.[108] Sie sind deshalb wahlberechtigt.

Schwerbehindert

Nachweis: Zum Zeitpunkt der Wahl muss die Eigenschaft schwerbehinderter Mensch festgestellt sein und durch einen gültigen Schwerbehindertenausweis oder den Feststellungsbescheid nachgewiesen werden. Es genügt nicht die rechtzeitige Antragstellung bei dem Versorgungsamt oder der nach § 152 Abs. 1 Satz 7 SGB IX nach abweichendem Landesrecht zuständigen Feststellungsbehörde. Die in § 173 Abs. 3 geregelte Geltungsbereichsausnahme gilt nur für das Sonderkündigungsrecht. Sie ist auch nicht analog für die Wahlberechtigung anwendbar; denn es besteht keine Regelungslücke. Diese Feststellung wird nach § 152 Abs. 5 Satz 3 durch den Schwerbehindertenausweis nachgewiesen. Ausnahme: Da die Feststellung jedoch nur deklaratorische Wirkung hat[109] (→ § 152 Rn. 4), ist sie deshalb bei Offenkundigkeit der Eigenschaft schwerbehinderter Mensch nicht erforderlich, → § 178 Rn. 59. Daher besteht das Wahlrecht auch, wenn das Vorliegen der Schwerbehinderung für jeden offensichtlich

---

103 Vgl. *Sachadae*, Wahl der SchwbV, 2013, S. 129 ff., 171; *Düwell*, Betriebsrat und SBV, FS Klebe, 2018, 105 ff., 107/108.
104 BAG 27.6.2001 – 7 ABR 50/99, AP § 24 SchwbG 1986 Nr. 2; Behindertenrecht 2001, 203–204.
105 *Schell* Haufe Personal Office Platin SGB IX § 177 Rn. 13.
106 *Luik* in jurisPK-SGB IX § 52 Rn. 24.
107 Vgl. BAG 21.2.2017 – 1 ABR 62/12, NZA 2017, 662; *Mestwerdt* jurisPR-ArbR 23/2017 Anm. 2.
108 *Düwell*, Wahl der SBV, 2. Aufl. 2018, S. 16.
109 Zuletzt ständige Rspr. bestätigt: BAG 22.1.2020 – 7 ABR 18/18, Rn. 27, NZA 2020, 783.

ist, zB nach der Oberschenkelamputation eines Beines; denn in diesem Fall ist nach den für das Feststellungsverfahren maßgebenden versorgungsmedizinischen Grundsätzen (→ § 152 Rn. 23) ein GdB von 70 zu erwarten. Ist die Schwerbehinderung hingegen für den Wahlleiter oder Wahlvorstand nicht offensichtlich, besteht kein Wahlrecht.[110]

Sonderfall Schonfrist: Als wahlberechtigt gelten nach § 199 Absatz 1 SGB IX auch diejenigen behinderten Menschen, deren Grad der Behinderung sich am Wahltag auf weniger als 50 verringert hat (→ § 199 Rn. 5 ff.), wenn der Bescheid, der die Verringerung des Grades der Behinderung feststellt, noch nicht bestandskräftig ist. Gleiches gilt, wenn der Wahltag in die dreimonatige sogenannte **Schonfrist** nach Rechtskraft des Bescheids (Auslauffrist, → § 199 Rn. 7) fällt. Nach § 199 SGB IX ist trotz Eintritt der Unanfechtbarkeit des Verringerungs- oder Widerrufsbescheids die Schwerbehinderung innerhalb der Auslauffrist als fortbestehend anzusehen. Deshalb besteht in der Schonzeit auch noch das Wahlrecht. Die Person, die das Wahlrecht ausüben will, hat die entsprechenden aussagekräftigen Unterlagen der Wahlleitung oder dem Wahlvorstand vorzulegen.

Werkstattbeschäftigte

Nach § 219 Abs. 1 SGB IX sind Werkstätten (WfbM) für behinderte Menschen Einrichtungen zur Teilhabe und Eingliederung in das Arbeitsleben. Die WfbM hat denjenigen behinderten Menschen, die wegen Art oder Schwere der Behinderung nicht, noch nicht oder noch nicht wieder auf dem allgemeinen Arbeitsmarkt beschäftigt werden können, als sog. „Werkstattbeschäftigten" (Bezeichnung in § 219 Abs. 3 Satz 2 SGB IX) eine angemessene berufliche Bildung (Berufsbildungsbereich) und eine Beschäftigung zu einem ihrer Leistung angemessenen Arbeitsentgelt aus dem Arbeitsergebnis anzubieten und zu ermöglichen, ihre Leistungs- oder Erwerbsfähigkeit zu erhalten, zu entwickeln, zu erhöhen oder wiederzugewinnen (Arbeitsbereich). Im Unterschied zu den vom Träger der Einrichtung angestellten Ausbildern, Bildungsbegleitern, Gruppenleitern usw gelten die Werkstattbeschäftigten selbst dann noch nicht als Arbeitnehmer, wenn sie **im Arbeitsbereich beschäftigt** werden. Dazu ist in § 220 Abs. 1 SGB IX bestimmt: „wenn sie nicht Arbeitnehmer sind, (stehen sie) zu den Werkstätten in einem arbeitnehmerähnlichen Rechtsverhältnis (...)." Die Rechtsprechung hat aus der inhaltsgleichen Vorgängervorschrift § 138 Abs. 1 SGB IX aF geschlossen: „(...) dass der Gesetzgeber für den Regelfall davon ausgeht, dass behinderte Menschen im Arbeitsbereich anerkannter Werkstätten in einem arbeitnehmerähnlichen Rechtsverhältnis tätig werden. Dass der Mitarbeiter wenigstens ein Mindestmaß an wirtschaftlich verwertbarer Arbeitsleistung erbringt, ist kein Kennzeichen für ein Arbeitsverhältnis, sondern Aufnahmevoraussetzung (...) für eine Werkstatt für behinderte Menschen. Ein Arbeitsverhältnis liegt erst dann vor, wenn der Hauptzweck der Beschäftigung das Erbringen wirtschaftlich verwertbarer Leistungen ist."[111] Die Teilnehmer an Maßnahmen im Eingangsverfahren und im Berufsbildungsbereich gelten kraft der Verweisung in § 221 Abs. 4 SGB IX auf die in § 52 SGB IX geregelte Rechtsstellung als Rehabilitanden. Damit können in der WfbM drei unterschiedliche Arten von Beschäftigten tätig sein:

---

110 *Düwell*, Wahl der SBV, 2. Aufl. 2018, S. 44.
111 LAG BW 26.1.2009 – 9 Sa 60/08; RdLH 2009, 125.

1. Arbeitnehmer,
2. arbeitnehmerähnliche Personen iSv § 221 Abs. 1 SGB IX und
3. Rehabilitanden.

Diejenigen behinderten Menschen, die im Arbeitsbereich so weit gefördert worden sind, dass sie **reif für eine Vermittlung auf dem allgemeinen Arbeitsmarkt** sind, aber nicht vermittelt werden, können als Arbeitnehmer angesehen werden.[112] Die Leitungen der WfbM zögern nicht selten, ihre Leistungsträger dem allgemeinen Arbeitsmarkt zur Verfügung zu stellen. So hat ein Arbeitsgericht einen seit 15 Jahren in der WfbM Beschäftigten als Arbeitnehmer eingestuft, weil er im Arbeitsbereich mit einer Arbeitszeit von 8.00 Uhr morgens bis nachmittags 15.45 Uhr im Siebdruck mit einer wöchentliche Arbeitszeit von 34 Stunden nach Weisungen eines Vorgesetzten tätig wurde und vertraglich im Falle einer Erkrankung verpflichtet war, ab dem dritten Fehltag eine ärztliche Arbeitsunfähigkeitsbescheinigung vorzulegen.[113] Wer als Arbeitnehmer in der WfbM beschäftigt wird, hat zweifellos die Wahlberechtigung zur SBV. Problematisch ist jedoch, ob tatsächlich die Anforderungen, die § 611 a BGB an ein Arbeitsverhältnis stellt, erfüllt werden.

Die Eingangsverfahren und im Berufsbildungsbereich befindlichen schwerbehinderten Menschen gelten als Rechtsstellung als **Rehabilitanden**. Sobald sie in den Berufsbildungsbereich aufgenommen sind, werden sie wie sonstige Teilnehmer an Maßnahmen der Berufsbildung in persönlicher Abhängigkeit fremdbestimmt beschäftigt[114] und damit wahlberechtigt zur SBV (siehe Stichwort Zur Rehabilitation im Betrieb Beschäftigte).

Kann der Werkstattbeschäftigte nicht als Arbeitnehmer eingeordnet werden und ergibt sich aus dem seiner Tätigkeit zugrunde liegenden Sozialleistungsverhältnis nicht eine Stellung als Rehabilitand, steht er in einem **arbeitnehmerähnlichen Rechtsverhältnis** zur Werkstatt.[115] Dabei handelt es sich um eine Fiktion, die losgelöst von der Erfüllung der Voraussetzungen der allgemeinen Definition der arbeitnehmerähnlichen Person in § 12 a Abs. 1 TVG gelten soll.[116] Hier zeigt sich die mangelnde begriffliche Schärfe des Gesetzgebers; denn die in den Arbeitsbereich aufgenommen Werkstattbeschäftigte erbringen dort fremdbestimmt in persönlicher Abhängigkeit Arbeitsleistungen und sind nicht mit den selbstständig Tätigen arbeitnehmerähnlichen Personen iSv § 12 a TVG vergleichbar. Vermutlich ist der Begriff arbeitnehmerähnlich hier von dem die Gesetzgebung vorbereitenden Ministerialreferenten nur gewählt worden, weil er annahm, die Anwendbarkeit von einigen arbeitsrechtlichen Vorschriften auf ein Rechtsverhältnis, mache dieses schon arbeitnehmerähnlich. Da auf der Grundlage einer Vereinbarung fremdbestimmt in persönlicher Abhängigkeit Arbeitsleistungen erbracht werden, liegt auch hier ein Tatbestand der Beschäftigung iSv § 177 Abs. 2 SGB IX vor, der als Rechtsfolge die Wahlberechtigung zur SBV einschließt.

Gegen die hier vertretene Lösung wird eingewandt, dass die Werkstattbeschäftigten nach § 222 SGB IX als ihre eigene Interessenvertretung den Werkstattrat

---

112 *Schramm* in jurisPK-SGB IX § 221 Rn. 15.
113 ArbG Koblenz 9.8.2002 – 2 Ca 447/02, NZA-RR 2003, 188.
114 Vgl. BAG 27.6.2001 – 7 ABR 50/99, AP § 24 SchwbG 1986 Nr. 2; Behindertenrecht 2001, 203–204.
115 *Schramm* in jurisPK-SGB IX § 221 Rn. 17.
116 *Schramm* in jurisPK-SGB IX § 221 Rn. 17.

wählen, der für alle Fragen der Werkstattbeschäftigung, also auch für Beratung und Beistand der schwerbehinderten Rehabilitanden zuständig ist. Dem ist entgegenzuhalten, dass weder alle Werkstattbeschäftigten schwerbehindert sind, noch die in § 222 Abs. 3 SGB IX geregelte Wahlberechtigung und der in § 222 Abs. 1 bestimmte Kreis der zu vertretenden Beschäftigten alle Werkstattbeschäftigten erfasst. Vielmehr sind nur die in § 221 Abs. 1 als arbeitnehmerähnlich Bezeichneten berücksichtigt. Deshalb bleibt für die Wahl einer den Werkstattrat ergänzenden SBV Raum. Wenn der Gesetzgeber diese zusätzliche Vertretung hätte ausschließen wollen, so hätte eine einschränkende Sonderregelung nahe gelegen, wie er sie für Gerichte in § 177 Abs. 1 Satz 2 SGB IX getroffen hat.

Zugewiesen zur Beschäftigung
Bundesbeamte können nach § 29 BBG und Landesbeamte nach § 20 Beamtenstatusgesetz vorübergehend ganz oder teilweise eine ihrem Amt entsprechende Tätigkeit bei einer öffentlichen Einrichtung ohne Dienstherrenfähigkeit oder auch einer privaten Einrichtung zugewiesen werden. Die statusrechtliche Rechtsstellung als Beamtin oder Beamter bleibt davon unberührt.[117] Nach der Privatisierung der Deutschen Bahn und der Deutschen Post sind deren Beamte den Nachfolgeunternehmen zugewiesen worden. So ist zB nach § 4 Postpersonalrechtsgesetz die dauerhafte Zuweisung einer dem Amt entsprechenden Tätigkeit auch ohne Zustimmung des Beamten zulässig, wenn es sich um ein Unternehmen handelt, deren Anteile ganz oder mehrheitlich dem Nachfolgeunternehmen gehören. **Soldaten** können nach dem weit gefassten Verwendungsbegriff in § 3 Soldatengesetz (SG), konkretisiert in Nr. 108 ZDv A-1300/14 (früher: Nr. 7 Abs. 1 ZDv 14/5 B 171), zur vorübergehenden Dienstleistung bei einer anderen Dienststelle oder bei einem Wirtschaftsunternehmen kommandiert (Zuweisung durch Befehl) werden.[118] Nach § 4 Abs. 2 TVöD/TVL kann auch **Arbeitnehmern des öffentlichen Dienstes** im dienstlichen/betrieblichen oder öffentlichen Interesse mit ihrer Zustimmung vorübergehend eine mindestens gleich vergütete Tätigkeit bei einem Dritten zugewiesen werden. Nach § 5 Abs. 1 Satz 3 BetrVG gelten **Beamte, Soldaten** sowie Arbeitnehmer des öffentlichen Dienstes einschließlich der zu ihrer Berufsausbildung Beschäftigten, weil sie zur Leistung fremdbestimmter Arbeit in persönlicher Abhängigkeit einem Betrieb zugewiesen sind, uneingeschränkt als Belegschaftsangehörige des Beschäftigungsbetriebs. Sie sind deshalb auch zur Betriebsratswahl sowohl aktiv als auch passiv wahlberechtigt.[119] Wenn der Betriebsrat diese Personen jedenfalls in den Angelegenheiten vertritt, die deren Beschäftigung „im Betrieb" betreffen, so ist nach der Konzeption der gemeinsamen Willensbildung von Betriebsrats und Schwerbehindertenvertretung, wie sie in § 178 Abs. 4 Satz 1 und 2 SGB IX geregelt ist, die Mitvertretung dieser zugewiesenen schwerbehinderten Arbeitnehmer durch die Schwerbehindertenvertretung vom Gesetzgeber gewollt. Wer durch die SBV vertreten wird, ist auch berechtigt, die SBV als seine Vertretung zu wählen.[120]

---

117 *Düwell* ZTR 2019, 539 ff.
118 BVerwG 31.1.2018 – 1 WB 39.17, juris Rn. 22.
119 BAG 15.8.2012 – 7 ABR 24/11, BB 2012, 2239.
120 *Düwell* ZTR 2019, 539 ff.

Doppelwahlrecht: Klärungsbedürftig ist vor allem, ob schwerbehinderten Beschäftigten der Arbeitsagentur oder der Gemeinden, die von ihrer Dienststelle an eine mit der Agentur für Arbeit gebildete **gemeinsame Einrichtung** zugewiesen werden, nur in der gemeinsamen Einrichtung, dem **Jobcenter**, wahlberechtigt sind. Auch wenn die Beschäftigten, denen Tätigkeiten bei einer gemeinsamen Einrichtung zugewiesen sind, weiterhin in einem Dienst- oder Arbeitsverhältnis zu ihrer bisherigen Dienststelle stehen, soll nach der Rspr. der Verwaltungsgerichtsbarkeit mit der Zuweisung der Tätigkeiten bei einer gemeinsamen Einrichtung die Eingliederung in die entsendende Dienststelle und damit folgerichtig auch die Wahlberechtigung verloren gehen.[121] Demgegenüber erkannte das ArbG Berlin, dass die nach § 44g Abs. 1 SGB II der gemeinsamen Einrichtung zugewiesenen schwerbehinderten Beschäftigten bei der Berechnung des Freistellungsschwellenwerts für die in der entsendenden Dienststelle bestehende SBV zu berücksichtigen seien.[122] Folgerichtig wären sie dann auch noch in ihrer bisherigen Dienststelle wahlberechtigt. Diese Entscheidung ist jedoch in der Beschwerdeinstanz aufgehoben worden.[123] Danach sollen die Zugewiesenen allein zu der gemeinsamen Einrichtung gehören; denn es seien nur solche Beschäftigte dienststellenzugehörig, die in einem Dienst- oder Arbeitsverhältnis zur Dienststelle stehen und innerhalb der Dienststellenorganisation abhängige Dienst- oder Arbeitsleistungen unter tatsächlicher Eingliederung in die Organisation der Dienststelle erbringen. Diese Voraussetzungen seien nach der Durchführung der Zuweisungsentscheidung bei der weisenden Dienststelle nicht mehr gegeben. Zur Wahlberechtigung zum Personalrat wird die gleiche Auffassung vertreten.[124] Diese Rspr. lehnt sich an die aufgegebene **Kumulationstheorie** (zu dieser Theorie → Rn. 19) an. Sie ist aus zwei Gründen verfehlt. Erstens müssen im Hinblick auf § 44g Abs. 5 SGB II die zugewiesenen Beschäftigten jederzeit mit einer Rückkehr in die entsendende Dienststelle rechnen. Deshalb besteht ein fortbestehendes Interesse an ihrer Repräsentation durch die SBV der entsendenden Dienststelle. Zweitens hat die Geschäftsführung der gemeinsamen Einrichtung nach § 44d Abs. 4 SGB II keine Entscheidungsbefugnis in den für die Ausübung der arbeitsrechtlichen Leitungsaufgaben wesentlichen Angelegenheiten von Einstellung und Entlassung. Bei dieser Rechtslage ist zumindest rechtspolitisch ein **doppeltes Wahlrecht** geboten, das sowohl zur Wahl in der bisherigen Dienststelle (Kommune bzw. BA) als auch im Jobcenter berechtigt. Mögliche Bedenken müssen im Lichte der Aufgabe der Kumulationstheorie (zu dieser Theorie → Rn. 19) überprüft werden. Die Situation ist mit der von **Leiharbeitnehmern** vergleichbar. Nach § 7 Satz 2 BetrVG besteht ein Wahlrecht sowohl im Einsatzbetrieb als auch nach § 14 Abs. 1 AÜG in dem Betrieb des Arbeitgebers, aus dem die Leiharbeitnehmer überlassen worden sind. Es empfiehlt sich, solange der Gesetzgeber zu dem Problem nicht abweichend Stellung bezieht, zugunsten der überlassenen Beschäftigten (hier sog. „Zugewiesene") die Bestimmungen für Leiharbeitnehmer analog anzuwenden.

Verwirrung stiftet die Broschüre der Integrationsämter zur SBV Wahl 2018 in Bezug auf das Wahlrecht während einer **Personalgestellung/Abordnung**. Dort wird ausgeführt: „(...) die Personalvertretungsgesetze der Länder können Sonderregelungen für das Wahlrecht bei Personalgestellung enthalten."[125] Dieser

14

---

121 OVG NRW 13.6.2013 – 20 A 2467/12.PVB.
122 ArbG Berlin 7.3.2013 – 33 BV 14898/12, BB 2013, 692.
123 LAG Bln-Bbg 26.6.2013 – 4 TaBV 664/13, BB 2013, 2483.
124 ArbG Berlin 06.11. 2019 – 60 BV 15435/18, juris Rn. 21; OVG NRW 13.6.2013 – 20 A 2467/12.PVB, Rn. 53, ZTR 2013, 641.
125 BIH (Hrsg.), ZB Spezial SBV WAHL 2018, S. 39.

willkürliche Verweis auf das Personalvertretungsrecht geht fehl. Er ist geeignet, den schwerbehinderten Menschen das Wahlrecht und – wegen der Einheit von Wahlrecht und Repräsentation – damit auch die für die behinderungsgerechte Beschäftigung wichtige Beistandsleistung während der Gestellungsphase zu entziehen, wenn wie zB in Berlin § 12 Abs. 2 PersVG anordnet: „Abgeordnete Dienstkräfte, Beamte im Vorbereitungsdienst und Dienstkräfte in entsprechender Ausbildung sind nur bei ihrer Stammbehörde wahlberechtigt." Die Verfasser der Wahlbroschüre haben verkannt, dass die personalvertretungsrechtlichen Sonderregelungen nur Geltung für die Wahlberechtigung zu den Personalratswahlen haben (vgl. → Rn. 13 Stichwort abgeordnete Dienstkräfte) und die Folgen ihrer Anlehnung an das Personalvertretungsrecht nicht überblickt. Mit dem Ausschluss der Gestellten oder Abgeordneten vom Wahlrecht zur SBV sind nicht lösbare Folgeprobleme verbunden; denn die Interessenvertretungen der entsendenden Arbeitgeber bzw. Dienststellen haben weder den Zugang zu den Beschäftigungsbetrieben/Dienststellen noch die erforderliche rechtliche oder tatsächliche Kompetenz, an der Gestaltung der vor Ort zu regelnden Beschäftigungsbedingungen mitzuwirken. Dieses rechtspolitische Defizit ist nur durch ein Doppelwahlrecht mit Aufteilung der Zuständigkeiten bei der Stamm- und zugewiesenen Dienststelle („Splitting")[126] lösbar. Deshalb hat der bayerische Gesetzgeber in Art. 13 Abs. 1 Satz 2 BayPVG und Art. 14 Abs. 1 Satz 2 BayPVG das aktive und passive Wahlrecht auch zum Personalrat der gestellenden Dienststelle allen Beschäftigten eingeräumt, die einer gemeinsamen Einrichtung nach §§ 6d, 44b SGB II oder die von einem privaten Arbeitgeber zur Arbeitsleistung überlassen werden. Die der Regelung zugrunde liegende Wertung des Landesgesetzgebers zeigt, wie „vernünftig" es für die Wahl der SBV ist, ein Doppelwahlrecht anzunehmen; denn es gilt der Grundsatz: Wer repräsentiert wird, soll auch durch seine Wahl die SBV legitimieren.[127] Sind die Zuständigkeiten auf die entsendende Stelle und die zugewiesene Stelle verteilt, spricht alles für Doppelrepräsentation und Doppelwahlrecht. Keine analoge Anwendung des Personalvertretungsrechts auf Gestellungsfälle bedeutet schließlich für das Wahlrecht zur SBV auch, dass mögliche Beschränkungen des Personalvertretungsrechts unanwendbar sind, die das Wahlrecht zur SBV der zugewiesenen Dienststelle an eine Mindesteinsatzdauer knüpfen (→ Rn. 13, Stichwort abgeordnete Dienstkräfte).

15 **Arbeitsplatzbezug:** Unerheblich ist, ob die schwerbehinderten und die ihnen gleichgestellten Menschen auf Stellen beschäftigt werden, die nach § 156 SGB IX für die Berechnung der Pflichtplätze zu berücksichtigen sind.[128] Die dort getroffenen Regelungen haben keine Bedeutung für das Wahlrecht.

Wessen Arbeitsplatz auf **mehreren Betrieben verteilt ist** wird, ist in jedem dieser Betriebe wahlberechtigt.[129] Demgegenüber wird bei der **Intervallausbildung** in mehreren Betrieben auf den Stammbetrieb abgestellt.[130] Werden mangels eigener Ausbildungsplätze schwerbehinderte Auszubildende dauerhaft bei einem anderen Unternehmer in dessen Betrieb ausgebildet, sind sie dort wahlberechtigt.[131] Weitere Einzelheiten: → Rn. 23.

---

126 Vgl. dazu BayVGH 23.2.2018 – 6 CS 17.2556 – Behindertenrecht 2018, 126.
127 *Sachadae*, Wahl der SchwbV, S. 216 mwN.
128 Ebenso: *Pahlen* in Neumann/Pahlen/Greiner/Winkler/Jabben SGB IX § 177 Rn. 6; *Ritz/F. Dopatka* in Cramer/Fuchs/Hirsch/Ritz § 94 Rn. 16; aA *Hoff* in Bihr/Fuchs/Krauskopf/Ritz SGB IX, 1. Aufl. 2006, § 94 Rn. 4.
129 So zur Betriebsratswahl: LAG Köln 3.9.2007 – 14 TaBV 20/07, ArbuR 2008, 230.
130 BAG 13.3.1991 – 7 ABR 89/89, DB 1992, 99.
131 LAG Hamm 16.3.1988 – 3 TaBV 76/87, DB 1988, 2058.

Ausschlüsse vom Wahlrecht: Ist der vom Arbeitgeber bestellte Beauftragte für 16 Schwerbehindertenangelegenheiten, der seit dem 1.1.2018 nach § 181 Inklusionsbeauftragter heißt, schwerbehindert, so ist er nicht vom aktiven Wahlrecht ausgeschlossen.[132] Er ist funktional wegen seiner verantwortlichen Stellung nach § 181 Satz 1 mit einem leitenden Angestellten vergleichbar, der trotz seiner Leitungsfunktion wahlberechtigt ist, → Rn. 13. Deshalb kann für den schwerbehinderten Inklusionsbeauftragten nichts anderes gelten.[133] Wahlberechtigte sind auch die in einem Beamtenverhältnis stehenden schwerbehinderte **Dienststellenleiter**.

Schwerbehinderte Arbeitnehmer, die sich in der **Freistellungsphase der Altersteilzeit** befinden, sind ausgeschlossen, weil sie nicht mehr dem Betrieb angehören.[134] Ein solcher Arbeitnehmer hat zwar keine Arbeitsleistung mehr zu erbringen und sei auch nicht mehr in die betriebliche Arbeitsorganisation eingegliedert, das Arbeitsverhältnis bleibt jedoch auch während der Freistellungsphase in seinem Bestand unberührt. Das reicht jedoch für die Annahme der Wahlberechtigung nicht aus. Diese setzt vielmehr eine Beschäftigung im Betrieb und damit zumindest die Möglichkeit der Wiederaufnahme der Arbeit vor Ablauf des Arbeitsverhältnisses voraus. Von Beginn der Blockfreistellung an ist die Arbeitspflicht auf Dauer erloschen. Ein bloß vorübergehendes **Ruhen des Arbeitsverhältnisses** führt dagegen nicht zum Verlust des aktiven Wahlrechts; denn auch die vom Ruhen der Hauptleistungspflichten betroffenen Personen haben ein berechtigtes Interesse an der Zusammensetzung der SBV, die ihr beratend und helfend zur Seite stehen soll, wenn sie die Arbeit wieder aufnehmen. Zu diesem Personenkreis gehören ua:

- Bezieher von **Erwerbsminderungsrente** auf Zeit,
- **Lang- und dauerkranke Beschäftigte**, selbst wenn deren Anspruch auf Krankengeld bereits ausgelaufen ist,
- zur Pflege von Angehörigen **Freigestellte nach dem Pflegezeitgesetz**,
- Eltern und Großeltern, die **Elternzeit** in Anspruch nehmen.[135]

Vom Wahlrecht für die SBV der Dienststelle sind ausgeschlossen:

- **Richter und Staatsanwälte**, da sie in dem Gericht gem. § 177 Abs. 1 Satz 2 eine eigene SBV wählen,
- Personen, die nicht Beschäftigte sind, weil sie iSv § 5 Abs. 2 Nr. 1 und 2 BetrVG gesetzlich oder satzungsmäßig den **Arbeitgeber vertreten** oder als Einzelkaufmann selbst **Arbeitgeber sind**,
- Personen, die eine Dienststelle leiten, ohne selbst Beschäftigte zu sein, wie zB Minister und kommunale Wahlbeamte,[136]

---

132 Missverständlich: VG Aachen 25.11.1999 – 16 K 371/99, PVL PersR 2000, 13.
133 Bereits in der 4. Aufl. ist die früher vertretene gegenteilige Ansicht aufgegeben worden.
134 Zu § 94 SGB IX: BAG 16.11.2005 – 7 ABR 9/05, BAGE 116, 205; LAG Bln-Bbg 26.6.2013 – 4 TaBV 664/13, juris Rn. 47; ArbG Düsseldorf 10.7.2002 – 4 BV 37/02, DB 2002, 1781; bestätigt LAG Düsseldorf 18.12.2002 – 5 TaBV 42/02; zur mangelnden Wahlberechtigung bei Personalratswahl: BVerwG 15.5.2002 – 6 P 8.01, PersR 2002, 434; zur Nichtanrechnung auf Größe des Betriebsrats: BAG 16.4.2003 – 7 ABR 53/02, NZA 2003, 1345, *Homburg* in DKW, 17. Aufl. 2020, BetrVG § 7 Rn. 12; aA *Däubler* AuR 2004, 81, 82; *Schneider* in DKK, 11. Aufl. 2008, BetrVG § 7 Rn. 11 a.
135 Vgl. BAG 25.5.2005 – 7 ABR 45/04, NZA 2005, 1002.
136 Zu weitgehend *Pahlen* in Neumann/Pahlen/Greiner/Winkler/Jabben SGB IX § 177 Rn. 23, der alle Behördenleiter als wahlberechtigt ansieht.

- **Leiharbeitnehmer**,[137] die nach § 14 AÜG, § 7 Satz 2 BetrVG für einen kürzeren Zeitraum als drei Monate in den Betrieb des Entleihers zur Arbeit überlassen werden, wurden 2014 in der Wahlbroschüre der Integrationsämter von der Wahlberechtigung ausgeschlossen.[138] Es besteht jedoch kein Grund für einen Ausschluss; denn der Gesetzgeber hat diese Beschränkung nur für die Betriebsratswahl angeordnet. Somit sind schwerbehinderte Leiharbeitnehmer vom ersten Tag des Einsatzes sowohl im Verleiher- als auch im Entleiherbetrieb wahlberechtigt. Die in der 4. Auflage vertretene Meinung, für die Wahlberechtigung im Entleiherbetrieb sei entsprechend § 7 Satz 2 BetrVG Voraussetzung, dass eine länger als drei Monate andauernde Überlassung beabsichtigt sein müsse, wird aufgegeben. Die den Beschäftigtenbegriff einschränkende Spezialvorschrift des § 7 Satz 2 BetrVG ist nicht im SGB IX anwendbar. Die früher vertretene Zwei-Komponente-Lehre (→ Rn. 19 f.) hat für den Beschäftigtenbegriff in § 177 Abs. 2 SGB IX keine Bedeutung, weil kein Arbeitsverhältnis zum Betriebsinhaber, sondern nur eine Arbeitspflicht im Rahmen eines sonstigen Beschäftigungsverhältnisses voraussetzt.[139] Dieses Beschäftigungsverhältnis liegt im Verhältnis zum Entleiherbetrieb vor, weil der Entleiher das arbeitgeberseitige Weisungsrecht ausübt. Im Übrigen ist die Unterscheidung zwischen echter und unechter Leiharbeit überholt.[140]
- **Staatsanwälte** sind von der Wahl der die Belegschaft der Dienststelle repräsentierenden SBV ausgeschlossen, „soweit" sie nach § 177 Abs. 1 Satz 3 SGB IX aufgrund des Landespersonalvertretungsrechts eine eigene Personalvertretung, den Staatsanwaltsrat, wählen. In den Ländern, die keine eigene Personalvertretung der Staatsanwaltschaft vorsehen, können die schwerbehinderten Staatsanwälte zusammen mit den übrigen schwerbehinderten Beschäftigten eine SBV wählen.

Nach *Pahlen* sollen ebenso **arbeitnehmerähnliche Personen** im Sinne von § 12 a TVG vom Wahlrecht ausgeschlossen sein, weil sie selbst dann nicht „im Betrieb" beschäftigt seien, wenn die überwiegend für den Betrieb tätig seien.[141] Dem ist nicht zuzustimmen; denn die Wertung aus § 5 Abs. 1 Satz 2 BetrVG zeigt jedenfalls für die Wahl zum Betriebsrat, dass die überwiegende Tätigkeit für den Betrieb der Tätigkeit im Betrieb bei arbeitnehmerähnliche Personen gleichzusetzen ist. Allerdings fehlt arbeitnehmerähnlichen Personen, die auf der Grundlage eines Werk- oder Dienstvertrages überwiegend für den Betrieb tätig sind die für die Erfüllung des Beschäftigungsbegriffes notwendige Voraussetzung einer weisungsgebundenen fremdbestimmten Arbeitspflicht (→ Rn. 13 am Anfang). Damit kommt den bei den Rundfunk- und Fernsehanstalten beschäftigten „freien" Mitarbeiter, deren Auftragsverhältnis tarifvertraglich geregelt ist, kein Wahlrecht zu.[142] Das ist sozialpolitisch verfehlt; denn sie sind nach § 12 a Abs. 1 Satz 1 Nr. 1 TVG vergleichbar einem Arbeitnehmer sozial schutz-

---

137 Die in den Vorauflagen vertretene Ansicht zum Ausschluss bei echter Leiharbeit wird aufgegeben, da die Unterscheidung zwischen echter und unechter Leiharbeit überholt ist; → Rn. 17.
138 BIH (Hrsg.), ZB spezial SBV WAHL 2014, S. 14; anders 2018 jedoch mit der unzutreffenden Begründung, das AÜG sei 2017 entsprechend geändert worden, vgl. BIH (Hrsg.), ZB spezial SBV WAHL 2018, S. 35.
139 Grundlegend: *Sachadae*, Wahl der SchwbV, 2013, S. 171.
140 Die in den Vorauflagen vertretene Ansicht, die Differenzierung zwischen echter und unechter Leiharbeit habe Bedeutung für das Wahlrecht wird ebenso aufgegeben, → Rn. 17.
141 Vgl. *Pahlen* in Neumann/Pahlen/Greiner/Winkler/Jabben SGB IX § 177 Rn. 4.
142 Aufgabe der in der Vorauflage vertretenen Ansicht.

bedürftig und bedürfen der daher der Beistandsfunktion der SBV, wenn sie schwerbehindert oder gleichgestellt sind.
Schwerbehinderte Menschen, die „nur **vorübergehend**" beschäftigt werden, sind zwar bei der für die Zulässigkeit der Wahl erforderlichen Mindestgröße des Betriebs oder der Dienststelle nach § 177 Abs. 1 Satz 1 nicht berücksichtigungsfähig, → Rn. 23. Der Gesetzgeber hat jedoch in § 177 Abs. 2 SGB IX keinen Bezug auf § 177 Abs. 1 Satz 1 genommen. Damit sind auch die nur vorübergehend Beschäftigten wahlberechtigt.[143] Das hat auch seinen guten Sinn. Die kurzzeitig beschäftigten schwerbehinderten Menschen benötigen nämlich im besonderen Maße den Beistand der SBV. Sie sollen deshalb auch ihre Repräsentanten wählen dürfen. Die Nichtberücksichtigung der nur vorübergehend beschäftigten schwerbehinderten Menschen in § 177 Abs. 1 Satz 1 beruht auf anderen Erwägungen. Die Wahlfähigkeit des Betriebs oder der Dienststelle setzt einen kontinuierlichen Vertretungsbedarf voraus. Der ist nicht anzunehmen, wenn der Betrieb oder die Dienststelle den Schwellenwert von fünf schwerbehinderten Beschäftigten nur unter Berücksichtigung vorübergehend Beschäftigter erreicht.[144]

Früher waren **geringfügig Beschäftigte** von den Personalvertretungswahlen ausgeschlossen. Seit Inkrafttreten des in § 4 des Gesetzes über Teilzeitarbeit und befristete Arbeitsverträge enthaltenen Verbots der Diskriminierung von Teilzeitbeschäftigten im Jahr 2001 war der Ausschluss bundesrechtlich bedenklich. Der Bundesgesetzgeber hat deshalb die frühere Regelung des § 14 Abs. 2 Satz 1 BPersVG aF, wonach Beschäftigte nicht wählbar waren, die wöchentlich regelmäßig weniger als 18 Stunden beschäftigt waren, durch Gesetz mWv 1.1.2005 aufgehoben.[145] Soweit im Schrifttum noch heute geltend gemacht wird, es gäbe weiterhin landesrechtliche Ausschlüsse, die auch für die Wahl zur SBV zu beachten wären,[146] beruht das vermutlich auf der Fortführung veralteter Kommentierungen, die das außer Kraft der diskriminierenden Landesnormen nicht berücksichtigen. Sollte dennoch in einem PersVG eines Landes immer noch ein derartiger Ausschluss von geringfügigen Beschäftigten enthalten sein, wäre er im Übrigen nicht für die SBV-Wahl anwendbar; denn erstens ist ein im Widerspruch zum Bundesrecht (§ 4 TzBfG) stehendes Landesrecht nach Art. 31 GG verfassungswidrig und zweitens verdrängen die Beschränkungen der Wahlberechtigung im PersVG nicht die im Teil 3 des SGB IX geregelten Bestimmungen. Der Spezialitätsgrundsatz ist entgegen einer vereinzelten Stimme im Schrifttum[147] aus methodischen Gründen nur bei Konkurrenzsituationen von Normen mit gemeinsamer Teilmenge anwendbar. Eine derartige liegt nicht vor. Deshalb sind, wie im Wortlaut des § 177 Abs. 2 SGB IX ausdrücklich bestimmt, ausnahmslos alle in der Dienststelle beschäftigten schwerbehinderten Menschen unabhängig vom Umfang ihrer Beschäftigung wahlberechtigt.

Das **Personalvertretungsrecht** regelt in § 15 (entspricht weitgehend dem bis 14.6.2021 geltenden § 13) iVm § 4 BPersVG für den öffentlichen Dienst des Bundes und entsprechend den Landespersonalvertretungsgesetzen für den übrigen öffentlichen Dienst den Ausschluss bestimmter Gruppen von Beschäftigten von der aktiven Wahlberechtigung.

---

143 So auch *Pahlen* in Neumann/Pahlen/Greiner/Winkler/Jabben SGB IX § 177 Rn. 23.
144 *Sachadae*, Wahl der SchwbV, S. 213.
145 Art. 3 a des G v. 4.11.2004, BGBl. I 2686.
146 *Esser/Isenhardt* in jurisPK-SGB IX § 177 Rn. 22.
147 So *Adlhoch* in Ernst/Adlhoch/Seel SGB IX Rn. 44 zu § 94 aF.

Beispiele:

1. Als Beschäftigte gelten nach § 4 Abs. 5 Nr. 2 BPersVG (diese Norm ist bei der Neufassung des BPersVG durch die Novellierung zum 15.6.2021 gleich geblieben) nicht Personen, die überwiegend zu ihrer **Wiedereingewöhnung** beschäftigt werde. Das trifft auf arbeitsunfähige Beschäftigte in der Wiedereingliederung nach § 74 SGB V zu, weil sie nur auf Grundlage des Sozialversicherungsrechts.[148] Der personalvertretungsrechtliche Ausschluss hat jedoch für die Wahl zur SBV jedoch keine Auswirkung, weil nach § 177 Abs. 2 SGB IX alle Formen der Beschäftigung im Betrieb erfasst werden, in denen der schwerbehinderte Mensch tatsächlich fremdbestimmt nach Weisung arbeitet.[149] Das ist auch dann der Fall, wenn der schwerbehinderte Mensch im Rahmen einer sozialrechtlichen Wiedereingliederung, wenn auch quantitativ oder qualitativ eingeschränkt, nach Weisungen des Arbeitgebers arbeitet, um wieder zur vollen Leistungsfähigkeit herangeführt zu werde.
2. Nicht als Beschäftigte im Sinne des Personalvertretungsrechts gelten Freiwillige im Bundesfreiwilligendienst; denn § 13 Abs. 1 Satz 1 iVm § 4 Abs. 1 BPersVG (bei der Novellierung nicht verändert) setzt die Beschäftigteneigenschaft das Bestehen eines Arbeits- oder Beamtenverhältnisses voraus,[150] während die Freiweilligen in einem Rechtsverhältnis anderer Art nach § 13 JFDG bzw. § 13 BFDG Arbeit leisten Diese personalvertretungsrechtlichen Ausschlusstatbestände haben für die SBV Wahlen keine Bedeutung, denn nach § 177 Abs. 2 SGB IX sind alle in der Dienststelle beschäftigten schwerbehinderten Menschen wahlberechtigt, unabhängig davon, ob sie in der Dienststelle als Beschäftigte im Sinne von § 4 BPersVG oder entsprechenden landesrechtlichen Bestimmungen tätig sind. Maßgebend ist nur, ob sie fremdbestimmt in der Dienststelle nach Weisungen der Dienststellenleitung Arbeitsleistungen erbringen. Das ist der Fall. Sie bedürfen auch als schwerbehinderte Menschen wegen ihrer weisungsgebundenen Beschäftigung des Beistands der SBV.

17 **Stichtag Wahl:** Für Neueingestellte und Ausscheidende ist maßgeblich, dass am Tage der Wahl bereits die Beschäftigung aufgenommen worden ist oder noch andauert. Für Ausscheidende ist maßgeblich, dass am Tag der Wahl die Beschäftigung noch andauert. Die Beschäftigung bedeutet mehr als der bloße Bestand eines Rechtsverhältnisses (zur Freistellungsphase in der Altersteilzeit → Rn. 16). Es muss noch bis zum Wahltag eine Verpflichtung zur Erbringung von Arbeitsleistung bestehen.[151] Daher sind alle diejenigen wahlberechtigt, die nicht unter allen Umständen unwiderruflich bis zum Auslaufen des Arbeits- oder sonstigen zur Arbeitsleistung verpflichtenden Rechtsverhältnisses von der Arbeitspflicht freigestellt sind. Wer bis zum Ende des Arbeitsverhältnisses Urlaub in Anspruch nimmt oder zum Ausgleich des Arbeitszeitkontos freie Tage nimmt, ist wahlberechtigt; denn es kann nicht völlig ausgeschlossen werden, dass – wenn auch in nur in besonderen Notsituationen – seine Arbeitspflicht wieder auflebt.

Erfolgt nach Ablauf der Kündigungsfrist eine vorläufige Weiterbeschäftigung, so dauert die Eingliederung mit der Folge an, dass der Gekündigte weiter wahl-

---

148 *Noll* in Altvater BPersVG § 4 Rn. 14.
149 *Sachadae*, Wahl der SchwbV, 2013, S. 170.
150 BVerwG 26.11.2008 – BVerwG 6 P 7.08 – BVerwGE 132, 276; BVerwG 14.12.2009 – BVerwG 6 P 16.08 – BVerwGE 135, 384; BVerwG 3.11.2011 – BVerwG 6 P 14.10, Buchholz 251.91 § 68 SächsPersVG Nr. 1 Rn. 13.
151 Überzeugend: *Sachadae*, Wahl der SchwbV, 2013, S. 154–170.

berechtigt ist. Unerheblich ist, ob der Arbeitgeber „freiwillig" zur Minderung des Annahmeverzugsrisikos beschäftigt, oder aufgrund einer gerichtlichen Verurteilung im Wege der Zwangsvollstreckung erfolgt. Erfolgt keine Weiterbeschäftigung so besteht nach der Rspr. des BAG zu § 7 BetrVG keine Wahlberechtigung.[152] Im Schrifttum wird vertreten, es reiche für die Wahlberechtigung aus, wenn der Arbeitnehmer gegen die Kündigung klage und der Arbeitgeber aufgrund eines ordnungsgemäßen Widerspruchs des Betriebsrats iSv § 102 Abs. 3 BetrVG zur Weiterbeschäftigung nach § 102 Abs. 5 Satz 1 BetrVG bis zum Abschluss des Rechtsstreits verpflichtet sei.[153] Dafür spricht, dass der Gesetzgeber die Entbindung von der Weiterbeschäftigungspflicht in § 102 Abs. 5 Satz 2 BetrVG an den Erlass einer einstweiligen Verfügung bindet. Damit hat der Gesetzgeber zu erkennen gegeben, dass bis zur Erlass der einstweiligen Verfügung der Arbeitnehmer zu Belegschaft gehören soll. Noch ungeklärt in höchstrichterlichen Rspr. ist die Rechtsfrage, ob das Wahlrecht wieder auflebt, sobald zusätzlich zur Feststellung der Unwirksamkeit der Kündigung eine Verurteilung zur Weiterbeschäftigung in Anwendung der Grundsätze des Großen Senats[154] erfolgt. Diese Frage hat ein LAG bejaht: Ein Gekündigter, der erstinstanzlich seinen Kündigungsschutzprozess gewonnen und eine vollstreckbare Verpflichtung des Arbeitgebers zur tatsächlichen Beschäftigung erstritten hat, ist auch ohne tatsächliche Beschäftigung aktiv wahlberechtigt im Sinne von § 7 BetrVG.[155] Wenn der Arbeitgeber einer gerichtlich titulierten Verpflichtung zur tatsächlichen Beschäftigung nicht folge, könne daraus kein Verlust des aktiven Wahlrechts abgeleitet werden.[156] Angesichts des Streits im Schrifttum ist jedoch in dieser Situation als sicherer Weg zu empfehlen, die Zwangsvollstreckung einzuleiten um die tatsächliche Beschäftigung zu erzwingen.

Das Wahlrecht besteht für schwerbehinderte Leiharbeitnehmer schon dann, wenn spätestens am Wahltag die Überlassung zur Arbeitsleistung beginnt und diese auf länger als drei Monate angelegt ist.[157] Die frühere Unterscheidung zwischen unechter (im Sinne von gelegentlicher)[158] und echter Leiharbeit ist seit der Beendigung der Privilegierung der nichtgewerbsmäßigen Überlassung durch Ausweitung des AÜG auf alle Überlassungen in Rahmen wirtschaftlicher Tätigkeit durch das AÜG Reformgesetz von 2011 praktisch bedeutungslos geworden.[159] Im Übrigen ist die Unterscheidung in der Frage der Wahlberechtigung irrelevant, weil auch für den Fall der echten Leiharbeit davon ausgegangen wird, dass das Wahlrecht bereits ab dem Tag der Eingliederung durch Arbeitsaufnahme im Einsatzbetrieb besteht, wenn eine Mindesteingliederungszeit von

---

152 BAG 10.11. 2004 – 7 ABR 12/04, Rn. 15 f., NZA 2005, 707: BAG 14. 5.1997 – 7 ABR 26/96, Rn. 15, BAGE 85, 370 = AP BetrVG 1972 § 8 Nr. 6.
153 *Homburg* in DKW BetrVG § 7 Rn. 14; *Brors* in HaKo-BetrVG Rn. 10; aA *Raab* in GK-BetrVG § 7 Rn. 44; *Koch* in ErfK BetrVG § 7 Rn. 1, die auf die tatsächliche Beschäftigung als maßgeblich abstellen.
154 BAG 27.2.1985 – GS 1/84, BAGE 48, 122.
155 LAG München 12.6.2007 – 6 TaBV 58/07, juris Rn. 28.
156 LAG München 12.6.2007 – 6 TaBV 58/07, juris Rn. 28.
157 *Adlhoch* in Ernst/Adlhoch/Seel SGB IX § 94 Rn. 42; *Brors* in HaKo-BetrVG § 7 Rn. 17; unklar *Fitting* in Fitting BetrVG § 7 Rn. 37 „länger als drei Monate eingesetzt werden".
158 Vgl. *Koch* in Schaub ArbR-HdB, 17. Aufl. 2017, § 120 Rn. 5.
159 *Kloppenburg* in HaKo-BetrVG § 5 Rn. 41, so auch mit überzeugenden Argumenten *Wank* in ErfK Einl. AÜG Rn. 15.

drei Monaten zu erwarten ist.¹⁶⁰ Zum Zeitpunkt der Wahl muss die Schwerhinderung oder Gleichstellung schon festgestellt sein. Es genügt nicht nach § 152 Abs. 1 Satz 2 die **rechtzeitige Antragstellung** bei der Feststellungsbehörde. Es muss zum Zeitpunkt der Stimmabgabe auch noch die Feststellung wirken. Ist die Verringerung des Grades der Behinderung auf weniger als 50 festgestellt oder ist die Gleichstellung widerrufen, kann der Betroffene noch sein Wahlrecht ausüben, wenn die Wahlen innerhalb der drei Monate nach Eintritt der Bestandskraft schützenden Auslauffrist iSv § 199 Abs. 1 und 2 SGB IX stattfinden. Unerheblich kann damit sein, dass die Befristung auf dem Schwerbehindertenausweis bereits abgelaufen ist. Es kommt dann darauf an, ob der innerhalb der Auslauffrist bestehende sog. **nachwirkende Schutz** noch gilt. Das ist ein Problem für den Nachweis. Der Betroffene kann sich nicht mehr auf die Nachweisfunktion des Ausweises berufen, es obliegt ihm die Reichweite seines nachwirkenden Schutzes für schwerbehinderten Menschen zu belegen.

3. Passives Wahlrecht (Abs. 3)

18 **Schwerbehindertenrechtliche Voraussetzungen der Wählbarkeit zur SBV:** Die Wählbarkeit zur Vertrauensperson oder zu einem stellvertretenden Mitglied der SBV ist in Abs. 3 **eigenständig** geregelt. Sie betrifft nicht die Wählbarkeit zu einem Mitglied des Wahlvorstands nach § 1 Abs. 2 SchwbVWO oder zur Wahlleitung nach § 19 Abs. 1 SchwbVWO; denn diese die Wahl vorbereitenden Aufgaben kann mangels entgegenstehender Regelungen jeder Wahlberechtigte ausüben. Die Wählbarkeit iSd Abs. 3 setzt abweichend vom Regelungssystem des BetrVG und des Personalvertretungsrechts nicht die aktive Wahlberechtigung voraus. Damit bilden die tatbestandlichen Voraussetzungen der Wahlberechtigung hier keine Teilmenge der für die Wählbarkeit aufgestellten Voraussetzungen. Folglich ist es methodisch ausgeschlossen, Bestimmungen des BetrVG und Personalvertretungsrechts als „speziellere" Vorschriften¹⁶¹ zur Anwendung zu bringen. Das schließt nicht die Anwendbarkeit des BetrVG und des Personalvertretungsrechts aus, soweit auf dortige Bestimmungen in § 170 Abs. 1 Satz 2 SGB IX für den Betriebsbegriff verwiesen wird oder bei einer planwidrigen Gesetzeslücke eine interessengerechte analoge Anwendung geboten ist.

Das SGB IX räumt die Wählbarkeit zur SBV **allen** ein,

1. die **nicht nur vorübergehend** in dem Betrieb oder in der Dienststelle **Beschäftigte** sind (Satz 1 Hs. 1 Alt. 1) und
2. die am Wahltag das Mindestalter von **18. Lebensjahr**¹⁶² vollendet haben (Satz 1 Hs. 1 Alt. 2) und.
3. die am Wahltag dem Betrieb oder der Dienststelle seit sechs Monaten **angehören** (Satz 1 Hs. 2). Besteht der Betrieb oder die Dienststelle erst weniger als ein Jahr, bedarf es nach § 177 Abs. 3 Satz 1 Hs. 2 für die Wählbarkeit keiner sechsmonatigen Zugehörigkeit zu dem Betrieb oder der Dienststelle.

Daraus ergeben sich für die Wahlbewerber, die die Altersgrenze 18 Jahre erreichen, folgende Voraussetzungen, die sie erfüllen müssen:

---

160 *Fitting* in Fitting, 29. Aufl. 2018, BetrVG § 5 Rn. 235 hält ohne Berücksichtigung der AÜG-Reformgesetze an der überholten Unterscheidung von echter und unechter Leiharbeit fest und bejaht das Wahlrecht der echten Leiharbeitnehmer, „wenn sie dort länger als drei Monate eingesetzt werden sollen".
161 So *Adlhoch* in Ernst/Adlhoch/Seel SGB IX Rn. 44 zu § 94 aF.
162 Dieses Mindestalter von 18 Jahren für die Wählbarkeit ist durch Art. 1 Nr. 2 des Betriebsrätemodernisierungsgesetzes auch in § 8 Abs. 1 Satz 1 BetrVG klargestellt worden. Der Klarstellungsbedarf entstand, weil das Mindestalter für das aktive Wahlrecht auf 16 Jahre herabgesetzt ist.

1. Sie dürfen nicht nur vorübergehend in dem Betrieb oder in der Dienststelle beschäftigt werden (→ Rn. 23),
2. sie müssen am Wahltag, wenn der Betrieb oder die Dienstelle ein Jahr und länger bestehen, dem Betrieb mindestens sechs Monate angehören, oder folgende anrechnungsfähigen Beschäftigungszeiten nachweisen:
   – Zeiten nach § 8 Abs. 1 Satz 2 BetrVG, in denen der Arbeitnehmer unmittelbar vorher einem anderen Betrieb desselben Unternehmens oder Konzerns angehört hat und
   – Zeiten, in denen er als Leiharbeitnehmer im entleihenden Betrieb beschäftigt wurde, wenn der Arbeitnehmer im unmittelbaren Anschluss an die Überlassung ein Arbeitsverhältnis mit dem Entleiher begründet,[163]
3. sie dürfen nicht von der Wählbarkeit ausgeschlossen sein, weil sie kraft Gesetzes nicht dem Betriebs- oder Personalrat angehören können (§ 177 Abs. 3 Satz 2 SGB IX), → Rn. 19.

Es ist keine Voraussetzung, dass jemand, der sich um die Wahl bewirbt, ein **schwerbehinderter oder ihm gleichgestellter** Mensch sein muss.[164] Das ist ausdrücklich in § 177 Abs. 3 Satz 1 durch Weglassen des Adjektivs „schwerbehindert" klargestellt. Damit ist die in § 177 Abs. 2 SGB IX geregelte Wahlberechtigung keine Voraussetzung der Wählbarkeit.

Die Wählbarkeit setzt gemäß der jüngeren Rspr. nach Aufgabe der Kumulationstheorie nicht mehr voraus, dass ein im Betrieb **beschäftigter** (Beschäftigung → Rn. 13 am Anfang) Wahlbewerber in einem Arbeitsverhältnis oder sonstigen Rechtsverhältnis (zB öffentlichen Dienstverhältnis) zum Betriebsinhaber stehen muss.[165] Das ergibt sich schon aus dem Gesetzeswortlaut. Zu Recht weist der Siebte Senat darauf hin: Anders als § 5 BetrVG knüpft § 177 Abs. 3 Satz 1 SGB IX nicht an den Arbeitnehmerbegriff, sondern an die „Beschäftigung" an. Der Begriff „Beschäftigung" ist weiter als der der „Arbeit".[166] Damit knüpft der Siebte Senat an seine ältere Rspr. zur aktiven Wahlberechtigung von Rehabilitanden nach § 24 Abs. 2 SchwbG[167] an.

Da für Wahlbewerber die zusätzliche Voraussetzung aufgestellt ist „**nicht nur vorübergehend** beschäftigt", bedarf es nicht nur einer am Wahltag bereits zurückliegenden sechsmonatigen Mindestbeschäftigungszeit, sondern auch einer am Wahltag noch **zu erwartenden ausreichenden Beschäftigungsdauer**.[168] In dem vom BAG entschiedenen Fall konnte offenbleiben, wie weit diese Erwartung zeitlich zu bemessen ist. Es ging dort um einen schwerbehinderten Beschäftigten, der bis zum 31.12.2018 dem Betrieb „gestellt" war, während die Wahlperiode schon im Oktober 2018 ablief. Unter Berücksichtigung des Zwecks der Regelung, ein alsbaldiges Ausscheiden der gewählten Vertrauensperson zu vermeiden und dadurch die Funktionsfähigkeit der Schwerbehindertenvertretung zu gewährleisten, konnte hier das BAG feststellen, es sei von einer nicht nur vorübergehenden Beschäftigung jedenfalls dann auszugehen, wenn die Beschäftigung angesichts dieser Befristung voraussichtlich während der gesamten anste-

---

163 BAG 10.10.2012 – 7 ABR 53/11, AP Nr. 15 zu § 8 BetrVG 1972.
164 Allgemeine Ansicht, vgl. *Pahlen* in Neumann/Pahlen/Greiner/Winkler/Jabben SGB IX § 177 Rn. 25.
165 Vgl. BAG 25.10.2017 – 7 ABR 2/16, Rn. 20 f., NZA 2018, 252; LAG Bln-Bbg 22.10.2015 – 18 TaBV 980/15.
166 Vgl. *Wahrig*, Deutsches Wörterbuch, 9. Aufl. 2011, S. 256.
167 Vgl. BAG 27.6.2001 – 7 ABR 50/99, zu B I 2 b aa der Gründe BAGE 98, 151.
168 BAG 25.10.2017 – 7 ABR 2/16, Rn. 23, Behindertenrecht 2018, 121.

henden Amtszeit andauern werde.[169] Somit ist noch nicht von der Rspr. geklärt, wie lange „nicht nur vorübergehend" zu veranschlagen ist. Angesichts der vierjährigen Amtszeit der SBV (→ Rn. 99) müsste als Minimum eine zu erwartende Amtszeit von einem Jahr verlangt werden. Das entspricht der Amtszeit, die in dem Gesetz zur Änderung des Gesetzes über die Beschäftigung **Schwerbeschädigter**, in Kraft getreten am 1.1.1923[170], festgelegt wurde. Danach erhielt § 11 Abs. 2 Satz 1 folgende Fassung:

„Sofern in einem Betriebe wenigstens fünf schwerbeschädigte Arbeitnehmer nicht nur vorübergehend beschäftigt sind, haben sie für diese Aufgabe auf die Dauer eines Jahres einen Vertrauensmann zu bestellen, der tunlichst ein Schwerbeschäftigter sein soll."

Eine weitergehende Bemessung wäre problematisch. Entgegen § 4 Abs. 2 TzBfG würden dann alle sachgrundlos befristeten Arbeitnehmer angesichts der in § 14 Abs. 2 TzBfG bestimmten zweijährigen Höchstfrist de facto von der Wählbarkeit ausgeschlossen. Gleiche Bedenken bestehen gegen den mithilfe einer zu lang gefassten Mindestamtszeit für den Ausschluss von Beamten mit einem befristeten Beamtenverhältnis.

Wählbarkeit eines schwerbehinderten Arbeitnehmers nach Ablauf der Kündigungsfrist: Die Rspr. geht für die Wählbarkeit über die Grundsätze, die sie zur Wahlberechtigung aufgestellt hat (→ Rn. 17) hinaus. Der entlassene Arbeitnehmer, der Kündigungsschutzklage erhoben hat, behält sein passives Wahlrecht auch noch dann, wenn die Wahl nach Ablauf der Kündigungsfrist durchgeführt und er während des laufenden Prozesses nicht weiterbeschäftigt wird.[171] Gerechtfertigt wird die besondere Rechtslage damit, dass es ausgeschlossen werden muss, unliebsame Kandidaten durch unwirksame Kündigungen von der Wählbarkeit auszuschließen.[172] Bis zur Rechtskraft des Kündigungsrechtsstreits bleibt dann bei erfolgter Wahl des Gekündigten zur Vertrauensperson dessen Amt in der Schwebe.[173] Bis zur rechtskräftigen Klärung der Unwirksamkeit der Kündigung kann er das Amt nicht antreten, sondern wird vom gewählten stellvertretenden Mitglied vertreten.

Die **Teilnehmer an Freiwilligendienste** sind in Thüringen zwar wahlberechtigt, aber nach § 14 Abs. 2 Nr. 3 iVm § 4 Abs. 2 ThürPersVG 2019 von der Wählbarkeit zu den Personalvertretungen ausgeschlossen: „Nicht wählbar sind (...)". Damit sind sie auch nicht nach § 177 Abs. 3 Satz 2 SGB IX zur SBV wählbar.

Nach dem bis 29.12.2016 geltendem Recht waren gemäß § 94 Abs. 4 SGB IX aF **Soldaten und Soldatinnen** nur wählbar bei den Dienststellen der Bundeswehr, bei denen eine Vertretung der Soldaten nach dem BPersVG zu wählen war. Art. 2 Nr. 5 b BTHG hat diese Rechtslage geändert. Mit der Streichung der Wortfolge „bei denen eine Vertretung der Soldaten nach dem Bundespersonalvertretungsgesetz zu wählen ist" ist allen Soldatinnen und Soldaten das passive Wahlrecht zu den Schwerbehindertenvertretungen in allen Dienststellen eingeräumt worden.[174] Diese zum 30.12.2016 erfolgte Änderung ist in der mit Wirkung zum 1.1.2018 umnummerierten Vorschrift § 177 Abs. 4 wortlautidentisch übernommen worden. Auf die Staatsangehörigkeit eines Wahlbewerbers kommt es nicht an.

---

169 BAG 25.10.2017 – 7 ABR 2/16, Rn. 23, Behindertenrecht 2018, 121.
170 RGBl. 1922, 972.
171 So zur Betriebsratswahl: BAG 10.11.2004 – 7 ABR 12/04, NZA 2005, 707.
172 Überzeugend: *Fitting* BetrVG § 8 Rn. 18 ff.
173 *Fitting* BetrVG § 8 Rn. 20.
174 Einzelheiten: *Düwell* in Düwell/Beyer Beschäftigte Rn. 330, 331.

Ausschluss von der Wählbarkeit zur SBV: Nach § 177 Abs. 3 Satz 2 ist nicht 19 wählbar, wer kraft Gesetzes dem Betriebs- oder Personalrat nicht angehören kann. Das betrifft diejenigen schwerbehinderten Menschen, die in der Privatwirtschaft nach Aufgaben und Stellung im Betrieb als **leitende Angestellte** iSv § 5 Abs. 3 BetrVG anzusehen sind. Ausgeschlossen ist auch, wer gesetzliche oder satzungsmäßige Arbeitgeberfunktionen wahrnimmt. Dazu gehören insbesondere **Dienststellenleiter** und deren Stellvertreter im Amt, Präsidenten, Vizepräsidenten und **Direktoren** von Gerichten (vgl. zB § 17 Abs. 3 LRiG NW) sowie Beschäftigte, die zur selbstständigen Entscheidung in Personalangelegenheiten berufen sind, § 15 Abs. 2 Nr. 4 BPersVG nF.

Da sie nach § 181 Satz 1 den Arbeitgeber verantwortlich vertreten, sollen auch **Inklusionsbeauftragte** von der Wählbarkeit ausgeschlossen sein.[175] Bei näherer Betrachtung zeigt sich jedoch, dass nur ein Fall der Unvereinbarkeit der Wahrnehmung von zwei kollidierenden Ämtern vorliegt, (→ Rn. 21).

§ 177 Abs. 3 Satz 2 SGB IX bewirkt den Ausschluss der Beschäftigten von der Wählbarkeit zur SBV, die nach personalvertretungsrechtlichen Vorschriften nicht wählbar sind; denn wer nicht wählbar ist, kann nicht kraft Gesetzes dem Personalrat angehören. Für den öffentlichen Dienst des Bundes war nach § 14 Abs. 2 BPersVG aF bis 2004 nicht wählbar, wer wöchentlich regelmäßig weniger als 14 Stunden beschäftigt wurde. Diese Bestimmung ist aufgehoben.[176] Es bestanden in den Ländern (noch nicht überall aufgehobene) Einschränkungen für Beschäftigte, die kurzzeitig oder geringfügig beschäftigt werden.[177]

In dem Gesetz zur Novellierung des BPersVG, von der Bundesregierung vorgelegt,[178] am 22.4.2021 vom Bundestag beschlossen,[179] und am 14.6.2021 mit Inkrafttreten zum 15.6.2021 verkündet,[180] werden die Ausschlustatbestände neugefasst. Nach § 15 Abs. 2 Nr. 4 BPersVG nF sind von der Wählbarkeit in die Personalvertretung ihrer Dienststelle die in § 8 BPersVG genannten Personen ausgeschlossen. Das sind:
- die Leiterin oder der Leiter der Dienststelle,
- die ständige Vertreterin oder sein ständiger Vertreter
- bei obersten Dienstbehörden auch die Leiterin oder der Leiter der Abteilung für Personal- und Verwaltungsangelegenheiten, die zur Vertreterin oder zum Vertreter der Dienststellenleitung bestimmt sind.
- bei Bundesoberbehörden ohne nachgeordnete Dienststellen und bei Behörden der Mittelstufe auch die jeweils entsprechende Abteilungsleiterin oder den jeweils entsprechenden Abteilungsleiter, die zur Vertreterin oder zum Vertreter der Dienststellenleitung bestimmt sind.

Zusätzlich sollen nach § 15 Abs. 2 Nr. 4 BPersVG nF nicht die Beschäftigten wählbar sein, die zu selbständigen Entscheidungen in Personalangelegenheiten der Dienststelle befugt sind. Die Rspr. hat zutreffend erkannt, dass dem Ausschluss von der Wählbarkeit der Grundsatz zugrunde liegt, eine Dienstkraft, die personalrechtliche Entscheidung trifft, soll nicht gleichzeitig als Mitglied der Personalvertretung mit Personalangelegenheiten befasst sein. Demge-

---

175 VG Aachen 25.11.1999 – 16 K 371/99. PVL PersR 2000, 13; weitere Einzelheiten → Rn. 21.
176 Art. 3 a G v. 4.11.2004, BGBl. I 2686 mWv 1.1.2005.
177 Vgl. § 3 Abs. 3 Nr. 6 HPVG, § 4 Abs. 3 Nr. 3 NPersVG aF, § 4 Abs. 5 Nr. 5 LPersVG RP 5: „die nicht länger als zwei Monate beschäftigt sind"; § 4 Abs. 5 Nr. 5 ThürPersVG. „die für weniger als zwei Monate beschäftigt sind"".
178 BT-Drs. 19/26820.
179 BT-Plenarprotokoll 19/224, S. 28533B.
180 BGBl. I 1614.

mäß ist die Wählbarkeit schon dann zu verneinen, wenn die Möglichkeit einer Vermischung beider Funktionen gegeben ist. Bereits die Mitgliedschaft in einem Gremium, das die wesentlichen personalrechtlichen Entscheidungen für die Beschäftigten der Dienststelle treffen kann, schließt die Wählbarkeit aus.[181] Daraus ergibt sich jedoch noch nicht, dass in einem Krankenhaus eine in der **Pflegedienstleitung** tätige Dienstkraft von der Wählbarkeit in den Personalrat ausgeschlossen sein muss. Vielmehr hängt die Beantwortung dieser Frage von der konkreten Ausgestaltung der Verantwortlichkeit in der Betriebsordnung ab. Erst wenn die Befugnis zur Entscheidung in Mitbestimmungs- und Mitwirkungsangelegenheiten besteht, wird die Pflegedienstleitung zum Gegenspieler des Personalrats. Weder reichen die Beteiligung an der Umsetzung der Entscheidung anderer[182] noch die Befugnis zur Abgabe dienstlicher Beurteilungen und zur Erteilung von Urlaub für den Ausschluss von der Wählbarkeit aus.[183]

Ausgeschlossen von der Wählbarkeit zu einer Personalvertretung im Bund sind nach § 15 Abs. 1 BPersVG nF alle, die nicht nach § 14 BPersVG nF als Wahlberechtigte anzusehen sind. Diese Bestimmung schlägt auf die Wählbarkeit zur SBV durch; denn nach § 177 Abs. 3 Satz 2 SGB IX ist nicht wählbar, wer kraft Gesetzes nicht dem Personalrat angehören kann. Wer zum Personalrat nicht wählbar ist, kann ihm nicht angehören. Allerdings sieht für ohne Bezüge Beurlaubte § 15 Abs. 2 Nr. 2 BPersVG nF eine **Öffnung der Wählbarkeit zum Personalrat** vor, soweit die **Beurlaubung am Wahltag weniger als zwölf Monate**, also bis zwölf Monate, andauert. Die bis zum 14.6.2021 geltende Regelung in § 13 Abs. 1 Satz 2 BPersVG aF schloss vom aktiven Wahlrecht und damit auch von der Wählbarkeit Beschäftigte aus, die am Wahltag seit mehr als sechs Monaten unter Fortfall der Bezüge beurlaubt waren. Die Neufassung weitet somit das Behalten des Wahlrechts auf bis zu zwölf Monate Beurlaubungsdauer aus. Diese Bestimmung schlägt auf das passive Wahlrecht zur SBV in den Dienststellen und öffentlichen Betrieben des Bundes durch; denn die Ausschlusswirkung wirkt weniger stark als bisher. Wessen Freistellung am Wahltag bis zu zwölf Monate andauert, ist nun trotz Freistellung wählbar. Werden derartig Freigestellte gewählt, können sie zwar ihr Amt ausüben, haben jedoch keinen Anspruch auf Vergütung; denn nach § 179 Abs. 4 Satz 1 SGB IX wird nur die infolge Amtstätigkeit ausfallende berufliche Tätigkeit entlohnt. Deshalb ist davon auszugehen, dass die gewählten freigestellten Vertrauenspersonen für die Dauer der Freistellung regelmäßig verhindert sind und für die Dauer ihrer Freistellung durch das erste stellvertretende Mitglied nach § 177 Abs. 1 Satz 1 SGB IX vertreten werden. Etwas anderes könnte nur in Betracht kommen, soweit sie bereit wären in Kenntnis des fehlenden Anspruchs auf Entgeltfortzahlung nach § 179 Abs. 4 SGB IX während der Zeit der Beurlaubung ohne Bezüge IX das Ehrenamt wahrnehmen zu wollen. Rechtlich könnte zudem die Rspr. der Verwaltungsgerichte entgegengehalten werden, nach der während des Urlaubs stets ein Fall der Verhinderung vorliegt, der eine Teilnahme an der Sitzung ausschließt.[184]

Für Betriebe und Dienststellen galt nach der früher vom BAG vertretenen sog. „Zwei-Komponenten-Lehre", die auch als „**Kumulationstheorie**" bezeichnet wird, dass zu der durch Eingliederung vermittelten Betriebszugehörigkeit auch

---

181 VG München 5.5.2021 – M 20 PE 21.1629.
182 VG München 5.5.2021 – M 20 PE 21.1629, juris Rn. 57.
183 VG München 5.5.2021 – M 20 PE 21.1629, juris Rn. 54 unter Bezug auf BVerwG 10.5.1982 – 6 P 40.80, BVerwGE 65, 297.
184 So VG Köln 21.11.2014 – 33 K 6754/13.PVB, juris Rn. 20; aA BAG 8.9.2011 – 2 AZR 388/10, juris Rn. 24, 29, NZA 2012, 400.

noch kumulativ ein Arbeitsverhältnis zum Betriebsinhaber hinzutreten muss.[185] Diese Theorie liegt der Rspr. zugrunde, nach der schwerbehinderte Menschen, die in den Berufsausbildungswerken als sogenannte **Rehabilitanden** zu ihrer eigenen beruflichen Rehabilitation beschäftigt wurden, zwar wählen durften, aber nicht als wählbar angesehen wurden, weil sie nicht als Arbeitnehmer des Betriebsinhabers galten.[186] Daran hat die neuere Rspr. nicht festgehalten. Danach muss für die Wählbarkeit als Vertrauensperson der schwerbehinderten Menschen kein Arbeitsverhältnis zum Betriebsinhaber bestehen.[187]

Für **Leiharbeitnehmer** wird eine differenzierte Lösung vertreten. Nur die sogenannten **unechten Leiharbeitnehmer** werden als von dem persönlichen Geltungsbereich des AÜG erfasst angesehen, mit der Folge, dass diese von der Wählbarkeit ausgeschlossen sein sollen und die echten Leiharbeitnehmer, die nicht dem AÜG unterfallen, nach einer Einsatzzeit von sechs Monaten wählbar sein sollen.[188] Die Unterscheidung zwischen echter und unechter Leiharbeit ist jedoch überholt.[189] § 14 Abs. 2 Satz 1 AÜG schließt alle zur Arbeitsleistung im Rahmen einer wirtschaftliche Tätigkeit überlassenen Arbeitnehmer (= Leiharbeitnehmer nach § 1 Abs. 1 Satz 1 AÜG) von der Wählbarkeit zu den „betriebsverfassungsrechtlichen Arbeitnehmervertretungen im Entleiherbetrieb" aus. Ob mit dieser Formulierung auch die SBVen als Teile der „betriebsverfassungsrechtlichen Arbeitnehmervertretungen erfasst sein sollen, ist unklar. Diese Rechtsfrage bedarf jedoch keiner abschließenden Klärung; denn nach § 177 Abs. 3 Satz 2 SGB IX gilt, dass nicht zur SBV wählbar ist, wer nicht dem Betriebsrat angehören kann. Der Ausschluss vom Betriebsratsamt im Entleiherbetriebsrat ist § 14 Abs. 2 Satz 1 AÜG unzweifelhaft bestimmt. Damit sind Leiharbeitnehmer auch dann nicht zur SBV im Entleiherbetrieb wählbar, wenn sie wenigstens sechs Monate im Entleiherbetrieb beschäftigt sind.

Die hauptsächlich in Heimarbeit für den Betrieb Beschäftigten sind nach § 5 Abs. 1 Satz 2 BetrVG berechtigt, an der Wahl zum Betriebsrat teilzunehmen (→ Rn. 13, Stichwort Heimarbeit). Sie sind als Wahlberechtigte nach § 8 Satz 1 BetrVG auch zum Betriebsrat wählbar, wenn sie sechs Monate in der Hauptsache für den Betrieb gearbeitet haben. Diese Regelung ist zwar nicht unmittelbar auf die Wählbarkeit zur betrieblichen SBV übertragbar, weil in § 177 Abs. 3 SGB IX eine eigenständige Regelung getroffen ist. Da aber nach der jüngeren Rspr. der Begriff der Beschäftigung in § 177 Abs. 3 Satz 1 SGB IX kein Arbeitsverhältnis voraussetzt[190] und nach Satz 2 auch kein Ausschlusstatbestand vom Betriebsrat vorliegt, ist maßgebend, ob die Fiktion aus § 5 Abs. 1 Satz 2 BetrVG „in der Hauptsache für den Betrieb arbeiten" gleichzusetzen ist mit „im Betrieb beschäftigt". Das wird im Schrifttum zu Recht bejaht.[191]

Sonderfälle: Im Schrifttum werden die in Betrieben und Dienststellen tätigen 20 **Freiwilligen im Jugend- oder Bundesfreiwilligendienst** pauschal ohne nähere Be-

---

185 BAG 7.5.2008 – 7 ABR 17/07, NZA 2008, 1142; BAG 15.3.2006 – 7 ABR 39/05, EzAÜG BetrVG Nr. 93.
186 BAG 20.1.1994 – 7 ABR 13/92, BAGE 75, 312; 20.3.1996 – 7 ABR 46/95, AP BetrVG 1972 § 5 Ausbildung Nr. 9; BAG 27.6.2001 – 7 ABR 50/99, Behindertenrecht 2001, 203.
187 Vgl. BAG 25.10.2017 – 7 ABR 2/16, NZA 2018, 252; LAG Bln-Bbg 22.10.2015 – 18 TaBV 980/15.
188 So noch immer: *Fitting* BetrVG § 5 Rn. 241.
189 *Kloppenburg* in Hako-BetrVG § 5 Rn. 41, so auch mit überzeugenden Argumenten *Wank* in ErfK Einl. AÜG Rn. 15.
190 Vgl. BAG 25.10.2017 – 7 ABR 2/16, NZA 2018, 252; LAG Bln-Bbg 22.10.2015 – 18 TaBV 980/15.
191 Grundlegend: *Sachadae*, Wahl der SchwbV, 2013, S. 166 f.

gründung als nicht wählbar angesehen.[192] Diese Freiwilligen stehen zwar nicht in einem unmittelbar mit den Einrichtungen begründeten Rechtsverhältnis, bei denen sie eingesetzt werden. Das ist nach § 177 Abs. 3 Satz 1 auch nicht erforderlich; denn in der ersten Satzhälfte dieser Bestimmung wird nur auf eine Beschäftigung „im Betrieb" bzw. „in der Dienststelle" abgestellt. Es fehlt nämlich eine Bestimmung, dass der weisungsberechtigte Leiter der Einrichtung, der sie zugewiesen sind, auch ihr Arbeitgeber oder Dienstherr sein muss. Allerdings ist fraglich, ob die Freiwilligen die in § 177 Abs. 3 Satz 1 Hs. 2 aufgestellte Voraussetzung erfüllen „dem Betrieb oder der Dienststelle seit sechs Monaten angehören". Wird auf die bloße Dauer abgestellt, so könnten sie ab einer sechsmonatigen Eingliederung das passive Wahlrecht erlangen. Allerdings könnte die Formulierung „angehören" dafür sprechen, dass mehr als eine bloße Eingliederung vorausgesetzt wird, nämlich die Zugehörigkeit zur betriebsverfassungsrechtlich definierten Belegschaft des Betrieb oder zur personalvertretungsrechtlich definierten Belegschaft der Dienststelle. Die Rspr. lässt zur Erfüllung dieses Merkmals „mindestens sechs Monate angehören" jedoch die Dauer der Eingliederung genügen. Diese liegt vor, wenn die Person nach Weisungen des Leiters an der Erfüllung öffentlicher Aufgaben mitwirkt.[193] Allerdings setzt § 4 Abs. 1 BPersVG (aF wie nF) für die Zugehörigkeit zur Belegschaft ein Arbeits- oder Beamtenverhältnis voraus.[194] Daran mangelt es bei den Teilnehmern an allen Arten der Freiwilligendienste, die ein besonderes Rechtsverhältnis begründen, das nicht mit der Dienststelle besteht, in der sie eingesetzt werden. Sie sind daher nach § 177 Abs. 3 Satz 2 SGB IX nicht wählbar.

Die Inanspruchnahme der **Elternzeit** schließt die Wählbarkeit nicht aus.[195] Weder führt die Inanspruchnahme der Elternzeit nach § 24 Nr. 3 BetrVG zum Erlöschen der Mitgliedschaft im Betriebsrat noch nach § 25 Abs. 1 Satz 2 BetrVG zu einer zeitweiligen Verhinderung. Die Elternzeit führt auch nicht zum Verlust der Wählbarkeit nach § 8 Abs. 1 BetrVG; denn die für die Wählbarkeit erforderliche tatsächliche Beziehung zum Betrieb endet nicht deshalb, weil der Arbeitnehmer während der Elternzeit nicht im Betrieb eingegliedert ist. Maßgebend ist, dass nach Ende der Elternzeit die Rückkehr in den Betrieb stattfindet. Betriebsratsmitglieder sind wählbar. Anders ist die Rechtslage im öffentlichen Dienst. In einigen Landespersonalvertretungsgesetzen werden Beschäftigte von der Wahlberechtigung und der Wählbarkeit zum Personalrat ausgenommen, wenn deren Elternzeit unter Wegfall der Bezüge am Wahltag länger als sechs Monate gedauert hat. Das beruht auf Bestimmungen, nach denen alle Angehörigen der Dienststelle, die am Wahltag länger als sechs Monate unter Wegfall der Bezüge beurlaubt sind, als nicht wahlberechtigt gelten. So bestimmt § 12 Abs. Satz 2 SPersVG für diesen Personenkreis die Ausnahme von der Wahlberechtigung. Da die Wählbarkeit nach § 13 Abs. SPersVG die Wahlberechtigung im Sinne von § 12 SPersVG voraussetzt, folgert daraus die verwaltungsgerichtliche Rspr., dass nur die aktiv Wahlberechtigten einer Dienststelle zu dem dort zu bildenden Personalrat auch passiv wahlberechtigt sind.[196] Dieser rechtliche Schluss ist zweifelhaft. Es ist kein Sachgrund erkennbar, warum einem Elternzeitler, der in wenigen Wochen aus der Elternzeit zurückkehrt, die Wählbarkeit angesprochen werden sollte.

---

192 *Leube* ZTR 2012, 207 (211); *Esser/Isenhardt* in jurisPK-SGB IX § 177 Rn. 22.
193 BVerwG 3.11.2011 – 6 P 14.10, PersR 2012, 74.
194 BVerwG 18.1.2013 – 6PB 17.12, PersR 2013, 174.
195 BAG 25.5.2005 – 7 ABR 45/04, NZA 2005, 1002.
196 Zum saarländischen Recht: VG Saarlouis 4.2.2013 – 9 L 341/13, Rn. 29; ebenso zum bayerischen Recht: *Ballerstedt/Schleicher/Faber* BayPVG Art. 14 Rn. 24 b.

In § 61 Abs. 2 Satz 2 BetrVG ist für **Betriebsratsmitglieder** nur folgende Beschränkung der Wählbarkeit geregelt: „Mitglieder des Betriebsrats können nicht zu Jugend- und Auszubildendenvertretern gewählt werden". Deshalb ist im Umkehrschluss von der Zulässigkeit des **Doppelmandats** zur Bildung der **Personalunion** der Ämter von Betriebsrat und Vertrauensperson auszugehen.[197] Hinsichtlich der Personalunion von **Personalratsamt** und Mitgliedschaft in der Schwerbehindertenvertretung hat das OVG NRW erkannt, dass keine Bedenken angebracht seien; denn es bestehe weder nach dem LPVG noch dem SGB IX eine „Inkompatibilität" (zutreffend ist jedoch Ineligibilität = Unwählbarkeit, zum Unterschied → Rn. 20).[198] Dabei hat das OVG zu Recht auf die Bestimmung in § 177 Abs. 3 Satz 2 SGB IX hingewiesen, nach der nur nicht wählbar ist, wer kraft Gesetzes dem Betriebs-, Personal-, Richter-, Staatsanwalts- oder Präsidialrat nicht angehören kann. Danach folgt im Umkehrschluss, dass die Wählbarkeit eines Personalratsmitglieds zum Mitglied der SBV gerade nicht ausgeschlossen ist.[199]

Sowohl die **Mitglieder des Wahlvorstandes** und die Wahlleiter sind wählbar. Die Mitgliedschaft im Wahlvorstand schränkt das Recht, für die durchzuführende Wahl zu kandidieren, nicht ein.[200]

Aus allgemeinen Gründen liegt für folgende Personen ein Ausschluss auch von der Wählbarkeit bei SBV Wahlen vor:
- wer **geschäftsunfähig** iSv § 104 Nr. 2 BGB ist,[201]
- wer aufgrund einer **strafgerichtlichen Verurteilung** die Fähigkeit, Rechte aus öffentlichen Wahlen zu erlangen, nicht besitzt. Das ergibt sich aus dem Ausschluss der Wählbarkeit zum Betriebs- und Personalrat in § 8 Abs. 1 Satz 3 BetrVG bzw. § 15 Abs. 2 Nr. 1 BPersVG (entspricht dem bis 14.6.2021 geltenden § 14 Satz 2 BPersVG aF). Dieser Ausschluss gilt nach § 177 Abs. 3 Satz 2 SGB IX auch für die SBV-Wahl.

Wer leitender Angestellter ist, die Wählbarkeit von **leitenden Angestellten** hat der Gesetzgeber in § 177 Abs. 3 Satz 2 ausdrücklich ausgeschlossen, weil sie nicht als Arbeitnehmer iSv § 5 Abs. 3 BetrVG gelten und damit nach § 8 BetrVG nicht in den Betriebsrat wählbar sind. Diese Regelung beruht darauf, dass mit Loyalitätskonflikten zu rechnen wäre.

Unvereinbarkeit Amtsführung wegen Interessenkollision: Die Wahrnehmung von Ämtern in der SBV kann ausgeschlossen sein, weil mit Loyalitätskonflikten zu rechnen wäre, sogenannte Inkompatibilität. Wegen der Gefahr der Interessenkollision wird der **Inklusionsbeauftragte**, der vom Arbeitgeber nach § 181 bestellt wird, überwiegend als nicht wählbar angesehen.[202] Dem ist nur für den Fall zuzustimmen, dass der Inklusionsbeauftragte, der den Arbeitgeber nach § 181 Satz 1 SGB IX verantwortlich vertritt, tatsächlich die Befugnisse eines leitenden Angestellten im Sinne von § 5 Abs. 3 BetrVG erhalten hat. Das ist im Einzelfall zu prüfen. Regelmäßig wird ein Arbeitgeber diesem Beauftragten kei- 21

---

197 Im Ergebnis ebenso: HessLAG 1.11.2012 – 9 TaBV 156/12, Rn. 26, ZfPR online 2013, Nr. 12, 21.
198 OVG NRW 24.7.2019 – 6 A 696/17; im Ergebnis ebenso *Vogelgesang* ZfPR 2014, 114.
199 OVG NRW 24.7.2019 – 6 A 696/17, Rn. 13; vertiefend *Vogelgesang* ZfPR 2014, 114 (116) mwN.
200 VG Mainz 19.6.2012 – 2 K 473/11.MZ, ZfPR online 2013, Nr. 5, 13.
201 *Hohmann* in Wiegand SGB IX § 94 Rn. 152.
202 VG Aachen 25.11.1999 – 16 K 371/99.PVL PersR 2000, 131; *Hohmann* in Wiegand SGB IX § 94 Rn. 151; aA *Pahlen* in Neumann/Pahlen/Greiner/Winkler/Jabben, 13. Aufl. 2018, SGB IX § 177 Rn. 30, aber in der 14. Aufl. 2020 nicht fortgeführt.

ne Aufgaben übertragen, die die Anforderungen des § 5 Abs. 3 Satz 2 BetrVG erfüllen. Somit ist regelmäßig von der Wählbarkeit auszugehen. Es stellt sich jedoch das Problem der Unvereinbarkeit der Wahrnehmung des Amtes der SBV mit der Arbeitgeberfunktion. Diese Form der Interessenkollision, die zu einer Unvereinbarkeit der gleichzeitigen Ausübung verschiedener Funktionen führt, führt jedoch nicht zur Unwählbarkeit bei SBV-Wahlen (Ineligibilität), sondern nur zur Unvereinbarkeit der Wahrnehmung beider Ämter, sog. **Inkompatibilität**. Der Gewählte muss sich entscheiden, ob er das SBV-Wahlamt annimmt. Mit der Annahme endet automatisch die Bestellung als Inklusionsbeauftragter. Umgekehrt muss er als amtierendes SBV-Mitglied das Wahlamt niederlegen, bevor es zum Inklusionsbeauftragten bestellt werden kann.

Ein weiterer Fall der Inkompatibilität, der die Personalunion ausschließt, ist gesetzlich in § 20 Abs. 1 Satz 2 BGleiG geregelt: „Die Bestellung setzt voraus, dass die gewählten Beschäftigten weder der Personal- noch der Schwerbehindertenvertretung angehören." Diese Formulierung macht deutlich, dass keine Ineligibilität (Unwählbarkeit) sondern ein Fall der Inkompatibilität (Unvereinbarkeit der Ämter) vorliegt. Jedes amtierende weibliche SBV-Mitglied darf sich zwar zur Wahl stellen, muss jedoch das Amt niederlegen, bevor es zur **Gleichstellungsbeauftragten** oder **Vertrauensfrau** im Sinne von § 20 Abs. 4 BGleiG von der Dienststellenleitung bestellt werden darf.

Zulässig ist das sogenannte **Doppelmandat**, dh eine Person lässt sich sowohl zum Betriebsrats- bzw. Personalratsmitglied als auch in den späteren SBV-Wahlen zur Vertrauensperson oder zum stellvertretenden Mitglied wählen, so genannte Ämterpluralität.[203] Weder BetrVG noch das Personalvertretungsrechts oder das SGB IX regeln eine Unwählbarkeit zu beiden Ämtern (→ Rn. 20). Diese Art der **Personalunion** hat Vor- und Nachteile. Sie führt auch nicht zur Inkompatibilität; denn es ist nach zutreffender Auffassung keine relevante Interessenkollision befürchten.[204] In einer vereinzelt gebliebenen Entscheidung ist die Möglichkeit einer situationsbedingten Interessenkollision mit folgender Begründung als denkbar angesehen worden: „nicht immer sind die Interessen der vom Betriebsrat vertretenen Belegschaft und einzelner schwerbehinderter Menschen deckungsgleich".[205] Dem kann mit dem Schrifttum[206] nicht zugestimmt werden. Denn es besteht generell kein rechtlich relevanter Interessengegensatz.[207] Unerheblich ist, dass innerhalb der Belegschaft unterschiedliche Interessenlagen bestehen, die sich zB bei der Frage der Einführung von Betriebsurlaub sehr stark in einer Spaltung der Belegschaft nach Beschäftigten mit oder ohne Kinder im schulpflichtigen Alter zeigen. Als relevant sehen BetrVG und Personalvertretungsgesetze nur den Interessengegensatz zwischen Arbeitnehmer- und Arbeitgeberinteressen an. Deshalb sind sowohl in § 177 Abs. 3 Satz 2 SGB IX, wie in § 8 iVm §§ 7 und 5 BetrVG sowie § 15 Abs. 2 iVm § 8 BPersVG nF die arbeitgebernahen Beschäftigten von der Wählbarkeit ausgeschlossen. Inkompatibilitätsbestimmungen sind deswegen überflüssig, soweit nicht der Gesetzgeber besondere Stellen schafft, die besondere Arbeitgeberfunktionen ausüben, wie die Gleichstellungsbeauftragten im öffentlichen Dienst oder den Inklusionsbe-

---

203 Bötzel, Die SBV und Betriebsrat als Interessenvertretung schwerbehinderter Menschen, 2020, S. 110.
204 Austermühle AiB 2010, 670.
205 HessLAG 1.11.2012 – 9 TaBV 156/12, Rn. 26, ZfPR online 2013, Nr. 12, 21.
206 Austermühle AiB 2010, 670.
207 Im Regelfall kein Interessengegensatz, sollte sich jedoch einer in einem besonderen Ausnahmefall zeigen, so müsse sich das Personalratsmitglied dem Personalratsvorsitzenden offenbaren: OVG Bln-Bbg 23.8.2018 – OVG 60 PV 8.17, PersR 2018, 45, juris Rn. 24; OVG NRW 24.7.2019 – 6 A 696/17, Rn. 15.

auftragten für Schwerbehindertenangelegenheiten. Für das Verhältnis von Betriebs-/Personalrat zur SBV gilt kein Interessengegensatz; denn beide Organe sind nach § 176 Satz 1, § 178 Abs. 1 SGB IX zur gemeinsamen Förderung der Eingliederung schwerbehinderter Menschen beauftragt und in § 182 Abs. 1 zu engen Zusammenarbeit verpflichtet. Der vom HessLAG entschiedene Fall krankt daran, dass das Gericht nicht durchschaut hat, dass das antragstellende Betriebsratsmitglied sein Doppelmandat in einer Weise nutzen wollte, die mit den Grundsätzen der Personalunion nicht vereinbar ist. Er wollte nämlich sich in der Ausübung seiner Funktion als Vertrauensperson wegen Interessenkollision als verhindert erklären lassen und an der Stelle der verhinderten Vertrauensperson das stellvertretende Mitglied der SBV zur Wahrnehmung des Teilnahme – und Beratungsrechts der Vertrauensperson nach § 178 Abs. 4 SGB IX laden lassen. Ein derartiges Splitting ist jedoch unzulässig. Die Personalunion kann nicht willkürlich zeitweise zum Ruhen gebracht werden. Sie kann nur durch Niederlegung eines der Doppelmandate beendet werden. Im Übrigen scheitert die vom LAG erwogene mögliche Verhinderung des Doppelmandatsträger in seiner Funktion als Vertrauensperson schon daran, dass nach § 177 Abs. 1 Satz 1 SGB IX bei unterschiedlicher Sichtweise von Betriebsrat und SBV in einer Schwerbehindertenangelegenheit kein Verhinderungsgrund „wegen Befangenheit" vorläge. Bei der Neugestaltung des Verhinderungsgründe im Zuge der BTHG Gesetzgebung ist ausdrücklich darauf hingewiesen worden, der Verhinderungstatbestand diene dazu die **unmittelbare und direkte Betroffenheit** der Vertrauensperson als Beschäftigter als Verhinderungsgrund anzuerkennen.[208] Ein derartiger Verhinderungsgrund liegt nicht vor, wenn die Vertrauensperson ihre Amtstätigkeit ausübt.

4. Wahlbezirk Betrieb oder Dienststelle

Bedeutung des Betriebsbegriffs: Die Bestimmung, ob ein eigenständiger Betrieb, ein Betriebsteil oder ein dem Hauptbetrieb zuzuordnender Nebenbetrieb vorliegt, ist entscheidend für die Frage, in welcher Organisationseinheit ein Betriebsrat und im Gleichlauf dazu eine SBV gewählt werden kann. Sie ist zugleich auch bestimmend für die Zusammenarbeit der gewählten SBV mit den örtlich für die Durchführung des SGB IX zuständigen Behörden, insbesondere der Arbeitsagentur- und dem Integrationsamt. Deshalb findet sich die Verweisung auf den Betriebsbegriff des BetrVG nicht zufällig in der Vorschrift des § 170 Abs. 1 Satz 2, die die Zuständigkeit des Integrationsamts regelt. Dieses Verständnis wird von der Rspr. geteilt. Danach ist die SBV „grundsätzlich für den Betrieb im betriebsverfassungsrechtlichen Sinne zu wählen. Das ist die Organisationseinheit, in der auch der Betriebsrat besteht."[209] 22

Mindestgröße für SBV Wahlen: Voraussetzung für die Wahl einer SBV ist nach § 177 Abs. 1 Satz 1, dass **wenigstens fünf** schwerbehinderte Menschen nicht nur vorübergehend in einem Betrieb oder einer Dienststelle beschäftigt werden. Zu den schwerbehinderten Menschen zählen nicht nur Menschen mit einem GdB von wenigstens 50 (§ 2 Abs. 2), sondern gemäß § 151 Abs. 3 auch die Menschen mit einem GdB von 30 oder 40, die gemäß §§ 2 Abs. 3, 151 Abs. 2 durch die Bundesagentur für Arbeit gleichgestellt worden sind. Zwar kommt es nach dem Wortlaut nicht auf die Wahlberechtigung an; denn anders als § 1 Abs. 1 BetrVG „fünf wahlberechtigte Arbeitnehmer" stellt § 177 Abs. 1 Satz 1 nur auf 23

---

208 So BR-Drs. 428/16, 322.
209 BAG 10.11.2004 – 7 ABR 17/04, Rn. 21, 22, Behindertenrecht 2005, 107; sich dem anschließend: HessLAG 25.8.2020 – 16 TaBV 179/19, Rn. 67, Rechtsbeschwerde anhängig BAG 7 ABN 64/20.

„fünf schwerbehinderte Menschen" ab. Deshalb ist zu erwägen, ob schwerbehinderte Arbeitgeber und schwerbehinderte Personen, die als Gesellschaftsorgan Arbeitgeberfunktionen innehaben, zB GmbH-Geschäftsführer, für die Feststellung der Mindestzahl mitzuzählen sind, wenn sie selbst als sog. Fremdgeschäftsführer in einem Abhängigkeitsverhältnis zu den Gesellschaftern stehen. Das lehnt das Schrifttum ohne nähere Begründung ab.[210] Die Nichtberücksichtigung von in Personengesellschaften tätigen Gesellschaftern kann mit dem Nichterfüllen des zusätzlichen Erfordernisses der „Beschäftigung" gerechtfertigt werden. Dieses Kriterium greift aber nicht für sozialversicherungspflichtige Fremdgeschäftsführer und Dienststellenleiter im öffentlichen Dienst.

Die Beschäftigung darf **nicht nur vorübergehender Natur** sein. Umstritten ist, welcher Zeitraum maßgebend ist. In Anlehnung an § 156 Abs. 3 wird davon ausgegangen, dass eine Beschäftigung von wenigstens acht Wochen geplant sein soll. *Pahlen* fordert in Anlehnung an § 2 Abs. 1 Satz 1 eine wenigstens sechsmonatige Beschäftigungsdauer.[211] Das ist Festhalten an einer überholten Gesetzesfassung, die seit dem Betriebsverfassungsreformgesetz 2001 nicht mit der dort in § 7 Satz 2 BetrVG getroffenen Wertung des Gesetzgebers vereinbar ist, nach der Leiharbeitnehmer schon nach einer beabsichtigten Überlassungsdauer von drei Monaten das aktive Wahlrecht haben sollen. Zwar war einst in § 3 Abs. 1 SchwbG der nicht nur vorübergehende Zeitraum mit mehr als sechs Monaten definiert. Mit der Schaffung des SGB IX ist diese alte Gesetzesfassung jedoch überholt. Die jetzt gültige Definition ist aus dem allgemeinen Begriff des Arbeitsplatzes in § 156 Abs. 3 zu entnehmen. Danach zählt jede Beschäftigung, die **wenigstens acht Wochen** andauern soll.[212] Wird ein schwerbehinderter Mensch zugleich in mehreren Betrieben beschäftigt, wird er in jedem Betrieb berücksichtigt.[213] Wird die Berufsausbildung abschnittsweise in verschiedenen Betrieben des Ausbildungsunternehmens durchgeführt, jedoch von einem dieser Betriebe aus mit Entscheidungsbefugnissen zentral gelenkt (Stammbetrieb), so gehört der Auszubildende während der gesamten Ausbildungszeit dem die Ausbildung leitenden Stammbetrieb an und ist dort wahlberechtigt. Dagegen begründet die vorübergehende Beschäftigung der Auszubildenden in den anderen Betrieben keine Wahlberechtigung zu deren Arbeitnehmervertretungen.[214]

24 **Betrieb als Wahlbezirk: Wahlkreis ist der Betrieb iSv § 1 bis 4 BetrVG.** Das ergibt sich aus der in § 170 Abs. 1 Satz 2 SGB IX enthaltenen Verweisung auf das BetrVG. Danach ist der Betrieb iSv § 1 Abs. 1 BetrVG eine vom Unternehmen abzugrenzende Organisationseinheit, die zur Erreichung bestimmter arbeitstechnischer Zwecke[215] gebildet ist und über eine Betriebsleitung verfügt, die auch mit Entscheidungskompetenz in wesentlichen arbeitsrechtlichen Angelegenheiten ausgestattet ist.[216] Betriebsratsfähig kann auch ein organisatorisch wegen einer bestimmten Teilfunktion relativ verselbstständigter Betriebsteil

---

210 *Pahlen* in Neumann/Pahlen/Greiner/Winkler/Jabben SGB IX § 177 Rn. 5; *Trenk-Hinterberger* in HK-SGB IX, 3. Aufl. 2010, § 94 Rn. 12.
211 *Pahlen* in Neumann/Pahlen/Greiner/Winkler/Jabben SGB IX § 177 Rn. 7; dem folgend *Esser/Isenhardt* in jurisPK-SGB IX § 177 Rn. 12.
212 So schon *Cramer* SchwbG, 3. Aufl. 1987, § 24 Rn. 5, ihm folgend *Schimanski* in GK-SGB IX § 94 Rn. 55; *Ritz/F. Dopatka* in Cramer/Fuchs/Hirsch/Ritz § 95 Rn. 8.
213 Vgl. zur Betriebsratswahl: LAG Köln 3.9.2007 – 14 TaBV 20/07, ArbuR 2008, 230.
214 BAG 13.3.1991 – 7 ABR 89/89, NZA 1992, 223.
215 ZB Produktion von Fahrrädern oder Erbringung von Dienstleistungen wie Verkauf von Fahrrädern.
216 Weitere Einzelheiten *Kloppenburg* in HaKo-BetrVG § 1 Rn. 16.

sein, zB das in der Großstadt liegende Verkaufsgeschäft der im ländlichen Bereich angesiedelten Fahrradfabrik. Ob ein unselbstständiger Betriebsteil oder ein als selbstständiger Betrieb geltender Betriebsteil vorliegt, bestimmt sich nach § 4 Abs. 1 Satz 1 BetrVG. Maßgebend kann nach § 4 Abs. 1 Satz 1 Nr. 1 BetrVG sowohl die **räumliche Nähe** (= Entfernung) als auch nach § 4 Abs. 1 Satz 1 Nr. 2 BetrVG das Maß der Eigenständigkeit im Aufgabenbereich und Organisation sein:
1. Liegt der Nebenbetrieb/Betriebsteil weit vom Hauptbetrieb entfernt? Die Rspr. stellt darauf ab, ob der auswärtige Betriebsteil noch täglich gut von freigestellten Betriebsräten betreut werden kann. Entfernungen bis zu 40 km werden bei guten Straßen- und Bahnverbindungen noch als nicht räumlich weit entfernt angesehen, 60 km bei einer Fahrzeit von einer Stunde aber schon.[217]
2. Ist der im Betriebsteil zu erfüllende arbeitstechnische Zweck abgrenzbar, wie zB Verkauf von Produktion? Und (kumulativ) werden von der Leitung des Betriebsteils wesentliche Arbeitgeberfunktionen ausgeübt? Bei räumlich weit voneinander entfernten Filialen geht das BAG von der Betriebsfähigkeit aus, ohne auf weitere Kriterien abzustellen.[218]

Zu beachten ist, dass seit der Einfügung des Satzes 2 nach § 4 Abs. 1 Satz 1 BetrVG durch das BetrVerf-RG die Arbeitnehmer eines nach Satz 1 als selbstständig geltenden Betriebs durch Abstimmung eine Option für die Zugehörigkeit zum Hauptbetrieb ausüben können. Die Option bindet auch für die Wahl der SBV, denn es soll nach § 170 Abs. 1 Satz 2 SGB IX möglichst ein Gleichlauf mit dem Wahl- und Vertretungsbezirk des Betriebsrats bestehen.[219]

Kleinstbetriebe: Unter Kleinstbetriebe werden solche Betriebe verstanden, die zwar die Anforderungen des Betriebsbegriffes erfüllen, die aber wegen der zu geringen Zahl der ständig beschäftigten Arbeitnehmer nicht den Schwellenwert von fünf Wahlberechtigten für die Betriebsratsfähigkeit erreichen und somit nach § 1 Abs. 1 Satz 1 BetrVG nicht betriebsratsfähig sind. Beispiele: Kleine Außenstellen eines Bildungswerkes oder kleine Repräsentanzen eines Versicherungsunternehmens. Nach der mit dem BetrVerf-RG verbundenen Neufassung des § 4 Abs. 2 BetrVG sind die dort Beschäftigten unabhängig von dem Willen der Belegschaft stets dem Hauptbetrieb zuzuordnen. Das gilt auch für die Zuordnung der in Kleinstbetrieben beschäftigten schwerbehinderten Menschen und gleichgestellten behinderten Menschen. Diese Bestimmung wird in der Praxis häufig nicht beachtet. Sind die in den Kleinstbetrieben Beschäftigten nicht in die Wählerliste des Hauptbetriebs aufgenommen worden, ist das ein zur Anfechtung berechtigender Wahlfehler.[220]

Gemeinsamer Betrieb mehrerer Unternehmen: Mehrere Arbeitgeber vereinbaren, trotz Eigenständigkeit ihrer Unternehmen die arbeitstechnischen Zwecke unter einheitlicher Betriebsleitung zu verfolgen. Dann liegt ein durch Führungsvereinbarung gebildeter Gemeinsamer Betrieb vor.

---

217 LAG München 21.10.1987 – 5 TaBv 9/87, LAGE § 4 BetrVG 1972 Nr. 3. Einzelheiten *Kloppenburg* in HaKo-BetrVG § 4 Rn. 12 f.
218 BAG 7.5.2008 – 7 ABR 15/07, NZA 2009, 328. Einzelheiten *Kloppenburg* in HaKo-BetrVG § 4 Rn. 14 f.
219 AA unter Bezug auf Eigenständigkeit der SBV: LWL (Integrationsamt Landschaftsverband Westfalen-Lippe), Wahl der Schwerbehindertenvertretung, 2013, S. 6.
220 *Düwell* in Deinert/Neumann SGB IX-HdB § 20 Rn. 24 f.

Beispiele:
1. Die Hotelkette X vereinbart mit der Hotelkette Y, dass die jeweils am selben Standort liegenden Hotels und Restaurants von einem Betriebsleiter geleitet und das am Standort tätige Personal auch von diesem geführt wird.
2. Die Bauunternehmen Strabau AG und die Tiefbau AG bilden zur Fertigstellung der U-Bahn in einer Großstadt eine ARGE (Arbeitsgemeinschaft).
3. Eine Drogeriekette mit kleinen Ein-Verkäuferinnen-Geschäften schafft sich zusätzlich einen neuen Vertriebskanal in Form großflächiger Supermärkten, sog. XXL-Läden. Alter und neuer Vertriebskanal werden regional von einer Bezirksleitung einheitlich geführt.[221]

Da Führungsvereinbarungen als interne Akte der Geschäftsführung schwer nachzuweisen sind, hat der Gesetzgeber in § 1 Abs. 2 Nr. 1 eine Vermutung aufgestellt. Werden zur Verfolgung arbeitstechnischer Zwecke Betriebsmittel gemeinsam eingesetzt, so wird eine entsprechende Führungsvereinbarung vermutet.

Der Gemeinsame Betrieb mehrerer Unternehmen wird nach § 1 Abs. 2 Nr. 2 BetrVG auch vermutet, wenn ein Betrieb eines Unternehmens durch Rechtsgeschäft auf mehre Rechtsträger aufgespalten wird, ohne dass sich die betriebliche Organisation wesentlich ändert.[222]

27 **Abweichende Bildung von Organisationseinheiten:** Durch Tarifvertrag oder Betriebsvereinbarung können nach Maßgabe des § 3 Abs. Nr. 1–3 BetrVG besondere Organisationseinheiten für die Interessenvertretung der Arbeitnehmer gebildet werden:

- Unternehmenseinheitlicher Betriebsrat
  Hat ein Unternehmen mehrere Betriebe, so ermöglicht § 3 Abs. 1 Nr. 1 Buchstabe a BetrVG die Bildung eines unternehmenseinheitlichen Betriebsrats. Statt in den einzelnen Betrieben des Unternehmens jeweils einen örtlichen Betriebsrat zu bilden, kann ein standortübergreifender Betriebsrat für alle Betriebe des Unternehmens errichtet werden.
- Zusammenfassung von Betrieben
  Hat ein Unternehmen mehrere Betriebe, können einzelne Betriebe gemäß § 3 Abs. 1 Nr. 1 Buchstabe b BetrVG zusammengefasst werden. Diese Möglichkeit wird von Filialunternehmen genutzt, die durch die Zusammenfassung von Betrieben eine überschaubare Zahl von „Regionalbetriebsräten" schaffen und sonst eine Vielzahl von Betrieben mit einer Vielzahl von Betriebsräten hätten.
- Spartenbetriebsrat
  Ist ein Unternehmen oder Konzern nach produkt- oder projektbezogenen Geschäftsbereichen organisiert, zB Geschäftsbereich Stahlerzeugung, Geschäftsbereich Anlagenbau und Geschäftsbereich Stahlhandel, lässt § 3 Abs. 1 Nr. 2 BetrVG es zu, Spartenbetriebsräte zu errichten. Voraussetzung ist, dass die Leitung der Sparte auch Entscheidungen in den wesentlichen beteiligungspflichtigen Angelegenheiten trifft und dies der sachgerechten Wahrnehmung der Aufgaben des Betriebsrats dient. In Konzernen können so unternehmensübergreifende Spartenbetriebsräte gebildet werden. Bestehen in einem Unternehmen mehrere Spartenbetriebsräte ist ein Gesamtbetriebsrat zu bilden (§ 47 Abs. 1 BetrVG).
- Andere Arbeitnehmervertretungsstrukturen

---

221 Vgl. LAG Hamm 30.3.2010 – 13 TaBVGa 8/10.
222 Weitere Einzelheiten *Kloppenburg* in HaKo-BetrVG § 1 Rn. 57 ff.

Soweit die Tarifvertragsparteien aufgrund der Besonderheiten der Betriebs-, Unternehmens, Konzernorganisation oder aufgrund der Zusammenarbeit von Unternehmen eine andere Organisation als in §§ 1, 4 BetrVG für zweckmäßig erachten, können sie dies schaffen. Die alternative Struktur muss jedoch dem Interesse der Arbeitnehmer an einer wirksamen Interessenvertretung entsprechen. Das ist nicht der Fall, wenn als der Verhandlungspartner des Betriebsrats nicht die Betriebsleitung die Entscheidungen in den wesentlichen beteiligungspflichtigen Angelegenheiten treffen kann:

Beispielsfall: Zwei Arbeitgeberinnen, die Dienstleistungen in den Bereichen des Geschäftsreisen-, Event- und Meetingmanagements anbieten, schlossen gemeinsam mit weiteren verbundenen Unternehmen und der Gewerkschaft ver.di einen Tarifvertrag zur Bildung einheitlicher Betriebsrats- und Gesamtbetriebsratsstrukturen (TV EBS 2002). Nach diesem sind näher bezeichnete Betriebe der Unternehmen an verschiedenen Standorten in der Bundesrepublik zu neun Wahlregionen zusammengefasst, in denen jeweils ein Regionalbetriebsrat gewählt wird. Dieser Zuordnung lag zugrunde, dass die Betriebe unternehmensübergreifend durch Regionalleitungen geführt wurden. Mit Wirkung ab 1.4.2004 wurde die regionale Leitungsstruktur aufgegeben. Durch TV EBS 2004 wurde gleichwohl die Errichtung von Regionalbetriebsräten fortgeschrieben. Die Anfechtung der Regionalbetriebsratswahlen hatte Erfolg.[223]

§ 3 Abs. 5 Satz 1 BetrVG bestimmt ausdrücklich, dass die aufgrund eines Tarifvertrages oder einer Betriebsvereinbarung nach § 3 Abs. 1 Nr. 1 bis 3 BetrVG gebildeten Organisationseinheiten, die in der Praxis häufig „**Wahlbetriebe**" genannt werden, als Betriebe im Sinne des BetrVG gelten. Diese Fiktion entfaltet über § 170 Abs. 1 Satz 2 auch Wirkung für die Wahl der SBV. Voraussetzung ist jedoch die wirksame Bildung der besonderen Organisationseinheiten.[224] Dazu kommen als Gestaltungsmittel in Betracht: 28

1. Tarifvertrag für Errichtung eines Unternehmensbetriebsrats (§ 3 Abs. 1 Nr. 1 a BetrVG), Zusammenfassung von Betrieben (§ 3 Abs. 1 Nr. 1 b BetrVG), Spartenorganisation (§ 3 Abs. 1 Nr. 2 BetrVG) und andere Arbeitnehmervertretungsstrukturen (§ 3 Abs. 1 Nr. 3 BetrVG),
2. Betriebsvereinbarung nur für die Fälle des § 3 Abs. 1 Nr. 1 und 2 BetrVG und unter der zusätzlichen Voraussetzung, dass keine tarifliche Regelung besteht (§ 3 Abs. 2 BetrVG),
3. Abstimmung der Arbeitnehmer über die Bildung eines Unternehmensbetriebsrats unter der Voraussetzung, dass weder eine tarifliche Regelung besteht, noch dass vor der Abstimmung ein Betriebsrat bestand (§ 3 Abs. 3 BetrVG).

Beispiele für Bindung:
1. Wird für ein Unternehmen mit mehreren Betrieben in einem sog. Zuordnungstarifvertrag bestimmt, dass für alle Standorte gemeinsam ein unternehmenseinheitlicher Betriebsrat (§ 3 Abs. 1 Nr. 1 a BetrVG) gebildet wird, so bedeutet das: Es wird nur ein Betriebsrat und dem entsprechend nur eine SBV gewählt.
2. Wird in einem Tarifvertrag geregelt, dass drei von 12 Betrieben eines Unternehmens zwar weiterhin eigenständige Betriebsleitungen haben sollen, aber zu einer Organisationseinheit mit einem Betriebsrat zusammengeschlossen werden sollen, so bedeutet nach § 3 Abs. 1 Nr. 1 b BetrVG das: In diesem

---

223 BAG 13.3.2013 – 7 ABR 70/11, BB 2013, 756.
224 Vgl. BAG 10.11.2004 – 7 ABR 17/04, Behindertenrecht 2005, 107.

zusammengeschlossenen Betrieb wird nur ein Betriebsrat und dementsprechend eine SBV gewählt.

Beispiel für fehlende Bindung: Die Geschäftsführung des Unternehmens „empfiehlt" nach Beratung mit dem Gesamtbetriebsrat, dass die Wahl der SBV für alle Betriebe des Unternehmens gemeinsam deutschlandweit durchgeführt wird, weil so Kosten gespart werden können. Diese „Empfehlung" ist in mehrfacher Hinsicht rechtswidrig. Eine Zusammenfassung von Betrieben setzt nach § 3 Abs. 1 Nr. 1 BetrVG zumindest eine **schriftliche** Betriebsvereinbarung iSv § 77 Abs. 2 Satz 2 BetrVG voraus. Eine formlose Abrede genügt nicht. Ferner ist es mit Ausnahme des in § 177 Abs. 1 Satz 4 geregelten Falles der Gemeinsamen SBV mehrerer räumlich naher liegender Betriebe unzulässig, Betriebe für SBV-Wahlen zusammenzufassen. Das Gesetz geht vom Gleichlauf der Vertretungs- und Wahlbezirke für Wahlen zu den Betriebsräten und zu den SBV aus. Schließlich ist es nach § 177 Abs. 6 Satz 2 verboten, mit Weisungen in die Organisation der SBV-Wahlen einzugreifen.

29 **Entscheidung über den Betrieb als Wahlbezirk:** Im förmlichen Wahlverfahren hat in Vorbereitung der Wahl der Wahlvorstand auch die über die Frage zu entscheiden, für welche Organisationseinheit die Wahl durchzuführen ist. Die Entscheidung ergeht nach § 2 Abs. 2 Satz 1 SchwbVWO durch Beschluss. Der Arbeitgeber hat die sachgerechte Beschlussfassung zu unterstützen. Dazu hat er alle notwendigen Auskünfte und Unterlagen nach § 2 Abs. 6 Satz 2 SchwbVWO zur Verfügung zu stellen. Im vereinfachten Wahlverfahren nach §§ 18 ff. SchwbVWO hat die amtierende SBV, die die Wahlversammlung für die Wahlen ihrer Nachfolgerin vorzubereiten hat, diese Frage zu beantworten; denn sie muss entscheiden, aus welche Organisationseinheiten sie die schwerbehinderten Menschen und die gleichgestellten behinderten Menschen zur Wahlversammlung einlädt. Ist keine SBV vorhanden, so müssen sich die Einladungsberechtigten diese Frage stellen.

30 **Gleichlauf zum Betriebsbegriff der Betriebsratswahl:** In der Regel fällt die Entscheidung über den Wahlbezirk dem Wahlvorstand oder den zur Wahlversammlung einladenden Personen nicht schwer. Da dem gesetzlichen Turnus den regelmäßigen SBV-Wahlen die regelmäßigen Betriebsratswahlen mindestens fünf Monate vorhergehen, steht im Grundsatz fest, welche Organisationseinheit als Betrieb iSd BetrVG anzusehen ist. Nach der Rspr. des BAG ist nämlich selbst dann, wenn der Betriebsrat unter Verkennung des Betriebsbegriffs gewählt sein sollte, seine Funktionsfähigkeit und Zuständigkeit grundsätzlich nicht betroffen.[225] Nur ausnahmsweise, im Fall einer Nichtigkeit der Wahl gilt etwas anderes. Das ist ein Erfordernis der Rechtssicherheit, dem das Wahlanfechtungsverfahren iSv § 19 BetrVG dient. Für die SBV-Wahlen ist wegen der Verweisung in § 170 Abs. 1 Satz 2 vom gewollten Gleichlauf der Vertretungsstrukturen von Betriebsrat und SBV auszugehen.[226] Sonst würde der im BetrVG und SGB IX geregelte Grundsatz der Zusammenarbeit innerhalb derselben Organisationseinheit gestört. Das bedeutet: Immer dann, wenn die Betriebsratswahl nicht wegen Verkennung des Betriebsbegriffs angefochten worden oder nichtig ist, ist der Wahlbezirk der Betriebsratswahlen auch für die SBV-Wahlen zu Grunde zu legen. Etwas anderes muss ausnahmsweise gelten, wenn zwischenzeitlich durch Zusammenfassung oder Spaltung von Betrieben eine grundlegende Betriebsänderung eingetreten sein sollte. Ungelöst bleibt das Problem,

---

225 BAG 3.6.2004 – 2 AZR 577/03, NZA 2005, 175.
226 Vgl. *Düwell* in Deinert/Neumann SGB IX-HdB § 20 Rn. 23.

was gelten soll, wenn die Betriebsratswahlen wegen Verkennung des Betriebsbegriffs angefochten werden und bis zur Wahl der SBV sich das Anfechtungsverfahren noch nicht erledigt hat. Hier spricht einiges dafür, dass keine Bindung an den Wahlbezirk der Betriebsratswahl besteht, sondern die Frage des richtigen Betriebsbegriffs eigenständig entschieden werden muss.

Dienststelle als Wahlbezirk: Der Begriff der Dienststelle betrifft Einrichtungen des öffentlichen Dienstes. Er ist in § 4 Abs. 1 Nr. 6 BPersVG nF definiert: „Dienststellen (sind) vorbehaltlich des § 6 die einzelnen Behörden, Verwaltungsstellen und Betriebe der in § 1 Absatz 1 genannten Verwaltungen sowie die Gerichte". § 6 Abs. 1 Satz 1 BPersVG nF bestimmt: „(…) eine Behörde der Mittelstufe unmittelbar nachgeordnete Behörde bildet mit den ihr nachgeordneten Stellen eine Dienststelle. Nach Satz 2 gilt dies nicht, soweit die weiter nachgeordneten Stellen im Verwaltungsaufbau nach Aufgabenbereich und Organisation selbstständig sind. Für den Fall, dass der Bund mit anderen Körperschaften gemeinsame Dienststellen bildet, gelten nach § 6 Abs. 2 BPersVG nF „nur die im Bundesdienst Beschäftigten als zur Dienststelle gehörig". In den Länderpersonalvertretungsgesetzen finden zumeist gleichlautende Bestimmungen. Danach ist eine Dienststelle eine tatsächlich organisatorisch verselbstständigte Verwaltungseinheit, der örtlich und sachlich ein bestimmtes Aufgabengebiet zur Wahrnehmung zugewiesen ist und die ihren inneren Betriebsablauf eigenverantwortlich bestimmt.[227] Nach § 7 BPersVG nF (entspricht dem bis 14.6.2021 geltenden § 6 Abs. 3 BPersVG aF) gelten Nebenstellen und Teile einer Dienststelle, die räumlich weit entfernt liegen, als selbstständige Dienststellen, sofern die Mehrheit der Wahlberechtigten das in einer gesonderten geheimen Abstimmung beschlossen hat.

31

Nebenstellen und andere Teile von Dienststellen: Grundsätzlich gilt zwar, dass jede Dienststelle nur eine Personalvertretung haben kann. Nebenstellen und Teile einer Dienststelle, die räumlich weit von dieser entfernt liegen, gelten aber dann als selbstständige Dienststellen, wenn die Mehrheit ihrer wahlberechtigten Beschäftigten dies in geheimer Abstimmung beschließt. Im Bereich des Bundes stellt 7 Satz 1 BPersVG nF auf eine Mehrheitsentscheidung der Beschäftigten ab. Der Beschluss ist nur für die darauffolgende Wahl und die Amtszeit der aus dieser Wahl hervorgegangenen Personalvertretung wirksam. Mit dem Beschluss über die Verselbstständigung nach § 7 BPersVG ist gemäß § 93 BPersVG (entspricht dem bis 14.6.2021 geltenden § 55 BPersVG aF) die Bildung eines für alle Teile der Dienststelle zuständigen Gesamtpersonalrats verbunden. Die personalvertretungsrechtlich verselbstständigten Dienststellenteile bilden dann jeweils einen Wahl- und Vertretungsbezirk für die SBV. Zusätzlich ist dann parallel zum Gesamtpersonalrat nach § 180 Abs. 1 SGB IX zwingend auch eine Gesamtschwerbehindertenvertretung (GSBV) zu wählen. In den Ländern gelten unterschiedliche Regelungen. § 8 Abs. 3 LPVG Rheinland-Pfalz hat die bundesrechtliche Regelung übernommen. In NRW können § 1 Abs. 3 LPVG von der obersten Dienstbehörde Nebenstellen oder Teile von Dienststellen zu selbstständigen Dienststellen erklärt werden, sofern dem Leiter der Nebenstelle oder dem Leiter eines Teils einer Dienststelle eine selbstständige Regelungskompetenz im personellen und sachlichen Bereich zusteht. Diese Bestimmung hat besondere Bedeutung, weil nach § 1 Abs. 2 LPVG NRW Verwaltungen, Eigenbetriebe und Schulen gemeinsam eine Dienststelle bilden.

32

---

227 BVerwG 6.4.1984 – 6 P 39.83, Buchholz 238.36; BAG 18.1.1990 – 6 AZR 386/89, EzA § 15 BAT Nr. 1.

33 **Gerichtliche Klärung des Zuschnitts des Wahl- und Vertretungsbezirks:** Bestehen Meinungsverschiedenheiten zwischen Arbeitgeber und Betriebsrat, Wahlvorstand oder Gewerkschaft über die Abgrenzung des Wahl- und Vertretungsbezirks, insbesondere ob ein selbstständiger Betrieb vorliegt, welche Teile ihm zuzuordnen oder ob infolge einer Umstrukturierung Betriebe zusammengefasst worden sind, so können sie insbesondere zur Vorbereitung der Betriebsratswahlen die unerlässliche **Klärung des Zuschnitts des Wahlbezirks** jederzeit herbeiführen. Die Klärung ist nach § 18 Abs. 2 BetrVG, § 2 a Abs. 1 Nr. 1 ArbGG im Beschlussverfahren vor dem Arbeitsgericht durchzuführen. Der Betriebsrat ist dazu antragsbefugt. Der SBV wird jedoch vom Siebten Senat des BAG die für ein Beschlussverfahren nach § 2 a Abs. 1 Nr. 3 a ArbGG erforderliche Antragsbefugnis mit der Begründung verweigert, in § 18 Abs. 2 BetrVG seien die Personen und Stellen abschließend[228] aufgeführt, die befugt sind, eine Entscheidung darüber herbeizuführen, ob eine betriebsratsfähige Organisationseinheit vorliege.[229] Weder sei die SBV in § 18 Abs. 2 BetrVG genannt, noch sei die Norm analog anwendbar. Obwohl in § 94 SGB IX aF (seit 1.1.2018: § 177) eine entsprechende Klärungsmöglichkeit fehle, zeige sich an dem in Wortlaut und Gesetzeszusammenhang ausgedrückten Regelungszweck der §§ 94 und 95 SGB IX aF (seit 1.1.2018: §§ 177, 178), dass der SBV kein Mandat zukomme, über den Zuschnitt des Betriebs zu wachen. Vielmehr knüpfe „§ 94 Abs. 1 Satz 1 SGB IX"[230] die Bildung der Schwerbehindertenvertretung an den Betriebsbegriff iSd betrieblich vorgefundenen Strukturen an.[231] Da in „§ 94 Abs. 6 Satz 2 SGB IX ausdrücklich nur auf die Vorschriften über die Wahlanfechtung (vgl. § 19 BetrVG), den Wahlschutz und die Wahlkosten (vgl. § 20 BetrVG)" verwiesen werde, sei daraus zu schließen, dass der Gesetzgeber „§ 18 BetrVG bewusst" ausgespart habe.[232] Diese Begründung verkennt, dass das SGB IX kein konsistentes, in sich widerspruchsfreies eigenständiges Gesetzeswerk ist, sondern auf die sinngemäße Anwendung des BetrVG verweist. In der gerichtlichen Entscheidung fehlt auch jede Folgenkontrolle. Sie nimmt hin, dass wegen der abgelehnten Anwendbarkeit des § 18 BetrVG der Vertretungsbezirk von Betriebsrat und SBV auseinanderfallen können, → Rn. 34.

34 Der auf das **Organisationsrecht der Betriebsverfassung** fokussierte Siebte Senat des BAG hat zwei Fragenkreise unberücksichtigt gelassen: 1. Es bestehen Organisationseinheiten, in denen die Belegschaft nur eine SBV aber keinen Betriebsrat wählen will: Soll in diesen Fällen der Klärung des Zuschnitts des Wahlbezirks nur der Wahlanfechtung überlassen bleiben? 2. Es besteht in § 94 Abs. 1 Satz 4 und 5 SGB IX aF (seit 1.1.2018: § 177 Abs. 1 Satz 4 und 5, → Rn. 39 f.) sowie in § 97 Abs. 6 Satz 1 und 2 SGB IX (seit 1.1.2018: § 180 Abs. 6 Satz 1 und 2, → § 180 Rn. 37) ein von den betriebsverfassungsrechtlichen Vorgaben abweichendes Sonderrecht: Soll bei Meinungsverschiedenheiten kein einzelfallübergreifendes Klärungsverfahren zur Verfügung stehen? Das **abstrakte Feststellungsverfahren** in § 18 Abs. 2 BetrVG ist zur Vermeidung der Wahlanfechtungen und zur Klärung der Zuständigkeiten geschaffen worden. Die Rspr. muss daraus die Schlussfolgerung ziehen, dass eine ausfüllungsbedürftige unbewusste Regelungslücke im § 94 SGB IX aF vorlag, die auch nicht durch die zum

---

228 AA *Kreutz* in GK-BetrVG § 18 Rn. 58, *Brors* in HaKo-BetrVG § 18 Rn. 8.
229 BAG 18.1.2012 – 7 ABR 72/10, NZA-RR 2013, 133 unter Hinweis auf *Fitting*, 25. Aufl. 2010, BetrVG § 18 Rn. 59 f.; so fortgeführt in *Fitting* BetrVG § 18 Rn. 79.
230 Fehlzitat; richtig gem. SGB IX aF: § 87 Abs. 1 Satz 2 SGB IX.
231 BAG 18.1.2012 – 7 ABR 72/10, Rn. 72, NZA-RR 2013, 133.
232 BAG 18.1.2012 – 7 ABR 72/10, Rn. 72, NZA-RR 2013, 133.

1.1.2018 erfolgte Umnummerierung nach § 177 geschlossen worden ist. Im Übrigen muss auch, ohne eine eigene Antragsbefugnis zu haben, die SBV in den Fällen, in denen Betriebsrat und Arbeitgeber über den Zuschnitt des Wahl- oder Vertretungsbezirks ein gerichtliches Verfahren führen, ihre Meinung zu Gehör bringen können; denn sie ist zwingend am Verfahren zu beteiligen, weil ihre betriebsverfassungsrechtliche Rechtsstellung nach § 32 BetrVG vom Ausgang des Verfahrens betroffen sein kann. Für das **Personalvertretungsrecht** fehlt zwar eine § 18 Abs. 2 BetrVG entsprechende Zuordnungsbestimmung. Die Klärung des Wahl- und Vertretungsbezirks, des räumlichen und personellen Zuständigkeitsbereichs des Personalrats, wird dennoch dort für zulässig erachtet.[233]

5. Wahlgrundsätze (Abs. 6 Satz 1)

Geheime und unmittelbare Wahl: Die Vertrauensperson und die stellvertretenden Mitglieder werden nach § 177 Abs. 6 Satz 1 in geheimer und unmittelbarer Wahl nach den Grundsätzen der Mehrheitswahl gewählt.[234] Das gilt nach § 20 Abs. 3 SchwbVWO auch für das vereinfachte Wahlverfahren. Unmittelbarkeit bedeutet, dass die Stimme nur persönlich und nicht durch Zwischenschaltung von „Wahlmännern" abgegeben werden darf. Der Grundsatz der geheimen Wahl dient der Sicherung der freien Wahl und besagt, dass bei der Stimmabgabe jede Möglichkeit ausgeschlossen sein muss, dass andere Personen beobachten oder Kenntnis davon erlangen können, wie der wahlberechtigte wählt oder gewählt hat. Der Wahlberechtigte soll hierdurch in die Lage versetzt werden, seine Stimme unbeeinflusst von Dritten abgeben zu können. Jede Form einer offenen Stimmabgabe, wie etwa durch Zuruf, Handaufheben und der unverdeckten Kennzeichnung stellt einen eklatanten Verstoß gegen den Wahlrechtsgrundsatz der geheimen Wahl dar.[235] Ein derartiger Verstoß ist sowohl so offensichtlich als auch so schwer, dass allgemein davon ausgegangen wird, dass er die Nichtigkeit der Wahl zur Folge hat.[236] 35

Unabdingbarkeit: Der zwingende Grundsatz der geheimen Wahl steht nicht zur Disposition. Selbst wenn im Einzelfall sämtliche Beteiligten mit einer offenen Durchführung der Wahl der Vertrauensperson einverstanden sind, ist die Wahl nichtig. Die Wähler sollen auch gegen deren Willen geschützt werden.[237] 36

Reichweite der Nichtigkeit bei Verstoß gegen geheime Wahl: Wurde die Vertrauensperson gesetzeswidrig nicht in geheimer Wahl gewählt, erstreckt sich die Nichtigkeit auch auf die Wahl der Stellvertreter. Das gilt auch dann, wenn der Wahlvorgang für diese geheim durchgeführt wurde.[238] Das wird damit begründet, ein Nachrücken nach Abs. 7 Satz 4 könne nicht stattfinden, weil das Amt der Vertrauensperson zu keinem Zeitpunkt wirksam besetzt gewesen sei, so dass es auch nicht (nur) vorzeitig ende. 37

---

233 Vgl. BVerwG 8.12.1999 – 6 P11.98, NZA-RR 2000, 333.
234 Das Nähere regelt die Wahlordnung Schwerbehindertenvertretungen (SchwbVWO), s. Erläuterungen zur SchwbVWO von *Sachadae*.
235 *Cecior/Vallendar/Lechtermann/Klein* PersVertretungsR NRW LPVG NRW § 16 Rn. 7.
236 OVG NRW Fachsenat für Landespersonalvertretungssachen 7.4.2004 – 1 A 4778/03 PVL, Behindertenrecht 2006, 20; BAG 12.10.1961 – 5 AZR 423/60, BAGE 11, 318, 321; *Grabendorff/Windscheid/Ilbertz/Widmaier* BPersVG, 9. Aufl. 2008, § 25 Rn. 3.
237 OVG NRW Fachsenat für Landespersonalvertretungssachen 7.4.2004 – 1 A 4778/03 PVL, Behindertenrecht 2006, 20.
238 OVG NRW Fachsenat für Landespersonalvertretungssachen 7.4.2004 – 1 A 4778/03 PVL, Behindertenrecht 2006, 20; OVG RhPf 14.12.1988 – 4 A 3/88, ZBR 1989, 182; *Adlhoch* in *Ernst/Adlhoch/Seel* SGB IX § 94 Rn. 72 und 116.

38 **Mehrheits- und Personenwahl:** Anders als die Personalrats- und Betriebsratswahl ist die Wahl der SBV nach § 177 Abs. 6 iVm den Bestimmungen SchwbVWO als eine reine Personenwahl und nicht als eine Verhältniswahl, bei der Vorschlagslisten aufgestellt werden, ausgestaltet worden. Mehrheitswahl bedeutet, dass bei mehreren Kandidaten als Vertrauensperson der Vorschlag mit den meisten Stimmen gewählt ist.[239] Die in den Betrieben und Verwaltungen vertretenen Gewerkschaften sollen wegen des Grundsatzes der Personenwahl nach der Rspr. der Verwaltungsgerichte nicht selbst Kandidaten für die Wahl vorschlagen und auch nicht an der Bestellung des Wahlvorstandes mitwirken dürfen.[240] Es soll sogar die Verwendung eines Kennworts für einen Wahlvorschlag auf dem Stimmzettel zB „Liste Verdi" ausgeschlossen sein. Richtig ist, dass bei der Festlegung der Angaben auf dem Stimmzettel in § 9 Abs. 2 Satz 2 SchwbVWO kein Kennwort vorgesehen ist. Daraus wird gefolgert, dass dessen Verwendung unzulässig ist. bei der Wahl der Schwerbehindertenvertretung nach § 9 Abs. 2 SchwbVWO nicht vorgesehen und somit unzulässig ist.[241] Wird dagegen verstoßen, liegt ein nicht behebbarer Wahlfehler vor, der zur Anfechtung der Wahl berechtigt.[242]

IV. Gemeinsame Schwerbehindertenvertretung (Abs. 1 Satz 4 und 5)

39 **Wahl einer gemeinsamen SBV:** Betriebe, die die Mindestzahl von fünf nicht nur vorübergehend beschäftigten schwerbehinderten und ihnen gleichgestellten Menschen nicht erfüllen (→ Rn. 55), können nach **§ 177 Abs. 1 Satz 4** für die Wahl einer gemeinsamen SBV zusammengefasst werden. Unzulässig ist eine nachträgliche Zuordnung von Betrieben/Dienststellen, die keine SBV gewählt haben, zu solchen Betrieben/Dienststellen, in denen eine solche Vertretung gewählt wurde. Die Zusammenfassung muss „für die Wahl", also vor der Wahl, erfolgen.[243]

Voraussetzungen sind:
- Räumlich naheliegende Betriebe desselben Unternehmens,
- Entscheidung des Arbeitgebers,
- Einverständnis des für den Sitz der Betriebe zuständigen Integrationsamts.

40 **Beispiel:** Im Betrieb A in Dortmund werden drei schwerbehinderte Menschen und im nahegelegenen Betrieb B in Bochum werden vier schwerbehinderte Menschen beschäftigt. Keiner der beiden Betriebe erfüllt für sich die Mindestzahl. Durch Zusammenfassung dieser beiden Betriebe wird die Mindestzahl von fünf erreicht. Die schwerbehinderten Menschen der beiden Betriebe wählen gemeinsam eine SBV.

---

239 *Knittel* SGB IX § 94 Rn. 131.
240 OVG NRW Fachsenat für Landespersonalvertretungssachen 7.4.2004 – 1 A 4778/03 PVL, Behindertenrecht 2006, 20.
241 BAG 25.10.2017 – 7 ABR 2/16, NZA 2018, 252; LAG Bln-Bbg 22.10.2015 – 18 TaBV 980/15.
242 BAG 25.10.2017 – 7 ABR 2/16, NZA 2018, 252; LAG Bln-Bbg 22.10.2015 – 18 TaBV 980/15.
243 *Schimanski* in GK-SGB IX § 94 Rn. 41.

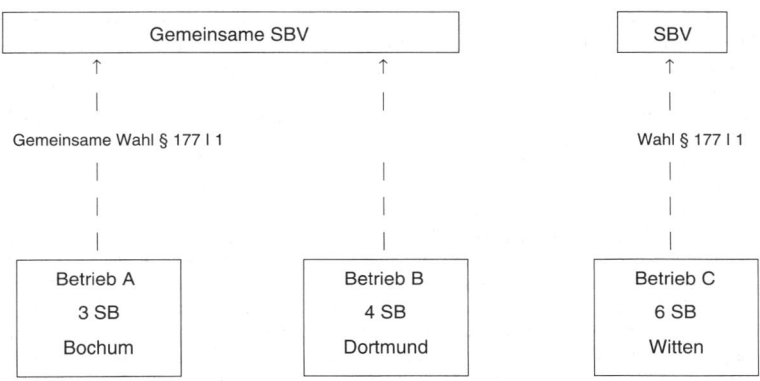

Zusammenfassung eines nichtwahlfähigen mit einem wahlfähigen Betrieb: Keine Voraussetzung für eine **Zusammenfassung** ist es nach der Rspr. der Verwaltungsgerichte, dass die zusammenzufassenden Betriebe/Dienststellen jeweils weniger als fünf schwerbehinderte Mitarbeiter beschäftigen.[244] Allerdings hat im entschiedenen Fall das BVerwG nicht das Tor für die Möglichkeit eröffnet, beliebig mehrere wahlfähige mit einem oder mehreren nicht wahlfähigen Betrieben oder Dienststellen zusammenzufassen. Anders als das sich auf die Entscheidung berufende Schrifttum darstellt, hat nämlich das BVerwG nicht ausgeführt, nichtwahlfähige und wahlfähige Einheiten könnten zusammengefasst werden, sondern hat bedacht die Einzahl verwandt: „ist nicht zu verlangen, daß die **andere** Dienststelle, mit der die Zusammenfassung erfolgt, ebenfalls die Mindestvoraussetzungen für die Wahl einer Schwerbehindertenvertretung nicht erfüllt."[245] Deshalb können im Beispiel in → Rn. 40 auch die Betriebe A Bochum und B Dortmund für die Wahl einer gemeinsamen SBV auch dann zusammengefasst werden, wenn sich der Personalbestand ändert und in Dortmund zwar weiterhin nur drei jedoch in Bochum nunmehr 6 schwerbehinderte Menschen (zusammen 3 + 6 = 9) beschäftigt werden. Ausgeschlossen ist danach, dass der Betrieb Dortmund mit drei, der Betrieb Bochum mit sechs und der Betrieb Witten mit sieben zusammengefasst werden; denn bereits mit dem Zusammenschluss von Dortmund mit drei und Bochum mit sechs ist der Zusammenschluss mit insgesamt neun schwerbehinderten Menschen wahlfähig. Die Aufnahme von Witten in den Zusammenschluss ist dann nicht mehr erforderlich. § 177 Abs. 1 Satz 4 stellt nämlich darauf ab „soweit erforderlich". Daraus folgt: Für die Bildung eines „zusammengefassten" Wahlbezirks ist maximal **ein** wahlfähiger Betrieb zulässig. 41

Zu einem willkürlichen Eingriff in das Wahlrecht wird der entscheidungsbefugte Arbeitgeber (→ Rn. 42) durch § 177 Abs. 1 Satz 5 nicht legitimiert. Ein willkürlicher Eingriff liegt zwar nicht schon in der Zusammenfassung eines nichtwahlfähigen mit einem wahlfähigen Betrieb. Dennoch sind Zweifel angebracht.

---

244 BVerwG 8.12.1999 – 6 P 11.1998, DÖV 2000, 600; dem folgend, aber weitergehend auf eine Mehrzahl von zusammenschlussfähigen Betrieben/Dienststellen ausweitend: *Esser/Isenhardt* in jurisPK-SGB IX § 177 Rn. 15; *Pahlen* in Neumann/Pahlen/Majerski-Pahlen, 12. Aufl. 2010, SGB IX § 94 Rn. 12; *Knittel* SGB IX § 94 Rn. 21 ff.; *Hohmann* in Wiegand SGB IX § 94 Rn. 90.
245 BVerwG 8.12.1999 – 6 P 11.98, juris Rn. 27, Entscheidungsgründe II.2 d) aa), DÖV 2000, 600.

Das Schrifttum geht davon aus, die Einbeziehung sei dann stets erforderlich.[246] Das Argument, durch die Zusammenfassung werde damit eine Vertretungslücke gefüllt, überzeugt jedoch nicht vollständig; denn es tritt keine Lücke auf. Die schwerbehinderten Menschen, die in den wegen geringer Anzahl der Wahlberechtigten nichtvertretungsfähigen Betrieben beschäftigt sind, werden nach § 180 Abs. 1 Satz 2, § 180 Abs. 6 Satz 1 Hs. 2 durch die Gesamtschwerbehindertenvertretung (GSBV) mitvertreten (→ § 180 Rn. 37). Einzuräumen ist, diese Ersatzvertretung hat den Mangel der fehlenden Legitimation durch Wahl. Dieses Legitimationsdefizit könnte durch die Wahl im Rahmen der gemeinsamen SBV behoben werden. Nach dem Schrifttum soll diese Art der Legitimationsverschaffung Vorrang gegenüber der nur „kommissarischen" Vertretung durch die GSBV oder eine andere zuständige Stufenvertretung haben.[247] Das ist nachvollziehbar. Jedoch ist der Wortlaut des § 177 Abs. 1 Satz 4 enger gefasst: „Betriebe oder Dienststellen, die die Voraussetzungen des Satzes 1 nicht erfüllen, können für die Wahl mit räumlich nahe liegenden Betrieben des Arbeitgebers (…) zusammengefasst werden". Es wäre eine Klärung durch den Gesetzgeber wünschenswert. Dabei sollte die Arbeitgeberentscheidung, einseitig über eine Zusammenfassung zu befinden, entsprechend § 4 Abs. 2 BetrVG durch ein Optionsrecht der Belegschaft ersetzt werden. Die schwerbehinderten Menschen sollten selbst entscheiden, ob sie durch eine gemeinsame SBV oder die GSBV vertreten werden wollen. Dann wäre auch das Legitimationsproblem gelöst.

42 **Entscheidungsverfahren:** Über die Zusammenfassung entscheidet nach § 177 Abs. 1 Satz 5 SGB IX der **Arbeitgeber** im Benehmen mit dem Integrationsamt. Sind für die zusammenzufassenden Betriebe oder Dienststellen verschiedene Integrationsämter zuständig, muss sich der Arbeitgeber mit allen zuständigen Integrationsämtern ins Benehmen setzen. Benehmen ist ein Fachbegriff der Verwaltung und bedeutet, dass der Arbeitgeber die beabsichtigte Zusammenfassung mit dem Integrationsamt erörtern und dessen Stellungnahme berücksichtigen muss, ohne dass er an sie gebunden ist.[248] Der Gesamtbetriebsrat kann zwar dem Arbeitgeber die Zusammenfassung vorschlagen; dieser hat jedoch die alleinige Entscheidungsbefugnis. Sind die Voraussetzungen einer Zusammenfassung erfüllt, sieht die Literatur den Arbeitgeber als verpflichtet an, auf Initiative des Integrationsamts den schwerbehinderten Menschen mitzuteilen, es könne eine gemeinsame SBV gewählt werden.[249] Wählen die schwerbehinderten Menschen, ohne dass der Arbeitgeber die Voraussetzungen der Zusammenfassung als gegeben ansieht, muss er die gemeinsame Wahl beim Arbeitsgericht **anfechten**. Hat er ohne sachlichen Grund die Zusammenfassung abgelehnt, ist seine Anfechtung erfolglos. Im Übrigen ist der Arbeitgeber schlecht beraten, die Zusammenfassung abzulehnen; denn dann vertritt die schwerbehinderten Beschäftigten im vertretungslosen Betrieb nach § 180 Abs. 6 Satz 1 die GSBV, so dass nicht unerhebliche Reisezeiten und Kosten anfallen. Da das Gesetz dem Arbeitgeber die Entscheidungsbefugnis über die Zusammenfassung nur „für die Wahl" einräumt, muss für die folgende regelmäßige Wahl erneut entschieden werden. Die Bindungswirkung der Zusammenfassungsentscheidung ist somit auf eine Wahlperiode bezogen. Werden Nachwahlen erforderlich, haben sie in

---

246 *Pahlen* in Neumann/Pahlen/Greiner/Winkler/Jabben SGB IX § 177 Rn. 12, 13; *Kossens* in Kossens/von der Heide/Maaß, 3. Aufl. 2009, § 94 Rn. 9; *Ritz/F. Dopatka* in Cramer/Fuchs/Hirsch/Ritz § 94 Rn. 15; *Esser/Isenhardt* in jurisPK-SGB IX § 94 Rn. 14.
247 *Hohmann* in Wiegand SGB IX § 94 Rn. 90.
248 *Pahlen* in Neumann/Pahlen/Greiner/Winkler/Jabben SGB IX § 177 Rn. 14.
249 *Thomas* in Gröninger/Thomas SchwbG § 24 Rn. 8.

den zusammengefassten Betrieben zu erfolgen. Erst für die Neuwahl bedarf es einer neuen Entscheidung.[250] Die gemeinsame SBV hat deshalb rechtzeitig vor Ende ihrer Amtszeit die Verhältnisse zu prüfen. Falls erneut die Wahlfähigkeit eines Betriebes wegen Unterschreitens der Mindestzahl zu besorgen ist, hat sie den Arbeitgeber zur erneuten Entscheidung zu veranlassen.

Räumlich naheliegen: Die Zusammenfassung ist nur möglich, wenn die Betriebe oder die gleichstufigen Dienststellen räumlich naheliegen. Das Gesetz stellt hier ebenso wie in § 4 Satz 1 BetrVG auf die **räumliche Entfernung** ab. Dazu gibt es eine Rspr., auf die zurückgegriffen werden kann. Danach muss die Vertrauensperson in der Lage sein, sich mit den persönlichen Angelegenheiten der einzelnen Betriebe und Dienststellen aus unmittelbarer und ständiger Anschauung befassen zu können. Nur wenn das noch sichergestellt ist, liegen die Betriebe und Dienststellen nahe genug. Maßgeblich ist somit nicht die reine geografische Entfernung, sondern die verkehrsmäßige **Erreichbarkeit** (zum Begriff der räumlichen Nähe → Rn. 24). 43

Gemeinsame Schwerbehindertenvertretung mehrerer Dienststellen: Da die Personalvertretungen nach § 176 Satz 2 befugt sind, auf die Wahl von SBVen hinzuwirken, können sie dann, wenn in der einzelnen Dienststelle die Mindestzahl von fünf Wahlberechtigten nicht erreicht wird, beim Dienstherrn auch die Zusammenfassung von Dienststellen und Gerichten beantragen.[251] Für die Zusammenfassungsentscheidung gilt, dass der öffentlich-rechtliche Dienstherr einer stärkeren gerichtlichen Kontrolle unterliegt als der private Arbeitgeber. Er ist zur Ausübung pflichtgemäßen Ermessens verpflichtet.[252] Einzelheiten zum Rechtsschutz → Rn. 46. 44

Gemeinsame Schwerbehindertenvertretung nur bei Gleichstufigkeit: Die Zusammenfassung ist nach § 177 Abs. 1 Satz 4 Hs. 1 nur für gleichstufige Dienststellen derselben Verwaltung zulässig. Für Gerichte wird davon abweichend in Hs. 2 die Zusammenfassung unterschiedlicher Zweige und Stufen zugelassen. Bei der Entscheidung über die Zusammenfassung von Gerichten ist dabei zu beachten, dass in den Ländern, die noch kein einheitliches Rechtspflegeministerium eingerichtet haben, dazu möglicherweise mehrere oberste Landesbehörden zusammenwirken müssen. Zwar enthält der Wortlaut des Abs. 1 Satz 4 für die Zusammenfassung gleichstufiger Dienststellen nicht die Voraussetzung, dass diese räumlich nahe beieinander liegen. Das Erfordernis ergibt sich jedoch aus dem Kontext.[253] Für diese Auslegung spricht Sinn und Zweck der gemeinsamen SBV; denn die Zusammenfassung macht nur Sinn, wenn häufige Dienstreisen der GSBV oder Bezirks-SBV erspart bleiben, die diese sonst zur Betreuung der in vertretungslosen Dienststellen beschäftigten Schwerbehinderten nach § 180 Abs. 6 Satz 1 bzw. § 180 Abs. 6 Satz 2 unternehmen müssten. Ähnlich argumentiert auch das BVerwG: „Da mit der Zusammenfassung der Charakter des Gremiums als örtlicher Schwerbehindertenvertretung nicht verloren geht, die an der Zusammenfassung beteiligten Gerichte daher mit vertretbarem Aufwand erreichbar sein müssen, muss für die Zusammenfassung (...) das Merkmal der räumlichen Nähe erfüllt sein".[254] 45

Rechtsschutz bei negativer Entscheidung des Dienstherrn: Für die Zusammenfassung von Dienststellen und Gerichten gilt, dass der öffentlich-rechtliche 46

---

250 BIH, ZB Spezial SBV Wahl 2018 unter 1.3 S. 25.
251 *Masuch* in Hauck/Noftz SGB IX § 94 Rn. 8.
252 BVerwG 8.12.1999 – 6 P 11.98, NZA-RR 2000, 333.
253 *Pahlen* in Neumann/Pahlen/Greiner/Winkler/Jabben SGB IX § 177 Rn. 10; ebenso zur Vorgängervorschrift § 24 SchwbG.
254 BVerwG 8.12.1999 – 6 P 11.98, NZA-RR 2000, 333.

Dienstherr bei seiner Entscheidung einer stärkeren gerichtlichen Kontrolle unterliegt als der private Arbeitgeber. Er ist zur Ausübung **pflichtgemäßen Ermessens** verpflichtet.[255] Es entspricht regelmäßig pflichtgemäßem Ermessen des Dienstherrn, die Zusammenfassung bei Vorliegen der gesetzlichen Voraussetzungen vorzunehmen.[256] Den Personalvertretungen stand in der Vorgängervorschrift § 23 Satz 2 Hs. 2 SchwbG ausdrücklich ein Initiativrecht zu. Die Personalvertretungen konnten daher auf die Entscheidung des Dienstherrn einwirken. Ob sie heute noch antragsbefugt für ein Beschlussverfahren auf Feststellung der Zulässigkeit der Wahl einer gemeinsamen SBV (analog § 18 Abs. 2 BetrVG) sind, ist klärungsbedürftig. Zwar ist das in der Vorgängerregelung § 23 Satz 2 Hs. 2 SchwbG enthaltene Antragsrecht der Personalvertretung weggefallen. Das ist jedoch nicht ersatzlos erfolgt. In § 176 Satz 2 Hs. 2 ist das Recht der Personalvertretung aufgenommen worden, auf eine Wahl der SBV hinzuwirken. Der Gesetzgeber hat damit deutlich gemacht, dass die Wahl einer gemeinsamen SBV der gesetzlichen Mitvertretung durch GSBV und Stufenvertretungen nach § 180 Abs. 1 Satz 1 und 2 vorzuziehen ist. Folgerichtig müssten deshalb GSBV und Stufenvertretungen auch berechtigt sein, die ablehnende Entscheidung des Dienstherrn gerichtlich überprüfen lassen. Letztlich besteht keine Rechtsschutzlücke, wenn man mit dem BVerwG die Klärung in das Wahlanfechtungsverfahren verlagert und nach Ende der Amtszeit den Wechsel zu einer abstrakten Feststellung zulässt.[257] Weigert sich ermessenswidrig der Dienstherr, die positive Zusammenfassungsentscheidung zu treffen, so ist den Schwerbehinderten zu empfehlen, die gemeinsame SBV zu wählen und die Anfechtung der Wahl durch den Arbeitgeber bzw. den Ausgang des Wahlanfechtungsverfahrens abzuwarten.

V. Jobcenter, Justiz, Bundeswehr, Stationierungsstreitkräfte, Seeschiff-, Luftfahrt und Kirchen

47 **Jobcenter:** Umstritten war, ob die Arbeitsgemeinschaften (sog. ARGE), die die Agenturen für Arbeit mit den kommunalen Trägern der Grundsicherung gebildet hatten, als Dienststelle galten.[258] Deren Besonderheit bestand darin, dass zwar nach 44b Abs. 1 Satz 2 SGB II aF die Bundesagentur für Arbeit (BA) durch öffentlich-rechtlichen Vertrag zur Wahrnehmung von Aufgaben der Grundsicherung von Arbeitsuchenden mit einer Kommune gemeinsame Einrichtungen errichten konnten, aber bis zum 31.12.2010 keine einheitlichen Bestimmungen zur Organisation dieser ARGE getroffen waren. Abhängig von landesrechtlichen Regelungen und der Ausgestaltung des Gründungsvertrags konnten daher das BetrVG, das BPersVG oder eine LPVG anwendbar sein. Das BAG hat über dieses Organisationschaos nicht entscheiden müssen. Zwar machte eine Gewerkschaft die Unwirksamkeit der Wahl eines Betriebsrats geltend, aber das BAG hat das Anfechtungsrecht der die Wahl anfechtenden Gewerkschaft abgelehnt.[259] Häufig wurden die Interessen der Beschäftigten getrennt von der jeweiligen Personalvertretung des zuweisenden Trägers (Stammdienststelle) wahrgenommen. Nach der vom BVerfG erzwungenen gesetzlichen Neuordnung der Zusammenarbeit von BA und Gemeinden in Gestalt der Jobcenter ist durch Art. 1 Nr. 10 des Gesetzes zur Weiterentwicklung der Organisation der Grundsicherung für Arbeitsuchende vom 3.8.2010 (GSiOrgWG) zum

---

255 BVerwG 8.12.1999 – 6 P 11.98, NZA-RR 2000, 333.
256 BVerwG 8.12.1999 – 6 P 11.98, NZA-RR 2000, 333.
257 BVerwG 8.12.1999 – 6 P 11.98, NZA-RR 2000, 333.
258 Ablehnend: SächsLAG 14.2.2008 – 6 Ta BV 13/07.
259 BAG 29.7.2009 – 7 ABR 25/08, NZA 2009, 1221.

1.1.2011 gesetzlich durch § 44i SGB II geregelt, dass in den Jobcentern eine Schwerbehindertenvertretung zu wählen ist. Nach § 44h Satz 2 SGB II gelten hierzu die Regelungen des BPersVG entsprechend, → Rn. 5. Bezirks- bzw. Hauptpersonalräte werden mangels übergeordneter und oberster Dienstbehörden nicht gebildet. Zur überörtlichen Meinungsbildung und Koordinierung wird gemäß § 44h Abs. 4 SGB II eine Arbeitsgruppe der Vorsitzenden der Personalvertretungen eingerichtet, die bis zu zwei Sitzungen im Jahr abhält. Dementsprechend ist auch eine Arbeitsgruppe der Vertrauenspersonen zu bilden.

Schwerbehindertenvertretung der Richter: Wenn an einem Gericht mindestens fünf schwerbehinderte Richterinnen und Richter tätig sind, so wählen diese nach § 177 Abs. 1 Satz 2 eine eigenständige richterliche SBV. Danach wird nur ein Richter oder eine Richterin zur Schwerbehindertenvertretung gewählt. Die Wahl eines Stellvertreters ist anders als in Abs. 1 Satz 1 für den Betrieb oder in der Dienststelle zu wählende SBV nicht ausdrücklich vorgeschrieben, aber dennoch in § 25 Abs. 1 SchwbVWO vorgesehen. Wird bei dem betreffenden Gericht nicht die Mindestzahl erreicht, so können für die Wahl einer gemeinsamen SBV der Richterschaft mehrere Gerichte nach § 177 Abs. 1 Satz 4 zusammengefasst werden. Dabei können auch **Gerichte unterschiedlicher Gerichtszweige und Stufen** zusammengefasst werden. Damit besteht insbesondere für die in den neuen Bundesländern verbreiteten Justizzentren die Möglichkeit der Wahl einer einheitlichen SBV der Richterschaft. Bei der Entscheidung über die Zusammenfassung von Gerichten unterschiedlicher Stufen und Gerichtsbarkeiten ist dabei zu beachten, dass ggf. mehrere Dienstherren in den Ländern zusammenwirken müssen, soweit sie kein einheitliches Rechtspflegeministerium eingerichtet haben. Für die Wahl der richterlichen SBV gelten die besonderen Bestimmungen in §§ 24–27 SchwbVWO. Sind in einer Angelegenheit sowohl die richterliche SBV als auch die SBV der übrigen Angehörigen der Dienststelle betroffen, so handeln beide nach § 178 Abs. 7 gemeinsam. 48

Schwerbehindertenvertretung der Staatsanwälte: Nach § 177 Abs. 1 Satz 3 gelten die Bestimmungen für die Bildung der SBV der Richter entsprechend für die Wahl einer eigenständigen SBV bei der Staatsanwaltschaft. Ist eine besondere Personalvertretung für Staatsanwältinnen und Staatsanwälte nicht gebildet, entfällt die Möglichkeit der Wahl einer eigenständigen SBV. Die schwerbehinderten Staatsanwältinnen und Staatsanwälte nehmen dann an der Wahl der für alle Beschäftigten zu bildenden SBV ihrer Behörde teil. 49

Bundeswehr: Nach § 117 BPersVG nF gilt das BPersVG für den Geschäftsbereich des Bundesministeriums der Verteidigung mit Maßgaben. Nach Abs. 1 gilt das BPersVG nur für die bei militärischen Dienststellen und Einrichtungen der Bundeswehr beschäftigten Beamtinnen und Beamten sowie Arbeitnehmerinnen und Arbeitnehmer. Nach § 2 Abs. 1 Soldatenbeteiligungsgesetz (SBG) wählen Offiziere, Unteroffiziere und Mannschaften (Wählergruppen) in den in § 4 SBG als „Wahlbereiche" benannten militärischen Einheiten, auf Schiffen und Booten der Marine, in Stäben der Verbände sowie vergleichbaren Dienststellen und Einrichtungen, in integrierten Dienststellen und Einrichtungen, in multinationalen Dienststellen und Einrichtungen keine Personalvertretung sondern für jede Wählergruppe eine Vertrauensperson und zwei Stellvertreter. Die übrigen Einrichtungen sind Dienststellen im Sinne von § 170 Abs. 1 Satz 2 SGB IX. Sie fallen in den Geltungsbereich des BPersVG. Die dort beschäftigten Arbeitnehmer und Beamte wählen Personalvertretungen. An der Wahl nehmen auch die in den Dienststellen tätigen Soldaten teil. Sie bilden nach § 49 Abs. 1 SBG eine weitere Gruppe vergleichbar de Gruppe der Beamten und Arbeitnehmern im Sinne von § 5 BPersVG. Soweit nach dem BPersVG Wahlen zu einer Personal- 50 vertretung stattfinden, ist nach § 177 Abs. 1 Satz 1 SGB IX auch eine **gemeinsame SBV für die Gruppen der Arbeitnehmer, Beamten und Soldaten** zu wählen (→ § 211 Rn. 3). Bei diesen Wahlen zur SBV haben schwerbehinderte Soldatinnen und Soldaten das aktive und alle Soldatinnen und Soldaten einschließlich der nicht schwerbehinderten auch das passive Wahlrecht. Das ist durch die Änderung des § 94 Abs. 4 SGB IX aF bereits zum 30.12.2016 geregelt und in § 177 Abs. 4 SGB IX nF übernommen worden.[260] Deshalb kann es nach dem neuen Recht möglich sein, dass ein im Wahlbereich nach § 4 SBG zur Vertrauensperson gewählter Soldat auch zur Vertrauensperson seiner Dienststelle im Sinne von § 174 Abs. 3 SGB IX gewählt werden kann.[261] Es bestehen keine Hinderungsgründe, beide Ämter in Personalunion wahrzunehmen.

51 **Stationierungsstreitkräfte der NATO-Staaten:** Nach Art. 56 Abs. 9 des **Zusatzabkommens zum NATO-Truppenstatut** (ZA-NTS) und dem darauf Bezug nehmenden Unterzeichnungsprotokoll ist für die Vertretungen der zivilen Arbeitskräfte bei den ausländischen Streitkräften der NATO-Staaten im Bundesgebiet das Bundespersonalvertretungsgesetz anzuwenden. Verwiesen wird auf die für die zivilen Bediensteten bei der Bundeswehr maßgebenden Vorschriften des deutschen Rechts. Dazu enthält das Unterzeichnungsprotokoll zu Art. 56 Abs. 9 des Zusatzabkommens zahlreiche Abwandlungen und Einschränkungen, → § 164 Rn. 16. Besondere Beachtung verdient der Umstand, dass der Rspr. des BAG in Art. 56 Abs. 9 ZA-NTS eine statische Verweisung auf das **BPersVG** und das **SchwbG** jeweils in der am 16.1.1991 geltenden Fassung annimmt.[262] Das bedeutet: Die Beteiligung der SBV erfolgt nach den Bestimmungen des durch das SGB IX aufgehobenen SchwbG in der am 16.1.1991 geltenden Fassung (SchwbG 1991). Später in Kraft getretene Gesetze wie SGB IX von 2001 und das BTHG von 2016 sind nicht zu berücksichtigen. Das gilt jedenfalls für die **US-Streitkräfte**; denn diese haben keiner „Dynamisierung" zugestimmt und berufen sich auf die statische Bezugnahme des alten Rechts. Nach dem im September 2019 erfolgten Abzug der „British Forces Germany" ist nur noch eine geringe Zahl anderer alliierter Streitkräfte in Deutschland verblieben. Die verbliebenen britischen Truppen führen die Bezeichnung „**British Army Germany**". Ob für die Zivilbeschäftigten, die für diesen restlichen Teil der alliierten Streitkräfte tätig sind, einer „dynamischen" Anwendung des ZA-NTS zugestimmt wird, ist nicht bekannt.

Wegen dieser partiellen Anwendung des alten Rechts gelten auch noch die alten Bezeichnungen. Das SchwbG 1991 kennt nämlich nicht den geschlechtsneutralen Begriff Vertrauensperson, sondern bezeichnet die gewählten Vertreter als **Vertrauensmann** und **Vertrauensfrau**. Die in § 24 Abs. 1 Satz 1 SchwbG 1991 enthaltene Wahlvorschrift verwendet deshalb noch die alten Begriffe. Danach werden „ein Vertrauensmann oder eine Vertrauensfrau und wenigstens ein Stellvertreter gewählt, der den **Vertrauensmann** und **Vertrauensfrau** im Falle der Verhinderung vertritt". Das für die Stationierungsstreitkräfte geltende „Betriebsvertretungsrecht" geht ebenso wie das sonstige Personalvertretungsrecht von einem dreistufigen Aufbau aus. Daher sind bei der obersten Dienstbehörde (Hauptquartier) die Hauptschwerbehindertenvertretung, bei der Mittelbehörde die Bezirksschwerbehindertenvertretung als Stufenvertretungen nach § 27 Abs. 2 SchwbG 1991 und bei den nachgeordneten unteren Dienststellen die

---

260 *Düwell/Beyer* Beschäftigte Rn. 33 ff.
261 *Gronimus*, Die Beteiligungsrechte der Vertrauenspersonen in der Bundeswehr, 8. Aufl. 2018, S. 315 Rn. 5 d.
262 BAG 11.9.2013 – 7 ABR 18/11, Rn. 15, NZA 2014, 323; LAG RhPf 13.6.2016 – 3 TaBV 6/16, Rn. 23.

"örtlichen" SBVen zu wählen. Eine Folge der BAG Rspr. ist jedoch nicht, dass wegen des Fehlens einer dynamischen Verweisung[263] die aufgrund der Ermächtigung in § 24 Abs. 4 SchwbG erlassene Erste Verordnung zur Durchführung des Schwerbehindertengesetzes (Wahlordnung Schwerbehindertengesetz – SchwbWO) vom 22.7.1975[264] anzuwenden ist.[265] Da vor dem am 16.1.1991 bereits die Wahlordnung Schwerbehindertenvertretungen (**SchwbVWO**) vom 23.4.1990 erlassen und bekannt gemacht worden war[266], ist diese anzuwenden. Allerdings sind die folgenden später vorgenommenen Änderungen nicht zu berücksichtigen.

1. Änderungen durch das Gesetz zur Bekämpfung der Arbeitslosigkeit Schwerbehinderter (SchwbBAG) 29.9.2000[267]: § 22 Abs. 1 bis 3 jeweils S. 1.
2. Änderungen durch das Sozialgesetzbuch – Neuntes Buch – (SGB IX) Rehabilitation und Teilhabe behinderter Menschen (SGB IX ua ÄndG) vom 19.6.2001[268]: § 1 Abs. 1, Abs. 2 S. 1 und 3, Abs. 2 S. 3; § 2 Abs. 1 S. 2, Abs. 2 S. 3, Abs. 4, Abs. 5 und 6 S. 2, § 3 Abs. 2; § 4 Abs. 1, Abs. 2, Abs. 3 S. 1 und 2; § 5 Abs. 1 S. 1, Abs. 1 S. 2 Nr. 4, Abs. 1 S. 2 Nr. 5, Abs. 1 S. 2 Nr. 6, Abs. 1 S. 2 Nr. 7, Abs. 1 S. 2 Nr. 8; § 6 Abs. 1 S. 2 und 4, Abs. 1 S. 3, Abs. 2 S. 2 und 3, Abs. 2 S. 3; § 7 Abs. 3; § 8; § 9 Abs. 1, Abs. 2 S. 2, Abs. 3, Abs. 4, Abs. 5; § 10 Abs. 2, Abs. 3 S. 1, Abs. 3 S. 2, Abs. 4 S. 1 bis 3, Abs. 4 S. 4, Abs. 4 S. 5, § 11 Abs. 1, Abs. 3 S. 1, Abs. 3 S. 2; § 12 Abs. 1 S. 2; § 13 Abs. 2 S. 1, Abs. 3, Abs. 4 S. 1, Abs. 4 S. 2; § 14; § 15; § 17 S. 1 Hs. 1; § 19 Abs. 2; § 20 Abs. 1, Abs. 2 S. 1 und 2, Abs. 2 S. 3, Abs. 3 S. 2, Abs. 3 S. 3, Abs. 3 S. 4, Abs. 3 S. 5; § 21 S. 1; § 22 Abs. 3 S. 1; § 23; § 24 Abs. 1 S. 1 und S. 2 Nr. 3, Abs. 2 S. 1 und Abs. 2 S. 2; § 25 Abs. 1, Abs. 2; § 26 S. 1; § 27 S. 1.
3. Änderungen durch das Bundesteilhabegesetz (BTHG) vom 23.12.2016[269]: § 1 Abs. 2 S. 3; § 22 Abs. 3 S. 1; § 23; § 24 Abs. 2 S. 2.

Schwerbehindertenvertretung in kirchlichen Einrichtungen: Das SGB IX enthält abweichend von § 118 Abs. 2 BetrVG und § 1 Abs. 2 BPersVG nF (entspricht dem bis 14.6.2021 geltenden § 112 BPersVG) keine Ausnahmen für Religionsgemeinschaften und deren karitative und erzieherische Einrichtungen. Es wird deshalb vertreten, § 177 Abs. 1 sei damit auch für Einrichtungen der Religionsgemeinschaften ein geltendes Gesetz.[270] Umstritten ist, ob die nach Art. 140 GG weiter geltende Bestimmung aus Art. 137 Abs. 3 der Weimarer Reichsver- 52

---

263 BAG 11.9.2013 – 7 ABR 18/11, NZA 2014, 323.
264 BGBl. 1975 I 1965, zuletzt geändert durch Art. 8 des G v. 24.7.1986, BGBl. I 110.
265 Die in der Vorauflage vertretene Auffassung beruhte auf einem Irrtum und wird aufgegeben.
266 BGBl. 1990 I 811.
267 BGBl. 2000 I 1394.
268 BGBl. 2001 I 1046.
269 BGBl. 2016 I 3234.
270 *Baumann-Czichon/Germer* MVG.EKD, 4. Aufl. 2013, § 50 Rn. 1 a; *Kramm/Feldes*, Handlungsanleitung für die Wahl der Schwerbehindertenvertretung, 2014, S. 94; vertiefend → Kap. 1 Rn. 3.

fassung[271] eine Ausnahme gebietet.[272] Die Ausnahme ist nicht zwingend geboten. Die SBV hat keine Mitbestimmungsrechte, mit denen sie in die garantierte kirchliche Selbstverwaltung eingreifen könnte. Die SBV soll Hilfestellung bei der Durchsetzung der allgemeinen arbeitsrechtlichen und besonderen schwerbehindertenrechtlichen Ansprüche gegenüber dem kirchlichen Arbeitgeber geben; ferner hat sie nach Art einer Verwaltungshelferin auch die Einhaltung der öffentlich-rechtlichen Beschäftigungspflichten des kirchlichen Arbeitgebers zu überwachen. Insoweit ist das Recht der SBV Teil des privaten und öffentlichen Arbeitnehmerschutzrechts. Dieses gilt auch für kirchliche Arbeitgeber. Die hier angesprochene Verfassungsfrage wird von der Rspr. bisher offen gelassen. Es wird formal argumentiert, die Verweisung in § 170 Abs. 1 Satz 2 auf „Betriebe und Dienststellen" laufe ins „Leere". Die Religionsgemeinschaften hätten nämlich keine „Betriebe und Dienststellen" im Sinne des BetrVG oder des Personalvertretungsrechts.[273] Das ist zu schlicht. Maßgebend ist nicht, ob die Kirchen die Begrifflichkeit des BetrVG oder des PersVG verwenden, sondern ob die Einrichtungen der Religionsgemeinschaften den tatbestandsmäßigen Voraussetzungen des Betriebs- oder Dienststellenbegriffs entsprechen. Das ist der Fall; denn es gelten keine abweichenden Organisationsprinzipien für die unter einer arbeitsrechtlichen Leitung zusammengefassten Betriebsstätten.

53 **Besonderheiten der kirchlichen Schwerbehindertenvertretung** (vertiefende Darstellung → Kap. 1 Rn. 1 ff.): Die Garantie der Religionsfreiheit (Art. 4 Abs. 1, 2) und des Selbstverwaltungsrechts der Religionsgemeinschaften (Art. 140 iVm Art. 137 Abs. 3 WRV) wird abweichend von der oben vertretenen Ansicht (→ Rn. 52) von den Kirchen, ihrer karitativen und erzieherischen Einrichtungen sowie den Religionsgesellschaften derart in Anspruch genommen, dass in Deutschland die allgemeinen staatlichen Gesetze (und damit auch das SGB IX und die SchwbVWO) keine Anwendung finden sollen, wenn kirchliche Einrichtungen/Institutionen eine eigene, spezielle kirchenrechtliche Regelung getroffen haben. In der Praxis gibt es nur wenige Unterschiede zwischen den einerseits in Betrieben und Dienststellen und andererseits in kirchlichen Einrichtungen gebildeten SBV. Unterschiede bestehen in dem von § 177 Abs. 5 abweichenden Zeitraum der regelmäßigen Wahlen und darin, dass anstelle von Betriebs- und Personalräten eine Zusammenarbeit mit nach kirchenrechtlichen Bestimmungen gewählten Mitarbeitervertretungen tritt. Nach § 50 Abs. 1 iVm § 11 Abs. 2 Mitarbeitervertretungsgesetz (MVG) der Evangelischen Kirche in Deutschland (EKD) wird anstelle des Begriffs „Schwerbehindertenvertretung" der Begriff „Vertrauensperson" verwendet. Die Verwendung des Begriffs Vertrauensperson ist irreführend; denn in der Sache wird eine Schwerbehindertenvertretung (= eine Vertrauensperson und wenigstens eine Stellvertretung) gewählt. Über § 15 Absatz 2 MVG der EKD finden die regelmäßigen Mitarbeitervertretungswahlen und damit auch die Wahl der Vertrauensperson sowie Stellvertretungspersonen alle vier Jahre in der Zeit vom 1.1. bis 30.4. statt. Die nächsten Regel-

---

271 „Jede Religionsgesellschaft ordnet und verwaltet ihre Angelegenheiten selbstständig innerhalb der Schranken des für alle geltenden Gesetzes".
272 So Kirchengerichtshof der Evangelischen Kirche in Deutschland – Senate für mitarbeitervertretungsrechtliche Streitigkeiten 5.8.2004 – I-0124/H43–03, ZMV 2004, 306; *Richardi*, Arbeitsrecht in der Kirche, 5. Aufl. 2009, § 18 Rn. 102 und *Fey/Rehren* MVG.EKD § 50 Rn. 1 a sowie *Baumann-Czichon/Germer* MVG.EKD § 50 Rn. 1; aA *Bleistein/Thiel* MAVO § 52 Rn. 20; *Müller* in Freiburger Komm MAVO § 46 Rn. 2.
273 ArbG Trier 7.5.2003 – 1 BV 35/02, ZMV 2003, 314; daran anschließend: *Pahlen* in Neumann/Pahlen/Greiner/Winkler/Jabben SGB IX § 177 Rn. 2; kritisch dazu *Wulf* ZMV 2004, 110.

wahlen sind 2020. Es kommt deshalb bei der Bildung von Schwerbehindertenvertretungen nach dem Recht der EKD im Verhältnis zu den nach staatlichem Recht gewählten Schwerbehindertenvertretungen zu zeitlich versetzten Terminen. Hinsichtlich des Wahlzeitraums und des Wahlverfahrens abweichende Regelungen finden sich auch in den zahlreichen Mitarbeitervertretungsordnungen (MAVO) der katholischen Kirche, die für jede Diözese vom jeweiligen Bischof aufgestellt sind.[274] Die auf der Grundlage eines einstimmigen Beschlusses der Vollversammlung des Verbandes der Diözesen Deutschlands vom 20.11.1995, zuletzt durch Beschluss vom 19.7.2017 geänderte Rahmenordnung für eine Mitarbeitervertretungsordnung (Rahmen-MAVO)[275] enthält eine Teilübernahme des staatlichen Rechts. Nach § 52 Rahmen-MAVO wird die „Vertrauensperson der schwerbehinderten Mitarbeiterinnen und Mitarbeiter (...) entsprechend den Vorschriften des SGB IX gewählt."

Zuständigkeit der Gerichtsbarkeit für kirchliche Schwerbehindertenvertretungen: Soweit die Wahl einer Schwerbehindertenvertretung in einer Einrichtung umstritten ist, kann das staatliche Arbeitsgericht im Beschlussverfahren nach § 2 a Abs. 1 Nr. 3 a ArbGG die Unwirksamkeit der Wahl feststellen. Handelt es sich um eine Wahl in einer kirchlichen Einrichtung, so wird die Wahl als ungültig beurteilt, weil nach §§ 177 Abs. 1 Satz 1, 170 Abs. 1 Satz 2 nur in Betrieben nach dem Betriebsverfassungsgesetz und in Dienststellen nach dem Personalvertretungsrecht gewählt werden kann. Einrichtungen der Kirche sollen nach der Instanzrechtsprechung weder dem Betriebsverfassungsgesetz noch dem Personalvertretungsrecht unterfallen.[276] Höchstrichterliche Entscheidungen fehlen bisher. Den nach Kirchenrecht gebildeten Mitarbeitervertretungen ist mangels Zuständigkeit die Inanspruchnahme des staatlichen Rechtsschutzes verwehrt, solange über solche Streitigkeiten eine Schlichtungsstelle entscheidet, die den Mindestanforderungen an ein Gericht entspricht.[277] Die vom BAG gestellten Mindestanforderungen an den Rechtsschutz erfüllt die von den Kirchen aufgebaute Gerichtsbarkeit. Zunächst sind Schieds- und Schlichtungsstelle anzurufen. Gegen deren Entscheidungen ist im Bereich der EKD die Beschwerde an den Kirchengerichtshof gegeben, dessen Senate für mitarbeitervertretungsrechtliche Streitigkeiten entscheiden. Für den Bereich der katholischen Kirche sind auf Diözesanebene kirchliche Arbeitsgerichte errichtet, gegen deren Entscheidungen ein Rechtsmittel zum Kirchlichen Arbeitsgerichtshof für die deutschen Diözesen eröffnet ist. Die Zuständigkeit der kirchlichen Schieds- und Schlichtungsstellen und kirchlichen Arbeitsgerichte erfasst auch die Verfahren der nach kirchlichem Recht gewählten Schwerbehindertenvertretungen. Die in den Vorauflagen vertretene gegenteilige Auffassung wird aufgegeben. Die kirchlichen Gerichte haben bereits vereinzelt in von Vertrauenspersonen geführten Verfahren entschieden. So ist zu § 95 Abs. 2 SGB IX aF erkannt worden, für die Anwendung des staatlichen Rechts neben § 51 Abs. 1 MVG.EKD sei kein Raum. Nach dem MVG sei zwar die Vertrauensperson der schwerbehinderten Menschen zu unterrichten, wenn die Angelegenheit einzelne schwerbehinderte Mitarbeiter und Mitarbeiterinnen als Gruppe betreffe, eine solche Betroffenheit lie-

---

274 Übersicht unter www.ulrichrhode.de/kanon/arbr.html#mavo2.
275 S. https://www.bag-mav.de/recht/ (letzter Aufruf 15.3.2021).
276 ArbG Trier 7.5.2003 – 1 BV 35/02, ZMV 2003, 314.
277 BAG 25.4.1989 – 1 ABR 88/87, NJW 1989, 2284.

ge aber nicht schon dann vor, wenn die Leitung eines Krankenhauses plane, einen Patientenbegleitdienst einzurichten.[278]

54a **SBV in der Seeschifffahrt:** Die Betriebsverfassung der Seeschifffahrtsunternehmen ist 1972 an die Besonderheiten der Arbeit an Land und an Bord von Schiffen angepasst worden. Es ist zwischen Land- und Seebetrieben zu unterscheiden. Daraus folgen unterschiedliche Vertretungsstrukturen. Diese wirken sich auch auf die Bildung und Rechtstellung der SBV aus, weil diese ein – wenn auch eigenständiges – Organ der Betriebsverfassung ist.

Die **Landbetriebe** erfassen die Einrichtungen, die vom Reeder an Land für den Seebetrieb unterhalten werden, zB Reedereikontor, Lagerhäuser, Reparaturwerften. Ferner gelten gemäß § 114 Abs. 4 Satz 2 BetrVG auch die Schiffe, die i.d.R. binnen 24 Stunden nach dem Auslaufen an den Sitz eines Landbetriebes zurückkehren, als den Landbetrieben zugehörig. In diesen Landbetrieben sind nach Maßgabe des § 1 Abs. 1 BetrVG jeweils ein Betriebsrat und nach Maßgabe von § 170 Abs. 1 Satz 2 iVm § 177 Abs. 1 Satz 1 SGB IX eine SBV zu wählen. Hier bestehen keine Besonderheiten.

Besonderheiten bestehen für die Beschäftigung im **Seebetrieb**. Dieser umfasst nach § 114 Abs. 3 BetrVG alle Schiffe eines Unternehmens. Die Vertretung der Beschäftigten erfolgt auf zwei Ebenen. Die Besatzung von **Kauffahrteischiffen** (§ 114 Abs. 4 Satz 1 BetrVG) wählt nach § 115 Abs. 1 BetrVG eine **Bordvertretung**, wenn das Schiff in der Regel mit mindestens fünf wahlberechtigten Besatzungsmitgliedern besetzt ist, von denen drei wählbar sind. Zusätzlich wird nach § 116 Abs. 1 BetrVG für die Besatzungen aller zum Seebetrieb zusammengefassten Schiffe ein **Seebetriebsrat** gewählt. Beide Vertretungen stehen in einem Stufenverhältnis. Der Seebetriebsrat ist das Organ der Betriebsverfassung, das an Land die schiffsübergreifenden Interessen der Besatzungen vertritt, während sich die Bordvertretung den Angelegenheiten an Bord widmet. Die Kommentarliteratur schließt es aus, dass parallel zur Bordvertretung und zum Seebetriebsrat eine SBV gewählt werden kann.[279] Dies wird damit begründet, schwerbehinderte Menschen seien im Regelfall seedienstuntauglich iSv §§ 11 ff. SeeArbG. Das überzeugt nicht. Ob eine Seedienstuntauglichkeit vorliegt, kann nicht pauschal, sondern nur nach Art und Schwere des Behinderung beurteilt werden. Hier zeigt sich bei der Kommentarliteratur zum BetrVG exemplarisch ein häufig anzutreffendes Wissens- und Verständnisdefizit über die Grundsätze, die für die Feststellung der Eigenschaft schwerbehinderter Mensch gelten. Dazu ein diese Grundsätze erläuterndes Beispiel: Für einen Seemann ergibt sich in der Zeit der fünfjährigen Heilungsbewährung nach Entfernung eines malignen Penistumors aus der GdS -Tabelle nach 13.1 VersMedV ein GdB von 50. Diese Art der Behinderung wirkt sich ebenso wie andere Arten nicht auf die Seetauglichkeit aus. Im Übrigen war aktuell der Fall eines wegen einer Körperbehinderung schwerbehinderten Seemanns (Chief Engineer), der im Besitz eines mit Seetauglichkeitszeugnis war, Gegenstand einer Entscheidung des BAG.[280] Folglich ist in der Praxis der Schifffahrt nicht auszuschließen, dass die für eine Wahl der SBV erforderliche Mindestanzahl von wahlberechtigten schwerbehinderten Beschäftigten erfüllt sein kann. In diesem Zusammenhang ist bedeutsam, dass der Gesetzgeber in § 114 Abs. 5 BetrVG nur die Bildung von Jugend- und Auszubildendenvertretungen, nicht aber die SBV ausgeschlossen hat. Auch die Auf-

---

278 Kirchengerichtshof der Evangelischen Kirche in Deutschland – Senate für mitarbeitervertretungsrechtliche Streitigkeiten 5.8.2004 – I-0124/H43–03, ZMV 2004, 306.
279 *Franzen* in GK-BetrVG § 115 Rn. 37.
280 BAG 22.10.2015 – 2 AZR 720/14, Rn. 7, BAGE 153, 138.

zählung in § 115 Ab. 5 BetrVG, welche allgemeinen Bestimmungen auf die Geschäftsführung der Bordvertretung anwendbar sind, spricht gegen den Willen des Gesetzgebers, die Bildung einer SBV auszuschließen. In Bezug genommen sind sowohl § 29 BetrVG, der in seinem Abs. 2 Satz 4 den Vorsitzenden zur Ladung der SBV verpflichtet, als auch die § 32 und § 35 BetrVG, die das Teilnahme- und Aussetzungsrecht der SBV regeln.
Da die SBV für den Betrieb im betriebsverfassungsrechtlichen Sinne zu wählen ist, für den auch der Betriebsrat besteht,[281] kommt eine auf das einzelne Schiff bezogene Bildung einer SBV parallel zur Bordvertretung nicht in Betracht. Die Bordvertretung ist im Verhältnis zum Seebetriebsrat eine seefahrtsspezifische Sondervertretung eines Betriebsteils. Eine derartige Sondervertretung eines Betriebsteils ist in § 177 SGB IX nicht vorgesehen. Folglich kann nur entsprechend § 170 Abs. 1 Satz 2 BetrVG für den in § 114 Abs. 3 BetrVG als Betriebseinheit definierten Seebetrieb eine SBV gewählt werden.

SBV in der Luftfahrt: § 117 Absatz 2 BetrVG enthält keinen eigenen Betriebsbegriff, sondern regelt den Geltungsbereich des BetrVG.[282] Nach der obergerichtlichen Rspr. ist die SBV grundsätzlich für den Betrieb im betriebsverfassungsrechtlichen Sinne zu wählen. Dieser bestimmt sich für die Deutsche Lufthansa (DLH) nach dem auf der Grundlage von § 117 Absatz 2 BetrVG vereinbarten **Tarifvertrag Personalvertretung** Nr. 2 (TV PV). Nach dessen Auslegung sind bei der Wahl der SBV getrennte Vertretungen für den **Bereich Cockpit** einerseits und **Bereich Kabine** andererseits zu wählen. Wird nur eine SBV für das gesamte fliegende Personal gewählt, so genügt entspricht das nicht der Vorgabe des TV PV. Ebenso ist es unzulässig, jeweils eine SBV bezogen auf die einzelnen Stationen zu wählen, von denen das fliegende Personal aus eingesetzt wird.[283] Wird der Betriebsbegriff verkannt, ist der Wahlfehler nicht so schwerwiegend, dass die Wahl nichtig wäre. Die Wahl ist dann (nur) anfechtbar. Ist die Anfechtungsfrist versäumt, gilt die Wahl als wirksam.[284]

54b

VI. Wahlverfahren (Abs. 6)

1. Anzahl der zu wählenden Personen

Wahl der Vertrauensperson und des stellvertretenden Mitglieds: Die Vorbereitung und Durchführung der Wahlen ist in einer Wahlordnung geregelt. Zunächst galt die Erste Verordnung zur Durchführung des Schwerbehindertengesetzes (Wahlordnung Schwerbehindertengesetz – SchwbWO) vom 22.7.1975[285]. Aufgrund der gesetzlichen Ermächtigung in § 24 Abs. 7 SchwbG änderte 1990 die Bundesregierung die SchwbWO.[286] Eine weitere Änderung erfolgte mit Wirkung vom 1.7.2001 durch Art. 54 SGB IX vom 19.6.2001.[287] Bei dieser Gelegenheit ist die Wahlordnung in „Wahlordnung Schwerbehinderten-

55

---

281 BAG 10.11.2004 – 7 ABR 17/04, Rn. 21, 22, Behindertenrecht 2005, 107; sich dem anschließend: HessLAG 25.8.2020 – 16 TaBV 179/19, Rn. 67, Nichtzulassungsbeschwerde BAG 7 ABN 64/20.
282 HessLAG 25.8.2020 – 16 TaBV 179/19, juris Rn. 70, Nichtzulassungsbeschwerde BAG 7 ABN 64/20; *Schäfer* jurisPR-ArbR 51/2020 Anm. 4.
283 HessLAG 25.8.2020 – 16 TaBV 179/19, juris Rn. 70, Nichtzulassungsbeschwerde BAG 7 ABN 64/20; *Schäfer* jurisPR-ArbR 51/2020 Anm. 4.
284 HessLAG 25.8.2020 – 16 TaBV 179/19, juris Rn. 72, Nichtzulassungsbeschwerde BAG 7 ABN 64/20; *Schäfer* jurisPR-ArbR 51/2020 Anm. 4.
285 BGBl. 1975 I 1965.
286 Bekanntmachung vom 23.4.1990, BGBl. I 811, zuletzt durch Art. 19 Abs. 21 BTHG vom 23.12.2016 (BGBl. I 3234) geändert.
287 BGBl. I 1046.

vertretungen (SchwbVWO)" umbenannt worden. Mit dem Außerkrafttreten des SchwbG und dem Inkrafttreten des SGB IX zum 1.7.2001 war eine große Überarbeitung der Verordnung durch den Gesetzgeber verbunden. In Art. 54 des SGB IX mussten an zahlreichen Stellen die Verweisungen an die neue Paragrafenfolge angepasst werden. Es wurde jedoch nicht nur umnummeriert, sondern es wurden auch inhaltliche Änderungen vorgenommen. Obwohl durch Art. 64 SGB IX sichergestellt war, dass die mit der Einführung des SGB IX vom Gesetzgeber geänderten Bestandteile der SchwbVWO zukünftig wieder auf dem Wege der Rechtsverordnung hätten geändert oder ergänzt werden konnten, blieb der Verordnungsgeber untätig. Der Gesetzgeber ergriff erneut die Initiative zur Änderung der SchwbVWO. Gemäß Art. 19 Nr. 21 des BTHG wurden mWv 1.1.2018 § 1 Abs. 2 S 3, § 22 Abs. 3 S 1, § 23 und 24 Abs. 2 S 2 SchwbVWO geändert. Diese Änderungen haben jedoch ausschließlich der Umnummerierung gedient, die durch die Verschiebung des Standorts des Schwerbehindertenrechts für die in der SchwbVWO enthaltenen Verweisungen auf das Gesetz zum 1.1.2018 erforderlich wurden (Höherstufung + 83). Der sich aus der Entscheidung des Siebten Senats des BAG vom 23.7.2014[288] ergebende dringende inhaltliche Änderungsbedarf bei der Wahl der überörtlichen Vertretungen in § 22 SchwbVWO blieb unberücksichtigt, → § 180 Rn. 16. Einzelheiten: → SchwbVWO § 22 Rn. 2 ff.[289]

Zu wählen sind die **Vertrauensperson**[290] und nach § 177 Abs. 1 Satz 1 SGB IX wenigstens ein **stellvertretendes Mitglied**. Die Bezeichnung Schwerbehindertenvertretung bedeutet nicht, dass ein aus mehreren Personen bestehendes Organ zu wählen ist, → Rn. 6. Die Wahl eines Stellvertreters ist, wie die Bestimmung in § 7 Abs. 3 SchwbVWO verdeutlicht, keine zwingende Voraussetzung für die gültige Wahl der Vertrauensperson. Wahlvoraussetzung ist nach § 177 Abs. 1 Satz 1, dass in dem Wahlbezirk Betrieb oder Dienststelle wenigstens fünf schwerbehinderte oder gleichgestellt behinderte Menschen nicht nur vorübergehend beschäftigt sind. Diese Voraussetzung ist in jedem Fall erfüllt, wenn die Mindestanzahl „voraussichtlich während der gesamten anstehenden Amtszeit andauern wird".[291] Als nicht nur vorübergehend gilt eine Beschäftigung, wenn sie wenigstens auf eine Dauer von acht Wochen angelegt ist.[292]

56 **Anzahl der zu wählenden stellvertretenden Mitglieder:** Die Wahlversammlung beschließt nach § 20 Abs. 2 SchwbVWO im vereinfachten Wahlverfahren mit einfacher Stimmenmehrheit, wie viele stellvertretende Mitglieder zu wählen sind. Im förmlichen Wahlverfahren legt der Wahlvorstand nach § 5 Abs. 1 Nr. 6 SchwbVWO im Wahlausschreiben deren Anzahl nach billigem Ermessen fest.[293] Der Arbeitgeber darf auf diese Entscheidung keinen Einfluss nehmen.

---

288 BAG 23.7.2014 – 7 ABR 61/12, Behindertenrecht 2015, 20; Einzelheiten: → § 180 Rn. 7 und → § 180 Rn. 17.
289 Vertiefend: *Sachadae*, Wahl der SchwbV, 2013, S. 50 ff. Dort sind als Auslegungsgrundsätze herausgearbeitet: obligatorische Vertretung, Selbstorganisation, Simplizität und Barrierefreiheit.
290 Überholte Bezeichnungen aus SchwbG 1974: Vertrauensmann oder Vertrauensfrau.
291 So BAG 25.10.2017 – 7 ABR 2/16, Rn. 23, NZA 2018, 252; vertiefend *Sachadae*, Wahl der SchwbV, 2013, S. 172 ff., 180.
292 *Düwell*, Wahl der SBV, 2. Aufl. 2018, S. 37 f.
293 Ebenso: *Pahlen* in Neumann/Pahlen/Greiner/Winkler/Jabben SGB IX § 177 Rn. 20.

2. Förmliches Wahlverfahren

Entweder förmliches oder vereinfachtes Wahlverfahren: Soweit nicht die vereinfachte Wahl nach Abs. 6 Satz 3 zulässig ist (→ Rn. 70 ff.), muss **zwingend in dem förmlichen Verfahren** gewählt werden. Es besteht ein Verhältnis der **Exklusivität: entweder oder.**[294] Zwischen dem förmlichen und dem vereinfachten Wahlverfahren besteht keine Auswahlmöglichkeit. Maßgeblich sind dabei die Verhältnisse zum Zeitpunkt der Initiierung der Wahl. Zwar fallen im vereinfachten Verfahren Einleitung der Wahl und Initiierung in Gestalt der Einladung zur Wahlversammlung zusammen. Aber im förmlichen Verfahren fallen beide Zeitpunkte auseinander; denn die Initiierung erfolgt bereits durch Bestellung des Wahlvorstands, während die Einleitung der Wahl erst durch das Wahlausschreiben erfolgt.[295] Entgegen der Ansicht des Siebten Senats muss bereits auf die Initiierung der Wahl durch die Bestellung des Wahlvorstands abgestellt werden; denn ein Wahlvorstand darf nur bestellt werden, wenn die Voraussetzungen des förmlichen Verfahrens erfüllt sind.[296]

57

Bestellung oder Wahl des Wahlvorstands: Die SBV bestellt nach § 1 Wahlordnung Schwerbehindertenvertretungen (SchwbVWO) vom 23.4.1990 spätestens acht Wochen vor Ablauf ihrer Amtszeit einen dreiköpfigen **Wahlvorstand,** → SchwbVWO § 1 Rn. 2 ff. Ist keine SBV im Betrieb oder in der Dienststelle vorhanden, so können nach § 1 Abs. 2 SchwbVWO drei Wahlberechtigte (sog. Wahlinitiatoren) oder nach § 1 Satz 3 SchwbVWO das Integrationsamt zu einer Versammlung zur Wahl des Wahlvorstands einladen.[297] Das Einladungsrecht der örtlichen Wahlinitiatoren kann nicht dadurch ausgehebelt werden, dass GSBV, KSBV oder die Stufenvertretungen unter Bezug auf ein erstrecktes Mandat nach § 180 Abs. 6 Satz 1 bzw. 2 SGB IX sich als im Betrieb oder in der Dienststelle als „vorhandene SBV" betrachten und ein Wahlvorstand bestellen. Diese Befugnis wird nicht von ihrem Mandat umfasst.[298] Kommt es auf der Versammlung, zu der die drei Wahlberechtigten oder das Integrationsamt eingeladen haben, nicht zu einer Wahl des Wahlvorstands, so ist auch die gerichtliche Einsetzung eines Wahlvorstands angebracht. Das ist für die Wahl des Betriebsrats in § 17 Abs. 4 BetrVG und für den Personalrat in § 22 BPersVG idF 1974 vorgesehen. In der SchwbVWO fehlt jedoch eine derartige Interventionsregelung. Das ist rechtspolitisch bedenklich; denn so wird Personen, die eine Wahl der SBV verhindern wollen, eine Möglichkeit der Obstruktion eröffnet. Im Schrifttum wird erwogen, das für die Wahl zum Betriebsrat bzw. zum Personalrat vorgesehene Verfahren, nach dem drei Wahlberechtigte die gerichtliche Einsetzung eines Wahlvorstands beantragen können, analog anzuwenden.[299] Ob der zuständige Fachsenat des BAG dem jedoch zustimmt ist ungewiss; denn er müsste feststellen, dass sowohl im Gesetz als auch in der Verordnung eine von der Rspr. zu schließende planwidrige Regelungslücke enthal-

58

---

294 BAG 16.11.2005 – 7 ABR 9/05, Rn. 19, br 2006, 105 = NZA 2006, 340.
295 BAG 16.11.2005 – 7 ABR 9/05, Rn. 22, br 2006, 105 = NZA 2006, 340.
296 *Sachadae*, Wahl der SchwbV, 2013, S. 297 f.; *Düwell/Sachadae* NZA 2014, 1241 (1242).
297 Ausführlich: *Düwell*, Die Einleitung der Wahl bei Nichtvorhandensein einer SBV, br 2021, 5 ff.
298 ArbG Stuttgart 26.1. 2021 – 7 BVGa 1/21, juris Rn. 47 ff.; *Düwell* jurisPR-ArbR 7/2021 Anm. 9.
299 *Adlhoch* in Ernst/Adlhoch/Seel SGB IX § 94 Rn. 77 und 78; *Pahlen* in Neumann/Pahlen/Greiner/Winkler/Jabben SchwbVWO § 1 Rn. 5; *Krämer/Guen* in FKS SGB IX, 4. Aufl. 2018, § 177 Rn. 40; *Sachadae*, Wahl der SchwbV, S. 354 ff.; *Trenk-Hinterberger* in HK-SGB IX, 3. Aufl. 2010, Anh. zu § 100 SchwbVWO § 1 Rn. 5.

ten ist. Mit der bisherigen Rspr. des Fachsenats des BAG ist das schwer vereinbar; denn dieser ist im Hinblick auf Prüfungs- und Benachrichtigungspflichten des Wahlvorstands pauschal davon ausgegangen: „Die Bestimmungen der SchwbVWO stellen ein vollständiges und in sich widerspruchsfreies Regelungswerk dar".[300]

Beispielsfall: Die Einladung der Wahlinitiatoren missfällt dem Arbeitgeber oder dem Betriebsrat. Es werden deshalb Teilnehmende an der ordnungsgemäß einberufenen Versammlung zur Wahl eines Wahlvorstandes beeinflusst, eine Vertagung dieser Versammlung auf unbestimmte Zeit zu beschließen. Bei dieser Beschlusslage kann nur die Wahl der SBV stattfinden, wenn die gerichtliche Bestellung eines Wahlvorstands entsprechend § 17 Abs. 4 BetrVG betrieben werden kann.[301]

Eine Möglichkeit der gerichtlichen Bestellung des Wahlvorstands ist jedoch weder im SGB IX noch in der SchwbVWO vorgesehen. Das ist ein weiteres Defizit, das der Gesetzgeber alsbald beheben sollte. Derartige Defizite werden allerdings vom zuständigen BMAS als unerheblich angesehen, insbesondere weil keine empirischen Untersuchungen für die Häufigkeit derartiger Obstruktion vorgelegt werden können.[302] Dabei wird die präventive Funktion der Rechtssetzung ausgeblendet. Die in § 177 Abs. 6 Satz 4 SGB IX getroffene Bestimmung, dass das Integrationsamt zur Wahlversammlung einladen darf, ist nicht geeignet, die Schutzlücke zu schließen. Es müsste wenigstens dem Integrationsamt die Kompetenz eingeräumt werden, beim Scheitern der Wahlversammlung einen Wahlvorstand entsprechend § 17 Abs. 4 BetrVG einzusetzen.

59 **Aufgaben des Wahlvorstands:** Ist Wahlvorstand nach § 1 Abs. 1 SchwbVWO bestellt oder nach § 1 Abs. 2 SchwbVWO gewählt, so hat er nach § 2 Abs. 3 SchwbVWO die Amtspflicht, **unverzüglich** (das heißt nach § 121 Abs. 1 BGB: ohne schuldhaftes Zögern) tätig zu werden. Er hat dazu einen Zeitplan aufzustellen. Ziel muss es sein, innerhalb von sechs Wochen die Wahl durchzuführen. Danach hat die Wahl spätestens eine Woche vor dem Tage stattzufinden, an dem die Amtszeit der SBV abläuft. Bei dieser Vorbereitung, die auch die Besorgung der technischen Ausrüstung, wie zB Wahlkabinen oder Sichtschutz, Wahlurnen, Wahlumschläge und Stimmzettel einschließt, hat der Arbeitgeber nach § 2 Abs. 6 SchwbVWO den Wahlvorstand zu unterstützen. Einzelheiten dazu: → SchwbVWO § 3 Rn. 38 ff.

Zur Vorbereitung des Wahlausschreibens muss der Wahlvorstand nach § 2 Abs. 4 SchwbVWO mit der SBV, dem Betriebs- oder Personalrat und dem Arbeitgeber **erörtern**, wie viele stellvertretende Mitglieder der SBV in dem Betrieb oder der Dienststelle zu wählen sind. Nach der Erörterung hat er durch Beschluss die **Anzahl der zu wählenden stellvertretenden Mitglieder** zu bestimmen.

Der Wahlvorstand hat die Anzahl und Namen der Wahlberechtigten zu ermitteln und nach § 3 SchwbVWO die **Liste der Wahlberechtigten** aufzustellen. Diese ist nach § 2 Abs. 2 SchwbVWO unverzüglich nach Einleitung der Wahl an **geeigneter Stelle auszulegen**.

Der Wahlvorstand hat nach § 2 Abs. 5 SchwbVWO ausdrücklich dafür zu sorgen, dass schwerbehinderte **ausländische Wahlberechtigte** rechtzeitig über das Wahlverfahren, die Aufstellung der Liste der Wahlberechtigten, die Wahlvor-

---

300 BAG 20.1.2010 – 7 ABR 39/08, Rn. 24, Behindertenrecht 2010, 134.
301 Zur Wahl eines Betriebsrats: LAG SchlH 22.1.2020 – 3 TaBV 23/19; zustimmend: *Boemke* jurisPR-ArbR 13/2020 Anm. 6.
302 Auskunft der Fachabteilung des BMAS vom Februar 2021 gegenüber dem Autor.

schläge, den Wahlvorgang und die Stimmabgabe in geeigneter Weise unterrichtet werden.[303] Dazu müssen rechtzeitig Vorbereitungen zB durch Besorgen von Übersetzungen getroffen werden. Geschieht das nicht, so wertet das BAG dies als schweren Wahlfehler. Bei einem Verstoß gegen die inhaltlich gleichlautende Bestimmung in § 2 Abs. 5 der Ersten Verordnung zur Durchführung des Betriebsverfassungsgesetzes (Wahlordnung – WO) hat der Siebte Senat des BAG eine Wahlfehler angenommen, der eine erfolgreiche Anfechtung rechtfertigt.[304] Trotz dieses hohen Anfechtungsrisikos ist in der Praxis zu beobachten, dass die Vorschrift des § 2 Abs. 5 SchwbVWO zur Teilhabesicherung ausländischer Beschäftigter ohne hinreichende Sprachkenntnisse nicht immer hinreichend beachtet wird.[305]

An dieser Stelle zeigt die SchwbVWO ein weiteres schwerwiegendes rechtspolitisches **Defizit in Sachen Inklusion** auf. In § 166 SGB IX ist die Neuausrichtung auf das generelles Ziel der Inklusion vorgegeben und in der Begründung des BTHG ausgeführt: „Dem neuen gesellschaftlichen Verständnis einer inklusiven Gesellschaft soll durch einen neu gefassten Behinderungsbegriff Rechnung getragen werden."[306] An der Konkretisierung der notwendigen Vorkehrungen zum Abbau von Barrieren, die für gleiche Teilhabechancen notwendig sind, fehlt es jedoch. Die SchwbVWO sieht Maßnahmen zum Abbau der Sprachbarriere für nicht der deutsche Sprache mächtige ausländische Beschäftigte vor. Wenn der Wahlvorstand die Beschäftigten nur per Aushang und Sprechstunden die Beschäftigten unterrichtet, bestehen **Kommunikationsbarrieren** für Menschen mit Beeinträchtigungen der Seh- und Gehörorgane. Die SchwbVWO blendet den spezifischen Unterstützungsbedarf von Seh- und Gehörbeeinträchtigten aus und verweigert entgegen Art. 2 Abs. 4 der Behindertenrechtskonvention der Vereinten Nationen (BRK) angemessene Vorkehrungen. Dies kommt für diese Menschen einem Ausschluss vom Wahlrecht nahe. Durch die Verpflichtung zu Anpassungsmaßnahmen wie zB elektronische Unterrichtung mit Ton, Schrift und Bild, die angesichts des Standes der Technik mit keiner unverhältnismäßigen Belastung verbunden sind, wäre eine bessere Teilhabe möglich. Nach Art. 2 Abs. 3 Satz 2 BRK stellt diese Vorenthaltung angemessener Vorkehrungen eine **Diskriminierung** dar. In Art. 4 Abs. 1 lit. b BRK haben sich die Vertragsstaaten zur Änderung bestehender Gesetze verpflichtet, die eine Diskriminierung von Menschen mit Behinderungen darstellen. Die Bundesrepublik hat sich mit der Ratifikation der BRK im Jahr 2009 dazu verpflichtet. Sie ist seitdem vertragsbrüchig, weil sie dem Wahlvorstand in der SchwbVWO aufgibt, angemessene Vorkehrungen zugunsten von Menschen mit Seh- und Gehörbehinderung zu treffen, damit diese in geeigneter Weise unterrichtet werden. Die Rspr. bemüht sich um „Reparatur". So hat ein LAG eine Wahlanfechtung wegen fehlender Vorkehrungen als durchgreifend angesehen.[307] Es hat dazu den Rechtssatz aufgestellt. „Blinde oder so stark sehbehinderte Mitarbeiter, dass sie die Aushänge oder Auslagen nicht lesen können, müssen jedoch auf geeignete Weise unterrichtet werden, so wie es § 2 Abs. 5 WO für der deutschen Sprache nicht hinreichend mächtige ausländische Arbeitnehmer vorsieht. Schwerbehinderten Menschen muss ein barrierefreier Zugang zu den Wahlunterlagen er-

---

303 Dazu: *Sachadae* Behindertenrecht 2015, 34 ff.
304 BAG 13.10.2004 – 7 ABR 5/04, DB 2005, 675.
305 *Kohte* jurisPR-ArbR 33/2015 Anm. 5.
306 BR-Drs. 428/16, 2.
307 HessLAG 24.9.2015 – 9 TaBV 12/15, Rn. 41, ZBVR online 2016, Nr. 12, 20; zustimmend: *Kohte/Liebsch* DVfR Forum B, B5–2016; *Sachadae* jurisPR-ArbR 47/2016 Anm. 5.

möglicht werden".[308] Zur Begründung verweist das LAG auf das Gleichstellungsgebot in Art. 3 Abs. 3 GG: „Niemand darf wegen seiner Behinderung benachteiligt werden". Ob diese Sicht auch ohne förmliche Ergänzung der SchwbVWO von dem zuständigen Fachsenat des BAG geteilt wird, erscheint zweifelhaft.

Hat der Wahlvorstand die vorbereitenden Arbeiten erfüllt, erlässt er spätestens sechs Wochen vor dem Wahltag nach § 5 SchwbVWO ein Wahlausschreiben.[309] Dieses muss enthalten:

1. das Datum seines Erlasses,
2. die Namen der Mitglieder des Wahlvorstandes,
3. die Voraussetzungen der Wählbarkeit zur SBV,
4. den Hinweis, wo und wann die Liste der Wahlberechtigten und diese Verordnung zur Einsicht ausliegen,
5. den Hinweis, dass nur wählen kann, wer in die Liste der Wahlberechtigten eingetragen ist und dass Einsprüche gegen die Richtigkeit der Liste der Wahlberechtigten nur vor Ablauf von zwei Wochen seit dem Erlass des Wahlausschreibens beim Wahlvorstand schriftlich eingelegt werden können; der letzte Tag der Frist ist anzugeben,
6. die Zahl der zu wählenden stellvertretenden Mitglieder,
7. den Hinweis, dass die SBV und stellvertretende Mitglieder in zwei getrennten Wahlgängen gewählt werden und dass sich aus den Wahlvorschlägen ergeben muss, wer als SBV und wer als stellvertretende Mitglieder vorgeschlagen werden,
8. den Hinweis, dass Wahlberechtigte sowohl einen Wahlvorschlag für die Wahl der SBV als auch für die Wahl des stellvertretenden Mitglieds unterzeichnen können und dass ein Bewerber oder eine Bewerberin sowohl als SBV als auch als stellvertretendes Mitglied vorgeschlagen werden kann,
9. die Aufforderung, Wahlvorschläge innerhalb von zwei Wochen nach Erlass des Wahlausschreibens beim Wahlvorstand einzureichen; der letzte Tag der Frist ist anzugeben,
10. die Mindestzahl von Wahlberechtigten, von denen ein Wahlvorschlag unterzeichnet sein muss,
11. den Hinweis, dass die Stimmabgabe an die Wahlvorschläge gebunden ist und dass nur solche Wahlvorschläge berücksichtigt werden dürfen, die fristgerecht eingereicht sind,
12. die Bestimmung des Ortes, an dem die Wahlvorschläge bis zum Abschluss der Stimmabgabe durch Aushang oder in sonst geeigneter Weise bekanntgegeben werden,
13. Ort, Tag und Zeit der Stimmabgabe,
14. den Hinweis auf die Möglichkeit der schriftlichen Stimmabgabe für diejenigen, die am Wahltag verhindert sind, falls der Wahlvorstand nicht generell die schriftliche Stimmabgabe (Briefwahl) beschlossen hat,

---

308 HessLAG 24.9.2015 – 9 TaBV 12/15, Rn. 41, ZBVR online 2016, Nr. 12, 20; zustimmend: *Kohte/Liebsch* DVfR Forum B, B5–2016, abrufbar im Onlineportal für Rehabilitations- und Teilhaberecht unter www.reha-recht.de; *Sachadae* jurisPR-ArbR 47/2016 Anm. 5.
309 Nichteinhaltung ist Wahlfehler: LAG RhPf 16.2.2011 – 8 TaBV 43/10, ZfPR online 2011, Nr. 12, 16, unter Bezug auf Rspr. zu § 6 der WO zur Betriebsratswahl: LAG Düsseldorf 3.12.2002 – 3 TaBV 40/02, AiB 2004, 114.

15. den Ort und die Zeit der Stimmauszählung und der Sitzung des Wahlvorstandes, in der das Wahlergebnis abschließend festgestellt wird,
16. den Ort, an dem Einsprüche, Wahlvorschläge und sonstige Erklärungen gegenüber dem Wahlvorstand abzugeben sind.

Schreibfehler im Aushang, die bei verständigem Lesen, nicht zu Irrtümern führen, sind unbeachtlich. Deshalb liegt kein wesentlicher die Anfechtung der Wahl begründender Fehler im Wahlverfahren liegt vor, wenn im Wahlausschreiben der Wahltag unzutreffend mit „Dienstag, dem 21.11.2018" statt zutreffend mit „Mittwoch, dem 21.11.2018" angegeben wird.[310]

Für die Einhaltung der Einreichungsfristen, die gegenüber dem Wahlvorstand einzuhalten sind, ist der nach § 130 BGB beurteilende **Zeitpunkt des Zugangs** maßgebend. Der Zugang kann durch persönliche Übergabe oder Einwurf in einen vom Wahlvorstand eingerichteten **Briefkasten** bewirkt werden. Nach dem Dienstschluss bzw. nach dem Ende der betriebsüblichen Arbeitszeit kann nicht mehr mit einer Leerung des Briefkastens durch den Wahlvorstand gerechnet werden; vielmehr ist mit einer Leerung und dementsprechend mit der Möglichkeit der Kenntnisnahme, wie sie in § 130 BGB vorausgesetzt wird, erst wieder **am nächsten Arbeitstag** zu rechnen. Folglich kann ein Zugang nicht mehr bis 24 Uhr des Tages, an dem das Schreiben eingeworfen worden ist, bewirkt werden.[311] Daher hält die Rspr. den Wahlvorstand für befugt, als Zeitpunkt des letztmöglichen Zugangs am letzten Tag der Frist das Ende der Dienststunden des Wahlvorstands anzugeben, wenn dieser Zeitpunkt nicht vor dem Ende der Arbeitszeit der Mehrheit der Arbeitnehmer liegt.[312] Diese Angabe hat nur deklaratorische Bedeutung; denn auch ohne ausdrückliche Angabe dieses Zeitpunktes muss sich der ehrenamtliche Wahlvorstand nicht länger für den Empfang von Erklärungen bereithalten.[313] Warum zwischen dem Zugang beim Wahlvorstand und dem Fristende differenziert werden muss, stellt *Sachadae* in der Anlage Kommentierung SchwbVWO unter → SchwbVWO § 6 Rn. 57 ff. ausführlich dar und beschreibt unter → SchwbVWO § 6 Rn. 60 f. auch die Problematik, Unterlagen nach Dienstschluss an den Wahlvorstand zu übergeben.

Liste der Wahlberechtigten: Der Wahlvorstand hat nach § 3 SchwbVWO eine Liste der Wahlberechtigten mit Familiennamen, Vorname, erforderlichenfalls Geburtsdatum sowie Betrieb oder Dienststelle in alphabetischer Reihenfolge aufzustellen. Die Angabe des GdB oder die Unterscheidung in Gleichstellung und Schwerbehinderung ist unzulässig.[314] Der Arbeitgeber ist verpflichtet, die nach § 163 Abs. 1 Satz 1 laufend zu führende Liste der im Betrieb beschäftigten schwerbehinderten Menschen und gleichgestellten behinderten Menschen zur Verfügung zu stellen. Diese Verpflichtung ist in § 2 Abs. 6 Satz 2 SchwbVWO bestimmt: „(…) gibt (…) insbesondere alle für die Anfertigung der Liste der Wahlberechtigten Auskünfte und stellt die notwendigen Unterlagen zur Verfü-

60

---

310 Vgl. LAG Köln 24.11.2011 – 6 TaBV 67/11: dort hat das LAG die falsche Bezeichnung des Wochentags als unerheblich und den mit der Ordnungszahl bezeichneten Tag des Monats als ausschlaggebend angesehen; die von den Anfechtenden eingelegte Nichtzulassungsbeschwerde ist zurückgewiesen worden, BAG 15.5.2012 – 7 ABN 3/12.
311 Vgl. zur Betriebsratswahl BAG 16.1.2018 – 7 ABR 11/16, juris Rn. 21; *Kreutz/Jacobs* in GK-BetrVG WO § 6 Rn. 5. Vgl. zu den allgemeinen Grundsätzen des Zugangs: BAG 8.12.1983 – 2 AZR 337/82, NJW 1984, 1651; *Ellenberger* in Palandt, 70. Aufl. 2011, BGB § 130 Rn. 6.
312 BAG 16.1.2018 – 7 ABR 11/16, Rn. 22, NZA 2018, 797.
313 BAG 16.1.2018 – 7 ABR 11/16, Rn. 25, NZA 2018, 797; entgegen BVerwG 17.7.1980 – 6 P 4.80, das zur BPersVWO Zugang bis 24 Uhr angenommen hat.
314 BHI, SBV Wahl 2018, S. 49.

gung". Die von der Bundesregierung per Verordnung getroffene Regelung wirkt als „Gesetz im materiellen Sinn", weil sie ebenso wie ein formelles vom Bundestag beschlossenes Gesetz Rechte und Pflichten gegenüber jedem begründet. Nach Art. 80 Abs. 1 GG ist Voraussetzung für die Wirkung der Verordnung, dass die Ermächtigung „Inhalt, Zweck und Ausmaß" der Verordnung bestimmt. Das ist hier gegeben. In § 24 Abs. 7 SchwbG ist die Bundesregierung sehr weitgehend ermächtigt worden, „(...) nähere Vorschriften über die Vorbereitung und Durchführung der Wahl der Schwerbehindertenvertretung zu erlassen". Die gegenwärtig geltende Fassung der Verordnung[315] beruht noch auf dieser Ermächtigung.[316] Unschädlich ist daher, dass die Herausgabepflicht für Unterlagen nicht bei Schaffung des SGB IX bzw. des BTHG nicht in § 177 Abs. 6 Satz 2 SGB IX verankert worden ist; denn wenn der Arbeitgeber schon nach der Wertung des Gesetzgebers die Kosten für alle erforderlichen Maßnahmen des Wahlvorstands zu tragen hat, muss er erst recht alle Gegenstände zur Verfügung stellen, deren Überlassung keine Kosten verursacht, aber für die ordnungsgemäße Vorbereitung der Wahl erforderlich ist. Dazu gehört die Überlassung einer Kopie des vom Arbeitgeber zu führenden Verzeichnisses der schwerbehinderten Beschäftigten. Soweit Arbeitgeber Bedenken gegen die Übermittlung der im Verzeichnis enthaltenen sensiblen personenbezogenen Daten über die Eigenschaften schwerbehinderter oder gleichgestellter Mensch geltend machen, sind diese entweder vorgeschoben oder beruhen auf mangelnder Kenntnis der Erlaubnistatbestände für zugelassene Verarbeitung für Zwecke des Beschäftigungsverhältnisses. Nach § 26 Abs. 3 Satz 1 BDSG ist in Bundesbehörden und Betrieben der Privatwirtschaft die Weitergabe der Daten an den Wahlvorstand zulässig, weil die Übermittlung zur Erfüllung der rechtlichen Verpflichtung aus dem Arbeitsrecht (hier: § 2 Abs. 6 Satz 2 SchwbVWO) erforderlich und kein Grund ersichtlich ist, dass das schutzwürdige Interesse der betroffenen Personen an dem Ausschluss dieser Art der Verarbeitung der personenbezogenen Daten überwiegen. In § 26 Abs. 3 Satz 3 BDSG wird auf die nach § 22 Abs. 2 BDSG zu treffenden angemessenen und spezifischen Maßnahmen zur Wahrung der Interessen der betroffene Personen verwiesen. Entsprechende Erlaubnistatbestände finden sich in den Landesdatenschutzgesetzen, so zB ist in § 16 Abs. 2 Thüringer Datenschutzgesetz (ThürDSG) vom 6.6.2018[317] bestimmt:

„Die Verarbeitung besonderer Kategorien personenbezogener Daten im Sinne des Artikels 9 Abs. 1 der Verordnung (EU) 2016/679 ist unbeschadet anderer Rechtsvorschriften zulässig, soweit und solange (...)
1. sie erforderlich ist, um den Rechten und Pflichten der öffentlichen Stellen auf dem Gebiet des Dienst- und Arbeitsrechts Rechnung zu tragen, oder (...).
In den Fällen des Satzes 1 Nr. 1 bis 4 sind angemessene und spezifische Maßnahmen zur Wahrung der Grundrechte und Interessen der betroffenen Personen vorzusehen."
Der Wahlvorstand hat die Wahlberechtigten mit Familiennamen, Vornamen, erforderlichenfalls Geburtsdatum sowie Betrieb oder Dienststelle in alphabetischer Reihenfolge aufzuführen. Die Angabe des Geburtsdatums ist nur erfor-

---

315 Bekanntmachung vom 23.4.1990, BGBl. I 811, zuletzt durch Art. 19 Abs. 21 BTHG vom 23.12.2016 (BGBl. I 3234) geändert.
316 Bekanntmachung vom 23.4.1990, BGBl. I 811, zuletzt durch Art. 19 Abs. 21 BTHG vom 23.12.2016 (BGBl. I 3234) geändert.
317 Verkündet als Artikel 1 des Thüringer Gesetzes zur Anpassung des Allgemeinen Datenschutzrechts an die Verordnung (EU) 2016/679 und zur Umsetzung der Richtlinie (EU) 2016/680 vom 6.6.2018, GVBl., 229.

derlich, soweit dies zur Unterscheidung namensgleicher Wahlberechtigter erforderlich sein sollte.[318] Die Liste ist unverzüglich nach Einleitung der Wahl bis zum Abschluss der Stimmabgabe an geeigneter Stelle, zB Büro der SBV zur Einsicht auszulegen. Der Raum, in dem die Liste mit diesen personenbezogen Daten ausliegt (nicht aushängt!), ist unter Angabe der Öffnungszeiten durch Aushang bekannt zu machen. Zum Schutz des Persönlichkeitsrechts der Wahlberechtigten ergeben sich Bedingungen für die Einsichtnahme. Nur wer wahlberechtigt oder ein berechtigtes Interesse geltend machen kann, zB als nicht schwerbehinderter Wahlkandidat für das Sammeln von Unterstützungsunterschriften die Kenntnis der Wahlberechtigten benötigt, hat ein Einsichtsrecht.[319] Das Recht zur Einsichtnahme beinhaltet nicht das Recht auf eine Kopie.[320] Jeder Wahlberechtigte kann gemäß § 4 SchwbVWO innerhalb von zwei Wochen nach Erlass des Wahlausschreibens beim Wahlvorstand schriftlich Einspruch gegen die Richtigkeit der Liste der Wahlberechtigten einlegen. Über Einsprüche entscheidet der Wahlvorstand unverzüglich. Hält er den Einspruch für begründet, so hat er die Liste zu berichtigen. Der Person, die den Einspruch eingelegt hat, wird die Entscheidung des Wahlvorstandes unverzüglich mitgeteilt. Wer bewusst keinen Einspruch gegen die Richtigkeit der Wählerliste einlegt, obwohl er es könnte, verliert seine Anfechtungsberechtigung im Zusammenhang mit Mängeln bezogen auf die Richtigkeit der Wählerliste.[321] Gemäß § 4 Abs. 3 SchwbVWO soll der Wahlvorstand nach Ablauf der Einspruchsfrist die Liste der Wahlberechtigten nochmals auf ihre Vollständigkeit hin überprüfen. Die Liste kann nur bei Schreibfehlern, offenbaren Unrichtigkeiten, in Erledigung rechtzeitig eingelegter Einsprüche oder bei Eintritt oder Ausscheiden eines Wahlberechtigten bis zum Tage vor dem Beginn der Stimmabgabe berichtigt oder ergänzt werden.

Wahlvorschläge: Die Wahlberechtigten können nach § 6 SchwbVWO innerhalb von zwei Wochen seit Erlass des Wahlausschreibens schriftliche Vorschläge beim Wahlvorstand einreichen. Jeder **Wahlvorschlag** muss nach § 6 Abs. 2 SchwbVWO von 1/20 der Wahlberechtigten, mindestens jedoch von drei Wahlberechtigten mit Unterschrift unterzeichnet sein. Die erforderliche Anzahl von Stützunterschriften muss im Original beim Wahlvorstand eingehen. Diesem Formerfordernis genügt die Einreichung von Telekopien nicht.[322] Eine Person, die sich bewirbt, kann nur auf einem Wahlvorschlag benannt werden. Zulässig ist allerdings die Benennung in einem Wahlvorschlag als Vertrauensperson und in einem anderen Wahlvorschlag als stellvertretendes Mitglied. Da jede wählbare Person sowohl als Vertrauensperson als auch als stellvertretendes Mitglied vorgeschlagen werden kann, können die Wahlberechtigten auch beide Wahlvorschläge unterstützen. Es liegt auch dann keine unzulässige Doppelunterzeichnung iSv § 6 Abs. 4 Satz 1 SchwbVWO vor, wenn die Wahlvorschläge auf getrennten Urkunden unterstützt werden.[323]

Die SchwbVWO soll nach der Rspr. des Siebten Senats des BAG keine **Pflicht des Wahlvorstandes begründen**, Wahlvorschläge nach ihrem Eingang unverzüglich umfassend auf alle etwaigen Mängel zu prüfen und den Einreichenden darauf hinzuweisen. Eine solche Pflicht gehöre nicht zu den elementaren Grund-

---

318 BHI, SBV Wahl 2018 S. 49.
319 *Düwell* Wahl der SBV, 2. Aufl. 2018, S. 72; BHI, SBV Wahl 2018, S. 49.
320 BHI, SBV Wahl 2018, S. 49.
321 LAG Nürnberg 31.5.2012 – 5 TaBV 36/11, AiB 2013, 393.
322 BAG 20.1.2010 – 7 ABR 39/08, NZA 2010, 1435.
323 *Pahlen* in Neumann/Pahlen/Greiner/Winkler/Jabben SchwbVWO § 6 Rn. 3; *Hohmann* in Wiegand SGB IX SchwbVWO § 6 Rn. 48.

sätzen einer demokratischen Wahl, obwohl in den Wahlordnungen zur Wahl des Betriebs- und Personalrats diese Pflicht ausdrücklich normiert ist.[324] So hat bei der Wahl eines Betriebsrats der Wahlvorstand nach § 7 Abs. 2 Satz 2 WO BetrVG die eingereichten Vorschlagslisten unverzüglich, möglichst innerhalb einer Frist von zwei Arbeitstagen nach ihrem Eingang, zu prüfen und bei Ungültigkeit oder Beanstandung einer Liste den Listenvertreter unverzüglich schriftlich unter Angabe der Gründe zu unterrichten. Bei der Wahl des Personalrats hat ebenso der Wahlvorstand gemäß § 10 Abs. 2 Satz 1 Wahlordnung zum Bundespersonalvertretungsgesetz (BPersVWO)[325] Wahlvorschläge, die ungültig sind, unverzüglich nach Eingang unter Angabe der Gründe zurückzugeben. Dagegen sieht der Wortlaut der SchwbVWO keine Pflicht des Wahlvorstands zu einer umfassenden unverzüglichen Prüfung der Wahlvorschläge und zu einer unverzüglichen Benachrichtigung des Listenvertreters über etwaige Mängel vor. Der für das Wahlrecht zuständige Fachsenat des BAG lehnt eine entsprechende Anwendung der betriebsverfassungs- und personalvertretungsrechtlichen Wahlrechtsbestimmungen ab. Die SchwbVWO enthält nämlich hinsichtlich etwaiger Prüfungs- und Benachrichtigungspflichten des Wahlvorstands keine planwidrige Regelungslücke. Vielmehr stellten die Bestimmungen der SchwbVWO ein vollständiges und in sich widerspruchsfreies Regelungswerk dar.[326] Der Wahlvorstand hat danach nur die Pflicht, eine Person, die mit ihrer schriftlichen Zustimmung auf mehreren Wahlvorschlägen für dasselbe Amt benannt ist, aufzufordern innerhalb von drei Arbeitstagen zu erklären, auf welchem der Wahlvorschläge sie benannt bleiben will. Wird diese Erklärung nicht fristgerecht abgegeben, wird der Bewerber oder die Bewerberin nach § 6 Abs. 3 SchwbVWO von sämtlichen Wahlvorschlägen gestrichen. Für die Feststellung der erforderlichen Zahl der Stützunterschriften zählt die Unterschrift eines Wahlberechtigten nur auf einem Wahlvorschlag. Der Wahlvorstand hat nach § 6 Abs. 4 SchwbVWO einen Wahlberechtigten, der mehrere Wahlvorschläge unterzeichnet hat, schriftlich gegen Empfangsbestätigung aufzufordern, binnen drei Arbeitstagen seit dem Zugang der Aufforderung zu erklären, welche Unterschrift er aufrechterhält. Gibt der Wahlberechtigte diese Erklärung nicht fristgerecht ab, zählt seine Unterschrift auf keinem Wahlvorschlag. Spätestens eine Woche vor Beginn der Stimmabgabe hat der Wahlvorstand nach § 8 SchwbVWO die Namen der Bewerber aus gültigen Wahlvorschlägen bekannt zu machen.

62 **Nachfrist für Wahlvorschläge:** Ist nach Ablauf der in § 6 Abs. 1 SchwbVWO genannten Zweiwochenfrist kein gültiger Wahlvorschlag für die Wahl der SBV eingegangen, so hat dies der Wahlvorstand sofort in der gleichen Weise bekanntzumachen wie das Wahlausschreiben. Zugleich hat er nach § 7 Abs. 1 SchwbVWO eine Nachfrist von einer Woche für die Einreichung von Wahlvorschlägen zu setzen. In der Bekanntmachung ist darauf hinzuweisen, dass die Wahl nur stattfinden kann, wenn innerhalb der Nachfrist mindestens ein gültiger Wahlvorschlag eingereicht wird. Gehen innerhalb der Nachfrist keine gültigen Wahlvorschläge für die Wahl der SBV ein, so hat der Wahlvorstand nach § 7 Abs. 2 SchwbVWO sofort bekanntzumachen, dass die Wahl nicht stattfindet.

---

324 BAG 20.1.2010 – 7 ABR 39/08, NZA 2010, 1435; anders jedoch bei der Wahl des Betriebsrats nach § 7 Abs. 2 WO: BAG 16.1.2018 – 7 ABR 11/16, Rn. 45, NZA 2018, 797.
325 Neugefasst durch Bekanntmachung vom. 1.12.1994, BGBl. I 3653.
326 BAG 20.1.2010 – 7 ABR 39/08, Rn. 22 ff., Behindertenrecht 2010, 134.

Stimmabgabe im Wahlraum: Das Wahlrecht wird nach § 9 SchwbVWO durch 63
die Abgabe eines **Stimmzettels** in einem **Wahlumschlag** ausgeübt. Dazu muss
der Wahlvorstand nach § 10 Abs. 1 SchwbVWO Sorge tragen, dass eine geheime Stimmabgabe stattfindet. Diese ist nur möglich, wenn **organisatorische Vorkehrungen** getroffen sind, so dass eine unbeobachtete, Kennzeichnung der Stimmzettel im **Wahlraum** stattfindet. Dazu kommen in Betracht: Das Aufstellen von Trennwänden oder die Zurverfügungstellung einer Wahlkabine. Nach Nutzung der Wahlkabine oder des Sichtschutzes händigt der Wähler oder die Wählerin den Wahlumschlag, in den er den ausgefüllten Stimmzettel eingelegt hat, einem mit der Entgegennahme der Wahlumschläge betrauten Mitglied des Wahlvorstandes aus. Der Name des Wählers oder der Wählerin ist festzustellen und durch Ankreuzen in der Liste festzuhalten. Der Wahlumschlag wird in Gegenwart des Wählers oder der Wählerin in die **Wahlurne** eingeworfen, nachdem die Stimmabgabe in der Liste der Wahlberechtigten vermerkt worden ist.

Schriftliche Stimmabgabe bei Verhinderung: Ist jemand an der persönlichen 64
Stimmabgabe verhindert, kann er nach § 11 SchwbVWO die schriftliche
Stimmabgabe verlangen. Dazu versendet der Wahlvorstand:
1. das Wahlausschreiben,
2. den Stimmzettel und den Wahlumschlag,
3. eine vorgedruckte Erklärung, die der Wähler oder die Wählerin abgibt,
4. einen größeren Freiumschlag, der die Anschrift des Wahlvorstandes und als Absender Namen und Anschrift der wahlberechtigten Person sowie den Vermerk „Schriftliche Stimmabgabe" trägt.

In der Erklärung nach Nummer 3 ist zu versichern, dass der Wähler oder die Wählerin den Stimmzettel persönlich gekennzeichnet hat. Der Wahlvorstand vermerkt die Übergabe oder Übersendung der Unterlagen in der Liste der Wahlberechtigten. Ein Wähler, der Unterlagen für eine schriftliche Stimmabgabe angefordert hat, kann seine Meinung noch bis zum Wahltag ändern. Er kann seinen bereits abgegebenen Umschlag mit der schriftlichen Stimmabgabe zurückverlangen und am Wahltag persönlich in der Wahlkabine seinen Stimmzettel neu ausfüllen. Da gewährleistet sein muss, dass nur eine Stimme abgegeben wird, ist der ursprüngliche Wahlumschlag mit Stimmzettel unbrauchbar zu machen. Der Wahlvorstand hat in der Wählerliste zu vermerken, dass der mit den Briefwahlunterlagen versandte Stimmzettel zurückgegeben wurde.

Allgemeine Briefwahl: Der Wahlvorstand kann nach § 11 Abs. 2 SchwbVWO 65
die Durchführung der Wahl in der Form der Briefwahl beschließen. Für diesen Fall sind die Unterlagen den Wahlberechtigten unaufgefordert zu übersenden. Die Stimmabgabe hat dann in der Weise zu erfolgen, dass die Wählerin oder der Wähler
1. den Stimmzettel unbeobachtet persönlich kennzeichnet und in den Wahlumschlag einlegt,
2. die vorgedruckte Erklärung unter Angabe des Ortes und des Datums unterschreibt und
3. den Wahlumschlag und die unterschriebene, vorgedruckte Erklärung in dem Freiumschlag verschließt und diesen so rechtzeitig an den Wahlvorstand absendet oder übergibt, dass er vor Abschluss der Wahl vorliegt.

Bei einer angeordneten Briefwahl erfolgt die Übersendung der Wahlunterlagen regelmäßig durch die Post. Die Übersendung durch Boten ist zulässig. Sofern jedoch konkrete Anhaltspunkte dafür vorliegen, dass der Bote das in ihn gesetzte Vertrauen durch Wahlfälschung missbraucht haben könnte, darf der Wahlvorstand die Entgegennahme des Freiumschlages verweigern.[327] Ist die generelle schriftliche Stimmenabgabe angeordnet, muss der Wahlvorstand rechtzeitig Ort und Zeit der in § 12 Abs. 1 SchwbVWO geregelten Behandlung der schriftlich abgegebenen Stimmen bekannt geben. Die Öffnung der Freiumschläge und die weitere in § 12 Abs. 1 Satz 1 SchwbVWO geregelte Behandlung der schriftlichen Stimmenabgaben in öffentlicher Sitzung gehören zu den wesentlichen Wahlvorschriften.[328]

66 **Ausfüllhilfe:** Ist der Wähler oder die Wählerin infolge seiner Behinderung bei der Stimmabgabe beeinträchtigt, bestimmt er nach § 10 Abs. 4, § 11 Abs. 4 SchwbVWO eine Person, die ihm bei der Stimmabgabe behilflich sein soll, und teilt dies dem Wahlvorstand mit. Die Hilfeleistung beschränkt sich auf die Erfüllung der Wünsche des Wählers oder der Wählerin zur Stimmabgabe: Dazu darf die als Helfer bestimmte Person gemeinsam mit dem Wähler oder der Wählerin die Wahlzelle aufsuchen.

67 **Feststellung des Ergebnisses:** Nach Abschluss der Wahl nimmt der Wahlvorstand nach § 13 Abs. 1 SchwbVWO öffentlich die Auszählung der Stimmen vor. Stimmzettel, auf denen mehr als die zulässige Anzahl der Bewerber und Bewerberinnen angekreuzt oder die mit einem besonderen Merkmal versehen sind oder aus denen sich der Wille des Wählers oder der Wählerin nicht zweifelsfrei ergibt, sind als ungültig zu zählen, § 9 Abs. 5 SchwbVWO. Das Ergebnis ist nach § 13 Abs. 1 SchwbVWO unverzüglich in öffentlicher Sitzung des Wahlvorstands festzustellen. Das Ergebnis ist nach § 13 Abs. 1 SchwbVWO in einer Niederschrift festzuhalten. Es liegt ein die Wahlanfechtung begründender Verstoß gegen wesentliche Vorschriften über das Wahlrecht, die Wählbarkeit oder das Wahlverfahren vor, wenn die Öffnung der Freiumschläge bei einer Briefwahl nicht in öffentlicher Sitzung vorgenommen wird.[329] Gewählt für das Amt der Vertrauensperson oder als stellvertretendes Mitglied ist der Bewerber oder die Bewerberin, der oder die jeweils die meisten Stimmen erhalten hat. Bei Stimmengleichheit entscheidet das Los, § 9 Abs. 2 SchwbVWO. Nach § 14 Abs. 1 Satz 1 und 2 SchwbVWO hat der Wahlvorstand jeden Gewählten gegen Empfangsquittung schriftlich zu benachrichtigen. Der Gewählte muss sich innerhalb von drei Arbeitstagen erklären. Geht innerhalb dieser Frist keine Ablehnung beim Wahlvorstand ein, so gilt die Wahl als angenommen. Steht fest, wer die Ämter der Vertrauensperson und der stellvertretenden Mitglieder der SBV innehat, ist das Ergebnis nach § 15 SchwbVWO in einem zweiwöchigen Aushang bekannt zu machen. Der Wahlvorstand hat nach § 15 SchwbVWO unverzüglich das Wahlergebnis dem Arbeitgeber und dem Betriebs- oder Personalrat mitzuteilen. In der SchwbVWO ist keine Bestimmung enthalten, die den Wahlleiter oder den Wahlvorstand verpflichtet, über die für eine Wahlanfechtung einzuhaltende Form und Frist zu belehren. Das führt nicht selten dazu, dass die nach § 15 SchwbVWO einzuhaltende Frist und die für die Anfechtungsberechtigung zu erfüllenden Voraussetzungen nicht eingehalten werden (→ Rn. 74 ff.).

68 **Die Wahlunterlagen** sind vom Wahlvorstand nach § 16 SchwbVWO der SBV zu übergeben, damit diese die Unterlagen bis zur Beendigung der Wahlperiode aufbewahrt. Für Betriebsratswahlen gilt die inhaltsgleiche Norm des § 19 der Ersten Verordnung zur Durchführung des Betriebsverfassungsgesetzes (sog. Wahl-

---

327 LAG Hamm 19.9.2008 – 10 TaBV 53/08.
328 BAG 10.7.2013 – 7 ABR 83/11, Behindertenrecht 2014, 102.
329 LAG München 12.10.2011 – 11 TaBV 29/11, nachgehend: BAG 10.7.2013 – 7 ABR 83/11, Zurückweisung der Rechtsbeschwerde.

ordnung 2001)³³⁰. In Auslegung dieser Bestimmung hat das BAG erkannt, dass der Arbeitgeber und alle anderen Personen und Stellen, die nach § 19 Abs. 2 Satz 1 BetrVG berechtigt sind, die Betriebsratswahl anzufechten, das Recht auf Einsichtnahme in die vom Betriebsrat aufbewahrten Wahlakten der Betriebsratswahl haben. Dazu müssen sie kein besonderes Interesse darlegen. Etwas Besonderes gilt nur für die Einsichtnahme in die Bestandteile der Wahlakten, die Rückschlüsse auf das Wahlverhalten einzelner wahlberechtigter Arbeitnehmer zulassen, zB die mit Stimmabgabevermerken des Wahlvorstands versehenen Wählerlisten. Hier wird die Einsichtnahme davon abhängig gemacht, dass der Anfechtungsberechtigte darlegt, die Einsichtnahme sei zur Überprüfung der Ordnungsmäßigkeit der Wahl erforderlich.³³¹ Das Einsichtsrecht kann auch noch nach Ablauf der Anfechtungsfrist ausgeübt werden, soweit Nichtigkeitsgründe in Betracht kommen.³³² Für die Einsichtnahme in die Wahlunterlagen der SBV kann nichts anderes gelten. Die Einsichtnahme darf nur in Gegenwart der SBV erfolgen. Es ist unzulässig, die Wahlunterlagen zur Ausübung des Einsichtsrechts an Dritte auszuhändigen.³³³ Schon wegen der Aufbewahrungspflicht für diese Unterlagen mit sensiblen, weil das Wahlgeheimnis betreffenden personenbezogenen Daten, hat der Arbeitgeber der SBV für die gesicherte Aufbewahrung einen geeigneten verschließbaren Schrank in einem nicht jedermann zugänglichen Raum zur Verfügung zu stellen (vgl. § 179 Abs. 9 SGB IX, → § 179 Rn. 31).

Meldepflicht: Nach § 163 Abs. 8 ist nach der Wahl vom Arbeitgeber eine Meldepflicht zu erfüllen. Er hat die Namen der Gewählten **unverzüglich** nach Bekanntgabe des Wahlergebnisses an die Arbeitsagentur und an das Integrationsamt zu melden. Wenn er die Meldung unterlässt oder verspätet meldet, ist das eine **Ordnungswidrigkeit**, die mit einem Bußgeld bis zu 10.000 Euro zu ahnden ist, § 238 Abs. 1 Nr. 6, Abs. 2 SGB IX. Damit der Arbeitgeber melden kann, muss zuvor im vereinfachten Verfahren der Wahlleiter und im förmlichen Verfahren der Wahlvorstand den Arbeitgeber über das Wahlergebnis unterrichten. 69

3. Vereinfachtes Wahlverfahren

Vereinfachtes Wahlverfahren: Besteht der Betrieb oder die Dienststelle **nicht aus räumlich weit auseinander liegenden Teilen** (→ Rn. 83) und sind dort zum Zeitpunkt der Einleitung der Wahl **weniger als 50 Wahlberechtigte** beschäftigt (→ Rn. 73), ist die SBV in einem **vereinfachten Wahlverfahren** nach Maßgabe der §§ 18 ff. SchwbVWO³³⁴ auf einer **Wahlversammlung** zu wählen. Eine einzuhaltende Frist zwischen der Einladung und der Wahlversammlung ist nicht vorgesehen. Dies gilt unabhängig davon, ob eine SBV vorhanden ist oder – wie bei erstmaliger Wahl – nicht. Wenn eine SBV vorhanden ist, muss sie nach § 19 Abs. 1 SchwbVWO drei Wochen vor Ablauf ihrer Amtszeit zur Wahlversammlung einladen. Das ist eine Amtspflicht. 70

Wahlversammlung und schriftliche Stimmabgabe: Zwar hat das BVerwG 1983 entschieden, in der Wahlversammlung könne jeder Wahlberechtigte den Antrag auf Durchführung eines förmlichen Wahlverfahrens stellen und dieser Antrag dürfe nicht übergangen werden.³³⁵ Diese Entscheidung war noch zur Ersten 71

---

330 BGBl. I 3494.
331 BAG 27.7.2005 – 7 ABR 54/04, NZA 2006, 59.
332 BAG 27.7.2005 – 7 ABR 54/04, NZA 2006, 59.
333 *Pahlen* in Neumann/Pahlen/Greiner/Winkler/Jabben SchwbVWO § 16 Rn. 2.
334 SchwbVWO vom 23.4.1990 (BGBl. I 811), zuletzt durch Art. 19 Abs. 21 BTHG vom 23.12.2016 (BGBl. I 3234) geändert.
335 BVerwG 29.4.1983 – 6 P 14.81, PersV 1984, 342.

Verordnung zur Durchführung des Schwerbehindertengesetzes (Wahlordnung Schwerbehindertengesetz -SchwWO) vom 22.7.1975[336] ergangen, die später mit Wirkung vom 1.8.1986 geändert[337] und durch die Wahlordnung Schwerbehindertenvertretungen (SchwVWO) vom 23.4.1990[338] abgelöst worden ist. Anders als die Vorgängervorschrift § 17 SchwWO sieht die heute das vereinfachte Wahlverfahren regelnde Bestimmung in § 18 SchwVWO **nicht** mehr vor, dass Wahlberechtigte **dem vereinfachten Verfahren widersprechen** können. Damit ist der zentralen Begründung des BVerwG der Boden entzogen. Die weitere damals vom BVerwG hilfsweise angeführte Erwägung, bei Widerspruch sei eine offene Abstimmung unzulässig, trägt bereits seit 1986 nicht mehr. Seit Änderung der SchwbWO mit Wirkung vom 1.8.1986[339] war nämlich auch bei Durchführung eines vereinfachten Wahlverfahrens nach § 20 Abs. 3 SchwbWO eine geheime Abstimmung auf Stimmzetteln zwingend. Mit Rücksicht darauf hat Pahlen zu Recht die noch bis zur 11. Aufl. vom BVerwG übernommene Ansicht aufgegeben.[340] Wird im vereinfachten Verfahren gewählt, obwohl die gesetzlichen Voraussetzungen nicht erfüllt sind, so ist das ein Wahlfehler, der zur Anfechtung der Wahl nach § 177 Abs. 6 Satz 2 SGB IX iVm § 19 BetrVG berechtigt.[341] Da die Verkennung des richtigen Wahlverfahrens kein Nichtigkeitsgrund ist, kann nach Ablauf der Anfechtungsfrist dieser Fehler nicht mehr als Unwirksamkeitsgrund geltend gemacht werden. Im Schrifttum wird angenommen, dass kein zur Anfechtung berechtigender Wahlfehler vorliege, wenn anstelle des vereinfachten Verfahrens im förmlichen Verfahren gewählt werde.[342] Dem muss widersprochen werden. § 18 SchwVWO enthält **zwingendes Recht**: Liegen die Voraussetzungen vor, „ist die Schwerbehindertenvertretung in einem vereinfachten Verfahren nach Maßgabe der folgenden Vorschriften zu wählen". Die Annahme, das förmliche Verfahren sei das „bessere" Verfahren, ist eine häufig anzutreffende „assoziative" Fehlvorstellung. Der Gesetzgeber hat sich bei einer in räumlicher Nähe arbeitenden Gruppe von bis zu 49 Wahlberechtigten für die **Unmittelbarkeit der Wahlversammlung** als richtiges Wahlverfahren entschieden. Das muss respektiert werden. Deshalb ist die Durchführung des förmlichen Verfahrens für diesen Personenkreis ein Wahlfehler, der zur Anfechtung berechtigt. Die Wahl ist nämlich im falschen Verfahren durchgeführt worden: Da nicht ausgeschlossen werden kann, dass bei Durchführung der Wahl auf einer Wahlversammlung unter dem Eindruck des persönlichen Kontaktaufnahme anders entschieden worden wäre, muss dieser Wahlfehler stets als kausal für das Wahlergebnis angesehen werden.
Schriftliche Stimmabgabe (Briefwahl): Außerhalb des Geltungsbereichs des „vereinfachten" Wahlverfahrens, das umgangssprachlich **förmliches** Wahlverfahren genannt wird, ist die schriftliche Stimmabgabe (umgangssprachlich: **Briefwahl**) in zwei Varianten zulässig:

---

336 BGBl. 1975 I 1965, geändert durch Art. 8 des G v. 24.7.1986, BGBl. 1986 I 1110.
337 Änderung durch Art. 8 des Ersten Gesetzes zur Änderung des Schwerbehindertengesetzes vom 24.7.1986, BGBl. 1986 I 1110.
338 BGBl. 1990 I 811, zuletzt geändert durch Art. 19 Abs. 21 des BTHG vom 23.12.2016, BGBl. 2016 I 3234.
339 Änderung durch Art. 8 des Ersten Gesetzes zur Änderung des Schwerbehindertengesetzes vom 24.7.1986, BGBl. 1986 I 1110.
340 Vgl. *Pahlen* in Neumann/Pahlen/Majerski-Pahlen, 12. Aufl. 2010, SchwVWO § 19 Rn. 1, fortgeführt in Neumann/Pahlen/Greiner/Winkler/Jabben SchwVWO § 19 Rn. 1.
341 BAG 16.11.2005 – 7 ABR 9/05, NZA 2006, 340.
342 *Pahlen* in Neumann/Pahlen/Greiner/Winkler/Jabben SchwVWO § 19 Rn. 3.

1. In § 11 Abs. 1 SchwbVWO ist die **schriftliche Stimmabgabe der einzelnen Wahlberechtigten** geregelt, die an der persönlichen Abgabe ihres in den Wahlumschlag eingelegten Stimmzettels in die Wahlurne (§ 10 SchwbVWO) verhindert sind. In diesem Fall übergibt oder übersendet der Wahlvorstand den Wahlberechtigten **auf deren Verlangen** den Stimmzettel und Wahlumschlag. Die schriftliche Stimmabgabe erfolgt dann nach § 11 Abs. 3 SchwbVWO in der Weise, dass der gekennzeichnete Stimmzettel, der in den Wahlumschlag eingelegt ist, in einem verschlossenen Freiumschlag an den Wahlvorstand übersandt wird. Der Wahlvorstand entnimmt nach § 12 Abs. 1 SchwbVWO unmittelbar vor Abschluss der Wahl dem Freiumschlag den Wahlumschlag und legt diesen zur Stimmauszählung zu den anderen Wahlumschlägen in die Wahlurne.
2. Nach § 11 Abs. 2 Satz 1 SchwbVWO kann der Wahlvorstand die **schriftliche Stimmabgabe aller Wahlberechtigten** (allgemeine Briefwahl) beschließen. Dazu muss nach § 11 Abs. 2 Satz 1 SchwbVWO der Wahlvorstand von Amts wegen die Unterlagen an die Wahlberechtigten übersenden, ohne dass es eines Verlangens bedarf.

§ 177 Abs. 6 Satz 3 SGB IX, konkretisiert durch §§ 18 bis 21 SchwbVWO, schafft **zwingendes Recht**. In den Fällen, in denen das Gesetz die Anwendung des vereinfachten Wahlverfahrens anordnet, ist die Wahl zur Schwerbehindertenvertretung ausnahmslos im Rahmen einer persönlichen Stimmabgabe **auf einer Wahlversammlung** durchzuführen. Abweichungen hiervon lässt die SchwbVWO geltende Rechtslage grundsätzlich nicht zu, → SchwbVWO § 20 Rn. 55.

Briefwahl während einer epidemischen Lage: Der grundsätzliche Ausschluss beider Varianten der schriftlichen Stimmabgabe (Briefwahl) im vereinfachten Wahlverfahren ist rechtspolitisch bedenklich. Hat der Bundestag das Bestehen einer epidemischen Lage von nationaler Bedeutung festgestellt, so ist der vollständige Ausschluss der schriftlichen Stimmabgabe, die Kontakte vermeidet, unter den Gesichtspunkt des Infektionsschutzes verantwortungslos. Es können nämlich nicht immer geeignete Räumlichkeiten zur Durchführung von Wahlversammlungen unter Einhaltung von Schutz- und Hygienekonzepten genutzt werden. Zudem wird der verfassungsrechtliche Grundsatz der gleichen Wahl verletzt. Der für politische Wahlen maßgebliche **Grundsatz der gleichen Wahl** ist auch bei der Ausgestaltung der Wahlen von Vertretungsorganen der schwerbehinderten Beschäftigten zu beachten.[343] Den schwerbehinderten Beschäftigten, die wegen der Art und Schwere ihrer Behinderung einer Hochrisikogruppe nach den Kriterien des Robert-Koch-Instituts zugeordnet sind, wird durch das Vorenthalten der kontaktlosen schriftlichen Stimmabgabe der Zugang zum Wahlrecht versperrt. Deshalb wandte sich am 5. 2.2021 Petition mit der Forderung nach optionaler Zulassung von Briefwahlen an den Bundestag.[344] Eingaben und Hinweise an das BMAS waren zuvor erfolglos geblieben. So hatte bereits 2020 das den Vorsitz in der BIH wahrnehmende Inklusionsamt LVR auf einen dringenden Reformbedarf im Wahlrecht hingewiesen und gewichtige Gründe für die Zulassung der schriftlichen Stimmabgabe in Form der Briefwahl aufge-

---

343 BAG 20.1.2010 – 7 ABR 39/08, Rn. 25, BAGE 133, 114 = Behindertenrecht 2010, 134.
344 Petition der Arbeitsgemeinschaft der Schwerbehindertenvertretungen der obersten Landesbehörden des Freistaates Bayern vom 5.2.2021.

führt.[345] Auf eine gezielte Nachfrage ließ die Fachabteilung des BMAS noch am 1.2.2021 mitteilen, trotz der Corona-Pandemie bestehe kein Handlungsbedarf.[346] Zwar könne nicht ausgeschlossen werden, dass Corona bedingt eine Wahlversammlung zur Bestellung des Wahlvorstandes nicht abgehalten werden können. Die Zahl solcher Fälle sei aber eher klein. Zudem seien die nächsten turnusmäßigen Wahlen erst im Herbst 2022 und damit zu einem Zeitpunkt, in dem die Corona-Pandemie hoffentlich überwunden sein werde. Folglich sei ein Regelungsbedürfnis nicht ersichtlich. Die Petition an den Bundestag zeigte Wirkung. Am 21.4.2021 stimmten die Koalitionsfraktionen die Formulierung eines Änderungsantrags[347] ab, mit dem sie als Artikel 13 a in die laufende Gesetzgebung zum Teilhabestärkungsgesetz eine Änderung der Wahlordnung Schwerbehindertenvertretungen durch Neufassung des § 28 der SchwbVWO einbrachten. Ziel der am 21.4.2021 beschlossenen Einbringung des Änderungsantrags war: Während der COVID-19-Epidemie soll die schriftliche Stimmabgabe nach einer als Videokonferenz durchgeführten Wahlversammlung ermöglicht werden. Der Fachausschuss für Arbeit und Soziales hat dem Änderungsantrag zugestimmt und ihn dem Plenum zur Annahme empfohlen.[348] Er hat lediglich eine Umnummerierung vorgenommen. Der Empfehlung des Ausschusses folgend ist in Art. 13 b des Teilhabestärkungsgesetzes vom 2.6.2021[349] das Wahlrecht nachgebessert worden.[350] Die seit langem gegenstandslos gewordene Schlussvorschrift in § 28 SchwbVWO ist mit neuem Inhalt gefüllt worden, → Rn 83 a. Nach § 28 Abs. 1 SchwbVWO nF kann bis zur Aufhebung der Feststellung einer epidemischen Lage mit nationaler Tragweite eine Wahlversammlung im vereinfachten Wahlverfahren mittels **Video- und Telefonkonferenz** erfolgen. Es muss nach der zweiten Satzhälfte des Abs. 1 sichergestellt werden, dass Dritte vom Inhalt der Sitzung keine Kenntnis nehmen können. Eine Aufzeichnung ist unzulässig. Trotz der Öffnung der Wahlordnung zur Nutzung elektronischer Medien bleibt eine **elektronische Stimmabgabe** weiterhin unzulässig. Das stellt Satz 3 in Abs. 1 klar: Der eigentliche Wahlakt findet nicht per Video- oder Telefonkonferenz sondern per Briefwahl statt.[351] Dazu gelten nach § 28 Abs. 2 SchwbVWO nF die Bestimmungen über die Stimmabgabe bei der Wahl im vereinfachten Wahlverfahren § 11 SchwbVWO entsprechend. Das bedeutet: Es findet, ohne dass es dazu nach § 11 Abs. 2 SchwbVWO eines Beschlusses des Wahlvorstands bedarf, eine **generelle Briefwahl** statt. Ohne dass es ausdrücklich in den Gesetzeswortlaut klargestellt ist, gilt: Zu der schriftlichen Stimmabgabe per Briefwahl sind nur die **stimmberechtigt**, die auch **per Video oder Telefon an der Wahlversammlung teilgenommen** haben. Das ergibt sich aus der für das vereinfachte Wahlverfahren in § 20 SchwbVWO bestimmten zwingenden Einheit von Versammlung und Wahl, die auch bei der in § 28 Abs. 2 SchwbVWO nF angeordneten entsprechender Anwendung der schriftlichen Stimmabgabe gewahrt werden muss. Entsprechende Anwendung bedeutet

---

345 *Biergans*, Projektbericht zur Evaluation der im Zeitraum 01.10.2018 – 31.03.2019 stattgefundenen Wahlen der Schwerbehindertenvertretungen sowie ihrer Stufenvertretungen, S. 28, Herausgeber LVR Dezernat Schulen, Inklusionsamt, Soziale Entschädigung, 2020.
346 E-Mail vom 1.2.2021 an den Autor.
347 Der Änderungsantrag der Fraktionen der CDU/CSU und SPD liegt dem Autor vor; der Antrag wird vom Ausschuss nur mittelbar wiedergegeben auf BT-Drs. 19/28834, 42.
348 BT-Drs. 19/28834.
349 BGBl. I 1387.
350 Darstellung des Gesetzgebungsverfahrens: *Düwell* jurisPR-ArbR 22/2021 Anm. 1.
351 BT-Drs. 19/28834, 60.

hier: Die Schriftliche Stimmabgabe setzt die Teilnahme an der Video- oder Telefonkonferenz voraus. Leider ist in der vom BMAS erstellten Formulierungshilfe für den Änderungsantrag der Koalitionsfraktionen weder dieser Grundsatz herausgestellt worden, noch ist eine Vorkehrung zur Prüfung der Stimmberechtigung in die Wahlordnung aufgenommen worden. Zur Lückenfüllung wird deshalb eine Anleihe bei der Sonderregelung aus Anlass der COVID-19-Pandemie in § 129 BetrVG angebracht. Dort ist unter Abs. 1 Satz 3 bestimmt, dass die Teilnehmer ihre **Anwesenheit** gegenüber der Leitung Textform **bestätigen**. Diese Bestätigung hat die nach § 20 Abs. 1 SchwbVWO in der Video- oder Telefonkonferenz formlos zu wählende Person, die die Versammlung leiten soll (**Wahlleitung**), zur Prüfung der Stimmberechtigung bei der Öffnung der Freiumschläge zu nutzen. Unbedacht ist bei dieser Konstruktion geblieben, dass anders als bei dem förmlichen Wahlverfahren kein mehrköpfiger Wahlvorstand vorhanden ist, der die Öffnung der Freiumschläge, die Prüfung der Ordnungsgemäßheit der schriftlichen Stimmabgabe und die Auszählung der Stimmzettel überwacht. Die Kontrolle der Wahlleitung ist nur möglich, wenn in entsprechender Anwendung von § 5 Abs. 1 Nr. 15 SchwbVWO der Ort und die Zeit der Stimmauszählung durch die Wahlleitung bereits in der Video- oder Telefonkonferenz den Wahlberechtigten mitgeteilt wird, damit Öffentlichkeit hergestellt werden kann. Die in § 20 Abs. 3 Satz 6 SchwbVWO angeordnete unverzügliche öffentliche Auszählung der Stimmen ist nämlich nicht unmittelbar nach Beendigung der Versammlung sondern erst nach Ablauf der für die schriftliche Stimmabgabe von der Wahlleitung gesetzten Frist und dem Rücklauf der Freiumschläge mit den Wahlumschlägen und Stimmzetteln möglich. Deshalb bedarf es für die Sicherstellung des Gebots der Öffentlichkeit (§ 20 Abs. 3 Satz 6 SchwbVWO) der **Stimmauszählung** und der **Feststellung des Ergebnisses** einer Lückenschließung durch die analoge Anwendung des § 5 Abs. 1 Nr. 15 SchwbVWO.

Das Teilhabestärkungsgesetz hat sich auf den Erlass von Corona- Sonderregelungen für das **vereinfachte Wahlverfahren** beschränkt. Es fehlt jede Sonderregelung für das **förmliche Wahlverfahren**. Zwar dürfen im förmlichen Verfahren Vertrauensperson und stellvertretende Mitglieder der SBV bei entsprechender Beschlussfassung des Wahlvorstands nach § 11 Abs. 2 SchwbVWO in einer reinen Briefwahl gewählt werden, ohne dass eine Versammlung stattfindet. Allerdings bedarf es in einem vertretungslosen Betrieb oder einer vertretungslosen Dienststelle nach § 1 Abs. 2 Satz 1 SchwbVWO zunächst der Wahl eines Wahlvorstands auf einer Versammlung. Hier hat das Teilhabestärkungsgesetz keine Regelung für erforderlich gehalten. Das war eine rechtspolitische Fehlentscheidung; denn in Zeiten einer Epidemie darf den vertretungslosen Belegschaften nicht die Wahl einer SBV verwehrt werden.

Die vom BMAS erstellte und von den Fraktionen für den Änderungsantrag übernommene Formulierungshilfe zeigt im Übrigen eine **terminologische Schwäche**. So lautet in dem neugefassten § 28 SchwbVWO die Bezeichnung „Wahl der Schwerbehindertenvertretung und ihrer stellvertretenden Mitglieder". Demgegenüber verwendet das für die Wahlordnung maßgebende Gesetz in § 177 Abs. 1 Satz 1 SGB IX für die zu Wählenden die Bezeichnung „eine Vertrauensperson und wenigstens ein stellvertretendes Mitglied". Hier zeigt sich nicht nur ein semantischer Fehlgriff, sondern auch ein fehlendes Verständnis für die besondere Konstruktion der SBV als Vertretung, die sich aus Vertrauensperson und stellvertretenden Mitgliedern zusammensetzt.

Diese Sonderregelungen in § 28 Abs. 1 (Video- und Telefonkonferenz) und Abs. 2 (schriftliche Stimmabgabe) SchwbVWO nF sind nach Art. 14 Abs. 2 des

Teilhabestärkungsgesetzes **am 10.6.2021 in Kraft** getreten. Sie gelten nach § 28 Abs. 1 und 2 SchwbVWO nF bis zur Aufhebung der Feststellung einer epidemischen Lage von nationaler Tragweite iSv § 5 Abs. 1 Satz 2 des Infektionsschutzgesetzes. Der Bundestag hat am 11.6.2021 das Fortbestehen der epidemischen Lage von nationaler Tragweite auf Antrag der Fraktionen von CDU/CSU und SPD[352] für weitere drei Monate festgestellt.[353] Folglich endet, solange keine weitere Verlängerung beschlossen wird, das Fortbestehen der epidemischen Lage mit Ablauf des 30.9.2021. Bis dahin kann von den Sonderregelungen in § 28 Abs. 1 und 2 SchwbVWO nF Gebrauch gemacht werden.

72 **Besonderes Verfahren für Richter:** Für die Durchführung der Wahlen zu der SBV der Richterschaft gelten die §§ 24 bis 27 SchwbVWO. Sie sehen entsprechend den Bestimmungen des DRiG für die Wahl des Richterrates ein besonderes vereinfachtes Wahlverfahren vor.[354]

73 **Ablaufschema für das vereinfachte Wahlverfahren:** Nach § 18 SchwbVWO sind als Voraussetzungen für die vereinfachte Wahl zu prüfen:
- nicht weit auseinander liegende Betriebsteile, und
- nicht mehr als 49 Wahlberechtigte.

74 *Mindestens **vier Wochen** vor Ablauf der Amtszeit*
- § 19 SchwbVWO: Einladung zur Wahlversammlung durch die SBV, gemeinsame SBV, GSBV oder KSBV
- oder falls keine vorhanden, durch drei schwerbehinderte Menschen, durch den Betriebsrat oder durch das Integrationsamt

75 *Spätestens **drei Wochen** vor Ablauf der Amtszeit*

§ 19 Abs. 1 SchwbVWO	Wahlversammlung
§ 20 Abs. 1 SchwbVWO	Wahl eines Wahlleiters/einer Wahlleiterin
§ 20 Abs. 2 SchwbVWO	Festlegung der Anzahl der Stellvertreter/innen
§ 20 Abs. 3 SchwbVWO	Durchführung der Wahl durch Wahlleiter/in
§ 20 Abs. 3 SchwbVWO	Geheime Stimmabgabe
§ 20 Abs. 3 SchwbVWO	Feststellung des Wahlergebnisses: Unverzüglich nach Abschluss der Wahl
§ 14 SchwbVWO	Benachrichtigung der Wahlbewerber über das Wahlergebnis: Unverzüglich schriftlich gegen Empfangsbestätigung
§ 15 SchwbVWO	Öffentliche mündliche Bekanntmachung des Wahlergebnisses

76 **Einladung zur Wahlversammlung:** Die persönliche Einladung einzelner bekannter Wahlberechtigter zur Wahlversammlung im vereinfachten Wahlverfahren ist unzureichend. Es bedarf einer öffentlichen Bekanntmachung. Nach § 19 Abs. 1 SchwbVWO hat diese in Form eines Aushangs am „Schwarzen Brett" im Betrieb oder in „sonst geeigneter Weise" zu erfolgen, → SchwbVWO § 18 Rn. 11 ff. Zu empfehlen ist, Rundschreiben, Emails oder persönliche Ansprache nur zusätzlich einzusetzen. Die Wahl der SBV ist anfechtbar, wenn nur einzelnen Mitarbeitern, die sich zur Wahl stellen, von der Wahlversammlung Kenntnis gegeben wird, ohne dass die Wahl betriebsöffentlich bekannt ist. In dem

---

352 BT-Drs. 19/30398.
353 S. www.bundestag.de/dokumente/textarchiv/2021/kw23-de-epidemische-lage-845 692.
354 *Knittel* SGB IX § 94 Rn. 72.

Einladungsschreiben zur beabsichtigten Wahl der SBV sind zwingend Ort und Zeit der öffentlichen Stimmzettelauszählung bekannt zu geben.[355] Nach § 177 SGB IX und § 19 Abs. 2 SchwbVWO können in Betrieben ohne SBV drei Wahlberechtigte und/oder das Integrationsamt zu einer Wahlversammlung einladen. Auch diese Einlader müssen den Weg der öffentlichen Bekanntmachung wählen. Die Wahlordnung regelt nicht ausdrücklich ein Auskunftsrecht. Dieses ergibt sich jedoch aus dem Gesamtzusammenhang. Vor der Einladung zur Wahlversammlung müssen nämlich die Einlader feststellen, ob die die Mindestvoraussetzungen für die SBV-Wahl nach § 177 Abs. 1 Satz 1 „wenigstens fünf schwerbehinderte Menschen nicht nur vorübergehend beschäftigt" und die Voraussetzungen für das förmliche oder vereinfachte Verfahren nach § 177 Abs. 6 Satz 3 „weniger als 50 Wahlberechtigte" vorliegen. Dazu muss der Arbeitgeber allen Einladungswilligen das nach § 163 Abs. 1 SGB IX geführte Verzeichnis der schwerbehinderten Menschen im Betrieb zur Verfügung stellen. Davon geht auch die SchwbVWO aus; denn sie verpflichtet die drei Einladungswilligen sich zu entscheiden, ob nach § 1 Abs. 2 Satz 2 SchwbVWO zur Wahl des Wahlvorstands für die Wahl der SBV im förmlichen Verfahren oder nach § 19 Abs. 2 SchwbVWO zur sofortigen Wahl der SBV im vereinfachten Verfahren auf einer Versammlung eingeladen werden soll. Ferner sind auch die besonderen Anforderungen zu klären, die an Aushang des Einladungsschreibens zu stellen sind, weil die einzuladenden Wahlberechtigten einen besonderen Unterstützungsbedarf haben. So ist zB zu klären, ob und wer von den Wahlberechtigten **blind** bzw. als **ausländischer Beschäftigter** nicht der deutschen Sprache mächtig ist, so dass er einen einfachen Aushang nicht lesen oder nicht verstehen kann. Für die ausländischen Beschäftigten bedarf es im förmlichen Wahlverfahren nach § 2 Abs. 5 SchwbVWO einer Unterrichtung über das Wahlverfahren „in geeigneter Weise" und im vereinfachten Wahlverfahren nach § 19 Abs. 1 SchwbVWO einer Einladung zur Wahlversammlung „in geeigneter Weise", zu den konkreten Anforderungen → SchwbVWO § 2 Rn. 35. Die Wahlordnung enthält für die Unterrichtung der Wahlberechtigten mit Sehbeeinträchtigung eine Regelungslücke. Diese ist so zu schließen, dass die gegenüber ausländischen Beschäftigten geregelte Pflicht zur verständlichen Unterrichtung entsprechend gilt. Zu den besonderen Anforderungen gegenüber Blinden → SchwbVWO § 5 Rn. 21.

Stimmabgabe: Auch bei Wahl im Rahmen einer Wahlversammlung bestehen strenge Vorgaben für das Wählen. Es ist eine Fehlvorstellung, wenn angenommen wird, das vereinfachte Verfahren sei weniger förmlich und schütze weniger das Wahlgeheimnis als das sogenannte förmliche Verfahren. Zuerst wird von der Versammlung nach § 20 Abs. 1 Satz 1 SchwbVWO ein Wahlleiter gewählt. Er leitet die Wahlen. Zur technischen Durchführung kann er sich nach § 22 Abs. 1 Satz 2 SchwbVWO zusätzlicher Wahlhelfer bedienen, die von der Wahlversammlung zu bestimmen sind. Es müssen nach 20 Abs. 2 Satz 2 SchwbVWO zwei getrennte Wahlgänge stattfinden. Das hat BAG vorausgesetzt, als es entschieden hat, dass die Wahlen der Vertrauensperson und der stellvertretenden Mitglieder der Schwerbehindertenvertretung getrennt angefochten werden können.[356] Der erste Wahlgang dient der Wahl der Vertrauensperson, der zweite der Wahl der stellvertretenden Mitglieder (§ 177 Abs. 1 Satz 1 SGB IX „wenigstens ein stellvertretendes Mitglied"). Dazu bedarf es der Bestimmung der Anzahl der zu wählenden stellvertretenden Mitglieder. Diese erfolgt durch Beschlussfassung der Wahlversammlung, die nach § 20 Abs. 2 Satz 1 SchwbVWO mit einfacher Mehrheit darüber abstimmt. Diese Zahl der stellvertretenden

77

---

355 LAG Bbg 17.10.2003 – 8 TaBV 7/03.
356 BAG 23.7.2014 – 7 ABR 23/12 Rn. 37, NZA 2014, 1288.

Mitglieder hat eine große praktische Bedeutung; denn sie begrenzt das Nachrücken bei vorzeitiger Beendigung der Amtszeit der Vertrauensperson und des ersten stellvertretenden Mitglieds. Deshalb ist empfehlenswert, wenigstens zwei stellvertretende Mitglieder zu wählen. Da im zweiten Wahlgang die stellvertretenden Mitglieder gesondert gewählt werden, kann ein bei der Wahl der Vertrauensperson unterlegener Kandidat bei den Wahlen zu den stellvertretenden Mitgliedern antreten. Vor Eintritt in die Wahlgänge hat der Wahlleiter die Wahlberechtigung der Wahlteilnehmer als nach § 2 Abs. 2 SGB IX schwerbehinderte oder ihnen nach § 2 Abs. 3 SGB IX gleichgestellte behinderte Menschen zu prüfen.[357] Dazu sollte er das vom Arbeitgeber laufend zu führende Verzeichnis der im Betrieb oder in der Dienststelle beschäftigten schwerbehinderten und gleichgestellt behinderten Menschen (§ 163 Abs. 1 SGB IX) zur Verfügung haben. Die SBV oder die nach § 19 Abs. 2 SchwbVWO sonst einladenden Personen oder Stellen haben dazu in Vorbereitung der Wahlversammlung das aktuelle Verzeichnis der schwerbehinderten und gleichgestellten Beschäftigten iSv § 163 Abs. 1 vom Arbeitgeber zu besorgen. Der Arbeitgeber hat entsprechend nach § 2 Abs. 6 SchwbVWO den Einladern das Verzeichnis als notwendige Wahlunterlage zur Verfügung zu stellen. Das Verzeichnis ist nicht identisch mit einer Wählerliste; denn jede wahlberechtigte Person kann, auch ohne im Verzeichnis enthalten zu sein, an der Wahl teilnehmen. Soweit ihre Schwerbehinderung oder Gleichstellung noch nicht bekannt ist, hat die Person diese durch Vorlage des Ausweises oder des Gleichstellungsbescheids nachweisen. Da auf dem Ausweis die Gültigkeitsdauer ausgewiesen ist, ist für die Schwerbehinderung das Führen des Nachweises, wenn kein Fall der Nachwirkung vorliegt (dazu → Rn. 17), unproblematisch. Da die Gleichstellung nur in bestimmten Fällen befristet wird, ist auf dem Gleichstellungsbescheid zumeist keine Gültigkeitsdauer angegeben ist. Hier der Nachweis der noch gültigen Gleichstellung schwierig zu führen. Allein der Umstand, dass die Gleichstellung bereits vor längerer Zeit erfolgt ist, begründet jedoch noch keinen Zweifel an dem Fortbestand der Gleichstellung und rechtfertigt nicht den Ausschluss von der Wahl.[358] Bei sehr sorgfältiger Vorgehensweise müsste vor der Zulassung zur Wahl der Betroffene gefragt werden, ob die Gleichstellung zwischenzeitlich widerrufen oder zurückgenommen ist. Für den Fall des Widerrufs ist dann zu prüfen, ob der Wahltag noch innerhalb der nachwirkenden Schutzfrist des § 199 Abs. 2 SGB IX fällt. Nach der Prüfung der Wahlberechtigung der bisher nicht in dem Verzeichnis nach § 163 Abs. 1 SGB IX enthaltenen Wahlberechtigten ist die namentliche Liste zu erstellen, in die jede Stimmabgabe einzutragen ist (vgl. § 20 Abs. 3 Satz 5 SchwbVWO). Die Wahlgänge müssen in einem schriftlichen Stimmabgabeverfahren durchgeführt werden. Wie im förmlichen Wahlverfahren geschieht das durch Abgabe des angekreuzten Stimmzettels, der sich im Wahlumschlag befindet. Eine offene Wahl durch Handaufheben oder durch gemeinsames Ausfüllen von Stimmzetteln am Tisch wäre ein so schwerer Wahlfehler, dass er zur Nichtigkeit der Wahl führen würde.

78 Das Wahlrecht wird nach § 20 Abs. 3 Satz 1 und 2 SchwbVWO durch Abgabe von **Stimmzetteln, eingelegt in Wahlumschläge**, ausgeübt. Die Namen der Kandidaten der Kandidaten müssen auf den vorgefertigten Stimmzetteln in alphabetischer Reihenfolge angeben sein, so dass sie nur **angekreuzt** werden müssen. Der Wahlleiter muss dementsprechend Vorbereitung treffen, dass auch bei spontanen Vorschlägen die Stimmzettel in der Versammlung erstellt werden können. Das setzt voraus, dass die Einlader zur Wahlversammlung Papier für

---

357 LAG Köln 25.4.2012 – 9 TaBV 96/11.
358 LAG Köln 25.4.2012 – 9 TaBV 96/11, PersV 2013, 278.

Stimmzettel, Wahlumschläge und eine zur Fertigung der Stimmzettel geeignete Büroausstattung, PC und Drucker oder Kopiergerät, beschafft haben. Es ist auch für Sichtschutz zu sorgen, damit die Wahlberechtigten nach § 20 Abs. 3 Satz 4 SchwbVWO ihre Stimmen unbeobachtet abgeben können. Der Arbeitgeber ist nach § 177 Abs. 6 Satz 2 SGB IX verpflichtet, den Einladern die entsprechenden Sachmittel für die Wahlversammlung zur Verfügung zu stellen. Der Wähler oder die Wählerin übergibt den Wahlumschlag, in den der Stimmzettel eingelegt ist, der Wahlleitung. Diese legt den Wahlumschlag in Gegenwart des Wählers oder der Wählerin ungeöffnet in einen dafür bestimmten Behälter. Die Wahlleitung vermerkt in der Namensliste die Abgabe des Wahlumschlags und legt den Wahlumschlag ungeöffnet in einen Behälter ein. Erst nach Abschluss der Wahlhandlung werden die Wahlumschläge geöffnet und nach § 20 Abs. 3 Satz 6 SchwbVWO die Stimmzettel öffentlich ausgezählt. Der **Wahlleiter** hat zu überwachen, dass durch Aufstellen von Trennwänden oder durch Zurverfügungstellung einer Wahlkabine ausreichende Vorkehrungen für eine unbeobachtete Kennzeichnung der Stimmzettel getroffen sind. Bei der geheimen Stimmabgabe wird durch Ankreuzen an der im Stimmzettel jeweils vorgesehenen Stelle die von den Wählenden gewählte Person für das Amt der Vertrauensperson und der Stellvertretung gekennzeichnet. Werden mehrere stellvertretende Mitglieder gewählt, können Bewerber oder Bewerberinnen in entsprechender Anzahl angekreuzt werden.

Feststellung des Wahlergebnisses: Unverzüglich nach Beendigung der Wahlhandlung zählt der Wahlleiter gemäß § 20 Abs. 3 Satz 6 SchwbVWO öffentlich die Stimmen aus. Stimmzettel, auf denen mehr als die zulässige Anzahl der Bewerber und Bewerberinnen angekreuzt oder die mit einem besonderen Merkmal versehen sind oder aus denen sich der Wille des Wählers oder der Wählerin nicht zweifelsfrei ergibt, sind als ungültig zu zählen, § 9 Abs. 5 SchwbVWO. Das Ergebnis ist sofort festzustellen. Befinden sich bei der Auszählung mehr Stimmzettel in den Wahlurnen als **Stimmabgabevermerke**, sind Versuche, durch Auswertung von Protokollierungsdateien und Befragung von Arbeitnehmern die Differenz zu erklären, unzulässig. Es liegt ein schwerer, nicht behebbarer Wahlfehler vor.[359] Gewählt für das Amt der Vertrauensperson oder als stellvertretendes Mitglied ist der Bewerber oder die Bewerberin, der oder die jeweils die meisten Stimmen erhalten hat. 79

Losentscheid: Bei Stimmengleichheit entscheidet das Los, § 13 Abs. 2 Satz 2 SchwbVWO. Nach der Rspr. der Instanzgerichte verbietet diese Bestimmung ihrem Wortlaut nach nicht einen zweiten Wahlvorgang, weil sie nicht ausdrücklich positiv den sofortigen Losentscheid anordnet. In der Wahlversammlung könnte deshalb zur Auflösung des Patts auch ein weiterer Wahlgang durchgeführt werden.[360] Eine Entscheidung des BAG zu dieser Rechtsfrage liegt bisher nicht vor. 80

Nach der Wahl: Im Übrigen gelten dieselben Bestimmungen zur Benachrichtigung der Gewählten, zur Bekanntgabe des Ergebnisses und zum Recht, die Wahl abzulehnen, wie im förmlichen Verfahren (→ Rn. 67). 81

Ob die Wahl der SBV im **vereinfachten Wahlverfahren** durchzuführen ist, hängt erstens von der **Anzahl der** dem Betrieb angehörenden **wahlberechtigten schwerbehinderten Menschen** und zweitens von den **entfernungsbedingten Schwierigkeiten** ab, die die Kommunikation bei der Aufstellung der Wahlvorschläge und der Stimmabgabe erschweren. In § 177 Abs. 6 Satz 3 hat der Ge- 82

---

359 BAG 12.6.2013 – 7 ABR 77/11, NZA 2013, 1368.
360 So LAG München 27.9.2005 – 8 TaBV 29/05; nachgehend BAG 15.12.2006 – 7 ABR 17/06, sonstige Erledigung.

setzgeber mit dem zahlenmäßigen Schwellenwert 50 in Abgrenzung zu den „in der Regel" Schwellenwerten der Betriebsverfassung eine harte, jeden Beurteilungsspielraum ausschließende Grenze gesetzt. Das führt dazu, dass weder Vertrauensperson/Wahlvorstand noch Arbeitgeber bei der Wahlvorbereitung verlässlich einschätzen können, ob bis zum Wahltag die Zahl der wahlberechtigten Personen den Schwellenwert erreicht oder unterschreitet; denn in der Zwischenzeit können Feststellungsverfahren nach § 152 SGB IX entschieden werden oder bisher unbekannt gebliebene Schwerbehinderte ihren Status offenbaren. Folgerichtig muss zur Ausschaltung unnötiger Anfechtungsrisiken der Tag der maßgebliche Zeitpunkt für Festlegung des Wahlverfahrens sein, an dem die Wahl eingeleitet wird.[361] Dies ist bei der Wahl im förmlichen Wahlverfahren nicht der Tag der Bestellung des Wahlvorstandes,[362] sondern nach § 5 SchwbVWO der Tag des Erlasses des Wahlausschreibens. Für die Durchführung der Wahl im vereinfachten Wahlverfahren sind die Verhältnisse am Tag der Einladung zu der Wahlversammlung maßgebend. Zwar müssen grundsätzlich alle Voraussetzungen für eine wirksame Wahl am Wahltag vorliegen. Aber dem Abstellen auf diesen Tag stünde das den Wahlvorschriften zu entnehmende Ziel entgegen, eine kontinuierliche Vertretung schwerbehinderter Menschen im Betrieb sicherzustellen. Das gebietet es nach zutreffender Ansicht des Siebten Senats des BAG, die Art des Wahlverfahrens nach den Verhältnissen zum **Zeitpunkt der Einleitung der Wahl** zu bestimmen.

Beispiel: Sind am Tag der Einladung zur Wahlversammlung 49 Wahlberechtigte im Betrieb und wird am Wahltag infolge Neueinstellung oder Bekanntgabe einer neuen Gleichstellungsentscheidung der Arbeitsagentur der Schwellenwert 50 für das förmliche Verfahren erreicht, so ist dennoch das vereinfachte Wahlverfahren richtig.

83 Zweite Voraussetzung für die Wahl der SBV im vereinfachten Wahlverfahren ist nach § 177 Abs. 6 Satz 3 SGB IX, § 18 SchwbVWO, dass kein Betrieb vorliegt, der aus mehreren Teilen besteht, die nicht „räumlich weiter auseinander" liegen. Hier ist der Begriff der räumlich weiten Entfernung trotz des gleichen Wortlauts nicht mit dem Tatbestandsmerkmal der räumlichen Entfernung in § 4 Abs. 1 Satz 1 Nr. 1 BetrVG gleichzusetzen.[363] Hier soll das **Kriterium der Nähe** sicherstellen, dass auf die erhöhten Durchführungsanforderungen des förmlichen Verfahrens verzichtet werden kann, ohne die Teilhabechancen der schwerbehinderten Beschäftigten an der Wahl erheblich zu mindern.[364] Es geht um die Bewertung, ob es angesichts des räumlichen Auseinanderfallens der Betriebsgemeinschaft gewährleistet ist, dass die Wahlberechtigten die ansonsten im förmlichen Wahlverfahren durch längere Vorlauffristen (acht statt zwei Wochen) vermittelten Kenntnisse über die Wahlbewerber erlangen können und die Verständigung der Wahlberechtigten über Art und Inhalt der Wahl trotz der gegenüber dem förmlichen Wahlverfahren kürzeren Vorbereitungszeit ausreichend ist.[365] An dieser „informationsflussorientierten" Auslegung wird Kritik geübt.[366] Maßgebend sollte die Prüfung des räumlich zu weit Auseinanderliegens der Gesichtspunkt sein, ob für die Wahlberechtigten die räumliche Trennung der Betriebsteile ein Hindernis dafür bildet, in gleicher und zumutbarer

---

361 BAG 16.11.2005 – 7 ABR 9/05, Rn. 21, AP § 94 SGB IX Nr. 4, zustimmend *Kohte/Pick* jurisPR-ArbR 12/2006 Anm. 1.
362 *Kohte/Pick* jurisPR-ArbR 12/2006 Anm. 1.
363 *Brors* jurisPR-ArbR 22/2003 Anm. 5.
364 So BAG 7.4.2004 – 7 ABR 42/03, NZA 2004, 745.
365 BAG 7.4.2004 – 7 ABR 42/03, NZA 2004, 745.
366 *Sachadae*, Wahl der SchwbV, S. 282 ff.

Weise an der im vereinfachten Wahlverfahren auf der Wahlversammlung durchzuführenden Wahl teilzunehmen.[367] Dieses Hindernis für eine gleiche und zumutbare Teilnahme an einer Wahlversammlung hängt dann im Wesentlichen von der Fahrtzeit ab. Insoweit könnten sich Wahlvorstände und Vertrauenspersonen anhand der Rspr. zu § 4 Abs. 1 Satz 1 Nr. 1 BetrVG Orientierung verschaffen. Diese **wahlversammlungsbezogene** Auslegung ist der völlig im Abstrakten bleibenden „informationsflussorientierten" Auslegung des Siebten Senats des BAG vorzuziehen. Sie berücksichtigt zudem den Vorteil der unmittelbaren Kommunikation mit den Wahlkandidaten auf einer Wahlversammlung. Folglich müssen die Bedenken gegen das vereinfachte Verfahren weichen, wenn die Wahlversammlung zentral an einem Ort stattfindet, der für die schwerbehinderten Wahlberechtigten ohne entfernungsbedingte Schwierigkeiten in zumutbarer Zeit zu erreichen ist. Bei Verkaufsstellen, die bis zu 60 Kilometern voneinander entfernt liegen und die eine zeitaufwendige **persönliche Kontaktaufnahme** der in den verschiedenen Verkaufsstellen beschäftigten Wahlberechtigten erforderlich machen, hat das BAG angenommen, die Information der Wahlberechtigten untereinander werde zu sehr erschwert.[368] Auf den Punkt gebracht: Es muss gefragt werden, ob entfernungsbedingte Kommunikationshindernisse vorliegen, die bei einer Wahl auf einer Wahlversammlung zu ungleichen Wahlchancen für Wahlberechtigte und Wahlbewerber der weit auseinander liegenden Betriebsteile führen.

Wahlen während der COVID-19-Epidemie: Der Bundestag hat am 22.4.2021 das Gesetz zur Stärkung der Teilhabe von Menschen mit Behinderungen sowie zur landesrechtlichen Bestimmung der Träger von Leistungen für Bildung und Teilhabe in der Sozialhilfe (Teilhabestärkungsgesetz) beschlossen.[369] Es ist 2.6.2021 ausgefertigt und am 9.6.2021 verkündet worden.[370] In dem von der Bundesregierung in den Bundesrat eingebrachten Entwurf vom 12.2.2021[371] war keine Regelung zur Durchführung der SBV Wahlen während einer Pandemie von nationaler Bedeutung enthalten. Dem ist der aufgrund eines Änderungsantrags der Koalitionsfraktionen der Ausschuss für Arbeit und Soziales entgegengetreten, indem er dem Plenum die Annahme des Regierungsentwurfs unter Hinzufügung des Artikel 13 b eine Änderung der Wahlordnung Schwerbehindertenvertretungen empfohlen hat.[372] Dem ist der Bundestag in der dritten Lesung des Gesetzes gefolgt. Darauf sind als § 28 der SchwbVWO „Sonderregelungen aus Anlass der COVID-19-Pandemie" angefügt worden, ausführlich → Rn. 71. § 28 Abs. 1 SchwbVWO ermöglicht im vereinfachten Wahlverfahren die Abhaltung einer Wahlversammlung während der COVID-19-Pandemie mittels Video- oder Telefonkonferenz. Damit wird eine seit Beginn der Feststellung der Pandemie notwendige Alternative zur Präsenzwahlveranstaltung geschaffen. Nach Meinung des BMAS, das für den Ausschuss eine Formulierungshilfe erstellt hat, soll so eine Wahlversammlung rechtssicher abgehalten werden können. Dabei stellt Satz 3 des Abs. 1 klar, dass der eigentliche Wahlakt nicht per Video- oder Telefonkonferenz stattfindet.[373] Abs. 2 regelt, dass die schriftliche Stimmabgabe nach der Durchführung einer virtuellen Wahlversammlung durch Briefwahl stattfindet; Einzelheiten → SchwbVWO § 28 Rn. 31 ff.

83a

---

367 So zutreffend: *Sachadae*, Wahl der SchwbV, S. 287 ff.
368 BAG 7.4.2004 – 7 ABR 42/03, NZA 2004, 745.
369 Plenarprotokoll 19/224 Deutscher Bundestag, Stenografischer Bericht 224. Sitzung, S. 28449.
370 BGBl. I 1387.
371 BR-Drs. 129/21.
372 BT-Drs. 19/28834, 27.
373 BT-Drs. 19/28834, 60.

VII. Wahlschutz und Wahlkosten (Abs. 6 Satz 2)

84 **Behinderungs- und Beeinflussungsverbot:** Der Schutz einer SBV – Wahl und die Kostentragung durch den Arbeitgeber sind in § 177 Abs. 6 Satz 2 SGB IX geregelt. Danach sind die für die Betriebs- und Personalratswahlen geltenden Bestimmungen entsprechend anzuwenden. Diese Verweisung stellt sicher, dass entsprechend § 20 BetrVG bzw. § 25 Abs. 2 BPersVG (entspricht dem bis 14.6.2021 geltenden 24 Abs. 1 BPersVG aF) die SBV-Wahlen von keiner Seite **behindert** oder unzulässig **beeinflusst** werden dürfen.

Jede **Behinderung der Wahl** ist in Betrieben nach § 20 Abs. 1 BetrVG und in Dienststellen des Bundes nach § 25 Abs. 1 Satz 1 BPersVG nF verboten. Die Behinderung kann im aktiven Stören bestehen. Beispiel: Der Arbeitgeber ordnet während der Zeit der geplanten Wahlversammlung eine Erste-Hilfe-Ausbildung an.[374] Die Behinderung kann auch in der pflichtwidrigen Unterlassung einer für die Wahl erforderlichen Unterstützungsleistung bestehen. Beispiele: Eine Arbeitgeberin verweigert die Bereitstellung des Wahlraums oder der Angaben für die Aufstellung der Wählerlisten.[375] Verbietet der Arbeitgeber dem Wahlvorstand den Aushang des Wahlausschreibens auf den für die Bekanntmachung an die Belegschaft bestimmten „Schwarzen Brettern", so soll das nach einer vereinzelten gerichtlichen Entscheidung lediglich ein Verstoß gegen der Pflicht zur allgemeinen Kostentragung nach §§ 40 Abs. 2 BetrVG, 179 Abs. 9 SGB IX sein, wenn keine anderer geeigneter Aushangplatz zur Verfügung gestellt wird.[376] Dem ist zu widersprechen. Die Verweigerung der Bekanntmachungsmöglichkeit stellt nach § 177 Abs. 6 Satz 2 SGB IX iVm § 20 Abs. 1 Satz 1 BetrVG, eine Wahlbehinderung dar; denn werden dem Wahlvorstand die erforderlichen sächlichen Mittel nicht zur Verfügung gestellt, so ist diese Verweigerung stets eine Wahlbehinderung.[377]

Nach § 20 Abs. 2 BetrVG bzw. § 25 Abs. 1 Satz 1 BPersVG nF ist die **Beeinflussung der Wahl** durch Zufügung oder Androhung von Nachteilen oder durch Gewährung oder Versprechen von Vorteilen verboten. Eine verbotene Wahlbeeinflussung liegt nicht vor, wenn die Betriebsleitung den Wahlvorstand in angemessener Form auf mögliche Fehler aufmerksam macht, um spätere Wahlanfechtungen zu vermeiden.[378] Verboten ist jedoch die **Bedrohung des Wahlvorstands** mit Sanktionen, insbesondere mit einem Kostenregress oder mit „personellen Konsequenzen", um eine bestimmte Entscheidung des Wahlvorstands oder den Abbruch der Wahl zu erreichen. Eine unzulässige **Begünstigung** liegt vor, wenn der Arbeitgeber einem Bewerber oder seiner Liste einen Vorteil gegenüber den anderen Bewerbern verschafft. Das ist der Fall, wenn der Arbeitgeber oder seine Führungskräfte mit Rat und Tat oder finanziell bestimmte Kandidaten bei der Herstellung einer **Wahlwerbung** unterstützen.[379] Eine verbotene Verschaffung eines Vorteils ist, obwohl einer Kostenerstattung durch die Begünstigten stattgefunden hat, auch dann anzunehmen, wenn der Arbeitgeber bestimmten Bewerbern die Versendung von **Wahlwerbung mit der Dienstpost** gestattet; denn ein Briefumschlag, der dem äußeren Anschein nach vom Arbeit-

---

374 ArbG Berlin 29.5.2009 – 16 BVGa 9922/09, BB 2009, 1928; zustimmend: *Kohte/Paschke* jurisPR-ArbR 41/2010 Anm. 3.
375 AG Detmold 28.4.1978 – 7 Ls 2553/77, BB 1979, 783; *Dörner* in Richardi/Dörner/Weber BPersVG § 24 Rn. 8; *Homburg* in DKW BetrVG § 20 Rn. 10.
376 LAG BW 10.6.2020 – 4 TaBV 5/19, juris Rn. 66.
377 Vgl. *Fitting* BetrVG § 20 Rn. 10: *Düwell* juris PR-ArbR 8/2021 Anm. 5.
378 *Sieg* NZA 2002, 1064 (1069).
379 BAG 4.12.1986 – 6 ABR 48/85 – NZA 1987, 166; zustimmend: *Führich* AR-Blattei Betriebsverfassung VI A Entsch. 18.

geber stammt, findet mehr Aufmerksamkeit.[380] Trägt der Briefumschlag denselben Dienststempel, den die ansonsten vom Arbeitgeber versandte Post an die Arbeitnehmer trägt, so wird dem Empfänger erst nach Öffnen des Briefes erkennbar, dass dieser Brief tatsächlich vom Wahlbewerber und nicht vom Arbeitgeber stammt. Anders als bei Handzetteln, denen sich der Arbeitnehmer durch passives Verhalten entziehen kann, provoziert ein an die Privatanschrift adressierter und scheinbar vom Arbeitgeber stammender Brief ein aktives Verhalten, nämlich den Brief zumindest einmal zu öffnen und sich über den Inhalt in Kenntnis zu setzen.[381]

Strafrechtlicher Wahlschutz: Im Schrifttum wird die Auffassung vertreten, die Behinderung oder unzulässige Beeinflussung der Wahl könne wegen der Verweisung auf die sinngemäße Anwendung der betriebsverfassungsrechtlichen Strafvorschriften zum **Wahlschutz** (§ 119 BetrVG) zu einer Ahndung mit Freiheitsstrafe bis zu einem Jahr oder mit Geldstrafe führen.[382] Das ist unzutreffend. Anders als bei den Betriebsratswahlen ist hier weder die Wahlbeeinflussung noch die **Wahlbehinderung** unter Strafe gestellt. Die sinngemäße Verweisung auf das Recht zum Schutz der Betriebswahlen ist für die Anwendung der Strafnorm des § 119 BetrVG unzureichend. Sie genügt nicht dem elementaren verfassungsrechtlichen Grundsatz der notwendigen Verschriftlichung („nulla poena sine lege scripta") strafrechtlicher Normen.[383] Nach dem Bestimmtheitsgebot des Art. 103 Abs. 2 GG ist jede Anwendung von Strafrecht, die über den tatbestandlich festgeschriebenen Inhalt einer gesetzlichen Strafnorm hinausgeht, ausgeschlossen.[384] Es muss davon ausgegangen werden, dass die zuständige Fachabteilung im federführenden Bundesarbeitsministerium (BMAS) diese Schutzlücke kennt und sie bewusst nicht schließen möchte. Dafür sprechen folgende Umstände. Die Bundesregierung antwortete auf Vorlage der Fachabteilung in der 17. Wahlperiode auf eine kleine Anfrage: „Der Bundesregierung liegen im Übrigen keinerlei Hinweise auf Verstöße gegen Arbeitgeberpflichten in Zusammenhang mit der Wahl der Schwerbehindertenvertretung vor, die die Einführung einer zusätzlichen Strafvorschrift angezeigt erscheinen ließen."[385] Zu Beginn der 18. Wahlperiode appellierte 2015 das Fachschrifttum im Zuge der Diskussion über den damals noch ausstehenden Referentenentwurf zum Bundesteilhabegesetz erfolglos an das zuständige Bundesministerium für Arbeit und Soziales (BMAS), wenigstens ein Mindestmaß an strafrechtlichem Schutz sicherzustellen.[386] Die Landesarbeitsgemeinschaft Inklusion in Beschäftigung und Arbeit Baden-Württemberg nahm darauf 2018 mit einer Eingabe an das BMAS Bezug.[387] Sie verwies ergänzend auf den von der Strafrechtsprofessorin *Zwiehoff* verfassten Beitrag[388]. Dort war der Fall einer Fälschung von Stimmzetteln bei der SBV Wahl im Jahr 2014 in der Großforschungseinrichtung Jülich dargestellt, wo erheblich mehr ausgefüllte Stimmzettel in der Urne waren, als Wähler an der Abstimmung teilgenommen hatten. Das auf die Strafanzeige eines Kandidaten eingeleitete Ermittlungsverfahren wegen Verfälschung der Wahl war von der Staatsanwaltschaft Aachen nach § 170 Abs. 2 StPO eingestellt worden. Zur Begründung heißt es im Einstellungsbescheid (§ 171 S. 1

---

380 ArbG Frankfurt 7.8.2019 – 17 BV 675/18, juris Rn. 68.
381 ArbG Frankfurt 7.8.2019 – 17 BV 675/18, juris Rn. 68.
382 Sieg NZA 2002, 1064 (1069).
383 *Zwiehoff* jurisPR-ArbR 11/2018 Anm. 1.
384 *Zwiehoff* jurisPR-ArbR 11/2018 Anm. 1 mwN.
385 BT-Drs. 17/9347, 4.
386 Vgl. *Sachadae* PersV 2015, 170 (181).
387 Eingabe vom 20.9.2018; registriert vom BMAS unter Va2–581 30/3.
388 *Zwiehoff* jurisPR-ArbR 11/2018 Anm. 1.

StPO), eine Straftat liege nicht vor, weil die Wahlen zur Schwerbehindertenvertretung gem. § 108 d StGB nicht den Geltungsbereich des im Strafgesetzbuch geregelten Wahlstrafrechts unterfielen und keine andere Strafvorschrift in Betracht käme.[389] Die Antwort des BMAS auf die nach dem Jülicher Fall berechtigte Frage nach dem Schutz vor Wahlfälschungen fiel enttäuschend aus: „(…) weder rechtsstaatlich noch sozialpolitisch zielführend, in diesem Kontext des Schwerbehindertenrechts das Strafrecht zu bemühen."[390] Trotz Aufzeigens des Schutzbedarfs an Hand eines realen Falles negierte das BMAS hier jeden Schutzbedarf. Damit soll es bewusst und gewollt straflos bleiben, Wahlen zur SBV zu fälschen. Auch das weitere Anliegen, für die Vertretungen der schwerbehinderten Beschäftigten den gleichen Schutz vor unzulässiger Wahlbeeinflussung und vor Behinderung der Amtstätigkeit zu erhalten, wie die Betriebsräte sie bereits seit 1972 in § 119 BetrVG haben, wurde abgelehnt. Die dazu erteilte Antwort: „(…) das Verhältnis von SBV und Arbeitgeber ist in Recht und Praxis vom Kooperationsgrundsatz geprägt. Danach arbeiten SBV und Arbeitgeber zur Teilhabe schwerbehinderter Menschen am Arbeitsleben eng, vertrauensvoll und konstruktiv zusammen."[391] Diese Antwort verleugnet die Realität in den Betrieben und Dienststellen. Sie entspricht dem Satz von Ringelnatz: „Es kann nicht sein, was nicht sein darf." Wäre dem so, könnte es den folgenden Fall nicht geben: Eine Vertrauensperson wusste sich wegen ständiger Nichteinhaltung der Arbeitgeberpflichten nicht mehr zu helfen und zeigte in elf Fällen ihren Arbeitgeber wegen der aufgetretenen Ordnungswidrigkeiten nach § 156 Abs. 1 Nr. 9 (seit 2018: § 238 Abs. 1 Nr. 8) SGB IX an. Mehrfach ist gegen den Arbeitgeber ein Bußgeld verhängt und trotz Einspruchs des Arbeitgebers gerichtlich bestätigt worden.[392] Trotz ihres Erfolgs wurde die Vertrauensperson durch unwirksame Kündigungen und andere Maßnahmen[393] schließlich so zermürbt, dass sie in einen ihr aufgedrängten Aufhebungsvertrag eingewilligt hat.[394] Diese Vorgänge zeigen, wie nötig ein strafrechtlicher Schutz ist; denn eine Strafandrohung wirkt präventiv und hat eine abschreckende Wirkung. Diese wirkt stärker als die sonst zur Verfügung stehenden Mittel. Das sind: eine Anzeige ordnungswidrigen Verhaltens nach § 238 SGB IX oder ein von der SBV arbeitsgerichtliches Beschlussverfahren nach § 2 a Abs. 1 Nr. 3 a ArbGG. Das Strafrecht ist deshalb besser geeignet, die für den Arbeitgeber handelnden Führungskräfte von übergriffigem Verhalten abzuhalten.

86 **Kündigungs- und Versetzungs-/Abordnungsschutz für Wahlbewerber, Wahlinitiatoren, Wahlvorstand, und Wahlleiter:** Nach § 177 Abs. 6 Satz 2 gelten die Bestimmungen über den Wahlschutz bei der Wahl der Betriebs- und Personalräte sinngemäß. Das schließt den **erhöhten Kündigungsschutz** nach § 15 Abs. 3, 3 a und 3 b KSchG sowie den in § 103 BetrVG geregelten Erlaubnisvorbehalt für außerordentliche Kündigungen und für Versetzungen ein, die zum Verlust der Wählbarkeit führen. Damit soll die Unabhängigkeit der Mitglieder des Wahlvorstands und der sich zur Wahl stellenden Kandidaten für die SBV sowie der Initiatoren, die zur Wahl einladen, gesichert werden. Die **Wahlvorstandsmitglieder** sind, weil im § 15 Abs. 3 Satz 1 Alt. 1 KSchG aufgeführt, vom Zeitpunkt ihrer Bestellung an geschützt. Die im vereinfachten Verfahren nach § 20

---

389 Mitgeteilt von *Zwiehoff* jurisPR-ArbR 11/2018 Anm. 1; eine Kopie des Einstellungsbescheids liegt dem Autor vor.
390 Antwort des BMAS vom 30.10.2018 unter Az. Va2–581 30/3.
391 Antwort des BMAS vom 30.10.2018 unter Az. Va2–581 30/3.
392 Vgl. Sachverhalt VG Bayreuth 17.8.2017 – B 3 K 16.346, juris Rn. 4; *Kohte* jurisPR-ArbR 28/2018 Anm. 3.
393 Dazu *Kohte* jurisPR-ArbR 28/2018 Anm. 3.
394 Vgl. *Düwell* jurisPR-ArbR 48/2018 Anm. 1.

SchwbVWO die Wahl auf der Wahlversammlung durchführende Wahlleitung und die sie unterstützenden Wahlhelfer sind nicht aufgeführt. Die sinngemäße Anwendung der Vorschriften aus dem Personalvertretungsrecht und BetrVG soll einen vergleichbaren Wahlschutz für die Funktionsträger bewirken, die die SBV-Wahlen vorbereiten und durchführen.[395] Deshalb muss die Regelungslücke zugunsten der **Wahlleitung** geschlossen werden. Diese entsteht dadurch, dass kein Wahlvorstand existiert, sondern nach § 20 Abs. 1 SchwbVWO die Wahlversammlung „von einer Person geleitet wird, die mit einfacher Stimmenmehrheit gewählt wird (Wahlleitung)".[396] Nicht zwingend ist die Ausdehnung dieses Schutzes auf die **Wahlhelfer;** denn deren Heranziehung ist keine schwerbehindertenrechtliche Besonderheit. Wahlhelfer können auch nach § 1 Abs. 2 Satz 2 der ersten VO zur Durchführung des BetrVG (WO) auch für die Betriebsratswahl herangezogen werden, ohne dass ihnen in § 15 Abs. 3 oder 3 a KSchG der Gesetzgeber einen Sonderschutz zuerkannt hat. Die Rechtsfrage ist noch nicht geklärt. Die Kommentarliteratur zu § 15 KSchG verschweigt sich.

Wahlbewerber genießen nach § 15 Abs. 3 Satz 1 2. Alt. KSchG einen Kündigungsschutz vom Zeitpunkt des Wahlvorschlags an bis zum Ablauf von sechs Monaten nach Bekanntgabe des Wahlergebnisses. Als Nachweis dient der Stimmzettel, auf dem die Wahlbewerber aufgeführt sind (§ 20 Abs. 3 Satz 2 SchwbVWO). Unerheblich ist, ob die formellen Erfordernisse der Wählbarkeit in der Person des Wahlbewerbers erfüllt sind. Der Schutz beginnt bereits dann, wenn die Bewerbung nach außen erkennbar in Erscheinung tritt.[397] Das ist ab „Aufstellung" des Wahlvorschlags der Fall. Ein Wahlvorschlag ist „aufgestellt", sobald er die erforderlichen Stützunterschriften aufweist und ein Wahlvorstand existiert.[398] Auf seine Einreichung beim Wahlvorstand oder auf den Erlass des Wahlausschreibens kommt es nicht an.[399] Für das vereinfachte Wahlverfahren iSv. §§ 18 bis 21 SchwbVWO muss in sinngemäßer Anwendung gelten, dass der Schutz beginnt, wenn der Wahlleitung der Wahlvorschlag aus der Mitte der Versammlung unterbreitet wird. Die schwerbehinderten Menschen, die nach § 19 Abs. 2 SchwbVWO zu einer Wahlversammlung im vereinfachten Wahlverfahren einladen, haben 2001 durch Art. 7 des BetrVerf-Reformgesetzes einen erweiterten Schutz erhalten. Nach dem 2001 eingefügten § 15 Abs. 3 a KSchG sind sie vom Zeitpunkt der Einladung an vor einer Kündigung geschützt; es sei denn es liegen Tatsachen vor, die den Arbeitgeber zur Kündigung aus wichtigem Grund ohne Einhaltung der Kündigungsfrist berechtigen.[400] Umstritten ist, ob anstelle der Zustimmung des Betriebsrats die der SBV erforderlich ist.[401] Einzelheiten zu dieser Rechtsfrage: → § 179 Rn. 61 ff.

Bestehende Schutzlücken sind von spezialisierten Beratern genutzt worden, um Betriebsratsgründungen durch Ausspruch außerordentlicher Kündigungen, Freistellungen und Hausverboten zu verhindern. Der am 21.12.2020 vom BMAS vorgestellte Referentenentwurf des Gesetzes zur Förderung der Betriebsratswahlen und zur Stärkung der Betriebsräte (**Betriebsrätestärkungsgesetz**) er-

---

395 So auch *Nägele-Berkner* in HaKo-KSchR KSchG § 15 Rn. 32.
396 So auch zum Kündigungsschutz für einen Wahlleiter bei den SBV Wahlen in kirchlichen Einrichtungen: *Joussen* in Freiburger Komm MAVO § 19 Rn. 83.
397 BAG 4.3.1976 – 2 AZR 620/74, AP § 15 KSchG 1969 Wahlbewerber Nr. 1.
398 BAG 7.7.2011 – 2 AZR 377/10, Rn. 13 ff., AP KSchG 1969 § 15 Nr. 69.
399 BAG 7.7.2011 – 2 AZR 377/10, Rn. 14, AP KSchG 1969 § 15 Nr. 69.
400 Zutreffend *Nägele-Berkner* in HaKo-KSchR KSchG § 15 Rn. 32.
401 Für Zuständigkeit der SBV: LAG Hamm 21.1.2011 – 13 TaBV 72/10, Behindertenrecht 2011, 185; im Prinzip dagegen: LAG Köln 18.5.2011 – 8 Sa 364/11, LAGE Nr. 33 c zu § 626 BGB 2002 und BAG 19.7.2012 – 2 AZR 989/11, Behindertenrecht 2013, 18.

kannte dieses Problem.[402] Er wollte deshalb den Kreis der Geschützten ausdehnen und das Schutzniveau erhöhen. Dazu waren im Entwurf Änderungen in § 15 Abs. 3 a KSchG, die Anfügung des § 15 Abs. 3 b KSchG und ein neues gerichtliches Zustimmungserfordernis in § 103 BetrVG für die Fälle der außerordentlichen Kündigung eines Arbeitsverhältnisses von Wahlinitiatoren vorgesehen Der Entwurf ist am Widerstand gegen diese Ausweitung des Kündigungsschutzes in der Ressortabstimmung gescheitert.[403] An die Stelle des Referentenentwurfs beschloss das Kabinett am 31.3.2021, den Entwurf eines Gesetzes zur Förderung der Betriebsratswahlen und der Betriebsratsarbeit in einer digitalen Arbeitswelt (**Betriebsrätemodernisierungsgesetz**) in den Bundesrat einzubringen.[404] Die dort in Art. 1 Nr. und 2 enthaltene abgeschwächte Ausweitung des Schutzes ist am 21.5.2021 vom Bundestag in dritter Lesung beschlossen worden.[405] Der Referentenentwurf sah vor, das Zustimmungserfordernis des Betriebsrats zu den vom Arbeitgeber beabsichtigten außerordentlichen Kündigungen für Wahlvorstand und Wahlbewerber auch auf die Personen auszudehnen, die im Vorfeld der Wahlen mit Vorbereitungshandlungen wie Kandidatenaufstellung befasst sind. Dazu sollte dem § 103 Abs. 1 BetrVG der folgenden Satz 2 angefügt werden: „Für Wahlinitiatoren nach § 15 Absatz 3 a des Kündigungsschutzgesetzes gilt Satz 1 entsprechend."[406] Diese Bestimmung ist im Betriebsrätemodernisierungsgesetz trotz der Kritik von Sachverständigen bei der Anhörung[407] ersatzlos entfallen. So hat der als Fachanwalt häufig mit „Schmutzkündigungen" zur Verhinderung von Betriebsratskündigungen befasste Sachverständige *Kummert* aufgrund seiner Erfahrungen die Notwendigkeit der Etablierung eines derartigen zweistufigen Kündigungsschutzes begründet. Nur wenn im betriebsratslosen Betrieb der Ausspruch der außerordentlichen fristlosen Kündigung der Vorfeld-Initiatorinnen und -Initiatoren von der rechtlichen Prüfung und Zustimmungserklärung des Arbeitsgerichts abhängig gemacht würde, könnte das systematisch zum Wahlausschluss der Initiatoren eingesetzte Mittel der fristlosen Kündigung entschärft werden.[408] Dem ist zuzustimmen; denn mit Zugang der Kündigung verlieren die Betroffenen ihre Wahlberechtigung und gerichtliche Entscheidungen gegen die Kündigungen, für die wichtige Gründe konstruiert werden, kommen regelmäßig zu spät, um noch die Teilnahme an der Wahl zu ermöglichen. Ist rechtliche Gegenwehr auch im einstweiligen Rechtsschutz selbst bei Beantragung von Zwangsgeld bzw. Zwangshaft kaum durchsetzbar, entmutigt das die Wählerschaft.[409]
Dennoch hat das Betriebsrätemodernisierungsgesetz den Wahlschutz für Betriebsräte und über die Verweisung in § 177 Abs. 6 Satz 2 SGB IX auch für die Teilnehmer an den Wahlen einer betrieblichen SBV verstärkt. Die wahlberechtigten schwerbehinderten Beschäftigten, die in ihrem Betrieb eine SBV Wahl initiieren, sich bewerben oder sich als Wahlvorstandsmitglieder zur Verfügung stellen oder als Vertrauenspersonen bzw. stellvertretende Mitglieder einer SBV amtieren, genießen jetzt mehr Schutz:
1. **Erlaubnisvorbehalt für außerordentliche Kündigungen im betriebsratslosen Betrieb:** Durch Art. 1 Nr. 22 des Betriebsrätemodernisierungsgesetzes ist

---

402 Übersicht *Düwell/Nielebock* jurisPR-ArbR 2/2021 Anm. 1.
403 *Düwell/Nielebock* jurisPR-ArbR 15/2021 Anm. 1.
404 BR-Drs. 271/21.
405 *Düwell* jurisPR-ArbR 21/2021 Anm. 1.
406 Referentenentwurf des Bundesministeriums für Arbeit und Soziales, Bearbeitungsstand: 1.12.2020 15:08 Uhr.
407 Vgl. BT-Ausschussdrs. 19(11)1135.
408 *Kummert* in BT-Ausschussdrs. 19(11)1135, 46.
409 *Düwell* in BT-Ausschussdrs. 19(11)1135, 194.

nach § 103 Abs. 2 BetrVG der folgende Absatz eingefügt: „(2 a) Absatz 2 gilt entsprechend, wenn im Betrieb kein Betriebsrat besteht." Dies entspricht der ständigen Rechtsprechung des BAG[410] und wird mit dem neuen Absatz 2 a für die betriebliche Praxis nur klargestellt.[411] In § 103 Abs. 1 BetrVG sind als geschützte Personen genannt: Mitglieder des Betriebsrats und des Wahlvorstands sowie Wahlbewerber. Bei der gebotenen sinngemäßen Anwendung bedeutet dies: Der Arbeitgeber hat in einem betriebsratslosen Betrieb vor einer außerordentlichen Kündigung des Arbeitsverhältnisses der Vertrauensperson oder des sie nach § 177 Abs. 1 Satz 1 SGB IX vertretenden stellvertretenden Mitglieds oder eines von der Vertrauensperson nach § 178 Abs. 1 Satz 4 SGB IX herangezogenen stellvertretenden Mitglieds oder eines nach § 1 Abs. 2 SchwbVWO bestellten Mitglieds des Wahlvorstands oder einer nach § 20 Abs. 1 SchwbVWO gewählten Wahlleitung die vorherige Zustimmung des Arbeitsgerichts einzuholen. Das Arbeitsgericht hat in dem Verfahren zu prüfen, ob die Kündigung unter Berücksichtigung aller Umstände gerechtfertigt ist. Eine ohne bestandskräftige vorherige Zustimmung ausgesprochene Kündigung ist nach § 134 BGB nichtig. Das Instrument einer „Schmutzkündigung" hier nicht geeignet, die Wahlberechtigung oder Wählbarkeit der gekündigten Person auszuschließen. Abweichend vom BetrVG muss bei sinngemäßer Anwendung dieser Schutz auch für außerordentliche Kündigungen des Dienstverhältnisses eines Beschäftigten gelten, der als Wahlleitung oder Wahlvorstand fungiert, ohne in einem Arbeitsverhältnis zum Betriebsinhaber zustehen, jedoch nach § 177 Abs. 2 SGB IX wahlberechtigt und damit auch für diese Funktionen wählbar ist, dazu → Rn. 13. Soweit Mitglieder der SBV oder Wahlbewerber Schutz beanspruchen, ist die Wählbarkeit zur SBV nach § 177 Abs. 3 SGB IX Voraussetzung. Dazu → Rn. 18 ff.

2. **Erweiterung des Schutzes für Beschäftigte, die zu einer Wahlversammlung einladen oder die Bestellung eines Wahlvorstands beantragen:** Art. 2 Nr. 1 a des Betriebsrätemodernisierungsgesetzes hat § 15 Abs. 3 a Satz 1 Halbs. 2 KSchG geändert. Dort ist die Beschränkung des Schutzes auf „die ersten drei in der Einladung oder Antragstellung" durch die „die ersten sechs in der Einladung oder die ersten drei in der Antragstellung" ersetzt. Mit der Änderung ist die Anzahl der in der Einladung genannten Arbeitnehmerinnen und Arbeitnehmer, die dem Sonderkündigungsschutz unterfallen, von drei auf sechs erhöht. Damit schützt die Neuregelung eine größere Anzahl an Personen als für das Einladungsschreiben nach § 28 Abs. 1 der Ersten Verordnung zur Durchführung des Betriebsverfassungsgesetzes (WO) mindestens erforderlich ist. Diese Erhöhung soll es mehr Arbeitnehmerinnen und Arbeitnehmern ermöglichen, sich offen für die Betriebsratswahl zu engagieren. Nach Einschätzung der Bundesregierung bilden die drei Einladenden später auch häufig den dreiköpfigen Wahlvorstand. Daraus resultiere Hemmnis; denn falle eine der einladenden Personen zB wegen Krankheit aus, so könne dies bei der Beschränkung auf drei dazu führen, dass es dann an weiteren Personen fehle, die bereit seien, sich offen für die Wahlvorbereitung und als Wahlvorstand zur Verfügung zu stellen.[412] Bei sinngemäßer Anwendung zum Schutz der SBV Wahlen bedeutet dies: Die Zahl von drei Wahlberechtigten, die nach § 1 Abs. 2 Satz 2 SchwbVWO und § 19 Abs. 2

---

410 BAG 16.12.1982 – 2 AZR 76/81, DB 1983, 1049 und BAG 30.5.1978 – 2 AZR 637/76, DB 1979, 323.
411 BR-Drs. 271/21, 21.
412 So Begründung auf BT-Drs. 271/21, 21.

SchwbVWO erforderlich ist, um zu Wahlversammlungen einzuladen, muss als Mindestzahl verstanden werden. Laden bis zu sechs Wahlberechtigte ein, genießen Sie in sinngemäßer Anwendung von § 15 Abs. 3 a Satz 1 Hs. 2 KSchG Schutz vor einer ordentlichen Kündigung; denn vom Zeitpunkt der Einladung an bis zur Bekanntgabe des Wahlergebnisses ist die Kündigung unzulässig, es sei denn, dass Tatsachen vorliegen, die den Arbeitgeber zur Kündigung aus wichtigem Grund ohne Einhaltung einer Kündigungsfrist berechtigen. Kommt es nicht zur Wahl, besteht nach § 15 Abs. 3 a Satz 2 KSchG der Kündigungsschutz vom Zeitpunkt der Einladung an drei Monate.

3. **Ausweitung des Schutzes auf Vorfeld-Initiatoren:** Art. 2 Nr. 1 b des Betriebsrätemodernisierungsgesetzes har dem § 15 KSchG den neuen Absatz angefügt „(3 b) Die Kündigung eines Arbeitnehmers, der Vorbereitungshandlungen zur Errichtung eines Betriebsrats oder einer Bordvertretung unternimmt und eine öffentlich beglaubigte Erklärung mit dem Inhalt abgegeben hat, dass er die Absicht hat, einen Betriebsrat oder eine Bordvertretung zu errichten, ist unzulässig, soweit sie aus Gründen erfolgt, die in der Person oder in dem Verhalten des Arbeitnehmers liegen, es sein denn, dass Tatsachen vorliegen, die den Arbeitgeber zur Kündigung aus wichtigem Grund ohne Einhaltung einer Kündigungsfrist berechtigen. Der Kündigungsschutz gilt von der Abgabe der Erklärung nach Satz 1 bis zum Zeitpunkt der Einladung zu einer Betriebs-, Wahl- oder Bordversammlung nach § 17 Absatz 3, § 17 a Nummer 3 Satz 2, § 115 Absatz 2 Nummer 8 Satz 1 des Betriebsverfassungsgesetzes, längstens jedoch für drei Monate." Diese Ausweitung soll diejenigen Arbeitnehmerinnen und Arbeitnehmer schützen, die sich bereits vor der Veröffentlichung des Einladungsschreibens zu einer Wahlversammlung für die Gründung eines Betriebsrats einsetzen. Sie soll die ungehinderte Vorbereitung einer Wahl ermöglichen. Der Schutz hat zwei Voraussetzungen, die kumulativ vorliegen müssen:

1. Es muss eine Vorbereitungshandlung für die Errichtung eines Betriebsrats oder einer Bordvertretung unternommen werden. Dabei ist unter Vorbereitungshandlung jedes für Dritte erkennbare Verhalten zu verstehen, das zur Vorbereitung einer Betriebsratswahl geeignet ist. Darunter fallen zum Beispiel: Gespräche, um die Unterstützung für eine Betriebsratsgründung zu ermitteln, das Für und Wider einer Betriebsratsgründung zu besprechen oder um Schritte zu planen, die für die Planung und Durchführung der Wahl relevant sein können. Darunter fällt insbesondere die Kontaktaufnahme zu einer Gewerkschaft, um Informationen zur Betriebsratswahl zu erhalten.[413]
2. Die den Schutz in Anspruchnehmenden müssen eine öffentlich beglaubigte Erklärung nach § 129 BGB mit dem Inhalt abgegeben haben, dass die Absicht verfolgt wird, einen Betriebsrat oder eine Bordvertretung zu errichten. Die Unterschrift unter die Absichtserklärung muss von einem Notar beglaubigt werden.[414]

Für die sinngemäße Anwendung der neuen Schutznorm auf die SBV Wahl bedarf es nur der Ersetzung der Errichtung des Betriebsrats durch die Bildung einer SBV. Es wird auch keine Kostenbarriere durch die notarielle Beglaubigung der Unterschrift errichtet. Für diese Amtstätigkeit der Beglaubigung der Unterschrift unter einer selbstverfassten Erklärung entsteht nach Nummer 25100 des Kostenverzeichnisses zum Gerichts- und Notarkosten-

---

413 So Begründung auf BT-Drs. 271/21, 22.
414 So Begründung auf BT-Drs. 271/21, 22.

gesetz (KV GNotKG) eine Gebühr zwischen 20 Euro und 70 Euro zuzüglich Umsatzsteuer.[415] Es ergibt sich ein Sonderproblem für diejenigen Initiatoren, die in Pandemiezeiten zur Vermeidung einer Versammlung beim Arbeitsgericht den Antrag auf Bestellung eines Wahlvorstands für die Wahl stellen wollen. Es fehlt für das Schwerbehindertenrecht in § 177 Abs. 6 SGB IX die in § 16 Abs. 2 Satz 1 BetrVG enthaltene Befugnis des Arbeitsgerichts, auf Antrag einen Wahlvorstand zu bestellen. Eine gesetzliche Klarstellung, dass diese Befugnis auch für Wahlen zu den Schwerbehindertenvertretungen besteht, wäre dringend angebracht. Das zeigt sich besonders deutlich in der seit März 2020 andauernden Pandemie. Gäbe es die Möglichkeit, über das Arbeitsgericht einen Wahlvorstand für die im förmlichen Wahlverfahren zu wählende SBV zu bestellen, dann bedürfte es keiner Versammlung für die Wahl des Wahlvorstands. So könnte ein Risiko für Infektionen ausgeschlossen werden. Da viele schwerbehinderte Menschen einer Hochrisikogruppe angehören, ist das zu vermeidenden Risiko besonders groß. Soweit auf die in § 177 Abs. 6 Satz 4 SGB IX enthaltene Befugnis des Integrationsamts verwiesen wird, zur Wahlversammlung einladen zu dürfen, ist dies kein tragfähiger Einwand. Die Befugnis des Integrationsamts ersetzt nur die Einladungsinitiative von drei Wahlberechtigten. Die Versammlung der schwerbehinderten Wahlberechtigten muss dann noch stattfinden. Die Einladungsbefugnis hat Bedeutung, wenn das Klima im Betrieb so schlecht ist, dass sich nicht drei Wahlberechtigte trauen, eine Einladung auszusprechen. Diese Befugnis des Integrationsamt kann nicht die im SGB IX fehlende Bestellungsbefugnis entbehrlich machen. Es bedarf, wie die Corona-Pandemie vor Augen führt, der sinngemäßen Übernahme der Regelung aus § 16 Abs. 2 BetrVG, damit auf Antrag von drei Wahlberechtigten das Arbeitsgericht einen Wahlvorstand für die SBV-Wahl bestellen kann. Nur so erübrigt sich eine Versammlung. Bei dieser Gelegenheit sollte auch der Gesetzgeber konsequenterweise den Behindertenverbänden, denen er schon 2001 das Verbandsklagerecht (seit 2018 Standort: § 85 SGB IX) zugebilligt hat, endlich die Befugnis einräumen, die Bestellung eines Wahlvorstands zu beantragen. Dann könnten die Gewerkschaften, die nach ihrer Satzung Menschen mit Behinderungen auf Bundes- oder Landesebene vertreten, ihre schwerbehinderten Mitglieder in den Betrieben unterstützen.

Kostentragung: Die Kosten der Wahl trägt der **Arbeitgeber**. Versäumnisse von Arbeitszeit, die zur Ausübung des Wahlrechts, zur Betätigung als Wahlvorstand oder Wahlleiter oder Wahlhelfer erforderlich ist, berechtigen den Arbeitgeber nicht zur Minderung des Arbeitsentgelts. Die Rechtsgrundlage dafür ergibt sich aus § 177 Abs. 6 Satz 2 SGB IX. Danach werden die Bestimmungen über die Wahlkosten bei Betriebs- oder Personalratswahlen sinngemäß angewandt. Nach § 20 Abs. 3 Satz 1 BetrVG hat der Arbeitgeber in Betrieben die Kosten der Wahl zu tragen. Nach § 20 Abs. 3 Satz 2 BetrVG darf von Arbeitszeit, die wegen Betätigung im Wahlvorstand versäumt worden ist, nicht **zur Minderung des Arbeitsentgelts** führen. Für Wahlvorstände in Dienststellen des Bundes gilt die inhaltlich gleichlautende Norm des § 25 Abs. 2 BPersVG nF (entspricht dem bis 14.6.2021 geltenden § 24 Abs. 2 BPersVG aF). Für Wahlvorstände in den übrigen Dienststellen gelten entsprechende Bestimmungen in den Personalvertretungsgesetzen der Länder. Zur Betätigung im Wahlvorstand gehört auch die Teilnahme an einer **Schulungsveranstaltung** zur Unterweisung in die Aufgaben eines Wahlvorstandes.[416] Deshalb ist der Arbeitgeber zur Freistellung von der

---

415 So Begründung auf BT-Drs. 271/21, 22.
416 BAG 7.6.1984 – 6 AZR 3/82, NZA 1985, 66.

beruflichen Tätigkeit ohne Minderung des Entgelts und zur Tragung der Schulungskosten für Wahlvorstandsmitglieder verpflichtet.

VIII. Wahlanfechtung und Nichtigkeitsfeststellung (Abs. 6 Satz 2)

88 **Anfechtungsrecht:** Nach § 177 Abs. 6 Satz 2 wird hinsichtlich der Wahlanfechtung auf § 19 Abs. 2 BetrVG, § 26 BPersVG (entspricht dem bis 14.6.2021 geltenden § 25 BPersVG aF) und die entsprechenden Landesregelungen in den Personalvertretungsgesetzen verwiesen. Diese Vorschriften sind nach Abs. 6 Satz 2 sinngemäß anzuwenden. Für die Betriebsrats- und Personalratswahlen sind zur Anfechtung berechtigt:
- mindestens drei Wahlberechtigte,
- die im Betrieb oder in der Dienststelle vertretenen Gewerkschaften[417],
- der Arbeitgeber.

89 **Anfechtungsrecht von Gewerkschaft und Betriebsrat:** Fraglich ist, ob aufgrund der Verweisung in § 177 Abs. 6 SGB IX auf die sinngemäße Anwendung der Vorschriften Personalvertretungs- und Betriebsverfassungsrechts zur Wahlanfechtung auf die SBV-Wahlen auch die Gewerkschaften zur Anfechtung berechtigt sind. Sowohl in § 19 Abs. 2 BetrVG als auch § 26 BPersVG nF (entspricht dem bis 14.6.2021 geltenden § 25 BPersVG aF) die Gewerkschaften als anfechtungsberechtigt aufgeführt. Die Verwaltungsgerichte lehnen jedoch bislang für die SBV Wahlen eine Antragsbefugnis der Gewerkschaften ab, weil ihnen – anders als in den Wahlordnungen für die Personalratswahlen – weder im materiellen Schwerbehindertenrecht (SchwbG, SGB IX bis 2017 Teil 2, ab 2018 Teil 3) noch in der SchwbVWO eine eigene Rechtsstellung eingeräumt worden sei.[418] Dieser einschränkenden Auslegung haben sich das Schrifttum und das BAG angeschlossen.[419] Dabei hat der Siebte Senat des BAG eine Anfechtungsberechtigung der Gewerkschaften auch aus verfassungsrechtlichen Gründen verneint. Deren koalitionsmäßige Betätigung iSv Art 9 Abs. 3 GG werde durch das fehlende Anfechtungsrecht eingeschränkt. Das ist auf berechtigte Kritik gestoßen.[420] Bezeichnend ist: Ursprünglich war in dem Entwurf der Ersten Verordnung zur Durchführung des Schwerbehindertengesetzes (Wahlordnung Schwerbehindertengesetz)[421] die Einbeziehung der Gewerkschaften vorgesehen. Die Streichung beruhte damals auf der Haltung der Leitung der Fachabteilung des Bundesarbeitsministeriums, die „unbedingt" die Gewerkschaften „heraushalten" wollte.[422] Das Parlament teilte diese Einstellung nicht; denn für das in § 25 Abs. 4 Satz 2 SchwbG (jetzt § 78 Abs. 4 Satz 1 SGB IX) geregelte Aussetzungsrecht der SBV wurde den Gewerkschaften die Rolle eines Vermittlers zwi-

---

417 Dazu umfassend: *Paul*, Die SBV als Organ der Betriebsverfassung, 2018, S. 46 ff.; aA BAG 19.7.2009 – 7 ABR 25/08, BAGE 131, 294 = NZA 2009, 1221.
418 So VG Ansbach 4.9.1995 – AN 8 P 94.02216, PersV 1996, 371; OVG NRW Fachsenat für Landespersonalvertretungssachen 7.4.2004 – 1 A 4778/03.PVL, Behindertenrecht 2006, 20.
419 *Knittel* SGB IX § 94 Rn. 213; *Kossens* in Kossens/von der Heide/Maaß SGB IX § 94 Rn. 32; *Pahlen* in Neumann/Pahlen/Greiner/Winkler/Jabben SGB IX § 177 Rn. 42; BAG 29.7.2009 – 7 ABR 25/08, NZA 2009, 1221.
420 *Krämer/Guen* in FKS SGB IX § 177 Rn. 62; *Paul*, Die SBV als Organ der Betriebsverfassung, 2018, S. 46 f.
421 Vom 22.7.1975, BGBl. I 1965.
422 So Recherchen über einen handschriftlichen Vermerk in den Akten des Bundesarchivs Koblenz B 149/79643 (Akten BMA 1974–1975) wiedergegeben von *Paul*, Die SBV als Organ der Betriebsverfassung, 2018, S. 46.

schen Betriebs- oder Personalrat und SBV zuerkannt.[423] Jedenfalls heute entspricht die „Heraushaltung" nicht mehr der geltenden Rechtslage; denn die Gewerkschaften haben vom Gesetzgeber Funktionen im Betrieb und in der Dienststelle erhalten, die das Schwerbehindertenrecht betreffen. So ist in § 17 Abs. 2 AGG iVm § 23 Abs. 3 BetrVG ihnen des Recht eingeräumt, bei groben Verstößen des Arbeitgebers das Benachteiligungsverbot gerichtlich durchzusetzen und für ihre Mitglieder nach § 85 SGB IX deren Rechte aus dem Schwerbehindertenrecht einzuklagen. Spätestens nach dem Inkrafttreten dieser Bestimmungen ist die einschränkende Auslegung der Verweisung in § 177 Abs. 6 Satz 2 SGB IX überholt. Im Übrigen hat der Siebte Senat 2009 in seiner Entscheidung auch keine Folgenkontrolle seiner einschränkenden Auslegung vorgenommen. Deshalb hat er die zu unerwünschten Ergebnissen seiner Entscheidung nicht berücksichtigt; denn sie stellt die in § 170 Abs. 1 Satz 2 vom Gesetzgeber normierte einheitliche Vertretung der Belegschaft durch die Interessenvertretungen iSv § 176 und der SBV in den Wahlbezirken Betrieb und in der Dienststelle in Frage. Ficht die Gewerkschaft in Ausübung des Antragsrechtsrechts die Personalrats- oder Betriebsratswahl wegen Verkennung des Begriffs der Dienststelle oder des Betriebs an, so führt dieser Wahlfehler zur Feststellung der Unwirksamkeit der Wahl. Dagegen kann die Gewerkschaft denselben Fehler bei der SBV-Wahl nicht zum Gegenstand eines Beschlussverfahrens machen. Macht sich keiner der übrigen Anfechtungsberechtigten das Anliegen der Gewerkschaft zueigen, so fallen Vertretungsbezirk von Betriebsrat, Personalrat und SBV auseinander. Das ist schwer nachvollziehbar.[424] Bei sinngemäßer Anwendung der Wahlschutzbestimmungen des BetrVG und der Personalvertretungsgesetze muss auch den dort mit Antragsbefugnis ausgestatteten Gewerkschaften das Anfechtungsrecht für die SBV-Wahlen zustehen. Bei nächster Gelegenheit sollte daher das BAG seine Rspr. überprüfen. Zuzustimmen ist der hM und Rspr. nur insoweit, dass Betriebs- und Personalräten kein Anfechtungsrecht zukommt.[425] Diese Interessenvertretungen sind nämlich weder mit den Wahlberechtigten vergleichbar, noch kommen ihnen Kontrollbefugnisse im Hinblick auf die SBV zu.[426]

Drei Wahlberechtigte: Für die Anfechtung der Wahl durch Belegschaftsangehörige ist ein Quorum erforderlich, das vor Querulanten schützen soll. Die Wahl kann deshalb nur von mindestens drei Wahlberechtigten angefochten werden. Die Wahlberechtigung der Wahl anfechtenden wenigstens drei Arbeitnehmer muss zum Zeitpunkt der Wahl gegeben sein. Ein späterer Wegfall der Wahlberechtigung einzelner Anfechtender durch Ausscheiden aus dem Betrieb beseitigt die Anfechtungsbefugnis nicht.[427] Erst wenn sämtliche die Wahl anfechtenden Arbeitnehmer ausscheiden, wird der Antrag unzulässig. Es besteht dann für die Fortführung des Wahlanfechtungsverfahrens kein Rechtsschutzbedürfnis mehr.

Arbeitgeber: Wurde die Wahl in einem **gemeinsamen Betrieb** mehrerer rechtlich selbstständiger Unternehmen durchgeführt, kann nur von allen an dem Gemeinschaftsbetrieb beteiligten Rechtsträgern **gemeinsam angefochten** wer-

90

91

---

423 BT-Drs. 7/1515, 12; darauf Bezug nehmend *Cramer*, 3. Aufl. 1987, SchwbG § 25 Rn. 15, *Paul*, Die SBV als Organ der Betriebsverfassung, 2018, S. 48.
424 Ebenso: *Däubler* in SWK-BehindertenR, 1. Aufl. 2014, Wahl einer Schwerbehindertenvertretung Rn. 32; *Paul*, Die SBV als Organ der Betriebsverfassung, 2018, S. 43.
425 BVerwG 17.3.1983 – 6 P 30.82, PersV 1984, 320; *Knittel* SGB IX § 94 Rn. 216.
426 *Paul*, Die SBV als Organ der Betriebsverfassung, 2018, S. 46.
427 BAG 15.2.1989 – 7 ABR 9/89, BAGE 61, 125.

den.[428] Wenn die Wahlanfechtung gerade auf das Fehlen einer unternehmensübergreifenden Organisationseinheit gestützt und geltend gemacht wird, es hätten gesonderte Wahlen für die Betriebsstätten der jeweiligen Rechtsträger durchgeführt werden müssen, ist als Arbeitgeber iSd § 19 Abs. 2 BetrVG anfechtungsberechtigt derjenige, der geltend macht, in seinem eigenständigen Betrieb hätte eine eigene Arbeitnehmervertretung gewählt werden müssen.[429]

92 Beispiele für Anfechtungsgründe:
1. § 5 Abs. 2 SchwbVWO sieht zwingend die Bekanntmachung durch den Aushang des Wahlausschreibens vor. Die Versendung des Wahlausschreibens per Rundmail stellt keine ausreichende Bekanntmachung dar. Gleiches gilt für die Veröffentlichung des Wahlausschreibens auf der Website der Konzernschwerbehindertenvertretung.[430]
2. Wird die SBV eines Betriebs nach § 177 Abs. 6 Satz 3 SGB IX und § 18 SchwbVWO im vereinfachten Wahlverfahren gewählt, obwohl dem Betrieb nicht weniger als 50 wahlberechtigte schwerbehinderte Menschen angehören, berechtigt dies zur Anfechtung der Wahl nach § 177 Abs. 6 Satz 2 SGB IX iVm § 19 BetrVG.[431] Ob die Wahl der SBV im vereinfachten Wahlverfahren durchzuführen ist, hängt von der Anzahl der dem Betrieb angehörenden wahlberechtigten schwerbehinderten Menschen im Zeitpunkt der Einleitung der Wahl ab (→ Rn. 73).
3. Wird die SBV eines aus mehreren Teilen bestehenden Betriebs nach § 177 Abs. 6 Satz 3 SBG IX und § 18 SchwbVWO im vereinfachten Wahlverfahren gewählt, obwohl die Betriebsteile räumlich weit auseinander liegen (→ Rn. 83), besteht ein Anfechtungsgrund.[432]
4. In der Rspr. noch ungeklärt ist, ob auch ein Anfechtungsgrund besteht, wenn im förmlichen Verfahren gewählt wurde, obwohl bei Einleitung der Wahl nur die Voraussetzungen für das vereinfachte Wahlverfahren vorlagen. Beispiel: Es wurden am Tage des Erlasses des Wahlausschreibens infolge fristloser Eigenkündigung eines schwerbehinderten Menschen nur 49 statt 50 Wahlberechtigte beschäftigt. Wird argumentiert, dass im förmlichen Verfahren die Teilnahmemöglichkeiten der Wahlberechtigten besser abgesichert sind als bei einer Wahlversammlung im vereinfachten Verfahren, so kann die Anfechtung nicht durchgreifen. Diese Argumentation begegnet Bedenken; denn nach der hier vertretenen Auffassung (→ Rn. 70) verhält sich das förmliche Wahlverfahren zum vereinfachten nicht wie ein besseres zum schlechteren. Beide haben ihre Vor- und Nachteile. Der Gesetzgeber hat für zwei unterschiedliche Organisationseinheiten die für die demokratische Willensbildung jeweils passenden Wahlbestimmungen erlassen. Jedes Abweichen ist ein Wahlfehler.
5. Ein zur erfolgreichen Anfechtung führender Wahlmangel liegt vor, wenn entgegen § 20 Abs. 3 SchwbVWO die Stimmabgabe nicht unter Abgabe von Stimmzetteln in Wahlumschlägen erfolgt.[433]

---

428 So noch BAG 28.11.1977 – 1 ABR 36/76, BAGE 29, 392; offen gelassen von BAG 10.11.2004 – 7 ABR 17/04, AP § 3 BetrVG 1972 Nr. 4 = BehindertenR 2005, 107.
429 BAG 10.11.2004 – 7 ABR 17/04, AP § 3 BetrVG 1972 Nr. 4 = BehindertenR 2005, 107; *Düwell* jurisPR-ArbR 7/2005 Anm. 3.
430 LAG Köln 11.4.2008 – 11 TaBV 80/07.
431 BAG 16.11.2005 – 7 ABR 9/05, Behindertenrecht 2006, 105.
432 BAG 7.4.2004 – 7 ABR 42/03, NZA 2004, 745.
433 HessLAG 1.12.2011 – 9 TaBV 130/11; nachgehend: BAG 22.3.2012 – 7 ABN 5/12, Verwerfung der Nichtzulassungsbeschwerde.

6. Ein Anfechtungsgrund ist die fehlende Bekanntmachung der Wahl durch einen zweiwöchigen Aushang gemäß § 15 SchwbVWO.[434]
7. Erfolgt zwar ein Aushang, aber nicht an einem geeigneten Ort, so ist das ein Anfechtungsgrund. Geeignet ist ein Ort für den Aushang, wenn er eine allgemein zugängliche Stelle ist, so dass der Aushang von jedermann gelesen werden kann.[435] Unter dem Gesichtspunkt der Barrierefreiheit muss insbesondere bei der SBV Wahl auch die Zugänglichkeit der Stelle für Rollstuhlfahrer gewährleistet sein.[436] Einzelheiten zur Eignung des Orts für den Aushang: → SchwbVWO § 4 Rn. 16 ff.
8. Besteht ein Betrieb aus **mehreren räumlich getrennt liegenden Betriebsteilen**, so wird ein Aushang in jedem Betriebsteil für erforderlich gehalten. Wird dem zuwidergehandelt und nur in einem Betriebsteil ausgehängt, liegt ein Fehler vor, der zur Anfechtung berechtigt.[437]
9. Die Nichtzulassung eines wahlberechtigten Beschäftigten zur Wahl ist ein schwerer Wahlfehler.[438]
10. Wenn **blinde** oder stark sehbehinderten Mitarbeiter nicht per E-Mail oder auf andere geeignete Weise vom Wahlvorstand über die Wahlvorschläge informiert worden sind, wird in rechtsfortbildender Analogie zu § 2 Abs. 5 SchwbWVO eine Verletzung der Unterrichtungspflicht angenommen, deren Einfluss oder Auswirkungen auf das Stimmverhalten der Wähler nicht ausgeschlossen werden kann.[439]

Reformbedarf: Die bestehenden Wahlvorschriften sind wegen ihrer Komplexität, Unschärfen und Regelungslücken wenig praxistauglich. Deshalb sind viele Wahlanfechtungen erfolgreich. Es ist aus rechtspolitischer Sicht dringend eine Vereinfachung und Beseitigung von Defiziten geboten, um fehlerfreie Wahlen zu ermöglichen. Als Beleg für diesen dringenden Überarbeitungsbedarf hat ein erfahrener Wahlrechtspraktiker aufgezeigt, dass sogar dem als Fachsenat im BAG zuständigen Siebten Senat in einer Entscheidung[440] gleich drei Fehler unterlaufen sind[441]:

- Bei der Wahl der Hauptschwerbehindertenvertretung, die auf Einladung der Hauptvertrauensperson der schwerbehinderten Menschen auf einer Jahresversammlung der Vertrauenspersonen stattfindet, leite ein Wahlvorstand die Wahl,[442] obwohl schon in der Fassung des § 22 Abs. 3 Satz 2 SchwbVWO vom 29.9 2000 bestimmt war, dass § 20 SchwbVWO anzuwenden sei, so dass gemäß § 20 Abs. 1 SchwbVWO die Wahlversammlung von einer Person zu leiten ist, die mit einfacher Mehrheit gewählt wird (Wahlleitung).

---

434 HessLAG 15.3.2012 – 9 TaBV 118/11; nachgehend: BAG 15.8.2012 – 7 ABN 46/12, teilweise Zurückverweisung der Rechtsbeschwerde.
435 Zu Personalratswahlen OVG NRW 7.5.2018 – 20 A 2065/17.PVL, juris Rn. 32.
436 Allgemein zu diesem Grundsatz *Sachadae*, Wahl der SchwbV, S. 78 ff.
437 *Sachadae*, Wahl der SchwbV, S. 413.
438 LAG Köln 25.4.2012 – 9 TaBV 96/11, PersV 2013, 278.
439 HessLAG 24.9.2015 – 9 TaBV 12/15 – Rn. 41, ZBVR online 2016, Nr. 12, 20; zustimmend: *Kohte/Liebsch* DVfR Forum B, B5–2016, abrufbar unter www.reharecht.de; *Sachadae* jurisPR-ArbR 47/2016 Anm. 5.
440 BAG 24.5.2006 – 7 ABR 40/05, Behindertenrecht 2007, 16.
441 *Göbel*, Losentscheid oder Wiederholung bei Stimmengleichheit der Wahl? Diskussionsbeitrag vom 11.2.2019, abrufbar unter www.tinyurl.com/BIH-Forum-SchwbVWO (letzter Aufruf 15.3.2021).
442 BAG 24.5.2006 – 7 ABR 40/05, Rn. 12 und 15, Behindertenrecht 2007, 16.

- Es sei der Wahlvorstand aufgrund „personalvertretungsrechtlicher Vorschriften" zu bilden,[443] während schon seit 17 Jahren in dem hier anwendbaren § 1 SchwbVWO vom 23.4.1990[444] die Bestellung des Wahlvorstands ausdrücklich eigenständig geregelt war.
- Der Siebte Senat wendet auf eine Wahl, die am 4.2.2003 stattgefunden hat, die „SchwbWO" an,[445] obwohl die Erste Verordnung zur Durchführung des Schwerbehindertengesetzes (Wahlordnung Schwerbehindertengesetz – SchwbWO) vom 22.7.1975 bereits 1990 durch die Wahlordnung Schwerbehindertenvertretungen (SchwbVWO) vom 23.4.1990[446] abgelöst ist.

Obwohl die SchwbVWO seit über 30 Jahren gilt, zeigt auch die jüngere Rspr. immer wieder irritierende Irrtümer auf. So hat beispielsweise 2016 ein LAG die Meinung vertreten, eine Wahlleitung könne im vereinfachten Verfahren aus drei Betriebsratsmitgliedern bestehen.[447] Offenkundig ist die Vorschrift in § 20 Abs. 1 SchwbVWO übersehen worden, in der ausdrücklich festgelegt ist: „Die Wahlversammlung wird von einer Person geleitet, die mit einfacher Stimmenmehrheit gewählt wird (Wahlleitung)".

Die nach § 183 SGB IX als Verordnungsgeber verantwortliche Bundesregierung sollte diesen irritierenden Zustand beenden und dem federführenden Arbeitsministerium einen entsprechenden **Reformauftrag** erteilen. In einem ersten Schritt wäre eine systematische Auswertung der gerichtlichen Anfechtungsverfahren im Hinblick auf die dort festgestellten **Wahlfehler** erforderlich. Danach sollte eine vor allem mit erfahrenen Wahlrechtspraktikern besetzte Expertenkommission berufen werden. Deren Auftrag muss es sein, Vorschriften und Verfahrensabläufe so praxistauglich zu gestalten, dass die Wahlen von den Beschäftigten ohne mehrtägigen Schulungsaufwand fehlerfrei durchgeführt werden können. Dazu bedarf es insbesondere der Konkretisierung möglichst vieler unbestimmter Rechtsbegriffe. Bei dieser Gelegenheit sind auch die aufgetretenen Widersprüche zwischen § 176 Abs. 6 Satz 3 und den in § 20 SchwbVWO getroffenen Regelung für die Wahlen zu den überörtlichen Vertretungen → § 180 Rn. 16) zu bereinigen. Es stellt ein bislang nicht von der Öffentlichkeit erkanntes Paradoxon (philosophischer Begriff für Widersprüchlichkeit) dar, dass die schwerbehinderten Menschen, denen die Abfassung von Vorschriften in „**Leichter Sprache**"[448] den Zugang zum Recht erleichtern soll, eine Wahlordnung anwenden sollen, die an Kompliziertheit kaum zu überbieten ist. Das ist ein Zustand, der auch rechtlich problematisch ist; denn nach Art. 9 Abs. 1 der Behindertenrechtskonvention der Vereinten Nationen (BRK) hat sich die Bundesrepublik verpflichtet: „für Menschen mit Behinderungen gleichberechtigt mit anderen den Zugang zur (...) Information und Kommunikation (...) zu gewährleisten." Deshalb sind alle staatlichen Stellen gehalten, ihre Informationen in Leichter Sprache anzubieten. Die Barrierefreie-Informationstechnik-Verordnung vom 12.9.2011 (BITV 2.0)[449] enthält für alle Behörden der Bundesverwaltung eine gesetzliche Verpflichtung, auf ihren Internetseiten Informationen in Leichter

---

443 BAG 24.5.2006 – 7 ABR 40/05, Rn. 15, Behindertenrecht 2007, 16.
444 BGBl. I 811, zuletzt durch Art. 19 Abs. 21 BTHG vom 23.12.2016 (BGBl. I 3234) geändert.
445 BAG 24.5.2006 – 7 ABR 40/05, Rn. 31, Behindertenrecht 2007, 16.
446 BGBl. I 811, zuletzt durch Art. 19 Abs. 21 BTHG vom 23.12.2016 (BGBl. I 3234) geändert.
447 LAG BW 4.5.2016 – 10 TaBV 2/16, Rn. 30, NZA-RR 2017.
448 *Wagner*, Leichte Sprache – für wen und warum? Recht und Praxis der Rehabilitation, 2015, 37 f.
449 BGBl. 2011 I 1843, zuletzt durch Artikel 1 der Verordnung vom 21.5.2019, BGBl. I 738.

Sprache anzubieten. Zwar hat das BMAS einen Ratgeber für Menschen mit Behinderungen in leichter Sprache veröffentlicht[450], aber die für wahlberechtigte Menschen mit kognitiver Behinderung erforderliche Erläuterung der SchwbVWO in Leichter Sprache fehlt. Zudem ist die Bundesrepublik vertragsbrüchig; denn in § 2 SchwbVWO werden entgegen Art. 2 Abs. 4 BEK **angemessene Vorkehrungen zur Barrierefreiheit** bei den SBV Wahlen für Seh- und Gehörbeeinträchtigten vorenthalten → Rn. 59.

Ein Ärgernis ist auch, dass in manchen Fragen das Wahlverfahren der SBV ohne Sachgrund von bewährten Grundprinzipien der Wahlen zum Betriebs- und Personalrat abweicht. So hat der für das Wahlrecht für alle Beschäftigtenvertretungen zuständige Siebte Senat des BAG eine **Pflicht des Wahlvorstandes bei der SBV Wahl** abgelehnt, Wahlvorschläge nach ihrem Eingang unverzüglich und umfassend auf alle etwaigen Mängel zu prüfen und den Einreichenden darauf hinzuweisen.[451] Eine solche Pflicht bestehe zwar bei der Wahl eines Betriebsrats nach § 7 Abs. 2 Satz 2 WO BetrVG und bei der Wahl des Personalrats gemäß § 10 Abs. 2 Satz 1 Wahlordnung zum Bundespersonalvertretungsgesetz (BPersVWO), dagegen nicht nach dem Inhalt der SchwbVWO. Eine analoge Anwendung käme nicht in Betracht; denn die SchwbVWO sei ein vollständiges und in sich widerspruchsfreies Regelungswerk.[452] Einzelheiten: → Rn. 59. Ein weiteres Beispiel für ein sachgrundloses Abweichen von dem anderen bewährten Wahlverfahren ist das Fehlen einer Regelung, bei Scheitern der Wahlversammlung einen Wahlvorstand gerichtlich bestellen zu lassen. Diese Möglichkeit ist für die Wahl zum Betriebsrat in § 17 Abs. 4 BetrVG und zum Personalrat in § 23 BPersVG nF (entspricht dem bis 14.6.2021 geltenden § 22 BPersVG) die Bestellung durch die Dienststellenleitung vorgesehen. Deshalb befürwortet das Schrifttum eine analoge Anwendung.[453] Dagegen spricht, dass der Fachsenat des BAG die Bestimmungen zur Wahl der SBV als ein vollständiges und in sich widerspruchsfreies Regelungswerk ansieht.[454] Es besteht hier zumindest ein Klarstellungsbedarf → Rn. 59.

Ein Teil des Reformbedarfs ist erkannt worden. Der Referentenentwurf des Betriebsrätestärkungsgesetzes sah entsprechende Verbesserungen vor, scheiterte jedoch.[455] Das Gesetz zur Förderung der Betriebsratswahlen und der Betriebsratsarbeit in einer digitalen Arbeitswelt (Betriebsrätemodernisierungsgesetz) vom 14.6.2021[456] brachte den Durchbruch. Es hat die Anfechtbarkeit der Wahl zum Betriebsrat in § 19 Abs. 3 BetrVG nF mit Wirkung vom 18.6.2021 in folgenden zwei Fällen eingeschränkt, in denen der Anfechtungsgrund auf einem **Fehler der Wählerliste** beruht:

1. Die Anfechtung durch die Wahlberechtigten wird darauf gestützt, dass die Wählerliste unrichtig ist, ohne dass diese zuvor aus demselben Grund ordnungsgemäß Einspruch gegen die Richtigkeit der Wählerliste eingelegt

---

450 S. www.bmas.de/DE/Service/Medien/Publikationen/a749-rat-geber-behinderung-barrierefrei.html.
451 BAG 20.1.2010 – 7 ABR 39/08, NZA 2010, 1435; anders jedoch bei der Wahl des Betriebsrats nach § 7 Abs. 2 WO: BAG 16.1.2018 – 7 ABR 11/16, Rn. 45, NZA 2018, 797.
452 BAG 20.1.2010 – 7 ABR 39/08, Rn. 22 ff., Behindertenrecht 2010, 134.
453 *Adlhoch* in Ernst/Adlhoch/Seel SGB IX § 94 Rn. 77 und 78; *Pahlen* in Neumann/Pahlen/Greiner/Winkler/Jabben SchwbVWO § 1 Rn. 5; *Krämer/Guen* in FKS SGB IX § 177 Rn. 40; *Sachadae*, Wahl der SchwbV, S. 354 ff.; *Trenk-Hinterberger* in HK-SGB IX, 3. Aufl. 2010, Anh. zu § 100 SchwbVWO § 1 Rn. 5.
454 BAG 20.1.2010 – 7 ABR 39/08, Rn. 24, Behindertenrecht 2010, 134.
455 Dazu: *Düwell/Nielebock* jurisPR-ArbR 15/2021 Anm. 1.
456 BGBl. I 1762.

hatten. Das gilt nur dann nicht, wenn die anfechtenden Wahlberechtigten an der Einlegung eines Einspruchs gehindert waren.
2. Die Anfechtung durch den Arbeitgeber wird darauf gestützt, dass die Wählerliste unrichtig ist, obwohl diese Unrichtigkeit auf dessen Angaben beruht.

Da für die Anfechtung der Wahl zur betrieblichen SBV in § 177 Abs. 6 Satz 2 SGB IX auf diese betriebsverfassungsrechtliche Regelung verwiesen wird, gilt diese Änderung sinngemäß auch für die Anfechtung der Wahl der betrieblichen SBV. Im Einzelnen bedeutet dies sowohl für die Anfechtung der Wahl der Vertrauensperson als auch für die Wahl der stellvertretenden Mitglieder der SBV:
1. 1. Sowohl nach § 4 Abs. 1 der Wahlordnung zu den Betriebsratswahlen (WO) als auch nach § 4 Abs. 1 SchwbVWO können Wahlberechtigte schriftlich **Einspruch gegen die Richtigkeit der Wählerliste** vor Ablauf von zwei Wochen seit Erlass des Wahlausschreibens einlegen. Nach dem neuen § 19 Abs. 3 Satz 1 BetrVG wird zugunsten der Rechtssicherheit der Wahl die Anfechtung aufgrund desselben Fehlers in der Wählerliste ausgeschlossen, wenn nicht zuvor die in der jeweiligen Wahlordnung vorgesehene rechtliche Möglichkeit des Einspruchs genutzt worden ist. Dies gilt nach § 19 Abs. 3 Satz 2 BetrVG nicht, wenn die anfechtenden Wahlberechtigten aus tatsächlichen Gründen (beispielsweise wegen fortdauernder Arbeitsunfähigkeit) gehindert waren, Einspruch einzulegen.
2. 2. Die Wahlanfechtungsgrund „Unrichtigkeit der Wählerliste" wird für den Arbeitgeber in § 19 Abs. 3 Satz 3 BetrVG ausgeschlossen, wenn diese Unrichtigkeit auf seinen Angaben beruht; denn dann fällt der Wahlfehler in seinen Verantwortungsbereich. Nach § 2 Abs. 2 Satz 1 WO und § 2 Abs. 6 SchwbVWO hat nämlich der Arbeitgeber alle für die Anfertigung der Wählerliste erforderlichen Auskünfte zu erteilen und alle erforderlichen Unterlagen zur Verfügung zu stellen.

94 **Anfechtungsfrist:** hinsichtlich der Anfechtungsfrist ist zwischen Wahlen zur SBV in Betrieben und Dienststellen zu unterscheiden. Die Anfechtungsfrist beträgt im Geltungsbereich der **Betriebsverfassung** nach § 177 Abs. 6 Satz 2 SGB IX iVm § 19 Abs. 2 Satz 2 BetrVG **zwei Wochen**. Die Anfechtung muss innerhalb dieser Frist beim Arbeitsgericht eingegangen sein. Der Anfechtungsantrag kann schon vor Fristbeginn dem Gericht zugeleitet werden. Die Frist ist eine Ausschlussfrist, die nicht verlängert werden kann. Mit ihrem Ablauf erlischt die Anfechtungsmöglichkeit. Eine Wiedereinsetzung in den vorigen Stand ist unzulässig. Zu beachten ist, dass zwei Wahlen stattfinden:
1. Die Wahl der Vertrauensperson und
2. die Wahl der stellvertretenden Mitglieder der Schwerbehindertenvertretung.[457]

Beide Wahlen sind zwei voneinander unabhängige Wahlen, die gemeinsam oder auch getrennt angefochten werden können.[458] Soll die Unwirksamkeit der Wahl der Vertrauensperson und zusätzlich auch die Wahl der stellvertretenden Mitglieder oder nur die der stellvertretenden Mitglieder geltend gemacht werden, so muss dies gegenüber dem Arbeitsgericht innerhalb der Zweiwochenfrist des § 19 Abs. 2 Satz 2 BetrVG ausdrücklich erklärt werden. Eine spätere „Klarstellung", dass mit dem Antrag auf Feststellung der Unwirksamkeit der Wahl der

---

457 BAG 23.7.2014 – 7 ABR 23/12, Rn. 39, NZA 2014, 1288.
458 BAG 23.7.2014 – 7 ABR 23/12, Rn. 37, NZA 2014, 1288; BAG 29.7.2009 – 7 ABR 91/07, Behindertenrecht 2009, 205.

Schwerbehindertenvertretung auch die Wahl der stellvertretenden Mitglieder angefochten werden sollte, ist wirkungslos.[459]

Im Bereich der Dienststellen sehen die nach § 177 Abs. 6 Satz 2 SGB IX anzuwendenden Personalvertretungsgesetze teilweise abweichende Anfechtungsfristen vor. Für Bundesbehörden gilt nach § 26 BPersVG nF (entspricht dem bis 14.6.2021 geltenden § 25 BPersVG) eine Frist von **zwölf Arbeitstagen**. Nach § 22 Abs. 1 LPVG NW ist wie in der Betriebsverfassung eine Frist von zwei Wochen einzuhalten. In Brandenburg gilt nach 25 Abs. 2 Satz 3 PersVG eine Frist von zehn Arbeitstagen und in Sachsen nach § 25 Abs. 1 PersVG eine Frist von zwölf Arbeitstagen.

Teilanfechtung: Die isolierte Anfechtung der Entscheidung, vier stellvertretende Mitglieder der SBV zu wählen, ist zulässig. Die vom LAG München[460] vertretene gegenteilige Auffassung ist zu Recht vom BAG verworfen worden.[461] Zwar kann eine Betriebsratswahl grundsätzlich nur als Ganzes angefochten werden. Eine Teilanfechtung ist nur im Ausnahmefall zulässig, wenn der geltend gemachte Anfechtungsgrund auf den angefochtenen Teil der Wahl beschränkt ist und das Wahlergebnis darüber hinaus nicht beeinflussen kann.[462] Hier ist eine isolierte Anfechtung schon deshalb zulässig, weil bei der Wahl der SBV nach § 177 Abs. 1 Satz 1, Abs. 6 Satz 1 die stellvertretenden Mitglieder in einem gesonderten Wahlgang gewählt werden. Deshalb sind die für die Betriebsratswahl geltenden Grundsätze nicht übertragbar.

95

Nichtigkeit: Von der Anfechtbarkeit zu unterscheiden ist die Nichtigkeit einer Wahl, die auf so schwerwiegenden und offenkundigen Mängeln beruht, dass die Unwirksamkeit jederzeit geltend gemacht werden kann. Die Nichtigkeit der Wahl kann nicht aus einer Gesamtwürdigung einzelner für sich nicht ausreichender Nichtigkeitsgründe folgen.[463] Nach einer Faustformel ist von der Nichtigkeit auszugehen, wenn gegen allgemeine Grundsätze einer ordnungsgemäßen Wahl so grob und offensichtlich verstoßen worden ist, dass auch der Anschein einer Wahl nicht mehr vorliegt.[464] Das wird so ausgedrückt, die Wahl trägt „den Stempel der Nichtigkeit auf der Stirn".[465]

96

1. Beispiel für die festgestellte Nichtigkeit einer SBV Wahl: Die Wahl der Vertrauensperson ist „offen" durchgeführt worden, nämlich per Handzeichen. Dadurch ist in so hohem Maße gegen den Grundsatz der geheimen Wahl verstoßen worden, dass auch nicht mehr der Anschein einer Wahl gegeben und die Wahl der Vertrauensperson somit nichtig ist.[466]

2. Beispiel für die festgestellte Nichtigkeit einer SBV Wahl: Nach § 11 Abs. 2 SchwbVWO hatte der Wahlvorstand die schriftliche Stimmabgabe beschlossen, die Wahlumschläge jedoch nicht nach Vermerk der Stimmabgabe in der Liste der Wahlberechtigten ungeöffnet in die Wahlurne gelegt, sondern die Wahlumschläge geöffnet, die Stimmzettel entnommen und neben die schriftliche Erklärung gelegt. Dieses systematische Ausspähen der schriftlichen Stimmabgabe ist

---

459 BAG 23.7.2014 – 7 ABR 23/12, Rn. 37, NZA 2014, 1288.
460 LAG München 25.10.2007 – 4 TaBV 38/07.
461 BAG 29.7.2009 – 7 ABR 91/07, NZA-RR 2010, 76.
462 Vgl. BAG 16.11.2005 – 7 ABR 11/05, AP § 28 BetrVG 1972 Nr. 7.
463 HessLAG 15.3.2012 – 9 TaBV 118/11; nachgehend: BAG 15.8.2012 – 7 ABN 46/12, teilweise Zurückverweisung der Rechtsbeschwerde.
464 BAG 29.4.1998 – 7 ABR 42/97, BAGE 88, 322, und 22.3.2000 – 7 ABR 34/98, BAGE 94, 144; OVG NRW 10.2.1999 – 1 A 3656/97.PVL.
465 BAG 19.11.2003 – 7 ABR 25/03, AP Nr. 55 zu § 19 BetrVG 1972.
466 OVG NRW 7.4.2004 – 1 A 4778/03.PVL, Behindertenrecht 2006, 20.

als so schwerer Verstoß gegen den Grundsatz der geheimen Wahl angesehen worden, dass Nichtigkeit der Wahl angenommen wurde.[467]
Die Nichtigkeit der Wahl kann von jedermann mit einem berechtigten Interesse jederzeit geltend gemacht werden.[468] Allerdings hat die Rspr. einer Gewerkschaft, obwohl sie in der Dienststelle mit schwerbehinderten Mitgliedern vertreten war, die Antragsbefugnis (Berechtigung zur Stellung eines derartigen Antrags im arbeitsgerichtlichen Beschlussverfahren) abgesprochen.[469] Zur Begründung wird dazu angeführt, das Vertretensein der Gewerkschaft vermittle dieser allenfalls eine mittelbare Betroffenheit: Das reiche für eine Antragsbefugnis im Verfahren der Nichtigkeitsfeststellung nicht aus; denn es sei eine unmittelbare Betroffenheit erforderlich. Diese fehle jedoch jeder Gewerkschaft, weil ihr im Schwerbehindertenrecht anders als im Recht der Personalvertretung in der Betriebsverfassung keine eigenen Rechte eingeräumt seien.[470] Wird die Nichtigkeit einer Wahl festgestellt, haben die von der nichtig gewählten SBV vorgenommenen Handlungen keinen rechtlichen Bestand. Die Wahl gilt dann nämlich von Anfang an unwirksam, während bei einer erfolgreichen Anfechtung, die Unwirksamkeitsfolge erst mit der Rechtskraft der Entscheidung eintritt.

97 **Ende der Amtszeit wegen Wegfalls der Selbstständigkeit einer der Dienststelle:** Für die Geltendmachung des Wegfalls der personalvertretungsrechtlichen Selbstständigkeit einer Dienststelle und des Nicht-Mehr-Bestehens eines Personalrats oder einer SBV finden nach der Rspr. der Verwaltungsgerichte die Grundsätze der Geltendmachung der Nichtigkeit einer Personalratswahl entsprechende Anwendung.[471] Für den gerichtlichen Antrag auf Feststellung, dass die SBV zu bestehen aufgehört habe, weil die Selbstständigkeit der Dienststelle infolge der Neuorganisation der Verwaltung entfallen sei, gelten die gleichen Grundsätze wie für den Antrag auf Feststellung der Nichtigkeit einer Personalratswahl. Mit der Auflösung einer Dienststelle endet die Existenz des bei ihr errichteten Personalrats.[472] In gleicher Weise wie die Dienststelle untergeht, hört die SBV auf als Organ der verfassten Dienststelle zu bestehen. Die Rspr. geht jedoch vom Wegfall der Selbstständigkeit der Dienststelle erst dann aus, wenn deren Wegfall offenkundig ist; denn die Frage, ob eine Dienststelle selbstständig sei, werfe meist schwierige rechtliche und tatsächliche Fragen auf. Die Amtszeit endet deshalb erst, wenn offensichtlich wird, dass die Dienststelle nicht mehr selbstständig ist.[473]

98 **Anfechtung bei den Gerichten für Arbeitssachen:** Die Gerichte für Arbeitssachen sind ausschließlich zuständig für Verfahren über die Anfechtung der Wahl zur SBV. Das gilt auch, wenn es um eine Wahl in einer Dienststelle der öffentlichen Verwaltung geht.[474] Für alle Beteiligten hat die Rspr. des BAG im Jahre 2003 Rechtssicherheit gebracht. Wollte ein Verwaltungsgericht davon abweichen, müsste es Rechtsmittel zum BVerwG zulassen, damit dieser den

---

467 HessLAG 10.11.2011 – 9 TaBV 104/11; nachgehend: BAG 15.8.2012 – 7 ABN 46/12, teilweise Zurückverweisung der Rechtsbeschwerde.
468 BVerwG 18.1.1990 – 6 P 8/88, PersR 1990, 108.
469 OVG NRW 7.4. 2004 – 1 A 4778/03.PVL, Behindertenrecht 2006, 20.
470 OVG NRW 7.4. 2004 – 1 A 4778/03.PVL, Rn. 36, Behindertenrecht 2006, 20.
471 BVerwG 18.1.1990 – 6 P 8.88, PersR 1990, 108.
472 Vgl. BVerwG 13.6.1966 – 7 P 2.66, ZBR 1967, 284, nur Leitsatz, und BVerwG 20.2.1976 – 7 P 7.73, Buchholz 238.3 A § 29 BPersVG Nr. 1.
473 BVerwG 18.1.1990 – 6 P 8.88, PersR 1990, 108.
474 BAG 1.11.2003 – 7 AZB 40/03, AP § 94 SGB IX Nr. 1; *Kloppenburg* jurisPR-ArbR 3/2004 Anm. 2.

Gemeinsamen Senat der Obersten Gerichtshöfe des Bundes anrufen kann.[475] Ansonsten würde das Gebot des gesetzlichen Richters verletzt.

IX. Amtszeit der Schwerbehindertenvertretung (Abs. 7)

Amtszeit: Die regelmäßige Amtszeit beträgt nach Abs. 7 Satz 1 **vier Jahre**. Sie beginnt nach Abs. 7 Satz 2 mit der Bekanntgabe des Wahlergebnisses und endet spätestens nach vier Jahren. 99

Das Amt der Vertrauensperson und des stellvertretenden Mitglieds endet nach Abs. 7 Satz 3 vorzeitig, wenn 100

- das Amt niedergelegt wird,
- der Gewählte aus dem Arbeitsverhältnis ausscheidet,
- die Wählbarkeitsvoraussetzungen nachträglich entfallen, zB durch **Beförderung zum leitenden Angestellten,**
- auf Antrag von 25 % der Wahlberechtigten nach Abs. 7 Satz 5 der Widerspruchsausschuss beim Integrationsamt das Erlöschen des Amtes wegen gröblicher Verletzung der Pflichten beschließt und die Entscheidung nach Ablauf der Widerspruchsfrist bestandskräftig oder bei einer Anfechtungsklage nach Ablauf der Rechtsmittelfrist rechtskräftig wird.
- Wird ein Mitglied der SBV zum Inklusionsbeauftragten bestellt, so liegt ein Fall der Unvereinbarkeit der Ämter vor, → Rn. 21 (§ 177 Abs. 3 SGB IX, § 5 Abs. 3 BetrVG). Der Arbeitgeber muss wegen der mit der Bestellung verbundenen wesentlichen Änderung der Arbeitsbedingungen nach § 95 Abs. 3 BetrVG ein Versetzungsverfahren einleiten. Der Betriebsrat kann in diesem Verfahren wegen der Unvereinbarkeit der Ämter die Zustimmung nach § 99 Abs. 2 Nr. 1 BetrVG verweigern. Weigert sich das Mitglied, das Amt niederzulegen, muss auf Antrag des Betriebs- oder Personalrats die Unwirksamkeit der Weiterführung des Amts feststellbar sein, sonst müssten Betriebs- oder Personalrat die Teilnahme eines Inklusionsbeauftragten an allen ihren Sitzungen dulden.

Niederlegung des Amts: Nach § 177 Abs. 7 Satz 3 SGB IX kann die Vertrauensperson ebenso wie nach § 24 Abs. 1 Nr. 2 BetrVG bzw. § 31 Abs. 1 Nr. 2 BPersVG nF (entspricht dem bis 14.6.2021 geltenden § 29 Abs. 1 Nr. 2 BPersVG aF) oder der entsprechenden Norm eines LPVG ein Betriebsrats- bzw. Personalratsmitglied sein Amt jederzeit niederlegen. Niemand ist gezwungen, das unentgeltliche Ehrenamt (vgl. § 179 Abs. 1) gegen seinen Willen fortzuführen. Das Verfahren der Amtsniederlegung ist weder im SGB IX, BetrVG noch im Personalvertretungsrecht geregelt. Es besteht keine Formvorschrift,[476] so dass die Erklärung auch mündlich abgegeben werden kann. Dabei brauchen die Worte „Niederlegung des Amtes" oder „Rücktritt" nicht verwendet zu werden, sofern der Wille, aus dem Gremium auszuscheiden, objektiv eindeutig erkennbar ist.[477] Die Erklärung ist als empfangsbedürftige Willenserklärung nur wirksam, wenn sie unbedingt erklärt wird. Der Erfolg, hier das Amtsende, wird bewirkt, sobald die Erklärung dem zuständigen Empfänger zugeht (§ 130 Abs. 1 Satz 1 BGB). Wird die Erklärung vor dem Zugang oder zugleich mit dem Zugang widerrufen, so wird sie nach § 130 Abs. 1 Satz 2 BGB nicht wirksam. Ein späterer Widerruf ist unbeachtlich. Nach der Rspr. des BAG ist die mündliche Niederlegungserklärung gegenüber dem gesamten Betriebsrat in einer Sitzung zu erklären; für die schriftliche Erklärung ist der Zugang bei dem nach § 26 101

---
475 *Kloppenburg* jurisPR-ArbR 3/2004 Anm. 2.
476 NdsOVG 9.9.1994 – 17 L 2835/93, PersR 1994, 564.
477 NdsOVG 9.9.1994 – 17 L 2835/93, PersR 1994, 564.

Abs. 2 Satz 2 BetrVG für die Empfangnahme von Willenserklärungen zuständigen Vorsitzenden zu bewirken.[478] Da der Arbeitgeber nicht Adressat der Niederlegungserklärung ist, wird die ihm gegenüber abgegebene Erklärung als unbeachtlich angesehen.[479] Im Personalvertretungsrecht gelten die gleichen Grundsätze.[480] Für die Wirksamkeit der Erklärung der Amtsniederlegung durch die Vertrauensperson ist daraus zu folgern, dass sie gegenüber dem ersten Stellvertreter als Repräsentanten der Gruppe der Schwerbehinderten abzugeben ist. Der Stellvertreter hat seinerseits seine Niederlegungserklärung gegenüber der Vertrauensperson als der für die SBV handelnden Person abzugeben. Ist die Vertrauensperson zB wegen Urlaubs nicht erreichbar, so kann der Stellvertreter die Niederlegung wirksam auf einer Versammlung der schwerbehinderten Beschäftigten im Sinne von § 178 Abs. 6 Satz 1 SGB IX oder auf einer Sitzung des Betriebs- oder Personalrats erklären: Will der Stellvertreter nicht an der Sitzung teilnehmen, so hat er den Zugang der schriftlichen Niederlegungserklärung beim Vorsitzenden des Betriebsrats zu bewirken, weil nur dieser nach § 26 Abs. 2 Satz 2 BetrVG empfangsberechtigt ist. Gleiches gilt nach Personalvertretungsrecht bei Abgabe der Erklärung gegenüber dem Personalrat.

102 **Freistellung in der Kündigungsfrist und Blockfreizeit in der Altersteilzeit:** Wenn die Blockfreizeit der Altersteilzeit beginnt, endet nach § 177 Abs. 7 Satz 3, Abs. 3 Satz 1 das Amt vorzeitig, weil die Beschäftigung im Betrieb endet. Die Beschäftigung endet, auch wenn rechtlich das Arbeitsverhältnis weiter besteht. Mit der Blockfreizeit steht nämlich fest, dass keine Aufnahme der Arbeit mehr stattfindet. Das BAG hat dazu entschieden: „Ein unternehmenszugehöriger Arbeitnehmervertreter in einem nach dem BetrVG 1952 mitbestimmten Aufsichtsrat ist mit Beginn der Freistellungsphase einer Altersteilzeit im sog. Blockmodell nicht mehr „beschäftigt" iSd § 76 Abs. 2 BetrVG 1952 (jetzt: § 4 Abs. 2 DrittelbG). Ist er der einzige Arbeitnehmervertreter bzw. der einzige Vertreter seiner Arbeitnehmergruppe, verliert er mit dem Eintreten in die Freistellungsphase seine Wählbarkeit. Damit endet seine Mitgliedschaft im Aufsichtsrat".[481] Für die Dienststellenverfassung gilt Entsprechendes: Die Mitgliedschaft eines Angestellten im Personalrat erlischt mit Beginn der Freistellungsphase des nach dem Blockmodell vereinbarten Teilzeitarbeitsverhältnisses.[482] Für die Wählbarkeit zur Vertrauensperson gilt nichts anderes.[483] Das Ergebnis wird vermieden, wenn für die Altersteilzeit nicht das Blockmodell mit vollständiger Freistellung, sondern das Teilzeitmodell gewählt wird.

Wird mit der Vertrauensperson ein Auflösungsvertrag mit unwiderruflicher Freistellung von der Arbeitspflicht geschlossen, zieht das Schrifttum wird eine Parallele zur Freistellung eines Altersteilzeitarbeitnehmers im Blockmodell gezogen.[484] Diesem Schluss ist das HessLAG im Fall eines gekündigten Mitglieds des Betriebsrats nicht erlegen.[485] Der durch den Arbeitgeber freigestellte Amtsträger könne nämlich seine ihm zur Verfügung stehende Zeit für die Leistung von Betriebsratstätigkeiten verwenden.[486] Für die gekündigte Vertrauensperson kann nichts anderes gelten.

---

478 BAG 12.1.2000 – 7 ABR 61/98, AP BetrVG 1972 § 24 Nr. 5; *Düwell* in HaKo-BetrVG § 24 Rn. 5.
479 BAG 12.1.2000 – 7 ABR 61/98, AP BetrVG 1972 § 24 Nr. 5.
480 NdsOVG 9.9.1994 – 17 L 2835/93, PersR 1994, 564.
481 BAG 25.10.2000 – 7 ABR 18/00, AP § 76 BetrVG 1952 Nr. 32, AiB 2001, 359.
482 BVerwG 15.5.2002 – 6 P 8.01, AP BPersVG § 13 Nr. 1.
483 *Kuhlmann* Behindertenrecht 2002, 1.
484 *Lindemann/Simon* NZA 2002, 365, 368.
485 HessLAG 21.12.2020 – 16 TaBVGa 189/20, juris Rn. 28.
486 HessLAG 21.12.2020 – 16 TaBVGa 189/20, juris Rn. 38.

Elternzeit: Nach der Rspr. gilt: „Ein Betriebsratsmitglied, das sich in Elternzeit ohne Arbeitsleistung befindet, ist nicht zeitweilig an der Ausübung des Betriebsratsamts gehindert (§ 25 I Satz 2 BetrVG), sondern kann sich dafür entscheiden, weiter Betriebsratstätigkeiten zu verrichten und an Betriebsratssitzungen teilzunehmen. Einem solchen Betriebsratsmitglied sind die Kosten für Fahrten zu Betriebsratssitzungen zu erstatten".[487] Die Elternzeit führt weder zum Erlöschen der Mitgliedschaft im Betriebsrat nach § 24 Nr. 3 BetrVG noch zu einer zeitweiligen Verhinderung nach § 25 Abs. 1 Satz 2 BetrVG. Das Betriebsratsmitglied verliert während der Elternzeit auch nicht seine Wählbarkeit nach § 8 Abs. 1 BetrVG. Für die Vertrauensperson kann nach § 179 Abs. 3 SGB IX nichts anderes gelten. 103

Versetzung und Umstrukturierung: Vor Ablauf der Amtszeit erlischt das Amt eines Personalratsmitglieds nach § 31 Abs. 1 Nr. 4 BPersVG (entspricht dem bis 14.6.2021 geltenden (§ 29 Abs. 1 Nr. 4 BPersVG aF) auch, wenn es „aus der Dienststelle ausscheidet". Das gilt gemäß § 177 Abs. 7 Satz 3, Abs. 3 Satz 2 SGB IX auch für die Vertrauensperson; denn mit dem Ausscheiden aus der Belegschaft der Dienststelle ist der Verlust der Wählbarkeit für die Dienststelle verbunden, in der gewählt wurde und deren Belegschaft vertreten werden soll. In den Dienststellen des Bundes besteht für Personalräte und Vertrauenspersonen ebenfalls ein unter dem Vorbehalt der Zustimmung des Personalrats stehender Schutz. Die geschützten Amtsträger dürfen gegen ihren Willen nur **versetzt, zugewiesen** oder **abgeordnet** werden, wenn dies auch unter Berücksichtigung der Mitgliedschaft aus wichtigen dienstlichen Gründen unvermeidbar ist. In § 55 Abs. 2 BPersVG nF ist dieser Schutz durch die Novellierung vom 9.6.2021 mit Wirkung vom 15.6.2021 um das im sonst inhaltsgleichen § 47 Abs. 2 BPersVG aF fehlende Merkmal **Zuweisung** erweitert worden (Einzelheiten: → § 179 Rn. 71). In den Betrieben gilt ein nicht ganz so hoher Schutzstandard. Betriebsräte verlieren ihr Amt mit Verlust der Wählbarkeit im Beschäftigungsbetrieb (vgl. § 24 Nr. 4 BetrVG). Unerheblich ist, dass das zugrunde liegende Dienst- oder Arbeitsverhältnis fortbesteht. Zum Schutz vor Versetzungen, die zum Verlust der Wählbarkeit und damit zum vorzeitigen Amtsende führen, ist mit der Reform des BetrVG im Jahre 2001 für Versetzungen, die nicht im Einverständnis mit dem Betroffenen erfolgen, in § 103 Abs. 3 BetrVG ein Zustimmungsvorbehalt des Betriebsrats eingeführt worden.[488] Über die Gleichstellungsklausel in § 179 Abs. 3 SGB IX haben die Vertrauenspersonen in den Betrieben den gleichen Versetzungsschutz wie Betriebsräte (Einzelheiten: → § 179 Rn. 85 f.). Ein Ausscheiden aus der Dienststelle oder dem Betrieb ist auch dann anzunehmen, wenn eine Dienststelle oder ein Betrieb, bei der eine Personalvertretung gebildet ist, endgültig aufgelöst wurden oder wenn durch organisatorische Maßnahmen Teile der Dienststelle oder des Betriebs ausgegliedert werden, in denen Betriebsvertretungsmitglieder oder Mitglieder der SBV beschäftigt sind.[489] 104

Wahlbedingte Verlängerung oder Verkürzung der Amtszeit: Ist die SBV außerhalb der regelmäßigen Wahlzeit des Abs. 5 Satz 1 gewählt worden, so kann sich die Amtszeit nach Abs. 5 verkürzen oder verlängern. Eine **Verkürzung** tritt nach Abs. 5 Satz 3 ein, wenn die Wahl zu einem Zeitpunkt stattfindet, der noch mehr als ein Jahr vor dem nächsten regelmäßigen Wahltermin liegt. Die Amtszeit ver- 105

---

487 LAG München 22.7.2004 – 2 TaBV 5/04 bestätigt durch BAG 25.5.2005 – 7 ABR 45/04, AP § 24 BetrVG 1972 Nr. 13.
488 Vgl. *Kloppenburg* in HaKo-BetrVG § 103 Rn. 5 ff.
489 VGH BW 13.11.1984 – 15 S 2525/83, ZBR 1985, 87; LAG Hamm 24.2.2012 – 10 TaBVGa 1/12.

längert sich nach Abs. 5 Satz 4, wenn die Amtszeit der gewählten SBV weniger als ein Jahr bis zum Beginn des nächsten regelmäßigen Wahltermins betragen würde. Dann wird die Amtszeit bis zu den übernächsten regelmäßigen Wahlen verlängert. Diese Regelung ist § 13 Abs. 3 BetrVG nachgebildet. Sie soll gewährleisten, dass der Rhythmus von vier Jahren wieder erreicht wird.

106 **Nachrücken:** Die Aufgaben der SBV nimmt allein die gewählte **Vertrauensperson** wahr. Entsprechend Abs. 1 Satz 1 wird sie bei vorübergehender Verhinderung von dem gewählten stellvertretenden Mitglied vertreten. Scheidet die Vertrauensperson vorzeitig aus dem Amt aus, rückt das mit der höchsten Stimmenzahl gewählte stellvertretende Mitglied für den Rest der Amtszeit dauerhaft nach (§ 177 Abs. 7 Satz 4 SGB IX, Einzelheiten: → Rn. 8). Ist die Nachrückerliste erschöpft, so hat die SBV entweder im förmlichen Wahlverfahren nach § 17 SchwbVWO unverzüglich den Wahlvorstand für eine Nachwahl zu bestellen oder im vereinfachten Verfahren nach § 21 SchwbVWO zur Nachwahl eines oder mehrerer stellvertretender Mitglieder einzuladen.

X. Übergangsmandat (Abs. 8)

1. Sicherung der Kontinuität der SBV

107 **Einfügung des betriebsverfassungsrechtlichen Übergangsmandats:** Zur Sicherung der Vertretung schwerbehinderter Arbeitnehmer bei **Betriebsaufspaltungen**, Betriebszusammenfassungen und anderen Änderungen der Unternehmensstruktur hatte der DGB bei der Anhörung zum Entwurf des SGB IX verlangt, der SBV ein **Übergangsmandat** einzuräumen. Der Gesetzgeber war dem nicht nachgekommen, obwohl nach Art. 5 Abs. 1 Unterabs. 4 der Europäischen Betriebsübergangs-RL 77/187/EWG, geändert durch RL 98/50/EG vom 29.6.1998 und RL 2001/23/EG des Rates vom 12.3.2001 (ABl Nr. L 082 22.3.2001, 16), die Mitgliedstaaten Vorkehrungen zu treffen haben, um nach einem Betriebsübergang eine Vertretung der vom Übergang betroffenen Arbeitnehmer sicherzustellen.[490] Dass diese Vorkehrung auch für die Kontinuität der Amtsführung der SBV sicherzustellen ist, ergibt sich aus zwei Gründen. Erstens ist die SBV eine eigenständige Vertretung der Gruppe aller im Betrieb beschäftigten schwerbehinderten Menschen (→ § 177 Rn. 5). Damit ist sie eine Vertretung der Arbeitnehmer im Sinne von Art. 2 und 6 der RL 2001/23/EG. Zweitens gehört in vielen Betrieben die von ihr vertretene Gruppe vollständig und in den übrigen Betrieben zumindest völlig überwiegend zu dem Teil der Belegschaft, der in einer gesetzlich geregelten Art und Weise des Zusammenwirkens von Betriebsrat und SBV „hybrid" (→ § 176 Rn. 17) vertreten werden. Um diese Art der gemeinsamen Interessenvertretung ohne Kontinuitätsbruch bei Betriebsänderungen aufrechtzuerhalten, bedarf es nicht nur für den Betriebsrat sondern simultan auch für die SBV eines Übergangsmandats.[491] Das ist, soweit die Betriebsänderung mit einem Betriebsübergang verknüpft ist, auch ein in der Richtlinie 2001/23 EG[492] enthaltenes **Gebot des Rechts der Europäischen Union**.[493] Die bei Schaffung des SGB IX versäumte Umsetzung ist durch Art. 2 BTHG mWv 30.12.2016 allerdings ohne Einhaltung des Zitiergebots nachgeholt worden. Dort ist § 94 SGB IX aF der Abs. 8 (seit 1.1.2018 durch Art. 1 BTHG umnummeriert zu § 177 Abs. 8) angefügt: „In Betrieben gilt § 21a des

---

490 So auch *Knittel*, 10. Aufl. 2017, SGB IX § 94 Rn. 192.
491 Zutreffend: *Schimanski* in GK-SGB IX § 94 Rn. 165 ff.
492 Amtsblatt der Europäischen Gemeinschaften 22.3.2001 L 82/16.
493 *Düwell* in Hako-BetrVG § 21a Rn. 10 ff; ebenso: *Bötzel*, SBV und Betriebsrat als Interessenvertretung schwerbehinderter Menschen im Betrieb, 2020, S. 346, 347.

Betriebsverfassungsgesetzes entsprechend." In der amtlichen Begründung heißt es dazu: „Durch diese Ergänzung wird in Betrieben ein Übergangsmandat auch für die Schwerbehindertenvertretung geschaffen."[494] Damit hat der Gesetzgeber die im Schrifttum vertretene Auffassung gesetzlich abgesichert, es eine die Vertretungslücken schließende **analoge Anwendung** des in § 21 a BetrVG geregelten Übergangsmandats geboten.[495] Es ergeben sich daraus zwei Auswirkungen:
1. Die Amtszeit der SBV endet nicht mit der Auflösung des Betriebs durch Spaltung, Zusammenfassung oder Zusammenlegung von Betrieben.
2. Die Beteiligungsrechte der SBV bleiben auch in der für die schwerbehinderten Beschäftigten schwierigen Zeit der Umstrukturierungsprozesse erhalten.

2. Voraussetzungen

Spaltung: Das Übergangsmandat setzt voraus, dass die nach einer Spaltung oder Zusammenfassung entstehende Organisationseinheit Betrieb ihrerseits „schwerbehindertenvertretungsfähig" iSv § 177 Abs. 1 Satz 1 SGB IX („wenigstens fünf schwerbehinderte Menschen") ist. Nach § 21 a Abs. 1 Satz 1 BetrVG wird kein Übergangsmandat begründet, wenn ein Betrieb oder ein Betriebsteil in einen Betrieb **eingegliedert** wird, für den bereits eine SBV gewählt ist. Das ergibt sich aus dem einem Übergangsmandat zugrundeliegenden Subsidiaritätsprinzip, das nur ein Eingreifen gebietet, soweit nicht auf andere Weise eine Vertretung der Belegschaft gesichert wird.[496]

108

Zusammenfassung und Zusammenlegung: Eine Zusammenfassung erfolgt, wenn mehrere Betriebe oder Betriebsteile zu einem einheitlichen neuen, betriebsratsfähigen Betrieb vereint werden. **Zusammenlegung** ist eine Sonderform der Zusammenfassung, bei der die vereinten Organisationseinheiten zusätzlich auch verlegt werden. In beiden Fällen verlieren zuvor selbstständige Einheiten ihre Betriebsratsfähigkeit, so dass es zur Schließung der Lücke in der betriebsrätlichen Vertretung eines Übergangsmandats bedarf.[497] In diesen Fällen steht in entsprechender Anwendung von § 21 a Abs. 2 Satz 1 BetrVG das Übergangsmandat der SBV zu, die in dem nach der **Kopfzahl** der wahlberechtigten schwerbehinderten Beschäftigten größten Betrieb gewählt worden ist.[498] Umstritten ist maßgebender Zeitpunkt der Bestimmung der Betriebsgröße. Es wird vertreten, maßgebend sei: die Wählerliste der letzten Wahl[499] oder der Stichtag der Zusammenlegung.[500] Es spricht mehr für das Stichtagsprinzip.

109

3. Inhalt und Dauer

Inhalt des Übergangsmandats: Das Übergangsmandat ist ein befristetes Vollmandat.[501] Das schließt alle Befugnisse ein, insbesondere nach § 164 Abs. 1 auf

110

---

494 BR-Drs. 428/16, 322.
495 Allgemein anwendbar: *Bischoff*, Das Übergangsmandat des Betriebsrats, S. 189; *Jung*, Übergangsmandat, S. 183; *Rieble* NZA 2002, 233 (240); *Düwell* in HaKo-BetrVG § 21 a Rn. 43: differenzierend nur für unternehmensübergreifende Umstrukturierungen.
496 *Koch* in ErfK BetrVG § 21 a Rn. 3; *Thüsing* in Richardi BetrVG § 21 a Rn. 4.
497 ArbG Cottbus 24.1.2013 – 3 BVGa 1/13, Rn. 37.
498 So auch *Esser/Isenhardt* in jurisPK-SGB IX § 177 Rn. 49.
499 So *Fitting* BetrVG § 21 a Rn. 20; *Kreutz* in GK-BetrVG § 21 a Rn. 72.
500 *Thüsing* in Richardi BetrVG § 21 a Rn. 12; *Rieble* NZA 202, 233 (237); *Rieble/Gutzeit* ZIP 2004, 693 (695).
501 *Koch* in ErfK BetrVG § 21 a Rn. 5; *Fitting* in Fitting BetrVG Rn. 20; *Düwell* in HaKo-BetrVG § 21 a Rn. 51; *Kreutz* in GK-BetrVG § 21 a Rn. 77; *Thüsing* in Richardi BetrVG § 21 a Rn. 16; *Buschmann* in DKKW BetrVG § 21 a Rn. 54.

Beteiligung bei der Einstellung von Personal, nach § 166 zum Treffen einer Inklusionsvereinbarung, nach § 167 Abs. 1 auf Einschaltung bei der Prävention und nach § 167 Abs. 2 auf Mitklärung beim betrieblichen Eingliederungsmanagement. Die wichtigste Aufgabe ist jedoch die Vorbereitung von SBV Wahlen im neuen Betrieb. Dazu ist nach § 21 a Abs. 1 Satz 2 und Abs. 2 Satz 2 unverzüglich zu handeln. Das bedeutet im förmlichen Wahlverfahren, den Wahlvorstand zu bestellen und im vereinfachten Wahlverfahren zur Wahlversammlung einzuladen. Damit wird das ansonsten für zwar betriebsratsfähige, aber zurzeit betriebsratslose Einheiten in § 1 Abs. 2 SchwbVWO geregelte Bestellungsverfahren verdrängt. Unverzüglich heißt nach der für das Anfechtungsrecht getroffenen Legaldefinition in § 121 BGB „ohne schuldhaftes Zögern", dh so schnell es bei gehöriger Sorgfalt möglich ist.

111 **Dauer:** Das Übergangsmandat endet nach § 21 a Abs. 1 Satz 3 BetrVG, sobald das Ergebnis der Neuwahl der SBV bekannt gegeben worden ist,[502] spätestens jedoch sechs Monate nach der betrieblichen Änderung. Durch Tarifvertrag und Betriebsvereinbarung kann das Übergangsmandat der Betriebsräte und SBVen gemäß § 21 a Abs. 1 Satz 4 BetrVG um weitere sechs Monate verlängert werden. Das Ereignis, das den Lauf der Höchstfrist auslöst, ist nach § 21 a Abs. 2 Satz 3 und Abs. 2 Satz 2 BetrVG das „Wirksamwerden" der Betriebsspaltung oder der Betriebszusammenfassung. Damit ist auf die tatsächliche Übernahme der Leitungsmacht durch den neuen Betriebsinhaber abzustellen. Weder gesellschaftsrechtliche Vorgänge wie zB Eintragung einer Abspaltung in das Handelsregister noch Änderungen in der Unternehmensorganisation sind maßgebend.[503] Solange der Betriebsrat entgegen § 80 Abs. 2 BetrVG vom Arbeitgeber nicht über die betriebliche Spaltung bzw. Zusammenfassung unterrichtet wird, ist von einer Hemmung des Fristlaufs auszugehen.[504]

112 **Sonderfall Wahlbetrieb nach § 3 BetrVG:** Zuordnungstarifverträge, können die Zusammenlegung der derzeitigen Betriebe und die Änderung der Betriebsratsstruktur in der Weise vornehmen, dass ein unternehmensweiter Betrieb durch den Tarifvertrag nach § 3 Abs. 1 Nr. 1 a BetrVG gebildet wird. Mit Inkrafttreten der neuen Struktur gilt das Unternehmen nach § 3 Abs. 5 Satz 1 BetrVG als ein Betrieb. Dann gehen die alten Betriebe unter. Die bisherigen Betriebsräte und SBVen nehmen dann nur noch ein Übergangsmandat nach § 21 a Abs. 2 BetrVG iVm § 177 Abs. 8 SGB IX wahr. Wesentliche Aufgabe des Übergangsmandats ist es, dafür zu sorgen, dass der neue Betriebsrat und die neue SBV gewählt werden. Der Arbeitgeber kann nicht den Wahltermin dafür vorschreiben, das ist Aufgabe der Träger des Übergangsmandats. Zu beachten ist jedoch die in § 3 Abs. 4 BetrVG besonders geregelte Übergangszeit:

(4) [1]Sofern der Tarifvertrag oder die Betriebsvereinbarung nichts anderes bestimmt, sind Regelungen nach Absatz 1 Nr. 1 bis 3 erstmals bei der nächsten regelmäßigen Betriebsratswahl anzuwenden, es sei denn, es besteht kein Betriebsrat oder es ist aus anderen Gründen eine Neuwahl des Betriebsrats erforderlich. [2]Sieht der Tarifvertrag oder die Betriebsvereinbarung einen anderen Wahlzeitpunkt vor, endet die Amtszeit bestehender Betriebsräte, die durch die Regelungen nach Absatz 1 Nr. 1 bis 3 entfallen, mit Bekanntgabe des Wahlergebnisses.

---

502 *Koch* in ErfK BetrVG § 21 a Rn. 6; *Düwell* in HaKo-BetrVG § 21 a Rn. 58.
503 ArbG Frankfurt 24.9.2001 – 15/18 BV 187/01, AiB 2002, 629; *Buschmann* in DKW BetrVG § 21 a Rn. 43; *Koch* in ErfK BetrVG § 21 a Rn. 6; *Düwell* in HaKo-BetrVG § 21 a Rn. 57.
504 ArbG Frankfurt 24.9.2001 – 15/18 BV 187/01, AiB 2002, 629; *Buschmann* in DKW BetrVG § 21 a Rn. 43; *Düwell* in HaKo-BetrVG § 21 a Rn. 57.

Die BIH empfiehlt in ihren Publikationen den Wahlvorständen und SBVen § 3 Abs. 4 Satz 1 BetrVG entsprechend anzuwenden. Dh: Wie bei der Betriebsratswahl sollen „Vereinbarungen über Sonderformen der Betriebsstruktur(en) mangels entgegenstehender Regelungen in § 177 SGB IX erstmals bei der nächsten regelmäßigen Wahl der SBV anzuwenden sein, es sei denn, es besteht keine SBV oder es ist aus anderen Gründen eine Zwischenwahl der SBV erforderlich".[505] Dem ist zustimmen. § 170 Abs. 1 Satz 2 enthält den Grundsatz, von einem einheitlichen Betriebsbegriff auszugehen (→ Rn. 24 f.). In diesem Licht muss § 177 Abs. 8 ausgelegt werden. Das führt zu einem durch § 3 Abs. 4 BetrVG eingeschränkten Geltungsbereich des § 177 Abs. 8. Die in § 3 Abs. 4 Satz 2 BetrVG weitere vorgesehene Möglichkeit, hinsichtlich des Zeitpunkts der erstmaligen Anwendung der vertraglich vereinbarten Betriebsstruktur etwas anderes zu bestimmen – und damit neben Regelungen zum Wahlzeitpunkt auch Aussagen zur Amtszeit zu treffen, soll nach Meinung der BIH dagegen für die Wahl der SBV nicht gelten. § 177 Abs. 5 enthalte keine dem § 3 Abs. 4 BetrVG entsprechende Öffnungsklausel, sondern sei von seinem Wortlaut her zwingendes Gesetzesrecht. Dazu nimmt die BIH auf einen BAG Beschluss[506] Bezug.[507] Dieser trifft jedoch keine Aussage zum Wahlrecht nach dem SGB IX. Vielmehr wird dort ausschließlich die Möglichkeit verworfen, eine vom Gesetz abweichende, weil § 3 Abs. 1 BetrVG überschreitende Ausgestaltung der Repräsentationsstrukturen der Arbeitnehmer in der Betriebsverfassung vorzunehmen.[508] Hält sich die neue Betriebsstruktur zB durch Bildung eines unternehmensweiten Betriebsrats im Rahmen des § 3 Abs. 1 BetrVG, so müssen entgegen der Ansicht der BIH die nach Betriebsverfassungsrecht zulässigen weiteren Vereinbarungen zur Amtszeit auch für die SBV gelten. Auch insoweit ist der Geltungsbereich des § 177 Abs. 8 teleologisch (zweckbestimmt) einzuschränken. Die Folgenkontrolle zeigt, dass dies auch unter dem Gesichtspunkt der Auswirkungen für die Praxis geboten ist; denn sonst müssten sämtliche, in den „aufgehobenen" Betrieben gewählte Vertrauenspersonen an den Sitzungen des unternehmenseinheitlichen Betriebsrats teilnehmen, weil sie mit dem Übergangsmandat weiter amtieren.

4. Eingeschränkte Anwendbarkeit

Begrenzung auf Vertretungslücken: Häufig wird übersehen, dass wegen der Besonderheiten des im SGB IX geregelten Organisationsrechts nicht stets im Gleichlauf zum Betriebsrat eine Vertretungslücke auftritt.[509] So fehlt häufig für die SBV ein Bedarf an einer übergangsweisen Vertretung bei unternehmensinternen Umstrukturierungen. Ist von den Vertrauenspersonen mehrerer Betriebe nach § 180 Abs. 1 Satz 1 eine GSBV gewählt, gehört es nach § 180 Abs. 6 Satz 1 SGB IX zu ihrer Aufgabe, auch die Vertretung der schwerbehinderten Beschäftigten zu übernehmen, die sich in einem Betrieb ohne SBV befinden. Besteht nur eine SBV im Unternehmen, so nimmt diese SBV nach § 180 Abs. 1 Satz 2 SGB IX die Aufgabe der GSBV wahr. Dazu gehört nach § 180 Abs. 6 Satz 1 auch die **Repräsentanz der schwerbehinderten Beschäftigten in vertretungslosen Betrieben.**

113

---

505 BIH, ZB Spezial SBV Wahl 2018, S. 10.
506 BAG 13.3.2013 – 7 ABR 70/11, BAGE 144, 290 mit Anm. *Hoffmann* jurisPR-ArbR 26/2013 Anm. 4.
507 BIH, ZB Spezial SBV Wahl 2018, S. 10.
508 BAG 13.3.2013 – 7 ABR 70/11, Rn. 32, BAGE 144, 290.
509 Ausführlich *Düwell*, Übergangsmandat und erstrecktes Mandat im Schwerbehindertenrecht, FS Moll, 2019, 95 ff.

Beispiel: Vertretung durch GSBV

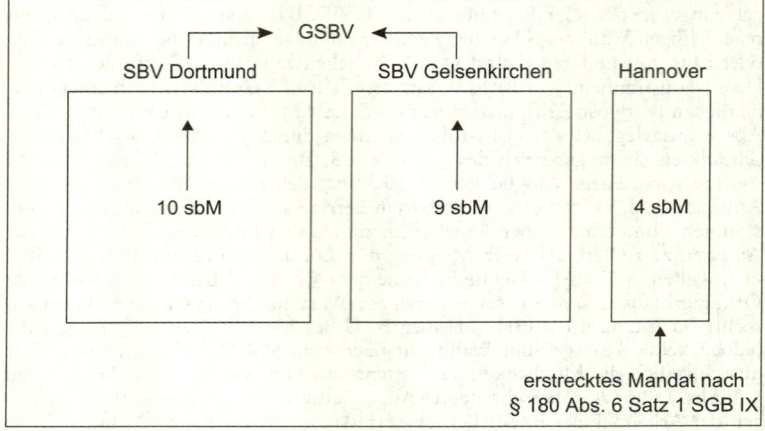

In diesem dargestellten Beispiel wird anschaulich das betriebsverfassungsrechtliche Prinzip der betriebsbezogenen Repräsentation durch ein nach § 180 Abs. 6 Satz 1 auf die vertretungslosen schwerbehinderten Beschäftigten in Hannover **erstrecktes Mandat der GSBV** des Unternehmens X durchbrochen. Diese seit Jahrzehnten bestehende schwerbehindertenrechtliche Sonderregelung darf nicht durch ein in Analogie zu § 21a BetrVG in Anspruch genommenes Übergangsmandat ausgehebelt werden. § 180 Abs. 6 Satz 1 wird nicht durch die mit dem BTHG in § 177 Abs. 8 SGB IX eingefügte Verweisung auf die entsprechende Anwendung des betriebsverfassungsrechtlichen Übergangsmandats aus § 21a BetrVG verdrängt. Raum für eine analoge entsprechende Anwendung ist nur, soweit wegen einer sonst bestehenden Regelungslücke ein Bedarf besteht. Bedarf besteht nur, soweit das erstreckte Mandat nicht greift. Dieser Fall kommt vor allem in Betracht, wenn eine **Betriebspaltung** erfolgt und der abgespaltene Teil aus dem Unternehmen aufgrund eines rechtsgeschäftlichen **Betriebsteilsübergangs** ausscheidet. Insoweit hat das Übergangsmandat in den unternehmensübergreifenden Umstrukturierungen Bedeutung.[510]

---

510 Vgl. *Düwell* in HaKo-BetrVG § 21a Rn. 44.

Beispiel: Spaltung

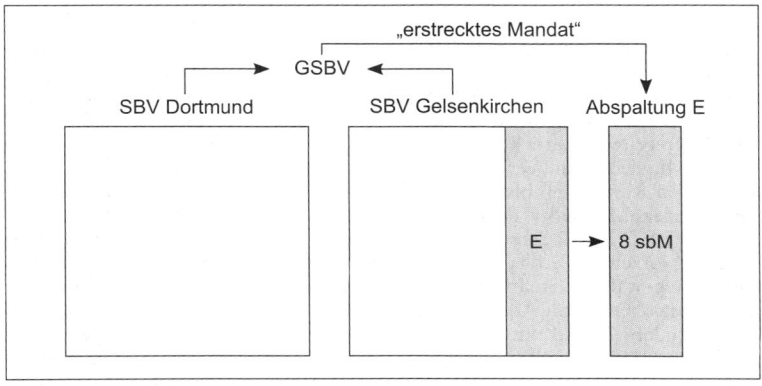

Die Vertretung der im abgespaltenen Teil E befindlichen acht schwerbehinderten Beschäftigten wird im Rahmen des erstreckten Mandats der GSBV des Unternehmens nach § 180 Abs. 6 Satz 1 wahrgenommen. Wird der Betriebsteil E an einen Dritten übertragen, so stellt sich ein Kontinuitätsproblem; denn die GSBV hat keine Befugnis zur Vertretung außerhalb des eigenen Unternehmens. Ist der Dritte ein zum demselben Konzern gehörendes Unternehmen ohne GSBV kann das Kontinuitätsproblem ohne Anwendung des Übergangsmandats gelöst werden, wenn für die konzerninterne Umstrukturierung eine **Konzernschwerbehindertenvertretung** (KSBV) zuständig ist; denn dann hat die KSBV nach § 180 Abs. 6 Satz 2 ein erstrecktes Mandat, dass die Vertretung der acht vertretungslosen schwerbehinderten Beschäftigten im abgespaltenen Betriebsteil E sicherstellt. Nur wenn nach den besonderen schwerbehindertenrechtlichen Vertretungsregeln des erstreckten Mandats keine Vertretung sichergestellt ist, greift das Übergangsmandat aus § 21a Abs. 1 BetrVG ein. Dann nimmt die SBV des Betriebs Gelsenkirchen das Übergangsmandat wahr, soweit der Erwerber den Betriebsteil verselbstständigt oder in einen anderen Betrieb eingliedert, der noch keine SBV hat. Besteht im Fall der **Eingliederung des Betriebsteils** E in dem aufnehmenden Betrieb dagegen eine SBV, so kommt es nach § 21a Abs. 1 Satz 1 BetrVG nicht zu dem Übergangsmandat, weil die SBV des aufnehmenden Betriebs die Vertretung der eingegliederten schwerbehinderten Beschäftigten nach der Konzeption des Gesetzes übernehmen soll.

Amtsverlust nach Spaltung in Eingliederungsfällen und erstrecktes Mandat für den Restbetrieb: Wenn ein abgespaltener Betriebsteil in einen anderen eingegliedert wird, der bereits eine SBV hat, verliert der aufgenommene Betriebsteil nach den auch nach der Regel, die für das betriebsverfassungsrechtliche Übergangsmandat in § 21a Abs. 1 Satz 1 BetrVG aufgestellt ist, seine „alte" SBV. Er erhält als „neue" SBV die des aufnehmenden von Gesetzes wegen zugewiesen.[511] Damit endet nach § 177 Abs. 7 Satz 3 SGB IX vorzeitig die Amtszeit der Mitglieder der SBV, deren Arbeitsverhältnisse auf einen anderen Arbeitgeber nach § 613a Abs. 1 BGB übergeht oder die bei einer unternehmensinternen Reorganisation kraft des Direktionsrechts dem aufnehmenden Betrieb zugeordnet wer-

114

---

511 Vgl. BAG 21.1.2003 – 1 ABR 9102, AP § 21a BetrVG 1972 Nr. 1.

den, ohne dass ein Übergangsmandat in Betracht kommt.[512] Gleich auf welcher Rechtsgrundlage die Aufnahme in den neuen Betrieb vollzogen wird, die Wählbarkeit für den weiter bestehenden abgespaltenen Betrieb geht verloren und damit endet nach § 177 Abs. 7 Satz 3 SGB IX das Amt vorzeitig. Soweit die gewählte Vertrauensperson dem Restbetrieb weiterhin zugeordnet ist, so bleibt deren Amt von der Abspaltung des Restbetriebs unberührt. Das gilt auch für stellvertretende Mitglieder der SBV. Ist die Vertrauensperson dem aufnehmenden Betriebsteil zugeordnet, so endet ihr Amt und es tritt der in § 177 Abs. 7 Satz 4 geregelte Nachrückfall für alle im Restbetrieb verbleibenden stellvertretenden Mitglieder ein. Verbleibt die Vertrauensperson im Restbetrieb, so bleibt sie für den Restbetrieb bis zum regulären Amtsende im Amt.[513] Sind die stellvertretenden Mitglieder dem abgespaltenen Betriebsteil zugeordnet, verlieren sie nach § 177 Abs. 7 Satz 3 ihre Wählbarkeit für den Restbetrieb. Damit endet ihr Amt vorzeitig. Verbleibt im Restbetrieb weder die Vertrauensperson noch einer der gewählten Stellvertreter, so besteht Bedarf nach einer Sicherung der Vertretungskontinuität. Diesem Bedarf trägt im Unterschied zum BetrVG schon die besondere Konstruktion des erstreckten Mandats innerhalb einer mehrgliedrigen Organisationsstruktur des SGB IX Rechnung: Gibt es im Unternehmen eine GSBV, so vertritt diese nach § 180 Abs. 6 Satz 1 letzter Hs. auch ersatzweise die in Folge der Abspaltung vertretungslos gewordenen schwerbehinderten Beschäftigten des Restbetriebs. Ist im Unternehmen zwar keine GSBV gewählt, amtiert jedoch auch nur in einem Betrieb des Unternehmens eine SBV, so gilt diese von Gesetzes wegen als Pendant zum Gesamtbetriebsrat nach § 180 Abs. 1 Satz 2 als GSBV. Damit ist nach § 180 Abs. 6 Satz 1 letzter Hs. auch die Befugnis verbunden, alle schwerbehinderten Beschäftigten in den anderen Betrieben des Unternehmens, die keine SBV haben, ersatzweise mitzuvertreten. Damit wird auch ein vertretungsloser Zustand für den Restbetrieb vermieden. Auch bei diesen Auswirkungen von Spaltungen auf den Restbetrieb besteht kein Bedarf für ein Übergangsmandat.

115 **Anwendung bei einer Aufspaltung:** Wird der einzige Betrieb eines Unternehmens in mehrere selbstständige Betriebe aufgespalten, so endet jeweils mit Untergang des Betriebes vorzeitig die Amtszeit der Mitglieder der SBV. Dann besteht für die vertretungslos werdenden schwerbehinderten Beschäftigten keine Möglichkeit der Repräsentanz im Rahmen des erstreckten Mandats nach § 180 Abs. 6 Satz 1 letzter Hs. durch eine GSBV oder durch eine SBV, die nach § 180 Abs. 1 Satz 2 SGB IX als GSBV gilt. In diesen Fällen greift besteht ein nach der Betriebsübergangsrichtlinie abzudeckender Kontinuitätsbedarf für die Arbeitnehmervertretung SBV. Dieser stellt sich auch in zeitlicher Hinsicht als erforderlich dar, wenn nicht unmittelbar nach der Aufspaltung für die neuen Betriebe jeweils eine SBV gewählt werden kann. Diese Rechtslage tritt ein, wenn die Voraussetzungen des vereinfachten Wahlverfahrens iSv § 18 SchwbVWO nicht vorliegen, weil entweder mindestens 50 Wahlberechtigte vorhanden sind oder Betriebsteile räumlich weiter auseinander liegen. In dem dann einzuhaltenden förmlichen Wahlverfahren beträgt nach § 1 Abs. 1 SchwbVWO der Vorlauf vor der Wahl wenigstens acht Wochen. Diese vertretungslose Zeitspanne dauert in der prekären Situation der Reorganisation zu lange. Deshalb bedarf es der Lückenfüllung durch den allgemeinen in § 21a BetrVG verankerten Grundsatz des Übergangsmandats, das bei Betriebsspaltungen von der bisherigen Arbeitnehmervertretung wahrzunehmen ist. Entsprechend § 21a Abs. 1 Satz 3 BetrVG

---

512 LAG Düsseldorf 18.10.2017 – 12 TaBVGa 4/17, Rn. 67, ZBVR online 2018, Nr. 3, 15.
513 LAG Düsseldorf 18.10.2017 – 12 TaBVGa 4/17, ZBVR online 2018, Nr. 3, 15.

läuft das Übergangsmandat der für den Ursprungsbetrieb gewählten SBV spätestens nach sechs Monaten ab. Keiner analogen Rechtsanwendung bedarf es, sofern im Unternehmen eine GSBV gewählt worden ist oder eine SBV in einem anderen, von den Aufspaltungen nicht betroffenen Betrieb besteht. Dann greift die Vertretungsbefugnis nach § 180 Abs. 6 Satz 1 letzter Hs. ein.

Zusammenfassungsfälle: Werden mehrere Betriebe zu einem neuen Betrieb zusammengefasst, so endet jeweils mit Untergang des Betriebes vorzeitig die Amtszeit der Mitglieder der SBV. Amtiert eine GSBV oder eine SBV, deren Betrieb von der Zusammenfassung unberührt bleibt, so tritt die Repräsentanz durch das erstreckte Mandat nach § 180 Abs. 6 Satz 1 letzter Hs. ein. In dem Fall, in dem sämtliche Betriebe des Unternehmens zusammengefasst werden, entfällt jedoch das erstreckte Mandat. Dann entsteht für die Vertretung der schwerbehinderten Beschäftigten eine Kontinuitätslücke. Auch hier greift dann das Überhangmandat nach § 21 a Abs. 2 und Abs. 3 BetrVG. Entsprechend § 21 a Abs. 2 BetrVG erhält die SBV des an der Anzahl der wahlberechtigten schwerbehinderten Menschen größten Betriebs das nach § 21 a Abs. 1 Satz 3 BetrVG bis zu sechs Monate andauernde Übergangsmandat. 116

5. Übergangsmandat für SBV in Dienststellen

Ausschluss vom Übergangsmandat: „Für Arbeitgeber, die nicht unter den Anwendungsbereich des Betriebsverfassungsgesetzes fallen, also insbesondere im öffentlichen Dienst, kommt es nicht zu einem Übergangsmandat der Schwerbehindertenvertretung."[514] Die ministeriale Gesetzesbegründung nennt keinen Grund dafür, dass im öffentlichen Dienst kein Bedarf bestehen soll, während der schwierigen Zeit der Umstrukturierung ohne eine Übergangsvertretung auskommen zu können. Es handelt sich um eine bewusst in Kauf genommene Schlechterstellung der im öffentlichen Dienst beschäftigten schwerbehinderten Beschäftigten. Grund dafür ist die Komplexität der Regelungsaufgabe. Die zuständige Fachabteilung des BMAS rechtfertigt die Auslassung damit, der Gesetzgeber könne das Übergangsmandat nur auf die SBV erstrecken, deren Arbeitgeber in den Anwendungsbereich des BetrVG falle. Für die SBVen des öffentlichen Dienstes seien im Bund das Bundespersonalvertretungsgesetz (BPersVG) und für die Länder die entsprechenden jeweiligen Landesgesetze maßgeblich. Da das BPersVG kein Übergangsmandat für Personalräte vorsehe, fehle es an einer auf die SBV übertragbaren Regelung. Eine analoge Anwendung des § 21 a BetrVG komme ebenfalls nicht in Betracht, „weil es an der erforderlichen planwidrigen Regelungslücke fehlt".[515] Im öffentlichen Dienst der Länder seien Übergangsmandate für Personalräte eigenständig zu regeln, wie das zB in § 32 sowie §§ 99–100 a des PersVG Brandenburg geschehen sei oder in jedem einzelnen Gesetz, welches eine Neustrukturierung der Verwaltung konkret regelt. Möglich sei auch die Regelung durch Erlass der jeweils obersten Dienstbehörde.[516] Bemerkenswert ist, dass damit für alle Fälle, in denen mit der Umstrukturierung eine rechtsgeschäftliche Übertragung auf einen privaten Rechtsträger verbunden wird, unter Verstoß gegen Art. 6 Abs. 1 Unterabs. 4 der Betriebsübergangs-Richtlinie 2001/23/EG vom 12.3.2001 (ebenso schon Verstoß gegen Vorgängerrichtlinie: Richtlinie 77/187/EWG vom 14.2.1977) eingeräumt wird, obwohl das ein bewusste Untätigbleiben in der Gesetzgebung 117

---

514 Vgl. BR-Drs. 428/16, 322.
515 BMAS Va2 E-Mail-Schreiben v. 22.7.2016 13:35 an eine Petentin, Schreiben liegt dem Autor vor.
516 BMAS Va2 E-Mail-Schreiben v. 22.7.2016 13:35.

seit langem gerügt wird,[517] Die Europäische Kommission hat jedoch bisher kein Vertragsverletzungsverfahren wegen der mangelnden Richtlinienumsetzung eingeleitet. Im Schrifttum wird das Fehlen des Übergangsmandats kritisiert, weil es dafür keinen Sachgrund gibt.[518] Richtig ist, dass es im Bundespersonalvertretungsgesetz kein allgemeines Übergangsmandat gibt, auf das hätte verwiesen werden können. Die Rspr. hat dazu, weil es eine bewusste Regelungslücke ist, erkannt, die „bestehende gesetzliche Lücke kann nur durch den Gesetzgeber geschlossen werden".[519] Dazu ist im Koalitionsvertrag vom 14.3.2018 vereinbart: „Das Bundespersonalvertretungsrecht wird novelliert."[520] In Umsetzung ist der Entwurf eines Gesetzes zur Novellierung des Bundespersonalvertretungsgesetzes von der Bundesregierung vorgelegt[521] und nach Durchlauf des Verfahrens in den gesetzgebenden Körperschaften am 9.6.2021 als Gesetz ausgefertigt[522] worden. In § 29 BPersVG nF ist das seit 2001 in § 21a BetrVG enthaltene Übergangsmandat übernommen worden. Für Ausgliederungen und Aufspaltungen ist dazu in § 29 Abs. 1 BPersVG bestimmt: „(...) führt der Personalrat die Geschäfte für die ihm bislang zugeordneten Dienststellenteile weiter (Übergangsmandat)". Damit hat der Gesetzgeber, für den das Bundesministerium des Innern, für Bau und Heimat die Feder führt, es geschafft, in (nur) 21 Jahren nach der Einführung des Übergangsmandats für Betriebsräte durch das Betriebsverfassungsreformgesetz[523] die fehlende Regelung für die Personalvertretungen im Bund nachzuholen. Der Gesetzgeber des BTGH[524], für den das Bundesministerium für Arbeit und Soziales tätig ist, war schneller. Er hat mit nur 16 Jahren Nachholzeit eine bessere Leistungsbilanz. Er hat mit dem am 30.12.2016 in Kraft getretenen Art. 2 des BTHG zu Gunsten der betrieblichen SBVen das diesen fehlende Übergangsmandat gebracht, in dem er an § 94 SGB IX aF (seit 1.1.2018: § 177 SGB IX) angefügt hat: „In Betrieben gilt § 21a BetrVG entsprechend." Es fehlt noch immer für die SBVen in den Dienststellen und öffentlichen Betrieben des Bundes, dass das zuständige Bundesministerium für Arbeit und Soziales den § 177 Abs. 8 SGB IX um die Bestimmung ergänzt. „In Dienststellen und öffentlichen Betrieben gilt § 29 BPersVG entsprechend". Diese Ergänzung durch den Gesetzgeber ist erforderlich. Die Rechtsprechung ist nämlich nur zur Füllung unbewusster planwidriger Regelungslücken befugt. Zur Füllung der Regelungslücke wendet das BAG bislang die für Personalvertretungen geltenden Bestimmungen „nach ihrem Sinn und Zweck auf die in den bisherigen Dienststellen gewählten Schwerbehindertenvertretungen entsprechend an".[525] Begründet wurde die analoge Anwendung mit der Behauptung, dass der Regelungszweck gleichermaßen auch für die in den Dienststellen gewählten Schwerbehindertenvertretungen gelte, auch wenn diese in der Norm nicht ausdrücklich erwähnt seien. Die Behauptung kann nicht tragen. Der Bundesgesetzgeber hat mit der Novellierung des BPersVG nur das Übergangsman-

---

517 So auch *Knittel* SGB IX § 94 Rn. 258 ff; *Kröll* in Altvater BPersVG, 8. Aufl. 2018, § 26 Anm. 9; so zum alten Recht schon: *Frohner* PersR 1995, 99; aA LAG Düsseldorf 16.12.20123 – 14 TaBV 83/11; *Sommer* in Ilbertz/Widmaier/Sommer BPersVG § 26 Rn. 12a.
518 *Sachadae* ZfPR online 12/2016, 41.
519 VG Potsdam 9.10.2012 – VG 20 L 633/12.PVB PersV 2013, 136.
520 Koalitionsvertrag CDU/CSU/SPD vom 14.3.2018, Zeile 6056.
521 BT-Drs. 19/26820.
522 BGBl. I 1614 (Nr. 31).
523 Gesetz zur Reform des Betriebsverfassungsgesetzes vom 23.7.2001, BGBl. I 1852.
524 Gesetz zur Stärkung der Teilhabe und Selbstbestimmung von Menschen mit Behinderungen (Bundesteilhabegesetz – BTHG) vom 23.12.2016, BGBl. I 3234.
525 BAG 7.4.2004 – 7 ABR 35/03, Rn. 31, Behindertenrecht 2004, 204.

dat für Personalvertretungen eingeführt, aber keine Regelung für die Schwerbehindertenvertretungen vorgesehen, sondern sehenden Auges es in § 177 Abs. 8 SGB IX dabei belassen, ausschließlich den betrieblichen Schwerbehindertenvertretungen das Übergangsmandat[526] einzuräumen. Das war erklärter Wille; denn bei der Einfügung des § 177 Abs. 8 SGB IX wurde in der Begründung des Gesetzentwurfs die Regelungsabsicht klargestellt: „für Arbeitgeber, die nicht unter den Anwendungsbereich des Betriebsverfassungsgesetzes fallen, also insbesondere im öffentlichen Dienst, kommt es nicht zu einem Übergangsmandat der Schwerbehindertenvertretung".[527] Solange der Bundesgesetzgeber nicht § 177 Abs. 8 SGB IX oder § 29 BPersVG nF ergänzt, fehlt eine Rechtsgrundlage für das Übergangsmandat der SBVen in den Dienststellen des Bundes. Allerdings stellt diese bewusste Untätigkeit eine Verletzung der unionsrechtlichen Umsetzungspflicht dar; denn nach der Betriebsübergangsrichtlinie ist auch die Kontinuität der Amtsführung der SBV zu sichern, → § 176 Rn. 8.

Noch ungünstiger stellt sich die Rechtslage für die SBven in den Ländern und Gemeinden dar. Da der Bund nach der Föderalismusreform keine allgemeine Zuständigkeit für das Recht der Personalvertretungen hat, ist eine Gesetzgebungskompetenz für ein Übergangsmandat in den nicht zum Bund gehörenden Dienststellen und öffentlichen Betrieben zu verneinen, wenn die SBV als Organ der Dienststellenverfassung angesehen wird.[528] Selbst wenn er wollte, könnte dann der Bund aus verfassungsrechtlichen Gründen nach der Föderalismusreform (→ § 176 Rn. 4, zum Gesetzgebungsverfahren der Novellierung des BPersVG → § 176 Rn. 8) für die Länder nicht mehr tätig werden. Hier müssen die SBVen, wenn sich ein Bedarf nach einem Übergangsmandat zeigt, entweder an den Landesgesetzgeber oder die oberste Dienstbehörde appellieren, damit im Einzelfall eine landesgesetzliche Regelung geschaffen oder durch einen Erlass von Verwaltungsvorschriften die Verwaltungsbehörden entsprechend angewiesen werden. Sollte derartige Aktionen erfolglos bleiben, kann auf die Rspr. des BAG verwiesen werden, die auch – ohne dass eine gesetzliche Verweisungsnorm besteht – die für Personalvertretungen geltenden Bestimmungen des Übergangsmandats auch auf Schwerbehindertenvertretungen für anwendbar hält. Ausgehend von dieser Rspr. können sich die Schwerbehindertenvertretungen auf die entsprechende Anwendung der landesrechtlichen Regelungen zum Übergangsmandat der Personalvertretungen berufen. Deshalb ist von Bedeutung, in welchen Ländern eine generelle Regelung des Übergangsmandats für Personalvertretungen besteht.

Überblick
- Baden-Württemberg: § 113 LPVG BW mit Verordnungsermächtigung für Übergangs-Personalrat,
- Bayern: Art. 27 a BayPVG mit VO-Ermächtigung,
- Berlin: § 24 Absatz 2 PersVG,
- Brandenburg: § 32 PersVG,
- Hamburg: § 28 Abs. 5 und 6 HmbPersVG,
- Hessen: § 24 Abs. 3–6 HPVG mit Verordnungsermächtigung,
- NRW: § 44 LPVG,
- Niedersachsen: § 117 NPersVG (Verordnungsermächtigung) und auf dieser Grundlage: Verordnung über die Personalvertretung bei Neu- und Umbil-

---

526 Dazu *Düwell/Beyer* Beschäftigte Rn. 56 ff.
527 BR-Drs. 428/322.
528 So *von Roetteken* ZBR 2018, 73 ff.

dung von Dienststellen und Körperschaften vom 4.7.1996 (Nds. GVBl. 1996, 355)
- Rheinland-Pfalz: § 124 LPersVG (Verordnungsermächtigung),
- Saarland: § 116 SPersVG,
- Sachsen: § 32 SächsPersVG,
- Sachsen-Anhalt: § 26 a PersVG LSA (Ermächtigung zur Verordnung),
- Schleswig-Holstein: § 94 a MBG Schl.-H.,
- Thüringen: § 32 ThürPersVG mit Verordnungsermächtigung.

Der Ausschluss der SBV im öffentlichen Dienst vom Übergangsmandat ist auch deshalb rechtspolitisch schwer nachvollziehbar, weil während des laufenden Gesetzgebungsverfahrens zum BTHG derselbe Bundesgesetzgeber in § 23 BGleiG eine einfache und praktikable Lösung für die gewählten Gleichstellungsbeauftragten und Vertrauensfrauen gefunden hat. Nach § 23 Abs. 1 BGleiG endet deren Amtszeit bei der Zusammenlegung von Dienststellen zu einer neuen Dienststelle spätestens ein Jahr nach Zusammenlegung der Dienststellen. Bis zu diesem Zeitpunkt erfolgt die Aufgabenaufteilung und -wahrnehmung in gegenseitigem Einvernehmen zwischen den Gleichstellungsbeauftragten. Im Falle der Teilung oder Aufspaltung einer Dienststelle in zwei oder mehrere Dienststellen endet nach § 23 Abs. 2 BGleiG die Amtszeit der Gleichstellungsbeauftragten spätestens ein Jahr nach dem Vollzug des Organisationsaktes. Wird eine Dienststelle in eine andere Dienststelle eingegliedert, stellt § 23 Abs. 2 BGleiG klar, dass die Amtszeit der Gleichstellungsbeauftragten der eingegliederten Dienststelle mit Vollzug des Organisationsaktes der Eingliederung endet.

118 Nur wenige Länder haben das Regelungsproblem erkannt. Eine den Besonderheiten der SBV als Ein-Personen-Vertretung gerecht werdende mustergültige Regelung des Übergangsmandats der SBV hat **Baden-Württemberg** geschaffen. In dem Gesetz zur Umsetzung der Polizeistrukturreform (**Polizeistrukturreformgesetz – PolRG**) vom 18.7.2013[529] ist unter **Art. 4** ua geregelt:

(1) Bei den regionalen Polizeipräsidien, beim Polizeipräsidium Einsatz, beim Präsidium Technik, Logistik, Service der Polizei und bei der Hochschule für Polizei Baden-Württemberg werden die Aufgaben und Befugnisse der Schwerbehindertenvertretung vorübergehend nach Maßgabe der folgenden Vorschriften wahrgenommen.

(2) Bei den regionalen Polizeipräsidien werden Übergangsschwerbehindertenvertretungen gebildet. Diesen gehören jeweils die Beschäftigten des regionalen Polizeipräsidiums an, die am Tag vor dem Inkrafttreten dieses Gesetzes Vertrauensperson der schwerbehinderten Menschen bei einer Polizeidienststelle oder bei einer Bezirksschwerbehindertenvertretung waren. Ist eine solche Vertrauensperson ausgeschieden, tritt das am Tag vor dem Inkrafttreten dieses Gesetzes vorhandene stellvertretende Mitglied der jeweiligen Schwerbehindertenvertretung an ihre Stelle. Die Mitglieder der Übergangsschwerbehindertenvertretung haben spätestens zwei Wochen nach Errichtung des regionalen Polizeipräsidiums aus ihrer Mitte eine Person zu wählen, die den Vorsitz ausübt. Das jeweils lebensälteste Mitglied der Übergangsschwerbehindertenvertretung übernimmt die Aufgaben der Wahlleitung. Die nicht gewählten Vertrauenspersonen werden zu stellvertretenden Mitgliedern. Für die Durchführung der Wahl sind § 20 Abs. 3 und 4 und § 22 Abs. 2 Satz 1 der Wahlordnung Schwerbehindertenvertretungen (SchwbVWO) sinngemäß anzuwenden. Die Amtszeit der Übergangsschwerbehindertenvertretungen endet mit der Wahl der neuen Schwerbehindertenvertretung, spätestens am 30. November 2014.

---

529 LT-Drs. 15/3843.

XI. Prozessuale Hinweise

1. Rechtsweg, Verfahrensart und Kosten

Ausschließliche Zuständigkeit der Gerichte für Arbeitssachen: Die Gerichte für Arbeitssachen sind nach § 2a Abs. 1 Nr. 3a ArbGG ausschließlich zuständig für Verfahren über alle Angelegenheiten der SBV aus § 177 SGB IX. Der Rechtsweg zu den Arbeitsgerichten ist für sämtliche organschaftlichen Streitigkeiten der SBV gegeben.[530] Die richtige Verfahrensart ist nach § 2a Abs. 1 Nr. 3a ArbGG das Beschlussverfahren. In diesem Verfahren werden nach § 2 Abs. 2 Gerichtskostengesetz Kosten nicht erhoben. Das ist insbesondere für Verfahren über die Anfechtung der Wahl der Schwerbehindertenvertretung festgestellt. Für diese Verfahren sind nach § 2a Abs. 1 Nr. 3a ArbGG die Gerichte für Arbeitssachen ausschließlich zuständig. Das gilt auch dann, wenn die Wahl der Schwerbehindertenvertretung im Bereich des öffentlichen Dienstes angefochten wird.

119

Zu der Unanfechtbarkeit einer Entscheidung (**äußere Rechtskraft**) tritt die **materielle (innere) Rechtskraft** hinzu. Das bedeutet: Der entschiedene Streitgegenstand des Verfahrens darf durch die Verfahrensbeteiligten bei unverändertem Sachverhalt nicht erneut einer Entscheidung der Gerichte für Arbeitssachen unterbreitet werden. Ein Antrag, der den gleichen Streitgegenstand erneut zur Entscheidung stellt, ist unzulässig, weil der Rechtsschutz bereits gewährt wurde.[531] Subjektiv wirkt die materielle Rechtskraft nach §§ 322, 325 ZPO grundsätzlich zwischen den Parteien des Vorprozesses, im Beschlussverfahren also zwischen den Beteiligten.[532] Bei einer gerichtlichen Entscheidung mit Dauerwirkung wirkt die materielle Rechtskraft aber nur solange, wie sich die entscheidungserheblichen tatsächlichen oder rechtlichen Verhältnisse nicht wesentlich ändern.[533] Das gilt insbesondere für eine Änderung der Rechtsgrundlage.[534] Von der materiellen Rechtskraft können daher auch Entscheidungen in Angelegenheiten der SBV betroffen sein. Hier ist jedoch zu beachten, dass das Neunte Buch Sozialgesetzbuch – Rehabilitation und Teilhabe behinderter Menschen – (Artikel 1 des G v. 19.6.2001, BGBl. I 1046, 1047), das zuletzt durch Artikel 2 des BTHG mit Wirkung vom 30.12.2016 geändert worden ist, mit Wirkung zum 1.1.2018 gemäß Art. 26 Abs. 1 Satz 2 BTHG[535] außer Kraft getreten ist. Mit dem förmlichen Außerkrafttreten dieses Gesetzes ist eine Änderung der Rechtsgrundlage verbunden. War auf der Grundlage des aufgehobenen Gesetzes eine Entscheidung getroffen worden, so ist gestützt auf die neue Rechtsgrundlage eine erneute Anrufung des Gerichts zulässig.

120

2. Örtliche Zuständigkeit

Örtliche Zuständigkeit: Zuständig ist nach § 82 Abs. 1 Satz 1 ArbGG das Arbeitsgericht, in dessen Bezirk der Betrieb, in dem die SBV besteht, liegt. Es kommt also darauf an, was als Betrieb iSd § 82 ArbGG anzusehen ist. Probleme bereitet die Bestimmung der örtlichen Zuständigkeit, wenn nach § 3 Abs. 1 BetrVG eine Zusammenfassung von Betrieben zu abweichenden Organisations-

121

---

530 VG Ansbach 23.8.2001 – AN 8 P 01.00937; VG Berlin 8.7.2003 – 62 A 11.03, PersV 2004, 110; LAG Nürnberg 22.10.2007 – 6 Ta 155/07; *Gagel* jurisPR-ArbR 5/2008 Anm. 4; aA OVG NRW 6.8.2002 – 1 E 141/02.PVL, Behindertenrecht 2003, 35.
531 BAG 6.6.2000 – 1 ABR 21/99, zu B II 1 der Gründe BAGE 95, 47.
532 BAG 13.3.2013 – 7 ABR 69/11, Rn. 10, BAGE 144, 340.
533 BAG 6.6.2000 – 1 ABR 21/99, Rn. 31, BAGE 95, 47.
534 BAG 6.6.2000 – 1 ABR 21/99, Rn. 31, BAGE 95, 47.
535 BGBl. 2016 I 3340.

einheiten stattgefunden hat; denn die Fiktionswirkung des § 3 Abs. 5 BetrVG ist ausdrücklich auf die Geltung als Betrieb „im Sinne des Betriebsverfassungsgesetzes" beschränkt. Im Schrifttum wird eine erweiternde Auslegung empfohlen.[536] Das BAG sich dem im Ergebnis für den Betriebsbegriff in § 177 (bis 31.12.2017: § 94) Abs. 1 Satz 1 angesichts der Bezugnahme in § 170 Abs. 1 Satz 2 angeschlossen.[537] Anders ist jedoch die Zusammenfassung von Betrieben zu einer gemeinsamen SBV gemäß § 177 Abs. 1 Satz 4 zu bewerten. Hier liegt kein Betrieb iSd BetrVG, sondern eine besondere schwerbehindertenrechtliche Organisationseinheit vor. Es fehlt in § 177 Abs. 1 Satz 4 jede Fiktion. Deshalb ist als die Zuständigkeit begründenden Ort iSv § 82 ArbGG auf den Sitz des Betriebs abzustellen, dem die Vertrauensperson angehört, unabhängig davon, dass schwerbehindertenrechtlich mehrere Betriebe zur Wahrnehmung der Aufgaben der SBV zusammengefasst sind.

3. Freistellung und Schulung des Wahlvorstands

122 Die Rechtsgrundlage für die Freistellung der Wahlvorstandmitglieder von der beruflichen Tätigkeit ohne Minderung des Entgelts und die Pflicht zur Tragung der diesen entstandenen Schulungskosten ergibt sich in Betrieben aus § 177 Abs. 6 Satz 2 SGB IX iVm § 20 Abs. 3 Satz 1 und 2 BetrVG und in Dienststellen aus § 24 Abs. 2 Satz 1 und 2 BPersVG bzw. den entsprechenden landesrechtlichen Bestimmungen. Der entsprechende Lohnausfall ist als Anspruch aus § 611a Abs. 2 BGB vom einzelnen Wahlvorstandsmitglied im Urteilsverfahren einzuklagen.[538] Weigert sich der Arbeitgeber die Schulungskosten zu zahlen, die ein Schulungsveranstalter in Rechnung stellt, so ist der in § 20 Abs. 3 Satz 1 BetrVG bzw. § 25 Abs. 2 Satz 3 BPersVG nF (entspricht dem bis 14.6.2021 geltenden § 24 Abs. 2 Satz 1 BPersVG aF) oder im Landesrecht geregelte Anspruch in dem von Gerichtskosten befreiten Beschlussverfahren durchsetzbar; denn der Anspruch wurzelt nicht im Arbeitsvertrag sondern in der Rechtsstellung als Amtsträger in der Betriebs- und Dienststellenverfassung. Diese beinhaltet die für das Beschlussverfahren erforderliche Antragsbefugnis, die auch noch nach Beendigung der Wahl fortbesteht.[539] Bei genauer Betrachtung liegt kein Anspruch des Kollektivorgans vor, sondern es bestehen nur Ansprüche der Mitglieder, die an der Kosten verursachenden Schulung teilgenommen haben. Deshalb kommt auch nach Rücktritt oder Amtsenthebung des Wahlvorstands kein Übergang des Freistellungsanspruchs im Wege der Funktionsnachfolge in Betracht. Es ist daher unbeachtlich, wenn ein neu bestellter Wahlvorstand beschließen sollte, das Mandat des Anwalts zu kündigen, der von den Vorgängern zur Geltendmachung der Schulungskostenbefreiung beauftragt worden ist, und die Freistellungsforderung fallen zu lassen.

4. Rechtsschutz gegen SBV und Wahlvorstand

123 **Nur Antrag auf Feststellung statt Unterlassung oder Vornahme:** Das BAG hat unter Aufgabe seiner früheren Rspr. entschieden, dass dem Arbeitgeber gegen den Betriebsrat kein Anspruch auf Unterlassung betriebsverfassungswidriger Handlungen zusteht. Auch sei wegen der **Vermögenslosigkeit** des Betriebsrats

---

536 Vgl. *Kraft/Franzen* in GK-BetrVG § 3 Rn. 68.
537 BAG 11.11.2004 – 7 ABR 17/04, AP Nr. 4 zu § 3 BetrVG 1972.
538 BAG 7.6.1984 – 6 AZR 3/82, NZA 1985, 66.
539 BAG 8.4.1992 – 7 ABR 56/91, Rn. 18 f., BAGE 70, 126; so auch ArbG Nürnberg Hinweisbeschluss 17.4.2018 – 11 BV173/17, nv, Beschluss liegt dem Autor vor.

ein **Unterlassungstitel** ohnehin nicht vollstreckbar.[540] Entsprechendes gilt in Bezug auf die Rechtsverfolgung von Ansprüchen gegenüber einem Wahlvorstand. Auch dieser ist zwar ein Organ der Betriebsverfassung und damit im arbeitsgerichtlichen Beschlussverfahren beteiligtenfähig. Aber im Unterschied zum Arbeitgeber sind die Mitglieder des Wahlvorstands nicht in der Lage, die Handlungen des Wahlvorstands so zu steuern, dass sie als Mandatsträger im Wege der Zwangsvollstreckung rechtlich für die Erfüllung von titulierten Verpflichtungen gegen den Wahlvorstand in Anspruch genommen werden könnten.[541] Soweit ein Unterlassungsanspruch gegenüber dem Wahlvorstand für zulässig gehalten wurde, ist diese Rspr. überholt.[542] Was für Unterlassungs- oder Vornahmetitel gegen den Betriebsrat und den Wahlvorstand nach § 18 BetrVG gilt, ist auch die SBV und auf den Wahlvorstand nach § 177 Abs. 6 Satz 4 SGB IX anzuwenden. Wegen des aus dem Rechtsstaatsprinzip folgenden Gebots effektiven Rechtsschutzes können jedoch der Arbeitgeber oder andere antragsberechtigte Stellen bzw. Personen im arbeitsgerichtlichen Beschlussverfahren unter den Voraussetzungen von § 940 ZPO eine **Feststellungsverfügung zur vorläufigen Regelung eines Sachverhalts** erwirken, um ihre Rechte gegen Verstöße der SBV oder des Wahlvorstands zu sichern.[543] Bestellt eine GSBV oder KSBV einen Wahlvorstand für einen vertretungslosen Betrieb, nachdem bereits drei Wahlberechtigte zu einer Wahlversammlung nach § 1 Abs. 2 Satz SchwbVWO eingeladen haben, dann ist auf Antrag der Wahlinitiatoren die Tätigkeit des ohne gesetzliche Grundlage durch die überörtliche Vertretung bestellten Wahlvorstands zu beenden.[544] Der unzulässige Bestellungsakt konkurriert mit der einberufenen Wahlversammlung und soll die Ausübung des in § 1 Abs. 2 Satz 2 SchwbVWO der Versammlung der schwerbehinderten Beschäftigten vorbehaltene Recht auf Wahl des Wahlvorstands vereiteln. Er ist deshalb als so grob fehlerhaft anzusehen, dass er als nichtig zu gelten hat.[545] Eine Unterlassungsverfügung kommt nicht in Betracht; denn gegenüber dem Wahlvorstand besteht in vergleichbarer Weise wie im Verhältnis des Arbeitgebers gegenüber dem Betriebsrat kein vollstreckbarer Anspruch auf Unterlassung. Es besteht nur die Möglichkeit, im Beschlussverfahren die Nichtigkeit der Bestellung im Wege eines Feststellungsantrags klären zu lassen.[546] Rechtsschutz wird den rechtmäßigen Wahlinitiatoren durch die gerichtliche Feststellung gewährt.[547]

---

540 BAG 28.5.2014 – 7 ABR 36/12, Rn. 17ff., NZA 2014, 1213 unter Aufgabe von BAG 27.7.2011 – 7 ABR 61/10, Rn. 19, NZA 2012, 345.
541 HessLAG 14.9.2020 – 16 TaBVGa 127/20, Rn. 37, ArbR 2020, 666 mit Anm. *Salamon*.
542 HessLAG 14.9.2020 – 16 TaBVGa 127/20, Rn. 37, ArbR 2020, 666 mit Anm. *Salamon*.
543 BAG 28.5.2014 – 7 ABR 36/12, Rn. 21, NZA 2014, 1213.
544 *Düwell*, Einleitung der Wahl bei Nichtvorhandensein einer SBV, br 2021, 5, 6; zustimmend: ArbG Stuttgart 26.1.2021 – 7 BVGa 1/21, juris Rn. 49.
545 *Düwell* br 2021, 5, 7; ArbG Stuttgart 26.1.2021 – 7 BVGa 1/21, juris Rn. 53.
546 ArbG Stuttgart 26.1.2021 – 7 BVGa 1/21, juris Rn. 35.
547 Für Gestaltungsakt: HessLAG 14.9.2020 – 16 TaBVGa 127/20, Rn. 37, ArbR 2020, 666 mit Anm. *Salamon*; ArbG Stuttgart 26.1.2021 – 7 BVGa 1/21, juris Rn. 54 offengelassen, ob rechtsgestaltend oder deklaratorisch wirkend: „Es bedarf deshalb der deklaratorischen oder gestaltenden Feststellung, dass die Fortführung des rechtswidrig eingeleiteten zweiten Wahlverfahrens beendet werden muss."

§ 178 Aufgaben der Schwerbehindertenvertretung

(1) ¹Die Schwerbehindertenvertretung fördert die Eingliederung schwerbehinderter Menschen in den Betrieb oder die Dienststelle, vertritt ihre Interessen in dem Betrieb oder der Dienststelle und steht ihnen beratend und helfend zur Seite. ²Sie erfüllt ihre Aufgaben insbesondere dadurch, dass sie
1. darüber wacht, dass die zugunsten schwerbehinderter Menschen geltenden Gesetze, Verordnungen, Tarifverträge, Betriebs- oder Dienstvereinbarungen und Verwaltungsanordnungen durchgeführt, insbesondere auch die dem Arbeitgeber nach den §§ 154, 155 und 164 bis 167 obliegenden Verpflichtungen erfüllt werden,
2. Maßnahmen, die den schwerbehinderten Menschen dienen, insbesondere auch präventive Maßnahmen, bei den zuständigen Stellen beantragt,
3. Anregungen und Beschwerden von schwerbehinderten Menschen entgegennimmt und, falls sie berechtigt erscheinen, durch Verhandlung mit dem Arbeitgeber auf eine Erledigung hinwirkt; sie unterrichtet die schwerbehinderten Menschen über den Stand und das Ergebnis der Verhandlungen.

³Die Schwerbehindertenvertretung unterstützt Beschäftigte auch bei Anträgen an die nach § 152 Absatz 1 zuständigen Behörden auf Feststellung einer Behinderung, ihres Grades und einer Schwerbehinderung sowie bei Anträgen auf Gleichstellung an die Agentur für Arbeit. ⁴In Betrieben und Dienststellen mit in der Regel mehr als 100 beschäftigten schwerbehinderten Menschen kann sie nach Unterrichtung des Arbeitgebers das mit der höchsten Stimmenzahl gewählte stellvertretende Mitglied zu bestimmten Aufgaben heranziehen. ⁵Ab jeweils 100 weiteren beschäftigten schwerbehinderten Menschen kann jeweils auch das mit der nächsthöheren Stimmenzahl gewählte Mitglied herangezogen werden. ⁶Die Heranziehung zu bestimmten Aufgaben schließt die Abstimmung untereinander ein.

(2) ¹Der Arbeitgeber hat die Schwerbehindertenvertretung in allen Angelegenheiten, die einen einzelnen oder die schwerbehinderten Menschen als Gruppe berühren, unverzüglich und umfassend zu unterrichten und vor einer Entscheidung anzuhören; er hat ihr die getroffene Entscheidung unverzüglich mitzuteilen. ²Die Durchführung oder Vollziehung einer ohne Beteiligung nach Satz 1 getroffenen Entscheidung ist auszusetzen, die Beteiligung ist innerhalb von sieben Tagen nachzuholen; sodann ist endgültig zu entscheiden. ³Die Kündigung eines schwerbehinderten Menschen, die der Arbeitgeber ohne eine Beteiligung nach Satz 1 ausspricht, ist unwirksam. ⁴Die Schwerbehindertenvertretung hat das Recht auf Beteiligung am Verfahren nach § 164 Absatz 1 und beim Vorliegen von Vermittlungsvorschlägen der Bundesagentur für Arbeit nach § 164 Absatz 1 oder von Bewerbungen schwerbehinderter Menschen das Recht auf Einsicht in die entscheidungsrelevanten Teile der Bewerbungsunterlagen und Teilnahme an Vorstellungsgesprächen.

(3) ¹Der schwerbehinderte Mensch hat das Recht, bei Einsicht in die über ihn geführte Personalakte oder ihn betreffende Daten des Arbeitgebers die Schwerbehindertenvertretung hinzuzuziehen. ²Die Schwerbehindertenvertretung bewahrt über den Inhalt der Daten Stillschweigen, soweit sie der schwerbehinderte Mensch nicht von dieser Verpflichtung entbunden hat.

(4) ¹Die Schwerbehindertenvertretung hat das Recht, an allen Sitzungen des Betriebs-, Personal-, Richter-, Staatsanwalts- oder Präsidialrates und deren Ausschüssen sowie des Arbeitsschutzausschusses beratend teilzunehmen; sie kann beantragen, Angelegenheiten, die einzelne oder die schwerbehinderten Menschen als Gruppe besonders betreffen, auf die Tagesordnung der nächsten Sit-

zung zu setzen. ²Erachtet sie einen Beschluss des Betriebs-, Personal-, Richter-, Staatsanwalts- oder Präsidialrates als eine erhebliche Beeinträchtigung wichtiger Interessen schwerbehinderter Menschen oder ist sie entgegen Absatz 2 Satz 1 nicht beteiligt worden, wird auf ihren Antrag der Beschluss für die Dauer von einer Woche vom Zeitpunkt der Beschlussfassung an ausgesetzt; die Vorschriften des Betriebsverfassungsgesetzes und des Personalvertretungsrechts über die Aussetzung von Beschlüssen gelten entsprechend. ³Durch die Aussetzung wird eine Frist nicht verlängert. ⁴In den Fällen des § 21e Absatz 1 und 3 des Gerichtsverfassungsgesetzes ist die Schwerbehindertenvertretung, außer in Eilfällen, auf Antrag einer betroffenen schwerbehinderten Richterin oder eines schwerbehinderten Richters vor dem Präsidium des Gerichtes zu hören.

(5) Die Schwerbehindertenvertretung wird zu Besprechungen nach § 74 Absatz 1 des Betriebsverfassungsgesetzes, § 65 des Bundespersonalvertretungsgesetzes sowie den entsprechenden Vorschriften des sonstigen Personalvertretungsrechts zwischen dem Arbeitgeber und den in Absatz 4 genannten Vertretungen hinzugezogen.

(6) ¹Die Schwerbehindertenvertretung hat das Recht, mindestens einmal im Kalenderjahr eine Versammlung schwerbehinderter Menschen im Betrieb oder in der Dienststelle durchzuführen. ²Die für Betriebs- und Personalversammlungen geltenden Vorschriften finden entsprechende Anwendung.

(7) Sind in einer Angelegenheit sowohl die Schwerbehindertenvertretung der Richter und Richterinnen als auch die Schwerbehindertenvertretung der übrigen Bediensteten beteiligt, so handeln sie gemeinsam.

(8) Die Schwerbehindertenvertretung kann an Betriebs- und Personalversammlungen in Betrieben und Dienststellen teilnehmen, für die sie als Schwerbehindertenvertretung zuständig ist, und hat dort ein Rederecht, auch wenn die Mitglieder der Schwerbehindertenvertretung nicht Angehörige des Betriebes oder der Dienststelle sind.

I. Gesetzeshistorie 1	4. Heranziehen von stellvertretenden Mitgliedern 27
II. Überblick über Regelungsinhalt 4	VII. Unterrichtungs- und Anhörungsanspruch (Abs. 2) 38
III. Überwachen von Schutzbestimmungen (Abs. 1) 11	1. Unterricht 39
IV. Hilfe, Beratung, Beantragung und Unterstützung (Abs. 1) 16	a) Unterrichtungspflichtige Angelegenheiten 39
V. Sprechstunde, Anregungen und Beschwerden 19	b) Art, Umfang und Zeitpunkt der Unterrichtung.............. 48
VI. Stellvertretung, Nachrücken und Heranziehen (Abs. 1 Satz 4–6).............. 22	c) Unterrichtungsempfänger 52
1. Ein-Personenvertretung mit Stellvertretung und Heranziehung 22	2. Anhörung 54
2. Vertretung durch stellvertretende Mitglieder im Fall der Verhinderung 23	3. Aussetzung und nachfolgende Anhörung 57
	4. Mitteilung der Entscheidung 58
3. Nachrücken von stellvertretenden Mitgliedern 26	5. Beteiligung in Angelegenheiten eines behinderten Beschäftigten ohne amtliche Anerkennung oder Gleichstellung.................... 59

6. Die kündigungsrechtliche Sonderregelung und deren Rechtsfolge	60
a) Die Einfügung der Unwirksamkeitsklausel	60
b) Geltungs- und Anwendungsbereich	61
c) Wirksamkeitsvoraussetzung	65
d) Erfüllung der Beteiligungspflicht	67
e) Auswirkungen für die Praxis	68
f) Anhörung im Rahmen des Beteiligungsverfahrens	74
7. Rechtsfolgen außerhalb der kündigungsrechtlichen Sonderregelung	76
a) Individualarbeitsrecht	76
b) Verwaltungsrecht	77
c) Kollektives Arbeitsrecht	82
d) Aussetzung zur Sicherung der Beteiligung der SBV	84
e) Sanktion nach AGG	88
f) Bußgeld wegen Ordnungswidrigkeit	89
8. Besondere Ausgestaltung in Inklusionsvereinbarungen und Richtlinien	90
9. Beteiligung bei Massenentlassungen	92
VIII. Beistand in Personalangelegenheiten (Abs. 3)	93
IX. Teilnahme an der Willensbildung der Beschäftigtenvertretungen (Abs. 4 und 5)	95
1. Betriebsrats- und Personalratssitzungen	95
2. Sitzungen der in Betrieben und Unternehmen gebildeten Ausschüsse ...	96
3. Personalratsvorstand und Personalratsausschüsse	102
4. Teilnahme an Gesprächen des Betriebs- und Personalrats mit dem Arbeitgeber	104
5. Einladung der SBV zu Sitzungen	106
6. Beratung und Abstimmung	111
7. Niederschriften und Unterlagen des Betriebs- und Personalrats	118
8. Aussetzung von Beschlüssen	120
9. Teilnahmerecht für gemeinsame Schwerbehindertenvertretung oder Gesamtschwerbehindertenvertretung	124
10. Teilnahme an Sitzungen des Richter- und Präsidialrats und des Präsidiums	126
11. Sonderrecht in kirchlichen Einrichtungen	127
X. Konflikte der Schwerbehindertenvertretung mit Betriebs- und Personalrat ...	128
XI. Kommunikation mit den schwerbehinderten Beschäftigten (Abs. 6)	131
XII. Gemeinsame Beteiligung in Gerichten (Abs. 7)	136
XIII. Rechtsdurchsetzung	137
1. Arbeitsgerichtliches Beschlussverfahren	137
2. Zuständigkeitsfragen	150

I. Gesetzeshistorie

1 **Gesetzesentwicklung:** § 178 regelt die Aufgaben der SBV und die zur Erfüllung der Aufgaben der SBV eingeräumten wesentlichen Rechte gegenüber Arbeitgeber sowie die Rechte zur Mitwirkung an der Willensbildung der Vertretungen, die für die Belegschaft das Mitbestimmungsrecht ausüben. Die Vorgängervorschrift war ursprünglich in § 25 SchwbG 1974 enthalten. Diese Vorschrift ist durch das SchwbG 1986 und das SchwbBAG 2000 geändert worden. Die geänderte Fassung ist als § 95 SGB IX durch Art. 1 des Gesetzes vom 19.6.2001 zum 1.7.2001 übernommen worden. Das Gesetz zur Förderung der Ausbildung und Beschäftigung schwerbehinderter Menschen vom 23.4.2004 hat mit Wirkung zum 1.5.2004 neben terminologischen Anpassungen auch die Stellung der SBV verbessert. Durch Art. 2 Nr. 6 des BTHG vom 23.12.2016 wurde in § 95

Abs. 1 Sätze 4–6 SGB IX die Möglichkeit zur Heranziehung von stellvertretenden Mitgliedern sprachlich neu gefasst. Inhaltlich ist dort in Abgrenzung zu einer Entscheidung des Siebten Senats des BAG klargestellt, dass sich die Heranziehungsstaffel nach jeweils 100 schwerbehinderten Beschäftigten um eine Heranziehungsmöglichkeit erhöht. Bemerkenswert ist, dass der Gesetzentwurf der Bundesregierung zunächst nicht mehr die Möglichkeit der Abstimmung der Vertrauensperson mit den herangezogenen Mitgliedern enthielt.[1] Erst aufgrund der Beschlussempfehlung des Ausschusses für Arbeit und Soziales wurde dieser „Redaktionsfehler" bereinigt und das Recht, sich in einer Sitzung abzustimmen, als neuer Satz 6 in Abs. 1 eingefügt.[2] Zusätzlich wurde aufgrund eines kurzfristigen Abänderungsantrags der Koalitionsfraktionen vom 29.11.2016 am 30.11.2016 vom federführenden Ausschuss für die auf den am 1.12.2016 terminierte letzte Lesung des Gesetzentwurfs die Einfügung eines neuen Satzes 3 empfohlen.[3] Dieser bestimmt, dass die Kündigung eines schwerbehinderten Menschen, die der Arbeitgeber erklärt, ohne zuvor die SBV beteiligt zu haben, unwirksam ist. Diese am 1.12.2016 vom Bundestag beschlossene Änderung ist gemäß Art. 2 BTHG bereits zum 30.12.2016 nach Art eines Vorschaltgesetzes in Kraft getreten. Sämtliche Änderungen des § 95 sind mit Wirkung vom 1.1.2018 durch Art. 1 BTHG unverändert nach § 178 SGB IX übernommen worden. Diese Neufassung hat die bestehenden Parallelvorschriften in der Betriebs- und Dienststellenverfassung §§ 32, 42, 43 BetrVG und §§ 68, 40, 49 BPersVG unberührt gelassen.

Die Einfügung des Rechts der Teilnahme am Vorstellungsgespräch durch das SGB IX 2001: Bei der Übernahme in das SGB IX ist auf Verlangen des Bundesrats eine Regelung über die **Beteiligung der SBV an Vorstellungsgesprächen** in Abs. 2 Satz 3 eingefügt worden.[4] Zugrunde lag die Forderung des Landes Niedersachsen, mögliche **Bedenken aus Sicht des Datenschutzes** auszuräumen:[5]
„Aufgrund in Niedersachsen für die Dienststellen der Landesverwaltung erlassenen Schwerbehindertenrichtlinien[6] wird die Schwerbehindertenvertretung in Personalauswahlverfahren auch für die persönlichen und leistungsbezogenen Daten der nicht schwerbehinderten Mitbewerberinnen und Mitbewerber unterrichtet. Sie hat außerdem das Recht, an Vorstellungsgesprächen teilzunehmen, sofern sich auch ein schwerbehinderter Mensch um die Stelle beworben hat. Der Landesbeauftragte für den Datenschutz Niedersachsen hat beanstandet, dass für die Einsicht der Schwerbehindertenvertretung in Bewerbungsunterlagen und die Teilnahme an Vorstellungsgesprächen eine Rechtsgrundlage fehle und deshalb geschaffen werden müsse. Mit der Regelung soll dem Anliegen des Landesbeauftragten für Datenschutz Rechnung getragen werden."
Der BT-Ausschuss für Arbeit und Sozialordnung hat die Berücksichtigung dieser Forderung für die endgültige Gesetzesfassung empfohlen und erläuternd zum Begriff der „Teilnahme an Vorstellungsgesprächen" darauf hingewiesen:
„Damit die Schwerbehindertenvertretung im Rahmen ihrer Beteiligung eine begründete Stellungnahme abgeben kann, muss sie auch die Möglichkeit haben, die Eignung der schwerbehinderten Bewerberinnen und Bewerber **mit der weiterer nicht behinderter Bewerberinnen und Bewerber** zu vergleichen."[7]

2

---

1 Vgl. BT-Drs. 18/9522, 110.
2 BT-Drs. 18/10523, 67.
3 BT-Ausschussdrs. 18(11)857.
4 BT-Drs. 14/5531, 11.
5 BT-Drs. 14/5531, 11.
6 Nds MBl. 1993, 361.
7 BT-Drs. 14/5800, 36.

3 **Die SGB IX Novellen 2003 und 2004:** Das Vierte Gesetz für moderne Dienstleistungen am Arbeitsmarkt vom 24.12.2003[8] hat in Abs. 1 Satz 3 und in Abs. 2 Satz 3 jeweils die Bezeichnung „Arbeitsamt" durch „Bundesagentur für Arbeit" ersetzt. Das Gesetz zur Förderung der Ausbildung und Beschäftigung schwerbehinderter Menschen vom 23.4.2004[9] hat mit Wirkung vom 1.5.2004 in Abs. 1 Satz 4 für die Zulässigkeit der Heranziehung des stellvertretenden Mitglieds den Schwellenwert „200" durch die Angabe „100" geändert. Zusätzlich ist zur Heranziehung eines weiteren stellvertretenden Mitglieds folgender Halbsatz angefügt worden: „in Betrieben und Dienststellen mit mehr als 200 schwerbehinderten Menschen, das mit der nächst höchsten Stimmzahl gewählte weitere stellvertretende Mitglied". Zur Begründung ist von den Entwurfsverfassern angeführt worden, die Aufgabenbelastung einer Vertrauensperson sei so umfangreich, dass es angezeigt erscheine, die Einbeziehung des ersten Stellvertreters bereits in Betrieben und Dienststellen mit mehr als 100 beschäftigten schwerbehinderten Menschen und die des zweiten Stellvertreters in Betrieben und Dienststellen mit mehr als 200 beschäftigten schwerbehinderten Menschen vorzusehen.[10] Für die bei der Heranziehung notwendige Abstimmung zwischen Vertrauensperson und herangezogenen Stellvertretern ist in Abs. 1 der Satz 5 als Rechtsgrundlage eingefügt worden. Das geschah gegen die vom Bundesrat angeregte Streichung der vorgesehenen Regelung:
„Die vorgesehene „Klarstellung" in Nummer 22 Buchstabe b, wonach die Heranziehung stellvertretender Mitglieder der Schwerbehindertenvertretung zu bestimmten Aufgaben die Abstimmung untereinander einschließen soll, beinhaltet eine unnötige Regulierung. Es dürfte in der Realität fast ausnahmslos gewährleistet sein, dass sich die Schwerbehindertenvertretungen mit den stellvertretenden Mitgliedern abstimmen können. Einer solchen gesetzlichen Klarstellung bedarf es daher nicht."[11]
Der nach Abs. 7 angefügte Abs. 8 enthielt eine Klarstellung. Danach hat eine gemeinsame SBV das Recht auf Teilnahme an Betriebs- und Personalversammlungen auch in Betrieben oder Dienststellen, denen die Vertrauensperson und stellvertretenden Mitglieder selbst nicht angehören:[12]
„Damit wird Bedenken im Hinblick auf die Nichtöffentlichkeit von Betriebs- und Personalversammlungen sowie Bedenken gegen ein Recht auf Teilnahme betriebsfremder Personen an solchen Versammlungen begegnet. Die Vorschrift ist einer im Bundesgleichstellungsgesetz in Bezug auf die Gleichstellungsbeauftragte getroffenen Regelung nachgebildet."
Das Bundesteilhabegesetz hat die Schlüsselrolle des SBV bei der Verwirklichung behinderungsgerechter und inklusiver Arbeitsbedingungen anerkannt. Es hat dazu die Rechte der SBV gestärkt. In einer explorativen Analyse von Sozialwissenschaftlerinnen geprüft worden, ob die veränderte Rechtsstellung den Herausforderungen in der praktischen Anwendung der gesetzlichen Neuerungen genügt. Es sind weitere Bedarfe aufgedeckt worden.[13]

---

8 BGBl. I 2954.
9 BGBl. I 606.
10 BT-Drs. 15/1783, 16.
11 BT-Drs. 2318, 17.
12 Vgl. BT-Drs. 15/2357, 25.
13 *Heide/Niehaus*, Herausforderungen für die Schwerbehindertenvertretung vor dem Hintergrund der gesetzlichen Neuerungen durch das Bundesteilhabegesetz, 2021.

II. Überblick über Regelungsinhalt

Aufgabenzuweisung: § 178 bestimmt in Abs. 1 Satz 1 drei wesentliche Aufgaben der SBV: 4

1. Sie fördert die Eingliederung schwerbehinderter Menschen in den Betrieb oder in die Dienststelle, wobei § 164 Abs. 1 Satz 1 SGB IX klarstellt, dass auch externe, „insbesondere arbeitslos und arbeitsuchend gemeldete" schwerbehinderte Menschen erfasst werden,
2. sie vertritt die Interesssen der in dem Betrieb bzw. in der Dienststelle beschäftigten schwerbehinderten Menschen (bei Massenentlassungen → Rn. 92) und
3. sie steht diesen in allen Angelegenheiten sowie für bestimmte Antragsangelegenheiten auch den übrigen Belegschaftsangehörigen beratend und helfend zur Seite (allgemein → Rn. 16 ff., Aussetzung der Durchführung → Rn. 84).

Die Förderpflicht der SBV entspricht der des Betriebs-, Personal-, Richter-, Staatsanwalts- und Präsidialrats (→ § 176 Rn. 8). Die Förderpflicht hält an, sich zugunsten der Beschäftigung von schwerbehinderten Menschen einzusetzen. Auf die Art der Beschäftigung kommt es nicht an. Deshalb ist die Förderung nicht auf die zu dem Betriebsinhaber bestehenden Arbeitsverhältnisse beschränkt,[14] sondern bezieht auch Umschulungs-,[15] Praktikanten- und Ausbildungsverhältnisse (→ § 156 Rn. 31 ff.) sowie öffentlich-rechtliche Dienstverhältnisse (vgl. § 211) und die Beschäftigung in Drittmittelprojekten[16] mit ein. Pflicht der SBV ist es, sich während aller Stadien eines Beschäftigungsverhältnisses für die Eingliederung der schwerbehinderten Menschen als deren Interessenvertretung einzusetzen. Dazu gehört die Überwachung der Einhaltung der Vorschriften zur Mindestbeschäftigung (→ Rn. 11). In § 164 Abs. 1 Satz 6 iVm Satz 1 bis 5 sind der SBV für die Einstellungs- und Auswahlphase besondere Beteiligungsrechte eingeräumt worden. Dazu gehört insbesondere die Prüfung, ob freie Stellen für die Besetzung mit arbeitsuchenden schwerbehinderten Menschen geeignet sind oder geeignet gemacht werden können (→ § 164 Rn. 125 f.). Dies schließt die Förderung arbeitsuchender Menschen ein, die noch nicht im Betrieb oder der Dienststelle beschäftigt werden.[17] Zur Förderung gehört auch das Bemühen, die bei der Eingliederung auftretenden Schwierigkeiten nach § 167 Abs. 1 frühzeitig mit dem Arbeitgeber zu erörtern und Hinweise zu deren Behebung zu geben. Ebenso gehört es nach § 167 Abs. 2 dazu, an der Klärung der individuellen Beschäftigungsfähigkeit und der betrieblichen Beschäftigungsmöglichkeiten im Rahmen des BEM mitzuwirken, um eine vorzeitige Ausgliederung zu vermeiden.

Die Pflichtaufgaben aus in Abs. 1 Satz 1 sollen insbesondere durch die in Satz 2 und Satz 3 aufgezählten Tätigkeiten erfüllt werden:
1. Erfüllung von Schutzbestimmungen überwachen (→ Rn. 11),
2. Maßnahmen beantragen (→ Rn. 16),
3. beratend und helfend zur Seite stehen (→ Rn. 16), in Personalangelegenheiten beistehen → Rn. 93)
4. bei Anträgen auf Gleichstellung, Feststellung des GdB und der Eigenschaft schwerbehinderter Mensch unterstützen (→ Rn. 18)

---

14 Missverständlich insoweit: *Esser/Isenhardt* in jurisPK-SGB IX § 178 Rn. 7.
15 BAG 16.4.2003 – 7 ABR 27/03, NZA 2003, 1105.
16 BAG 15.8.2006 – 9 ABR 61/05, NZA 2007, 224; zustimmend *Pahlen* in Neumann/Pahlen/Greiner/Winkler/Jabben SGB IX § 178 Rn. 2 a.
17 *Esser/Isenhardt* in jurisPK-SGB IX § 178 Rn. 7; *Hohmann* in Wiegand SGB IX § 95 Rn. 2.

Der Wortlaut in Abs. 1 Satz 2 „insbesondere" macht deutlich, dass diese Aufzählung nicht abschließend ist. So wird der SBV zusätzlich in § 182 (bis 31.12.2017: § 99) Abs. 2 Satz 1 die Aufgabe zugewiesen, die mit der Durchführung des SGB IX betrauten Behörden wie eine **Verwaltungshelferin** zu unterstützen. Dazu wird in § 163 (bis 31.12.2017: § 80) Abs. 2 Satz 3 der Arbeitgeber verpflichtet, eine Kopie seiner an die Bundesagentur sowie an das Integrationsamt zu richtenden Anzeigen und eine Kopie seines betrieblichen Schwerbehindertenverzeichnisses auch an die SBV zu übermitteln, damit diese entsprechend ihrer Überwachungsaufgabe nach § 178 Abs. 1 Satz 2 Nr. 1 deren Richtigkeit und Vollständigkeit prüfen kann. Nach § 170 (bis 31.12.2017: § 87) Abs. 2 soll die SBV auf Anforderung durch das Integrationsamt eine Stellungnahme zum Antrag auf Zustimmung zur Kündigung abgeben. Die Anforderung der Stellungnahme dient der Vorbereitung der Verwaltungsentscheidung. Sie holt nicht etwa eine vom Arbeitgeber unterlassene Beteiligung nach.

5 **Eigenständigkeit der Schwerbehindertenvertretung:** Die SBV ist eine eigenständige Vertretung der schwerbehinderten und gleichgestellten behinderten Beschäftigten im Betrieb und in der Dienststelle. Sie ist zwar ein Organ der Betriebs- und der Dienststellenverfassung;[18] sie besteht jedoch unabhängig von den anderen in der Betriebs- und Dienststellenverfassung vorgesehenen Organen.[19] Im Unterschied zur SBV, JAV und Sprecherausschuss repräsentieren Betriebs- und Personalrat jedoch nicht nur eine Gruppe sondern die Gesamtbelegschaft: Die SBV repräsentiert jedoch nicht eine Teilmenge[20] der Belegschaft, sondern es besteht eine gemeinsame Schnittmenge[21] beider Repräsentationskörper; denn die SBV vertritt nicht nur die schwerbehinderten Belegschaftsangehörigen iSv § 5 BetrVG, sondern zusätzlich auch die im Betrieb schwerbehinderten Beschäftigten, die nicht zur Belegschaft gehören, weil sie nicht in einem unmittelbaren Rechtsverhältnis zu dem Betriebsinhaber stehen (→ § 177 Rn. 5). Im Bereich der Differenzmenge[22] besteht ein Alleinvertretungsanspruch der SBV. Schon deshalb ist die gebräuchliche Auffassung falsch, im Verhältnis der SBV zu den Interessenvertretungen iSv § 176 SGB IX finde eine „**Verdoppelung**" der Repräsentation statt. Soweit eine Schnittmenge der Repräsentationsbereiche vorliegt, sind zwar Betriebs-, Personal-, Richter-, Staatsanwaltschafts- und Präsidialrat sowie der Sprecherausschuss der leitenden Angestellten neben der SBV auch für die Interessenvertretung schwerbehinderter Beschäftigter zuständig, aber Umfang, Art und Weise der Interessenvertretung durch diese Vertretungen und der SBV unterscheiden sich (→ § 176 Rn. 17, 18). Im Bereich der Schnittmenge bedarf es schon wegen der Notwendigkeit, sich bei überschneidenden Zuständigkeiten abzustimmen, der engen Zusammenarbeit. Das in § 182 Abs. 1 SGB IX geregelte Gebot ist somit Ausdruck der Normativität des Faktischen. Verstärkt wird dieser Kooperationszwang noch dadurch, dass Betriebs- und Personalrat Träger der Mitbestimmung sind. Will die SBV in mitbestimmungs-

---

18 Dazu ausführlich. *Paul*, Die SBV als ein Organ der Betriebsverfassung, 2018, S. 29 ff.
19 Betriebs-, Personalrat, JAV und Sprecherausschuss der leitenden Angestellten.
20 Wenn A und B Mengen sind und jedes Element von A auch ein Element von B ist, nennt man A eine Teilmenge von B, vgl. *Deiser*, Einführung in die Mengenlehre, 2004, S. 33.
21 Menge bestehend aus den gemeinsamen Elementen von mehreren Mengen, Online-Wörterbuch Wortbedeutung.info (17.3.2021), abrufbar unter https://www.wortbedeutung.info/Schnittmenge/.
22 Menge aller Elemente einer Menge N, die nicht zur Menge M gehören, Online-Wörterbuch Wortbedeutung.info (17.3.2021), abrufbar unter https://www.wortbedeutung.info/Differenzmenge/.

pflichtigen Angelegenheiten etwas bewirken, bedarf sie einer entsprechenden Beschussfassung des Trägers der Mitbestimmung.

Teilnahme an der Willensbildung des Mitbestimmungsträgers: Eine Verzahnung der Gesamt- und Teilinteressen der Belegschaft findet durch das in Abs. 4 und 5 geregelte **Teilnahmerecht der SBV** an den Sitzungen der Betriebs-, Personal-, Richter-, Staatsanwaltschaft- oder Präsidialräten statt. Das in Abs. 4 geregelte Teilnahmerecht umfasst ein Antrags- und Aussetzungsrecht. In Abs. 8 ist klargestellt, dass die SBV auch an Betriebs- und Personalversammlungen teilnehmen darf (→ Rn. 3 aE). Diese Rechte sollen der SBV ermöglichen, **auf die Willensbildung des Mitbestimmungsträgers Einfluss zu nehmen.** Im Hinblick auf die Vertretung der besonderen Interessen der schwerbehinderten und gleichgestellten behinderten leitenden Angestellten fehlt ein Teilnahmerecht der SBV an den Sitzungen des Sprecherausschusses der leitenden Angestellten. Das stellt eine bewusste Regelungslücke dar.

Erweiterte Repräsentation: Das Zusammenspiel von Teil- und Gesamtmenge erfasst nicht vollständig das im SGB IX angelegte System der Belegschaftsrepräsentation. Es werden nämlich von der SBV auch Beschäftigte betreut, die nicht vom Personal- und Betriebsrat vertreten werden. Abweichend von der Betriebs- und Dienststellenverfassung werden nämlich auch die nicht in einem Arbeits- oder öffentlich-rechtlichen Dienstverhältnis zum Betriebsinhaber oder Träger der Dienststelle stehenden schwerbehinderten Beschäftigten erfasst.[23] Diese Erweiterung des personellen Zuständigkeitsbereichs entspricht dem gegenüber Betriebs- und Dienststellenverfassung erweiterten Kreis der Wahlberechtigten (Überblick → § 177 Rn. 13). Aus der Legitimation durch Wahl folgt die Befugnis der SBV, die Interessen der Wahlberechtigten gegenüber Betriebsinhaber oder Rechtsträger der Dienststelle zu vertreten.

Zuständigkeitsabgrenzung zum Personal- und Betriebsrat: Es fehlt in § 178 eine Norm, die aus der Gesamtbelegschaft klar den Teil der Beschäftigten abgrenzt, für den die **Zuständigkeit** der SBV begründet ist. Grundsätzlich gilt das **Repräsentationsprinzip.** Das ist in § 178 Abs. 1 Satz 1 mit der Wortfolge zum Ausdruck gebracht „vertritt ihre Interessen". Danach ist die Zuständigkeit der SBV für alle begründet, die berechtigt sind, die SBV zu wählen. Das sind die im Betrieb oder in der Dienststelle beschäftigten schwerbehinderten Menschen iSv § 2 Abs. 2 und gleichgestellten behinderten Menschen iSv § 2 Abs. 3, § 151 Abs. 2. Das Repräsentationsprinzip ist jedoch mehrfach erweiternd **durchbrochen:**

1. Das aktive Wahlrecht für die im Entleiherbetrieb tätigen Leiharbeitnehmer besteht **beginnend mit dem ersten Tag der Überlassung** zur Arbeitsleistung, obwohl diese nach § 7 Satz 2 BetrVG zur Wahl des Betriebsrats erst zugelassen sind, wenn die geplante Einsatzdauer wenigstens drei Monate beträgt,[24] → § 177 Rn. 17. Nach dem Grundsatz, dass die Wahl zur Repräsentation legitimiert, besteht auch unabhängig von der Dauer der geplanten Einsatzzeit eine Berechtigung des im Betrieb tätigen Leiharbeitnehmers Beratung, Beistand und Interessenvertretung der SBV in Anspruch zu nehmen.[25] Speziell ist dazu in § 14 Abs. 2 Satz 2 AÜG bestimmt, dass überlassene Leiharbeitnehmer berechtigt sind, die **Sprechstunden** der in Satz 1 genannten „betriebsverfassungsrechtlichen" Arbeitnehmervertretungen aufzusuchen und an den Betriebsversammlungen teilzunehmen. In der Bezugnahme auf „betriebsverfassungsrechtliche" Arbeitnehmervertretungen sieht eine

---

23 So zutreffend HessLAG 10.12.1992 – 12 TaBVGa 199/92, BB 1993, 1284.
24 *Brors* in HaKo-BetrVG § 7 Rn. 7.
25 Im Ergebnis auch *Schubert* in Knittel, 107. EL 2020, SGB IX § 178 Rn. 22.

Stimme im Schrifttum ein Ausschlusskriterium.[26] Dem kann nicht zugestimmt werden. Zum einen ist die SBV ein in § 29 Abs. 2 Satz 4, und §§ 32, 35, 52, 59a BetrVG genanntes „Organ der Betriebsverfassung".[27] Sie ist auch von der Rspr. als eine Arbeitnehmervertretung anerkannt.[28] Die von *Bötzel* verfolgte Verengung des Anwendungsbereichs des § 14 Abs. 2 Satz 2 AÜG auf den Betriebsrat ist schon deshalb verfehlt, weil § 14 Abs. 21 Satz 1 und 2 AÜG sich nicht qua Einzahl auf den Betriebsrat als einzige Arbeitnehmervertretung im Betrieb sondern qua Mehrzahl auf alle „Arbeitnehmervertretungen" im Betrieb beziehen. Im Übrigen wäre die Verengung auch widersinnig, weil damit im BetrVG und SGB IX geregeltes Kooperationsverhältnis mit getrennter Aufgabenzuweisung gestört würde. Diese Auslegung hätte nämlich zur Folge, dass die Leiharbeitnehmer mit ihren behindertenrechtlichen Angelegenheiten die Sprechstunde des Betriebsrats aufsuchen müssten, obwohl § 178 Abs. 1 Satz 1 die Beratung und § 178 Abs. 1 Satz 2 SGB IX die Entgegennahme von Anregungen sowie Beschwerden der SBV zugewiesen hat.

2. Aus der helfenden und beratenden Funktionen der SBV, § 178 Abs. 1 Satz 2 hat der Gesetzgeber im Abs. 1 Satz 3 besonders die Aufgabe hervorgehoben, Beschäftigte bei der Stellung von Anträgen bei den Behörden zu unterstützen, die für die Feststellung von Behinderung nach § 152 Abs. 1 oder für die Gleichstellung nach § 151 Abs. 2 zuständig sind. Damit ist der SBV eine Aufgabe zugewiesen, die sie gegenüber einfachbehinderten oder nichtbehinderten Beschäftigten wahrnimmt, die zur Wahl des Betriebs- oder Personalrats nicht jedoch zur Wahl der SBV berechtigt sein können. Diese der SBV obliegende Unterstützungsaufgabe besteht somit losgelöst von der Repräsentation als gewählter Interessenvertretung. Sie ist der SBV als einer Art **Fachberatungsstelle für Feststellungs- und Gleichstellungsanträge** zugewiesen. Entgegen der Vorstellung mancher SBV kann aus dieser auf Antragsunterstützung beschränkten Zuweisung keine generelle Fachzuständigkeit für alle im Betrieb oder in der Dienststelle anfallenden Angelegenheiten mit Bezug auf Fragen der Behinderung geschlossen werden. Das wird besonders deutlich bei dem im § 167 Abs. 2 Satz 1 geregelten betrieblichen Eingliederungsmanagement (BEM). Dort hat der Gesetzgeber ausdrücklich festgeschrieben, dass die SBV nur für schwerbehinderte Menschen und gemäß § 151 Abs. 3 auch für gleichgestellte behinderte Menschen zuständig ist. Allerdings dürfte es wohl in einer Inklusionsvereinbarung nach § 166 zulässig sein, die Fachzuständigkeit der SBV über die Unterstützung bei Feststellungs- und Gleichstellungsanträgen hinausgehend auf **alle Angelegenheiten** auszudehnen, in denen einfachbehinderte und von Behinderung bedrohte Beschäftigte Unterstützung bedürfen. **Beispiel:** Die SBV berät während ihrer Sprechstunde von einer Suchtkrankheit bedrohte Beschäftigte über den Zugang zu Rehabilitationsmaßnahmen und unterstützt bei der Beantragung einer Maßnahme. Eine derartige Aufgabenerweiterung ist in der vor über zehn Jahren abgeschlossenen Konzernrahmenintegrationsvereinbarung der DB AG erfolgt. Da einer derartigen Vereinbarung nach § 166

---

26 *Bötze*, SBV und Betriebsrat als Interessenvertretung schwerbehinderter Menschen im Betrieb, 2020, S. 333.
27 BAG 21.9.1989 – 1 AZR 465/88, Rn 20, BAGE 62, 382; dem zustimmend: *Kohte*, ZSR Sonderheft 2005, 7, 13; *Paul*, Die SBV als Organ der Betriebsverfassung, 2018, S. 1.
28 LAG Bln-Bbg 11.7.2019 – 21 Sa 2100/18, Rn. 120, NZA-RR 2019, 640; so auch *Bötze*, SBV und Betriebsrat als Interessenvertretung schwerbehinderter Menschen im Betrieb, 2020, S. 377.

Abs. 1 Satz 1 sowohl der Personal-, Betriebsrat als auch der Arbeitgeber zustimmen müssen, ist eine in einer Inklusionsvereinbarung getroffene Zuständigkeitsverschiebung zulässig; denn sie wird einvernehmlich zwischen allen Beteiligten vereinbart. Rechtsprechung zu dieser Rechtsfrage ist bisher nicht bekannt geworden.

3. Arbeitsuchende werden als **noch einzugliedernde** schwerbehinderte und gleichgestellte behinderte Menschen in § 178 Abs. 1 Satz 1 in die Zuständigkeit der SBV einbezogen. Sprachlich ist dies durch die Wortfolge zum Ausdruck gebracht: „Eingliederung in den Betrieb und in die Dienststelle". Insoweit wird die SBV als Verwaltungshelferin ergänzend zu der mit den staatlichen Aufgaben nach § 187 zur Arbeitsvermittlung, Beratung und Förderung der Teilhabe schwerbehinderter Menschen betrauten Bundesagentur für Arbeit tätig. Das deutet insbesondere, dass die SBV auch die schwerhinderten und gleichgestellten behinderten Bewerberinnen und Bewerber **vor ihrer Einstellung** im Rahmen des in § 167 Abs. 1 SGB IX geregelten Einstellungsverfahrens beraten und deren Interessen gegenüber Arbeitgeber sowie Personal- oder Betriebsrat vertreten darf.

Besonderheit in der Justiz: In Gerichten gilt das sogenannte Prinzip der egalitären Gruppentrennung (§§ 49 und 72 DRiG). Für schwerbehinderten Richterinnen und Richter kann ab Erreichen der Schwellenzahl fünf, nach § 177 Abs. 1 Satz 2 eine SBV gewählt werden. Sie repräsentiert nicht alle schwerbehinderten Menschen eines Gerichts, sondern nur die, die, die der Bediensetengruppe der Richterinnen und Richter angehören. Dazu hat der Gesetzgeber wegen der geringen Zahl der schwerbehinderten Richterinnen und Richter nach § 177 Abs. 1 Satz 4 Hs. 2 eine Zusammenfassung zur Ermöglichung einer Vertretung zugelassen, die auch die Überschreitung von Gerichtszweigen und Gerichtsstufen zulässt. Nach § 177 Abs. 1 Satz 3 kann unter der Voraussetzung, dass eine eigene Personalvertretung für diese Bediensetengruppe besteht, auch eine SBV nur für schwerbehinderte Staatsanwältinnen und Staatsanwälte gebildet werden. Die SBV der Richterschaft sowie die der Staatsanwaltschaft sind nur für die schwerbehinderten Angehörigen der jeweiligen Gruppe und zu deren Vertretung gegenüber Richterrat, Staatsanwaltsrat, Präsidialrat und Präsidium zuständig. Soweit in einem Gericht Angelegenheiten anfallen, die auch die sonstigen, nicht der Richterschaft angehörenden Bediensteten betreffen, handeln nach Abs. 7 die SBV der Richterschaft und die SBV der übrigen Bediensteten eines Gerichts gemeinsam.

Rechte gegenüber dem Arbeitgeber: Nach Abs. 2 Satz 1 hat die SBV in allen Angelegenheiten, die einen einzelnen oder die schwerbehinderten Menschen als Gruppe im Anschluss berühren, einen Anspruch auf Unterrichtung. Soweit der Arbeitgeber eine Entscheidung trifft, hat er vorher der SBV die Gelegenheit zur Stellungnahme zu gewähren (sogenannte „Anhörung") und nach erhaltener Stellungnahme die Pflicht der SBV die Mitteilung zu machen, wie entschieden wurde (→ Rn. 34). Der Arbeitgeber hat die SBV nach Abs. 5 zu den Monatsgesprächen mit Betriebs- und Personalrat hinzuzuziehen (→ Rn. 104). Nach Abs. 6 hat die SBV das Recht, Versammlungen der schwerbehinderten Beschäftigten abzuhalten (→ Rn. 131). Nach Abs. 3 ist sie befugt, auf Wunsch des schwerbehinderten Beschäftigten diesen bei der Einsichtnahme in die Personalakten zu unterstützen (→ Rn. 93).

III. Überwachen von Schutzbestimmungen (Abs. 1)

Überwachen der Einhaltung von Arbeitgeberpflichten: Nach Abs. 1 Satz 2 Nr. 1 hat die SBV die Einhaltung der zugunsten der schwerbehinderten Menschen dem Arbeitgeber auferlegten Pflichten zu überwachen. Das Verb „überwachen" beinhaltet das Sammeln von Informationen und deren Auswertung. Er schließt auch die Befugnis ein, festgestellte Verstöße des Arbeitgebers zu beanstanden und die anderen betrieblichen Arbeitnehmervertretungen sowie die Schwerbehinderten selbst darüber zu informieren. Gegenstand der Überwachung sind alle zugunsten der schwerbehinderten Menschen geltenden Gesetze, Verwaltungsanordnungen, Tarifverträge, Betriebs- oder Dienstvereinbarungen und Verwaltungsordnungen. Damit werden **alle Normen**, einschließlich der zu der Durchführung der im öffentlichen Dienst anzuwendenden Rechtsvorschriften ergangenen Hinweise erfasst. Hervorgehoben hat das Gesetz die Kontrolle der Mindestbeschäftigung nach §§ 154, 155 und die Einhaltung der in §§ 164 bis 167 geregelten Pflichten des Arbeitgebers bei der Einstellung und behinderungsgerechten Beschäftigung schwerbehinderter Menschen. Zu nennen sind insbesondere: § 164 Abs. 1 Satz 1 Prüfung der Beschäftigungsmöglichkeit vor der Besetzung einer freien Stelle, § 164 Abs. 1 Satz 2 frühzeitige Verbindungsaufnahme mit der Arbeitsagentur, § 164 Abs. 3 Sicherstellung durch geeignete Maßnahmen, dass wenigstens die vorgeschriebene Zahl schwerbehinderter Menschen in den Betrieben und Dienststellen beschäftigt werden kann, sowie § 167 Klärung der Beschäftigungsfähigkeit bei auftretenden Schwierigkeiten und bei längerer Arbeitsunfähigkeit. Hier will sich der Gesetzgeber das Insider-Know-how der SBV für die ordnungsgemäße Durchführung des Gesetzes nutzbar machen. Da nach § 192 Abs. 2 Satz 1 die staatlichen Stellen und die SBV sich gegenseitig unterstützen sollen und die Vertrauenspersonen sogar nach § 192 Abs. 2 Satz 2 zu Verbindungspersonen zur Arbeitsagentur und zum Integrationsamt ernannt sind, dürfen diese auch gegenüber außerbetrieblichen Stellen Informationen über die Nichteinhaltung der gesetzlichen Pflichten erteilen. Allerdings gebietet es das Gebot der engen Zusammenarbeit aus § 182 Abs. 1, dass die SBV **zuvor die Nichteinhaltung der Pflichten beim Arbeitgeber beanstandet** und ihm eine angemessene Zeit einräumt, die Folgen der aufgetretenen Verstöße zu beheben.

12 **Informationsbeschaffung von der Belegschaft:** Zur Durchführung der Überwachungspflicht gehört es, dass die SBV in angemessenen Zeiträumen auch **Rundgänge** durch den Betrieb oder durch die Dienststelle durchführen darf,[29] bei den durch staatliche Aufsichtsorgane durchgeführten **Betriebsbesichtigungen** vom Arbeitgeber hinzuzuziehen ist[30] und regelmäßige **Sprechstunden** einrichten darf.[31] Als weitere Mittel zur Verschaffung der nötigen Informationen aus der Belegschaft kommt in Betracht: Die Befragung der Belegschaft durch die SBV in Form eines Fragenbogens, der gezielt auf Erfassung von Missständen zB hinsichtlich der Nichtbeachtung des Ablehnungsrechts von Mehrarbeit (§ 207 SGB IX) konzipiert wird. Im Übrigen erhält die SBV einen Großteil der zur Überwachung erforderlichen Informationen von der Belegschaft, wenn sie zur Erfüllung der Aufgabe als Beschwerdestelle nach Abs. 1 Satz 2 Nr. 2 Sprechstunden abhält oder unter einer im Betrieb bekannt gemachten Email-Adresse ein elektronisches Postfach zur Verfügung stellt oder für Personen ohne PC einen Briefkasten aufstellt.

13 **Informationsbeschaffung vom Arbeitgeber:** Der Auskunftsanspruch des Betriebsrats ist in § 80 Abs. 2 Satz 1 BetrVG ausdrücklich geregelt und gilt nach der Rspr. auch für Auskünfte, die zur Durchführung der Überwachungsaufgabe

---

29 Vgl. zu der entsprechenden Überwachungskompetenz des Betriebsrats BAG 1.3.1963 – 1 ABR 3/62, BAGE 14, 117, 123, AuR 1963, 248.
30 *Schimanski* in GK-SGB IX § 95 Rn. 30.
31 BAG 1.3.1963 – 1 ABR 3/62, BAGE 14, 117, 123, AuR 1963, 248.

erforderlich sind.³² Zwar fehlt eine entsprechende ausdrückliche Regelung zugunsten der SBV in § 178. Mit der Überwachungsaufgabe korrespondiert jedoch auch für die SBV ein entsprechender Anspruch. Er ergibt sich aus dem in § 182 Abs. 1 geregelten Gebot der engen Zusammenarbeit. Diese verpflichtet den Arbeitgeber auch zur Erteilung der erforderlichen Auskünfte. Die rückwärtige zeitliche Grenze liegt dort, wo die SBV aus den gewünschten Informationen für ihr Handeln keine sachgerechten Folgerungen mehr ziehen könnte.³³ Zusätzlich zu den Auskünften hat der Arbeitgeber auch Einblick in Unterlagen zu gewähren. Es gilt allerdings der Grundsatz, dass der Arbeitgeber die erforderlichen Unterlagen nur zur Verfügung stellen muss, wenn er diese tatsächlich besitzt. In der Regel kann nicht verlangt werden, dass ein Arbeitgeber nicht vorhandene Unterlagen erst erstellt; denn die Überwachungsaufgabe macht weder den Betriebs-/Personalrat noch die SBV zu einem dem Arbeitgeber übergeordneten Kontrollorgan.³⁴ Eine Ausnahme besteht jedoch hinsichtlich der Daten, die „zur Kenntnis genommen und mitteilbar gemacht" werden müssen. Wer zur Erfassung verpflichtet ist, kann sich nicht darauf berufen, das Verlangen, Unterlagen zu erstellen, stelle eine unzulässige Einschränkung der betrieblichen Organisations- und Leitungsmacht des Arbeitgebers dar.³⁵ Im Übrigen kann ein Unterrichtungsanspruch auch aus der Unterrichtungspflicht in Abs. 2 Satz 1 abgeleitet werden; denn danach hat der Arbeitgeber die SBV in allen Angelegenheiten zu unterrichten, in denen die Gruppe der schwerbehinderten Menschen berührt wird. Ist dieses kollektive Interesse für den Arbeitgeber erkennbar, so hat er die SBV zu unterrichten. Im Unterschied zur Unterrichtung nach § 182 Abs. 1 ist die schuldhafte Verletzung der Unterrichtungspflicht aus § 178 Abs. 2 Satz 1 SGB IX in § 238 Abs. 1 Nr. 8 als Ordnungswidrigkeit ausgestaltet. Deshalb hat die Rechtsfrage, nach welcher Norm der Arbeitgeber zur Unterrichtung der SBV verpflichtet ist, praktische Bedeutung. Da im Zweifel davon ausgegangen werden sollte, dass der Gesetzgeber eine praktisch wirksame und nicht nur eine symbolische Lösung wählen will, spricht mehr dafür, die Unterrichtungspflicht aus Abs. 2 Satz 1 abzuleiten.

Beanstandung der Nichteinhaltung von Arbeitgeberpflichten: Mit der Überwachung der Einhaltung individueller Ansprüche und der staatlichen Schutznormen ist **kein** Recht zur klageweisen Durchsetzung der entsprechenden Ansprüche verbunden. Dafür fehlt die Einräumung einer **Prozessstandschaft**. Deshalb kann die SBV ebenso wenig wie der Betriebsrat gerichtlich feststellen lassen, welche einzelvertraglichen Ansprüche der Arbeitnehmer etwa nach dem Gesetz oder nach einer zugunsten der schwerbehinderten Beschäftigten vereinbarten Tarifnorm hat. Sie ist vielmehr darauf beschränkt, eine Nichtbeachtung oder fehlerhafte Durchführung der genannten Rechtsvorschriften beim Arbeitgeber zu beanstanden und auf Abhilfe zu drängen. Dabei geht das Gesetz davon aus, dass der Arbeitgeber einer berechtigten Beanstandung in aller Regel auch Rechnung tragen wird.³⁶ Von dieser in der Rechtswirklichkeit nicht immer zutreffenden Annahme ausgehend hat das BAG entschieden, dass die Aufgabenzuweisung in § 80 Abs. 1 BetrVG (entspricht § 178 Abs. 1 Satz 2 Nr. 1 SGB IX) nicht gleichzeitig die Einräumung entsprechender Beseitigungsrechte zum Inhalt ha- 14

---

32 Vgl. BAG 17.5.1983 – 1 ABR 21/80, BAGE 42, 366.
33 So zum Überwachungsrecht des Betriebsrats: BAG 21.10.2003 – 1 ABR 39/02, AP § 80 BetrVG 1972 Nr. 62.
34 Vgl. BAG 6.5.2003 – 1 ABR 13/02, AP § 80 BetrVG 1972 [Nr. 61].
35 Zutreffend: LAG Nds 8.11.2004 – 5 TaBV 36/04, NZA-RR 2005, 424.
36 BAG 16.7.1985 – 1 ABR 9/83, AP § 87 BetrVG 1972 Lohngestaltung Nr. 17.

be.³⁷ So ist dem Betriebsrat einer Spielbank verwehrt worden, den rechtswidrigen Zustand zu beseitigen, den die Spielbank unter Verletzung tariflicher Bestimmungen dadurch geschaffen hat, das sie dem Tronc ohne Zustimmung des Betriebsrats Beträge entnommen und damit die tariflichen Vergütungsansprüche der Arbeitnehmer geschmälert hat. Die vorgerichtliche Geltendmachung und **klageweise Durchsetzung von individuellen Ansprüchen ist Sache der betroffenen schwerbehinderten Menschen** selbst oder der Behindertenverbände, denen nach § 85 (bis 31.12.2017: § 63) ausdrücklich ein **Verbandsklagerecht** eingeräumt worden ist. Allerdings ist bisher von dem eingeräumten Verbandsklagerecht nur selten Gebrauch gemacht worden. Das ist wenig nachvollziehbar. Es können sowohl rechtsfähige als auch nicht rechtsfähige Vereine iSv § 54 BGB das Klagerecht wahrnehmen. Deshalb können auch die traditionell als nichtrechtsfähige Vereine organisierten **Gewerkschaften** klagebefugt sein, soweit sie – wie zB die IG Metall – in ihre Satzung die Vertretung von Menschen mit Behinderung ausdrücklich aufgenommen haben. Gegen die Klagebefugnis der Gewerkschaften wird vorgebracht, „als allgemeine Arbeitnehmerorganisationen" könnten sie nicht „schwerpunktmäßig die Interessen behinderter Menschen" vertreten.³⁸ Diese Bedenken sind unangebracht. Maßgebend ist nach § 85 die satzungsmäßige Regelung der Vertretung von Menschen mit Behinderung. Unerheblich ist, ob der Verband auch die Interessen anderer Gruppen vertritt. Die Klagebefugnis ist nicht auf einzelne Rechtswege oder Klagearten beschränkt.³⁹ Daher können auch die im Teil 3 des SGB IX den schwerbehinderten Beschäftigten eingeräumte Ansprüche im arbeitsgerichtlichen Urteilsverfahren nach § 2 Abs. 1 Nr. 3 ArbGG gegen deren Arbeitgeber geltend gemacht werden.⁴⁰ Wenn der Arbeitgeber diese Ansprüche nicht erfüllt, ist das ein Fall des § 85, der vorausetzt, dass „Rechte nach diesem Buch verletzt" werden. Rechte der SBV können nicht im Rahmen dieser zumeist als Verbandklagerecht bezeichneten Befugnis im arbeitsgerichtlichen Beschlussverfahrens nach § 2 a Abs. 1 ArbGG durchgesetzt werden; denn dieses in § 85 SGB IX geregelte Recht erschöpft sich in einer Prozessstandschaft zur Erleichterung der Durchsetzung individueller Rechte der verbandsangehörigen schwerbehinderten Menschen. Es ist nicht auf die Durchsetzung der Rechte der gewählten kollektiven Vertretungen bezogen, weitere Einzelheiten: → § 85 Rn. 10 ff.

15 **Beratung der Betroffenen:** Die SBV ist berechtigt und verpflichtet, die Betroffenen über die Nichteinhaltung der zu ihren Gunsten geschaffenen Bestimmungen zu unterrichten und mit ihnen zu erörtern, welche Möglichkeiten der Rechtsdurchsetzung bestehen. Die entgegenstehende Rspr. des BVerwG war verfehlt und ist seit dem Erlass des Rechtsdienstleistungsgesetzes (RDG) überholt. Das BVerwG hatte eine auf den Einzelfall bezogene **Rechtsberatung** durch Arbeitnehmervertretungen als unzulässig angesehen.⁴¹ Durch den zum 1.7.2008 in Kraft getretenen § 2 Abs. 3 Nr. 3 RDG hat der Gesetzgeber klargestellt, dass die Erörterung von Rechtsfragen durch die SBV als Arbeitnehmervertretung zulässig ist.⁴² Damit wird nicht jede Art von rechtsberatender Tätigkeit zugelassen. Die Öffnung gilt ausdrücklich nur für die **Erörterung von Rechtsfragen**, welche die Beschäftigten „berühren", und soweit ein Zusammenhang mit den Aufga-

---

37 BAG 25.5.1982 – 1 ABR 19/80, BAGE 39, 86, AP § 87 BetrVG 1972 Prämie Nr. 2.
38 *Schlette* in jurisPK-SGB IX § 85 Rn. 20.
39 *Schlette* in jurisPK-SGB IX § 85 Rn. 21, 25.
40 *Schlette* in jurisPK-SGB IX § 85 Rn. 11.
41 BVerwG 18.8.2003 – 6 P/03, PersR 2003, 498.
42 Einzelheiten vgl. *Düwell* dbr 2008 Nr. 7, 16; *Düwell*, Die Zulässigkeit der Rechtsberatung durch Personalräte, PersR 2008, 306; *Düwell* FA 2005, 203; *Düwell* FA 2007, 308.

ben der SBV besteht. Damit ist die Erteilung von **Rechtsauskünften** ausgeschlossen, die nicht den Beschäftigten selbst, sondern einen Familienangehörigen betreffen. Gleiches gilt für Fragen, die weder einen Bezug zum Beschäftigungsverhältnis noch zur Behinderung haben. Der Begriff der „Erörterung" beschränkt die Rechtsberatung schließlich in der Tiefe. Die Behandlung der Rechtsfragen soll sich auf eine Art „Erste Hilfe" beschränken und für weitergehende Rechtsinformationen und Gestaltungshilfen an den gewerkschaftlichen Rechtsschutz, die nach § 85 klagebefugten Behindertenverbände oder an die Rechtsanwaltschaft verweisen. Das ist auch schon deshalb wichtig, weil so eine Haftung der Vertrauenspersonen für Beratungsfehler vermieden wird.

IV. Hilfe, Beratung, Beantragung und Unterstützung (Abs. 1)

Antragsbefugnis im Sinne des SGB IX: Eine Hauptaufgabe der SBV ist nach Abs. 1 Satz 1, den schwerbehinderten Menschen als Interessenvertretung „beratend und helfend zur Seite zu stehen". Damit ist festgelegt, dass die SBV immer, wenn ein Bedarf ist, sowohl in den Angelegenheiten der einzelnen schwerbehinderten Menschen als auch der Gruppe dieser Menschen gegenüber Arbeitgeber, Betriebs- oder Personalrat, Richter-, Staatsanwalts- und Präsidialrat oder den behördlichen Stellen tätig werden soll.[43] Ziel des Tätigwerdens ist nach § 162 Abs. 2 Satz 2 die gleichberechtigte Teilhabe am Arbeitsleben. 16

Zur Erfüllung dieser **Helfer- und Beistandsaufgabe** hat nach § 178 Abs. 1 Satz 2 Nr. 2 die SBV ein eigenständiges Recht, bei allen zuständigen Stellen Maßnahmen zu beantragen, die dem betroffenen schwerbehinderten Menschen dienen. Zuständige Stellen sind vor allem die in § 182 Abs. 2 Satz 1 zur Zusammenarbeit mit der SBV verpflichteten Stellen: die Bundesagentur für Arbeit und das Integrationsamt als mit der Durchführung des Teil 3 des SGB IX beauftragte Stellen (vgl. § 184 Abs. 1) sowie die Rehabilitationsträger, die als Träger der Leistungen zur Teilhabe in § 6 aufgeführt sind. Der Kreis der zuständigen Stellen wird nicht durch § 182 Abs. 2 begrenzt. So darf die SBV auch gegenüber den Berufsgenossenschaften oder der Gewerbe- bzw. Bergaufsicht durch Anträge darauf hinwirken, dass bestimmte **Maßnahmen zum Schutz** der schwerbehinderten Menschen angeordnet werden.[44] Das Antragsrecht ist nicht auf Schutzmaßnahmen beschränkt. Zu den Maßnahmen, die den schwerbehinderten Menschen dienen, gehören auch Initiativen zur behinderungsgerechten Gestaltung von Arbeitszeit, Arbeitsumfeld und Arbeitsplatz sowie die Leistungen und Hilfen zur Teilhabe am Arbeitsleben und zur medizinischen Rehabilitation. Da in Abs. 1 Satz 2 Nr. 2 „insbesondere auch präventive Maßnahmen" angesprochen sind, kann die SBV auch die Erbringung gezielter **Leistungen zur Prävention** nach § 20 SGB V und zur betrieblichen Gesundheitsförderung nach § 20 b SGB V anregen.

Vor der Einschaltung außerbetrieblicher Stellen hat die SBV den Arbeitgeber und dessen Beauftragten zu unterrichten. Denn es gehört zu ihren Pflichten, den Arbeitgeber rechtzeitig und umfassend auf die für die Teilhabe schwerbehinderter Menschen am Arbeitsleben erforderlichen Maßnahmen hinzuweisen. Diese Antragsbefugnis setzt keine Beschwerde des schwerbehinderten Menschen voraus. Die SBV kann von sich aus initiativ werden. Ein Initiativrecht haben auch der Betriebsrat nach § 80 Abs. 1 Nr. 2 BetrVG und der Personalrat nach § 68 Abs. 1 Nr. 1 BPersVG.

---

43 *Pahlen* in Neumann/Pahlen/Greiner/Winkler/Jabben SGB IX § 178 Rn. 2 a.
44 *Pahlen* in Neumann/Pahlen/Greiner/Winkler/Jabben SGB IX § 178 Rn. 6.

Diese gesetzliche Antragsbefugnis schließt **keine rechtsgeschäftliche Vollmacht ein**, für den einzelnen schwerbehinderten Menschen Ansprüche geltend zu machen und durchzusetzen. So kann die SBV nicht „von Amts wegen" beim Arbeitgeber den Anspruch auf Zusatzurlaub nach § 208 fordern.[45] Dazu bedarf es einer gesonderten rechtsgeschäftlichen Vollmacht. Die in Wahrnehmung dieser Vollmacht erledigten Aufgaben stellen keine erforderliche Amtstätigkeit dar, für die der Entgeltschutz nach § 179 Abs. 4 gilt. Ebenso besteht keine gesetzliche Antragsbefugnis der SBV dafür, zugunsten eines Beschäftigten einen Antrag auf Vorliegen einer Behinderung und Feststellung des Grades der Behinderung zu stellen. Nach § 152 Abs. 1 Satz 1 bedarf es dazu eines Antrags, den der behinderte Mensch selbst stellt. Die in Abs. 1 Satz 4 geregelte **Unterstützungsfunktion** (→ Rn. 18) kann zwar einschließen, dass eine Vertrauensperson für einen Beschäftigten die entsprechenden Antragsformulare ausfüllt, weil dieser zB durch eine Verletzung am Schreiben gehindert ist. Der Antrag muss jedoch dann im Namen und mit Vollmacht des Betroffenen gestellt werden.

17 **Keine Antragsbefugnis iSv § 81 ArbGG:** Die Antragsbefugnis aus § 178 Abs. 1 Satz 2 Nr. 2 ist nicht mit der Antragsbefugnis im Beschlussverfahren (→ Rn. 128) identisch. Zwar hat das LAG Saarland angenommen, zuständige Stellen, bei denen Maßnahmen für schwerbehinderte Menschen zu beantragen sind, können auch die Gerichte für Arbeitssachen sein, wenn es darum geht, die Einhaltung von Schutzmaßnahmen zu überwachen.[46] Dem kann jedoch nicht zugestimmt werden. Die im Beschlussverfahren erforderliche Antragsbefugnis ergibt sich aus dem eigenen materiellen Recht des Antragstellers. Die SBV hat kein Recht, zugunsten der schwerbehinderten Menschen sinnvoll erscheinende Maßnahmen oder auch nur die den schwerbehinderten Menschen zustehenden Rechte als Prozessstandschafter gerichtlich durchzusetzen (→ Rn. 14). Das der LAG-Entscheidung nachgehende Rechtsbeschwerdeverfahren[47] ist nach Erklärung des Arbeitgebers, dass das umstrittene Recht der schwerbehinderten Menschen auf Einladungen zu Vorstellungsgesprächen künftig beachtet wird, durch Beschluss des BAG eingestellt worden.

18 **Unterstützung:** § 178 hat in Abs. 1 Satz 3 die durch das SchwbBAG 29.9.2000 – eingeführte Regelung übernommen, nach der in Ergänzung der Antragsbefugnis der SBV eine Unterstützungsfunktion für Anträge an das Versorgungsamt und die Agentur für Arbeit zugewiesen wird. Geht es um die Feststellung einer Behinderung, ihres Grades, der Eigenschaft schwerbehinderter Mensch oder um eine Gleichstellung behinderter Menschen mit schwerbehinderten Menschen, so soll die SBV alle im Betrieb oder in der Dienststelle beschäftigten Menschen unterstützen. Hier ist die Aufgabenstellung der SBV über die Gruppe der wahlberechtigten schwerbehinderten auf alle beschäftigten Menschen ausgeweitet (→ § 177 Rn. 5). Die SBV soll als fachlich kompetente Stelle in den in Abs. 1 Satz 3 aufgeführten Angelegenheiten alle Beschäftigten unterstützen und beraten, zB bei der Frage, ob ein Antrag auf Feststellung einer Behinderung oder auf Gleichstellung überhaupt Aussicht auf Erfolg haben kann. Insoweit ist der SBV ein kleiner Teil von Rechtsdienstleistungen (→ Rn. 15) übertragen, die das stär-

---

45 So schon zum alten Recht: *Dörner* SchwbG § 25 Rn. 11.
46 LAG Saarl 13.2.2008 – 1 TaBV 15/07, Behindertenrecht 2008, 208; *Gagel* jurisPR-ArbR 26/2008 Anm. 4.
47 BAG 29.4.2009 – 9 ABR 20/08, Mitteilung bei juris nachgehend zu LAG Saarl 13.2.2008 – 1 TaBV 15/07: BAG 21.4.2009 – 9 ABR 20/08, sonstige Erledigung; BAG 29.4.2009 – 9 ABR 20/08, Beschluss: Einstellung Verfahren (nicht dokumentiert).

ker auf Interessenvertretung ausgerichtete gesetzliche Mandat von Betriebs- und Personalrat übersteigt.[48]

Bei der Wahrnehmung der Unterstützungsfunktion iSv Abs. 1 Satz 4 handelt es sich um erforderliche **Schwerbehindertenvertretungstätigkeit**.[49] Damit wird sie vom **Entgeltschutz** nach § 179 Abs. 4 Satz 1 erfasst. Der Antragsteller bleibt hier im Unterschied zu Abs. 1 Satz 2 allein der einzelne Beschäftigte, der von der SBV nur unterstützt wird (→ Rn. 16).

Die Übernahme der **rechtsgeschäftlichen Vertretung** der Antragsteller im Verwaltungs- oder Gerichtsverfahren überschreitet die Unterstützungsfunktion.[50] Als zulässige Unterstützung kann jedoch die Beratung der Antragsteller bei der Prüfung der Rechtmäßigkeit des Verwaltungshandels der für die Feststellung des GdB nach § 152 Abs. 1 SGB IX zuständigen Verwaltungsbehörden und der nach § 151 Abs. 2 SGB IX für die Gleichstellung zuständigen Bundesagentur für Arbeit angesehen werden, wenn diese für die Bearbeitung der Antragstellung Daten anfordern. Diese Unterstützung schließt auch Eingaben an die zuständigen Stellen ein, um Behördenfehler abzustellen oder abzuwenden. Das ergibt sich aus der in § 178 Abs. 1 Satz 2 Nr. 2 SGB IX geregelten Befugnis bei den zuständigen Stellen Maßnahme zu beantragen. So hat der Bundesbeauftragte für den Datenschutz und die Informationsfreiheit auf den Antrag einer SBV das bei der Bundesagentur angewandte Verfahren der Verarbeitung von Gesundheitsdaten beanstandet.[51] Die Handhabung der Sachbearbeiter, für Gleichstellungsanträge bei Sicherungserschwernis (→ § 2 Rn. 21 f.) die Vorlage einer Auflistung von krankheitsbedingten Fehlzeiten mit Diagnosen und die Vorlage des Feststellungsbescheids des Versorgungsamts zu verlangen, der die Angaben zur Art und Schwere der Behinderungen enthält, sollte danach spätestens bis Ende 2020 abgestellt werden. Soweit diese Angaben erforderlich sind, ist in den Fachlichen Weisungen der BA zu § 2 SGB IX[52] unter 4. 1 Abs. 1 bestimmt: „Eine Einschaltung des Ärztlichen Dienstes (ÄD) empfiehlt sich vor allem, wenn behinderte Menschen einen Gleichstellungsantrag u. a. mit wiederholten/ häufigen behinderungsbedingten Fehlzeiten begründen. Ziel der Einschaltung des ÄD ist in solchen Fällen eine entsprechende fachliche Verifizierung." Diese Empfehlung ist nach der Beurteilung des Bundesbeauftragten unzureichend. Bereits die Erhebung und erst recht die Bewertung dieser Gesundheitsdaten muss ausschließlich dem ÄD übertragen werden. Die vom Bundesbeauftragten bis Ende 2020 gesetzte Umsetzungsfrist für die organisatorische Änderung ist nach Wahrnehmung Betroffener erfolglos abgelaufen. Wird eine SBV mit der **unzulässigen Datenanforderung** der sachbearbeitenden Stelle konfrontiert, sollte sie im Auftrag des Betroffenen Gegenvorstellung erheben und den Bundesbeauftragten unterrichten. Dieser hat nach Art. 57 Abs. 2 lit. d, f und g iVm Art. 5 Abs. 1 lit. a und c, Art. 9 Abs. 1 DS-GVO die Befugnis, der Bundesagentur die rechtswidrige Verarbeitung der Gesundheitsdaten zu untersagen.

Die in § 178 Abs. 1 Satz 3 SGB IX geregelte Beratungsbefugnis ist dort bezogen auf Anträge bei den Feststellungsbehörden und der BA abschließend geregelt.

---

48 Dem stimmt zu: LAG Hamm 10.1.2020 – 13 TaBV 60/19, Rn. 47; *Schäfer* jurisPR-ArbR 12/20 Anm. 5.
49 *Düwell* BB 2000, 2574; *Pahlen* in Neumann/Pahlen/Greiner/Winkler/Jabben SGB IX § 178 Rn. 7 a.
50 *Pahlen* in Neumann/Pahlen/Greiner/Winkler/Jabben SGB IX § 178 Rn. 7 a; *Müller-Wenner* in Müller-Wenner/Schorn SGB IX § 95 Rn. 20.
51 Der Bundesbeauftragte für den Datenschutz und die Informationsfreiheit, Schreiben vom 11.8.2020 – GZ 15–460/001# 2042.
52 BA Zentrale, GR4 Stand 20.12.2017.

Das BMAS hat deshalb anlässlich einer Eingabe darauf hingewiesen: „(...) ist es nicht Aufgabe der Schwerbehindertenvertretung, zu steuerlichen Fragen (**Steuerfreibetrag für schwerbehinderte Menschen**) zu beraten."[53] Dieser Hinweis trifft für die Beratung über die Höhe der steuerlichen Freibeträge zu. Eine Beratung in steuerlichen Angelegenheiten wäre eine nicht zugelassene Rechtsdienstleistung. Der Unterstützungsauftrag aus § 178 Abs. 1 Satz 3 SGB IX schließt jedoch ein, dass Fragen der Belegschaft zu steuerlichen Auswirkungen beantwortet werden dürfen, die bei der Ausfüllung des Antrags auf Feststellung eines GdB auftreten. Beispiel: Kann der Antrag rückwirkend auf einen früheren Tag des Eintritts der Behinderung gestellt werden, um Freibeträge auch für abgelaufene Kalenderjahre geltend machen zu können?

V. Sprechstunde, Anregungen und Beschwerden

19 **Anregungen und Beschwerden:** Nach § 178 Abs. 1 Satz 1 Nr. 3 ist die SBV die Stelle, die die **Beschwerden** der schwerbehinderten Menschen entgegennimmt und auf ihre Berechtigung hin zu überprüfen hat. Da auch der Betriebsrat nach § 80 Abs. 1 Nr. 3 BetrVG, § 84 BetrVG und der Personalrat in Bundesbehörden nach § 68 Abs. 1 Nr. 3 BPersVG für die Behandlung von Beschwerden zuständig sind, besteht die Zuständigkeit der SBV nur für die Anregungen und Beschwerden, die von schwerbehinderten und gleichgestellten Menschen vorgebracht werden. Andere Beschwerdeführer muss die SBV an den Betriebs- oder Personalrat verweisen.

20 Hält die SBV eine Beschwerde für unbegründet, so hat sie das dem Beschwerdeführer mitzuteilen. Hält sie eine Beschwerde für begründet oder eine Anregung für sinnvoll, so hat sie das auch dem Arbeitgeber und dem Inklusionsbeauftragten mitzuteilen. Sie hat auf eine **abhelfende** Entscheidung hinzuwirken.

21 **Erreichbarkeit der SBV für Hilfe und Beratung:** Damit die SBV ihre Aufgabe, Interessen zu vertreten und beratend sowie helfend zur Seite zu stehen, erfüllen kann, muss sie für die schwerbehinderten Beschäftigten erreichbar sein. Hinsichtlich der Erreichbarkeit des Personalrats für die Beschäftigten ist in § 43 Abs. 1 Satz 1 BPersVG und des Betriebsrats in § 39 Abs. 1 Satz 1 BetrVG die **Einrichtung von Sprechstunden** vorgesehen. Diese Bestimmungen werden als Soll-Vorgaben angesehen.[54] Im Schrifttum wird die mangelnde Einrichtung einer Sprechstunde für pflichtwidrig gehalten, wenn ein Bedürfnis besteht, weil keine anderen ausreichenden Besprechungs- und Kontaktaufnahmemöglichkeiten für die Beschäftigten vorhanden sind.[55] Für die SBV muss dies umso mehr gelten, weil sie die weitergehende Aufgabe zu erfüllen hat, beratend sowie helfend zur Seite zustehen. Im Wortlaut des Teil 3 des SGB IX hat die Einrichtung der Sprechstunde nur unzureichend Ausdruck gefunden. In § 179 Abs. 9 SGB IX wird lediglich die Arbeitgeberpflicht geregelt, Räume für die Sprechstunde zur Verfügung zu stellen. Die **Verpflichtung der SBV**, Sprechstunden anzubieten, ergibt sich jedoch aus dem Sinnzusammenhang der Beratungsaufgabe aus § 178 Abs. 1 Satz 1 und der in § 178 Abs. 1 Satz 2 Nr. 3 geregelten Funktion, Anregungen und Beschwerden entgegen zu nehmen. Die SBV ist folglich berechtigt und verpflichtet, **Sprechstunden** abzuhalten. Nur so kann sie ihre Aufgabe als diejenige betriebliche Stelle, bei der die schwerbehinderten Menschen ihre Anregungen und Beschwerden einbringen, gerecht werden. Diese Sprech-

---

53 BMAS Schreiben vom 28.1.2021 – EEP-Va2–96.
54 *von Roetteken* ZTR 2021, 6, 12.
55 *Weber* in GK-BetrVG § 39 Rn. 11; *Hebeler* in Ballerstedt/Schleicher/Faber/Hebeler BayPVG Art. 43 Rn. 7; *Kröll* in Altvater BPersVG § 43 Rn. 2; *Heddermann* in BeckOK BPersVG Rn. 5.

stunde muss auch offen sein für Leiharbeitnehmer und andere in den Betrieb eingegliederte Beschäftigte aus Drittunternehmen; denn diese werden als Wahlberechtigte auch von der SBV repräsentiert und sind deshalb berechtigt, die SBV in der Sprechstunde aufzusuchen: Sie können ihre Anregungen und Beschwerden dort anbringen und sich in den Angelegenheiten beraten lassen, die ihre Beschäftigung in diesem Betrieb betreffen, → Rn. 8.
Das Gesetz zur Novellierung des Bundespersonalvertretungsgesetzes vom 9.6.2021 hat den Standort der Bestimmung über eine vom Personalrat einzurichtende Sprechstunde von § 43 BPersVG aF nach § 45 Abs. 1 BPersVG verschoben. Der Ausschuss hat den Regierungsentwurf nachgebessert. Er hat für die Aufnahme des folgenden Absatzes 3 gesorgt: „In der Geschäftsordnung kann die Durchführung der Sprechstunde mittels Video- oder Telefonkonferenz vorgesehen werden." Er hat diese Ergänzung damit begründet, die Möglichkeit von Onlinesprechstunden verbessere die Erreichbarkeit des Personalrats durch Beschäftigte in räumlich weit entfernten Dienststellen.[56] Dieses Argument gilt auch für die Sprechstunde der SBV. Es ist nicht davon auszugehen, dass die SBV von dieser Möglichkeit ausgeschlossen werden sollte, zumal schwerbehinderte Menschen regelmäßig größere Schwierigkeiten haben bei der Anreise haben.

VI. Stellvertretung, Nachrücken und Heranziehen (Abs. 1 Satz 4–6)

1. Ein-Personenvertretung mit Stellvertretung und Heranziehung

Die Schwerbehindertenvertretung als Ein-Personen-Vertretung: Die SBV ist nach dem Gesetz **kein Kollegialorgan** (→ § 177 Rn. 6). Die Aufgaben der SBV nimmt regelmäßig allein die gewählte Vertrauensperson wahr. Diese wird im Fall der Verhinderung nach § 177 Abs. 1 Satz 1 durch das mit der höchsten Stimmenzahl gewählte (= erste) stellvertretende Mitglied vertreten. Zudem kann die Vertrauensperson bei Erreichen oder Überschreiten des Schwellenwertes von idR mehr als 100 beschäftigten schwerbehinderten Menschen zu ihrer Entlastung nach Abs. 1 Satz 4 das erste stellvertretende Mitglied nach Unterrichtung des Arbeitgebers (→ Rn. 27) heranziehen. Die „Heranziehung" bedeutet, dass die Vertrauensperson bestimmte Aufgaben an das herangezogene Mitglied delegieren und sich so **entlasten** kann. Die **Reihenfolge der Heranziehung** ist zwingend durch die im Wahlergebnis festgestellte Stimmenzahl festgelegt (→ Rn. 27). Eine von vielen Vertrauenspersonen gewünschte **Teambildung** ist deshalb nach dem Gesetz nur in einem sehr beschränkten Umfang im Wege der mit dem zuständigen stellvertretenden Mitglied abgestimmten Heranziehung zugelassen. Seit der zum 30.12.2016 erfolgten **Erweiterung der Heranziehungsbefugnis** durch Art. 2 BTHG, die in Art. 1 BTHG mit Wirkung vom 1.1.2018 nach § 178 Abs. 1 Satz 5 übernommen worden ist, kann die Vertrauensperson für jeweils weitere 100 schwerbehinderte Beschäftigte auch weitere Aufgaben auf die mit der nächsthöheren Stimmenzahl gewählten stellvertretenden Mitglieder durch Heranziehung übertragen. Diese Ergänzung hielt der Gesetzgeber für erforderlich, weil auf der Grundlage der Vorgängerregelung die Heranziehung von mehr als zwei stellvertretenden Mitgliedern trotz über 800 zu betreuenden schwerbehinderten Beschäftigten nach der Entscheidung des Siebten Senats des BAG ausgeschlossen sein sollte.[57] Der Gesetzgeber hat nun ausdrücklich klargestellt, dass eine unbegrenzte Heranziehung nach der Maßgabe von Staffelwerten zulässig ist: Bei jedem Überschreiten des Schwellenwerts von 101

22

---

56 BT-Drs. 19/28839 (elektronische Vorabfassung), 10.
57 BAG 7.4.2004 – 7 ABR 35/03, BAGE 110, 146 = Behindertenrecht 2004, 110, ablehnend: *Düwell* BAGReport 2004, 336; *von Roetteken* GiP 2005, Nr. 2, 42.

um jeweils 100 weitere idR beschäftigte schwerbehinderte Menschen kann ein stellvertretendes Mitglied zur Entlastung der Vertrauensperson herangezogen werden. Es ergibt sich daraus folgende Staffelung:
- Ab 101 sbM → 1. Stellvertreter
- Ab 201 sbM → 2. Stellvertreter
- Ab 301 sbM → 3. Stellvertreter
- Ab 401 sbM → 4. Stellvertreter
- Ab 501 sbM → 5. Stellvertreter usw.

Soweit in der Gesetzesbegründung[58] auf den **Schwellenwert** „wenigstens 100" und nicht auf 101 abgestellt wird, ist das falsch.[59] Nach dem eindeutigen Wortlaut des Gesetzes ist „mehr als 100" erforderlich. Die Verbreitung der falschen Schwellenwerte für die Heranziehungsstaffeln geht auf einen Fehler in der ministerialen Begründung im BTHG-Arbeitsentwurf 12/2015 zurück. Dort heißt es auszugsweise:[60]

„Zu Nummer 7 (§ 95)
(…) Sind wenigstens 100 schwerbehinderte Menschen beschäftigt, kann die Vertrauensperson nach geltendem Recht die erste Stellvertretung zu bestimmten Aufgaben heranziehen, ab 200 schwerbehinderten Beschäftigten auch die zweite Stellvertretung (§ 95 Absatz 1 Satz 4 SGB IX). Diese Heranziehungsregelung hat sich grundsätzlich bewährt. Sie erweist sich aber in größeren Betrieben als unzureichend. Sie wird deshalb dahin gehend fortgeschrieben, dass mit jeweils 100 zusätzlichen schwerbehinderten Menschen im Betrieb jeweils eine weitere Stellvertretung herangezogen werden kann."

Die fehlerhafte Bestimmung des Schwellenwerts mit „wenigstens 100" haben die Verfasser in den Referentenentwurf vom 26.4.2016[61] und in die die amtliche Begründung des Gesetzentwurfs der Bundesregierung vom 12.8.2016[62] übernommen. Der Unterschied, ob auf 101 oder 100, 200 oder 201 schwerbehinderte Beschäftigte abzustellen ist, mag zwar marginal erscheinen, ist aber im Einzelfall vor Gericht entscheidend.

Sind die gesetzlichen Schwellenwerte für die Heranziehung nicht erreicht, kann das Team durch eine vom Arbeitgeber freiwillig zugelassene Heranziehung ermöglicht werden. Der Anreiz für den Arbeitgeber kann darin bestehen, dass die Abwesenheitszeiten der nicht pauschal freigestellten Vertrauensperson bei einem arbeitsteiligen Teamworking geringer und terminlich besser kalkulierbar werden. Dazu bedarf es einer kollektivrechtlichen Vereinbarung. In Betracht kommen eine freiwillige Betriebsvereinbarung iSv. § 88 BetrVG oder einer Inklusionsvereinbarung iSv. § 166 Abs. 3 SGB IX.

2. Vertretung durch stellvertretende Mitglieder im Fall der Verhinderung

23 **Stellvertretung bei Verhinderung:** Die Aufgaben der SBV nimmt allein die gewählte Vertrauensperson wahr. Ebenso wie ein Betriebsratsmitglied nach § 25 Abs. 1 Satz 2 BetrVG wird die Vertrauensperson bei zeitweiliger **Verhinderung** nach § 177 Abs. 1 Satz 1 vertreten (zur Normentwicklung → § 177 Rn. 7). Ver-

---

58 BR-Drs. 428/16.
59 *Düwell/Beyer* Beschäftigte Rn. 77.
60 S. http://www.dgsp-sh.de/download/2015-12-Arbeitsentwurf-BTHG.pdf.
61 S. www.teilhabegesetz.org//media/160426_Entwurf_Bundesteilhabegesetz_EghV.pdf.
62 BR-Drs. 428/16 Gesetzentwurf vom 12.8.2016, abrufbar unter http://dipbt.bundestag.de/dip21/brd/2016/0428-16.pdf.

treter ist das mit der höchsten Stimmzahl gewählte stellvertretende Mitglied. Üblicherweise wird dieses als erstes stellvertretendes Mitglied bezeichnet. Ein Fall zeitweiliger Verhinderung liegt dann vor, wenn die Vertrauensperson vorübergehend aus rechtlichen oder tatsächlichen Gründen objektiv nicht in der Lage oder es ihr subjektiv nicht zumutbar ist, ihr Amt auszuüben. Der Gesetzgeber des BTHG hat für den Fall einer wegen der individuellen und unmittelbaren Betroffenheit zu besorgenden **Befangenheit** einen Verhinderungsgrund angenommen (→ § 177 Rn. 7). Auf die Dauer der Verhinderung und deren Vorhersehbarkeit kommt es nicht an. Beispielsfälle für zeitweilige Verhinderung sind: Dienstreisen, Kuraufenthalte, Wahrnehmung von Schulungs- und Bildungsveranstaltungen sowie Unabkömmlichkeit wegen anderweitiger betrieblicher Beschäftigung, Befangenheit wegen Tätigwerden in eigenen Angelegenheiten, wozu auch die Betroffenheit des Ehepartners oder eines Kindes zählt. Freistellung von der Arbeit führt nicht unbedingt zu einer zeitweiligen Verhinderung. Maßgeblich ist, ob es dem Arbeitnehmer in der jeweiligen Situation **subjektiv zumutbar ist**, die Pflichten aus dem Ehrenamt trotz bestehender Freistellung von der Arbeit auszuüben.[63] Das ist eine höchstpersönliche Entscheidung, die ebenso wie bei einer Pflichtenkollision eigenverantwortlich zu treffen ist.[64] Sie ist deshalb auch nicht überprüfbar, → § 177 Rn. 7. Folglich kann die Vertrauensperson während des Ruhens der Arbeitspflicht insbesondere im Erholungs- und Bildungsurlaub oder in der Elternzeit ihr ehrenamtliches Mandat wahrnehmen. Aus Gründen der Praktikabilität muss sie dies jedoch vorher hinreichend klar anzeigen, → § 177 Rn. 7 (Anzeige der Nichtverhinderung). Gleiches gilt für die Verhinderung infolge krankheitsbedingter **Arbeitsunfähigkeit**; denn diese ist nicht notwendig mit Verhinderung infolge Amtsunfähigkeit gleichzusetzen.[65] Zwar besteht bei einer krankheitsbedingten Arbeitsunfähigkeit eine Vermutung für die Amtsunfähigkeit.[66] Diese Vermutung ist jedoch widerlegbar. Erscheint eine arbeitsunfähig erkrankte Vertrauensperson zur Sitzung des Betriebsrats, so hat der Betriebsratsvorsitzende folglich davon auszugehen, dass sie an der Teilnahme wegen Krankheit nicht verhindert ist. Liegt eine Arbeitsunfähigkeitsmeldung vor oder ist die Vertrauensperson aus anderen Gründen abwesend, darf das erste stellvertretende Mitglied davon ausgehen, dass ein Verhinderungsfall vorliegt. Will die Vertrauensperson trotz Arbeitsunfähigkeit die Amtsgeschäfte wahrnehmen, so hat sie dies dem stellvertretenden Mitglied und dem Arbeitgeber mitzuteilen. Ebenso sind die Vorsitzenden von Betriebs- bzw. Personalrat und der Inklusionsbeauftragte zu unterrichten, damit diese wissen, wer ihr Partner für die enge Zusammenarbeit nach § 182 Abs. 1 SGB IX ist.

Ist die Vertrauensperson im Betrieb anwesend, kann dennoch ein Verhinderungsfall wegen der Wahrnehmung anderer Aufgaben gegeben sein. Das ist zB dann der Fall, wenn die Vertrauensperson an einer Sitzung des Betriebsrats (oder als Gesamtschwerbehindertenvertretung an einer Sitzung des Gesamtbetriebsrats) teilnimmt und zur gleichen Zeit die monatliche Sprechstunde ansteht. Dann ist die Vertrauensperson an der Abhaltung der Sprechstunde verhindert und wird durch das stellvertretende Mitglied vertreten. Ebenso ist die

---

63 Einzelheiten *Düwell* in HaKo-BetrVG § 25 Rn. 7 ff.
64 Dazu BAG 15.4.2014 – 1 ABR 2/13 (B), Rn. 32, BAGE 148, 26, NZA 2014, 551: zustimmend: *Koch* in ErfK BetrVG § 25 Rn. 3; *Boemke* jurisPR-ArbR 33/2014 Anm. 1; aA LAG SchlH 1.11.2012 – 5 TaBV 13/12, Rn. 42, DB 2012, 2814.
65 Für Betriebsrat: BAG 15.11.1984 – 2 AZR 341/83, juris Rn. 19 f., BAGE 47, 201, NZA 1985, 367; So auch für Vertrauensperson: *Esser/Isenhardt* in jurisPK-SGB IX § 178 Rn. 15.1.
66 LAG Düsseldorf 6.1.2004 – 6 Sa 1387/03, juris Rn. 11, AiB 2004, 753.

Vertrauensperson trotz Anwesenheit im Betrieb verhindert, wenn sie in einer Angelegenheit befangen ist; denn dann liegt ein Verhinderungsfall aus rechtlichen Gründen liegt vor.[67] Dazu auch → § 177 Rn. 7.

24 **Vertretungskette:** Das zweite stellvertretende Mitglied der SBV wird erst dann tätig, wenn das erste stellvertretende Mitglied gleichfalls verhindert ist. Ist auch das zweite stellvertretende Mitglied verhindert, so vertritt das stellvertretende Mitglied mit der nächsthöchsten Stimmenzahl. Eine zahlenmäßige Beschränkung der stellvertretenden Mitglieder ergibt sich nur aus dem Umstand, wie viele sich zur Wahl gestellt haben (→ § 177 Rn. 56, zur Nachwahl → § 177 Rn. 106).

25 **Abstimmungsbedarf der Vertrauensperson mit Vertretern:** Ein in der Praxis immer wieder zu Auseinandersetzungen führendes Problem ist, dass eine ausdrückliche Regelung über die Übergabe der Amtsgeschäfte für den Vertretungsfall bei bevorstehender Abwesenheit fehlt. Das ist ein besonderes Problem aller Ein-Personen-Vertretungen. Erkennt die Vertrauensperson, dass ein Verhinderungsgrund eintreten wird, hat sie im Interesse der Kontinuität der Ausgabenwahrnehmung frühzeitig den Stellvertreter zu unterrichten und ihn in den für den Vertretungsfall bedeutsamen Stand der laufenden Angelegenheiten einzuführen. Umgekehrt gilt das auch für die Übergabe der Amtsgeschäfte nach Beendigung der Vertretung. Dann muss die Vertrauensperson über den weiteren Verlauf der angefallenen Angelegenheiten unterrichtet werden. Die dazu in Anspruch genommene Arbeitszeit ist vom Arbeitgeber nach § 179 Abs. 4 Satz 1 sowohl der Vertrauensperson als auch dem Vertreter im erforderlichen Umfang zu vergüten. Abs. 1 Satz 6 bestimmt, dass die **Abstimmung** Teil der Schwerbehindertenvertretungstätigkeit ist. Der aus § 179 Abs. 4 Satz 1 zu entnehmende Maßstab der Erforderlichkeit verhindert den faktischen Ausbau der SBV zu einem Kollegialorgan.

Ein Abstimmungsbedarf entsteht auch in den Fällen der Anwesenheit der Vertrauensperson. In zwei Fällen sieht das SGB IX vor, dass die stellvertretenden Mitglieder abweichend vom Recht der Betriebs- und Dienststellenverfassung auch über den Verhinderungsfall infolge Abwesenheit hinaus aktiv werden, so dass die Vertrauensperson und die stellvertretenden Mitglieder zeitgleich Aufgaben der SBV erfüllen. Diese zugelassenen Abweichungen vom Grundsatz der Ein-Personen-Vertretung liegt vor, wenn:

1. die Vertrauensperson wegen der **Wahrnehmung anderer Aufgaben** der SBV an der Erfüllung einer bestimmten Aufgabe verhindert ist und das mit der höchsten Stimmenzahl gewählte stellvertretende Mitglied deshalb die an der zeitgleichen Wahrnehmung mehrerer Aufgaben verhinderte Vertrauensperson vertritt[68] (Beispiel: Die Vertrauensperson wird nach § 178 Abs. 5 SGB IX zum sog. Monatsgespräch von der Betriebs- bzw. Dienststellenleitung hinzugezogen und das erste stellvertretende Mitglied übernimmt die zeitgleich zum Monatsgespräch stattfindende regelmäßige Sprechstunde der SBV) oder

---

67 *Esser/Isenhardt* in jurisPK-SGB IX § 178 Rn. 15.1; *Schönhöft/Röpke* NZA 2019, 965.
68 Diese Fallgestaltung brachte die bis zum 29.12.2016 geltende Gesetzesfassung im Wortlaut zum Ausdruck. Die Änderung durch Art. 2 BTHG hatte nicht das Ziel, dies zu ändern, sondern den Fall der unmittelbaren und individuellen Betroffenheit (sog. Befangenheit) entgegen der Rspr. des BAG in den Begriff der Verhinderung einzubeziehen, vgl. BR-Drs. 428/16, 322. Weitere Einzelheiten in *Düwell/Beyer* Beschäftigte Rn. 50.

2. die Vertrauensperson bei mehr als 100 zu vertretenden schwerbehinderten Beschäftigten zu ihrer Entlastung nach Maßgabe des § 178 Abs. 1 Satz 4 bis 6 das mit der höchsten Stimmenzahl gewählte Mitglied und, soweit mehr als 200 schwerbehinderte Beschäftigten zu vertreten sind, weitere **stellvertretende Mitglieder heranzieht** und nach interner Abstimmung eine derartige Geschäftsverteilung festlegt (Beispiel: In einem Großbetrieb mit 2001 schwerbehinderten Menschen hat die Vertrauensperson das erste und das zweite stellvertretende Mitglied herangezogen. Die Vertrauensperson hat dem ersten stellvertretenden Mitglied die Beratung der schwerbehinderten Menschen im weit entfernten Betriebsteil in D. und dem zweiten stellvertretenden Mitglied die Teilnahme im Arbeitsausschuss sowie die Unterstützung der Beschäftigten bei Anträgen nach § 178 Abs. 1 Satz 3 übertragen).

Für den Fall der **Heranziehung** sieht § 178 Abs. 1 Satz 6 SGB IX ausdrücklich das Recht zur internen Abstimmung vor, → Rn. 34.

3. Nachrücken von stellvertretenden Mitgliedern

Nachrücken: Scheidet die Vertrauensperson vorzeitig aus dem Amt aus, rückt nach § 177 Abs. 7 Satz 4 das mit der höchsten Stimmenzahl gewählte stellvertretende Mitglied für den Rest der Amtszeit nach (→ § 177 Rn. 8). Ein Fall des Ausscheidens liegt auch vor, wenn die Vertrauensperson in die Freistellungsphase (Blockmodell) der Altersteilzeit wechselt. Besteht bis zur vollständigen rechtlichen Beendigung des Arbeitsverhältnisses keine Arbeitspflicht mehr, so fehlt es an einer „Beschäftigung". Diese ist Wählbarkeitsvoraussetzung. Das Ergebnis wird vermieden, wenn bei der Altersteilzeit nicht das Blockmodell, sondern das Teilzeitmodell gewählt wird. 26

4. Heranziehen von stellvertretenden Mitgliedern

Heranziehung des ersten stellvertretenden Mitglieds: Von der Vertretung bei Verhinderung ist die in Abs. 1 Satz 4 geregelte Heranziehung zu unterscheiden. Während die Stellvertretung mit dem Eintritt des Verhinderungsfalles automatisch aktiviert wird, bedarf es für die Heranziehung einer **Willenserklärung** der Vertrauensperson gegenüber dem stellvertretenden Mitglied. Dieser Erklärung kommt Gestaltungswirkung zu; denn sie bewirkt die Übertragung von Aufgaben der Vertrauensperson. Die Erklärung kann mit einer zeitlichen Einschränkung versehen werden, zB „mit Wirkung vom 1. September". Fehlt diese Einschränkung, so wirkt die Erklärung sofort. Eine bestimmte Form ist für die Wirksamkeit der Erklärung nicht vorgeschrieben. Sie ist formfrei. Es empfiehlt sich jedoch eine **schriftliche Dokumentation**. 27

Für Großbetriebe und vergleichbare Dienststellen mit in der Regel mehr als 100 (also ab 101) schwerbehinderten und gleichgestellten Menschen kann die Vertrauensperson das mit der höchsten Stimmzahl gewählte Mitglied (erstes stellvertretendes Mitglied) zu der Erledigung bestimmter Aufgaben heranziehen. Der Schwellenwert 101 unterscheidet sich von dem für die vollständige Freistellung nach § 179 Abs. 4 Satz 1 SGB IX. Für die Berechnung gelten sonst die gleichen Regeln → 179 Rn. 37, Einzelheiten zur Berechnung → Rn. 29.

Die Heranziehung erfolgt zur Delegation von Aufgaben, um die Vertrauensperson zu entlasten. Von der Heranziehungsbefugnis kann nur Gebrauch gemacht werden, wenn eine genügende Anzahl von stellvertretenden Mitgliedern gewählt worden ist. Ob von dieser durch entsprechende Stellvertreterwahl eröffnete Möglichkeit Gebrauch gemacht werden soll, entscheidet die durch ihre

Wahl legitimierte Vertrauensperson.[69] Sie bedarf weder einer Genehmigung durch den Arbeitgeber noch einer Zustimmung des Personal- bzw. Betriebsrats. Jedoch konkretisiert Abs. 1 Satz 4 das schon in § 182 Abs. 1 vorgeschriebene Gebot der engen Zusammenarbeit dahin, dass die Vertrauensperson **den Arbeitgeber vor ihrer Entscheidung zu unterrichten** hat. Eine vorherige Unterrichtung des Personal- bzw. des Betriebsrats ist zwar nicht vorgeschrieben, sollte jedoch im Interesse der nach § 182 Abs. 1 SGB IX gebotenen engen Zusammenarbeit erfolgen.

Den Umfang der Übertragung legt die Vertrauensperson fest. Sie ist frei in der Festlegung der von der herangezogenen Person wahrzunehmenden Aufgaben.[70] Die Aufgabenzuteilung kann zB in der vollständigen Vertretung der in einem bestimmten Betriebsteil beschäftigten schwerbehinderten Menschen bestehen.[71] Es kann auch die Vertretung und Betreuung bestimmter Gruppen von schwerbehinderten Menschen, zB der behinderten Auszubildenden oder derer, die nach Art und Schwere der Behinderung besonders betroffen sind (§ 155 Abs. 1 Nr. 1 SGB IX), oder die persönliche Zuweisung einer Reihe von namentlich bestimmbaren[72] behinderter Beschäftigter erfolgen. Möglich ist auch eine Aufgabenteilung in der Art, dass Vertrauensperson und Stellvertreter die Teilnahme an bestimmten Betriebsratsausschüssen untereinander aufteilen. Die Heranziehung beschränkt sich dabei auf die konkrete zugewiesene Aufgabe.[73] Sie kann auf Dauer oder befristet erfolgen. Wenn sie zunächst ohne Befristung erfolgt ist, muss sie nicht für die gesamte Amtszeit der SBV fortbestehen; denn die Vertrauensperson kann entscheiden, die Heranziehung mangels Bedarf vor Ende der Amtszeit zu beenden.[74] Die Beendigung der Heranziehung darf jedoch nicht willkürlich, aus unsachlichen Gründen erfolgen, weil zB Meinungsverschiedenheiten bestehen.[75] Aus all dem ergibt sich: Der Vertrauensperson ist verwehrt, aus dem Pool der stellvertretenden Mitglieder sich die Mitglieder auszusuchen, die zu einem von ihr bestimmten „Team" passen; denn die **Reihenfolge der Heranziehung** ist zwingend durch die im Wahlergebnis festgestellte Stimmenzahl festgelegt (→ Rn. 29).

28 **Entscheidungsfreiheit über „Ob" der Heranziehung:** Zur Heranziehung bedarf die Vertrauensperson nicht des Einverständnisses des Arbeitgebers.[76] Dieser ist lediglich davon zu unterrichten.[77] Die Unterrichtung ist schon deswegen geboten, damit er gemäß § 179 Abs. 4 Satz 1 und 3 die herangezogenen stellvertretenden Mitglieder für erforderliche Amtstätigkeiten und Schulungen freistellt. Eine Genehmigung des Arbeitgebers ist dazu **nicht erforderlich**.[78] Die Vertrauensperson ist allerdings nicht zu einer willkürlichen Heranziehung berechtigt. Die Heranziehung muss zur Bewältigung der Aufgaben sachlich erforderlich sein.[79] Damit kann der Arbeitgeber eine Begründung der Heranziehung verlan-

---

69 *Düwell/Beyer* Beschäftigte Rn. 79.
70 Vgl. *Knittel* SGB IX § 95 Rn. 43; *Pahlen* in Neumann/Pahlen/Greiner/Winkler/Jabben SGB IX § 178 Rn. 7 c.
71 Zustimmend: *Schönhöft/Röpke* NZA 2019, 965 (967).
72 Etwa nach Alphabet alle mit Anfangsbuchstaben von A bis G.
73 Vgl. *Knittel* SGB IX § 95 Rn. 43.
74 *Pahlen* in Neumann/Pahlen/Greiner/Winkler/Jabben SGB IX § 178 Rn. 7 c.
75 Vgl. *Knittel* SGB IX § 95 Rn. 43.
76 Ebenso: *Schönhöft/Röpke* NZA 2019, 965 (967).
77 *Schimanski* in GK-SGB IX § 95 Rn. 65.
78 *Kossens* in Kossens /von der Heide/Maaß SGB IX § 95 Rn. 8; *Knittel*, 11. Aufl. 2017, SBG IX § 95 Rn. 41; *Schubert* in Knittel SGB IX § 178 Rn. 41.
79 *Düwell* BB 2000, 2570 (2573); zust. *Dörner* SchwbG § 25 Rn. 15; *Düwell* in Deinert/Neumann SGB IX-HdB § 20 Rn. 124; *Knittel* SGB IX § 95 Rn. 43.

gen. Die Vertrauensperson kann die Heranziehung gegenständlich beschränken oder vollständig beenden. Sie ist allein dafür zuständig. Sie bedarf für die Heranziehung nicht der Zustimmung des herangezogenen Mitglieds. Im Schrifttum wird vertreten, die Vertrauensperson schulde dem herangezogenen Mitglied keine Begründung.[80] Das erscheint zweifelhaft; denn wenn der Arbeitgeber eine sachliche Erläuterung verlangen kann, dann sollte das herangezogene Mitglied zumindest dann, wenn die Heranziehung beendet oder geändert werden soll, Gelegenheit zur Anhörung erhalten. Die Vertrauensperson darf nämlich nicht aus unsachlichen Gründen[81] von einer Heranziehung absehen oder sie aus unsachlichen Gründen ändern oder beenden.

Schwellenwertprognose für eine dauerhafte Heranziehung: Voraussetzung der Heranziehung im Betrieb oder in der Dienststelle ist, dass „in der Regel" mehr als 100 (= wenigstens 101) schwerbehinderte Menschen oder Gleichgestellte beschäftigt werden. Es gilt nicht das Stichtagsprinzip. Weder ist auf die aktuelle Zahl der behinderten Beschäftigten am Tag der Heranziehung noch auf die Zahl am Tag der Wahl, sondern auf einen von Ausreißern nach oben und unten bereinigten Normalzustand („in der Regel") abzustellen, wenn die Heranziehung für die die Zeit bis zum Amtsende gelten soll. 29

Das Abstellen auf „in der Regel" entspricht der Regelungstechnik in § 9 Satz 1 und § 38 Abs. 1 BetrVG. Dort wird ebenso für die Bestimmung der Größe und der Freistellung des Betriebsrats auf einen Regelwert abgestellt. Maßgebend ist damit kein Zeitpunkt, an dem die Zahl 101 erreicht sein muss. Auszugehen ist vielmehr von der im Normalzustand im Betrieb vorhandenen Anzahl.[82] Hier ist das nach § 151 Abs. 3 SGB IX die Anzahl der schwerbehinderten und ihnen gleichgestellten behinderten Beschäftigten.[83] Diese werden nach dem **Kopfzahlprinzip** sämtlich voll angerechnet. Es findet weder eine **Quotenrechnung** nach dem Umfang der Wochenarbeitszeit statt, noch findet die **Mehrfachrechnung** nach 159 SGB IX Anwendung. Das BAG stellt darauf ab: „Maßgeblich ist diejenige Personalstärke, die für den Betrieb im Allgemeinen kennzeichnend ist."[84] Hier kommt es auf die Anzahl der schwerbehinderten Menschen an, die im Allgemeinen im Betrieb tätig sind. Dabei fließen neben der aktuellen Anzahl schwerbehinderter Menschen auch vergangene und zukünftig zu erwartende Schwankungen in die Betrachtung mit ein.[85] Nicht zu berücksichtigen ist die Anzahl der Beschäftigten, die sich von der SBV zur Stellung von Anträgen auf Feststellung der Schwerbehinderung oder auf Gleichstellung nach § 178 Abs. 1 Satz 3 SGB IX beraten lassen.[86]

Ausgehend von diesen Grundsätzen kommt es bei der Heranziehungsentscheidung auf die von der Vertrauensperson anzustellende **Prognose** an, wie viele schwerbehinderte und gleichgestellte behinderte Menschen im Allgemeinen im Betrieb oder in der Dienststelle „im Normalzustand" bis zum Amtsende be-

---

80 *Knittel* SGB IX § 95 Rn. 43.
81 ZB der Stellvertreter tritt einer anderen berufsständischen Vereinigung oder Gewerkschaft bei.
82 Vgl. *Wolmerath* in HaKo-BetrVG § 38 Rn. 8 mwN.
83 Ebenso: *Schönhöft/Röpke*, Die Heranziehung von Stellvertretern zu Aufgaben der Schwerbehindertenvertretung, NZA 2019, 965 (966).
84 Für § 38 Abs. 1 BetrVG: BAG 2.8.2017 – 7 ABR 51/15, juris Rn. 25, NZA 2017, 1343.
85 Für § 38 Abs. 1 BetrVG: BAG 2.8.2017 – 7 ABR 51/15, juris Rn. 25, NZA 2017, 1343.
86 Ebenso: *Schönhöft/Röpke* NZA 2019, 965 (966).

schäftigt werden.[87] Diese schließt eine **rückblickende Betrachtung** ein. Hierbei ist auf einen nicht zu kurzen Referenzzeitraum abzustellen. Die Rspr. hat einen Zeitraum zwischen sechs Monaten bis zwei Jahren als angemessen erachtet.[88] Werden Teile der Belegschaft, zB Aushilfen und Leiharbeitnehmer, nicht ständig, sondern lediglich zeitweilig beschäftigt, kommt es für deren Berücksichtigung darauf an, ob sie während des größten Teils eines Jahres, dh. länger als sechs Monate, beschäftigt werden.[89] Es ist auch die künftige Entwicklung zu berücksichtigen.[90] Geringfügige Schwankungen der Beschäftigtenzahl bleiben außer Acht. Künftige betriebliche Änderungen, die eine erhebliche Änderung der Arbeitnehmerzahl bewirken können, bleiben unberücksichtigt, wenn sie nicht unmittelbar bevorstehen. Diese bedingen dann eine spätere Anpassung der Zahl der Heranziehungen.[91] Die Prognose der Vertrauensperson ist zwar gerichtlich überprüfbar, der Vertrauensperson steht jedoch ein Beurteilungsspielraum zu.[92] Diese Einschränkung der Überprüfbarkeit ist schon deshalb geboten, weil jede Beurteilung ex post von der ex ante abweichen kann.

30 **Heranziehung für einen kürzeren Zeitraum:** § 178 Abs. 1 Satz 3 SGB IX schreibt weder eine dauerhafte Heranziehungsentscheidung der Vertrauensperson bei ihrem Amtsantritt noch zu einem späteren Zeitpunkt vor. Zudem muss sich die Heranziehung nicht auf die gesamte Amtszeit beziehen. Die Vertrauensperson kann deshalb bei Amtsantritt zunächst erproben, ob sie das Amt auch ohne Heranziehung ausüben kann. Stellt sie dann fest, dass sie eine Entlastung benötigt, kann sie von ihrem Recht auf Heranziehung Gebrauch machen. Sie darf auch die Heranziehung auf einen kürzeren Zeitraum als die gesamte Amtszeit befristen. Diese Befristung bietet sich insbesondere bei zu erwartenden Umstrukturierungen an. In diesen Fällen können die vom BAG für die Prognosen entwickelten Grundsätze nicht uneingeschränkt angewendet werden; denn diese sind auf die volle Amtszeit von vier Jahren ausgerichtet. So hat der Wahlvorstand für die Festlegung der Größe des Betriebsrats nach § 9 Satz 1 BetrVG die gesamte vierjährige Amtszeit im Blick. Das Gleiche gilt für den Betriebsrat, wenn er die Freistellungswahl nach § 38 Abs. 1 BetrVG durchführt. Erfolgt die Heranziehung von stellvertretenden Mitgliedern nach § 178 Abs. 1 Satz 3 SGB IX nur befristet, so ist der Prognosezeitraum entsprechend zu verkürzen. Es reicht dann, wenn bis zum Ablauf der Befristung mit keiner wesentlichen Unterschreitung des Schwellenwerts gerechnet werden kann.

31 **Ende der Heranziehung bei vorzeitigem Ausscheiden der Vertrauensperson:** Eine Beendigung der Heranziehung tritt automatisch ein, wenn die Vertrauensperson zB wegen Erreichens des Rentenalters nicht die gesamte Amtszeit wahrnehmen kann; denn dann rückt das zunächst herangezogene erste stellvertretende Mitglied gemäß § 177 Abs. 7 Satz 4 SGB IX für den Rest der Amtszeit in die Rechtsstellung der Vertrauensperson nach. In diesem Fall und in allen anderen

---

87 Vgl. Stand der Rspr. zur Freistellung von Betriebsräten: BAG 2.8.2017 – 7 ABR 51/15, Rn. 25, NZA 2017, 1343 mwN zur ständigen Rspr.
88 Zur Freistellung: BAG 2.8. 2017 – 7 ABR 51/15, Rn. 25, NZA 2017, 1343; BAG 26.7.1989 – 7 ABR 64/88, zu B I 1 der Gründe BAGE 63, 1; zur Anzahl der Betriebsratsmitglieder: LAG RhPf 28.8. 2019 – 7 TaBV 25/18, Rn. 50.
89 BAG 2.8. 2017 – 7 ABR 51/15, Rn. 25, NZA 2017, 1343; BAG 26.7.1989 – 7 ABR 64/88, zu B I 1 der Gründe BAGE 63, 1.
90 *Schimanski* in GK-SGB IX § 95 Rn. 62 mwN; *Knittel* SGB IX § 95 Rn. 17a.
91 BAG 2.8. 2017 – 7 ABR 51/15, Rn. 25, NZA 2017, 1343; BAG 26.7.1989 – 7 ABR 64/88, zu B I 1 der Gründe BAGE 63, 1.
92 Für die Festlegung der Anzahl der Betriebsratsmitglieder ausgehende von der Anzahl der in der Regel Beschäftigten: Anzahl der Betriebsratsmitglieder: LAG RhPf 28.8.2019 – 7 TaBV 25/18, Rn. 51.

Fällen des Nachrückens in die Rechtstellung der Vertrauensperson erledigt sich die Heranziehung durch eine besondere Art der rechtlichen Konfusion. Die Rechtsstellung der heranziehenden und der herangezogenen Person fallen zusammen. Eine automatische Nachfolge in die Position des herangezogenen Mitglieds findet nicht statt. Das von der Position des zweiten Stellvertreters zum ersten Stellvertreter aufgerückte Mitglied der SBV gilt nicht kraft Gesetzes als herangezogen. Diese Automatik ist nicht im Regelungsplan des Gesetzes enthalten. Vielmehr soll es der Entscheidung der Vertrauensperson überlassen bleiben, ob sie es für sachlich geboten hält, von dem Recht Gebrauch zu machen, heranziehen zu „können". Deshalb muss die infolge Nachrückens ins Amt gekommene Vertrauensperson erneut über das Ob und Wann der Heranziehung entscheiden.

Auswahl der heranzuziehenden Person: Die Vertrauensperson hat **keine Freiheit in der Auswahl** des stellvertretenden Mitglieds, welches sie heranziehen will. Das Gesetz sieht ausdrücklich vor, dass sich die Heranziehung nach der bei der Wahl der stellvertretenden Mitglieder erreichten Stimmenzahl zu richten hat.[93] Damit entscheidet der Wähler verbindlich über die Reihenfolge der Personen, die herangezogen werden können.

Rechtsstellung des herangezogenen Mitglieds: Das herangezogene stellvertretende Mitglied erhält für den ihm von der Vertrauensperson übertragenen Wirkungskreis für die Dauer der Heranziehung die gleiche persönliche Rechtstellung wie die heranziehende Vertrauensperson. Das betrifft vor allem den Anspruch auf Dienstbefreiung unter Entgeltfortzahlung für die Amtsführung und die Teilnahme an erforderlichen Schulungen sowie den Kündigungs- sowie den Versetzungsschutz. Das ist in § 179 Abs. 3 Satz 2 und Abs. 4 Satz 1 bis 3 SGB IX bestimmt. Mit der Rechtsstellung des herangezogenen stellvertretenden Mitglieds korrespondiert die Pflicht des Arbeitgebers, die Schulungskosten auch für herangezogene Mitglieder zu tragen: Das ist vom Gesetzgeber des BTHG in § 179 Abs. 8 Satz 2 SGB IX klargestellt worden. Es ist jedoch bei dieser Gelegenheit die Klarstellung im BTHG unterlassen worden, ob und unter welchen Voraussetzungen das herangezogene stellvertretende Mitglied ein über die anlassbezogene Freistellung (§ 179 Abs. 4 Satz 1 SGB IX) hinausgehendes Recht auf **Pauschalfreistellung** von der beruflichen Tätigkeit nach § 179 Abs. 4 Satz 2 SGB IX hat. Da dem herangezogenen Mitglied die gleiche persönliche Rechtstellung wie der Vertrauensperson eingeräumt wird, kann ihm ein Recht auf vollständige Freistellung für die Dauer der Heranziehung zustehen. Es müssen jedoch zusätzlich zu dem Erreichen des Schwellenwerts für die Heranziehung nach § 178 Abs. Satz 4 und 5 SGB IX (ab 101 schwerbehinderten Menschen) auch die in § 179 Abs. 4 Satz 2 SGB IX aufgestellten quantitativen Voraussetzung (wenigstens 100 schwerbehinderte Menschen) erfüllt sein. Erst wenn der Herangezogene aufgrund seines Heranziehungsauftrags wenigstens 100 schwerbehinderten Menschen zu vertreten und zu beraten hat, liegt das Maß an erforderlicher Amtstätigkeit vor, das eine völlige Freistellung von beruflichen Pflichten rechtfertigt. Dieser Freistellungsschwellenwert wird für das herangezogene erste stellvertretende Mitglied bei 201 schwerbehinderten Menschen und für das zweite stellvertretende Mitglied bei 301 schwerbehinderten Menschen erreicht. Das alleinige Erreichen dieser quantitativen Schwellenwerte ist nicht ausreichend. Es muss als weitere Voraussetzung noch hinzukommen, dass die Vertrauensperson mit der Heranziehung auch dauerhaft ein Aufgabengebiet übertragen hat, das soweit gefasst ist, dass die anfallende Amtstätigkeit für we-

---

93 *Knittel* SGB IX Rn. 44.

nigstens 100 schwerbehinderte Menschen die vollständige Freistellung rechtfertigt. Das ist am ehesten feststellbar, wenn der Heranziehung das Abteilungsprinzip zugrunde liegt, zB die Vertretung und Beratung von wenigstens 100 in einer Abteilung beschäftigten schwerbehinderten Menschen einem herangezogenen Mitglied übertragen wird. Schwierigkeiten bereitet die Freistellungsfrage insbesondere, wenn mit dem Instrument der Heranziehung die Vertrauensperson ein Team bilden möchte. Das ist zwar zweckmäßig, es fehlt aber dafür eine gesetzliche Regelung. Zur Lösung des Problems sind SBV und Arbeitgeber aufgerufen, im Sinne einer engen Zusammenarbeit von der in § 179 Abs. 4 Satz 2 Hs. 2 SGB IX eröffneten Vereinbarungsbefugnis Gebrauch zu machen. Ebenso bereitet die Anwendung des § 179 Abs. 4 Satz 2 SGB IX Probleme, wenn nur bestimmte Teilaufgaben zB Durchführung von Sprechstunden für alle im Betrieb beschäftigten 450 schwerbehinderten Menschen übertragen werden. Dann ist es erforderlich, das zeitliche Ausmaß der anfallenden Beratungsarbeit festzustellen. Dazu ist eine Aufstellung der in einem Vierteljahr der Heranziehung aufgewandten Amtstätigkeit hilfreich. Auf dieser Grundlage kann das Arbeitsgericht feststellen, dass das herangezogene Mitglied vollständig oder teilweise (für bestimmte Wochentage) von der Arbeitspflicht freizustellen ist.[94]

34 **Organisation der Abstimmung untereinander:** Mit der Heranziehung erhält das betreffende stellvertretende Mitglied nicht ein **Stimmrecht** für Beschlussfassungen innerhalb der SBV. Die SBV wird durch die Heranziehung nicht zu einem kollegialen **Beschlussorgan** (→ § 177 Rn. 6). Denn der Herangezogene ist allein zuständig für die ihm übertragenen Aufgaben. Jedoch sind nach Abs. 1 Satz 6 die Mitglieder der SBV bei ihrer Aufgabenwahrnehmung zu **wechselseitiger Abstimmung** hinsichtlich ihrer Arbeit verpflichtet. Das betrifft in erster Linie die Klärung von Terminfragen und Informationsaustausch. Der an sich selbstverständliche Grundsatz ist entgegen der Kritik des Bundesrates an einer „unnötigen Regulierung" ausdrücklich in den Gesetzeswortlaut aufgenommen worden, um damit „im betrieblichen Alltag aufgetretene Schwierigkeiten" zu beseitigen.[95] Der Gesetzgeber des BTHG hat daran festgehalten, als er die Regelung nach Abs. 1 Satz 6 verschoben hat. Die gegenständlich von der Vertrauensperson festgelegte Heranziehung kann insbesondere auch das Teilnahmerecht an Sitzungen des Personal- oder des Betriebsrats einschließen, wenn zur selbstständigen Erledigung von Aufgaben eine bestimmte Personengruppe oder ein Betriebsteil zugewiesen worden ist. Diese Aufgabenteilung kann zu Problemen führen, wenn sowohl Vertrauensperson als auch herangezogenes Mitglied aufgrund ihres Aufgabenzuschnitts Interesse haben, an einer Personal- oder Betriebsratssitzung teilzunehmen. Entweder es findet eine Aufteilung der Teilnahme nach Tagesordnungspunkten oder eine Abstimmung untereinander statt, wer in der Sitzung die SBV repräsentieren soll. Im Zweifel darf die **Vertrauensperson bestimmen,** wer die SBV vertritt.[96] Es besteht entgegen der häufig anzutreffenden Ansicht kein Team von gleichberechtigten Mitgliedern der SBV.

35 **Sitzung der SBV:** Die in § 178 Abs. 1 Satz 5 SGB IX geregelte Abstimmung untereinander ist erforderliche Tätigkeit der Amtsführung. Für diese Zeit sind die Mitglieder der SBV von ihrer beruflichen Tätigkeit nach § 179 Abs. 4 Satz 1 SGB IX befreit, so dass für die ausgefallene Arbeitszeit das Entgelt fortzuzahlen

---

94 Vgl. für die Freistellung eines herangezogenen stellvertretenden Mitglieds der SBV in einer Behörde: ArbG Stuttgart 31.1.2018 – 29 BV 208/17.
95 *Schubert* in Knittel, 107. EL 1.4.2020, SGB IX § 178 Rn. 45 unter Bezug auf BT-Drs. 15/1783, 16.
96 *Düwell* in Deinert/Neumann SGB IX-HdB § 20 Rn. 126; zustimmend: *Knittel* SGB IX Rn. 17 h.

ist, → § 179 Rn. 5. Die Abstimmung untereinander kann in Form des fernmündlichen Gesprächs oder der elektronischen Kommunikation geschehen. Da das persönliche Gespräch oft angebracht ist, um Missverständnisse auszuschließen, darf eine Vertrauensperson bei Bedarf auch Sitzungen der Vertrauensperson mit den herangezogenen Mitgliedern zum Zwecke der Abstimmung für erforderlich halten. Dies gilt insbesondere in größeren Betrieben und Dienststellen mit mehreren herangezogenen Mitgliedern. Fällt wegen der Arbeit im Schichtbetrieb die Sitzung für einen Teil der Mitglieder in die Freizeit, so gilt das Freizeitopfer als betriebsbedingt (→ § 179 Rn. 6) und deshalb durch **bezahlte Freistellung** auszugleichen. Ist das aus betriebsbedingten Gründen nicht möglich, so hat der Arbeitgeber die aufgewendete Zeit wie Mehrarbeit auch mit Zuschlägen zu vergüten, → § 179 Rn. 8.

Heranziehung der weiteren stellvertretenden Mitglieder: In Betrieben mit mehr als 200 schwerbehinderten Arbeitnehmern ist auch die Heranziehung weiterer stellvertretender Mitglieder nach Maßgabe der sich aus Abs. 1 Satz 5 ergebenden **Staffelung** zulässig; → Rn. 22. Dass sich das Merkmal „in der Regel" nur auf den in Abs. 1 Satz 4 bezieht, ist ein Redaktionsversehen. Das Merkmal ist auch auf den Fall der Heranziehung weiterer stellvertretender Mitglieder nach Abs. 1 Satz 5 anzuwenden. Es gibt keinen vernünftigen Grund, für die Zulässigkeit der Heranziehung des weiteren stellvertretenden Mitglieds abweichend von der Voraussetzung für die Heranziehung des ersten stellvertretenden Mitglieds die Grenzwerte der Beschäftigungszahl unterschiedlich zu ermitteln.[97] 36

Verhinderung des herangezogenen Mitglieds: Nach der zur alten Fassung des § 95 Abs. 1 Satz 4 ergangenen Rspr. des Siebten Senats des BAG soll bei vorübergehender Verhinderung des herangezogenen stellvertretenden Mitglieds nicht zulässig sein.[98] Das wird damit begründet, die SBV sei kein Kollegialorgan. Sie bleibe bei der Heranziehung vielmehr ein Ein-Personen-Gremium. Die Heranziehung diene allein der Entlastung der Vertrauensperson, weil diese in größeren Betrieben oder Dienststellen möglicherweise nicht in der Lage ist, die gesamten der SBV obliegenden Aufgaben dauerhaft allein zu bewältigen. Dieser Regelungszweck erfordere es nicht, bei der vorübergehenden Verhinderung des herangezogenen stellvertretenden Mitglieds automatisch ein weiteres stellvertretendes Mitglied zur Aufgabenerledigung heranzuziehen. Die in dieser Zeit anfallenden unaufschiebbaren Aufgaben aus dem Wirkungskreis des verhinderten stellvertretenden Mitglieds seien vielmehr grundsätzlich von der Vertrauensperson selbst zu erledigen. Dem ist nicht zuzustimmen. Zuzugestehen ist, dass eine Regelungslücke vorliegt. Ist das herangezogene stellvertretende Mitglied verhindert, so muss jedoch die Vertrauensperson in analoger Anwendung von Abs. 1 Satz 4 berechtigt sein, nach vorheriger Unterrichtung des Arbeitgebers anstelle des verhinderten herangezogenen ersten stellvertretenden Mitglieds das in der Reihenfolge des Wahlergebnisses folgende „weitere" stellvertretende Mitglied zeitweilig heranzuziehen. Sonst liefe bei langandauernden Krankheitszeiten des ersten herangezogenen Mitglieds die Heranziehung leer. Die vom Gesetzgeber erwünschte Entlastung der Vertrauensperson würde dann blockiert. Endet die Verhinderung, so endet auch diese besondere Art der zeitweiligen verhinderungsbedingten Heranziehung des weiteren stellvertretenden Mitglieds. Damit kann bei Bedarf eine **Vertretungskette** die kontinuierliche Tätigkeit der SBV im Großbetrieb sicherstellen. Das hat im Ergebnis auch die jüngere Rspr. 37

---

97 So zutreffend schon zur Vorgängervorschrift *Knittel* SGB IX § 95 Rn. 40.
98 BAG 7.4.2004 – 7 ABR 35/03, Behindertenrecht 2004, 110.

anerkannt, wenn sie auch einen anderen Begründungsweg einschlägt.[99] Danach fallen im Verhinderungsfall des ersten und/oder zweiten stellvertretenden Mitglieds die übertragenen Aufgaben auf die Vertrauensperson zurück. Sollte diese durch andere Termine verhindert sein, ist eine Stellvertretung nach § 177 Abs. 1 Satz 1 SGB IX zu prüfen. Ist die Vertrauensperson durch Wahrnehmung andere Amtsgeschäft oder Abwesenheit verhindert, kommt es automatisch mit dem Verhinderungsfall zu einer Übertragung von dem ersten auf das zweite stellvertretende Mitglied und gegebenenfalls auch auf das dritte oder vierte stellvertretende Mitglied.[100] Im praktischen Ergebnis zwar häufig übereinstimmend, aber dogmatisch korrekt ist eine andere Konstruktion der Vertretungskette: Ein stellvertretendes Mitglied besitzt während der Dauer der Heranziehung nach § 179 Abs. 3 Satz 2 SGB IX die gleiche Rechtsstellung wie ein Ersatzmitglied des Betriebs- oder Personalrats. Bei der zeitweiligen Verhinderung eines Ersatzmitglieds rücken nach § 25 Abs. 1 Satz 2 BetrVG bzw. § 33 Abs. 1 Satz BPersVG vom 9.6.2021 jeweils das in der Reihenfolge nächste Ersatzmitglied für die Dauer der Verhinderung nach.[101] Die Berücksichtigung dieser schon vor der Neufassung des SGB IX durch das BTHG existenten Nachrückbestimmung fehlte bei der subjektiven Gesetzesanwendung des Siebten Senats im Jahr 2004.[102] Der Senat sollte bei Gelegenheit für Klarstellung sorgen.

VII. Unterrichtungs- und Anhörungsanspruch (Abs. 2)

38 **Trias von Unterrichtung, Anhörung und Entscheidungsmitteilung nach Abs. 2 Satz 1:** § 178 Abs. 2 regelt in seinem Satz 1 die allgemeine Pflicht des Arbeitgebers, die im Betrieb oder in der Dienststelle bestehenden SBV in allen Angelegenheiten an seiner Willensbildung zu beteiligen. Das geschieht in drei Stufen: 1. Unterrichtung, 2. Anhörung und 3. Ergebnismitteilung nach getroffener Entscheidung. In Satz 2 und 3 werden die Rechtsfolgen bei Verletzungen des Beteiligungsverfahrens geregelt. Satz 4 erweitert die Rechte der SBV in Verfahren der Stellenbesetzung durch besondere Einsichts- und Teilnahmerechte bei Bewerbungen (Einzelheiten → § 164 Rn. 7 ff.). Systematisch hätte der Satz 4 besser in § 164 Abs. 1 nach Satz 4 eingefügt werden sollen; denn er erweitert das dort geregelte Recht der SBV auf Beteiligung am Einstellungsverfahren.

1. Unterrichtung

a) Unterrichtungspflichtige Angelegenheiten

39 **Unterrichtungspflicht:** Der Arbeitgeber ist nach Abs. 2 Satz 1 verpflichtet, die SBV **unverzüglich und umfassend** in **allen Angelegenheiten zu unterrichten**, die den einzelnen schwerbehinderten Menschen oder die Gruppe der Schwerbehinderten im Betrieb **berühren**. Diese Unterrichtungspflicht dient zum einen dazu, dass die SBV rechtzeitig darüber informiert ist, dass und wann ihre Beistandsleistung für einen einzelnen schwerbehinderten Beschäftigten gefragt sein kann, zB wenn der Arbeitgeber einen Aufhebungsvertrag anbieten oder einen Antrag auf Zustimmung zur Kündigung stellen möchte. Zum anderen soll die Unter-

---

99 ArbG Hamburg 19.5.2016 – 12 BV 7/15, juris Rn. 56 ff., ZBVR online 2016, Nr. 12, 24; zustimmend: *Schubert* in Knittel, 107. EL 1.4.2020, SGB IX § 178 Rn. 37.
100 ArbG Hamburg 19.5.2016 – 12 BV 7/15, juris Rn. 56 ff., ZBVR online 2016, Nr. 12, 24; zustimmend: *Schubert* in Knittel, 107. EL 1.4.2020, SGB IX § 178 Rn. 37.
101 *Düwell* Gute Arbeit 8/2021.
102 BAG 7.4.2004 – 7 ABR 35/03, Behindertenrecht 2004, 110; ablehnend: *Düwell* BAGReport 2004, 336; *von Roetteken* GiP 2005, Nr. 2, 42.

richtungspflicht sicherstellen, dass die SBV als Interessenvertretung der Gruppe der schwerbehinderten Menschen auf die Willensbildung des Arbeitgebers durch Abgabe einer Stellungnahme vor dem Treffen einer Entscheidung Stellung beziehen (so genannte Anhörung) kann. Unterrichtung, Anhörung und Ergebnismitteilung bilden so einen sinnvollen Dreischritt, → Rn. 38.

Die Unterrichtungspflicht setzt voraus, dass die Angelegenheit einen einzelnen schwerbehinderten oder gleichgestellten behinderter Menschen oder das Kollektiv der schwerbehinderten Menschen „berührt" (zur Abgrenzung → Rn. 41 f.).

Diese Vorschrift begründet eine informationelle **Allzuständigkeit** der SBV. Dieses umfassende Unterrichtungsrecht korrespondiert mit der in Abs. 1 Satz 1 der SBV umfassend zugewiesenen Aufgabenstellung, fördernd, beratend und helfend den schwerbehinderten Menschen als Interessenvertreterin zur Seite zu stehen (→ Rn. 4). Hier liegt die sachliche Rechtfertigung dafür, dass die SBV in Angelegenheiten der schwerbehinderten Menschen Anspruch auf frühere und weitergehende Informationen als der Betriebsrat hat; denn nach § 80 Abs. 2 BetrVG hat der Betriebsrat nur Anspruch auf Informationen zur Erledigung seiner in § 80 Abs. 1 BetrVG und punktuell in anderen Gesetzen positiv aufgeführten Aufgaben. Demgegenüber hat die SBV eine nicht auf bestimmte Angelegenheiten beschränkte Zuständigkeit. Eine so weitgehende, mit der SBV in vergleichbare Allzuständigkeit besteht nur in einigen Landespersonalgesetzen für den Personalrat, so zB aufgrund des § 2 Abs. 1 Nr. 1 Mitbestimmungsgesetz SH in Schleswig-Holstein. Im Übrigen ist dieses besondere Ausmaß der Unterrichtungspflicht Ausfluss des in § 182 Abs. 1 SGB IX verankerten Grundsatzes der engen partnerschaftlichen Zusammenarbeit, zwischen Arbeitgeber und SBV, um die Teilhabechancen der schwerbehinderten Menschen sicherstellen zu können. Sinn dieser sehr weitgehenden Unterrichtungspflicht ist es, zum einen die SBV darauf vorzubereiten, in allen Angelegenheiten, die schwerbehinderte Menschen berühren, entsprechend § 178 Abs. 1 Satz beratend und helfend zur Seite stehen zu können. Nicht selten wird das verkannt: Es wird in schlichter Übertragung der betriebsverfassungs- und personalvertretungsrechtlichen Rechtslage angenommen, die Unterrichtungspflicht allein bezöge auf die Vorbereitung einer Anhörung, die auf eine Mitwirkung an Willensbildung an Entscheidungen des Arbeitgebers abziele. Das ist unzutreffend. Deshalb hatte der Siebte Senat des BAG Veranlassung das in einem Fall, in dem der Leiter einer Einrichtung keine Entscheidung mehr zu treffen hatte, klarzustellen: „Der weit gefasste Unterrichtungsanspruch erstreckt sich nicht nur auf einseitige Maßnahmen des Arbeitgebers, sondern auf alle Angelegenheiten, die sich spezifisch auf schwerbehinderte Menschen auswirken."[103] In dem Ausgangsfall hatte eine beim örtlichen Jobcenter gebildete SBV ein Anhörungsrecht vor der Einführung eines zentralen neuen digitalen Bearbeitungsprogramms geltend gemacht. Der Siebte Senat entschied zu Recht: Das Anhörungsrecht stand der bei der Hauptstelle bestehenden HSBV zu, weil dort die Mitwirkung an der Willensbildung vor der Entscheidung über die Einführung möglich war. Die SBV der Dienststelle war danach nur noch über die getroffene Entscheidung über Einführung dieser technischen Einrichtung zu unterrichten.[104] Die Unterrichtung war hier erforderlich, weil die neue Technik sich auf die Arbeitssituation von Menschen mit Behinderung belastend auswirken kann und die SBV deshalb unterrichtet sein muss, beratend und helfend tätig werden zu können. Das kann insbesondere

---

103 BAG 20.6.2018 – 7 ABR 39/16, Rn. 33, NZA 2019, 54.
104 BAG 20.6.2018 – 7 ABR 39/16, Rn. 33, NZA 2019, 54.

dadurch geschehen, dass individuelle Anpassungsmaßnahmen, die behinderungsbedingt erforderlich werden, nach § 178 Abs. 1 Satz 2 Nr. 2 SGB IX bei den zuständigen Stellen beantragt werden. Diese Konzeption der Unterrichtungspflicht ist auch von den öffentlichen Arbeitgebern in ihren zur Inklusion und Teilhabe der im Landesdienst Beschäftigten erlassenen Verwaltungsvorschriften berücksichtigt worden. So ist in der Thüringer Regelung für Beurteilungen, die nach der Rspr. keine Entscheidungen darstellen[105], bestimmt: Rechtzeitig vor Beginn des Beurteilungsverfahrens ist die Schwerbehindertenvertretung zu unterrichten (§ 178 Abs. 2 Satz 1 SGB IX), um ggfs. deren Teilnahme an vorgeschalteten Beurteilungsgesprächen und an der Erörterung der Beurteilung auf Veranlassung des schwerbehinderten Beschäftigten zu ermöglichen.[106] Dieses Beispiel macht deutlich, wie die Unterrichtung der SBV dem Zweck der Beistandleistung dient.

Sinn dieser Unterrichtungspflicht ist es zum anderen, die SBV in den Stand zu versetzen, im Rahmen einer Anhörung vor der Treffen einer Entscheidung durch Abgabe einer Stellungnahme die Entscheidung noch im Interesse der Teilhabe schwerbehinderter Menschen beeinflussen zu können. Das Ausmaß dieser Unterrichtung muss danach bestimmt werden, welche Informationen erforderlich sind, um zu vermeiden, dass eine Entscheidung des Arbeitgebers die Belange der schwerbehinderten Menschen beeinträchtigt. Im Übrigen ist jeder Arbeitgeber im eigenen Interesse gut beraten, entsprechend § 178 Abs. 2 Satz 1 möglich umfassend zu unterrichten. Denn dann kann die SBV aus ihrer fachlichen Sicht als für die Eingliederung schwerbehinderter Menschen zuständige Sondervertretung auch auf mögliche, nicht vom Arbeitgeber bedachte Auswirkungen seiner Entscheidung hinweisen.[107]

Zusammenfassung: Die Einräumung des umfassenden Unterrichtungs- und Anhörungsrechts ist das erforderliche Instrument, damit:
1. die SBV die ihr in Abs. 1 Satz 1 übertragene Pflichtaufgabe, den schwerbehinderten und gleichgestellten Beschäftigten beratend und helfend zur Seite zu stehen, erfüllen kann; hinzu muss allerdings noch als notwendiger dritter Schritt der Beteiligung nach § 178 Abs. 2 Satz 1 SGB IX die Mitteilung der nach Anhörung getroffenen Entscheidung an die SBV (dazu → Rn. 58) kommen; denn der schwerbehinderte Beschäftigte, der von der Entscheidung persönlich berührt wird, soll nach § 178 Abs. 1 Satz 2 SGB IX von der SBV beratend und helfend Beistand erfahren,
2. die SBV als Interessenvertretung durch eine Stellungnahme auf die Willensbildung des Arbeitgebers in Schwerbehindertenangelegenheiten Einfluss nehmen kann.

Diese umfassende informationelle Zuständigkeit bezieht sich jedoch nur auf die Angelegenheiten der schwerbehinderten Menschen (§ 2 Abs. 2 SGB IX) einschließlich der ihnen gem. § 2 Abs. 3 SGB IX gleichgestellten behinderten Beschäftigten. Entgegen der Ansicht mancher Vertrauenspersonen wird im Gesetz keine Zuständigkeit für alle Beschäftigten mit einer drohenden oder bereits ein-

---

105 BayVGH 30.11.2015 – 6 ZB 15.2148, NVwZ-RR 2016, 51 unter Bezug auf die zur Vorgängervorschrift des § 25 Abs. 2 SchwbG aF ergangene Rechtsprechung des BVerwG 14.12.1990 – 2 B 106.90, juris Rn. 8; BVerwG 23.4.1998 – 2 C 16.97, juris Rn. 21.
106 Erlass zur Inklusion und Teilhabe von Menschen mit Behinderungen im Landesdienst Thüringen, S. 33, abrufbar unter https://innen.thueringen.de/fileadmin/th3/tim/2019/broschure.pdf.
107 Bis auf die fehlerhafte Verwendung „Ausschluss" statt Ausfluss wörtlich den Vorauflagen folgend: LAG Köln 8.4.2009 – 8 TaBV 113/08, LAGE § 95 SGB IX Nr. 2.

getretenen einfachen Behinderung begründet.[108] Dies gilt auch für die Beteiligung am BEM.[109] Eine Erstreckung der Zuständigkeit ist jedoch im Rahmen einer Inklusionsvereinbarung (§ 166 SGB IX) oder im öffentlichen Dienst durch Verwaltungsvorschriften des öffentlichen Arbeitgebers möglich.

Die Einordung ins Unions- und Völkerrecht: Die in § 178 Abs. 2 Satz 1 SGB IX geregelte Beteiligung der Schwerbehindertenvertretung in Angelegenheiten, die einen einzelnen oder die schwerbehinderten Menschen als Gruppe berühren, ist weder eine angemessene Vorkehrung im Sinne von Art. 5 der Richtlinie 2000/78/EG (Rahmenrichtlinie) noch von Art. 27 Abs. 1 Satz 2 Buchst. i iVm Art. 2 Unterabs. 3 und Unterabs. 4 der UN-BRK. Dies hat der Siebte Senat des BAG zutreffend erkannt;[110] denn das Beteiligungsverfahren ist umfassend auf alle Angelegenheiten des Einzelnen und des Kollektivs ausgerichtet. Erforderlich wäre eine Zielorientierung, dem einzelnen schwerbehinderten Menschen den Zugang zur behinderungsgerechten Beschäftigung zu verschaffen. Zum Begriff der angemessenen Vorkehrungen → § 167 Rn. 32. Möglich ist die Einordnung als positive Maßnahme iSv Art. 7 Rahmenrichtlinie. Nach Art. 7 Abs. 1 der Richtlinie sollen die Mitgliedsstaaten zur Gewährleistung der völligen Gleichstellung im Berufsleben spezifische Maßnahmen beizubehalten oder einzuführen, mit denen Benachteiligungen wegen des in Art. 1 genannten Diskriminierungsgrunds verhindert oder ausgeglichen werden. Die Beteiligung der SBV soll sowohl für den einzelnen schwerbehinderten Beschäftigten als auch für deren Gruppe sicherstellen, dass eine Benachteiligung ausgeschlossen wird und behinderungsbedingte Nachteile ausgeglichen werden.

40

Abgrenzung zu anderen Angelegenheiten: Für die Begründung der Unterrichtungspflicht muss eine Angelegenheit entweder die Gruppe der schwerbehinderten Menschen oder einen einzelnen schwerbehinderten Menschen „berühren". Nach der Rspr. soll das Wort „berühren" mit „betreffen" gleichzusetzen sein.[111] Die Unterrichtung soll es der SBV ermöglichen, auf eine sachdienliche Behandlung hinzuwirken, wenn die spezifischen Belange eines schwerbehinderten Menschen oder der schwerbehinderten Beschäftigten als Gruppe für die Entscheidung des Arbeitgebers erheblich sind.[112]. Eine Unterrichtung sei deshalb dann nicht erforderlich, wenn die Angelegenheit bzw. die Maßnahme des Arbeitgebers die Belange schwerbehinderter Menschen in keiner anderen Weise betreffe als die Belange nicht schwerbehinderter Beschäftigter.[113] Bis zur vierten Aufl. ist auch hier diese den Wortlaut einschränkende Auslegung aus Praktikabilitätsgründen vertreten worden. Um eine ausufernde Anwendung einzugrenzen müssten die **spezifischen Belange** von schwerbehinderten Menschen in Abgrenzung zu den allgemeinen Belangen betroffen sein, die für alle Beschäftigten

41

---

108 LAG Hamm 10.1.2020 – 13 TaBV 60/19. Rn. 40, AuA 2020, 242; *Schäfer* jurisPR-ArbR 12/2020 Anm. 5.
109 LAG Hamm 10.1.2020 – 13 TaBV 60/19. Rn. 40, AuA 2020, 242; *Schäfer* jurisPR-ArbR 12/2020 Anm. 5.
110 BAG 22.1.2020 – 7 ABR 18/18, Rn. 42 ff., NZA 2020, 783.
111 BAG 26.1.2017 – 8 AZR 736/15, Rn. 36, NZA 2017, 854; BAG 17.8.2010 – 9 ABR 83/09, Rn. 14, BAGE 135, 207, Behindertenrecht 2011, 17; dem im Grundsatz zustimmend, aber darauf verweisend, die Grenze sei fließend; *Schubert* in Knittel, 107. EL 1.4.2020, SGB IX § 178 Rn. 48; zu Recht ablehnend: *Bötzel*, SBV und Betriebsrat als Interessenvertretung schwerbehinderter Menschen im Betrieb, 2020, S. 150.
112 BAG 19.12.2018 – 7 ABR 80/16, Rn. 22, NZA 2019, 854; BAG 22.8.2013 – 8 AZR 574/12, Rn. 35, Behindertenrecht 2014, 203.
113 BAG 14.3.2012 – 7 ABR 67/10, Rn. 20, Behindertenrecht 2012, 236; BAG 17.8.2010 – 9 ABR 83/09, Rn. 13, 18, Behindertenrecht 2011, 17.

gleichermaßen gelten.[114] Ab der fünften Aufl. ist diese teleologische Reduktion aufgegeben worden. Weder berücksichtigt diese Abgrenzung ausreichend die sprachliche Differenzierung zwischen berühren und betreffen, noch wird sie dem Gesichtspunkt gerecht, dass das Unterrichtungsrecht der SBV eingeräumt worden ist, nach Abs. 1 Satz 1 schwerbehinderten Menschen „helfend und beratend zur Seite zustehen". Ein Beratungsbedarf durch die SBV kann auch trotz scheinbar gleicher Betroffenheit bestehen, wenn sich eine Maßnahme belastender auf schwerbehinderte Menschen auswirkt,[115] Soweit das Wort „berühren" mit „betreffen" unter Bezug auf Duden[116] gleichgesetzt wird,[117] ist das unzutreffend.[118] Das Prädikat „berührt" erfasst einen weiteren Kreis von Angelegenheiten die als beteiligungspflichtig anzusehen sind, als den, der sich bei Verwendung des Prädikats „betreffen" ergeben. **Betreffen** ist ein starkes Verb mit der Bedeutung „sich auf jemanden beziehen",[119] Die Verwendung dieses Prädikats führt zu dem Missverständnis, eine unterrichtungspflichtige Maßnahme müsse einen **direkten Bezug** zu der Behinderung des schwerbehinderten Menschen haben, nur dann liege eine besondere Betroffenheit vor.[120] Das in Abs. 2 Satz 1 verwandte Verb „**berühren**" bringt zum Ausdruck, „einen Kontakt herstellen ohne fest zuzufassen".[121] Es genügt demnach ein weniger enger Bezug, dh ein „nur **mittelbarer Zusammenhang** mit der Behinderung".[122] Dementsprechend ist die Abgrenzung zu anderen, nicht unterrichtungspflichtigen Angelegenheiten vorzunehmen. Angelegenheiten, die ohne auf den ersten Blick erkennbare Differenzierung nach dem Merkmal Behinderung die Beschäftigten berühren, sind auch dann unterrichtungspflichtig im Sinne von Abs. 2 Satz 1, wenn nicht ausgeschlossen werden kann, dass ein über die Mitbetroffenheit als Belegschaftsangehöriger hinausgehendes spezifisches **Schutzbedürfnis** vorliegt oder sich eine Arbeitgebermaßnahme auf das Beschäftigungsverhältnis schwerbehinderter Menschen in **besonderer Weise auswirken kann**, ohne dass die Auswirkung zwingend eintreten muss.[123] Für die mit der hier vertretenen Auslegung inhaltlich übereinstimmende hM im Schrifttum lässt daher als Tatbestandsvoraussetzung einen „mittelbaren Zusammenhang" im Sinne einer nicht auszuschließenden „Auswirkung und Ausstrahlung auf einen oder mehrere oder alle schwer-

---

114 Dem folgend: zunächst LAG Köln 8.4.2009 – 8 TaBV 113/08, LAGE § 95 SGB IX Nr. 2, später: BAG 17.8.2010 – 9 ABR 83/09, Rn. 13, BAGE 135, 207, Behindertenrecht 2011, 17; KGH.EKD 17.2.2020 – II-0124/14–2019 zustimmend: *Schubert* in Knittel, 107. EL 1.4.2020, SGB IX § 178 Rn. 40.
115 Darauf weist zu Recht hin: *Bötzel*, SBV und Betriebsrat als Interessenvertretung schwerbehinderter Menschen im Betrieb, 2020, S. 149.
116 Duden, Das Synonymwörterbuch, 8. Aufl. 2020, S. 194.
117 BAG 17.8.2010 – 9 ABR 83/09, Rn. 14, BAGE 135, 207, Behindertenrecht 2011, 17; dem folgend – *Knittel* SGB IX § 95 Rn. 48.
118 Sich der hier vertretenen Sicht anschließend: *Bötzel*, SBV und Betriebsrat als Interessenvertretung schwerbehinderter Menschen im Betrieb, 2020, S. 148.
119 S. https://www.duden.de/rechtschreibung/betreffen, Aufruf 7.6.2021.
120 So LAG BW 7.4.2017 – 7 TaBV 1/17, Rn. 10, NZA-RR 2017, 639 mit zustimmender Anmerkung von *Evermann*.
121 S. https://www.duden.de/rechtschreibung/beruehren, Aufruf 7.6.2021.
122 so auch *Bötzel*, SBV und Betriebsrat als Interessenvertretung schwerbehinderter Menschen im Betrieb, 2020, S. 148; *Krämer* in FKS SGB IX Rn. 22; *Pahlen* in Neumann/Pahlen/Greiner/Winkler/Jabben SGB IX § 178 Rn. 10; *Kayser* in Ernst/Adlhoch/Seel, 31. EL Mai 2017, SGB IX § 95 Rn. 73; im Grundsatz auch *Esser/Isenhardt* in jurisPK-SGB IX, 3. Aufl. 2018 11.2.2021, § 178 Rn. 16.
123 Vgl. zum Zeitpunkt der Konsultation EuGH 10.9.2009 – C-44/08.

behinderten Menschen" genügen.[124] Nur eine derartige Auslegung wird dem Zweck der Pflicht zur unverzüglich zu leistenden Unterrichtung gerecht. Die SBV kann ihre gesetzliche Aufgabe aus § 178 Abs. 1 Satz 1 nämlich nur erfüllen, den schwerbehinderten Beschäftigten beratend und helfend zur Seite zu stehen, wenn sie informiert worden ist.[125] Das Entstehen des Informationsanspruchs darf folglich nicht von der **subjektiven Arbeitgeberbeurteilung** einer bloßen Mitbetroffenheit abhängen, Eine derartige subjektive Determination würde nicht dem in § 182 Abs. 1 aufgestellten Gebot gerecht, nach dem der Arbeitgeber zur Teilhabe schwerbehinderter Menschen am Arbeitsleben in dem Betrieb oder der Dienststelle mit der SBV eng zusammenarbeiten muss. Die Unterrichtungspflicht nach § 178 Abs. 2 Satz 1 stellt sich letztlich als eine Konkretisierung des Gebots der engen Zusammenarbeit mit dem Ziel der gleichberechtigten Teilhabe am Arbeitsleben dar.[126] Folglich muss der Arbeitgeber in jeder Angelegenheit unterrichten, die schwerbehinderte Menschen berührt, wenn nicht objektiv ausgeschlossen werden kann, dass sie mit der Behinderung in einem auch nur mittelbaren Zusammenhang stehen oder sich auf schwerbehinderte Menschen **belastender** als auf die übrigen Beschäftigten **auswirken können** und in die in § 178 Abs. 1 Satz 1 bis 3 definierte **Vertretungszuständigkeit** der SBV fallen. Weitergehend wird im Schrifttum geltend gemacht, auch bei einem gleichen Maß an Betroffenheit sei stets die SBV zu unterrichten; denn der schwerbehinderte Mensch habe Anspruch auf Beratung und Beistand der SBV, auch wenn kein Zusammenhang mit einer Behinderung bestehe. Die SBV sei geschaffen worden, um den die Aufgaben des Betriebsrats übersteigenden Betreuungsbedarf der Gruppe der schwerbehinderten Menschen abzudecken. Daraus ergebe sich zwingend, dass auch dann, wenn eine Angelegenheit alle gleichermaßen berühre, die Angelegenheit noch der Unterrichtungspflicht unterfalle.[127]

Veranschaulichendes Beispiel: Der Arbeitgeber will eine neue Reisekostenordnung erlassen. Auf den ersten Blick sind die schwerbehinderten Menschen nur „mitbetroffen". Ist dort der Vorrang der Benutzung von öffentlichen Verkehrsmittel oder der Ausschluss der Erstattung von Kosten des Privat-Pkw geregelt, so zeigt sich das „Berührtsein" iSv § 178 Abs. 2 Satz 1 SGB IX; denn die schwerbehinderten Beschäftigten, die auf Nutzung ihrer an die persönliche Behinderungsart angepassten Fahrzeuge angewiesen sind, sind mittelbar Betroffene, vgl. ausführlich für Dienstreisen im 7. Beispielsfall.

Der Unterrichtungsanspruch kann **unabhängig von einem Anhörungsanspruch** bestehen.[128] Es ist deshalb vorstellbar, dass in einer Angelegenheit die SBV nur zu unterrichten ist, weil der Arbeitgeber keine Entscheidung trifft. Die beabsichtigte **Arbeitgeberentscheidung** ist nämlich keine zwingende Voraussetzung für die Unterrichtung. Sie löst vielmehr nach § 178 Abs. 2 Satz 1 die weitergehende Pflicht aus, der SBV Gelegenheit zur **Anhörung vor der Entscheidung** zu geben und nach Eingang einer Stellungnahme der SBV **von der getroffenen Ent-**

---

124 *Krämer* in FKS SGB IX, 4. Aufl. 2018, § 178 Rn. 22; Kayser in Ernst/Adlhoch/Seel, 31. EL Mai 2017, SGB IX § 95 Rn. 73; *Pahlen* in Neumann/Pahlen/Greiner/Winkler/Jabben SGB IX § 178 Rn. 10.
125 *Bötzel*, SBV und Betriebsrat als Interessenvertretung schwerbehinderter Menschen im Betrieb, 2020, S. 149.
126 BAG 22.8.2013 – 8 AZR 574/12, ZTR 2014, 175; so auch *Schubert* in Knittel, 107. EL 1.4.2020, SGB IX § 178 Rn. 49.
127 Ebenso: *Bötzel*, SBV und Betriebsrat als Interessenvertretung schwerbehinderter Menschen im Betrieb, 2020, S. 149, 150.
128 So auch *Pahlen* in Neumann/Pahlen/Greiner/Winkler/Jabben SGB IX § 178 Rn. 11.

scheidung Mitteilung zu machen, bevor er sie durchführt. Diese **Handlungspflichten** sind weitere Konkretisierungen, die sich aus dem in § 182 Abs. 1 aufgestellten Gebot ergeben, nach dem der Arbeitgeber zur Teilhabe schwerbehinderter Menschen am Arbeitsleben in dem Betrieb oder der Dienststelle mit der SBV eng zusammenarbeiten muss. Zweck der zusätzlich zur Unterrichtung durchzuführenden **Anhörung** ist es, dass die SBV die Gelegenheit erhält, sich mit einer Stellungnahme in die Willensbildung einzubringen. Die SBV kann sich in tatsächlicher und rechtlicher Hinsicht zu der beabsichtigten Entscheidung äußern und so dem Arbeitgeber erkennen geben, ob er mit der beabsichtigten Entscheidung die ihm im Rahmen der Teilhabe schwerbehinderter Menschen am Arbeitsleben obliegenden Arbeitgeberpflichten erfüllt und ob er dabei die Interessen des schwerbehinderten Menschen angemessen berücksichtigt. Die SBV muss keine Stellungnahme abgeben. Wenn sie jedoch rechtzeitig innerhalb der Abhörungsfrist eine Stellungnahme abgibt, hat der Arbeitgeber diese zur Kenntnis zu nehmen und ernsthaft die dort aufgeführten Gesichtspunkte zu erwägen. Das ist ein Gebot der engen Zusammenarbeit.

Beispielsfälle für Abgrenzung unterrichtungspflichtiger und nicht unterrichtungspflichtiger Angelegenheiten:

1. Der Arbeitgeber schließt mit einem schwerbehinderten Arbeitnehmer einen Aufhebungsvertrag ab. Nach der Rechtsprechung des BAG hat der Arbeitgeber die SBV sowohl unter dem individuellem als auch dem kollektiven Gesichtspunkt der Gruppe über den Abschluss eines solchen **Aufhebungsvertrags** unverzüglich zu unterrichten.[129] Das ist zutreffend; denn die Aufhebung berührt den einzelnen schwerbehinderten Menschen, weil mit dem Ende der Beschäftigung auch seine Teilhabe am Arbeitsleben als schwerbehinderter Mensch in diesem Betrieb beendet wird. Da die Vermittlungschancen für schwerbehinderte Menschen erheblich schlechter sind, soll hier die SBV beratend und helfend nach Abs. 1 Satz 1 zur Seite stehen. Darüber hinaus ist auch die Gruppe der schwerbehinderten Menschen berührt. Das hat der Siebte Senat erkannt; denn durch das Ausscheiden eines schwerbehinderten Menschen wird die nach § 164 Abs. 1 Satz 1 vom Arbeitgeber zu erfüllende Beschäftigungsquote verändert.[130] Da die SBV nach Abs. 1 Satz 2 Nr. 1 die Erfüllung der Mindestquote zu überwachen hat, muss sie in dieser Angelegenheit unterrichtet werden.

2. Der Arbeitgeber erhält vom Beschäftigten Müller die Mitteilung, dass das Versorgungsamt rückwirkend zum 1.8.2018 die **Eigenschaft schwerbehinderter Mensch** festgestellt hat. Diese Angelegenheit berührt die Gruppe, weil die SBV bei Überwachung der Einhaltung der Mindestbeschäftigungspflicht, die von Müller besetzte Stelle „anzurechnen" hat und deshalb der in § 164 Abs. 1 Satz 7 für den Fall der Nichterfüllung der Beschäftigungspflicht bestimmte Erörterungsanspruch entfällt.

3. Der Arbeitgeber erfährt von der Stellung eines **Antrags auf Erwerbsminderungsrente**, der dazu führt, dass die schwerbehinderte Beschäftigte Müller bei Bewilligung der Rente aufgrund der Beendigungsklausel im Arbeitsvertrag mit Ablauf des Monats September ausscheidet. Der Arbeitgeber hat die SBV unverzüglich zu unterrichten, weil diese Angelegenheit den schwerbehinderten Beschäftigten Müller in seiner Teilhabe am Arbeitsleben berührt. Innerhalb von zwei Wochen nach Zugang des Rentenbescheids kann Müller von seinem Recht aus § 33 Abs. 2 TVöD Gebrauch machen, seine

---

129 BAG 14.3.2012 – 7 ABR 67/10, Rn. 23, Behindertenrecht 2012, 236.
130 BAG 14.3.2012 – 7 ABR 67/10, Rn. 23, Behindertenrecht 2012, 236.

Weiterbeschäftigung schriftlich zu beantragen. Die SBV muss in dieser Angelegenheit bereits von dem Rentenantrag unterrichtet werden, damit sie wegen der möglichen das Arbeitsverhältnis beendenden Auswirkung des Rentenantrags auf das Arbeitsverhältnis dem Beschäftigten beratend und helfend zur Seite stehen kann. Eine zweite Unterrichtung ist geboten, wenn der Arbeitgeber eine fehlende Weiterbeschäftigungsmöglichkeit geltend macht; denn dann ist die SBV nach § 167 Abs. 1 verpflichtet, zugunsten des schwerbehinderten Müller an der Klärung der betriebsbedingten Beschäftigungsschwierigkeiten und an deren Behebung mitzuwirken.

4. Der schwerbehinderte Beschäftigte Müller erklärt die Zustimmung zur Durchführung des BEM. Hier ist eine Angelegenheit der Gruppe berührt; denn jetzt erhält die SBV das Recht, sich an der Klärung nach § 167 Abs. 2 Satz 1 zu beteiligen und sofern der Arbeitgeber die Klärung verzögert, die Durchführung der Klärung nach § 167 Abs. 2 Satz 6 zu verlangen.

5. Der Arbeitgeber entscheidet sich, allen Arbeitnehmern einen **Zuschuss zur Vermögensbildung** zu gewähren. Hier liegt keine Angelegenheit vor, die die Gruppe der schwerbehinderten Menschen berührt. Die Leistung steht weder in einem auch nur mittelbaren Zusammenhang mit der Behinderung, noch kann sich die Gewährung der Leistung auf die Situation der Gruppe der schwerbehinderten Menschen im Vergleich zu den übrigen Belegschaftsangehörigen anders auswirken. Die bloße **Mitbetroffenheit** als Teil der Belegschaft **reicht nicht aus**. Das entspricht auch der Zuständigkeitsabgrenzung zwischen SBV und Betriebsrat. Die Vertretung des Beschäftigteninteresses an der Vermögensbildung hat die Betriebsverfassung in § 88 Nr. 3 BetrVG dem Betriebsrat zugewiesen.

6. Der Arbeitgeber führt stichprobeartige Torkontrollen durch. Dabei werden durch einen Zufallsgenerator Beschäftigte ausgewählt. Die obergerichtliche Rechtsprechung hat entschieden, die Angelegenheit berühre auch dann nicht die Gruppe der schwerbehinderten Menschen, wenn die Auswahl auf schwerbehinderte Beschäftigte falle.[131] Demgegenüber wird im Schrifttum kritisiert, dass auch bei derartigen Torkontrollen schwerbehinderte Menschen als Gruppe berührt sein könnten.[132] Das ist zutreffend.

7. Der Arbeitgeber entscheidet, für alle Arbeitnehmer eine Reisekostenordnung zu erlassen. Hier sind spezifische Belange der Gruppe der schwerbehinderten Menschen berührt, weil je nach Art und Schwere der Behinderung bei der Benutzung von Verkehrsmitteln Einschränkungen erkennbar sind und deshalb die fachliche Stellungnahme der SBV hinsichtlich der festzulegenden Benutzungsregeln angebracht ist. Das gilt selbst dann, wenn zurzeit kein mobilitätseingeschränkter schwerbehinderter Mensch im Betrieb beschäftigt wird; denn es ist Vorsorge für den Fall geboten, dass eine bei schwerbehinderten Menschen jederzeit mögliche Mobilitätsbeschränkung auftritt. Dass die Einbringung von Vorschlägen für derartige präventive Maßnahmen rechtzeitig vom Arbeitgeber ermöglicht werden muss, ergibt sich schon aus der Regelung in § 178 Abs. 1 Satz 2 Nr. 2.[133] Dem hat die Rechtsprechung zugestimmt.[134]

---

131 LAG München 30.8.1989 – 5 Sa 419/89, BB 1989, 2111; unklar *Trenk-Hinterberger* in HK-SGB IX, 3. Aufl. 2010, § 95 Rn. 15.
132 *Pahlen* in Neumann/Pahlen/Greiner/Winkler/Jabben SGB IX § 178 Rn. 10.
133 Zutreffend *Trenk-Hinterberger* in HK-SGB IX, 3. Aufl. 2009, § 95 Rn. 15.
134 LAG München 26.1.2017 – 3 TaBV 95/16, LAGE § 95 SGB IX Nr. 5, AuA 2017, 434; daran anschließend LAG Hamm 14.1.2020 – 7 TaBV 63/19, RN. 46, Behindertenrecht 2020, 196; bestätigt durch BAG 24.2.2021 – 7 ABR 9/20, juris Rn. 30; zustimmend: *Schäfer* jurisPR-ArbR 32/2021 Anm. 5.

8. Ein Arbeitgeber will ein neues Beurteilungssystem einzuführen. Zwar werden alle Beschäftigten gleichermaßen, ob schwerbehinderte Menschen oder nicht, davon erfasst, aber die Auswirkungen können unterschiedlich sein. Es ist bei der Beurteilung des Leistungsvermögens zu berücksichtigen, inwieweit behinderungsbedingte Einschränkungen vorliegen. Folgerichtig hat die Rechtsprechung ein Anhörungs- und Unterrichtungsrecht bejaht, wenn im Rahmen des tariflichen ERA Systems Leistungsbeurteilungszweitgespräche mit schwerbehinderten Beschäftigten geführt werden, die zu einer Minderung der tariflichen Leistungszulage führen können.[135] Erst recht muss vor Einführung eines neuen Verfahrens zur Leistungsbeurteilung Gelegenheit zur Anhörung gegeben werden, damit die SBV präventiv Vorschläge unterbreiten kann, wie mögliche Benachteiligungen von schwerbehinderten Menschen zu vermeiden sind.

42 **Personelle Angelegenheiten einzelner schwerbehinderter Menschen:** Soweit es um die Angelegenheiten eines einzelnen schwerbehinderten Menschen geht, die diesen in seiner rechtlichen Stellung im Beschäftigungsverhältnis berühren, ist die Unterrichtung der SBV insbesondere vor jeder Entscheidung in arbeitsrechtlich bedeutsamen Belangen stets geboten, ohne dass es auf eine spezifische Betroffenheit ankommt; denn hier ist die SBV als gesetzliche Beraterin und Helferin jedes schwerbehinderten und gleichgestellten Beschäftigten nach Abs. 1 Satz 1 gefragt. Deshalb ist sie vor allem vor jeder Entscheidung zu unterrichten und anzuhören, die das rechtliche Verhältnis zum Arbeitgeber berührt. Das betrifft insbesondere die **Abmahnung**,[136] **Versetzung**,[137] **Umsetzung** innerhalb eines Betriebs oder einer Dienststelle mit der andere Aufgaben übertragen werden, ohne dass der Versetzungsbegriff aus § 95 Abs. 3 BetrVG erfüllt wird,[138] **Ein- oder Umgruppierungen** und **Kündigungen**.[139] Es ist höchstrichterlich geklärt, dass auch ein Aufhebungsvertrag oder eine Vertragsänderung unterrichtungspflichtige Angelegenheiten sind. Das hat der Siebte Senat des BAG trotz aller berechtigten Kritik, die vor an dem vom Senat noch zugelassenen späten Unterrichtungszeitpunkt geübt wird, klar zum Ausdruck gebracht: „Der Abschluss eines Aufhebungsvertrags mit einem schwerbehinderten Menschen ist eine ‚Angelegenheit' iSv § 95 Abs. 2 S 1 Halbs 1 [seit 1.1.2018: § 178 Abs. 2 Satz 1 Hs. 1]. Der Arbeitgeber muss daher den Schwerbehindertenvertreter [richtig: Schwerbehindertenvertretung] unverzüglich unterrichten."[140]
Gegen die hier vertretene Auslegungslinie hat sich jüngst eingewandt worden, „ein genereller Anspruch auf Beteiligung der Schwerbehindertenvertretung **ohne Ansehung des Abmahnungsgrundes** (…) nach § 95 Abs. 2 SGB IX (…) be-

---

135 LAG München 26.1.2017 – 3 TaBV 95/16, LAGE § 95 SGB IX Nr. 5, AuA 2017, 434.
136 Vgl. BAG 17.8.2010 – 9 ABR 83/09, Rn. 14, BAGE 135, 207, NZA 2010, 1431; zustimmend *Kleinebrink* FA 2012, 194 (195).
137 BAG 17.8.2010 – 9 ABR 83/09, Rn. 14, BAGE 135, 207, NZA 2010, 1431; LAG RhPf 5.10.2011 – 8 TaBV 9/11, Rn. 25, Behindertenrecht 2012, 203, so auch zum neuen Recht *Knittel* SGB IX § 95 Rn. 50.
138 BAG 22.1.2020 – 7 ABR 18/18, Rn. 26, SuP 2020, 109.
139 BAG 17.8.2010 – 9 ABR 83/09, Rn. 14, BAGE 135, 207. NZA 2010, 1431, so auch unter Bezug auf die Neuregelung in Abs. 2 Satz 3 *Knittel* SGB IX § 95 Rn. 50.
140 BAG 14.3.2012 – 7 ABR 67/10, Behindertenrecht 2012, 236; kritisch: *von Roetteken* jurisPR-ArbR 29/2012 Anm. 2.

steht nicht."[141] Anstelle einer Begründung hat die erkennende Siebte Kammer des LAG in Stuttgart „auf die zutreffenden Ausführungen des Arbeitsgerichts" verwiesen. Das ArbG Reutlingen hatte in der Vorentscheidung darauf abgestellt, eine Beteiligung sei nur dann erforderlich, wenn die Abmahnung im Zusammenhang mit der Schwerbehinderung des Mitarbeiters stehe. Das ergebe sich aus der Rspr. des BAG. Dem ist jedoch nicht so. Vielmehr hat das BAG ausdrücklich nicht auf den direkten Zusammenhang der Abmahnung mit der Behinderung abgestellt.[142] In der jüngeren Rspr. hat diese Sicht der für Bestandsschutzangelegenheiten zuständige Zweite Senat für den Sachverhalt, den der Arbeitgeber zum Anlass der Kündigung nehmen will, ausdrücklich bestätigt:[143] „Die Unterrichtung muss die Schwerbehindertenvertretung in die Lage versetzen, auf die Willensbildung des Arbeitgebers einzuwirken. Dabei besteht „keine Reduzierung des Unterrichtungsinhalts auf schwerbehindertenspezifische Kündigungsbezüge". Zum einen ist die Schwerbehindertenvertretung mandatiert, die Interessen von schwerbehinderten und ihnen gleichgestellten behinderten Menschen umfassend zu vertreten (vgl. § 95 Abs. 1 SGB IX aF; § 178 Abs. 1 SGB IX nF). Das schließt es ein, „nicht behinderungsspezifische" Einwände gegen eine beabsichtigte Kündigung zu erheben. Zum anderen muss die Schwerbehindertenvertretung selbst beurteilen können, ob sie einen Bezug der beabsichtigten Kündigung zur Behinderung des betreffenden Arbeitnehmers für gegeben erachtet." Das ist nicht nur für die Unterrichtung vor der Kündigung sondern auch für die Unterrichtung vor der Abmahnung zutreffend. Die Angelegenheit **Abmahnung** berührt stets den einzelnen schwerbehinderten Beschäftigten, weil sein individuelles Arbeitsverhältnis gefährdet ist.[144] Die SBV hat in Erfüllung ihrer Aufgabe, jedem einzelnen schwerbehinderten Beschäftigten helfend und beratend beizustehen. Dabei hat sie – wie der Zweite Senat zu Recht für die Kündigung erkannt hat[145] – auch bei der Abmahnung zu prüfen, ob nicht zumindest ein mittelbarer Zusammenhang mit der Behinderung besteht und insoweit Abhilfemaßnahmen anzuregen oder die Einleitung eines vom Arbeitgeber unterlassenen Präventionsverfahrens nach § 167 Abs. 1 SGB IX zu verlangen. Diese schon in der Vorauflage vertretene Ansicht hat sich auch die kirchliche Arbeitsgerichtsbarkeit zu Eigen gemacht.[146] Sie ist jüngst vom Siebten Senat für den nichtkirchlichen Bereich bestätigt worden; denn dieser hat oh-

---

141 ArbG Duisburg 31.1.2019 – 3 Ca 1099/17, juris Rn. 99; LAG BW 7.4.2017 – 7 TaBV 1/17, Rn. 10, NZA-RR 2017, 639 mit zustimmender Anmerkung von *Evermann*; die dagegen eingelegte Nichtzulassungsbeschwerde hat das BAG 22.11.2017 – 7 ABN 54/17 zurückgewiesen; zu Recht diese Einschränkung ablehnend: Schiedsstelle des Diakonischen Werkes der Evangelisch-Lutherischen Landeskirche Hannovers 3.6.2019 – 4 VR MVG 14/19, juris Rn. 12; in der Beschwerdeinstanz bestätigt durch: Kirchengerichtshof der Evangelischen Kirche in Deutschland 17.2.2020 – II-0124/40.
142 BAG 17.8.2010 – 9 ABR 83/09, Rn. 14, BAGE 135, 207, NZA 2010, 1431; zustimmend *Kleinebrink* FA 2012, 194 (195).
143 BAG 13.12. 2018 – 2 AZR 378/18, Rn. 21, BAGE 164, 360, NZA 2019, 305.
144 So auch: *Bötzel*, SBV und Betriebsrat als Interessenvertretung schwerbehinderter Menschen im Betrieb, 2020, S. 149, 151; *Rolfs* in ErfK SGB IX § 178 Rn. 5; *Kleinebrink* DB 2017, 126; vgl. auch *Zimmermann* in MHdB ArbR, 4. Aufl. 2018, § 198 Rn. 141.
145 BAG 13.12. 2018 – 2 AZR 378/18, Rn. 21, BAGE 164, 360, NZA 2019, 305.
146 Schiedsstelle des Diakonischen Werkes der Evangelisch-Lutherischen Landeskirche Hannovers 3.6.2019 – 4 VR MVG 14/19, juris Rn. 12; in der Beschwerdeinstanz bestätigt durch: Kirchengerichtshof der Evangelischen Kirche in Deutschland 17.2.2020 – II-0124/40.

ne Abstellen auf behindertenspezifische Gründe die Angelegenheit „Umsetzung" ohne Weiteres als beteiligungspflichtig beurteilt.[147]
Die höchstrichterliche Rspr. hat noch nicht hinreichend den **Inhalt des Merkmals „berührt"** erkannt. Dieses setzt nur die Möglichkeit eines Zusammenhangs mit der Schwerbehinderung voraus (→ Rn. 41). So ist der Achte Senat des BAG vorschnell von einer die Unterrichtungspflicht ausschließenden allgemeinen „Mitbetroffenheit", die den Bezug zur Behinderung ausschließt, bei der Entscheidung über Arbeitszeitfragen ausgegangen.[148] Zugrunde lag die Entscheidung des Arbeitgebers, die **Arbeitszeiten** mehrerer teilzeitbeschäftigter Arbeitnehmer gem. **§ 9 TzBfG aufzustocken**, ohne dem Wunsch eines schwerbehinderten Mitarbeiters nach Verlängerung seiner Arbeitszeit zu entsprechen.[149] Das wird im Schrifttum zu Recht kritisiert.[150] Im Hinblick auf die schwerbehinderte Beschäftigte traf der Arbeitgeber eine Entscheidung in einer individuellen Angelegenheit, weil der Arbeitgeber den geäußerten Wunsch nach Arbeitszeitverlängerung abschlug. Hier war die Möglichkeit des Zusammenhangs der Entscheidung mit der Behinderung schon deswegen nicht auszuschließen, weil der Arbeitgeber als Begründung Leistungsmängel anführte. Schon deshalb hätte die Unterrichtung der SBV zu der Prüfung führen sollen, ob die schwerbehinderte Beschäftigte von der Aufstockung tatsächlich wegen Leistungsmängel, die nicht im Zusammenhang mit der Behinderung standen, ausgenommen werden sollte. Diese Angelegenheit fiel in die Aufgabe der SBV, darüber zu wachen, ob im Einzelfall eine Benachteiligung vorlag[151] und der Beschäftigten helfend und beratend beizustehen. Das hat der Achte Senat verkannt, weil er von dem zur weitgehenden Gleichsetzung von berühren mit betreffen ausgeht und deshalb den entschädigungsrechtlichen zutreffenden Rechtssatz, dass für eine Benachteiligungsvermutung der Zusammenhang zwischen Schwerbehinderung und Maßnahme nicht nur möglich erscheinen muss, auch für die Rechtsfrage anwendet, ob eine Entscheidung einen einzelnen schwerbehinderten Beschäftigten so berührt, das der Arbeitgeber die SBV unterrichten und anhören muss. Im Übrigen ergibt sich die Unterrichtungspflicht unabhängig von der Entscheidung des Arbeitgebers schon daraus, dass die Verlängerung der vertraglichen Arbeitszeit eine das Vertragsverhältnis berührende Angelegenheit des einzelnen schwerbehinderten Menschen ist: Die Frage der Änderung des Arbeitsverhältnisses ist so bedeutsam, dass die Unterrichtung der SBV erfolgen muss, damit diese ihre Beistandsaufgabe erfüllen kann.

43 **Angelegenheit Arbeits- und Dienstfähigkeit:** Kommt es nach der Rückkehr aus der Krankheit zu einem sogenannten **missglückten Arbeitsversuch**, weil der Arbeitgeber den schwerbehinderten Arbeitnehmer noch nicht für ausreichend leistungsfähig hält und die weitere Beschäftigung ablehnen will, muss er nach § 178 Abs. 2 Satz 1 die SBV von dieser Angelegenheit unterrichten. Gleiches gilt, wenn der Arbeitgeber die Entscheidung erwägt, die ärztliche empfohlene **stufenweise Wiedereingliederung** abzulehnen oder eine begonnene Eingliederungsmaßnahme abzubrechen. In den Dienststellen wird nicht selten übersehen, dass die unterrichtungspflichtige Angelegenheit Dienstfähigkeit berührt wird,

---

147 Vgl. BAG 22.1.2020 – 7 ABR 18/18, Rn. 26, SuP 2020, 109.
148 BAG 26.1.2017 – 8 AZR 736/15, NZA 2017, 854 mit kritischer Anmerkung von *Busch* jurisPR-ArbR 32/2017 Anm. 5.
149 BAG 26.1.2017 – 8 AZR 736/15, NZA 2017, 854 mit kritischer Anmerkung von *Busch* jurisPR-ArbR 32/2017 Anm. 5.
150 *Esser/Isenhardt* in jurisPK-SGB IX § 178 Rn. 16; ebenso aA *Busch* jurisPR-ArbR 32/2017 Anm. 5.
151 *Esser/Isenhardt* in jurisPK-SGB IX § 178 Rn. 16; ebenso aA *Busch* jurisPR-ArbR 32/2017 Anm. 5.

wenn der Arbeitgeber erwägt, die Überprüfung der Dienstfähigkeit durch den Amtsarzt mit dem Ziel der Zurruhesetzung anzuordnen.[152] Zwar besteht außerhalb des Geltungsbereichs des in Schleswig-Holstein Mitbestimmungsgesetz genannten Landespersonalvertretungsrechts kein Mitbestimmungsrecht der Personalvertretung (→ § 211 Rn. 14). Aber auch ohne Mitbestimmungsrecht sind die Unterrichtungs- und Anhörungspflichten aus § 178 Abs. 2 Satz 1 SGB IX gegenüber der SBV einzuhalten. Die SBV kann in diesem Rahmen darauf hinwirken, dass die vorrangig durchzuführenden Klärungsverfahren nach § 167 Abs. 1 oder Abs. 2 SGB IX eingeleitet werden. In verschiedenen Förderungserlassen des öffentlichen Dienstes, zB Fürsorge für schwerbehinderte Menschen im Geschäftsbereich des Bundesministeriums der Verteidigung (→ § 211 Rn. 9), ist deshalb ausdrücklich geregelt, dass die personalbearbeitende Dienststelle vor jeder Anordnung der Untersuchung durch den personal-/vertrauensärztlichen Dienst die SBV auch dann zu beteiligen hat, wenn Ziel der Untersuchung die Vermeidung von Betriebliches Eingliederungsmanagement (BEM) ist (→ § 211 Rn. 28).

Stellenbesetzung als Angelegenheit, die berührt: Die Bewerbung eines schwerbehinderten Menschen um Einstellung, Versetzung oder beruflichen Aufstieg gilt als besondere Angelegenheit iSv § 178 Abs. 2. Für sie gelten die besonderen Unterrichtungs- und Beteiligungspflichten, die in § 164 Abs. 1 Satz 4 bis 9 geregelt sind. § 164 Abs. 1 Satz 6 stellt klar, dass bei der dem Arbeitgeber nach § 164 Abs. 1 Satz 1 obliegenden Prüfung, ob ein Arbeitsplatz mit einem schwerbehinderten Menschen besetzt werden kann, die SBV „nach § 178 Abs. 2" zu beteiligen ist (Einzelheiten: → § 164 Rn. 105 ff.). Das schließt das in § 178 Abs. 2 Satz 4 geregelte Recht auf Einsicht in Bewerbungsunterlagen und auf Teilnahme an Vorstellungsgesprächen ein. Zugleich wird durch die Bezugnahme auf § 178 Abs. 2 der Sanktionsdruck erhöht; denn eine schuldhafte Verletzung der Unterrichtungspflicht aus § 178 Abs. 2 Satz 1 wird nach § 238 Abs. 1 Nr. 8 als Ordnungswidrigkeit geahndet (→ Rn. 88). 44

Besetzung von Führungspositionen: Umstritten war, ob eine Unterrichtungspflicht vor der Besetzung einer jeden Führungsposition besteht. Sind schwerbehinderten Menschen unter den Bewerbern, so ergibt sich die Unterrichtungspflicht schon aus § 164 Abs. 1 Satz 4. Sind keine schwerbehinderten Menschen als Bewerber zu berücksichtigen, kann sich eine Unterrichtungspflicht aus § 178 Abs. 2 Satz 1 ergeben, weil nach der Besetzung der Stelle die dem Stelleninhaber zugewiesene Personalleitungsfunktion auch nachgeordnete schwerbehinderte Menschen betrifft. Das LAG Köln hat die bloße Vorgesetztenfunktion für eine spezifische Berührung der Belange der schwerbehinderten Menschen als Gruppe oder einzelner schwerbehinderter Menschen nicht ausreichend angesehen.[153] Das hat das BAG im Rechtsbeschwerdeverfahren im Ergebnis bestätigt.[154] Die Rechtsfrage kann danach nicht abstrakt für jede Stelle mit Personalverantwortung gleichermaßen beantwortet werden. Handelt es sich um eine Stelle, der entweder überwiegend schwerbehinderte Menschen oder einzelne schwerbehinderte Menschen zugeordnet sind, die besonders anleitungsbedürftig sind, so besteht ein Bedürfnis, bei der Auswahl der Bewerber auch deren Eignung für Führungsaufgaben mit schwerbehinderten Menschen besonders zu berücksichtigen. Gleiches gilt, wenn es zum Anforderungsprofil der Führungs- 45

---

152 VG Gelsenkirchen 25.6.2008 – 1 K 3679/07; VG Düsseldorf 20.8.2014 – 13 L 982/14, Rn. 40; OVG Bln-Bbg 15.11.2017 – 4 S 26.17; *Knittel* SGB IX § 95 Rn. 48.
153 LAG Köln 8.4.2009 – 8 TaBV 113/08, EzA-SD 2009, Nr. 13, 12.
154 BAG 17.8.2010 – 9 ABR 83/09, BAGE 135, 207, NZA 2010, 1431.

kraft gehört, Arbeitsplätze nach § 164 Abs. 4 Satz 1 Nr. 4 SGB IX behinderungsgerecht zu gestalten.[155] In diesen Fällen ist von einem „berühren" iSv § 178 Abs. 2 Satz 1 auszugehen. Bei der Besetzung der Positionen des **Personaleiters** und des **Inklusionsbeauftragten** iSv § 181 liegt immer eine derartige Angelegenheit vor, die die Gruppe der schwerbehinderten Menschen berührt. Die Inhaber beider Führungspositionen sind zur Erfüllung der Arbeitgeberpflichten aus dem SGB IX gehalten, die Teilhabe schwerbehinderter Menschen am Arbeitsleben zu fördern. Dabei haben sie nach § 106 Satz 3 GewO bei Ausübung ihres Weisungsrechts die Interessen der schwerbehinderten Menschen angemessen zu berücksichtigen. Sie sind zudem nach § 182 Abs. 1 zur engen Zusammenarbeit mit der SBV verpflichtet. Die SBV muss deshalb durch eine rechtzeitige Unterrichtung und Anhörung in die Lage versetzt werden, Vorschläge für das an die Stelleinhaber aufzustellende Anforderungsprofil vorzubringen und Bedenken gegen die fachliche und persönliche Eignung einzelner Kandidaten zu äußern. Wird das der SBV zustehende Unterrichtungs- und Anhörungsrecht übergangen, kann der Betriebsrat nach § 99 Abs. 2 Nr. 1 BetrVG die Zustimmung verweigern, wenn der Arbeitgeber diese Stellen durch Einstellung oder Versetzung besetzen möchte.

46 **Weisungen als unterrichtungspflichtige Angelegenheiten:** Nicht jede Weisung iSv § 106 GewO, mit denen ein Arbeitgeber die Arbeitspflicht konkretisiert, ist eine Angelegenheit, die den einzelnen Beschäftigten als schwerbehinderten Menschen berührt. So ist zB die Weisung des Arbeitgebers, eine Maschine entsprechend der Bedienungsanleitung zur Arbeit einzusetzen, regelmäßig von der Unterrichtungspflicht ausgenommen.[156] Es gibt jedoch Weisungen, die unterrichtungspflichtig sind, weil sich bei ihnen wie zB bei einem Arbeitsplatzwechsel die Frage der **behinderungsgerechten Beschäftigung** stellt. Das zeigt schon § 106 Satz 3 GewO. Danach hat der Arbeitgeber bei der Ausübung des Ermessens auf Behinderungen Rücksicht zu nehmen. Deshalb hat vor jeder Zuweisung einer Tätigkeit, vor deren Verrichtung die behinderungsgerechte Gestaltung der Arbeit geprüft werden muss, auch wenn sie nicht als Versetzung im Sinne von § 95 Abs. 3 BetrVG anzusehen ist, eine Unterrichtung der SBV stattzufinden. Diese kann dann nur dann in Ausübung ihrer Überwachungsaufgabe nach Abs. 1 Satz 1 prüfen, ob entsprechend § 106 Satz 3 GewO die Behinderung ausreichend berücksichtigt wird oder nach § 164 Abs. 4 Satz 1 Nr. 4 und 5 besondere Gestaltungsmaßnahmen angebracht sind. Wird ein schwerbehinderter Beschäftigter auf einen anderen Arbeitsplatz umgesetzt, geht das Schrifttum deshalb generell von einer Unterrichtungspflicht aus.[157]
Arbeitszeitregelungen berühren regelmäßig einen Beschäftigten in seiner Eigenschaft als schwerbehinderter Mensch. Die Zuweisung bestimmter, insbesondere wechselnder Arbeitszeiten im Schichtbetrieb kann für Schwerbehinderte erheblich belastender sein als für nicht schwerbehinderte Arbeitnehmer. Deshalb hat die unverzügliche Unterrichtung der SBV sicherzustellen, dass diese die für den Arbeitgeber handelnden Personen auf mögliche eventuell nicht bedachte Auswirkungen der Einteilung zu bestimmten Schichten hinweisen kann. Dies gilt über § 51 Absatz 3 Satz 1 MVG-EKD auch für kirchliche Einrichtungen: Der Dienstgeber hat folglich die SBV über die beabsichtigten **Dienstpläne** in allen Abteilungen zu unterrichten, in denen auch schwerbehinderte Mitarbeitende beschäftigt werden; denn nur so ist gewährleistet, dass die SBV ihrer Aufgabe

---

155 BAG 17.8.2010 – 9 ABR 83/09, Rn. 21, BAGE 135, 207.
156 Im Ergebnis ebenso *Knittel* SGB IX § 95 Rn. 50; *Esser/Isenhardt* in jurisPK-SGB IX § 178 Rn. 17.
157 *Knittel* SGB IX § 95 Rn. 48.

nachkommen kann, zu prüfen, ob die zugunsten schwerbehinderter Menschen geltenden Gesetze, insbesondere die nach § 164 Abs. 4 Nr. 4 SGB IX bestehende Verpflichtung zur schwerbehindertengerechten Gestaltung der Arbeitszeit, eingehalten werden.[158]

Besonderheiten im Beamtenverhältnis: Die Unterrichtung und Anhörungspflicht ist auch vor der Entscheidung des Dienstherrn in beamtenrechtlichen Angelegenheit zu erfüllen. Aus der Häufigkeit der dazu ergangenen Rspr. ist erkennbar, dass insbesondere vor der **Zurruhesetzung** dies versäumt wird. Dabei ist die Zurruhesetzung eindeutig eine Angelegenheit, die die Rechtsstellung eines schwerbehinderten oder gleichgestellten behinderten Beamten berührt.[159] Die Zurruhesetzung wegen Dienstunfähigkeit ist in § 26 des Gesetzes zur Regelung des Statusrechts der Beamtinnen und Beamten in den Ländern (BeamtStG) und in § 44 Bundesbeamtengesetz (BBG) für den Bereich des Bundes geregelt. Danach sind Beamtinnen auf Lebenszeit und Beamte auf Lebenszeit in den Ruhestand zu versetzen, wenn sie wegen ihres körperlichen Zustands oder aus gesundheitlichen Gründen zur Erfüllung ihrer Dienstpflichten dauernd dienstunfähig sind. Als dienstunfähig kann auch angesehen werden, wer infolge Erkrankung innerhalb eines Zeitraums von sechs Monaten mehr als drei Monate keinen Dienst getan hat und keine Aussicht besteht, dass innerhalb einer Frist, deren Bestimmung dem Landesrecht vorbehalten bleibt, die Dienstfähigkeit wieder voll hergestellt ist. Von der Versetzung in den Ruhestand soll abgesehen werden, wenn eine anderweitige Verwendung möglich ist. Angesichts dieses Verfahrensablaufs gilt bereits die Anordnung der amtsärztlichen Untersuchung als eine unterrichtungspflichtige Maßnahme.[160]

Die **dienstlichen Beurteilungen** sind im Beamtenverhältnis von besonderer Bedeutung. Nach § 21 BBG und den entsprechenden Ländergesetzen sind regelmäßig Eignung, Befähigung und fachliche Leistung zu beurteilen. Nach § 22 BBG erfolgt die Auswahlentscheidung bei Beförderungen auf der Grundlage dienstlicher Beurteilungen. Das Ende des letzten Beurteilungszeitraums darf zum Zeitpunkt der Auswahlentscheidung höchstens drei Jahre zurückliegen. In der das BBG ergänzenden Bundeslaufbahnverordnung[161] sind besondere Bestimmungen für die Beurteilung von schwerbehinderten Beschäftigte getroffen. So ist unter § 5 Abs. 1 bis 3 BLV bestimmt:

- Von schwerbehinderten Menschen darf nur das Mindestmaß an körperlicher Eignung verlangt werden.
- In Prüfungsverfahren sind für schwerbehinderte Menschen Erleichterungen vorzusehen, die ihrer Behinderung angemessen sind.
- Bei der Beurteilung der Leistung schwerbehinderter Menschen ist eine etwaige Einschränkung der Arbeits- und Verwendungsfähigkeit wegen der Behinderung zu berücksichtigen.

Nach § 50 Abs. 4 BLV ist das Ergebnis eines Beurteilungsdurchgangs den Beurteilten in Form eines Notenspiegels bekannt zu geben werden. Hierbei soll der Anteil an Frauen, Männern, Teilzeit- und Telearbeitskräften und schwerbehinderten Menschen jeweils gesondert ausgewiesen werden, wenn die Anonymität der Beurteilungen gewahrt bleibt.

---

158 EKD.KGH 7.12.2020 – II-0124/26–2020.
159 Ständige Rspr. VG Berlin 18.8.2008 – 7 A 92.07, VG Potsdam 10.8.2017 – 2 L 286/17.
160 VG Potsdam 10.8.2017 – 2 L 286/17.
161 Verordnung über die Laufbahnen der Bundesbeamtinnen und Bundesbeamten (BLV) vom 12.2.2009 (BGBl. I 284).

Darüber hinaus haben die Länder weitere Bestimmungen getroffen. So wird nach der Anlage 1 zur Nr. 15 der Beurteilungsrichtlinien (BRL) zur Beurteilungsverordnung (BeurtVO) des Landes BW angeordnet, dass bei Führungskräften zu beurteilende Leistungsmerkmal „Führungserfolg" ua daran zu messen ist, ob es gelungen ist, die „Teilhabe schwerbehinderter oder diesen gleichgestellten Menschen" zu fördern.

Die vom Dienstherrn danach zu erstellenden **Regel- und Anlassbeurteilungen** gelten mangels einer Regelung mit bestimmten unmittelbaren Rechtswirkungen nicht als Verwaltungsakte. Daher soll eine dienstliche Beurteilung ebenfalls keine Entscheidung im Sinne des § 95 Abs. 2 Satz 1 SGB IX aF (seit 1.1.2018 § 178 Abs. 2 Satz 1) sein. Deshalb muss nach der Rspr. weder vor der Beurteilung die SBV angehört noch das Ergebnis einer dienstlichen Beurteilung eines Beamten unverzüglich mitgeteilt werden.[162] Allerdings haben die Länder in ihren Richtlinien, die gemäß § 165 Satz 5 Inklusionsvereinbarungen ersetzen können, zu meist klarstellende oder erweiternde Regelungen aufgenommen. So ist für **Brandenburg** folgende Regelung erlassen:[163]

„19.4 Die Schwerbehindertenvertretung ist rechtzeitig und umfassend über den beabsichtigten Inhalt einer Beurteilung zu unterrichten; ihr ist Gelegenheit zur Stellungnahme zu geben, sofern der schwerbehinderte Beschäftigte dies nicht ausdrücklich ablehnt. Die **Beteiligung der Schwerbehindertenvertretung** und die Berücksichtigung eines geminderten Leistungspensums sind in der Beurteilung zu vermerken.

19.5 Findet mit schwerbehinderten Beschäftigten ein **Beurteilungsgespräch** statt, ist auf deren Verlangen die Schwerbehindertenvertretung hinzuzuziehen. Bei der Eröffnung einer Beurteilung kann die Schwerbehindertenvertretung auf Wunsch des schwerbehinderten Beschäftigten teilnehmen."

In **Hessen** ist eine vergleichbare Regelung in 6.2 und 6.3 der Teilhaberichtlinien[164] getroffen. Danach ist **auf Verlangen des schwerbehinderten Menschen** die SBV hinzuzuziehen und ihr Gelegenheit zu einem vorbereitenden Gespräch mit der Beurteilerin oder dem Beurteiler zu geben. Der schwerbehinderte Beschäftigte muss auf das Bestehen dieser Möglichkeit hingewiesen werden. Auf Wunsch des schwerbehinderten Beschäftigten ist die SBV rechtzeitig und umfassend über den beabsichtigten Inhalt einer Beurteilung zu unterrichten; ihr ist Gelegenheit zur Stellungnahme zu geben.

Für BW ist unter 5.7 der SchwbVwV[165] wesentlich knapper geregelt: „Vor der Beurteilung hat sich die beurteilende Person über die behinderungsbedingten Auswirkungen auf Leistung, Befähigung und Einsatzmöglichkeit kundig zu machen. Sie führt hierzu mit dem schwerbehinderten Menschen ein Gespräch, an

---

162 BayVGH 30.11.2015 – 6 ZB 15.2148, NVwZ-RR 2016, 51 unter Bezug auf die zur Vorgängervorschrift des § 25 Abs. 2 SchwbG aF ergangene Rechtsprechung des BVerwG 14.12.1990 – 2 B 106.90, juris Rn. 8; BVerwG 23.4.1998 – 2 C 16.97, juris Rn. 21.
163 Richtlinien für die Einstellung, Beschäftigung und begleitende Hilfe schwerbehinderter und diesen gleichgestellten behinderten Menschen in der Landesverwaltung des Landes Brandenburg (Schwerbehindertenrichtlinien – SchwbRL) vom 6.4.2005, ABl. 2005, 530.
164 Gemeinsames Rundschreiben des Ministeriums des Innern und für Sport, zugleich im Namen der Staatskanzlei und der Fachministerien vom 12.6.2013, StAnz. 27/2013 S. 838.
165 Gemeinsame Verwaltungsvorschrift aller Ministerien und des Rechnungshofs über die Beschäftigung schwerbehinderter Menschen in der Landesverwaltung (SchwbVwV) vom 24.6.2013, GABl, 322.

dem **auf Wunsch des schwerbehinderten Menschen** die Schwerbehindertenvertretung zu beteiligen ist."
Die übrigen Länder haben in ihren Verwaltungsvorschriften zur Umsetzung des SGB IX (→ Rn. 59) weitere Bestimmungen zur Beteiligung der SBV getroffen, die zu beachten sind. Dazu gehört auch die Unterrichtung über sogenannte **Organisationsangelegenheiten**. In der SGB IX-Richtlinie des Landes NRW[166] ist unter 1.7 bestimmt: „Zu den Angelegenheiten iSd § 95 Abs. 2 SGB IX gehören nicht nur die in dieser Richtlinie ausdrücklich angesprochenen Maßnahmen. Die Unterrichtungs- und Anhörungspflicht gilt für jede Art von Maßnahmen, zB für Verwaltungsermittlungen, Disziplinarverfahren (soweit der Betroffene zugestimmt hat), Abmahnungen, Dienstvereinbarungen und Organisationsangelegenheiten." Die Rspr. hat daraus abgeleitet, auch die ablehnende Entscheidung über den Antrag eines schwerbehinderten Rechtspflegers, ihn aus gesundheitlichen Gründen vom Rechtsantragstellendienst zu entbinden, stelle eine solche, einen einzelnen schwerbehinderten Menschen betreffende Organisationsangelegenheit dar, die eine vorherige Unterrichtung und Anhörung der SBV erfordere.[167]
Die Pflicht zur Unterrichtung ist auch im beamtenrechtlichen **Disziplinarverfahren** zu beachten. Da die Einleitung eines Disziplinarverfahrens nicht als Entscheidung im Sinne von Abs. 2 Satz 1 gilt, ist die SBV lediglich zu unterrichten. Eine Anhörung der SBV muss erst vor Entscheidungen erfolgen. Dazu gehören der Erlass einer Disziplinarverfügung oder die Erhebung einer Disziplinarklage sowie die vorläufige Dienstenthebung und das Einbehalten von Bezügen.[168]
Es besteht **keine Pflicht zur vorsorglichen Beteiligung der Schwerbehindertenvertretung** in Angelegenheiten eines Beschäftigten, dessen Antrag auf Feststellung der Eigenschaft schwerbehinderter Mensch oder auf Gleichstellung noch nicht beschieden ist. Obwohl in beiden Fällen eine positive Bescheidung auf den Tag der Antragstellung zurückwirkt, besteht in diesen Fällen keine Unterrichtungs- und Anhörungspflicht; denn die Antragstellung löst im Unterschied zur Regelung für den Kündigungsschutz in § 173 Abs. 3 SGB IX keine Vorwirkung aus. Das hat das BAG hat zu Recht entschieden.[169] Im Streitfall ging es darum, ob dann, wenn ein als behinderter Mensch mit einem Grad der Behinderung (GdB) von 30 anerkannter Arbeitnehmer die Gleichstellung mit einem schwerbehinderten Menschen beantragt und dem Arbeitgeber mitgeteilt hat, der Arbeitgeber verpflichtet ist, die Schwerbehindertenvertretung vorsorglich von der beabsichtigten Umsetzung dieses Arbeitnehmers zu unterrichten. Das BAG verneinte eine Pflicht zur vorsorglichen Unterrichtung.[170] In seiner Begründung weist der der Siebte Senat zutreffend auf den Unterschied zu den kraft Gesetzes geschützten schwerbehinderten Personen, bei denen durch die Anerkennung als schwerbehinderter Mensch ein bestehender Rechtsschutz nur festgestellt wird hin. Der Schutz des einfach Behinderten wird durch die Gleichstellung erst be-

---

166 Richtlinie zur Durchführung der Rehabilitation und Teilhabe behinderter Menschen (SGB IX) im öffentlichen Dienst im Lande Nordrhein-Westfalen RdErl. d. Innenministeriums vom 11.9.2019 Geschäftszeichen 21–42.12.01.
167 VG Düsseldorf 20.8.2014 – 13 L 982/14, Rn. 40.
168 BayVGH 18.3.2015 – 16 a D 09.3029.
169 BAG 22.1.2020 – 7 ABR 18/18, SuP 2020, 109; der Pressemitteilung des BAG Nr. 4/2020 zustimmend: *Linnartz* AnwZert ArbR 3/2020 Anm. 1.
170 BAG 22.1.2020 – 7 ABR 18/18, SuP 2020, 109.

gründet.[171] Ob die Unterrichtungs- und Anhörungspflicht nach § 178 Abs. 2 Satz 1 SGB IX besteht, ist nach den Umständen zum Zeitpunkt der Umsetzung zu beurteilen. Ist zu diesem Zeitpunkt der von der Umsetzung betroffene Arbeitnehmer weder schwerbehindert noch über seinen Gleichstellungsantrag positiv entschieden, sind die Voraussetzungen für die Unterrichtungs- und Anhörungspflicht daher nicht erfüllt.

b) Art, Umfang und Zeitpunkt der Unterrichtung

48 **Umfassende Unterrichtung:** Der Arbeitgeber bzw. die Dienststellenleitung hat alle die wesentlichen Tatsachen und Überlegungen mitzuteilen, die einen bestimmten schwerbehinderten Menschen oder die Gruppe der schwerbehinderten Menschen insgesamt berühren. Die Unterrichtung hat in deutscher Sprache stattzufinden.[172] Entsprechend dem Sinn und Zweck des Unterrichtungs- und Anhörungserfordernisses ist die Schwerbehindertenvertretung in die Lage zu versetzen, die ihr nach § 178 Abs. 1 SGB IX auferlegten Pflichten wahrzunehmen, insbesondere die Interessen der schwerbehinderten Menschen sachgerecht zu vertreten und ihnen beratend und helfend zur Seite zu stehen.[173] Danach genügt der Dienstherr seiner Unterrichtungspflicht nur, wenn er die Schwerbehindertenvertretung so informiert, dass diese ihre Aufgaben **ohne Rückfragen** wahrnehmen kann. Eine Unterrichtung muss daher Angaben zu der Art der beabsichtigten Maßnahme und den hierfür maßgeblichen Erwägungen des Dienstherrn umfassen, die dieser im Zusammenhang mit der beabsichtigten Entscheidung erhoben hat.[174] Die Schwerbehindertenvertretung muss aufgrund der konkret mitgeteilten Tatsachen in die Lage versetzt werden, sich mit dem Sachverhalt auseinanderzusetzen.[175] Diese von der Rspr. anerkannte **Bringschuld** des Dienststellenleiters Unterrichtung darf nicht aufgeweicht werden. Deshalb ist die zur Unterrichtung des Personalrats ergangene Rspr. nicht übertragbar, nach der eine in kurzer und knapper Form erteilte zutreffende Unterrichtung ausreiche und es dann Sache der Personalvertretung sei, weitere Informationen einzuholen.[176] Vom Schrifttum, das diese Rspr. automatisch auch auf die Unterrichtung gegenüber der SBV anwendet,[177] wird verkannt, dass der Gesetzgeber mit der Aufnahme des Merkmals „umfassend" in § 178 Abs. 2 Satz 1 SGB IX sich für ein derartiges Ausmaß an Unterrichtungsinhalten entschieden hat, das Rückfragen und die Einholung ergänzender Informationen entbehrlich machen soll.

Art und Weise der Unterrichtung: „Unterrichten" iSv § 178 Absatz 2 Satz 1 SGB IX beinhaltet ein „aktives Tun" des Dienstgebers. Auf welche Art und Weise die Unterrichtung zu erfolgen hat, bestimmt das Gesetz aber nicht. Der

---

171 BAG 22.1.2020 – 7 ABR 18/18, Rn. SuP 2020, 109; BAG 31.7.2014 – 2 AZR 434/13, Rn. 48; BAG 10.4.2014 – 2 AZR 647/13, Rn. 39; BAG 18.11.2008 – 9 AZR 643/07, Rn. 22; so auch *Greiner* in Neumann/Pahlen/Greiner/Winkler/Jabben SGB IX § 151 Rn. 20.
172 ArbG München 24.1.2019 – 32 BV 287/18.
173 BayVGH 23.2.2018 – 6 CS 17.2556, Rn. 17, Behindertenrecht 2018, 126; OVG Bln-Bbg 15.11.2017 – OVG 4 S 26.17, Rn. 8, NVwZ-RR 2018, 241.
174 OVG Bln-Bbg 15.11.2017 – OVG 4 S 26.17, Rn. 8, NVwZ-RR 2018, 241; VG Freiburg 21.3.2017 – 3 K 1354/15, Rn. 21.
175 OVG Bln-Bbg 15.11.2017 – OVG 4 S 26.17, Rn. 8, NVwZ-RR 2018, 241 unter Bezug auf *Düwell* in Deinert/Neumann SGB IX-HdB § 20 Rn. 161.
176 BVerwG 19. 8. 2004 – 2 B 54.04, juris Rn. 5; BVerwG 12.10.1989 – 2 C 22.87, BVerwGE 82, 356, juris Rn. 24; OVG NRW 15.1. 2019 – 6 A 1553/18, juris Rn. 7; OVG NRW 6.9.2018 – 6 B 962/18, juris Rn. 8 ff.; OVG Brem 17.3.2004 – 2 A 360/03, IÖD 2005, 16, juris Rn. 61.
177 *Pahlen* Neumann/Pahlen/Greiner/Winkler/Jabben SGB IX § 178 Rn. 11.

Arbeitgeber kann deshalb die Form der Unterrichtung festlegen, soweit damit der Informationsanspruch der SBV vollständig erfüllt wird. Gleiches gilt für die Unterrichtung der SBV in einer Einrichtung der evangelischen Kirche; denn die dort maßgebende Norm § 52 Abs. 3 MVG-EKD ist inhaltgleich mit dem weltlichen Recht.[178] Die fortschreitende **Digitalisierung der Arbeitswelt** bringt neue Probleme hervor, die die Art und Weise der Unterrichtung betreffen. So gehen öffentliche Arbeitgeber dazu über, ihre Unterrichtungspflicht gegenüber der SBV **elektronisch** zu erfüllen. Problematisch ist es, wenn sie dazu nur eine **Intranet-Adresse** mit dem Hinweis mitteilen, dass zu gegebener Zeit alle **Informationen dort bereitgestellt** werden und die SBV sich aus der Fülle der Datensätze durch entsprechende Listen-Extraktionen die für sie relevanten Informationen beschaffen könne. Das genügt nicht der nach dem Gesetz geschuldeten Art der Unterrichtung als **Bringschuld**. Allerdings kann die SBV, wenn sie der Arbeitgeber mit dem geeigneten elektronischen Gerät ausgestattet und für die Verarbeitung der zu benutzenden Software ausreichend geschult hat, nicht verlangen, dass der Arbeitgeber sie ausschließlich in **Papierform** unterrichtet. Unterrichtungen und Anhörungen, zu deren Erfüllung der Arbeitgeber alle erforderlichen Unterlagen und Listen einschließlich Sachverhaltsschilderungen in ein elektronisches Laufwerk **gut sortiert ordnerweise** einstellt, sind zulässig. Jedoch muss der Arbeitgeber die SBV zusätzlich schriftlich oder per E-Mail auf jeden neuen **Beteiligungsvorgang** und den **Netzwerkpfad**, der zum jeweiligen Ordner führt, hinweisen. Durch einen solchen Hinweis werden ein im Nachgang zur Unterrichtung laufender Anhörungsvorgang und ggf. auch ein Fristlauf in Gang gesetzt. Die Bringschuld wird jedoch nicht erfüllt, wenn durch die Art der Zurverfügungstellung von elektronischen Informationen die Vertrauensperson unverhältnismäßig belastet wird. Das ist zB der Fall, wenn der Arbeitgeber verlangt, eigenständig aus einer übergroßen Informationsmenge Listen zu generieren, die unterrichtungspflichtige Angelegenheiten betreffen. Zudem muss die elektronische Unterrichtung immer **barrierefrei** sein. Dies gilt insbesondere, wenn Mitglieder der SBV sehbehindert sind.

Einsicht in Unterlagen: Der Arbeitgeber ist nicht verpflichtet, Einsichtsrechte in Unterlagen einzuräumen. Das zeigt der Vergleich mit dem Betriebsrat, dem nach § 80 Abs. 2 Satz 2 BetrVG generell auf Verlangen erforderliche Unterlagen zur Verfügung zu stellen sind. Eine vergleichbare Vorschrift zugunsten der SBV enthält § 178 Abs. 2 SGB IX nicht, lediglich im Bewerbungsverfahren besteht nach § 178 Abs. 2 Satz 4 SGB IX ein Anspruch auf Einsicht in die entscheidungsrelevanten Unterlagen.[179] Der Arbeitgeber ist jedoch datenschutzrechtlich berechtigt, Einsicht in Unterlagen des Betroffenen zu gewähren, um der SBV eine Stellungnahme zu ermöglichen. Das gilt insbesondere bei der Anhörung zur Kündigungsabsicht, wenn dem Arbeitgeber der Zustimmungsbescheid des Integrationsamts bekanntgegeben worden ist. Die datenschutzrechtliche Befugnis für die Zulässigkeit der Übermittlung der schwerbehindertenspezifischen personenbezogenen Daten im Sinne des Art. 9 Abs. 1 DS-GVO ergibt sich aus § 26 Abs. 3 Satz 1 BDSG.[180] Der Arbeitgeber hat nämlich nach § 178 Abs. 2 Satz 1 SGB IX kollektivrechtliche Unterrichtungs- und Anhörungspflichten (→ Rn. 54) gegenüber der SBV zu erfüllen. Diese liegen im Interesse der betroffenen Person, weil die SBV als Interessenvertretung prüfend und beratend im Hinblick darauf tätig werden soll, ob ein die Möglichkeiten das Beschäftigungs-

---

178 EKD.KGH 7.12.2020 – II-0124/26–2020.
179 So zutreffend auch für die inhaltsgleichen Regelungen in § 34 Abs 3 Satz 1, § 51 Abs. 1 MVG-EKD: EKD.KGH 7.12.2020 – II-0124/26–2020.
180 *Düwell* Schwerbehindertenrecht und Inklusion (sui) 2019, Heft 9, 3, 4.

verhältnis fortbestehen kann. Deshalb besteht kein Grund zu der Annahme, dass ein schutzwürdiges Interesse der betroffenen Person an dem Ausschluss der Übermittlung überwiegt.

Unverzüglich als Vorgabe für den richtigen Zeitpunkt: Während die Vorgängervorschrift § 25 Abs. 2 Satz 1 SchwbG in der vom 1.8.1986 bis zum 30.6.2001 geltenden Fassung lautete: „Die Schwerbehindertenvertretung ist vom Arbeitgeberin allen Angelegenheiten (…), rechtzeitig und umfassend zu unterrichten (…)", hat Art. 1 des G v. 19.6.2001[181] das Adverb „rechtzeitig" durch „**unverzüglich**" in Abs. 2 Satz 1 ersetzt, ohne dass diese Änderung in der Begründung des Entwurfs besonders ausgewiesen wurde. Die Änderung entsprach der Zielrichtung des SGB IX; denn die Unterrichtung soll nicht nur der SBV eine Meinungsbildung und eine Stellungnahme gegenüber dem Arbeitgeber ermöglichen, sondern auch dem in § 167 Abs. 1 SGB IX verankerten Präventionsgedanken Rechnung tragen. Deshalb muss die Unterrichtung auch unverzüglich erfolgen, damit die SBV noch die zu treffende Entscheidung durch das Äußern von Bedenken oder Einbringen von Anregungen beeinflussen kann. Es sind die in verschiedenen Mitwirkungsregelungen enthaltenen unterschiedlichen Unterrichtungszeitpunkte zu beachten. Nach § 177 Abs. 2 Satz 1 SGB IX hat der Arbeitgeber die SBV „**unverzüglich**" zu unterrichten, nach § 80 Abs. 1 Satz 1 BetrVG hat er sowohl den BR „rechtzeitig" als auch nach § 69 Abs. 2 Satz 1 BPersVG den PR „rechtzeitig" zu unterrichten. „Unverzüglich" wird regelmäßig früher als „rechtzeitig" sein; denn der AG muss, **sobald er die Angelegenheit erkennt, ohne schuldhaftes Zögern** (§ 121 BGB) handeln. Unverzüglich" bedeutet nicht zwingend „sofort", jedoch so frühzeitig, wie dies dem Arbeitgeber unter den gegebenen Umständen und unter Berücksichtigung der Interessen der SBV an alsbaldiger Aufklärung möglich und zumutbar ist. Daraus folgt, dass es keine absoluten Grenzen gemessen in Kalendertagen gibt. Vielmehr ist in jedem Einzelfall zu prüfen, ob der Arbeitgeber ohne zu zögern unterrichtet hat. Für die Erfüllung dieses Merkmal bei der Zurückweisung einer Vollmacht ist entschieden worden, dass eine Zeitspanne von vier Kalendertagen, wenn ein Samstag und Sonntag eingeschlossen sind, nicht zu beanstanden sei.[182] Die mit der Verschiebung von rechtzeitig auf unverzüglich eingetretene Vorverlegung des Unterrichtungszeitpunktes ist zumeist unbeachtet geblieben. Entgegen der Ansicht mancher Vertrauenspersonen folgt daraus nicht die Garantie eines Informationsvorsprungs vor dem Betriebs- oder Personalrat. Dem Arbeitgeber bleibt es unbenommen, auch diese Beschäftigtenvertretungen unverzüglich zu unterrichten. Für die Fälle, in denen Schwierigkeiten iSv § 167 Abs. 1 SGB IX auftauchen, bewirkt „unverzüglich" zur Ermöglichung der Prävention ein besonderes Beschleunigungsgebot. Sobald der Arbeitgeber der Beschäftigung entgegenstehende Schwierigkeiten sieht, so soll er die SBV unterrichten, damit zeitlich noch alle Möglichkeiten ausgeschöpft werden können, die Sachlage zu verbessern.[183] Zu spät erfolgt die Unterrichtung, wenn der Arbeitgeber bis zur „zweifelsfreie(n) Kenntnis über Umfang und Auswirkungen der Schwierigkeiten" abwartet.[184] Abweichend von § 177 Abs. 2 Satz 1 SGB IX erfolgt hier die Unterrichtung nicht zur Vorbereitung einer bloßen Anhörung, sondern ist ein notwendiger Schritt vor dem in § 167 Abs. 1 SGB IX angeordneten „möglichst frühzeitigen Einschalten" von SBV, Betriebs- bzw. Personalrat und Integrationsamt.

---

181 BGBl. I 1046.
182 BAG 30.5.1978 – 2 AZR 633/76, AP Nr. 2 zu § 174 BGB, zu II 2 der Gründe, mwN.
183 So zutreffend *Beil* Behindertenrecht 2016, 161 (162).
184 *Beil* Behindertenrecht 2016, 161 (162); *Ritz/Schian* SGB IX § 95 Rn. 18.

„Einschalten" heißt dort: Der Arbeitgeber hat die genannten Stellen zur gemeinsamen Klärung der subjektiv von ihm gesehenen Schwierigkeiten und der in Betracht kommenden Möglichkeiten ihrer Behebung zu veranlassen sowie Hilfsangebote des Integrationsamts im Hinblick auf Beratung, technischer Unterstützung und Finanzierung von angemessenen Vorkehrungen abzufragen und im Rahmen des Zumutbaren in Anspruch zu nehmen.[185]

Vorrang für Gleichstellungsbeauftragte: Vielen Vertrauenspersonen im öffentlichen Dienst erscheint es unvereinbar mit dem Gebot der unverzüglichen Unterrichtung der SBV, dass für die Gleichstellungsbeauftragte nach § 27 Abs. 3 BGleiStG gilt: „Die Beteiligung der Gleichstellungsbeauftragten geht einem Beteiligungsverfahren nach dem Bundespersonalvertretungsgesetz und dem Neunten Buch Sozialgesetzbuch voraus; das Verfahren nach § 32 Absatz 3 muss abgeschlossen sein. Erfolgt entgegen Satz 1 eine parallele Beteiligung von Personal- oder Schwerbehindertenvertretung, ist die Gleichstellungsbeauftragte über die Gründe zu informieren." Es liegt nur ein scheinbarer Widerspruch vor. Grund für diese bewusst gewollte Vorrangigkeit ist, dass die Beteiligung der Gleichstellungsbeauftragten noch im Rahmen der verwaltungsinternen Willensbildung erfolgen soll. Der Gesetzgeber des BGleiStG definiert zu diesem Zweck die Gleichstellungsbeauftragte als Bestandteil der Dienststellenleitung (§ 24 Abs. 1 S. 1 BGleiG). Durch diese Fiktion schafft er Raum für eine durch die Interessenvertretungen SBV und Personalrat nicht präjudizierte Willensbildung im Binnenbereich der Dienststellenleitung. 48a

Vorlage von Unterlagen: Rechtspolitisch wünschenswert ist die Klarstellung, dass der SBV wie dem Betriebsrat nach § 80 Abs. Satz 2 BetrVG auf Verlangen jederzeit die zur Erfüllung ihrer Aufgaben erforderlichen Unterlagen zur Verfügung zu stellen sind. Positivgesetzlich ist die Einsicht in Unterlagen des Arbeitgebers nur in § 178 Abs. 2 Satz 4 SGB IX geregelt. Der Kirchengerichtshof hat deshalb den kirchlichen Dienstgeber für grundsätzlich darin frei gehalten, wie er den Informationsanspruch der SBV über die unterrichtungspflichtigen Dienstpläne (→ Rn. 46) erfüllt. Danach kann er diesen Anspruch nach seiner Wahl erfüllen, indem er entweder zur Einsichtnahme die ausgedruckten Dienstpläne übersendet oder er kann der SBV ein auf Abteilungen mit schwerbehinderten Mitarbeitern beschränktes Leserecht im elektronischen System einräumen.[186] Soweit der Kirchengerichtshof annimmt, der Dienstgeber könne auch den Anspruch auf umfassende Unterrichtung über die Dienstpläne ohne Einsichtnahme in Unterlagen im Rahmen eines Gesprächs mit der SBV erfüllen, kann dem jedenfalls dann, wenn eine Vielzahl betroffen ist, nicht zugestimmt werden. Die bloße akustische Übermittlung einer Vielzahl von Daten überfordert die Merkfähigkeit der Vertrauensperson. Entsprechend dem Gebot der engen Zusammenarbeit (§ 182 Abs. 1 SGB IX) und der Verpflichtung zur gegenseitigen Unterstützung (§ 182 Abs. 2 Satz 1 SGB IX) muss jeder Arbeitgeber Rücksicht darauf nehmen. Macht die Vertrauensperson die Überforderung bei mündlicher Informationsübermittlung geltend, hat Arbeitgeber schriftliche Unterlagen oder Leserechte zur Verfügung stellen. Zu den wegen der begrenzten menschlichen Merkfähigkeit in schriftlicher Form zu erteilenden Informationen gehören nach der Entscheidung des Gesetzgebers insbesondere das nach § 163 Abs. 1 Satz 1 zu führende **Verzeichnis der beschäftigten Schwerbehinderten** und ihnen gleichgestellten behinderten Menschen und die Daten aus der Ausgleichsabgabenanzeige (§ 163 Abs. 2 Satz 2 SGB IX). Zwar ist die Übermittlung einer Kopie dieses Verzeichnisses in § 163 Abs. 2 Satz 3 für das abge- 49

---

185 Im Ergebnis ebenso: *Beil* Behindertenrecht 2016, 161 (162).
186 EKD.KGH 7.12.2020 – II-0124/26–2020.

laufene Jahr bis zum 31. März des folgenden Kalenderjahres anlässlich der Erstattung der Anzeige bezüglich der Ausgleichsabgabe vorgeschrieben. Damit ist jedoch keine Begrenzung des Vorlageanspruches verbunden. Die SBV hat, um Gewissheit über den Kreis der zu betreuenden Personen zu erhalten, Anspruch auf die laufende Fortschreibung dieses Verzeichnisses und dessen Aushändigung. Dazu gehörten auch Angaben zu Name, Vorname, Personalnummer, Beschäftigungsverhältnis, Geburtsdatum, Personalbereich und Einsatzstatus sowie den Kontaktdaten bestehend aus privater Anschrift, Telefonnummer, dienstlicher Anschrift.[187] Nach Abs. 2 Satz 4 hat die SBV das Recht auf **Einsichtnahme** in die entscheidungsrelevanten Teile der **Bewerbungsunterlagen**. Bei der Mitprüfung für die Besetzung freier Arbeitsplätze hat die SBV das Recht, die Vorlage der Stellenbeschreibung, der Ausschreibungsunterlagen und der für die Gestaltung des Arbeitsplatzes aufgestellten Pläne zu verlangen, weil sie mitprüfen soll, ob die betreffende Stelle für eine behinderungsgerechte Beschäftigung in Frage kommt.

Zur elektronischen Verfügungsstellung von Unterlagen → Rn. 48.

50 **Einsicht in Unterlagen und Teilnahme an Vorstellungsgesprächen:** Nach Abs. 2 Satz 4 hat die SBV das Recht auf Einsicht in die entscheidungsrelevanten Teile der Bewerbungsunterlagen und auf Teilnahme an Vorstellungsgesprächen, wenn Vermittlungsvorschläge der Bundesagentur für Arbeit nach § 164 Abs. 1 Satz 2 oder Bewerbungen schwerbehinderter Menschen vorliegen.[188]

Zu den Bewerbungsunterlagen, die nach § 99 Abs. 1 BetrVG und den entsprechenden Regelungen in den Personalvertretungsgesetzen den Interessenvertretungen vorzulegen sind, gehören auch alle Schriftstücke, die der Arbeitgeber zur Person des Bewerbers im Hinblick auf die Auswahl erstellt hat.[189] Hinzu kommen die Ausdrucke der Internetrecherchen, die der Arbeitgeber über die Person des Bewerbers erstellt hat.[190] Die SBV hat im Vergleich dazu ein geringeres Recht. Ihr sind die Unterlagen nicht vorzulegen, sondern sie hat nur ein Einsichtsrecht. Dazu ist das Einsichtsrecht gegenständlich auf die entscheidungsrelevanten Teile beschränkt. Diese sind bei objektiver Sicht alle Teile der vom Bewerber eingereichten und vom Arbeitgeber erstellten Unterlagen, die sich auf die Stellenausschreibung, die Person des Bewerbers, sein Qualifikation und seine beruflichen Werdegang beziehen.[191] Es müssen jedoch auch noch alle weiteren Angaben einbezogen werden, die der Arbeitgeber seiner subjektiven Auswahl zugrunde legen möchte, zB gesellschaftliches Engagement in Ehrenämtern.

Durch den Verweis auf § 164 SGB IX stellt der Gesetzgeber klar, dass das Unterrichtungs- und Anhörungsrecht aus § 178 Abs. 2 Satz 1 SGB IX auch die Teilnahme am Auswahlverfahren umfasst und in § 164 Abs. 1 Sätze 4, 7, 8 bis 10 SGB IX näher ausgestaltet ist.[192] Obwohl nicht ausdrücklich im Gesetz hervorgehoben, erstreckt sich diese weitgehende Beteiligung **auf alle Bewerberinnen und Bewerber** und nicht nur auf diejenigen, die der Arbeitgeber in seine

---

187 ArbG Bonn 21.1.2015 – 4 BV 81/14, Rn. 30.
188 So auch *Esser/Isenhardt* in jurisPK-SGB IX § 178 Rn. 19.
189 BAG 28.6.2005 – 1 ABR 26/04, Rn. 29, NZA 2006, 111: „soweit bedeutsam"; *Fitting* BetrVG § 99 Rn. 175; kritisch zum Merkmal bedeutsam *Schulze/Ratzesberger* ArbR aktuell 2015, 497, 499.
190 Dazu: *Forst* NZA 2010, 427 (432).
191 So auch *Krämer* FKS SGB IX, 4. Aufl. 2018, § 178 Rn. 40; so auch: Zentrum Bayern, Familie und Soziales (Integrationsamt), Die Schwerbehindertenvertretung, 2006, S. 59.
192 Vgl. BAG 15.10.2014 – 7 ABR 71/12, Rn. 26, BAGE 149, 277; BAG 17.8.2010 – 9 ABR 83/09, Rn. 20, BAGE 135, 207.

subjektiv bestimmte Auswahl einbeziеht. Diese umfassende Beteiligung ergibt sich aus der uneingeschränkten Beteiligung nach § 164 Abs. 1 Satz 6 SGB IX, die Stellenbesetzung mit geeigneten schwerbehinderten Menschen zu prüfen (→ § 164 Rn. 145 ff.). Das wird nicht immer richtig verstanden. So hat das Bayerische Finanzministerium, das in Bayern für das Dienstrecht zuständig ist, in einem von den Dienststellenleitungen zu verwendenden „Prüfraster für Einstellungen zur besseren Berücksichtigung schwerbehinderter Bewerber und schwerbehinderter Bewerberinnen"[193] folgende Einschränkung vorgegeben: „Einsicht in alle entscheidungserheblichen Bewerbungsunterlagen der zum Vorstellungsgespräch geladenen (behinderten und nicht behinderten) Bewerber und Bewerberinnen (…)". Die Beschränkung der Einsicht auf Unterlagen der zum Vorstellungsgespräch Geladenen verstößt gegen Bundesrecht. Zudem ist in dem Prüfraster eine weder im SGB IX noch im bayerischen Landesrecht vorgesehene Differenzierung nach behinderten und nicht behinderten Bewerbern vorgenommen, während § 178 Abs. 2 Satz 4 SGB IX auf schwerbehindert oder nicht schwerbehindert abstellt. Mit dieser falschen Gruppenbildung könnte eine Ausweitung des Einsichtsrecht der SBV verbunden sein, nach der es schon genügt, wenn sich ein behinderter Mensch bewirbt, der weder schwerbehindert iSv § 2 Abs. 2 SGB IX noch gleichgestellt behinderter Mensch iSv § 2 Abs. 3 SGB IX ist. Das wäre eine Erweiterung der Interessenvertretungsaufgabe der SBV. Ob diese vom bayerischen Finanzministerium gewollt ist, erscheint zweifelhaft; denn in den Bayerischen Inklusionsrichtlinien[194] findet sich keine derartige Ausdehnung der Rechte des SBV auf einfach behinderte Beschäftigte.

Das Recht der SBV schließt nach dem eindeutigen Willen des Gesetzgebers **auch die Unterlagen und Vorstellungsgespräche der nicht behinderten Bewerberinnen und Bewerber ein.** Das ist konsequent. Ansonsten wäre das Beteiligungsrecht wertlos; denn es ergäbe sich für die SBV keine Vergleichsmöglichkeit. Ohne Vergleichsmöglichkeit könnte die SBV nicht den Auftrag erfüllen, für Chancengerechtigkeit der schwerbehinderten Bewerberinnen und Bewerber zu sorgen. Dieser Auftrag setzt die Möglichkeit eines Eignungsvergleichs zwischen behinderten und nicht behinderten Bewerbern und einer auf ihn gegründeten Stellungnahme zur beabsichtigten Bewerberauswahl (§ 164 Abs. 1 Satz 7) voraus. Das war ausdrückliches Ziel der Gesetzgebung bereits in Bezug auf § 81 aF (seit 1.1.2018: § 164), die auf ein Verlangen des Bundesrats zurückgeht:[195] „Die Schwerbehindertenvertretung hat das Recht auf Einsicht in Bewerbungsunterlagen und die Teilnahme an Vorstellungsgesprächen sowie auf Beteiligung am Verfahren nach § 81 Abs. 1".

Der BT-Ausschuss für Arbeit und Sozialordnung stimmte dem Änderungsbegehren des Bundesrats zu. Zur Begründung führte er aus:[196] „Die Regelung (…) stellt klar, dass die Schwerbehindertenvertretung auch das Recht hat, in Bewerbungsunterlagen nicht behinderter Dritter Einsicht zu nehmen und an Vorstellungsgesprächen teilzunehmen. Damit die Schwerbehindertenvertretung im Rahmen ihrer Beteiligung eine begründete Stellungnahme abgeben kann, muss sich auch die Möglichkeit haben, die Eignung der schwerbehinderten Bewerberinnen und Bewerber mit der weiter nicht behinderter Bewerberinnen und Bewerber zu vergleichen. Der Eignungsvergleich setzt voraus,

---

193 S. https://www.agsv.bayern.de/wp-content/uploads/2018/07/Pruefliste_Einstellungen-1.pdf.
194 Bekanntmachung des Bayerischen Staatsministeriums der Finanzen und für Heimat vom 29.4.2019, Az. 26-P 1132–3/2, BayMBl. 2019 Nr. 165.
195 BT-Drs. 14/5531, 11.
196 BT-Drs. 14/5800, 36.

dass die Schwerbehindertenvertretung Einsicht in die Bewerbungsunterlagen der schwerbehinderten und der nicht behinderten Bewerberinnen und Bewerber erhält und an den Vorstellungsgesprächen der schwerbehinderten und der nicht behinderten Bewerberinnen und Bewerber teilnimmt. Nur so kann die Schwerbehindertenvertretung zur Klärung der Frage beitragen, ob einer schwerbehinderten Bewerberin oder einem schwerbehinderten Bewerber der Vorzug zu geben ist. Aus Gründen des Persönlichkeitsschutzes ist das Einsichtsrecht auf die entscheidungsrelevanten Teile der Bewerbungsunterlagen beschränkt."

Das Teilnahmerecht der SBV ist nicht auf eine bloße „passive" Beobachtung beschränkt. Das entspricht dem Stand der Rechtsprechung. Unter Hinweis darauf, bei der Teilnahme an Vorstellungsgesprächen bestehe kein Weisungsrecht des Arbeitgebers gegenüber der SBV, hat das BAG es nicht beanstandet, eine Vertrauensperson aktiv wird und während des Vorstellungsgesprächs an einen Bewerber sachdienliche **Fragen** stellt.[197] Weitergehend ist der Arbeitgeber verpflichtet, die SBV bereits bei der Bildung von Bewerbergruppen zur Vorauswahl nach § 164 Abs. 1 Satz 6 zu beteiligen.[198] Das erfordert nicht nur eine Unterrichtung sondern auch eine Beteiligung an der Aufstellung der Kriterien.[199]

Die Entscheidung über die Bewerbung und damit entweder über die Begründung eines Arbeits- oder sonstigen Beschäftigungsverhältnisses oder über eine Versetzung bzw. einen beruflichen Aufstieg ist eine „Angelegenheit" iSv § 178 Abs. 2 Satz 1 SGB IX. Sie berührt den Bewerber als einzelnen schwerbehinderten Menschen.[200] Vor dem Treffen seiner Auswahlentscheidung hat der Arbeitgeber nach § 178 Abs. 2 Satz 1 Variante 2 die SBV anzuhören[201] und ihr nach § 178 Abs. 2 Satz 1 Variante 3 vor der Verkündung an die Bewerber die getroffene Entscheidung mitzuteilen.[202] Ist der Entscheidungsvorschlag einer Auswahlkommission übertragen, beinhaltet die Anhörung auch die beratende Teilnahme an der Bildung des **Besetzungsvorschlags** (sog. Ranking). Damit ist **kein Stimmrecht** verbunden. Im Rahmen einer Inklusionsvereinbarung kann die Einräumung eines Stimmrechts vereinbart werden (→ § 166 Rn. 5 ff.). Es ist jedoch kritisch zu prüfen, ob eine derartige Regelung zweckmäßig ist; denn es besteht bei einer wenig behindertenfreundlichen Zusammensetzung der Auswahlkommission das Risiko, ständig überstimmt und anschließend auf das Votum verwiesen zu werden, an dessen Zustandekommen die SBV mitgewirkt habe.

Im BHI Forum[203] wird immer wieder davon berichtet, dass Personaler den **Ausschluss der Vertrauenspersonen** von der Teilnahme der SBV an Vorstellungsgesprächen anstreben, indem sie schwerbehinderte Menschen veranlassen, die Beteiligung der SBV abzulehnen. Dieses Vorgehen ist unzulässig. Es widerspricht dem in § 182 Abs. 1 SGB IX verankerten Grundsatz der engen Zusammenarbeit mit der SBV. Grundsätzlich gilt nach § 178 Abs. 2 Satz 1 SGB IX die Beteiligungspflicht in „allen Angelegenheiten". Es ist in § 164 Abs. 1 Satz 10 SGB IX die einzige Ausnahme „bei Bewerbungen" zugelassen, „wenn der schwerbehinderte Mensch ausdrücklich die Beteiligung ablehnt". Mit dem Ad-

---

197 BAG 21.2.2013 – 8 AZR 180/12, Rn. 51 f., DB 2013, 1670.
198 So auch *Knittel* SGB IX § 81 Rn. 71; *Müller-Wenner* in Müller-Wenner/Schorn SGB IX § 81 Rn. 15; weitere Einzelheiten: → § 164 Rn. 153 ff.
199 So auch *Knittel* SGB IX § 81 Rn. 71; *Müller-Wenner* in Müller-Wenner/Schorn § 81 Rn. 15.
200 BAG 15.10.2014 – 7 ABR 71/12, Rn. 25, BAGE 149, 277; BAG 17.8.2010 – 9 ABR 83/09, Rn. 14, 20, BAGE 135, 207 in Bezug auf eine Beförderungsposition.
201 HessLAG 17.3.2016 – 9 TaBV 128/15.
202 So auch *Knittel* SGB IX § 81 Rn. 71.
203 S. https://forum.integrationsaemter.de.

verb „ausdrücklich" hebt der Gesetzgeber hervor, dass besondere Anforderungen an die **Ablehnungserklärung** gestellt werden. Die Ablehnung muss klar und eindeutig formuliert sein. Aus dem Gebot der engen Zusammenarbeit ergibt sich zusätzlich, dass keine Beeinflussung der freien Willensentscheidung des Bewerbers durch eine suggestive Fragestellung zulässig ist und die Beteiligung der SBV auch nicht von einem vom Bewerber zu stellenden Antrag abhängig gemacht werden darf. Wird ein Formular für die Bewerbung zur Verfügung gestellt, sind zwar Hinweise in neutraler Form auf das Beteiligungsrecht der SBV sowie auf das Ablehnungsrecht nach § 164 Abs. 1 Satz 10 SGB IX zulässig. Dabei darf aber die Option Ablehnung weder durch textliche noch durch farbliche Formatierung hervorgehoben werden; denn das wäre eine unzulässige Beeinflussung. Weitere Einzelheiten: vgl. → § 164 Rn. 156 ff.

Zeitpunkt der Unterrichtung bei Aufhebungsverträgen: Zwar hat der Siebte Senat den Abschluss eines Aufhebungsvertrags als unterrichtungspflichtige Angelegenheit iSv Abs. 2 Satz 1 Hs. 1 angesehen (→ Rn. 42, dort Beispiel 1), aber **keine vorherige Unterrichtung** verlangt. Jedenfalls in den Fällen, in denen ein Aufhebungsvertrag ohne zeitlich nennenswerte Vorverhandlungen geschlossen werde, genüge der Arbeitgeber seiner Unterrichtungspflicht, wenn er nach dem Abschluss des Aufhebungsvertrags informiere.[204] Verkannt hat der Siebte Senat vor allem Sinn und Zweck der Unterrichtungspflicht. Er schreibt: „Sinn und Zweck des Anhörungsrechts verlangen (…) die vorherige Anhörung der Schwerbehindertenvertretung nicht. Der schwerbehinderte Mensch muss nicht vor den möglichen Folgen einer einseitigen Entscheidung des Arbeitgebers durch die Beteiligung der Schwerbehindertenvertretung geschützt werden. Vielmehr kann er selbst privatautonom über den Abschluss eines Aufhebungsvertrags entscheiden".[205] Hier zeigt sich ein grundlegendes Missverständnis hinsichtlich der Aufgabe des SBV und des zur Erfüllung dieser Aufgabe der SBV eingeräumten Rechts. In Abs. 1 Satz 1 dritte Variante ist ausdrücklich geregelt, dass die SBV jedem schwerbehinderten und gleichgestellten Beschäftigten beratend und helfend zur Seite stehen muss. Die Erfüllung dieser Aufgabe wird in allen personellen Angelegenheiten durch die nach Abs. 2 Satz 1 vom Arbeitgeber einzuholende Stellungnahme verwirklicht, die so rechtzeitig abgegeben werden soll, dass sie die noch zu treffende Arbeitgeberentscheidung im Sinne der Berater- und Helferrolle der SBV beeinflussen kann. Die Privatautonomie wird durch die Berater- und Helferrolle der SBV nicht berührt, sondern gestärkt; denn nur der informierte Beschäftigte entscheidet wirklich frei. Das führt zwingend dazu, dass schon die Überlegung des Arbeitgebers, dem schwerbehinderten Menschen einen Aufhebungsvertrag anzubieten, die Unterrichtungspflicht auslösen muss. Das zeigt die einfache Überlegung: Zu welcher Stellungnahme, die auf die Entscheidung des Arbeitgebers aus Sicht der SBV als Beraterin und Helferin im Rahmen der Anhörung Einfluss nehmen soll, kann der Arbeitgeber die SBV noch veranlassen, wenn er erst über den bereits getätigten Abschluss der Aufhebungsvereinbarung unterrichtet? Dann ist es zu spät, die SBV kann nur noch das Ausscheiden aus dem Beschäftigungsverhältnis zur Kenntnis nehmen. Sinn des Abs. 2 Satz 1 ist es jedoch, durch die frühzeitige Unterrichtung die Gelegenheit zu erhalten, die vom Arbeitgeber zu treffende Entscheidung etwa in der Weise als beratend zu beeinflussen, dass auf die Abklärung des Sperrzeitenrisi-

51

---

204 BAG 14.3.2012 – 7 ABR 67/10, Rn. 25, Behindertenrecht 2012, 236; ablehnend: *von Roetteken* jurisPR-ArbR 29/2012 Anm. 2; *Kayser* in Ernst/Adlhoch/Seel, 31. EL Mai 2017, SGB IX § 95 Rn. 73, *Ilbertz* ZBVR online 2012, Nr. 12, 20; *Knittel* SGB IX § 95 Rn. 60.
205 BAG 14.3.2012 – 7 ABR 67/10, Rn. 24, Behindertenrecht 2012, 236.

kos für den Bezug von Arbeitslosengeld hingewiesen wird. Wer als Arbeitgeber der SBV die Wahrnehmung dieser gesetzlichen Berater- und Helferrolle verwehrt, setzt sich dem Verdacht aus, Schwerbehinderte übertölpeln zu wollen. Er kann sich nicht auf die Leerformel zurückziehen, er müsse im Interesse des Betroffenen dessen Privatautonomie vor der Zwangsberatung durch die SBV schützen. Nur in dem Fall des § 164 Abs. 1 Satz 10 SGB IX hat der Gesetzgeber es für erforderlich gehalten, die **Beteiligung der SBV von der Entscheidung des Betroffenen abhängig** zu machen. Es liegt auch in der Sache kein Fall überschießender Beteiligung vor. Das zeigt der Vergleich mit den entsprechenden Regelungen, die für Gleichstellungsbeauftragte gelten. Die Entwurfsbegründung für das Frauenfördergesetz von 1994 geht ausdrücklich davon aus, dass beteiligungspflichtige Entscheidungen über eine vorzeitige Beendigung eines Beschäftigungsverhältnisses auch den Abschluss eines Aufhebungsvertrages erfassen.[206] Als Grund wird angeführt, eine derartige Beendigung könne auf einen psychischen Druck der Dienststelle, eine vorausgegangene Belästigung etc zurückzuführen sein. Dieser Zweck kann auch mit der Unterrichtungs- und Anhörungspflicht in Abs. 2 Satz 1 SGB IX verfolgt werden. Denn der Aufhebungsvertrag kann auch dann, wenn das Angebot von dem/r Beschäftigten ausgehen sollte, eine Reaktion auf die mangelnde Erfüllung derjenigen Bestimmungen darstellen, die zugunsten behinderter Menschen von der Dienststelle zu erfüllen sind, zB weil sich der/die Betroffene keine hinreichende Aussicht auf eine bessere Erfüllung entsprechender Verpflichtungen verspricht, einer Belästigung wegen seiner/ihrer Behinderung ausgesetzt ist etc[207] Hier kann die Beteiligung der SBV ebenso wie die Beteiligung der Gleichstellungsbeauftragten einen Beitrag leisten, diese ggf. als unzureichend empfundenen Beschäftigungsbedingungen zum Vorteil der Schwerbehinderten zu ändern und so die vorzeitige Beendigung des Beschäftigungsverhältnisses zu vermeiden. Dies gilt, selbst wenn die Initiative für den Aufhebungsvertrag ausschließlich von dem schwerbehinderten Beschäftigten ausgehen sollte. Das letztere ist in der Realität der seltene Ausnahmefall.

c) Unterrichtungsempfänger

52 **Zugang der Unterrichtung:** Maßgeblich ist die Regelung des Zugangs von Willenserklärungen nach § 130 BGB. Danach ist die Willenserklärung zugegangen, sobald sie in verkehrsüblicher Weise in die tatsächliche Verfügungsgewalt des Empfängers oder eines empfangsberechtigten Dritten gelangt ist und für den Empfänger unter gewöhnlichen Verhältnissen die Möglichkeit besteht, von dem Inhalt des Schreibens Kenntnis zu nehmen. Dies kann in der Weise geschehen, dass die Erklärung in eine vom Adressaten bestimmte Empfangsvorrichtung gelangt. Eine derartige Empfangsvorrichtung kann jedoch nur angenommen werden, wenn die Erklärung mit dem Einlegen einem Zugriff des Absenders oder Beförderers entzogen sei. Das **offene Postfach** der SBV in der Poststelle der Dienststelle stellt keine derartige Empfangsvorrichtung dar. Der Zugang von Schreiben an die SBV wird daher nicht durch das Einlegen in das Postfach bewirkt, sondern erst durch Entnahme.[208]

53 **Richtiger Empfänger:** Die SBV ist ein eigenständiges Organ der Dienststelle (→ § 177 Rn. 5), so dass mit der Informationserteilung an den Personalrat die dem Arbeitgeber nach § 164 Abs. 1 Satz 4 SGB IX obliegende Unterrichtung über vorliegende Bewerbungen von schwerbehinderten Menschen nicht erfüllt wird. Weder ist der Personalrat **empfangszuständig** für Mitteilungen, die an die

---

206 BT-Drs. 12/5468, 37.
207 *Von Roetteken* jurisPR-ArbR 29/2012 Anm. 2.
208 Zum Postfach des Personalrats: LAG Bln-Bbg 31.1.2007 – 17 Sa 1599/06.

SBV zu richten sind, noch ist er als Bote des Arbeitgebers anzusehen, der Mitteilungen an die SBV zu überbringen hat.[209] Diese personalvertretungsrechtliche Beurteilung gilt gleichermaßen auch für die Betriebsverfassung. Richtige Empfangsperson für die Unterrichtung ist die gewählte Vertrauensperson und bei ihrer Verhinderung nach § 177 Abs. 1 Satz 1 das erste stellvertretende Mitglied der SBV. Ist die Vertrauensperson zugleich Betriebs- oder Personalratsmitglied, kann der Hinweis genügen, dass die Information zugleich für die SBV erfolge. Kommt die Zuständigkeit unterschiedlicher Schwerbehindertenvertretungen in Betracht, so reicht es nicht aus, irgendeine SBV zu unterrichten. Der Rechtsgedanke aus § 46 des Verwaltungsverfahrensgesetzes – VwVfG – ist nicht auf den Fall übertragbar. Die Vertrauenspersonen der schwerbehinderten Menschen und die stellvertretenden Mitglieder werden für einen bestimmten Vertretungsbezirk gewählt (→ § 177 Rn. 22). Die Aufgabenerfüllung der SBV stellt nicht lediglich einen Gesetzesvollzug durch austauschbare Sachbearbeiter dar, auf deren Person es letztlich nicht ankommt.[210]

2. Anhörung

Anhörung vor der Entscheidung: Will der Arbeitgeber in einer unterrichtungspflichtigen Angelegenheit (zum möglichen Auseinanderfallen von Unterrichtungs- und Anhörungspflicht → Rn. 39) auch noch eine Entscheidung treffen, so hat er nach Abs. 2 S. 1 Hs. 1 die SBV rechtzeitig vorher anzuhören. Darunter ist zu verstehen, dass er der SBV Gelegenheit geben muss, **eine Stellungnahme** zu seiner beabsichtigten Entscheidung abzugeben. Über die beabsichtigte Entscheidung ist die SBV ebenso **unverzüglich und umfassend** (→ Rn. 48) zu informieren wie deren Unterrichtung in einer bloß unterrichtungspflichtigen Angelegenheit zu erfolgen hat. Nicht in jeder Angelegenheit entstehen zugleich Unterrichtungs- und Anhörungspflichten. So der Sachverhalt im Jobcenter-Fall (→ Rn. 39). Dort unterrichtete die Geschäftsführung des Jobcenters zu Recht die dort gewählte SBV nur über die Einführung des neuen Informationssystems ALLEGRO, aber lehnte eine weitergehende Anhörung ab, weil sie als Dienststellenleitung keine eigene Entscheidung traf, sondern nur ausführte, was bereits Gegenstand der Beteiligung auf der Ebene des Vorstands der Bundesagentur für Arbeit gewesen war.[211]

Wenn der Arbeitgeber wie im ALLEGRO-Fall keine Entscheidung trifft, weil er nur ausführendes Organ ist, muss er unverzüglich nach Kenntnis von der Angelegenheit die SBV unterrichten, damit diese den schwerbehinderten Beschäftigten noch helfend und beratend beistehen kann, wenn die Veränderungen eingeführt werden. Wenn der Arbeitgeber in dieser Angelegenheit selbst eine Entscheidung trifft, muss der Arbeitgeber zusätzlich zur unverzüglichen Unterrichtung auch noch Gelegenheit zur Abgabe einer Stellungnahme einräumen, damit diese die Chance erhält, auf die noch nicht abgeschlossene Willensbildung des Arbeitgebers noch positiv einwirken zu können. Der Arbeitgeber braucht der Stellungnahme nicht zu folgen; denn die SBV hat weder Mitbestimmungs- noch ein Vetorecht. Sie kann nur durch das argumentative Gewicht ihrer Stellungnahme und ihre in der Vergangenheit bewiesene Fachkunde den Arbeitgeber beeinflussen, indem sie zB auf die Pflichten verweist, die dem Arbeitgeber gegenüber den schwerbehinderten Beschäftigten obliegen oder auf konkrete Hil-

---

209 BAG 15.2.2005 – 9 AZR 635/03, NZA 2005, 870; dem folgend LAG Hamm 16.12.2005 – 15 Sa 1698/05, ZfPR online 2006, Nr. 9.
210 VG Berlin Fachkammer für Personalvertretungssachen 23.5.2012 – 1 K 3.12 PVB, ZfPR online 2012, Nr. 12, 10.
211 BAG 20.6.2018 – 7 ABR 39/16, Rn. 15, NZA 2019, 54.

fen hinweist, die Rehabilitationsträger bzw. Integrationsamt zur Verfügung stellen.[212] Die Stellungnahme, mit der die SBV im Geiste enger Zusammenarbeit auf den Arbeitgeber mit dem Ziel der Teilhabe einwirken soll, hat die SBV in angemessener Frist abzugeben. Wird sie verspätet abgegeben, muss sie der Arbeitgeber nicht berücksichtigen. Eine Höchst- oder Mindestfrist ist dafür im Gesetz dazu nicht bestimmt. Die für die Nachholung der Beteiligung bei Aussetzung in Abs. 2 Satz 2 bestimmte Sieben-Tages-Frist ist nicht anwendbar.[213] Hier ist je nach der Dringlichkeit und Komplexität der Angelegenheit eine angemessene Zeitspanne festzulegen. Es entspricht dem Grundsatz enger Zusammenarbeit (§ 182 Abs. 1), wenn Arbeitgeber und SBV sich auf einen Katalog von Angelegenheit mit festgelegten Fristen einigen. Kommt es nicht zum Einvernehmen, so hat der Arbeitgeber mit der Aufforderung zur Stellungnahme eine angemessene Höchstfrist zu setzen. Diese hat auch das Interesse der SBV daran zu berücksichtigen, an der Willensbildung sachgerecht mitwirken zu wollen und dazu Informationen beim Betroffenen oder von sachkundigen Stellen einholen zu können. Diese Fristsetzung unterliegt der richterlichen Kontrolle. Hat der Arbeitgeber sie zu knapp bemessen, liegt keine ordnungsgemäße Anhörung vor. Deshalb dient eine einvernehmliche Absprache auch der Risikobegrenzung des Arbeitgebers. Soll die SBV vor einer Kündigungsentscheidung angehört werden, existieren gesetzlich definierte Zeitspannen in § 102 Abs. 2 BetrVG für die Betriebsratsanhörung und in den Personalvertretungsgesetzen für die Personalratsanhörung. Diese sind in Kündigungsangelegenheiten einer analogen Anwendung zugänglich (→ Rn. 74). Eine Anhörung „auf Vorrat" ist unzulässig. Eine derartige Vorratsanhörung erfolgt dann, wenn die Arbeitgeberüberlegungen noch unter dem Vorbehalt der weiteren Entwicklung stehen.[214]

55 **Anhörung zur beabsichtigten Entscheidung:** Nach Abs. 2 Satz 1 ist die SBV in allen unterrichtungspflichtigen Angelegenheiten vor einer **Entscheidung** in der zweiten Stufe der Beteiligung noch anzuhören. Unter dem Begriff der Entscheidung wird man insbesondere Entscheidungen verstehen, die personelle Einzelmaßnahmen beinhalten, wie zB wie Eingruppierung, Umgruppierung, Umschulung, Versetzung, Abordnung, Beförderung, Genehmigung von Nebentätigkeit oder deren Versagung, **Kündigung, Abmahnung** und **Versetzung in den einstweiligen Ruhestand** zu verstehen haben. Vor dem Treffen der Entscheidung, ob das Arbeitsverhältnis gekündigt wird, muss der Arbeitgeber eine ausreichende Wissensgrundlage für eine Stellungnahme die SBV schaffen. Deshalb müssen alle Tatsachen, die Willensbildung über die Kündigung erheblich sind, der SBV mitgeteilt werden. Dies gilt auch, wenn sie erst im Verlauf des Antragsverfahrens vor dem Integrationsamt entstehen oder bekannt werden.[215] Deshalb sind der SBV der Inhalt des Zustimmungsbescheids mit allen Einschränkungen oder Nebenbestimmungen zur Kenntnis zu bringen. Es empfiehlt sich zur Vermeidung von Missverständnissen, der SBV eine Kopie zuzuleiten. Dies ist datenschutzrechtlich zulässig, → Rn. 48 (Einsicht in Unterlagen).
Keine Anhörungspflicht nach einer Stimme im Schrifttum soll bestehen, wenn der Arbeitgeber beabsichtigt, einen **Auflösungsantrag** gem. § 9 Abs. 1 Satz 2

---

212 HessLAG 7.9.2006 – 5 TaBV 185/04, Rn. 31, nachgehend BAG 16.9.2008 – 9 ABR 85/06, sonstige Erledigung.
213 *Pahlen* in Neumann/Pahlen/Greiner/Winkler/Jabben SGB IX § 178 Rn. 11; zweifelnd *Kossens* in Kossens/von der Heide/Maaß SGB IX § 95 Rn. 17.
214 Zum vergleichbaren Fall der Anhörung des Betriebsrats: BAG 26.10.2017 – 2 AZR 298/16, Rn. 18; BAG 17.3.2016 – 2 AZR 182/15, Rn. 17, BAGE 154, 303.
215 BAG 22.9.2016 – 2 AZR 700/15, Rn. 33, Behindertenrecht 2017, 93; *Luickhardt* jurisPR-ArbR 18/2017 Anm. 1.

KSchG beim Arbeitsgericht zu stellen. Zwar berühre der Auflösungsantrag eine „Angelegenheit" des schwerbehinderten Menschen, stelle aber keine „Entscheidung" des Arbeitgebers im Sinne von § 178 Abs. 2 Satz 1 SGB IX dar. Der Auflösungsantrag habe nämlich keine unmittelbar gestaltende Wirkung auf das Arbeitsverhältnis, weil die Wirkung dieser Prozesshandlung von der Entscheidung des Gerichts abhängig sei.[216] Zutreffend ist, dass die Gestaltungswirkung vom Gericht ausgeht. Das ist jedoch unerheblich. Die Argumentation beruht auf einem Denkfehler. Die Angelegenheit Auflösungsantrag berührt den schwerbehinderten Beschäftigten. Deshalb ist in der ersten Stufe die SBV zu unterrichten, damit sie dem Betroffenen Beistand leisten kann. In der zweiten Stufe muss der Arbeitgeber vor Stellung des Antrags Gelegenheit zur Stellungnahme geben, denn der Gesetzgeber will der SBV die Gelegenheit geben, auf die Willensbildung des Arbeitgebers Einfluss zu nehmen, bevor er die Entscheidung trifft, den Antrag zu stellen. Wie so oft wird hier vom Autor der Begriff Entscheidung des Arbeitgebers mit der gestaltenden Maßnahme verwechselt, die das Gericht trifft.

Problematisch sind Maßnahmen, die in der **Ausübung von Weisungsrechten** bestehen. Nicht jede einfache Weisung ist geeignet, ein Anhörungsrecht auszulösen. Anders ist es bei Weisungen, die Auswirkungen auf die behinderungsgerechte Beschäftigung haben können.

Beispiel für eine arbeitsbezogene Weisung, die nicht als anhörungswürdige Entscheidung im Sinne des Satzes 1 zu verstehen ist: Der Vorgesetzte teilt einem schwerbehinderten Arbeitnehmer mit, wie eine Maschine in einer bestimmten Art und Weise zu bedienen ist.

Beispiel für eine Weisung, die zur Anhörung führen muss: Der Vorgesetzte weist einen neuen Arbeitsplatz zu. Hier muss die SBV zur Frage der behinderungsgerechten Ausstattung des Arbeitsplatzes und zur Deckung von Anforderungsprofil und Fähigkeiten Stellung beziehen können.

Im öffentlichen Dienst ist insbesondere umstritten, ob die Entscheidung die Qualität eines Verwaltungsaktes haben muss. Eine hM in der Rspr. sieht daher die dienstliche Beurteilung eines schwerbehinderten Beamten nicht als anhörungspflichtige Entscheidung an.[217] Zugrunde gelegt wird der engere Begriff der personalrechtlichen Maßnahme.[218] Diese enge Auslegung übersieht das weite Tatbestandsmerkmal „Entscheidung in allen Angelegenheiten".[219]

Entscheidungen über Willenserklärungen: Eine Verpflichtung, vor dem Abschluss eines Aufhebungsvertrags die SBV anzuhören, besteht nach der Ansicht des Siebten Senats des BAG schon deshalb nicht, weil der Vertragsabschluss keine Entscheidung iSv Abs. 2 Satz 1 Hs. 1 sei.[220] Übersehen hat der Siebte Senat, dass der Begriff der Entscheidung keine rechtsgeschäftliche Willenserklärungen ausnimmt, sondern der Entäußerung der Willenserklärung voraus geht. Wenn der Gesetzgeber entsprechend der Ansicht des Siebten Senats hätte verfahren wollen, hätte er auf den seit langem durch die Rspr. des BVerwG präzi-

56

---

216 *Zöllner* SAE 2019, 139.
217 BVerwG 14.12.1990 – 2 B 106/90, BayVbl. 1991, 315; OVG NRW 27.11.1990 – 12 A 1016/88, Behindertenrecht 1991, 70.
218 Vgl. BVerwG 8.4.2010 – 6 C 3.09, BVerwGE 136, 263, BGleiG E.II.2.2 BGleiG § 20 Nr. 9 Rn. 20, mwN.
219 So zu Recht *Dörner* SchwbG § 25 Rn. 22; VG Berlin 29.8.1991 – 7 A 53.89, Behindertenrecht 1992, 135, DÖD 1992, 67.
220 BAG 14.3.2012 – 7 ABR 67/10, Rn. 22 ff., Behindertenrecht 2012, 236; kritisch: *von Roetteken* jurisPR-ArbR 29/2012 Anm. 2.

sierten Begriff der Maßnahme[221] zurückgegriffen und damit nur solche Entscheidungen der Unterrichtungs- und Anhörungspflicht unterworfen, die darauf zielen oder zumindest geeignet sind, den Rechtsstand von Beschäftigten einseitig zu ändern.[222] Das hat er jedoch nicht getan, sondern auf den Begriff der Entscheidung abgestellt und in dem folgenden Satz 2 klargestellt, dass er zwischen Entscheidung und deren Durchführung differenziert. Im Übrigen ist es logisch unzutreffend, dass keine Arbeitgeberentscheidung zu treffen sei: Der Arbeitgeber muss sowohl darüber, ob er selbst ein Angebot auf Abschluss unterbreitet, als auch darüber, ob er ein Angebot des Arbeitnehmers annimmt, eine Entscheidung treffen. Vor der jeweiligen Entscheidung hat die Anhörung stattzufinden (→ Rn. 54). Die Entscheidung des Siebten Senats hat deshalb zu Recht starke Kritik erfahren.[223] Sie verhindert die Erfüllung der Aufgabe der SBV nach Abs. 1 Satz 1 Alt. 1 als Interessenvertretung auf das Treffen der Entscheidung des Arbeitgebers, einen Aufhebungsvertrag anzubieten, durch ein Stellungnahme Einfluss zunehmen. Zusätzlich vereitelt sie durch das Vorenthalten der Unterrichtung die Aufgabe nach Abs. 1 Satz 1 Alt. 2 zu erfüllen, dem Betroffenen **vor der Durchführung der Entscheidung** (hier: Abschluss des Aufhebungsvertrags) beratend und helfend zur Seite zu stehen. Das wäre aber notwendig, um Nachteile, zB Sperrfristen beim Bezug von Arbeitslosengeld, vermeiden zu können.[224] Schon wegen der zu erwartenden sozialrechtlichen Sanktionierung, wenn in dem vom Arbeitgeber aufgestellten Vertragsbedingungen ein Verzicht auf den Sonderschutz gesehen werden könnte, liegt es für einen redlichen Arbeitgeber nahe, die Möglichkeit der Beratung durch die SBV einzuräumen. In schwerwiegenden Fällen kann hier ein Ansatzpunkt für eine Unwirksamkeit des Aufhebungsvertrags wegen der Verstoßes gegen das Gebot fairen Verhandelns gesehen werden, → § 175 Rn. 8.

3. Aussetzung und nachfolgende Anhörung

57 Eine Anhörung iSv § 178 Abs. 2 Satz 1 SGB IX setzt eine umfassende Unterrichtung voraus. Sonst ist sie nicht ordnungsgemäß. Hat keine ordnungsgemäße Anhörung stattgefunden, so ist nach § 178 Abs. 2 Satz 2 SGB IX die Durchführung oder Vollziehung einer ohne Beteiligung nach Satz 1 getroffenen Entscheidung **auszusetzen** und die Beteiligung innerhalb von sieben Tagen nachzuholen; sodann ist endgültig zu entscheiden. Das Gesetz stellt für die Aussetzung keine Einschränkung auf; insbesondere macht sie die Aussetzung nicht so, wie sie in § 178 Abs. 4 SGB IX für die Aussetzung von Beschlüssen der Interessenvertretungen geregelt ist, von einem **Antrag der SBV** abhängig. Die Aussetzung der Vollziehbarkeit tritt vielmehr automatisch ein. Das Gebot der Aussetzung nimmt der jeweiligen Entscheidung der Dienststellenleitung ihre weitere Vollziehbarkeit.[225] Das Aussetzungsgebot verpflichtet die Dienststellenleitung vergleichbar wie in den Fällen des Suspensiveffekts nach § 80 Abs. 1 VwGO die Entscheidung als noch nicht als ergangen zu behandeln.[226] Für Arbeitgeber der

---

221 Vgl. BVerwG 8.4.2010 – 6 C 3.09, BVerwGE 136, 263, BGleiG E.II.2.2 BGleiG § 20 Nr. 9 Rn. 20, mwN.
222 So zu Recht: *von Roetteken* jurisPR-ArbR 29/2012 Anm. 2.
223 Vgl. *von Roetteken* jurisPR-ArbR 29/2012 Anm. 2; *Bartl*, Aufhebungsvertrag mit einem schwerbehinderten Menschen, AiB 2013, 90; *Ilbertz* ZBVR online 2012, Nr. 12, 20; *Knittel* SGB IX § 95 Rn. 60.
224 So auch *Knittel* SGB IX § 95 Rn. 60.
225 *von Roetteken* ZBR 2021, 16 (24); im Ansatz zutreffend: *Pahlen* in Neumann/Pahlen/Greiner/Winkler/Jabben SGB IX § 178 Rn. 11 a.
226 *von Roetteken* ZBR 2021, 16 (24); so auch ArbG Darmstadt 16.10.1997 – 2 Ca 491/96, Rn. 24, BGleiG E.IV.7.2 HGlG § 18 Nr 2.

Privatwirtschaft gilt ein Verbot der Durchführung der Entscheidung. Dienstherr und Arbeitgeber dürfen ihre Entscheidung erst vollziehen bzw. durchführen, wenn sie das bislang unterlassene Beteiligungsverfahren nach § 178 Abs. 2 Satz 1 SGB IX vollständig und ordnungsgemäß **nachgeholt** haben. Nachholen beutet hier: Es bedarf sowohl der erstmaligen umfassenden Unterrichtung und der erstmaligen Anhörung sowie zusätzlich einer **erneuten Entscheidung in Kenntnis der nachgeholten Anhörung.**[227] Diese Art der Nachholung muss vor dem endgültigem Treffen der Entscheidung (das ist bei einem Verwaltungsakt das Widerspruchsverfahren) bzw. vor Vollzug der Maßnahme geschehen; denn jeder Vollzugsakt ist während der Aussetzung verboten.[228] Zudem muss die Nachholung so erfolgen, dass die SBV noch tatsächlich auf die Willensbildung des Arbeitgebers Einfluss nehmen kann. Solange nicht die Beteiligung restlos nachgeholt ist, kann vom Betroffenen einstweiliger Rechtsschutz über eine einstweilige Anordnung gegen den Dienstherrn erreicht werden, bei belastenden Verwaltungsakten auch über einen Antrag nach § 80 Abs. 5 VwGO.[229] Ein noch ungelöstes Problem ist die Gewährleistung des Rechtsschutzes für die SBV. Zwar ist ein zum negatorischen Rechtsschutz gehörender, das Unterrichtungsrecht sichernder vorbeugender Anspruch der SBV auf Unterlassung anerkannt. Bislang kann die Arbeitsgerichtsbarkeit jedoch nicht gewährleisten, dass trotz eingeleiteten Beschlussverfahrens die SBV von der Durchführung der getroffenen Entscheidung „überrollt" wird. Führt der Arbeitgeber seine Entscheidung ohne Beachtung des Beteiligungsrechts aus § 178 Abs. 2 Satz 1 SGB IX durch, erledigt sich das auf Unterlassung gerichtete Beschlussverfahren, weil der Antrag ins Leere geht.[230] Nach der Rspr. der Gerichte für Arbeitssachen kann zwar auch der Betriebsrat verlangen, dass ein unter Verletzung seines paritätischen Mitbestimmungsrechts eingetretener störender Zustand beseitigt wird.[231] Ein derartiger Anspruch ist aber für die SBV zur Sicherung ihres geringeren Beteiligungsrechts noch nicht anerkannt. Es bleibt ihr nur übrig, auf einen Feststellungsantrag umzustellen, der jedoch nicht als Fortsetzungsfeststellungsantrag bezogen auf den konkreten Fall zulässig ist, sondern ausgehend von diesem historischen Fall das Beteiligungsrecht für künftige Fälle klären soll.

4. Mitteilung der Entscheidung

Mitteilung der getroffenen Entscheidung: Der Arbeitgeber ist nicht gehalten, eine Zustimmung der SBV einzuholen. Er ist jedoch gehalten, im Rahmen der Anhörung eine Stellungnahme der SBV entgegenzunehmen und im Rahmen seiner Verpflichtung zur engen Zusammenarbeit (§ 182 Abs. 1) ernsthaft zu prüfen. Das Ergebnis seiner Überprüfung hat er nach Abs. 2 Satz 1 Hs. 2 der SBV **unverzüglich**, spätestens vor der Durchführung der Entscheidung **mitzuteilen**. Eine bestimmte Form für die Mitteilung ist nicht vorgeschrieben. Die Verletzung der Mitteilungspflicht ist nicht bußgeldbewehrt.[232] Dennoch empfiehlt sich, den Empfang der Mitteilung bestätigen zu lassen. Bei wortgetreuer Anwendung der Unwirksamkeitsanordnung in § 178 Abs. 2 Satz 3 SGB IX ist die

58

---

227 *von Roetteken* ZBR 2021, 16 (25).
228 *von Roetteken* ZBR 2021, 16 (25).
229 HessVGH 15.12.1993 – 1 TH 1911/93, PersR 1994, 292.
230 BAG 30.4.2014 – 7 ABR 30/12, NZA 2014, 1223.
231 BAG 7.2.2012 – 1 ABR 63/10, Rn. 14, BAGE 140, 343; zustimmend: *Mittag* jurisPR-ArbR 26/2012 Anm. 1; grundlegend: *Klocke*, Der Unterlassungsanspruch in der deutschen und europäischen Betriebs- und Personalverfassung, 2013, 46 ff.
232 Einzelheiten zum Rechtscharakter der Mitteilungspflicht vgl. *Boecken* VSSR 2017, 69; *Sachadae* PersR 2017, 35.

Mitteilung als dritter Schritt der Beteiligung nach Abs. 2 Satz 1 nämlich Wirksamkeitsvoraussetzung einer Kündigung durch den Arbeitgeber. Allerdings hat der Zweite Senat des BAG zusammen mit einigen Stimmen im Schrifttum eine Abweichung vom Wortlaut als geboten angesehen. Der Mitteilungsanspruch verbürge keine Mitwirkung an der Willensbildung des Arbeitgebers, sondern solle bloß die Kontrolle ermöglichen, ob die SBV korrekt beteiligt worden sei. Seiner Verletzung komme daher keine Bedeutung zu, wenn die SBV vor dem „Vollzug der betreffenden Entscheidung" ordnungsgemäß angehört worden sei.[233] Diese teleologischen Überlegungen erscheinen „künstlich".[234] Der Zweite Senat ersetzt die rechtspolitischen Erwägungen des Gesetzgebers durch eigene. Diese Sicht ist zudem unzutreffend; denn die Mitteilung vor Durchführung („Vollzug" obliegt der Verwaltung) dient nicht der Kontrolle der Ordnungsgemäßheit der Anhörung, sondern soll nach § 178 Abs. 2 Satz 1 SGB IX die SBV in den Stand versetzen, ihre Aufgabe zu erfüllen dem Betroffenen möglichst schon bei Zugang der Kündigung Beratung und Beistand zu leisten (§ 178 Abs. 1 Satz 1 Alt. 2 SGB IX). Diese Hilfestellung ist schon deshalb angebracht, weil der Betroffene mit der schwer überschaubaren Rechtslage des auf Verwaltungs- und Arbeitsgerichtsbarkeit aufgespaltenen Rechtswegs (→ Vor § 168 Rn. 18) konfrontiert ist.

5. Beteiligung in Angelegenheiten eines behinderten Beschäftigten ohne amtliche Anerkennung oder Gleichstellung

59 **Beteiligungsrecht der SBV in Angelegenheiten von Antragsstellern:** Nach dem Wortlaut des § 178 Abs. 2 Satz 1 SGB IX ist die SBV in Angelegenheiten zu beteiligen, die „einen einzelnen oder die schwerbehinderten Menschen als Gruppe berühren". Nach § 151 Abs. 3 SGB IX ist diese Bestimmung auch auf gleichgestellte behinderte Menschen iSv § 2 Abs. 3 anzuwenden. Für beide Kategorien ist zwar eine **amtliche Anerkennung** vorgesehen. Es muss aber hinsichtlich der Bedeutung der amtlichen Anerkennung zwischen deklaratorischer und konstitutiver Wirkung unterschieden werden.

Für die Eigenschaft schwerbehinderter Mensch iSv § 2 Abs. 2 wird im Verfahren nach § 152 Abs. 1 Satz 3 SGB IX entweder von dem für die Durchführung des Bundesversorgungsgesetzes zuständigen Versorgungsamt nach § 152 Abs. 1 Satz 1 SGB IX oder von der nach Landesrecht gemäß § 152 Abs. 1 Satz 7 SGB IX zuständigen Behörde eine förmliche Feststellung getroffen, → § 152 Rn. 8. Die Feststellung erfolgt in Form eines Verwaltungsaktes mit Dauerwirkung.[235] Es handelt sich nicht um eine Sozialleistung, sondern um eine Statusentscheidung. An diese sind andere Behörden gebunden.[236] Die getroffene Feststellung wird nach § 152 Abs. 5 Satz 3 durch den Schwerbehindertenausweis nachgewiesen. Sie hat jedoch nur **deklaratorische Wirkung**[237] (→ § 152 Rn. 4)

---

233 → Rn. 14 unter Bezug auf *Boecken* VSSR 2017, 69, 79 f.; *Gundel* ZAT 2017, 50 (57 f.); *Rolfs* in ErfK, 19. Aufl. 2019, SGB IX § 178 Rn. 10; aA *Düwell* → 5. Aufl. 2019, § 178 Rn. 58; *Mühlmann* NZA 2017, 884 (887); *Mushoff* in Hauck/Noftz, Dezember 2018, SGB IX K § 95 Rn. 40; *Osnabrügge* in HaKo-KSchR, 6. Aufl. 2018, SGB IX § 178 Rn. 31; *Schmitt* BB 2017, 2293 (2297 f.); *Zimmermann* in MHdB ArbR, 4. Aufl. 2018, § 198 Rn. 148.
234 *Schubert* in Knittel, 107. EL 1.4.2020, SGB IX § 178 Rn. 95; im Ergebnis zustimmend: *Pahlen* in Neumann/Pahlen/Winkler/Jabben SGB IX § 178 Rn. 11 i; *Rolfs* in ErfK SGB IX § 178.
235 BSG 5.7.2007 – B 9/9 a SB 2/06 R, SozR 4-3250 § 69 Nr. 5.
236 BVerwG 12.7.2012 – 5 C 16/11, BVerwGE 143, 325.
237 Zuletzt ständige Rspr. bestätigt: BAG 22.1.2020 – 7 ABR 18/18, Rn. 27, NZA 2020, 783.

und ist deshalb bei Offenkundigkeit der Eigenschaft schwerbehinderter Mensch nicht zwingend erforderlich, → § 152 Rn. 4. Daher ist die SBV auch in Angelegenheiten von Beschäftigen zu beteiligen, die offensichtlich schwerbehindert sind, gleich ob überhaupt ein entsprechender Antrag auf eine amtliche Feststellung der Eigenschaft schwerbehinderter Mensch gestellt ist oder ob er zwar gestellt aber noch nicht beschieden ist. Die in § 173 Abs. 3 geregelte Geltungsbereichsausnahme mit der **Vorwirkung** der rechtzeitigen Antragstellung gilt nur für das **Sonderkündigungsrecht**. Sie ist hier auch nicht anlog auf § 178 anwendbar; denn es besteht keine Regelungslücke. → vorsorgliche Beteiligungspflicht.

Bei den Beschäftigten mit einem GdB von weniger als 50, deren **Gleichstellung** mit schwerbehinderten Menschen nach § 2 Abs. 3 iVm § 151 Abs. 2 durch die Bundesagentur für Arbeit erfolgt (→ § 151 Rn. 7 ff.), ergeht demgegenüber ein rechtsbegründender Verwaltungsakt. Dieser wirkt konstitutiv. Das bedeutet zugleich: Die Vertretungsbefugnis der SBV entsteht erst durch die Gleichstellung als einem **rechtsbegründenden Verwaltungsakt**.[238] Daraus folgt: Ist zum Zeitpunkt, zu dem der Arbeitgeber die SBV nach § 178 Abs. 2 Satz 1 zu beteiligen hat, ein Arbeitnehmer weder schwerbehindert noch über seinen Gleichstellungsantrag positiv entschieden, sind die Voraussetzungen für die Unterrichtungs- und Anhörungspflicht nicht erfüllt; denn es besteht **keine Vorwirkung für den Beteiligungsanspruch** der SBV.[239] Der Siebte Senat den Rechtssatz hat bei dieser Gelegenheit den überschießenden Rechtssatz zum „Schutz des einfach Behinderten" aufgestellt: „Der Arbeitnehmer (dessen Gleichstellungsantrag erst später positiv beschieden wird) unterfällt zu diesem Zeitpunkt nicht dem Anwendungsbereich des 3. Teils des SGB IX." Dieser Rechtssatz geht zu weit; denn nach § 173 Abs. 3 2. Alt. genießt der einfach Behinderte, der die Vorfrist von drei Wochen (→ § 173 Rn. 43 f.) einhält, den in Teil 3 des SGB IX geregelten besonderen Schutz vor einer Arbeitgeberkündigung. Der Siebte Senat wollte insoweit nicht von der ständigen Rspr. des Zweiten Senats zum Schutz im laufenden Antragsverfahren bei Einhaltung der Vorfrist[240] abweichen; denn er hat diese Rspr. selbst zitiert.[241] Es ist deshalb davon auszugehen, dass der Siebte Senat nur einen falschen Begriff gewählt hat. Statt Anwendungsbereich des Schutzes nach Teil 3 SGB IX ist Vertretungsbefugnis der SBV nach § 178 Abs. 2 SGB IX passend. So hat das LAG Hamm zutreffend formuliert.[242]

Eine **vorsorgliche Beteiligungspflicht** iSv § 178 Abs. 2 Satz 1 SGB IX ergibt sich auch nicht aus anderen Vorschriften. Zwar hat der Gesetzgeber in § 178 Abs. 1 Satz 3 SGB IX bei dem Verfahren zur Feststellung einer Behinderung gem. § 152 SGB IX der SBV unterschiedslos für alle Beschäftigten eine Befugnis zugewiesen und damit die Aufgabenstellung über den Kreis der schwerbehinderten Menschen hinaus erweitert. Dies hat aber für den Umfang des Personenkreises,

---

238 BAG 22.1.2020 – 7 ABR 18/18, Rn. 27, NZA 2020, 783; BAG 31.7. 2014 – 2 AZR 434/13, Rn. 48; BAG 10.4.2014 – 2 AZR 647/13, Rn. 39; BAG 18.11.2008 – 9 AZR 643/07, Rn. 22, NZA 2009, 728; ebenso *Greiner* in Neumann/Pahlen/Greiner/Winkler/Jabben SGB IX § 151 Rn. 20.
239 So im Ergebnis zutreffend: BAG 22.1.2020 – 7 ABR 18/18, Rn. 27, NZA 2020, 783; dogmatisch präziser „Begrenzung der Vertretungsbefugnis": LAG Hamm 10.1.2020 – 13 TaBV 60/19, Rn. 46, zustimmend *Schäfer* jurisPR-ArbR 12/2020 Anm. 5.
240 Vgl. zu § 90 Abs. 2a SGB IX aF, § 173 Abs. 3 nF: BAG 9.6.2011 – 2 AZR 703/09, Rn. 18; BAG 29.11.2007 – 2 AZR 613/06, Rn. 15, Behindertenrecht 2007, 166; BAG 1.3.2007 – 2 AZR 217/06.
241 Vgl. BAG 22.1.2020 – 7 ABR 18/18, Rn. 33, NZA 2020, 783.
242 LAG Hamm 10.1.2020 – 13 TaBV 60/19, Rn. 46, zustimmend *Schäfer* jurisPR-ArbR 12/2020 Anm. 5.

der von der SBV vertreten wird, keine Bedeutung. Denn diese Kompetenzzuweisung bezieht sich nur auf eine Art Rechtsdienstleistung (→ Rn. 18) zu verstehen. Sie beschränkt sich auf eine bloße Unterstützung des jeweiligen Antragstellers, ohne dass damit eine beteiligungsrelevante Vertretungsbefugnis der SBV gegenüber dem Arbeitgeber verbunden ist.[243]

Fallbeispiel: Ein als behinderter Mensch mit einem Grad der Behinderung (GdB) von 30 anerkannter Arbeitnehmer hat die Gleichstellung mit einem schwerbehinderten Menschen beantragt und dies dem Arbeitgeber mitgeteilt. Der Arbeitgeber will den Arbeitnehmer umsetzen. Die SBV macht geltend, sie sei vorsorglich von der beabsichtigten Umsetzung dieses Arbeitnehmers zu unterrichten. Das BAG verneinte hier eine Pflicht zur vorsorglichen Unterrichtung.[244] Es bestätigte damit die Beschwerdeentscheidung[245] und änderte die erstinstanzliche Entscheidung[246] ab.

Diese Rspr. des BAG weicht von der Rspr. der Verwaltungsgerichte zur vorsorglichen Beteiligung der SBV in **Beamtenangelegenheiten** bei einem laufenden Antragverfahren, → § 211 Rn. 13, ab. So hat der VGH BW ausdrücklich im vergleichbaren Fall der Umsetzung eines Beamten erkannt, die SBV sei vorsorglich zu beteiligen, wenn im Verwaltungsverfahren der „Beamte auf das laufende Feststellungsverfahren verweist".[247] Der Siebte Senat übergeht diese Entscheidung. Er verweist zur Verdeckung seiner Divergenz auf den zuletzt zur vorsorglichen Beteiligung 2011 in einem Nichtzulassungsbeschwerdeverfahren ergangenen Beschluss des BVerwG[248]. Dort führt der Zweite Senat des BVerwG unter Bezugnahme auf seine ältere Rspr. aus:[249] „Der Beamte muss den Dienstherrn von dem laufenden Antragsverfahren unterrichten, wenn er den mit der Anhörung der Schwerbehindertenvertretung bezweckten Schutz in Anspruch nehmen will. Für diese Fallgruppe besteht die Möglichkeit der vorsorglichen Anhörung der Schwerbehindertenvertretung auf Antrag des Betroffenen (...)". Der Siebte Senat sieht darin keinen die Entscheidung tragenden Rechtssatz, sondern nur ein beiläufiges obiter dictum.[250] Das ist zweifelhaft. Im Übrigen sei die Versetzung eines Beamten in den Ruhestand mit der Umsetzung eines Arbeitnehmers auf einen anderen Arbeitsplatz nicht vergleichbar. Die Versetzung eines Beamten in den Ruhestand könne als Verwaltungsakt anfechtbar sein, wenn die gebotene vorherige Anhörung der Schwerbehindertenvertretung unterblieben sei.[251] Das sei bei einer beamtenrechtlichen Umsetzung, die keinen Verwaltungsakt darstelle, gerade nicht der Fall.[252] Die letzteren Ausführungen des Siebten Senats des BAG sind zwar zutreffend, haben jedoch für ausschließlich Bedeutung für die beamtenrechtlichen Rechtsfolgen einer Nichtbeteiligung. Sie haben jedoch keinen Erkenntniswert für das Bestehen der Arbeitgeberpflicht zur Beteiligung und für den Anspruch der SBV auf Beteiligung nach § 178 Abs. 2 Satz 1 SGB IX. Zudem übersieht der Siebte Senat, dass in den Inklusionsrichtlinien und sonstigen Veraltungsvorschriften der Länder zum SGB IX

---

243 LAG Hamm 10.1.2020 – 13 TaBV 60/19, Rn. 47, zustimmend *Schäfer* jurisPR-ArbR 12/2020 Anm. 5.
244 BAG 22.1.2020 – 7 ABR 18/18, NZA 2020, 783; bereits zustimmend zur Pressemitteilung des BAG Nr. 4/2020: *Linnartz* AnwZert ArbR 3/2020 Anm. 1.
245 LAG Bln-Bbg 9.5.2018 – 23 TaBV 1699/17.
246 ArbG Berlin 17.10.2017 – 16 BV 16895/15.
247 VGH BW 22.2.1995 – 4 S 2359/94, Schütz BeamtR ES/A II 4.1 Nr. 17.
248 BVerwG 7.4.2011 – 2 B 79.10, Rn. 6 ff., USK 2011–82.
249 BVerwG 7.4.2011 – 2 B 79.10, Rn. 6, USK 2011–82.
250 BAG 22.1.2020 – 7 ABR 18/18, Rn. 49, NZA 2020, 783.
251 Vgl. BVerwG 15.2.1990 – 1 WB 36.88, BVerwGE 86, 244.
252 Vgl. BVerwG 22.5.1980 – 2 C 30.78, BVerwGE 60, 144.

ausdrücklich den Dienststellenleitungen die Vorsorgliche Beteiligung aufgegeben wird. So zB in NRW:[253] „2.3 Beschäftigte, die eine Antragstellung als schwerbehinderte oder gleichgestellte Menschen beabsichtigen, können hierbei die Hilfestellung der Schwerbehindertenvertretung beanspruchen. Wenn ein solcher Antrag gestellt wurde, ist zu empfehlen, die Dienststelle hiervon schriftlich zu unterrichten. Bis zur Entscheidung über den Antrag sind sie unter Vorbehalt als schwerbehinderte oder als gleichgestellte Menschen zu behandeln." Damit ist jede Dienststellenleitung der Landesverwaltung verpflichtet, **in Angelegenheit der Beamten und Arbeitnehmer** die SBV zu beteiligen.

Zuzustimmen ist dem Siebten Senat darin, dass sich eine über den Wortlaut des § 178 Abs. 2 SGB IX erweiterte Arbeitgeberpflicht, die SBV entsprechend § 178 Abs. 2 Satz 1 in den Angelegenheiten einfachbehinderter Beschäftigter zu beteiligen, weder aus dem **Unionsrecht** oder noch dem Völkerrecht ergibt.[254] Dazu bedarf es allerdings nicht der inhaltlich zweifelhaften Ausführungen des Senats, dass ein Beteiligungsverfahren nach § 178 Abs. 2 SGB IX keine angemessene Vorkehrung darstellen könne. Die Lösung ergibt sich schon daraus, dass weder Art. 5 der Richtlinie 2000/78/EG noch Art. 27 Abs. 1 Satz 2 Buchst. i iVm Art. 2 Unterabs. 3 und Unterabs. 4 der UN-BRK vorgeben, dass eine SBV zu bilden und dass bei Angelegenheiten, die einfachbehinderte Beschäftigte berühren, diese zu unterrichten und anzuhören ist.

6. Die kündigungsrechtliche Sonderregelung und deren Rechtsfolge

a) Die Einfügung der Unwirksamkeitsklausel

Neue Unwirksamkeitsklausel: Aufgrund eines in letzter Minute gestellten Abänderungsantrags vom 29.11.2016 ist in § 95 Abs. 2 (SGB IX aF) als neuer Satz 3 eingefügt worden: „Die Kündigung eines schwerbehinderten Menschen, die der Arbeitgeber ohne eine Beteiligung nach Satz 1 ausspricht, ist unwirksam."[255] Seit der Einfügung sind erstmals ausdrücklich im Gesetzestext die Rechtsfolgen einer unterlassenen Beteiligung geregelt. In der Sache hat der Gesetzgeber des BTHG den 1983 vom Zweiten Senat des BAG aufgestellten Rechtssatz korrigiert: „Die Kündigung eines Schwerbehinderten, die ein Arbeitgeber ausspricht, ohne zuvor (...) den Vertrauensmann oder den Gesamtvertrauensmann der Schwerbehinderten unterrichtet und angehört zu haben, ist aus diesem Grunde weder wegen Fehlens einer Wirksamkeitsvoraussetzung noch wegen Verstoßes gegen ein gesetzliches Verbot (§ 134 BGB iVm § 65 Abs. 1 Nr. 8 SchwbG) unwirksam."[256] Der Zweite Senat war damals abweichend von einer Entscheidung des Fünften Senats[257] der Rechtsprechungslinie gefolgt, die unter dem Vorsitz des Präsidenten Nipperdey zu den Folgen einer unterlassenen Betriebsratsanhörung auf der Grundlage des § 66 Abs. 1 BetrVG 1952 entwickelt worden war.[258] Danach sollte trotz der Ausgestaltung als Ordnungswidrigkeit ein Anhörungsgebot nicht in eine Verbotsnorm mit der Rechts-

60

---

253 Richtlinie zur Durchführung der Rehabilitation und Teilhabe behinderter Menschen (SGB IX) im öffentlichen Dienst im Lande Nordrhein-Westfalen RdErl. d. Innenministeriums vom 11.9.2019 Geschäftszeichen 21–42.12.01.
254 BAG 22.1.2020 – 7 ABR 18/18, Rn. 40, NZA 2020, 783.
255 Zum Ablauf des Gesetzgebungsverfahrens *Düwell/Beyer* Beschäftigte Rn. 338 ff.
256 BAG 28.7.1983 – 2 AZR 122/82, BAGE 43, 210; ablehnend dazu *Herschel* in Anm. zu AP SchwbG § 22 Nr. 1; *Ritz/Dopatka*, Schwerbehindertenvertrauensleute – no future?, ZSR 1986, 412; *Düwell* FS Eichenhofer, 2015, 155 (168 ff.).
257 BAG 28.5.1975 – 5 AZR 172/74, AP Nr. 6 zu § 12 SchwBeschG.
258 BAG 15.9.1954 – 1 AZR 258/54, BAGE 1, 69; kritisch *Herschel* Anm. AP SchwbG § 22 Nr. 1.

folge aus § 134 BGB „umgedeutet" werden. Vielmehr sei eine **ausdrückliche Unwirksamkeitsanordnung** durch den Gesetzgeber erforderlich.[259] An dieser Rspr. ist in der Folgezeit festgehalten worden.[260] Diese hat der Gesetzgeber mit Wirkung vom 30.12.2016 geschaffen. Die Gesetzesergänzung bewirkt damit eine Korrektur der 1983 vollzogenen Rechtsprechungswende. Verstößt der Arbeitgeber gegen das in Abs. 2 Satz 1 iVm § 238 Abs. 1 Nr. 8 Verbot, ohne die vorgeschriebene Beteiligung der SBV eine Kündigung gegenüber einem schwerbehinderten oder gleichgestellten behinderten Menschen zu erklären, so ist das Rechtsgeschäft Kündigung nichtig. Das gilt jetzt nicht nur, weil in der Verbotsnorm nichts anderes bestimmt ist und deshalb die Rechtsfolge aus § 134 BGB eingreift, sondern auch, weil die **Rechtsfolge der Unwirksamkeit in Abs. 2 Satz 3 ausdrücklich angeordnet** ist.

b) Geltungs- und Anwendungsbereich

61 **Kündigungsarten:** Die in Abs. 2 Satz 1 geregelte Pflicht des Arbeitgebers zur Beteiligung der SBV und die in Satz 3 angeordnete Unwirksamkeitsfolge gelten für alle Arten von Kündigungen. Erfasst werden sowohl **ordentliche** als auch **außerordentliche** Kündigungen, gleich ob sie auf die **Beendigung** des Arbeitsverhältnisses oder als **Änderungskündigung** nur die Änderung der Arbeitsbedingungen bezwecken.[261] Eine Unterrichtung und Anhörung zu einer außerordentlichen Kündigung beinhaltet nicht zugleich die Beteiligung an einer ordentlichen Kündigung. Deshalb muss ein Arbeitgeber immer prüfen, ob der hilfsweise auch zur ordentlichen Kündigung die SBV beteiligen sollte.

62 **Kündigungsschutzrechtliche Wartezeit:** Erfasst wird auch die Kündigung in der sechsmonatigen kündigungsschutzrechtlichen Wartezeit, in der weder nach § 1 Abs. 1 KSchG noch nach § 173 Abs. 1 Satz 1 Nr. 1 SGB IX Bestandsschutz besteht. Diese Ausnahmen vom Schutz gelten nicht für die neue Unwirksamkeitsregelung in Abs. 2 Satz 3.[262] Dies ergibt sich schon aus dem Kontext der Norm. Die Regelung zur Beteiligung der SBV findet sich im **fünften** Kapitel. Die wortgleich durch Art. 1 BTHG für 2018 aus § 90 SGB IX aF nach § 173 Abs. 1 Nr. 1 SGB IX übernommene Vorschrift befindet sich dagegen im **vierten** Kapitel des Schwerbehindertenrechts. Folglich kann die in § 173 Abs. 1 Nr. 1 SGB IX vorausgesetzte Wartezeit schon aus Gründen der Gesetzessystematik keine Geltungsbereichsausnahme für die Anwendung der Unwirksamkeitsfolge aus § 178 Abs. 2 Satz 3 SGB IX sein.

63 **Rückwirkung der Neuregelung auf die Prävention:** Die Einfügung der Sonderregelung in Abs. 2 Satz 3 wirkt sich auch auf die in § 167 geregelte Prävention aus. Zu der Neuregelung, die eindeutig auch die Wartezeitkündigung einbezieht steht die Rspr. des Sechsten und Achten Senats zu § 84 Abs. 1 SGB IX aF (seit 1.1.2018: § 167 Abs. 1 SGB IX), nach der das **Präventionsverfahren** während der ersten sechs Monate des Beschäftigungsverhältnisses nicht zur Anwendung kommen soll, im Widerspruch. Nach dieser zweifelhaften Rspr. soll der Arbeitgeber bei schwerbehinderten Arbeitnehmern trotz der in § 167 Abs. 1 und 2

---

259 Zur Kritik an dieser Rspr. *Düwell* FS Kohte, 2016, 47 (54 ff.).
260 BAG 28.6.2007 – 6 AZR 750/06, Rn. 48, Behindertenrecht 2008, 82.
261 *Rolfs* in ErfK, 18. Aufl. 2018, SGB IX § 178 Rn. 8; dem folgend für Beendigungskündigung ArbG Hamburg 12.6.2018 – 21 Ca 455/17 und ArbG Leipzig 17.8.2017 – 8 Ca 1122/17, DB 2018, 1862; für Änderungskündigung ArbG Hagen 6.3.2018 – 5 Ca 1902/17, Rn. 26, AuR 2018, 383.
262 *Bayreuther* NZA 2017, 87 (89); *Düwell/Beyer* Beschäftigte Rn 144, *Lingemann/Steinhauser* NJW 2017, 1369; *Schnelle* NZA 2017, 880; *Kleinbrink* DB 2017, 126; *Pahlen* in Neumann/Pahlen/Greiner/Winkler/Jabben SGB IX § 178 Rn. 11 b.

nicht enthaltenen Bereichsausnahme frei von allen dort bestimmten verfahrensrechtlichen Kündigungsbeschränkungen sein.[263] Diese Rspr. muss schon deshalb überdacht werden, weil die Unterrichtungs- und Anhörungspflichten aus Abs. 2 Satz 1 sowie die Unwirksamkeitsfolge aus Abs. 2 Satz 3 SGB IX zwingend auch während der Wartezeit anzuwenden sind. Für die Praxis bedeutet dies, dass zumindest das Anhörungsverfahren in den ersten sechs Monaten eines Beschäftigungsverhältnisses jetzt wieder eine Bedeutung erhält. Da in diesen Fällen der Vorbehalt der Zustimmung des Integrationsamts noch nicht gilt, muss die SBV hier besonders darauf achten, dass die zur Förderung der Eingliederung **notwendigen Hilfen** den schwerbehinderten Beschäftigten gewährt werden.[264] Gerade in der Phase der Einarbeitung sind diese Hilfen wichtig. Nach der hier vertretenen Auffassung sind auch die Bestimmungen in § 167 Abs. 1 anwendbar. Danach kann die SBV darauf bestehen, dass der Arbeitgeber zu der Klärung und Behebung der aufgetretenen **Schwierigkeiten** auch den Betriebs- oder Personalrat sowie das **Integrationsamt** einschaltet, um alle **Möglichkeiten und Hilfen zu erörtern**. Das Integrationsamt darf sich dieser Erörterung nicht mit dem Verweis entziehen, es bestehe noch kein Kündigungsschutz. Halten der Sechste und Achte Senat an ihrer kritisierten Rspr. zu § 84 Abs. 1 SGB IX aF bei Anwendung des § 167 fest, so entfällt die in § 167 Abs. 1 vorgesehene Erörterung, die nicht Bestandteil der dreistufigen Beteiligung nach Abs. 2 Satz 1 ist. Die SBV kann jedoch im Rahmen der Anhörung die von ihr nach Abs. 1 Satz 2 Nr. 1 beim Integrationsamt beantragten Hilfen aufführen. Im Übrigen ist ein Arbeitgeber schlecht beraten, wenn er den Wunsch der SBV, nicht über das Postfach zu kommunizieren, ablehnt.

Kenntnis von der Schwerbehinderung als Voraussetzung der Beteiligungspflicht: 64
Eine Beteiligungspflicht setzt voraus, dass der Arbeitgeber zum Zeitpunkt des Zugangs der Kündigung die Schwerbehinderung des Arbeitnehmers **kannte oder hätte kennen müssen**, weil die Schwebehinderung offensichtlich war, zB bei einem Rollstuhlfahrer. Soweit im Schrifttum weitergehend die Regelung aus § 173 Abs. 3 entsprechend angewandt wird[265], kann dem nicht zugestimmt werden. Diese kündigungsrechtliche Regelung aus § 173 Abs. 3 ist nicht auf das Beteiligungsverfahren anwendbar. Soweit der Beschäftigte nach der datenschutzrechtlich zulässige Frage nach der Schwerbehinderung wahrheitswidrig eine Schwerbehinderung verneint hat, entfällt die Beteiligung.[266] Das Beteiligungserfordernis entfällt auch, wenn zum Zeitpunkt des Zugangs der Kündigung erst ein Antrag auf Feststellung der Eigenschaft als schwerbehinderter Mensch nach § 2 Abs. 2 oder Gleichstellung nach § 2 Abs. 3 gestellt war. Im Schrifttum wird so weit angenommen, die Beteiligungspflicht bestünde auch dann, wenn die Anträge wenigstens drei Wochen vor dem Zugang der Kündigung gestellt waren und ihnen mit Rückwirkung entsprochen wird.[267] Dem kann nicht zuge-

---

263 BAG 21.4.2016 – 8 AZR 402/14, BAGE 155, 61, Behindertenrecht 2016, 150; BAG 28.6.2007 – 6 AZR 750/06, Rn. 40, BAGE 123, 191, Behindertenrecht 2008, 82; ablehnend: *Gagel* jurisPR-ArbR 39/2007 Anm. 1; *Deinert* Anm. AP Nr. 27 zu § 307 BGB; *Düwell/Beyer* Beschäftigte Rn. 144.
264 *Düwell/Beyer* Beschäftigte Rn 144.
265 *Knittel*, 91. EL 1.7.2017, SGB IX § 95 Rn. 93; weitergeführt von *Schubert* in Knittel, 107. EL 1.4.2020, SGB IX § 178 Rn. 93, ebenso *Bayreuther* NZA 2017, 87 (89).
266 *Bayreuther* NZA 2017, 87 (89); *Knittel*, 91. EL 1.7.2017, SGB IX § 95 Rn. 93; weitergeführt von *Schubert* in Knittel, 107. EL 1.4.2020, SGB IX § 178 Rn. 93.
267 *Bayreuther* NZA 2017, 87 (89); *Knittel*, 91. EL 1.7.2017, SGB IX § 95 Rn. 93; weitergeführt von *Schubert* in Knittel, 107. EL 1.4.2020, SGB IX § 178 Rn. 93.

stimmt werden. Die aus § 173 Abs. 3 abzuleitenden **Rück- oder Vorwirkungen** beziehen sich nur auf den **Sonderkündigungsschutz** nach § 168 ff.

c) Wirksamkeitsvoraussetzung

65 **Dreistufige Beteiligung als Wirksamkeitsvoraussetzung der Kündigung:** Will der Arbeitgeber die Rechtsfolge der Unwirksamkeit der Kündigung vermeiden, muss er kumulativ die **drei Handlungspflichten** aus Abs. 2 Satz 1 beachten:
1. vor Ausspruch der Kündigung die SBV unverzüglich und umfassend unterrichten,
2. sie vor der Entscheidung anhören und
3. ihr die getroffene Entscheidung unverzüglich mitteilen.

Das hat auch die Bundesvereinigung der Arbeitgeberverbände (BDA) frühzeitig erkannt. Sie hat in ihrem Rundschreiben den Arbeitgeberverbänden[268] in Bezugnahme auf die vom Bundestag beschlossene Fassung des SGB IX durch Art. 2 BTHG, die vom 30.12.2016 bis 31.12.2017 galt, mitgeteilt: „Mit der Einfügung einer ausdrücklichen Rechtsfolge für den Fall der unterlassenen Beteiligung der Schwerbehindertenvertretung nach § 95 Abs. 2 Satz 1 SGB IX wird es zukünftig unerlässlich, die Schwerbehindertenvertretung vor Kündigung eines schwerbehinderten Menschen zu unterrichten und anzuhören sowie die Entscheidung der Schwerbehindertenvertretung mitzuteilen." Das Schrifttum hat diesen als Trias (Dreiklang) der drei kumulativ aufgeführten Handlungspflichten als Wirksamkeitsvoraussetzung zu Recht übernommen.[269] Die Unwirksamkeitsfolge tritt deshalb auch dann ein, wenn die Beteiligung der SBV nicht ordnungsgemäß erfolgte, weil in diesem Fall ebenfalls keine Beteiligung nach Satz 1 vorliegt.[270] Diese Beteiligungspflicht besteht unabhängig davon, dass das Integrationsamt gemäß § 170 Abs. 2 eine Stellungnahme der Schwerbehindertenvertretung einzuholen hat. Eine solche Stellungnahme im behördlichen Zustimmungsverfahren ersetzt die Unterrichtung und Anhörung nicht.[271] Umstritten ist, wann das mit der Rechtsfolge der Unwirksamkeit verbundene Beteiligungsverfahren endet. *Boecken* vertritt dazu die Auffassung, dass die Mitteilung der getroffenen Entscheidung, die nicht als Ordnungswidrigkeit ausgestaltet ist, nicht mehr zur Wirksamkeitsvoraussetzung gehöre.[272] Diese Frage ist von großer praktischer Bedeutung; denn nur dann, wenn die Beteiligung vor der Kündigungserklärung abgeschlossen war, wird die Rechtsfolge der Unwirksamkeit vermieden. Nach dem klaren Wortlaut ist in Abs. 2 Satz 3 auf das gesamte Beteiligungsverfahren nach Abs. 2 Satz 1 Bezug genommen. Damit darf der Arbeitgeber erst die **Kündigung erklären**, nachdem er der SBV die Mitteilung gemacht hat, welche Entscheidung er in Kenntnis der Stellungnahme der SBV und nach deren ernsthafter Erwägung[273] getroffen hat. Hier stellt sich die Rechtsfrage, wann die Kündigung erklärt werden darf. Kompliziert wird diese Frage durch die weite Fassung des Begriffs des Begriffs der Kündigungserklärung. Zu der Erklärungsfrist in § 88 Abs. 3 SGB IX aF (seit 1.1.2018: § 171

---

268 BDA Rundschreiben vom 15.12.2016, Änderungen des Rechts der Schwerbehindertenvertretung im SGB IX durch das Bundesteilhabegesetz.
269 *Esser/Isenhard* in jurisPK-SGB IX § 178 Rn. 25; *Düwell/Beyer* Beschäftigte Rn. 121; *Kleinebrink* DB 2017, 126 (127); *Schmitt* BB 2017, 2293 (2296): „dreistufiges Verfahren".
270 *Klein* NJW 2017, 852 (856 unter III. 3. mwN).
271 So *Lingemann/Steinhauser* NJW 2017, 1369 (1371 unter II. 4); denen folgend ArbG Hagen 6.3.2018 – 5 Ca 1902/17, Rn. 26.
272 *Boecken* VSSR 2017, 69.
273 *Düwell* in Deinert/Neumann HdB-SGB IX § 20 Rn. 208; *Klein* NJW 2017, 852 (855).

Abs. 3 SGB IX) ist allgemein vertreten worden, dass dort erklären heißen soll: Die Kündigung muss innerhalb der Frist zugehen.[274] Während in § 171 Abs. 3 Ziel der Norm ist, dem sbM innerhalb der Frist Klarheit zu verschaffen, ob von der Erlaubnis zur Kündigung Gebrauch gemacht wurde, geht es hier um die Sicherstellung der ordnungsgemäßen Beteiligung der SBV. Vor Abschluss der Beteiligung, wie sie in Abs. 2 Satz 1 beschrieben ist, soll dem Arbeitgeber die Kündigung verwehrt sein. Das bedeutet hier: Zwar mag der Arbeitgeber schon das Kündigungsschreiben vorsorglich erstellt haben, er darf es jedoch **nicht vor Zugang der Mitteilung an die SBV aus seinem Machtbereich geben**, also weder in den Postgang geben noch zur Aushändigung an einen Boten übergeben und erst recht nicht dem Betroffenen aushändigen.

Schwebende Unwirksamkeit: Der betroffene schwerbehinderte Mensch muss 66 den Unwirksamkeitsgrund aus Abs. 2 Satz 3 **rechtzeitig** geltend machen. Er hat nach § 4 Satz 1 KSchG innerhalb von drei Wochen nach Zugang der Kündigung das Arbeitsgericht anzurufen und Feststellungsklage zu erheben. Sonst gilt die Kündigung nach § 7 KSchG als von Anfang an rechtswirksam. Dies trifft nach § 13 Abs. 1 Satz 2 KSchG auch dann zu, wenn der Arbeitgeber aus wichtigem Grund außerordentlich kündigt.[275] Der Arbeitgeber trägt die Darlegungs- und Beweislast für die ordnungsgemäße Beteiligung der SBV; denn Abs. 2 Satz 3 hat eine Wirksamkeitsvoraussetzung für die der Kündigung aufgestellt.[276]

d) Erfüllung der Beteiligungspflicht

Unverzügliche Unterrichtung vor Antragstellung beim Integrationsamt: Der Ar- 67 beitgeber hat den Betriebsrat nach § 102 Abs. 1 Satz 1 BetrVG „vor" der Kündigung zu hören. Nach § 80 Abs. 2 Satz 1 BetrVG ist der Betriebsrat zur Erfüllung seiner Aufgaben „rechtzeitig" zu unterrichten, dh der Arbeitgeber darf einen ihm passenden Zeitpunkt der Mitteilung von Kündigungsabsicht und Kündigungsgründen (§ 102 Abs. 1 Satz 2 BetrVG), der vor der Kündigung liegt, selbst bestimmen. Anders ist es bei der SBV. Hier darf er nicht den ihm opportunen Zeitpunkt wählen.[277] Nach Abs. 2 Satz 1 hat er die Unterrichtung der SBV „unverzüglich" vorzunehmen, also ohne schuldhaftes Zögern (§ 121 BGB), sobald er den Kündigungsentschluss gefasst hat. Innerhalb welcher Zeitspanne der Arbeitgeber die Unterrichtung vornehmen muss, richtet sich nach den Umständen des Einzelfalles (→ Rn. 43). Es ist zwar auch dem Arbeitgeber eine Erkundigungs- und Überlegungsfrist zuzubilligen, um zB Rat bei einem Rechtsanwalt einzuholen. Diese darf aber wenige Tage andauern; denn die Unverzüglichkeit der Unterrichtung soll sicherstellen, dass sich der Kündigungsentschluss nicht verfestigt, sondern im Rahmen der engen Zusammenarbeit möglichst früh zum Gegenstand des Meinungsaustausches gemacht wird.[278] Dem widerspricht es, wenn die Information über die beabsichtigte Kündigung die SBV zuerst über Dritte wie Personal-, Betriebsrat oder Integrationsamt erreicht.[279] Deshalb ver-

---

274 *Vossen* in APS SGB IX § 88 Rn. 9; *Griebeling* in Hauck/Noftz SGB IX § 88 Rn. 12; *Knittel* SGB IX § 88 Rn. 41; *Kossens* in Kossens/von der Heide/Maaß SGB IX § 88 Rn. 10; *Gallner* in KR SGB IX §§ 85–90 Rn. 145; *Düwell* → 4. Aufl. 2014, § 88 Rn. 31; *Müller-Wenner* in Müller-Wenner/Schorn SGB IX § 88 Rn. 25; *Neumann* in Neumann/Pahlen/Majerski-Pahlen, 12. Aufl. 2010, § 88 Rn. 14; *Hohmann* in Wigand/Hohmann SGB IX § 88 Rn. 37.
275 *Kleinebrink* DB 2017, 126 (130); *Knittel*, 91. EL 1.7.2017, SGB IX § 95 Rn. 91.
276 *Klein* NJW 2017, 852 (856); *Knittel*, 91. EL 1.7.2017, SGB IX § 95 Rn. 91.
277 *Düwell/Beyer* Beschäftigte S. 77 Rn. 122.
278 *Düwell/Beyer* Beschäftigte S. 77 Rn. 122.
279 Vgl. dazu BT-Drs. 18/10523, 64.

neint in diesem Fall das Schrifttum zu Recht die Unverzüglichkeit.[280] Es steht dann nämlich fest, dass ohne entschuldbaren Grund Zeit vertan wurde, die für eine frühere Unterrichtung des SBV und eine interne Klärung der aufgetretenen Schwierigkeiten im Rahmen des Präventionsverfahrens nach § 167 Abs. 1 hätte genutzt werden können. Das verkennt das Positionspapier der Bundesarbeitsgemeinschaft der Integrationsämter und Hauptfürsorgestellen (BIH). Dort wird in Bezugnahme auf die Fassung des vom 30.12.2016 bis 31.12.2017 geltenden SGB IX die Auffassung vertreten: „Die ordnungsgemäße Beteiligung der Schwerbehindertenvertretung nach § 95 Abs. 2 Satz 1 SGB IX kann vor, während oder nach dem Zustimmungsverfahren gemäß §§ 85 ff. SGB IX erfolgen."[281] Diesem Ansatz widersprechend haben die Instanzgerichte eine Kündigung für unwirksam erklärt, bei der erst nach Antragstellung beim Integrationsamt die SBV unterrichtet und angehört wurde.[282] Dem ist zuzustimmen. Die Zustimmung des Integrationsamts darf erst nach Abschluss der Beteiligung der SBV beantragt werden.[283] Dies ergibt sich unmittelbar aus dem Wortlaut des Abs. 2 Satz 1 und dessen Zweck, der SBV eine Mitwirkung an der Willensbildung des Arbeitgebers zu ermöglichen. Soweit das ArbG Hagen darauf abstellt, „die Unterrichtung und Anhörung" müsse bereits abgeschlossen sein, bevor der Antrag beim zuständigen Integrationsamt gestellt wird, ist dem im Grundsatz zuzustimmen. Hat der Arbeitgeber den Antrag auf Zustimmung schon gestellt, so hat er seine Willensbildung bereits abgeschlossen und seinen Willen nach außen erkennbar manifestiert. In diesem Fall kann die SBV nicht mehr an der Willensbildung mitwirken, sondern kann nur noch darauf hinwirken, dass der Arbeitgeber seine bereits getroffene Entscheidung revidiert.[284] Allerdings hat sich das ArbG sich ungenau ausgedrückt. Richtig ist: Nicht die „die Unterrichtung und Anhörung" muss vor Antragstellung abgeschlossen sein, sondern der in Abs. 2 Satz 1 geregelte Dreischritt von Unterrichtung, Anhörung und Mitteilung (→ Rn. 39).

Der Zweite Senat des BAG hat die Auffassung der Instanzgerichte bestätigt, dass die Schwerbehindertenvertretung vor dem Antrag an das Integrationsamt angehört werden muss.[285] In der Begründung hat sich der Senat allerdings nicht näher mit dieser Rechtsfrage auseinandergesetzt, sondern diesen Zeitablauf als vorgegeben unterstellt. Stattdessen hat der Senat die Möglichkeit der Nachholung der Anhörung der Schwerbehindertenvertretung als Lösung gesucht.[286] Er hat die in Satz 2 des § 178 Abs. 2 SGB IX (früher § 95 Abs. 2 Satz 2 SGB IX aF) enthaltene Regelung zur Nachholung der Beteiligung der Schwerbehinderten-

---

280 *Kleinebrink* DB 2017, 126 (128); *Rolfs* in ErfK, 18. Aufl. 2018, SGB IX § 178 Rn. 9 mwN.
281 BIH, Beteiligung der Schwerbehindertenvertretung vor Ausspruch einer Kündigung nach § 95 Abs. 2 SGB IX (Unwirksamkeitsklausel), April 2017.
282 LAG Hamm 11.10.2018 – 15 Sa 426/18, juris Rn. 36, NZA-RR 2019, 253; LAG Hamm 11.10. 2018 – 15 Sa 379/18, juris Rn. 71, zustimmend *Sachadae* jurisPR-ArbR 1/2020 Anm. 3 LAG Sachsen 8.6.2018 – 5 Sa 458/17, LAGE § 9 KSchG Nr 57 zustimmend: *Sachadae* jurisPR-ArbR 35/2018 Anm. 4; ArbG Hagen 6.3.2018 – 5 Ca 1902/17, Rn. 30, AuR 2018, 383; ArbG Leipzig 17.8.2017 – 8 Ca 1122/17, DB 2018, 1862.
283 *Esser/Isenhardt* in jurisPK-SGB IX § 178 Rn. 26.
284 ArbG Hagen 6.3.2018 – 5 Ca 1902/17, Rn. 30 unter Hinweis auf *Klein* NJW 2017, 852 (854 unter III. 1. a).
285 BAG 13.12.2018 – 2 AZR 378/18, NZA 2019, 305; aA LArbG Hamm 11.10.2018 – 15 Sa 426/18, rkr.; *Düwell* jurisPR-ArbR 34/2018 Anm. 1; *Kohte/Eberhardt* jurisPR-ArbR 9/2020 Anm. 2, *Sachadae* jurisPR-ArbR 35/2018 Anm. 4; *Krämer* in FKS SGB IX, 4. Aufl. 2018, § 178 Rn. 31.
286 *Sachadae* jurisPR-ArbR 1/2020 Anm. 3.

vertretung nicht durch die Einfügung der sog. Unwirksamkeitsklausel in Satz 3 als verdrängt angesehen. Daher sei es weiterhin möglich, eine vor dem Zustimmungsantrag unterbliebene Unterrichtung und Anhörung sogar noch nach der Zustimmung des Integrationsamts nachzuholen, ohne dass die Kündigung deshalb nach § 178 Abs. 2 Satz 3 SGB IX unwirksam sei. Eine realistische Beeinflussung des Kündigungswillens durch die SBV ist im Fall der Nachholung – insbesondere nach bereits erteilter Zustimmung zur Kündigung durch das Integrationsamt – kaum mehr gegeben.[287] Der Senat hat den terminologischen Unterschied zwischen § 178 Abs. 2 Satz 1 SGB IX („vor einer Entscheidung") und § 102 BetrVG („vor einer Kündigung") vernachlässigt. Damit wird der bewusst vom Gesetzgeber beim Wechsel vom SchwbG zum SGB IX mit Einfügung des Adverbs „unverzüglich" für die Ausrichtung auf Prävention eingeführte zeitliche Vorlauf der Anhörung der Schwerbehindertenvertretung missachtet.[288]

Der Rechtsverlust, den die Entscheidung des Zweiten Senats bewirkt wird auch nicht dadurch ausgeglichen, wenn der Senat hervorhebt, dass die Nachholung nichts daran ändert, dass eine nachgeholte Beteiligung der SBV gleichwohl „nicht rechtzeitig" erfolgt und deshalb in solchen Fällen regelmäßig auch der **Bußgeldtatbestand** des § 238 Abs. 1 Nr. 8 SGB IX (früher § 156 Abs. 1 Nr. 9 SGB IX aF) erfüllt ist. Die vom Zweiten Senat kündigungsrechtlich zugelassene **Nachholung der Unterrichtung und Anhörung** der Schwerbehindertenvertretung vor Ausspruch der Kündigung schwächt die Position der SBV, die mit der Unwirksamkeitsklausel gestärkt[289] werden sollte. Sie beruht auf einer Leseschwäche. § 178 Abs. 2 Satz 1 SGB IX stellt auf den Zeitpunkt der Anhörung „unverzüglich (…) vor einer Entscheidung ab". Der Zweite Senat stellt auf die Rechtsfolgenanordnung in § 178 Abs. 2 Satz 3 an, nach der „die Kündigung, die der Arbeitgeber (…) ausspricht, unwirksam ist". Als Tatbestandsvoraussetzung der dort geregelten Rechtsfolge, ist dort genannt: „ohne Beteiligung nach Satz 1". Folglich ist nicht maßgebend, wann die Kündigung ausgesprochen ist, sondern, ob die Beteiligung vor dem Treffen der Entscheidung, stattfindet, kündigen zu wollen: Die Entscheidung, kündigen zu wollen, wird bereits im ersten Schritt der Durchführung umgesetzt, wenn der Antrag auf Zustimmung zur beabsichtigten Kündigung beim Integrationsamt gestellt wird. Bei Beginn der Durchführung muss die nachholende Anhörung nach § 178 Abs. 2 Satz 2 SGB IX schon abgeschlossen sein; denn der Gesetzeswortlaut lässt nur die Nachholung während des Zeitraums der Aussetzung zu. Wird die Entscheidung durchgeführt, ist sie nicht mehr ausgesetzt. Selbst eine gerichtliche Anordnung zur Aussetzung ginge ins Leere.[290] Eine durchgeführte Entscheidung kann allenfalls rückgängig gemacht werden. Dazu bedürfte es eines Folgenbeseitigungsanspruches[291]. Nach der Rspr. der Gerichte für Arbeitssachen kann zwar auch ein Betriebsrat verlangen, dass ein unter Verletzung seines paritätischen Mitbestimmungsrechts eingetretener störender Zustand beseitigt wird.[292] Für die SBV besteht jedoch

---

287 *Sachadae* jurisPR-ArbR 1/2020 Anm. 3.
288 Dazu *Düwell/Beyer* Beschäftigte Rn. 123; *Klein* NJW 2017, 852.
289 *Düwell/Beyer* Beschäftigte S. 184 Rn. 346; Rede der Abgeordneten *Schummer* und *Tack* vor der Abstimmung in der Dritten Lesung des Bundestags im BT-Protokoll 18/206/20505 f.
290 BAG 30.4.2014 – 7 ABR 30/12, NZA 2014, 1223.
291 *Brugger*, Gestalt und Begründung des Folgenbeseitigungsanspruchs, JuS 1999, 625 (630).
292 BAG 7.2.2012 – 1 ABR 63/10, Rn. 14, BAGE 140, 343; zustimmend: *Mittag* jurisPR-ArbR 26/2012 Anm. 1; grundlegend: *Klocke*, Der Unterlassungsanspruch in der deutschen und europäische Betriebs- und Personalverfassung, 2013, S. 46 ff.

dieser mitbestimmungsrechtliche Teilhabeanspruch nicht. Es besteht nur für den durch das Beteiligungsrecht der SBV zu schützenden schwerbehinderten Menschen im Urteilsverfahren die mangelnde Beteiligung geltend zu machen. Hier versperrt jedoch der Zweite Senat mit seiner Zulassung der heilenden Wirkung der nachträglichen Anhörung die wirksame bürgerlich-rechtliche Sanktionierung des Arbeitgebers, der das Schwerbehindertenrecht verletzt hat.

e) Auswirkungen für die Praxis

68 Ungeachtet der Kritik an der Entscheidung des BAG ist durch diese für die Praxis geklärt, dass für Arbeitgeber die Möglichkeit besteht, eine eigentlich verspätete Unterrichtung und Anhörung der Schwerbehindertenvertretung zu einer Kündigung noch vor deren Ausspruch nachzuholen. Allerdings führt diese Nachholung grundsätzlich nur dazu, dass die Kündigung hierdurch nicht nach § 178 Abs. 2 Satz 3 SGB IX unwirksam wird. Alle anderen Konsequenzen, die aus einer zu späten Beteiligung der Schwerbehindertenvertretung resultieren können, bleiben hingegen von der Nachholung unberührt. So heilt die Nachholung der Beteiligung nicht die aufgetretene Verletzung der Pflicht zur unverzüglichen Unterrichtung und Anhörung, die nach § 238 Abs. 1 Nr. 8 SGB IX als **Ordnungswidrigkeit** geahndet werden kann.

Arbeitgeber sollten sich durch das Urteil des BAG somit nicht dazu verleiten lassen, die zeitlichen Vorgaben zu Unterrichtung und Anhörung der Schwerbehindertenvertretung weniger ernst zu nehmen und das Urteil als Freibrief für eine freie zeitliche Aufteilung der Beteiligungsabläufe zu verstehen. Vielmehr sind Arbeitgeber weiterhin gut beraten, wenn sie die SBV noch im Vorfeld eines Antrags an das Integrationsamt zur beabsichtigten Kündigung unterrichten und anhören und damit nicht nur eine Unwirksamkeit nach § 178 Abs. 2 Satz 3 SGB IX, sondern auch sonstige Rechtsfolgen einer fehlerhaften Beteiligung der Schwerbehindertenvertretung vermeiden. Der Arbeitgeber, der auf anwaltlichen Rat und im Vertrauen auf die vom Zweiten Senat des BAG vertretene Position, die erstmalige Beteiligung der SBV erst nach Abschluss der im Antragsverfahren erhaltenen Zustimmung einleitet, beschreitet nicht den sicheren Weg. Er kommt bei Nachholung der Beteiligung wegen der Einhaltung der Kündigungserklärungsfrist (§ 174 Abs. 5 SGB IX) bei einer außerordentlichen Kündigung unter starkem Zeitdruck. Auch dies spricht gegen die teleologisch wenig überzeugende Lösung, Zudem ist es schwer nachvollziehbar die unverzügliche Beteiligung der Schwerbehindertenvertretung nach § 178 SGB IX erst nach Abschluss eines Verwaltungsverfahrens, in dem bereits der Arbeitnehmer die den Beistand der SBV Schwerbehindertenvertretung benötigt, für erforderlich zu halten.[293]

68a **Die Arbeitgeberkündigung im Betrieb ohne SBV:** Besteht in einem Betrieb keine SBV, so muss der Arbeitgeber, der einem schwerbehinderten Arbeitnehmer kündigen will, prüfen, ob als kommissarische Ersatzvertretung nach § 180 Abs. 6 Satz 1 eine im Unternehmen bestehende GSBV (→ § 180 Rn. 37 ff.) oder nach § 180 Abs. 6 Satz 2 eine im Konzern bestehende KSBV (→ § 180 Rn. 55) zu unterrichten und vor dem Treffen der Kündigungsentscheidung anzuhören ist. Ist die überörtliche GSBV oder KSBV zuständig. so muss deren Beteiligung zur Vermeidung der Unwirksamkeit der Kündigung erfolgen.[294]

69 **Unterrichtungsvorsprung der SBV:** Da der Arbeitgeber nach § 102 BetrVG und den entsprechenden Regelungen in den Personalvertretungsgesetzen auch den

---

293 Überzeugend: *Gallner* in KR SGB IX Vor §§ 168–175 Rn. 44 mit Verweis auf BAG 17.8.2010 – 9 ABR 83/09, NZA 2010, 1431.
294 Zur mangelnden Beteiligung der GSBV: LAG Düsseldorf 10.12.2020 – 5 Sa 231/20, juris Rn. 87, ArbuR 2021, 235.

Betriebs- oder Personalrat als andere Interessenvertretungen iSv § 176 vor Kündigungen zu unterrichten und anzuhören hat, stellt sich das Problem der richtigen Reihenfolge bei der Beteiligung. Die Reihenfolge der Anhörung von Schwerbehindertenvertretung und Betriebs- oder Personalrat ist im Gesetz nicht bestimmt. Aus dem in Abs. 2 Satz 1 vorgegebenen Zeitpunkt „unverzüglich" folgt keine Garantie eines „Informationsvorsprungs" der SBV vor dem Betriebs- oder Personalrat.[295] Der Arbeitgeber ist nämlich nicht gehindert, Betriebs- und Personalrat früher als geboten, zB parallel zur SBV, von seinem Kündigungsentschluss zu unterrichten.[296] Jedoch ist er nicht dazu verpflichtet. Soweit geltend gemacht wird, der Betriebsrat die spätestens parallel zur SBV zu unterrichten, fehlt dafür jede Rechtsgrundlage.[297] Diese Meinung wird auf das sprachlich und inhaltlich schiefe Argument gestützt, die SBV würde im Vergleich zum Betriebsrat privilegiert, wenn sie vor dem Betriebsrat angehört werde, denn der Betriebsrat sei das Mitbestimmungsorgan aller Beschäftigten – auch der schwerbehinderten Menschen – und dürfe als solches auch nicht entwertet werden.[298] Diese Argumentation löst sich von dem Gesetz, das ausdrücklich mit unverzüglich einen frühen Unterrichtszeitpunkt für die SBV vorschreibt. Ein „Vorausinformationsgebot" gibt es nur zugunsten der von der Belegschaft gewählten **Gleichstellungsbeauftragten** in den Dienststellen des Bundes. Nach § 27 Abs. 1 des Gesetzes für die Gleichstellung von Frauen und Männern in der Bundesverwaltung und in den Unternehmen und Gerichten des Bundes (BGleiG) hat die Dienststelle die Gleichstellungsbeauftragte „frühzeitig" in personellen Angelegenheiten, insbesondere vor „Kündigung sowie Aufhebungsvertrag, Entlassung, Versetzung in den Ruhestand und vergleichbare Entscheidungen" zu unterrichten. Nach § 27 Abs. 2 BGleiG liegt eine frühzeitige Beteiligung nur vor, wenn die Gleichstellungsbeauftragte mit Beginn der Entscheidungsprozesse auf Seiten der Dienststelle beteiligt wird und die jeweilige Entscheidung oder Maßnahme noch gestaltungsfähig ist. § 27 Abs. 3 BGleiG sichert so einen Informationsvorsprung. Das ergibt der klare Wortlaut: „die Beteiligung der Gleichstellungsbeauftragten geht einem Beteiligungsverfahren nach dem Bundespersonalvertretungsgesetz und dem Neunten Buch Sozialgesetzbuch voraus". Erfolgt ausnahmsweise eine parallele Beteiligung von Personal- oder Schwerbehindertenvertretung, so hat die Dienststelle nach § 27 Abs. 3 Satz 2 BGleiG die Gleichstellungsbeauftragte über die Gründe für die unterlassene vorrangige Unterrichtung zu informieren.[299]

Umfassende Unterrichtung vor Kündigung: In § 102 Abs. 1 Satz 2 BetrVG wird der Arbeitgeber zu einer Mitteilung der Kündigungsgründe verpflichtet. Die Rspr. bezieht in den Umfang der Unterrichtungspflicht regelmäßig mit ein: 70

- Angaben zur Person des zu Kündigenden mit Angaben zum besonderen Kündigungsschutz,[300]

---

295 *Düwell/Beyer* Beschäftigte Rn. 123.
296 Zutreffend: LAG Köln 20.2.2014 – 7 Sa 1155/09, Rn. 62 f., Behindertenrecht 2015, 215.
297 BDA Rundschreiben vom 15.12.2016, Änderungen des Rechts der Schwerbehindertenvertretung im SGB IX durch das Bundesteilhabegesetz.
298 BDA Rundschreiben vom 15.12.2016, Änderungen des Rechts der Schwerbehindertenvertretung im SGB IX durch das Bundesteilhabegesetz.
299 *Düwell/Beyer* Beschäftigte Rn. 124.
300 BAG 23.10.2014 – 2 AZR 865/13, BAGE 149, 355.

- Kündigungsart: ordentliche, außerordentliche, außerordentliche mit Auslauffrist, Beendigungs- oder Änderungskündigung,[301]
- Kündigungsfrist und Kündigungsendtermin.[302]

Umstritten ist, ob die Unterrichtung der SBV in gleicher Weise **umfassend** sein muss. Dagegen wird vorgebracht, Abs. 2 Satz 3 diene keiner zusätzlichen Kontrolle der arbeitsrechtlichen Zulässigkeit der beabsichtigten Kündigung. Daher sei die SBV nur über diejenigen Erwägungen, die im Zusammenhang mit der Schwerbehinderung stünden, zu unterrichten.[303] Dem wird im Schrifttum entgegengetreten.[304] Die SBV kann ihre Aufgaben aus Abs. 1 Satz 1 die Eingliederung zu fördern sowie beratend und helfend zur Seite stehen, nur erfüllen, wenn sie einen umfassenden Überblick über die Hintergründe der beabsichtigten Kündigung erhält. Folglich besteht keine Reduzierung des Unterrichtungsinhalts auf schwerbehindertenspezifische Kündigungsbezüge. Im Übrigen sind Betriebs- bzw. Personalrat und SBV auch deshalb inhaltsgleich anhören, damit Wertungswidersprüche vermieden werden.[305] Damit die SBV die persönlichen Verhältnisse des zu Kündigenden ausreichend für eine Stellungnahme berücksichtigen kann, werden im Schrifttum entsprechend den Anforderungen an eine ordnungsgemäße Betriebsratsanhörung folgende **Mindestangaben zur Person** für erforderlich gehalten: Name, Alter, Betriebszugehörigkeitsdauer, Familienstand, Kinderzahl, und besondere soziale Umstände wie Mutterschutz.[306] Hinzukommen müssen Angaben über den Grad der Behinderung oder den Gleichstellungsbescheid, damit die SBV ihre Zuständigkeit prüfen kann. Der Arbeitgeber darf, sofern ihm keine anderen Informationen vorliegen, von den Eintragungen auf der Lohnsteuerkarte ausgehen.[307] Die Unterrichtung zum **Sachverhalt**, der zum Anlass der Kündigung genommen werden soll, muss so umfassend sein, dass sich die SBV ohne zusätzliche eigene Nachforschungen ein Bild über die Stichhaltigkeit der Kündigungsgründe machen und beurteilen kann, ob es sinnvoll ist, Bedenken zu erheben. Der Arbeitgeber muss deshalb hinsichtlich des Kündigungssachverhalts die Umstände mitteilen, die seinen Kündigungsentschluss tatsächlich bestimmt haben (Grundsatz der subjektiven Determinierung).[308] Da die SBV ebenso wie der Betriebsrat die Möglichkeit erhalten soll, durch seine Stellungnahme auf die endgültige Entscheidung mit der Kraft ihrer Argumente einwirken zu können, spricht viel dafür, die Anforderungen der Rspr. zum Umfang der Unterrichtungspflicht gegenüber dem Betriebsrat auch im Verhältnis zur SBV anzuwenden. Dann gilt: Genügt die Unterrichtung des Arbeitgebers nicht den Anforderungen, die an die Mitteilung der Kündigungsgründe an den Betriebsrat gestellt werden, so ist die Kündigung unwirksam.[309] Sie im Schrifttum vertretene Ansicht, die SBV solle „lediglich" schwerbehinder-

---

301 BAG 26.3.2015 – 2 AZR 517/14, Rn. 18, NZA 2015, 1180; BAG 23.4.2009 – 6 AZR 516/08, Rn. 13, BAGE 130, 369.
302 BAG 27.11.2003 – 2 AZR 654/02, Rn. 25, AP Nr. 136 zu § 102 BetrVG 1972.
303 So *Bayreuther* NZA 2017, 87 (89); *Lingemann/Steinhauser* NJW 2017, 1369 (1370); *Richter* ArbRAktuell 2017, 84 (86).
304 *Düwell/Beyer* Beschäftigte Rn. 125; *Esser/Isenhard* in jurisPK-SGB IX § 178 Rn. 28; *Kleinebrink* DB 2017, 126 (130); *Klein* NJW 2017, 852 (854 ff.); *Schulte* AnwZert ArbR 16/2017 Anm. 2.
305 *Esser/Isenhard* in jurisPK-SGB IX § 178 Rn. 28.
306 Vgl. *Etzel/Rinck* in KR, 11. Aufl. 2016, BetrVG § 102 Rn. 73; *Esser/Isenhard* in jurisPK-SGB IX § 178 Rn. 28.
307 *Düwell/Beyer* Beschäftigte Rn. 126 mwN.
308 *Düwell/Beyer* Beschäftigte Rn. 127 mwN; *Esser/Isenhard* in jurisPK-SGB IX § 178 Rn. 28.
309 So auch *Esser/Isenhard* in jurisPK-SGB IX § 178 Rn. 28; *Kleinebrink* DB 2017, 126 (129).

te Menschen vergleichbar mit dem Integrationsamt schützen und sei deshalb weder berufen noch berechtigt, die Wirksamkeit der Kündigung außerhalb von behindertenspezifischen Sachverhalten auf ihre Vereinbarkeit mit dem allgemeinen Arbeitsrecht zu beurteilen,[310] ist abzulehnen. Die SBV hat nach Abs. 1 Satz 1 SGB IX nicht nur die von Bayreuther angeführte schwerbehindertenspezifische Förderungsaufgabe. Sie soll ausdrücklich auch die „Interessen (der schwerbehinderten Menschen) in dem Betrieb" vertreten und „ihnen beratend und helfend zur Seite" zu stehen. Daraus ergibt sich klar, dass das Mandat ist nicht auf schwerbehindertenspezifische Aspekte beschränkt ist. Folglich ist sie zur Wahrnehmung ihrer umfassenden Aufgabe auch umfassend zu unterrichten.[311]

Ein Sonderproblem stellt die Rechtsfrage dar, ob Angaben zur **Einhaltung der Zweiwochenfrist** aus § 626 Abs. 2 BGB zum unterrichtungspflichtigen Sachverhalt gehören. Der Zweite Senat des BAG hat für die Betriebsratsanhörung den Rechtssatz aufgestellt: „Die Wahrung der Ausschlussfrist gehört nicht zu den „Gründen für die Kündigung" isv § 102 Abs. 1 Satz 2 BetrVG. Deshalb muss der Arbeitgeber hierzu keine gesonderten Ausführungen machen. Ein solches Erfordernis überdehnte die Zwecke des Anhörungsverfahrens. Es liefe darauf hinaus, dem Gremium die – objektive – Überprüfung der Wirksamkeit der beabsichtigten Kündigung zu ermöglichen."[312] Dies wird nicht ohne Grund heftig kritisiert.[313] Dem ist in der Sache zuzustimmen; denn die Zuordnung zum Begriff des Kündigungsgrundes ersetzt nicht die Auslegung der den Umfang der Unterrichtung bestimmenden Norm. Hier ist für den Umfang der Unterrichtungspflicht gegenüber der SBV § 178 Abs. 2 Satz 1 SGB IX einschlägig. Danach ist über die Angelegenheit zu unterrichten, die den schwerbehinderten Menschen berührt. Dazu gehört der Sachverhalt, der dem Arbeitgeber die Einschätzung erlaubt, das Festhalten an einer Kündigungsfrist sei ihm unzumutbar. Dies setzt die Einhaltung der Ausschlussfrist des § 626 Abs. 2 BGB voraus. Folglich sind der SBV in ihrer gesetzlichen Funktion als Beistand der betroffenen Person zur Erläuterung der Unzumutbarkeit **tatsächlichen Angaben zur Ausschlussfrist** mitzuteilen.

Richtiger Adressat der Unterrichtung über die Kündigungsabsicht: Nicht selten meinen Personalleitungen, mit der Unterrichtung des Vorsitzenden des Betriebs- oder Personalrats werde zugleich auch die SBV unterrichtet; denn die SBV habe ja das Recht, an der Sitzung dieser Gremien nach Abs. 4 Satz 1 SGB IX teilzunehmen. Sie verkennen, dass die SBV ein eigenständiges Organ der Gruppe der schwerbehinderten Menschen in der Dienststelle oder im Betrieb ist. Deshalb wird mit der Informationserteilung an den Personal- oder Betriebsrat die dem Arbeitgeber nach Abs. 2 Satz 1 SGB IX obliegende Unterrichtungspflicht nicht erfüllt.[314] Weder sind Personalrats- oder Betriebsratsvorsitzende empfangszuständig für die Unterrichtungen und Mitteilungen, die an die SBV zu richten sind, noch sind sie Boten des Arbeitgebers, die diese an die SBV zu überbringen haben (→ Rn. 53). 71

Mehrfache Beteiligung nach Ablauf der Wartezeit: Dem Arbeitgeber muss nach Ablauf der sechsmonatigen Wartezeit des § 173 Abs. 1 Nr. 1 SGB IX vor der or- 72

---
310 So *Bayreuther* NZA 2017, 87 (89).
311 *Düwell/Beyer* Beschäftigte Rn. 127.
312 BAG 7.5.2020 – 2 AZR 678/19, Rn. 17, NZA 2020, 1110.
313 *Karl/Dudenbostel/Antje Dudenbostel* AuR 2021, 227, 229.
314 Vgl. zur Unterrichtung über eine Angelegenheit nach § 81 Abs. 1 Satz 4 SGB IX aF BAG 15.2.2005 – 9 AZR 635/03, NZA 2005, 870; dem folgend LAG Hamm 16.12.2005 – 15 Sa 1698/05, ZfPR online 2006.

dentlichen Kündigung des Arbeitsverhältnisses eines schwerbehinderten oder gleichgestellten behinderten Menschen die Zustimmung des Integrationsamts nach § 171 Abs. 2 Satz 1 zugestellt worden sein. Die Anhörung des Betriebs- oder Personalrats kann der Arbeitgeber je nach Wahl vor, während oder nach Anschluss des Zustimmungsverfahrens nach §§ 168 ff. SGB IX vornehmen. Das entspricht der ständigen Rspr. des BAG.[315] Nur soweit nach der Zustimmung des Integrationsamts eine wesentliche Änderung des zum Kündigungsanlass genommenen Sachverhalts dem Arbeitgeber zur Kenntnis gekommen ist, muss der Arbeitgeber den Betriebsrat auf diese veränderte Sachlage hinweisen und so erneut dem Betriebsrat die Möglichkeit einer Stellungnahme eröffnen.[316] Diese für den Betriebsrat geltenden Grundsätze hatten Teile des Schrifttums auch für die Unterrichtung und Anhörung der SBV bei Erläuterung des alten Rechts übernommen.[317] Das ist zu Recht auf Kritik gestoßen.[318] Seit 2001 ist nämlich das Merkmal „unverzüglich" bei der Unterrichtung zu beachten (→ Rn. 48). Hinzu kommt, dass nach Abs. 2 Satz 1 in „allen Angelegenheiten" zu unterrichten und anzuhören ist. Im Unterschied zu den Anhörungspflichten gegenüber Betriebs- und Personalrat zwingen diese Besonderheiten des Schwerbehindertenrechts den Arbeitgeber zu einer Beteiligung sowohl **vor der Antragstellung beim Integrationsamt** als auch nach dessen Zustimmung zur Beteiligung der SBV.[319] Wartet der Arbeitgeber erst den Ausgang des nach § 170 SGB IX einzuleitenden Antragsverfahrens ab, handelt er nicht unverzüglich[320] (Einzelheiten: → Rn. 67). Zum neuen Recht wird vorgebracht, der Arbeitgeber müsse in der dritten Stufe der Beteiligung nach Abs. 2 Satz 1 SGB in der ihm obliegenden Mitteilung über die Berücksichtigung Stellungnahme der SBV zum Ausdruck bringen, ob seine Entscheidung vorbehaltlich einer noch ausstehenden Zustimmung des Integrationsamts erfolge.[321] Das impliziert eine Wahlmöglichkeit. Dem ist zu widersprechen. Es wird verkannt, dass anders als bei der betriebsrätlichen Anhörung das Schwerbehindertenrecht in Abs. 2 Satz 1 SGB IX im Fall des Zustimmungsvorbehalts nach § 168 SGB IX zwei unterschiedliche Beteiligungstatbestände vorsieht, nämlich

- die Beteiligung vor der Entscheidung, den Zustimmungsantrag beim Integrationsamt zu stellen, und
- die Beteiligung nach dem erfolgreichen Zustimmungsantrag, die Kündigung zu erklären.

Nach Abs. 2 Satz 1 SGB IX ist die SBV in beiden Angelegenheiten zu unterrichten. Beide berühren den einzelnen schwerbehinderten Beschäftigten in seiner Rechtsstellung.[322] Der Umstand, dass der Arbeitgeber einen Sachverhalt an-

---

315 Vgl. BAG 18.5.1994 – 2 AZR 626/93, AP BPersVG § 108 Nr. 3, EzA BGB § 611 Abmahnung Nr. 31; BAG 11.3.1998 – 2 AZR 401/97 – RzK IV 8 a Nr. 45; BAG 23.10.2008 – 2 AZR 163/07, Rn. 32, BB 2009, 1758.
316 BAG 22.9.2016 – 2 AZR 700/15, Rn. 33, NZA 2017, 30.
317 *Gallner* in KR, 11. Aufl. 2016, SGB IX Vor §§ 85–92 Rn. 44 unter Bezug auf *Adlhoch* Behindertenrecht 1983, S. 25 ff.
318 *Grimm/Freh* ArbRB 1/2017, 16; *Kleinebrink* DB 2017, 126 (130); zum alten Recht: *Heenen* in MüArbR § 313 Rn. 41; *Vossen* in APS SGB IX § 87 Rn. 13; BAG 28.7.1983 – 2 AZR 122/82, Rn. 28, AP Nr. 1 zu § 22 SchwbG.
319 *Grimm/Freh* ArbRB 1/2017, 16; *Kleinebrink* DB 2017, 126 (130); zum alten Recht: *Heenen* in MüArbR § 313 Rn. 41; *Vossen* in APS SGB IX § 87 Rn. 13; BAG 28.7.1983 – 2 AZR 122/82, Rn. 28, AP Nr. 1 zu § 22 SchwbG: Dort wird die Anhörung des Vertrauensmanns anschaulich als ‚Vorprüfung' vor dem Verfahren bei der Hauptfürsorgestelle bezeichnet.
320 ArbG Hagen 6.3.2018 – 5 Ca 1902/17, Rn. 30.
321 *Kleinebrink* DB 2017, 126 (130).
322 *Düwell/Beyer* Beschäftigte Rn. 130 ff.

nimmt, der ihn berechtigt, den Zustimmungsantrag beim Integrationsamt zu stellen, ist eine **unterrichtungspflichtige Angelegenheit**. Der Arbeitgeber trifft auch eine Entscheidung mit Auswirkung auf die Rechtsstellung des Betroffenen, wenn er nach § 170 SGB IX den Antrag beim Integrationsamt stellt. Deshalb muss der Arbeitgeber der SBV zwingend vor der Antragstellung beim Integrationsamt auch der SBV Gelegenheit zur Stellungnahme zu geben. Das entspricht auch der Auffassung der BIH.[323] Im Übrigen ist die Unterrichtung und Anhörung vor Beantragung der Zustimmungsverfahrens schon deshalb zu empfehlen, weil dies die in § 182 Abs. 1 vorgesehene enge Zusammenarbeit mit der Schwerbehindertenvertretung stärkt.[324] Diese vom Arbeitgeber geschuldete Beteiligung wird nicht dadurch ersetzt, dass das Integrationsamt später, nach Eingang des Zustimmungsantrags gemäß § 170 Abs. 2 SGB IX von Amts wegen eine Stellungnahme der SBV einholt. Diese eingeholte Stellungnahme bezieht sich auf den Sachverhalt, den der Arbeitgeber im Zustimmungsantrag vorbringt. Sie dient der dem Amt obliegenden Aufklärung und ist auch nicht bei vorheriger Unterrichtung der SBV durch den Arbeitgeber überflüssig; denn Inhalt der Unterrichtung und Inhalt des Zustimmungsantrags können auseinanderfallen. Darüber hinaus unterscheiden sich Beteiligung durch den Arbeitgeber und Einholung der Stellungnahme durch das Amt in der Zielrichtung. Die vom Arbeitgeber vor der Antragstellung durchzuführende Unterrichtung und Anhörung dient der Willensbildung, ob überhaupt der Antrag auf Zustimmung beim Integrationsamt gestellt werden soll. Die SBV soll den Arbeitgeber in diesem Beteiligungsverfahren im Geiste „enger Zusammenarbeit" (§ 182 Abs. 1 SGB IX) Hinweise darauf geben, ob der Antragstellung Gründe entgegenstehen. So kann die SBV zB gegen die Antragstellung einwenden, dass das nach § 167 Abs. 1 SGB IX bei Auftreten von Schwierigkeiten erforderliche innerbetriebliche Präventionsverfahren noch nicht durchgeführt worden und deshalb eine Zurückweisung des Zustimmungsantrags zu besorgen ist. Der Arbeitgeber kann dann frei entscheiden, ob die vorgebrachten Gründe gewichtig genug sind, seine Kündigungsabsicht fallen zu lassen. Die SBV hat insoweit noch nicht einmal ein hemmendes Widerspruchsrecht. Sie wirkt nur durch die Kraft ihrer Argumente.[325] Hat der Arbeitgeber die zugestellte Erlaubnis zur Abgabe der Erklärung der ordentlichen Kündigung binnen Monatsfrist gemäß § 171 Abs. 3 SGB IX, bedarf es jedenfalls dann der erneuten Beteiligung, wenn das Integrationsamt die Erlaubnis nur unter Bedingungen oder Auflagen erteilt oder der Arbeitgeber einvernehmlich mit dem Integrationsamt den ursprünglich zum Anlass der Kündigung genommenen Sachverhalt ändert oder austauscht. In diesen Fällen trifft nämlich der Arbeitgeber eine neue Entscheidung, nämlich die, ob er unter geänderten Umständen von der Erlaubnis Gebrauch macht. Deshalb ist hier an sich eine **erneute Beteiligung** erforderlich.[326] Sonst reicht die bloße Unterrichtung über die Erteilung der Erlaubnis aus. Unterrichtungspflichtig ist die Tatsache der Zustellung der Erlaubnis, weil sie eine Angelegenheit ist, die den einzelnen schwerbehinderten Menschen berührt, weil sich seine Rechtsstellung als schwerbehinderter Mensch ändert; denn jetzt ist sein Kündigungsschutz für einen Monat aufgehoben. Da nach § 171 Abs. 2 Satz 1 SGB IX dem schwerbe-

---

323 Position der BIH, Beteiligung der Schwerbehindertenvertretung vor Ausspruch einer Kündigung nach § 95 Abs. 2 SGB IX (Unwirksamkeitsklausel), April 2017.
324 So zutreffend: BDA Rundschreiben vom 15.12.2016, Änderungen des Rechts der Schwerbehindertenvertretung im SGB IX durch das Bundesteilhabegesetz.
325 *Düwell/Beyer* Beschäftigte Rn. 134.
326 *Düwell/Beyer* Beschäftigte Rn. 133.

hinderten Menschen auch der Bescheid zugestellt wird, ist ihm jedoch sein über die eigene Zustellung erlangtes Wissen zuzurechnen.

73 **Sonderfall außerordentliche Kündigung:** Problematisch ist das Fehlen einer gesetzlichen Sonderregelung für die Beteiligung der SBV bei einer außerordentlichen Kündigung. Hier ist die Beteiligung nach der **Zustimmung des Integrationsamts** zur außerordentlichen Kündigung praktisch nicht durchführbar. Nach § 174 Abs. 2 Satz 2 SGB IX tritt häufig die Fiktion der Zustimmung des Integrationsamts ein. Will der Arbeitgeber von der Erlaubnis Gebrauch machen, muss er nach § 174 Abs. 4 SGB IX unverzüglich die Kündigung gegenüber dem schwerbehinderten Menschen zu erklären. Daher geht dem Betroffenen zumeist die Kündigung zu, bevor ihm der Zustimmungsbescheid vom Integrationsamt bekannt gegeben wird. Hier muss der Begriff der unterrichtungspflichtigen Angelegenheit in Abs. 2 Satz 1 teleologisch reduziert werden. Es reicht aus, wenn der Arbeitgeber zeitgleich zur Kündigung von der erteilten oder fiktiven Zustimmung unterrichtet. Eine Anhörung entfällt. Der Gesetzgeber schreibt kein Beteiligungsverfahren vor, das auch beim besten Willen nicht eingehalten werden kann. Bei außerordentlichen Kündigungen bedarf es deshalb regelmäßig nur der dreistufigen Beteiligung vor der Antragstellung. Diese muss dann demgemäß innerhalb der zweiwöchigen Antragsfrist nach § 174 Abs. 2 SGB IX vorgenommen werden.[327] Einer erneuten Anhörung der SBV nach erteilter Zustimmung bedarf es nur, wenn im Antragsverfahren der Kündigungssachverhalt ausgetauscht worden ist, zum Austausch von Kündigungsgründen → § 174 Rn. 37.

f) Anhörung im Rahmen des Beteiligungsverfahrens

74 **Form und Fristen für Stellungnahme im Rahmen der Anhörung:** Eine bestimmte Form ist weder für die Unterrichtung noch die Anhörung oder Mitteilung der getroffenen Entscheidung vorgeschrieben. Demgegenüber sieht § 102 Abs. 2 Satz 1 BetrVG für die Stellungnahme, mit der der Betriebsrat Bedenken geltend macht, die Schriftform vor. Für das Beteiligungsverfahren nach Abs. 2 Satz 1 fehlen auch Höchstfristen für die Abgabe der Stellungnahme, innerhalb derer der Arbeitgeber die Stellungnahme noch berücksichtigen muss. Demgegenüber sind in § 102 Abs. 2 Satz 1 bis 3 BetrVG konkrete Regelfristen für die Zeit festgesetzt, innerhalb derer der Betriebsrat im Rahmen der Anhörung zur beabsichtigten Kündigung eine Stellungnahme abgeben kann. Der neu eingefügte Satz 3 enthält ebenfalls keine Hinweise. Im Schrifttum wird eine analoge Anwendung empfohlen.[328] Auch sind die Interessenlagen vergleichbar.[329] Danach sind der SBV **in den Betrieben** die gleichen Fristen einzuräumen wie dem Betriebsrat:[330]

- Bei einer beabsichtigten ordentlichen Kündigung: **eine Woche.**
- Bei einer beabsichtigten außerordentlichen Kündigung: **drei Tage.**

Die Fristberechnung richtet sich nach den in §§ 187 ff. BGB geregelten Grundsätzen der Zivilkomputation. Die Wochenfrist beginnt nach § 187 Abs. 1 BGB mit dem Tag, an dem die Unterrichtung der Vertrauensperson nach § 130 BGB

---

327 *Klein* NJW 2017, 852 (854); *Knittel*, 91. EL 1.7.2017, SGB IX § 95 Rn. 95.
328 *Kleinebrink* DB 2017, 126 (129).
329 *Bayreuther* NZA 2017, 87 (89).
330 *Bayreuther* NZA 2017, 87 (89); *Esser/Isenhard* in jurisPK-SGB IX § 178 Rn. 31; *Klein* NJW 2017, 852 (855); *Kleinebrink* DB 2017, 126 (129); *Knittel*, 91. EL 1.7.2017, SGB IX § 95 Rn. 100; so schon zum alten Recht: *Gallner* in KR, 11. Aufl. 2016, SGB IX Vor §§ 85–92 Rn. 44; BDA Rundschreiben vom 15.12.2016, Änderungen des Rechts der Schwerbehindertenvertretung im SGB IX durch das Bundesteilhabegesetz; zweifelnd: *Pahlen* in Neumann/Pahlen/Winkler/Jabben, 13. Aufl. 2018, SGB IX § 178 Rn. 11 g.

zugeht. Da § 102 Abs. 2 Satz 3 BetrVG nicht von Arbeitstagen spricht, sind auch die Wochenendtage als volle Tage bei der Berechnung der Frist anzurechnen. Fällt allerdings der letzte Tag der Frist auf einen Samstag, Sonntag oder einen gesetzlichen Feiertag, so verlängert sich die Frist gem. § 193 BGB bis zum Ablauf des nächsten Werktages. Bei der Berechnung der Wochenfrist endet die Frist folglich nach § 188 Abs. 2 BGB am letzten Tag der Woche, welche durch seine Benennung dem Tag entspricht, an dem die Unterrichtung der Vertrauensperson zugegangen ist.

Beispiel: Die Vertrauensperson wird vom Inklusionsbeauftragten am Montagnachmittag über die Absicht der ordentlichen Kündigung umfassend unterrichtet. Dann läuft die Stellungnahmefrist am Montag der Folgewoche ab.

Allerdings weist *Bayreuther* darauf hin, dass das Schwerbehindertenrecht in Abs. 2 Satz 2 SGB IX mit „sieben Tagen" eine von der Wochenfrist abweichende **eigenständige** Frist für die Aussetzung der Entscheidung bei Nichtunterrichtung der SBV setzt.[331] Würde diese Frist für die Bemessung der Stellungnahmefrist zur beabsichtigten ordentlichen Kündigung lückenfüllend angewandt, so verlängerte sich die Wartefrist für den Arbeitgeber um einen Tag. Da nach den Grundsätzen der Zivilkomputation der Tag der Unterrichtung gemäß 187 Abs. 1 BGB außer Betracht bleibt, endete nämlich die siebentätige anders als die Wochenfrist erst **mit Ablauf des achten Kalendertags** nach der Unterrichtung.[332] Die Rechtsfrage ist zu Gunsten der **Anwendung der Wochenfrist** aus § 102 Abs. 1 Satz 2 BetrVG durch den Zweiten Senat des BAG geklärt.[333]

Für die Anhörung der SBV in den **Dienststellen** sind an sich die **Fristen** naheliegend, die für die Anhörung von Personalräten im Personalvertretungsrecht gelten.[334] Dort ist für die Personalräte in den Dienststellen des Bundes in § 69 Abs. 2 Satz 3 und 4 BPersVG geregelt: „Der Beschluss des Personalrates über die beantragte Zustimmung ist dem Leiter der Dienststelle innerhalb von zehn Arbeitstagen mitzuteilen. In dringenden Fällen kann der Leiter der Dienststelle diese Frist auf drei Arbeitstage abkürzen." Die Länder haben davon abweichende Regelungen für die Geltungsbereich ihrer Landespersonalvertretungsgesetze getroffen. So ist in NRW dem Personalrat bei der ordentlichen Kündigung in § 74 Abs. 1, 5 iVm § 66 Abs. 2 Satz 2 LPVG bestimmt: „Der Beschluss des Personalrats über die beantragte Zustimmung ist der Dienststelle innerhalb von zwei Wochen mitzuteilen; in dringenden Fällen kann die Dienststelle diese Frist auf eine Woche verkürzen." Für die Stellungnahme zur Kündigung in der Probezeit und zur außerordentlichen Kündigung gilt in NRW nach § 74 Abs. 6 LPVG: „Hat der Personalrat gegen eine beabsichtigte Kündigung in der Probezeit oder gegen eine außerordentliche Kündigung Einwendungen, gibt er diese binnen drei Arbeitstagen der Dienststelle schriftlich zur Kenntnis." Der Zweite Senat hat jedoch der Anwendung der personalvertretungsrechtlichen Fristen zur

---

331 *Bayreuther* NZA 2017, 87 (90); ablehnend: *Knittel*, 91. EL 1.7.2017, SGB IX § 95 Rn. 101.
332 *Bayreuther* NZA 2017, 87 (90).
333 BAG 13.12.2018 – 2 AZR 378/18, juris Rn. 23, NZA 2019, 305; zustimmend: *Rolfs* in ErfK SGB IX § 178 Rn. 10; *Pahlen* in Neumann/Pahlen/Greiner/Winkler/Jabben SGB IX § 178 Rd. 11 j; *Schubert* in Knittel, 107. EL 1.4.2020, SGB IX § 178 Rn. 100.
334 Zu Recht: *Kleinebrink* DB 2017, 126 (129); aA *Klein* NJW 2017, 852, der Notwendigkeit eines einheitlichen Fristenregimes auf der Grundlage des BetrVG für geboten hält.

Anhörung der SBV in den Dienststellen in Ablehnung des Schrifttums[335] eine Absage erteilt. Seine Begründung entspricht einer Ergebnismitteilung: „Eine entsprechende Anwendung der Fristenregelungen in dem ggf. einschlägigen Personalvertretungsgesetz scheidet aus. Es ist nicht ersichtlich, dass der Bundesgesetzgeber das für private und öffentliche Arbeitgeber unterschiedslos vorgesehene Verfahren zur Anhörung der Schwerbehindertenvertretung insofern verschieden ausgestalten und sogar innerhalb des öffentlichen Dienstes – teils erheblich – unterschiedliche Fristenregime eingreifen lassen wollte."[336]

75 **Berechnung des Ablaufs der Stellungnahmefrist:** Nach der Zivilkomputation läuft die der SBV bei einer Kündigung einzuräumende Wochen- oder Tagesfrist erst um 24.00 Uhr des letzten Tages der Frist ab. Fraglich ist, ob der Arbeitgeber auch noch bis 24 Uhr[337] oder nur bis Dienstschluss der Personalabteilung zB 17 Uhr auf den Eingang der Stellungnahme warten muss.[338] Da die SBV die Stellungnahme dem Arbeitgeber so zuleiten muss, dass der Zugang iSv § 130 Abs. 1 Satz 1 BGB noch bis 24 Uhr des letzten Tages bewirkt wird, sprechen die besseren Gründe dafür, dass der Arbeitgeber nur bis Ende der Arbeitszeit des für die SBV auf Arbeitgeberseite bestimmten Ansprechpartners warten muss. Hat der Arbeitgeber ein Postfach oder einen Briefkasten für die Korrespondenz mit der SBV eingerichtet, so gehen ihm Schriftstücke, die außerhalb der Geschäftsstunden eingelegt werden, nicht vor Beginn der Geschäftsstunden am nächsten Arbeitstag zu.[339] Etwas anderes kann nur gelten, soweit Arbeitgeber sogenannte Nachtbriefkästen eingerichtet haben, um die Fristausschöpfung zu gewährleisten. Es darf jedoch nicht ohne entsprechende Abrede davon ausgegangen werden, dass die von Behörden für die Angelegenheiten der Bürgerschaft eingerichteten Nachtbriefkästen auch zu fristwahrenden Empfangsvorrichtungen für Stellungnahmen der in der Dienststelle bestehenden SBV bestimmt sind.[340]

7. Rechtsfolgen außerhalb der kündigungsrechtlichen Sonderregelung

a) Individualarbeitsrecht

76 **Bürgerlich-rechtliche Rechtsfolge der unterlassenen Anhörung:** Die Nichtanhörung der SBV galt nach der von *Nipperdey* zur Anhörung des Betriebsrats zum BetrVG 1952 begründeten herrschenden Meinung bürgerlich-rechtlich als **sanktionslos.**[341] Das wurde vor der mit Wirkung vom 30.12.2016 erfolgten Einfügung der Sonderregelung in Abs. 2 Satz 3 mit dem Fehlen einer § 102 Abs. 1

---

335 *Conze* öAT 2018, 27, 28; *Düwell* → 5. Aufl. 2019, SGB IX § 178 Rn. 66; *Rolfs* in ErfK, 19. Aufl. 2019, SGB IX § 178 Rn. 10; *Esser/Isenhardt* in jurisPK-SGB IX § 178 Rn. 31; *Osnabrügge* HaKo-KSchR, 6. Aufl. 2018, SGB IX § 178 Rn. 31; *Zimmermann* in MHdB ArbR, 4. Aufl. 2018, § 198 Rn. 147.
336 BAG 13.12.2018 – 2 AZR 378/18, juris Rn. 23, NZA 2019, 305: zweifelnd: *Rolfs* in ErfK SGB IX § 178 Rn. 10; zustimmend. *Schubert* in Knittel, 107. EL 1.4.2020, § 178 Rn. 100.
337 So LAG Bln 21.6.1999 – 18 Sa 71/99; aA LAG Hamm 11.2.1992 – 2 Sa 1615/91, LAGE § 102 BetrVG 1972 Nr. 33, DB 1992, 2640.
338 So LAG Hamm 11.2.1992 – 2 Sa 1615/91, LAGE § 102 BetrVG 1972 Nr. 33, DB 1992, 2640.
339 Vgl. BGH 10.2.1994 – IX ZR 7/93, juris Rn. 1, WM 1994, 903; *Reichold* in jurisPK-BGB, 7. Aufl. 2014, BGB § 130 Rn. 13.
340 *Düwell/Beyer* Beschäftigte Rn. 140.
341 Grundlegend: *Oetker*, Blätter für Steuerrecht, Sozialversicherung und Arbeitsrecht 1983, 193 (195); dem folgend: BAG 28.7.1983 – 2 AZR 122/82, AP § 22 SchwbG Nr. 1; LAG RhPf 18.8.1993 – 10 Sa 332/93, NZA 1993, 1133; zust. *Pahlen* in Neumann/Pahlen/Majerski-Pahlen, 12. Aufl. 2010, SGB IX § 95 Rn. 9.

Satz 3 BetrVG entsprechenden ausdrücklichen Unwirksamkeitsanordnung begründet, obwohl die Unwirksamkeitsanordnung bereits in § 134 BGB enthalten ist. An dieser Fehlvorstellung[342] wurde festgehalten: „Eine effektive Änderung der Rechtslage ist durch die Einfügung des S. 3 allein für die Kündigung eingetreten".[343] Die Gegenmeinung ging davon aus, es bedürfe keiner ausdrücklichen Unwirksamkeitsanordnung. Diese ergebe sich schon aus § 134 BGB.[344] Nach der herrschenden Meinung wird außerhalb des Geltungsbereichs des Abs. 2 Satz 3 die Verletzung der Unterrichtungs- und Anhörungspflicht ausschließlich als **Ordnungswidrigkeit** nach § 238 Abs. 1 Nr. 8 geahndet, dazu → Rn. 89. Diese Ansicht kann sich darauf stützen, dass in der 10. Wahlperiode ein Antrag der SPD-Opposition, die Sanktion der Unwirksamkeit für alle personellen Maßnahmen in das SchwbG einzufügen,[345] keine parlamentarische Mehrheit gefunden hat. Stattdessen ist auf Empfehlung des Ausschusses[346] 1986 die jetzt in Abs. 2 Satz 2 enthaltene Aussetzungsfolge mit der Begründung eingeführt worden: „Nach den Erfahrungen in der Praxis ist die Möglichkeit, (...) eine Verletzung des Unterrichtungs- und Anhörungsrechts als Ordnungswidrigkeit zu ahnden, der gebotenen Zusammenarbeit mit dem Arbeitgeber nicht förderlich. Die neue Vorschrift soll daher auf die Beachtung des Unterrichtungs- und Anhörungsrechts hinwirken." Als die SPD nach der Bundestagswahl 2002 erneut den Kanzler stellte, enthielt der vom Bundesministerium für Gesundheit und Soziales erstellte Diskussionsentwurf eines Gesetzes zur Förderung der Ausbildung und Beschäftigung schwerbehinderter Menschen eine weitgehende Unwirksamkeitsklausel für beteiligungsunwillige Arbeitgeber. Die Durchführung oder Vollziehung jeder ohne Beteiligung nach Abs. 2 Satz 1 getroffenen Entscheidung sollte unwirksam sein. Dieser Rechtsfortschritt ist in der Ressortabstimmung mit dem Bundesministerium für Wirtschaft und Arbeit gestrichen worden.[347] Die damalige Opposition im Bundestag forderte vertreten durch ihren Sprecher, den Abgeordneten Hüppe (CDU/CSU), im Laufe der parlamentarischen Beratung vergeblich die Wiederaufnahme dieser Bestimmung.[348] Dieser kurze historische Rückblick zeigt wie stark sich jeweils dieselben Parteien in der Opposition für eine Regelung der Unwirksamkeit eingesetzt und wie abwehrend sich dieselben Parteien verhalten haben, sobald sie die Regierung stellten.

b) Verwaltungsrecht

Die verwaltungsrechtliche Rechtsfolge der Nichtanhörung: Hört ein Dienstherr vor Erlass eines die Rechtsstellung der Bediensteten berührenden Verwaltungsaktes die SBV nicht an, so können die im Arbeitsrecht für die Wirksamkeit ei- 77

---

342 Zum Streit um die Anwendbarkeit des § 134 BGB auf die Anhörung nach § 66 Abs. 1 BetrVG 1952, zwischen *Herschel* und *Nipperdey* und der Einbringung der Nipperdeyschen Rspr. durch *Oetker* in das Schwerbehindertenrecht: *Düwell*, Welche Regelungen sind zur Sicherung der Rechte der SBV geboten? Eine rechtspolitische Kontroverse, FS Kothe, 2016, 47 (52–58).
343 *Pahlen* in Neumann/Pahlen/Greiner/Winkler/Jabben SGB IX § 178 Rn. 9; im Ergebnis ebenso: *Kayser* in Ernst/Adlhoch/Seel, 31. EL März 2017, SGB IX § 95 Rn. 82 ff., die allerdings den Standort der Norm fälschlich mit Abs. 2 Satz 2 angibt; *Knittel*, 91. EL 1.7.2017, SGB IX § 95 Rn. 61, 83 ff.; *Esser/Isenhard* in jurisPK-SGB IX § 178 Rn. 25.
344 *Schimanski* in GK-SGB IX § 95 Rn. 87 f., dazu auch → Rn. 139.
345 SPD-Entwurf BT-Drs. 10/1731, 6.
346 BT-Drs. 10/5701, 11.
347 Einzelheiten *Düwell/Beyer* Beschäftigte Rn. 346.
348 Einzelheiten *Düwell*, Das reformierte Arbeitsrecht, 2005, S. 284 ff.; *Düwell* FS Kohte, 2016, 47 (60 f.).

nes Rechtsgeschäfts geltenden Grundsätze nicht übertragen werden. Im Verwaltungsrecht entfalten im Unterschied zum Arbeitsrecht Entscheidungen trotz ihrer Rechtswidrigkeit Bindungswirkung für den Betroffenen. Das ergibt sich aus den §§ 43 f. VwVfG. Nur **nichtige Verwaltungsakte** haben keine Bindungswirkung. Ist ein Verwaltungsakt lediglich nach § 43 Abs. 1 VwVfG **rechtswidrig**, so bleibt er bis zur Aufhebung oder sonstigen Erledigung bindend. Deshalb geht die verwaltungsgerichtliche Rechtsprechung davon aus, dass die vorgeschriebene Beteiligung keine Wirksamkeitsvoraussetzung des jeweiligen Verwaltungsaktes; denn ihr Fehlen führt nicht stets zu dessen Nichtigkeit.[349] Der **Verwaltungsakt** ist dann nur **fehlerhaft**. Auf Anfechtung eines Betroffenen ist er idR aufzuheben.[350] Das entspricht auch der höchstrichterlichen Rechtsprechung.[351] Danach gilt: Ist eine erforderliche Anhörung unterblieben, ist eine Ermessensentscheidung zwar nicht unwirksam, aber **regelmäßig rechtswidrig**.

78 **Unbeachtlichkeit des Verfahrensfehlers:** Die Rechtswidrigkeit soll in Anwendung des § 46 VwVfG nicht eintreten, wenn zur Überzeugung des Gerichts feststehe, dass die Entscheidung auch durch eine rechtzeitige Anhörung der SBV nicht hätte beeinflusst werden können. Das erscheint unter Berücksichtigung des für das sozialrechtliche Verwaltungsverfahren geltenden § 42 SGB X zweifelhaft. Nach dieser zum 1.1.2001 neugefassten Norm kann die Nichteinhaltung der Unterrichtungs- und Anhörungspflicht nicht mehr als in der Sache unerheblicher Verfahrensfehler angesehen werden.[352] Satz 2 des § 42 SGB X enthält ausdrücklich eine Bereichsausnahme für das in Satz 1 geregelte Verbot, sich allein deswegen auf die Aufhebung eines Verwaltungsaktes zu berufen, weil er unter Verletzung von Vorschriften über das Verfahren zustande gekommen ist, obwohl es offensichtlich ist, dass die Verletzung die Entscheidung in der Sache nicht beeinflusst hat. Denn: „Satz 1 gilt nicht, wenn die erforderliche Anhörung unterblieben oder nicht wirksam nachgeholt ist."

79 **Nachholung der Anhörung:** Die fehlende Unterrichtung des Personalrats macht einen Verwaltungsakt regelmäßig rechtswidrig.[353] Für die unterlassene Anhörung der SBV kann nichts anderes gelten.[354] Es besteht allerdings die Möglichkeit der Nachholung der Anhörung. Die Maßnahme ist aufzuheben, wenn die Beteiligung nicht mehr mit heilender Wirkung nachgeholt werden kann.[355] Die Nachholung im Beschwerdeverfahren ist zu spät.[356] Die Nachholung muss entweder innerhalb der Sieben-Tagefrist des Abs. 2 Satz 2 oder spätestens im Widerspruchsverfahren nachgeholt werden.[357] Sinn und Zweck des Abs. 2 Satz 2 lassen erkennen, dass der Beamte die Aufhebung des Zurruhesetzungsbescheides beanspruchen kann, wenn die erforderliche Anhörung unterlassen und nicht innerhalb dieser Zeitraums nachgeholt wurde.[358]

80 **Entlassung aus dem Dienst:** Wurde die SBV vor der **Entlassung** eines Soldaten auf Zeit nicht angehört, hat die ältere Rspr. angenommen, dieser Verfahrens-

---

349 BVerwG 12.3.1987 – 2 C 39.85, ZBR 1987, 286; BVerwG 1.12.1982 – 2 C 59.81, BVerwG E 66, 291, 294, ZBR 1983, 189; *von Roetteken* ZBR 2021, 16, 25.
350 OVG Bln 28.6.1989 – 4 B 38.89, Behindertenrecht Sonderheft 1990, 44.
351 BVerwG 15.2.1990 – 1 WB 36/88, BVerwGE 86, 244, NVwZ-RR 1990, 489, ZBR 1990, 323.
352 *Masuch* in Hauck/Noftz SGB IX § 95 Rn. 33.
353 Vgl. BVerwG 9.12.1999 – 2 C 4/99, ZBR 2000, 242.
354 VG Berlin 18.8.2008 – 7 A 92.07.
355 HessVGH 17.8.1999 – 1VE 4164/98, ZFSH/SGB 2000, 292.
356 BVerwG 15.2.1990 – 1 WB 36/88, BVerwGE 86, 244.
357 OVG Bln-Bbg 26.4.2012 – OVG 6 B 5.12, Behindertenrecht 2013, 49.
358 VG Berlin 18.8.2008 – 7 A 92.07.

fehler mache die Entscheidung ausnahmsweise dann nicht rechtsfehlerhaft, wenn ausgeschlossen werden könne, dass sie hierdurch zugunsten des Betroffenen hätte beeinflusst werden können.[359] Das erscheint im Lichte des § 42 Satz 2 SGB X überprüfungsbedürftig (→ Rn. 78).

Zurruhesetzung: Die Zurruhesetzung eines schwerbehinderten Beamten wegen Dienstunfähigkeit (→ § 211 Rn. 14) ist bei unterlassener Unterrichtung und Anhörung der SBV als verfahrensfehlerhaft anzusehen. Eine Ahndung des Versäumnisses lediglich als Ordnungswidrigkeit iSv § 238 Abs. 1 Nr. 8 würde dem Schutz der Behinderten nicht gerecht. Trotz zahlreicher Fehlzeiten und Erkrankungen eines Beamten ist nicht von vornherein auszuschließen, dass eine Stellungnahme der Behindertenvertretung die Entscheidung des Dienstherrn in der Zurruhesetzungsfrage hätte beeinflussen können.[360] Denn für schwerbehinderte Beamte gelten hinsichtlich der Feststellung der Dienstfähigkeit und der Dienstunfähigkeit nicht die gleichen Maßstäbe wie für nicht behinderte Beamte,[361] weil insbesondere durch eine behinderungsgerechten Ausstattung des Arbeitsplatzes Erkrankungen und Fehlzeiten beeinflusst werden können und die rechtzeitige Anhörung der SBV dazu Hinweise geben könnte. In Abkehr von seiner früheren Rechtsprechung geht das BVerwG seit 2019 davon aus, dass eine unter mangelnder Beachtung der Beteiligung der SBV (§ 178 Abs. 2 S. 1 SGB IX) verfügte Versetzung in den Ruhestand sei formell rechtswidrig.[362] Die Folgen des Beteiligungsmangels in materieller Hinsicht beurteilen sich dann nach § 46 VwVfG. Daraus folgt: Der Verfahrensverstoß begründet keinen Aufhebungsanspruch des Beamten, wenn die Versetzung in den Ruhestand auf der Grundlage hinreichender (amts-)ärztlicher Gutachten erfolgt ist und damit in der Sache keine andere Entscheidung ergehen konnte.[363]

81

Zu beachten ist, dass eine Beschränkung der Beteiligung auf Unterrichtung und Anhörung der SBV nach Abs. 2 Satz 1 nicht ausreicht. Der Zurruhesetzung liegt eine **personenbedingte Schwierigkeit** iSv § 167 Abs. 1 zugrunde, deren Entdecken den Arbeitgeber „möglichst frühzeitig" zur Einschaltung der SBV und des Personalrats mit dem Ziel eines kooperativen Klärungsverfahrens zum Ergreifen von Präventionsmaßnahmen unter Hinzuziehung des Integrationsamts (→ § 167 Rn. 10 ff.) verpflichtet. Bis zum 30.4.2004 schrieb § 128 Abs. 2 SGB IX aF in Übereinstimmung mit entsprechenden Vorläuferbestimmungen dazu zusätzlich noch die Anhörung des Integrationsamts vor. Nach der Rspr. des BVerwG war die Nichtanhörung ein absoluter Verfahrensfehler und führte ohne Rücksicht auf die sonstige Rechtslage zur Rechtswidrigkeit der Zurruhesetzungsverfügung.[364] Zwar hat der Gesetzgeber diese Bestimmung aufgehoben. Dies geschah vor dem Hintergrund, dass § 167 Abs. 1 SGB IX die Befassung des Integrationsamts schon zu einem wesentlich früheren Zeitpunkt gewährleistet. Daher muss jedes Verhalten des Dienstherrn, das zu einer Nichtbefassung des Integrationsamts mit den Gefährdungen der Beschäftigungsverhältnisse Schwerbehinderter oder ihnen Gleichgestellter führt, im Beamten- und Richterrecht ebenso bewertet werden wie die frühere Missachtung des gesetzlichen An-

---

359 SchlHOVG 21.4.1994 – 3 M 15/94, NZWehrR 1994, 262.
360 VG Berlin 18.8.2008 – 7 A 92.07.
361 Vgl. OVG Bln 8.1.2003 – 4 B 37.02.
362 BVerwG 19.11.2019 – 2 C 24.18, Rn. 2, IÖD 2020, 44 unter Aufgabe von BVerwG 20.12.2010 – 2 B 39/10, ZTR 2011, 196; ebenso bereits zu § 95 Abs. 2 Satz 1 SGB IX: SächsOVG 12.8.2014 – D 6 B78/14, juris Rn. 8; VGH BW 4.9.2018 – 4 S 142/18, Rn. 33, VBlBW 2019, 61, Rn. 33; kritisch: *von Roetteken* ZBR 2021, 16 (24).
363 BVerwG 19.11.2019 – 2 C 24.18, Rn. 3, IÖD 2020, 44.
364 BVerwG 25.10.1989 – 2 B 115.89, ZBR 1990, 180.

hörungsgebotes.[365] Bei vorangehenden Krankheitsfehlzeiten von länger als sechs Wochen findet anstelle des Präventionsverfahrens das stärker regulierte BEM Anwendung (→ § 167 Rn. 35 ff.). Da die Zurruhesetzung in § 26 Abs. 1 Satz 2 BeamtStG und § 44 Abs. 1 Satz 2 BBG voraussetzt, dass der Betroffene innerhalb von sechs Monaten mehr als drei Monate infolge Erkrankung keinen Dienst geleistet hat, muss ein Angebot zur Durchführung des BEM dem Zurruhesetzungsverfahren vorausgehen. Das gilt auch für die Weisung an einen Beamten bzw. eine Beamtin, sich im Hinblick auf die Klärung der Dienstfähigkeit iSd § 26 BeamtStG, § 44 BBG ärztlich untersuchen und begutachten zu lassen.[366] Liegen die Voraussetzungen des § 26 Abs. 1 Satz 2 BeamtStG und § 44 Abs. 1 Satz 2 BBG vor, besteht kein Raum für die Nachholung des BEM mehr. Hätte sich bei rechtzeitiger Einleitung des BEM eine Verwendungsmöglichkeit ergeben, besteht ein Anspruch auf Schadenersatz wegen Pflichtverletzung.[367] Bisher haben die Instanzgerichte die Rechtswidrigkeit einer Zurruhesetzungsverfügung ohne vorherige Durchführung des BEM verneint, ohne die Revision zuzulassen.[368] Das BVerwG hat auf Beschwerde eines Betroffenen zur Klärung dieser Frage die Revision zugelassen.[369] Danach hatte der Zweite Senat des BVerwG Gelegenheit zur tiefer gehenden Klärung. Er hat zutreffend erkannt, dass in Fällen krankheitsbedingter Fehlzeiten das BEM und das Zurruhesetzungsverfahren in einem zeitlich gestaffelten Stufenverhältnis zueinander stehen.[370] Hat der Dienstherr das BEM ordnungsgemäß, aber erfolglos durchgeführt, liegen regelmäßig hinreichende Anhaltspunkte für eine an den Beamten gerichtete zulässige Weisung vor, sich auf eine mögliche Dienstunfähigkeit ärztlich untersuchen zu lassen.[371] Verletzt dagegen der Dienstherr seine Pflichten aus § 167 Abs. 2 SGB IX, weil er den Beamten nicht auf die Möglichkeit eines BEM hinweist oder trotz Zustimmung des Betroffenen das BEM nicht ordnungsgemäß durchführt, muss der Dienstherr die Begründung einer Untersuchungsanordnung auf anderweitige, ausreichende Tatsachenfeststellungen als Dauer der Fehlzeiten stützen.[372] Die Folgen einer mangelnden Beachtung von § 167 Abs. 2 SGB IX richten sich vor dem Verwaltungsgericht danach, ob dem Dienstherrn im Rahmen der Entscheidung über die Zurruhesetzung Beurteilungs- und vor allem Ermessensspielräume zustehen. Die Nichtbeachtung des § 167 Abs. 2 SGB IX führt somit regelmäßig zu einer ermessensfehlerhaften Zurruhesetzung.[373] Nur bei einer sogenannten gebundenen Entscheidung führt die Rechtsverletzung des Dienstherrn nicht zur Rechtswidrigkeit einer Zurruhesetzungsverfügung.[374] Das ist zB dann der Fall, wenn der körperliche und ge-

---

365 von Roetteken jurisPR-ArbR 37/2012 Anm. 5.
366 von Roetteken jurisPR-ArbR 37/2012 Anm. 5.
367 von Roetteken jurisPR-ArbR 37/2012 Anm. 5.
368 OVG Bln-Bbg 26.4.2012 – 6 B 5.12; OVG NRW 21.5.2010 – 6 A 816/09, ZBR 2011, 58; SchlHOVG 19.5.2009 – 3 LB 27/08.
369 BVerwG 15.3.2013 – 2 B 47/12.
370 BVerwG 5.6.2014 – 2 C 22/13, Rn. 40, Behindertenrecht 2014, 207; *von der Weiden* jurisPR-BVerwG 21/2014 Anm. 3; *von Roetteken* jurisPR-ArbR 46/2014 Anm. 2 mit Kritik insbesondere hinsichtlich der vielen offenen gelassenen Detailfragen.
371 BVerwG 5.6.2014 – 2 C 22/13, Rn. 45, Behindertenrecht 2014, 207; *von der Weiden* jurisPR-BVerwG 21/2014 Anm. 3; *von Roetteken* jurisPR-ArbR 46/2014 Anm. 2.
372 BVerwG 5.6.2014 – 2 C 22/13, Rn. 46, Behindertenrecht 2014, 207; *von der Weiden* jurisPR-BVerwG 21/2014 Anm. 3, *von Roetteken* jurisPR-ArbR 46/2014 Anm. 2.
373 OVG NRW 7.1.2013 – 6 A 2371/11, Rn. 11, PersR 2013, 182.
374 OVG NRW 21.5.2010 – 6 A 816/09.

sundheitliche Zustand des Beamten zum Zeitpunkt der Zustellung des Widerspruchsbescheids jegliche Dienstleistung ausschließt, „keinerlei Restleistungsvermögen".[375] Weitere Einzelheiten → § 211 Rn. 14 ff.

c) Kollektives Arbeitsrecht

Zustimmungsverweigerungsrecht des Betriebsrats: Der Betriebsrat kann einer personellen Maßnahme gestützt auf § 99 Abs. 2 Nr. 1 BetrVG die Zustimmung verweigern, wenn die Maßnahme selbst gegen ein Gesetz verstößt. Der mit Abs. 2 SGB IX vom Gesetzgeber verfolgte Zweck, die SBV bei Entscheidungen über solche Maßnahmen einzubeziehen, die einen schwerbehinderten Beschäftigten berühren, kann nur dadurch erreicht werden, dass die Durchführung der Maßnahme unterbleibt, solange die Schwerbehindertenvertretung nicht angehört worden ist. Nach dieser Bestimmung darf die Maßnahme ohne eine vorherige Beteiligung der Schwerbehindertenvertretung nicht durchgeführt bzw. vollzogen werden. Deshalb ist Abs. 2 Satz 1 ein Gesetz iSv § 99 Abs. 2 Nr. 1 BetrVG.[376] Das entspricht der Rechtsprechungslinie des BAG, nach der es für Zustimmungsverweigerungen nach § 99 Abs. 2 Nr. 1 BetrVG ausreichend ist, wenn die Nichterfüllung sanktionsloser gesetzlicher Pflichten, wie zB von Prüfungspflichten nach § 164 Abs. 1 S. 1 SGB IX gerügt wird.[377] Umso mehr muss die Zustimmungsverweigerung zulässig sein, wenn – wie hier – der Gesetzesverstoß sogar eine Ordnungswidrigkeit nach § 238 Abs. 1 Nr. 7 SGB IX darstellt. Der Entscheidung des LAG RhPf lag die Versetzung einer schwerbehinderten Arbeitnehmerin von Koblenz nach Berlin zugrunde. Das entspricht der Rechtsprechungslinie des Zweiten Senats des BAG. Dieser hat den Rechtssatz aufgestellt, eine ohne die erforderliche Zustimmung des Betriebsrats ausgesprochene Versetzung sei auch individualrechtlich unwirksam; denn das Mitbestimmungsrecht des Betriebsrats bei einer Versetzung diene neben dem Schutz der Belegschaft dem Schutz des von der Maßnahme betroffenen Arbeitnehmers. Der Arbeitnehmer habe beim Fehlen der Zustimmung des Betriebsrats das Recht, die Arbeit zu den geänderten Bedingungen zu verweigern.[378] Allerdings ist dieser Rechtssatz überschießend gebildet; denn der Senat führt danach aus, es bleibe dem Arbeitgeber unbenommen, nach erfolglosem Zustimmungsersuchen und erfolglosem Antrag auf Zustimmungsersetzung ein neues Ersuchen um Zustimmung an den Betriebsrat zu richten und bei dessen abermaliger Ablehnung erneut deren gerichtliche Ersetzung zu beantragen. Der Arbeitgeber sei damit für die Zukunft durchaus in der Lage, die kollektivrechtliche Sperre zu beseitigen, die ihn zunächst daran hindert, die Erfüllung einer durch die Änderungskündigung herbeigeführten neuen individualrechtlichen Leistungspflicht des Arbeitnehmers von diesem tatsächlich verlangen zu können.[379]

Zustimmungsverweigerungsrecht des Personalrats: Nach § 78 Abs. 1 Nr. 1 bis 8 BPersVG nF (§ 75 Abs. 1 Satz 1 Nr. 1 bis 5 BPersVG aF) hat der Personalrat in zahlreichen Personalangelegenheiten mitzubestimmen. Darunter fallen: Einstellung, Übertragung einer höher oder niedriger zu bewertenden Tätigkeit, Höheroder Rückgruppierung, Eingruppierung, Versetzung zu einer anderen Dienststelle, Umsetzung innerhalb der Dienststelle, wenn sie mit einem Wechsel des

---

375 BVerwG 5.6.2014 – 2 C 22/13, Rn. 27 ff., Behindertenrecht 2014, 207.
376 LAG RhPf 5.10.2011 – 8 TaBV 9/11, Rn. 25, Behindertenrecht 2012, 203.
377 Zur Vorgängervorschrift § 14 Abs. 1 Satz 1 SchwbG: BAG 14.11.1989 – 1 ABR 88/88, Behindertenrecht 1990, 164; zustimmend: *von Maydell* EzA § 99 BetrVG 1972 Nr. 84; siehe auch → § 164 Rn. 171.
378 BAG 22.4.2010 – 2 AZR 491/09, Rn. 13, BAGE 134, 15, NZA 2010, 1235.
379 BAG 22.4.2010 – 2 AZR 491/09, Rn. 21, BAGE 134, 15, NZA 2010, 1235.

Dienstortes verbunden ist, Abordnung für eine Dauer von mehr als drei Monaten, Zuweisung entsprechend § 29 des BBG für eine Dauer von mehr als drei Monaten und Weiterbeschäftigung über die Altersgrenze hinaus. Nach § 78 Abs. 5 BPersVG nF kann der Personalrat kann in diesen Fällen seine Zustimmung verweigern, wenn

1. die Maßnahme gegen ein Gesetz, eine Verordnung, eine Bestimmung in einem Tarifvertrag, eine gerichtliche Entscheidung, den Gleichstellungsplan oder eine Verwaltungsanordnung oder gegen eine Richtlinie im Sinne des § 80 Absatz 1 Nummer 12 BPersVG nF verstößt,
2. die durch Tatsachen begründete Besorgnis besteht, dass durch die Maßnahme der oder die betroffene Beschäftigte oder andere Beschäftigte benachteiligt werden, ohne dass dies aus dienstlichen oder persönlichen Gründen gerechtfertigt ist, oder
3. die durch Tatsachen begründete Besorgnis besteht, dass die oder der Beschäftigte oder die Bewerberin oder der Bewerber den Frieden in der Dienststelle durch unsoziales oder gesetzwidriges Verhalten stören werde.

Hat der Arbeitgeber gegenüber der SBV die gesetzliche Verpflichtung aus § 178 Abs. 2 Satz 1 SGB IX in diesen Personalangelegenheiten, die einen einzelnen oder die schwerbehinderten Menschen als Gruppe betreffen, nicht erfüllt, so ist das ein Gesetzesverstoß, der ein Zustimmungsverweigerungsrecht iSv § 78 Abs. 5 Nr. 1 BPersVG nF begründet.[380] Zwar nimmt der Teil 3 des SGB IX keine Bestimmung der personalvertretungsrechtlichen Folgen vor, die sich aus der mangelnden Beachtung der Unterrichtungs- und Anhörungspflichten aus Abs. 2 Satz 1 ergeben. Es schreibt allerdings die Anhörung der SBV zur Entscheidungsabsicht der Dienststelle zwingend und ausnahmslos vor. Die angeordnete Unterrichtung und Anhörung sind absolut geltende Verfahrensschritte. Ohne deren Beachtung darf eine Dienststellenleitung keine Entscheidung treffen, sonst handelt sie ordnungswidrig nach § 238 Abs. 1 Nr. 7 SGB IX. Die Verletzung von absoluten Verfahrensvorschriften hat nach allgemeinen prozess- und verwaltungsverfahrensrechtlichen Grundsätzen zur Folge, dass die vom Mangel betroffene Entscheidung bis zur Heilung des Mangels zu unterlassen ist.[381] Für die in den Landespersonalvertretungsgesetzen geregelten Zustimmungsverweigerungsrechte der Personalvertretungen in den Ländern und Gemeinden gilt Entsprechendes.

d) Aussetzung zur Sicherung der Beteiligung der SBV

84 **Aussetzung der Vollziehung:** Abs. 2 Satz 2 enthält eine Regelung, nach der die ohne die Beteiligung der SBV getroffene Entscheidung auszusetzen ist. Das heißt: Durchführung und Vollzug der Entscheidung werden bis zur Nachholung der Beteiligung verboten. Vor endgültiger Durchführung der Entscheidung muss innerhalb von **sieben Tagen** (nicht eine Woche! Zum Unterschied in der Fristberechnung: → Rn. 74) die SBV unterrichtet, dieser Gelegenheit zur Stellungnahme gegeben und danach ihr das Ergebnis mitgeteilt werden. Hat der Arbeitgeber die Entscheidung bereits durchgeführt, so **läuft das Aussetzungsrecht ins Leere.**[382] Hat der Arbeitgeber die Entscheidung erst getroffen und noch nicht, zB durch Zustellung des Kündigungsschreibens oder durch Anspruch einer Versetzung, vollzogen, so kann die SBV im arbeitsgerichtlichen Beschlussverfahren unter Inanspruchnahme des einstweiligen Rechtsschutzes den

---

380 VG Berlin Fachkammer für Personalvertretungssachen 23.5.2012 – 1 K 3.12 PVB ZfPR online 2012, Nr. 12, 10.
381 Zutreffend *von Roetteken* jPR-ArbR 33/2019 Anm. 4.
382 BAG 30.4.2014 – 7 ABR 30/12, NZA 2014, 1223.

Vollzug der Maßnahme stoppen.[383] Diese setzt jedoch Insiderinformationen und eine in der Praxis regelmäßig nicht mögliche Beschleunigung aller Verfahrensschritte voraus; denn die einstweilige Verfügung muss vor Durchführung der Maßnahme erlassen und zugestellt werden.

Wirkung der Aussetzung: Die Aussetzung stellt ein vorläufiges Durchführungs- und Vollzugsverbot dar. Eine ohne Beteiligung der SBV getroffene Entscheidung darf in Betrieben nicht durchgeführt und in Dienststelle nicht vollzogen werden. Das Verbot dauert solange an bis die dreistufige Beteiligung vollständig nachgeholt ist; denn mit Ablauf der Sieben-Tage-Frist wird die rechtswidrig getroffene Entscheidung nicht automatisch durchführbar. Vorher muss die Beteiligung der SBV nachgeholt werden. Deshalb währt das Verbot, die Maßnahme durchzuführen, so lange bis der Arbeitgeber die unterlassene Beteiligung nachgeholt hat.[384] Während der Aussetzung ist die Entscheidung schwebend unwirksam.[385] Sie ist für den Betroffenen unverbindlich.[386]

85

Im Schrifttum wird geltend gemacht, die Durchführung oder Vollziehung sei automatisch ausgesetzt, ohne dass es dazu eines Antrags der SBV bedürfe.[387] Dem ist zuzustimmen. So hat auch zutreffend der Zweite Senat des BAG erkannt.[388] Eines Antrags der Schwerbehindertenvertretung bedarf es nämlich im Unterschied zur Regelung der Aussetzung auf Antrag im Fall des § 178 Abs. 4 Satz 2 SGB IX nicht.

Holt der Arbeitgeber die versäumte Beteiligung in allen drei Stufen (Unterrichtung, Anhörung und Mitteilung, → Rn. 38 ff.) nach und bestätigt er die erste Entscheidung, darf diese erst dann vollzogen oder durchgeführt werden. Eine **trotz Aussetzungsgebot** durchgeführte oder vollzogene Entscheidung muss nach § 134 BGB als **unwirksam** gelten. Soweit in Umsetzung der Entscheidung ein Rechtsgeschäft wie zB eine Willenserklärung für den Abschluss eines Aufhebungsvertrags oder eine rechtsgeschäftsähnliche Handlung wie zB Abmahnung oder Versetzung vorgenommen wird, stellt dies ein Verstoß gegen Verbot iSv § 134 BGB dar, ohne vorherige Nachholung der Beteiligung die Entscheidung zu vollziehen oder durchzuführen. Das hat das Schrifttum noch nicht erkannt. Dieses geht zu pauschal von einer schwebenden Unwirksamkeit aus. Der

---

383 LAG München 26.1.2017 – 3 TaBV 95/16, BeckRS 2017, 103158, ZBVR online 2017, Nr. 12, 11; ArbG München 5.6.1989 – 6 BvGa 80/89, Behindertenrecht Sonderheft 1990, 43; *Cramer* in Cramer SchwbG § 25 Rn. 7 a; *Dörner* SchwbG § 25 Rn. 31; *Masuch* in Hauck/Noftz SGB IX § 95 Rn. 35; *Schimanski* in GK-SGB IX § 95 Rn. 112.
384 *Müller-Wenner* in Müller-Wenner/Schorn SGB IX § 95 Rn. 44; *Knittel* SGB IX Rn. 83.
385 *Krämer* in FKS SGB IX, 4. Aufl. 2018, § 178 Rn. 26; *Knittel* SGB IX Rn. 83; fortgeführt *Schubert* in Knittel, 107. EL 1.4.2020, SGB IX § 178 Rn. 83; *Müller-Wenner* in Müller-Wenner/Schorn SGB IX § 95 Rn. 44. So für Versetzungen: LAG BW 10.1.1985 – 115 a 104/84, NZA 1985, 326.
386 *Knittel* SGB IX Rn. 83; fortgeführt *Schubert* in Knittel, 107. EL 1.4.2020, SGB IX § 178 Rn. 83, *Müller-Wenner* in Müller-Wenner/Schorn SGB IX § 95 Rn. 44. So für Versetzungen: LAG BW 10.1.1985 – 115 a 104/84, NZA 1985, 326.
387 *Hohmann* in Wiegand SGB IX, April 2010, § 95 Rn. 228; *Schimanski* in GK-SGB IX § 95 Rn. 113; widersprüchlich: *Knittel* SGB IX § 95 Rn. 83 „auf ihr Verlangen", Rn. 85 „ohne (…) eines Antrags"; fortgeführt *Schubert* in Knittel, 107. EL 1.4.2020, SGB IX § 178 Rn. 85 Anschluss an die hier vertretene Ansicht.
388 BAG 13.12.2018 – 2 AZR 378/18, Rn. 17 BAGE 164, 360, Behindertenrecht 2019, 70 in Ablehnung der gegenteiligen Ansicht von *Boecken* VSSR 2017, 69 (92 f.); *Kleinebrink* DB 2017, 126 (130); *Mushoff* in Hauck/Noftz SGB IX, Dezember 2018, K § 95 Rn. 40; *Zimmermann* in MHdB ArbR, 4. Aufl. 2018, § 198 Rn. 150; *Pahlen* in Neumann/Pahlen/Winkler/Jabben, 13. Aufl. 2018, SGB IX § 178 Rn. 11 a; dem Senat zustimmend: *Zöllner* SAE 2019, 139.

Schwebezustand besteht jedoch nur, solange die Entscheidung noch nicht vollzogen oder durchgeführt ist. Diese konsequente Gesetzesanwendung hat sich noch nicht durchgesetzt. Vielmehr wird die SBV darauf verwiesen, die von Gesetzes wegen durch das Aussetzungsgebot verbotene Durchführung oder Vollziehung einer ohne ihre Anhörung in Angelegenheiten der Schwerbehinderten getroffenen Entscheidung durchzusetzen. Das ist regelmäßig aus rechtlichen und tatsächlichen Gründen nicht möglich.

Beispiel: Der Arbeitgeber hat, ohne die SBV zu beteiligen, entschieden gegenüber einem schwerbehinderten Beschäftigten eine Abmahnung auszusprechen. Die SBV beantragt im Beschlussverfahren die Durchsetzung des Verbots der Durchführung der einsamen Entscheidung: Die Rspr. erkennt: Eine bereits vollzogene Maßnahme kann nicht mehr gestoppt und eine ausgesprochene Abmahnung nicht mehr „ausgesetzt" werden.[389]

Die Rspr. des BAG hat für die Versetzung, die unter Verstoß gegen das Zustimmungsverweigerungsrecht aus § 99 Abs. 2 BetrVG durchgeführt wird, eine richterrechtliche individualrechtliche Unwirksamkeit entwickelt.[390] Im Schrifttum wird darauf Bezug genommen. Es wird daraus auch bei Verletzungen der Beteiligungsrechte der SBV eine individualrechtliche Unwirksamkeit abgeleitet. Diese soll jedoch die Ausnahme sein und nur für „schwerwiegende Maßnahmen wie (...) Versetzungen" gelten.[391] Solange die betriebsverfassungsrechtlich,mit der Schutzwirkung zu Gunsten der Belegschaftsmitglieder begründete individualrechtliche Unwirksamkeitsfolge nicht auf das Schwerbehindertenrecht übertragen wird, bedarf es, weil ein kollektivrechtlicher Folgenbeseitigungsanspruch für die SBV fehlt (dazu: → Rn. 54), einer Klarstellung der individualrechtlichen Unwirksamkeitsanordnung SGB IX. Deshalb war bei der Dritten Lesung des BTHG von beiden Koalitionsfraktionen am 1.2.2016 im Bundestag eine Erweiterung der sog. Unwirksamkeitsklausel angekündigt.[392] Allerdings geriet dieses Regelungsversprechen nach dem Ende der 18. Wahlperiode in Vergessenheit.

Nur bei **Entscheidungen mit Dauerwirkung** kann derzeit eine verbotene Durchführung effektiv gestoppt werden; denn wegen der Dauerwirkung ist die Durchführung für die Zukunft noch nicht erfolgt. So ist hat eine SBV in dem Fall die weitere Durchführung gestoppt, in dem der Arbeitgeber Monat für Monat das Entgelt der Gruppe der schwerbehinderten Beschäftigten nach einem ohne Beteiligung der SBV durchgeführten Leistungsbeurteilungsverfahren mindern wollte.[393]

86 **Vereinbarte Erweiterung des Aussetzungsrechts:** Wird eine Entscheidung getroffen, die einen einzelnen schwerbehinderten Beschäftigten berührt, zB Abmahnung oder Umsetzung auf einen nicht behinderungsgerechten Arbeitsplatz, so ist gesetzliche Regelung der Aussetzung nach Abs. 2 Satz 2 selten effektiv, weil die Entscheidung bereits durchgeführt ist, bevor die SBV davon erfährt, dazu → Rn. 54. In Konzernen bietet sich an, ein **Verfahren zur Folgenbeseitigung** in der Art zu installieren, dass im Konfliktfall die übergeordnete Führungsebene

---

389 BAG 30.4.2014 – 7 ABR 30/12, NZA 2014, 1223.
390 BAG 22.4.2010 – 2 AZR 491/09, Rn. 13, BAGE 134, 15, NZA 2010, 1235.
391 *Pahlen* in Neumann/Pahlen/Greiner/Winkler/Jabben SGB IX § 178 Rn. 9 unter Bezug auf die Rspr. zur individualrechtlichen Unwirksamkeit der Versetzung ohne die nach § 99 BetrVG erforderliche Zustimmung des Betriebsrats BAG 22.4.2010 – 2 AZR 491/09, Rn. 13, BAGE 134, 154 NZA 2010, 1235; BAG 29.9.2004 – 1 AZR 473/03, zu II 4 b der Gründe mwN.
392 *Düwell/Beyer* Beschäftigte Rn. 346.
393 LAG München 26.1.2017 – 3 TaBV 95/16, BeckRS 2017, 103158, ZBVR online 2017, Nr. 12, 11.

eingeschaltet wird. So ist in einem westfälischen Medienkonzern eine Vereinbarung getroffen worden, dass bei Verletzung des Rechts aus § 95 Abs. 2 Satz 1 aF (seit 1.1.2018: § 178 Abs. 2 Satz 1) die SBV die Angelegenheit an die Konzernschwerbehindertenvertretung übertragen wird, → Rn. 90. Diese hat dann direkten Zugang zum Konzernpersonalvorstand, der den Personalvorstand der Konzerntochter anweist, für eine Folgenbeseitigung zu sorgen.

Aussetzung bei Kündigung: Infolge des neu eingefügten Abs. 2 Satz 3 hat die Aussetzungsregelung in Abs. 2 Satz 2 ihre Bedeutung für Kündigungen verloren. Ist die Kündigung bereits zugegangen, geht die Aussetzung ins Leere. Die Kündigung ist zunächst schwebend unwirksam. Sie wird endgültig unheilbar unwirksam, wenn der Arbeitnehmer nach § 4 Abs. 1 Satz 1 KSchG innerhalb der Dreiwochenfrist Feststellungsklage beim Arbeitsgericht erhebt (→ § 171 Rn. 39). Will der Arbeitgeber an seiner Kündigungsabsicht festhalten, kann er nur den Arbeitnehmer zu einem Klageverzicht oder einer Klagerücknahme bewegen (Abkauf des Klagerechts). Will der kein entsprechendes Angebot unterbreiten oder geht der Betroffene auf das Angebot nicht ein, hat der Arbeitgeber nur die Möglichkeit, eine neue Kündigung zu erklären und diesmal ordnungsgemäß die SBV zu beteiligen. Eine Nachholung der Beteiligung zum Zwecke der Heilung der unter Verletzung des Abs. 2 Satz 1 erklärten Kündigung ist ausgeschlossen.[394]

87

e) Sanktion nach AGG

Vermutung iSv § 22 AGG: Für Arbeitgeber droht wegen des Benachteiligungsverbots aus § 164 Abs. 2 SGB IX und der Schadensregelung in § 15 AGG eine empfindliche Sanktion. Verstößt der Arbeitgeber gegen die Unterrichtungspflicht, so dass die SBV ihre gesetzlich zugewiesene Funktion nicht erfüllen kann, spricht eine Vermutung iSv § 22 AGG für die Benachteiligung des schwerbehinderten Beschäftigten, zu dessen Gunsten die Unterrichts- und Anhörungspflicht geschaffen wurde.[395] Dem schloss sich die Instanzrechtsprechung an.[396] Auch nach Änderung der Geschäftsverteilung und Übergang der Senatszuständigkeit wird diese Rspr. fortgeführt. Danach gilt: „Als Vermutungstatsachen für einen Kausalzusammenhang mit der Schwerbehinderung kommen (nur) Pflichtverletzungen in Betracht, die der Arbeitgeber begeht, indem er Vorschriften nicht befolgt, die Verfahrens- und/oder Förderpflichten zugunsten schwerbehinderter Menschen enthalten."[397] Die Unterrichtung und Anhörung kann als eine angemessene Vorkehrung iSv Art. 5 der Richtlinie 2000/78/EG des Rates vom 27.11.2000 angesehen werden, die als positive Maßnahme nach § 5 AGG zulässig und geboten ist.

88

f) Bußgeld wegen Ordnungswidrigkeit

Nach § 238 Abs. 1 Nr. 8 (bis 31.12.2017: 156 Abs. 1 Nr. 9) SGB IX wird die Verletzung der Unterrichtungs- und Anhörungspflicht als Ordnungswidrigkeit geahndet. Ordnungswidrig ist nicht nur das Unterlassen der Unterrichtung und/ oder der Anhörung, sondern auch die nicht richtige, unvollständige oder nicht rechtzeitige Unterrichtung. Schlägt der Arbeitgeber für die Unterrichtung der SBV den Weg über den Personalrat oder den Betriebsrat ein, so setzt er sich dem Risiko der Ahndung durch Bußgeld aus; denn wegen einer verspätet erfolgten Weiterleitung durch den Personal- oder Betriebsrat kommt eine Ahn-

89

---

394 *Bayreuther* NZA 2017, 87 (90 f.).
395 Vgl. BAG 15.2.2005 – 9 AZR 635/03, NZA 2005, 870.
396 LAG Bln-Bbg 2.6.2009 – 3 Sa 499/09, ZfPR online 2009, Nr. 12, 26.
397 BAG 26.1.2017 – 8 AZR 736/15, Rn. 37, NZA 2017, 854.

dung als Ordnungswidrigkeit in Betracht. Empfangszuständig für die Unterrichtung ist die **Vertrauensperson**. Der Arbeitgeber kann sich nicht auf einen sein Verschulden ausschließenden Rechtsirrtum berufen. Die Rechtslage ist seit 2005 geklärt.[398] Der Zweite Senat des BAG vertritt die Auffassung, dass auch nach der Bekanntgabe des Zustimmungsbescheids des Integrationsamts noch vor Ausspruch der Kündigung die Anhörung der SBV nachgeholt werden könne. Von dieser Nachholung profitiert jedoch nur die Wirksamkeit der Kündigung. Der Senat hat ausdrücklich zur Beteiligung vor der Antragstellung beim Integrationsamt klargestellt: „Der Arbeitgeber verwirklicht dennoch den Bußgeldtatbestand des § 156 Abs. 1 Nr. 9 SGB IX aF (seit 2018 § 238 Abs. 1 Nr 9 SGB IX), wenn er die Schwerbehindertenvertretung entgegen § 95 Abs. 2 Satz 1 SGB IX aF nicht „rechtzeitig" unterrichtet oder anhört".[399]

8. Besondere Ausgestaltung in Inklusionsvereinbarungen und Richtlinien

90 **Verzicht und interne Deeskalationsordnung:** Auf die in Abs. 2 Satz 1 bis 3 geregelten Unterrichtungs-, Anhörungs- sowie Mitteilungspflichten des Arbeitgebers kann nicht verzichtet werden. Es ist jedoch zulässig, sie insbesondere hinsichtlich Aussetzung, Folgenbeseitigung und Konfliktlösung zu erweitern. Ein gutes Beispiel stellt folgende Deeskalationsordnung dar, die in einem westfälischen Medienkonzern in der Form einer Konzernintegrationsvereinbarung abgeschlossen worden ist:

1. „Die SBV hat das Recht, die Durchführung oder Vollziehung einer ohne ihre Beteiligung getroffenen Entscheidung für die Dauer von sieben Tagen auszusetzen. Alle Beteiligten setzen sich dann unter Leitung der SBV zusammen, um die Nichtbeachtung der Mitwirkungsrechte nachzuholen.
2. Bei noch klärungsbedürftigem Sachverhalt – insbesondere bei Nichtklärung binnen 7 Tagen – kann die SBV die Maßnahme bis zu vier Wochen aussetzen lassen.
3. Bei gravierenden Verstößen gegen ihr Unterrichtungs- und Anhörungsrecht kann die SBV den Konzernpersonalchef anrufen. Ein gravierender Fall liegt insbesondere dann vor, wenn seit Durchführung der Maßnahme ein Zeitraum von mehr als vier Wochen vergangen ist.
4. Ist die Entscheidung schon vollzogen oder durchgeführt worden, so führt die fehlende Anhörung bei allen Personalmaßnahmen mit Ausnahme der Kündigung[400] zur Unwirksamkeit.
5. Die örtliche SBV kann die Angelegenheit zur weiteren Klärung an die Gesamt- oder Konzernschwerbehindertenvertretung übertragen.
6. Im Hinblick auf die vorstehend beschriebenen internen Klärungsverfahren sind Personalabteilungen, Arbeitgeberbeauftragte und Vertrauenspersonen darin einig, dass von Anzeigen von Ordnungswidrigkeiten nach § 156 Abs. 1 Nr. 9 SGB IX[401] wegen nicht richtiger, unvollständiger oder nicht rechtzeitiger Unterrichtung Abstand genommen wird."

---

398 Vgl. BAG 15.2.2005 – 9 AZR 635/03, NZA 2005, 870; dem folgend LAG Hamm 16.12.2005 – 15 Sa 1698/05, ZfPR online 2006, Nr. 9.
399 BAG 13.12.2018 – 2 AZR 378/18, Rn. 18, BAGE 164, 360, Behindertenrecht 2019, 70.
400 Seit 30.12.2016 gilt nach Einfügung des § 95 Abs. 1 Satz 3 (= seit 1.1.2018: § 178 Abs. 2 Satz 3) die gesetzliche Unwirksamkeitsanordnung, wie sie in § 134 BGB für jedes Rechtsgeschäft bestimmt ist, das gegen ein Verbot verstößt.
401 Seit 1.1.2018: § 238 Nr. 8 SGB IX.

Erweiterung der Anhörungspflicht vor Beurteilungen und Prüfungen: Die Teilhaberichtlinien der Länder tragen dem Gesichtspunkt des wegen einer Behinderung erforderlichen **Nachteilsausgleichs** Rechnung. So ist in Nr. 8.2 der niedersächsischen SchwbRichtl bestimmt, dass vor Erstellung der Beurteilung ein Gespräch mit der SBV über den Umfang der Schwerbehinderung und die Auswirkungen auf die Arbeits- und Verwendungsfähigkeit zu führen ist (Satz 1). In der Beurteilung ist zu vermerken, ob, wann und mit welchem Ergebnis dieses Gespräch stattgefunden hat (Satz 4). Des Weiteren ist nach Nr. 8.1 SchwbRichtl zu unterstellen, dass schwerbehinderte Beschäftigte im Verhältnis zu Nichtbehinderten in der Regel eines größeren Einsatzes an Energie bedürfen, um gleichwertige Leistungen zu erbringen (Satz 1). Bei der Beurteilung ihrer Leistung ist daher eine etwaige Minderung der Arbeits- und Verwendungsfähigkeit durch die Behinderung besonders zu berücksichtigen (Satz 2). Demzufolge sind Qualität und Umfang der beurteilten Leistung zunächst nach allgemeinen Maßstäben zu beurteilen. Im Anschluss hieran ist zu prüfen, ob und ggf. in welchem Umfang behinderungsbedingte Minderleistungen vorliegen. Sofern eine durch die Behinderung verursachte Minderung der Arbeits- und Verwendungsfähigkeit vorliegt, ist weiter zu überlegen, auf welche Weise diese bei der dienstlichen Beurteilung angemessen zu berücksichtigen ist. Insoweit hat im Rahmen des Gesamturteils ein wertender Ausgleich zwischen den Leistungsdefiziten einerseits und einem besonderen Verantwortungsbewusstsein und erhöhter Leistungsbereitschaft andererseits stattzufinden, wobei nach qualitativen und quantitativen Minderleistungen des Beamten zu unterscheiden ist. Denn nach Nr. 8.3 Satz 3 SchwbRichtl ist die Qualität der erbrachten Leistungen grundsätzlich nach allgemeinen Maßstäben zu beurteilen. Hingegen darf eine möglicherweise geringere Quantität der Arbeitsleistung, soweit sie auf behinderungsbedingten Minderungen beruht, das Beurteilungsergebnis nicht negativ beeinflussen.[402] Nach Nr. 8.3 Satz 2 SchwbRichtl ist dem Schwerbehinderten unter Beachtung des Grundsatzes von Nr. 8.1 Satz 1 SchwbRichtl und unter besonderer Berücksichtigung seines Strebens nach Leistung und Fortbildung das Gesamturteil zuzuerkennen, das er erhalten würde, wenn seine Arbeits- und Verwendungsfähigkeit nicht infolge der Behinderung gemindert wäre. Schließlich sind Art und Umfang der Berücksichtigung einer Minderung der Arbeits- und Verwendungsfähigkeit durch die Behinderung in einer die Beurteilung abschließenden Gesamtwürdigung zu vermerken.[403] Das **mit der SBV zu führende Gespräch** muss den Anforderungen von Nr. 8.2 SchwbRichtl genügen. Das ist nicht der Fall, wenn lediglich „die Richtlinien vorgelesen und erklärt" werden. Es muss über den Umfang der Schwerbehinderung des zu Beurteilenden und die Auswirkungen auf dessen Arbeits- und Verwendungsfähigkeit gesprochen werden und dieser Gesprächsinhalt in einem **schriftlichen Vermerk** in der Nr. 8.2 Satz 4 SchwbRichtl genannten Form niedergelegt werden. Sonst fehlt dem Zweitbeurteiler eine notwendige Erkenntnisquelle. Daraus folgt, dass sich die unter Verletzung dieser Bestimmungen erteilte dienstliche Beurteilung als rechtswidrig darstellt.[404]

91

---

402 Nr. 8.3 Satz 4 SchwbRichtl Nds, mit der Bestimmung soll der Auslegung von § 13 Abs. 3 BLV Rechnung getragen werden, dass zur Wahrung des Leistungsgrundsatzes bei der Beurteilung Schwerbehinderter nur eine durch die Behinderung bedingte quantitative **Minderleistung** zu berücksichtigen ist; vgl. BVerwG 25.2.1988 – 2 C 72.85.
403 Nr. 8.3 Satz 1 SchwbRichtl Nds.
404 VG Göttingen 24.6.2009 – 3 B 135/09.

Nach 10.2.2 der SGB IX-Richtlinie in NRW,[405] hat die Personalstelle der SBV die bevorstehende Beurteilung eines schwerbehinderten Menschen rechtzeitig mitzuteilen und ihr ein vorbereitendes Gespräch mit dem Beurteiler zu ermöglichen, sofern der schwerbehinderte Mensch dem zustimmt. Findet ein **Beurteilungsgespräch** statt, so ist die SBV auf Wunsch des zu beurteilenden schwerbehinderten Menschen hinzuziehen. Findet kein Beurteilungsgespräch statt, so ist auf Wunsch des zu beurteilenden schwerbehinderten Menschen der SBV Gelegenheit zu geben, ihre Auffassung, ob eine durch die Behinderung bedingte quantitative Minderung der Arbeits- und Einsatzfähigkeit Einfluss auf die Arbeitsleistung hat, schriftlich oder mündlich gegenüber dem Beurteiler – und ggf. gegenüber dem für einen Beurteilungsbeitrag Verantwortlichen – darzulegen.

Für Eignungs-, Zwischen-, Abschluss-, Aufstiegs-, Laufbahn- und verwaltungsinterne **Prüfungen** sowie für sonstige Auswahlverfahren und Aufsichtsarbeiten während der Ausbildung sind Nachteilsausgleiche in den hessischen Teilhaberichtlinien geregelt.[406] Der Prüfungsausschuss hat danach mit dem schwerbehinderten Prüfling die Notwendigkeit von Nachteilsausgleichen zu erörtern und hört dazu die SBV an. Sodann entscheidet er vor dem Beginn der Prüfung über Art und Umfang von Nachteilsausgleichen, um die Vergleichbarkeit der Prüfungsleistungen herzustellen. Vorbildlich ist die klare Regelung: „Das Recht der SBV steht bei Prüfungen nicht zur **Disposition des schwerbehinderten Menschen.** Das heißt, der Verpflichtung (…) ist auch dann nachzukommen, wenn der schwerbehinderte Mensch die Hinzuziehung der SBV ausdrücklich ablehnt."

9. Beteiligung bei Massenentlassungen

92 **SBV als Arbeitnehmervertretung:** Nach § 17 Abs. 1 KSchG ist ein Arbeitgeber verpflichtet, der Agentur für Arbeit Anzeige zu erstatten, bevor er
1. in Betrieben mit in der Regel mehr als 20 und weniger als 60 Arbeitnehmern mehr als 5 Arbeitnehmer,
2. in Betrieben mit in der Regel mindestens 60 und weniger als 500 Arbeitnehmern 10 vom Hundert der im Betrieb regelmäßig beschäftigten Arbeitnehmer oder aber mehr als 25 Arbeitnehmer,
3. in Betrieben mit in der Regel mindestens 500 Arbeitnehmern mindestens 30 Arbeitnehmer

innerhalb von 30 Kalendertagen deren Arbeitsverhältnisse aufgrund von Kündigungen oder veranlassten Aufhebungsverträgen beendet.

Beabsichtigt der Arbeitgeber derartige Entlassungen vorzunehmen, hat er § 17 Abs. 2 KSchG dem Betriebsrat rechtzeitig die zweckdienlichen Auskünfte zu erteilen und ihn schriftlich insbesondere zu unterrichten über
1. die Gründe für die geplanten Entlassungen,
2. die Zahl und die Berufsgruppen der zu entlassenden Arbeitnehmer,
3. die Zahl und die Berufsgruppen der in der Regel beschäftigten Arbeitnehmer,
4. den Zeitraum, in dem die Entlassungen vorgenommen werden sollen,

---

405 Richtlinie zur Durchführung der Rehabilitation und Teilhabe behinderter Menschen (SGB IX) im öffentlichen Dienst im Lande Nordrhein-Westfalen RdErl. d. Innenministeriums vom 11.9.2019 Geschäftszeichen 21–42.12.01.
406 Ziff. III.2 der „Richtlinien zur Integration und Teilhabe schwerbehinderter Angehöriger der hessischen Landesverwaltung – Teilhaberichtlinien" StAnz. 2013 S. 838.

5. die vorgesehenen Kriterien für die Auswahl der zu entlassenden Arbeitnehmer,
6. die für die Berechnung etwaiger Abfindungen vorgesehenen Kriterien.

Der Arbeitgeber hat sich mit dem Betriebsrat insbesondere die Möglichkeiten zu beraten, Entlassungen zu vermeiden oder einzuschränken und ihre Folgen zu mildern.

§ 17 KSchG dient der Umsetzung der Richtlinie 98/59/EG des Rates vom 20.7.1998 zur Angleichung der Rechtsvorschriften der Mitgliedstaaten über Massenentlassungen (Massenentlassungsrichtlinie – MERL) vom 20.7.1998[407]. Deshalb ist § 17 KSchG in unionsrechtskonform im Lichte der MERL auszulegen.[408] Danach muss vor dem Ausspruch von Kündigungen einen Konsultation mit dem Ziel stattfinden, zu einer Einigung zu gelangen.[409] Nach der unionsrechtlichen Auslegung ist der Begriff „Betriebsrat" im Sinne des § 17 Abs. 2 KSchG auch um die SBV zu ergänzen.[410] In Art. 2 der MERL ist nämlich umfassend von den „Arbeitnehmervertretern" die Rede, wobei hinsichtlich der Frage, wer Arbeitnehmervertreter" iSd Richtlinie ist, in Art. 1 Abs. 1 Buchst. b der MERL auf die Rechtsvorschriften und die Praxis der Mitgliedstaaten verwiesen wird. Im Schrifttum wird dazu mehrheitlich die Auffassung vertreten, dass die Vorschrift unionsrechtskonform weitere im deutschen Recht geschaffene Arbeitnehmervertretungen, wie zB Sprecherausschüsse der leitenden Angestellten[411] und in von einer öffentlichen Verwaltung geführten Betrieben auch Personalräte einbeziehen soll.[412] Das LAG Bln-Bbg hält auch die SBV für eine Arbeitnehmervertretung iSd Art. 2 iVm Art. 1 Abs. 1 Buchst. b der MERL.[413] Für diese Sicht sprechen gute Gründe. Die SBV ist eine eigenständige zusätzliche betriebsverfassungsrechtliche Arbeitnehmervertretung.[414] Damit ist die SBV eine Arbeitnehmervertretung nach nationalem Recht iSd Art. 1 Abs. 1 Buchst. b der MERL. Daraus folgt, dass sie in gleicher Weise wir der Betriebsrat bei Massenentlassungen zu beteiligen ist. Diese Beteiligung ist weitgehende als die nach § 178 Abs. 2 Satz 1 SGB IX; denn die SBV ist nicht nur anzuhören, sondern der Arbeitgeber ist auch zur Erörterung (Konsultation) verpflichtet. Die Rechtsfolge bei Verstößen gegen die Konsultationspflicht aus § 17 Abs. 2 KSchG ist die Kündigung ebenso unwirksam wie bei mangelnder Beteiligung nach § 178 Abs. 2 Satz 3 SGB IX. Die Entscheidung des LAG Bln-Bbg hat insbesondere deswegen Kritik erfahren, weil aus den Gesetzesmaterialien erkennbar werde, dass der Gesetzgeber die Konsultationspflichten aus § 17 Abs. 2 KSchG ausschließlich gegenüber dem Betriebsrat begründen wollte.[415]

---

407 Amtsblatt der Europäischen Gemeinschaften, L 225 vom 12.8.1998, 16.
408 *Spelge* in EuArbRK, 2. Aufl. 2018, RL 98/59/EG Art. 2 Rn. 5 a; *Moll* in APS, 5. Aufl. 2017, KSchG § 17 Rn. 74 a und 125 a.
409 EuGH 27.1.2005 – C-188/03, Rn. 54, NZA 2005, 213 – Junk.
410 LAG Bln-Bbg 11.7.2019 – 21 Sa 2100/18, Rn. 92, NZA-RR 2019, 640.
411 *Spelge* in EuArbRK, 2. Aufl. 2018, RL 98/59/EG Art. 1 Rn. 75; *Wißmann* RdA 1998, 221 (224); aA *Boemke* in NK-GA KSchG § 17 Rn. 71.
412 *Spelge* in EuArbRK, 2. Aufl. 2018, RL 98/59/EG Art. 1 Rn. 78; aA *Moll* in APS, 5. Aufl. 2017, KSchG § 17 Rn. 59.
413 LAG Bln-Bbg 11.7.2019 – 21 Sa 2100/18, Rn. 120, NZA-RR 2019, 640.
414 BAG 21.9.1989 – 1 AZR 465/88, unter I. 2. der Gründe NZA 1990, 49; *Thüsing* in Richardi BetrVG, 16. Aufl. 2018, § 32 Rn. 5; *Annuß* in Richardi BetrVG, 16. Aufl. 2018, § 52 Rn. 4; *Mauer* in BeckOK ArbR, 1.6.2019, BetrVG § 32 Rn. 1; *Raab* in GK-BetrVG § 32 Rn. 9; modifiziert: *Düwell* in HaKo-BetrVG § 32 Rn. 10.
415 Vgl. *Ludwig/Kemna* NZA 2019, 1547; sich dem anschließend: *Esser/Isenhardt* in jurisPK-SGB IX, 3. Aufl. 2018 12.5.2020, § 178 Rn. 16.3.

VIII. Beistand in Personalangelegenheiten (Abs. 3)

93 **Personalakteneinsicht:** Der schwerbehinderte Mensch hat das Recht, bei Einsicht in die über ihn geführten Personalakten die **SBV hinzuzuziehen**. Sinn der Regelung ist es, eine vertrauenswürdige Hilfsperson zur Verfügung zu stellen. So kann bei der Einsichtnahme die SBV den Einsicht Nehmenden darüber beraten, ob der Akteninhalt zu Beanstandungen Anlass gibt. Das gegenüber dem Arbeitgeber bestehende Recht der SBV, an der Einsichtnahme teilzunehmen, ist aus dem Einsichtsrecht des Beschäftigten abgeleitet. Es korrespondiert mit der gleichlautenden Befugnis des Betriebsrats nach § 83 Abs. 1 Satz 1 BetrVG. Daher kann der schwerbehinderte Mensch auch ein Mitglied des Betriebsrats zur Einsichtnahme heranziehen. Verlangt der schwerbehinderte Mensch die Hinzuziehung der SBV, so hat diese grundsätzlich auch die Pflicht, dem Hinzuziehungswunsch zu folgen. Diese Pflicht ergibt sich aus der Pflichtaufgabe nach Abs. 1 Satz 1 „beratend und helfend zur Seite zu stehen".

94 **Bedingungen der Einsichtnahme:** Die Einsichtnahme muss der Arbeitgeber während der Arbeitszeit gewähren. Folglich darf das Entgelt nicht gemindert werden. Art, Ort und Häufigkeit der Einsichtnahme in die Personalakten kann nach § 87 Abs. 1 Nr. 1 BetrVG näher durch Betriebsvereinbarung geregelt werden.[416] Die hinzugezogene SBV oder das Mitglied des Betriebs- oder Personalrats müssen über den Inhalt der Personalakte schweigen, es sei denn, der schwerbehinderte Mensch entbindet sie ausdrücklich von der **Schweigepflicht**. Diese in Abs. 3 Satz 2 geregelte spezielle Pflicht zur Verschwiegenheit geht über die allgemeine Pflicht zur Verschwiegenheit, die in § 179 Abs. 7 Nr. 1 SGB IX hinaus. Ihre Verletzung durch die Vertrauensperson ist **nach Maßgabe der § 237a und § 237b SGB IX strafbar**. Sie kann zusätzlich nach § 177 Abs. 7 Satz 5 SGB IX auch zum Erlöschen des Amtes einer Vertrauensperson führen.[417] Die SBV kann nicht von sich aus Einblick in die Personalakten nehmen: Sie kann nur hinzugezogen werden.[418]

IX. Teilnahme an der Willensbildung der Beschäftigtenvertretungen (Abs. 4 und 5)

1. Betriebsrats- und Personalratssitzungen

95 **Teilnahmerecht an Betriebsrats- und Personalratssitzungen:** Um die Interessen der schwerbehinderten Menschen im Rahmen der Mitbestimmung zur Geltung bringen zu können, sind der SBV nach Abs. 4 Rechte eingeräumt, die ihr eine Beteiligung an der Willensbildung des Betriebs- oder des Personalrats ermöglichen. Dazu gehören das Recht, an den Sitzungen des Betriebs- bzw. Personalrats und deren Ausschüssen teilzunehmen, das Recht, sich an der Beratung zu beteiligen sowie Anträge zur Tagesordnung zu stellen sowie das Recht, Beschlüsse des Betriebs- oder des Personalrats zu beanstanden (§ 178 Abs. 4 Satz 1 und 2 SGB IX). Inhaltlich vergleichbare Regelungen enthalten § 37 Abs. 1 BPersVG nF (§ 40 Abs. 1 BPersVG aF), die Landespersonalvertretungsgesetze und § 32 BetrVG. Eine Beschränkung des Teilnahme- und Beratungsrechts nur auf solche Sitzungen, bei denen Angelegenheiten der schwerbehin-

---

416 *Schimanski* in GK-SGB IX § 95 Rn. 122.
417 So auch: *Kossens* in Kossens/von der Heide/Maaß SGB IX § 95 Rn. 17; *Knittel* SGB IX Rn. 24.
418 *Müller-Wenner* in Müller-Wenner/Schorn SGB IX § 95 Rn. 50; *Kossens* in Kossens/von der Heide/Maaß SGB IX § 95 Rn. 16; *Schimanski* in GK-SGB IX Rn. 120.

derten Menschen auf der Tagesordnung stehen, sieht das Gesetz nicht vor.[419] Zwar wurden entsprechende Überlegungen im Zuge der Novellierung des Schwerbehindertengesetzes in den 80er Jahren erwogen. Diese sind aber fallengelassen worden.[420] Die Rspr. hat deshalb zu Recht erkannt, dass es für das Teilnahmerecht gleichgültig ist, welche Themen anstehen und ob sie die schwerbehinderten Beschäftigten unmittelbar oder mittelbar betreffen.[421] Das entspricht dem insoweit übereinstimmenden Wortlaut von § 178 Abs. 4 Satz 1 SGB IX und von § 32 BetrVG, § 37 Abs. 1 BPersVG nF („an allen Sitzungen").

Der klare Wortlaut schließt auch das Recht der Vertrauensperson ein, an der **konstituierenden Sitzung** teilzunehmen, auf der ein Vorsitz des Betriebsrats durch Wahl bestimmt wird.[422] Gleiches gilt für die konstituierende Sitzung des Personalrats.[423] Voraussetzung ist lediglich, dass es sich um eine Sitzung im gesetzlichen Sinne handelt. Dazu gehört auch die so genannte „konstituierende Sitzung".[424] Die Rechtsprechung hat diese Rechtsfrage noch nicht abschließend geklärt. Bisher sind nur Entscheidungen zum Teilnahmerecht an der konstituierenden Personalratssitzung ergangen. Das VG Ansbach hat das Teilnahmerecht für den Bereich der Bundesbehörden bejaht: „Es gibt keine Gründe dafür, dass entgegen dem Wortlaut des Gesetzes § 47 Abs. 1 Satz 1 BPersVG nF einschränkend auszulegen wäre."[425] Demgegenüber ist das ArbG Mainz zur Anwendung des gleichlautenden § 35 LPersVG Rheinland-Pfalz nach dem von ihm erkannten Sinn und Zweck eingeschränkt (sogenannte teleologische Reduktion). Die konstituierende Sitzung erfolge ausschließlich zur inneren Organisation „des Gremiums als solchen". Dritte seien von diesem inneren Organisationsakt ausgeschlossen.[426] Diese Argumentation verkennt jedoch, dass die SBV kein Dritter sondern ein hybrid mit dem Personalrat verbundenes Organ der Dienststellenverfassung ist und die Vertrauensperson bereits bei der Bestimmung der Vorstands beratend darauf hinweisen darf, dass bei der Wahl des Vorstands auch die Bewerber sich dem Inklusionsauftrag auf § 166 SGB IX verpflichtet fühlen sollen. In der Berufungsinstanz hat das LAG nicht zur Sache entschieden. Es hat sämtliche Anträge am Feststellungsinteresse scheitern lassen. Sowohl bestehe kein Rechtsschutzbedürfnis für den Antrag auf Feststellung der Rechtswidrigkeit bzw. Unwirksamkeit des Ausschlusses der Vertrauensperson als auch für den Antrag auf Feststellung, dass einem Mitglied der SBV das Recht zustehe, an den konstituierenden Sitzungen des Personalrats teilzunehmen.[427] Die tragende Begründung war, die Entscheidung, einzelne Personen von der Teilnahme an der konstituierenden Sitzung des Personalrats auszuschließen,

---

419 *Adlhoch* Behindertenrecht 2007, 104.
420 *Adlhoch* Behindertenrecht 2007, 104.
421 HessLAG 4.12.2001 – 15 Sa 384/01, NZA-RR 2002, 588; zustimmend: *Pahlen* in Neumann/Pahlen/Greiner/Winkler/Jabben SGB IX § 178 Rn. 14, *Knittel*, 10. Aufl. 2017, SGB IX § 95 Rn. 55; *Esser/Isenhardt* in jurisPK-SGB IX § 178 Rn. 37.
422 *Düwell* in HaKo-BetrVG § 32 Rn. 47; *Wolmerath* in HaKo-BetrVG § 29 Rn. 7; *Wedde* in DKW BetrVG § 32 Rn. 4 und § 29 Rn. 10; aA *Fitting* BetrVG § 29 Rn. 14.
423 *Kröll* in Altvater BPersVG, 10. Aufl. 2019, § 40 Rn. 6 d; Jacobs in Richardi/Dörner/Weber, Personalvertretungsrecht, 5. Aufl. 2020 § 34 BPersVG Rn. 14; *Rothländer* in von Roetteken/Rothländer, Hessisches Bedienstetenrecht – HBR, Dezember 2019, HPVG § 37 Rn. 28.
424 *Rothländer* in von Roetteken/Rothländer, Hessisches Bedienstetenrecht – HBR, Dezember 2019, HPVG § 37 Rn. 28.
425 VG Ansbach 19.4.2005 – AN 7 P 04.00739, Behindertenrecht 2006, 112.
426 ArbG Mainz 12.2.2015 – 3 BV 73/13, Rn. 35, PersV 2015, 301.
427 LAG RhPf 16.3.2016 – 4 TaBV 12/15 Rn. 26 f, öAT 2016, 214.

obliege nach Landesrecht ausschließlich dem Vorsitzenden des Wahlvorstandes, der gemäß § 29 Abs. 1 LPersVG die konstituierende Sitzung zu leiten habe. Mit der Wahl des Vorsitzenden des Personalrats sei die konstituierende Sitzung beendet und damit das Amt des Vorsitzenden des Wahlvorstandes erloschen. Deshalb könne kein fortbestehendes Rechtsverhältnis für künftige Wahlen festgestellt werden, das künftige Wahlvorstände binde.[428] Hier liegt eine Besonderheit des LPersVG Rheinland-Pfalz vor. Danach leitet der Vorsitzende oder der Vorsitzende des Wahlvorstandes die Sitzung, bis der Personalrat eine Vorsitzende oder einen Vorsitzenden gewählt hat. Nur dort kann die verzwickte Lage auftreten. In anderen Bundesländern und im Bund (vgl. § 36 Abs. 1 Satz 2 BPersVG nF = 34 Abs. 1 Satz 2 BPersVG aF) leitet jedoch ein vom Personalrat aus seiner Mitte bestimmter Wahlleiter die Wahl. In diesen Fällen obliegt die Leitung der Wahl dem Personalrat selbst. Deshalb kann für alle konstituierenden Sitzungen des Personalrats und seines Funktionsnachfolgers eine zwischen SBV und Personalrat bindende Entscheidung über das Teilnahmerecht ergehen und zwischen den Beteiligten (inter partes) in Rechtskraft erwachsen. Das Gericht hat dazu nach § 83 Abs. 3 ArbGG von Amts wegen den Personalrat am Verfahren zu beteiligen, selbst wenn ein Antragsteller fälschlicherweise den Wahlvorstand als Antragsgegner bezeichnet. Das Teilnahmerecht entfällt nicht, wenn gesetzlich keine ausdrückliche Pflicht des Wahlvorstands getroffen ist, die SBV zur konstituierenden Sitzung einzuladen. Ein Teilnahmerecht hängt nicht von einer in der Ladungsvorschrift enthaltenen Regelung zugunsten der SBV ab. Vielmehr folgt aus dem Teilnahmerecht für denjenigen, der zur Sitzung einzuberufen hat, die Pflicht, alle Teilnahmeberechtigten zu laden. Im Übrigen kann das bundesgesetzliche Teilnahmerecht aus § 178 Abs. 4 Satz 1 SGB IX nicht durch eine landesrechtliche Ladungsvorschrift eingeschränkt werden, die h. M. verneint deshalb zu Recht eine solche Einschränkung.[429] Für eine teleologische Reduktion spricht kein sachlicher Grund: Weder ist eine Regelungslücke erkennbar, noch führt die Anwendung des Wortlauts des geltenden Rechts zu Ergebnissen, die nicht vertretbar wären oder einer Intention des Gesetzgebers zuwider laufen könnten.[430] Die für die SBV teilnehmende Vertrauensperson ist nach Bundesrecht nicht stimmberechtigt. Ein Eingriff in die Selbstorganisation der Personalvertretung durch die Teilnahme an der konstituierenden Sitzung ist damit ausgeschlossen. Das gilt auch für das Bayerische Personalvertretungsrecht. Zwar ist dort in Art 40 Abs. 2 BayPVG der SBV landesrechtlich ein Stimmrecht eingeräumt. Dieses ist jedoch auf Beschlüsse beschränkt, die überwiegend schwerbehinderte Beschäftigte betreffen. Soweit die ältere bayerische Rspr. aus der landesrechtlichen Einräumung dieses gegenständlich beschränkten Stimmrechts abgeleitet hat, das bundesrechtliche Teilnahmerecht müsse teleologisch reduziert werden,[431] liegt eine methodisch nicht nach vollziehbare Rechtsfortbildung vor. Der VGH hätte in seiner 1996 getroffenen Entscheidung eine nach den Grundsätzen der juristischen Methodenlehre fehlerhafte, weil vom erkennbaren Gesetzesplan her betrachtet, zu weit gefasste, Formulierung des Bundesgesetzes aufzeigen müssen, das ein Teilnahmerecht an allen Sitzungen

---

428 LAG RhPf 16.3.2016 – 4 TaBV 12/15 Rn. 28, öAT 2016, 214.
429 *Fischer/Goeres/Gronimus* in Fürst GKÖD Bd V, 2021, § 34 BPersVG Rn. 8; *Gerhold* in Lorenzen BPersVG, Juli 2018, BPersVG § 34 Rn. 6a; *Faber* in Lorenzen BPersVG, Juli 2018, BPersVG § 40 Rn. 13; *Kröll* in Altvater BPersVG § 40 Rn. 1; *Jacobs* in Richardi BPersVG § 34 Rn. 14.
430 So zutreffend: *Gerhold* in Lorenzen BPersVG, Juli 2018, BPersVG § 34 Rn. 6a.
431 So BayVGH 31.07.1996 – 17 P 96.1403; *Schütz* BeamtR ES/D IV 3 Nr. 7.

einräumt.[432] Das ist nicht geschehen. Der VGH unterstellte vielmehr, der Landesgesetzgeber habe mit seiner personalvertretungsrechtlichen Einräumung des Stimmrechts zugleich eine das Teilnahmerecht einschränkende Regelungsabsicht verfolgt. Selbst wenn der Landesgesetzgeber diese Absicht gehabt hätte, wäre sie für die Auslegung des bundesgesetzlichen Teilnahmerechts irrelevant. Das hat bereits 2005 das VG Ansbach erkannt. Es hat die Entscheidung des VGH von 1996 als „obsolet" bezeichnet, weil „die stark am Wortlaut des BayPVG orientierte Auslegung auf das Bundesrecht nicht übertragbar ist".[433] Bemerkenswert ist, dass ein in einem renommierten Verlag erscheinender Kommentar zum BayPVG weder den Stand der hM zum BPersVG noch zum SGB IX nachweist und sogar die Entscheidung des VG Ansbach unerwähnt lässt.[434] Offenbar besteht ein starker Gestaltungswille, einen personalvertretungsrechtlichen Sonderweg einzuschlagen, der Vernachlässigung der jüngeren bayerischen Verwaltungsrechtsprechung führt.

Teilnahme an Sitzungen des Betriebsrats im Video- oder Telefonkonferenzformat: Das Betriebsrätemodernisierungsgesetz hat die in § 129 BetrVG vorübergehend für die Dauer der Covid-19-Pandemie vorgesehenen besonderen Möglichkeiten zur Abhaltung von Sitzungen unter Nutzung von Video und/oder Telefon nicht nur in eine allgemeine **anlassunabhängige Dauerregelung** überführt sondern auch wichtige Änderungen vorgenommen. In § 30 Abs. 1 ist durch Anfügung des Satzes 5 BetrVG der **Vorrang der Präsenzsitzung** klargestellt: „Sie (die Sitzungen) finden als Präsenzsitzung statt." In dem weiter angefügten Absatz 2 ist bestimmt: 95a

„(2) Abweichend von Absatz 1 Satz 5 kann die Teilnahme an einer Betriebsratssitzung mittels Video- und Telefonkonferenz erfolgen, wenn
1. die Voraussetzungen für eine solche Teilnahme in der Geschäftsordnung unter Sicherung des Vorrangs der Präsenzsitzung festgelegt sind,
2. nicht mindestens ein Viertel der Mitglieder des Betriebsrats binnen einer von dem Vorsitzenden zu bestimmenden Frist diesem gegenüber widerspricht und
3. sichergestellt ist, dass Dritte vom Inhalt der Sitzung keine Kenntnis nehmen können.

Eine Aufzeichnung der Sitzung ist unzulässig."
Zulässig ist danach auch eine **hybride Sitzung**, bei der einzelne Mitglieder physisch anwesend, andere jedoch nur zugeschaltet sind.[435] In dem neuen Absatz 3 ist zur Sicherung des Vorrangs der Präsenzsitzung klargestellt, dass auch dann, wenn eine Betriebsratssitzung mit der zusätzlichen Möglichkeit der Teilnahme mittels Video- und Telefonkonferenz stattfindet, „auch eine Teilnahme vor Ort als erforderlich" gilt. Diese Neuerungen haben für das Recht der SBV Bedeutung, an den Sitzungen des Betriebsrats beratend teilzunehmen. In die Gesetzesbegründung ist sowohl zugunsten der auf Betriebsebene gewählten SBV als auch zugunsten der auf Unternehmensebene bestehenden GSBV sowie zugunsten der auf Konzernebene bestehenden KSBV ausdrücklich klargestellt worden:

---

432 *Rüthers/Fischer/Birk*, Rechtstheorie mit Juristischer Methodenlehre, 7. Aufl. 2013, Rn. 867.
433 ArbG Mainz 12.2.2015 – 3 BV 73/13, Rn. 35, PersV 2015, 301.
434 So *Hebeler* in Ballerstedt/Schleicher/Faber Bayerisches Personalvertretungsgesetz mit Wahlordnung, 150. AL. Februar 2016, BayPVG Art. 34 Rn. 13.
435 *Däubler*, Betriebsrätemodernisierungsgesetz – Neues auch für SBV und Werkstattrat?, sui 6/2021, 2; umfassend *Boemke/Roloff/Haase*, „Virtual reality" in der formellen Betriebsverfassung – nicht ohne Geschäftsordnung, NZA 2021, 827 ff. mit Beispiel für eine Regelung in der Geschäftsordnung auf S. 833/834.

„Das Recht zur Teilnahme (§§ 32, 52, 59 a) (...) bleibt unberührt und ist auch für eine Teilnahme mittels Video- oder Telefonkonferenz sicherzustellen."[436] Die SBV ist folglich **vom Vorsitzenden des Betriebsrats** in der Einladung zur Sitzung nach § 29 Abs. 2 Satz 4 BetrVG darauf **hinzuweisen**, ob entsprechend der Geschäftsordnung entschieden worden ist, dass die Sitzung in Form einer Video- oder Telefonkonferenz oder als Präsenzsitzung stattfindet. Ist das hybride Format einer Präsenzsitzung mit Zuschaltung einzelner Mitglieder vorgesehen, muss auch der SBV die Wahlmöglichkeit eingeräumt werden, sich virtuell zuzuschalten oder zur Sitzung real in Person zu erscheinen. Die Vertrauensperson oder das sie vertretende stellvertretende Mitglied kann das vom Betriebsrat gewählte Format der Sitzung rechtlich nicht beanstanden. Nicht geregelt ist, ob die SBV bei einer reinen Präsenzsitzung eine Zuschaltung verlangen kann. Es spricht viel dafür, dass hier eine bewusste Regelungslücke besteht. Sonst wäre eine Abgrenzung zum Fall der ortsbedingten Verhinderung kaum leistbar.

In den in § 34 Abs. 1 BetrVG angefügten Sätzen 3 und 4 ist bestimmt: „Nimmt ein Betriebsratsmitglied mittels Video- und Telefonkonferenz an der Sitzung teil, so hat es seine **Teilnahme** gegenüber dem Vorsitzenden **in Textform** zu **bestätigen**. Diese Bestätigung ist der Niederschrift beizufügen." Diese Bestätigungsförmlichkeit trifft auch das Mitglied der SBV, das virtuell an der Betriebsratssitzung teilnimmt. Nach der Gesetzesbegründung kommen für die Bestätigung die elektronische Erstellung und Übermittlung E-Mail, Messenger- und auch Chatfunktionen in Betracht, wenn sichergestellt ist, dass der Vorsitzende als Empfänger die durch den Absender inhaltlich unveränderbare Erklärung zu seiner dauerhaften Verwendung aufbewahren oder speichern kann.[437]

Eine entsprechende Anwendung der für die Video- und Telefonkonferenz des Betriebsrats geltenden Bestimmungen auf die internen Meinungsbildungsprozesse der Vertrauensperson mit den stellvertretenden Mitgliedern der SBV ist vom Gesetzgeber nicht erwogen worden. Im Schrifttum wird geltend gemacht, da die SBV nur aus einer Person bestehe, sei der Umstieg auf Telefon und Video für sie selbst ohne Bedeutung. Die Kommunikation mit den Stellvertretern sei weiterhin formlos möglich.[438] Dem ist im Grundsatz zustimmen; denn eine Willensbildung mit Beschlussfassung findet zwischen Vertrauensperson und stellvertretenden Mitgliedern nicht statt. Die Vertrauensperson als gewählte Repräsentation der Wahlberechtigten entscheidet allein. Das gilt auch dann, wenn sie nach § 178 Abs. 1 Satz 4 und 5 SGB IX stellvertretende Mitglieder zu bestimmten Aufgaben heranzieht und sich mit diesen nach § 178 Abs. Satz 6 SGB IX abstimmt. Diese **Abstimmungsgespräche** können nach Wahl der Vertrauensperson entweder vor Ort unter Anwesenden oder unter Abwesenden per Telefon bzw. elektronisch durchgeführt werden.

95b **Teilnahme an Sitzungen des Personalrats im Video- oder Telefonkonferenzformat:** Mit dem Gesetz zur Novellierung des Bundespersonalvertretungsgesetzes vom 9.6.2021 ist das BPersVG hinsichtlich seiner Systematik neugefasst und in Teilen auch inhaltlich verbessert worden. Ebenso wie im Betriebsverfassungsrecht ist eine dauerhafte Regelung der Sitzungen mit Beschlussfassung des Personalrats erfolgt. Dazu ist in § 38 Abs. 3 BPersVG nF bestimmt: „Die Sitzungen des Personalrats finden in der Regel als Präsenzsitzung in Anwesenheit seiner Mitglieder vor Ort statt. Die Sitzung kann vollständig oder unter Zuschaltung

---

436 BR-Drs. 271/21, 16.
437 BR-Drs. 271/21, 17.
438 *Däubler*, Betriebsrätemodernisierungsgesetz – Neues auch für SBV und Werkstattrat?, sui 6/2021,. 2.

einzelner Personalratsmitglieder mittels Video- oder Telefonkonferenz durchgeführt werden, wenn
1. vorhandene Einrichtungen genutzt werden, die durch die Dienststelle zur dienstlichen Nutzung freigegeben sind,
2. nicht mindestens ein Viertel der Mitglieder oder die Mehrheit der Vertreterinnen und Vertreter einer Gruppe des Personalrats binnen einer von der oder dem Vorsitzenden zu bestimmenden Frist gegenüber der oder dem Vorsitzenden widerspricht und
3. der Personalrat geeignete organisatorische Maßnahmen trifft, um sicherzustellen, dass Dritte vom Inhalt der Sitzung keine Kenntnis nehmen können.

Das Recht eines Personalratsmitglieds auf Teilnahme an der Sitzung vor Ort bleibt durch die Durchführung der Sitzung mittels Video- oder Telefonkonferenz unberührt."
Damit ist in Satz 1 geregelt, dass Sitzungen grundsätzlich unter physischer Anwesenheit seiner Mitglieder vor Ort (Präsenzsitzung) stattfinden. Satz 2 bestimmt, unter welchen Bedingungen eine auch mittels Video- oder Telefonkonferenz einschließlich internetbasierter Anwendungen stattfinden kann.[439] Dabei ist von besonderer Bedeutung die Erläuterung des Ausschusse. Danach beinhaltet die Anforderung in Nr. 1, dass die Dienststelle dem Personalrat auf dessen Verlangen die von ihr getroffenen technisch-organisatorischen Maßnahmen zum Schutz der Vertraulichkeit in geeigneter Weise nachweist. Dies gilt insbesondere für Maßnahmen, die verhindern, dass nicht teilnahmeberechtigte Beschäftigte oder von der Dienststelle beauftragte Personen wie Administratorinnen und Administratoren sowie weiteres IT-Personal, das die IT-Infrastruktur der Dienststelle betreut, Kenntnis vom Inhalt der Sitzung nehmen können.[440]
Satz 3 stellt klar, dass einzelne teilnahmeberechtigte Personen zugeschaltet werden können (hybride Sitzung) oder dass die Sitzung ausschließlich als Video- oder Telefonkonferenz mit den teilnahmeberechtigten Personen durchgeführt werden kann.[441] Diese Bestimmungen wirken sich auf das in § 37 Abs. 1 Satz 1 BPersVG nF geregelte beratende Teilnahmerecht der SBV aus. Wie im § 34 Abs. 1 BetrVG soll nach § 38 Abs. 4 Satz 1 BPersVG nF für die Beschlussfassung im elektronischen Verfahren einer Regelung in der Geschäftsordnung vorgesehen werden. Nach § 38 Abs. 4 Satz 3 BPersVG nF ist jedoch die Beschlussfassung im elektronischen Verfahren unzulässig, wenn ein Mitglied des Personalrats oder die nach § 37 BPersVG teilnahmeberechtigte Vertrauensperson binnen einer vom Vorsitz des Personalrats bestimmten Frist widerspricht. Hier ist im Unterschied zum Betriebsverfassungsrecht stärker das Interesse des SBV berücksichtigt, auf einer Präsenzsitzung zu beharren, um im direkten Gespräch unter Anwesenden das Ergebnis der Beschlussfassung beeinflussen zu können.

2. Sitzungen der in Betrieben und Unternehmen gebildeten Ausschüsse

Ausschüsse und Arbeitskreise: Die SBV hat das Recht, an **allen Sitzungen** des Betriebs- oder Personalrats und an allen Sitzungen der vom Betriebsrat oder Personalrat gebildeten Ausschüsse **teilzunehmen**. In der Betriebsverfassung ist gemäß § 27 BetrVG dann, wenn der Betriebsrat mehr als neun Mitglieder hat, zur laufenden Führung der Geschäfte zwingend ein **Betriebsausschuss** zu bestellen. Nach § 28 BetrVG kann der Betriebsrat „freiwillig" weitere Ausschüsse zur

96

---

439 BT-Drs. 19/28839 (elektronische Vorabfassung), 9.
440 BT-Drs. 19/28839 (elektronische Vorabfassung), 10.
441 BT-Drs. 19/28839 (elektronische Vorabfassung), 10.

Vorbereitung seiner Entscheidungen bilden.[442] Wenn der Betrieb mehr als 100 Arbeitnehmern beschäftigt und ein Betriebsausschuss nach § 27 BetrVG bestellt ist, kann nach § 28 Abs. 1 Satz 3 BetrVG den **weiteren Ausschüssen** auch Sachentscheidungskompetenz übertragen werden. In vielen Betrieben hat auf diesem Wege der Betriebsrat einen großen Teil seiner Aufgaben in Personal-, Sozial- oder Ergonomiefragen auf Ausschüsse zur gesonderten Erledigung delegiert. Wenn der Betriebsrat der Vielfalt des Arbeitslebens gemäß durch entsprechende Aufgabenübertragung für Flexibilität und praxisgerechte Betriebsarbeit sorgt, ist das nicht zu beanstanden.[443] Welche Aufgaben er überträgt, entscheidet er in eigener Verantwortung. Diese Entscheidung ist gerichtlich nicht auf ihre Zweckmäßigkeit, sondern nur auf ihre Rechtmäßigkeit überprüfbar. Der Kreis der übertragbaren Angelegenheiten ist grundsätzlich nicht begrenzt. Allerdings muss für den Betriebsrat als Gesamtorgan ein Kernbereich der gesetzlichen Befugnisse übrigbleiben.[444] Bisweilen wird versucht, mithilfe der Geschäftsordnung vor der Entscheidung im Ausschuss oder im Betriebs- oder Personalrat vorbereitende „**Arbeitskreise**" einzurichten, so dass in der Ausschuss- oder Betriebsratssitzung ohne Beratung nur noch die Abstimmung über den Beschlussentwurf des Arbeitskreises durchgeführt wird. Das ist unzulässig; denn damit würde das Recht der SBV, an der Willensbildung beratend mitzuwirken, ausgehebelt. Das Beratungsrecht der SBV darf nicht leerlaufen. Das hat das BAG bereits 1993 im Zusammenhang mit Sitzungen von paritätischen Kommissionen (→ Rn. 97) erkannt.[445] Deshalb wird aus dem Sinn und Zweck des gesetzlichen Beteiligungsrechtes der SBV auch über den bloßen Wortlaut des Gesetzes hinaus ein entsprechendes Teilnahmerecht der SBV an den Gremiensitzungen abgeleitet, die für den Betriebs- bzw. Personalrats die Entscheidungen vorbereiten.[446]

97 **Paritätische Ausschüsse**: Das Teilnahmerecht der SBV gilt auch für Ausschüsse (bisweilen Kommissionen genannt), die nach § 28 Abs. 2 BetrVG gemeinsam aus Vertretern des Arbeitgebers und aus Mitgliedern des Betriebsrates gebildet werden.[447] Dies können insbesondere Lohn- und Akkordausschüsse sowie Ausschüsse zur gemeinsamen Verwaltung von Sozialeinrichtungen sein. Sind dem gemeinsamen Ausschuss mitbestimmungsrelevante Aufgaben zur selbstständigen Erledigung übertragen, so muss er paritätisch zusammengesetzt sein.[448] Das BAG hat bereits zur Vorgängervorschrift § 25 Abs. 4 Satz 1 SchwbG klargestellt, dass das Recht der SBV auch die beratende Teilnahme an Sitzungen gemeinsamer Ausschüsse des Betriebsrates und des Arbeitgebers iSd § 28 Abs. 3 BetrVG umfasst.[449]

98 **Wirtschaftsausschuss**: Die SBV hat nach der Rspr. des BAG auch das Recht, an den Sitzungen des Wirtschaftsausschusses teilzunehmen.[450] Diese Auslegung haftet zu Recht nicht am Wortlaut des Abs. 5 Satz 1: „Sitzungen des Betriebs-, (...) Präsidialrats und deren Ausschüsse". Auch wenn der Betriebsrat nach

---

442 *Wolmerath* in HaKo-BetrVG § 28 Rn. 1.
443 BAG 20.10.1993 – 7 ABR 26/93, BAGE 75, 1.
444 BAG 20.10.1993 – 7 ABR 26/93, BAGE 75, 1.
445 BAG 21.4.1993 – 7ABR 44/92, Behindertenrecht 1995, 71.
446 *Adlhoch* Behindertenrecht 2007, 104.
447 BAG 21.4.1993 – 7 ABR 44/92, AP § 25 SchwbG 1986 Nr. 4, Behindertenrecht 1995, 71.
448 *Wolmerath* in HaKo-BetrVG § 28 Rn. 15.
449 BAG 21.4.1993 – 7ABR 44/92, Behindertenrecht 1995, 71.
450 Zur alten Fassung in § 22 Abs. 4 SchwbG: BAG 4.6.1987 – 6 ABR 70/85, AP § 22 SchwbG Nr. 2; zustimmend: *Trümner* BetrR 1987, 434; bestätigt durch: BAG 8.2.1989 – 7 ABR 83/86, AiB 2006, 174.

§ 107 Abs. 1 BetrVG dessen Mitglieder bestimmt, so stellt sich schon wegen der Möglichkeit, leitende Angestellte einzubeziehen, der Wirtschaftsausschuss nicht als ein Ausschuss des Betriebsrats dar. Als Betriebsratsausschuss ist er nur dann anzusehen, wenn der Betriebsrat von der Befugnis nach § 107 Abs. 3 BetrVG Gebrauch macht, die Aufgaben des Wirtschaftsausschusses einem Ausschuss des Betriebsrats zu übertragen. Die Auslegung des BAG geht von der Zwecksetzung aus. Nach § 106 Abs. 1 Satz 2 BetrVG ist es Hauptaufgabe des Wirtschaftsausschusses, mit dem Unternehmen wirtschaftliche Angelegenheiten im Sinne von § 106 Abs. 3 BetrVG zu beraten und den Betriebsrat insoweit zu unterrichten (§ 108 Abs. 4 BetrVG). Dabei geht es im Hinblick auf die Aufgaben des Wirtschaftsausschusses darum, durch gründliche Informationen durch den Arbeitgeber und ergiebige Beratung im Ausschuss eine sachgerechte Basis für die wirtschaftlichen Angelegenheiten im Unternehmen zu schaffen. Zu diesen wirtschaftlichen Angelegenheiten gehören alle in § 106 Abs. 3 Nr. 1–10 BetrVG genannten Vorgänge und Vorhaben, welche die Interessen der Arbeitnehmer des Unternehmens wesentlich berühren können. Dazu gehören auch die Interessen der schwerbehinderten Arbeitnehmer. Deshalb hat die Vertrauensperson ein **Beratungsrecht**. Im Rahmen der Beratung über wirtschaftliche Angelegenheiten muss sie die Interessen der schwerbehinderten Arbeitnehmer, soweit sie von den Vorgängen und Vorhaben im Unternehmen berührt werden können, in die Beratung einbeziehen können, damit sie bereits in diesem Stadium vom Arbeitgeber berücksichtigt werden. Angesichts dieser Bedeutung des Beratungsrechts kann die Vertrauensperson nicht darauf verwiesen werden, dass sie wie die Betriebsratsmitglieder erst in der Betriebsratssitzung informiert wird. In dieser Sitzung besteht keine Möglichkeit mehr, Schwerbehinderteninteressen direkt dem Arbeitgeber gegenüber vorzubringen. Überzeugend ist auch der Rückgriff auf die Gesetzgebungsgeschichte. Der zuständige Fachsenat vertrat vorher eine restriktive Linie, nach der die SBV verlangen konnte, an Besprechungen mit dem Arbeitgeber teilzunehmen.[451] Dieses wurde durch das Gesetz zur Änderung des Schwerbehindertengesetzes vom 24.7.1986 korrigiert und in § 22 Abs. 5 SchwbG aF (später § 25 Abs. 5 SchwbG) insoweit ausdrücklich ein Teilnahme- und Beratungsrecht der SBV an den Monatsgesprächen normiert. Daraus schloss das BAG, wenn die SBV schon an formlosen Besprechungen beiderseits interessierender Fragen gem. § 74 Abs. 1 BetrVG teilnehmen dürfe, dann müsse dies erst recht für die Sitzungen des Wirtschaftsausschusses gelten, auf denen der Arbeitgeber die wirtschaftlichen Angelegenheiten mit den vom Betriebsrat bestimmten Mitgliedern erörtere.[452] Zu beachten ist, dass die SBV nur für den Betrieb, nicht jedoch für das Unternehmen zuständig ist. Deshalb besteht ein Teilnahmerecht für die SBV nur, wenn in dem Unternehmen nur eine SBV vorhanden ist. Für Unternehmen mit mehreren Betrieben → Rn. 99.

Wirtschaftsausschuss bei einer Mehrzahl von Betrieben: Hat ein Unternehmen mehrere Betriebe, so werden die Mitglieder des Wirtschaftsausschusses nach § 107 Abs. 2 Satz 2 BetrVG vom Gesamtbetriebsrat bestimmt. Entsprechend § 52 BetrVG steht das Teilnahmerecht der Gesamtschwerbehindertenvertretung (GSBV) zu.[453] Das ergibt sich aus § 180 Abs. 6 Satz 1 Hs. 1; denn die Sitzungen des Wirtschaftsausschusses betreffen die Angelegenheiten des Gesamtunternehmens, für welche die GSBV zuständig ist. Bestehen zwar mehrere Betriebe, ist aber nur in einem der Betriebe eine SBV gewählt, so gilt diese als nach § 180 Abs. 1 Satz 2 als GSBV. 99

---

451 Vgl. BAG 19.1.1984 – 6 ABR 19/83, BAGE 45, 22, AP § 74 BetrVG 1972 Nr. 4.
452 BAG 4.6.1987 – 6 ABR 70/85, AP § 22 SchwbG Nr. 2.
453 BAG 8.2.1989 – 7 ABR 83/86, AiB 2006, 174.

100 **Arbeitsschutzausschuss:** In Abs. 4 SGB IX ist der SBV ist auch das Recht eingeräumt worden, an den Sitzungen des Arbeitsschutzausschusses beratend teilzunehmen.[454] Diesen Ausschuss hat nach § 11 Satz 1 ASiG der Arbeitgeber in Betrieben mit mehr als zwanzig Beschäftigten zu bilden. Der Ausschuss setzt sich zusammen aus dem Arbeitgeber oder einem von ihm Beauftragten, zwei vom Betriebsrat bestimmten Betriebsratsmitgliedern, den Betriebsärzten, den Fachkräften für Arbeitssicherheit und den Sicherheitsbeauftragten nach § 22 SGB VII. Nach § 11 Satz 3 ASiG hat der Arbeitsschutzausschuss mindestens einmal vierteljährlich zusammenzutreten. Er hat die Aufgabe, Anliegen des Arbeitsschutzes und der Unfallverhütung zu beraten. Der Arbeitsschutzausschuss ist **kein Ausschuss des Betriebsrats**. Seine Bildung ist eine gegenüber dem Staat geschuldete Pflicht. Deshalb lehnt die Rspr. es bisher ab, im arbeitsgerichtlichen Beschlussverfahren ein Antragsrecht des Betriebsrats auf Bildung des Ausschusses anzuerkennen.[455] Möchte die SBV die Einladung zu den Sitzungen des Arbeitsschutzausschusses durchsetzen, muss sie sich an den **Arbeitgeber** wenden. Der ist **zuständig**. Daher ist bei der gerichtlichen Durchsetzung des Teilnahmerechts zu beachten, dass ein Leistungsantrag (zB auf Vornahme der Einladung oder auf Duldung der Teilnahme) gegen den Arbeitgeber zu richten ist. Zur Durchsetzung im Beschlussverfahren → Rn. 137 ff.

101 **Einigungsstelle:** Die Sitzungen der betriebsverfassungsrechtlichen Einigungsstelle (§ 76 BetrVG) sind nicht öffentlich. Während der Beratung und Abstimmung dürfen noch nicht einmal die Betriebsparteien zugegen sein.[456] Ein Verstoß gegen diesen Verfahrensgrundsatz führt zur Unwirksamkeit des Einigungsstellenspruchs.[457] Da in § 178 Abs. 4 Satz 1 SGB IX der SBV in Bezug auf Sitzungen der Einigungsstelle kein Recht eingeräumt ist, darf auch die Vertrauensperson nicht an den Sitzungen der betriebsverfassungsrechtlichen Einigungsstelle teilnehmen. Für die Teilnahme an der Sitzung der personalvertretungsrechtlichen Einigungsstelle, die nach § 73 BPersVG nF (§ 71 BPersVG aF) für Dienststellen und Betriebe des Bundes gebildet wird, ist in § 74 Abs. 2 Satz 1 BPersVG nF (§ 71 Abs. 2 Satz 1 BPersVG aF) ausdrücklich bestimmt: Die Verhandlung ist nicht öffentlich. Deshalb besteht auch hier kein Recht der SBV, an deren Sitzungen teilzunehmen. Den Ländern steht es frei, in ihren Landespersonalvertretungsgesetzen abweichende Regelungen zu treffen. Bislang ist das nicht geschehen.

3. Personalratsvorstand und Personalratsausschüsse

102 **Sitzungen des Vorstands des Personalrats:** Nach § 34 Abs. 1 BPersVG nF (32 Abs. 1 BPersVG aF) bildet der in den **Dienststellen des Bundes** gewählte Personalrat aus seiner Mitte einen Vorstand, der die laufenden Geschäfte führt. Nach hM dürfen dem Vorstand keine Aufgaben zur selbstständigen Erledigung übertragen werden, weil er nur die Kompetenz zur laufenden Geschäftsführung hat und deshalb nur Beschlüsse vorbereiten darf.[458] Dennoch besteht ein anzuerkennendes Bedürfnis für das Teilnahmerecht der SBV. Das entscheidende Argument ist, dass im Vorstand ein weitgehender Teil der Willensbildung des Personalrates stattfindet, so dass dem Normzweck des Abs. 4 entsprechend der SBV Einflussmöglichkeiten auf die Sacharbeit einzuräumen sind. Nur wenn die Be-

---

454 Zum alten Recht: *Düwell* AuR 1993, 3489.
455 LAG Hmb 27.9.1995 – 4 TaBV 2/95, NZA-RR 1996, 213.
456 BAG 18.1.1994 – 1 ABR 43/93, Rn. 13, BAGE 75, 261, NZA 1994, 571.
457 BAG 18.1.1994 – 1 ABR 43/93, Rn. 17, BAGE 75, 261, NZA 1994, 571.
458 BVerwG 7.11.1969 – VII P 3.69, BVerwGE 34, 180, PersV 1971, 15; ebenso *Kröll* in Altvater BPersVG § 32 Rn. 7.

teiligung der SBV bereits bei der umfangreichen Vorbereitung der Personalratsbeschlüsse durch den Vorstand gewährleistet ist, können die Belange der schwerbehinderten Beschäftigten effektiv vertreten werden.[459] Allerdings sind die Einzelgespräche des Vorsitzenden mit Vorstandsmitgliedern nicht einzubeziehen.[460]
In den **Ländern** ist neben der Wahl des Vorstands auch die Bildung von Ausschüssen gesetzlich geregelt. So bestimmt § 35 Abs. 1 LPVG BW: „In einem Personalrat mit elf und mehr Mitgliedern kann der Personalrat durch Regelung in der Geschäftsordnung zur Vorberatung seiner Beratungen und Vorbereitung von Beschlüssen aus seiner Mitte höchstens bis zum Ablauf seiner Amtszeit Ausschüsse bilden (...)": Nach § 35 Abs. 4 LPVG BW kann der Personalrat zudem seine Befugnisse in einfach gelagerten Mitbestimmungsangelegenheiten und in bestimmten Mitwirkungsangelegenheiten auf diese auf Ausschüsse übertragen. Jedoch ist in § 35 Abs. 5 LPVG BW ein Rückholungsrecht geregelt. Danach ist eine einem Ausschuss übertragene Angelegenheit dem Personalrat zur Beratung und Beschlussfassung vorzulegen, „wenn die Schwerbehindertenvertretung einen Beschluss des Ausschusses als erhebliche Beeinträchtigung wichtiger Interessen der schwerbehinderten Beschäftigten erachtet". Nach § 36 Abs. 2 LPVG BW kann auch der Personalrat in einfach gelagerten Angelegenheiten die Entscheidungen auf den Vorstand übertragen. Jedoch besteht auch hier – wie in § 35 Abs. 5 LPVG ein Rückholungsrecht der SBV.
Im Geltungsbereich des BayPVG besteht nach Art. 32 Abs. 4 BayPVG für den Personalrat die Befugnis, dem Vorsitzenden die Entscheidung im Einvernehmen mit den übrigen Vorstandsmitgliedern durch einstimmigen Beschluss zu übertragen. Durch diese Übertragungsmöglichkeit hat der Vorstand dann ähnliche Funktionen, wie ein nach § 28 BetrVG gebildeter Ausschuss. Deshalb bejaht auch die Rspr. das Teilnahmerecht der SBV, zumindest dann, wenn der Personalvorstand in übertragenen Angelegenheiten Entscheidungsbefugnis besitzt.[461] Weitergehend wird das Recht auf beratende Teilnahme der Schwerbehindertenvertretung auch für den Geltungsbereich des BPersVG anerkannt, obwohl nach § 34 Abs. 1 Satz 2 BPersVG nF (§ 32 Abs. 1 Satz 2 BPersVG aF) der Vorstand nur die laufenden Geschäfte führt und ihm keine Aufgaben zur selbstständigen Erledigung übertragen werden können.[462] Argument ist, dass im Vorstand ein weitgehender Teil der Willensbildung des Personalrates stattfindet, so dass dem Normzweck von § 178 Abs. 4 SGB IX, der Schwerbehindertenvertretung Einflussmöglichkeiten auf die Sacharbeit einzuräumen, um die Belange der schwerbehinderten Beschäftigten effektiv zu vertreten, nur dann hinreichend gedient sei, wenn die Beteiligung der Schwerbehindertenvertretung bereits bei der umfangreichen Vorbereitung der Personalratsbeschlüsse durch den Vorstand gewährleistet sei.[463]

Sitzungen von Ausschüssen und Arbeitsgruppen des Personalrats: Ausschüsse sind im BPersVG nicht vorgesehen, weil die in § 28a BetrVG vorgesehene Ermächtigung, dass an Stelle des Plenums ein Ausschuss des Betriebsrats entschei-

---

459 LAG München 14.11.2008 – 5 TaBV 36/08, juris Rn. 19; zustimmend *Jacobs* in Richardi BPersVG § 32 Rn. 68.
460 LAG München 14.11.2008 – 5 TaBV 36/08, juris Rn. 19; zustimmend *Jacobs* in Richardi BPersVG § 32 Rn. 68.
461 LAG München 14.11.2008 – 5 TaBV 36/08, juris Rn. 20; ablehnend: *Schleicher* ZfPR 2012, 52.
462 Vgl. *Jacobs* in Richardi BPersVG § 32 Rn. 68; aA *Ilbertz/Widmaier* BPersVG § 40 Rn. 5 b.
463 So Jacobs in Richardi BPersVG § 32 Rn. 68.

den kann, im Personalvertretungsrecht des Bundes nicht besteht. Der Personalrat darf jedoch aufgrund seiner **Geschäftsordnungshoheit** gem. § 44 BPersVG nF (§ 42 BPersVG aF) zu seiner Entlastung für bestimmte Angelegenheiten **Arbeitsgruppen** oder **Statusgruppen** für die Angelegenheiten der Arbeitnehmer, Beamten und Soldaten einsetzen, damit diese Beschlussvorlagen erarbeiten.[464] Ob die SBV ein Teilnahmerecht an allen Sitzungen dieser **vorbereitenden Ausschüsse** und Arbeitsgruppen hat, ist umstritten.[465] Jedenfalls kann ein Ausschussvorsitzender oder eine Ausschussmehrheit die **durch die Geschäftsordnung zugelassene beratende Teilnahme der SBV** an der Ausschusssitzung weder suspendieren noch gerichtlich untersagen lassen.[466] Zutreffend weist eine gerichtliche Entscheidung daraufhin „Sollte der Ausschluss der SBV von den Ausschusssitzungen damit begründet werden, dass in den Ausschusssitzungen ungezwungener diskutiert werden könne, wenn die SBV nicht anwesend sei, so wäre dies eher ein Indiz für ein Teilnahmerecht der SBV".[467] Nach der hier vertretenen Auslegung des Rechts aus Abs. 4 Satz 1 (→ Rn. 96) muss der Personalrat nicht nur die Teilnahme dulden, sondern auch zur Teilnahme an Sitzungen derartiger Ausschüsse und Arbeitsgruppen einladen, weil sonst das in Abs. 4 Satz 1 garantierte Beratungsrecht der SBV leer liefe. Personalratsmitgliedern steht gegen die beratende Teilnahme der SBV kein Abwehranspruch zu.[468]

In manchen Ländern ist vergleichbar mit § 106 BetrVG auch für Behörden ein **Wirtschaftsausschuss** eingerichtet. Beispiel: Für Baden-Württemberg ist der Wirtschaftsauschuss 2014 eingeführt worden. Nach § 72 Abs. 1 LPVG BW[469] soll in Dienststellen ab einer Größe der Personalvertretung von mindestens sieben Mitgliedern auf Antrag der Personalvertretung ein Wirtschaftsausschuss gebildet werden. Der Wirtschaftsausschuss hat die Aufgabe, wirtschaftliche Angelegenheiten der Dienststelle zu beraten und die Personalvertretung zu unterrichten. In § 72 Abs. 6 Satz 2 LPVG BW ist ausdrücklich bestimmt: „An den Sitzungen des Wirtschaftsausschusses können darüber hinaus beratend teilnehmen: 1. die Schwerbehindertenvertretung, (...)".

4. Teilnahme an Gesprächen des Betriebs- und Personalrats mit dem Arbeitgeber

104 **Monatsgespräche mit Betriebsrat:** Der SBV steht ein Teilnahmerecht an den sog. Monatsgesprächen zu, die der Betriebsrat mit dem Arbeitgeber gemäß § 74 Abs. 1 Satz 1 BetrVG mindestens einmal im Monat (sog. **Monatsgespräche**) zu führen hat. Dies folgt auch aus der gesetzlichen Wertentscheidung, wie sie in Abs. 5 Satz 1 SGB IX zum Ausdruck gekommen ist. Die SBV kann allerdings nicht die Durchführung monatlicher Besprechungen erzwingen. Ihr Teilnahmerecht ist akzessorisch zum Anspruch des Betriebsrats. Während der Betriebsrat gestützt auf § 74 Abs. 1 Satz 1 BetrVG monatliche Besprechungen mit der Geschäftsleitung erzwingen kann, steht der SBV eine entsprechende Befugnis – weil sie nur ein akzessorisches Teilnahmerecht hat – nicht zu.[470] Sie hat nur das Recht, an tatsächlichen stattfindenden Gesprächen teilzunehmen. Diese Rechtslage wird von einigen Betriebsratsvorsitzenden genutzt, um das Teilnahmerecht

---

464 Vgl. *Lorenzen* in Lorenzen BPersVG § 42 Anm. 9.
465 Vgl. *Ernst/Adlhoch/Seel* SGB IX § 95 Rn. 65.
466 Zutreffend: *Schubert* in Knittel, 107. EL 1.4.2020, SGB IX § 178 Rn. 142.
467 VG Oldenburg 15.7.2008 – 8 A 2018/07.
468 VG Oldenburg 15.7.2008 – 8 A 2018/07, ZfPR online 2008, Nr. 12, 24 m. zust. Anm. *Ilbertz*.
469 BW GBl. 2015, 221.
470 So ArbG Hannover 7.2.2006 – 6 BV 13/05, AE 2006, 204.

der SBV leerlaufen zu lassen. Das geschieht, indem keine Gespräche des gesamten Betriebsrats mit dem Arbeitgeber, sondern nur Gespräche im „kleinen Kreis" zwischen dem Betriebsratsvorsitzenden, einem weiteren Mitglied des Betriebsrats und der Geschäftsleitung durchgeführt werden. Die Rspr. verkennt die Leerlauftaktik, wenn sie darauf abstellt, die an Stelle der Monatsgespräche in kleiner Runde stattfindenden Erörterungen genügten den Voraussetzungen des § 74 Abs. 1 Satz 1 BetrVG nicht, folglich bestehe kein Teilnahmerecht.[471] Richtig ist zwar, dass nach § 74 Abs. 1 Satz 1 BetrVG der Arbeitgeber die Monatsgespräche mit dem Gesamtorgan Betriebsrat zu führen hat; denn Monatsbesprechungen gehören nicht den Angelegenheiten der laufenden Geschäftsführung, für die gem. § 26 BetrVG der Betriebsratsvorsitzende, sein Vertreter oder ein vom Betriebsrat beauftragtes Betriebsratsmitglied zuständig wäre.[472] Verfehlt ist es jedoch, daraus zu schließen, ohne förmlichen Beschluss des Betriebsrats für eine ausdrücklich beschlossene Delegation sei das Gespräch kein Monatsgespräch.[473] Richtig ist, dass es kein Recht der SBV gibt, an allen Besprechungen von einzelnen Betriebsratsmitgliedern mit der Arbeitgeberseite teilzunehmen. Hätte der Gesetzgeber ein derart weitgehendes Teilnahmerecht der SBV an allen Besprechungen gewollt, wäre die in Abs. 5 (vormals § 25 Abs. 4 Satz 1 SchwbG) enthaltene ausdrückliche Beschränkung auf „Besprechungen nach § 74 Abs. 1 BetrVG" überflüssig.[474] Notwendig ist eine realistische Abgrenzung. Lässt der Betriebsrat sein Recht auf Monatsgespräche bewusst „verfallen", so müssen alle in „kleiner Runde" gemeinsam von Betriebsratsvorsitzenden und einigen ausgewählten Betriebsratsmitgliedern mit dem Arbeitgeber geführten Gespräche als Monatsgespräche gelten. Auf die Beschlussfassung über eine Delegation kommt es nicht an. Im Übrigen ist die Taktik eines Betriebsratsvorsitzenden, die SBV systematisch von der Gesprächsführung mit dem Arbeitgeber auszuschließen, ein klarer Verstoß gegen die in § 182 Abs. 1 SGB IX geregelte Pflicht des Betriebsrats zur engen Zusammenarbeit mit der SBV. Leider ist dieser Gesichtspunkt bisher weder in die geführten Beschlussverfahren von den antragstellenden SBVen eingeführt noch von den Gerichten von Amts wegen aufgegriffen worden.

Monatsgespräche mit Personalrat: Gemäß § 178 Abs. 5 SGB IX besteht gleichermaßen wie für die in der Betriebsverfassung geregelten gemeinsamen Besprechungen zwischen Betriebsleitung und Betriebsrat auch für die SBV ein Teilnahmerecht an den „Monatsgesprächen".[475] Dazu wird auf § 65 BPersVG nF[476] und die entsprechenden Vorschriften des sonstigen Personalvertretungsrechts verwiesen. In § 68 Abs. 1 Satz 4 LPVG BW ist dieses Teilnahmerecht ausdrücklich gesetzlich geregelt. Damit hat der Landesgesetzgeber dem Umstand Rechnung getragen, dass mit der Föderalismusreform die Rahmenzuständigkeit des Bundes für Personalvertretungsrecht weggefallen ist. Er hat zur Absicherung des Teilnahmerechts eine mit dem Bundesrecht inhaltsgleiche Landesregelung getroffen.

105

---

471 So ArbG Hannover 7.2.2006 – 6 BV 13/05, AE 2006, 204.
472 *Fitting* in Fitting BetrVG § 74 Rn. 5.
473 So aber ArbG Hannover 7.2.2006 – 6 BV 13/05, AE 2006, 204.
474 LAG 10.9.2008 – 3 TaBV 26/08, Behindertenrecht 2009, 118.
475 OVG NRW 2.10.1998 – 1 A 905/97. PVL NZA-RR 1999, 278 zum „Erörterungsgespräch" nach § 66 Abs. 2 Satz 3 LPVG NW.
476 Änderung durch Art. 17 des Gesetzes zur Novellierung des Bundespersonalvertretungsgesetzes vom 9.6.2021. In § 178 Abs. 5 des Neunten Buches Sozialgesetzbuch vom 23.12.2016 (BGBl. I 3234), das zuletzt durch Artikel 3 Absatz 6 des Gesetzes vom 9.10.2020 (BGBl. I 2075) geändert worden ist, wird die Angabe „§ 66 Absatz 1" durch die Angabe „§ 65" ersetzt.

5. Einladung der SBV zu Sitzungen

106 **Einladungen zu Betriebsratssitzungen:** Nach § 29 Abs. 2 Satz 3 BetrVG hat der Betriebsratsvorsitzende die SBV zu den Sitzungen des Betriebsrats rechtzeitig unter Mitteilung der Tagesordnung zu laden. Diese ist eine Amtspflicht.[477] Die SBV kann nach § 178 Abs. 4 Satz 1 Hs. 2 SGB IX beantragen, Angelegenheiten, die einzelne Schwerbehinderte oder die Schwerbehinderten als Gruppe besonders betreffen, auf die **Tagesordnung** der nächsten Sitzung zu setzen. Dieser Antrag ist bindend. Deshalb muss der Betriebsratsvorsitzende dem Antrag entsprechen.[478] Da der Betriebsratsvorsitzende ohne Wahl zugleich Vorsitzender des Betriebsausschusses ist,[479] hat er auch zu dessen Sitzungen einzuladen.

Bei den weiteren nach § 28 BetrVG zu bildenden Ausschüssen ist der Betriebsratsvorsitzende nicht geborener Ausschussvorsitzender.[480] Nach der Rspr. finden für die Wahl und Abberufung der Ausschussmitglieder die Regelungen des § 27 Abs. 1 Satz 3 bis 5 BetrVG über die Wahl und Abberufung der weiteren Mitglieder des Betriebsausschusses entsprechende Anwendung. Daher muss eine Wahl des Vorsitzenden stattfinden.[481] Der gewählte **Ausschussvorsitzende** hat entsprechend § 29 Abs. 2 Satz 3 BetrVG die Pflicht, die SBV unter Mitteilung der Tagesordnung einzuladen. Der Ausschussvorsitzende darf den Sitzungstermin bestimmen. Er hat allerdings eine Rücksichtnahmepflicht (§§ 157, 242 BGB analog) und das Gebot enger Zusammenarbeit von Betriebsrat und SBV (§ 182 SGB IX) zu beachten.

Beispiel: Der Vorsitzende eines paritätischen Personalausschuss hat, bevor er kurzfristig zu Auswahlgesprächen einlädt, sich mit der SBV, sofern diese ihr Interesse an der Teilnahme bekundet hat, terminlich abzustimmen.

Anders als im Personalvertretungsrecht (→ Rn. 110) ist im Betriebsverfassungsrecht für die SBV kein Initiativrecht zur **Einberufung einer Betriebsratssitzung** vorgesehen. Nach § 29 Abs. 3 BetrVG ist der Vorsitzende zur Anberaumung nur verpflichtet, wenn ein Viertel der Mitglieder des Betriebsrats oder der Arbeitgeber ein **Einberufungsverlangen** an ihn richten. Der SBV steht daher nur das Recht zu, die von ihr vorgeschlagenen Themen auf die Tagesordnung der nächsten Sitzung setzen zu lassen.

107 **Einladung und Verhinderungsfall:** Der Vorsitzende hat auf die **Anzeige der Verhinderungsgründe** eines Mitglieds hin zu prüfen, ob eine vorübergehende Verhinderung des Mitglieds vorliegt, die nach den jeweils anzuwendenden personalvertretungsrechtlichen Vorschriften die Ladung des Ersatzmitgliedes rechtfertigt. Er darf also nicht ohne eine genaue Prüfung von einer Verhinderung des Mitglieds ausgehen.[482] Das gilt sowohl für Sitzungen des Personalrats wie für die des Betriebsrats.[483] Während der Vorsitzende die Verhinderung der Mitglieder des Gremiums wegen der Ladung der Ersatzmitglieder zu prüfen hat, um eine ordnungsgemäße Beschlussfassung sicherzustellen, hat der Vorsitzende jedoch keine Kompetenz, eine Verhinderungsmeldung der Vertrauensperson zu prüfen. Das hat auch der Gesetzgeber deutlich zum Ausdruck gebracht; denn nach § 29 Abs. 2 Satz 4 BetrVG und § 34 Abs. 2 Satz 4 ist nicht die Vertrauensperson, sondern die SBV zu laden. Deshalb sind **Einladungen** zu den Sitzungen

---

477 *Wolmerath* in HaKo-BetrVG § 29 Rn. 10.
478 Zutreffend: *Wolmerath* in HaKo-BetrVG § 29 Rn. 12, 18.
479 *Wedde* in DKW BetrVG § 27 Rn. 26; *Fitting* BetrVG § 27 Rn. 24.
480 *Wolmerath* in HaKo-BetrVG § 28 Rn. 10.
481 BAG 16.3.2005 – 7 ABR 43/04, AP § 28 BetrVG 1972 Nr. 6.
482 BVerwG 16.5.2019 – 5 PB 16/18, Rn. 8, PersR 2020, Nr. 1, 47; *Kröll* PersR 2020, Nr 1, 48.
483 LAG SchlH 1.11.2012 – 5 TaBV 13/12, Rn. 41, DB 2012, 2814.

jeweils an die SBV zu Händen der Vertrauensperson zu richten. Ist die Vertrauensperson verhindert, so hat sie rechtzeitig sicherzustellen, dass das nach § 177 Abs. 1 Satz 1 Hs. 2 sie vertretende Mitglied der SBV die Einladung erhält. Das kann intern mithilfe moderner Bürokommunikation geschehen. Es kann auch der Einladende über den Verhinderungsfall unterrichtet und um eine persönlich an das stellvertretende Mitglied gerichtete Einladung gebeten werden. Der Vorsitzende des Betriebsrats bzw. der Ausschussvorsitzende sind **nicht zu einer Prüfung des Verhinderungsgrundes befugt.** Die Vertrauensperson und das stellvertretende Mitglied sind keine Mitglieder des Betriebsrats. Sie sind daher auch nicht seiner **Geschäftsordnungsgewalt des Betriebsrats** unterworfen. Die Frage des Vorliegens von Hinderungsgründen und der Gewichtung ist eine interne Angelegenheit der SBV. Der Vorsitzende des Betriebsrats bzw. der Ausschussvorsitzende sind deshalb nicht berechtigt, ein zur Sitzung erscheinendes stellvertretendes Mitglied der SBV zurückzuweisen, weil er nicht davon überzeugt ist, dass der Verhinderungsfall der Vertrauensperson nachgewiesen sei. Soweit Doppelmandate im Personalrat und der SBV wahrgenommen werden, darf und muss der Personalratsvorsitzende prüfen, ob für das in Personalunion wahrgenommenen Amt des Personalratsmitglieds eine Verhinderung vorliegt. Dabei ist nicht zu beanstanden, wenn er entscheidet, dass die das ordentliches Personalratsmitglied an der Teilnahme an einer Personalratssitzung nicht dadurch verhindert iSv § 28 Abs. 1 Satz 2 PersVG Berlin ist, dass es an einer zeitgleich stattfindenden Anhörung eines schwerbehinderten Beschäftigten und an einem sogenannten BEM-Gespräch als Stellvertreter der Vertrauensperson der Schwerbehinderten teilnimmt.[484] Diese Entscheidung des Vorsitzenden betrifft jedoch ausschließlich die Verhinderung als Personalratsmitglied und hat keine Bedeutung für die interne Geschäftsverteilung in der SBV.

Rechtsfolgen der unterbliebenen Einladung: Eine unterbliebene Ladung der SBV hat **nicht die Unwirksamkeit der Beschlüsse** des Betriebsrats zur Folge. Da die SBV nur beratend an der Sitzung teilnimmt und kein eigenes Stimmrecht hat, ist nicht davon auszugehen, dass bei ihrer rechtzeitigen Ladung ein anderes Abstimmungsergebnis zu erwarten gewesen wäre. Die SBV kann nach Abs. 4 Satz 2 die Aussetzung des Beschlusses des Betriebsrats verlangen, soweit sie erachtet, dass Interessen der schwerbehinderten Beschäftigten erheblich beeinträchtigt worden seien. Damit wird das Teilnahmeinteresse der SBV ausreichend geschützt. 108

Sanktion wegen unterlassener Sitzungsladung: Verstößt der Vorsitzende beharrlich gegen diese Pflicht, so ist das eine grobe **Pflichtverletzung**, die einen Ausschlussantrag nach § 23 Abs. 1 Satz 1 BetrVG rechtfertigt. Ein zulässiger Antrag setzt voraus, dass der Antrag von einer im Betrieb vertretenen Gewerkschaft, dem Arbeitgeber oder einem Quorum von mindestens einem Viertel der wahlberechtigten Arbeitnehmer gestellt wird. Nach § 23 Abs. 1 Satz 2 BetrVG kann der **Ausschluss des Betriebsratsvorsitzenden** aus dem Betriebsrat auch aufgrund eines Mehrheitsbeschlusses des Betriebsrats beim Arbeitsgericht beantragt werden.[485] Die SBV hat kein Antragsrecht. Die **Abwahl des Betriebsratsvorsitzenden ist jederzeit möglich.**[486] Zu beachten ist, dass die SBV kein Recht auf Einberufung einer außerordentlichen Sitzung hat.[487] Dieses Recht ist nach § 29 109

---

484 Zu Personalratssitzungen: OVG Bln-Bbg 23.8.2018 – OVG 60 PV 8.17, PersR 2018, Nr. 12, 45; *Kröll* PersR 2018, Nr 12, 48.
485 *Düwell* in HaKo-BetrVG § 23 Rn. 18 ff.
486 *Düwell* in HaKo-BetrVG § 26 Rn. 7.
487 Zutreffend: *Wolmerath* in HaKo-BetrVG § 29 Rn. 18.

Abs. 4 BetrVG dem Mindestquorum eines Viertels der Belegschaft und dem Arbeitgeber vorbehalten.

110 **Einladungen zu Personalratssitzungen:** Ebenso wie in der Betriebsverfassung hat auch der Personalratsvorsitzende die SBV zu den Sitzungen des Betriebsrats rechtzeitig **unter Mitteilung der Tagesordnung** zu laden. Diese ist eine Amtspflicht. Für die Bundesbehörden ist dies in § 37 Abs. 1 Satz 4 BPersVG nF (§ 34 Abs. 2 Satz 3 BPersVG aF) bestimmt. Auf Antrag der SBV hat der Vorsitzende nach § 36 Abs. 3 Nr. 4 BPersVG nF (§ 34 Abs. 3 BPersVG aF) in „Angelegenheiten, die besonders schwerbehinderte Beschäftigte betreffen, eine **Sitzung anzuberaumen** und den Gegenstand der beantragten Beratung auf die Tagesordnung zu setzen". Gleiche Bestimmungen sind in den Landespersonalvertretungsgesetzen getroffen, zum Teil mit zeitlichen Vorgaben. So ist in § 25 Abs. 3 ThürPersVG[488] geregelt, dass auf Antrag der SBV in Angelegenheiten, die besonders schwerbehinderte Beschäftigte betreffen, die Sitzung **innerhalb von zehn Arbeitstagen** anzuberaumen ist.

6. Beratung und Abstimmung

111 **Beratungsrecht in der Betriebsverfassung:** Die SBV hat in den Betriebsratssitzungen kein Stimm-, sondern nur ein Beratungsrecht (§ 32 BetrVG).[489] Die Beratung ist nicht auf Angelegenheiten der schwerbehinderten und gleichgestellten behinderten Menschen beschränkt.[490] Der Ausschluss des Stimmrechts ist rechtspolitisch überdenkenswert. Nach § 67 Abs. 2 BetrVG können sämtliche Jugend- und Auszubildendenvertreter bei Angelegenheiten, die überwiegend diese Personengruppe betreffen, abstimmen und so durch die Masse der Stimmen die Willensbildung im Betriebsrat entscheidend beeinflussen. Demgegenüber wird der Vertrauensperson der schwerbehinderten Menschen das Stimmrecht verwehrt, obwohl anders als bei der Jugend- und Auszubildendenvertretung keine Majorisierungsgefahr besteht.

112 **Beratungs- und Stimmrecht in der Dienststellenverfassung:** Nach § 40 Abs. 1 Satz 1 BPersVG kann ein Vertreter der Jugend- und Auszubildendenvertretung, der von dieser benannt wird, und die SBV an allen Sitzungen des Personalrates beratend teilnehmen. Bei Beschlüssen des Personalrates, die überwiegend ihre Gruppenangehörigen betreffen, haben zwar gemäß § 37 Abs. 1 Satz 3 BPersVG nF (§ 40 Abs. 1 Satz 2 BPersVG aF) die Jugend- und Auszubildendenvertreter, nicht aber die Vertrauenspersonen der schwerbehinderten Beschäftigten Stimmrecht. Dieses aus dem BetrVG übernommene Modell gilt mit wenigen Ausnahmen auch in der Dienststellenverfassung. Nur ausnahmsweise wird die Bedeutung der Teilnahme der SBV durch die Einräumung eines Stimmrechts bei Abstimmungen im Personalrat aufgewertet. So hat in Bayern nach Art. 40 Abs. 2 BayPVG die SBV bei Beschlüssen, die „überwiegend" schwerbehinderte Menschen betreffen, die Vertrauensperson ein **Stimmrecht**. Ebenso hat die Vertrauensperson nach der 2017 erfolgten Neufassung des § 52 Abs. 1 Satz 2 der Rahmenordnung für eine Mitarbeitervertretungsordnung (Rahmen-MAVO) der Katholischen Kirche ein Stimmrecht „soweit Angelegenheiten der schwerbehinderten Menschen beraten werden", → Kap. 1 Rn. 4.

113 **Anwesenheitsrecht bei der Beschlussfassung:** In einer aktuellen Kommentierung zu § 32 LPVG BW wird vertreten, wenn im Personalvertretungsrecht der SBV

---

488 ThürPersVG in der Fassung der Bekanntmachung vom 23.1.2020, GVBl. 2020, 1.
489 *Düwell* in HaKo-BetrVG § 26 Rn. 7.
490 HessLAG 4.12.2001 – 15 Sa 384/01, NZA-RR 2002, 587.

kein Stimmrecht eingeräumt werde, sei damit zwingend die Rechtsfolge verbunden: Die SBV darf bei der **Beschlussfassung des Personalrats** nicht zugegen sein.[491] Obwohl diese Auffassung die gerichtlich geklärte Reichweite des Teilnahmerechts an der **Sitzung** verkennt, ist sie von der Regierung des Landes Baden-Württemberg übernommen worden. Diese führt in der Begründung des Entwurfs eines Gesetzes zur Änderung des Landesrichter- und -staatsanwaltsgesetzes und des Landespersonalvertretungsgesetzes aus Anlass der SARS-CoV-2-Pandemie aus „Jedoch steht ihr (Anm. = der SBV) weder ein Stimmrecht zu, noch hat sie ein Recht auf Anwesenheit während der Beschlussfassung."[492] Dies widerspricht dem einhelligen Stand der Rspr. zum Inhalt des bundesrechtlich im Teil 3 des SGB IX geregelten Schwerbehindertenrechts. Danach gilt: Die Vertrauensperson oder das sie bei Verhinderung nach § 177 Abs. 1 Satz 1 oder kraft Heranziehung nach § 178 Abs. 1 Satz 4 vertretende stellvertretende Mitglied der SBV „haben auch ein Anwesenheitsrecht bei Abstimmungen".[493] Dies ist seit den 70er Jahren Stand der ständigen verwaltungsgerichtlichen Rspr.[494] Diese Rspr. haben weder der Kommentator *Abel* noch die Verfasser des Gesetzentwurfs der Landesregierung in Baden-Württemberg zur Kenntnis genommen. In den gerichtlichen Entscheidungen ist klar und überzeugend zu § 22 Abs. 4 Satz 1 SchwbG (einer der Vorgängervorschriften des § 178 Abs. 4 Satz 1 SGB IX) ausgeführt: „die (…) Vorschrift räumt dem Vertrauensmann das Recht ein, an allen Sitzungen ua des Präsidialrats beratend teilzunehmen. Das durch diese Regelung dem Vertrauensmann eingeräumte Teilnahmerecht umfasst auch das Recht, während der in der Sitzung des Präsidialrates durchgeführten Abstimmungen zugegen zu sein."[495] Das OVG hat seine Auslegung auf den Wortlaut des § 22 Abs. 4 Satz 1 SchwbG gestützt, der mit § 178 Abs. 4 Satz 1 SGB IX bis auf den neuen Begriff Schwerbehindertenvertretung inhaltsgleich ist: „Betrachtet man bei der Ermittlung des Wortsinnes dieser Bestimmung die maßgeblichen Wörter des Wortzusammenhanges „an allen Sitzungen beratend teilzunehmen" für sich, so zeigt sich zunächst hinsichtlich des Begriffs „Sitzung", dass dieser im allgemeinen juristischen Sprachgebrauch in dem Sinne verwendet wird, dass darunter das gesamte kollektive Tätigwerden eines aus mehreren Personen zusammengesetzten Gremiums zählt, und zwar insoweit, als der zur gemeinsamen Willensbildung und Willensäußerung erforderliche sachliche und örtliche Zusammenhang fortbesteht. Demnach gehören zu der Sitzung sowohl die Beratung als auch eine gegebenenfalls erforderliche Beschlussfassung."[496] Im Übrigen wäre bei einer abweichenden landesrechtlichen Regelung die Vereinbarkeit mit dem Bundesrecht zu prüfen. Unter Geltung des § 22 Abs. 4 Satz 1 SchwbG ist zu der abändernden Bestimmung in § 47 Abs. 3 LPVG Niedersachsen aF entschieden worden, dass diese Abweichung wegen Verstoßes gegen Bundesrecht unwirksam ist.[497] 1998 hat das OVG NRW in Auslegung der inzwischen nach § 25 Abs. 4 SchwbG 1986 gewanderten Vorschrift über

---

491 *Abel* in Rooschütz/Bader BWLPVG, 16. Aufl. 2019, § 32 Rn. 32; aA ohne diese Einschränkung: *Bartl* in Klimpe-Auerbach/Bartl/Binder/Burr/Reinke/Scholz/Wirlitsch LPVG BW § 32 Rn. 20 b.
492 LT BW-Drs. 16/9088 vom 20.10.2020, 27.
493 *Welkoborsky/Baumgarten/Berg/Vormbaum-Heinemann* LPVG NRW § 36 Rn. 2.
494 OVG NRW 15.5.1979 – VIII A 285/77, juris Rn. 38; VG München 30.11.1976 – M 87 V 75, Behindertenrecht 1977, 19; OVG NRW 2.10.1998 – 1 A 905/97.PVL, Rn. 34, NZA-RR 1999, 278.
495 OVG NRW 15.5.1979 – VIII A 285/77, juris Rn. 37.
496 OVG NRW 15.5.1979 – VIII A 285/77, juris Rn. 38; VG München 30.11.1976 – M 87 V 75, Behindertenrecht 1977, 19.
497 NdsOVG 29.1.1982 – PL 3.81, PersV 1985, 343.

das Recht zu beratenden Sitzungsteilnahme diese Rspr. noch einmal deutlich diese Rspr. bestätigt: „Es besteht kein Zweifel (...) Beratende Teilnahme bedeutet, dass die Schwerbehindertenvertretung zu allen Fragen das Wort ergreifen kann. Zur Sitzung, an der die Schwerbehindertenvertretung teilnehmen kann, gehört auch der Teil, in dem abgestimmt wird. Die Schwerbehindertenvertretung kann sich zwar mangels Stimmrecht nicht an der Abstimmung beteiligen. Sie kann aber während dieser Zeit **nicht** von der Teilnahme an der Sitzung **ausgeschlossen werden.**"[498]

Am Beispiel der Kommentierung von *Abel* zeigt sich symptomatisch, dass rechtliche Erkenntnisse zum Schwerbehindertenrecht in Vergessenheit geraten, weil die mühsame Arbeit der Recherche zu den Vorgängervorschriften unterlassen wird. Zugleich zeigt sich die Auswirkung eines strukturellen Defizits der gegenwärtigen Rechtsdokumentation. Die beim Bundesjustizministerium und bei den Gerichtshöfen eingerichteten Dokumentationsstellen sollten in den Nachweis der aktuellen Rechtsnormen auch den Verweis auf inhaltsgleiche Vorgängervorschriften einbeziehen. Solange dies nicht geschieht, wird der Zugang zu den Antworten erschwert, die Gerichte bereits auf Rechtsfragen gegeben haben, die sich schon bei der Auslegung der inhaltsgleichen Vorgängervorschriften stellten. Beispielhaft werden hier die Vorgängervorschriften des § 178 Abs. 4 Satz 1 aufgeführt:

- § 178 Abs. 4 Satz 1 SGB IX 2018
- § 95 Abs. 4 Satz 1 SGB IX 2001
- § 25 Abs. 4 Satz 1 SchwbG 1986
- § 22 Abs. 4 Satz 1 SchwbG 1974.

Ferner wird geltend gemacht, wenn der Personalratsvorsitzende die Anwesenheit der SBV zulasse, verletze der das Gebot der Nichtöffentlichkeit der Personalratssitzung[499] und begehe dadurch eine schwerwiegende Verletzung der Pflicht zur Verschwiegenheit.[500] Entgegen dieser vereinzelt gebliebenen Meinung führt die Duldung der Anwesenheit der SBV während der Abstimmung nicht zu einer Verletzung von Verschwiegenheitspflichten. Vielmehr erfüllt der Vorsitzende nur dann seine gesetzliche Pflicht, wenn er die Anwesenheit der SBV zulässt. Dem Personalratsvorsitzenden obliegt nämlich nach dem Personalvertretungsrecht die Leitung der Verhandlung.[501] Dazu gehört auch die Ausübung des Hausrechts im Sitzungssaal.[502] Deshalb ist er verpflichtet, das Anwesenheitsrecht der Vertrauensperson auch während der Beschlussfassung zu schützen und hat etwaige Ausschlussbegehren von Personalratsmitgliedern zurückzuweisen. Unterlässt er das, begeht er eine Verletzung seiner Pflicht, für eine gesetzmäßige Durchführung der Sitzung zu sorgen. Soweit datenschutzrechtliche Bedenken erhoben werden sollten, sind diese zumeist wider besseres Wissen vorgeschoben; denn versteht sich der Personalrat als Verantwortlicher für die in seiner Sitzung stattfindende Verarbeitung personenbezogener Daten, so greift der Rechtmäßigkeitsgrund aus Art. 6 Abs. 1 Buchstabe c DS-GVO: Es wird mit der Beteiligung der SBV eine gesetzliche Verpflichtung aus § 178 Abs. 4 Satz 1 SGB IX erfüllt, der ein Personalrat als für die Datenverarbeitung Verantwortlicher unterliegt. Diese besondere Beziehung zwischen Personalrat

---

[498] OVG NRW 2.10.1998 – 1 A 905/97.PVL, juris Rn. 34, NZA-RR 1999, 278.
[499] In allen Personalvertretungsgesetzen gleich geregelt, so zB in § 32 Abs. 1 LPVG BW und § 31 Abs. 2 Satz 1 LPVG NW.
[500] *Abel* in Rooschütz/Bader BWLPVG, 16. Aufl. 2019, § 32 Rn. 32.
[501] In allen Personalvertretungsgesetzen gleich geregelt, so zB in § 30 Abs. 1 Satz 2 LPVG BW und § 30 Abs. 2 Satz 1 LPVG NW und § 34 Abs. 2 Satz 1 BPersVG.
[502] *Kröll* in Altvater BPersVG § 34 Rn. 9 mwN.

und SBV spiegelt sich im Übrigen seit langem in der Vorschrift wider, nach der die Mitglieder der SBV im Verhältnis zum Personalrat von der sonst einzuhaltenden persönlichen Verschwiegenheit entbunden sind (§ 179 Abs. 7 Satz 3 SGB IX).
Soweit Personalrat und SBV über das Anwesenheitsrecht bei der Beschlussfassung unterschiedlicher Auffassung sind, ist die Meinungsverschiedenheit seit dem 1.5.2000[503] nach § 2 a Abs. 1 Nr. 3 a ArbGG vor den Gerichten für Arbeitssachen im Beschlussverfahren auszutragen. Es handelt sich nämlich nicht um einen Akt der Geschäftsführung, für den die Zuständigkeit der Verwaltungsgerichtsbarkeit nach den jeweiligen im BPersVG oder im Landesecht enthaltenen personalrechtlichen Zuständigkeitsnormen gegeben wäre. Vielmehr ist die Verneinung eines Rechts für die SBV aus § 178 Abs. 4 Satz 1 SGB IX und damit eine in § 2 a Abs. 1 Nr. 3 a ArbGG aufgeführte Angelegenheit im Streit. Dafür ist die ausschließliche Zuständigkeit der Gerichte für Arbeitssachen gegeben.[504] Deshalb ist bei dem örtlich zuständigen Arbeitsgericht der zur Einleitung des Beschlussverfahrens erforderliche Antrag zu stellen.

Verschwiegenheit bei Betriebs- und Personalratssitzungen: Die Vertrauensperson der Schwerbehinderten muss über die aus einer Personalratssitzung erlangten Kenntnisse die nötige Verschwiegenheit bewahren. Das ergibt sich aus der Regelung in § 38 Abs. 2 BPersVG nF (§ 35 Satz 1 BPersVG aF) und den entsprechenden Bestimmungen in den Landespersonalvertretungsgesetzen (zB § 68 PersVG HE). Danach sind Personalratssitzungen **nicht öffentlich**. Eine inhaltsgleiche Bestimmung gilt nach § 30 Satz 4 BetrVG auch für Betriebsratssitzungen. Aus dem Grundsatz der Nichtöffentlichkeit der Betriebsratssitzung ergibt sich keine generelle Pflicht, Stillschweigen über den Inhalt von Sitzungen zu bewahren.[505] Der Betriebsrat kann den Betriebsratsmitgliedern und den weiteren Teilnehmern keine besondere Verschwiegenheitspflicht über vertrauliche Angelegenheiten auferlegen.[506] Es gibt allerdings Angelegenheiten, die ihrer Natur nach einer vertraulichen Behandlung bedürfen, zB interne Überlegungen hinsichtlich eines Vorgehens gegenüber dem Arbeitgeber.[507] Diese vertraulichen Angelegenheiten dürfen insbesondere, wenn sie als ausdrücklich vertraulich bezeichnet worden sind, nicht dem Arbeitgeber mitgeteilt werden.[508]

Ausschluss der Teilnahme an der Personalratssitzung: Nach der Rspr. der Verwaltungsgerichte kann im Einzelfall eine Verletzung der Verschwiegenheitspflicht eine Behinderung der Personalratsarbeit darstellen. Droht Wiederholungsgefahr, kann der Personalrat gestützt auf das gegen jeden gerichtete Behinderungsverbot (wie zB § 64 Abs. 1 PersVG HE) die **Ausübung des Teilnahmerechts der Vertrauensperson der Schwerbehinderten durch das Verwaltungsgericht untersagen lassen.** Gegebenenfalls kann dazu einstweiliger Rechtsschutz in Anspruch genommen werden. Die Anforderungen für einen auf diese Weise begründeten Ausschluss von der Ausübung des Teilnahmerechts dürfen nicht hin-

---

503 Eingefügt durch das Arbeitsgerichtsbeschleunigungsgesetz vom 30.3.2000, BGBl. I 333.
504 Vgl. zum Teilnahmerecht der SBV an Sitzungen des Personalratsvorstands LAG München 14.11.2008 – 5 TaBV 36/08, juris Rn. 19; *Schleicher* ZfPR 2012, 52.
505 BAG 5.9.1967 – 1 ABR 1/67, AP § 23 BetrVG Nr. 8; *Wolmerath* in HaKo-BetrVG § 30 Rn. 13; *Koch* in ErfK BetrVG § 30 Rn. 3; *Fitting* BetrVG § 30.
506 LAG München 15.11.1977 – 5 TaBV 34/77, DB 78, 894; *Wedde* in DKWBetrVG § 30 Rn. 13; *Raab* in GK-BetrVG § 30 Rn. 25.
507 *Wedde* in DKW BetrVG § 30 Rn. 14.
508 LAG München 15.11.1977 – 5 TaBV 34/77, DB 78, 894; dem zustimmend: *Wolmerath* in HaKo-BetrVG § 30 Rn. 13; *Koch* in ErfK BetrVG § 30 Rn. 1; weitgehender *Raab* in GK-BetrVG § 35 Rn. 28.

ter denen zurückbleiben, die mit den Tatbestandsmerkmalen „wegen grober Vernachlässigung der gesetzlichen Befugnisse oder wegen grober Verletzung der gesetzlichen Pflichten" in § 30 Satz 1 BPersVG (§ 28 Abs. 1 BPersVG aF ebenso: § 25 PersVG HE) für den Ausschluss eines einzelnen Mitglieds aus dem Personalrat aufstellt sind.[509] **Ein Ausschluss der Vertrauensperson von den Sitzungen durch den Personalratsvorsitzenden ist unwirksam.** Der Vorsitzende hat dazu keine Befugnis. Der Vorsitzende des Personalrats darf nach § 34 Abs. 1 Satz 3 BPersVG nF (§ 32 Abs. 1 Satz 3 BPersVG aF entspricht: § 30 Abs. 1 Satz 1 PersVG HE) lediglich die laufenden Geschäfte führen. Dazu gehört nicht, eine zur Teilnahme an Personalratssitzungen berechtigte Person von dieser Teilnahme auszuschließen und ihr damit die Ausübung des Teilnahmerechts unmöglich zu machen.[510] Es bedarf einer Beschlussfassung des Personalrats. Wird ein derartiger Beschluss zur Einleitung des gerichtlichen Verfahrens nach § 30 Satz 2 BPersVG nF (§ 28 Abs. 1 BPersVG aF) gefasst, darf er nicht verfahrensfehlerhaft zustande gekommen sein. Wird als Tagesordnungspunkt für die entsprechende Sitzung lediglich die Verletzung der Verschwiegenheitspflicht benannt, braucht keine der zur Sitzung geladenen Personen damit zu rechnen, in dieser Sitzung werde auch über eine künftige Versagung ihres Teilnahmerechts zu befinden sein. Die Behandlung dieser Frage setzt eine entsprechende Ankündigung über die Tagesordnung voraus (§ 36 Abs. 2 Satz 2 BPersVG nF; ebenso § 31 Abs. 2 Satz 2 PersVG HE). Nehmen an der Sitzung nicht alle ordentlichen Mitglieder teil, kann die Tagesordnung nicht einvernehmlich zu Beginn oder während der Sitzung entsprechend erweitert werden. Schließlich ist der auszuschließenden Vertrauensperson zur Wahrung des Gebots des rechtlichen Gehörs auch Gelegenheit zu geben, ihren Standpunkt vor dem Personalrat und seinen Mitgliedern in der maßgeblichen Sitzung darzulegen.[511]

116 **Verfahren für Ausschluss von der Personalratssitzung:** Ein Ausschluss der Vertrauensperson von den Sitzungen durch den **Personalratsvorsitzenden** ist unwirksam. Der Vorsitzende hat dazu keine Befugnis. Der Vorsitzende des Personalrats darf nach § 34 Abs. 1 Satz 3 BPersVG nF (entspricht: § 30 Abs. 1 Satz 1 PersVG HE) lediglich die laufenden Geschäfte führen. Dazu gehört nicht, eine zur Teilnahme an Personalratssitzungen berechtigte Person von dieser Teilnahme auszuschließen und ihr damit die Ausübung des Teilnahmerechts unmöglich zu machen.[512] Es bedarf einer Beschlussfassung des Personalrats. Wird ein derartiger Beschluss zur Einleitung des gerichtlichen Verfahrens nach § 30 Satz 2 BPersVG aF gefasst, darf er nicht verfahrensfehlerhaft zustande gekommen sein. Wird als Tagesordnungspunkt für die entsprechende Sitzung lediglich die Verletzung der Verschwiegenheitspflicht benannt, braucht keine der zur Sitzung geladenen Personen damit zu rechnen, in dieser Sitzung werde auch über eine künftige Versagung ihres Teilnahmerechts zu befinden sein. Die Behandlung dieser Frage setzt eine entsprechende Ankündigung über die Tagesordnung voraus (§ 36 Abs. 2 Satz 2 BPersVG nF; ebenso § 31 Abs. 2 Satz 2 PersVG HE). Nehmen an der Sitzung nicht alle ordentlichen Mitglieder teil, kann die Tagesordnung nicht einvernehmlich zu Beginn oder während der Sitzung entsprechend erweitert werden. Schließlich ist der auszuschließenden Vertrauensperson zur Wahrung des Gebots des rechtlichen Gehörs auch Gelegenheit zu geben,

---

509 VG Frankfurt aM 16.10.2003 – 23 LG 5583/03 (V), ZfPR 2004, 201 mit Anmerkung *Ilbertz* ZfPR 2004, 207.
510 VG Frankfurt aM 16.10.2003 – 23 LG 5583/03 (V), ZfPR 2004, 201.
511 VG Frankfurt aM 16.10.2003 – 23 LG 5583/03 (V), ZfPR 2004, 201.
512 VG Frankfurt aM 16.10.2003 – 23 LG 5583/03 (V), ZfPR 2004, 201.

ihren Standpunkt vor dem Personalrat und seinen Mitgliedern in der maßgeblichen Sitzung darzulegen.[513]

Ausschluss der Teilnahme an der Betriebsratssitzung: Die von der Verwaltungsgerichtsbarkeit entwickelten Grundsätze zum Ausschluss von der Sitzung können auch auf das Teilnahmerecht der betrieblichen SBV angewandt werden. Nach § 119 Abs. 1 Nr. 2 BetrVG darf die Tätigkeit des Betriebsrats nicht von der Vertrauensperson behindert oder gestört werden. In **analoger Anwendung des § 23 Abs. 1 BetrVG** kann bei grober Verletzung der Verschwiegenheitspflicht das Arbeitsgericht auf Antrag des Betriebsrats die Vertrauensperson, die Sitzungen durch ihr Verhalten zu stören droht, von der Teilnahme ausschließen. Die dann wegen Ausschlusses verhinderte Vertrauensperson wird nach § 177 Abs. 1 Satz 1 SGB IX durch das erste stellvertretende Mitglied der SBV vertreten. 117

7. Niederschriften und Unterlagen des Betriebs- und Personalrats

Niederschrift/Protokoll: Nicht selten bestehen Meinungsverschiedenheiten, ob die SBV Anspruch auf Aushändigung der Niederschrift (Protokoll) der Verhandlungen des Personal- und Betriebsrats hat. Soweit positivrechtlich Regelungen zugunsten der SBV getroffen sind, wird unterschieden zwischen Anspruch auf Kopien/Abschriften von Niederschriften von Verhandlungen, an denen die SBV teilgenommen hat und Kopien/Abschriften von allen Niederschriften auch ohne Teilnahme des SBV an der Sitzung. 118

Kopien bei Teilnahme an Sitzungen: In dem Personalvertretungsgesetzen der Länder ist zumeist bestimmt, dass neben der Gleichstellungsbeauftragten, der Jugend- und Auszubildendenvertretung, der Dienststellenleitung oder den Beauftragte der in der Dienststelle vertretenen Gewerkschaften oder Berufsverbänden, die **ganz oder teilweise an der Sitzung teilgenommen** haben, auch der SBV ein entsprechender Auszug der Niederschrift zu übermitteln ist. So ist die Regelung in:

- **Bayern** in Art. 41 Abs. 2 Satz 2 BayPVG[514]
- **Brandenburg** in § 41 Abs. 2 PersVG BB[515]
- **Mecklenburg-Vorpommern** § 32 Abs. 2 PersVG M-V[516]
- **Saarland** § 40 Abs. 2 SPersVG[517]
- **Sachsen-Anhalt** in § 39 Abs. 2 Satz 2 PersVG LSA[518]
- **Sachsen** in § 42 Abs. 2 SächsPersVG[519]
- **Schleswig-Holstein** in § 32 Abs. 3 MBG Schl.-H.[520]
- **Thüringen** in § 41 Abs. 2 ThürPersVG[521]

---

513 VG Frankfurt aM 16.10.2003 – 23 LG 5583/03 (V), ZfPR 2004, 201.
514 Bayerisches Personalvertretungsgesetz (BayPVG) in der Fassung der Bekanntmachung vom 11.11.1986, GVBl., 349.
515 PersVG BB vom 15.9.1993, GVBl. I/93, 358.
516 PersVG vom 24.2.1993, GVOBl. M-V 1993, 125.
517 SPersVG vom 9.5.1973 in der Fassung der Bekanntmachung vom 2.3.1989, Amtsbl., 413, zuletzt geändert durch das Gesetz vom 25.4.2007, Amtsbl., 1194.
518 PersVG LSA in der Fassung der Bekanntmachung vom 16.3.2004, GVBl. LSA 2004, 205, ber. 49.
519 SächsPersVG in der Fassung der Bekanntmachung vom 29.8.2018, SächsGVBl., 570.
520 Gesetz über die Mitbestimmung der Personalräte (Mitbestimmungsgesetz Schleswig-Holstein – MBG Schl.-H.) vom 11.12.1990, GVOBl. 1990, 577.
521 ThürPersVG in der Fassung der Bekanntmachung vom 23.1.2020, GVBl. 2020, 1.

Erhebt die SBV Einwendungen, so sind diese nach Art. 41 Abs. 2 Satz 3 BayPVG, § 41 Abs. 3 PersVG BB, § 32 Abs. 2 Satz 2 PersVG M-V, § 40 Abs. 2 SPersVG, § 39 Abs. 2 Satz 3 PersVG LSA, § 42 Abs. 2 Satz 2 SächsPersVG, § 32 Abs. 4 MBG Schl.-H., § 41 Abs. 2 Satz 2 ThürPersVG der Niederschrift beizufügen.

Für **Baden-Württemberg** ist in § 38 Abs. 3 LPVG[522] bestimmt, dass die Mitglieder der SBV in die Niederschrift über den Teil der Sitzung Einsicht nehmen dürfen, an dem sie teilgenommen haben. Entsprechende Abschriften können gefertigt werden.

Kopien auch ohne Teilnahme: Für die dem Landesrecht in **Rheinland-Pfalz** unterliegenden Dienststellen bestimmt § 37 Absatz 2 LPersVG[523], dass ebenso wie die Mitglieder des Personalrats auch die der SBV das Recht haben, „zur Wahrnehmung der ihnen in dieser Funktion obliegenden Aufgaben Sitzungsunterlagen und **Niederschriften einzusehen**". Bei der Einsicht besteht auch die Möglichkeit, eine Abschrift oder mittels Fotofunktion des Mobiltelefons eine Kopie zu erstellen.

Länder ohne positivrechtliche Regelungen: Für **Berlin** regelt § 37 Abs. 2 PersVG[524] ein Recht auf Abschrift nur für Vertreter der Dienststelle oder Beauftragte von Gewerkschaften, die an der Sitzung teilgenommen haben. Gleichlautende Regelungen sind für **Bremen** in § 37 Abs. 2 Bremisches Personalvertretungsgesetz[525] und für **Hamburg** in § 43 Abs. 2 HmbPersVG[526] getroffen. Für die im Geltungsbereich des **Hessischen Personalvertretungsgesetzes** (HPVG)[527] liegenden Dienststellen bestimmt dessen § 38 Abs. 2, dass nur die die Mitglieder des Personalrats „einen Abdruck der Niederschrift" und der Leiter der Dienststelle, wenn er an der Sitzung teilgenommen hat, erhalten. Das **Niedersächsische** Personalvertretungsgesetz (NPersVG)[528] regelt in § 34 die Niederschrift, ohne sich nur ein Recht auf Einsichtnahme oder Ablichtung anzusprechen. Für **Nordrhein-Westfalen** wird die Auffassung vertreten, dass noch nicht einmal die Mitglieder des Personalrats einen Anspruch auf Ablichtungen der Sitzungsniederschrift haben sollen, es sei denn eine Regelung in der Geschäftsordnung räume ihnen das Recht ein.[529] Das wird aus der Regelung in § 37 LPVG[530] abgeleitet. Nach § 37 Abs. 1 Satz 1 LPVG ist die Niederschrift von der vorsitzenden Person und einem weiteren Mitglied zu unterzeichnen und dem Personalrat in der nächsten Sitzung zur Genehmigung vorzulegen. Damit sei ausreichend die notwendige Richtigkeitskontrolle sichergestellt. Im Übrigen bleibe es jedem Mitglied unbenommen und entspräche es seinem guten Recht, in die Protokolle der vergangenen Personalratssitzung **Einsicht zu nehmen** und sich selbst Ablichtungen zu fertigen.[531]

Regelungen für Bundesbehörden: Für die Dienststellen des Bundes ist in § 43 Abs. 2 Satz 2 nF § 41 Abs. 2 BPersVG aF bestimmt, dass dem Leiter der Dienststelle oder den Beauftragten von Gewerkschaften, die an der Sitzung teilgenommen haben, ein entsprechender Teil der Niederschrift abschriftlich zuzuleiten ist.

---

522 LPVG in der Fassung vom 12.3.2015, GBl. 2015, 221.
523 LPersVG in der Fassung vom 24.11.2000, GVBl. 2000, 529.
524 PersVG in der Fassung vom 14.7.1994, GVBl. 1994, 337; 1995, 24.
525 Bremisches Personalvertretungsgesetz vom 19.3.1974, Brem.GBl. 1974, 131.
526 Hamburgisches Personalvertretungsgesetz vom 8.7.2014, HmbGVBl. 2014, 299.
527 HPVG vom 24.3.1988, GVBl. 1988 I 103.
528 NPersVG in der Fassung vom 9.2.2016 Nds. GVBl. 2016, 2.
529 VG Düsseldorf 10.6.1999 – 34 K 2286/99.PVL, Rn. 15, PersR 2000, 521.
530 LPVG NRW vom 3.12.1974, GV. NW. 1974, 1514.
531 VG Düsseldorf 10.6.1999 – 34 K 2286/99.PVL, Rn. 15, PersR 2000, 521.

Regelung für Betriebe privater Rechtsträger: Für die der Betriebsverfassung unterliegenden Betriebe regelt § 34 Abs. 2 BetrVG für die Niederschrift der Verhandlungen des Betriebsrats ebenso wie das BPersVG, dass dem Leiter der Dienststelle oder den Beauftragten von Gewerkschaften, die an der Sitzung teilgenommen haben, ein entsprechender Teil der Niederschrift abschriftlich zuzuleiten ist. Einige Stimmen im Schrifttum lehnen an diesem Wortlaut klammernd einen Anspruch der SBV auf Zuleitung einer Abschrift ab,[532] während ein anderer Teil zwar ebenso keinen Anspruch erkennen aber diplomatisch die Zuleitung an die SBV für „zulässig" erachten will.[533]

Füllung einer Regelungslücke zugunsten der SBV-Mitglieder: Die aufgeführten personalvertretungs- als auch betriebsverfassungsrechtlichen Vorschriften, die weder ausdrücklich einen Anspruch auf Einsicht und Abschrift vorsehen noch ausschließen, sind enthalten sämtlich eine unbewusste **Regelungslücke**. Eine Lückenfüllung ist geboten. Entsprechend dem allgemeinen Grundsatz, müssen Stellen und Personen, denen das Gesetz ein Teilnahme- und Beratungsrecht einräumt, auch Kenntnis von dem Inhalt jeder ihre Teilnahme betreffenden Niederschrift erhalten. Den Teilnehmern sollte die Möglichkeit eröffnet sein, **Einwendungen gegen die Richtigkeit der Niederschrift** vorbringen zu können, sei es, dass ihre Anwesenheitsdauer oder dass ihr Redebeitrag falsch dargestellt worden ist. Der allgemeine Grundsatz der Erforderlichkeit einer Richtigkeitskontrolle, den das VG Düsseldorf bereits 1999 im Ansatz richtig erkannt hat,[534] muss stets berücksichtigt werden, wenn in einer Niederschrift über die Teilnahme einer Person an einer Sitzung Aussagen getroffen werde. Seit Wirksamwerden der DS-GVO am 28.5.2018 hat diese aus dem allgemeinen Persönlichkeitsrecht abgeleitete Richtigkeitskontrolle eine besondere und vorrangige unionsrechtliche Ausprägung erhalten. Bei den Niederschriften über die Anwesenheit, über Redebeiträge und über Anträge der namentlich aufgeführten Mitglieder der SBV werden personenbezogene Daten verarbeitet. Diese Verarbeitung fällt in den durch Art. 2 DS-GVO definierten sachlichen Anwendungsbereich der VO, weil heute derartige Niederschriften auf einem Rechner geschrieben und in einem Dateisystem gespeichert werden. Die VO findet nach § 2 Abs. 2 DS- GVO auch Anwendung, weil eine Kompetenz der EU gegeben ist. Hier ist die Datenverarbeitung im Beschäftigungskontext für die Niederschrift als Teil der Geschäftsführung der Beschäftigtenvertretungen nach Art. 88 DS-GVO einschlägig.[535] Nach Art. 15 Abs. 3 und Art. 12 Abs. 5 Satz 1 DS-GVO hat daher der Verantwortliche den betroffenen Personen unentgeltlich eine Kopie zur Verfügung zu stellen. Verantwortlich für die Verarbeitung der personenbezogenen Daten in der Niederschrift sind der Betriebs- bzw. der Personalrat; denn diese sind nach Art. 4 Nr. 7 DS-GVO die Stellen, die bei der Niederschrift über die Zwecke und Mittel der Verarbeitung allein entscheiden.

---

532 *Raab* in GK-BetrVG § 34 Rn. 24; *Thüsing* in Richardi BetrVG § 34 Rn. 13.
533 *Wedde* in DKW BetrVG § 34 Rn. 16; *Fitting* BetrVG § 34 Rn. 24; *Wolmerath* in HaKo-BetrVG § 34 Rn. 7.
534 Vgl. VG Düsseldorf 10.6.1999 – 34 K 2286/99.PVL, Rn. 15, PersR 2000, 521.
535 Vgl. zur Einschlägigkeit der Datenschutz-Grundverordnung bei Datenübermittlungen an die Personalvertretung: BayVGH 21.5.2019 – 17 P 18.2581, Rn. 50, NZA-RR 2019, 666; zur Geltung der Datenschutz-Grundverordnung in einem Arbeitsverhältnis: LAG BW 20.12.2018 – 17 Sa 11/18, Rn. 198, NZA-RR 2019, 242 mit Verweis auf *Düwell/Brink*, Die EU-Datenschutz-Grundverordnung und der Beschäftigtendatenschutz, NZA 2016, 665; allgemein zur gebotenen abstrakten Betrachtungsweise im Bereich des Beschäftigungskontextes: VG Gelsenkirchen 27.04. 2020 – 20 K 6392/18, juris Rn. 56.

Kopien bei Nichtteilnahme an der Sitzung: Einzig Rheinland-Pfalz räumt klar und eindeutig im Wortlaut seines § 37 Abs. 3 Satz 1 LPVG[536] ein von der persönlichen Teilnahme unabhängiges Einsichtsrecht in die Niederschrift ein: „Die Mitglieder des Personalrats, (...) sowie die Schwerbehindertenvertretung haben das Recht, zur Wahrnehmung der ihnen in dieser Funktion obliegenden Aufgaben Sitzungsunterlagen und Niederschriften einzusehen". Da die Informationsrechte aus der DS-GVO (und ergänzend aus BDSG und den jeweiligen für die Dienststellen in den Ländern geltenden Landesdatenschutzgesetzen) nur bei namentlicher Nennung als Teilnehmer greifen, stellt sich für den Fall der Nichtteilnahme die Rechtsfrage, ob außerhalb des Geltungsbereichs des rheinlandpfälzischen LPVG eine unbewusste **Regelungslücke** vorliegt, weil die besondere Rechtsstellung der SBV mit ihren in § 178 Abs. 4 Satz 1 bis 3 SGB IX bestimmten Antrags-, Beratungs- und Aussetzungsrechten und der besonderen Verpflichtung der Interessenvertretungen in § 182 Abs. 1 SGB IX zur **engen Zusammenarbeit** mit der SBV übersehen worden ist. So ist es hier. Eine Lückenfüllung ist deshalb geboten. Wer aus der Nichterwähnung eines Einsichts- und Kopienaushändigungsrechts dessen Ausschluss im Umkehrschluss (lateinisch: argumentum e contrario) folgert, geht methodisch von einer bewusst geplanten rechtlichen Regelungslücke aus. Allerdings wird dafür von den Vertretern dieser Auslegung kein Beleg aufgezeigt.[537] Sie verkennen die besondere in § 178 Abs. 4 Satz 1 bis 3 und § 182 Abs. 1 SGB IX ausgestaltete Rechtsstellung der SBV. Das Gebot der engen Zusammenarbeit verpflichtet, wie in § 182 Abs. 2 Satz 1 SGB IX ergänzend ausgeführt wird, Betriebs- und Personalrat die SBV bei der Erfüllung ihrer gesetzlichen Inklusionsaufgaben zu unterstützen. Daraus folgt eine Informationspflicht. Soweit in einer Niederschrift Verhandlungen dargestellt werden, die die Aufgaben vom Betriebs- und Personalrat aus § 176 SGB IX berühren, schwerbehinderte Menschen einzugliedern und die entsprechenden Arbeitgeberpflichten zu überwachen, muss die SBV darüber zur Herstellung der engen Zusammenarbeit unterrichtet werden. Diese gilt vor allem, wenn die **SBV verhindert war, an der Sitzung teilzunehmen.** Dazu ist der SBV ein Leserecht an der Sitzungsniederschrift einzuräumen oder ihr eine Abschrift auszuhändigen. Für diese Berechtigung der SBV spricht letztlich das in § 178 Abs. 4 Satz 2 SGB IX ihr unabhängig von der Sitzungsteilnahme eingeräumte Antragsrecht, Beschlüsse des Betriebs- und Personalrats auszusetzen. Die Ausübung des Antragsrechts setzt nämlich nach einhelliger Ansicht nicht die Teilnahme an der Sitzung voraus, in der der beanstandete Beschluss gefasst wurde.[538] Der Gesetzgeber muss somit bei der Schaffung dieses Antragsrechts wie selbstverständlich davon ausgegangen sein, dass der Vorsitzende des Betriebs- oder Personalrats der SBV Kenntnis von jedem gefassten Beschluss verschafft, dessen Aussetzung die SBV beantragen kann. Das setzt jedoch die Übermittlung der Sitzungsniederschrift und in Betrieben/Dienststellen mit Digitalisierung der Tätigkeit der Interessenvertretungen ein Leserecht voraus.

119 **Einsichtsrecht:** Nach § 34 Abs. 3 BetrVG haben die Mitglieder des Betriebsrats das Recht, die Unterlagen des Betriebsrats und seiner Ausschüsse jederzeit einzusehen. Dieses Einsichtsrecht der Mitglieder des Betriebsrats erstreckt sich auch auf elektronische Dateien, also auf die Unterlagen, die auf Datenträgern gespeichert sind.[539] Es schließt die Einräumung eines auf elektronischem Weg wahrnehmbaren Leserechts ein, so dass ein Aufsuchen des Betriebsratsbüros

---

536 LPVG in der Fassung vom 24.11.2000, GVBl. 2000, 529.
537 Vgl. *Raab* in GK-BetrVG § 34 Rn. 24; *Thüsing* in Richardi BetrVG § 34 Rn. 13.
538 Vgl. *Raab* in GK-BetrVG § 35 Rn. 15 ff. mwN.
539 BAG 12.8.2009 – 7 ABR 15/08, Rn. 10 ff., BAGE 131, 316, NZA 2009, 1218.

nicht erforderlich ist.⁵⁴⁰ Dieses Leserecht steht nicht einem Einsichtsrecht in die entsprechenden Unterlagen in Papierform entgegen. Solange der Betriebsrat Unterlagen in Papierform vorhält, können seine Mitglieder auch in diese Einsicht nehmen können, selbst wenn dieselben Informationen elektronisch verfügbar sind.⁵⁴¹ Das betriebsverfassungsrechtliche Schrifttum geht überwiegend davon aus, dieses Einsichtsrecht stehe exklusiv den Betriebsratsmitgliedern zu und schließe die Mitglieder der SBV aus.⁵⁴² Der von der hM im Schrifttum angewandte Umkehrschluss (lateinisch: argumentum e contrario) wird methodisch nicht begründet. Er geht zu Unrecht von einer bewusst geplanten rechtlichen Regelungslücke aus, weil mit Ausnahme von RP der Bundes- und die übrigen Landesgesetzgeber die besondere Rechtsstellung der SBV mit ihren in § 178 Abs. 4 Satz 1 bis 3 SGB IX bestimmten Antrags, Beratungs- und Aussetzungsrechten und der besonderen Verpflichtung der Interessenvertretungen in § 182 Abs. 1 SGB IX zur **engen Zusammenarbeit** mit der SBV übersehen haben, → Rn. 5. Auch hier liegt eine unbewusste Regelungslücke vor, die zugunsten der SBV geschlossen werden muss; denn sonst kann in komplexen Angelegenheiten die SBV nicht ihr Beratungs- und Aussetzungsrecht anwenden. Steht zB auf der Betriebsratssitzung die Zustimmung zu einem von einer Verhandlungsgruppe des Betriebsrats in Gesprächen mit dem Arbeitgeber entwickelten 50 Seiten umfassenden Interessenausgleich und Sozialplan an, so genügt es nicht, dieses Thema mit der Einladung zur Sitzung auf der Tagesordnung zu bezeichnen und in der Sitzung Gelegenheit zum Lesen des Verhandlungspakets zu geben. Die SBV, deren gesetzlicher Auftrag nach § 178 Abs. 1 Satz 1 die Vertretung der Interessen der Gruppe der schwerbehinderten Beschäftigten es ist, muss die Befugnis haben in diese ihre Aufgabe betreffende Unterlage Einsicht zu nehmen, um sich auf die Sitzung angemessen vorbereiten zu können. Davon ist aus der Gesetzgeber des § 178 SGB IX ausgegangen, als er der SBV diese Aufgabe mit den Antrags- und Beratungsrechten aus § 178 Abs. 4 Satz 1 bis 3 SGB IX übertragen hat. Dieses Einsichtsrecht in Unterlagen, die die Angelegenheiten der schwerbehinderten Beschäftigten betreffen, muss auch gegenüber dem Personalrat anerkannt werden. Hier ist die positivrechtliche Situation noch ungünstiger als im Betriebsverfassungsrecht ausgestaltet. Nur in § 37 Abs. 3 Satz 1 LPVG RP⁵⁴³ hat ein Landesgesetzgeber ausdrücklich den Personalratsmitgliedern und der SBV den Anspruch eingeräumt, „zur Wahrnehmung der obliegenden Aufgaben Sitzungsunterlagen einzusehen". Die jüngere Rspr. der Verwaltungsgerichte hat § 34 Abs. 3 BetrVG entsprechend angewandt. Danach muss der Personalratsvorsitzende den Mitgliedern des Personalrats Einsicht gewähren und darf bei digitaler Arbeitsweise keine Lesesperren auf einzelnen Dokumenten im Ordner des Personalrats gegenüber Mitgliedern des Personalrats anlegen.⁵⁴⁴ Eine vergleichbare Berechtigung muss für die Mitglieder der SBV bestehen, die zur Wahrnehmung der ihnen obliegenden Aufgaben Sitzungsunterlagen einsehen wollen.

Hinweis: Der Vorsitzende eines Personal- oder Betriebsrats, der auf den „Gesetzestext" beharrt und der SBV die Einsicht in Unterlagen verweigert, handelt un-

---

540 BAG 12.8.2009 – 7 ABR 15/08, Rn. 17, BAGE 131, 316, NZA 2009, 1218.
541 HessLAG 9.9.2019 – 16 TaBV 67/19 Rn. 22; *Wolmerath* jurisPR-ArbR 9/2020 Anm. 4.
542 *Fitting* BetrVG § 34 Rn. 35; *Raab* in GK-BetrVG § 34 Rn. 31 ff. mwN; zu Recht aA *Wolmerath* in HaKo-BetrVG § 34 Rn. 35; *Wedde* in DKW, 17. Aufl. 2020, BetrVG § 34 Rn. 25, der allerdings einen Anspruch verneint, aber bei einem berechtigten Interesse die Einsichtsgewährung für zulässig hält.
543 LPVG in der Fassung vom 24.11.2000, GVBl. 2000, 529.
544 VG Ansbach 25.3.2008 – AN 8 P 08.00263, juris Rn. 24 ff.

klug. Er riskiert einen Antrag nach § 178 Abs. 4 Satz 2 SGB IX auf Aussetzung. Dann geht wertvolle Zeit verloren.

8. Aussetzung von Beschlüssen

120 **Antrag auf Aussetzung eines Betriebsratsbeschlusses:** Erachtet die SBV einen Beschluss des Betriebsrats oder eines seiner Ausschüsse als eine erhebliche Beeinträchtigung wichtiger Interessen des schwerbehinderten Menschen, so kann sie nach § 178 Abs. 4 Satz 2 SGB IX und § 335 Abs. 1 BetrVG beantragen, den Beschluss auszusetzen.
Antrag auf Aussetzung eines Personalratsbeschlusses: Nach § 178 Abs. 4 Satz 2 SGB IX und § 42 Abs. 3 BPersVG nF kann die SBV auch beantragen, einen Beschluss des Personalrats einer Dienststelle des Bundes auszusetzen, wenn sie ihn als eine erhebliche Beeinträchtigung wichtiger Interessen der schwerbehinderten oder ihnen gleichgestellten Beschäftigten erachtet.
Zulässigkeit: Der Antrag setzt voraus, dass die SBV geltend macht, der gefasste Beschluss beeinträchtige wichtige Interessen des schwerbehinderten Menschen. Es genügt, wenn die SBV diese Interessenbeeinträchtigung als gegeben „erachtet".[545] Unzulässig ist der Aussetzungsantrag, wenn er sich auf Wahlen bezieht. So kann die SBV die Wahl von Personen zu Betriebsratsvorsitzenden, Ausschussmitgliedern oder Mitgliedern des Gesamtbetriebsrats nicht deshalb beanstanden, weil sie nicht das Vertrauen der Schwerbehinderten genössen.[546] Unbeachtlich ist auch ein missbräuchlicher Aussetzungsantrag.[547] Das ist ein Aussetzungsantrag, für den keine Begründung vorgebracht wird, die einen Bezug zu den Interessen der schwerbehinderten Menschen hat, oder ein Antrag, der zwar einen derartigen Bezug hat, aber offensichtlich aus sachfremden Erwägungen gestellt wird.
Beispiel: Die Vertrauensperson beantragt die Aussetzung des zustimmenden Beschlusses über die Reisekostenordnung, weil die Interessen der mobilitätseingeschränkten Beschäftigten nicht ausreichend berücksichtigt würden. Dabei erklärt die Vertrauensperson, die zugleich im Doppelmandat Betriebsratsmitglied ist, sie würde ihre Bedenken zurückstellen, wenn der Betriebsrat sie als Betriebsratsmitglied nach § 38 BetrVG freistelle.
Zwingende Aussetzung: Der Betriebsrat darf nicht die Aussetzung verweigern, weil er der Ansicht ist, die Interessenbeeinträchtigung sei objektiv nicht gegeben.[548] Der Betriebs- bzw. Personalrat muss vielmehr auf einen zulässigen Antrag der SBV hin den gefassten Beschluss umgehend aussetzen.[549]
Befugnis des Vorsitzenden: Der Betriebsrats- bzw. Personalratsvorsitzende hat ein formelles Prüfungsrecht. Er darf Anträge, die erst nach Ablauf der Wochenfrist gestellt werden und unzulässige Anträge, insbesondere missbräuchliche Anträge, zurückweisen. Ihm steht jedoch kein materielles Prüfungsrecht zu.[550]
Wirkung der Aussetzung: Der Vorsitzende des Betriebs- oder Personalrats darf den gefassten Beschluss, zumeist Zustimmung zu einer vom Arbeitgeber beab-

---

545 *Dörner* SchwbG § 25 Rn. 43; *Düwell* in HaKo-BetrVG § 35 Rn. 4.
546 *Düwell* in HaKo-BetrVG § 35 Rn. 8, *Raab* in GK-BetrVG § 35 Rn. 18; *Fitting*, 30. Aufl. 2010, BetrVG § 35 Rn. 5.
547 *Düwell* in HaKo-BetrVG § 35 Rn. 10.
548 *Düwell* in HaKo-BetrVG § 35 Rn. 8; *Esser/Isenhardt* in jurisPK-SGB IX § 178 Rn. 41.
549 So auch *Pahlen* in Neumann/Pahlen/Grener/Winkler/Jabben SGB IX § 178 Rn. 17.
550 *Düwell* in HaKo-BetrVG § 35 Rn. 8, ebenso: *Wedde* in DKW, 17. Aufl. 2020, BetrVG § 35 Rn. 10; *Fitting* BetrVG § 35 Rn. 19.

sichtigten beteiligungspflichtigen Maßnahme (zB Zustimmung zur Versetzung) oder eine gemeinsame Beschlussfassung nach § 77 Abs. 2 BetrVG zu einer Betriebsvereinbarung weder als verbindliche Stellungnahme dem Arbeitgeber mitteilen noch die schriftliche Niederlegung einer Betriebs- bzw. Dienstvereinbarung unterzeichnen.[551] Der Weg zur Unterzeichnung einer Betriebsvereinbarung wird erst nach Bestätigung (§ 35 Abs. 2 BetrVG) durch erneute positive Beschlussfassung frei.[552] Nicht untersagt, sondern vielmehr geboten ist es, dem Arbeitgeber die Aussetzung mit der durch sie bewirkten Rechtsfolge mitzuteilen, dass derzeit keine wirksame Beschlussfassung vorliege.

Dauer der Aussetzung und deren Berechnung: Die Dauer der Aussetzung beträgt nach § 178 Abs. 4 Satz 2 SGB IX eine Woche. Sie beginnt mit der Beschlussfassung und endet mit dem Ablauf einer Woche. Der Fristlauf und Ende sind nach den Grundsätzen der Zivilkomputation gemäß §§ 186 ff. BGB zu bemessen.[553] Der Lauf der Frist beginnt nach § 187 Abs. 1 BGB mit dem Ereignis Beschlussfassung des Betriebsrats, so dass dieser angebrochene Tag nicht mitgerechnet wird. Er endet nach § 188 Abs. 2 Alt. 1 BGB mit dem Tag der folgenden Woche, der durch seine Benennung dem Tag entspricht, in den das Ereignis „Beschlussfassung" gefallen ist.[554]

Beispiel: Der Betriebsrat hat montags den Beschluss gefasst, so endet am nächsten Montag um 24 Uhr die Aussetzungsfrist. Fällt dieser Montag auf einen Feiertag, zB Ostermontag, so tritt nach § 193 BGB an die Stelle des Feiertags der nächste Werktag.

Aussetzung schafft Zeit für Einigung: Innerhalb der Wochenfrist soll eine Verständigung zwischen den Interessenvertretungen erreicht werden. Hierzu können die im Betrieb oder der Dienststelle vertretenen Gewerkschaften und das Integrationsamt von den Beteiligten zur Vermittlung hinzugezogen werden.[555]

Erneute Beschlussfassung: Nach Ablauf der Frist ist über die Angelegenheit gem. § 35 Abs. 2 BetrVG, § 42 Abs. 3 iVm Abs. 2 BPersVG nF erneut zu beraten und abzustimmen. Einigen sich SBV und Betriebs- bzw. Personalrat über die Nichtausschöpfung der Frist, so kann der Betriebsrat schon früher einen erneuten Beschluss fassen.[556] Zur erneuten Beschlussfassung kann die SBV einen Änderungsantrag einbringen. Wird der Beschluss in wesentlichen Bestandteilen geändert, ist ein erneuter Aussetzungsantrag nur zulässig, soweit geltend gemacht wird, dass durch die geänderten Bestandteile eine neue Beschwer entstanden sei.[557] Wird der erste Beschluss unverändert bestätigt, kann die SBV nicht erneut einen Aussetzungsantrag stellen.[558] Es bleibt der SBV unbenommen, den Aussetzungsantrag zurückzunehmen.[559]

Problemfall kürzere Stellungnahmefrist: Ist eine Stellungnahmefrist, wie sie zB der Betriebsrat bei der Anhörung zur außerordentlichen Kündigung nach § 102 Abs. 2 Satz 3 BetrVG bereits nach drei Tagen zu erfüllen hat, so wird die dem Arbeitgeber gegenüber bestehende Frist nicht mit Rücksicht auf die längere

---

551 *Düwell* in HaKo-BetrVG § 35 Rn. 8.
552 *Düwell* in HaKo-BetrVG § 35 Rn. 9.
553 *Düwell* in HaKo-BetrVG § 35 Rn. 9; *Fitting* BetrVG § 35 Rn. 20; *Rudolph*, Fristen im Betriebsverfassungsgesetz, AiB 2007, 653.
554 *Düwell* in HaKo-BetrVG § 35 Rn. 9.
555 *Fitting* BetrVG § 35 Rn. 22 f.; *Düwell* in HaKo-BetrVG § 35 Rn. 9.
556 *Düwell* in HaKo-BetrVG § 35 Rn. 9; *Fitting* BetrVG § 35 Rn. 10.
557 *Düwell* in HaKo-BetrVG § 35 Rn. 9.
558 *Düwell* in HaKo-BetrVG § 35 Rn. 9; *Esser/Isenhardt* in jurisPK-SGB IX § 178 Rn. 42; *Fitting* BetrVG § 35 Rn. 26.
559 *Düwell* in HaKo-BetrVG § 35 Rn. 9.

Aussetzungsfrist verlängert. Das ist ausdrücklich für Angelegenheiten der schwerbehinderten Beschäftigten in § 178 Abs. 4 Satz 3 SGB IX geregelt. In diesen Fällen tritt ein Dilemma auf, weil die durch den Aussetzungsantrag bedingte Nichteinhaltung der Frist zum Schweigen des Betriebsrats gegenüber dem Arbeitgeber führt und dieses als Zustimmung gilt, vgl. § 103 Abs. 2 Satz 2 und 3.[560] Ein praktikabler Weg aus dem Dilemma ist, dass der Betriebsratsvorsitzende in di0esem Fall vor Ablauf der Äußerungsfrist den Arbeitgeber über den Beschluss, seine Aussetzung und die anstehende erneute Beratung unterrichtet. Der Arbeitgeber kann dann selbst entscheiden, ob er unter diesen Umständen die Äußerungsfrist verlängert. Für derartige Fälle können auch Regelungsabreden über die Verlängerung der Stellungnahmefrist getroffen werden. Allerdings ist bei außerordentlichen Kündigungen darauf zu achten, dass diese Regelungsabreden weder den Lauf der Antragsfrist beim Integrationsamt nach § 174 Abs. 2 SGB IX noch den Lauf der Kündigungserklärungsfrist nach § 174 Abs. 5 SGB IX beeinflussen können.

121 **Form:** Der Aussetzungsantrag ist nach dem Gesetz an keine Form gebunden. Ob für ihn der Betriebsrat die Schriftform durch die Geschäftsordnung (§ 36 BetrVG, § 44 BPersVG nF) vorschreiben kann, ist in der Rspr. bislang noch nicht geklärt. Gegen eine derartige Befugnis spricht, dass die Vertrauensperson und das stellvertretende Mitglied als solche (also unabhängig von einem Doppelmandat) keine Mitglieder des Betriebsrats sind und daher deren gesetzliches Beratungsrecht aus § 178 Abs. 4 Satz 1 bis 3 SGB IX nicht durch die Geschäftsordnung des Betriebsrats eingeschränkt werden darf.[561] Jedenfalls ist dann, wenn die Geschäftsordnung keine besondere Form vorschreibt, ein **mündlicher Antrag ausreichend**.[562] Es ist nicht erforderlich, aber dennoch zu empfehlen, den Aussetzungsantrag noch in der Sitzung zu stellen.[563] Wird der Aussetzungsantrag in der Betriebsratssitzung gestellt, so ist er nach § 34 BetrVG, § 43 BPersVG nF in die Sitzungsniederschrift aufzunehmen. Eine spätere Antragstellung ist zwar nicht ausgeschlossen, verlängert jedoch nicht die Wochenfrist, deren Lauf nicht ab Antragstellung sondern ab Beschlussfassung beginnt. **Frist für die Antragstellung:** Wird der Antrag außerhalb der Sitzung gestellt, so ist er nach § 25 Abs. 3 Satz 2 BetrVG; § 35 Abs. 2 Satz 1 BPersVG nF an den Vorsitzenden des Betriebs- bzw. Personalrats zu richten. Er muss jedoch vor Ablauf einer Woche vom Zeitpunkt der Beschlussfassung gestellt sein, sonst kann er nicht wirken.[564] Wird der Antrag am letzten Tag der Wochenfrist gestellt, so bleibt der Beschluss nur noch bis zum Ende dieses Tages ausgesetzt. Nach Ablauf der Woche ist der Antrag auf Aussetzung infolge Fristablaufs gegenstandslos.[565]
Etwas anderes gilt dann, wenn der Betriebsrat die SBV nicht eingeladen hat und die SBV erst später von der zu beanstandenden Beschlussfassung erfährt. Die Aussetzung hat allerdings dann keine Wirkung, wenn der Arbeitgeber nach Ablauf der Stellungnahmefrist des Betriebsrats eine Maßnahme bereits durchgeführt hat.[566] Die Aussetzung soll ihrem Wesen nach die Durchführung einer Maßnahme bis zur erneuten Beschlussfassung verzögern. Durfte der Ar-

---

560 *Düwell* in HaKo-BetrVG § 35 Rn. 9.
561 *Düwell* in HaKo-BetrVG § 35 Rn. 11.
562 *Düwell* in HaKo-BetrVG § 35 Rn. 11.
563 *Esser/Isenhardt* in jurisPK-SGB IX § 178 Rn. 41; *Düwell* in HaKo-BetrVG § 35 Rn. 9; *Raab* in GK-BetrVG § 35 Rn. 15.
564 *Düwell* in HaKo-BetrVG § 35 Rn. 12.
565 *Düwell* in HaKo-BetrVG § 35 Rn. 9.
566 *Fitting* BetrVG § 35 Rn. 15 mwN.

beitgeber rechtmäßig eine unter Vorbehalt der Betriebsratsbeteiligung stehende Maßnahme durchführen, so läuft die Aussetzung ins Leere.[567]

Die SBV muss die Wirkung der Aussetzung bedenken. Ist der Betriebsrat, zB bei der Anhörung zu einer beabsichtigten Kündigung, innerhalb einer Woche zur Stellungnahme verpflichtet, so kann **wegen der fehlenden wirksamen Stellungnahme** die Zustimmung des Betriebsrats nach Fristablauf fingiert werden. Der Arbeitgeber ist nicht verpflichtet, die Frist für eine erneute Beschlussfassung zu verlängern. Das folgt aus der gesetzlichen Klarstellung in Abs. 4 Satz 3: „Durch die Aussetzung wird eine Frist nicht verlängert".[568]

Besonderheiten des Aussetzungsantrags im Personalvertretungsrecht: Für die Dienststellen im Bereich des Bundes ist und das Aussetzungsrecht im § 42 Abs. 3 iVm Abs. 1 und 2 BPersVG nF geregelt. Die dortige Regelung unterscheidet sich vom Aussetzungsrecht nach § 178 Abs. 4 Satz 2. In § 42 Abs. 1 Satz 1 BPersVG nF sind fünf Arbeitstage als Aussetzungsfrist bestimmt. Die bisherige Regelung in § 39 Abs. 1 Satz 1 BPersVG aF sah sechs Arbeitstage vor. In § 178 Abs. 4 Satz 2 Hs. 1 SGB IX ist demgegenüber eine Wochenfrist bestimmt. Da die Normen des Personalvertretungsrechts nach § 178 Abs. 4 Satz 2 Hs. 1 SGB IX nur entsprechend anzuwenden sind, verdrängte die schwerbehindertenrechtliche Wochenfrist die personalvertretungsrechtliche Sechstagesfrist.[569] Mit der Neuregelung ist wegen der fünftägigen Arbeitswoche der Gleichlauf gesichert. In der Gesetzesbegründung heißt es: „Die Verkürzung der Aussetzungsfrist von sechs auf fünf Arbeitstage basiert auf der Fünf-Tage-Woche und dient dem inhaltlichen Gleichlauf mit der entsprechenden Regelung des § 35 Absatz 1 BetrVG".[570] In Dienststellen eines Landes können je nach Landesrecht Besonderheiten bestehen. So ist in § 37 Abs. 1 Satz 3 LPVG BW[571] geregelt: „Bei Aussetzung eines Beschlusses (...) verlängern sich Fristen nach diesem Gesetz um die Dauer der Aussetzung." Für Dienststellen des Bundes ist demgegenüber in § 39 Abs. 1 Satz 3 BPersVG bestimmt: „Die Aussetzung eines Beschlusses nach Satz 1 hat keine Verlängerung einer Frist zur Folge."

122

Sonderregelung für Richter: In Abs. 4 Satz 4 ist für die SBV der Richterinnen und Richter eine Sonderregelung getroffen. In den **Selbstverwaltungsangelegenheiten** nach § 21c Abs. 1 und 3 GVG besteht kein Recht zur Aussetzung von Beschlüssen. Die SBV ist lediglich auf Antrag eines Betroffenen vor dem Präsidium zu hören. Dieses Anhörungsrecht entfällt in Eilfällen.

123

9. Teilnahmerecht für gemeinsame Schwerbehindertenvertretung oder Gesamtschwerbehindertenvertretung

Gemeinsame Schwerbehindertenvertretung: Ist eine gemeinsame SBV nach § 177 Abs. 1 Satz 4 SGB IX gewählt, so ist deren Vertrauensperson berechtigt, an den Sitzungen des Betriebsrats aller Betriebe teilzunehmen, deren schwerbehinderte Beschäftigte an der Wahl teilnehmen durften. Die Sonderregelung des SGB IX verändert insoweit die Betriebsverfassung.[572]

124

Gesamtschwerbehindertenvertretung: Ist eine SBV nur in einem Betrieb des Unternehmens gewählt worden, so nimmt diese SBV kraft § 180 Abs. 1 Satz 2 ohne weitere Wahl die Rechte und Pflichten unternehmensweit, die Interessen der

125

---

567 *Düwell* in HaKo-BetrVG § 35 Rn. 11; *Wedde* in DKW BetrVG § 35 Rn. 8; *Fitting* BetrVG § 35 Rn. 15; *Koch* in ErfK BetrVG § 35 Rn. 1.
568 *Düwell* in HaKo-BetrVG § 35 Rn. 9.
569 So auch: *Esser/Isenhardt* in jurisPK-SGB IX § 178 Rn. 42.
570 BT-Drs. 19/26820,102.
571 In der Fassung der Bekanntmachung vom 12.3.2015 (GBl., 221).
572 *Düwell* in HaKo-BetrVG § 32 Rn. 39.

schwerbehinderten Menschen wie eine gewählte GSBV wahr. Es entsteht so auf Unternehmensebene keine „Vertretungslücke". Das gilt erweiternd auch für die betriebliche Ebene. Nach § 189 Abs. 6 Satz 1 SGB IX umfasst dieses Mandat auch die „Interessen der schwerbehinderten Menschen, die in einem Betrieb (...) tätig sind, für die eine SBV nicht gewählt worden ist". Somit wird in einem Betrieb, der zwar einen Betriebsrat, aber keine SBV hat, das Teilnahmerecht an den Sitzungen des Betriebsrats von der GSBV wahrgenommen. Dabei können folgende Konstellationen vorliegen:

- Die GSBV ist nach § 180 Abs. 1 Satz 1 SGB IX von den Vertrauenspersonen gewählt worden oder
- eine Vertrauensperson ist gesetzlich nach § 180 Abs. 1 Satz 2 SGB IX mit der Wahrnehmung der GSBV beauftragt.[573]

10. Teilnahme an Sitzungen des Richter- und Präsidialrats und des Präsidiums

126 Die besondere SBV der Richterschaft (→ Rn. 9) hat nach Abs. 4 Satz 1 das Recht auf beratende Teilnahme an Sitzungen des Richter- und Präsidialrates. Das Teilnahmerecht schließt ein, an allen Sitzungen, insbesondere auch denen des Präsidialrats, beratend teilzunehmen. Es umfasst auch das Recht, während der in der Sitzung des Präsidialrates durchgeführten Abstimmungen zugegen zu sein. Zur der Sitzung gehört nämlich sowohl die Beratung als auch eine gegebenenfalls erforderliche Beschlussfassung.[574]

Zusätzlich hat die SBV der Richterschaft in den Fällen der Besetzung der Spruchkörper, der Bestellung des Ermittlungsrichters und der Geschäftsverteilung sowie deren Änderungen (§ 21e Abs. 1, 3 GVG) noch ein Anhörungsrecht vor dem Präsidium des Gerichts.[575] Dieses Recht ist nicht aus § 178 Abs. 4 Satz 1 sondern aus § 178 Abs. 2 Satz 1 ableitbar.[576] Der Umstand, dass der dienstliche Einsatz innerhalb eines Gerichts nicht vom Präsidenten oder einem höheren Dienstvorgesetzten, sondern vom Präsidium als Organ richterlicher Selbstverwaltung geregelt wird, ändert nichts daran, dass es sich um Maßnahmen des Arbeitgebers in einer Angelegenheit handelt, die den einzelnen schwerbehinderten Menschen berührt.[577] Folglich besteht eine Unterrichtungs-, Anhörungs- und Mitteilungspflicht (→ Rn. 38 ff.). Im Schrifttum wird abweichend vom Gesetzeswortlaut keine Bringschuld des Vorsitzenden des Präsidiums angenommen, sondern ein Antrag des betroffenen schwerbehinderten Richters verlangt, die SBV zu beteiligen.[578] Dem ist nicht zuzustimmen. Für eine derartige Einschränkung findet sich im Gesetz kein Anhalt. Sofern keine besondere SBV der Richterschaft gewählt worden ist, soll auf Antrag des schwerbehinderten Richters oder der schwerbehinderten Richterin die SBV des Gerichts angehört werden müssen.[579] Das Präsidium hat die Stellungnahme der SBV zu berücksichtigen. Die SBV kann zum Ausgleich behinderungsbedingter Nachteile be-

---

573 Einzelheiten: *Düwell* in HaKo-BetrVG § 32 Rn. 40.
574 OVG NRW 15.5.1979- VIII A 285/77, juris Rn. 37 f.; VG München 30.11.1976 – M 87 V 75, Behindertenrecht 1977, 19.
575 VG Frankfurt 26.5.2014 – 9 L 1009/14.F, Rn. 29.
576 VG Frankfurt 26.5.2014 – 9 L 1009/14.F, Rn. 29.
577 So zutreffend: VG Frankfurt 26.5.2014 – 9 L 1009/14.F, Rn. 38.
578 *Pahlen* in: Neumann/Pahlen/Greiner/Winkler/Jabben SGB IX § 178 Rn. 20 unter Bezug auf *Hoff* in Bihr/Fuchs-/Krauskopf/Ritz SGB IX § 95 Rn. 36.
579 *Pahlen* in Neumann/Pahlen/Greiner/Winkler/Jabben SGB IX § 178 Rn. 20.

sondere Regelungen in der Geschäftsverteilung vorschlagen.[580] Eine Bindung besteht jedoch nicht. Zutreffend ist, dass die SBV kein Beanstandungs- und Aussetzungsrecht nach § 178 Abs. 4 Satz 2 hat; denn es besteht kein Teilnahmerecht an der Sitzung des Präsidiums. Allerdings besteht das Recht auf Aussetzung nach § 178 Abs. 2 Satz 2, mit dem allerdings nur das Unterlassen der Unterrichtung und Anhörung sowie deren Nachholen nicht aber Bedenken gegen den Inhalt des Beschlusses geltend gemacht werden können. In Eilfällen soll nach dem Schrifttum die Unterrichtungs- und Anhörungspflicht entfallen.[581] Eine gesetzliche Ausnahme ist insoweit nicht erkennbar.

11. Sonderrecht in kirchlichen Einrichtungen

Für die Einrichtungen der Religionsgesellschaften gelten nach Art. 140 GG die Bestimmungen der Art. 136, 137, 138, 139 und 141 der Weimarer Reichsverfassung fort, die für die Einrichtungen der Kirchen ein Selbstverwaltungsrecht garantieren. Die katholische und evangelische Kirche haben in Wahrnehmung ihres Selbstverwaltungsrechtes dazu Mitarbeitervertretungen (MAV) und Vertrauenspersonen zugelassen. In § 51 MVG-EKD ist geregelt, dass die nach der Wahlordnung der evangelischen Kirche gewählte **Vertrauensperson** der schwerbehinderten Mitarbeiter und Mitarbeiterinnen die Aufgaben der Schwerbehindertenvertretung **nach staatlichem Recht gemäß SGB IX** für die schwerbehinderten Mitarbeiter und Mitarbeiterinnen der Dienststelle wahrnimmt. Nach der für die katholischen Einrichtungen geltenden Bestimmung in § 52 Rahmen-MAVO nimmt „die entsprechend den Vorschriften des SGB IX gewählte Vertrauensperson der schwerbehinderten Mitarbeiterinnen und Mitarbeiter" an den Sitzungen der Mitarbeitervertretung teil und arbeitet mit dieser zusammen. Bemerkenswert ist, dass nach § 51 Abs. Satz 2 Nr. 2 Rahmen-MAVO die Vertrauensperson, soweit Angelegenheiten der schwerbehinderten Menschen beraten werden, eine **Stimmrecht** bei der Beschlussfassung der MAV und außerdem nach Nr. 3 das Recht erhalten hat, an allen „Besprechungen bei dem Dienstgeber" teilzunehmen.

127

X. Konflikte der Schwerbehindertenvertretung mit Betriebs- und Personalrat

Beziehungsprobleme: Dem erfahrenen Praktiker ist bekannt, dass die Beziehung zwischen Vertrauensperson und dem Betriebs- oder Personalrat nicht immer frei von Spannungen ist. Diese beruhen zumeist auf dem Dominanzgefühl des Vorsitzenden des Betriebs- oder Personalrats und dem Bestreben der Vertrauensperson, seine bescheidenen Rechtspositionen auf dem Rechtsweg durchzusetzen. Zur Beilegung dieser Beziehungsprobleme ist nicht nur rechtliche, sondern auch mehr psychologische Hilfe notwendig. Dazu kann der gemeinsame Besuch eines Seminars zweckmäßig sein. Inhalt des Seminars sollte die Erarbeitung der unterschiedlichen Aufgaben und Rechte der Beschäftigtenvertretungen sowie das Einüben des gegenseitigen Zuhörens und Ausredenlassens sein.

128

Sachprobleme: Sachliche Meinungsverschiedenheiten zwischen der Vertrauensperson der Schwerbehinderten und dem Betriebs- oder Personalrat wegen der Beschlussfassung oder Behandlung einer Angelegenheit auf der Personalratssitzung können öffentlich gemacht werden. Ihre Bekanntgabe stellt keine Verlet-

129

---

580 So Ziff. IV.4 der „Richtlinien zur Integration und Teilhabe schwerbehinderter Angehöriger der hessischen Landesverwaltung – Teilhaberichtlinien", StAnz. 2013, 838.
581 *Pahlen* in Neumann/Pahlen/Greiner/Winkler/Jabben SGB IX § 178 Rn. 20.

zung der Schweigepflicht dar; denn das Handeln der Personalvertretung muss für die Beschäftigten erkennbar sein.[582] Sonst können sie nicht von der Möglichkeit Gebrauch machen, in einer Personalversammlung zu den Beschlüssen des Personalrats Stellung zu beziehen (vgl. § 51 Satz 1 BPersVG). Deshalb ist es insbesondere zulässig, den sachlichen Konflikt offenzulegen, der darüber ausgebrochen ist, wie unzureichend nach Auffassung der SBV Einstellungsbewerbungen schwerbehinderter Menschen in der Dienststelle behandelt werden. Dies wird von Verwaltungsgerichten nicht beanstandet, weil „die Wahrnehmung der Interessen Schwerbehinderter die zentrale Aufgabe der ... Vertrauensperson der Schwerbehinderten darstellt. Dies schließt erhebliche Meinungsverschiedenheiten mit der Dienststelle oder dem Personalrat ein. Diese Meinungsverschiedenheiten können auch der Belegschaft gegenüber offengelegt werden, schon weil die Amtsträger im Personalrat wie in der Funktion als Schwerbehindertenvertreterin durch eine Wahl ihre besonderen Befugnisse erlangen und die Wähler Anspruch auf Unterrichtung über die jeweilige Amtsführung haben".[583] Von der Nennung des Namens des Einstellungsbewerbers sollte bei der Offenlegung abgesehen werden; denn darin sieht die Verwaltungsgerichtsbarkeit einen Bruch der Verschwiegenheit.[584] Diese ergibt sich entgegen der Annahme des Verwaltungsgerichts jedoch nicht aus der Nichtöffentlichkeit der Sitzung, sondern möglicherweise aus der in § 180 Abs. 7 Nr. 1 SGB IX geregelten Verpflichtung, über persönliche Angelegenheiten der Beschäftigten, die wegen des Amtes bekannt werden, Stillschweigen zu bewahren. Vorsorglich empfiehlt sich eine Anonymisierung (zB statt Bewerber Dr. Rainer Müller-Lüdenscheid: Bewerber A).

130 **Unangemessene Veröffentlichung von Kosten:** Ein unzulässiger Eingriff in die Amtsführung der SBV ist es, wenn ein Betriebs- oder Personalrat in seinem Mitteilungsblatt die Vertrauensperson unter namentlicher Nennung anprangert, weil sie zur Durchsetzung ihres Rechts zur Teilnahme an Besprechungen einen hohen Betrag an Rechtsanwaltskosten verursacht hat. **Beispiel:**[585] „Nachdem sowohl die SBV als auch der Personalrat (...) anwaltliche Hilfe in Anspruch genommen haben, sind dafür Kosten in Höhe von insgesamt ca. 6500 Euro angefallen, die nach dem Gesetz die Dienststelle zu tragen hat. Dieser Beitrag hätte nach unserer Auffassung mit Sicherheit sinnvoller für die Interessen der schwerbehinderten Beschäftigten (...) eingesetzt werden können". Nach der Rspr. des BAG hat der Betriebsrat dann, wenn der Arbeitgeber die Kosten der Betriebsratstätigkeit in einer Weise bekannt, die nicht in Einklang mit dem Betriebsverfassungsgesetz steht, einen Anspruch auf Unterlassung.[586] Entsprechendes muss im Verhältnis SBV zum Betriebs- und Personalrat gelten.

XI. Kommunikation mit den schwerbehinderten Beschäftigten (Abs. 6)

131 **Versammlung der schwerbehinderten Menschen in Präsenz und Video:** Die SBV ist nach Abs. 6 berechtigt, **mindestens einmal im Kalenderjahr** eine Versammlung im Betrieb oder in der Dienststelle durchzuführen. § 42 ff. BetrVG und §§ 58 ff. BPersVG nF finden entsprechende Anwendung. Soweit § 43 Abs. 1 BetrVG für den Betriebsrat eine Einberufung der Versammlung im Vierteljah-

---

582 *Seulen* in Altvater BPersVG § 10 Rn. 19.
583 VG Frankfurt aM 16.10.2003 – 23 LG 5583/03 (V), ZfPR 2004, 201 mit Anmerkung *Ilbertz* ZfPR 2004, 207.
584 VG Frankfurt aM 16.10.2003 – 23 LG 5583/03 (V), ZfPR 2004, 201.
585 Aus der Information des Personalrats bei dem Amtsgericht München Tgb. Nr. 34/10.
586 BAG 12.11.1997 – 7 ABR 14/97, NZA 1998, 559.

resturnus vorschreibt, gilt diese Verpflichtung nicht für die SBV; denn § 178 Abs. 6 enthält die Maßgabe „mindestens einmal im Kalenderjahr". Das bedeutet, die SBV hat zwar das Recht, vierteljährlich eine Versammlung einzuberufen, aber keine Pflicht, das zu tun. Nach § 59 Abs. 1 BPersVG (= § 49 Abs. 1 BPersVG aF) muss auch im Bereich der Bundesverwaltung nur einmal im Jahr eine Versammlung stattfinden. Entsprechend § 43 Abs. 3 BetrVG ist die SBV auf Wunsch des Arbeitgebers oder auf Verlangen eines Viertels der scherbehinderten Belegschaft verpflichtet, eine Versammlung durchzuführen. Analog § 59 Abs. 2 BPersVG nF ist ebenso auf Wunsch des Leiters der Dienststelle oder eines Viertels der wahlberechtigten Beschäftigten die SBV in der Bundesverwaltung verpflichtet, eine Versammlung einzuberufen. Für den Bereich der Landesverwaltungen gilt Entsprechendes.

Nach § 129 Abs. 3 Satz 1 BetrVG gilt **für Betriebe** ausschließlich eine Sonderregelung aus Anlass der COVID-19-Pandemie[587]. Versammlungen nach den § 42 BetrVG können mittels audiovisueller Einrichtungen durchgeführt werden, wenn sichergestellt ist, dass nur teilnahmeberechtigte Personen Kenntnis von dem Inhalt der Versammlung nehmen können. Nach § 129 Abs. 3 Satz 2 BetrVG ist eine Aufzeichnung unzulässig. Aufgrund der Verweisung in § 178 Abs. 6 Satz 2 SGB IX gelten diese Bestimmungen auch für die Versammlung der schwerbehinderten Beschäftigten. Der Gesetzgeber des Betriebsrätemodernisierungsgesetzes hat davon abgesehen, eine anlassunabhängige Dauerregelung zu schaffen.

Für die Beschäftigten in **Dienststellen des Bundes** hat die Novellierung des BPersVG eine von den Sonderregelungen für den Pandemiefall losgelöste Regelung gebracht. In den § 58 Abs. 1 BPersVG nF ist der folgende Satz 2 auf Empfehlung des für Ausschusses für Inneres und Heimat[588] angefügt worden: „Der Personalrat kann die Personalversammlung im Einvernehmen mit der Leiterin oder dem Leiter der Dienststelle mittels Videokonferenz in Nebenstellen oder Teile der Dienststelle übertragen." Damit nicht unter Kostendruck auf Präsenz-Teilversammlungen in den Außenstellen verzichtet werden muss, ist in § 58 Abs. 1 Satz 4 BPersVG nF klargestellt: „Die Möglichkeit zur Durchführung von Teilversammlungen bleibt unberührt." Nach der Begründung des Ausschusses ist eine Übertragung über das Intranet der Dienststelle ebenso unzulässig wie jedes andere Format, das eine Aufzeichnung zulässt. Folgerichtig darf die (Live-)Übertragung nur lokal in andere Dienststellenteile und nicht ortsungebunden (z. B. bei Dienstreisen oder ins Homeoffice) erfolgen.[589] Aufgrund der Verweisung in § 178 Abs. 6 Satz 2 SGB IX auf das Personalvertretungsrecht gelten diese Bestimmungen auch für die Versammlungen der schwerbehinderten Beschäftigten in den Dienststellen. Somit ist eine Grundlage für hybride Versammlungen geschaffen worden. Das nützt auch schwerbehinderten Beschäftigten, die nicht aus entfernt liegenden Nebenstellen zu einer Versammlung am Hauptsitz der Behörde anreisen müssen. Es ist schwer nachvollziehbar, dass für das zeitgleich laufende Gesetzgebungsverfahren des Betriebsrätemodernisierungsgesetzes keine vergleichbare Regelung erwogen wurde; denn es gibt auch Betriebe mit weit auseinander liegenden Betriebsteilen, die für schwerbehinderte Beschäftigte nur unter großen Mühen erreichbar sind.

---

587 Die Geltung dieser Norm ist gem. Art. 19 Abs. 6 des G v. 20.5.2020 (BGBl. I 1044) idF d. Art. 4 Nr. 1 und 2 G v. 3.12.2020 (BGBl. I 2691) über den 31.12.2020 hinaus bis zum 30.6.2021 verlängert worden, eine weitere Verlängerung bis zum 30.9.2021 wird vorbereitet.
588 BT-Drs. 19/28839 (elektronische Vorabfassung), 6.
589 BT-Drs. 19/28839 (elektronische Vorabfassung), 10.

132 **Vergütung der Teilnahme:** Entsprechend § 44 BetrVG finden die Versammlungen der schwerbehinderten Menschen während der Arbeitszeit statt. Es gilt hier ausnahmsweise dennoch nicht das Lohnausfallprinzip. Vielmehr ist die **Zeit der Teilnahme** einschließlich der zusätzlichen Wegezeiten wie Arbeitszeit zu vergüten. Das sichert auch Beschäftigten einen Anspruch, die zurzeit keine Arbeitspflicht haben, wie zB Beschäftigten, die sich im Sonderurlaub oder in Elternzeit befinden.[590] Nach § 50 Abs. 1 Satz 1 BPersVG finden die Versammlungen ebenfalls während der Arbeitszeit statt, soweit nicht die dienstlichen Verhältnisse eine andere Regelung erfordern. Findet die Versammlung aus dienstlichen Gründen außerhalb der Arbeitszeit stattfinden müssen, ist dem Teilnehmern Dienstbefreiung in entsprechendem Umfang zu gewähren. **Fahrkosten**, die durch die Teilnahme an Personalversammlungen entstehen, werden in entsprechender Anwendung des Bundesreisekostengesetzes erstattet. Die Teilnahme an der Personalversammlung darf nach § 50 Abs. 1 Satz 2 BPersVG keine Minderung der Dienstbezüge oder des Arbeitsentgeltes zur Folge haben. Das bedeutet im Bereich der Verwaltung gilt das Lohnausfallprinzip: Folge ist, dass wer ohne Bezüge beurlaubt ist oder sich in Elternzeit befindet, hat keinen vergütungsrechtlichen Anreiz zur Teilnahme.

133 **Tagesordnung:** Entsprechend § 43 Abs. 1 Satz 1 BetrVG hat die SBV auf der Versammlung einen Tätigkeitsbericht zu erstatten. Diese Pflicht trifft in erster Linie die Vertrauensperson. Soweit stellvertretende Mitglieder für die verhinderte Vertrauensperson die Amtsgeschäfte geführt haben, können auch sie über ihre Tätigkeit berichten. Im Übrigen können alle Themen behandelt werden, die die Schwerbehinderten des Betriebs oder der Dienststelle betreffen (§ 45 Satz 1 BetrVG, § 51 Satz 2 BPersVG entsprechend). Die Versammlungsteilnehmer haben nach § 45 Satz 2 BetrVG und § 50 Satz 1 BPersVG das Recht, der SBV Anträge zu unterbreiten und zu dem Tätigkeitsbericht Stellung zu beziehen. Es besteht jedoch kein imperatives Mandat.

134 **Berichts- und Präsenzpflicht des Arbeitgebers:** Entsprechend § 43 Abs. 2 Satz 1 BetrVG ist der Arbeitgeber unter Mitteilung der Tagesordnung einzuladen. Er ist nach § 43 Abs. 2 Satz 2 BetrVG berechtigt, auf der Versammlung zu sprechen. Analog § 42 Abs. 2 Satz 3 BetrVG ist der Arbeitgeber oder der Inklusionsbeauftragte zum Erscheinen auf der Versammlung der Schwerbehinderten verpflichtet, um über alle Angelegenheiten im Zusammenhang mit der Eingliederung schwerbehinderter Menschen zu berichten. Nach § 50 Abs. 2 BPersVG kann der Leiter der Dienststelle an der Versammlung teilnehmen. An Versammlungen, die auf seinen Wunsch einberufen oder zu denen er ausdrücklich worden eingeladen ist, muss er teilnehmen. In den Ländern gelten entsprechende Bestimmungen.

135 **Sonstige Teilnehmer:** Entsprechend § 46 BetrVG können Beauftragte der Arbeitsverbände, Gewerkschaften und der Vereinigungen, deren satzungsmäßige Aufgabe die Vertretung der Interessen von Behinderten ist, hinzugezogen werden. In der Bundesverwaltung sind nach § 52 Abs. 1 Satz 1 BPersVG Beauftragte aller in der Dienststelle vertretenen Gewerkschaften und ein Beauftragter der Arbeitgebervereinigung, der die Dienststelle angehört, berechtigt, mit beratender Stimme an der Personalversammlung teilzunehmen. Entsprechend § 52 Abs. 1 Satz 3 BPersVG kann ein beauftragtes Mitglied der Schwerbehindertenstufenvertretung (Haupt- oder Bezirksschwerbehindertenvertretung) oder der Gesamtschwerbehindertenvertretung sowie ein Beauftragter der Dienststelle, bei der die Stufenvertretung besteht, an der Versammlung teilnehmen. Kennt

---

590 BAG 31.5.1989 – 7 AZR 574/88, NZA 1990, 449.

das LPVG der jeweiligen Landesverwaltung keine entsprechende Bestimmung, kann die SBV auch das gewünschte Mitglied der Stufenvertretung zur Berichterstattung über die auf der Ebene der Stufenvertretung anfallenden Angelegenheiten hinzuziehen.

XII. Gemeinsame Beteiligung in Gerichten (Abs. 7)

Zusammenarbeit der Schwerbehindertenvertretungen bei einem Gericht: In § 177 Abs. 1 Satz 2 ist für Gerichte die Sonderregelung getroffen, dass je eine SBV für die schwerbehinderten Richterinnen und Richter sowie für die schwerbehinderten sonstigen Beschäftigten gewählt wird. Die gesonderte SBV der Richterinnen und Richter hat nach Abs. 7 gemeinsam mit der SBV der übrigen Bediensteten zu handeln, wenn sowohl die Interessen der schwerbehinderten Richter und Richterinnen als auch der übrigen schwerbehinderten Bediensteten betroffen sind.

136

XIII. Rechtsdurchsetzung

1. Arbeitsgerichtliches Beschlussverfahren

Beschlussverfahren mit dem Arbeitgeber: Die SBV ist – anders als die Vertretung der Auszubildenden und Jugendlichen – zur selbstständigen Vertretung der Interessen der Gruppe der schwerbehinderten Menschen im Betrieb in Erfüllung der ihr in Abs. 1 zugewiesenen Aufgaben berufen. Sie kann daher, ohne dass es einer Zustimmung des Betriebs- oder Personalrats bedarf, die ihr dazu gegenüber dem Arbeitgeber eingeräumten Rechte gerichtlich durchsetzen. Dazu gehören insbesondere die in § 178 ausdrücklich genannten Rechte der SBV: Das Recht auf Heranziehung des mit der höchsten Stimmzahl gewählten, sog. ersten, stellvertretenden Mitglieds der SBV zur Übertragung bestimmter Aufgaben nach Abs. 1 Satz 4, das Recht auf Heranziehung der weiteren mit der höchsten Stimmzahl gewählten stellvertretenden Mitglieder der SBV zur Übertragung bestimmter Aufgaben nach Abs. 1 Satz 5, das Recht auf Abstimmung zwischen Vertrauensperson und herangezogenen stellvertretenden Mitgliedern nach Abs. 1 Satz 6, die allgemeine Unterrichtungs-, Anhörungs- und Aussetzungsrecht nach Abs. 2 Satz 1 und 2, das Recht auf Einsichtnahme in Bewerbungsunterlagen sowie auf Teilnahme an Bewerbungsgesprächen nach Abs. 2 Satz 4, das Teilnahmerecht an den vom Arbeitgeber mit den Arbeitnehmervertretungen durchzuführenden Monatsgesprächen nach Abs. 5, das Teilnahmerecht an dem vom Arbeitgeber gebildeten Arbeitssicherheitsausschuss nach Abs. 4 Satz 1 und das Recht, Versammlungen der schwerbehinderten Menschen durchzuführen nach Abs. 6 sowie an Versammlungen in anderen Betrieben oder Dienststellen teilzunehmen nach § 179 Abs. 8. Weitere Rechte ergeben sich aus der in Abs. 1 Satz 1 und 2 Nr. 1 bis 3 der SBV gestellten Überwachungs-, Beratungs-, Unterstützungs- und Beschwerdestellenaufgaben (→ Rn. 4.). Dazu gehören die Rechte, die Nichteinhaltung der zugunsten der schwerbehinderten Menschen geltenden Bestimmungen gegenüber dem Arbeitgeber zu beanstanden und auf Abhilfe zu drängen (→ Rn. 14), mit den betroffenen schwerbehinderten Menschen die Möglichkeiten der Rechtsdurchsetzung zu erörtern (→ Rn. 15), Maßnahmen zur Verbesserung der Teilhabechancen der schwerbehinderten Menschen zu beantragen (→ Rn. 16), die schwerbehinderten Menschen in Sprechstunden und persönlichen Gesprächen auf Rundgängen vor Ort zu beraten (→ Rn. 12, Rn 16), Beschwerden entgegenzunehmen und bei deren Berechtigung in Verhandlungen mit dem Arbeitgeber auf eine Erledigung hinzuwirken (→ Rn. 14) sowie zur Erfüllung dieser Aufgaben die erforderlichen Auskünfte vom Arbeitgeber zu verlangen (→ Rn. 13) und aus der Belegschaft einzuholen (→ Rn. 12).

137

§ 178 Teil 3 | Schwerbehindertenrecht

Richtige Verfahrensart bei Meinungsverschiedenheiten über das Bestehen und den Umfang dieser Rechte ist das arbeitsgerichtliche **Beschlussverfahren**.[591] Das ist durch die Neufassung des § 2 a Abs. 1 Nr. 3 a ArbGG klargestellt worden.[592] Mit dem Arbeitsgerichtsbeschleunigungsgesetz sind nämlich ausdrücklich die „Angelegenheiten der Schwerbehindertenvertretung" in den Katalog der Zuständigkeit für das Beschlussverfahren aufgenommen worden. Mit erfasst werden auch die weiteren, an anderer Stelle aufgeführten organschaftlichen Rechte wie das Recht nach § 163 Abs. 2 Satz 3 auf Aushändigung einer Kopie des laufend geführten betrieblichen Schwerbehindertenverzeichnisses und der Ausgleichsabgabenanzeige, das Recht aus § 164 Abs. 1 auf Beteiligung am Stellenbesetzungsverfahren, das Recht aus § 166 auf Verhandlung einer Inklusionsvereinbarung, das Recht aus § 167 Abs. 1 auf Einschaltung bei Eintreten von Schwierigkeiten, das Recht aus § 167 Abs. 2 auf Mitklärung im Rahmen des BEM, das Recht auf Freistellung von der beruflichen Tätigkeit aus § 179 Abs. 4 Satz 1 und 2 für die erforderliche Amtstätigkeit für den konkreten Einzelfall oder pauschal, das Recht aus § 179 Abs. 4 Satz 3 auf Teilnahme an erforderlichen Schulungs- und Bildungsveranstaltungen, das Recht aus § 179 Abs. 8 Satz 1 und 2 auf Übernahme der durch die Tätigkeit der SBV entstehenden Kosten, das Recht aus § 179 Abs. 9 auf **Abhaltung von Sprechstunden** und das Recht auf Zurverfügungstellung von Geschäftsbedarf und Räumen sowie das Recht aus § 179 Abs. 9 auf Nutzung der zur Verfügung gestellten Räume und sächlichen Mittel. Durch die Zuordnung der Amtstätigkeit zum Beschlussverfahren wird nach § 2 Abs. 2 GKG die Kostenfreiheit des arbeitsgerichtlichen Verfahrens bewirkt. Ansonsten würden Vertrauenspersonen im Falle des Unterliegens persönlich zu den Gerichtskosten herangezogen, obwohl das Verfahren nicht im eigenen Interesse, sondern als gesetzlicher Interessenvertreter geführt wird.

138 **Vornahme und Unterlassungsanträge im Hauptsacheverfahren und bei einstweiligen Verfügungen:** Die SBV kann ihr Recht durch Anträge auf Vornahme einer Handlung, Duldung oder Unterlassung einer Handlung sowohl im Hauptverfahren als auch im Wege des einstweiligen Rechtsschutzes durchsetzen. Das ergibt sich aus § 85 Abs. 2 ArbGG, → Kap. 2 Rn. 159 a).
Die Bayerische Arbeitsgerichtsbarkeit hat vor Erlass des BTHG eine **Antragsbefugnis** der SBV für die Geltendmachung eines Unterlassungsanspruchs abgelehnt; denn es fehle an einer materiellen Rechtsgrundlage, wie sie für den Betriebsrat in § 23 Abs. 3 BetrVG positiv gesetzlich normiert sei.[593] Diese verfehlte Ansicht hat sich die Dritte Kammer des LAG München nach Inkrafttreten des BTHG zu Recht nicht fortgesetzt. Sie hat einen Arbeitgeber verpflichtet, „die Minderungen der Leistungsbeurteilung im Rahmen der ERA-Leistungsbeurteilungszweitgespräche in 2015 betreffend Schwerbehinderte und Gleichgestellten im Betrieb A-Stadt auszusetzen".[594] Zwar wird in der Entscheidungsbegründung auf die Aussetzung nach Abs. 2 Satz 2 Bezug genommen, in der Sache ist es jedoch Untersagung der Durchführung der ohne Beteiligung der SBV getroffenen Entscheidung.

---

591 BAG 21.9.1989 – 1 AZR 465/88, AP § 25 SchwbG 1986 Nr. 1, NZA 1990, 362.
592 *Düwell* BB 2000, 2572.
593 ArbG München 24.9.2014 – 20 BV 737/13; LAG München 11.4.2012 – 11 TaBV 18/12, juris Rn. 63: „Ein allgemeiner Unterlassungsanspruch entsprechend § 23 BetrVG scheidet aus. Ein solcher Anspruch ist gerade im SGB IX nicht verankert."
594 LAG München 26.1.2017 – 3 TaBV 95/16, LAGE § 95 SGB IX Nr. 5.

Die auf § 23 Abs. 3 BetrVG fixierte Rspr. sprach zudem der SBV das Recht ab, das zur Vollstreckung von Gerichtsentscheidungen erforderliche **Zwangs- oder Ordnungsgeld** beantragen zu können.[595] Eine solche Befugnis fehle im SGB IX. Sie sei bewusst nur im § 23 Abs. 3 BetrVG für Betriebsräte verankert.[596] Dem ist zu Recht das Schrifttum nicht gefolgt.[597] Es gilt nämlich für die das Beschlussverfahren der SBV nicht § 23 Abs. 3 BetrVG. Vielmehr gilt § 85 Abs. 1 ArbGG, ohne dass die einschränkende Maßgabe dass „in den Fällen des § 23 Abs. 3 BetrVG" anzuwenden ist. Folglich gilt die für den Betriebsrat im Beschlussverfahren nach § 23 Abs. 3 BetrVG bestimmte Deckelung der Zwangs- und Ordnungsmittel auf 10.000 EUR und der Ausschluss der Ordnungs- und Zwangshaft nicht, so dass die SBV nach § 85 Abs. 1 ArbGG iVm § 890 Abs. 1 ZPO **Zwangs- und Ordnungsgeld von bis zu 250.000 EUR** beantragen kann.[598] Das ist im Gesetzgebungsverfahren zum BTHG klargestellt worden.[599] Weitere Einzelheiten: → Kap. 2 Rn. 177.

Sicherung des Beteiligungsrechts durch Sanktionierung mit Bußgelddrohung und durch Unwirksamkeitsanordnung: Die vorsätzliche oder fahrlässige Verletzung der Unterrichtungs- und Anhörungspflichten aus Abs. 2 Satz 1 ist nach § 238 Abs. 1 Ziff. 9 eine **Ordnungswidrigkeit**, die mit einer Geldbuße bis zu 10.000 EUR geahndet werden soll. Nicht vom Tatbestand erfasst ist die dem Arbeitgeber nach Zugang einer Stellungnahme der SBV obliegende Mitteilungspflicht über die getroffene Entscheidung oder die Aussetzung oder die Durchführung der Entscheidung selbst.[600] Die der Bundesagentur für Arbeit als Verwaltungsbehörde nach übertragene Verfolgung der Ordnungswidrigkeiten Ahndung hat sich jedoch nicht im Sinne eines „effet utile" als abschreckend, sondern eher als wirkungslos erwiesen. So stellt das Schrifttum fest: „Vertrauenspersonen wurden entgegen der entsprechenden Verpflichtung des Arbeitgebers häufig tatsächlich nicht beteiligt."[601] Dieses **Vollzugsdefizit** ist empirisch festgestellt. Zwar fehlen amtliche Untersuchungen. Das BMAS hat nämlich in der Vorbereitung der BTHG Gesetzgebung trotz der vielen Beschwerden von Vertrauenspersonen[602] – vermutlich wegen des zu erwartenden Ergebnisses – keine empirischen Untersuchungen in Auftrag gegeben. Diese Lücke haben aber die Bezirksleitung der IG Metall Baden-Württemberg und die Bundesarbeitsgemeinschaft der betrieblichen Schwerbehindertenvertretungen im März 2016 und Juli 2016 durch zwei repräsentative Erhebungen gefüllt. Während in den von der IG Metall dominierten Betrieben des industriellen Kernlandes Baden-

139

---

595 ArbG München 24.9.2014 – 20 BV 737/13; LAG München 11.4.2012 – 11 TaBV 18/12, juris Rn. 63j; LAG RhPf 19.7.2012 – 10 TaBV 13/12, AE 2013, 23.
596 ArbG München 24.9.2014 – 20 BV 737/13; LAG München 11.4.2012 – 11 TaBV 18/12, juris Rn. 63j; LAG RhPf 19.7.2012 – 10 TaBV 13/12, AE 2013, 23.
597 *Pahlen* in Neumann/Pahlen/Greiner/Winkler/Jabben SGB IX § 178 Rn. 8.
598 So auch: *Pahlen* in Neumann/Pahlen/Greiner/Winkler/Jabben SGB IX § 178 Rn. 8.
599 Ausschussbericht, BT-Drs. 18/10523, 64; ebenso Gegenäußerung der Bundesregierung zur Stellungnahme des Bundesrats, BT-Drs. 18/9954, 70: „kann die Schwerbehindertenvertretung nach geltendem Recht beantragen, den Arbeitgeber zu einem Ordnungsgeld von bis zu 250.000 Euro zu verurteilen (§ 85 Absatz 1 Arbeitsgerichtsgesetz in Verbindung mit § 890 Absatz 1 Zivilprozessordnung)."
600 *Boecken* VSSR 2017, 69; *Pahlen* in Neumann/Pahlen/Greiner/Winkler/Jabben SGB IX § 178 Rn. 8.
601 *Pahlen* in Neumann/Pahlen/Greiner/Winkler/Jabben SGB IX § 178 Rn. 8.
602 Siehe dazu BT-Drs. 17/ 8827.

Württemberg immerhin noch 37 % der SBven unterrichtet und angehört wurden, waren es bundesweit nur 12 % der SBven.[603] Der parlamentarische Gesetzgeber hat auf dieses erschreckende Vollzugsdefizit reagiert. Eine Koalitionsarbeitsgruppe einigte sich – ausgehend von einem von Professor Kohte für die SPD Bundestagsfraktion erstelltem Gutachten[604] – darauf, zur Sicherung des Beteiligungsrechts eine Rechtsfolgeanordnung für die wichtigsten personellen Einzelmaßnahmen zu treffen, sogenannte **Unwirksamkeitsklausel**. Das erzielte Verhandlungsergebnis wurde jedoch nach einer Intervention des Wirtschafsflügels der Union aufgekündigt und auf die **Unwirksamkeitsfolge für Kündigungen** beschränkt.[605] Der so beschränkte Minimalkonsens wurde am 29.11.2016 zum Gegenstand eines von den Koalitionsfraktionen eingebrachten Änderungsantrags gemacht, der am 30.11.2016 vom Ausschuss empfohlen[606] und am 1.12.2016 vom Bundestag beschlossen worden ist.[607] Anders als im Schrifttum dargestellt, zielte diese rechtspolitische Aktion nicht darauf ab, die Kündigung als besonders wichtigen Bereich der Beteiligung durch die Einfügung eines neuen Satzes 3 in Abs. 2 abzusichern.[608] Es wurde vielmehr nur ein Zwischenergebnis im Kampf um eine weitergehende Sicherung der Beteiligungsrechte erreicht. Das hat der behindertenpolitische Sprecher der Union Uwe Schummer bei der Abstimmung im Bundestag erklärt: „Wir schaffen ... den Einstieg in eine Wirksamkeitsklausel."[609] Daran schloss sich Erklärung der Sprecherin der SPD Fraktion Kerstin Tack an: „Mit der heute erreichten Unwirksamkeit der Kündigungen sind wir noch nicht hinreichend einverstanden. Wir wollen mehr."[610] Die Ausweitung der Rechtsfolgenanordnung auf weitere personelle Einzelmaßnahmen wie Abmahnung und vom Arbeitgeber veranlasste Aufhebungsverträge ist somit auf spätere Wahlperioden vertagt. Deshalb ist es nicht zulässig in der Einfügung des Satz 3 in Abs. 2 eine generelle Regelung zu sehen, die die bereits in § 134 BGB enthaltene Unwirksamkeitsfolge auf alle rechtsgeschäftlichen und rechtsgeschäftsähnlichen Willenserklärungen ausweitet, die unter Verstoß gegen die Beteiligungspflicht aus Abs. 2 Satz 1 abgegeben werden. Im Ergebnis ist damit dem Schrifttum zuzustimmen, dass die Unwirksamkeitsanordnung eine Sonderregelung für Kündigungen[611] ist.

140 **Beschlussverfahren mit Betriebs- oder Personalrat:** Die SBV hat nicht selten auch Meinungsverschiedenheiten über Ihre Rechte mit dem Betriebs- oder Personalrat auszutragen. In Betracht kommt insbesondere die Durchsetzung des Teilnahmerechts an den Sitzungen (Abs. 4 Satz 1, Einzelheiten: → Rn. 95 ff.) und vom Arbeitgeber mit dem Betriebs- oder Personalrat durchzuführenden Monatsgesprächen (Abs. 5, Einzelheiten: → Rn. 104 ff.). Soweit es um Sicherung des Rechts auf Teilnahme der Vertrauensperson an Personalratssitzungen wird angenommen, dass die Zuständigkeit der Verwaltungsgerichte gegeben

---

603 Abdruck der einzelnen Ergebnisse bei *Düwell/Beyer* Beschäftigte Rn. 345.
604 *Kohte*, Möglichkeiten zur Effektivierung des Informations- und Anhörungsrechts der Schwerbehindertenvertretung nach § 95 Abs. 2 SGB IX – Juristisches Kurzgutachten von Prof. Dr. Wolfhard Kohte, abrufbar unter www.reha-recht.de.
605 Vgl. *Düwell/Beyer* Beschäftigte Rn. 35 ff.
606 BT-Ausschussdrs. 18(11)857.
607 BT-Prot. 18/206, 20492 ff.
608 So aber die Darstellung bei *Pahlen* in Neumann/Pahlen/Greiner/Winkler/Jabben SGB IX § 178 Rn. 8.
609 BT-Prot. 18/206, 20505 (D).
610 BT-Prot. 18/206, 20506 (B).
611 *Pahlen* in Neumann/Pahlen/Greiner/Winkler/Jabben SGB IX § 178 Rn. 8, 9.

sei, weil Verfahrensgegenstand die Geschäftsführung des Personalrats sei.[612] Soweit keine andere landesrechtliche Bestimmung getroffen ist, entscheiden diese in Anwendung des arbeitsgerichtlichen Beschlussverfahrens, im sog. personalvertretungsrechtlichen Beschlussverfahren, Das Recht, der Vertrauensperson auf Teilnahme an Personalratssitzungen kann auch im Wege der einstweilige Verfügung durchgesetzt werden, die insoweit das Ergebnis eines künftigen Hauptsacheverfahrens vorwegnimmt.[613]

Beteiligtenfähigkeit der SBV: Nach § 81 Abs. 1 ArbGG bedarf es zur Einleitung 141 des Beschlussverfahrens durch das Arbeitsgericht eines Antrags einer nach § 10 ArbGG beteiligungsfähigen und antragsbefugten Stelle. Die Beteiligtenfähigkeit entspricht der Parteifähigkeit im Urteilsverfahren oder im Zivilprozess. Die SBV ist ebenso ein gesetzliches **Organ der Verfassung des Betriebes**[614] oder der Dienststelle wie der Betriebs- oder Personalrat oder der Sprecherausschuss für leitende Angestellte.[615] Dennoch ist die SBV in dem Katalog des § 10 Satz 1 ArbGG nicht als beteiligtenfähige Stelle aufgeführt; denn die einzige dort aus dem SGB IX angesprochene Stelle ist die Stelle nach „§ 222 SGB IX", dh der dort normierte Werkstattrat. Die Nichterwähnung des für die SBV maßgeblichen „§ 178 SGB IX" beruht jedoch nicht auf einer gesetzgeberischen Wertentscheidung zulasten der SBV gegenüber den Werkstatträten, sondern lediglich auf einem Redaktionsfehler. Das ergibt sich sowohl aus der sowie der Rspr. des Bundesarbeitsgerichts zum alten Recht[616] als auch aus dem systematischen Zusammenhang von § 2 Abs. 1 Nr. 3a mit § 83 ArbGG.[617] Die Rspr. der Instanzgerichte geht deshalb wie selbstverständlich von der Beteiligtenfähigkeit im arbeitsgerichtlichen Beschlussverfahren aus.[618]

Beteiligungs- und Antragsbefugnis der SBV: Die Rspr. prüft zusätzlich zur Beteiligtenfähigkeit die Notwendigkeit der Beteiligung und die Befugnis zur Antragstellung. Anzuhören sind nach § 83 Abs. 3 ArbGG neben dem Antragsteller alle Stellen, deren materielle Rechtsstellung unmittelbar betroffen ist.[619] Das kann, obwohl § 83 Abs. 3 ArbGG die SBV nicht in der Aufzählung der anzuhörenden Stellen berücksichtigt, auch eine SBV sein. Es liegt der gleiche Redaktionsfehler wie zu § 10 ArbGG vor. Antragsbefugt ist nur, wer ein eigenes, sich aus der Verfassung des Betriebs oder der Dienstelle sich ergebendes Recht oder ein zwar ursprünglich eigenes, aber zwischenzeitlich übertragenes Recht aus einem rechtlichen anzuerkennenden Grund im Wege der gewillkürten Prozessstandschaft geltend macht. Für die unter → Rn. 95 ff. angegebenen organschaftlichen Rechte steht der SBV die **Antragsbefugnis** zu. Hat die Vertrauensperson den Anspruch auf Kostenfreistellung an den Schulungsveranstalter abgetreten und die SBV zur weiteren Geltendmachung des Freistellungsanspruchs ermächtigen lassen, so ist die SBV auch befugt, die Freistellung der Vertrauens-

---

612 VG Frankfurt aM 16.10.2003 – 23 LG 5583/03 (V), ZfPR 2004, 201, zustimmend: *Knittel* SGB IX § 95 Rn. 134.
613 VG Frankfurt aM 16.10.2003 – 23 LG 5583/03 (V), ZfPR 2004, 201, zustimmend: *Knittel* SGB IX § 95 Rn. 134.
614 Dazu umfassend: *Paul*, Die SBV als ein Organ der Betriebsverfassung, 2018.
615 BAG 21.9.1989 – 1 AZR 465/88, NZA 1990, 362.
616 Vgl. BAG 21.9.1989 – 1 AZR 465/88, NZA 1990, 362.
617 Zutreffend ArbG Bielefeld 10.5.2006 – 3 BV 8/06; LAG Nürnberg 22.10.2007 – 6 Ta 155/07, ZTR 2008, 116.
618 Vgl. HessLAG 12.10.2006 – 9 TaBV 57/06, Behindertenrecht 2008, 120.
619 BAG 25.9.1996 – 1 ABR 4/96, BAGE 84, 166 mwN.

143 **Durchsetzung persönlicher Rechte:** Für die Rechtsdurchsetzung ist das Recht der SBV als Organ von dem Recht der Vertrauensperson als eines Arbeitnehmers oder eines öffentlich-rechtlich Beschäftigten zu unterscheiden.[621] Soweit gewählte Vertrauenspersonen ihre persönlichen Rechte, zB den Anspruch auf ungeminderte Bezüge oder auf Ausgleich für außerhalb der individuellen Arbeitszeit aufgewandte Zeit geltend machen, handelt es sich zwar um Ansprüche, die mit der Amtstätigkeit der SBV im Zusammenhang stehen, deren Rechtsgrund jedoch von der Rspr. wegen des gleichermaßen in § 179 Abs. 4 Satz 1 wie in § 46 Abs. 3 Satz 4 BPersVG sowie in § 37 Abs. 2 BetrVG verankerten Lohnausfallsprinzips in dem individuellen Beschäftigungsverhältnis gesehen werden. Ist die Vertrauensperson Arbeitnehmer, so ist das kostenpflichtige arbeitsgerichtliche **Urteilsverfahren** nach § 2 Abs. 1 Nr. 3 a ArbGG dann die richtige Verfahrensart zur Durchsetzung ihres Entgeltsanspruchs aus § 611 BGB. Das gerichtliche Verfahren wird eingeleitet durch die Erhebung einer Klage beim ArbG. So ist insbesondere für die Geltendmachung von Ansprüchen auf Fortzahlung des Arbeitsentgelts für die Dauer von Schulungen zu verfahren.[622] Örtlich zuständig ist unabhängig vom allgemeinen Gerichtsstand des Arbeitgebers nach § 48 Abs. 1 a ArbGG auch das Arbeitsgericht, in dessen Bezirk der Arbeitnehmer gewöhnlich seine Arbeit verrichtet. Steht die Vertrauensperson in einem öffentlich-rechtlichen Dienstverhältnis, so ist von ihr entweder zunächst Widerspruch gegen einen ablehnenden Bescheid einzulegen oder ohne Vorverfahren unmittelbar bei dem Verwaltungsgericht Leistungsklage zu erheben. Dabei gelten nach § 126 Abs. 3 Nr. 4 BRRG die Vorschriften des 8. Abschnitts der VwGO mit der folgenden Maßgabe, dass es eines Vorverfahrens nur dann nicht bedarf, wenn ein Gesetz dies ausdrücklich bestimmt. Örtlich zuständig ist nach § 52 Nr. 4 VwGO für alle Klagen aus einem Beamten-, Richter-, Wehrpflicht-, Wehrdienst- oder Zivildienstverhältnis das Verwaltungsgericht, in dessen Bezirk der Kläger seinen dienstlichen Wohnsitz oder in Ermangelung dessen seinen Wohnsitz hat.

144 **Zweifelsfragen über richtige Verfahrensart:** Aufgrund der §§ 178, 179 SGB IX sowie § 34 Abs. 3, § 40 Abs. 1 BPersVG sowie der entsprechenden Vorschriften der Länder[623] gilt die SBV ebenso wie der Personalrat als ein gesetzliches Organ der Betriebs- bzw. Dienststellenverfassung. Mit Blick darauf und in Würdigung der in § 2a Abs. 1 Nr. 1 ArbGG sowie § 83 Abs. 1 BPersVG und § 79 Abs. 1 LPVG NRW getroffenen Regelungen geht auch die Verwaltungsgerichtsbarkeit davon aus, dass zwischen den Organen der gesetzlichen Verfassung des Betriebs bzw. der Dienststelle in dem arbeitsgerichtlichen Beschlussverfahren entschieden soll.[624] Das gilt insbesondere für **Freistellungsansprüche** und **Schulungskosten**, die einer Vertrauensperson während des Besuchs einer erforderlichen Schulungsmaßnahme entstehen. Sie begründen Ansprüche, die aus der Amtstätigkeit herrühren. Zur Gewährleistung des Rechts der Vertrauensperson der Schwerbehinderten auf **Teilnahme an Personalratssitzungen** kann daher im Beschlussverfahren eine einstweilige Verfügung ergehen: Sie kann auch das Ergebnis eines

---

620 HessLAG 12.10.2006 – 9 TaBV 57/06, Behindertenrecht 2008, 120; zustimmend *Gagel* jurisPR-ArbR 26/2007 Anm. 4.
621 BAG 21.9.1989 – 1 AZR 465/88, NZA 1990, 362.
622 BAG 14.3.1990 – 7 AZR 147/89, NZA 1990, 698.
623 Beispiel: § 30 Abs. 2, 35 Abs. 3, 36 Abs. 1, 51 und 53 LPVG NRW.
624 OVG NRW 6.8.2002 – 1 E 141/02.PVL, Behindertenrecht 2003, 35.

künftigen Hauptsacheverfahrens vorwegnehmen.[625] Bei der Durchsetzung des Teilnahmerechts der SBV an **Sitzungen des Wirtschaftsausschusses** geht es in der Sache nicht nur um die Rechtsstellung der SBV, sondern vor allem um die Organisation und die Verfahrensweise des Wirtschaftsausschusses. Entscheidungserheblich ist die Zusammensetzung der Teilnehmer an den Sitzungen des Wirtschaftsausschusses und damit eines Betriebsverfassungsorgans; letztlich geht es damit um die betriebsverfassungsrechtliche Organisation des Unternehmens. Das Beschlussverfahren ist damit die richtige Verfahrensart, denn es handelt sich um eine Angelegenheit aus dem Betriebsverfassungsgesetz im Sinne von § 2a Abs. 1 Nr. 1 ArbGG.[626]

Förmlichkeiten im Beschlussverfahren: In der gerichtlichen Praxis fällt auf, dass die Förmlichkeiten des Beschlussverfahrens nicht selten Probleme bereiten. Es ist nach § 81 Abs. 1 ArbGG ein Antrag auf Einleitung des Beschlussverfahrens unter Bezeichnung des Antragstellers und der nach § 83 Abs. 3 ArbGG anzuhörenden weiteren Beteiligten, deren Rechtsstellung materiell von dem Antrag betroffen ist, zu stellen. Die SBV wird vertreten durch die Vertrauensperson. Stellt die SBV den Verfahrensantrag auf Einleitung des Beschlussverfahrens bedarf es noch eines Sachantrags. Geht es um ein Tun, Dulden oder Unterlassen kann der Antrag gegen den in Anspruch genommenen Beteiligten gerichtet werden. Dennoch ist der in Anspruch genommene Beteiligte nicht als Antragsgegner zu bezeichnen. Es gibt nur Antragsteller und Beteiligte. Schon wegen der einzuhaltenden Förmlichkeiten und der bei der Antragsfassung nötigen Rechtskunde muss die Beauftragung eines arbeitsrechtlich erfahrenen Rechtsanwalts als erforderlich iSv § 179 Abs. 8 Satz 1 angesehen werden, wenn zwischen Arbeitgeber, Betriebs- oder Personalrat und SBV das Bestehen eines Rechts oder dessen Umfang im Streit ist. 145

Bestimmtheit des Antrags im Beschlussverfahren: Ebenso wie im Urteilsverfahren hat der Antrag gemäß § 253 Abs. 2 Nr. 2 ZPO hinreichend bestimmt zu sein. Der Verfahrensgegenstand muss so genau bezeichnet werden, dass die eigentliche Streitfrage zwischen den Beteiligten mit Rechtskraftwirkung entschieden werden kann.[627] Das BAG hat die Formulierung, dem Arbeitgeber solle aufgegeben werden, die Teilnahme an den Sitzungen des Wirtschaftsausschusses „zu gestatten", als zu unbestimmt angesehen. Der Antrag werfe zahlreiche Vorfragen auf, so zB, ob er auf die Abgabe einer rechtsgeschäftlichen Willenserklärung oder auf eine tatsächliche Gestattungshandlung abziele, und wenn Letzteres, auf welche? Oder gehe es dem Antragsteller in erster Linie darum, dass der Arbeitgeber und der Gesamtbetriebsratsvorsitzende das Teilnahmerecht nicht durch Fernbleiben entwerten. Dann soll besser beantragt werden, ein bestimmtes Verhalten, das den Antragsteller behindert, zu unterlassen.[628] 146

Das BAG hat für einen **Unterlassungsantrag** gefordert, er müsse eindeutig erkennen lassen, was vom Schuldner verlangt wird. Solle der Arbeitgeber zur zukünftigen Unterlassung einzelner Handlungen verpflichtet werden, müssen danach diese so genau bezeichnet sein, dass kein Zweifel besteht, welches Verhalten im Einzelnen betroffen ist.[629] Deshalb hat das BAG den Antrag, dem Arbeitgeber zu untersagen, einen Aufhebungsvertrag mit einem im Betrieb beschäftigten schwerbehinderten Menschen abzuschließen, bevor nicht die SBV unterrichtet und ihr Gelegenheit gegeben wurde, dazu Stellung zu nehmen, als 147

---

625 VG Frankfurt aM 16.10.2003 – 23 LG 5583/03 (V), ZfPR 2004, 201.
626 BAG 8.2.1989 – 7 ABR 83/86, AiB 2006, 174.
627 BAG 3.5.2006 – 1 ABR 63/04, NZA 2007, 285.
628 BAG 8.2.1989 – 7 ABR 83/86, AiB 2006, 174.
629 BAG 17.3.2010 – 7 ABR 95/08 – Rn. 13, BAGE 133, 342.

zu unbestimmt angesehen:[630] Zur Begründung hat der Siebte Senat ausgeführt, klar sei, dass dem Arbeitgeber für alle denkbaren Konstellationen untersagt werden solle, Aufhebungsverträge mit im Betrieb beschäftigten schwerbehinderten Menschen abzuschließen. Unklar und zu unbestimmt sei aber, wie die Unterrichtung und Anhörung im Einzelnen ausgestaltet sein soll, bei deren Fehlen der begehrte Unterlassungstitel zur Anwendung kommen soll. Es fehle an jeglicher Präzisierung, in welcher Form und Frist, mit welchem Inhalt und in welchem Umfang die Unterrichtung erfolgen und welche Zeit die SBV zu einer Stellungnahme haben solle. Darüber hinaus bleibe unklar, ob der SBV nur der beabsichtigte Vertragsschluss selbst oder darüber hinaus die einzelnen Bedingungen oder sonstigen Umstände des beabsichtigten Aufhebungsvertrags mitzuteilen seien, und ob dies mündlich oder schriftlich geschehen solle. Die Beantwortung dieser Fragen dürfe nicht in das Vollstreckungsverfahren verlagert werden. Diese Anforderungen an die Bestimmtheit sind überspannt. Zwar sind Unterlassungsanträge, die lediglich den Wortlaut eines Gesetzes wiederholen, grundsätzlich als zu unbestimmt und damit unzulässig anzusehen.[631] Aber selbst in diesen Fällen kann der Antrag als hinreichend bestimmt angesehen werden, wenn entweder bereits der gesetzliche Verbotstatbestand selbst entsprechend eindeutig und konkret gefasst oder der Anwendungsbereich einer Rechtsnorm durch eine gefestigte Auslegung geklärt ist, sowie auch dann, wenn der Kläger hinreichend deutlich macht, dass er nicht ein Verbot im Umfang des Gesetzeswortlauts beansprucht, sondern sich mit seinem Unterlassungsbegehren an der konkreten Verletzungshandlung orientiert.[632] Zu Recht hat der BGH darauf hingewiesen, dass eine auslegungsbedürftige Antragsformulierung hinzunehmen sei, wenn dies zur Gewährleistung des Rechtsschutzes erforderlich erscheine.[633] Das BAG meidet jede Auseinandersetzung mit dieser rechtsschutzfreundlichen Rechtsprechung.

148 **Feststellungsantrag im Beschlussverfahren:** Soll eine Meinungsverschiedenheit hinsichtlich des Bestehens eines Rechts der SBV zwischen Arbeitgeber, Betriebsrat und SBV geklärt werden, so kann das durch einen Feststellungsantrag geschehen. Zu beachten ist, dass § 256 Abs. 1 ZPO auch im Beschlussverfahren entsprechende Anwendung findet. Gegenstand eines Feststellungsantrags können somit nur Rechtsverhältnisse oder Teilrechtsverhältnisse, insbesondere Beziehungen oder Folgen aus einem Rechtsverhältnis, bestimmte Ansprüche oder Verpflichtungen sein. Bloße Elemente oder Vorfragen eines Rechtsverhältnisses können nicht zum Gegenstand eines Feststellungsantrags gemacht werden. Deshalb soll die für Forschungsinstitute bedeutsame Rechtsfrage, ob das haushaltsrechtliche Besserstellungsverbot den Arbeitgeber als Zuwendungsempfänger auch in betriebsverfassungsrechtlichen Beziehungen bindet, nicht zum Gegenstand eines zulässigen Antrags gemacht werden können.[634]

149 **Globalantrag:** Die richtige Antragsfassung ist nicht immer einfach. Ungeübte Verfahrensbevollmächtigte weichen nicht selten auf einen Globalantrag aus. Sie formulieren einen Antrag, ein Recht der SBV festzustellen, so dass einschränkungslos alle denkbaren Möglichkeiten einbezogen werden, unter denen das

---

630 BAG 14.3.2012 – 7 ABR 67/10, Behindertenrecht 2012, 236.
631 Vgl. BGH 24.11.1999 – I ZR 189/97, GRUR 2000, 438 (440), WRP 2000, 389 – Gesetzeswiederholende Unterlassungsanträge; BGH 12.7.2001 – I ZR 261/98, GRUR 2002, 77 (78), WRP 2002, 85 – Rechenzentrum.
632 Vgl. BGH 13.3.2003 – I ZR 143/00, GRUR 2003, 886 (887), WRP 2003, 1103 – Erbennermittler, mwN.
633 BGH 16.11.2006 – I ZR 191/03, DB 2007, 1190 – Telefonwerbung für „Individualverträge".
634 BAG 3.5.2006 – 1 ABR 63/04, NZA 2007, 285.

geltend gemachte Recht bestehen sollen. Derartige Globalanträge genügen zwar dem Bestimmtheitserfordernis, weil sie alle erdenklichen Fallgestaltungen erfassen und deshalb nichts unbestimmt lassen, sie scheitern jedoch zumeist in der materiellen Begründetheit. Ob das geltend gemachte Recht in allen denkbaren Fallkonstellationen besteht, ist eine Frage der Begründetheit der Anträge.[635] Dann ist der gesamte Antrag unbegründet, wenn der geltend gemachte Anspruch nicht in jeder Fallgestaltung besteht.[636]
Beispiel: Die SBV beantragt die Feststellung, dass sie das Recht habe gemäß § 178 Abs. 2 Satz 3 SGB IX an allen Vorstellungsgesprächen teilzunehmen. Der Antrag ist als Globalantrag zu weit gefasst. Der umstrittene Anspruch auf Teilnahme besteht nur, soweit sich ein schwerbehinderter Mensch oder gleichgestellter behinderter Mensch unter den Bewerbern befindet.

2. Zuständigkeitsfragen

Ausschließliche Zuständigkeit der Arbeitsgerichtsbarkeit: Das arbeitsgerichtliche Beschlussverfahren findet nicht nur für die Rechtsstreitigkeiten aus der bürgerlich-rechtlichen Betriebs-, sondern auch aus der öffentlich-rechtlichen Dienststellenverfassung Anwendung. Das ist in § 83 Abs. 2 BPersVG als „Kompensation" für die historische Entscheidung zugunsten der Aufspaltung in bürgerlich-rechtliche Betriebs- und öffentlich-rechtliche Dienststellenverfassung gesetzlich für den Bund geregelt und von allen Bundesländern mit Ausnahme von Rheinland-Pfalz, das an der Anwendung der VwGO festgehalten hat, übernommen worden. Diese Zweiteilung[637] stellt sich somit als ein historischer Kompromiss dar.[638] Das Personalvertretungsrecht für den öffentlichen Dienst ist erst 1955 durch Herausnahme aus dem Betriebsverfassungsrecht verselbstständigt worden. Durch die Einfügung in § 2a Abs. 1 Nr. 3a ArbGG hat das Arbeitsgerichtsbeschleunigungsgesetz diese Zuständigkeitsverteilung zwischen Gerichten für Arbeitssachen und der Verwaltungsgerichtsbarkeit für den Bereich der SBV wieder aufgehoben. Waren bisher die Verwaltungsgerichte für die im Beschlussverfahren auszutragenden Streitigkeiten der in den Dienststellen des öffentlichen Dienstes gewählten SBVen mit ihrem Arbeitgeber zuständig,[639] besteht jetzt nach dem klaren Wortlaut des Gesetzes eine **Alleinzuständigkeit der Arbeitsgerichtsbarkeit.**[640] Dieser Auffassung hat sich inzwischen auch die Verwaltungsgerichtsbarkeit angeschlossen.[641] Die entgegenstehende Rspr. des OVG NRW[642] ist überholt.

150

Sonderproblem Ausschluss von Personalratssitzungen: Trotz grundsätzlicher Anerkennung der ausschließlichen Zuständigkeit der Arbeitsgerichtsbarkeit wird über die Sicherung des Rechts auf Teilnahme der SBV an Personalratssitzungen weiterhin durch die Verwaltungsgerichte im personalvertretungsrechtli-

151

---

635 St. Rspr. BAG 18.8.1991 – 7 ABR 63/90, AP BetrVG 1972 § 40 Nr. 40, EzA BetrVG 1972 § 40 Nr. 67, zu B III 1 und 2 der Gründe.
636 BAG 22.6.2005 – 10 ABR 34/0, NZA-RR 2006, 23.
637 Zuständigkeit für Personalvertretungssachen an die Verwaltungsgerichtsbarkeit und Anwendung des Verfahrensrechts aus dem ArbGG.
638 So schon *Düwell* in ArbGV, 1. Aufl. 2000, Einl. Rn. 151.
639 BVerwG 2.6.1987 – 6 P 10.85, PersR 1987, 198.
640 BAG 1.11.2003 – 7 AZB 40/03, AP § 94 SGB IX Nr. 1; *Kloppenburg* jurisPR-ArbR 3/2004 Anm. 2; LAG Nürnberg 22.10.2007 – 6 TaBV 155/07; *Gagel* jurisPR-ArbR 5/2008 Anm. 4.
641 VG Berlin 8.7.2003 – 62 A 11.03, PersV 2004, 110, zustimmend: *Gottwald* PersR 2004, 111; VG Ansbach 23.9.2004 – AN 8 P 04.01373, ZfPR online 2006 Nr. 9, 18.
642 6.8.2002 – 1 E 141/02.PVL, Behindertenrecht 2003, 35.

chen Beschlussverfahren entschieden. Insbesondere dann, wenn der Personalrat Bedenken gegen die Einhaltung der Schweigepflicht durch die Vertrauensperson vorbringt und deshalb die Teilnahme verwehrt, wird angenommen, es gehe um die **Geschäftsführung des Personalrats**.[643] Das überzeugt nicht. Nur wenn der Personalrat eine bestimmte Person der SBV von der Teilnahme wegen der Besorgnis des Bruchs der Geheimhaltungspflicht oder wegen Befangenheit von der Teilnahme an einer konkreten Sitzung ausschließt, handelt es sich um eine Maßnahme der Geschäftsführung. Anstelle der verhinderten Vertrauensperson kann dann die SBV das erste stellvertretende Mitglied entsenden. Wird der SBV unabhängig von der konkreten Person die Teilnahme verweigert, handelt es sich nicht mehr um einen Akt der Geschäftsführung, sondern um die Verneinung eines Rechts der SBV als Organ der Dienststelle. Dann ist bei dem örtlich zuständigen Arbeitsgericht der zur Einleitung des Beschlussverfahrens erforderliche Antrag zu stellen.

152 **Rechtswegzuständigkeit der Gerichte für Arbeitssachen:** Umstritten ist, ob die nach kirchlichem Recht gewählten Vertrauenspersonen eine Schwerbehindertenvertretung nach §§ 177, 178 darstellen. Das SGB IX sieht – jedenfalls ausdrücklich – eine Schwerbehindertenvertretung für Einrichtungen kirchlicher Arbeitgeber nicht vor.[644] Ob die Bestimmungen des SGB IX über die Schwerbehindertenvertretung auf Kirchen und deren Einrichtungen anwendbar sind, ist streitig.[645] Das BAG hat diese Rechtsfrage offen gelassen.[646] Es hat jedoch erkannt, dass unabhängig davon, ob die Bestimmungen des SGB IX über die Schwerbehindertenvertretung auf Kirchen und deren Einrichtungen anwendbar sind, eine Streitigkeit nach § 2a Abs. 1 Nr. 3a ArbGG vorliegen kann. Das ist dann der Fall, wenn Sachanträge auf staatliches Recht insbesondere auf Rechte aus § 178 SGB IX gestützt werden.[647] In allen anderen Fällen ist die von den Kirchen für Streitigkeiten der Mitarbeitervertretung eingerichtete Gerichtsbarkeit zuständig.

§ 179 Persönliche Rechte und Pflichten der Vertrauenspersonen der schwerbehinderten Menschen

(1) Die Vertrauenspersonen führen ihr Amt unentgeltlich als Ehrenamt.

(2) Die Vertrauenspersonen dürfen in der Ausübung ihres Amtes nicht behindert oder wegen ihres Amtes nicht benachteiligt oder begünstigt werden; dies gilt auch für ihre berufliche Entwicklung.

(3) ¹Die Vertrauenspersonen besitzen gegenüber dem Arbeitgeber die gleiche persönliche Rechtsstellung, insbesondere den gleichen Kündigungs-, Versetzungs- und Abordnungsschutz, wie ein Mitglied des Betriebs-, Personal-, Staatsanwalts- oder Richterrates. ²Das stellvertretende Mitglied besitzt während der Dauer der Vertretung und der Heranziehung nach § 178 Absatz 1 Satz 4 und 5 die gleiche persönliche Rechtsstellung wie die Vertrauensperson, im Übrigen die

---

643 VG Frankfurt aM 16.10.2003 – 23 LG 5583/03 (V), ZfPR 2004, 201 mit Anmerkung *Ilbertz* ZfPR 2004, 207.
644 Vgl. BAG 30.4.2014 – 7 ABR 30/12, Rn. 14, BAGE 148, 97.
645 Ablehnend: Kirchengerichtshof der Evangelischen Kirche in Deutschland 5.8.2004 – I-0124/H43–03, zu III der Gründe; *Richardi* in Richardi Kirchen-ArbR, 7. Aufl. 2015, § 18 Rn. 104; *Fey/Rehren* MVG.EKD, Januar 2017, § 50 Rn. 1a; bejahend: *Düwell* → § 177 Rn. 52; *Thiel* in Freiburger Komm MAVO, 2018, § 52 Rn. 20.
646 BAG 15.6.2017 – 7 AZB 56/16, Rn. 23, Behindertenrecht 2017, 150.
647 BAG 15.6.2017 – 7 AZB 56/16, Rn. 23, Behindertenrecht 2017, 150.

gleiche Rechtsstellung wie Ersatzmitglieder der in Satz 1 genannten Vertretungen.

(4) ¹Die Vertrauenspersonen werden von ihrer beruflichen Tätigkeit ohne Minderung des Arbeitsentgelts oder der Dienstbezüge befreit, wenn und soweit es zur Durchführung ihrer Aufgaben erforderlich ist. ²Sind in den Betrieben und Dienststellen in der Regel wenigstens 100 schwerbehinderte Menschen beschäftigt, wird die Vertrauensperson auf ihren Wunsch freigestellt; weitergehende Vereinbarungen sind zulässig. ³Satz 1 gilt entsprechend für die Teilnahme der Vertrauensperson und des mit der höchsten Stimmenzahl gewählten stellvertretenden Mitglieds sowie in den Fällen des § 178 Absatz 1 Satz 5 auch des jeweils mit der nächsthöheren Stimmenzahl gewählten weiteren stellvertretenden Mitglieds an Schulungs- und Bildungsveranstaltungen, soweit diese Kenntnisse vermitteln, die für die Arbeit der Schwerbehindertenvertretung erforderlich sind.

(5) ¹Freigestellte Vertrauenspersonen dürfen von inner- oder außerbetrieblichen Maßnahmen der Berufsförderung nicht ausgeschlossen werden. ²Innerhalb eines Jahres nach Beendigung ihrer Freistellung ist ihnen im Rahmen der Möglichkeiten des Betriebes oder der Dienststelle Gelegenheit zu geben, eine wegen der Freistellung unterbliebene berufliche Entwicklung in dem Betrieb oder der Dienststelle nachzuholen. ³Für Vertrauenspersonen, die drei volle aufeinander folgende Amtszeiten freigestellt waren, erhöht sich der genannte Zeitraum auf zwei Jahre.

(6) Zum Ausgleich für ihre Tätigkeit, die aus betriebsbedingten oder dienstlichen Gründen außerhalb der Arbeitszeit durchzuführen ist, haben die Vertrauenspersonen Anspruch auf entsprechende Arbeits- oder Dienstbefreiung unter Fortzahlung des Arbeitsentgelts oder der Dienstbezüge.

(7) ¹Die Vertrauenspersonen sind verpflichtet,
1. ihnen wegen ihres Amtes anvertraute oder sonst bekannt gewordene fremde Geheimnisse, namentlich zum persönlichen Lebensbereich gehörende Geheimnisse, nicht zu offenbaren und
2. ihnen wegen ihres Amtes bekannt gewordene und vom Arbeitgeber ausdrücklich als geheimhaltungsbedürftig bezeichnete Betriebs- oder Geschäftsgeheimnisse nicht zu offenbaren und nicht zu verwerten.

²Diese Pflichten gelten auch nach dem Ausscheiden aus dem Amt. ³Sie gelten nicht gegenüber der Bundesagentur für Arbeit, den Integrationsämtern und den Rehabilitationsträgern, soweit deren Aufgaben den schwerbehinderten Menschen gegenüber es erfordern, gegenüber den Vertrauenspersonen in den Stufenvertretungen (§ 180) sowie gegenüber § 79 Absatz 1 des Betriebsverfassungsgesetzes und den in den entsprechenden Vorschriften des Personalvertretungsrechts genannten Vertretungen, Personen und Stellen.

(8) ¹Die durch die Tätigkeit der Schwerbehindertenvertretung entstehenden Kosten trägt der Arbeitgeber; für öffentliche Arbeitgeber gelten die Kostenregelungen für Personalvertretungen entsprechend. ²Das Gleiche gilt für die durch die Teilnahme der stellvertretenden Mitglieder an Schulungs- und Bildungsveranstaltungen nach Absatz 4 Satz 3 entstehenden Kosten. ³Satz 1 umfasst auch eine Bürokraft für die Schwerbehindertenvertretung in erforderlichem Umfang.

(9) Die Räume und der Geschäftsbedarf, die der Arbeitgeber dem Betriebs-, Personal-, Richter-, Staatsanwalts- oder Präsidialrat für dessen Sitzungen, Sprechstunden und laufende Geschäftsführung zur Verfügung stellt, stehen für die gleichen Zwecke auch der Schwerbehindertenvertretung zur Verfügung, soweit ihr hierfür nicht eigene Räume und sächliche Mittel zur Verfügung gestellt werden.

I. Überblick	1	d) Kündigung bei Stilllegung des Betriebs oder einer Abteilung	73
II. Ehrenamt (Abs. 1)	3		
1. Grundsatz der Unentgeltlichkeit	3	e) Kündigung nach Widerspruch nach Betriebsübergang	75
2. Lohnausfallprinzip und Freizeitausgleich	5		
3. Aufwandsentschädigung	10	f) Schutz der stellvertretenden Mitglieder	76
4. Prämierung von Verbesserungsvorschlägen	12	g) Prozessuale Hinweise	78
5. Unabhängigkeit der Amtsführung	16	7. Versetzungsschutz	83
6. Sozialversicherungsrecht und beamtenrechtliche Unfallfürsorge	21	8. Schutz vor Kündigung, Versetzung und Beendigung der Zuweisung im Jobcenter	87
III. Begünstigungs-, Benachteiligungs- und Behinderungsverbot (Abs. 2)	23	V. Verschwiegenheit (Abs. 7)	88
		VI. Rechtsstellung der stellvertretenden und herangezogenen Mitglieder (Abs. 3 Satz 2)	93
IV. Persönliche Rechtsstellung (Abs. 3 bis 6)	33		
1. Gleichstellung mit Betriebs- und Personalräten	33	VII. Sachmittel und Kosten (Abs. 8 und 9)	94
2. Schadensersatz für Benachteiligung	35	1. Grundsatz	94
3. Vollständige oder pauschale berufliche Teilfreistellung	37	2. Anwaltskosten für Gerichtsverfahren und Anzeigen	98
		3. Sachverständigenbeauftragung	103
4. Anlassbezogene Freistellung bei Bedarf im Einzelfall	52	4. Rechtsberatung	104
		5. Zurverfügungstellung von Geschäftsbedarf und Räumen	105
5. Berufsförderung für Freigestellte	56		
6. Kündigungsschutz	60	6. Organisation von Datenschutz und Datensicherheit	108
a) Kündigung eines amtierenden Mitglieds der betrieblichen Schwerbehindertenvertretung	60	7. Persönliche Kosten der Vertrauensperson	112
		8. Bürokraft	114
b) Kündigung eines amtierenden Mitglieds der Schwerbehindertenvertretung in einer Dienststelle	71	VIII. Schulungen und Bildungsveranstaltungen (Abs. 4 Satz 3 und 4)	115
		IX. Gerichtliche Rechtsdurchsetzung	124
c) Kündigung nach Ende der Amtszeit	72		

I. Überblick

1 **Gesetzeshistorie:** Die Regelung ist inhaltsgleich aus § 26 SchwbG 1986 nach § 96 SGB IX übernommen worden. Es sind damals nur die Begriffe angepasst worden. Zuvor war vorgeschaltet mit dem Gesetz zur Bekämpfung der Arbeitslosigkeit Schwerbehinderter vom 29.9.2000 mit Wirkung zum 1.10.2000 für Vertrauenspersonen in Abs. 4 SchwbG die Freistellungsregelung aus § 38 Abs. 1 Satz 1 BetrVG eingefügt worden.[1] Art. 2 BTHG hat in Abs. 4 Satz 2 den über-

---

1 Einzelheiten siehe *Düwell* BB 2000, 2570 (2573).

nommenen **Schwellenwert für die Freistellung** von „200" durch die Angabe „100" ersetzt. Der RegE führt dazu aus:
„Die Vertrauensperson der schwerbehinderten Menschen kann sich ab 200 schwerbehinderten Menschen im Betrieb freistellen lassen (§ 96 Absatz 4 Satz 2 SGB IX). Die Belastung der Schwerbehindertenvertretungen steigt stetig an: Auf Grund der demographischen Entwicklung gewinnt die Prävention mehr und mehr an Bedeutung. Hier nimmt die Schwerbehindertenvertretung eine Schlüsselstellung ein, insbesondere beim betrieblichen Eingliederungsmanagement (§ 84 SGB IX). Außerdem hat die Schwerbehindertenvertretung ausdrücklich die Aufgabe, den schwerbehinderten Menschen helfend und beratend zur Seite zu stehen (§ 95 Absatz 1 Satz 1 SGB IX). Das schließt auch zB Verhandlungen mit dem Integrationsamt oder Beratung in Widerspruchsverfahren ein, was im Einzelfall sehr aufwendig sein kann. Auch der Aufwand für die Unterstützung bei Anträgen auf Feststellung einer Behinderung oder auf Gleichstellung (§ 95 Absatz 1 Satz 3 SGB IX) weitet sich dadurch aus, dass es immer mehr schwerbehinderte Menschen gibt (2007: 6,9 Millionen, 2009: 7,1 Millionen, 2011: 7,3 Millionen. Quelle: Statistisches Bundesamt). Schließlich sind auch zunehmend neue Tätigkeiten zu verzeichnen, etwa die Beteiligung an der Erstellung betrieblicher Aktionspläne. Und in größeren Unternehmen mit mehreren Betriebsstätten ist der Aufgabenzuwachs wegen der zurückzulegenden Entfernungen überdurchschnittlich spürbar. Dieser zunehmenden Belastung wird durch eine Absenkung des Schwellenwertes für die Freistellung von 200 auf 100 schwerbehinderte Menschen Rechnung getragen."[2]

Die **Freistellung für Schulungen**, die vordem in Abs. 4 Satz 3 und 4 für Vertrauensperson und stellvertretende Mitglieder gesondert geregelt war, ist aufgrund des RegE[3] nach redaktioneller Überarbeitung durch den Ausschuss für Arbeit und Soziales[4] im Satz 3 zusammengefasst worden. Danach ist die Freistellung für das erste stellvertretende Mitglied und herangezogene stellvertretende Mitglieder nur von der Erforderlichkeit der Schulungs- und Bildungsveranstaltungen abhängig. In der Begründung des RegE heißt es:
„Schulungsmöglichkeiten für Stellvertreter sind derzeit nur unter engen gesetzlichen Voraussetzungen möglich: So muss eine ständige Heranziehung, häufige Vertretung der Vertrauensperson auf längere Zeit oder das absehbare Nachrücken in das Amt vorliegen (s. § 96 Absatz 4 Satz 4 SGB IX). Diese eingeschränkten Fortbildungsmöglichkeiten werden den Anforderungen an die Stellvertreter nicht mehr gerecht. Da die Schwerbehindertenvertretung nur aus einer Person besteht, kann der Vertretungsfall jederzeit eintreten. Die Stellvertretung muss dann in der Lage sein, fachkundig aufzutreten. Deswegen erhält die erste Stellvertretung sowie in den Betrieben und Dienststellen, in denen aufgrund der Zahl der schwerbehinderten Beschäftigten weitere stellvertretende Mitglieder herangezogen werden können, auch diese stellvertretenden Mitglieder dieselben Fortbildungsmöglichkeiten wie die Vertrauensperson. Das bedeutet: Es besteht ein Anspruch auf Freistellung zur Teilnahme an Schulungs- und Bildungsveranstaltungen, soweit diese Kenntnisse vermitteln, die für die Arbeit der Schwerbehindertenvertretung erforderlich sind (vgl. § 96 Absatz 4 Satz 3 SGB IX)."[5]

In Abs. 8 ist die **Kostentragung durch den Arbeitgeber** ausführlicher geregelt worden. Dazu ist in Satz 1 auf Vorschlag des Ausschusses für Arbeit und Soziales ein Halbsatz eingefügt. Danach gelten für öffentliche Arbeitgeber die Kos-

---

2 BT-Drs. 18/9522, 314.
3 BT-Drs. 18/9522, 315.
4 BT-Drs. 18/10523, 18.
5 BT-Drs. 18/9522, 315.

tenregelungen für Personalvertretungen entsprechend.[6] Ebenso ist auf Vorschlag des Ausschusses in Satz 2 die Kostentragung auch für die durch die Teilnahme der stellvertretenden Mitglieder an Schulungs- und Bildungsveranstaltungen nach Abs. 4 Satz 3 entstehenden Kosten klargestellt.[7] In Satz 3 ist die Kostentragung für eine Bürokraft „in erforderlichem Umfang" geregelt. Dazu ist im RegE[8] ausgeführt:

„Der neue Satz 3 gibt der Schwerbehindertenvertretung einen Anspruch gegen den Arbeitgeber auf Unterstützung durch eine Bürokraft in angemessenem Umfang. Die gestiegenen Anforderungen an die Schwerbehindertenvertretung erfordern auch eine bessere personelle Ausstattung mit Hilfspersonal, damit die Schwerbehindertenvertretungen ihren Aufgaben besser nachkommen können."

Mit der **Novellierung des Bundespersonalvertretungsgesetzes** vom 9.6.2021[9] ist mittelbar auch die persönliche Rechtsstellung der Mitglieder der SBV verbessert worden. Die Änderungen zugunsten der Personalratsmitglieder wirken sich gemäß § 179 Abs. 3 Satz 1 und 2 bzw. § 179 Abs. 4 Satz 1 und 2 SGB IX auch auf die Mitglieder der SBV aus, zum Schutz vor Versetzung, Abordnung und Zuweisung → Rn. 83, zum Freizeitopfer bei Freistellung → Rn 9. In § 38 Abs. 3 BPersVG nF wird die vordem bis zum 31. März 2021 befristete Regelung des § 37 Abs. 3 BPersVG aF zur optionalen Nutzung von Video- und Telekonferenzen in Personalratssitzungen – unter Einführung eines Mindestquorums von 25 Prozent der Personalratsmitglieder, bei deren Widerspruch die Nutzung einer Video- und Telefonkonferenz in der Personalratssitzung nicht zulässig ist, und unter Streichung der Möglichkeit einer hiervon abweichenden Regelung in der dauerhaft fortgeführt. Der federführende Ausschuss für Inneres und Heimat hat in seiner Beschlussempfehlung klargestellt: „Das Recht zur Teilnahme (…), insbesondere der nach § 37 teilnahmeberechtigten (…) Schwerbehindertenvertretung (…) bleibt unberührt und ist auch für eine Teilnahme mittels Video- oder Telefonkonferenz sicherzustellen."[10] Die Dienststellenleitungen habe entsprechend § 179 Abs. 9 SGB IX die dazu nötige Hard- und Software zur Verfügung zu stellen.

Das Gesetz zur Förderung der Betriebsratswahlen und der Betriebsratsarbeit in einer digitalen Arbeitswelt (**Betriebsrätemodernisierungsgesetz**) vom 14.6.2021[11] hat mit Wirkung vom 17.6.2021 einige Neuerungen gebracht, die sich auch die SBV auswirken. Dies gilt insbesondere für die Regelung der datenschutzrechtlichen Verantwortung des Arbeitgebers in § 79a BetrVG. Gibt man dem betrieblichen Datenschutzbeauftragten ein Recht zur Kontrolle der Datenverarbeitung durch den Betriebsrat, dürfte dies auch für die SBV zutreffen, → Rn. 108a. Zudem ist die bis zum 30.6.2021 wegen der Corona-Epidemie geltende Sonderregelung, Betriebsratssitzungen mittels Video- und Telefonkonferenz durchzuführen, dauerhaft in § 30 Abs. 2 und 3, § 33 Abs. 1 Satz 2, § 34 Abs. 1 Satz 4 und 5, § 51 Abs. 3 Satz 2 in das BetrVG übernommen. Diese neuen Regelungen müssen entsprechend auf das Recht der SBV zur beratenden Sitzungsteilnahme angewandt werden. Dazu muss der Arbeitgeber die technischen Voraussetzungen schaffen, → Rn. 107.

2 **Regelungsinhalt:** § 179 regelt im Wesentlichen die individualrechtliche **persönliche Rechtsstellung** der Vertrauenspersonen und der stellvertretenden Mitglieder

---

6 BT-Drs. 18/10523, 18.
7 BT-Drs. 18/10523, 18.
8 BT-Drs. 18/9522, 315.
9 BGBl I 1614.
10 BT-Drs. 19/28839, 9.
11 BGBl. I 1762.

der Schwerbehindertenvertretung (SBV). In Abs. 1 ist der Grundsatz der Ehrenamtlichkeit geregelt. Abs. 2 enthält ein Behinderungs-, Benachteiligungs- und Begünstigungsverbot. In Abs. 3 werden Vertrauenspersonen in ihrer persönlichen Rechtsstellung den Betriebs- und Personalratsmitgliedern gleichgestellt. Abs. 4 verpflichtet den Arbeitgeber zur Freistellung der Vertrauenspersonen und stellvertretende Mitglieder von ihrer beruflichen Tätigkeit. Abs. 5 regelt, dass freigestellte Vertrauenspersonen keine beruflichen Nachteile erleiden sollen und nicht von inner- oder außerbetrieblichen Maßnahmen der Berufsförderung ausgeschlossen werden dürfen. Eine unterbliebene berufliche Entwicklung soll nachgeholt werden. Abs. 6 enthält Regelungen zum Freizeitausgleich, wenn Tätigkeiten aus betriebsbedingten oder dienstlichen Gründen außerhalb der Arbeitszeit erbracht werden mussten. Abs. 7 legt den Vertrauenspersonen eine Verpflichtung zum Stillschweigen über bestimmte Tatsachen auf, die wegen ihres Amtes bekannt geworden sind. Abs. 8 Satz 1 Hs. 2 räumt über den Verweis auf personalvertretungsrechtliche Bestimmungen den Vertrauenspersonen im Bund und in NRW sowie Rheinland-Pfalz einen Anspruch auf pauschalierte Aufwandsentschädigung ein.

Der Gesetzgeber ist jedoch nicht völlig systematisch vorgegangen. Er hat in § 179 im Zusammenhang mit der persönlichen Rechtsstellung auch die kollektiven Rechte des Repräsentativorgans SBV gegenüber dem Arbeitgeber geregelt. Dazu gehören die mit den Rechten der SBV jeweils korrespondierenden Pflichten des Arbeitgebers:

- nach Abs. 8 Satz 1 Hs. 1 die durch die Tätigkeit der SBV entstehenden Kosten zu tragen,
- nach Abs. 8 Satz 3 die Pflicht, die Kosten für eine Bürokraft zu tragen und
- nach Abs. 9 die Pflicht, Betriebsrat und SBV Räume und Geschäftsbedarf im erforderlichen Umfang zur Verfügung zu stellen.

II. Ehrenamt (Abs. 1)

1. Grundsatz der Unentgeltlichkeit

Unentgeltlichkeit: Das Ehrenamtsprinzip soll das Vertrauen der schwerbehinderten Beschäftigten darauf stärken, dass das Verhalten der Vertrauenspersonen nicht durch die Gewährung oder den Entzug materieller Vorteile beeinflussbar ist.[12] Daraus folgt die Unentgeltlichkeit. **Vertrauenspersonen dürfen für ihre Amtstätigkeit weder eine Vergütung fordern noch erhalten.** So kann eine Vertrauensperson, die außerhalb ihrer persönlichen Arbeitszeit sich mit einem Freund trifft, um die vorbereitete Rede für die bevorstehende Schwerbehindertenversammlung zu testen, keine Vergütung für die dem Ehrenamt geopferte Zeit beanspruchen.

Verbot der Zulage für Amtstätigkeit: Die Ausübung der mit dem Amt der Vertrauensperson verbundenen Tätigkeiten rechtfertigt nicht die Gewährung einer persönlichen Zulage durch den Arbeitgeber. Die Amtstätigkeit ist nämlich nicht Gegenstand der Leistungspflichten aus dem Arbeitsvertragsverhältnis. Vielmehr handelt es sich um die Ausübung eines durch Wahl der Belegschaft übertragenen Ehrenamts, wie aus Abs. 1 hervorgeht. Ist eine unzulässige Amtszulage dennoch vereinbart, ist sie nach § 134 BGB wegen Verstoß gegen das Begünstigungsverbot (Abs. 2) nichtig.[13]

---

12 Vgl. zum Ehrenamt des Betriebsrats: BAG 5.3.1997 – 7 AZR 581/92, BAGE 85, 224, NZA 1997, 1242.
13 LAG Köln 27.2.2002 – 7 Sa 863/01, ZTR 2002, 590.

2. Lohnausfallprinzip und Freizeitausgleich

5 **Fortzahlung des Entgelts für Amtstätigkeit:** Die Vertrauensperson muss für die Wahrnehmung des Amts **kein Vermögensopfer** bringen. Das wäre mit dem Benachteiligungsverbot des Abs. 2 nicht vereinbar. Abs. 4 Satz 1 regelt dazu allerdings: Nicht die Zeit, die die Vertrauensperson für ihr Amt aufwendet, sondern die wegen der erforderlichen Ehrenamtstätigkeit ausfallende Arbeitszeit der Vertrauensperson, die sog. Arbeitsversäumnis, wird vergütet. Das wird allgemein als **Lohnausfallprinzip** bezeichnet. Dieser Grundsatz gilt gleichermaßen für die Mitglieder aller Vertretungen der Beschäftigten in der Betriebs- und Dienststellenverfassung.[14] Er greift in das arbeitsvertragliche Austauschverhältnis aus § 611a BGB „Arbeit gegen Lohn" ein. Wird die Vertrauensperson von der Arbeitspflicht gemäß Abs. 4 Satz 1 **anlassbezogen** für den jeweiligen Einzelfall oder nach Abs. 4 Satz 2 vollständig von der beruflichen Tätigkeit befreit, so erhält sie trotz Nichtleistung der vertraglich geschuldeten Arbeit weiterhin das arbeitsvertraglich geschuldete Entgelt. Der Sache nach ist das eine Entgeltfortzahlung. Die Vorschrift folgt dem Modell, das für Betriebsratsmitglieder in § 37 Abs. 2 Satz 1 BetrVG die Entgeltfortzahlung regelt. Die dazu ergangene umfangreiche Rspr. ist auf die Vertrauensperson im Betrieb übertragbar. Für die Vertrauensperson in einer Dienststelle des Bundes ist die Rspr. zu § 46 Abs. 2 Satz 1 BPersVG aF (entspricht dem seit dem 15.6.2021 geltenden § 51 Satz 1 BPersVG nF) heranzuziehen. Danach hat Versäumnis von Arbeitszeit, die zur ordnungsgemäßen Durchführung der Aufgaben des Personalrates für erforderlich gehalten werden darf, keine Minderung der Dienstbezüge oder des Arbeitsentgeltes zur Folge.

In der Praxis ist nicht selten die Höhe der Entgeltzahlung für nach § 179 Abs. 4 Satz 2 SGB IX pauschal von der Arbeit freigestellte Vertrauenspersonen umstritten. Hier ist wegen des unterschiedlichen Rechtswegs für Entgeltklagen die Rechtsprechung des BAG für Vertrauenspersonen, die im Arbeitsverhältnis stehen, und die des BVerwG für die, die in einem öffentlich-rechtlichen Dienstverhältnis stehen, maßgebend. Ferner ist zu beachten, dass die für Vertrauenspersonen als „Folie" dienende Rechtsprechung zur Entgeltfortzahlung für Betriebsrats- oder Personalratsmitglieder hier im Einzelfall auseinanderfallen kann.

Bei der Berechnung des hypothetisch durch reguläre Arbeitsleistung erzielbaren Lohns sind auch verschiedene variable Lohnfaktoren in Rechnung zu stellen. Dazu gehören:

- Überstunden- oder Mehrarbeitsvergütung[15],
- besondere Zulagen und Zuschläge, dabei sind ersparte Aufwendungen wie beispielsweise bei einer Schmutzzulage die Aufwendungen für die Reinigung von Kleidungsstücken abzuziehen,
- leistungsbezogene Arbeitsentgelte wie Boni, Tantiemen und Provisionen,
- Sonderzuwendungen wie Weihnachts- und Urlaubsgeld sowie
- Ausgleichszahlungen für eine hypothetisch mögliche berufliche Entwicklung (z.B. Beförderungen oder Höhergruppierung), die infolge der der

---

14 Für Personalratsmitglieder: BAG 26.8.2020 – 7 AZR 345/18, Rn. 34, AP Nr. 29 zu § 46 BPersVG; BAG 16.11.2011 – 7 AZR 458/10, Rn. 13, NZA 2012, 458; für Betriebsratsmitglieder: BAG 18.1.2017 – 7 AZR 224/15; Rn. 22, BAGE 158, 31; LAG RhPf 21.7.2020 – 8 Sa 308/19, juris Rn. 165, FA 2020, 323.

15 OVG NRW 31.5. 2007 – 1 A 1050/06, juris Rn. 29; *Matthes* jurisPR-ArbR 35/2007 Anm. 5; *Pahlen* in Neumann/Pahlen/Greiner/Winkler/Jabben SGB IX § 179 Rn. 12: projiziert auf eine unterstellte Fortsetzung der vor der Freistellung verrichteten Arbeit.

Amtstätigkeit nicht stattfindet (§ 179 Abs. 3 Satz 1 SGB IX iVm §§ 37 Abs. 4 und 5, 38 Abs. 3 BetrVG).

Hinsichtlich **Zuschläge** gilt: Werden Betriebsratsmitgliedern, denen bis dahin Schichtzuschläge gezahlt wurden, von der Arbeitspflicht vollständig freigestellt, so sind die Zuschläge weiter zu gewähren; denn zu dem Arbeitsentgelt zählen neben der Grundvergütung auch Zuschläge für Mehr-, Über-, Nacht-, Sonn- und Feiertagsarbeit. Sie werden für die Erschwernis der Arbeit zu ungünstigen Zeiten gewährt und dienen nicht dem Ersatz von tatsächlichen Mehraufwendungen, die dem Arbeitnehmer bei der Erbringung der Arbeitsleistung entstehen.[16] Danach erhalten vollständig freigestellte Betriebsratsmitglieder Nachtzuschläge, solange sie ohne ihre Freistellung Nachtarbeit zu leisten hätten. Zwar unterliegen sie während der Freistellung nicht dem Direktionsrecht des Arbeitgebers, sie müssen jedoch während ihrer individuellen arbeitsvertraglichen Arbeitszeit im Betrieb am Sitz des Betriebsrats, dem sie angehören, anwesend sein und sich dort für anfallende Betriebsratsarbeit bereithalten.[17] Soweit ein Betriebsratsmitglied das nicht tut, kann dies zu Abzügen vom Arbeitsentgelt führen, weil die Freistellung nicht in dieser Weise für Betriebsratstätigkeit genutzt wurde.[18] In Abgrenzung vom BAG[19] soll eine unzulässige Begünstigung (→ Rn. 23 ff.) vorliegen, wenn das Amt ausschließlich in der Tagesschicht ausgeübt wird und in Form einer Pauschalzahlung die Nachtschichtzuschläge weitergewährt werden. Gerät aber der Schichtbetrieb in Wegfall, so entfällt auch der Anspruch auf Weiterzahlung der Schichtpauschalen, weil der Verlust der Schichtzuschläge nicht ausschließlich auf der Freistellung beruht.[20]

Abweichende günstigere oder ungünstigere Vergütungsvereinbarungen dürfen nach § 179 Abs. 2 SGB IX nicht „wegen des Amtes" getroffen werden. Arbeitgeber und Betriebsrat können jedoch konkretisierende Regeln aufstellen. Dazu hat das BAG zur Anpassung der Vergütung von Betriebsratsmitgliedern an betriebsübliche berufliche Entwicklung vergleichbarer Arbeitnehmer entschieden: Nach § 37 Abs. 4 Satz 1 BetrVG darf das Arbeitsentgelt von Mitgliedern des Betriebsrats einschließlich eines Zeitraums von einem Jahr nach Beendigung der Amtszeit nicht geringer bemessen werden als das Arbeitsentgelt vergleichbarer Arbeitnehmer mit betriebsüblicher beruflicher Entwicklung. Vergleichbar sind Arbeitnehmer, die im Zeitpunkt der Amtsübernahme ähnliche, im Wesentlichen gleich qualifizierte Tätigkeiten ausgeführt haben wie der Amtsträger und dafür in gleicher Weise wie dieser fachlich und persönlich qualifiziert waren. Bei der Beurteilung der Vergleichbarkeit ist nicht auf den Zeitpunkt der Freistellung, sondern auf den Zeitpunkt der Übernahme des Amts abzustellen. Die Betriebsparteien können konkretisierende betriebliche Vereinbarungen zur Ermittlung vergleichbarer Arbeitnehmer treffen.[21]

Vermeidung von Freizeitopfern im Betrieb: Nimmt die in einem Betrieb amtierende Vertrauensperson Aufgaben der SBV außerhalb ihrer persönlichen Arbeitszeit wahr, hat sie keinen Anspruch auf Fortzahlung des Entgelts nach dem Lohnausfallprinzip (→ Rn. 5). 6

---

16 LAG BW 17.9.2019 – 19 Sa 15/19, Rn. 50 ff., NZA-RR 2020, 19; BAG 18.5.2016 – 7 AZR 301/14, juris Rn. 13 ff.; LAG BW 29.4.2015 – 7 AZR 123/12, Rn. 12; BAG 18.2.2014 – 3 AZR 568/12, juris Rn. 26.
17 LAG BW 17.9.2019 – 19 Sa 15/19, Rn. 50 ff., NZA-RR 2020, 19.
18 BAG 18.5.2016 – 7 AZR 401/14, Rn. 24, NZA 2016, 1212; BAG 10.7.2013 – 7 ABR 22/12, Rn. 20, NZA 2013, 1221.
19 BAG 10.7.2013 – 7 ABR 22/12, Rn. 20, NZA 2013, 1221; BAG 19.5.1983 – 6 AZR 290/81, BAGE 42, 405.
20 LAG BW 17.9.2019 – 19 Sa 15/19, Rn. 50 ff., NZA-RR 2020, 19.
21 BAG 18.1.2017 – 7 AZR 205/15, Rn. 22, NZA 2017, 935.

Beispiel: Die seit Wochen arbeitsunfähige Arbeitskollegin bittet die Vertrauensperson um einen Besuch „nach der Arbeit", um sie bei der Stellung des Antrags auf Feststellung einer Schwerbehinderung zu unterstützen.
Es handelt sich zwar nach § 178 Abs. 1 Satz 3 um erforderliche Amtstätigkeit. Da die Amtstätigkeit jedoch außerhalb der persönlichen Arbeitszeit stattfinden soll, besteht kein Vergütungsanspruch. Die Vertrauensperson hat zur Vermeidung eines Freizeitopfers zwei Alternativen: Entweder sie vereinbart die Durchführung der Beratung zu einem Zeitpunkt, der innerhalb der persönlichen Arbeitszeit liegt, oder sie klärt mit dem Arbeitgeber, dass der Arbeit aus betrieblichen Gründen Vorrang zukommen soll. Im letzteren Fall findet die von der Kollegin gewünschte Amtstätigkeit betriebsbedingt außerhalb der persönlichen Arbeitszeit statt. Die Vertrauensperson erwirbt dann einen Anspruch auf Ausgleich der geopferten Freizeit (→ Rn. 7 ff.).

7 **Anspruch auf Freizeitausgleich im Betrieb:** nach Abs. 6 Satz 1 hat die Vertrauensperson Anspruch auf Ausgleich eines **betriebsbedingten Freizeitopfers**. Mit dem BetrVG-Reformgesetz 2001 hat der Gesetzgeber das Prinzip der Unentgeltlichkeit des Ehrenamtes gelockert. Mit dem Ziel, unangemessene Freizeitopfer der noch immer häufiger als Männer in Teilzeit beschäftigten weiblichen Betriebsratsmitglieder zu vermeiden, hat er zugunsten des Freizeitausgleichs in § 37 Abs. 3 Satz 2 BetrVG eingefügt: „Betriebsbedingte Gründe liegen auch vor, wenn die Betriebsratstätigkeit wegen der unterschiedlichen Arbeitszeiten der Betriebsratsmitglieder nicht innerhalb der persönlichen Arbeitszeit erfolgen kann." Gemäß Abs. 3 Satz 1 gilt diese Definition der Betriebsbedingtheit auch für die Mitglieder der SBV entsprechend.[22] Ein solcher Fall ist insbesondere gegeben, wenn die zur Übergabe der Amtsgeschäfte wegen der bevorstehenden längeren urlaubsbedingten Verhinderung der Vertrauensperson nötige Abstimmung zwischen Vertrauensperson und stellvertretendem Mitglied nicht innerhalb deren persönlicher Arbeitszeit stattfinden kann, weil zB die Vertrauensperson in der Tagschicht und das stellvertretende Mitglied in der Nachtschicht arbeitet. Ein weiterer Anwendungsfall ist gegeben, wenn im Rahmen eines betrieblichen arbeitszeitrechtlichen **rollierenden Schichtsystems** die Sitzung des Betriebsrats, an der die Vertrauensperson teilnehmen will, auf einen Tag fällt, an dem ihre Freischicht liegt.[23]

8 **Durchführung des Freizeitausgleichs und deren Berücksichtigung bei der Entgeltfortzahlung im Betrieb:** Soweit ein Arbeitszeitkonto geführt wird, kann der Ausgleich durch eine Gutschrift auf dem Arbeitszeitkonto erfolgen.[24] Sonst ist in Betrieben gemäß Abs. 3 Satz 1 § 37 Abs. 3 Satz 3 BetrVG entsprechend abzuwenden. Das bedeutet: Die Arbeitsbefreiung ist vor Ablauf eines Monats zu gewähren. Ist das aus betriebsbedingten Gründen nicht möglich, so hat der Arbeitgeber die aufgewendete Zeit **wie Mehrarbeit** auch mit **Zuschlägen** zu vergüten. Diese nach Maßgabe von § 37 Abs. 3 Satz 3 Hs. 2 BetrVG zu zahlende Abgeltung ist auch gemäß § 4 Abs. 1 a EFZG im Krankheitsfall vom Arbeitgeber bei der Entgeltfortzahlung zu berücksichtigen, wenn ständig zu unterschiedlichen Arbeitszeit Amtstätigkeit anfällt und regelmäßig eine bezahlte Arbeitsbefreiung nicht gewährt werden kann.[25] Die urlaubsbedingt ausfallende Zeit der

---

22 Wie hier *Schubert* in Knittel, 107. EL 1.4.2020, SGB IX § 179 Rn. 137; aA *Paul*, Die SBV als ein Organ der Betriebsverfassung, 2018, S. 71, die von der Anwendbarkeit des Art. 103 Abs. 2 GG („nulla poena sine lege scripta") ausgeht, obwohl diese Analogieverbot nur im Strafrecht gilt.
23 ArbG Köln 25.11.2008 – 14 Ca 6811/07, AiB 2009, 452.
24 ArbG Köln 25.11.2008 – 14 Ca 6811/07, AiB 2009, 452.
25 BAG 8.11.2017 – 5 AZR 11/17 mAnm *Boemke* jurisPR-ArbR 22/2018 Anm. 1.

Amtstätigkeit außerhalb der individuellen Arbeitszeit für die nach § 37 Abs. 3 Satz 3 Hs. 2 BetrVG eine Abgeltung vom Arbeitgeber zu leisten wäre, ist ebenfalls der Bemessung des Urlaubsentgelts iSv § 11 Abs. 1 BUrlG einzubeziehen.[26]
Freizeitausgleich in der Dienststelle: Gemäß Abs. 4 Satz 1 ist in entsprechender 9
Anwendung der für Personalratsmitglieder geltenden Bestimmung des § 51 Satz 2 BPersVG nF entspricht dem bis 14.6.2021 geltenden § 46 Abs. 2 Satz 2 BPersVG aF) den in den Betrieben und Dienststellen des Bundes amtierenden Vertrauenspersonen dann, wenn sie durch die Erfüllung ihrer Aufgaben über ihre regelmäßige Arbeitszeit hinaus beansprucht werden, Dienstbefreiung in entsprechendem Umfang zu gewähren. Mit dem Gesetz zur **Novellierung des Bundespersonalvertretungsgesetzes** vom 9.6.2021[27] ist der Bezugspunkt für die Dienstbefreiung konkretisiert worden, indem auf „ihre" Arbeitszeit abgestellt wird. Maßgeblich ist damit die **individuelle regelmäßige** Arbeitszeit der Vertrauensperson und nicht die (allgemeine) regelmäßige Wochenarbeitszeit in der Dienststelle.[28] Zudem wird nicht danach differenziert, ob eine anlassbezogene Freistellung nach § 179 Abs. 4 Satz 1 SGB IX oder eine pauschale Freistellung nach § 179 Abs. 4 Satz 2 SGB IX vorliegt oder nicht. Deshalb haben auch vollständig freigestellte Vertrauenspersonen einen Anspruch auf Freizeitausgleich, wenn sie durch die Erfüllung ihrer Aufgaben über ihre zu erbringende Arbeitszeit hinaus beansprucht werden.[29] Im Unterschied zur Rechtslage für Vertrauensperson in den Betrieben der Privatwirtschaft bestehen zwei Besonderheiten:
1. Es fehlt die ausdrückliche Beschränkung des Freizeitausgleichs auf die **dienstliche Bedingtheit** einer außerhalb der persönlichen Arbeitszeit durchgeführten Amtstätigkeit.
2. Es ist nicht vorgesehen, dass die über die persönliche Arbeitszeit hinaus aufgewandte Zeit im Fall des verweigerten oder nicht zeitgerechten Ausgleichs **wie Mehrarbeit** vergütet wird.[30]

3. Aufwandsentschädigung

Amtsbedingte Aufwandsentschädigung: Die Unentgeltlichkeit des Ehrenamts 10
steht nicht der Erstattung aller der Vertrauensperson im Zuge der Amtsführung entstehenden Kosten entgegen. Das ist vielmehr eine Folge des in § 179 Abs. 2 geregelten Benachteiligungsverbots, das insoweit durch den Erstattungsanspruch in § 179 Abs. 8 Satz 1 konkretisiert wird. Die Rspr. hat in realistischer Einschätzung der tatsächlichen Verhältnisse den für freigestellte Personalratsmitglieder in der Bundesverwaltung vorgenommen Übergang von der Spitzabrechnung zur Pauschalierung in § 46 Abs. 5 Satz 1 BPersVG aF (seit 15.6.2021 inhaltsgleich in § 52 Abs. 4 BPersVG nF geregelt) und die Festsetzung der VO über die Höhe der Aufwandsentschädigung für vom Dienst freigestellte Personalvertretungsmitglieder vom 18.7.1974[31] nicht beanstandet. Nach § 1 der VO beträgt die Aufwandsentschädigung 26 EUR monatlich.[32] Berücksichtigt

---

26 BAG 8.11.2017 – 5 AZR 11/17 mAnm *Boemke* jurisPR-ArbR 22/2018 Anm. 1.
27 BGBl. I 1614.
28 So die neue Rechtlage für Personalratsmitglieder erläuternd: BT-Drs. 19/26820, 104.
29 So die neue Rechtlage für Personalratsmitglieder erläuternd: BT-Drs. 19/26820, 104.
30 BAG 22.5.1986 – 6 AZR 557/85, AP BPersVG § 46 Nr. 6 zu 3 a der Gründe; BAG 16.2.2005 – 7 AZR 95/04, AP Nr. 26 zu § 46 BPersVG = PersV 2005, 429.
31 BGBl. 1974 I 1499.
32 IdF d. Art. 7 G 3.12.2001 (BGBl. I 3306) mWv 1.1.2002.

werden alle Auslagen, die „typischerweise" regelmäßig anfallen.[33] Damit werden auch Kosten erfasst, die, wie zB Kartengrüße für Genesungswünsche bei Krankheit zwar nützlich, aber nicht im engeren Sinne „erforderlich" sind. Maßgebend ist, dass die Pauschale den tatsächlich angefallenen durchschnittlichen Auslagen entspricht und sie daher keine versteckte Vergütung darstellt. Da nach Abs. 3 Satz 1 die Vertrauensperson in den Dienststellen des Bundes die gleiche persönliche Rechtstellung wie Mitglieder der Personalräte besitzen, hat die Rspr. ihr für die Zeit ab Beginn der vollständigen Freistellung den Anspruch auf die monatliche Aufwandsentschädigung zuerkannt.[34] Zu beachten ist: Die Aufwandsentschädigung für vom Dienst freigestellte Personalvertretungsmitglieder steht über den Gleichbehandlungsgrundsatz des Abs. 3 nicht der SBV als Organ (= Vertrauensperson und stellvertretende Mitglieder), sondern nur der freigestellten Vertrauensperson für ihre persönliche Amtsführung zu. Durch die Einfügung des Hs. 2 in Abs. 8 ist diese auf die Gleichbehandlung abstellende Rspr. inzwischen überholt, denn der Gesetzgeber hat dort diese Gleichbehandlung gesetzlich klargestellt (→ Rn. 93). Von der der Vertrauensperson zustehenden Aufwandsentschädigung zu unterscheiden ist ein Budget, das zur Deckung der durch die Amtstätigkeit entstehenden Kosten einem Organ der Betriebs- oder Dienststellenverfassung oder der SBV nach Abs. 8 Satz 1 Hs. 1 zur Verfügung gestellt wird. Um ein derartiges Budget handelt es sich bei der Zurverfügungstellung von Haushaltsmitteln an den Personalrat gemäß § 40 Abs. 2 Satz 1 des LPVG NW. Eine Vertrauensperson, deren Dienststelle in den Geltungsbereich des LPVG NRW fällt, kann nicht wegen des Grundsatzes der Gleichstellung mit Personalratsmitgliedern verlangen, ein derartiges Budget zu erhalten; denn dieses steht nur dem Personalrat als Organ, aber nicht den einzelnen Personalratsmitgliedern zu.[35] Zum Budget für die SBV → Rn. 97.

11 **Weitergewährung beruflicher Mehraufwandsentschädigung:** Die Fortzahlung einer für die berufliche Tätigkeit gewährten Aufwandsentschädigung setzt den weiteren Anfall derartiger Mehraufwendungen auch im Rahmen der ehrenamtlichen Tätigkeit in der SBV voraus. Entfallen derartige Mehraufwendungen, so entfällt auch die Aufwandsentschädigung, ohne dass darin mit Blick auf das Ehrenamt eine rechtswidrige Benachteiligung (→ Rn. 23 ff.) zu sehen ist.

Beispiel: Das an saarländische Polizeibeamte gewährte „Bewegungsgeld" setzt voraus, dass der Beamte prägend mit Aufgaben betraut ist, die mit einem Mehraufwand durch außendienstliche Ermittlungstätigkeit verbunden sind. Bei einer vollständigen Freistellung von der Ermittlungstätigkeit entfällt mit Wegfall des Mehraufwands auch der Anspruch auf Mehraufwandsentschädigung.[36]

4. Prämierung von Verbesserungsvorschlägen

12 **Erfindungen und Verbesserungsvorschläge:** Bei Erfindungen (§§ 2, 9 ArbNErfG) und sog. qualifizierte technische Verbesserungsvorschlägen, die eine ähnliche Vorzugsstellung wie ein gewerbliches Schutzrecht gewähren (§§ 3, 20 Abs. 1 ArbNErfG), bestehen gesetzliche Ansprüche. Der Einreicher hat gegen den Arbeitgeber danach einen Anspruch auf angemessene Vergütung, sobald dieser den Vorschlag verwertet. Nach § 20 Abs. 2 ArbNErfG bleibt die Behandlung technischer und einfacher Verbesserungsvorschläge der Regelung durch Tarifvertrag oder Betriebsvereinbarung überlassen. Soweit keine tarifliche Re-

---

33 BAG 14.8.1986 – 6 AZR 622/85, NZA 1987, 277.
34 Zur inhaltsidentischen Regelung in § 26 Abs. 3 SchwbG BAG 14.8.1986 – 6 AZR 622/85, NZA 1987, 277.
35 BAG 2.6.2010 – 7 ABR 24/09, Behindertenrecht 2010, 210.
36 VG Saarland 28.10.2008 – 3 K 127/08.

gelung vorhanden ist, besteht nach § 87 Abs. 1 Nr. 12 BetrVG das Mitbestimmungsrecht für „Grundsätze über das betriebliche Vorschlagswesen". Maßgebend ist die Definition des betrieblichen Verbesserungsvorschlags in der Betriebsvereinbarung, die nach § 77 BetrVG wie jede andere Norm auszulegen ist. Üblich ist in manchen Betrieben eine Regelung in der Art: „Ein betrieblicher Verbesserungsvorschlag im engeren Sinne liegt vor, wenn eine Anregung auf zukünftige Verbesserung abzielt, die Einführung Nutzen bringt, rentabel erscheint und ohne die Anregung des Einreichers nicht durchgeführt worden wäre. Dabei ist es nicht erforderlich, dass die vorgeschlagene Maßnahme an sich neu ist. Sie kann bereits bekannt und anderweitig eingesetzt sein." Danach ist der Vorschlag, ein bestimmtes Gerät, zB eine hydraulische Hebehilfe, einzusetzen, das einem behinderten Beschäftigten hilft, seine Arbeit effektiv ausüben zu können, ein betrieblicher Verbesserungsvorschlag. Ein Vorschlag, der zwar die Arbeit behinderungsgerecht gestaltet, aber dem Arbeitgeber keinen wirtschaftlichen Vorteil verschafft, ist danach kein prämierungswürdiger betrieblicher Verbesserungsvorschlag.

Prämierbarkeit von Vorschlägen der Schwerbehindertenvertretung: Von der 13
Rspr. bislang noch ungeklärt ist, ob Vertrauensperson und stellvertretende Mitglieder für Verbesserungsvorschläge, welche die Produktivität der Arbeit von Behinderten erhöhen, prämiert werden müssen. In vielen Betrieben ist wie in einer Betriebsvereinbarung eines Medienkonzerns geregelt:
„Auch Verbesserungsvorschläge aus dem eigenen Aufgabengebiet sind prämierbar, allerdings nur in dem Umfang, wie sie über den Rahmen der **Dienstpflicht des Mitarbeiters** hinausgehen. Leitgedanke dabei ist, dass Mitdenken und Initiative sich auch im eigenen Arbeitsgebiet lohnen soll. Die Prämie ist um den Anteil zu kürzen, den die Dienstpflicht ausmacht. Der Abschlag wird vom Bewertungsausschuss festgelegt. Die Prämie darf nur dann gekürzt werden, wenn vom Bewertungsausschuss mindestens eine der beiden folgenden Fragen positiv beantwortet wird: Konnte der Vorschlag in Erfüllung dieser Aufgabe erwartet werden? Konnte der Mitarbeiter selbst über die Verwirklichung entscheiden?"
Dienstpflicht der Vertrauensperson: Nach § 178 Abs. 1 Satz 2 Nr. 2 gehört das 14
Beantragen von Verbesserungsmaßnahmen zur Aufgabenstellung der SBV. Deshalb sind im Rahmen des Ehrenamtes Vorschläge zur behinderungsgerechten Ausstattung des Arbeitsplatzes und Gestaltung von Arbeitsabläufen von einer Vertrauensperson zu erwarten. Hier greift allerdings nicht der in der Betriebsvereinbarung geregelte Ausschlusstatbestand ein, der sich auf eine vom Arbeitgeber zugewiesenen Aufgabe Gesetz bezieht; denn die SBV erfüllt keine gegenüber dem Arbeitgeber bestehende Dienstpflicht. Vielmehr greift hier das in § 179 Abs. 1 verankerte Prinzip der Unentgeltlichkeit ein. Dadurch sollen die Mitglieder der SBV jedoch nicht benachteiligt werden (Abs. 2). Verbesserungsvorschläge, die über das im Rahmen der gewöhnlichen Amtstätigkeit hinausgehen, sind deshalb vergütungspflichtig. Anhaltspunkt für die Abgrenzung kann der Umfang der vom Arbeitgeber gewährten Freistellung für Amtstätigkeit nach § 179 Abs. 4 Satz 1 und 2 sein. Wird die Vertrauensperson für die Prüfung der Möglichkeiten zur Verbesserung der behinderungsgerechten Beschäftigung freigestellt, so ist sie so zu behandeln, als ob sie in Erfüllung einer Dienstpflicht gegenüber dem Arbeitgeber den Vorschlag, zB Anschaffung einer im Katalog eines Spezialausrüsters beschriebenen neuartigen Sehhilfe für sehbehinderte Beschäftigte im Schreibbüro, eingereicht hat. Ist die Vertrauensperson weder pauschal für die Betreuung der im Beispiel genannten im Schreibbüro beschäftigten sehbehinderten Menschen noch konkret für diese Aufgabe freigestellt, so geht der Verbesserungsvorschlag über die Erfüllung der Dienstpflicht hinaus. Unab-

hängig davon sind alle Vorschläge von selbst entdeckten oder entwickelten technischen Neuerungen zu vergüten; denn von der SBV sind keine derartigen qualifizierten Verbesserungsvorschläge im Rahmen der Aufgabenstellung nach § 178 Abs. 1 Satz 2 Nr. 2 zu erwarten.

Beispiel: Die technisch interessierte Vertrauensperson entdeckt in einem Katalog eines Software-Hauses ein Programm, das sie für die bisher nicht erkannte Verwendungsmöglichkeit, die Schreibgeschwindigkeit der sehbehinderten Beschäftigten im Schreibbüro zu steigern, vorschlägt.

15 **Dienstpflicht von stellvertretenden Mitgliedern der SBV:** Wer als stellvertretendes Mitglied nur im „Wartestand" für den Verhinderungsfall einen Verbesserungsvorschlag entwickelt, handelt stets über seine Amtspflicht hinaus. Zur vorsorglichen Vermeidung von Missverständnissen ist es ratsam, den Verbesserungsvorschlag nicht in der Zeit der Vertretung der Vertrauensperson einzureichen.

5. Unabhängigkeit der Amtsführung

16 **Weisungsfreiheit:** Der Grundsatz der Ehrenamtlichkeit bewirkt auch die Freiheit von Weisungen. Weder der Arbeitgeber noch die Agentur für Arbeit oder das Integrationsamt können der SBV Weisungen erteilen.[37] Das gilt auch im Verhältnis von Betriebs- oder Personalrat oder sonstigen Interessenvertretungen zur SBV. Alle diese Stellen und Personen dürfen nur Anregungen und in angemessener Form Kritik äußern.[38]

17 **Keine Rechenschaftspflicht gegenüber dem Arbeitgeber:** Die Vertrauenspersonen unterliegen hinsichtlich ihrer Amtsführung keiner Kontrolle durch den Arbeitgeber. Lediglich aus begründetem Anlass müssen sie Angaben über Ausgaben, Zeitaufwand und Freistellung sowie Kosten in allgemeiner Form erbringen und glaubhaft machen.[39] Mehr als eine **stichwortartige Beschreibung** des Gegenstandes der Tätigkeit nach Art, Ort und Zeit ist nicht erforderlich.[40] Es empfiehlt sich daher zur eigenen Absicherung, eine tagebuchartige Dokumentation mit Stichworten in einem Kalender zu führen.

18 **Ungebundenes Mandat:** Die SBV ist auch nicht an Weisungen der schwerbehinderten Menschen des Betriebs oder der Dienststelle gebunden. Nach § 178 Abs. 6 Satz 1 hat die SBV mindestens einmal im Jahr im Betrieb oder in der Dienststelle Versammlung der schwerbehinderten Menschen durchzuführen. Nach § 178 Abs. 6 Satz 2 gelten für das Verhältnis der SBV zu den Versammlungen der schwerbehinderten Menschen die Bestimmungen der Betriebs- und Personalversammlungen entsprechend. Ein imperatives Mandat der Versammlung ist weder in der Betriebs- noch in der Dienststellenverfassung vorgesehen (→ Rn. 19 f.). Durch die Wahl ist ein Mandat frei von Bindungen gegenüber Unterstützern und Wählern erteilt. Es besteht die Pflicht zur **unparteiischen Amtsführung** in Erfüllung der gesetzlich übertragenen Aufgaben. Das durch Wahl übertragene Amt kann durch die Wähler nur dadurch beendet werden, dass nach § 177 Abs. 7 Satz 4 mindestens ein Viertel der Wahlberechtigten beim Widerspruchsausschuss des Integrationsamts den Antrag stellt, das Erlöschen des Amtes wegen grober Pflichtverletzung zu beschließen.

---

37 *Kossens* in Kossens/von der Heide/Maaß SGB IX § 96 Rn. 4.
38 Zutreffend *Schubert* in Knittel, 107. EL 1.4.2020, SGB IX § 179 Rn. 13.
39 *Pahlen* in Neumann/Pahlen/Greiner/Winkler/Jabben SGB IX § 179 Rn. 3.
40 Vgl. zum Entgeltanspruch eines Betriebsrats: BAG 19.6.1979 – 6 AZR 638/77, AP § 37 BetrVG 1972 Nr. 36, zur Abmeldepflicht → Rn. 53.

Versammlung der im Betrieb beschäftigten schwerbehinderten Menschen: Die 19
betriebliche SBV hat gemäß § 43 Abs. 1 Satz 1 BetrVG auf der Versammlung
der schwerbehinderten Beschäftigten einen **Tätigkeitsbericht** zu erstatten. Insoweit besteht eine Rechenschaftspflicht. Außerdem kann die Versammlung nach
§ 45 Satz 2 BetrVG an die SBV ihre Wünsche und Kritik herantragen, indem sie
Anträge unterbreitet und Stellungnahmen beschließt. Da diesen Entscheidungen
im Unterschied zur Mitgliederversammlung eines Vereins keine Verbindlichkeit
zukommt, stellen sie für die Vertrauensperson und die stellvertretenden Mitglieder rechtlich nur Anregungen dar.[41] Der Vergleich mit einer Mitgliederversammlung ist insoweit gerechtfertigt, soweit auch hier eine Meinungsbildung
stattfindet. Das schließt auch das Recht der Versammlung ein, die Vertrauensperson oder stellvertretende Mitglieder zum Rücktritt wegen ungenügenden
Einsatzes oder pflichtwidriger Amtsführung aufzufordern. Das schließt jedoch
kein **imperatives Mandat** ein. Die SBV hat ein durch die Wahl legitimiertes freies Mandat → Rn. 18.

Verhältnis zur Personalversammlung der schwerbehinderten Menschen: Die in 20
einer Dienststelle des Bundes bestehende SBV hat aufgrund der Verweisung in
§ 178 Abs. 6 Satz 2 SGB IX § 59 Abs. 1 BPersVG nF (entspricht dem
bis 14.6.2021 geltenden § 49 Abs. 1 Satz 1 BPersVG aF) einmal in jedem Kalenderhalbjahr in der Personalversammlung einen **Tätigkeitsbericht** zu erstatten.
Nach § 61 Abs. 2 BPersVG nF (entspricht dem bis 14.6.2021 geltenden § 51
Satz 1 BPersVG aF) kann die Personalversammlung der SBV Anträge unterbreiten und zu ihrer Amtstätigkeit Stellung nehmen. Die Landespersonalvertretungsgesetze haben diese Bestimmungen übernommen. Es bestehen keine Unterschiede zur Betriebsversammlung.

6. Sozialversicherungsrecht und beamtenrechtliche Unfallfürsorge

Sozialversicherung und Unfallfürsorge: Die ehrenamtliche Amtsführung für die 21
SBV gilt sozialversicherungsrechtlich als Arbeitsleistung in einem Beschäftigungsverhältnis.[42] Damit sind alle Sparten der Sozialversicherung abgedeckt.
Für den Unfallschutz im Beamtenverhältnis stehender Vertrauenspersonen ist
nach der Zugehörigkeit zum Bund oder anderen Dienstherrn zu unterscheiden.
In § 12 BPersVG nF (vordem § 11 BPersVG) ist klargestellt: „Erleidet eine Beamtin oder ein Beamter anlässlich der Wahrnehmung von Rechten oder der Erfüllung von Pflichten nach diesem Gesetz einen Unfall, der im Sinne der beamtenrechtlichen Unfallfürsorgevorschriften ein Dienstunfall wäre, so sind diese
Vorschriften entsprechend anzuwenden." Für die Beamtenverhältnisse, die
nicht zum Bund, sondern zu anderen öffentlichen Arbeitgebern bestehen, hat
der Bundesgesetzgeber seit der Föderalismusreform von 2006 keine Gesetzgebungskompetenz zur Neuregelung. In § 131 BPersVG nF ist mit der Novellierung des BPersVG eine Übergangsregelung für die Personalvertretungen in den
Ländern und Gemeinden getroffen. Danach ist bis zum Ablauf des 31.12. 2024
der Schutz aus § 109 BPersVG 1974 weiter anzuwenden. Dieser Schutz besteht
darin, dass ein Unfall, der anlässlich der Wahrnehmung von Rechten oder Erfüllung von Pflichten nach dem Personalvertretungsrecht erlitten wird, im Sinne
der beamtenrechtlichen Unfallfürsorgevorschriften als Dienstunfall gilt. Aufgrund der Verweisung in § 179 Abs. 3 Satz 1 SGB IX besitzt eine beamtete Ver-

---

41 Vgl. insoweit zum Verhältnis der Betriebsversammlung zum Betriebsrat BAG
27.6.1989 – 1 ABR 28/88, NZA 1990, 113.
42 *Schubert* in Knittel, 107. EL 1.4.202,0 SGB IX § 179 Rn. 16; zum alten Recht unter Geltung der RVO BSG 20.2.2001 – B 2 U 7/00 R, BSGE 87, 294, SozR 3-2200
§ 539 Nr. 54, SozR 3-2700 § 2 Nr. 2.

trauensperson den gleichen Anspruch auf Unfallfürsorge. Vertritt ein stellvertretendes Mitglied die Vertrauensperson, ist es nach § 179 Abs. 3 Satz 2 SGB IX in gleicher Weise geschützt.

22 **Unfall bei Amtstätigkeit:** Unfälle sind zeitlich begrenzte, von außen auf den Körper einwirkende Ereignisse, die zu einem Gesundheitsschaden oder zum Tod führen. In Ausübung von Amtsgeschäften erlittene Unfälle sind **Arbeitsunfälle**. Sie sind für Arbeiter und Angestellte nach § 2 Abs. 1 Nr. 1 SGB VII, § 8 SGB VII von der gesetzlichen Unfallversicherung zu entschädigen.[43] Mitversichert ist nach § 8 Abs. 2 SGB VII auch das Zurücklegen des mit der versicherten Tätigkeit zusammenhängenden unmittelbaren Weges nach und von dem Ort der Tätigkeit. Danach steht die Teilnahme eines Kandidaten an Besprechungen über die im Betrieb bevorstehende Wahl einschließlich des Weges zu dem Besprechungslokal und zurück unter Unfallversicherungsschutz.[44] Kein Schutz besteht für einen zwanglosen Gedankenaustausch im Garten eines Betriebsratsmitgliedes, wenn das Treffen letztlich Freizeitcharakter hat.[45] Gleiches gilt für eine Feier der Betriebsrats in einem Sportlerheim, das dem Kennenlernen aller Betriebsratsmitglieder und Ersatzmitglieder diente.[46] Nach § 8 Abs. 3 SGB VII gilt die Beschädigung oder der Verlust eines Hilfsmittels als Gesundheitsschaden. Folglich sind auch bei einem Wegeunfall auftretende Schäden einer behinderten Vertrauensperson an ihrer Sehhilfe oder an ihrem Rollstuhl zu entschädigen. Wegen des Eintritts der gesetzlichen Unfallversicherung besteht nach § 104 SGB VII eine Beschränkung der Haftung des Arbeitgebers. Er haftet nur für einen Personenschaden, den er vorsätzlich herbeigeführt hat. Der Unfallschutz für Beamte, die Aufgaben der SBV in den Dienststellen des Bundes wahrnehmen, ist die Unfallfürsorge nach § 12 BPersVG nF bzw. in Fortgeltung des § 109 BPersVG aF sichergestellt. → Rn. 21. Dafür, ob ein Dienstunfall vorliegt, ist im Beamtenverhältnis die Definition in § 31 Beamtenversorgungsgesetz maßgeblich. Danach ist ein Dienstunfall: „(...) ein auf äußerer Einwirkung beruhendes, plötzliches, örtlich und zeitlich bestimmbares, einen Körperschaden verursachendes Ereignis, das in Ausübung oder infolge des Dienstes eingetreten ist."

III. Begünstigungs-, Benachteiligungs- und Behinderungsverbot (Abs. 2)

23 **Verbot der Begünstigung und Benachteiligung:** In Abs. 2 wird übereinstimmend mit § 78 BetrVG und § 10 BPersVG (entspricht dem bis 14.6.2021 geltenden § 8 BPersVG) zur Wahrung der Integrität der Amtsführung das Verbot aufgestellt, eine Vertrauensperson wegen ihres Amtes zu begünstigen oder zu benachteiligen. Das heißt: Vertrauenspersonen dürfen weder schlechter noch bessergestellt werden. Es genügt die objektive Besser- oder Schlechterstellung.[47] Eine subjektive Besser- oder Schlechterstellungsabsicht muss nicht vorliegen. Insbesondere ist nicht erforderlich, dass der Amtsträger zu einem bestimmten Handeln oder Unterlassen veranlasst werden oder im Nachhinein für ein bestimm-

---

43 Vgl. zum alten Recht nach der RVO: *Schäcker* BlStSozArbR 1962, 89; zum neuen Recht: *Krasney* ZTR 2004, 21; *Eichenhofer*, Klausurenkurs im Sozialrecht, 5. Aufl. 2005.
44 SG München 12.11.1965 – S 10/AU 63, SGb 1966, 281.
45 SG Marburg 22.7.1981 – S-3/U-125/79.
46 BSG 20.2.2001 – B 2 U 7/00 R, Rn. 18, BSGE 87, 294.
47 Vgl. *Lorenz* in HaKo-BetrVG § 78 Rn. 11 ff.; vertiefend: *von Roetteken*, Verbot der Benachteiligung und Begünstigung, ZTR 2021, 367 ff.

tes Verhalten belohnt werden soll.[48] Wird im Zuge einer kündigungsrechtlichen Auseinandersetzung ein Aufhebungsvertrag abgeschlossen, so liegt auch dann keine unzulässige Begünstigung vor, wenn der Aufhebungsvertrag besonders attraktive finanzielle oder sonstige Konditionen enthält, die einem Arbeitnehmer ohne Amt nicht zugestanden worden wären. Der Abkauf des besonderen Kündigungsschutzes nach § 15 Abs. 1 KSchG, § 103 BetrVG, der anderen Arbeitnehmern nicht zusteht, ist deshalb nicht beanstandet worden.[49]

Es fehlt eine kollektivrechtliche Regelung der gerichtlichen Durchsetzung der Unterlassung der Benachteiligung von Mitgliedern der SBV gegenüber dem Arbeitgeber, wie sie in § 23 Abs. 3 BetrVG zu Gunsten der Betriebsratsmitglieder geregelt ist.[50] Eine analoge Anwendung der Norm ist zu erwägen; denn nach § 179 Abs. 3 SGB IX sollen die Mitglieder der SBV die gleiche persönliche Rechtsstellung erhalten. Dazu muss auch das Verfahrensrecht gehören; denn das Verfahren sorgt für die Effektivität des materiellen Rechts. Im Übrigen kann die Vertrauensperson Schadensersatzansprüche nach § 823 Abs. 2 BGB iVm § 179 Abs. 2 SGB IX geltend machen; denn das Benachteiligungsverbot ist in einem Schutzgesetz im Sinne des § 823 Abs. 2 BGB enthalten, → Rn. 35.[51]

Versetzung als Benachteiligung: In der betrieblichen Praxis wird nicht selten beklagt, dass einige Zeit nach Übernahme des Amtes die Vertrauensperson auf einen weniger qualifizierten und geringer vergüteten Arbeitsplatz versetzt werde. Schon wegen des Verstoßes gegen das in Abs. 4 Satz 1 enthaltene Verbot der Lohnminderung ist darin eine Benachteiligung zu sehen. Zu beachten ist jedoch, dass eine Versetzung innerhalb des Betriebs, über die der Betriebsrat nach § 99 Abs. 1 BetrVG mitzubestimmen hat, angezeigt sein kann. So kann zur Ermöglichung einer sachgerechten Ausübung der Amtstätigkeit ein anderer gleichwertiger Arbeitsplatz sogar notwendig werden, wenn angesichts der häufigen und nicht im Voraus kalkulierbaren Freistellungsbedarfs den besonderen Präsenzanforderungen des bisherigen Arbeitsplatzes, zB eines Kreditsachbearbeiters mit Kundenverkehr, nicht mehr entsprochen werden kann. Bevor die Versetzung erfolgt, muss jedoch der Arbeitgeber alle organisatorischen Möglichkeiten ausschöpfen. So bedarf es häufig nur einer Absprache zur Freistellung an bestimmten Wochentagen, um dem Erfordernis der Planbarkeit für Kundengespräche oder andere Präsenzerfordernisse Rechnung tragen zu können. 24

Benachteiligung im beruflichen Fortkommen: Die Angabe der Amtstätigkeit als Vertrauensperson im **Arbeitszeugnis** wird nach allgemeiner Auffassung als eine besondere Maßnahme der Benachteiligung aufgefasst.[52] Dem ist zuzustimmen. Mit der Angabe der ausgeübten organschaftlichen Funktion wird der Beschäftigte für andere Arbeitgeber bei Bewerbungen „gekennzeichnet". Seine Chancen auf schnelle Vermittlung werden herabgesetzt. Deshalb darf der Arbeitgeber eine Angabe zum ausgeübten betriebsverfassungsrechtlichen Amt nur auf Wunsch des Beschäftigten aufnehmen. 25

Begünstigungsfälle: Ein **Aufwendungsersatz**, der in Form einer überhöhten Pauschale vom Arbeitgeber gewährt wird, verstößt gegen den Grundsatz der unent- 26

---

48 BAG 21.3.2018 – 7 AZR 590/16, Rn. 16, AuR 2018, 259; Besprechungsaufsatz: *Oltmanns/Fuhlrott* DB 2018, 1086.
49 BAG 21.3.2018 – 7 AZR 590/16, Rn. 20 f., AuR 2018, 259; Besprechungsaufsatz: *Oltmanns/Fuhlrott* DB 2018, 1086.
50 *Esser/Isenhardt* in jurisPK-SGB IX, 3. Aufl. 2018 12.2.2021, § 179 Rn. 13.
51 Zustimmend *Esser/Isenhardt* in jurisPK-SGB IX, 3. Aufl. 2018 12.2.2021, § 179 Rn. 13.
52 *Esser/Isenhardt* in jurisPK-SGB IX, 3. Aufl. 2018 12.2.2021, § 179 Rn. 12.

geltlichen Amtsführung und gegen das Begünstigungsverbot Überhöht ist die Pauschale, wenn sie den Durchschnitt der typischen Auslagen und Aufwendungen erheblich übersteigt. Er darf nach allgemeiner Ansicht keine versteckte Vergütung für die Amtsführung sein. Die Rspr. des BAG ist streng. Es wird schon als Verstoß gegen das Begünstigungsverbot angesehen, wenn eine Pauschale zur Abgeltung von Mehrarbeitsstunden **wegen der Amtstätigkeit** vereinbart wird.[53] Das BAG argumentiert, Betriebsratsmitglieder erhielten dann einen Sondervorteil gegenüber anderen Arbeitnehmern, die keine Mehrarbeit zugeteilt erhielten und deshalb keine entsprechende Verdiensterhöhung erlangen könnten.[54] Entsprechende Vereinbarungen werden gemäß § 134 BGB als nichtig angesehen.[55] Eine unzulässige Begünstigung von einem freigestellten Betriebsratsmitglied liegt auch in der **zu hohen Eingruppierung**. Eine Korrektur ist auch ohne Änderungskündigung zulässig.[56]

Der Fall:[57] Der Kläger war bei der Beklagten zunächst als Kraftfahrer tätig und seit 1990 wegen seiner Personalratstätigkeit von der Erbringung der Arbeitsleistung freigestellt. Während der Freistellung erwarb er eine Zusatzqualifikation zum Personalfachkaufmann, wurde in diesem Bereich aber nicht eingesetzt. Als Kraftfahrer war er in die Entgeltgruppe 6 TVöD eingruppiert und erhielt eine entsprechende Vergütung.

Später bewarb er sich bei der Beklagten auf eine Stelle als Betriebshofleiter, worauf die Parteien sich dahin gehend einigten, dass der Kläger „auf eine Stelle als Leiter Verwaltung/Personal auf Entgeltgruppe 14 TVöD aufgebaut werde". Entsprechend erhielt er ab 2012 eine Vergütung nach Entgeltgruppe 14 TVöD. 2017 teilte die Beklagte dem Kläger mit, die Eingruppierung in Entgeltgruppe 14 TVöD verstoße gegen das gesetzliche Verbot, Personalräte aufgrund ihres Amtes zu bevorteilen, er werde künftig wieder nach Entgeltgruppe 6 TVöD vergütet. Dagegen klagte der Kläger.

Die Lösung: Die Klage hatte in beiden Instanzen keinen Erfolg. Die Beklagte war berechtigt, die viel zu hohe Eingruppierung des Klägers zu korrigieren. Denn sie hat den Kläger – unerlaubt – wegen seines Personalratsamtes begünstigt und eine Eingruppierung vorgenommen, die entweder ein abgeschlossenes Hochschulstudium oder entsprechend gleichwertige Kenntnisse und Fähigkeiten voraussetzt. Über Beides verfügt der Kläger nicht.

Hinweis für die Praxis: Die Entscheidung ist stimmig. Eine Begünstigungsabsicht ist nicht erforderlich. Es genügt die objektive Besserstellung gegenüber Nichtbetriebsratsmitgliedern, die wegen der Amtstätigkeit erfolge.[58] Die **Rückforderung geleisteten Entgelts** richtet sich in diesen Fällen nicht nach § 812 Abs. 1 Satz 1 Alt. 1 BGB, sondern nach § 817 Satz 1 BGB. Damit wird der sonst mögliche Einwand aus § 814 BGB ausgeschlossen. Das heißt: Dem rückfordernden Arbeitgeber kann nicht entgegengehalten werden, er habe in Kenntnis einer Nichtschuld geleistet.[59] Eine objektive Begünstigung liegt auch vor, wenn die Mitglieder der SBV von einer allgemein eingeführten **Kurzarbeit** ausgenom-

---
53 BAG 8.11.2017 – 5 AZR 11/17, Rn. 31, NZA 2018, 528.
54 BAG 8.11.2017 – 5 AZR 11/17, Rn. 31, NZA 2018, 528; BAG 16.2.2005 – 7 AZR 95/04, zu I 1 der Gründe.
55 BAG 8.11.2017 – 5 AZR 11/17, Rn. 31, NZA 2018, 528; BAG 16.2.2005 – 7 AZR 95/04, zu I 1 der Gründe.
56 LAG Bln-Bbg 23.10.2019 – 17 Sa 2297/18, Rn. 74, NZA-RR 2020, 105.
57 Nachgebildet: LAG Bln-Bbg 23.10.2019 – 17 Sa 2297/18, NZA-RR 2020, 105.
58 BAG 8.11.2017 – 5 AZR 11/17, Rn. 31, NZA 2018, 528; BAG 16.2.2005 – 7 AZR 95/04, zu I 1 der Gründe.
59 BAG 8.11.2017 – 5 AZR 11/17, Rn. 36, NZA 2018, 528.

men werden.⁶⁰ Keine unzulässige Begünstigung, sondern eine Art der Gleichbehandlung liegt vor, wenn der Arbeitgeber bei der Vergütung berücksichtigt, welche Stellung die Vertrauensperson bei betriebsüblicher beruflicher Entwicklung ohne Ausfall von Arbeitszeit infolge ihrer Amtstätigkeit erreicht hätte.⁶¹ Lässt sich eine Vertrauensperson vom Arbeitgeber durch **Geldgeschenke** oder **Urlaubsreisen** begünstigen, so ist die Entgegennahme des Vorteils eine Amtspflichtverletzung. Sie gibt Anlass zur Amtsenthebung. Dazu bedarf es jedoch nach § 177 Abs. 7 Satz 5 eines Antrags beim Widerspruchsausschuss des Integrationsamts.

Nachgeben bei Verhandlung für Sondervorteil: Ein unzulässiger Fall der Selbstbegünstigung liegt vor, wenn die Vertrauensperson sich einen persönlichen Vorteil im Rahmen von Interessenausgleichs- und Sozialplanverhandlungen versprechen lässt, mag der Vorteil auch nur gering und ausschließlich immaterieller Art sein. 27

Beispiel: Der Arbeitgeber schreibt der Vertrauensperson: „(…) bekanntlich werden Sie nach dem gegenwärtigen Stand des Interessenausgleiches und der Sozialplanverhandlungen künftig als Werkschutzmann eingesetzt. Soweit wir wissen, sind Sie auch bereit, in dieser Funktion und zu den hierfür geltenden tariflichen Bedingungen zu arbeiten. Es scheint allerdings so zu sein, dass Ihnen die Bezeichnung Werkschutzmann nicht zusagt. Wir sind deshalb bereit, Sie nach außen (also insbesondere in Zeugnissen) als ‚Maschinist Anlagensicherheit' zu bezeichnen. Dies sagen wir Ihnen hiermit unter der Voraussetzung zu, dass Sie Ihren Widerstand gegen den Interessenausgleich, den Sozialplan und (…) aufgeben." Das Gericht sah zu Recht darin eine verbotene Begünstigung, die eine Erleichterung des beruflichen Fortkommens bezweckte.⁶² Zulässig wäre es gewesen, eine derartige Verbesserung der Vermittlungschancen für alle Werkschutzmänner zu fordern.

Behinderungsverbot: § 179 Abs. 2 schützt die SBV vor jedem unzulässigen Eingriff in die Amtsführung, gleich ob er in einer Handlung oder auch in einem Unterlassen besteht. Eine Behinderung liegt allerdings noch nicht schon dann vor, wenn der Arbeitgeber eine Forderung der SBV als unberechtigt ablehnt. Hinzukommen muss noch eine Pflichtwidrigkeit, mit der in die Amtsführung der SBV eingegriffen oder sie zumindest erschwert wird.⁶³ 28

Auf ein Verschulden kommt es nicht an.⁶⁴ Verboten ist damit auch eine unbeabsichtigte, jedoch objektiv feststellbare Beeinträchtigung.⁶⁵ Im Unterschied zur Rechtslage beim Betriebsrat fehlt eine § 119 Abs. 1 BetrVG entsprechende Strafbewehrung, dazu ausführlich → § 177 Rn. 85. 29

Anweisungen zur Behinderung: Anweisungen des Arbeitgebers an die Personalabteilung, die eine solche Beeinträchtigung darstellen, verstoßen gegen ein Verbot und sind daher nach § 134 BGB **unwirksam**. Sie müssen nicht befolgt werden. 30

Beispiele für unwirksame Weisungen: Der Arbeitgeber weist an, der betrieblichen SBV nicht das nach § 163 Abs. 1 Satz 1 laufend zu führende Verzeichnis

---

60 Zustimmend: *Schubert* in Knittel, 107. EL 1.4.2020, SGB IX § 179 Rn. 19.
61 BAG 18.1.2017 – 7 AZR 205/16, Rn. 16, ZTR 2017, 438 (440); vertiefend: *von Roetteken* ZTR 2021, 367 (373).
62 SächsLAG 27.8.2008 – 2 Sa 752/07; nachgehend BAG, 5.8. 2010 – 1 AZR 1/09, sonstige Erledigung nach sechsmonatigem Ruhen.
63 *Schimanski* in GK-SGB IX § 96 Rn. 19; *Schubert* in Knittel, 107. EL 1.4.2020, SGB IX § 179 Rn. 20.
64 BAG 12.11.1997 – 7 ABR 14/97, AP § 23 BetrVG 1972 Nr. 27.
65 *Trenk-Hinterberger* in HK-SGB IX § 96 Rn. 6.

der im Betrieb beschäftigten schwerbehinderten Menschen und Gleichgestellten in Abschrift zu überlassen (vgl. § 163 Abs. 2 Satz 3), oder er weist an, die SBV entgegen § 178 Abs. 2 Satz 1 nicht vor Abgabe eines Angebots an Aufhebungsverträgen an schwerbehinderte Menschen unverzüglich und umfassend zu unterrichten und vor der Entscheidung anzuhören, oder er weist an, der Vertrauensperson entgegen § 178 Abs. 2 Satz 4 die Teilnahme an den von ihr gewünschten Vorstellungsgesprächen zu verwehren.

Wenn ein Mitarbeiter diese die SBV behindernden und damit verbotenen Weisungen nicht befolgt, darf das nicht als Verletzung seiner arbeits- oder dienstvertraglicher Pflichten gewertet werden.[66]

31 **Behinderungsfälle:** In der Praxis tauchen immer wieder eindeutige Fälle von Behinderungen auf, die von den Beteiligten nur selten als solche erkannt werden. Dazu gehören:

- Das Vorenthalten von für die vertrauliche Amtstätigkeit der SBV geeigneten Räumen,
- die Weigerung, einen aus Datenschutzgründen erforderlichen abschließbaren Schrank zur Aufbewahrung von Unterlagen für die Unterstützung nach § 178 Abs. 1 Satz 3 im Feststellungsverfahren zur Verfügung zu stellen,
- die Ablehnung der Beschaffung von aktueller Fachliteratur zB eines Praxiskommentars zum SGB IX,
- die Verhinderung von Sprechstunden der Vertrauensperson,
- das Nicht-Zurverfügungstellen einer Bekanntmachungsmöglichkeit (Schwarzes Brett) an einem geeigneten Ort[67] oder das Entfernen von Mitteilungen der Vertrauensperson vom Schwarzen Brett,
- die Empfehlung gegenüber schwerbehinderten Menschen, die Versammlung nach § 178 Abs. 6 SGB IX nicht zu besuchen oder die Ankündigung, für die Teilnahme an der Versammlung kein Entgelt zu zahlen,
- das tendenziöse Herausstellen der Höhe der Kosten der Amtstätigkeit, obwohl tatsächlich entstandenen Kosten sich innerhalb eines angemessenen Rahmens bewegen.[68]

32 **Unterlassungsanspruch:** Im Fall der Behinderung durch den Arbeitgeber oder den Betriebs- oder Personalrat steht der SBV ein **Anspruch auf Beseitigung der Störung und auf Unterlassung weiterer Störungen** der Amtstätigkeit zu.[69] Für den Betriebsrat wird ein solcher Anspruch aus § 78 Satz 1 BetrVG abgeleitet. Er kann als selbstständig einklagbarer Nebenleistungsanspruch auch ohne ausdrückliche gesetzliche Normierung bestehen.[70] Für die SBV folgt in gleicher Weise aus dem Normzweck des Abs. 2, die Amtsausübung der SBV vor Störungen aller Akteure im Betrieb oder in der Dienststelle zu schützen. So kann die SBV gegen Äußerungen von Arbeitgeber und Betriebsrat vorgehen, die SBV sei überflüssig und verursache nur unnötige Kosten, die schwerbehinderten Menschen würden schon ausreichend durch den Betriebsrat vertreten. Auf diesen Anspruch, gegen Störungen ihrer Amtstätigkeit vorzugehen, ist die SBV umso mehr angewiesen, weil ein strafrechtlicher Schutz der Amtstätigkeit der SBV fehlt. Während der Gesetzgeber in § 119 Abs. 1 Nr. 2 BetrVG Behinderungen

---

66 *Schubert* in Knittel, 107. EL 1.4.2020, SGB IX § 179 Rn. 24.
67 LAG BW 10.6. 2020 – 4 TaBV 5/19, juris Rn. 66, BB 2020, 2301.
68 BAG 12.11.1997 – 7 ABR 14/97, AP § 23 BetrVG 1972 Nr. 27.
69 *Schubert* in Knittel, 107. EL 1.4.2020, SGB IX § 179 Rn. 26: Unterlassungsanspruch wie Betriebsrat.
70 BAG 3.5.1994 3.5.1994 – 1 ABR 24/93, BAGE 76, 364, AP § 23 BetrVG 1972 Nr. 23; BAG 12.11.1997 12.11.1997 – 7 ABR 14/97, AP § 23 BetrVG 1972 Nr. 27.

oder Störungen der Amtstätigkeit des Betriebsrats mit einer Freiheitsstrafe von bis zu einem Jahr bedroht, meint das zuständige BMAS auf jede Strafandrohung verzichten zu können. Als Begründung wird angegeben: „Der Bundesregierung liegen keine Hinweise auf Verstöße gegen Arbeitgeberpflichten vor, die die Einführung einer zusätzlichen Strafvorschrift angezeigt erscheinen ließen".[71] Die Bundesregierung hat die empirischen Grundlagen ihrer Bewertung für „nicht angezeigt" nicht offen gelegt. Sie nimmt offensichtlich bislang nicht die Ergebnisse der Untersuchungen von der Gewerkschaft IG Metall und der Bundesarbeitsgemeinschaft der betrieblichen Schwerbehindertenvertretungen zur Kenntnis. Danach haben im Untersuchungszeitraum 2016 in Betrieben, in denen die IG Metall vertreten war, nur 55 % der Arbeitgeber und in den übrigen Betrieben nur 10 % der Arbeitgeber ihre Beteiligungspflichten gegen über der SBV korrekt erfüllt.[72] Dieses Vollzugsdefizit hat bei der Beratung des BTHG der Bundesrat eingeräumt.[73] Dennoch ist das BMAS nicht an einer Regelung interessiert, obwohl aus Gründen der Generalprävention eine Strafandrohung zur angebracht wäre. Ein in der IG Metall lange Zeit für das Schwerbehindertenrecht tätig gewesener Bereichsleiter beklagt nach seiner Pensionierung zur Haltung der Fachabteilung des BMAS: „Offenbar existiert kein Forschungsinteresse".[74]

IV. Persönliche Rechtsstellung (Abs. 3 bis 6)
1. Gleichstellung mit Betriebs- und Personalräten

Anlehnung an Betriebs- und Personalrat: Für die persönliche Rechtsstellung der schwerbehinderten Menschen gegenüber dem Arbeitgeber knüpft Abs. 3 Satz 1 an die Rechtsstellung der Mitglieder der Betriebs- und Personalräte an. Das gilt insbesondere für den Kündigungsschutz während der Amtszeit (§ 15 Abs. 1 KSchG), für den nachwirkenden Kündigungsschutz bis zu einem Jahr nach Ablauf der Amtszeit (§ 15 Abs. 2 KSchG), für deren eingeschränkten Schutz bei Stilllegung des Betriebs (§ 15 Abs. 2 KSchG) oder des Betriebsteils (§ 15 Abs. 5 KSchG) sowie für das Zustimmungserfordernis (§ 103 Abs. 1 BetrVG, § 55 BPersVG nF (entspricht dem 14.6.2021 geltenden § 47 BPersVG aF). Einzelheiten: → Rn. 60.

Ergänzender persönlicher Schutz: Vertrauenspersonen dürfen gegenüber anderen Beschäftigten, die nicht das Amt der SBV ausüben, weder zurückgesetzt noch schlechter gestellt werden. Insbesondere darf der Arbeitgeber ihnen nicht das Entgelt mindern oder besondere Zuwendungen mangels „produktiver Arbeit" vorenthalten oder wegen der amtstätigkeitsbedingten Fehlzeiten geringer zu bewertende Arbeitsaufgaben zuweisen.[75] Diesem Ziel dienen auch besondere Schutzvorschriften des Betriebsverfassungs- und Personalvertretungsrechts, die stets nach Abs. 3 Satz 1 ergänzend heranzuziehen sind. Dazu gehören insbesondere:

- Anspruch auf Gleichbehandlung bei Entgeltbemessung mit vergleichbaren Arbeitnehmern bis zu einem Jahr nach Beendigung des Amtes (§ 37 Abs. 4 BetrVG),

---

71 Antwort der Bundesregierung auf eine parlamentarische Anfrage BT-Drs. 17/9347, 4.
72 Daten wiedergegeben in *Düwell/Beyer* Beschäftigte Rn. 345.
73 BR-Drs. 428/16, 63.
74 *Feldes*, 20 Jahre SGB IX – (k)eine Erfolgsgeschichte für die SBV, sui 4/2021, 2, 4.
75 *Schubert* in Knittel, 107. EL 1.4.2020, SGB IX § 179 Rn. 33.

- Anspruch auf Abgeltung von Freizeitansprüchen wie Mehrarbeit, wenn der Freizeitausgleich nicht innerhalb eines Monats stattfindet (§ 37 Abs. 3 Satz 2 BetrVG),
- Einschränkung von Versetzungen, Abordnungen und Zuweisungen im Bundesdienst (§ 55 Abs. 2 BPersVG nF) und in der Privatwirtschaft (§ 102 Abs. 3 BetrVG).

2. Schadensersatz für Benachteiligung

35 **Anspruch auf Schadenersatz:** Soweit persönliche Rechte der Vertrauensperson betroffen sind, begründet eine schuldhafte Benachteiligung Schadensersatzansprüche der Vertrauensperson nach § 823 Abs. 2 BGB; denn Abs. 2 ist nach allgemeiner Ansicht ein **gegen jedermann** (auch gegen übergriffige Mitglieder von Personal- und Betriebsräten) gerichtetes Schutzgesetz im Sinne des § 823 Abs. 2 BGB.[76] Kann die handelnde Person ein Verschulden nach § 280 Abs. 1 Satz 2 BGB nicht ausschließen, so haftet sie persönlich. Wird eine freigestellter Vertrauensperson bei einer Bewerbung wegen Ausübung seines Amtes übergangen, so soll er im Rahmen seiner Schadensminderungspflicht gehalten sein, Rechtsschutz gegen die beanstandete Beförderungsentscheidung in Anspruch zu nehmen.[77]

36 **Anspruch auf Beseitigung der Benachteiligung gegen den Arbeitgeber:** Das BAG nimmt einen sich aus der identischen Verbotsnorm des § 78 Satz 2 BetrVG ergebenden verschuldensunabhängigen Anspruch auf Vornahme der die Benachteiligung beseitigenden Handlung oder auf Unterlassung der Benachteiligung an.[78] Soweit von der Benachteiligung unmittelbar die Amtstätigkeit betroffen ist, kann dem Rechtsgedanken in entsprechender Anwendung des Abs. 2 gefolgt werden. Deshalb kann die SBV unmittelbar gestützt auf Abs. 2 die Beseitigung der Störung oder deren vorbeugende Unterlassung verlangen, ohne dass es auf ein schuldhaftes Arbeitgeberhandeln ankäme. Für Ansprüche auf Ersatz eines materiellen oder immateriellen Schadens kann es jedoch dem Arbeitgeber nicht verwehrt sein, sich auf fehlendes Verschulden zu berufen.

3. Vollständige oder pauschale berufliche Teilfreistellung

37 **Vollständige Freistellung von der beruflichen Tätigkeit:** Die vollständige Freistellung von der beruflichen Tätigkeit bei Erreichen eines Schwellenwerts, wie sie für Betriebsräte in § 38 Abs. 1 BetrVG geregelt ist, war bereits mit dem Gesetz zur Bekämpfung der Arbeitslosigkeit Schwerbehinderter vom 29.9.2000 mit Wirkung zum 1.10.2000 für Vertrauenspersonen geschaffen worden. Mit Wirkung vom 30.12.2016 ist durch das BTHG der ursprüngliche Schwellenwert von 200 auf 100 in § 179 Abs. 4 Satz 2 Hs. 1 von 200 auf 100 halbiert worden. Es handelt sich dabei um den Schwellenwert für **Mindestfreistellungen**; denn nach dem zweiten Halbsatz sind weitergehende Vereinbarungen zulässig. Dazu gehören sowohl weitergehende Regelungen durch TV oder BV/DV oder Inklusionsvereinbarungen iSv § 166 als auch Abreden zwischen SBV und Arbeitsgeber. Die Herabsetzung des Schwellenwerts führt zu einer Halbierung im Verhältnis zu demnach § 38 Abs. 1 BetrVG für den Betriebsrat geltenden Schwellenwert. Dieser weitgehende Schritt ist mit den von der Betriebsratsauf-

---

76 Esser/Isenhardt in jurisPK-SGB IX § 179 Rn. 13; LAG Nds 21.11.2003 – 16 Sa 147/03, NZA-RR 2004, 414.
77 LAG Bln 15.2.2002 – 6 Sa 2099/01, ZTR 2002, 39; Anschluss an BVerwG 28.5.1998 – 2 C 29.97, BVerwGE 107, 29.
78 BAG 25.2.2009 – 7 AZR 954/07.

gabe abweichenden stärkeren individuellen Unterstützungs- und Beistandsleistungen der Vertrauensperson begründet worden (→ Rn. 1). Hinzu kommt noch, die enge Einbindung in präventive Maßnahmen zur Beschäftigungssicherung und die neue Aufgabe, nach § 166 Abs. 2 Satz 2 auf die „Gestaltung inklusiver Arbeitsprozesse und Rahmenbedingungen zur gleichberechtigte Teilhabe schwerbehinderter Menschen am Arbeitsleben hinzuwirken."[79] Der Umfang des Freistellungsanspruchs richtet sich nach der konkreten Arbeitszeit der Vertrauensperson. Es ist davon auszugehen, dass der Gesetzgeber bei der Einschätzung des Schwellenwerts von der Arbeitszeit einer **Vollzeitkraft** ausgegangen ist.[80]

Werden im Betrieb oder in der Dienststelle wenigstens 100 schwerbehinderte Menschen einschließlich der gleichgestellten Menschen mit Behinderung beschäftigt, geht das Gesetz unwiderlegbar davon aus, dass die Arbeitszeit einer Vollzeitarbeitskraft für die Wahrnehmung der Amtsgeschäfte erforderlich ist. Deshalb ist die Vertrauensperson dann berechtigt, die volle Freistellung von der beruflichen Tätigkeit zu verlangen („auf ihren Wunsch"). Dem Wunsch muss der Arbeitgeber nachkommen. Es bedarf keiner Vereinbarung. Es ist auch nicht wie in § 38 Abs. 2 Satz 1 BetrVG eine vorherige Beratung mit dem Arbeitgeber vorgeschrieben. Dem Gebot der engen Zusammenarbeit wegen sollte sich die Vertrauensperson dennoch mit dem Arbeitgeber über Beginn und Ausgestaltung der Freistellung, zB im Hinblick auf Büroausstattung und möglicher Dienstwagennutzung ins Benehmen setzen. Hinsichtlich der Anrechnung der Beschäftigten gelten die gleichen Grundsätze wie für die Wahlberechtigung (→ § 177 Rn. 13). Jeder Wahlberechtigte zählt. Soweit in den Vorauflagen auf die Berechnung der Mindestanzahl für die Wahlfähigkeit eines Betriebes abgestellt worden ist, wird diese Ansicht aufgegeben; denn anders als in § 177 Abs. 1 Satz 1 sind hier im Grundsatz auch die nur vorübergehend Beschäftigten zu berücksichtigen. Ebenso wie in § 38 Abs. 1 BetrVG wird für die Berechnung ausdrücklich auf die Zahl der „in der Regel" Beschäftigten abgestellt. Es müssen demnach wenigstens 100 schwerbehinderte oder ihnen gleichgestellte behinderten Menschen „in der Regel" im Betrieb beschäftigt sein. Damit entfällt das Abstellen auf einen **Stichtag**, an dem die Zahl 100 erreicht sein muss. Auszugehen ist von den im Normalzustand im Betrieb vorhandenen Beschäftigten.[81] Diese werden nach dem **Kopfzahlprinzip** sämtlich voll angerechnet. Anders als beim Kündigungsschutz gibt es **keine Quotenanrechnung** nach dem Umfang der Wochenarbeitszeit wie in § 23 KSchG. Keine Berücksichtigung finden auch die Berechnungs- und Anrechnungsregeln, die in den §§ 157 bis 159 aufgestellt sind; denn diese dienen ausschließlich der Bemessung der Ausgleichsabgabenschuld. Wie der Normalzustand festzustellen ist, hat das BAG[82] so umschrieben: Maßgeblich ist diejenige Personalstärke, die für den Betrieb im Allgemeinen kennzeichnend ist. Dazu ist nicht nur der Personalbestand in der Vergangenheit zugrunde zu legen, sondern auch die künftige, zu erwartende Entwicklung des Beschäftigtenstands einzubeziehen. Soweit Entscheidungen über **Personalaufbau oder Personalabbau** anstehen, dürfen sie nur berücksichtigt werden, wenn sie bereits unmittelbar bevorstehen. **Künftige Veränderungen** der Arbeitnehmerzahl, die nicht unmittelbar bevorstehen, können allenfalls eine

---

79 BT-Drs. 18/9522, 315, zu Nummer 7aa.
80 So auch für § 38 BetrVG *Wolmerath* in HaKo-BetrVG § 38 Rn. 8 mwN.
81 Für § 38 Abs. 1 BetrVG: BAG 2.8.2017 – 7 ABR 51/15, juris Rn. 25, NZA 2017, 1343.
82 BAG 2.8.2017. 2.8.2017 – 7 ABR 51/15, juris Rn. 25, NZA 2017, 1343 mwN zur ständigen Rspr.

spätere Anpassung bedingen. Die Feststellung der maßgeblichen Größe erfordert daher sowohl eine rückblickende Betrachtung, für die ein Zeitraum zwischen sechs Monaten bis zwei Jahren als angemessen erachtet wird, als auch eine Prognose, bei der konkrete Veränderungsentscheidungen zu berücksichtigen sind. Werden Personengruppen zB Aushilfen nicht ständig, sondern lediglich zeitweilig beschäftigt, kommt es für die Frage der regelmäßigen Beschäftigung darauf an, ob derartige Personengruppen normalerweise während des größten Teils eines Jahres, dh alle Einsätze zusammengefasst länger als sechs Monate, beschäftigt werden. Bei Anwendung dieser Bemessungsregeln ist zu beachten, dass diese für die Freistellung des Betriebsrats bezogen auf die Größe der Gesamtbelegschaft aufgestellt sind. Für die Freistellung der Vertrauensperson sind jedoch nur die Beschäftigten anzurechnen, die schwerbehindert und ihnen gleichgestellt sind. Deren Anzahl ist weniger schwankend, weil sie nicht so stark durch unternehmerische Maßnahmen beeinflussbar ist wie die Belegschaftsstärke. Deshalb gewinnt auch die **Ausgleichsabgabenanzeige**, die der Arbeitgeber für das abgelaufene Jahr bis zum 31.3. des Folgejahres nach § 160 Abs. 4 Satz 1 zu erstatten hat, eine Indizwirkung. Ist dort die Schwellenzahl erreicht, so ist für das laufende Jahr die Freistellung zu gewähren; es sei denn, dass Personalabbaumaßnahmen anstehen, die unmittelbar bevorstehen und auch so viele schwerbehinderte Menschen erfassen, dass das Unterschreiten des Schwellenwertes sicher ist. Entgegen der Ansicht vieler Vertrauenspersonen werden die noch laufenden **Anträge auf Feststellung einer Schwerbehinderung oder Gleichstellung** nicht angerechnet. Diese sind jedoch nicht ohne Belang. Ist in der Anzeige der Schwellenwert knapp unterschritten, so sollte die Vertrauensperson Einsicht in das vom Arbeitgeber nach § 163 Abs. 1 Satz 1 laufend zu führende Verzeichnis der schwerbehinderten Beschäftigten nehmen. Ist auch danach noch der Schwellenwert äußerst knapp zB mit 98 unterschritten, kann die Vertrauensperson ihren Freistellungswunsch mit einer 100 schwerbehinderte oder ihnen gleichgestellte behinderte Menschen erreichenden **Prognose** rechtfertigen. Diese Prognose kann ua auf die hohe Anzahl der noch nicht beschiedenen Anträge auf Feststellung der Schwerbehinderung oder Gleichstellung gestützt werden. Die Zahl und deren Erfolgsaussicht kann die Vertrauensperson einschätzen, wenn sie nach § 178 Abs. 1 Satz 3 die Beschäftigten bei der Antragstellung unterstützt hat. Für die anzustellende Prognose genügt eine überwiegende Wahrscheinlichkeit. Beispiel: Fehlen noch zwei „Kopfzahlen", sind aber sieben Anträge in Bearbeitung und beträgt die Wahrscheinlichkeit bisheriger erfolgreicher Antragstellung 50 %, so ist die Prognose begründet.

Besonderheit bei Jobcenter: Werden schwerbehinderte Beschäftigte von einer Dienststelle an eine mit der Agentur für Arbeit gebildete gemeinsame Einrichtung (Jobcenter) zugewiesen, ist umstritten, ob sie bei der Feststellung des Schwellenwerts für eine Freistellung der für diese Dienststelle gewählten Vertrauensperson weiterhin zu berücksichtigen sind. Das ArbG Berlin hat das bejaht.[83] In der Beschwerdeinstanz hat das LAG diese Entscheidung abgeändert und erkannt: „Werden schwerbehinderte Menschen nach § 44 g SGB II einer gemeinsamen Einrichtung zugewiesen, so sind sie (...) nicht mehr in der entsendenden Dienststelle beschäftigt." Daraus folgert das LAG, sie seien nicht iS Abs. 4 Satz 2 anrechenbar.[84] Diese Ansicht ist zweifelhaft, denn die Geschäftsführung der gemeinsamen Einrichtung nach § 44 d Abs. 4 SGB II hat keine Entscheidungsbefugnis bei der Entlassung. Deshalb wäre eine Berücksichtigung so-

---

83 ArbG Berlin 7.3.2013 – 33 BV 14898/12, BB 2013, 692.
84 LAG Bln-Bbg 26.6.2013 – 4 TaBV 664/13, BB 2013, 2483.

wohl bei der entsendenden Dienststelle als auch bei der gemeinsamen Einrichtung angebracht (→ § 177 Rn. 14).

Besonderheit erstrecktes Mandat: Ist die betriebliche Vertrauensperson nach § 180 Abs. 1 Satz 2 zugleich auch Gesamtvertrauensperson, weil es nur eine SBV trotz mehrerer Betriebe im Unternehmen gibt (→ § 180 Rn. 37), so sind die schwerbehinderten Beschäftigten in den vertretungslosen Betrieben bei der Berechnung des Schwellenwertes anzurechnen.

Beispiel: Im Betrieb, für die die SBV gewählt ist, werden 80 schwerbehinderte Menschen beschäftigt. In den vertretungslosen Betrieben, für die nach § 180 Abs. 6 Satz 1 ein erstrecktes Mandat besteht, werden 23 schwerbehinderte Menschen beschäftigt. Zusammen ergibt das 103, so dass die Mindestzahl von 100 überschritten ist. Daraus ergeben sich zwei Rechtsfolgen: 1. Die Vertrauensperson hat nach Abs. 4 Satz 1 einen Anspruch auf volle Freistellung, weil der maßgebliche Schwellenwert „wenigstens 100" erreicht ist. 2. Die Vertrauensperson kann nach § 178 Abs. 1 Satz 4 das erste stellvertretende Mitglied zu ihrer Entlastung heranziehen, weil auch der maßgebliche Schwellenwert „mehr als 100" erreicht ist.

Freistellungsregelung für Herangezogene: Höchstrichterlich ungeklärt ist, ob diese Art der pauschalen Freistellung auch für stellvertretende Mitglieder der SBV in Betracht kommt, die nach § 178 Abs. 1 Satz 4 SGB IX zu bestimmten Aufgaben ständig herangezogen werden. Die verwaltungsgerichtliche Instanzrechtsprechung hat unter Bezug auf *Pahlen*[85] das ohne vertiefende Auseinandersetzung abgelehnt.[86] Das ist zu Recht auf Kritik gestoßen.[87] Die Aufgabe und Rechtsstellung des ständig herangezogenen Mitglieds der SBV wurde verkannt. Ein herangezogenes Mitglied nimmt unmittelbar Aufgaben der SBV wahr und handelt nicht in Vertretung der verhinderten Vertrauensperson.[88] Daraus kann ein dem Umfang der Heranziehung entsprechender Freistellungsanspruch für die Dauer der Aufgabenübertragung abgeleitet werden.[89] Davon geht auch die arbeitsgerichtliche Rechtsprechung aus.[90] In Großbetrieben oder großen Dienststellen mit mehr als 200 Schwerbehinderten kommt folglich neben einer Vollfreistellung für die Vertrauensperson eine weitere volle Freistellung für das ständig herangezogene Mitglied in Betracht. Diese vollständige Arbeitsbefreiung des herangezogenen stellvertretenden Mitglieds kann dann auf den Schwellenwert aus § 179 Abs. 4 Satz 2 gestützt werden, wenn der Heranziehungsumfang eine zeitlich gleichmäßige Aufteilung der Vertretungs- und Beistandsaufgaben zwischen Vertrauensperson und herangezogenem Mitglied vorsieht. Ist das tatsächlich der Fall, kann sich das so herangezogene Mitglied darauf berufen, dass es nach § 179 Abs. 3 Satz 2 die gleiche persönliche Rechtsstellung wie die Vertrauensperson besitzt und deshalb bei Wahrnehmung von Vertretungs- und

---

85 *Pahlen* in Neumann/Pahlen/Majerski-Pahlen, 10. Aufl. 2003, SGB IX § 96 Rn. 11; *Pahlen* ist zu nächst dabei geblieben: *Pahlen* in Neumann/Pahlen/Majerski-Pahlen, 12. Aufl. 2010, SGB IX § 95 Rn. 7 a; jetzt geändert: *Pahlen* in Neumann/Pahlen/Greiner/Winkler/Jabben SGB IX § 95 Rn. 11.
86 VG Aachen 12.10.2006 – 16 K 758/06.PVL.
87 *Gagel* jurisPR-ArbR 3/2007 Anm. 4, aA *Esser/Isenhardt* in jurisPK-SGB IX § 178 Rn. 15; nach denen eine „generelle" Freistellung nicht in Betracht kommen soll.
88 Vgl. *Seel* in Ernst/Adlhoch/Seel SGB IX § 95 Rn. 42.
89 Ebenso schon zum Recht vor dem BTHG *Schimanski* in GK-SGB IX § 96 Rn. 114 mwN; vgl. den Bericht über die SGB IX Novelle 2004 durch den Referatsleiter *Cramer*, Die Neuerungen im Schwerbehindertenrecht des SGB IX, NZA 2004, 698 (705).
90 ArbG Stuttgart 31.1.2018 – 29 BV 208/17, juris Rn. 84 f.

Beistandsaufgaben für wenigstens 100 schwerbehinderte Beschäftigte auf ihren Wunsch nach § 179 Abs. 4 Satz 2 vollständig freizustellen ist.

Beispiel: In einem Betrieb werden 260 schwerbehinderte Menschen beschäftigt, davon 110 in einem 5 km entfernt gelegenen Betriebsteil X: Die Vertrauensperson überträgt dem herangezogenen ersten stellvertretenden Mitglied der SBV die „Betreuung" der 110 im Betriebsteil beschäftigten schwerbehinderten Menschen.

Ist der Umfang der Heranziehung nicht an Hand der Kopfzahl bestimmbar, so muss dem Arbeitgeber und im Streitfall dem Arbeitsgericht die Erforderlichkeit der pauschalen Freistellung überzeugend dargelegt werden. Dazu ist eine Dokumentation der in Anlassfreistellung nach § 179 Abs. 4 Satz 1 aufgewandten Zeiträume hilfreich. Auf diese Weise hat ein herangezogenes Mitglied im arbeitsgerichtlichen Beschlussverfahren seine volle Freistellung durchgesetzt.[91] Siehe dazu auch → § 178 Rn. 32.

In Organisationseinheiten mit weniger als 200, aber mehr als wenigstens 100 Schwerbehinderten wird es nicht selten praktiziert, dass sich Vertrauensperson und das ständig herangezogene stellvertretende Mitglied sich das Freistellungsdeputat in der Form von pauschalen Teilfreistellungen (→ Rn. 39) aufteilen. Der Vorteil für alle Beteiligten ist, dass die Verbindung zur beruflichen Tätigkeit nicht abreißt und dennoch die von der anlassbezogenen Bedarfsfreistellung ausgehende Planungsunsicherheit vermieden wird. Diese gute Praxis ist auch rechtlich zulässig; denn maßgebend ist erstens nach § 179 Abs. 4 Satz 2 der „Wunsch" der Vertrauensperson und zweitens der durch Abs. 3 vermittelte Anspruch, ebenso wie Betriebsräte nach § 38 Abs. 1 Satz 3 und 4 BetrVG Teilfreistellungen in Anspruch nehmen zu dürfen, solange die Summe der Teilfreistellung die Vollfreistellung nicht überschreitet.[92]

38 **Bemessung des Freistellungsbedarfs bei Unterschreiten des Schwellenwerts:** Wird der Schwellenwert 100 schwerbehinderte Beschäftigte nicht erreicht, so entstehen häufig Meinungsverschiedenheiten. Im Interesse der nach § 182 Abs. 1 Satz 1 gebotenen engen Zusammenarbeit zur Teilhabe der schwerbehinderten Menschen und unter Berücksichtigung der in § 182 Abs. 2 Satz 1 bestimmten Pflicht zur gegenseitigen Unterstützung sollte regelmäßig eine einvernehmliche Lösung gefunden werden. Diese ist nur zulässig, wenn die 100er Schwelle unterschritten wird. Sie verstößt gegen zwingendes Recht, wenn ein höherer Schwellenwert vereinbart wird; denn der gesetzliche Schwellenwert ist als ein **zwingender Mindestwert** ausgestaltet. Das ergibt sich aus dem zweiten Halbsatz des § 179 Abs. 4 Satz 2. Dort ist ausdrücklich bestimmt, dass **„weitergehende Vereinbarungen"** zulässig sind. Insoweit unterscheidet sich die Regelung in § 179 Abs. 4 Satz 2 von der vergleichbaren Freistellungsregelung in § 38 Abs. 1 Satz 5 BetrVG. Dort ist eine andere Öffnungsklausel enthalten, nach der „anderweitige Regelungen" über die Freistellung vereinbart werden dürfen. Diese weite betriebsverfassungsrechtliche Öffnungsklausel schließt nicht nur die Heraufsetzung des Schwellenwerts sondern sogar nach der Rechtsprechung des BAG auch die Befugnis ein, die Aufhebung der Freistellungspflicht zu vereinbaren. Die strengere Regelung in § 179 Abs. 4 Satz 2 Hs. 2 schließt das aus. Dies beruht darauf, dass der Schutzbedarf der SBV im Vergleich mit dem Betriebsrat größer ist. Während der Betriebsrat als Träger der erzwingbaren Mitbestimmungsrechte auf dem Verhandlungswege den Verzicht auf Freistellungen in

---

91 ArbG Stuttgart 31.1.2018 – 29 BV 208/17, juris Rn. 85 ff.
92 *Düwell* BB 2001, 2582; zustimmend *Pahlen* Neumann/Pahlen/Greiner/Winkler/Jabben SGB IX § 179 Rn. 10.

Form einer Paketlösung mit der Einräumung anderer Rechte ausgleichen kann, fehlt dem SBV diese Machtstellung. Deshalb sind Vereinbarungen, die den Freistellungsanspruch der Vertrauensperson ausschließen oder einschränken, ohne verbindliche Rechtswirkung.

Werden die Meinungsverschiedenheiten über die Freistellung nicht beigelegt, stellt sich die Frage, ob im Wege der **Verhältnisrechnung** der Anspruch auf eine **anteilige Freistellung** (sog. Teilfreistellung) rechnerisch ermittelt werden kann. In einem vergleichbaren Fall, in dem der Schwellenwert des § 42 Abs. 2 Satz 2 des Personalvertretungsgesetzes für das Land Nordrhein-Westfalen (LPVG) vom 3.12.1974 unterschritten worden war, hat die Rechtsprechung einer derartigen „Rückrechnung" eine Absage erteilt. Dennoch hat sie für Dienststellen, bei denen in der Regel der Schwellenwert unterschritten wird, eine teilweise Freistellung zugelassen.[93] Das BVerwG hat dazu Rechtsätze aufgestellt, die angesichts der strukturellen Vergleichbarkeit der Freistellungsregelungen auch auf § 179 Abs. 4 Satz 1 und 2 SGB IX angewandt werden können. Dabei differenziert es: Für „Sitzungen und für die Erledigung unregelmäßig anfallender, dem Umfang nach der erforderlichen Erledigungszeit nach nicht im voraus bestimmbarer Aufgaben" kommt jeweils nur für die einzelne Tätigkeit eine „Dienstbefreiung" in Betracht. „Fallen hingegen regelmäßig Aufgaben an, die eine bemeßbare Zeit für ihre Erledigung erfordern, so ist nicht eine Dienstbefreiung, sondern eine dem Zeitaufwand angepaßte Freistellung zu gewähren".[94] Nach der Logik dieser Rechtssätze muss die Vertrauensperson, die eine Teilfreistellung gerichtlich gegen kann den öffentlichen oder privaten Arbeitgeber durchsetzen will, die Regelmäßigkeit des Anfalls und die Erforderlichkeit ihrer Wahrnehmung nachvollziehbar belegen. Dazu empfiehlt sich die Erstellung einer Dokumentation über einen repräsentativen Zeitraum. Diese kann dann Grundlage für eine gerichtliche Entscheidung sein, die nach § 2 a Abs. 1 Nr. 3 a ArbGG im arbeitsgerichtlichen Beschlussverfahren zu ergehen hat.[95]

Im gerichtlichen Verfahren ist zu berücksichtigen, dass die Heruntersetzung des Schwellenwertes auf 100 in der Regel beschäftigte schwerbehinderte Menschen eine **gesetzgeberische Wertung** enthält. Diese darf bei dem Maß an Mitwirkungsobliegenheiten, das den Arbeitgeber und die Vertrauensperson im Beschlussverfahren trifft, nicht außer Acht gelassen werden. So ist aus dieser Wertung in einem vom LAG im Urteilsverfahren durchgeführten Prozess zugunsten der Vertrauensperson ein Verschärfung der Darlegungslast für den Arbeitgeber abgleitet worden, der eine Teilfreistellung in Höhe von 25 % der beruflichen Tätigkeit verwehrte, obwohl die begehrte Teilfreistellung im Verhältnis zum Schwellenwert unterproportional war.[96] Dennoch ist zu beachten, dass die Gerichte die Darlegung der Regelmäßigkeit und Erforderlichkeit an Hand von nachvollziehbaren Aufzeichnungen erwarten, die einen in der Vergangenheit angefallenen und in der Zukunft wieder anfallenden Freistellungsbedarf aufzeigen. War in den Vorjahren unstreitig ein entsprechender Freistellungsumfang erforderlich, wird die der SBV obliegenden Mitwirkungslast erleichtert. Dann führt dies zur Überwälzung der materiellen Darlegungslast auf den Arbeitgeber.

---

93 BVerwG 16.5.1980 – 6 P 82/78, juris Rn. 11, PersV 1981, 366.
94 BVerwG 16.5.1980 – 6 P 82/78, juris Rn. 11, PersV 1981, 366.
95 So zutreffend: BVerwG 16.5.1980 – 6 P 82/78 – PersV 1981, 366, SächsLAG 13.4.2010 – 13.4.2010 – 2 TaBV 23/09, ZTR 2010, 493; nachgehend BAG 19.8.2010 – 7 AZB 19/10, nicht dokumentierte Zurückweisung der Rechtsbeschwerde; aA Entscheidung im Urteilsverfahren, ohne auf das Problem der richtigen Verfahrensart einzugehen: LAG LSA 30.4.2002 – 11 Sa 782/01, JMBl SA 2002, 303.
96 LAG LSA 30.4.2002 – 11 Sa 782/01, JMBl SA 2002, 303.

Er hat dann im Rahmen seiner Mitwirkung konkrete Tatsachen vorzubringen, weshalb er von einer Änderung der Arbeitsbelastung ausgeht.[97] Die Gerichte sollten nicht die Anforderungen an die Mitwirkungspflicht der SBV überdehnen; denn es kann nicht Aufgabe der SBV sein, in einer ausführlichen täglichen Dokumentation Anlass und Dauer ihre Amtstätigkeit festzuhalten. Bei einem kontinuierlich erforderlichen Zeitaufwand für die Amtsausübung ist eine angepasste Teilfreistellung auch für die Personaleinsatzplanung des Arbeitgebers die sachgerechte Lösung.[98] Sonst entstehen durch die jeweils kurzfristigen anlassbezogenen Abmeldungen zur Amtstätigkeit nach § 179 Abs. 4 Satz 1 Störungen im Geschäftsablauf, die die Produktivität der Arbeitsleistung erheblich mindern.

Trotz Unterschreitens des Schwellenwerts von wenigstens 100 kann im **Ausnahmefall** die vollständige Freistellung nach § 179 Abs. 4 Satz 2 in Betracht kommen. Das hat die Instanzrechtsprechung unter der Geltung des § 96 SGB IX aF für den Fall entschieden, dass die konkret nachgewiesene Aufgabenbelastung so außergewöhnlich stark ist, dass nicht von dem für eine typischen Betrieb oder ein typische Dienststelle aufgestellten Staffelwert ausgegangen werden kann. Das kann beispielsweise sein: große Zahl von besonders betreuungsbedürftigen schwerbehinderten Menschen oder Besonderheiten der Lage und Beschaffenheit der Arbeitsplätze oder die räumliche Weite des Betreuungsbereichs.[99] Das entspricht auch der im Gesetzgebungsverfahren zur Vorgängervorschrift § 23 Abs. 4 SchwbG in der Fassung vom 8.10.1979 erkennbar zu Tage getretenen Regelungsabsicht, auf die konkreten Verhältnisse im abzustellen.[100] Die Berücksichtigung des Einzelfalls ist bei der Einführung der pauschalen Freistellung durch Art. 1 Nr. 14 a) aa) des Gesetzes zur Bekämpfung der Arbeitslosigkeit Schwerbehinderter vom 29.9.2000 nicht verdrängt worden. Vielmehr ist zum Ausdruck gebracht worden, dass in den Fällen der vollständigen Freistellung nach der Anfügung in § 26 Abs. 4 Satz 2 SchwbG stets „von der Erforderlichkeit auszugehen" sei, so dass sich hier jede Erforderlichkeitsprüfung erübrige.[101] Daraus folgt, dass in den Fällen der Nichterreichung des Schwellenwerts eine Teilfreistellung, soweit sie wegen der **Besonderheiten des Einzelfalles** erforderlich sein kann, nicht ausgeschlossen ist. Dies gilt umso mehr, als der zweite Halbsatz in § 179 Abs. 4 Satz 2 eine Öffnungsklausel enthält. Danach sind „weitergehende" Freistellungen zulässig. Dazu gehört auch die Teilfreistellung. Dies steht im Einklang mit der Gleichstellungsvorschrift in § 179 Abs. 3 Satz 1, nach der die Vertrauensperson die gleiche persönliche Rechtsstellung wie ein Mitglied eines Betriebs- oder Personalrats haben soll. Da in § 38 Abs. 1 Satz 3 BetrVG und in § 52 Abs. 3 BPersVG (entspricht dem bis 14.6.2021 geltenden § 46 Abs. 5 BPersVG aF) bzw. in den entsprechenden Landespersonalvertretungsgesetzen auch Teilfreistellungen vorgesehen sind, gibt es keinen Grund, diese persönliche Rechtsstellung den Mitgliedern der SBV zu verwehren.

39 **Aufteilung in Teilfreistellungen:** Nach dem Inkrafttreten des BetrVG-Reformgesetzes 2001 können auch pauschale Freistellungen in der Form von **Teilfreistellungen auf mehrere Personen** aufgeteilt werden. Für Betriebsräte ist das in § 38 Abs. 1 Satz 2 BetrVG „klargestellt" worden.[102] Bei der Aufteilung handelt es sich um eine Organisationsentscheidung des Betriebsratsgremiums. Eine Ein-

---

97 LAG LSA 30.4.2002 – 11 Sa 782/01, JMBl SA 2002, 303.
98 *Gagel* jurisPR-ArbR 3/2007 Anm. 4.
99 VG Düsseldorf 6.2.2003 – 34 K 5942/01.PVL.
100 Vgl. dazu BAG 14.8.1986 – 6 AZR 622/85, juris Rn. 19, NZA 1987, 277.
101 So BAG 14.8.1986 – 6 AZR 622/85, juris Rn. 19, NZA 1987, 277.
102 *Hornung*, Das Recht der Teilfreistellungen nach dem BetrVG 2001, DB 2002, 94.

schränkung enthält lediglich § 38 Abs. 1 Satz 4 BetrVG, wonach der Umfang der Teilfreistellungen das Gesamtfreistellungsvolumen nicht überschreiten darf. Möglich ist damit die stunden- oder tageweise Teilfreistellung. Wegen der Gleichstellung mit den Betriebsräten (§ 179 Abs. 3 Satz 1) sollte diese Möglichkeit auch für Mitglieder der SBV anwendbar sein. So können sich Vertrauenspersonen die Freistellung mit dem stellvertretenden Mitglied teilen, das sie nach § 178 Abs. 1 Satz 4 nach Unterrichtung des Arbeitgebers zu bestimmten Aufgaben heranziehen dürfen. Ebenso können Teilzeitbeschäftigte und Fachkräfte, die sich nicht vollständig aus einer sich schnell ändernden Berufstätigkeit zurückziehen wollen, durch Aufteilung des Freistellungsanspruchs verstärkt in die Tätigkeit der SBV einbezogen werden. Für Vertrauenspersonen im Bereich der Dienststellenverfassung findet sich eine entsprechend anwendbare Regelung in § 55 Abs. 3 Satz 1 BPersVG nF (entspricht dem bis 14.6.2021 geltenden § 46 Abs. 3 Satz 1 BPersVG aF). Dort geht das Gesetz von der Zulässigkeit teilweiser Freistellungen aus und differenziert folgerichtig bei der Aufwandsentschädigung in § 52 Abs. 4 BPersVG nF (entspricht dem bis 14.6.2021 geltenden § 46 Abs. 5 BPersVG aF) nach ganz und teilweise freigestellten Personalratsmitgliedern. Dem ist die Rechtsprechung auch gefolgt. Nach § 46 Abs. 3 Satz 1 BPersVG aF konnten Freistellungen im Umfang von weniger als einer Vollfreistellung beansprucht werden. Der Dienststellenleitung steht dann lediglich die Befugnis zu, den Umfang der Freistellung zu prüfen.[103] Allerdings ist die ältere Rechtsprechung des BVerwG restriktiv. Nach ihr sollen Teilfreistellungen von Mitgliedern der Personalvertretung nur dann in Betracht kommen, wenn das Freistellungsvolumen eine ganze Freistellung nicht mehr zulässt.[104] Diese personalvertretungsrechtliche Sondersituation, die angesichts einer Freistellungsstaffel für eine Mehrzahl von freizustellenden Mitgliedern den Vorrang der Ganzfreistellung bedingt, scheidet bei der SBV aus; denn diese Situation kann bei der SBV als einer Ein-Personenvertretung mit der Möglichkeit der begrenzten Heranziehung von stellvertretenden Mitgliedern nicht auftreten.

Bemessung des Freistellungsbedarfs: An guter Zusammenarbeit interessierte Arbeitgeber wenden – auch zur Verbesserung der eigenen vorausschauenden Personaleinsatzplanung – ein pauschales Berechnungsverfahren für Teilfreistellungen ein. Es schafft für alle Beteiligte schnelle Klarheit und vermeidet langwierige Auseinandersetzung über anlassbezogene Freistellungen. Die Deutsche Telekom AG praktiziert ein entsprechendes Verfahren. Ohne Rücksicht auf die konkrete Einzelberechnung beträgt der Mindestfreistellungsumfang in Betrieben mit mindestens 5 schwerbehinderten Beschäftigten 0,4 Personaleinheit und der Maximalfreistellungsumfang 2,0 Personaleinheiten je Betrieb. Bei der Berechnung der einzelnen Freistellung je SBV sind ein Grundwert, die Anzahl der zu betreuenden Schwerbehinderten iSd § 2 Abs. 2 u. 3 und Wegezeiten zu berücksichtigen. Der Grundwert der Freistellung beträgt 6 Stunden pro Woche. Je zu betreuendem Schwerbehinderten werden 13 Minuten pro Woche zum Grundwert addiert. Die Wegezeiten zwischen dem Sitz des Betriebes und der Anzahl der Regelarbeitsstellen des bzw. der zu betreuenden schwerbehinderten Menschen werden im Freistellungsumfang wie folgt berücksichtigt:

40

| 1 | – | 50 km | 12 Min./Woche |
| 51 | – | 100 km | 24 Min./Woche |

---

103 VG Frankfurt 20.11.2017 – 22 K 8040/17.F.PV, Rn. 18, ZfPR online 2018, Nr. 11, 15.
104 BVerwG 25.2.1983 – 6 P 15/80, PersV 1984, 83; kritisch: *Noll* in Altvater BPersVG § 46 Rn. 11; *Treber* in Richardi BPersVG § 46 Rn. 9 ff.

101 – 200 km	36 Min./Woche
201 – 300 km	48 Min./Woche
301 und mehr km	60 Min./Woche.

41 Vollfreigestellte oder teilweise freigestellte BR-Mitglieder können wegen Urlaub, Krankheit etc zeitweilig verhindert sein. Das Ersatzmitglied rückt dann nach § 25 BetrVG zwar nach, aber die Freistellung geht dann nicht automatisch über. Das BAG fordert in solchen Fällen, dass der Betriebsrat für den Übergang der beruflichen Freistellung nachweist, dass trotz zumutbarer interner Umverteilung die anfallenden Aufgaben ohne Eintritt in die Freistellung nicht ordnungsgemäß erledigt werden können.[105] Der vom BAG verfolgte Gesichtspunkt, eine Ausweitung der Freistellungskosten durch Umverteilung der Aufgaben in einem mehrköpfigen Gremium zu vermeiden, kann bei der SBV als Ein-Personenvertretung nicht zum Tragen kommen. Deshalb muss im Fall der Verhinderung nach § 177 Abs. 1 Satz 1 SGB IX auch das vertretende stellvertretende Mitglied die Freistellungsposition der Vertrauensperson **ersatzweise** übernehmen. Das ergibt schon der Wortlaut des § 179 Abs. 3 Satz 2 SGB IX: „Das stellvertretende Mitglied besitzt während der Vertretung (...) die gleiche persönliche Rechtsstellung (...)" Eine Ausnahme kann nur bei kurzfristigen Verhinderungen von wenigen Stunden oder Tagen gelten, in denen voraussehbar die Amtstätigkeit nicht eine vollzeitige Wahrnehmung erfordert.

42 **Direktionsrecht:** Die freigestellten Vertrauenspersonen sind bei Vollfreistellung von ihrer gesamten Arbeitspflicht befreit, bei Teilfreistellung anteilsmäßig. Wegen der Gleichstellung mit den Personal- und Betriebsräten (§ 179 Abs. 3 Satz 1) können die Ergebnisse der personalvertretungsrechtlichen und betriebsverfassungsrechtlichen Rechtsprechung übernommen werden. Im Arbeitsvolumen der Freistellung haben sich die Vertrauenspersonen ausschließlich der Erfüllung ihrer Aufgaben in der SBV zu widmen.[106] Soweit sie freigestellt sind **unterliegen sie nicht dem Direktionsrecht** des Arbeitgebers.[107]

43 **Anwesenheitszeiten:** Der Arbeitgeber ist nicht befugt, bestimmte Anwesenheitszeiten für vollständig freigestellte Vertrauenspersonen festzulegen. Diese müssen allerdings ihre Amtsgeschäfte in der Regel während des betriebsüblichen Arbeitszeit verrichten.[108] Der Arbeitgeber kann Auskunft über die verrichteten Tätigkeiten auch nach deren zeitlichen Umfang verlangen, wenn der begründete Verdacht besteht, dass während der Freistellung andere Tätigkeiten ausgeübt wurden, die mit der Amtstätigkeit nicht in einem Zusammenhang stehen,[109] zB Vermittlung von Immobilien und Versicherungen auf Provisionsbasis. Die nicht unmittelbar mit der Arbeitsleistung zusammenhängenden Pflichten aus dem Arbeitsverhältnis gelten weiter, so dass die vor der Freistellung angeordnete Erfassung der Arbeitszeit durch Zeiterfassungsgeräte fortzuführen ist.[110] Ist die Vertrauensperson in einem Schichtbetrieb tätig, so kann sie ihre Anwesenheitszeit so organisieren, dass sie während beider Tagschichten zur Verfügung steht.[111] Finden flexible Arbeitszeitmodelle Anwendung, so gelten für freige-

---

105 BAG 12.2.1997 – 7 ABR 40/96, AP § 38 BetrVG 1972 Nr. 19.
106 Vgl. zum BetrVG: BAG 17.10.1990 – 7 ABR 69/89, AP § 108 BetrVG 1972 Nr. 8; *Fitting* BetrVG § 38 Rn. 79 ff.; *Wolmerath* in HaKo-BetrVG § 38 Rn. 4.
107 *Fitting* BetrVG § 38 Rn. 77; *Wedde* in DKW BetrVG § 38 Rn. 66 ff.
108 ArbG Nienburg 20.10.1999 – 1 Ca 242/99, AiB 2000, 289 mit Anm. *Voigt.*
109 ArbG Nienburg 20.10.1999 – 1 Ca 242/99, AiB 2000, 289.
110 *Weber* in GK-BetrVG § 38 Rn. 77.
111 So auch *Fitting* BetrVG § 38 Rn. 78; *Weber* in GK-BetrVG § 38 Rn. 91: im Rahmen der betrieblichen Arbeitszeit Zeiteinteilung nach pflichtgemäßem Ermessen, ohne Bindung an Lage der früheren individuellen Arbeitszeit.

stellte Betriebsratsmitglieder im Zweifel diejenigen, die sie am wenigsten an feste Arbeitszeiten binden.[112]

Änderung des Leistungsorts: Pauschal freigestellte Vertrauenspersonen haben sich im Rahmen ihres vertraglich vereinbarten Arbeitszeitvolumens im Betrieb oder in der Dienststelle bereitzuhalten.[113] Hatten sie vor ihrer Freistellung ihre Tätigkeit außerhalb des Betriebs zu leisten, zB im Außendienst, auf Montage oder an wechselnden Einsatzorten, so führt die Freistellung zu einer Veränderung des Leistungsorts.[114] **Ab Freistellung wird der Betrieb zum Leistungsort.** Gibt es mehrere Betriebsteile, dann ist der Leistungsort der Vertrauensperson danach zu bestimmen, wie am besten die nach § 182 Abs. 1 geforderte enge Zusammenarbeit mit dem Inklusionsbeauftragten organisiert werden kann. Gibt es einen betrieblichen Inklusionsbeauftragten, dann ist dessen Sitz maßgebend. Ist für das Unternehmen ein Inklusionsbeauftragter nach § 181 bestellt, der in einem anderen Betrieb seinen Sitz hat, so ist der Sitz der Personalverwaltung des Betriebs entscheidend. 44

Entgeltfortzahlung bei pauschaler Freistellung: Die pauschal freigestellte Vertrauensperson hat Anspruch auf das Arbeitsentgelt, das sie ohne die Freistellung verdient hätte. Es gilt damit im Grundsatz auch hier das **Lohnausfallprinzip** (→ Rn. 5). Die Vertrauensperson hat jedoch im Unterschied zu der weiter beruflich tätigen und nur für den einzelnen Anlass freizustellenden Vertrauensperson keine persönliche Arbeitszeit. Deshalb kann sie auch ohne Weiteres in der Nachschicht Arbeitsplatzbegehungen durchführen und Sprechstunden abhalten. Die Lohnfortzahlungsvoraussetzung, dass außerhalb der persönlichen Arbeitszeit die Amtstätigkeit zur Vermeidung von Vermögensopfern nur „betriebsbedingt" verrichtet werden darf, stellt sich nicht. Die Vertrauensperson ist allerdings gehalten, zu den betriebsüblichen Zeiten ihre Amtstätigkeit für die SBV wahrzunehmen.[115] 45

Teilhabe an der betriebsüblichen Entwicklung: Nach Abs. 4 Satz 1 iVm dem Benachteiligungsverbot aus Abs. 2 Hs. 2 („dies gilt auch für ihre berufliche Entwicklung") dürfen freigestellte Vertrauensperson in ihrer beruflichen Entwicklung nicht benachteiligt werden. Gemäß Abs. 3 Satz 1 besitzt die Vertrauensperson ebenso wie ein freigestelltes Betriebsratsmitglied nach § 37 Abs. 4 BetrVG den Anspruch, dass ihr Arbeitsentgelt nicht geringer bemessen werden darf als das Arbeitsentgelt vergleichbarer Arbeitnehmer mit betriebsüblicher Entwicklung.[116] Dadurch soll sichergestellt werden, dass Freigestellte weder in wirtschaftlicher noch in beruflicher Hinsicht gegenüber vergleichbaren Beschäftigten Nachteile erleiden. Dabei ist nicht auf die hypothetische Gehaltsentwicklung des Freigestellten, sondern auf die Gehaltsentwicklung vergleichbarer Arbeitnehmer abzustellen.[117] Es empfiehlt sich deshalb für die Vertrauensperson vor der Freistellung vergleichbare Beschäftigte namentlich mit Angaben zu Befähigungen und Arbeitsaufgaben zu erfassen und fortlaufend deren berufliche Entwicklung und Vergütung im Auge zu behalten. Neben dem Gebot der Gleichbemessung der Bezüge sollte die Vertrauensperson auch ihr Interesse da- 46

---

112 LAG Düsseldorf 26.5.1993 – 185 a 309/93, NZA 94, 720.
113 *Wedde* in DKW BetrVG § 38 Rn. 68; *Fitting* BetrVG § 38 Rn. 78.
114 BAG 28.8.1991 – 7 ABR 46/90, BetrVG DB 1991, 2594; *Fitting* BetrVG § 38 Rn. 78; *Lorenz* AiB 99, 543.
115 ArbG Nienburg 20.10.1999 – 1 Ca 242/99, AiB 2000, 289 mit Anm. *Voigt*.
116 Vgl. BAG 15.1.1992 – 7 AZR 194/91, AP Nr. 84 zu § 37 BetrVG 1972; BAG 18.1.2017 – 7 AZR 205/16, Rn. 16 – ZTR 2017, 438 (440); vertiefend: *von Roetteken* ZTR 2021, 367 (373).
117 BAG 16.1.2008 – 7 AZR 887/06, NZA 2008, 836.

ran dem Arbeitgeber kundtun, an den üblichen Schulungen zur Verbesserung der Handhabung der Büro- und Medientechnik teilzunehmen, um den Anschluss an neue Entwicklungen zu halten.

47 **Beteiligung an Prämien und Sonderzahlungen:** Ebenso wie Betriebsräte nach § 37 Abs. 4 BetrVG einen Anspruch auf Gleichstellung haben, kann die Vertrauensperson nach Abs. 2 Hs. 2 iVm Abs. 3 Satz 1 verlangen, die gleichen Leistungen wie vergleichbare Arbeitnehmer zu erhalten. Fließen den mit der Vertrauensperson vergleichbaren Arbeitnehmer Sonderzahlungen oder Erfolgsprämien zu, so hat die Vertrauensperson einen entsprechenden Anspruch.
Beispiel: Vertrauensperson war vor Freistellung Entwicklungsingenieur in der Abt. Tonträger. Seine Abteilungskollegen erhalten am 1.2.2020 für 2019 eine Erfolgsprämie in Höhe von 5.000 Euro. Die 2019 freigestellte Vertrauensperson hat ebenfalls einen Anspruch.

48 **Aktienoptionen:** Nicht erfasst von dem Gleichstellungsgrundsatz aus Abs. 2 Hs. 2, Abs. 3 Satz 1 werden lediglich Zuwendungen Dritter.[118] Für derartige Leistungen ist § 37 Abs. 4 BetrVG schon nach seinem Wortlaut nicht einschlägig, weil es sich dabei nicht um ein Entgelt iSv § 611 Abs. 1 BGB handelt, das auf dem mit dem Arbeitgeber bestehenden Arbeitsvertrag beruht. Dies gilt selbst dann, wenn der Arbeitsvertrag Motiv für die Leistung des Dritten ist. Die Gewährung von Aktienoptionen durch **eine andere Konzerngesellschaft** kann jedoch dennoch Arbeitsentgelt im Sinne des § 37 Abs. 4 BetrVG darstellen. Das ist dann der Fall, wenn der Dritte **nach der Abrede der Arbeitsvertragsparteien** die Aktienoptionen anstelle des Entgelts oder zusätzlich zum Entgelt erbringen soll.[119]

49 **Auswirkung des Wegfalls von Bereitschafts- und Nachtdienst:** Hat die vollständig von der beruflichen Tätigkeit freigestellte Vertrauensperson vor ihrer Freistellung Tätigkeiten verrichtet, bei denen in erheblichem Umfang Arbeitsbereitschaft anfiel, so dass die Arbeitszeit über die werktäglich zulässige Arbeitszeit von zehn Stunden verlängert worden ist (§ 7 Abs. 1 Nr. 1 a ArbZG), so stellt es eine unzulässige Benachteiligung im Sinne von Abs. 2 dar, wenn sie nur die Fortzahlung der Bereitschaftsdienstvergütung erhalten soll, sofern sie dem Arbeitgeber eine entsprechend wöchentliche Anwesenheitszeit nachweist. Der Arbeitgeber darf das der freigestellten Vertrauensperson zu zahlende Entgelt nicht wegen kürzerer Anwesenheitszeiten anteilig mindern.[120] War eine Arbeitnehmerin vor ihrer Wahl zur Vertrauensperson mit Nachtarbeit beschäftigt, zB eine Pflegerin im Altenheim, so kann sie ihre Anwesenheit so regeln, dass sie in der für die Betreuung der überwiegenden Anzahl der Belegschaft geeigneten Tageszeit erreichbar ist. Eine Minderung der Entgeltfortzahlung darf dadurch nicht eintreten. Allerdings verliert die Vertrauensperson die **steuerlichen Freibeträge für die Nachtarbeitszuschläge.** Der Arbeitgeber ist insoweit nicht zum Ausgleich verpflichtet.[121]

50 **Mehrarbeitsvergütung bei vollständiger Freistellung von der beruflichen Tätigkeit:** Das nach Abs. 4 Satz 1 gleichermaßen für Vertrauensperson wie für Mitglieder von Betriebs- und Personalräten geltende Lohnausfallprinzip bezieht auch die Gewährung von Mehrarbeitsvergütung mit ein. Das Lohnausfallprinzip besagt jedoch nicht, dass sich die fortzuzahlende Vergütung unmittelbar da-

---

118 Vgl. BAG 19.1.2005 – 7 AZR 208/04, zu IV 1 a der Gründe.
119 BAG 16.1.2008 – 7 AZR 887/06, NZA 2008, 836.
120 ArbG Nienburg 20.10.1999 – 1 Ca 242/99, AiB 2000, 289 mit Anm. *Voigt.*
121 Vgl. für Betriebsratsmitglieder BAG 22.8.1985 – 6 AZR 504/83, NZA 1986, 253.

nach bemesse, was der Betroffene vor seiner Freistellung erhalten habe. Vorzunehmen ist vielmehr eine Vergleichsbetrachtung auf der Grundlage von Feststellungen zur Sachlage, die ohne die Freistellung des Betroffenen bestanden hätte. Es kommt also darauf an, ob und in welchem Umfang die Vertrauensperson Mehrarbeit geleistet hätte, wenn sie nicht freigestellt gewesen wäre.[122] Dazu bedarf es einer hypothetischen Betrachtung. Für eine Vertrauensperson, die in einem Beamtenverhältnis stehen, schließt die Rspr. einen Anspruch vorschnell aus Rechtsgründen aus. Es sei davon auszugehen, dass der Dienstherr den beamtenrechtlich, zB in § 78 a Abs. 2 Satz 1 LBG NRW, geregelten Vorrang des Ausgleichs der Mehrarbeit durch Dienstbefreiung beachte.[123] Dieser Schluss ist jedoch nicht gerechtfertigt. Er setzt Soll mit Sein gleich und entspricht so dem von Ringelnatz in satirischer Absicht aufgestellten Theorem: „Es kann nicht sein, was nicht sein darf". Richtigerweise muss der Dienstherr darlegen, dass er auch tatsächlich Vorkehrungen getroffen hat, die für vergleichbare Beamte angefallenen Mehrarbeitsstunden durch Freizeitausgleich abzubauen. Das fällt in chronisch personell unterbesetzten Einrichtungen schwer.

Teilnahme am beruflichen Aufstieg: Die freigestellte Vertrauensperson darf nicht von den Möglichkeiten des beruflichen Aufstiegs ausgeschlossen werden. Das wäre einen verbotene Benachteiligung iSv Abs. 2 Hs. 2. Sie hat das Recht, sich auf frei werdenden Arbeitsplätzen zu bewerben; denn sie kann sowohl die Freistellung vorzeitig beenden als auch das Amt wegen des beruflichen Fortkommens niederlegen (§ 177 Abs. 7 Satz 3). Die Bewerbung einer Vertrauensperson verdient keinen Vorrang. Das wäre eine verbotene Begünstigung. Die Vertrauensperson hat nur das in Abs. 5 geregelte Recht auf Nachteilsausgleich, nämlich die durch Freistellung versäumte betrieblich übliche berufliche Entwicklung nachholen (→ Rn. 56). Sie hat keinen Anspruch auf bevorzugte Behandlung.[124] 51

4. Anlassbezogene Freistellung bei Bedarf im Einzelfall

Freistellung im Einzelfall: Ist der Grenzwert für die pauschale Freistellung nicht erreicht, so hat nach Abs. 4 die Vertrauensperson Anspruch auf bezahlte Arbeitsbefreiung, soweit sie die Tätigkeit zur Erfüllung ihrer gesetzlichen Aufgaben für erforderlich halten darf (→ Rn. 5). Soweit eine Wahrnehmung von Amtstätigkeit **aus betrieblichen Gründen** außerhalb der Arbeitszeit durchzuführen ist, besteht nach Abs. 6 ein Anspruch auf Freizeitausgleich (→ Rn. 6). Ein Anspruch auf Ausgleich besteht nicht, wenn die SBV das Amtsgeschäft während der Arbeitszeit hätte erledigen können, es sei denn, der Arbeitgeber war damit einverstanden (→ Rn. 6). 52

Abmeldepflicht: Die Vertrauensperson muss zwar nicht vor jeder Aufnahme der SBV-Tätigkeit die Zustimmung des Arbeitgebers einholen. Sie ist jedoch verpflichtet, sich vor Verlassen ihres Arbeitsplatzes bei ihrem Vorgesetzten abzumelden und nach Beendigung wieder zurückzumelden.[125] Verrichtet eine Vertrauensperson ihre Arbeitszeit zB als Lehrkraft außerhalb des Betriebes und legt sie deren zeitliche Lage zum Teil selbstbestimmend fest, so ist sie wie ein vergleichbares Betriebsratsmitglied auch verpflichtet, ihren Arbeitgeber vorher zu 53

---

122 OVG NRW 31.5.2007 – 1 A 1050/06, ZfPR online 2007, Nr. 11, 22; *Matthes* jurisPR-ArbR 35/2007 Anm. 5.
123 OVG NRW 31.5.2007 – 1 A 1050/06, ZfPR online 2007, Nr. 11, 22.
124 *Pahlen* in Neumann/Pahlen/Greiner/Winkler/Jabben SGB IX § 179 Rn. 16.
125 Vgl. für Betriebsratsmitglieder BAG 13.5.1997 – 1 ABR 2/97, AP Nr. 119 zu § 37 BetrVG 1972, NZA 1997, 1062; BAG 31.10.1985 – 6 AZR 175/83, BAGE 50, 76, DB 1986, 1026.

unterrichten, wenn eine Amtstätigkeit außerhalb der individuellen Arbeitszeit stattfinden soll.[126] Es handelt sich insoweit um arbeitsvertragliche Pflichten, deren Verletzung den Arbeitgeber zur Abmahnung berechtigen.[127] Wird Freizeitausgleich für eine außerhalb der persönlichen Arbeitszeit wahrgenommene Tätigkeit der SBV beansprucht, so muss vorher auch ein entsprechender Bedarf angemeldet worden sein.[128]

54 **Inhalt der Abmeldung:** Ebenso wie bei der Abmeldung für die Erledigung von Betriebsratsaufgaben hat die Vertrauensperson dem Arbeitgeber Ort und voraussichtliche Dauer der beabsichtigten Amtstätigkeit mitzuteilen. Angaben zur konkret zu erfüllenden Aufgabe oder auch nur zu deren Art können nicht verlangt werden.[129] Die ursprünglich von der Rspr. vertretene Pflicht zur Angabe weiterer Einzelheiten ist aufgegeben. Allerdings kann der Arbeitgeber für die Prüfung des Entgeltfortzahlungsanspruchs nach Abs. 4 Satz 1 in Verbindung mit § 611 a BGB auch Angaben zur Art der durchgeführten Betriebsratstätigkeit fordern, wenn anhand der betrieblichen Situation und des geltend gemachten Zeitaufwandes erhebliche Zweifel an der Erforderlichkeit der Betriebsratstätigkeit bestehen.[130] Sind berechtigte Zweifel vom Arbeitgeber dargelegt, ist die Vertrauensperson darlegungspflichtig. Es besteht eine abgestufte Darlegungslast.

55 **Um- oder Versetzung zur Freistellung:** Die Freistellungspflicht des Arbeitgebers erschöpft sich nicht allein darin, der Vertrauensperson die zur ordnungsgemäßen Durchführung ihrer Aufgaben erforderliche freie Zeit zu gewähren. Das BAG legt die mit Abs. 4 Satz 1 vergleichbare Vorschrift des § 37 Abs. 2 Satz 1 BetrVG so aus, dass auch andere, die vertragliche Arbeitsleistung betreffende Maßnahmen geboten sein können, wenn sonst eine ordnungsgemäße Wahrnehmung der Amtstätigkeit auf Schwierigkeiten stößt.[131] Solche Maßnahmen können in der zeitweisen **Umsetzung von der Wechselschicht in die Tagesschicht** oder in der **Versetzung vom Außen- in den Innendienst** bestehen.[132] Die zur Ermöglichung einer sachgerechten Amtsausübung erforderliche befristete Umoder Versetzung auf eine andere Stelle hat dann ohne Minderung des Arbeitsentgelts zu erfolgen.

Beispiel: Eine Vertrauensperson hat regelmäßig jede zweite Woche Nachtschicht und kann deshalb nicht an den in der Tagesschicht stattfindenden Betriebsratssitzungen teilnehmen. Es besteht dann Anspruch auf Umsetzung von der Nacht- in die Tageschicht. Zwar bleibt im Beispielsfall wegen des Minderungsverbots der Vertrauensperson der Nachtzuschlag erhalten,[133] aber die steuerliche Privilegierung des Zuschlags entfällt.[134]

---

126 Vgl. für Betriebsratsmitglieder BAG 31.7.1986 – 6 AZR 146/85.
127 BAG 13.5.1997 – 1 ABR 2/97, AP Nr. 119 zu § 37 BetrVG 1972, NZA 1997, 1062.
128 BAG 31.10.1985 – 6 AZR 175/83, BAGE 50, 76, DB 1986, 1026.
129 BAG 15.3.1995 – 7 AZR 643/94, AP Nr. 105 zu § 37 BetrVG 1972, DB 1995, 1514.
130 BAG 15.3.1995 – 7 AZR 643/94, AP Nr. 105 zu § 37 BetrVG 1972, DB 1995, 1514.
131 27.6.1990 – 7 ABR 43/89, AP Nr. 78 zu § 37 BetrVG 1972.
132 LAG SchlH 30.8.2005 – 5 Sa 161/05, ZBVR online 2006, Nr. 4 mit Anm. *Ilbertz* ZBVR online 2006, Nr. 4, 13.
133 LAG SchlH 30.8.2005 – 5 Sa 161/05, ZBVR online 2006, Nr. 4.
134 BAG 29.7.1980 – 6 AZR 833/78, ZBR 1981, 2849.

5. Berufsförderung für Freigestellte

Berufsförderung und Nachholung der beruflichen Entwicklung für freigestellte Vertrauenspersonen: Vertrauenspersonen dürfen nach Abs. 5 nicht deshalb von Maßnahmen der Berufsförderung ausgeschlossen werden, weil sie freigestellt sind. Das entspricht § 38 Abs. 4 Satz 1 BetrVG und § 10 BPersVG nF. Weiterhin ist der Arbeitgeber nach Abs. 5 Satz 1 verpflichtet, der freigestellten Vertrauensperson nach Ablauf der Freistellung eine berufliche Entwicklung zukommen zu lassen, wie sie ohne Freistellung verlaufen wäre.[135] Dazu ist nach Abs. 5 Satz 2 den Vertrauenspersonen **ein Jahr** nach Beendigung der Freistellung Gelegenheit zu geben, eine unterbliebene **berufliche Entwicklung nachzuholen**. Das dient dem Schutz der inneren Unabhängigkeit und soll die Bereitschaft fördern, sich für die Erledigung von Aufgaben der Arbeitnehmervertretung von der beruflichen Tätigkeit freistellen zu lassen. Allerdings liegt hier eine **diskriminierende Einschränkung** der in Abs. 3 den Vertrauenspersonen eingeräumten gleichen persönlichen Rechtsstellung im Verhältnis zu Betriebsratsmitgliedern vor; denn nach § 38 Abs. 4 Satz 3 BetrVG erhalten freigestellte Betriebsratsmitglieder, die drei aufeinanderfolgende Amtszeiten freigestellt waren, **zwei Jahre** Zeit für die Nachholung der beruflichen Entwicklung. 56

Auf entsprechende Maßnahmen des Arbeitgebers hat die Vertrauensperson einen unmittelbaren Anspruch. Der Anspruch ist nicht an eine bestimmte Mindestdauer der Freistellung gebunden. Bei einer kurzzeitigen Freistellung werden jedoch zumeist keine Nachteile in der beruflichen Entwicklung auftreten.

Bewerben sich freigestellte Vertrauenspersonen, die in einem Beamtenverhältnis stehen, auf eine Beförderungsstelle, ist nach der § 33 Abs. 3 der Verordnung über die Laufbahnen der Bundesbeamtinnen und Bundesbeamten (BLV) für den Fall, dass keine aktuelle dienstliche Beurteilung vorliegt, die letzte regelmäßige dienstliche Beurteilung unter Berücksichtigung der Entwicklung vergleichbarer Beamtinnen und Beamten fiktiv fortzuschreiben. Als Freistellung im Sinne dieser Vorschrift gilt, wenn die dienstliche Tätigkeit weniger als 25 % der Arbeitszeit beansprucht.

Durchführung der nachholenden beruflichen Entwicklung: Der Vertrauensperson muss die Möglichkeit gegeben werden, binnen eines Jahres eine wegen der Freistellung unterbliebene berufliche Entwicklung nachzuholen. Nach drei vollen Amtszeiten wird die **Nachholungsdauer** auf zwei Jahre verlängert. Die Vertrauensperson kann die Nachholung bereits mit dem Ende der Freistellung verlangen. Sie kann also bereits vor Amtsende die Freistellung vermindern oder vollständig beenden, um begleitend mit weiterer Amtstätigkeit, Maßnahmen der Berufsförderung durchzuführen. Die Vertrauensperson hat nur Anspruch darauf, die betrieblich übliche berufliche Entwicklung nachzuholen. Sie hat keinen Anspruch auf bevorzugte Behandlung bei inner- oder außerbetrieblichen Berufsförderungsmaßnahmen.[136] Sie ist so zu stellen, wie sie stünde, wenn sie nicht durch die Freistellung an der Teilnahme gehindert gewesen wäre.[137] 57

Zuweisung eines Arbeitsplatzes nach Ende der Freistellung: Die Vertrauensperson hat keinen Anspruch auf Freihaltung des vor Freistellung innegehabten Arbeitsplatzes. Der Arbeitgeber hat nach § 106 Satz 1 GewO ihr unter Berücksichtigung des betrieblichen Bedarfs und der vorhandenen Fähigkeiten einen 58

---

135 Zur Anwendung des betriebsverfassungsrechtlichen Benachteiligungsverbots für die fiktive betriebsübliche Entwicklung: BAG 15.1.1992 – 7 AZR 194/91, AP BetrVG 1972 § 37 Nr. 84.
136 *Pahlen* in Neumann/Pahlen/Greiner/Winkler/Jabben SGB IX § 179 Rn. 17.
137 *Schubert* in Knittel SGB IX § 179 Rn. 134.

Arbeitsplatz zuzuweisen. Nach Abschluss der entsprechenden Schulungen zur Berufsförderung hat die Vertrauensperson Anspruch auf Zuweisung einer Tätigkeit, die derjenigen von vergleichbaren Arbeitnehmern mit betriebsüblicher beruflicher Entwicklung entspricht.[138]

59 **Personalentwicklungsplanung:** Angesichts der in § 182 geregelten Pflicht zur engen Zusammenarbeit ist der Arbeitgeber verpflichtet, bei der Aufstellung eines Personalentwicklungsplans nach § 92 BetrVG langfristig für die Zeit nach Ablauf der Freistellung die der Vertrauensperson zuzuweisende Arbeitsaufgabe zu planen. Auf Verlangen des Betriebsrats muss er sich nach § 92 Abs. 1 Satz 2 BetrVG mit diesem darüber unter Hinzuziehung der Vertrauensperson beraten. Die Vertrauensperson kann spätestens ein Jahr vor Ablauf der Amtszeit verlangen, dass der Arbeitgeber ihm den geplanten späteren Einsatz sowie die zur Nachholung der beruflichen Entwicklung vorgesehen Maßnahmen mit ihm erörtert.

6. Kündigungsschutz

a) Kündigung eines amtierenden Mitglieds der betrieblichen Schwerbehindertenvertretung

60 **Kündigungsschutz und Amtszeit:** § 179 Abs. 3 räumt den in Betrieben amtierenden Vertrauenspersonen den gleichen Kündigungsschutz wie den Betriebsräten ein. Das bedeutet, dass gegenüber amtierenden Vertrauenspersonen nur eine **außerordentliche Kündigung aus wichtigem Grund** nach § 15 Abs. 1 und 2 KSchG oder eine **ordentliche Kündigung wegen Stilllegung** nach § 15 Abs. 4, 5 KSchG in Betracht kommt. Die Amtszeit der Vertrauensperson endet mit dem Zugang einer wirksamen außerordentlichen Kündigung. § 177 Abs. 7 Satz 3: „das Amt endet vorzeitig, wenn die Vertrauensperson (…) aus dem Arbeits-, Dienst- oder Richterverhältnis ausscheidet". Bei Betriebsratsmitgliedern ist anerkannt, dass sie nach einer außerordentlichen Kündigung, auch wenn diese mit einer Klage angegriffen wird, nicht in der Lage sind, ihr Amt auszuüben; denn sie sind zumindest zeitweilig im Sinne des § 25 Abs. 1 Satz 2 BetrVG an der Amtsführung **verhindert** und werden vom gewählte Ersatzmitglied vertreten.[139] Entsprechendes gilt für die Vertrauensperson, der das Arbeitsverhältnis gekündigt wurde.[140] Ist die Kündigung offensichtlich rechtsunwirksam, insbesondere weil sie ohne Zustimmung des Betriebsrats bzw. SBV (→ Rn. 62) und/oder ohne eine ersetzende arbeitsgerichtliche Entscheidung nach § 103 Abs. 2 BetrVG ausgesprochen worden ist, kann durch eine einstweilige Verfügung die **Fortsetzung der Amtstätigkeit** sichergestellt werden.[141]
Kündigungserklärungsfrist: Der Arbeitgeber muss analog § 174 Abs. 5 SGB IX die außerordentliche Kündigung „unverzüglich nach Erteilung der Zustimmung" erklären.[142] Unter Kündigungserklärung wird hier der Zugang beim Empfänger verstanden. Die Absendung der Kündigungserklärung innerhalb

---

138 Zur Rechtslage bei Betriebsratsmitgliedern *Wolmerath* HaKo-BetrVG § 38 Rn. 17 ff.; *Koch* in ErfK BetrVG § 38 Rn. 11; *Wedde* in DKW BetrVG § 38 Rn. 84 ff.
139 *Fitting* BetrVG § 24 Rn. 16; *Düwell* in HaKo-BetrVG § 25 Rn. 11; *Buschmann* in DKW, 17. Aufl. 2010, BetrVG § 24 Rn. 14: es sei denn, dass er sein Weiterbeschäftigungsanspruch gerichtlich durchsetzt.
140 LAG Köln 6.9.2010 – 5 TaBVGa 7/10, AE 2011, 130.
141 LAG Köln 6.9.2010 – 5 TaBVGa 7/10, AE 2011, 130.
142 BAG 1.10.2020 – 2 AZR 238/20, Rn. 14, EzA § 103 BetrVG 2001 Nr. 14.

dieses Zeitraums genügt nicht.¹⁴³ Sorgt der Arbeitgeber nicht für den rechtzeitigen Zugang der Kündigungserklärung, so verlieren die Zustimmung des Betriebsrats oder der wegen der verweigerten Zustimmung ergehende gerichtliche Ersetzungsbeschluss ihre Wirkungen mit der Folge, dass keine Erlaubnis zur Kündigung besteht. Das bedeutet: Nach Ablauf der Zeitspanne, die für den Zugang einer unverzüglich abzugebenden Kündigungserklärung anzunehmen ist, gilt wieder das Kündigungsverbot aus § 103 Abs. 1 BetrVG. Ob nach Abschluss des Zustimmungsersetzungsverfahrens die Kündigung rechtzeitig erklärt worden ist, stellt eine neue Tatsache dar. Eine Unwirksamkeit der Kündigung aus diesem Grund kann der Arbeitnehmer zwangsläufig erst im Kündigungsrechtsstreit geltend machen. Die Bindungswirkung des Zustimmungsersetzungsbeschlusses erstreckt sich nicht auf diesen Sachverhalt.¹⁴⁴

Voraussetzungen der außerordentlichen Kündigung: Geht der Vertrauensperson eine außerordentliche schriftliche Kündigung zu, so hat diese nur dann die Gestaltungswirkung, dass sie das Arbeitsverhältnis auflöst, wenn: 61

- entsprechend § 103 Abs. 1 BetrVG nach der hier vertretenen Ansicht das stellvertretende Mitglied der SBV oder nach der Auffassung des zweiten Senats des BAG der Betriebs- bzw. der Personalrat zugestimmt hat (→ Rn. 62) oder
- das Arbeitsgericht rechtskräftig die verweigerte Zustimmung entsprechend § 103 Abs. 2 BetrVG rechtskräftig ersetzt hat und
- tatsächlich ein wichtiger Grund zur außerordentlichen Kündigung im Sinne von § 626 Abs. 1 BGB vorliegt, der dem Arbeitgeber das Festhalten am Arbeitsverhältnis auch nur bis zum Ablauf der Kündigungsfrist unzumutbar machen würde, und
- der Arbeitgeber die zweiwöchige Ausschlussfrist des § 626 Abs. 2 BGB sowohl zur Beantragung der Zustimmung zur Kündigung als auch zur nachfolgenden Bewirkung des Zugangs der Kündigungserklärung eingehalten hat.

Sind diese Voraussetzungen nicht erfüllt, so kann die Kündigung dennoch das Arbeitsverhältnis beenden, wenn die Vertrauensperson es versäumt, die zur gerichtlichen Anfechtung der Kündigung bestimmte Dreiwochenfrist des § 4 Satz 1 KSchG (siehe unter Rechtsfolgen, → Rn. 78) einzuhalten.

Erfordernis der Zustimmung der SBV: Der in § 179 Abs. 3 geregelte gleiche Schutz bedeutet, dass eine **entsprechende Anwendung** der für Betriebsratsmitglieder geltenden Schutznormen auf die Mitglieder der SBV stattfinden muss, damit trotz der unterschiedlichen Vertretungsstrukturen die gleiche Schutzwirkung erzielt wird. Das sollte hier dazu führen, dass statt des in § 103 Abs. 1 BetrVG geregelten Erfordernisses der Zustimmung des Betriebsrats die Zustimmung der SBV erforderlich wird. Sonst wird nicht der Eigenständigkeit der SBV ausreichend Rechnung getragen. Leitidee des betriebsverfassungsrechtlichen Zustimmungserfordernisses ist nämlich: Die Arbeitnehmervertretung, deren Mitglied gekündigt werden soll, hat selbst zu beurteilen, ob ein wichtiger Grund zur Kündigung durch den Arbeitgeber besteht. Dabei soll sie natürlich auch berücksichtigen, ob der geltend gemachte Kündigungsgrund in einem Zusammenhang mit der Amtstätigkeit des Mitglieds steht. Soll einer Vertrauensperson gekündigt werden, so könnte der Betriebsrat diese Frage nicht aus eigener Kenntnis beantworten. Er ist auch nicht dazu berufen, über Mitglieder der SBV zu urteilen. Hinzu kommt, dass in manchen Betrieben zwar ein SBV aber 62

---
143 Für die Kündigungserklärung nach Zustimmung des Integrationsamts: BAG 3.7.1980 – 2 AZR 340/78, BAGE 34, 20, Behindertenrecht 1981, 15.
144 BAG 25.4.2018 – 2 AZR 401/17, Rn. 18, NZA 2018, 1087.

kein Betriebsrat vorhanden ist. Soll dann der Kündigungsschutz für die Vertrauensperson ersatzlos entfallen? Die Kommentarliteratur hat das Problem lange übersehen und ohne Prüfung der „entsprechenden" Anwendbarkeit die Zustimmung des Betriebsrats gefordert.[145] Der hier schon in den Vorauflagen vertretenen Auffassung hat sich ein großer Teil des Schrifttums angeschlossen.[146] Das LAG Hamm hat (bereits zur damaligen inhaltsgleichen Fassung des SGB IX) ergänzend auf zwei Gesichtspunkte hingewiesen. Erstens habe nach dem Wortlaut von § 96 Abs. 3 Satz 1 (seit 1.1.2018: § 179 Abs. 3 Satz 1) die Vertrauensperson der schwerbehinderten Menschen gegenüber dem Arbeitgeber die gleiche persönliche Rechtsstellung wie Mitglieder des Betriebs- und Personalrats nur inne, wenn die Zustimmung der SBV verlangt werde. Zweitens spreche der fehlende Verweis in § 96 Abs. 3 Satz 1 (seit 1.1.2018: § 179 Abs. 3 Satz 1) auf § 103 Abs. 1 BetrVG für das Zustimmungserfordernis des stellvertretenden Mitglieds der Schwerbehindertenvertretung zur Kündigung der Vertrauensperson analog § 103 Abs. 1 BetrVG.[147] Dem ist unter Berufung darauf, dass es bisher immer anders gesehen wurde, das LAG Köln entgegengetreten.[148] In der Revisionsentscheidung hat der Zweite Senat des BAG die Kölner Entscheidung bestätigt.[149] Abs. 3 Satz 1 ordne keine „entsprechende Anwendung" der Regelungen über dem Sonderkündigungsschutz für Betriebs- oder Personalratsmitglieder an. Zudem sei eine Vertretung der Vertrauensperson durch das stellvertretende Mitglied wegen Betroffenheit in eigener Sache im SGB IX nicht vorgesehen.[150] Die Entscheidung über die Zustimmung zur Kündigung des Arbeitsverhältnisses der Vertrauensperson fiele ersichtlich aus dem Rahmen der der SBV sonst übertragenen Mitwirkungsrechte. Schließlich fehle es an einer Bestimmung des Rechtswegs für ein mögliches Zustimmungsersetzungsverfahren. § 2a Abs. 1 Nr. 3a ArbGG sehe eine Zuständigkeit der Gerichte für Arbeitssachen lediglich für „Angelegenheiten aus den §§ 94, 95 und 139 des SGB IX" (jetzt §§ 177, 178, 222 SGB IX) vor. Angelegenheiten „nach § 96 Abs. 3 SGB IX" (jetzt § 178 SGB IX) würden gerade nicht genannt.[151] Die Entscheidungsbegründung enthält mehrere offensichtliche Fehler. Das vom Zweiten Senat herausgestellte Fehlen der Bezugnahme auf § 179 SGB IX in § 2a Abs. 1 Nr. 3a ArbGG stellt eine planwidrige Regelungslücke dar, die seit langem durch eine entsprechende Anwendung von § 2a Abs. 1 Nr. 3a, Abs. 2 ArbGG – auch durch den Fachsenat des BAG – geschlossen wird.[152] Soweit be-

---

145 Vgl. *Kossens* in Kossens/von der Heide/Maaß SGB IX § 96 Rn. 13: „Voraussetzung ist die Zustimmung des Betriebsrats", ebenso *Knittel* SGB IX § 96 Rn. 66; nur von *Trenk-Hinterberger* in HK-SGB IX § 96 Rn. 10 die Zustimmung der SBV seit der 3. Aufl. für erforderlich gehalten.
146 *Beyer* jPR-ArbR 22/2011 Anm. 1; *Krämer* in FKS SGB IX, 4. Aufl. 2018, § 179 Rn. 15; *Esser/Isenhardt* in jurisPK-SGB IX § 96 Rn. 18; *Grimme* AiB 2011, 555, *Trenk-Hinterberger* in HK-SGB IX, 3. Aufl. 2010, § 96 Rn. 10; aA *Bötzel*, SBV und Betriebsrat als Interessenvertretung schwerbehinderter Menschen im Betrieb, 2020, S. 254 ff.; *Laber* ArbRB 2010, 342 (344); *Neumann* in Neumann/Pahlen/Greiner/Winkler/Jabben SGB IX § 179 Rn. 5.
147 LAG Hamm 21.1.2011 – 13 TaBV 72/10, Behindertenrecht 2011, 185, zustimmend: *Beyer* jPR-ArbR 22/2011 Anm. 1.
148 LAG Köln 18.5.2011 – 8 Sa 364/11, LAGE Nr. 33c zu § 626 BGB 2002.
149 BAG 19.7.2012 – 2 AZR 989/11, Behindertenrecht 2013, 18.
150 BAG 19.7.2012 – 2 AZR 989/11, Rn. 32, Behindertenrecht 2013, 18.
151 So: BAG 19.7.2012 – 2 AZR 989/11, Rn. 34, Behindertenrecht 2013, 18.
152 LAG Nürnberg 22.10.2007 – 6 Ta 155/07, ZTR 2008, 116; LAG Nds 7.8.2008 – 7 TaBV 148/07; SächsLAG 2.10.2009 – 2 TaBV Ga 4/09; VG Ansbach 29.7.2008 – AN 8 P 08.00604; BAG 30.3.2010 – 7 AZB 32/09, BAGE 134, 51, NZA 2010, 668.

hauptet wird, für die Zuständigkeit des stellvertretenden Mitglieds fehle eine Norm, die wie § 25 Abs. 1 Satz 2 BetrVG die zeitweise Stellvertretung bei Befangenheit anordne, entsprach diese Ansicht weder dem Stand der Rspr. des eigenen noch des betriebsverfassungsrechtlichen Fachsenats. Die Verhinderung bei Befangenheit wegen Selbstbetroffenheit beruht nämlich auf einem allgemeinen Grundsatz der rechtlichen Verhinderung, wie er allgemein für die Nichtbeteiligung eines Betroffenen an der Abstimmung gilt.[153] Inzwischen ist durch die Änderung des Verhinderungsbegriffs in § 177 Abs. 1 Satz 1 auch die Befangenheit ausdrücklich als Verhinderungsgrund in das Recht der SBV eingeführt (→ § 177 Rn. 7). Der Zweite Senat des BAG sollte angesichts dieser Rechtsänderung seine anderslautende Entscheidung aus 2012 überdenken. Unerheblich ist, dass der Gesetzgeber bei der Schaffung des BTHG hier nicht für die gebotene Klarstellung[154] gesorgt hat. Dieser war wegen der vielen anderen Baustellen in der Gesetzgebung nicht an der systematischen Überarbeitung des SGB IX interessiert.[155]

Zustimmung als Kündigungserlaubnis: § 103 Abs. 1 BetrVG enthält ein Verbot der Kündigung unter Erlaubnisvorbehalt. Die Zustimmung ist die Erlaubnis zur Kündigung. Eine vor Zustimmung ausgesprochene Kündigung ist nach § 134 BGB **unheilbar nichtig.** Die Zustimmung kann deshalb nicht nachgeholt werden.[156] Das Verstreichenlassen der im Anhörungsverfahren nach § 102 Abs. 2 Satz 3 BetrVG geltenden Drei-Tage-Frist bedeutet hier nicht Zustimmung, sondern **Zustimmungsverweigerung.**[157] Hat der Arbeitgeber die Zustimmung rechtzeitig beantragt, kann die zuständige Vertretung (SBV bzw. Betriebsrat → Rn. 62) auch nach Ablauf der Frist und sogar noch während des Laufs eines gerichtlichen Zustimmungsersetzungsverfahrens nachträglich zustimmen.[158] Da für die Zustimmung kein Schriftformzwang besteht, kann die Vertrauensperson die Kündigungserklärung nicht nach § 182 Abs. 3 BGB iVm § 111 Satz 2, 3 BGB aus dem Grund zurückweisen, dass die notwendige Zustimmungserklärung nicht als Anlage der Kündigung beigefügt sei.[159]

Doppeltes Zustimmungserfordernis bei Doppelmandat: Ist die Vertrauensperson in Personalunion auch Betriebsratsmitglied, so muss zusätzlich zu der Zustimmung der SBV (nach der hier abweichend von der Entscheidung des Zweiten Senats vertretenen Auffassung, → Rn. 62) in entsprechender Anwendung von Abs. 3 Satz 1, § 103 BetrVG auch noch in unmittelbarer Anwendung von § 103 BetrVG die Zustimmung des Betriebsrats eingeholt werden. Anders nur, wenn der Ansicht des Zweiten Senats des BAG gefolgt wird, dass der Betriebsrat auch für die Zustimmung zur Kündigung von Mitgliedern der Schwerbehindertenvertretung zuständig sei (→ Rn. 62).

Gerichtliches Ersetzungsverfahren: Erteilt die SBV (nach der hier abgelehnten Auffassung des Zweiten Senat des BAG der zuständige Betriebsrat → Rn. 62) nicht die in § 15 Abs. 1 KSchG ausdrücklich als „nach § 103 Abs. 1 BetrVG"

---

153 BAG 26.8.1981 – 7 AZR 550/79, BAGE 36, 72, DB 1981, 2627; BAG 25.3.1976 – 2 AZR 163/75, BAGE 28, 54, BB 1976, 932, AP Nr. 6 zu § 103 BetrVG 1972.
154 *Rudolph*, Zuständigkeit des BR bei Kündigung des SBV, AiB 2013, 267.
155 Vgl. die Darstellung zur Vorgehensweise des Gesetzgebers, das Schwerbehindertenrecht nur an einzelnen Stellen punktuell nachzubessern: *Düwell* in Düwell/Beyer Beschäftigte Rn. 8 und 338 ff.
156 BAG 22.8.1974 – 2 ABR 17/74, BAGE 26, 219, NJW 1975, 1810.
157 BAG 18.8.1977 – 2 ABR 19/77, Rn. 26, BAGE 29, 270; *Kiel* in ErfK KSchG § 15 Rn. 31 mwN.
158 Vgl. BAG 17.9.1981 – 2 AZR 402/79, AP Nr. 14 zu § 103 BetrVG 1972, NJW 1982, 2891.
159 BAG 4.3.2004 – 2 AZR 147/03, BAGE 110, 1, NJW 2004, 2612.

erforderlich bezeichnete Zustimmung, so kann das Arbeitsgericht auf Antrag des Arbeitgebers die Zustimmung gemäß § 103 Abs. 2 BetrVG ersetzen. Die Zulässigkeit des gerichtlichen Ersetzungsverfahrens setzt voraus, dass der Arbeitgeber erfolglos das Zustimmungsverfahren betrieben hat. Er kann es nicht dadurch umgehen, dass er bereits vor der Entscheidung der SBV einen Zustimmungsersetzungsantrag stellt.[160] Weitere Voraussetzung für die Ersetzung ist, dass der Arbeitgeber zum Zeitpunkt des Eingangs des Zustimmungsantrags bei der SBV (bzw. Betriebsrat) die **zweiwöchige Ausschlussfrist des § 626 Abs. 2 BGB** gewahrt hat.[161] Der Gesetzgeber hat nicht bestimmt, wie sich das Erfordernis, die verweigerte Zustimmung durch das Arbeitsgericht ersetzen zu lassen, auf die Ausschlussfrist des § 626 Abs. 2 BGB auswirkt. Er hat damit eine Regelungslücke gelassen, die unter Berücksichtigung allgemeiner Rechtsgedanken geschlossen werden muss. Da die Ausschlussfrist des § 626 Abs. 2 BGB im Regelungsbereich des § 103 BetrVG gilt, muss der Arbeitgeber innerhalb dieser Frist alles unternehmen, um die Voraussetzungen für die Ausführung seines Kündigungsrechtes zu schaffen. Die Ausschlussfrist beginnt nicht in entsprechender Anwendung des § 217 BGB erneut zu laufen, wenn die Zustimmung ersetzt ist. Als sachgerechte Lösung zur Schließung der Regelungslücke hat die Rspr. vielmehr eine entsprechende Anwendung der ursprünglich im § 18 Abs. 6 SchwbG 1974 getroffenen Regelung (jetzt § § 174 Abs. 5 SGB IX) gewählt; denn dort hat der Gesetzgeber ausdrücklich das Verhältnis zwischen der Ausschlussfrist des § 626 Abs. 2 BGB und einer vor Ausspruch der außerordentlichen Kündigung erforderlichen Zustimmung in der Weise bestimmt, dass die Kündigung unverzüglich nach Erteilung der Zustimmung zu erklären ist. Damit hat der Gesetzgeber den allgemeinen Rechtsgrundsatz konkretisiert.[162] Der Arbeitgeber muss daher die Kündigung gegenüber **unverzüglich** aussprechen, nachdem das Gericht rechtskräftig die Zustimmung zur Kündigung im Beschlussverfahren ersetzt hat.[163]

66 **Bedeutung der Ersetzung:** Mit der Ersetzung der Zustimmung zur Kündigung ist im Grundsatz die Feststellung verbunden, dass der für die außerordentliche Kündigung erforderliche wichtige Grund iSv § 626 Abs. 1 BGB vorliegt und die Ausschlussfrist des § 626 Abs. 2 BGB bis zum Ersetzungsantrag gewahrt ist. Offen bleibt nur noch, ob der Arbeitgeber von der mit der Ersetzung verbundenen Kündigungserlaubnis auch noch so Gebrauch macht, dass die Kündigung innerhalb der Ausschlussfrist des § 626 Abs. 2 BGB zugeht. Dazu legt § 174 Abs. 5 fest, dass die außerordentliche Kündigung „unverzüglich nach Erteilung der Zustimmung" erklärt werden muss. Sonst verliert die Zustimmung ihre Wirkung als Erlaubnis. Dh: Nach Ablauf der Zeitspanne, für die der Zugang einer unverzüglich abzugebenden Kündigungserklärung anzunehmen ist, gilt wieder das Kündigungsverbot.

67 **Gründe zur Zustimmungsverweigerung:** Die Befugnis zur Zustimmung darf nicht im Sinne der Willensfreiheit als Entscheidung nach freiem Ermessen verstanden werden. Will die SBV die Zustimmung verweigern, so muss sie ihre Entscheidung anhand der rechtlichen Vorgaben der außerordentlichen Kündigung begründen. Es handelt sich deshalb in Wirklichkeit um eine besondere Ausgestaltung eines Rechts zur Mitbeurteilung. Die Zustimmung kann verwei-

---

160 BAG 7.5.1986 – 2 ABR 27/85, BAGE 52, 50, NZA 1986, 719.
161 Vgl. BAG 18.8.1977 – 2 ABR 19/77, BAGE 29, 270, NJW 1978, 661.
162 Vgl. BAG 24.4.1975 – 2 AZR 118/74, Rn. 41, BAGE 27, 113; zustimmend: *Rüthers* SAE 1977, 10 (12).
163 Vgl. BAG 24.4.1975 – 2 AZR 118/74, Rn. 40, BAGE 27, 113; zustimmend: *Rüthers* SAE 1977, 10 (12)SAE 1977, 10, 12.

gert werden, wenn schon nach dem vom Arbeitgeber vorgebrachten Sachverhalt oder dem von der SBV ermittelten abweichenden tatsächlichen Sachverhalt „an sich" kein wichtiger Grund nach § 626 Abs. 1 BGB vorliegt oder ein solcher zwar vorliegt, aber wegen der abgelaufenen Erklärungsfrist des § 626 Abs. 2 verwirkt ist. Ist von einem typischen „an sich" wichtigen Grund auszugehen, verbleibt der SBV noch, die vorgenommene Interessenabwägung zu rügen, weil bestimmte Besonderheiten des Einzelfalles nicht ausreichend berücksichtigt worden seien.

Fiktive Kündigungsfrist: Die Annahme des **wichtigen Grundes** setzt nach § 626 Abs. 1 BGB notwendigerweise eine (bei gerichtlicher Ersetzung: tatrichterliche) Beurteilung mit dem Ergebnis der Unzumutbarkeit der Fortsetzung des Arbeitsverhältnisses bis zum Ablauf der ordentlichen Kündigungsfrist voraus. Bei allen außerordentlichen Funktionsträgerkündigungen muss wegen des Ausschlusses der ordentlichen Kündigungsmöglichkeit, eine **fiktive Kündigungsfrist** zugrunde gelegt werden. Es wird entweder die Frist unterstellt, die gelten würde, wenn dem Funktionsträger ohne Sonderschutz ordentlich gekündigt werden könnte[164] oder die Frist, die sich als frühester Kündigungstermin nach Ablauf des besonderen Kündigungsschutzes errechnet. Das BAG hat sich für die kürzere fiktive Frist entschieden.[165] Die andere Ansicht führt, weil die Länge der noch möglichen Amtszeit einbezogen wird, eher zur Unzumutbarkeit. Sie wird heute nicht mehr vertreten.[166] 68

Arbeitsvertragliche Pflichtverletzungen als wichtige Gründe: Die Rspr. hat eine Reihe von Gründen herausgearbeitet, die „an sich" so gewichtig sind – vorbehaltlich der Interessenabwägung in jedem Einzelfall – als wichtige Gründe angesehen zu werden. Dazu gehören grobe Verletzungen arbeitsvertraglicher Pflichten: vorsätzlich unrichtige Spesenabrechnungen,[167] Erschleichung höherer Vergütung durch Manipulationen bei der Zeiterfassung,[168] vorsätzlich falsche eidesstattliche Versicherung in einem Verfahren gegen den Arbeitgeber;[169] Diebstahl oder Unterschlagung,[170] erschlichene Arbeitsunfähigkeitsbescheinigungen.[171] 69

Amtspflichtverletzungen als wichtiger Grund: Verletzt die Vertrauensperson allein ihre Pflichten, die sich aus der Aufgabenstellung der SBV ergeben, rechtfertigt dies nicht den Ausspruch einer außerordentlichen Kündigung. Vielmehr ist der Arbeitgeber auf das Verfahren der Amtsenthebung gemäß § 177 Abs. 7 Satz 5 SGB IX zu verweisen. Das ist ständige Rspr. zum vergleichbaren Amtsenthebungsverfahren für Betriebsräte nach § 23 Abs. 1 BetrVG.[172] Werden sowohl eine arbeitsvertragliche Pflicht als auch zugleich Amtspflichten verletzt, ist es geboten, einen besonders strengen Prüfungsmaßstab an den wichtigen Grund anzulegen. Es muss vermieden werden, dass die freie Betätigung des Funktionsträgers der Betriebsverfassung eingeschränkt wird, weil er stets kündigungsrechtliche Konsequenzen befürchten muss.[173] Es gilt zu bedenken, dass im Rah- 70

---

164 BAG 10.2.1999 – 2 ABR 31/98, BAGE 91, 30, AP Nr. 42 zu § 15 KSchG 1969.
165 BAG 21.6.1995 – 2 ABR 28/94, juris Rn. 21, NZA 1995, 1157.
166 Vgl. *Kania* in ErfK BetrVG § 103 Rn. 11.
167 BAG 4.3.2004 – 2 AZR 147/03, BAGE 110, 1, NJW 2004, 2612; LAG Hamm 23.4.2008 – 10 TaBV 117/07.
168 BAG 24.2.1975 – 2 AZR 118/74, BAGE 27, 113 = DB 1975, 1610.
169 BAG 20.11.1987 – 2 AZR 266/87.
170 BAG 10.2.1999 – 2 ABR 31/98, BAGE 91, 30, NZA 1999.
171 LAG Hamm 16.9.2005 – 10 Sa 2425/04.
172 BAG 16.10.1986 – 2 ABR 71/85, DB 1987, 1304.
173 Vgl. BAG 16.10.1986- 2 ABR 71/85, AP Nr. 95 zu § 626 mwN.

men einer Amtstätigkeit Konfliktsituation entstehen, denen ein anderer Arbeitnehmer nicht ausgesetzt ist.
Beispiel: Bei Verhandlungen zwischen Arbeitgeber, Betriebsrat und SBV über einen Interessenausgleich kann es im Verlauf längerer erregter Auseinandersetzungen zu verbalen Beleidigungen kommen. Die Situationsgerechtigkeit erfordert hier eine besondere Beurteilung, ohne dass darin eine verbotene Besserstellung liegt.[174]

Im Übrigen ist stets in Anwendung des Verhältnismäßigkeitsprinzips zu prüfen, ob ein erfolgreicher Amtsenthebungsantrag nach § 177 Abs. 7 Satz 5 nicht ausreichend ist, um einen gleichartigen Pflichtenverstoß für die Zukunft auszuschließen.

Kündigungserklärungsfrist: Der Arbeitgeber muss analog § 174 Abs. 5 SGB IX die außerordentliche Kündigung „unverzüglich nach Erteilung der Zustimmung" erklären.[175] Unter Kündigungserklärung wird hier der Zugang beim Empfänger verstanden. Die Absendung der Kündigungserklärung innerhalb dieses Zeitraums genügt nicht.[176] Sorgt der Arbeitgeber nicht für den rechtzeitigen Zugang der Kündigungserklärung, so kündigt er ohne die erforderliche Zustimmung, → Rn. 60.

b) Kündigung eines amtierenden Mitglieds der Schwerbehindertenvertretung in einer Dienststelle

71 **Öffentlicher Dienst:** Abs. 3 Satz 1 räumt den in den Dienststellen amtierenden Vertrauenspersonen den gleichen Kündigungsschutz wie den Personalräten ein. Nach § 15 Abs. 2 Satz 1 KSchG muss erstens ein wichtiger Grund iSd § 626 BGB und zusätzlich für die Zulässigkeit der Kündigung des Arbeitsverhältnisses „die nach dem Personalvertretungsrecht erforderliche Zustimmung" vorliegen oder „durch gerichtliche Entscheidung" ersetzt sein. Für die Verwaltungen und **Dienststellen des Bundes** ist das Zustimmungserfordernis in § 55 BPersVG (entspricht dem bis 14.6.2021 geltenden § 47 BPersVG aF) näher geregelt. Für die Betriebe und **Dienststellen der Länder und Gemeinden** galt nach § 108 Abs. 1 BPersVG aF ebenfalls das Zustimmungserfordernis. Bei Erlass des BPersVG durch den Bundesgesetzgeber im Jahr 1974 bestand dafür nach Art. 75 Nr. 1 und Art. 74 Nr. 12 GG die Gesetzgebungskompetenz des Bundes. Nach Wegfall der Rahmenkompetenz des Bundes mit Inkrafttreten der Föderalismusreform I zum 1.9.2006 galt diese Bundesnorm nach Art. 125 b Abs. 1 Satz 1 GG fort. Sie konnte nicht durch abweichendes Landesrecht abgelöst werden.[177] § 108 Abs. 1 BPersVG aF regelte nämlich den Kündigungsschutz ergänzend zu § 15 KSchG und für die Regelung des Kündigungsschutzes besteht nach § 74 Abs. 1 Nr. 12 GG ein Kompetenztitel des Bundes. Deshalb hat bei der Novellierung der Bundesgesetzgeber in § 127 BPersVG für die Länder erneut unmittelbar geltendes Recht gesetzt.[178] Nach dessen Abs. 1 besteht ein zusätzlicher Schutz von Mitgliedern der Personalvertretungen, die in einem Arbeitsverhältnis stehen, in einem Zustimmungsvorbehalt. Der Arbeitgeber bedarf zu einer außerordentlichen Kündigung der vorherigen Zustimmung der zuständigen Personalvertretung. Verweigert die zuständige Personalvertretung ihre Zustimmung oder äu-

---

174 Zutreffend *Schubert* in Knittel, 107. EL 1.4.2020, SGB IX § 179 Rn. 60 unter Hinweis auf BAG 16.10.1986 – 2 ABR 71/85, AP Nr. 95 zu § 626.
175 BAG 1.10.2020 – 2 AZR 238/20, Rn. 14, EzA § 103 BetrVG 2001 Nr. 14.
176 Für die Kündigungserklärung nach Zustimmung des Integrationsamts: BAG 3.7.1980 – 2 AZR 340/78, BAGE 34, 20, Behindertenrecht 1981, 15.
177 *Altvater* in Altvater BPersVG § 108 Rn. 1.
178 BT-Drs. 19/26820, 146.

ßert sie sich nicht innerhalb von drei Arbeitstagen nach Eingang des Antrags, so kann das Verwaltungsgericht sie auf Antrag der Leiterin oder des Leiters der Dienststelle nur ersetzen, wenn die außerordentliche Kündigung unter Berücksichtigung aller Umstände gerechtfertigt ist.
Ebenso wie für das Verhältnis Betriebsrat und SBV (→ Rn. 62) gilt auch für das Verhältnis Personalrat und SBV, dass wegen der Eigenständigkeit der SBV nicht die Zustimmung einer anderen Interessenvertretung (hier des Personalrats), sondern die eigene Zustimmung der SBV zur Kündigung der Vertrauensperson eingeholt werden muss. Nach der Einführung des Hinderungsgrundes der Befangenheit in § 177 Abs. 1 Satz 1 (→ § 177 Rn. 7) ist für die Erteilung der Zustimmung das mit der höchsten Stimmzahl gewählte stellvertretende Mitglied (umgangssprachlich: erster Stellvertreter) zuständig. Wird die Zustimmung verweigert, so hat der öffentliche Arbeitgeber die Zustimmung entsprechend § 2a Abs. 1 Nr. 3 a ArbGG im arbeitsgerichtlichen Beschlussverfahren vom Arbeitsgericht ersetzen zu lassen. Das verkennt die Kommentarliteratur, die von einer Zuständigkeit der Verwaltungsgerichte ausgeht.[179]

c) Kündigung nach Ende der Amtszeit

Kündigungsschutz nach Ende der Amtszeit: § 15 Abs. 1 Satz 2 KSchG verbietet die ordentliche Kündigung der Vertrauensperson innerhalb eines Jahres nach Beendigung der Amtszeit (nachwirkender Kündigungsschutz). Der Arbeitgeber kann ebenso wie während der Amtszeit der Vertrauensperson dieser in allen Fällen, ausgenommen bei Stilllegungen (→ Rn. 73 ff.), nur aus wichtigem Grund außerordentlich kündigen. Der nachwirkende Schutz ist vom Erlaubnisvorbehalt des § 103 Abs. 1 BetrVG nicht erfasst. Der Arbeitgeber benötigt nach Ende der Amtszeit deshalb nicht mehr die Zustimmung der SBV. Er ist am Ausspruch einer ordentlichen Kündigung gehindert. Nach Ablauf des Nachwirkungsjahres hat der Arbeitgeber wieder die Kündigungsfreiheit zurück.

72

d) Kündigung bei Stilllegung des Betriebs oder einer Abteilung

Kündigung bei Betriebsstilllegung: Wird eine ordentliche Kündigung wegen Betriebsstilllegung oder Stilllegung einer Abteilung erklärt, kommt es darauf an, ob im Einzelfall die in § 15 Abs. 4 und 5 KSchG aufgestellten besonderen Voraussetzungen erfüllt sind. In beiden Fällen entfällt das Erfordernis der Zustimmung der Beschäftigtenvertretung,[180] gleich ob man mit dem Zweiten Senat den Betriebsrat oder nach dem LAG Hamm und der hier vertretenen Auffassung die SBV für zuständig ansieht (→ Rn. 62); denn das Zustimmungserfordernis setzt nach § 103 BetrVG bzw. nach § 55 Abs. 1 BPersVG nF in den Dienststellen des Bundes und in den Dienststellen der anderen öffentlichen Arbeitgeber nach § 128 BPersVG eine außerordentliche Kündigung voraus. Zweck des § 15 KSchG ist es, Mandatsträgern die erforderliche Unabhängigkeit zu sichern. Das gilt insbesondere für den Fall, dass sich eine Kündigung gegen einen einzelnen Mandatsträger richte. Im Falle einer Betriebsstilllegung oder Stilllegung einer Betriebsabteilung sind die Mandatsträger aber in gleicher Weise wie alle übrigen Arbeitnehmer von einer generellen Maßnahme aufgrund einer unternehmerischen Entscheidung betroffen, so dass sie des besonderen

73

---

179 *Schubert* in Knittel, 107. EL 1.4.2020, SGB IX § 179 Rn. 67.
180 Für die Kündigung eines Betriebsratsmitglieds: LAG RhPf 7.5.2019 – 8 TaBV 20/18 mit zustimmender Anm. *Boigs* jPR-ArbR 50/2019 Anm. 4; so auch schon in älterer Rechtsprechung: BAG 18.9.1997 – 2 ABR 15/97, NZA 1998, 189.

Schutzes nicht bedürfen.[181] Bei einer Stilllegung des gesamten Betriebs darf nach § 15 Abs. 4 KSchG die Vertrauensperson regelmäßig erst **mit der letzten Gruppe**, die die Stilllegung abwickelt, entlassen werden.[182] Eine vorherige Kündigung ist nur dann zulässig, wenn sie durch dringende betriebliche Erfordernisse zu einem früheren Zeitpunkt bedingt ist.

74 **Kündigung bei Stilllegung einer Betriebsabteilung:** Wird eine Betriebsabteilung stillgelegt, in der die Vertrauensperson beschäftigt wird, ist der Arbeitgeber nach § 15 Abs. 5 Satz 1 KSchG zur Vermeidung der Kündigung verpflichtet, die Vertrauensperson **in eine andere Betriebsabteilung** zu übernehmen. Durch das Angebot eines Arbeitsplatzes mit geringerer Entlohnung oder schlechteren Arbeitsbedingungen genügt der Arbeitgeber nicht seinen gesetzlichen Verpflichtungen.[183] Der gleichwertige Arbeitsplatz in einer anderen Abteilung muss – anders als im Falle des § 1 Abs. 2 Satz 2 KSchG – nicht frei sein. Ist ein gleichwertiger Arbeitsplatz in einer anderen Abteilung vorhanden und mit einem nicht durch § 15 KSchG geschützten Arbeitnehmer besetzt, muss der Arbeitgeber versuchen, den Arbeitsplatz durch Umverteilung der Arbeit, der Ausübung seines Direktionsrechts oder ggf. auch durch den Ausspruch einer Kündigung für den Mandatsträger freizumachen.[184] Steht nach Stilllegung einer Betriebsabteilung nur eine begrenzte Zahl von Weiterbeschäftigungsmöglichkeiten in einer anderen Abteilung des Betriebs zur Verfügung, genießen nach dem Sinn und Zweck von § 15 KSchG die aktiven Mandatsträger bei der Besetzung der Stellen Vorrang vor den im Nachwirkungszeitraum sonderkündigungsgeschützten Ersatzmitgliedern.[185]

e) Kündigung nach Widerspruch nach Betriebsübergang

75 Bei einem (restlosen) Betriebsübergang bedürfen die Vertrauensperson und die stellvertretenden Mitglieder der SBV keines Schutzes; denn nach § 613a Abs. 1 Satz 1 BGB gehen sämtliche bei dem Übergang noch bestehenden Arbeitsverhältnisse unverändert auf den Betriebserwerber über. Das „Amt" der Mitglieder der SBV bleibt vom Arbeitgeberwechsel unberührt bestehen. Eine besondere Situation tritt bei einem Betriebsübergang nach § 613a BGB ein, nachdem die Vertrauensperson dem Übergang seines Arbeitsverhältnisses nach § 613a Abs. 6 BGB wirksam widersprochen hat. Dann bleibt das Arbeitsverhältnis mit dem bisherigen Betriebsinhaber bestehen und das Amtszeit endet mit dem Vollzug des Betriebsübergangs vorzeitig, weil der Amtsinhaber dem übergegangenen Betrieb nicht mehr angehört und deshalb nicht mehr nach § 177 Abs. 3 in diesem Betrieb wählbar ist. Das ist in § 177 Abs. 7 Satz 3 mit der Formulierung „wenn die Vertrauensperson (...) die Wählbarkeit verliert" klargestellt. Die Vertrauensperson befindet sich dann in einer vergleichbaren Situation zur Betriebsstilllegung oder Stilllegung einer Betriebsabteilung, weil die bisherige Beschäftigungsmöglichkeit des Mandatsträgers entfallen ist. Der Zweite und Achte Senat des BAG sehen hier eine unbewusste Regelungslücke und wenden deshalb zu Recht zur Lückenausfüllung für diesen Fall § 15 Abs. 4 und 5 KSchG (→ Rn. 73 f.) analog an.[186]

---

181 Zutreffend: BAG 18.9.1997 – 2 ABR 15/97, Rn. 24, 25, 26; *Kania* in ErfK BetrVG § 103 Rn. 6.
182 BAG 26.10.1967 – 2 AZR 422/66, AP § 13 KSchG Nr. 17.
183 BAG 1.2.1957 – 1 AZR 478/54, BAGE 3, 341.
184 BAG 18.10.2000 – 2 AZR 494/99, BAGE 96, 78.
185 BAG 2.3.2006 – 2 AZR 83/05, AP § 15 KSchG 1969 Nr. 61.
186 BAG 18.9.1997 – 2 ABR 15/97 Rn. 32, 37; BAG 25.5.2000 – 8 AZR 416/99, Rn. 76, NZA 2000, 1115; *Kiel* in ErfK KSchG § 15 Rn. 40.

f) Schutz der stellvertretenden Mitglieder

Herangezogenes Mitglied: Als amtierend ist auch ein stellvertretendes Mitglied 76
anzusehen, das nach § 178 Abs. 1 Satz 4 von der Vertrauensperson zur Erledigung bestimmter Aufgaben herangezogen ist (→ § 178 Rn. 27). Das herangezogene Mitglied hat für die Dauer der Heranziehung den gleichen Schutz wie die Vertrauensperson. Ihm kann nach Rspr. des Zweiten Senats des BAG nur mit Zustimmung der Interessenvertretung (nach der hier vertretenen Ansicht jedoch mit Zustimmung der Vertrauensperson, → Rn. 62) oder gerichtlich ersetzter Zustimmung außerordentlich gekündigt werden (→ Rn. 60). Nach Ende der Heranziehung folgt dann der einjährig nachwirkende Kündigungsschutz (→ Rn. 72).

Nachrücken: Liegt ein Fall der Vertretung iSv § 177 Abs. 1 Satz 1 vor, so 77
„rückt" nach § 177 Abs. 7 Satz 4 das erste stellvertretende Mitglied für die Dauer der Verhinderung in die Amtsstellung der verhinderten Vertrauensperson „nach". Sprachlich ist das nicht völlig zutreffend; denn wegen des weiten Verhinderungsbegriffs iSv § 177 Abs. 1 Satz 1 werden auch die Fälle miterfasst, in denen Vertrauensperson und stellvertretendes Mitglied zeitgleich anfallende Aufgaben der SBV wahrnehmen (Beispiel: → § 178 Rn. 23). Für die Dauer der Vertretung, die zB infolge Krankheit der Vertrauensperson sehr lang sein kann, hat das in die Stellung der Vertrauensperson eingetretene stellvertretende Mitglied den gleichen Schutz wie die Vertrauensperson. Das ist in § 179 Abs. 3 Satz 2 ausdrücklich klargestellt. Ihm kann in dieser Zeit der Amtsführung nur mit Zustimmung der SBV bzw. nach Ansicht des Zweiten Senats des BAG nur mit Zustimmung des Betriebsrats (→ Rn. 62) und bei Verweigerung der Zustimmung nur nach gerichtlich ersetzter Zustimmung außerordentlich gekündigt werden (→ Rn. 65). Es stellt sich hier der besondere Fall, dass die Aufgaben der SBV vom zweiten stellvertretenden Mitglied wahrgenommen werden müssen; denn die Vertrauensperson ist im Beispiel wegen Krankheit verhindert und das nachgerückte Mitglied ist seinerseits wegen Befangenheit verhindert, in eigener Sache zu entscheiden. Ist kein zweites stellvertretendes Mitglied gewählt, kann die SBV nicht zustimmen. Dann muss der Arbeitgeber das gerichtliche Ersetzungsverfahren betreiben. Mit dem Ende der Vertretungszeit folgt dann der einjährig nachwirkende Kündigungsschutz (→ Rn. 72). Jede SBV ist gehalten, über Verhinderung und Vertretung eine tabellarische Übersicht zu führen. Sonst sind Beginn und Ende des Kündigungsschutzes nur schwer nachzuvollziehen.

g) Prozessuale Hinweise

Rechtsfolgen von Verstößen gegen § 15 KSchG: Ein Verstoß gegen das **Verbot** 78
der ordentlichen Kündigung aus § 15 Abs. 1 und 2 KSchG bewirkt nach § 134 BGB die Nichtigkeit der ordentlichen Kündigung. Eine nichtige ordentliche Kündigung kann nicht in eine außerordentliche umgedeutet werden. Ist eine **außerordentliche Kündigung** erklärt und fehlt es auch nur an einer Voraussetzung (→ Rn. 61), so ist sie ebenfalls nach § 134 BGB unwirksam. Demgegenüber enthalten § 15 Abs. 4 und 5 KSchG keine Verbote mit der Rechtsfolge aus § 134 BGB. Sie erweitern nur die Pflichten des Arbeitgebers zur Ausschöpfung der Beschäftigungsmöglichkeiten. Bestanden zum Zeitpunkt des Zugangs der Kündigung noch Beschäftigungsmöglichkeiten, ist die Kündigung materiell unwirksam, weil nicht betriebsbedingt und damit **sozial ungerechtfertigt** nach § 1 Abs. 2 KSchG. Der Eintritt der Unwirksamkeitsfolgen, gleich aus § 134 BGB oder § 1 Abs. 2 KSchG, setzt allerdings voraus, dass der geschützte Arbeitneh-

mer binnen drei Wochen nach dem Zugang der Kündigung eine Feststellungsklage nach § 4 KSchG erhebt (→ Rn. 82).

79 **Kündigung nach rechtskräftiger Ersetzung der Zustimmung:** Der Arbeitgeber muss, um eine außerordentliche Kündigung in der Amtszeit der Vertrauensperson wirksam aussprechen zu können, eine verweigerte Zustimmung der Beschäftigtenvertretung gemäß § 103 Abs. 2 BetrVG im arbeitsgerichtlichen Beschlussverfahren vom Arbeitsgericht ersetzen lassen. Für den Ausspruch der Kündigung danach hat der Arbeitgeber nur ein kleines Zeitfenster, um den Zugang der außerordentlichen Kündigungserklärung zu bewirken, → Rn. 70 (Kündigungserklärungsfrist). Kündigt er zu früh, bevor die Zustimmung vorliegt oder ersetzt ist, ist die Kündigung wegen Verstoßes gegen das Verbot aus § 103 Abs. 1 BetrVG (oder im Bereich der Dienststellen des Bundes: § 108 BPersVG) gemäß § 134 BGB nichtig. Wartet er zulange nach der Zustimmung oder deren rechtskräftiger Ersetzung, so gilt das Gleiche; denn die Zustimmung hat dann ihre Erlaubniswirkung verloren. Diese Rechtslage bereitet der Praxis Probleme. Hat das LAG die verweigerte Zustimmung ersetzt, ohne die Rechtsbeschwerde zum BAG zuzulassen, so darf der Arbeitgeber noch nicht kündigen; denn nach § 92 a, § 72 a Abs. 4 ArbGG ist die statthafte Nichtzulassungsbeschwerde aufschiebende Wirkung. Der Arbeitgeber hat folglich abzuwarten, ob innerhalb der einmonatigen Beschwerdefrist des § 72 a Abs. 2 ArbGG Beschwerde eingelegt worden ist. Erst bei Nichteinlegung der Beschwerde wird die ersetzende Entscheidung unanfechtbar. Erst ab diesem Zeitpunkt entfaltet sie die Wirkung der Kündigungserlaubnis. Jetzt darf und muss der Arbeitgeber nach § 174 Abs. 5 für den unverzüglichen Zugang der schriftlichen Kündigung beim Arbeitnehmer sorgen.

Der Arbeitgeber hat sorgfältig zu prüfen, ob die Zustimmung des Betriebsrats nach § 103 BetrVG und bei deren Verweigerung ein gerichtliches Ersetzungsverfahren überhaupt erforderlich ist. Bisweilen wird verkannt, dass in den Fällen der Stilllegung des Betriebs oder einer Abteilung die ordentliche Kündigung ohne Zustimmung des Betriebsrats in Betracht kommt (→ Rn. 73). Beantragt der Arbeitgeber in Verkennung der Rechtslage die Ersetzung der Zustimmung, so hat das Arbeitsgericht auch ohne einen darauf gerichteten ausdrücklichen Antrag des Arbeitgebers die Feststellung auszusprechen, dass die Zustimmung zur Kündigung entbehrlich ist. Das ist aus Gründen der Rechtssicherheit, der Verfahrensökonomie und aufgrund des Zwecks des § 103 Abs. 2 BetrVG, Klarheit über die Zulässigkeit des Ausspruchs einer Kündigung gegenüber einem Mandatsträger zu schaffen, geboten.[187]

80 **Nachfolgender Kündigungsschutzprozess:** Ist die gerichtliche Ersetzungsentscheidung rechtskräftig, kann der Arbeitnehmer im Kündigungsschutzprozess nur noch beschränkt geltend machen, die Vorfrage sei unrichtig entschieden worden. Dazu muss er neue Tatsachen vortragen, die im Beschlussverfahren noch nicht berücksichtigt werden konnten.[188] Ferner kann er geltend machen, dass die Kündigungserklärung ihm verspätet iSv § 626 Abs. 2 BGB, § 174 Abs. 5 SGB IX zugegangen sei.

81 **Erfordernis der Zustimmung des Integrationsamts:** Ist in der Person der Vertrauensperson bei Zugang des Kündigungsschreibens eine **Schwerbehinderung** festgestellt oder hat die Arbeitsagentur eine **Gleichstellung** erklärt, so muss auch die Zustimmung des Integrationsamts nach § 168, § 173 Abs. 3 Alt. 1,

---

[187] BAG 18.9.1997 – 2 ABR 15/97 Rn. 21; dem folgend: LAG RhPf 7.5.2019 – 8 TaBV 20/18 mit zustimmender Anm. *Boigs* jPR-ArbR 50/2019 Anm. 4.
[188] Ständige Rspr. seit BAG 24.4.1975 – 2 AZR 118/74, BAGE 27, 113 = DB 1975, 1610.

§ 174 SGB IX vor Ausspruch der Kündigung vorliegen. Hat die Vertrauensperson mindestens drei Wochen vor dem Tag des Zugangs der Kündigung einen Antrag auf Feststellung der Schwerbehinderung oder einen Antrag auf Gleichstellung gestellt, so greift nach der Auslegung des § 173 Abs. 3 Alt. 2 das Zustimmungserfordernis des § 168 unter der Voraussetzung ein, dass der Antrag später Erfolg hat (Einzelheiten: → § 173 Rn. 42 ff.).

Dreiwochenfrist: Seit 2004 sind alle Unwirksamkeitsgründe – außer Nichteinhaltung der Schriftform – gemäß § 4 Satz 1 KSchG mit der Erhebung der punktuellen Feststellungsklage innerhalb der **Dreiwochenfrist** seit Zugang der Kündigung geltend zu machen.[189] Wird die Frist versäumt und wird auch nicht nach § 5 KSchG die Klage nachträglich zugelassen, so gilt die Kündigung als wirksam (§§ 7, 13 KSchG). Soweit bereits zuvor ein allgemeiner Feststellungsantrag (sog. Schleppnetzantrag) wegen vorausgegangener Kündigungen gestellt wurde, verlängert sich die Anrufungsfrist. Das ist für die Praxis bedeutsam; denn dann kann bis zum Schluss der mündlichen Verhandlung erster Instanz nach § 6 KSchG der Angriff auf die einzelne Kündigung nachgeholt werden.[190] Damit wird der Taktik von bestimmten Arbeitgeberanwälten entgegen gewirkt, so häufig die Kündigung zu wiederholen, bis der Betroffene den Überblick verliert und die Dreiwochenfrist verpasst. Bis zum Ende der mündlichen Verhandlung vor dem Arbeitsgericht kann im Übrigen auch ein zunächst nicht beachteter Unwirksamkeitsgrund, zB wenn zwar der Betriebsrat der außerordentlichen Kündigung, aber nicht die SBV zugestimmt hat, gemäß § 6 KSchG nachgeschoben werden.

82

7. Versetzungsschutz

Versetzungsschutz in der Dienststellenverfassung: Vertrauenspersonen des öffentlichen Dienstes des Bundes haben nach Abs. 3 den gleichen Abordnungs- und Versetzungsschutz wie er Personalräten nach § 55 Abs. BPersVG nF (bis 14.6.2021 § 47 Abs. 2 BPersVG aF) zusteht. Mitglieder des Personalrates dürfen gegen ihren Willen nur versetzt oder abgeordnet werden, wenn dies auch unter Berücksichtigung der Mitgliedschaft im Personalrat aus wichtigen dienstlichen Gründen unvermeidbar ist.[191] Die Versetzung oder Abordnung von Mitgliedern des Personalrates bedarf der Zustimmung des Personalrates. In § 47 Abs. 2 Satz 2 BPersVG 1974 war schon ausdrücklich klargestellt, dass auch die mit einem Wechsel des Dienstortes verbundene Umsetzung innerhalb einer Dienststelle zustimmungsbedürftig ist. Das ist auch bei der Novellierung des BPersVG 2021 beibehalten worden. Hinzugefügt ist jetzt in § 55 Abs. 2 BPersVG der Schutz gegen die Zuweisung an eine andere Dienststelle. Damit hat sich nicht der Standort der Vorschrift geändert. Das Einzugsgebiet im Sinne des Umzugskostenrechts wird als zum Dienstort gehörend definiert. Das Zustimmungserfordernis gilt daher auch für Versetzungen, bei denen das Amt des Personalratsmitglieds erhalten bleibt. Zusätzlich darf ein Personalratsmitglied nur aus wichtigem dienstlichem Grund versetzt werden.[192] Für die Vertrauensperson gilt dieser Schutz entsprechend. Dieser Schutz läuft allerdings leer, wenn die Dienststelle, aus der versetzt wird, aufgelöst wird und für den Personalrat nur noch ein Restmandat besteht.

83

---

189 *Kiel* in ErfK KSchG § 15 Rn. 4.
190 BAG 23.4.2008 – 2 AZR 699/06, NZA-RR 2008, 466.
191 OVG MV 27.6. 2007 – 8 L 191/06, ZfPR online 2009, Nr. 2, 15.
192 *Schubert*, 107. EL 1.4.2020, SGB IX § 179 Rn. 77.

Beispielsfall: Kein Mitbestimmungsrecht bei Versetzungen, wenn Beamte eines Postnachfolgeunternehmens von einem stillgelegten Betrieb zu anderen Betrieben des Unternehmens wechseln sollen.[193] Umstritten ist, ob der Personalrat oder für die SBV das die befangene Vertrauensperson vertretende erste stellvertretende Mitglied zuständig ist; Grundsatzproblem unter → Rn. 62.

84 Für die Vertrauenspersonen und stellvertretende Mitglieder der SBV aus dem öffentlichen Dienst der Länder und Gemeinden besteht nach § 179 Abs. 3 ein gleicher Schutz, wie er in den Landespersonalvertretungsgesetzen für Personalratsmitglieder vorgesehen ist.

85 **Versetzungsschutz in der Betriebsverfassung:** Anders als in den Personalvertretungsgesetzen gab es in der Betriebsverfassung bis zum 27.7.2001 keinen besonderen Versetzungsschutz. War die betroffene Vertrauensperson mit der vom Arbeitgeber beabsichtigten Versetzung nicht einverstanden, hatte allerdings der nach § 99 BetrVG mitbestimmende Betriebsrat die Möglichkeit, die Zustimmung nach § 99 Abs. 2 Nr. 1 BetrVG wegen Behinderung der SBV zu verweigern. Seit dem am 28.7.2001 in Kraft getretenen BetrVG-Reformgesetz ist die Rechtslage an die der Personalvertretung angeglichen. Die Versetzung eines Betriebsratsmitglieds bedarf nach dem neuen § 103 Abs. 3 BetrVG der Zustimmung des Betriebsrats. Die Zustimmung ist nur dann entbehrlich, wenn die Versetzung nicht zu einem **Verlust des Amtes oder der Wählbarkeit** führt oder die betroffene Vertrauensperson trotz des Verlustes **mit ihrer Versetzung einverstanden ist**. Im Unterschied zu dem weitergehenden Schutz in der Dienststellenverfassung ist nach § 103 Abs. 3 BetrVG eine Versetzung schon zulässig, wenn der Arbeitgeber dringende betriebliche Erfordernisse für seine Maßnahmen nachweist und diese vorrangig gegenüber der Kontinuität der Amtsführung sind. Wird die Zustimmung verweigert, kann der Arbeitgeber nach § 99 Abs. 4 BetrVG beim Arbeitsgericht beantragen, die Zustimmung zu der Versetzung zu ersetzen. Ein erfolgreicher Antrag setzt voraus, dass die Versetzung auch unter Berücksichtigung der Stellung des betroffenen Arbeitnehmers als Vertrauensperson aus dringenden betrieblichen Gründen geboten ist. Die nach § 179 Abs. 3 SGB IX vorzunehmende **entsprechende Anwendung** führt dazu, dass statt der Zustimmung des Betriebsrats die der SBV erforderlich ist. Aus dem Inhalt des § 103 BetrVG ist zu entnehmen, dass die Zustimmung der Vertretung, deren Mitglied versetzt werden soll, erforderlich ist. Das muss auch für die SBV gelten. Sonst würde der Eigenständigkeit der SBV nicht Rechnung getragen. Da die Vertrauensperson wegen Betroffenheit in eigener Sache verhindert ist (→ § 177 Rn. 7), muss das erste stellvertretende Mitglied über die Zustimmung entscheiden.[194]

86 **Folgenbeseitigung durch Aufhebung einer Versetzung in der Betriebsverfassung:** Im Rahmen der Einfügung des § 103 Abs. 3 BetrVG ist nicht ausdrücklich im Gesetz auf die §§ 100, 101 BetrVG verwiesen worden. Die Kommentarliteratur folgert daraus, dass die Rechte des Betriebsrats bei einer ohne dessen Zustimmung durchgeführten Versetzung nicht bedacht worden seien. Der effektive Rechtsschutz gebiete es, im Falle einer solchen Fallgestaltung § 101 BetrVG

---

193 BVerwG 25.1.2012 – 6 P 25/10, PersR 2012, 218.
194 So wie hier: LAG Hamm 21.1.2011 – 13 TaBV 72/10, Behindertenrecht 2011, 185; im Prinzip dagegen: LAG Köln 18.5.2011- 8 Sa 364/11, LAGE Nr. 33c zu § 626 BGB 2002 und BAG 19.7.2012 – 2 AZR 989/11, Behindertenrecht 2013, 18; Einzelheiten zum Grundsatzproblem unter → Rn. 62.

analog anzuwenden.[195] Dem ist die obergerichtliche Rechtsprechung gefolgt.[196] Analog § 101 BetrVG kann daher der Betriebsrat bei einer ohne seine Zustimmung erfolgten Versetzung eines Betriebsratsmitglieds verlangen, dass der Arbeitgeber die Versetzung aufhebt. Bei entsprechender Anwendung auf die Vertrauensperson kann dann die SBV die Folgenbeseitigung einer rechtswidrigen Versetzung im Wege des Beschlussverfahrens durchsetzen.

8. Schutz vor Kündigung, Versetzung und Beendigung der Zuweisung im Jobcenter

Für Jobcenter, die zur einheitlichen Durchführung der Grundsicherung für Arbeitsuchende als gemeinsame Einrichtung der Träger (BA und Gemeinde) nach § 44 b SGB II gebildet sind, gelten nach § 44 h Abs. 1 Satz 2 SGB II die Regelungen des BPersVG „entsprechend". Das bedeutet: Während der Amtszeit bedarf es für die Zulässigkeit der Kündigung des Arbeitsverhältnisses nach § 15 Abs. 2 Satz 1 KSchG eines wichtigen Grundes iSv § 626 BGB und entsprechend § 47 Abs. 1 BPersVG der vorherigen Zustimmung der zuständigen Interessenvertretung. Das ist nach der hier vertretenen Ansicht die SBV, nach Ansicht des zweiten Senats des BAG jedoch die Interessenvertretung Personalrat, → Rn. 62. Nach Ende der Amtszeit verbietet § 15 Abs. 1 Satz 2 KSchG die ordentliche Kündigung der Vertrauensperson innerhalb eines Jahres (nachwirkender Kündigungsschutz).

Nach § 47 Abs. 2 BPersVG dürfen die Mitglieder der SBV gegen ihren Willen nur versetzt oder abgeordnet werden, wenn dies auch unter Berücksichtigung der Mitgliedschaft im Personalrat aus wichtigen dienstlichen Gründen unvermeidbar ist. Dieser Schutznorm läuft jedoch im Jobcenter leer; denn nach § 44 g Abs. 5 Satz 1 Nr. 1 SGB II kann eine Zuweisung „aus dienstlichen Gründen" mit einer Frist von drei Monaten vom zuweisenden Träger beendet werden. Zwar unterscheidet sich die nach Zuweisung von Beamten nach § 29 BBG bzw. von Arbeitnehmern nach § 4 Abs. 2 TVöD von einer Versetzung, die einschließlich der gesondert aufgeführten Fälle der Umsetzung und Abordnung, mitbestimmungsrechtlich in § 75 Abs. 1 Nr. 4 a, § 76 Abs. 1 Nr. 5 a BPersVG erfasst ist. Bei der besonderen Konstruktion der gemeinsamen Einrichtung kommt aber die Beendigung der Zuweisung in ihrer Wirkung einer Versetzung gleich. Hier muss die in § 44 h Abs. 1 Satz 2 SGB II angeordnete „entsprechende" Anwendung der Regelungen des BPersVG bedeuten, dass auch der personalvertretungsrechtliche Versetzungsschutz zur Anwendung kommen muss.[197] Das wird bisweilen im Schrifttum verkannt, wenn ohne jeden Anhalt in den Gesetzesmaterialien eine bewusste Regelungslücke behauptet wird.[198]
Das bedeutet:
1. Die Zuweisung der Mitglieder der SBV darf gegen deren Willen nur vorzeitig beendet werden, wenn dies auch unter Berücksichtigung der Mitgliedschaft in der SBV aus wichtigen dienstlichen Gründen unvermeidbar ist.
2. Die Beendigung bedarf zwar nach der hier vertretenen Ansicht der Zustimmung der SBV aber nach Ansicht des Zweiten Senats des BAG der Zustimmung des Personalrates (→ Rn. 71).

---

195 *Raab* in GK-BetrVG § 103 Rn. 55; *Fitting* BetrVG § 103 Rn. 71 b.
196 LAG Bln 22.12.2004 – 9 TaBV 2175/04, AiB 2006, 516; *Matthes* jurisPR-ArbR 43/2005 Anm. 6.
197 Ausführlich dargestellt für den Schutz der Gleichstellungsbeauftragten durch *von Roetteken*, 82. Aktualisierung November 2020, BGG § 28 Rn. 412 ff.
198 So *Burkholz* Der Personalrat 2020, 23.

V. Verschwiegenheit (Abs. 7)

88 **Geheimhaltungspflicht:** Vertrauenspersonen müssen nach Abs. 7 Stillschweigen bewahren über **Betriebs- und Geschäftsgeheimnisse** sowie über die ihnen wegen ihres Amtes bekannt gewordenen **persönlichen Verhältnisse und Angelegenheiten von Beschäftigten**, die ihrer Bedeutung oder ihrem Inhalt nach einer vertraulichen Behandlung bedürfen, also nicht für Dritte oder die Öffentlichkeit bestimmt sind. Abs. 7 Nr. 1 nahm bis zum 31.12.2017 ausdrücklich auf Arbeitsplätze im Sinne des § 73 SGB IX (jetzt § 156 SGB IX) Bezug. Damit sollte verdeutlicht werden, dass es nicht nur um Verhältnisse und Angelegenheiten schwerbehinderter Arbeitnehmer, sondern um die aller Beschäftigten ging.[199] Allerdings war nicht berücksichtigt worden, dass nicht alle Stellen, auf denen Beschäftigte tätig werden, Arbeitsplätze im Sinne von § 73 Abs. 1 SGB IX waren. Das zeigt sich besonders deutlich in den im Negativkatalog des § 73 Abs. 2 Nr. 7 und Abs. 3 SGB IX aufgeführten Fällen:

- Personen, deren Arbeits-, Dienst- oder sonstiges Beschäftigungsverhältnis wegen Wehr- oder Zivildienst, Elternzeit, unbezahltem Urlaub, wegen Bezuges einer Rente auf Zeit oder bei Altersteilzeitarbeit in der Freistellungsphase (Verblockungsmodell) ruht, solange für sie eine Vertretung eingestellt ist,
- Personen, die auf Stellen beschäftigt werden, die nach der Natur der Arbeit oder nach den zwischen den Parteien getroffenen Vereinbarungen nur auf die Dauer von höchstens acht Wochen besetzt sind, Personen, die auf Stellen tätig werden, auf denen Beschäftigte weniger als 18 Stunden wöchentlich beschäftigt werden.

Es ist nicht nachvollziehbar, dass die Verschwiegenheitspflicht für die vertrauliche Behandlung der persönlichen Verhältnisse dieser Personen nicht bestehen soll. Es handelt sich daher um eine Regelungslücke. Das hat auch der Gesetzgeber des BTHG erkannt. In der durch Art. 1 mit Wirkung vom 1.1.2018 neugefassten Norm des **§ 179 Abs. 7 Satz 1 Nr. 1 SGB IX** heißt es:

Die Vertrauenspersonen sind verpflichtet,
1. ihnen wegen ihres Amtes anvertraute oder sonst bekannt gewordene fremde Geheimnisse, namentlich zum persönlichen Lebensbereich gehörende Geheimnisse, nicht zu offenbaren und (…).

Dort ist der Beschränkung der Verschwiegenheitspflicht auf die persönlichen Verhältnisse von Personen, **die auf einem Arbeitsplatz beschäftigt** werden, entfallen. Die seit 2018 geltende Neufassung nimmt nämlich nicht auf den Arbeitsplatz Bezug, dessen Begriff im reformierten SGB IX 2018 in § 156 SGB IX übernommen worden ist. Somit lag nur für die Zeit 30.12.2016 bis 31.12.2017 eine Regelungslücke vor. Hier handelte es sich um eine unbewusste Regelungslücke, die offensichtlich auf einem redaktionellen Versehen beruhte. Es war versäumt worden, die notwendige Folgeänderung in das Vorschaltgesetz des Art. 2 BTHG mit Wirkung vom 30.12.2016 zu übernehmen. Eine Korrektur durch das Berichtigungsgesetz zum BVG fand nicht statt.[200]

Stillschweigen bewahren im Sinne des Abs. 7 heißt das Unterlassen unbefugter Offenbarung gegenüber Dritten. Das kann nicht nur mündlich, sondern auch durch Gewährung der Gelegenheit des Einblicks in die bei der SBV aufbewahrten Unterlagen und Akten geschehen.[201] Eine Befugnis setzt die Einwilligung

---

199 *Knittel* SGB IX § 96 Rn. 150.
200 *Düwell/Beyer* Beschäftigte Rn. 250 ff.
201 *Trenk-Hinterberger* in HK-SGB IX, 3. Aufl. 2010, § 96 Rn. 30.

des Betroffenen voraus. Als vertraulich zu behandelnde Verhältnisse und Angelegenheiten sind anzusehen:
- besondere Familienverhältnisse, wie Unterhaltspflichten für nichteheliche Kinder oder Pfändungen wegen Unterhaltsforderungen,
- Vorstrafen,
- **Krankheiten** und bei Unterstützung im Feststellungsverfahren bekannt gewordene ärztliche **Diagnosen** sowie
- Schwangerschaften und andere Tatsachen, die die Intimsphäre der Beschäftigten berühren.

Betriebs- oder Geschäftsgeheimnisse: Das am 26.4.2019 in Kraft getretene Gesetz zum Schutz von Geschäftsgeheimnissen (GeschGehG)[202] hat die in § 179 Abs. 7 Satz 1 Nr. 2 SGB IX statuierte Verschwiegenheitspflicht bezogen auf Betriebs- oder Geschäftsgeheimnisse konkretisiert. Die Unterscheidung wurde im GeschGehG aufgegeben. § 2 Nr. 1 GeschGehG bestimmt, dass eine Information ein Geschäftsgeheimnis darstellt, wenn sie nicht allgemein bekannt oder ohne Weiteres zugänglich und daher von wirtschaftlichem Wert abhängig von den Umständen des Einzelfalls Gegenstand von angemessenen Geheimhaltungsmaßnahmen durch ihren rechtmäßigen Inhaber ist und bei der ein berechtigtes Interesse an der Geheimhaltung besteht.[203]

89

Ausnahmen: Das Gebot aus § 179 Abs. 7 SGB IX, Stillschweigen über persönliche Verhältnisse zu bewahren, gilt nicht absolut. Gegenüber der Bundesagentur für Arbeit, den Integrationsämtern und den Rehabilitationsträgern ist eine Offenbarung zulässig, soweit diese unterrichtet werden müssen, um ihre Aufgaben gegenüber den schwerbehinderten Menschen wahrzunehmen (Abs. 7 Satz 3). Bei den nach Abs. 7 Nr. 2 geschützten Betriebs- und Geschäftsgeheimnissen liegt die Rechtslage anders. Diese werden nur erfasst, wenn sie ausdrücklich vom Arbeitgeber als geheimhaltungsbedürftig bezeichnet worden sind: Sie dürfen dann den Behörden in aller Regel nicht offenbart werden. Eine Ausnahme gilt nur, wenn im Einzelfall für die Beurteilung der Angelegenheit der schwerbehinderten Menschen die Kenntnis des Betriebs- und Geschäftsgeheimnisses unverzichtbar ist.[204] Eine Ausnahme von der Verschwiegenheitspflicht besteht auch gegenüber Personen, die ihrerseits wiederum der Verschwiegenheitspflicht unterliegen: Das trifft auf die Mitglieder des Betriebs-, Personal-, Staatsanwalts- oder Richterrats, der Einigungs- oder Schlichtungsstelle oder einer betrieblichen Beschwerdestelle nach § 79 BetrVG, § 10 BPersVG zu. Von der Ausnahme erfasst ist auch die für die Behandlung der Angelegenheit notwendige Weiterleitung an die Vertrauenspersonen in den Stufenvertretungen und in der Gesamt- oder Konzernschwerbehindertenvertretung nach § 180.

90

Hat allerdings ein Beschäftigter der Vertrauensperson persönliche Umstände unter dem „Siegel der Verschwiegenheit" anvertraut, muss diese das Stillschweigen auch gegenüber Betriebs- oder Personalrat wahren, bis der Betroffene die Offenbarung ausdrücklich zulässt.[205] Ebenso gilt die Ausnahme von der Schweigepflicht nicht, wenn der schwerbehinderte Mensch die Vertrauensperson nach § 178 Abs. 3 Satz 1 SGB IX bei der Einsicht in die Personalakte hinzugezogen hat. § 178 Abs. 3 Satz 2 SGB IX begründet für diesen Fall eine besondere Pflicht zum Stillschweigen.

Verschwiegenheitspflicht nach Ausscheiden aus dem Amt: Das Gebot des Stillschweigens bleibt auch nach dem Ausscheiden aus dem Amt bestehen (Abs. 7

91

---
202 BGBl. 2019 I 466.
203 *Fuhltrott/Hieramente* DB 2019, 967; *Naber/Peukert/Seeger* NZA 2019, 583.
204 *Pahlen* in Neumann/Pahlen/Greiner/Winkler/Jabben SGB IX § 179 Rn. 20 f.
205 *Schubert* in Knittel, 107. EL 1.4.2020, SGB IX § 179 Rn. 150.

Satz 2). Es endet auch nicht mit der Beendigung des Beschäftigungsverhältnisses. Vertrauenspersonen dürfen deshalb lebenslang nicht über Geheimnisse ihrer Amtstätigkeit berichten, es sei denn, die Tatsache ist entweder kein Geheimnis mehr oder wird von den Betroffenen als nicht mehr geheimhaltungsbedürftig oder der Betroffene erklärt die Einwilligung in die Weitergabe der Information. Es empfiehlt sich eine Dokumentation. Diese Verschwiegenheitspflicht gilt auch für ehemalige stellvertretende Mitglieder.[206]

92 **Sanktionen:** Die vorsätzliche Verletzung der Verschwiegenheitspflicht ist nach der § 237 b SGB IX strafbar. Danach wird **Freiheitsstrafe** bis zu einem Jahr oder mit **Geldstrafe** wird bestraft, wer entgegen § 179 Abs. 7 Satz 1 ein dort genanntes Geheimnis offenbart. Zwar ist die Verletzung der Pflicht Stillschweigen nach § 178 Abs. 3 Satz 2 SGB IX im Tatbestand des § 237 b SGB IX nicht ausdrücklich zitiert. Diese Pflichtverletzung kann dennoch strafbar sein, weil die Offenbarung eines jeden persönlichen Geheimnisses, das der Vertrauensperson „wegen ihres Amtes" (§ 179 Abs. 7 Satz 1 Nr. 1) bekannt geworden ist, unter Strafandrohung steht. Erfuhr die Vertrauensperson das persönliche Geheimnis, weil sie von dem schwerbehinderten Mensch bei der Einsicht in die Personalakte hinzugezogen wurde, so ist das Geheimnis wegen des Amtes bekannt geworden.

VI. Rechtsstellung der stellvertretenden und herangezogenen Mitglieder (Abs. 3 Satz 2)

93 Ein stellvertretendes oder herangezogenes Mitglied besitzt nach Abs. 3 Satz 2 während der Dauer der Verhinderung der Vertrauensperson nach § 177 Abs. 1 Satz 1 bzw. während der Dauer der Heranziehung nach § 178 Abs. 1 Satz 4 und 5 die **gleiche persönliche Rechtsstellung** wie die Vertrauensperson. Das gilt insbesondere für den Kündigungs-, Versetzungs- und Abordnungsschutz. Während der Zeiten, in denen die stellvertretenden Mitglieder nicht vertreten und auch nicht herangezogen sind, haben sie die gleiche Rechtsstellung wie Ersatzmitglieder des Betriebs- bzw. Personalrats. Sie genießen damit vor allem nach § 15 Abs. 1 Satz 2 KSchG nachwirkenden Kündigungsschutz (Einzelheiten: → Rn. 72). Danach sind sie vor einer ordentlichen Kündigung vor Ablauf eines Jahres, vom Ende der Vertretung oder Heranziehung an gerechnet, geschützt. Eine außerordentliche Kündigung ist innerhalb der Vertretungszeit nur mit entsprechender Zustimmung der SBV zulässig. Nach der hier vertretenen Auffassung besteht auch bei Erreichen des Schwellenwerts aus § 179 Abs. 4 Satz 2 ein gegebenenfalls mit der Vertrauensperson zu teilender Anspruch auf pauschale Freistellung von der beruflichen Tätigkeit (→ Rn. 37). Die Verschwiegenheitspflichten aus § 179 Abs. 7 und § 178 Abs. 3 (→ Rn. 88 ff.) gelten daher auch für die herangezogenen stellvertretende Mitglieder. Ebenso gilt die Strafbarkeit nach § 237 a und 237 b SGB IX auch für **stellvertretende Mitglieder** der SBV, gleich ob sie im Rahmen der Heranziehung oder Verhinderungsvertretung tätig waren. Unerheblich ist, dass der Tatbestand der Strafvorschriften nicht die Merkmale Heranziehung und Stellvertretung anführt. Dass Vertreter als Vertrauenspersonen anzusehen sind, ist zulässige Auslegung, nicht verbotene Rechtsfortbildung. Das folgt aus dem Begriff des Vertretens selber, den man ersetzen kann durch „vorübergehend jemandes Stelle einnehmen und seine Aufgaben übernehmen."[207] Wer die Stelle der Vertrauensperson einnimmt, tritt an

---

206 *Schubert* in Knittel, 107. EL 1.4.2020, SGB IX § 179 Rn. 161.
207 *Noak*, Zum Geheimnisverrat der Vertrauenspersonen schwerbehinderter Menschen (§§ 237 a, 237 b SGB IX) als „modernes Nebenstrafrecht", ZIS 3/2019, 216.

ihren Platz und ist selber Vertrauensperson. Dies wird bestätigt durch § 179 Abs. 3 S. 2 SGB IX: „Das stellvertretende Mitglied besitzt während der Dauer der Vertretung (...) die gleiche persönliche Rechtsstellung wie die Vertrauensperson (...)".

VII. Sachmittel und Kosten (Abs. 8 und 9)

1. Grundsatz

Kostentragung: Die SBV ist nicht berechtigt, Beiträge zu erheben. Sie ist deshalb auch **nicht vermögensfähig**. Nach § 179 Abs. 8 Satz 1 Hs. 1 hat der Arbeitgeber die durch die Tätigkeit entstehenden Kosten zu tragen. Auch wenn nicht ausdrücklich bestimmt, hat der Arbeitgeber nicht etwa alle durch die Tätigkeit der Schwerbehindertenvertretung kausal verursachten, sondern nur die **erforderlichen Kosten** zu tragen.[208] Insoweit entspricht die Rechtslage § 40 Abs. 1 BetrVG und § 44 Abs. 1 Satz 1 BPersVG. Für die Erforderlichkeit reicht es aus, wenn die SBV die Ausgaben unter Anlegung eines verständigen Maßstabs und unter Beachtung des **Grundsatzes der Verhältnismäßigkeit** für erforderlich halten durfte.[209] Danach sind anfallende Kosten erstattungsfähig, wenn

- sie im Rahmen der Wahrnehmung einer gesetzlichen Aufgabe der SBV entstanden sind,
- die kostenverursachende Maßnahme geeignet war, die wahrgenommene gesetzliche Aufgabe zu fördern,
- es keine ebenso wirksame kostengünstigere Möglichkeit der Aufgabenwahrnehmung gegeben hätte (Erforderlichkeitsprüfung im engeren Sinne) und
- schließlich in einer abwägenden Gesamtbetrachtung sowohl das mit der Maßnahme verfolgte Ziel als der damit verbundene Aufwand noch als verhältnismäßig angesehen werden können.

Die Kostentragungspflicht setzt nicht die Zustimmung des Arbeitgebers zu den die Kosten verursachenden Maßnahmen voraus. Der Grundsatz der engen Zusammenarbeit (hier § 182 Abs. 1 SGB IX) kann es jedoch gebieten, außergewöhnliche Aufwendungen mit dem Arbeitgeber abzustimmen.[210] Der Arbeitgeber kann nicht verlangen, dass sich zur Klärung von Streitfragen alle SBVen eines Konzerns oder Unternehmens aus Gründen der Kostenschonung auf ein Musterverfahren verständigen.[211]

94

Für öffentliche Arbeitgeber ist mit Wirkung vom 30.12.2016 die Sonderregelung in Abs. 8 Satz 1 Hs. 2 auf Empfehlung des Ausschusses eingeführt worden. Danach gelten die Kostenregelungen für Personalvertretungen entsprechend. Ziel der Einführung soll nach der knappen Begründung des Ausschusses gewesen sein, die schon weitgehend praktizierte analoge Anwendung des Personalvertretungsrechts rechtlich abzusichern. Damit hat der Ausschuss in zweierlei Hinsicht Recht gesetzt: Erstens hat er den freigestellten Vertrauenspersonen den von der Rspr. anerkannten individuellen Anspruch auf Gleichbehandlung mit den freigestellten Personalvertretungen im Hinblick auf deren pauschale Aufwandsentschädigung abgesichert. Zweitens hat er den von der Rspr. abgelehn-

95

---

208 BAG 27.7.2011 – 7 AZR 412/10, Behindertenrecht 2012, 91, NZA 2012, 169.
209 So schon zum Recht des Betriebsrats unter Geltung des BetrVG 1952: BAG 18.4.1967 – 1 ABR 11/66, AP § 39 BetrVG 1952 Nr. 7.
210 Vgl. BAG 18.4.1967 – 1 ABR 11/66, AP § 39 BetrVG 1952 Nr. 7.
211 LAG Hmb 26.4.2017- 6 TaBV 13/16, ArbR 2017, 425; BAG 25.10.2017 – 7 ABN 71/17 Zurückweisung der gegen die Entscheidung vom Arbeitgeber eingelegten Nichtzulassungsbeschwerde.

ten Gleichbehandlungsanspruch der SBV als Organ durchgesetzt, ebenso wie eine Personalvertretung Haushaltsmittel pauschaliert zu erhalten (→ Rn. 97).
Nach § 46 Abs. 5 BPersVG erhalten die von ihrer dienstlichen Tätigkeit ganz freigestellten Personalratsmitglieder in den Dienststellen des Bundes eine **monatliche Aufwandsentschädigung**. Nur teilweise, aber mindestens für die Hälfte der regelmäßigen Arbeitszeit freigestellte Personalratsmitglieder erhalten die Hälfte dieser Aufwandsentschädigung. Die Höhe der Aufwandsentschädigung ist durch die Rechtsverordnung der Bundesregierung über die Höhe der Aufwandsentschädigung für vom Dienst freigestellte Personalvertretungsmitglieder vom 18.7.1974[212] bestimmt. Diese begünstigt jetzt auch die freigestellten Vertrauenspersonen. Entsprechend § 1 der VO beträgt die Aufwandsentschädigung für ganz von ihrer dienstlichen Tätigkeit freigestellte Mitglieder von SBV, GSBV und Stufenvertretungen 26 EUR monatlich.

§ 44 LPersVG **Rheinland-Pfalz** enthält eine Verordnungsermächtigung. Davon ist in § 52 der Wahlordnung (WOLPersVG)[213] Gebrauch gemacht worden. Danach beträgt für von ihrer dienstlichen Tätigkeit ganz freigestellte Mitglieder von Personalräten, Gesamtpersonalräten und Stufenvertretungen die Entschädigung 30 EUR monatlich. Für nur teilweise, aber mindestens für die Hälfte der regelmäßigen Arbeitszeit freigestellte Mitglieder beträgt sie 15 EUR monatlich. Kraft der bundesgesetzlichen Regelung in Abs. 8 Satz 1 Hs. 2 haben voll- oder teilfreigestellte Mitglieder der Schwerbehindertenvertretungen in Rheinland-Pfalz entsprechende Ansprüche auf Aufwandsentschädigung.

Für die übrigen 14 Bundesländer sind keine Regelungen der Aufwandsentschädigungen für freigestellte Personalräte bekannt. Fehlt eine landesrechtliche Regelung, dann läuft die bundesgesetzliche Bestimmung in 6 Abs. 8 Satz 1 Hs. 2 insoweit leer.[214]

Zu beachten ist, dass die vom Ausschuss verschaffte Gleichstellung mit der Personalvertretung nicht auf die pauschale Aufwandsentschädigung beschränkt ist. Vielmehr ist eine umfassende Anwendung der Kostenregelungen angeordnet. Das kann auch eine im Personalvertretungsrecht geregelte **Kostenbegrenzung** einbeziehen.

96 **Befreiungsanspruch, Kostenvorschuss und Kostenerstattung:** Auch wenn der Arbeitgeber nach § 179 Abs. 8 SGB IX kostenpflichtig ist, kann die SBV den Arbeitgeber nicht sofort auf Zahlung in Anspruch nehmen. Solange sie noch keine Aufwendungen getätigt hat, sondern nur einen Kosten verursachenden Auftrag erteilt hat, besteht ihr ein Anspruch auf Befreiung der gegenüber dem Dritten eingegangenen Verbindlichkeit (§ 257 BGB), so zB gegenüber dem mit der Erteilung eines Rechtsrats beauftragten Anwalt. Nicht selten wird diese Rechtslage verkannt und dennoch im Namen der SBV auf Zahlung verlangt. Bislang war der Zahlungsantrag mangels Zahlungsanspruchs abzuweisen. Nach der neueren Rechtsprechung ist das nicht mehr ohne Weiteres möglich; denn der BGH hat erkannt, dass sich ein Befreiungsanspruch nach den §§ 280 Abs. 1 und 3, 281 Abs. 1 und 2 BGB durch das endgültige, im Prozess erklärte Bestreiten der Schuld in einen Zahlungsanspruch umwandelt.[215] Die richtige Vorgehensweise ist von der Rechtsprechung zum Kostenrecht des § 40 BetrVG entwickelt worden. Danach wird der Freistellungsanspruch des Betriebsrats im

---
212 BGBl. I 1499, durch Artikel 7 des G vom 3.12 2001 (BGBl. I 3306) geändert.
213 Verordnung vom 26.1.1993, GVBl. 1993, 89, eingefügt mit Wirkung zum 1.1.2012 durch Ergänzung vom 10.11.2011.
214 *Düwell/Beyer* Beschäftigte Rn. 94.
215 BGH 9.7.2015 – I ZR 224/13, Rn. 34, mwN NJW-RR 2016, 155 – „Kopfhörer-Kennzeichung".

Beispiel an den Anwalt als Gläubiger des Vergütungsanspruchs abgetreten. Damit wandelt sich der abgetretene Freistellungsanspruch in einen Zahlungsanspruch des Dritten um, wenn die Abtretung durch einen entsprechenden Beschluss des Betriebsrats erfolgt. Der Dritte kann dann aus abgeleitetem Recht selbst im Beschlussverfahren seinen Zahlungsanspruch gegen den Arbeitgeber unter Beteiligung der Beschäftigtenvertretung durchsetzen.[216] Da die SBV kein Kollegialorgan ist, entfällt die Notwendigkeit einer Beschlussfassung. Es empfiehlt sich, dass die Vertrauensperson den für die Abtretung nach § 398 BGB erforderlichen Vertrag mit dem Gläubiger dokumentiert.

Da den Mitgliedern der SBV aus ihrer Amtstätigkeit weder Vor- noch Nachteile erwachsen dürfen (§ 179 Abs. 2 SGB IX), können sie für erforderliche Kosten, die voraussichtlich entstehen, einen angemessenen Kostenvorschuss verlangen.[217] Hat ein Mitglied der SBV Kosten bereits aufgewendet, zB Reisekosten oder durch Bezahlung einer von ihm eingegangenen Verbindlichkeit für die Beauftragung eines Rechtsanwalts, der einen Vorschuss verlangt hat, so ist nach der Rechtsprechung zum BetrVG die Erstattungsforderung bei Verzug oder nach Eintritt der Rechtshängigkeit vom Arbeitgeber zu verzinsen.[218] Das muss entsprechend für die Vertrauensperson gelten, die mit eigenem Geld in Vorlage getreten ist. Umstritten ist, wer Inhaber des Anspruchs ist. Das LAG Düsseldorf[219] hat angenommen, der Erstattungsanspruch folge aus der in § 179 Abs. 3 Satz 1 SGB IX vorgesehenen gleichen persönlichen Rechtsstellung der Mitglieder der Vertrauensperson mit derjenigen der Personalrats- und Betriebsratsmitglieder. Demgegenüber hat das BAG aus Wortlaut und Systematik des § 179 SGB IX geschlossen, der Gesetzgeber habe die personalisierte Stellung der Vertrauenspersonen ausschließlich in § 179 Abs. 1 bis Abs. 7 SGB IX geregelt und die Kosten für die Tätigkeit einschließlich dem Raum- und Geschäftsbedarf der SBV in Abs. 8 und Abs. 9. Dies entspreche der Regelungssystematik personalvertretungs- und betriebsverfassungsrechtlicher Bestimmungen, welche einerseits Rechte und Pflichten der Mitglieder der Beschäftigtenvertretungen und andererseits der Beschäftigtenvertretungen als Organ festlegen.[220] Richtig ist, dass die Beschäftigtenvertretungen nach § 40 Abs. 1 BetrVG und § 44 Abs. 1 Satz 1 BPersVG und die SBV nach Abs. 8 einen Anspruch haben, von eingegangenen Kostenverbindlichkeiten frei gestellt zu werden. Hat das einzelne Mitglied oder die Vertrauensperson in Ausführung der erforderlichen Amtstätigkeit persönlich Aufwendungen erbringen müssen, weil der Arbeitgeber die SBV nicht von den Kosten freigestellt hat, so hat derjenige, der die Aufwendungen zur Durchführung der Amtstätigkeit für den aus Abs. 8 kostenpflichtigen Arbeitgeber erbracht hat, entsprechend § 670 BGB einen Ersatzanspruch. Das wird deutlich, wenn die Frage gestellt wird, was mit dem Anspruch geschieht, wenn die Vertrauensperson, die die Aufwendungen persönlich erbracht hat, aus dem Amt ausscheidet. Dann wird nicht etwa die neu gewählte SBV Inhaber, sondern Anspruchsinhaber bleibt die Vertrauensperson auch nach dem Ausscheiden aus dem Amt.

---

216 BAG 9.12.2009 – 7 ABR 90/07, Rn. 14, NZA 2010, 461; BAG 13.5.1998 – 7 ABR 65/96, Rn. 13, NZA 1998, 900.
217 Vgl. für Betriebsrat bzw. Betriebsratsmitglieder: ArbG Bremerhaven 11.12.1985 – 2 BV 10/85, AiB 1986, 167; ebenso *Weber* in GK-BetrVG § 40 Rn. 20; *Fitting* BetrVG § 40 Rn. 91; *Wedde* in DKW BetrVG § 40 Rn. 35.
218 BAG 18.1.1989 – 7 ABR 89/87, AP § 40 BetrVG 1972 Nr. 28.
219 29.4.2010 – 11 Sa 218/10; Revision vom BAG zurückgewiesen: BAG 27.7.2011 – 7 AZR 412/10, NZA 2012, 169.
220 Vgl. BAG 2.6.2010 – 7 ABR 24/09, Rn. 16, AP SGB IX § 96 Nr. 1, EzA SGB IX § 96 Nr. 1.

97 **Budget und Dispositionsfonds:** Vielfach ist es üblich, zur Vermeidung von Vorschusszahlungen und zur besseren haushalterischen Planung der Aufwendungen Betriebs- und Personalräten sowie Schwerbehindertenvertretungen einen Dispositionsfonds oder eine Kreditkarte mit einem bestimmten Limit zu Verfügung zu stellen. Das begegnet keinen Bedenken, soweit damit eine Geschäftsvereinfachung verbunden ist und kein unzulässiges Sondervermögen gebildet wird.[221] In diesem Rahmen sind auch Kostenpauschalierungsabsprachen oder einseitige Festlegungen des Arbeitgebers über Pauschbeträge zur Erfüllung seiner Kostentragungspflicht nach § 179 Abs. 8 SGB IX grundsätzlich zulässig.[222] Es darf damit auch keine Deckelung des gesetzlichen Anspruchs auf Tragung der erforderlichen Kosten durch eine zu niedrige vorgegebene Höhe verbunden werden. Ein Anspruch auf Budget oder Dispositionsfons bestand vor dem 30.12.2016 nicht. Dieser Anspruch konnte nach der Rspr. auch nicht unter dem Gesichtspunkt der Gleichbehandlung mit anderen Organen begründet werden. So erkannte das BAG, die SBV in NRW habe keinen Anspruch auf die für den Personalrat in § 40 Abs. 2 Satz 1 LPVG NRW vorgesehene pauschale Aufwandsdeckung.[223] Die Bestimmung sei auf die Schwerbehindertenvertretung nach ihrem unmissverständlichen Wortlaut nicht unmittelbar anwendbar. Eine analoge Anwendung des § 40 Abs. 2 Satz 1 LPVG NRW auf die Schwerbehindertenvertretung sei nicht gerechtfertigt. Es fehle bereits an einer planwidrigen Regelungslücke. Der Gesetzgeber hat in § 96 Abs. 8 und 9 SGB IX aF eine abschließende Regelung zur Pflicht der Kostentragung für die Tätigkeit der SBV und zu ihrer Ausstattung getroffen. Im Übrigen könnte bereits aus Gründen der verfassungsrechtlich geregelten Gesetzgebungskompetenz eine Lücke in einem Bundesgesetz nicht durch die entsprechende Anwendung einer landesrechtlichen Regelung geschlossen werden.[224] Mit der Einfügung des Hs. 2 in Abs. 8 Satz 1 hat der Gesetzgeber jetzt die Rechtslage mit Wirkung vom 30.12.2017 geändert; denn „für öffentliche Arbeitgeber gelten die Kostenregelungen für Personalvertretungen entsprechend." Folglich sind auch die Bestimmungen über Budgets und Dispositionsfonds, die für Personalvertretungen nach Landesrecht gelten, auf die SBV als Organ anwendbar. Das bedeutet eine zukunftsgerichtete Korrektur der BAG-Entscheidung vom 2.6.2010.[225] Die Anwendung der Verordnung über die Höhe der Aufwandsdeckung für Personalvertretungen vom 25.2.1976[226] kann nicht mehr abgelehnt werden. Nach deren § 1 wird der Betrag, der dem Personalrat zur Deckung der als Aufwand entstehenden Kosten jährlich zur Verfügung zu stellen ist, abhängig von der Dienststellengröße wie folgt festgelegt:
1. bis zu 20 Beschäftigte auf 51,20 EUR,
2. mehr als 20 bis zu 100 Beschäftigte auf 76,70 EUR,
3. mehr als 100 bis zu 1.000 Beschäftigte auf 76,70 EUR für die ersten 100 Beschäftigten, zugleich 0,60 EUR für jeden weiteren Beschäftigten,
4. mehr als 1.000 Beschäftigte auf 616,70 EUR für die ersten 1.000 Beschäftigten, zuzüglich 0,30 EUR für jeden weiteren Beschäftigten, höchstens jedoch auf 2.556,50 EUR.

---

221 *Fitting* BetrVG § 40 Rn. 91.
222 BAG 2.6.2010 – 7 ABR 24/09, Rn. 14, Behindertenrecht 2010, 210 unter Bezug auf *Schimanski* in GK-SGB IX, April 2010, § 96 Rn. 206.
223 BAG 2.6.2010 – 7 ABR 24/09, Behindertenrecht 2010, 210.
224 BAG 2.6.2010 – 7 ABR 24/09, Behindertenrecht 2010, 210.
225 BAG 2.6.2010 – 7 ABR 24/09, Behindertenrecht 2010, 210.
226 GV. NW. 1976, 89, zuletzt geändert durch Verordnung vom 28.4. April 2015 (GV. NRW, 430).

Maßgebend soll nach der geänderten Verordnung die Zahl der in der Regel Beschäftigten sein, die aufgrund der Angaben im Wählerverzeichnis berechnet werden soll.[227] § 2 der Verordnung bestimmt, dass Stufenvertretungen und Gesamtpersonalräte zur Deckung der als Aufwand entstehenden Kosten jährlich 25,60 EUR je Mitglied erhalten; diese jedoch nach § 3 der Verordnung mit den Personalräten vereinbaren können, dass unter Berücksichtigung der zwischen ihnen bestehenden Aufgabenverteilung Gesamtpersonalräte zusätzlich einen Anteil der Beträge erhalten, die den Personalräten nach § 1 zustehen. Wie diese auf Mehr-Personen-Vertretungen der Personalvertretungen zugeschnittenen Bemessungsregeln auf die Ein-Personen-Vertretung SBV „entsprechend" angewandt werden sollen, muss die Rechtsprechung noch klären. Jedenfalls ist auf die Zahl der regelmäßig Beschäftigten abzustellen, die schwerbehindert oder gleichstellt sind. Die so bestimmte Höhe der Aufwandsentschädigung soll nach der Regelungsabsicht des Verordnungsgebers der Abgeltung von Repräsentationskosten dienen, worunter auch Geschenke, Bewirtungen und Ähnliches fallen.[228]

2. Anwaltskosten für Gerichtsverfahren und Anzeigen

Prozessvertretung vor Gericht: Der SBV steht eine Teilrechtsfähigkeit zu, die sie in Beschlussverfahren, in denen es um die Durchsetzung, Klärung oder Wahrung ihrer rechtlichen Befugnisse geht, zum Abschluss eines Vertrages mit einem von ihr beauftragten Rechtsanwalt befähigt.[229] Der Arbeitgeber hat der SBV von den **Rechtsanwaltskosten** nach Abs. 8 Satz 1 Hs. 1 nach denselben Grundsätzen freizustellen, wie sie für Personalräte zu § 44 Abs. 1 Satz 1 BPersVG und für Betriebsräte nach § 40 BetrVG gelten; denn die Vertrauensperson ist nach § 179 Abs. 3 Satz 1 SGB IX den Mitgliedern des Personal- und Betriebsrats gleichgestellt. Im Verhältnis Betriebsrat zum Arbeitgeber entsteht mit dem Betriebsratsbeschluss über die Mandatierung (Beauftragung des Anwalts für das Beschlussverfahren) ein entsprechendes Schuldverhältnis vermögensrechtlicher Art.[230] Da die SBV kein Kollegialorgan ist, tritt an die Stelle der Beschlussfassung die Entscheidung der Vertrauensperson. Mit der Entscheidung, die im Interesse des Selbstschutzes zu dokumentieren ist, wird die SBV Gläubigerin in dem vermögensrechtlichen Schuldverhältnis. Tritt die Vertrauensperson den **Freistellungsanspruch** an den beauftragten Rechtsanwalt ab, wandelt sich der Freistellungsanspruch der SBV in einen **Zahlungsanspruch** des beauftragten Rechtsanwalts gegen den Arbeitgeber um. Die Umwandlung geschieht unabhängig davon, ob bereits bei Abschluss des Mandatsvertrags oder später die Abtretung erfolgt.[231]

Maßgeblich ist zunächst, ob die SBV nach Würdigung aller ihr bekannten Umstände ein gerichtliches Vorgehen überhaupt für erforderlich halten durfte. Sie ist dazu gehalten, die Interessen der Gruppe der schwerbehinderten Beschäftig-

98

---

227 *Düwell/Beyer* Beschäftigte S. 65 Rn. 92 unter Bezug auf LT-Drs. 7/4343, 8 und 17; *Cecior/Vallendar/Lechtermann/Klein*, Das Personalvertretungsrecht in Nordrhein-Westfalen, § 40 Rn. 54.
228 *Düwell/Beyer* Beschäftigte Rn. 92 unter Bezug auf LT-Drs. 7/4343, 8 und 17; *Cecior/Vallendar/Lechtermann/Klein*, Das Personalvertretungsrecht in Nordrhein-Westfalen, § 40 Rn. 54.
229 Überblick über alle Rechtsfragen: *Düwell*, Rechtsprechung zu den Kosten anwaltlicher Beratung und Vertretung der SBV, NZA-RR 2020, 393.
230 Vgl. BVerwG 9.3.1992 – 6 P 11/90, BVerwGE 90, 76, ZTR 1992, 433; BAG 9.6.1999 – 7 ABR 66/97, AP BetrVG 1972 § 40 Nr. 66.
231 BAG 29.7.2009- 7 ABR 95/07, Rn. 20, NZA 2009, 1223; BAG 17.8. 2005 – 7 ABR 56/04, Rn. 10, BAGE 115, 332.

ten an einer sachgerechten Ausübung des Amts der SBV einerseits und die berechtigten Interessen des Arbeitgebers andererseits gegeneinander abzuwägen. Zu prüfen ist insbesondere, ob eine betriebliche Meinungsverschiedenheit nicht auch auf anderem Wege, zB durch Einschaltung des Inklusionsbeauftragten, durch Vermittlung des Betriebsratsvorsitzenden oder durch die Einholung einer Auskunft einer Gewerkschaft oder eines Anwalts (→ Rn. 99) beigelegt werden kann. Zur Absicherung empfiehlt es sich, vor Anrufung des Gerichts der Betriebsleitung mitzuteilen, aus welchen Gründen die Anrufung des Gerichts für unumgänglich angesehen wird und innerhalb einer Frist letzte Gelegenheit zur Abhilfe zu geben. Dies ist im Interesse des Selbstschutzes zu dokumentieren.

Zwar kann die Vertrauensperson für die SBV beim Arbeitsgericht den für die Einleitung des Beschlussverfahrens notwendigen Antrag (§ 81 Abs. 1 ArbGG) selbst stellen. Es bedarf dazu nach § 80 Abs. 2 Satz 1, § 11 Abs. 1 Satz 1 ArbGG keines anwaltlichen Verfahrensbevollmächtigten. Angesichts der Komplexität des Schwerbehindertenrechts und des Beschlussverfahrens ist jedoch eine anwaltliche Vertretung regelmäßig angezeigt. Vor der Beauftragung eines Anwalts hat die Vertrauensperson wie jede Person, die auf Kosten eines anderen handeln kann, die Verhältnismäßigkeit der entstehenden Kosten zu prüfen. Das heißt hier: Würde sie auch bei eigener Kostentragung in gleicher Höhe Anwaltskosten verursachen?[232] Danach ist nach der Rspr. ein **Freistellungsanspruch** jedenfalls dann nicht gegeben, wenn die Beauftragung des Anwalts zur Rechtsverfolgung

- **offensichtlich aussichtslos** ist, weil die Rechtslage unzweifelhaft ist und das eingeleitete Beschlussverfahren zu einem Unterliegen des Betriebsrats führen muss,[233] oder
- **mutwillig** ist, weil das Interesse des Arbeitgebers an der Begrenzung seiner Kostentragungspflicht missachtet wird, indem zB an Stelle einer kostengünstigeren Bündelung ständig neue Einzelverfahren zu der inhaltsgleichen Angelegenheit anhängig gemacht werden.[234]

Die Frage, ob die Vertrauensperson die Beauftragung für erforderlich halten durfte, ist nicht im Rückblick (ex post) sondern vom Zeitpunkt des Entschlusses der Vertrauensperson aus (ex ante) zu beurteilen.[235] Es empfiehlt sich, vor der endgültigen Beauftragung einer Rechtsanwältin oder eines Rechtsanwalts dem Arbeitgeber diese Absicht mitzuteilen, um ihm eine letzte Gelegenheit zu einer kostengünstigen Abhilfe zu geben. Dies ist im Interesse des Selbstschutzes zu dokumentieren.[236]

Das arbeitsgerichtliche Beschlussverfahren weist in seiner Ausgestaltung durch die Rspr. schon in formeller Hinsicht so viele „Schwierigkeiten" auf (vgl. Vornahme- und Unterlassungsanträge im Beschlussverfahren → § 178 Rn. 138), dass eine Vielzahl von Anwälten insbesondere den von der Rspr. hinsichtlich der Bestimmtheit aufgestellten Anforderungen an eine sachgerechte Antragstel-

---

232 Für Betriebsräte: BAG 18.3.2015 – 7 ABR 4/13, Rn. 11, NZA 2015, 954; BAG 29.7.2009 – 7 ABR 95/07, Rn. 16, NZA 2009, 1223.
233 Für Betriebsräte: BAG 18.3.2015 – 7 ABR 4/13, Rn. 13, NZA 2015, 954; BAG 29.7.2009 – 7 ABR 95/07, Rn. 17, 20, NZA 2009, 1223; BAG 17.8.2005 – 7 ABR 56/04, zu B I 1 der Gründe, BAGE 115, 332.
234 Für Betriebsräte: BAG 29.7.2009 – 7 ABR 95/07, Rn. 17, NZA 2009, 1223; BAG 31.5.2000 – 7 ABR 8/99 – zu B II 3 der Gründe mwN BAGE 95, 30.
235 Für Betriebsräte: BAG 18.3.2015 – 7 ABR 4/13, Rn. 13, NZA 2015, 954; BAG 29.7.2009 – 7 ABR 95/07, Rn. 20, NZA 2009, 1223; BAG 17.8.2005 – 7 ABR 56/04, zu B I 1 der Gründe BAGE 115, 332.
236 Für Betriebsratsbeschluss: BAG 19.4.1989 – 7 ABR 6/88, AP BetrVG 1972 § 40 Nr. 29.

lung nicht genügten konnte. Deshalb muss davon ausgegangen werden, dass eine SBV für den Antrag auf Einleitung eines Beschlussverfahrens besonderer fachanwaltlicher Hilfe bedarf. Dafür kommen regelmäßig nur die wenigen Fachanwälte und Fachanwältinnen in Betracht, die bereits auch Erfahrungen im Recht des arbeitsgerichtlichen Beschlussverfahrens Schwerbehindertenrecht und im Recht der Schwerbehindertenvertretung besitzen. Deshalb kann es trotz der anfallenden höheren **Reisekosten** geboten sein, Fachanwälte und Fachanwältinnen zu beauftragen, deren Kanzlei nicht in der Nähe des Betriebssitzes liegt. Das hat die Rspr. noch nicht ausreichend wahrgenommen. Soll anstelle eines ortsansässigen ein auswärtiger Rechtsanwalt bestellt werden, so räumt sie nur dann einen Anspruch auf Erstattung der Fahrtkosten ein, wenn nachgewiesen wird, dass der beauftragte Rechtsanwalt über eine im gerichtlichen Verfahren erforderliche besondere Sachkompetenz verfügt und in der vor Ort ansässigen Anwaltschaft niemand mit gleichen Qualifikationen zur Übernahme des Mandats bereit oder die Suche nach den konkreten Umständen nicht zumutbar war.[237]

Bedingungen für die Beauftragung eines Rechtsanwalts oder einer Rechtsanwältin: Die SBV muss sich ebenso wenig wie der Betriebsrat darauf verweisen lassen, ihre Vertrauensperson könne sich als Gewerkschaftsmitglied durch eine Gewerkschaft vertreten lassen.[238] Vielmehr hat sie das **Recht zur freien Wahl eines geeigneten Rechtsanwalts** ihres Vertrauens. Allerdings gebietet der zu beachtende Verhältnismäßigkeitsgrundsatz, unter mehreren gleich geeigneten Möglichkeiten der Anwaltswahl die für den Arbeitgeber kostengünstigere auszuwählen.[239] Bei ihrer Auswahl innerhalb der Anwaltschaft hat die SBV jedoch einen Beurteilungsspielraum, wen sie als für ihr Verfahren als geeignet ansehen darf. Hält die SBV nur eine auswärtige Rechtsanwältin für das einzuleitende Beschlussverfahren für geeignet, wird von Arbeitgebern nicht selten entgegengehalten, dass höhere Kosten entstehen, weil Reisekosten in Form von Fahrtkosten (Nr. 7003 f. VV RVG) sowie Tage- und Abwesenheitsgelder (Nr. 7005 VV RVG) anfallen. Hier ist die Rspr. restriktiv. Sie verneint die Befugnis zur Bestellung eines **auswärtigen Rechtsanwalts,** es sei denn, dass:

- der Anwalt über eine im gerichtlichen Verfahren erforderliche besondere Sachkompetenz verfügt und in der vor Ort ansässigen Anwaltschaft niemand mit gleichen Qualifikationen zur Übernahme des Mandats nachweislich bereit oder die Suche nach den konkreten Umständen nicht zumutbar war[240] oder
- der Anwalt aufgrund der langjährigen Zusammenarbeit der Interessenvertretung mit dem auswärtigen Anwaltsbüro die zusätzliche Wegstreckenentschädigung (hier: für die Entfernung von Celle nach Hannover) als hinnehmbar erscheint und der Arbeitgeber diesen Eindruck durch die Mandatierung eines spezialisierten Anwaltsbüros in einer entfernten Großstadt bekräftigt.[241]

Dieser Maßstab entspricht dem der Erforderlichkeitsprüfung nach § 91 Abs. 2 ZPO für die Erstattung der Reisekosten eines auswärtigen Prozessbevollmächtigten durch den unterlegenen Prozessgegner. Hier darf sich die obsiegende Par-

---

237 BAG 15.11.2000 – 7 ABR 24/00, EzA § 40 BetrVG 1972 Nr. 92.
238 Vgl. BAG 3.10.1978 – 6 ABR 102/76, AP BetrVG 1972 § 40 Nr. 14.
239 Vgl. BAG 25.6.2014 – 7 ABR 70/12, Rn. 28, NZA 2015, 629; BAG 29.7.2009 – 7 ABR 95/07, Rn. 17 mwN.
240 BAG 15.11.2000 – 7 ABR 24/00, EzA § 40 BetrVG 1972 Nr. 92; BAG 20.10.1999 – 7 ABR 25/98, Rn. 31, NZA 2000, 556.
241 BAG 14.12. 2016 – 7 ABR 8/15, Rn. 28, NZA 2017, 514.

tei die Spezialkenntnisse eines auswärtigen Rechtsanwalts erstattungsrechtlich nur zunutze machen, sofern ein vergleichbarer ortsansässiger Rechtsanwalt nicht beauftragt werden kann.[242] Für die Bestellung eines Anwalts in der Rechtsmittelinstanz soll jedoch schon die Vertrautheit des auswärtigen Anwalts mit einer umfangreichen Spezialmaterie dessen Hinzuziehung rechtfertigen können.[243] Die Vertrauensperson ist zwar gehalten, unter mehreren gleich geeigneten Möglichkeiten die für den Arbeitgeber kostengünstigere auswählen.[244] Angesichts der hohen Anforderungen an Fachkenntnis und Erfahrung besteht unter dem Gesichtspunkt der kostengünstigeren Anwaltsbeauftragung nur dann eine Beschränkung auf die Anwaltschaft am Ort des Gerichts oder Betriebs, wenn der Vertrauensperson bekannt ist, dass dort ein gleichgeeigneter Anwalt zur Verfügung steht. Eine aufwändige Suche ist regelmäßig unzumutbar; denn die Vertrauensperson müsste durch Einzelnachfragen feststellen, ob die befragte Person die für ein Beschlussverfahren im Schwerbehindertenrecht erforderlichen speziellen Kenntnisse erworben und genügend forensische Erfahrungen gesammelt hat. Haben sich eine Anwältin oder ein Anwalt durch eine größere Anzahl geführter Beschlussverfahren und durch Veröffentlichungen in der Fachwelt einen Namen gemacht, so darf die Vertrauensperson diese für geeignet ansehen und auswählen. Die Vertrauensperson muss nicht zur Einsparung von Reisekosten einen unerfahrenen und mit der Spezialmaterie nicht vertrauten ortsnäheren Anwalt wählen.

Weigert sich der Arbeitgeber die Vertrauensperson von der Forderung des auswärtigen Anwalts auf Fahrtkosten (Nr. 7003 f. VV RVG) sowie auf Tage- und Abwesenheitsgelder (Nr. 7005 VV RVG) freizustellen, kann die SBV ein Beschlussverfahren gegen den Arbeitgeber auf Freistellung der Vertrauensperson von diesen Kosten führen. Das ist nicht mutwillig, wenn die SBV einen ausreichenden Anlass für die Wahl der auswärtigen anwaltlichen Vertretung hatte.

Der Arbeitgeber hat auch die Anwaltskosten des weiteren Verfahrens zu tragen, die zur Durchsetzung des Freistellungsanspruchs entstehen. Zur Vermeidung weiterer Reisekosten kann dann dieses Verfahren ohne mündliche Anhörung der Beteiligten entschieden werden. Tritt die nicht seltene Konstellation auf, dass der Arbeitgeber für seine eigene Vertretung keinen ortsansässigen Anwalt beauftragt, sondern einen Spezialisten aus einer deutschlandweit tätigen Großkanzlei beauftragt hat, so ist dies vom Gericht zu berücksichtigen.

Nach § 83 Abs. 1 Satz 2 ArbGG haben die Beteiligten an der Aufklärung des Sachverhalts durch das Gericht mitzuwirken. Das Gericht steuert diese Mitwirkung durch Auflagen.[245] Dem Arbeitgeber ist hier aufzugeben, dazu Stellung zu beziehen, ob ihm für die Vertretung im Beschlussverfahren geeignete ortsansässige Anwälte bekannt waren, aus welchen Gründen er dennoch einen auswärtigen Anwalt beauftragt hat und aus welchen Gründen er der Ansicht ist, dass die SBV die Beauftragung eines auswärtigen Anwalts nicht für erforderlich halten durfte.

Die Dienststelle hat die Kosten einer anwaltlichen Vertretung im Beschlussverfahren auch dann zu übernehmen, wenn solche Verfahren parallel in einer größeren Zahl vergleichbarer personeller Mitbestimmungsfälle gerichtlich anhängig gemacht werden. Es besteht keine Verpflichtung, insoweit nach dem Beginn eines Beschlussverfahrens neu auftretende Streitfälle im Wege einer An-

---

242 LAG Bln-Bbg 9.4. 2013 – 17 Ta (Kost) 6009/13, Rn. 3, RVGreport 2013, 239.
243 LAG Köln 4.3.1985 – 5/3 Ta 11/85, AnwBl 1985, 274.4.
244 Vgl. BAG 25.6.2014 – 7 ABR 70/12, Rn. 28, NZA 2015, 629; BAG 29.7.2009 – 7 ABR 95/07, Rn. 17 mwN.
245 *Reinfelder* in Düwell/Lipke ArbGG § 83 Rn. 2.

tragserweiterung in dieses Verfahren zum Zwecke der Kostenminderung einzubeziehen.²⁴⁶

Die Gebühren für anwaltliche Leistungen sind im Rechtsanwaltsvergütungsgesetz (RVG) festgelegt. Die dortigen Festlegungen gelten für die Vertretung in beiden arbeitsgerichtlichen Verfahrensarten, dem individualrechtlichen Urteils- und dem kollektivrechtlichen Beschlussverfahren, → Kap. 2 Rn. 153 ff. Der Gegenstandswert bildet die Grundlage für die Berechnung der Gebühren nach dem RVG. Bei dem Urteilsverfahren wird der Gegenstandswert auch als Streitwert bezeichnet. Für häufig vorkommende Streitigkeiten hat die Rspr. Regelwerte entwickelt. Als Mittel zur Vereinheitlichung ist auf der 78. Konferenz der Präsidentinnen und Präsidenten der Landesarbeitsgerichte der Streitwertkatalog 2018 beschlossen worden.²⁴⁷ Dieser Streitwertkatalog „beansprucht jedoch keine Verbindlichkeit".²⁴⁸ Er dient nur der Orientierung. Einzelheiten zur Bemessung der Gegenstandswerte für die Berechnung von Vergütung und Kosten → Kap. 2 Rn. 155, Rn 175. 100

Die SBV darf eine Anwältin oder einen Anwalt grundsätzlich nur auf der Grundlage der gesetzlichen Vergütungssätze mit der Prozessvertretung beauftragen. Die Vereinbarung einer **höheren** als im Rechtsanwaltsvergütungsgesetz (RVG) geregelten **Anwaltsvergütung** setzt entweder die ausdrückliche Zustimmung des Arbeitgebers oder besondere Umstände voraus.²⁴⁹ Wird ohne Zustimmung des Arbeitgebers ein Honorar vereinbart, das den üblichen Honoraranspruch übersteigt, so entsteht für den übersteigenden Betrag kein Freistellungsanspruch; dazu → Rn. 98. So hat der BGH Betriebsratsmitglieder gegenüber einem Beratungsunternehmen als persönliche Schuldner entsprechend § 179 Abs. 1 BGB (Vertreter ohne Vertretungsmacht) zur Zahlung der Differenzvergütung verurteilt. Der Betriebsrat hatte als Vertreter des Arbeitgebers in Überschreitung seiner Vertretungsmacht einen Stundenhonorarsatz vereinbart hatte, der den üblichen Satz weit überschritt.²⁵⁰ Der Vertrauensperson droht ebenso die **persönliche Haftung.**

Zugang zum Recht und Waffengleichheit vor Gericht: Der Grundsatz der Waffengleichheit ist als Ausprägung der Rechtsstaatlichkeit und des allgemeinen Gleichheitssatzes im Prozess verfassungsrechtlich verbürgt. Er erschöpft sich nicht in der Gleichwertigkeit der prozessualen Stellung der Verfahrensbeteiligten vor dem Richter, sondern erfasst auch die „gleichmäßige Verteilung des Risikos am Verfahrensausgang".²⁵¹ Der Richter hat nämlich im Rahmen seiner Befugnisse den materiellen Inhalten der Verfassung Geltung zu verschaffen.²⁵² Dazu hat er für ein gehöriges, faires Verfahren Sorge zu tragen. Anerkannt ist, dass dazu eine faire Handhabung des Beweisrechts insbesondere der Beweislastregeln gehört.²⁵³ Bisher ist noch nicht untersucht worden, ob nicht auch eine weitere Konkretisierung des Grundsatz der Waffengleichheit es erforderlich macht, dass das Gericht entweder bei der Festsetzung des Gegenstandswerts²⁵⁴ 101

---

246 VG Berlin 14.10.2020 – 72 K 7/20 PVB, juris Rn. 32; *von Roetteken* juris Praxis Report 7/2021 Anm. 7.
247 *Schäder* in Düwell/Lipke ArbGG Anhang 2 Streitwertlexikon Rn. 1.
248 *Schäder* in Düwell/Lipke ArbGG Anhang 2 Streitwertlexikon Rn. 1.
249 BAG 20.10.1999 – 7 ABR 25/98, AP BetrVG 1972 § 40 Nr. 67.
250 BGH 25.10.2012- IIIZR 266/11.
251 Vgl. BVerfG 25.7.1979 – 2 BvR 878/74, juris Rn. 68, BVerfGE 52, 131 mwN.
252 Vgl. BVerfG 25.7.1979 – 2 BvR 878/74, juris Rn. 68, BVerfGE 52, 131 mwN.
253 BVerfG 25.7.1979 – 2 BvR 878/74, juris Rn. 71, BVerfGE 52, 131; BVerfG 24.3.1976 – 2 BvR 804/75, BVerfGE 42, 64 (73).
254 BVerfG 25.7.1979 – 2 BvR 878/74, juris Rn. 72, BVerfGE 52, 131; kritisch zu dem Weg über den Streitwert: *Ziemann* jPR-ArbR 13/2021 Anm. 9.

oder der Zulassung von Honorarvereinbarungen für die Möglichkeit einer annähernd gleichwertigen anwaltlichen Vertretung sorgen muss. Nur wenn es sich vergütungsmäßig „rechnet", ist aus verständlichen wirtschaftlichen Gründen die Anwaltschaft bereit, sich stärker auf dem Gebiet des Rechts der Schwerbehindertenvertretung zu spezialisieren. Solange die gerichtliche Handhabung des Gebührenrechts die wirtschaftliche Basis für eine derartige Spezialisierung nicht sichergestellt hat, besteht eine Benachteiligung der SBV beim Zugang zum Recht.[255] Es besteht hinreichender Anlass, dies zu ändern. Dies gilt umso mehr, wenn ein Arbeitgeber sich einen Spitzenanwalt mit der Zusage eines sehr hohen Stundenhonorars nimmt. Dieser Gerichtspunkt soll jedoch nach der vom Siebten Senat im Jahr 2000 vertretenen Ansicht ohne jede Bedeutung sein.[256] Allerdings hat der Siebte Senat in seiner jüngeren Rspr. erklärt, dass er nach Einführung des RVG nicht uneingeschränkt der alten Linie folgt, „wonach der Betriebsrat die Beauftragung eines Rechtsanwalts mit der Interessenwahrnehmung im arbeitsgerichtlichen Beschlussverfahren grundsätzlich auf der Grundlage der gesetzlichen Vergütung vorzunehmen hat und zur Zusage eines höheren Zeithonorars nicht berechtigt ist. Er hat in einem obiter dictum angekündigt, wenn der Verhandlungsgegenstand eine spezielle Rechtsmaterie betreffe und der ausgewählte Anwalt über die entsprechenden Spezialkenntnisse verfüge sowie zur Übernahme des Mandats nur bei Vereinbarung eines Zeithonorars bereit sei und der kein vergleichbar qualifizierten Rechtsanwalt zu günstigeren Konditionen zu finden sei, komme auch eine **Honorarzusage** in Betracht.[257]

102 **Rechtsanwaltskosten für Anzeigeerstattung:** Die anwaltliche Unterstützung ist auch für die Erstattung von Anzeigen an die Bundesagentur für Arbeit als zuständige Verwaltungsbehörde zur Verfolgung der **Ordnungswidrigkeiten** nach § 238 Abs. 2 erforderlich. Die SBV hat ein berechtigtes Interesse, dass der Arbeitgeber nach erfolgloser Mahnung durch die zuständige Verwaltungsbehörde mit den im Gesetz über Ordnungswidrigkeiten (OWiG) Mitteln Verwarnung (§ 56 OWiG) oder Ahndung durch Bußgeldbescheid (§ 65 OWiG) angehalten wird, die Beteiligungs- und Unterrichtungsrechte künftig einzuhalten. Ohne anwaltliche Hilfe bestünde die Gefahr unzureichender Sachverhaltsdarstellungen und rechtlich unzutreffender Beschuldigungen. Für den vergleichbaren Fall der Beratung und Vertretung bei der Anzeigeerstattung wegen der Ordnungswidrigkeit nach § 121 BetrVG hat die Rechtsprechung die Beauftragung eines Anwalts als erforderliche Amtstätigkeit angesehen.[258] Dem ist zuzustimmen. Für die Erfüllung des Tatbestandes bedarf es der Klärung der Frage, ob der Arbeitgeber vorsätzlich oder zumindest fahrlässig gehandelt hat. Diese Beurteilung kann selbst für einen Juristen im Einzelfall schwierig sein. Die Beauftragung eines Rechtsanwaltes bzw. einer Rechtsanwältin zur Absicherung eines derart massiven Schrittes gegen den Arbeitgeber, wie ihn eine Anzeigeerstattung darstellt, bedarf deshalb fachkundiger Beratung. Hinzu kommt, dass für den Laien nicht erkennbar ist, welche Verwaltungsbehörde örtlich zuständig ist.

3. Sachverständigenbeauftragung

103 **Sachverständigenkosten:** Soweit die Hinzuziehung von Sachverständigen **für erforderlich** zur Wahrnehmung der gesetzlichen Aufgaben der SBV gehalten werden darf, besteht nach § 179 Abs. 8 Satz 1 SGB IX ein Pflicht des Arbeitgebers,

---

255 Zustimmend: *Ziemann* jPR-ArbR 13/2021 Anm. 9.
256 Dazu BAG 21.6.1989 – 7 ABR 78/87, zu II 2 b) der Gründe BAGE 62, 139, NZA 1990, 107.
257 BAG 14.12.2016 – 7 ABR 8/15, Rn. 31, NZA 2017, 514.
258 ArbG Gießen 9.6.2009 – 5 BV 6/09, AiB 2010, 120.

diese zu tragen. Diese Kostentragungspflicht erstreckt sich somit grundsätzlich nicht auf eine Tätigkeit der SBV, die zwar nützlich, aber nicht erforderlich ist. Von einer derartigen Konstellation ist das HessLAG für einen besonders gelagerten Fall ausgegangen. Der Arbeitgeber hatte geduldet, dass die SBV an den mit dem Betriebsrat geführten Verhandlungen über einen Sozialplan teilnahm. Der Arbeitgeber lehnte die Übernahme der Kosten für die Sachverständigen ab, die die SBV ohne vorherige Abklärung mit dem Arbeitgeber als Berater für die laufenden Verhandlungen hinzugezogen hatte. Das LAG erkannte, diese Kosten seien nicht im Rahmen der gesetzlichen Beteiligung nach § 178 Abs. 2 Satz 1 SGB IX entstanden; denn die Führung der Verhandlungen über den Sozialplan obliege dem Betriebsrat. Willige der Arbeitgeber „freiwillig" in die Teilnahme der SBV ein, so werde daraus noch keine gesetzliche Angelegenheit iSv § 178 Abs. 2 Satz 1 SGB IX, für die der Arbeitgeber die Kosten tragen müsse.[259] Von der Hinzuziehung von Beratern während der Verhandlungen ist jedoch die Einholung einer anwaltlichen Rechtsauskunft bei Bestehen einer Konfliktlage zu unterscheiden, → Rn. 104. Ist zB zwischen Arbeitgeber, Betriebsrat und SBV streitig, ob und in wie weit es zulässig ist, von der Abfindungsformel für rentennah ausscheidende schwerbehinderte Beschäftigte Abschläge vorzunehmen, darf die SBV bei dieser komplexen Rechtsfrage es als erforderlich ansehen, eine anwaltliche Rechtsauskunft einzuholen. Insoweit liegt nämlich eine Angelegenheit vor, die die schwerbehinderten Menschen als Gruppe iSv § 178 Abs. 2 Satz 1 SGB IX berührt, weil diese Gruppe im Verhältnis zur übrigen Belegschaft benachteiligt sein kann. Zur Klärung dieses Sonderproblems bedarf es der Auskunft, damit die so informierte SBV eine begründete Stellungnahme im Rahmen der Anhörung nach § 178 Abs. 2 Satz SGB IX abgeben kann.

Anders als in § 80 Abs. 3 BetrVG ist im SGB IX das Recht zur Hinzuziehung von Sachverständigen nicht ausdrücklich in der Weise geregelt, dass eine **vorherige Zustimmung** des Arbeitgebers erforderlich ist. § 178 Abs. 8 Satz 1 Hs. 1 enthält insoweit keine Vorgabe. Es spricht allerdings einiges dafür, dass § 80 Abs. 3 BetrVG einen allgemeinen Rechtsgedanken zum Ausdruck bringt, so dass auch die SBV vor Erteilung eines Gutachterauftrags die Zustimmung des Arbeitgebers eingeholt und bei seiner Weigerung die fehlende Zustimmung gerichtlich ersetzt werden muss. **Verweigert der Arbeitgeber** die Vereinbarung, so muss im Beschlussverfahren dessen fehlende Zustimmung ersetzt werden. Beauftragt die SBV, ohne dass eine Vereinbarung zustande kam, den Sachverständigen, so besteht keine Kostentragungspflicht des Arbeitgebers.[260]

Wird die verweigerte **Zustimmung ersetzt,** muss der Arbeitgeber die Kosten tragen, die durch die erforderliche Hinzuziehung von Sachverständigen entstehen. Eine derartige Erforderlichkeit liegt vor, wenn eine Aufgabe durch die SBV überhaupt nicht oder nicht in ordnungsgemäßem Umfang wahrgenommen werden kann.[261] Vor einer Einschaltung eines Sachverständigen hat sich die SBV ebenso wie der Betriebsrat selbst um eine Klärung der offenen Fragen bei dem Arbeitgeber zu bemühen[262] sowie alle innerbetrieblichen Informationsquellen auszuschöpfen[263] und auch die Dienste der externen Stellen in Anspruch neh-

---

259 HessLAG 25.8.2020 – 16 TaBVGa 92/20, juris Rn. 18, ArbR 2020, 607 mit Anm. *Paul* ArbR 2020, 607.
260 Zum Hinzuziehungsrecht des Betriebsrats: BAG 19.4.1989 – 7 ABR 87/87, AP BetrVG 1972 § 80 Nr. 35.
261 Für den Betriebsrat: BAG 26.2.1992 – 7 ABR 51/90, AP BetrVG 1972 § 80 Nr. 48.
262 BAG 16.11.2005 – 7 ABR 12/05, AP BetrVG 1972 § 80 Nr. 7.
263 BAG 19.4.1989 – 7 ABR 87/87, AP BetrVG 1972 § 80 Nr. 35.

men, die nach § 182 Abs. 2 Satz 1 zur Unterstützung verpflichtet sind. Zusätzlich ist zu prüfen, ob die SBV die benötigten Informationen kostengünstiger über den zeitnahen Besuch einer Schulungsveranstaltung oder durch Eigenstudium eines vom Arbeitgeber zur Verfügung zu stellenden Fachbuchs (bei Rechtsfragen Gesetzeskommentar oder Zugang zu kostenpflichtigen Datenbanken) erhalten kann. Wenn nach Erörterung dieser Möglichkeiten mit dem Arbeitgeber die SBV bei Anlegen eines vernünftigen Maßstabs weiterhin die Hinzuziehung eines Sachverständigen für erforderlich hält, kann sie vom Arbeitgeber den Abschluss einer Vereinbarung über die Beauftragung des Sachverständigen verlangen.

4. Rechtsberatung

104 **Vorgerichtliche Beratung durch Fachanwälte:** Rechtsanwältinnen und Rechtsanwälte sind für ihre Fachgebiete Sachverständige.[264] Die Zustimmung zum Einholen eines Rechtsrats oder einer Auskunft bedarf im Unterschied zu ihrer Beauftragung mit einem Gutachten keiner vorherigen Zustimmung, wenn es sich um die Beratung der SBV in einer konkreten Konfliktlage handelt. Dies ist der Stand der Rspr. zum BetrVG.[265] Für die SBV kann nichts anderes gelten. Vertritt die SBV nach Auswertung der internen Informationsquellen (zB Fachbücher, Gesetzeskommentare, Erörterung mit der Rechtsabteilung) in der Auseinandersetzung mit dem Arbeitgeber eine nicht völlig unverständliche Position, kann sie zur Vermeidung einer gerichtlichen Auseinandersetzung eine zuverlässige Rechtsauskunft eines fachkundigen Anwalts ihres Vertrauens einholen. Das ist jedoch vorher anzukündigen, damit der Arbeitgeber, auch unter dem Eindruck der entstehenden Kosten, Gelegenheit erhält, den Konflikt durch Nachgeben zu entschärfen. Die SBV kann sich auch von dem beauftragten Anwalt beraten lassen, wie ohne ein gerichtliches Verfahren der Konflikt entschärft werden kann. Der Arbeitgeber hat dann die entstehenden Kosten der Rechtsauskunft und Beratung zu tragen.[266]

Erhält die SBV eine anwaltliche Beurteilung über das Bestehen und den Umfang eines Beteiligungsrechts sowie über die Möglichkeiten und Chancen von deren Durchsetzung, so kann sie auf dieser Grundlage entscheiden. Diese Vorgehensweise ist rasch, effizient kostenschonend. Die nach § 34 Abs. 1 RVG anfallende Beratungsgebühr ist nämlich nach § 34 Abs. 2 RVG auf eine Gebühr für eine etwaige spätere anwaltliche Tätigkeit in einem arbeitsgerichtlichen Beschlussverfahren anzurechnen.[267] Demgegenüber ist der Weg, in einem Beschlussverfahren die verweigerte Zustimmung des Arbeitgebers zu einer Rechtsberatung ersetzen zu lassen, zeitaufwändiger und kostensteigernd. Ein gerichtliches Verfahren über die Verpflichtung des Arbeitgebers zur Zustimmung zur Hinzuziehung eines Sachverständigen kann nämlich drei Rechtszüge in Anspruch nehmen. Ist danach rechtskräftig die Verpflichtung des Arbeitgebers der Hinzuziehung zuzustimmen festgestellt, so ist für die genehmigte Erstellung des Gutachtens noch mit weiterem Aufwand an Zeit und Kosten zu rechnen, ohne dass der Streit über das Bestehen des Beteiligungsrechts geklärt wäre. Deshalb hat das BAG zu Recht erkannt, dass die Interessenvertretung berechtigt und verpflichtet ist, die

---

264 Vgl. zum Betriebsrat BAG 25.6.2014 – 7 ABR 70/12, Rn. 29, NZA 2015, 629.
265 Vgl. zum Betriebsrat BAG 25.6.2014 – 7 ABR 70/12, Rn. 21, NZA 2015, 629.
266 Vgl. zum Betriebsrat BAG 15.11.2000 – 7 ABR 24/00, EzA BetrVG 1972 § 40 Nr. 92.
267 Vgl. zum Betriebsrat BAG 25.6.2014 – 7 ABR 70/12, Rn. 29, NZA 2015, 629.

weniger zeitaufwändige, effiziente und kostenschonende Direktbeauftragung vorzunehmen.[268]

5. Zurverfügungstellung von Geschäftsbedarf und Räumen

Mitbenutzung: Im Unterschied zu den Betriebs- und Personalräten haben die SVBen keinen unmittelbar gegen den Arbeitgeber gerichteten Anspruch, ihnen Räume und Geschäftsbedarf zur Verfügung zu stellen. Abs. 9 verweist die SBVen vielmehr darauf, Räume und Geschäftsbedarf des Betriebs- oder Personalrats mitzubenutzen.[269] Ob der Arbeitgeber Räume und Geschäftsbedarf zur alleinigen oder gemeinsamen Benutzung zur Verfügung stellt, steht in seinem Ermessen.[270]

Nach § 44 Abs. 2 BPersVG aF hatte der Dienststellenleiter für die laufenden Geschäfte des Personalrats im erforderlichem Umfang **Geschäftsbedarf** zur Verfügung zu stellen. Durch die Novellierung ist nicht nur mit Wirkung vom 15.6.2021 der Standort der Vorschrift nach § 47 BPersVG verschoben worden. Es ist auch klargestellt worden, dass auch die in der Dienststelle üblicherweise genutzte Informations- und Kommunikationstechnik sowie Büropersonal in dem zur sachgerechten Wahrnehmung seiner Aufgaben erforderlichen Umfang zur Verfügung zu stellen ist. Ebenso hat der private Arbeitgeber nach § 40 Abs. 2 BetrVG im erforderlichen Umfang sachliche Mittel dem Betriebsrat zur Verfügung zu stellen. Dazu gehören auch im Zeitalter der Digitalisierung noch Gesetzestexte und **Gesetzeskommentare** in Form von Büchern. Sie sind noch immer ein verbreitetes Medium zur Wissensspeicherung und Wissensvermittlung.[271] Wegen der Aufgaben von Personal- und Betriebsrat, die Eingliederung von Menschen mit Behinderung zu fördern, ist auch die Nutzung eines **SGB IX Kommentars** erforderlich. Die Arbeitgeber haben ihn deshalb zur Verfügung zu stellen.[272] Das VG Berlin hat zugunsten des antragstellenden Personalrats entschieden: „Es wird festgestellt, dass der Beteiligte (Dienststellenleiter) verpflichtet ist, dem Antragsteller eine Ausgabe des Kommentars zum SGB IX von Dau/Düwell/Joussen 5. Auflage 2018, ISBN (…) zur Verfügung zu stellen."

Für die SBV fehlt in § 179 SGB IX eine § 47 BPersVG nF und § 40 Abs. 2 BetrVG entsprechende Vorschrift. Nach § 179 Abs. 9 sind die SBVen darauf verwiesen, Geschäftsbedarf und **Räume** mitzubenutzen, die der Arbeitgeber zur Verfügung stellt. Die SBV hat insoweit einen Mitbenutzungsanspruch, den sie im Beschlussverfahren durchsetzen kann.[273] Kann der Betriebs- oder Personalrat der SBV die Sachmittel oder Räume nicht einem dem Bedarf der SBV genügenden Umfang zur Nutzung überlassen, so muss er für Abhilfe sorgen. Er ist im Rahmen der nach § 182 Abs. 1 gebotenen engen Zusammenarbeit verpflichtet, an den Arbeitgeber entsprechende Nachforderungen an **Sachmittel** und Räumen zu stellen. Falls sich dieser weigert, kann der Betriebs- bzw. der Personalrat im arbeitsgerichtlichen Beschlussverfahren (in Rheinland-Pfalz bei den Verwaltungsgerichten im Verfahren nach der VwGO) den Antrag stellen, dass der Arbeitgeber verpflichtet wird, die erforderlichen Sachmittel oder Räume zur

---

268 Vgl. zum Betriebsrat BAG 25.6.2014 – 7 ABR 70/12, Rn. 3129, NZA 2015, 629.
269 LAG SchlH 26.4.2017 – 6 TaBV 47/16, Behindertenrecht 2018, 101 ff. mAnm. *Wolmerath* jurisPR-ArbR 39/2017 Anm. 3; LAG Hamm 7.2.1990 – 9 Sa 6999/89, nv; *Düwell* AuR 1993, 350.
270 LAG Hamm 7.2.1990 – 9 Sa 6999/89, nv; *Düwell* AuR 1993, 350.
271 So zutreffend: VG Berlin 7.6.2019 – 72 K 12.18 PVB; *Dörte Busch* jurisPR-ArbR 10/2020 Anm. 1.
272 VG Berlin 7.6.2019 – 72 K 12.18 PVB.
273 LAG Hamm 7.2.1990 – 9 Sa 6999/89, nv; *Düwell* AuR 1993, 350.

Verfügung zu stellen. Die SBV ist im arbeitsgerichtlichen Beschlussverfahren nach § 81 Abs. 3 ArbGG zu beteiligen. Bleiben Personal- und Betriebsrat untätig, kann die SBV im arbeitsgerichtlichen Beschlussverfahren unmittelbar gegenüber Arbeitgeber, Personal- und Betriebsrat ihr Nutzungsrecht geltend machen.[274] Das **Untätigbleiben** verstößt gegen die in § 182 Abs. 2 Satz 1 SGB IX geregelte Pflicht zur aktiven gegenseitigen Unterstützung.

Ist der SBV ein eigener Raum zur Verfügung gestellt, so ist der Arbeitgeber nicht dauerhaft daran gebunden. Hat der Arbeitgeber einen Sachgrund, zB Reorganisation des Betriebs, kann er den überlassenen Raum herausverlangen und der SBV einen anderen Raum zuweisen. Die Ausübung des Herausgabeverlangens unterliegt lediglich einer Rechtsmissbrauchskontrolle nach "§ 242 BGB, Bundesnorm, Leistung nach Treu und Glauben".[275]

106 **Eigennutzung:** Nach der Klarstellung in Abs. 9 letzter Satzteil „soweit ihr hierfür nicht eigene Räume und sächliche Mittel zur Verfügung gestellt werden" ist die Mitnutzung nicht zwingend. Arbeitgeber und SBV sind nicht gehindert, zu vereinbaren, dass der SBV Mittel und Räume zur Eigennutzung zur Verfügung stehen. Ist eine entsprechende Rahmenabrede getroffen, kann die SBV auch unmittelbar vom Arbeitgeber die Überlassung von Sachmittel verlangen. Das Gesetz sieht die Mitnutzung solange als Regel vor, bis eine abweichende Vereinbarung getroffen ist. Der in § 182 Abs. 1 SGB IX niedergelegte Grundsatz der engen Zusammenarbeit gebietet es, dass auf Wunsch der SBV mit ihr Arbeitgeber, Betriebs-/Personalrat und Inklusionsbeauftragter gemeinsam zu beraten, ob und in welchem Umfang der SBV bestimmte Sachmittel und Räume zur Eigennutzung zur Verfügung stehen sollen. Zum erforderlichen Geschäftsbedarf der SBV gehört in jedem Fall die Ausstattung mit Gesetzestexten und Fachliteratur, insbesondere mit einem Kommentar zum Schwerbehindertenrecht; denn ohne jederzeitigen Zugriff auf diese Rechtstexte ist keine ordnungsgemäße Geschäftsführung möglich. Die Zurverfügungstellung zum eigenen Gebrauch ergibt sich aus der zweckdienlichen Arbeitsweise, die das Anbringen von Lesezeichen und Markierungen, das Erstellen von Randnotizen sowie das Mitführen bei Besprechungen außerhalb der Dienststelle oder des Betriebs einschließt.[276]

Beispiel: Der Arbeitgeber hat sich bereit erklärt, der SBV jeweils die Neuauflage eines SGB IX-Kommentars zur Verfügung zu stellen. Dann kann die SBV die zeitgerechte Überlassung der Neuerscheinung verlangen und auch notfalls gerichtlich durchsetzen. Tritt die Vertrauensperson wegen des Verzugs des Arbeitgebers mit den Anschaffungskosten in Vorlage, wird ein **Erstattungsanspruch** begründet (→ Rn. 105).

107 **Geschäftsbedarf:** Zum notwendigen Geschäftsbedarf gehören insbesondere Schreibmaterial sowie sächliche **Büroausstattung**. Umfang und Güte der Ausstattung hängt von der Größe und Art des Betriebs ab. Es muss jedoch auch in kleineren Betrieben zumindest die Möglichkeit der (Mit-)Benutzung von Kopiergerät, Telefon, Telefax und – soweit vorhanden – von **PC mit Internetzugang** gegeben sein. Unumgänglich ist die Ausstattung mit kommentierten Gesetzestexten zum SGB IX, AGG und BetrVG sowie mit Abdrucken aller aushangpflichtigen Gesetze und VO; denn zu den Aufgaben der SBV gehört nach § 178 Abs. 1 Satz 2 Nr. 1 deren Überwachung. Das Schrifttum fordert ergänzend im Rahmen der Mindestausstattung für die SBV noch den Bezug einer Fachzeitschrift zum Schwerbehindertenrecht sowie zu arbeits- und gesundheits-

---

274 LAG Hamm 7.2.1990 – 9 Sa 6999/89, nv; *Düwell* AuR 1993, 350.
275 LAG SchlH 26.4.2017 – 6 TaBV 47/16, Behindertenrecht 2018, 101.
276 Zutreffend: VG Berlin 7.6.2019 – 72 K 12.18 PVB.B.

rechtlichen Fragen.[277] Unverzichtbar ist auch der Anspruch auf die Zurverfügungstellung und Unterhaltung eines Mediums zur betriebsöffentlichen Bekanntmachung von Mitteilungen der SBV (zB „Schwarzes Brett", Zugang zu einem für alle Belegschaftsangehörige einsehbares Intranet, Seite in der Werkszeitung). Zum erforderlichen Geschäftsbedarf gehören auch moderne Kommunikationsmittel einschließlich der zum Betrieb benötigten Software. Das ergibt sich aus dem Recht der SBV aus § 32 BetrVG und aus § 178 Abs. 4 Satz 1 SGB IX, an den Sitzungen des Betriebsrats, via Video- und Telefonkonferenz beratend teilzunehmen. In der Gesetzesbegründung ist dazu ausdrücklich klargestellt worden: „Das Recht zur Teilnahme (…) ist auch für eine Teilnahme mittels Video- oder Telefonkonferenz sicherzustellen."[278] Einzelheiten → § 178 Rn. 195 a.

6. Organisation von Datenschutz und Datensicherheit

Anforderungen des Datenschutzes an Infrastruktur: Wegen der besonderen Sensibilität der persönlichen Daten, die zur weiteren Bearbeitung in Form von Akten aufbewahrt werden müssen, ist es zwingend erforderlich, der SBV einen sicheren Aufbewahrungsort zur Verfügung zu stellen. Das gilt insbesondere für die Aufbewahrung der Wahlunterlagen nach § 16 SchwbVWO. Dazu ist nicht jeder Raum und nicht jeder Büroschrank geeignet. Es muss ein abschließbares Behältnis vorhanden sein, das auch vor dem Versuch der unbefugten Öffnung durch Dritte geschützt ist. Zwar legt die Instanzrechtsprechung Abs. 9 dahin aus, dass anders als nach § 40 Abs. 2 BetrVG die SBV keinen Anspruch auf die Zurverfügungstellung eigener Räume, eigener Informations- und Kommunikationstechnik sowie eigener Schreibdienste habe.[279] Das ist zu restriktiv. Abs. 9 muss so verstanden werden, dass der Arbeitgeber den Beschäftigtenvertretungen insgesamt eine ausreichende Infrastruktur zur Verfügung stellen muss und nach Möglichkeit die SBV diese Infrastruktur hinsichtlich Räumen, Sekretariat und Fachbüchern gemeinsam mit Betriebs- und Personalrat nutzen soll. In bestimmten Fällen ist jedoch die gemeinsame Nutzung aus Gründen des Datenschutzes ausgeschlossen. Hier muss Abs. 9 Hs. 2 so ausgelegt werden, dass für diese Fälle Räume und sonstige Infrastruktur zur alleinigen Nutzung zur Verfügung stehen müssen. Das zeigt sich besonders deutlich am Beispiel des Umgangs mit personenbezogenen Daten. Schon allein wegen des laufend zu führenden Verzeichnisses der schwerbehinderten Beschäftigten (vgl. § 163 Abs. 1 Satz 1) und der der SBV nach § 163 Abs. 2 Satz 3 zu übermittelnden Ausgleichabgabenanzeige werden personenbezogene Daten unter Einsatz von Datenverarbeitungsanlagen oder aus nicht automatisierten Dateien verarbeitet werden. Daraus folgt, dass für die SBV ein eigener, gegen fremde Zugriffs- und Leserechte abgesicherter Zugang zur Informations- und Kommunikationstechnik zur Verfügung gestellt werden muss. Der Schutz gegen Zugriff Dritter gilt auch gegenüber Personal- und Betriebsrat. Gemeinsame Raum- und Gerätenutzung führt zu Risiken für den Datenschutz; denn wenn Betriebsratsmitglieder bei gemeinsamer Raumnutzung in ein Beratungsgespräch über die Stellung eines Antrags auf Feststellung des Grades der Behinderung „hineinplatzen" oder die SBV zur Antragstellung den PC des Betriebsrats nutzen muss, werden dem Betriebsrat zwangsläufig sensible Daten bekannt. Unerheblich ist, dass die Mitglieder des Betriebsrats ebenfalls einer Verschwiegenheitspflicht unterliegen; denn weder ist zur Erfüllung des Auftrags die Weitergabe der Daten an den Be-

108

---

277 Vgl. dazu *Schimanski* in GK-SGB IX Rn. 215 mwN.
278 BR-Drs. 271/21, 16.
279 LAG RhPf 22.9.2011 – 10 TaBVGa 2/11, LAGE § 96 SGB IX Nr. 3.

triebsrat erforderlich noch wäre die Weitergabe an den Betriebsrat von der Einwilligung des Betroffenen erfasst.
Der Arbeitgeber ist seit dem 25.5.2018 nach Art. 24 Abs. 1 DS-GVO wie vor dem nach § 9 BDSG aF verpflichtet, die erforderlichen **technischen und organisatorischen Maßnahmen für die Verarbeitung der Daten und nach Art. 32 Abs. 1 DSG-VO für die Datensicherheit** zu ergreifen. Für die Sprechstunde und die unterstützende Hilfe beim Ausfüllen von Antragsformularen muss den Vertrauenspersonen auch ein besonderer Raum zur alleinigen Nutzung zur Verfügung stehen, in dem unbeobachtet und ohne Gefahr des Mithörens die Vertrauensperson mit den um Rat und Unterstützung nachfragenden Belegschaftsangehörigen Menschen sprechen kann. Gleiches gilt bei der Nutzung elektronischer Kommunikationswege. Auch hier muss sichergestellt werden, dass die im Mailverkehr bei der SBV eingehenden Anfragen der Beschäftigten und die Antworten der SBV nicht von Dritten mitgelesen werden können. Allerdings besteht kein Anspruch auf ein zusätzliches personalisiertes Mitarbeiterpostfach für die Vertrauensperson, wenn der SBV ein solches zur dauerhaften und uneingeschränkten Nutzung zur Verfügung steht.[280]

108a **Verantwortung für den Datenschutz und Datensicherheit:** Art 4 Nr. 7 DS-GVO enthält die Begriffsbestimmung, wer für Datenschutz und Datensicherheit Verantwortung trägt. Danach ist „Verantwortlicher die natürliche oder juristische Person, Behörde, Einrichtung oder andere Stelle, die allein oder gemeinsam mit anderen über die Zwecke und Mittel der Verarbeitung von personenbezogenen Daten entscheidet". Sind die Zwecke und Mittel der Verarbeitung personenbezogener Daten durch das Unionsrecht oder das Recht der Mitgliedstaaten vorgegeben, so können die Mitgliedstaaten bestimmte Kriterien seiner Benennung vorsehen. Von dieser Ermächtigung hat die Bundesrepublik in Art. 1 des Betriebsrätemodernisierungsgesetzes vom 14.6.2021 Gebrauch gemacht. Mit diesem Artikelgesetz ist als § 79 a in das BetrVG eine Regelung über eine Aufteilung von Aufgaben des Datenschutzes eingefügt worden. Die ersten drei Sätze gehen auf den Regierungsentwurf[281] zurück: „Bei der Verarbeitung personenbezogener Daten hat der Betriebsrat die Vorschriften über den Datenschutz einzuhalten. Soweit der Betriebsrat zur Erfüllung der in seiner Zuständigkeit liegenden Aufgaben personenbezogene Daten verarbeitet, ist der Arbeitgeber für die Verarbeitung Verantwortliche im Sinne der datenschutzrechtlichen Vorschriften. Arbeitgeber und Betriebsrat unterstützen sich gegenseitig bei der Einhaltung der datenschutzrechtlichen Vorschriften". Diese für die Zusammenarbeit von Betriebsrat und Betriebsrat bei der Datenverarbeitung geltenden Bestimmungen sind auf das Verhältnis Arbeitgeber und SBV entsprechend anwendbar.[282] Damit ist die SBV nicht selbst verantwortliche Stelle, sondern Teil der verantwortlichen Stelle. Verantwortlicher iSv Art 4 Nr. 7 DS-GVO ist der Arbeitgeber. Unerheblich ist, dass in § 79 a BetrVG keine Verweisungsnorm aufgenommen worden ist; denn es handelt sich insoweit nicht um eine bewusste Regelungslücke. Diese Lücke muss geschlossen werden, weil die SBV ebenso wie der Betriebsrat über kein eigenes Vermögen verfügt und deshalb keine taugliche Adresse für Schadensersatzansprüche nach Art. 82 DS-GVO und für Geldbußen nach Art. 83 DS-GVO wäre.

---

280 LAG RhPf 22.9.2011 – 10 TaBVGa 2/11, LAGE § 96 SGB IX Nr. 3.
281 BR-Drs. 271/21, 3.
282 So auch *Däubler*, Betriebsrätemodernisierungsgesetz – Neues auch für SBV und Werkstattrat?, sui 6/2021, 2 f.; ; allgemein zur Frage „Der Arbeitgeber als Verantwortlicher für den Datenschutz im Betriebsratsbüro?" *Maschmann* NZA 2021, 834 ff.

Auf Empfehlung des Ausschusses[283] sind als Ergebnis der Sachverständigenanhörung ergänzend die weiteren Sätze 4 und 5 § 79a BetrVG zugefügt worden: Diese regeln das Verhältnis zu dem vom Arbeitgeber benannten Datenschutzbeauftragten, → Rn. 109: „Die oder der Datenschutzbeauftragte ist gegenüber dem Arbeitgeber zur Verschwiegenheit verpflichtet über Informationen, die Rückschlüsse auf den Meinungsbildungsprozess des Betriebsrats zulassen. Die §§ 6 Abs. 5 Satz 2, 38 Abs. 2 des Bundesdatenschutzgesetzes gelten auch im Hinblick auf das Verhältnis der oder des Datenschutzbeauftragten zum Arbeitgeber." Diese Ergänzungen sind erforderlich, um die Unabhängigkeit der Interessenvertretung durch den Betriebsrat zu sichern. Diese war nämlich nach der Fassung des Regierungsentwurfs gefährdet; denn die Begründung des Regierungsentwurfs zu Art. 1 Nr. 14 führt aus, das vom Verantwortlichen nach Art. 30 DS-GVO für die Aufsichtsbehörden zu führende Verzeichnis von Verarbeitungstätigkeiten „(...) muss (...) auch die Verarbeitungstätigkeiten des Betriebsrats enthalten."[284] Die in Satz 4 neu eingeführte Verschwiegenheitspflicht verhindert, dass ein Arbeitgeber über den die Einhaltung der Datenschutzbestimmungen überwachenden Datenschutzbeauftragten Einblick in die interne Willensbildung des Betriebsrats erhält. Diese Verschwiegenheitspflicht über interne Vorgänge ist auch auf die Datenverarbeitung der SBV anzuwenden.[285] Satz 5 klärt den Umfang und die Dauer der gegenüber dem Arbeitgeber zu wahrenden Verschwiegenheit. Über die Beratung in Fragen des Datenschutzes mit der SBV muss geschwiegen werden. Nach § 6 Abs. 5 Satz 2 BDSG bezieht sich die Verschwiegenheit auch auf das Ob und Wie der Beratung; denn die Identität der beratenen Person sowie die Umstände, die Rückschlüsse auf die betroffene Person zulassen, sind geheim zu halten, soweit die SBV nicht davon befreit. Nach § 38 Abs. 2 iVm § 6 Abs. 6 BDSG besteht auch ein Zeugnisverweigerungsrecht über die von der SBV verarbeiteten personenbezogenen Daten.

Der interne Datenschutzbeauftragte: Der seit dem 25.5.2018 für den Betrieb oder für die Dienststelle nach Art. 37 DSG-VO iVm § 39 BDSG nF vom Arbeitgeber als Verantwortlichem (alte Bezeichnung: verantwortliche Stelle) bestellte interne Datenschutzbeauftragte (entspricht weitgehend dem bis 24.5.2015 nach § 4f. Abs. 1 BDSG aF bestelltem Beauftragten) hat nach Art. 39 Abs. 1 Buchst. b DSG-VO (wie bis dahin der Beauftragte nach § 4g Abs. 1 Satz 1 BDSG aF) die Einhaltung des Datenschutzes zu überwachen; zur Zusammenarbeit mit dem Betriebsrat und mit der SBV sowie zur Verschwiegenheitspflicht gegenüber dem Arbeitgeber → Rn. 108a. Im Hinblick auf die vertrauensvolle Zusammenarbeit und die neu eingeführte Verschwiegenheitspflicht muss er vor der Benennung des oder der Beauftragten eine Beteiligung der SBV nach § 178 Abs. 2 Satz 1 SGB IX erfolgen. Ferner ist beim Betriebsrat vor der Einstellung eines externen Beauftragten oder Zuweisung des Arbeitsbereichs an einen bereits Beschäftigten nach § 99 Abs. 1 BetrVG die Zustimmung einzuholen. Bestehen ernstliche Zweifel daran, dass die zur Benennung vorgesehene Person sich hinsichtlich der Einhaltung der Verschwiegenheitsverpflichtung als zuverlässig erweist, kann der Betriebsrat ein Zustimmungsverweigerungsrecht aus § 99 Abs. 2 Nr. 1 BetrVG wahrnehmen; denn die Zuverlässigkeit ist ein gesetzliches Kriterium für die Benennung.[286]

---

283 BT-Drs. 19/29819 (elektronische Vorabfassung), 8.
284 BT-Drs. 19/28899 (elektronische Vorabfassung), 21.
285 So auch *Däubler*, Betriebsrätemodernisierungsgesetz – Neues auch für SBV und Werkstattrat?, sui 6/2021 S. 2 f.
286 *Düwell* auf BT-Ausschussdrs. 19(11)1135,195.

Nach dem bis 24.5.2018 geltenden § 4g Abs. 1 Satz 2 BDSG aF war der Beauftragte verpflichtet, sich an die für die Datenschutzkontrolle zuständige Behörde zu wenden, wenn der Arbeitgeber hinsichtlich der einzuhalten Bestimmungen eine abweichende Meinung vertrat. Das ist nicht mehr ausdrücklich so bestimmt. Allerdings ist der Datenschutzbeauftragte nach Art. 39 Abs. 1 Buchst. d DSGVO zur Zusammenarbeit mit der Aufsichtsbehörde verpflichtet. Die nach § 40 Abs. 1 BDSG nF zuständigen Aufsichtsbehörden der Länder überwachen bei den nichtöffentlichen Stellen die Anwendung der Vorschriften über den Datenschutz. Sie haben dabei in § 40 Abs. 6 BDSG nF die Kompetenz erhalten, die Datenschutzbeauftragten zu beraten. Wenn sie feststellen, dass dieser nicht zur Erfüllung seiner Aufgaben erforderliche Fachkunde besitzt oder im Fall seiner Anstellung ein schwerwiegender Interessenkonflikt vorliegt, können sie dessen Abberufung verlangen. Angesichts dieser Kompetenz tun die Datenschutzbeauftragten wie nach altem Recht gut daran, sich bei Meinungsverschiedenheiten mit der Unternehmensleitung an die zuständige Aufsichtsbehörde zu wenden. Die Landesregierungen haben die für die nichtöffentlichen Unternehmen zuständigen Aufsichtsbehörden bereits unter Geltung des § 38 Abs. 6 BDSG aF eingerichtet. Sie führen zumeist die Bezeichnung Landesbeauftragte für Informationsfreiheit und Datenschutz (LDI) oder Landesbeauftragte für den Datenschutz (LfD). Nach den Landesdatenschutzgesetzen kann sich jedermann an diese Stellen wenden, um Fragen des Datenschutzes klären zu lassen.[287] Für die öffentlichen Stellen des Bundes und öffentlich-rechtliche Unternehmen ist nach § 9 BDSG nF der Bundesbeauftragte für den Datenschutz und die Informationsfreiheit (BfDI) zuständig. Nach § 60 Abs. 1 BDSG nF kann sich jedermann an die BfDI wenden, wenn er der Ansicht ist, bei der Erhebung, Verarbeitung oder Nutzung seiner personenbezogenen Daten durch öffentliche Stellen in seinen Rechten verletzt worden zu sein.

110 **Behindertenverzeichnis der Schwerbehindertenvertretung:** Die SBV muss für eine sachgerechte Erfüllung der Aufgaben als kollektive Interessenvertretung und Helferin sowie Beraterin der einzelnen schwerbehinderten Beschäftigten die Möglichkeit haben, in einer besonders gegen Einsicht gesicherten Kartei oder auf einem durch besonders gegen Fremdzugang gesicherten Rechner (PC) eine Datei der schwerbehinderten und gleichgestellten behinderten Beschäftigten sowie der um Feststellung der Schwerbehinderung oder um Gleichstellung bemühten Beschäftigten zu führen. Damit dies geschehen kann, hat der Arbeitgeber nach § 163 Abs. 1 fortlaufend für jeden Betrieb einschließlich aller noch so entfernt liegenden Betriebsteile, die in Deutschland gelegen sind, ein Verzeichnis aller schwerbehinderten und den behinderten Menschen Gleichgestellten zu führen. Das Verzeichnis muss die Grunddaten enthalten: Vor- und Nachname, Geburtsdatum, Art der Tätigkeit, Angabe ob Schwerbehinderung oder Gleichstellung vorliegt, Grad der Behinderung, Mehrfachanrechnung. Der Arbeitgeber hat das von ihm nach § 163 Abs. 1 zu führende Verzeichnis ständig fortzuschreiben. Nach § 163 Abs. 2 Satz 3 hat der Arbeitgeber der SBV mindestens jährlich zum 31. März eine Kopie des Verzeichnisses zu Verfügung zu stellen und die an das Arbeitsamt und das Integrationsamt für die Erhebung der Ausgleichsabgabe zu meldenden Schwerbehindertendaten auch der SBV und dem Betriebsrat oder Personalrat zu übermitteln. Datenschutz steht dem nicht entgegen. Nach § 26 Abs. 3 Satz 1 BDSG 2018 ist auch die nach Art. 9 Abs. 1 VO (EU) 2016/679 besonders geschützte Verarbeitung besonderer Kategorien personenbezogener Gesundheitsdaten zulässig, wenn sie zur Erfüllung rechtlicher

---

[287] Eine Übersicht mit Angabe der Anschriften findet sich unter http://datenschutz-ratgeber.info/aufsichtsbehoerden.html.

Pflichten des Arbeitgebers aus dem Arbeitsrecht bzw. dem Recht der sozialen Sicherheit erforderlich ist und kein Grund zu der Annahme besteht, dass das schutzwürdige Interesse der betroffenen Person an dem Ausschluss der Verarbeitung überwiegt. Der Arbeitgeber ist nach § 178 Abs. 2 Satz 1 verpflichtet, in allen Angelegenheiten, die einen einzelnen schwerbehinderten Beschäftigten berühren, die SBV umfassend zu unterrichten. Im Übrigen ist er nach § 182 Abs. 1 zur engen Zusammenarbeit mit der SBV verpflichtet. Dazu gehört, dass der Arbeitgeber der SBV die bei ihm tätigen, von der SBV repräsentierten schwerbehinderten Menschen namentlich benennt.[288] Denn die SBV kann die ihr gesetzlich zugewiesenen Aufgaben nur erfüllen, wenn sie eine Namensliste und die für Ihre Aufgabenerfüllung erforderliche Kenntnis der persönlichen Verhältnisse der von ihr zu vertretenden Personen hat. Die SBV unterliegt einer besonderen Verschwiegenheit nach § 179 Abs. 7 Nr. 1, § 178 Abs. 3 Satz 2. Von daher gibt es keinen Grund, Daten, die nicht ausdrücklich von den schwerbehinderten Beschäftigten als vertraulich nur für den Arbeitgeber bestimmt sind, nicht weiter zu geben. Wenn der Arbeitgeber sich verweigert, behindert er die Aufgabenerfüllung der SBV. Er verhindert insbesondere, dass die SBV ihre Überwachungsaufgabe nach § 178 Abs. 1 Satz 2 Nr. 1 wahrnehmen kann. Die in dem Verzeichnis aufgeführten schwerbehinderten Beschäftigten können auch nicht wirksam der Weiterleitung widersprechen. Im Fall der Weitergabe der Namen von schwangeren Beschäftigten an den Betriebsrat hat der erste Senat des BAG zutreffend seine Linie zur älteren Fassung des BDSG bestätigt. Das allgemeine Persönlichkeitsrecht bzw. das daraus abgeleitete Recht auf informationelle Selbstbestimmung der Beschäftigten kann weder die den Beschäftigtenvertretungen zugewiesenen Aufgaben noch deren kollektive Rechte einschränken.[289] Ist der konkrete Aufgabenbezug des Auskunftsverlangen gegeben, die Erforderlichkeit der vom Betriebsrat begehrten Information nachgewiesen, so unterliegt das Auskunftsverlangen und damit die Übermittlung von personenbezogenen Daten an den Betriebsrat nicht der Zustimmung der Arbeitnehmer. Ein „Widerspruchsrecht" der betroffenen Beschäftigten wird zutreffend abgelehnt, da dieses Recht nach Art. 21 DS-GVO sich nicht auf Art. 6 Abs. 1 lit. f DS-GVO bezieht.[290] Das BAG führt die kollektivrechtliche mit der datenschutzrechtlichen Erforderlichkeit nach § 26 Abs. 1 S. 1 BDSG und Art. 6 Abs. 1 lit. c DS-GVO zusammen.[291] Der Arbeitgeber als Verantwortlicher übermittelt die Namen der im laufend zu führenden Verzeichnis der schwerbehinderten beschäftigten aufgeführten Personen an die SBV in Erfüllung der rechtlichen Verbindlichkeit aus § 178 Abs. 2 Satz 1, § 182 Abs. 1 SGB IX. Die Übermittlung ist auch erforderlich, damit die SBV wie der Betriebsrat nach § 80 Abs. 1 Nr. 1 BetrVG ihre Aufgabe als Hüterin des geltenden Rechts nach § 178 Abs. 1 Satz 2 Nr. 1 SGB IX erfüllen kann.[292]

---

288 Zur bis 31.12.2017 geltenden Vorgängerfassung § 99 Abs. 1 SGB IX: BAG 16.4.2003 – 7 ABR 27/02, Behindertenrecht 2003, 188; so im Ergebnis schon zu § 13 Abs. 2 Satz 4 SchwbG: Hauptfürsorgestelle Landschaftsverband Westfalen-Lippe, Die Arbeit der Vertrauensfrau/des Vertrauensmannes, 3. Aufl. 1987, S. 21.
289 Zur bis 31.12.2017 geltenden Vorgängerfassung § 99 Abs. 1 SGB IX: BAG 16.4.2003 – 7 ABR 27/02, BAGE 106, Behindertenrecht 2003, 188.
290 BAG 9.4.2019 – 1 ABR 51/17, Rn. 21, NZA 2019, 1055; so schon zum alten Recht: vgl. auch BAG 7.2. 2012 – 1 ABR 46/10, Rn. 17, BAGE 140, 350, Behindertenrecht 2012, 83.
291 Zur Aufgabe des Betriebsrats die Einhaltung des Mutterschutzes zu überwachen: BAG 9.4.2019 – 1 ABR 51/17, Rn. 50, NZA 2019, 1055.
292 Zur Aufgabe des Betriebsrats die Einhaltung des Mutterschutzes zu überwachen: BAG 9.4.2019 – 1 ABR 51/17, Rn. 50, NZA 2019, 1055.

Unabhängig oder ergänzend zur Information durch den Arbeitgeber kann die SBV alle Schwerbehinderten auffordern, ihre Daten in der Sprechstunde vertraulich der SBV mitzuteilen, damit eine sogenannte Behindertendatei angelegt werden kann, um der SBV zu ermöglichen, Maßnahmen nach § 178 Abs. 1 Satz 2 Nr. 2 zu beantragen und die Einhaltung des Anspruchs auf behinderungsgerechte Beschäftigung § 164 Abs. 4 Nr. 1, 4, 5 zu überwachen. Das geht alles nicht ohne nähere Kenntnis der Behinderung, zB: Ist der Beschäftigte, der in dem Arbeitgeberverzeichnis mit einem GdB von 50 verzeichnet ist, sehbehindert oder in ihrer Mobilität wegen eines körperlichen Leidens stark eingeschränkt? Weiß die SBV nicht, dass unter den beschäftigten schwerbehinderten Menschen Personen mit dieser Art der Behinderung sind, kann sie, wenn sie zB zur Änderung der Dienstreiseanordnung angehört wird, nicht beurteilen, ob Interessen der schwerbehinderten Menschen als Gruppe berührt werden. Deshalb haben bereits die Hauptfürsorgestellen das Anlegen von damals papierenen Schwerbehindertenkarteien empfohlen.[293] An dieser alten Empfehlung ist in Zeiten der IT mit der Modifikation des Aufbaues einer elektronischen Datei festzuhalten. Allerdings ist heute stärker als früher der persönlichkeitsrechtsbezogene Datenschutz zu beachten und dem Gebot der Datensicherheit Rechnung zu tragen. Dabei gewinnt auch die Rechtsfrage an Bedeutung, wie die SBV nach der DS-GVO einzuordnen ist. Ist sie mit ihrer Verarbeitung der personenbezogenen Daten der Beschäftigten Dritter nach Art. 4 Nr. 10 DS-GVO, nur Teil des Verantwortlichen „oder gar" selbst Verantwortliche nach Art. 4 Nr. 7 DS-GVO? Bislang beschäftigt sich die datenschutzrechtliche Literatur nur mit der Frage der Verantwortlichkeit des Betriebsrats. Dort ist die Antwort sehr umstritten.[294] Die Landesbeauftragten in Baden-Württemberg[295] und in Thüringen[296] und ein LAG[297] haben sich der Mehrheitsmeinung angeschlossen. Nichts anderes kann bis zur höchstrichterlichen Klärung der Verantwortlichkeit des Betriebsrats auch für die Verantwortlichkeit der SBV gelten. Nach der hier vertretenen Ansicht wird die SBV bei der Verarbeitung von personenbezogenen Daten der schwerbehinderten Beschäftigten für die eigene Amtsführung als eine verantwortliche Stelle tätig. Sie hat deshalb die nach der DS-GVO iVm dem BDSG bzw. der für den öffentlichen Dienst in den Ländern und Gemeinden geltenden Landesdatenschutzgesetzen geltenden Bestimmungen einzuhalten.[298]

111 **Abgleich von Arbeitsplatzanforderungen und Behinderungen:** Die Führung einer Behindertendatei durch die SBV ist für den Abgleich mit den Anforderungen der zu besetzenden Arbeitsplätze nötig. Während die Behindertendatei aussagt, worin die Leistungseinschränkungen bestehen, soll die entsprechende Ar-

---

293 Hauptfürsorgestelle Landschaftsverband Westfalen-Lippe, Die Arbeit der Vertrauensfrau/des Vertrauensmannes, 3. Aufl. 1987, S. 19 ff.
294 Für die Verantwortlichkeit: *Gola* in Gola DS-GVO Art. 4 Rn. 55; *Kleinebrink* DB 2018, 2566 (2566 f.); *Kort* ZD 2017, 319 (322 f.); *Kurzböck/Weinbeck* BB 2020, 500 (503); *Schulz* ZESAR 08.19, 323, 324; *Stahmer/Kuhnke* in Plath BDSG § 26 Rn. 154; aA *Althoff* ArbRAktuell 2018, 414 (416); *Bonanni/Niklas* ArbRB 2018, 371 (373 f.); *Brams/Möhle* ZD 2018, 570 (571); *Schmidt/Rossow* DSB 2019, 4, 5; unentschieden *Faas* jM 2019, 454 (461); *Hamann/Wegmann* BB 2019, 1347 (1349); *Piltz* DSB 2019, 173.
295 LfDI B-W, 34. Datenschutz-Tätigkeitsbericht, 2018, S. 37 f.
296 TLfDI TH, 1. Tätigkeitsbericht zum Datenschutz nach der DS-GVO 2018, S. 65 ff.
297 LAG Sachsen-Anhalt 18.12.2018 – 4 TaBV 19/17, NZA-RR 2019, 256, Rechtsbeschwerde beim BAG anhängig: 1 ABR 15/19; weiterhin nur als Teil der verantwortlichen Stelle eingestuft: LAG Nds 22.10.2018 – 12 TABV 23/18; HessLAG 10.12.2018 – 16 TaBV 130/18, NZA-RR 2019, 196.
298 So auch für den Betriebsrat: *Vormbaum-Heinemann* ArbRAktuell 2019, 394.

beitsplatzdatei Auskunft darüber geben, welche Anforderungen der Arbeitsplatz an den Arbeitnehmer stellt. Erst mit dieser „Profilmethode" lässt die Prüfungsaufgabe der SBV aus § 164 Abs. 1 Satz 6 sachgerecht erfüllen. Nur wer über entsprechende Daten der im Betrieb oder in der Dienststelle beschäftigten Menschen mit Behinderung verfügt, kann zusammen mit dem Arbeitgeber prüfen, ob diese für die Besetzung freier oder frei werdender Arbeitsplätze geeignet sind oder durch eine entsprechende behinderungsgerechte Ausstattung dieser Arbeitsplätze gemacht werden können. Der Aufbau einer entsprechenden Arbeitsplatzdatei erfordert eine Grobanalyse der Arbeitsplätze. Sie kann nicht kurzfristig erfolgen und erfordert eine ständige enge Zusammenarbeit aller nach § 182 Abs. 1 Beteiligten in Form eines Integrationsteams.

7. Persönliche Kosten der Vertrauensperson

Kosten der Kommunikation: Zu den persönlichen Kostenbelastungen, von denen der Arbeitgeber nach § 179 Abs. 8 Satz 1 Hs. 1 die Vertrauensperson freizustellen hat, gehören alle erforderlichen Aufwendungen, die die Vertrauensperson in Ausübung ihres Amtes aufbringen muss. Dazu gehören insbesondere Porti, Telefon-, Fax- und Mailgebühren, die bei Nutzung der eigenen privaten Kommunikationseinrichtungen zwangsläufig anfallen, um Termine mit den Inklusionsbeauftragten, der Personalstelle oder dem Betriebs- bzw. Personalrat oder den Stellen abzuklären, zu denen die Vertrauensperson nach § 182 Abs. 2 Satz 2 SGB IX Verbindungsperson ist. Das gilt insbesondere, wenn der Arbeitgeber trotz Bitten der Vertrauensperson nicht sicherstellt, dass dafür betriebliche Kommunikationseinrichtungen zur Verfügung stehen. 112

Reisekosten: Der Wortlaut des § 179 Abs. 8 Satz 1 Hs. 1 sieht undifferenziert für erforderliche Kosten, die bei der SBV (Zusammenfassung von Vertrauensperson und stellvertretenden Mitglieder als Organ) als auch bei den Organmitgliedern (sogenannte Organwalter), der Vertrauensperson und dem stellvertretenden Mitglied, anfallen (vgl. § 179 Abs. 3 Satz 2), die Kostentragungspflicht des Arbeitgebers vor. Zur Erstattungspflicht gehört auch der Ersatz der anfallenden Reisekosten der Vertrauensperson bzw. der stellvertretenden Mitglieder, sofern diese durch ihre Amtstätigkeit verursacht werden und erforderlich sind (zu den Prüfkriterien → Rn. 94). 113

Diese Kosten dürfen nach Maßgabe der für alle Beschäftigten geltenden allgemeinen Reisekostenregelungen pauschaliert werden. Für Reisen von **Betriebsratsmitgliedern** hat der Siebte Senat des BAG das im Rahmen der Kostentragung nach § 40 BetrVG festgestellt.[299] Dies gilt auch im Rahmen der Kostentragung nach § 179 Abs. 8 SGB IX.[300] Im Bereich des öffentlichen Dienstes des Bundes erfolgt dies durch das **Bundesreisekostengesetz (BRKG)** und die **Trennungsgeldverordnung (TGV)**. Nach § 46 Abs. 2 BPersVG nF (entspricht dem bis 14.6.2021 geltenden § 44 Abs. 1 Satz 2 BPersVG aF) sind die Regelungen des BRKG für **Mitglieder der Personalvertretung** anzuwenden. Der Siebte Senat des BAG hat jedoch ausdrücklich die Anwendung des BRKG im Rahmen der Gleichstellung der Mitglieder der SBV mit Personalratsmitgliedern über die bis 31.12.217 geltende Fassung der Gleichstellungsklausel in § 96 Abs. 3 Satz 1 SGB IX (seit 1.1.2018 in § 179 Abs. 3 Satz 1 SGB IX) als „rechtlich unzutreffend" abgelehnt.[301] Vielmehr stelle die schwerbehindertenrechtliche Kostenre-

---

299 BAG 28.3.2007 – 7 ABR 33/06, AE 2008, 49; *Wolmerath* jurisPR-ArbR 34/2007 Anm. 6.
300 BAG 27.7. 2011 – 7 AZR 412/10, Rn. 34, NZA 2012, 169, Behindertenrecht 2012, 91; LAG MV 4.12.2012 – 5 TaBV 6/11, juris Rn. 43.
301 BAG 27.7.2011 – 7 AZR 412/10, Rn. 23, Behindertenrecht 2012, 91.

gelung in Abs. 8 eine abschließende eigenständige Regelung dar. Dieser eigenwilligen Auslegung ist der Gesetzgeber 2016 durch das BTHG entgegengetreten, indem er in Abs. 8 Satz 1, den Halbsatz angefügt hat: „für öffentliche Arbeitgeber gelten die **Kostenregelungen für Personalvertretungen** entsprechend."
§ 46 Abs. 2 Satz 1 BPersVG nF regelt für „Reisen, die zur Erfüllung der Aufgaben des Personalrats notwendig sind", die Anwendung des BRKG. § 2 Abs. 1 Satz 1 BRKG bestimmt: „**Dienstreisen** sind Reisen zur Erledigung von **Dienstgeschäften außerhalb der Dienststätte.**" Reisen im Sinne von § 46 Abs. 2 Satz 1 BPersVG nF (entspricht dem bis 14.6.2021 geltenden 44 Abs. 1 Satz 2 BPersVG aF) sind deshalb solche, die erforderlich sind, um personalvertretungsrechtliche Angelegenheiten außerhalb des Orts der Personalratstätigkeit zu erledigen.[302]
Beispiele: Fahrten zur Teilnahme an Unfalluntersuchungen oder Prüfungen, die nicht am Dienststellensitz stattfinden, oder zur Abhaltung von Sprechstunden in räumlich entfernten Teilen der Dienststelle.[303]

Hinsichtlich der Art und Weise, wie die SBV, dh die Vertrauensperson oder das sie nach § 177 Abs. 1 Satz 1 vertretende oder von der Vertrauensperson nach § 178 Abs. 1 Satz 4 und 5 herangezogene stellvertretende Mitglied, eine ihr obliegende Aufgabe wahrnehmen will, insbesondere, ob sie zu ihrer Erfüllung eine Reise für erforderlich halten durfte, besteht ein gewisser, wenn auch begrenzter **Beurteilungsspielraum.**[304] Dazu gehört insbesondere die Frage, ob die Aufgaben nicht auf andere, kostensparendere Weise, zB durch ein Telefonat oder eine datenschutzkonforme Videokonferenzschaltung, hätten erfüllt werden können.[305]

Für diese Reisen ist nach § 46 Abs. 2 Satz 1 BPersVG nF (entspricht dem bis 14.6.2021 geltenden § 44 Abs. 1 Satz 2 BPersVG aF) in entsprechender Anwendung **Reisekostenvergütung** nach § 1 Abs. 2 iVm §§ 4 bis 10 BRKG zu gewähren. Nach § 179 Abs. 1 Satz 1 Hs. 2 SGB IX ist damit in gleicher Weise für die Mitglieder der SBV einer Dienststelle des Bundes, wenn für Reisen zur Erledigung von erforderlicher Amtstätigkeit außerhalb der Dienststätte anfallen, Reisekostenvergütung nach § 1 Abs. 2 iVm §§ 4 bis 10 BRKG zu zahlen. Für Mitglieder einer SBV einer Behörde im Geltungsbereich eines Landespersonalvertretungsgesetzes sind dagegen die Regelungen des jeweiligen **Landesreisekostengesetzes (LRKG)** einschlägig. Die Bestimmungen im BRKG und LRKG sind weitgehend inhaltsgleich.

Nach § 3 Abs. 1 BRKG erhalten Dienstreisende auf Antrag eine Vergütung der dienstlich veranlassten notwendigen Reisekosten. Der Anspruch auf Reisekostenvergütung erlischt, wenn sie nicht innerhalb einer Ausschlussfrist von sechs Monaten nach Beendigung der Dienstreise schriftlich oder elektronisch beantragt wird. Nach § 4 Abs. 1 BRKG werden Kosten für Fahrten auf dem Land- oder Wasserweg mit regelmäßig verkehrenden Beförderungsmitteln bis zur Höhe der **niedrigsten Beförderungsklasse** erstattet. Für Bahnfahrten von mindestens zwei Stunden können Kosten der nächsthöheren Klasse erstattet werden. Nach § 4 Abs. 2 Satz 1 BRKG sind mögliche **Fahrpreisermäßigungen** zu berücksichtigen. Das gilt insbesondere für Inhaber einer BahnCard oder für Behördenrabatte. Daraus folgt jedoch keine Pflicht zur „Jagd nach Fahrpreis-Schnäppchen" wie den „Super-Sparpreis-Fahrkarten" der Deutschen Bahn AG, vielmehr

---

302 BVerwG 25.6. 2013 – 1 WB 42.12, juris Rn. 31.
303 BVerwG 12.11.2009 – 6 PB 17.09, Rn. 7, PersR 2010, 200.
304 BVerwG 15.4.2008 – 6 PB 3.08, Rn. 8, NZA-RR 2008, 559.
305 Vgl. BVerwG 15.4.2008 – 6 PB 3.08, Rn. 8, NZA-RR 2008, 559; BVerwG 21.7.1982 – 6 P 30.79, Buchholz 238.3 A § 44 BPersVG Nr. 6 S. 4, PersV 1983, 372.

darf nach der Rspr. auf der „**Flexpreis**"-Basis gebucht und abgerechnet werden.[306] Diese Entscheidung ist zwar zur Erstattungsfähigkeit von Dienstreisen zu Gerichtsterminen ergangen, prüft allerdings ausdrücklich auch unter dem Gesichtspunkt der Pflicht zur Inanspruchnahme von Fahrpreisermäßigungen nach § 4 Abs. 2 Satz 1 BRKG. Überzeugend wird dargestellt, dass nicht stornier- und umtauschbare Sparpreisangeboten im Ergebnis sich als teurere Variante darstellen, wenn Termine nach der Buchung verschoben werden.[307]

Es besteht reisekostenrechtlich Wahlfreiheit hinsichtlich des Verkehrsmittels. Allerdings wird aus ökologischen Gründen die Erstattung von Kosten der Pkw-Nutzung begrenzt.[308] Wird ein **Pkw** genutzt, kann nach Maßgabe des § 5 Abs. 1 BRKG **Wegstreckenentschädigung** geltend gemacht werden. Sie beträgt bei Benutzung eines Kraftfahrzeuges oder eines anderen motorbetriebenen Fahrzeuges 20 Cent je Kilometer zurückgelegter Strecke, höchstens jedoch 130 EUR. Die oberste Bundesbehörde kann den Höchstbetrag auf 150 EUR festsetzen, wenn dienstliche Gründe dies im Einzelfall oder allgemein erfordern. Besteht an der Benutzung eines Kraftwagens ein erhebliches dienstliches Interesse, beträgt die Wegstreckenentschädigung 30 Cent je Kilometer zurückgelegter Strecke, sog. „**große Wegstreckenentschädigung**" nach § 5 Abs. 2 BRKG. Das erhebliche dienstliche Interesse muss vor Antritt der Dienstreise in der Anordnung oder Genehmigung schriftlich oder elektronisch festgestellt werden. Ob ein erhebliches dienstliches Interesse iSv § 5 Abs. 2 BRKG besteht, unterliegt einem Beurteilungsspielraum des Amtsträgers.[309]

Eine Wegstreckenentschädigung wird nach § 5 Abs. 4 BRKG nicht gewährt, wenn

1. eine vom Dienstherrn unentgeltlich zur Verfügung gestellte Beförderungsmöglichkeit genutzt werden kann oder
2. das Mitglied der SBV von anderen Dienstreisenden des Bundes oder eines anderen Dienstherrn in einem Kraftwagen mitgenommen wird.

Diese Bestimmungen gelten auch für Mitglieder der SBV und der Stufenvertretungen der schwerbehinderten Beschäftigten (→ § 180 Rn. 60 ff.). Benutzt ein Mitglied in Ausübung seiner **reisekostenrechtlichen Wahlfreiheit** ein privates Kraftfahrzeug, so ist die Begrenzung der Wegstreckenentschädigung auf 20 Cent je Kilometer sowie auf einen Höchstbetrag von maximal 150 EUR gemäß den Regelungen in § 5 Abs. 1 Satz 2 und 3 BRKG begrenzt. Eine Benachteiligung ist darin nicht erkennbar; denn das Mitglied wird genauso behandelt, wie jeder andere Anspruchsberechtigte ohne vertretungsrechtliche Funktion.[310] Ein **Sonderfall** liegt vor, wenn die Benutzung öffentlicher Verkehrsmittel zB **wegen der Art und Schwere der Behinderung** ausscheidet oder **wegen überlanger Fahrtzeiten** unzumutbar ist und die kleine Wegstreckenentschädigung in § 5 Abs. 1 BRKG keine auch nur annähernd kostendeckende Erstattung zulässt. In solchen Fällen hat die Dienststelle die „große Wegstreckenentschädigung" nach § 5 Abs. 2 BRKG zur Vermeidung einer nach § 179 Abs. 2 SGB IX verbotenen Benachteiligung zu gewähren, damit der Mandatsträger nicht mit Kosten belas-

---

306 BVerwG 27.6. 2019 – 2 KSt 1.19, Rn. 8 ff., NVwZ-RR 2019, 975.
307 BVerwG 27.6. 2019 – 2 KSt 1.19, Rn. 9, NVwZ-RR 2019, 975.
308 BVerwG 1.7.2010 – 6 PB 7.10, Rn. 22, NVwZ-RR 2010, 816.
309 BVerwG 15.4.2008 – 6 PB 4.08, juris Rn. 5.
310 BVerwG 15.4. 2008 – 6 PB 4.08, juris Rn. 5 und 7; BVerwG 12.11.2009 – 6 PB 17. 09, Rn. 17, PersR 2010, 200.

tet bleibt, die er trotz ordnungsgemäßer Wahrnehmung seines Mandats nicht vermeiden kann.[311]

In einigen Ländern ist die große Wegstreckenentschädigung auf 0,25 Euro pro Fahrtkilometer begrenzt. So ist für Mecklenburg-Vorpommern in § 5 LRKG M-V eine Wegstrecken- und Mitnahmeentschädigung bestimmt:

„(1) **Für Fahrten mit privaten Kraftfahrzeugen wird eine Wegstreckenentschädigung gewährt.** Die Wegstreckenentschädigung beträgt für jeden gefahrenen Kilometer bei Benutzung eines privaten Kraftfahrzeuges für
1. **Kraftfahrzeuge 25 Cent,**
2. **zweirädrige Kraftfahrzeuge 10 Cent,**
soweit **triftige Gründe** (§ 4 Abs. 1 Satz 2) **für die Benutzung vorliegen.**

Liegen triftige Gründe nicht vor, beträgt die Wegstreckenentschädigung für jeden gefahrenen Kilometer bei Benutzung eines privaten Kraftfahrzeugs für
1. **Kraftfahrzeuge 15 Cent,**
2. **zweirädrige Kraftfahrzeuge 7 Cent** (...).

(3) **Ein Berechtigter, der in einem privaten Kraftfahrzeug andere Berechtigte oder aus dienstlichen Gründen andere Personen mitgenommen hat, erhält eine Mitnahmeentschädigung in Höhe von 2 Cent je Person und Kilometer.**"

Triftige Gründe liegen nach § 4 LRKG M-V insbesondere vor, wenn es der **Wirtschaftlichkeit der gesamten Dienstreise** dient, ein nicht regelmäßig verkehrendes Beförderungsmittel zu benutzen. Es muss die durch die Benutzung des Privatautos erspartete Reisezeit berücksichtigt werden; denn in der ersparten Reisezeit können die SBV-Mitglieder zur Wahrnehmung von Dienstaufgaben zur Verfügung stehen. Das gilt erst recht, wenn – wie bei Lehrkräften üblich – der Zeitaufwand, der für die Amtstätigkeit erforderlich ist, lediglich pauschaliert durch eine fixe Anzahl von Abminderungsstunden ausgeglichen wird.[312]

Zu den erstattungsfähigen Reisekosten zählt auch die als **Trennungsgeld** bezeichnete Wegstreckenentschädigung, wenn wegen der Aufnahme der Amtstätigkeit als Stufenvertreter ein Wechsel des Dienstortes stattfindet und infolgedessen ein weiterer Weg zurückzulegen ist.[313] Das BAG hat die von haushalterischen Einsparerwägungen geleiteten Erstattungsbedingungen, die bei einem so weiten Wechsel des Dienstortes greifen, dass eine tägliche Hin- und Rückreise nicht möglich ist, nicht als Benachteiligung iSv Abs. 2 beanstandet. In dem Fall einer Bezirksvertrauensperson, die als Nachrückerin zu dem sehr weit entfernten Sitz der Bezirksschwerbehindertenvertretung am Ort der Oberbehörde wechseln musste, hat das BAG auf § 15 BRKG in Verbindung mit den §§ 3–5 TGV verwiesen. Danach ist der Anspruch auf zwei monatliche Heimfahrten der allgemein niedrigsten Klasse eines regelmäßig verkehrenden Beförderungsmittels begrenzt. Die weiteren tatsächlich wöchentlich durchgeführten Fahrten sind nicht als erstattungsfähige Dienstreisen im Sinne von § 2 Abs. 1 Satz 1 BRKG angesehen worden.[314] Die durch weitere wöchentliche Heimfahrten und durch Nutzung des PKW entstandenen erheblichen Mehraufwendungen musste die Vertrauensperson selbst tragen. Darin hat das BAG weder ein Sonderopfer gesehen, noch bei verheirateten Vertrauenspersonen, die zudem noch Elternpflichten zu erfüllen haben, einen Verstoß gegen die Schutzpflicht aus Art. 6 Abs. 1

---

311 BVerwG 1.7.2010 – 6 PB 7/10, Rn. 23, NVwZ-RR 2010, 816; BVerwG 12.11.2009 – 6 PB 17. 09, Rn. 19, PersR 2010, 200.
312 LAG MV 4.12.2012 – 5 TaBV 6/11, Rn. 54.
313 OVG NRW 21.3.2012 – 1 A 1295/09, PersV 2013, 278.
314 BAG 27.7.2011 – 7 AZR 412/10, Behindertenrecht 2012, 91.

GG.[315] Eine Ausnahme von der durch das Reisekostenrecht gedeckelten Erstattungspflicht kann nach Ansicht des BAG allenfalls dann wegen Art. 3 Abs. 3 Satz 2 GG, § 1 AGG, Art. 1 der Richtlinie 2000/78/EG in Betracht kommen, wenn das freigestellte Mitglied der Bezirks-SBV aufgrund seiner Behinderung mit unvermeidbaren erhöhten Kosten belastet wird, weil sie aufgrund ihrer Behinderung nicht oder nur unter unzumutbaren Erschwerungen die Bahn benutzen kann und deshalb auf den PKW angewiesen ist und die Differenz zwischen der Erstattung der Bahnfahrkarte und der Kilometerpauschale bei Nutzung eines PKW selbst tragen müsste. Nur diese besondere Kostenbelastung könnte nach Auffassung geeignet sein, qualifizierte Personen von der Wahrnehmung des Amts eines von der dienstlichen Tätigkeit ganz freigestellten Mitglieds der Stufenvertretung abzuhalten. Es ist zu bezweifeln, ob die Gleichheit der Wahl gesichert wird; denn durch diese Art der Reisekostenerstattung wird die Bewerberauswahl gesteuert. Nur wer es sich finanziell leisten kann oder in der Nähe des Dienstortes der Stufenvertretung wohnt, wird sich zur Wahl stellen. Demgegenüber hat das LAG MV § 96 Abs. 8 SGB IX in der damaligen Fassung (seit 1.1.2018: § 179 Abs. 8 Satz 1 SGB IX) als eine eigenständige und abschließende Regelung für die Reisekosten der Mitglieder der SBV gesehen. Eine direkte Anwendung des Reisekostenrechts scheide schon aus diesem Grunde aus.[316] An einer § 46 Abs. 2 Satz 1 BPersVG nF (entspricht dem bis 14.6.2021 geltenden § 44 Abs. 1 Satz 2 BPersVG aF) vergleichbaren Verweisung auf das Reisekostenrecht des Bundes und der Länder fehlt es jedoch in § 179 Abs. 8 Satz 1 SGB IX. Zum inhaltgleichen alten Personalvertretungsrecht entschied deshalb ein LAG, eine im Betrieb oder in der Dienststelle verbindliche Reisekostenregelung sei nur dann auf die Reisen der Mitglieder der Schwerbehindertenvertretung anzuwenden, soweit die Regelung der Vertrauensperson zumutbar sei.[317] Das Gericht kommt zu dem Schluss, die Regelung, die in §§ 4, 5 Landesreisekostengesetz Mecklenburg-Vorpommern für Dienstreisen im öffentlichen Dienst die (höhere) Wegestreckenentschädigung in Höhe von 0,25 Euro pro Fahrtkilometer unter anderem von der „Wirtschaftlichkeit der gesamten Dienstreise" abhängig macht, sei auf Reisen der Vertrauensperson der Schwerbehinderten nur anwendbar, wenn auch die durch die Benutzung des Privatautos ersparte Reisezeit mit in die Betrachtung einbezogen werde. Denn die Erforderlichkeitsprüfung im Sinne von Abs. 8 müsse auch berücksichtigen, dass die Vertrauensperson während der ersparten Reisezeit für die Wahrnehmung von Dienstaufgaben zur Verfügung stehe.

8. Bürokraft

Unterstützung durch eine Bürokraft: Mit Wirkung vom 30.12.2016 ist § 179 Abs. 8 Satz 2 angefügt worden: „Satz 1 umfasst auch eine Bürokraft für die Schwerbehindertenvertretung in erforderlichem Umfang." Der seitdem geltende Satz 3 räumt der SBV einen Anspruch gegen den Arbeitgeber darauf ein, dass dieser die Kosten einer Bürokraft in dem Umfang zu tragen hat, wie dieser erforderlich ist. Nach dem Wortlaut bedeutet dies: Die SBV kann selbst zB durch Auftrag an einen Dienstleister eine Bürokraft heranziehen und der Arbeitgeber hat – soweit der Umfang der Heranziehung und die dadurch verursachte Kostenlast erforderlich war – die **Kosten zu tragen**. Da die SBV insoweit nach dem Gesetzeswortlaut einen Anspruch auf Kostenfreistellung hat, ist sie für die Erteilung des Auftrags auch teilrechtsfähig. Ob dies so vom Gesetzgeber so ge-

114

---

315 BAG 27.7.2011 – 7 AZR 412/10, Behindertenrecht 2012, 91.
316 LAG MV 4.12.2012 – 5 TaBV 6/11, juris Rn. 46.
317 LAG MV 4.12.2012 – 5 TaBV 6/11, juris Rn. 54.

wollt war, ist zweifelhaft. Der RegE[318] führt aus: „Der neue Satz 3 gibt der Schwerbehindertenvertretung einen **Anspruch gegen den Arbeitgeber auf Unterstützung** durch eine Bürokraft in angemessenem Umfang". Das deutet darauf hin, dass möglicherweise beabsichtigt war, der SBV nur einen Anspruch gegen den Arbeitgeber auf Überlassung einer Bürokraft einzuräumen. Dieser Anspruch auf Zurverfügungstellung von personellem Geschäftsbedarf hätte jedoch systematisch in Abs. 9 geregelt werden müssen. Der Gesetzgeber wollte jedoch den in Abs. 9 geregelten Grundsatz nicht antasten, dass die SBV nur ein Mitnutzungsrecht an dem Geschäftsbedarf haben soll, der dem Betriebs-/Personalrat zur Verfügung gestellt ist. Die SBV erhält ständig besonders **sensible Gesundheitsdaten** (Art und Schwere der Behinderung) der zu vertretenden Beschäftigten iSv Art. 9 Abs. 1 DS-GVO vom Arbeitgeber übermittelt, wenn sie nach § 178 Abs. 2 Satz 1 SGB IX in den Angelegenheiten unterrichtet wird, die einen einzelnen schwerbehinderten oder gleichgestellten Menschen berühren. Zudem werden persönliche Geheimnisse in den Beratungen über die Antragstellung nach § 178 Abs. 1 Satz 3 SGB IX den Vertrauenspersonen anvertraut, zB eine rezidive Tumorbildung. Diese Daten dürfen nicht ohne Zustimmung des Betroffenen dem Betriebsrat bekannt werden. Das wäre aber nicht zu vermeiden, wenn die SBV gemeinsam mit dem Betriebs-/Personalrat eine Bürokraft nutzen müssen. Vermutlich ist das auch bei der Vorbereitung des BTHG erkannt worden und die „Unterstützung durch eine Bürokraft" als Ausnahmeregelung über den personellen Geschäftsbedarf in Abgrenzung zum sachlichen Geschäftsbedarf in den Abs. 8 verschoben worden, der die Kostentragung regelt.[319] Nach Wortlaut und Systematik hat die SBV demnach einen Anspruch auf Freistellung von den erforderlichen Kosten, wenn sie eine Bürokraft zu ihrer Unterstützung heranzieht. Im Interesse der nach § 182 Abs. 1 zu wahrenden engen Zusammenarbeit ist die SBV jedoch gehalten, vor der Heranziehung von Bürodienstleistern sich mit dem Arbeitgeber ins Benehmen zu setzen. Erst wenn dieser die berechtigte Forderung nach Unterstützung durch eigenes Büropersonal ablehnt, ist der Weg zur Beauftragung auf Kosten des Arbeitgebers frei.

Unterstützung in erforderlichem Umfang: Der Gesetzgeber hat nicht geregelt, wann die Unterstützung durch eine Bürokraft erforderlich ist. Insbesondere hat er davon abgesehen, wie bei der Heranziehung der stellvertretenden Mitglieder Schwellenwerte zu setzen. Es ist jeweils der Einzelfall zu beurteilen. Deshalb überzeugt es nicht, wenn im Schrifttum vertreten wird, die Erforderlichkeit werde regelmäßig nur bei Betrieben mit mehreren hundert Schwerbehinderten gegeben sein.[320] Zu berücksichtigen ist, dass in Betrieben, in denen eine Freistellung der Vertrauensperson wegen Erreichen des Schwellenwerts nicht in Betracht kommt, sich die Notwendigkeit einer Entlastung der Vertrauensperson durch die Bürokraft im besonderen Maße ergeben kann. Zu beachten ist auch, dass der Wortlaut der Norm von der Erforderlichkeit der Unterstützung durch eine Bürokraft ausgeht und nur den Umfang der Unterstützung für die Erforderlichkeitsprüfung durch die SBV offen lässt. Für den Umfang können verschiedene Umstände maßgebend sein. Dazu gehört die Zahl der Menschen mit einem besonderen Unterstützungsbedarf zB bei Anträgen und ob weit ausein-

---

318 BT-Drs. 18/9522, 315.
319 *Düwell/Beyer* Beschäftigte Rn. 95 f.
320 So aber *Kleinebrink* DB 2017, 126 (127); zu Recht aA: *Knittel*, 92. EL 1.8.2017, SGB IX § 96 Rn. 168; weiterführend: *Schubert* in Knittel, 107. EL 1.4.2020, SGB IX § 179 Rn. 169; ebenso *Krämer* in FKS SGB IX, 4. Aufl. 2018, § 178 Rn. 33.

ander liegende Standorte zu betreuen sind. Je nach Ausgang der Erforderlichkeitsprüfung kann ein Anspruch auf Vollzeit – oder eine Teilzeitkraft für eine bestimmte Wochenstundenzahl bestehen. Schließlich ist auch zu berücksichtigen, ob die Vertrauensperson deswegen besonderen Unterstützungsbedarf in Bürotätigkeiten hat, weil sie aufgrund einer Beeinträchtigung oder mangelnder Kenntnisse nicht in der Lage ist, die anfallende Bürotätigkeit zu verrichten.

Verweis auf die Mitnutzung der Bürokraft des Betriebsrats: Arbeitgeber verweisen nicht selten die SBV auf die Mitnutzung der dem Betriebsrat zur Verfügung gestellten Bürokraft. Sie argumentieren, Abs. 9 halte die SBV an, zunächst die Ressourcen des Betriebsrates mitbenutzen. Diese Bestimmung diene dazu, den Arbeitgeber vor einer unnötigen (finanziellen) Belastung im Sinne von doppelten Aufwendungen zu schützen. Insoweit habe auch der Betriebsrat die berechtigten Belange des Arbeitgebers zu berücksichtigen, die Kosten zu begrenzen.[321] Zwar habe das BAG diesen Grundsatz nur zum Sachmittelanspruch des Betriebsrats entwickelt. Er habe jedoch auch für die Frage zu gelten, ob und in welchem Umfang der Betriebsrat die Überlassung von Büropersonal verlangen kann. Dem ist die bewusste Regelung in Abs. 8 Satz 3 entgegenzuhalten. Der Gesetzgeber hat sich damit gegen den Grundsatz der Mitnutzung entschieden.

Darlegung des erforderlichen Umfangs: Maßgeblich ist der büromäßige Arbeitsanfall und der individuelle Unterstützungsbedarf bei deren Bewältigung. Die Prüfung, in welchem Umfang die Bürokraft für die Erledigung der Aufgaben der SBV erforderlich ist, obliegt der SBV. Für die Erforderlichkeit reicht es aus, wenn die SBV unter Anlegung eines verständigen Maßstabs und unter Beachtung des **Grundsatzes der Verhältnismäßigkeit** den Umfang der Bürounterstützung für erforderlich halten darf.[322] Allerdings unterliegt diese Beurteilung der arbeitsgerichtlichen Kontrolle.

Für die Vertretungen auf der Ebene von Großunternehmen und/oder von Konzernen kann der Bedarf über eine einzelne Bürokraft hinaus gehen, es kommt auch die Anstellung eines Referenten in Betracht.[323]

VIII. Schulungen und Bildungsveranstaltungen (Abs. 4 Satz 3 und 4)

Freistellung, Entgeltfortzahlung und Kostenerstattung für Schulungen: Für die Teilnahme an Schulungs- und Bildungsveranstaltungen sind **Vertrauenspersonen** von ihrer beruflichen Tätigkeit ohne Minderung des Arbeitsentgelts nach Abs. 4 Satz 3 **freizustellen**. Voraussetzung ist, dass diese Veranstaltungen Kenntnisse vermitteln, die für die Arbeit einer SBV **erforderlich** sind (→ Rn. 117). Dieser so bedingte Freistellungsanspruch gilt auch entsprechend für die Teilnahme des **ersten stellvertretenden Mitglieds**. Dies ist, soweit im besonderen Wahlgang mehrere stellvertretende Mitglieder gewählt worden sind, das Mitglied, das mit der höchsten Stimmzahl gewählt worden ist. Soweit nach Maßgabe des § 178 Abs. 1 Satz 4 stellvertretende Mitglieder von der Vertrauensperson herangezogen sind (→ § 178 Rn. 27 ff.), haben diese **herangezogenen stellvertretenden Mitglieder** auch das Recht, an erforderlichen Schulungen teilzunehmen. Die Freistellungsansprüche von Vertrauensperson und stellvertretenden Mitgliedern sind nach der Neufassung der Regelung durch das BTHG einheitlich in Abs. 4 Satz 3 geregelt. Aus der Freistellung von der beruflichen Tätigkeit folgt

115

---

321 Vgl. *Koch* in ErfK BetrVG § 40 Rn. 18; BAG 3.9.2003 – 7 ABR 8/03, NZA 2004, 280.
322 Vgl. so schon zum Recht des Betriebsrats unter Geltung des BetrVG 1952: BAG 18.4.1967 – 1 ABR 11/66, AP § 39 BetrVG 1952 Nr. 7, seitdem ständige Rspr.
323 Vgl. dazu *Schimanski* in GK-SGB IX Rn. 215 mwN.

nach Abs. 4 Satz 1 der Anspruch, „ohne Minderung" das Entgelt zu erhalten, das für die ohne Freistellung nicht ausgefallene Arbeitszeit zu zahlen gewesen wäre. Der Sache nach ist das eine besondere Art der **Entgeltfortzahlung** (→ § 179 Rn. 5). Die Erstattung der **Kosten** der Vertrauensperson, die für die Teilnahme an der Schulungs- oder Bildungsveranstaltung entstehen, ua Teilnehmergebühren und Reisekosten (→ Rn. 121), ist in Abs. 8 Satz 1 als Teil der allgemeinen Kostentragungspflicht des Arbeitgebers (dazu → Rn. 94 ff.) geregelt. Abs. 8 Satz 2 stellt klar, dass die Kostenregelung aus Abs. 8 Satz 1 auch für die Teilnahme der stellvertretenden Mitglieder des SBV an Schulungs- und Bildungsveranstaltungen gilt, soweit nach Abs. 4 Satz 3 für diese Mitglieder ein Freistellungsanspruch besteht.

116 **Teilzeitbeschäftigung und Schulung an einem an sich „freien" Tag:** Für die Teilnahme an Schulungsveranstaltungen, die nicht aus betriebsbedingten Gründen außerhalb der persönlichen Arbeitszeit lagen, bestand vor der Reform des BetrVG 2001 wegen des Grundsatzes der Unentgeltlichkeit des Ehrenamtes kein Entgeltanspruch. Das war nach Ansicht des Reformgesetzgebers eine ungerechtfertigte Härte für Teilzeitbeschäftigte. Durch die Änderung des § 37 Abs. 6 Satz 2 BetrVG gilt seit dem 28.7.2001 für diesen Personenkreis eine den Nachteil ausgleichende Sonderregelung. Die **außerhalb der Arbeitszeit** liegende Schulungszeit wird **im Wege des Freizeitausgleichs vergütet**, weil wegen der Besonderheiten der betrieblichen Arbeitszeitgestaltung die Schulung des Betriebsratsmitglieds außerhalb seiner Arbeitszeit erfolgt. In diesem Fall ist der Umfang des Ausgleichsanspruchs unter Einbeziehung der Arbeitsbefreiung pro Schulungstag auf die Arbeitszeit eines vollzeitbeschäftigten Arbeitnehmers begrenzt.[324] Diese betriebsverfassungsrechtliche Regelung enthält einen allgemeinen Rechtsgedanken, der auch für das Recht der SBV anzuwenden ist.[325] Deshalb hat die Rechtsprechung auch einen Freizeitausgleichsanspruch zuerkannt, wenn im Rahmen eines betrieblichen arbeitszeitrechtlichen Rolliersystems der Schulungstag auf einen Tag fällt, an dem der Schulungsteilnehmer an und für sich schon **arbeitsfrei** hat.[326]

117 **Entscheidung über die Erforderlichkeit:** Maßgebend für den Freistellungs-, Entgeltfortzahlungs- und Kostenerstattungsanspruch ist, ob die Vertrauensperson den Besuch der Bildungsveranstaltung für die Erfüllung der gesetzlichen Aufgaben des SBV als erforderlich ansehen darf.[327] In der Kommentarliteratur wurde teilweise die Auffassung vertreten, zur Entlastung des Arbeitgebers seien die SBVen gehalten, die von den Integrationsämtern im Rahmen ihrer gesetzlichen Aufgabe nach § 185 Abs. 2 Satz 6 Hs. 2 frei von Schulungskosten[328] angebotenen Veranstaltungen zu besuchen.[329] Die Integrationsämter haben **kein Schulungsmonopol**. Auch die von Gewerkschaften und anderen privaten Bildungs-

---

324 Zustimmend: *Pahlen* in Neumann/Pahlen/Greiner/Winkler/Jabben SGB IX § 179 Rn. 15.
325 ArbG Köln 25.11.2008 – 14 Ca 6811/07, Rn. 29, AiB 2009, 452; zustimmend *Utess* AiB 2009, 455.
326 ArbG Köln 25.11.2008 – 14 Ca 6811/07, Rn. 29, AiB 2009, 452; zustimmend *Utess* AiB 2009, 455.
327 BAG 16.8.1977 – 1 ABR 49/76, DB 1988, 2287.
328 Kosten für Verpflegung und Übernachtung werden jedoch in nicht unbeträchtlicher Höhe erhoben, vgl. Schulungsangebot 2019 Zentrum Bayern Familie und Soziales („Inklusionsamt" für Bayern), abrufbar unter www.kurse.inklusionsamt-bayern.de.
329 So noch *Pahlen* in Neumann/Pahlen/Majerski-Pahlen, 11. Aufl. 2005, SGB IX § 96 Rn. 15; danach nicht mehr aufrechterhalten *Pahlen* in Neumann/Pahlen/Greiner/Winkler/Jabben SGB IX § 179 Rn. 14 f.

trägern entgeltlich durchgeführten Schulungsveranstaltungen können einen Freistellungsanspruch begründen.[330]
Die Entscheidung, ob die Erforderlichkeit vorliegt, trifft allein die Schwerbehindertenvertretung.[331] Das bedeutet: Die **Vertrauensperson** entscheidet selbst über ihre Schulung. Nicht selten wird vom Betriebs- oder Personalrat angenommen, er habe in dieser Gelegenheit einen Beschluss zu fassen. Das ist unzutreffend; denn die Schwerbehindertenvertretung ist autonom. Sie wählt die Schulungsveranstaltung ebenso aus, wie der Betriebs- oder Personalrat dies für deren Mitglieder im Hinblick auf Veranstalter, Ort und Zeitraum tun.[332] Dabei hat sie zwar einen eigenen **Beurteilungsspielraum**, sie hat aber auch die betrieblichen Verhältnisse und die entstehenden Kosten zu berücksichtigen. Das bedeutet jedoch nicht, dass sie immer das billigste Angebot auswählen muss. Nur wenn mehrere gleichzeitig angebotene Veranstaltungen auch nach Ansicht der Schwerbehindertenvertretung im Rahmen des ihr zustehenden Beurteilungsspielraums als qualitativ gleichwertig anzusehen sind, kann eine Beschränkung der Kostentragungspflicht des Arbeitgebers auf die Kosten der **preiswerteren Veranstaltung** in Betracht kommen. Bei der Prüfung der Angemessenheit der Kosten können auch die Dauer der Veranstaltung im Hinblick auf die behandelten Themen und die örtliche Lage der Schulungsveranstaltung von Bedeutung sein.[333]
Es kann gegen den Schulungsbedarf auch nicht eine **geringe Anzahl der im Betrieb oder in der Dienststelle zu vertretenden schwerbehinderten Beschäftigten** angeführt werden. So hat die Rechtsprechung erkannt, der Umstand, dass lediglich fünf schwerbehinderte Menschen im Betrieb tätig seien, hindere die Annahme der Erforderlichkeit nicht. Fragen, die im Zusammenhang mit den Seminarthemen stehen, könnten sich auch bei dieser nur geringen Zahl stellen.[334]
Stets erforderliche Schulungsinhalte: Die Vertrauensperson darf die Schulungsteilnahme für erforderlich halten, wenn sie die dort vermittelten Kenntnisse unter Berücksichtigung der konkreten Verhältnisse im Betrieb bzw. in der Dienststelle benötigt, damit sie ihre gegenwärtigen oder in naher Zukunft anstehenden Aufgaben sach- und fachgerecht erfüllen kann.[335] Dabei wird zwischen der Vermittlung sog. Grundkenntnisse und anderen Schulungsinhalten in Form von Grund- und Aufbau- sowie Spezialseminaren (Schulungen aus besonderem Anlass → Rn. 120) unterschieden.[336] Erstmals gewählte Vertrauenspersonen können, ohne dass es einer näheren Darlegung ihrer Schulungsbedürftigkeit bedarf, stets Schulungen für erforderlich halten, wenn in ihnen Grundkenntnisse vermittelt werden.[337] Diese **Grundschulungen** beziehen sich auf die Aufgaben der SBV, die Grundlagen des Schwerbehindertenrechts und die persönliche Rechtsstellung der Vertrauensperson.[338] Kenntnisse zur behinderungsgerechten Beschäftigung (§ 164 SGB IX), zum Arbeits- und Gesundheitsschutz und zum

118

---

330 BAG 16.8.1977 – 1 ABR 49/76, DB 1977, 196.
331 BAG 8.6.2016 – 7 ABR 39/14, Rn. 20, Behindertenrecht 2017, 49.
332 BAG 8.6.2016 – 7 ABR 39/14, Rn. 19, 32, Behindertenrecht 2017, 49.
333 BAG 8.6.2016 – 7 ABR 39/14, Rn. 21, Behindertenrecht 2017, 49.
334 ArbG Köln 25.11.2008 – 14 Ca 6811/07, Rn. 41, AiB 2009, 452; zustimmend *Utess* AiB 2009, 455.
335 BAG 8.6.2016 – 7 ABR 39/14, Rn. 20, Behindertenrecht 2017, 49.
336 BAG 28.9.2016 – 7 AZR 699/14, NZA 2017, 69; *Kiesche*, jurisPR-ArbR 6/2021 Anm. 5.
337 BAG 8.6.2016 – 7 ABR 39/14, Rn. 20, Behindertenrecht 2017, 49.
338 ArbG Heilbronn 18.3.2021 – 7 BV 2/20, juris Rn. 43 ff., zustimmend: *Kohte* jPR-ArbR 27/2021 Anm. 3; ArbG Berlin 28.8.2019 – 51 BV 6433/19 mit zustimmender Besprechung *Eberhardt*, Beitrag B 7/2020, www.reha-recht.de.

BEM (§ 167 Abs. 2 SGB IX) sind ebenso dem erforderlichen Grundwissen zuzuordnen.[339] Die Geltung des Benachteiligungsverbots nach § 164 Abs. 2 SGB IX einschließlich der ergänzenden Vorschriften des AGG muss gleichfalls jede Vertrauensperson kennen.[340] Eine AGG-Schulung ist nämlich nicht erst dann erforderlich, wenn Diskriminierungen im Betrieb aufgetreten. Vielmehr ergibt sich der Schulungsbedarf schon aus dem Gebot, Diskriminierungen erst gar nicht entstehen zu lassen.[341] Hinsichtlich der Kostentragung gilt: Auf die Vermittlung derartigen Grundwissens muss in zeitlicher Hinsicht mehr als 50 % der Veranstaltungsinhalte bezogen sein, damit die Erforderlichkeitsvermutung greift.[342] Unschädlich ist, wenn die Vertrauensperson schon einmal eine Veranstaltung besucht hat, in der ein Thema (im entschiedenen Streitfall war es das BEM Verfahren) nur überblicksartig vorgestellt wurde, und in einer Folgeveranstaltung dieses Thema nach dem Schema von Grund- und Aufbaukurs vertiefend behandelt wird.[343] Kommt es jedoch zu einer Wiederholungsveranstaltung, muss die Vertrauensperson besondere Umstände darlegen, wie zB eine wesentliche Änderung der betrieblichen Verhältnisse, der Gesetze, der Rechtsprechung oder die sonstige Fortentwicklung von Erkenntnissen.[344] Die Instanz-Rspr. geht davon aus, „dass die durch eine Schulungsveranstaltung einmal gelegte Grundlage und der erworbene Kenntnisstand durch die sich anschließende praktizierte Mitarbeit in der Schwerbehindertenvertretung erhalten und ausgebaut wird, so dass eine einmalige Schulung über denselben Gegenstand grundsätzlich genügt".[345] Dem kann nicht zugestimmt werden. Die schematische Übernahme der Rspr. zur betriebsrätlichen Schulung verkennt den grundlegenden Unterschied zwischen SBV und Betriebsrat. Da der Betriebsrat regelmäßig aus einer größeren Anzahl von Mitgliedern besteht, hat das einmal ausreichend geschulte Mitglied die Möglichkeit des Erfahrungsaustausches und der Auffrischung des Wissens im Kollegenkreis. Die Vertrauensperson hat diese Möglichkeit nicht; denn sie ist „Einzelkämpferin". Ein vom Arbeitgeber durch Entgeltfortzahlung zu ermöglichender Erfahrungsaustausch mit den stellvertretenden Mitgliedern ist gesetzlich nicht vorgesehen, weil die Amtstätigkeit der stellvertretenden Mitglieder nach § 177 Abs. 1 Satz 1 SGB IX nur im Verhinderungsfall stattfindet. Nur in Großbetrieben mit in der Regel mehr als 100 beschäftigten schwerbehinderten Menschen kann es im Fall der Heranziehung nach § 178 Abs. 1 Satz 4 bis 5 SGB IX zu einem Erfahrungsaustausch im Rahmen der in § 178 Abs. 1 Satz 6 SGB IX zugelassenen „Abstimmung untereinander" kommen.

Da der Arbeitgeber die SBV nach § 178 Abs. 2 Satz 1 in allen Angelegenheiten, die einen einzelnen oder die schwerbehinderten Menschen als Gruppe berühren, unverzüglich und umfassend zu unterrichten und vor einer Entscheidung anzuhören hat, rechtfertigt diese vom Gesetzgeber weit formulierte Aufgabenstellung auch die Teilnahme an **arbeitsrechtlichen Seminaren** wie zB dem Semi-

---

339 Zutreffend: ArbG Heilbronn 18.3.2021 – 7 BV 2/20, juris Rn. 45, zustimmend: *Kohte* jPR-ArbR 27/2021 Anm. 3.
340 LAG Bln-Bbg 9.3.2021 – 11 TaBV 1371/20 unter Bezugnahme auf HessLAG 25.10.2007 – 9 TaBV 84/07, ZBVR online 2008, Nr. 3, 11.
341 LAG Bln-Bbg 9.3.2021 – 11 TaBV 1371/20 unter Bezugnahme auf HessLAG 25.10.2007 – 9 TaBV 84/07, ZBVR online 2008, Nr. 3, 11.
342 BAG 8.6.2016 – 7 ABR 39/14, Rn. 34, Behindertenrecht 2017, 49; ArbG Berlin 28.8.2019 – 51 BV 6433/19, Rn. 30.
343 ArbG Heilbronn 18.3.2021 – 7 BV 2/20, juris Rn. 47, zustimmend: *Kohte* jPR-ArbR 27/2021 Anm. 3.
344 Vgl. BAG 8.6.2016 – 7 ABR 39/14, Rn. 29, Behindertenrecht 2017, 49.
345 ArbG Heilbronn 18.3.2021 – 7 BV 2/20, juris Rn. 48 in Anlehnung an § 37 Abs. 6 BetrVG LAG Köln, 9.6.2000 – 11 TaBV 28/00, juris Rn. 14.

nar „Aus der Praxis der Arbeitsgerichtsbarkeit – Kündigungsschutz". Das Gesetz fasst in § 178 Abs. 1 Satz 1 die Aufgaben der SBV derart weitgehend zusammen, dass diese alle Interessen der Schwerbehinderten im Betrieb vertritt und ihnen beratend und helfend zur Seite steht. Da auch das Arbeitsverhältnis des Schwerbehinderten gekündigt werden kann, ist es für die fachkundige Beratung erforderlich, dass die SBV auch über die praktische Abwicklung eines Kündigungsschutzprozesses und die Entscheidungsfindung des Arbeitsgerichtes zumindest **Grundkenntnisse** erwirbt.[346] Hinsichtlich der Spanne der möglichen arbeitsrechtlichen Schulungsinhalte hat das LAG Bln anlässlich der Bejahung des Anspruchs auf den Besuch eines **Aufbauseminars** bereits 1988 erkannt: „Ohne Zweifel bedarf gerade der Vertrauensmann [heute: die Vertrauensperson] der schwerbehinderten Menschen einer besonders sorgfältigen Schulung auf allen den Gebieten, aus denen er [sie] Kenntnisse zur Ausübung ihres Amtes benötigt. Dabei handelt es sich sowohl um das Recht der Schwerbehinderten als auch das Betriebsverfassungsrecht, (…) Die Vertretung einer speziellen besonders schutzwürdigen Arbeitnehmergruppe und der Umstand, dass der Schwerbehindertenvertreter (richtig: Vertrauensperson!) in der Regel bei der Erfüllung seiner Aufgaben weitgehend auf sich gestellt ist, bedingt eine besonders sorgfältige Schulung als Voraussetzung für die ordnungsgemäße Erfüllung der nach dem Gesetz übertragenen Aufgaben".[347]

Schulung über Inhalt der BRK: Umstritten ist, ob ein erforderlicher Schulungsinhalt auch die von Deutschland ratifizierte Behindertenrechtskonvention der Vereinten Nationen (BRK) vom 13.12.2006[348] sein kann. Das wird insbesondere von einigen Arbeitgebern des öffentlichen Dienstes unter Hinweis auf die „nur" völkerrechtliche Rechtsnatur der BRK bestritten. Das ist unzutreffend. Nach der Verkündung des Zustimmungsgesetzes und dem Ablauf der 30-Tagesfrist nach Art. 45 Abs. 1 BRK ist die BRK mit dem Rang eines Bundesgesetzes am 26.3.2008 in Deutschland in Kraft getreten. Damit wurde die Verpflichtung der Bundesrepublik und aller staatlichen Organe einschließlich aller Arbeitgeber des öffentlichen Dienstes begründet, die Bestimmungen der BRK anzuwenden.[349] Dazu gehört erstens, dass konventionswidriges Recht nicht mehr angewandt werden darf, sondern abgeändert werden muss. Hier besteht jedoch ein zeitlicher Spielraum. Das gilt insbesondere für die Umsetzung der in Art. 27 Abs. 1 Satz 2 Buchstabe i BRK geforderten angemessenen Vorkehrungen am Arbeitsplatz. Zweitens besteht die Verpflichtung zur unmittelbaren Anwendung, soweit Bestimmungen unmittelbar anwendungsfähig sind („self-executing"). So ist in Art. 27 Abs. 1 Buchstabe a BRK ein spezielles Diskriminierungsverbot enthalten, das auch den Schutz vor Entlassung einschließt. Hier wird der Richter bei der Anwendung des § 167 Abs. 1 und Abs. 2 neu im Lichte des Art. 27 Abs. 1 Satz 2 Buchstabe i BRK prüfen müssen, ob die Kündigung eines Menschen mit Behinderung in den ersten sechs Monaten zulässig ist, wenn die zum Schutz der schwerbehinderten Menschen geschaffenen angemessenen Vorkehrungen nicht eingehalten werden. Schon diese beiden Beispiele zeigen, dass die BRK keine Angelegenheit der Politik oder der Regierung ist, sondern sich auf die Rechtsverhältnisse der Beschäftigten und damit auch auf die Überwachungsaufgabe der SBV nach § 178 Abs. 1 Satz 2 Nr. 1 auswirkt. Deshalb ist eine Schulung erforderlich, soweit sie einen Überblick über die wesentlichen,

---

346 ArbG Hamburg 6.11.2003 – 4 Ca 320/03.
347 LAG Bln 19.5.1988 – 4 Sa 14/88, DB 1988, 1708.
348 BT-Drs. 16/10808.
349 *Trenk-Hinterberger* in Trenk-Hinterberger/Kreutz/Lachwitz, Die UN-Behindertenrechtskonvention in der Praxis, 2013, S. 12.

auf Beschäftigung und Arbeit bezogenen Inhalte und über die Wirkungsweise der BRK vermittelt.

120 **Schulungen aus aktuellem Anlass:** Eine Schulung muss keine behindertenspezifische Thematik haben, sie muss jedoch einen konkreten Bezug zu den Aufgaben der SBV aufweisen. Die Erforderlichkeit kann sich insbesondere aus einem aktuellen Anlass ergeben. Deshalb ist auch für eine einwöchige **Schulung über die Eingruppierung** nach einem neuen Tarifwerk, von dem auch die schwerbehinderten Menschen im Betrieb erfasst werden (hier: ERA-Schulung) in einem Betrieb, in dem das Entgeltrahmenabkommen gerade umgesetzt wird, der Schulungsbedarf aus aktuellem Anlass bejaht worden.[350] Ebenfalls als erforderlich hat die Rspr. den Besuch der Seminarreihe „Wenn ich mit meinem Latein am Ende bin – **Umgang mit psychisch kranken Menschen**" angesehen.[351] Nach dem Programm war Ziel der Schulung, den Blick zu schärfen für psychische Auffälligkeiten (Symptome), Berührungsängste im Kontakt und Umgang zu überwinden und zu üben und zu lernen mit psychisch auffälligen oder erkrankten Mitarbeitern angemessen umzugehen und zu kommunizieren. Ein weiterer Schwerpunkt war – unter Hinweis auf eine aktuelle Selbstmordwelle – die Krisenintervention und die damit einhergehende Suizid-Prophylaxe. Soweit es um die DS-GVO und die entsprechende Neufassung des Bundesdatenschutzgesetzes (BDSG) geht, neigt die Instanz-Rspr. dazu, die Kenntnis dieser Materie nicht dem Grundwissen zuzuordnen.[352] Dabei wird der Unterschied zwischen der Ein-Personen-Vertretung SBV zum mehrköpfigen Kollegialorgan Betriebsrat verkannt. Während es für ein Kollegialorgan wie dem Betriebsrat nicht erforderlich sein mag, dass nicht jedes Mitglied **Kenntnisse im Datenschutz** haben muss, ist es für die allein für die SBV handelnde Vertrauensperson unverzichtbar derartige Kenntnisse zu besitzen; denn die Vertrauensperson hat in vielen Angelegenheiten personenbezogene Daten zu verarbeiten und muss dazu die Vorgaben der DS-GVO und des BDSG bzw. des entsprechenden Landes- oder Kirchendatenschutzgesetzes einzuhalten. Ein Arbeitgeber, der den Erwerb dieser Kenntnisse verhindert, wird seiner datenschutzrechtlichen Verantwortung nicht gerecht; denn er ist auch Verantwortlicher, wenn die SBV personenbezogene Daten verarbeitet, → Rn. 108 a.

121 **Schulungskosten:** Der Arbeitgeber hat nach § 179 Abs. 8 Satz 1 Hs. 1 auch die Kosten der Schulungsmaßnahmen der Vertrauensperson zu tragen. Klarstellend ist in Abs. 8 Satz 2 aufgenommen worden, dass die Kostentragungspflicht sich auch auf die Kosten der Teilnahme stellvertretender Mitglieder bezieht. Wird von den Schulungsteilnehmern die Kostenübernahme geltend gemacht, so müssen sie Rechnungen vorlegen, aus denen Anzahl und Umfang der vom Veranstalter erbrachten Leistungen hervorgehen. Wird für diese Leistungen ein Pauschalpreis berechnet, so sind grundsätzlich die Angabe des vereinbarten Betrags und der Hinweis auf die Pauschalisierung ausreichend. Soweit nach den getroffenen Vereinbarungen nach Einzelleistungen des Schulungsträgers abzurechnen ist, müssen diese Leistungen und die dafür aufzuwendenden Beträge aus der **Rechnung** ersichtlich sein. Das erfordert auch eine Angabe zur Anzahl der tatsächlich in Anspruch genommenen Übernachtungen und zu den erbrachten gas-

---

350 HessLAG 12.10.2006 – 9 TaBV 57/06, NZA-RR 2007, 640.
351 HessLAG 14.1.2010 – 9 TaBVGa 229/09 Behindertenrecht 2011, 26; *Porsche* DVfR Forum B, B9–2010; *Wolmerath* jurisPR-ArbR 29/2010 Anm. 5.
352 LAG Bln-Bbg 9.3.2021 – 11 TaBV 1371/20 unter Bezugnahme auf die zur Schulung von Betriebsratsmitgliedern ergangene Entscheidung des LAG RhPf 17.11.2016 – 7 TaBV 24/16 mit Anm. *Wolmerath* jurisPR-ArbR 11/2017 Anm. 4.

tronomischen Leistungen. Nur so kann der Arbeitgeber nachprüfen, ob und inwieweit die von ihm nicht zu tragenden Kosten der persönlichen Lebensführung in Rechnung gestellt worden sind.

Nach der auch für Mitglieder der SBV maßgeblichen Rechtsprechung gehören zu den vom Arbeitgeber zu tragenden Kosten neben den eigentlichen Seminargebühren auch die notwendigen **Reisekosten einschließlich der Fahrt-, Übernachtungs- und Verpflegungskosten**. Nicht erstattungsfähig sind hingegen die sonstigen Kosten der persönlichen Lebensführung. Dazu zählt die Rechtsprechung zu wenig differenziert alle Getränke.[353] Dem kann hinsichtlich einer Flasche Wasser zum Mittag- und Abendessen sowie einer Tasse Tee oder Kaffee zur Nachmittagspause oder zum Frühstück nicht zugestimmt werden. Etwas anderes gilt für alkoholische Getränke oder für Getränke, die außerhalb der Mahlzeiten, getrunken werden. Ist der Arbeitgeber kleinlich, so darf er nach der Rechtsprechung bei der Erstattung der notwendigen Verpflegungskosten die **Ersparnis eigener Haushaltsaufwendungen** anrechnen.[354] Maßstab ist dafür ist die Sachbezugsverordnung, die jährlich angepasst einen realitätsnahen Wert der Verköstigung und damit auch für die Haushaltsersparnis bei Schulungsmaßnahmen abgibt.[355]

Besteht im Betrieb eine zumutbare allgemeine Reisekostenregelung, so wird diese in der Regel auch für die Teilnahme an einer Schulungs- und Bildungsveranstaltung als verbindlich angesehen. Eine andere Sichtweise soll gegen das Begünstigungsverbot verstoßen (vgl. § 179 Abs. 2 SGB IX). Es würde nämlich eine ungerechtfertigte Besserstellung darstellen, wenn die Interessenvertreter für die im Zusammenhang mit der Ausübung von Vertretungstätigkeit anfallende Reisetätigkeit höhere Beträge als andere Arbeitnehmer bei betrieblich veranlassten Reisen beanspruchen könnten, ohne dass hierfür ein sachlicher Grund besteht.[356] Der Kostenerstattungsanspruch wird durch eine betriebliche oder dienstliche **Reisekostenregelung** ausnahmsweise dann nicht begrenzt, wenn die Schulungsteilnehmer auf die Höhe der Verpflegungs- und Übernachtungskosten keinen Einfluss haben.[357] Das wird dann angenommen, wenn der Veranstalter die Teilnehmer internatsmäßig in einer Bildungsstätte unterbringt und die Schulungskosten nur pauschalierend mit einem Gesamtpreis in Rechnung stellt.[358] Dieser Ausnahmefall liegt auch vor, wenn der Veranstalter selbst mit dem Tagungshotel den Vertrag für Verpflegung und Übernachtung der Teilnehmer abschließt und er nur das „Komplettpaket" anbietet, das Verpflegung und Übernachtung einschließt. In diesem Fall bedarf es im Streitfall einer Darlegung der SBV, aus welchen Gründen sie die Auswahl einer Schulungsveranstaltung bei diesem Veranstalter für erforderlich halten durfte. Die SBV ist jedoch nicht gehalten, anhand einer umfassenden Marktanalyse den günstigsten Anbieter zu ermitteln und ohne Rücksicht auf andere Erwägungen auszuwählen.[359] Sie darf auch eine „teure" Schulung auswählen, wenn er die angebotene Schulung aus guten Gründen für qualitativ besser halten darf. Allerdings sind nicht alle Semi-

---

353 BAG 28.3.2007 – 7 ABR 33/06, Rn. 10, ZBVR online 2007, Nr. 12, 7; BAG 15.06 1976 – 1 ABR 81/74, AP BetrVG 1972 § 40 Nr. 12.
354 BAG 28.3.2007 – 7 ABR 33/06, Rn. 10, ZBVR online 2007, Nr. 12, 7; BAG 30.3.1994 – 7 ABR 45/93, zu B II 2 b der Gründe mwN BAGE 76, 214.
355 LAG Hamm 13.1.2006 – 10 TaBV 65/05, NZA-RR 2006, 249.
356 BAG 28.3.2007 – 7 ABR 33/06, Rn. 10, ZBVR online 2007, Nr. 12, 7; BAG 28.2.1990 – 7 ABR 5/89.
357 BAG 28.3.2007 – 7 ABR 33/06, Rn. 10, ZBVR online 2007, Nr. 12, 7; BAG 28.2.1990 – 7 ABR 5/89.
358 BAG 28.2.1990 – 7 ABR 5/89, juris Rn. 29 ff.
359 BAG 19.3.2008 – 7 ABR 2/07, juris Rn. 15.

naranbieter bereit, einen Einheitspreis auszuweisen. Das setzt voraus, dass sie sich auch gegenüber dem Hotel zur Übernahme der Übernachtungs- und Verpflegungskosten zu verpflichten. Tun sie dies, so erhöht sich ihr wirtschaftliches Risiko; denn sie werden in Anspruch genommen, sofern eine Begleichung der Rechnung durch den Arbeitgeber unterbleibt.[360] Deshalb verweisen viele Veranstalter die Teilnehmer darauf, unmittelbar beim **Tagungshotel** Übernachtung und Verpflegung zu buchen. Das führt dazu, dass Arbeitgeber bei hochpreisigen Hotels die Schulungsteilnehmer auf nahegelegene kostengünstigere Übernachtungsmöglichkeiten verweisen. Das hat das BAG gebilligt.[361] Die Argumentation, dass bei Schulungsveranstaltungen der Gedanken- und Erfahrungsaustausch über die Betriebsratsarbeit unter den Seminarteilnehmern auch nach Beendigung des eigentlichen Seminarprogramms im Tagungshotel fortgesetzt wird, hat das BAG zurückgewiesen. An der Teilnahme an diesen Zusammentreffen sei ein Schulungsteilnehmer nicht gehindert, wenn er an einem anderen, entweder fußläufig oder mit öffentlichen Verkehrsmitteln erreichbaren Hotel am Tagungsort übernachte.[362]

122 **Erweiterung des Schulungsanspruchs:** Der mit Wirkung vom 30.12.2016 neugefasste Abs. 4 Satz 3 räumt der Vertrauensperson gleichermaßen wie dem ersten stellvertretenden Mitglied und den zulässigerweise nach § 178 Abs. 1 Satz 3 herangezogenen stellvertretenden Mitgliedern den gleichen **Anspruch auf Teilnahme** an erforderlichen Bildungs- und Schulungsmaßnahmen ein. Bis 29.12.2016 war die Teilnahmeberechtigung der stellvertretenden Mitglieder beschränkt. Siehe dazu → 4. Aufl. 2014, § 96 Rn. 114.

123 **Schulung der stellvertretenden Mitglieder nach neuem Recht:** Abs. 4 Satz 4 in der seit dem 30.12.2016 geltenden Fassung hat die Rechtsstellung des ersten stellvertretenden Mitglieds verbessert. Bislang wurde für dessen Schulungsanspruch vorausgesetzt, dass entweder eine ständige Heranziehung stattfand oder eine häufige Vertretung der Vertrauensperson auf längere Zeit oder das absehbare Nachrücken in das Amt vorlagen. Die Neuregelung räumt dem ersten Stellvertreter ebenso wie allen herangezogenen Stellvertretern einen unbedingten Anspruch auf Teilnahme an den erforderlichen Schulungsveranstaltungen ein. Dazu ist ergänzend in dem neu angefügten Satz 2 in Abs. 8 auch klargestellt worden, dass den Arbeitgeber auch die Kostentragungspflicht für diese Schulungen trifft.

Der Freistellungsanspruch steht dem stellvertretenden Mitglied zu. Dafür spricht der Standort der Norm unter der amtlichen Überschrift „Persönliche Rechte". Das stellvertretende Mitglied kann als eigenes Recht diesen Anspruch gegenüber dem Arbeitgeber geltend machen, ohne dass eine Zustimmung der Vertrauensperson erforderlich ist. Im Übrigen bedarf es – ebenso wie bei der Geltendmachung des Freistellungsverlangens der Vertrauensperson – keiner Vorlage an den Betriebs- oder Personalrat; denn dieser ist für Entscheidungen über Angelegenheiten der SBV unzuständig.[363] Soll die Freistellung für die Schulungs- oder Bildungsveranstaltung gegen den Willen des Arbeitgebers durchgesetzt werden, kommt dazu nach §§ 935, 940 ZPO eine einstweilige Ver-

---

360 Zu Recht weist darauf hin *Wolmerath* jurisPR-ArbR 34/2007 Anm. 6.
361 BAG 28.3.2007 – 7 ABR 33/06, Rn. 18, ZBVR online 2007, Nr. 12, 7; kritisch: *Wolmerath* jurisPR-ArbR 34/2007 Anm. 6.
362 BAG 28.3.2007 – 7 ABR 33/06, Rn. 18, ZBVR online 2007, Nr. 12, 7; kritisch: *Wolmerath* jurisPR-ArbR 34/2007 Anm. 6.
363 *Eberhardt* AiB 2011, 243.

fügung im Beschlussverfahren nach § 2a Abs. 1 Nr. 3a, § 85 Abs. 2 ArbGG in Betracht.[364]

IX. Gerichtliche Rechtsdurchsetzung

Bestimmung von Verfahrensart und Rechtsweg: Der Gesetzgeber hat trotz mehrfacher Neufassungen der inhaltlich im Kern unverändert aus § 26 SchwbG übernommenen Regelungen auch bei der zum Jahr 2018 in Art. 1 BTHG vorgenommenen Änderung immer noch nicht seine Regelungsaufgabe erfüllt, zu bestimmen, bei welchem Gericht und in welcher Verfahrensart (Urteils- oder Beschlussverfahren → Kap. 2 Rn. 153) Angelegenheiten nach § 179 SGB IX zu entscheiden sind. In § 2a Abs. 1 Nr. 3a ArbGG werden nur Angelegenheiten nach §§ 178, 180 SGB IX als Gegenstände des arbeitsgerichtlichen Beschlussverfahren bezeichnet. Angelegenheiten nach § 179 SGB IX sind ebenso wie in dem bis 31.12.2017 geltenden § 96 SGB IX aF ausgespart. Darin liegt keine Entscheidung gegen die Anwendbarkeit des Beschlussverfahrens. Vielmehr besteht die zum alten Recht vom BAG festgestellte „planwidrige Regelungslücke"[365] fort. Dem Gesetzgeber des BTHG war – wie auch beim § 177 Abs. 8 ausgesparten Übergangsmandat für den öffentlichen Dienst – die Regelungsaufgabe zu komplex. Deshalb hat er mit sehenden Auges die Lücke nicht geschlossen. Insbesondere findet sich kein Anhaltspunkt dafür, dass der Gesetzgeber des BTHG den vom BAG aufgestellten allgemeinen Rechtssatz ändern wollte: Das Beschlussverfahren ist dazu bestimmt, die Rechtsbeziehungen zwischen den Organen der Betriebs- und Dienststellenverfassung zu klären.[366] Dass diese Verfahrensart auch für die Angelegenheiten der Schwerbehindertenvertretung ebenso wie für die Angelegenheiten des Betriebsrats die zutreffende Verfahrensart ist, wollte der Gesetzgeber in Art. 1 Nr. 1 des Gesetzes zur Vereinfachung und Beschleunigung des arbeitsgerichtlichen Verfahrens (Arbeitsgerichtsbeschleunigungsgesetz) mit Einfügung des § 2a Abs. 1 Nr. 3a ArbGG klarstellen.[367] Dort wird ausdrücklich hervorgehoben, es sei bislang „verabsäumt worden klarzustellen, dass nicht nur die Angelegenheiten der Werkstatträte der Behinderten gemäß § 54c SchwbG, sondern auch die Angelegenheiten der Schwerbehindertenvertretung (§§ 24, 25 SchwbG) im Beschlußverfahren zu entscheiden sind"[368]. Bei dieser damaligen Nachbesserung hatte die an der Gesetzgebung Beteiligten offenbar übersehen, dass die nicht in Bezug genommene Regelung des § 26 SchwbG (ab 1.7.2001: § 96 SGB IX aF, seit 1.1.2018 § 179 SGB IX) ebenfalls Vorschriften enthält, die nicht persönliche Rechte des jeweiligen Schwerbehindertenvertreters regeln, sondern Rechte der SBV als Organ innerhalb der Dienststellen- oder Betriebsverfassung. Dies betrifft insbesondere die Verpflichtung des Arbeitgebers zur Tragung der durch die Tätigkeit der SBV entstehenden Kosten. Diese unbeabsichtigte Regelungslücke wurde von der

124

---

364 HessLAG 4.4.2013 – 16 TaBVGa 57/13, Behindertenrecht 2013, 158.
365 BAG 30.3.2010 – 7 AZB 32/09, BAGE 134, 51, Behindertenrecht 2010, 219; vordem schon LAG Nürnberg 22.10.2007 – 6 Ta 155/07, ZTR 2008, 116.
366 BAG 30.3.2010 – 7 AZB 32/09, BAGE 134, 51, Behindertenrecht 2010, 219.
367 BT-Drs. 13/11289 v. 17.7.1998, 8.
368 BT-Drs. 13/11289 v. 17.7.1998, 8.

Rspr. des Siebten Senats des BAG erkannt.[369] Seitdem ist die Regelungslücke durch Analogie geschlossen.[370] Soweit unmittelbar im kollektiven Recht begründete Ansprüche der Vertrauensperson und der stellvertretenden Mitglieder der SBV durchgesetzt werden sollen, ist ebenfalls das Beschlussverfahren die richtige Verfahrensart. Das hat *Matthes*[371] unter Hinweis auf die Rspr. des Ersten Senats des BAG aus 1989 überzeugend begründet. Die Bestimmung, wonach die Vertrauensperson die gleiche Rechtsstellung wie ein Betriebs- oder Personalratsmitglied besitzt (seit 2018: § 179 Abs. 3 SGB IX), verweist für die Streitigkeiten der Mitglieder der SBV auf das Beschlussverfahren als die richtige Verfahrensart, soweit vergleichbare Streitigkeiten von Betriebsratsmitgliedern im Beschlussverfahren vor dem Arbeitsgericht zu entscheiden sind. Dem hat sich die Rspr. angeschlossen: „Gleiche Rechtsstellung wie Betriebsratsmitglieder" müsse auch gleiche prozessuale Rechtsstellung bedeuten, da der materielle Anspruch auch durch die Möglichkeiten seiner prozessualen Durchsetzung – zB keine Kosten im Beschlussverfahren – ausgestaltet werde.[372]

Ausgeschlossen sind danach die Ansprüche, die im individuellen Rechtsverhältnis, sei es im Arbeits- oder im Beamten-, Richter oder Soldatenverhältnis, des Organmitglieds wurzeln. Im Beschlussverfahren können nur Rechtsfragen beantwortet werden, die ausschließlich der Klärung der Aufgaben und Rechte der SBV sowie der Stellung der SBV-Mitglieder als Repräsentant der schwerbehinderten Beschäftigten dienen (→ § 178 Rn. 137; → Kap. 2 Rn. 173). Ansprüche, die die individuelle arbeits- oder dienstrechtliche Rechtsstellung betreffen, sind deshalb je nach dem Status des Mitglieds als Arbeitnehmer oder Beamter/Richter/Soldat im Urteilsverfahren vor dem Arbeitsgericht oder vor dem Verwaltungsgericht geltend zu machen. Die Rechte der SBV als Organ und die kollektivrechtlichen Ansprüche der stellvertretenden SBV – Mitglieder sind im Beschlussverfahren geltend zu machen.

Da § 179 SGB IX sowohl Regelungen mit individuellem als auch kollektivem Charakter enthält bedarf es einer entsprechenden Differenzierung. Zur individuellen Rechtsnatur gehören die Ansprüche auf ungeminderte **Entgeltfortzahlung** bzw. **Dienstbezüge** und **Freizeitausgleich** (→ Rn. 5). Obwohl für diese Ansprüche in § 179 Abs. 4 die Maßgabe „ohne Minderung" bestimmt ist, handelt es sich für Arbeitnehmer um den individuellen Anspruch auf Vergütung aus § 611a Abs. 2 BGB und für öffentlich-rechtlich Bedienstete um den Anspruch

---

369 BAG 30.3.2010 – 7 AZB 32/09, BAGE 134, 51, Behindertenrecht 2010, 219; vordem schon SächsLAG 2.10.2009 – 2 TaBV Ga 4/09 Rn. 55, LAGE § 96 SGB IX Nr. 1; LAG Niedersachsen 7.8.2008 – 7 TaBV 148/07, Rn. 44, AE 2009, 83; LAG Nürnberg 22.10.2007 – 6 Ta 155/07, ZTR 2008, 116; übereinstimmende Zustimmung im Schrifttum: *Gagel* jurisPR-ArbR 5/2008 Anm. 4; *Mushoff* in Hauck/Noftz SGB IX § 96 Rn. 115; *Pahlen* in Neumann/Pahlen/Winkler/Jabben SGB IX § 179 Rn. 25; *Schubert* in Knittel, 107. EL, SGB IX § 179 Rn. 178.
370 BAG 30.3.2010 – 7 AZB 32/09, BAGE 134, 51, Behindertenrecht 2010, 219; vordem schon LAG Nürnberg 22.10.2007 – 6 Ta 155/07, ZTR 2008, 116; zustimmend: *Gagel* jurisPR-ArbR 5/2008 Anm. 4.
371 *Matthes* in Germelmann/Matthes/Prütting, 6. Aufl. 2007, ArbGG § 2a Rn. 24 unter Bezug auf BAG 21.1.1989 – 1 AZR 465/88, AP Nr. 1 zu § 25 SchwbG 1986; weitergeführt *Schlewing* in Germelmann/Matthes/Prütting, 9. Aufl. 2017, ArbGG § 2a Rn 25 f; zustimmend *Krasshöfer/Zimmermann* in Düwell/Lipke ArbGG § 2a Rn. 20.
372 LAG Düsseldorf 30.7. 2009 – 15 Ta 400/09, Rn. 17, so bereits auch schon BAG 21.1.1989 – 1 AZR 465/88, AP Nr. 1 zu § 25 SchwbG 1986.

auf Besoldung nach § 3 BBesG, so dass ein Arbeitnehmer seinen Vergütungsanspruch im arbeitsgerichtlichen Urteilsverfahren einklagen muss.[373] Demgegenüber entspringt der Anspruch auf **Freistellung von der beruflichen Tätigkeit**, der ebenfalls in § 179 Abs. 4 geregelt ist, nicht dem individuellen Rechtsverhältnis, sondern der kollektivrechtlichen Rechtsstellung als Mitglied der SBV. Das gilt für alle Freistellungszwecke: Also: Sowohl für die Teilnahme an Schulungen nach § 179 Abs. 4 Satz 3 SGB IX[374] als auch für die Freistellung zur Amtsführung, sei es die anlassbezogene punktuelle Freistellung (§ 179 Abs. 4 Satz 1 SGB IX) oder die pauschale Voll- oder Teilfreistellung (§ 179 Abs. 4 Satz 2 SGB IX).[375] Diese Freistellungsfragen sind im Beschlussverfahren zu entscheiden.

Kostentragung und Beschlussverfahren: Zu den organschaftlichen Angelegenheiten gehören die in § 179 Abs. 8 Satz 1 bis 3 SGB IX geregelte Pflicht des Arbeitgebers, die durch die Tätigkeit der SBV entstehenden laufenden Kosten der Tätigkeit der SBV, die Kosten der SBV-Mitglieder für die Teilnahme an Bildungs- und Schulungsveranstaltungen sowie die Kosten für die Bürokraft der SBV zu tragen sowie dem Betriebs- oder Personalrat ausreichend Räume und Geschäftsbedarf für die Mitnutzung durch die SBV zur Verfügung zu stellen. Soweit in Abs. 8 Satz 2 Ansprüche einzelner Mitglieder der SBV geregelt sind, stellen sie keine individualrechtlichen Ansprüche dar.[376] Auch diese Ansprüche haben ihre Grundlage nicht im Arbeits- oder Beamtenverhältnis, sondern in dem wahrgenommenen Amt. Das Gesetz enthält insoweit eine planwidrige Regelungslücke (→ Rn. 124). Diese ist durch eine entsprechende Anwendung von § 2a Abs. 1 Nr. 3a, Abs. 2 ArbGG zu schließen.[377] Dies entspricht der Gesetzessystematik, der Gesetzesgeschichte sowie dem Zweck der Regelung in § 2a Abs. 1 Nr. 3a, Abs. 2 ArbGG. Die kollektivrechtlichen Angelegenheiten der SBV hat der Gesetzgeber durch die Regelung in § 2a Abs. 1 Nr. 3a ArbGG hinsichtlich des Rechtswegs und der Verfahrensart betriebsverfassungsrechtlichen Angelegenheiten gleichgestellt und für Streitigkeiten hierüber die **ausschließliche Zuständigkeit der Arbeitsgerichte** im Beschlussverfahren angeordnet. Dies gilt unabhängig davon, ob die SBV in einem Betrieb der Privatwirtschaft oder in einer Dienststelle, für die Personalvertretungsrecht gilt, gebildet wurde.[378] Deshalb ist eine entsprechende Anwendung von § 2a Abs. 1 Nr. 3a, Abs. 2 ArbGG auf alle Angelegenheiten nach § 179 Abs. 8 und 9 SGB IX zwingend geboten. Das hat die nach Inkrafttreten des BTHG ergangene Rspr. im Grundsatz

125

---

373 ArbG Köln 25.11.2008 – 14 Ca 6811/07, Rn. 26, AiB 2009, 452; zustimmend *Utess* AiB 2009, 455.
374 SächsLAG 13.4.2010 – 2 TaBV 23/09, ZTR 2010, 493; nachgehend BAG 19.8.2010 – 7 AZB 19/10, nicht dokumentierte Zurückweisung der Rechtsbeschwerde; LAG Nürnberg 22.10. 2007 – 6 Ta 155/07, ZTR 2008, 116; ebenso: BVerwG 16.5.1980 – 6 P 82/78, PersV 1981, 366; aA Entscheidung im Urteilsverfahren, ohne auf das Problem der richtigen Verfahrensart einzugehen: LAG LSA 30.4.2002 – 11 Sa 782/01, JMBl SA 2002, 303.
375 LAG Düsseldorf 30.7.2009 – 15 Ta 400/09, juris Rn. 17, bestätigt durch BAG 30.3.2010 – 7 AZB 32/09, Rn. 12, NZA 2010, 668.
376 BAG 30.3.2010 – 7 AZB 32/09, aA VG Köln 17.8.2009 – 33 K 4297/09 PVB.
377 LAG Nürnberg 22.10.2007 – 6 Ta 155/07, ZTR 2008, 116; LAG Nds 7.8.2008 – 7 TaBV 148/07; SächsLAG 2.10.2009 – 2 TaBV Ga 4/09; VG Ansbach 29.7.2008 – AN 8 P 08.00604; denen folgend BAG 30.3.2010 – 7 AZB 32/09, BAGE 134, 51, NZA 2010, 668.
378 BAG 30.3.2010 – 7 AZB 32/09, Rn. 15, NZA 2010, 668; BAG 11.11.2003 – 7 AZB 40/03, zu II 1b der Gründe AP SGB IX § 94 Nr. 1, EzA ArbGG 1979 § 2a Nr. 5.

bestätigt.[379] Das BAG hat seine bereits vor dem BTHG getroffene Feststellung wiederholt, § 2 a Abs. 1 Nr. 3 a ArbGG enthalte durch die unterlassene Bezugnahme auf § 179 SGB IX eine planwidrige Regelungslücke, soweit es um Streitigkeiten mit **rein kollektivrechtlichem** Charakter gehe.[380] Dieser rein kollektivrechtliche Charakter ist in folgenden Angelegenheiten zu bejahen, deren Meinungsverschiedenheiten deshalb im Beschlussverfahren auszutragen sind:

- Feststellung der Erforderlichkeit von Kosten für Schulungen,
- Gewährung eines Vorschusses auf Anwaltskosten und auf Freistellung von der eingegangenen Verbindlichkeit zur Zahlung der Anwaltsvergütung,
- Freistellung von der gegenüber dem Veranstaltungsträger eingegangenen Verbindlichkeit zur Zahlung der Teilnahmekosten für erforderliche Bildungs- und Schulungsmaßnahmen,
- Zahlung von Trennungsgeld und Reisekosten, die anlässlich der Wahrnehmung des Amtes als Mitglied einer Stufenvertretung entstanden sind,[381]
- Zurverfügungstellung von Räumen und Geschäftsbedarf einschließlich Arbeitsmitteln,
- Erstattung von Auslagen für verweigerte Zurverfügungstellung von Arbeitsmitteln.

Fallstudie zur richtigen Verfahrensart: Die freigestellte Konzernvertrauensperson macht den Anspruch geltend, ihr sei ebenso wie den Mitgliedern des Konzernbetriebsrats ein Dienstwagen zur dienstlichen und auch zur privaten Nutzung zur Verfügung zu stellen. In diesem Fall steht nicht allein und ausschließlich die kollektivrechtliche Frage im Streit, ob der KSBV für Dienstreisen ein Dienstwagen zur Verfügung zu stellen ist, sondern auch, ob die Vertrauensperson berechtigt sein soll, den Dienstwagen für private Zwecke zu nutzen. Daraus ergeben sich auch vergütungsmäßige Folgen, die ihre Grundlage im Arbeitsvertrag haben. Denn wenn ein Dienstwagen auch zu privaten Zwecken zur Verfügung gestellt werden muss, so ist dieser Sachbezug als geldwerter Vorteil bei der Vergütung und Abführung der Lohnsteuer zu berücksichtigen, sei es in Form einer Monatspauschale in Höhe von einem Prozent des aktuellen Listenpreis des PKW oder individuellen Berechnung an Hand eines geführten Fahrtenbuches. Deshalb ist das Urteilsverfahren hier die richtige Verfahrensart.[382] Ob nach § 179 Abs. 9 SGB IX die Zurverfügungstellung eines Dienstwagens, erforderlich ist, wäre lediglich als kollektivrechtliche Vorfrage im Urteilsverfahren zu klären und kann nicht für die Wahl der richtigen Verfahrensart bestimmend sein.[383]

126 **Abtretung und Einziehung:** Mit einer wirksamen Abtretung wandelt sich der Freistellungsanspruch der SBV gegenüber einem Rechtsanwalt oder Träger der Schulung in einen Anspruch dieser Personen auf Zahlung als Gläubiger um.[384] Dieser aus der Abtretung des Freistellungsanspruches entstandene Zahlungsanspruch des Gläubigers auf Anwaltsvergütung oder auf Teilnahmekosten ist im

---

379 LAG Bln-Bbg 25.5.2020 — 25 Ta 41/20, juris Rn. 28.
380 BAG 3.12.2020 – 7 AZB 57/20, juris Rn. 19 ff., BB 2021, 179.
381 BAG 30.3.2010 – 7 AZB 32/09, Rn. 5, NZA 2010, 668.
382 ArbG Kassel 28.10. 2019 – 8 BV 10/19 unter Bezug auf BAG 12.6.2018 – 9 AZB 9/18, NZA 2018, 1423.
383 So für Betriebsratsmitglied entschieden: ArbG Kassel 28.10. 2019 – 8 BV 10/19 unter Bezug auf BAG 12.6.2018 – 9 AZB 9/18, NZA 2018, 1423.
384 BAG 17.8.2005 – 7 ABR 56/04, BAGE 115, 332, NZA 2006, 109; BAG 13.5.1998 – 7 ABR 65/96, NZA 1998, 900.

Beschlussverfahren durchzusetzen.[385] Möglich ist auch die Durchsetzung im Rahmen eines Einziehungsprozesses (§ 836 Abs. 1 ZPO), wenn statt der Abtretung durch die SBV eine Pfändung und Überweisung des Freistellungsanspruchs erfolgt[386] und der Arbeitgeber als Drittschuldner in Anspruch genommen wird. Der Vorteil dieser Vorgehensweise besteht darin, dass der Arbeitgeber nach § 840 ZPO sich bei Zustellung des Pfändungs- und Überweisungsbeschlusses binnen zwei Wochen erklären muss, ob und inwieweit er die Forderung als begründet anerkenne und Zahlung zu leisten bereit sei.

Kostenerstattung für beamtete Vertrauenspersonen: Die analoge Anwendung des § 2 a Abs. 1 Nr. 3 a ArbGG auf Kostenerstattungsansprüche aus Abs. 8 hat zur Folge, dass die Gerichte für Arbeitssachen auch dann über die Kostentragungspflicht des Arbeitgebers zu entscheiden haben, wenn Beamten in Wahrnehmung ihrer Aufgaben als Mitglied der SBV Kosten entstanden sind. Das entspricht dem Zweck der Regelung in § 2 a Abs. 1 Nr. 3 a, Abs. 2 ArbGG. Dieser geht dahin, die kollektivrechtlichen Angelegenheiten der SBV insgesamt der Zuständigkeit der Arbeitsgerichte im Beschlussverfahren zu übertragen. Das dient der Einheitlichkeit der Rechtsprechung und der Rechtssicherheit.[387] 127

Ordnungsgeld: Zur Sicherung der unabhängigen Amtsführung der SBV hat der Gesetzgeber in § 179 Abs. 2 ein Behinderungsverbot verhängt. Danach ist jeder Eingriff in die Amtsführung der SBV, der sie an der ordnungsgemäßen Ausübung ihrer Amtsgeschäfte hindert oder ihre Arbeit erschwert, eine verbotene Behinderung. Die SBV kann deshalb gegen jeden Störer im Beschlussverfahren vorgehen. Zur Durchsetzung des Behinderungsverbots hat der Gesetzgeber jedoch – anders als dem Betriebsrat und den Gewerkschaften in § 23 Abs. 3 BetrVG – nicht ausdrücklich im SGB IX die Befugnis eingeräumt, ein Ordnungsgeld beziehungsweise dessen Androhung zu beantragen. Die Beschränkung dieser Antragsbefugnis in § 23 Abs. 3 BetrVG auf Betriebsrat und Gewerkschaft wurde von einigen Obergerichten zu Unrecht als abschließend angesehen.[388] Dazu: → § 178 Rn. 139 und → Kap. 2 Rn. 177. 128

Abmahnung wegen Amtstätigkeit: Für die Geltendmachung eines Anspruchs der Vertrauensperson auf Entfernung einer die Amtstätigkeit betreffenden **Abmahnung** aus der Personalakte sieht der Siebte Senat des BAG keine planwidrige Regelungslücke in § 2 a Abs. 3 a ArbGG. Der Anspruch auf Entfernung von Unterlagen aus der Personalakte habe seine Grundlage im Arbeitsverhältnis. Unter Umständen trete zu der individualrechtlichen (§§ 242, 1004 BGB) auch noch eine kollektivrechtliche Anspruchsgrundlage (§ 179 Abs. 2 SGB IX) hinzu. Für diese Fälle enthalte das Gesetz in § 2 Abs. 1 Nr. 3 Buchst. a ArbGG eine Bestimmung der Verfahrensart, die auch die Entscheidung über die kollektivrechtliche Anspruchsgrundlage einschließe.[389] Folge dieser Rspr. ist, dass auch eine zu Unrecht wegen ihrer SBV-Tätigkeit abgemahnte Vertrauensperson bei erfolgreicher Klage im Urteilsverfahren die Kosten ihrer anwaltlichen Vertretung erster Instanz nach § 12 a Abs. 1 Satz 1 ArbGG selbst zu tragen hat. Vertrauens- 129

---

385 Das BAG räumt dem Abtretungsgläubiger die betriebsverfassungsrechtliche Rechtsposition ein BAG 15.1.1992 – 7 ABR 23/90, BAGE 69, 214, NZA 1993, 189.
386 BGH 8.11.2017 – VII ZB 9/15; der BGH hatte hier nur über die Pfändbarkeit im Rahmen einer Beschwerde gegen den Erlass des Pfändungs- und Überweisungsbeschlusses zu entscheiden, ohne dass er auf die für den Einziehungsprozess wesentlichen Fragen des richtigen Rechtswegs und der richtigen Verfahrensart einzugehen brauchte.
387 Vgl. BAG 30.3.2010 – 7 AZB 32/09, Rn. 15, NZA 2010, 668.
388 LAG RhPf 19.7.2012 – 10 TaBV 13/12, AE 2013, 23.
389 BAG 3.12.2020 – 7 AZB 57/20, juris Rn. 23, BB 2021, 179.

personen ist wegen dieses Kostenrisikos der Abschluss einer Rechtsschutzversicherung oder die Mitgliedschaft in einer Gewerkschaft oder Berufsvereinigung zu empfehlen, die nach § 11 Abs. 2 ArbGG durch Bevollmächtigte vor dem Arbeitsgericht kostenlosen Rechtsschutz gewähren.

130 **Gerichtliche Durchsetzung der Kostentragung:** Die Auswertung der dokumentierten Rspr. ergibt, dass die Stellung von sachgerechten Anträgen im Beschlussverfahren der Anwaltschaft auch in Fällen umstrittener Kostentragung Probleme bereitet. Die Gerichte für Arbeitssachen sind in entsprechender Anwendung von § 139 Abs. 1 Satz 2 ZPO gehalten, darauf hinzuwirken, dass sachdienliche Anträge gestellt werden. Zudem sind die gestellten Anträge unter Berücksichtigung der wohlverstandenen Interessenlage des Antragstellers auszulegen.[390] Steht zB fest, dass ein Schulungsveranstalter die von ihm in Rechnung gestellten Fortbildungskosten von der Vertrauensperson bereits erhalten hat, läuft ein umgangssprachlich formulierter Antrag auf „Übernahme der Kosten" ins Leere; denn ein entsprechende Zahlungsanspruch gegen die SBV kann wegen bereits bewirkter Erfüllung vom Veranstalter nicht mehr geltend gemacht werden. Die noch andauernde Geltendmachung eines noch bestehenden Zahlungsanspruchs des Veranstalters ist jedoch Voraussetzung für einen sachdienlichen Antrag auf Freistellung von den Kosten.[391] Die SBV kann, wenn die Vertrauensperson in Vorleistung getreten ist, nur beantragen, dass der Arbeitgeber an die Vertrauensperson den von ihr ausgeglichenen Rechnungsbetrag zahlt. Solange die Forderung des Veranstalters noch unerfüllt ist, so hat die SBV die Freistellung der vom Veranstalter in Anspruch genommenen Vertrauensperson von den geltend gemachten Kosten zu beantragen.[392] Am Verfahren ist neben der SBV und dem Arbeitgeber auch die Person zu beteiligen, die als Vertrauensperson dem Veranstalter die Schulungskosten gezahlt hat oder wegen ausstehender Zahlung dieser Kosten in Anspruch genommen wird.[393]

§ 180 Konzern-, Gesamt-, Bezirks- und Hauptschwerbehindertenvertretung

(1) ¹Ist für mehrere Betriebe eines Arbeitgebers ein Gesamtbetriebsrat oder für den Geschäftsbereich mehrerer Dienststellen ein Gesamtpersonalrat errichtet, wählen die Schwerbehindertenvertretungen der einzelnen Betriebe oder Dienststellen eine Gesamtschwerbehindertenvertretung. ²Ist eine Schwerbehindertenvertretung nur in einem der Betriebe oder in einer der Dienststellen gewählt, nimmt sie die Rechte und Pflichten der Gesamtschwerbehindertenvertretung wahr.

(2) ¹Ist für mehrere Unternehmen ein Konzernbetriebsrat errichtet, wählen die Gesamtschwerbehindertenvertretungen eine Konzernschwerbehindertenvertretung. ²Besteht ein Konzernunternehmen nur aus einem Betrieb, für den eine Schwerbehindertenvertretung gewählt ist, hat sie das Wahlrecht wie eine Gesamtschwerbehindertenvertretung.

(3) ¹Für den Geschäftsbereich mehrstufiger Verwaltungen, bei denen ein Bezirks- oder Hauptpersonalrat gebildet ist, gilt Absatz 1 sinngemäß mit der Maßgabe, dass bei den Mittelbehörden von deren Schwerbehindertenvertretung

---

390 BAG 20.6.2018 – 7 ABR 48/16, Rn. 19, NZA 2018, 1633.
391 So im Ansatz zutreffend ArbG Heilbronn 18.3.2021 – 7 BV 2/20, juris Rn 35.
392 BAG 8.6.2016 – 7 ABR 39/14 Rn. 35, Behindertenrecht 2017, 49.
393 BAG 8.6.2016 – 7 ABR 39/14, Rn. 15 ff., Behindertenrecht 2017, 49; dieser Entscheidung folgend: ArbG Heilbronn 18.3.2021 – 7 BV 2/20, juris Rn. 37.

und den Schwerbehindertenvertretungen der nachgeordneten Dienststellen eine Bezirksschwerbehindertenvertretung zu wählen ist. ²Bei den obersten Dienstbehörden ist von deren Schwerbehindertenvertretung und den Bezirksschwerbehindertenvertretungen des Geschäftsbereichs eine Hauptschwerbehindertenvertretung zu wählen; ist die Zahl der Bezirksschwerbehindertenvertretungen niedriger als zehn, sind auch die Schwerbehindertenvertretungen der nachgeordneten Dienststellen wahlberechtigt.

(4) ¹Für Gerichte eines Zweiges der Gerichtsbarkeit, für die ein Bezirks- oder Hauptrichterrat gebildet ist, gilt Absatz 3 entsprechend. ²Sind in einem Zweig der Gerichtsbarkeit bei den Gerichten der Länder mehrere Schwerbehindertenvertretungen nach § 177 zu wählen und ist in diesem Zweig kein Hauptrichterrat gebildet, ist in entsprechender Anwendung von Absatz 3 eine Hauptschwerbehindertenvertretung zu wählen. ³Die Hauptschwerbehindertenvertretung nimmt die Aufgabe der Schwerbehindertenvertretung gegenüber dem Präsidialrat wahr.

(5) Für jede Vertrauensperson, die nach den Absätzen 1 bis 4 neu zu wählen ist, wird wenigstens ein stellvertretendes Mitglied gewählt.

(6) ¹Die Gesamtschwerbehindertenvertretung vertritt die Interessen der schwerbehinderten Menschen in Angelegenheiten, die das Gesamtunternehmen oder mehrere Betriebe oder Dienststellen des Arbeitgebers betreffen und von den Schwerbehindertenvertretungen der einzelnen Betriebe oder Dienststellen nicht geregelt werden können, sowie die Interessen der schwerbehinderten Menschen, die in einem Betrieb oder einer Dienststelle tätig sind, für die eine Schwerbehindertenvertretung nicht gewählt ist; dies umfasst auch Verhandlungen und den Abschluss entsprechender Inklusionsvereinbarungen. ²Satz 1 gilt entsprechend für die Konzern-, Bezirks- und Hauptschwerbehindertenvertretung sowie für die Schwerbehindertenvertretung der obersten Dienstbehörde, wenn bei einer mehrstufigen Verwaltung Stufenvertretungen nicht gewählt sind. ³Die nach Satz 2 zuständige Schwerbehindertenvertretung ist auch in persönlichen Angelegenheiten schwerbehinderter Menschen, über die eine übergeordnete Dienststelle entscheidet, zuständig; sie gibt der Schwerbehindertenvertretung der Dienststelle, die den schwerbehinderten Menschen beschäftigt, Gelegenheit zur Äußerung. ⁴Satz 3 gilt nicht in den Fällen, in denen der Personalrat der Beschäftigungsbehörde zu beteiligen ist.

(7) § 177 Absatz 3 bis 8, § 178 Absatz 1 Satz 4 und 5, Absatz 2, 4, 5 und 7 und § 179 gelten entsprechend, § 177 Absatz 5 mit der Maßgabe, dass die Wahl der Gesamt- und Bezirksschwerbehindertenvertretungen in der Zeit vom 1. Dezember bis 31. Januar, die der Konzern- und Hauptschwerbehindertenvertretungen in der Zeit vom 1. Februar bis 31. März stattfindet, § 177 Absatz 6 mit der Maßgabe, dass bei den Wahlen zu überörtlichen Vertretungen der zweite Halbsatz des Satzes 3 nicht gilt.

(8) § 178 Absatz 6 gilt für die Durchführung von Versammlungen der Vertrauens- und der Bezirksvertrauenspersonen durch die Gesamt-, Bezirks- oder Hauptschwerbehindertenvertretung entsprechend.

I. Überblick 1	2. Gesamtvertrauensperson und stellvertretende Mitglieder 5
II. Die Gesamtschwerbehindertenvertretung auf Unternehmensebene (Abs. 1) 3	3. Amtszeit 6
1. Einbettung in Betriebsverfassung 3	4. Wahl der GSBV im Unternehmen 7
	a) Wahlrechtsgrundsätze 7

- b) Wahlberechtigung ... 8
- c) Wählbarkeit 9
- d) Wahl auf einer Versammlung iSv Abs. 8 ... 11
- e) Losentscheid 15
- f) Förmliches Wahlverfahren oder vereinfachtes Wahlverfahren 16
- g) Nachwahl von stellvertretenden Mitgliedern 25
- h) Wahlanfechtung 27
- i) Wahlschutz 31
- 5. Aufgaben und Rechte ... 32
  - a) Zuständigkeitsabgrenzung 32
  - b) Ersatz-Schwerbehindertenvertretung 37
  - c) Recht der GSBV auf Teilnahme an Sitzungen 41
  - d) Überwachungsaufgabe 43
- 6. Versammlung der Vertrauenspersonen 44
- 7. Kenntniserwerb und Schulungsbedarf 45
- 8. Freistellung von der beruflichen Tätigkeit 47
- 9. Heranziehung der stellvertretenden Mitglieder der GSBV 48
- 10. Teilnahme- und Rederecht auf Versammlungen anderer Betriebe 48a
- III. Konzernschwerbehindertenvertretung (Abs. 2) 49
  - 1. Voraussetzungen 49
  - 2. Zusammensetzung 50
  - 3. Wahl und Amtszeit 51
  - 4. Aufgaben und Zuständigkeiten 54
  - 5. Freistellung von der beruflichen Tätigkeit 57
  - 6. Heranziehung stellvertretender Mitglieder der KSBV 58
  - 7. Konzernversammlung der Vertrauenspersonen ... 59
- IV. Schwerbehindertenvertretung in mehrstufigen Verwaltungen (Abs. 3) 60
  - 1. Gesamtschwerbehindertenvertretung im öffentlichen Dienst 60
  - 2. Bezirksschwerbehindertenvertretung 63
  - 3. Hauptschwerbehindertenvertretung 69
  - 4. Stufenvertretungen der Richterschaft 75
  - 5. Stufenvertretungen bei den Alliierten Stationierungsstreitkräften 76
- V. Freistellung und Heranziehung in überörtlichen Vertretungen (Abs. 7) 77
- VI. Persönliche Rechtsstellung der Mitglieder der überörtlichen Vertretungen (Abs. 7) .. 81
- VII. Stufenvertretungen der Kirchen 82
- VIII. Prozessuale Fragen 83

I. Überblick

1 **Gesetzgebungshistorie:** Der Text ist inhaltlich aus § 27 SchwbG in der Fassung des SchwbBAG für das SGB IX mit redaktionellen Anpassungen an die geänderten Begriffe für den Regierungsentwurf des SGB IX übernommen worden.[1] Auf Empfehlung des Ausschusses für Arbeit und Soziales ist Satz 2 in Abs. 2 „im Interesse der Rechtssicherheit" angefügt worden. Mit dem angefügten Satz soll klargestellt werden, dass dann, wenn in einem Konzernunternehmen nur ein Betrieb mit einer SBV besteht, diese wie eine Gesamtschwerbehindertenvertretung (GSBV) wahlberechtigt ist.[2] Durch das Gesetz zur Gleichstellung behinderter Menschen und zur Änderung anderer Gesetze vom 27.4.2002[3] wurden redaktionelle Versehen bei der Erstfassung der Vorschrift durch das SGB IX bereinigt. Durch das Gesetz zur Förderung der Ausbildung und Beschäftigung

---

1 BT-Drs. 14/5531 und BT-Drs. 14/5074.
2 BT-Drs. 14/ 5800, 36.
3 BGBl. I 1467.

schwerbehinderter Menschen vom 23.4.2004[4] wurde mit Wirkung vom 1.5.2004 in Abs. 6 Satz 1 folgender Halbsatz angefügt: „dies umfasst auch Verhandlungen und den Abschluss entsprechender Integrationsvereinbarungen". Damit sollte verdeutlicht werden, dass „auch Stufenschwerbehindertenvertretungen über Integrationsvereinbarungen verhandeln und diese abschließen können".[5] Art. 2 Nr. 8 des BTHG vom 23.12.2016[6] hat in § 97 Abs. 6 Satz 1 SGB IX den Begriff „Integrationsvereinbarungen" durch den Begriff „Inklusionsvereinbarungen" ersetzt. Ferner sind in Abs. 7 der Punkt am Ende durch ein Komma ersetzt und die Wörter angefügt worden: „§ 94 Absatz 6 mit der Maßgabe, dass bei den Wahlen zu überörtlichen Vertretungen der zweite Halbsatz des Satzes 3 nicht anzuwenden ist." Mit dieser Maßgabe sollen die Wahlen zu den Konzern-, Gesamt-, Bezirks- und Hauptschwerbehindertenvertretungen vereinfacht werden. Das vereinfachte Wahlverfahren soll nämlich in Abkehr von der Rspr. des Siebten Senats des BAG[7] für diese sogenannten „überörtlichen Vertretungen" unabhängig von der Nähe der einzelnen Organisationseinheiten zueinander anwendbar sein, wenn weniger als 50 Wahlberechtigte vorhanden sind (→ Rn. 7). Die bereits nach Art eines Vorschaltgesetzes mit Wirkung vom 30.12.2016 in Kraft getretenen Änderungen sind unverändert in die seit 1.1.2018 geltende konsolidierte Fassung und umnummerierte Vorschrift übernommen worden. Der Standort der Norm ist wegen der Einfügung des neuen zweiten Teils von § 97 um 83 Nummern nach § 180 SGB IX verschoben worden. In der Begründung zum RegE[8] wird dazu ausgeführt:
„§ 94 Absatz 6 Satz 3, der aufgrund der Verweisung in Absatz 7 für die Wahl der Konzern-, Gesamt-, Bezirks- und Hauptschwerbehindertenvertretungen entsprechend gilt, bestimmt in seinem zweiten Halbsatz, dass eine Wahl im vereinfachten Verfahren nur dann stattfindet, sofern der Betrieb oder die Dienststelle nicht aus räumlich weit auseinanderliegenden Teilen besteht. Dies hat das Bundesarbeitsgericht in einem Beschluss vom 23. Juli 2014 bestätigt (7 ABR 61/12). Um gleichwohl künftig auch in diesen Fällen ein vereinfachtes Wahlverfahren durchführen zu können, wird die Ergänzung eingefügt".
Mit der **Novellierung des Bundespersonalvertretungsgesetzes** vom 9.6.2021[9] ist mit Wirkung vom 15.5.2021 ein neues personalvertretungsrechtliches Gremium eingeführt worden. Nach § 96 Abs. 1 BPersVG nF bilden die Hauptpersonalräte bei den obersten Bundesbehörden eine Arbeitsgemeinschaft der Hauptpersonalräte. Nach § 96 Abs. 5 BPersVG haben je ein Vertreter oder eine Vertreterin der Arbeitsgemeinschaft der Schwerbehindertenvertretungen des Bundes und der Vereinigung der Schwerbehindertenvertretungen des Bundes das Recht, an den Sitzungen der Arbeitsgemeinschaft der Hauptpersonalräte beratend teilzunehmen.

Regelungsinhalt: § 180 verschafft den schwerbehinderten Beschäftigten eigenständige Vertretungen, die **parallel zu den Personalvertretungen und Betriebsräten** auf allen **Ebenen von Wirtschaftsunternehmen** (→ Rn. 7) und auf allen Stufen mehrgliedriger Behörden (→ Rn. 58) gebildet werden. Diese „Symmetrie"[10] ist ein grundlegendes Strukturprinzip des kollektiven Schwerbehindertenrechts. Ohne sie ist eine effektive Wahrnehmung der Aufgaben der SBV nach § 178

2

---

4 BGBl. I 606.
5 BT-Drs. 15/1783.
6 BGBl. 2016 I 3234.
7 BAG 23.7.2014 – 7 ABR 61/12, Behindertenrecht 2015, 20.
8 BT-Drs. 18/9522, 315.
9 BGBl I 1614.
10 *Schlegel/Voelzke* in jurisPK-SGB IX § 180 Rn. 6.

Abs. 1 nicht möglich; denn die in § 178 Abs. 4 und 5 regulierte Arbeit der Zusammenarbeit setzt die beratende Teilnahme an der Willensbildung der Personalvertretung und des Betriebsrats voraus, die für die Angelegenheit als Träger des Mitwirkungs- oder Mitbestimmungsrechts gegenüber dem Arbeitgeber zuständig sind. Um diese Symmetrie herzustellen, regelt § 180 das Recht der Gesamt-, Konzernschwerbehindertenvertretung-, Bezirks- und Hauptschwerbehindertenvertretung. Die Regelung lehnt sich an die Regelungen zum Gesamt- und Konzernbetriebsrat in §§ 47 bis 59a BetrVG und Kapitel 5 zu Stufenvertretungen und zum Gesamtpersonalrat in den §§ 88 bis 95ff BPersVG nF an. Die Vorschrift sichert so eine Einbettung in die Betriebs- und Dienststellenverfassung. Dabei geht sie, um auch die Betreuung von schwerbehinderten Menschen in Betrieben und Dienststellen ohne Schwerbehindertenvertretung (SBV) gewährleisten zu können, über die durch Wahl vermittelte **Repräsentationsstruktur** der Betriebs- und Dienststellenverfassung hinaus. In Abs. 1 wird die Wahl einer Gesamtschwerbehindertenvertretung (GSBV) vorgeschrieben, wenn für mehrere Betriebe desselben Arbeitgebers ein Gesamtbetriebsrat oder für mehrere Dienststellen desselben öffentlichen Arbeitgebers ein Gesamtpersonalrat errichtet ist. Ist nur in einem Betrieb oder in einer Dienststelle eine SBV gewählt, so gilt sie als GSBV. Ist für mehrere Unternehmen ein Konzernbetriebsrat errichtet, haben nach Abs. 2 die GSBVen oder SBVen der konzernangehörigen Unternehmen auch eine Konzernschwerbehindertenvertretung (KSBV) zu wählen. Abs. 3 regelt die **Stufenvertretungen in mehrstufigen Verwaltungen**. In Abs. 4 sind entsprechende Regelungen für Gerichte getroffen. Abs. 5 schreibt die Wahl von stellvertretenden Mitgliedern für die Vertrauenspersonen auf Unternehmens-, Konzernebene und in mehrstufigen Verwaltungen vor. Abs. 6 regelt die Zuständigkeit der Gesamt-, Konzern- und Stufenvertretungen. Abs. 7 verweist auf die entsprechende Anwendung der Vorschriften über die Wahl, Beteiligungsrechte und die persönliche Rechtsstellung der Mitglieder. Abs. 8 regelt die Versammlungen der Vertrauenspersonen auf der Unternehmens-, Konzernebene und in mehrstufigen Verwaltungen, die in der Praxis auch als Jahresversammlung bezeichnet wird, weil sie „mindestens einmal im Jahr" stattfinden soll (vgl. § 53 Abs. 1 BetrVG).

II. Die Gesamtschwerbehindertenvertretung auf Unternehmensebene (Abs. 1)

1. Einbettung in Betriebsverfassung

3 **Gesamtschwerbehindertenvertretung als Pendant zum Gesamtbetriebsrat:** Wenn für mehrere Betriebe eines Unternehmens nach § 47 BetrVG ein Gesamtbetriebsrat errichtet ist, haben die SBVen der einzelnen Betriebe nach Abs. 1 Satz 1 eine GSBV zu wählen. Damit soll zum einen ein Partner auf der für die Unternehmensleitung maßgebenden Entscheidungsebene für die enge Zusammenarbeit nach § 182 Abs. 1 geschaffen werden. Zum anderen ist nur durch ein Parallelsystem von Betriebsräten und SBVen auf allen Entscheidungsebenen das Teilnahme- und Beratungsrecht nach § 178 Abs. 4 Satz 1 geeignet, die Interessen der Gruppe der schwerbehinderten Beschäftigten in die Mitbestimmungsorgane der Betriebsverfassung einzubringen. Um dieses auf die unterschiedlichen Entscheidungsebenen ausgerichtete **Parallelsystem** zu sichern, bestehen **zwingende Organisationsnormen**. Dazu gehört ua: Ein Gesamtbetriebsrat ist nach § 47 Abs. 1 BetrVG **zwingend** zu errichten, wenn in einem Unternehmen meh-

rere Betriebsräte bestehen.[11] Ist der Gesamtbetriebsrat errichtet, so stellt er eine Dauereinrichtung dar. Er bleibt über die Wahlperiode der einzelnen Betriebsräte hinaus bestehen.[12] Das Amt des Gesamtbetriebsrats endet erst, wenn die Voraussetzungen für seine Errichtung dauerhaft entfallen sind. Ein nur kurzzeitiger Wegfall der Errichtungsvoraussetzungen hat auf den Bestand des Gesamtbetriebsrats keinen Einfluss.[13] Diese Rechtlage wirkt sich auf das Schwerbehindertenvertretungsrecht in vierfacher Hinsicht aus:

1. Solange die Betriebsräte keinen Gesamtbetriebsrat errichten, kann keine GSBV gewählt werden.
2. Solange die Dauereinrichtung Gesamtbetriebsrat besteht, kann eine GSBV gewählt werden.[14]
3. Die Amtszeit der gewählten GSBV endet nicht vorzeitig nach Abs. 7 iVm § 177 Abs. 7 Satz 3, sofern nur ein kurzfristiger Wegfall der Errichtungsvoraussetzungen vorliegt, weil zB im Zuge einer Umstrukturierung die Zahl der Betriebe vorübergehend auf einen absinkt und danach wieder auf eine Mehrzahl ansteigt.
4. Während die gesetzwidrige Gesamtbetriebsratslosigkeit für die Belegschaften des Unternehmens nur den Wegfall der originären Beteiligungsrechte des Gesamtbetriebsrats aus § 50 BetrVG zur Folge hat, entfällt für die Gruppe der schwerbehinderten Beschäftigten zusätzlich noch der Schutz über das erstreckte Mandat der GSBV nach Abs. 6 Satz 1 (→ Rn. 37), mit dem sonst sichergestellt wird, dass auch die schwerbehinderten Beschäftigten in den vertretungslosen Betrieben Beistand durch die GSBV erhalten.

Die Betriebsräte verletzen ihre Amtspflicht, wenn sie an der Errichtung des Gesamtbetriebsrats nicht mitwirken. Diese **Amtspflichtverletzung** rechtfertigt nach § 23 Abs. 1 BetrVG regelmäßig die Auflösung des untätigen Betriebsrats, weil er seine gesetzlichen Pflichten grob verletzt.[15] Die Mitglieder des Gesamtbetriebsrats werden von den Betriebsräten gemäß § 47 Abs. 2 BetrVG in den Gesamtbetriebsrat entsandt und können jederzeit abberufen werden. Davon abweichend wird die GSBV gebildet. Sie wird nicht durch Delegierte errichtet, vielmehr „wählen die Schwerbehindertenvertretungen der einzelnen Betriebe" die GSBV, die aus der Gesamtvertrauensperson und wenigstens einem stellvertretenden Mitglied besteht. Gewählt wird in den Regelwahlen für eine feste vierjährige Amtszeit (→ Rn. 6). Jede SBV hat nur eine Stimme (→ Rn. 7). Der Gesetzeswortlaut ist nicht präzise. Korrekt müsste formuliert werden: Wählen die Vertrauenspersonen der einzelnen Betriebe die GSBV. Das Unterlassen der Wahl der GSBV wird im Schrifttum als eine **Amtspflichtverletzung** angesehen.[16] Beharrliche Pflichtverletzungen sind als grobe Pflichtverletzungen geeignet, nach § 177 Abs. 7 Satz 5 den Antrag auf Erlöschen des Amtes zustellen. Die Durchführung der Wahl blockierende Vertrauenspersonen können auf Antrag von dem nach § 202 beim Integrationsamt eingerichteten Widerspruchsausschuss wegen grober Pflichtverletzung vorzeitig ihres Amtes enthoben werden.

---

11 BAG 15.10.2014 – 7 ABR 53/12, Rn. 33, BAGE 149, 261; *Kreutz/Franzen* in GK-BetrVG § 47 Rn. 29; *Tautphäus* in HaKo-BetrVG § 47 Rn. 2.
12 BAG 5.6.2002 – 7 ABR 17/01, zu B I 1 der Gründe BAGE 101, 273.
13 BAG 15.10.2014 – 7 ABR 53/12, Rn. 33, BAGE 149, 261.
14 LAG SchlH 5.2018 – 6 TaGV 18/17; ArbG Neumünster 21.6.2017 – 3 BV 3a/17, nv.
15 *Deinert* in DKW BetrVG § 47 Rn. 10; *Fitting* BetrVG § 47 Rn. 8; *Koch* in ErfK BetrVG § 47 Rn. 2; *Kreutz/Franzen* in GK-BetrVG § 47 Rn. 30; *Tautphäus* in Ha-Ko-BetrVG, 5. Aufl. 2018, BetrVG § 47 Rn. 13.
16 *Esser/Isenhardt* in jurisPK-SGB IX § 180 Rn. 7; *Masuch* in Hauck/Noftz SGB IX § 97 Rn. 4; *Hohmann* in Wiegand SGB IX § 97 Rn. 23.

Besteht noch keine GSBV gilt für die Einleitung der **ersten Wahl** § 22 Abs. 1 Satz 2 SchwbVWO. Danach können der Gesamtbetriebsrat und das Integrationsamt zur Wahlversammlung der Vertrauenspersonen einladen, um einen Wahlvorstand zu bestellen; Einzelheiten → Rn. 7. Wird beabsichtigt, den gesetzwidrigen Zustand der fehlenden GSBV zu beenden, empfiehlt sich daher nicht der an ein Quorum gebundene Antrag auf Amtsenthebung der blockierenden Vertrauenspersonen, sondern die Aktivierung von Gesamtbetriebsrat und Integrationsamt. Dieser Weg führt schneller und leichter zum Ziel. Scheitert die Wahl der GSBV an der Wahlvoraussetzung „Ist (…) ein Gesamtbetriebsrat (…) errichtet", kann der Weg für die Wahl der GSBV dadurch frei gemacht werden, dass über die Androhung des Auflösungsantrages nach § 23 Abs. 1 BetrVG Druck ausgeübt. Das ist kein leichter Weg; denn auch hier bedarf es eines Quorums von einem Viertel der Wahlberechtigten oder des Antrags einer im Betrieb vertretenen Gewerkschaft oder des Antrags des Arbeitgebers. Maßgebend ist den Betriebsrat zu beeinflussen, der am Hauptsitz des Unternehmens besteht. Dieser muss zur Wahl zur konstituierenden Sitzung des Gesamtbetriebsrats nach § 51 Abs. 2 BetrVG einladen.

4 **Umfassende Vertretung durch die Gesamtschwerbehindertenvertretung:** Abweichend von der Betriebsverfassung gelten einige Besonderheiten. An der Wahl nehmen auch die Vertrauenspersonen der gemeinsamen SBVen teil, die für mehrere Betriebe gewählt worden sind, weil diese zu klein für eine eigene SBV sind, → § 177 Rn. 39. Bestehen mehrere Betriebe und ist nur in einem Betrieb des Unternehmens eine SBV gewählt worden, so nimmt diese nach Abs. 1 Satz 2 ohne Legitimation durch Wahl der zu Vertretenden auch die betriebsübergreifenden Interessen der schwerbehinderten Menschen in den „vertretungslosen" Betriebe war. So wird auf Unternehmensebene eine „Vertretungslücke" vermieden. Denn die Interessen der schwerbehinderten Menschen, die in ihren Betrieben keine SBV gewählt haben, werden auf Unternehmensebene von der nur in einem Betrieb gewählten GSBV mitvertreten. Zusätzlich werden nach Abs. 6 Satz 1 auch „die (betrieblichen) Interessender schwerbehinderten Menschen (vertreten), die in einem Betrieb tätig sind, für die eine Schwerbehindertenvertretung nicht gewählt ist". Damit wird die GSBV ohne Legitimation durch Wahl zum gesetzlichen Repräsentanten aller schwerbehinderten und gleichgestellten behinderten Beschäftigten, die nicht durch eine gewählte SBV vertreten werden. Das ist eine Abweichung von dem auf eine Legitimation durch Wahl gestützten **Repräsentationsprinzip** der Betriebsverfassung. Sie zielt darauf zur Sicherstellung des Beistandsauftrags aus § 178 Abs. 1 Satz 1 darauf ab, eine Vertretungslücke zu vermeiden.[17] Diese Verdoppelung der Vertretungsfunktion, zum einen legitimiert durch Wahl, zum anderen durch ein gesetzlich auf vertretungslose Betriebe erstrecktes Mandat, soll nicht dauerhaft sondern nur vorübergehend bestehen.[18] Die GSV kann und soll die schwerbehinderten Beschäftigten in den vertretungslosen Betrieben ermutigen, eine eigene SBV zu wählen, sobald die Wählbarkeitsvoraussetzungen aus § 177 Abs. 1 Satz 1 SGB IX (→ § 177 Rn. 23) erfüllt sind. Der Gesetzgeber hat entgegen der von einigen Stimmen im Schrifttum vertretenen Ansicht,[19] keine Befugnisse zur Einleitung von

---

17 Ebenso: *Müller-Wenner* in Müller-Wenner/Schorn SGB IX § 97 Rn. 5; *Knittel* SGB IX § 97 Rn. 17.
18 *Knittel* SGB IX § 97 Rn. 17f.
19 *Krämer* in FSK SGB IX, 4. Aufl. 2018, § 180 Rn. 7; aA *Cramer* SchwbG, 5. Aufl. 1998, SchwbVWO § 1 Rn. 1; *Hohmann* in Wiegand/Hohmann, 2. Aufl. 2010, SchwbVWO § 1 Rn. 5, weitere Nachweise bei *Sachadae*, Wahl der SchwbV, 2013, S. 367.

SBV-Wahlen in den vertretungslosen Betrieben eingeräumt.[20] Während der Gesetzgeber dem Betriebs- und Personalrat in § 176 Satz 2 Hs. 2 SGB IX die Aufgabe zugewiesen hat, **auf eine Wahl der SBV hinzuwirken**, fehlt in § 180 Abs. 6 Satz 1 und 2 SGB IX eine entsprechende Zuweisung. Das Schweigen des Bundesgesetzgebers wird durch das Schweigen der SchbVWO stimmig ergänzt, → § 177 Rn. 20. Das ist auch gut so; denn es soll vorrangig der Grundsatz der **Selbstorganisation**[21] gelten. Davon ausgehend hat die Rspr. eine Befugnis der GSBV, wie eine SBV nach § 1 Abs. 1 SchwbVWO einen Wahlvorstand zu bestellen, verneint.[22]

2. Gesamtvertrauensperson und stellvertretende Mitglieder

Modifizierte Ein-Personen-Vertretung: Die GSBV besteht nach Abs. 5 ebenso wie die örtliche SBV aus einer Vertrauensperson (Gesamtvertrauensperson) und wenigstens einem stellvertretenden Mitglied. Das erste stellvertretende Mitglied hat in entsprechender Anwendung von § 177 Abs. 1 Satz 1 SGB IX die Gesamtvertrauensperson im Falle der Verhinderung zu vertreten. Sonst ist es nur befugt, für die GSBV tätig zu werden, wenn es von der Gesamtvertrauensperson herangezogen ist. Scheidet ein stellvertretendes Mitglied der GSBV vorzeitig aus, so rückt das mit der höchsten Stimmzahl gewählte stellvertretende Mitglied gem. §§ 180 Abs. 7, 177 Abs. 7 Satz 4 SGB IX für den Rest des Amtszeit nach.[23] Unerheblich ist, ob sich die Vertrauensperson mit einem anderen stellvertretenden Mitglied über die Nachfolge geeinigt oder das nachrückende Mitglied nicht am Sitz des Unternehmens beschäftigt ist.[24] Ist für das Nachrücken kein Mitglied mehr vorhanden, so fehlt in dem für das Wahlverfahren der GSBV einschlägigen § 22 SchwbVWO eine Regelung der Nachwahl. Angesichts des durch versäumte Anpassungen im Gesetzgebungsfahren des BTHG angerichteten Regelungschaos[25] (→ Rn. 7) muss von einer nicht beabsichtigten Regelungslücke ausgegangen werden. Diese ist entsprechend der Art der einzuhaltenden Wahlverfahrens entweder nach § 17 SchwbVWO im förmlichen Verfahren per Briefwahl oder nach § 21 SchwbVWO im vereinfachten Wahlverfahren in einer Versammlung durchzuführen.

Nach der Verweisungsnorm in Abs. 7 auf § 178 Abs. 1 Satz 4 kann die GSBV das stellvertretende Mitglied zu bestimmten Aufgaben heranziehen, wenn mehr als 100 schwerbehinderte Menschen in allen zum Konzern gehörenden Unternehmen beschäftigt werden. Werden mehr als 200 schwerbehinderte und gleichgestellte behinderte Menschen beschäftigt, besteht für die gewählte Vertrauensperson aufgrund der Verweisung in Abs. 7 auf § 178 Abs. 1 Satz 5 die Befugnis zur Heranziehung weiterer stellvertretender Mitglieder. Die Verweisung auf die in § 178 Abs. 1 Satz 6 geregelte Möglichkeit, sich mit den herangezogenen Mitgliedern abzustimmen, fehlt. Das entspringt keiner bewussten gesetzgeberischen Entscheidung, sondern dem schlichten Umstand, dass im Gesetzgebungsverfahren des BTHG die Heranziehung statt wie bislang einem

5

---

20 So auch ArbG Stuttgart 26.1.2021 – 7 BVGa 1/21, juris Rn. 48; zustimmend: *Düwell* jurisPR-ArbR 7/2021 Anm. 9.
21 *Düwell* Behinderung und Recht 2021, 5 (7); *Sachadae*, Wahl der SchwbV, 2013, S. 305.
22 ArbG Stuttgart 26.1.2021 – 7 BVGa 1/21, juris Rn. 49; *Düwell* jurisPR-ArbR 7/2021 Anm. 9.
23 HessLAG 3.9.2018 – 16 TaBVGa 145/18, Rn. 39, AA 2019, 90; *Sachadae* jurisPR-ArbR 4/2020 Anm. 6.
24 HessLAG 3.9.2018 – 16 TaBVGa 145/18, Rn. 40, AA 2019, 90; *Sachadae* jurisPR-ArbR 4/2020 Anm. 6.
25 Ausführlich: *Düwell/Beyer* Beschäftigte Rn. 154.

Satz, sondern in zwei Sätzen in § 178 Abs. 1 geregelt worden ist. Bei der Anpassung des § 180 an diese neue Gesetzeslage ist die Erweiterung der Bezugnahme übersehen worden. Diese redaktionelle Fehlleistung war kein Einzelfall. Lediglich sechs der schwerwiegendsten Redaktionsfehler sind mit dem Gesetz zur Änderung des Bundesversorgungsgesetzes und anderer Vorschriften korrigiert worden.[26] Es gibt keinen Hinweis, dass die hier sachlich gebotene Korrektur bewusst ausgespart worden ist, vielmehr hat der Korrekturgesetzgeber den Anpassungsbedarf übersehen. Dieser Redaktionsfehler muss von den Gerichten im Wege der Auslegung geheilt werden. Wie richtig dies ist, zeigt auch die Einführung der Regelung zur Abstimmung von Vertrauensperson und herangezogenen Mitgliedern durch das Gesetz zur Förderung der Ausbildung und Beschäftigung schwerbehinderter Menschen vom 23.4.2004. Der Bundesrat hatte die in Art. 1 Nummer 22 Buchstabe b (zu § 95 Abs. 1 SGB IX) des Entwurfs enthaltene Bestimmung, wonach die Heranziehung stellvertretender Mitglieder der Schwerbehindertenvertretung zu bestimmten Aufgaben die Abstimmung untereinander einschließen soll, als unnötige Regulierung angesehen, die nur klarstelle, was schon in der Realität fast ausnahmslos gewährleistet werde und geltendem Recht entspreche.[27] In der Gegenäußerung schloss sich die Bundesregierung der Bewertung an, dass die Bestimmung nur klarstellenden Charakter habe, aber wegen aufgetretener Streitigkeiten erforderlich sei.[28] Daraus folgt, dass die fehlende Bezugnahme auf 178 Abs. 1 Satz 6 SGB IX keine rechtliche Bedeutung haben kann. Alles andere wäre auch unsinnig. Es widerspricht nämlich jeder Logik, die Heranziehung zuzulassen und der Vertrauensperson die Abstimmung mit dem Herangezogenen hinsichtlich der Aufgabenverteilung zu verwehren. Die GSBV ist also wegen der Befugnis zur Heranziehung von stellvertretenden Mitgliedern und dem Recht zur internen Abstimmung ebenso wie die örtliche SBV eine modifizierte Ein-Personen-Vertretung.

3. Amtszeit

6 Die regelmäßige Amtszeit der GSBV beträgt **vier Jahre**. Das ergibt sich aus Abs. 7, der auf § 177 Abs. 7 Satz 1 verweist. Die Amtszeit der ersten GSBV beginnt nach § 177 Abs. 7 Satz 2 mit der Bekanntgabe des Wahlergebnisses. Bei den darauffolgenden Wahlen enden die Amtszeiten nach Ablauf von jeweils vier Jahren. Entsprechend den Regeln zu den außerordentlichen Wahlen nach § 177 Abs. 5 Satz 3 und 4 endet die Amtszeit vorzeitig oder verlängert sie sich, wenn eine Wahl außerhalb der Regelwahlzeiträume stattgefunden hat. Hat die außerordentliche Wahl zu einem Zeitpunkt stattgefunden, der dazu führt, dass die Amtszeit der GSBV bezogen auf den Beginn des nächsten regelmäßigen Wahlzeitraums am 1. Dezember mehr als ein Jahr beträgt, **verkürzt** sich die Amtszeit. Die Amtszeit **verlängert** sich nach Abs. 5 Satz 4 dementsprechend, wenn die Amtszeit der gewählten SBV weniger als ein Jahr bezogen auf den 1. Dezember als Beginn des nächsten regelmäßigen Wahlzeitraums betragen würde. Dann wird die Amtszeit bis zu den übernächsten regelmäßigen Wahlen verlängert. Sie endet dann, wenn nicht vorher die Bekanntmachung der Neuwahl erfolgt, spätestens mit dem Ablauf des gesetzlichen Wahlzeitraums am 31. Januar. Wird das Ergebnis der Regelwahl vorher bekannt gemacht, endet die verlängerte Amtszeit mit Ablauf des Tages der Bekanntgabe des Wahlergebnisses, vgl. zu den SBV-Wahlen → § 177 Rn. 105.

---

26 Siehe dazu die katalogartige Darstellung der korrigierten Redaktionsfehler in *Düwell/Beyer* Beschäftigte Rn. 12.
27 BT-Drs. 15/2318, 16 f., Stellungnahme Nr. 19.
28 BT-Drs. 15/2318, 22, Stellungnahme Nr. 19.

Anders als beim Gesamt- und Konzernbetriebsrat und den entsprechenden Stufenvertretungen der Dienststellenverfassung erlischt somit das Amt für die als Gesamt-, Konzern-, Bezirks- und Hauptschwerbehindertenvertretung gewählten Vertrauenspersonen nicht mit dem Ende der Amtszeit der Vertrauenspersonen in den örtlichen SBVen. Dieser in der Betriebsverfassung in §§ 49, 57 BetrVG niedergelegte Grundsatz, der an die Entsendung anknüpft und damit die Amtszeit automatisch begrenzt, findet keine Anwendung. Anders als im Gesamtbetriebsrat muss das Mitglied der GSBV nicht Mitglied der örtlichen Vertretung sein. Deshalb beginnt und endet die Amtszeit von Gesamtvertrauensperson und stellvertretenden Mitgliedern **einheitlich**, es sei denn es tritt ein Fall der individuellen vorzeitigen Beendigung nach § 177 Abs. 7 Satz 3 ein. Das ist eine positive Abweichung von der für Mitglieder des Gesamtbetriebsrats geltenden Regelung in § 49 BetrVG, nach der das Amt der entsandten Mitglieder mit dem Erlöschen des Amts in der örtlichen SBV endet. Das dort infolge eines unregulierten Entsendeprinzips bei dem Gesamtbetriebsrat auftretende Chaos unterschiedlichen Beginns und Endes der Amtszeiten der einzelnen Mitglieder wird hier vermieden. Die Mitglieder GSBV und der Stufenvertretungen können anders als per Wahl entsandte Mitglieder auch **nicht abgewählt** werden.

Die **vorzeitige Beendigung** der Amtszeit sowohl der Vertrauensperson als auch der stellvertretenden Mitglieder kann im Fall grober Pflichtverletzungen nach Abs. 7 iVm § 177 Abs. 7 Satz 5 durch Beschluss des **Widerspruchsausschusses des Integrationsamts** herbeigeführt werden. Für den Antrag auf Erlöschen des Amts bedarf es allerdings eines Quorums. Für die **Amtsenthebung** der betrieblichen Vertrauenspersonen ist der Antrags eines Viertels der Wahlberechtigten Schwerbehinderten erforderlich. In entsprechender Anwendung muss für den Antrag auf Amtsenthebung der Gesamtvertrauensperson die Unterstützung durch **ein Viertel der wahlberechtigten Vertrauenspersonen** ausreichen.[29] Ohne Feststellung des vorzeitigen Amtsendes durch den Widerspruchsausschuss endet das Amt bei **Verlust der Wählbarkeit**. Dieser Fall kann für alle Mitglieder der GSBV **kollektiv** im Rahmen von **Umstrukturierungen** auftreten, wenn aus dem Unternehmen alle oder wenigstens so viele Betriebe dauerhaft ausscheiden, dass nur ein Betrieb übrigbleibt. Dann ist nämlich eine tatbestandliche Voraussetzung für die Wahl der GSBV weggefallen, weil kein Gesamtbetriebsrat mehr bestehen kann. Die **individuelle Amtszeit** der Gesamtvertrauensperson und die der stellvertretenden Mitglieder der GSBV endet nach § 177 Abs. 6 Satz 3 vorzeitig mit dem Verlust der persönlichen Wählbarkeit. Dieser tritt ein, wenn ein Beschäftigter an keiner der dem Unternehmen angehörenden Betriebe mehr als Vertrauensperson gewählt werden kann.[30]

4. Wahl der GSBV im Unternehmen

a) Wahlrechtsgrundsätze

Grundsatzfragen des Wahlrechts zur GSBV: Es finden nicht simultan die Wahlen zur SBV und zur GSBV statt. Abweichend von der Wahl der örtlichen SBV sind die Zeiträume der Wahlen zur GSBV und zur KSBV kaskadenförmig **zeitlich versetzt** hintereinandergelegt. Die regelmäßigen Wahlen zu der GSBV finden im unmittelbaren Anschluss an den Wahlzeitraum der SBV in der Zeit **vom 1. Dezember bis 31. Januar** statt. Nach Abs. 7 findet die Wahl der GSBV jeweils im selben Vier-Jahres-Turnus wie die Wahl der SBV statt. Die nächsten re-

7

---

29 Ebenso *Pahlen* in Neumann/Pahlen/Greiner/Winkler/Jabben SGB IX § 97 Rn. 13.
30 Für einen Fall aus dem öffentlichen Dienst: OVG Hmb 2.4.2001 – 8 Bf 1/01.PVL, Behindertenrecht 2002, 135 f.

gelmäßigen Wahlen finden deshalb vom 1.12.2018 bis 31.1.2019 statt. Die zeitversetzte Wahlzeit ist erforderlich, weil zunächst das Ergebnis der Wahlen auf der unteren Ebene abgewartet werden muss, bis auf den oberen Ebenen die Vertrauenspersonen und stellvertretenden Mitglieder für die dortigen Vertretungen gewählt werden können. Deshalb ist bei der Festlegung des konkreten Wahltermins durch den Wahlvorstand im förmlichen Verfahren oder durch die GSBV im vereinfachten Verfahren auf die ausreichende zeitliche Versetzung zu den örtlichen Vertretungswahlen zu achten.[31] Da die Namen und die Anzahl der Wahlberechtigten erst nach Abschluss der vorgelagerten örtlichen Wahlen feststehen, können die aus dem aktiven Wahlrecht folgenden Rechte, zB im förmlichen Wahlverfahren Leisten von Stützunterschriften oder Einspruch gegen die Liste der Wahlberechtigten, erst ab diesem Zeitpunkt ausgeübt werden. Deshalb darf der Aushang des Wahlausschreibens **nicht vor Abschluss der vorgelagerten Wahlen** und Amtsbeginn der örtlichen SBV erfolgen.[32] Auf Nachzügler, die wegen Wahlverzögerung nicht bis zum Endtermin 30. November fertig werden, muss jedoch nicht gewartet werden.[33]

Die GSBV wird nach Abs. 1 Satz 1 durch die SBVen gewählt. Jede SBV, vertreten durch die Vertrauensperson, hat nur **eine Stimme**, gleich ob sie die Interessen vieler oder weniger schwerbehinderter Menschen wahrnimmt. Soweit die BIH pauschal die Meinung vertritt, die Vertretung bei der Stimmabgabe sei unzulässig,[34] ist das irreführend. Unzulässig wäre es nur, das der SBV zustehende Abstimmungsrecht einem stellvertretenden Mitglied abzutreten. Das schließt nicht aus, dass das Stimmrecht von dem mit der höchsten Stimmenzahl gewählten stellvertretende Mitglied (sog. erster Stellvertreter) im Verhinderungsfall wahrgenommen wird. Dann wird nicht das Stimmrecht unzulässigerweise übertragen, sondern von im Weg des zeitweisen Nachrückens wahrgenommen.[35]

Nach § 180 Abs. 7 SGB IX gelten für die Wahlen zur GSBV die Regeln „entsprechend", die in § 177 Abs. 6 SGB IX für die Wahl der Vertrauensperson und deren stellvertretende Mitglieder aufgestellt sind. Spezifische Bestimmungen zur Durchführung der GSBV-Wahl sind in § 22 SchwbVWO[36] getroffen (Einzelheiten: → SchwbVWO § 22 Rn. 5 ff.). Besteht noch keine GSBV gilt für die Einleitung der Wahl § 22 Abs. 1 Satz 3 SchwbVWO. Danach können sich die wahlberechtigten Vertrauenspersonen auf die Bestellung eines Wahlvorstandes einigen (→ SchwbVWO § 22 Rn. 10). Kommt diese Einigung nicht zustande, wird der Wahlvorstand in sinngemäßer Anwendung von § 1 Abs. 2 Satz 1 SchwbVWO auf einer Versammlung der Vertrauenspersonen bestellt (→ SchwbVWO § 22 Rn. 11). Zu der Versammlung können nach § 1 Abs. 2 Satz 3 SchwbVWO sowohl drei wahlberechtigte Vertrauenspersonen als auch der Gesamtbetriebsrat und das Integrationsamt einladen. Soweit im Schrifttum die Ansicht vertreten wird, jede SBV könne zur Wahl der GSBV einladen,[37] kann dem nicht zugestimmt werden. § 22 Abs. 1 Satz 2 SchwbVWO lässt dieses Prioritätsverfahren (zum Prioritätsgrundsatz → SchwbVWO § 1 Rn. 25) nicht zu.

---

31 OVG NRW 19.4.1993 – 1 A 3466/91.PVL, Behindertenrecht 1993, 172.
32 *Sachadae* ZBVR online 2/2015, 32 (34).
33 OVG NRW 19.4.1993 – 1 A 3466/91.PVL, Behindertenrecht 1993, 172.
34 BIH (Hrsg.), ZB SPEZIAL Wahl 2018, S. 105 Formular Wahlausschreiben Stufenvertretung unter Nr. 3 Satz 7.
35 *Düwell*, Wahl der SBV, 2. Aufl. 2018, S. 106.
36 SchwbVWO vom 23.4.1990 (BGBl. I 811), zuletzt durch Art. 19 Abs. 21 BTHG vom 23.12.2016 (BGBl. I 3234) geändert.
37 *Schmitz/Frauenhofer* in FKS SGB IX, 3. Aufl. 2015, § 97 Rn. 22; *Krämer* in FKS SGB X, 4. Aufl. § 180 Rn. 23, die in der Vorauflage vertretene Ansicht nicht fortgeführt.

Nach § 22 Abs. 1 SchwbVWO wird die GSBV durch schriftliche Stimmabgabe unter sinngemäßer Anwendung der wesentlichen Bestimmungen des förmlichen Wahlverfahrens gewählt, sofern mehr als zwei Wahlberechtigte vorhanden sind. Anwendbar sind danach: § 1 Abs. 1 (Bestellung des Wahlvorstands acht Wochen vor Ende der Amtszeit), § 2 (Aufgabe des Wahlvorstands), § 3 (Liste der Wahlberechtigten), § 4 (Einspruch gegen Liste), § 5 (Wahlausschreiben), § 7 (Nachfrist für Wahlvorschläge), § 8 (Bekanntmachung der Bewerber), § 9 (Stimmabgabe), § 10 (Wahlvorgang), § 11 (schriftliche Stimmabgabe), § 12 (Behandlung der schriftlich abgegebenen Stimmen), § 13 (Feststellung des Wahlergebnisses). Da § 5 Abs. 2 SchwbVWO den Aushang des Wahlausschreibens vorschreibt, stellt weder die Versendung des Wahlausschreibens per Rundmail noch die Veröffentlichung des Wahlausschreibens auf der Website der GSBV eine ausreichende Bekanntmachung dar. Dieser Mangel berechtigt zur Anfechtung.[38] § 6 SchwbVWO ist bewusst wegen der Schwierigkeit, Stützunterschriften von wenigstens drei Wahlberechtigten (§ 6 Abs. 2 SchwbVWO) einholen zu können, nicht in die Liste der voll anwendbaren Bestimmungen aufgenommen worden. § 22 Abs. 1 Satz 4 SchwbVWO schränkt die Anwendbarkeit des Quorums („ein Zwanzigstel mindestens jedoch drei") in der Weise ein, dass bei weniger als fünf Wahlberechtigten die Unterzeichnung eines Wahlvorschlags durch einen Wahlberechtigten ausreicht. Ab fünf Wahlberechtigten gilt wieder das Quorum für die Wirksamkeit von Wahlvorschlägen. Das ist eine rechtspolitische Fehlleistung; denn bei fünf Wahlberechtigten kann wegen des Verbots, mehr als einen Wahlvorschlag zu unterstützen (§ 6 Abs. 4 SchwbVWO) nur ein Wahlbewerber vorgeschlagen werden. Eine echte Wahl im Sinne einer Auswahlentscheidung wäre danach nur bei zwei bis vier und ab sechs Wahlberechtigten möglich. Wird die gesetzliche Neuregelung in § 180 Abs. 7 SGB IX konsequent angewandt, ist das förmliche Wahlverfahren nur noch anwendbar, wenn mehr als 49 Vertrauenspersonen zur GSBV-Wahl wahlberechtigt sind (→ SchwbVWO § 22 Rn. 19), so dass diese verfehlten Regelungen nicht mehr zur Anwendung gelangen.

Unberührt von der Neuregelung bleibt die Fehlleistung des Verordnungsgebers, dass § 22 Abs. 1 SchwbVWO keine Pflicht des Wahlvorstands vorsieht, unverzüglich und umfassend die Wahlvorschläge zu prüfen und unverzüglich die Vorschlagenden über etwaige Mängel zu unterrichten. Die „sinngemäß" anwendbaren §§ 6 und 7 SchwbVWO regeln nach der Rspr. abschließend und abweichend von der Wahlordnung für Betriebsratswahlen die Behandlung von Wahlvorschlägen.[39] Danach hat der Wahlvorstand gemäß § 6 Abs. 3 Satz 2 SchwbVWO eine Person, die mit ihrer schriftlichen Zustimmung auf mehreren Wahlvorschlägen für dasselbe Amt benannt ist, innerhalb von drei Arbeitstagen zu der Erklärung aufzufordern, auf welchem der Wahlvorschläge sie benannt bleiben will. Wird diese Erklärung nicht fristgerecht abgegeben, wird der Bewerber nach § 6 Abs. 3 Satz 3 SchwbVWO von sämtlichen Wahlvorschlägen gestrichen. Nach § 6 Abs. 4 Satz 2 SchwbVWO muss der Wahlvorstand einen Wahlberechtigten, der mehrere Wahlvorschläge unterzeichnet hat, schriftlich gegen Empfangsbestätigung auffordern, binnen drei Arbeitstagen seit dem Zugang der Aufforderung zu erklären, welche Unterschrift er aufrechterhält. Gibt der Wahlberechtigte diese Erklärung nicht fristgerecht ab, zählt seine Unterschrift nach § 6 Abs. 4 Satz 3 SchwbVWO zu keinem Wahlvorschlag. Nach § 7 Abs. 1 Satz 1 SchwbVWO hat der Wahlvorstand, sofern nach Ablauf der in § 6 Abs. 1 Satz 1 SchwbVWO genannten Frist kein gültiger Wahlvorschlag einge-

---

38 LAG Köln 11.4.2008 – 11 TaBV 80/07, Behindertenrecht 2009, 91.
39 BAG 20.1.2010 – 7 ABR 39/08, Rn. 23 f., Behindertenrecht 2010, 134.

gangen ist, dies sofort in der gleichen Weise bekannt zu machen wie das Wahlausschreiben und eine Nachfrist von einer Woche für die Einreichung von Wahlvorschlägen zu setzen. Eine umfassende Pflicht, die eingehenden Vorschläge auf ihre Gültigkeit zu überprüfen, besteht danach erst nach Ablauf der Zwei-Wochen-Frist des § 6 Abs. 1 Satz 1 SchwbVWO. Nach Auffassung des BAG enthält die SchwbVWO hinsichtlich etwaiger Prüfungs- und Benachrichtigungspflichten des Wahlvorstands keine planwidrige Regelungslücke, die durch die entsprechende Anwendung von Vorschriften aus der Wahlordnung für Betriebsratswahlen zu schließen wäre.[40]

b) Wahlberechtigung

8   **Wahlberechtigte für Wahl der GSBV:** Nach Abs. 1 Satz 1 wählen die SBVen der einzelnen Betriebe eine GSBV. Die Wahlberechtigten werden nicht näher im SGB IX bezeichnet. Die allgemeine Verweisungsnorm des Abs. 7 nimmt nicht auf den Begriff der Wahlberechtigung, wie er in § 177 Abs. 2 verwandt wird, Bezug. Der in § 22 Abs. 1 Satz 3 SchwbVWO verwandte Begriff der „Wahlberechtigten" ist nicht mit dem in § 177 Abs. 2 benutzten Begriff der Wahlberechtigten für die SBV-Wahlen identisch (→ SchwbVWO § 22 Rn. 18). Zur SBV-Wahl ist jeder wahlberechtigt, der schwerbehindert oder gleichgestellter behinderter Mensch ist und im Betrieb oder in der Dienststelle nicht nur vorübergehend beschäftigt wird. Zur GSBV-Wahl ist ausschließlich die in einem Betrieb des Unternehmens gewählte und zur Zeit der Stimmabgabe noch amtierende Vertrauensperson wahlberechtigt. Ist sie zu diesem Zeitpunkt an der Wahrnehmung des Amtes verhindert (→ Rn. 13), geht das Wahlrecht auf das zur Vertretung berufene stellvertretende Mitglied der SBV über.

c) Wählbarkeit

9   **Wählbarkeit für Ämter in der GSBV:** Nach Abs. 7 gilt für die Wählbarkeit § 177 Abs. 3 entsprechend. Entsprechend bedeutet: Die Wählbarkeit setzt nicht nur die Zugehörigkeit zur Arbeitnehmerschaft iSv § 5 Abs. 1 BetrVG, sondern auch die Zugehörigkeit zu einem Betrieb des Unternehmens voraus, dessen schwerbehinderte Menschen auf Unternehmensebene vertreten werden sollen. Folglich ist für die Wählbarkeit zur GSBV nicht auf die Betriebs-, sondern auf die Unternehmenszugehörigkeit abzustellen. Danach sind alle im Unternehmen nicht nur vorübergehend (→ § 177 Rn. 23) Beschäftigten wählbar, wenn
1. sie am Wahltage das 18. Lebensjahr vollendet haben und
2. sie einem Betrieb des Unternehmens wenigstens seit sechs Monaten angehören und
3. ihre Wählbarkeit zum Betriebsrat nicht ausgeschlossen ist.

10 **Wählbarkeit von Nicht-Vertrauenspersonen:** Zur Vertrauensperson der GSBV und zu stellvertretenden Mitgliedern der GSBV können demnach auch Nichtmitglieder oder stellvertretende Mitglieder einer SBV oder des Betriebsrats gewählt werden. Eine Beschränkung der Wählbarkeit (Passives Wahlrecht) ist dem Gesetz nicht zu entnehmen.[41] Sie ist auch sonst nicht geboten. Insbesondere ist nicht angezeigt, dass angesichts der Struktur der SBV als einer Einpersonenvertretung und der damit verbundenen Arbeitsbelastung stets eine Kumulation des Amtes der Vertrauensperson in einer SBV mit dem der Vertrauensperson in der GSBV zweckmäßig ist. Für die nach § 180 Abs. 7 Satz 1 SGB IX

---

40 BAG 20.1.2010 – 7 ABR 39/08, Rn. 23 f., Behindertenrecht 2010, 134.
41 Insoweit zutreffend: ArbG Heilbronn 30.8.2012 – 7 BV 5/12, ZfPR online 2012, Nr. 12, 25.

angeordnete entsprechende Anwendung dieser Bestimmungen auf das Recht der GSBV bedeutet das: Ansonsten bestehen keine weiteren Wählbarkeitsvoraussetzungen. Es kann daher **auch ein nichtbehinderter Arbeitnehmer**, der nicht Vertrauensperson ist und kein Amt in einer SBV hat, gewählt werden. Allerdings muss ihn mindestens ein Wahlberechtigter zur Wahl vorschlagen (§ 22 Abs. 1 SchwbVWO). Die Wahlberechtigten können jeden nach § 177 Abs. 3 wählbaren Kandidaten, einschließlich sich selbst, zur Wahl vorschlagen. Somit ist es möglich, dass auch ein Beschäftigter zur Vertrauensperson der GSBV oder zum stellvertretenden Mitglied der GSBV gewählt wird, der selbst nicht zum Mitglied einer SBV gewählt worden und daher nicht wahlberechtigt ist.[42]

d) Wahl auf einer Versammlung iSv Abs. 8

Einberufung einer Wahlversammlung: Abweichend von der Dienststellen- und Betriebsverfassung (vgl. §§ 47, 49, 55, 57 BetrVG) sind nach § 22 Abs. 3 SchwbVWO Wahlen auf einer Versammlung aller wahlberechtigten Vertrauenspersonen aus Betrieben und Dienststellen iSv Abs. 8 zugelassen, wenn sie vor Ende der Amtszeit der GSBV in dem in § 180 Abs. 7 Satz 2 bestimmten Zeitfenster stattfinden (→ SchwbVWO § 22 Rn. 18). Die Förmlichkeiten und Verfahrensabläufe dieser in der Versammlung nach § 180 Abs. 8 „integrierten" Wahlversammlung richten sich nach § 22 Abs. 3 Satz 2 iVm § 20 SchwbVWO und ergänzend nach dem Recht der Betriebs- (§§ 42 ff. BetrVG) oder der Personalversammlung (§§ 57 ff BPersVG nF entspricht den bis 14.6.2021 geltenden 49 ff. BPersVG aF). Das ergibt sich aus der Verweisungskette § 180 Abs. 8, § 178 Abs. 6 Satz 2. Daraus folgen folgende Grundsätze:

1. Die Versammlung wird bis zur Wahl einer Wahlleitung von der Vertrauensperson der GSBV geleitet (§ 42 Abs. 1 Satz 1 BetrVG; § 57 Abs. 1 Satz 2 BPersVG nF (entspricht dem bis 14.6.2021 geltenden § 48 Abs. 1 Satz 2 BPersVG).
2. Die Versammlung ist auf den Kreis der Vertrauenspersonen der betrieblichen SBVen und der GSBV beschränkt; denn sie ist nicht öffentlich (§ 42 Abs. 1 Satz 2 BetrVG; § 58 Abs. 1 Satz 1 BPersVG nF, der dem bis 14.6.2021 geltenden § 48 Abs. 1 Satz 3 BPersVG entspricht). Folglich ist beobachtenden Betriebsratsmitgliedern, Wahlbewerbern, die nicht selbst wahlberechtigt sind oder Personen, die aus sonstigen Gründen am Ausgang der Wahl interessiert sind, die Teilnahme verwehrt. Etwas anderes gilt, soweit in §§ 43 und 46 BetrVG bzw. § 58 Abs. 2 BPersVG nF (entspricht dem bis 14.6.2021 geltenden § 52 BPersVG) den Arbeitgebern und den Beauftragten ihrer Verbände sowie dem Stufenpersonalrat ein Anwesenheitsrecht eingeräumt wird. Weitergehende Teilnahmerechte enthalten einige landesrechtliche Regelungen, so zB § 53 Abs. 2 LPVG BW.
3. Sie ist auf Wunsch von mindestens einem Viertel der Wahlberechtigten einzuberufen (§ 43 Abs. 3 BetrVG, § 59 Abs. 2 Satz 1 BPersVG nF). Folglich kann die GSBV zur Einberufung einer Wahlversammlung gezwungen werden.
4. Die Zeit der Teilnahme einschließlich zusätzlicher Wegezeiten ist wie Arbeitszeit zu vergüten (§ 44 Abs. 1 Satz 2 BetrVG). Damit soll Vertrauenspersonen, die aus vom Ort der Wahlversammlung weit entfernt liegenden Betrieben kommen, ein Anreiz zur Teilnahme an der Wahlversammlung gegeben werden. In den Dienststellen des Bundes gilt nach § 60 Abs. 3 BPersVG nF: Die Teilnahme an der Personalversammlung hat keine Minderung der

---

42 So im Ergebnis auch: *Trenk-Hinterberger* in HK-SGB IX, 3. Aufl. 2010, § 97 Rn. 9; *Pahlen* in Neumann/Pahlen/Greiner/Winkler/Jabben SGB IX § 180 Rn. 4.

Dienstbezüge oder des Arbeitsentgeltes zur Folge. Soweit die Versammlung außerhalb der Arbeitszeit stattfindet, wird den Teilnehmern Dienstbefreiung in entsprechendem Umfang gewährt. Fahrkosten nach § 60 Abs. 4 BPersVG nF werden in entsprechender Anwendung des Bundesreisekostengesetzes erstattet.

12 **Durchführung der Wahl auf der Versammlung:** Hat die GSBV aus eigener Initiative oder auf Wunsch der Wahlberechtigten so rechtzeitig zur Wahlversammlung eingeladen, dass die Versammlung noch in der Amtszeit der GSBV stattfindet, ist gemäß § 22 Abs. 3 Satz 2 SchwbVWO für die Durchführung der Wahl das Verfahrensrecht aus § 20 SchwbVWO entsprechend anzuwenden (→ SchwbVWO § 22 Rn. 18 ff.). Nach Wahl des Wahlleiters (§ 20 Abs. 1 SchwbVWO) beschließt die Versammlung zuerst, wie viele stellvertretende Mitglieder zu wählen sind (§ 20 Abs. 2 Satz 1 SchwbVWO). Dann findet in getrennten Wahlgängen die Wahl der Vertrauensperson und der stellvertretenden Mitglieder statt (§ 20 Abs. 2 Satz 2 Hs. 1 SchwbVWO). Jeder Wahlberechtigte kann noch in der Versammlung wählbare Personen wirksam zur Wahl vorschlagen, ohne Stützunterschriften vorlegen zu müssen (§ 20 Abs. 2 Satz 3 SchwbVWO). Nach einer Entscheidung des BVerwG aus dem Jahr 1983 soll, sobald ein Antrag auf Durchführung eines förmlichen Wahlverfahrens gestellt wird, das vereinfachte Verfahren abgebrochen werden und zum förmliche Verfahren übergangen werden müssen.[43] Diese Entscheidung ist inzwischen durch die Neufassung der SchwbVWO überholt. Anders als die Vorgängervorschrift § 17 SchwbVWO aF sieht die heute das vereinfachte Wahlverfahren regelnde Bestimmung in § 18 SchwbVWO nicht mehr vor, dass Wahlberechtigte dem vereinfachten Verfahren widersprechen können. Damit ist der zentralen Begründung des BVerwG der Boden entzogen. Das übersieht das Schrifttum, das noch immer das Widerspruchsrecht anerkennt.[44] Zuerst wird die Vertrauensperson gewählt. Danach wird die von der Versammlung beschlossene Anzahl der stellvertretenden Mitglieder in einem weiteren Wahlgang gewählt (§ 20 Abs. 2 Satz 2 Hs. 2 SchwbVWO). Dieser Wahlgang ist einheitlich durchzuführen. Er darf nicht auf den ersten, zweiten und folgenden Stellvertreter aufgesplittet werden. Auch auf der Versammlung gelten strenge Vorkehrungen zum Schutz der freien und geheimen Wahl (§ 20 Abs. 3 SchwbVWO). Der Wahlvorgang erfolgt durch eine schriftliche Stimmabgabe. Dazu ist ein vom Wahlleiter vorbereiteter Stimmzettel, der die Namen der Vorgeschlagenen in alphabetischer Reihenfolge enthält, unbeobachtet zu kennzeichnen und in einen Wahlumschlag einzulegen. Der Wahlumschlag mit Stimmzettel wird ungeöffnet von dem Wahlleiter in einen Behälter gelegt, nachdem er vorher zur Kontrolle der Wahlberechtigung den Namen des Wählers in einer Liste festgehalten hat. Nach Ende der Wahlhandlung sind die in dem Behälter gesammelten Wahlumschläge ohne jede Verzögerung in öffentlicher Sitzung zu öffnen und die Stimmzettel auszuzählen, sowie das Ergebnis festzustellen. Gewählt ist, wer die meisten Stimmen erhalten hat. Bei Stimmengleichheit entscheidet das Los (§§ 20 Abs. 2, 13 Abs. 2 SchwbVWO).

13 **Teilnahme stellvertretender Mitglieder an der Wahlversammlung:** Das der SBV zustehende Wahl- und Vorschlagsrecht wird allein von der Vertrauensperson

---

43 BVerwG 29.4.1983 – 6 P 14/81, PersV 1984, 342.
44 *Pahlen* in Neumann/Pahlen/Greiner/Winkler/Jabben SchwbVWO § 22 Rn. 4; *Trenk-Hinterberger* in HK-SGB IX, 3. Aufl. 2018, SchwbVWO § 22 Rn. 1, Anhang zu § 100; *Hohmann* in Wiegand/Hohmann, 2. Aufl. 2010, SchwbVWO § 22 Rn. 38; sämtlich der überholten Entscheidung des BVerwG zur alten Wahlordnung folgend, → § 177 Rn. 71.

ausgeübt. Ist eine Vertrauensperson an der Teilnahme verhindert, wird sie nach § 177 Abs. 1 Satz 1 durch das erste stellvertretende Mitglied vertreten, das während der Dauer der Vertretung nach § 179 Abs. 3 Satz 2 die gleiche Rechtstellung wie die Vertrauensperson hat. Als Verhinderungsgründe gelten nach § 177 Abs. 1 Satz 1 insbesondere Abwesenheit oder Wahrnehmung anderer Aufgaben (→ § 177 Rn. 7). Erscheint noch im Verlauf der Versammlung die bei Versammlungsbeginn abwesende Vertrauensperson, so endet mit der Anwesenheit der Vertrauensperson die Vertretung. Begonnene Wahlgänge sind jedoch nicht abzubrechen, sondern zu Ende zu führen. Wer zu Beginn des Wahlgangs verhindert war, gilt auch noch bis zum Ende eines Wahlgangs als verhindert. Während der Vertretung gemachte Wahlvorschläge behalten ihre Gültigkeit.

Vorschlag einer Person zur Wahl, die nicht Vertrauensperson ist: Nichtwahlberechtigte Beschäftigte, zB stellvertretende Mitglieder, deren Vertrauenspersonen an der Wahlversammlung teilnehmen, können zur Wahl vorgeschlagen und gewählt werden; weder enthält die Verweisungsnorm § 180 Abs. 7 eine einschränkende Maßgabe noch stellt die entsprechend anwendbare Vorschrift des § 177 Abs. 3 für die Wählbarkeit eine an die Wahlberechtigung anknüpfende Anforderung auf. Allerdings bedarf es für eine Abstimmung eines gültigen Wahlvorschlags. Gültig ist ein Wahlvorschlag nur, wenn er von einem Wahlberechtigten gemacht wird. Weder Gesetzgeber noch Verordnungsgeber haben das auf der beschränkten Öffentlichkeit der Versammlung (→ Rn. 11) beruhende Problem gesehen, dass ein nicht aus dem Kreis der Vertrauenspersonen stammender Kandidat keine Zugangsberechtigung zur Versammlung hat, so dass er sich auf dem Teil der Versammlung, der der Wahl dient, auch nicht vorstellen könnte. Die Praxis behilft sich insoweit, dass ein Beschluss der Wahlversammlung oder eine Entscheidung der Wahlleitung ergeht. Da es bislang versäumt worden ist, eine Klarstellung vorzunehmen, kann hier von einer unbewussten Regelungslücke ausgegangen werden. Diese muss so gefüllt werden, dass Wahlberechtigte, die erklären, einen nicht Wahlberechtigten aber Wählbaren vorschlagen zu wollen, diesen zur Wahlversammlung mitbringen dürfen. Nur so kann sichergestellt werden, dass diese Außenseiter gleiche Chancen im Wettbewerb mit den Wahlbewerbern erhalten, die selbst wahlberechtigt sind. Das ist jedenfalls für staatliche Wahlen verfassungsrechtlich geboten; denn der Grundsatz der Gleichheit der Wahl verlangt auch, dass allen das passive Wahlrecht in formal möglichst gleicher Weise gewährt wird.[45] Für Wahlen zu den Schwerbehindertenvertretungen muss das entsprechend gelten. Die Zulassung zur Versammlung beinhaltet allerdings noch kein Recht, sich selbst vorzuschlagen. Das Vorschlagsrecht hat nur die wahlberechtigte Vertrauensperson. Diese kann auch trotz vorhergehender Ankündigung von einem Vorschlag absehen. Vor dem Aufruf des Tagesordnungspunktes durch die Wahlleitung erklärte Vorschläge binden nicht; sie sind unwirksam. 14

e) Losentscheid

Losentscheid statt Wahl: Bei nur zwei wahlberechtigten Vertrauenspersonen bestimmen diese nach § 22 Abs. 2 Satz 1 SchwbVWO im gegenseitigen Einvernehmen die GSBV. Üblicherweise einigen sich die beide Wahlberechtigten darauf, dass der eine die Vertrauensperson und der andere das stellvertretende Mitglied der GSBV wird. Erst wenn keine Einigung zustande kommt, entscheidet nach § 22 Abs. 2 Satz 2 SchwbVWO das Los. **Der Losentscheid** ist ein demokratisch übliches und vielfach gesetzlich legitimiertes Mittel, um Pattsituationen bei 15

---

45 BVerfG 30.5.1961 – 2 BvR 366/60, Rn. 48, BVerfGE 13, 1.

Wahlen aufzulösen (vgl. §§ 23 Abs. 1 und Abs. 2, 25 Abs. 4 WahlO zum BetrVG 1972). Die Art und Weise der Durchführung des Losentscheids ist gesetzlich nicht bestimmt. Die beiden Beteiligten müssen sich über das anzuwendende Verfahren einigen. Möglich ist insbesondere der Münzwurf (Methode: Kopf oder Zahl) oder das Ziehen zweier von einer dritten Person verdeckt gekennzeichneter Lose (Methode: Glückslos oder Niete). Unklar ist, ob dieses Verfahren nach den Vorgaben des Siebten Senats des BAG[46] weiterhin anwendbar ist (Einzelheiten: → SchwbVWO § 22 Rn. 26).

f) Förmliches Wahlverfahren oder vereinfachtes Wahlverfahren

16 **Modifikation der vereinfachten Wahl durch Wahl auf einer Jahresversammlung:** Nach dem Wortlaut des § 22 Abs. 3 Satz 1 SchwbVWO „kann" die GSBV rechtzeitig vor Ablauf ihrer Amtszeit eine Versammlung der Vertrauenspersonen nach Abs. 8 SGB IX mit dem Tagesordnungspunkt Wahl der GSBV einberufen. Macht die GSBV davon Gebrauch, so soll nach § 22 Abs. 3 Satz 1 SchwbVWO abweichend von § 22 Abs. 1 SchwbVWO keine Briefwahl in dem dort modifizierten förmlichen Verfahren sondern eine Wahl in der Versammlung der Vertrauenspersonen stattfinden. Der Anwendbarkeit der Bestimmungen des § 22 SchwbVWO sind jedoch **gesetzliche Grenzen** gesetzt. Der zuständige Fachsenat des BAG hat nämlich erkannt, die SchwbVWO sei als „eine gemäß § 100 SGB IX (seit 1.1.2018: § 183 SGB IX) zur Durchführung des SGB IX erlassene Verordnung wie jede andere Rechtsverordnung „eine gegenüber dem Gesetz niederrangige Rechtsnorm vgl. BVerfG 6.5.1958 – 2 BvL 37/56 ua – BVerfGE 8, 155). Schon deshalb könne ihr der Regelungswille, etwas abweichend vom Gesetz zu regeln, nicht entnommen werden."[47] Zudem entschied der Senat, dass mit der Verweisung in Abs. 7 auf § 94 Abs. 6 Satz 3 in der bis 29.12.2016 geltenden Fassung des SGB IX (seit 1.1.2018: § 177 Abs. 6 Satz 3) eine Bestimmung getroffen sei, die „selbst abschließend regelt, wann das vereinfachte Wahlverfahren anzuwenden ist".[48] Das BAG hat damit die für die Wahl der örtlichen SBV sinnvolle Bestimmung, dass das vereinfachte Wahlverfahren nur bei nicht weit auseinander liegenden Betriebsteilen anzuwenden ist, auf die Wahl aller Vertretungen ausgedehnt. Dazu gehören die im Gesetz als „überörtlich" bezeichneten Vertretungen auf der Ebene des Unternehmens (GSBV), des Konzerns (KSBV) und der mittleren sowie obersten Behördenstufe (Bezirks-SBV und Haupt-SBV). Nach dieser ausweitenden Rspr. wären folgende, an den Wahlbezirk zu stellende Voraussetzungen für die Wahlen zu den Gesamtschwerbehindertenvertretungen zwingend:
1. Der Wahlbezirk, der für die zu wählende GSBV das gesamte Unternehmen ausmacht, umfasst weniger als 50 Betriebe, so dass weniger als 50 betriebliche Vertrauenspersonen wahlberechtigt sind und
2. kein zum selben Unternehmen gehörender Betrieb liegt zu einem anderen Betrieb räumlich weit auseinander.[49]

Gegen die vom Senat in Form eines Rechtssatzes aufgestellte zwingende Geltung des zweiten Merkmals, es bedürfe auch im Geltungsbereich der überörtlichen Vertretungen einer räumlichen Nähe der verschiedenen Wahlberechtigten untereinander, sind rechtsdogmatische und rechtspolitische Einwände erhoben

---

46 BAG 23.7.2014 – 7 ABR 61/12, ZBVR online 12/2014, 16 ff. = Behindertenrecht 2015, 20; kritisch: *Sachadae* jurisPR-ArbR 2/2015 Anm. 5.
47 BAG 23.7.2014 – 7 ABR 61/12, Rn. 24, Behindertenrecht 2015, 20.
48 BAG 23.7.2014 – 7 ABR 61/12, Rn. 24, Behindertenrecht 2015, 20.
49 BAG 23.7.2014 – 7 ABR 61/12, Rn. 20 ff., Behindertenrecht 2015, 20.

worden.[50] Zu Recht ist auch darauf hingewiesen worden, dass der Senat von der bislang einhellig vertretenen Ansicht abwich und sich sogar zu seiner eigenen Rspr. in Widerspruch setzte.[51] So hatte derselbe Senat noch 2006 die Wahl einer Hauptschwerbehindertenvertretung eines Bundesministeriums mit weit auseinander liegenden Dienststellen für zulässig erachtet.[52] Der Gesetzgeber sah sich veranlasst, auf diese Kritik zu reagieren. Er hat dies im Wege einer **Korrekturgesetzgebung** getan. Dazu hat er in Art. 2 Nr. 8 BTHG mit Wirkung vom 30.12.2016 in die bis zum 31.12.2017 geltende Fassung des § 97 Abs. 7 SGB IX die Maßgabe eingefügt: „dass bei den Wahlen zu überörtlichen Vertretungen der zweite Halbsatz des Satzes 3 nicht anzuwenden ist". Diese Maßgabe ist in Art. 1 BTHG für die ab 1.1.2018 geltende Fassung des § 180 Abs. 7 SGB IX übernommen worden. Damit wurde der vom Siebten Senat aufgestellte Rechtssatz zur räumlichen Nähe mit der Ergänzung in Abs. 7 aE obsolet.[53] Deshalb können die Gesamtvertrauenspersonen auch bei räumlich weit auseinander liegenden Betrieben und Dienststellen wieder die in § 22 Abs. 3 Satz 1 § 22 SchwbVWO in der Fassung vom 23.12.2016 eröffnete Möglichkeit nutzen, auf der **Jahresversammlung** der Vertrauenspersonen (→ Rn. 44) die GSBV zu wählen.[54] Geht man von dem vom Siebten Senat des BAG zutreffend erkannten Vorrang des Gesetzes vor der Wahlordnung aus,[55] ist jedoch die Anwendung des § 22 Abs. 3 Satz 1 SchwbVWO zur Wahl der GSBV gesperrt, sobald die Gesamtzahl der wahlberichtigten Gesamtvertrauenspersonen größer als 49 ist. Das ergibt sich aus der Verweisung in § 180 Abs. 7 Auf § 177 Abs. 6 Satz 2 SGB IX. Ausführlich: → SchwbVWO § 22 Rn. 2, 21.

Durch das Korrekturgesetz sind allerdings die Anfechtungsfallen, die aus der Entscheidung des BAG von 2014 herrühren[56], nicht restlos beseitigt worden. Zwar ist die in der Entscheidung enthaltene Ausweitung des Kriteriums der räumlichen Nähe auf die Wahl der überörtlichen Vertretungen korrigiert worden. Vernachlässigt wurde aber, dass in dieser Entscheidung zu Recht der Vorrang der im SGB IX gesetzlich geregelten Wahlvorschriften vor den vom Verordnungsgeber in § 22 SchwbVWO in der Fassung vom 23.12.2016 getroffenen Bestimmungen herausgearbeitet ist. Deshalb besteht auch immer Handlungsbedarf für den Gesetzgeber. So verweist § 180 Abs. 7 SGB IX auch nach Einfügung der Maßgabe, dass die örtliche Nähe ohne Bedeutung sein soll, weiterhin auf die in § 177 Abs. 6 Satz 3 SGB IX aufgestellte exklusive Alternative entweder Wahl im einfachen oder formellen Wahlverfahren. Seit Inkrafttreten der Gesetzesänderung am 30.12.2016 ist diese Abgrenzung nur noch an Hand des Kriteriums der Anzahl der Wahlberechtigten („weniger als 50 wahlberechtigte (…)") vorzunehmen. Von dieser klaren gesetzlichen Regelung weichen jedoch die Wahlvorschriften in § 22 SchwbVWO ab. In § 22 Abs. 1 SchwbVWO ist nämlich auch für den Fall des Unterschreitens der Schwellenzahl 50 für den Regelfall die schriftliche Stimmabgabe und die Anwendung der wesentlichen

---

50 *Düwell* BB 2015, 53 (53 f.); *Edenfeld* PersV 2015, 63; *Kohte*, DVfR Forum B, B18–2014; *Sachadae* ZBVR online 2/2015, 32 (33); *Sachadae* Behindertenrecht 2015, 22 (25); *Sachadae* PersV 2015, 170 (175); *Sachadae* jurisPR-ArbR 2/2015 Anm. 5; *Düwell/Beyer* Beschäftigte Rn. 152.
51 *Sachadae* jurisPR-ArbR 2/2015 Anm. 5 unter Bezug auf: *Hohmann* in Wiegand/ Hohmann SchwbVWO § 22 Rn. 35.
52 BAG 24.5.2006 – 7 ABR 40/05, Behindertenrecht 2007, 16.
53 *Pahlen* in Neumann/Pahlen/Greiner/Winkler/Jabben SGB IX § 180 Rn. 10.
54 *Düwell* jurisPR-ArbR 49/2016 Anm. 1; *Pahlen* in Neumann/Pahlen/Greiner/Winkler/Jabben SGB IX § 180 Rn. 10.
55 BAG 23.7.2014 – 7 ABR 61/12, Rn. 20 ff., Behindertenrecht 2015, 20.
56 Ausführlich: *Düwell* BB 2015, 53.

Bestimmungen des förmlichen Verfahrens angeordnet. In § 22 Abs. 3 SchwbVWO ist darüber hinaus den Konzern-, Gesamt-, Bezirks- oder Hauptschwerbehindertenvertretungen ein Ermessen eingeräumt worden, selbst – unabhängig von der Anzahl der Wahlberechtigten – zu bestimmen, ob auf einer Versammlung nach den Regeln des vereinfachten Verfahrens gewählt wird oder nicht. Diese in § 22 SchwbVWO getroffenen Bestimmungen sind zwar sinnvoll, aber es fehlt für eine derartige vom Gesetz abweichende Sonderregelung eine Ermächtigung. Diese ist nach Art. 80 Grundgesetz (GG) erforderlich, wenn der Verordnungsgeber die Art des Wahlverfahrens abweichend vom Gesetz regeln möchte. In der Verordnungsermächtigung des § 183 SGB IX, auf die sich die Bundesregierung stützen kann, ist kein entsprechender Regelungsspielraum eröffnet. Somit ist 2016 bei der Korrekturgesetzgebung im Rahmen des BTHG versäumt worden, die Anpassungen vorzunehmen, die für eine Legalisierung der in § 22 SchwbVWO getroffenen Sonderregeln in § 177 Abs. 6 oder § 180 Abs. 7 SGB IX nötig gewesen wären. Solange dies nicht nachgeholt wird, ist jede Wahl zu den Konzern-, Gesamt-, Bezirks- oder Hauptschwerbehindertenvertretungen einem unvertretbar hohen Anfechtungsrisiko[57] ausgesetzt. Allein schon wegen dieser ungelösten Probleme bei der Wahl der überörtlichen Vertretungen ist dringend eine Wahlrechtsreform geboten (zum allgemeinen Reformbedarf → § 177 Rn. 93). In wirtschaftlicher Hinsicht trifft dies Säumnis der Bundesregierung die privaten und die öffentlichen Arbeitgeber; denn sie haben bei erfolgreichen Wahlanfechtungen nach § 177 Abs. 6 Satz 2 SGB IX die Kosten von Neuwahlen zu tragen.

17 **Kein Auswahlermessen hinsichtlich Art des Wahlverfahrens:** Durch die Streichung der Bezugnahme auf den zweiten Halbsatz des Satzes 3 von § 177 Abs. 6 SGB IX ist das **Kriterium der Nähe von Betrieben und Dienststellen** abgeschafft. Das wirkt sich wie folgt auf das einzuhaltende Wahlverfahren aus:
1. Die im exklusiven Regel-Ausnahmeverhältnis[58] stehende Gesetzesregel aus § 177 Abs. 6 Satz 3 besagt: Bei weniger als 50 Wahlberechtigten ist, sofern nicht räumlich weit auseinander liegenden Teile vorhanden sind, zwingend ein vereinfachtes Verfahren durchführen, **ohne** dass ein **Auswahlermessen** besteht.
2. Diese Regel ist wegen der Verweisung in Abs. 7 SGB IX auch für überörtliche Wahlen mit der Maßgabe aus Abs. 7 aE bindend, dass das Ausschlusskriterium „räumlich weit auseinander liegende Teile" nicht anzuwenden ist (so auch → SchwbVWO § 22 Rn. 19 f.).
3. Das „kann" in § 22 Abs. 3 Satz 1 SchwbVWO ist wegen des Vorrangs des Gesetzes vor der Verordnung korrigierend als **„soll"** auszulegen. Die in § 20 SchwbVWO geregelte Durchführung der Wahl soll danach innerhalb einer Versammlung der Vertrauenspersonen – möglichst in einer Versammlung nach Abs. 8 – zu organisieren sein (so auch → SchwbVWO § 22 Rn. 20).
4. Sind die Voraussetzungen der Versammlung nach Abs. 8 nicht gegeben, muss dennoch die Einberufung einer Wahlversammlung zulässig sein, sonst sind die gesetzlichen Vorgaben des § 177 Abs. 6 Satz 3 nicht erfüllbar (so auch → SchwbVWO § 22 Rn. 21).

---

57 Darstellung der fortbestehenden Anfechtungsrisiken und deren versäumte Beseitigung durch das BTHG: *Sachadae* Behindertenrecht 2015, 22 (26); *Sachadae* ZfPRonline 12/2006, 38 (39 f.); *Sachadae* PersR 2/2017, 33 (35); *Sachadae*, Das neue Schwerbehindertenrecht, AiB 5/2017, 27 (28 f.) sowie *Sachadae* → SchwbVWO § 22 Rn. 2, Rn. 6, Rn. 21, Rn. 26.
58 Zutreffend: entweder so oder so vgl. *Sachadae*, Wahl der SchwbV, 2013, S. 272.

Liegt nach der geänderten Verweisung in Abs. 7 auf § 177 Abs. 6 Satz 3 das einzige für die Alternativen vereinfachtes oder förmliches Verfahren zu beachtendes Kriterium „weniger als 50 Wahlberechtigte" vor, so richten sich Vorbereitung und Durchführung der **Wahl im vereinfachten Verfahren** gemäß § 22 Abs. 3 Satz 2 SchwbVWO nach den Bestimmungen, die in § 20 SchwbVWO getroffen sind. Während in § 22 Abs. 1 SchwbVWO Abweichungen von den Bestimmungen des förmlichen Wahlverfahrens vorgesehen sind, wird für die Durchführung des vereinfachten Verfahrens in § 22 Abs. 3 Satz 2 SchwbVWO pauschal auf die entsprechende Anwendung des § 20 SchwbVWO verwiesen. Abweichende Sonderregelungen sind nicht aufgestellt. Daher wird insoweit auf die weiteren Erläuterungen zu vereinfachten Wahlverfahren unter → § 177 Rn. 70 f. verwiesen.

Es verbleibt für die Vorbereitung der Wahl der GSBV noch eine Auswahlmöglichkeit. Diese besteht in der Entscheidung der GSBV, ob sie die Wahlversammlung in die Tagesordnung der **Jahresversammlung** nach Abs. 8 einbeziht oder ob sie die Wahlversammlung ausnahmsweise außerhalb Jahresversammlung durchführt. Hat die GSBV die Versammlung nach § 177 Abs. 6 schon kurz zuvor durchgeführt, so dass für eine erneute Vertrauenspersonenversammlung kein Anlass besteht, so kann zur Einhaltung der Vorgaben des vereinfachten Wahlverfahrens eine Versammlung ausschließlich zum Zwecke der Neuwahl der GSBV stattfinden.[59]

Durchführung des vereinfachten Verfahrens: § 22 Abs. 3 Satz 2 SchwbVWO bestimmt, dass die Wahl auf der Wahlversammlung im vereinfachten Wahlverfahren (§ 20 SchwbVWO) durchzuführen ist. Die GSBV hat ihre Entscheidung, ob sie zur Wahl im Rahmen der Jahresversammlung der Vertrauenspersonen einlädt, spätestens acht Wochen vor Ablauf Amtszeit zu treffen; denn dann ist entweder nach § 1 Abs. 1 SchwbVWO der Wahlvorstand zu bestellen, der die schriftliche Stimmabgabe im „förmlichen" Verfahren vorbereitet und durchführt, oder eine Wahlversammlung einzuberufen. Ein **Viertel der Wahlberechtigten** kann, solange noch kein Wahlvorstand bestellt worden ist, nach § 178 Abs. 6 Satz 2 SGB IX in sinngemäßer Anwendung von § 43 Abs. 3 BetrVG bzw. § 59 Abs. 2 Satz 1 BPersVG nF die Einberufung der Wahlversammlung erzwingen. Auf der Versammlung kann entgegen der veralteten Rspr. des BVerwG[60] kein Wahlberechtigter **durch Erklärung eines Widerspruchs** den Abbruch des Wahlverfahrens und den Übergang zum förmlichen schriftlichen Verfahren erzwingen, → § 177 Rn. 71. Der Abbruch der Wahlversammlung würde zu einer vertretungslosen Zeit führen. Das sog. förmliche Verfahren setzt nämlich einen Vorlauf von acht Wochen voraus. Es liegt auch kein wesentlicher Zugewinn an Legitimation im förmlichen schriftlichen Verfahren; denn nach der Neufassung des vereinfachten Wahlverfahrens in § 20 SchwbVWO findet auf der Wahlversammlung eine schriftliche Abstimmung mit gekennzeichneten Stimmzetteln unter Wahrung der Grundsätze einer freien und geheimen Wahl statt. Die Literaturauffassung hat vermutlich eine Durchführungspraxis der Wahlversammlung vor Augen, bei der „offen" abgestimmt werden darf und will dem Wunsch nach einer geheimen Wahl Rechnung tragen. Doch ist diese Art der Abstimmung seit langem rechtlich ausgeschlossen und in der Praxis auch nicht mehr üblich.

Durchführung des förmlichen Verfahrens: Existieren im Unternehmen mehr als 49 gewählte Schwerbehindertenvertretungen, muss zwingend das **förmliche**

---

59 *Düwell*, Wahl der SBV, 2. Aufl. 2018, S. 108.
60 BVerwG 29.4.1983 – 6 P 14/81, PersV 1984, 342.

Wahlverfahren durchgeführt werden (→ SchwbVWO § 22 Rn. 7). Die für die betrieblichen Wahlen in den §§ 1 bis 17 SchwbVWO dazu aufgestellten Regeln, sind in § 22 Abs. 1 SchwbVWO teilweise modifiziert. Nach § 22 Abs. 1 Satz 3 SchwbVWO gilt eine Besonderheit im Hinblick auf die **Einsetzung des Wahlvorstands**. Aus den Maßgaben in § 22 Abs. 1 Satz 2 iVm § 1 Abs. 1 SchwbVWO folgt, dass die **amtierende GSBV** für dessen Bestellung zuständig ist. § 22 Abs. 1 Satz 3 SchwbVWO eröffnet jedoch für den Fall, das eine GSBV bisher noch nicht oder nicht mehr amtiert, den in § 1 Abs. 2 SchwbVWO benannten Initiatoren für eine Wahl des Wahlvorstandes die Möglichkeit: Die Wahlberechtigten können sich über die Einsetzung des Wahlvorstands „in geeigneter Weise" absprechen (→ SchwbVWO § 22 Rn. 10). Als geeignetes Mittel kommt ein **schriftliches Umlaufverfahren** oder die Einholung von Zustimmungen per E-Mail in Betracht. Möglich ist auch die Einigung per **Telefonkonferenz**. Dann muss jedoch aus Gründen der Transparenz und Überprüfbarkeit eine Dokumentation in Form eines Protokolls erfolgen. Einstimmigkeit ist nicht erforderlich. Umstritten ist, ob die absolute Mehrheit der Wahlberechtigten genügt.[61] Eine weitere Besonderheit ist, dass nach § 22 Abs. 1 Satz 1 SchwbVWO keine Urnenwahl zulässig ist, sondern **ausschließlich durch schriftliche Stimmabgabe** (generelle Briefwahl) gewählt wird. Es bedarf deshalb im Unterschied zur Wahl der betrieblichen SBV keines Beschlusses des Wahlvorstands. Das verkennt das Formular der BIH für das Wahlausschreiben zu den überörtlichen Schwerbehindertenvertretungen.[62]

20 **Erlass des Wahlausschreibens:** Der eingesetzte **Wahlvorstand** erlässt nach § 5 SchwbVWO spätestens sechs Wochen vor dem Wahltag das Wahlausschreiben. Das Wahlausschreiben muss bei sinngemäßer Anwendung von § 5 Abs. 2 SchwbVWO in allen Betrieben, in denen eine SBV besteht, ausgehängt werden. Es ist vom Tage seines Erlasses bis zum Wahltag an einer oder mehreren geeigneten, für den Wahlberechtigten gut sichtbaren Stellen auszuhängen und in gut lesbarem Zustand zu erhalten. Der Zeitpunkt des Erlasses des Wahlausschreibens muss mit dem Tag des Aushangs übereinstimmen. Von da ab läuft nach § 6 SchwbVWO die sechswöchige Frist bis zum Wahltag und die zweiwöchige Ausschlussfrist bis zum Einreichen der Wahlvorschläge. Wird nur in einem Betrieb des Unternehmens ausgehängt, so sieht die Rspr. darin einen schweren Wahlverstoß.[63] Die Versendung des Wahlausschreibens per **Rundmail** an alle SBVen und Veröffentlichung des Wahlausschreibens auf der **Website** der GSBV wird nicht als ausreichende Bekanntmachung angesehen. Das erscheint zweifelhaft; denn Wahlberechtigte sind allein die Vertrauenspersonen aus den betrieblichen SBVen und nicht die in den Betrieben beschäftigten schwerbehinderten Menschen. Nur für die letzteren macht eine öffentliche Bekanntmachung durch **Aushang** Sinn.

21 **Wählerliste:** Der Wahlvorstand hat nach § 3 Abs. 1 SchwbVWO zur Kontrolle der Ausübung des Stimmrechts eine Liste der Wahlberechtigten aufzustellen. Die Liste ist zur Einsicht auszulegen, damit jeder, der ein berechtigtes Interesse glaubhaft macht, **Einspruch** gegen die Richtigkeit der Liste einlegen kann. Die „sinngemäße" Anwendung der auf die SBV-Wahl zugeschnittenen Wahlvorschrift bedeutet, dass in die Liste die Namen der Vertrauenspersonen aller SBV und für den Verhinderungsfall deren Vertretungen einzutragen sind. Ein-

---

61 *Hohmann* in Wiegand SGB IX SchwbVWO § 22 Rn. 26: „Einigung setzt Zustimmung aller Wahlberechtigten voraus."
62 So im Formular Wahlausschreiben Stufenvertretung unter Nr. 7 in BIH (Hrsg.), ZB SPEZIAL Wahl 2018, S. 106.
63 LAG Köln 11.4.2008 – 11 TaBV 80/07, Behindertenrecht 2009, 91.

spruchsberechtigt sind nicht nur die Wahlberechtigten sondern auch diejenigen, die wählbar sind und geltend machen, für die Wahl zur SBV von einem Wahlberechtigten vorgeschlagen zu werden. Reichen die Wahlberechtigten nicht innerhalb von zwei Wochen nach Erlass des Wahlausschreibens gültige Vorschläge ein, so hat nach § 7 Abs. 1 Satz 1 SchwbVWO der Wahlvorstand eine Nachfrist von einer Woche zu setzen. Gehen in der gesetzten Frist keine gültigen **Wahlvorschläge** ein, so hat nach § 7 Abs. 2 SchwbVWO der Wahlvorstand sofort bekannt zu machen, dass die Wahl nicht stattfindet. Die in § 22 Abs. 1 Satz 4 SchwbVWO enthaltene Maßgabe, die Vorschrift über die Mindestzahl von **Unterstützerunterschriften** mit der Modifikation anzuwenden, dass bei weniger als fünf Wahlberechtigten, die Unterzeichnung eines Wahlvorschlages durch einen Wahlberechtigten ausreicht, läuft leer. Das ergibt sich daraus, dass wegen des Vorranges des § 177 Abs. 6 Satz 3 iVm mit der Maßgabe in Abs. 7 aE das förmliche Verfahren das Vorhandensein von wenigstens 50 Wahlberechtigten voraussetzt. Zu den Schwierigkeiten der Anwendung der Vorschriften über Stützunterschriften bei einer geringen Anzahl von Wahlberechtigten siehe in der 3. Aufl. § 97 Rn. 19.

Schriftliche Stimmabgabe: Nach § 22 Abs. 1 Satz 1 SchwbVWO wird durch schriftliche Stimmabgabe nach Maßgabe der §§ 11, 12 SchwbVWO gewählt. Das soll bedeuten, der Wahlvorstand hat die sog. **generelle Briefwahl** durchzuführen, ohne dass ein Antrag wegen Verhinderung der persönlichen Stimmabgabe gestellt werden muss (→ SchwbVWO § 22 Rn. 14). Allerdings ist die Formulierung in § 22 Abs. 1 SchwbVWO keine Meisterleistung der Rechtssetzung, weil in Satz 2 auch auf den für die persönliche Stimmabgabe in einem Wahlraum vorgesehenen § 10 SchwbVWO ergänzend „sinngemäß" Bezug genommen wird und im Übrigen auch die in der Wahlversammlung nach § 20 SchwbVWO abzugebende Stimme nur schriftlich abgegeben werden kann. Es hätte deshalb nahe gelegen, zu verdeutlichen, dass keine Urnenwahl beschlossen werden und generell nur per Briefwahl gewählt werden kann. Der Wahlvorstand muss zur Durchführung der schriftlichen Stimmabgabe nach § 11 Abs. 3 SchwbVWO an die wahlberechtigten Vertrauenspersonen Wahlausschreiben, Stimmzettel und Wahlumschlag sowie Freiumschlag und eine vorgedruckte Erklärung zur Versicherung, dass der Stimmzettel persönlich gekennzeichnet wurde, versenden. Auch hier zeigt sich, dass der Verordnungsgeber das Verfahren für überörtliche Wahlen nicht durchdacht hat; denn bevor die Versendung von Stimmzettel und Wahlumschlag, sowie Freiumschlag und eine vorgedruckte Erklärung zur Versicherung der persönlichen Kennzeichnung des Stimmzettels stattfinden kann, müssen die gültigen Wahlvorschläge feststehen. Das bedeutet für überörtliche Wahlen, zunächst muss das Wahlausschreiben versandt und die Wählerschaft zur Abgabe gültiger Wahlvorschläge aufgefordert werden. Erst wenn die Wahlvorschläge feststehen, kann die Versendung von Stimmzettel und Wahlumschlag sowie Freiumschlag und der vorgedruckten Erklärung beginnen.

Feststellung des Wahlergebnisses: Nach Ablauf der für die schriftliche Stimmabgabe gesetzten Frist, sind die fristgerecht eingegangenen Wahlumschläge nach § 12 Abs. 1 Satz 1 SchwbVWO in einer öffentlichen Sitzung des Wahlvorstands zu öffnen und die vorgedruckten Erklärungen über die persönliche Kennzeichnung zu prüfen. Ist die Stimmabgabe insoweit ordnungsgemäß, legt der Vorstand die Wahlumschläge nach Vermerk der Stimmabgabe in der Wählerliste ungeöffnet in eine Wahlurne. Verspätet eingegangene Freiumschläge werden nach § 12 Abs. 2 SchwbVWO ungeöffnet mit dem Vermerk des Eingangsdatums zu den Wahlunterlagen genommen. Die in der Urne gesammelten Wahlumschläge werden danach ohne jede Verzögerung in fortgesetzter öffentlicher

Sitzung gemäß § 13 Abs. 1 SchwbVWO geöffnet und die aus ihnen entnommenen Stimmzettel werden ausgezählt. Das Ergebnis ist sofort festzustellen. Gewählt ist, wer die meisten Stimmen erhalten hat. Bei Stimmengleichheit entscheidet nach § 13 Abs. 2 SchwbVWO das Los.

24 **Benachrichtigung und Annahmeerklärung:** Der Wahlvorstand hat nach § 14 Abs. 1 Satz 1 SchwbVWO ohne Verzögerung die gewählte Vertrauensperson und die gewählten stellvertretenden Mitglieder der GSBV schriftlich gegen Empfangsbestätigung zu benachrichtigen. Wenn die benachrichtige Person nicht binnen drei Arbeitstagen ablehnt, gilt gemäß § 14 Abs. 1 Satz 2 SchwbVWO die Wahl als angenommen.

g) Nachwahl von stellvertretenden Mitgliedern

25 **Isolierte Nachwahl von stellvertretenden Mitgliedern:** Nach Abs. 5 ist ebenso wie nach § 177 Abs. 1 Satz 1 wenigstens ein stellvertretendes Mitglied zu wählen, um die Vertrauensperson im Fall der Verhinderung durch Abwesenheit oder der Wahrnehmung anderer Aufgaben zu vertreten. Rückt das stellvertretende Mitglied nach § 177 Abs. 7 Satz 4 nach oder scheidet das stellvertretende Mitglied vorzeitig aus dem Amt aus, so ist dann, wenn kein weiteres stellvertretendes Mitglied mehr vorhanden ist, nach § 17 SchwbVWO unverzüglich die Nachwahl eines oder mehrerer stellvertretenden Mitglieder für den Rest der Amtszeit einzuleiten. Hier stellt sich wieder die Alternative des förmlichen schriftlichen Wahlverfahrens oder der Wahl auf einer Versammlung. Wird § 22 Abs. 3 SchwbVWO als eine Vorschrift angesehen, die ein Ausnahme vom Grundsatz der förmlichen Wahl darstellt, dürften Nachwahlen von stellvertretenden Mitgliedern, die während der laufenden Amtszeit notwendig werden, nur im förmlichen Verfahren stattfinden; denn der Wortlaut des § 22 Abs. 3 Satz 1 SchwbVWO erwähnt isolierte Nachwahlen nicht. Zudem zeigt die spezielle Regelung der Nachwahl im förmlichen Verfahren (§ 21 SchwbVWO), dass der Verordnungsgeber durchaus die Unterscheidung zwischen Wahl und Nachwahl kennt und entsprechend differenzierte Regelungen trifft. Das spricht dagegen, in § 22 SchwbVWO eine unbewusste Regelungslücke anzunehmen. Allerdings scheitert auch die generelle Anwendung des förmlichen Wahlverfahrens an den vom BAG angenommen Vorrang des auch für Nachwahlen geltenden § 177 Abs. 6 Satz 3 Hs. 1 (→ Rn. 17). Somit ist auch für die Bestimmung des Wahlverfahrens, in dem die Nachwahlen durchzuführen sind, die Anzahl der Wahlberechtigten maßgebend. Die erneute Wahl von stellvertretenden Mitgliedern kann auch notwendig werden, wenn eine isolierte Anfechtung der Wahl der stellvertretenden Mitglieder (→ § 177 Rn. 95) erfolgreich war.

26 **Akzessorietät bei nichtiger Vertrauenspersonen-Wahl:** War die Wahl der Gesamtvertrauensperson wegen schwerer und offenkundiger Wahlfehler nichtig, so soll sich die Nichtigkeitsfolge aus Gründen der Akzessorietät im Ergebnis auch auf eine – isoliert gesehen – von dem Nichtigkeitsgrund nicht erfasste Wahl der stellvertretenden Mitglieder erstrecken.[64] Für diese Rspr. sprechen mehr praktische als rechtliche Gründe. Richtig ist, dass ein Nachrücken gemäß § 177 Abs. 7 Satz 4 nicht stattfinden kann, wenn bei nichtiger Wahl das Amt der Vertrauensperson zu keinem Zeitpunkt wirksam bestanden hat. Das ist jedoch an sich kein Grund, die frei von Fehlern durchgeführte Stellvertreterwahl wiederholen zu müssen. Es besteht allerdings in jedem Fall eine vertretungslose Zeit bis die unwirksame Vertrauenspersonen-Wahl wiederholt worden ist. Erst nach erneuter Vertrauenspersonen-Wahl können die stellvertretenden Mitglie-

---

64 So OVG NRW 7.4.2004 – 1 A 4778/03.PVL, Behindertenrecht 2006, 20.

der im Verhinderungsfall vertreten bzw. nachrücken. Bei dieser Rechtslage erscheint es in der Praxis sinnvoll, dann auch insgesamt Vertrauensperson und Stellvertreter neu zu wählen, zumal so das Problem des Auseinanderfallens der Länge der Amtszeiten vermieden wird. Rechtlich ist die Erstreckung der Nichtigkeitsfolge auf die Stellvertreterwahl jedoch nicht zwingend. Eine Minimierung rechtlicher Risiken kann in diesem Fall dadurch bewirkt werden, dass vor der erneuten Wahl alle stellvertretenden Mitglieder ihr Amt nach § 177 Abs. 7 Satz 3 niederlegen.

h) Wahlanfechtung

Getrennte Anfechtung: Nach Abs. 7 gilt die in § 177 Abs. 6 Satz 2 enthaltene Verweisung auf die Vorschriften über die Wahlanfechtung in § 19 BetrVG und § 26 BPersVG nF bzw. in den Vorschriften des jeweiligen LPVG „entsprechend". Hier ist zu berücksichtigen, dass in getrennten Wahlgängen Vertrauensperson und stellvertretende Mitglieder gewählt werden, deshalb bedarf es zur Anfechtung der Wahl des stellvertretenden Mitglieds der GSBV nicht zugleich der Anfechtung der Wahl der Vertrauensperson. Es handelt sich insoweit nicht um eine unzulässige **Teilanfechtung** einer einheitlichen Wahl.[65] Fehler bei der Wahl der Stellvertreter wirken sich nicht auf die Wirksamkeit der Wahl der Vertrauensperson aus. Dasselbe gilt umgekehrt im Fall der bloßen Anfechtbarkeit der Wahl der Vertrauensperson für die Wirksamkeit der Wahl des Stellvertreters. Ist allerdings die Wahl der Vertrauensperson nichtig, soll die Nichtigkeit sich auch auf die Wahl der stellvertretenden Mitglieder erstrecken (→ Rn. 26).

Form und Frist zur Anfechtung: Nach Abs. 7 gilt die in § 177 Abs. 6 Satz 2 für die Anfechtung der SBV-Wahl geregelte Verweisung auf die Vorschriften des Betriebsverfassungs- oder Personalvertretungsrechts entsprechend. Zur Anfechtung von Wahlen in einem Betrieb sind nach dem Wortlaut des § 19 Abs. 2 Satz 1 BetrVG drei Wahlberechtigte, jede im Betrieb vertretene Gewerkschaft oder der Arbeitgeber berechtigt. Das **Anfechtungsrecht der Gewerkschaften** soll bei Wahlen von Schwerbehindertenvertretungen nach der Rspr. des BAG generell entfallen, weil die Wahlordnung den Gewerkschaften keine Funktion zuweist (→ § 177 Rn. 88). Bei entsprechender Anwendung ist jedoch nicht an den Wortlaut zu haften, sondern muss eine für die Besonderheit der GSBV sinnvolle Anwendung gefunden werden. Diese hat zu berücksichtigen, dass die Wahl der Vertrauensperson der GSBV oder die Wahl der stellvertretenden Mitglieder der GSBV beim Arbeitsgericht einerseits rechtlich überprüfbar gemacht werden soll und andererseits Querulanten ausgeschlossen werden sollen. Die Anfechtung besteht in der Stellung des Antrags auf **Einleitung eines Beschlussverfahrens** nach § 81 Abs. 1 ArbGG. Es müssen Wahlfehler innerhalb der nach § 19 Abs. 2 Satz 2 BetrVG einzuhaltenden Anfechtungsfrist von zwei Wochen geltend gemacht werden. Die Frist läuft ab Bekanntgabe des Wahlergebnisses.

Mindestzahl: Die Mindestzahl von **drei anfechtenden Wahlberechtigten** muss bei der gebotenen „entsprechenden" Anwendung von § 19 Abs. 2 Satz 1 BetrVG nicht stets erreicht werden. Die in Bezug genommene Vorschrift stellt auf die Wahl eines Betriebsrats ab, die nach § 1 Abs. 1 BetrVG erst statthaft ist, wenn mindestens fünf Wahlberechtigte vorhanden sind. Die Wahlen zur GSBV setzen jedoch keine fünf wahlberechtigten Vertrauenspersonen voraus. Schon deshalb muss die Vorgabe der Mindestzahl, auf die verwiesen wird, entsprechend (dh nach Sinn und Zweck) zumindest dann eingeschränkt werden, wenn

---

65 BAG 29.7.2009 – 7 ABR 91/07, Behindertenrecht 2009, 205; siehe auch → § 177 Rn. 95.

weniger als fünf Vertrauenspersonen wahlberechtigt sind. Jedenfalls dann muss die Mindestzahl „drei" entfallen. Dann genügt für die Zulässigkeit der Wahlanfechtung der Antrag einer wahlberechtigten Vertrauensperson. Sonst gäbe es in den Fällen, in denen in einem Unternehmen bis zu drei SBVen bestehen, nur bei den schweren Wahlfehlern, die zur Nichtigkeit führen, Rechtsschutz gegen Wahlmanipulationen. Notwendig ist eine entsprechende Einschränkung. Die Vorgabe einer Mindestzahl hat den Sinn, nicht repräsentative Aktionen einzelner Beschäftigter durch ein Quorum auszuschließen. Bei der Anfechtung betriebsratsinterner Wahlen bedarf es dieses Ausschlusses durch ein Quorum nicht.[66] Die Wahlen zu den überörtlichen Vertretungen sind wie „interne" Wahlen zu behandeln.

Beispiel: Es sind in einem Unternehmen mit drei Betrieben drei SBVen vorhanden. Auf der Wahlversammlung wählen nur zwei Vertrauenspersonen. Die Vertrauensperson des dritten Betriebs ist nicht erschienen, weil sie nicht ordnungsgemäß zur Versammlung geladen worden ist. Würde von der Mindestzahl drei ausgegangen, wäre die Anfechtung nur zulässig, wenn alle drei wahlberechtigten Vertrauenspersonen die Wahl der Gesamtvertrauensperson anföchten. Dies zeigt deutlich die Sinnlosigkeit der Mindestzahl.

30 **Anfechtungsberechtigung:** Die Anfechtungsberechtigung zur Wahl der Vertrauensperson der GSBV und zur Wahl der stellvertretenden Mitglieder der GSBV steht der SBV eines jeden Betriebs des Unternehmens zu, der zum Zeitpunkt der Wahl dem Unternehmen angehört hat. Unerheblich ist ob die Vertrauensperson der jeweiligen SBV an der Wahl teilgenommen hat. Das wird besonders deutlich, wenn als ein Wahlfehler gerügt wird, die SBV sei nicht zur Wahlversammlung eingeladen worden oder es habe kein Verhinderungsfall vorgelegen, so dass die Ausübung des der SBV zustehenden Wahlrechts durch das stellvertretende Mitglied fehlerhaft gewesen sei. Die der SBV zustehende Wahlberechtigung kann zwar nachträglich entfallen, weil der Betrieb im Laufe des Anfechtungsverfahrens aus dem Unternehmen, zB infolge Betriebsübergangs auf einen Dritten, ausscheidet. Tritt während des Wahlanfechtungsverfahrens der Verlust der Wahlberechtigung ein, so ist damit nicht die Unzulässigkeit der Wahlanfechtung verbunden. Die Wahlberechtigung muss nur zum Zeitpunkt der Wahl gegeben sein.[67] Erst wenn sämtliche die Wahl anfechtenden SBVen ihre Wahlberechtigung verlieren, führt dies zur Unzulässigkeit des Anfechtungsantrags. Dann besteht für die Fortführung des Beschlussverfahrens kein Rechtsschutzbedürfnis mehr.[68]

i) Wahlschutz

31 Nach der Verweisung in Abs. 7 ist auch für die Wahl der GSBV der Wahlschutz aus § 177 Abs. 6 Satz 3 sinngemäß anzuwenden. Im Schrifttum wird vorgebracht, der Wahlschutz sei nicht erforderlich, weil keine besonderen Vorbereitungen außer der Einladung zur Wahl notwendig seien und nur die Vertrauenspersonen wahlberechtigt seien und diese schon den Schutz gegen Kündigung und Benachteiligung genössen.[69] Dem ist nicht zuzustimmen. Es wird verkannt, dass in dem nach § 22 Abs. 1 SchwbVWO bei mehr als 49 Wahlberechtigten zwingend anzuwendenden leicht modifizierten förmlichen Wahlverfahren

---

66 BAG 15.8.2001 – 7 ABR 2/99, AP BetrVG 1972 § 47 Nr. 10; BAG 21.7.2004 – 7 ABR 62/03, AP BetrVG 1972 § 51 Nr. 4; BAG 16.11.2005 – 7 ABR 11/05, NZA 2006, 445.
67 Vgl. BAG 15.2.1989 – 7 ABR 9/88, BAGE 61, 125 = AP BetrVG 1972 § 19 Nr. 17.
68 Vgl. BAG 15.2.1989 – 7 ABR 9/88, BAGE 61, 125 = AP BetrVG 1972 § 19 Nr. 17.
69 *Pahlen* in Neumann/Pahlen/Greiner/Winkler/Jabben SGB IX § 180 Rn. 10.

(→ Rn. 7) auch ein dreiköpfiger Wahlvorstand bestellt werden muss. Dessen Mitglieder genießen nach Abs. 7 iVm § 177 Abs. 6 Satz 3 SGB IX, § 15 Abs. 3 KSchG besonderen Kündigungsschutz. Dieser Schutz ist auch von praktischer Bedeutung, weil die Wahlvorstandsmitglieder nicht bereits Vertrauenspersonen sein müssen, die als solche schon nach § 15 Abs. 1 KSchG geschützt sind. Ferner bedürfen auch die Wahlbewerber den Schutz aus § 15 Abs. 3 KSchG; denn die Wahlbewerber müssen nicht bereits rechtlich abgesicherte Vertrauenspersonen sein.

5. Aufgaben und Rechte

a) Zuständigkeitsabgrenzung

Allgemein: Die auf der höheren Unternehmens-, Konzern- oder Behördenebene errichteten Vertretungen sind nicht den örtlichen SBVen rechtlich übergeordnet, vgl. zum Verhältnis von Betriebsrat zum Gesamtbetriebsrat § 50 Abs. 1 Satz 2 BetrVG. Die **Zuständigkeit** der GSBV und der entsprechenden Stufenvertretungen im öffentlichen Dienst ist von der der örtlichen SBV abzugrenzen. Es gilt der Grundsatz, dass die besondere GSBV und die Stufenvertretungen nur auf ihrer Ebene für die Angelegenheiten, die nur auf dieser Ebene oder Stufe geregelt werden können, tätig werden dürfen, sog. Grundsatz der Ebenen bezogenen Aufgabentrennung.[70] Welche Angelegenheiten das im Einzelfall sind, ergibt sich aus den in der Betriebs- und Dienststellenverfassung erfassten Ebenen und den insoweit geregelten Beteiligungsrechten der Arbeitnehmervertretungen, zu denen die besonderen Vertretungen der schwerbehinderten Menschen nach Abs. 1 bis 4 in Parallelität zu wählen sind. Dieser Grundsatz der Aufgabentrennung wird allerdings in Abs. 1 Satz 2 durchbrochen. Danach übernimmt die in nur einem Betrieb des Unternehmens gewählte örtliche SBV die Aufgabe der GSBV, falls in den anderen Betrieben des Unternehmens keine SBVen gewählt worden sind. Diese GSBV hat somit uU ein **Doppelamt** (SBV und GSBV) auszuüben. Eine weitere Durchbrechung des Grundsatzes der Aufgabentrennung findet sich in Abs. 6 Satz 1 Hs. 1 Alt. 2. Danach nimmt die GSBV für die in vertretungslosen Betrieben oder vertretungslosen Dienststellen beschäftigten schwerbehinderten Menschen auch die Aufgabe der örtlichen SBV wahr, sog. **erstrecktes Mandat**, → § 177 Rn. 113. Diese Abweichungen von der Repräsentationsstruktur im BetrVG sind nicht zufällig. Sie sind logische Folgen aus der unterschiedlichen Organisationsfähigkeit, die sich ihrerseits aus der wesentlich geringeren Anzahl von der SBV zu vertretenden Beschäftigten ergibt. Für die Repräsentation durch den Betriebsrat stellt der Gesetzgeber auf die Basisnähe der betrieblichen Vertretung ab. Vertretungslücken werden bewusst in Kauf genommen; denn bereits ab fünf regelmäßig im Betrieb beschäftigten Arbeitnehmern kann nach § 1 Abs. 1 BetrVG eine Betriebsratswahl eingeleitet werden.[71] Demgegenüber gilt zwar nach § 177 Abs. 1 Satz 1 für die Wahl der SBV ebenso eine Mindestanzahl von fünf. Die dort geltende Mindestzahl stellt aber auf die im Betrieb beschäftigten Arbeitnehmer, sondern nur auf schwerbehinderte Menschen ab. Wird optimistisch unterstellt, im Betrieb werde die Mindestbeschäftigungsquote von 5 Prozent gemäß § 154 Abs. 1 erfüllt, so setzt die Wahlfähigkeit des Betriebes wenigstens 100 Arbeitnehmer voraus. Betriebe mit einer derartigen für die SBV Wahl vorauszusetzenden Größe gibt es deshalb erheblich weniger. Die Folge daraus ist, dass das Netz der Vertrauenspersonen deutlich

32

---

70 BAG 23.9.1975 – 1 ABR 122/73.
71 *Kohte/Liebsch*, Fachbeitrag B2–2018, abrufbar unter www.reha-recht.de.

lückenhafter als das Netz der Betriebsräte ist.[72] Die Abweichungen in § 180 Abs. 1 Satz 2 und Abs. 6 Satz 1 sind deshalb erforderlich, um die für schwerbehinderte Beschäftigte sonst drohende Vertretungslücke zu schließen.[73] Daraus folgt für die GSBV unter diesen Voraussetzungen eine dreifache Ämterkumulation:
1. Amt als gewählte SBV für Betrieb X,
2. Amt als nicht gewählte GSBV für alle Betriebe des Unternehmens Y, zu dem der Betrieb X gehört, und
3. Amt als nicht gewählte SBV für alle vertretungslosen Betriebe des Unternehmens Y.

Dieser **Lückenschluss** durch ein erstrecktes Mandat gilt nach § 180 Abs. 6 Satz 2 entsprechend für die **Konzern-, Bezirks- und Hauptschwerbehindertenvertretung**, soweit auf der für diese Vertretungen unteren Ebene von Unternehmen oder Geschäftsbereich keine Stufenvertretung gewählt worden ist. Die Fiktion in Abs. 1 Satz 2 „nimmt sie die Rechte und Pflichten einer GSBV wahr" stellt sicher, dass eine SBV die Betreuungsaufgabe für die vertretungslosen Betriebe wahrnehmen kann, wenn in diesem Unternehmen, dem die vertretungslosen Betriebe angehören – gleich aus welchen Gründen – nur eine SBV besteht. Dennoch kann im Unternehmen eine **Vertretungslücke** verbleiben.

Beispiel: Ein nicht konzernangehöriges Unternehmen hat zwölf weit auseinander liegende Betriebe. Dort werden jeweils nur vier schwerbehinderten Menschen (sbM) nicht nur vorübergehend beschäftigt. Es kann weder in einem Betrieb des Unternehmens noch für eine Zusammenfassung von Betrieben iSv § 177 Abs. 1 Satz 4 (→ § 177 Rn. 39) eine SBV gewählt werden. Es kommt auch keine Beistandsleistung für die 48 sbM durch eine GSBV oder KSBV (→ Rn. 49) in Betracht. Abhilfe kann nur der Gesetzgeber schaffen, indem er eine unternehmensweite SBV zulässt. Dazu müsste an Abs. 1 ein Satz 3 anhängt werden: „Ist in allen Betrieben eines Unternehmens keine SBV, weil die Voraussetzungen des § 177 Abs. 1 SGB IX nicht vorliegen, sind jedoch im Unternehmen insgesamt wenigstens fünf schwerbehinderte Menschen nicht nur vorübergehend beschäftigt, wird eine unternehmensweite Schwerbehindertenvertretung von den wahlberechtigten schwerbehinderten Menschen gewählt." Eine vergleichbare Regelung wäre auch für den Geschäftsbereich einer Behörde angebracht. Zur Vertretung von Beschäftigten in vertretungslosen Dienststellen durch die GSBV → Rn. 37.

33 **Überbetriebliche oder unternehmensbezogene Aufgaben:** Die GSBV vertritt nach Abs. 6 Satz 1 Hs. 1 Alt. 1 die Interessen der schwerbehinderten Menschen in allen Angelegenheiten, die das Gesamtunternehmen oder zumindest mehrere Betriebe des Arbeitgebers betreffen und von den „örtlichen" SBVen der einzelnen Betriebe nicht geregelt werden können. Die Zuständigkeitsabgrenzung ist der **Subsidiaritätsregelung** des § 50 Abs. 1 BetrVG nachgebildet. Die beiden folgenden Voraussetzungen müssen **kumulativ** vorliegen:
1. Die Angelegenheit betrifft das gesamte Unternehmen oder zumindest mehrere Betriebe
2. und kann nicht von der „örtlichen" SBV des einzelnen Betriebes geregelt werden.

Fehlt eine der beiden Voraussetzungen, ist ausschließlich die Zuständigkeit der einzelnen SBV gegeben. Die zur Zuständigkeitsabgrenzung ergangene Rspr. zu

---

72 *Kohte/Liebsch*, Fachbeitrag B2–2018, abrufbar unter www.reha-recht.de.
73 So zu Recht: *Kohte/Liebsch*, Fachbeitrag B2–2018, unter www.reha-recht.de abrufbar.

§ 50 Abs. 1 BetrVG ist hilfreich. Danach muss bei Prüfung der zweiten Voraussetzung nicht der Maßstab anzulegen sein, dass es nicht objektiv unmöglich sein muss, die betreffende Angelegenheit durch die jeweilige SBV des einzelnen Betriebs zu regeln.[74] Es genügt, wenn bei vernünftiger Würdigung des Sachverhalts eine zwingende sachliche Notwendigkeit für eine einheitliche Regelung spricht.[75] Ein zwingendes Erfordernis für die überbetriebliche Regelung kann sich sowohl aus technischen als auch aus rechtlichen Gründen ergeben. Die bloße Zweckmäßigkeit einer unternehmenseinheitlichen Regelung oder ein Kosten- oder Koordinierungsinteresse auf Seiten der Unternehmensführung genügt noch nicht.[76] Sofern die GSBV nach Abs. 6 Satz 1 Hs. 1 für eine Angelegenheit originär zuständig ist, findet keine Aufspaltung in Teile statt, die in die betriebsübergreifende Zuständigkeit und in die betriebliche Zuständigkeit fallen.[77]

Unterschiede zur betriebsrätlichen Zuständigkeitsabgrenzung: Bei der Anwendung der zu § 50 Abs. 1 BetrVG ergangenen Rspr. ist die Besonderheit der Aufgabenstellung der SBV zu berücksichtigen; denn der SBV ist im gesamten Schwerbehindertenrecht nur die eine Regelungsaufgabe in § 166 zugewiesen, nämlich gemeinsam mit dem Betriebsrat und dem Arbeitgeber sowie dessen Inklusionsbeauftragten eine Inklusionsvereinbarung zu treffen. Sonst bestehen nur Unterrichtungs- und Anhörungsrechte. Diese können stets von der einzelnen SBV vor Ort wahrgenommen werden. Verlagert der Arbeitgeber aus Zweckmäßigkeitsgründen die Erledigung bestimmter, die einzelnen schwerbehinderten Menschen betreffenden Angelegenheiten auf überbetriebliche Stellen, zB **Kompetenzzentren**, so bleibt von dieser Zentralisierung die Zuständigkeit der SBV des Betriebs, in dem der schwerbehinderte Mensch beschäftigt wird, unberührt. Im Übrigen ist zu berücksichtigen, dass nach dem Schwerbehindertenrecht nicht immer einheitlich auf einer Ebene zu behandelnde Angelegenheiten vorliegen. So ist zB das Informationsrecht zur Überwachung der Beschäftigungspflicht in § 163 Abs. 2 Satz 3 sowohl auf den einzelnen Betrieb als auch auf das Unternehmen bezogen, so dass die Überwachungsaufgabe gemeinsam von GSBV und örtlichen SBVen wahrzunehmen ist (→ Rn. 43). Der von der Rspr. aufgestellte Grundsatz der ebenenbezogenen Aufgabentrennung ist für das Betriebsverfassungsrecht entwickelt worden. Er kann keine uneingeschränkte Geltung für das Schwerbehindertenrecht beanspruchen. 34

Gespaltene Zuständigkeiten beim Treffen der Inklusionsvereinbarung: Da die Beschäftigung der schwerbehinderten Menschen im Betrieb und die Eingliederung arbeitsuchender schwerbehinderter Menschen in den Betrieb erfolgen muss, kann schon deshalb die Zuständigkeit der für den einzelnen Betrieb zuständigen SBV für das Treffen der Inklusionsvereinbarung niemals entfallen[78]; denn die nach § 166 Abs. 2 und 3 erforderlichen Regelungen zur Eingliederung und besseren behinderungsgerechten Beschäftigung betreffen stets betrieblich zu verwirklichende Ziele. Das führt jedoch nicht zur Alleinzuständigkeit der örtlichen SBV. Zuständig können auch GSBV und die Stufenvertretungen nach Abs. 4 sein. Auch sie haben das Recht zu Verhandlungen über eine Inklusionsvereinbarung und zu ihrem Abschluss, soweit es um Ziele geht, die nur einheitlich verhandelt werden können. Deshalb war bereits bei Einführung der Inte- 35

---

74 BAG 23.9.1975 – 1 ABR 122/73, AP Nr. 1 zu § 50 BetrVG 1972.
75 BAG 23.9.1975 – 1 ABR 122/73, AP Nr. 1 § 50 BetrVG 1972.
76 BAG 14.11.2006 – 1 ABR 4/06, AP Nr. 43 zu § 87 BetrVG 1972 Überwachung.
77 So für das Verhältnis von Gesamtbetriebsrat und örtlichen Betriebsräten nach § 50 Abs. 1 Satz 1 BetrVG: BAG 14.11.2006 – 1 ABR 4/06, Rn. 35, BAGE 120, 146.
78 So auch *Cramer* NZA 2004, 706; *Kayser* in Ernst/Adlhoch/Seel, 31. EL Mai 2017, SGB IX § 97 Rn. 26.

grationsvereinbarung klargestellt, in einem Unternehmen mit mehreren Betrieben oder einem Konzern Vereinbarungen auf den verschiedenen Ebenen abzuschließen sind.[79] Deshalb ist auch die GSBV zum Abschluss einer **Rahmenvereinbarung** befugt, wenn in ihr unternehmensweit bestimmte überbetriebliche Zielvorgaben geregelt werden.

Beispiel: Die Gesamtinklusionsvereinbarung gibt als unternehmensbezogene Ziele vor:
1. Die gegenwärtige Ist-Quote der Schwerbehindertenbeschäftigung von 2 % wird bis zum Jahr 2020 auf wenigstens 3 % angehoben.
2. Jeder Betriebsleiter hat in der Personalplanung entsprechende Steigerungsraten vorzusehen. Werden diese nicht erfüllt, gibt es für die verantwortlichen Führungskräfte einen Malus bei der Erfolgsbeteiligung.
3. Das Unternehmen führt in jedem Jahr für personalverantwortliche Führungskräfte eine Schulungsveranstaltung im Schwerbehindertenrecht durch, an der auch die Vertrauensperson der GSBV teilnimmt und auf der sie aus ihrer Sicht den Stand der bisherigen Bemühungen zur behinderungsgerechten Beschäftigung darstellen kann.

In Betracht kommen auch folgende überbetrieblich regelbare Angelegenheiten:
- Regelung zur Anzahl der Bestellung von Inklusionsbeauftragten: Soll nur eine Person für das gesamte Unternehmen oder sollen mehrere Personen für die einzelnen Betriebe bestellt werden?
- Regelung des Ziels der angestrebten Mindestbeschäftigungsquote: Sollen Ziele für die einzelnen Betriebe zugelassen werden? Die gesetzliche Quote stellt nach § 154 Abs. 1 SGB IX nur auf die Gesamtheit der Arbeitsplätze im Unternehmen ab
- Regelung der Qualifizierung und Schulung von Führungskräften im Schwerbehindertenrecht: Soll jeder Betrieb ein eigenes Konzept entwickeln oder wird diese Aufgabe unternehmenseinheitlich gesteuert?
- Regelung der Unterrichtung der Betriebsräte und Schwerbehindertenvertretungen über die Mindestbeschäftigung. Wie wird sichergestellt, dass alle Betriebsräte und Schwerbehindertenvertretungen über den aktuellen Stand der Ist-Beschäftigung von schwerbehinderten Menschen in den einzelnen Betrieben informiert werden und regelmäßig ein aktualisiertes Verzeichnis der schwerbehinderten Beschäftigten erhalten?
- Regelung der Personalplanung: Soll eine betriebsübergreifende Jobbörse für schwerbehinderte Beschäftigte eingeführt werden, um behinderungsbedingte Schwierigkeiten in der betrieblichen Beschäftigung zu lösen?

36 **Delegation der Wahrnehmung von Aufgaben:** Es fehlt eine ausdrückliche Bestimmung, die § 50 Abs. 2 BetrVG entspricht und der SBV das Recht einräumt, die GSBV zu beauftragen, eine in die Zuständigkeit der SBV fallende „örtliche" Aufgabe nicht mit der Betriebsleitung, sondern „überörtlich" mit der kompetenzmächtigeren Unternehmensleitung zu behandeln. Dass der Gesetzgeber diese Aufgabenübertragung auf eine „höhere Instanz" und die Beteiligung der entsprechenden Vertretungsebene nicht ausschließt, zeigt die Regelung für die öffentlich-rechtlichen Stufenvertretungen in Abs. 6 Satz 3 und 4. Es ist für die betrieblichen SBVen davon auszugehen, dass insoweit kein bewusster Ausschluss von der Delegationsmöglichkeit vorliegt. Das wird auch dem Bedürfnis der betrieblichen Praxis in den Fällen der Auslagerung und Zentralisierung bestimmter Angelegenheiten, wie Beantragung von Integrationshilfen und Planung behinderungsgerechter Arbeitsgestaltung auf überbetriebliche Kompetenzzentren

---

79 *Cramer* NZA 2004, 706.

gerecht. Stimmt die örtliche SBV der sachgerechten Zusammenarbeit der GSBV mit dem Kompetenzzentrum zu, entfällt die schwierige Abgrenzungsfrage, ob die Angelegenheit nicht doch noch auf betrieblicher Ebene „regelbar" ist (→ Rn. 33).

b) Ersatz-Schwerbehindertenvertretung

Erstrecktes Mandat als umfassende Vertretungsaufgabe vor Ort: Zusätzlich hat die GSBV nach Abs. 6 Satz 1 Hs. 1 Alt. 2 auch die Interessen derjenigen schwerbehinderten Menschen zu vertreten, die in einem Betrieb beschäftigt werden, für den keine SBV gewählt worden ist oder wegen einer zu geringen Anzahl von schwerbehinderten Menschen nicht gewählt werden kann. So nimmt die GSBV in den **vertretungslosen Betrieben** fast **sämtliche** Aufgaben der fehlenden „örtlichen" SBV ersatzweise und kommissarisch[80] wahr (→ Rn. 32).

Fallstudie: Ergibt sich aus § 180 Abs. 6 SGB IX das Recht zur Beteiligung am Personalauswahlverfahren, wenn nur externe Bewerbungen schwerbehinderter Menschen vorliegen? Dem Wortlaut nach „(...) vertritt (die GSBV) die Interessen der schwerbehinderten Menschen, die in einem Betrieb oder einer Dienststelle tätig sind, für die eine SBV nicht gewählt ist (...)". Eine am Wortlaut haftende Anwendung schlösse externe Bewerber nicht ein, weil diese im Betrieb noch nicht tätig sind, sondern erst nach der Einstellung tätig werden können. In dem Beschlussverfahren 8 BV 6/19 vor dem ArbG Hannover ist diese Auffassung von einem öffentlichen Arbeitgeber zur Abwehr der Beteiligungsansprüche einer vorgebracht worden. Nach Hinweis des Gerichts auf die Verweisungskette § 180 Abs. 7, § 178 Abs. 2, § 164 Abs. 1 Satz 4 SGB IX hat der Arbeitgeber die Beteiligungsansprüche anerkannt, so dass das Verfahren am 29.1.2020 eine gütliche Erledigung gefunden hat. Die herangezogene Verweisungskette ist einschlägig; denn für die im erstreckten Mandat nach § 180 Abs. 6 Satz 1 SGB IX für vertretungslose Betriebe zuständige GSBV ist § 164 Abs. 1 Satz 1 in Verbindung mit Satz 4 SGB IX anzuwenden. Nach diesen Bestimmungen ist die SBV auch für externe, insbesondere arbeitslose und arbeitsuchende Bewerber zuständig. Dies soll nach § 180 Abs. 7 SGB IX entsprechend für die im erstreckten Mandat zuständige GSBV gelten.

Die GSBV kann im Rahmen des erstreckten Mandats auch an den Sitzungen des „örtlichen" Betriebsrats oder Personalrats nach § 178 Abs. 4 und nach § 178 Abs. 5 auch an den sogenannten Monatsgesprächen des Arbeitgebers mit dem Betriebs- und Personalrat teilnehmen. Der Arbeitgeber hat sie als Ersatz-SBV nach § 178 Abs. 2 Satz 1, § 164 Abs. 1 Satz 4, 6, 7 und 9 sowie § 167 Abs. 1 und § 167 Abs. 2 zu unterrichten und zu beteiligen.[81] Sie hat auch das Recht, nach § 178 Abs. 6 mindestens einmal im Jahr eine Versammlung der schwerbehinderten Menschen im vertretungslosen Betrieb durchzuführen. Diese umfassende Zuständigkeit ist bei der Novellierung des SGB IX bekräftigt worden. Das ergibt sich aus der mit Wirkung vom 1.5.2004 vorgenommen Anfü-

37

---

80 *Sachadae*, Wahl der SchwbV, 2013, S. 309: verwendet den Begriff „kommissarische Aufgabenwahrnehmung". Dieser Begriff entspricht inhaltlich dem hier verwendeten Begriff „erstrecktes Mandat".

81 Einhellige Meinung im Fachschrifttum bereits seit den Vorgängerregelungen im SchwbG: *Wilrodt/Neumann* SchwbG, 4. Aufl. 1976, SchwbG § 24 Rn. 12; *Cramer* in Jung/Cramer SchwbG, 2. Aufl. 1980, SchwbG § 24 Rn. 8; *Herschel* Anm. zu BAG AP Nr. 1 zu § 22 SchwbG.

gung des Hs. 2 in Abs. 6 Satz 1.[82] Dort hat der Gesetzgeber klargestellt, dass zur Zuständigkeit der GSBV bei Fehlen einer örtlichen SBV auch das Verhandeln und Treffen einer Integrationsvereinbarung iSv § 83 SGB IX aF (seit 1.1.2018: Inklusionsvereinbarung nach § 166) gehört. Damit hat der Gesetzgeber zugleich sein Bestreben erkennbar werden lassen, Vertretungslücken zu vermeiden. Diese mit dem erstreckten Mandat verbundene Vertretungsaufgabe wird nicht selten übersehen, ist aber schon seit Jahrzehnten von der Rspr. klargestellt.[83] In der jüngeren Rspr. wird sie anschaulich so umschrieben: „Sie (die GSBV) nimmt daher die Interessen aller schwerbehinderten Menschen des Unternehmens auf Betriebs- und Unternehmensebene wahr".[84] Das Schrifttum beschreibt die Ersatzfunktion zutreffend damit, Abs. 6 regele ausdrücklich, dass in Betrieben, in denen eine Schwerbehindertenvertretung nicht gewählt ist, die Gesamtschwerbehindertenvertretung die Interessen dieser sbM wahrnehme, indem sie dort an die Stelle der betrieblichen Schwerbehindertenvertretung trete.[85] Das Übersehen des erstreckten Mandats ist für die Praxis nicht ohne Risiko; denn:

1. die damit verbundenen Fahrlässigkeiten können nach § 238 Abs. 1 Nr. 6, 7 und 8 als Ordnungswidrigkeiten mit Bußgeldern geahndet werden und
2. im Fall der nach § 178 Abs. 2 Satz 1 erforderlichen Beteiligung der SBV vor Kündigungen greift auch hier die Unwirksamkeitsregelung aus § 178 Abs. 2 Satz 3. Wird nämlich einem schwerbehinderten Arbeitnehmer in einem Betrieb ohne Schwerbehindertenvertretung gekündigt, so muss zur Vermeidung der Unwirksamkeit der Kündigung zuvor die zuständige GSBV unterrichtet und angehört werden.[86]

38 **Zuständigkeit für die Wahleinleitung im vertretungslosen Betrieb:** Angesichts der mit dem erstreckten Mandat für die GSBV verbundenen Reisetätigkeit zu entfernten Betrieben oder Dienststellen sollte die Gesamtvertrauensperson im eigenen Interesse prüfen, ob sie nicht auf die Wahl von SBVen in den vertretungslosen Betrieben zB durch Einladung zu einer Informationsveranstaltung im Rahmen der Betriebsversammlung der schwerbehinderten Menschen nach § 178 Abs. 6 hinwirkt. Ein Teil des Schrifttums nimmt sogar eine Befugnis zur Bestellung eines Wahlvorstands für das förmliche Wahlverfahren oder Einladung zur Wahlversammlung im vereinfachten Wahlverfahren an.[87] Ein anderer Teil schließt bereits das „weiche" Recht auf Hinwirken und erst recht die Befugnis zur Bestellung eines Wahlvorstands oder zur Einberufung der Wahlversammlung aus.[88] Die Rechtsfrage, wie weit das erstreckte Mandat im Hinblick auf Einleitung von Wahlen reicht, ist differenziert zu beantworten.

---

82 Vgl. Begründung zum Gesetzentwurf der Fraktionen SPD und Bündnis 90/DIE GRÜNEN in BT-Drs. 15/1783: „Die Ergänzung verdeutlicht, dass auch Stufenschwerbehindertenvertretungen über Integrationsvereinbarungen verhandeln und diese abschließen können".
83 Vgl. BAG 16.8.1983 – 1 AZR 544/81, Rn. 15, BAGE 44, 86 = NJW 1984, 2966.
84 BAG 4.11.2015 – 7 ABR 62/13, Rn. 17, Behindertenrecht 2016, 113.
85 *Pahlen* in Neumann/Pahlen/Winkler/Jabben, 13. Aufl. 2018, SGB IX § 180 Rn. 3.
86 LAG Düsseldorf 10.12.2020 – 5 Sa 231/20, juris Rn. 87, ArBuR 2021, 235: zur Beteiligungspflicht der KSBV vgl. ArbG Darmstadt 14.11.2017 – 9 Ca 249/17; weitere Einzelheiten: → Rn. 40.
87 *Krämer* in FKS SGB IX § 180 Rn. 7; *Knittel*, 92. EL 1.8.2017, SGB IX § 97 Rn. 18; *Pahlen* in Neumann/Pahlen/Winkler/Jabben, 13. Aufl. 2018, SGB IX § 180 Rn. 12 am Ende.
88 *Cramer* SchwbG, 5. Aufl. 1998, SchwbWO § 1 Rn. 1; *Hohmann* in Wiegand SGB IX SchwbVWO § 1 Rn. 5.

Prinzip der Selbstorganisation begrenzt das Mandat der GSBV: Zutreffend ist, dass die GSBV auf die Wahl einer eigenen SBV im vertretungslosen Betrieb im Sinne von § 176 Satz 2 2.Hs. SGB IX hinwirken darf. Zwar fehlt eine ausdrückliche Kompetenzanordnung, wie sie in § 176 Satz 2 Hs. 2 getroffen ist. Diese Befugnis ist, soweit nicht schon eine originäre Zuständigkeit aus § 180 Abs. 6 Satz 1 Satz 1 Hs. 1 Alt. 1 SGB IX („Angelegenheiten, die (...) mehrere Betriebe (...) betreffen") besteht, in dem nach § 180 Abs. 6 Satz 1 Hs. 1 Alt. 2 SGB IX erstreckten Mandat („sowie die Interessen der schwerbehinderten Menschen, die in einem Betrieb tätig sind, für die eine Schwerbehindertenvertretung nicht gewählt ist") enthalten.[89] Aus dem Gesetz folgt ein nicht durch Wahl im Betrieb legitimierter „kommissarischer" Auftrag[90], die Interessenvertretung der schwerbehinderten Beschäftigten im vertretungslosen Betrieb einschließlich der Verhandlungs- und Abschlussrechte für Inklusionsvereinbarungen wahrzunehmen. Dieses „kommissarische" Mandat stellt eine **Ersatzlösung für den Ausnahmefall** des Nichtbestehens einer eigenen SBV dar. Regelfall soll die Wahl einer eigenen SBV und deren durch Wahl im Betrieb legitimiertes Mandat sein. Demgegenüber hat die GSBV nur ein durch gesetzlichen Auftrag auf den vertretungslosen Betrieb erstrecktes Mandat. Aus diesem Verhältnis zwischen originär durch Wahl im Betrieb und durch gesetzlichen Auftrag erstrecktem Mandat der GSBV kann auf ein Regel- und Ausnahmeverhältnis geschlossen werden. Diesem Verhältnis liegt das vorrangige Prinzip der Selbstorganisation zugrunde.[91] Dieses Prinzip ist gesetzlich in § 177 Abs. 1 Satz 1 SGB IX verankert. Es beinhaltet, dass die schwerbehinderten Beschäftigten selbst bestimmen sollen, ob sie eine eigene SBV wählen oder sich durch die GSBV vertreten lassen wollen. Dazu hat der Verordnungsgeber in § 1 Abs. 2 Satz 1 SchwbVWO für das förmliche und in § SchwbVWO für das vereinfachte Wahlverfahren die Initiierung der Wahlen näher ausgestaltet. Danach sind, wenn „im Betrieb eine Schwerbehindertenvertretung nicht vorhanden ist", drei Wahlberechtigte befugt, zur Wahl des Wahlvorstands für das förmliche Verfahren oder zur Wahl der SBV für vereinfachte Verfahren einzuladen. Der Verordnungsgeber hat bereits im Wortlaut dieser Bestimmungen der Wahlordnung deutlich zum Ausdruck gebracht, dass diese Befugnis der Wahlberechtigten nicht durch die kommissarische Ersatzzuständigkeit der GSBV für den vertretungslosen Betrieb ausgeschlossen wird; denn die Voraussetzung „im Betrieb eine Schwerbehindertenvertretung nicht vorhanden" ist auch dann erfüllt, wenn eine GSBV nach § 180 Abs. 6 Satz 1 SGB IX die Interessenvertretung der schwerbehinderten Menschen im vertretungslosen Betrieb wahrnimmt. Diese Wortauslegung wird durch das dem Teil 3 des SGB IX immanente Prinzip des Vorrangs der Selbstorganisation abgesichert.[92]

Hinwirken auf Wahlen: In § 176 Satz 2 Hs. 2 SGB IX ist den im Betrieb und in der Dienststelle vertretenen Interessenvertretungen wie dem Betriebs- und Personalrat die Befugnis eingeräumt, auf eine Wahl der SBV hinzuwirken. In dieser Norm fehlt eine Erstreckung der Hinwirkungsbefugnis auf jede überörtliche Vertretung. Dennoch kann hier eine Analogie zu Gunsten der GSBV angebracht sein; denn dieses Hinwirken dient dem erkennbaren Ziel der Unterstützung zur Selbsthilfe. Die Gruppe der schwerbehinderten Beschäftigten soll befähigt wer-

---

89 So auch im Ergebnis *Sachadae*, Wahl der SchwbV, 2013, S. 311.
90 *Düwell* in Deinert/Neumann SGB IX-HdB § 20 Rn. 28.
91 Vgl. *Sachadae*, Wahl der SchwbV, S. 75 f. Grundlegend zur Begriffsbildung: *Jacobs*, Die Wahlvorstände für die Wahlen des Betriebsrats, des Sprecherausschusses, und des Aufsichtsrats, 1995, S. 47.
92 Ausführlich: *Sachadae*, Wahl der SchwbV, S. 322 f.

den, sich zu entscheiden, ob sie in Selbstorganisation nach § 177 Abs. 1 Satz 1 SGB IX eine eigenen SBV wählen, oder sich weiter von der GSBV vertreten lassen will. Dieses analoge Hinwirkungsrecht ist darauf begrenzt, das Interesse der Gruppe der schwerbehinderten Beschäftigten für eine Wahl einer eigenen Vertretung zu wecken. Die Hinwirkungsbefugnis der überörtlichen GSBV darf nicht in die Akte der Vorbereitung und Durchführung der Wahl eingreifen, die der betrieblichen Selbstorganisation vorbehalten sind. Jeder Eingriff stellt eine unzulässige Fremdbestimmung eines überörtlichen Mandatsträgers dar. Ein derartiger Eingriff liegt vor, wenn sich die GSBV das der Gruppe von drei Wahlberechtigten des Betriebs vorbehaltene Einladungsrecht aneignet.

Initiierungsbefugnis der GSBV: Eine für die SBV Wahl 2018 von der BIH erstellte Broschüre stellt die Rechtslage so dar „Wenn die Stufenvertretung wie eine örtliche Schwerbehindertenvertretung tätig wird (Fallgestaltungen der § 180 Absatz 6 Sätze 1 und 2 SGB IX in Verbindung mit § 1 Absatz 1 SchwbVWO analog, hat sie den Wahlvorstand zu bestellen."[93] Dem ist zu widersprechen. Aus der oben dargestellten Hinwirkungsbefugnis folgt noch kein Recht der GSBV, einen Wahlvorstand für das förmliche Verfahren zu bestellen oder zur Wahlversammlung im vereinfachten Verfahren einzuladen. Entgegen vereinzelter nicht näher begründeter Darstellungen im Schrifttum[94] ergibt sich diese Befugnis nicht aus der Anwendung von § 1 Abs. 1 SchwbVWO. Diese Norm berechtigt nur eine noch im Betrieb vorhandene SBV, für eine vor Ablauf der Amtszeit erneut zu wählende SBV den Wahlvorstand zu bestellen. Verweist jedoch für den Fall der Ablauf der Amtszeit auf eine andere Regelung in der SchwbVWO. Für den Fall der Wahl nach Ablauf der Amtszeit sind für das förmliche und vereinfachte Wahlverfahren § 1 Abs. 2 bzw. § 19 Abs. 2 SchwbVWO einschlägig. Sowohl nach § 1 Abs. 2 Satz 1 SchwbVWO im förmlichen Wahlverfahren als auch nach § 19 Abs. 2 SchwbVWO im vereinfachten Wahlverfahren soll die Entscheidung über die Durchführung der Wahl einer **Wahlversammlung** vorbehalten sein. Die im Schrifttum empfohlene Bestellung des Wahlvorstandes durch die GSBV wäre ein schwerwiegender Eingriff in die von der Wahlordnung der Gruppe der schwerbehinderten Menschen im Betrieb vorbehaltene Entscheidungshoheit. Dieser Eingriff macht die spätere Wahl der SBV zumindest anfechtbar, wenn nicht gar nichtig. Nach einer vermittelnden Meinung im Fachschrifttum[95] soll die GSBV in Wahrnehmung des erstreckten Mandats nicht auf das Abhalten von Informationsveranstaltungen beschränkt sein. Die GSBV sei initiierungsberechtigt, indem sie in analoger Anwendung von § 1 Abs. 2 Satz 2 bzw. § 19 Abs. 2 SchwbVWO, ebenso wie sonst drei Wahlberechtigte, zur Versammlung einladen dürfe. Als Analogie wird bezeichnet, wenn eine Rechtsnorm mit anderen Tatbestandsvoraussetzungen auf einen ähnlichen ungeregelten Sachverhalt angewandt wird.[96] Ähnlich ist der Sachver-

---

93 BIH (Herausgeber) ZB Spezial, Wahl der Schwerbehindertenvertretung 2018 unter 4.2 S. 47, abrufbar unter www.integrationsaemter.de.
94 *Krämer* in FKS SGB IX § 180 Rn. 7, der allerdings selbst Zweifel äußert, indem er auf die „rechtssichere" Möglichkeit verweist, dass der Betriebsrat nach § 1 Abs. 2, § 19 Abs. 2 SchwbVWO zur Neuwahl einlädt; *Pahlen* in Neumann/Pahlen/Greiner/Winkler/Jabben SGB IX § 180 Rn. 12 am Ende.
95 Vgl. *Sachadae*, Wahl der SchwbV, S. 310 und → SchwbVWO § 1 Rn. 38; aA *Cramer* in Jung/Cramer SchwbG, 3. Aufl. 1987, SchwbWO § 1 Rn. 2, der als damals zuständiger Referent die Wahlordnung entworfen hat und die GSBV nicht als initiierungsbefugt aufführt; ebenso *Hohmann* in Wiegand/Hohmann, 2. Aufl. 2010, SchwbVWO Einl. Rn. 25. Soweit in den Vorauflagen das Initiierungsrecht der GSBV bejaht wurde, wird diese Ansicht aufgegeben.
96 *Rüthers/Fischer/Birk* Rechtstheorie, 7. Aufl. 2013, S. 521 Rn. 889.

halt; denn er setzt in beiden Fällen das Nichtvorhandensein einer SBV voraus. Es müssen auch gleichgelagerte Interessenkonstellationen vorliegen, denn die Analogie verfolgt den Grundgedanken der Gleichbehandlung.[97] Daran mangelt es hier. Die Rechtsordnung in § 177 Abs. 1 Satz 1 SGB IX und deren nähere Ausformung durch die Wahlordnung in § 1 Abs. 2 Satz 2 bzw. § 19 Abs. 2 SchwbVWO verneint, dass gleichgelagerte Interessen von GSBV und Wahlberechtigten an der Durchführung der SBV Wahl bestehen. Vielmehr zeigen die Normen auf, dass die Entscheidung über die Durchführung der Wahl betrieblichen Akteuren wie der Gruppe der Wahlberechtigten und dem Betriebsrat vorbehalten werden und nicht in die Hände eine überörtliche Vertretung gelegt werden soll. Als einzige Ausnahme für außerbetriebliche Akteure ist in § 177 Abs. 6 Satz 4 SGB IX und § 1 Abs. 2 Satz 3, § 19 Abs. 2 SchwbVWO nur eine Einladungsberechtigung des Integrationsamts zur vorgesehen. Folglich fehlt auch für die Begründung eines analogen Einladungsrechts außerbetrieblichen Akteurs GSBV die rechtsmethodologische Grundlage. Unabhängig davon ist den Kritikern der Wahlordnung zwar zuzugestehen, dass die SchwbVWO nicht als ein fehler- und widerspruchsfreies Regelwerk angesehen werden kann, das per se jede Analogie ausschließt. Aber für eine zugunsten der GSBV auszufüllende Regelungslücke liegen keine hinreichenden Anhaltspunkte vor. Daraus folgt: Bestellt die GSBV einen Wahlvorstand, so provoziert sie für die Durchführung der Wahl ein hohes Anfechtungsrisiko; denn die fehlerhafte Bestellung des Wahlvorstands schlägt auf die Wirksamkeit der Wahl durch.[98] Versucht die GSBV das Einladungsrecht der Gruppe der Wahlberechtigten mit einer überholenden Bestellung eines Wahlvorstandes auszuhebeln, ist dies ein so offensichtlicher und besonders grober Verstoß gegen die Bestellungsvorschriften. Die Bestellung des Wahlvorstands ist dann unwirksam und die Gruppe der Wahlberechtigten berechtigt, den Abbruch der von außen eingeleiteten Wahl in arbeitsgerichtlichen Beschlussverfahren zu verlangen.[99]

Den sicheren Weg beschreitet eine GSBV bei der erstmaligen oder Ablauf der Amtszeit stattfindenden erneuten Wahl einer SBV im vertretungslosen Betrieb, wenn sie entsprechend dem Wortlaut der Wahlordnung vorgeht und das Prinzip der Selbstorganisation respektiert. Dazu überlässt sie die Einladung zur Versammlung entweder einer Gruppe von drei Wahlberechtigten des Betriebs, deren Interesse sie wecken darf, oder sie veranlasst Wahlberechtigte, die ausdrücklich in § 177 Abs. 6 Satz 4 SGB IX dazu bietet Integrationsamt zu bitten, die Aufgabe des Einladers zu übernehmen.

Zwar ist nach den obigen Erwägungen die Rechtslage eindeutig. Aber die Wahlvorschriften für SBV-Wahlen werden für Laien geschrieben, die sie durchführen sollen. Deshalb zeigt sich hier ein akuter Nachbesserungsbedarf. Es ist entweder in § 180 Abs. 6 SGB IX oder in § 1 Abs. 2, § 19 Abs. 2 SchwbVWO klarzustellen, dass das Prinzip der Selbstorganisation den überörtlichen Schwerbehindertenvertretungen (also für Betriebe: GSBV und KSBV und bei mehrstufigen Behörden Bezirks-SBV und HSBV) nur ein Hinwirken auf eine Wahl, aber weder ein Recht auf Bestellung des Wahlvorstands noch ein Recht auf Einladung zur Wahlversammlung einräumt. Das sollte noch vor den nächsten Regelwahlen im Jahr 2022 geschehen.

Vertretungsloser Betrieb trotz gewählter SBV: Es kommt nicht so selten vor, dass die gewählte Mitgliedschaft der SBV im Laufe der Amtszeit „ausdünnt". Ist das letzte stellvertretende Mitglied ausgeschieden oder nachgerückt, tritt oft

39

---

97 *Rüthers/Fischer/Birk* Rechtstheorie, 7. Aufl. 2013, S. 522 Rn. 889.
98 HessLAG 14.9.2020 – 16 TaBVGa 127/20, Rn. 43.
99 HessLAG 14.9.2020 – 16 TaBVGa 127/20, Rn. 43.

Stillstand ein. Da stellt sich für die Praxis die Frage, was getan werden kann, um die Vertretung der schwerbehinderten Beschäftigten sicherzustellen.
Beispielsfall: Das letzte stellvertretende Mitglied der SBV im Betrieb X ist ausgeschieden. Die amtierende Vertrauensperson tritt eine mehrmonatige Freistellung an, die aus angesammelten Urlaubsansprüchen und Arbeitszeitkontenausgleich besteht und an die sich der Ruhestand anschließt. Die Voraussetzung für das erstreckte Mandat der GSBV ist bei wörtlicher Anwendung des Abs. 6 Satz Hs. 1 Alt. 2 nicht erfüllt; denn für den Betrieb X ist eine SBV gewählt. Jedoch muss die Vorschrift nach ihrem Sinn und Zweck, die Vertretungslücke zu vermeiden, so ausgelegt werden, dass die gewählte SBV auch noch amtiert. Das ist in dem Beispiel nur scheinbar der Fall. Die genaue Betrachtung zeigt auf, dass die Amtszeit der unwiderruflich bis zum Ruhestand freigestellten Vertrauensperson mit Antritt ihrer arbeitsrechtlichen Freistellung nach § 177 Abs. 6 Satz 3 geendet hat; denn wer bis zum rechtlichen Ende des Arbeits- oder sonstigen mit Arbeitspflichten verbundenen Rechtsverhältnisses unwiderruflich von allen Arbeitspflichten freigestellt wird, ist nicht mehr beschäftigt und verliert damit die Wählbarkeit, die nach § 177 Abs. 3 Satz 1 die Beschäftigung voraussetzt. Im Beispielsfall erstreckt sich daher mit dem Antritt des angesammelten Urlaubs/ Freizeitausgleichs das Mandat der GSBV als Ersatz-SBV auf den Betrieb X. Verantwortungsvollem Verhalten der Vertrauensperson entspräche es in vergleichbaren Fällen, frühzeitig den Weg zur Neuwahl frei zu machen, indem sie das **Amt** nach § 177 Abs. 6 Satz 3 **niederlegt**, sobald sie erkennt, dass keine Amtstätigkeit mehr ausgeübt werden kann.

40 **Unternehmensweite Ersatzvertretung bei Kündigungen:** Nach 178 Abs. 2 Satz 1 ist die SBV unverzüglich vor jeder Entscheidung des Arbeitgebers zu beteiligen, ob ein Arbeitsverhältnis mit einem schwerbehinderten oder gleichgestellten behinderten Beschäftigten gekündigt werden soll (→ § 178 Rn. 652). Die Einhaltung dieser Bestimmung ist durch die Unwirksamkeitsklausel in § 178 Abs. 2 Satz 3 abgesichert (→ § 178 Rn. 60 Die Anwendung der Unwirksamkeitsklausel ist Stand der Rspr.[100] Fällt der GSBV das erstreckte Mandat nach Abs. 6 Satz 1 Hs. 1 Alt. 2 zu, muss der Arbeitgeber auch diese Beteiligungspflicht beachten. Sonst ist die Kündigung unwirksam, wenn der betroffene Arbeitnehmer binnen drei Wochen beim Arbeitsgericht Feststellungsklage erhebt (→ § 178 Rn. 66).[101] Neu an dieser Rechtslage ist nur die Klarstellung der Unwirksamkeitsfolge durch den Gesetzgeber. Bereits im Zuge des Übergangs vom Schwerbeschädigten- zum Schwerbehindertenrecht im Jahre 1974 ist die Ersatzzuständigkeit der GSBV eingeführt worden, um einen umfassenden und gleichmäßigen Schutz der schwerbehinderten Menschen sicherzustellen.[102] Das BAG hat 1983 die Anwendung auf den Kündigungsfall bestätigt.[103] Das entsprach der

---

100 Zu § 95 Abs. 2 Satz 3 SGB IX aF ArbG Darmstadt 14.11.2017 – 9 Ca 249/17; zustimmend: *Kohte/Liebsch*, Fachbeitrag B2–2018, unter www.reha-recht.de abrufbar; zu § 178 Abs. 2 Satz 3 SGB IX ArbG Hagen 6.3.2018 – 5 Ca 1902/17, AuR 2018, 383; ArbG Hamburg 12.6.2018 – 21 Ca 455/17; ArbG Leipzig 17.8.2017 – 8 Ca 1122/17, DB 2018, 1862, in der Berufungsinstanz bestätigt: SächsLAG 8.6.2018 – 5 Sa 458/17; LAG Düsseldorf 10.12.2020 – 5 Sa 231/20, juris Rn. 87, ArbuR 2021, 235.
101 ArbG Darmstadt 14.11.2017 – 9 Ca 249/17; zustimmend: *Kohte/Liebsch*, Fachbeitrag B2–2018, abrufbar unter www.reha-recht.de.
102 BT-Drs. 7/656, 33.
103 BAG 28.7.1983 – 2 AZR 122/82, Rn. 17 mwN.

allgemeinen Auffassung von einer „absolut klare(n) Rechtslage".[104] Als die zum 30.12.2016 eingefügte Unwirksamkeitsregelung bekannt wurde, machte ein Teil der beratenden Anwaltschaft plötzlich gegen die jahrzehntelang unangefochtene Ersatzzuständigkeit der GSBV Bedenken geltend.[105] Diese wurden in Form eines Aufsatzes nach der ersten Entscheidung mit dem Argument vertieft, es könne nicht sein, dass eine nicht ortsansässige Vertretung in Kündigungssachen zu beteiligen sei.[106] Dieses Argument zeugt von mangelnder Kenntnis des geltenden Rechts; denn ein Blick in die nach § 3 BetrVG zulässigen Gestaltungen der Betriebsverfassung zeigt, dass das Prinzip der Ortsnähe für die Beteiligung der Arbeitnehmervertretungen keine essentielle Bedeutung hat. Auch das weitere Argument, die Unwirksamkeitsklausel dürfe nicht bei unterlassener Beteiligung der Stufenvertretung angewandt werden, da dies im Widerspruch zu § 102 BetrVG stehe,[107] trägt nicht. Das im SGB IX geregelte Recht der SBV muss nicht deckungsgleich mit dem Recht der Betriebsverfassung sein. Ein Vergleich mit § 102 BetrVG ist somit völlig verfehlt. Es gibt kein Hindernis für die Anwendung der Beteiligungsvorschrift aus § 178 Abs. 2 Satz 1 bis 3 auf das erstreckte Mandat der GSBV, KSBV oder die Stufenvertretungen im öffentlichen Dienst.[108]

c) Recht der GSBV auf Teilnahme an Sitzungen

Die GSBV hat das Recht, an allen Sitzungen des Gesamtbetriebsrats und dessen Ausschüssen einschließlich des Wirtschaftsausschusses beratend teilzunehmen. Das ist sowohl in § 52 BetrVG als auch in Abs. 7 iVm § 178 Abs. 4 SGB IX geregelt. Dazu gehört auch das Recht, nach § 178 Abs. 4 Satz 2 die **Aussetzung von Beschlüssen des Gesamtbetriebsrats** zu verlangen.[109] 41

Teilnahme an Monatsgesprächen: Der GSBV steht ein Teilnahmerecht an Monatsgesprächen, die der Gesamtbetriebsrat mit der Geschäftsleitung gemäß § 74 Abs. 1 Satz 1 BetrVG führt, zu. Dies folgt auch aus der gesetzlichen Wertentscheidung, wie sie in Abs. 7 in Verbindung mit § 178 Abs. 5 SGB IX zum Ausdruck gekommen ist. Das Teilnahmerecht der GSBV an Gesprächen, die der Gesamtbetriebsrat mit der Geschäftsleitung gemäß § 74 Abs. 1 Satz 1 BetrVG führt, begründet ein Recht auf Teilnahme nur, soweit der Gesamtbetriebsrat von seinen Befugnissen, Monatsgespräche zu verlangen, auch tatsächlich Gebrauch macht. Die Mitwirkung der GSBV ist nur ein Teilnahmeanspruch. Finden keine monatlichen Besprechungen des Gesamtbetriebsrats mit der Geschäftsleitung statt, so kann sie diese nicht erzwingen. Dabei ist eine zu restriktive Sicht zu vermeiden. Gespräche zwischen dem Gesamtbetriebsratsvorsitzenden, einem weiteren Mitglied des Gesamtbetriebsrats und der Geschäftsleitung, werden nicht als Monatsgespräche angesehen, wenn kein förmlicher Beschluss 42

---

104 So ausdrücklich: *Herschel* Anm. zu BAG AP Nr. 1 zu § 22 SchwbG, im Ergebnis ebenso: *Mushoff* in Hauck/Noftz, 31. EL III/17 (Stand 2017), SGB IX § 97 Rn. 24; *Knittel*, 9. Aufl. 2016, SGB IX § 97 Rn. 27; *Müller-Wenner* in Müller-Wenner/Winkler, 2. Aufl. 2011, § 97 Rn. 19; *Schmitz/Fraunhoffer* in FKS SGB IX, 3. Aufl. 2015, § 97 Rn. 24.11; *Düwell* in LPK-SGB IX, 4. Aufl. 2014, § 97 Rn. 34.
105 *Meißner/Prieschl* in www.cmshs-bloggt.de/arbeitsrecht/anhoerung-der-schwerbehindertenvertretung-bei-der-kuendigung/, Aufruf 23.3.2021.
106 *Prieschl/Meißner* DB 2017, 1592.
107 *Prieschl/Meißner* DB 2017, 1592.
108 Zutreffend: *Kohte/Liebsch*, Fachbeitrag B2-2018, unter www.reha-recht.de abrufbar (letzter Aufruf 21.3.2021).
109 *Düwell* in HaKo-BetrVG § 52 Rn. 15.

des Gesamtbetriebsrats für eine entsprechende Delegation vorliegt.[110] Das ist zu eng. Maßgeblich ist, ob diese kleine Gesprächsrunde bewusst gewählt wird, um die Vertrauensperson auszuschließen. Das ist dann anzunehmen, wenn sie die Monatsgespräche mit dem Gesamtbetriebsrat ersetzt.

d) Überwachungsaufgabe

43 **Überwachung der Mindestbeschäftigung:** Hat der Arbeitgeber nur einen Betrieb oder nur eine Dienststelle, so ist die SBV nach § 178 Abs. 1 Satz 2 SGB IX für die Überwachung der vom Arbeitgeber nach § 154 zu erfüllenden Beschäftigungspflicht zuständig. Hat der Arbeitgeber mehrere Betriebe, so ist nach Abs. 6 Satz 1 die GSBV für die Überwachung der vom Arbeitgeber zu erfüllenden Beschäftigungspflicht zuständig, weil die Beschäftigungspflicht sich auf alle Betriebe des Arbeitgebers bezieht (→ § 154 Rn. 9 f., Zusammenrechnungsprinzip). Damit die SBV ihre gesetzliche Aufgabe erfüllen kann, hat der Gesetzgeber in § 163 Abs. 2 Satz 3 bestimmt, dass ihr eine Kopie der vom Arbeitgeber gegenüber der Agentur für Arbeit zu erstattenden Anzeige und des für jeden Betrieb oder für jede Dienststelle fortlaufend zu führenden Verzeichnisses der schwerbehinderten Beschäftigten zu übermitteln ist. Der Gesetzeswortlaut geht vom einfachen Fall der Zuständigkeit des SBV in einem Unternehmen mit nur einem Betrieb aus. Sind mehrere Betriebe vorhanden und ein Gesamtbetriebsrat errichtet sowie eine GSBV gewählt, so muss die Bestimmung sinngemäß auf das Verhältnis von SBV und GSBV angewandt werden.[111] Da die Verzeichnisse betriebsbezogen geführt werden, die Anzeige über die Beschäftigungssituation jedoch unternehmensbezogen erstellt wird,[112] kann die den SBVen obliegende Überwachungsaufgabe nur wahrgenommen werden, wenn sowohl die örtlichen SBVen als auch die GSBV unterrichtet werden. Dieses Informationsproblem spiegelt sich auf der betriebsrätlichen Parallelebene wider. Dazu hat die Dritte Kammer des LAG München erkannt: In einem Betrieb, der zu einem Unternehmen mit mehreren Betrieben mit einem dort errichteten Gesamtbetriebsrat gehört, hat auch der **örtliche Betriebsrat** Anspruch auf Übermittlung einer Kopie des Verzeichnisses bezogen auf den Betrieb, für den er gewählt ist, und auf Übermittlung der Kopie der Anzeige bezogen auf das Gesamtunternehmen.[113] Entsprechend muss dies für das Informationsrecht der jeweiligen örtlichen SBV gelten.[114]

Da die Einhaltung der Mindestbeschäftigungspflicht unternehmensweit berechnet wird, muss auch die für die betriebsübergreifende Eingliederungsmaßnahmen zuständige GSBV unterrichtet werden. Danach sind auch der GSBV zu übermitteln:

---

110 So ArbG Hannover 7.2.2006 – 6 BV 13/05, AE 2006, 204.
111 *Düwell/Beyer* Beschäftigte Rn. 266.
112 *Kohte* in Knickrehm/Kreikebohm/Waltermann, 4. Aufl. 2015, SGB IX §§ 71–80 Rn. 7.
113 LAG München 28.7.2016 – 3 TaBV 91/15, auf Rechtsbeschwerde aufgehoben: BAG 20.3.2018 – 1 ABR 11/17, BAGE 162, 1153; ebenso: LAG München 28.7.2016 – 3 TaBV 90/15 auf Rechtsbeschwerde aufgehoben BAG 20.3.2018 – 1 ABR 57/16; zu Recht die Entscheidungen als Fehlentscheidungen darstellend, weil übersehen wurde, dass in § 176 SGB IX abweichend von § 80 Abs. 1 Nr. 1 BetrVG den Betriebsräten auch die Einhaltung der öffentlich-rechtlichen Arbeitgeberpflicht zur Mindestbeschäftigung übertragen worden ist: *Sachadae* jurisPR-ArbR 50/2018 Anm. 5.
114 Im Ergebnis ebenso: *Kayser* in Ernst/Adlhoch/Seel, 31. EL Mai 2017, SGB IX § 97 Rn. 72 a; *Karpf* Behindertenrecht 2015, 45.

1. die Kopie der Anzeige, die der Agentur für Arbeit erstattet wird, und
2. die Gesamtheit aller Verzeichnisse der schwerbehinderten Beschäftigten aufgegliedert nach Betrieben oder Dienststellen.[115]

Da die „örtlichen" SBV einen Anspruch auf Aushändigung des für ihren Betrieb oder ihre Dienststelle laufend zu führenden Verzeichnisses haben, kann die GSBV somit durch Abgleich mit den SBV „vor Ort" die Richtigkeit und Vollständigkeit der Arbeitgeberangaben überprüfen. Der Arbeitgeber, der die Übermittlung der Verzeichnisse verweigert, verhindert diesen Abgleich. Er hindert die GSBV, die ihr gesetzlich zugewiesene Überwachungsaufgabe zu erfüllen.

6. Versammlung der Vertrauenspersonen

Vertrauenspersonenversammlung: Die GSBV hat nach Abs. 8 das Recht, mindestens einmal im Kalenderjahr eine Versammlung der Vertrauenspersonen auf Unternehmensebene durchzuführen. Die in Abs. 8 vorgenommene Verweisung auf § 178 Abs. 6 und die dort enthaltene Weiterverweisung auf das Recht der Betriebsversammlung bedeutet nicht, dass gemäß § 43 Abs. 1 BetrVG einmal im Kalendervierteljahr eine Versammlung einzuberufen ist. Die entsprechende Anwendung erfolgt zum einen nach Maßgabe des § 178 Abs. 6. Dort ist nur „einmal im Kalenderjahr" vorgegeben. Zum anderen ist nicht das Recht der Betriebsversammlung nach §§ 42 ff. BetrVG, sondern das Recht der **Betriebsräteversammlung** nach § 53 BetrVG entsprechend anzuwenden. Für die Betriebsräteversammlung sieht das Gesetz nur eine Pflicht zur jährlichen Versammlung vor. Ebenso wie in § 53 Abs. 2 Nr. 1, 2 BetrVG geregelt, haben GSBV und Unternehmer Berichte zu erstatten. Die Vertrauensperson der GSBV hat dementsprechend einen **Tätigkeitsbericht** vorzutragen. Da kein imperatives Mandat besteht, ist die Versammlung zwar befugt, Kritik zu üben: Anders als im Vereinsrecht besteht jedoch keine Notwendigkeit, über die „Entlastung" der GSBV abzustimmen. Die GSBV kann ebenso wie der Gesamtbetriebsrat nach § 53 Abs. 3 Satz 2 iVm § 45 BetrVG auch Themen sozialpolitischer Art, die schwerbehinderte Arbeitnehmer unmittelbar betreffen, auf dieser Versammlung behandeln. Das ergibt sich aus der Verweisung in § 178 Abs. 6 Satz 2. Zu diesem Themenfeld gehört ua der Stand der Behindertenpolitik. Nach Abs. 7 iVm § 166 Abs. 3 ist der Arbeitgeber verpflichtet, auf der Versammlung wegen des Stand seiner Eingliederungsbemühungen zu berichten. Dazu gehört insbesondere die Darstellung, welche Maßnahmen im Sinne von § 164 Abs. 3 der Arbeitgeber ergriffen hat, um die Mindestbeschäftigung sicherzustellen. Wird die Berichterstattung verweigert, kann die GSBV sie im Wege des Beschlussverfahrens gerichtlich erzwingen.

44

7. Kenntniserwerb und Schulungsbedarf

Erforderlichkeit der Schulung im überbetrieblichen Organisationsrecht: Das für die überbetrieblichen Vertretungsebenen Unternehmen und Konzern geltende Organisationsrecht der Betriebsverfassung hat auch für die Arbeit der Mitglieder jeder SBV erhebliche Bedeutung. Da die Vertretung der schwerbehinderten Menschen im Betrieb mit dem Betriebsrat und in allen überbetrieblichen Angelegenheiten mit dem jeweils zuständigen Gesamtbetriebsrat oder Konzernbetriebsrat nach § 182 Abs. 1 eng zusammenarbeiten muss, sind Grundkenntnisse der Strukturen des BetrVG unverzichtbar. Für SBV-Mitglieder, die sich zur Wahl zur GSBV stellen, sind vertiefte Kenntnisse erforderlich. Ohne diese kann weder

45

---

115 *Karpf* Behindertenrecht 2015, 45; *Kohte* jurisPR-ArbR 7/2017 Anm. 5.

das Amt der Gesamtvertrauensperson noch das des stellvertretenden Mitglieds in der GSBV wahrgenommen werden. Die Rspr. hat deshalb in realistischer Erkenntnis die Erforderlichkeit einer Schulung zum Recht der GSBV und der KSBV bejaht.[116]

46 **Kommentare und Fachbücher als erforderliche Arbeitsmittel:** Bei der sächlichen Ausstattung ist die Notwendigkeit der Kenntnis des BetrVG und SGB IX sowie der dazu ergangenen Rspr. zu berücksichtigen. Aktuelle Kommentare sind erforderliche Arbeitsmittel (→ § 179 Rn. 107). Sonst kann die Gesamtvertrauensperson nicht sachgerecht durch Antragstellung und Beratung an der Willensbildung des Wirtschaftsausschusses und, Gesamtbetriebsrats mitwirken. Vergleichbares gilt für die Möglichkeit der sachgerechten Teilnahme an den Sitzungen unternehmensweit eingerichteter paritätischer Ausschüsse zum Gesundheits- und Arbeitsschutz. Es muss der Gesamtvertrauensperson zur Vorbereitung der Sitzungsteilnahme der Zugang zu der benötigten Fachliteratur eröffnet sein.

8. Freistellung von der beruflichen Tätigkeit

47 Nach Abs. 7 gilt die Vorschrift des § 179 für die GSBV entsprechend. Damit wird grundsätzlich auch auf die **pauschale Freistellungsregelung** in § 179 Abs. 4 Satz 2 verwiesen. Danach wird die Vertrauensperson auf ihren Wunsch freigestellt, wenn in den Betrieben und Dienststellen in der Regel wenigstens 100 schwerbehinderte Menschen beschäftigt sind. Wird diese Regelung wörtlich auf die Vertrauensperson der schwerbehinderten Beschäftigten im Unternehmen (genannt: Gesamtvertrauensperson) angewandt, so ist eine pauschale Freistellung möglich, wenn in den zugeordneten Betrieben oder Dienststellen insgesamt wenigstens 100 schwerbehinderte Menschen beschäftigt sind. Das ist auch vom Gesetzgeber gewollt; denn das Gesetz enthält **keinen Anhalt für eine Einschränkung,** die sich aus der „entsprechenden" Geltung ergeben könnte. Allerdings wird das von einem Teil des Schrifttums und der Instanzrechtsprechung, soweit das Problem überhaupt erkannt wird, nicht so gesehen.[117] Unter Unterlegung eines einschränkenden Zwecks der Regelung soll nur dann der Anspruch bestehen, wenn

- entweder die Zahl der für die GSBV Wahl wahlberechtigten „örtlichen" Vertrauenspersonen den Schwellenwert erreicht oder
- sich die Zuständigkeit der Gesamtvertrauensperson gemäß Abs. 6 Satz 1 Hs. 1 Alt. 2 auch auf Betriebe erstreckt, in denen keine Schwerbehindertenvertretung existiert, und so der Schwellenwert (der zum Zeitpunkt der Entscheidung des ArbG 200 betrug) durch die Addition der Anzahl der wahlberechtigten „örtlichen" VP und der Anzahl der sbM in den mitvertretenen vertretungslosen Betrieben erreicht wird[118]

Für diese restriktive Auslegung gibt es in der Gesetzgebung keinen Anhaltspunkt. Die Vorgängerregelung in § 26 Abs. 4 Satz 2 SchwbG in der Fassung des Gesetzes zur Bekämpfung der Arbeitslosigkeit Schwerbehinderter wurde unverändert nach § 96 Abs. 4 Satz 2 SGB IX aF (und später mit dem Art. 1 BTHG nach § 179 Abs. 4 Satz 2 nF) übernommen. Die mit dem Gesetz zur Bekämp-

---

116 LAG Düsseldorf 11.8.2009 – 17 Sa 430/09, AE 2009, 339.
117 Vgl. LAG Köln 19.10.2011 – 3 TaBV 51/11; *Esser/Isenhardt* in jurisPK-SGB IX, 2. Aufl. 2015, § 97 Rn. 4; *Esser/Isenhardt* in jurisPK-SGB IX § 180 Rn. 20 wird diese Ansicht nicht mehr vertreten, sondern pauschal ausgeführt, aufgrund der Verweisung § 180 Abs. 7 SGB IX sei § 179 Abs. 4 „weitgehend entsprechend" anzuwenden.
118 ArbG Heilbronn 30.8.2012 – 7 BV 5/12, ZfPR online 2012, Nr. 12, 25.

fung der Arbeitslosigkeit Schwerbehinderter eingeführte Freistellungsstaffel wurde damals mit dem Freistellungsbedarf bei 200 im Betrieb und der Dienststelle beschäftigten Schwerbehinderten begründet. Von einer gesonderten Begründung der in der Vorgängervorschrift § 27 Abs. 7 SchwbG angeordneten entsprechenden Anwendung der Freistellungsregelung auf die GSBV und KSBV wurde abgesehen.[119] Daraus kann nicht gefolgert werden, die Freistellungsnorm sei nicht mit dem gleichen für die Freistellung der örtlichen Vertrauensperson Schwellenwert anzuwenden, weil diese Anwendung „zu absurden Ergebnissen" führe.[120] Diese Argumentation beschränkt sich auf die Aussage, das Ergebnis passt dem Rechtsanwender nicht. Würde die vom ArbG Heilbronn vertretene Auslegung übernommen, so zeigte sich ebenfalls ein „absurdes" Ergebnis; denn dann wäre die Regelung bei ihrer Einführung ohne Anwendungsmöglichkeit gewesen; denn zu dem zum Zeitpunkt der Einführung der Freistellung maßgebenden Schwellenwert 200 gab es kein Unternehmen mit wenigstens 200 zur GSBV Wahl wahlberechtigten Vertrauenspersonen. Dieser Wert konnte vermutlich auch nicht durch die Mitvertretung der vertretungslosen Betriebe erreicht werden; denn das erstreckte Mandat bezieht sich zumeist auf Betriebe, in denen die Mindestzahl von fünf sbM für die Wahl einer SBV nicht erreicht wird. Es muss deshalb davon ausgegangen werden, dass sich der Gesetzgeber sowohl bei der Einführung der Freistellung für überörtliche Vertretungen in § 27 Abs. 7 SchwbG als auch bei der späteren Übernahme der Regelung nach § 96 Abs. 7 SGB IX aF durch die „entsprechende" Verweisung auf die Freistellungsregelung der „örtlichen" Vertrauensperson seiner Regelungsaufgabe entzogen hat. In Kenntnis der kontroversen Auffassungen zu den Voraussetzungen der pauschalen Freistellung der überörtlichen Vertrauenspersonen hat der Gesetzgeber sich zudem bei den Beratungen des BTHG jeder inhaltlichen Stellungnahme enthalten und sich damit erneut seiner Regelungsaufgabe entzogen.

Streben die Beteiligten eine pragmatische und interessengerechte Lösung an, sollten die in den zugeordneten Betrieben und Dienststellen bereits ausgeschöpften pauschalen Freistellungsansprüche im Sinne einer Konsumtion bei der Freistellung der Gesamtvertrauensperson berücksichtigt werden. Der hier seit der ersten Auflage vertretene Gedanke der Berücksichtigung von Freistellungen auf Betriebsebene findet sich auch im Fachschrifttum.[121] Allerdings wird dort eine Einzelfallprüfung im Hinblick darauf verlangt, ob die Freistellung der Gesamtvertrauensperson zur Wahrnehmung der koordinierenden Interessenvertretung auf der überbetrieblichen Ebene überhaupt erforderlich sei.[122] Dieses Abstellen auf die Einzelfallprüfung verstößt jedoch gegen die mit der uneingeschränkten Verweisung in Abs. 7 getroffene gesetzliche Wertentscheidung für eine Pauschalierung durch Setzen eines Schwellenwerts. Deshalb kommt das hier vertretene Konsumtionsmodell dem Zusammenarbeitsprinzip aus § 182 SGB IX, das auf die gegenseitige Unterstützung setzt, am nächsten. In vielen Fällen bedarf es in der Praxis dieser Konsumtion nicht, weil häufig eine „örtliche" Vertrauensperson zur Gesamtvertrauensperson gewählt wird, die bereits wegen des Erreichens der Schwellenzahl 100 sbM in ihrem Betrieb freigestellt ist. Das Konsumtionsmodell hat deshalb nur Bedeutung für diejenigen Gesamtvertrauenspersonen, die weder als „örtliche" Vertrauensperson schon freigestellt sind noch für die, bei denen die Summe aus kraft erstreckten Mandats in vertretungslosen Betrieben vertretenen sbM und wahlberechtigten Vertrauens-

---

119 BT-Drs. 14/3372, 20.
120 So ArbG Heilbronn 30.8.2012 – 7 BV 5/12, ZfPR online 2012, Nr. 12, 25.
121 *Trenk-Hinterberger* in HK-SGB IX, 3. Aufl. 2010, § 97 Rn. 5.
122 *Trenk-Hinterberger* in HK-SGB IX, 3. Aufl. 2010, § 97 Rn. 5.

personen 100 erreicht. Diese letztere Möglichkeit kommt nach der Absenkung des Schwellenwerts von 200 auf 100 erstmals – wenn auch in seltenen Fällen – in den Bereich des Möglichen.

Beispielsfall für Konsumtion 1: Hat das Unternehmen X drei Betriebe mit insgesamt 250 Schwerbehinderten, von denen im Betrieb Dortmund 100, im Betrieb Herne 100 und im Betrieb Heilbronn 50 beschäftigt werden und ist die Dortmunder Vertrauensperson vollständig freigestellt, so besteht noch ein nicht ausgeschöpfter Rest von 150, der für die pauschale Freistellung für die Vertrauensperson der schwerbehinderten Beschäftigten im Unternehmen (Gesamtvertrauensperson) ausreicht.

Beispielsfall für Konsumtion 2: Hat das Unternehmen X drei Betriebe mit insgesamt 150 Schwerbehinderten, von denen im Betrieb Dortmund 90, im Betrieb Herne 10 und im Betrieb Heilbronn 50 beschäftigt werden und ist keine örtliche Vertrauensperson freigestellt, so besteht für die Vertrauensperson der schwerbehinderten Beschäftigten im Unternehmen (Gesamtvertrauensperson) der Anspruch auf pauschale Freistellung.

Beispielsfall für Konsumtion 3: Hat das Unternehmen X drei Betriebe mit insgesamt 150 Schwerbehinderten, von denen im Betrieb Dortmund 90, im Betrieb Herne 10 und im Betrieb Heilbronn 50 beschäftigt werden und hat die Dortmunder Vertrauensperson eine hälftige Freistellung von der beruflichen Tätigkeit beansprucht, so verbleibt noch für den Anspruch der Vertrauensperson der schwerbehinderten Beschäftigten im Unternehmen (Gesamtvertrauensperson) eine Freistellung für 100 schwerbehinderte Beschäftigte.

Zusammenfassung: Das hier vorgestellte Konsumtionsmodell stellt eine Einschränkung des § 179 Abs. 4 Satz 2 dar, die nicht zwingend aus der Verweisung in Abs. 7 ableitbar ist. Es soll den Beteiligten im Konfliktfall einen vernünftigen Lösungsansatz anbieten. Da der Gesetzgeber keine Maßgabe in die Verweisung zur Einschränkung der pauschalen, an den Schwellenwert gekoppelten Freistellung aufgenommen hat, ist gut vertretbar, der Gesamtvertrauensperson bei Erreichen des Schwellenwerts von 100 sbM im Unternehmen einen Freistellungsanspruch einzuräumen, ohne dass eine Berücksichtigung der pauschalen betrieblichen Freistellungen stattfinden muss. Davon geht im Prinzip auch das Schrifttum aus, wenn es annimmt, es bestehe auch ein Recht der Stufenvertretungen auf Freistellung bei Erreichen der Schwellenwerte, unabhängig davon, ob bereits eine örtliche Vertrauensperson freigestellt sei.[123] Allerdings wird dann ohne jeden Anhalt im Gesetz die inkonsequente Einschränkung gemacht, gleichwohl liege es nahe, dass es zur überbetrieblichen Interessenwahrnehmung durch die Stufenvertretung nicht ohne Weiteres einer Freistellung der Stufenvertretung bei Erreichen der Schwellenwerte bedürfe. Abs. 4 Satz 2 sei deshalb einschränkend dahin auszulegen, dass nicht allein das Erreichen der Beschäftigtenzahl die Freistellung der Stufenvertretung begründe, sondern es sei zusätzlich zu prüfen, ob und inwieweit die Freistellung zur Durchführung der Aufgaben der Stufenvertretung im jeweiligen Betrieb/Unternehmen/Dienststelle erforderlich sei.[124] Dieser vom Gesetz gelösten Rechtssatzbildung ist schon deshalb nicht zu folgen, weil sie die Anwendung der pauschalen Freistellung nach § 179 Abs. 4 Satz 2 ausschließt und die Gesamtvertrauensperson allein auf die von der Erforderlichkeitsprüfung abhängige anlassbezogene Freistellung nach § 179 Abs. 4 Satz 1 verweist.

---

123 *Kayser* in Ernst/Adlhoch/Seel, 31. EL Mai 2017, SGB IX § 97 Rn. 81.
124 *Kayser* in Ernst/Adlhoch/Seel, 31. EL Mai 2017, SGB IX § 97 Rn. 81.

9. Heranziehung der stellvertretenden Mitglieder der GSBV

Die Vorschriften über die Heranziehung stellvertretender Mitglieder (→ § 178 Rn. 27 ff.) sind nach § 180 Abs. 7 SGB IX entsprechend auf die gewählten stellvertretenden Mitglieder der GSBV anwendbar. Abs. 7 verweist dazu ausdrücklich auf § 178 Abs. 1 Satz 4 und 5.[125] Damit gelten die Staffelwerte beginnend mit wenigstens 101 schwerbehinderten Menschen in allen Betrieben, die demselben Unternehmen angehören. Es mag deshalb für die Arbeitgeberseite die Anwendung der Heranziehungsregeln aus § 178 Abs. 1 Satz 4 und 5 SGB IX belastend sein. Das führt jedoch nicht zur Unanwendbarkeit. Mit der Möglichkeit der Heranziehung ist auch das Recht auf anlassbezogene bzw. pauschale Freistellung nach § 179 Abs. 4 Satz 1 und 2 SGB IX (→ § 178 Rn. 33 (Rechtsstellung des herangezogenen Mitglieds)) verbunden.[126] Eine pragmatische Lösung, die dem Grundsatz der Erforderlichkeit Rechnung trägt, stellt auch hier die Einschränkung eines ausufernden Freistellungsanspruchs aus § 178 Abs. 4 Satz 2 durch Konsumtion dar: Ausgeschöpfte Freistellungsansprüche von Vertrauenspersonen können? in den Betrieben angerechnet werden (→ Rn. 47). 48

10. Teilnahme- und Rederecht auf Versammlungen anderer Betriebe

Ausnahme vom Grundsatz der Betriebsöffentlichkeit: Abweichend von guter Systematik ist nicht in § 180 Abs. 6 SGB IX, sondern in § 178 Abs. 8 SGB IX ein Teilnahme- und Rederecht der GSBV für „fremde" Betriebsversammlungen geregelt. Danach darf die Gesamtvertrauensperson an Betriebsversammlungen in vertretungslosen Betrieben teilnehmen, obwohl sie nicht dem Betrieb angehört und die Anwesenheit von Personen, die nicht dem Betrieb angehören, den Grundsatz der Betriebsöffentlichkeit verletzt. Die Ausnahme rechtfertigt sich nach § 180 Abs. 6 Satz 1 SGB IX, weil die GSBV als Ersatzvertretung zuständig ist. 48a

III. Konzernschwerbehindertenvertretung (Abs. 2)

1. Voraussetzungen

Ist für mehrere Unternehmen ein Konzernbetriebsrat errichtet, so wählen nach Abs. 2 Satz 1 die Gesamtvertrauenspersonen eine Konzernschwerbehindertenvertretung – kurz: KSBV. Die Errichtung des Konzernbetriebsrats ist nach § 54 BetrVG nicht zwingend, sondern steht im Belieben der Mehrheit der durch die Gesamtbetriebsräte repräsentierten Arbeitnehmer in den Konzernunternehmen. Sobald ein Konzernbetriebsrat errichtet ist, ist für die GSBVen die **Wahl** der KSBV **obligatorisch**. Diese neue Vertretungsebene ist erst mit Wirkung zum 1.10.2000 durch das Gesetz zur Bekämpfung der Arbeitslosigkeit schwerbehinderter Menschen eingeführt worden. Sie hat im Parallelsystem der Vertretung durch Betriebsräte und SBVen eine Lücke geschlossen. 49

2. Zusammensetzung

Modifizierte Ein-Personen-Vertretung: Die KSBV besteht nach Abs. 5 ebenso wie die örtliche SBV aus einer Vertrauensperson (Konzernvertrauensperson) und wenigstens einem stellvertretenden Mitglied. Sie ist ebenso wie die GSBV 50

---

125 Zutreffend: *Karpf* Behindertenrecht 2017, 30.
126 Vgl. für die Freistellung eines herangezogenen stellvertretenden Mitglieds der HS-BV eines Ministeriums, mit einem Geschäftsbereich von mehreren tausend schwerbehinderten Beschäftigten: ArbG Stuttgart 31.1.2018 – 29 BV 208/17, juris Rn. 84 ff.

(→ Rn. 5) und die örtliche SBV eine durch die Befugnis zur Heranziehung und internen Abstimmung eine modifizierte Ein-Personen-Vertretung.

3. Wahl und Amtszeit

51 **Wahl der KSBV:** Die Wahl der KSBV schließt sich an die Wahl der GSBV an, die im Vier-Jahres-Rhythmus in der Zeit vom 1. Oktober bis 30. November stattfindet. Um ausreichend Zeit für die Vorbereitung zu verschaffen, findet die Wahl der KSBV einige Monate zeitversetzt in der Zeit vom 1. Februar bis 31. März statt (§ 97 Abs. 7). Der nächste regelmäßige Wahltermin muss zwischen dem 1. Februar und 31.3.2019 liegen. Die regelmäßige Amtszeit der GSBV beträgt vier Jahre. Das ergibt sich aus Abs. 7, der auf § 177 Abs. 7 verweist. Für die vorzeitige Beendigung der Amtszeit gelten die allgemeinen Regeln aus 177 Abs. 7 Satz 3. Besondere Bedeutung hat der Tatbestand des Verlusts der Wählbarkeit, weil die Konzernzugehörigkeit eines Unternehmens sich über Nacht ändern kann. Die Verweisung in § 180 Abs. 7 gebietet auch die entsprechende Anwendung des Amtsenthebungsrechts aus § 177 Abs. 7 Satz 5. Für den Antrag auf Erlöschen des Amts bedarf es eines Quorums. Für die Amtsenthebung der betrieblichen Vertrauenspersonen ist der Antrags eines Viertels der wahlberechtigten Schwerbehinderten erforderlich. In entsprechender Anwendung muss für den Antrag auf Amtsenthebung der Konzernvertrauensperson die Unterstützung durch ein Viertel der wahlberechtigten der wahlberechtigten Gesamtvertrauenspersonen ausreichen.[127]

52 **Wahlverfahren:** Bei nur **zwei Wahlberechtigten** GSBVen bestimmen diese nach § 22 Abs. 2 SchwbVWO im beiderseitigen Einvernehmen die Konzernvertrauensperson. Kommt eine Einigung über die Konzernvertrauensperson, die stellvertretenden Mitglieder und deren Anzahl nicht zustande, entscheidet das Los. Weigern sich die beiden Gesamtvertrauenspersonen, den Losentscheid durchzuführen, so verletzen sie ihre Pflichten; denn sie haben nach § 22 Abs. 2 SchwbVWO als letztes Mittel den Losentscheid durchzuführen. Zu dem Vorbehalt gegen dessen Zulässigkeit → SchwbVWO § 22 Rn. 26. Die den Losentscheid verweigernden zwei Wahlberechtigten machen die KSBV funktionsunfähig. Die Vertrauenspersonen der Betriebe, die jeweils für ihr Unternehmen eine GSBV gewählt haben, können nach Abs. 7 in entsprechender Anwendung des § 177 Abs. 7 Satz 5 SGB IX beim Widerspruchsausschuss des Integrationsamts das Erlöschen des Amtes dieser beiden losunwilligen Gesamtvertrauenspersonen wegen grober Verletzung der Pflichten beantragen. Der Antrag muss von mindestens einem Viertel der Vertrauenspersonen aus allen Betrieben des jeweiligen Konzernunternehmens gestellt werden.

Gibt es **mehr als zwei Unternehmen** im Konzern mit GSBV oder SBV, so werden die Konzernvertrauensperson und die festgelegte Anzahl der stellvertretenden Mitglieder der KSBV entweder im förmlichen Verfahren „durch schriftliche Stimmabgabe" der wahlberechtigten Gesamtvertrauenspersonen nach § 22 Abs. 1 SchwbVWO oder auf einer Jahresversammlung der Gesamtvertrauenspersonen gewählt, zu der die KSBV vor Ablauf ihrer Amtszeit nach § 22 Abs. 3 Satz 1 SchwbVWO. Für die Wahl auf der Jahresversammlung sind nach § 22 Abs. 3 Satz 2 SchwbVWO die in § 20 SchwbVWO für das vereinfachte Wahlverfahren geregelten Bestimmungen über die Durchführung der Wahl maßgebend. Insoweit gelten die gleichen Grundsätze wie bei der Wahl der GSBV (→ Rn. 11 (Wahl auf einer Versammlung), → Rn. 16 (förmliches Wahlverfah-

---

[127] Ebenso *Pahlen* in Neumann/Pahlen/Greiner/Winkler/Jabben SGB IX § 180 Rn. 10.

ren)). Auch hier ist zu beachten: 2014 hat der Siebte Senat des BAG in seiner Rspr. zur Vorgängervorschrift § 97 Abs. 7 SGB IX 2001 für alle Wahlen zu überörtlichen Vertretungen den abstrakten Rechtssatz aufgestellt, die vereinfachte Wahl auf der Jahresversammlung sei wegen des Vorrangs des in § 97 Abs. 6 Satz 3 2. Hs. SGB IX gesetzlich vorgegebenen Kriteriums der räumliche Nähe unzulässig, wenn die Vertrauenspersonen aus räumlich weit auseinander liegenden Teilen kommen.[128] Bezogen auf die Wahl der KSV würde die Anwendung dieser Rspr. bedeuten, das förmliche Wahlverfahren wäre stets zwingend anzuwenden, wenn:
1. auf der Ebene des Konzerns 50 Unternehmen mit einer entsprechenden Anzahl wahlberechtigter Gesamtvertrauenspersonen vorhanden sind, oder
2. eines der zum Wahlbezirk Konzern gehörenden Unternehmen räumlich zu einem anderen Konzernunternehmen weit auseinander liegt.

Diese Rspr. hat Kritik[129] erfahren. Diese war schon deshalb berechtigt, weil das ausdrücklich in § 22 SchwbVWO zugelassene Verfahren, auf einer Wahlversammlung der wahlberechtigten Gesamtvertrauenspersonen die KSBV wählen zu können, damit obsolet geworden wäre; denn die Konzern angehörenden Unternehmen liegen – anders als die Teile von Betrieben – regelmäßig weit auseinander. Deshalb hat der Gesetzgeber mit einer Korrekturgesetzgebung reagiert. Er hat in Art. 2 Nr. 8 BTHG mit Wirkung vom 30.12.2016 in die bis zum 31.12.2017 geltende Fassung des § 97 Abs. 7 SGB IX (gemäß Art. 1 BTHG mit Wirkung vom 1.1.2018 zu § 180 Abs. 7 SGB IX umnummeriert) die Maßgabe eingefügt: „dass bei den Wahlen zu überörtlichen Vertretungen der zweite Halbsatz des Satzes 3 nicht anzuwenden ist" (→ Rn. 16). Damit ist die von der Rspr. aufgestellte Anforderung der räumlichen Nähe für das vereinfachte Wahlverfahren entfallen. Folglich ist nach geltendem Recht die KSBV berechtigt, vor Ablauf ihrer Amtszeit in Anwendung des § 22 Abs. 3 Satz 1 SchwbVWO zur Wahl der KSBV auf einer Konzernsammlung der Gesamtvertrauenspersonen (→ Rn. 59) einzuladen, solange die Anzahl der Wahlberechtigten geringer als 50 ist.

Wählbarkeit und Wahlberechtigung: Die Wählbarkeitsvoraussetzungen sind in Abs. 7 durch die Verweisung auf § 177 Abs. 3 SGB IX definiert: 53
1. Vollendung 18. Lebensjahr,
2. Betriebszugehörigkeitsdauer länger als sechs Monate und
3. Wählbarkeit zum Betriebsrat nicht ausgeschlossen.

Für die in Abs. 7 angeordnete entsprechende Anwendung dieser Bestimmungen auf das Recht der KSBV bedeutet das: Die Wählbarkeit setzt nicht nur die Zugehörigkeit zur Belegschaft im Sinne von § 5 Abs. 1 BetrVG, sondern auch die Zugehörigkeit zu einem Betrieb eines konzernangehörenden Unternehmens voraus. Ansonsten bestehen keine weiteren Wählbarkeitsvoraussetzungen (zur GSBV → Rn. 9). Es kann daher auch ein nichtbehinderter Arbeitnehmer, der nicht Vertrauensperson ist und kein Amt in einer SBV hat, zur KSBV gewählt werden. Allerdings muss ihn nach § 22 Abs. 1 SchwbVWO mindestens eine wahlberechtigte Gesamtvertrauensperson zur Wahl vorschlagen. Wahlberechtigt sind nur die Gesamtvertrauenspersonen, die das jeweilige konzernangehörige Unternehmen vertreten. Besteht das Unternehmen aus mehreren Betrieben ist das die Gesamtvertrauensperson. Besteht ein konzernangehöriges Unternehmen

---

128 BAG 23.7.2014 – 7 ABR 61/12, Rn. 20 ff., Behindertenrecht 2015, 20.
129 *Düwell* BB 2015, 53–55; *Edenfeld* PersV 2015, 63; *Sachadae* ZBVR online 2/2015, 32 (33); *Sachadae* Behindertenrecht 2015, 22 (25); *Sachadae* PersV 2015, 170 (175); *Sachadae* jurisPR-ArbR 2/2015 Anm. 5.

nur aus einem Betrieb, dann ist die Vertrauensperson aus der betrieblichen SBV wahlberechtigt.

4. Aufgaben und Zuständigkeiten

54 **Zuständigkeitsprobleme und Erstreckungskonzept:** Die auf der Konzernebene errichteten besonderen SBVen sind nicht den auf Unternehmensebene gebildeten GSBVen oder den auf Betriebsebene gewählten SBVen rechtlich übergeordnet. Die Zuständigkeiten der verschiedenen Ebenen sind abzugrenzen. Es gilt der an sich der aus der Betriebsverfassung bekannte Grundsatz, dass die jeweilige SBV nur auf ihrer Ebene für die Angelegenheiten, die nur auf dieser Ebene geregelt werden können, tätig werden darf. Welche Angelegenheiten das im Einzelfall sind, ergibt sich aus den Beteiligungsrechten. Der Grundsatz der **Aufgabentrennung nach Entscheidungsebenen** wird in Abs. 1 Satz 2 und Abs. 6 Satz 1 und 2 durchbrochen. Nach Abs. 1 Satz 2 übernimmt die in einem Betrieb des Unternehmens gewählte örtliche SBV die Aufgabe der GSBV, falls in den anderen Betrieben des Unternehmens keine SBVen gewählt worden sind. Diese GSBV übt somit ein Mehrfachmandat (→ Rn. 32: hier drei Ämter) aus. Daraus folgt: Hat ein Unternehmen nur einen Betrieb, in dem eine SBV gewählt ist, so nimmt diese zugleich die überbetrieblichen Aufgaben der GSBV wahr, zu denen auch die Vertretung der Interessen der Schwerbehinderten in den vertretungslosen Betrieben gehört. Zusätzlich stellt Abs. 2 Satz 2 klar, dass diese **nicht gewählte** GSBV auch die **KSBV** wählen darf. Es fehlt Abs. 2 jedoch eine ausdrückliche Regelung der **Fiktion,** dass eine GSBV auch die Rechte und Pflichten einer KSBV wahrnehmen kann, solange keine andere GSBV gewählt worden ist. Dafür, dass keine Vertretungslücke entstehen soll, spricht das **Erstreckungskonzept,** das der Gesetzgeber mit dem Gesetz zur Bekämpfung der Arbeitslosigkeit Schwerbehinderter vom 29.9.2000 (SchwbAG) vervollständigt hat,[130] als er in der Vorgängerbestimmung zu Abs. 6 Satz 2 die entsprechende Anwendung des Abs. 6 Satz 1 Hs. 1 angeordnet hat. Danach sollen die Interessen der Schwerbehinderten, die in Betrieben tätig sind, für die keine SBV gewählt worden ist, nicht ohne Vertretung bleiben. Diese setzt voraus, dass dann, wenn in einem Unternehmen eine GSBV gewählt worden ist oder eine SBV nach Abs. 1 Satz 2 die Rechte und Pflichten der GSBV wahrnimmt, diese GSBV auch die Aufgabe der KSBV übernimmt (Vierfachamt). Nur als KSBV kann sie den Auftrag erfüllen, die Interessen der vertretungslosen schwerbehinderten Beschäftigten in den Betrieben eines anderen Konzernunternehmens zusätzlich insbesondere durch Beistandsleistung zu vertreten. Hier liegt eine vom BetrVG abweichende mehrfache Durchbrechung des Grundsatzes der ebenenbezogenen Aufgabentrennung vor. Denn die SBV kann als GSBV die persönlichen Angelegenheiten der in vertretungslosen Betrieben des eigenen Unternehmens beschäftigten Schwerbehinderten und als KSBV die persönlichen Angelegenheiten der in vertretungslosen Betrieben anderer Konzernunternehmen beschäftigten Schwerbehinderter wahrnehmen. Die vertretungslosen schwerbehinderten Menschen im gesamten Konzern sollen nicht ohne Beistand bleiben. Warum für sie keine SBV existiert, ist unerheblich: Es ist gleich, ob in den Betrieben dieses Unternehmens zu wenige Wahlberechtigte vorhanden sind oder dass sich niemand als Wahlbewerber zur Verfügung stellt. Ist in einem Betrieb des Unternehmens eine SBV gewählt, stellt sich in diesem Unternehmen das Problem der Ersatzvertretung durch die KSBV nicht; denn dann übernimmt nach Abs. 1 Satz 2 die in einem Betrieb des Unternehmens gewählte örtliche SBV die Aufgabe der unter-

---

130 Vgl. BT-Drs. 14/3372, 14, 15 f., 20.

nehmensweit für alle Betriebe zuständigen GSBV. Die Instanzrechtsprechung und der zuständige Fachsenat des BAG haben dieses zur Vermeidung von Vertretungslücken entwickelte Erstreckungskonzept nicht erkannt, sondern verharren in der Fokussierung auf die Repräsentationsstrukturen des BetrVG: „Auch im Betriebsverfassungsrecht wird die Wahl einer Interessenvertretung (Betriebsrat) von der Betriebsgröße abhängig gemacht und nicht jeder Arbeitnehmer/in hat Anspruch auf Schutz und Repräsentation durch eine Interessenvertretung"[131] Dem hat sich im Ergebnis das **BAG angeschlossen**. Es hat ausgeschlossen, dass sich die Zuständigkeit der einzigen im Konzern bestehenden SBV auf die Wahrnehmung der Aufgaben der KSBV erstrecken könne.[132] Zwar hat der Siebte Senat die Unterscheidung im Wortlaut von Abs. 1 und Abs. 2 deutlich herausgearbeitet. Er hat jedoch allein aus dem unterschiedlichen Wortlaut abgeleitet, dass davon auszugehen sei, dass der Gesetzgeber von der Zuständigkeitserstreckung auf den Konzern bewusst absehen wollte. Das ist zu Recht kritisiert worden. Die Kritik meint, man könne mit guten Argumenten auch vom Gegenteiligen ausgehen, nämlich dass der Gesetzgeber der im Bereich von mehrstufigen Wirtschaftseinheiten lediglich in einem Betrieb gewählten SBV zugleich die Aufgaben der Konzernschwerbehindertenvertretung zuweisen wollte.[133] So hat das auch die Verwaltungsgerichtsbarkeit gesehen: „Ist im Bereich mehrstufiger Verwaltungen lediglich bei einer Dienststelle eine SBV gebildet, so nimmt diese zugleich die Aufgaben der HSBV wahr".[134] Dem ist auch für den Geltungsbereich der Betriebsverfassung zuzustimmen. Der Siebte Senat hat den Rechtssatz aufgestellt: „Der Gesetzgeber hat mit (...) Abs. 1 Satz 2 (...) und (...) Abs. 6 Satz 1 Alt. 2 (...) nur punktuell Ausnahmen von der durch das Repräsentationsprinzip vorgegebenen Zuständigkeitsverteilung vorgesehen."[135] Diesem Rechtssatz fehlt, wie *Kossens* zu Recht angemerkt hat,[136] die Überzeugungskraft; denn in den punktuellen Bestimmungen kann sich auch ein allgemeiner Grundsatz der Durchbrechung des Repräsentationsprinzips zugunsten der möglichst lückenlosen Vertretung manifestieren. Dafür spricht die Aufgabenstellung der SBV in § 178 Abs. 1 Satz 1 als eine Vertretung, die helfend und beratend den schwerbehinderten Beschäftigten zur Seite stehen soll. Der Bedarf nach Erfüllung dieser Beistandsaufgabe stellt sich unabhängig von der Repräsentation durch Wahl. Darin liegt der grundlegende Unterschied zu der in der Betriebsverfassung entsprechend dem Repräsentationsprinzip ausgestalteten Aufgabe des Betriebsrats, der als durch Wahl legitimierte Interessenvertretung die Belegschaft im Spannungsfeld von Kapital und Arbeit vertritt. Es ist zu bedauern, dass im Zuge der Gesetzgebung zum BTHG das Parlament angesichts der Vielzahl der „Baustellen" sich nicht der Aufgabe widmen konnte, für eine gesetzgeberische Klarstellung zu sorgen.

Die Konzernvertrauensperson darf in Anwendung von § 178 Abs. 8 SGB IX auf allen **Betriebsversammlungen** der vertretungslosen Betriebe reden, für die die KSBV als Ersatzvertretung nach § 180 Abs. 6 Satz 2 SGB IX zuständig ist. Damit wird der Grundsatz durchbrochen, dass an Betriebsversammlungen nur Betriebsangehörige teilnahmen dürfen; vgl zur GSBV → Rn. 48 a

---

131 LAG Hmb 7.2.2013 – 7 TaBV 10/12, Rn. 34.
132 BAG 4.11.2015 – 7 ABR 62/13, Behindertenrecht 2016, 113; kritisch *Kossens* ZBVR online 2016, Nr. 4, 4; *Düwell* in HaKo-BetrVG § 59 a Rn. 10.
133 *Kossens* ZBVR online 2016, Nr. 4, 4.
134 VG Hamburg 15.2.1988 – 2 FB 2/87.
135 BAG 4.11.2015 – 7 ABR 62/13, Rn. 25, Behindertenrecht 2016, 113.
136 *Kossens* ZBVR online 2016, Nr. 4, 4.

55 **Unterrichtung und Anhörung insbesondere vor der Kündigung im vertretungslosen Unternehmen:** Unabhängig von der zu Abs. 2 Satz 2 erörterten Frage der Reichweite des Schutzkonzepts gilt nach Abs. 6 Satz 2 für die gewählte KSBV ebenso wie für die GSBV das **erstreckte Mandat** (→ Rn. 37 f.). So ist die KSBV auch für einen vertretungslosen Betrieb eines Konzernunternehmens im Rahmen des erstreckten Mandats auch zuständiger Empfänger von Unterrichtungen, die nach § 178 Abs. 2 Satz 1 in Angelegenheiten der dort beschäftigten schwerbehinderten Menschen zu erstatten sind. Versäumt der Arbeitgeber die nach § 178 Abs. 2 Satz 1 erforderliche Beteiligung der KSBV bei der Kündigung des Arbeitsverhältnisses gegenüber einem schwerbehinderten Arbeitnehmer, so ist die **Kündigung** nach § 178 Abs. 2 Satz 3 **unwirksam** (→ Rn. 40). Das ist ausdrücklich für den Fall des erstreckten Mandats im Konzern entschieden.[137]

56 **Rechte:** Die KSBV hat nach § 59a BetrVG und Abs. 7 iVm § 178 Abs. 4 Satz 1 SGB IX das Recht, an allen Sitzungen des Konzernbetriebsrats und dessen Ausschüssen einschließlich eines etwaigen auf Konzernebene freiwillig eingerichteten Wirtschaftsausschusses beratend teilzunehmen.[138] Besondere Beachtung verdient das Recht der KSBV, nach Abs. 7 iVm § 178 Abs. 4 Satz 2 die Aussetzung von Beschlüssen des Konzernbetriebsrats zu verlangen.[139] Werden auf Konzernebene Entscheidungen in Angelegenheiten vorbereitet, die einzelne Schwerbehinderte oder die Gruppe der Schwerbehinderte berühren, so hat der Arbeitgeber die KSBV unverzüglich zu unterrichten und Gelegenheit zur Anhörung zu gewähren sowie danach die getroffene Entscheidung mitzuteilen: Das folgt aus der Verweisung in Abs. 7 auf § 178 Abs. 2 Satz 1.

5. Freistellung von der beruflichen Tätigkeit

57 Nach Abs. 7 gilt die gesamte Vorschrift des § 179 SGB IX für die KSBV entsprechend. Damit wird grundsätzlich auch auf die pauschale, auf Wunsch der (Konzern-)Vertrauensperson eintretende Freistellung nach § 179 Abs. 4 Satz 4 verwiesen. Danach wird die Vertrauensperson auf ihren Wunsch freigestellt, wenn in den Betrieben in der Regel wenigstens 100 schwerbehinderte Menschen beschäftigt sind. Wird diese Regelung wörtlich auf die Vertrauensperson der schwerbehinderten Beschäftigten im Konzern angewandt, so ist eine pauschale Freistellung möglich, wenn in den zugeordneten Betrieben oder Dienststellen insgesamt wenigstens 100 schwerbehinderte Menschen beschäftigt sind. Die wörtliche Anwendung der Normen ist umstritten. Hier besteht, solange keine gefestigte höchstrichterliche Rspr. oder gesetzliche Klarstellung vorliegt, die gleiche Unsicherheit bei der Anwendung wie bei der Freistellung der Gesamtvertrauensperson (→ Rn. 47). Für eine pragmatische Lösung des Problems wird auch hier die Einschränkung des sehr weitgehenden Freistellungsanspruchs aus § 178 Abs. 4 Satz 2 durch Konsumtion empfohlen: Ausgeschöpfte Freistellungsansprüche von Vertrauenspersonen in den Betrieben und von Vertrauenspersonen auf Unternehmensebene sollen auf den Schwellenwert 100 angerechnet werden (→ Rn. 47).

---

137 ArbG Darmstadt 14.11.2017 – 9 Ca 249/17; zustimmend: *Kohte/Liebsch* Fachbeitrag B2–2018, abrufbar unter www.reha-recht.de (letzter Aufruf 23.3.2021); *Rolfs* in ErfK SGB IX § 178 Rn. 15: *Krämer* in FKS SGB IX, 4. Aufl. 2018, § 180 Rn. 8; aA weil sie einer „Parallelbetrachtung zu § 102 BetrVG" folgend ortsfremde Schwerbehindertenvertretungen nicht für geeignet halten: *Esser/Isenhardt* in jurisPK-SGB IX, 3. Aufl. 2018 12.5.2020, § 180 Rn. 9.
138 *Düwell* in HaKo-BetrVG § 59a Rn. 19.
139 *Düwell* in HaKo-BetrVG § 59a Rn. 20.

Beispielsfall für Konsumtion auf der Ebene des Konzerns: Das Unternehmen X hat drei Betriebe mit insgesamt 300 Schwerbehinderten, von denen im Betrieb Dortmund 100, im Betrieb Herne 100 und im Betrieb Heilbronn 100 beschäftigt werden. Die Dortmunder Vertrauensperson hat eine volle Freistellung in Anspruch genommen, sie ist zugleich Gesamtvertrauensperson. Das weitere dem Konzern angehörende Unternehmen Y hat nur einen Betrieb in München. Dort werden 90 Schwerbehinderte beschäftigt. Im Konzern werden insgesamt 290 Schwerbehinderte beschäftigt. Für das Unternehmen X ist eine Freistellung erfolgt, so dass im Konzern ein noch nicht ausgeschöpftes Potenzial von 190 offenbleibt. Ergo: voller Freistellungsanspruch für die Konzernvertrauensperson.

6. Heranziehung stellvertretender Mitglieder der KSBV

Die Vorschriften über die Heranziehung stellvertretender Mitglieder (→ § 178 Rn. 27 ff.) sind nach § 180 Abs. 7 SGB IX entsprechend anwendbar. Abs. 7 verweist nämlich ausdrücklich auf § 178 Abs. 1 Satz 4 und 5. Damit gelten die Staffelwerte beginnend mit wenigstens 101 schwerbehinderten Menschen in sämtlichen Konzern angehörenden Unternehmen. Als anderes Bezugsobjekt käme für die „entsprechende" Anwendung nur die Anzahl der die jeweiligen Unternehmen repräsentierenden Gesamtvertrauenspersonen in Betracht. Die Anzahl von mehr als 100 im Konzern gewählten Gesamtvertrauenspersonen ist jedoch zu exotisch. Eine derartig irreale Regelungsabsicht kann dem Gesetzgeber nicht unterstellt werden. Es mag deshalb für die Arbeitgeberseite die Anwendung der Heranziehungsregeln aus § 178 Abs. 1 Satz 4 und 5 SGB IX belastend sein. Das führt jedoch nicht zur Unanwendbarkeit. Mit der Möglichkeit der Heranziehung ist auch das Recht auf anlassbezogene bzw. pauschale Freistellung nach § 179 Abs. 4 Satz 1 und 2 SGB IX (→ § 178 Rn. 33 zur Rechtsstellung des herangezogenen Mitglieds) verbunden.[140] Zur Begrenzung auf das erforderliche Maß dient auch hier die Konsumtion: Ausgeschöpfte Freistellungsansprüche von Vertrauenspersonen in den Betrieben und von Gesamtvertrauenspersonen können angerechnet werden (→ Rn. 47).

58

7. Konzernversammlung der Vertrauenspersonen

Die KSBV hat in Abs. 8 keine ausdrückliche Befugnis erhalten, zu einer **Versammlung der GSBV aller Konzernunternehmen** einladen zu dürfen. Soweit das Schrifttum dennoch eine Berechtigung der KSBV anerkennt,[141] wird das in Verkennung der Unterschiede zwischen Betriebs- und Dienststellenverfassung mit einem einheitlichen Recht begründet, dass allen Stufenvertretungen zustehen soll. Zunächst gilt, dass der Gesetzgeber in Abs. 8 zwischen den Stufenvertretungen im öffentlichen Dienst und den auf Betriebs-, Unternehmens- und Konzernebene bestehenden Vertretungen im Bereich der Privatwirtschaft unterscheidet. Die im Bereich mehrstufiger Verwaltungen bestehende Stufenstruktur, die vergleichbar einem Aufzug das „Hochziehen" von Angelegenheiten auf die höhere Stufe beinhaltet, wird in Abs. 3 SGB IX auch für die Bildung von Bezirks- und Hauptschwerbehindertenvertretungen vorgegeben. Für die so in Analogie zum Personalvertretungsrecht gebildeten **Stufenvertretungen** ist in

59

---

140 Vgl. für die Freistellung eines herangezogenen stellvertretenden Mitglieds der HSBV eines Ministeriums, mit einem Geschäftsbereich von mehreren tausend schwerbehinderten Beschäftigten: ArbG Stuttgart 31.1.2018 – 29 BV 208/17, Rn. 84 ff.
141 *Cramer* DB 2000, 2219; *Masuch* in Hauck/Noftz SGB IX § 97; *Pahlen* in Neumann/Pahlen/Greiner/Winkler/Jabben SGB IX § 180 Rn. 15.

Abs. 8 die Befugnis zur Durchführung von Versammlungen der Vertrauenspersonen auf der jeweiligen Stufe anerkannt worden. In der Betriebsverfassung existieren keine derartigen Stufenvertretungen, weil es keine mehrstufige Behördenstruktur, sondern nur die unterschiedliche Entscheidungsebenen Betrieb, Unternehmen und Konzern gibt. Für den Bereich der privaten Rechtsträger sieht das Gesetz nur auf der Ebene des Unternehmens die GSBV als befugt an, Versammlungen von Vertrauenspersonen durchzuführen. Die KSBV ist in der Aufzählung der zur Durchführung der Versammlungen befugten Vertretungen nicht aufgeführt. Diese von manchen Vertrauenspersonen als „Benachteiligung" empfundene Rechtslage entspricht dem Rechtszustand der Betriebsverfassung. Dort ist in § 53 BetrVG ebenfalls nur eine vom Gesamtbetriebsrat einzuberufende Betriebsräteversammlung vorgesehen. Eine Regelung über vom Konzernbetriebsrat durchzuführende Gesamtbetriebsräteversammlungen fehlt. Das muss auch für das Recht der SBV im Bereich der Privatwirtschaft gelten. Denn für die SBVen aus diesem Bereich besteht nach Abs. 1 und Abs. 2 SGB IX ein Gleichlauf mit der Betriebsverfassung. Nur wenn in einem Unternehmen ein Gesamtbetriebsrat besteht und wenn in einem Konzern ein Konzernbetriebsrat gebildet ist, darf eine GSBV oder eine KSBV gewählt werden. Wortlaut und Systematik sprechen somit für das bewusste Aussparen einer Befugnis der KSBV, auf Konzernebene Versammlungen der GSBVen durchzuführen. Allerdings hat der Verordnungsgeber diese Rechtslage anders gesehen. Er hat in § 20 Abs. 3 SchwbVWO daran angeknüpft, dass eine Versammlung der GSBVen auf Konzernebene „nach § 180 Abs. 8 SGB IX stattfindet". Das kann als Indiz dafür verstanden werden, dass die Angabe der KSBV in der Aufzählung des § 180 Abs. 8 SGB IX nur irrtümlich unterblieben ist. Dafür spricht, dass die SchwbVWO durch Art. 54 des SGB IX den Bezug zunächst auf § 97 Abs. 8 SGB IX[142] und durch Art. 1 BTHG mWv 1.12018 diese Fassung erhalten hat.

IV. Schwerbehindertenvertretung in mehrstufigen Verwaltungen (Abs. 3)

1. Gesamtschwerbehindertenvertretung im öffentlichen Dienst

60 **Wahl der Gesamtschwerbehindertenvertretung:** In 7 Abs. 1 BPersVG nF ist für den Bereich des Bundes die Verselbständigung von Teilen einer Dienststelle geregelt. Danach gelten Nebenstellen und Teile einer Dienststelle, die räumlich weit von dieser entfernt liegen, als selbständige Dienststellen, wenn die Mehrheit ihrer wahlberechtigten Beschäftigten dies in geheimer Abstimmung beschließt. Nach § 93 BPersVG nF wird in den Fällen des § 7 neben den einzelnen Personalräten auch ein Gesamtpersonalrat (GPR) gebildet. In den Ländern bestehen vergleichbare Regelungen. Besteht ein Gesamtpersonalrat, ist nach § 180 Abs. 1 Satz 1 SGB IX als Pendant zum GPR auch eine GSBV zu wählen. Die zu wählende GSBV besteht aus nur einer Vertrauensperson, für die nach Abs. 5 wenigstens ein stellvertretendes Mitglied zu wählen ist. Wahlberechtigt sind die Vertrauenspersonen der in den Dienststellenteilen und Nebenstellen vorhandenen SBVen. Die Wahl ist in § 22 der SchwbVWO geregelt. Die wahlberechtigten Vertrauenspersonen, die ggf. bei Verhinderung nach § 177 Abs. 1 Satz 1 durch das erste stellvertretende Mitglied vertreten werden, haben nach Abs. 5 zusätzlich noch wenigstens ein stellvertretendes Mitglied der GSBV zu wählen. Angesichts möglicher Fluktuation und nicht voraussehbaren Vertretungsbedarfs empfiehlt es sich stets, mehrere stellvertretende Mitglieder zu wählen. Über die Anzahl der zu wählenden stellvertretenden Mitglieder ent-

---

142 Vgl. *Düwell* in Deinert/Neumann SGB IX-HdB § 20 Rn. 101.

scheidet die Wahlversammlung, § 20 Abs. 1 Satz 1 SchwbVWO. Es gelten keine Besonderheiten zu der Wahl der GSBV in der Privatwirtschaft (→ Rn. 3 ff.).

Zuständigkeit der Gesamtschwerbehindertenvertretung: Die für die gesamte Dienststelle gewählte GSBV vertritt nach Abs. 6 Satz 1 Hs. 1 primär die Interessen der schwerbehinderten Menschen, die alle einzelnen Dienststellenteile und Nebenstellen übergreifen. Insoweit besteht ein Gleichlauf mit der Zuständigkeit des Gesamtpersonalrats. Weitergehend umfasst nach Abs. 6 Satz 1 Hs. 1 die Zuständigkeit der GSBV auch die Befugnis, die Interessen der schwerbehinderten Dienststellenangehörigen mitzuvertreten, für die in den personalvertretungsrechtlich verselbständigten Dienststellenteilen keine eigene SBV gewählt worden ist. Insoweit wird von dem durch Wahl legitimierenden Repräsentationsprinzip abgewichen. Es besteht eine Vertretungsbefugnis kraft Gesetzes. 61

Zuständigkeit der GSBV für zentralisierte Angelegenheiten: Sind in einer Großverwaltung wie zB einem Kommunalverband oder einer Großstadt zahlreiche Dienststellenteile in Form von Dezernaten mit eigenen Personalräten errichtet, stellt sich bei personellen Angelegenheiten der schwerbehinderten Menschen nicht selten das Zuständigkeitsproblem. Die Rspr. hat das gelöst, indem das Personaldezernat im Verhältnis zu den Fachdezernaten als übergeordnete Dienststelle im Sinne des Abs. 6 S. 3 angesehen werden kann.[143] Diese Lösung mag zwar im Ergebnis richtig sein, stößt jedoch auf methodische Bedenken. Die Geltung des Abs. 6 Satz 3 ist ausdrücklich auf die Bezirks- und Hauptschwerbehindertenvertretung in einer mehrstufigen Verwaltung beschränkt. Dennoch kann der in der Regelung zum Ausdruck kommende Rechtsgedanke (→ Rn. 65) nutzbar gemacht werden. Wird eine Angelegenheit einer **zentralen Stelle** zugewiesen und so den **Teildienststellen** entzogen, ist bei entsprechender personalvertretungsrechtlicher Kompetenzzuweisung an den Gesamtpersonalrat im Gleichlauf auch die GSBV zuständig. 62

Teilnahmerecht einer nicht der Dienststelle angehörenden an GSBV an Personalversammlungen: Nach § 58 Abs. 1BPersVG nF gilt für die Personalversammlungen der verselbständigten Dienststellenteile der Grundsatz: „Die Personalversammlung ist nicht öffentlich." Damit besteht kein Teilnahmerecht von Beschäftigten, die nicht dieser personalvertretungsrechtlich definierten Dienststelle angehören. Der Grundsatz der Nichtöffentlichkeit ist in § 58 Abs. 2 Satz 3 BPersVG nF durchbrochen; denn dort ist ausdrücklich bestimmt, dass ein beauftragtes Mitglied des Gesamtpersonalrats an der Personalversammlung mit beratender Stimme teilnehmen darf. Die Gesamtvertrauensperson ist jedoch nicht aufgeführt. Allerdings stellt § 58 Abs. 2 Satz 4 BPersVG nF klar: „Teilnahmerechte auf Grund anderer Rechtsvorschriften bleiben unberührt." Ein Teilnahme- und Rederecht aus § 178 Abs. 8 SGB IX kommt deshalb zu Gunsten der GSBV zur Anwendung, solange die GSBV als Ersatz-SBV nach § 180 Abs. 6 Satz 1 SGB IX kommissarisch für die vertretungslose Dienststelle tätig ist. Praktische Bedeutung hat das Recht aus § 178 Abs. 8 SGB IX, wenn die teilnahmewillige Gesamtvertrauensperson selbst nicht der Dienststelle angehört. 62a

2. Bezirksschwerbehindertenvertretung

Wahl der Bezirksschwerbehindertenvertretung: Abs. 3 Satz 1 enthält die Regelung der Vertretung der schwerbehinderten Menschen im **Geschäftsbereich mehrstufiger Verwaltungen** des öffentlichen Dienstes. Hier wird an das für mehrstufige Verwaltungen geltende Organisationsmodell angeknüpft. Das bereits im Personalvertretungsrecht des Bundes und der Länder für die Bildung 63

---

143 LAG Köln 14.12.2009 – 5 TaBV 62/09.

der Personalvertretungen grundlegend ist. Besteht bei einer Mittelbehörde, zB einer Bezirksregierung, ein Bezirkspersonalrat, so haben die SBVen der nachgeordneten Dienststellen und die SBV der Mittelbehörde nach Abs. 3 gemeinsam eine Bezirksschwerbehindertenvertretung zu wählen. Die regelmäßigen Wahlen haben im Vierjahresturnus nach Abs. 7 zwischen dem 1. Dezember bis 31. Januar stattzufinden.

64 **Wahlverfahren:** Wahlberechtigt sind die Vertrauenspersonen der übergeordneten Mittelbehörde (zB Bezirksregierung) und die Vertrauenspersonen aus den SBVen der nachgeordneten Dienststellen. Das Wahlverfahren ist in § 22 SchwbVWO geregelt. Es gelten keine Besonderheiten zu der Wahl in der Privatwirtschaft, → Rn. 16 ff. Das bedeutet: Wegen des vom Siebten Senat des BAG zutreffend erkannten Vorrangs des Gesetzes vor der Wahlordnung[144] ist die Anwendung des § 22 Abs. 3 Satz 1 SchwbVWO zur Wahl der Bezirks-SBV gesperrt, sobald die Gesamtzahl der wahlberichtigten Vertrauenspersonen größer als 49 ist. Das ergibt sich aus der Verweisung in § 180 Abs. 7 Auf § 177 Abs. 6 Satz 2 SGB IX. Die Vertrauensperson einer vorhandenen Bezirksschwerbehindertenvertretung hat bei Anwendbarkeit des vereinfachten Wahlverfahrens rechtzeitig vor Ablauf seiner Amtszeit zu einer Versammlung des Bezirks einladen (→ Rn. 16). Auf dieser Versammlung wird nach § 22 Abs. 3 SchwbVWO die neue Bezirksschwerbehindertenvertretung gewählt. Wahlberechtigt sind sowohl die Vertrauensperson der übergeordneten Dienststelle als auch alle Vertrauenspersonen der SBV aus den nachgeordneten Dienststellen. Besteht in einer nachgeordneten Dienststelle eine GSBV, dann ist nur deren Vertrauensperson wahlberechtigt. Die zusätzliche Wahlberechtigung der Vertrauenspersonen der Dienststellenteile würde die Wahl verfälschen. Die wahlberechtigten Vertrauenspersonen, die ggf. bei Verhinderung entsprechend § 177 Abs. 1 Satz 1 durch das erste stellvertretende Mitglied vertreten werden, haben nach Abs. 5 zusätzlich noch wenigstens ein stellvertretendes Mitglied der Bezirksschwerbehindertenvertretung zu wählen. Auch hier empfiehlt es sich, mehrere stellvertretende Mitglieder zu wählen. Über die Anzahl der zu wählenden stellvertretenden Mitglieder entscheidet die Wahlversammlung, § 20 Abs. 1 Satz 1 SchwbVWO. Zum übrigen Wahlrecht → Rn. 7 ff. Zu der zwingenden Anwendung des förmlichen Verfahrens nach § 22 Abs. 1 Satz 1 SchwbVWO „durch schriftliche Stimmabgabe" → Rn. 19.

65 **Zuständigkeitsgrundsatz:** Für die Bezirksschwerbehindertenvertretung gilt Abs. 6 Satz 1 aufgrund der Verweisung in Abs. 6 Satz 2 „entsprechend". Demgemäß vertritt die Bezirksschwerbehindertenvertretung in allen Angelegenheiten, die den gesamten Bereich der Mittelbehörde oder mehrere Dienststellen derselben Mittelbehörde betreffen. Soweit es sich um Angelegenheiten handelt, die mehrere Dienststellen verschiedener Mittelbehörden betreffen, ist die Hauptschwerbehindertenvertretung zuständig (→ Rn. 69). Die Bezirksschwerbehindertenvertretung ist jedoch nicht nur für die Angelegenheiten zuständig, die bei der mittleren Verwaltungsbehörde anfallen, sondern auch die umfassende Vertretung Interessen der „vertretungslosen" schwerbehinderten Menschen, die in einer nachgeordneten (stufenmäßig betrachtet: unteren) Dienststelle tätig sind, für die keine SBV gewählt worden ist.[145] Diese vom Gesetzgeber erstreckte Zuständigkeit führt auch zur Durchbrechung des Grundsatzes der Nichtöffentlichkeit von Personalversammlungen (für den Bund: § 58 Abs. 1 BPersVG nF). Während in § 58 Abs. 2 Satz 3 BPersVG nF ausdrücklich bestimmt, dass

---

144 BAG 23.7.2014 – 7 ABR 61/12, Rn. 20 ff., Behindertenrecht 2015, 20.
145 So zur Vorgängervorschrift § 27 Abs. 5 Satz 2 SchwbG BVerwG 8.12.1999 – 6 P 11.98, NZA-RR 2000, 333.

stets ein beauftragtes Mitglied der personalvertretungsrechtlichen Stufenvertretung ohne beratende Stimme teilnehmen darf, fehlt ein derartiges Recht für die Bezirks-SBV. Zwar lässt § 58 Abs. 2 Satz 4 BPersVG nF das Teilnahmerecht „unberührt", das in § 180 Abs. 7 iVm 178 Abs. 8 SGB IX zu Gunsten der schwerbehindertenrechtlichen Stufenvertretung bestimmt ist. Dieses räumt jedoch nur der Bezirks-SBV im Rahmen ihrer Zuständigkeit das Recht ein. Zuständig ist die Bezirks-SBV nur auf der Grundlage von § 180 Abs. 6 Satz 2 SGB IX, solange sie als Ersatzvertretung für eine Dienststelle ohne SBV im Bezirk amtiert.

Zuständigkeitsverlagerung zur übergeordneten Dienststelle: Obwohl örtliche SBVen vorhanden sind, ist nach Abs. 6 Satz 3 die Bezirksschwerbehindertenvertretung auch in den Angelegenheiten der bei nachgeordneten Dienststellen beschäftigten schwerbehinderten Menschen zuständig, in denen die übergeordnete Dienststelle entscheidet. In diesen Fällen hat die Bezirksschwerbehindertenvertretung vor Abgabe ihrer Stellungnahme der örtlichen SBV der Beschäftigungsdienststelle Gelegenheit zur Äußerung zu geben.[146] Die Regelungen des Abs. 6 Satz 3 sind nach Abs. 6 Satz 4 nicht anwendbar, wenn nach Personalvertretungsrecht der Personalrat der Beschäftigungsbehörde zu beteiligen ist. In diesem Fall bleibt es bei der Zuständigkeit der örtlichen SBV.[147] Verständlich wird dieses ausdifferenzierte Beteiligungssystem aus dem Zweck des Abs. 6 Satz 3 und 4, einen Gleichlauf zwischen der Beteiligung der Personal- und der Schwerbehindertenvertretung herzustellen. Soweit die personalvertretungsrechtliche Stufenvertretung zuständig ist, soll auch die schwerbehindertenrechtliche Stufenvertretung zuständig sein. Wenn die Zuständigkeit des örtlichen Personalrats gegeben ist, soll auch die örtliche SBV zuständig sein.[148] 66

Zuständigkeit der örtlichen SBV bei landesrechtlicher Sonderregelung: Abs. 6 Satz 4 stellt klar, dass die Zuständigkeit der Bezirksschwerbehindertenvertretung dann entfällt, wenn zwar die übergeordnete Dienststelle die Entscheidung trifft, aber nach einer besonderen Regelung im jeweiligen Personalvertretungsrecht ausnahmsweise der Personalrat der nachgeordneten Beschäftigungsbehörde zu beteiligen ist.[149] Auch hier wird wieder der Gleichlauf mit der personalvertretungsrechtlichen Zuordnung zwischen Stufen- und örtlicher Vertretung hergestellt. 67

Zuständigkeitsverlagerung im personalvertretungsrechtlichen Stufenverfahren: Die Frage, welche SBV ist zu beteiligen, stellt sich, wenn zwar die nachgeordnete Dienststelle nach der landesrechtlichen Zuständigkeitsvorschrift **für die Entscheidung** zuständig ist, aber auf dem Wege des personalvertretungsrechtlichen Stufenverfahrens die Angelegenheit der **übergeordneten Behörde** zur Entscheidung **vorgelegt** wird. Aus dem in Abs. 6 Satz 3 und 4 niedergelegten **Grundsatz des Gleichlaufs** mit der Zuständigkeit der Personalvertretung sollte nach der hier vertretenen Auffassung immer die SBV auf der Behördenstufe beteiligt werden, die für die Entscheidung zuständig ist. Das SGB IX hat dabei jedoch nicht ausdrücklich die Besonderheit erfasst, dass nach den Regeln für das LPVG in bestimmten Fällen die Entscheidung im Streit zwischen Personalvertretung und Dienststelle nach oben „hoch gestuft" weitergereicht werden kann. Das bereitet der Praxis erhebliche Schwierigkeiten.[150] Für die Lösung des Rechtsproblems 68

---

146 *Karpf* Behindertenrecht 2015, 43 (46).
147 *Karpf* Behindertenrecht 2015, 43 (46).
148 LAG Köln 14.12.2009 – 5 TaBV 62/09.
149 *Trenk-Hinterberger* in HK-SGB IX, 3. Aufl. 2010, § 97 Rn. 22; zum alten Recht grundlegend *Dörner* SchwbG § 27 Rn. 6.
150 *Karpf* Behindertenrecht 2015, 43.

ist von dem Grundsatz auszugehen: Der Dienststellenbegriff und die ihm zugrunde liegende Behördenstruktur gilt das jeweilige Organisationsrecht der Personalvertretungsgesetze. Dieses soll ebenso für die Schwerbehindertenvertretungen maßgebend sein. Das ist auch verfassungsrechtlich geboten, weil nach der Föderalismusreform der Bund keine Zuständigkeit mehr für die Regelung dieser Organisationsfragen auf der Ebene der Länder hat und der Gesetzgeber des BTHG bei der Neufassung des SGB IX gezeigt hat, dass er an einheitlichen Regelung für Bund und Land festhalten will. Deshalb ist § 170 Abs. 1 Satz 2 als dynamische Verweisung auf das Organisationsrecht des jeweils anzuwendenden Personalvertretungsrechts zu verstehen. Deshalb muss folgerichtig, wenn im Stufenverfahren nach dem Landespersonalvertretungsgesetz die Sache der übergeordneten Behörde vorgelegt wird, im Gleichlauf mit der personalvertretungsrechtlichen Stufenvertretung auch die auf gleicher Stufe bestehende SBV unterrichtet und angehört werden. Das wird bisweilen verkannt.[151] So hat 2010 die Fünfte Kammer des ArbG Potsdam auf die nach der landesrechtlichen Organisationsvorschrift an sich gegebene Zuständigkeit der nachgeordneten Behörde abgestellt und den Umstand des „Hochziehens" der Entscheidung durch Vorlage im personalvertretungsrechtlichen Stufenverfahren zu Unrecht unberücksichtigt gelassen. Demgegenüber ist die Vierte Kammer des ArbG Potsdam[152] zehn Jahre später der hier vertretenen Ansicht gefolgt. Dazu hat den folgenden Rechtssatz aufgestellt:

„In § 180 Abs. 6 Satz 3 und Satz 4 SGB 9 ist ein Grundsatz des Gleichlaufs der Zuständigkeit der Personalvertretung und der Schwerbehindertenvertretung auf der jeweiligen Behördenstufe festgelegt. So soll nach der gesetzlichen Vorgabe in § 170 Abs. 1 S. 2 SGB 9 an die Dienststellenstruktur des Personalvertretungsrechts angeknüpft werden."[153]

Beispiel für Stufenverfahren zur übergeordneten Behörde: In § 61 Abs. 5 LPVG Brandenburg ist bestimmt: „Kommt in der Landesverwaltung zwischen der Leitung einer nachgeordneten Dienststelle und dem Personalrat eine Einigung nicht zustande, so kann die Dienststellenleitung die Angelegenheit innerhalb von zehn Arbeitstagen nach Eingang der Ablehnung auf dem Dienstweg der übergeordneten Dienststelle, bei der eine Stufenvertretung besteht, vorlegen. Der Personalrat ist hierüber zu unterrichten." Die für das Mitbestimmungsverfahren auf der unteren Stufe geltenden § 61 Abs. 3 und 4 LPVG gelten dann für das bei der übergeordneten Dienststelle einzuhaltende Verfahren entsprechend. Wird die auf einer Stufe mit dem Bezirkspersonalrat gebildete Bezirksschwerbehindertenvertretung nicht vom Dienstherrn über die Hochstufung unterrichtet und angehört, so wird ihre Aufgabe erschwert, über die Willensbildung des Bezirkspersonalrats und durch ihre eigene Stellungnahme an der möglichst behinderungsgerechten Entscheidung des Dienstherrn mitzuwirken. Ihre Teilnahme und Beratungsrecht aus § 180 Abs. 7 iVm § 178 Abs. 4 liefe dann leer. Die Rechtslage wäre paradox. Die örtliche SBV hätte zwar das Beratungs- und Teilnahmerecht an der Sitzung des Personalrats. Dieser Personalrat ist aber wegen des vom Dienststellenleiter eingeleiteten Stufenverfahrens nicht mehr für die

---

151 ArbG Potsdam 26.1.2010 – 5 BV 141/09, Beschwerde vom LAG Bln-Bbg mangels ordnungsgemäßer Begründung verworfen 7.7.2010 – 15 TaBV 1028/10.
152 ArbG Potsdam 30.10.2019 – 4 BV 34/19, EzA-SD 2020, Nr. 15 = LAGE § 180 SGB IX 2018 Nr. 1, 13; *Düwell* jurisPR-ArbR 4/2020 Anm. 4; *Esser/Isenhardt* jurisPK-SGB IX, 3. Aufl. 2018 12.5.2020, § 180 SGB IX Rn. 13.1.
153 ArbG Potsdam 30.10.2019 – 4 BV 34/19, Rn. 47, EzA-SD 2020, Nr. 15, 13 = LAGE § 180 SGB IX 2018 Nr. 1; nachgehend LAG Bln-Bbg 9.6.2020 – 19 TaBV 2106/19, auf Beschwerde des Ministeriums aufgehoben, weil vermeintlich unzulässiger Antrag gestellt.

Mitbestimmung zuständig; denn nach § 61 Abs. 5 LPVG ist infolge der Hochstufung der Bezirkspersonalrat an der Entscheidung zu beteiligen. Die auf dieser Stufe gebildete Bezirksschwerbehindertenvertretung hätte zwar das Recht auf beratende Teilnahme an der Sitzung des Bezirkspersonalrats, müsste jedoch noch nicht einmal über das eingeleitete Stufenverfahren vom Dienststellenleiter unterrichtet, geschweige denn angehört werden. Das ist mit dem in § 182 Abs. 1 zum Ausdruck gebrachten Gedanken der engen Zusammenarbeit aller zuständigen Entscheidungsträger unvereinbar. Die Entscheidung der Fünften Kammer des ArbG Potsdam aus 2010 zeigt hier deutlich eine mangelnde Einsicht in die Komplexität der Zuständigkeitsstrukturen der Dienststellenverfassung. Als der Gesetzgeber mit § 27 SchwbG die Stufenvertretungen der Schwerbehinderten einführte, wollte er, dass wie auf den Ebenen der Betriebsverfassung auf den Stufen mehrgliedriger Behörden auch Stufenvertretungen für Schwerbehinderte parallel zu den Stufenvertretungen des Personalvertretungsrechts gebildet werden, damit diese in „hybrider" Zusammenarbeit bei gemeinsamer Beratung in den Gremien die Interessen der Schwerbehinderten wahrnehmen. Der von der der kritisierten Entscheidung ausgehende Organisationswirrwarr war nicht gewollt: Er zieht die unsinnige Folge nach sich, dass bei einem personalvertretungsrechtlichen Hochstufungsverfahren vom Dienstherrn nur die örtliche Schwerbehindertenvertretung Gelegenheit zur Stellungnahme erhält, aber nicht die Stufenvertretung, obwohl diese personalvertretungsrechtliche Partnerin des Bezirkspersonalrats ist und allein diese an der Willensbildung des personalvertretungsrechtlichen Trägers des Mitbestimmungsrechts mitwirken kann. Die in dem entschiedenen Fall vom Dienstherrn als allein zuständig behandelte örtliche Schwerbehindertenvertretung darf wegen des Grundsatzes der Nichtöffentlichkeit noch nicht einmal an der Sitzung des Bezirkspersonalrats teilnehmen, geschweige denn eine die Interessen der schwerbehinderten Menschen beeinträchtigende Entscheidung aussetzen. Eine derartige Aufteilung der Zuständigkeiten läuft dem Gebot der engen Zusammenarbeit (§ 182 Abs. 1) zuwider. Sie ist vom Gesetzgeber des SGB IX nicht gewollt. Zu einer klärenden Sachentscheidung wird es solange § 180 Abs. 7 SGB IX nicht geändert wird, Zwar war das gesamte Neunte Sozialgesetzbuch durch Artikel 26 Abs. 1 Satz 2 des Bundesteilhabegesetzes (BTHG) mit Ablauf des 31.12.2017 förmlich außer Kraft getreten. Die 19. Kammer war jedoch der Ansicht, dass sei unerheblich; denn das zum 1.1.2018 in Kraft getretene neue SGB IX sei wegen überwiegender Wortgleichheit von § 97 Abs. 6 SGB IX aF und § 180 SGB IX nF wie ein und dasselbe Gesetz zu behandeln. Von daher schließe die Entscheidung des ArbG Potsdam vom 26.1.2010 – 5 BV 141/09, die durch Verwerfung der damals unzureichend begründeten Beschwerde bestandskräftig geworden ist, eine neue Entscheidung in der Sache aus. Das fehlende Beteiligungsrecht des HSBV im Stufenverfahren soll danach für alle Zeiten festgestellt sein. Dem kann nicht zugestimmt werden.

3. Hauptschwerbehindertenvertretung

Wahl: Nach § 180 Abs. 2 Satz 2 ist bei jeder obersten Dienstbehörde von deren sogenannter Haus- SBV und den Bezirksschwerbehindertenvertretungen der Mittelbehörden des gesamten Geschäftsbereichs eine **Haupt-SBV** durch Wahl entsprechend § 22 SchwbVWO durch Wahl zu bilden.
Oberste Dienstbehörde ist die oberste Behörde eines Dienstherrn, in dessen Geschäftsbereich ein Beamter ein Amt wahrnimmt (§ 3 Satz 1 Bundesbeamtengesetz). Das gilt nach dem maßgebenden Personalvertretungsrecht auch für Arbeitnehmer. In der unmittelbaren Bundesverwaltung ist meist ein Ministerium

oberste Dienstbehörde. Im Bereich der mittelbaren Bundesverwaltung (Anstalt, Stiftung) wird die Bestimmung der obersten Dienstbehörde in den Errichtungsgesetzen oder in den Satzungen geregelt. Für den Bereich der Sozialversicherung und der Bundesagentur für Arbeit ist dazu in § 114 BPersVG nF (entspricht dem bis 14.6.2021 geltenden § 88 BPersVG aF) eine besondere Regelung getroffen. Danach gilt die Zentrale oder Hauptverwaltung bzw. Hauptverwaltungsstelle als oberste Dienstbehörde. Als Behörden der Mittelstufe gelten die der Zentrale, der Hauptverwaltung oder der Hauptverwaltungsstelle unmittelbar nachgeordneten Dienststellen, denen andere Dienststellen nachgeordnet sind. Somit ergibt sich für die Bundesagentur für Arbeit eine dreistufige Personalvertretungsstruktur. Oberste Dienstbehörde ist die Hauptverwaltungsstelle in Nürnberg, wo der Vorstand seinen Sitz hat, Mittelbehörden sind die Regionaldirektionen und untere Behörden sind die Arbeitsagenturen. Im Übrigen gelten die in den Absätzen 2 bis geregelten Maßgaben zu der Kompetenzabgrenzung der Vorstände.

Die regelmäßigen Wahlen finden nach Abs. 7 ebenso wie die Wahlen zur KSBV in der Zeit zwischen 1. Februar und 31. März im Vierjahresturnus statt. Nächste Wahlen: 1.2.2023 und 31.3.2023. Hinsichtlich der anwendbaren Wahlverfahrensart und der sonstigen zu beachten Wahlvorschriften enthält § 22 SchwbVWO Sonderregelungen für alle überörtlichen Vertretungen → Rn. 16 ff. Danach kann die Haupt-SBV vor Ablauf ihrer Amtszeit zu einer Wahl auf eines Jahresversammlung der Vertrauenspersonen einladen. Geht man von dem vom Siebten Senat des BAG zutreffend erkannten Vorrang des Gesetzes vor der Wahlordnung aus,[154] ist jedoch die § 22 Abs. 3 Satz 1 SchwbVWO nicht anzuwenden, sobald die Gesamtzahl der wahlberichtigten Vertrauenspersonen größer als 49 ist. Das ergibt sich aus der Verweisung in § 180 Abs. 7 Auf § 177 Abs. 6 Satz 2 SGB IX.

70 **Wahlberechtigte:** Wahlberechtigte sind die Vertrauenspersonen der Bezirksschwerbehindertenvertretung sowie die Vertrauensperson der bei der obersten Dienstbehörde gewählten SBV (sog. Haus-SBV). Nur für den Fall, dass weniger als zehn Bezirksschwerbehindertenvertretungen im Geschäftsbereich der Hauptschwerbehindertenvertretung zu wählen sind, sind nach § 180 Abs. 3 Satz 2 Hs. 2 zusätzlich die Vertrauenspersonen aus den SBVen der nachgeordneten örtlichen Dienststellen wahlberechtigt. Dazu zählen auch die SBVen aller nach § 7 BPersVG nF (entspricht dem bis 14.6.2021 geltenden § 6 Abs. 3 BPersVG aF) verselbstständigten Außen- und Nebenstellen. Fehlen Mittelbehörden, wird die Hauptschwerbehindertenvertretung von der Vertrauensperson der SBV der obersten Dienstbehörde (sog. Haus-SBV) und den Vertrauenspersonen aus den SBVen der nachgeordneten örtlichen Dienststellen gewählt.[155] Für die Vertrauenspersonen der Gesamtschwerbehindertenvertretungen besteht keine Wahlberechtigung; denn bei der Gesamtschwerbehindertenvertretung handelt es sich nicht um eine SBV, die für eine nachgeordnete Dienststelle gebildet ist.[156] Zwar ist die Gesamtschwerbehindertenvertretung wie die SBV eine Vertretung auf der untersten Stufe einer mehrstufigen Behörde. Die der Gesamtschwerbehindertenvertretung übertragenen Aufgaben sind jedoch wie die Zuständigkeit des Gesamtpersonalrats nach § 95 BPersVG nF (entspricht dem bis 14.6.2021 geltenden § 55 BPersVG aF), zu dem die Gesamtschwerbehindertenvertretung als Partnerin „parallel" gebildet wird, vor allem auf die Zustän-

---

154 BAG 23.7.2014 – 7 ABR 61/12, Rn. 20 ff., Behindertenrecht 2015, 20.
155 BAG 24.5.2006 – 7 ABR 40/05, Rn. 24, NZA 2006, 1240; OVG NRW 19.4.1993 – 1 A 3466/91. PVL, Behindertenrecht 1993, 172.
156 BAG 24.5.2006 – 7 ABR 40/05, Rn. 28, NZA 2006, 1240.

digkeit in den übergreifenden Angelegenheiten ausgerichtet (§ 180 Abs. 6 Satz 1 Hs. 1 SGB IX), die von den SBVen der verselbständigten Dienststellenteile nicht wahrgenommen werden können. Hierzu zählt nicht die Beteiligung an der Wahl zu der Hauptschwerbehindertenvertretung.[157] Eine abweichende Sonderregelung ist in § 240 Abs. 1 Nr. 3 Satz 1 und 2 SGB IX für den **Bundesnachrichtendienst** (BND) getroffen. Danach gelten Teile und Stellen als Dienststellen, auch wenn sie nicht zur Zentrale gehören. Trotz der hierarchischen Aufbauorganisation ist ausdrücklich die Anwendung des § 180 SGB IX ausgeschlossen, so dass keine Stufenvertretung gewählt werden kann. Ferner ist in § 240 Abs. 2 SGB IX bestimmt, dass der gesamte Geschäftsbereich des **Militärischen Abschirmdienstes** als eine einheitliche Dienststelle gilt. Damit ist auch dort die Wahl von Stufenvertretungen ausgeschlossen. § 240 SGB IX enthält keine abschließende Auflistung wirksamer Abweichungen von § 180 Abs. 3 SGB IX. In den Personalvertretungsgesetzen des Bundes und der Länder gibt es nämlich für bestimmte Verwaltungszweige weitere im SGB IX nicht vorgesehene Sonderregelungen, die auf das Recht der Schwerbehindertenvertretungen durchschlagen. Dem Gesetzgeber des SGB IX ist es nämlich nicht gelungen, die Vielfalt der Verwaltungsstrukturen des öffentlichen Dienstes zu erfassen. Das zeigt sich ua in § 177 Abs. 6 SGB IX. Dort hat er vor der Aufgabe kapituliert, ein Übergangsmandat für die SBV im öffentlichen Dienst zu regeln. Allgemeingültiges Grundprinzip des SGB IX ist, dass die Schwerbehinderten- und Personalvertretungen parallel zu einander gebildet werden sollen. Deshalb soll nach § 180 Abs. 3 Satz 1 SGB IX das Recht „sinngemäß" angewandt und nicht am engen Wortlaut gehaftet werden. Das gilt insbesondere, wenn bei einer obersten Dienstbehörde nicht „eine" Hauptschwerbehindertenvertretung für den gesamten Geschäftsbereich gewählt wird, sondern parallel zu den gebildeten Hauptpersonalräten **mehrere Hauptschwerbehindertenvertretungen** für Teile von Geschäftsbereichen gewählt werden.

Beispiel: In Baden-Württemberg ist der Innenminister oberster Dienstherr für die Beschäftigten des Geschäftsbereichs, der Inneres, Digitalisierung und Migration umfasst. Dort sind mehrere Hauptpersonalräte zu bilden. So wählen nach § 96 Abs. 2 LPVG BW die Beschäftigten der Polizeidienststellen und Einrichtungen für den Polizeivollzugsdienst einen gesonderten Hauptpersonalrat der Polizei wählen. Da in § 163 Abs. 1 Satz 2 SGB IX angeordnet ist, dass der personalvertretungsrechtliche Dienststellenbegriff maßgebend sein soll, ist abweichend vom Wortlaut des § 180 Abs. 3 Satz 1 und 2 SGB IX bei der obersten Dienstbehörde nicht „eine" Hauptschwerbehindertenvertretung zu wählen. Vielmehr sind dort – parallel zu den Vertretungsstrukturen des Personalvertretungsrechts – mehrere Hauptschwerbehindertenvertretungen zu wählen.

Ein in der SchwbVWO nicht beachtetes Problem zeigt sich, wenn wegen des **Fehlens der Mittelbehörde** nur der SBV der obersten Dienstbehörde und die SBVen der nachgeordneten örtlichen Dienststellen wahlberechtigt sind; denn dann schließt der Wortlaut des § 22 Abs. 3 Satz 1 SchwbVWO auch dann die vereinfachte Wahl in der Versammlung aus, wenn die Anzahl der Wahlberechtigten **weniger als** 50 beträgt. Nach § 22 Abs. 3 Satz 1 SchwbVWO ist nämlich nicht die Wahl nicht in einer von Hauptschwerbehindertenvertretung oder Wahlinitiatoren einberufenen Wahlversammlung zugelassen. Vielmehr wird dort eine Versammlung iSv § 180 Abs. 8 SGB IX vorausgesetzt, die aber nicht zustande kommen kann, weil es keine existierenden Bezirksvertrauenspersonen gibt. Die Lösung des Problems ergibt sich daraus, dass auch außerhalb von Ver-

---

157 BAG 24.5.2006 – 7 ABR 40/05, Rn. 29, NZA 2006, 1240.

sammlungen der Vertrauenspersonen nach § 180 Abs. 8 SGB IX gewählt werden darf. Wie das BAG zur alten Gesetzesfassung – insoweit zutreffend – erkannt hat, muss die zwingend in § 177 Abs. 6 Satz 3 SGB IX aufgestellte Regel beachtet werden: Wenn die Anzahl der Wahlberechtigten weniger als 50 beträgt, ist im vereinfachten Verfahren zu wählen.[158] Die Bestimmung in § 22 Abs. 3 Satz 1 SchwbVWO ist gesetzeskonform so auszulegen, dass sie einer Einberufung zu einer Wahlversammlung, die nicht im Rahmen einer Vertrauenspersonenversammlung nach § 180 Abs. 8 SGB IX stattfindet, nicht entgegensteht.

71 **Wahlberechtigung bei Bündelungsbehörden:** Obwohl das Problem seit langem bekannt ist, enthält das Gesetz keine Regelung, ob die Bezirksschwerbehindertenvertretungen der sogenannten **Bündelungsbehörden** die Hauptschwerbehindertenvertretungen aller an der Bündelung beteiligten obersten Dienstbehörden mitwählen können. Von praktischer Bedeutung ist das Problem bei den obersten Dienstbehörden, über die Ministerien die Fachaufsicht führen. Für die Wahl der Hauptschwerbehindertenvertretung beim Ministerium für Arbeit, Gesundheit und Soziales des Landes NRW hat die Rspr. die Wahlberechtigung der Bezirksschwerbehindertenvertretungen verneint.[159] Durch die 1986 in das SchwbG eingefügte Beschränkung auf die Bezirksschwerbehindertenvertretungen „des Geschäftsbereichs" kann darauf geschlossen werden, dass eine Beschränkung des Wahlrechts auf die Wahl einer einzigen Hauptschwerbehindertenvertretung gewollt ist.[160]

72 **Zuständigkeit:** Für die Hauptschwerbehindertenvertretung gilt Abs. 6 Satz 1 aufgrund der Verweisung in Abs. 6 Satz 2 „entsprechend". Demgemäß vertritt die Hauptschwerbehindertenvertretung die schwerbehinderten Beschäftigten in allen (Stufen-) Angelegenheiten, die den gesamten Geschäftsbereich oder mehrere Dienststellen betreffen, für die keine Bezirksschwerbehindertenvertretung zuständig ist (→ Rn. 65). Unter der Nr. 34.1 der Richtlinien für die Einstellung, Beschäftigung und begleitende Hilfe schwerbehinderter und diesen gleichgestellter behinderter Menschen in der Landesverwaltung des Landes Brandenburg (Schwerbehindertenrichtlinien – SchwbRL) vom 6.4.2005[161] ist dazu ausgeführt: „Werden durch eine Maßnahme Belange von schwerbehinderten Beschäftigten mehrerer Dienststellen berührt, für die eine Hauptschwerbehindertenvertretung gebildet wurde, so ist diese zuständig." Dem kann nicht uneingeschränkt zugestimmt werden. Besteht nämlich eine Bezirksschwerbehindertenvertretung und sind die Belange von schwerbehinderten Beschäftigten mehrerer Dienststellen berührt, die derselben Mittelbehörde zugeordnet sind, so ist nach § 180 Abs. 6 Satz 2 die Bezirksschwerbehindertenvertretung zuständig. Diese bundesgesetzliche Zuständigkeitsnorm kann keine Verwaltungsbehörde durch Erlass von Schwerbehindertenrichtlinien abschaffen. Im Übrigen gelten die bereits für die Zuständigkeit der Bezirksschwerbehindertenvertretung erläuterten Grundsätze der Stufenvertretungen (→ Rn. 65 ff.).
Die Hauptschwerbehindertenvertretung vertritt allerdings nicht nur die Stufeninteressen des Geschäftsbereichs, sondern auch die Interessen der „**vertretungslosen**" **schwerbehinderten Menschen** in einem nachgeordneten Geschäftsbereich, für den an sich eine Bezirksschwerbehindertenvertretung zu wählen wäre, aber nicht gewählt worden ist. Aufgrund Abs. 6 Satz 3 ist die Hauptschwerbehindertenvertretung auch in den Angelegenheiten der bei nachgeordneten

---

158 BAG 23.7.2014 – 7 ABR 61/12, Rn. 20 ff., Behindertenrecht 2015, 20.
159 BVerwG 2.6.1987 – 6 P 10.85, Buchholz 436.61 § 24 SchwbG Nr. 2.
160 Vgl. BT-Drs. 10/31, 33 und 39.
161 Brandenburger ABl./05, Nr. 18, 530.

Dienststellen beschäftigen schwerbehinderten Menschen zuständig, wenn die oberste Dienststelle entscheidet.
Die Hauptvertrauensperson darf in Anwendung von § 180 Abs. 7 iVm. § 178 Abs. 8 SGB IX an allen Personalversammlungen vertretungsloser Dienststellen mit Rederecht teilnehmen, für die ihre HSBV als Ersatzvertretung nach § 180 Abs. 6 Satz 2 SGB IX zuständig ist. Damit wird der Grundsatz durchbrochen, dass an Betriebsversammlungen nur Dienststellenangehörige teilnehmen dürfen; ebenso zur GSBV → Rn. 62 a und zur Bezirks-SBV → Rn. 65.

Tritt im **personalvertretungsrechtlichen Stufenverfahren** eine Verlagerung der Entscheidungszuständigkeiten ein, so wirkt sich diese auf das Verhältnis von örtlichen Dienststellen-SBVen bzw. der auf der Ebene der Mittelbehörde (obere Dienstbehörde) gewählten Bezirks-SBVen zu der für den gesamten Geschäftsbereich der obersten Dienstbehörde gewählten Haupt-SBV aus. Für die Beteiligung ist maßgebend, ob die Entscheidung von der obersten Behörde getroffen wird und ob nach Personalvertretungsrecht keine „unteren" Vertretungen für das Beteiligungsverfahren zuständig sind.[162] Dies gilt auch, sofern die Entscheidungszuständigkeit durch Vorlage an die oberste Behörde verlagert wird.
Beispiel für ein zur obersten Behörde hochgezogenes Stufenverfahren: In § 61 Abs. 6 LPVG Brandenburg ist bestimmt: „Ist die übergeordnete Dienststelle eine obere Landesbehörde und kommt zwischen ihr und der Personalvertretung eine Einigung nicht zustande, so kann die Dienststellenleitung die Angelegenheit innerhalb der Frist nach Absatz 5 Satz 1 der obersten Dienstbehörde vorlegen." Nach § 61 Abs. 7 LPVG Brandenburg entscheidet dann die Leitung der obersten Dienstbehörde im Einvernehmen mit dem bei ihr bestehenden Hauptpersonalrat als zuständiger Personalvertretung oder die Leitung der obersten Dienstbehörde ruft die Einigungsstelle an. Darin ist eine Verlagerung der Entscheidungszuständigkeit durch Hochziehen auf die oberste Ebene zu sehen. Deshalb müssen die für die Beteiligung im Stufenverfahren geltenden Grundsätze angewandt werden. Entgegen einer vereinzelt gebliebenen Ansicht der Fünften Kammer des ArbG Potsdam[163] ist in diesem Fall vor Herstellen des Einvernehmens mit dem Hauptpersonalrat die Hauptschwerbehindertenvertretung zu unterrichten und anzuhören.[164] Es ist nämlich nicht nachzuvollziehen, wieso für die Beteiligung der SBV und ihrer gebildeten Stufen anders als bei der Personalvertretung auf die Durchführungskompetenz der Maßnahme und nicht auf die Entscheidungskompetenz im Rahmen der Durchführung der Beteiligung des Personalrates bzw. der Schwerbehindertenvertretung abzustellen sein sollte.[165]

---

162 Vgl. VG Frankfurt 4.1.2006 – 9 G 3745/05 (V), Rn. 6, ZFSH/SGB 2006, 240: bei angenommener Zuständigkeit des Ministeriums für Ernennung und Personalauswahl.
163 ArbG Potsdam 26.1.2010 – 5 BV 141/09, Beschwerde wurde vom LAG Bln-Bbg unter 15 TaBV 1028/10 verworfen, Entscheidung nicht dokumentiert.
164 So zutreffend: ArbG Potsdam 30.10.2019 – 4 BV 34/19; zustimmend: *Düwell* jurisPR-ArbR 4/2020 Anm. 4; *Esser/Isenhardt* in jurisPK-SGB IX § 180 Rn. 13.1. Hinweis: Das LAG Bln-Bbg hat mit Beschluss vom 9.6.2020 – 19 TaBV 2106/19 auf die Beschwerde des Landes den Beschluss des ArbG Potsdam 30.10.2019 – 4 BV 34/19 abgeändert und den Antrag als unzulässig zurückgewiesen, weil der Beschluss des ArbG Potsdam 26.1.2010 – 5 BV 141/09 in Rechtskraft erwachsen sei und einer erneuten Anrufung des Gerichts entgegenstünde, → Rn. 68.
165 ArbG Potsdam 30.10.2019 – 4 BV 34/19, EzA-SD 2020, Nr. 15 = LAGE § 180 SGB IX 2018 Nr. 1, 13; *Düwell* jurisPR-ArbR 4/2020 Anm. 4; *Esser/Isenhardt* in jurisPK-SGB IX, 3. Aufl. 2018 12.5.2020, § 180 Rn. 13.1.

Dazu hat die Fünfte Kammer[166] den folgenden zutreffenden Rechtssatz aufgestellt:

„§ 180 Abs. 6 Satz 3 SGB IX regelt, dass in persönlichen Angelegenheiten schwerbehinderter Menschen über die eine übergeordnete Dienststelle entscheidet, die nach Satz 2 zuständige Schwerbehindertenvertretung zu beteiligen ist. Dabei bezieht sich die Zuständigkeitsregelung nicht nur auf die Entscheidungen in persönlichen Angelegenheiten gegenüber den schwerbehinderten Menschen durch die übergeordnete Dienststelle, sondern auch auf Entscheidungen der übergeordneten Dienststelle im Rahmen des personalvertretungsrechtlichen Anhörungsverfahrens. So entscheidet die übergeordnete Dienststelle nach dem Personalvertretungsgesetz Brandenburg ob, soweit der örtliche Personalrat Widerspruch gegen eine von der nachgeordneten Dienststelle getroffene personelle Einzelmaßnahme erhoben hat, das Stufenverfahren eingeleitet wird. Auch nach Durchführung des Stufenverfahrens und ggf. der Entscheidung der Einigungsstelle entscheidet die oberste Dienstbehörde, ob der Entscheidung der Einigungsstelle gefolgt wird. Damit trifft die oberste Dienstbehörde Entscheidungen im Sinne von § 180 Abs. 6 SGB IX. Alleine auf die Durchführung der aus diesen Entscheidungen resultierenden konkreten Maßnahmen der örtlichen Dienststelle gegenüber den schwerbehinderten Menschen abzustellen, würde den Sinn und den Zweck der gesetzlichen Norm unzulässig verkürzen."

Das ergibt sich zudem aus den zur Anwendung erlassenen Schwerbehindertenrichtlinien des Landes vom 6.4.2005[167]. Dort heißt es zur Beteiligung der Hauptschwerbehindertenvertretung: „(...) auch in den Fällen, in denen Belange der schwerbehinderten Beschäftigten einer (nachgeordneten) Dienststelle betroffen sind, die Entscheidung aber bei der Dienststelle liegt, bei der die Stufenvertretung (Hauptschwerbehindertenvertretung) besteht." Folgerichtig ordnet der Richtliniengeber zur Verbesserung der Kommunikation der Schwerbehindertenvertretungen untereinander zusätzlich an: „Die Stufenvertretung (Hauptschwerbehindertenvertretung) hat der Schwerbehindertenvertretung der Dienststelle, bei der die schwerbehinderten Beschäftigten tätig sind, Gelegenheit zur Äußerung zu geben."[168]

Leider wird die komplexe Rechtslage bei der Beteiligung der Vertretungen im Stufenverfahren nicht immer von den an einer zügigen Erledigung interessierten Richterinnen und Richtern berücksichtigt. So ist ohne Auseinandersetzung mit entgegenstehender Rspr. und Schrifttum von der Siebten Kammer des Sächsischen LAG jede Beteiligung der HSBV im Stufenverfahren verneint worden. Am missverstanden Wortlaut des § 180 Abs. 6 Satz 3 SGB IX haftend wird, ohne die Systematik des Schwerbehindertenvertretungsrechts zu berücksichtigen, die „Zuständigkeit" der HSBV auf die Angelegenheiten schwerbehinderter Menschen beschränkt, in denen die übergeordnete Dienststelle selbst eine Entscheidung trifft.[169] Beim Lesen solcher Entscheidungsbegründungen entsteht der Eindruck, dass die Komplexität der Materie dadurch reduziert wird, indem die Sichtung von Schrifttum und die Recherche in Rechtsprechungsdatenbanken vermieden werden.

---

166 ArbG Potsdam 30.10.2019 – 4 BV 34/19, Rn. 41; EzA-SD 2020, Nr. 15 = LAGE § 180 SGB IX 2018 Nr 1, 13; *Düwell* jurisPR-ArbR 4/2020 Anm. 4; *Esser/Isenhardt* in jurisPK-SGB IX, 3. Aufl. 2018 12.5.2020, § 180 Rn. 13.1.
167 ABl./05, Nr. 18, 530.
168 ABl./05, Nr. 18, 530.
169 SächsLAG 3.6.2020 – 7 TaBV 23/18, juris Rn. 42, Rechtsbeschwerde beim BAG unter 7 ABR 23/20 anhängig, Termin zur Anhörung 22.9.202.

Überwachung der Mindestbeschäftigung: Bei der Überwachung der Mindestbeschäftigung ist im öffentlichen Dienst eine Besonderheit zu beachten. Wer Arbeitgeber im Sinne der Mindestbeschäftigungspflicht ist, ist in § 154 Abs. 2 definiert. Nach § 154 Abs. 2 Nr. 2 gilt als Arbeitgeber „jede oberste Landesbehörde". Darunter fallen insbesondere die Ministerien mit ihren Geschäftsbereichen. Zur Überwachung der Einhaltung der Beschäftigungspflicht der obersten Landesbehörde ist nach § 180 Abs. 6 Satz 2 die Hauptschwerbehindertenvertretung anstelle der nachgeordneten Bezirksschwerbehindertenvertretung zuständig. Damit die Hauptschwerbehindertenvertretung ihre Aufgabe überhaupt wahrnehmen kann, sind ihr sämtliche Verzeichnisse der in den einzelnen Dienststellen beschäftigten schwerbehinderten Menschen zu übermitteln (zum Problem der Zuständigkeit der GSVB → Rn. 32).

73

Versammlungen: Die Hauptschwerbehindertenvertretung hat nach Abs. 8, § 178 Abs. 6 das Recht, mindestens einmal im Jahr **Versammlungen der Vertrauenspersonen** der Bezirksschwerbehindertenvertretungen durchzuführen (sogenannte **Jahresversammlung**). Ein Recht auf Teilnahme an den **Personalversammlungen in den nachgeordneten Dienststellen**, die von den örtlichen SBVen nach § 178 Abs. 6 beschränkte der § 180 Abs. 8 ausnehmende Verweisung in § 180 Abs. 7 nicht im SGB IX geregelt. Dieses Recht kann sich aus dem Personalvertretungsrecht ergeben. So ist in entsprechender Anwendung von § 58 Abs. 3 Satz 2 BPersVG nF (entspricht dem bis 14.6.2021 geltenden § 52 Abs. 1 Satz 3 BPersVG aF) ein beauftragtes Mitglied der schwerbehindertenrechtlichen Stufenvertretung an der Personalversammlung teilnehmen. Im Übrigen gilt: Die örtliche SBV kann nach § 178 Abs. 6 Satz 2 die Vertrauensperson der Hauptschwerbehindertenvertretung zu einer Berichterstattung aus deren Tätigkeit und zur Erörterung von Problemen der Dienststelle einladen. Fehlt eine entsprechende personalvertretungsrechtliche Regelung, so kommt eine Lückenschließung durch die analoge Anwendung von § 180 Abs. 8 in Betracht.[170] Das Teilnahmerecht der SBV an Personalversammlungen ist mit der Novelle von 2004 erkennbar darauf gerichtet, Fragen der Eingliederung behinderter Menschen in der Dienststelle zu fördern und schwerbehinderten Menschen beratend und helfend zur Seite zu stehen.[171] Die Aufgaben und Kompetenzen der Stufenvertretungen sind darauf gerichtet, die Interessen der Schwerbehinderten und die der gleichgestellten behinderten Menschen in Angelegenheiten zu vertreten, die das Gesamtunternehmen oder mehrere Dienststellen des Arbeitgebers betreffen und durch die Schwerbehindertenvertretung nicht geregelt werden können.[172] Deshalb muss im Hinblick auf das Teilnahmerecht der Hauptschwerbehindertenvertretung an Personalversammlungen von einer planwidrigen Unvollständigkeit des § 180 Abs. 8 SGB IX ausgegangen werden.

74

4. Stufenvertretungen der Richterschaft

Stufenvertretungen der Richterschaft: Die in § 180 Abs. 4 SGB IX vorgenommene Regelung betrifft die Gerichte eines Zweiges der Gerichtsbarkeit. Als Zweige werden angesehen die fünf Fachgerichtsbarkeiten: ordentliche Justiz, Arbeitsgerichtsbarkeit, Finanzgerichtsbarkeit, Verwaltungsgerichtsbarkeit und Sozialge-

75

---

170 LAG RhPf 14.1.2011 – 6 TaBV 41/10 auf Rechtsbeschwerde aufgehoben: BAG 11.9.2013 – 7 ABR 18/11, NZA 2014, 323. Die Aufhebung beruht darauf, dass der Fall die Stationierungsstreitkräfte betraf und die deutsche Gerichtsbarkeit nicht als entscheidungsbefugt angesehen worden ist.
171 Vgl. *Weber* in Richardi/Dörner/Weber, 3. Aufl. 2008, § 40 Rn. 36, 44, 50.
172 Vgl. *Cramer* NZA 2004, 698; *Pahlen* in Neumann/Pahlen/Majerski-Pahlen, 12. Aufl. 2010, SGB IX § 95 Rn. 23.

richtsbarkeit. Satz 1 trifft für die Fälle eine Regelung, dass in einem Zweig ein Bezirks- oder Hauptrichterrat gebildet ist. Dann gilt für die Bildung der parallelen Stufenvertretungen das Verfahren aus § 180 Abs. 3. Das bedeutet die Anwendung der Wahlvorschriften, die innerhalb mehrstufiger Verwaltungen gelten: Die Bezirks- und Hauptvertrauenspersonen schwerbehinderter Richter sind folglich von den wahlberechtigten Schwerbehindertenvertretungen wie bei der Bezirks- (→ Rn. 63) und Hauptschwerbehindertenvertretung (→ Rn. 69) zu wählen. § 180 Abs. 5 stellt klar, dass für eine Vertrauensperson jeweils wenigstens ein stellvertretendes Mitglied zu wählen ist. § 27 SchwbVWO verweist für die Wahl der **Bezirksschwerbehindertenvertretung der Richterinnen** und **Richter** auf die entsprechende Anwendung der §§ 24 bis 26 SchwbVWO, in denen für die Vorbereitung und Durchführung der Wahl der Schwerbehindertenvertretung der Richterinnen und Richter ein vereinfachtes Wahlverfahren einschließlich der Nachwahl von stellvertretenden Mitgliedern geregelt ist. § 27 SchwbVWO verweist für die Wahl der der Stufenvertretungen der Richterinnen und Richter auf die entsprechende Anwendung der §§ 24 bis 26 SchwbVWO. Dort ist für die Wahl der Schwerbehindertenvertretung ein vereinfachtes Wahlverfahren einschließlich der Nachwahl von stellvertretenden Mitgliedern geregelt. Soweit in Ländern mit nur einem Obergericht im Gerichtszweig die mittlere Stufe des Bezirksrichterrats entfällt, kann auch keine Bezirksschwerbehindertenvertretung der Richterinnen gewählt werden. Mit der durch Wahl erfolgten Bildung der Bezirks- und **Hauptschwerbehindertenvertretung der Richterinnen und Richter** soll nämlich die parallele Vertretungsstruktur zum Bezirks- und Hauptrichterrat hergestellt sein. Die gewählten Vertrauenspersonen und stellvertretenden Mitglieder werden als **eigenständige Gruppenvertretungen** tätig. Sie vertreten in den Angelegenheiten, die in den Richtergesetzen den Bezirks- und Hauptrichterräten zugewiesen sind, die schwerbehinderten und gleichgestellten Richter. In den anderen Angelegenheiten werden schwerbehinderten und gleichgestellten Richterinnen und Richter von den SBVen im jeweiligen Gericht vertreten, in dem diese ihren Dienst verrichten.

Eine Besonderheit gilt auf der obersten Stufe. § 180 Abs. 4 Satz 2 SGB IX schreibt vor, dass auch dann, wenn kein Hauptrichterrat gebildet ist, dennoch eine **Hauptrichtervertretung** (HSBV) der Richterschaft zu wählen ist. Diese Regelung durchbricht den in § 180 Abs. 1 bis 3 SGB IX aufgestellten Grundsatz, dass eine Stufenvertretung der schwerbehinderten Menschen parallel zu den Strukturen des Betriebsverfassungs- und Personalvertretungsrechts zu wählen ist. Sind in einem Zweig der Gerichtsbarkeit der Länder (der ordentlichen Justiz, der Arbeitsgerichtsbarkeit, der Finanzgerichtsbarkeit, der Sozialgerichtsbarkeit oder der Verwaltungsgerichtsbarkeit) mehrere SBVen nach § 177 zu wählen und ist in diesem Zweig kein Hauptrichterrat gebildet, soll nach Abs. 4 Satz 3 dennoch eine Hauptschwerbehindertenvertretung zu bilden sein. Die Bildung erfolgt durch Wahl. Es gilt die Regelung der Wahl der Hauptschwerbehindertenvertretung im mehrstufigen Behördenaufbau in Abs. 3 Satz 2 (→ Rn. 69) entsprechend. § 27 SchwbVWO verweist für die Wahl der Hauptschwerbehindertenvertretung der Richterinnen und Richter auf die entsprechende Anwendung der §§ 24 bis 26 SchwbVWO, in denen für die Wahl der Schwerbehindertenvertretung ein vereinfachtes Wahlverfahren einschließlich der Nachwahl von stellvertretenden Mitgliedern vorgesehen ist.

Die Hauptschwerbehindertenvertretung der Richterschaft hat nach Abs. 4 Satz 3 die Aufgabe, in Zusammenarbeit mit dem für wichtige personelle Angelegenheiten zuständigen Präsidialrat die Interessen der schwerbehinderten Richterinnen und Richter wahrzunehmen. Das SGB IX nimmt damit Bezug auf die

Organisation der richterlichen Mitbestimmung. Dazu ist an jedem obersten Gerichtshof des Bundes nach § 54 des Deutschen Richtergesetzes (DRiG) ein Präsidialrat errichtet. Er muss nach § 55 DRiG vor jeder Ernennung oder Wahl eines Richters des Gerichts, bei dem der Richter verwendet werden soll, beteiligt werden. Das gleiche gilt, wenn einem Richter ein Richteramt an einem Gericht eines anderen Gerichtszweigs übertragen werden soll. Ebenso ist in fast allen Ländern für jeden Gerichtszweig ein Präsidialrat mit gleichen Kompetenzen errichtet.[173] Hier hat die Hauptschwerbehindertenvertretung der Richterschaft die Aufgabe zu überwachen, dass schwerbehinderte Menschen nicht benachteiligt, sondern gefördert werden. Deshalb steht auch der Hauptvertrauensperson der schwerbehinderten der Richterinnen und Richter gemäß § 178 Abs. 4 Satz 1 SGB IX ein Teilnahmerecht an den Präsidialratssitzungen zu. Dieses Recht schließt auch die Anwesenheit **während der Beschlussfassungen des Präsidialrats** über die Stellungnahme zu den beabsichtigten personellen Maßnahmen ein.[174]

Eine Besonderheit besteht in Thüringen. Das Thüringer Gesetz über die Rechtsverhältnisse der Richter und Staatsanwälte im Landesdienst (Thüringer Richter- und Staatsanwältegesetz -ThürRiStAG) in der Fassung vom 14.12.2018[175] ändert die Stufenreihung. Nach § 34 Abs. 3 wird dort auf der mittleren Stufe bei den Obergerichten (Oberlandesgericht, Landessozialgericht, Oberverwaltungsgericht und dem Landesarbeitsgericht) je ein Hauptrichterrat als Stufenvertretung und nach § 36 bei dem für Justiz zuständigen Ministerium als oberster Dienstbehörde ein die Gerichtszweige zusammenfassender Landesrichter- und Staatsanwaltsrat als Stufenvertretung gebildet. Da in § 180 Abs. 4 SGB IX keine Bildung einer entsprechenden Stufenvertretung der schwerbehinderten Richterinnen und Richter vorgesehen ist, besteht eine Vertretungslücke. Diese kann der Bundesgesetzgeber seit dem Inkrafttreten der Föderalismusreform mit Ablauf des 31.8.2006 nicht mehr schließen; denn seitdem ist die Gesetzgebungskompetenz aus Art. 72 Abs. 2 GG aF weggefallen.[176] Die mit der Änderung des ThürRiStAG vom 14.12.2018 entstandene Lücke in der Vertretung der schwerbehinderten Richterschaft gegenüber der obersten Dienstbehörde kann nur der Landesgesetzgeber schließen.

5. Stufenvertretungen bei den Alliierten Stationierungsstreitkräften

Das für die Stationierungsstreitkräfte geltende „Betriebsvertretungsrecht" geht ebenso wie das sonstige Personalvertretungsrecht von einem dreistufigen Aufbau aus. Nach der Rspr. des BAG zu Art. 56 Abs. 9 ZA-NTS sei der Geltungsbereich des SGB IX nicht eröffnet, weil aufgrund einer statischen Verweisung das BPersVG und das SchwbG jeweils in den am 16.1.1991 geltenden Fassungen für deren Betriebsvertretungen weitergelten sollen.[177] Daher sind auf der Grundlage von § 27 Abs. 2 SchwbG 1991 bei der obersten Dienstbehörde (**Hauptquartier**) die Hauptschwerbehindertenvertretung, bei der Mittelbehörde die Bezirksschwerbehindertenvertretung als **Stufenvertretungen** zu wählen. Für diese Wahlen ist die Fassung der Wahlordnung Schwerbehindertenvertretungen

76

---

173 So für BW geregelt in § 33 Landesrichter- und Staatsanwaltsgesetz (LRiStAG) in der Fassung der Bekanntmachung vom 22.5.2000.
174 So schon unter Geltung des SchwbG: OVG NRW 15.5.1979 – VIII A 285/77.
175 GVBl. für den Freistaat Thüringen vom 21.12.2018, 677.
176 *von Roetteken* ZBR 2018, 73,74.
177 BAG 11.9.2013 – 7 ABR 18/11, Rn. 15, NZA 2014, 323; LAG RhPf 13.6.2016 – 3 TaBV 6/16, Rn. 23.

(SchwbVWO) vom 23.4.1990[178] ohne spätere Änderungen anzuwenden (→ § 177 Rn. 51). Für die Wahl der Bezirks- und Hauptschwerbehindertenvertretung ist § 21 SchwbVWO einschlägig. Nach § 21 Abs. 1 Satz 1 SchwbVWO kann die Bezirks- und Hauptschwerbehindertenvertretung vor Ablauf Ihrer Amtszeit die wahlberechtigten Vertrauenspersonen zu einer Wahl auf der Jahresversammlung einladen. In § 21 Abs. 1 Satz 1 SchwbVWO ist ein weitgehendes Ermessen eingeräumt. Das heißt: Die Entscheidung ist weder an die Anzahl der Wahlberechtigten noch an das Kriterium der räumlichen Nähe von Dienststellen gebunden. Damit steht diese Bestimmung in einem Spannungsverhältnis zu den Bestimmungen des SchwbG 1991; denn für die **Wahlen** zu den Stufenvertretungen wird in § 27 Abs. 6 SchwbG 1991 auf die entsprechende Anwendung der in § 24 Abs. 6 Satz 3 SchwbG 1991 definierten Abgrenzungsmerkmale für die Anwendung des vereinfachten Wahlverfahrens verwiesen. Diese Verweisung war zunächst inhaltlich unverändert nach § 97 Abs. 7 Satz 3 SGB IX 2001 übernommen worden. In Bezug auf diese Bestimmung hat der Siebte Senat des BAG den Rechtssatz aufgestellt, dort sei „abschließend (ge)regelt, wann das vereinfachte Wahlverfahren anzuwenden ist".[179] Das BAG stellte mit dieser Entscheidung folgende Voraussetzungen für die Anwendung des vereinfachten Verfahrens bei den Wahlen zu überörtlichen Vertretungen auf:
1. Es sind weniger als 50 Wahlberechtigte in der Stufe vorhanden und
2. kein Teil des Wahlbezirks der Stufenvertretung liegt von einem anderen Teil räumlich weit auseinander.[180]

Diese Rspr. hat Kritik[181] erfahren, weil das ausdrücklich in § 22 SchwbVWO zugelassene Verfahren, auf einer Wahlversammlung der Vertrauenspersonen wählen zu können, damit obsolet wird; denn die nachgeordneten Dienststellen einer Mittelbehörde oder obersten Behörde liegen – anders als die Teile von Dienststellen – regelmäßig weit auseinander. Deshalb hat der Gesetzgeber mit einer Korrekturgesetzgebung reagiert. Er hat in Art. 2 Nr. 8 BTHG mit Wirkung vom 30.12.2016 in die bis zum 31.12.2017 geltende Fassung des § 97 Abs. 7 SGB IX die Maßgabe eingefügt: „dass bei den Wahlen zu überörtlichen Vertretungen der zweite Halbsatz des Satzes 3 nicht anzuwenden ist" (→ Rn. 16). Es ist angebracht, diese gesetzgeberische Korrektur auch auf die Wahlen anzuwenden, die bei den alliierten Streitkräften nach den Bestimmungen des SchwbG 1991 und der SchwbVWO vom 23.4.1990 durchzuführen sind. Der Gesetzgeber des BTHG hat nämlich nur seinen bereits in § 27 Abs. 6 SchwbG 1991 und § 24 Abs. 6 Satz 3 SchwbG 1991 enthaltenen Regelungsplan klargestellt. Damit sind für die Wahlen zu den Stufenvertretungen der Zivilbeschäftigten gleichermaßen die Regeln anzuwenden, wie sie auch für die anderen Wahlen zu den überörtlichen Vertretungen gelten (dazu → Rn. 16).

V. Freistellung und Heranziehung in überörtlichen Vertretungen (Abs. 7)

77 **Freistellung von der beruflichen Tätigkeit:** Nach der Verweisung in Abs. 7 gelten § 179 Abs. 4 Satz 1 und 2 entsprechend. Für die persönliche, amtsbezogene Rechtsstellung der in der GSBV oder KSBV tätigen Gesamt- oder Konzernvertrauenspersonen ist damit ein Freistellungsanspruch verbunden. Wird der in § 179 Abs. 4 Satz 2 festgelegte Schwellenwert von wenigstens 100 zu vertretenden schwerbehinderten und gleichgestellt behinderten Beschäftigten erreicht

---

178 BGBl. 1990 I 811.
179 BAG 23.7.2014 – 7 ABR 61/12, Rn. 24, Behindertenrecht 2015, 20.
180 BAG 23.7.2014 – 7 ABR 61/12, Rn. 20 ff., Behindertenrecht 2015, 20.
181 *Düwell/Beyer* Beschäftigte Rn. 152 f.

(für Gesamtvertrauensperson → Rn. 47, für Konzernvertrauensperson → Rn. 57), so sind diese Vertrauenspersonen auf ihren Wunsch – soweit nicht ihr Freistellungsanspruch durch anrechenbare Freistellungen auf unterer Stufe konsumiert ist – von ihrer beruflichen Tätigkeit pauschal freizustellen. Wird der Schwellenwert nicht erreicht, so besteht im erforderlichen Umfang ein Anspruch auf anlassbezogene Freistellung entsprechend § 179 Abs. 4 Satz 1.

Heranziehung stellvertretenden Mitglieder: Nach Abs. 7 Hs. 1 kann die Hauptschwerbehindertenvertretung entsprechend § 178 Abs. 1 Satz 4 nach Unterrichtung des Arbeitgebers das mit der höchsten Stimmenzahl gewählte stellvertretende Mitglied zu bestimmten Aufgaben heranziehen, wenn mehr als 100 schwerbehinderte Menschen im Unternehmen beschäftigt werden und nach § 178 Abs. 1 Satz 5 auch weitere stellvertretende Mitglieder bei Überschreiten des Schwellenwerts von 200 (→ Rn. 5). 78

Entlastung der Bezirks- und Hauptvertrauensperson: Abweichend von dem persönlichen Entlastungsbedarf der Hauptvertrauensperson, der für die pauschale und vollständige Freistellung von der beruflichen Tätigkeit vorausgesetzt wird (→ Rn. 77), spielt hier die zeitliche Belastung nur eine untergeordnete Rolle. Maßgebend ist, dass bei der durch die Schwellenwerte in § 178 Abs. 1 Satz 4 und 5 indizierten Geschäftsbereichsgröße der Gesetzgeber die Möglichkeit eröffnen will, die stellvertretenden Mitglieder aktiv in die Vertretungstätigkeit mit einzubeziehen. Das ist insbesondere geboten, wenn die räumliche Verteilung der Betriebe oder Dienststellen für die Hauptvertrauensvertrauensperson umfangreiche Reisezeiten mit sich bringt, um den Kontakt mit den Schwerbehinderten aufrechtzuerhalten. So ist es bei weiten Entfernungen zwischen den Betrieben oder Dienststellen sinnvoll, dass die HSBV und die BSBV stellvertretende Mitglieder heranzieht, um die Angelegenheiten von Betrieben nach dem Regionalitätsprinzip besser vertreten zu können. 79

Freistellung herangezogener stellvertretender Mitglieder: Gesetzlich fehlt eine Regelung der pauschalen Freistellung für die von den Stufenvertretungen oder der GSBV und KSBV herangezogenen stellvertretenden Mitglieder. Anders als die nicht herangezogenen stellvertretenden Mitglieder, die nur vertretungsweise tätig werden, kann die Heranziehung zu umfangreichen Aufgaben eine dauerhafte Amtstätigkeit zur Folge haben. In Großunternehmen, Konzernen und Ministerien mit nachgeordneten Behörden kommt deshalb auch eine pauschale Freistellung je nach Ausmaß der im Benehmen mit dem Arbeitgeber übertragenen Aufgaben in Betracht. Das wird auch oftmals gute Praxis. Kommt es bei der Herstellung des Benehmens über die Heranziehung zu keiner Vereinbarung über die pauschale Voll- oder Teilfreistellung, so greift nach § 179 Abs. 4 Satz 1 der Anspruch auf anlassbezogen Freistellung ohne Minderung des Entgelts. 80

VI. Persönliche Rechtsstellung der Mitglieder der überörtlichen Vertretungen (Abs. 7)

Rechtsstellung: Die Gesamt-, Konzern-, Bezirks- und Hauptschwerbehindertenvertretungen sind die für die **überbetriebliche Interessenvertretungen** bzw. Stufenvertretungen gewählten Repräsentanten der schwerbehinderten Menschen. Deren Vertrauenspersonen und stellvertretende Mitglieder haben den gleichen Anspruch auf Schutz ihrer persönlichen Rechtsstellung wie die für die örtlichen SBVen gewählten Vertrauenspersonen und stellvertretenden Mitglieder. Das ergibt sich aus der Verweisung in Abs. 7 auf die entsprechende Anwendung des § 179. 81

VII. Stufenvertretungen der Kirchen

82 Die Religionsgesellschaften haben in Wahrnehmung ihres Selbstverwaltungsrecht für ihre kirchlichen Einrichtungen zwar eigenständige Bestimmungen zu Vertrauenspersonen der schwerbehinderten Mitarbeiterinnen und Mitarbeiter geschaffen (→ § 177 Rn. 53). Es finden sich jedoch keine Regelungen zu überbetrieblichen Strukturen.[182]

VIII. Prozessuale Fragen

83 **Rechtsweg und Verfahrensart:** Für organschaftliche Angelegenheiten ist § 2a Abs. 1 Nr. 3a ArbGG analog anzuwenden. Der Richtigkeit des Rechtswegs zu den Arbeitsgerichten steht des Weiteren nicht entgegen, dass in § 2a Abs. 1 Nr. 3a ArbGG nicht auf Angelegenheiten aus § 180 SGB IX verwiesen wird. Die fehlende Erwähnung beruht offenbar auf einem Redaktionsversehen des Gesetzgebers.[183] Deshalb ist zB die Klärung des Streits um die in § 180 Abs. 6 Satz 1 SGB IX geregelte Frage der Zuständigkeit der SBV in Abgrenzung zur Zuständigkeit der GSBV im arbeitsgerichtlichen Beschlussverfahren vor den Gerichten für Arbeitssachen auszutragen.[184] Ebenso hat das BAG für den Streit über die Wirksamkeit einer Wahl zur GSBV erkannt, dass dieser nach Abs. 7 iVm § 177 Abs. 6 Satz 2 im arbeitsgerichtlichen Beschlussverfahren zu entscheiden ist. Dies ergibt sich zwar nicht unmittelbar aus § 2a Abs. 1 Nr. 3a ArbGG, aber aus der gebotenen entsprechenden Anwendung der Norm.[185] Ebenso hat das für die Angelegenheiten der KSBV die Instanzrechtsprechung erkannt.[186]

84 **Antragsbefugnis von Stufenvertretungen:** Die Stufenvertretungen (das sind die Haupt- und Bezirksschwerbehindertenvertretungen) sind nur zur Antragstellung befugt, soweit das Gesetz ihnen die Antragsbefugnis einräumt oder sie in ihrer eigenen Rechtsstellung unmittelbar betroffen sind. Die Antragsbefugnis ist nämlich nach den Regeln über die Einleitung eines gerichtlichen Beschlussverfahrens gemäß § 81 Abs. 1 ArbGG zu bestimmen. Regelmäßig kann nur derjenige ein gerichtliches Verfahren einleiten, der vorträgt, selbst Träger des streitbefangenen Rechts oder zur Wahrnehmung der Prozessstandschaft für einen Dritten berechtigt zu sein.[187] Die Antragsbefugnis einer Stufenvertretung soll sich nach Ansicht des LAG Saarland aus § 95 Abs. 1 Satz 2 Nr. 2 aF (jetzt § 178 Abs. 1 Nr. 2) geregelten Aufgabe ergeben, die bei den zuständigen Stellen Maßnahmen für schwerbehinderte Menschen zu beantragen.[188] Das beim BAG anhängige Rechtsbeschwerdeverfahren ist eingestellt worden.[189] Zuvor nahm die Hauptschwerbehindertenvertretung den Antrag zurück, nachdem sich das zuständige Ministerium bereit erklärt hatte, die von der Hauptschwerbehindertenvertretung beanstandete Nichteinladung von schwerbehinderten Stellenbewerbern durch nachgeordnete Behörden abzustellen. Die Antragsbefugnis der Stufenvertretung war zweifelhaft. Erstens: Die vom LAG Saarland gegebene Begründung trägt nicht, weil zuständige Stellen iSv § 95 Abs. 1 Satz 2 Nr. 2 aF keine Gerichte, sondern nur Stellen sind, die Leistungen zugunsten von schwerbehinderten Menschen gewähren. Zweitens: Das Antragsrecht aus § 95 Abs. 1 Satz 2 Nr. 2 aF steht ebenso wie das Überwachungsrecht aus § 95 Abs. 1 Satz 2

---

182 *Joussen* ZMV 2014, 242.
183 Vgl. *Dörner* in GK-ArbGG § 2a Rn. 72 mwN.
184 ArbG Köln 30.6.2009 – 14 BV 399/08; LAG Köln 14.12.2009 – 5 TaBV 62/09.
185 BAG 22.3.2012 – 7 AZB 51/11, NZA 2012, 690.
186 LAG Hmb 7.2.2013 – 7 TaBV 10/12.
187 BAG 14.2.2007 – 7 ABR 26/06, Rn. 36, BAGE 121, 212.
188 LAG Saarl 13.2.2008 – 1 TaBV 15/07, Rn. 51, Behindertenrecht 2008, 208.
189 BAG 29.4.2009 – 9 ABR 20/08.

Nr. 1 aF nur der SBV zu, deren Dienststelle zuständig ist. Das SGB IX sieht keine Prozessstandschaft für durchsetzungsstarke Stufenvertretungen vor, die im Wege des Aufgreifens für eine durchsetzungsschwache SBV die Einleitung eines gerichtlichen Verfahrens übernehmen. Zu erwägen ist, ob entsprechend § 50 Abs. 2 BetrVG eine örtliche SBV berechtigt ist, Aufgaben auf eine Stufenvertretung zu delegieren. In einigen Personalvertretungsgesetzen der Länder ist ein entsprechendes Hochstufungsverfahren für bestimmte Angelegenheiten vorgesehen.

§ 181 Inklusionsbeauftragter des Arbeitgebers

¹Der Arbeitgeber bestellt einen Inklusionsbeauftragten, der ihn in Angelegenheiten schwerbehinderter Menschen verantwortlich vertritt; falls erforderlich, können mehrere Inklusionsbeauftragte bestellt werden. ²Der Inklusionsbeauftragte soll nach Möglichkeit selbst ein schwerbehinderter Mensch sein. ³Der Inklusionsbeauftragte achtet vor allem darauf, dass dem Arbeitgeber obliegende Verpflichtungen erfüllt werden.

I. Überblick	1	IV. Aufgaben und Rechtsstellung	24
II. Bestellung	3	V. Ordnungswidrigkeiten	31
1. Bestellungspflicht	3	VI. Nichtbestellung als Indiz für Benachteiligung	39
2. Persönliche und fachliche Voraussetzungen	9	VII. Behindertenbeauftragte	40
3. Bestellungsverfahren	12	VIII. Prozessuales	41
III. Abberufung	20		

I. Überblick

Gesetzeshistorie: Die bis zum 31.12.2017 geltende Fassung in § 98 SGB IX aF ist aus § 28 SchwbG 1986 übernommen worden. Durch das SchwbBAG war dort mit Wirkung vom 1.10.2000 der Satz 2 eingefügt worden, nach dem der Beauftragte nach Möglichkeit selbst ein schwerbehinderter Mensch sein soll. Ferner war mit dem SchwbBAG auch in Satz 1 die Einfügung der Klarstellung verbunden „verantwortlich vertritt". Bei der Übernahme ins SGB IX hat nur eine redaktionelle Anpassung an die neue Begrifflichkeit stattgefunden. Die Notwendigkeit, einen Beauftragten zu bestellen, ist erstmals im SchwBeschG 1920 gesetzlich verankert worden. Art. 2 BTHG hat § 98 unverändert gelassen. Art. 1 BTHG hat mit Wirkung vom 1.1.2018 den Standort der Vorschrift nach § 181 verschoben. Im Rahmen dieser Neuregelung hat der Gesetzgeber auch eine **Umbenennung** des bisherigen „Beauftragten des Arbeitgebers" in „**Inklusionsbeauftragten**" vorgenommen. Mit der Umbenennung wird der im Satz 3 aufgeführten Pflicht Rechnung getragen, an der Teilhabe der schwerbehinderten Menschen mit dem Ziel Inklusion mitzuwirken, so wie es in § 166 Abs. 2 Satz 2 umschrieben ist: „(…) gleichberechtigte Gestaltung von Arbeitsprozessen und Rahmenbedingungen von Anfang an." Unerfindlich ist, warum die Umbenennung nicht bereits mit Wirkung vom 30.12.2016 zeitgleich mit der Umbenennung der Integrationsvereinbarung in Inklusionsvereinbarung erfolgt ist, sondern über ein Jahr Übergangszeit erforderlich war.

Regelungsinhalt: Jeder Arbeitgeber hat einen **Inklusionsbeauftragten zu bestellen,** der ihn in Angelegenheiten, die die schwerbehinderten Menschen betreffen, gegenüber externen und internen Stellen **verantwortlich** vertritt. Damit soll sichergestellt werden, dass die schwerbehinderten Beschäftigten und deren Vertretung einen **Ansprechpartner** auf Arbeitgeberseite haben, der sich mit ihren

Problemen auskennt und dem sie ihre Beschwerden und Anregungen vortragen können. Dieser Beauftragte hat nach der Ausformung seiner Aufgaben auch in anderen Bestimmungen des Schwerbehindertenrechts nicht nur die Funktion, den Arbeitgeber von der Wahrnehmung von Aufgaben zu entlasten, sondern auch eigenständige Rechte und Pflichten erhalten. So gehört er nach § 166 Abs. 1 Satz 1 zusammen mit dem Arbeitgeber, dem Betriebs- oder Personalrat und der SBV zu den vier Beteiligten, die über eine Inklusionsvereinbarung verhandeln und diese „treffen". Das bewirkt eine Rechtsstellung, die zu einer notwendigen Beteiligung im Beschlussverfahren führen muss, → Rn. 410.

II. Bestellung

1. Bestellungspflicht

3 **Bestellungs- und Benennungspflicht und Aufgabenstellung:** Satz 1 enthält ein in der Form des imperativen Präsens formuliertes Gebot[1], mindestens einen Inklusionsbeauftragten zu bestellen, der den Arbeitgeber in Angelegenheiten, die schwerbehinderte Menschen betreffen, verantwortlich vertreten soll.[2] Unverzüglich nach der Bestellung hat gemäß § 163 Abs. 8 SGB IX die namentliche Benennung der bestellten Person gegenüber der Agentur für Arbeit und dem Integrationsamt zu erfolgen, → § 163 Rn. 17. Für den betrieblichen Datenschutzbeauftragten nimmt die Rspr. an, dass erst die Benennung die Übertragung der Rechtsstellung bewirkt.[3] Anhaltspunkte dafür, dass diese Voraussetzung auch für Inklusionsbeauftragte gelten soll, sind nicht ersichtlich. Die Benennung nach § 163 Abs. 8 SGB IX dient nur der Zusammenarbeit mit den externen Stellen. Dieser Zweck lässt keinen Rückschluss darauf zu, dass der Benennung eine rechtsbegründende Wirkung zukommen soll.
Mit der Bestellung von Beauftragten soll sichergestellt werden, dass die im Teil des SGB IX enthaltenen öffentlich-rechtlichen und bürgerlich-rechtlichen Arbeitgeberpflichten zur Schwerbehindertenbeschäftigung erfüllt werden und die Vertretungen der Beschäftigten einen fachkundigen und kompetenten Ansprechpartner auf Arbeitgeberseite haben. Dieses Gebot ist mehr als eine Obliegenheit. Mit ihm wird eine öffentlich-rechtliche **Arbeitgeberpflicht** bestimmt. Der Gesetzgeber hat die Bestellung als geboten angesehen, weil der Beauftragte ähnlich wie ein Compliance Officer nach Satz 3 auf die Einhaltung von bußgeldbewehrten Arbeitgeberpflichten achten soll. Zudem ist er bei der in § 182 Abs. 1 verordneten engen Zusammenarbeit der betrieblichen Akteure neben dem Arbeitgeber als eigene Stelle aufgeführt. Zudem ist er in § 182 Abs. 2 Satz 1 auch als Person genannt, die verpflichtet ist, die externen Stellen zu unterstützen, denen Aufgaben nach dem SGB IX übertragen sind. Ferner ist dem Beauftragten nach § 182 Abs. 2 Satz 2 die Funktion einer Verbindungsperson zur Arbeitsagentur und zum Integrationsamt zugewiesen. Deshalb ist dem Arbeitgeber auch unter Bußgeldandrohung (vgl. § 238 Abs. 1 Nr. 6) in § 163 Abs. 8 aufgegeben, Namen, Anschrift und betriebliche Stellung des Inklusionsbeauftragten unverzüglich nach der Bestellung der zuständigen Arbeitsagentur und dem zuständigen Integrationsamt zu melden.
Der Inklusionsbeauftragte ist zwar Beauftragter des Arbeitgebers und damit dem Arbeitgeberlager zuzurechnen. Er hat jedoch besondere Funktionen mit

---

1 Das imperative Präsens stellt dieselbe zwingende Form einer Verpflichtung wie ein „Muss" dar, vgl. BT-Drs. 4/5800, 30 zu § 81 SGB IX aF.
2 *Düwell* AuA 2002, 254.
3 LAG Nds 9.6.2020 – 9 Sa 608/19 – Rn. 49, NZA-RR 2020, 571, Revision anhängig: 5 AZR 342/20.

einem auf die Inklusion ausgerichteten Interesse wahrzunehmen, das nicht immer mit dem allgemeinen Arbeitgeberinteresse, wie es Betriebs- und Personalleitung verfolgen, übereinstimmen muss. Deshalb ist seine Rechtsstellung mit relativer Autonomie gegenüber Betriebs- und Personalleitung ausgestaltet. Das ist auch erforderlich, weil nur nach dem **Vieraugenprinzip** eine wirksame Kontrolle der Einhaltung der Arbeitgeberpflichten stattfinden kann. Folgerichtig hat deshalb der Gesetzgeber in § 166 Abs. 1 Satz 1 diese Sonderrolle anerkannt und dem Inklusionsbeauftragten eine Rechtsstellung zugewiesen, aufgrund der er zwingend am Treffen der Inklusionsvereinbarung zu beteiligen ist. Damit soll institutionell abgesichert sein, dass zusätzlich zu der betriebswirtschaftlichen Sicht, wie sie Betriebsleitung oder Personalleitung einbringen, aus dem Arbeitgeberlager auch an der Teilhabe orientierte Regelungsvorstellungen einfließen.

Ausnahme für Kleinunternehmer: Nach dem Wortlaut des Gesetztes werden 4 auch Klein- und Kleinstunternehmer erfasst, die nach § 154 Abs. 1 nicht der öffentlich-rechtlichen Beschäftigungspflicht unterliegen, weil sie im Jahresdurchschnitt weniger als monatlich 20 Arbeitsplätze haben. Ein Teil des Schrifttums vertritt die Auffassung, auch wenn ein Arbeitgeber nicht beschäftigungspflichtig ist, so sei er dennoch verpflichtet, einen Beauftragten zu bestellen. Das gelte selbst dann, wenn er weder einen gleichgestellten behinderten noch einen schwerbehinderten Menschen beschäftigte; denn das Gesetz lege unabhängig hiervon zB in § 164 Abs. 1 Satz 1 dem Arbeitgeber besondere schwerbehindertenrechtliche Pflichten auf.[4] Eine so weitgehende Bestellungspflicht wäre unter Kostengesichtspunkten unverhältnismäßig. Sie muss vernünftigerweise eingeschränkt werden. Dazu genügt es nicht, die Bestellungspflicht nur dann entfallen zu lassen, solange keine schwerbehinderten Menschen beschäftigt werden, sondern es muss noch die Beschäftigungspflicht nach § 154 Abs. 1 SGB IX hinzukommen. Orientierung bietet die gesetzliche Entscheidung zur Unternehmensgröße für die Beschäftigungspflicht. Ist das Unternehmen so klein, dass jahresdurchschnittlich weniger als 20 Arbeitsplätze vorhanden sind, kann die Bestellung des Beauftragten entfallen. Das gebietet eine die Unverhältnismäßigkeit vermeidende verfassungskonforme Auslegung. Zu diesem Ergebnis gelangt auch das Schrifttum. Es nimmt an, in Kleinbetrieben mit bis zu 19 Arbeitsplätzen entfalle die Bestellungspflicht.[5] Der Arbeitgeber soll dann bei Beschäftigung eines oder mehrerer schwerbehinderter Menschen die Aufgaben des Beauftragten selbst übernehmen. Das ist zwar problematisch, weil das Vieraugenprinzip ausgehebelt wird, aber in Kleinunternehmen unvermeidbar.

Verbot der Personalunion bei Interessenkollision: Wenn die Unternehmensgröße 5 für die Bestellungspflicht erreicht ist (→ Rn. 4), kann sich der Arbeitgeber nicht selbst zum Beauftragten bestellen. Das Schrifttum bezeichnet dies als Ausschluss wegen „Personenidentität".[6] Zutreffend ist: Es kommt zu einer Unvereinbarkeit von Aufgaben, die zu einer Interessenkollision führen. Damit ist in bestimmten Konstellationen eine Personalunion ausgeschlossen, das ist der Fall der Inkompatibilität. Da die Bestellung des Beauftragten nach Satz 3 auch

---

4 *Kossens* in Kossens/von der Heide/Maaß SGB IX § 98 Rn. 2; *Knittel* SGB IX § 98 Rn. 4.
5 Ebenso: *Pahlen* in Neumann/Pahlen/Greiner/Winkler/Jabben SGB IX § 181 Rn. 1; *Knittel* SGB IX § 98 Rn. 4; einschränkend *Müller-Wenner/Schorn* SGB IX § 98 Rn. 4: „vorausgesetzt, der Arbeitgeber regelt auch sonst sämtliche Personalangelegenheiten allein".
6 *Ritz* in Cramer/Fuchs/Hirsch/Ritz, 6. Aufl. 2011, SGB IX § 98 Rn. 7; *Müller-Wenner/Schorn* SGB IX § 98 Rn. 4; *Masuch* in Hauck/Noftz SGB IX § 98 Rn. 7; *Knittel* SGB IX § 98 Rn. 4; aA *Neumann* in Neumann/Pahlen/Greiner/Winkler/Jabben SGB IX § 181 Rn. 3.

dem Zweck dient, die Einhaltung der Arbeitsgeberpflichten zu überprüfen, muss – wegen der möglichen Interessenkollision – ausgeschlossen werden, dass in **Personalunion** Aufgaben in der **exekutiven Personalverwaltung** wahrzunehmen sind, die schwerbehinderte Menschen berühren. Sonst würde dem universell geltenden Vieraugenprinzip nicht Rechnung getragen. Diese aus dem Interessenkonflikt ableitbare Inkompatibilität[7] zeigt sich deutlich auch dann, wenn einer Vertrauensperson – wie in einem Frankfurter Großbetrieb geschehen – die Aufgabe des Inklusionsbeauftragten übertragen wird. Es ist nicht vorstellbar, dass dieselbe Person als Vertrauensperson nach § 178 Abs. 1 Satz 2 Nr. 3 eine Beschwerde eines schwerbehinderten Menschen entgegennimmt und mit sich selbst in Person des Inklusionsbeauftragten in Verhandlungen tritt, um auf eine Erledigung der Beschwerde hinzuwirken.[8] Aus diesen Erwägungen hat die Rspr. die Wählbarkeit eines Inklusionsbeauftragten zur Vertrauensperson ausgeschlossen.[9] Das war allerdings zu weitgehend; denn im Fall der Inkompatibilität besteht Wählbarkeit. Der Gewählte muss sich nur entscheiden, welches der beiden miteinander unvereinbaren Ämter er wahrnimmt. Diese Inkompatibilität liegt auch vor, wenn ein Mitglied des Betriebs- oder Personalrates zum Inklusionsbeauftragten bestellt werden soll.[10]

6 **Anzahl der Beauftragten für Unternehmen:** Die Pflicht zur Bestellung trifft den privaten Arbeitgeber nicht als Betriebsinhaber, sondern als Unternehmer/öffentlichen Arbeitgeber iSv § 154. Folglich bedarf es im Regelfall nur der **Bestellung eines Beauftragten für das gesamte Unternehmen** bzw. den in § 154 Abs. 2 umschriebenen Geschäftsbereich. Dabei muss jedoch gesichert sein, dass die in sämtlichen Betrieben bzw. Dienststellen beschäftigten schwerbehinderten Menschen einen präsenten Ansprechpartner finden. Deshalb ist in § 181 Satz 1 Hs. 2 aufgenommen, dass „falls erforderlich" mehrere Beauftragte bestellt werden „können". Die Erforderlichkeit wird regelmäßig zu bejahen sein, wenn mehrere räumlich voneinander getrennte Betriebe oder Dienststellen nicht von einem Beauftragten allein betreut werden können.[11] Dann gebietet eine sachgerechte Ermessensausübung die Bestellung mehrerer Beauftragter.[12] Dabei steht es im Ermessen des Arbeitgebers, ob er für jeweils einen Betrieb oder eine Gruppe von Betrieben einen Beauftragten bestellt.

7 **Anzahl der Beauftragten für öffentliche Arbeitgeber:** Für den öffentlichen Arbeitgeber ist § 154 Abs. 2 zu beachten. Danach ist nicht zwingend für jede einzelne Dienststelle im Sinne des Personalvertretungsrechts ein Beauftragter zu bestellen. Nach § 154 Abs. 2 gelten die dort bezeichneten obersten Behörden und Körperschaften, Anstalten und Stiftungen als Arbeitgeber. Diese haben sicherzustellen, dass genügend Beauftragte für alle nachgeordneten Dienststellen bestellt werden. Der **öffentliche Arbeitgeber** ist insoweit zur sachgerechten Ausübung seines Ermessens verpflichtet. Eine oberste Landesbehörde (Ministerium), der nachgeordnete Dienststellen in der Fläche zugeordnet sind, kann durch die Bestellung eines einzigen Beauftragten nicht den Bedarf des gesamten

---

7 So auch *Esser* in jurisPK-SGB IX, 3. Aufl. 2018 15.1.2018, § 181 Rn. 14.
8 So anschaulich dargestellt *Esser* in jurisPK-SGB IX, 3. Aufl. 2018 15.1.2018, § 181 Rn. 14.
9 VG Aachen 25.11.1999 – 16 K 371/99.PVL PersR 2000, 131.
10 *So auch Esser* in jurisPK-SGB IX, 3. Aufl. 2018 15.1.2018, § 181 Rn. 15; *Hohmann* in Wiegand SGB IX § 98 Rn. 12; *Kossens* in Kossens/von der Heide/Maaß SGB IX § 98 Rn. 5; aA *Hoff* in Bihr/Fuchs/Krauskopf/Lewering, Behinderte und Rehabilitation, 1. Aufl. 2004, SGB IX § 98 Rn. 5.
11 So auch *Knittel* SGB IX § 98 Rn. 8.
12 Gegen Annahme jeder Pflicht zu Bestellung mehrerer Beauftragter: *Pahlen* in Neumann/Pahlen/Greiner/Winkler/Jabben SGB IX § 180 Rn. 2.

Geschäftsbereichs abdecken, für den sie als Arbeitgeber definiert ist. Dies gilt erst recht, wenn – wie vielfach üblich – der Beauftragte seine Aufgabe dazu noch im Nebenamt wahrzunehmen hat. In diesen Fällen liegt eine Ermessenreduzierung auf Null vor. Es muss eine **genügende Anzahl von Beauftragten** bestellt werden, damit sich die schwerbehinderten Bediensteten und deren Vertretungen an einen der zuständigen und erreichbaren Inklusionsbeauftragten wenden können.

Sanktionierung: Die Nichterfüllung der öffentlich-rechtlichen Pflicht zur Bestellung ist nicht als **Ordnungswidrigkeit** in § 238 ausgestaltet. Dem Arbeitgeber ist nur unter Bußgeldandrohung (vgl. § 238 Abs. 1 Nr. 6) in § 163 Abs. 8 aufgegeben, den **Inklusionsbeauftragten zu benennen.** Dazu hat der Arbeitgeber Namen, Anschrift und betriebliche Stellung des Inklusionsbeauftragten unverzüglich nach der Bestellung der zuständigen Arbeitsagentur und dem zuständigen Integrationsamt zu melden. Ob im Fall der Nichterfüllung der Pflicht zur Bestellung das Integrationsamt gegen den Arbeitgeber auf dem Klagewege vorgehen kann,[13] ist umstritten.[14] Für die Praxis ist von Bedeutung, dass die SBV die Nichtbestellung nach § 178 Abs. 1 Satz 2 Nr. 1 als Verstoß gegen ein zugunsten schwerbehinderter Menschen geltendes Gesetz beanstanden kann. Risikoreich wird das Unterlassen für den Arbeitgeber, bei der Ablehnung der Bewerbung eines arbeitsuchenden schwerbehinderten Menschen, weil der fehlenden Bestellung eine Indizwirkung für eine Benachteiligung wegen der Behinderung im Sinne von § 22 AGG beigemessen wird.[15] Machen abgelehnte Bewerberinnen und Bewerber von der **Benachteiligungsvermutung** Gebrauch, können sie nach § 164 Abs. 2 SGB IX iVm § 15 AGG erfolgreich auf **Schadensersatz** oder **Entschädigung** klagen.

2. Persönliche und fachliche Voraussetzungen

Auswahlkriterium Behinderung: Für die Auswahl des Beauftragten gibt der Gesetzgeber in Satz 2 vor, dass nach Möglichkeit ein schwerbehinderter Mensch für die Aufgabe des Beauftragten ausgewählt werden soll. Diese Sollvorschrift ist zum 1.10.2000 durch das SchwbBAG angehängt worden. Nach der Begründung zum Regierungsentwurf wird bezweckt, eine Person zu finden, die eigene Erfahrungen einfließen lassen kann. Wie sich aus der Verwendung der einschränkenden Begriffe „nach Möglichkeit" und „sollte" ergibt, ist das Auswahlkriterium nicht zwingend.[16] Es ist als Empfehlung aufzufassen.[17]

Eignung: Der Arbeitgeber muss seinen Beauftragten sorgfältig auswählen. Denn der Beauftragte erhält mit der Bestellung von Gesetzes wegen das **Vertretungsrecht** in den Angelegenheiten der schwerbehinderten Menschen. Er ist daher in der Lage, insoweit rechtsverbindliche Erklärungen für und gegen den Arbeitgeber im Außenverhältnis, zB gegenüber dem Integrationsamt, abzugeben. Das setzt eine **persönliche Zuverlässigkeit** voraus. Es müssen auch arbeitsrechtliche **Fachkunde**, zumindest Grundkenntnisse im Behindertenrecht und die **soziale Kompetenz** im Umgang mit behinderten Menschen hinzukommen. Diesen Anforderungen genügt die Praxis nicht immer. Häufig werden in Großbetrieben als Beauftragte die jeweils jüngsten Personalreferenten bestellt. Das ist schon wegen der mangelnden Durchsetzungskraft und Überbelastung von Berufsan-

---

13 Für Feststellungsklage: *Knittel* SGB IX § 98 Rn. 6.
14 *Esser* in jurisPK-SGB IX, 3. Aufl. 2018 15.1.2018, § 181 Rn. 10.
15 LAG Hamm 13.6.2017 – 14 Sa 1427/16, Rn. 91, PA 2018, 27; *Pahlen* in Neumann/Pahlen/Greiner/Winkler/Jabben SGB IX § 180 Rn. 1; *Vossen* BB 2017, 2868.
16 *Knittel* SGB IX § 98 Rn. 10.
17 *Esser* in jurisPK-SGB IX, 3. Aufl. 2018 15.1.2018, § 181 Rn. 12.

fängern kontraproduktiv. Im Übrigen entlastet diese Praxis auch nicht den Arbeitgeber von straf- und ordnungsrechtlicher Verantwortung, weil eine ausreichende Übertragung der Weisungsbefugnis fehlt. Die ebenfalls häufig anzutreffende Bestellung von Personalleitern ist zwar wegen der damit verbundenen umfassenden Weisungsbefugnis geeignet, die ordnungswidrigkeitsrechtliche Verantwortlichkeit zu übertragen. Diese Praxis ist aber im Hinblick auf mögliche Rollenkonflikte bedenklich;[18] denn der Inklusionsbeauftragte hat nach Satz 3 darauf zu achten, dass die Arbeitgeberpflichten erfüllt werden. Empfehlenswert ist die Bestellung von Sicherheitsingenieuren als Beauftragte, weil diese über die erforderlichen Fachkenntnisse, insbesondere zur behinderungsgerechten Arbeitsplatzgestaltung, verfügen und Erfahrungen aus der Zusammenarbeit mit den Arbeitsschutzbehörden einbringen.[19]

11 **Unvereinbarkeiten mit Ämtern in den Arbeitnehmervertretungen:** Die unüberbrückbare Interessenkollision steht der Bestellung eines Mitglieds der SBV oder eines Mitglieds des Betriebs- oder Personalrats entgegen. Deshalb hat auch die Rspr. einen Inklusionsbeauftragten von dem passiven Wahlrecht zur SBV ausgeschlossen.[20] Folgerichtig muss das auch für die Wahlen zum Betriebs- und Personalrat gelten.[21] Bei genauer Betrachtung besteht jedoch keine Unwählbarkeit (Ineligibilität), sondern eine Unvereinbarkeit der Personalunion der Ämter (Inkompatibilität). Der Unterschied besteht darin, dass zwar die Wählbarkeit gegeben ist, aber die Wahrnehmung der Ämter in Personalunion verwehrt ist. Das heißt: Der Gewählte muss sich entscheiden, welches der Ämter, die in Interessenkollision stehen, er niederlegt.

3. Bestellungsverfahren

12 **Durchführung der Bestellung:** Es ist zwischen „dem Bestellungsvorgang (Willenserklärung) und dem zugrundeliegenden vertraglichen Rechtsverhältnis zu trennen".[22] Erst mit der wirksamen Bestellung geht die in § 181 SGB IX beschriebene Stellung mit allen Rechten und Pflichten einher. Bei der Bestellung von Beauftragten handelt es sich nämlich um einen „rechtsbegründenden Akt".[23] Die namentliche Bekanntgabe der Bestellung gegenüber der Belegschaft ist rechtsgeschäftliche Willens-, sondern nur eine **Wissenserklärung**. Die Bestellung des Beauftragten erfolgt im bestehenden Arbeitsverhältnis durch **einseitige Willenserklärung des Arbeitgebers**, insbesondere indem er einen **Auftrag** im Sinne von § 662 BGB erteilt. § 181 begründet keine gesetzliche Verpflichtung des Beschäftigten, den mit der Bestellung erklärten Auftrag auch durchzuführen. Eine arbeitsrechtliche Verpflichtung kommt in Betracht, wenn sich der Arbeitnehmer vertraglich verpflichtet hat, in bestimmtem Umfang auch Arbeitgeberfunktionen zu übernehmen, zB wenn er Personal- und Leitungs-

---

18 So zutreffend Feldes/Helbig/Krämer/Rehwald/Westermann SGB IX § 181 Rn. 2; weitergehend Inkompatibilität → Rn. 5.
19 *Düwell* AuA 2002, 255; zustimmend *Pahlen* in Neumann/Pahlen/Greiner/Winkler/Jabben SGB IX § 181 Rn. 3.
20 VG Aachen 25.11.1999 – 16 K 31/99. PVL PersR 2000, 131.
21 *Esser* in jurisPK-SGB IX, 3. Aufl. 2018 15.1.2018, § 181 Rn. 16; *Hohmann* in Wiegand SGB IX § 98 Rn. 12; *Kossens* in Kossens/von der Heide/Maaß SGB IX § 98 Rn. 5; aA *Hoff* in Bihr/Fuchs/Krauskopf/Lewering, Behinderte und Rehabilitation, 1. Aufl. 2004, SGB IX § 98 Rn. 5.
22 So zu Recht auch für den betrieblichen Datenschutzbeauftragten: LAG Nds 9.6.2020 – 9 Sa 608/19 – Rn. 49, NZA-RR 2020, 571, Revision anhängig: 5 AZR 342/20, Revisionsverhandlung 27.4.2021.
23 BAG 22.3.1994 – 1 ABR 51/93, NZA 1994, 1049; BAG 13.3.2007 – 9 AZR 612/05, NJW 2007, 2507.

funktionen wahrnimmt.²⁴ Der Arbeitgeber muss daher durch eine entsprechende Gestaltung von Arbeitsverträgen dafür Sorge tragen, dass ein ausreichend weiter Rahmen für die Zuweisung von Aufgaben besteht. Ist das der Fall, so kann der Arbeitgeber von seinem **Weisungsrecht** nach § 106 Satz 1 GewO Gebrauch machen. Sonst muss er eine entsprechende **Änderung des Arbeitsvertrags** vereinbaren.²⁵ Soweit nach dem Arbeitsvertrag keine Übernahmepflicht besteht, kann der Arbeitnehmer die Durchführung des Auftrags verweigern.²⁶ Das hat insbesondere Bedeutung, wenn der Arbeitgeber fachfremde Tätigkeiten überträgt, oder die neue Aufgabe zusätzlich zu einem bereits vollem Arbeitspensum überträgt. Im letzteren Fall empfiehlt es sich, dem Arbeitgeber die Überlastung schriftlich anzuzeigen. Im öffentlich-rechtlichen Dienstverhältnis ist der Status des Bediensteten maßgeblich dafür, ob der Dienstherr mit der Bestellung auch die zusätzliche Aufgabe zuweisen darf. Da im Gesetz keine bestimmte Amtszeit bestimmt ist, kann der Auftrag befristet oder unbefristet erteilt werden. Wegen der notwendigen Mitbestimmung → Rn. 17.

Eignung als Bestellungsvoraussetzung: Das Gesetz enthält keine ausdrücklichen Vorgaben, wer zum Beauftragten bestellt werden kann. In vielen Betrieben ist es üblich, einen Personalverantwortlichen oder Sicherheitsingenieur damit zu beauftragen. Der Arbeitgeber kann auch einen externen Dienstleister oder einen freien Mitarbeiter heranziehen. Es muss gewährleistet sein, dass die beauftragte Person sowohl fachlich als auch und persönlich geeignet ist, die Aufgabe wahrzunehmen (→ Rn. 10). Die zu bestellende Person muss auch die zur Wahrnehmung der Aufgaben erforderliche Zeit zur Verfügung haben. Ungeeignet ist: 13
1. Wer aufgrund seiner **Stellung** im Betrieb den Arbeitgeber nicht verantwortlich vertreten kann oder
2. aufgrund seiner mangelnden **Fachkunde** nicht die Erfüllung der Arbeitgeberpflichten überwachen kann oder
3. wegen vorrangiger anderer Aufgaben nicht zur Wahrnehmung der mit der Bestellung verbundenen Aufgaben erforderliche **Zeit** zur Verfügung hat.

Bestellung nach Beteiligung der SBV: Da die Bestellung des Beauftragten eine Angelegenheit ist, welche die schwerbehinderten Menschen als Gruppe berührt, hat der Arbeitgeber nach § 178 Abs. 2 Satz 1 vor seiner Entscheidung die SBV zu unterrichten und ihr Gelegenheit zur Anhörung zu geben, sowie die Entscheidung mitzuteilen. Folgt der Arbeitgeber der Stellungnahme der SBV nicht, so hat er ihr vor der Bestellung nach § 178 Abs. 1 Satz 1 Alt. 3 mitzuteilen, aus welchen Gründen er abweichen will. 14

Rechtsfolgen unterlassener Beteiligung der SBV: Kommt der Beauftragte den Verpflichtungen zur Unterrichtung und Anhörung der SBV vorsätzlich oder fahrlässig nicht nach, so erfüllt das den Tatbestand einer **Ordnungswidrigkeit** nach § 238 Abs. 1 Nr. 8. Allerdings sollte sich die SBV nicht zu viel von einer Anzeige versprechen. Die Bundesagentur für Arbeit ist als nach § 238 Abs. 3 zuständige Verwaltungsbehörde nicht besonders an der Durchsetzung der Rechte der SBV interessiert. Die SBV kann mehr Wirkung entfalten, wenn sie bei mangelnder Unterrichtung darauf hinweist, dass nach § 178 Abs. 2 Satz 2 SGB IX die Durchführung der ohne ihre Beteiligung erfolgten Auswahlentscheidung **ausgesetzt** ist. Dh der Arbeitgeber muss so lange mit der Bestellungserklärung warten, bis er die Unterrichtung und Anhörung nachgeholt hat. Hat der 15

---

24 *Knittel* SGB IX Rn. 9.
25 Vgl. BAG 13.3.2007 – 9 AZR 612/05, Rn. 23, NJW 2007, 2507, zustimmend: *Brink/Joos* jurisPR-ArbR 47/2020 Anm. 4.
26 *Müller-Wenner* in Müller-Wenner/Schorn SGB IX § 98 Rn. 6, 11.

Arbeitgeber bereits die Bestellung erklärt, dann ist ihm bis zur Nachholung der Beteiligung untersagt (gesetzliches Verbot), den Beauftragten tätig werden zu lassen. Die SBV kann ihren Beteiligungsanspruch im Wege des einstweiligen Rechtsschutzes sichern, sog. verfahrenssicherndes Unterlassungsbegehren[27]. Dazu bedarf es des Antrags auf Erlass einer einstweiligen Verfügung im Beschlussverfahren, § 2a Abs. 1 Nr. 3a, § 85 Abs. 2 Satz 1 ArbGG. Eine verbotswidrig durchgeführte Bestellung Nr. 3a, § 85 Abs. 2 Satz 1 ArbGG. Eine verbotswidrig durchgeführte Bestellung stört die Ordnung des Betriebs und die gesetzlich geschuldete enge Zusammenarbeit des Arbeitgebers mit der SBV (§ 182 Abs. 1 SGB IX); denn diese müsste mit einem rechtswidrig bestellten Beauftragten zusammenarbeiten. Bei Anwendung des paritätischen auf Mitbestimmungsrechte bezogenen Unterlassungsanspruchs[28] wäre dort sie Störung auf Antrag des Betriebsrats zu beseitigen, → § 178 Rn. 67. Da hier nur das mindere Beteiligungsrecht des SBV gestört ist, könnte es sachgerecht erscheinen, die SBV auf die Folgenbeseitigung über einen Aufhebungsverfahren analog § 101 BetrVG zu verweisen.

16 **Zustimmung des Betriebsrats zu der Bestellung des Beauftragten:** Ein ausdrückliches Mitbestimmungsrecht wie zB nach § 98 Abs. 2 BetrVG bei der Bestellung der mit der Durchführung der betrieblichen Berufsbildung beauftragten Person besteht nicht. Der Betriebsrat wirkt nur nach § 99 BetrVG an der Bestellung des Inklusionsbeauftragten mit, wenn die Zuweisung eines anderen Arbeitsbereiches iSv § 95 Abs. 3 BetrVG (Versetzung) mit der Bestellung verbunden ist. Wird ein externer Beauftragter bestellt, ist zu prüfen, ob sich die Übertragung der Aufgabe als Einstellung darstellt. Wird ein Arbeitnehmer zum Beauftragten bestellt, so führt bei der gebotenen Gesamtbetrachtung nach § 95 Abs. 3 Satz 1 BetrVG die Übertragung der qualitativ bedeutend anspruchsvolleren Tätigkeit des Beauftragten schon für sich genommen zur Bejahung einer Versetzung iSv § 95 Abs. 3 BetrVG. Das gilt auch, wenn die Aufgabe nur als Teilzeitaufgabe übertragen wird. Eines Hinzutretens quantitativer Veränderung der Arbeitszeit bedarf es nicht.[29] Durch die eingeräumte verantwortliche Stellung wird der Arbeitnehmer im Betrieb derart herausgehoben, dass stets eine Änderung des Arbeitsbereiches vorliegt. Die Bestellung eines Arbeitnehmers bedarf somit der Zustimmung des Betriebsrats nach § 99 Abs. 1 BetrVG. Etwas anderes gilt nur, wenn die Bestellung eines leitenden Angestellten erfolgt oder dem Beauftragten die Rechtsstellung eines leitenden Angestellten iSv § 5 Abs. 3 BetrVG eingeräumt wird. Dann bedarf es nach § 105 BetrVG nur der Mitteilung der Veränderung.

17 **Zustimmungsverweigerung:** Als mögliche Zustimmungsverweigerungsgründe stehen dem Betriebsrat nur die im Katalog des Abs. 2 genannten Gründe zur Verfügung. In Betracht kommt vor allem der Zustimmungsverweigerungsgrund § 99 Abs. 2 Nr. 1 BetrVG, dass die Bestellung gegen ein gesetzliches Verbot verstößt. Das BAG hat die Verweigerung der Zustimmung wegen der fehlenden Fachkunde eines zum Datenschutzbeauftragten vorgesehenen Arbeitnehmers als zulässig angesehen, soweit die in von § 36 Abs. 2 BDSG aF ausdrücklich ge-

---

27 Vgl *Klocke*, Der Unterlassungsanspruch in der deutschen und europäischen Betriebs- und Personalverfassung, 2013, S. 82 ff.
28 BAG 7.2.2012 – 1 ABR 63/10, Rn. 14, BAGE 140, 343; zustimmend: *Mittag* jurisPR-ArbR 26/2012 Anm. 1; Grundlegend: *Klocke*, Der Unterlassungsanspruch in der deutschen und europäische Betriebs- und Personalverfassung, 2013, 46 ff.
29 So für Bestellung des Datenschutzbeauftragten: LAG BW 12.1.1999 – 10 TaBV 1/98, LAGE § 99 BetrVG 1972 Versetzung Nr. 3.

forderte Fachkunde und Zuverlässigkeit nicht vorlag.[30] In § 181 Satz 1 und 3 sind mittelbar Eignungsvoraussetzungen aufgestellt. Es darf nur eine Person bestellt werden, die aufgrund ihrer Fachkunde und Zuverlässigkeit in der Lage ist, den Arbeitgeber verantwortlich zu vertreten und darauf zu achten, dass der Arbeitgeber seine Pflichten erfüllt. Soll dazu eine offensichtlich ungeeignete Person, zB ein Außendienstler bestellt werden, der sich nur zur Entgegennahme seiner Kundendienstaufträge kurzzeitig im Betrieb aufhält, kann der Betriebsrat die Zustimmung verweigern.

Mitbestimmung des Personalrats: In den Personalvertretungsgesetzen ist die Mitbestimmung unterschiedlich geregelt. Ein gutes Beispiel gibt Bayern. Im Bayerischen Personalvertretungsgesetz (**BayPVG**) ist seit 1.5.2007 in **Art. 76 Abs. 1 Satz 1 Nr. 9** bestimmt:[31]   18

Der Personalrat wirkt mit in sozialen und persönlichen Angelegenheiten bei: (…)
9. Bestellung und Abberufung von Beauftragten nach § 98 des Neunten Buches Sozialgesetzbuch und von Gleichstellungsbeauftragten sowie Ansprechpartnern; (…)

Meldepflicht: Der Arbeitgeber ist nach § 163 Abs. 8 verpflichtet, der Arbeitsagentur und dem Integrationsamt den Inklusionsbeauftragten unverzüglich nach der Bestellung zu benennen. Darunter ist zu verstehen: den Namen, den Vornamen und die Anschrift des Inklusionsbeauftragten zu melden.[32] Die schuldhafte nicht rechtzeitige Meldung kann als Ordnungswidrigkeit nach § 238 Abs. 1 Nr. 6 geahndet werden. Die Vorschrift wird massenhaft verletzt, der Verstoß aber nur selten geahndet.[33]   19

III. Abberufung

Amtszeit und Abberufung: Die Funktion des Inklusionsbeauftragten ist im Gesetz an keine bestimmte Amtszeit gebunden. Der Beauftragte kann deshalb jederzeit durch **einseitige empfangsbedürftige Erklärung** des Arbeitgebers nach § 671 BGB abberufen werden.[34] Hat der Arbeitgeber wegen der Beauftragung den Arbeitsvertrag geändert, so kann eine „Rückänderung" des Arbeitsvertrags nur einvernehmlich oder durch eine Änderungskündigung bewirkt werden, gegen die der Arbeitnehmer Änderungsschutz nach § 2 KSchG in Anspruch nehmen kann. Zulässig kann unter Umständen auch eine widerrufsähnliche Teilkündigung sein, wenn sie sich nur auf den Entzug der Aufgabenstellung bezieht und das Arbeitsverhältnis im Übrigen unberührt lässt.[35] Umstritten ist, ob der Beauftragte selbst durch einseitige empfangsbedürftige Erklärung gegenüber dem Arbeitgeber das Amt **niederlegen** kann.[36] War dem Arbeitnehmer die Aufgabe in Abänderung des Arbeitsvertrags übertragen worden, so kann dieser sich der übernommen Aufgabe nur durch einvernehmliche „Rückänderung" des Arbeitsvertrags oder durch eine wirksame Änderungskündigung entledigen.   20

---

30 BAG 22.3.1994 – 1 ABR 51/93, DB 1994, 1678.
31 Einzelheiten: *Altvater* PersR 2008, 290.
32 *Fabricius* in jurisPK-SGB IX § 163 Rn. 38.
33 *Fabricius* in jurisPK-SGB IX § 163 Rn. 38.
34 *Esser* in jurisPK-SGB IX, 3. Aufl. 2018 15.1.2018, § 181 Rn. 19; *Trenk-Hinterberger* in HK-SGB IX, 3. Aufl. 2010, § 98 Rn. 11.
35 Vgl. zum Entzug der Stellung als Datenschutzbeauftragter BAG 13.3.2007 – 9 AZR 612/05, AP Nr. 1 zu § 4 f. BDSG = BB 2007, 1115.
36 *Esser* in jurisPK-SGB IX, 3. Aufl. 2018 15.1.2018, § 181 Rn. 20; *Schimanski* in GK-SchwbG § 98 Rn. 34; aA zu Recht für den arbeitsvertraglich gebundenen Beauftragten *Cramer* SchwbG, 3. Aufl. 1987, § 28 Rn. 8, der dazu das Einverständnis des Arbeitgebers als erforderlich ansieht.

Will der angestellte Beauftragte den Auftrag nicht weiter ausführen, kann er sich von der vertraglich übertragenen Verpflichtung nämlich nur durch Kündigung, oder wenn er am Arbeitsverhältnis festhalten will, durch eine Änderungskündigung lösen. Allerdings ist der Arbeitgeber nicht gehalten, das in der Änderungskündigung liegende Änderungsangebot anzunehmen.

21 **Beteiligung der SBV:** Nach § 178 Abs. 2 Satz 1 SGB IX ist vor jeder Abberufung die SBV anzuhören; denn die Abberufung ist schon deshalb eine Angelegenheit, die die Gruppe der schwerbehinderten Menschen spezifisch berührt, weil sie ein Interesse daran hat, wer ihr Ansprechpartner auf Seiten des Arbeitgebers ist.[37] Die SBV hat im Übrigen bei der Abberufung die gleichen Rechte wie bei der Bestellung (→ Rn. 14).

22 **Mitbestimmung von Betriebs- und Personalrat:** Ebenso wie bei der Bestellung fehlt für die Abberufung eine Mitbestimmungsnorm im BetrVG. Nur in Art. 76 Abs. 1 Satz 1 Nr. 9 des Bayerischen Personalvertretungsgesetzes ist ein Mitbestimmungsrecht geregelt. Regelmäßig stellt sich der Entzug der Stellung und Zuweisung anderer Aufgaben als Versetzung iSv § 95 Abs. 3 BetrVG dar. Der Betriebsrat kann dann nach § 99 Abs. 2 Nr. 4 BetrVG die erforderliche Zustimmung verweigern, wenn der betroffene Arbeitnehmer benachteiligt wird.

23 **Abberufungsverlangen:** Eine Abberufung des Beauftragten kann nicht von den Arbeitnehmervertretungen erzwungen werden. Zwar ist in § 98 Abs. 2 BetrVG für die Abberufung der mit der betrieblichen Berufsbildung beauftragten Person eine Rechtsgrundlage vorhanden, für die Abberufung des Inklusionsbeauftragten fehlt jedoch eine Regelung. Das gilt selbst für den Fall der groben Pflichtverletzung. Eine analoge Anwendung der für den betrieblichen Berufsbildungsbeauftragten geltenden Abberufungsmöglichkeit in § 98 Abs. 2 BetrVG ist bisher nicht erwogen worden. Hat der Inklusionsbeauftragte durch **gesetzwidriges Verhalten** oder durch grobe Verletzung der in § 75 BetrVG und § 182 Abs. 1 SGB IX enthaltenen Grundsätze den Betriebsfrieden wiederholt und ernstlich gestört, so kann der Betriebsrat nach § 104 Satz 1 BetrVG vom Arbeitgeber, so ein Arbeitsverhältnis besteht, dessen Entlassung oder die Versetzung, dh die Übertragung anderer Aufgaben, verlangen.

IV. Aufgaben und Rechtsstellung

24 **Compliance-Aufgabe des Beauftragten:** Der Inklusionsbeauftragte hat darauf zu achten, dass die den Arbeitgeber treffenden Pflichten aus den besonderen Regelungen zur Teilhabe schwerbehinderter Menschen (Schwerbehindertenrecht) des SGB IX erfüllt werden. Soweit er nicht selbst im Rahmen der Vertretung des Arbeitgebers eigenverantwortlich Arbeitgeberfunktionen wahrnimmt (§ 181 Satz 1), hat er nach § 181 Satz 3 die Erfüllung der dem Arbeitgeber gegenüber den schwerbehinderten Menschen obliegenden Pflichten durch die zuständigen Personen zu überwachen. Dazu hat er auch organisatorische Vorkehrungen zu veranlassen, die im Sinne gesteuerter Geschäftsprozesse die Einhaltung der aller Arbeitgeberpflichten sicherstellen. Im modernen Sprachgebrauch der Betriebswirtschaft ist er somit für Compliance im Bereich der Schwerbehindertenbeschäftigung zuständig. Der Deutsche Corporate Governance Kodex (DCGK) definiert Compliance als die in der Verantwortung des Vorstands liegende Einhaltung der gesetzlichen Bestimmungen und unternehmensinternen Richtlinien. Insoweit wird mit seiner Bestellung der Inklusionsbeauftragte Teil des Compliance-Management-Systems, das vom Institut der Wirtschaftsprüfer

---

37 Vgl. BAG 17.8.2010 – 9 ABR 83/09, Behindertenrecht 2011, 17.

in Deutschland als Prüfungsstandard 980 für die Grundsätze ordnungsmäßiger Prüfung von Compliance-Management-Systemen entwickelt wurde.[38]

Initiator und Koordinator: Der Beauftragte übt die Koordinierungsfunktion für alle Bereiche der Personalführung und Verwaltung aus, die sich mit der Teilhabe nach dem SGB IX und dem sonstigen Schwerbehindertenrecht befassen.[39] So ist er insbesondere verantwortlich für die Suche nach den geeigneten Maßnahmen, die nach § 164 Abs. 3 getroffen werden müssen, damit sichergestellt wird, das die in § 154 Abs. 1 (5 %) bzw. § 241 Abs. 1 (6 %) vorgeschriebene Zahl der schwerbehinderten Menschen eine möglichst dauerhafte und behinderungsgerechte Beschäftigung findet. Der Beauftragte hat auch die Geschäftsprozesse zu planen und zu implementieren, die sicherstellen sollen, dass nach § 164 Abs. 1 die Eignung freier und frei werdender Arbeitsplätze in Zusammenarbeit mit der SBV ausreichend geprüft wird. Weiter liegt es in seiner Verantwortung, das in § 164 Abs. 1 Satz 1 bis 3 bestimmte Verfahren zur Verbindungsaufnahme mit der Arbeitsagentur zu regeln. Dabei hat er insbesondere darauf hinzuwirken, dass die Personalabteilung den ständigen Kontakt zu der besonderen für die Vermittlung von Schwerbehinderten eingerichteten Stelle iSv § 187 Abs. 4 hält. Er hat auch dafür Sorge zu tragen, dass die nach § 164 Abs. 1 Satz 3 iVm § 187 Abs. 5 Nr. 1 eingehenden qualifizierten Vermittlungsvorschläge sowie die nach § 187 Abs. 5 Nr. 2 aufgezeigten Förderungsmöglichkeiten ernsthaft in Erwägung gezogen werden. Sollte entgegen § 187 Abs. 4 und 5 die Bundesagentur für Arbeit keine besondere Stelle eingerichtet haben oder keine qualifizierten Vermittlungsvorschläge entsprechend § 187 Abs. 5 Nr. 1 unter Darlegung der Leistungsfähigkeit und der Auswirkungen von Behinderungen unterbreiten oder nur unzureichend Förderungsmöglichkeiten iSv § 187 Abs. 5 Nr. 2 aufzeigen, so hat der Beauftragte das in seiner Eigenschaft als Verbindungsperson iSv § 182 Abs. 2 Satz 2 zum Anlass zu nehmen, auf Abhilfe bei der Geschäftsführung der Agentur oder beim Vorstand der Bundesagentur zu dringen.

Zusammenarbeit mit SBV: Der Beauftragte ist nach § 182 Abs. 1 auch zur engen Zusammenarbeit mit der SBV und den Betriebs- oder Personalräten verpflichtet, um die Teilhabe schwerbehinderter Menschen am Arbeitsleben zu ermöglichen oder zu verbessern. Insoweit gilt er als Ansprechpartner in allen einschlägigen Fragen. Allerdings ist weder die SBV, der Betriebs- oder Personalrat noch der einzelne schwerbehinderte Beschäftigte gezwungen, sich ausschließlich über den Beauftragten an den Arbeitgeber zu wenden.[40] Zu den gesetzlichen Aufgaben gehört nach § 166 Abs. 1 auch, die eigenverantwortliche Mitwirkung am Treffen einer Inklusionsvereinbarung. Ferner hat er auch die Geschäftsprozesse so zu planen und zu implementieren, dass die SBV nach § 164 Abs. 1 Satz 4 von den Personalverantwortlichen „unmittelbar" nach Eingang von Bewerbungen und Vermittlungsvorschlägen unterrichtet wird. Schließlich hat der Beauftragte durch entsprechende Ablaufplanung auch sicherzustellen, dass alle Personalverantwortlichen die SBV gemäß § 178 Abs. 2 Satz 1 vor jeder Entscheidung in einen die einzelnen Schwerbehinderten oder die Gruppe betreffenden Angelegenheit unterrichten und Gelegenheit zur Anhörung geben.

Externe Aufgaben: Der Beauftragte hat die Kontakte zu den externen Stellen für den Arbeitgeber entweder zu koordinieren oder selbst wahrzunehmen. Nach § 182 Abs. 2 Satz 1 hat er die Rehabilitationsträger bei der Durchführung ihrer Aufgaben zu unterstützen. Nach § 182 Abs. 2 Satz 2 hat er in Wahrneh-

---

38 Vgl. WPg Supplement 2/2011, S. 78 ff., FN-IDW 4/2011, S. 203 ff.
39 Zutreffend *Braun* ZTR 2003, 18 (20).
40 *Pahlen* in Neumann/Pahlen/Greiner/Winkler/Jabben SGB IX § 181 Rn. 5; *Knittel*, 11. Aufl. 2017, § 98 Rn. 21.

mung der Funktion einer Verbindungsperson sowohl zur Bundesagentur für Arbeit als auch zu dem Integrationsamt den ständigen Informationsaustausch zu gewährleisten. Dazu gehört insbesondere, sich um die Kontaktpflege mit der besonderen Stelle der Arbeitsagentur zu kümmern, die nach § 187 Abs. 4 für die behinderten und schwerbehinderten Menschen zuständig ist, damit neue oder wieder zu besetzende freie bzw. freiwerdende Arbeitsplätze mit geeigneten arbeitslosen oder arbeitsuchenden schwerbehinderten Menschen besetzt werden können. Deshalb hat der Beauftragte bei regelmäßig stattfindenden Arbeitsmarktgesprächen in Zusammenarbeit mit der SBV bei der nach § 187 Abs. 4 für Schwerbehinderte in der „besonderen Stelle" iSv § 187 Abs. 4 zu erkunden, welches Eignungsprofil bei den zur Vermittlung verfügbaren schwerbehinderten Menschen vorhanden ist und ob dieses den betrieblichen Anforderungen genügt oder für Maßnahmen zu notwenigen Steigerung der Schwerbehindertenbeschäftigung entsprechend § 91 Abs. 2 Satz 2 BetrVG genutzt werden kann.

28 **Persönliche Rechtsstellung:** Die Stellung, die ein Beauftragter des Arbeitgebers in Angelegenheiten der Schwerbehinderten nach § 181 innehat, schließt ihn von der Wahl zur SBV aus.[41] Diese auf Interessenkollision beruhende Unwählbarkeit setzt nicht zwingend eine Stellung als **leitender Angestellter** iSv § 5 Abs. 3 BetrVG voraus. In Großunternehmen wird jedoch zumeist der Beauftragte einer Leitungsebene iSv § 5 Abs. 4 Nr. 2 BetrVG angehören, auf der überwiegend leitende Angestellte vertreten sind, so dass ein Indiz für die Eigenschaft des leitenden Angestellten iSv § 5 Abs. 3 Nr. 3 BetrVG erfüllt sein wird.

29 **Schutz:** Der Inklusionsbeauftragte für Angelegenheiten der schwerbehinderten Menschen genießt im Unterschied zum betrieblichen Datenschutzbeauftragten keinen besonderen **Kündigungsschutz** iSv § 15 KSchG. Insoweit besteht rechtspolitisch ein Defizit. Er wird jedoch durch das in § 612 a BGB enthaltene **Maßregelungsverbot** geschützt.

30 **Auftrag zur verantwortliche Vertretung:** Durch die Hinzufügung der Worte „verantwortliche Vertretung" hat das Gesetz zur Bekämpfung der Arbeitslosigkeit Schwerbehinderter (SchwbAG) deutlich gemacht, wie der Beauftragte den Arbeitgeber in allen Schwerbehindertenangelegenheiten vertritt. Der Inklusionsbeauftragte soll die Verantwortung für die Erfüllung der arbeits- und öffentlichrechtlichen Arbeitgeberpflichten übernehmen. Dazu kann er entweder selbst handeln oder die überwachen, denen wie zB dem Personalleiter die Wahrnehmung von Arbeitgeberfunktionen rechtsgeschäftlich übertragen worden ist. Die nähere Ausgestaltung des Innenverhältnisses fehlt. Es gelten die allgemeinen Grundsätze des Auftragsverhältnisses. Die Kosten seiner Geschäftsführung trägt danach der Arbeitgeber. Der Beauftragte soll nach dem Schrifttum sein Amt unentgeltlich, dh als **Ehrenamt**, führen und soll – insbesondere in seiner Stellung als Arbeitnehmer – weder benachteiligt noch begünstigt werden, so dass wie bei der Vertrauensperson nach § 179 Abs. 4 Satz 1 SGB IX das Entgelt ungemindert für die Wahrnehmung der Aufgaben fortgezahlt wird.[42] Dagegen sind Bedenken angebracht. Der Gesetzgeber hat sowohl im SchwbG und SGB IX wie auch im BDSG davon abgesehen das Rechtsverhältnis der im Unternehmen tätigen Beauftragten als unentgeltliches Ehrenamt auszugestalten. Der Arbeitgeber ist insbesondere frei, für die Übernahme dieser verantwortungsvollen Aufgabe ein im Vergleich zu der bisherigen Vergütung ein höheres Entgelt pauschal oder stundenweise zu vereinbaren. Die vom Arbeitgeber aus-

---

41 VG Aachen 25.11.1999 – 16 K 371/99 PVL PersR 2000, 131.
42 *Braun* ZTR 2003, 18 (20) mwN; *Knittel* SGB IX § 98 Rn. 18.

gewählte Person ist berechtigt, die Übernahme der Aufgabe von einer angemessenen Vergütung abhängig zu machen.

V. Ordnungswidrigkeiten

Ordnungswidrigkeitsrecht: Die Nichterfüllung der Pflicht zur Bestellung eines Inklusionsbeauftragten stellt **keine Ordnungswidrigkeit** dar. Es fehlt ein entsprechender Tatbestand in § 238. Hat der Arbeitgeber einen Beauftragten bestellt, muss dieser die im SGB IX geregelten Arbeitgeberpflichten erfüllen. Handelt er pflichtwidrig, so kann die für die Überwachung zuständige Verwaltungsbehörde ihn als „Betroffenen" verwarnen oder gegen ihn in einem Bußgeldbescheid eine Geldbuße festsetzen.[43] Denn nach § 9 OWiG handelt ordnungswidrig, wer vom Inhaber eines Betriebes beauftragt worden ist, in eigener Verantwortung Pflichten zu erfüllen, die dem Betriebsinhaber betreffen. In der Praxis der für die Verfolgung der Ordnungswidrigkeiten zuständigen Regionaldirektionen der Bundesagentur wird die Verantwortlichkeit des Arbeitgebers häufig nur dann geprüft, wenn sie in der Anzeige angesprochen und möglichst mit der Angabe der ladungsfähigen Wohnanschrift versehen ist. Die Bußgeldstelle ist erfahrungsgemäß nicht an der Durchführung eigener Ermittlungen interessiert.

Auszug aus dem Gesetz über Ordnungswidrigkeiten:

§ 9 OWiG Handeln für einen anderen

(2) Ist jemand von dem Inhaber eines Betriebes oder einem sonst dazu Befugten
1. beauftragt, den Betrieb ganz oder zum Teil zu leiten, oder
2. ausdrücklich beauftragt, in eigener Verantwortung Aufgaben wahrzunehmen, die dem Inhaber des Betriebes obliegen,

und handelt er auf Grund dieses Auftrages, so ist ein Gesetz, nach dem besondere persönliche Merkmale die Möglichkeit der Ahndung begründen, auch auf den Beauftragten anzuwenden, wenn diese Merkmale zwar nicht bei ihm, aber bei dem Inhaber des Betriebes vorliegen. Dem Betrieb im Sinne des Satzes 1 steht das Unternehmen gleich. Handelt jemand auf Grund eines entsprechenden Auftrages für eine Stelle, die Aufgaben der öffentlichen Verwaltung wahrnimmt, so ist Satz 1 sinngemäß anzuwenden.

(3) Die Absätze 1 und 2 sind auch anzuwenden, wenn die Rechtshandlung, welche die Vertretungsbefugnis oder das Auftragsverhältnis begründen sollte, unwirksam ist.

Tatbestände der Ordnungswidrigkeiten: Die schuldhafte, dh vorsätzliche oder fahrlässige Verletzung von Bestimmungen des Schwerbehindertenrechts durch den Inklusionsbeauftragten wird mit einem Bußgeld zwischen 5 und 10 000 Euro geahndet. Folgende Tatbestände haben für ihn eine besondere Bedeutung:
- Nichterfüllung der Beschäftigungspflichten wegen Unterschreitens des zurzeit festgesetzten Pflichtsatzes von 5 % nach § 154 Abs. 1, § 238 Abs. 1 Nr. 1, bemerkenswert ist, dass die Nichterfüllung der für die Verwaltungen die Nichterfüllung des nach § 241 Abs. 1 weiter geltenden Pflichtsatzes von 6 % nicht bußgeldbewehrt ist,
- nicht sofortige Unterrichtung der SBV und der weiteren Arbeitnehmervertretungen über die von der Arbeitsagentur unterbreiteten Vermittlungsvorschläge und über die sonstigen beim Arbeitgeber eingegangenen Bewerbun-

---

43 So auch *Pahlen* in Neumann/Pahlen/Greiner/Winkler/Jabben SGB IX § 181 Rn. 5 unter Hinweis auf AG Düsseldorf 8.2.1990 – 302 OWi 902 Js 1689/89, veröffentlicht in Behindertenrecht 1991, 118.

gen von schwerbehinderten und gleichgestellten behinderten Menschen für die Besetzung einer freien Stelle, § 164 Abs. 1 Satz 4, § 238 Abs. 1 Nr. 7,[44]
- nicht unverzügliche Benennung der gewählten Vertrauensperson und der Stellvertreter gegenüber der Agentur für Arbeit und dem Integrationsamt, § 163 Abs. 8; § 238 Abs. 1 Nr. 6,
- keine fortlaufende oder nur unvollständige Führung des Verzeichnisses der im Betrieb oder der Dienststelle beschäftigten schwerbehinderten und gleichgestellten Menschen, § 163 Abs. 1, § 238 Abs. 1 Nr. 2,
- unterlassene oder nicht rechtzeitige oder unvollständige Unterrichtung der SBV nach § 178 Abs. 2 Satz 1, § 238 Abs. 1 Nr. 8.

34 **Erstattung von Aufwendungen:** Der Beauftragte hat **keinen Anspruch auf Erstattung des Bußgeldes** oder der Aufwendungen für die Verteidigung im Ordnungswidrigkeitenverfahren. Wird ihm vom Arbeitgeber eine Erstattung geleistet ist, so ist diese eine lohnsteuer- und sozialabgabenpflichtige Leistung.[45]

35 **Mitverantwortung des Arbeitgebers:** Zwar können nach § 9 Abs. 2 Nr. 2 OWiG Aufgaben, die dem Arbeitgeber nach § 154 Abs. 1, § 164 Abs. 3 SGB IX obliegen, mit der Wirkung zur Erledigung in eigener Verantwortung auf einen Dritten übertragen werden, dass der Beauftragte für den Arbeitgeber in dessen Verantwortungsbereich rückt und er die mit seinem Aufgabenbereich verbundenen Pflichten zu erfüllen hat. Dadurch wird aber die Verantwortlichkeit des Geschäftsinhabers durch die Bestellung eines Beauftragten nach § 9 Abs. 2 OWiG regelmäßig nicht völlig aufgehoben.[46] Obwohl nach § 9 Abs. 2 Satz 1 OWiG das Gesetz (hier: der Katalog der Ordnungswidrigkeiten in § 238 Abs. 1 SGB IX) auf den Beauftragten anzuwenden ist, wird dadurch noch **kein** den Auftraggeber (Arbeitgeber) vollständig **befreiender Pflichtenübergang** bewirkt. Nur soweit nach einem besonderen Gesetz der beauftragte Dritte die gebotenen Maßnahmen in eigener Verantwortung allein treffen soll, könnte abweichend von § 9 Abs. 2 OWiG, die Verantwortlichkeit des Beauftragten an die Stelle des Geschäftsinhabers treten. Ob die in § 181 Satz 1 SGB IX gesetzlich vorgenommene Übertragung der verantwortlichen Vertretung ausreicht, ist zweifelhaft. Zudem setzt ein solcher Pflichtenübergang voraus, dass der Beauftragte auch tatsächlich die nötige sachliche Entscheidungskompetenz besitzt.[47] Häufig wird dem Inklusionsbeauftragten nicht die Entscheidungskompetenz in allen die schwerbehinderten Menschen betreffenden Personalangelegenheiten eingeräumt. Deshalb ist davon auszugehen, dass er **nicht für die Einhaltung der Bestimmungen zur Beschäftigungspflicht alleinverantwortlich** ist. Der Arbeitgeber bleibt somit trotz Bestellung eines Beauftragten mitverantwortlich.

36 **Weiterbestehende Verantwortlichkeit des Arbeitgebers:** Trotz Bestellung des verantwortlichen Beauftragten entledigt der Arbeitgeber sich nicht völlig seiner Verantwortung. Er bleibt neben dem Beauftragten auch selbst verantwortlich für die Erfüllung der gesetzlichen Verpflichtungen nach Teil 3 des SGB IX. Nach § 130 OWiG handelt er ordnungswidrig, wenn er es vorsätzlich oder fahrlässig unterlässt, geeignete Aufsichtsmaßnahmen zu ergreifen. Dazu gehört insbesondere die sorgfältige **Auswahl und Überwachung des Beauftragten**. Demnach hat der Arbeitgeber sich zu vergewissern, ob der Beauftragte auch die

---

44 Vgl. Festsetzung eines Bußgeldes nach Einspruch des Betroffenen: AG Düsseldorf 8.2.1990 – 302 Owi/902 Js 1689/89, Behindertenrecht 1991, 118.
45 Vgl *Weber-Grellet* in jPR-ArbR 49/2020 Anm. 1 mit Erläuterung der ständigen Rspr. zuletzt BFH 13.08.2020 – VI R 17/17.
46 Vgl. *Göhler* in Göhler, 13. Aufl. 2002, OWiG § 9 Rn. 36.
47 *Göhler* in Göhler, 13. Aufl. 2002, OWiG § 9 Rn. 30; dem folgend: OLG Schleswig 5.5.2003 – 2 SsOWi 46/03 (41/03), 2 Ss OWi 46/03 (41/03), SchlHA 2004, 268.

erforderlichen Kenntnisse des Schwerbehindertenrechts hat und sich der Bedeutung der Bestellung zum Inklusionsbeauftragten bewusst ist.[48] Angesichts der ständigen Fortentwicklung des Schwerbehindertenrechts durch Rechtsprechung und Gesetzgebung muss der Arbeitgeber durch geeignete Maßnahmen auch sicherstellen, dass der Inklusionsbeauftragte sich entsprechend weiterbildet. Das sollte insbesondere durch Teilnahme an Schulungs- und Fortbildungsveranstaltungen des Integrationsamts oder der Verbände geschehen. Handelt der Arbeitgeber seiner Pflicht zur sorgfältigen Auswahl, **Überwachung und Fortbildung** zuwider, so bleibt er im Sinne des Ordnungswidrigkeiten-, Straf- und auch im Sinne des bürgerlich-rechtlichen Haftungsrechts verantwortlich.

Durchgriff auf das Unternehmen: Die durch § 130 OWiG vermittelte Organhaftung eröffnet in ihrer wichtigsten praktischen Konsequenz wiederum die Möglichkeit eines Durchgriffs auf das Unternehmen selbst nach § 30 OWiG, denn ein Verstoß gegen die Aufsichtspflicht ist eine betriebsbezogene Ordnungswidrigkeit im Sinne dieser Vorschrift.[49]   37

Auszug aus dem Gesetz über Ordnungswidrigkeiten (§ 130 OWiG Abs. 3 geänd. mWv 30.6.2013 durch G v. 26.6.2013):[50]   38

§ 130 OWiG

(1) Wer als Inhaber eines Betriebes oder Unternehmens vorsätzlich oder fahrlässig die Aufsichtsmaßnahmen unterlässt, die erforderlich sind, um in dem Betrieb oder Unternehmen Zuwiderhandlungen gegen Pflichten zu verhindern, die den Inhaber treffen und deren Verletzung mit Strafe oder Geldbuße bedroht ist, handelt ordnungswidrig, wenn eine solche Zuwiderhandlung begangen wird, die durch gehörige Aufsicht verhindert oder wesentlich erschwert worden wäre. Zu den erforderlichen Aufsichtsmaßnahmen gehören auch die Bestellung, sorgfältige Auswahl und Überwachung von Aufsichtspersonen.

(2) Betrieb oder Unternehmen im Sinne des Absatzes 1 ist auch das öffentliche Unternehmen.

(3) Die Ordnungswidrigkeit kann, wenn die Pflichtverletzung mit Strafe bedroht ist, mit einer Geldbuße bis zu einer Million Euro geahndet werden. § 30 Absatz 2 Satz 3 ist anzuwenden. Ist die Pflichtverletzung mit Geldbuße bedroht, so bestimmt sich das Höchstmaß der Geldbuße wegen der Aufsichtspflichtverletzung nach dem für die Pflichtverletzung angedrohten Höchstmaß der Geldbuße. Satz 3 gilt auch im Falle einer Pflichtverletzung, die gleichzeitig mit Strafe und Geldbuße bedroht ist, wenn das für die Pflichtverletzung angedrohte Höchstmaß der Geldbuße das Höchstmaß nach Satz 1 übersteigt.

VI. Nichtbestellung als Indiz für Benachteiligung

Hat der Arbeitgeber keinen Inklusionsbeauftragten bestellt, kann dieser Umstand geeignet sein, die Vermutung einer Benachteiligung nach § 22 AGG zu begründen.[51] Ein abgewiesener Stellenbewerber kann dann nach § 15 AGG Schadensersatz und Entschädigungsansprüche geltend machen. Allerdings sind derartige Behauptungen unzulässig, wenn sie lediglich „ins Blaue hinein" aufgestellt werden, ohne dass die Partei tatsächliche Anhaltspunkte für ihre Behauptung darlegt.[52]   39

---

48 Vgl. BayLSG 15.11.1963 – L10/V219/63, AMBl BY 1964, 47.
49 Rogall in KK-OWiG, 3. Aufl. 2002, § 130 Rn. 6.
50 BGBl. I 1738.
51 LAG Bln-Bbg 1.7.2020 – 15 Sa 289/20, Rn. 12.
52 BAG 27.3.2019 – 10 AZR 318/17, Rn. 19, NZA 2019, 1518; BAG 25.4.2013 – 8 AZR 287/08, Rn. 36, DB 2013, 2509.

VII. Behindertenbeauftragte

40 Der vom Arbeitgeber nach § 180 zu bestellende Inklusionsbeauftragte ist von den anderen Beauftragten zu unterscheiden, die sich den Belangen der Inklusion widmen sollen. So sieht § 17 **Behindertengleichstellungsgesetz des Bundes (BGG)** die Bestellung eines oder einer **Beauftragten für die Belange behinderter Menschen** durch die Bundesregierung vor, → §§ 17, 18 BGG Rn. 3 f. Nach § 18 Abs. 1 BGG soll mit der dort geregelten Bestellung darauf hingewirkt werden, dass die Verantwortung des Bundes, für gleichwertige Lebensbedingungen für Menschen mit und ohne Behinderung zu sorgen, in allen Bereichen des gesellschaftlichen Lebens erfüllt wird. Dazu ist der Beauftragte durch die zuständigen Bundesministerien bei allen Gesetzes-, Verordnungs- oder sonstigen wichtigen Vorhaben zu beteiligen, soweit durch diese Vorhaben Fragen der Integration von behinderten Menschen berührt werden. Die Aufgabenstellung dieses Beauftragten bezieht sich somit vor allem auf den Bereich der Gesetzgebung. Vergleichbare Aufgabenstellungen sind auch in den Behindertengleichstellungsgesetzen der Länder enthalten. Deshalb sollten die SBVen und Inklusionsbeauftragten sich je nach Zuständigkeit an den Beauftragten der Bundesregierung oder ihres Bundeslandes wenden, wenn sie Gesetzgebungsdefizite im SGB IX oder anderen Gesetzen erkennen.

VIII. Prozessuales

41 **Verfahrensrecht:** Der Inklusionsbeauftragte ist in der Aufzählung der Personen und Stellen in § 10 Satz 1 Hs. 2 ArbGG, die nach § 2a Abs. 1 Nr. 1 bis 3 f ArbGG als parteifähig gelten, nicht enthalten. Insoweit ist die Aufzählung lückenhaft. Der Inklusionsbeauftragte ist in analoger Anwendung im arbeitsgerichtlichen Beschlussverfahren prozess- und **beteiligtenfähig**.[53] Unerheblich ist, dass für die Bestimmung der Verfahrensart § 181 und § 166 SGB IX nicht in § 2a Abs. 1 Nr. 3a ArbGG erwähnt sind. Das beruht jedoch nicht auf einem bewussten Ausschluss, sondern auf einem unbeabsichtigten Redaktionsversehen. Dieses ist bereits bei der Einfügung dieser Bestimmung entstanden.[54] Der Gesetzeswortlaut beschränkte die Zuständigkeit auf Angelegenheiten nach §§ 94, 95 SGB IX aF mithin auf Streitigkeiten im Zusammenhang mit der Wahl, der Amtszeit und den Aufgaben und Befugnissen der SBV. Schrifttum und Rspr. erkannten, dass § 2a Abs. 1 Nr. 3a ArbGG auch die „vergessenen" Konzern-, Gesamt-, Bezirks- und Hauptschwerbehindertenvertretungen nach § 97 SGB IX aF erfassen sollte.[55] Gleiches galt für die in § 2 Abs. 1 Nr. 3a ArbGG nicht aufgeführten Rechte der SBV, die wie zB der Anspruch auf Kostenerstattung in § 96 SGB IX aF(seit 2018: § 179 SGB IX) verortet waren.[56] Auch nach der unveränderten Übernahme der Altregelung unter neuer Nummerierung durch das BTHG besteht die zum alten Recht festgestellte „planwidrige Regelungslücke" fort. Dem Gesetzgeber des BTHG war die Regelungsaufgabe zu komplex. Es findet sich kein Anhaltspunkt dafür, dass der Gesetzgeber des BTHG den allgemeinen Rechtssatz ändern wollte: „Das Beschlussverfahren ist

---

53 So auch *Esser* in jurisPK-SGB IX, 3. Aufl. 2918 15.1.2018, § 181 Rn. 29; *Krämer* in FSK SGB IX, 4. Aufl. 2018, § 181 Rn. 16; *Knittel* SGB IX § 98 Rn. 28, *Müller-Wenner* in Müller-Wenner/Schorn SGB IX § 98 Rn. 14; *Pahlen* in Neumann/Pahlen/Greiner/Winkler/Jabben SGB IX § 181 Rn. 6.
54 Durch Art. 23 Nr. 2 G v. 19.6.2001 (BGBl. I 1046) mWv 1.7.2001 und durch Art. 19 Abs. 6 Nr. 2 G v. 23.12.2016 (BGBl. I 3234) mWv 1.1.2018.
55 BAG 22.3.2012 – 7 AZB 51/11, NZA 2012, 690; im Übrigen → § 180 Rn. 803.
56 LAG Nürnberg 22.10.2007 – 6 Ta 155/07, ZTR 2008, 116, im Übrigen → § 179 Rn. 125.

dazu bestimmt, die Rechtsbeziehungen zwischen den Organen der Betriebs- und Dienststellenverfassung zu klären. Nach Sinn und Zweck der Vorschrift sollen demnach alle Angelegenheiten der Schwerbehindertenvertretungen im Beschlussverfahren geklärt werden."[57] Deshalb ist es folgerichtig, die Rechtswegezuständigkeit der Arbeitsgerichte im Beschlussverfahren auch für Streitigkeiten zwischen Inklusionsbeauftragten und Schwerbehindertenvertretung zu eröffnen und den Inklusionsbeauftragten als beteiligungsfähige Person nach § 10 Satz 1 Hs. 2 ArbGG anzusehen.[58] Deshalb kann im arbeitsgerichtlichen Beschlussverfahren eine Meinungsverschiedenheit zwischen SBV, Arbeitgeber und Inklusionsbeauftragten über den Umfang von Unterrichtungspflichten oder des Ausmaßes der gesetzlich gebotenen Zusammenarbeit geklärt werden. Die für eine Antragsbefugnis erforderlichen eigenen Rechte des Beauftragten ergeben sich insbesondere aus der Überwachungsaufgabe nach § 181 Satz 3 und der Befugnis, an der Verhandlung und am Abschluss der Inklusionsvereinbarung nach § 166 Abs. 1 Satz 1 mitzuwirken. Die hier bereits in den Vorauflagen vertretene Auffassung hat auch Eingang in das Fachschrifttum zum ArbGG gefunden.[59] Da der Beauftragte in § 166 Satz 1 als eine Person aufgeführt ist, die zusammen mit Arbeitgeber, Betriebs- oder Personalrat und SBV die Inklusionsvereinbarung „trifft", muss er auch zur Antragstellung befugt sein, wenn er die Unwirksamkeit einer Inklusionsvereinbarung geltend machen will, insbesondere, weil er gesetzeswidrig nicht an deren Treffen (Abschluss) beteiligt worden ist.

Für Streitigkeiten aus einem zwischen dem Inklusionsbeauftragten und dem Arbeitgeber geschlossenen Arbeitsvertrag und dessen Ausgestaltung für die Aufgabe des Inklusionsbeauftragten besteht eine Zuständigkeit der Arbeitsgerichte. Richtige Verfahrensart ist das Urteilsverfahren.[60] Das gilt auch, wenn über das der Bestellung zugrundeliegende Rechtsgeschäft gestritten wird. Liegt kein Arbeitsverhältnis zugrunde, sondern ist ein echter freier Mitarbeiter zum Beauftragten bestellt, so ist für diese Art von bürgerlich-rechtlichen Streitigkeiten je nach Streithöhe das Amts- oder das Landgericht zuständig.[61]

42

§ 182 Zusammenarbeit

(1) Arbeitgeber, Inklusionsbeauftragter des Arbeitgebers, Schwerbehindertenvertretung und Betriebs-, Personal-, Richter-, Staatsanwalts- oder Präsidialrat arbeiten zur Teilhabe schwerbehinderter Menschen am Arbeitsleben in dem Betrieb oder der Dienststelle eng zusammen.

(2) ¹Die in Absatz 1 genannten Personen und Vertretungen, die mit der Durchführung dieses Teils beauftragten Stellen und die Rehabilitationsträger unterstützen sich gegenseitig bei der Erfüllung ihrer Aufgaben. ²Vertrauensperson und Inklusionsbeauftragter des Arbeitgebers sind Verbindungspersonen zur Bundesagentur für Arbeit und zu dem Integrationsamt.

---

57 BAG 30.3.2010 – 7 AZB 32/09, BAGE 134, 51 = Behindertenrecht 2010, 219.
58 So auch *Esser* in jurisPK-SGB IX, 3. Aufl. 2018 15.1.2018, § 181 Rn. 29.
59 *Koch* in ErfK ArbGG § 10 Rn. 6; *Müller-Glöge* in Germelmann/Matthes/Prütting, 9. Aufl. 2017, ArbGG § 10 Rn. 24.
60 *Esser* in jurisPK-SGB IX, 3. Aufl. 2018 15.1.2018, § 181 Rn. 29; *Hohmann* in Wiegand SGB IX § 98 Rn. 85.
61 *Esser* in jurisPK-SGB IX, 3. Aufl. 2018 15.12018, § 181 Rn. 29; *Knittel* SGB IX § 98 Rn. 26.

1 **Geltende Fassung:** Die Vorgängervorschrift war inhaltlich unverändert aus § 29 SchwbG 1986 übernommen worden. Es fand nur eine redaktionelle Anpassung an die neue Begrifflichkeit stattgefunden. Setzte das SchwBeschG 1920 noch die vertrauensvolle Zusammenarbeit aller Beteiligten als Selbstverständlichkeit voraus, wurde die Pflicht zur Zusammenarbeit des Arbeitgebers mit Arbeitsamt, Hauptfürsorgestelle und den Arbeitnehmervertretungen sowie Vertrauensmann erstmals in § 26 SchwbG 1974 positiv geregelt. Mit Art. 1 BTHG ist § 99 SGB IX im Wesentlichen unverändert in § 182 SGB IX übernommen worden. Der Gesetzgeber hat lediglich den Begriff des „Beauftragten des Arbeitgebers" durch „Inklusionsbeauftragten" ersetzt.

2 **Regelungsinhalt:** § 182 verpflichtet alle betrieblichen Stellen untereinander zu einer engen Zusammenarbeit.[1] Ziel der Zusammenarbeit ist die Teilhabe schwerbehinderter Menschen am Arbeitsleben in dem Betrieb oder in der Dienststelle zu verbessern. Mit der Formel der engen Zusammenarbeit hat dabei der Gesetzgeber deutlich gemacht, dass eine höhere Intensität der Zusammenarbeit, als ansonsten zwischen Arbeitgeber und Arbeitnehmervertretungen erwartet wird, gefordert ist. Das zeigt der Vergleich mit § 2 Abs. 1 BetrVG, nachdem eine vertrauensvolle Zusammenarbeit erwartet wird. § 182 Abs. 2 erweitert die Verpflichtung zur engen Zusammenarbeit auch auf die außerbetrieblichen Stellen, die mit der Rehabilitation und Teilhabe schwerbehinderter Menschen zu tun haben. Die Nichtbeachtung der Zusammenarbeitspflicht kann arbeitsrechtliche Folgewirkungen auslösen. So hat die Rspr. erkannt, dass sich ein Arbeitgeber nicht auf die Unzumutbarkeit der Weiterbeschäftigung eines schwerbehinderten Arbeitnehmers berufen kann, wenn er es entgegen § 182 Abs. 2 Satz 1 unterlässt, das zuständige Integrationsamt als mit der Durchführung des SGB IX beauftragte Stelle bei der Suche nach einer behinderungsgerechten Gestaltung des Arbeitsplatzes einzuschalten.[2]

3 **Innerbetriebliche Zusammenarbeit:** Zusammenarbeit bedeutet, dass die beteiligten Stellen als eine Art Helfergruppe nicht unabhängig voneinander, sondern gemeinsam tätig werden. Diese Erwartung wird durch die Hinzufügung des Adjektivs „enge" verstärkt. Das bedeutet, dass alle Beteiligten ihre Arbeit miteinander und aufeinander abzustimmen haben. Dazu bedarf es der gegenseitigen Information, der gemeinsamen Erörterung und Suche nach einer Lösung. Die Verpflichtung zur engen Zusammenarbeit schließt auch das Gebot der vertrauensvollen Zusammenarbeit ein. Denn enge Zusammenarbeit ist ohne gegenseitiges Vertrauen unmöglich. Aus dem Gebot der engen und vertrauensvollen Zusammenarbeit lassen sich die Maßstäbe für die nach § 178 Abs. 2 dem Arbeitgeber aufgegebenen Unterrichtungs-, Anhörungs-, Erörterungs- und Mitteilungspflichten entnehmen. Das Zusammenarbeitsgebot verpflichtet auch die Schwerbehindertenvertretung (SBV) zur Rücksichtnahme. Sie ist zwar nicht gehindert, ihren interessengebundenen Rechtsstandpunkt energisch zu verfolgen. Sie hat allerdings zunächst bei tatsächlichen oder vermeintlichen Pflichtverletzungen des Arbeitgebers auf eine innerbetriebliche Abhilfe zu dringen.

Beispiel: Hat der Arbeitgeber entgegen § 164 Abs. 1 Satz 4 Vermittlungsvorschläge und Bewerbungen von schwerbehinderten Menschen der SBV nicht unverzüglich nach Eingang zur Kenntnis gebracht, so ist es mit dem Gebot der engen und vertrauensvollen Zusammenarbeit nicht zu vereinbaren, ohne innerbetriebliche Klärung der Ursachen sofort die Ordnungswidrigkeit nach § 238

---

1 *Düwell* AuR 1993, 347; *Eichenhofer* ZTR 1994, 103.
2 LAG RhPf 8.6.2006 – 6 Sa 853/05; zustimmend: *Esser* in jurisPK-SGB IX, 3. Aufl. 2018 15.1.2018, § 182 Rn. 17.

Abs. 1 Nr. 7 bei der zuständigen Bußgeldstelle der Bundesagentur für Arbeit anzuzeigen.

Zusammenarbeit von Stufenvertretungen: Zu den Adressaten der Pflicht zur engen Zusammenarbeit gehören auch die im Normtext nicht genannten Konzern-, Gesamt-, Bezirks- und Hauptschwerbehindertenvertretungen sowie die Konzern- und Gesamtbetriebsräte und Bezirks-, Haupt- und Gesamtpersonalräte. Fällt eine Angelegenheit in die Zuständigkeit der überbetrieblichen Interessenvertretung oder in die Zuständigkeit einer übergeordneten Behörde, so obliegt auch den auf diesen Zuständigkeitsebenen bestehenden Vertretungen die Pflicht zur engen Zusammenarbeit.[3] 4

Auskunftsanspruch der SBV und Auskunftspflicht des Arbeitgebers: Zur engen Zusammenarbeit nach § 182 Abs. 1 SGB IX gehört die gegenseitige Information über alle maßgeblichen Umstände, deren Kenntnis erforderlich ist, um die Teilhabe der schwerbehinderten Menschen am Arbeitsleben im Betrieb oder in der Dienststelle sicherzustellen.[4] Erst die informierte SBV ist zur Zusammenarbeit befähigt. Grundlegend ist die Information über die im Betrieb oder in der Dienststelle beschäftigten schwerbehinderten Menschen. Daher hat der Arbeitgeber die bei ihm tätigen, von der SBV repräsentierten **schwerbehinderten Menschen namentlich zu benennen.** Denn die SBV kann die ihr gesetzlich zugewiesenen Aufgaben nur erfüllen, wenn sie die von ihr zu vertretenden Personen kennt. Dies entspricht dem Stand der Rspr. Diese hat nämlich erkannt, dass der Arbeitgeber verpflichtet ist, der SBV die bei ihm in Ausbildung befindlichen schwerbehinderten Rehabilitanden namentlich zu benennen.[5] Datenschutzrechtliche Bedenken sind nicht angebracht; denn der Arbeitgeber erfüllt nach § 26 Abs. 3 BDSG ergänzend zu § 163 Abs. 2 Satz 3 iVm § 163 Abs. 1 SGB IX eine ihm aus dem Schwerbehindertenarbeitsrecht (§ 182 Abs. 1 SGB IX) gegenüber der SBV treffende rechtliche Verpflichtung. Diese aktualisierende Benennung der seit der letzten Übergabe des Verzeichnisses nach § 163 Abs. 2 Satz 3 SGB IX neu hinzugekommenen schwerbehinderten Beschäftigten ist erforderlich, damit die SBV ihre gesetzlichen Aufgaben aus § 178 Abs. 1 SGB IX erfüllen kann. Es besteht auch kein Grund zu der Annahme, dass ein schutzwürdiges Interesse der Betroffenen an dem Ausschluss der Übermittlung ihrer Namen besteht. Soweit ein Betroffener dem Arbeitgeber mitteilt, er lehne die Weitergabe seines Namens ab, bleibt diese Erklärung ohne Wirkung; denn die SBV kann weder aus eigenem Antrieb des Beschäftigten noch auf Betreiben des Arbeitgebers „abgewählt" werden. Nur in § 164 Abs. 1 Satz 10 SGB IX hat der Gesetzgeber es – beschränkt auf das Bewerbungsverfahren – zugelassen, die Beteiligung der SBV abzulehnen. Selbst in diesem Fall muss jedoch noch der Name des Ablehnenden der SBV mitgeteilt werden. Über das schwerbehinderte Menschen schützende Benachteiligungsverbot hat die SBV nach § 178 Abs. 1 Satz 2 Nr. 1 SGB IX zu wachen. Der Arbeitgeber hat im Rahmen der Pflicht zur engen Zusammenarbeit auch die erforderlichen Informationen zur Verfügung zu stellen, die, die SBV zur Erfüllung ihrer Überwachungsaufgabe aus § 178 Abs. 1 5

---

3 Zutreffend *Esser* in jurisPK-SGB IX, 3. Aufl. 2018 15.1.2018, § 182 Rn. 8.
4 So BAG 16.4.2003 – 7 ABR 27/02; Rn. 17, AP § 95 SGB IX Nr. 1 = NZA 2003, 1105; zustimmend: *Esser* in jurisPK-SGB IX, 3. Aufl. 2018 15.1.2018, § 182 Rn. 10.
5 BAG 16.4.2003 – 7 ABR 27/02, Rn. 17, AP § 95 SGB IX Nr. 1 NZA 2003, 1105; zustimmend: *Pahlen* in Neumann/Pahlen/Greiner/Winkler/Jabben SGB IX § 182 Rn. 2.

Satz 2 Nr. 1 SGB IX benötigt. Der Arbeitgeber ist nicht berechtigt, die Auskunftserteilung von einem konkreten Anlass abhängig zu machen.[6]

6 **Außerbetriebliche Zusammenarbeit:** Die in § 182 Abs. 1 genannten Stellen eines Betriebes oder einer Dienststelle werden in Abs. 2 Satz 1 ausdrücklich zur Zusammenarbeit mit den Rehabilitationsträgern (vgl. dazu § 6) und den nach § 184 Abs. 1 mit der Durchführung des Teils 2 des SGB IX beauftragten Arbeitsagenturen und Integrationsämtern verpflichtet. Damit soll die wechselseitige Unterstützung bei der Eingliederung arbeitsuchender schwerbehinderter Menschen und bei der Verbesserung der Teilhabebedingungen der bereits im Betrieb oder in der Dienststelle beschäftigten schwerbehinderten Menschen sichergestellt werden. Aus dieser allgemeinen Zusammenarbeitsverpflichtung ergeben sich im Einzelfall Pflichten zur Unterrichtung, zur Erörterung und zur Inanspruchnahme von Unterstützungsleistungen. Das gilt insbesondere zur Erreichung der Beschäftigungsquote. Nach § 164 Abs. 3 hat der Arbeitgeber dazu geeignete Maßnahmen zu ergreifen. Nach § 164 Abs. 4 Satz 2 unterstützen ihn dabei die für ihn zuständige Arbeitsagentur und das Integrationsamt. Der Arbeitgeber ist wegen der Zusammenarbeitsverpflichtung gehalten, dann wenn sich Hinderungsgründe bei seinem Bemühen zur Erreichung der Beschäftigungsquote zeigen, **die Arbeitsagentur und das Integrationsamt zu unterrichten** und deren Unterstützung in Form von Beratung und Förderung in Anspruch zu nehmen.

7 **Verbindungspersonen zum Integrationsamt und zur Arbeitsagentur:** In Abs. 2 Satz 2 wird bestimmt, dass die Vertrauenspersonen und der Inklusionsbeauftragte Verbindungspersonen zur Arbeitsagentur und zum Integrationsamt sind. Damit ist klargestellt, dass diese Personen **keinen Dienstweg** einzuhalten haben, sondern sich unmittelbar an die zuständigen Sachbearbeiter der Arbeitsagentur und des Integrationsamts wenden können. Bei der Verbindungsaufnahme zu den zuständigen Stellen der Integrationsämter treten keine Schwierigkeiten auf. Die Vertrauenspersonen stellen nicht selten Anträge nach § 178 Abs. 1 Satz 2 Nr. 1 um Maßnahmen der begleitenden Hilfe im Arbeitsleben iSv § 185 Abs. 1 Nr. 3 zu veranlassen. Der Inklusionsbeauftragte ist zum Stellen von Anträgen auf Leistungen zugunsten des Arbeitgebers iSv § 185 Abs. 3 Nr. 2 aufgrund seiner Stellung nach § 181 Satz 1 befugt. Aufgrund ihrer Stellung als Verbindungsperson nach § 182 Abs. 2 Satz 2 kann die Vertrauensperson sich unmittelbar an die besondere Stelle nach § 187 Abs. 4 wenden, die von der Bundesagentur für Arbeit zur Durchführung der ihr im Teil 3 des SGB IX und SGB III zur Teilhabe behinderter und schwerbehinderter Menschen am Arbeitsleben übertragenen Aufgabe bei jeder Arbeitsagentur einzurichten ist. Dieser direkte Zugang zur besonderen Stelle ist zwar seit fast zwei Jahrzehnten im Gesetz vorgesehen, stößt aber in der täglichen Praxis auf große Schwierigkeiten. Das Geschäftsmodell der Arbeitsagenturen berücksichtigt nicht diese besondere Verbindung und gewährt keinen direkten Zugang. In den meisten Agenturen werden Vertrauenspersonen als außenstehende Dritte behandelt, für die kein Ansprechpartner zur Verfügung steht. Bezeichnend ist, dass der opulent gestaltete Internetauftritt der Bundesagentur keine Seite für die Schwerbehindertenvertretungen hat. Es ist noch nicht einmal das Suchwort Vertrauensperson oder Verbindungsperson vorgesehen. Werden die Verbindungspersonen aktiv, so wird nicht selten gegen deren Wünsche nach Arbeitsmarktgesprächen pauschal Datenschutz oder der Mangel einer Bevollmächtigung durch den Arbeitgeber eingewandt. Hier liegt ein seit Jahren beklagtes Vollzugsdefizit vor. Dabei könnte sich die Arbeitsagen-

---

6 *Weber* in GK-BetrVG § 80 Rn. 70 unter Bezug auf BAG 7.2.2012 – 1 ABR 46/10, BAGE 140, 350.

tur der Verbindungspersonen bedienen, um sich schnell und unmittelbar über die Verhältnisse in den Betrieben und Dienststellen zur passgenauen Vermittlung und Förderung iSv § 187 Abs. 4 und 5 informieren zu lassen. Von der Möglichkeit der Informationsgewinnung machen die Arbeitsagenturen nur im Verfahren der Gleichstellung nach § 151 Abs. 2 Gebrauch. Dort werden Betriebs- oder Personalrat um Stellungnahme zu den Gleichstellungsanträgen gebeten. Diese Beschreibung von Vollzugsdefiziten ist vor einigen Jahren vom Bundesrechnungshof bestätigt worden. Damals sollen die Agenturen aus Eigeninteresse zur besseren Zielerreichung als schwervermittelbar eingeschätzte Kunden häufig erst gar nicht in den Vermittlungs-Pool aufgenommen, sondern sich auf Top-Kunden konzentriert haben, die nahtlos von einem Job in den nächsten vermittelt werden konnten.[7]

Verbindung zum Versorgungsamt: Unverständlich ist, dass die Vertrauenspersonen nicht auch als Verbindungspersonen zu den nach Landesrecht für das Feststellungsverfahren nach § 152 zuständigen Feststellungsbehörden aufgeführt werden. Möglicherweise liegt ein Redaktionsversehen vor. Denn nach § 178 Abs. 1 Satz 3 gehört es zu den Aufgaben der SBV, die Beschäftigten auch bei Anträgen an die Versorgungsämter auf Feststellung einer Behinderung, ihres Grades und einer Schwerbehinderung zu unterstützen. Hinzu kommt, dass die Versorgungsverwaltung auch für die Ausstellung der Schwerbehindertenausweise nach § 152 Abs. 5 zuständig ist und sowohl im Feststellungsverfahren als auch bei Ausstellung und Verlängerung von Ausweisen die Vertrauenspersonen unterstützend tätig werden. Von der Sache her besteht daher ebenso wie in der Zusammenarbeit mit der Arbeitsagentur und dem Integrationsamt ein Bedürfnis danach, unmittelbar Verbindung aufzunehmen und ständig Kontakt zu halten. Leider ist auch dieser Gesichtspunkt wie viele andere bei der Überarbeitung des SGB IX im Zuge der BTHG-Gesetzgebung nicht beachtet worden; denn es hat keine systematische, sondern nur eine punktuelle Überarbeitung stattgefunden. 8

§ 183 Verordnungsermächtigung

Die Bundesregierung wird ermächtigt, durch Rechtsverordnung mit Zustimmung des Bundesrates nähere Vorschriften über die Vorbereitung und Durchführung der Wahl der Schwerbehindertenvertretung und ihrer Stufenvertretungen zu erlassen.

Geltende Fassung: Der Text der Vorgängervorschrift § 100 SGB IX war identisch mit § 24 Abs. 7 SchwbG 1986. Die dort enthaltene Verordnungsermächtigung hat nur einen eigenen Paragrafen erhalten. Mit Art. 1 BTHG ist die Vorschrift des § 100 SGB IX lediglich umnummeriert nach § 183 SGB IX übernommen worden. 1

Regelungsinhalt: Die für die Wahl der Schwerbehindertenvertretung maßgebenden Bestimmungen hat der Gesetzgeber in § 177 Abs. 1 bis 6 getroffen. Der Begriff der „Schwerbehindertenvertretung" umfasst auch die Gesamt- und Konzernschwerbehindertenvertretungen. Diese Gremien stellen ebenfalls Schwerbehindertenvertretungen im Sinne des Gesetzes dar.[1] Die Erfassung der Vertretungen auf Unternehmens- und Konzernebene entspricht der Vorgehensweise auch in § 126. Der Gesetzgeber hat in § 183 SGB IX – wie in anderen Vorschriften – 2

---

7 Magazin DER SPIEGEL Nr. 28 vom 8.7.2013, S. 34 (35).
1 So *Esser* in jurisPK-SGB IX § 183; aA *Hohmann* in Wiegand SGB IX § 100 Rn. 6.

den Begriff der Schwerbehindertenvertretung in einem allgemeinen umfassenden Sinne verwendet.
Die Wahl der nach § 180 Abs. 3 im Geschäftsbereich mehrstufiger Verwaltungen zu wählenden „Stufenvertretungen" ist in § 180 Abs. 7 durch Verweis auf die entsprechende Geltung der § 177 Abs. 3, 5 und 6 geregelt. Als Stufenvertretungen sind entsprechend dem Stufenaufbau der Behörden und den Personalvertretungsgesetzen bei der Mittelbehörde die Bezirksschwerbehindertenvertretung als Partner des Bezirkspersonalrats und bei der obersten Dienstbehörde die Hauptschwerbehindertenvertretung als Partner des Hauptpersonalrats gewählt. Bei der entsprechenden Anwendung sind nach § 180 Abs. 7 zwei Maßgaben zu berücksichtigen:
1. § 177 Abs. 5 gilt mit der Maßgabe, dass die Wahl der Gesamt- und Bezirksschwerbehindertenvertretungen in der Zeit vom 1. Dezember bis 31. Januar, die Hauptschwerbehindertenvertretungen in der Zeit vom 1. Februar bis 31. März stattfindet,
2. § 177 Abs. 6 gilt mit der Maßgabe, dass bei den Wahlen zu den „überörtlichen Vertretungen der zweite Halbsatz des Satzes 3 nicht gilt.

Die von der Bundesregierung durch Rechtsverordnung zu erlassenden „näheren Vorschriften" sollen die Vorbereitung und Durchführung der Wahl für die Wahlberechtigten, Wahlbewerber SBV, Wahlvorstand und Wahlleitung handhabbar machen. Zu diesem Zweck ist die Ermächtigung geschaffen.
Die Bundesregierung machte zunächst von der bereits in § 24 Abs. 7 SchwbG 1986 enthaltenen **Verordnungsermächtigung** mit der ersten Verordnung zur Durchführung des Schwerbehindertengesetzes (Wahlordnung Schwerbehindertengesetz – SchwbWO) in der Fassung der Bekanntmachung vom 23.4.1990[2] Gebrauch. Diese Wahlordnung ist durch Art. 3 des SchwbBAG vom 29.9.2000[3] geändert worden, um die erstmalige Wahl der Konzernschwerbehindertenvertretung zu regeln. Die vorletzte Änderung ist durch Art. 54 des Gesetzes vom 19.6.2001 erfolgt. Sie enthielt die notwendigen redaktionellen Anpassungen im Zusammenhang mit der Eingliederung des Schwerbehindertengesetzes in Teil 2 des Neunten Buches Sozialgesetzbuch – Artikel 1 aF sowie die sprachliche Gleichstellung von Männern und Frauen. Die vorletzte Änderung der Wahlordnung ist durch Art. 19 Abs. 21 BTHG erfolgt. Dort ist nur mit Wirkung vom 1.1.2018 eine Anpassung an die neue Nummerierung der Wahlvorschriften im SGB IX erfolgt. Die letzte Änderung hat Art. 13 b des Teilhabestärkungsgesetzes vom 2.6.2021[4] bewirkt. Der Gesetzgeber hat wegen der Covid-19-Pandemie die Wahlordnung nachgebessert.[5] Dazu hat er die seit langem gegenstandslos gewordene Schlussvorschrift in § 28 SchwbVWO mit neuem Inhalt gefüllt, → § 177 Rn. 71. Bis zur Aufhebung der Feststellung einer epidemischen Lage mit nationaler Tragweite kann danach die Wahlversammlung im vereinfachten Wahlverfahren mittels **Video- und Telefonkonferenz** erfolgen. Trotz der Öffnung der Wahlordnung zur Nutzung elektronischer Medien bleibt eine **elektronische Stimmabgabe** weiterhin unzulässig. Der eigentliche Wahlakt findet nicht per Video- oder Telefonkonferenz, sondern per Briefwahl statt.[6] Eine systematische inhaltliche Überprüfung der Vorschriften der Wahlordnung hat bislang nicht stattgefunden, obwohl dazu hinreichend Anlass bestanden hätte. Dies gilt

---

2 BGBl. I 811.
3 BGBl. I 1394.
4 BGBl. I 1387.
5 Darstellung des Gesetzgebungsverfahrens: *Düwell* jurisPR-ArbR 22/2021 Anm. 1.
6 BT-Drs. 19/28834, 60.

insbesondere hinsichtlich des Wahlverfahrens für überörtliche Vertretungen, → § 180 Rn. 16.

Zunächst galt die Erste Verordnung zur Durchführung des Schwerbehindertengesetzes (**Wahlordnung Schwerbehindertengesetz – SchwWO**) vom 22.7.1975[7]. Aufgrund der gesetzlichen Ermächtigung in § 24 Abs. 7 SchwbG änderte 1990 die Bundesregierung die SchwbWO.[8] Eine weitere Änderung erfolgte mit Wirkung vom 1.7.2001 durch Art. 54 SGB IX vom 19.6.2001.[9] Bei dieser Gelegenheit ist die Wahlordnung in „**Wahlordnung Schwerbehindertenvertretungen (SchwbVWO)**" umbenannt worden. Mit dem Außerkrafttreten des SchwbG und dem Inkrafttreten des SGB IX zum 1.7.2001 war eine große Überarbeitung der Verordnung durch den Gesetzgeber verbunden. In Art. 54 des SGB IX mussten an zahlreichen Stellen die Verweisungen an die neue Paragrafenfolge angepasst werden. Es wurde jedoch nicht nur umnummeriert, sondern es wurden auch inhaltliche Änderungen vorgenommen. Obwohl durch Art. 64 SGB IX sichergestellt war, dass die mit der Einführung des SGB IX vom Gesetzgeber geänderten Bestandteile der SchwbVWO zukünftig wieder auf dem Wege der Rechtsverordnung hätten geändert oder ergänzt werden konnten, blieb der Verordnungsgeber untätig. Der Gesetzgeber ergriff erneut die Initiative zur Änderung der SchwbVWO. Gemäß Art. 19 Nr. 21 des BTHG wurden mWv 1.1.2018 § 1 Abs. 2 S 3, § 22 Abs. 3 S 1, § 23 und 24 Abs. 2 S 2 SchwbVWO geändert. Diese Änderungen haben jedoch ausschließlich der Umnummerierung gedient, die durch die Verschiebung des Standorts des Schwerbehindertenrechts für die in der SchwbVWO enthaltenen Verweisungen auf das Gesetz zum 1.1.2018 erforderlich wurden (Höherstufung + 83). Der sich aus der Entscheidung des Siebten Senats des BAG vom 23.7.2014[10] ergebende dringende inhaltliche Änderungsbedarf bei der Wahl der überörtlichen Vertretungen in § 22 SchwbVWO blieb unberücksichtigt → § 180 Rn. 16. Einzelheiten: *Sachadae* → SchwbVWO § 22 Rn. 18 ff.[11]

Soweit die Bundesregierung die Wahlordnung verordnet hat, wirkt sie als „Gesetz im materiellen Sinn", weil sie ebenso wie ein formelles vom Bundestag beschlossenes Gesetz Rechte und Pflichten gegenüber jedem begründet. Nach Art. 80 Abs. 1 GG ist Voraussetzung für die Wirkung der Verordnung, dass die Ermächtigung „Inhalt, Zweck und Ausmaß" der Verordnung bestimmt. Das ist hier gegeben. In § 24 Abs. 7 SchwbG ist die Bundesregierung sehr weitgehend ermächtigt worden, „(...) nähere Vorschriften über die Vorbereitung und Durchführung der Wahl der Schwerbehindertenvertretung zu erlassen". Die gegenwärtig geltende Fassung der Verordnung[12] beruht noch auf dieser alten Ermächtigung.[13]

---

7 BGBl. 1975 I 1965.
8 Bekanntmachung vom 23.4.1990, BGBl. I 811, zuletzt durch Art. 19 Abs. 21 BTHG vom 23.12.2016 (BGBl. I 3234) geändert.
9 BGBl. I 1046.
10 BAG 23.7.2014 – 7 ABR 61/12, Behindertenrecht 2015, 20; Einzelheiten: → § 180 Rn. 7 und 17.
11 Vertiefend: *Sachadae*, Wahl der SchwbV, 2013, S. 50 ff. Dort sind als Auslegungsgrundsätze herausgearbeitet: obligatorische Vertretung, Selbstorganisation, Simplizität und Barrierefreiheit.
12 Bekanntmachung vom 23.4.1990, BGBl. I 811, zuletzt durch Art. 19 Abs. 21 BTHG vom 23.12.2016 (BGBl. I 3234) geändert.
13 Bekanntmachung vom 23.4.1990, BGBl. I 811, zuletzt durch Art. 19 Abs. 21 BTHG vom 23.12.2016 (BGBl. I 3234) geändert.

Kapitel 6 Durchführung der besonderen Regelungen zur Teilhabe schwerbehinderter Menschen

§ 184 Zusammenarbeit der Integrationsämter und der Bundesagentur für Arbeit

(1) Soweit die besonderen Regelungen zur Teilhabe schwerbehinderter Menschen am Arbeitsleben nicht durch freie Entschließung der Arbeitgeber erfüllt werden, werden sie
1. in den Ländern von dem Amt für die Sicherung der Integration schwerbehinderter Menschen im Arbeitsleben (Integrationsamt) und
2. von der Bundesagentur für Arbeit
in enger Zusammenarbeit durchgeführt.
(2) Die den Rehabilitationsträgern nach den geltenden Vorschriften obliegenden Aufgaben bleiben unberührt.

1 **Geltende Fassung:** Die Vorschrift wurde mit Wirkung vom 1.7.2001 durch Art. 1 und 68 SGB IX vom 19.6.2001[1] als § 101 eingeführt; die Überschrift sowie Abs. 1 Nr. 1 und Nr. 2 sind der Reform der Arbeitsverwaltung und dem Behindertengleichstellungsgesetz sprachlich gefolgt: Art. 48 Nr. 6 G. v. 27.4.2002[2] und Art. 8 Nr. 17 G. v. 23.12.2003.[3] Durch Art. 1 Gesetz vom 23.12.2016 wird die Vorschrift als § 184 fortgeführt, ohne dass es zu inhaltlichen Änderungen gekommen ist.[4]

2 **Regelungsinhalt:** Die Vorschrift hat **programmatischen Charakter**. Sie appelliert zunächst an die Arbeitgeber, ihren Verpflichtungen nach dem Gesetz – im Kern: Einstellung und Beschäftigung schwerbehinderter Menschen – freiwillig nachzukommen. Erfüllen beschäftigungspflichtige Arbeitgeber die Quote nicht, müssen sie die Ausgleichsabgabe zahlen. Ihre Verpflichtung zur Beschäftigung schwerbehinderter Menschen entfällt dadurch nicht (§ 160 Abs. 1 Satz 2). Sie verpflichtet die Behörden der Länder (Integrationsämter) und die Bundesagentur für Arbeit (BA), die ihnen in §§ 185 und 187 übertragenen Aufgaben in enger gegenseitiger **Zusammenarbeit** wahrzunehmen. Abs. 2 beschreibt das Verhältnis zwischen Rehabilitationsrecht und Schwerbehindertenrecht. Letzteres komplettiert die medizinischen, berufsfördernden und ergänzenden Leistungen der Rehabilitationsträger, die ihre Aufgaben selbstständig und eigenverantwortlich wahrnehmen (vgl. § 6 Abs. 2).

Im Gesetzgebungsprozess zum BTHG wurde von Seiten einzelner Länder der im Ergebnis nicht erfolgreiche Antrag eingebracht, die Integrationsämter in Inklusionsämter umzubenennen. Nach Inkrafttreten des BTHG haben zuerst Bayern und dann Nordrhein-Westfalen sowie das Saarland durch Landesgesetz ihre Integrationsämter in Inklusionsämter umbenannt.

3 **Zur Entstehung:** Inhaltsgleiche Übernahme des § 30 SchwbG. Die Teilhabe schwerbehinderter Menschen am Arbeitsleben soll in erster Linie von den **Arbeitgebern** realisiert werden, und zwar **freiwillig** und selbstverantwortlich. Abs. 1 spricht daher das soziale Verantwortungsbewusstsein der Arbeitgeber an und ruft sie auf, die ihnen vom Gesetz auferlegten Pflichten aus eigener Initiative zu erfüllen. Nur bei entsprechender Bereitschaft der Arbeitgeber wird es

---

1 BGBl. I 1046.
2 BGBl. I 1464.
3 BGBl. I 2848.
4 BGBl. I 3234.

schwerbehinderten Menschen gelingen, eine Arbeit aufzunehmen und auf Dauer auszuüben. Arbeitsplätze können nur von Arbeitgebern geschaffen werden. Die Vorschrift fordert deshalb nicht die – selbstverständliche – Befolgung der Gesetzesvorgaben, sie unternimmt vielmehr den Versuch, die Arbeitgeber darüber hinaus in die **gleichberechtigte Teilhabe** von Menschen mit einer Schwerbehinderung am Arbeitsleben einzubeziehen. Im Übrigen ist es im BTHG bei der gesetzlichen Formulierung geblieben, dass die Zahlung der Ausgleichsabgabe die Pflicht zur Beschäftigung schwerbehinderter Menschen nicht aufhebt (§ 160 Abs. 1 Satz 2).

Besondere Regelungen zur Teilhabe schwerbehinderter Menschen am Arbeitsleben sind die §§ 154 ff. (Beschäftigungspflicht), §§ 163 ff. (sonstige Pflichten der Arbeitgeber und Rechte schwerbehinderter Menschen; vor allem: Prüfpflicht bei der Besetzung von Arbeitsplätzen, Benachteiligungsverbot, Ausgestaltungsgebote), §§ 168 ff. (Kündigungsschutz) und §§ 176 ff. (Schwerbehindertenvertretung und Inklusionsbeauftragter des Arbeitgebers). Die Bundesvereinigung der Deutschen **Arbeitgeberverbände** und die Arbeitsgemeinschaft der Deutschen **Hauptfürsorgestellen** haben bereits 1994 eine **Vereinbarung** über „Zusammenarbeit zur Schaffung und Sicherung von Arbeitsplätzen für Behinderte" geschlossen.[5] Sie konkretisierte die im Schwerbehindertenrecht für Betriebe vorgesehenen Verpflichtungen und Unterstützungsmaßnahmen und regelt die Zusammenarbeit zwischen Betrieben und Integrationsämtern in den für die Praxis wichtigen Punkten. 4

Zwischen Integrationsämtern und BA grenzt das Gesetz die **Zuständigkeiten** durch eine mehr oder weniger eindeutige Zuweisung von Teilaufgaben ab (vgl. §§ 185, 187). Schwerbehinderte Menschen in das Arbeitsleben einzugliedern und ihre Beschäftigung abzusichern ist aber eine arbeitsmarktpolitische Gesamtaufgabe, die erfolgreich nur gelöst werden kann, indem Integrationsämter und BA eng zusammenarbeiten. Um dies zu gewährleisten, haben BA und BIH im Juli 2017 eine aktuelle **Vereinbarung zur Zusammenarbeit „Gemeinsam für einen inklusiven Arbeitsmarkt"** geschlossen. Hierauf aufbauend haben BA und BIH Ende 2019 die „Meißner Erklärung" zur weiteren Intensivierung ihrer Zusammenarbeit mit dem Ziel der beruflichen Rehabilitation und Teilhabe von Menschen mit Behinderungen verabschiedet,[6] 5

Die Form der **Zusammenarbeit** hat verfassungsrechtlichen Vorgaben zu genügen. Diese verbieten es, den wünschenswerten Höchstgrad gegenseitiger Verzahnung durch die Forderung nach **Einvernehmen** beider Stellen vorzuschreiben. Das verstieße gegen das **Verbot** der **Mischverwaltung**, denn die Länder führen das Gesetz durch die Integrationsämter als eigene Angelegenheit iSd Art. 83 GG aus, die BA handelt als bundesunmittelbare Körperschaft des öffentlichen Rechts mit Selbstverwaltung iSd Art. 86 GG. Soweit das Gesetz die Form der Zusammenarbeit nicht selbst vorschreibt (vgl. zB § 200 Abs. 1 SGB IX „im Benehmen"), können sich die Bundesagentur für Arbeit und die Bundesarbeitsgemeinschaft der Integrationsämter und Hauptfürsorgestellen (BIH) auf **Verfahrensregelungen verständigen**. Eine solche Verständigung kann auch in den jeweiligen Bundesländern bzw. für den Zuständigkeitsbereich einer Regionaldirektion erfolgen. Vielfach geht es darum, dass sich beide Verwaltungen bei bestimmten Sachverhalten und Förderprojekten gegenseitig informieren, gutachtliche Stellungnahmen abgeben und Arbeitgeber wie schwerbehinderte Beschäftigte gemeinsam informieren. Auf Bundesebene wurde neben der 6

---

5 Behindertenrecht (br) 1995, 25 ff.
6 Beide Vereinbarungen veröffentlicht unter www.integrationsaemter.de.

bereits erwähnten beiden **Vereinbarung zur Zusammenarbeit** vom Juli 2017 sowie vom Dezember 2019 zuletzt mit Wirkung vom 1.3.2015 mit allen Rehabilitationsträgern, die Leistungen zur Teilhabe am Arbeitsleben erbringen, sowie der Bundesarbeitsgemeinschaft der Integrationsämter und Hauptfürsorgestellen (BIH) eine **Verfahrensabsprache** getroffen. Sie regelte die Erbringung von Leistungen der Begleitenden Hilfe im Arbeitsleben nach dem SGB IX Teil 2 im Verhältnis zu den Leistungen zur Teilhabe am Arbeitsleben gemäß Teil 1 des SGB IX. Diese wurde vor dem Hintergrund des durch das BTHG ausgelösten Änderungsbedarfs überarbeitet. Sie trag als auf der Ebene der BAR geschlossene Verwaltungsvereinbarung „Begleitende Hilfe – Leistungen zur Teilhabe am Arbeitsleben" zum 1.1.2020 in Kraft.[7]

7 Abs. 2 zeigt, dass das Schwerbehindertenrecht auf zusätzliche Hilfen zur Eingliederung abzielt und damit Leistungen der Rehabilitationsträger ergänzt, ohne deren Aufgaben einzuschränken. Es gibt kein „Entweder-Oder". Ein Mensch mit einer Schwerbehinderung ist zugleich immer auch ein Mensch mit einer Behinderung. Der zuständige Rehabilitationsträger muss daher bei Vorliegen der jeweiligen Voraussetzungen Leistungen zur Teilhabe am Arbeitsleben nach § 5 Nr. 2 erbringen und kann einen Antrag nicht allein mit dem Argument an das Integrationsamt weiterleiten, es handele sich um einen Menschen mit einer Schwerbehinderung.[8]

§ 185 Aufgaben des Integrationsamtes

(1) ¹Das Integrationsamt hat folgende Aufgaben:
1. die Erhebung und Verwendung der Ausgleichsabgabe,
2. den Kündigungsschutz,
3. die begleitende Hilfe im Arbeitsleben,
4. die zeitweilige Entziehung der besonderen Hilfen für schwerbehinderte Menschen (§ 200).

²Die Integrationsämter werden so ausgestattet, dass sie ihre Aufgaben umfassend und qualifiziert erfüllen können. ³Hierfür wird besonders geschultes Personal mit Fachkenntnissen des Schwerbehindertenrechts eingesetzt.

(2) ¹Die begleitende Hilfe im Arbeitsleben wird in enger Zusammenarbeit mit der Bundesagentur für Arbeit und den übrigen Rehabilitationsträgern durchgeführt. ²Sie soll dahingehend wirken, dass die schwerbehinderten Menschen in ihrer sozialen Stellung nicht absinken, auf Arbeitsplätzen beschäftigt werden, auf denen sie ihre Fähigkeiten und Kenntnisse voll verwerten und weiterentwickeln können sowie durch Leistungen der Rehabilitationsträger und Maßnahmen der Arbeitgeber befähigt werden, sich am Arbeitsplatz und im Wettbewerb mit nichtbehinderten Menschen zu behaupten. ³Dabei gelten als Arbeitsplätze auch Stellen, auf denen Beschäftigte befristet oder als Teilzeitbeschäftigte in einem Umfang von mindestens 15 Stunden, in Inklusionsbetrieben mindestens zwölf Stunden wöchentlich beschäftigt werden. ⁴Die begleitende Hilfe im Arbeitsleben umfasst auch die nach den Umständen des Einzelfalles notwendige psychosoziale Betreuung schwerbehinderter Menschen. ⁵Das Integrationsamt kann bei der Durchführung der begleitenden Hilfen im Arbeitsleben Integrationsfachdienste einschließlich psychosozialer Dienste freier gemeinnütziger Einrichtungen und Organisationen beteiligen. ⁶Das Integrationsamt soll außerdem darauf Einfluss nehmen, dass Schwierigkeiten im Arbeitsleben verhindert oder

---

7 Veröffentlicht unter www.integrationsaemter.de sowie unter www.bar-frankfurt.de.
8 SG Dresden 28.2.2011 – S 24 KN 625/09.

beseitigt werden; es führt hierzu auch Schulungs- und Bildungsmaßnahmen für Vertrauenspersonen, Inklusionsbeauftragte der Arbeitgeber, Betriebs-, Personal-, Richter-, Staatsanwalts- und Präsidialräte durch. [7]Das Integrationsamt benennt in enger Abstimmung mit den Beteiligten des örtlichen Arbeitsmarktes Ansprechpartner, die in Handwerks- sowie in Industrie- und Handelskammern für die Arbeitgeber zur Verfügung stehen, um sie über Funktion und Aufgaben der Integrationsfachdienste aufzuklären, über Möglichkeiten der begleitenden Hilfe im Arbeitsleben zu informieren und Kontakt zum Integrationsfachdienst herzustellen.

(3) Das Integrationsamt kann im Rahmen seiner Zuständigkeit für die begleitende Hilfe im Arbeitsleben aus den ihm zur Verfügung stehenden Mitteln auch Geldleistungen erbringen, insbesondere
1. an schwerbehinderte Menschen
   a) für technische Arbeitshilfen,
   b) zum Erreichen des Arbeitsplatzes,
   c) zur Gründung und Erhaltung einer selbständigen beruflichen Existenz,
   d) zur Beschaffung, Ausstattung und Erhaltung einer behinderungsgerechten Wohnung,
   e) zur Teilnahme an Maßnahmen zur Erhaltung und Erweiterung beruflicher Kenntnisse und Fertigkeiten und
   f) in besonderen Lebenslagen,
2. an Arbeitgeber
   a) zur behinderungsgerechten Einrichtung von Arbeits- und Ausbildungsplätzen für schwerbehinderte Menschen,
   b) für Zuschüsse zu Gebühren, insbesondere Prüfungsgebühren, bei der Berufsausbildung besonders betroffener schwerbehinderter Jugendlicher und junger Erwachsener,
   c) für Prämien und Zuschüsse zu den Kosten der Berufsausbildung behinderter Jugendlicher und junger Erwachsener, die für die Zeit der Berufsausbildung schwerbehinderten Menschen nach § 151 Absatz 4 gleichgestellt worden sind,
   d) für Prämien zur Einführung eines betrieblichen Eingliederungsmanagements und
   e) für außergewöhnliche Belastungen, die mit der Beschäftigung schwerbehinderter Menschen im Sinne des § 155 Absatz 1 Nummer 1 Buchstabe a bis d, von schwerbehinderten Menschen im Anschluss an eine Beschäftigung in einer anerkannten Werkstatt für behinderte Menschen oder im Sinne des § 158 Absatz 2 verbunden sind, vor allem, wenn ohne diese Leistungen das Beschäftigungsverhältnis gefährdet würde,
3. an Träger von Integrationsfachdiensten einschließlich psychosozialer Dienste freier gemeinnütziger Einrichtungen und Organisationen sowie an Träger von Inklusionsbetrieben,
4. zur Durchführung von Aufklärungs-, Schulungs- und Bildungsmaßnahmen,
5. nachrangig zur beruflichen Orientierung,
6. zur Deckung eines Teils der Aufwendungen für ein Budget für Arbeit oder eines Teils der Aufwendungen für ein Budget für Ausbildung.

(4) Schwerbehinderte Menschen haben im Rahmen der Zuständigkeit des Integrationsamtes aus den ihm aus der Ausgleichsabgabe zur Verfügung stehenden Mitteln Anspruch auf Übernahme der Kosten einer Berufsbegleitung nach § 55 Absatz 3.

(5) [1]Schwerbehinderte Menschen haben im Rahmen der Zuständigkeit des Integrationsamtes für die begleitende Hilfe im Arbeitsleben aus den ihm aus der

Ausgleichsabgabe zur Verfügung stehenden Mitteln Anspruch auf Übernahme der Kosten einer notwendigen Arbeitsassistenz. ²Der Anspruch richtet sich auf die Übernahme der vollen Kosten, die für eine als notwendig festgestellte Arbeitsassistenz entstehen.

(6) ¹Verpflichtungen anderer werden durch die Absätze 3 bis 5 nicht berührt. ²Leistungen der Rehabilitationsträger nach § 6 Absatz 1 Nummer 1 bis 5 dürfen, auch wenn auf sie ein Rechtsanspruch nicht besteht, nicht deshalb versagt werden, weil nach den besonderen Regelungen für schwerbehinderte Menschen entsprechende Leistungen vorgesehen sind; eine Aufstockung durch Leistungen des Integrationsamtes findet nicht statt.

(7) ¹Die §§ 14, 15 Absatz 1, die §§ 16 und 17 gelten sinngemäß, wenn bei dem Integrationsamt eine Leistung zur Teilhabe am Arbeitsleben beantragt wird. ²Das Gleiche gilt, wenn ein Antrag bei einem Rehabilitationsträger gestellt und der Antrag von diesem nach § 16 Absatz 2 des Ersten Buches an das Integrationsamt weitergeleitet worden ist. ³Ist die unverzügliche Erbringung einer Leistung zur Teilhabe am Arbeitsleben erforderlich, so kann das Integrationsamt die Leistung vorläufig erbringen. ⁴Hat das Integrationsamt eine Leistung erbracht, für die ein anderer Träger zuständig ist, so erstattet dieser die auf die Leistung entfallenden Aufwendungen.

(8) ¹Auf Antrag führt das Integrationsamt seine Leistungen zur begleitenden Hilfe im Arbeitsleben als Persönliches Budget aus. ²§ 29 gilt entsprechend.

I. Einführung 1	IV. Förderung von Integrationsfachdiensten und Inklusionsbetrieben 19
II. Die begleitende Hilfe im Arbeitsleben und die Leistung des Technischen Beratungsdienstes 5	V. Weitere Fördermöglichkeiten 20
III. Fördertatbestände aus Mitteln der Ausgleichsabgabe ... 6	VI. Arbeitsassistenz 24
1. Leistungen an schwerbehinderte Beschäftigte 8	VII. Nachtrag der Leistungen der begleitenden Hilfe und vorläufige Leistungserbringung 25
2. Leistungen an Arbeitgeber 14	

I. Einführung

1 **Geltende Fassung:** Die Vorschrift wurde mit Wirkung vom 1.7.2001 durch Art. 1 und 68 SGB IX vom 19.6.2001[1] als § 102 eingeführt. Art. 8 Nr. 18 G. v. 23.12.2003[2] hat die Arbeitsverwaltung neu bezeichnet. Art. 1 Nr. 24 G. v. 23.4.2004[3] hat **Abs. 1** um die Sätze 2 und 3 ergänzt, als **Abs. 2** den Satz 6 angefügt, **Abs. 3** Satz 1 Nr. 2 und Nr. 3 neugefasst, an **Abs. 6** die Sätze 3 und 4 angefügt und die Vorschrift um **Abs. 7** ergänzt. Art. 5 Nr. 7 G. v. 22.12.2008[4] hat **Abs. 3 a** eingefügt. Abs. 2 Satz 3 und Abs. 3 Satz 2 wurden geändert durch G. v. 26.7.2016.[5] Art. 1 G. v. 23.12.2016 hat die Vorschrift neu gefasst, Abs. 3 Nr. 6 eingefügt und Abs. 8 geändert.[6] Durch das Angehörigen-Entlastunggesetz vom 10.12.2019[7] wurden Abs. 3 Nr. 6 erweitert sowie Abs. 5 um einen Satz ergänzt.

---

1 BGBl. I 1046.
2 BGBl. I 2848.
3 BGBl. I 606.
4 BGBl. I 2959.
5 BGBl. I 1824.
6 BGBl. I 3234.
7 BGBl. I 2135.

Regelungsinhalt: Abs. 1 Satz 1 zählt – nicht abschließend – die dem Integrationsamt zugewiesenen Hauptaufgaben auf, die bis auf die **begleitende Hilfe im Arbeitsleben** (Nr. 3) an anderer Stelle geregelt sind (Erhebung und Verwendung der Ausgleichsabgabe, §§ 160 ff. sowie Kündigungsschutz, §§ 168 ff.). Die zeitweilige Entziehung der besonderen Hilfen für schwerbehinderte Menschen (Nr. 4) spielt in der Praxis keine Rolle. Die Absätze 2 und 3 regeln die Grundzüge der begleitenden Hilfe im Arbeitsleben.[8] Abs. 4 regelt den Anspruch auf Übernahme der Kosten einer Berufsbegleitung, Abs. 5 beinhaltet den Anspruch auf Übernahme der Kosten für eine notwendige Arbeitsassistenz. Die Absätze 6 und 7 betreffen Rang- und Zuständigkeitsfragen, außerdem wird das Integrationsamt zur Vorleistung anstelle des zuständigen – ihm dann erstattungspflichtigen – Leistungsträgers für eine **Leistung zur Teilhabe am Arbeitsleben** (§ 49) ermächtigt. Abs. 8 verpflichtet das Integrationsamt ebenso wie die Rehabilitationsträger, auf Antrag seine Leistungen zur begleitenden Hilfe im Arbeitsleben als persönliches Budget auszuführen.

Zur Entstehung: Die Vorschrift hat mit Inkrafttreten des SGB IX im Wesentlichen inhaltsgleich den § 31 SchwbG übernommen. Der Gesetzgeber hat das SchwbG als Teil 2 in das SGB IX eingefügt. Da die Integrationsämter keine Rehabilitationsträger gemäß § 6 sind, erbringen sie auch begrifflich keine Leistungen zur Teilhabe am Arbeitsleben (§ 5 Nr. 2), sondern Leistungen der begleitenden Hilfe im Arbeitsleben. Unterteilt sind diese in „kann"-Leistungen, über deren Gewährung das Integrationsamt im Rahmen des ihm zustehenden Ermessens entscheidet (§ 185 Abs. 3) und „muss"-Leistungen, auf deren Gewährung dem Grunde nach ein Anspruch besteht (§ 185 Abs. 4 und 5). In Abs. 3 sind durch das BTHG vom 23.12.2016 die berufliche Orientierung (§ 151 Abs. 4) sowie die Deckung eines Teils der Aufwendungen für ein Budget für Arbeit (§ 61) hinzugekommen. Das Angehörigen-Entlastungsgesetz vom 10.12.2019 hat das Budget für Arbeit durch das Budget für Ausbildung (§ 61 a) ergänzt. Durch die Aufnahme der Leistungen der Eingliederungshilfe aus dem SGB XII in das SGB IX wurde aus dem Teil 2 zum 1.1.2018 Teil 3 des SGB IX.

Die **begleitende Hilfe im Arbeitsleben** fördert vom Grundsatz und in Abgrenzung zu den Leistungen der Agentur für Arbeit den Arbeitsplatz und nicht das Arbeitsverhältnis eines schwerbehinderten oder diesem gleichgestellten Menschen. Da es sich bei den Mitteln der Ausgleichsabgabe um eine zweckgebundene Sonderabgabe der Arbeitgeber handelt, können grundsätzlich nur die Arbeitsplätze von schwerbehinderten oder diesen gleichgestellten Arbeitnehmern gefördert werden (eine Ausnahme hiervon stellt Abs. 3 Nr. 5 dar). Dies schließt auch Leistungen für Beamte und Selbstständige ein, soweit nach den versicherungsrechtlichen Voraussetzungen keine Zuständigkeit eines Rehabilitationsträgers gegeben ist. Bei nicht erwerbsfähigen Menschen, die dauerhaft in einer **Werkstatt für behinderte Menschen (WfbM)** tätig sind, scheiden Leistungen der begleitenden Hilfe im Arbeitsleben hingegen aus.[9]

Das Integrationsamt ist für die Prüfung der Förderfähigkeit zuständig, wenn keine gesundheitsbedingte Gefährdung bzw. drohender Verlust des Arbeitsplatzes besteht und die arbeitsplatzbezogene Maßnahme zur Verbesserung der Arbeitsbedingungen notwendig ist. Es ist ebenfalls zuständig, wenn sich die Notwendigkeit einer Leistungserbringung aus anderen Gründen, die nicht unmittel-

---

8 Vgl. dazu detailliert §§ 17 ff. Schwerbehinderten-Ausgleichsabgabeverordnung v. 28.3.1988 (BGBl. I 484), zuletzt geändert durch Art. 168 G v. 29.3.2017 (BGBl. I 626) und Art. 7 G v. 10.12.2019 (BGBl. I 2135) – SchwbAV, abgedruckt in Anhang 3.
9 BayLSG 20.4.2016 – L 2 P 69/13.

bar durch die gesundheitliche Beeinträchtigung der Erwerbsfähigkeit ausgelöst wird, ergibt. Dabei handelt es sich insbesondere um betriebsbedingte Maßnahmen aufgrund von Modernisierung/technischer Weiterentwicklung, Verbesserungen oder Erleichterung der Beschäftigungsbedingungen, betrieblicher Innovation sowie Veränderungen des beruflichen Umfeldes bei Unternehmensentscheidungen aller Art. Darüber hinaus obliegt es den Integrationsämtern, bei unmittelbaren Arbeitgeberwechseln ohne zwischenzeitliche Arbeitslosigkeit, die auf eigene Initiative des behinderten Menschen aus behinderungsunabhängigen Gründen betrieben werden oder aufgrund von unternehmerischen Entscheidungen (zB Wegfall des Arbeitsplatzes, Betriebsschließung oder wesentliche Betriebseinschränkung) erfolgen, eine Leistungserbringung zu prüfen.

Soweit es um Maßnahmen zur Schaffung besonderer behinderungsgerechter betrieblicher Einrichtungen (zB Rollstuhlrampen, Aufzüge, Toilettenanlagen) zugunsten einer Mehrzahl von beschäftigten behinderten Menschen geht, die ebenfalls einen entsprechenden Bedarf haben, besteht keine Leistungspflicht der Rehabilitationsträger. Eine Notwendigkeit der Leistungserbringung durch die Integrationsämter ergibt sich auch hier nur insoweit, als es um die Versorgung von schwerbehinderten oder gleichgestellten Beschäftigten in Ergänzung von Arbeitgeberpflichten (§ 164 Abs. 4 Nr. 4 und 5) geht.

Zur Schaffung eines neuen geeigneten Arbeitsplatzes kommen Leistungen der Integrationsämter gemäß § 185 Abs. 3 Satz 1 Nr. 2 a iVm § 15 Abs. 1 SchwbAV neben Leistungen der Rehabilitationsträger in Betracht. Bei Erlangung eines Arbeitsplatzes gilt als Besonderheit zu beachten: Von einer leistungsbegründenden Erlangung des Arbeitsplatzes (§ 49 Abs. 3 Nr. 1) ist ab Aufnahme der Arbeitstätigkeit während der ersten sechs Monate des Arbeitsverhältnisses auszugehen. In diesem Zeitraum findet der besondere Kündigungsschutz des betroffenen Personenkreises keine Anwendung (§ 173 Abs. 1 Nr. 1).

Um eine Erlangung gemäß § 49 Abs. 8 Satz 2 handelt es sich auch dann, wenn nach einer Arbeitslosigkeit eine neue Beschäftigung aufgenommen wird. Sodann liegt immer ein erneuter Fall der Erlangung vor. Der Rehabilitationsbedarf ist hier erneut zu prüfen.

Die Integrationsämter verständigen sich in **BIH-Empfehlungen** auf gemeinsame Standards und Richtlinien der begleitenden Hilfe im Arbeitsleben.[10] Beachtet werden muss, dass die Empfehlungen vielfach nur einen Rahmen vorgeben, den jedes Integrationsamt mit eigenen Bestimmungen (zB Kostensätze) ausgestalten kann und muss. Es ist auch verschiedentlich so, dass in einzelnen Bundesländern bestehende BIH-Empfehlungen nicht angewandt oder durch eigene Regelungen ersetzt werden. Aufgrund der föderalen Struktur der Länder können BIH-Empfehlungen, wie ihr Name schon sagt, keinen verbindlichen Charakter entfalten. Verbindlichkeit erlangen sie erst durch eine entsprechende rechtliche Erklärung. Die im jeweiligen Bundesland gültigen Bestimmungen können beim regional zuständigen Integrationsamt erfragt werden.[11]

Adressaten begleitender Hilfe sind neben den schwerbehinderten Menschen die privaten und öffentlichen Arbeitgeber. Hinzu kommen die Träger von Integrationsfachdiensten, freie gemeinnützige Einrichtungen und Organisationen im Zusammenhang mit einer psychosozialen Betreuung sowie die Träger von Inklusionsbetrieben. Unter Einschränkungen können Leistungen darüber hinaus an

---

10 Sie sind zur Orientierung und im Sinne der Transparenz des Verwaltungshandelns auf www.integrationsaemter.de veröffentlicht.
11 Die Kontaktdaten finden sich jeweils auf www.integrationsaemter.de.

Träger sonstiger Maßnahmen erbracht werden (vgl. dazu die Öffnungsklausel des § 17 Abs. 1 Satz 2 SchwbAV).

II. Die begleitende Hilfe im Arbeitsleben und die Leistung des Technischen Beratungsdienstes

Die begleitende Hilfe im Arbeitsleben zielt gemäß Abs. 2 Satz 2 ua darauf ab, dass Menschen mit einer Schwerbehinderung auf Arbeitsplätzen beschäftigt werden, auf denen sie ihre Fähigkeiten und Kenntnisse voll verwerten und weiterentwickeln können.

5

Die Integrationsämter besitzen daher einen **Technischen Beratungsdienst** mit speziell geschulten Ingenieurinnen und Ingenieuren. Bei der Sicherung einer behinderungsgerechten Beschäftigung geht es nicht nur um eine Kompensation der behinderungsbedingten Fähigkeitseinschränkungen, sondern immer zusätzliche um eine ergonomische, sicherheitstechnische und nicht zuletzt wirtschaftliche Arbeitsgestaltung, ohne die ein nachhaltiges Beschäftigungsverhältnis nicht gesichert werden kann. Ziel ist dabei stets eine auf den konkreten schwerbehinderten Menschen angepasste Arbeitssituation, damit dieser sich im Wettbewerb mit nicht behinderten Kollegen behaupten kann. Hierzu gehört ein Profilvergleich und der Betriebsbesuch mit einer Arbeitsplatzanalyse. Allein die Konkretisierung von § 3 Abs. 2 Arbeitsstättenverordnung (besondere Belange der schwerbehinderten Menschen) erfordert von den technischen Beratern der Integrationsämter Detailwissen zu Anforderungen an Arbeitsstätten, Arbeitseinrichtungen, Arbeitsplätze, Gesundheitsschutz, Arbeitssicherheit, Ergonomie und Hilfsmittel bzw. behinderungskompensierende Technologien.

In der letzten Zeit hat die personenbezogene Beurteilung der Arbeitsbedingungen schwerbehinderter Beschäftigter und damit die Beratung von Arbeitgebern bei der Gefährdungsbeurteilung im Sinne des Arbeitsschutzgesetzes auch bei der Arbeit des Technischen Beratungsdienstes an Bedeutung gewonnen. Dem liegt das Verständnis zugrunde, dass Arbeitsschutz und Arbeitssicherheit auf der einen Seite und Prävention nach § 167 Abs. 1 und 2 auf der anderen Seite zusammengehören.[12] Unter dem Begriff „Inkludierte Gefährdungsbeurteilung" soll den besonderen Arbeitsplatzanforderungen Rechnung getragen werden, damit an diesem ein Mensch mit einer Schwerbehinderung beschäftigt werden kann.[13] Dem Beispiel der Handlungshilfe des LVR-Inklusionsamtes zur „Inkludierten Gefährdungsbeurteilung" für die Personengruppe der Menschen mit einer Höreinschränkung wurde vom durch das BMAS finanzierte Bundesprojekt TEA (Teilhabe Epilepsie und Arbeit) aufgriffen. Das Ergebnis ist eine Handlungshilfe zur inkludierten Gefährdungsmanagement zum Themenfeld Epilepsie.[14]

Darüber hinaus benennt das Integrationsamt gemäß Abs. 2 Satz 7 Ansprechpartner, die in **Handwerkskammern** sowie **Industrie- und Handelskammern** den Arbeitgebern zur Verfügung stehen, um sie über Funktion und Aufgaben der Integrationsfachdienste aufzuklären, über Möglichkeiten der begleitenden Hilfe im Arbeitsleben zu informieren und Kontakt zum Integrationsfachdienst herzustellen. Diese Kammerberater stehen fachlich in engem Kontakt zum Technischen Beratungsdienst des jeweiligen Integrationsamtes. Sie erfüllen damit im

---

12 In diesem Sinne *Kohte* jurisPR-ArbR 30/2019 Anm. 6 sowie LAG Bln-Bbg 26.9.2019 – 10 Sa 864/19.
13 Das im Jahr 2017 abgeschlossene Forschungsprojekt „Inkludierte Gefährdungsbeurteilung" des LVR-Inklusionsamtes gemeinsam mit dem Institut ASER eV, Wuppertal findet sich unter www.inklusionsamt.lvr.de.
14 Abrufbar unter www.epilepsie-arbeit.de.

Zusammenspiel mit dem Integrationsamt und dem Integrationsfachdienst eine immer wieder geäußerte Forderung von Arbeitgeberseite, einen Ansprechpartner vor Ort für die Leistungen der begleitenden Hilfe im Arbeitsleben zu haben. Die Verzahnung von Technischem Beratungsdienst und Kammerberatern stellt einen wesentlichen Baustein der vom Gesetzgeber in § 12 Abs. 1 und 2 geforderten Ansprechpartner dar.[15]
Vor diesem Hintergrund sowie aus datenschutzrechtlichen Erwägungen ist es kritisch zu sehen, die Leistungen des Technischen Beratungsdienstes aus dem Integrationsamt auszugliedern und an externe Träger zu vergeben.[16] Soweit eine solche Übertragung erfolgt, können die hierdurch anfallenden Kosten des externen Trägers nicht aus der Ausgleichsabgabe gezahlt werden. Eine dem § 185 Abs. 3 Nr. 3 vergleichbare Regelung existiert nicht.

III. Fördertatbestände aus Mitteln der Ausgleichsabgabe

6 Nach § 12 Abs. 2 hat das Integrationsamt eine **Hinwirkungspflicht** auf die von ihm im Rahmen der Rehabilitation zu erfüllenden Aufgaben. Die Leistungen des Integrationsamtes setzen grundsätzlich keinen Antrag voraus.[17] Daher können bei Vorliegen der sonstigen Voraussetzungen Förderungen auch noch nach Abschluss der Maßnahme gewährt werden (zB Gebärdensprachdolmetscherleistungen), wenn ein Antrag versäumt wurde. Beantragt werden die Leistungen nach Abs. 3 Nr. 1 und 2 entweder vom Arbeitgeber oder vom Arbeitnehmer. Leistungen an Arbeitgeber erbringt das Integrationsamt grundsätzlich nur, wenn der betroffene Beschäftigte hierzu gehört bzw. hierüber unterrichtet wurde. Hierdurch wird der schwerbehinderte Beschäftigte freilich nicht zum Beteiligten iSv § 12 Abs. 1 Nr. 4 SGB X. Eine Beantragung von Leistungen durch die Schwerbehindertenvertretung (§ 178 Abs. 1 Satz 2 Nr. 2) setzt eine entsprechende vorherige Bevollmächtigung entweder durch den Arbeitgeber oder den schwerbehinderten Beschäftigten voraus.

7 Nach Abs. 3 iVm § 17 Abs. 1 bis 1 b SchwbAV kann das Integrationsamt für die begleitende Hilfe im Arbeitsleben aus den ihm zur Verfügung stehenden Mitteln auch Geldleistungen erbringen. Gemäß § 17 Abs. 2 S. 1 SchwbAV können andere als die in Abs. 1 bis 1 b genannten Leistungen, die der Teilhabe schwerbehinderter Menschen am Arbeitsleben nicht oder nur mittelbar dienen, nicht erbracht werden. Insbesondere dürfen persönliche und sächliche Kosten der Verwaltung der Integrationsämtern und Kosten des Verfahrens nicht aus dem Aufkommen der Ausgleichsabgabe bestritten werden (§ 160 Abs. 5 S. 2). Die **Mittel aus der Ausgleichsabgabe** sind zweckgebundenes Sondervermögen und dürfen nur zweckentsprechend verwandt werden. Im Gegensatz zu zB den Leistungen der Sozial- bzw. Eingliederungshilfe besteht auf die Leistungen nach Abs. 3 grundsätzlich kein Anspruch. Sind die Mittel der Ausgleichsabgabe eines Integrationsamtes für ein Jahr aufgebraucht, ist eine Förderung zumindest in diesem Jahr nicht mehr möglich. Der Rückgriff auf eine Kreditfinanzierung oder auf den allgemeinen Haushalt des Landes oder des kommunalen Trägers ist nicht vorgesehen.

---

15 Ein Verzeichnis der Kammerberater im Zuständigkeitsbereich des LVR-Inklusionsamtes findet sich unter www.inklusionsamt.lvr.de.
16 Das Land Schleswig-Holstein hat 2016 eine entsprechende Vereinbarung mit der Unfallkasse Nord abgeschlossen.
17 Eine Ausnahme stellt die Kraftfahrzeughilfe-Verordnung dar.

Näheres zu den Leistungsvoraussetzungen enthalten § 18 SchwbAV sowie die §§ 19 ff. SchwbAV für Leistungen an schwerbehinderte Menschen und die §§ 26 ff. SchwbAV für Leistungen an Arbeitgeber.

1. Leistungen an schwerbehinderte Beschäftigte

Nach Abs. 3 Nr. 1 a iVm § 19 SchwbAV können für die Beschaffung **technischer** **Arbeitshilfen**,[18] ihre Wartung und Instandsetzung, außerdem die Ausbildung des schwerbehinderten Menschen im Gebrauch die Kosten bis zur vollen Höhe übernommen werden. Gleiches gilt für die Ersatzbeschaffung und die Beschaffung zur Anpassung an die technische Weiterentwicklung. Als Leistung der begleitenden Hilfe an schwerbehinderte Beschäftigte werden technische Arbeitshilfen grundsätzlich nur geleistet, wenn der Arbeitgeber trotz § 81 Abs. 4 Satz 1 Nr. 5 nicht zur behinderungsgerechten Ausstattung des Arbeitsplatzes verpflichtet ist (wofür Leistungen der begleitenden Hilfe an Arbeitgeber nach § 26 SchwbAV in Frage kommen). Dies ist zB bei einem Heimarbeitsplatz der Fall. Die Leistungen an den schwerbehinderten Beschäftigten grenzen sich von den Leistungen an den Arbeitgeber nach Abs. 3 Nr. 2 a iVm § 26 SchwbAV in der Regel dadurch ab, dass es sich um technische Arbeitshilfen handelt, die speziell auf die vorliegende Behinderung und ihre Auswirkungen am Arbeitsplatz des schwerbehinderten Beschäftigten abgestellt sind. Die Leistungen an Arbeitgeber sind hingegen vielfach auch von anderen Beschäftigten verwendbar. 8

Hilfen zum **Erreichen des Arbeitsplatzes** werden gemäß Abs. 3 Nr. 1 b iVm § 20 SchwbAV nach Maßgabe der Kraftfahrzeughilfe-Verordnung[19] erbracht. Außer für Beamte und für Selbstständige, die nicht freiwillig rentenversichert sind, sind hierfür die Rehabilitationsträger zuständig (§ 18 Abs. 1 Satz 1 SchwbAV). Eine Förderung kann vom Integrationsamt versagt werden, wenn der schwerbehinderte Mensch bereits eine **Altersrente** bezieht und über die Regelaltersgrenze hinaus weiter arbeitet.[20] Eine Reihe von Integrationsämtern sieht Fördermöglichkeiten auch für diese Personengruppe vor, was den neueren Gesetzen zur Flexibilisierung der Altersrente entspricht. 9

Hilfen zur **Gründung** und zum Erhalt einer **selbstständigen** beruflichen **Existenz** regelt Abs. 3 Nr. 2 c iVm § 21 SchwbAV. Auf Selbstständige sind die allgemeinen Vorschriften zur begleitenden Hilfe im Arbeitsleben entsprechend anzuwenden. Auf selbstständige behinderte Menschen speziell zugeschnitten ist die Kapitalhilfe in Form von Darlehen oder Zinszuschüssen, vornehmlich zur Existenzgründung. Voraussetzung für eine Förderung ist, dass einerseits die Aussicht besteht, dass der schwerbehinderte Mensch mit der beruflichen Tätigkeit nach einer Anlaufzeit voraussichtlich seinen Lebensunterhalt verdienen kann.[21] Andererseits kann eine Förderung unter Ausübung des pflichtgemäßen Ermessens auch unterbleiben, wenn der schwerbehinderte Mensch aufgrund seiner Einkommens- und Vermögensverhältnisse nicht auf die Leistung angewiesen ist.[22] Hierbei ist eine Gesamtbetrachtung der wirtschaftlichen Lage erforderlich.[23] Die Ausübung einer Teilzeitbeschäftigung steht dem Anspruch auf Über- 10

---

18 Daneben findet sich vermehrt die Bezeichnung „behinderungskompensierende Technologien".
19 Verordnung über Kraftfahrzeughilfe zur beruflichen Rehabilitation (Kraftfahrzeughilfe-Verordnung – KfzHV) vom 28.9.1987 (BGBl. I 2251), zuletzt geändert durch Gesetz vom 23.12.2003 (BGBl. I 2848).
20 Vgl. VG München 30.7.2010 – M 15 K 10/2373.
21 Vgl. VG Augsburg 9.10.2012 – Au 3 K 11.1545.
22 Vgl. VG Freiburg 25.8.2016 – 7 K 2476/16.
23 Vgl. OVG NRW 8.5.2012 – 12 A 1602/11.

nahme der Kosten einer notwendigen Arbeitsassistenz nach § 185 Abs. 5 für eine daneben ausgeübte weitere selbstständige Erwerbstätigkeit nicht entgegen.[24] Ebenso wenig hindert das Erreichen der Regelaltersgrenze bei einem selbstständig tätigen schwerbehinderten Menschen die Gewährung von Arbeitsassistenz.[25]

11 Die Hilfen zu Beschaffung, Ausstattung und Erhaltung einer **behinderungsgerechten Wohnung** nach Abs. 3 Nr. 1 d iVm § 22 SchwbAV spielen in der Praxis nur noch eine untergeordnete Rolle. Die allgemeinen Leistungsvoraussetzungen nach § 18 SchwbAV stellen sicher, dass die Mittel der Ausgleichsabgabe nicht ohne Rücksicht auf den Leistungszweck der begleitenden Hilfe schlicht zur Wohnungsfürsorge für behinderte Menschen eingesetzt werden.[26] Die Förderung auch des behinderungsgerechten Umbaus einer Wohnung[27] durch die Integrationsämter widerspräche dem Grundsatz, Maßnahmen zur gesellschaftlichen Teilhabe schwerbehinderter Menschen nicht aus Mitteln der Ausgleichsabgabe zu finanzieren.[28] Die Integrationsämter fördern daher grds. nur noch Maßnahmen außerhalb der Wohnung bis zur Haus- bzw. Wohnungstür (zB eine rollstuhlgerechte Rampe). Die Förderung setzt stets voraus, dass nicht die vorrangige Leistungspflicht eines Rehabilitationsträgers gegeben ist.

12 Den Hilfen zur Teilnahme an Maßnahmen zur **Erhaltung** und **Erweiterung beruflicher Kenntnisse** und Fertigkeiten (Abs. 3 Nr. 1 e iVm § 24 SchwbAV) kommt vor dem Hintergrund der sich immer schneller wandelnden Anforderungen am Arbeitsplatz eine besondere Bedeutung zu. In Betracht kommt die Förderung allgemeiner Fortbildungs- und Anpassungsmaßnahmen, etwa für seh-, hör- oder sprachbehinderte Menschen, aber auch die Förderung von Maßnahmen, die inhaltlich auf schwerbehinderte Menschen besonders zugeschnitten sind. § 24 SchwbAV setzt für eine Förderung nicht voraus, dass die Fortbildung nach Art, Umfang und Dauer den Bedürfnissen des schwerbehinderten Menschen entspricht, die Fortbildungskosten also im unmittelbaren Zusammenhang mit der Behinderung stehen, seien es behinderungsbedingte Mehrkosten für die Teilnahme an einer Fortbildung für Nichtbehinderte oder Kosten der Teilnahme an einer den besonderen Anforderungen der Schwerbehinderung Rechnung tragenden Fortbildung.[29] Die Maßnahmen brauchen nicht „arbeitsplatzbezogen" zu sein, ein Bezug zum „Arbeitsleben" genügt.[30]

13 Bei den **Hilfen in besonderen Lebenslagen** nach Abs. 3 Nr. 1 f. iVm § 25 SchwbAV handelt es sich um eine **Öffnungsklausel** für andere Leistungen zur begleitenden Hilfe als die in den vorangegangenen Vorschriften im Einzelnen genannten Hilfen. Aufgrund der ausdifferenzierten Leistungen der Teilhabe am Arbeitsleben durch die Rehabilitationsträger sowie der begleitenden Hilfe durch die Integrationsämter spielt die Öffnungsklausel in der Praxis kaum eine Rolle.

2. Leistungen an Arbeitgeber

14 Als erste Leistung der begleitenden Hilfe im Arbeitsleben an Arbeitgeber nennt Abs. 3 Nr. 2 a iVm § 26 SchwbAV die Leistungen zur **behinderungsgerechten Einrichtung** von **Arbeits-** und **Ausbildungsplätzen** für schwerbehinderte Men-

---

24 Vgl. BVerwG 23.1.2018 – 5 C 9/16.
25 VG Schwerin 18.4.2018 – 6 A 2151/16 SN.
26 Vgl. VG Ansbach 26.2.2009 – AN 18 K 08.01306.
27 Vgl. BT-Drs. 15/1783, 6 und 16 f.
28 Vgl. BR-Drs. 746/02/03, 32.
29 Vgl. OVG NRW 8.5.2012 – 12 A 1602/11.
30 OVG NRW 5.7.2006 – 12 A 2228/06.

schen.[31] Arbeitgeber können Darlehen oder Zuschüsse bis zur vollen Höhe der Kosten erhalten, die ihnen zB durch behinderungsgerechte Ausstattung von Maschinen und Geräten oder durch technische Arbeitshilfen entstehen. Bei der Entscheidung über Art und Höhe der Leistung wird berücksichtigt, ob der Arbeitgeber seiner Verpflichtung – etwa nach § 164 Abs. 4 Satz 1 Nr. 4 und 5 – nachkommt und ob er schwerbehinderte Menschen ohne Beschäftigungspflicht oder besonders schwer betroffene schwerbehinderte Menschen beschäftigt. Gemäß § 26 Abs. 3 SchwbAV iVm § 15 Abs. 2 S. 1 SchwbAV sollen Leistungen nur erbracht werden, wenn sich der Arbeitgeber in einem angemessenen Verhältnis an den Gesamtkosten beteiligt.

Arbeitgeber sind im Rahmen des Zumutbaren verpflichtet, den Arbeitsplatz für schwerbehinderte Menschen so einzurichten, dass sie dauerne Beschäftigung finden können (§ 164 Abs. 4 S. 1 Nrn. 1, 4 und 5 sowie S. 3). Hierbei werden die Arbeitgeber ua durch die Integrationsämter unterstützt. Die Leistungsverpflichtung der Integrationsämter ist im Verhältnis zu den Rehabilitationsträgern im Rahmen der Leistungen zur Teilhabe am Arbeitsleben (§§ 49–63) nachrangig. Der Vorrang des Trägers der Leistungen zur Teilhabe am Arbeitsleben beschränkt sich dabei jedoch unter Berücksichtigung der für ihn maßgeblichen Vorschriften ausschließlich auf die Förderung der Beschäftigungsbedingungen des einzelnen behinderten oder von Behinderung bedrohten Menschen. Als allgemeine Verpflichtung für Arbeitgeber sind bei der Ausgestaltung des Arbeitsplatzes insbesondere die Bestimmungen des Arbeitsschutzgesetzes, Arbeitssicherheitsgesetzes und der Arbeitsstättenverordnung sowie der Unfallverhütungsvorschriften, der DIN sowie europäischer Normen zu beachten. Hierunter fällt beispielsweise die Verpflichtung zum Einrichten und Betreiben von Arbeitsstätten unter Beachtung des Standes der Technik, Arbeitsmedizin und Hygiene sowie der ergonomischen Anforderungen (§ 3a Abs. 1 S. 2 ArbStättV). Die Übernahme der Kosten des behinderungsbedingten Mehrbedarfs im Einzelfall durch die gesetzlichen Leistungsträger nach deren geltenden gesetzlichen Voraussetzungen bleibt hiervon unberührt.[32]

Vom Grundsatz her rechtlich schwierig zu fassen ist das Verhältnis zwischen Arbeits- und Sozialrecht. Das Bundessozialgericht hat es noch zum SchwG so ausgedrückt: „Zwar sind Arbeitgeber gegenüber Schwerbehinderten verpflichtet, den Arbeitsplätze mit den erforderlichen technischen Arbeitshilfen auszustatten. Diese Verpflichtung besteht jedoch im Verhältnis zu den Trägern der Rehabilitation nur subsidiär. (…) Darin kommt zum Ausdruck, dass das arbeitsrechtliche Schwerbehindertenrecht dem Behinderten lediglich einen zusätzlichen Schutz gewähren soll. Nicht aber sollen sozialversicherungsrechtliche Leistungsansprüche durch arbeitsrechtliche Ansprüche verdrängt werden."[33] Der Arbeitgeber kann dem gesetzlichen Anspruch des schwerbehinderten Menschen gemäß § 164 Abs. 4 Satz 3 entgegenhalten, seine Erfüllung sei für ihn nicht zumutbar oder mit unverhältnismäßigen Aufwendungen verbunden. Dies

---

31 Daneben gibt es noch die Möglichkeit der Förderung durch das Integrationsamt nach § 15 SchwbAV. Erbracht werden Leistungen an Arbeitgeber zur Schaffung von Arbeits- und Ausbildungsplätzen für schwerbehinderte Menschen. Nach der Systematik der SchwbAV handelt es sich hierbei nicht um Leistungen zur begleitenden Hilfe im Arbeitsleben.
32 Die Formulierung dieses Absatzes stammt aus der Verwaltungsvereinbarung „Begleitende Hilfe – Leistungen zur Teilhabe am Arbeitsleben" vom 11.12.2019, abrufbar unter www.bar-frankfurt.de. Die Unterzeichner der Vereinbarung haben hierüber bis zum Schluss gerungen.
33 BSG 22.9.1981 – 1 RA 11/80, noch zum SchwbG; zum SGB IX SG Dresden 28.2.2011 – S 24 KN 625/09.

kann er aber nur mit Erfolg einwenden, wenn er zuvor alle in Frage kommenden Unterstützungsmöglichkeiten der Rehabilitationsträger sowie des Integrationsamtes ausgeschöpft hat.

Die **Rehabilitationsträger** können nach § 50 Abs. 1 Nr. 3 ebenfalls Leistungen an den Arbeitgeber zur behinderungsgerechten Einrichtung von Arbeits- und Ausbildungsplätzen erbringen. Hierbei handelt es sich um die „insbesondere" aufgeführten Zuschüsse für Arbeitshilfen im Betrieb. § 49 Abs. 8 Satz 1 Nr. 5 spricht von den Kosten technischer Arbeitshilfen, die wegen Art oder Schwere der Behinderung zur Berufsausübung erforderlich sind.

15 Zuschüsse zu den **Gebühren**, insbesondere **Prüfungsgebühren** an Arbeitgeber, die ohne Beschäftigungspflicht schwerbehinderte Jugendliche und junge Erwachsene zur **Berufsausbildung** einstellen, sind nach Abs. 3 Nr. 2 b iVm § 26 a SchwbAV möglich. Sie spielen ua bei Fachpraktikerausbildungen nach § 66 BBiG bzw. § 42 r HwO eine Rolle, die Jugendlichen mit einer vorliegenden Beeinträchtigung vielfach einen Zugang auf den ersten Arbeitsmarkt ermöglichen. Die Kosten der Ausbildungsvergütung einschließlich der Beiträge zur Sozialversicherung fallen nicht hierunter.

16 Prämien und **Zuschüsse** an Arbeitgeber zu den Kosten der **Berufsausbildung** Jugendlicher und junger Erwachsener, die für die Zeit der Berufsausbildung schwerbehinderter Menschen nach § 151 Abs. 4 **gleichgestellt** sind (Abs. 3 Nr. 2 c iVm § 26 b SchwbAV), können außerdem gewährt werden. Unter die Förderung fällt nicht die von der Berufsausbildung zu unterscheidende berufliche Orientierung.

17 Prämien an **Arbeitgeber** zur Einführung eines **betrieblichen Eingliederungsmanagements** (Abs. 3 Nr. 2 d iVm § 26 c SchwbAV) können weiterhin gewährt werden, auch wenn die Verpflichtung der Arbeitgeber zur Durchführung eines Eingliederungsmanagements bereits seit 2004 besteht. Die Integrationsämter können damit ebenso wie die Gesetzliche Unfallversicherung (§ 162 Abs. 2 S. 2 SGB VII) Anreize im Rahmen des § 167 Abs. 3 setzen. Die Entwicklung des Arbeitsmarktes in den letzten Jahren hat das bEM als verpflichtenden Teil des **betrieblichen Gesundheitsmanagements** verstärkt in den Fokus der Arbeitgeber gerückt.

18 Der Gesetzgeber hat § 27 Abs. 1 Satz 1 SchwbAV mit Wirkung vom 1.1.2018 neu gefasst.[34] Arbeitgeber können Zuschüsse zur Abgeltung außergewöhnlicher Belastungen erhalten, die mit der Beschäftigung eines schwerbehinderten Menschen verbunden sind, der nach Art oder Schwere seiner Behinderung im Arbeits- und Berufsleben besonders betroffen ist (§ 155 Abs. 1 Nr. 1 a bis d) oder im Anschluss an eine Beschäftigung in einer anerkannten Werkstatt für behinderte Menschen oder bei einem anderen Leistungsanbieter iSd § 60 oder in Teilzeit (§ 158 Abs. 2) beschäftigt wird, vor allem, wenn ohne diese Leistungen das Beschäftigungsverhältnis gefährdet würde. Außergewöhnliche Belastungen sind überdurchschnittlich hohe finanzielle Aufwendungen oder sonstige Belastungen, die einem Arbeitgeber bei der Beschäftigung eines schwerbehinderten Menschen auch nach Ausschöpfung aller Möglichkeiten entstehen und für die die Kosten zu tragen für den Arbeitgeber nach Art oder Höhe unzumutbar ist (§ 27 Abs. 2 SchwbAV).

Die Leistungen für **außergewöhnliche Belastungen** nach Abs. 3 Nr. 2 e iVm § 27 SchwbAV werden in Form von laufenden Lohnkostenzuschüssen erbracht. Sie haben sich in der Praxis zu dem am meisten genutzten Förderinstrument entwickelt, obwohl sie eine **nachrangige Leistung** der Integrationsämter sind. In

---

34 Art. 19 Nr. 19, G v. 23.12.2016, BGBl. I 3234.

Ausgestaltung der gesetzlichen Regelung haben die Integrationsämter die Leistungen für außergewöhnliche Belastungen in zwei Fördertatbestände unterteilt: Beschäftigungssicherungszuschuss[35] (BSZ) und personelle Unterstützung (PU). Zuschüsse können somit einmal für helfende Tätigkeiten durch einen anderen Beschäftigten (PU) sowie zum anderen für die Belastungen aus einer behinderungsbedingt erheblichen Minderleistung bei vollem Tarif- bzw. Mindestlohn (BSZ) gezahlt werden, wobei es sich nicht um einen vollen oder teilweisen Lohnausgleich handelt.[36] Zu beachten ist stets, dass die Gewährung eines Beschäftigungssicherungszuschusses bzw. einer personellen Unterstützung voraussetzt, dass zuvor vom Arbeitgeber unter Beteiligung des zuständigen **Rehabilitationsträger**, des **Technischen Beratungsdienstes** (TBD) des Integrationsamtes sowie des **Integrationsfachdienstes** (IFD) alles versucht wurde, damit der schwerbehinderte Mensch auf seinem Arbeitsplatz eine voll verwertbare Arbeitsleistung erbringen kann. Die Leistungen für außergewöhnliche Belastungen entsprachen 2019 mehr als einem Viertel der Gesamtausgaben der Integrationsämter. Gegenüber dem Vorjahr stiegen sie 2019 nochmals um rund 12 Mio. EUR und erreichten einen neuen Höchststand von 178 Mio. EUR.[37]

Die personelle Unterstützung grenzt sich von einer ebenfalls vom Integrationsamt oder einem Rehabilitationsträger (§ 49 Abs. 8 Nr. 3) geförderten notwendigen **Arbeitsassistenz** nach § 185 Abs. 5 grundsätzlich dadurch ab, dass letztere eine Unterstützung im Kernbereich der Tätigkeit des schwerbehinderten Menschen darstellt.

Es ist nicht zu beanstanden, wenn das Integrationsamt die Bewilligung von Leistungen an den Arbeitgeber nach § 27 Schwerbehinderten-Ausgleichsabgabeverordnung (SchwbAV) zum Ausgleich besonderer Belastungen von der dauerhaften Sicherung des Arbeitsplatzes abhängig macht. Im Zusammenhang mit einer Kündigung entstehende Urlaubsabgeltungsansprüche sind keine spezifischen behinderungsbedingten Belastungen.[38]

IV. Förderung von Integrationsfachdiensten und Inklusionsbetrieben

Zu den Leistungen an Träger von **Integrationsfachdiensten** einschließlich psychosozialer Dienste freier gemeinnütziger Einrichtungen und Organisationen sowie an Träger von Inklusionsbetrieben nach Abs. 3 Nr. 3 iVm §§ 27 und 28 SchwbAV wird auf die Kommentierung zu → § 194 Rn. 5 sowie zu → § 217 Rn. 8 verwiesen.

Die Integrationsfachdienste können gemäß § 49 Abs. 6 Nr. 9 von den Rehabilitationsträgern im Rahmen der Leistungen zur Teilhabe am Arbeitsleben sowie von der Rentenversicherung im Rahmen der stufenweisen Wiedereingliederung nach § 44[39] beauftragt werden. Die „Gemeinsame BAR-Empfehlung nach § 113 Abs. 2 SGB IX zur Inanspruchnahme der Integrationsfachdienste durch die Rehabilitationsträger, zur Zusammenarbeit und zur Finanzierung der Kosten, die dem Integrationsfachdienst bei der Wahrnehmung der Aufgaben der Rehabilitationsträger entstehen" stammt in ihrer aktuellen Fassung vom 1.9.2016. In ihr ist die Vergütungspauschale als Anlage geregelt, die alle zwei

---

35 Der Beschäftigungssicherungszuschuss hieß zuvor Minderleistungsausgleich.
36 Vgl. die aktuellen Empfehlungen der BIH zu Leistungen nach § 27 SchwbAV unter www.integrationsaemter.de.
37 BIH-Jahresbericht 2019/2020, S. 19.
38 VG Gera 24.7.2018 – 6 K 365/18 Ge.
39 So geregelt in der Verwaltungsvereinbarung „Begleitende Hilfe – Leistungen zur Teilhabe am Arbeitsleben" vom 11.12.2019, veröffentlicht unter www.bar-frankfurt.de.

Jahre überprüft werden soll, ohne dass es einer Überarbeitung der Empfehlung im Ganzen bedarf.[40]

Gemäß § 185 Abs. 2 Satz 3 ist in einem **Inklusionsbetrieb** nunmehr eine Förderung bereits bei einer Beschäftigung im Umfang von mindestens 12 Stunden wöchentlich möglich. Da sich der Absatz nur auf Leistungen der begleitenden Hilfe im Arbeitsleben bezieht, findet die 12-Stunden-Regelung bei § 15 SchwbAV (Leistungen an Arbeitgeber zur Schaffung von Arbeits- und Ausbildungsplätzen für schwerbehinderte Menschen) keine Anwendung.

V. Weitere Fördermöglichkeiten

20 Zur Durchführung von **Aufklärungs-, Schulungs-** und **Bildungsmaßnahmen** (Abs. 3 Nr. 4 iVm § 29 SchwbAV) bieten die Integrationsämter ein vielfältiges Angebot für Arbeitgeber und ihre Inklusionsbeauftragten sowie für Schwerbehindertenvertretungen, Betriebs- und Personalräte an, das auf einer grundsätzlich einheitlichen Konzeption beruht, daneben aber auch die Nachfrage im jeweiligen Bundesland berücksichtigt. Gefördert werden auch Schulungs- und Bildungsmaßnahmen für die Stufenvertretungen. Der bereits ab Anfang 2017 erweiterte Schulungsanspruch für stellvertretende Mitglieder der Schwerbehindertenvertretung gemäß § 179 Abs. 4 Satz 3 hat ebenso wie die durch das BTHG erweiterten Zuständigkeiten der Schwerbehindertenvertretungen und Betriebsräte zu einer steigenden Nachfrage geführt.[41] Als zentrale Plattform zum gesamten Angebot der Integrationsämter an Information und Bildung dient die Internetseite www.integrationsaemter.de.

21 Die nachrangige Leistung zur **beruflichen Orientierung** (Abs. 3 Nr. 5) ist im Zusammenhang mit der Neufassung des § 151 Abs. 4 aufgenommen worden. Der Gesetzgeber erhofft sich hiermit eine Verstetigung des Handlungsfeldes Berufsorientierung des befristeten Förderprogramms des Bundes aus Mitteln des Ausgleichsfonds „Initiative Inklusion",[42] betont aber gleichzeitig den Nachrang der Leistungen des Integrationsamtes nicht zuletzt gegenüber der Zuständigkeit der einzelnen Länder in schulischen Angelegenheiten (vgl. hierzu die Kommentierung zu → § 151 Rn. 18).

22 Im Zuge des BTHG neu aufgenommen wurde nach Abs. 3 Nr. 6 die Möglichkeit von Geldleistungen aus Mitteln der Ausgleichsabgabe zur Deckung eines Teils der Aufwendungen für ein **Budget für Arbeit** (§ 61). § 14 Abs. 1 Nr. 5 SchwbAV wurde entsprechend ergänzt. Die grundsätzliche Leistungsverpflichtung des Trägers, der für das Budget für Arbeit zuständig ist (in der Regel der Träger der Eingliederungshilfe), wird hierdurch nicht berührt.[43] Die Leistungen aus der Ausgleichsabgabe sind gegenüber den Leistungen der Eingliederungshilfe nachrangig. Das Bundesministerium für Arbeit und Soziales untersucht in den Jahren 2017 bis 2021 die Entwicklung der jährlichen Einnahmen und Ausgaben bei den Leistungen der Eingliederungshilfe, wobei insbesondere auch die finanziellen Auswirkungen der Einführung des Budgets für Arbeit zu ermitteln sind.[44] Im Einzelnen wird auf die Kommentierung zu → § 61 Rn. 8 verwiesen. Die rechtlichen Voraussetzungen und Möglichkeiten eines Budgets für Arbeit

---

40 Sie ist zu finden auf www.bar-frankfurt.de.
41 Auf www.integrationsaemter.de sind die Kursprogramme der einzelnen Integrationsämter verlinkt.
42 Richtlinie Initiative Inklusion – Verbesserung der Teilhabe schwerbehinderter Menschen am Arbeitsleben auf dem allgemeinen Arbeitsmarkt vom 9.9.2011, veröffentlicht im elektronischen Bundesanzeiger am 30.9.2011.
43 Gesetzentwurf Bundesteilhabegesetz – BTHG, BT-Drs. 18/9522, 308.
44 Art. 25 Nr. 4, G. v. 23.12.2016, BGBl. I 3234.

werden dargestellt in einem Forschungsprojekt des LVR-Integrationsamtes aus dem Jahr 2014.[45] Ende 2019 wurde das Budget für Arbeit (§ 61) um das **Budget für Ausbildung** (§ 61 a) ergänzt.[46] Der Gesetzgeber ist damit einer Forderung nachgekommen, die bereits im Rahmen des BTHG erhoben wurde. Orientiert sich das Budget für Arbeit am Arbeitsbereich einer anerkannten Werkstatt für Behinderte Menschen (§ 58), ist das Budget für Ausbildung am Berufsbildungsbereich (§ 57) ausgerichtet. Die Leistungen aus der Ausgleichsabgabe sind ebenfalls nachrangig gegenüber den hier in Frage kommenden Leistungen der Bundesagentur für Arbeit (vgl. hierzu die Kommentierung zu § 61 a).

Zum Anspruch schwerbehinderter Menschen auf Übernahme der Kosten einer Berufsbegleitung im Rahmen der **Unterstützten Beschäftigung**[47] nach Abs. 4 iVm § 17 Abs. 1 b SchwbAV vgl. die Kommentierung zu § 55 Abs. 3, → § 55 Rn. 16. 23

VI. Arbeitsassistenz

Die Arbeitsassistenz ist aus Sicht der Integrationsämter sowie der Rehabilitationsträger ein wichtiges Instrument zur verbesserten Teilhabe schwerbehinderter Menschen am Arbeitsleben. Das zeigt sich unter anderem daran, dass sowohl die Fallzahlen als auch die dafür aufgewandten Mittel in den letzten zehn Jahren stetig gestiegen sind.[48] Vor diesem Hintergrund hat der Gesetzgeber Ende 2019 den Abs. 5 um einen Satz ergänzt. Gleichzeitig hat er in § 191 das Wort „Höhe" gestrichen. Damit hat er klargestellt, dass die Integrationsämter bei der Arbeitsassistenz kein Ermessen hinsichtlich der Höhe der Leistung haben (Anspruchsleistung), wenn die Notwendigkeit der Assistenz festgestellt ist. Im Rahmen der Prüfung der Anspruchsvoraussetzung der Notwendigkeit fällt den Integrationsämtern die Aufgabe zu, im Einzelfall zu ermitteln, ob und in welchem Umfang eine Arbeitsassistenz notwendig ist. Soweit eine Notwendigkeit verneint wird, besteht kein Anspruch des schwerbehinderten Menschen. Soweit die Arbeitsassistenz aber notwendig ist, sind die dafür anfallenden Kosten vom Integrationsamt zu übernehmen.[49] Damit steht fest, die Gewährung von Arbeitsassistenz ist keine Ermessensentscheidung des Integrationsamtes, auf sie besteht ein Rechtsanspruch.[50] Die Notwendigkeit der Arbeitsassistenz ist Tatbestandsmerkmal und somit vollständig gerichtlich überprüfbar.[51] Notwendig im Sinne der Norm sind die Kosten, die entstehen, um den Bedarf für eine Arbeitsassistenz zu decken, die – dem Zweck der Regelung entsprechend – den behinderungsbedingten Unterstützungsbedarf bei der Bewältigung des beruflichen Alltags ausgleicht, wobei auf die Besonderheiten des konkreten Einzelfalles abzustellen ist. Es kommt darauf an, ob der schwerbehinderte Mensch ohne eine Arbeitsassistenz nicht in der Lage ist, seine berufliche Tätigkeit so wahrzunehmen, 24

---

45 Der Forschungsbericht findet sich auf www.integrationsamt.lvr.de.
46 BGBl. I 2135.
47 Vertiefend siehe *Waldenburger*, Unterstützte Beschäftigung nach § 55 SGB IX, 2019.
48 Zu rechtlichen und finanziellen Fragen im Zusammenhang mit der Gewährung von Leistungen der Arbeitsassistenz vgl. Antwort der Bundesregierung auf die Kleine Anfrage der Fraktion DIE LINKE v. 22.5.2018 – BT-Drs. 19/2339.
49 So die Begründung des Gesetzentwurfes zum Angehörigen-Entlastungsgesetz, BT-Drs. 19/13399.
50 Die aktuellen BIH-Empfehlungen zur Arbeitsassistenz vom 15.1.2020 finden sich auf www.integrationsaemter.de.
51 In diesem Sinne bereits BVerwG 23.1.2018 – 5 C 9/16, zuvor OVG Bln-Bbg 6.10.2017 – OVG 6 B 86.15 sowie 18.5.2011 – OVG 6 B 1.09.

wie es den Zielsetzungen der begleitenden Hilfe im Arbeitsleben gemäß § 185 Abs. 2 entspricht.[52] Der Anspruch auf Übernahme der Kosten einer notwendigen Arbeitsassistenz scheitert nicht daran, dass ein schwerbehinderter Mensch den Beschäftigungsumfang seiner bereits bestehenden Tätigkeit freiwillig reduziert hat, um einer anderen Erwerbstätigkeit nachgehen zu können, für die er eine Arbeitsassistenz benötigt.[53] Bei der Prüfung des Anspruchs auf Übernahme der Kosten für eine Arbeitsassistenz für eine selbstständige Tätigkeit eines schwerbehinderten Menschen ist § 21 Abs. 1 Nr. 2 SchwbAV weder unmittelbar noch analog anzuwenden. Ein Rückgriff auf § 21 Abs. 1 Nr. 1 SchwbAV unterbleibt ebenfalls.[54] In diesem rechtlichen Kontext ist auch die Frage zu beantworten, ob das Integrationsamt verpflichtet ist, die Kosten einer Arbeitsassistenz im Dienstleistungsmodell trotz Mehrkosten gegenüber dem Arbeitgebermodell zu übernehmen.[55]

Die Kosten der Arbeitsassistenz sind in den letzten Jahren bei den Integrationsämtern ua deswegen stark gestiegen, weil die Integrationsämter teilweise die Ausgaben für Gebärdensprachdolmetscher hierüber bewilligen. Es ist allerdings rechtlich nicht zwingend, hierfür § 185 Abs. 5 heranzuziehen. Geklärt ist außerdem, dass mit der Bewilligung von Kosten für einen Gebärdensprachdolmetscher im Rahmen einer notwendigen Arbeitsassistenz eine Sozialleistung gewährt wird, so dass § 17 Abs. 2 SGB I und damit über § 19 Abs. 2 Satz 4 SGB X im Ergebnis § 9 JVEG keine Anwendung finden.[56]

Zum Anspruch auf Übernahme der Kosten einer notwendigen **Arbeitsassistenz** durch einen Rehabilitationsträger im Bereich der Leistungen zur Teilhabe am Arbeitsleben vgl. ansonsten die Kommentierung zu § 49.

VII. Nachrang der Leistungen der begleitenden Hilfe und vorläufige Leistungserbringung

25 § 185 Abs. 6 iVm § 18 Abs. 1 SchwbAV schreibt den **generellen Nachrang** der Leistungen der **begleitenden Hilfe im Arbeitsleben** gegenüber den **Teilhabeleistungen** der Rehabilitationsträger nach § 6 Abs. 1 Nr. 1 bis 5 fest. Teilhabeleistungen dürfen, auch wenn auf sie ein Rechtsanspruch nicht besteht, es sich also um eine Ermessensleistung handelt, nicht deshalb versagt werden, weil nach den besonderen Regelungen für schwerbehinderte Menschen entsprechende Leistungen vorgesehen sind. In diesem Sinne, nur aus Sicht des Integrationsamtes, drückt es § 18 Abs. 1 Satz 1 SchwbAV aus. Leistungen des Integrationsamtes dürfen nur erbracht werden, wenn Leistungen für denselben Zweck nicht von einem Rehabilitationsträger, vom Arbeitgeber oder von anderen Stellen zu erbringen sind. Das **Aufstockungsverbot** in Abs. 6 Satz 2 Hs. 2 iVm § 18 Abs. 1 Satz 2 SchwbAV stellt darüber hinaus sicher, dass jeder Rehabilitationsträger im Rahmen seiner Zuständigkeit die nach Lage des Einzelfalles erforderlichen Leistungen vollständig und umfassend erbringt. Das Aufstockungsverbot bezieht sich nur auf die Leistungen der Rehabilitationsträger. Daher ist es möglich, dass das Integrationsamt beratende und finanzielle Leistungen aus der Ausgleichsabgabe an Arbeitgeber erbringt, unabhängig von deren eigener gesetzlicher Verpflichtung zur behinderungsgerechten Ausstattung von Arbeitsplätzen und -stätten nach § 164 Abs. 4 Satz 1 Nr. 4 und § 3 Abs. 2 Arbeitsstättenverordnung.

---

52 VG Saarlouis 8.4.2014 – 3 K 940/13.
53 BVerwG 23.1.2018 – 5 C 9/16.
54 BVerwG 27.6.2018 – 5 B 1.18 unter Verweis auf BVerwG 23.1.2018 – 5 C 9.16.
55 Vgl. VG Dresden 17.2.2017 – 1 L 178/17 und 1 L 179/17.
56 OVG RhPf 30.5.2016 – 7 A 10583/15.

Durch **Abs. 7** Satz 1 werden die **Integrationsämter** in das für Rehabilitationsträger geltende **Verfahren nach §§ 14–17** einbezogen, sofern bei ihnen eine Leistung zur Teilhabe am Arbeitsleben beantragt wird. Umfasst ist damit nur die Leistungsgruppe des § 5 Nr. 2. Die Verweisung auf § 15 Abs. 1 stellt sicher, dass eine teilweise Weiterleitung für das Integrationsamt dann möglich ist, wenn der überwiegende Teil der Leistung durch einen Rehabilitationsträger erbracht wird und das Integrationsamt nur einen kleinen Teil der Leistungen, so beispielsweise die Übernahme der Kosten für eine notwendige Arbeitsassistenz im Rahmen der begleitenden Hilfe im Arbeitsleben neben davon zu unterscheidenden Leistungen der Pflegeassistenz, erbringt.[57] 26

Mit **Vorleistungen** (Satz 3) soll das Integrationsamt ohne Verzögerung reagieren können, wenn sonst der Erhalt eines Arbeitsplatzes gefährdet ist. Der Erstattungsanspruch nach § 185 Abs. 7 Satz 4 gegen den zuständigen Rehabilitationsträger greift ausweislich des § 185 Abs. 6 Satz 2 nicht nur ein, wenn ausschließlich ein Rehabilitationsträger für die Leistung zur Teilhabe am Arbeitsleben zuständig war und das Integrationsamt die Leistung lediglich vorläufig erbracht hat, sondern auch dann, wenn neben dem Rehabilitationsträger auch das Integrationsamt im Rahmen der begleitenden Hilfe zuständig war.[58] Insoweit ordnet das Gesetz in § 185 Abs. 6 Satz 2 einen Vorrang der Rehabilitationsleistung vor der begleitenden Hilfe mit der Folge an, dass dem nachrangig verpflichteten Integrationsamt ein Erstattungsanspruch gegen den Rehabilitationsträger zusteht. Dieser Anspruch setzt voraus, dass das Integrationsamt die Leistung ausdrücklich als vorläufige Leistung erbringt, den betreffenden Rehabilitationsträger als zur Leistung im Außenverhältnis zum Leistungsberechtigten Verpflichteten (§ 14) entsprechend informiert, ihn zur Leistungserbringung auffordert und an seiner Stelle vorläufig leistet.[59] Als vorläufige Leistung ist § 185 Abs. 7 Satz 3 auf Fälle beschränkt, in denen eine unverzügliche Erbringung der Leistung zur Teilhabe am Arbeitsleben erforderlich ist. Um eine vorläufige Leistungserbringung handelt es sich jedoch nicht, wenn unklar ist, welcher Träger für die Erbringung der Leistung zuständig ist.[60]

§ 185 **Abs. 8** war als Folge der Änderungen in § 17 aF durch Art. 8 Nr. 3 G. v. 27.12.2003[61] eingefügt worden. Im Zuge des BTHG wurde er an § 29 angepasst. Gemäß § 29 Abs. 1 werden Leistungen zur Teilhabe auf Antrag des Leistungsberechtigten durch die Leistungsform eines **Persönlichen Budgets** ausgeführt, um den Leistungsberechtigten in eigener Verantwortung ein möglichst selbstbestimmtes Leben zu ermöglichen. Bei der Ausführung des Persönlichen Budgets sind nach Maßgabe des individuell festgestellten Bedarfs die Rehabilitationsträger, die Pflegekassen und die Integrationsämter zu beteiligen. Ab dem 1.1.2018 gibt es auch gegenüber dem Integrationsamt statt eines Ermessensanspruchs einen **Rechtsanspruch** auf die Leistungsform des Persönlichen Budgets. § 29 Abs. 1 Satz 4 stellt klar, dass auch ein einzelner Leistungsträger ein Persönliches Budget erbringen kann. Dies gilt auch für das Integrationsamt. 27

---

57 Gesetzentwurf Bundesteilhabegesetz – BTHG, BT-Drs. 18/9522, 308.
58 Vgl. BVerwG 26.9.1991 – 5 C 24/89; BayVGH 15.6.2007 – 12 BV 05.2577, jeweils zum SchwbG.
59 Vgl. VG Koblenz 23.2.2011 – 5 K 1319/10.KO.
60 Vgl. dazu BT-Drs. 15/1783, 17; *Seidel* in Hauck/Noftz SGB IX § 102 Rn. 73.
61 BGBl. I 3022.

§ 185 a Einheitliche Ansprechstellen für Arbeitgeber

[gültig ab 1.1.2022:]

(1) Einheitliche Ansprechstellen für Arbeitgeber informieren, beraten und unterstützen Arbeitgeber bei der Ausbildung, Einstellung und Beschäftigung von schwerbehinderten Menschen.

(2) ¹Die Einheitlichen Ansprechstellen für Arbeitgeber werden als begleitende Hilfe im Arbeitsleben aus Mitteln der Ausgleichsabgabe finanziert. ²Sie haben die Aufgabe,
1. Arbeitgeber anzusprechen und diese für die Ausbildung, Einstellung und Beschäftigung von schwerbehinderten Menschen zu sensibilisieren,
2. Arbeitgebern als trägerunabhängiger Lotse bei Fragen zur Ausbildung, Einstellung, Berufsbegleitung und Beschäftigungssicherung von schwerbehinderten Menschen zur Verfügung zu stehen und
3. Arbeitgeber bei der Stellung von Anträgen bei den zuständigen Leistungsträgern zu unterstützen.

(3) ¹Die Einheitlichen Ansprechstellen für Arbeitgeber sind flächendeckend einzurichten. ²Sie sind trägerunabhängig.

(4) Die Einheitlichen Ansprechstellen für Arbeitgeber sollen
1. für Arbeitgeber schnell zu erreichen sein,
2. über fachlich qualifiziertes Personal verfügen, das mit den Regelungen zur Teilhabe schwerbehinderter Menschen sowie der Beratung von Arbeitgebern und ihren Bedürfnissen vertraut ist, sowie
3. in der Region gut vernetzt sein.

(5) ¹Die Integrationsämter beauftragen die Integrationsfachdienste oder andere geeignete Träger, als Einheitliche Ansprechstellen für Arbeitgeber tätig zu werden. ²Die Integrationsämter wirken darauf hin, dass die Einheitlichen Ansprechstellen für Arbeitgeber flächendeckend zur Verfügung stehen und mit Dritten, die aufgrund ihres fachlichen Hintergrunds über eine besondere Betriebsnähe verfügen, zusammenarbeiten.

I. Gesetzgebung

1 Die Vorschrift wurde im Rahmen des Teilhabestärkungsgesetzes neu in das SGB IX aufgenommen.[1] Sie geht zurück auf einen Entschließungsantrag der Fraktionen der CDU/CSU und SPD, der kurz vor der Verabschiedung des Gesetzes im Bundestag am 22.4.2021 noch im Ausschuss für Arbeit und Soziales beraten und mit den Stimmen der Fraktionen der CDU/CSU und SPD bei Stimmenthaltung der Fraktionen AFD, FDP, DIE LINKE und BÜNDNIS 90/DIE GRÜNEN angenommen wurde.[2] Sie tritt zum 1.1.2022 in Kraft.

II. Entstehungsgeschichte

2 Das gegliederte Sozialsystem führt dazu, dass die Zuständigkeiten im Zusammenhang mit der Beschäftigung von Menschen mit einer Behinderung auf mehrere Träger verteilt sind. Für die hier primär in Rede stehenden Leitungen zur Teilhabe am Arbeitsleben (§ 5 Nr. 2) sind das die in § 6 genannten Rehabilitationsträger sowie die Integrationsämter für die begleitende Hilfe im Arbeitsleben gemäß § 185 Abs. 1 Satz 1 Nr. 3.

---

1 BGBl. I 1387.
2 BT-Drs. 19/28834, 23.

Bereits seit längerer Zeit wurde deshalb von Arbeitgebern die Forderung erhoben, in Frage der Einstellung und Beschäftigung von Menschen mit einer Behinderung einen einheitlichen Ansprechpartner zu haben. In den letzten Jahren gab es mit Mitteln aus dem Ausgleichsfonds beim BMAS nach § 161 in Verbindung mit § 41 Abs. 1 Nr. 4 SchwbAV geförderte Modellprojekte, die die gezielte Ansprache von Arbeitgebern zur Beschäftigung schwerbehinderter Menschen zum Inhalt hatten. Namentlich waren das die Projekte „Wirtschaft inklusiv" und zuletzt das „Unternehmens-Netzwerk INKLUSION".[3] Diese Modellprojekte waren jedoch nicht in allen Bundesländern aktiv und aufgrund ihres Projektcharakters auch nur für ihre jeweilige Laufzeit finanziert. Ein Folgeantrag an dem Ausgleichsfonds zum „Unternehmens-Netzwerk INKLUSION" wurde vom Beirat (§§ 42, 43 Abs. 1 SchwbAV) mehrheitlich nicht befürwortet. 3

Die Überlegungen zu einer einheitlichen Ansprechperson für Arbeitgeber erhielten durch die vom Bundesteilhabegesetz eingeführte Ergänzende unabhängige Teilhabeberatung (§ 32) neuen Auftrieb. Hiermit wurde ein Informations- und Beratungsangebot über Rehabilitations- und Teilhabeleistungen zur Stärkung der Selbstbestimmung von Menschen mit Behinderung und von Behinderung bedrohter Menschen geschaffen. Nach einer anfänglichen Befristung (§ 32 Abs. 5) wurde Ende 2019 die dauerhafte Förderung aus Bundesmitteln sichergestellt (§ 32 Abs. 6).[4] 4

III. Regelungsinhalt

Mit den Einheitlichen Ansprechstellen für Arbeitgeber erhalten die Integrationsämter eine zusätzliche, neue Aufgabe. Einheitliche Ansprechstellen für Arbeitgeber informieren, beraten und unterstützen Arbeitgeber bei der Ausbildung, Einstellung und Beschäftigung von schwerbehinderten Menschen. Gemäß § 185 a Abs. 3 Satz 1 sind sie flächendeckend einzurichten. Es handelt sich somit um eine als gesetzliche Verpflichtung formulierte begleitende Hilfe im Arbeitsleben.[5] § 185 sieht die Leistungen der Integrationsämter für die begleitende Hilfe im Arbeitsleben hingegen grundsätzlich als Ermessensleistungen vor, mit Ausnahme der Berufsbegleitung nach § 55 Abs. 2 und der Arbeitsassistenz (§§ 185 Abs. 4 und 5). 5

Ihre Bezeichnung ist insoweit etwas unglücklich, als in § 12 Abs. 1 Satz 3 bereits Ansprechstellen angesprochen sind, die von den Rehabilitationsträgern benannt Informationsangebote an Leistungsberechtigte, an Arbeitgeber und an andere Rehabilitationsträger vermitteln sollen. Einbezogen sind nach § 12 Abs. 2 auch die Jobcenter, die Integrationsämter sowie die Pflegekassen jeweils für ihre Leistungen. Hiervon unterscheidet sich § 185 a dadurch, dass er allein die Arbeitgeber im Blick hat und sich nach Abs. 1 nur auf die Information, Beratung und Unterstützung bei der Ausbildung, Einstellung und Beschäftigung schwerbehinderter Menschen bezieht.[6] 6

Der Bezug auf schwerbehinderte und ihnen gleichgestellte Menschen folgt einmal aus den gesetzlichen Aufgaben der Integrationsämter und zum anderen aus der vom Gesetzgeber gewählten Finanzierung. Nach § 185 a Abs. 2 Satz 1 werden die Einheitlichen Ansprechstellen für Arbeitgeber als begleitende Hilfe im 7

---

3 Unter www.unternehmens-netzwerk-inklusion.de findet sich der Abschlussbericht vom April 2020.
4 BGBl. I 2135.
5 Dementsprechend erfolgt eine Ergänzung in § 14 Abs. 1 Nr. 2 SchwbAV, BT-Drs. 19/28834, 28.
6 Gemäß § 151 Abs. 3 sind gleichgestellte behinderte Menschen nach § 2 Abs. 3 mit umfasst.

Arbeitsleben aus Mitteln der Ausgleichsabgabe finanziert. Gemäß § 36 Satz 1 SchwbAV leiten die Integrationsämter zum 30. Juni eines jeden Jahres 20 vom Hundert des im Zeitraum vom 1. Juni des vorangegangenen Jahres bis zum 31. Mai des Jahres eingegangenen Aufkommens an Ausgleichsabgabe an den Ausgleichsfonds weiter. Ab dem Jahr 2022 sind dies nur noch 18 vom Hundert.[7] Gleichzeitig bleibt § 41 Abs. 1 Nr. 1 SchwbAV unverändert, so dass die reduzierte Zuführung an den Ausgleichsfonds beim BMAS nicht zulasten der Bundesagentur für Arbeit geht. Zur Einordnung, was die reduzierte Abführung um 2 vom Hundert künftig bedeutet kann auf das Aufkommen der Ausgleichsabgabe im Jahr 2019 verwiesen werden: Die Integrationsämter haben bundesweit rund 696 Mio. Euro vereinnahmt. Nach der Abführung an den Ausgleichsfonds von 20 vom Hundert verblieben bei ihnen rund 556 Mio. Euro.[8] 2 vom Hundert würden demnach bundesweit rund 14 Mio. Euro ausmachen. Aufgrund des unterschiedlichen Aufkommens in den einzelnen Bundesländern[9] bedeutet die getroffene Regelung, dass zur Finanzierung der neuen Aufgabe künftig Ausgleichsabgabemittel nicht in gleicher Höhe zur Verfügung stehen. Es ist jedoch nicht ausgeschlossen, dass Integrationsämter weitere Mittel aus der Ausgleichsabgabe für die Einheitlichen Ansprechstellen für Arbeitgeber verwenden.

8 Nach § 185 a Abs. 5 beauftragen die Integrationsämter die Integrationsfachdienste oder andere geeignete Träger, als Einheitliche Ansprechstellen für Arbeitgeber tätig zu werden. Die Integrationsämter wirken darauf hin, dass die Einheitlichen Ansprechstellen für Arbeitgeber flächendeckend zur Verfügung stehen und mit Dritten, die aufgrund ihres fachlichen Hintergrunds über eine besondere Betriebsnähe verfügen, zusammenarbeiten. Entsprechend wird § 193 Abs. 2 Nr. 9 dahin gehend abgeändert, dass anstelle von „Ansprechpartner für die Arbeitgeber" nun von „Einheitliche Ansprechstellen für Arbeitgeber" die Rede ist.[10] Außerdem wird § 27 a SchwbAV um einen Absatz 2 ergänzt. Demnach legen die Länder dem Bundesministerium für Arbeit und Soziales jährlich zum 30. Juni einen Bericht über die Beauftragung der Integrationsfachdienste oder anderer geeigneter Träger als Einheitliche Ansprechstellen für Arbeitgeber vor. Sie berichten auch über deren Aktivitäten in diesem Zusammenhang sowie über die Verwendung der Mittel, die ab dem 30.6.2022 nach § 36 nicht mehr an den Ausgleichsfonds abzuführen sind, für diesen Zweck. Der Bericht kann auch gesammelt durch die Bundesarbeitsgemeinschaft der Integrationsämter und Hauptfürsorgestellen erfolgen. Die Berichtspflicht korrespondiert damit, dass es sich bei § 185 a nicht um eine Ermessensleistung der Integrationsämter handelt. Die neue Aufgabe lässt daneben auch § 160 Abs. 5 Satz 2 unberührt, wonach aus dem Aufkommen an Ausgleichsabgabe persönliche und sächliche Kosten der Verwaltung der Integrationsämter und Kosten des Verfahrens nicht bestritten werden dürfen.

9 Neben den Integrationsfachdiensten können auch andere geeignete Träger beauftragt werden. Der Begründung zu § 185 a ist zu entnehmen, dass die geeigneten Träger mit Dritten zusammenarbeiten sollen, die über eine zusätzliche Arbeitgeberperspektive verfügen. Als geeignete Kooperationspartner werden bei-

---

7 BT-Drs. 19/28834, 28.
8 BIH-Jahresbericht 2019/2020, S. 16, abrufbar unter www.integrationsaemter.de.
9 BIH-Jahresbericht 2029/2020, S. 16, abrufbar unter www.integrationsaemter.de.
10 BT-Drs. 19/28834, 24; in der Begründung auf S. 58 heißt es: „Die Integrationsfachdienste können geeignet sein, um von den Integrationsämtern mit der Aufgabe, als Einheitliche Ansprechstellen für Arbeitgeber tätig zu werden, beauftragt zu werden."

spielsweise die Industrie- und Handelskammern, die Handwerkskammern, die Bildungswerke der Wirtschaft, die regionalen Arbeitgeberverbände und Beratungsnetzwerke mit Wirtschaftsnähe genannt. Weiter wird ausgeführt, dass dies die Beauftragung als Träger nicht ausschließt.[11]

Die Entscheidung darüber, wer als Einheitliche Ansprechstellen für Arbeitgeber beauftragt wird, überlässt der Gesetzgeber damit dem jeweiligen Integrationsamt. Dies kann dazu führen, dass es im Zuständigkeitsbereich eines Integrationsamtes mehrere Träger für die Aufgabe gibt. Auch kann die Trägerstruktur von Bundesland zu Bundesland unterschiedlich sein. Bei dem Aufbau eines flächendeckenden Angebotes (Abs. 3 Satz 1) wird es darauf ankommen, dass dies in enger Abstimmung mit den Rehabilitationsträgern, namentlich der Bundesagentur für Arbeit und der Deutschen Rentenversicherung, sowie den Arbeitgebern erfolgt. Für die Bewilligung von Leistungen bleibt es bei den bisherigen Zuständigkeiten.[12] Es geht nicht um die Errichtung einer Parallelstruktur zu den vorhandenen Angeboten der Rehabilitationsträger und Integrationsämter. § 185a Abs. 2 Satz 2 Nr. 2 spricht von einem trägerunabhängigen Lotsen. Arbeitgeber erwarten nicht einen zusätzlichen Spieler, der zu noch mehr Unübersichtlichkeit beiträgt. Die Rehabilitationsträger haben ein Interesse daran, dass der trägerunabhängige Lotse die Arbeitgeber kompetent berät und auf die im Einzelfall zur Verfügung stehenden Leistungen der Träger hinweist. Die hierfür erforderlichen Voraussetzungen definiert Abs. 4. Der neue § 27a Abs. 2 Satz 3 SchwbAV legt nahe, dass der Gesetzgeber die Schaffung eines unter den Integrationsämtern abgestimmten Rahmens für die neue Aufgabe über die Bundesarbeitsgemeinschaft der Integrationsämter und Hauptfürsorgestellen (BIH) befürwortet.

Bei der neuen Aufgabe nach § 185a wird es auch darum gehen, in den jeweiligen Bundesländern bereits bestehende Strukturen zu erhalten und weiterzuentwickeln. Vielfach lässt sich auf gute Modelle sowie Kooperationen aufsetzen. Beispielsweise gibt es in Nordrhein-Westfalen bei den Inklusionsämtern der beiden Landschaftsverbände[13] bereits seit mehreren Jahren eine gute Kooperation mit den Industrie- und Handelskammern, den Handwerkskammern sowie der Landwirtschaftskammer. Die Fachberater werden im Auftrag des Inklusionsamtes tätig, sind aber Beschäftigte der jeweiligen Kammer und werden aus Mitteln der Ausgleichsabgabe finanziert.[14]

§ 186 Beratender Ausschuss für behinderte Menschen bei dem Integrationsamt

(1) [1]Bei jedem Integrationsamt wird ein Beratender Ausschuss für behinderte Menschen gebildet, der die Teilhabe der behinderten Menschen am Arbeitsleben fördert, das Integrationsamt bei der Durchführung der besonderen Regelungen für schwerbehinderte Menschen zur Teilhabe am Arbeitsleben unterstützt und bei der Vergabe der Mittel der Ausgleichsabgabe mitwirkt. [2]Soweit die Mittel der Ausgleichsabgabe zur institutionellen Förderung verwendet wer-

---

11 BT-Drs. 19/28834, 58.
12 BT-Drs. 19/28834, 57.
13 In Nordrhein-Westfalen sowie in Bayern und im Saarland heißen die Integrationsämter abweichend Inklusionsämter.
14 Näheres zu der Zusammenarbeit mit den Kammern im Rheinland findet sich unter www.inklusionsamt.lvr.de.

den, macht der Beratende Ausschuss Vorschläge für die Entscheidungen des Integrationsamtes.
(2) Der Ausschuss besteht aus zehn Mitgliedern, und zwar aus
1. zwei Mitgliedern, die die Arbeitnehmerinnen und Arbeitnehmer vertreten,
2. zwei Mitgliedern, die die privaten und öffentlichen Arbeitgeber vertreten,
3. vier Mitgliedern, die die Organisationen behinderter Menschen vertreten,
4. einem Mitglied, das das jeweilige Land vertritt,
5. einem Mitglied, das die Bundesagentur für Arbeit vertritt.
(3) ¹Für jedes Mitglied ist eine Stellvertreterin oder ein Stellvertreter zu berufen. ²Mitglieder und Stellvertreterinnen oder Stellvertreter sollen im Bezirk des Integrationsamtes ihren Wohnsitz haben.
(4) ¹Das Integrationsamt beruft auf Vorschlag
1. der Gewerkschaften des jeweiligen Landes zwei Mitglieder,
2. der Arbeitgeberverbände des jeweiligen Landes ein Mitglied,
3. der zuständigen obersten Landesbehörde oder der von ihr bestimmten Behörde ein Mitglied,
4. der Organisationen behinderter Menschen des jeweiligen Landes, die nach der Zusammensetzung ihrer Mitglieder dazu berufen sind, die behinderten Menschen in ihrer Gesamtheit zu vertreten, vier Mitglieder.

²Die zuständige oberste Landesbehörde oder die von ihr bestimmte Behörde und die Bundesagentur für Arbeit berufen je ein Mitglied.

1 **Gesetzeshistorie:** Die Vorschrift wurde mit Wirkung vom 1.7.2001 durch Art. 1 und 68 SGB IX vom 19.6.2001[1] als § 103 eingeführt. Art. 9 Nr. 13 G. v. 24.12.2003[2] hat in Abs. 2 und Abs. 4 Satz 2 die Organisationsreform der Arbeitsverwaltung sprachlich nachvollzogen. Art. 1 G. v. 23.12.2016 hat eine rein sprachliche Anpassung bewirkt.[3]

2 **Regelungsinhalt:** Die Vorschrift verpflichtet dazu, bei allen Integrationsämtern **beratende Ausschüsse** zu bilden. Sie beschreibt die Aufgaben dieser Ausschüsse, regelt deren Zusammensetzung und das Verfahren zur Berufung der Ausschussmitglieder. Bestimmungen über innere Struktur und Beschlussfassung finden sich in § 189.

3 **Zur Entstehung:** Inhaltsgleiche Übernahme des § 32 SchwbG.

4 Über die bei jedem Integrationsamt zu bildenden Ausschüsse sollen **Arbeitnehmer, Arbeitgeber** und die **behinderten Menschen** selbst an der Durchführung des Schwerbehindertenrechts **mitwirken**. Die aktive Teilnahme der Betroffenen und Beteiligten ist eine wesentliche Voraussetzung für die erfolgreiche Integrationsarbeit der Ämter.[4]

5 Die Aufgaben des Ausschusses beschreibt Abs. 1 sehr allgemein. Zu diesen Aufgaben gehört es, über den Kreis der schwerbehinderten und ihnen gleichgestellten Menschen hinaus auch die Teilhabe – einfach – **behinderter Menschen** am Arbeitsleben zu fördern. Zu nennen sind hier die Aufgaben der Integrationsfachdienste (IFD), die im Rahmen der Beauftragung durch einen Rehabilitationsträger auch zur beruflichen Eingliederung von behinderten Menschen tätig werden können (§ 192 Abs. 4 Satz 1). Außerdem fallen die Berufsausbildung und die berufliche Orientierung nach § 151 Abs. 4 hierunter.

---

1 BGBl. I 1046.
2 BGBl. I 2954.
3 BGBl. I 3234.
4 Vgl. BT-Drs. 7/1515, 7.

Beteiligung und **Mitwirkung** der Ausschüsse ist, wie schon der Namensbestandteil „Beratender" zeigt, nur **schwach** ausgebildet. Über Ratschläge, Empfehlungen, Anregungen, Stellungnahmen und Hinweise geht das – allerdings mit dem Recht auf Information verbundene – Mitwirkungsrecht nicht hinaus. Es ist nur wenig stärker ausgeprägt, wenn Mittel der Ausgleichsabgabe zur institutionellen Förderung (§§ 30–34 SchwbAV) verwendet werden sollen. Der Beratende Ausschuss ist daran zwar stets zu beteiligen und hat ein Vorschlagsrecht. Das Integrationsamt braucht diesen Vorschlägen aber nicht zu folgen und kann auch ohne Vorschlag entscheiden.[5] Unabhängig von seiner rechtlichen Befugnisse ist der Beratender Ausschuss in der Praxis ein wichtiges Bindeglied zu den Sozialpartnern.

Die zehn **Mitglieder** des Ausschusses und ihre Stellvertreter werden – mit Ausnahme der Mitglieder, die das jeweilige Bundesland und die Bundesagentur für Arbeit vertreten – vom Integrationsamt **berufen**. Dieses ist an die Berufungsvorschläge der vorschlagsberechtigten Stellen gebunden.

Die **innere Organisation** der Ausschüsse regelt das Gesetz – bis auf wenige Punkte (vgl. § 189) – nicht. Diesen Raum können die Ausschüsse kraft **autonomen Organisationsrechts** durch von ihnen zu verabschiedende Geschäftsordnungen ausfüllen.

§ 187 Aufgaben der Bundesagentur für Arbeit

(1) Die Bundesagentur für Arbeit hat folgende Aufgaben:
1. die Berufsberatung, Ausbildungsvermittlung und Arbeitsvermittlung schwerbehinderter Menschen einschließlich der Vermittlung von in Werkstätten für behinderte Menschen Beschäftigten auf den allgemeinen Arbeitsmarkt,
2. die Beratung der Arbeitgeber bei der Besetzung von Ausbildungs- und Arbeitsplätzen mit schwerbehinderten Menschen,
3. die Förderung der Teilhabe schwerbehinderter Menschen am Arbeitsleben auf dem allgemeinen Arbeitsmarkt, insbesondere von schwerbehinderten Menschen,
   a) die wegen Art oder Schwere ihrer Behinderung oder sonstiger Umstände im Arbeitsleben besonders betroffen sind (§ 155 Absatz 1),
   b) die langzeitarbeitslos im Sinne des § 18 des Dritten Buches sind,
   c) die im Anschluss an eine Beschäftigung in einer anerkannten Werkstatt für behinderte Menschen, bei einem anderen Leistungsanbieter (§ 60) oder einem Inklusionsbetrieb eingestellt werden,
   d) die als Teilzeitbeschäftigte eingestellt werden oder
   e) die zur Aus- oder Weiterbildung eingestellt werden,
4. im Rahmen von Arbeitsbeschaffungsmaßnahmen die besondere Förderung schwerbehinderter Menschen,
5. die Gleichstellung, deren Widerruf und Rücknahme,
6. die Durchführung des Anzeigeverfahrens (§ 163 Absatz 2 und 4),
7. die Überwachung der Erfüllung der Beschäftigungspflicht,
8. die Zulassung der Anrechnung und der Mehrfachanrechnung (§ 158 Absatz 2, § 159 Absatz 1 und 2),
9. die Erfassung der Werkstätten für behinderte Menschen, ihre Anerkennung und die Aufhebung der Anerkennung.

---

5 *Cramer* SchwbG § 32 Rn. 3.

(2) ¹Die Bundesagentur für Arbeit übermittelt dem Bundesministerium für Arbeit und Soziales jährlich die Ergebnisse ihrer Förderung der Teilhabe schwerbehinderter Menschen am Arbeitsleben auf dem allgemeinen Arbeitsmarkt nach dessen näherer Bestimmung und fachlicher Weisung. ²Zu den Ergebnissen gehören Angaben über die Zahl der geförderten Arbeitgeber und schwerbehinderten Menschen, die insgesamt aufgewandten Mittel und die durchschnittlichen Förderungsbeträge. ³Die Bundesagentur für Arbeit veröffentlicht diese Ergebnisse.

(3) ¹Die Bundesagentur für Arbeit führt befristete überregionale und regionale Arbeitsmarktprogramme zum Abbau der Arbeitslosigkeit schwerbehinderter Menschen, besonderer Gruppen schwerbehinderter Menschen, insbesondere schwerbehinderter Frauen, sowie zur Förderung des Ausbildungsplatzangebots für schwerbehinderte Menschen durch, die ihr durch Verwaltungsvereinbarung gemäß § 368 Absatz 3 Satz 2 und Absatz 4 des Dritten Buches unter Zuweisung der entsprechenden Mittel übertragen werden. ²Über den Abschluss von Verwaltungsvereinbarungen mit den Ländern ist das Bundesministerium für Arbeit und Soziales zu unterrichten.

(4) Die Bundesagentur für Arbeit richtet zur Durchführung der ihr in diesem Teil und der ihr im Dritten Buch zur Teilhabe behinderter und schwerbehinderter Menschen am Arbeitsleben übertragenen Aufgaben in allen Agenturen für Arbeit besondere Stellen ein; bei der personellen Ausstattung dieser Stellen trägt sie dem besonderen Aufwand bei der Beratung und Vermittlung des zu betreuenden Personenkreises sowie bei der Durchführung der sonstigen Aufgaben nach Absatz 1 Rechnung.

(5) Im Rahmen der Beratung der Arbeitgeber nach Absatz 1 Nummer 2 hat die Bundesagentur für Arbeit
1. dem Arbeitgeber zur Besetzung von Arbeitsplätzen geeignete arbeitslose oder arbeitssuchende schwerbehinderte Menschen unter Darlegung der Leistungsfähigkeit und der Auswirkungen der jeweiligen Behinderung auf die angebotene Stelle vorzuschlagen,
2. ihre Fördermöglichkeiten aufzuzeigen, soweit möglich und erforderlich, auch die entsprechenden Hilfen der Rehabilitationsträger und der begleitenden Hilfe im Arbeitsleben durch die Integrationsämter.

1 Geltende Fassung: Die Vorschrift wurde mit Wirkung vom 1.7.2001 durch Art. 1 und 68 SGB IX vom 19.6.2001¹ als § 104 eingeführt und durch Art. 1 Nr. 6 G. v. 3.4.2003² sowie Art. 9 Nr. 14 G. v. 24.12.2003³ der geänderten Organisation von Bundesregierung und Arbeitsverwaltung sprachlich angeglichen. In **Abs. 1** Nr. 4 sind die Worte „und Strukturmaßnahmen" gestrichen worden, Art. 8 Nr. 19 G. v. 23.12.2003;⁴ die frühere Nr. 10 hat Art. 1 Nr. 25 G. v. 23.4.2004⁵ gestrichen. In **Abs. 3** wurde mit Art. 1 Nr. 6 G. v. 3.4.2003⁶ der Satz 2 angefügt durch Art. 8 Nr. 19 G. v. 23.12.2003⁷ und durch Art. 1 Nr. 1 G. v. 22.12.2011⁸ der Verweis auf das SGB III geändert. Das G. v. 24.12.2003⁹ hat in **Abs. 4** den früheren Satz 2 gestrichen und – ebenso wie in **Abs. 5** – die

---

1 BGBl. I 1046.
2 BGBl. I 462.
3 BGBl. I 2954.
4 BGBl. I 2848.
5 BGBl. I 606.
6 BGBl. I 462.
7 BGBl. I 2848.
8 BGBl. I 3057.
9 BGBl. I 2954.

Bezeichnung der Arbeitsverwaltung modernisiert. **Abs. 1 Nr. 10** wurde durch Art. 1 Nr. 25 G. v. 23.4.2004[10] gestrichen. In **Abs. 2 Satz 1** und **Abs. 3 Satz 2** hat Art. 261 Nr. 1 VO v. 31.10.2006[11] die Bezeichnung „Gesundheit und Soziale Sicherung" durch „Arbeit und Soziales" ersetzt. **Abs. 3 Satz 1** wurde geändert durch G. v. 22.12.2011.[12] Art. 1 G. v. 23.12.2016 hat Abs. 1 Nr. 3 c dem § 60 angepasst und die neue Bezeichnung „Inklusionsbetrieb" übernommen.[13]

Regelungsinhalt: Abs. 1 und 5 nennen – nicht abschließend – die der **Bundesagentur für Arbeit** im Schwerbehindertenrecht (nach Teil 3 des SGB IX) übertragenen Aufgaben. Außerhalb dieses Katalogs führt die BA nach Abs. 3 Arbeitsmarktprogramme durch, um die Arbeitslosigkeit schwerbehinderter Menschen allgemein oder die besonderer Gruppen unter ihnen abzubauen. Abs. 4 enthält Organisationsvorschriften für die BA. Abs. 2 schreibt vor, welche Statistiken zu führen, dem BMAS zu übermitteln und zu veröffentlichen sind. Abs. 5 regelt die Beratungspflichten nach Abs. 1 Nr. 2 gegenüber den Arbeitgebern näher. 2

Gesetzeshistorie: Im Wesentlichen handelt es sich um die inhaltsgleiche Übernahme des § 33 SchwbG. Wegen geänderter Strukturverantwortung für die Integrationsfachdienste (vgl. § 196) wurde ihre Nennung 2004 aus dem Aufgabenkatalog der BA gestrichen. Damit endete der mit Inkrafttreten des SGB IX 2001 unternommene Versuch, über die Bundesagentur als gesetzlich verankertem Auftraggeber von Integrationsfachdiensten diese als schnittstellenübergreifende Dienste zu institutionalisieren. 3

Die im Katalog des **Abs. 1** aufgezählten **Aufgaben** sind an anderer Stelle **näher** geregelt, zB in den §§ 48 Abs. 2, 112 ff. SGB III (Nr. 1 und 4), in §§ 2 Abs. 3, 151 Abs. 2, 199 Abs. 2 (Nr. 5), §§ 154 ff. (Nr. 7) und §§ 225 ff. (Nr. 9). In den §§ 112–118 SGB III sind die Leistungen zur **Förderung der Teilhabe behinderter Menschen am Arbeitsleben** erfasst, unterteilt in allgemeine und besondere Leistungen. 4

Arbeitsmarktberatung und Beratung der **Arbeitgeber** bei der Vermittlung wird schon nach §§ 29 Abs. 1, 34 SGB III von der BA angeboten. Abs. 5 konkretisiert diese Aufgabe. Kommen schwerbehinderte Menschen für die Besetzung eines Arbeitsplatzes in Betracht, so hat die Agentur für Arbeit **konkrete Vorschläge** zu machen und dabei dem Arbeitgeber sowohl die Leistungsfähigkeit der vorgeschlagenen Personen darzulegen als ihn auch davon zu unterrichten, welche Auswirkungen auf die angebotene Stelle die Behinderung des Vorgeschlagenen haben wird. Zugleich sind die Förderungsmöglichkeiten umfassend aufzuzeigen. Diese **gesetzlichen Vorgaben** finden in der Praxis sowohl der Arbeitgeber als auch der Bundesagentur für Arbeit noch zu wenig Beachtung. Um der gesetzlichen Prüfpflicht zu genügen, ist es erforderlich, dass der Agentur für Arbeit ausreichend Zeit zur Prüfung eingeräumt wird, ob ein konkret ausgeschriebener Arbeitsplatz mit einem arbeitsuchenden schwerbehinderten Menschen besetzt werden kann.[14] Die Einstellung einer Stelle in die Online-Jobbörse der Bundesagentur für Arbeit genügt den Anforderungen des § 164 Abs. 1 Satz 2 nicht, solange damit nicht gleichzeitig ein betreuter Vermittlungsauftrag auf den Weg gebracht wird. Eine mündliche Information muss dabei im Zusammenhang mit der Übersendung der Stellenbeschreibung und des Stellenprofils 5

---

10 BGBl. I 606.
11 BGBl. I 2407.
12 BGBl. I 3057.
13 BGBl. I 3234.
14 LAG RhPf 10.9.2010 – 6 TaBV 10/10, die beim BAG eingelegte Rechtsbeschwerde führte zur Einstellung des Verfahrens, Beschl. 24.1.2011 – 7 ABR 66/10.

stehen, da eine sinnvolle Suche durch die Bundesagentur ohne Kenntnis der konkreten Anforderungen an die Stelle regelmäßig nicht möglich ist.[15] Die Verpflichtung der Arbeitgeber nach § 164 Abs. 1 Satz 1 sowie der öffentlichen Arbeitgeber nach § 165 Satz 1 zur Kontaktaufnahme mit der Agentur für Arbeit besteht nur bei externen Stellenausschreibungen.[16]

6 Das Schwerbehindertenrecht zielt vor allem darauf ab, die **Beschäftigung** schwerbehinderter Menschen zu fördern. Hierbei nehmen die in Abs. 1 Nr. 3 a bis e genannten **Personengruppen** einen **herausgehobenen Rang** ein, weil sie durch die in der Vorschrift genannten Umstände wegen Art und Schwere ihrer Behinderung oder darüber hinaus aus anderen Gründen besonders betroffen sind. Nach § 90 SGB III zahlt die BA **Eingliederungszuschüsse** für die Einstellung behinderter und schwerbehinderter Menschen. Für behinderte und schwerbehinderte Menschen kann der Eingliederungszuschuss bis zu 70 % des zu berücksichtigenden Arbeitsentgelts und die Förderdauer bis zu 24 Monate betragen. Für schwerbehinderte Menschen iSd § 187 Abs. 1 Nr. 3 a bis d und ihnen nach § 2 Abs. 3 gleichgestellte behinderte Menschen, deren Vermittlung wegen in ihrer Person liegender Gründe erschwert ist (besonders betroffene schwerbehinderte Menschen), kann der Eingliederungszuschuss bis zu 70 % des zu berücksichtigenden Arbeitsentgelts und die Förderdauer bis zu 60 Monate betragen. Hierfür erhält die BA Zuweisungen aus dem Ausgleichsfonds gemäß § 41 Abs. 1 Nr. 1 SchwbAV.

7 **Abs. 3** füllt den in § 368 Abs. 3 Satz 2 und Abs. 4 SGB III geschaffenen Rahmen aus, innerhalb dessen die **Bundesagentur** aufgrund von **Verwaltungsvereinbarungen** mit dem Bund – oder deren **Regionaldirektionen** nach Vereinbarungen mit den **Ländern** – befristete **Arbeitsmarktprogramme** durchführen kann. Diese Programme richten sich vor allem an Gruppen schwerbehinderter Menschen, deren Teilhabe am Arbeitsleben mit besonderen Schwierigkeiten verbunden ist; die Finanzierung erfolgt ebenfalls über den Ausgleichsfonds beim BMAS aus Mitteln der Ausgleichsabgabe (vgl. § 41 Abs. 1 Nr. 1 SchwbAV).

8 **Abs. 4** verpflichtet die BA im Interesse behinderter und schwerbehinderter Menschen zu einer besonderen Organisation ihrer Dienste. In allen Agenturen für Arbeit sind besondere Stellen einzurichten. Dem sind die Arbeitsagenturen mit sogenannten Reha/Sb-Stellen nachgekommen. Die Vermittlung des betroffenen Personenkreises in Arbeit erfordert besondere Anstrengungen, was sich ua an der immer noch im Vergleich zu nicht behinderten Menschen höheren Arbeitslosenquote zeigt. Vielfach gelingt eine Vermittlung während des einjährigen Zeitraumes, in dem Anspruch auf Arbeitslosengeld nach dem SGB III besteht, dennoch nicht, so dass im Anschluss nur noch Leistungen der Grundsicherung nach dem SGB II in Frage kommen. Diese Defizite haben schwerwiegende Folgen: Nicht oder zu spät erkannter Rehabilitationsbedarf erschwert die Arbeitsvermittlung und eine optimale Betreuung oder macht sie sogar unmöglich.[17] Dass diese Sachlage in den letzten Jahren nicht zufriedenstellend gelöst wurde, zeigen die im Rahmen des BTHG erfolgten Bemühungen des Gesetzgebers in § 11 „Förderung von Modellvorhaben zur Stärkung der Rehabilitation", § 12 Abs. 2 „Maßnahmen zur Unterstützung der frühzeitigen Bedarfserkennung" sowie der erweiterte Personenkreis in Inklusionsbetrieben um langzeitarbeitslose schwerbehinderte Menschen gemäß § 215 Abs. 2 Nr. 4.

---

15 LAG Bln-Bbg 12.12.2013 – 26 TaBV 1164/13.
16 LAG Köln 8.2.2010 – 5 TaBV 73/09.
17 Vgl. BT-Ausschussdrs. 17 (11)1082, 19.

§ 188 Beratender Ausschuss für behinderte Menschen bei der Bundesagentur für Arbeit

(1) Bei der Zentrale der Bundesagentur für Arbeit wird ein Beratender Ausschuss für behinderte Menschen gebildet, der die Teilhabe der behinderten Menschen am Arbeitsleben durch Vorschläge fördert und die Bundesagentur für Arbeit bei der Durchführung der in diesem Teil und im Dritten Buch zur Teilhabe behinderter und schwerbehinderter Menschen am Arbeitsleben übertragenen Aufgaben unterstützt.

(2) Der Ausschuss besteht aus elf Mitgliedern, und zwar aus
1. zwei Mitgliedern, die die Arbeitnehmerinnen und Arbeitnehmer vertreten,
2. zwei Mitgliedern, die die privaten und öffentlichen Arbeitgeber vertreten,
3. fünf Mitgliedern, die die Organisationen behinderter Menschen vertreten,
4. einem Mitglied, das die Integrationsämter vertritt,
5. einem Mitglied, das das Bundesministerium für Arbeit und Soziales vertritt.

(3) Für jedes Mitglied ist eine Stellvertreterin oder ein Stellvertreter zu berufen.

(4) ¹Der Vorstand der Bundesagentur für Arbeit beruft die Mitglieder, die Arbeitnehmer und Arbeitgeber vertreten, auf Vorschlag ihrer Gruppenvertreter im Verwaltungsrat der Bundesagentur für Arbeit. ²Er beruft auf Vorschlag der Organisationen behinderter Menschen, die nach der Zusammensetzung ihrer Mitglieder dazu berufen sind, die behinderten Menschen in ihrer Gesamtheit auf Bundesebene zu vertreten, die Mitglieder, die Organisationen der behinderten Menschen vertreten. ³Auf Vorschlag der Bundesarbeitsgemeinschaft der Integrationsämter und Hauptfürsorgestellen beruft er das Mitglied, das die Integrationsämter vertritt, und auf Vorschlag des Bundesministeriums für Arbeit und Soziales das Mitglied, das dieses vertritt.

Geltende Fassung: Die Vorschrift wurde mit Wirkung vom 1.7.2001 durch Art. 1 und 68 SGB IX vom 19.6.2001[1] als § 105 eingeführt. Die Organisationsreformen der Bundesregierung und der Arbeitsverwaltung sind in der Überschrift und in Abs. 1 Satz 1, Abs. 2 und Abs. 4 sprachlich nachvollzogen worden durch Art. 5 Nr. 2 G. v. 23.3.2002,[2] Art. 1 Nr. 8 G. v. 3.4.2003[3] und Art. 8 Nr. 20 G. v. 23.12.2003;[4] Abs. 4 Satz 3 wurde geändert durch G. v. 23.4.2004;[5] die Bezeichnung des zuständigen Ministeriums in Abs. 2 und Abs. 4 Satz 4 wurde erneut aktualisiert durch Art. 261 Nr. 1 VO v. 31.10.2006.[6] Sprachliche Anpassung durch Art. 1 G. v. 23.12.2016.[7]

Regelungsinhalt: Die Vorschrift verpflichtet die BA, bei ihrer Zentrale in Nürnberg einen **Beratenden Ausschuss** zu bilden, beschreibt dessen Aufgaben, regelt seine Zusammensetzung und bestimmt das Verfahren zur Berufung von Ausschussmitgliedern. Aus § 189 ergeben sich die innere Struktur und Grundzüge des Verfahrens bei Beschlussfassung.

Gesetzeshistorie: Inhaltsgleiche Übernahme des § 34 SchwbG.

Durch den bei der Zentrale zu bildenden Ausschuss sollen Arbeitnehmer, Arbeitgeber und behinderte Menschen (diese repräsentiert durch die Vertreter ihrer Organisationen) an der Durchführung des Schwerbehindertenrechts mit-

---
1 BGBl. I 1046.
2 BGBl. I 1130.
3 BGBl. I 462.
4 BGBl. I 2848.
5 BGBl. I 606.
6 BGBl. I 2407.
7 BGBl. I 3234.

wirken. Insoweit gilt dasselbe wie für die Beratenden Ausschüsse bei den Integrationsämtern (→ § 186 Rn. 4).

5   Die **Aufgabenbeschreibung** in Abs. 1 ist sehr allgemein gehalten. Das ist einerseits Konsequenz der umfassenden Funktion des Ausschusses (soweit das SGB III betroffen ist, vgl. §§ 48 Abs. 2, 90 und 112 ff.), andererseits seiner begrenzten Befugnisse. Das Gesetz spricht nur von einer **Unterstützung** der Arbeit der BA und dem Recht, **Vorschläge** zur Förderung der Teilhabe behinderter Menschen am Arbeitsleben zu unterbreiten. Dass sich die Aufgaben des Ausschusses auch auf Teile des Dritten Buchs erstrecken, ist folgerichtig, da die Leistungen zugunsten schwerbehinderter Menschen im SGB III aus Mitteln des Ausgleichsfonds beim BMAS finanziert werden können. Zum (schwachen) Grad der Mitwirkung, zum Verfahren der Mitgliederberufung und zur Organisation der Ausschussarbeit → § 186 Rn. 6–8.

§ 189 Gemeinsame Vorschriften

(1) ¹Die Beratenden Ausschüsse für behinderte Menschen (§§ 186, 188) wählen aus den ihnen angehörenden Mitgliedern von Seiten der Arbeitnehmer, Arbeitgeber oder Organisationen behinderter Menschen jeweils für die Dauer eines Jahres eine Vorsitzende oder einen Vorsitzenden und eine Stellvertreterin oder einen Stellvertreter. ²Die Gewählten dürfen nicht derselben Gruppe angehören. ³Die Gruppen stellen in regelmäßig jährlich wechselnder Reihenfolge die Vorsitzende oder den Vorsitzenden und die Stellvertreterin oder den Stellvertreter. ⁴Die Reihenfolge wird durch die Beendigung der Amtszeit der Mitglieder nicht unterbrochen. ⁵Scheidet die Vorsitzende oder der Vorsitzende oder die Stellvertreterin oder der Stellvertreter aus, wird sie oder er neu gewählt.

(2) ¹Die Beratenden Ausschüsse für behinderte Menschen sind beschlussfähig, wenn wenigstens die Hälfte der Mitglieder anwesend ist. ²Die Beschlüsse und Entscheidungen werden mit einfacher Stimmenmehrheit getroffen.

(3) ¹Die Mitglieder der Beratenden Ausschüsse für behinderte Menschen üben ihre Tätigkeit ehrenamtlich aus. ²Ihre Amtszeit beträgt vier Jahre.

1   **Geltende Fassung:** Die Vorschrift wurde mit Wirkung vom 1.7.2001 durch Art. 1 und 68 SGB IX vom 19.6.2001[1] als § 106 eingeführt, sprachliche Anpassung durch Art. 1 G. v. 23.12.2016.[2]

2   **Regelungsinhalt:** Die Vorschrift regelt ausgewählte, grundsätzliche Fragen zur inneren **Organisation** und zur **Willensbildung** Beratender Ausschüsse (nach §§ 186, 188). Alle übrigen Fragen beantworten die Ausschüsse kraft autonomen Organisationsrechts – etwa in einer Geschäftsordnung – selbst.
Abs. 1 regelt eingehend die Wahl der Vorsitzenden und ihrer Stellvertreter. Besonderer Wert wird dabei auf einen unter den drei Statusgruppen im Jahresturnus in fester Reihenfolge **rotierenden Vorsitz** gelegt. Endet die vierjährige Amtszeit des Vorsitzenden (als Ausschussmitglied) im Laufe des Jahres oder scheidet er vorzeitig (Vor Ablauf eines Jahres) aus seinem Amt als Vorsitzender aus, so wird für den Rest der einjährigen Amtszeit ein Nachfolger aus seiner Gruppe gewählt.

3   Abs. 2 fordert für die **Beschlussfähigkeit** die Anwesenheit wenigstens der Hälfte der Mitglieder, also von fünf (§ 186) oder sechs (§ 188) Personen. Damit werden Beschlüsse verhindert, die sich von der Mehrheitsmeinung in den pluralis-

---

1   BGBl. I 1046.
2   BGBl. I 3234.

tisch zusammengesetzten Ausschüssen allzu weit entfernen. Einfache **Stimmenmehrheit** heißt: Mehrheit der anwesenden Stimmen. Bei Stimmengleichheit gilt ein Antrag als abgelehnt. Der Vorsitzende hat in solcher Situation kein ausschlaggebendes Stimmrecht.
Nach **Abs. 3** beträgt die **Amtsdauer** der Ausschussmitglieder vier Jahre. Scheiden sie vor Ablauf dieser Zeit aus (etwa durch Tod oder Niederlegung des Amtes) oder verlieren sie ihren Status als Behörden- oder Organisationsvertreter, so sind neue Mitglieder zu berufen. Deren Amtsdauer beträgt wiederum vier Jahre, so dass die Ämter der Ausschussmitglieder dann – unsynchronisiert – zu verschiedenen Zeitpunkten enden können. 4

§ 213 verpflichtet die Ausschussmitglieder zur **Geheimhaltung**, auch über ihr Ausscheiden aus dem Gremium hinaus. 5

§ 190 Übertragung von Aufgaben

(1) ¹Die Landesregierung oder die von ihr bestimmte Stelle kann die Verlängerung der Gültigkeitsdauer der Ausweise nach § 152 Absatz 5, für die eine Feststellung nach § 152 Absatz 1 nicht zu treffen ist, auf andere Behörden übertragen. ²Im Übrigen kann sie andere Behörden zur Aushändigung der Ausweise heranziehen.

(2) Die Landesregierung oder die von ihr bestimmte Stelle kann Aufgaben und Befugnisse des Integrationsamtes nach diesem Teil auf örtliche Fürsorgestellen übertragen oder die Heranziehung örtlicher Fürsorgestellen zur Durchführung der den Integrationsämtern obliegenden Aufgaben bestimmen.

Geltende Fassung: Die Vorschrift wurde mit Wirkung vom 1.7.2001 durch Art. 1 und 68 SGB IX vom 19.6.2001[1] als § 107 eingeführt. Den früheren Abs. 3 (Aufgabenübertragung von den Landesarbeitsämtern auf die Arbeitsämter) hat Art. 9 Nr. 15 G. v. 24.12.2003[2] gestrichen. Art. 1 G. v. 23.12.2016 hat zu einer sprachlichen Anpassung geführt.[3] 1

Regelungsinhalt: Abs. 1 lässt in eng begrenztem Umfang zu, Aufgaben der Versorgungsämter (Verlängerung von Ausweisen und deren Aushändigung) auf andere Stellen zu übertragen. Die Vorschrift ist bereits seit längerem obsolet, nachdem die ausschließliche Zuständigkeit der für die Durchführung des BVG zuständigen Behörden durch § 69 Abs. 1 letzter Satz aF beseitigt und in § 69 Abs. 5 aF die Wörter „für die Durchführung des Bundesversorgungsgesetzes" gestrichen worden sind. Die entsprechenden Bestimmungen finden sich nun in § 152 Abs. 1 letzter Satz und Abs. 5. 2
Abs. 2 erlaubt es uneingeschränkt – bis auf die Entscheidung über Widersprüche, § 118 Abs. 1 – Aufgaben und Befugnisse der Integrationsämter auf örtliche Fürsorgestellen zu übertragen oder Letztere zur Durchführung der Aufgaben heranzuziehen. Von dieser Möglichkeit haben nur die Bundesländer Nordrhein-Westfalen und Schleswig-Holstein Gebrauch gemacht. Der Gesetzgeber hat es bedauerlicherweise versäumt, im Zuge des Bundesteilhabegesetzes die „örtlichen Fürsorgestellen" in „Fachstellen für behinderte Menschen im Arbeitsleben" umzubenennen.[4] Die Bezeichnung als örtliche Fürsorgestellen ist seit 2001

---
1 BGBl. I 1046.
2 BGBl. I 2954.
3 BGBl. I 3234.
4 So die Stellungnahme der BIH zum Referentenwurf des BMAS des BTHG vom 24.4.2016, unter www.integrationsaemter.de veröffentlicht.

mit Inkrafttreten des SGB IX und der damit verbundenen Abkehr vom Fürsorgegedanken überholt.

3 **Zur Entstehung:** Inhaltsgleiche Übernahme des § 37 SchwbG.

§ 191 Verordnungsermächtigung

Die Bundesregierung wird ermächtigt, durch Rechtsverordnung mit Zustimmung des Bundesrates das Nähere über die Voraussetzungen des Anspruchs nach § 49 Absatz 8 Nummer 3 und § 185 Absatz 5 sowie über die Dauer und Ausführung der Leistungen zu regeln.

1 **Geltende Fassung:** Die Vorschrift wurde mit Wirkung vom 1.7.2001 durch Art. 1 und 68 SGB IX vom 19.6.2001[1] als § 108 eingeführt, lediglich Anpassung der in Bezug genommenen Bestimmungen durch Art. 1 G. v. 23.12.2016.[2] Zuletzt geändert durch Art. 2 G. v. 10.12.2019.[3]

2 **Regelungsinhalt:** Ermächtigung der Bundesregierung zum Erlass einer Verordnung über Einzelheiten des Anspruchs auf **Arbeitsassistenz**, sowie zu Dauer und Ausführung dieser Leistung.[4]

3 **Gesetzeshistorie:** Die Vorschrift übernimmt inhaltsgleich den § 31 Abs. 3 a Satz 2 SchwbG, ergänzt um eine Verordnungsermächtigung für den Anspruch auf Arbeitsassistenz gegenüber Rehabilitationsträgern (§ 49 Abs. 8 Nr. 3). Im Zuge der Ergänzung des § 185 Abs. 5 wurde das Wort „Höhe" gestrichen.

4 Eine Verordnung nach § 191 ist bisher nicht ergangen. Der eröffnete Spielraum ist durch die Verwaltung auszufüllen. Dabei lässt sich aus Gründen einheitlicher Rechtsausübung auf die „Empfehlungen der Bundesarbeitsgemeinschaft der Integrationsämter und Hauptfürsorgestellen (BHI) für die Erbringung finanzieller Leistungen zur Arbeitsassistenz schwerbehinderter Menschen gemäß § 185 Abs. 5 SGB IX" zurückgreifen.[5]

Kapitel 7 Integrationsfachdienste

§ 192 Begriff und Personenkreis

(1) Integrationsfachdienste sind Dienste Dritter, die bei der Durchführung der Maßnahmen zur Teilhabe schwerbehinderter Menschen am Arbeitsleben beteiligt werden.

(2) Schwerbehinderte Menschen im Sinne des Absatzes 1 sind insbesondere
1. schwerbehinderte Menschen mit einem besonderen Bedarf an arbeitsbegleitender Betreuung,
2. schwerbehinderte Menschen, die nach zielgerichteter Vorbereitung durch die Werkstatt für behinderte Menschen am Arbeitsleben auf dem allgemeinen Arbeitsmarkt teilhaben sollen und dabei auf aufwendige, personalintensive, individuelle arbeitsbegleitende Hilfen angewiesen sind sowie

---

1 BGBl. I 1046.
2 BGBl. I 3234.
3 BGBl. I 2135.
4 Vgl. hierzu *Schneider/Adlhoch* br 2001, 51 ff.; *Weber* br 2004, 193 ff.
5 Stand: 15.1.2020; im Internet unter www.integrationsaemter.de abrufbar; vgl. zur alten Rechtslage auch *Wulf* br 2007, 34; VG Freiburg 25.6.2008 – 5 K 1329/06, br 2009, 95; VG Saarlouis 8.4.2014 – 3 K 940/13.

3. schwerbehinderte Schulabgänger, die für die Aufnahme einer Beschäftigung auf dem allgemeinen Arbeitsmarkt auf die Unterstützung eines Integrationsfachdienstes angewiesen sind.

(3) Ein besonderer Bedarf an arbeits- und berufsbegleitender Betreuung ist insbesondere gegeben bei schwerbehinderten Menschen mit geistiger oder seelischer Behinderung oder mit einer schweren Körper-, Sinnes- oder Mehrfachbehinderung, die sich im Arbeitsleben besonders nachteilig auswirkt und allein oder zusammen mit weiteren vermittlungshemmenden Umständen (Alter, Langzeitarbeitslosigkeit, unzureichende Qualifikation, Leistungsminderung) die Teilhabe am Arbeitsleben auf dem allgemeinen Arbeitsmarkt erschwert.

(4) ¹Der Integrationsfachdienst kann im Rahmen der Aufgabenstellung nach Absatz 1 auch zur beruflichen Eingliederung von behinderten Menschen, die nicht schwerbehindert sind, tätig werden. ²Hierbei wird den besonderen Bedürfnissen seelisch behinderter oder von einer seelischen Behinderung bedrohter Menschen Rechnung getragen.

I. Zielsetzung, Zielgruppe und Indikation 1
II. Bisherige Entwicklung der IFD und rechtspolitische Wertung 5
III. Gesetzgebungsverfahren 14
IV. Begriff, Aufgabenstellung und Auftraggeber 19

I. Zielsetzung, Zielgruppe und Indikation

Ziel der Regelung ist es für einen Teil der besonders betroffenen (schwer-)behinderten oder von (Schwer-)Behinderung bedrohten Menschen die **Teilhabe am Arbeitsleben auf dem allgemeinen Arbeitsmarkt** durch besondere fachdienstliche Unterstützung zu ermöglichen und nachhaltig zu sichern. Hierzu sollen Arbeitsplätze erschlossen und/oder Arbeitsverhältnisse erreicht bzw. gesichert werden, die den **Neigungen, Fähigkeiten und Kenntnissen** der behinderten Menschen entsprechen. 1

Dabei kann sich die besondere Betroffenheit einerseits aus der Art und Schwere der (chronischen) Erkrankung oder funktionalen Beeinträchtigung, der Lebenssituation, dem Lebensalter, der Dauer der Krankheit oder Arbeitslosigkeit, unzureichender oder nicht nutzbarer Qualifikation, der Lage am Arbeitsmarkt sowie aus den daraus erwachsenen Vermittlungs-, Kommunikations-, Adaptions- und Leistungsschwierigkeiten ergeben – andererseits muss auch eine **spezifische (psycho-soziale) Indikationsstellung** vorliegen. Denn nur dann, wenn über die besondere Betroffenheit im Sinne des § 155 (§ 72 aF) Abs. 1 Nr. 1 SGB IX hinaus **innerpersonale Schwierigkeiten** (Seelische Leiden, emotionale Konflikte und Beeinträchtigungen wie Zwänge, Ängste oder Persönlichkeitsstörungen usw) nicht, noch nicht oder nicht ausreichend erkannt bzw. benannt und kommuniziert werden können, führt dies zu konfliktreichen Wechselwirkungen im betrieblichen Umfeld (Psycho-soziale Indikation). Dies gilt auch für drohende Nachteile aus intellektuellen oder kommunikativen Einschränkungen. Die notwendige Unterstützung ist in diesen Fällen nicht nur sehr aufwendig und personalintensiv; sie umfasst auch **besondere sozialberufliche Kenntnisse und Erfahrungen, die teilweise erst im Laufe der Einarbeitung bzw. entlang der IFD-Tätigkeit** erworben werden können (IFD-spezifische Qualifikation) und kann deshalb von den Fachdiensten der Arbeitsagenturen, der Rehabilitationsträger und der Integrationsämter weder in der **erforderlichen Art und Weise** noch in ausreichendem Umfang geleistet werden, und zwar auch dann nicht, wenn die behördeninternen Dienste den Grundanforderungen personell entsprechend aus- 2 gestattet sind. Mit der **gesetzlichen Regelung** soll die spezifische fachdienstliche Unterstützung durch die **Integrationsfachdienste (IFD)** bundesweit nach einheitlichen Kriterien **sichergestellt** werden.

3 Die Indikationsstellung erfolgt im Rahmen der Zuständigkeitsklärung – grundsätzlich vor Beginn der rechtsverbindlichen Beauftragung durch den IFD. Sie entspricht dem Ergebnis der **IFD-spezifischen Diagnostik**. Dh der IFD prüft beim Zugang zum IFD zunächst ob und in wie fern der Klient formal der Zielgruppe der IFD eindeutig zu geordnet werden kann (s. Grafik „Formale und inhaltliche Voraussetzungen zur Unterstützung durch die Integrationsfachdienste"). In einem weiteren Schritt wird neben der besonderen Betroffenheit und deren Auswirkungen im Arbeitsleben – insbesondere der konkrete individuelle Unterstützungsbedarf – durch den IFD geprüft.

Psycho-soziale Unterstützung meint dabei, dass der Klient sich einer innerpersonalen (psychischen) Problematik nicht oder nicht ausreichend klar ist oder, dass er, obwohl ihm diese Problematik klar ist, nicht im erforderlichen Maße damit umgehen kann bzw. die Auswirkungen dieser innerpersonalen Problematik nicht ausreichend in seinem beruflichen Umfeld (sozial) steuern bzw. kommunizieren kann. Nur in dieser Verbindung – innerpersonales Problem (psycho) und deren Auswirkungen im beruflichen (sozialen) Umfeld (Verhalten) liegt die eindeutige Zuständigkeit des IFD. Es genügt also nicht allein auf formale Kriterien wie die Art und Schwere der funktionalen Beeinträchtigung (früher sprach man vereinfacht von Behinderung) oder auf sogenannte weitere vermittlungshemmende Umstände wie Alter, geringe Qualifizierung, Leistungsminderung und/oder Dauer der Arbeitslosigkeit abzustellen. Dafür sind grundsätzlich die entsprechenden Ansprechpartner bei den Leistungsträgern zuständig (Rehabilitationsberater/innen; Berufshelfer/innen, Arbeitsvermittler/innen für schwerbehinderte Menschen oder zur Sicherung der Beschäftigung die Sachbearbeiter/innen für begleitende Hilfe, Prävention und Kündigungsschutz). Der IFD übernimmt nicht deren Aufgabe; sondern ergänzt zielgerichtet deren Möglichkeiten (Wirksamkeit) nur dann, wenn das **(psycho-soziale) Spezialwissen des IFD zusätzlich gebraucht** wird um Teilhabe am Arbeitsleben zu erreichen bzw. zu sichern.

Formale und inhaltliche Voraussetzungen zur Unterstützung durch Integrationsfachdienste

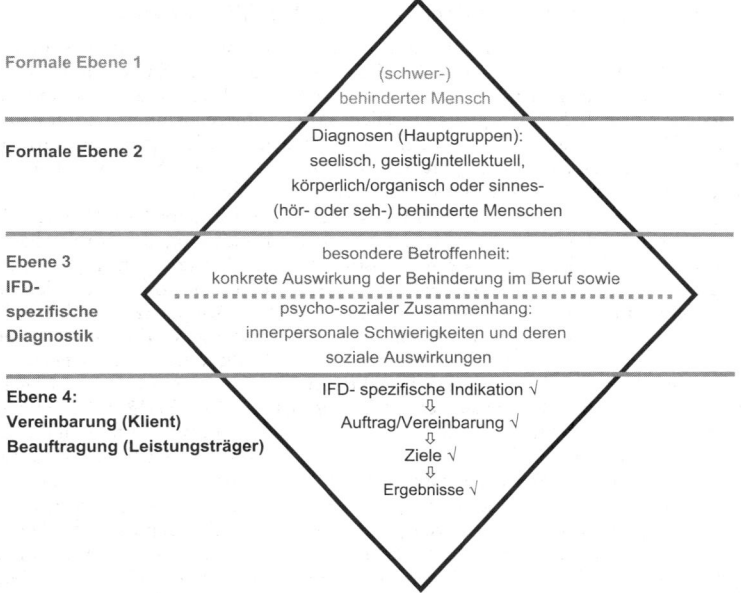

Zielgruppe 1: Menschen mit Behinderungen. Die IFD beraten, begleiten und unterstützen besonders betroffene beschäftigte oder Arbeit suchende behinderte, schwerbehinderte oder von Behinderung oder Schwerbehinderung bedrohte Menschen, die neben der besonderen Betroffenheit im Sinne des § 155 (72 aF) SGB IX, zur Überwindung einer spezifischen psycho-sozialen Problematik, auf spezifische fachdienstliche Kenntnisse und Erfahrungen angewiesen sind (s. o.). Ziel ist, für und mit diesen Menschen individuell geeignete Arbeitsplätze auf dem allgemeinen Arbeitsmarkt zu erschließen, Arbeitsverhältnisse durch gestufte Annäherung zu erreichen und erreichte bzw. bestehende Arbeitsverhältnisse und somit die Teilhabe am Arbeitsleben nachhaltig zu ermöglichen/sichern.

Die IFD sollen insbesondere beim Übergang aus Schulen und Werkstätten für behinderte Menschen in ein Beschäftigungsverhältnis auf dem allgemeinen Arbeitsmarkt tätig werden.

Zielgruppe 2: Arbeitgeber. Die IFD informieren, beraten und unterstützen auch die Arbeitgeber bei allen Fragen zur Beschäftigung der Zielgruppe 1 – insbesondere im Hinblick auf die oben beschriebenen psycho-sozialen Wechselwirkungen. Mit Zustimmung der Leistungsberechtigten informieren und beraten sie Vorgesetzte und Kollegen zu diesen Wechselwirkungen, den Auswirkungen der funktionalen Beeinträchtigung, zu Kommunikations- und Verhaltensregeln, zum adäquaten Arbeitseinsatz sowie zur Vermeidung und zum Umgang mit Krisen und Konflikten im Arbeitsleben. In enger Zusammenarbeit mit den Auftraggebern (Integrationsämtern, Rehabilitationsträgern und ggf. Trägern der Arbeitsvermittlung) sollen die IFD den Arbeitgebern als Ansprechpartner zur Verfügung stehen, um diese über die erforderlichen Leistungen zu informieren, den Leistungsbedarf zu klären und bei der Beantragung wirksam zu unterstützen.

II. Bisherige Entwicklung der IFD und rechtspolitische Wertung

5 Auf der Grundlage von Erfahrungen und Erkenntnissen, die bereits in den 1980er Jahren im Rahmen von Modellprojekten und unter Einbeziehung anderer, vor der gesetzlichen Regelung in den 1990er Jahren bereits vorhandener Dienste (vormals Berufsbegleitende Dienste der früheren Hauptfürsorgestellen – seit 2001 Integrationsämter) gesammelt wurden, wurde mit dem Gesetz zur Bekämpfung der Arbeitslosigkeit Schwerbehinderter vom 29.9.2000[1] flächendeckend ein ortsnahes Angebot von Integrationsfachdiensten aufgebaut. Nach dem vormaligen § 111 Abs. 5 (bis 31.12.2004) sollten die IFD durch die damaligen Arbeitsämter (Arbeitsagenturen) unter Einbezug der bereits bestehenden berufsbegleitenden und psychosozialen Fachdienste die im Rahmen der begleitenden Hilfe im Arbeitsleben durch die früheren Hauptfürsorgestellen bereits flächendeckend bestanden, eingerichtet werden. Grundsätzlich sollte in jedem der damals 183 Arbeitsamtsbezirke nur ein umfassender IFD eines Trägers oder eines Verbundes verschiedener Träger beauftragt werden. Statt einer Erweiterung bzw. Bündelung bereits bestehender Fachdienste wurden in den meisten Arbeitsamtsbezirken zusätzliche IFD eingerichtet. Zum 31.12.2002 entstanden so mehr als 400 IFD mit sehr unterschiedlichem Auftrag, Umfang und Zielsetzung. Der Bericht der Bundesregierung über die Beschäftigungssituation schwerbehinderter Menschen vom 26.6.2003[2] verdeutlichte, dass es einerseits gelang, ein flächendeckendes Netz an IFD aufzubauen, andererseits jedoch eine Bündelung der bis dahin noch weitgehend parallel bestehenden berufsbegleitenden und oder psychosozialen Fachdienste zu einem einheitlichen, alle Aufgabenbereiche und die gesamte Zielgruppe umfassenden IFD zum Abbau von Barrieren zur Nutzung und zur verbesserten Wirksamkeit der IFD erst noch erreicht werden müsste. Darüber hinaus wurde beklagt, dass die IFD zur spezifischen Unterstützung für Übergänger/innen aus Schulen und Werkstätten durch die Arbeitsämter so gut wie nicht beauftragt wurden.

6 Die Änderungen durch das Gesetz zur Förderung der Ausbildung und Beschäftigung schwerbehinderter Menschen vom 23.4.2004[3] sollten Integrationsfachdienste weiterentwickeln, ausbauen, bündeln und auch behinderten Menschen zugänglich machen, die nicht als schwerbehinderte Menschen anerkannt oder diesen gleichgestellt sind (sogenannte Rehabilitationsfälle – insbesondere für Menschen mit seelischen Behinderungen die eine Anerkennung als schwerbehinderter Mensch nicht akzeptieren können). Für diese Zielgruppe hatten die früheren Hauptfürsorgestellen „Ersatzkriterien" entwickelt, die es ermöglichten, trotzdem die erforderliche psychosoziale Unterstützung (wie für anerkannte schwerbehinderte Menschen) zu erhalten, ohne dass diese dadurch formalrechtlich den schwerbehinderten gleichgestellt wurden. Diese pragmatische Regelung wurde jedoch durch das Bundesministerium für Arbeit und Sozialordnung rechtlich als unzulässig eingestuft und durch die gesetzliche Regelung nach § 109 Abs. 4 (§ 192 neu) ersetzt. Darüber hinaus sollten IFD durch Verbesserung der Beratung, Information und Unterstützung der Arbeitgeber mit zur Beseitigung von Einstellungshemmnissen und zur Sicherung der Beschäftigung behinderter Menschen beitragen. Die IFD stellen ein Angebot dar, das ne-

---

1 BGBl. I 1394.
2 BT-Drs. 15/1295.
3 BGBl. I 606.

ben die übrigen Leistungen zur Teilhabe und Unterstützungsangebote der Arbeitsagenturen, der (anderen) Rehabilitationsträger, der Arbeitsgemeinschaften und der zugelassenen kommunalen Träger und der Integrationsämter zur begleitenden Hilfe im Arbeitsleben tritt (s. auch → Rn. 1).
Die Bündelung der bis zum 31.12.2004 in den meisten Bundesländern noch weitgehend nach Arbeitsvermittlung und Sicherung der Beschäftigung getrennten Angebotsstruktur der IFD konnte seit der Übertragung der **Strukturverantwortung für die IFD** auf die Integrationsämter nun weitgehend abgeschlossen werden. Die Bundesarbeitsgemeinschaft der Integrationsämter und Hauptfürsorgestellen stellt in ihrem Bericht zur „Entwicklung der Integrationsfachdienste 2011 bis 2015" fest, dass der Prozess zur Konsolidierung und Zusammenführung der IFD nun weitgehend abgeschlossen ist. Bis zum 31.12.2004 bestanden noch mehr als 400 separate IFD mit unterschiedlicher fachlicher Ausrichtung und Beauftragung. Zum 31.12.2015 konnten diese zwischenzeitlich zu 174 umfassend ausgestatteten Organisationseinheiten zusammengeführt werden.[4]

Mit dem Gesetz zur Förderung der Ausbildung und Beschäftigung schwerbehinderter Menschen vom 23.4.2004[5] wurden allerdings auch die Träger der Arbeitsvermittlung aus dem Katalog der Auftraggeber für die IFD nach damaligen § 111 Abs. 1 gestrichen. Dies sollte nach der Gesetzesbegründung dazu führen, dass diese die IFD auf der Grundlage des damaligen § 37 SGB III (Beauftragung Dritter bei der Arbeitsvermittlung) oder durch Ausgabe des Vermittlungsgutscheines beauftragen. Gleichzeitig verband die Bundesregierung mit dieser Regelung die Erwartung, dass die Integrationsämter einen Teil der damit verbundenen Vorhaltekosten für die IFD weiterhin aus Mitteln der Ausgleichsabgabe sicherstellen sollten. Damit die Integrationsämter dies und andere neue Aufgaben (zB die institutionelle Förderung der Werkstätten für behinderte Menschen) auch leisten konnten, wurde die Ausgleichsabgabe zugunsten der Integrationsämter (plus 15 Prozentpunkte) neu verteilt (→ § 196 Rn. 5 (113 aF)). Dies führte allerdings dazu, dass die Beauftragung durch die Träger der Arbeitsvermittlung von ca. 35.000 Fällen im Jahr 2004 auf 17.400 Fälle im Jahr 2005 erheblich zurückgegangen war.[6] Bei annähernd gleicher Personalausstattung entstanden dadurch ungedeckte Kosten, für die die Integrationsämter im Rahmen der Strukturverantwortung einspringen mussten. Da sich die unmittelbare Beauftragung durch die Träger der Arbeitsvermittlung auch weiterhin schleppend entwickelte, sah sich die Bundesregierung veranlasst die Träger der Arbeitsvermittlung anzuweisen, die IFD im Zuge der freien Vergabe nach dem damaligen § 37 SGB III zu beauftragen. Bis zum 31.12.2008 war zwischenzeitlich sowohl die Beauftragung durch die Träger der Arbeitsvermittlung auf ca. 25.000 Fälle als auch das Vermittlungsergebnis der IFD (7328 Vermittlungen) erheblich angestiegen. Aus Sicht der Bundesländer und der Bundesarbeitsgemeinschaft der Integrationsämter und Hauptfürsorgestellen (BIH) wurden jedoch die getroffenen Regelungen zur Beauftragung und Mitfinanzierung der IFD durch die Träger der Arbeitsvermittlung weiterhin als völlig unzureichend eingestuft.[7] Mit dem Gesetz vom 22.12.2008[8] wurden die Leistungen zur Förderung der Arbeitsaufnahme in einem neuen § 46 SGB III „Maßnahmen zur Aktivierung und

---
4 S. Bericht der BIH zur Entwicklung der IFD 2011 bis 2015, unter https://www.integrationsaemter.de/ifd-bericht/528c7124i/index.html abrufbar.
5 BGBl. I 606.
6 S. Jahresbericht der BIH 2008/2009 unter www.integrationsaemter.de.
7 S. Jahresbericht der BIH 2008/2009, S. 28.
8 BGBl. I 2959.

beruflichen Eingliederung" zusammengefasst und der vormalige § 37 SGB III gestrichen. Mit dem Gesetz vom 20.12.2011[9] wurde das SGB III teilweise neu gegliedert. Die „Maßnahmen zur Aktivierung und beruflichen Eingliederung" sind nun inhaltsgleich im § 45 SGB III geregelt. Eine Beauftragung Dritter mit Aufgaben der Arbeitsvermittlung kann seither nur noch auf Basis des § 45 SGB III im Wege einer vergaberechtlichen Ausschreibung erfolgen.

9 Mit der Änderung der Vergabeordnung für Leistungen (VOL/A) zum April 2010 wurde der Ausnahmetatbestand für eine freihändige Vergabe an die IFD gestrichen. Die Bundesagentur für Arbeit hat deshalb seither Maßnahmen nach § 46 SGB III (aF) bzw. § 45 SGB III (neu) allgemein ausgeschrieben. Da diese Ausschreibungen ohne konkreten Bezug zur Zielgruppe und zur Aufgabenstellung der IFD erfolgten, konnten die Integrationsämter hierzu keine Mittel aus der Ausgleichsabgabe mehr aufwenden. Dies bedeutete, dass die Personalausstattung der IFD an die neue Auftragslage angepasst werden musste.

10 Für Arbeit suchende besonders betroffene schwerbehinderte Menschen bedeutet dies, dass sie vor Ort den **IFD nicht mehr in Anspruch nehmen können**. Eine solche Einschränkung steht nicht im Einklang mit den Zielen des SGB IX allgemein und der Zielsetzung und Aufgabenstellung der IFD im Besonderen. Die IFD wurden eingerichtet, weil man erkannt hatte, dass es eine Gruppe behinderter Menschen gibt, die ohne die eigens geschaffene Fachlichkeit der IFD am Arbeitsleben des allgemeinen Arbeitsmarktes nicht teilhaben kann (→ Rn. 1). Dabei ist die Zielgruppe der IFD auch dadurch gekennzeichnet, dass es sich um Menschen mit erheblichem Unterstützungsbedarf handelt, die wegen der in ihrer Person liegenden Einschränkungen im Wettbewerb mit anderen behinderten oder nicht behinderten Menschen chancenlos bleiben. Je größer die beruflichen Einschränkungen des behinderten Menschen sind, desto geringer ist seine Wettbewerbsfähigkeit und umso größer ist der Unterstützungsaufwand für einen spezifischen Fachdienst und umso geringer sind auch dessen Erfolgsaussichten. Eine lineare Verpreislichung der IFD-Dienstleistung widerspricht diesem Zusammenhang und würde gerade die behinderten Menschen benachteiligen, die auf die niederschwellige Erreichbarkeit und umfassende fachdienstliche Unterstützung durch die IFD am meisten angewiesen sind.

11 Die Bundesregierung hat jedoch mit der Änderung der VOL/A die Vermittlungsdienstleistungen der IFD im Auftrag der Träger der Arbeitsvermittlung nun in den Wettbewerb mit anderen Anbietern (vor allem Bildungsträgern) gestellt.[10] Unterstützen die Integrationsämter nun die IFD bei der Ausschreibung, indem sie wie bisher einen Teil der Vorhaltekosten tragen, so würde dies zu einer unzulässigen Verzerrung der Wettbewerbsbedingungen führen. Beteiligen sich die Träger der IFD jedoch an der Ausschreibung ohne die Unterstützung der Integrationsämter, so wird das wirtschaftliche Risiko allein bei ihnen liegen. Um wirtschaftlich erfolgreich sein zu können, müssen sie sich gezielt auf die Erreichung von Vermittlungserfolgen konzentrieren. Dabei bleiben tendenziell diejenigen ohne die notwendige Unterstützung, die diese am meisten benötigen. Das ist weder mit der generellen Strukturverantwortung der Leistungsträger nach § 17 Abs. 1 Nr. 2 SGB I als auch mit der speziellen Strukturverantwortung der Integrationsämter für die IFD vereinbar.

12 Diese Änderungen haben zwischenzeitlich dazu geführt, dass die Zahl der Vermittlungsaufträge bei den IFD nach Angaben der BIH[11] in den letzten Jahren von 35.000 im Jahr 2004 auf zuletzt 2.363 im Jahr 20185 drastisch zurückge-

---

9 BGBl. I 2854.
10 Ausschussdrs. 17 (11)79 v. 16.3.2010.
11 Bericht der BIH zur Entwicklung der IFD 2014 bis 2018.

gangen sind. Während die allgemeine Arbeitslosigkeit im Zeitraum von 2008 bis 2018 um 25 Prozent zurückgegangen ist, war im gleichen Zeitraum die spezifische Arbeitslosigkeit schwerbehinderter Menschen um lediglich 2 Prozent gesunken.[29]

Die IFD wurden ursprünglich auch mit dem Ziel eingeführt, die Arbeitslosigkeit besonders betroffener schwerbehinderter Menschen zu reduzieren. Dies war den IFD in der Zeitspanne von 2001 bis 2004 auch eindrucksvoll gelungen. Die Beauftragungssituation der IFD hat sich seither erheblich verändert. Eine Nutzung der IFD durch die Träger der Arbeitsvermittlung ist seit der Änderung der Vergabeordnung im Jahr 2010 faktisch ausgeschlossen. Die Bundesregierung vertritt seitdem die Auffassung, dass sich die IFD jederzeit dem Wettbewerb mit anderen Bildungsträgern stellen können bzw. sich jederzeit auch durch die Annahme von Vermittlungsgutscheinen nach § 45 Abs. 7 SGB III refinanzieren können. Diese Auffassung steht im strikten Widerspruch zu den Regelungen nach Kapitel 7 Teil 2. Demnach sind die IFD nicht rechtsfähig. Sie können sich nicht unternehmerisch frei entschließen, ob sie sich an Ausschreibungen der Träger der Arbeitsvermittlung beteiligen oder nicht. Sie sind nach § 194 (§ 111 aF) Abs. 4 und 5 eng an die Vorgaben der Integrationsämter gebunden, denn nur diese können die IFD generell beauftragen. Auch die Annahme von Vermittlungsgutscheinen nach § 45 Abs. 7 SGB III entspricht nicht den rechtlichen Anforderungen zur Beauftragung der IFD nach § 194 (§ 111 aF) Abs. 1. Diese Regelung stellt klar, dass IFD nur öffentlich/rechtlich beauftragt werden können. Sie benötigen in jedem Einzelfall einen unmittelbaren Auftrag eines Leistungsträgers, um tätig werden zu können. Die Fallverantwortung bleibt untrennbar beim Auftrag gebenden Leistungsträger. Mit der Annahme eines Vermittlungsgutscheines entsteht jedoch ein privatrechtliches Beauftragungsverhältnis. Es entsteht kein Rechtsverhältnis zwischen dem IFD und dem Leistungsträger, der den Vermittlungsgutschein an den jeweils Berechtigten ausgibt. 13

III. Gesetzgebungsverfahren

Gesetzeshistorie: Die Vorschrift wurde durch Artikel 1 und 68 Abs. 1 SGB IX vom 19.6.2001[12] mit Wirkung ab 1.7.2001 eingeführt. Durch Artikel 1 und 7 des Gesetzes vom 23.4.2004[13] wurden mit Wirkung ab 1.5.2004 Absatz 4 Satz 2 angefügt und mit Wirkung ab 1.1.2005 die Aufzählung möglicher Auftraggeber in Absatz 1 gestrichen. Durch Artikel 1 des Gesetzes zur Stärkung der Teilhabe und Selbstbestimmung von Menschen mit Behinderungen (Bundesteilhabegesetz – BTHG) vom 23.12.2016[14] wurden mit Wirkung vom 1.1.2018 durch Verschiebung des Schwerbehindertenrechts in Teil 3 die bisherigen Regelungen des § 109 (aF) inhaltsgleich zum neuen § 192. 14

Regelungsinhalt: Absatz 1 definiert die Integrationsfachdienste als Dienste Dritter, die bei der Durchführung der Leistungen zur Teilhabe am Arbeitsleben beteiligt werden können. Die Unterstützung durch die Integrationsfachdienste ist eine persönliche Dienstleistung im Sinne des § 11 SGB I. Absatz 2 und 3 nennt den Personenkreis schwerbehinderter Menschen, für den die Integrationsfachdienste tätig werden sollen; Absatz 4 erweitert diesen Personenkreis auf alle behinderten Menschen, bei denen der Einsatz der Integrationsfachdienste erforderlich ist. Absatz 4 trägt den besonderen Bedürfnissen seelisch behinderter 15

---

12 BGBl. I 1046.
13 BGBl. I 606.
14 BGBl. I 3234.

oder von einer seelischen Behinderung bedrohter Menschen Rechnung, die einer formalen Anerkennung ihrer Behinderung teilweise ablehnend gegenüber stehen. Mit dem Gesetz vom 23.4.2004 sind die besonderen Regelungen zur Beauftragung der Integrationsfachdienste durch die Bundesagentur für Arbeit entfallen. Damit ging die Strukturverantwortung von den Arbeitsagenturen an die Integrationsämter über. Die Bundesagentur für Arbeit kann seit 2005 keine Leistungen mehr aus Mitteln der Ausgleichsabgabe zur Finanzierung der Integrationsfachdienste aufwenden. Sie kann jedoch nach Vorschriften des Dritten Buches Sozialgesetzbuch Dritte (dies können auch Integrationsfachdienste sein) ganz oder teilweise mit der Arbeitsvermittlung beauftragen; für diese Vermittlungstätigkeit kann ein Honorar vereinbart werden.[15]

16 Mit der Änderung der Vergabeordnung für Leistungen (VOL/A) zum April 2010 wurde der Ausnahmetatbestand für eine freihändige Vergabe an die IFD gestrichen. Die Träger der Arbeitsvermittlung (Bundesagentur für Arbeit, die Jobcenter und die zugelassenen kommunalen Träger) können deshalb nur noch Maßnahmen nach § 46 SGB III (aF) bzw. § 45 SGB III (neu) allgemein ausschreiben. Da diese Ausschreibungen ohne konkreten Bezug zur Zielgruppe und zur Aufgabenstellung der IFD erfolgen, können sich IFD, die nach § 194 (111 aF) Abs. 4 und 5 von den Integrationsämtern vertraglich beauftragt sind und aus Mitteln der Ausgleichsabgabe finanziert werden, nicht auf solche Ausschreibungen bewerben. Allerdings können sich die Träger der IFD (außerhalb des IFD) dann an solchen Ausschreibungen beteiligen, wenn gewährleistet ist, dass weder der Name noch das Personal, die Räume oder Sachen des IFD dafür mitgenutzt werden und somit die Anforderungen des § 195 (112 aF) Abs. 1 Nr. 4 weiterhin sichergestellt bleiben. Demnach müssen die IFD rechtlich oder organisatorisch und wirtschaftlich eigenständig sein. Eine Vermengung von Aufgaben nach § 193 (110 aF) mit anderen Aufträgen des Trägers des IFD ist unzulässig (→ § 195 Rn. 5 (§ 112 aF)).

17 **Zur Entstehung:** Die ab Juli 2001 geltenden Regelungen übertrugen inhaltsgleich den früheren § 37a Schwerbehindertengesetz, erweiterten jedoch dessen Anwendungsbereich. Im Regierungsentwurf[16] wurden durch Änderungsantrag der Koalitionsfraktionen[17] in Absatz 1 das Wort „Hauptfürsorgestellen" durch das Wort „Integrationsämter" und in Absatz 3 das Wort „psychischen" durch das Wort „seelischen" ersetzt; nach dem Bericht des Ausschusses[18] erfolgte dies zur redaktionellen Vereinheitlichung. Mit dem Gesetz zur Stärkung der Teilhabe und Selbstbestimmung von Menschen mit Behinderungen vom 23.12.2016 ergeben sich keine Änderungen für den Begriff und den Personenkreis der IFD. Mit Wirkung vom 1.1.2018 verändert sich durch die Verschiebung des Schwerbehindertenrechts in Teil 3 lediglich die Paragrafierung. Der bisherige § 109 (aF) wurde inhaltsgleich zum neuen § 192.

18 Die Änderungen durch das Gesetz vom 23.4.2004 entsprechen inhaltlich dem Gesetzentwurf.[19]

---

15 Begründung zum Gesetzentwurf BT-Drs. 15/2318 und 1783, 17.
16 Nebst Begründung BT-Drs. 14/5074, 37 und 114 sowie BT-Drs. 14/5531, 5.
17 Ausschussempfehlung BT-Drs. 14/5786, 81.
18 BT-Drs. 14/5800, 37.
19 BT-Drs. 15/2318 und 1783, 7 und 17, Ausschussbericht BT-Drs. 15/2357, 12 und 27.

IV. Begriff, Aufgabenstellung und Auftraggeber

Absatz 1 legt die Bezeichnung „Integrationsfachdienste" für Dienste Dritter (Träger der Integrationsfachdienste) fest, die an der Durchführung von Maßnahmen (Leistungen) zur Teilhabe am Arbeitsleben für die Zielgruppe der Integrationsfachdienste beteiligt werden. Eine Festlegung, wer danach „Dritte" sein können, erfolgt nicht. Eigene Dienste der Bundesagentur für Arbeit, der (anderen) Rehabilitationsträger und der Integrationsämter sind von den Regelungen des § 192 (§ 109 aF) und dieses Kapitels insgesamt nicht erfasst.

Zweck der Dienste muss sein, dass das Dienstleistungsspektrum nach § 193 (§ 110 aF) für die gesamte Zielgruppe (behinderungsübergreifend) und alle sonstigen Nutzer (insbesondere Arbeitgeber) niederschwellig erreichbar ist und wirksam genutzt werden kann. Dabei soll nach § 194 (§ 111 aF) Abs. 5 ein bisheriger psychosozialen und berufsbegleitenden Dienste umfassender Integrationsfachdienst durch die Integrationsämter vorgehalten werden. Der frühere Bezug zu den Arbeitsagenturbezirken wurde an dieser Stelle fallen gelassen. Die Dienste sollen einerseits für die Nutzer niederschwellig (unmittelbar, barrierefrei und unbürokratisch) erreichbar sein. Dies stärkt die Selbstbestimmung und die Eigenverantwortung behinderter Menschen und ermöglicht Arbeitgebern, kurzfristig qualifizierte Auskunft und Beratung (s. auch → § 193 Rn. 7 (§ 110 aF)) zu erhalten. Andererseits brauchen die Dienste zur verbindlichen Unterstützung der Nutzer den expliziten Auftrag der relevanten Leistungsträger. Ob und inwiefern die Dienste von den Integrationsämtern oder den Rehabilitationsträgern bei der Durchführung von Leistungen (Maßnahmen) zur Teilhabe (schwer-)behinderter Menschen am Arbeitsleben beteiligt werden, entscheiden diese nach eigenem Ermessen. „Leistungen (Maßnahmen)" zur Teilhabe am Arbeitsleben sind alle einschlägigen Leistungen der Rehabilitationsträger, die in Kapitel 10 (5 aF) des Teils 1 (insbesondere § 49 (§ 33 aF) oder als Leistungen der Integrationsämter nach § 185 (§ 102 aF) geregelt sind. Zu den in diesem Bereich tätigen Rehabilitationsträgern gehören, worauf die Begründung des Regierungsentwurfs hinweist, auch die überörtlichen Träger der Sozialhilfe; eingeschlossen sind jedoch nicht Träger, die ausschließlich für Leistungen nach Kapitel 9 (4 aF) des Teils 1 zuständig sind.

Die Zweckbestimmung der Dienste muss auf den Personenkreis schwerbehinderter Menschen mit besonderem Unterstützungsbedarf im Sinne des Absatzes 2 im Besonderen und des § 2 Abs. 2 im Allgemeinen gerichtet sein, auch wenn sie nach Absatz 4 bei Bedarf für einen weiteren Kreis behinderter Menschen in Anspruch genommen werden können. Betriebe und Dienststellen einerseits sowie behinderte oder von Behinderung bedrohte Menschen andererseits sollen Rat und Hilfe „niederschwellig", also frühzeitig und unbürokratisch erhalten. Gerade auch im Hinblick auf die Ziele des § 3 kann ihnen nicht immer zugemutet werden, zunächst einmal zwischen Behinderung im Sinne von § 2 Abs. 1 und schwerer Behinderung im Sinne von § 2 Abs. 2 zu unterscheiden. Bei der betrieblichen Beratungsarbeit der Dienste ist in der Regel ein erheblicher Anteil der betroffenen behinderten Arbeitnehmer nicht oder noch nicht als schwerbehinderter Mensch anerkannt. Da nicht bestimmt ist, dass die Dienste ausschließlich für die genannten Zwecke eingerichtet sind, können ihnen zusätzlich weitere Aufgabenfelder übertragen werden, insbesondere im Rahmen des § 49 (33 aF). Als Beispiel kann die Unterstützte Beschäftigung angeführt werden. Diese kann nach § 55 Abs. 5 SGB IX von Integrationsfachdiensten oder anderen Trägern durchgeführt werden.

Absatz 2 schildert die Gruppen schwerbehinderter Menschen, für die nach den Vorstellungen des Gesetzgebers der Einsatz der Integrationsfachdienste in besonderer Weise zu prüfen ist. Nach der Begründung des Regierungsentwurfs gehören zu ihnen auch schwerbehinderte Schulabgänger, für die sie im Auftrag der Bundesagentur für Arbeit zB geeignete berufsvorbereitende Maßnahmen (§ 49 (33 aF) Abs. 3 Nr. 2 iVm § 51 SGB III) bei Arbeitgebern oder Bildungsträgern erschließen und so die Aufnahme in eine Werkstatt für behinderte Menschen vermeiden können.

23 **Absatz 3** legt an Beispielen dar, in welchen Fällen der Gesetzgeber besonderen Bedarf an arbeits- und berufsbegleitender Unterstützung sah. Der Gesetzgeber geht bei der Zielgruppe der IFD davon aus, dass sich die (beispielhaft genannten) funktionalen Beeinträchtigungen (im alten Sprachgebrauch Behinderungen) allein oder zusammen mit sonstigen (ungünstigen) Lebensumständen besonders nachteilig im Arbeitsleben auswirken. Eine umfassendere Zielgruppendefinition lässt sich nur aus der genauen Betrachtung der Aufgabenstellung der IFD nach § 193 (110 aF) bzw. für behinderte Menschen auch nach § 49 (33 aF) Abs. 6 sowie den fachlichen Anforderungen nach § 193 (§ 112 aF) ableiten. Klar ist, dass die IFD spezifische Fähigkeiten benötigen, um ihre Aufgaben wirksam erfüllen zu können. Zur Abgrenzung gegenüber anderen Angeboten müssen die IFD eine spezifische Qualifikation (→ Rn. 2) nachweisen, eine IFD spezifische Diagnostik durchführen, fachlich fundierte Indikationsstellungen und Arbeitsanalysen durchführen sowie auf deren Grundlage auch fachdienstliche Gutachten erstellen können.

24 **Absatz 4** soll sicherstellen, dass insbesondere für seelisch behinderte Menschen, die nicht als schwerbehinderte Menschen anerkannt oder gleichgestellt sind, die Ziele des § 49 (33 aF) durch die Beteiligung von Integrationsfachdiensten (§ 49 (33 aF) Abs. 6 Nr. 9 (8 aF) erreicht werden können. Aus dem Bericht der Bundesregierung vom 26.6.2003[20] wurde deutlich, dass die Beauftragung der Integrationsfachdienste durch die Rehabilitationsträger zu diesem Zweck bisher völlig unzureichend war. Mit dem Gesetz vom 23.4.2004 wurde deshalb dem Absatz 4 ein Satz angefügt, mit dem den besonderen Bedürfnissen seelisch behinderter oder von einer seelischen Behinderung bedrohten Menschen Rechnung getragen werden soll, siehe die Begründung zum Gesetzentwurf.[21]

Die Regelung ermöglicht den Integrationsfachdiensten und den Leistungsträgern, die sie in Anspruch nehmen, im Rahmen der Aufgabenstellung nach Absatz 1 auch zur beruflichen Eingliederung von behinderten Menschen, die nicht schwerbehindert sind, tätig zu werden. Absatz 2 und 3 stellen daher nur Beispiele für Einsatzmöglichkeiten dar; ist ein Integrationsfachdienst nach → Rn. 6 eingerichtet, kann er bei entsprechendem individuellen Bedarf im Rahmen seiner Aufgabenstellung für behinderte Menschen aller Art eingesetzt werden. Die spezifische Unterstützung durch IFD gehört somit nach § 49 (33 aF) Abs. 6 Nr. 9 (8 aF) zu den Leistungen zur Teilhabe am Arbeitsleben.

§ 193 Aufgaben

[gültig bis 31.12.2021:]

(1) **Die Integrationsfachdienste können zur Teilhabe schwerbehinderter Menschen am Arbeitsleben (Aufnahme, Ausübung und Sicherung einer möglichst dauerhaften Beschäftigung) beteiligt werden, indem sie**

---

20 BT-Drs. 15/1295, 28, 30 und 38.
21 BT-Drs. 15/2318 und 1783, 12 und 17.

Aufgaben § 193

1. die schwerbehinderten Menschen beraten, unterstützen und auf geeignete Arbeitsplätze vermitteln,
2. die Arbeitgeber informieren, beraten und ihnen Hilfe leisten.

(2) Zu den Aufgaben des Integrationsfachdienstes gehört es,
1. die Fähigkeiten der zugewiesenen schwerbehinderten Menschen zu bewerten und einzuschätzen und dabei ein individuelles Fähigkeits-, Leistungs- und Interessenprofil zur Vorbereitung auf den allgemeinen Arbeitsmarkt in enger Kooperation mit den schwerbehinderten Menschen, dem Auftraggeber und der abgebenden Einrichtung der schulischen oder beruflichen Bildung oder Rehabilitation zu erarbeiten,
2. die Bundesagentur für Arbeit auf deren Anforderung bei der Berufsorientierung und Berufsberatung in den Schulen einschließlich der auf jeden einzelnen Jugendlichen bezogenen Dokumentation der Ergebnisse zu unterstützen,
3. die betriebliche Ausbildung schwerbehinderter, insbesondere seelisch und lernbehinderter, Jugendlicher zu begleiten,
4. geeignete Arbeitsplätze (§ 156) auf dem allgemeinen Arbeitsmarkt zu erschließen,
5. die schwerbehinderten Menschen auf die vorgesehenen Arbeitsplätze vorzubereiten,
6. die schwerbehinderten Menschen, solange erforderlich, am Arbeitsplatz oder beim Training der berufspraktischen Fähigkeiten am konkreten Arbeitsplatz zu begleiten,
7. mit Zustimmung des schwerbehinderten Menschen die Mitarbeiter im Betrieb oder in der Dienststelle über Art und Auswirkungen der Behinderung und über entsprechende Verhaltensregeln zu informieren und zu beraten,
8. eine Nachbetreuung, Krisenintervention oder psychosoziale Betreuung durchzuführen sowie
9. als Ansprechpartner für die Arbeitgeber zur Verfügung zu stehen, über die Leistungen für die Arbeitgeber zu informieren und für die Arbeitgeber diese Leistungen abzuklären,
10. in Zusammenarbeit mit den Rehabilitationsträgern und den Integrationsämtern die für den schwerbehinderten Menschen benötigten Leistungen zu klären und bei der Beantragung zu unterstützen.

[gültig ab 1.1.2022:]

(1) Die Integrationsfachdienste können zur Teilhabe schwerbehinderter Menschen am Arbeitsleben (Aufnahme, Ausübung und Sicherung einer möglichst dauerhaften Beschäftigung) beteiligt werden, indem sie
1. die schwerbehinderten Menschen beraten, unterstützen und auf geeignete Arbeitsplätze vermitteln,
2. die Arbeitgeber informieren, beraten und ihnen Hilfe leisten.

(2) Zu den Aufgaben des Integrationsfachdienstes gehört es,
1. die Fähigkeiten der zugewiesenen schwerbehinderten Menschen zu bewerten und einzuschätzen und dabei ein individuelles Fähigkeits-, Leistungs- und Interessenprofil zur Vorbereitung auf den allgemeinen Arbeitsmarkt in enger Kooperation mit den schwerbehinderten Menschen, dem Auftraggeber und der abgebenden Einrichtung der schulischen oder beruflichen Bildung oder Rehabilitation zu erarbeiten,
2. die Bundesagentur für Arbeit auf deren Anforderung bei der Berufsorientierung und Berufsberatung in den Schulen einschließlich der auf jeden

einzelnen Jugendlichen bezogenen Dokumentation der Ergebnisse zu unterstützen,
3. die betriebliche Ausbildung schwerbehinderter, insbesondere seelisch und lernbehinderter, Jugendlicher zu begleiten,
4. geeignete Arbeitsplätze (§ 156) auf dem allgemeinen Arbeitsmarkt zu erschließen,
5. die schwerbehinderten Menschen auf die vorgesehenen Arbeitsplätze vorzubereiten,
6. die schwerbehinderten Menschen, solange erforderlich, am Arbeitsplatz oder beim Training der berufspraktischen Fähigkeiten am konkreten Arbeitsplatz zu begleiten,
7. mit Zustimmung des schwerbehinderten Menschen die Mitarbeiter im Betrieb oder in der Dienststelle über Art und Auswirkungen der Behinderung und über entsprechende Verhaltensregeln zu informieren und zu beraten,
8. eine Nachbetreuung, Krisenintervention oder psychosoziale Betreuung durchzuführen sowie
9. als Einheitliche Ansprechstellen für Arbeitgeber zur Verfügung zu stehen, über die Leistungen für die Arbeitgeber zu informieren und für die Arbeitgeber diese Leistungen abzuklären,
10. in Zusammenarbeit mit den Rehabilitationsträgern und den Integrationsämtern die für den schwerbehinderten Menschen benötigten Leistungen zu klären und bei der Beantragung zu unterstützen.

1 **Gesetzeshistorie:** Die Vorschrift wurde durch Artikel 1 und 68 Abs. 1 SGB IX vom 19.6.2001[1] mit Wirkung ab 1.7.2001 eingeführt. Durch Artikel 1 und 7 des Gesetzes vom 28.4.2004[2] wurden mit Wirkung ab 1.5.2004 in Absatz 1 die Nummern 1a und 1b eingefügt, Nummer 7 neu gefasst sowie Nummer 8 angefügt. Durch Artikel 1 des Gesetzes zur Stärkung der Teilhabe und Selbstbestimmung von Menschen mit Behinderungen (Bundesteilhabegesetz – BTHG) vom 23.12.2016[3] wurden mit Wirkung vom 1.1.2018 durch Verschiebung des Schwerbehindertenrechts in Teil 3 die bisherigen Regelungen des § 110 (aF) inhaltsgleich zum neuen § 193.
Mit dem Teilhabestärkungsgesetz vom 2.6.2021[4] wurden durch § 185a „Einheitliche Ansprechstellen für Arbeitgeber" als Pflichtaufgabe der Integrationsämter neu in das SGB IX aufgenommen, → § 185a Rn. 1 ff. In diesem Zusammenhang wurde die Aufgabenstellung der IFD nach § 193 durch die Neufassung von Abs. 2 Nr. 9 sprachlich an den § 185a angepasst und inhaltlich damit verzahnt. Die Neufassung entspricht somit einer Aufgabenerweiterung der IFD. Sie tritt zum 1.1.2022 in Kraft.

2 **Regelungsinhalt:** Die Vorschrift stellt die Aufgaben der nach § 192 (109 aF) eingerichteten Integrationsfachdienste dar. Daneben werden mit Bezug auf den § 192 (109 aF) Abs. 4 im Auftrag der Rehabilitationsträger auch Leistungen aus dem Aufgabenkatalog nach § 49 (33 aF) Abs. 6 relevant.

3 **Zur Entstehung:** Die Vorschrift übertrug in der ursprünglichen Fassung inhaltsgleich den früheren § 37b Schwerbehindertengesetz. Sie wurde im Gesetzgebungsverfahren zum SGB IX im Jahre 2001 nicht verändert. Mit dem Bericht der Bundesregierung nach § 160 vom 26.6.2003 wurden Schwachstellen (Information, Beratung und Unterstützung der Arbeitgeber und Übergänge aus Schu-

---
1 BGBl. I 1046.
2 BGBl. I 606.
3 BGBl. I 3234.
4 BGBl. I 1387.

len und Werkstätten für behinderte Menschen) aufgezeigt und als Ansatzpunkt zur Verbesserung der Ausbildung und Beschäftigung behinderter Menschen eine Aufgabenerweiterung der Integrationsfachdienste genannt. Das Gesetz vom 23.4.2004 erweiterte deshalb den Aufgabenkatalog der Integrationsfachdienste. Mit dem Gesetz zur Stärkung der Teilhabe und Selbstbestimmung von Menschen mit Behinderungen vom 23.12.2016 ergeben sich keine Aufgabenerweiterungen für die IFD. Mit Wirkung vom 1.1.2018 verändert sich durch die Verschiebung des Schwerbehindertenrechts in Teil 3 lediglich die Paragrafierung. Der bisherige § 110 (aF) wurde inhaltsgleich zum neuen § 193.

Zum Regierungsentwurf nebst Begründung BT-Drs. 14/5074, 38 und 114 sowie BT-Drs. 14/5531, 5; zur Ausschussempfehlung BT-Drs. 14/5786, 82; der Bericht der Bundesregierung nach § 160 vom 26.6.2003 findet sich in BT-Drs. 15/1295, 37 bis 39. Die Änderungen durch das Gesetz vom 23.4.2004 entsprechen inhaltlich dem Gesetzentwurf.[5]   4

Absatz 1 stellt zunächst klar, dass die in § 192 (109 aF) angesprochene Teilhabe   5
schwerbehinderter Menschen am Arbeitsleben Aufnahme, Ausübung und Sicherung einer möglichst dauerhaften Beschäftigung umfasst. Damit wird ein leistungsträgerübergreifendes Dienstleistungsspektrum definiert. Zu allen in → § 192 Rn. 15 (109 aF) genannten Zwecke können die Integrationsfachdienste beteiligt werden, und zwar in zweierlei Richtung. Nummer 1 spricht die Seite der schwerbehinderten Menschen selbst an; die Integrationsfachdienste können hier beraten, unterstützen und auf geeignete Arbeitsplätze vermitteln. Nach Nummer 2 sind jedoch auch die Arbeitgeber Adressaten der Dienste, die sie informieren, beraten und ihnen Hilfe leisten (→ § 192 Rn. 4 (§ 109 aF): Zielgruppen 1 u. 2).

Mit dem Begriff der **Beteiligung** wird klar, dass die Dienste nicht eigeninitiativ   6
und in eigener Verantwortung handeln können. Der IFD benötigt zur Legitimation in jedem Einzelfall einen Auftrag durch einen entsprechenden Leistungsträger. Der Auftrag gebende Leistungsträger bleibt für die Ausführung der Leistung durch den Dienst verantwortlich (→ § 194 Rn. 5 (§ 111 aF)). Die Sicherstellung der notwendigen Hilfen und Leistungen ist eine originäre öffentlich-rechtliche Aufgabe. Eine Delegation der Aufgaben an einen Dritten oder gar eine vorrangige Aufgabenwahrnehmung im Rahmen des aus der Sozial- und Jugendhilfe bekannten **Subsidiaritätsprinzips** (Vorrang der Aufgabenwahrnehmung durch die freie Wohlfahrtspflege vor staatlicher Hilfe) ist bei der Beauftragung der Integrationsfachdienste nicht vorgesehen.[6]

Absatz 2 stellt ausführlich die unterschiedlichen Aufgaben und Handlungsfel-   7
der der Integrationsfachdienste dar. Selbstverständlich sind die schwerbehinderten Menschen selbst nicht nur in die gebotenen Abklärungs- und Entscheidungsprozesse einzubinden, sondern die in § 1 vorgegebene Selbstbestimmung und gleichberechtigte Teilhabe sind Ziel und Methode (Hilfe zur Selbsthilfe, Förderung von Selbstbestimmung und Eigenverantwortung) auch bei den Integrationsfachdiensten.

Nummer 1 stellt klar, dass Ausgangspunkt aller fachdienstlichen Aktivitäten die   8
sorgfältige und umfassende Abklärung der individuellen Ausgangslage ist. Zur Abklärung zählt die Erfassung, Bewertung und Darstellung der Interessen und Neigungen, der Fähigkeiten und Kenntnisse, der beruflichen Qualifikation und Entwicklung (ggf. Gründe des Scheiterns), der Auswirkungen der funktionalen

---

5 BT-Drs. 15/2318 und 1783, 7 und 17, Ausschussbericht BT-Drs. 15/2357, 12 und 25.
6 S. auch *Ernst* in Ernst/Adlhoch/Seel SGB IX § 109 Rn. 5 aF.

Beeinträchtigung (Krankheit oder Behinderung), der Belastbarkeit und des Leistungsvermögens sowie der Motivation in Bezug auf die angestrebte Teilhabe am Arbeitsleben und die zum Erreichen dieses Zieles erforderlichen Schritte. Im Kern der IFD-spezifischen Diagnostik steht die psycho-soziale Indikationsstellung (→ § 192 Rn. 3 (§ 109 aF)). Sie bildet auch die Basis für die mit dem Klienten zu treffenden Vereinbarung zur vertrauensvollen Zusammenarbeit. Die umfassende **Abklärung** erfolgt darüber hinaus in Kooperation mit den Klienten, den Auftraggebern, den abgebenden Einrichtungen und Diensten sowie den bisherigen oder künftigen Arbeitgebern. Auf dieser Grundlage wird die weitere Herangehensweise geplant und prozesshaft (gestufte Annäherung, → Rn. 10) umgesetzt. Dabei sind die Zwischenauswertungen maßgebliche Planungsgrundlage für den nächsten Schritt. Indikationsstellung, Vereinbarung und Zielsetzung werden dem Auftraggeber mitgeteilt und mit dessen Zielen im Rahmen der Beauftragung verbindlich abgeglichen (s. Grafik → § 192 Rn. 3 (§ 109 aF)).

9 **Nummern 2 und 3** erweitern das Aufgabenspektrum der Dienste und ermöglichen es der Agentur für Arbeit, bei der **Berufsorientierung** und Berufsberatung in den Schulen einschließlich der individuellen Dokumentation der Ergebnisse (Berufswegeplanung) die Dienste im Sinne von → Rn. 8 zu beauftragen. Davon haben die Arbeitsagenturen bisher so gut wie keinen Gebrauch gemacht.[7] Anstatt die Bundesagentur anzuweisen, hier ihrer Verpflichtung nachzukommen, hatte die Bundesregierung mit dem Förderprogramm Job 4000 im Zusammenwirken mit den Ländern in den Jahren 2009 bis 2012 eine Anschubfinanzierung zur Förderung von Übergängen aus Schulen zum allgemeinen Arbeitsmarkt aus Mitteln der Ausgleichsabgabe ermöglicht. Aus diesem Förderprogramm wurden die IFD von den Integrationsämtern beauftragt. In diesem Zeitraum hatte sich der Anteil der Schüler/innen die von IFD bei der Berufsorientierung unterstützt werden zwar verdoppelt (von 1109 in 2006 auf 2211 in 2008), lag aber mit ca. 3 % am gesamten Klientenaufkommen der IFD weit hinter den Erwartungen der Bundesregierung.[8] Im Anschluss daran hat die Bundesregierung zur Umsetzung der „UN-Konvention über die Rechte von Menschen mit Behinderungen" mit dem Handlungsfeld 1 der „Initiative Inklusion" ein weiteres Förderprogramm zur vertieften Berufsorientierung für schwerbehinderte junge Menschen auf den Weg gebracht.[9] In den meisten Bundesländern wurden die IFD mit Umsetzung des Handlungsfeldes 1 der Initiative Inklusion beauftragt. Damit konnte mit 11.361 erstmals eine deutliche größere Zahl an Schülerinnen und Schüler erreicht werden.

Damit die IFD auch weiterhin beim Übergang Schule/Beruf durch die Integrationsämter beauftragt werden können, wurden mit Artikel 3 des Gesetzes vom 29.7.2016[10] die Voraussetzungen dafür geschaffen, dass die Integrationsämter die damit verbundenen Kosten nachrangig aus Mitteln der Ausgleichsabgabe einsetzen können (s. § 185 Abs. 3 Nummer 5 iVm § 14 Absatz 1 Nr. 5 SchwbAV).

10 **Nummern 4 bis 6** beschreiben exemplarisch Teilaufgaben der Dienste zur Erlangung eines fähigkeitsadäquaten Arbeitsplatzes. Diese basieren auf den Abklärungsleistungen nach → Rn. 8 und beschreiben Elemente der gestuften An-

---

7 Vgl. Bericht der Bundesregierung über die Wirkungen der Instrumente zur Sicherung von Beschäftigung und zur betrieblichen Prävention, BT-Drs. 16/6044.
8 S. BIH: *Beule/Deusch/Schartmann*, S. 12.
9 S. Bundesanzeiger: Bekanntmachung der Richtlinie Initiative Inklusion – Verbesserung der Teilhabe schwerbehinderter Menschen am Arbeitsleben auf dem allgemeinen Arbeitsmarkt vom 9.9.2011.
10 BGBl. I 1824, 2718 (Nr. 37); Geltung ab 1.8.2016.

näherung zum und unter Nutzung des allgemeinen Arbeitsmarktes (Belastungserprobung, Eignungsabklärung und Arbeitserprobung, oder Orientierungspraktika, Trainingsmaßnahmen und Probebeschäftigung). Die Erschließung von Möglichkeiten zur **betrieblichen Erprobung** hat für die erfolgreiche Anbahnung von Arbeits- und Ausbildungsverhältnissen besondere Bedeutung. Bereits während der betrieblichen Erprobung erkennt der Arbeitgeber die Fähigkeiten des Klienten und kann so seine Personalentscheidung fundiert treffen. Bereits in der Vergangenheit konnten Integrationsfachdienste (in bestimmten Regionen) für jeden zweiten betrieblich erprobten Klienten ein Arbeitsverhältnis erreichen. Umso unverständlicher ist es, dass der Gesetzgeber mit der Bündelung der Maßnahmen zur Förderung der Arbeitsaufnahme im neuen § 45 SGB III (→ § 192 Rn. 8 (§ 109 aF)) die betrieblichen Trainingsmaßnahmen (ohne jede Ausnahme) erheblich eingeschränkt hat.

Nummer 7 nennt als eine wesentliche Voraussetzung für die betriebliche Integration die Beratung und Unterstützung des betrieblichen Umfeldes. Dabei informieren und beraten die Dienste mit Zustimmung der Klienten Vorgesetzte und Kollegen insbesondere zu den Auswirkungen der funktionalen Beeinträchtigung (veraltet Behinderung), zu Kommunikations- und Verhaltensregeln, zum adäquaten Arbeitseinsatz sowie zur Vermeidung und zum Umgang mit Krisen und Konflikten im Arbeitsleben (s. auch § 42 [26 aF] Abs. 3 und § 49 [33 aF] Abs. 6). 11

Nummern 3, 7 und 8 verdeutlichen, dass Integrationsfachdienste auch die Aufgaben der **psychosozialen Betreuung** nach § 185 (§ 102 aF) Abs. 2 Satz 4 wahrnehmen sollen. Die früheren berufsbegleitenden und psychosozialen Dienste sind damit Bestandteil der Integrationsfachdienste. 12

Nummern 9 und 10 konkretisieren Absatz 1. Demnach sollen die Dienste gleichberechtigt Arbeitgeber und schwerbehinderte Menschen informieren, beraten, unterstützen und ihnen Hilfe leisten. Nummer 9 und 10 konkretisieren diese Aufgabe auch im Hinblick auf alle erforderlichen (Förder-)Leistungen. Die Dienste sollen hierzu informieren, den Leistungsbedarf abklären und bei der Beantragung erforderlicher Leistungen zur Verfügung stehen. Dies dient der verbesserten Information und Unterstützung der Arbeitgeber und somit dem Abbau von Einstellungshemmnissen ebenso wie der Sicherung bedrohter Arbeitsverhältnisse.[11] Es setzt allerdings voraus, dass die Dienste hierzu ein klares Mandat des Integrationsamtes oder der Rehabilitationsträger haben bzw. dort, wo diese noch von den Trägern der Arbeitsvermittlung beauftragt werden, auch von den Arbeitsagenturen, den Jobcentern oder den zugelassenen kommunalen Trägern. Die zeitnahe Verfügbarkeit aller erforderlichen Sozialleistungen dient dem Integrationserfolg und verhindert die Ausgliederung[12] und ist somit auch Element des Eingliederungsmanagements. Durch die Neufassung von Ziffer 9 werden aus den Ansprechpartnern für die Arbeitgeber nun „Einheitliche Ansprechstellen für Arbeitgeber". Mit dem neu eingefügten § 185a wird die flächendeckende Einrichtung und Finanzierung von Einheitlichen Ansprechstellen zur Pflichtleistung der Integrationsämter (→ § 185a Rn. 4). Nach § 185a Abs. 2 sollen die Einheitlichen Ansprechstellen flächendeckend zur Verfügung stehen und nach Abs. 3 13

---

11 S. Begründung zum Gesetzentwurf, BT-Drs. 15/2318 und 1783, 18.
12 Prävention im Sinne der §§ 3 und 167 (§ 84 aF).

1. für Arbeitgeber schnell zu erreichen sein,
2. über fachlich qualifiziertes Personal verfügen, das mit den Regelungen zur Teilhabe schwerbehinderter Menschen sowie der Beratung von Arbeitgebern und ihren Bedürfnissen vertraut ist, sowie
3. in der Region gut vernetzt sein.

Nach Abs. 5 können die Integrationsämter die Integrationsfachdienste oder andere geeignete Träger, als Einheitliche Ansprechstellen für Arbeitgeber beauftragen. Für die IFD spricht, dass die Aufgabenstellung des § 185 a eng mit der Aufgabenstellung der IFD korrespondiert, sie bereits flächendeckend vorhanden sind, über die notwendige Expertise verfügen, qualitätsgesichert arbeiten und den Arbeitgebern bereits seit Jahren zunehmend bekannt sind. So berichtet die BIH in ihrem Jahresbericht zur Arbeit der IFD zur Entwicklung 2013 bis 2017 auf Seite 11, dass die Arbeitgeber seit Jahren in zunehmendem Maße die IFD in Anspruch nehmen, im Jahr 2017 bereits in 17,2 Prozent aller Fälle.[13]

14 Sämtliche Aussagen der Absätze 1 und 2 gelten in gleicher Weise für behinderte Menschen generell, soweit für diese nach § 49 Abs. 6 Nr. 9 (§ 33 Abs. 6 Nr. 8 aF) iV mit § 192 (§ 109 aF) Abs. 4 Integrationsfachdienste beauftragt wurden.

§ 194 Beauftragung und Verantwortlichkeit

(1) ¹Die Integrationsfachdienste werden im Auftrag der Integrationsämter oder der Rehabilitationsträger tätig. ²Diese bleiben für die Ausführung der Leistung verantwortlich.

(2) Im Auftrag legt der Auftraggeber in Abstimmung mit dem Integrationsfachdienst Art, Umfang und Dauer des im Einzelfall notwendigen Einsatzes des Integrationsfachdienstes sowie das Entgelt fest.

(3) Der Integrationsfachdienst arbeitet insbesondere mit
1. den zuständigen Stellen der Bundesagentur für Arbeit,
2. dem Integrationsamt,
3. dem zuständigen Rehabilitationsträger, insbesondere den Berufshelfern der gesetzlichen Unfallversicherung,
4. dem Arbeitgeber, der Schwerbehindertenvertretung und den anderen betrieblichen Interessenvertretungen,
5. der abgebenden Einrichtung der schulischen oder beruflichen Bildung oder Rehabilitation mit ihren begleitenden Diensten und internen Integrationsfachkräften oder -diensten zur Unterstützung von Teilnehmenden an Leistungen zur Teilhabe am Arbeitsleben,
6. den Handwerks-, den Industrie- und Handelskammern sowie den berufsständigen Organisationen,
7. wenn notwendig, auch mit anderen Stellen und Personen,

eng zusammen.

(4) ¹Näheres zur Beauftragung, Zusammenarbeit, fachlichen Leitung, Aufsicht sowie zur Qualitätssicherung und Ergebnisbeobachtung wird zwischen dem Auftraggeber und dem Träger des Integrationsfachdienstes vertraglich geregelt. ²Die Vereinbarungen sollen im Interesse finanzieller Planungssicherheit auf eine Dauer von mindestens drei Jahren abgeschlossen werden.

(5) Die Integrationsämter wirken darauf hin, dass die berufsbegleitenden und psychosozialen Dienste bei den von ihnen beauftragten Integrationsfachdiensten konzentriert werden.

---

13 S. https://www.integrationsaemter.de/IFD-Bericht/528c7124i/index.html.

Geltende Fassung: Die Vorschrift wurde durch Artikel 1 und 68 Abs. 1 SGB IX 1
vom 19.6.2001[1] mit Wirkung ab 1.7.2001 eingeführt, § 111 Abs. 4 Satz 1 mit
Wirkung ab 1.1.2003 durch. Artikel 4 Nr. 1 des Gesetzes v. 23.12.2002[2] redaktionell angepasst. Durch Artikel 1 und 7 des Gesetzes vom 28.4.2004[3] wurden
mit Wirkung ab 1.5.2004 in Absatz 3 die Nummer 5 a eingefügt und Absatz 5
neu gefasst sowie mit Wirkung ab 1.1.2005 in Absatz 1 die Erwähnung der früheren Bundesanstalt für Arbeit gestrichen und Absatz 4 neu gefasst. Durch Artikel 1 des Gesetzes zur Stärkung der Teilhabe und Selbstbestimmung von Menschen mit Behinderungen (Bundesteilhabegesetz – BTHG) vom 23.12.2016[4]
wurden mit Wirkung vom 1.1.2018 durch Verschiebung des Schwerbehindertenrechts in Teil 3 die bisherigen Regelungen des § 111 (aF) inhaltsgleich zum
neuen § 194.

Regelungsinhalt: Die Vorschrift regelt die Beauftragung der Integrationsfachdienste sowie die Abgrenzung der Verantwortlichkeiten zwischen den Diensten und ihren Auftraggebern. Darüber hinaus trifft die Vorschrift deklaratorische Aussagen zur Zusammenarbeit der Dienste mit allen relevanten Stellen.[5] 2

Zur Entstehung: Die Vorschrift überträgt inhaltsgleich den früheren § 37c 3
Schwerbehindertengesetz, stellt jedoch klar, dass die Integrationsfachdienste
nicht nur durch die Bundesagentur für Arbeit, sondern auch durch die (anderen) Rehabilitationsträger und die Integrationsämter beauftragt werden können, und sieht eine Mindestdauer der Vereinbarungen von drei Jahren vor.
Durch Artikel 1 und 7 des Gesetzes vom 28.4.2004[6] wurde mit Wirkung ab
1.1.2005 in Absatz 1 die frühere Bundesanstalt für Arbeit als Auftraggeber auf
dieser gesetzlichen Grundlage gestrichen. Mit dem Gesetz zur Stärkung der
Teilhabe und Selbstbestimmung von Menschen mit Behinderungen vom
23.12.2016 ergeben sich keine Veränderungen bei der Beauftragung und Verantwortlichkeit. Mit Wirkung vom 1.1.2018 verändert sich durch die Verschiebung des Schwerbehindertenrechts in Teil 3 lediglich die Paragrafierung. Der
bisherige § 111 (aF) wurde inhaltsgleich zum neuen § 194.

Im Regierungsentwurf[7] wurde durch Änderungsantrag der Koalitionsfraktio- 4
nen[8] jeweils das Wort „Hauptfürsorgestelle" durch das Wort „Integrationsamt" ersetzt.

Absatz 1 nennt noch einmal die Leistungsträger, die die Integrationsfachdienste 5
beauftragen können. In seinem Satz 2 stellt er – entsprechend § 28 (§ 17 aF)
Abs. 1 Satz 2 (dazu → § 28 Rn. 6) – klar, dass der beauftragende Leistungsträger für die Ausführung der Leistung verantwortlich bleibt (hierzu auch
→ § 193 Rn. 6 (§ 110 aF)).

Nach **Absatz 2** legt der Auftraggeber in Abstimmung mit dem Integrationsfach- 6
dienst Art, Umfang und Dauer des im Einzelfall notwendigen Einsatzes des Integrationsfachdienstes sowie das Entgelt fest. Die Beauftragung im Einzelfall erfolgt auf der generellen vertraglichen Grundlage (Beauftragungsvertrag
→ Rn. 8), die zwischen dem Träger des Integrationsfachdienstes einerseits und
dem zuständigen Integrationsamt andererseits geschlossen wird. Der **Beauftra-**

---

1 BGBl. I 1046.
2 BGBl. I 4607.
3 BGBl. I 606.
4 BGBl. I 3234.
5 Insbesondere abgebende und/oder aufnehmende Einrichtungen bzw. Dienste, Ärzte, Kliniken, Schulen, WfbM und sonstige Kooperationspartner.
6 BGBl. I 606.
7 Nebst Begründung BT-Drs. 14/5074, 38 und 114 sowie BT-Drs. 14/5531, 5.
8 Ausschussempfehlung BT-Drs. 14/5786, 82.

gungsvertrag wiederum muss den Anforderungen nach § 194 (111 aF) Abs. 4 ebenso entsprechen wie den Kriterien, die mit der gemeinsamen Empfehlung nach § 195 (113 aF) zur Inanspruchnahme, Beauftragung und Finanzierung entwickelt wurden. Um die wirkungsvolle Umsetzung der erteilten Aufträge zu sichern, erfolgen diese Festlegungen des Leistungsträgers in verfahrensmäßiger und inhaltlicher Abstimmung mit dem Integrationsfachdienst. Dies erfordert, dass der Dienst die Klienten vor der Zuweisung nach fachlichen Kriterien im Hinblick auf die beauftragungsrelevanten Aspekte informieren, beraten und einschätzen kann (dazu auch → § 193 Rn. 8 (§ 110 aF)). Eine unmittelbare Zuweisung durch den Auftraggeber setzt allerdings voraus, dass der Auftraggeber in der Lage ist, den spezifischen Unterstützungsbedarf durch einen IFD zweifelsfrei vorab erkennen und bestimmen zu können. Eine IFD-spezifische Diagnostik und Indikationsstellung kann jedoch von den Auftraggebern mangels erforderlicher Fachkenntnisse nicht vorweg genommen werden (s. auch → § 192 Rn. 2 und 3 (§ 109 aF)). Die IFD-spezifische Diagnostik und Indikationsstellung ist nur möglich, wenn sich der IFD umfassend mit dem in Frage kommenden Klienten befassen kann. Die Diagnostik und Indikationsstellung erfordern eine unmittelbare Auseinandersetzung mit dem Klienten selbst und haben zum Ziel auch bisher nicht oder wenig erkannte/bewusste psycho-soziale Problemstellungen zum Gegenstand der Betrachtung machen zu können. Bereits bei der Diagnostik wird der Grundstein für eine vertrauensvolle Zusammenarbeit gelegt. Durch Ergänzung des § 35 Abs. 1 Satz 4 SGB I ist klargestellt, dass auch die Integrationsfachdienste in den Datenschutz einbezogen sind.

Qualifizierte Beratung ist die verbindliche, fachspezifische, qualifizierte und zielgerichtete Auseinandersetzung mit einem konkreten Anliegen (Fragestellung aus der Kunden- oder Nutzerperspektive), das in einem zusammenhängenden und überschaubaren Zeitraum abschließend geklärt werden kann. Beratung geht über die Auskunft und Information sowie Klärung der Zuständigkeit, des Anliegens (Auftragsklärung) und der Kooperationsgrundlagen hinaus. Es geht um verbindliche Einschätzungen und Lösungsansätze. Für die Klienten stehen daneben auch Abklärung, Motivations- und Entscheidungshilfe im Vordergrund.

Qualifizierte Beratung kann das gesamte Aufgabenspektrum nach § 193 (110 aF) umfassen. Beratung ist rechtlich verbindlich. Rechtsberatung im engeren Sinn gehört jedoch nicht zu den Aufgaben der IFD. Durch vertragliche Vereinbarungen mit den Integrationsämtern ist der niederschwellige Zugang zum Dienst jederzeit Leistungsträger übergreifend gewährleistet. Für alle Fragestellungen, die die IFD im Kontext ihrer Aufgaben im Rahmen der begleitenden Hilfe im Arbeitsleben wahrnehmen können, haben sie auch ein generelles Mandat zur fachdienstlichen Beratung durch die Integrationsämter. Ob und inwiefern die Dienste auch ein generelles Beratungsmandat anderer Auftraggeber haben können, muss nach der gemeinsamen Empfehlung nach § 196 (§ 113 aF) regional oder lokal vereinbart werden. Ansonsten muss auch zur qualifizierten Beratung in jedem Einzelfall das Einverständnis des zuständigen Leistungsträgers eingeholt werden.

7 Eine wesentliche Aufgabe der Integrationsfachdienste ist die **Kooperation** mit allen beteiligten Stellen und die Koordination der erforderlichen Hilfen und Leistungen (Fallmanagement). Absatz 3 verpflichtet die Integrationsfachdienste daher zur Zusammenarbeit mit allen Personen oder Stellen, die im Einzelfall zur Umsetzung der in § 193 (§ 110 aF) genannten Aufgaben beitragen können. Die Integrationsfachdienste arbeiten entsprechend der tatsächlichen Entwicklung des einzelnen Betroffenen häufig Leistungsträger übergreifend. Im Sinne

des erforderlichen Teilhabemanagements bleiben sie auch bei der Durchführung medizinischer oder beruflicher Leistungen für die Betroffenen und ihre Vertrauenspersonen sowie die Ansprechpartner in den Betrieben und Dienststellen, den Einrichtungen und bei den jeweiligen Leistungsträgern im Sinne der parallelen Zuständigkeit jederzeit erreichbar, gestalten von sich aus frühzeitig den Informationsaustausch und regen erforderlichenfalls weitere Umsetzungsschritte an. Durch die Nummer 6 wurde der Kreis der Kooperationspartner um die Kammern und berufsständigen Organisationen erweitert. Damit sollen die Dienstleistungen der Integrationsfachdienste vor allem kleineren und mittleren Unternehmen bekannt und zugänglich gemacht werden.[9]

Absatz 4 stellt klar, dass Beauftragung, Zusammenarbeit, fachliche Leitung, Aufsicht sowie Qualitätssicherung und Ergebnisbeobachtung zwischen dem (generellen) Auftraggeber (Integrationsamt) und dem Träger des Integrationsfachdienstes vertraglich zu regeln sind. Mit der Fortschreibung des SGB IX ist die Strukturverantwortung für die Dienste von den Arbeitsagenturen auf die Integrationsämter übergegangen. Die Integrationsämter sind damit alleiniger genereller Auftraggeber der Integrationsfachdienste. Zur Beauftragung schließt das Integrationsamt mit dem Träger des Integrationsfachdienstes einen Beauftragungsvertrag. Der Beauftragungsvertrag basiert auf einem bundesweit einheitlichen Mustervertrag, den die Bundesarbeitsgemeinschaft der Integrationsämter und Hauptfürsorgestellen im Rahmen der gemeinsamen Empfehlung nach § 196 (113 aF) entwickelt hat. Der Beauftragungsvertrag soll im Interesse finanzieller Planungssicherheit auf eine Dauer von mindestens drei Jahren abgeschlossen werden. 8

Die Integrationsämter wirken im Rahmen ihrer Strukturverantwortung nach **Absatz 5** darauf hin, dass die berufsbegleitenden und psychosozialen Dienste bei den von ihnen beauftragten Integrationsfachdiensten gebündelt werden. Hierzu sollen alle Aufgabenbereiche nach § 193 (110 aF) im Integrationsfachdienst zu einem Leistungsträger übergreifenden Dienstleistungsangebot für die gesamte Zielgruppe, deren Arbeitgeber und deren sonstige Ansprechpartner zusammengefasst werden. Mit dem Übergang der Strukturverantwortung auf die Integrationsämter wurde der frühere Bezug zum Arbeitsagenturbezirk fallen gelassen. Nach Angaben der BIH ist der im Jahr 2005 eingeleitete Konzentrationsprozess der IFD mittlerweile weitgehend abgeschlossen. Demnach bestanden im Dezember 2004 noch mehr als 400 IFD mit unterschiedlicher Aufgabenstellung – teilweise mehrere nebeneinander im gleichen Zuständigkeitsgebiet. Zum 31.12.2015 bestanden nunmehr bei annähernd gleicher Stellenzahl nur noch 174 IFD die den gesetzlichen Vorgaben des § 194 (111 aF) Abs. 5 entsprechen.[10] 9

§ 195 Fachliche Anforderungen

(1) Die Integrationsfachdienste müssen
1. nach der personellen, räumlichen und sächlichen Ausstattung in der Lage sein, ihre gesetzlichen Aufgaben wahrzunehmen,
2. über Erfahrungen mit dem zu unterstützenden Personenkreis (§ 192 Absatz 2) verfügen,

---

9 S. Begründung zum Gesetzentwurf, BT-Drs. 15/2318 und 1783, 18.
10 S. Bericht der BIH zur Entwicklung der IFD 2011 bis 2015.

3. mit Fachkräften ausgestattet sein, die über eine geeignete Berufsqualifikation, eine psychosoziale oder arbeitspädagogische Zusatzqualifikation und ausreichende Berufserfahrung verfügen, sowie
4. rechtlich oder organisatorisch und wirtschaftlich eigenständig sein.

(2) [1]Der Personalbedarf eines Integrationsfachdienstes richtet sich nach den konkreten Bedürfnissen unter Berücksichtigung der Zahl der Betreuungs- und Beratungsfälle, des durchschnittlichen Betreuungs- und Beratungsaufwands, der Größe des regionalen Einzugsbereichs und der Zahl der zu beratenden Arbeitgeber. [2]Den besonderen Bedürfnissen besonderer Gruppen schwerbehinderter Menschen, insbesondere schwerbehinderter Frauen, und der Notwendigkeit einer psychosozialen Betreuung soll durch eine Differenzierung innerhalb des Integrationsfachdienstes Rechnung getragen werden.

(3) [1]Bei der Stellenbesetzung des Integrationsfachdienstes werden schwerbehinderte Menschen bevorzugt berücksichtigt. [2]Dabei wird ein angemessener Anteil der Stellen mit schwerbehinderten Frauen besetzt.

1 **Gesetzeshistorie:** Die Vorschrift wurde durch Artikel 1 und 68 Abs. 1 SGB IX vom 19.6.2001[1] mit Wirkung ab 1.7.2001 eingeführt. Durch Artikel 1 des Gesetzes zur Stärkung der Teilhabe und Selbstbestimmung von Menschen mit Behinderungen wurden mit Wirkung (Bundesteilhabegesetz – BTHG) vom 23.12.2016[2] vom 1.1.2018 durch Verschiebung des Schwerbehindertenrechts in Teil 3 die bisherigen Regelungen des § 112 (aF) inhaltsgleich zum neuen § 195.

2 **Regelungsinhalt:** Die Vorschrift regelt die fachlichen Anforderungen an die nach diesem Kapitel einzurichtenden Integrationsfachdienste.

3 **Zur Entstehung:** Die Vorschrift überträgt inhaltsgleich den früheren § 37 d Schwerbehindertengesetz. Sie wurde im Gesetzgebungsverfahren nicht verändert. Mit dem Gesetz zur Stärkung der Teilhabe und Selbstbestimmung von Menschen mit Behinderungen vom 23.12.2016 ergeben sich keine Veränderungen bei den fachlichen Anforderungen an die IFD. Mit Wirkung vom 1.1.2018 verändert sich durch die Verschiebung des Schwerbehindertenrechts in Teil 3 lediglich die Paragrafierung. Der bisherige § 112 (aF) wurde inhaltsgleich zum neuen § 195.

4 **Materialien:** Zum Regierungsentwurf nebst Begründung BT-Drs. 14/5074, 38 und 114 sowie BT-Drs. 14/5531, 5; zur Ausschussempfehlung BT-Drs. 14/5786, 83.

---

1 BGBl. I 1046.
2 BGBl. I 3234.

Fachliche Anforderungen § 195

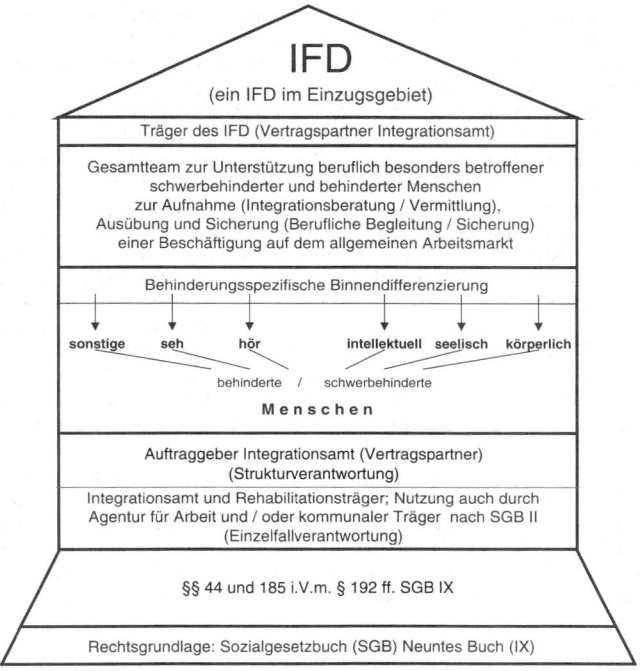

Absatz 1 regelt in seinen Nummern 1 bis 4 die fachlichen Anforderungen im engeren Sinn. Vor allem aber die erforderliche **Binnendifferenzierung** ist nur möglich, wenn ausreichend (berufs-)erfahrenes und qualifiziertes Fachpersonal zur Verfügung steht. Nummer 4 nennt über die fachlichen Anforderungen hinaus weitere organisatorische Voraussetzungen und verlangt, dass die Integrationsfachdienste **rechtlich oder organisatorisch und wirtschaftlich eigenständig** sind. Dies verpflichtet die Träger dazu, die Integrationsfachdienste so einzurichten, dass sie von Außenstehenden als eigenständiges Dienstleistungsangebot erkannt und den jeweiligen Auftraggebern zugeordnet werden können. Eine Vermengung mit sonstigen Angeboten des Trägers ist somit ebenfalls unzulässig; damit wird die strikte Neutralität des Integrationsfachdienstes sichergestellt. Darüber hinaus muss sichergestellt werden, dass die Mittel der Ausgleichsabgabe und die Haushaltsmittel der Rehabilitationsträger, die zur Finanzierung der Dienste eingesetzt werden, nicht zu anderen Zwecken missbraucht werden können. Auch die Erreichbarkeit und Leistungsfähigkeit der Dienste soll jederzeit für Personen der Zielgruppe, für Arbeitgeber und betriebliche Ansprechpartner sowie die in § 194 (111 aF) Absatz 3 genannten Kooperationspartner ermöglicht werden. Integrationsfachdienste werden damit zu festen Bestandteilen der sozialen Infrastruktur wie beispielsweise die Werkstätten für behinderte Menschen.

Absatz 2 stellt in Satz 1 die Faktoren des von den Integrationsfachdiensten erwarteten Personaleinsatzes dar; bestimmenden Einfluss haben jedoch vor allem Zahl, Art und Vergütung der den Integrationsfachdiensten erteilten Aufträge. Wichtigster Bestimmungsfaktor für die bedarfsgerechte Personalausstattung der

Dienste ist die Einwohnerzahl des Zuständigkeitsgebietes. So gehen *Beule/ Deusch*[3] davon aus, dass pro 75 000 Einwohner eine Personalstelle für alle Aufgaben (Integrationsberatung und Vermittlung sowie berufliche Begleitung und Sicherung der Teilhabe) für die gesamte Zielgruppe, ausgenommen seh- und hörbehinderte Menschen, erforderlich ist. Zur bedarfsgerechten Unterstützung hörbehinderter Menschen ist eine Personalstelle pro 1 000 000 Einwohner erforderlich. Mit dem gleichen Ziel sollen nach neueren Entwicklungen sehbehinderte Menschen mit einer Personalstelle pro 5 000 000 Einwohnern unterstützt werden. Erfahrungen zeigen, dass pro Personalstelle regelmäßig 30 bis 35 Klienten beruflich unterstützt (qualifiziert beraten oder beruflich begleitet) werden können. Mit der Änderung der Vergabeordnung (→ § 192 Rn. 9 und 12 (§ 109 aF)) werden die IFD jedoch nur noch dann von den Trägern der Arbeitsvermittlung beauftragt, wenn diese vorher eine vergaberechtliche Ausschreibung für sich entscheiden konnten. Dies ist nur in den Bundesländern möglich, in denen die Integrationsämter als genereller Auftraggeber die IFD hierzu aufforderten. Der Bezug zur Einwohnerzahl muss deshalb unter Beachtung der tatsächlichen Beauftragungssituation nun regional bzw. lokal neu justiert werden.

7 Satz 2 des Absatzes 2 spricht die Notwendigkeit der Binnendifferenzierung an, → Rn. 5.

8 Absatz 3 gebietet, die bei den Integrationsfachdiensten zu schaffenden Arbeitsstellen bevorzugt mit schwerbehinderten Menschen (§ 2 Abs. 2) zu besetzen, darunter mit einem angemessenen Anteil schwerbehinderter Frauen. Dies eröffnet nicht nur Arbeitsmöglichkeiten für den genannten Personenkreis, sondern ermöglicht insoweit den Einsatz spezifischen Erfahrungswissens in den Aufgabenfeldern der Integrationsfachdienste, insbesondere bei der Beratung behinderter Menschen.

§ 196 Finanzielle Leistungen

(1) [1]Die Inanspruchnahme von Integrationsfachdiensten wird vom Auftraggeber vergütet. [2]Die Vergütung für die Inanspruchnahme von Integrationsfachdiensten kann bei Beauftragung durch das Integrationsamt aus Mitteln der Ausgleichsabgabe erbracht werden.

(2) Die Bezahlung tarifvertraglich vereinbarter Vergütungen sowie entsprechender Vergütungen nach kirchlichen Arbeitsrechtsregelungen kann bei der Beauftragung von Integrationsfachdiensten nicht als unwirtschaftlich abgelehnt werden.

(3) [1]Die Bundesarbeitsgemeinschaft der Integrationsämter und Hauptfürsorgestellen vereinbart mit den Rehabilitationsträgern nach § 6 Absatz 1 Nummer 2 bis 5 unter Beteiligung der maßgeblichen Verbände, darunter der Bundesarbeitsgemeinschaft, in der sich die Integrationsfachdienste zusammengeschlossen haben, eine gemeinsame Empfehlung zur Inanspruchnahme der Integrationsfachdienste durch die Rehabilitationsträger, zur Zusammenarbeit und zur Finanzierung der Kosten, die dem Integrationsfachdienst bei der Wahrnehmung der Aufgaben der Rehabilitationsträger entstehen. [2]§ 26 Absatz 7 und 8 gilt entsprechend.

1 Gesetzeshistorie: Absatz 1 der Vorschrift wurde durch Artikel 1 und 68 Abs. 1 SGB IX vom 19.6.2001[1] mit Wirkung ab 1.7.2001 eingeführt, die Bezeichnung

---

3 Br 2001 Heft 5.
1 BGBl. I 1046.

der früheren Bundesanstalt für Arbeit in Satz 2 mit Wirkung ab 1.1.2004 durch Artikel 8 und 124 Abs. 1 des Gesetzes vom 23.12.2003[2] angepasst. Absatz 2 wurde durch Artikel 1 und 7 des Gesetzes vom 23.4.2004[3] mit Wirkung ab 1.1.2005 angefügt. Durch Artikel 1 des Gesetzes zur Stärkung der Teilhabe und Selbstbestimmung von Menschen mit Behinderungen (Bundesteilhabegesetz – BTHG) vom 23.12.2016[4] wurden mit Wirkung vom 1.1.2018 durch Verschiebung des Schwerbehindertenrechts in Teil 3 die bisherigen Regelungen des § 113 (aF) zum neuen § 196. Der neue § 196 entspricht in den Absätzen 1 und 3 dem bisherigen § 113 aF Mit dem neu eingefügten Absatz 2 wird klargestellt, dass die Bezahlung der Mitarbeitenden der IFD nach jeweils geltenden Tarifverträgen nicht als unwirtschaftlich abgelehnt werden darf. Der Gesetzgeber entsprach damit der Rechtsprechung des Bundessozialgerichts.[5]

Regelungsinhalt: Absatz 1 legt fest, dass die Inanspruchnahme von Integrationsfachdiensten vom Auftraggeber vergütet wird. Nur die Integrationsämter können zur **Vergütung und Finanzierung der Vorhaltekosten Mittel der Ausgleichsabgabe** einsetzen, und zwar neben der Inanspruchnahme im Einzelfall auch im Rahmen ihrer Strukturverantwortung nach § 194 (111 aF) Abs. 4 und 5 (s. dazu → § 194 Rn. 6, 8 und 9 (§ 111 aF)) die Vorhaltekosten für bedarfsgerechte Integrationsfachdienste. Nach Absatz 2 hat die Bundesarbeitsgemeinschaft der Integrationsämter und Hauptfürsorgestellen mit den einschlägigen Rehabilitationsträgern eine gemeinsame Empfehlung zur Inanspruchnahme der Integrationsfachdienste durch die Rehabilitationsträger, zur Zusammenarbeit und zur Finanzierung der Kosten, die dem Integrationsfachdienst bei der Wahrnehmung der Aufgaben der Rehabilitationsträger entstehen, zu vereinbaren. Dies wurde mit der „Gemeinsamen Empfehlung nach § 196 Abs. 3 (113 Abs. 2 aF) SGB IX zur Inanspruchnahme der Integrationsfachdienste durch die Rehabilitationsträger" vom 1.4.2005 – zuletzt geändert in der Fassung vom 1.9.2016 – umgesetzt.[6] 2

Zur Entstehung: Die Vorschrift übertrug in ihrer ersten Fassung inhaltsgleich, jedoch unter Berücksichtigung des erweiterten Anwendungsbereichs den früheren § 37e Schwerbehindertengesetz. Im Regierungsentwurf[7] wurde durch Änderungsantrag der Koalitionsfraktionen[8] das Wort „Hauptfürsorgestelle" durch das Wort „Integrationsamt" ersetzt. 3

Die Änderung durch das Gesetz vom 23.4.2004 wurde während der Beratung im Deutschen Bundestag entsprechend einem Vorschlag des Bundesrates eingefügt.[9] 4

Hintergrund der vormaligen Regelung war, dass die früher aus dem Ausgleichsfonds geleisteten Finanzzuweisungen an die Bundesagentur für Arbeit den Integrationsämtern zufließen und für die Vergütung der IFD zur Verfügung stehen sollten.[10] Die Voraussetzungen wurden hierzu durch die Dritte Verordnung zur Änderung der Ausgleichsabgabeverordnung geschaffen; in deren Begründung heißt es, die Leistungen, die Integrationsfachdienste – mit Ausnahme der Vermittlungstätigkeit (im Sinne des § 37a SGB III) – im Zusammenhang mit 5

---

2 BGBl. I 2848.
3 BGBl. I 606.
4 BGBl. I 3234.
5 Vgl. BSG 29.1.2013 – B3 P 7/08R.
6 S. https://www.bar-frankfurt.de/service/publikationen/produktdetails/produkt/137.html.
7 Nebst Begründung BT-Drs. 14/5074, 39 und 114 sowie BT-Drs. 14/5531, 5.
8 Ausschussempfehlung BT-Drs. 14/5786,. 84.
9 Ausschussbericht BT-Drs. 15/2357, 13 und 25.
10 S. Begründung des Gesetzentwurfs, BT-Drs. 15/1783, 18.

der Aufnahme, Ausübung oder Sicherung einer möglichst dauerhaften Beschäftigung für schwerbehinderte Menschen erbringen, würden künftig insgesamt von den Integrationsämtern vergütet.[11] Die Finanzierungsbasis der Integrationsfachdienste wurde damit entsprechend erweitert. Die Beauftragung der Integrationsfachdienste im Einzelfall durch die Integrationsämter erfolgt im Rahmen der begleitenden Hilfe im Arbeitsleben nach § 185 (102 aF) Abs. 2 Satz 4. Neben dem § 196 (113 aF) wurde die Vergütung der Integrationsfachdienste für diese Fälle zusätzlich noch im § 185 (102 aF) Abs. 3 Nr. 3 geregelt. Damit ist die (Vor-)Finanzierung der Integrationsfachdienste zur Sicherung einer bedarfsgerechten Infrastruktur durch die Integrationsämter zum Bestandteil der begleitenden Hilfe im Arbeitsleben geworden und kann aus Mitteln der Ausgleichsabgabe erfolgen.

Durch Artikel 1 des Gesetzes zur Stärkung der Teilhabe und Selbstbestimmung von Menschen mit Behinderungen vom 23.12.2016 wurden mit Wirkung vom 1.1.2018 durch Verschiebung des Schwerbehindertenrechts in Teil 3 die bisherigen Regelungen des § 113 (aF) zum neuen § 196. Der neue § 196 entspricht in den Absätzen 1 und 3 dem bisherigen § 113. Mit dem neu eingefügten Absatz 2 wird klargestellt, dass die Bezahlung der Mitarbeitenden der IFD nach jeweils geltenden Tarifverträgen nicht als unwirtschaftlich abgelehnt werden darf. Der Gesetzgeber entsprach damit der Rechtsprechung des Bundessozialgerichts.[12]

6 **Absatz 1 Satz 1** spricht die Finanzierung der Integrationsfachdienste an und legt hierzu fest, dass diese durch den Auftraggeber erfolgt. Während die Vorschrift früher weder die Höhe noch die Form der Vergütung regelte,[13] erfolgt die Vergütung der Integrationsfachdienste nach der Übertragung der Strukturverantwortung an die Integrationsämter nunmehr seit 2005 nach einheitliche Kriterien. Die Vergütung der Integrationsfachdienste generell (Vorhaltekosten) sowie im Einzelfall sind Gegenstand der Vereinbarungen, die mit dem Beauftragungsvertrag (→ § 194 Rn. 8 (§ 111 aF)) zwischen dem Träger des Integrationsfachdienstes und dem Integrationsamt getroffen wurden. Die Rehabilitationsträger und die Bundesagentur für Arbeit vergüten den Integrationsfachdiensten die Inanspruchnahme nicht unmittelbar; vielmehr erstatten sie den Integrationsämtern die Kosten der Inanspruchnahme pro Einzelfall. Die entsprechenden Regelungen hierzu sind in der gemeinsamen Empfehlung nach Absatz 3 (→ Rn. 2) oder durch eine gesonderte Regelung mit der Bundesagentur für Arbeit oder den Jobcentern bzw. den zugelassenen kommunalen Trägern nach SGB II zu treffen.

7 **Satz 2** ermöglicht es ausschließlich den Integrationsämtern, für die nach Satz 1 zu zahlenden Vergütungen sowie für die Vorhaltekosten Mittel der Ausgleichsabgabe zu verwenden. Die Vorschrift bezieht sich auf die Mittel der Ausgleichsabgabe, die den Integrationsämtern nach anderen Vorschriften zustehen; sie schafft keine eigenständige, zusätzliche Zugriffsmöglichkeit auf diese Mittel.

8 **Absatz 2** verpflichtet die Auftraggeber bei der Vergütung der IFD die Bezahlung der Mitarbeitenden der IFD nach tarifvertraglich vereinbarten Vergütungen zu beachten. Der Gesetzgeber entsprach damit der Rechtsprechung des Bundessozialgerichts.[14] Demnach darf der Auftraggeber die Bezahlung von Tariflöhnen nicht als unwirtschaftliche Kalkulationsgrundlage ablehnen. Anderseits sind die Integrationsämter haushaltsrechtlich verpflichtet, das sogenannte Besserstellungsverbot zu beachten. Beide Regelungen tragen dazu bei, dass die Mitarbei-

---

11 BR-Drs. 747/03, 14.
12 Vgl. BSG 29.1.2013 – B3 P 7/08R.
13 So *Ernst* in Ernst/Adlhoch/Seel SGB IX § 113 Rn. 5.
14 Vgl. BSG 29.1.2013 – Az. B3 P 7/08R.

tenden der IFD so vergütet werden wie vergleichbare Beschäftigte der Integrationsämter.

Absatz 3 verpflichtet die Bundesarbeitsgemeinschaft der Integrationsämter und Hauptfürsorgestellen, mit den Rehabilitationsträgern nach § 6 Absatz 1 Nr. 2 bis 5 (Also ohne die gesetzlichen Krankenkassen sowie die Träger der Sozial- und Jugendhilfe) unter Beteiligung der maßgeblichen Verbände, darunter der Bundesarbeitsgemeinschaft, in der sich die Integrationsfachdienste zusammengeschlossen haben, eine **gemeinsame Empfehlung** zur Inanspruchnahme der Integrationsfachdienste durch die Rehabilitationsträger, zur Zusammenarbeit und zur Finanzierung der Kosten, die dem Integrationsfachdienst bei der Wahrnehmung der Aufgaben der Rehabilitationsträger entstehen zu vereinbaren. Da die Integrationsämter im Rahmen ihrer Strukturverantwortung bedarfsgerechte Integrationsfachdienste vorhalten und vorfinanzieren müssen, regelt die gemeinsame Empfehlung die Grundsätze zur Finanzierung der Integrationsfachdienste durch die Integrationsämter sowie die Kostenerstattung zwischen den Rehabilitationsträgern und den Integrationsämtern (s. auch → Rn. 2). Des Weiteren hat die gemeinsame Empfehlung näheres zur Zielgruppe, zu den Aufgaben, zum Aufbau, zur Ausstattung und Entwicklung, zum niederschwelligen Zugang und zur Beauftragung der Integrationsfachdienste zu regeln. Sie legt auch die Anforderungen fest, die die Integrationsfachdienste zur Dokumentation, zum Berichtswesen, zur Statistik, zur Qualitätssicherung und zum Sozialdatenschutz erfüllen müssen. Nicht zuletzt regelt sie die verbindliche Zusammenarbeit der Auftraggeber im Rahmen der Koordinierungsausschüsse regional, im Landeskoordinierungsausschuss auf Landesebene und zur Überprüfung der gemeinsamen Empfehlung auf Bundesebene. Da die Integrationsämter im Rahmen ihrer Strukturverantwortung bedarfsgerechte Integrationsfachdienste vorhalten müssen, regelt diese gemeinsame Empfehlung auch die Kostenerstattung zwischen den Rehabilitationsträgern und den Integrationsämtern. Eine entsprechende Gemeinsame Empfehlung wurde erstmals zum 1.4.2005 abgeschlossen, zum 1.10.2009, zum 1.1.2015 und zum 1.9.2016 der aktuellen Entwicklung angepasst.[15]

9

§ 197 Ergebnisbeobachtung

(1) ¹Der Integrationsfachdienst dokumentiert Verlauf und Ergebnis der jeweiligen Bemühungen um die Förderung der Teilhabe am Arbeitsleben. ²Er erstellt jährlich eine zusammenfassende Darstellung der Ergebnisse und legt diese den Auftraggebern nach deren näherer gemeinsamer Maßgabe vor. ³Diese Zusammenstellung soll insbesondere geschlechtsdifferenzierte Angaben enthalten zu
1. den Zu- und Abgängen an Betreuungsfällen im Kalenderjahr,
2. dem Bestand an Betreuungsfällen,
3. der Zahl der abgeschlossenen Fälle, differenziert nach Aufnahme einer Ausbildung, einer befristeten oder unbefristeten Beschäftigung, einer Beschäftigung in einem Integrationsprojekt oder in einer Werkstatt für behinderte Menschen.

(2) Der Integrationsfachdienst dokumentiert auch die Ergebnisse seiner Bemühungen zur Unterstützung der Bundesagentur für Arbeit und die Begleitung der betrieblichen Ausbildung nach § 193 Absatz 2 Nummer 2 und 3 unter Einbeziehung geschlechtsdifferenzierter Daten und Besonderheiten sowie der Art der Behinderung.

---

15 S. www.bar-frankfurt.de.

1 **Geltende Fassung:** Absatz 1 der Vorschrift wurde durch Artikel 1 und 68 Abs. 1 SGB IX vom 19.6.2001[1] mit Wirkung ab 1.7.2001 eingeführt, Absatz 2 durch Artikel 1 und 7 des Gesetzes vom 23.4.2004[2] mit Wirkung ab 1.5.2004 angefügt. Die Bezeichnung des Ministeriums in Absatz 2 Satz 3 wurde mit Wirkung ab 8.11.2006 durch Artikel 261 und 559 der Verordnung vom 30.10.2006[3] angepasst. Durch Artikel 1 des Gesetzes zur Stärkung der Teilhabe und Selbstbestimmung von Menschen mit Behinderungen (Bundesteilhabegesetz – BTHG) vom 23.12.2016[4] wurden mit Wirkung vom 1.1.2018 durch Verschiebung des Schwerbehindertenrechts in Teil 3 die bisherigen Regelungen des § 114 (aF) inhaltsgleich zum neuen § 197. Die Vorschrift entspricht der bisherigen Regelung des § 114 (aF). In Absatz 2 wurden die bisherigen Sätze 2 und 3 durch das Zweite Rechtsbereinigungsgesetz wegen Zeitablaufs aufgehoben.

2 **Regelungsinhalt:** Absatz 1 der Vorschrift verpflichtet die Integrationsfachdienste zur **Dokumentation von Verlauf und Ergebnis** ihrer Arbeit im Einzelfall und im Ganzen.

3 **Zur Entstehung:** Die Vorschrift überträgt im Wesentlichen inhaltsgleich den früheren § 37 f. Schwerbehindertengesetz. Sie wurde im Gesetzgebungsverfahren nicht verändert.[5]

4 Die Änderungen durch das Gesetz vom 23.4.2004 entsprechen inhaltlich dem Gesetzentwurf.[6] Mit dem Gesetz zur Stärkung der Teilhabe und Selbstbestimmung von Menschen mit Behinderungen vom 23.12.2016 ergeben sich keine Veränderungen bei der Ergebnisbeobachtung. Mit Wirkung vom 1.1.2018 verändert sich durch die Verschiebung des Schwerbehindertenrechts in Teil 3 lediglich die Paragrafierung. Der bisherige § 114 (aF) wurde inhaltsgleich zum neuen § 197.

5 **Absatz 1 Satz 1** knüpft an die Festlegung der Aufgaben für die Integrationsfachdienste nach § 193 (110 aF) an, vgl. dazu → § 193 Rn. 6 ff. Die Dienste haben Verlauf und Ergebnis der jeweiligen Bemühungen, also bezogen auf jeden ihnen erteilten Auftrag (Einzelfall), zu dokumentieren. Konkretisiert werden sollen diese Anforderungen durch die gemeinsame Empfehlung nach § 196 (113 aF) sowie den dort vereinbarten Mustervertrag und den auf dieser Grundlage abgefassten Beauftragungsvertrag, → § 194 Rn. 8 (§ 111 aF).

6 **Satz 2** legt fest, jährlich eine zusammenfassende Darstellung der Ergebnisse zu erstellen. Diese ist den Auftraggebern nach deren näherer gemeinsamer Maßgabe vorzulegen; offen gelassen wurde und von den Auftraggebern gemeinsam festzulegen ist, ob auch die Darstellung selbst alle Aufträge zusammenfassen oder für jeden Auftrag gebenden Leistungsträger gesondert erfolgen soll. Personenbezogene Daten sind zu anonymisieren, worauf die Begründung des Regierungsentwurfs hinweist. Durch Ergänzung des § 35 Abs. 1 Satz 4 SGB I wurde zudem klargestellt, dass die Integrationsfachdienste generell in den Datenschutz einbezogen sind. Auch hier soll mit der gemeinsamen Empfehlung und dem auf dem Mustervertrag fußenden Beauftragungsvertrag Näheres geregelt werden.

---

1 BGBl. I 1046.
2 BGBl. I 606.
3 BGBl. I 2407.
4 BGBl. I 3234.
5 Regierungsentwurf nebst Begründung BT-Drs. 14/5074, 39 und 114 sowie BT-Drs. 14/5531, 5; zur Ausschussempfehlung BT-Drs. 14/5786, 84.
6 BT-Drs. 15/2318 und 1783, 7 und 17, Ausschussbericht BT-Drs. 15/2357, 12 und 25.

Satz 3 legt in seinen Nummern 1 bis 3 die Einzelheiten fest, die in der Zusammenstellung nach Satz 2 auszuweisen sind, und gebietet zusätzlich eine Erfassung und Darstellung differenziert nach Frauen und Männern. 7

Absatz 2 Satz 1 verpflichtet den Integrationsfachdienst zusätzlich zur gesonderten, auf den Einzelfall bezogenen Dokumentation seiner Bemühungen und der daraus resultierenden Ergebnisse zur Unterstützung der Bundesagentur für Arbeit im Rahmen der Berufsorientierung und Berufsberatung in den Schulen sowie bei der Begleitung der betrieblichen Ausbildung schwerbehinderter, insbesondere seelisch und lernbehinderte Jugendliche unter Einbeziehung geschlechtsdifferenzierter Daten und Besonderheiten sowie der Art der Behinderung. 8

§ 198 Verordnungsermächtigung

(1) Das Bundesministerium für Arbeit und Soziales wird ermächtigt, durch Rechtsverordnung mit Zustimmung des Bundesrates das Nähere über den Begriff und die Aufgaben des Integrationsfachdienstes, die für sie geltenden fachlichen Anforderungen und die finanziellen Leistungen zu regeln.

(2) Vereinbaren die Bundesarbeitsgemeinschaft der Integrationsämter und Hauptfürsorgestellen und die Rehabilitationsträger nicht innerhalb von sechs Monaten, nachdem das Bundesministerium für Arbeit und Soziales sie dazu aufgefordert hat, eine gemeinsame Empfehlung nach § 196 Absatz 3 oder ändern sie die unzureichend gewordene Empfehlung nicht innerhalb dieser Frist, kann das Bundesministerium für Arbeit und Soziales Regelungen durch Rechtsverordnung mit Zustimmung des Bundesrates erlassen.

Geltende Fassung: Absatz 1 der Vorschrift wurde durch Artikel 1 und 68 Abs. 1 SGB IX vom 19.6.2001[1] mit Wirkung ab 1.7.2001 eingeführt, Absatz 2 durch Artikel 1 und 7 des Gesetzes vom 23.4.2004[2] mit Wirkung ab 1.5.2004 angefügt. Die Bezeichnung des Ministeriums wurde mit Wirkung ab 1.1.2003 durch Artikel 1 und 4 des Gesetzes vom 3.4.2003[3] und mit Wirkung ab 8.11.2006 durch Artikel 261 und 559 der Verordnung vom 30.10.2006[4] angepasst. Durch Artikel 1 des Gesetzes zur Stärkung der Teilhabe und Selbstbestimmung von Menschen mit Behinderungen (Bundesteilhabegesetz – BTHG) vom 23.12.2016[5] wurden mit Wirkung vom 1.1.2018 durch Verschiebung des Schwerbehindertenrechts in Teil 3 die bisherigen Regelungen des § 115 (aF) inhaltsgleich zum neuen § 198. 1

Regelungsinhalt: Die Vorschrift enthält zwei Verordnungsermächtigungen: Absatz 1 ermöglicht, bei Bedarf Begriff und Aufgaben des Integrationsfachdienstes, die fachlichen Anforderungen und die finanziellen Leistungen zu regeln. Nach Absatz 2 kann eine Verordnung zur Zusammenarbeit und zur Finanzierung der Kosten erlassen werden, sofern die erforderlichen Regelungen zur Inanspruchnahme der Integrationsfachdienste durch die Rehabilitationsträger nicht erfolgen oder nicht den Anforderungen des Bundesministeriums entsprechen. 2

---

1 BGBl. I 1046.
2 BGBl. I 606.
3 BGBl. I 462.
4 BGBl. I 2407.
5 BGBl. I 3234.

3 **Zur Entstehung:** Absatz 1 der Vorschrift überträgt inhaltsgleich den früheren § 37g Schwerbehindertengesetz. Er wurde im Gesetzgebungsverfahren nicht verändert. Zum Regierungsentwurf nebst Begründung BT-Drs. 14/5074, 39 und 114 sowie BT-Drs. 14/5531, 5; zur Ausschussempfehlung BT-Drs. 14/5786, 84.

4 Die Änderung durch das Gesetz vom 23.4.2004 wurden während der Beratung im Deutschen Bundestag nach dem Vorbild des § 16 eingefügt.[6] Mit dem Gesetz zur Stärkung der Teilhabe und Selbstbestimmung von Menschen mit Behinderungen vom 23.12.2016 ergeben sich keine Veränderungen bei der Verordnungsermächtigung. Mit Wirkung vom 1.1.2018 verändert sich durch die Verschiebung des Schwerbehindertenrechts in Teil 3 lediglich die Paragrafierung. Der bisherige § 115 (aF) wurde inhaltsgleich zum neuen § 197.

5 Gegenstände der Verordnung nach **Absatz 1** können sein
- der Begriff der Integrationsfachdienste (dazu → § 192 Rn. 5 ff. (§ 109 aF)),
- die Aufgaben der Integrationsfachdienste (dazu → § 193 Rn. 5 ff. (§ 110 aF)),
- die fachlichen Anforderungen an die Integrationsfachdienste (dazu → § 195 Rn. 5 (§ 112 aF)) und
- die finanziellen Leistungen (dazu → § 196 Rn. 5 f. (§ 113 aF)).

6 Gegenstand der Verordnung nach **Absatz 2** können die Regelungen sein, die nach § 196 Abs. 3 (113 Abs. 2 aF) von den Beteiligten selbst in Form einer gemeinsamen Empfehlung zu treffen sind. Voraussetzung für den Erlass der Verordnung ist, dass die Beteiligten ihrer Pflicht nicht rechtzeitig oder in ungenügender Weise nachkommen.

7 Damit wird den verfassungsrechtlichen Vorgaben nach Artikel 80 GG hinsichtlich der Bestimmtheit von Inhalt, Zweck und Ausmaß von Verordnungen Rechnung getragen.

8 Eine nach der Vorschrift gebotene Verordnung ist vom Bundesministerium für Arbeit und Soziales zu erlassen.

9 Eine Verordnung aufgrund der Vorschrift bedarf der Zustimmung des Bundesrates.

Kapitel 8 Beendigung der Anwendung der besonderen Regelungen zur Teilhabe schwerbehinderter und gleichgestellter behinderter Menschen

§ 199 Beendigung der Anwendung der besonderen Regelungen zur Teilhabe schwerbehinderter Menschen

(1) Die besonderen Regelungen für schwerbehinderte Menschen werden nicht angewendet nach dem Wegfall der Voraussetzungen nach § 2 Absatz 2; wenn sich der Grad der Behinderung auf weniger als 50 verringert, jedoch erst am Ende des dritten Kalendermonats nach Eintritt der Unanfechtbarkeit des die Verringerung feststellenden Bescheides.

(2) ¹Die besonderen Regelungen für gleichgestellte behinderte Menschen werden nach dem Widerruf oder der Rücknahme der Gleichstellung nicht mehr angewendet. ²Der Widerruf der Gleichstellung ist zulässig, wenn die Voraussetzungen nach § 2 Absatz 3 in Verbindung mit § 151 Absatz 2 weggefallen sind.

---

6 Ausschussbericht BT-Drs. 15/2357, 14 und 25.

³Er wird erst am Ende des dritten Kalendermonats nach Eintritt seiner Unanfechtbarkeit wirksam.

(3) Bis zur Beendigung der Anwendung der besonderen Regelungen für schwerbehinderte Menschen und ihnen gleichgestellte behinderte Menschen werden die behinderten Menschen dem Arbeitgeber auf die Zahl der Pflichtarbeitsplätze für schwerbehinderte Menschen angerechnet.

Geltende Fassung: Die Vorschrift wurde mit Wirkung vom 1.7.2001 durch Art. 1 und 68 Abs. 1 SGB IX vom 19.6.2001¹ als § 116 eingeführt.

Regelungsinhalt: Die Vorschrift bestimmt das Ende des Schwerbehindertenschutzes und schiebt es vor allem für den wichtigsten Fall, das Absinken des GdB auf unter 50, um drei Monate über die Bestandskraft des Entzugs- oder Herabsetzungsbescheides hinaus. Dieselbe Nachfrist kommt Gleichgestellten nur bei Widerruf der Gleichstellungsentscheidung zugute, nicht, wenn sie zurückgenommen wird oder als nach § 151 Abs. 2 Satz 3 befristete endet.

Zur Entstehung: Die Vorschrift übernimmt inhaltsgleich § 38 SchwbG.

Die **Reichweite nachwirkenden Schutzes** ist nicht auf solche „besonderen Regelungen zur Teilhabe schwerbehinderter Menschen" begrenzt, die im SGB IX selbst geregelt sind, also insbesondere den Kündigungsschutz nach § 168. Käme es auf den Standort begünstigender Vorschriften an,² hinge nachwirkender Schutz vom Zufall ab: So wäre die unentgeltliche Beförderung nach §§ 228 ff. einbezogen, die wahlweise nach § 3 a Abs. 2 KraftStG zu ermäßigende Kraftfahrzeugsteuer aber ebenso wenig wie die Befreiung nach § 1 Abs. 1 KraftStG.³ Deshalb sind sämtliche Rechte, Nachteilsausgleiche und sonstigen Leistungen einbezogen, die im SGB IX selbst, in den zu seiner Durchführung ergangenen Vorschriften und darüber hinaus in Bestimmungen außerhalb des Gesetzes vorgesehen sind.⁴

Für diesen weiten Anwendungsbereich sprechen auch Wortverständnis, Entstehungsgeschichte, Systematik sowie Sinn und Zweck der Vorschrift. Deshalb sind im **SGB VI** geregelte **rentenrechtliche Vorteile** beim Zugang schwerbehinderter Menschen zur Altersrente einbezogen.⁵ Anders die praktisch wichtigen **Pauschbeträge** nach § 33 b EStG. Die Finanzgerichte halten § 33 b EStG nach seiner Stellung und Bedeutung im System des Einkommensteuerrechts nicht für eine Vorschrift zum Schutz nur noch fiktiv schwerbehinderter Menschen. Wahlweise zur Steuerermäßigung nach § 33 EStG geltend zu machende Pauschbeträge setzten voraus, dass wegen tatsächlich bestehender Behinderung überhaupt Mehraufwendungen in typisiertem Umfang erwachsen könnten.⁶ Diese Begründung überzeugt zwar nicht.⁷ Das Ergebnis ist aber richtig, weil die bereits bei

---

1 BGBl. I 1046.
2 So aber LSG LSA 16.12.2010 – L 1 R 468/07; *Ritz* in Bihr/Fuchs/Krauskopf/Ritz SGB IX § 116 Rn. 9; wohl auch *Schorn* in Müller-Wenner/Schorn SGB IX Teil 2 § 116 Rn. 4, 11.
3 *Dau* jurisPR-SozR 25/010, Anm. 4.
4 So bereits zum „gesetzlichen Schutz Schwerbehinderter" im SchwbG *Cramer* in Cramer SchwbG § 38 Rn. 2 a; das SGB IX formuliert mit den „besonderen Regelungen zur Teilhabe schwerbehinderter Menschen" zwar anders, ändert damit in der Sache aber nichts (BT-Drs. 14/574, 114); *Kayser* br 2016, 136 (137 mwN); aA LSG BW 8.10.2010 – L 4 R 1641/09.
5 Vgl. die ausführliche Darstellung in BSG 11.5.2011 – B 5 R 56/10 R, br 2012, 23 und dazu: *Chojetzki* ZFSH/SGB 2013, 7 (10 f.).
6 BFH 22.9.1989 – III R 167/86, BFHE 158, 375; BFH 11.3.2014 – VI B 95/13, BFH 244, 436.
7 *Dau* jurisPR-SozR 18/2014, Anm. 3; *Kayser* br 2016, 136 (138).

einem GdB von 20 einsetzenden steuerrechtlichen Vergünstigungen nicht von der Schwerbehinderteneigenschaft abhängen, sondern vom GdB des Steuerpflichtigen.[8] Allerdings knüpft § 33 b Abs. 2 EStG an den „festgestellten" und im Ausweis eingetragenen GdB an. Bis zum Ende seiner Gültigkeitsdauer beweist der Ausweis als öffentliche Urkunde die von der Versorgungsverwaltung getroffene GdB-Entscheidung mit verbindlicher Wirkung auch für die Finanzverwaltung.[9] Der Ausweis wird erst mit Ende der Nachfrist ungültig und ist dann nach § 152 Abs. 5 Satz 4 einzuziehen.

Der **Status** als schwerbehinderter Mensch besteht **unabhängig** von einer nach § 152 Abs. 1 oder Abs. 2 getroffenen **Feststellung**. Der Feststellungsbescheid des Versorgungsamtes oder einer der in § 152 Abs. 2 genannten Dienststellen hat lediglich **deklaratorische Wirkung**, stellt nur fest, was durch Gesetz bereits begründet ist. Ebenso endet die Eigenschaft als schwerbehinderter Mensch – wiederum unabhängig von einer entsprechenden Feststellung – **kraft Gesetzes** mit dem Wegfall einer jeden sie begründenden Voraussetzung.[10] Das sind nach § 2 Abs. 2 ein GdB von wenigstens 50 und dazu rechtmäßiger Wohnsitz, gewöhnlicher Aufenthalt oder Arbeitsplatz in Deutschland.[11]

6 Ab **Statusverlust** sind die besonderen Regelungen für schwerbehinderte Menschen **nicht** mehr **anzuwenden**. Diesen **zeitlichen Gleichlauf** von **Schwerbehinderteneigenschaft** und Geltung begünstigenden Sonderrechts **durchbricht** Abs. 1 Hs. 2. Sinkt der GdB auf **weniger als 50**, so werden die besonderen Regelungen zur Teilhabe schwerbehinderter Menschen zunächst noch weiter auf ihn angewendet, und zwar bis zum Ende des dritten Kalendermonats nach Eintritt der Unanfechtbarkeit des Bescheides, mit dem der GdB herabgesetzt worden ist (Schon-, Auslauf- oder Nachfrist). Die **Herabsetzung** des **GdS** oder der **MdE** im Rentenbescheid einer der in § 152 Abs. 2 genannten Dienststellen wirkt sich auf die Schwerbehinderteneigenschaft ebenso aus. Wie die Feststellung des GdS oder der MdE gilt deren Herabsetzung nach § 152 Abs. 2 Satz 2 zugleich als Feststellung des – geminderten – Grades der Behinderung. Für die Dauer der Nachfrist bleiben dem nur noch fiktiv schwerbehinderten Menschen alle aus der Schwerbehinderteneigenschaft fließenden Rechte und Vergünstigungen erhalten, also etwa der Anspruch auf Zusatzurlaub und der besondere Kündigungsschutz. In der gesetzlichen Rentenversicherung war umstritten, ob ein – fiktiv – schwerbehinderter Mensch für die Dauer der **Nachfrist** als solcher „**anerkannt**" bleibt und damit **privilegierten Zugang** zur **Altersrente** hat[12] oder ob das nur bis zur **Bestandskraft** des **Herabsetzungsbescheides** gilt.[13] Das BSG hat gegen eine nur begrenzte Nachwirkung entschieden.[14] Die Deutsche Rentenversicherung Bund hat ihre entgegenstehende Praxis aufgegeben[15] und geht nun-

---

8 *Schorn* in Müller-Wenner/Schorn SGB IX Teil 2 § 116 Rn. 11; *Dau* jurisPR-SozR 18/2014, Anm. 3; *Kayser* br 2016, 136 (138).
9 *Voelzke* SGb 1991, 80 (81); *Cramer* SchwbG § 38 Rn. 2 a.
10 BSG 11.5.2011 – B 5 R 56/10 R, br 2012, 23.
11 Vgl. zum Anspruch auf Altersrente für schwerbehinderte Menschen mit Wohnsitz im vertragslosen Ausland LSG Bln-Bbg 12.3.2015 – L 8 R 533/12 und nachgehend BSG 12.4.2017 – B 13 R 15/15 R.
12 *Dau* jurisPR-SozR 25/2010, Anm. 4.
13 LSG LSA 24.6.2010 – L 1 R 468/07; *Cramer* SchwbG § 38 Rn. 2 a; *Fichte* in Hauck/Noftz SGB VI § 37 Rn. 17; *Ritz* in Bihr/Fuchs/Krauskopf/Ritz SGB IX § 116 Rn. 9; *Kreikebohm* in GK-SGB VI § 37 Rn. 17.
14 BSG 11.5.2011 – B 5 R 56/10 R, br 2012, 23; vgl. dazu *Chojetzki* ZFSH/SGB 2013, 7.
15 Vgl. die verbindliche Entscheidung nach § 138 Abs. 1 Satz 2 Nr. 4, Abs. 2 Satz 1 SGB VI, RVaktuell 2012, 316.

mehr für §§ 37 Satz 1 Nr. 2, 236 a Abs. 1 Satz 1 Nr. 2, Abs. 4 Nr. 2 a und 236 a Abs. 2 Satz 3 Nr. 1 SGB VI von Schwerbehinderteneigenschaft auch nur noch fiktiv schwerbehinderter Versicherter bis zum Ablauf der Nachfrist aus.[16]
Die **dreimonatige Auslauffrist** hat ältere Regelungen abgelöst, wonach die Dauer der Schonfrist bis zu zwei Jahre betrug. Das erschien dem Gesetzgeber zu weitgehend.[17] Ob die Herabsetzung der gesetzlichen Frist die **tatsächliche Dauer** nachwirkenden Schwerbehindertenschutzes nur noch leicht oder überhaupt nicht mehr behinderter Menschen nachhaltig und **allgemein verkürzt**, erscheint fraglich. Denn die Dreimonatsfrist beginnt erst mit Unanfechtbarkeit des Herabsetzungs- oder Entziehungsbescheides und den **Fristbeginn** kann der Betroffene durch ein häufig langdauerndes – für ihn kostenloses – Widerspruchs-, Klage- und Berufungsverfahren **hinausschieben**.[18]

7

Bei einer **Mitteilung** der Verwaltung über das **Ende des Schwerbehindertenschutzes** mit Ablauf der Schonfrist handelt es sich **nicht** um einen bloßen **Hinweis**, mit dem die Behörde ihre Beratungspflicht erfüllt. Es handelt sich um einen **feststellenden Verwaltungsakt**, der zahlreiche Rechtsverhältnisse beeinflusst und voraussetzt, dass der Betroffene den Schutz der besonderen Regelungen für schwerbehinderte Menschen zuvor tatsächlich und unanfechtbar verloren hat. Die Feststellung des Zeitpunktes, zu dem dieser Verlust eingetreten ist, hat für Zusatzleistungen und Nachteilsausgleiche Bedeutung, wirkt sich auf Beschäftigungspflicht und Ausgleichsabgabe des Arbeitgebers aus, beendet den qualifizierten Kündigungsschutz, hat mitwirkungsrechtliche Folgen und setzt eine **rechtliche Wertung** voraus, zB wann der die Verringerung des GdB feststellende **Bescheid unanfechtbar** geworden ist. Ohne diese Feststellung könnte weder der Zeitpunkt für die **Einziehung** des Schwerbehindertenausweises festgelegt werden, noch könnten sich ohne eine solche verbindliche Regelung **Arbeitgeber** und **Arbeitnehmer** sowie die betroffenen **Behörden** auf die geänderte Situation einstellen.[19]

8

Der Bescheid über die **Gleichstellung** behinderter Menschen mit schwerbehinderten Menschen hat **konstitutive** Wirkung. Anders als der durch Erfüllung seiner Voraussetzungen kraft Gesetzes begründete Schwerbehindertenstatus **endet** die **Gleichstellung** deshalb – es sei denn, sie war nach § 151 Abs. 2 Satz 3 befristet – mit ihrem **Widerruf** oder der **Rücknahme** durch die ebenso wie für den Ausspruch der Gleichstellung zuständige Agentur für Arbeit. Erst von da an, **nicht** etwa schon **ab Wegfall** der Voraussetzungen nach § 2 Abs. 3, sind auf den Betroffenen die besonderen Regeln für gleichgestellte behinderte Menschen nicht mehr anzuwenden (zur Schonfrist → Rn. 13).

9

Absatz 2 Satz 2 lässt bei Wegfall der Voraussetzungen des § 2 Abs. 3 iVm § 151 Abs. 2 nur den **Widerruf** des Gleichstellungsbescheides iSd § **47 Abs. 1 Nr. 1** SGB X zu.[20] Die gegenteilige Ansicht, nach der § 48 Abs. 1 Satz 1 SGB X anzuwenden sein soll („ist (...) aufzuheben"), wenn ein für die Gleichstellungsentscheidung maßgeblich gewesener Umstand entfällt,[21] beachtet nicht den differenzierten Wortgebrauch des SGB X (Widerruf statt Aufhebung) den der Ge-

10

---

16 Chojetzki ZFSH/SGB 2013, 11; Kayser br 2016, 136 (138).
17 Vgl. BT-Drs. 10/3138, 25.
18 Im Fall BFH 11.3.2014 – VI B 95/13, BFHE 244, 436 um acht Jahre.
19 Vgl. BSG 4.7.1989 – 9 RVs 3/88, BSGE 65, 185 (186) = SozR 1300 § 48 Nr. 57.
20 Cramer SchwbG § 38 Rn. 4; Pahlen in Neumann/Pahlen/Greiner/Winkler/Jabben SGB IX § 199 Rn. 9; Schorn in Müller-Wenner/Schorn SGB IX Teil 2 § 116 Rn. 14 f.
21 So Gouder in Wiegand SchwbG § 38 Rn. 19 ff.; Gröninger/Thomas SchwbG § 38 Rn. 3.

setzgeber – in Kenntnis der unterschiedlichen Auffassungen – bereits im Gesetz zur Bekämpfung der Arbeitslosigkeit Schwerbehinderter vom 28.9.2000[22] und nun auch im SGB IX beibehalten hat.

11 Im Übrigen dürfte sachlicher Grund für die Zulassung der **Widerruflichkeit** des Gleichstellungsbescheides die Überlegung gewesen sein, dass die Verwaltung nach § **48 Abs. 1 Satz 1 SGB X** bei wesentlicher Änderung der Verhältnisse **gezwungen** wäre, die Gleichstellung – mit Wirkung für die Zukunft – **aufzuheben**. Das entspräche nicht dem Charakter des Instituts der Gleichstellung. Nach § 2 Abs. 2 „sollen" schwerbehinderte Menschen behinderten Menschen gleichgestellt werden. Es liegt nahe, die Entscheidung über das **Ende** der **Gleichstellung** als actus contrarius ebenso wie ihren **Ausspruch** in das **Ermessen** der Verwaltung zu stellen.

12 Weiter liegt es nahe, die **Ermessensentscheidung** über das **Ende der Gleichstellung** als ebenso **eingeschränkt** anzusehen, wie über ihren Beginn. Im Regelfall besteht bei Vorliegen der gesetzlichen Voraussetzungen eine Pflicht zur Gleichstellung, entsprechend wird nur **ausnahmsweise** der Wegfall dieser Voraussetzungen **nicht** zum **Widerruf** führen. Das gilt insbesondere, wenn das Versorgungsamt den GdB oder eine der in § 152 Abs. 2 genannten Dienststellen die als GdB geltende MdE oder den GdS auf unter 30 herabgesetzt hat.

13 Wie bei Verringerung des GdB eines zuvor schwerbehinderten Menschen auf weniger als 50 sieht das Gesetz eine **Schonfrist** bei **Widerruf** des Gleichstellungsbescheides vor, während dessen Rücknahme nach § 39 SGB X mit ihrer Bekanntgabe wirksam wird. Die Auslauffrist beträgt auch hier **drei Kalendermonate** nach **Unanfechtbarkeit** des Widerrufsbescheides. Der Betroffene es wiederum in der Hand, durch ein für ihn kostenloses und häufig langwieriges Widerspruchs-, Klage- und Berufungsverfahren den **Beginn** der **Schonfrist** (weit) **hinauszuschieben**.

14 Abs. 3 sorgt dafür, dass während der Dauer der Auslauffrist der Arbeitgeber nicht einseitig mit den fortbestehenden Rechten des Arbeitnehmers, insbesondere mit dem qualifizierten Kündigungsschutz belastet bleibt. Die Vorschrift spricht deshalb ausdrücklich aus, was unter Gerechtigkeitsgesichtspunkten selbstverständlich erscheint: Für die Dauer der Schutzfrist nach Abs. 1 Halbsatz 2 und Abs. 2 Satz 3 werden die betroffenen Arbeitnehmer dem Arbeitgeber auf die Zahl der Pflichtarbeitsplätze angerechnet.

15 Zur Beteiligung des Arbeitgebers am Widerrufsverfahren gilt dasselbe wie zur Gleichstellung (→ § 151 Rn. 17).

§ 200 Entziehung der besonderen Hilfen für schwerbehinderte Menschen

(1) ¹Einem schwerbehinderten Menschen, der einen zumutbaren Arbeitsplatz ohne berechtigten Grund zurückweist oder aufgibt oder sich ohne berechtigten Grund weigert, an einer Maßnahme zur Teilhabe am Arbeitsleben teilzunehmen, oder sonst durch sein Verhalten seine Teilhabe am Arbeitsleben schuldhaft vereitelt, kann das Integrationsamt im Benehmen mit der Bundesagentur für Arbeit die besonderen Hilfen für schwerbehinderte Menschen zeitweilig entziehen. ²Dies gilt auch für gleichgestellte behinderte Menschen.
(2) ¹Vor der Entscheidung über die Entziehung wird der schwerbehinderte Mensch gehört. ²In der Entscheidung wird die Frist bestimmt, für die sie gilt.

---

22 BGBl. I 1394.

³Die Frist läuft vom Tag der Entscheidung an und beträgt nicht mehr als sechs Monate. ⁴Die Entscheidung wird dem schwerbehinderten Menschen bekannt gegeben.

Geltende Fassung: Die Vorschrift wurde mit Wirkung vom 1.7.2001 durch Art. 1 und 68 Abs. 1 SGB IX vom 19.6.2001[1] als § 117 eingeführt und in Abs. 1 durch Art. 9 Nr. 17 G v. 24.12.2003[2] sprachlich der geänderten Organisation der Arbeitsverwaltung angepasst. 1

Regelungsinhalt: Die Vorschrift ermächtigt das Integrationsamt, eingliederungsunwillige schwerbehinderte Menschen und ihnen Gleichgestellte durch zeitweiligen Entzug des Schwerbehindertenschutzes zu disziplinieren. Geregelt wird auch das bei der Entziehung einzuhaltende Verfahren. 2

Zur Entstehung: Inhaltsgleiche Übernahme des § 39 SchwbG. 3

Damit schwerbehinderte Menschen am Arbeitsleben teilhaben, bedarf es nicht nur der – durch **Auferlegung von Pflichten** geforderten und durch verschiedene **Anreize** geförderten – Bereitschaft von **Arbeitgebern** zur Beschäftigung Betroffener. Es genügen auch nicht auf Eingliederung in das Arbeitsleben zielende Maßnahmen des Integrationsamtes, der Agentur für Arbeit und der Reha-Träger. Auch der **schwerbehinderte Mensch** selbst muss dieses **Ziel verfolgen**. Insbesondere darf er nicht durch eigenes Verhalten die Integrationsbemühungen anderer erschweren oder zunichte machen.[3] **Verstößt** er **schuldhaft** gegen diesen Kodex, so können ihm die besonderen Hilfen für schwerbehinderte Menschen nach dem SGB IX **zeitweilig entzogen** werden. Durch dieses **letzte Mittel** soll er zu einem integrationskonformen Verhalten gezwungen werden. Die praktische Bedeutung der Vorschrift, deren Abschaffung schon vorgeschlagen worden ist,[4] scheint eher gering; jedenfalls sind Entscheidungen bisher nicht bekannt geworden. 4

Die **Sanktion** wird gegen schwerbehinderte Menschen verhängt, die durch ihr Verhalten **schuldhaft** ihre Teilhabe am Arbeitsleben **vereiteln**. Das Gesetz nennt beispielhaft drei Fälle, die unter diese Generalklausel fallen: 5

- Zurückweisung eines zumutbaren Arbeitsplatzes;
- Aufgabe eines solchen Arbeitsplatzes;
- Weigerung ohne berechtigten Grund, an einer Maßnahme zur Teilhabe am Arbeitsleben teilzunehmen.

Die **Parallelen** zur **Sperrzeitregelung** des **§ 159 SGB III** und zur Leistungsversagung wegen **fehlender Mitwirkung** nach **§§ 64, 66 SGB X** sind augenfällig. Auf die **Auslegung** dieser Vorschriften wird weithin **zurückgegriffen** werden können. Dabei sind **Besonderheiten** des Schwerbehindertenrechts, wie zB § 185 Abs. 2 Satz 2 (Qualität des Arbeitsplatzes). zu berücksichtigen; der Begriff des berechtigten Grundes in § 200 ist weiter gefasst als der des wichtigen Grundes in § 144 SGB III. 6

Abs. 1 Satz 2 stellt klar, dass die Vorschrift auch auf **gleichgestellte behinderte Menschen** anzuwenden ist. Das gilt allerdings nicht für Gleichstellungen nach der Sonderschrift des § 151 Abs. 4, die ohnehin nur zu Leistungen an Arbeitgeber führen. 7

---

1 BGBl. I 1046.
2 BGBl. I 2954.
3 Vgl. zur Pflicht schwerbehinderter Menschen, an ihrer Integration mitzuwirken: BSG 12.2.1997 – 9 RVs 2/96, SozR 3-3870 § 4 Nr. 17, Rn. 17 f.
4 *Ernst* br 1999, 157 (160).

8 Zuständig zur – zeitweiligen – **Entziehung** der besonderen Hilfen ist das **Integrationsamt**. Die Entscheidung ist in sein **Ermessen** gestellt. Sie ergeht im **Benehmen mit der Bundesagentur für Arbeit**, von der eine Stellungnahme anzufordern und – falls abgegeben – für die Entscheidung zu verwerten ist. Können sich die beiden Behörden nicht verständigen, so entscheidet das Integrationsamt, ohne an die abweichende Auffassung der Bundesagentur für Arbeit gebunden zu sein.

9 Der **Entziehungszeitraum** ist auf höchstens sechs Monate begrenzt. Weitere Vorgaben enthält das Gesetz nicht. Dessen Rahmen braucht weder **zeitlich** noch **inhaltlich** ausgeschöpft zu werden. Die Entziehung kann mithin für jeden kürzeren Zeitraum als sechs Monate ausgesprochen werden. Sie kann auch die besonderen Hilfen für schwerbehinderte Menschen **nur teilweise** entziehen. Das ergibt sich aus der Funktion des Instituts der Entziehung. Damit lassen sich durch schwerbehinderte Menschen schuldhaft herbeigeführte Integrationsbehinderungen ahnden. Zugleich sollen sie die Betroffenen zu einem künftig eingliederungskonformen Verhalten veranlassen. Das fordert nicht – stets – den **Totalentzug**; zielgenauer werden zumeist dem Einzelfall gerecht werdende **Teilentziehungen** sein.

10 Nach dem mit der Entziehung verfolgten Zweck entscheidet sich auch die Streitfrage, ob die von Maßnahme nach § 200 betroffenen Beschäftigten auch **während des Entziehungszeitraums** auf die **Pflichtplatzzahl** anzurechnen sind.[5] Nur dem Beschäftigten sollen die durch das Gesetz gewährten Vorteile ganz oder teilweise entzogen werden. Sein **Status** als schwerbehinderter Mensch oder Gleichgestellter bleibt davon **unberührt**. Den Arbeitgeber und dessen Pflicht zur Zahlung der Abgabe bei nichterfüllter Pflichtplatzzahl hat das Gesetz nicht im Blick.

Kapitel 9 Widerspruchsverfahren

§ 201 Widerspruch

(1) [1]Den Widerspruchsbescheid nach § 73 der Verwaltungsgerichtsordnung erlässt bei Verwaltungsakten der Integrationsämter und bei Verwaltungsakten der örtlichen Fürsorgestellen (§ 190 Absatz 2) der Widerspruchsausschuss bei dem Integrationsamt (§ 202). [2]Des Vorverfahrens bedarf es auch, wenn den Verwaltungsakt ein Integrationsamt erlassen hat, das bei einer obersten Landesbehörde besteht.

(2) Den Widerspruchsbescheid nach § 85 des Sozialgerichtsgesetzes erlässt bei Verwaltungsakten, welche die Bundesagentur für Arbeit auf Grund dieses Teils erlässt, der Widerspruchsausschuss der Bundesagentur für Arbeit.

1 **Geltende Fassung:** Die Vorschrift wurde mit Wirkung vom 1.7.2001 durch Art. 1 und 68 Abs. 1 SGB IX vom 19.6.2001[1] als § 118 eingeführt. In Abs. 2 ist sie der geänderten Organisation der Arbeitsverwaltung sprachlich gefolgt,

---

5 Bejahend *Cramer* SchwbG § 39 Rn. 9; *Gouder* in Wiegand SchwbG § 39 Rn. 14; *Bieritz-Harder* in HK-SGB IX § 117 Rn. 15; aA *Pahlen* in Neumann/Pahlen/Greiner/Winkler/Jabben SGB IX § 200 Rn. 15; *Schorn* in Müller-Wenner/Schorn SGB IX Teil 2 § 117 Rn. 21.
1 BGBl. I 1046.

Art. 9 Nr. 18 G v. 24.12.2003.[2] Das BTHG vom 23.12.2016[3] hat lediglich den Standort der Vorschrift geändert.

Regelungsinhalt: Die Vorschrift trifft besondere Bestimmungen für das Widerspruchsverfahren, wenn es Verwaltungsakte der Integrationsämter, der örtlichen Fürsorgestellen oder der Bundesagentur für Arbeit zum Gegenstand hat. 2

Zur Entstehung: Inhaltsgleiche Übernahme des § 40 SchwbG. 3

Für das Widerspruchsverfahren gelten grundsätzlich die Vorschriften der §§ 78 ff. SGG und der §§ 68 bis 73 VwGO (vgl. dazu die Kommentierung unter → Kap. 2 Rn. 110 ff.). Nur für Widersprüche gegen Verwaltungsakte der in Abs. 1 und 2 genannten Stellen – nicht der Versorgungsämter – schaffen die §§ 118 ff. – in geringem Umfang – Sonderrecht. 4

Absatz 1 schreibt abweichend von § 73 Abs. 1 Satz 2 Nrn. 1 und 2 VwGO die Entscheidung über den Widerspruch durch einen besonderen – in § 202 geregelten – Widerspruchsausschuss vor, statt durch die nächsthöhere Behörde oder die Behörde, die den Verwaltungsakt erlassen hat. Damit macht das SGB IX von der in § 73 Abs. 2 VwGO zugelassenen Ausnahme Gebrauch. Anders als § 68 Abs. 1 Satz 2 VwGO schreibt Abs. 1 Satz 2 ein Vorverfahren, in dem Rechtmäßigkeit und Zweckmäßigkeit des Verwaltungsaktes nachzuprüfen sind, auch dann vor, wenn der Verwaltungsakt von einem Integrationsamt erlassen worden ist, das bei einer obersten Landesbehörde besteht. 5

Absatz 2 enthält die Parallelregelung für Widersprüche gegen Verwaltungsakte der Bundesagentur für Arbeit. Auch hier wird – abweichend von § 85 Abs. 2 Nr. 3 SGG – die Zuständigkeit besonderer, in § 203 geregelter Ausschüsse begründet. 6

§ 202 Widerspruchsausschuss bei dem Integrationsamt

(1) Bei jedem Integrationsamt besteht ein Widerspruchsausschuss aus sieben Mitgliedern, und zwar aus zwei Mitgliedern, die schwerbehinderte Arbeitnehmer oder Arbeitnehmerinnen sind, zwei Mitgliedern, die Arbeitgeber sind, einem Mitglied, das das Integrationsamt vertritt, einem Mitglied, das die Bundesagentur für Arbeit vertritt, einer Vertrauensperson schwerbehinderter Menschen.

(2) Für jedes Mitglied wird ein Stellvertreter oder eine Stellvertreterin berufen.

(3) ¹Das Integrationsamt beruft auf Vorschlag der Organisationen behinderter Menschen des jeweiligen Landes die Mitglieder, die Arbeitnehmer sind, auf Vorschlag der jeweils für das Land zuständigen Arbeitgeberverbände die Mitglieder, die Arbeitgeber sind, sowie die Vertrauensperson. ²Die zuständige oberste Landesbehörde oder die von ihr bestimmte Behörde beruft das Mitglied, das das Integrationsamt vertritt. ³Die Bundesagentur für Arbeit beruft das Mitglied, das sie vertritt. ⁴Entsprechendes gilt für die Berufung des Stellvertreters oder der Stellvertreterin des jeweiligen Mitglieds.

(4) ¹In Kündigungsangelegenheiten schwerbehinderter Menschen, die bei einer Dienststelle oder in einem Betrieb beschäftigt sind, der zum Geschäftsbereich des Bundesministeriums der Verteidigung gehört, treten an die Stelle der Mitglieder, die Arbeitgeber sind, Angehörige des öffentlichen Dienstes. ²Dem Integrationsamt werden ein Mitglied und sein Stellvertreter oder seine Stellvertreterin von den von der Bundesregierung bestimmten Bundesbehörden benannt.

---

2 BGBl. I 2954.
3 BGBl. I 3234.

³Eines der Mitglieder, die schwerbehinderte Arbeitnehmer oder Arbeitnehmerinnen sind, muss dem öffentlichen Dienst angehören.
(5) ¹Die Amtszeit der Mitglieder der Widerspruchsausschüsse beträgt vier Jahre. ²Die Mitglieder der Ausschüsse üben ihre Tätigkeit unentgeltlich aus.

1 **Geltende Fassung:** Die Vorschrift wurde mit Wirkung vom 1.7.2001 durch Art. 1 und 68 Abs. 1 SGB IX vom 19.6.2001[1] als § 119 eingeführt. Art. 9 Nr. 19 G v. 24.12.2003[2] hat sie in Abs. 1 und Abs. 3 Satz 3 der geänderten Organisation der Arbeitsverwaltung angepasst. Das BTHG vom 23.12.2016[3] hat lediglich den der Vorschrift Standort geändert.
2 **Regelungsinhalt:** Die Vorschrift bestimmt die Zusammensetzung des nach § 201 Abs. 1 bei den Integrationsämtern zu bildenden Widerspruchsausschusses, regelt das Berufungsverfahren für die Mitglieder dieses Ausschusses, deren Amtszeit und die Unentgeltlichkeit ihrer Tätigkeit. In Angelegenheiten schwerbehinderter Beschäftigter des Bundesnachrichtendienstes ist der Ausschuss nach § 240 Abs. 1 Nr. 4 abweichend besetzt.
3 **Zur Entstehung:** Inhaltsgleiche Übernahme des § 41 SchwbG.

§ 203 Widerspruchsausschüsse der Bundesagentur für Arbeit

(1) Die Bundesagentur für Arbeit richtet Widerspruchsausschüsse ein, die aus sieben Mitgliedern bestehen, und zwar aus zwei Mitgliedern, die schwerbehinderte Arbeitnehmer oder Arbeitnehmerinnen sind, zwei Mitgliedern, die Arbeitgeber sind, einem Mitglied, das das Integrationsamt vertritt, einem Mitglied, das die Bundesagentur für Arbeit vertritt, einer Vertrauensperson schwerbehinderter Menschen.
(2) Für jedes Mitglied wird ein Stellvertreter oder eine Stellvertreterin berufen.
(3) ¹Die Bundesagentur für Arbeit beruft
1. die Mitglieder, die Arbeitnehmer oder Arbeitnehmerinnen sind, auf Vorschlag der jeweils zuständigen Organisationen behinderter Menschen, der im Benehmen mit den jeweils zuständigen Gewerkschaften, die für die Vertretung der Arbeitnehmerinteressen wesentliche Bedeutung haben, gemacht wird,
2. die Mitglieder, die Arbeitgeber sind, auf Vorschlag der jeweils zuständigen Arbeitgeberverbände, soweit sie für die Vertretung von Arbeitgeberinteressen wesentliche Bedeutung haben, sowie
3. das Mitglied, das die Bundesagentur für Arbeit vertritt, und
4. die Vertrauensperson.

²Die zuständige oberste Landesbehörde oder die von ihr bestimmte Behörde beruft das Mitglied, das das Integrationsamt vertritt. ³Entsprechendes gilt für die Berufung des Stellvertreters oder der Stellvertreterin des jeweiligen Mitglieds.
(4) § 202 Absatz 5 gilt entsprechend.

1 **Geltende Fassung:** Die Vorschrift wurde mit Wirkung vom 1.7.2001 durch Art. 1 und 68 Abs. 1 SGB IX vom 19.6.2001[1] als § 120 eingeführt. Das Redaktionsversehen in Abs. 4 – entsprechende Geltung von Abs. 4 statt Abs. 5 des § 202 – hat Art. 4 Nr. 2 G v. 23.12.2002[2] bereinigt. Die Organisationsreform

---

1 BGBl. I 1046.
2 BGBl. I 2954.
3 BGBl. I 3234.
1 BGBl. I 1046.
2 BGBl. I 4607.

der Arbeitsverwaltung hat sich in der Überschrift sowie in Abs. 1 und Abs. 3 Satz 1 niedergeschlagen, Art. 9 Nr. 20 G. v. 24.12.2003.[3] Das BTHG vom 23.12.2016[4] hat lediglich den Standort der Vorschrift geändert.

Regelungsinhalt: Die Vorschrift bestimmt die Zusammensetzung der nach § 201 Abs. 2 bei der Bundesagentur zu bildenden Widerspruchsausschüsse, regelt das Verfahren zur Berufung ihrer Mitglieder und – entsprechend § 202 Abs. 5 – deren Amtszeit sowie die Unentgeltlichkeit ihrer Tätigkeit. In Angelegenheiten schwerbehinderter Beschäftigter des Bundesnachrichtendienstes ist der Ausschuss nach § 240 Abs. 1 Nr. 4 abweichend besetzt. 2

Zur Entstehung: Inhaltsgleiche Übernahme des § 42 SchwbG. 3

§ 204 Verfahrensvorschriften

(1) Für den Widerspruchsausschuss bei dem Integrationsamt (§ 202) und die Widerspruchsausschüsse bei der Bundesagentur für Arbeit (§ 203) gilt § 189 Absatz 1 und 2 entsprechend.

(2) Im Widerspruchsverfahren nach Kapitel 4 werden der Arbeitgeber und der schwerbehinderte Mensch vor der Entscheidung gehört; in den übrigen Fällen verbleibt es bei der Anhörung des Widerspruchsführers.

(3) [1]Die Mitglieder der Ausschüsse können wegen Besorgnis der Befangenheit abgelehnt werden. [2]Über die Ablehnung entscheidet der Ausschuss, dem das Mitglied angehört.

Geltende Fassung: Die Vorschrift wurde mit Wirkung vom 1.7.2001 durch Art. 1 und 68 Abs. 1 SGB IX vom 19.6.2001[1] als § 121 eingeführt und ist mit Art. 9 Nr. 21 G. v. 24.12.2003[2] in Abs. 1 der geänderten Organisation der Arbeitsverwaltung gefolgt. Das BTHG vom 23.12.2016[3] hat lediglich den Standort der Vorschrift geändert. 1

Regelungsinhalt: Die Vorschrift regelt in Abs. 1 Grundzüge der inneren Organisation der besonderen Widerspruchsausschüsse (§§ 202, 203). § 180 Abs. 1 und 2 gelten entsprechend; die Vorsitzenden sind alternierend aus den Gruppen der Arbeitnehmer und der Arbeitgeber zu wählen. Absatz 2 und 3 schaffen Sonderrecht für das Verwaltungsverfahren vor den Widerspruchsausschüssen. Anders als noch nach § 43 Abs. 2 SchwbG sind Arbeitgeber und schwerbehinderter Mensch vor der Entscheidung über den Widerspruch nicht in jedem Fall, sondern nur noch dann zu hören, wenn es sich um Angelegenheiten im zweiseitigen Verfahren des besonderen Kündigungsschutzes handelt. In allen anderen Fällen, in denen es zB um Leistungen aus Mitteln der Ausgleichsabgabe geht, ist nur der jeweilige Widerspruchsführer zu hören.[4] Absatz 3 regelt ausdrücklich das Verfahren bei Ablehnung von Ausschussmitgliedern wegen Besorgnis der Befangenheit; dieses Ergebnis ließe sich sonst nur durch Auslegung der §§ 17 Abs. 2, 16 Abs. 4 SGB X erzielen.[5] 2

Zur Entstehung: Im Wesentlichen inhaltsgleiche Übernahme des § 43 SchwbG. 3

---

3 BGBl. I 2954.
4 BGBl. I 3234.
1 BGBl. I 1046.
2 BGBl. I 2954.
3 BGBl. I 3234.
4 Vgl. BT-Drs. 14/5800, 37.
5 Vgl. LSG Hmb 20.11.2008 – L 2 KA 25/08 KL ER – zur Ablehnung von Mitgliedern des Schiedsamtes nach § 89 SGB V.

Kapitel 10 Sonstige Vorschriften

§ 205 Vorrang der schwerbehinderten Menschen

Verpflichtungen zur bevorzugten Einstellung und Beschäftigung bestimmter Personenkreise nach anderen Gesetzen entbinden den Arbeitgeber nicht von der Verpflichtung zur Beschäftigung schwerbehinderter Menschen nach den besonderen Regelungen für schwerbehinderte Menschen.

1 **Geltende Fassung:** Die Vorschrift ist inhaltlich unverändert aus § 44 SchwbG 1986 als § 122 in das SGB IX übernommen worden. Es hat lediglich eine redaktionelle Anpassung stattgefunden. Der männliche Begriff Schwerbehinderter ist durch die geschlechtsneutrale Bezeichnung schwerbehinderter Mensch ersetzt worden. Mit Wirkung vom 1.1.2018 ist der Standort der Vorschrift durch Art. 1 Bundesteilhabegesetz (BTHG) nach § 205 SGB IX verschoben worden. Dem lag zugrunde, dass infolge der Einfügung der Eingliederungshilfe in das SGB IX das Schwerbehindertenrecht vom Teil 2 zum Teil 3 des SGB IX aufgerückt ist.

2 **Entstehungsgeschichte:** Eine entsprechende Regelung ist erstmalig durch § 31 Abs. 1 SchwBeschG 1953 eingefügt worden. Zugrunde lagen die besonderen Verhältnisse der Zeit nach dem Zweiten Weltkrieg. Der BT-Ausschuss für Kriegsopfer- und Kriegsgefangenenfragen brachte das zum Ausdruck: „Durch die Folgen des 2. Weltkriegs sind viele Personen notleidend und auf dem Arbeitsmarkt betreuungsbedürftig geworden. Der Schwerbeschädigte jedoch trägt die ganze Dauer seines Lebens einen schweren Körperschaden; oft musste er beruflich umsatteln und im vorgerückten Lebensalter mit dem Aufbau einer Existenz neu beginnen. Es ist nur recht und billig, wenn ihm vor allen anderen betreuungsbedürftigen Personenkreisen ein Vorrang eingeräumt wird (…)".[1] Der in der Gesetzgebung beabsichtigte **Vorrang** ist folgerichtig in der Überschrift des damaligen § 31 SchwBeschG zum Ausdruck gebracht worden. Er blieb bei der grundlegenden Umformung des Schwerbeschädigten- in das Schwerbehindertengesetz 1974 unberührt und ist 1986 als § 44 in das SchwbG übernommen worden.

3 **Inhalt der Regelung:** Die Vorrangregelung ist durch § 31 SchwBeschG 1953 eingeführt worden. Die Bundesregierung hat damals zur Begründung im ihrem Gesetzentwurf ausgeführt: „(…) bezweckt sicherzustellen, daß die Kriegs- und Arbeitsopfer mit ihren schweren gesundheitlichen Dauerschäden gegenüber den zahlreichen durch die Kriegs- und Nachkriegsereignisse in Not geratenen Menschen, denen durch andere Gesetze ein Anspruch auf bevorzugte oder anteilsmäßige Wahrnehmung vorhandener Arbeitsmöglichkeiten zugebilligt worden ist, nicht zurückstehen."[2] Der weit überwiegende Teil des Schrifttums sieht, seitdem durch das SchwbG 1974 die Möglichkeit der Zwangseinstellung (§ 10 SchwBeschG) aufgehoben worden ist, keine gesetzliche Grundlage für einen **Individualanspruch** schwerbehinderter Menschen „auf bevorzugte Einstellung".[3] Nach der vorherrschenden Meinung ist damit der in der amtlichen Überschrift zu § 122 SGB IX aF bzw. § 205 SGB IX nF hervorgehobene „Vorrang" schwerbehinderter Menschen bei der Einstellung ohne rechtliche Grundlage. Der In-

---

1 BT-Drs. Nr. 4292, 5.
2 BT-Dr. 3430, 25.
3 *Cramer* SchwbG, 3. Aufl. 1987, § 44 Rn. 3; *Dörner* SchwbG § 44 Anm. IV 2; *Pahlen* in Neumann/Pahlen/Greiner/Winkler/Jabben SGB IX § 205 Rn. 2; *Rolfs* in ErfK SGB IX § 205 Rn. 1; *Knittel* SGB IX § 122 Rn. 1; aA *Großmann* in GK-SGB IX § 122 Rn. 37.

halt der Norm reduziert sich auf die Abwehr der vorrangigen Beschäftigung **anderer Personengruppen.** Das soll heißen: Einem Arbeitgeber ist der Einwand verwehrt, er könne die öffentlich-rechtliche Beschäftigungspflicht nach § 154 nicht erfüllen, weil er nach anderen Vorschriften auch andere geschützte Personenkreise einstellen und beschäftigen müsse.[4] Damit geht es um das Verhältnis der kollidierenden Einstellungs- und Beschäftigungspflichten, die von den Arbeitgebern zugunsten unterschiedlicher Personengruppen zu erfüllen sind.[5] Dafür spricht die Entstehungsgeschichte der unverändert aus § 44 SchwbG in das SGB IX übernommen Regelung.

Einstellungs- und Beschäftigungspflichten nach den Landesgesetzen über Bergmannversorgungsscheine: Einstellungs- und Beschäftigungsgebote enthalten die Landesgesetze in Niedersachsen,[6] Nordrhein-Westfalen[7] und Saarland[8] für Inhaber von Bergmannversorgungsscheinen. 4

Anrechnung anderer geschützter Personen: § 158 Abs. 5 SGB IX berücksichtigt die den Arbeitgeber in doppelter Hinsicht treffende öffentlich-rechtliche Beschäftigungspflicht, indem der Inhaber eines Bergmannversorgungsscheins auf einen Pflichtarbeitsplatz selbst dann angerechnet wird, wenn er weder schwerbehindert oder gleichgestellt ist. Damit wird allerdings das Konkurrenzproblem bei der Erfüllung beider öffentlich-rechtlicher Beschäftigungspflichten nicht entschärft. Die Anrechnungsregelung könnte sich hier so auswirken, dass der Arbeitgeber den anrechnungsfähigen nicht schwerbehinderten Inhaber des Bergmannversorgungsscheins bevorzugt einstellt, weil dieser keinen Anspruch auf Zusatzurlaub nach § 208 SGB IX hat. Das soll die Vorrangregelung in § 205 SGB IX verhindern. Der Verstoß gegen die Vorrangsregelung bleibt jedoch sanktionslos. Stellt der Arbeitgeber den Bergmannversorgungsscheininhaber an, so besetzt er in Folge der Anrechnung einen Pflichtplatz. Eine Ahndung als Ordnungswidrigkeit nach § 238 Abs. 1 Nr. 1 SGB IX scheidet damit aus. 5

Kompensatorischer Vorrang bei Einstellung und Beförderung: Da im Gesetzgebungsverfahren zum SGB IX die unterschiedlichen Auffassungen (→ Rn. 3) bekannt waren und keinem Gesetzgeber ohne Weiteres unterstellt werden kann, er schaffe Gesetze ohne Sinn, spricht dies eher dafür, dass der Gesetzgeber den schwerbehinderten Menschen eine begrenzte kompensatorische Hilfe einräumen wollte. In § 5 AGG sind positive Maßnahmen anerkannt, die dazu dienen, bestehende behinderungsbedingte Nachteile auszugleichen. Ebenso findet sich in Art. 5 Abs. 4 der BRK die Klarstellung, dass besondere Maßnahmen zur Beschleunigung oder Herbeiführung der tatsächlichen Gleichberechtigung erforderlich sein können. Im Zusammenhang mit dem Gleichstellungsgebot aus Art. 3 Abs. 3 Satz 2 GG führt dies hier dazu, dass schwerbehinderten Bewerberinnen und Bewerbern im Rahmen der Auswahl zwar nicht generell, aber **bei gleichwertiger Qualifikation im Einzelfall ein Vorrang** im Sinne eines Hilfskriteriums einzuräumen ist, so wie dies auch in den Verwaltungsvorschriften zur Durchführung des SGB IX im Bereich des öffentlichen Dienstes allgemein üblich ist. Dieses kompensatorische Hilfskriterium führt nicht zu einem Einstellungsanspruch. § 164 Abs. 2 Satz 2 SGB IX iVm § 15 Abs. 7 AGG schließt nämlich ausdrücklich einen Anspruch auf Begründung eines Arbeitsverhältnisses aus, soweit nicht außerhalb des SGB IX ein derartiger Anspruch, zB in Art. 33 Abs. 2 GG, geregelt ist (Einzelheiten → § 164 Rn. 80). Die hM ist restriktiv. Sie 6

---

4 So auch *Knittel* SGB IX, 11. Aufl. 2017, § 122 Rn. 5.
5 Zutreffend: *Griese* in jurisPK-SGB IX § 205 Rn. 5; *Soost* in FKS SGB IX § 205 Rn 5.
6 NdsBergmVersSchG vom 6.1.1949, GVBl. I 741.
7 NRWBergmVersSchG vom 20.12.1983, GVBl. I 635.
8 SaarlBergmVersSchG vom 16.10.1981, ABl., 825.

reduziert § 205 darauf, dass die Vorschrift klarstellt, dass die Pflicht zur Beschäftigung schwerbehinderter Menschen in dem vorgeschriebenen Rahmen erfüllt werden muss, gleichgültig ob auch sonstige gesetzliche Gebote dem Arbeitgeber die Beschäftigung anderer Personen aufgeben.[9]

7 Bedeutung von Förderungsrichtlinien und Erlassen: Im öffentlichen Dienst wird seit langem aufgrund von Richtlinien ein kompensatorischer Vorrang praktiziert. Danach sind Schwerbehinderung und Gleichstellung als zusätzliche Hilfskriterien im Rahmen der Bestenauslese zu berücksichtigen, → § 165 Rn. 39 ff. Sie geben bei Fehlen eines Leistungsvorsprungs anderer Bewerber zugunsten der behinderten Bewerber den Ausschlag.[10]

Beispiel für Vorrangregelung[11]**:** „In Stellenausschreibungen ist darauf hinzuweisen, dass schwerbehinderte Menschen bei gleicher Eignung, fachlicher Leistung und Befähigung bevorzugt eingestellt werden."

Kompensatorische Formulierungen enthält auch die früher als Fürsorgeerlass bezeichnete Zentrale Dienstvorschrift des Bundesministeriums der Verteidigung (BMVg). Sie trägt den Titel „Inklusion schwerbehinderter Menschen":[12]

„402. Zur Umsetzung der Vorschriften §§ 164 Abs. 1 und 165 SGB IX ist – ausgenommen bei der Besetzung rein militärischer Dienstposten nach Nr. 303 Satz 2 – wie folgt zu verfahren:

In Dienstpostenausschreibungen ist darauf hinzuweisen, dass schwerbehinderte Menschen und ihnen gleichgestellte behinderte Menschen bei gleicher Eignung bevorzugt berücksichtigt werden und von ihnen nur ein Mindestmaß an körperlicher Eignung verlangt wird (…).

403. Bewerbungen von schwerbehinderten Menschen ist unvoreingenommen zu begegnen. Die Durchführung von Auswahlverfahren richtet sich nach den Kriterien der Eignung, Befähigung und fachlichen Leistung. Bei der Beurteilung der Leistungsfähigkeit schwerbehinderter Menschen sind quantitative Leistungsminderungen, die behinderungsbedingt sind, zu berücksichtigen."

Derartigen Erlassen kommt wegen des bezweckten Schutzes Dritter unmittelbare Außenwirkung zu.[13] Derartige Regelungen können auch in Gesetzen enthalten sein. So in Art. 21 des Gesetzes über die Leistungslaufbahn und die Fachlaufbahnen der bayerischen Beamten und Beamtinnen (Leistungslaufbahngesetz – LlbG) vom 5.8.2010[14]:

„Schwerbehinderte Menschen

(1) ¹Von schwerbehinderten Menschen darf bei der Einstellung nur das Mindestmaß körperlicher Eignung für die vorgesehene Tätigkeit verlangt werden. ²Entsprechendes gilt bei der Übertragung von Dienstposten und bei Beförderungen, soweit es die Anforderungen des Dienstpostens zulassen. ³Schwerbehinderte Menschen haben bei der Einstellung Vorrang vor gesetzlich nicht be-

---

9 *Pahlen* in Neumann/Pahlen/Greiner/Winkler/Jabben SGB IX § 205 Rn. 2.
10 So: Richtlinie zur Durchführung der Rehabilitation und Teilhabe behinderter Menschen im öffentlichen Dienst im Lande Nordrhein-Westfalen, Runderlass des Innenministeriums vom 11.9.2019 Geschäftszeichen – 21–42.12.01, MBl. NRW. 2019, 418.
11 Erlass zur Inklusion und Teilhabe von Menschen mit Behinderungen im Landesdienst Thüringen, Ministerium für Inneres und Kommunales vom 19.3.2019 Az. 0008–2/2018, 21, ThürStAnz Nr. 14/2019, 647.
12 Herausgebende Stelle: BMVg P III 4, Aktenzeichen: 15–05–03/-01 vom 30.3.2017.
13 Vgl. allgemein zur Normwirkung von Verwaltungsvorschriften: *Gurlit* in v. Münch/Kunig, 6. Aufl. 2012, GG Art. 34 Rn. 24.
14 GVBl., 410, 571.

vorrechtigten Personen bei im Wesentlichen gleicher Eignung, Befähigung und fachlicher Leistung. ⁴Dies gilt auch bei internen Stellenbesetzungen.

(2) Bei der Beurteilung der Leistung schwerbehinderter Beamter und Beamtinnen ist eine eventuelle Minderung der Arbeits- und Verwendungsfähigkeit durch ihre Behinderung zu berücksichtigen.

(3) Abs. 1 Satz 1 gilt entsprechend bei einem Wechsel von Polizeivollzugsbeamten und Polizeivollzugsbeamtinnen, die polizeidienstunfähig sind (Art. 128 Abs. 2 BayBG), in eine andere Fachlaufbahn oder in einen anderen fachlichen Schwerpunkt."

Ob durch diese Förderungsbestimmungen ein kompensatorisch begründeter Vorrang (Art. 3 Abs. 3 Satz 2 GG iVm § 122 SGB IX aF bzw. § 205 SGB IX nF) begründet wird, hat das BAG bisher bewusst offen gelassen.¹⁵

Vorrang im Konkurrenzverhältnis: Der für Entschädigung zuständige Fachsenat des BAG hat den einfachgesetzlichen Vorrang in der Vorgängervorschrift § 122 SGB IX aF so gedeutet, dass es einem Arbeitgeber zur Abwehr von Ansprüchen schwerbehinderter Menschen verwehrt sei, sich auf Verpflichtungen zur bevorzugten Einstellung und Beschäftigung anderer Personen nach anderen Gesetzen zu berufen.¹⁶ Die Vorschrift schließe aus, dass sich der Arbeitgeber dadurch von seinen Verpflichtungen zur Beschäftigung schwerbehinderter Menschen entlasten könne, dass er auf bestehende gesetzlichen Verpflichtungen gegenüber anderen schutzbedürftigen Personen verweise.¹⁷ Das entspricht der Auffassung des diskriminierungsrechtlichen Schrifttums zur der Funktion der positiver Maßnahmen iSv § 5 AGG. Danach ist eine Zurücksetzung der geförderten Gruppe zugunsten einer anderen Gruppe von Merkmalsträgern nach § 1 AGG ausgeschlossen.¹⁸

Erweiterung auf Einstellung und Beschäftigung: Der Achte Senat hat zutreffend das Tatbestandsmerkmal „Beschäftigung" in § 122 aF erweiternd ausgelegt. Der Begriff „Beschäftigung" muss nach Sinn und Zweck so verstanden werden, dass er auch die Besetzung von Arbeitsplätzen und die Einstellung von Arbeitnehmern umfasst.¹⁹

Kollision mit Geschlechtergleichstellung- und Frauenförderung: Zur Förderung der Gleichstellung der Geschlechter, insbesondere zur Beseitigung der Unterrepräsentanz von Frauen, haben der Bund und die Länder für ihren öffentlichen Dienst besondere Gesetze geschaffen. Diese sind unterschiedlich benannt, entweder als Frauenförderungs- oder Gleichstellungsgesetze. Sie verpflichten die Dienststellenleiter zur Aufstellung von Gleichstellungsplänen mit konkreten Ziel- und Zeitvorgaben sowie zur Bestellung von Gleichstellungsbeauftragten und deren frühzeitige Beteiligung bei Einstellungen und Beförderungen. Einige Gesetze enthalten für Auswahlentscheidungen Frauen begünstigende Vorrangsregelungen. Zu diesen Gesetzen gehört das Gesetz zur Gleichstellung von Frau-

---
15 Vgl. BAG 16.2.2012 – 8 AZR 697/10, NZA 2012, 667.
16 BAG 16.2.2012 – 8 AZR 697/10, NZA 2012, 667.
17 Vgl. *Trenk-Hinterberger* in HK-SGB IX, 3. Aufl. 2010, § 122 Rn. 3; *Soost* in FKS SGB IX § 205 Rn. 6.
18 Vgl. *Thüsing* in MüKoBGB, 6. Aufl. 2011, AGG § 5 Rn. 13; *Voigt* in Schleusener/Suckow/Voigt Kommentar zum Allgemeinen Gleichbehandlungsgesetz (AGG), 2. Aufl. 2008, AGG § 5 Rn. 14; *Stein* in Wendeling-Schröder/Stein, Allgemeines Gleichbehandlungsgesetz, 2008, AGG § 5 Rn. 4.
19 So: BAG 16.2.2012 – 8 AZR 697/10, NZA 2012, 667.

en und Männern in der Bundesverwaltung und in den Gerichten des Bundes vom 30.11.2001 (BGleiG).[20] Dort ist geregelt:

§ 8 BGleiG   Auswahlentscheidungen bei Einstellung, beruflichem Aufstieg und der Vergabe von Ausbildungsplätzen

(1) [1]Sind Frauen in einem bestimmten Bereich nach § 3 Nummer 2 unterrepräsentiert, hat die Dienststelle sie bei der Vergabe von Ausbildungsplätzen, bei Einstellung und beruflichem Aufstieg bevorzugt zu berücksichtigen. [2]Dies gilt auch bei der Abordnung, Versetzung und Umsetzung für jeweils mehr als drei Monate, wenn diesen ein Ausschreibungsverfahren vorausgeht. [3]Voraussetzung für die Bevorzugung ist, dass Bewerberinnen die gleiche Qualifikation aufweisen wie ihre männlichen Mitbewerber. [4]Die Bevorzugung ist ausgeschlossen, wenn rechtlich schützenswerte Gründe überwiegen, die in der Person eines männlichen Mitbewerbers liegen. [5]Sind Männer strukturell benachteiligt und in dem jeweiligen Bereich unterrepräsentiert, gelten die Sätze 1 bis 4 entsprechend.

(2) [1]Absatz 1 gilt insbesondere für
1. die Besetzung von Stellen von Beamtinnen und Beamten, von Arbeitnehmerinnen und Arbeitnehmern, von Auszubildenden sowie von Richterinnen und Richtern, es sei denn, für die Berufung von Richterinnen und Richtern ist eine Wahl oder die Mitwirkung eines Wahlausschusses vorgeschrieben;
2. den beruflichen Aufstieg, es sei denn, die Entscheidung über diesen Aufstieg erfolgt durch eine Wahl oder unter Mitwirkung eines Wahlausschusses.

[2]Satz 1 schließt auch Arbeitsplätze mit Vorgesetzten- oder Leitungsaufgaben ungeachtet der Hierarchieebene ein.

Ein prägnantes Beispiel für entsprechende landesrechtliche Regelungen enthält das Gesetz zur Gleichstellung von Frauen und Männern für das Land Nordrhein-Westfalen.[21] Dort ist bestimmt:

§ 7 LGG NRW   Vergabe von Ausbildungsplätzen, Einstellungen, Beförderungen und Übertragung höherwertiger Tätigkeiten

(1) [1]Bei gleicher Eignung, Befähigung und fachlicher Leistung sind Frauen bei Begründung eines Beamten- oder Richterverhältnisses nach Maßgabe von § 14 Absatz 2 sowie § 120 Absatz 2 des Landesbeamtengesetzes vom 14. Juni 2016 (GV. NRW. S. 310, ber. S. 642), das durch Artikel 7 des Gesetzes vom 7. April 2017 (GV. NRW. S. 414) geändert worden ist, bevorzugt zu berücksichtigen. [2]Für Beförderungen gilt § 19 Absatz 6 des Landesbeamtengesetzes.

(2) [1]Bei gleicher Eignung, Befähigung und fachlicher Leistung sind Frauen bei Begründung eines Arbeitsverhältnisses bevorzugt einzustellen, soweit in dem Zuständigkeitsbereich der für die Personalauswahl zuständigen Dienststelle in der jeweiligen Gruppe der Arbeitnehmerinnen und Arbeitnehmer weniger Frauen als Männer sind, sofern nicht in der Person eines Mitbewerbers liegende Gründe überwiegen. [2]Satz 1 gilt auch für die Übertragung höherwertiger Tätigkeiten, soweit in der damit verbundenen Entgeltgruppe der jeweiligen Gruppe der Arbeitnehmerinnen und Arbeitnehmer weniger Frauen als Männer sind.

---

20 Bundesgleichstellungsgesetz – BGleiG, neugefasst mit Wirkung vom 1.5.2015 durch Art. 24 des Gesetzes vom 24.4.2015.
21 Landesgleichstellungsgesetz – LGG vom 9.11.1999; § 7 neu gefasst durch Art. 2 des Gesetzes vom 19.9.2017 (GV. NRW., 764), in Kraft getreten am 28.9.2017.

In der früheren Fassung des LGG war die Klarstellung enthalten:

§ 25 LGG NRW Rechte der Schwerbehinderten
Die Rechte der Schwerbehinderten bleiben unberührt.

Diese Bestimmung ist bei der Neufassung 2015 weggefallen. Die in diesen Gesetzen enthaltenen Frauenförderungsgebote sind nicht geeignet, die besonderen Pflichten des Arbeitgebers bei der Einstellung und Beschäftigung schwerbehinderter Menschen zu verdrängen oder einzuschränken. Das zeigte die Unberührtklausel in § 25 LGG aF Der Wegfall der Klausel zeigt zwar eine Mentalitätsänderung an, hat jedoch keine rechtliche unmittelbare Auswirkung. Das BAG hat eine von derartigen Klarstellungen unabhängige Lösung gefunden. Auch wenn positive Maßnahmen iSv § 5 AGG zugunsten anderer von Benachteiligung bedrohter Personengruppen weiterhin zulässig sind, gilt nach dieser überzeugenden Entscheidung des Achten Senats: Bei einer Kollision von Schutz- und Förderpflichten ist die spezielle gesetzliche Kollisionsregel in § 122 SGB IX (mWv 1.1.2018 nach § 205 SGB IX verschoben) zu beachten.[22] § 205 SGB IX stellt danach eine spezielle Kollisionsregel zugunsten der Einstellung und Beschäftigung schwerbehinderter Menschen dar. Die in anderen Gesetzen enthaltenen Gebote, Stellen vorrangig intern zu besetzen (§ 19 HaushaltsG 2009) oder Frauen und Männer in gleicher Zahl zum Vorstellungsgespräch einzuladen (§ 7 BGleiG), konnten deshalb in dem entschiedenen Fall der Besetzung einer Pförtnerstelle im BMI den Dienststellenleiter nicht von der Arbeitgeberpflicht entbinden, alle geeigneten schwerbehinderten Bewerber gemäß § 165 Satz 2 SGB IX zu Vorstellungsgesprächen einzuladen.[23] Eine Förderung von Frauen unter Missachtung der Regelungen der §§ 164, 165 SGB IX ist danach ausgeschlossen.

Eingeschränkte Widerlegbarkeit einer Benachteiligungsvermutung: Die Auslegung des Vorrangs in § 205 durch das BAG hat zur Folge, dass dem öffentlichen Arbeitgeber bei Schadenersatz- und Entschädigungsklagen wegen Benachteiligung bei Einstellung und Beförderung die Führung des Entlastungsbeweises nach § 22 AGG erschwert wird. Die Benachteiligungsvermutung kann nicht mit der Begründung widerlegt werden, die gesetzlich vorgeschriebene Förderung anderer Personenkreise sei alleiniges Motiv der Auswahlentscheidung des Arbeitgebers gewesen und die Behinderung habe keine Rolle gespielt.[24] 11

Vorrang beim beruflichen Aufstieg: Unter der Geltung des § 11 Abs. 2 SchwbG 1974 hat das Bundesarbeitsgericht aus der im Vergleich zum Schwerbeschädigtengesetz erweiterten Fürsorgepflicht des Arbeitgebers geschlossen, der Arbeitgeber sei im Rahmen seiner betrieblichen Möglichkeiten verpflichtet, einen schwerbehinderten Arbeitnehmer seiner Vorbildung und seinen Fähigkeiten entsprechend zu beschäftigen. Dazu gehöre im Einzelfall, ihm den **beruflichen Aufstieg** dadurch zu **ermöglichen**, dass er bei gleicher Qualifikation nichtbehinderten Bewerbern **vorzuziehen** sei, soweit nicht billigenswerte Gründe dem entgegenstünden.[25] Diese Rechtsprechung ist auch zu § 14 Abs. 3 Nr. 1 SchwbG 1986 bestätigt worden.[26] Die weitere Ausdifferenzierung der arbeitgeberseitigen Förderungspflichten durch § 14 Abs. 3 SchwbG 2000 und deren 12

---

22 BAG 16.2.2012 – 8 AZR 697/10, Rn. 66.
23 BAG 16.2.2012 – 8 AZR 697/10, Rn. 62, NZA 2012, 667.
24 BAG 16.2.2012 – 8 AZR 697/10, NZA 2012, 667.
25 BAG 19.9.1979 – 4 AZR 887/77, BAGE 32, 105.
26 BAG 5.9.1991 – 8 AZR 462/90.

Übernahme in das SGB IX hat diese Rechtslage weiter zugunsten der schwerbehinderten Menschen verbessert.

13 **Gleichrangigkeit:** Trifft ein aus § 164 Abs. 4 Satz 1 Nr. 1 u. Nr. 2 abzuleitender Anspruch auf relativen Vorrang bei der Auswahl für den beruflichen Aufstieg auf einen entsprechenden Anspruch einer anderen nichtbehinderten Person, so wird der Arbeitgeber nach § 205 nicht von der Einhaltung der schwerbehindertenrechtlichen Verpflichtung entbunden. Diese Situation wird im Schrifttum gewöhnlich mit dem Begriff der **Gleichrangigkeit** umschrieben.[27] Das Aufeinandertreffen gleichrangiger Vorzugsrechte stellt sich vor allem bei Bewerbungen um Aufstiegspositionen im öffentlichen Dienst. Verschiedene Frauenförderungs- und Landesgleichstellungsgesetze sehen einen Vorrang für weibliche Arbeitnehmerinnen und Beamtinnen vor, solange der Frauenanteil in den Aufstiegspositionen unterrepräsentiert ist. Das Auswahlermessen des Arbeitgebers bleibt trotz des in der Überschrift von § 205 hervorgehobenen „Vorrangs" der Schwerbehinderten „erhalten".[28] Der auch unionsrechtlich verbürgte besondere Förderungsauftrag gegenüber Menschen mit Behinderung soll nicht durch Schutzmaßnahmen zugunsten anderer Gruppen umgangen werden. Folglich kann die Ablehnung einer Bewerbung eines schwerbehinderten Menschen nicht darauf gestützt werden, es bestünde ein Vorrang zu Gunsten einer anderen Personengruppe.[29] Zum einen sind Schwerbehinderte wegen ihrer Beeinträchtigungen besonders gefährdet, bei der Vergabe von Stellen nur nachrangig berücksichtigt zu werden. Zum anderen liegt gerade häufig keine reale Kollision der Pflichten vor, sondern ein bloßes Nebeneinander gleichzeitig zu erfüllender Pflichten (→ Rn. 8). Ein prägnantes Beispiel bietet der vom BAG entschiedene Fall der Einladung zum Vorstellungsgespräch.[30] So ist es durchaus möglich, schwerbehinderte Bewerber oder Bewerberinnen einzuladen (§ 165 Satz 3 SGB IX) und gleichzeitig auf ein ausgewogenes Geschlechterverhältnis innerhalb der Gruppe der eingeladenen Bewerber zu achten (§ 7 BGleiG). Der Anteil der Frauen an der Gesamtbelegschaft lässt sich durch eine positive Maßnahme nach § 5 AGG auch dann erhöhen, wenn dem schwerbehinderten Bewerber zumindest die Chance gegeben wird, den Arbeitgeber von seiner Eignung zu überzeugen.

Für den Fall der **Kollision** einer in einer Integrationsvereinbarung (seit 30.12.2016 durch Art. 2 BTHG in Inklusionsvereinbarung umbenannt) getroffenen Vorrangregelung mit dem Gebot der **Frauenförderung** in § 4 des Bremer Landesgleichstellungsgesetzes (LGlStG) hat die Rspr. eine **Gleichrangigkeit** angenommen. Dort war unter Ziff. 2.1.9 der **Integrationsvereinbarung** geregelt, dass schwerbehinderten Menschen bei im Wesentlichen gleicher Eignung der Vorzug vor anderen Bewerberinnen und Bewerbern zu geben ist und in jeder Stellenausschreibung grundsätzlich darauf hinzuweisen ist, dass schwerbehinderte Menschen bei im Wesentlichen gleicher fachlicher und persönlicher Eignung bevorzugt eingestellt werden. Das VG hat dieser Integrationsvereinbarung nicht entnommen, dass dem Hilfskriterium „Schwerbehinderung" gegenüber dem Hilfskriterium „Frauenförderung" nach § 4 LGlStG ein Vorrang zukomme. Dies ergebe sich schon daraus, dass die Integrationsvereinbarung ersichtlich keine Regelung für den Kollisionsfall trifft. Vielmehr lasse die Integrations-

---

27 *Großmann* in GK-SGB IX § 122 Rn. 52.
28 *Soost* in FKS SGB IX § 205 Rn. 7.
29 *Soost* in FKS SGB IX § 205 Rn. 7; *Griese* in jurisPK-SGB IX § 122 Rn. 13.
30 BAG 16.2.2012 – 8 AZR 697/10, NZA 2012, 667.

vereinbarung das Verhältnis beider Hilfskriterien zueinander offen.[31] Darüber hinaus könne angesichts der verfassungsrechtlichen Vorgaben in Art. 33 Abs. 2 GG die Integrationsvereinbarung auch nicht dahin gehend ausgelegt werden, dass das Hilfskriterium „Schwerbehinderung" vor dem Hilfskriterium „Frauenförderung" einen absoluten Vorrang habe.[32] Bei einigen gerichtlichen Entscheiden fällt eine Abwehrhaltung gegen Nachteilsausgleiche auf. So hat das OVG NRW entschieden, eine Regelung in den landesrechtlichen Richtlinien zur Anwendung des Schwerbehindertenrechts, die eine „unbedingte Bevorzugung des Hilfskriteriums Schwerbehinderung" enthalte, verstoße „nach Auffassung des Senats gegen die Fürsorgepflicht des Dienstherrn"; denn der „nicht schwerbehinderte Beamte hat bei der Praxis des Antragsgegners sehr viel geringere Beförderungschancen als der schwerbehinderte Beamte".[33]

§ 205 SGB IX stellt sich wie viele anderen Normen als eine veraltete Regelung dar, die in das durch das BTHG modernisierte Schwerbehindertenrecht ohne Rücksicht auf den seit ihrem Entstehen aufgetretenen Regelungsbedarf „mitgeschleppt" worden ist. Regelungsbedürftig ist insbesondere das Verhältnis der Gleichstellungspolitiken hinsichtlich der Förderung von Frauen und von schwerbehinderten Menschen. Das Benachteiligungsverbot gegenüber Behinderten ist aufgrund seiner verfassungsrechtlichen Verankerung in Art. 3 Abs. 3 Satz 2 GG grundsätzlich geeignet, als immanente Grundrechtsschranke auch bei der Besetzung öffentlicher Ämter Berücksichtigung zu finden. Gleiches gilt für den Grundsatz der Frauenförderung, der sich auf Art. 3 Abs. 2 Satz 2 GG gründet. Damit ergibt sich bei der Personalauswahl für Einstellungen und Beförderungen für die Konstellation ein dreipoliges Verhältnis von Art. 3 Abs. 2 Satz 2, Art. 3 Abs. 3 Satz 3 und Art. 33 Abs. 2 GG. Der Ausgleich dieser widerstreitenden Verfassungswerte im Sinne der praktischen Konkordanz muss vom Gesetzgeber wahrgenommen werden.[34] Dieser flieht jedoch vor seiner Regelungsaufgabe.

§ 211 Abs. 1 SGB IX macht den Dienststellenleitungen und Behördenspitzen Vorgaben. Danach sind die Vorschriften und Grundsätze für die Besetzung der Beamtenstellen für schwerbehinderte Beamte so zu gestalten, dass die Einstellung und Beschäftigung schwerbehinderter Menschen gefördert und **ein angemessener Anteil schwerbehinderter Menschen unter den Beamten** erreicht wird. Zudem schreibt § 209 Abs. 1 SGB XI vor, dass Vorschriften über Hilfen für behinderten Menschen zum Ausgleich behinderungsbedingter Nachteile oder Mehraufwendungen (Nachteilsausgleich) so gestaltet werden müssen, dass sie unabhängig von der Ursache der Behinderung der Art und der Schwere der Behinderung Rechnung tragen.

Beachten sind auch die Regelungen wie § 1 Abs. 3 S. 1 BGleiG, § 1 Abs. 1 S. 3 HGlG, nach denen die Belange von **Frauen, die eine Behinderung haben oder davon bedroht sind** (also keine Schwerbehinderung oder Gleichstellung haben müssen) in besonderer Weise zu berücksichtigen sind (vgl. Art. 6 UN-BRK). Für diesen Personenkreis besteht das Gebot, den Belang der Behinderung oder drohenden Behinderung im Ermessensteil der Auswahlentscheidung den Vorrang zu geben. Diese Regelungen kompensieren den Effekt der sog. Mehrfachdiskriminierung von Frauen mit Behinderung oder drohender Behinderung.

---

31 Zur Integrationsvereinbarung: VG Bremen 8.5.2014 – 6 V 89/14, Rn. 40, ZfPR online 2014, Nr. 12, 20.
32 Zur Integrationsvereinbarung: VG Bremen 8.5.2014 – 6 V 89/14, Rn. 41, ZfPR online 2014, Nr. 12, 20.
33 OVG NRW 21.9.1994 – 12 B 1760/94, juris Rn. 5 f., Behindertenrecht 1994, 191.
34 Zutreffend: VG Bremen 8.5.2014 – 6 V 89/14, Rn. 43, ZfPR online 2014, Nr. 12, 20.

§ 206 Arbeitsentgelt und Dienstbezüge

(1) ¹Bei der Bemessung des Arbeitsentgelts und der Dienstbezüge aus einem bestehenden Beschäftigungsverhältnis werden Renten und vergleichbare Leistungen, die wegen der Behinderung bezogen werden, nicht berücksichtigt. ²Die völlige oder teilweise Anrechnung dieser Leistungen auf das Arbeitsentgelt oder die Dienstbezüge ist unzulässig.

(2) Absatz 1 gilt nicht für Zeiträume, in denen die Beschäftigung tatsächlich nicht ausgeübt wird und die Vorschriften über die Zahlung der Rente oder der vergleichbaren Leistung eine Anrechnung oder ein Ruhen vorsehen, wenn Arbeitsentgelt oder Dienstbezüge gezahlt werden.

I. Überblick und Entstehungsgeschichte 1	IV. Anwendungsfälle 10
II. Persönlicher Geltungsbereich 5	V. Verstöße gegen das Anrechnungsverbot 21
III. Arbeitsentgelt, Dienstbezüge und Renten 6	

I. Überblick und Entstehungsgeschichte

1 **Geltende Fassung:** Die Vorschrift ist 2001 unverändert aus § 45 SchwbG 1986 nach § 123 SGB IX übernommen worden. MWv 1.1.2018 ist der Standort der Vorschrift durch Art. 1 Bundesteilhabegesetz (BTHG) nach § 206 SGB IX verschoben worden. Dem liegt zugrunde, dass infolge der Einfügung der Eingliederungshilfe in das SGB IX das Schwerbehindertenrecht vom Teil 2 zum Teil 3 des SGB IX aufgerückt ist.

2 **Entstehungsgeschichte:** Die Vorschrift ist aus § 45 SchwbG 1986 in das SGB IX übernommen worden. Sie geht auf § 32 SchwBeschG 1953 zurück. Zugrunde liegt der Rechtsgedanke, der bereits in § 98 des Reichsversorgungsgesetzes zum Ausdruck gebracht wurde: Versorgungsbezüge sollen nicht zum Nachteil des Arbeitnehmers bei der Bemessung des Arbeitsentgelts berücksichtigt werden. Abs. 2 ist in § 45 durch das Erste Änderungsgesetz zum SchwbG v. 24.7.1986 angefügt worden. Sein Ziel war und ist es, den Anrechnungsschutz von Krankheitsbezügen einzuschränken. Die Ergänzung war erforderlich, weil das BAG die tarifliche Verkürzung der langen Krankengeldbezugsdauer nach § 37 Abs. 2 Unterabs. 5 BAT (in der Fassung des Änderungstarifvertrages vom 31.10.1979), wenn der Angestellte eine Rente wegen Erwerbsunfähigkeit bezieht, als Verstoß gegen § 42 Satz 1 (später: § 45) SchwbG angesehen hatte, sofern der Angestellte die Rente wegen der Behinderungen bezieht, die seine Eigenschaft als Schwerbehinderter begründeten.[1] Zur Gleichbehandlung mit anderen Arbeitnehmern wurde deshalb der Abs. 2 angefügt.[2] Verfassungsrechtlich ist das unbedenklich.[3]

3 **Regelungsinhalt:** § 206 regelt nicht die Bemessung des Arbeitsentgelts. Die Vorschrift will die schwerbehinderten Menschen, die aufgrund eines Arbeits- oder öffentlich-rechtlichen Dienstverhältnisses einen Entgeltanspruch haben, vor einer Benachteiligung bei der Bemessung des Entgelts schützen. Die Vorschrift geht vom **Leistungsprinzip** aus. Der schwerbehinderte Mensch, der die volle Arbeitsleistung erbringt, soll keine Schmälerung seines Entgelts erfahren, weil er wegen seiner Behinderung Renten oder vergleichbare Leistungen bezieht. In

---

1 BAG 28.3.1984 – 5 AZR 249/82, NZA 1984, 126.
2 Vgl. BT-Drs. 10/3138, 26.
3 BVerfG 20.1.1988 – 2 BvL 23/82, BVerfGE 77, 370.

diesem Zusammenhang ist dem Missverständnis entgegenzutreten, ein behinderter Beschäftigter sei so viel weniger leistungsfähig, als der behördlich nach § 152 Abs. 1 festgestellte Grad der Behinderung oder der Grad einer auf einer Behinderung beruhenden Erwerbsminderung im Sinne von § 152 Abs. 2 betrage. Aus der Bewilligung einer Erwerbsminderungsrente kann nicht ohne Weiteres auf Minderleistungsfähigkeit geschlossen werden.[4] Für die ihm übertragene Arbeit kann der behinderte Mensch dennoch voll leistungsfähig sein.[5] Die gesetzliche Regelung soll „Lohndrückerei" verhindern.[6] Deshalb ist auch das **Benachteiligungsverbot** aus § 164 Abs. 2 SGB IX zu beachten, das eine Lohnkürzung wegen einer Behinderung verbietet. Der Ausgleich von Haushaltsdefiziten eines Inklusionsbetriebs ist kein Rechtfertigungsgrund iSv § 8 AGG.[7] Wegen der Entgeltbemessung bei Minderleistung → Rn. 18.

Überblick über Bemessung des Arbeitsentgelts: Individualrechtliche Rechtsgrundlagen für die Entgelthöhe können sein: eine Abrede im Arbeitsvertrag, eine arbeitsvertragliche Einheitsregelung, eine Gesamtzusage, eine Betriebliche Übung oder der Gleichbehandlungsgrundsatz.[8] Sofern beiderseitige kongruente Tarifbindung (§ 3 Abs. 1 TVG) besteht oder eine Tarifnorm für allgemeinverbindlich erklärt worden ist (§ 5 TVG), gilt die tarifliche Bestimmung unmittelbar und zwingend auch zugunsten des schwerbehinderten Menschen. Ausnahmsweise kann der Entgeltanspruch auch auf eine Bestimmung in einer Betriebsvereinbarung beruhen. Das setzt voraus, dass ein Mitbestimmungsrecht nach § 87 Abs. 1 Nr. 10 oder 11 BetrVG eingreift und weder eine tarifliche Regelung iSv § 87 Abs. 1 Eingangssatz BetrVG noch § 77 Abs. 3 BetrVG die Regelungsbefugnis der Betriebsparteien sperren. Eine Unterschreitung des in der Betriebsvereinbarung oder im Tarifvertrag festgelegten Entgelts ist nur zulässig, sofern die kollektiven Vereinbarungen das selbst gestatten, § 4 Abs. 3 TVG, § 77 Abs. 4 BetrVG. Bei nicht getroffener Vergütungsabrede wird die Entgelthöhe gemäß § 612 Abs. 2 BGB nach dem bestimmt, was üblich ist. 4

II. Persönlicher Geltungsbereich

Geltungsbereich des Anrechnungsverbots: Das Anrechnungsverbot gilt für schwerbehinderte und ihnen gleichgestellte Menschen in jedem Beschäftigungsverhältnis. Damit gehören zum geschützten Personenkreis nicht nur Arbeitnehmer und Auszubildende, sondern auch Beamte, Richter und Soldaten. Das ergibt sich aus der Verwendung des Begriffs Dienstbezüge.[9] Als Beschäftigungsverhältnisse im Sinne von § 206 sind auch die Rechtsverhältnisse der arbeitnehmerähnlichen Personen einschließlich der iSv § 210 in Heimarbeit Beschäftigten (zum Geltungsbereich → § 210 Rn. 36 ff.) anzusehen. Die Geltung des Anrechnungsverbots setzt nicht die amtliche Feststellung der Schwerbehinderung oder der Gleichstellung voraus. Es genügt, dass die Schwerbehinderung schon bei dem Anrechnungsvorgang objektiv vorgelegen hat. Im Fall der Gleichstellung ist Geltungsvoraussetzung, dass die Agentur für Arbeit zumindest rückwirkend 5

---

4 Zutreffend: *Knittel* SGB IX § 123 Rn. 4.
5 *Pahlen* in Neumann/Pahlen/Greiner/Winkler/Jabben SGB IX § 206 Rn. 7.
6 *Pahlen* in Neumann/Pahlen/Greiner/Winkler/Jabben SGB IX § 206 Rn. 6.
7 BAG 21.6.2011 – 9 AZR 226/10, Rn. 36, Behindertenrecht 2012, 65; dazu *Wendt*, Ungesicherte Beschäftigungsverhältnisse als Folge der Ausweitung der arbeitnehmerähnlichen Beschäftigung behinderter Menschen über den Bereich anerkannter WfbM hinaus, DVfR Forum D, D11–2013, unter www.reha-recht.de veröffentlicht.
8 BAG 2.8.2006 – 10 AZR 572/05, DB 2006, 2244.
9 BVerwG 29.7.2010 – 2 C 17.09, Rn. 11, Behindertenrecht 2011, 86.

zu diesem Zeitpunkt die Gleichstellung nach § 151 Abs. 2 erklärt hat. Erfasst werden auch die Beschäftigten in Inklusionsbetrieben.[10]

III. Arbeitsentgelt, Dienstbezüge und Renten

6 **Begriff des Arbeitsentgelts:** Der Begriff des Arbeitsentgelts ist in § 206 nicht definiert. Im Schrifttum wird darauf verwiesen, maßgebend sei der Begriff des Arbeitsentgelts, wie er in § 14 SGB IV definiert sei.[11] Danach sind alle laufenden und einmaligen Leistungen, die aus der Beschäftigung erzielt werden, als Arbeitsentgelt anzusehen. Das entspricht dem Zweck des Anrechnungsverbots. Zum Arbeitsentgelt gehören deshalb alle einmaligen oder laufenden **geldwerten Leistungen aus dem Arbeitsverhältnis.** Dazu gehören auch **Naturalleistungen** und **Sachbezüge** wie Gewährung freier Wohnung oder Deputate. Einbezogen in das Anrechnungsverbot sind auch **Sonderzuwendungen** aus besonderen Anlässen wie Urlaubsgeld, Weihnachtsgeld oder Jubiläumszuwendung. Das Anrechnungsverbot bezieht sich auch auf vom Arbeitgeber zu leistende Entgeltfortzahlung, insbesondere bei Krankheit (§ 3 EFZG), bei Annahmeverzug (§ 615 BGB) und bei Urlaub (§§ 1, 11 BUrlG). Zwar ist gewöhnlich das Arbeitsentgelt von Aufwendungsersatzansprüchen abzugrenzen, die nicht als Gegenleistung für die Erbringung der Arbeitsleistung, sondern zur Abgeltung zusätzlicher Aufwendungen, zB Fahrtkosten zu auswärtigen Baustellen, gewährt werden.[12] Hier ist das jedoch unerheblich, weil auch diese Leistungen nach dem Zweck des Anrechnungsverbots als anrechnungsfest anzusehen sind.

7 **Bemessung des anrechnungsfesten Entgelts bei einem Anspruch auf Mindestentgelt:** Gesetzliche Mindestentgeltansprüche können sich aus § 3a iVm § 8 Abs. 5 AÜG und aus § 8 AEntG oder aus § 1 iVm § 20 MiLoG ergeben. Wird vom Arbeitgeber ein gesetzlicher oder für allgemeinverbindlich erklärter tariflicher Mindestentgeltanspruch geschuldet, so bildet dieser das anrechnungsfeste Entgelt iSv § 206.

Zu dem Mindestentgelt nach § 8 AEntG hat der Vierte Senat des BAG erkannt, die Leistung eines Arbeitgebers aus einem von ihm angewandten Haustarifvertrag ist dann auf den Anspruch des Arbeitnehmers auf den Mindestlohn aus einem allgemeinverbindlichen Tarifvertrag anzurechnen, wenn der Zweck der Leistung des Arbeitgebers dem Zweck des Mindestlohns funktional gleichwertig ist. Deshalb soll dort eine vom Arbeitgeber nach dem Haustarifvertrag geleistete Erschwerniszulage nur dann auf den tariflichen Mindestlohn anzurechnen sein, wenn der Mindestlohntarifvertrag dieselbe (erschwerte) Tätigkeit durch den Mindestlohn selbst als abgegolten ansieht. Das heißt: Zusatzleistungen, die für zusätzliche Erschwernisse erbracht werden, dürfen nicht auf die Erfüllung des Mindestentgelts angerechnet werden.[13] Zur Abgrenzung stellt der Vierte Senat in Anwendung der „Normalleistungstheorie" den Rechtssatz auf: „(...) verbleibt der Stundenlohn als Entgelt für die arbeitsvertragliche Tätigkeit, in der der Arbeitnehmer ohne die Verwirklichung eines Tatbestandes für Zuschläge oder Zulagen im Rahmen seiner eingruppierungsrelevanten Tätigkeit arbeitet – ,Normaltätigkeit'." Ebenso rechnet der Fünfte Senat eine vom Arbeit-

---

10 BAG 21.6.2011 – 9 AZR 226/10, Rn. 36, Behindertenrecht 2012, 65; dazu *Wendt*, Ungesicherte Beschäftigungsverhältnisse als Folge der Ausweitung der arbeitnehmerähnlichen Beschäftigung behinderter Menschen über den Bereich anerkannter WfbM hinaus, DVfR Forum D, D11–2013 veröffentlicht unter: www.reha-recht.de.
11 *Griese* in jurisPK-SGB IX § 206 Rn. 15.
12 *Griese* in jurisPK-SGB IX § 206 Rn. 15.
13 BAG 18.4.2012 – 4 AZR 139/10, Rn. 32, NZA 2013, 392.

geber erbrachte „vermögenswirksame Leistung" iSd Fünften VermBG nicht an; denn diese ist in ihrem Zweck, langfristig in Arbeitnehmerhand Vermögen zu bilden, nicht funktional gleichwertig mit dem Zweck des tariflichen Mindestlohns.[14] Demgegenüber vertritt der Fünfte Senat zum gesetzlichen Mindestlohn mit der „Entgelttheorie" eine abweichende Auffassung. Danach sind alle im arbeitsvertraglichen Austauschverhältnis erbrachten Entgeltzahlungen mit Ausnahme der Zahlungen, die der Arbeitgeber ohne Rücksicht auf eine tatsächliche Arbeitsleistung des Arbeitnehmers erbringt oder die auf einer besonderen gesetzlichen Zweckbestimmung (zB § 6 Abs. 5 ArbZG) beruhen, mindestlohnwirksam. Dh sie sind alle geeignet, den Mindestlohnanspruch zu erfüllen, sog. Anrechnung auf die Erfüllung.[15]

Begriff der Dienstbezüge: Mit dem Begriff der Dienstbezüge werden die **Bezüge für Beamte, Richter und Soldaten** besonders angesprochen. Damit wird deutlich, dass zum geschützten Personenkreis nicht nur Arbeitnehmer gehören. Erfasst werden **alle geldwerten Leistungen aus dem Dienstverhältnis**, einschließlich Zulagen, Ortszuschlägen, Kindergelder, Sachbezüge und Beihilfen, wie sie im Bundesbesoldungsgesetz und den Landesbesoldungsgesetzen aufgeführt sind. 8

Begriff der Renten: Der Anrechnungsschutz bezieht sich auf alle Renten und vergleichbaren Leistungen, die **wegen der Behinderung** bezogen werden. Dazu gehören Renten nach dem Bundesversorgungsgesetz, Renten nach dem gesetzlichen Unfallversicherungsrecht und Renten, die wegen verminderter Erwerbsfähigkeit oder zeitweiser Erwerbsunfähigkeit gewährt werden, sowie das vorgezogene Altersruhegeld für Schwerbehinderte.[16] Dagegen sind **nicht** vom Anrechnungsverbot die Rentenleistungen der Sozialversicherungsträger erfasst, die ohne Rücksicht auf eine Behinderung gewährt werden. Dazu gehört insbesondere die Altersrente, die vom Erreichen der allgemeinen Altersgrenze an oder vorzeitig nach längerer Arbeitslosigkeit gleichermaßen für Behinderte und Nichtbehinderte gewährt wird. Leidet ein schwerbehinderter Mensch an verschiedenen Funktionsbeeinträchtigungen, von denen die eine zur Anerkennung als schwerbehinderter Mensch und die andere zur Bewilligung einer Erwerbsminderungsrente führt, so kommt es auf eine Gesamtbeurteilung an. Nur wenn auszuschließen ist, dass weder die Leiden, die der Anerkennung der Schwerbehinderung zugrunde liegen, die Rentenbewilligung rechtfertigen noch wenn die der Rentenbewilligung zugrunde liegenden Leiden die Anerkennung der Schwerbehinderung rechtfertigen, besteht Anrechnungsfreiheit.[17] 9

IV. Anwendungsfälle

Bestehendes Beschäftigungsverhältnis: Das Anrechnungsverbot bezieht sich nur auf **Entgeltansprüche aus einem bestehenden Beschäftigungsverhältnis**. Diese Einschränkung ist eingeführt worden durch Art. 6 des Zweiten Gesetzes zur Verbesserung der Auswahlstruktur vom 22.12.1981.[18] Vor Inkrafttreten dieses Gesetzes hatte das Bundesarbeitsgericht **Übergangsgeld**, das nach § 62 BAT ge- 10

---

14 BAG 18.4.2012 – 4 AZR 168/10, NZA 2013, 386.
15 St. Rspr. seit BAG 25.5.2016 – 5 AZR 135/16, Rn. 32, BAGE 155, 202; BAG 6.12.2017 – 5 AZR 864/16, Rn. 26 mwN; BAG 17.1.2018 – 5 AZR 69/17, Rn. 16, NZA 2018, 781; zum Schrifttum vgl. *Riechert/Nimmerjahn*, 2. Aufl. 2017, MiLoG § 1 Rn. 106 ff.; *Müller-Glöge* in MüKoBGB, 7. Aufl. 2016, MiLoG § 1 Rn. 22 f., jeweils mwN.
16 BAG 16.11.1982 – 3 AZR 160/82, AP § 42 SchwbG Nr. 9.
17 BAG 16.11.1982 – 3 AZR 165/81, AP § 42 SchwbG Nr. 10.
18 BGBl. I 1523.

zahlt wird, als anrechnungsfestes Arbeitsentgelt angesehen.[19] Folge dieser Rechtsprechung war, dass die in § 63 Abs. 5 BAT vorgesehene Anrechnung von Renten aus der gesetzlichen Rentenversicherung auf das Übergangsgeld nach § 134 BGB unwirksam war. Da das tarifliche Übergangsgeld für die Zeit nach Beendigung des Arbeitsverhältnisses gewährt wird, wird es heute nicht mehr vom Anrechnungsverbot erfasst.

11 **Ruhendes Arbeitsverhältnis:** Zweck der Regelung in § 206 Abs. 2 SGB IX ist es, bei Nichtarbeit einen Doppelbezug von fortzuzahlendem Arbeitsentgelt einerseits und Rente oder einer ähnlichen Leistung andererseits zu vermeiden. Dazu ist die Regelung 1986 in § 45 SchwbG eingefügt worden (dazu → Rn. 2). Sie schränkt den Anrechnungsschutz für Arbeitsentgelt und Dienstbezüge ein, indem sie das Anrechnungsverbot für Zeiträume ausschließt, in denen die Beschäftigung **nicht ausgeübt** wird. Das sind im Arbeitsverhältnis Zeiten, in denen der schwerbehinderte Mensch insbesondere wegen einer Rente auf Zeit die vertraglich geschuldete Arbeitsleistung nicht erbringt. Werden im **ruhenden Arbeitsverhältnis** Zuwendungen aus bestimmten Anlässen wie zB Weihnachtsgeld oder Urlaubsgeld gewährt, so dürfen schwerbehinderte Menschen allerdings nicht unter Verletzung des Gleichheitssatzes aus Art. 3 Abs. 1 GG ausgeschlossen werden. Das Bundesarbeitsgericht hat den Ausschluss von schwerbehinderten Berufsunfähigkeits- und Erwerbsunfähigkeitsrentnern für zulässig erachtet.[20] Seit dem SchwbG-Änderungsgesetz von 1986 ist daher auch zulässig, dass eine Tarifklausel den Zeitraum, für den Angestellte tarifvertraglich Ansprüche auf Krankenbezüge haben, auf zwei Monate verkürzt, sofern der Angestellte wegen einer Behinderung eine Rente bezieht. Anders war die Rechtslage noch vor dieser Ergänzung.[21] Diese Einschränkung des Schwerbehindertenschutzes verstößt nicht gegen Verfassungsrecht.[22]

Um den Regelungszweck, einen solchen Doppelbezug von **Krankengeldzuschuss** und Rente zu vermeiden, durchsetzbar zu machen, können die Tarifvertragsparteien eine **Vorschussfiktion** vereinbaren. Dann ist – wie in § 22 Abs. 4 Satz 2 TVöD geregelt – ein überzahlter Krankengeldzuschuss nach rückwirkender Bewilligung einer Rente wegen Erwerbsminderung ein zurückzuzahlender Vorschuss.[23]

12 **Betriebliche Altersversorgung:** Leistungen aus einer betrieblichen oder überbetrieblichen Altersversorgung oder Leistungen von Unterstützungskassen haben zwar auch **Entgeltcharakter**, sie sind aber dennoch **nicht vor der Anrechnung** mit gesetzlichen Sozialversicherungsleistungen **geschützt**. Nach der Rechtsprechung des Bundesarbeitsgerichts fallen sie **nicht** unter den Begriff des durch § 206 Abs. 1 geschützten Entgelts, soweit sie den gleichen Versorgungsbedarf decken sollen wie Leistungen aus der gesetzlichen Sozialversicherung.[24] Deshalb gelten die betrieblichen Leistungen eines Gesamtversorgungssystems nicht als Arbeitsentgelt. Folglich ist es zulässig, die Anrechnung einer gesetzlichen Schwerbehindertenrente auf eine Gesamtversorgungsleistung festzulegen. Allerdings ist dann die tatsächlich gezahlte Höhe maßgebend.[25] Die Rechtsprechung hat es daher für zulässig erachtet, dass in einer Ruhegeldzusage das Ruhegeld um anderweitige Leistungen aus der gesetzlichen Renten-

---

19 BAG 16.11.1982 – 3 AZR 454/80, AP § 42 SchwbG Nr. 6.
20 BAG 18.8.1999 – 10 AZR 613/98.
21 Vgl. BAG 28.3.1984 – 5 AZR 249/82, BAGE 45, 270.
22 BVerfG 20.1.1988 – 2 BvL 23/82, BVerfGE 77, 370.
23 BAG 12.5.2016 – 6 AZR 365/15, NZA 2016, 1345.
24 BAG 19.7.1983 – 3 AZR 88/81, BAGE 54, 161.
25 LAG Düsseldorf 19.3.2014 – 12 Sa 1326/13, NZS 2014, 546.

versicherung vermindert wird. Ebenfalls kann die Zusage einer Betriebsrente auf der Grundlage eines Gesamtversorgungssystems auch die Anrechnung des Verletztengeldes aus der gesetzlichen Unfallversicherung vorsehen. Dabei darf allerdings die Unfallrente nur insoweit berücksichtigt werden, als sie dem Ausgleich der unfallbedingten Verdienstminderung dient.²⁶ In der Leistungsordnung muss daher eine entsprechende **Aufteilung** vorgenommen werden. Ist das nicht geschehen, oder der anrechnungsfreie Betrag in unbilliger Weise zu niedrig festgesetzt, muss die erforderliche Aufteilung zwischen anrechnungsfreiem und anrechnungsfähigem Betrag durch den Richter nach § 315 Abs. 3 Satz 2 BGB ersetzt werden. Als **Aufteilungsmaßstab** wird das Recht der Kriegsopferversorgung herangezogen.²⁷ Die partielle Anrechnung von Unfallrente auf Betriebsrente ist auch mit Art. 3 Abs. 1 GG vereinbar. Dem steht auch nicht der Einwand entgegen, dass die Verletztenrente bereits vor der Pensionierung ungeschmälert neben dem Arbeitseinkommen bezogen worden ist.²⁸

Abbau von Überversorgung: Problematisch ist die zum Abbau von Überversorgungen übliche Einführung einer **Nettooberversorgungsgrenze** für die aus gesetzlicher Versicherungsleistung und betrieblicher Versorgungsleistung gebildeten Gesamtversorgungssysteme. Die Nettoversorgungsobergrenze benachteiligt die schwerbehinderten Menschen, weil ihre behinderungsspezifischen Steuervergünstigungen bei der Festsetzung der pauschalierten Nettoobergrenze nicht berücksichtigt werden. Allerdings hält die Rechtsprechung eine pauschalierende Betrachtung für zulässig. Mit Rücksicht auf die Notwendigkeit von Pauschalierungen ist ein Verstoß gegen § 45 SchwbG verneint worden.²⁹ 13

Anrechnung auf Abfindungsansprüche: Ob Abfindungen nach §§ 9, 10 KSchG, Leistungen aus Sozialplänen nach §§ 112, 112 a BetrVG oder aus **Nachteilsausgleichen** nach § 113 BetrVG vom Begriff des geschützten Arbeitsentgelts im Sinne von § 206 fallen, ist zweifelhaft. Es bedarf jedoch keiner endgültigen Klärung. Denn diese Leistungen werden **nicht**, wie § 206 Abs. 1 Satz 1 voraussetzt, „aus einem bestehenden Beschäftigungsverhältnis" gewährt. Zulässig ist deshalb die in einem Sozialplan vereinbarte Verpflichtung, zum frühestmöglichen Zeitpunkt einen Antrag auf vorgezogenes Altersruhegeld zu stellen und entsprechend dem Anspruch auf Altersruhegeld die Sozialplanleistungen zu kürzen.³⁰ Nach der Rechtsprechung des Bundesarbeitsgerichts ist deshalb auch eine tarifvertragliche Klausel zulässig, nach der sich der Abfindungsbetrag vermindert, wenn ein schwerbehinderter Arbeitnehmer innerhalb einer bestimmten Frist nach Beendigung des Arbeitsverhältnisses Leistungen aus der gesetzlichen Rentenversicherung bezieht.³¹ Wird bei Beendigung des Arbeitsverhältnisses bereits der gesamte Abfindungsbetrag ausgezahlt, ist der Arbeitgeber berechtigt, nach Eintritt der Kürzungstatbestände den **überzahlten Abfindungsbetrag zurückzufordern**.³² Weder der Gleichbehandlungsgrundsatz noch das Anrechnungsverbot in § 206 Abs. 1 SGB IX stehen entgegen, schwerbehinderte Beschäftigte, die vorzeitig, zB mit Vollendung des 60. Lebensjahres Altersrente ohne Rentenabschläge in Anspruch nehmen können, von Ausgleichsleistungen auszuschließen, 14

---

26 BAG 19.7.1983 – 3 AZR 88/81, BAGE 43, 161.
27 BAG 19.7.1983 – 3 AZR 241/82, BAGE 43, 173.
28 BVerfG 9.2.1990 – 1 BvR 1349/83, HV-Info 1990, 757.
29 BAG 24.8.1993 – 3 AZR 313/93, AP § 1 BetrAVG Ablösung Nr. 19.
30 BAG 10.11.1982 – 5 AZR 131/80, BAGE 40, 314.
31 BAG 28.10.1999 – 6 AZR 288/98, AP § 1 TVG Tarifverträge: Telekom Nr. 1.
32 BAG 28.10.1999 – 6 AZR 288/98, AP § 1 TVG Tarifverträge: Telekom Nr. 1.

§ 206

die ein Sozialplan für den Fall vorsieht, dass der vorgezogene Bezug von Altersrente mit Rentenabschlägen verbunden ist.[33]

15 **Lohnausgleich:** Ein schwerbehinderter Beschäftigter kann sich verpflichten, für den Fall der Rentengewährung den sog. **Lohnausgleich** zurückzuzahlen, den ihm der Arbeitnehmer nach Auslauf der Entgeltfortzahlung im Krankheitsfall oder wegen einer behinderungsbedingten Umsetzung auf einen niedriger vergüteten Arbeitsplatz zahlt.[34] Das Anrechnungsverbot steht der Wirksamkeit der Vereinbarung nicht entgegen. Denn zum geschützten Arbeitsentgelt gehören nicht die Leistungen des Arbeitgebers, die in ihrer Zweckbestimmung den Renten vergleichbar sind, die der Schwerbehinderte wegen seiner Behinderung aus der Sozialversicherung bezieht. Werden Lohnbestandteile **im Vorgriff auf die zu erwartenden Sozialleistungen** gezahlt, um den Lebensstandard des Arbeitnehmers für die Zwischenzeit abzusichern, kann das Anrechnungsverbot daher nicht eingreifen.[35]

16 **Rückzahlung von Krankenbezügen:** Rechtlich unbedenklich war die in § 37 Abs. 2 Unterabs. 5 getroffene Regelung des **Bundes-Angestelltentarifvertrags**, nach der Krankenbezüge nicht über den Zeitpunkt hinaus gezahlt werden, von dem an der Angestellte Bezüge aus der gesetzlichen Rentenversicherung erhält und bei rückwirkender Rentenbewilligung sämtliche Krankenbezüge vom festgestellten Rentenbeginn an zurückzuzahlen hat.[36] Allerdings muss die tarifliche Regelung den unabdingbaren gesetzlichen Anspruch des Angestellten auf Fortzahlung der Vergütung im Krankheitsfall (§ 3 EFZG: sechs Wochen) sicherstellen. Soweit das nicht geschieht, ist die tarifvertragliche Regelung aus diesem Grunde unwirksam.[37]

17 **Leistungslohn und Minderleistung:** Werden leistungsbezogene Vergütungsbestandteile vereinbart, so ist der Arbeitgeber nicht gehindert, nach den erzielten Leistungen zu unterscheiden. Er verstößt nicht gegen § 206, wenn das bei behinderten Arbeitnehmern zu niedrigeren Entgelten führt (Beispiele: höhere Stückzahlen beim Akkord, höhere Umsatz oder größere Zahl von Abschlüssen). Minderleistungsklauseln, die eine geringere Vergütung bei einem verringerten Leistungsumfang vorsehen, sind nicht zu beanstanden.[38] Die Tarifvertragsparteien sind deshalb frei, eine Verdienstsicherung wegen einer Minderung der Leistungsfähigkeit auf den Ausgleich des Nachteils beschränken, der nicht anderweitig, insbesondere nicht durch Leistungen der Rentenversicherungsträger, ausgeglichen wird.[39]

18 **Regelungen bei Minderleistung:** Nach § 164 Abs. 4 Satz 1 Nr. 1 hat der Arbeitgeber oder Dienstherr den schwerbehinderten Beschäftigten so einzusetzen, dass er seine **Normalleistung** erbringen kann. Ist eine Normalleistung aus Gründen der Behinderung nicht möglich, hat der Arbeitgeber nach § 164 Abs. 4 Satz 1 Nr. 4 und 5 für eine **behinderungsgerechte Gestaltung des Arbeitsplatzes** und der erforderlichen Ausstattung mit technischen Arbeitshilfen zu sorgen. Kommt der Arbeitgeber dieser Verpflichtung schuldhaft nicht nach, steht dem Arbeitnehmer ein **Schadensersatzanspruch** in Höhe des Verdienstausfalles zu.[40]

---

33 LAG Köln 16.3.2005 – 7 Sa 1189/04, ArbuR 2006, 133.
34 BAG 10.11.1982 – 5 AZR 349/80, BAGE 40, 320.
35 BAG 10.11.1982 – 5 AZR 349/80, BAGE 40, 320.
36 BAG 29.6.2000 – 6 AZR 50/99, BB 2001, 104.
37 BAG 29.6.2000 – 6 AZR 50/99, BB 2001, 104.
38 *Koch* in Schaub ArbR-HdB, 18. Aufl. 2019, SGB IX § 178 Rn. 59; *Griese* in jurisPK-SGB IX § 206 Rn. 13.
39 BAG 8.12.1982 – 4 AZR 122/80, NJW 1983, 1136; zustimmend: *Griese* in jurisPK-SGB IX § 123 Rn. 13.
40 BAG 23.1.2001 – 9 AZR 287/99, NZA 2001, 1020.

Kann dem schwerbehinderten Menschen aus Gründen, die nicht vom Arbeitgeber zu vertreten sind, kein Arbeitsplatz zugewiesen werden, auf dem er die Normalleistung erbringen kann, muss der schwerbehinderte Mensch selbst die Nachteile der Minderleistung tragen. Das gilt insbesondere für alle Fälle der Leistungsentlohnung. Im Zeitlohn besteht demgegenüber grundsätzlich Anspruch auf ungeminderten Lohn, auch wenn der schwerbehinderte Mensch mit seiner Arbeitsleistung hinter der Leistung anderer zurückbleibt.[41] Liegt jedoch die Leistung erheblich unterhalb des Durchschnitts,[42] sind tarifvertragliche und bei fehlender Tarifbindung arbeitsvertragliche **Leistungsminderungsklauseln** zulässig. Ist keine erhebliche Unterschreitung des Leistungsdurchschnitts feststellbar, ist eine Minderleistungsvereinbarung unzulässig. Ist eine unwirksame Minderungsvereinbarung getroffen, hat der schwerbehinderte Beschäftigte Anspruch auf das ungekürzte übliche Entgelt (§ 612 Abs. 2 BGB).

Leistungsminderung und Kündigung: Soweit eine tatsächlich feststellbare erhebliche Minderleistung infolge der Behinderung vorliegt, ist das noch kein Grund für eine personenbedingte Kündigung. Zunächst hat der Arbeitgeber die SBV und das Integrationsamt nach § 167 Abs. 1 einzuschalten, um gemeinsam mit diesen die Schwierigkeiten zu untersuchen und nach einer Lösung zu suchen (Einzelheiten: → § 167 Rn. 18). Dabei ist besonders zu prüfen, ob der Arbeitgeber nicht nach § 164 Abs. 4 Satz 1 Nr. 1, 4 und 5 SGB IX bzw. § 106 Satz 3 GewO gehalten ist, diese Auswirkungen der Behinderung zu berücksichtigen und eine andere Arbeit zuzuweisen oder gegebenenfalls unter Änderung des Arbeitsvertrags die Beschäftigung so zu gestalten, dass keine Minderleistung eintritt. Der Arbeitgeber kann jedoch auch die Minderleistung hinnehmen und im Rahmen der begleitenden Hilfe nach § 185 Abs. 3 SGB IX iVm § 27 SchwbAV einen **Beschäftigungssicherungszuschuss** des Integrationsamts zur Abgeltung außergewöhnlicher Belastungen (bis Ende 2015 als Minderleistungszuschuss bezeichnet → § 172 Rn. 20) in Anspruch nehmen. 19

Folgende Voraussetzungen müssen erfüllt sein:

- Der schwerbehinderte Mensch kann infolge der Behinderung voraussichtlich länger als 6 Monate nur eine von 30 bis 50 vom Hundert geringere als bei einem nicht behinderten Kollegen in vergleichbarer Funktion verminderte Arbeitsleistung erbringen (→ § 172 Rn. 20),
- alle anderen Maßnahmen wie Arbeitsplatzausstattung oder -gestaltung oder Arbeitsorganisation sind ausgeschöpft,
- dem Arbeitgeber kann nicht zugemutet werden, die außergewöhnlichen Belastungen selbst zu tragen, wenn die Höhe der Belastung, die Größe des Betriebs, das Maß der Erfüllung der Beschäftigungspflicht nach § 154 SGB IX sowie die Dauer der Betriebszugehörigkeit berücksichtigt werden.[43]

Ein besonderes Problem stellt die Minderleistung bei allen Arten von Gruppenarbeit dar. Damit leistungsgeminderte schwerbehinderte Beschäftigte teilnehmen können, ist eine Rotation vorzusehen.[44] Durch längere Vorgabezeiten, Zeitzuschläge, höhere Personalbelegung, Zeitgutschriften, Lohnkostenausgleiche kann dann die gegenseitige Unterstützung in der Gruppe verbessert werden. Die behinderungsbedingte Minderleistung kann dann durch Entgeltzuschüsse des Integrationsamts ausgeglichen werden (dazu: → § 185 Rn. 18). Der Zu-

---

41 *Steinbrück* in GK-SchwbG § 45 Rn. 39.
42 *Dörner* SchwbG § 45 Anm. III.
43 Empfehlungen der BIH zur Gewährung von Leistungen an Arbeitgeber zur Abgeltung außergewöhnlicher Belastungen, s. www.integrationsaemter.de/bih-empfehlungen.
44 Vgl. *Knittel* SGB IX § 83 Rn. 51.

schuss ist zweckgebunden. Er ist deshalb der betreffenden Kostenstelle gutzuschreiben.[45] Die Minderleistung muss auch kein Einstellungshemmnis sein. Arbeitgeber erhalten von der Agentur für Arbeit zur Eingliederung von Arbeitnehmern mit Vermittlungshemmnissen nach § 88 SGB III[46] Zuschüsse zu den Arbeitsentgelten, um eine Minderleistung des Arbeitnehmers auszugleichen. Darüber hinaus ist zur Förderung der Eingliederung von behinderten und schwerbehinderten Menschen in § 90 SGB III ein besonderer Eingliederungszuschuss geschaffen worden. Danach kann für behinderte und schwerbehinderte Menschen der Zuschuss betragen:

- Abs. 1: Bis zu 70 Prozent des zu berücksichtigenden Arbeitsentgelts und die Förderdauer bis zu 24 Monate.
- Abs. 2: Bis zu 70 Prozent des zu berücksichtigenden Arbeitsentgelts und die Förderdauer bis zu 60 Monate, wenn für diese schwerbehinderten Menschen die Vermittlung wegen in ihrer Person liegender Gründe erschwert ist (sog. besonders betroffene schwerbehinderte Menschen).

20 **Herausnahme von behinderten Beschäftigten aus Vergütungsordnungen:** Eine verdeckte Benachteiligung kann in der Herausnahme von behinderten Beschäftigten aus den für die sonstigen Beschäftigten geltenden Regelwerken, insbesondere aus den Vergütungsordnungen, liegen. Die Bestimmung des § 3 Buchst. a der Richtlinien für Arbeitsverträge in den Einrichtungen des Deutschen Caritasverbandes – AVR –[47] enthält eine derartige Geltungsbereichsausnahme:

§ 3 AVR Ausnahmen vom Geltungsbereich

Die AVR gelten nicht für:

a) Mitarbeiter, deren Leistungsfähigkeit infolge einer körperlichen, geistigen, seelischen oder sonstigen Behinderung beeinträchtigt ist und deren Rehabilitation oder Resozialisierung durch Beschäftigungs- und Arbeitstherapiemaßnahmen angestrebt wird (…).

Aufgrund ihrer allgemein gehaltenen Voraussetzungen kann diese Bereichsausnahme nicht ohne Weiteres als Rechtfertigung für die Benachteiligung der schwerbehinderten Arbeitnehmer dienen.[48] Beruft sich der Arbeitgeber auf eine derartige Ausnahmevorschrift für eine niedrigere Entgeltvereinbarung als nach AVR-Recht vorgesehen, so hat er zumindest darzulegen und gegebenenfalls zu beweisen, dass der Arbeitnehmer ein in seiner Leistungsfähigkeit beeinträchtigter Mitarbeiter im Sinne dieser Vorschrift ist und dass durch Beschäftigungs- oder Arbeitstherapiemaßnahmen eine Resozialisierung des Arbeitnehmers angestrebt wird. In dem vom LAG entschiedenen Fall war die vereinbarte Vergütung des schwerbehinderten Beschäftigten auf jeweils 80 Prozent der Bezüge gemäß Abschn. II der Anlage 1 AVR, Abschn. III a der Anlage 1 AVR sowie Anlage 10 AVR und Anlage 14 Abschn. II AVR bemessen. Das LAG hat die eingeklagte Differenz wegen unzureichender sachlicher Rechtfertigung der Ungleichbehandlung zugesprochen.[49] Das BAG hat die Entscheidung bestätigt. Ein kirchlicher Arbeitgeber, der die Entscheidung trifft, mit neu eingestellten behinderten Arbeitnehmern nur noch eine auf 80 % herabgesenkte Vergütung gemäß der Richtlinien für Arbeitsverträge zu vereinbaren, während er im Gegensatz dazu nicht behinderte neu eingestellte Arbeitnehmer Anspruch auf 100 % der AVR-

---

45 Zutreffend: *Knittel* SGB IX 2017 § 83 Rn. 51.
46 Zuletzt geändert durch Art. 2 G v. 17.7.2017, BGBl. I 2581.
47 juris: DCVArbVtrRL.
48 LAG Nürnberg 24.2.2010 – 3 Sa 273/09; *Gagel* jurisPR-ArbR 32/2010 Anm. 2.
49 LAG Nürnberg 24.2.2010 – 3 Sa 273/09; *Gagel* jurisPR-ArbR 32/2010 Anm. 2.

Vergütung zubilligt, benachteiligt die schwerbehinderten Arbeitnehmer unmittelbar wegen ihrer Behinderung.[50] Der Umstand, dass das Arbeitsverhältnis in einem Integrationsprojekt ausgeführt wird, rechtfertigt für sich genommen nicht die Verringerung der Vergütung schwerbehinderter Menschen.[51] Bei genauer Analyse des § 3 Buchst. a DCArbVtrRL erschließt sich, dass dort keine Rechtfertigung für pauschale Entgeltkürzungen vorgesehen ist. Vielmehr wird nur eine Abweichung für die Beschäftigten zugelassen, die nicht zu Erwerbszwecken, sondern zu therapeutischen Zwecken beschäftigt werden. Angesprochen sind Beschäftigungen zur Überwindung sozialer Schwierigkeiten oder medizinische Maßnahmen zur Wiedererlangung der Arbeitsfähigkeit. Erfasst werden dementsprechend für die Dauer einer therapeutischen Maßnahme Mitarbeiter, die

- entweder trotz mangelnder Leistungsfähigkeit oder sozialer Schwierigkeiten eingestellt werden, zunächst aber zur Behebung dieser Defizite eine Therapiemaßnahme durchlaufen oder
- bereits im Betrieb tätig sind, in ihrer Leistungsfähigkeit aber so abgesunken sind, dass eine therapeutische Maßnahme erforderlich ist.

Nach dem Inhalt der Regelung soll keine Entgeltabsenkung allein wegen der geringeren Leistungsfähigkeit gerechtfertigt sein.[52]

V. Verstöße gegen das Anrechnungsverbot

Abdingbarkeit: Das Anrechnungsverbot aus § 206 Abs. 1 Satz 2 ist **nicht abdingbar**.[53] Weder kann in Tarifverträgen noch in Betriebsvereinbarungen oder in Individualvereinbarungen der Parteien davon abgewichen werden. Der schwerbehinderte Mensch kann auf die Wirkung dieser Schutzvorschrift auch nicht wirksam verzichten.[54] Unzulässig ist auch die Umgehung des Anrechnungsverbots, zB durch eine arbeitsvertraglich vereinbarte Abtretung der Rentenansprüche.[55] Zulässig ist jedoch eine Regelung, nach der eine Verdienstsicherung wegen gesundheitsbedingter Minderung der Arbeitsfähigkeit auf den Teil des Nachteils beschränkt wird, der nicht durch Rentenleistungen ausgeglichen wird.[56]

21

Verstöße: Hält der Arbeitgeber das Anrechnungsverbot nicht ein, so bleibt der Entgeltanspruch, soweit er durch Anrechnung gekürzt worden ist, bestehen. Der schwerbehinderte oder gleichgestellte Beschäftigte muss den nicht ausgezahlten Teil des Entgelts unter Beachtung tariflicher Verfallfristen, soweit sie auf das Arbeitsverhältnis Anwendung finden, geltend machen und ggf. bei zweistufigen Verfallklauseln auch Zahlungsklage erheben. Finden keine Ausschlussfristen Anwendung, so ist die dreijährige Verjährungsfrist zum Schluss des Kalenderjahres gemäß §§ 195, 199 BGB zu beachten. Hat der Arbeitgeber mit dem Beschäftigten eine Vereinbarung über eine nach § 206 Abs. 1 Satz 2 unzulässige Anrechnung getroffen, so ist dieses Rechtsgeschäft nach § 134 BGB nichtig.

22

---

50 BAG 21.6.2011 – 9 AZR 226/10, Rn. 24, Behindertenrecht 2012, 65.
51 BAG 21.6.2011 – 9 AZR 226/10, Rn. 36, Behindertenrecht 2012, 65.
52 So zu Recht *Gagel* jPR-ArbR 32/2010 Anm. 2.
53 *Knittel* SGB IX § 123 Rn. 5.
54 Vgl. BAG 30.10.1974 – 4 AZR 41/74, BAGE 26, 338; *Großmann* in GK-SchwbG Rn. 81; *Dörner* SchwbG § 45 Anm. II 1; *Pahlen* Neumann/Pahlen/Greiner/Winkler/Jabben SGB IX § 206 Rn. 2.
55 BAG 8.12.1982 – 4 AZR 122/80, DB 1983, 891.
56 BAG 8.12.1982 – 4 AZR 122/80, DB 1983, 891.

§ 207 Mehrarbeit

Schwerbehinderte Menschen werden auf ihr Verlangen von Mehrarbeit freigestellt.

I.	Überblick und Entstehungsgeschichte	1	
II.	Mehrarbeitsbegriff	4	
III.	Besondere Arbeitsarten	8	
IV.	Freistellungsverlangen	10	
V.	Arbeitszeitverkürzung	12	
VI.	Verfahrenshinweise	13	

I. Überblick und Entstehungsgeschichte

1 **Geltende Fassung:** Die Vorschrift ist 2001 aus § 46 SchwbG inhaltlich unverändert nach § 124 SGB IX übernommen worden. Redaktionell ist lediglich der Begriff „schwerbehinderter Mensch" eingearbeitet worden. MWv 1.1.2018 ist der Standort der Vorschrift durch Art. 1 Bundesteilhabegesetz (BTHG) nach § 207 SGB IX verschoben worden. Dem lag zugrunde, dass infolge der Einfügung der Eingliederungshilfe in das SGB IX das Schwerbehindertenrecht vom Teil 2 zum Teil 3 des SGB IX aufgerückt ist.

2 **Entstehung:** Die Bestimmung ist aufgrund eines Antrags aus dem Ausschuss für Arbeit und Sozialordnung als § 33a in das SchwbG 1974 aufgenommen worden.[1] Sie geht zurück auf § 4 der Freizeitanordnung vom 22.10.1943.[2] Danach waren Schwerbeschädigte und sonstige Körperbehinderte auf ihr Verlangen von Mehrarbeit freizustellen. Unter Mehrarbeit war nach § 4 Abs. 1 der Freizeitanordnung die Arbeit zu verstehen, die 48 Stunden in der Woche überstieg.

3 **Begünstigte Personen und Regelungsinhalt:** Die Vorschrift enthält **kein Verbot** der Anordnung von Mehrarbeit. Sie räumt nur das **Recht** ein, sich von jeder Überschreitung der regelmäßigen Arbeitszeit **freistellen zu lassen.** Nach § 151 Abs. 1 und 3 gilt diese Regelung auch für gleichgestellte behinderte Beschäftigte iSv § 2 Abs. 3. Vom Begriff der Beschäftigten werden nicht nur Arbeitnehmer (einschließlich der leitenden Angestellten), sondern auch Beamte und Richter erfasst, → Rn. 6. Schwerbehinderte und gleichgestellte behinderte Beschäftigte sind berechtigt, Mehrarbeit abzulehnen. Der schwerbehinderte Beschäftigte soll nicht gegen seinen Willen zusätzlich belastet werden. Es bleibt nach der Konzeption des Gesetzes ihm überlassen, ob er von seinem Recht auf Freistellung von Mehrarbeit Gebrauch macht oder nicht. Die Wirksamkeit des Freistellungsverlangens hängt weder von formellen noch von materiellen Voraussetzungen ab, → Rn. 9. Unerheblich ist auch, ob die Mehrarbeit eine konkrete zusätzliche Belastung mit sich bringt oder nicht.[3] Es werden zwei unterschiedliche Schutzzwecke verfolgt: Schwerbehinderte Menschen sollen nicht durch zu lange Arbeitszeiten überbeansprucht werden und ihnen soll ausreichend Zeit für die gleichberechtigte Teilhabe am Leben in der Gemeinschaft im Hinblick auf die dazu notwendigen täglich zu verrichtenden Angelegenheiten wie Einkaufen, Behördengänge usw gesichert werden.[4]

---

1 BT-Drs. 7/1515, 15.
2 Reichsarbeitsblatt III 329.
3 *Pahlen* in Neumann/Pahlen/Greiner/Winkler/Jabben SGB IX § 207 Rn. 1.
4 BAG 3.12.2002 – 9 AZR 462/01, AP § 124 SGB IX Nr. 1 unter Hinweis auf BT-Drs. 7/1515, 15 f.

II. Mehrarbeitsbegriff

Begriff der arbeitsrechtlichen Mehrarbeit: Unter Mehrarbeit im Sinne von § 46 SchwbG hat vor Inkrafttreten des Arbeitszeitgesetzes vom 6.6.1994[5] das Bundesarbeitsgericht entsprechend § 3 der Arbeitszeitordnung vom 21.12.1923 (AZO)[6] und der Freizeitanordnung vom 22.10.1943 (→ Rn. 2) die Arbeitszeit verstanden, die die **werktägliche Dauer von acht Stunden** überschreitet.[7] Nach Aufhebung der Arbeitszeitordnung versäumte es der Gesetzgeber, für eine begriffliche Klarheit zu sorgen. Die vom Bundesarbeitsgericht aus der Arbeitszeitordnung entnommene Begriffsbestimmung ist seit Inkrafttreten des Arbeitszeitgesetzes nicht mehr vorhanden. Dennoch hielt die Rechtsprechung der Arbeitsgerichte zunächst ohne nähere Begründung daran fest.[8] Das Bundesarbeitsgericht[9] hat 2002 überzeugend begründet, dass an der **Orientierung an der gesetzlichen regelmäßigen Höchstarbeitszeit** festzuhalten ist; denn im Arbeitszeitgesetz (ArbZG), das die AZO abgelöst hat, wird die regelmäßige werktägliche Höchstarbeitszeit wie vordem auf acht Stunden (§ 3 Abs. 1 ArbZG) begrenzt. Zudem hat die jüngere Gesetzgebung den Gleichlauf mit den Arbeitszeitschutzregelungen in § 8 Abs. 2 Nr. 1 MuSchG und in § 8 Abs. 1 JArbSchG hergestellt; denn auch dort ist als Mehrarbeit die über acht Stunden täglich hinausgehende Arbeitszeit definiert ist. Das hat auch das Schrifttum überzeugt.[10]

Unter den Bedingungen der weit fortgeschrittenen **Flexibilisierung der Arbeitszeit** gebietet der Schutz der schwerbehinderten Menschen eine Auslegung, nach der eine über acht Stunden werktäglich hinausgehende Arbeitszeit nur als freiwillig akzeptierte Mehrarbeit des schwerbehinderten Beschäftigten zugelassen werden soll. Tarifliche Abweichungen von den in § 3 ArbZG begrenzten Arbeitszeiten sind unerheblich. Das gilt auch dann, wenn sie kürzer als die gesetzliche Arbeitszeit sind. Die vor allem tariflich eingeführten Arbeitszeitverkürzungen gewährleisten nämlich nicht den Schutz des schwerbehinderten Menschen vor einer Überbeanspruchung und sind auch nicht geeignet, ihm vergleichbare Teilhabe am Leben in der Gesellschaft wie einem Nichtbehinderten zu verschaffen. Durch die Flexibilisierungsregelungen wird nämlich vielfach eine Verlängerung der täglichen Arbeitszeit über acht Stunden je Werktag hinaus ermöglicht. Im Schrifttum wird davon abweichend eine Art Meistbegünstigung verlangt. Jede Form von Überarbeit im Sinn von Überstunden und Überschichten sei als Mehrarbeit im Sinne von § 207 SGB IX anzusehen. Die vom BAG herangezogene **Acht-Stunden-Grenze** soll als zusätzliches Korrektiv gegen Festlegungen zulasten des schwerbehinderten und gleichgestellten behinderten Arbeitnehmers dienen.[11]

Konflikte mit flexiblen Arbeitszeitsystemen: Die „Starrheit" der am Achtstundentag ausgerichteten Definition der Mehrarbeit sorgt zwar für Klarheit, bereitet allerdings auch Probleme für die Betriebe, welche die tägliche und wöchentliche Arbeitszeit unregelmäßig verteilen. So enthält zB der seit dem 1.4.2005 geltende Arbeitszeittarifvertrag für die Arbeitnehmer von Schienenverkehrs-

---
5 BGBl. I 1170, 1171.
6 RGBl. I 1249.
7 BAG 8.11.1989 – 5 AZR 642/88, BAGE 63, 221.
8 ArbG Aachen 2.12.1999 – 9 (7) Ca 3454/99, NZA-RR 2000, 462.
9 BAG 3.12.2002 – 9 AZR 462/01, AP § 124 SGB IX Nr. 1; zustimmend: *Müller-Wenner/Schorn* SGB IX § 124 Rn. 6.
10 *Griese* in jurisPK-SGB IX, 3. Aufl. 2018, SGB IX § 207 Rn. 18.
11 *Großmann* in GK-SGB IX § 124 Rn. 9 und *Masuch* in Hauck/Noftz SGB IX § 124 Rn. 6–10; *Knittel* SGB IX § 124 Rn. 19; *Pahlen* in Neumann/Pahlen/Greiner/Winkler/Jabben* SGB IX § 207 Rn. 3; *Jeschke* in Deinert/Neumann SGB IX-HdB § 18 Rn. 57.

und Schieneninfrastrukturunternehmen des AgV MoVe (AZTV-S) in § 2 Abs. 1 als Vollzeitarbeit eine individuell vereinbarte Arbeitszeit von 1 827 bis 2 088 Stunden (individuelles regelmäßiges Jahresarbeitszeit-Soll). § 9 Abs. 1 AZTV-S regelt, dass bezüglich der Verteilung des individuellen regelmäßigen Jahresarbeitszeit-Solls 261 Arbeitstage zugrunde gelegt werden. Die Arbeitszeit kann auf die Wochentage Montag bis Sonntag – auch ungleichmäßig – verteilt und innerhalb des Zeitraums gemäß § 2 AZTV-S nach betrieblichen Erfordernissen eingeteilt werden. Das führt dazu, dass in den Wintermonaten verkürzt und insbesondere während der Urlaubszeit im Sommer vermehrt gearbeitet wird. Wer als Arbeitgeber diese, **ein volles Jahr als Ausgleichszeitraum umfassende Flexibilisierung** praktiziert, muss damit rechnen, dass schwerbehinderte Beschäftigte von ihrem Recht nach § 207 SGB IX Gebrauch machen. Er kann nicht auf einen Gleichklang mit der zum Ausschluss von Überstundenzulagen getroffenen Regelung nach § 4 Abs. 1 AZTV-S vertrauen, nach der Überarbeit erst bei Anordnung von Arbeitszeit entsteht, die über das individuelle regelmäßige Jahresarbeitszeit-Soll hinausgeht. Allerdings wird der schwerbehinderte Beschäftigte regelmäßig gehalten sein, sich auf Anfrage des Arbeitgebers frühzeitig vor der Schichtenplanung zu erklären, ob und inwieweit er bereit und in der Lage ist, verkürzte Arbeitszeit mit Mehrarbeit auszugleichen. Ein ähnliches Problem bereitet das Zwölf-Stunden-Schichtsystem, das in manchen Hochtechnologiebetrieben eingeführt worden ist. Danach werden zuerst zwei Tage in Frühschicht, dann zwei Tage in Nachtschicht gearbeitet. Danach liegen vier freie Tage. Der schwerbehinderte Beschäftigte kann dieses Schichtsystem, das mit erheblicher Überschreitung des Achtstundentags gefahren wird, ablehnen. Der Arbeitgeber muss sicherstellen, dass zugunsten der die Mehrarbeit verweigernden schwerbehinderten Beschäftigten auch von dem System abweichende Schichtpläne aufgestellt werden. Betriebsrat und Schwerbehindertenvertretung haben insoweit eine Überwachungsaufgabe, vgl. § 80 Abs. 1 Nr. 1 BetrVG, § 178 Abs. 1 Satz 2 Nr. 1 SGB IX. Zudem ist der Arbeitgeber nach § 164 Abs. 4 Nr. 4 SGB IX individualrechtlich verpflichtet, für eine Struktur der Dienstpläne zu sorgen, die einem schwerbehinderten Beschäftigten den Einsatz ermöglicht, auch wenn dieser von seinem Recht aus § 207 SGB IX Gebrauch macht.[12]

6 **Geltung im Beamtenverhältnis:** Auch schwerbehinderte Beamte können Freistellung von Mehrarbeit verlangen. Sie können sich jedoch nicht auf den arbeitsrechtlichen Begriff der Mehrarbeit (dazu → Rn. 4) berufen.[13] Eine einheitliche Definition der Mehrarbeit oder eine Festlegung auf eine bestimmte tägliche oder wöchentliche Stundenzahl hat der Gesetzgeber in § 207 in Kenntnis der unterschiedlichen Ausgestaltung der regelmäßigen Arbeitszeit für die verschiedenen Arten der Beschäftigungsverhältnisse bewusst unterlassen. Zwar ist in § 61 Abs. 1 BBG die Verpflichtung zur Dienstleistung im Grundsatz schrankenlos: „Beamtinnen und Beamten haben sich mit vollem persönlichem Einsatz ihrem Beruf zu widmen."[14] Für die Beamtenschaft des Bundes ist aber eine gesetzliche Regelung der Mehrarbeit im BBG[15] getroffen. Nach § 87 Abs. 1 BBG darf die regelmäßige Arbeitszeit wöchentlich im Durchschnitt 44 Stunden nicht überschreiten. Umstritten war die Einordnung des auswärtigen Einsatzes von Polizeibeamten, die sich während eines Einsatzes in einem Hotel aufhalten. Nach den Instanzgerichten sollte die in den Dienstplänen als Ruhezeit bezeich-

---

12 *Pahlen* in Neumann/Pahlen/Greiner/Winkler/Jabben SGB IX § 207 Rn. 3.
13 BVerwG 30.1.2008 – 2 B 59/07, BeckRS 2008, 32574.
14 So auch *von Roetteken/Rothländer* HBR HBG § 61 Rn. 21.
15 Bundesbeamtengesetz vom 5.2.2009 (BGBl. I 160), das zuletzt durch Artikel 2 des Gesetzes vom 18. März 2021 (BGBl. I 353) geändert worden ist.

nete Einsatzzeit keine Bereitschaftsdienst sein, weil die Einheit nicht als in Bereitschaft versetzt gemeldet wurde.[16] Die Rechtsfrage ist nun vom BVerwG geklärt: Da die Beamten jederzeit ihre Ausrüstung inklusive Waffen dabei haben mussten und die Unterkunft nur mit ausdrücklicher Genehmigung verlassen durften, habe wegen dieser Einschränkungen die Ruhezeit „ein Gepräge eines Sich-Bereithaltens" erhalten. Dieser Bereitschaftsdienst ist im Rahmen von § 88 Satz 2 BBG wie Volldienst im Umfang von 1 : 1 auszugleichen.[17] Folglich ist er bei der Berechnung der Mehrarbeitsschwelle anzurechnen.

Trotz des Gebots des vollen persönlichen Einsatzes[18] steht die Verpflichtung zur Überschreitung der regelmäßigen Arbeitszeit nach § 88 Abs. 1 BBG unter dem Vorbehalt, dass zwingende dienstliche Verhältnisse diese Überschreitung erfordern und sich die Mehrarbeit auf **Ausnahmefälle** beschränkt. Aus der amtlichen Überschrift von § 88 BBG „Mehrarbeit" ergibt sich mittelbar die beamtenrechtliche Definition: Danach beginnt Mehrarbeit mit der **Überschreitung der regelmäßigen Mehrarbeit**. Diese Festlegung der regelmäßigen Wochenarbeitszeit hat aufgrund der Ermächtigung in § 72 Abs. 4 Satz 1 BBG die Bundesregierung in der Verordnung über die Arbeitszeit der Beamtinnen und Beamten des Bundes (AZV)[19] getroffen. Nach § 3 Abs. 1 Satz 1 AZV beträgt die regelmäßige wöchentliche Arbeitszeit 41 Stunden, wobei nach § 2 Nr. 1 AZV die regelmäßige wöchentliche Arbeitszeit innerhalb von zwölf Monaten durchschnittlich zu erbringen ist. Nach § 3 Abs. 1 Satz 2 AZV können schwerbehinderte Beamtinnen und schwerbehinderte Beamte eine Verkürzung der regelmäßigen wöchentlichen Arbeitszeit auf 40 Stunden beantragen.

Das auch für die Beamtenschaft in den **Ländern und Gemeinden** geltende BeamtStG verzichtet ebenso wie schon vordem das inzwischen außer Kraft getretene Beamtenrechtsrahmengesetz (BRRG) auf eine Vorgabe zur regelmäßigen oder höchstzulässigen Arbeitszeit. Daraus folgt, dass die Höhe der regelmäßigen Arbeitszeit bzw. des zulässigen Höchstmaßes den Ländern überlassen bleibt. Für hessische Beamte ist Mehrarbeit in § 61 Satz 1 HBG als derjenige Dienst definiert, der über die in § 85 Abs. 1 Satz 1 HBG iVm § 1 Abs. 1 Hessische Arbeitszeitverordnung (HAZVO)[20] festgelegte regelmäßige wöchentliche Arbeitszeit hinaus geleistet wird. Seit Juli 2018 beträgt nach § 1 Satz 1 HAZVO die regelmäßige Arbeitszeit der hauptamtlich tätigen Beamtinnen und Beamten bei Vollzeitbeschäftigung im Durchschnitt bis zur Vollendung des 60. Lebensjahres 41 Stunden pro Woche und ab Beginn des 61. Lebensjahres 40 Stunden pro Woche. Nach § 1 Satz 3 HAZVO ist die regelmäßige Arbeitszeit der hauptamtlich tätigen schwerbehinderten Beamtinnen und Beamten im Sinne des § 2 Abs. 2 SGB IX im Durchschnitt 40 Stunden pro Woche ermäßigt.

---

16 VG Köln 8.3.2018 – 15 K 5143/16 juris Rn. 19, bestätigend: OVG NRW 13.2.2020 – 1 A 1671/18, DÖD 2020, 181; auf die Nichtzulassungsbeschwerde der Polizeibeamten die Revision zugelassen: BVerwG, 28.7.2020 – 2 B 26/20, juris Rn. 1.
17 BVerwG 29.4.2021 – 2 C 18.20, Pressemitteilung Nr. 28/2021.
18 So auch *von Roetteken/Rothländer* HBR HBG § 61 Rn. 21.
19 Arbeitszeitverordnung (AZV) vom 23.2.2006 (BGBl. I 427), die zuletzt durch Art. 2 der Verordnung vom 17.12.2020 (BGBl. I 3011) geändert worden ist.
20 Verordnung über die Arbeitszeit der hessischen Beamtinnen und Beamten (Hessische Arbeitszeitverordnung – HAZVO) in der Fassung vom 15.12.2009 (GVBl. I 758, 760), zuletzt geändert durch Gesetz vom 21.6.2018 (GVBl. 291).

Was unter Mehrarbeit für Beamtinnen und Beamte iSd § 207 SGB IX verstanden werden soll, ist umstritten. Von der Rspr.[21] und im Schrifttum[22] wird auf die Überschreitung der im Beamtenrecht definierten regelmäßigen Arbeitszeit abgestellt. Demgegenüber wird vertreten, dass dem Recht in § 207 SGB IX, die Mehrarbeit zu verweigern, ein vom allgemeinen Gesundheitsschutz geprägter eigenständiger „fürsorgerechtlicher Begriff der Mehrarbeit" zugrunde liege. Dieser könne nur statusgruppenübergreifend definiert und angewandt werden.[23] Dem ist zuzustimmen. Auch nach der Rspr. des BAG hat der Gesetzgeber in § 124 SGB IX aF (seit 1.1.2018: § 207 SGB IX) den Begriff der Mehrarbeit in § 207 SGB IX nicht näher definiert, sondern als Bestandteil des sozialen Arbeitszeitrechts vorausgesetzt.[24] Das entspricht dem Schutzzweck der Regelung. Diese Regelungsabsicht ist bei Schaffung der Vorgängerregelung in Gestalt des § 33a SchwbG auf Empfehlung des Ausschusses für Arbeit und Sozialordnung in Ergänzung zu dem von der Bundesregierung eingebrachten Entwurf eines Gesetzes zur Weiterentwicklung des Schwerbeschädigtenrechts offengelegt worden. Der Ausschuss hat ausdrücklich als Ziel seiner Regelung auf die Erhaltung der Leistungsfähigkeit Schwerbehinderter abgestellt: „(...) soll sicherstellen, daß die Leistungsfähigkeit Schwerbehinderter nicht über Gebühr beansprucht wird".[25] Der Beamtenstatus kann keine geringere gesundheitliche Belastungsfähigkeit gegenüber dem Arbeitsverhältnis begründen. Deshalb muss für Beamte und Arbeitnehmer ein einheitlicher Maßstab gelten. Dieser wird durch den Achtstundentag und die 48 Stundenwoche gebildet, die als Kernforderungen des Gesundheitsschutzes in § 3 AZG verwirklicht sind. Damit ist der beamtenrechtliche Mehrarbeitsbegriff für schwerbehinderte Beamte nicht funktionslos. Sie können ebenso wie ihre nicht schwerbehinderten Kollegen nur unter besonderen Voraussetzungen zu Diensten herangezogen werden, bei denen die regelmäßige durchschnittliche Arbeitszeit überschritten wird. Die schwerbehinderten Beamtinnen und Beamten haben jedoch aufgrund des § 207 SGB IX einen weitergehenden Schutz. Wird die Wochenarbeitszeit vom Dienstherrn zulässigerweise nach § 4 Satz 2 AVZ zur Herstellung der durchschnittlichen Wochenarbeitszeit auf einzelne Tage so verteilt, dass bis zu 13 Stunden einschließlich der Pausen gearbeitet werden, dann sind sie berechtigt, den Dienst zu verweigern, der acht Stunden ausschließlich der Pausen überschreitet. Dieses Recht auf Verweigerung von Mehrarbeit greift auch, wenn der Dienstherr bei der Festlegung der Wochenarbeitszeit zulässigerweise im Ausgleichszeitraum des § 1 Nr. 1 AZV die 48 Stunden Grenze (sechs Werktage à acht Stunden) überschreitet.

Eine besondere **Arbeitszeitverkürzung** sieht die Verordnung über die Arbeitszeit der Beamtinnen und Beamten des Bundes (AZV)[26] in § 3 Abs. 1 Satz 2 AZV vor: „Schwerbehinderte Beamtinnen und schwerbehinderte Beamte können eine Verkürzung der regelmäßigen wöchentlichen Arbeitszeit auf 40 Stunden bean-

---

21 BVerwG 30.1.2008 – 2 B 59.07, juris Rn. 8; BVerwG 29.7.2010 – 2 C 17.09, Rn. 16, ZBR 2011, 169 (170), wo auf die allgemeine durchschnittliche Wochenarbeitszeit ohne Berücksichtigung der Ermäßigung für Beamte mit der Eigenschaft schwerbehinderter Mensch abgestellt wird.
22 *Pahlen* in Neumann/Pahlen/Greiner/Winkler/Jabben SGB IX § 207 Rn. 2; *Trenk-Hinterberger* in HK-SGB IX § 124 SGB IX aF Rn. 12; *Masuch* in Hauck/Noftz § 124 SGB IX aF Rn. 11; ebenso bis zur 5. Auflage, s. etwa *Düwell* in → 4. Aufl. 2014, § 207 Rn. 6.
23 *von Roetteken/Rothländer* HBR HBG § 61 Rn. 36.
24 BAG 21.11.2006 – 9 AZR 176/06, Rn. 21, NZA 2007, 446 (447).
25 BT-Drs. 7/1515, 16 zur Nr. 41 a.
26 Arbeitszeitverordnung (AZV) vom 23.2.2006 (BGBl. I 427), die zuletzt durch Art. 2 der Verordnung vom 17.12.2020 (BGBl. I 3011) geändert worden ist.

tragen". Dabei stellt sich insbesondere das Problem, ob auch gleichgestellte behinderte Beamte begünstigt werden sollen, → Rn. 10.

Geltung im Richterverhältnis: Für **Richterinnen und Richter** gelten keine festen Dienstzeiten. Maßgebend ist das Arbeitspensum. Dieses wird durch die Arbeitsmenge bestimmt, die sich aus der Zuteilung im richterlichen Geschäftsverteilungsplan ergibt, den das Präsidium des Gerichts nach § 21 a Abs. 1 Satz 1 GVG aufstellt. Die zeitliche Inanspruchnahme hängt von vielen Faktoren ab, wie z.b. dem Grad der Schwierigkeit der zugeteilten Sachen, der individuellen Lesegeschwindigkeit und der Intensität der Bearbeitung der zugeteilten Sachen unter Auswertung vom Fachschrifttum und Rechtsprechung. Vor der Beschlussfassung des Präsidiums ist Gelegenheit zur Äußerung zu geben (§ 21 e Abs. 2 GVG). Ein schwerbehinderter Richter kann dabei seine Einwände gegen die Zuteilung und seine Entlastungswünsche vorbringen. Da mit der Verteilung der Geschäfte in einer Angelegenheit eines schwerbehinderten Menschen entschieden werden soll, ist – so eine nach § 177 Abs. 1 Satz 2 SGB IX eigene oder nach § 177 Abs. 1 Satz 4 für mehrere Gerichte zusammengefasste SBV der Richterinnen und Richter besteht – auch diese SBV vom Präsidium nach § 178 Abs. 2 Satz 1 SGB IX anzuhören. 7

Zur Vorbereitung einer sachgerechten Entscheidung sollte der Betroffene die Art der Behinderung und deren erschwerende Auswirkung auf die richterliche Arbeitsweise darstellen. Unter Beachtung des Persönlichkeitsrechts genügt eine knappe Darstellung unter Angabe des festgestellten GdB. Dem Präsidium ist verwehrt, die Krankengeschichte auszuforschen, insbesondere kann nicht die Vorlage von Krankenakten verlangt werden. Ein Präsidium, das so verfährt, verkennt seine Aufgabe. Es geht nicht um die „Heilung" der Behinderung, vielmehr soll der aus der Behinderung sich ergebende Nachteil ausgeglichen werden. Dieser Nachteil besteht in der Überlast, die entstünde, wenn die Auswirkungen der Behinderung unberücksichtigt bleiben würde.

Beispiel: Ein im Sehvermögen schwer beeinträchtigter Mensch braucht für das Aktenstudium erheblich längere Lesezeit. Diese Behinderung wirkt sich so aus, dass in Akten umfangreichen Verfahren mehr Zeit für die Fallbearbeitung benötigt wird.

Bei näherer Betrachtung zeigt sich hier eine bislang nicht wahrgenommene Schnittstelle von § 164 Abs. 4 Satz 1 Nr. 1 iVm Nr. 4 SGB IX mit § 207 SGB IX; denn das Präsidium muss bei der Geschäftsverteilung auch „unter Berücksichtigung der Behinderung und ihrer Auswirkungen auf die Beschäftigung" die Arbeitszeit von schwerbehinderten Menschen behinderungsgerecht gestalten. Vorbildlich ist insoweit die Handhabung des Kammergerichts in Berlin. Zeigt dort eine Richterin oder ein Richter an, dass die Eigenschaft schwerbehinderter Mensch vorliegt, erfolgt ein Hinweis, eine Entlastung. In Anspruch nehmen zu können. Diese Entlastung setzt jedoch einen entsprechenden Antrag voraus, der nicht sofort sondern zu einem beliebigen Zeitpunkt gestellt werden kann. Dies entspricht dem Grundsatz des § 207 SGB IX. Dem schwerbehinderten Menschen soll die Entlastung nicht aufgedrängt werden. Sie bedarf der Geltendmachung.

Zur Bemessung des behinderungsgerechten Pensums von Richterinnen und Richtern kann die zuständige Behörde typisierende Grundsätze für prozentuale Abschläge aufstellen, wie sie bereits für die ebenfalls in einem Pensensystem beschäftigten Lehrkräfte an Schulen gelten, → Rn. 12. Für die Richterschaft an den Gerichten der Länder sind nach § 154 Abs. 2 Nr. 2 SGB IX die obersten Landesbehörden als öffentliche Arbeitgeber in dieser Angelegenheit zuständig. Allerdings ist die besondere Ausformung der richterlichen Selbstverwaltung zu beachten. Da nach § 21e Abs. 1 Satz 1 GVG das Präsidium die Verteilung der Geschäfte bestimmt, muss ihm ein ausreichender Spielraum verbleiben, um eine passgenaue Regelung möglichst im Einvernehmen mit dem Betroffenen zu treffen. Beispiel: Eine für den sehbeeinträchtigen Richter wegen der langsamen Lesegeschwindigkeit erforderliche Entlastung ist zwar regelmäßig geboten. Sie kann aber auch in der Weise erfolgen, dass ihm eine Tätigkeit zugeteilt wird, die erheblich weniger Aktenstudium erfordert, so dass sich die konkrete Art der Beeinträchtigung nicht durch zeitlichen Mehraufwand auswirkt. Für die Richterschaft an den obersten Bundesgerichten gilt eine Besonderheit. Nach § 154 Abs. 2 Nr. 1 SGB IX ist jeder oberste Gerichtshof öffentlicher Arbeitgeber im Sinne des Teils 3 des SGB IX. Damit ist jeder oberste Gerichtshof selbst für die Erfüllung der Arbeitgeberpflichten aus § 164 Abs. 4 § 207 SGB IX verantwortlich. Da hier die öffentliche Arbeitgeberstellung und die Geschäftsverteilungsbefugnis zusammentreffen, sind allein die Präsidien der obersten Gerichtshöfe des Bundes für den wegen einer Behinderung zu gewährenden Nachteilsausgleich zuständig.

Der Entlastung beantragende Richter hat keinen Anspruch darauf, dass seinem Entlastungswunsch entsprochen wird, sondern nur darauf, dass in Umsetzung des Rechts auf Verweigerung von Mehrarbeit nach § 207 SGB IX das Gerichtspräsidium im Rahmen der **Ermessensausübung** fehlerfrei gem. § 21e Abs. 1 und 3 GVG entscheidet. Das kann im Ergebnis ein angemessener Abschlag sein.[27] Soweit die Bewertung der Belastungssituation und Entlastung nach dem **PEBB§Y-System** erfolgt, bestehen keine rechtlichen Bedenken. Es ist sachgerecht und regelmäßig auch ermessensfehlerfrei, sich bei der Geschäftsverteilung, von Pensenschlüsseln nach dem PEBB§Y-System leiten zu lassen.[28] Im Übrigen weist die Rspr. zutreffend darauf hin: Ein Verlangen nach § 207 SGB IX wird bereits mit dem Zugang des Freistellungsbegehrens bei dem Dienstherrn wirksam und löst die Rechtsfolge der gesetzlichen Freistellung automatisch aus. Eine positive Entscheidung über das Verlangen ist deshalb ebenso entbehrlich wie eine Ablehnung des Verlangens unschädlich; denn die Mehrarbeit wird in diesen Fällen schon kraft Gesetzes nicht geschuldet.[29] Daraus folgt: Aufgaben, die wegen Überlastung nicht erledigt werden können, dürfen ohne Pflichtverletzung zurückgestellt werden.[30]

Soweit sich ein schwerbehinderter Richter unter Bezug auf § 207 SGB IX gegen die Übernahme einer **Vertretung** wendet, wird dem von der Rspr. entgegengehalten, die Wahrnehmung der neben den eigenen richterlichen Aufgaben anfallenden Vertretungstätigkeit könne im Regelfall nicht zu einer Mehrarbeit führen; denn ein Richter dürfe unter sachlichen Gesichtspunkten eine Auswahl der zu erledigenden Aufgaben zu treffen. Nicht zu bewältigende Aufgaben könne er zurückstellen, ohne dass ihn eine Pflichtverletzung treffe.[31] In dieser Allgemeinheit erscheint dies wirklichkeitsfremd. Die Eigenschaft schwerbehinderter Mensch gebietet es zwar nicht, von Vertretungsregelungen ausgenommen zu werden. Das Präsidium muss jedoch durch eine zeitlich oder mengenmäßige Begrenzung der Vertretungsregelung sicherstellen, dass kein unangemessener **Erle-**

---

27 BVerwG 27.3.1985 – 2 B 126/83, NJW 1985, 2779, daran anschließend: VG Magdeburg 19.11.2019 – 5 B 311/19, Rn. 31.
28 VG Magdeburg 19.11.2019 – 5 B 311/19, Rn. 51.
29 VG Magdeburg 19.11.2019 – 5 B 311/19, Rn. 49; VG Magdeburg 24.11.2010 – 5 B 55/10 MD, Rn. 42 mwN.
30 VG Magdeburg 24.11.2010 – 5 B 55/10 MD, Rn. 43 mwN; VG Minden 5.8.2010 – 4 K 3401/09, Rn. 15; OVG NRW 14.11.2005 – 1 A 494/04, Rn. 22.
31 VG Magdeburg 19.11.2019 – 5 B 311/19, Rn. 35 unter Bezug auf vgl. OVG NRW 14.11.2005 – 1 A 494/04, BeckRS 2005, 30790.

digungsdruck entsteht. Gegebenenfalls muss bei der zuständigen Behörde um Verstärkungsmittel nachgesucht werden. Eine vergleichbare Situation tritt bei der stufenweisen Wiedereingliederung langzeitkranker Richterinnen und Richtern auf, wenn sie nicht in ihrem Dezernat vorübergehend entlastet werden. Zwar können sie ohne Pflichtverletzung Aufgaben zurückstellen, aber es entsteht gegenüber den Rechtssuchenden ein Erledigungsdruck, der unter dem Gesichtspunkt der Fürsorge nicht zu rechtfertigen ist.

III. Besondere Arbeitsarten

Nacht-, Sonn- und Feiertagsarbeit: Es werden nicht allein schwerbehinderte und gleichgestellte behinderte Menschen iSv § 2 Abs. 3 SGB IX gesetzlich vor Überbeanspruchung geschützt. Zugunsten von Jugendlichen (vgl. §§ 14, 17, 18 JArbSchG) und werdenden sowie stillenden Müttern (§ 4 MuSchG) bestehen Verbote, die es dem Arbeitgeber verwehren, die geschützten Personen zur Mehrarbeit, zur Arbeit in der Nacht oder zur **Arbeit an Sonn- und Feiertagen** heranzuziehen. Soweit geht der Überforderungsschutz des Schwerbehindertenrechts nicht. So gewährt § 207 SGB IX kein generelles Recht, **Nachtarbeit** oder Arbeit an Sonn- und Feiertagen abzulehnen. Der Anwendungsbereich der Norm ist auf zu leistende Mehrarbeit **beschränkt**.[32] Im Einzelfall können jedoch schwerbehinderte Menschen nach § 164 Abs. 4 Satz 1 Nr. 4 SGB IX einen einklagbaren Anspruch auf **behinderungsgerechte Gestaltung der Arbeitszeit** in der Weise haben, dass sie mit Rücksicht auf Art und Schwere ihrer Behinderung von Nachtarbeit freizustellen sind. Dieser Anspruch steht allerdings nach § 164 Abs. 4 Satz 3 unter dem Vorbehalt, dass dessen Erfüllung für den Arbeitgeber nicht unzumutbar oder mit unverhältnismäßigen Aufwendungen verbunden ist. Hieraus kann sich im Einzelfall die Pflicht des Arbeitgebers ergeben, einen schwerbehinderten Arbeitnehmer nicht zur Nachtarbeit einzuteilen oder dessen Arbeitszeit auf die Fünf-Tage-Woche zu beschränken.[33]

Arbeitsbereitschaft, Bereitschaftsdienst und Rufbereitschaft: Da **Arbeitsbereitschaft** Anwesenheit im Betrieb im Zustand wacher Achtsamkeit mit ständiger Bereitschaft zur vollen Arbeitsleistung beinhaltet, gilt sie als volle Arbeitszeit. Wird durch Arbeitsbereitschaft die individuelle Arbeitszeit überschritten, so können der schwerbehinderte und gleichgestellte behinderte Beschäftigte verweigern.

Nicht als **Arbeitszeit** wurde dagegen von der älteren Rechtsprechung der **Bereitschaftsdienst** angesehen. Das ist die Zeitspanne, während derer der Arbeitnehmer, ohne dass er unmittelbar am Arbeitsplatz anwesend sein müsste, sich für Zwecke des Betriebes an einer vom Arbeitgeber bestimmten Stelle innerhalb oder außerhalb des Betriebes aufzuhalten hat, damit er erforderlichenfalls seine volle Arbeitstätigkeit sofort oder zeitnah aufnehmen kann.[34] Da die Ableistung von Bereitschaftsdiensten nur soweit tatsächlich Arbeitseinsätze anfielen als Arbeit galt, wurde ein Recht zur Leistungsverweigerung abgelehnt.[35] Diese Rechtsprechung ist überholt. Sie ist europarechtswidrig.[36] Diese europarechtswidrige Rechtslage hat der Gesetzgeber durch Art. 4 b des Gesetzes zu Reformen am Ar-

---

32 BAG 3.12.2002 – 9 AZR 462/01, AP § 124 SGB IX Nr. 1; zustimmend *Knittel* SGB IX § 124 Rn. 1 c.
33 BAG 3.12.2002 – 9 AZR 462/01, AP § 124 SGB IX Nr. 1; so auch *Knittel* SGB IX § 81 Rn. 109.
34 BAG 18.2.2003 – 1 ABR 2/02, AP BGB § 611 Arbeitsbereitschaft Nr. 12.
35 Vgl. ArbG Koblenz 14.2.1991 – 8 Ca 2033/90, EzBAT SR 2 a BAT Bereitschaftsdienst Nr. 1.
36 EuGH 9.9.2003 – C-151/02, AP EWG-Richtlinie Nr. 93/104 Nr. 7 – *Jaeger*.

beitsmarkt vom 24.12.2003,[37] der am 1.1.2004 in Kraft trat (Art. 5 des Gesetzes), beseitigt. Danach wird Bereitschaftsdienst „in vollem Umfange auf die gesetzliche Höchstarbeitszeit angerechnet".[38] Der Gesetzgeber hat deshalb in § 5 Abs. 3 und § 7 Abs. 2 Nr. 1 ArbZG die Bezugnahme auf den Bereitschaftsdienst gestrichen und damit die Bestimmungen, aus denen bis dahin geschlossen werden musste, dass Bereitschaftsdienst keine Arbeitszeit iSv § 2 Abs. 1 ArbZG ist, aufgehoben. Nach § 7 Abs. 1 Nr. 1a des ArbZG kann in einem Tarifvertrag eine werktägliche Arbeitszeit von mehr als zehn Stunden vorgesehen werden, wenn in die Arbeitszeit in erheblichem Umfang Arbeitsbereitschaft oder Bereitschaftsdienst fällt. Werden solche verlängerten Arbeitszeiten tariflich zugelassen, muss gemäß § 7 Abs. 8 ArbZG gewährleistet sein, dass die Arbeitszeit einschließlich Arbeitsbereitschaft und Bereitschaftsdienst 48 Wochenstunden nicht überschreitet. Eine Ausnahme gilt auch nicht für Alt-Tarifverträge. Zwar bleiben nach § 25 Satz 1 ArbZG Tarifverträge, die am 1.1.2004 bereits galten, von der Einhaltung bestimmter gesetzlicher Höchstgrenzen bis zum 31.12.2006 unberührt. Entgegen einem weit verbreiteten Verständnis wird aber von dieser Übergangsregelung die 48-Stunden-Grenze nicht erfasst. Das ergibt die gebotene europarechtskonforme Auslegung der Vorschrift.[39] Von daher sind die schwerbehinderte und gleichgestellt behinderte Beschäftigte berechtigt, eine Wochenarbeitszeit, die einschließlich Bereitschaftsdienst 48 Stunden überschreitet, abzulehnen.[40] Nach der höchstrichterlichen Rechtsprechung steht danach fest, dass jede Art von Bereitschaftsdienst voll auf die gesetzliche Höchstarbeitszeit anzurechnen ist.[41] Daraus folgt, dass bei Überschreiten des Achtstundentags oder der 48. Wochenarbeitsstunde auch der Bereitschaftsdienst abgelehnt werden kann.

Hinsichtlich der Ablehnung von **Rufbereitschaft** muss differenziert werden. Unter Rufbereitschaft wird eine besondere Form des Bereithaltens zur Arbeit verstanden. Der Arbeitnehmer hat, **ohne am Arbeitsplatz anwesend sein zu müssen**, ständig für den Arbeitgeber erreichbar zu sein, um auf Abruf die Arbeit aufnehmen zu können.[42] Der Arbeitnehmer darf sich während der Rufbereitschaft an einem von ihm selbst gewählten Ort aufhalten. Er darf sich aber nicht in einer Entfernung vom Arbeitsort aufhalten, die dem Zweck der Rufbereitschaft zuwiderläuft, er muss also die Arbeit alsbald aufnehmen können, so dass im Bedarfsfall die Arbeitsaufnahme gewährleistet ist. Der EuGH hat Art. 2 Richtlinie 2003/88[43] so ausgelegt, dass die Bereitschaftszeit, die ein Arbeitnehmer zu Hause verbringt und während der er der Verpflichtung unterliegt, einem Ruf des Arbeitgebers zum Einsatz innerhalb von acht Minuten Folge zu leisten, als Arbeitszeit im Sinne des Gesundheitsschutzes anzusehen ist.[44] Die Erkenntnis ist nicht neu. Rufbereitschaft schlägt in Arbeitszeit um, wenn die Arbeit innerhalb einer kurzen Zeitspanne aufzunehmen ist. So hat das BAG die Rufbereitschaft, nach der die Arbeit innerhalb von 20 Minuten aufzunehmen war,

---

37 BGBl. I 3002.
38 BT-Drs. 15/1587, 29.
39 BAG 24.1.2006 – 1 ABR 6/05, DB 2006, 1161.
40 Vgl. *Reim* DB 2004, 186; *Bernig* BB 2004, 101; aA LAG RhPf 18.8.2005 – 6 Sa 289/05, aufgehoben durch: BAG 21.11.2006 – 9 AZR 176/06, DB 2007, 1359.
41 Vgl. BAG 21.11.2006 – 9 AZR 176/06, DB 2007, 1359.
42 BAG 31.1.2002 – 6 AZR 214/00, ZTR 2002, 432.
43 Richtlinie 2003/88/EG des Europäischen Parlaments und des Rates vom 4.11.2003 über bestimmte Aspekte der Arbeitszeitgestaltung, ABl. L 299 vom 18.11.2003, S. 9.
44 EuGH 21.2.2018 – C 518/15, NZA 2018, 293 – Mutzak; *von Roetteken* jurisPR-ArbR 16/2018 Anm. 1.

nicht mehr als zulässige Ausgestaltung einer Rufbereitschaft aufgefasst, sondern angenommen, dass diese Art der Inanspruchnahme der Betroffenen Arbeitszeit darstellt.[45] Im Schrifttum wird die zeitliche Grenze beim Unterschreiten eines Zeitraums von 30 Minuten zwischen Anforderung und tatsächlicher Arbeitsaufnahme gezogen.[46] Der Festlegung einer **30-Minuten-Grenze** zwischen Anforderung und tatsächlicher Arbeitsaufnahme ist zuzustimmen. Sie ist sachgerecht und genügt den Anforderungen des EuGH, um von der Aufrechterhaltung des Rechts zur freien Bestimmung des Aufenthaltsortes auszugehen. Daraus ergibt sich: Bei „echter" Rufbereitschaft besteht kein Freistellungsanspruch. Anders ist die Rechtslage jedoch, wenn Arbeitszeit und „unechte" Rufbereitschaft zusammen die regelmäßige gesetzliche Höchstarbeitszeit überschreiten. Dann besteht der Freistellungsanspruch aus § 207 SGB IX.

Ein Sonderproblem liegt vor, wenn ein Beschäftigter zur „echten" Rufbereitschaft **im Anschluss an eine dienstplanmäßig geleistete Arbeitszeit** von mehr als sieben Stunden eingeteilt wird. Dann kann das nach § 106 GewO unbillig sein, wenn die verbliebene Differenz zur zulässigen Arbeitszeit von acht Stunden eine sinnvolle Arbeitsleistung ausschließt.[47]

IV. Freistellungsverlangen

Freistellungsverlangen: Der schwerbehinderte Mensch kann verlangen, von der Überschreitung der Höchstarbeitszeit nach § 3 ArbZG freigestellt zu werden. Dazu muss er der Heranziehung durch den Arbeitgeber zur Mehrarbeit ohne schuldhaftes Zögern widersprechen. Er kann nicht einfach wegbleiben oder den Arbeitsplatz bei Ende der regelmäßigen arbeitstäglichen Arbeitszeit verlassen.[48] Soweit vertreten wird, der schwerbehinderte Mensch übe mit seinem Freistellungsverlangen ein **Leistungsverweigerungsrecht** aus,[49] kann dem nicht zugestimmt werden.[50] Das Verlangen ist eine rechtsgestaltende Willenserklärung. Mit Zugang der Erklärung des schwerbehinderten Menschen beim Arbeitgeber wird die Rechtslage gestaltet. Die Rechtsfolge der gesetzlichen Freistellung tritt dann automatisch ein.[51] Es bedarf daher keiner Freistellungserklärung des Arbeitgebers, wie sie für die Arbeitsbefreiung bei Urlaubserteilung erforderlich ist. Allerdings reicht nicht die Abgabe der Erklärung gegenüber einem Arbeitskollegen oder einem Vorarbeiter aus. Diese können allenfalls Boten zur Übermittlung des Freistellungsverlangens sein. Die Erklärung muss gegenüber einer Person abgegeben werden, die zur Entgegennahme von derartigen Erklärungen befugt ist.

Die Freistellung von Mehrarbeit kann sowohl für bestimmte auch für unbestimmte Zeit verlangt werden.[52] Dieses Verlangen ist an **keine Form** gebunden. Unschädlich ist, wenn das Freistellungsverlangen auf eine falsch bezeichnete

10

---

45 BAG 22.1.2004 – 6 AZR 543/02; BAG 22.1.2004 – 6 AZR 544/02, ZTR 2005, 27; BAG 31.1.2002 – 6 AZR 214/00, ZTR 2002, 432.
46 *Baeck/Deutsch*, 3. Aufl. 2014, ArbZG § 2 Rn. 50; *Wirtz* BB 2014, 1397 (1398); *Kock* in BeckOK ArbR ArbZG § 2 Rn. 6; *Wichert* in NK-ArbR ArbZG § 2 Rn. 18 mwN.
47 Zu Sieben Stunden und 42 Minuten: LAG Hamm 30.3.2006 – 8 Sa 1992/04, AuR 2006, 293; zust. *Rossbruch* PflR 2006, 432; *Pahlen* in Neumann/Pahlen/Greiner/Winkler/Jabben SGB IX § 207 Rn. 3.
48 Ebenso: *Pahlen* in Neumann/Pahlen/Greiner/Winkler/Jabben SGB IX § 207 Rn. 5.
49 *Cramer* SchwbG § 46 Rn. 1.
50 So auch *Soost* in FKS SGB IX § 207 Rn. 17.
51 Vgl. BAG 3.12.2002 – 9 AZR 462/01, NZA 2004, 1219; BAG 21.11.2006 – 9 AZR 176/06, NZA 2007, 446.
52 BAG 3.12.2002 – 9 AZR 462/01, AP § 124 SGB IX Nr. 1.

Rechtsgrundlage gestützt wird.[53] Unerheblich ist auch, wenn die freizustellende Mehrarbeitszeit fälschlich mit „Überstunden" benannt wird.[54] Es reicht aus, wenn dem Arbeitgeber erkennbar ist, dass wegen der Schwerbehinderung oder Gleichstellung die regelmäßige tägliche von acht Stunden ausschließlich der Pausen oder die wöchentliche Höchstarbeitszeit von 48 Stunden nicht überschritten werden soll.

Das Verlangen muss nicht für jeden Arbeitstag wiederholt werden.[55] Auch wenn das Gesetz keine Mindestankündigungsfrist vorsieht, hat der schwerbehinderte Beschäftigte sich so frühzeitig und so verständlich zu erklären, dass dem Arbeitgeber noch eine andere Arbeitseinteilung möglich ist. Der Betrieb oder die Dienststelle muss sich darauf einstellen können.[56] Allerdings muss auch der Arbeitgeber dafür sorgen, dass seine Anordnung der Mehrarbeit dem schwerbehinderten Beschäftigte so frühzeitig zugeht, dass dieser sich nach einer angemessenen Überlegungszeit noch **rechtzeitig** erklären kann.

Das Recht auf Freistellung nach § 207 SGB IX ist **nicht dispositiv**. Es ist weder allgemein noch im Einzelfall abdingbar.[57]

11 **Außergewöhnliche Fälle:** Im Schrifttum wird eine sinngemäß Anwendung des § 14 ArbZG befürwortet.[58] Das führt dazu, dass insbesondere in Notfällen oder wenn Rohstoffe oder Lebensmittel zu verderben bzw. Arbeitsergebnisse zu misslingen drohen, die notwendige Arbeit durchgeführt werden, obwohl der Achtstundentag überschritten wird. Dafür spricht, dass in den in § 14 ArbZG geregelten außergewöhnlichen Fälle ausdrücklich ein Abweichen von § 3 ArbZG zugelassen ist. Bei der Annahme von **Notfällen** ist jedoch eine strenge Prüfung geboten.[59] So hat die Rspr. zu Recht erkannt, dass die betriebliche Notwendigkeit zur Anordnung regelmäßiger Rufbereitschaft in einem Dialysezentrum für sich genommen noch nicht die Voraussetzungen des § 14 ArbZG zur Durchbrechung der gesetzlichen Arbeitszeit in „außergewöhnlichen Fällen" erfüllt.[60]

V. Arbeitszeitverkürzung

12 **Arbeitszeitverkürzung nach beamtenrechtlichen Vorschriften:** Schwerbehinderte und gleichgestellte behinderte Beschäftigte haben nach Maßgabe des § 164 Abs. 5 Satz 3 SGB IX einen Anspruch auf Verkürzung ihrer regelmäßigen Arbeitszeit, wenn die kürzere Arbeitszeit wegen der Art und Schwere der Behinderung notwendig ist (→ § 164 Rn. 213 ff.). Dieser Verringerungsanspruch ist von dem Recht, Mehrarbeit zu verweigern, zu unterscheiden. In den beamtenrechtlichen Vorschriften des Bundes und der Länder sind weitere Verringerungsansprüche geregelt. So ist in der Verordnung über die Arbeitszeit der Beamtinnen und Beamten des Bundes (AZV) geregelt:

---

53 LAG RhPf 6.11.2013 – 8 Sa 238/13, Rn. 30.
54 LAG RhPf 6.11.2013 – 8 Sa 238/13, Rn. 30.
55 Zutreffend: *Knittel* SGB IX § 124 Rn. 16.
56 *Kossens* in Kossens/von der Heide/Maaß § 124 Rn. 12; *Pahlen* in Neumann/Pahlen/Greiner/Winkler/Jabben SGB IX § 207 Rn. 5.
57 *Soost* in FKS SGB IX § 207 Rn. 15 mwN; *Pahlen* in Neumann/Pahlen/Greiner/Winkler/Jabben SGB IX § 207 Rn. 3.
58 *Pahlen* in Neumann/Pahlen/Greiner/Winkler/Jabben SGB IX § 207 Rn. 4; aA *Ritz* in Cramer/Fuchs/Hirsch/Ritz, 6. Aufl. 2011, SGB IX § 124 Rn. 8.
59 *Soost* in FKS SGB IX § 207 Rn. 16.
60 LAG Hamm 30.3.2006 – 8 Sa 1992/04, Rn. 27, PflR 2006, 429.

§ 3 AZV   Regelmäßige wöchentliche Arbeitszeit
(1) Die regelmäßige wöchentliche Arbeitszeit beträgt 41 Stunden. Schwerbehinderte Beamtinnen und schwerbehinderte Beamte können eine Verkürzung der regelmäßigen wöchentlichen Arbeitszeit auf 40 Stunden beantragen (…).

Nach dem Wortlaut der Vorschrift soll „schwerbehinderten Beamtinnen und schwerbehinderten Beamten" die Möglichkeit einer Verkürzung eingeräumt werden. Nachdem sich in § 3 Abs. 1 Satz 2 AZV selbst keine Definition des Begriffes des „Schwerbehinderten" findet, ist auf die Regelungen des SGB IX zurückzugreifen.[61] Nach § 2 Abs. 2 SGB IX gelten Menschen als schwerbehindert, bei denen ein Grad der Behinderung von wenigstens 50 vorliegt. Für nach § 2 Abs. 3 SGB IX den schwerbehinderten Menschen gleichgestellte Beamte soll nach der Rspr. diese Norm nicht gelten.[62] Richtig ist, dass für diesen Personenkreis nach § 151 Abs. 3 SGB IX nur die Regelungen in Teil 3 des SGB IX gelten. Ob darüber hinaus eine Gleichbehandlung mit Schwerbehinderten erfolgen muss, ist im Wege der Auslegung zu ermitteln.[63] Die Entstehungsgeschichte der AZV spricht gegen eine solche Einbeziehung. In der Begründung des Bundesministeriums des Innern zum Entwurf einer Verordnung zur Neuordnung der Arbeitszeit der Beamtinnen und Beamten des Bundes, übersandt mit Schreiben des Bundesministeriums des Innern vom 7.2.2006 heißt es zu § 3 Abs. 1 Satz 2, dass schwerbehinderte Menschen von der Arbeitszeitverlängerung ausgenommen werden sollen. Zur Definition des Begriffes „schwerbehindert" greife die AZV auf den Inhalt des § 2 Abs. 2 SGB IX zurück. In der Begründung zum AZV-Entwurf wird weder der Begriff des „gleichgestellten behinderten Menschen" noch die Regelung des § 2 Abs. 3 SGB IX erwähnt. Damit deutet der Begründungstext eindeutig darauf hin, dass der Verordnungsgeber ausschließlich Schwerbehinderte iSv § 2 Abs. 2 SGB IX im Blick hatte. Dementsprechend hat auch das BAG in einem Fall der Verringerung der Pflichtstundenzahl der Unterrichtsstunden entschieden, dass der Vorschriftengeber berechtigt sei, Stundenermäßigungen auf Beamte mit einem Grad der Behinderung von wenigstens 50 zu beschränken. Dieser Auslegung hat sich auch das BVerwG angeschlossen: „Die Möglichkeit der Verkürzung der regelmäßigen Wochenarbeitszeit von 41 auf 40 Stunden nach § 3 Abs. 1 Satz 2 AZVO gilt nur für schwerbehinderte Beamte (§ 2 Abs. 2 SGB IX), nicht aber für die gleichgestellten behinderten Beamten".[64]

Beispielsfall:[65] Durch Verwaltungsvorschrift der Sächsischen Staatsregierung zur Durchführung des Schwerbehindertengesetzes im öffentlichen Dienst im Freistaat Sachsen vom 26.11.1992[66] werden Regelungen zur Durchführung des Schwerbehindertengesetzes (SchwbG) getroffen: „(…) 192.1 Schwerbehinderte sind Personen mit einem Grad der Behinderung von wenigstens 50 (§ 1 SchwbG). Beträgt der Grad der Behinderung weniger als 50, aber mindestens 30, können die Betroffenen auf Antrag vom Arbeitsamt Schwerbehinderten gleichgestellt werden (§ 2 Abs. 1 SchwbG). Der Grad der Behinderung wird durch das Versorgungsamt festgestellt. Die Bestimmungen des Schwerbehindertengesetzes finden gemäß § 2 Abs. 2 SchwbG grundsätzlich auch auf Gleichge-

---

61 So auch BVerwG 29.7. 2010 – 2 C 17/09, Rn. 5, Behindertenrecht 2011, 86.
62 BayVGH 27.1.2009 – 15 BV 08.263, BayVBl 2009, 538.
63 So auch *Rolfs* in ErfK SGB IX § 151 Rn. 13; *Knittel* SGB IX § 68 Rn. 36; *Müller-Wenner/Schorn* SGB IX Teil II § 68 Rn. 50; *Stähler/Bieritz-Harder* in HK-SGB IX, 3. Aufl. 2009, § 68 Rn. 12.
64 BVerwG 29.7.2010 – 2 C 17/09, Rn. 5, Behindertenrecht 2011, 86.
65 BAG 19.9.2000 – 9 AZR 516/99, ZTR 2001, 565.
66 SächsAbl. 1908.

stellte Anwendung, ausgenommen der Regelung über Zusatzurlaub und der Regelungen über die unentgeltliche Beförderung Schwerbehinderter im öffentlichen Personenverkehr (...) 4.3 Auf Antrag erhalten schwerbehinderte Lehrkräfte durch das Oberschulamt eine Ermäßigung von 2 Stunden auf ihr Regelstundenmaß. Wird darüber hinausgehend eine Ermäßigung des Regelstundenmaßes von der schwerbehinderten Lehrkraft beantragt, holt das Oberschulamt vor der Entscheidung eine amtsärztliche Stellungnahme ein. Anträge nach Satz 1 und Satz 2 sind von den Oberschulämtern umgehend zu bearbeiten. Eine Reduzierung des Regelstundenmaßes kann bis höchstens 4 Stunden über die pauschal gewährten Stunden hinaus erfolgen (...)".

Die Herausnahme der gleichgestellten behinderten Beamten wird als rechtspolitische Fehlleistung kritisiert, weil die wichtigsten sozialrechtlichen Vergünstigungen außerhalb des SGB IX Gleichgestellte nicht einbeziehen.[67] Es werden jedoch auch unter dem Gesichtspunkt des Unionsrechts Zweifel an der Rspr. angemeldet,[68] die das Antragsrecht nach § 3 Abs. 1 Satz 2 AZV nur für schwerbehinderte Beamte, nicht aber für die gleichgestellten behinderten Beamten anwendet.[69]

VI. Verfahrenshinweise

13 **Verfahrensrechtliche Hinweise:** Über die Berechtigung des Freistellungsverlangens eines schwerbehinderten **Arbeitnehmers** entscheidet nach § 2 Abs. 1 Nr. 3 a ArbGG das **Arbeitsgericht im Urteilsverfahren.** Bei **Beamten** ist nach § 54 Beamtenstatusgesetz das Verwaltungsgericht zuständig. Nach § 71 Abs. 3 DRiG ist ebenfalls der **Verwaltungsrechtsweg** gegeben, wenn ein schwerbehinderter Richter eine Entlastung erstreiten will.

§ 208 Zusatzurlaub

(1) ¹Schwerbehinderte Menschen haben Anspruch auf einen bezahlten zusätzlichen Urlaub von fünf Arbeitstagen im Urlaubsjahr; verteilt sich die regelmäßige Arbeitszeit des schwerbehinderten Menschen auf mehr oder weniger als fünf Arbeitstage in der Kalenderwoche, erhöht oder vermindert sich der Zusatzurlaub entsprechend. ²Soweit tarifliche, betriebliche oder sonstige Urlaubsregelungen für schwerbehinderte Menschen einen längeren Zusatzurlaub vorsehen, bleiben sie unberührt.
(2) ¹Besteht die Schwerbehinderteneigenschaft nicht während des gesamten Kalenderjahres, so hat der schwerbehinderte Mensch für jeden vollen Monat der im Beschäftigungsverhältnis vorliegenden Schwerbehinderteneigenschaft einen Anspruch auf ein Zwölftel des Zusatzurlaubs nach Absatz 1 Satz 1. ²Bruchteile von Urlaubstagen, die mindestens einen halben Tag ergeben, sind auf volle Urlaubstage aufzurunden. ³Der so ermittelte Zusatzurlaub ist dem Erholungsurlaub hinzuzurechnen und kann bei einem nicht im ganzen Kalenderjahr bestehenden Beschäftigungsverhältnis nicht erneut gemindert werden.
(3) Wird die Eigenschaft als schwerbehinderter Mensch nach § 152 Absatz 1 und 2 rückwirkend festgestellt, finden auch für die Übertragbarkeit des Zusatz-

---

67 *Dau* jurisPR-SozR 3/2011 Anm. 1.
68 *Pahlen* in Neumann/Pahlen/Greiner/Winkler/Jabben SGB IX § 207 Rn. 3 unter Bezug auf EuGH 21.6.2018 – C-515/15, NZA 2018, 293 – Mutzak.
69 BVerwG 29.7.2010 – 2 C 17/09, Behindertenrecht 2011, 86.

urlaubs in das nächste Kalenderjahr die dem Beschäftigungsverhältnis zugrunde liegenden urlaubsrechtlichen Regelungen Anwendung.

I. Gesetzeshistorie 1	VIII. Abgeltung 35
II. Überblick 4	1. Arbeitsverhältnis 35
III. Begünstigter Personenkreis .. 9	2. Beamtenverhältnis 40
IV. Dauer des Zusatzurlaubs 10	IX. Urlaubsentgelt und Urlaubs-
1. Voller Urlaubsanspruch 10	geld 42
2. Kürzung wegen Teilur-	X. Inanspruchnahme des
laubs 13	Zusatzurlaubs 45
V. Quotelung des Zusatzur-	XI. Einwirkungen des Urlaubs-
laubs 16	rechts der Europäischen
1. Zwölftelung bei Beginn 16	Union 48
2. Zwölftelung bei Ende	1. Unionsrecht 48
der geschützten Stellung 22	2. Vorabentscheidungen
VI. Verfall und Übertragung 24	zum Urlaub im Arbeits-
1. Anwendbarkeit der	verhältnis 51
Regeln aus dem BUrlG .. 24	3. Umsetzungsbedarf bei
2. Übertragungsfälle 25	Arbeitsverhältnissen..... 56
3. Inanspruchnahme im	4. Vorabentscheidung des
Übertragungszeitraum .. 28	EuGH zum Urlaub im
4. Schadensersatz für nicht	Beamtenverhältnis 63
gewährten Zusatzurlaub 30	5. Umsetzungsbedarf im
5. Verzicht auf Zusatzur-	Beamtenverhältnis 66
laub 33	XII. Begrenzung der Ansprüche .. 71
VII. Entstehen von Ansprüchen	
bei Ruhen der Arbeitspflicht 34	

I. Gesetzeshistorie

Gang der Gesetzgebung: Abs. 1 ist 2001 aus § 47 SchwbG 1986 nach § 125   1
SGB IX übernommen worden. Dabei hat nur eine Anpassung an den Begriff des
schwerbehinderten Menschen stattgefunden. Durch Art. 1 Nr. 31 des Gesetzes
zur Förderung der Ausbildung und Beschäftigung schwerbehinderter Menschen
vom 23.4.2004[1] sind mit Wirkung vom 1.5.2004 die bisherigen Sätze zu Abs. 1
geworden. Die folgenden Absätze 2 und 3 sind neu angefügt worden. Grund
für die Ergänzung war, die in der Praxis auftretenden Probleme bei der Zwölftelung und der Übertragung des Zusatzurlaubs auf das folgende Kalenderjahr
bei rückwirkender Feststellung der Schwerbehinderteneigenschaft zu lösen, dazu → Rn. 2. Art. 1 BTHG hat mit Wirkung vom 1.1.2018 die Vorschrift nach
§ 208 SGB IX übernommen. Die Umnummerierung war als Folge der Verschiebung des Schwerbehindertenrechts in Teil 3 des SGB IX erforderlich. Mit ihr
war nur eine Anpassung der Bezugnahme in Abs. 3 als weitere Folge der Verschiebung verbunden.

In der Begründung des Gesetzentwurfs der Fraktionen SPD und Bündnis 90/Die   2
Grünen zur Änderung des SGB IX im Jahre 2004[2] wird dazu ausgeführt: „Absatz 2 Satz 1 bestimmt, dass der Anspruch auf Zusatzurlaub bei Eintritt oder
Wegfall der Schwerbehinderteneigenschaft im Verlauf des Urlaubsjahres nicht
in vollem Umfang, sondern nur **anteilig** bestehen soll, soweit die Schwerbehinderteneigenschaft im Beschäftigungsverhältnis vorliegt. Satz 2 vermeidet, dass
Bruchteile von Urlaubstagen zu gewähren sind. Satz 3 legt fest, dass der so ermittelte Zusatzurlaub dem Erholungsurlaub hinzugerechnet wird und schließt

---

1 BGBl. I 606.
2 BT-Drs. 15/1783, 18.

eine mehrfache Kürzung des Zusatzurlaubs aus. Durch Absatz 3 wird eine **Kumulation** von Ansprüchen auf Zusatzurlaub aus vorangegangenen Urlaubsjahren ausgeschlossen. Auch wenn die Feststellung der Eigenschaft als schwerbehinderter Mensch durch das Versorgungsamt deklaratorischen und nicht konstitutiven Charakter hat, soll auch in den Fällen eines länger andauernden Feststellungsverfahrens und einer in ein oder unter Umständen auch mehreren vorangegangenen Urlaubsjahren rückwirkenden Feststellung der Eigenschaft im laufenden Urlaubsjahr ein Zusatzurlaub aus den vorangegangenen Jahren nicht beansprucht werden können. Dies wird durch die Anwendung urlaubsrechtlicher Regelungen gewährleistet." Für die Auslegung von Bedeutung ist, dass vom Bundesrat noch die Aufnahme einer **Abrundungsvorschrift** vorgeschlagen wurde: „(3) Am Ende der Berechnung des Zusatzurlaubs werden Bruchteile von Urlaubstagen, die mindestens einen halben Tag ergeben, auf volle Urlaubstage aufgerundet; geringere Bruchteile werden abgerundet. Der so ermittelte Zusatzurlaub ist dem Erholungsurlaub hinzuzurechnen." Zur Begründung führte der Bundesrat aus: „Nach der Begründung zu § 125 Abs. 2 Satz 2 des Gesetzentwurfs soll die Gewährung von Bruchteilen von Urlaubstagen vermieden werden. Dieses Ziel wird mit der bisherigen Fassung nicht erreicht, weil über Bruchteile von weniger als einem halben Tag im Gesetzentwurf ausdrücklich nichts gesagt wird. Durch Absatz 3 Satz 1 der vorgeschlagenen Fassung wird dagegen erreicht, dass in jedem Fall entweder durch Auf- oder Abrundung nur volle Tage des Zusatzurlaubs gewährt werden. Diese Bestimmung wirkt auf die gesamte Berechnung des Zusatzurlaubs und trifft die Berechnung bei unterschiedlicher Verteilung der regelmäßigen wöchentlichen Arbeitszeit nach Absatz 1 sowie auch die Zwölftelung nach Absatz 2. Die Änderung führt zu keinem Mehraufwand." Die Bundesregierung[3] äußerte sich, der Vorschlag stehe „nicht mit den allgemeinen Regelungen des Bundesurlaubsgesetzes in Einklang". Diese kürzende Rundungsregelung ist bei den Ausschussberatungen nicht übernommen worden.

3 **Entstehungsgeschichte:** Erstmals 1941 wurde den schwerbeschädigten Beamten und Angestellten im öffentlichen Dienst auf dem Erlassweg ein Zusatzurlaub von drei Werktagen eingeräumt.[4] Nach 1945 haben einzelne Bundesländer Gesetze über den Zusatzurlaub erlassen. So ist das auch in dem damals nicht zur Bundesrepublik gehörenden **Saarland** mit dem Gesetz Nr. 186 betreffend Regelung des Zusatzurlaubs für kriegs- und unfallbeschädigte Arbeitnehmer in der Privatwirtschaft vom 22.6.1950[5] geschehen. Nach § 1 dieses Gesetzes (ZUrlG SL) hatten auch **Beschädigte mit einer Minderung der Erwerbsfähigkeit von 25 %** und mehr Anspruch auf Zusatzurlaub. Das Schwerbeschädigtengesetz 1953 hob die Ländergesetze mit Ausnahme der Regelung für Beschädigte unter 50 % MdE auf und gewährte allen Schwerbeschädigten und Gleichgestellten einen bezahlten Zusatzurlaub von sechs Arbeitstagen im Jahr. Das SchwbG 1974 brachte eine Vereinheitlichung, nach der Anspruchsberechtigte nur noch Schwerbehinderte mit mindestens 50 % Erwerbsminderung waren. Im SchwbG 1986 ist dann eine Begrenzung des Zusatzurlaubs auf die Arbeitswoche, die in der Regel aus fünf Arbeitstagen besteht, erfolgt. Das ZUrlG SL ist durch das Gesetz Nr. 1436 zur Änderung des Gesetzes betreffend Regelung des Zusatzurlaubs für kriegs- und unfallbeschädigte Arbeitnehmer in der Privatwirtschaft vom 23.6.1999 ab 1.1.2000 außer Kraft gesetzt. § 2 des Gesetzes Nr. 1436 be-

---

3 BT-Drs. 2318, 23.
4 Rd.Erl.d.RMdI vom 27.10.1941, MBliV S. 1911; Hinweis: MBliV = Ministerialblatt des Reichs- und Preußischen Ministers des Innern.
5 ABl., 759.

stimmt jedoch, dass Anspruchsberechtigte, die nach dem ZUrlG SL bis zum Inkrafttreten des Gesetzes Nr. 1436 am 1.1.2000 Anspruch auf Zusatzurlaub hatten, diesen auch weiterhin erhalten. Vergleichbare tarifliche Zusatzurlaubsregelungen für Leichtbehinderte sind auch in anderen Bundesländern nicht unüblich. Sie gelten im Rahmen des Besitzstandschutzes fort.[6]

II. Überblick

Regelungsinhalt: Der Zusatzurlaub soll einem erhöhten Regenerations- und damit Erholungsbedürfnis des schwerbehinderten Menschen entsprechen. Zugrunde liegt eine typisierende Annahme. Nur insoweit lässt sich die urlaubsrechtliche Besserstellung des schwerbehinderten Menschen sachlich rechtfertigen. Zusatzurlaube zum Ausgleich für gesundheitliche Belastungen gibt es nicht nur im SGB IX, sondern auch in einigen landesrechtlichen und tarifvertraglichen Regelwerken. Auch wenn deren Erholungsfunktion inzwischen kritisch bewertet wird,[7] ist die Gewährung von Zusatzurlaub für schwerbehinderte Menschen nach allgemeiner Auffassung nach wie vor gerechtfertigt.[8] 4

Abs. 1 Satz 1 räumt den schwerbehinderten Arbeitnehmern und sonstigen Beschäftigten **zusätzlich** zu einem allgemeinen Anspruch auf Erholungsurlaub das Recht auf einen bezahlten Zusatzurlaub von grundsätzlich **fünf Arbeitstagen** im Urlaubsjahr ein. Der Feststellung eines individuellen Bedürfnisses nach zusätzlicher Erholung bedarf es nicht.[9] Abs. 1 Satz 1 Hs. 2 regelt die Fälle, in denen die Verteilung der Arbeitszeit des schwerbehinderten Menschen von der Verteilung auf fünf Tagen in der Kalenderwoche abweicht. Die Zahl der zusätzlichen Urlaubstage ist abhängig von der Zahl der **Wochentage mit Arbeitspflicht**. Sie soll sich entsprechend **erhöhen oder vermindern**. Nach Abs. 1 Satz 2 haben günstigere tarifliche, betriebliche oder individualvertragliche Urlaubsregelungen Vorrang. 5

In Abs. 2 Satz 1 hat der Gesetzgeber in bewusster Abweichung von der älteren Rechtsprechung des BAG[10] den Zusatzurlaub für die Fälle begrenzt, in denen die **Schwerbehinderteneigenschaft im Laufe des Kalenderjahres** entsteht oder wegfällt. Der Beschäftigte hat dann nur einen entsprechenden anteiligen Anspruch auf Zusatzurlaub (Abs. 2 Satz 1). Für jeden vollen Monat, in dem die Schwerbehinderteneigenschaft besteht, steht ihm **ein Zwölftel des zusätzlichen Urlaubs** zu. Nach Abs. 2 Satz 2 sind **Bruchteile** von mindestens einem halben Tag auf volle Urlaubstage **aufzurunden**; ansonsten verbleibt es bei dem Bruchteil. Nach Abs. 2 Satz 3 tritt der so ermittelte Zusatzurlaub zum Grundurlaub hinzu. Erst sind Bruchteile zusammenzufassen. 6

Abs. 3 enthält die deklaratorische Bestimmung, dass bei **rückwirkender Feststellung der Schwerbehinderteneigenschaft** der Zusatzurlaub für zurückliegende Zeiträume nur nach dem im allgemeinen Urlaubsrecht geregelten Recht der Übertragung gefordert werden kann (Einzelheiten → Rn. 25). 7

Erfüllung des Anspruchs: Der Anspruch auf bezahlten Zusatzurlaub stellt ebenso wie der Anspruch auf sonstigen Erholungsurlaub rechtlich einen Anspruch **auf Befreiung von der im Zweifel höchstpersönlichen Arbeitspflicht** (§ 613 8

---

6 Vgl. BAG 24.2.2010 – 4 AZR 708/08, ZTR 2010, 405.
7 So *Gravenhorst* NZA, 2005, 803 (804).
8 *Rolfs* in ErfK, 21. Aufl. 2021, SGB IX § 208 Rn. 1; *Müller-Wenner/Schorn* § 125 Rn. 2; *Knittel* SGB IX § 125 Rn. 3; *Pahlen* in Neumann/Pahlen/Greiner/Winkler/Jabben SGB IX § 208 Rn. 6.
9 BAG 21.2.1995 – 9 AZR 166/94, BAGE 79, 211 = AP § 47 SchwbG Nr. 7.
10 21.2.1995 – 9 AZR 166/94, BAGE 79, 211 = AP § 47 SchwbG 1986 Nr. 7 und BAG 21.2.1995 – 9 AZR 675/93, BAGE 79, 207 = AP § 47 SchwbG 1986 Nr. 6.

Satz 1 BGB) unter Fortzahlung des ungeminderten Entgelts dar. Die Erfüllung des Anspruchs erfolgt deshalb nach § 362 Abs. 1 BGB über die vom Arbeitgeber zu bewirkende Erfüllungshandlung, indem er nach § 7 Abs. 1 BUrlG auf Wunsch des Arbeitnehmers den Urlaubszeitraum festlegt und kalendermäßig Tag für Tag die festgelegte Arbeitsbefreiung eintritt.[11] Nach § 7 Abs. 1 Satz 1 hat der Arbeitgeber die Befugnis zur zeitlichen Konkretisierung, so genannte Festlegung.[12] Dabei hat er den vom Arbeitnehmer geäußerten Urlaubswunsch zu berücksichtigen, es sei denn, dass der Berücksichtigung dringende betriebliche Belange oder Urlaubswünsche anderer Arbeitnehmer entgegenstehen, die unter sozialen Gesichtspunkten den Vorrang verdienen. Liegen keine derartig entgegenstehende Gründe vor, darf der Arbeitgeber die gewünschte Festlegung nicht verweigern.[13] Nach § 7 Abs. 1 Satz 2 BUrlG kann der Arbeitnehmer die zeitliche Festlegung im Anschluss an eine Maßnahme der medizinischen Vorsorge oder Rehabilitation verlangen. Gegenüber diesem Verlangen können keine entgegenstehenden Gründe eingewandt werden.

Die rechtsgeschäftsähnliche Handlung der Freistellungserklärung wird mit Zugang beim Arbeitnehmer nach § 130 Abs. 1 Satz 1 BGB wirksam und kann nach dem Zugang nicht mehr widerrufen werden.[14] Lässt sich der Betroffene auf Bitte des Arbeitgebers auf eine Änderung des festgelegten Beginns und/oder Endes des Urlaubs ein, hat der Arbeitgeber auch ohne ausdrückliche Vereinbarung alle dadurch bedingten Mehrkosten einer Urlaubsreise bzw. einer Buchung von Hotelübernachtung oder Ferienwohnung zu tragen.[15]

III. Begünstigter Personenkreis

9 **Geltungsbereich:** Die Vorschrift gilt für **alle** in einem Arbeits- oder öffentlich-rechtlichen Dienstverhältnis stehenden **Schwerbehinderten**. Erfasst werden auch **arbeitnehmerähnliche** Personen; denn diese haben nach § 2 BUrlG Anspruch auf den Mindesturlaub. Allgemein gilt: Wer schwerbehindert ist und einen Urlaubsanspruch hat, soll – gleich ob der Anspruch gesetzlich oder vertraglich begründet ist – Anspruch auf Zusatzurlaub haben. Daher gehören folgerichtig auch Beamte (vgl. § 211 Abs. 1) und Richter (§ 128 Abs. 2) sowie Soldaten (§ 128 Abs. 3) zum begünstigten Personenkreis.

Sogenannte **Ein-Euro-Jobber** iSv § 16 Abs. 3 Satz 2 SGB II aF, neugefasst in § 16 d SGB II, denen Betriebe oder Dienststellen als „Arbeitsgelegenheiten" zugewiesen sind, stehen gemäß § 16 d Abs. 7 Satz 2 SGB II nicht in einem Arbeitsvertrag zum Betriebsinhaber. Dennoch sind die Vorschriften über den Arbeitsschutz und das Bundesurlaubsgesetz mit Ausnahme der Regelungen über das Urlaubsentgelt entsprechend anzuwenden. Sind die Ein-Euro-Jobber schwerbehindert iSv § 2 Abs. 2 SGB IX, ist ihnen unbezahlte Freistellung für den Zusatzurlaub iSv § 208 SGB IX zu gewähren. Das schreiben die „Fachliche[n] Weisungen zu Arbeitsgelegenheiten (AGH) nach § 16 d SGB II" unter der Überschrift „2.7 Regelungen zur Maßnahmedurchführung" vor.[16] Während der Freistel-

---

11 BAG 24.3.2009 – 9 AZR 983/07, Rn. 25, BAGE 130, 119 = NZA 2009, 538; BAG 20.1.2009 – 9 AZR 650/07, Rn. 24; ArbRB 2009, 98.
12 BAG 24.3.2009 – 9 AZR 983/07, Rn. 23, BAGE 130, 119 = NZA 2009, 538.
13 Grundlegend: *Leinemann* NZA 1985, 137 (141).
14 BAG 14.3.2006 – 9 AZR 11/05, NZA 2006, 1008; zustimmend *Klose* in MHdB ArbR, 4. Aufl. 2018, § 86 Rn. 68.
15 *Klose* in MHdB ArbR, 4. Aufl. 2018, § 86 Rn. 69.
16 BA Zentrale, IF 32 (Stand Januar 2017), abrufbar unter con.arbeitsagentur.de/prod/apok/ct/dam/download/documents/dok_ba014267.pdf.

lung von der Arbeitspflicht muss kein Urlaubsentgelt gezahlt werden; denn dieses ist ausdrücklich in § 16 d Abs. 7 Satz 2 SGB II ausgeschlossen.
Einbezogen in den Kreis der Anspruchsberechtigten sind auch schwerbehinderte Menschen, die in **Heimarbeit** beschäftigt oder diesen gleichgestellt sind. Für die Bezahlung des zusätzlichen Urlaubs dieser in Heimarbeit beschäftigten Menschen gilt die Sondervorschrift des § 210 Abs. 3. **Gleichgestellte behinderte Menschen** sind nach § 2 Abs. 3, § 151 Abs. 3 ausdrücklich von Gesetzes wegen von diesem Anspruch **ausgeschlossen.**

IV. Dauer des Zusatzurlaubs
1. Voller Urlaubsanspruch

Eine Woche Freistellung: Seit Inkrafttreten des Ersten Gesetzes zur Änderung des SchwbG von 1986 ist für die Berechnung der Dauer des Zusatzurlaubs auf die individuelle Verteilung der Arbeitszeit des Schwerbehinderten abzustellen. Damit hat der Gesetzgeber die Rechtsprechung des Bundesarbeitsgerichts zur Umrechnung von Werk- und Arbeitstagen[17] gesetzlich normiert. Er hat dabei die Fünf-Tage-Arbeitswoche als Regelfall zugrunde gelegt. Für diesen Grundfall hat er einen Zusatzurlaub von **fünf Arbeitstagen** bestimmt (§ 208 Abs. 1 Satz 1 Hs. 1). Verteilt der Arbeitgeber die Arbeitszeit auf mehr oder weniger Arbeitstage die Woche, erhöht oder vermindert sich entsprechend der Zusatzurlaub (§ 208 Abs. 1 Satz 1 Hs. 2). Ohne Bedeutung ist, ob der Schwerbehinderte **teilzeitig oder vollzeitig** beschäftigt wird. Maßgebend ist die Anzahl der Wochentage mit Arbeitspflicht. Der Unterschied zwischen Voll- und Teilzeit hat bei gleicher Anzahl der Wochenarbeitstage nur Bedeutung für die Höhe des während des Zusatzurlaubstages fortzuzahlenden Entgelts. Besonderheiten gelten wegen der Rspr. des EuGH bei Wechsel von Voll- zu Teilzeit (→ Rn. 53). 10

Erstes Beispiel: Ein mit 24 Stunden in der Woche beschäftigter schwerbehinderter Teilzeitarbeitnehmer hat an sechs Tagen in der Woche jeweils vier Stunden zu arbeiten. Er erhält an sechs Tagen Urlaub. An diesen Urlaubstagen ist das Entgelt für die ausgefallene Arbeitszeit von vier Stunden fortzuzahlen. 11

Zweites Beispiel: Ein vollzeitig mit 36 Stunden beschäftigter Arbeitnehmer hat an vier Tagen jeweils neun Stunden zu arbeiten. Er hat Anspruch auf Zusatzurlaub für vier Tage. Während des Zusatzurlaubs ist das Entgelt pro Urlaubstag bezogen auf neun ausgefallene Arbeitsstunden fortzuzahlen.

Bruchteile bei Berechnung: Entstehen bei dieser **Umrechnung** Bruchteile von Zusatzurlaubstagen, so werden diese **weder auf- noch abgerundet.** Die in § 5 Abs. 2 BUrlG enthaltene Rundungsregel ist auf die für Teilurlaubsansprüche geltende besondere Zwölftelungsregelung bezogen (→ Rn. 16 f.). Bei der Berechnung der Urlaubsdauer nach § 208 Abs. 1 Satz 1 wird demgegenüber der Vollurlaub errechnet. Der bei der Berechnung des Vollurlaubs entstehende Bruchteil ist daher vom Arbeitgeber durch entsprechende stundenweise Arbeitsfreistellung zu erfüllen.[18] 12
Beispiel: Die Arbeitszeit des schwerbehinderten Arbeitnehmers verteilt sich in der Doppelwoche abwechselnd auf vier und fünf Tage. Der Arbeitnehmer hat Anspruch auf 4,5 Tage Zusatzurlaub. Der bei der Berechnung des Vollurlaubs entstehende Bruchteil ist vom Arbeitgeber durch entsprechende stundenweise Arbeitsfreistellung zu erfüllen. Diese Rechtsprechung ist durch die Ablehnung des Änderungsvorschlages des Bundesrates bestätigt worden (→ Rn. 2).

---
17 Vgl. BAG 8.3.1984 – 6 AZR 442/83, BAGE 45, 199.
18 BAG 31.5.1990 – 8 AZR 296/89, BAGE 65, 176.

2. Kürzung wegen Teilurlaubs

13 **Teilurlaub:** Abs. 1 regelt den sogenannten „vollen" Urlaubsanspruch. Dieser Begriff stammt aus dem Bundesurlaubsgesetz. Nach § 4 BUrlG wird der volle Urlaubsanspruch erstmalig nach sechsmonatigem Bestehen des Arbeitsverhältnisses (sogenannte Wartezeit) erworben. Das gilt auch für den Zusatzurlaubsanspruch. Der schwerbehinderte Beschäftigte erwirbt wegen der Kürze seines Arbeits- oder Dienstverhältnisses nach Maßgabe des § 5 Abs. 1 BUrlG nur einen Teilanspruch (sogenannter Teilurlaub), wenn er
- **nach dem 30. Juni** eintritt und daher nicht mehr die volle Wartezeit bis zum Ablauf des Kalenderjahres zurücklegen kann (§ 5 Abs. 1 Buchst. a BUrlG),
- zwar **vor dem 30. Juni** eintritt, aber vor Ablauf der Wartezeit von sechs Monaten ausscheidet (§ 5 Abs. 1 Buchst. b BUrlG),
- zwar insgesamt schon **länger als sechs Monate** beschäftigt wird, aber in der ersten Hälfte des zweiten oder späteren Beschäftigungsjahres aus dem Arbeitsverhältnis ausscheidet (sogenannter gekürzter Vollurlaub, § 5 Abs. 1 Buchst. c BUrlG).

Scheidet der Arbeitnehmer nach Ablauf der Wartezeit in der zweiten Jahreshälfte aus, so erwirbt er ohne jede Einschränkung den Anspruch auf den vollen Zusatzurlaub. Entgegen einer weitverbreiteten Übung darf dieser nicht durch Anwendung der Zwölftelung gekürzt werden.

14 **Einfluss des Tarifurlaubs auf den Zusatzurlaub:** Der schwerbehindertenrechtliche Zusatzurlaub bleibt von etwaigen tarifvertraglichen Zwölftelungsvorschriften unberührt; denn die Tarifvertragsparteien sind nicht zur Kürzung des gesetzlichen Zusatzurlaubs befugt.[19] Das gilt auch für den Anspruch auf Zusatzurlaub im Jahr des Ausscheidens nach zurückgelegter Wartezeit. Beispiel: Der schwerbehinderte Angestellte Maier scheidet nach drei Jahren Beschäftigung am 31. Oktober aus. Da der Termin des Ausscheidens nach erfüllter Wartezeit in der zweiten Jahreshälfte liegt, findet nach § 5 Abs. 1 Buchst. c BUrlG keine Kürzung des Vollurlaubsanspruchs statt. Maier hat nicht 10/12, sondern 12/12 des Zusatzurlaubs zu erhalten. Das gilt auch dann, wenn der ihm zustehende tarifliche Tarifurlaub gemäß dem Zwölftelungsgrundsatz gekürzt wird, soweit er im Jahr des Ausscheidens die Dauer des vollen gesetzlichen Mindesturlaubs (§ 3 Abs. 1 BUrlG: 20 Arbeitstage oder 24 Werktage) übersteigt.

15 **Bruchteile bei Zwölftelung:** Hat der schwerbehinderte Beschäftigte nur Anspruch auf Teilurlaub, so ist der Zusatzurlaub in allen Fällen des § 5 Abs. 1 BUrlG für jeden vollen Monat des Bestehens des Arbeits- oder Dienstverhältnisses zu **zwölfteln**. Die dabei entstehenden **Bruchteile** von Urlaubstagen sind nach § 5 Abs. 2 BUrlG, soweit sie mindestens einen halben Tag ergeben, auf volle Urlaubstage **aufzurunden**. Beispiel: Die Arbeitszeit eines schwerbehinderten Arbeitnehmers verteilt sich in der Doppelwoche abwechselnd auf vier und fünf Tage. Der Arbeitnehmer hat Anspruch auf 4,5 Tage Zusatzurlaub. Der bei der Berechnung des Vollurlaubs entstehende Bruchteil ist vom Arbeitgeber durch entsprechende stundenweise Arbeitsfreistellung zu erfüllen.[20]

V. Quotelung des Zusatzurlaubs
1. Zwölftelung bei Beginn

16 **Eintritt der Schwerbehinderung im Urlaubsjahr:** Hatte der schwerbehinderte Beschäftigte den Anspruch auf den vollen Urlaub erworben, so stand ihm nach

---

19 BAG 8.3.1994 – 9 AZR 49/93, BAGE 76, 74 = EzA § 47 SchwbG Nr. 2.
20 BAG 8.3.1984 – 6 AZR 442/83, BAGE 45, 199.

altem Recht bis zum 1.5.2004 auch dann der volle Zusatzurlaub zu, wenn erst während des laufenden Urlaubsjahres die Schwerbehinderung vom Versorgungsamt festgestellt wird.[21] Maßgebend für das Entstehen des Zusatzurlaubsanspruchs in voller Höhe war allein der Umstand, dass im Urlaubsjahr eine Schwerbehinderung bestand. Die Schwerbehinderung und nicht deren Dauer war Bedingung für das Entstehen des Anspruchs.[22] Durch das Gesetz vom 23.4.2004 hat der Gesetzgeber das geändert. Seitdem gilt in allen Fällen des nicht ganzjährigen Vorliegens der Schwerbehinderung eine Quotelung in der Form des Zwölftelungsgrundsatzes.

Zwölftelungsgrundsatz bei nicht ganzjähriger Schwerbehinderung: Besteht die Schwerbehinderteneigenschaft nicht während des gesamten Kalenderjahres, so hat nach Abs. 2 der schwerbehinderte Mensch für jeden vollen Monat der im Beschäftigungsverhältnis vorliegenden Schwerbehinderteneigenschaft nur noch den Anspruch auf ein Zwölftel des Zusatzurlaubs. Der Sache nach ist das eine weitere Teilurlaubsregelung, die in ähnlicher Weise wie bei nicht erfüllter sechsmonatiger Wartezeit in §§ 4, 5 BUrlG zur Anwendung der Zwölftelung führt. Mit dieser Regelung hat der Gesetzgeber bewusst die Rechtslage geändert. Die Regelung betrifft zwei Fälle: 17

1. das erste Jahr der behördlichen Anerkennung, für das schon wegen des Feiertags am 1. Januar nicht das ganzjährige Vorliegen der Schwerbehinderung festgestellt wird (**Anerkennungsjahr**), und
2. das Jahr, in dem der Grad der Behinderung sich auf weniger als 50 verringert (vgl. § 199 Abs. 1 SGB IX) und die Anwendung des Teil 3 des SGB IX nach Auslaufen der dreimonatigen **Schonfrist** (→ § 199 Rn. 7 Auslauffrist) endet (Wegfalljahr; weitere Einzelheiten → Rn. 22).

Berechnung der Urlaubsdauer im Anerkennungsjahr: Jeder volle Monat des Vorliegens der Schwerbehinderung im Jahr der Anerkennung wird nach Abs. 2 Satz 1 rechnerisch mit 1/12 der Dauer des vollen Anspruchs auf Zusatzurlaub bewertet. Bruchteile von Urlaubstagen, die bei der Zwölftelung mindestens einen halben Tag ergeben, sind nach der ausdrücklichen Regelung in Satz 2 des Absatzes 2 auf volle Urlaubstage aufzurunden (→ Rn. 15). Ansonsten treten die Bruchteile ungekürzt hinzu (→ Rn. 2, 12). Die so ermittelte Dauer des Zusatzurlaubs ist dann nach Satz 3 der für das Beschäftigungsverhältnis maßgeblichen Dauer des tariflichen, vertraglichen oder dem gesetzlichen Erholungsurlaub hinzuzurechnen. 18

Teilurlaub nach § 5 BUrlG: Auch außerhalb des Anerkennungs- und Wegfalljahres (→ Rn. 17 f.) findet der allgemeine Zwölftelungsgrundsatz nach § 5 Abs. 1 BUrlG in allen Fällen auf den Zusatzurlaub Anwendung, in denen der Arbeitnehmer keinen Anspruch auf Vollurlaub, sondern nur Anspruch auf Teilurlaub hat. Das sind folgende Fälle: 19

1. Arbeitnehmer hat die **Wartezeit** des Bestehens des Arbeitsverhältnisses von sechs Monaten im Urlaubsjahr nicht erfüllt, dh Beginn des Arbeitsverhältnisses am 1. Juli oder später (§ 5 Abs. 1 Buchst. a BUrlG),
2. Arbeitnehmer ist zwar im ersten Jahr vor dem 1. Juli eingetreten, scheidet aber vor erfüllter Wartezeit von sechs Monaten wieder aus (§ 5 Abs. 1 Buchst. b BUrlG) oder
3. Arbeitnehmer beendet im Jahr des Ausscheidens das Arbeitsverhältnis **im ersten Halbjahr** (sog. gekürzter Vollurlaub, § 5 Abs. 1 Buchst. c BUrlG).

---

21 BAG 26.6.1986 – 8 AZR 366/84, BAGE 52, 258; BAG 26.4.1990 – 8 AZR 517/89, BAGE 65, 122; BAG 21.2.1995 – 9 AZR 675/93 und 9 AZR 166/94, AP § 47 SchwbG 1986 Nr. 6 und 7.
22 AA *Cramer* in Cramer SchwbG, 3. Aufl. 1987, § 47 Rn. 4; *Weyand/Schubert*, Das neue Schwerbehindertenrecht, S. 51.

Es findet keine Anwendung beider Zwölftelungsgrundsätze statt. Nach Satz 3 letzter Halbsatz kann bei einem nicht im ganzen Kalenderjahr bestehenden Beschäftigungsverhältnis nicht mehrfach der Anspruch auf Zusatzurlaub gemindert werden. Damit ist eine **Kumulierung der Zwölftelungsgrundsätze bei Teilurlaub im Feststellungsjahr** ausdrücklich ausgeschlossen. Diese Bestimmung erweist sich trotz ihrer in der Entwurfsbegründung herausgestellten Notwendigkeit als überflüssig, weil nur für jeden Monat der „im Beschäftigungsverhältnis vorliegenden Schwerbehinderung" ein Zwölftel gewährt wird.

20 **Beispiel für Zwölftelung im Jahr des Beginns der Schwerbehinderung:** Der seit 20 Jahren beschäftigte Gerd Müller scheidet am 30. Juni aus dem Arbeitsverhältnis aus. Er hat am 2. Januar den Antrag auf Feststellung einer Schwerbehinderung gestellt. Auf seinen Antrag wird am 2. März rückwirkend zum 2. Januar ein GdB von 50 festgestellt. Die Zwölftelung im Feststellungsjahr bedeutet hier: Anspruch auf 5/12 Zusatzurlaub, denn M. ist für volle fünf Monate des im Urlaubsjahr bestehenden Arbeitsverhältnisses schwerbehindert. Die Kürzung durch die Neuregelung zeigt der Vergleich: Ohne die Zwölftelung nach § 208 Abs. 2 SGB IX hätte er nach § 5 Abs. 1 c BUrlG den höheren Anspruch auf 6/12 Zusatzurlaub. Keine Verschlechterung enthält die im Jahre 2004 erfolgte Neuregelung insoweit, als sie die Ausnahme von der Kürzung des Vollurlaubs in § 5 Abs. 1 lit. c BUrlG, nach der beim Ausscheiden im zweiten Halbjahr der ungekürzte Vollurlaub gewährt wird, zulässt. Nach § 208 Abs. 2 SGB IX tritt die Kürzung durch Zwölftelung nur ein, wenn die Schwerbehinderung nicht während des gesamten Urlaubsjahres besteht.

21 **Sonderfall der rückwirkenden Anerkennung:** Wird ein Arbeitnehmer aufgrund eines längere Zeit zurückliegenden Antrags als schwerbehindert **rückwirkend für das abgelaufene Vorjahr** als schwerbehinderter Mensch **anerkannt**, so kann für das laufende Jahr die Zwölftelung nur nach dem Grundsatz des gekürzten Vollurlaubs nach § 5 Abs. 1 Buchst. c BUrlG eintreten, wenn er im ersten Halbjahr aus dem Arbeitsverhältnis ausscheidet. Denn es liegt die Schwerbehinderteneigenschaft zu allen Monaten des laufenden Urlaubsjahres vor, so dass die Quotelung nach § 208 Abs. 2 SGB IX nicht eingreifen kann. Es kommt nur die Teilurlaubsregelung nach § 5 Abs. 1 Buchst. c BUrlG zur Anwendung. Wird die Schwerbehinderung rückwirkend zum 1. November des Vorjahres festgestellt und scheidet M. zum 30. Juli aus, so erhält er für das laufende Urlaubsjahr den vollen Zusatzurlaub; denn die Regelung des gekürzten Vollurlaubs nach § 5 Abs. 1 Buchst. c BUrlG greift nicht ein. Wegen des Schicksals des Urlaubsanspruchs aus dem Vorjahr → Rn. 25, 29.

2. Zwölftelung bei Ende der geschützten Stellung

22 **Zwölftelung für das Jahr des Wegfalls der Schwerbehinderung:** Die Zwölftelung greift auch dann ein, wenn ein schwerbehinderter Mensch diese Eigenschaft im Verlauf des Urlaubsjahres nach § 199 Abs. 1 SGB IX verliert. Während nach altem Recht keine Quotelung in Betracht kam, gilt jetzt auch das Zwölftelungsprinzip; denn im Jahr der Beendigung der Anwendung des besonderen Regelungen des Teils 2 des SGB IX besteht nicht während des gesamten Kalenderjahres die Schwerbehinderteneigenschaft. Zu beachten ist: Die Beendigung der Anwendung des § 208 SGB IX tritt erst nach Ablauf der **Schonfrist am Ende des dritten Monats nach Eintritt der Unanfechtbarkeit** des die Verringerung des GdB feststellenden Bescheids ein. Das kann bei Einlegung des Widerspruchs, Klageerhebung gegen den Widerspruchsbescheid und Einlegung von Rechtsmitteln eine lange Verzögerung bewirken. Während dieser Zeit besteht der volle

Anspruch auf Zusatzurlaub. Dieser verringert sich **ausschließlich im Jahr der Rechtskraft.**

Entziehung der besonderen Hilfen: Wie sich der Entzug der Hilfen nach § 200 auf den Zusatzurlaubsanspruch auswirkt, ist unklar. Früher war nach § 39 Abs. 1 SchwbG der Entzug der gesamten Rechtsstellung gesetzlich geregelt. Zu beachten ist, dass jetzt nicht mehr die Rechtsstellung, sondern nur die **besonderen Hilfen** für schwerbehinderte Menschen zeitweilig entzogen werden. Was die besonderen Hilfen sind, ist in § 182 Abs. 2 bis 5 bezeichnet. Es sind die **Unterstützungsleistungen,** die das Integrationsamt zu erbringen hat. Dazu gehört der Zusatzurlaub nicht. Er wird nach § 208 vom Arbeitgeber oder Dienstherrn und nicht von dem für Hilfen zuständigen Integrationsamt geschuldet.   23

VI. Verfall und Übertragung

1. Anwendbarkeit der Regeln aus dem BUrlG

Akzessorietät des Zusatzurlaubs: Nach der Rechtsprechung des Bundesarbeitsgerichts **folgt** der Zusatzurlaub hinsichtlich seines **Entstehens** und **Erlöschens** sowie der **Übertragung, Kürzung** und **Abgeltung** dem Anspruch auf Erholungsurlaub.[23] Er entsteht somit nach zurückgelegter Wartezeit mit Beginn des Urlaubsjahrs und **erlischt mit Ablauf des Urlaubsjahres,** soweit nicht eine **Übertragung** stattfindet.[24] Allerdings hat das BAG seine Rspr. nach der EuGH Vorabentscheidung in der Sache Max-Planck-Gesellschaft zur Förderung der Wissenschaften[25] geändert. Nach der neuen Auffassung kann die Rechtsfolge des Verfalls für den Mindesturlaub nur eintreten, wenn der Arbeitgeber vorher den Arbeitnehmer aufgefordert hat, seinen Urlaub zu nehmen. Dazu muss er ihm klar und rechtzeitig mitgeteilt haben, dass der Urlaub mit Ablauf des Kalenderjahres oder Übertragungszeitraums verfällt, wenn er ihn nicht beantragt.[26] Einzelheiten: → Rn. 54. Ein Sonderproblem ergibt sich, wenn der Arbeitgeber vor Ablauf des Urlaubsjahres noch keine Kenntnis von einer bereits festgestellten Schwerbehinderung hat. Im Schrifttum wird angenommen, der Arbeitgeber brauche nicht zur Inanspruchnahme aufzufordern, solange der Arbeitnehmer nicht seine Eigenschaft „schwerbehinderter Mensch" offenbare.[27] Dem stimmt die Rspr. zu: Es besteht keine Verpflichtung „jeden Arbeitnehmer – anlasslos und gleichsam prophylaktisch – auf den Zusatzurlaub für schwerbehinderte Menschen hinzuweisen".[28]   24

Der Anspruch auf Zusatzurlaub erlischt, wenn der schwerbehinderte Beschäftigte stirbt.[29] Der Anspruch auf Befreiung von der Arbeitspflicht ist nach § 613 Satz 2

---

23 BAG 18.10.1957 – 1 AZR 437/56, AP § 33 SchwBeschG Nr. 2; BAG 26.6.1986 – 8 AZR 75/83, BAGE 52, 254; BAG 23.3.2010 – 9 AZR 128/09 – Rn. 69 ff., BAGE 134, 1; BAG 13.12. 2011 – 9 AZR 399/10, Rn. 40, BAGE 140, 133; BAG 4.11.2015 – 7 AZR 851/13, Rn. 54, NZA 2016, 634.
24 BAG 28.1.1982 – 6 AZR 636/79, BAGE 37, 379; BAG 26.6.1986 – 8 AZR 75/83, BAGE 52, 254.
25 EuGH 6.11.2018 – C-684/16, Rn. 61, NZA 2018, 1474 – Max-Planck-Gesellschaft zur Förderung der Wissenschaften.
26 BAG 19.2.2019 – 9 AZR 541/15, Rn. 27, NZA 2019, 982; *Rüschenbaum* jurisPR-ArbR 35/2019 Anm. 2; für Anwendung auf den Zusatzurlaub: LAG Nds 16.1.2019 – 2 Sa 567/18, Rn. 95, Behindertenrecht 2020, 15 LAG RhPf 14.1.2021 – 5 Sa 267/19, Rn. 21, NZA-RR 2021, 175, Revision anhängig unter 9 AZR 143/21.
27 *Pahlen* in Neumann/Pahlen/Greiner/Winkler/Jabben SGB IX § 208 Rn. 9.
28 LAG RhPf 14.1.2021 – 5 Sa 267/19, Rn. 21, NZA-RR 2021, 175, Revision anhängig unter 9 AZR 143/21, zustimmend: *Schäfer* jurisPR-ArbR 16/2021 Anm. 9.
29 BAG 8.7.1989 – 8 AZR 74/88, BAGE, 62, 252.

BGB nicht auf die Erben übertragbar. Allerdings hat der EuGH Art. 7 der Arbeitszeitrichtlinie 2003/88/EG entgegen der ständigen Rspr. des BAG so ausgelegt, dass auch dann, wenn das Arbeitsverhältnis aufgrund des Todes des Arbeitnehmers tatsächlich endet, ein **Abgeltungsanspruch** entstehe.[30] Der Neunte Senat musste, nachdem er den EuGH um eine Vorabentscheidung ersucht hatte, sich nach Art. 267 AEUV das Auslegungsergebnis des EuGH zu eigen machen. Danach gilt: „Die Vergütungskomponente des Anspruchs auf bezahlten Jahresurlaub ist im bestehenden Arbeitsverhältnis fest mit dem Freistellungsanspruch verbunden. Während der Freistellungsanspruch infolge der Beendigung des Arbeitsverhältnisses untergeht, erhält § 7 Abs. 4 BUrlG die Vergütungskomponente des Urlaubsanspruchs als Abgeltungsanspruch selbstständig aufrecht".[31] Dieser fällt dann mit dem Tod des Arbeitnehmers in den Nachlass, der nach § 1922 BGB auf den **Erben** übergeht.[32] Weitere Einzelheiten zur Vererbung der Urlaubsabgeltung: → Rn. 38.

Alle Rechtsfragen, die sich für den Urlaubsspruch stellen, wirken sich auch auf den Zusatzurlaub aus. Dieser Zusammenhang wird hier mit dem juristischen Begriff der **Akzessorietät**[33] ausgedrückt. Im Schrifttum wird auch vertreten, der Sache nach handele es sich um eine Rechtsgrundverweisung.[34] Die Verknüpfung von Zusatz- und Erholungsurlaub ergibt sich aus dem Wortteil „Zusatz": Der Zusatzurlaub soll den Regeln des Grundurlaubs unterliegen.[35] Dieses Auslegungsergebnis wird durch die in § 208 Abs. 3 SGB IX getroffene Entscheidung des Gesetzgebers bestätigt. Dort wird „auch" für den Fall der rückwirkenden Feststellung der Schwerbehinderteneigenschaft die Anwendung der „urlaubsrechtlichen Regelungen" angeordnet.

Die Rspr. erstreckt diese Grundsätze konsequent auf den Zusatzurlaub für Schwerbehinderte Menschen nach dem SGB IX. Das folgt aus dem Begriff des bezahlten zusätzlichen Urlaubs. Folglich sind die Vorschriften über die Entstehung, Übertragung, Kürzung und Abgeltung des gesetzlichen Mindesturlaubs anzuwenden.[36] Dies gilt auch, soweit es um eine richtlinienkonforme Auslegung des BUrlG geht, wie der Neunte Senat des BAG schon zur Aufrechterhaltung des Anspruchs auf Zusatzurlaub bei langandauernder Erkrankung richtungsweisend entschieden hat.[37] Vom BAG zu klären ist noch die Frage, ob ein Rückgriff auf die Tilgungsbestimmung in § 366 Abs. 2 BGB zulässig ist. Das LAG Hamm hat ihn ausgeschlossen; denn der Anspruch auf Zusatzurlaub stelle keine „selbständige Forderung" iS dieser Vorschrift dar.[38] Die Antwort auf diese Frage ist in Fällen der nicht vollständigen Gewährung des Gesamturlaubs maßgeblich, wenn ein tarifvertragliche Mehrurlaub wegen eines geregelten frü-

---

30 EuGH 12.6.2014 – C-118/13, NZA 2014, 651; kritisch: *Kloppenburg* jurisPR-ArbR 29/2014 Anm. 1.
31 BAG 22.1.2019 – 9 AZR 45/16, Rn. 8, BAGE 165, 90 = NZA 2019, 829.
32 BAG 22.1.2019 – 9 AZR 45/16, Rn. 8, BAGE 165, 90 = NZA 2019, 829.
33 BAG 26.6.1986 – 8 AZR 75/83, NZA 1987, 98 (99); *Soost* in FKS SGB IX § 208 Rn. 3; LAG Hamm 11.2.2021 – 5 Sa 1125/20, juris Rn 59; BAG 22.1.2019 – 9 AZR 45/16 und 9 AZR 149/17; *Jacobs/Münder* RdA 2019, 332, 337 f.; *Mestwerdt* jurisPR-ArbR 27/2009 Anm. 2 zu C; *Kohte/Beetz* jurisPR-ArbR 25/2009 Anm. 1 zu C 2.
34 *Klose* in MHdB ArbR, 4. Aufl. 2018, § 89 Rn. 33.
35 Im Ergebnis ebenso: *Rummel* AuR 2009, 160 (163); ohne Begründung aA *Bauer/Arnold* NJW 2009, 631 (633).
36 St. Rspr. BAG 22.1.2019 – 9 AZR 45/16, Rn. 24, BAGE 165, 90 = NZA 2019, 829; BAG 13.12.2011 – 9 AZR 399/10, Rn. 40 mwN, BAGE 140, 133.
37 BAG 23.3.2010 – 9 AZR 128/09 mAnm *Pulz* jurisPR-ArbR 29/2010 Anm. 1.
38 LAG Hamm 11.2.2021 – 5 Sa 1125/20, juris Rn 57, Revision anhängig beim BAG unter 9 AZR 353/21.

hen Verfallstermins als der dem Gläubiger weniger sichere Anspruch als zuerst erfüllt gilt.[39]

2. Übertragungsfälle

Übertragung des Zusatzurlaubs bei rückwirkender Feststellung: Das in § 7 Abs. 3 BUrlG geregelte Recht der Übertragung des Urlaubs aus dem Vorjahr gilt auch für den Zusatzurlaub. Der Verfall des Urlaubs nach Ablauf des Übertragungszeitraum gem. § 7 Abs. 3 Satz 2 BUrlG erfasst somit nicht nur den gesetzlichen Mindesturlaub, sondern wegen des Gleichlaufs aller Urlaubsansprüche auch den Zusatzurlaub nach § 208 SGB IX.[40] In der Vorgängervorschrift zu § 208 Abs. 3 SGB IX ist 2004 erstmalig eine gesetzliche Regelung für das Problem geschaffen worden, das auftritt, wenn das Versorgungsamt erst nach Ablauf des Urlaubsjahres über den Feststellungsantrag positiv entscheidet. Wird die Eigenschaft als schwerbehinderter Mensch nach § 152 Abs. 1 und 2 SGB IX **rückwirkend festgestellt**, so wird nach dem Wortlaut der Gesetzesfassung für die Übertragung des Zusatzurlaubs in das nächste Kalenderjahr auf die für den Grundurlaub geltenden urlaubsrechtlichen Bestimmungen verwiesen. Fraglich ist ob diese Regelung gelungen ist; denn es fehlt an der Klarheit: Sollte hier ein neuer eigenständiger Übertragungstatbestand geschaffen werden? Die Bundesarbeitsgemeinschaft der Integrationsämter und Hauptfürsorgestellen nahm an, Zusatzurlaub aus dem vorangegangenen Kalenderjahr werde automatisch übertragen.[41] Demgegenüber wies der für das Schwerbehindertenrecht zuständige Ministerialreferent auf die klare Gesetzesfassung hin: „Zusatzurlaub aus vergangenen Jahren kann nur dann beansprucht werden, soweit er übertragen worden ist".[42] Das entspricht auch der Rechtsprechung zur Vorgängerregelung im SchwbG.[43] Nach dem 2004 eingefügten neuen Recht sollen für den Zusatzurlaub die Übertragungsregeln gelten, die in den für den Grundurlaub anwendbaren Bestimmungen enthalten sind. Das bedeutet: Für Beamte und Richter ist der Inhalt der Urlaubsverordnungen des Bundes oder der Länder und für Arbeitnehmer der des BUrlG maßgebend.

Übertragungsgründe und Fristen nach § 7 Abs. 3 BUrlG für Vollurlaub: Kein Erlöschen des Anspruchs auf Zusatzurlaub tritt ein, sofern der Urlaubsanspruch wirksam übertragen wird. Für Arbeitnehmer gilt nach § 7 Abs. 3 Satz 2 bis 3 BUrlG für den nach § 4 BUrlG sechsmonatigem Bestehen des Arbeitsverhältnisses erworbenen Anspruch auf Vollurlaub eine **Übertragung** auf die **ersten drei Monate des folgenden Kalenderjahres**, soweit dringende betriebliche oder in der Person des Arbeitnehmers liegende Gründe die Übertragung rechtfertigen. Das ist insbesondere dann der Fall, wenn der Urlaub aus Gründen der Arbeitsunfähigkeit oder wegen entgegenstehender betrieblicher Belange nicht gewährt werden konnte. Für den unionsrechtlich verbürgten Mindesturlaub und den akzessorischen Zusatzurlaub (zu diesem Begriff → Rn. 24) gilt eine den Wortlaut ergänzende unionsrechtskonforme Auslegung des § 7 Abs. 3 Satz 3 BUrlG. Danach verfallen Ansprüche arbeitsunfähiger Arbeitnehmer ausnahms-

---

[39] So ArbG Bielefeld 25.8.2020 – 5 Ca 3025/19, nv.
[40] BAG 22.1.2019 – 9 AZR 45/16, Rn. 24, NZA 2019, 829, *Boemke* jurisPR-ArbR 26/2019 Anm. 1; BAG 13.12.2011 – 9 AZR 399/10, Rn. 40 mwN; BAGE 140, 133.
[41] Behinderte Menschen im Beruf, ZB 2004, Nr. 2, Beilage ZB extra, 13.
[42] *Cramer* NZA 2004, 698 (711).
[43] BAG 21.2.1995 – 9 AZR 675/93, NZA 1995, 746.

weise erst 15 Monate nach Ablauf des jeweiligen Urlaubsjahres.[44] Es bedarf weder eines Übertragungsantrags noch einer Zustimmung des Arbeitgebers. Die Übertragung vollzieht sich am Jahresende automatisch. Diese Beschränkung der Urlaubs- und Zusatzurlaubsansprüche durch einen Übertragungszeitraum von maximal 15 Monaten ist durch das Bundesverfassungsgericht nicht beanstandet worden.[45]

Die **Ungewissheit über die Anerkennung** als Schwerbehinderter ist kein in der Person des Schwerbehinderten liegender Grund für die Übertragung des Urlaubsanspruchs.[46] Daraus folgt, dass der Anspruch, der bei rückwirkender Feststellung des Vorliegens der Schwerbehinderung schon vor dem Jahr der behördlichen Anerkennung entstanden ist, mit dem Ende des Urlaubsjahrs verfällt, weil die Ungewissheit des Ergebnisses der behördlichen Feststellung kein Übertragungsgrund ist.

27 **Übertragungsgründe und Fristen für Teilurlaub:** Für den im ersten Beschäftigungsjahr mit einer Beschäftigungsdauer bis sechs Monate entstehenden Anspruch auf Teilurlaub gelten besondere Übertragungsregeln. Nach § 7 Abs. 3 Satz 4 BUrlG ist kein Übertragungsgrund erforderlich. Im Unterschied zum Vollurlaub muss hier jedoch der Arbeitnehmer tätig werden; denn nach § 7 Abs. 3 Satz 4 BUrlG ist „auf Verlangen" des Arbeitnehmers ein nach § 5 Abs. 1 Buchst. a BUrlG entstandener Teilurlaub auf das gesamte nächste Kalenderjahr übertragen.[47] An ein solches Verlangen sind geringe Anforderungen zu stellen. Das Verlangen ist an keine Form gebunden, bedarf keiner Begründung und muss nicht ausdrücklich erklärt werden. Es reicht aus, dass der Arbeitnehmer zumindest konkludent deutlich macht, der Teilurlaub solle in das folgende Kalenderjahr übertragen werden.[48] Diese Regelung ist zwar rechtspolitisch kritikwürdig, verstößt aber nicht gegen höherrangiges Recht. Ist das Übertragungsverlangen dem Arbeitgeber bis zu Jahresende zugegangen, so wird der Anspruch auf Teilurlaub bis zum 31.12. des Folgejahres übertragen. Ist der Arbeitnehmer im Übertragungszeitrum infolge krankheitsbedingter Arbeitsunfähigkeit gehindert, den Urlaub in Anspruch zu nehmen, wird der Anspruch weiter auf das erste Quartal des zweiten Folgejahres übertragen. Wer nur einen Teilurlaubsanspruch erworben hat, kann im Hinblick auf die Übertragungsdauer nicht schlechter gestellt werden. Nach der Logik der Reformrechtsprechung des BAG zur korrigierenden Auslegung des § 7 Abs. 3 Satz 3 BUrlG muss auch die zwölfmonatige Übertragungsdauer in § 7 Abs. 3 Satz 4 BUrlG über den Wortlaut hinausgehend um eine weitere Übertragung um drei Monate ergänzt werden. Nur so kann die vom BAG für den Eintritt des Verfalls gesetzte Mindestfrist von 15 Monaten (→ Rn. 29, 52) erreicht werden.

3. Inanspruchnahme im Übertragungszeitraum

28 **Festlegung im Übertragungszeitraum:** Für den vom Arbeitnehmer im Übertragungszeitraum geäußerten Urlaubswunsch gilt das Gebot der vorrangigen Erfüllung. Zwar darf nach § 7 Abs. 1 BUrlG der Arbeitgeber den Zeitpunkt des Urlaubs festlegen, dazu → Rn. 8. Nach § 7 Abs. 3 Satz 3 BUrlG ist es dem Arbeitgeber gegenüber dem Wunsch des Arbeitnehmers, den übertragenen An-

---

44 BAG 7.8.2012 – 9 AZR 353/10, Rn. 32, DB 2012, 2462; weitere Einzelheiten: → Rn. 52.
45 BVerfG 15.5.2014 – 2 BvR 324/14, NJW 2014, 838.
46 BAG 21.2.1995 – 9 AZR 675/93, BAGE 79, 207.
47 BAG 29.7.2003 – 9 AZR 270/02, NZA 2004, 385.
48 LAG RhPf 12.11.2009 – 10 Sa 437/09, juris Rn. 15; so auch *Klose* in MHdB ArbR, 4. Aufl. 2018, § 86 Rn. 72.

spruch auf Zusatzurlaub im Übertragungszeitraum in Anspruch zu nehmen, verwehrt, entgegenstehende betriebliche Belange einzuwenden. Dh der Urlaubswunsch muss auch dann erfüllt werden, wenn dringende betriebliche Belange oder vorrangige Urlaubswünsche anderer Arbeitnehmer entgegenstehen.[49]

Verfall nach 15 Monaten: Die unionsrechtskonforme Auslegung des § 7 Abs. 3 Satz 3 BUrlG hat eine ausnahmsweise Erweiterung der höchst zulässigen Dauer des Übertragungszeitraums um zwölf von drei auf 15 Monate zur Folge. Das bedeutet, dass der bei längerer krankheitsbedingter Arbeitsunfähigkeit über den 31. März des Folgejahres aufrechterhaltene Urlaubsanspruch am Ende des Folgejahres zu dem im Folgejahr entstandenen Urlaubsanspruch hinzutritt und damit erneut dem Fristenregime des § 7 Abs. 3 Satz 3 BUrlG unterfällt. Der übertragene Zusatzurlaubsanspruch tritt jeweils dem bei Jahresbeginn neu entstehenden Anspruch hinzu.[50] Besteht die Arbeitsunfähigkeit auch am 31. März des zweiten auf das Urlaubsjahr folgenden Jahres fort, so gebietet das Unionsrecht keine weitere Aufrechterhaltung des Urlaubsanspruchs (→ Rn. 52). Der zunächst aufrechterhaltene Urlaubsanspruch erlischt somit zu diesem Zeitpunkt, wenn er bis dahin nicht genommen worden ist.[51]   29

4. Schadensersatz für nicht gewährten Zusatzurlaub

Schadensersatz für entgangenen Zusatzurlaub: Ist der Anspruch des Arbeitnehmers auf Zusatzurlaub verfallen, so kann ein Schadensersatzanspruch des Arbeitnehmers begründet sein. Voraussetzung ist, dass die infolge Zeitablaufs eingetretene Unmöglichkeit der Arbeitsbefreiung für das abgelaufene Urlaubsjahr **vom Arbeitgeber** nach § 280 Abs. 1 BGB **zu vertreten** ist. Das ist insbesondere dann der Fall, wenn der Arbeitnehmer den Arbeitgeber mit der Erfüllung des Urlaubsanspruchs nach § 284 Abs. 1 BGB in **Verzug** gesetzt hat. Dazu muss der Arbeitnehmer den Anspruch auf Zusatzurlaub rechtzeitig gegenüber dem Arbeitgeber geltend machen. Ein „vorsorglicher" Hinweis auf das Bestehen eines Anspruchs reicht dazu nicht.[52] Die Geltendmachung muss erkennen lassen, welche zeitliche Festlegung der Arbeitnehmer wünscht und dass die geschuldete Leistung, die Erklärung über die Freistellung von der Arbeitspflicht, unverzüglich zu bewirken ist. Kommt der Arbeitgeber mit der geschuldeten **Freistellungserklärung** in Verzug, so ist er nach § 287 Satz 2 BGB für den mit dem Verfall des Zusatzurlaubsanspruchs eintretenden Fall des zufälligen Untergangs des Anspruchs verantwortlich.[53] Er hat dann nach § 249 Satz 1 BGB **Ersatzurlaub** zu gewähren.[54] Kann ersatzweise keine Freistellung von der Arbeitspflicht mehr geleistet werden, weil das Arbeitsverhältnis inzwischen beendet ist, so ist nach § 251 Abs. 1 BGB der Arbeitnehmer in Geld zu entschädigen.[55]   30

Geltendmachung des Anspruchs auf Zusatzurlaubs bei Stellung des Feststellungsantrags: Der Beschäftigte ist gut beraten, bereits während des laufenden   31

---

49 BAG 7.8.2012 – 9 AZR 353/10, Rn. 34, BAGE 142, 37 = NZA 2012, 1216: zustimmend: *Klose* in MHdB ArbR, 4. Aufl. 2018, § 86 Rn. 74.
50 Vgl. zu einem tariflichen „Revolvingsystem" BAG 20.8.1996 – 9 AZR 22/95, zu I 1 b der Gründe BAGE 84, 23; für eine Zusammenfassung der Ansprüche aus verschiedenen Urlaubsjahren auch *Dörner* in ErfK BUrlG § 7 Rn. 39 o, 46, 46 a; *Düwell* in NK-GA BUrlG § 7 Rn. 90 ff.; zu der ggf. nötigen Kumulation im Bereich des Mindesturlaubs EuGH 6.4.2006 – C-124/05, Rn. 24 und 30, Slg 2006, I-3423 – Federatie Nederlandse Vakbeweging.
51 BAG 16.10.2012 – 9 AZR 63/11, NZA 2013, 326.
52 BAG 26.6.1986 – 8 AZR 266/84, BAGE 52, 258.
53 BAG 15.3.2005 – 9 AZR 143/04, AP § 7 BUrlG Nr. 31.
54 BAG 26.6.1986 – 8 AZR 75/83, BAGE 52, 254.
55 BAG 26.6.1986 – 8 AZR 75/83, BAGE 52, 254.

Antragsverfahren auf Feststellung des Vorliegens einer Schwerbehinderung nach § 152 Abs. 1 Satz 3 SGB IX seinen Anspruch auf Zusatzurlaub gegenüber dem Arbeitgeber rechtzeitig vor Ablauf des Urlaubsjahres geltend zu machen. Wenn eine entsprechende Mahnung, den Zusatzurlaub zeitlich festzulegen, erfolgt ist, und der Anspruch noch vor Ablauf des Urlaubsjahres erfüllbar ist, muss der Arbeitgeber für die infolge des Erlöschens des Urlaubsanspruchs eingetretene Unmöglichkeit seiner Erfüllung unabhängig von der Frage des Verschuldens einstehen, § 287 Satz 2 BGB. An die Stelle des ursprünglichen Urlaubsanspruchs tritt dann ein Ersatzurlaubsanspruch (Einzelheiten: → Rn. 30). Der Zusatzurlaub ist dann nachträglich durch Freistellung zu gewähren.[56] Ist dies wegen Beendigung des Arbeitsverhältnisses nicht mehr möglich, ist der Arbeitnehmer, ggf. auch sein Erbe, in Geld zu entschädigen.[57]

In einigen Erlassen des öffentlichen Dienstes ist für diese rechtspolitisch unbefriedigende Lösung bereits Abhilfe geschaffen worden. So war in dem Erlass über Fürsorge für schwerbehinderte Menschen im Geschäftsbereich des Bundesministeriums der Verteidigung[58] für alle Dienststellen des Geschäftsbereichs eine Art Nachholung für an sich verfallenen Zusatzurlaub angeordnet: „Wenn sich die beantragte Feststellung der Schwerbehinderteneigenschaft in das folgende Urlaubsjahr verzögert, können Arbeitnehmerinnen/Arbeitnehmer, Beamtinnen/Beamte, Richterinnen/Richter und Soldatinnen/Soldaten den Zusatzurlaub nach Anerkennung der Schwerbehinderteneigenschaft auch noch nach dem Ende des Urlaubsjahres nehmen." Eine gleiche Regelung ist in der Zentralen Dienstvorschrift[59] enthalten. Dort wird auch darauf hingewiesen: „Deshalb ist die Festsetzung des Anspruchs auf Zusatzurlaub zeitgleich mit der Antragstellung zur Feststellung der Schwerbehinderteneigenschaft zu beantragen, da er ansonsten mit Ablauf des Urlaubsjahres untergeht (Bundesarbeitsgericht Urteil vom 28.01.1982, 6 AZR 639/79)". Durch eine derartige Verwaltungsvorschrift weist der Dienstherr seine Personalverantwortlichen zugunsten der Schwerbehinderten an, verfallene Ansprüche so zu behandeln, als ob sie wirksam übertragen worden wären. Diesem Erlass kommt insoweit unmittelbare Außenwirkung zu. Entsprechende Regelungen können auch in Inklusionsvereinbarungen nach § 166 SGB IX getroffen werden.

32 **Amtshaftung für verfallenen Zusatzurlaub:** Nach § 152 Abs. 1 Satz 3 ist vom Versorgungsamt oder von der nach abweichendem Landesrecht zuständigen Behörde (§ 152 Abs. 1 Satz 7) über Feststellungsanträge erwerbstätiger Personen spätestens binnen sieben Wochen zu entscheiden. Nicht selten wird diese Frist überschritten, weil der Behördenträger nicht die Voraussetzungen für eine Einhaltung dieser Beschleunigungsbestimmung schafft. Es kommt dann ein Amtshaftungsanspruch aus Art. 34 GG iVm § 839 BGB für den verfallenen Anspruch auf Zusatzurlaub in Betracht: Allerdings muss sich nach § 254 BGB der schwerbehinderte Beschäftigte Mitverschulden anrechnen lassen. Bei rechtzeitiger Geltendmachung des Anspruchs vor Ablauf des Entstehungsjahres hätte er einen Anspruch auf Ersatzurlaub erlangen können.

---

56 BAG 26.6.1986 – 8 AZR 266/84, NZA 1986, 833; *Gröninger* Anm. zu BAG 28.1.1982 – 6 AZR 636/79, AP SchwbG § 44 Nr. 3; *Pahlen* in Neumann/Pahlen/Greiner/Winkler/Jabben SGB IX § 208 Rn. 9; ab *Bengelsdorf* RdA 1983, 25.
57 BAG 22.10.1991 – 9 AZR 373/90, NZA 1992, 797; BAG 26.6.1986 – 8 AZR 75/83, NZA 1987, 98.
58 Sog. Fürsorgeerlass PSZ III 4 – Az. 15–05–03 vom 30.1.2007.
59 A-1473/3, Zentrale Dienstvorschrift Inklusion schwerbehinderter Menschen Stand Dezember 2019 Rn. 908.

5. Verzicht auf Zusatzurlaub

Abdingbarkeit: Der Anspruch auf gesetzlichen Mindesturlaub ist nach § 13 Abs. 1 BUrlG zuungunsten des Arbeitnehmers nicht abdingbar.[60] Auch der Zusatzurlaub für Schwerbehinderte ist ein gesetzlicher Mindesturlaub. Er ergänzt den Urlaub nach §§ 1, 3 BUrlG. Er ist deshalb ebenfalls **unabdingbar**.[61] Der Arbeitnehmer kann daher auf ihn nicht wirksam verzichten. Entsprechende Ausgleichsquittungen sind nichtig.[62]

VII. Entstehen von Ansprüchen bei Ruhen der Arbeitspflicht

Urlaub im ruhenden Arbeitsverhältnis: Nach der jüngsten Rspr. des BAG setzt der gesetzliche Erholungsurlaub (§§ 1, 3 BUrlG) keine Arbeitsleistung des Arbeitnehmers im Urlaubsjahr voraus. Gesetzliche Urlaubsansprüche sollen danach auch dann entstehen, wenn der Arbeitnehmer eine befristete Rente wegen Erwerbsminderung bezieht und eine tarifliche Regelung das Ruhen des Arbeitsverhältnisses an den Bezug dieser Rente knüpft.[63] Soweit tarifliche Bestimmungen wie zB § 26 Abs. 2 Buchst. c TVöD die Dauer des Erholungsurlaubs einschließlich eines etwaigen Zusatzurlaubs für jeden vollen Kalendermonat des Ruhens der Arbeitspflicht um ein Zwölftel kürzen, sind diese Bestimmungen unwirksam. Die Verminderung gesetzlicher Urlaubsansprüche von Arbeitnehmern und schwerbehinderten Menschen, die aus gesundheitlichen Gründen keine Arbeitsleistung erbracht haben, ist unzulässig.[64] Das ergibt sich aus der folgenden Argumentation des BAG: Kraft ausdrücklicher Anordnung des Gesetzgebers in § 13 Abs. 1 Satz 1 BUrlG kann von den Vorschriften der §§ 1, 2 und 3 Abs. 1 BUrlG auch in Tarifverträgen nicht abgewichen werden. Das Verbot der Abweichung gilt unabhängig davon, ob im Urlaubsjahr eine Arbeitsleistung erbracht wurde oder der Arbeitnehmer aus gesundheitlichen Gründen daran ganz oder teilweise gehindert war. Der Anspruch auf bezahlten Erholungsurlaub und Zusatzurlaub für schwerbehinderte Menschen steht nicht zur Disposition der Tarifvertragsparteien.[65]

VIII. Abgeltung
1. Arbeitsverhältnis

Abgeltung: Da der Zusatzurlaub das Schicksal des Grundurlaubs teilt, ist bei Beendigung des Arbeitsverhältnisses wegen der Unmöglichkeit der Arbeitsfreistellung nach § 7 Abs. 4 BUrlG eine **Urlaubsabgeltung** zu gewähren.[66] Das hat auch die unionsrechtlich reformierte Urlaubsrechtsprechung bestätigt: „Auf den Zusatzurlaub nach § 125 SGB IX sind die Vorschriften über die Abgeltung des gesetzlichen Mindesturlaubs anzuwenden".[67] Dieser Abgeltungsanspruch setzt nicht voraus, dass der Arbeitnehmer bei Beendigung des Arbeitsverhältnisses den Urlaubsspruch geltend gemacht hat. Die Ersetzung des Freistellungs- durch den Abgeltungsanspruch vollzieht sich bei Beendigung des Arbeitsverhältnisses

---

60 BAG 21.7.1978 – 6 AZR 1/77, AP § 12 BUrlG Unabdingbarkeit Nr. 5.
61 BAG 25.6.1996 – 9 AZR 182/95, BAGE 83, 225.
62 BAG 25.10.1996 – 9 AZR 182/95, BAGE 83, 225.
63 BAG 7.8.2012 – 9 AZR 353/10, NZA 2012, 1216.
64 BAG 7.8.2012 – 9 AZR 353/10, Rn. 9, DB 2012, 2462.
65 Vgl. BAG 8.3.1994 – 9 AZR 49/93, zu III 2 der Gründe BAGE 76, 74.
66 BAG 25.6.1996 – 9 AZR 182/95, BAGE 83, 225.
67 BAG 13.12.2011 – 9 AZR 399/10, NZA 2012, 514; BAG 9.8.2011 – 9 AZR 365/10; BAG 23.3.2010 – 9 AZR 128/09; zustimmend *Pulz* jurisPR-ArbR 29/2010 Anm. 1.

von Gesetzes wegen. Es bedarf weder der Kenntnis des Arbeitgebers von einem nichterfüllten Urlaubsanspruch noch einer Handlung des Arbeitnehmers.[68]

36 **Abgeltung trotz andauernder Arbeitsunfähigkeit:** Nach der von 1982 bis 2008 ergangenen Rspr. galt der Abgeltungsanspruch als nicht erfüllbar, soweit der Arbeitnehmer arbeitsunfähig war. Denn der Abgeltungsanspruch wurde nicht **als Abfindungsanspruch angesehen.** Nach der sog. Surrogatstheorie entstand er vielmehr als Ersatz für die wegen Beendigung des Arbeitsverhältnisses nicht mehr mögliche Befreiung von der Arbeitspflicht. Das setzte voraus, dass der Urlaubsanspruch bei Fortbestand des Arbeitsverhältnisses noch hätte erfüllt werden können.[69] Dieser gut begründeten Auslegung des Begriffs einer Urlaubsabgeltung nach § 7 Abs. 4 BUrlG ist der EuGH in Auslegung von Art. 7 Abs. 2 der Arbeitszeitrichtlinie entgegengetreten, weil er nach Ansicht des Gerichtshofs mit dem unionsrechtlichen Begriff der „finanziellen Vergütung" nicht vereinbar sei.[70] Das BAG hat deshalb mit Rücksicht auf Art. 267 AEUV in seiner Reformentscheidung „carpe diem"[71] die Surrogatstheorie aufgegeben. Diese Aufgabe ist in mehreren Folgeentscheidungen ausdrücklich bestätigt worden.[72]

37 **Fälligkeit der Urlaubsabgeltung:** Der Anspruch auf Urlaubsabgeltung entsteht mit der Beendigung des Arbeitsverhältnisses. § 7 Abs. 4 BUrlG enthält jedoch keine Bestimmung der Leistungszeit iSd § 286 Abs. 2 Nr. 1 BGB. Die Folge ist, dass der Arbeitgeber grundsätzlich erst durch Mahnung in Verzug kommt[73] und der Anspruch auf Verzugszinsen erst nach Eintritt des Verzugs entsteht.

38 **Vererbung:** Der bei rechtlicher Beendigung des Arbeitsverhältnisses entstehende Urlaubsabgeltungsanspruch ist ein einfacher Geldanspruch. Er fällt in den Nachlass und ist deshalb vererblich. Nach § 1922 Abs. 1 BGB tritt der Erbe in sämtliche Rechte und Pflichten, somit auch in die Gläubigerstellung hinsichtlich des Abgeltungsanspruchs ein.

39 **Anwendbarkeit von Ausschlussfristen:** Da der Abgeltungsanspruch ein reiner Geldanspruch ist (→ Rn. 58), finden auf ihn tarifliche und vertragliche Ausschlussfristen Anwendung.[74] Der zur Auslegung des Art. 7 Abs. 1 der Arbeitszeitrichtlinie vom EuGH aufgestellte Rechtssatz, dass die Dauer des Übertragungszeitraums, innerhalb dessen der Urlaubsanspruch bei durchgängiger Arbeitsunfähigkeit nicht verfallen kann, die Dauer des Bezugszeitraums deutlich übersteigen muss, ist auf die Mindestlänge einer tariflichen Ausschlussfrist für die Geltendmachung des Anspruchs auf Urlaubsabgeltung nicht übertragbar. Ausschlussfristen können deshalb auch deutlich kürzer als ein Jahr sein.[75] Das BAG hat eine **zweimonatige Verfallfrist**, die ab Beendigung des Arbeitsverhältnisses zwei Monate für die Geltendmachung der Abgeltung Zeit lässt, nicht als so unangemessen kurz angesehen, dass Arbeitnehmern, deren Arbeitsverhältnis endet, nicht gelingen kann, die Frist zur Geltendmachung ihrer Urlaubsabgeltungsansprüche zu wahren.[76] An dieser Rspr. Ist auch nach Anerkennung der Mitwirkungsob-

---

68 BAG 25.6.1996 – 9 AZR 182/95, BAGE 83, 225.
69 BAG 9.11.1999 – 9 AZR 797/98, AP § 33 TVAL II Nr. 1.
70 EuGH 20.1.2009 – C-350/06 und C-520/06 – Schultz-Hoff und Stringer; AP Richtlinie 2003/88/EG Nr. 1 = EzA EG-Vertrag 1999 Richtlinie 2003/88 Nr. 1.
71 BAG 24.3.2009 – 9 AZR 983/07, Rn. 73 ff., AP BUrlG § 7 Nr. 39 = EzA BUrlG § 7 Abgeltung Nr. 15.
72 BAG 4.5.2010 – 9 AZR 183/09; BAG 9.8.2011 – 9 AZR 365/10.
73 BAG 7.8.2012 – 9 AZR 353/10, NZA 2012, 1216.
74 LAG RhPf 11.9.2019 – 7 Sa 414/18, Behindertenrecht 2020, 52, *Schäfer* jurisPR-ArbR 11/2020 Anm. 6; BAG 13. 12.2011 – 9 AZR 399/10, Rn. 41, NZA 2012, 514.
75 BAG 13.12.2011 – 9 AZR 399/10, NZA 2012, 514.
76 BAG 13.12.2011 – 9 AZR 399/10, Rn. 27, NZA 2012, 514.

liegenheiten des Arbeitgebers bei der Verwirklichung des Urlaubsanspruchs (→ Rn. 54) zu Recht festgehalten worden. Es können derartige Obliegenheiten nur bestehen, solange das Arbeitsverhältnis fortbesteht und die Gewährung des Urlaubs noch möglich ist. Endet das Arbeitsverhältnis infolge einer arbeitgeberseitigen Kündigung, ist das Risiko, den mit Beendigung entstehenden Urlaubsabgeltungsanspruch rechtzeitig geltend zu machen, vom Arbeitnehmer zu tragen.[77] Da der Anspruch auf Urlaubsabgeltung nicht an den mit der **Kündigungsschutzklage** angestrebten Fortbestand des Arbeitsverhältnisses anknüpft, sondern im Gegenteil die Beendigung voraussetzt, liegt in der Erhebung einer Kündigungsschutzklage keine Geltendmachung, die den Verfall des Anspruchs hindert.[78]

2. Beamtenverhältnis

Streit um Abgeltung im Beamtenverhältnis: Nach der Rechtsprechung des Bundesverwaltungsgerichts war „mangels positivrechtlicher Regelung" ein nicht erteilter Erholungsurlaub eines Beamten nicht mit Geld abzufinden.[79] Die unterschiedliche rechtliche Behandlung von Beamten einerseits und Arbeitnehmern andererseits soll nicht gegen Art. 3 Abs. 1 GG verstoßen haben.[80] Nach Bekanntwerden der Vorabentscheidung in der Sache Schultz-Hoff sind einige Instanzgerichte dieser Rechtsprechung nicht mehr gefolgt.[81] Das VG Frankfurt am Main hat in der Sache des Feuerwehrmannes Neidel um eine Vorabentscheidung ersucht.[82] Darauf hat der EuGH die alte Rechtsprechung als unvereinbar mit der Arbeitszeitrichtlinie bezeichnet (→ Rn. 63). 40

Umsetzungsrechtsprechung des BVerwG: Die Rechtsprechung ist der verbindlichen Vorgabe des EuGH nolens volens gefolgt. Danach begründet Art. 7 Abs. 2 der Arbeitszeitrichtlinie (RL 2003/88/EG) auch für Beamte einen unionsrechtlichen Anspruch auf Abgeltung von Urlaub, den sie krankheitsbedingt vor Eintritt in den Ruhestand nicht nehmen konnten.[83] Dieser unionsrechtliche Urlaubsabgeltungsanspruch soll der regelmäßigen Verjährungsfrist von drei Jahren (§ 195 BGB) unterliegen, die mit dem Schluss des Jahres beginnt, in dem der Anspruch entstanden ist, § 199 Abs. 1 BGB. Der Zweite Senat des BVerwG hat jedoch den nicht unionsrechtlich verbürgten Zusatzurlaub abweichend von der Rechtsprechung des BAG nicht dem Abgeltungserfordernis des Art. 7 Abs. 2 der Arbeitszeitrichtlinie unterworfen (dazu → Rn. 68). Er hat argumentiert, dazu bedürfe es im Beamtenrecht einer § 7 Abs. 4 BUrlG entsprechenden Vorschrift. Deshalb hat nach dem gegenwärtigen Stand der Rechtsprechung des BVerwG ein schwerbehinderter Beamter zwar Anspruch auf Abgeltung nicht gewährten Mindesturlaubs, aber keinen Anspruch auf Abgeltung des nicht gewährten Zusatzurlaubs. 41

IX. Urlaubsentgelt und Urlaubsgeld

Urlaubsentgelt: Arbeitnehmern ist nach § 1 BUrlG während des „bezahlten" Erholungsurlaubs das nach § 611 BGB geschuldete Entgelt für die Arbeitszeit 42

---

77 BAG 27.10. 2020 – 9 AZR 531/19, juris Rn. 36.
78 BAG 27.10. 2020 – 9 AZR 531/19, juris Rn. 42.
79 BVerwG 12.12.1962 – 6 C 110.61, ZBR 163, 87.
80 BVerwG 9.5.1985 – 2 C 20.82, ZBR 1985, 342; BVerwG 31.7.1997 – 2 B 138.96.
81 VG Düsseldorf 25.6.2010 – 13 K 5458/09 – und 25.6.2010 – 13 K 5206/09; OVG NRW 22.8.2012 – 1 A 2122/10, DÖD 2012, 259.
82 VG Frankfurt am Main 25.6.2010 – 9 K 836/10.F.
83 BVerwG 31.1.2013 – 2 C 10/12, IÖD 2013, 78.

weiter zu gewähren, die infolge der Freistellung ausfällt.[84] Die früher vertretene Einheitstheorie hatte den Anspruch auf Zahlung des Urlaubsentgelts nicht als reinen Geldanspruch iSv § 611 (geändert[85] mWv 1.4.2017 in § 611a Abs. 2) BGB angesehen, sondern weitergehend zur Voraussetzung für die Erfüllung des Urlaubsanspruchs gemacht (dazu → Rn. 61). Da nach der seit 1983 von der Rechtsprechung überwundenen Einheitstheorie das Urlaubsentgelt lediglich das Arbeitsentgelt ist, das der Arbeitgeber für die Zeit des Urlaubs fortzahlt, ist es ebenso wie anderes Arbeitsentgelt pfänd- und im Wege der Aufrechnung verrechenbar.[86] Nach § 394 BGB kann nämlich gegen Arbeitseinkommen aufgerechnet werden, soweit dieses der Pfändung unterliegt. Arbeitseinkommen ist gemäß § 850 Abs. 1 ZPO nur nach Maßgabe der §§ 850a bis i ZPO pfändbar. Dies alles gilt auch ohne jede Einschränkung für das Urlaubsentgelt, das für den Zusatzurlaub zu gewähren ist; denn dieses Entgelt ist für die Dauer des dem Grundurlaub nach § 208 Abs. 1 SGB IX „bezahlt" hinzutretenden Zusatzurlaubs zu leisten.

43 **Bemessung des Entgelts für Zusatzurlaub:** Die Höhe des Entgelts ergibt sich aus dem Produkt von Zeit- und Geldfaktor. Den Zeitfaktor bilden die infolge der Freistellung ausfallenden Arbeitszeiten. Wie diese Zeit zu vergüten ist, bestimmt sich nach dem in § 11 Abs. 1 BUrlG unter Zugrundelegung des Referenzprinzips geregelten Geldfaktor.[87] § 11 Abs. 1 Satz 1 BUrlG stellt dazu als Berechnungsgrundlage auf den Verdienst ab, den der Arbeitnehmer in den letzten 13 Wochen vor Urlaubsbeginn erhalten hat. Dazu zählt jede Form der Vergütung, die als Gegenleistung für erbrachte Tätigkeiten im Referenzzeitraum gezahlt wird. Ausgenommen sind für Überstunden geleistete Vergütungen (§ 11 Abs. 1 Satz 1 letzter Halbsatz BUrlG) und Einmalzahlungen.[88] Umfasst sind alle anderen Entgeltbestandteile, die der Arbeitnehmer gesetzlich oder vertraglich zu erhalten hätte.[89] Dazu gehören auch Schicht-/Nachtarbeitspauschalen sowie Zulagen, die nicht für getätigte Aufwendungen, sondern als Gegenleistung für erbrachte Tätigkeit geschuldet werden.[90]

44 **Urlaubsgeld:** Vom Urlaubsentgelt zu unterscheiden ist das Urlaubsgeld. Mit Urlaubsgeld wird eine **zusätzliche Leistung des Arbeitgebers** bezeichnet, die über die Fortzahlung des Entgelts während des Urlaubszeitraums hinausgeht. Ein gesetzlicher Anspruch auf Urlaubsgeld besteht nicht. Maßgebend sind die vertraglichen oder tarifvertraglichen Vereinbarungen. Sieht eine tarifliche Regelung ein zusätzliches Urlaubsgeld für den Tarifurlaub vor, so ist dann auch für den gesetzlichen Zusatzurlaub das Urlaubsgeld zu zahlen, wenn der Tarifvertrag aus dem tarifvertraglichen Grundurlaub und dem schwerbehindertenrechtlichen Zusatzurlaub einen Gesamturlaubsanspruch bildet.[91] Im Übrigen steht es den Tarifvertragsparteien frei zu bestimmen, ob auch für den gesetzlichen Zusatzurlaub ein Anspruch auf Urlaubsgeld entstehen soll.[92] Ist der Anspruch auf Urlaubsgeld im Tarifvertrag ausdrücklich auf die tarifvertraglich festgelegte

---

84 BAG 19.6.2012 – 9 AZR 712/10, Rn. 17, NZA 2012, 1227.
85 Geändert durch G v. 21.2.2017, BGBl. I 258.
86 BAG 28.8.2001 – 9 AZR 611/99, NZA 2002, 323.
87 BAG 19.1.2010 – 9 AZR 426/09, Rn. 52, AP Nr. 44 zu § 7 BUrlG; BAG 15.12.2009 – 9 AZR 887/08, Rn. 14, 15, EzA BUrlG § 13 Nr. 60.
88 BAG 15.12.2009 – 9 AZR 887/08, Rn. 29, AP Nr. 44 zu § 7 BUrlG.
89 BAG 11.4.2000 – 9 AZR 266/99, zu I 4 der Gründe AP BUrlG § 11 Nr. 48.
90 BAG 21.9.2010 – 9 AZR 510/09, NZA 2011, 805.
91 BAG 30.6.1986 – 8 AZR 241/83, BAGE 52, 301; BAG 19.4.2006 – 9 AZR 312/05.
92 BAG 9.1.1979 – 6 AZR 512/77, AP § 44 SchwbG Nr. 1.

Urlaubsdauer begrenzt, so scheidet ein Anspruch auf Urlaubsgeld für den Zusatzurlaub aus.[93]

Beispielsfall[94]: Nach § 6 Nr. 1 eines Tarifvertrags erhalten Arbeitnehmer/ Arbeitnehmerinnen und Auszubildende im Juni „für jeden Urlaubstag" zusätzliches Urlaubsgeld entsprechend der tatsächlichen Arbeitsleistung iHv 30 EUR brutto.

Lösung: Urlaubstag ist nach dem allgemeinen juristischen Sprachgebrauch jeder Tag, an dem der Arbeitgeber den Arbeitnehmer von der vertraglichen Arbeitspflicht befreit, ohne dass sein Anspruch auf Zahlung des Arbeitsentgelts berührt wird.[95] Dabei spielt es keine Rolle, ob die Befreiung ihren Grund in den Vorschriften des BUrlG, den tariflichen Bestimmungen oder der für schwerbehinderte Menschen geltenden Regelung in § 208 Abs. 1 Satz 1 SGB IX findet. Vielmehr gilt nach der ständigen Rechtsprechung des Bundesarbeitsgerichts der Grundsatz, dass der gesetzliche Anspruch auf Mindesturlaub und der Anspruch auf Zusatzurlaub nach § 208 Abs. 1 Satz 1 SGB IX im Regelfall gleich zu behandeln sind (sog. urlaubsrechtliche Akzessorietät Nähme man die Urlaubstage, die ein schwerbehinderter Arbeitnehmer aufgrund der Regelung des § 208 Abs. 1 Satz 1 SGB IX beanspruchen kann, aus dem Tatbestand des § 6 Nr. 1 des Tarifvertrags aus, verkehrte man den Sinn des Wortes „jeden" in sein Gegenteil.[96]

Das für den Zusatzurlaub gewährte Urlaubsgeld ist im Unterschied zum Urlaubsentgelt nach § 850 a Nr. 2 ZPO **unpfändbar**. Kommt es im Monat der Zahlung des Urlaubsgelds zu einer Lohnpfändung, so ist gemäß § 850 e Nr. 1 ZPO das unpfändbare Urlaubsgeld als Bruttobetrag vom Gesamtbruttoeinkommen abzuziehen, obwohl dies zu einer doppelten Berücksichtigung auf das Urlaubsgeld entfallenden Abzüge führt.[97]

X. Inanspruchnahme des Zusatzurlaubs

Zusatzurlaub ohne behördliche Feststellung der Schwerbehinderung: Der Anspruch auf Zusatzurlaub nach § 208 entsteht mit dem **Vorliegen der Schwerbehinderung** im Sinne von § 2 Abs. 2. Auf die Feststellung der Schwerbehinderung eines Grades der Behinderung von wenigstens 50 durch die dafür nach § 152 zuständigen Behörden bedarf es schon deswegen nicht, weil die behördliche Feststellung nur deklaratorische Wirkung hat.[98] Will der nicht „behördlich anerkannte" schwerbehinderte Arbeitnehmer den Anspruch auf Zusatzurlaub gegenüber dem Arbeitgeber geltend machen, so ist er entgegen dem Urteil des LAG Düsseldorf[99] nicht daran gehindert.[100] Ob er den Anspruch durchsetzt, hängt davon ab, ob er auch ohne behördliche Feststellung den Nachweis der Schwerbehinderung führen kann. Die behördliche Feststellung und der aufgrund der Feststellung auszustellende Ausweis über die Eigenschaft als schwerbehinderter Mensch erleichtern den für die Inanspruchnahme des Zusatzurlaubs ansonsten zu führenden Nachweis (vgl. § 152 Abs. 5 Satz 2). Daran hat die Einführung des Zwölftelungsprinzips in Abs. 2 nichts geändert.

45

---

93 BAG 9.1.1979 – 6 AZR 512/77, AP § 44 SchwbG Nr. 1.
94 BAG 10.3.2020 – 9 AZR 109/19.
95 BAG 15.3.2011 – 9 AZR 799/09, Rn. 20, BAGE 137, 221.
96 BAG 10.3.2020 – 9 AZR 109/19, Rn. 11.
97 LAG Bln 14.1.2000 – 19 Sa 2154/99, NZA-RR 2000, 657.
98 BAG 26.6.1986 – 8 AZR 266/84, BAGE 52, 258.
99 7.7.1993 – 18 Sa 611/93, LAGE § 47 SchwbG 1986 Nr. 1.
100 BAG 21.2.1995 – 9 AZR 675/93, BAGE 79, 207.

46 **Geltendmachung des Zusatzurlaubs:** Der Anspruch auf Zusatzurlaub muss vor Ablauf des Urlaubsjahres geltend gemacht werden. Ist der Anspruch auf das Folgejahr übertragen worden (→ Rn. 25 f.), so muss er innerhalb der Übertragungsdauer verlangt werden. Der Arbeitgeber muss nur bei entsprechender Geltendmachung des Anspruchs (Urlaubsantrag) den Zusatzurlaub gewähren. Er kann zwar den Urlaub von sich aus festzulegen, ohne dass der Arbeitnehmer zuvor einen entsprechenden Wunsch geäußert hat. Dazu ist er aber nicht verpflichtet.[101] Die 16. Kammer des LAG Hamm ist anderer Ansicht. Sie hat den EuGH um eine Vorabentscheidung zu der Frage ersucht, ob eine effektive Umsetzung von Art. 7 Abs. 1 der Arbeitszeitrichtlinie eine Verpflichtung des Arbeitgebers erfordert, auch ohne vorhergehenden Wunsch des Arbeitnehmers den Urlaub vor Ablauf des Urlaubsjahres festzulegen.[102] Der EuGH hat zwar zu Art. 7 der Arbeitszeitrichtlinie 2003/88/EG erkannt, eine Urlaubsabgeltung könne nicht davon abhängen, dass der Betroffene im Vorfeld einen Antrag gestellt hat.[103] Das ist auch zutreffend. Er hat jedoch nicht die vom LAG gestellte Frage zum Erfordernis eines sog. Urlaubsantrags beantwortet.[104] Der Neunte Senat des BAG hat die Rechtsfrage darauf als noch nicht beantwortet angesehen und den EuGH um Klärung durch eine erneute Vorabentscheidung ersucht.[105] Der hat in der Rechtssache Max-Planck-Gesellschaft[106] im Sinne der 16. Kammer des LAG Hamm geantwortet. Weitere Einzelheiten: → Rn. 54.

47 **Festlegung des Zusatzurlaubs:** Der Zusatzurlaub wird vom Arbeitgeber unter Berücksichtigung des Urlaubswunsches des Arbeitnehmers – ebenso wie der Grundurlaub – zum Zwecke der Erfüllung des Freistellungsanspruchs zeitlich festgelegt, § 7 Abs. 1 Satz 1 BUrlG (→ Rn. 8). Der Wunsch des Arbeitnehmers hat nur dann zurückzutreten, wenn dringende betriebliche Belange oder vorrangige Wünsche anderer entgegenstehen. Die Rechtsprechung sieht den Arbeitgeber gegenüber angestellten Lehrkräften als berechtigt an, den Zusatzurlaub in der unterrichtsfreien Zeit (Schulferien) erteilen. Das verstößt weder gegen zwingende Vorschriften des BUrlG noch des SGB IX und ist auch keine Benachteiligung im Sinne von Art. 3 Abs. 3 Satz 2 GG.[107] Bei Inanspruchnahme des Zusatzurlaubs im Übertragszeitraum oder im Anschluss an eine Rehabilitation erstarkt der Wunsch des Arbeitnehmers in der Weise, dass der Arbeitgeber ihm folgen muss (→ Rn. 8).

XI. Einwirkungen des Urlaubsrechts der Europäischen Union
1. Unionsrecht

48 **Bindung an das Unionsrecht:** Die deutschen Gerichte für Arbeitssachen müssen das Primärrecht der Europäischen Union unmittelbar anwenden. Wegen des Vorrangs des Unionsrechts haben sie auch in einem Rechtsstreit zwischen Privaten jede dem Primärrecht entgegenstehende nationale Vorschrift unangewendet zu lassen.[108] Soweit nicht oder nur unzureichend umgesetztes Richtlinien-

---

101 BAG 18.9.2001 – 9 AZR 570 und 9 AZR 571/00, Rn. 16, NZA 2002, 895.
102 LAG Hamm 14.2.2013 – 16 Sa 1511/12, EzA-SD 2013, Nr. 6, 8.
103 EuGH 12.6.2014 – C-118/13, NZA 2014, 651; kritisch: *Kloppenburg* jurisPR-ArbR 29/2014 Anm. 1.
104 Zutreffende Kritik: *Kloppenburg* jurisPR-ArbR 29/2014 Anm. 1.
105 BAG 13.12.2016 – 9 AZR 541/15 (A), NZA 2017, 271.
106 EuGH 6.11.2018 – C-684/16 Rn. 61, NZA 2018, 1474 – Max-Planck-Gesellschaft zur Förderung der Wissenschaften; *Münder* jurisPR-ArbR 49/2018 Anm. 2.
107 BAG 13.2.1996 – 9 AZR 79/95, BAGE 82, 161 = DB 1996, 1345.
108 EuGH 20.1.2010 – C-555/07, NZA 2010, 85 – Kücükdeveci.

recht vollzogen werden kann, haben die Gerichte jedenfalls gegenüber einem öffentlichen Arbeitgeber die vertikale Direktwirkung des Sekundärrechts zu beachten.[109] Sehen die Gerichte bei der Anwendung und Auslegung des Unionsrechts eine Unklarheit, können Instanzgerichte nach Art. 267 Abs. 2 AEUV und müssen letztinstanzlich entscheidende Gerichte nach Art. 267 Abs. 3 AEUV das Verfahren aussetzen und den EuGH um Vorabentscheidung ersuchen. Der deutsche Richter ist bei der Anwendung und Auslegung des deutschen Rechts nach Art. 238 Abs. 3 AEUV (ex-Art. 249 Abs. 3 EG) verpflichtet, dem Unionsrecht durch eine richtlinienkonforme Auslegung zur Wirksamkeit zu verhelfen. Dazu hat er gegebenenfalls auch im Verhältnis zu privaten Arbeitgebern das deutsche Recht nach den Vorgaben einer zum Sekundärrecht gehörenden Richtlinie unionskonform auszulegen und gegebenenfalls fortzubilden.[110]

Arbeitszeitrichtlinie: Der Zusatzurlaub für schwerbehinderte Menschen ist durch das Recht der Europäischen Union nicht verbürgt, sondern nur der Mindesturlaub. Der Letztere ist in der Richtlinie 2003/88/EG des Europäischen Parlaments und des Rates vom 4.11.2003 über bestimmte Aspekte der Arbeitszeitgestaltung[111] geregelt:

Artikel 7 RL 2003/88/EG Jahresurlaub

(1) Die Mitgliedstaaten treffen die erforderlichen Maßnahmen, damit jeder Arbeitnehmer einen bezahlten Mindestjahresurlaub von vier Wochen nach Maßgabe der Bedingungen für die Inanspruchnahme und die Gewährung erhält, die in den einzelstaatlichen Rechtsvorschriften und/oder nach den einzelstaatlichen Gepflogenheiten vorgesehen sind.

(2) Der bezahlte Mindestjahresurlaub darf außer bei Beendigung des Arbeitsverhältnisses nicht durch eine finanzielle Vergütung ersetzt werden.

Mindesturlaub in der Grundrechtscharta: Der Vertrag von Lissabon (EUV), der am 1.12.2009 in Kraft getreten ist, hat als Neuerung die Anerkennung der Charta der Grundrechte der Europäischen Union als gleichrangig mit den Verträgen hervorgebracht. Die Charta ist damit Teil des Primärrechts der Union geworden (Art. 6 Abs. 1 EUV). Nach Art. 31 Abs. 2 der Charta der Grundrechte (GRC) hat jede Arbeitnehmerin und jeder Arbeitnehmer das Recht auf bezahlten Jahresurlaub:

Artikel 31 GRC Gerechte und angemessene Arbeitsbedingungen

(1) Jede Arbeitnehmerin und jeder Arbeitnehmer hat das Recht auf gesunde, sichere und würdige Arbeitsbedingungen.

(2) Jede Arbeitnehmerin und jeder Arbeitnehmer hat das Recht auf eine Begrenzung der Höchstarbeitszeit, auf tägliche und wöchentliche Ruhezeiten sowie auf bezahlten Jahresurlaub.

2. Vorabentscheidungen zum Urlaub im Arbeitsverhältnis

Übertragung und finanzielle Entschädigung in der Vorabentscheidung Schultz-Hoff: Die 12. Kammer des LAG Düsseldorf hat zu einer Änderung der ständigen Rechtsprechung zum Verfall des Urlaubs bei Krankheit und zu den Voraussetzungen Urlaubsabgeltungsanspruchs geführt. Sie hielt die Rechtsprechung nicht mit dem Europäischen Gemeinschaftsrecht für vereinbar und ersuchte nach Art. 234 EG (jetzt Art. 267 AEUV) in der Sache Schultz-Hoff gegen Deut-

---

109 EuGH 14.7.1994 – C-91/92, EzA Art. 189 EWG-Vertrag Nr. 1 – Dori/Recrebl.
110 BAG 24.3.2009 – 9 AZR 983/07, EzA § 7 BUrlG Abgeltung Nr. 15 – carpe diem.
111 ABl. L 299, 9.

sche Rentenversicherung den EuGH um eine Vorabentscheidung zu Fragen der Auslegung von Art. 7 der Richtlinie 2003/88/EG.[112] Die Generalanwältin Trstenjak lehnte zwar in ihren Schlussanträgen am 24.1.2008 mit der ständigen BAG-Rechtsprechung übereinstimmend die von der 12. Kammer des LAG Düsseldorf vertretene Vorstellung ab, der Urlaub müsse erst durch ein bestimmtes Mindestmaß an Arbeit verdient werden. Sie stimmte jedoch im Übrigen der Auffassung des vorlegenden Gerichts zu. Der EuGH hat sich im Ergebnis dem Schlussantrag der Generalanwältin angeschlossen. Mit Urteil der Großen Kammer hat der Gerichtshof am 20.1.2009 in den verbundenen Rechtssachen C-350/06 (Schultz-Hoff gegen Deutsche Rentenversicherung) und C-520/06 (Stringer ua gegen Her Majesty's Revenue and Customs) erkannt:

„Art. 7 Abs. 1 der Richtlinie 2003/88 ist dahin auszulegen, dass er einzelstaatlichen Rechtsvorschriften oder Gepflogenheiten entgegensteht, nach denen der Anspruch auf bezahlten Jahresurlaub bei Ablauf des Bezugszeitraums und/oder eines im nationalen Recht festgelegten Übertragungszeitraums auch dann erlischt, wenn der Arbeitnehmer während des gesamten Bezugszeitraums oder eines Teils davon krankgeschrieben war und seine Arbeitsunfähigkeit bis zum Ende seines Arbeitsverhältnisses fortgedauert hat, weshalb er seinen Anspruch auf bezahlten Jahresurlaub nicht ausüben konnte.

Art. 7 Abs. 2 der Richtlinie 2003/88 ist dahin auszulegen, dass er einzelstaatlichen Rechtsvorschriften oder Gepflogenheiten entgegensteht, nach denen für nicht genommenen Jahresurlaub am Ende des Arbeitsverhältnisses keine finanzielle Vergütung gezahlt wird, wenn der Arbeitnehmer während des gesamten Bezugszeitraums und/oder Übertragungszeitraums oder eines Teils davon krankgeschrieben bzw. im Krankheitsurlaub war und deshalb seinen Anspruch auf bezahlten Jahresurlaub nicht ausüben konnte."

Abweichend von den Schlussanträgen hat der Gerichtshof die Mitgliedsstaaten für berechtigt angesehen, eigenständig den Verlust des Anspruchs nach Ende des Bezugszeitraums und die Voraussetzungen seiner Übertragung zu regeln. Damit ist im Grundsatz eine Befristungsregel, wie sie nach der Rechtsprechung des BAG in § 7 Abs. 1 S. 1 bis 3 BUrlG enthalten ist, mit Art. 7 Abs. 1 der Richtlinie 2003/88/EG vereinbar. Der Gerichtshof forderte allerdings bei **Arbeitsunfähigkeit** des Arbeitnehmers, eine weitergehende Übertragung zuzulassen, als sie das BAG in Anwendung des § 7 Abs. 3 S. 3 BUrlG angenommen hat. Dazu stellt der Gerichtshof für den Verfall ausdrücklich unter Rn. 43 seiner Entscheidung die Voraussetzung auf, dass der Arbeitnehmer, dessen Anspruch auf bezahlten Jahresurlaub erlöschen soll, „tatsächlich die Möglichkeit hatte, den ihm mit der Richtlinie verliehenen Anspruch auszuüben". Zu dieser Bedingung kommt der Gerichtshof, weil er in Rn. 38 aus dem sechsten Erwägungsgrund der Richtlinie 2003/88/EG ableitet, es sei bei der Auslegung der Richtlinie dem Übereinkommen Nr. 132 der Internationalen Arbeitsorganisation vom 24.6.1970 über den bezahlten Jahresurlaub Rechnung zu tragen. Nach Art. 5 Abs. 4 dieses Übereinkommens „sind Arbeitsversäumnisse aus Gründen, die unabhängig vom Willen des beteiligten Arbeitnehmers bestehen, wie zB Krankheit (...), als Dienstzeit anzurechnen." Mit dieser Wertung hält der Gerichtshof es in Rn. 45 seiner Entscheidung unvereinbar, dass nationale Rechtsvorschriften bei Arbeitsunfähigkeit das Erlöschen des in Art. 7 Abs. 1 der Richtlinie

---

112 LAG Düsseldorf 2.8.2006 – 12 Sa 486/06, beim EuGH Geschäftszeichen C-350/06, ABl. EU 2006, C 281, 21.

2003/88/EG garantierten Anspruchs vorsehen können, ohne dass der Arbeitnehmer vorher tatsächlich die Möglichkeit der Urlaubsnahme hatte.[113]

Nuancierung in der Vorabentscheidung KHS: Der EuGH hat in der vom LAG Hamm herbeigeführten Vorabentscheidung in der Sache KHS – Schulte seine Ansicht zur unbefristeten Übertragung des Mindesturlaubs ausdrücklich „nuanciert".[114] Nach dieser neueren Auslegung ist Art. 7 Abs. 1 der Richtlinie 2003/88/EG dahin auszulegen, dass er einzelstaatlichen Rechtsvorschriften oder Gepflogenheiten nicht entgegensteht, die die Möglichkeit für einen während mehrerer Bezugszeiträume in Folge arbeitsunfähigen Arbeitnehmer, Ansprüche auf bezahlten Jahresurlaub anzusammeln, dadurch einschränken, dass sie einen Übertragungszeitraum von 15 Monaten vorsehen, nach dessen Ablauf der Anspruch auf bezahlten Urlaub erlischt. Diese Nuancierung hat das BAG zum Anlass genommen, die dreimonatige Übertragungsdauer in § 7 Abs. 3 Satz 3 BUrlG um ein Jahr auf bis zu 15 Monate unionsrechtskonform zu verlängern. Daraus ergibt sich die Folge, dass ein nicht genommener Urlaubsanspruch nach 15 Monaten verfällt (→ Rn. 29). In zwei Vorabentscheidungsverfahren hat der Generalanwalt in seinen Schlussanträgen dem EuGH empfohlen, ein Erlöschen des Urlaubsanspruchs zu verneinen, wenn der Arbeitgeber nicht nachweisen könne, dass er konkrete organisatorische Maßnahmen ergriffen habe, die geeignet seien, dem Arbeitnehmer die Ausübung seines Anspruchs auf bezahlten Jahresurlaub zu ermöglichen. Insbesondere müsse der Arbeitgeber mindestens drei Monate vor Endes des Urlaubsjahres mitgeteilt haben, dass nicht genommener Urlaub verfällt.[115]

52

Keine nachträgliche Kürzung bei Übergang von Voll- auf Teilzeit: Der EuGH hat auf ein Ersuchen des Arbeitsgerichts Nienburg eine für den Übergang von Voll- zu Teilzeit wichtige Vorabentscheidung getroffen. Danach sind nationale Bestimmungen, nach der die Zahl der im Vollzeitarbeitsverhältnis „erworbenen" Urlaubstage im Verhältnis zur Zahl der im Rahmen der Teilzeitbeschäftigung geleisteten wöchentlichen Arbeitstage „gekürzt" werden, mit Art. 7 Abs. 1 der Richtlinie 2003/88/EG nicht vereinbar.[116] Der Gerichtshof geht davon aus, der Anspruch auf eine feststehende Anzahl von Urlaubstagen werde umrechnungsfest „erworben". Zwar gestatte § 4 Nr. 2 der Rahmenvereinbarung über Teilzeitarbeit[117] die Anwendung des Pro-rata-temporis-Grundsatzes für eine Zeit der Teilzeitbeschäftigung mit der Folge einer entsprechenden Minderung gegenüber dem bei Vollzeitbeschäftigung bestehenden Anspruch. Dieser Grundsatz rechtfertige aber weder die Kürzung der Dauer des Urlaubs noch der Höhe des Urlaubsentgelts, soweit der Urlaubsanspruch bereits in einer Zeit der Vollzeitbeschäftigung „erworben" wurde.[118] In dem Ausgangsverfahren Bianca

53

---

113 Zur Kritik dieser fehlerhaften Anwendung des IAO Übereinkommens vgl. *Düwell* NZA Beilage 2011, Nr. 3, 133–141.
114 EuGH 22.11.2011 – C-214/10, Rn. 28, AP Richtlinie 2003/88/EG Nr. 6 = EzA EG-Vertrag 1999 Richtlinie 2003/88 Nr. 7 – KHS.
115 Schlussanträge des Generalanwalts *Bot* in den Rechtssachen C-619/16 – Sebastian W. Kreuziger/Land Berlin und C-684/16 – Max-Planck-Gesellschaft/Tetsuji Shimizu, EuGH-Pressemitteilung Nr. 71/18 bestätigt durch: EuGH 6.11. 2018 – C-619/16, ABl EU 2019, Nr C 16, 3 und EuGH, 6.11.2018 – C-684/16, ABl EU 2019, Nr C 16, 5.
116 EuGH 13.6.2013 – C-415/12, juris Rn. 31 ff., NZA 2013, 775 – Bianca Brandes.
117 Rahmenvereinbarung am 18.3.1999 geschlossen von UNICE, CEEP und EGB über Teilzeitarbeit im Anhang zur Richtlinie 98/23 in der geänderten Fassung der Richtlinie EGRL 81/97.
118 So schon: EuGH 22.4.2010 – C-486/08, Rn. 32, NZA 2010, 557 – Zentralbetriebsrat der Landeskrankenhäuser Tirols.

Brandes wollte die Klägerin aus der Zeit der Vollbeschäftigung (5 Arbeitstage in der Woche) wegen Elternurlaubs übertragene 29 Resturlaubstage in Anspruch nehmen, nachdem sie nach Rückkehr aus dem Elternurlaub in Teilzeit (3 Arbeitstage in der Woche) gewechselt war. Nach der Vorabentscheidung müssen ihr die 29 Resturlaubstage einschließlich des Urlaubsentgelts gewährt werden. So werden aus knapp sechs Wochen bezahlten Urlaub bei Vollzeit fast zehn Wochen bezahlte Freizeit nach Wechsel in Teilzeit. Für den Zusatzurlaub gilt das entsprechend. Darauf modifizierte der Neunte Senat des BAG seine Rspr. Hatte er vordem angenommen, die Urlaubstage seien grundsätzlich umzurechnen, wenn sich die Anzahl der mit Arbeitspflicht belegten Tage verringere,[119] aufgrund der Entscheidungen des EuGH in der Sache Brandes und in der Sache Zentralbetriebsrat der Landeskrankenhäuser Tirols hielt er nicht mehr daran fest.[120] Er stellte fest, § 26 Abs. 1 Satz 4 TVöD 2010 sei unanwendbar, weil dort geregelt sei, dass sich der Urlaubsanspruch bei einer anderen Verteilung der wöchentlichen Arbeitszeit als auf fünf Tage in der Woche entsprechend erhöht oder vermindert. Diese sei ein Verstoß gegen § 4 Abs. 1 TzBfG: Rechtsfolge sei nach § 134 BGB die Unwirksamkeit, soweit die Regelung die Anzahl der während einer Vollzeitbeschäftigung erworbenen Urlaubstage mindert.[121]

54 **Vorabentscheidung zur Festlegung der Urlaubszeit:** Nach der Rechtsprechung des BAG ist der Arbeitgeber nicht verpflichtet, den Urlaub von sich aus festzulegen, sondern nur, wenn gemäß § 7 Abs. 1 Satz 1 BUrlG der Arbeitnehmer einen entsprechenden Wunsch äußert (→ Rn. 46). Im Hinblick darauf, dass die Richtlinie Mindestvorschriften für die Sicherheit und Gesundheit des Arbeitnehmers bei der Arbeitszeitgestaltung enthält, ist die 16. Kammer des LAG Hamm der Ansicht, dass eine effektive Umsetzung der Richtlinie eine dahin gehende Verpflichtung des Arbeitgebers erfordert. Zur Beantwortung der Rechtsfrage, ob die abgelehnte Rechtsprechung des BAG mit dem Recht der Union vereinbar ist, hat sie dem EuGH die Frage vorgelegt: „Ist Art. 7 Abs. 1 der Richtlinie 2003/88/EG dahin gehend auszulegen, dass der Arbeitgeber verpflichtet ist, dem Arbeitnehmer im Hinblick auf den Schutz der Sicherheit und der Gesundheit der Arbeitnehmer bei der Arbeitszeitgestaltung Urlaub bis zum Ablauf des Kalenderjahres oder spätestens bis zum Ablauf eines für das Arbeitsverhältnis maßgeblichen Übertragungszeitraums auch tatsächlich zu gewähren, ohne dass es darauf ankommt, ob der Arbeitnehmer einen Urlaubsantrag gestellt hat?".[122] Der Neunte Senat des BAG sieht die Rechtsfrage als unklar an und hat dem EuGH im Rahmen eines Vorabentscheidungsersuchens zwei Fragen gestellt:[123]

„1. Steht Art. 7 Abs. 1 EGRL 88/2003 oder Art. 31 Abs. 2 GRC einer nationalen Regelung wie der in § 7 BUrlG entgegen, die als Modalität für die Wahrnehmung des Anspruchs auf Erholungsurlaub vorsieht, dass der Arbeitnehmer unter Angabe seiner Wünsche bezüglich der zeitlichen Festlegung des Urlaubs diesen beantragen muss, damit der Urlaubsanspruch am Ende des Bezugszeitraums nicht ersatzlos untergeht und die den Arbeitgeber damit nicht verpflichtet, von sich aus einseitig und für den Arbeitnehmer verbindlich die zeitliche Lage des Urlaubs innerhalb des Bezugszeitraums festzulegen?
2. Falls die Frage zu 1. bejaht wird: Gilt dies auch dann, wenn das Arbeitsverhältnis zwischen Privatpersonen bestand?"

---

119 BAG 28.4.1998 – 9 AZR 314/97, BAGE 88, 315 = NZA 1999, 156.
120 BAG 10.2.2015 – 9 AZR 53/14 (F), Rn. 19, BAGE 150, 345 = NZA 2015, 1005.
121 BAG 10.2.2015 – 9 AZR 53/14 (F), Rn. 15, BAGE 150, 345 = NZA 2015, 1005.
122 LAG Hamm 14.2.2013 – 16 Sa 1511/12, EzA-SD 2013, Nr. 6, 8.
123 BAG 13.12.2016 – 9 AZR 541/15 (A), NZA 2017, 271.

Die Vorlagefrage ist vom Gerichtshof der Europäischen Union geklärt worden. Der EuGH hat sinngemäß erkannt: Art. 7 der Richtlinie 2003/88/EG und Art. 31 Abs. 2 GRC stehe einer nationalen Regelung entgegenstehen, nach der ein Arbeitnehmer, der im betreffenden Bezugszeitraum keinen Antrag auf Wahrnehmung seines Anspruchs auf bezahlten Jahresurlaub gestellt hat, am Ende des Bezugszeitraums die ihm gemäß diesen Bestimmungen für den Bezugszeitraum zustehenden Urlaubstage und entsprechend seinen Anspruch auf eine finanzielle Vergütung für den bei Beendigung des Arbeitsverhältnisses nicht genommenen Urlaub automatisch verliert.[124] Darauf hat der Neunte Senat seine Rspr. geändert: Die Befristung des Urlaubsanspruchs nach § 7 Abs. 3 BUrlG setze grundsätzlich voraus, dass der Arbeitgeber seinen aus einem richtlinienkonformen Verständnis von § 7 Abs. 1 Satz 1 BUrlG resultierenden Mitwirkungsobliegenheiten bei der Verwirklichung des Urlaubsanspruchs nur dann genüge, wenn er den Arbeitnehmer aufforderte seinen Urlaub zu nehmen, und ihm klar und rechtzeitig mitteilt, dass der Urlaub mit Ablauf des Kalenderjahres oder Übertragungszeitraums verfalle, wenn er nicht dessen Festlegung beantrage.[125]

Vorabentscheidung zur Vererblichkeit des Abgeltungsanspruchs: Stirbt der Arbeitnehmer im laufenden Arbeitsverhältnis, so entsteht nach der Rechtsprechung des BAG kein Abgeltungsanspruch.[126] Die 16. Kammer des LAG Hamm ist dem entgegengetreten und hat zur Bestätigung ihrer ablehnenden Auffassung den EuGH um eine Vorabentscheidung ersucht.[127] Der EuGH hat jedoch nur die Frage insoweit beantwortet, dass eine Urlaubsabgeltung nicht davon abhängen könne, dass der Betroffene im Vorfeld einen Antrag gestellt habe.[128] Angesichts der Ungereimtheiten der Vorabentscheidung hat der Neunte Senat des BAG die Auslegungsfrage als noch nicht abschließend geklärt angesehen. Er hat den EuGH um eine erneute Entscheidung ersucht: „Räumt Art. 7 der Richtlinie 2003/88/EG oder Art. 31 Abs. 2 der Charta der Grundrechte der Europäischen Union dem Erben eines während des Arbeitsverhältnisses verstorbenen Arbeitnehmers einen Anspruch auf einen finanziellen Ausgleich für den dem Arbeitnehmer vor seinem Tod zustehenden Mindestjahresurlaub ein, was nach § 7 Abs. 4 BUrlG iVm § 1922 Abs. 1 BGB ausgeschlossen ist?"[129] Die in dem Vorabentscheidungsersuchen vom BAG erhobenen Bedenken hat der hat der EuGH verworfen. Die Regelung der Arbeitszeit-Richtlinie stehe der Ansicht des BAG entgegen. Das Erlöschen des von einem Arbeitnehmer erworbenen Anspruchs auf bezahlten Jahresurlaub oder des im Fall der Beendigung des Arbeitsverhältnisses korrelierenden Anspruchs auf Zahlung einer finanziellen Vergütung für nicht genommenen Urlaub, würde nämlich das Recht auf bezahlten Jahresurlaub in seinem Wesensgehalt antasten.[130]

---

124 EuGH 6.11.2018 – C-684/16, Rn. 61, NZA 2018, 1474 – Max-Planck-Gesellschaft zur Förderung der Wissenschaften; *Münder* jurisPR-ArbR 49/2018 Anm. 2.
125 BAG 19.2.2019 – 9 AZR 541/15, Rn. 27, NZA 2019, 982, *Rüschenbaum* jurisPR-ArbR 35/2019 Anm. 2.
126 BAG 20.9.2011 – 9 AZR 416/10, NZA 2012, 326; Einzelheiten: → Rn. 38.
127 LAG Hamm 14.2.2013 – 16 Sa 1511/12, EzA-SD 2013, Nr. 6, 8.
128 EuGH 12.6.2014 – C-118/13, NZA 2014, 651; kritisch: *Kloppenburg* jurisPR-ArbR 29/2014 Anm. 1.
129 BAG 18.10.2016 – 9 AZR 45/16 (A), ZTR 2016, 693.
130 EuGH 6.11.2018 – C-569/16 und C-570/16, ABl EU 2019, Nr C 16, 2 = NZA 2018, 1467 – Bauer; *Hamann* jurisPR-ArbR 49/2018 Anm. 3.

3. Umsetzungsbedarf bei Arbeitsverhältnissen

56 **Die Umsetzung der Vorabentscheidungen durch das BAG:** In Anwendung des EuGH-Urteils hat das BAG § 7 Abs. 3 Satz 3 BUrlG unionsrechtskonform so ausgelegt, dass gesetzliche Urlaubsansprüche vor Ablauf eines Zeitraums von 15 Monaten nach dem Ende des Urlaubsjahres nicht erlöschen, wenn der Arbeitnehmer aus gesundheitlichen Gründen an seiner Arbeitsleistung gehindert war. Sie gehen jedoch mit Ablauf des 31. März des zweiten Folgejahres unter.[131] Dies gilt auch bei fortdauernder Arbeitsunfähigkeit. Die Länge des Übertragungszeitraums von 15 Monaten ergibt sich nicht zwingend aus dem Unionsrecht. Der Gesetzgeber wäre nicht gehindert, einen anderen Übertragungszeitraum festzusetzen, der lediglich deutlich länger sein müsste als der Bezugszeitraum. Ein solches Tätigwerden des Gesetzgebers ist bisher vergeblich gefordert worden.[132]

57 **Unionsrechtskonforme Reformrechtsprechung des BAG zu § 7 Abs. 3 BUrlG:** Die vom EuGH vorgenommene Auslegung des Inhalts des Art. 7 der Richtlinie 2003/88/EG ist für alle Mitgliedsländer mithin auch für deren Gerichte verbindlich. Die infolge dessen vorzunehmende richtlinienkonforme Auslegung von § 7 Abs. 3 BUrlG hat die Grenzen richterlicher Gesetzesauslegung zu beachten. Diese darf sich nicht in Widerspruch zum Gesetzeswortlaut und zum klar erkennbaren Willen des Gesetzgebers setzen.[133] Hier war genügend Spielraum für eine Auslegung der Bestimmungen in § 7 Abs. 3 Satz 3 und 4 BUrlG durch die rechtsfortbildende Einfügung einer Ausnahmeregelung für Fälle der krankheitsbedingten Hinderung der Inanspruchnahme von Urlaub gegeben.[134] Es bedurfte deshalb keiner Anpassung durch den Gesetzgeber. Im Ergebnis ist lediglich zu der älteren, vor 1982 ergangenen urlaubsrechtlichen Billigkeitsrechtsprechung,[135] von der das BAG 1982 in seiner urlaubsrechtlichen Systemwende abgelassen hat,[136] zurückgekehrt worden.

58 **Unionkonforme Reformrechtsprechung zu § 7 Abs. 4 BUrlG:** Anlass dafür, über den Wortlaut des § 7 Abs. 4 BUrlG nach Sinn und Zweck der Regelung Ansprüche auf Urlaubsabgeltung nur über den 31. März des Folgejahres fortdauernd arbeitsunfähig erkrankten Arbeitnehmern auszuschließen, war zu vermeiden, dass arbeitsunfähig ausscheidende Arbeitnehmer bessergestellt werden als die im Arbeitsverhältnis verbleibenden arbeitsunfähigen Arbeitnehmer (sog. **Surrogatstheorie**).[137] Nach der nach *Schultz-Hoff* (→ Rn. 51) ergangenen Reformrechtsprechung zur Übertragungsdauer des Urlaubsanspruchs bei Krankheit (→ Rn. 29, 51) ist eine Schlechterstellung der arbeitsunfähigen im Arbeitsverhältnis verbleibenden Arbeitnehmer nicht mehr zu besorgen; denn deren Ansprüche verfallen nicht mehr zum 31. März des dem Urlaubsjahr folgenden Jahres. Deshalb war auch hier geboten, so wie der EuGH in der Sache Schultz-Hoff es ohne nähere Begründung getan hat, zum Gesetzeswortlaut zurückzukehren und den Abgeltungsanspruch auf einen reinen Geldanspruch zu reduzieren.[138] Danach wird der Arbeitnehmer bei Beendigung des Arbeitsverhältnisses

---

131 BAG 7.8.2012 – 9 AZR 353/10, NZA 2012, 1216.
132 *Bauer/von Medem* NZA 2012, 113 (116 f.); *Düwell* jurisPR-ArbR 16/2012 Anm. 3; *Franzen* NZA 2011, 1403 (1404 f.).
133 BVerfG 24.5.1995 – 2 BvF 1/92, BVerfGE 93, 37 (81), zu D I der Gründe; BAG 24.1.2006 – 1 ABR 6/05, AP Nr. 8 zu § 3 ArbZG.
134 Kritisch: *Höpfner* RdA 2013, 16 ff.
135 Vgl. BAG 13.11.1969 – 5 AZR 82/69, NJW 1970, 679.
136 Vgl. BAG 13.5.1982 – 6 AZR 360/80, DB 1982, 2470.
137 Vgl. BAG 17.1.1995 – 9 AZR 436/93, zu I 1 b der Gründe.
138 Vgl. *Düwell* DB 2011, 2492.

mit einer Abgeltung genannten finanziellen Entschädigung für den nicht genommenen Urlaub abgefunden. Zwingend ist das an sich nur, soweit der Urlaubsanspruch aus Gründen, die nicht vom Willen des Arbeitnehmers abhingen, nicht genommen werden konnte. Das BAG hat sich dennoch zu Recht zur vollständigen Aufgabe der Surrogatstheorie durchgerungen und den Abgeltungsanspruch vollständig vom Fristregime des BUrlG befreit.[139]

Auswirkungen auf den Zusatzurlaub und auf die Abgeltung des Zusatzurlaubs: 59
Auch wenn nur der Mindesturlaub unionsrechtlich gewährleistet ist, so besteht der Anspruch auf Abgeltung des Anspruchs auf Zusatzurlaub am Ende des Arbeitsverhältnisses ebenso wie der Anspruch auf Abgeltung des Grundurlaubs. Das folgt aus der fortentwickelten neuen Auslegung des § 7 Abs. 4 BUrlG. Da der Zusatzurlaub wegen seiner akzessorischen Natur den Regeln des Grundurlaubs unterliegt (→ Rn. 24), wirkt sich die Umsetzung aller Vorabentscheidungen zur Auslegung des Art. 7 der Richtlinie 2003/88/EG nicht nur auf den Erholungs-, sondern auch auf den Zusatzurlaub aus. Der Schwerbehindertenzusatzurlaub aus § 208 Abs. 1 Satz 1 SGB IX ist ebenso wie der Mindesturlaub nach dem Ende des Arbeitsverhältnisses abzugelten, wenn der Zusatzurlaub nicht gewährt werden konnte, weil der Arbeitnehmer arbeitsunfähig erkrankt war.[140] Da der Abgeltungsanspruch nunmehr als reiner Geldanspruch verstanden wird, kann der schwerbehinderte Arbeitnehmer die Abgeltung auch dann noch verlangen, wenn er dem Arbeitgeber das Vorliegen der Schwerbehinderung erst nach Beendigung des Arbeitsverhältnisses mitteilt. Eine vorherige Geltendmachung ist für die Entstehung des Abgeltungsanspruchs nicht erforderlich.

Unionsrecht und rückwirkende Feststellung des GdB: Nach § 208 Abs. 3 60
SGB IX gelten bei rückwirkender Feststellung der Schwerbehinderung die allgemeinen Verfalls- und Übertragungsbestimmungen. Nach bisheriger Rechtsprechung kommt es zu keiner Übertragung des Zusatzurlaubs auf das Folgejahr, weil die Ungewissheit über das Ergebnis des Feststellungsverfahrens nicht als in der Person des Schwerbehinderten liegender Grund für die Übertragung des Urlaubsanspruchs iSv § 7 Abs. 3 S. 2 BUrlG angesehen wurde.[141] Der Anspruchsverlust tritt ein, ohne dass der Beschäftigte die Möglichkeit hatte, den Zusatzurlaub vor dem Verfall zu nehmen. Für die Fortführung der bisherigen Rechtsprechung spricht, dass hier kein Fall des vom EuGH in der Sache Schultz-Hoff herangezogenen Art. 5 Abs. 4 des IAO Übereinkommens Nr. 132 vorliegt („Arbeitsversäumnisse aus Gründen, die unabhängig vom Willen des beteiligten Arbeitnehmers bestehen, wie zB Krankheit"). Der Gesetzgeber hat dieses besondere Risiko dem Arbeitnehmer zugewiesen und durch die Regelung des § 208 Abs. 3 SGB IX klargestellt, dass die rückwirkende Feststellung der Schwerbehinderung nicht zur Folge haben soll, dass dem Arbeitnehmer in größerem Umfang aufgestaute Urlaubsansprüche zufallen sollen. Dieser Gesichtspunkt ist deutlich von der Frage des Erlöschens von Urlaubs- bzw. Urlaubsabgeltungsansprüchen im Fall längerfristiger Erkrankung zu unterscheiden.[142] Im Übrigen kann der Beschäftigte den ersatzlosen Untergang des Zusatzurlaubs verhindern, wenn er rechtzeitig vor Ablauf des Urlaubsjahres unter Hinweis auf das laufende Feststellungsverfahren den Zusatzurlaub verlangt (→ Rn. 31).

---

139 BAG 19.6.2012 – 9 AZR 652/10, NZA 2012, 1087; zustimmend: *Stiebert/Pötter* NZA 2012, 1334.
140 BAG 23.3.2010 – 9 AZR 128/09, ZTR 2010, 376.
141 BAG 21.2.1995 – 9 AZR 675/93, BAGE 79, 207.
142 ArbG Bonn 18.1.2012 – 5 Ca 2499/11 – Rn. 58, AE 2012, 99.

61 **Unionsrecht und Urlaubsentgelt:** Der EuGH hat die unionsrechtliche Regelung des Art. 7 der RL 2003/88/EG dahin gehend ausgelegt, dass „die Richtlinie (...) den Anspruch auf Jahresurlaub und denjenigen auf Zahlung des Urlaubsentgeltes als die zwei Teile eines einzigen Anspruchs" behandelt und weiter ausgeführt: „Durch das Erfordernis der Zahlung dieses Urlaubsentgelts soll der Arbeitnehmer während des Jahresurlaubs in eine Lage versetzt werden, die in Bezug auf das Entgelt mit den Zeiten geleisteter Arbeit vergleichbar ist.".[143] Diese Formulierungen wurden als ein Anzeichen dafür gedeutet, dass der Gerichtshof den Urlaubsanspruch als Einheitsanspruch versteht, wie ihn das ältere urlaubsrechtliche Schrifttum verstanden hat. Danach bestand der Urlaubsanspruch aus den zwei Wesenselementen erstens Freizeitgewährung und zweitens Zahlung eines Urlaubsentgelts.[144] Diese Auffassung galt als überholt; denn nach st. Rspr. des BAG seit 1982 ist der Urlaubsanspruch als ein durch das BUrlG bedingter Anspruch angesehen worden, von den durch den Arbeitsvertrag entstehenden Arbeitspflichten befreit zu werden (Freistellungsanspruch), ohne dass die Pflicht zur Zahlung des Arbeitsentgelts aus § 611a BGB (bis 2017: § 611 BGB) berührt wird.[145] Die Befreiung war danach als eine Nebenpflicht des Arbeitgebers aus dem Arbeitsverhältnis zu verstehen, die darauf gerichtet ist, die Hauptpflicht des Arbeitnehmers zur Erbringung der geschuldeten Arbeitsleistung unter Aufrechterhaltung des Vergütungsanspruchs zu suspendieren. Das entspricht bereits der Rechtsprechung, die vor dem Inkrafttreten des BUrlG vom Rechtsarbeitsgericht und Ersten Senat des BAG „in Ablehnung der Doppelnatur des Urlaubsanspruchs" entwickelt worden war, aber missverständlich mit dem Begriff „einheitlicher Grundcharakter des Urlaubs als eines Anspruchs auf Gewährung bezahlter Freizeit" bezeichnet worden war.[146] Der entsprechende Befreiungsanspruch des Arbeitnehmers ist nicht abhängig von einer Gegenleistung und deshalb nicht synallagmatisch iSd §§ 320 ff. BGB. Kehrt man dagegen wieder unter Bezug auf den EuGH von der Einheitstheorie zurück, so würde der Anspruch auf bezahlten Zusatzurlaub nach § 362 BGB erst erfüllt, wenn der Arbeitgeber vor Antritt des Urlaubs nach § 11 Abs. 2 BUrlG das Urlaubsentgelt auszahlte.[147] Das könnte dazu führen, dass der Arbeitgeber, der zum Zwecke des Urlaubs von der Arbeit freistellt, ohne vor Urlaubsantritt das Urlaubsentgelt zu zahlen, noch ein weiteres Mal, diesmal entsprechend § 11 Abs. 2 BUrlG mit vorheriger Zahlung, freistellen müsste. Nach der seit 1983 herrschenden Rechtsprechung wurde dagegen § 11 Abs. 2 BUrlG nur als Fälligkeitsregelung angesehen. Danach hielt der Grundsatz des bezahlten Urlaubs in § 1 BUrlG dem Arbeitnehmer für die Dauer des gesetzlichen Mindesturlaubs den Anspruch auf Vergütung aus § 611 BGB für die infolge des Urlaubs ausfallende Arbeitszeit unter Abänderung der Fälligkeitsbestimmung von § 614 BGB

---

143 EuGH 16.3.2006 – C-131/04 – Robinson-Steele und C-257/04, Rn. 58, NZA 2006, 481 – Michael Jason Clarke.
144 Vgl. *Röhsler* Boldt/Röhsler, Mindesturlaubsgesetz für Arbeitnehmer (Bundesurlaubsgesetz), 2. Aufl. 1968, Anm. 5 zu § 1; *Stahlhacke* in GK-BUrlG, 5. Aufl. 1992, § 1 Rn. 2, 5–7; diesen folgend BAG 9.1.1979 – 6 AZR 647/77, juris Rn. 8, DB 1979, 1138; BFH 26.6.1980 – IV R 35/74, BFHE 130, 533.
145 BAG 1.11.1983 – 6 AZR 299/80, juris Rn. 31, DB 1984, 1150; BAG 18.12.1986 – 8 AZR 481/84, juris Rn. 21, DB 1987, 1259.
146 BAG 22.6.1956 – 1 AZR 41/55, BAGE 3, 60 unter Bezug auf stRspr. des Reichsarbeitsgerichts; zustimmend: Dersch AP Nr. 10 zu § 611 BGB Urlaubsrecht.
147 So die dem Neunten Senat des BAG angehörenden Bundesrichter *Suckow/Klose* JdArbR, Bd. 49, 59, 64 und ihnen folgend LAG Hamm 14.3.2013 – 16 Sa 763/12, Rn. 31 ff.

aufrecht.[148] Gleiches galt für den Zusatzurlaub, der nach § 208 Abs. 1 SGB IX ebenfalls ein bezahlter Urlaub ist. Ausgehend vom Stand der noch im Juni 2012 bestätigten Rechtsprechung des Neunten Senats des BAG konnte ein unbezahlt für den Zusatzurlaub freigestellter Arbeitnehmer nur das Urlaubsentgelt als das nach § 208 Abs. 1 SGB IX iVm § 611a Abs. 2 BGB geschuldete Entgelt einklagen. Ihm war verwehrt, unter Berufung auf die Einheitstheorie wegen Nichtzahlung die Nichterfüllung des Urlaubsanspruchs geltend machen und erneut Urlaub zu verlangen. Diese Rspr. ist vom Neunten Senat des BAG geändert worden.[149] Nach dieser urlaubsrechtlichen Wende wird Urlaub nur dann „gewährt", wenn entweder dem Arbeitnehmer die Urlaubsvergütung vor Antritt des Urlaubs gezahlt oder vorbehaltlos zugesagt wird. Damit folgt das BAG der Rspr. des EuGH.[150] Das stellt im Ergebnis die Rückkehr zu der überwundenen Doppelnatur des Urlaubsanspruchs dar.

Altfälle und Vertrauensschutz: Weder Arbeitgeber noch Arbeitnehmer verdienen Vertrauensschutz. Spätestens nach Bekanntwerden des Vorabentscheidungsersuchens des Landesarbeitsgerichts Düsseldorf in der Sache Schultz-Hoff vom 2.8.2006[151] konnten beide Arbeitsvertragsparteien nicht mehr davon ausgehen, dass die Rechtsprechung des BAG sowohl zu § 7 Abs. 3 als auch zu § 7 Abs. 4 BUrlG unverändert fortgeführt würde. Durch dieses Vorabentscheidungsersuchen wurde nicht nur das Erlöschen von Urlaubsansprüchen bei lang andauernder Arbeitsunfähigkeit, sondern auch die Rechtsprechung zur Erfüllbarkeit des Urlaubsabgeltungsanspruchs nach der Surrogatstheorie infrage gestellt. Davon waren somit gleichfalls die Grundsätze betroffen, die der Senat unter dem Regime der Surrogatstheorie zum Nichteingreifen von tariflichen Ausschlussfristen entwickelt hatte.[152] 62

4. Vorabentscheidung des EuGH zum Urlaub im Beamtenverhältnis

Entscheidungsausspruch: Auf Ersuchen des VG Frankfurt am Main[153] hat der EuGH[154] in der Sache Neidel entschieden: 63
„1. Art. 7 der Richtlinie 2003/88/EG des Europäischen Parlaments und des Rates vom 4. November 2003 über bestimmte Aspekte der Arbeitszeitgestaltung ist dahin auszulegen, dass er für einen Beamten gilt, der unter gewöhnlichen Umständen als Feuerwehrmann tätig ist.
2. Art. 7 Abs. 2 der Richtlinie 2003/88 ist dahin auszulegen, dass ein Beamter bei Eintritt in den Ruhestand Anspruch auf eine finanzielle Vergütung für bezahlten Jahresurlaub hat, den er nicht genommen hat, weil er aus Krankheitsgründen keinen Dienst geleistet hat.
3. Art. 7 der Richtlinie 2003/88 ist dahin auszulegen, dass er Bestimmungen des nationalen Rechts nicht entgegensteht, die dem Beamten zusätzlich zu dem Anspruch auf einen bezahlten Mindestjahresurlaub von vier Wochen weitere Ansprüche auf bezahlten Urlaub gewähren, ohne dass die Zahlung einer finanziel-

---

148 St. Rspr., BAG 22.2.2000 – 9 AZR 107/99, zu I 2a der Gründe BAGE 93, 376; BAG 15.12.2009 – 9 AZR 887/08, Rn. 15, AP BUrlG § 11 Nr. 66; BAG 19.6.2012 – 9 AZR 712/10, Rn. 17, NZA 2012, 1227.
149 BAG 10.2.2015 – 9 AZR 455/13, Rn. 18, BAGE 150, 355 = NZA 2015, 998.
150 BAG 10.2.2015 – 9 AZR 455/13, Rn. 21, BAGE 150, 355 = NZA 2015, 998; zustimmend: *Schinz* jM 2016, 193.
151 LAG Düsseldorf 2.8.2006 – 12 Sa 486/06, LAGE BUrlG § 7 Nr. 43.
152 Vgl. BAG 21.2.2012 – 9 AZR 486/10, Rn. 31, NZA 2012, 750; BAG 9.8.2011 – 9 AZR 475/10, Rn. 48, NZA 2012, 166.
153 VG Frankfurt am Main 25.6.2010 – 9 K 836/10.F.
154 EuGH 3.5.2012 – C-337/10, NVwZ 2012, 688.

len Vergütung für den Fall vorgesehen wäre, dass dem in den Ruhestand tretenden Beamten diese zusätzlichen Ansprüche nicht haben zugutekommen können, weil er aus Krankheitsgründen keinen Dienst leisten konnte.
4. Art. 7 Abs. 2 der Richtlinie 2003/88 ist dahin auszulegen, dass er einer Bestimmung des nationalen Rechts entgegensteht, die durch einen Übertragungszeitraum von neun Monaten, nach dessen Ablauf der Anspruch auf bezahlten Jahresurlaub erlischt, den Anspruch eines in den Ruhestand tretenden Beamten auf Ansammlung der finanziellen Vergütungen für wegen Dienstunfähigkeit nicht genommenen bezahlten Jahresurlaub beschränkt."

64 **Ansprüche bei andauernder Erkrankung:** Der EuGH hat in der Sache Neidel festgestellt, dass die Arbeitszeitrichtlinie für alle privaten oder öffentlichen Tätigkeitsbereiche gilt, also auch für Beamte. Die in der Richtlinie zugelassenen Ausnahmen seien allein zu dem Zweck erlassen worden, das ordnungsgemäße Funktionieren der öffentlichen Dienste zu gewährleisten, die in Situationen von besonderer Schwere und besonderem Ausmaß für den Schutz der öffentlichen Sicherheit, Gesundheit und Ordnung unerlässlich seien. Für einen Beamten, der unter gewöhnlichen Umständen als Feuerwehrmann tätig ist, sei deshalb der Anspruch auf einen bezahlten Mindestjahresurlaub von vier Wochen gewährleistet. Könne vor Ende des Arbeitsverhältnisses der Urlaub tatsächlich wegen krankheitsbedingter Dienstunfähigkeit nicht mehr genommen werden, gewähre die Art. 7 Abs. 2 der Richtlinie auch dem Beamten den Anspruch auf eine finanzielle Vergütung. Der EuGH stellt klar, dass die Richtlinie der Anwendung nationaler Bestimmungen nicht entgegensteht, die dem Beamten zusätzlich zu dem Anspruch auf einen bezahlten Mindestjahresurlaub von vier Wochen weitere Ansprüche auf bezahlten Urlaub gewähren. In einem solchen Fall sei es jedoch mit dem Unionsrecht vereinbar, dass keine finanzielle Vergütung gezahlt werde, wenn einem in den Ruhestand tretenden Beamten diese zusätzlichen Ansprüche nicht zugutekommen.

65 **Übertragungsdauer:** Der EuGH hat in Auslegung von Art. 7 Abs. 1 Richtlinie festgestellt, dass auch der Mindesturlaubsanspruch des dienstunfähig erkrankten Beamten bei Jahresende übertragen werden muss. Die Übertragungsdauer müsse die Dauer des Bezugszeitraums, für den er gewährt werde, deutlich überschreiten. Im vorgelegten Fall Neidel betrug der Übertragungszeitraum jedoch neun Monate; er war also kürzer als der Bezugszeitraum Urlaubsjahr (= 12 Monate). Zu beachten ist, dass der EuGH zusätzlich noch verlangt, jeder Übertragungszeitraum müsse die Möglichkeit gewährleisten, bei Bedarf über Erholungszeiträume zu verfügen, die längerfristig gestaffelt und geplant werden sowie verfügbar seien.

5. Umsetzungsbedarf im Beamtenverhältnis

66 **Geltung der Arbeitszeitrichtlinie auch für Beamte:** Der Zweite Senat ist der Rechtsprechung des EuGH, nach der auch Beamte Arbeitnehmer im Sinne der RL 2003/88/EG sind,[155] gefolgt.[156] Er hat auch darauf hingewiesen, dass Streitkräfte, Feuerwehr oder Polizei nicht generell, sondern nur für bestimmte in diesen Sektoren wahrgenommene besondere Aufgaben wie etwa bei Natur- oder Technologiekatastrophen und schweren Unglücksfällen von der Anwendung

---

155 Vgl. EuGH 14.7.2005 – C-52/04, Rn. 57 ff., EuGHE 2005, I-7111 – Personalrat Feuerwehr Hamburg; EuGH 3.5.2012 – C-337/10, Rn. 22, NVwZ 2012, 688 – Neidel.
156 BVerwG 26.7.2012 – 2 C 29/11, Rn. 20 ff., NVwZ-RR 2012, 972.

der Arbeitszeitrichtlinie ausgenommen sind.[157] Folgerichtig hat er die unionsrechtliche Verbürgung des Mindesturlaubs aus Art. 7 der Arbeitszeitrichtlinie für Beamte anerkannt und es ausdrücklich abgelehnt, die deutsche beamtenrechtliche Regelung, nach der sich dem aktiven Dienst ein Ruhstandverhältnis anschließt, als Besserstellung im Sinne von Art. 15 der Arbeitszeitrichtlinie zu werten.[158]

Übertragungsdauer und Verfall nach BVerwG: Der Zweite Senat des BVerwG wendet zur Bestimmung der längsten Übertragungsdauer des Mindesturlaubs der Beamten Art. 9 Abs. 1 des Übereinkommens 132 der Internationalen Arbeitsorganisation[159] an.[160] Diese Bestimmung hat folgenden Wortlaut: „Der in Artikel 8 Abs. 2 dieses Übereinkommens erwähnte ununterbrochene Teil des bezahlten Jahresurlaubs ist spätestens ein Jahr und der übrige Teil des bezahlten Jahresurlaubs spätestens achtzehn Monate nach Ablauf des Jahres, für das der Urlaubsanspruch erworben wurde, zu gewähren und zu nehmen." Daraus leitet der Zweite Senat folgerichtig ab, der zweiwöchige ununterbrochene Teil des bezahlten Jahresurlaubs sei spätestens ein Jahr und der übrige zweiwöchige Teil des bezahlten Jahresurlaubs spätestens 18 Monate nach Ablauf des Jahres, für das der Urlaubsanspruch erworben wurde, zu gewähren und zu nehmen. Die unmittelbare Anwendung dieser völkerrechtlichen Vorschrift stützt der Zweite Senat auf die im Urteil des EuGH vom 22.11.2011 – C-214/10, KHS, Rn. 41 enthaltene Erwägung, dass der Zweck der Urlaubsansprüche bei Ablauf der dort vorgesehenen Fristen nicht mehr vollständig erreicht werden kann. Das rechtfertigt nach Ansicht des Zweiten Senats des BVerwG die Annahme, dass der Urlaubsanspruch 18 Monate nach Ende des Urlaubsjahres verfällt. Damit besteht für Beamte eine längere Übertragungsdauer als für Arbeitnehmer; denn der Neunte Senat des BAG lässt den Verfall schon nach 15 Monaten (→ Rn. 52, 29) eintreten. 67

Unionsrechtlicher Abgeltungsanspruch: Die Ansprüche von Beamten auf Urlaub und Besoldung richten sich nach den jeweiligen beamtenrechtlichen Gesetzen und Verordnungen, die bislang einen Urlaubsabgeltungsanspruch gerade nicht vorsehen. Deshalb entnimmt der Zweite Senat des BVerwG den Anspruch auf Abgeltung des unionsrechtlich gewährleisteten Mindesturlaubs von vier Wochen Erholungsurlaub unmittelbar aus Art. 7 Abs. 2 der Arbeitszeitrichtlinie.[161] Die Anwendung des § 7 Abs. 4 BUrlG wird abgelehnt; denn diese Norm ist nach § 2 BUrlG auf Beamte nicht anwendbar. Die Voraussetzungen für eine Abgeltung sieht das BVerwG als erfüllt an, weil die Beendigung des Beamtenverhältnisses durch Eintritt oder Versetzung in den Ruhestand (vgl. § 21 Nr. 4 Beamtenstatusgesetz, § 30 Nr. 4 BBG) nach der Rechtsprechung des EuGH als eine Beendigung des Arbeitsverhältnisses im Sinne des Art. 7 Abs. 2 der Arbeitszeitrichtlinie gilt.[162] 68

Keine Abgeltung des Zusatzurlaubs: Der Zweite Senat des BVerwG hat den Umfang des Urlaubsabgeltungsanspruchs auf die sich aus Art. 7 Abs. 1 der Arbeitszeitrichtlinie ergebenden vier Wochen Erholungsurlaub im Jahr beschränkt und den in § 208 SGB IX auch für schwerbehinderte Beamte geregelten Zusatzurlaub ausdrücklich von der Abgeltungspflicht ausgenommen.[163] Er ist damit 69

---

157 BVerwG 15.12.2011 – 2 C 41/10, Rn. 20, Buchholz 240 § 50a BBesG Nr. 1.
158 BVerwG 31.1.2013 – 2 C 10/12, IÖD 2013, 78.
159 Zustimmungsgesetz vom 30.4.1975, BGBl. II 745.
160 BVerwG 31.1.2013 – 2 C 10/12, IÖD 2013, 78.
161 BVerwG 31.1.2013 – 2 C 10/12, IÖD 2013, 78.
162 EuGH 3.5.2012 – C-337/10 NVwZ 2012, 688 – Neidel.
163 BVerwG 31.1.2013 – 2 C 10/12, IÖD 2013, 78.

von einem vom Neunten Senat des BAG aufgestellten einschlägigen Rechtssatz abgewichen, ohne nach dem Gesetz zur Wahrung der Einheitlichkeit der Rechtsprechung der obersten Gerichtshöfe des Bundes den Gemeinsamen Senat der obersten Gerichte des Bundes anzurufen. Das BAG hat nämlich über ein Jahr zuvor § 208 Abs. 3 SGB IX dahin ausgelegt, dass sich die Bedingungen über die Inanspruchnahme des bundesgesetzlichen Schwerbehindertenzusatzurlaubs nach den Regelungen über den Mindesturlaub richten und insoweit auch in richtlinienkonformer Auslegung von § 7 Abs. 4 BUrlG ebenfalls wie der Mindesturlaub abzugelten sind.[164] Das BVerwG verdeckt die Divergenz, indem es darstellt, die Abgeltung ergebe sich nach der Rspr. des BAG allein aus § 7 BUrlG. Tatsächlich muss das BAG so verstanden werden, dass der Schwerbehindertenzusatzurlaub aufgrund § 208 SGB IX wie der Mindesturlaub zu behandeln ist.[165] In der Sache ist das BVerwG daher von der Auslegung des § 208 SGB IX abgewichen.

70 **Ausgestaltung des Abgeltungsanspruchs:** Das BVerwG hält ein Antragserfordernis mit dem Effektivitätsgrundsatz des Unionsrechts nicht vereinbar. Das hat der Zweite Senat bereits für den unionsrechtlichen Staatshaftungsanspruch wegen Zuvielarbeit entschieden.[166] Für den Urlaubsabgeltungsanspruch nach Art. 7 Abs. 2 der Arbeitszeitrichtlinie soll nichts anderes gelten.[167] Den unionsrechtlichen Urlaubsabgeltungsanspruch als reinen Geldanspruch unterwirft das BVerwG der regelmäßigen Verjährungsfrist von drei Jahren, § 195 BGB. Nach § 199 Abs. 1 BGB beginnt der Lauf der Verjährung mit dem Schluss des Jahres, in dem der Anspruch entstanden ist.

XII. Begrenzung der Ansprüche

71 **Begrenzung durch Verjährung:** Die dreijährige Verjährungsfrist (§§ 195, 199 BGB) spielte angesichts der der Befristung des Gewährungs- und Abgeltungsanspruchs nach § 7 Abs. 3 und 4 BUrlG bislang keine Rolle. Die Einrede der Verjährung ist daher nur von theoretischer Bedeutung gewesen. Sie kommt für den Schadenersatzfall in Betracht, wenn der Arbeitnehmer für den verfallenen Abgeltungsanspruch Ersatz in Geld (§ 251 BGB) erhält. Das war schon nach der früheren Rechtsprechung so, weil der Schadenersatz nicht dem Zeitregime des § 7 Abs. 3 BUrlG unterliegt. Jetzt fällt der Abgeltungsanspruch als reiner Geldanspruch sowohl nach der Rechtsprechung des BAG als auch nach der des BVerwG in Geltungsbereich der Verjährung. Auffassungen, die auch den urlaubsrechtlichen Freistellungsanspruch der Verjährung unterwerfen wollen,[168] waren erkennbar von dem Bemühen geleitet, „eine unverhältnismäßig lange Bindung des Arbeitgebers zu verhindern". Das war eine rechtspolitisch verständliche Reaktion auf die als sozialpolitisch kontraproduktive empfundene Entscheidung des EuGH in der Sache Schultz-Hoff (→ Rn. 51). Im Hinblick auf die dogmatischen Unterschiede zwischen Freistellungs- und Abgeltungsanspruch war diese Forderung zu pauschal. Zwar ist der Urlaubsanspruch des arbeitsunfähig kranken Arbeitnehmers entsprechend der europarechtlich gebotenen Rechtsfortbildung vor Verfall geschützt. Dieser Schutz besteht jedoch nicht unbegrenzt. Sowohl die Rspr. des BAG mit einer Höchstübertragung von 15 Monaten (→ Rn. 29) als auch die Rspr. des BVerwG mit einer Höchstübertragungsdauer von 18 Monaten (→ Rn. 67) setzen kürzere Verfallfristen,

---

164 BAG 23.9.2010 – 9 AZR 128/09, Rn. 64 ff., NZA 2010, 810 (816).
165 So zutreffend *von Roetteken* jurisPR-ArbR 22/2013 Anm. 4.
166 BVerwG 26.7.2012 – BVerwG 2 C 29.11, Rn. 25, NVwZ-RR 2012, 972.
167 BVerwG 31.1.2013 – 2 C 10/12, IÖD 2013, 78.
168 So *Genenger* Anmerkung zu LAGE § 7 BUrlG Abgeltung Nr. 22.

so dass für die dreijährige Verjährung nur ein sinnvoller Anwendungsbereich besteht, wenn diese Verfallfristen nicht eingreifen. Das ist der Fall, wenn der Arbeitgeber seine Mitwirkungsobliegenheit in Gestalt des nach der EuGH-Rspr. notwendigen Hinweises auf die noch ausstehende Inanspruchnahme des Urlaubs (→ Rn. 54) unterlässt. Deshalb hat der Fachsenat des BAG den EUG um Klärung im Rahmen der Vorabentscheidung gebeten; „Stehen Art. 7 RL 2003/88/EG und Art. 31 Abs. 2 der Charta der Grundrechte der Europäischen Union der Anwendung einer nationalen Regelung wie § 194 Abs. 1 iVm. § 195 BGB entgegen, nach der der Anspruch auf bezahlten Jahresurlaub einer regelmäßigen Verjährungsfrist von drei Jahren unterliegt, deren Lauf unter den in § 199 Abs. 1 BGB genannten Voraussetzungen mit dem Schluss des Urlaubsjahres beginnt, wenn der Arbeitgeber den Arbeitnehmer nicht durch entsprechende Aufforderung und Hinweise tatsächlich in die Lage versetzt hat, seinen Urlaubsanspruch auszuüben?"[169]

Folgen der Wiederherstellung der Arbeitsfähigkeit im Folgejahr: Im weiter bestehenden Arbeitsverhältnis tritt der im Vorjahr wegen Krankheit nicht erfüllbare Urlaub entsprechend § 7 Abs. 3 S. 2 BUrlG als „Übertrag" dem am 1. Januar entstehenden Urlaubsanspruch des Folgejahres hinzu. Wird der Arbeitnehmer im neuen laufenden Urlaubsjahr arbeitsfähig, dann ist der Freistellungsanspruch wieder erfüllbar. Der vom EuGH erfundene Übertragungstatbestand für den Fall, dass „die Arbeitsunfähigkeit bis zum Ende des Arbeitsverhältnisses fortbestand, weshalb er seinen Anspruch auf bezahlten Jahresurlaub nicht ausüben konnte",[170] liegt dann nicht mehr vor. Es gilt dann für den laufenden und den hinzugetretenen Anspruch einheitlich das Fristenregime, wie es sich aus § 7 Abs. 3 Satz 1 (Kalenderjahresende) und aus § 7 Abs. 3 Satz 3 BUrlG (bei Übertragung aus dringenden betrieblichen oder in der Person liegenden Gründen bis 31. März) ergibt. Soweit infolge des krankheitsbedingten Hindernisses der Urlaub fortbesteht, ist er nämlich nicht aus dem Fristenregime des BUrlG dauerhaft herausgenommen. Der wegen der mangelnden Möglichkeit der Inanspruchnahme infolge krankheitsbedingter Arbeitsunfähigkeit über den Übertragungszeitraum des ersten Quartals des Folgejahres hinaus fortbestehende Urlaubsanspruch unterfällt, sobald die Arbeitsunfähigkeit als Erfüllungshindernis des Urlaubsanspruchs wegfällt, erneut dem gesetzlichen oder tarifvertraglichen Fristenregime.[171] Danach muss der Arbeitnehmer seinen Anspruch so rechtzeitig geltend machen, dass die zustehende Urlaubsdauer noch vom Arbeitgeber als Freistellung möglichst im laufenden Urlaubsjahr gewährt werden kann.

§ 209 Nachteilsausgleich

(1) Die Vorschriften über Hilfen für behinderte Menschen zum Ausgleich behinderungsbedingter Nachteile oder Mehraufwendungen (Nachteilsausgleich) werden so gestaltet, dass sie unabhängig von der Ursache der Behinderung der Art oder Schwere der Behinderung Rechnung tragen.
(2) Nachteilsausgleiche, die auf Grund bisher geltender Rechtsvorschriften erfolgen, bleiben unberührt.

---

169 BAG 29.9.2020 – 9 AZR 266/20 (A), BB 2020, 2292.
170 EuGH 20.1.2009 – C 350/06 und C 520/06, Rn. 33 und 52, NZA 2009, 135 – Schultz-Hoff.
171 BAG 10.7.2012 – 9 AZR 11/11, Rn. 20, AiB 2013, 245; BAG 12.4.2011 – 9 AZR 80/10, Rn. 36, AP BUrlG § 7 Nr. 50.

I. Allgemeines 1
II. Persönlicher Geltungsbereich 4
III. Unerfülltes Reformprogramm 5
IV. Besitzstandsschutz 7
V. Einzelne Nachteilsausgleiche 9
  1. Pauschbeträge im Einkommensteuerrecht 10
  2. Erhöhte Abzugsbeträge für Fahrtkosten 13
  3. Unentgeltliche Beförderung und/oder Kraftfahrzeugsteuerermäßigung (Merkzeichen „G") 14
  4. Kraftfahrzeugsteuerbefreiung und Behindertenparkplätze (Merkzeichen „aG") 15
  5. Vorrechte im Straßenverkehr 16
  6. Vorteile Hilfloser und Blinder im Einkommen- und Kraftfahrzeugsteuerrecht (Merkzeichen „H" und „Bl.") 18
  7. Eisenbahnbenutzung in der 1. Klasse 20
  8. Ermäßigung des Rundfunkbeitrags und Befreiung von der Rundfunkbeitragspflicht (Merkzeichen „RF") 21
  9. Freifahrt für Begleitpersonen (Merkzeichen „B") 23
VI. Nachteilsausgleiche im SGB II, V und XII 24

I. Allgemeines

1 **Geltende Fassung:** Die Vorschrift wurde mit Wirkung vom 1.7.2001 durch Art. 1 und 68 SGB IX vom 19.6.2001[1] als § 126 eingeführt und gilt seither unverändert. Das BTHG vom 23.12.2016[2] hat nur den Standort geändert.

2 **Regelungsgehalt:** Die Vorschrift stellt in Abs. 1 einen **Programmsatz** zur Reform der Nachteilsausgleiche auf und **definiert** diesen **Begriff**. Als Leitlinie für die angeordnete Neugestaltung wird verboten, nach der Behinderungsursache zu unterscheiden (**Finalitätsprinzip**) und vorgeschrieben, Art und Schwere der Behinderung zu berücksichtigen (**Differenzierungsgebot**). Die Besitzstandsklausel in Abs. 2 soll Inhaber bestehender, aber den Prinzipien des Abs. 1 widersprechender Nachteilsausgleiche vor Einbußen durch die programmierte Neuordnung schützen.

3 **Entstehungsgeschichte:** Inhaltsgleiche Übernahme des § 48 SchwbG, der seinerseits auf § 34a SchwbG 1974 zurückgeht.

II. Persönlicher Geltungsbereich

4 Der **Geltungsbereich** des Abs. 1 ist nicht auf schwerbehinderte und diesen gleichgestellte Menschen mit Behinderungen begrenzt.[3] Wie auch andere Vorschriften des Schwerbehindertenrechts wendet sich diese Regelung an Menschen mit Behinderungen, die nicht notwendig schwerbehindert sein müssen.[4] Die Begründung der mit § 34a SchwbG 1974 eingeführten Vorschrift spricht undifferenziert und allgemein von einer Reform des „Vergünstigungswesens" und lässt damit eine Ausgrenzung – leichter – behinderter Menschen nicht erkennen.[5] Praktische Konsequenzen haben die unterschiedlichen Auffassungen über den Geltungsbereich ohnehin nicht, weil es bundesrechtliche Nachteilsaus-

---

1 BGBl. I 1046.
2 BGBl. I 3234.
3 AA *Schorn* in Müller-Wenner/Schorn SGB IX § 126 Rn. 5 unter Hinweis auf den Standort der Vorschrift und den Wortlaut des § 68 Abs. 1 (jetzt: § 151).
4 Vgl. etwa § 152 Abs. 1 und § 192 Abs. 4; *Trenk-Hinterberger* in HK-SGB IX § 126 Rn. 3.
5 BT-Drs. 7/1515, 16.

III. Unerfülltes Reformprogramm

Der 1974 erteilte – bloße – **Gestaltungsauftrag** des Abs. 1 erkennt einerseits an, dass schon die im damals geltenden Recht unübersichtlich und kompliziert geregelten und nicht immer am finalen Gedanken des Schwerbehindertenschutzes ausgerichteten Nachteilsausgleiche dringend vereinfacht und vereinheitlicht werden müssen. Er drückt zugleich die Ohnmacht des Gesetzgebers aus, diese Aufgabe zugleich mit der Einführung des SchwbG zu erledigen.[6] Daran hat sich seither nichts geändert. Es hat weder eine Gesamtreform des „Vergünstigungswesens" gegeben, noch ist der Reformauftrag auch nur annähernd schrittweise abgearbeitet worden. Unverändert sind Nachteilsausgleiche unsystematisch, unübersichtlich und weit verstreut geregelt;[7] viele sind bis heute unvereinbar mit den in Abs. 1 vorgegebenen Grundsätzen.[8]

5

Aus dem reinen **Programmsatz** des Abs. 1 lassen sich individuelle Ansprüche von Menschen mit Behinderungen auf bestimmte Nachteilsausgleiche nicht ableiten. Folgenlos bleibt auch ein Verstoß des Gesetzgebers gegen die Grundsätze des Abs. 1 zur Ausgestaltung von Nachteilsausgleichen. Eine diesen Prinzipien widersprechende gesetzliche Regelung führt nicht zur Nichtigkeit solcher Normen.[9]

6

IV. Besitzstandsschutz

Die **Besitzstandsklausel** in Abs. 2 bewahrt Menschen mit Behinderungen vor Einbußen durch Abschaffung oder nachteilige Umgestaltung solcher Nachteilsausgleiche, die ihren Inhabern vor der programmierten Neuregelung – unter Umständen bereits jahrzehntelang – zugestanden haben.[10] Damit wird nicht nur das Vertrauen der Begünstigten in den ungeschmälerten Fortbestand einmal eingeführter Nachteilsausgleiche geschützt. Die Vorschrift verkleinert zugleich die Zahl der von etwaigen Gesetzesänderungen Betroffenen um die „Bestandsbegünstigten", kann damit den Widerstand von Interessengruppen und Verbänden gegen den Abbau ungerechtfertigter Vergünstigungen verringern und dürfte so dem Gesetzgeber die Reformarbeit erleichtern. Abs. 2 ist allerdings bisher mit Ausnahme der in § 228 Abs. 4 Nr. 3 getroffenen Altfallregelung von Legislative und Rechtsprechung gleichermaßen unbeachtet geblieben. So hat etwa das Haushaltsbegleitgesetz 1984[11] ab 1.4.1984 einen Teil der bis dahin begünstigten schwerbehinderten Menschen übergangslos von der unentgeltlichen Beförderung im öffentlichen Personenverkehr ausgeschlossen. Das BSG hat diese Verschlechterung gebilligt, ohne auf die Besitzstandsvorschrift – damals noch in

7

---

6 BT-Drs. 7/1515, 16.
7 Vgl. dazu die untenstehende Darstellung der wichtigsten Nachteilsausgleiche und die Broschüre „Nachteilsausgleiche. Steuerermäßigungen – Versicherungsermäßigungen – Gebührenermäßigungen – Reiseverkehr", s. www.hamburg.de/integratio nsamt/veroeffentlichungen.
8 Vgl. *Dau*, Reform der Nachteilsausgleiche für behinderte Menschen, SGb 2008, 589; *Schorn* in Müller-Wenner/Schorn SGB IX Teil 2 § 126 Rn. 6.
9 BSG 8.11.2007 – B 9/9 a 3/06 R BSGE 99, 189 = SozR 4-1500 § 155 Nr. 2, Rn. 29; *Hansen*, Befreiung von der Rundfunkgebührenpflicht – Merkzeichen RF, SGb 2007, 253 (254 f.).
10 Vgl. BT, Kurzprotokoll der 25. Sitzung des AS-Ausschusses vom 13.12.1973, S. 48; *Cramer* SchwbG § 48 Rn. 3; aA *Pahlen* in Neumann/Pahlen/Greiner/Winkler/ Jabben SGB IX § 209 Rn. j, SchwbG, 8. Aufl. 1992, § 48 Rn. 2: klarstellende Regelung über eine Besitzstandswahrung bis zur Neuregelung nach Abs. 1.
11 BGBl. I 1532.

§ 48 Abs. 2 SchwbG – einzugehen.[12] Das lässt sich nicht mit der „Freifahrtberechtigung" des durch die Reform 1984 benachteiligten Personenkreises erst aufgrund des G. v. 9.7.1979[13] erklären. Denn Abs. 2 schützt nicht statisch die Inhaber eines historischen Besitzstandes von Nachteilsausgleichen[14]; vielmehr ist dynamisch geschützt, wer zum Zeitpunkt eines Reformschritts nach dem zuvor jeweils geltenden Recht Nachteilsausgleiche innehat.[15]

8 Abs. 2 schützt in dem beschriebenen Umfang nur gegen eine nachteilige Änderung der rechtlichen, nicht vor den Folgen veränderter **tatsächlicher Verhältnisse**. Dafür gelten seit 1986 auch nicht mehr die begünstigenden versorgungsrechtlichen Sondervorschriften aus § 62 Abs. 2 und 3 BVG.[16] Ändern sich gesundheitliche Merkmale, die Voraussetzung für die Inanspruchnahme von Nachteilsausgleichen sind, zulasten des Betroffenen oder fallen sie weg, so ist der Feststellungsbescheid nach § 152 Abs. 4 und Abs. 1 Satz 5 iVm § 48 Abs. 1 Satz 1 SGB X ganz oder teilweise aufzuheben. Ebenso ist zu verfahren, wenn die **rechtlichen Verhältnisse** sich nicht durch Reformschritte nach Abs. 1 ändern, sondern etwa durch geänderte GdB-Einschätzungen in den als Bestandteil der VersMedV geltenden VMG.[17]

V. Einzelne Nachteilsausgleiche

9 Nachteilsausgleiche sind unüberschaubar vielgestaltig und **zahlreich**.[18] Zumeist bestimmen die begünstigenden Vorschriften nicht selbst, welche gesundheitlichen Merkmale vorliegen müssen, um einen Nachteilsausgleich in Anspruch nehmen zu können. Stattdessen knüpfen sie an einen bestimmten GdB oder eines der in § 3 SchwbAwV[19] genannten Merkzeichen an. Das Merkzeichen „TBl" (taubblind) eröffnet bis auf die Befreiung vom Rundfunkbeitrag keinen eigenständigen Zugang zu Nachteilsausgleichen.[20] Nachfolgend werden nur wenige wichtige Nachteilsausgleiche **beispielhaft** genannt:

1. Pauschbeträge im Einkommensteuerrecht

10 Nach § 33 b Abs. 2 Nr. 2 Buchst. b Einkommensteuergesetz (EStG) können **behinderungsbedingte** Aufwendungen in pauschalierter Höhe ohne Nachweis

---

12 BSG 24.4.1985 – 9 a RVs 11/84, BSGE 58, 72 = SozR 3870 § 58 Nr. 1 und 10.12.1987 – 9 a RVs 11/86.
13 BGBl. I 989.
14 Wie er etwa bei Einführung des SchwbG oder dann des SGB IX vorhanden gewesen ist.
15 AA anscheinend BSG 8.11.2007 – B 9/9 a SB 3/06 R BSGE 99, 189 = SozR 4-1500 § 155 Nr. 2, Rn. 29.
16 Vgl. *Cramer* SchwbG § 4 Rn. 9 a.
17 Vgl. zur grundlegenden Überarbeitung aller organ- und systembezogenen Bewertungstabellen durch den Sachverständigenbeirat beim BMAS *Ginda* MedSach 2013, 22 (25) und zu den umstrittenen Reformen im Entwurf einer 6. Verordnung zur Änderung der Versorgungsmedizin-Verordnung *Düwell* jurisPR-ArbR 19/2019, Anm. 1.
18 Vgl. dazu die Beispiele in BSG 24.4.2008 – 9/9 a SB 8/06 R, SozR 4-3250 § 69 Nr. 8 und bei *Dau* juris PR-SozR 12/2009, Anm. 6 sowie die Aufzählung in der Broschüre „Nachteilsausgleiche. Steuerermäßigungen – Versicherungsermäßigungen – Gebührenermäßigungen – Reiseverkehr", s. www.hamburg.de/basfi/veroeffentlichungen/115052/nachteilsausgleiche.
19 Abgedruckt in Anhang 2.
20 Nach § 4 Abs. 1 Nr. 10 RBStV sind „taubblinde" Menschen auf Antrag von der Rundfunkbeitragspflicht zu befreien. Als Nachweis reicht nach § 4 Abs. 7 Satz 2 Halbs. 2 RBStV bisher eine ärztliche Bescheinigung. Ob die Befreiung künftig an das Merkzeichen „TBl" geknüpft wird, bleibt abzuwarten.

vom Gesamtbetrag der Einkünfte abgezogen werden. Anders als nach § 33 Abs. 1 und 3 EStG braucht der Steuerpflichtige sich keine zumutbare Belastung[21] anrechnen zu lassen, wenn er die Pauschbeträge geltend macht. Pauschbeträge stehen nicht nur schwerbehinderten, sondern bereits Menschen mit Behinderungen bei einem festgestellten GdB von weniger als 50, aber mindestens 25 zu, wenn ihre Behinderung zu einer **dauernden Einbuße der körperlichen Beweglichkeit** geführt hat oder auf einer **typischen Berufskrankheit** beruht. Diese zusätzlichen Merkmale sind nach § 65 Abs. 1 Nr. 2 Buchst. a EStG-DV durch eine „Äußerung" des Versorgungsamtes im Feststellungsbescheid nach § 152 Abs. 1 nachzuweisen. Wegen des Gebots, nur noch Zehnergrade festzustellen (§ 152 Abs. 1 Satz 4), setzt die Steuerbegünstigung – mit einem Pauschbetrag von 310 Euro jährlich – erst bei einem GdB von 30 ein[22]; Ausnahme: Eine gemäß § 152 Abs. 2 ohne Feststellungsverfahren als GdB übernommene MdE um 25 v.H. nach dem BVG aF.[23] Bei einem GdB von 40 steigt die Steuerbegünstigung auf 430 Euro. **Ohne zusätzliche Voraussetzungen** können schwerbehinderte Menschen ab einem **GdB von 50** nach § 33 b Abs. 2 Nr. 1 EStG **Pauschbeträge** zwischen 570 Euro und – bei einem GdB von 100–1420 Euro geltend machen.

11

Diese Beträge waren **seit 1974 unverändert** geblieben. Eine **Anhebung**[24] erschien entgegen der Initiative einiger Bundesländer[25] nicht erforderlich. Im Gegenteil: Durch **schleichende Aufzehrung** wurden weithin **unberechtigte Steuervorteile** und die dadurch verursachten Steuerausfälle **abgebaut**.[26] Die Verfassung gebot schon deshalb keine Anhebung, weil jedem behinderten Menschen mit Behinderungen der Einzelnachweis behinderungsbedingter Mehraufwendungen – allerdings unter Abzug der ihm zumutbaren Belastung (§ 33 Abs. 3 EStG) – unbenommen bleibt.[27] Die gegen dieses Urteil des BFH eingelegte Verfassungsbeschwerde hat das BVerfG nicht zur Entscheidung angenommen.[28]

12

Das „Gesetz zur Erhöhung der Behinderten-Pauschbeträge und zur Anpassung weiterer steuerlicher Regelungen" vom 9.12.2020[29] beruhigt auf der nach Jahrzehnten gewonnenen Erkenntnis des Gesetzgebers, dass die Pauschbeträge, um ihre Vereinfachungsfunktion auch künftig zu erfüllen, der Höhe nach anzupassen sind.[30] Ab **Veranlagungszeitraum 2021** (§ 52 Abs. 33 c EStG) setzten die Pauschbeträge deshalb mit 384 Euro bereits bei einem GdB von 20 ein und **verdoppeln** sich für jede der nachfolgenden Stufen gegenüber den bis dahin geltenden Werten. Zugleich **verzichtet** das Gesetz von da an bei einem GdB unter 50

---

21 Von 1 % bis zu 7 % des Gesamtbetrags seiner Einkünfte; zur gestuften Berechnung der zumutbaren Belastung: BFH 19.1.2017 – VI R 75/14, DStR 2017, 719.
22 Vgl. *Glanegger* in Schmidt EStG Einkommensteuergesetz, Kommentar, 4. Aufl. 2013, EStG § 33 b Rn. 3.
23 Nach dem BVG idF v. 13.12.2007 (BGBl. I 2904) ein als GdB übernommener GdS von 25.
24 Vgl. dazu BT-Drs. 14/9322 und 15/1454.
25 BR-Drs. 684/12, 4, 21 f.
26 Zum Vorschlag, die Pauschbeträge durch ein „Teilhabegeld" zu ersetzen vgl. *Frehe* KJ 2012, 435 (443); s. dazu auch Art. 18 „Gesetz zur Sozialen Teilhabe", entworfen vom Forum behinderter Juristinnen und Juristen.
27 Vgl. BT-Drs. 12/1893, S. 25 und 15/1454 S. 1; BFH 20.3.2003 – III B 84/01, BFH/NV 2003, 1164; aA *Bilsdorfer* NJW 2005, Heft 27, S. III und *Dziadkowski* FR 2004, 575, *Glanegger* in Schmidt EStG Einkommensteuergesetz, Kommentar, 4. Aufl. 2013, EStG § 33 b Rn. 5 und zur Parallele im Grundsicherungsrecht BSG 10.11.2011 – B 8 SO 12/10 R, SozR 4-3500 § 30 Nr. 4.
28 BFH 17.1.2007 – 2 BvR 1059/03.
29 BGBl. I 2770.
30 BT-Drs. 19/21985, 1.

auf **zusätzliche gesundheitliche Merkmale** (dauernde Einbuße der körperlichen Beweglichkeit oder Berufskrankheit). Der Gesetzgeber hat auch für die Neuregelung nicht nachgeholt, was seit 1974 fehlt: eine Ermittlung durchschnittlich entstehenden behinderungsbedingten Bedarfs als Grundlage für typisierend festgelegte Pauschbeträge.[31] Die von Beginn an nur grob gegriffene und mit der Verdoppelung der Behinderten-Pauschbeträge sprunghaft fortgeschriebene Bedarfsprognose führt zu 1 Mrd. Steuermindereinnahmen. Begünstigt werden dadurch von etwa 10 Mio. Menschen mit Behinderung nur die rund 4 Mio. überhaupt einkommensteuerpflichtigen und von ihnen die mit den höchsten Einkommen am stärksten. Zweifelhaft erscheint überdies der behauptete Vereinfachungseffekt. Denn es lässt sich nicht angeben, wie viele Menschen mit Behinderung statt der Pauschbeträge nach 33 b EStG tatsächlich den Einzelnachweis führen und eine Steuerermäßigung nach § 33 EStG geltend machen.[32]

2. Erhöhte Abzugsbeträge für Fahrtkosten

13 **Werbungskosten:** Ein **GdB ab 70** oder von mindestens **50 kombiniert** mit dem Merkzeichen „G" berechtigt den schwerbehinderten Menschen nach § 9 Abs. 2 Satz 3 EStG, **Aufwendungen** für den Weg zwischen Wohnung und Arbeitsstätte sowie – bei doppelter Haushaltsführung – die Kosten für Familienheimfahrten statt nach den niedrigen Pauschalbeträgen des EStG in **tatsächlich** entstandener **Höhe** vom ersten Entfernungskilometer an vom Einkommen abzuziehen. Diese Vergünstigung hatte nach der vorübergehenden **Abschaffung** der **Entfernungspauschale** für Wege bis zum 21. Entfernungskilometer weiter an Gewicht gewonnen. Die **Privilegierung** erscheint teilweise **überholt**, weil sie die Entwicklung des Rechts zur unentgeltlichen Beförderung nicht nachvollzogen hat. Dort gibt es schon seit langer Zeit keine nur an einen bestimmten GdB geknüpften Ansprüche ohne Rücksicht auf eine Beeinträchtigung der Bewegungsfähigkeit im Straßenverkehr mehr.[33]

Fahrtkostenpauschale: Nach § 33 Abs. 2 a EStG können Menschen mit einem GdB von mindestens 80 oder mindestens 70 und dem Merkzeichen „G" eine behinderungsbedingte Fahrtkostenpauschale von 900 Euro geltend machen. Für Menschen mit den Merkzeichen „aG", „Bl." oder „H" beträgt die Pauschale 4.500 Euro. Die Pauschale lässt sich, wie der Behinderten-Pauschbetrag nach § 33 b Abs. 5 EStG von Kindern auf ihre Eltern übertragen (umgekehrt nicht). Es gelten dieselben Bedenken wie bei den Werbungskosten: Allein der GdB von 80 sagt nichts über einen behinderungsbedingten Mehraufwand für Fahrtkosten aus.[34]

3. Unentgeltliche Beförderung und/oder Kraftfahrzeugsteuerermäßigung (Merkzeichen „G")

14 Anspruch auf unentgeltliche Beförderung im öffentlichen Personenverkehr haben nach § 228 Abs. 1 schwerbehinderte Menschen, deren **Bewegungsfähigkeit im Straßenverkehr erheblich beeinträchtigt** ist (Merkzeichen „G") (ebenso bei Hilf- [Merkzeichen „H"] oder Gehörlosigkeit [Merkzeichen „Gl"]). Dieser Personenkreis erhält nach § 3 a Abs. 2 Kraftfahrzeugsteuergesetz (KraftStG) eine Steuerermäßigung um 50 %, sofern er keine unentgeltliche Beförderung im öf-

---

31 Vgl. zu diesem Defizit BFH 14.10.1997 – III R 95/96, juris Rn. 14.
32 BT-Drs. 18/13255, 21 f.; vgl. zur Kritik *Dau* jurisPR-SozR 8/2021, Anm. 1.
33 Vgl. *Dau* SGb 2008, 589 (591).
34 Vgl. *Dau* jurisPR-SozR 8/2021, Anm. 1.

fentlichen Personenverkehr beansprucht. Das KraftStG bezeichnet diesen „Nachteilsausgleich" selbst in seiner ab 1.1.2018 geltenden Fassung noch offen als „Vergünstigung".

4. Kraftfahrzeugsteuerbefreiung und Behindertenparkplätze (Merkzeichen „aG")

Befreiung von der Kraftfahrzeugsteuer nach § 3 a Abs. 1 KraftStG und Vorrechte beim Parken im Straßenverkehr für **außergewöhnlich gehbehinderte** Menschen (Merkzeichen „aG"). Die Anforderungen an diesen Begriff ergeben sich aus § 229 Abs. 3 (→ § 229 Rn. 11 ff.). Danach ist außergewöhnlich gehbehindert eine Person, die sich wegen der Schwere ihres Leidens **dauernd** nur mit **fremder Hilfe** oder nur mit **großer Anstrengung** außerhalb ihres Kraftfahrzeuges bewegen kann. Hierzu zählen nach der genannten Verwaltungsvorschrift Querschnittsgelähmte, Doppeloberschenkelamputierte, Doppelunterschenkelamputierte, Hüftexartikulierte und einseitig Oberschenkelamputierte, die dauernd außerstande sind, ein Kunstbein zu tragen, oder nur eine Beckenprothese tragen können oder zugleich unterschenkel- oder armamputiert sind, sowie andere schwerbehinderte Menschen, die nach versorgungsärztlicher Feststellung, auch aufgrund von Erkrankungen, dem vorstehend aufgeführten Personenkreis gleichzustellen sind. Die außergewöhnliche Gehbehinderung ist **keine gesteigerte Beeinträchtigung** der **Bewegungsfähigkeit** im Straßenverkehr gem. § 229. Außergewöhnlich gehbehindert ist nur, wessen **Gehfunktion** in hohem Maße **eingeschränkt** ist.[35] Der Begriff wird äußerst restriktiv ausgelegt, weil jede Ausweitung des bevorrechtigten Personenkreises den nicht beliebig vermehrbaren, verkehrsgünstig und ortsnah gelegenen Parkraum weiter verknappen und die tatsächliche Nutzungsmöglichkeit für die am stärksten betroffenen Gehbehinderten einschränken würde.[36] Ebenso wie für die in § 229 Abs. 1 genannte Wegstrecke, die im Ortsverkehr üblicherweise noch zurückgelegt wird (von 2.000 Metern innerhalb 30 Minuten), hatten verschiedene LSGe mit 100 Metern **eine Weglänge** bestimmt, bis zu deren Bewältigung eine außergewöhnliche Gehbehinderung noch nicht vorliegen soll.[37] Das BSG hat diesen **Maßstab** verworfen. Für aG qualifiziert sich, wer in seiner Gehfähigkeit ungewöhnlich stark eingeschränkt ist und sich praktisch vom ersten Schritt an nur unter ebenso großen Anstrengungen fortbewegen kann, wie die in der Verwaltungsvorschrift beispielhaft genannten Personen. Das gilt auch für den, der auf diese Weise gezwungenermaßen längere Strecken zurücklegt.[38]

5. Vorrechte im Straßenverkehr

Wurden diese strengen Voraussetzungen nur knapp verfehlt, so gewährten nahezu alle Bundesländer Menschen mit spezifischen Behinderungen **Parkerleichterungen** nach Landesrecht („aG-light"),[39] zum Teil einschließlich des Rechts zum Parken auf Schwerbehindertenparkplätzen mit „Rollstuhlfahrersymbol"

---

35 BSG 6.11.1985 – 9 a RVs 7/83, SozR 3879 § 3 Nr. 18; BSG 13.12.1994 – 9 RVs 3/94, SozR 3-3870 § 4 Nr. 11; BSG 17.12.1997 – 9 RVs 16/96, SozR 3-3870 § 4 Nr. 22.
36 BSG 3.2.1988 – 9/9 a Rvs 19/86, SozR 3870 § 3 Nr. 28; BSG 13.12.1994 – 9 RVs 3/94, SozR 3-3870 § 4 Nr. 11; vgl. auch BT-Drs. 15/3426, 28 f.
37 Vgl. dazu *Jungeblut* br 2012, 113.
38 BSG 10.12.2002 – B 9 SB 7/01 R BSGE 90, 180 (184) = SozR 3-3250 § 69 Nr. 1 und 29.3.2007 – B 9 a SB 5/05 und 1/06 R – sowie 5.7.2007 – B 9/9 a SB 5/06 R.
39 Vgl. dazu *Strassfeld*, Der Nachteilsausgleich „aG", VersorgVerw 2003, 21 (24) und für Bremen: br 2005, 148.

(Zeichen 314 oder 315 StVO). Mit dem vom BSG entwickelten – in der Praxis akzeptierten[40] – Gedanken vom ortsnah und verkehrsgünstig gelegenen Parkraum als knappem Gut, das effektive Vorrechte nur für einen kleinen Kreis Schwerstbetroffener zulässt, vertrug sich diese Praxis nicht. Auch hier zeigte sich eine Tendenz zur „Verwässerung" des Schwerbehindertenschutzes durch Ausdehnung auf einen immer größeren Personenkreis statt der gebotenen Konzentration auf die am schwersten Betroffenen.

17 Diesen landesrechtlichen Wildwuchs hat der **Bundesgesetzgeber** durch Änderungen des Straßenverkehrsgesetzes (Art. 1 Nr. 1 G. v. 3.2.2009, BGBl. I S. 150), der Straßenverkehrsordnung[41] und der auf Art. 84 Abs. 2 GG gestützten Allgemeinen Verwaltungsvorschrift zur StVO[42] zurückgeschnitten:[43] **Behindertenparkplätze**, gekennzeichnet mit dem Zusatzzeichen oder einer Bodenmarkierung „Rollstuhlfahrersymbol", dürfen nicht nur außergewöhnlich gehbehinderte, sondern auch schwerbehinderte Menschen mit beidseitiger Amelie oder Phokomelie – vor allem Contergangeschädigte – nutzen (VV zu § 45 Abs. 1 bis 1 e Nr. IX, Rn. 17–28). Damit ist der begünstigte Personenkreis abschließend beschrieben. Die vom AS-Ausschuss des Bundesrates gewünschte „Klarstellung", dass die Länder weiterhin die Möglichkeit haben, in ihrem Gebiet darüber hinaus Ausnahmegenehmigungen zur Nutzung von Behindertenparkplätzen zu erteilen,[44] hat schon der Bundesrat nicht übernommen.[45] Für sonstige **Parkerleichterungen** ist der Kreis der begünstigten schwerbehinderten Menschen um vier Gruppen erweitert worden: Außer den schon bisher genannten außergewöhnlich Gehbehinderten und den jetzt hinzugekommen schwerbehinderten Menschen mit beidseitiger Amelie oder Phokomelie (VV zu § 46 Abs. 1 Nr. 11, Rn. 135) können Ausnahmegenehmigungen von bestimmten mit Verkehrszeichen angeordneten Halt- und Parkverboten nunmehr auch Personen erteilt werden, die unter starken Einschränkungen beim Gehen leiden, außerdem an Morbus Crohn oder Colitis ulcerosa Erkrankten (bei einem Mindest-GdB hierfür von 60) und Trägern eines doppelten Stomas (bei einem Mindest-GdB hierfür von 70). Beim Gehen stark eingeschränkt in diesem Sinne sind Schwerbehinderte mit den Merkzeichen G und B und einem GdB ab 80 allein für Funktionsstörungen an den unteren Gliedmaßen (und der Lendenwirbelsäule, soweit sich diese auf das Gehvermögen auswirken); liegt der GdB unter diesen Umständen nur bei 70, so muss ein gleichzeitiger GdB von wenigstens 50 allein für Funktionsstörungen des Herzens oder der Atmungsorgane hinzukommen (VV zu § 46 Abs. 1 Nr. 11, Rn. 136–139). Die für diese Parkerleichterungen notwendigen gesundheitlichen Merkmale sind entgegen landesministeriellen Erlassen[46] und anders als nach überwiegender verwaltungsgerichtlicher Rechtsprechung[47] gemäß § 69 Abs. 4 von der Versorgungsverwaltung im förmlichen Verfahren durch Verwaltungsakt festzustellen. Sie lassen sich, da die Länder von § 4 SchbAwV keinen Gebrauch machen, trotz Eintragungsfähigkeit nicht mit dem Schwerbehindertenausweis, sondern nur mit dem Feststellungs-

---

40 Vgl. BT-Drs. 15/3426, 28 f.
41 45. Verordnung zur Änderung straßenverkehrsrechtlicher Vorschriften v. 26.3.2009, BGBl. I 734.
42 Änderungsvorschrift v. 4.6.2009, BAnz 2009 Nr. 84, 2050.
43 Vgl. Dau jurisPR-SozR 15/2009, Anm. 6.
44 BR-Drs. 990/1/08, 3.
45 BR-Drs. 990/08 – Beschluss.
46 Vgl. für Nordrhein-Westfalen MBl NRW III.7 – 78–12,6 v. 2.7.2009.
47 OVG NRW 23.8.2011 – 8 A 2247/10; jetzt auch SG Chemnitz 15.4.2015 – S 16 SB 161/15, abl. Dau jurisPR-SozR 17/2015, Anm. 5; SG Chemnitz 15.12.2015 – S 16 SB 613/15, abl. Dau jurisPR-SozR 12/2016, Anm. 3.

bescheid nachweisen und sind für die Straßenverkehrsbehörden bei deren Entscheidung über Parkerleichterungen verbindlich.[48]

6. Vorteile Hilfloser und Blinder im Einkommen- und Kraftfahrzeugsteuerrecht (Merkzeichen „H" und „Bl.")

Hilflose Menschen mit Behinderungen erhalten einen Pauschbetrag von 3.700 Euro (ab Veranlagungszeitraum 2021: 7.400 Euro) wegen **behinderungsbedingter Aufwendungen** nach § 33 b Abs. 2 Satz 3 EStG und **Kraftfahrzeugsteuerbefreiung** nach § 3 a Abs. 1 KraftStG. Ein Mensch mit Behinderung ist **hilflos**, wenn er für eine Reihe häufig und regelmäßig wiederkehrender Verrichtungen zur Sicherung seiner persönlichen Existenz im Ablauf eines jeden Tages **fremder Hilfe dauernd bedarf**.[49] Zu den Verrichtungen gehören im Wesentlichen: An- und Auskleiden, Nahrungsaufnahme (Essen und Trinken), Körperpflege (Waschen, Kämmen, Rasieren), Verrichten der Notdurft (Stuhlgang, Wasserlassen), Mobilität (Aufstehen, Zubettgehen, Bewegung in der Wohnung und außerhalb), außerdem – anders als bei der Pflegebedürftigkeit nach dem SGB XI – geistige Anregungen und Kommunikation (Sehen, Hören, Sprechen, Fähigkeit zur Interaktion). Nicht zu berücksichtigen ist der Hilfebedarf bei hauswirtschaftlichen Verrichtungen.[50] Hilflos ist **nicht**, wer täglich nur in relativ **geringem Umfang** von bis **zu einer Stunde** auf fremde Hilfe angewiesen ist.[51] Hilflosigkeit liegt stets vor, wenn der tägliche Hilfebedarf **zwei Stunden** erreicht. In der **Zwischenzone** von ein bis zwei Stunden kann Hilflosigkeit bestehen. Das ist der Fall, wenn der wirtschaftliche Wert der erforderlichen Pflege besonders hoch ist,[52] wie etwa bei sehr ungünstiger zeitlicher Verteilung zahlreicher Hilfeleistungen über den Tag hinweg. Die Zuordnung zu einer der **Pflegestufen** I und II (jetzt: Pflegegrade 1 bis 5) nach dem **SGB XI** lässt keinen Schluss auf Hilflosigkeit im Sinne des Steuer- und Versorgungsrechts (§ 33 b Abs. 6 Satz 2 EStG und § 35 Abs. 1 BVG) zu. Die Einstufung als Schwerpflegebedürftiger in die Pflegestufe III nach dem SGB XI stand allerdings steuerrechtlich der Feststellung von Hilflosigkeit gleich (§ 65 Abs. 2 Satz 2 EStG-DV; seit 1.1.2017 führen die Pflegegrade 4 oder 5 zur Gleichstellung).[53] Hat das Versorgungsamt **Hilflosigkeit** nach § 35 Abs. 1 BVG festgestellt, so ist an diese Entscheidung im Feststellungsverfahren nach Abs. 1 und 4 **gebunden**, weil die Tatbestandsvoraussetzungen nach Steuerrecht (§ 33 Abs. 6 Satz 2 EStG) und nach Versorgungsrecht (§ 35 Abs. 1 BVG) inhaltsgleich sind.[54]

Bei **Blindheit** iSd § 72 Abs. 5 SGB XII (**Merkzeichen „Bl."**) erhalten schwerbehinderte Menschen nach § 33 b Abs. 2 Satz 3 EStG idF des Art. 29 SGB IX einen Pauschbetrag von 3.700 Euro wegen **behinderungsbedingter Aufwendun-**

---

48 Vgl. *Dau* jurisPR-SozR 21/2011, Anm. 5 und jurisPR-SozR 22/2020, Anm. 5.
49 Vgl. zum Begriff der Hilflosigkeit BSG 8.3.1995 – 9 RVs 5/94, SozR 3-3870 § 4 Nr. 12; BSG 12.2.2003 – B 9 SB 1/02 R, SozR 4-3250 § 69 Nr. 1.
50 BSG 2.7.1997 – 9 RV 19/95, SozR 3-3100 § 35 Nr. 6.
51 BSG 29.8.1990 – 9a/9 RVs 7/89, BSGE 67, 204 (207) = SozR 3-3870 § 4 Nr. 1; BSG 8.3.1995 – 9 RVs 5/94, SozR 3-3870 § 4 Nr. 12.
52 BSG 12.2.2003 – B 9 SB 1/02 R, SozR 4-3250 § 69 Nr. 1 = SGb 2003, 700 mit Anm. *Palm*, 702; vgl. auch *Kube*, Komplementarität und Eigenständigkeit im Verhältnis zwischen Steuerrecht und Sozialrecht – am Beispiel des § 33 b Abs. 6 EStG, NZS 2004, 458.
53 BMF-Schreiben v. 19.8.2016 – IV C 8 – S 2286/07/10004:005/DOK 2016/0771017.
54 Vgl. zur – umgekehrten – Selbstbindung der Versorgungsverwaltung durch die Feststellung von Hilflosigkeit nach Schwerbehindertenrecht für die Entscheidung nach Versorgungsrecht BSG 8.3.1995 – 9 RV 9/94.

gen und nach § 3 a Abs. 1 KraftStG **Kraftfahrzeugsteuerbefreiung.** Blind ist, wem das Augenlicht vollständig fehlt. **Als blind** ist aber auch ein behinderter Mensch anzusehen, dessen Sehschärfe auf keinem Auge und auch nicht bei beidäugiger Prüfung mehr als 1/50 beträgt oder wenn andere Störungen des Sehvermögens von einem solchen Schweregrad vorliegen, dass sie dieser Beeinträchtigung der Sehschärfe gleich zu achten sind.[55]

7. Eisenbahnbenutzung in der 1. Klasse

20 Benutzung der Eisenbahn in der **1. Klasse mit einem Fahrausweis 2. Klasse** für **Schwerkriegsbeschädigte** und **Verfolgte** iSd BEG mit einem GdS von mindestens 70 oder einer MdE um mindestens 70 v.h., wenn sich bei Anlegung eines strengen Maßstabes feststellen lässt, dass der auf den anerkannten Schädigungsfolgen beruhende körperliche Zustand bei Eisenbahnfahrten die Unterbringung in der 1. Wagenklasse erforderlich macht. Bei schwerkriegsbeschädigten Empfängern der drei höchsten Pflegezulagenstufen sowie bei Kriegsblinden, kriegsbeschädigten Ohnhändern und kriegsbeschädigten Querschnittsgelähmten wurde das Vorliegen der Voraussetzungen unterstellt (Nr. 34 AHP 2008). Für die Übernahme dieses Teils der AHP in die VMG gab es keine Ermächtigungsgrundlage;[56] als antizipiertes Sachverständigengutachten werden die AHP insoweit weiterhin gelten.

8. Ermäßigung des Rundfunkbeitrags und Befreiung von der Rundfunkbeitragspflicht (Merkzeichen „RF")

21 Der Rundfunkbeitrag ist seit dem 1.1.2013 für Menschen mit Behinderungen mit einem nicht nur vorübergehenden **GdB** von wenigstens 80 auf ein **Drittel** zu **ermäßigen**, wenn sie wegen ihres Leidens an **öffentlichen Veranstaltungen** ständig nicht teilnehmen können; dasselbe gilt für **blinde** oder wesentlich sehbehinderte sowie für **gehörlose** oder gehörgeschädigte Menschen, mit denen eine ausreichende Verständigung über das Gehör – auch mit Hörhilfen – nicht möglich ist (§ 4 Abs. 2 Rundfunkbeitragsstaatsvertrag[57]; Merkzeichen „RF"). Der Teilnahmebegriff ist im Sinne von **körperlicher Anwesenheit** zu verstehen. Es kommt nicht darauf an, ob der Mensch mit Behinderung öffentlichen Veranstaltungen folgen kann. Ist er dazu wegen **geistiger Störungen** nicht mehr in der Lage, so begründet das weder den Anspruch auf Beitragsermäßigung noch schließt es ihn aus.[58] Nur ermäßigte Beiträge zahlt auch, wer allein aus **psychischen Gründen** an Veranstaltungen (körperlich) nicht teilnehmen kann.[59] Die Voraussetzungen erfüllt, wer wegen seiner Behinderung praktisch an das **Haus gebunden** ist. In allen anderen Fällen (zB Rollstuhlgebundenheit, Harninkontinenz) hat der Mensch mit Behinderung nach der äußerst restriktiven Rechtsprechung[60] auch erhebliche Beschwernisse und Unannehmlichkeiten für sich und

---

55 Vgl. *Dau* jurisPR-SozR 24/2009, Anm. 4 und grundlegend zum Begriff der Blindheit BSG 31.1.1995 – 1 RS 1/93, SozR 3-5920 § 1 Nr. 1; BSG 26.10.2004 – B 7 SF 2/03 R BSGE 95, 76 = SozR 4-5921 § Art. 1 Nr. 2; BSG 20.7.2005 – B 9 a BL 1/05 R, SozR 4-5921 Art. 1 Nr. 2 sowie zuletzt BSG 11.8.2015 – B 9 BL 1/14 R; *Dau* jurisPR-SozR 10/2016, Anm. 5.
56 BR-Drs. 767/08, 4.
57 HmbgGVBl. 2011, 63.
58 BSG 11.9.1991 – 9a/9 RVs 15/89, SozR 3-3870 § 4 Nr. 2 und 16. 3.1994 – 9 RVs 3/93.
59 BSG 28.6.2000 – B 9 SB 2/00 R, SozR 3-3870 § 4 Nr. 26.
60 Vgl. zur Kritik *Hlava* in Diskussionsforum C, Beitrag C2/2012, 4, abrufbar unter www.reha-recht.de.

andere zu ertragen, bevor ein Rückzug aus dem öffentlichen Leben durch Veranstaltungsabstinenz zur Beitragsermäßigung führt. Das BSG hatte zum früheren Rundfunkgebührenrecht den Fall des **gesundheitlich bedingten Härtefalls** für solche Menschen mit Behinderungen entwickelt, die trotz eines GdB von **weniger** als 80 behinderungsbedingt von öffentlichen Veranstaltungen ausgeschlossen sind. Ihnen sollte das Merkzeichen „RF" zustehen und gegen die Rundfunkanstalt ein Anspruch auf Ermessensentscheidung über Gebührenbefreiung im Härtefall.[61] Wie der „gesundheitlich bedingte Härtefall" künftig zu behandeln ist, bleibt offen; das neue Rundfunkbeitragsrecht schreibt in Härtefällen vor, vom Beitrag zu befreien, eine „Härtefall-Ermäßigung" kennt es nicht.[62]eng

Mit dem **ermäßigten Beitrag** haben sich – anders als vor dem 1.1.2013 – auch Menschen mit Behinderungen an der **Finanzierung** des **öffentlich-rechtlichen Rundfunks** zu beteiligen. Damit hat der Gesetzgeber seit langer Zeit erhobenen Bedenken der sozialgerichtlichen Rechtsprechung[63] gegen die zuvor geltende **Befreiung** von **Rundfunkgebühren** Rechnung tragen wollen.[64] Auch die Beitragsermäßigung lässt sich aber als Nachteilsausgleich nur **begrenzt rechtfertigen**. Beitragsermäßigter Rundfunk- und Fernsehempfang gleicht, anders als in § 209 Abs. 1 definiert, weder immaterielle **behinderungsbedingte Nachteile** aus noch **Mehraufwendungen**, die Menschen mit Behinderungen wegen ihrer Behinderung entstehen. Letzteres wäre nur der Fall, wenn dieser Personenkreis sich erst behinderungsbedingt zur Teilnahme am Rundfunk- und Fernsehempfang entschlösse und damit beitragspflichtig würde. Das ist nicht der Fall. Die deutsche Bevölkerung sieht unabhängig von etwaigen Behinderungen nahezu vollständig fern und hört Radio. Das seit 1.1.2013 geltende Rundfunkbeitragsrecht will Menschen mit Behinderungen grundsätzlich nur so weit zur Finanzierung heranziehen, wie sie die öffentlich-rechtlichen Medien trotz Behinderung nutzen können.[65] Der Rundfunkbeitragsstaatsvertrag setzt dieses Konzept allerdings nicht konsequent um: Er befreit zwar zu Recht von Mediennutzung vollständig ausgeschlossene Taubblinde[66] und ermäßigt ebenso zu Recht den Beitrag für Blinde und Gehörlose wegen deren eingeschränkter Nutzungsmöglichkeit auf ein Drittel, behandelt mit diesen aber behinderte Menschen gleich, die das Angebot der Rundfunkanstalten uneingeschränkt nutzen können und es verstärkt müssen, weil sie wegen ihres Leidens von öffentlichen Veranstaltungen ständig ausgeschlossen sind.[67]

---

61 BSG 11.7.2017 – B 9 SB 15/17 B, juris Rn. 8; BSG 16.2.2012 – B 9 SB 2/11 R, SozR 4-3250 § 69 Nr. 14; *Dau* jurisPR-SozR 11/2012, Anm. 6; LSG Bln-Bbg 22.8.2013 – L 13 SB 1/11, juris Rn. 25.
62 Vgl. dazu *Hlava* in Diskussionsforum C, Beitrag C7/2012, 6, abrufbar unter www.reha-recht.de; *Dau* juris PR-SozR 22/2012, Anm. 1; LSG BW 27.1.2017 – L 8 SB 943/16: Ende des gesundheitlich bedingten Härtefalls; aA offenbar SG Aachen 15.4.2014 – S 18 SB 564/12, juris Rn. 23.
63 Vgl. bereits BSG 11.9.1991 – 9/9a RVs 15/89, SozR 3-3870 § 4 Nr. 2; 10.8.1993 – 9/9 a RVs 7/91, SozR 3-3870 § 48 Nr. 2 und 16.3.1994 – 9 RVs 3/93.
64 LT Baden-Württemberg, Drs. 15/197, 40.
65 Vgl. LT Baden-Württemberg, Drs. 197, 39 f.
66 Vgl. dazu das mit § 3 Abs. 1 Nr. 8 SchwbAwV eingeführte Merkzeichen „TBl", welches aber nach § 4 Abs. 1 Nr. 10, Abs. 7 Satz 2 Hs. 2 RBStV als Nachweis zur Gebührenbefreiung – noch – nicht gefordert wird; Taubblindheit muss lediglich ärztlich bescheinigt sein.
67 Vgl. *Dau* juris PR-SozR 22/2012, Anm. 1.

9. Freifahrt für Begleitpersonen (Merkzeichen „B")

23 Unentgeltliche Beförderung einer **Begleitperson (Merkzeichen „B")** für schwerbehinderte Menschen, die selbst Anspruch auf unentgeltliche Beförderung im öffentlichen Personenverkehr haben und dabei ständig auf fremde Hilfe angewiesen sind, um Gefahren für sich und andere zu vermeiden (vgl. §§ 228 Abs. 6, 229 Abs. 2 und die Kommentierung dort).

VI. Nachteilsausgleiche im SGB II, V und XII

24 Einen Mehrbedarfszuschlag von 17 % des maßgebenden Regelsatzes erhalten vollerwerbsgeminderte **Sozialhilfe- und Sozialgeldempfänger mit dem Merkzeichen „G"** (§ 30 Abs. 1 SGB XII, § 28 Abs. 1 Satz 3 Nr. 4 SGB II). Ein **Freibetrag** von 1.500 Euro steht nach § 13 Abs. 1 Nr. 1 WoGG bei der **Einkommensermittlung** Schwerbehinderten mit einem GdB von 100 zu. Nachteilsausgleiche enthalten auch die **Chronikerregelung** zu § 62 Abs. 1 Satz 2 Hs. 2 SGB V[68] und die **Krankentransportrichtlinien** der gesetzlichen Krankenversicherung (§ 8 Abs. 3)[69]. Die eine knüpft an einen GdB von 60 an,[70] die anderen Vorschriften setzen einen Schwerbehindertenausweis mit dem Merkzeichen aG, Bl. oder H voraus.[71]

§ 210 Beschäftigung schwerbehinderter Menschen in Heimarbeit

(1) Schwerbehinderte Menschen, die in Heimarbeit beschäftigt oder diesen gleichgestellt sind (§ 1 Absatz 1 und 2 des Heimarbeitsgesetzes) und in der Hauptsache für den gleichen Auftraggeber arbeiten, werden auf die Arbeitsplätze für schwerbehinderte Menschen dieses Auftraggebers angerechnet.

(2) ¹Für in Heimarbeit beschäftigte und diesen gleichgestellte schwerbehinderte Menschen wird die in § 29 Absatz 2 des Heimarbeitsgesetzes festgelegte Kündigungsfrist von zwei Wochen auf vier Wochen erhöht; die Vorschrift des § 29 Absatz 7 des Heimarbeitsgesetzes ist sinngemäß anzuwenden. ²Der besondere Kündigungsschutz schwerbehinderter Menschen im Sinne des Kapitels 4 gilt auch für die in Satz 1 genannten Personen.

(3) ¹Die Bezahlung des zusätzlichen Urlaubs der in Heimarbeit beschäftigten oder diesen gleichgestellten schwerbehinderten Menschen erfolgt nach den für die Bezahlung ihres sonstigen Urlaubs geltenden Berechnungsgrundsätzen. ²Sofern eine besondere Regelung nicht besteht, erhalten diese die schwerbehinderten Menschen als zusätzliches Urlaubsgeld 2 Prozent des in der Zeit vom 1. Mai des vergangenen bis zum 30. April des laufenden Jahres verdienten Arbeitsentgelts ausschließlich der Unkostenzuschläge.

(4) ¹Schwerbehinderte Menschen, die als fremde Hilfskräfte eines Hausgewerbetreibenden oder eines Gleichgestellten beschäftigt werden (§ 2 Absatz 6 des Heimarbeitsgesetzes) können auf Antrag eines Auftraggebers auch auf dessen Pflichtarbeitsplätze für schwerbehinderte Menschen angerechnet werden, wenn der Arbeitgeber in der Hauptsache für diesen Auftraggeber arbeitet. ²Wird

---

68 Vgl. dazu § 2 Abs. 2 Buchst. b der Richtlinie des Gemeinsamen Bundesausschusses zur Definition schwerwiegender chronischer Krankheiten im Sinne des § 62 SGB V, BAnz AT 5.3.2018 B4.
69 Banz AT 7.4.2020 B3.
70 Vgl. zur Problematik *Beraus*, Zuzahlung der Versicherten bei schwerwiegender chronischer Krankheit, br 2004, 171.
71 Vgl. dazu *Marburger*, Wichtige Neuerungen für behinderte Menschen durch das GKV-Modernisierungsgesetz, br 2004, 98 ff.

einem schwerbehinderten Menschen im Sinne des Satzes 1, dessen Anrechnung die Bundesagentur für Arbeit zugelassen hat, durch seinen Arbeitgeber gekündigt, weil der Auftraggeber die Zuteilung von Arbeit eingestellt oder die regelmäßige Arbeitsmenge erheblich herabgesetzt hat, erstattet der Auftraggeber dem Arbeitgeber die Aufwendungen für die Zahlung des regelmäßigen Arbeitsverdienstes an den schwerbehinderten Menschen bis zur rechtmäßigen Beendigung seines Arbeitsverhältnisses.

(5) Werden fremde Hilfskräfte eines Hausgewerbetreibenden oder eines Gleichgestellten (§ 2 Absatz 6 des Heimarbeitsgesetzes) einem Auftraggeber gemäß Absatz 4 auf seine Arbeitsplätze für schwerbehinderte Menschen angerechnet, erstattet der Auftraggeber die dem Arbeitgeber nach Absatz 3 entstehenden Aufwendungen.

(6) Die den Arbeitgeber nach § 163 Absatz 1 und 5 treffenden Verpflichtungen gelten auch für Personen, die Heimarbeit ausgeben.

Gesetzeshistorie: Der Text der Vorschrift ist inhaltsgleich aus § 49 SchwbG 1986 übernommen worden. Redaktionell ist der Begriff „schwerbehinderter Mensch" eingefügt worden. Absatz 4 Satz 2 ist durch Art. 9 Nr. 22 des Gesetzes vom 24.12.2003[1] iVm Art. 14 Nr. 4 Buchst. b des Gesetzes vom 30.7.2004[2] mit Wirkung vom 1.1.2004 geändert worden. Durch das BTHG erfolgte keine inhaltliche Änderung, der bisherige § 127 wurde als § 210 übernommen. Jedoch können sich die Änderungen der für Arbeitnehmer geltenden Vorschriften des SGB IX auch auf die Rechtsverhältnisse der Heimarbeiter auswirken, dazu → Rn. 21. 1

Entstehung: Durch das Schwerbeschädigtengesetz 1923 wurden Heimarbeiter, Hausgewerbetreibende und ähnliche Personen in die öffentlich-rechtliche Beschäftigungspflicht einbezogen. Das SchwbG 1974 hat die Auftraggeber von der Beschäftigungspflicht nach § 154 befreit. Es verblieb jedoch bei der Vorschrift, dass Arbeitgeber schwerbehinderte Heimarbeiter und ihnen Gleichgestellte auf die sich aus betrieblichen Beschäftigungsverhältnissen ergebenden Pflichtarbeitsplätze anrechnen können. Die in § 158 geregelte Anrechnungsmöglichkeit auf die Pflichtarbeitsplätze kann nur ein Arbeitgeber in Anspruch nehmen, der gleichzeitig Arbeitnehmer und Heimarbeitnehmer beschäftigt; denn die Beschäftigungspflicht nach § 154 trifft nur Arbeitgeber. 2

Regelungsinhalt: Die Vorschrift enthält Sonderregelungen für diejenigen schwerbehinderten Menschen, die Heimarbeiter oder diesen gleichgestellt sind.[3] Damit soll dem Umstand Rechnung getragen werden, dass die Heimarbeit für diese Gruppe auf der einen Seite zwar häufig eine sehr gute Möglichkeit der Partizipation am Arbeitsmarkt darstellt, andererseits aber Heimarbeiter auch ihrerseits besonders schutzbedürftig sind. Dies versucht die Regelung des § 210 aufzufangen, zum einen über eine besondere Anrechnungsregelung, zum anderen durch die Ausdehnung der Anwendung bestimmter Regelungen des auf schwerbehinderte Heimarbeiter. 3

Anrechnung: Da zahlreiche schwerbehinderte Menschen auf Heimarbeit angewiesen sind, schafft § 210 Abs. 1 einen Anreiz für ihren Auftraggeber. Da dieser nicht Arbeitgeber der Heimarbeiter ist, sieht das SGB IX an dieser Stelle eine besondere Anrechnungsregelung vor. Der Auftraggeber kann die Kopfzahl derer, die in Heimarbeit beschäftigt oder diesen gleichgestellt sind, auf die Zahl 4

---

1 BGBl. I 2954.
2 BGBl. I 2014.
3 Einen umfassenden Überblick über die Heimarbeit im Schwerbehindertenrecht des SGB IX gibt *Otten* Behindertenrecht 2017, 167 und Behindertenrecht 2018, 4.

der Pflichtplätze in seinen Betrieben nach §§ 158 f. anrechnen, obwohl Heimarbeiter, Hausgewerbetreibende und ihnen gleichgestellte Personen nicht auf Arbeitsplätzen im Sinne von § 156 beschäftigt werden. Voraussetzung ist, dass die schwerbehinderten Menschen **in der Hauptsache** für diesen Auftraggeber arbeiten. Das ist eine Regelung, die mit § 5 Abs. 1 Satz 2 BetrVG übereinstimmt. Danach ist entscheidend, ob die Leistung für diesen Auftraggeber die für andere Auftraggeber erbrachten Leistungen überwiegt, er also in der Hauptsache oder sogar ausschließlich bei einem Auftraggeber tätig ist.[4] Sinn des Kriteriums ist es, eine eindeutige Zuordnung zu ermöglichen. Eine nähere Definition des Begriffs „in der Hauptsache" enthält das Gesetz nicht, auch das BAG hat sich hierzu noch nicht verhalten müssen. Gleichwohl wird man, in Anlehnung an die Rechtsprechung des BAG zu § 5 Abs. 1 Satz 2 BetrVG) davon ausgehen können, dass eine Arbeit „in der Hauptsache" für den Betrieb erfolgt, wenn diese entweder ausschließlich oder doch zumindest überwiegend für ihn erfolgt, ohne dass dies bedeutet, dass auch der Lebensunterhalt überwiegend daraus gezogen wird.[5] Dies setzt eine dauerhafte Bindung zu dem Auftraggeber voraus. Ob aus der Beschäftigung überwiegend der Lebensunterhalt bestritten wird, ist nicht entscheidend.[6] Wer anrechnet, hat nach allgemeinen Regeln das mengenmäßige Schwergewicht nachzuweisen.[7]

5 **Mehrfachanrechnung:** Eine Mehrfachanrechnung auf bis zu drei Pflichtplätze im Sinne von § 158 ist nicht ausgeschlossen. Sie kommt nur bei den besonders betroffenen schwerbehinderten Menschen im Sinne von § 155 Abs. 1 Nr. 1 in Betracht.[8]

6 **Begriff des Heimarbeiters:** Heimarbeiter sind Personen, die in eigener Wohnung oder in einer anderen selbstgewählten Betriebsstätte allein oder mit ihren Familienangehörigen im Auftrag von Gewerbetreibenden oder Zwischenmeistern **erwerbsmäßig** arbeiten und die Verwertung ihrer Arbeitsergebnisse dem unmittelbar oder mittelbar auftragserteilenden Gewerbetreibenden überlassen (§ 2 Abs. 1 HAG). Das HAG vom 14.3.1951 setzte für die Annahme eines Heimarbeitsverhältnisses noch eine „gewerbliche" Tätigkeit des Beschäftigten voraus (§ 2 Abs. 1 Satz 1 HAG aF). Dieses Merkmal ist durch das Heimarbeitsänderungsgesetz vom 29.10.1974[9] durch das Merkmal erwerbstätig geändert worden. Grund der Änderung war, dass es bei der Vergabe einfacher Büroarbeiten zu Zweifeln darüber gekommen war, ob nur die Tätigkeiten von „gewerblichen" Arbeitern oder auch Angestelltentätigkeiten in Heimarbeit ausgeführt werden könnten. Mit der Änderung wurde klargestellt, dass auch Angestelltentätigkeiten, wie die sogenannte Büroheimarbeit, in den Schutzbereich des HAG einbezogen sind.[10] Der Heimarbeiter arbeitet erwerbsmäßig, wenn die Heimarbeit auf gewisse Dauer angelegt ist und zum Lebensunterhalt beitragen soll.[11]

---

4 *Kossens* in Kossens/von der Heide/Maaß SGB IX § 127 Rn. 8; *Gutzeit* in BeckOK SozR SGB IX § 210 Rn. 9.
5 BAG 27.9.1974 – 2 AZR 565/73, NJW 1975, 1531; *Otten* Behindertenrecht 2018, 4 (6).
6 BAG 27.9.1974 – 1 ABR 90/73, AP Nr. 1 zu § 6 BetrVG 1972.
7 *Knittel* SGB IX § 127 Rn. 16.
8 Vgl. *Knittel* SGB IX § 127 Rn. 17.
9 BGBl. I 2879.
10 BAG 25.3.1992 – 7 ABR 52/91, zu B II 1 b der Gründe BAGE 70, 104 unter Bezugnahme auf BT-Drs. 7/975, 14.
11 BAG 12.7.1988 – 3 AZR 569/86, zu I 2 a der Gründe NZA 1989, 141; ebenso *Heenen* in MHdB ArbR, Bd. 2, § 315 Rn. 6; *Müller-Wenner* in Müller-Wenner/Winkler SGB IX Teil 2 § 127 Rn. 4.

Das hat das BAG wiederholt bestätigt.[12] Danach ist unerheblich, welchen zeitlichen Umfang die Tätigkeit einnimmt, wie hoch der Verdienst ist und ob der Lebensunterhalt überwiegend mit Heimarbeit verdient wird.[13] Der Heimarbeitsschutz ist nicht auf Arbeitertätigkeiten und einfache Büroheimarbeit beschränkt. Deshalb steht es der Einordnung als Heimarbeitsverhältnis nicht entgegen, wenn Tätigkeiten verrichtet werden, die eine höherwertige Qualifikation erfordern, wie sie zB ein Programmierer benötigt, dem die Pflege und Weiterentwicklung der vom Auftraggeber vertriebenen Software obliegt.[14] Zu den in Heimarbeit Beschäftigten gehören auch die Hausgewerbetreibenden. Das sind Personen, die in eigener Wohnung oder in eigener Betriebsstätte mit nicht mehr als zwei fremden Hilfskräften oder Heimarbeitern im Auftrag von Gewerbetreibenden oder Zwischenmeistern Waren herstellen, bearbeiten oder verpacken. Sie müssen mitarbeiten. Die Verwertung ihrer Arbeitsergebnisse steht dem Auftraggeber zu (§ 2 Abs. 2 HAG).

Der Begriff des Gleichgestellten nach dem HAG: Den Heimarbeitern und Hausgewerbetreibenden sind andere hilfsbedürftige Personen gleichgestellt. Die Entscheidung über die Gleichstellung trifft der zuständige **Heimarbeitsausschuss** im Wege eines widerruflichen, beschränkbaren, konstitutiven Verwaltungsaktes mit Zustimmung der zuständigen Arbeitsbehörde (§ 4 Abs. 1, § 3 Abs. 1 Satz 2 HAG).[15] Für die Gleichstellung mit einem Heimarbeiter kommen, wie sich aus der Aufzählung in § 1 Abs. 2 a–d HAG ergibt, in Betracht:

7

- Hausgewerbetreibende, die mit mehr als zwei Hilfskräften oder Heimarbeitern arbeiten,
- Lohngewerbetreibende, die wegen ihrer wirtschaftlichen Abhängigkeit eine ähnliche Stellung wie Hausgewerbetreibende haben,
- Zwischenmeister, die, ohne Arbeitnehmer zu sein, die ihnen vom Gewerbetreibenden übertragenen Arbeiten an Heimarbeiter oder Hausgewerbetreibende weitergeben.

Die Gleichstellung von hilfsbedürftigen Hausgewerbetreibenden oder Zwischenmeistern mit Heimarbeitnehmern muss von der Gleichstellung von behinderten Menschen mit schwerbehinderten Menschen (§§ 2 Abs. 3, 151 Abs. 2) unterschieden werden. Heimarbeiter mit einem GdB von weniger als 50, aber wenigstens 30 haben nicht das Recht auf Gleichstellung zur Sicherung des Arbeitsplatzes iSv § 2 Abs. 3. Da Heimarbeiter nicht auf einem Arbeitsplatz iSv § 156 tätig werden, fehlt eine notwendige Voraussetzung für die nach § 151 Abs. 2 von der **Agentur für Arbeit** zu treffende Gleichstellungsentscheidung. Im Schrifttum wird eine Gleichstellung „aufgrund ihrer Behinderung und ihrer verringerten Chancen auf dem Arbeitsmarkt gemäß § 2 Abs. 3" für möglich erachtet.[16] Dem kann nicht zugestimmt werden; denn auch für die Gleichstellung wegen einer behinderungsbedingten Vermittlungserschwernis stellt § 2 Abs. 3 die Voraussetzung auf, dass die behinderten Menschen „infolge ihrer Behinderung ohne die Gleichstellung einen geeigneten Arbeitsplatz im Sinne des § 156

---

12 BAG 14.6.2016 – 9 AZR 305/15, Rn. 45, NZA 2016, 1453.
13 BAG 14.6.2016 – 9 AZR 305/15, Rn. 49, NZA 2016, 1453; *Koch* in ErfK BetrVG § 5 Rn. 8; *Besgen* in BeckOK ArbR BetrVG § 5 Rn. 22; *Fitting* § 5 Rn. 312; *Fenski*, Außerbetriebliche Arbeitsverhältnisse, Rn. 21; Schmidt/Koberski/Tiemann/Wascher HAG § 2 Rn. 12.
14 BAG 14.6.2016 – 9 AZR 305/15, Rn. 2, NZA 2016, 1453.
15 *Gutzeit* in BeckOK SozR SGB IX § 210 Rn. 12.
16 *Griese* in jurisPK-SGB IX § 127 Rn. 15.

nicht erlangen (...) können". In der Verwaltungspraxis macht die Arbeitsagentur in diesen Fällen von der Möglichkeit der Zusicherung Gebrauch.[17]

8 § 1 Abs. 2 HAG stellt klar, dass der Maßstab für die Hilfsbedürftigkeit das **Ausmaß der wirtschaftlichen Abhängigkeit** ist. Danach kommt es entscheidend auf die Zahl der fremden Hilfskräfte, die Abhängigkeit von den Auftraggebern und die Höhe der eigenen Investitionen in Betriebsmittel und Vermarktung an.

9 **Kündigungsschutz für Heimarbeiter:** Der allgemeine Kündigungsschutz für Heimarbeiter ergibt sich aus § 29 HAG. Nach § 210 Abs. 2 wird für schwerbehinderte Menschen die in § 29 Abs. 2 HAG festgelegte Kündigungsfrist von zwei Wochen auf vier Wochen erhöht. Das entspricht § 169. Weiter ist der schwerbehinderte Mensch durch die entsprechende Anwendung des § 29 Abs. 7 HAG geschützt. Danach kann der schwerbehinderte Mensch vom Auftraggeber Ersatz des Verdienstausfalls verlangen, wenn der Auftraggeber nicht rechtzeitig die künftige Herabminderung der regelmäßig zu erteilenden Arbeitsmenge mitteilt. Zur Feststellung der Verringerung der Arbeitsmenge dienen die für die in Heimarbeit Beschäftigten zu führenden Entgeltbücher (§ 9 HAG). Die Verlängerung der allgemeinen Kündigungsfrist tritt auch für die Heimarbeitsverhältnisse ein, die noch nicht länger als sechs Monate bestehen. § 173 Abs. 1 Nr. 1 ist nicht anwendbar.[18] Zu beachten ist: Für Heimarbeiter und die ihnen Gleichgestellten gilt nach § 6 Abs. 1 Nr. 3 AGG der gesetzliche Diskriminierungsschutz. Deshalb ist eine Kündigung des Heimarbeitsverhältnisses durch den Auftraggeber, die wegen der Behinderung ausgesprochen wird, nach § 134 BGB iVm § 7 Abs. 1, §§ 1, 3 AGG unwirksam. § 2 Abs. 4 AGG steht dem nicht entgegen.[19]

10 **Besonderer Kündigungsschutz:** Nach Absatz 2 Satz 2 gilt der besondere Kündigungsschutz nach den §§ 168 bis 175 entsprechend für sämtliche schwerbehinderte Menschen, die in Heimarbeit im Sinne von Absatz 2 Satz 1 beschäftigt werden.[20] Diese Erstreckung des Schwerbehindertenschutzes ist erforderlich, weil der Wortlaut des § 185 nur die Kündigung des Arbeitsverhältnisses nicht aber des Heimarbeitsverhältnisses verbietet. Die in § 173 geregelten Ausnahmen sind auf das auf die Heimarbeit erstreckte Kündigungsverbot mit Erlaubnisvorbehalt (Zustimmung des Integrationsamtes) anwendbar.[21] Daraus folgt, dass der Auftraggeber nur dann die Zustimmung zu einer Kündigung des Rechtsverhältnisses benötigt, wenn das Rechtsverhältnis länger als sechs Monate besteht und die Schwerbehinderung zum Zeitpunkt der Kündigung schon festgestellt oder offenkundig ist.[22] Läuft das Feststellungsverfahren noch und geht es für den in Heimarbeit Beschäftigten positiv aus, so nützt ihm das nach § 173 Abs. 2 a nur, wenn der Antrag mit einem Mindestvorlauf von drei Wochen vor der Kündigung gestellt war (vgl. die Kommentierung zu § 173).[23] Da die Gleichstellung eines behinderten Heimarbeiters mit einem schwerbehinderten Menschen nach § 2 Abs. 3 SGB IX nicht beabsichtigt ist (→ Rn. 7), sollen von der Erstreckung des besonderen Kündigungsschutzes nur schwerbehinderte Heimarbeiter begünstigt werden. Hat die Arbeitsagentur in Verkennung der Rechtslage einem Heimarbeiter dennoch die Gleichstellung erteilt, so wird in

---

17 *Luthe* in jurisPK-SGB IX § 2 Rn. 174.
18 *Knittel* SGB IX § 127 Rn. 18.
19 Vgl. BAG 19.12.2013 – 6 AZR 190/12, BAGE 147, 60.
20 Zum Kündigungsschutz *Otten* Behindertenrecht 2018, 4 (5).
21 *Lampe* in GK-SGB IX § 127 Rn. 38.
22 Wie hier *Trenk-Hinterberger* in HK-SGB IX § 127 Rn. 14; aA *Kossens* in Kossens/von der Heide/Maaß SGB IX § 127 Rn. 10; *Rolfs* in ErfK SGB IX § 127 Rn. 3; *Gutzeit* in BeckOK SozR SGB IX § 210 Rn. 10.
23 S. dazu auch BAG 1.3.2007 – 2 AZR 217/06, AP Nr. 2 zu § 90 SGB IX mit Anmerkung *Joussen*.

diesem Fall ausnahmsweise auch der einem schwerbehinderten Menschen gleichgestellte Heimarbeiter geschützt. Der Schutz besteht dann für die Dauer der Geltung des konstitutiven Verwaltungsaktes der Gleichstellung.[24]

Zusatzurlaub: Die in Heimarbeit Beschäftigten haben Anspruch auf Erholungsurlaub nach § 12 BUrlG. Dieser Grundurlaubsanspruch wird nach § 208 um den Zusatzurlaub aufgestockt. Wegen der Besonderheit des Heimarbeitsverhältnisses wird die Berechnung des Urlaubsentgelts in § 210 Abs. 3 besonders geregelt. § 210 Abs. 3 verweist hinsichtlich des Entgelts auf die für den Grundurlaub geltenden Bestimmungen. Sechs Arbeitstage werden mit 2 ¼ %. gleichgesetzt. Da für Heimarbeiter usw die betriebliche Freistellung entfällt, erhalten sie anstelle einer bezahlten Freizeit ein Urlaubsentgelt von 6 ¾ % des in der Zeit vom 1. Mai des vergangenen Jahres bis zum 30. April des laufenden Jahres verdienten Bruttoarbeitsentgelts ohne Unkostenzuschläge (§ 12 Nr. 1 BurlG). Schwerbehinderte Menschen erhalten als **zusätzliches Urlaubsentgelt 2 %** des in dem entsprechenden Zeitraum verdienten **Arbeitsentgelts** ausschließlich der Unkostenzuschläge (zB für Licht, Heizung, Mieten, Roh- und Hilfsstoffe und sonstige Auslagen). Soweit tarif- und einzelvertragliche Regelungen getroffen worden sind, gehen diese vor.[25] 11

Der Urlaubsanspruch des schwerbehinderten, in Heimarbeit beschäftigten Menschen wird am zweckmäßigsten dadurch erfüllt, dass zum laufenden, etwa monatlichen Arbeitsentgelt jeweils ein Zuschlag von 11,1 % geleistet wird.[26] 12

Grundurlaub für Jugendliche: Hat der schwerbehinderte Mensch das 18. Lebensjahr noch nicht vollendet, so ist der erhöhte Grundurlaub für Jugendliche zu berücksichtigen. Dieser beträgt nach § 19 Abs. 2 JArbSchG für Jugendliche, die noch nicht 16 Jahre alt sind, mindestens 30 Werktage, für Jugendliche, die noch nicht 17 Jahre alt sind, 27 Werktage, für Jugendliche, die noch nicht 18 Jahre alt sind, 25 Werktage. 13

Grundurlaub für Erwachsene: Für die Erwachsenen gilt nach § 12 Satz 1 BUrlG ein gesetzlicher Mindesturlaub im Umfang von 24 Werktagen (§ 3 Abs. 1 BUrlG). Dabei ist zu berücksichtigen, dass Heimarbeiter, die nur für einen Auftraggeber tätig sind, Urlaub nach günstigeren tarifvertraglichen Bestimmungen erhalten können. 14

Zusätzliches Urlaubsgeld: Die in Heimarbeit beschäftigten schwerbehinderten Menschen erhalten nach § 210 Abs. 3 den Zusatzurlaub in Form eines zusätzlichen Urlaubsgelds vergütet. Soweit der Text des § 210 Abs. 3 Satz 2 aus der Vorgängerregelung den Begriff „zusätzliches Urlaubsgeld" übernommen hat, ist das missverständlich. Gemeint ist, dass **zusätzlich zu dem erarbeiteten Entgelt** (sogenanntes Arbeitsentgelt) **das Entgelt** gewährt werden muss, **das während der Dauer der urlaubsbedingten Freistellung fortzuzahlen ist** und deshalb Urlaubsentgelt genannt wird.[27] 15

Bemessung des Urlaubsentgelts: Soweit keine günstigeren Bestimmungen tarif- oder einzelvertraglich (vgl. § 13 Abs. 1 BUrlG) für die Bemessung des Urlaubsentgelts beim Grundurlaub getroffen worden sind, ordnet § 210 Abs. 3 Satz 2 eine Mindestbemessung für die Vergütung des Zusatzurlaubs an. Danach sollen die schwerbehinderten Menschen 2 % des in der Zeit vom 1. Mai des vergangenen bis zum 30. April des laufenden Jahres verdienten Arbeitsentgelts zusätzlich erhalten. Bei Jugendlichen sind das nach § 19 Abs. 4 Satz 2 JArbSchG bei 16

---

24 BAG 18.11.2018 – 9 AZR 643/07, NZA 2009, 728.
25 Vgl. die Berechnungsbespiele bei *Otten* Behindertenrecht 2018, 4 (5 f.).
26 So *Lampe* in GK-SGB IX § 127 Rn. 47; aA *Knittel* SGB IX § 127 Rn. 22: Zuschlag von nur 8 ¾ %.
27 *Lampe* in GK-SGB IX § 127 Rn. 41.

einem Urlaubsanspruch von 30 Werktagen 11,6 %, bei einem Urlaub von 27 Werktagen 10,3 % und bei einem Urlaub von 25 Werktagen 9,5 %. Bei den Erwachsenen beträgt das Urlaubsentgelt nach § 12 Nr. 1 BUrlG bezogen auf den Grundurlaub von 24 Werktagen 9,1 %.

17 **Auszahlung des Urlaubsentgelts:** Nach § 12 Nr. 3 BUrlG soll das Urlaubsentgelt für Heimarbeiter erst mit der letzten Entgeltzahlung vor Antritt des Urlaubs ausgezahlt werden. Die Nichteinhaltung dieser Sollvorschrift ist jedoch unschädlich. Es ist weitgehend üblich, zum laufenden monatlichen Entgelt jeweils einen Zuschlag in der Höhe des gleichen Prozentsatzes für den Grundurlaub und in der Höhe des Prozentsatzes für den Zusatzurlaub zu zahlen.[28]

18 **Erstattung des Aufwands an Urlaubsentgelt:** Beschäftigt ein Hausgewerbetreibender oder ein diesem Gleichgestellter (iSv § 2 Abs. 6 HAG) Hilfskräfte, die schwerbehindert sind, so ist der Aufwand für den Zusatzurlaub zu erstatten. Erstattungsschuldner ist derjenige, der dem Hausgewerbetreibenden die Aufträge erteilt.

19 **Anrechnung von fremden Hilfskräften:** Der Auftraggeber, der Aufträge an Hausgewerbetreibende oder denen Gleichgestellte erteilt, kann die von diesen als Arbeitgeber beschäftigten fremden Hilfskräfte auf seine Pflichtarbeitsplätze anrechnen lassen (§ 210 Abs. 4 Satz 1). Die Anrechnung geschieht auf Antrag bei der Bundesagentur für Arbeit und setzt voraus, dass der Arbeitgeber der fremden Hilfskräfte in der Hauptsache für den die Anrechnung beantragenden Auftraggeber arbeitet.

20 **Erstattung der Entgeltfortzahlung während der Kündigungsfrist:** Nach § 210 Abs. 4 Satz 2 hat der Hausgewerbetreibende, der das Arbeitsverhältnis seiner Hilfskraft kündigt, einen Erstattungsanspruch für die Zahlung des regelmäßigen Arbeitsverdienstes während der Kündigungsfrist. Voraussetzung ist, dass die Kündigung erfolgt, weil der Auftraggeber des Hausgewerbetreibenden die Zuteilung der Arbeit eingestellt oder die regelmäßige Arbeitsmenge erheblich herabgesetzt hat. Diese Vorschrift soll den Hausgewerbetreibenden von dem Risiko der Beschäftigung seiner schwerbehinderten Hilfskraft entlasten. Das **Wirtschaftsrisiko wird hier auf den Auftraggeber abgewälzt.** Erfasst wird insbesondere der Fall, dass der Auftraggeber den Hausgewerbetreibenden durch Auftragsentzug „aushungert". Zu erstatten hat der Auftraggeber nach Absatz 5 auch das vom Hausgewerbetreibenden an den Schwerbehinderten zu zahlende Zusatzurlaubsentgelt.

21 **Unterrichtung und Anhörung der Schwerbehindertenvertretung:** In §§ 177, 178 ist nicht ausdrücklich geregelt, wer zu der von der Schwerbehindertenvertretung repräsentierten Belegschaft gehört. Die Bestimmung dieses Personenkreises ergibt sich mittelbar aus § 178 Abs. 1 Satz 1. Danach vertritt die Schwerbehindertenvertretung die Interessen der in dem Betrieb tätigen schwerbehinderten Menschen und steht ihnen beratend und helfend zur Seite. Hierunter fallen Menschen, die auf Arbeitsplätzen iSv § 156 beschäftigt werden und Heimarbeiter, sofern sie in der Hauptsache für den Betrieb arbeiten. § 5 Abs. 1 Satz 2 BetrVG enthält für diesen Fall, dass die Heimarbeiter zeitlich überwiegend für den Betrieb tätig sind, eine Fiktion der Zugehörigkeit zum Betrieb.[29] Diese Fiktion ergänzt somit den Betriebsbegriff, der nach § 170 Abs. 1 Satz 2 auch für das Recht der Schwerbehindertenvertretung maßgebend ist. Deshalb zählt die überwiegende Meinung im Schrifttum die in der Hauptsache für den Betrieb ar-

---

28 *Thomas* in Gröninger SchwbG § 49 Rn. 8; *Trenk-Hinterberger* in HK-SGB IX § 127 Rn. 18.
29 BAG 25.3.1992 – 7 ABR 52/91, BAGE 70, 104.

beitenden schwerbehinderten Heimarbeiter zu der von der Schwerbehindertenvertretung repräsentierten Belegschaft.[30] Daraus folgt, dass ebenso wie der Betriebsrat auch die im Betrieb gewählte Schwerbehindertenvertretung in den personellen Angelegenheiten dieser schwerbehinderten Heimarbeiter zu beteiligen ist. Das bedeutet: Der Arbeitgeber ist nach § 178 Abs. 2 Satz 1 verpflichtet, in allen Angelegenheiten, die diese schwerbehinderten Menschen einzeln oder als Gruppe berühren, die Schwerbehindertenvertretung unverzüglich und umfassend zu unterrichten, vor einer Entscheidung anzuhören sowie die danach getroffene Entscheidung ihr unverzüglich mitzuteilen. Besondere Brisanz erhält diese Pflicht, weil in § 178 Abs. 2 Satz 3 der Gesetzgeber die Unwirksamkeitsfolge für den Fall angeordnet hat, dass der Arbeitgeber ohne eine Beteiligung nach Satz 1 eine Kündigung ausspricht.

§ 211 Schwerbehinderte Beamtinnen und Beamte, Richterinnen und Richter, Soldatinnen und Soldaten

(1) Die besonderen Vorschriften und Grundsätze für die Besetzung der Beamtenstellen sind unbeschadet der Geltung dieses Teils auch für schwerbehinderte Beamtinnen und Beamte so zu gestalten, dass die Einstellung und Beschäftigung schwerbehinderter Menschen gefördert und ein angemessener Anteil schwerbehinderter Menschen unter den Beamten und Beamtinnen erreicht wird.

(2) Absatz 1 gilt für Richterinnen und Richter entsprechend.

(3) [1]Für die persönliche Rechtsstellung schwerbehinderter Soldatinnen und Soldaten gelten die §§ 2, 152, 176 bis 182, 199 Absatz 1 sowie die §§ 206, 208, 209 und 228 bis 230. [2]Im Übrigen gelten für Soldatinnen und Soldaten die Vorschriften über die persönliche Rechtsstellung der schwerbehinderten Menschen, soweit sie mit den Besonderheiten des Dienstverhältnisses vereinbar sind.

I. Allgemein	1	1. Persönliche Rechtsstellung	19
II. Beamtenverhältnis	3	2. Kollektive Interessenvertretung	38
III. Richterverhältnis	18		
IV. Soldatenverhältnis	19		

I. Allgemein

Geltende Fassung: Die Bestimmung ist aus § 50 SchwbG übernommen worden. Das Gesetz zur Förderung der Ausbildung und Beschäftigung schwerbehinderter Menschen vom 23.4.2004[1] hatte mit Wirkung vom 1.5.2004 Absatz 2 in seiner ursprünglichen Fassung aufgehoben. In Absatz 3 wurde die Angabe „der Absätze 1 und 2" durch die Angabe „des Absatzes 1" ersetzt. Damit war die Anhörung des für die Dienststelle zuständigen Integrationsamtes entfallen, wenn eine Entlassung oder Pensionierung eines schwerbehinderten Beamten nicht auf dessen Antrag zurückgeht. Durch das BTHG wurde die Norm an die neue Struktur des Gesetzes angepasst und erhielt seinen neuen Platz als § 211. 1

Regelungsinhalt: § 211 bezweckt, die besonderen Regelungen zur Teilhabe schwerbehinderter Menschen auch für öffentlich-rechtliche Dienstverhältnisse nutzbar zu machen. Nach Absatz 1 sollen die Vorschriften der §§ 151 ff. auch 2

---

30 *Esser/Isenhardt* in jurisPK-SGB IX § 94 Rn. 10; *Hohmann* in Wiegand SGB IX § 94 Rn. 40; *Masuch* in Hauck/Noftz SGB IX § 94 Rn. 14; *Pahlen* in Neumann/Pahlen/Greiner/Winkler/Jabben SGB IX § 210 Rn. 4; *Knittel* SGB IX § 94 Rn. 8.
1 BGBl. I 606.

für schwerbehinderte Beamte in Bund und Ländern unmittelbar gelten. Damit enthält die Norm einen eindeutigen Programmauftrag für eine entsprechende Anpassung.[2] Im Übrigen werden die allgemeinen Vorschriften über die Pflichten zur Beschäftigung, Fürsorge und Förderung von schwerbehinderten Menschen nach §§ 154, 155 und 164 ergänzt. Absatz 2 regelt, dass die in Absatz 1 in Bezug genommen Bestimmungen auch für Richterinnen und Richter entsprechend anwendbar sind. In Absatz 3 werden bestimmte Vorschriften des Teils 3 des SGB IX ausdrücklich auf die Rechtsverhältnisse schwerbehinderter Soldaten für anwendbar erklärt. Das geschieht unter dem Vorbehalt, dass die Anwendung der Vorschriften mit den Besonderheiten des Dienstverhältnisses vereinbar ist.

II. Beamtenverhältnis

3 **Beschäftigung schwerbehinderter Menschen im Beamtenverhältnis:** Nach § 211 Abs. 1 hat der öffentlich-rechtliche Dienstherr die Einstellung und Beschäftigung schwerbehinderter Menschen im Beamtenverhältnis zu fördern. Als Ziel ist vorgegeben die Erreichung eines **angemessenen Anteils** schwerbehinderter Menschen auch unter der Beamtenschaft. Damit wird die im Teil 3 Kapitel 2 geregelte Beschäftigungspflicht der öffentlich-rechtlichen Arbeitgeber ergänzt. Es ist unzulässig, die Pflichtplätze nur durch schwerbehinderte Arbeiter oder Angestellte zu besetzen. Entsprechend dem Anteil der Beamtenschaft an der Gesamtbelegschaft sollen auch schwerbehinderte Menschen im Beamtenverhältnis beschäftigt werden. Anders als für die Nichterfüllung der Beschäftigungspflicht nach § 154 ist in § 238 für die Nichterfüllung des angemessenen Anteils schwerbehinderter Menschen in öffentlich-rechtlichen Dienstverhältnissen **keine Sanktion** vorgesehen.

4 **Vorrang bei Einstellung:** Der öffentliche Arbeitgeber hat, solange er nicht einen angemessenen Anteil von schwerbehinderten Menschen in öffentlich-rechtlichen Dienstverhältnissen beschäftigt, die Einstellung schwerbehinderter Menschen in Beamten-, Richter- und Soldatenverhältnisse besonders zu fördern.[3] Die Rechtsprechung verwehrt jedoch eine bevorzugende Einstellungspraxis: Der Schwerbehinderteneigenschaft kommt bei der Auswahl um eine Beförderungsstelle als Hilfskriterium gegenüber leistungsbezogenen Kriterien kein Vorrang zu.[4] Insbesondere besteht kein unmittelbarer Anspruch des Schwerbehinderten auf eine Einstellung; dies verhindert das unverändert bestehende Prinzip der Bestenauslese. Nur bei gleicher Eignung kann eine Bevorzugung in Betracht kommen.

5 **Förderungspflichten bei Besetzung freier Stellen:** Der Dienstherr hat nach § 164 Abs. 1 iVm § 165 frühzeitig frei werdende und neu zu besetzende sowie neue Arbeitsplätze der Arbeitsagentur zur Vermittlung zu melden. Das gilt auch bei freien Beamtenstellen. Vorgeschlagene oder auf eigene Initiative sich bewerbende schwerbehinderte Menschen hat er zu einem Vorstellungsgespräch stets einzuladen, wenn die fachliche Eignung nicht offensichtlich ausgeschlossen werden kann (§ 165 Satz 3 und 4). Über die vorliegenden Bewerbungen haben die öffentlichen Arbeitgeber sowohl die zuständige Schwerbehindertenvertretung als auch den zuständigen Personalrat oder Präsidialrat unmittelbar nach Eingang zu unterrichten (§ 164 Abs. 1 Satz 4 und 5). Bei dem Auswahlverfahren ist die zuständige Schwerbehindertenvertretung nach § 178 Abs. 2 zu beteiligen und

---

2 VGH BW 24.6.2019 – 4 S 1716/18, VBlBW 2019, 507 Rn. 40.
3 *Kossens* in Kossens/von der Heide/Maaß SGB IX § 128 Rn. 2.
4 NdsOVG 14.4.2003 – 2 ME 129/03, Behindertenrecht 2003, 224.

der zuständige Personalrat anzuhören. Wird ein nicht behinderter Bewerber eingestellt, obwohl der angemessene Anteil der schwerbehinderten Menschen noch nicht erreicht ist, kann der unterlegene schwerbehinderte Bewerber die fehlerhafte **Auswahlentscheidung** mit einem Rechtsbehelf angreifen. Unterbleibt die Anhörung der Schwerbehindertenvertretung bei der Auswahl für eine Beförderungsstelle, so führt dies ausnahmsweise nach § 178 Abs. 2 nicht zur Rechtswidrigkeit der Auswahlentscheidung, wenn auszuschließen ist, dass auch bei einer Anhörung der Schwerbehindertenvertretung und der damit verbundenen Einbeziehung der Überlegungen der Schwerbehindertenvertretung in die Auswahlentscheidung diese Entscheidung zugunsten des Schwerbehinderten ausgefallen wäre.[5]

Benachteiligungsverbot: Bei Benachteiligung schwerbehinderter Bewerberinnen und Bewerber hat er nach § 164 Abs. 2 iVm § 15 AGG Schadensersatz und Entschädigung zu leisten. Dem Anspruch auf Entschädigung nach § 164 Abs. 2 steht es nach der restriktiven Rechtsprechung der Verwaltungsgerichte entgegen, wenn der schwerbehinderte Stellenbewerber es versäumt, einen Rechtsbehelf gegen die nicht erfolgte Einladung zum Vorstellungsgespräch und damit seine Nichtberücksichtigung im Auswahlverfahren einzulegen.[6]

Behinderungsgerechte Beschäftigung: Die Beschäftigung schwerbehinderter Menschen im Beamtenverhältnis ist bezogen auf Art und Schwere der Behinderung „behinderungsgerecht" zu gestalten. Die in § 164 Abs. 4 Nr. 1 und Nr. 4 enthaltenen Vorgaben sind zugrunde zu legen. Der Dienstherr hat den schwerbehinderten Beamten so zu beschäftigen, dass dieser seine Fähigkeiten und Kenntnisse möglichst voll verwerten und weiterentwickeln kann (Einzelheiten: → § 164 Rn. 183 ff.).

Besondere Förderungspflicht bei Einstellung: Nach § 211 Abs. 1 ist unbeschadet der allgemeinen Förderungspflichten, die sich aus dem Teil 3 ergeben, der Dienstherr verpflichtet, die besonderen Vorschriften und Grundsätze für die Besetzung von Beamtenstellen zugunsten der Einstellungsmöglichkeiten von schwerbehinderten Menschen umzugestalten. Dem ist insbesondere der Bund bisher nur unzureichend nachgekommen. Zu den wenigen Förderungsvorschriften gehört § 5 der **Bundeslaufbahnverordnung.** Er bestimmt, dass von Schwerbehinderten bei der Einstellung und Beförderung nur das Mindestmaß körperlicher Eignung verlangt werden darf (Absatz 1), im Prüfungsverfahren für Schwerbehinderte die ihrer Behinderung angemessenen Erleichterungen vorzusehen sind (Absatz 2) und bei der Beurteilung der Leistung Schwerbehinderter eine etwaige Minderung der Arbeits- und Verwendungsfähigkeit durch die Behinderung zu berücksichtigen ist (Absatz 3). Für die Eignungsprüfung folgt daraus, dass zu differenzieren ist. Während grundsätzlich bei der Einstellung von Beamten die körperliche Eignung für die gesamte Laufbahn mit allen zu ihr gehörenden Ämtern und den diesen zugeordneten Dienstposten zu verlangen ist, gilt dies nämlich bei Schwerbehinderten nicht. Bei diesen wird, gemäß § 211, nur das Mindestmaß körperlicher Eignung vorausgesetzt. Der Schwerbehinderte muss infolgedessen nicht für alle Dienstposten geeignet sein. Stattdessen hat der Dienstherr lediglich zu prüfen, ob die körperliche Eignung ausreicht, um dem Bewerber irgendeine amtsangemessene Beschäftigung zuweisen zu können, die mit den dienstlichen Bedürfnissen in Einklang steht. Hinsichtlich der Eignungsbeurteilung von Bewerbern mit Behinderungen sieht die Rechtsprechung dann aber keinen Bedarf für Modifikationen.[7]

---

5 NdsOVG 14.4.2003 – 2 ME 129/03, Behindertenrecht 2003, 224.
6 VG Düsseldorf 6.5.2005 – 2 K 4552/03, Behindertenrecht 2005, 176.
7 BVerwG 25.7.2013 – 2 C 12/11, NVwZ 2014, 300.

9 Weiterhin sind in manchen Laufbahnverordnungen **Altersgrenzen** für die Einstellung von Schwerbehinderten abgemildert. So ist etwa nach § 16 Abs. 1 S. 1 NLVO die Höchstgrenze der Einstellung in den Vorbereitungsdienst von 40 auf 45 Jahre heraufgesetzt. Zur weiteren Erfüllung des Auftrags aus § 211 Abs. 1 haben die Bundesministerien und Bundesländer Verwaltungsvorschriften erlassen, die früher als Fürsorgerichtlinien bezeichnet wurden. Mit dem SGB IX hat der Sprachgebrauch gewechselt: Sie werden seitdem als Schwerbehindertenverwaltungsvorschriften[8], Schwerbehindertenrichtlinien[9], Teilhaberichtlinien[10] oder nach Inkrafttreten des BTHG als Inklusionsrichtlinien[11] bezeichnet. Der dem öffentlichen Dienstherrn zustehende Beurteilungs- und Entscheidungsspielraum kann zugunsten eines mindestens gleich qualifizierten schwerbehinderten Bewerbers durch die in den Richtlinien bestimmten Ermessensbeschränkungen auf Null reduziert sein, so dass nur die Einstellung dieses Bewerbers als sachlich richtige Entscheidung in Betracht kommt.[12]

10 **Förderung der Beschäftigung im Beamtenverhältnis:** Ausgangspunkt ist § 164 Abs. 4 Nr. 1. Danach soll der Dienstherr den schwerbehinderten Menschen so beschäftigen, dass er seine Fähigkeiten und Kenntnisse möglichst voll verwerten und weiterentwickeln kann. Damit dies geschehen kann, sind dem Arbeitgeber weitere Förderungspflichten zur Förderung der beruflichen Bildung, zur behinderungsgerechten Einrichtung des Arbeitsplatzes und zur erforderlichen Ausstattung des Arbeitsplatzes aufgegeben. In Erfüllung der weitergehenden Verpflichtung aus § 211 Abs. 1 enthalten die vom Bund und den Ländern erlassenen Schwerbehindertenrichtlinien hinsichtlich der Beurteilung die Bestimmung, Minderungen der Leistungsfähigkeit wohlwollend zu berücksichtigen, besondere Anstrengungen des schwerbehinderten Menschen hervorzuheben und für den Vorschlag zu Beförderungsämtern von den Mindestanforderungen auszugehen.[13]

11 **Versetzung in den vorzeitigen Ruhestand:** In der Vorgängerfassung von § 211 Abs. 2 (§ 128 aF) war bis zum 1.5.2004 vorgeschrieben, dass vor der Versetzung in den einstweiligen Ruhestand die **Anhörung des Integrationsamts** erforderlich war, das für die Beschäftigungsdienststelle zuständig ist. Seit dem 1.5.2004 ist diese Bestimmung aufgehoben. An der Notwendigkeit der vorherigen Unterrichtung und Anhörung der Schwerbehindertenvertretung hat sich

---

8 Gemeinsame Verwaltungsvorschrift aller Ministerien und des Rechnungshofs über die Beschäftigung schwerbehinderter Menschen in der Landesverwaltung (SchwbVwV) vom 24.6.2013, GABl. 2013, 322.
9 Richtlinien für die Einstellung, Beschäftigung und begleitende Hilfe schwerbehinderter und diesen gleichgestellter behinderter Menschen in der Landesverwaltung des Landes Brandenburg (Schwerbehindertenrichtlinien – SchwbRL) vom 6.4.2005, ABl./05, Nr. 18, S. 530, abrufbar unter https://bravors.brandenburg.de/verwaltungsvorschriften/schwbrl.
10 Richtlinien zur Integration und Teilhabe schwerbehinderter Angehöriger der hessischen Landesverwaltung – Teilhaberichtlinien – vom 12.6.2013, StAnz. 27/2013, 838.
11 Bayerische Inklusionsrichtlinien, Bekanntmachung des Bayerischen Staatsministeriums der Finanzen und für Heimat vom 29.4. 2019, BayMBl. 2019 Nr. 165; Erlass zur Inklusion und Teilhabe von Menschen mit Behinderungen im Landesdienst Thüringen vom 19.3.2019, ThürStAnz Nr. 14/2019 S. 647, abrufbar unter www.thueringen.de/th3/tmik/personalmanagement.
12 *Großmann* in GK-SchwbG § 14 Rn. 192; aA OVG Bln 30.4.1970 – VI B 7.69, ZfSH 1971, 203.
13 Vgl. Schwerbehinderten-Richtlinie des Bundesministeriums für Arbeit und Soziales und Sozialordnung Nr. 5.2 und Nr. 5.3.

hierdurch aber nach zutreffender Einschätzung nichts geändert.[14] Einzelheiten → § 178 Rn. 80.
Ist die in § 178 Abs. 2 Satz 1 SGB IX vorgeschriebene Unterrichtung und Anhörung der Schwerbehindertenvertretung über die personelle Angelegenheit „Versetzung in den vorzeitigen Ruhestand" unterblieben, ist die dienstrechtliche Maßnahme anfechtbar.[15] Das BVerwG sieht in Abkehr von seiner früheren Rechtsprechung seit 2019 die verfügte Versetzung in den Ruhestand als formell rechtswidrig an.[16] Die Folgen dieses Beteiligungsmangels in materieller Hinsicht beurteilt es dann nach Maßgabe des § 46 VwVfG. Danach begründet der Verfahrensverstoß keinen Aufhebungsanspruch des Beamten, wenn die Versetzung in den Ruhestand auf der Grundlage hinreichender (amts-)ärztlicher Gutachten erfolgt ist und damit in der Sache keine andere Entscheidung hätte ergehen können.[17]
Zu beachten ist die Zuständigkeitsordnung des SGB IX für das Beteiligungsverfahren. Zuständig ist die Schwerbehindertenvertretung der Dienststelle, in der der Beamte beschäftigt wird. Entscheidet über die Maßnahme eine übergeordnete Dienststelle, so ist die Stufenvertretung der übergeordneten Stelle zuständig (§ 180 Abs. 6 Satz 3). Von besonderer Bedeutung ist, dass dann, wenn in der Dienststelle keine Schwerbehindertenvertretung gewählt worden ist, nach § 180 Abs. 6 Satz 1 die **Gesamtschwerbehindertenvertretung** oder **Bezirksschwerbehindertenvertretung** nach § 180 Abs. 6 Satz 2 die Interessen des betroffenen schwerbehinderten Menschen vertritt.

Nichtteilbarkeit der unterlassenen Anhörung: Unterlässt der Dienstherr die 12 Anhörung der zuständigen Schwerbehindertenvertretung, so ist die dienstrechtliche Maßnahme wegen des Fehlens eines gesetzlichen Erfordernisses **fehlerhaft**.[18] Der Fehler ist **nicht** heilbar. Insbesondere kann der Dienststellenleiter nicht die fehlende Anhörung im Widerspruchsverfahren nachholen.[19]

Vorsorgliche und nachträgliche Anhörung: Hatte der Dienstherr keine Kennt- 13 nis von der Schwerbehinderteneigenschaft, so kann sich der schwerbehinderte Beamte später im Widerspruchsverfahren nicht darauf berufen. Eine nachträgliche Anhörung wird dem Zweck des Gesetzes nicht gerecht. Sinnvoll ist grundsätzlich nur die **vorherige Anhörung**, zumal diese auch dann möglich ist, wenn zu diesem Zeitpunkt die zwar versorgungsamtliche Feststellung der Schwerbehinderteneigenschaft noch nicht vorliegt, der Beamte aber auf das laufende Feststellungsverfahren verweist. In diesem Zusammenhang abgegebene Stellungnahmen galten als **vorsorglich** abgegeben. Ihnen ist der Vorbehalt immanent, dass das Verfahren vor dem Versorgungsamt zu einer Feststellung der Schwerbehinderteneigenschaft des Beamten führt. Die **vorherige Mitteilung** der

---

14 Vgl. *Cramer* NZA 2004, 712; *Pahlen* in Neumann/Pahlen/Greiner/Winkler/Jabben SGB IX § 211 Rn. 13.
15 BVerwG 17.9.1981 – 2 C 4/79, DVBl. 1982, 582; BVerwG 2.2.1988 – 2 CB 53/87, VBL 1988, 704; *Pahlen* in Neumann/Pahlen/Greiner/Winkler/Jabben SGB IX § 211 Rn. 14.
16 BVerwG 19.11.2019 – 2 C 24.18, Rn. 2, IÖD 2020, 44 unter Aufgabe von BVerwG 20.12.2010 – 2 B 39/10, ZTR 2011, 196; ebenso bereits zu § 95 Abs. 2 Satz 1 SGB IX: SächsOVG 12.8.2014 – D 6 B78/14, juris Rn. 8; VGH BW 4.9.2018 – 4 S 142/18, Rn. 33, VBlBW 2019, 61, Rn. 33; kritisch: *von Roetteken* ZBR 2021, 16, 24.
17 BVerwG 19.11.2019 – 2 C 24.18, Rn. 3, IÖD 2020, 44.
18 BVerwG 17.9.1981 – 2 C 4/79, DVBL 1982, 582.
19 BVerwG 17.9.1981 – 2 C 4/79, DVBL 1982, 582.

Schwerbehinderteneigenschaft an den Dienstherrn ist für die Rechtswahrung unabdingbar.[20]

14 **Feststellung der Dienstunfähigkeit:** Die Versetzung eines Beamten in den Ruhestand wegen Dienstunfähigkeit ist für Bundesbeamte in § 44 Abs. 1 BBG geregelt. Für die Beamten in den Ländern gilt neben dem Gesetz zur Regelung des Statusrechts der Beamtinnen und Beamten in den Ländern (Beamtenstatusgesetz – BeamtStG) das jeweilige Landesbeamtengesetz (LBG). Nach § 21 Nr. 4 BeamtStG endet das Beamtenverhältnis durch Versetzung in den Ruhestand. Die Versetzung in den Ruhestand setzt voraus, dass der Beamte zur Erfüllung der Dienstpflichten wegen seines körperlichen Zustandes oder aus gesundheitlichen Gründen dauerhaft außerstande ist (§ 26 Abs. 1 Satz 1 BeamtStG). Als dienstunfähig kann auch angesehen werden, wer infolge Erkrankung innerhalb eines Zeitraums von sechs Monaten mehr als drei Monate keinen Dienst getan hat und keine Aussicht besteht, dass innerhalb einer Frist, deren Bestimmung dem Landesrecht vorbehalten bleibt, die Dienstfähigkeit wieder voll hergestellt ist (§ 26 Abs. 1 Satz 2 BeamtStG; § 44 Abs. 1 Satz 2 BBG). Von der Versetzung in den Ruhestand soll abgesehen werden, wenn eine anderweitige Verwendung möglich ist (§ 26 Abs. 1 Satz 3, § 26 Abs. 2 BeamtStG; § 44 Abs. 2 BBG). Maßstab für die Beurteilung der Dienstunfähigkeit ist nicht der Dienstposten, sondern das Amt im abstrakt-funktionellen Sinn.[21] Bestehen Zweifel über die Dienstunfähigkeit, kann der Dienstherr die ärztliche Untersuchung anordnen (§ 44 Abs. 6 BBG; entsprechende Normen in den LBG). Weder die Anordnung einer amtsärztlichen Untersuchung noch die Aufforderung, eine Schweigepflichtentbindungserklärung vorzulegen, stellt einen Verwaltungsakt dar.[22] Rechtsschutz ist in der Form möglich, dass statt einer Anfechtungsklage eine allgemeine Leistungsklage zu erheben ist. In formeller Hinsicht kann dazu gerügt werden, dass die Anordnung aus sich heraus nicht verständlich ist; denn der Beamte muss ihr entnehmen können, was konkret ihr Anlass ist und ob das in ihr Verlautbarte die behördlichen Zweifel an seiner Dienstfähigkeit zu rechtfertigen vermag.[23] Für den Betroffenen muss ohne Weiteres erkennbar sein, welcher Vorfall oder welches Ereignis zur Begründung der Aufforderung herangezogen wird.[24] Dabei darf die Behörde nicht nach der Überlegung vorgehen, der Betroffene werde schon wissen, „worum es gehe".[25] Nur in Schleswig-Holstein (SH) ist das Anordnungsrecht des Dienststellenleiters gesetzlich eingeschränkt. Die Anordnung der amtsärztlichen Untersuchung ist dort eine **mitbestimmungspflichtige Maßnahme.**[26] Das ist eine Besonderheit, die auf die in § 2 Abs. 1 Nr. 1 Mitbestimmungsgesetz SH bestimmte Allzuständigkeit des Personalrats beruht, welche auch innerdienstliche Maßnahmen einschließt, die einzelne Beschäftigte betreffen.

Die Verantwortung zur Feststellung der Dienstunfähigkeit trägt die Behörde, nicht der Amtsarzt. Sie muss deshalb die ärztlichen Befunde und Schlussfolgerungen inhaltlich nachvollziehen und sich auf ihrer Grundlage ein eigenes Urteil bilden.[27] Das setzt voraus, dass sie fachärztliche Äußerungen, die der Stellung-

---

20 BVerwG 22.8.1990 – 2 B 15/90, Buchholz 436.61 § 50 SchwBG Nr. 1; BVerwG 17.8.1998 – 2 B 61/98; dem folgend: VG Arnsberg 12.7.2006 – 2 K 2886/04.
21 BVerwG 26.3.2009 – 2 C 73.08, BVerwGE 133, 297.
22 BVerwG 26.4.2012 – 2 C 17.10, NVwZ 2012, 1483 Rn. 14 f. mwN.
23 BVerwG 23.10.1980 – 2 A 4.78, Buchholz 232 § 42 BBG Nr. 14.
24 BVerwG 26.4.2012 – 2 C 17.10, NVwZ 2012, 1483.
25 OVG RhPf 22.5.2013 – 2 A 11083/12.
26 BVerwG 5.11.2010 – 6 P 18/09, ZTR 2011, 186.
27 BVerwG 21.6.2007 – BVerwG 2 A 6.06, Buchholz 11 Art. 33 Abs. 2 GG Nr. 35 Rn. 23.

nahme des Amtsarztes zugrunde liegen, zur Kenntnis nimmt und würdigt.[28] Ein amtsärztliches Gutachten muss den von der Rechtsprechung aufgestellten Anforderungen genügen.[29] So muss das amtsärztliches Gutachten nicht nur das Untersuchungsergebnis mitteilen, sondern auch die das Ergebnis tragenden Feststellungen und die Gründe, soweit deren Kenntnis für die Behörde unter Beachtung des Verhältnismäßigkeitsgrundsatzes für die Entscheidung über die Zurruhesetzung erforderlich ist. Deshalb muss das Gutachten sowohl alle erhobenen Befunde als auch die aus medizinischer Sicht daraus abzuleitenden Schlussfolgerungen für die Fähigkeit des Beamten enthalten, sein abstrakt-funktionelles Amt weiter auszuüben. Das Gutachten dient dazu, dem Dienstherrn die Entscheidung über die Dienstunfähigkeit zu ermöglichen. Deshalb muss das Gutachten Feststellungen treffen, ob der Beamte zur Erfüllung seiner gegenwärtigen Dienstpflichten dauernd unfähig ist und welche Folgerungen daraus zu ziehen sind. Zu berücksichtigen sind insbesondere folgende milderen Maßnahmen: Reduzierung der Arbeitszeit, Übertragung eines anderen Amtes derselben, einer entsprechenden gleichwertigen oder einer anderen Laufbahn oder Versetzung in den Ruhestand. Das Gutachten muss auch dem Beamten ermöglichen, sich mit den Feststellungen und Schlussfolgerungen des Amtsarztes bzw. mit der darauf beruhenden Entscheidung des Dienstherrn auseinanderzusetzen und sie ggf. substantiiert anzugreifen. Deshalb darf sich das Gutachten nicht auf die bloße Mitteilung einer Diagnose und eines Entscheidungsvorschlags beschränken, sondern muss die für die Meinungsbildung des Amtsarztes wesentlichen Entscheidungsgrundlagen erkennen lassen.[30]

Weiterverwendung vor Versorgung: Sind die medizinischen Befunde erhoben und die Dienstunfähigkeit festgestellt, muss die Möglichkeit der anderweitigen Verwendung geprüft werden. Nach § 44 Abs. 1 Satz 3, Abs. 2 BBG ist dem in den gesetzlichen Bestimmungen zum Ausdruck kommenden Grundsatz „Weiterverwendung vor Versorgung" Rechnung zu tragen. Die Suche nach einem anderen Amt darf sich nicht in einer pauschalen Abfrage der Übernahmebereitschaft anderer Dienststellen erschöpfen. Sie muss dem Grundsatz effektiver Umsetzung entsprechen.[31] So muss sich die Suche regelmäßig auf den gesamten Geschäftsbereich erstrecken. Außerdem muss die Suche nach einer anderweitigen Verwendung auch auf Dienstposten ausgedehnt werden, die in absehbarer Zeit neu zu besetzen sind. Welcher Zeitraum zu betrachten ist, ergibt sich aus der für den Erwerb einer anderen Laufbahnbefähigung erforderlichen Zeitspanne. Es sind konkrete, ggf. auch dialogische Bemühungen erforderlich, den Beamten anderweitig zu verwenden. Ist bei einer anderen Behörde im Bereich des Dienstherrn ein amtsangemessener Dienstposten vakant, dann ist der Beamte auf diesem Dienstposten zu verwenden. Die Verwendung darf nicht unter den Vorbehalt gestellt werden, dass die Behörde, bei der der vakante Dienstposten besteht, der Besetzung zustimmt. Zur Suchpflicht gehört auch eine Nachfrage bei einer anderen Behörde, wenn die zuerst nachgefragte Behörde eine Abfrage unbeantwortet lässt. Auch dann, wenn die Suche nach einer anderweitigen Verwendung (§ 44 Abs. 2 BBG; § 26 Abs. 1 Satz 3, § 26 Abs. 2 BeamtStG) auch unter Beachtung der insoweit zu stellenden Anforderungen erfolglos geblieben ist, ist vor der Versetzung des Beamten in den Ruhestand zu prüfen, ob dem Beamten unter Beibehaltung des übertragenen Amtes ohne Zustimmung auch eine geringerwertige Tätigkeit übertragen werden kann (§ 44 Abs. 3 BBG; § 26

---

28 BVerwG 6.3.2012 – 2 A 5/10, RiA 2012, 165.
29 Dazu BVerwG 20.1.2011 – 2 B 2.10, USK 2011-48.
30 BVerwG 20.1.2011 – 2 B 2.10, USK 2011-48.
31 BVerwG 26.3.2009 – 2 C 73.08, BVerwGE 133, 297, Rn. 25.

Abs. 3 BeamtStG) und ob er auch ohne Zustimmung in ein Amt dieser Laufbahn mit geringerem Endgrundgehalt versetzt werden kann (§ 44 Abs. 4 BBG; § 26 Abs. 3 BeamtStG). Das Ziel der Vorschrift des § 26 Abs. 1 Satz 3, Abs. 2 und 3 BeamtStG, dienstunfähige Beamte nach Möglichkeit im aktiven Dienst zu halten, verlangt es nämlich, dass der Dienstherr die Suche nach einer anderweitigen Verwendung des Beamten auch für geringerwertige Tätigkeiten ernsthaft, sorgfältig und mit dem Willen durchführt, eine entsprechende Verwendung tatsächlich zu finden.[32] Zu beachten ist, dass die ursprüngliche Sollvorschrift in § 26 Abs. 1 Satz 3 BeamtStG durch Art 1 Nr. 7 des Gesetzes zur Änderung des Beamtenstatusgesetzes und des Bundesbeamtengesetzes sowie weiterer dienstrechtlicher Vorschriften vom 29.11.2018[33] verschärft worden ist. Seitdem darf nicht in den Ruhestand versetzt werden, wer anderweitig verwendbar ist.[34] Diese aktive Suche nach einer solchen Verwendungsmöglichkeit muss der Dienstherr **geschäftsbereichsübergreifend** organisieren. Sie ist zeitnah in den Akten zu dokumentieren.[35] Dabei müssen die konkreten Bemühungen des Dienstherrn, der Suchverpflichtung nach § 26 Abs. 1 Satz 3, Abs. 2 und 3 BeamtStG nachzukommen schriftlich festgehalten werden, wenn sie sich nicht evident aus dem Vorgang selbst ergeben.[36]

16 **Anderweitige Verwendbarkeit:** Von der Rspr. Ist angenommen worden, die Prüfung einer anderweitigen Verwendung gemäß § 26 BeamtStG sei nur dann erforderlich, wenn der Beamte im Hinblick auf seinen Gesundheitszustand tatsächlich **anderweitig in vollem Umfang**, d. h. zu 100 Prozent der regulären Arbeitszeit, **verwendbar** sei.[37] Das kann jedenfalls nicht für schwerbehinderte oder gleichgestellte behinderte Beamte gelten. Die volle Dienstfähigkeit „100 Prozent der regulären Arbeitszeit" ist bei schwerbehinderten Menschen nicht erforderlich; denn aufgrund der Klarstellung in § 211 Abs. 1 SGB IX („unbeschadet der Geltung dieses Teils") hat der öffentliche ebenso wie der private Arbeitgeber die im Teil 3 des SGB IX enthaltenen Arbeitgeberverpflichtungen zu erfüllen. Dazu gehört nach § 164 Abs. 1 Satz 1 Nr. 1 iVm Abs. 5 SGB IX, das bei einer begrenzten Dienstfähigkeit noch vorhandene Restvermögen an Dienstfähigkeit für eine Beschäftigung nutzbar zu machen. Deshalb ist für schwerbehinderte und gleichgestellt behinderte Beamte der vom NdsOVG aufgestellte Rechtssatz: „Die anderweitige Verwendbarkeit muss in vollem Umfang, d. h. zu 100 Prozent der regulären Arbeitszeit gewährleistet sein." nicht anwendbar.

17 **Beteiligung der SBV an der Klärung:** An den von der Rechtsprechung geforderten Bemühungen, eine Weiterverwendungsmöglichkeit zu finden, sind Schwerbehindertenvertretung und Personalrat nach § 167 Abs. 1 zu beteiligen; denn es gilt eine im Beschäftigungsverhältnis aufgetretene Schwierigkeit zu klären und alle Möglichkeiten zu ihrer Überwindung mit dem Dienstherrn zu erörtern. Umstritten ist, ob eine Unterlassung des Präventionsverfahrens bzw. des Betrieblichen Eingliederungsmanagements (BEM) die Zurruhesetzung von Beamten nach § 44 Abs. 1 Satz 1 BBG hindert. Das haben die Instanzgerichte verneint, ohne die Revision zuzulassen.[38] Das BVerwG hat auf Beschwerde eines

---

32 BayVGH 26.9.2019 – 3 BV 17.2302, Rn. 50, Behindertenrecht 2020, 17.
33 BGBl. 2018 I 2232, vgl. BR-Drs. 378/18, 5 und BT-Drs. 19/4117, 11.
34 Vgl. Rundschreiben der Landesanwaltschaft Bayern vom 21.10.2019.
35 BayVGH 26.9.2019 – 3 BV 17.2302, Behindertenrecht 2020, 17; Nds OVG 1.7.2013 – 5 ME 109/13, DÖD 2013, 231.
36 BayVGH 26.9.2019 – 3 BV 17.2302, Rn. 43, Behindertenrecht 2020, 17.
37 NdsOVG 16.1. 2013 – 5 LA 228/12, ZBR 2013, 263.
38 OVG Bln-Bbg 26.4.2012 – 6 B 5.12, NVwZ-RR 2012, 817; OVG NRW 21.5.2010 – 6 A 816/09, ZBR 2011, 58; SchlHOVG 19.5.2009 – 1 LB 27/08, NordÖR 2010, 44.

Betroffenen zur Klärung dieser Frage die Revision zugelassen.[39] Nach der Zulassung hat der Zweite Senat des BVerwG sich tiefer gehend mit der Klärung der Rechtsfrage auseinandergesetzt.[40] Zunächst hat er die Auslegung bestätigt, dass das BEM sowohl auf schwerbehinderte als auch nichtbehinderte Beamte mit mehr als sechs Wochen Dienstunfähigkeit anzuwenden ist.[41] Er hat weiter erkannt, dass das BEM und das Zurruhesetzungsverfahren in einem zeitlich gestaffelten Stufenverhältnis zueinander stehen.[42] Daraus folgert er, regelmäßig lägen hinreichende Anhaltspunkte für eine an den Beamten gerichtete zulässige Weisung vor, sich auf eine mögliche Dienstunfähigkeit ärztlich untersuchen zu lassen, wenn der Dienstherr das BEM ordnungsgemäß, aber erfolglos durchgeführt habe.[43] Das ergibt sich daraus, dass dann, wenn der im Rahmen des BEM vorgegebene Suchprozess nach alternativen Weiterbeschäftigungsmöglichkeiten erfolglos geblieben sei, ausreichende tatsächliche Anhaltspunkte für die ernsthafte Besorgnis einer Dienstunfähigkeit vorlägen. Unterlasse dagegen der Dienstherr das BEM, indem er den Beamten nicht auf die Möglichkeit eines BEM hinweise oder trotz Zustimmung des Betroffenen das BEM nicht ordnungsgemäß durchführe, müsse der Dienstherr sich zur Begründung einer Untersuchungsanordnung auf anderweitige, ausreichende Tatsachenfeststellungen über die Dienstunfähigkeit stützen.[44] Die Nichtbeachtung von § 167 Abs. 2 SGB IX wirke sich jedoch nicht unmittelbar auf jede Zurruhesetzung aus; denn das BEM sei keine „Rechtmäßigkeitsvoraussetzung".[45] Diese Rspr. hat für die Fälle Bedeutung, in denen bei der Entscheidung über die Zurruhesetzung ein Ermessensspielraum zB über die Möglichkeit anderweitiger Verwendung verbleibt. Hat der Dienstherr in diesen Fällen Arbeitgeberpflichten aus § 167 Abs. 2 SGB IX verletzt, so erweist sich regelmäßig seine Entscheidung als ermessensfehlerhaft. Das entspricht der Rspr. der Oberverwaltungsgerichte.[46] Dennoch wird nicht selten ohne Vorschaltung eines BEM ein Dienstunfähigkeitsverfahren eingeleitet. Diese Handhabung ist ein eklatanter Verstoß gegen § 167 Abs. 2 Satz 1 SGB IX. Danach ist das BEM ist zeitnah nach Überschreiten von mehr als 6 Wochen ununterbrochener oder wiederholter Dienstunfähigkeit zu unterbreiten und nicht etwa erst kurz vor Ablauf der Frist von sechs Monaten, die in § 26 Abs. 1 Satz 2 BeamtStG für die Dienstfähigkeitsprüfung bestimmt ist. Das hat das BVerwG als zwingende „zeitliche Staffelung" beschrieben.[47] Danach schließt sich erst „nach dem präventiv ausgerichteten betrieblichen Eingliederungsmanagement ein dienstrechtliches Verfahren an, das die Prüfung der Dienstunfähigkeit in den Blick nimmt und – als ultima ratio – zur Versetzung in den Ruhestand führen kann."[48] Die Durchsetzung des geltenden Rechts muss nicht dem gesundheitlich angeschlagenen und deshalb ein gericht-

---

39 BVerwG 15.3.2013 – 2 B 47/12.
40 BVerwG 5.6.2014 – 2 C 22/13, Behindertenrecht 2014, 207; *von der Weiden* jurisPR-BVerwG 21/2014 Anm. 3; *von Roetteken* jurisPR-ArbR 46/2014 Anm. 2 mit Kritik insbesondere hinsichtlich der vielen offenen gelassenen Detailfragen.
41 BVerwG 5.6.2014 – 2 C 22/13, Rn. 38, Behindertenrecht 2014, 207 unter Bezug auf BVerwG 4.9.2012 – 6 P 5.11, Rn. 12, ZTR 2013, 103 (104) und BAG 12.7.2007 – 2 AZR 716/06, Rn. 35, ZTR 2008, 273 (274).
42 BVerwG 5.6.2014 – 2 C 22/13, Rn. 40, Behindertenrecht 2014, 207.
43 BVerwG 5.6.2014 – 2 C 22/13, Rn. 45, Behindertenrecht 2014, 207.
44 BVerwG 5.6.2014 – 2 C 22/13, Rn. 45, Behindertenrecht 2014, 207.
45 BVerwG 5.6.2014 – 2 C 22/13, Rn. 46, Behindertenrecht 2014, 207.
46 OVG NRW 7.1.2013 – 6 A 2371/11, Rn. 11, PersR 2013, 182.
47 BVerwG 5.6.2014 – 2 C 22/13, Rn. 43, BVerwGE 150, 1, Behindertenrecht 2014, 207.
48 BVerwG 5.6.2014 – 2 C 22/13, Rn. 42, BVerwGE 150, 1, Behindertenrecht 2014, 207.

liches Verfahren scheuenden schwerbehinderten Beamten überlassen werden. Die SBV hat nach § 167 Abs. 2 Satz 6 SGB IX ein **Initiativrecht**. Sie kann vom Dienststellenleiter verlangen, dass dieser allen Betroffenen rechtzeitig ein BEM-Angebot unterbreitet. Sie kann dieses Recht auch in einem Beschlussverfahren nach § 2 a Abs. 1 Nr. 3 a ArbGG beim Arbeitsgericht durchsetzen. Verstößt die Dienststellenleitung gegen eine gerichtliche Entscheidung, so ist dies ein hinreichender Grund für die Einleitung eines Disziplinarverfahrens. Unterrichtet die Dienststellenleitung die SBV nicht zeitnah nach Ablauf der Sechswochenfrist iSv § 167 Abs. 2 Satz 1 SGB IX über den Eintritt eines BEM-Falls, so ist dies eine Verletzung der Pflicht aus § 178 Abs. 2 Satz 1 SGB IX. Die schuldhafte Verletzung dieser Pflicht stellt eine **Ordnungswidrigkeit** nach § 238 Abs. 1 Nr. 8 SGB IX dar, die mit einem Bußgeld von bis zu 10.000 EUR geahndet werden kann.

Wird in der Dienstfähigkeitsprüfung eine gebundene Entscheidung getroffen, die Ermessensausübung ausschließt, so führt der Verstoß des Dienstherrn gegen § 167 Abs. 2 SGB IX nicht zur Rechtswidrigkeit der Zurruhesetzungsverfügung.[49] Das ist dann der Fall, wenn die Begutachtung des gesundheitlichen Zustands des Beamten ergibt: „keinerlei Restleistungsvermögen".[50]

III. Richterverhältnis

18 **Einbeziehung von Richterinnen und Richtern:** Richterinnen und Richter haben als Funktionsträger der dritten Gewalt nach Art. 92, 97 GG eine **Sonderstellung**. § 211 Abs. 2 bezieht daher mit einer eigenständigen Regelung schwerbehinderte Menschen mit einem Richteramt in den Schutz des Gesetzes mit ein und stellt sie den von Absatz 1 erfassten sonstigen Beamten gleich.

IV. Soldatenverhältnis

1. Persönliche Rechtsstellung

19 **Teilweise Einbeziehung schwerbehinderter Soldaten:** § 211 Abs. 3 regelt die Einbeziehung schwerbehinderter Soldaten und Soldatinnen. Gegenüber der vollständigen Einbeziehung von schwerbehinderten Richterinnen und Richtern sollen bei ihnen jedoch nur diejenigen Bestimmungen des SGB IX zur Anwendung gelangen, die mit dem soldatischen Dienst vereinbar sind. Diese Einschränkung geht zurück auf das Erste Änderungsgesetz zum SchwbG vom 24.7.1986. Bis dahin hatten behinderte Soldaten die gleiche Rechtsstellung wie alle anderen behinderten Beschäftigten. Mit dem Änderungsgesetz wollte der Gesetzgeber sicherstellen, dass der Dienstherr im Interesse der Verteidigungsbereitschaft im Rahmen der maßgebenden soldatenrechtlichen Vorschriften jederzeit frei darüber entscheiden kann, wie er einen schwerbehinderten Soldaten einsetzt und ob er das Soldatenverhältnis vorzeitig beendet.[51] Durch den Verweisungskatalog in § 211 Abs. 3 Satz 1 wird klargestellt, welche Vorschriften insoweit unbedenklich und deshalb stets anzuwenden sind. Hinsichtlich der übrigen Normen des SGB IX muss nach § 211 Abs. 3 Satz 2 jeweils die Vereinbarkeit mit den Besonderheiten des soldatischen Dienstes geprüft werden. Unter Nr. 214 der zentralen Dienstvorschrift „Inklusion schwerbehinderter Men-

---

49 OVG NRW 21.5.2010 – 6 A 816/09, Behindertenrecht 2010, 172.
50 BVerwG 5.6.2014 – 2 C 22/13, Rn. 27 ff., Behindertenrecht 2014, 207.
51 BT-Drs. 10/3138, 27; so auch in der Kommentierung des damals zuständigen Ministerialreferenten *Cramer* in Cramer SchwbG § 50 Rn. 14.

schen" des BMVg[52] heißt es dazu: „Die Anwendung kann nur ausgeschlossen werden, wenn ihr schwerwiegende Gründe aus dem Dienstverhältnis entgegenstehen". Die Vorschrift hat an Bedeutung gewonnen; denn infolge der vielen Auslandseinsätze der Bundeswehr hat sich die Zahl behinderter Soldatinnen und Soldaten erheblich erhöht.

Feststellung von Behinderung und Schwerbehinderung: In Bezug auf die persönliche Rechtsstellung behinderter Soldatinnen und Soldaten wird auf § 2 Abs. 1 und Abs. 2 sowie auf § 152 verwiesen. Das bedeutet: Die Definitionen von Behinderung und Schwerbehinderung finden Anwendung und die insoweit erforderlichen Feststellungen erfolgen nach Maßgabe des § 152. Somit stellen die nach dem Bundesversorgungsgesetz oder die infolge abweichenden Landesrechts (siehe § 152 Rn. 1 Satz 7) zuständigen Behörden (→ § 152 Rn. 8) die Behinderung, den Grad der Behinderung und das Vorliegen einer Schwerbehinderung fest, sofern nicht bereits eine das Feststellungsverfahren erübrigende behördliche oder gerichtliche Feststellung nach § 151 Abs. 2 getroffen worden ist (→ § 152 Rn. 32 ff.). Über das Vorliegen der Schwerbehinderung, den Grad der Behinderung stellt die Feststellungsbehörde nach § 152 Abs. 5 den Schwerbehindertenausweis aus. Für Soldatinnen und Soldaten gilt die Zentrale Dienstvorschrift der Bundeswehr 20/15 Nummer 1003 Abs. 2. Danach ist die Feststellung eines GdB (Kapitel 3 Änderungsart T 4) zu melden.

Nachteilsausgleich: § 211 Abs. 3 Satz 1 verweist auch auf § 209. Damit ist nicht nur den schwerbehinderten Soldaten die Inanspruchnahme aller Nachteilsausgleiche möglich. Die mit ihnen verbundenen Hilfen sollen die spezifischen Mehraufwendungen und sonstigen Nachteile, die eine bestimmte Behinderung mit sich bringt, ausgleichen. Den Nachweis der Berechtigung führen behinderte Soldatinnen und Soldaten mit dem Schwerbehindertenausweis; denn dieser enthält nach § 4 SchwerbehindertenausweisVO auf der Vorderseite entsprechende Merkzeichen.

Ohne Weiteres anwendbare Rechte aus SGB IX Teil 3: Die Regelungen über die Nichtanrechenbarkeit von Renten und vergleichbaren Leistungen auf Dienstbezüge (§ 206), über Zusatzurlaub (§ 208) und über unentgeltliche Beförderung im öffentlichen Personenverkehr (§§ 228–230) hat der Gesetzgeber als ohne Weiteres vereinbar mit dem soldatischen Dienst gehalten. Er hat deshalb in § 211 Abs. 3 Satz 1 klargestellt, dass diese Bestimmungen stets anzuwenden sind.

Anspruch auf Einladung zu Vorstellungsgesprächen: Die Verpflichtung eines öffentlichen Arbeitgebers, offensichtlich nicht ungeeignete schwerbehinderte Stellenbewerber zu Vorstellungsgesprächen einzuladen (Einzelheiten: → § 165 Rn. 8 f.), hat das BVerwG auch für den BND festgestellt, wenn sich schwerbehinderte Soldatinnen und Soldaten auf Dienstposten bewerben: „Es gibt keinen Grund, ihnen Schwerbehindertenrechte zu versagen, die den im BND tätigen Beamten und Tarifbeschäftigten zustehen.".[53]

Nicht anwendbare Bestimmungen: Die Anwendung der öffentlich-rechtlichen Beschäftigungspflicht und die entsprechende Verpflichtung zur Zahlung einer Ausgleichsabgabe für unbesetzte Pflichtplätze (§§ 154, 155) scheitert entgegen dem Schrifttum nicht daran, dass die „Einstellungsfreiheit fehlt".[54] Das Bundesverteidigungsministerium ist eine oberste Bundesbehörde: Deshalb gilt es nach § 154 Abs. 3 Nr. 1 mit allen nachgeordneten Dienststellen einschließlich

---

52 Zentrale Dienstvorschrift A-1473/3, Version 2.1, Inklusion schwerbehinderter Menschen, Stand Dezember 2019.
53 BVerwG 15.12.2011 – 2 A 13/10, Behindertenrecht 2012, 200.
54 So *Knittel* SGB IX § 128 Rn. 22.

Kreiswehrersatzämtern und Standortverwaltungen als ein beschäftigungspflichtiger öffentlicher Arbeitgeber. Im Geschäftsbereich dieses Bundesministeriums wurde bisher die für den Geschäftsbereich nach § 241 Abs. 1 weiterbestehende Mindestquote von sechs Prozent stets überschritten. Nach § 156 Abs. 1 zählen für die Beschäftigungspflicht jedoch nur Stellen und Dienstposten, auf denen Arbeitnehmer und Arbeitnehmerinnen, Beamte und Beamtinnen, Richter und Richterinnen sowie Auszubildende und andere zu ihrer beruflichen Bildung Eingestellte beschäftigt werden. Soldatinnen und Soldaten fallen nicht unter diesen Personenkreis. Deshalb besteht weder eine Pflicht, eine Mindestquote von schwerbehinderten Soldatinnen und Soldaten zu beschäftigen, noch die Befugnis, im Dienst befindliche schwerbehinderte Soldatinnen und Soldaten nach §§ 157, 158 auf Pflichtplätze anzurechnen. Es existiert auch kein besonderer Entlassungsschutz nach dem SGB IX; denn der besondere Kündigungsschutz nach §§ 168 ff. ist mangels eines Arbeitsverhältnisses unanwendbar.

25 **Besondere Regeln zur sozialen Absicherung bei Behinderung:** Das Bundesministerium der Verteidigung hat im Internet Hinweise zur sozialen Absicherung der Soldatinnen und Soldaten der Bundeswehr veröffentlicht, in dem die Hilfen und Leistungen, die bei Behinderung gewährt werden, aufgeführt werden.[55] Ferner sind in der zentralen Dienstvorschrift „Inklusion schwerbehinderter Menschen" verschiedene Schutzbestimmungen und Nachteilsausgleiche angeordnet.

26 **Dienstpostenwechsel:** Nach Nr. 508 ff. der zentralen Dienstvorschrift sind vom Schwerbehinderten nicht selbst beantragte Umsetzungen, Abordnungen, Kommandierungen und Versetzungen auf das unumgängliche Maß zu beschränken. Sie sollen nur dann vorgenommen werden, wenn dem schwerbehinderten Menschen dadurch gleichwertige oder bessere Arbeits- oder Entwicklungsmöglichkeiten geboten werden oder wenn die Maßnahme in dringendem dienstlichem Interesse erforderlich ist. Ein dringendes dienstliches Interesse liegt danach insbesondere bei Auflösung der Dienststelle, bei Wegfall des Dienstpostens oder in dem Fall vor, wenn der schwerbehinderte Mensch aufgrund seiner Behinderung auch nach Ausschöpfen aller Möglichkeiten nicht mehr in der Lage ist, diesen Dienstposten wahrnehmen zu können. Dies gilt entsprechend auch bei Personalgestellung/Personalbeistellung in Kooperationsvorhaben mit der Wirtschaft sowie bei Privatisierung. Nach Nr. 512 der zentralen Dienstvorschrift hat bei schwerbehinderten Soldatinnen/Soldaten die personalbearbeitende Dienststelle dafür zu sorgen, dass die Anhörung der zuständigen Schwerbehindertenvertretung rechtzeitig vor Erlass der Maßnahme erfolgt. Über die Anhörung ist ein Vermerk zu fertigen.

27 **Förderung des dienstlichen Aufstiegs:** Nach Nr. 513 der zentralen Dienstvorschrift sind schwerbehinderte Menschen in ihrem Bestreben nach höherwertiger Tätigkeit zu unterstützen. Ihnen soll im Rahmen der haushaltsrechtlichen Möglichkeiten eine höherwertige Tätigkeit übertragen werden, sofern sie die hierfür erforderlichen Kenntnisse und Fähigkeiten besitzen oder zu erwarten ist, dass sie diese erwerben. Angemessene Erprobungszeiten sind ihnen dazu einzuräumen. In Nr. 514 der zentralen Dienstvorschrift wird eine bevorzugte Berücksichtigung, insbesondere von schwerbehinderten Frauen, bei gleicher Eignung – mit Ausnahme der körperlichen Eignung – angeordnet. Dies soll bei Besetzung freier Dienstposten gelten, wenn der schwerbehinderte Mensch bereits in der betreffenden Dienststelle auf einem geringer bewerteten Dienstposten tätig oder

---

55 BMVg – P III 1 – (DSK) SS31–82–20203, unter www.sozialdienst.bundeswehr.de abrufbar.

er durch Ablegung einer vorgeschriebenen Prüfung seine Befähigung zur Verwendung auf einem höherwertigen Dienstposten nachgewiesen hat.

Förderung der Weiterentwicklung der Fähigkeiten: Während der Berufs- oder Laufbahnausbildung und bei Lehrgängen sind nach Nr. 519 der zentralen Dienstvorschrift den schwerbehinderten Menschen angemessene Erleichterungen zu gewähren. Im Zweifelsfall haben sich schwerbehinderte Menschen im eigenen Interesse – bevor sie zu einem Lehrgang abgeordnet werden – vom personal-/vertrauensärztlichen Dienst der Bundeswehr untersuchen zu lassen, um einer Überforderung vorzubeugen. Vor der Anordnung der Untersuchung durch die personalbearbeitende Dienststelle ist die Schwerbehindertenvertretung zu beteiligen. Nach Nr. 520 nimmt bei schwerbehinderten Soldatinnen und Soldaten die Truppenärztin/der Truppenarzt Stellung, ob sie gesundheitlich generell für einen bestimmten Lehrgang geeignet sind, ob sie von bestimmten Teilen der Ausbildung befreit werden müssen, welchen Dienst sie ersatzweise leisten können und welche sonstigen Erleichterungen ihnen einzuräumen sind. Vor der Beurteilung dieser Fragen ist die zuständige Schwerbehindertenvertretung anzuhören.

28

Prüfungserleichterungen: Nach Nr. 801 der zentralen Dienstvorschrift ist bei der Ausgestaltung von Prüfungen jeglicher Art Rücksicht auf Behinderungen zu nehmen. Da sich für schwerbehinderte Menschen besondere Härten im Wettbewerb mit nicht behinderten Menschen ergeben können, sind zum Ausgleich solcher Härten den behinderten Menschen angemessene Prüfungserleichterungen zu gewähren. Hierauf haben alle für die Durchführung von Prüfungen Verantwortlichen rechtzeitig vor der Prüfung hinzuweisen. Nach Nr. 803 ist sowohl vor schriftlichen als auch vor mündlichen Prüfungen mit dem schwerbehinderten Menschen die Notwendigkeit, die Art und der Umfang der zu gewährenden Prüfungserleichterungen zu erörtern. Sofern dies zeitlich möglich ist, sofern der Betroffene nicht widerspricht, ist die Schwerbehindertenvertretung anzuhören. Nach deren Anhörung ist dann über Art und Umfang von Prüfungserleichterungen zu entscheiden.

29

Freistellung von Mehrarbeit: Nach Nr. 914 der zentralen Dienstvorschrift sind auch schwerbehinderte Soldatinnen und Soldaten auf ihr Verlangen in sinngemäßer Anwendung von § 124 aF (§ 207 nF) von Mehrarbeit, Überstunden und Rufbereitschaft freizustellen.

30

Erleichterung bei Übungen: Schwerbehinderten Soldatinnen und Soldaten sind bei Manövern und ähnlichen Übungen nach Nr. 943 der zentralen Dienstvorschrift Erleichterungen zu gewähren. Falls es mit dem soldatischen Dienst vereinbar ist, sind sie von der Teilnahme völlig freizustellen. Die Entscheidung trifft die oder der nächste Disziplinarvorgesetzte unter Beteiligung der zuständigen Truppenärztin/des zuständigen Truppenarztes und der Schwerbehindertenvertretung.

31

Behinderungsbedingte Beendigung des Dienstverhältnisses: In den Nrn. 1201 ff. der zentralen Dienstvorschrift ist eine umfassende Regelung für den Fall getroffen, dass die Anforderungen des soldatischen Dienstes an die Verwendungsfähigkeit nicht mehr ausreichend erfüllt werden können. Vor der Einleitung des Verfahrens zur Feststellung der Dienstunfähigkeit (DU-Verfahren) durch die personalbearbeitende Dienststelle ist stets vorrangig zu prüfen, ob – gegebenenfalls unter den Voraussetzungen des § 3 Abs. 2 des Soldatengesetzes – ein Verbleiben im Dienst möglich ist und in welchen dienstlichen Verwendungen die Soldatin oder der Soldat behinderungsgerecht – möglichst in ihrer/seiner Fachrichtung/Ausbildungs- und Verwendungsreihe oder ihrem/seinem Dienstbereich – weiterverwendet werden kann. Danach muss sich auch die militärische Perso-

32

nalführung an den Grundsatz halten, dass Rehabilitation und Weiterverwendung der Versorgung vorgeht. Soldatinnen/Soldaten mit einem GdB von mindestens 30, aber weniger als 50, sind bei diesen Entscheidungen wie schwerbehinderte Soldatinnen/Soldaten zu behandeln. Die zuständige Schwerbehindertenvertretung ist darüber rechtzeitig und umfassend durch die zuständige Disziplinarvorgesetzte oder den zuständigen Disziplinarvorgesetzten zu unterrichten. Bei der Beurteilung, inwieweit die schwerbehinderte Soldatin/der schwerbehinderte Soldat noch den allgemein-militärischen und den für die ausgeübte Tätigkeit erforderlichen Anforderungen gewachsen ist, sind lediglich solche Anforderungen zu berücksichtigen, die auf für das jeweilige Lebensalter noch in Betracht kommende Verwendungen abstellen. Die zuständige personalbearbeitende Dienststelle hat die zuständige Bezirksschwerbehindertenvertretung oder die Hauptschwerbehindertenvertretung beim Bundesministerium der Verteidigung unmittelbar vor Einleitung eines DU-Verfahrens umfassend zu unterrichten und vor einer Entscheidung zu hören.

33 **Hinweis auf Bewerbungsmöglichkeit bei der Wehrverwaltung:** Nach Nr. 1206 der zentralen Dienstvorschrift sind Soldatinnen und Soldaten, die infolge einer Wehrdienstbeschädigung schwerbehindert sind und trotz der Vorgaben des § 3 Abs. 2 SG entweder vorzeitig oder nach Ablauf der Verpflichtungszeit als Soldatin auf Zeit/Soldat auf Zeit aus dem soldatischen Dienstverhältnis ausscheiden, auf die Möglichkeit hinzuweisen, sich als Beamtin, Beamter, Arbeitnehmerin oder Arbeitnehmer bei der Bundeswehr bewerben zu können.

34 **Verstärkte soziale Absicherung bei Auslandseinsätzen der Bundeswehr:** Mit dem als Artikelgesetz 2002 in Kraft getretenen Einsatzversorgungsgesetz (EinsatzVG) ist die Versorgung bei behinderungsbedingter Dienstunfähigkeit nach einem „Einsatzunfall" bei Auslandseinsätzen verbessert worden. Einsatzgeschädigte müssen sich jedoch nicht auf Dauer auf Versorgungsleistungen verweisen lassen. Der Gesetzgeber hat mit dem am 18.12.2007 in Kraft getretenen und zum 4.9.2012 neu gefassten Einsatz-Weiterverwendungsgesetz (EinsatzWVG) besondere Regelungen zur Gewährleistung einer bedarfsunabhängigen Weiterverwendung beim Bund getroffen. Bei einer nicht nur geringfügigen Schädigung im Auslandseinsatz besteht nach dem EinsatzWVG in der sogenannten Schutzzeit unabhängig vom Grad der Schädigung sowohl Anspruch auf medizinische Leistungen als auch auf berufsqualifizierende Maßnahmen, um die Aufnahme der bisherigen beruflichen Tätigkeit, eine dauerhafte Weiterverwendung oder eine sonstige Eingliederung in das Arbeitsleben zu erreichen. Reicht die verbleibende Wehrdienstzeit hierzu nicht aus, treten Einsatzgeschädigte, die dem nicht widersprechen, in ein Wehrdienstverhältnis besonderer Art ein. Soweit erforderlich werden berufsqualifizierende Maßnahmen für eine mögliche Weiterverwendung im Beamtenverhältnis bei voller Besoldung gewährt. Die Höchstdauer beträgt fünf Jahre. Es besteht eine Verlängerungsmöglichkeit um bis zu drei weitere Jahre. Liegt am Ende der Schutzzeit noch eine Minderung der Erwerbsfähigkeit von mindestens 50 Prozent vor, besteht für einsatzgeschädigte Soldatinnen und Soldaten, die nicht in einem auf Lebenszeit begründeten Wehrdienstverhältnis stehen, ein Anspruch auf Übernahme in ein Dauerdienst- oder Arbeitsverhältnis. Vorgeschaltet wird eine sechsmonatige Probezeit. Zudem muss bei gewünschter Weiterverwendung als Berufssoldat in der Bundeswehr eine gesundheitliche Mindesteignung vorliegen.

35 **Früherer Ausschluss der Gleichstellung:** In 2.1 des Erlasses über die Fürsorge für schwerbehinderte Menschen im Geschäftsbereich des Bundesministeriums

der Verteidigung[56] – der Vorgängerregelung der zentralen Dienstvorschrift – war noch unter Hinweis auf die in § 128 Abs. 4 Satz 1 aF fehlende Verweisung auf § 2 Abs. 3 angeordnet: „Eine Gleichstellung nach § 2 Abs. 3 SGB IX ist für Soldatinnen und Soldaten nach § 128 Abs. 4 SGB IX ausgeschlossen; die Anwendung der Nummer 12.1 dieses Erlasses [vgl. zu der entsprechenden aktuellen Regelung → Rn. 31] bleibt davon unberührt." Ebenso hielt das Schrifttum die Gleichstellung eines behinderten Soldaten durch die Bundesagentur für Arbeit für ausgeschlossen.[57] Dies wurde pauschal damit begründet, für Soldaten bestehe kein Wettbewerb auf dem Arbeitsmarkt. Damit komme eine Gleichstellung nicht in Betracht.[58] Dem konnte schon früher nicht zugestimmt werden, da die Funktionen der Gleichstellung verkannt wurden.

Ausdrücklich vorgesehene Möglichkeit der Gleichstellung: Die Neufassung des jetzigen § 211 Abs. 3 verweist aber ohnehin vollständig auf § 2, das heißt auch auf seinen Absatz 3. Der früher geführte Streit ist insoweit obsolet geworden.[59] In Nr. 202 der zentralen Dienstvorschrift ist entsprechend nunmehr ausdrücklich geregelt, dass auch Soldaten und Soldatinnen mit einem GdB von weniger als 50, aber wenigstens 30 gemäß § 2 Absatz 3 iVm § 128 Absatz 4 aF (§ 211 Absatz 3 nF) schwerbehinderten Menschen gleichgestellt werden können.   36

Sonderregelung bei Benachteiligung wegen der Behinderung: Wird eine Soldatin oder ein Soldat wegen der Behinderung benachteiligt, ist nach der Rechtsprechung als maßgebliche Anspruchsgrundlage § 18 SoldGG anzuwenden.[60] Die in § 164 Abs. 2 Satz 2 enthaltene Verweisung auf die Bestimmungen des AGG führt ins Leere. Aufgrund des § 24 AGG sind nämlich die Vorschriften des AGG auf Soldaten und Soldatinnen nicht anwendbar. Eine wesentliche Abweichung von den für Beamte und Arbeitnehmer geltenden Bestimmungen ist nicht ersichtlich.   37

2. Kollektive Interessenvertretung

Organisation der Interessenvertretung: Zur Vertretung der schwerbehinderten Soldatinnen und Soldaten sind in deren Dienststellen Schwerbehindertenvertretungen zu wählen. Dabei gilt infolge der Neufassung der Vorschriften durch das BTHG, dass nun alle Soldatinnen und Soldaten die Wählbarkeit als passives Wahlrecht und die schwerbehinderten Soldatinnen und Soldaten die Wahlberechtigung als aktives Wahlrecht haben.[61] Entsprechend dem mehrstufigen Aufbau des Geschäftsbereiches des BMVg werden Bezirksschwerbehindertenvertretungen und für den gesamten Geschäftsbereich eine Hauptschwerbehindertenvertretung nach § 180 Abs. 3 gewählt. Soweit Soldatinnen/Soldaten betroffen sind, die nicht durch Personalvertretungen vertreten werden, ist die Vertrauensperson der Soldatinnen/Soldaten zu beteiligen. Eine Schwerbehindertenvertretungswahl ist auch in militärischen Dienststellen zugelassen, wenn die   38

---

56 Sog. Fürsorgeerlass PSZ III 4 -15–05–03 – 30.1.2007.
57 So *Ritz* in Cramer/Fuchs/Hirsch/Ritz, 6. Aufl. 2011, SGB IX § 128 Rn. 5; *Knittel*, 10. Aufl. 2017, SGB IX § 128 Rn. 21; *Pahlen* in Neumann/Pahlen/Majerski/Pahlen, 12. Aufl. 2010, SGB IX § 128 Rn. 18 ff.: keine Stellungnahme zu dieser Rechtsfrage.
58 So *Knittel*, 10. Aufl. 2017, SGB IX § 128 Rn. 21.
59 Zu den Argumentationen im Einzelnen → 5. Aufl. 2019, § 128 Rn. 35; zusammenfassend zu der neuen Rechtssituation und dem alten Streit *Düwell* Behindertenrecht 2018, 1; *Tüttelmann* RP Reha 2018, 34.
60 BVerwG 15.12.2011 – 2 A 13/10, Behindertenrecht 2012, 200; *von Roetteken* jurisPR-ArbR 24/2012 Anm. 4.
61 *Düwell* Behindertenrecht 2018, 1 (2).

entsprechende Anzahl an (fünf) schwerbehinderten Menschen nicht nur vorübergehend dienstlich dort tätig ist.[62]

39 **Inklusionsbeauftragte:** Nach Nr. 1401 der zentralen Dienstvorschrift haben alle Dienststellenleiterinnen/Dienststellenleiter und Kommandeurinnen/Kommandeure, in deren Bereich mindestens ein schwerbehinderter Mensch oder gleichgestellter behinderter Mensch beschäftigt ist, Inklusionsbeauftragte zu bestellen, die sie in Angelegenheiten der schwerbehinderten Menschen entsprechend § 98 aF (§ 181 nF) verantwortlich vertreten. Die Beauftragten sollen ausgleichend und vermittelnd wirken. Sie sollen auch die Entscheidungen der Verwaltung vorbereiten. Deshalb schreibt die zentrale Dienstvorschrift als Qualifikationsanforderungen vor: Lebens- und Verwaltungserfahrung, Aufgeschlossenheit sowie Verständnis für die Belange der schwerbehinderten Menschen und der Verwaltung. Die Dienststellenleitungen werden verpflichtet, die Beauftragten mit den erforderlichen Arbeitsmitteln auszustatten und für eine ausreichende Schulung der Beauftragten Sorge zu tragen. Bei Übernahme der Aufgabe sei eine Schulung erforderlich. Diese müsse mindestens alle drei Jahre wiederholt werden. Ein häufiger Wechsel der Beauftragten des Arbeitgebers soll vermieden werden.

40 **Beteiligung bei Aufstiegsentscheidungen:** In Nr. 515 der zentralen Dienstvorschrift ist die Unterrichtung und Anhörung der Schwerbehindertenvertretung vor Übertragung eines höher bewerteten Dienstpostens oder vor einer Beförderung geregelt. Danach ist die Schwerbehindertenvertretung zu hören, wenn:
- der höher bewertete Dienstposten ausgeschrieben war und eine schwerbehinderte Bewerberin/ein schwerbehinderter Bewerber nicht berücksichtigt werden soll,
- der höher bewertete Dienstposten nicht ausgeschrieben war, einer nicht schwerbehinderten Beamtin oder einem nicht schwerbehinderten Beamten übertragen werden soll und dieser Dienstposten einem vorhandenen schwerbehinderten Menschen unter Berücksichtigung der laufbahnmäßigen und sonstigen formellen Voraussetzungen übertragen werden könnte oder
- eine nicht schwerbehinderte Beamtin oder ein nicht schwerbehinderter Beamter befördert werden soll und auch eine schwerbehinderte Bewerberin oder ein schwerbehinderter Bewerber die Beförderungsvoraussetzungen erfüllt.

Es wird dort auch zur Anwendung des früheren § 95 und heutigen § 178 Abs. 2 klargestellt, dass vor Funktionsübertragungen und Beförderungen von schwerbehinderten Menschen stets die Schwerbehindertenvertretung zu hören ist und deren Anhörung vor der Beteiligung der Personalvertretung zu erfolgen hat.

41 **Präventionsverfahren auch bei Soldatinnen und Soldaten:** Nach Nr. 522 der zentralen Dienstvorschrift sind auch bei schwerbehinderten Soldatinnen und Soldaten entsprechend § 84 Abs. 1 aF, heute § 167 Abs. 1 möglichst frühzeitig die Schwerbehindertenvertretung und die Vertrauensperson gemäß Soldatenbeteiligungsgesetz (SBG) sowie das Integrationsamt einzuschalten, sobald personen-, verhaltens- oder betriebsbedingte Schwierigkeiten auftreten.

42 **Beteiligung bei Disziplinarmaßnahmen:** Nach Nrn. 701 und 702 der zentralen Dienstvorschrift ist die Schwerbehindertenvertretung über disziplinare Ermittlungen des Disziplinarvorgesetzten, über disziplinare Vorermittlungen und über die Einleitung eines gerichtlichen Disziplinarverfahrens sowie über die Einleitung eines Wehrbeschwerdeverfahrens zu unterrichten, sofern der von diesem Verfahren betroffene schwerbehinderte Mensch nicht widerspricht. Hierauf ist

---

62 *Düwell* Behindertenrecht 2018, 1 (2).

der Schwerbehinderte bei seiner ersten Anhörung hinzuweisen. Im Rahmen dieser Unterrichtung hat die Schwerbehindertenvertretung Gelegenheit, sich zur Person des von dem Verfahren betroffenen schwerbehinderten Menschen sowie zum Sachverhalt zu äußern. Ein Recht auf Einsicht in Unterlagen und Akten besteht nur, soweit der von dem Verfahren Betroffene einwilligt. Über die endgültige Entscheidung ist die Schwerbehindertenvertretung nur mit Einwilligung des von dem Verfahren betroffenen schwerbehinderten Menschen zu unterrichten.

§ 212 Unabhängige Tätigkeit

Soweit zur Ausübung einer unabhängigen Tätigkeit eine Zulassung erforderlich ist, soll schwerbehinderten Menschen, die eine Zulassung beantragen, bei fachlicher Eignung und Erfüllung der sonstigen gesetzlichen Voraussetzungen die Zulassung bevorzugt erteilt werden.

Geltende Fassung: Die geltende Fassung ist § 51 SchwbG 1986 entnommen. Sie geht auf § 36 SchwBeschG 1953 zurück und wurde als § 129 SGB IX eingeführt. Das BTHG vom 23.12.2016[1] hat der Vorschrift nur einen neuen Standort zugewiesen. 1

Regelungsinhalt: Schwerbehinderten Menschen soll nach § 212 die Aufnahme einer selbstständigen Tätigkeit erleichtert werden. Die Schutzwirkung des § 212 umfasst alle nur möglichen unabhängigen Tätigkeiten, wenn der Zugang zu ihnen von einer öffentlich-rechtlichen Zulassung abhängig ist. 2

Anwendungsbereich: Die Vorschrift gilt in **personeller Hinsicht** ausweislich ihres Wortlauts zunächst für schwerbehinderte Menschen. Darüber hinaus ist sie jedoch, entsprechend der Systematik und den Regelungszielen des SGB IX, auf ihnen gleichgestellte Menschen anzuwenden.[2] **Sachlich** ist die Regelung auf „unabhängige Tätigkeiten" anzuwenden. Darunter ist jede weisungsfrei gestaltete Tätigkeit zu verstehen.[3] Erforderlich für die Anwendung ist, dass die entsprechende Tätigkeit eine Zulassung voraussetzt. Hierbei fallen unter den Begriff der „Zulassung" auch Konzessionen, Erlaubnisse und Approbationen.[4] Damit sind vor allem selbstständige Berufe und das Gewerbe erfasst, also etwa die Zulassung als Steuerberater, Rechtsanwalt, Notar, Vertragsarzt und -psychotherapeut,[5] Apotheker, Makler.[6] Da ohnehin ein Rechtsanspruch auf Zulassung besteht, wenn dafür die subjektiven und objektiven Voraussetzungen erfüllt sind, ist die Vorschrift praktisch nur dort bedeutsam, wo die Verwaltung ausnahmsweise bei der Auswahl unter den Bewerbern um eine nur einmal zu 3

---

1 BGBl. I 3234.
2 Wie hier *Gutzeit* in BeckOK SozR SGB IX § 129; *Kossens* in Kossens/von der Heide/Maaß SGB IX § 129 Rn. 3; *Müller-Wenner* in Müller-Wenner/Winkler SGB IX Teil 2 § 129 Rn. 1; *Pahlen* in Neumann/Pahlen/Greiner/Winkler/Jabben SGB IX § 212 Rn. 1; unter Hinweis auf die Entstehungsgeschichte der Vorschrift BGH 15.2.1971 – NotZ 4/70, Rn. 8 ff., NJW 1971, 1179; aA *Masuch* in Hauck/Noftz SGB IX § 129 Rn. 1.
3 *Müller-Wenner* in Müller-Wenner/Winkler SGB IX Teil 2 § 129 Rn. 2.
4 *Gutzeit* in BeckOK SozR SGB IX § 129; *Masuch* in Hauck/Noftz SGB IX § 129 Rn. 4.
5 BSG 6.11.1957 – 6 RKa 3/56, BSGE 6, 95, juris Rn. 12; BSG 15.7.2015 – B 6 KA 32/14 R BSGE 119, 190, juris Rn. 59; *Kremer/Wittmann*, Zulassungsverfahren, 3. Aufl. 2017, Rn. 569; *Gerdts/Arnold* GuP 2014, 176 (182).
6 Zur Bevorzugung eines schwerbehinderten Rechtsanwaltes als Bewerber um die Zulassung als (Anwalts-)Notar BGH 15.2.1971 – NotZ 4/70, NJW 1971, 1179.

vergebende Position einen Ermessensspielraum hat[7]. Das gilt vor allem für die Zulassung als Notar oder als Vertragsarzt/-psychotherapeut.[8]

4 **Rechtsfolge:** Beantragt ein schwerbehinderter Mensch seine Zulassung im Anwendungsbereich des § 212 SGB IX, so ist sie ihm **bevorzugt zu erteilen.** § 212 gewährt **keinen Rechtsanspruch auf Zulassung.** Die Vorschrift engt den Ermessensspielraum der Verwaltung aber derart ein, dass sich die Zulassung statt dem geeigneten schwerbehinderten Bewerber nur in atypischen Ausnahmefällen einem seiner nicht schwerbehinderten Konkurrenten erteilen lässt.[9]

§ 213 Geheimhaltungspflicht

(1) Die Beschäftigten der Integrationsämter, der Bundesagentur für Arbeit, der Rehabilitationsträger sowie der von diesen Stellen beauftragten Integrationsfachdienste und die Mitglieder der Ausschüsse und des Beirates für die Teilhabe von Menschen mit Behinderungen (§ 86) und ihre Stellvertreterinnen oder Stellvertreter sowie zur Durchführung ihrer Aufgaben hinzugezogene Sachverständige sind verpflichtet,
1. über ihnen wegen ihres Amtes oder Auftrages bekannt gewordene persönliche Verhältnisse und Angelegenheiten von Beschäftigten auf Arbeitsplätzen für schwerbehinderte Menschen, die ihrer Bedeutung oder ihrem Inhalt nach einer vertraulichen Behandlung bedürfen, Stillschweigen zu bewahren und
2. ihnen wegen ihres Amtes oder Auftrages bekannt gewordene und vom Arbeitgeber ausdrücklich als geheimhaltungsbedürftig bezeichnete Betriebs- oder Geschäftsgeheimnisse nicht zu offenbaren und nicht zu verwerten.

(2) ¹Diese Pflichten gelten auch nach dem Ausscheiden aus dem Amt oder nach Beendigung des Auftrages. ²Sie gelten nicht gegenüber der Bundesagentur für Arbeit, den Integrationsämtern und den Rehabilitationsträgern, soweit deren Aufgaben gegenüber schwerbehinderten Menschen es erfordern, gegenüber der Schwerbehindertenvertretung sowie gegenüber den in § 79 Absatz 1 des Betriebsverfassungsgesetzes und den in den entsprechenden Vorschriften des Personalvertretungsrechts genannten Vertretungen, Personen und Stellen.

1 **Gesetzeshistorie:** Der Inhalt der Vorschrift geht zurück auf § 10 Abs. 1 Satz 3 und 4 des SchwBeschG 1923. Der Text des § 213 ist im Laufe der verschiedenen Geltungsphasen des SGB IX bis hin zu seiner Fassung nach dem BTHG im Wesentlichen unverändert aus § 52 SchwbG 1986 übernommen worden. Es hat eine Anpassung an die neue Begrifflichkeit stattgefunden. Ergänzend ist durch das SGB IX schon seit der Fassung von 2001 in Absatz 1 Satz 1 klargestellt worden, dass die Geheimhaltungspflicht die in den Integrationsfachdiensten Beschäftigten umfasst.

2 **Regelungsinhalt:** Die Geheimhaltungspflicht des § 213 schützt die **informationelle Dispositionsfreiheit** der schwerbehinderten Menschen. Sie verpflichtet die einzelnen Bediensteten zur Wahrung des Sozialgeheimnisses. Diese Pflicht überdauert das Ende des Beschäftigungsverhältnisses (Absatz 2 Satz 1). Damit erhält

---

7 BGH 16.3.1998 – NotZ 24/97, juris Rn. 9; NJW-RR 1998, 1281.
8 *Müller-Wenner* in Müller-Wenner/Winkler SGB IX Teil 2 § 129 Rn. 3 f.; *Ladurner* Ärzte-ZV/Zahnärzte-ZV SGB V § 103 Rn. 85; *Kremer/Wittmann*, Zulassungsverfahren, 3. Aufl. 2017, Rn. 569; *Ladurner*, Ärzte-ZV/Zahnärzte-ZV, SGB V § 103 Rn. 85.
9 *Gerdts/Arnold* GuP 2014, 176 (182).

jeder schwerbehinderte Mensch einen klagbaren Anspruch auf Geheimhaltung. Die Zusammenarbeit mit den mit der Durchführung des SGB IX beauftragten Arbeitsverwaltungen, Integrationsämtern und Rehabilitationsträgern ist von der Geheimhaltung ausgenommen, soweit die Erfüllung der gesetzlichen Aufgaben das erfordert (Absatz 2 Satz 2). Diese Ausnahme gilt auch für die Zusammenarbeit mit den Schwerbehindertenvertretungen, Betriebs- und Personalräten und den sonstigen in der Betriebs- und der Dienststellenverfassung mit Aufgaben betrauten Stellen (Absatz 2 Satz 2).

Verpflichteter Personenkreis: Absatz 1 zählt enumerativ diejenigen Personen auf, die von der besonderen Geheimhaltungspflicht der Vorschrift erfasst sind; die nicht dort Genannten unterliegen dann allenfalls den allgemeinen Verschwiegenheitspflichten. Zusätzlich unterliegen, nach zutreffender Ansicht, auch die Stellvertreter der genannten Mitglieder der Pflicht, ebenso die Sachverständigen, die zur Durchführung der Aufgaben der Genannten herangezogen werden.[1]

Begünstigter Personenkreis: Begünstigt sind von der Regelung zum einen diejenigen, die auf Arbeitsplätzen für schwerbehinderte Menschen beschäftigt sind (Absatz 1 Nr. 1), zum anderen die Arbeitgeber (Absatz 1 Nr. 2). Darüber hinaus erfasst der Schutz der Nr. 1 nach richtiger Auffassung auch diejenigen Personenkreise, die in § 156 Abs. 2 SGB IX genannt sind.[2] Insofern wäre es überzeugend, warum etwa schwerbehinderte Menschen, die in einer Arbeitsbeschaffungsmaßnahme nach dem SGB III beschäftigt werden, nicht vom Schutz des § 213 profitieren sollten.

Inhalt der Pflicht: Der Schutz erstreckt sich auf die den verpflichteten Personen wegen ihres Amtes oder Auftrags bekannt gewordenen Daten. Der Geheimhaltungspflicht unterliegen damit nur solche Tatsachen, die ihnen gerade aus diesem Grund bekannt geworden sind. Umgekehrt unterfallen der Geheimhaltung nicht private Kenntnisse. Geschützt sind nach Absatz 1 Nr. 1 Daten über **persönliche Verhältnisse**. Darunter sind insbesondere Daten über die gesundheitliche Lage zu zählen, auch über die finanzielle Situation oder die familiäre oder soziale Lage des Geschützten. Nach Absatz 1 Nr. 2 werden diejenigen Betriebs- oder Geschäftsgeheimnisse geschützt, die vom Arbeitgeber ausdrücklich als geheimhaltungsbedürftig bezeichnet worden sind. Nach Absatz 2 Satz 1 gilt der Schutz nicht nur während des Beschäftigungsverhältnisses, sondern auch darüber hinaus, eine **zeitliche Begrenzung** besteht nicht. **Keine Geheimhaltungspflicht** besteht jedoch nach Absatz 2 Satz 2 gegenüber der Bundesagentur für Arbeit, den Integrationsämtern und Rehabilitationsträgern, soweit es deren Aufgaben gegenüber dem jeweiligen schwerbehinderten Menschen erfordert. Die Aufzählung ist nicht abschließend.[3]

Rechtsfolgen einer Pflichtverletzung: Der Verstoß gegen die Pflicht aus § 213 hat allgemeine strafrechtliche Konsequenzen für die handelnden Personen, die regelmäßig Amtsträger sind, etwa nach § 353b StGB. Anders als zuvor liegt seit dem BTHG keine eigenständige Strafbarkeitsregelung im SGB IX mehr vor. Zivilrechtlich können sich Rechtsfolgen aus § 823 Abs. 2 BGB ergeben, denn es

---

1 *Müller-Wenner* in Müller-Wenner/Winkler SGB IX § 130 Rn. 4; *Kossens* in Kossens/von der Heide/Maaß SGB IX § 130 Rn. 2; *Trenk-Hinterberger* in HK-SGB IX § 130 Rn. 3.
2 *Müller-Wenner* in Müller-Wenner/Winkler SGB IX § 130 Rn. 4; *Kossens* in Kossens/von der Heide/Maaß SGB IX § 130 Rn. 8; *Trenk-Hinterberger* in HK-SGB IX § 130 Rn. 5; *Masuch* in Hauck/Noftz SGB IX § 130 Rn. 13.
3 *Trenk-Hinterberger* in HK-SGB IX § 130 Rn. 13.

handelt sich bei § 213 um ein Schutzgesetz.[4] In Betracht kommt zudem, präventiv, ein vorbeugender Unterlassungsanspruch.[5]

§ 214 Statistik

(1) [1]Über schwerbehinderte Menschen wird alle zwei Jahre eine Bundesstatistik durchgeführt. [2]Sie umfasst die folgenden Erhebungsmerkmale:
1. die Zahl der schwerbehinderten Menschen mit gültigem Ausweis,
2. die schwerbehinderten Menschen nach Geburtsjahr, Geschlecht, Staatsangehörigkeit und Wohnort,
3. Art, Ursache und Grad der Behinderung.

(2) Hilfsmerkmale sind:
1. Name, Anschrift, Telefonnummer und Adresse für elektronische Post der nach Absatz 3 Satz 2 auskunftspflichtigen Behörden,
2. Name und Kontaktdaten der für Rückfragen zur Verfügung stehenden Personen,
3. die Signiernummern für das Versorgungsamt und für das Berichtsland.

(3) [1]Für die Erhebung besteht Auskunftspflicht. [2]Auskunftspflichtig sind die nach § 152 Absatz 1 und 5 zuständigen Behörden. [3]Die Angaben zu Absatz 2 Nummer 2 sind freiwillig.

1 **Gesetzeshistorie:** Der Inhalt der Norm ist aus § 53 SchwbG 1986 übernommen. Die Vorschrift wurde 1974 in das SchwbG eingefügt und durch das BTHG um die in Absatz 2 enthaltenen Hilfsmerkmale erweitert.

2 **Regelungsinhalt:** § 214 steht im Zusammenhang mit dem Bundesstatistikgesetz. Nach § 5 Abs. 1 dieses Gesetzes müssen Bundesstatistiken durch Gesetz angeordnet werden. § 214 enthält die erforderliche **Ermächtigungsgrundlage**. Die personenbezogenen Daten sind anonymisiert. Die Regelung in Absatz 2 beruht auf § 15 BStatG.

Kapitel 11 Inklusionsbetriebe

§ 215 Begriff und Personenkreis

(1) Inklusionsbetriebe sind rechtlich und wirtschaftlich selbständige Unternehmen oder unternehmensinterne oder von öffentlichen Arbeitgebern im Sinne des § 154 Absatz 2 geführte Betriebe oder Abteilungen zur Beschäftigung schwerbehinderter Menschen auf dem allgemeinen Arbeitsmarkt, deren Teilhabe an einer sonstigen Beschäftigung auf dem allgemeinen Arbeitsmarkt auf Grund von Art oder Schwere der Behinderung oder wegen sonstiger Umstände voraussichtlich trotz Ausschöpfens aller Fördermöglichkeiten und des Einsatzes von Integrationsfachdiensten auf besondere Schwierigkeiten stößt.

(2) Schwerbehinderte Menschen nach Absatz 1 sind insbesondere
1. schwerbehinderte Menschen mit geistiger oder seelischer Behinderung oder mit einer schweren Körper-, Sinnes- oder Mehrfachbehinderung, die sich im Arbeitsleben besonders nachteilig auswirkt und allein oder zusammen

---

4 *Müller-Wenner* in Müller-Wenner/Winkler SGB IX § 130 Rn. 15; *Kossens* in Kossens/von der Heide/Maaß SGB IX § 130 Rn. 16; *Trenk-Hinterberger* in HK-SGB IX § 130 Rn. 10.
5 BSG 25.10.1978 – 1 RJ 32/78, BSGE 47, 118 zu der vergleichbaren Situation in § 35 SGB I.

mit weiteren vermittlungshemmenden Umständen die Teilhabe am allgemeinen Arbeitsmarkt außerhalb eines Inklusionsbetriebes erschwert oder verhindert,
2. schwerbehinderte Menschen, die nach zielgerichteter Vorbereitung in einer Werkstatt für behinderte Menschen oder in einer psychiatrischen Einrichtung für den Übergang in einen Betrieb oder eine Dienststelle auf dem allgemeinen Arbeitsmarkt in Betracht kommen und auf diesen Übergang vorbereitet werden sollen,
3. schwerbehinderte Menschen nach Beendigung einer schulischen Bildung, die nur dann Aussicht auf eine Beschäftigung auf dem allgemeinen Arbeitsmarkt haben, wenn sie zuvor in einem Inklusionsbetrieb an berufsvorbereitenden Bildungsmaßnahmen teilnehmen und dort beschäftigt und weiterqualifiziert werden, sowie
4. schwerbehinderte Menschen, die langzeitarbeitslos im Sinne des § 18 des Dritten Buches sind.

(3) ¹Inklusionsbetriebe beschäftigen mindestens 30 Prozent schwerbehinderte Menschen im Sinne von Absatz 1. ²Der Anteil der schwerbehinderten Menschen soll in der Regel 50 Prozent nicht übersteigen.

(4) Auf die Quoten nach Absatz 3 wird auch die Anzahl der psychisch kranken beschäftigten Menschen angerechnet, die behindert oder von Behinderung bedroht sind und deren Teilhabe an einer sonstigen Beschäftigung auf dem allgemeinen Arbeitsmarkt auf Grund von Art oder Schwere der Behinderung oder wegen sonstiger Umstände auf besondere Schwierigkeiten stößt.

I. Zielgruppe, Zielsetzung und Begründung	1	IV. Allgemeines	7
II. Zuordnung zum allgemeinen Arbeitsmarkt – Abgrenzung zur WfbM	4	V. Begriffsbestimmung und Regelungen im Einzelnen	11
III. Bisherige Entwicklung der Inklusionsbetriebe und rechtspolitische Wertung	6		

I. Zielgruppe, Zielsetzung und Begründung

Zielgruppe der Inklusionsbetriebe sind besonders betroffene schwerbehinderte sowie seelisch behinderte oder von einer seelischen Behinderung bedrohte Menschen, die bisher wegen Art und Schwere der Behinderung (ohne ein solches Beschäftigungsangebot) trotz Ausschöpfens aller Fördermöglichkeiten und des Einsatzes von Integrationsfachdiensten nicht oder nur unter besonderen Schwierigkeiten am Arbeitsleben des allgemeinen Arbeitsmarktes teilhaben können. 1

Ziel der Inklusionsbetriebe ist in erster Linie die dauerhafte berufliche Teilhabe am allgemeinen Arbeitsmarkt, unter individuell angepassten Bedingungen (Arbeitsvertraglich gesicherte, sozialversicherungspflichtige Beschäftigung mit tariflicher oder ortsüblicher Bezahlung; der gesetzliche Mindestlohn ist in jedem Fall einzuhalten), auf geeigneten Arbeitsplätzen, durch arbeitsbegleitende Betreuung (unmittelbare personale Unterstützung und Gestaltung der Arbeitsbedingungen) und betriebliche Gesundheitsförderung zu ermöglichen. Insbesondere sollen sie durch geeignete Maßnahmen (berufsvorbereitende Bildungsmaßnahmen, inner- und außerbetriebliche Fortbildung bzw. interne Vorbereitung auf eine geeignete Tätigkeit) Übergänge zum allgemeinen Arbeitsmarkt aus den Schulen und Werkstätten für behinderte Menschen sowie den psychiatrischen 2

Einrichtungen vorbereiten und bei der Vermittlung in reguläre Betriebe und Dienststellen unterstützen; sofern dies nicht ermöglicht werden kann, sollen sie den Übergängern aus Schulen, Werkstätten oder psychiatrischen Einrichtungen ebenfalls dauerhafte Beschäftigung im Inklusionsbetrieb ermöglichen.

3 **Begründung:** Bei einem Teil schwerbehinderter Arbeitsloser/Arbeitsuchender ist eine Vermittlung zu Bedingungen des allgemeinen Arbeitsmarkts nur dann möglich, wenn sie für eine längere Phase in einem Integrationsprojekt beschäftigt und qualifiziert werden. Für diese schwerbehinderten Menschen ist regelmäßig auch die Werkstatt für behinderte Menschen nicht die adäquate Einrichtung zur Qualifizierung und/oder Beschäftigung. Die Inklusionsbetriebe bilden daher einen „dritten" **Weg** zwischen der Werkstatt für behinderte Menschen und dem allgemeinen Arbeitsmarkt und können nach bisherigen Erfahrungen eine Brücke zur Eingliederung in eine reguläre Beschäftigung zu Bedingungen des allgemeinen Arbeitsmarkts und zur (Wieder-)Eingliederung in das „normale" Arbeitsleben sein (s. Grafik zu → § 49 Rn. 9 (§ 33 aF)).

II. Zuordnung zum allgemeinen Arbeitsmarkt – Abgrenzung zur WfbM

4 In Abgrenzung zu den Werkstätten für behinderte Menschen, in denen die Beschäftigten keinen Arbeitnehmerstatus erlangen können, bieten Inklusionsbetriebe besonders betroffenen schwerbehinderten sowie seelisch behinderten oder von einer seelischen Behinderung bedrohten Menschen in erster Linie **dauerhafte Beschäftigung** in einem besonders geförderten und geschützten Bereich des allgemeinen Arbeitsmarktes, wenn für sie eine unmittelbare Vermittlung unter den sonst üblichen (Wettbewerbs-)Bedingungen des allgemeinen Arbeitsmarkts nicht, noch nicht oder noch nicht wieder in Frage kommt, eine Beschäftigung in einer Werkstatt für behinderte Menschen jedoch aufgrund der beruflichen Fähigkeiten, Kenntnisse und Erfahrungen eine dauernde Unterforderung und somit häufig auch ein Akzeptanzproblem darstellt.

5 Inklusionsbetriebe sind in erster Linie **Bestandteil des allgemeinen Arbeitsmarktes.** Sie treten mit Ihren Produkten, Angeboten und Dienstleistungen unmittelbar in Konkurrenz zu anderen Anbietern im gleichen Marktsegment und müssen sich wirtschaftlich eigenverantwortlich behaupten. Andererseits ist ihr **Unternehmenszweck auch auf die Beschäftigung** besonders betroffener schwerbehinderter sowie seelisch behinderter oder von einer seelischen Behinderung bedrohter Menschen ausgerichtet. Für diesen Teil ihrer Beschäftigten erfüllen sie somit gesetzliche Aufgaben und ermöglichen für ihre spezifische Zielgruppe die Teilhabe am Arbeitsleben des allgemeinen Arbeitsmarktes, die bisher kaum Alternativen zur Werkstatt für behinderte Menschen realisiert werden konnten (dritter Weg, → Rn. 1). Integrationsunternehmen können deshalb auch im Rahmen der begleitenden Hilfe im Arbeitsleben (§ 185 (§ 102 aF) Abs. 3 Nr. 3) aus Mitteln der Ausgleichsabgabe nach den Regelungen dieses Kapitels **gesondert gefördert** werden. Sie erhalten investive Leistungen für den Aufbau, die Erweiterung, Ausstattung und Modernisierung sowie Mittel für die erforderliche betriebswirtschaftliche Beratung. Darüber hinaus wird ihnen der mit der Beschäftigung der Zielgruppe verbundene besondere Aufwand (→ § 217 Rn. 5 (§ 134 aF)) unabhängig von den allgemein möglichen individuellen Leistungen an Arbeitgeber bzw. an schwerbehinderte Menschen[1] abgegolten. Die spezielle Förderung nach diesem Kapitel dient ausschließlich dem Ausgleich von Nachteilen

---

1 Beispielsweise Eingliederungszuschüsse nach §§ 88 ff. SGB III bzw. § 34 SGB IX bzw. Leistungen der begleitenden Hilfe im Arbeitsleben nach § 185 (§ 102 aF) Abs. 3 Nr. 1 und 2 SGB IX sowie Leistungen nach § 49 (§ 33 aF) SGB IX.

die sich aus der besonderen Zusammensetzung der Belegschaft ergeben und nicht der Minderung unternehmerischer/betriebswirtschaftlicher Risiken. Die Finanzierung erforderlicher Leistungen zur Beschäftigung von seelisch behinderten oder von einer seelischen Behinderung bedrohten Menschen, die nicht als schwerbehindert anerkannt sind, erfolgt durch den Rehabilitationsträger.

III. Bisherige Entwicklung der Inklusionsbetriebe und rechtspolitische Wertung

Erfahrungen mit Inklusionsbetrieben gibt es bereits in Form sogenannter Selbsthilfefirmen seit etwa 1980. Wurden diese zunächst ausschließlich für Menschen mit seelischen Behinderungen geschaffen, so entstanden seit etwa 1990 auch Betriebe für andere Gruppen behinderter Menschen. Im Jahr 2002 gab es bundesweit etwa 300 Inklusionsbetriebe unterschiedlichster Art mit etwa 6.500 Arbeitsplätzen für behinderte und nicht behinderte Menschen. Ende 2018 waren es bereits 919 Inklusionsbetriebe mit 29.313 Beschäftigten, darunter 13.038 schwerbehinderten Menschen und 12.211 besonders betroffenen schwerbehinderten Menschen, die die Voraussetzungen des § 215 (§ 132 aF) SGB IX erfüllen.[2] Diese Inklusionsbetriebe betätigen sich in den verschiedensten Branchen wie Gastronomie, Hotellerie und Kantinenwesen, Industriedienstleistungen, Wäschereien, Einzelhandel, Landschaftspflege, Satz und Druck sowie zahlreichen anderen Feldern des Dienstleistungsgewerbes. Auf Basis früher Wirtschaftlichkeitsuntersuchungen der Selbsthilfefirmen in Bayern und Nordrhein-Westfalen, die von der FAF gGmbH (Fachberatung für Arbeits- und Firmenprojekte, Berlin) durchgeführt wurden, unterscheidet man drei Typen von Integrationsfirmen:

- marktorientierte Betriebe mit einem Eigenerlösanteil über 70 %,
- maßnahmeorientierte Projekte, die hauptsächlich von Zuschüssen und Tagessätzen leben, und
- sog Zuverdienstfirmen (für geringfügig Beschäftigte).[3]

Mit den gegebenen förderrechtlichen Instrumenten dieses Kapitels können ausschließlich **marktorientierte Projekte** gefördert werden. Auf dieser Basis sollte es seit dem Jahr 2000 möglich sein, ein flächendeckendes Angebot von Inklusionsbetrieben aufzubauen. Den Integrationsämtern ist es bisher gelungen, sowohl die Zahl der Inklusionsbetriebe als auch die Zahl der dortigen Arbeitsplätze kontinuierlich auszubauen. Dennoch ist zu beachten, dass Inklusionsbetriebe marktabhängig sind und nicht wie Einrichtungen geplant und gesteuert werden können.

IV. Allgemeines

Gesetzeshistorie: Die Vorschrift wurde durch Artikel 1 und 68 Abs. 1 SGB IX vom 19.6.2001[4] mit Wirkung ab 1.7.2001 eingeführt. Durch Gesetz vom 26.7.2016[5] wurde die Zielgruppe nach § 132 um langzeitarbeitslose schwerbehinderte und psychisch kranke Menschen, die behindert oder von Behinderung bedroht sind, erweitert. Durch Artikel 1 des Gesetzes zur Stärkung der Teilhabe und Selbstbestimmung von Menschen mit Behinderungen (Bundesteilhabegesetz – BTHG) vom 23.12.2016[6] wurden mit Wirkung vom 1.1.2018 durch Ver-

---

2 BIH, Jahresbericht 2018/2019.
3 S. auch: www.faf-gmbh.de.
4 BGBl. I 1046.
5 BGBl. I 1824.
6 BGBl. I 3234.

schiebung des Schwerbehindertenrechts in Teil 3 die bisherigen Regelungen des § 132 (aF) weitgehend inhaltsgleich zum neuen § 215.

8 **Regelungsinhalt:** Absatz 1 definiert die Inklusionsbetriebe im Zusammenhang mit den besonderen Teilhabeeinschränkungen der Zielgruppe in Relation zu den Beschäftigungsbedingungen des allgemeinen Arbeitsmarktes. Absatz 2 konkretisiert den Personenkreis, für den die Inklusionsbetriebe vor allem aufgebaut und gefördert werden sollen; Absatz 3 legt sowohl eine Mindest- als auch eine Höchstquote des Anteils der Beschäftigten aus der Zielgruppe nach Absatz 2 in Inklusionsbetrieben fest.

9 **Zur Entstehung:** Die Vorschrift überträgt inhaltsgleich den früheren § 53a Schwerbehindertengesetz. Durch Gesetz vom 26.7.2016[7] wurde die Zielgruppe nach § 132 um langzeitarbeitslose schwerbehinderte und psychisch kranke Menschen, die behindert oder von Behinderung bedroht sind, erweitert. Mit dem Gesetz zur Stärkung der Teilhabe und Selbstbestimmung von Menschen mit Behinderungen (Bundesteilhabegesetz – BTHG) vom 23.12.2016 werden mit Wirkung vom 1.1.2018 die bisherigen Regelungen zu Integrationsprojekten (alte Begrifflichkeit) weitgehend inhaltsgleich durch die Verschiebung des Schwerbehindertenrechts in Teil 3 verschoben und mit neuer Paragrafierung versehen. Der bisherige § 132 (aF) wird weitgehend inhaltsgleich zum neuen § 215. Dabei wurde allerdings der Begriff geändert (aus Integrationsprojekten werden Inklusionsbetriebe), die Zielgruppe um langzeitarbeitslose schwerbehinderte Menschen sowie um seelisch behinderte oder von einer seelischen Behinderung bedrohte Menschen (ohne Anerkennung der Schwerbehinderteneigenschaft) erweitert und die Mindestquote der Beschäftigten aus der Zielgruppe von 25 auf 30 v.H. erweitert.

10 Die Änderung des Begriffs, die Erweiterung der Zielgruppe und die Erhöhung der Mindestquote wurden nach Beschluss des Deutschen Bundestages zu dem Antrag der Koalitionsfraktionen[8] in den Regierungsentwurf[17] zum BTHG aufgenommen.

V. Begriffsbestimmung und Regelungen im Einzelnen

11 Absatz 1 legt die Bezeichnung „Inklusionsbetriebe" fest als Oberbegriff für
- rechtlich und wirtschaftlich selbstständige Unternehmen (Inklusionsunternehmen),
- unternehmensinterne oder von öffentlichen Arbeitgebern im Sinne des § 154 Abs. 2 (§ 71 Abs. 3 aF) geführte Betriebe (Inklusionsbetriebe) und
- entsprechende Abteilungen (Inklusionsabteilungen),

die der Beschäftigung schwerbehinderter Menschen mit erheblichen beruflichen Einschränkungen auf dem allgemeinen Arbeitsmarkt dienen, wenn deren Teilhabe auf einer sonstigen Beschäftigung auf dem allgemeinen Arbeitsmarkt aufgrund von Art oder Schwere der Behinderung oder wegen sonstiger Umstände voraussichtlich trotz Ausschöpfens aller Fördermöglichkeiten und des Einsatzes von Integrationsfachdiensten auf besondere Schwierigkeiten stößt. Inklusionsbetriebe sind somit einerseits **marktorientierte Unternehmen**, die mit anderen Unternehmen im Wettbewerb stehen. Sie erfüllen jedoch andererseits **gesetzliche Anforderungen** im Rahmen der **Teilhabe am Arbeitsleben** und bieten für besonders betroffene schwerbehinderte Menschen **Übergangsmöglichkeiten aus Schulen und Werkstätten** sowie alternative Beschäftigungsmöglichkeiten für behinderte Menschen, die bisher keinen oder nur unter erheblichen Schwierigkeiten

---
7 BGBl. I 1824.
8 BT-Drs. 18/5377.

Zugang zum allgemeinen Arbeitsmarkt fanden. Dies gilt nun auch für langzeitarbeitslose schwerbehinderte Menschen sowie für seelisch behinderte oder von einer seelischen Behinderung bedrohte Menschen (ohne Anerkennung der Schwerbehinderteneigenschaft). Sie bilden deshalb einen „dritten Weg" zwischen dem allgemeinen Arbeitsmarkt und der Werkstatt für behinderte Menschen (s. Grafik zu → § 49 Rn. 9 (§ 33 aF)). Integrationsunternehmen können deshalb nach diesem Kapitel über die sonst übliche Förderung von Arbeitgebern hinaus aus Mitteln der Ausgleichsabgabe gefördert werden. Die Finanzierung von Leistungen, die zur Beschäftigung der Gruppe der seelisch behinderten oder von einer seelischen Behinderung bedrohten Menschen, die nicht als schwerbehindert anerkannt sind, erforderlich sind, erfolgt durch den Rehabilitationsträger.

Die Beschäftigung in einem Integrationsunternehmen kann auch dann die richtige Entscheidung sein, wenn noch nicht alle anderen Fördermöglichkeiten ausgeschöpft worden sind. Dort wo aus einer gestuften Annäherung zum allgemeinen Arbeitsmarkt – insbesondere beim Übergang Schule/Beruf im Rahmen der **Berufswegeplanung** oder nach einer **betrieblichen Belastungserprobung** beim Übergang aus einer psychiatrischen Einrichtung – von vornherein klar wurde, dass eine Vermittlung unter den üblichen Bedingungen des allgemeinen Arbeitsmarktes nicht oder nur unter erheblichen Schwierigkeiten realisiert werden kann, kann eine besonders geförderte Beschäftigung in einem Integrationsprojekt auch ohne eine vorherige Einschaltung eines Integrationsfachdienstes in Betracht kommen. Entscheidend soll vielmehr die prospektive Beurteilung der beruflichen Eingliederungsaussichten unter Berücksichtigung der Förderungsmöglichkeiten und einer möglichen Beteiligung eines Integrationsfachdienstes sein. 12

Absatz 2 schildert die Gruppen schwerbehinderter Menschen, für die nach den Vorstellungen des Gesetzgebers eine Beschäftigung oder Vorbereitung auf den Übergang zum allgemeinen Arbeitsmarkt in einem Inklusionsbetrieb in besonderer Weise in Betracht kommt. Aus der Umschreibung der Zielgruppe wird deutlich, dass es sich um Menschen handelt, die bisher ohne ein solches Angebot **keine oder sehr geringe Teilhabechancen** am allgemeinen Arbeitsmarkt hatten oder vermutlich haben werden. Zumindest bei den Menschen mit einer geistigen Behinderung unterstellt der Gesetzgeber von vornherein das Vorliegen einer wesentlichen Behinderung im Sinne des § 53 SGB XII. Auch die erheblichen Zugangsprobleme, die seelisch behinderte Menschen (chronisch seelisch kranke) üblicherweise beim Übergang aus psychiatrischen Einrichtungen zum allgemeinen Arbeitsmarkt haben, lässt die Zuordnung zu den wesentlich behinderten oder von einer solchen Behinderung bedrohten Menschen zu. Gleiches lässt sich für Menschen mit einer schweren Körper-, Sinnes- oder Mehrfachbehinderung, die sich im Arbeitsleben besonders nachteilig auswirkt und allein oder zusammen mit weiteren vermittlungshemmenden Umständen die Teilhabe am Arbeitsleben des allgemeinen Arbeitsmarkts (außerhalb eines Inklusionsbetriebes) erschwert oder verhindert, zumindest für den Fall der Verhinderung feststellen. Insoweit Inklusionsbetriebe eine Beschäftigungsalternative für wesentlich behinderte Menschen bieten können, gibt es eine hohe Überschneidung mit den gesetzlichen Aufgaben, Inhalten und Zielen der Werkstätten für behinderte Menschen, der Unterstützten Beschäftigung und der Integrationsfachdienste (→ § 55 Rn. 3 ff. (§ 38 a aF)). 13

Da Inklusionsbetriebe als besonders geförderte Marktteilnehmer in den allgemeinen Arbeitsmarkt eingreifen sollen, sind sie nur dann als solche (anerkannt und) gefördert werden, wenn sie in Brachen auftreten, für die es bisher **keine, keine** 14 geeigneten oder zu wenige Beschäftigungsmöglichkeiten für die Zielgruppe der Inklusionsbetriebe gab/gibt. Zur Beurteilung des spezifischen Arbeitsmarktes für diese Zielgruppe sollte deshalb neben der Arbeitsagentur auch der örtliche **Integrationsfachdienst** bereits in der Sondierungsphase einbezogen werden; nur dann ist es sinnvoll, die wirtschaftliche Perspektive eines geplanten Projektes zu prüfen und zu entwickeln.

15 Obwohl ein förmliches **Anerkennungsverfahren** gesetzlich nicht vorgesehen ist, findet in der Praxis bei der grundsätzlichen Entscheidung, ob und in welchem Umfang ein Integrationsprojekt gefördert werden kann, quasi ein solches statt. Inklusionsbetriebe haben auch dann keinen Anspruch auf (Anerkennung und) Förderung aus Mitteln der Ausgleichsabgabe wenn sie ein tragfähiges Unternehmenskonzept mit ausreichenden Marktchancen vorlegen können. Bei der Ausübung des Ermessens müssen die Integrationsämter neben der Verfügbarkeit ausreichender Mittel auch eine **belastbare Bedarfsprüfung** (lokal, regional und überregional) sowie eine betriebswirtschaftliche Prüfung durchführen. Nur dann, wenn eine Förderung im Rahmen verfügbarer Haushaltsmittel grundsätzlich möglich wäre und es für die Zielgruppe ansonsten keinen branchenspezifischen Zugang zum allgemeinen Arbeitsmarkt gäbe und das geplante Integrationsprojekt auch ausreichende Aussicht auf eine tragfähige wirtschaftliche Grundlage bieten kann, kann ein solches Unternehmen aus Mitteln der Ausgleichsabgabe gefördert werden. Mit der erstmaligen Förderung findet somit quasi auch die Anerkennung als Inklusionsbetrieb nach § 215 (§ 132 aF) statt; unter dieser Bezeichnung (in der Regel im Untertitel) treten die Inklusionsunternehmen in der Regel dann auch öffentlich auf.

16 Bei der Ausübung des Ermessens müssen die Integrationsämter auch Aspekte der **Infrastrukturgerechtigkeit** prüfen, denn die Politik hat die Erwartung, dass Inklusionsbetriebe überall dort bedarfsorientiert entstehen sollen (bzw. durch die Integrationsämter initiiert/gefördert werden), wo sie zur Realisierung der spezifischen Teilhabe ihrer Zielgruppe unbedingt gebraucht werden. Dies würde jedoch eine Infrastrukturplanung und Angebotsentwicklung wie sie nach § 17 SGB I für Einrichtungen und Angebote, für die die öffentlichen Hände Infrastrukturverantwortung tragen, voraussetzen. Inklusionsbetriebe sind aber **keine planbaren Einrichtungen.** Sie sind primär unabhängige Unternehmen und müssen in doppeltem Sinne marktgerecht sein: Sie müssen in Branchen tätig werden, in denen sie im Wettbewerb bestehen können, und machen nur dann Sinn, wenn es einen Arbeitsplatzbedarf in diesen Branchen bei den arbeitslosen, langzeitarbeitslosen bzw. Arbeit suchenden Menschen aus der Zielgruppe gibt. Die Integrationsämter können die Entstehung von Inklusionsbetrieben zwar anregen bzw. initiieren, sie können deren Entstehung und weitere **Entwicklung jedoch nicht oder nur sehr bedingt steuern.** Anderseits haben interessierte Träger von Inklusionsbetrieben in Regionen in denen bereits solche bestehen auch dann keinen rechtlichen Anspruch auf eine Förderung nach diesem Kapitel, wenn sie die og Bedingungen vollständig erfüllen, die verfügbaren Mittel aus der Ausgleichsabgabe jedoch soweit begrenzt sind, dass neue Inklusionsbetriebe nicht oder nur dort gefördert werden können, wo bisher noch kein Inklusionsbetrieb bestand und somit die Lücke im beruflichen Teilhabeangebot zumindest teilweise geschlossen werden kann (s. „dritter" Weg → Rn. 3 und → Rn. 11 sowie Grafik zu → § 49 Rn. 9 (§ 33 aF)).

17 In **Absatz 3** wird mit der Einordnung des Schwerbehindertenrechts in Teil 3 zum 1.1.2018 die Quote von bisher 25 auf 30 Prozent heraufgesetzt. Die Heraufsetzung steht in Zusammenhang mit der in § 224 Abs. 2 geschaffenen Möglichkeit, künftig neben anerkannten Werkstätten für behinderte Menschen auch

Inklusionsbetriebe bei der Vergabe von Aufträgen der öffentlichen Hand bevorzugt zu berücksichtigen. Voraussetzung hierfür ist ein Beschäftigungsanteil von 30 Prozent der Zielgruppe besonders betroffener schwerbehinderter Menschen. Diese Vorgabe entspricht der Richtlinie zur Reform des Vergaberechts auf europäischer Ebene und wurde mit § 118 des Gesetzes über Wettbewerbsbeschränkungen in nationales Recht umgesetzt. Sie ermöglicht es, dass ein öffentlicher Auftraggeber Aufträge sozialen Unternehmen vorbehalten kann. Dazu gehören ausdrücklich Wirtschaftsunternehmen, deren Hauptzweck die Integration von Menschen mit Behinderungen ist. Das Europäische Vergaberecht schreibt hierfür eine Beschäftigungsquote von 30 Prozent von Menschen mit Behinderungen vor. Damit haben seit dem 1.1.2018 nun alle Inklusionsbetriebe (nach altem Recht waren hier nur die rechtlich und wirtschaftlich selbstständigen Integrationsunternehmen verpflichtet) nach Satz 1 **mindestens 30 Prozent** schwerbehinderte Menschen im Sinne der in Absatz 1 getroffenen Abgrenzung zu beschäftigen (s. Zielgruppe unter → Rn. 1). Nach Satz 2 soll der Anteil dieser schwerbehinderten Menschen in der Regel **50 Prozent nicht übersteigen**, um den Unternehmenserfolg nachhaltig zu sichern. Sie haben somit einen unauflösbaren Doppelcharakter. Als eigenständiges Unternehmen sind sie nicht nur ständig Anpassungsprozessen des jeweiligen Marktes unterworfen (wie andere Unternehmen auch), sie stehen auch permanent in der Gefahr durch eine marktbedingte Verschiebung in der Struktur ihrer Beschäftigten die Voraussetzungen für eine spezifische Förderung nach §§ 215 (§§ 132 aF) ff. zu verlieren. Die Integrationsämter können zur Kompensation dieser Schwankungen den Inklusionsbetrieben im Rahmen ihres Ermessens allerdings großzügige Übergangsfristen einräumen bzw. Ausnahmen genehmigen. Die BIH hat in ihren Empfehlungen zur Förderung von Inklusionsbetrieben nach §§ 215 (§§ 132 aF) ff. SGB IX hierzu vorgeschlagen: „Insbesondere bei Integrationsunternehmen, bei denen sich in der Vergangenheit erwiesen hat, dass sie auch mit einem höheren Anteil beschäftigter schwerbehinderter Arbeitnehmer (> 50 Prozent) ein wirtschaftlich ausgeglichenes Betriebsergebnis erreichen können, kann von der Einhaltung dieser Höchstgrenze abgesehen werden". Andererseits gibt die BIH auch Hinweise zur sinnvollen Einhaltung dieser Obergrenze und nennt hierzu folgende Begründung: „Ein signifikanter Anteil von nicht-schwerbehinderten Personen sowie Menschen ohne Vermittlungshemmnisse soll dazu dienen, den Inklusionscharakter und die Wirtschaftlichkeit des Unternehmens zu gewährleisten". Dennoch muss festgestellt werden, dass Inklusionsbetriebe die Voraussetzungen für eine spezifische Förderung nach diesem Kapitel jederzeit auch wieder verlieren können. Nach Angaben der BIH verschwinden jährlich Integrationsunternehmen vom Markt – größtenteils jedoch deshalb, weil es ihnen nicht mehr gelungen ist, eine ausreichende wirtschaftliche Grundlage trotz umfassender Förderung sicherzustellen. Am Ende wird deutlich, dass Integrationsunternehmen **Wirtschaftsbetriebe mit besonderer Zielsetzung** sind, die in der Summe nur dann überleben können, wenn ihnen die Anpassung an die Anforderungen des Marktes fortgesetzt gelingen kann. Eine staatliche Risikoabsicherung kann es ebenso wenig geben wie eine tagessatzähnliche Vollkosten-Finanzierung.

Die **Empfehlungen der BIH** zur Förderung von Inklusionsbetrieben werden regelmäßig der laufenden Entwicklung angepasst – zuletzt September 2018. Sie sind unter: www.integrationsaemter.de erhältlich.[9]

Nach **Absatz 4** wird seit dem 1.8.2017 auch die Anzahl der psychisch kranken beschäftigten Menschen auf die Quoten nach Absatz 3 angerechnet, die

---

9 S. https://www.integrationsaemter.de/bih-empfehlungen/547c236/index.html.

behindert oder von Behinderung bedroht sind (ohne Anerkennung der Schwerbehinderteneigenschaft) und deren Teilhabe an einer sonstigen Beschäftigung auf dem allgemeinen Arbeitsmarkt aufgrund von Art oder Schwere der Behinderung oder wegen sonstiger Umstände auf besondere Schwierigkeiten stößt. Dies bedeutet, dass die Inklusionsbetriebe durch die Beschäftigung seelisch behinderter Menschen (ohne Anerkennung der Schwerbehinderteneigenschaft) die nach Absatz 3 geforderte Beschäftigungsquote besser erfüllen können. Den Nachweis zur Zuordnung zur Zielgruppe nach Absatz 4 können die Inklusionsbetriebe jedoch nicht selbst erbringen. Die für die Finanzierung der Leistungen in den Inklusionsbetrieben zuständigen Rehabilitationsträger stellen in der Regel den Förderbedarf unabhängig von der Nennung einer konkreten Behinderungsart fest. Die Feststellung der Erfüllung der Quote nach Absatz 3 obliegt den Integrationsämtern. Sie sollten deshalb auch die Zuordnung zur Quote nach Absatz 3 für die seelisch behinderten Menschen nach Absatz 4 treffen und müssen deshalb hierzu entsprechende Feststellungsmaßstäbe entwickeln.

§ 216 Aufgaben

¹Die Inklusionsbetriebe bieten den schwerbehinderten Menschen Beschäftigung, Maßnahmen der betrieblichen Gesundheitsförderung und arbeitsbegleitende Betreuung an, soweit erforderlich auch Maßnahmen der beruflichen Weiterbildung oder Gelegenheit zur Teilnahme an entsprechenden außerbetrieblichen Maßnahmen und Unterstützung bei der Vermittlung in eine sonstige Beschäftigung in einem Betrieb oder einer Dienststelle auf dem allgemeinen Arbeitsmarkt sowie geeignete Maßnahmen zur Vorbereitung auf eine Beschäftigung in einem Inklusionsbetrieb. ²Satz 1 gilt entsprechend für psychisch kranke Menschen im Sinne des § 215 Absatz 4.

1 **Gesetzeshistorie:** Die Vorschrift wurde durch Artikel 1 und 68 Abs. 1 SGB IX vom 19.6.2001[1] mit Wirkung ab 1.7.2001 eingeführt. Durch Gesetz vom 26.7.2016[2] wurde § 133 Abs. 2 erweitert und damit klargestellt, dass die Förderung von schwerbehinderten Langzeitarbeitslosen sowie psychisch kranken Menschen, die behindert oder von einer Behinderung bedroht sind, zur Aufgabenstellung der Integrationsprojekte gehört. Durch Artikel 1 des Gesetzes zur Stärkung der Teilhabe und Selbstbestimmung von Menschen mit Behinderungen (Bundesteilhabegesetz – BTHG) vom 23.12.2016[3] wurden mit Wirkung vom 1.1.2018 durch Verschiebung des Schwerbehindertenrechts in Teil 3 die bisherigen Regelungen des § 133 (aF) weitgehend inhaltsgleich zum neuen § 216.
2 **Regelungsinhalt:** Die Vorschrift beschreibt die Aufgaben der Inklusionsbetriebe.
3 **Zur Entstehung:** Die Vorschrift übertrug in der Fassung des Regierungsentwurfs inhaltsgleich den früheren § 53 b Schwerbehindertengesetz. Durch Gesetz vom 26.7.2016[4] wurde die Zielgruppe nach § 132 um Langzeitarbeitslose schwerbehinderte und psychisch kranke Menschen, die behindert oder von Behinderung bedroht sind, erweitert. In § 133 Abs. 2 wurde dargelegt, dass die Förderung dieser Personen nun zur Aufgabenstellung der Integrationsprojekte gehört. Durch Ergänzung des § 134 wurde klargestellt, dass psychisch kranke

---

1 BGBl. I 1046.
2 BGBl. I 1824.
3 BGBl. I 3234.
4 BGBl. I 1824.

Aufgaben § 216

Menschen, die behindert oder von Behinderung bedroht sind, durch die Rehabilitationsträger gefördert werden. Mit dem Gesetz zur Stärkung der Teilhabe und Selbstbestimmung von Menschen mit Behinderungen (Bundesteilhabegesetz – BTHG) vom 23.12.2016[5] werden mit Wirkung vom 1.1.2018 die bisherigen Regelungen weitgehend inhaltsgleich durch die Verschiebung des Schwerbehindertenrechts in Teil 3 verschoben. Der bisherige § 133 (aF) wird weitgehend inhaltsgleich zum neuen § 216. Durch die Erweiterung der Zielgruppe nach § 215 Abs. 4 musste nun auch § 216 um Satz 2 ergänzt werden. Damit wird klargestellt, dass die Aufgaben der Inklusionsbetriebe nach § 216 Satz 1 auch für psychisch kranke Menschen im Sinne des § 215 Absatz 4 gelten.

Im Regierungsentwurf[6] wurden durch Änderungsantrag der Koalitionsfraktionen[7] die Wörter „sowie geeignete Maßnahmen zur Vorbereitung auf eine Beschäftigung in einem Integrationsprojekt" angefügt; nach dem Bericht[8] erfolgte dies, um zu ermöglichen, in Integrationsprojekten auch solche, insbesondere seelisch schwerbehinderte Menschen durch geeignete Fördermaßnahmen mit Leistungen des zuständigen Rehabilitationsträgers nach § 49 (§ 33 aF) auf eine Beschäftigung in einem Integrationsprojekt vorzubereiten, die noch nicht auf dem allgemeinen Arbeitsmarkt – auch nicht in einem Integrationsprojekt – beschäftigt werden können. 4

Mit der Erweiterung der Zielgruppe und der damit verbundenen Erweiterung der Aufgabenstellung zugunsten psychisch kranker Menschen (ohne Schwerbehinderteneigenschaft) wird dem Umstand Rechnung getragen, dass die Personengruppe es häufig ablehnt, die Schwerbehinderung anerkennen zu lassen. Die Begründung zu § 216 des BTHG[9] stellt in diesem Zusammenhang klar, dass die neue Aufgabe der betrieblichen Gesundheitsförderung insbesondere auch für psychisch kranke Menschen im Sinne des § 215 Abs. 4 gelte.

Die Vorschrift enthält eine **Aufgabenbeschreibung für Inklusionsbetriebe**. Beschäftigung und arbeitsbegleitende Betreuung anzubieten, ist der Schwerpunkt der gesetzlichen Regelung und entspricht auch bisherigen praktischen Erfahrungen. Eine große Zahl besonders betroffener schwerbehinderter Menschen ist einerseits dem **Wettbewerb am allgemeinen Arbeitsmarkt** und den sich daraus ergebenden spezifischen gesundheitlichen Belastungen nicht ausreichend gewachsen; andererseits verfügen sie über gut entwickelte berufliche **Fähigkeiten, Erfahrungen und Kenntnisse** und sind deshalb in einer Werkstatt für behinderte Menschen dauerhaft falsch eingegliedert. Um den häufig vorkommenden **gesundheitlichen Einschränkungen** sowie den unvermeidlichen betrieblichen Belastungen des Arbeitslebens besser entgegenwirken zu können, sollen Inklusionsbetriebe ihren Beschäftigten auch betriebliche Maßnahmen zur Gesundheitsförderung anbieten. 5

Maßnahmen der beruflichen Weiterbildung oder Möglichkeiten zur Teilnahme an entsprechenden außerbetrieblichen Maßnahmen können in Einzelfällen erforderlich sein. Wenn notwendig, hat der Inklusionsbetrieb einen Beschäftigten, der in ein Beschäftigungsverhältnis in einen (regulären) Betrieb oder eine Dienststelle des allgemeinen Arbeitsmarkts wechseln will, darauf vorzubereiten und soweit erforderlich dabei zu unterstützen. Eine solche Unterstützung ist regelmäßig dann nicht erforderlich, wenn zu dieser Unterstützung Integrationsfachdienste nach §§ 192 (§ 109 aF) bis 198 (§ 115 aF) zur Verfügung stehen. In 6

---

5 BGBl. I 3234.
6 Nebst Begründung BT-Drs. 14/5074, 42 und 114 sowie BT-Drs. 14/5531, 5.
7 Ausschussempfehlung BT-Drs. 14/5786, 30.
8 BT-Drs. 14/5800, 37.
9 Regierungsentwurf v. 22.6.2016, S. 324.

den Fällen, in denen dies möglich ist, wird nicht eine Dauerbeschäftigung in dem Integrationsprojekt, sondern die Vorbereitung der schwerbehinderten oder psychisch kranken Menschen auf eine geeignete Beschäftigung in einem Betrieb oder einer Dienststelle des allgemeinen Arbeitsmarkts angestrebt.

7 Die **arbeitsbegleitende Betreuung** bezieht sich auf die **notwendige personale Unterstützung** im Inklusionsbetrieb, um die arbeitsvertraglich geschuldete Arbeitsleistung erbringen zu können. Sie trägt dazu bei, dass die Beschäftigten aus der Zielgruppe nach → Rn. 1 die betrieblichen Anforderungen erkennen und bewältigen können. Dabei werden zunächst die betrieblichen Anforderungen soweit als nötig den bereits bestehenden Fähigkeiten und der individuellen Belastbarkeit angepasst. In einem weiteren Schritt wird die Einarbeitung umfassend (über den üblichen betrieblichen Aufwand hinausgehend) sichergestellt und erforderlichen Falls das notwendige Arbeitstraining (Training on the Job) durchgeführt. Im Kern geht es um einen ständigen Anpassungsprozess von betrieblichen Anforderungen und Befähigung der Beschäftigten. Soweit erforderlich gehören zur arbeitsbegleitenden Betreuung auch die Unterstützung bei der notwendigen beruflichen Fortbildung[10] sowie die berufliche Neuorientierung auf eine geeignete Tätigkeit bei einem anderen Arbeitgeber des allgemeinen Arbeitsmarktes. Insgesamt zielt die arbeitsbegleitende Betreuung im Integrationsprojekt darauf, die Arbeitsbedingungen zu stabilisieren und berufliche Entwicklung der Beschäftigten zu fördern. Das geht über den üblichen Aufwand eines Arbeitgebers des allgemeinen Arbeitsmarktes hinaus und wird deshalb auch als wesentlicher Bestandteil des **besonderen Aufwands** über die individuelle Förderung hinaus abgegolten. Die arbeitsbegleitende Betreuung unterscheidet sich jedoch deutlich auch vom Jobcoaching nach § 55 (§ 38 a aF), das als eine umfassende Leistung zur Teilhabe am Arbeitsleben ausgestaltet ist. Arbeitsbegleitende Betreuung kann weder inhaltlich noch umfänglich ein entsprechendes Jobcoaching ersetzen.

8 Auch ist es **nicht Aufgabe** der Inklusionsbetriebe, **Sozialarbeit** in engerem Sinne zu leisten. Eine klare Rollen- und Funktionsaufteilung ist gerade im Umgang mit und für Menschen mit seelischen Behinderungen fachlich dringend angezeigt. So muss im Rahmen der psychosozialen Betreuung am Arbeitsplatz gelegentlich auch bei betrieblichen Konflikten (bis zur Abmahnung oder Kündigung) vermittelt werden. Die Bewertung betrieblicher Entwicklungen muss deshalb von neutraler Stelle aus erfolgen. Die **erforderliche psychosoziale Betreuung** soll wie in jedem anderen Unternehmen vom zuständigen **Integrationsfachdienst** im Auftrag der zuständigen Leistungsträger – in der Regel vom Integrationsamt, bei seelisch behinderten Menschen ohne Anerkennung der Schwerbehinderteneigenschaft auch vom Rehabilitationsträger – geleistet werden.

§ 217 Finanzielle Leistungen

(1) Inklusionsbetriebe können aus Mitteln der Ausgleichsabgabe Leistungen für Aufbau, Erweiterung, Modernisierung und Ausstattung einschließlich einer betriebswirtschaftlichen Beratung und für besonderen Aufwand erhalten.
(2) Die Finanzierung von Leistungen nach § 216 Satz 2 erfolgt durch den zuständigen Rehabilitationsträger.

---

10 Motivation zu, Hilfestellung bei der Beantragung und Umsetzung sowie dem Transfer neuer Kenntnisse und Fertigkeiten in den betrieblichen Alltag.

Gesetzeshistorie: Die Vorschrift wurde durch Artikel 1 und 68 Abs. 1 SGB IX vom 19.6.2001[1] mit Wirkung ab 1.7.2001 eingeführt. Durch Gesetz vom 26.7.2016[2] wurde mit Wirkung vom 1.8.2016 in § 134 klargestellt, dass psychisch kranke Menschen, die behindert oder von Behinderung bedroht sind, durch die Rehabilitationsträger gefördert werden. Durch Artikel 1 des Gesetzes zur Stärkung der Teilhabe und Selbstbestimmung von Menschen mit Behinderungen (Bundesteilhabegesetz – BTHG) vom 23.12.2016[3] wurden mit Wirkung vom 1.1.2018 durch Verschiebung des Schwerbehindertenrechts in Teil 3 die bisherigen Regelungen des § 134 (aF) weitgehend inhaltsgleich zum neuen § 217.

Regelungsinhalt: Die Vorschrift stellt sicher, dass Inklusionsbetriebe aus Mitteln der Ausgleichsabgabe Leistungen erhalten können. Die Förderung von Inklusionsbetrieben dem Grunde nach, sowie Art und Umfang der Förderung und ihre regionale Verteilung stehen im Ermessen des jeweiligen Integrationsamtes.

Zur Entstehung: Die Vorschrift überträgt inhaltsgleich den früheren § 53c Schwerbehindertengesetz. Sie wurde im Gesetzgebungsverfahren nur sprachlich verbessert. Durch Gesetz vom 26.7.2016[4] wurde mit Wirkung vom 1.8.2016 in § 134 klargestellt, dass psychisch kranke Menschen, die behindert oder von Behinderung bedroht sind, durch die Rehabilitationsträger gefördert werden. Mit dem Gesetz zur Stärkung der Teilhabe und Selbstbestimmung von Menschen mit Behinderungen (Bundesteilhabegesetz – BTHG) vom 23.12.2016[5] werden mit Wirkung vom 1.1.2018 die bisherigen Regelungen weitgehend inhaltsgleich durch die Verschiebung des Schwerbehindertenrechts in Teil 3 verschoben. Der bisherige § 134 (aF) wird weitgehend inhaltsgleich zum neuen § 217. Durch die Erweiterung der Zielgruppe nach § 215 Abs. 4 musste nun auch § 217 um Absatz 2 ergänzt werden. Damit wird klargestellt, dass die Finanzierung von Leistungen nach § 216 Satz 2 (für psychisch kranke Menschen im Sinne des § 215 Abs. 4) durch den zuständigen Rehabilitationsträger erfolgt.

Materialien: Zum Regierungsentwurf nebst Begründung BT-Drs. 14/5074, 42. und 114, BT-Drs. 14/5531, 5; zur Ausschussempfehlung BT-Drs. 14/5786, 92

Die Vorschrift regelt, für welche Zwecke Inklusionsbetriebe im Sinne des § 215 (§ 132 aF) mit Mitteln der Ausgleichsabgabe gefördert werden können. Inklusionsbetriebe können nach § 217 (§ 134 aF) investive Leistungen für den **Aufbau, die Ausstattung, Erweiterung und Modernisierung** sowie für die notwendige **betriebswirtschaftliche Beratung** erhalten. Darüber hinaus wird ihnen der mit der Beschäftigung der Zielgruppe verbundene **besondere Aufwand** unabhängig von den ansonsten möglichen individuellen Leistungen an Arbeitgeber bzw. an schwerbehinderte Menschen[6] abgegolten. Zum **besonderen Aufwand** zählen im Wesentlichen die Kosten für die arbeitsbegleitende Betreuung (→ § 216 Rn. 7 (§ 133 aF)) sowie der Mehraufwand der aus der besonderen Zusammensetzung der Belegschaft resultiert.

Die spezielle Förderung nach diesem Kapitel dient ausschließlich dem **Ausgleich von Nachteilen** die sich aus dem besonderen Betriebszweck und den damit verbundenen gesetzlichen Aufgaben sowie insbesondere der gesetzlich geforderten

---

1 BGBl. I 1046.
2 BGBl. I 1824.
3 BGBl. I 3234.
4 BGBl. I 1824.
5 BGBl. I 3234.
6 Beispielsweise Eingliederungszuschüsse nach §§ 88 ff. SGB III bzw. § 50 (§ 34 aF) SGB IX sowie Leistungen der begleitenden Hilfe im Arbeitsleben nach § 185 (§ 102 aF) Abs. 3 Nr. 1 und 2 SGB IX sowie Leistungen nach § 49 (§ 33 aF) SGB IX.

Zusammensetzung der Belegschaft ergeben und nicht der Minderung unternehmerischer/betriebswirtschaftlicher Risiken.

7 Nach Darlegung der BIH kommen als Leistungsarten Zuschüsse (auch zu Leasing), Darlehen und Zinszuschüsse in Frage. Bei der individuellen Förderung ist der **Vorrang** der Leistungen der Träger der Arbeitsförderung gem. SGB III (Bundesagentur für Arbeit), der Grundsicherung gem. SGB II (Jobcenter und zugelassene kommunale Träger) und der beruflichen Rehabilitation nach § 18 Abs. 1 SchwbAV zu beachten. Einer Förderung kann nur erfolgen, wenn die in §§ 215 (132 aF) und 216 (133 aF) vorgegebenen Voraussetzungen erfüllt sind.

8 Da die spezifische Förderung der Inklusionsbetriebe aus **Mitteln der Ausgleichsabgabe** nur durch die Integrationsämter erfolgen kann, hatte die damalige Arbeitsgemeinschaft der Deutschen Hauptfürsorgestellen bereits am 2.11.2000 hierzu zunächst „Vorläufige Empfehlungen der Arbeitsgemeinschaft der Deutschen Hauptfürsorgestellen zur Förderung von Integrationsprojekten" entsprechend der neuen Gesetzeslage und in Abstimmung mit den „Richtlinien zur Abgeltung außergewöhnlicher Belastungen von Arbeitgebern im Zusammenhang mit der Beschäftigung besonders betroffener schwerbehinderter Arbeitnehmer" entwickelt. Mit Einführung des SGB IX wurden die Hauptfürsorgestellen in Integrationsämter umbenannt. Seither hat die Bundesarbeitsgemeinschaft der Integrationsämter und Hauptfürsorgestellen (BIH) diese Empfehlungen regelmäßig unter Beachtung der rechtlichen Entwicklung sowie in Abstimmung mit dem BMAS weiterentwickelt. Die **Empfehlungen der BIH** zur Förderung von Integrationsprojekten wurden zuletzt im Juni 2018 angepasst. Sie haben für die einzelnen Integrationsämter jedoch **keine unmittelbar bindende Wirkung**. Sie sind deshalb an einigen Stellen offen formuliert und weisen auf länderspezifische Auslegungen hin. Die jeweiligen Integrationsämter haben in der Regel eine landesspezifische Variante dieser Rahmenempfehlung entwickelt. Aus diesen kann die Höhe der einzelnen Leistungen im jeweiligen Zuständigkeitsgebiet entnommen werden. Es empfiehlt sich, diese landesspezifischen Fördergrundsätze anzufordern. Die **Empfehlungen der BIH** enthalten weitgehende Hinweise zur Höhe, zur Dauer und zum Umfang der Förderung. Darüber hinaus geben sie Hinweise zu Besonderheiten durch die Kombination von Projektförderung nach § 216 (§ 134 aF) SGB IX und individueller Förderung nach § 185 (§ 102 aF) Abs. 3 Nr. 1, 2 und 4 SGB IX, § 15 SchwbAV. Sie sind unter: www.integrationsaemter.de erhältlich.

9 Die Zuständigkeit für diese Förderung ergibt sich aus § 28a und § 41 der Ausgleichsabgabeverordnung. Demnach kann die spezifische Förderung der Inklusionsbetriebe aus Mitteln der Ausgleichsabgabe nur durch die **Integrationsämter** erfolgen. Durch die Erweiterung der Zielgruppe nach § 215 Abs. 4 musste nun auch § 217 um Absatz 2 ergänzt werden. Damit wird klargestellt, dass die Finanzierung von Leistungen nach § 216 Satz 2 (für psychisch kranke Menschen im Sinne des § 215 Abs. 4) durch den zuständigen **Rehabilitationsträger** erfolgt.

§ 218 Verordnungsermächtigung

Das Bundesministerium für Arbeit und Soziales wird ermächtigt, durch Rechtsverordnung mit Zustimmung des Bundesrates das Nähere über den Begriff und die Aufgaben der Inklusionsbetriebe, die für sie geltenden fachlichen Anforderungen, die Aufnahmevoraussetzungen und die finanziellen Leistungen zu regeln.

Vorbemerkung Vor § 219

Gesetzeshistorie: Die Vorschrift wurde durch Artikel 1 und 68 Abs. 1 SGB IX 1
vom 19.6.2001[1] mit Wirkung ab 1.7.2001 eingeführt. Durch Artikel 1 des Gesetzes zur Stärkung der Teilhabe und Selbstbestimmung von Menschen mit Behinderungen (Bundesteilhabegesetz – BTHG) vom 23.12.2016[2] wurden mit Wirkung vom 1.1.2018 durch Verschiebung des Schwerbehindertenrechts in Teil 3 die bisherigen Regelungen des § 135 (aF) weitgehend inhaltsgleich zum neuen § 218.

Regelungsinhalt: Die Vorschrift enthält eine Verordnungsermächtigung, um bei 2
Bedarf Näheres zum Begriff, zu den Aufgaben, den fachlichen Anforderungen, den Aufnahmevoraussetzungen und den finanziellen Leistungen für Inklusionsbetriebe zu regeln.

Zur Entstehung: Die Vorschrift überträgt inhaltsgleich den früheren § 53 d 3
Schwerbehindertengesetz. Sie wurde im Gesetzgebungsverfahren nicht verändert.

Durch Artikel 1 des Gesetzes zur Stärkung der Teilhabe und Selbstbestimmung von Menschen mit Behinderungen (Bundesteilhabegesetz – BTHG) vom 23.12.2016[3] wurde mit Wirkung vom 1.1.2018 lediglich der Begriff Integrationsprojekte durch Inklusionsbetriebe ersetzt. Ansonsten wurden durch die Verschiebung des Schwerbehindertenrechts in Teil 3 die bisherigen Regelungen des § 132 (aF) inhaltsgleich zum neuen § 215.

Materialien: Zum Regierungsentwurf nebst Begründung BT-Drs. 14/5074, 4
42 und 114 sowie BT-Drs. 14/5531, 5; zur Ausschussempfehlung BT-Drs. 14/5786, 92.

Gegenstände der Verordnungen können: 5
- der Begriff (dazu → § 215 Rn. 5 (§ 132 aF)),
- die Aufgaben (dazu → § 216 Rn. 5–8 (§ 133 aF)),
- die fachlichen Anforderungen (dazu §§ 215 (§ 132 aF) und 216 (§ 133 aF)),
- die Aufnahmevoraussetzungen und
- die finanziellen Leistungen (dazu → § 217 Rn. 5 (§ 134 aF)) sein.

Damit wird den verfassungsrechtlichen Vorgaben nach Artikel 80 Grundgesetz 6
hinsichtlich der Bestimmtheit von Inhalt, Zweck und Ausmaß von Verordnungen Rechnung getragen.

Eine nach der Vorschrift gebotene Verordnung ist vom Bundesministerium für 7
Arbeit und Soziales zu erlassen.

Eine Verordnung aufgrund der Vorschrift bedarf der Zustimmung des Bundes- 8
rates.

Kapitel 12 Werkstätten für behinderte Menschen

Vorbemerkung

Einrichtungen für Menschen mit Behinderungen, die deren Einbeziehung in Tä- 1
tigkeit und Arbeit fördern, gibt es in Deutschland seit über 150 Jahren.[1] Sie waren seinerzeit stets Teil einer Großeinrichtung. Die **wesentlichen Initiativen** zur Entwicklung des heutigen Systems liegen in der Kodifizierung der Eingliederungshilfe im Rahmen des Bundessozialhilfegesetzes vom 30.6.1961. Danach

---

1 BGBl. I 1046.
2 BGBl. I 3234.
3 BGBl. I 3234.
1 ZB Stiftung Ecksberg 1852, s. https://www.stiftung-ecksberg.de/ueber-uns/geschichte/.

entstanden Beschützende Werkstätten, die ihre Leistungen auf der Basis von Landesverordnungen erbrachten. Mit dem Inkrafttreten des Schwerbehindertengesetzes vom 1.5.1974 wurde die Grundlage für die heute geltende, bundeseinheitliche rechtliche Regelung gelegt. Im 10. Abschnitt, §§ 54 ff. SchwbG wurde der Name Werkstatt für Behinderte als Begriff für diese Einrichtung eingeführt. Maßgebend für diese Einrichtung war die Verabschiedung der „Grundsätze zur Konzeption der Werkstatt für Behinderte" durch den Deutschen Bundestag.[2] Durch die 3. Verordnung zur Durchführung des Schwerbehindertengesetzes – Werkstättenverordnung Schwerbehindertengesetz (SchwbWV) – vom 13.8.1980[3] wurde auf der Basis der Ermächtigungsgrundlage des § 57 Abs. 3 SchwbG eine Konkretisierung der Anforderungen vorgenommen. Diese Bestimmungen wurden durch das Inkrafttreten des SGB IX zum 1.7.2001 neugefasst. Der Name wurde geändert in Werkstatt für behinderte Menschen entsprechend der Terminologie des SGB IX 2001, das nicht mehr von Behinderten, sondern von behinderten Menschen sprach. Die **Ermächtigungsgrundlage** fand sich bislang in § 144 Abs. 1 SGB IX, jetzt in § 227 Abs. 1, die Werkstättenverordnung Schwerbehindertengesetz (SchwbWV) wurde durch Art. 55 SGB IX überarbeitet und als Werkstättenverordnung (WVO) bezeichnet.

2 In den Jahren seit Inkrafttreten der Werkstättenverordnung Schwerbehindertengesetz am 13.8.1980 hat sich bundesweit ein flächendeckendes Netz von Werkstätten gebildet. Die Werkstätten arbeiten bundesweit auf derselben rechtlichen Grundlage, für die Finanzierung ihrer Leistungen gelten dabei auf der bundeseinheitlichen Rechtsgrundlage der §§ 57 und 58 je nach Zuständigkeit der Leistungsträger allerdings unterschiedliche Regelungen.

3 Mit dem Übereinkommen über die Rechte von Menschen mit Behinderung vom 13.12.2006, in Kraft gesetzt für die Bundesrepublik Deutschland mit dem 26.3.2009, wurde die Diskussion über die angemessene Teilhabe und Inklusion von Menschen mit Behinderung im Arbeitsleben verstärkt. Für den Bereich Arbeit und Beschäftigung fordert Art. 27 Abs. 1 UN-BRK das Recht auf die Möglichkeit, den Lebensunterhalt durch Arbeit zu verdienen, die in einem offenen, integrativen und für Menschen mit Behinderung zugänglichen Arbeitsmarkt und Arbeitsumfeld frei gewählt und angenommen wird. In anerkannten Werkstätten für behinderte Menschen, die auf der Rechtsgrundlage der §§ 219 ff. konstituiert sind, werden diese Forderungen nicht eingelöst. Oftmals auch begründet durch die Alltagspraxis in vielen Werkstätten führt dies zT zu erheblichen politischen und sozialpolitischen Diskussionen, vor allem um die Stellung der Beschäftigten, ihre Entlohnung und ihre Mitbestimmung. Dennoch hat der Gesetzgeber bei der Neufassung des Rechtes der Eingliederungshilfe durch das Bundesteilhabegesetz die Stellung und Aufgabe der Werkstätten nicht verändert. Er setzt vielmehr auf bessere Zugangsmöglichkeiten für behinderte Menschen zum allgemeinen Arbeitsmarkt, neue Steuerungsmechanismen durch die Rehabilitationsträger und Stärkung der Rolle der behinderten Menschen.[4] Für die Werkstätten erfordert dies eine konzeptionell stärkere Ausrichtung auf eine personenzentrierte Förderung; eine bewusstere Abgrenzung zu den Handlungsmechanismen des allgemeinen Arbeitsmarktes ist dabei zusätzlich hilfreich. Damit erfüllt die anerkannte Werkstatt die Zielsetzung des Art. 26 Abs. 1 UN-BRK.[5] Danach haben die Vertragsstaaten umfassende Habilitations- und Reha-

---

2 Fassung vom 5.12.1974, BT-Drs. 7/3999, 7.
3 BGBl. I 1365.
4 Siehe dazu zB BR-Drs. 282/12 (Beschluss) v. 22. 3. 2013, 5.
5 Bezogen auf das arbeitnehmerähnliche Rechtsverhältnis des § 221 Abs. 1 unterstützt dies auch *Ritz/Kohte* in FKS SGB IX § 221 Rn. 11.

bilitationsdienste und -programme zu organisieren, ua auf dem Gebiet der Beschäftigung. Diese Dienste sollen die Einbeziehung in die Gemeinschaft und die Teilhabe daran unterstützen, freiwillig sein und Menschen mit Behinderung so gemeindenah wie möglich zu Verfügung stehen (vgl. Art. 26 Abs. 1 S. 2 lit. b UN-BRK). Dies entspricht vollumfänglich den Vorgaben an anerkannte Werkstätten nach Kapitel 12 des Teils 3. Es gibt keine andere Einrichtung in Deutschland, die diese staatliche Organisationspflicht des Art. 26 UN-BRK umfassend aufnimmt und erfüllt.
Die UN-BRK hat den Status eines einfachen Bundesrechtes. Diese Regelungen sind nicht so hinreichend bestimmt, dass aus ihnen ein Individualanspruch auf Zuweisung einer bestimmten Maßnahme abgeleitet werden kann.[6]
Der **Begriff** Werkstatt wird vielschichtig verwendet. Zum einen steht er als Synonym für den Träger der Werkstatt,[7] zum Teil als Synonym für das Gebäude,[8] in dem die Leistungen erbracht werden, zum Teil als Synonym für das Konzept der beruflichen Rehabilitation.[9] Nur die letztere Verwendung erklärt die Vielschichtigkeit der Rehabilitationsprozesse und die Sinnhaftigkeit, diese auch an verschiedenen Orten zielgerichtet durchführen zu können und anerkennungsrechtlich auch zu dürfen. Mit der Akzeptanz auch dauerhaft eingerichteter ausgelagerter Plätze in § 219 Abs. 1 Satz 5[10] wurde der bis dato beherrschende Blickwinkel der rechtlichen Begrenzung des Rehabilitationsgeschehens auf das Gebäude der anerkannten Werkstatt aufgegeben. Die Entwicklung, arbeits- und beschäftigungsbezogene Leistungen nicht mehr beschränkt auf die Gebäude der Werkstatt, sondern in kleinere Einheiten verteilt, und vernetzt im Sozialraum, und auch in Kooperation mit anderen Unternehmen anzubieten, verstärkt sich und wird zunehmend, auch vom Gesetzgeber, eingefordert (so zB die Leitideen der §§ 60 oder 61 a). 4

Die **Werkstatt** ist eine Einrichtung zur Teilhabe behinderter Menschen am und zu ihrer Eingliederung in das Arbeitsleben (§ 219 Abs. 1). Zu diesem Zweck erbringt sie Leistungen im Verhältnis zum behinderten Menschen, die den Anforderungen der §§ 56–58 entsprechen. Wichtigstes **Kriterium dieser Leistungen** ist die Teilhabe am Arbeitsleben mit dem Ziel der Heranführung des behinderten Menschen an und seine Einbeziehung in die Beschäftigung. Dieses beinhaltet einen individuell ausgerichteten Förder- und Unterstützungsauftrag (§ 219 Abs. 1 Satz 3, vgl. auch § 5 Abs. 4 WVO). Bei Personen, bei denen wegen Art oder Schwere der Behinderung das Ziel der Eingliederung in den allgemeinen Arbeitsmarkt nicht erreicht werden kann, kommt eine dauerhafte Beschäftigung in der Werkstatt als Ziel der Leistungen in Betracht (§ 219 Abs. 1 Satz 2). Die Aufgabe der Rehabilitation behinderter Menschen und ihre Heranführung an die Teilhabe muss der Werkstatt das Gepräge geben. Werkstätten erbringen eine Leistung, die komplex und auf Integration ausgelegt ist und somit weit über die reine Beschäftigung hinausgeht. Der Begriff der beruflichen Eingliederungseinrichtung beinhaltet keinen Verzicht auf die zugleich stattfindende gesellschaftliche Eingliederung. Die Werkstatt hat immer auch begleitend und zu- 5

---

6 So BayLSG 23.5.2012 – L 10 AL 207/10, juris Ls. 3 und Rn. 32, 33.
7 Vgl. § 2 Abs. 2 WMVO: Rechte und Pflichten der Werkstatt sind solche des Trägers der Werkstatt.
8 Vgl. § 8 Abs. 3 WVO: Das Einzugsgebiet muss so bemessen sein, dass die Werkstatt für behinderte Menschen mit öffentlichen oder sonstigen Verkehrsmitteln in angemessener Zeit erreichbar ist.
9 Vgl. § 219 Abs. 1 Satz 1: Die Werkstatt für behinderte Menschen ist eine Einrichtung zur Teilhabe behinderter Menschen am Arbeitsleben.
10 Art. 5 des Gesetzes zur Einführung Unterstützter Beschäftigung v. 22.12.2008, BGBl. I 2959.

sätzlich Aufgaben der sozialen Eingliederung.[11] Die dafür von der Werkstatt erbrachten Leistungen müssen als Habilitation und Rehabilitation erkennbar sein. Dies gilt im Verhältnis zu den Rehabilitationsträgern ebenso wie im Verhältnis zu den behinderten Menschen. Die Werkstatt muss darlegen können, welche Leistungen sie diesen gegenüber erbringt und aus welchen Gründen sie gerechtfertigt sind. Die Gründe müssen sich aus der Funktionsbeeinträchtigung (§ 2 Abs. 1) tragen. Zur Abgrenzung auch → Rn. 9 und → § 221 Rn. 9 ff., dazu auch → § 56 Rn. 7 ff.

6 Der behinderte Mensch steht zu dem Rehabilitationsträger in einem **öffentlich-rechtlichen Leistungsverhältnis** (→ § 220 Rn. 26 ff.). Die Werkstatt schließt mit dem behinderten Menschen im Arbeitsbereich über die ihm gegenüber zu erbringenden Leistungen einen privat-rechtlichen Vertrag. Zu ihr steht er in einem arbeitnehmerähnlichen Rechtsverhältnis (§ 221 Abs. 1). § 13 WVO nennt diesen Vertrag Werkstattvertrag (zum arbeitnehmerähnlichen Rechtsverhältnis → § 221 Rn. 6 ff.). Die Rechte aus diesem Vertrag kann er vor dem Arbeitsgericht einfordern (§ 2 Abs. 1 Nr. 10 ArbGG).

7 Die Werkstatt ist die vom Gesetz für diese speziellen Leistungen zur Teilhabe am Arbeitsleben als geeignet benannte Einrichtung. Sie muss ihre Eignung durch ein **Anerkennungsverfahren** gemäß § 225 nachweisen. Die Voraussetzungen dieser Anerkennung müssen vor der Einrichtung dauerhaft erfüllt sein.

8 Die **Aufgabe der Werkstatt** ist durch einen zweifachen Auftrag gekennzeichnet. Zum einen muss die Werkstatt den behinderten Menschen gegenüber Leistungen zur Teilhabe am Arbeitsleben erbringen (§ 56 Abs. 2, § 57 Abs. 2). Darüber hinaus muss die Werkstatt wirtschaftliche Arbeitsergebnisse anstreben (§ 219 Abs. 1 Satz 2 Nr. 1 Hs. 2 SGB IX, § 13 Abs. 2 WVO), um den in § 219 Abs. 1 Satz 2 Nr. 1 und § 13 Abs. 2 WVO definierten Auftrag zu erfüllen, an die behinderten Menschen ein ihrer Leistung angemessenes Entgelt (Arbeitsentgelt iSd § 221 Abs. 2.) zahlen zu können. Zwischen diesen Positionen besteht kein Konflikt. Die durch die individuelle Funktionsbeeinträchtigung begründete, werkstattspezifische Begleitung, Hilfestellung und Förderung ist durch die Heranführung an Arbeit und Beschäftigung geprägt. Die Einbindung behinderter Menschen in einen Tätigkeits- und Schaffensprozess ist das werkstattspezifische Mittel der Habilitation und Rehabilitation und der Eingliederung in das Arbeitsleben. Dabei ist das Einüben der Bedingungen des Arbeitslebens Teil des Prozesses. Die Übernahme von Bedingungen, die im Förderziel Arbeitsleben üblich sind, ist zwingender und originärer Teil des Prozesses. Es wäre realitätsfern, ein Ziel, hier Teilhabe am Arbeitsleben, anzustreben und umzusetzen, ohne die Bedingungen dieses Ziels mit in den Prozess einzubeziehen.

9 Die Werkstatt ist **eine Einrichtung der beruflichen Rehabilitation** im Sinne der §§ 36 und 51 und ein Dienst der Habilitation und Rehabilitation nach Art. 26 UN-BRK. Sie unterscheidet sich in wesentlichen Elementen von Unternehmen des allgemeinen Wirtschaftslebens. Sie hat eine Aufnahmepflicht. Behinderte Menschen, die im Einzugsgebiet der Werkstatt wohnen, haben einen Anspruch auf Aufnahme (zum Begriff Einzugsgebiet → § 220 Rn. 10). Die Werkstatt hat eine Beschäftigungspflicht, § 220 Abs. 2. Im allgemeinen Arbeitsmarkt besteht eine derartige vergleichbare Pflicht zulasten eines Arbeitgebers nicht. Die Werkstatt muss alle behinderten Menschen aufnehmen, unabhängig von Ursache, Art und Schwere der Behinderung, der Minderung der Leistungsfähigkeit oder einem besonderen Bedarf an Förderung, begleitender Betreuung oder Pflege (siehe § 220 Abs. 1). Diese Kriterien sind nicht nur kein Ausschließungsgrund,

---

11 *Ritz/Kohte* in FKS SGB IX vor Kap. 12 Rn. 4.

die Werkstatt hat trotz dieser leistungsmindernden Einschränkungen eine Aufnahmepflicht. Damit unterscheidet sie sich von Unternehmen des allgemeinen Arbeitsmarkts und Wirtschaftslebens, die ihre Mitarbeiter in der Regel gerade nach dem Kriterium der Leistungsfähigkeit aussuchen. Die Werkstatt muss sich auf die behinderten Menschen ausrichten, sie muss über eine Vielzahl von Arbeitsplätzen verfügen, um Eignung und Neigung der behinderten Menschen aufnehmen zu können. Die Werkstatt muss die Arbeit und Tätigkeit nach den Fähigkeiten, Wünschen und Möglichkeiten der behinderten Menschen gestalten (§ 221 SGB IX sowie § 4 Abs. 2, § 5 Abs. 2 WVO). In der Werkstatt sind daher die behinderten Menschen Ausgangspunkt der Frage, welche Arbeitsplätze und Tätigkeitsfelder geschaffen werden (die Arbeit richtet sich nach dem Menschen). Im allgemeinen Arbeitsmarkt hingegen ist die geforderte und vertraglich vereinbarte Arbeitsleistung Bemessungs- und Bewertungsgrundlage. Die geforderte Tätigkeit wird dabei in aller Regel vom Arbeitgeber vorgegeben, er sucht Mitarbeiter für eine vorgegebene Arbeit (der Mensch richtet sich nach der Arbeit).

Kern der Werkstatt ist die Sicherstellung einer Unterstützungsstruktur mit verlässlicher personeller Begleitung, mit sozialen Beziehungen, mit definierten Tages- und Arbeitsabläufen, mit Arbeitsprozessen, die an die Person und ihre individuellen Bedarfe angepasst sind und mit einer arbeitspädagogisch begründeten Handlungs- und Vorgehensweise.

Die Werkstatt kann die behinderten Menschen **nicht entlassen,** sie hat eine **Beschäftigungspflicht,** solange die Aufnahmevoraussetzungen erfüllt sind (§ 219 Abs. 3). Geringe oder sinkende Leistungsfähigkeit ist kein Kündigungsgrund, vielmehr besteht auch in diesen Fällen die Pflicht zur Rehabilitationsleistung. Damit gelten in der Werkstatt andere Normen als der arbeitsrechtliche Sanktionskatalog.

Die Werkstatt ist bezüglich ihrer Standortwahl eingeschränkt. Sie muss ihren Standort im Einzugsgebiet haben (§ 8 Abs. 2 und 3 WVO). Eine freie Standortwahl unter dem Gesichtspunkt einer betriebswirtschaftlichen Optimierung kommt nicht in Betracht, sie muss weitergehend sogar noch mit den aus der eingeschränkten Standortsituation folgenden Gegebenheiten gestalten und darüber hinaus wirtschaftliche Arbeitsergebnisse anstreben.[12]

Die Werkstatt muss nach betriebswirtschaftlichen Grundsätzen organisiert sein (§ 12 Abs. 1 WVO), sie kann aber keinen Gewinn machen. Positive Betriebsergebnisse aus den Rehabilitationsleistungen und aus der wirtschaftlichen Tätigkeit müssen unter Beachtung der Regelungen des § 12 Abs. 4 WVO über das Arbeitsergebnis an die behinderten Menschen ausgeschüttet werden. Der wichtigste Anreiz eines Unternehmens des allgemeinen Wirtschaftslebens, die Absicht und die Aussicht, mit dem eingesetzten Kapital Gewinn zu erwirtschaften, ist gesetzlich ausgeschlossen. In der Werkstatt wird an die behinderten Menschen das gemeinsam Erwirtschaftete nach gesetzlich bestimmten Kriterien verteilt (§ 221 Abs. 2). Im Arbeitsleben ist eine derartige Regelung unüblich.

Die Werkstatt unterliegt als Betrieb und als Rehabilitationseinrichtung **betriebswirtschaftlichen Grundsätzen.** Dies legt § 12 Abs. 1 WVO ausdrücklich fest. Danach muss die Werkstatt nach betriebswirtschaftlichen Grundsätzen organisiert sein. Sie muss nach kaufmännischen Grundsätzen Bücher führen. Sie muss eine Betriebsabrechnung in Form einer Kostenstellenrechnung erstellen. Sie soll einen Jahresabschluss erstellen. Die Buchführung, die Betriebsabrechnung und

---

12 Siehe Art. 26 Abs. 1 lit. B UN-BRK: „(...) -dienste und -programme, die (…) so gemeindenah wie möglich zur Verfügung stehen, auch in ländlichen Gebieten."

der Jahresabschluss sowie das Arbeitsergebnis sind zu prüfen. Prüfer muss ein durch Bundesgesetz zugelassener Prüfer (Abschlussprüfer) sein. Diese Anforderungen können durch die Anerkennungsbehörden (→ § 225 Rn. 7 ff.) überprüft werden (§ 12 Abs. 6 WVO). Die örtlich zuständige Regionaldirektion der Bundesagentur für Arbeit ist dabei die federführende Behörde.
Handelsrechtliche Bestimmungen sind zu beachten (§ 12 Abs. 1 Satz 6 WVO). Dieses sind insbesondere die Bestimmungen der §§ 238–263 HGB. Je nach Rechtsform des Trägers gelten weitergehende Pflichten, bei der Rechtsform der GmbH sind die Bestimmungen der §§ 264–329 HGB einzuhalten.
Als Einrichtung der Rehabilitation unterliegt sie den speziellen Prüfungsrechten der Rehabilitationsträger, insbesondere § 128 für die Vereinbarungen im Arbeitsbereich der Werkstatt und § 12 Abs. 6 WVO für das Arbeitsergebnis.

15 Die Werkstatt bedarf der **staatlichen Anerkennung**. Verfahren und Voraussetzungen sind in §§ 225, 227 benannt. Die Anerkennung sichert die Erfüllung und Einhaltung der durch SGB IX und WVO bestimmten fachlichen Anforderungen. Für eine anerkannte Werkstatt besteht die Vermutung, dass sie die Anforderungen erfüllt. Andernfalls muss die zuständige Behörde die Anerkennung entziehen.

16 Wegen ihrer besonderen Situation und Aufgabe räumt das Gesetz der Werkstatt **Wettbewerbsvorteile** ein. Dies sind im Wesentlichen der Status als steuerrechtlicher Zweckbetrieb (§ 58 AO), ein geminderter Umsatzsteuersatz (§ 12 Abs. 2 Nr. 8 a UStG), die besondere Berücksichtigung bei der Vergabe öffentlicher Aufträge (§ 224) und die Verrechnungsmöglichkeit im Rahmen der Ausgleichsabgabe für an die Werkstatt erteilte Aufträge (§ 223).

17 Die Institution Werkstatt für behinderte Menschen steht seit Jahren in der **Kritik**. Diese wurde durch die Intentionen der UN-BRK nochmals verstärkt. Der UN-Fachausschuss zur Prüfung der Umsetzung der UN-BRK hat in seinem Bericht die mangelnde Umsetzungsbereitschaft kritisiert und dem Werkstatt-System Segregation vorgeworfen sowie finanzielle Fehlanreize, die behinderten Menschen den Eintritt oder Übergang in den allgemeinen Arbeitsmarkt versperren. Diese Aufforderung findet sich im Entschließungsantrag des Deutschen Bundestages wieder, der „erwartet, dass die Verwaltungen von Bund, Land und Kommunen das mit dem Bundesteilhabegesetz geschaffene neue Recht in der konkreten Rechtsanwendung stets im Licht der UN-BRK umsetzen werden".[13] Der Gesetzgeber hat sich dieser Bewertung angeschlossen, die Bestimmungen zur anerkannten Werkstatt allerdings nicht verändert. Er hat hervorgehoben, dass für behinderte Menschen die Chancen auf Teilhabe am Arbeitsleben außerhalb von anerkannten Werkstätten eröffnet werden sollen.[14] Danach werden Werkstätten aber auch zukünftig Garant für die Beschäftigung von behinderten Menschen mit einer dauerhaften vollen Erwerbsminderung sein.[15] Ausdrücklich setzt er sich dafür ein, alternative Formen der Teilhabe am Arbeitsleben zu entwickeln, um die Pluralität des Arbeitslebens auch für Menschen mit Behinderung nutzbar und erfahrbar zu machen.[16]

18 In Fortführung dieser Initiative wurden neue Möglichkeiten für die Teilhabe behinderter Menschen am Arbeitsleben geschaffen. Zu erwähnen ist das Budget für Arbeit in § 61, das Budget für Ausbildung in § 61 a und in § 60 die Möglichkeit, dass diejenigen Menschen, die Anspruch auf Leistungen nach den

---

13 Entschließungsantrag des Deutschen Bundestages v. 2.12.2016, BT-Drs. 10/10523.
14 BT-Drs. 18/9522, 193 (194).
15 BT-Drs. 18/9522, 253.
16 So BR-Drs. 282/12 (Beschluss) v. 22.3.2013, 5.

§§ 57, 58 haben, diese nicht allein in der regional zuständigen anerkannten Werkstatt erhalten können, sondern auch bei sog. anderen Leistungsanbietern. § 60 Abs. 2 konkretisiert die Anforderungen an diese Anbieter und erklärt einige Regelungen, die für anerkannte Werkstätten gesetzt sind, auch für diese Anbieter als verbindlich.

Der UN-Fachausschuss übte deutliche Kritik am Werkstattsystem und kritisierte ua, dass in den Werkstätten behinderte Menschen weder auf den allgemeinen Arbeitsmarkt vorbereitet würden noch dieser Übergang gefördert werde.[17] Gemessen an den Aussagen des Art. 27 UN-BRK (Arbeit und Beschäftigung) erfüllen Werkstätten die dort benannten Forderungen nicht. Dabei trifft die Kritik vor allem die derzeitig gängige Praxis vieler Werkstätten; der Gesetzgeber hingegen hat das rechtliche Modell der Werkstatt nicht verändert und verteidigt es sogar. Vielmehr versucht er durch eine Vielzahl gesetzlicher Initiativen, diese beanstandete Situation zu verändern. Er schafft Alternativen zur Werkstatt, bietet behinderten Menschen mehr Wahlmöglichkeiten, stärkt seine und die Rolle der Leistungsträger durch das Gesamtplan- und Teilhabeplanverfahren und durch den verordnungsrechtlich normierten Verzicht auf Beratungen im Fachausschuss der Werkstatt.[18] Daher gilt es in der sozialpolitischen Diskussion, Werkstätten konzeptionell neu zu positionieren, sie zielgerichtet auf die Rolle des Dienstleisters für Menschen mit Behinderung im Kontext der Eingliederungshilfe zuzuordnen, den Aspekt der personenzentrierten Förderung in den Vordergrund zu stellen und dabei bewusst eine Abgrenzung von den Handlungsstrategien und -methoden des allgemeinen Arbeitsmarktes vorzunehmen. Damit würden auch die jetzigen, für die Beschäftigten zumeist als hilfreich erlebten Elemente der Werkstatt geachtet: In der Werkstatt steht der einzelne Mensch mit seinen Fragen im Mittelpunkt, nicht eine abstrakte Anforderung (wie zB ein Berufsabschluss oder die Erreichung eines definierten Arbeitsziels); in der Werkstatt stehen ihm kontinuierlich Fachkräfte zur Arbeits- und Berufsförderung zur Seite, die ihn persönlich beraten, begleiten und betreuen, und das nicht nur in Fragen, die seine Arbeitsleistung betreffen, und die Werkstatt begleitet ihn und arbeitet zeitlich unbegrenzt und ohne individualisierten Zeitdruck. Dies ermöglicht dauerhafte persönliche Beziehungen und das Entstehen und Erleben von sozialen Strukturen, Gemeinsamkeit und Gruppenkultur.[19] 19

Die Schaffung von Alternativen zur Werkstatt und die seit Jahren geübte Steuerung seitens der Rehabilitationsträger, insbes. der Bundesagentur für Arbeit führt erkennbar zu Veränderungen in Art und Schwere der Behinderung bei der Aufnahme neuer Werkstattbeschäftigter. Waren in den Gründungsjahren der Werkstätten Personen mit Trisomie 21 prägend, so ist der Anteil der Neuaufnahmen mit dieser Diagnose heute auf deutlich unter 10 % gesunken. Personen mit einer Lernbehinderung kommen nicht mehr in die Werkstätten. Prägend sind heute Neuanfragen von Menschen mit einer psychischen Behinderung, vor allem nach einem Scheitern in ihrer beruflichen Ausbildung oder ihrer berufli- 20

---

17 Zitiert nach *von Drygalski*, Die Werkstatt für behinderte Menschen in der zweiten Staatenprüfung Deutschlands zur Umsetzung der UN-Behindertenrechtskonvention, Abschnitt III, Beitrag D11–2020, abrufbar unter www.reha-recht.de; dazu auch Unterrichtung durch die Bundesregierung, Zweiter und dritter Staatenbericht der Bundesrepublik Deutschland zum Übereinkommen der Vereinten Nationen über die Rechte von Menschen mit Behinderungen, BT-Drs. 19/11745, 38.
18 Dazu zB *Schreiner*, Sozialhistorischer Meilenstein oder soziale Isolation? – Werkstätten für behinderte Menschen im Zwielicht, Beitrag D49–2017 mwN, abrufbar unter www.reha-recht.de.
19 So *Johnson*, Warum sind Werkstätten (WfbM) so erfolgreich?, abrufbar unter www.institut-johnson.de/page/?page_id=289.

chen Tätigkeit, Menschen mit stark herausforderndem Verhalten (auch als „Junge Wilde" bezeichnet) oder Menschen mit komplexen und auch schwersten körperlichen und geistigen Beeinträchtigungen. Dies hat Konsequenzen für die erforderliche personelle Fachkompetenz in den Einrichtungen wie auch für die Gestaltung der Arbeits- und Begleitprozesse.

21 Die Bescheide aus den Gesamt- und Teilhabeplanverfahren werden viele Werkstätten vor neue Herausforderungen stellen. Es gilt, die Leistungen nach §§ 57, 58 personenzentriert zu erbringen und dabei die in den Teilhabezielvereinbarungen (§ 122) benannten Zielsetzungen des Betroffenen konstruktiv umzusetzen und das in § 8 Abs. 2 benannte Gebot zu achten, bei der Umsetzung der Leistungen die Selbstbestimmung des behinderten Menschen zu fördern. Das wird zu einer Verstärkung des Bildungs- und Begleitauftrages der Werkstatt führen und zulasten der Möglichkeiten gehen, Beschäftigte in Produktions- und Dienstleistungsprozessen einzusetzen. Auch diese Entwicklung verstärkt die Sichtweise, Werkstätten als Habilitations- und Rehabilitationsdienste iSd Art. 26 UN-BRK zu verstehen.

§ 219 Begriff und Aufgaben der Werkstatt für behinderte Menschen

(1) [1]Die Werkstatt für behinderte Menschen ist eine Einrichtung zur Teilhabe behinderter Menschen am Arbeitsleben im Sinne des Kapitels 10 des Teils 1 und zur Eingliederung in das Arbeitsleben. [2]Sie hat denjenigen behinderten Menschen, die wegen Art oder Schwere der Behinderung nicht, noch nicht oder noch nicht wieder auf dem allgemeinen Arbeitsmarkt beschäftigt werden können,
1. eine angemessene berufliche Bildung und eine Beschäftigung zu einem ihrer Leistung angemessenen Arbeitsentgelt aus dem Arbeitsergebnis anzubieten und
2. zu ermöglichen, ihre Leistungs- oder Erwerbsfähigkeit zu erhalten, zu entwickeln, zu erhöhen oder wiederzugewinnen und dabei ihre Persönlichkeit weiterzuentwickeln.

[3]Sie fördert den Übergang geeigneter Personen auf den allgemeinen Arbeitsmarkt durch geeignete Maßnahmen. [4]Sie verfügt über ein möglichst breites Angebot an Berufsbildungs- und Arbeitsplätzen sowie über qualifiziertes Personal und einen begleitenden Dienst. [5]Zum Angebot an Berufsbildungs- und Arbeitsplätzen gehören ausgelagerte Plätze auf dem allgemeinen Arbeitsmarkt. [6]Die ausgelagerten Arbeitsplätze werden zum Zwecke des Übergangs und als dauerhaft ausgelagerte Plätze angeboten.

(2) [1]Die Werkstatt steht allen behinderten Menschen im Sinne des Absatzes 1 unabhängig von Art oder Schwere der Behinderung offen, sofern erwartet werden kann, dass sie spätestens nach Teilnahme an Maßnahmen im Berufsbildungsbereich wenigstens ein Mindestmaß wirtschaftlich verwertbarer Arbeitsleistung erbringen werden. [2]Dies ist nicht der Fall bei behinderten Menschen, bei denen trotz einer der Behinderung angemessenen Betreuung eine erhebliche Selbst- oder Fremdgefährdung zu erwarten ist oder das Ausmaß der erforderlichen Betreuung und Pflege die Teilnahme an Maßnahmen im Berufsbildungsbereich oder sonstige Umstände ein Mindestmaß wirtschaftlich verwertbarer Arbeitsleistung im Arbeitsbereich dauerhaft nicht zulassen.

(3) [1]Behinderte Menschen, die die Voraussetzungen für eine Beschäftigung in einer Werkstatt nicht erfüllen, sollen in Einrichtungen oder Gruppen betreut und gefördert werden, die der Werkstatt angegliedert sind. [2]Die Betreuung

und Förderung kann auch gemeinsam mit den Werkstattbeschäftigten in der Werkstatt erfolgen. ³Die Betreuung und Förderung soll auch Angebote zur Orientierung auf Beschäftigung enthalten.

Gesetzeshistorie: Die Vorschrift wurde durch Artikel 1 und 68 Abs. 1 SGB IX vom 19.6.2001¹ eingeführt. Die Regelung wurde durch Gesetz vom 23.12.2016 – Bundesteilhabegesetz – in den Absätzen 1 und 2 nicht verändert. In Absatz 3 wurden die Sätze 2 und 3 neu hinzugefügt.² 1

Regelungsinhalt: Die Vorschrift umschreibt die Aufgaben der Werkstätten für behinderte Menschen sowie die dafür erforderliche Ausstattung. 2

Zur Entstehung: Die Vorschrift entwickelte den früheren § 54 SchwbG fort. Sie wurde im Gesetzgebungsverfahren SGB IX im Jahre 2001 textlich geändert. Insbesondere wurde der Begriff Werkstatt für Behinderte durch den Begriff Werkstatt für behinderte Menschen ersetzt. Die Sätze 5 und 6 des Abs. 1 wurden durch Art. 5 des Gesetzes zur Einführung Unterstützter Beschäftigung vom 22.12.2008 eingefügt.³ Die den Begriff Werkstatt für behinderte Menschen prägenden Absätze 1 und 2 wurden durch Gesetz vom 23.12.2016 – Bundesteilhabegesetz – inhaltlich nicht verändert.⁴ 3

Materialien: Zum Regierungsentwurf SGB IX im Jahre 2001 nebst Begründung BT-Drs. 14/5074, 116 und 71 sowie BT-Drs. 14/5531, 5; zur Ausschussempfehlung BT-Drs. 14/5786, 92. Zum Bundesteilhabegesetz BT-Drs. 18/9522, 311. 4

Die Vorschrift regelt **Begriff und Aufgaben** der Werkstatt für behinderte Menschen und ist damit die Grundlage der folgenden Bestimmungen (§§ 220–222) wie aber auch der auf der Rechtsgrundlage des § 227 Abs. 1 und 2 erlassenen Rechtsverordnungen. Neben den grundlegenden Festlegungen zu Begriff und Aufgabe bestimmt § 219 Abs. 1 Satz 2 Hs. 1 wie Abs. 2 Näheres zu den Personenkreis der Leistungsberechtigten (individuelle Aufnahmevoraussetzungen). Der Begriff der Werkstatt für behinderte Menschen ist für alle rechtlichen Regelungsbereiche einheitlich definiert und gilt somit inhaltlich gleich für das gesamte Leistungs-, Sozialversicherungs- und Steuerrecht. 5

Absatz 1 Satz 1 verknüpft die Einrichtung Werkstatt für behinderte Menschen mit der Begrifflichkeit von Kapitel 5 des Teils 1. Dieses beinhaltet, dass insbesondere die Regelung des § 49 – Leistungen zur Teilhabe am Arbeitsleben – auch für die Leistungen und die Aufgaben der Werkstatt für behinderte Menschen gilt. Diesen Bereich erweitert § 219 Abs. 1 um die Rolle der Werkstatt. Sie ergänzt die Aufgabe anderer Rehabilitationseinrichtungen (§ 51 (Berufsförderungswerke, Berufsbildungswerke, Integrationsprojekte)) und weiterer Rehabilitationsdienste (§ 55 (Unterstützte Beschäftigung)) und setzt die grundlegende staatliche Aufgabenstellung auch für diejenigen behinderten Menschen fort, die die von diesen Einrichtungen verlangten Anforderungen nicht erfüllen. Sie hebt auch den Doppelcharakter der Werkstatt hervor: Einerseits ist sie eine Einrichtung, in der die Teilhabe behinderter Menschen am Arbeitsleben vorbereitet wird; andererseits ist sie eine Einrichtung, in der die Eingliederung in das Arbeitsleben auch tatsächlich bewirkt wird. Im Vordergrund steht dabei die Pflicht der Werkstatt, eine unterstützende Struktur vorzuhalten, die die Habilitation und Rehabilitation (Art. 26 UN-BRK) des behinderten Menschen sichert und ihn befähigt, seine Leistungsfähigkeit einzubringen. Dieses beinhaltet auch die Besonderheit, dass Leistungen erbracht werden, wenn das Ziel einer Einglie-

---

1 BGBl. I 1046.
2 BGBl. I 3234.
3 BGBl. I 2959.
4 BGBl. I 3234.

derung auf den allgemeinen Arbeitsmarkt trotz Förderung in der Werkstatt nicht erreicht wird und der behinderte Mensch daher auf Dauer in der Werkstatt verbleibt.

6 **Absatz 1 Satz 2 und 3** spiegeln aus Einrichtungssicht die Aufgaben der Werkstatt, die aus leistungsrechtlicher Sicht bereits in §§ 56–58 dargestellt sind. Danach hat die Werkstatt denjenigen behinderten Menschen, die wegen Art oder Schwere der Behinderung nicht, noch nicht oder noch nicht wieder auf dem allgemeinen Arbeitsmarkt beschäftigt werden können, eine angemessene berufliche Bildung und eine Beschäftigung zu einem ihrer Leistung angemessenen Arbeitsentgelt aus dem Arbeitsergebnis anzubieten (siehe dazu → § 221 Rn. 18 ff.), ihnen zu ermöglichen, ihre Leistungs- oder Erwerbsfähigkeit zu erhalten, zu entwickeln, zu erhöhen oder wiederzugewinnen und dabei ihre Persönlichkeit weiterzuentwickeln (siehe dazu → § 58 Rn. 16 ff.), sowie den Übergang geeigneter Personen auf den allgemeinen Arbeitsmarkt durch geeignete Maßnahmen zu fördern (§ 5 WVO). Darauf aufbauend bestimmt § 219 Abs. 1 S. 3 das Gebot der Förderung des Übergangs geeigneter Personen auf den allgemeinen Arbeitsmarkt. Hierzu muss die Werkstatt geeignete Maßnahmen durchführen. Die Vermittlung selbst ist Aufgabe der Bundesagentur für Arbeit (§ 35 SGB III).

7 Es gilt der Grundsatz der einheitlichen Werkstatt.[5] Die Werkstatt ist verpflichtet, alle behinderten Menschen ungeachtet von Art und Schwere der Behinderung aufnehmen. Damit soll verhindert werden, dass es zwei oder mehrere Typen von Werkstätten gibt, insbes. nicht einen für die leistungsfähigeren und einen für die weniger leistungsfähigen behinderten Menschen.[6] Nur was die Art der Behinderung anlangt, lässt § 220 Abs. 1 S. 2 lit. 2 eine Ausnahme zu.[7] Damit soll vor allem einer personalen Auswahl der Werkstattträger vorgebeugt werden. Alle Werkstätten, die anerkannt sind, müssen sich der Aufnahmeverpflichtung gegenüber allen berechtigten Menschen mit Behinderung aus dem Einzugsgebiet (§ 8 WVO) stellen.

8 Gemäß **Absatz 1 Satz 4** muss die Werkstatt für behinderte Menschen über ein möglichst breites Angebot an Berufsbildungs- und Arbeitsplätzen sowie über qualifiziertes Personal und einen begleitenden Dienst verfügen (Einzelheiten hierzu siehe §§ 4 und 5 WVO).
Die Anforderungen an die personelle Besetzung werden in §§ 9, 10 WVO benannt. Nach § 9 Abs. 1 muss die Werkstatt über Fachkräfte verfügen, die erforderlich sind, um die Aufgaben der Werkstatt entsprechend den Bedürfnissen der behinderten Menschen, insbes. unter Berücksichtigung der Notwendigkeit einer individuellen Förderung von behinderten Menschen, erfüllen zu können. Für die in § 9 Abs. 3 gesondert erwähnten Fachkräfte zur Arbeits- und Berufsförderung werden besondere zusätzliche Qualifikationen gefordert. Dies sind neben einer handwerklichen oder technischen Ausbildung eine mindestens zweijährige Berufserfahrung, pädagogische Eignung und eine sonderpädagogische Zusatzqualifikation. In der Verordnung über die Prüfung zum anerkannten Fortbildungsabschluss Geprüfte Fachkraft zur Arbeits- und Berufsförderung[8] legt der Verordnungsgeber die vier Handlungsbereiche fest, die die Fachkraft beherrschen und bzgl. welcher sie ihre Kompetenz in einer Prüfung belegen muss: Eingliederung und Teilhabe am Arbeitsleben personenzentriert gestalten (§ 4), berufliche Bildungsprozesse personenzentriert planen, steuern und gestalten (§ 5),

---

5 *Cramer* Werkstätten § 136 Rn. 16.
6 *Cramer* Werkstätten § 136 Rn. 16.
7 Dazu auch *Ritz/Kohte* in FKS § 219 Rn. 8.
8 GFABPrV v., siehe auch www.bibb.de/de/1551.php.

Arbeits- und Beschäftigungsprozesse personenzentriert planen und steuern, Arbeitsplätze personenzentriert gestalten (§ 6) sowie Kommunikation und Zusammenarbeit personenzentriert planen, steuern und gestalten (§ 7).[9]

Nach § 10 Abs. 1 WVO muss die Werkstatt zur pädagogischen, sozialen und medizinischen Betreuung der behinderten Menschen über begleitende Dienste verfügen; eine erforderliche psychologische Betreuung ist sicherzustellen. Darüber hinaus sollen pflegerische, therapeutische und nach Art und Schwere der Behinderung sonst erforderliche Fachkräfte zur Verfügung stehen. Hierzu zählen zB Mitarbeiter der Gesundheits- und Krankenpflege, Heilerziehungspfleger, Ergotherapeuten, Logopäden etc.[10] Zur geforderten Personalausstattung zählt § 9 Abs. 2 WVO einen Werkstattleiter; auch hier wird seine fachliche Qualifikation vom Verordnungsgeber bestimmt.

Weiter muss die Werkstatt für behinderte Menschen über ein möglichst breites Angebot an Berufsbildungs- und Arbeitsplätzen verfügen (Einzelheiten hierzu siehe §§ 4 und 5 WVO). Diese Anforderung konkretisieren § 4 Abs. 2 und § 5 Abs. 1 WVO dahingehend, dass die Werkstatt sich damit in die Lage setzen soll, der Art und Schwere der Behinderung, der unterschiedlichen Leistungsfähigkeit, Entwicklungsmöglichkeit sowie Eignung und Neigung der behinderten Menschen soweit wie möglich Rechnung zu tragen. Es liegt in der Entscheidungs- und Gestaltungsverantwortung der Werkstatt, welche Bereiche des Handwerks, der Industrie oder der Dienstleistung sie anbietet.

Absatz 1 Satz 5 erweitert das Angebot ausdrücklich auf ausgelagerte Plätze. Ausgelagerte Arbeitsplätze (oder auch als betriebsintegrierte Arbeitsplätze bezeichnet) sind Tätigkeiten, mit denen ein Werkstattbeschäftigter allein oder in einer Gruppe bei einem Unternehmen des allgemeinen Arbeitsmarktes außerhalb des Werkstattgebäudes eine spezielle, den allgemeinen Bedingungen des allgemeinen Arbeitslebens sehr nahe kommende berufliche Rehabilitation erfährt. Grundlage für den „Platz" ist eine vertragliche Vereinbarung zwischen der Werkstatt und dem Unternehmer. Die Einbindung in die Organisations- und Ablaufstruktur im Betrieb des Unternehmers ist Bestandteil dieser speziellen Rehabilitationsmaßnahme. Der behinderte Mensch steht während dieser Phase aber noch in einem arbeitnehmerähnlichen Rechtsverhältnis zur Werkstatt.[11] Auch bei Werkstattbeschäftigten auf einem ausgelagerten Arbeitsplatz müssen alle Maßnahmen aus diesem Rechtsverhältnis her erklärbar sein. Auch muss er einen gesicherten Zugang zu arbeitsbegleitenden Maßnahmen der Werkstatt haben. Ausgelagerte Plätze werden von der Werkstatt zum einen aus konkreten Anforderungen des Werkstattbeschäftigten und zum anderen aus der Rechtsbeziehung zu geeigneten Unternehmen begründet. Sie sind in ihrer erstmaligen Begründung und ihrem Bestand auch von diesen beiden Bedingungen abhängig. Satz 5 lässt diese Plätze ausdrücklich zu, es besteht aber keine Pflicht der Werkstatt, derartige Plätze anzubieten.[12] Die Plätze unterliegen nicht den formalen Anforderungen des Anerkennungsrechtes und müssen daher nicht explizit beantragt werden. Die Beschäftigten sind trotz ihrer rechtlichen Anbindung an die Werkstatt in die Abläufe und Strukturen des neuen Betriebes einge-

---

9 Arbeits- und Berufsförderungsfortbildungsprüfungsverordnung v. 13.12.2016, BGBl. I 2909, zuletzt geändert durch Art. 78 der Verordnung v. 9.12.2019, BGBl. I 2153.
10 Siehe zB *Cramer* Werkstätten WVO § 10 Rn. 10.
11 So auch BAGüS WE 4.3.3. Abs. 9; *Cramer* Werkstätten § 136 Rn. 41 c.
12 AA *Cramer* Werkstätten § 136 Rn. 41 b. BAGüS WE 4.3.3 Abs. 5 sieht die Verpflichtung des Werkstattträgers, auf ausgelagerte Arbeitsplätze hinzuwirken.

bunden und unterliegen daher auch der Unfallversicherung dieses Unternehmens.[13]

11 Ausgelagerte Arbeitsplätze können mit der Zielsetzung der beruflichen Bildung im Berufsbildungsbereich (§ 4 WVO) wie auch für eine Tätigkeit im Arbeitsbereich (§ 5 WVO) angeboten werden. In der Vergangenheit war umstritten, ob auch Bildungsmaßnahmen außerhalb der Werkstatt zulässig sind.

12 Ausgelagerte Arbeitsplätze sind auch in Inklusionsbetrieben nach §§ 215 ff. möglich.[14] Diese sind Teil des allgemeinen Arbeitsmarktes. Sie sollen eine Brückenfunktion übernehmen und stellen daher gerade für Werkstattbeschäftigte einen geeigneten Weg des begleiteten Übergangs dar.

13 Nach Satz 6 werden ausgelagerte Plätze zum Zwecke des **Übergangs** des Werkstattbeschäftigten auf den allgemeinen Arbeitsmarkt angeboten wie aber auch als **dauerhaft** ausgelagerte Plätze. Erstere verlangen die zusätzliche Beachtung der speziellen Anforderungen des § 5 Abs. 4 WVO. Die Unterscheidung begründet sich aus den unterschiedlichen Anforderungen an die konzeptionelle Begleitung der dort tätigen Werkstattbeschäftigten. Ein Unterschied in den formalrechtlichen Bedingungen besteht nicht. Die Zielsetzung einer Überleitung der Person auf ein Arbeitsvertragsverhältnis in dem neuen Betrieb sollte generell bei Einsätzen auf ausgelagerten Arbeitsplätzen mitbestimmend sein. Eine zusätzliche Begleitung und Hilfestellung durch den Integrationsfachdienst ist möglich.[15]

14 Eine wesentliche Kritik des UN-Fachausschusses bezieht sich auf die mangelnde Überleitung behinderter Menschen aus Werkstätten auf den allgemeinen Arbeitsmarkt. Dies sei Aufgabe der Werkstatt aus Satz 3, die sie aber nicht realisiere.[16] Bei der Umsetzung des Budgets für Arbeit in der Praxis zeigt sich, dass der Werkstatt eine entscheidende Rolle zukommt. Das Budget für Arbeit muss von der Werkstattleitung gewollt sein und gelebt werden. Es bedarf eines Fachdienstes in der Werkstatt, der ausschließlich mit den Übergängen betraut ist. Es gilt, Beschäftigte zur Teilnahme aktiv zu ermutigen, und dazu müssen vor allem die zu beteiligenden Fachkräfte zur Arbeits- und Berufsförderung selbst von diesem Ansatz überzeugt sein.[17] Ausgelagerte oder betriebsintegrierte Arbeitsplätze haben sich dafür als geeignete Methoden des Übergangs, des Sammelns von Erfahrungen für die Betroffenen, die Werkstatt, den externen Betrieb wie deren Mitarbeiterschaft bewährt.

15 **Absatz 2** bestimmt ergänzend zu der Regelung der Abs. 1 Hs. 1 die Anforderung an den aufzunehmenden Personenkreis. Bereits nach Abs. 1 Hs. 2 ist Voraussetzung für eine Aufnahme in die Werkstatt für behinderte Menschen, dass sie wegen Art oder Schwere der Behinderung nicht, noch nicht oder noch nicht wieder auf dem allgemeinen Arbeitsmarkt beschäftigt werden können. Die Art oder Schwere der Behinderung ist das Kriterium, welches gerade die Einbindung in den allgemeinen Arbeitsmarkt verhindert, dh die Vermittlung muss ge-

---

13 Siehe dazu auch *Jacobs* Werkstatt:Dialog 4/2008, 28. Zu den vertraglichen Regelungen zwischen Werkstatt und Betrieb siehe auch BAGüS WE 4.3.3. (4) und 7.2.5 (5) und BGI/GUV-I 5168 unter publikationen.dguv.de.
14 SG Berlin 30.10.2008 – S60 ALn753/07 zur Rechtslage vor dem 30.12.2008 mit Besprechung *Wendt* RdLH 2010, 27.
15 *Nebe/Waldenburger*, Budget für Arbeit, S. 175.
16 Dazu *von Drygalski*, Die Werkstatt für behinderte Menschen in der zweiten Staatenprüfung Deutschlands zur Umsetzung der UN-Behindertenrechtskonvention, Abschnitt III, Beitrag D11–2020, abrufbar unter www.reha-recht.de.
17 Zitiert nach *Mattern*, Das Budget für Arbeit – Diskussionsstand und offene Fragen – Teil III: Die Rolle der WfbM, Außenarbeitsplätze, Kooperation und Öffentlichkeitsarbeit, Abschnitt I, Beitrag D7–2020, abrufbar unter www.reha-recht.de.

rade wegen der Behinderung ausgeschlossen sein. Personen, die trotz ihrer Behinderung dem allgemeinen Arbeitsmarkt zur Verfügung stehen oder die wegen arbeitsmarktspezifischer Probleme nicht vermittelt werden können, gehören nicht zu dem leistungsberechtigten Personenkreis.[18] Das Gleiche gilt auch für Personen, bei denen eine andere Leistung zur Teilhabe am Arbeitsleben in Betracht kommt wie zB in einem Inklusionsprojekt nach § 215 oder in Unterstützter Beschäftigung nach § 55. Alle diese Leistungen sind vorrangig. Die Werkstatt ist das letzte Glied in der Kette dieser Einrichtungen und der Angebote der Teilhabe am Arbeitsleben.[19]

Absatz 2 stellt als weitere Voraussetzung auf, dass die Erwartung bestehen muss, dass der behinderte Mensch spätestens nach Teilnahme an Maßnahmen im Berufsbildungsbereich wenigstens ein **Mindestmaß wirtschaftlich verwertbarer Arbeitsleistung** erbringen kann. § 4 Abs. 1 S. 2 WVO wiederholt diese Anforderung. Ein Mindestmaß wirtschaftlich verwertbarer Arbeitsleistung wird erbracht, wenn die Arbeitsleistung des behinderten Menschen für die Werkstatt wirtschaftlich verwertbar ist, also das Arbeitsergebnis der Werkstatt insgesamt bereichert. Dazu kann keine Vorgabe betreffend Arbeitsmenge oder -zeit gegeben werden, es reicht ein Minimum an von dem behinderten Menschen erbrachter Arbeitsleistung aus.[20] Ein Bezug zur Höhe des von ihm erwirtschafteten Arbeitsentgeltes ist daher irrelevant. Die Bemessung des Mindestmaßes an der Höhe des Grundbetrages (→ § 221 Rn. 19) scheidet daher aus und unterminiert den Rechtsanspruch des Betroffenen auf Leistungen zur Teilhabe am Arbeitsleben. Auch kommt es nicht auf ein wirtschaftliches Verhältnis von Personalaufwand und Arbeitsergebnis im Sinne betriebswirtschaftlicher Erwägungen an.[21] Auch ist der Umfang des für seine Begleitung erforderlichen Personal- oder Sachaufwandes hier nicht zu berücksichtigen.[22] 16

Das Mindestmaß muss nicht bereits zum Zeitpunkt der Aufnahme in das Eingangsverfahren oder den Berufsbildungsbereich positiv erfüllt sein, Abs. 2 stellt ausdrücklich auf einen späteren **Zeitpunkt** ab. Die Erbringung dieses Mindestmaßes soll „spätestens nach Teilnahme an Maßnahmen im Berufsbildungsbereich" erwartet werden können.[23] Die Maßnahmen des Berufsbildungsbereiches sollen dazu dienen, den behinderten Menschen so weit zu fördern, dass er ein Mindestmaß erbringt. Zum Zeitpunkt der Aufnahme in das Eingangsverfahren oder den Berufsbildungsbereich ist daher eine Prognoseentscheidung[24] zu fällen, ob nach Einschätzung des Fachausschusses bzw. der Gesamtplan- (§ 119) oder Teilhabekonferenz (§ 20) diese Erwartungshaltung besteht. Die Förderung in einem zweiten Jahr erfordert eine davon ausgehende weitere Prognoseentscheidung. Eine weitere Entwicklung muss unter Berücksichtigung des Einzelfalles überwiegend wahrscheinlich sein.[25] 17

Der behinderte Mensch hat einen **Rechtsanspruch** auf Aufnahme in die Werkstatt und auf Leistungen der Rehabilitationsträger (dazu §§ 57, 58). Dies beinhaltet zunächst auch die Prüfung, ob anderweitige Leistungen zur Teilhabe 18

---

18 So ua auch *Finke/Kadoke* in Ernst/Adlhoch/Seel SGB IX § 136 Rn. 10.
19 Siehe dazu BT-Drs. 554/79, 13.
20 BSG 7.12.1983 – 7 RAr 73/82, FEVS 34, 387; 29.6.1995 – 11 RAr 57/94, BSGE 76, 178. Zum Begriff Mindestmaß siehe BAG 22.2.1984 – 7 Rar 72/82, AuB 1984, 249 mit Anm. *Hoppe*; *Cramer* Werkstätten § 136 Rn. 23 f.
21 BayLSG 23.5.2012 – L 10 AL 207/10, juris Rn 20 ff.
22 So auch *Finke/Kadoke* SGB IX § 136 Rn. 123.
23 BayLSG 23.5.2012 – L 10 AL 207/10, juris Rn. 20 ff.
24 Dazu LSG Bln-Bdg 11.12.2019 – L 16 R 256/19, juris Rn. 18; und LSG Bln-Bbg 14.9 2017 – L 27 R 240/17, juris Rn. 19.
25 HessLSG 26.9.2006 – L 2 R 307/05.

am Arbeitsleben für die Person in Betracht kommen.[26] Scheiden diese aus, so sind an die Prüfung der individuellen Leistungsvoraussetzungen für eine Aufnahme in die Werkstatt zu seinen Gunsten niedrige Anforderungen zu stellen.[27]

19 Das Verfahren der Aufnahme in das Eingangsverfahren und in den Berufsbildungsbereich ist in §§ 3, 4 WVO geregelt. Der behinderte Mensch ist anzuhören (§ 3 Abs. 3 S. 1 WVO). Der Fachausschuss gibt auf Vorschlag des Trägers der Werkstatt eine Stellungnahme ab. Diese hat für den zuständigen Rehabilitationsträger keinen bindenden Charakter.[28] Ein Tätigwerden des Fachausschusses unterbleibt, wenn ein Teilhabeplanverfahren nach §§ 19–23 durchgeführt wird[29]. Dies gilt entsprechend, wenn ein Gesamtplanverfahren durchgeführt wird.[30] In der Praxis finden daher keine Sitzungen des Fachausschusses mehr statt. Diese vom Gesetzgeber bestimmte Änderung der Vorgehens- und Beratungsweise dient auch dem sozialpolitischen Ziel, die Steuerungsverantwortung der Rehabilitationsträger – auch iSd UN-BRK – zu stärken und zugleich die Rolle der Werkstatt, die vielfach als Monopolanbieter bewertet wird, zu verändern (siehe dazu zB → § 60 Rn. 3, 4; → § 55 Rn. 1).

20 Gemäß **Absatz 2 Satz 1** steht die Werkstatt allen behinderten Menschen im Sinne des Abs. 1 offen unabhängig von Art oder Schwere der Behinderung. Diese Anforderungen werden in § 220 Abs. 1 Satz 2 noch weitergehend definiert: Die Aufnahme erfolgt unabhängig von Ursache, Art und der Schwere der Behinderung, der Minderung der Leistungsfähigkeit und einem besonderen Bedarf an Förderung, begleitender Betreuung oder Pflege. Eine Aufnahme erfolgt auch bei voller oder teilweiser Erwerbsunfähigkeit (→ § 56 Rn. 7 ff.). Allerdings wird die Aufnahmepflicht begrenzt durch die Erwartung, dass der behinderte Mensch grundsätzlich in der Werkstatt eine Entwicklung nehmen wird, die ihn befähigt, später im Berufsbildungsbereich mit einem Personalschlüssel von 1:6 und im Arbeitsbereich mit einem Personalschlüssel von 1:12 mitzuarbeiten.[31] Bei der Beurteilung, ob ein behinderter Mensch dieses Mindestmaß erbringen wird, ist auf den konkreten Leistungserbringer und die dort vorhandene Organisationsstruktur abzustellen.[32] Der Werkstattträger hat im Rahmen der ihm zugewiesenen Aufgaben und der Vorgaben für die einzelnen Tätigkeitsbereiche über die persönlichen und sachlichen Mittel selbst zu entscheiden.[33] Der einzelne behinderte Mensch hat keinen Rechtsanspruch auf eine bestimmte personelle Ausstattung des Leistungserbringers.[34] Maßstab für die Werkstattfähigkeit sind die Verhältnisse in der Werkstatt, in die der behinderte Mensch aufgenommen wird. Ist dauerhaft ein Betreuungsaufwand erforderlich, der durch die konkrete Werkstatt nach deren Personalschlüssel nicht geleistet werden kann, besteht kein Förderanspruch.[35] Die Entscheidung über den Personaleinsatz liegt beim

---

26 Vgl. zB LSG BW 29.6.2017 – L 7 SO 1680/15, juris Rn. 49; siehe auch → § 58 Rn. 7.
27 Zur Frage der Werkstattfähigkeit siehe auch SG Reutlingen 22.9.2009 – S 14 AL 402/09, juris Rn. 42.
28 Vgl. BAGüS WE 5.2.1; *Cramer* Werkstätten § 2 Rn. 25.
29 § 2 Abs. 1a WVO eingefügt durch Art. 19 Abs. 17 Nr. 2 G v. 23.12.2016, BGBl. I 3234 mWv 1.1.2018.
30 § 2 Abs. 1a S. 2 eingefügt durch Art. 10 G. v. 30.11.2019, BGBl. I 1948 mWv 1.1.2020.
31 BSG 29.6.1995 – 11 RAr 57/94, juris Rn. 27; BSGE 76, 178 ff.
32 BayLSG 23.5.2012 – L 10 AL 207/10; so in der Tendenz auch SG Reutlingen 22.9.2009 S 14 AL 402/09, juris Rn. 42.
33 BSG 29.6.1995 – 11 RAr 57/94, juris Rn. 27.
34 SG Reutlingen 22.9.2009 – S 14 AL 402/09, juris Rn. 42.
35 SächsLSG 3.6.2011 – L 3 AL 86/19, juris Rn 29.

Einrichtungsträger und ist von ihm mit dem zuständigen Rehabilitationsträger zu verhandeln.[36] Der Einrichtungsträger ist verpflichtet, selbst auf den Abschluss einer Vereinbarung oder auf die Ergänzung einer bestehenden Vereinbarung hinzuwirken, sofern er meint, die Höhe der Vergütung entspreche nicht dem Betreuungsaufwand.[37] Diese Verantwortungszuweisung ist problematisch, da sie die Geltendmachung des Rechtes auf Teilhabe abhängig macht von strukturellen Anforderungen, die der Leistungserbringer steuert.[38] Diese Kritik bestätigt auch der Hinweis in obigem Urteil, dass der Anspruch auf Aufnahme im vorliegenden Fall daran scheitert, dass die Einrichtung wie der Rehabilitationsträger sich weigern, Strukturen zur Verfügung zu stellen, die eine berufliche Eingliederung des behinderten Menschen ermöglichen könnten.[39]

Nach **Absatz 2 Satz 2** ist ein Aufnahmeanspruch nicht gegeben, wenn bei einem behinderten Menschen trotz einer der Behinderung angemessenen Betreuung eine erhebliche Selbst- oder Fremdgefährdung zu erwarten ist. Die Selbst- oder Fremdgefährdung ist daher, wenn sie nicht durch betreuerische Maßnahmen verhindert werden kann, ein Grund für die Nichtaufnahme. Auch hier handelt es sich um eine Prognoseentscheidung. Die Selbst- oder Fremdgefährdung ist als solche ein Grund zur Nichtaufnahme, auch wenn ansonsten die Anforderung des Mindestmaßes erfüllt wäre.[40] Selbst- oder Fremdgefährdung beinhaltet die konkrete oder zumindest begründet erwartbare Gefährdung von Menschen.[41] Dazu gehört auch das Risiko nicht anders abwehrbarer sexueller Übergriffe. Die Gefährdung von Sachen reicht nicht aus, in diesen Fällen muss die Werkstatt andere Schutzmechanismen entwickeln (zur Kündigung eines Werkstattvertrages siehe auch → § 221 Rn. 38 ff.).

Satz 2 benennt ein zweites Negativkriterium: Das Ausmaß der erforderlichen Betreuung und Pflege oder sonstige Umstände lassen die Teilnahme an Maßnahmen im Berufsbildungsbereich oder die Erbringung eines Mindestmaßes wirtschaftlich verwertbarer Arbeitsleistung im Arbeitsbereich dauerhaft nicht zu. Es ist eine sich gegenseitig bedingende Kombination des Ausmaßes von Betreuung und Pflege und dessen Auswirkung auf die Teilnahme an den Eingliederungsmaßnahmen und die Erbringung des Mindestmaßes notwendig. Zudem muss diese Auswirkung dauerhaft sein. Eine begleitend notwendige Pflege steht der Aufnahme nicht entgegen.[42] Der personelle Aufwand, der für die Förderung eines einzelnen behinderten Menschen notwendig ist (insbesondere bei Menschen mit schwerer Behinderung), kann als Kriterium für die Bestimmung der Aufnahmepflicht mit herangezogen werden.[43] Maßstab muss die Erfüllung der Leistungspflichten aus § 219 sein, wie die Sicherstellung einer angemessenen Beschäftigung, die Förderung körperlicher Belastbarkeit, der Arbeitsqualität und des Arbeitstempos oder der Entwicklung der Persönlichkeit (insbesondere Selbstbewusstsein, Selbsteinschätzung, Kritikfähigkeit).[44] Der Kostenaufwand des Rehabilitationsträgers ist nicht das entscheidende Kriterium.

---

36 SächsLSG 3.6.2011 – L 3 AL 86/19, juris Rn. 29.
37 SächsLSG 3.6.2011 – L 3 AL 86/19, juris Rn 29.
38 *Wendt*, Diskussionsforum D, Beitrag D10–2011, 21.10.2011 abrufbar unter www.reha-recht.de.
39 BayLSG 23.5.2012 – L 10 AL 207/10, juris Rn. 33.
40 Vgl. LSG BW 14.8.2002 – L 13 AL 2380/02 ER-B, juris Leitsatz 2 und 3 und Rn 6 f.
41 So auch BAGüS, WE 3.2.5.
42 So auch BAGüS, WE 3.2.3.
43 Vgl. dazu BSG 29.6.1995 – 11 RAr 57/94, BSGE 76, 178. Kritisch *Wendt* RdL 1/03, 31.
44 Vgl. LSG BW 29.6.2017 – L 7 SO 1680/15, juris Rn. 49.

23 Nach **Absatz 3 Satz 1** sollen behinderte Menschen, die die Voraussetzungen für eine Beschäftigung in einer Werkstatt nicht erfüllen, in Einrichtungen oder Gruppen betreut und gefördert werden, die der Werkstatt angegliedert sind. Hiermit sind Förderstätten oder an eine Werkstatt angegliederte Einrichtungen gemeint.[45] Diese Einrichtungen sind rechtlich gesehen nicht Bestandteil der Werkstatt.[46] Die Personen, die in diesen Einrichtungen oder Gruppen betreut werden, sind daher keine Werkstattbeschäftigte, für sie gelten die werkstattspezifischen Regelungen, insbes. §§ 221, 222 nicht.[47] Vor allem bei Jugendlichen nach der Schulentlassung ist die Aufnahme in eine Werkstatt oder die Tätigkeit bei einem anderen Leistungsanbieter iSd § 60 vorrangig gegenüber Maßnahmen in Förder- oder Betreuungsstätten.[48] Die Möglichkeiten des Eingangsverfahrens und des Berufsbildungsbereiches in einer Werkstatt oder bei einem anderen Leistungsanbieter sind zugunsten des Rechtsanspruches des behinderten Menschen auf Leistungen zur Teilhabe am Arbeitsleben und Leistungen zur Beschäftigung umfassend zu nutzen.

24 Nach Satz 2 kann die Betreuung und Förderung auch gemeinsam mit den Werkstattbeschäftigten in der Werkstatt erfolgen. Dieser Satz wurde durch Gesetz vom 23.12.2016 in das Gesetz eingefügt.[49] Die Regelung trägt dem Umstand Rechnung, dass die bislang rechtlich vorgegebene strukturelle Trennung der beiden Bereiche einer Überleitung bzw. Übernahme von behinderten Menschen aus diesen besonderen Gruppen in eine Werkstatt für behinderte Menschen entgegensteht bzw. diese sogar verhindert. An der oben skizzierten rechtlichen unterschiedlichen Zuordnung der Personen ändert sich allerdings nichts. Eine formale Aufnahme in die Werkstatt ist damit nicht verbunden, das gilt insbes. für das Rechtsverhältnis, für die Einbindung in die gesetzliche Sozialversicherung und in die Unfallversicherung.[50]

25 Satz 3 bestimmt, dass die Betreuung und Förderung auch Angebote zur Orientierung auf Beschäftigung enthalten soll. Damit soll eine Überleitung zu den Leistungen der Teilhabe am Arbeitsleben und zur Beschäftigung zumindest konzeptionell offen gehalten werden. Welche Hilfe mit welcher Zielsetzung und in welchem Umfang sowie auf welcher Rechtsgrundlage in einer solchen Einrichtung (sog. Förderstätte) aber zu gewähren ist, beurteilt sich nach den Umständen des Einzelfalles in Abhängigkeit von dem in der Einrichtung zu deckenden individuellen Hilfebedarf einerseits, dem Leistungsangebot der Förderstätte andererseits.[51] Daher kommt in sog. Förderstätten eine Hilfe zur sozialen Teilhabe nach §§ 76, 81 wie auch sonstige Leistungen der Eingliederungshilfe in Betracht. Entscheidend ist der Wunsch des Betroffenen (§ 8 Abs. 1), welche Hilfe in welcher Einrichtung er in Anspruch nehmen will.

26 Eine Rechtspflicht eines Werkstatträgers zur Errichtung einer derartigen Einrichtung oder Gruppe kann aus der Regelung nicht abgeleitet werden.

27 Insbesondere wegen der eng gesetzten Bestimmungen über die Zuweisung des Arbeitsergebnisses zu den behinderten Menschen in der Werkstatt (§ 221

---

45 Vgl. hierzu BT-Drs. 14/5074, 71.
46 So auch SächsLSG 27.8.2009 – L 7 So 25/09 B ER FEVS Bd. 61/2010; sinngemäß auch für das Leistungsgeschehen BVerwG 7.7.2006 – 5 B 18/06, juris Orientierungssatz; BSG 18.1.2011 – B 2 U 9/10 R, juris Orientierungssatz 2.
47 BAG 17.3.2015 – 9 AZR 994/13, juris Orientierungssatz, vgl. hierzu auch BAGüS WE, 14.
48 So auch BAGüS, WE 14.5.1.
49 BGBl. I 3234.
50 So die ausdrückliche Klarstellung in BT-Drs. 18/9522, 311.
51 BVerwG 7.7.2006 – 5 B 18/06, juris Rn. 3.

Abs. 2, § 12 WVO) ist eine kostenmäßige Trennung der Werkstatt zu den angegliederten Einrichtungen notwendig.

In der Diskussion um das BTHG wurde vielfach die Forderung erhoben, auf 28
das Kriterium des Mindestmaß wirtschaftlich verwertbarer Arbeitsleistung als Voraussetzung für die Gewährung von Leistungen im Arbeitsbereich einer Werkstatt (§ 58 Abs. 1 S. 1) zu verzichten[52]. Personen, die dieses Mindestmaß nicht erfüllen, können Leistungen zur sozialen Teilhabe nach § 113 in Anspruch nehmen. Ob Menschen mit Behinderung in eine Werkstatt aufgenommen werden, entscheidet der zuständige Leistungsträger. Dieses erfolgte nach bisheriger Rechtslage nach der Beratung im Fachausschuss einer Werkstatt (§§ 2, 3 Abs. 3, 4 Abs. 6 WVO). Im Fachausschuss nahmen Vertreter der Werkstatt, der Bundesagentur für Arbeit und des überörtlichen Trägers der Sozialhilfe teil (§ 2 Abs. 1 WVO). Aus dieser Konstellation hat sich eine bundesweit unterschiedliche Praxis entwickelt, wie der Rechtsbegriff Mindestmaß ausgelegt wird und welche Menschen mit Behinderung in die Werkstatt aufgenommen werden bzw. in anderen Einrichtungen Leistungen erhalten.[53] Dass diese Bewertung zu unterschiedlichen Ergebnissen führt, zeigt sich zB daran, dass- im Unterschied zu allen anderen Bundesländern – in Nordrhein-Westfalen alle Menschen mit Behinderung, die die Schulpflicht erfüllt haben, in anerkannte Werkstätten aufgenommen und dort als Werkstattbeschäftigte tätig sind. In Zukunft wird im Rahmen des Teilhabeplanverfahrens dem Wunsch- und Wahlrecht eines behinderten Menschen eine größere Bedeutung zukommen.

§ 220 Aufnahme in die Werkstätten für behinderte Menschen

(1) ¹Anerkannte Werkstätten nehmen diejenigen behinderten Menschen aus ihrem Einzugsgebiet auf, die die Aufnahmevoraussetzungen gemäß § 219 Absatz 2 erfüllen, wenn Leistungen durch die Rehabilitationsträger gewährleistet sind; die Möglichkeit zur Aufnahme in eine andere anerkannte Werkstatt nach Maßgabe des § 104 oder entsprechender Regelungen bleibt unberührt. ²Die Aufnahme erfolgt unabhängig von
1. der Ursache der Behinderung,
2. der Art der Behinderung, wenn in dem Einzugsgebiet keine besondere Werkstatt für behinderte Menschen für diese Behinderungsart vorhanden ist, und
3. der Schwere der Behinderung, der Minderung der Leistungsfähigkeit und einem besonderen Bedarf an Förderung, begleitender Betreuung oder Pflege.

(2) Behinderte Menschen werden in der Werkstatt beschäftigt, solange die Aufnahmevoraussetzungen nach Absatz 1 vorliegen.

(3) Leistungsberechtigte Menschen mit Behinderungen, die aus einer Werkstatt für behinderte Menschen auf den allgemeinen Arbeitsmarkt übergegangen sind oder bei einem anderen Leistungsanbieter oder mit Hilfe des Budgets für Arbeit oder des Budgets für Ausbildung am Arbeitsleben teilnehmen, haben einen Anspruch auf Aufnahme in eine Werkstatt für behinderte Menschen.

---

52 So zB *Frehe*, Weiterentwicklung der beruflichen Teilhabe von Menschen mit Behinderung, Beitrag D25-2019, abrufbar unter www.reha-recht.de.
53 Eine Übersicht dazu in *Walter/Kaufmann*, Eingeschränkte Teilhabe am Arbeitsleben für Menschen mit hohem Unterstützungsbedarf in Deutschland – aktuelle Situation und Ausblick, BIWohlPfl 2019, 105–110.

1 **Gesetzeshistorie:** Die Vorschrift wurde durch Artikel 1 und 68 Abs. 1 SGB IX vom 19.6.2001[1] eingeführt, die Bezugnahme auf das Zwölfte Buch in Absatz 1 Satz 1 mit Wirkung ab 1.4.2005 durch Artikel 8 und 70 Abs. 1 SGB XII vom 27.12.2003.[2] Die Absätze 1 und 2 wurden durch Gesetz vom 23.12.2016 – Bundesteilhabegesetz – inhaltlich nicht verändert, aber in der Verweisung auf andere Rechtsvorschriften angepasst. Abs. 3 wurde neu eingefügt.[3] In Abs. 3 wurden mit Wirkung vom 1.1.2020 die Worte „oder des Budgets für Ausbildung" neu eingefügt.[4] Durch das Teilhabestärkungsgesetz wurde in Abs. 1 Hs. 2 der Bezug auf jetzt § 104 entsprechend der Gesetzeslage angepasst.[5]

2 **Regelungsinhalt:** Die Vorschrift regelt die Aufnahme behinderter Menschen in Werkstätten für behinderte Menschen sowie die Dauer der Beschäftigung in ihnen.

3 **Zur Entstehung:** Die Vorschrift entspricht inhaltlich im Wesentlichen dem früheren § 54a SchwbG. Sie wurde im Gesetzgebungsverfahren SGB IX im Jahre 2001 nicht geändert. Im Gesetzgebungsverfahren SGB IX im Jahre 2016 wurden die Abs. 1 und 2 unverändert übernommen, Abs. 3 wurde neu hinzugefügt.

4 **Materialien:** Zum Regierungsentwurf SGB IX im Jahre 2001 nebst Begründung BT-Drs. 14/5074, 71 und 117 sowie BT-Drs. 14/5531, 5; zur Ausschussempfehlung BT-Drs. 14/5786, 93. Zum Bundesteilhabegesetz BT-Drs. 18/9522, 311.

5 **Absatz 1** verpflichtet in seinem **Satz 1** die Werkstätten nach Abschluss des Anerkennungsverfahrens (§ 223), alle behinderten Menschen, die in ihrem Einzugsbereich wohnen, aufzunehmen, wenn sie die in § 219 Abs. 2 und § 220 genannten Aufnahmevoraussetzungen erfüllen.

6 Die Werkstatt ist verpflichtet, die behinderten Menschen aufzunehmen. Es besteht ein Kontrahierungszwang. Dieser **Aufnahmepflicht** steht der Anspruch auf Aufnahme gegenüber, den der behinderte Mensch gegen die Werkstatt hat. Dieser wird durch Abs. 2 bekräftigt, und erweitert den Anspruch auch auf den Verbleib in der Werkstatt.[6]

7 Der Anspruch auf Aufnahme nach Absatz 1 Satz 1 besteht, wenn die **Aufnahmevoraussetzungen** nach § 219 Abs. 2 erfüllt sind (→ § 219 Rn. 15 ff.).
Der Aufnahmeanspruch besteht nur, wenn Leistungen der Rehabilitationsträger gewährleistet sind. Deren Leistungsvoraussetzungen sind in §§ 57 und 58 benannt. Über ihre Leistung ergeht ein Bewilligungsbescheid gegenüber dem behinderten Menschen.

§ 54a Abs. 1 Hs. 1 SchwbG enthielt noch die Ergänzung: „oder der Behinderte die Kosten selbst übernimmt". Dies knüpfte an die damaligen Regelungen der §§ 76 ff., 88 BSHG an, wonach Leistungen des Sozialhilfeträgers auch in einer Werkstatt unter Berücksichtigung von Einkommen und Vermögen gewährt wurden. Die Heranziehung der behinderten Menschen zu den Kosten der Rehabilitation wurde durch § 43 Abs. 2 Satz 3 und § 91 Abs. 2 Satz 2 BSHG in der durch das SGB IX geänderten Fassung mit Wirkung ab 1.7.2001 geändert. Eine Aufnahme erfolgt nunmehr, wenn der zuständige Rehabilitationsträger seine Leistung zugesagt hat. Seine Entscheidung ist in vollem Umfang gerichtlich überprüfbar. Grds. ist der Fachausschuss gemäß § 2 WVO einzubinden und hat eine Stellungnahme abzugeben. Seiner Stellungnahme kommt allerdings keine

---

1 BGBl. I 1046.
2 BGBl. I 3022.
3 BGBl. I 3234.
4 Art. 2 Nr. 12 G v. 10.12.2019 (Angehörigen-EntlastungsG), BGBl. I 2135.
5 Art. 7 Nr. 22 G v. 2.6.2021, BGBl. I 1387 (1395) mWv 10.6.2021.
6 Vgl. Begründung des Regierungsentwurfs zu Art. 1 Nr. 2 zu § 54a SchwbG – BT-Drs. 13/2440, 32.

Bindungswirkung zu.[7] Einer Aufnahme ohne Zustimmung des Rehabilitationsträgers begegnen Bedenken, insbesondere wegen der Konsequenzen für den Betreuungsschlüssel des Personals und wegen der Auswirkungen auf das Arbeitsergebnis (vgl. § 12 WVO). Kritisch zu sehen ist, dass durch Vereinbarungen der Werkstatt mit den Rehabilitationsträgern und die oftmals damit verbundene zahlenmäßige Beschränkung der Fachkräfte und des Zusatzpersonals gemäß §§ 9 Abs. 1, 10 Abs. 1 WVO eine mittelbare Eingrenzung des Aufnahmeanspruchs verbunden sein kann. Dieses Risiko besteht auch dann, wenn zu einem späteren Zeitpunkt nach der Aufnahme sich die Schwere der Behinderung des Werkstattbeschäftigten oder sein Betreuungsaufwand verändert.

Zur Zuständigkeit der Rehabilitationsträger siehe § 63. 8

Mit der Gewährung eines **Persönlichen Budgets**[8] gilt die Leistung durch den Rehabilitationsträger als gewährleistet. Dabei muss die der Budgetvereinbarung zugrundeliegende Entscheidung des Rehabilitationsträgers die Feststellung beinhalten, dass der Budgetnehmer zum werkstattberechtigten Personenkreis iSd § 219 gehört. Dies ist durch einen Verwaltungsakt festzustellen; diese Festsetzung ist gerichtlich nachprüfbar. Es ist dann das Recht des behinderten Menschen, die Leistung der Werkstatt in Anspruch zu nehmen, eine Pflicht dazu seinerseits besteht nicht. 9

Die Aufnahmepflicht besteht für die behinderten Menschen aus dem Einzugsgebiet. Das **Einzugsgebiet** ist von Bedeutung für die Aufnahme (§ 220 Abs. 1, § 1 Abs. 1 und § 8 Abs. 3 WVO). Es muss so bemessen sein, dass die Werkstatt mit öffentlichen oder sonstigen Verkehrsmitteln in zumutbarer Zeit erreichbar ist (§ 8 Abs. 3 WVO). An- und Abfahrtszeiten von mehr als 45 Minuten je Fahrt sind idR als nicht zumutbar anzusehen.[9] 10

Die Einzugsgebiete der Werkstatt sind im Rahmen der öffentlichen Landesplanung festgelegt. In der Regel erfolgte eine Abstimmung mit den beteiligten Werkstätten und dem zuständigen Sozialhilfeträger. Die Einzugsgebiete sind Bestandteil der Anerkennung.

Der **Aufnahmeanspruch** des behinderten Menschen richtet sich gegen die Werkstatt, in deren Einzugsgebiet er seinen ständigen Wohnsitz hat. Haben mehrere Werkstätten denselben Einzugsbereich, so ist jede zur Aufnahme verpflichtet. Innerhalb des Einzugsbereiches hat der behinderte Mensch einen Anspruch auf Übernahme der Fahrtkosten gegen den Rehabilitationsträger (zum Aufnahmeanspruch siehe auch → § 219 Rn. 15 ff.). 11

Nach S. 1 Hs. 2 bleibt die Möglichkeit zur Aufnahme in eine andere anerkannte Werkstatt außerhalb des Einzugsbereiches nach Maßgabe von § 8 oder entsprechender Regelungen unberührt. Dem Wunsch- und Wahlrecht des behinderten Menschen wird damit Rechnung getragen. Die Entscheidung steht im pflichtgemäßen Ermessen des zuständigen Rehabilitationsträgers. Eine Aufnahmepflicht der gewünschten Werkstatt besteht nicht. Letzteres gilt auch bei der Inanspruchnahme des Persönlichen Budgets. 12

Die Werkstatt hat die Möglichkeit, einen behinderten Menschen aufzunehmen, der außerhalb des Einzugsgebietes wohnt, wenn er die Aufnahmevoraussetzungen erfüllt und er den Wunsch auf Aufnahme in diese Werkstatt geäußert hat. Die Entscheidung steht im pflichtgemäßen Ermessen des zuständigen Rehabilitationsträgers. Er ist an die Aufnahmeentscheidung der gewünschten Werkstatt nicht gebunden. 13

---

7 BSG 10.3.1994 – 7 RAr 22/93, RdSE 28, 73; BAGüS, WE 5.2.1.
8 § 29 und BudgetV v. 27.5.2004, BGBl. I 1055.
9 BAGüS WE 3.3.2.

14 Nach **Absatz 1 Satz 2** erfolgt die Aufnahme bei Vorliegen der Voraussetzungen unabhängig von der Ursache, Art, Schwere der Behinderung, Minderung der Leistungsfähigkeit oder einem besonderen Bedarf an Förderung, begleitender Betreuung oder Pflege. Alle anerkannten Werkstätten müssen in der Lage sein, die sich aus diesen Bedingungen ergebenden Anforderungen durch Leistungen nach §§ 57, 58 sicherzustellen. Dies ist durch die Anerkennungsbehörde zu überprüfen. Ein Verschieben dieser umfassenden Sicherstellungspflicht durch Auswahl bestimmter behinderter Menschen seitens einer Werkstatt widerspricht der Aufnahmepflicht des Abs. 1 S. 2 und dem Grundsatz der einheitlichen Werkstatt des § 1 WVO.[10] Auf diesen Sachverhalt haben die Rehabilitationsträger im Rahmen ihrer Strukturverantwortung aus § 36 Abs. 1 beim Abschluss von Vereinbarungen nach §§ 39 SGB III, 123 ff. hinzuwirken.

15 Die Werkstatt muss in der Lage sein, die Aufnahmepflicht zu erfüllen. Sie muss hierzu durch die Vereinbarungen mit den Rehabilitationsträgern in die Lage versetzt werden. Die Werkstatt sichert eine regionale Versorgung im Rahmen einer rechtlichen Verpflichtung gegenüber allen berechtigten Personen. Sie realisiert eine öffentlich-rechtliche Pflicht und die staatliche Gewährleistungspflicht nach Art. 26 UN-BRK. Der hierfür erforderliche Vorhalteaufwand muss durch die **Vereinbarungen mit den Rehabilitationsträgern** gesichert sein. Dieses betrifft vor allem die Abstimmung der Soll-Platzzahl und der Zahl der aufzunehmenden Personen. Hierzu muss in den Vereinbarungen eine Regelung getroffen werden (vgl. hierzu insbesondere §§ 123, 125 sowie § 12 Abs. 5 Nr. 3 WVO). Die Fähigkeit der Werkstatt, alle behinderten Menschen aufzunehmen, ist auch bestimmt durch das mit dem Rehabilitationsträger vereinbarte personelle Gerüst. Dieses richtet sich nach den Vorgaben des § 9 WVO, insbesondere der Notwendigkeit einer individuellen Förderung der behinderten Menschen (§ 9 Abs. 1 WVO).[11] Der in § 9 Absatz 3 WVO benannte Personalschlüssel ist dabei als anerkennungsrechtlich relevante Regelbesetzung definiert. Ein Unterschreiten ist anerkennungsrechtlich zu beanstanden. Das konkrete Zahlenverhältnis richtet sich nach den Anforderungen der aufnahmeberechtigten behinderten Menschen.[12] Die Entscheidung liegt beim Werkstattträger (siehe dazu auch → § 219 Rn. 20).

16 Grundsätzlich ist für die Aufnahme die Art der Behinderung unerheblich. Hiervon trifft **Absatz 1 Satz 2 Nr. 2** eine Ausnahme. Wenn in dem Einzugsgebiet eine besondere Werkstatt für behinderte Menschen für diese Behinderungsart vorhanden ist, richtet sich der Aufnahmeanspruch gegen diese Werkstatt. Hier sind vor allem Einrichtungen für Menschen mit Körperbehinderungen zu nennen oder Einrichtungen, die sich besonders auf die Belange psychisch behinderter Menschen spezialisiert haben. Die Ausübung des Wunsch- und Wahlrechts nach § 8 bleibt auch in diesem Falle unberührt.

17 **Absatz 2** legt fest, dass die Beschäftigung behinderter Menschen in den Werkstätten zeitlich nicht begrenzt ist, sondern fortgesetzt werden kann, solange die Aufnahmevoraussetzungen fortbestehen. Diese durch Gesetz zur Reform des Sozialhilfegesetzes vom 23.7.1996[13] aufgenommene Regelung sichert den Aufnahmeanspruch des behinderten Menschen gegen die Werkstatt mit der Leistungspflicht des Rehabilitationsträgers ab, da im Falle einer Kündigung des be-

---

10 Vgl. dazu auch „Grundsätze zur Konzeption der Werkstatt für Behinderte", BT-Drs. 7/3999, 7.
11 Vgl. hierzu BSG 29.6.1995 – 11 RAr 57/94, BSGE 76, 178.
12 Siehe dazu *Wendt* in Anm. zu LSG BW 14.8.2002, RdLh 1/03, 32; BAGüS WE 4.6; *Plagemann* RdSE 24, 31 ff.
13 BGBl. I 1088.

hinderten Menschen seitens der Werkstatt er dennoch seinen Leistungsanspruch gegen den Rehabilitationsträger und in dessen Folge einen Aufnahmeanspruch gegen die zuständige Werkstatt hat. Eine Beendigung ist daher nur möglich, wenn die Aufnahmevoraussetzungen entfallen sind (vgl. Abs. 1).

Die **Beschäftigungspflicht besteht**, solange die Aufnahmevoraussetzungen erfüllt sind. Die Erfüllung dieser Voraussetzung ist insbesondere an den Übergängen nach § 3 Abs. 3 und 4 WVO sowie § 4 Abs. 6 WVO zu prüfen. Darüber hinaus erfolgt eine Prüfung nach § 5 Abs. 4 WVO. Zu den im Rahmen des Eingliederungsplanes (vgl. § 57 Abs. 1 Nr. 1 sowie § 3 WVO) sowie im Rahmen des Gesamtplan (§ 121) oder Teilhabeplanverfahrens (§ 19) zu überprüfenden Fragen gehört auch die der Vermittlungsfähigkeit auf den allgemeinen Arbeitsmarkt. Bei dem in Frage kommenden Personenkreis (§ 219 Abs. 1 S. 3 spricht von geeigneten Personen) hat die Prüfung regelmäßig zu erfolgen. 18

Die **Beschäftigungspflicht** kann dadurch **enden**, dass durch Veränderungen in der Person des Werkstattbeschäftigten die Aufnahmevoraussetzungen des § 219 Abs. 2 nicht mehr erfüllt sind. Eine Minderung der Leistungsfähigkeit als solche ist hierfür nicht ausreichend. Die Zunahme des betreuerischen Aufwandes allein genügt nicht. 19

In der Regel wird der **Werkstattvertrag unbefristet** abgeschlossen. Eine Befristung ist jedoch zulässig, wenn die Kostenzusage des Rehabilitationsträgers befristet ist, da in diesem Fall von vorneherein feststeht, dass ab dem Zeitpunkt der Beendigung der Kostenzusage das zugrundeliegende Sozialleistungsverhältnis endet. Dasselbe gilt bei einer Befristung einer Budgetzielvereinbarung (vgl. § 4 Abs. 3 BudgetV). 20

Die Werkstatt kann den **Werkstattvertrag kündigen**. Eine Kündigung seitens der Werkstatt ist grds. allerdings auf solche Sachverhalte beschränkt, die zum Wegfall der Leistungspflicht des Rehabilitationsträgers führen. Fällt die Leistungspflicht des Rehabilitationsträgers weg, so ist ein Kündigungsgrund gegeben, da damit auch der Beschäftigungsanspruch des Werkstattbeschäftigten erlischt. Dies kann auch eine außerordentliche Kündigung rechtfertigen.[14] Auch eine außerordentliche Kündigung nach § 626 BGB ist möglich. Relevante Kündigungsgründe sind auch Veränderungen in der Person des Werkstattbeschäftigten, die nach § 219 Abs. 2 S. 2 seiner Neuaufnahme entgegenstehen würden (siehe dazu → § 221 Rn. 13 ff.). Eine Minderung der Leistungsfähigkeit allein oder der Eintritt der Erwerbsunfähigkeit sind kein Kündigungsgrund. Ist der Werkstattbeschäftigte auf einen Arbeitsplatz im allgemeinen Arbeitsmarkt vermittelt, so kann die Werkstatt den Werkstattvertrag kündigen (siehe dazu auch → § 221 Rn. 16). Ausdrücklich in den Blick genommen werden muss bei einer entsprechenden Entscheidung das Rückkehrrecht des Werkstattbeschäftigten nach § 220 Abs. 3 (siehe dazu → Rn. 30). Der Wegfall der Förderungsleistungen seitens des zuständigen Leistungsträgers rechtfertigt eine außerordentliche Kündigung nach § 626 BGB.[15] Das Vorliegen einer schweren schuldhaften Vertragsverletzung ist dann nicht erforderlich.[16] Kündigt die Werkstatt, ist sie für die Gründe beweispflichtig (zu den Kündigungsgründen auch → § 221 Rn. 38). Ein Recht zur Kündigung aus anderen, weitergehenden Voraussetzungen kann nicht vertraglich im Werkstattvertrag vereinbart werden.[17] 21

---

14 LAG BW 26.1.2009 – 9 Sa 60/08, juris Rn. 60.
15 LAG BW 26.1.2009 – 9 Sa 60/08, juris Rn. 56.
16 LAG BW 26.1.2009 – 9 Sa 60/08, juris Rn. 56.
17 LAG RhPf 16.1.2008 – 8 Sa 506/07.

22 Die Kündigung bedarf der Begründung und der Schriftform, diese ist Wirksamkeitsvoraussetzung iSd § 125 S. 1 BGB.[18] Das folgt aus § 221 Abs. 7 und § 623 BGB analog.
23 Der zuständige Leistungsträger sollte vor Ausspruch der Kündigung einbezogen werden. Eine Zustimmung des Integrationsamtes nach §§ 168 ff. zur Kündigung ist nicht notwendig, da diese Bestimmungen nur für Arbeitsverhältnisse iSd allgemeinen Arbeitsrechtes gelten.[19]
24 Der Werkstattrat ist vor der Kündigung darüber zu unterrichten (§ 7 Abs. 1 Ziff. 1 WMVO).
25 Die **Beschäftigungspflicht endet** mit Eintritt in den Altersruhestand nach den im Arbeitsleben üblichen Regelungen, also dem Erreichen der Regelaltersgrenze nach §§ 35, 235 SGB VI. § 58 Abs. 1 Satz 3 begrenzt die Leistungen auf den Zeitraum längstens bis zum Ablauf des Monats, in dem das für die Regelaltersrente iSd Sechsten Buches erforderliche Lebensalter erreicht wird. Damit entfällt auch der spezifische Zweck der Eingliederung in und der Teilhabe am Arbeitsleben.[20] In Ausnahmefällen ist eine Weiterbeschäftigung im organisatorischen Zusammenhang mit der Werkstatt möglich, fällt aber idR dann nicht mehr unter die Teilhabe am Arbeitsleben iSd § 49, sondern unter das Konzept einer Ruhestandsbeschäftigung im Rahmen der sozialen Teilhabe nach § 76. Für diese gelten die werkstattspezifischen Regelungen des § 221 nicht mehr; auch ist kein Arbeitsentgelt mehr zu zahlen.

Ein früheres Ausscheiden kann zwischen den Vertragsparteien vereinbart werden.
26 An **Leistungen zur Teilhabe am Arbeitsleben** sind beteiligt der behinderte Mensch, der Rehabilitationsträger und die Werkstatt. Den Beziehungen zueinander liegt ein Sozialleistungsverhältnis zugrunde (§ 221 Abs. 1). Beteiligte dieses zugrundeliegenden Sozialleistungsverhältnisses sind der behinderte Mensch und der Rehabilitationsträger. Zu den Leistungen und Rechtsgrundlagen siehe §§ 56–58. Leistungsempfänger ist der behinderte Mensch, der Rechtsanspruch steht ihm zu. Adressat des leistungsbegründenden Bewilligungsbescheides ist der anspruchsberechtigte behinderte Mensch.[21]

Der Leistungsträger erbringt die Leistungen regelmäßig nicht selbst, sondern stellt über Verträge mit den Leistungserbringern eine Sachleistung sicher (Prinzip der Sachleistungsverschaffung). Untrennbarer Bestandteil dessen ist die Übernahme der dem Leistungserbringer im privatrechtlichen Verhältnis zum Hilfesuchenden zustehenden Vergütung.[22]
27 Das Rechtsverhältnis zwischen dem Rehabilitationsträger und der Werkstatt ist öffentlich-rechtlicher Natur.[23] Es ist durch die Leistungen nach §§ 56 ff. gekennzeichnet und durch Vereinbarungen nach §§ 123 ff. zu regeln.
28 Das Rechtsverhältnis zwischen der Werkstatt als Leistungserbringer und dem behinderten Menschen als Hilfesuchendem ist privatrechtlicher Natur. Der Werkstattvertrag im Arbeitsbereich begründet das arbeitnehmerähnliche Rechtsverhältnis (§ 221, § 13 WVO). In dem Werkstattvertrag sind die Rechte und Pflichten der Parteien näher zu regeln (§ 221 Abs. 3). Das gilt uneinge-

---

18 BAG 17.3.2015 – 9 AZR 994/13, juris Rn. 44.
19 LAG Düsseldorf 11.11.2013 – 9 Sa 469/13, juris Rn. 83, 91; so auch *Boller* in jurisPK-SGB IX § 138 Rn. 31.
20 BVerwG 21.12.2005 – 5 C 26/04.
21 Vgl. dazu BSG 10.3.1994 – 7 RAr 22/93, RdSE 28, 73.
22 Dazu ausführlich LSG BW 29.6.2017 – L 7 SO 1680/15, juris Rn. 51.
23 Für Vereinbarungen mit dem Sozialhilfeträger BGH 12.11.1991 – KZR 22/90, BGHZ 116, 339.

schränkt auch im Falle der Inanspruchnahme eines Persönlichen Budgets seitens des behinderten Menschen.

Aufgrund dieses Vertrages hat der Hilfesuchende einen Anspruch auf die Erbringung von Betreuungs-, Hilfe- und Förderleistungen, mit dem eine entsprechende Pflicht der Werkstatt auf Erbringung dieser Leistungen korrespondiert. Im Gegenzug ist der Hilfesuchende aus dem Vertrag zur Zahlung des vertraglich vereinbaren Entgelts verpflichtet. Allerdings zahlt er in der Regel nicht selbst, vielmehr wird die Erfüllung seiner Pflicht durch die Schuldübernahme seitens des Leistungsträgers durch – privatrechtsgestaltenden – Verwaltungsakt mit Drittwirkung in Form eines Schuldbeitritts im Sinne einer kumulativen Schuldübernahme ersetzt.[24] 29

Dieser Anspruch des Leistungserbringers gegen den Leistungsträger für im Verhältnis zum Hilfesuchenden erbrachte Leistungen ist in § 123 Abs. 6 jetzt gesetzlich normiert.

Absatz 3 wurde durch Gesetz vom 23.12.2016 – Bundesteilhabegesetz – neu eingefügt.[25] Danach haben Personen, die aus der Werkstatt ausgeschieden und in den allgemeinen Arbeitsmarkt gewechselt sind, weiterhin einen Anspruch auf Aufnahme in eine Werkstatt. Dasselbe gilt zugunsten der Personen, die bei einem anderen Leistungsanbieter (siehe dazu § 60) tätig sind, oder die mithilfe des Budgets für Arbeit (siehe dazu § 61) am Arbeitsleben teilnehmen. 30

Dieses formale, gesetzlich abgesicherte erweiterte sog. **Rückkehrrecht** stärkt die Position von Werkstattbeschäftigten, die aus der Werkstatt in den allgemeinen Arbeitsmarkt wechseln wollen. Da sie mit der Übernahme in den allgemeinen Arbeitsmarkt grundsätzlich dem Arbeitsmarkt zur Verfügung stehen, war ab diesem Zeitpunkt eine Aufnahmevoraussetzung aus § 219 Abs. 1 S. 2 entfallen. In vielen Fällen war dies ein Grund, den Weg aus der Werkstatt heraus nicht – mehr – zu wagen. Diesen Sachverhalt hat der Gesetzgeber korrigiert. Dieser Rechtsanspruch gilt auch für Personen, die bei einem anderen Leistungsanbieter tätig sind oder die mithilfe des Budgets für Arbeit am Arbeitsleben teilnahmen, auch wenn sie nicht zuvor in einer Werkstatt beschäftigt waren. 31

Dieses Rückkehrrecht eröffnet sich für Menschen mit Behinderungen, die leistungsberechtigt sind. Auch wenn grundsätzlich ein Rechtsanspruch definiert ist, ist ungeregelt, ob die Umsetzung des Rückkehranspruches eine erneute Prüfung eines zu diesem Zeitpunkt noch bestehenden Leistungsanspruchs erfordert. Zugunsten der Betroffenen ist von einem Bestehen des Leistungsanspruchs auszugehen, daher reicht eine vereinfachte Prüfung aus. Kritisch ist zu werten, wenn die Tätigkeit auf dem allgemeinen Arbeitsmarkt bereits so lange besteht, dass von einer Kontinuität des Teilhabegeschehens nicht mehr die Rede sein kann. Zumindest muss die Notwendigkeit der Leistung einer Werkstatt und vor allem die Leistungspflicht des Leistungsträgers noch bestehen[26]. Dies ist im Teilhabeplanverfahren zu klären, in welchem der Hilfesuchende ja eine Entscheidung bereits getroffen haben muss, welche Leistungen bei welchem Leistungserbringer er in Anspruch nehmen will. Der Anspruch besteht zeitlich unbefristet.[27] Zum Teil wird ein Rückkehrrecht ohne (erneute) Prüfung des Leistungsanspruchs allerdings nur für einen Zeitraum von sechs Monaten bejaht. 32

---

24 LSG BW 29.6.2017 – L 7 SO 1680/15, juris Rn. 51.
25 BGBl. I 3234.
26 *Ritz/Kohte* in FKS SGB IX § 220 Rn. 6.
27 BT-Drs. 18/9522, 311.

33 Bei diesem Recht auf Rückkehr handelt es sich eigentlich um eine sachgerechte Ergänzung und Ausdehnung zu dem Kontrahierungszwang des § 219 Abs. 3.[28] Denn durch Entscheidungen seitens der Werkstatt kann das Leistungsrecht nicht ausgehebelt werden.[29]

§ 221 Rechtsstellung und Arbeitsentgelt behinderter Menschen

(1) Behinderte Menschen im Arbeitsbereich anerkannter Werkstätten stehen, wenn sie nicht Arbeitnehmer sind, zu den Werkstätten in einem arbeitnehmerähnlichen Rechtsverhältnis, soweit sich aus dem zugrunde liegenden Sozialleistungsverhältnis nichts anderes ergibt.

(2) [1]Die Werkstätten zahlen aus ihrem Arbeitsergebnis an die im Arbeitsbereich beschäftigten behinderten Menschen ein Arbeitsentgelt, das sich aus einem Grundbetrag in Höhe des Ausbildungsgeldes, das die Bundesagentur für Arbeit nach den für sie geltenden Vorschriften behinderten Menschen im Berufsbildungsbereich leistet, und einem leistungsangemessenen Steigerungsbetrag zusammensetzt. [2]Der Steigerungsbetrag bemisst sich nach der individuellen Arbeitsleistung der behinderten Menschen, insbesondere unter Berücksichtigung von Arbeitsmenge und Arbeitsgüte.

(3) Der Inhalt des arbeitnehmerähnlichen Rechtsverhältnisses wird unter Berücksichtigung des zwischen den behinderten Menschen und dem Rehabilitationsträger bestehenden Sozialleistungsverhältnisses durch Werkstattverträge zwischen den behinderten Menschen und dem Träger der Werkstatt näher geregelt.

(4) Hinsichtlich der Rechtsstellung der Teilnehmer an Maßnahmen im Eingangsverfahren und im Berufsbildungsbereich gilt § 52 entsprechend.

(5) Ist ein volljähriger behinderter Mensch gemäß Absatz 1 in den Arbeitsbereich einer anerkannten Werkstatt für behinderte Menschen im Sinne des § 219 aufgenommen worden und war er zu diesem Zeitpunkt geschäftsunfähig, so gilt der von ihm geschlossene Werkstattvertrag in Ansehung einer bereits bewirkten Leistung und deren Gegenleistung, soweit diese in einem angemessenen Verhältnis zueinander stehen, als wirksam.

(6) War der volljährige behinderte Mensch bei Abschluss eines Werkstattvertrages geschäftsunfähig, so kann der Träger einer Werkstatt das Werkstattverhältnis nur unter den Voraussetzungen für gelöst erklären, unter denen ein wirksamer Vertrag seitens des Trägers einer Werkstatt gekündigt werden kann.

(7) Die Lösungserklärung durch den Träger einer Werkstatt bedarf der schriftlichen Form und ist zu begründen.

1 Geltende Fassung: Die Regelung wurde durch Art. 1 und 68 Abs. 1 SGB IX vom 19.6.2011[1] eingeführt. Die Regelung wurde durch Gesetz vom 23.12.2016 – Bundesteilhabegesetz – inhaltlich nicht verändert, die Verweise auf andere Rechtsvorschriften wurden entsprechend angepasst.[2] Durch Art. 5 des G zur Anpassung der Berufsausbildungsbeihilfe und des Ausbildungsgeldes vom 8.7.2019[3] wurde in § 221 Abs. 3 das Wort „zuletzt" mit Wirkung vom 1.8.2019 ersatzlos gestrichen.

---

28 *Ritz/Kohte* in FKS SGB IX § 220 Rn. 7.
29 So auch *Pahlen* in Neumann/Pahlen/Greiner/Winkler/Jabben SGB IX § 220 Rn. 15.
1 BGBl. I 1046.
2 BGBl. I 3234.
3 BGBl. I 1025.

Regelungsinhalt: Die Bestimmung trifft Regelungen zur Rechtsstellung der behinderten Menschen in der Werkstatt. Sie definiert das Rechtsverhältnis und bestimmt Näheres zur Zahlung des Arbeitsentgelts.

Zur Entstehung: Die Bestimmungen der Abs. 1 bis 3 entsprechen der Regelung des früheren § 54b SchwbG in der bis zum 30.6.2001 geltenden Fassung. Sie wurden durch Art. 1 und 68 Abs. 1 SGB IX vom 19.6.2001[4] mit Wirkung ab 1.7.2001 eingeführt und sprachlich überarbeitet; eine wesentliche inhaltliche Änderung wurde nicht vorgenommen. Abs. 4 wurde mit dem Inkrafttreten des SGB IX neu eingefügt. Die Bezeichnung der früheren Bundesanstalt für Arbeit in Absatz 2 Satz 1 wurde mit Wirkung ab 1.1.2004 durch Artikel 8 und 124 Abs. 1 des Gesetzes vom 23.12.2003[5] angepasst. Absätze 5–7 wurden durch Art. 30 des Gesetzes zur Änderung des Rechts der Vertretung der Rechtsanwälte vor den Oberlandesgerichten (OLG-VertretungsänderungsG) vom 23.7.2002[6] mit Wirkung ab 1.8.2002 angefügt.

Die Absätze 5–7 wurden mit Wirkung zum 1.8.2002 neu eingefügt. Im Rahmen dieser gesetzlichen Neuregelung stehen auch § 105a BGB und § 5 Absatz 12 und 8 Absatz 10 HeimG. Ziel war es, Alltagsgeschäfte volljähriger geschäftsunfähiger Personen zu erleichtern und so auch behinderten Menschen ein höheres Maß rechtlicher Gestaltungsmöglichkeiten zuzuerkennen. Diese Vorschriften sollten ursprünglich Teil der Gesetze zur Verhinderung von Diskriminierungen im Zivilrecht sein. Dieses Vorhaben wurde aber in der 14. Legislaturperiode nicht mehr umfänglich umgesetzt.

Materialien: Zum Regierungsentwurf SGB IX im Jahre 2001 nebst Begründung BT-Drs. 14/5074, 71 und 115 sowie BT-Drs. 14/5531, 5; zur Ausschussempfehlung BT-Drs. 14/5786, 93.

Absatz 1 definiert die Rechtsstellung der behinderten Menschen im Arbeitsbereich der Werkstatt. Für das Eingangsverfahren und den Berufsbildungsbereich verweist Absatz 4 auf § 52. Gemäß § 60 Abs. 4 gelten die Bestimmungen des § 221 auch für Menschen mit Behinderungen, die bei einem anderen Leistungsanbieter beschäftigt sind.

Gemäß Absatz 1 stehen behinderte Menschen im Arbeitsbereich zu den Werkstätten in einem **arbeitnehmerähnlichen Rechtsverhältnis**. Dieser Status wird gemäß Abs. 1, Hs. 2 und Abs. 3 durch das zugrunde liegende Sozialleistungsverhältnis mitbestimmt. Das arbeitnehmerähnliche Rechtsverhältnis gilt, soweit ein behinderter Mensch nicht Arbeitnehmer ist (→ Rn. 15). Das Vorliegen der Voraussetzungen ist in jedem Einzelfall zu prüfen. Der Rechtsstatus als Arbeitnehmer geht dem Rechtsverhältnis als arbeitnehmerähnlich Beschäftigter vor.

Welche Rechte und Pflichten das arbeitnehmerähnliche Rechtsverhältnis kennzeichnen, war lange umstritten. Auch die Frage, welche arbeitsrechtlichen Regelungen auf das arbeitnehmerähnliche Rechtsverhältnis anzuwenden sind, ist gesetzlich nicht abschließend geregelt. Die Bestimmung des § 52 gilt unmittelbar nur für behinderte Menschen im Eingangsverfahren und im Berufsbildungsbereich der Werkstatt. Da aber bei einer Übernahme in den Arbeitsbereich der Werkstatt eine rechtliche Verschlechterung nicht gewollt ist, sind diese Regelungen auch auf das arbeitnehmerähnliche Rechtsverhältnis im Arbeitsbereich anzuwenden. § 52 S. 2 benennt ua die arbeitsrechtlichen Grundsätze über den Persönlichkeitsschutz, die Haftungsbeschränkung sowie Arbeitsschutz und Erholungsurlaub. Weitergehende Grundsätze bestimmt § 4 Abs. 1 Nummer 1a WM-

---

4 BGBl. I 1046.
5 BGBl. I 2848.
6 BGBl. I 2850.

VO. Hier sind genannt die Anwendung der arbeitsrechtlichen Vorschriften und Grundsätze insbesondere über Beschäftigungszeit einschließlich Teilzeitbeschäftigung, Urlaub, Entgeltfortzahlung im Krankheitsfall, Entgeltzahlung an Feiertagen, Mutterschutz, Elternzeit, Persönlichkeitsschutz und Haftungsbeschränkungen.

8 Der Gesetzgeber benennt das arbeitnehmerähnliche Rechtsverhältnis als ein Aliud gegenüber einem arbeitsvertraglichen Rechtsverhältnis. Er weist den beiden Rechtsverhältnissen unterschiedliche Rechtsfolgen zu. Zu nennen sind insbesondere die unterschiedliche Zuweisung an das Arbeitsgericht in § 2 Abs. 1 Ziffer 10 ArbGG, der spezielle Anspruch auf Arbeitsentgelt nach § 221 Abs. 2, andere Zuweisungen zur Sozialversicherung (→ Rn. 35), andere Mitwirkungsregelungen (§§ 223, 227), sowie besondere Kündigungs- und Beendigungsgründe nach § 220 Abs. 2.

9 Das arbeitnehmerähnliche Rechtsverhältnis ist durch andere Rechte des behinderten Menschen gekennzeichnet im Vergleich zu einem **Arbeitnehmer**. Dies betrifft vor allem den Aufnahmeanspruch in § 220 Abs. 1, das Recht auf Beschäftigung, solange die Aufnahmevoraussetzungen erfüllt sind, nach § § 220 Abs. 2 und das Recht auf ein Arbeitsförderungsgeld aus § 59.

10 Das arbeitnehmerähnliche Rechtsverhältnis ist durch andere Pflichten der Werkstatt gekennzeichnet im Verhältnis zu einer Stellung als **Arbeitgeber**. Zu nennen sind insbesondere die Aufnahmepflicht nach § 220 Abs. 1, die Beschäftigungspflicht nach § 220 Abs. 1 und 2, die Pflicht, geeignete Plätze vorzuhalten (§ 4 Abs. 2, § 5 Abs. 1 WVO), die Pflicht, auf Eignung und Neigung der behinderten Menschen einzugehen (§ 4 Abs. 2, § 5 Abs. 1 WVO), die Eingrenzung der Kündigungs- und Beendigungsmöglichkeiten in § 220 Abs. 2, die Nichtgeltung des arbeitsrechtlichen Sanktionskataloges (vgl. § 220 Abs. 2) und die Modalitäten der Berechnung und Zahlung eines Arbeitsentgeltes und seine Beschränkung auf die Summe des Arbeitsergebnisses in § 221 Abs. 2.

11 Das arbeitnehmerähnliche Verhältnis ist durch andere Hauptpflichten gekennzeichnet als ein arbeitsrechtliches Verhältnis und diesem gegenüber nachrangig. Aufnahme in die Werkstatt findet nur, wer behindert ist, aus Gründen seiner Behinderung dem allgemeinen Arbeitsmarkt nicht zur Verfügung steht und die besonderen zusätzlichen Anforderungen der §§ 219 ff. erfüllt. Kern des arbeitnehmerähnlichen Rechtsverhältnisses ist der **Rehabilitationsauftrag**.[7] Das Rechtsverhältnis in der Werkstatt ist gekennzeichnet durch das Hauptziel, durch Leistungen, die die Werkstatt in Orientierung an den Anforderungen des 58 Abs. 2 gegenüber dem behinderten Menschen erbringt, diesen in die Lage zu versetzen, einen Platz in der Werkstatt einzunehmen und dort dauerhaft ein Mindestmaß wirtschaftlich verwertbarer Arbeitsleistung zu erbringen. Im Rahmen dieses Rehabilitationsprozesses werden die im Arbeitsleben üblichen Regelungen angewendet, weil dieses dem Ziel der Teilhabe am Arbeitsleben entspricht. Der behinderte Mensch soll durch die Rehabilitationsmaßnahme die rechtlichen und tatsächlichen Bedingungen des Förderzieles allgemeiner Arbeitsmarkt kennen lernen und bezogen auf seine Möglichkeiten und Fähigkeiten erfahren. Die Anforderungen sind vom Rahmen her gleichartig, sie können und müssen sich aber auf der individuellen Ebene und in ihrer individuellen Anwendung unterscheiden, je nachdem auf welcher Kompetenz- und Förderstufe der einzelne behinderte Mensch steht. So sind gegenüber einem behinderten Menschen, der kurz vor seiner Vermittlung auf den allgemeinen Arbeitsmarkt steht, die arbeitsrechtlichen Regelungen konsequenter anzuwenden als

---

7 BSG 10.5.2002 – B 7a 30/06 R, NZA 2007, 1418.

gegenüber einem Menschen mit erhöhtem Bedarf an Pflege, schwererer Behinderung oder kurz nach seiner Aufnahme in den Arbeitsbereich. Die von der Werkstatt zur Umsetzung des arbeitnehmerähnlichen Rechtsverhältnisses vereinbarten Regeln müssen sich auf der individuellen Ebene an den Fähigkeiten, Möglichkeiten und Förderzielen des Einzelnen unterscheiden.[8] Auf dieses Rechtsverhältnis sind die im Arbeitsleben üblichen arbeitsrechtlichen Bestimmungen entsprechend anzuwenden, soweit es im Rahmen des Rehabilitationsauftrages notwendig und für die Erreichung des Förderzieles sinnvoll ist. Der arbeitsrechtliche Gleichbehandlungsgrundsatz ist entsprechend anzuwenden.

Bei der Beschäftigung des behinderten Menschen im Arbeitsbereich einer Werkstatt spricht die Vermutung für seinen Status als arbeitnehmerähnlich Tätiger. Der Halbsatz in Satz 1 benennt eine Ausnahmeregelung, die ggf. vom Klagenden zu beweisen ist.[9]

Der behinderte Mensch kann – im Wesentlichen aufgrund der durchgeführten Eingliederungsmaßnahmen – die Befähigung erlangen, auf dem allgemeinen Arbeitsmarkt tätig zu werden, wenn bei ihm nicht mehr die Betreuung und Förderung im Vordergrund steht, sondern die Erbringung einer Arbeitsleistung.[10] Diese Möglichkeit schließen § 58 Abs. 2 Nr. 3, § 219 Abs. 1 S. 3 und § 5 Abs. 4 WVO ausdrücklich ein.

In den Verträgen sind die Pflichten des Beschäftigten aus dem arbeitnehmerähnlichen Rechtsverhältnis zu regeln. Zum Teil wird dieses als ein Austauschverhältnis bezeichnet, in dem die Rehabilitationsleistung (dh die Beschäftigung, Betreuung und Förderung) gegen die betriebliche Tätigkeit getauscht werden.[11] Folgt man den Ausführungen des BSG zum sozialhilferechtlichen Dreiecksverhältnis[12] (dazu → § 220 Rn. 26 ff.) und überträgt diese auf das Rechtsverhältnis zwischen der Werkstatt und dem Werkstattbeschäftigten, so hat aufgrund dieses Werkstattvertrages der hilfesuchende behinderte Mensch einen Anspruch auf die Erbringung von Betreuungs-, Hilfe- und Förderleistungen, welcher mit der Pflicht des Hilfesuchenden zur Zahlung des Entgelts für diese Leistung korrespondiert. Auch wenn dieser in der Regel diese Zahlungspflicht nicht selber erfüllt, sondern diese seitens des Leistungsträgers im Rahmen der Schuldübernahme erfüllt wird,[13] benötigt diese Schuldübernahme doch als Grundlage die Zahlungsverpflichtung des Hilfesuchenden.[14] Das gilt uneingeschränkt und unbestritten, wenn der Hilfesuchende Leistungen im Rahmen des Persönlichen Budgets in Anspruch nimmt.

Diese Rolle des Vertragspartners stärkt vor allem die Stellung des Werkstattbeschäftigten im Sinne seiner gleichberechtigten Teilhabe. Er ist Vertragspartner und es geht um Leistungen, die die Werkstatt ihm gegenüber personenzentriert zu erbringen sich verpflichtet hat. Diese seine Rolle zu stärken, war ausdrückliche Zielsetzung des BTHG (dazu auch → § 123 Rn. 2 und 20). Zudem ist nur so die Gleichbehandlung zwischen den Nutzern des persönlichen Budgets mit den anderen Werkstattbeschäftigten sichergestellt.

---

8 Siehe dazu LAG Saarl 15.7.1987 – 2 Sa 34/86, RdSE 4, 92.
9 LAG BW 26.1.2009 – 9 Sa 60/08, juris Rn. 50.
10 Dazu BSG 10.5.2007 – B 7 a AL 30/06 R.
11 LAG BW 26.1.2009 – 9 Sa 60/09, juris Rn. 54; *Ritz/Kohte* in FKS SGB IX § 221 Rn. 9.
12 BSG 28.10.2008 – B 8 SO 22707 R, juris Ls. 3 und Rn. 15 ff., LSG BW 29.6.2017 – L 7 SO 1680/15, juris Rn. 51.
13 LSG BW 29.6.2017 – L 7 SO 1680/15, juris Rn. 51.
14 Vgl. dazu ua BSG 18.3.2013 – B 8 SF 2/13 R, juris Rn. 6 ff.; BGH 11.4.2019 – III ZR 4/18, juris Rn. 18.

Diese rechtliche Bewertung verdeutlicht auch den Unterschied zu den Vertragspflichten im Rahmen von Arbeitsverträgen, und dokumentiert die Distanz dieser Vertragsbeziehung zu den Forderungen des Art. 27 UN-BRK.
Der zum 1.1.2020 neu eingeführte § 123 Abs. 6 begründet einen Rechtsanspruch des Leistungserbringers gegen den Leistungsträger für die Finanzierung der Leistungen, die ersterer dem Hilfesuchenden gegenüber erbringt. Eine grundlegende Änderung der Strukturen des sozialhilferechtlichen Dreiecksverhältnisses war damit aber nicht beabsichtigt, vielmehr erfolgte diese Regelung aus Praktikabilitätsgründen.[15]

15 Absatz 1 sieht die Möglichkeit vor, dass der behinderte Mensch den Status als Arbeitnehmer auch in der Werkstatt erlangen kann.[16] Voraussetzung hierfür ist das Bestehen eines persönlichen Abhängigkeitsverhältnisses, also Weisungsgebundenheit, die Eingliederung in eine fremde Arbeitsorganisation, das Leisten von Arbeit im wirtschaftlichen Sinne.[17] Das hierfür erforderliche Ziel eines Gelderwerbs kann auch bei relativ geringen ausgezahlten Beträgen zu bejahen sein. Ob er Arbeitnehmer ist, ist in jedem Einzelfall zu prüfen. Es hängt wesentlich von den Umständen des Einzelfalles ab.[18] So wurde dieses ausdrücklich bejaht in einem Falle, in dem ein Werkstattbeschäftigter 15 Jahre lang in einer Werkstatt als Beschäftigter Produktionsaufträge durchführte, ohne dass irgendeine Förderung erfolgte.[19]
Der Umstand, dass der Werkstattbeschäftigte ein Mindestmaß wirtschaftlich verwertbarer Arbeitsleistung erbringt, ist kein Kennzeichen für ein Arbeitsverhältnis, sondern Aufnahmevoraussetzung nach § 219. Ein Arbeitsverhältnis liegt erst dann vor, wenn der Hauptzweck der Beschäftigung das Erbringen der wirtschaftlich verwertbaren Leistung ist, und nicht der Zweck des § 219 Abs. 1 S. 1, nämlich die Ermöglichung einer angemessenen Beschäftigung, im Vordergrund des Aufenthaltes in der Werkstatt steht.[20] Das kann in Betracht zu ziehen sein, wenn der einzelne behinderte Mensch durch seine Förderung vor allem im Arbeitsbereich der Werkstatt der spezifischen Leistungen nach § 58 Abs. 2 Nr. 2 nicht mehr bedarf und er durch die Leistungen der Rehabilitationsträger und der Werkstatt die Fähigkeit zur Vermittlung auf den allgemeinen Arbeitsmarkt erlangt hat. Dass dem Werkstattbeschäftigten trotz seiner Behinderung in der Werkstatt ein Arbeitsplatz zur Verfügung gestellt wird und auf die Behinderung Rücksicht genommen wird, genügt ebenso wenig wie die Anleitung und Überwachung durch das Fachpersonal und das Heranführen an neue Arbeitsgänge, um das Bestehen eines Arbeitsverhältnisses ausschließen zu können.[21] Es muss geprüft werden, ob der Werkstattbeschäftigte die Fähigkeit auch außerhalb der Werkstatt hat oder diese nur aufgrund der besonderen Bedingungen (zB besondere Hilfestellung oder besondere persönliche Begleitung) in der Werkstatt zeigt. Relevant ist daher, ob er seine Leistung auch erbringen kann, wenn die durch die Werkstatt gesicherte spezifische Begleit-, Förder- und Unterstützungsstruktur wegfällt. In der Regel ist ein Arbeitnehmerstatus zu verneinen.

16 Hat der Werkstattbeschäftigte die Fähigkeiten erworben, die er für die **Vermittlung** auf den allgemeinen Arbeitsmarkt benötigt, ist es vertragliche Pflicht der

---

15 Vgl. BT-Drs. 18/9522, 294.
16 So auch ausdrücklich BSG 10.5.2007 – B 7a AL 30/06 R, Orientierungssatz 3.
17 Dazu BSG 10.5.2007 – B 7a AL 30/06 R, juris Rn. 22, sowie ausführlich LAG BW 26.1.2009 – 9 Sa 60/08, juris Rn. 47.
18 Vgl. *Schaub/Linck* ArbR-HdB § 186 Rn. 154.
19 ArbG Koblenz 9.8.2002 – 1 Ca 447/02, NZARR 2003, 188.
20 LAG BW 26.1.2009 – 9 Sa 60/09, juris Rn. 49.
21 LAG Saarl 15.7.1987 – 2 Sa 34/86, RdSE 4, 92.

Werkstatt, ihn durch weitere geeignete Maßnahmen speziell mit diesem Ziel zu fördern und ihm den Weg auf den allgemeinen Arbeitsmarkt zu öffnen. § 5 Abs. 4 WVO normiert diese Pflicht. Der Fachausschuss ist in die Prüfung einzubeziehen (§ 4 Abs. 6 Satz 1 Nr. 3, § 5 Abs. 5 WVO). Mit dem Erreichen dieser Fähigkeit entfallen die Aufnahmevoraussetzung nach § 219 Abs. 1, die Beschäftigungspflicht nach § 220 Abs. 2 und die Leistungspflicht des Rehabilitationsträgers nach § 58 Abs. 1. Es kommt auch eine Vermittlung in ein Inklusionsprojekt nach § 215 in Betracht. Eine alternative Möglichkeit ist seine Übernahme in ein Arbeitsverhältnis in der Werkstatt. Die Aufgabe der Vermittlung selbst liegt bei der Bundesagentur für Arbeit (§ 35 SGB III).

Nach Absatz 1 gelten die o.a. Regelungen, soweit sich aus dem zugrundeliegenden Sozialleistungsverhältnis nichts anderes ergibt. Zu den unterschiedlichen Rechtsverhältnissen → § 220 Rn. 26 ff. Bei allen Fragen der Anwendung arbeitsrechtlicher Regelungen muss geprüft werden, welche Auswirkungen sich daraus auf das Sozialleistungsverhältnis zwischen dem behinderten Menschen und dem Rehabilitationsträger ergeben. Vereinbarungen zwischen der Werkstatt und behinderten Menschen, die Begrenzungen der Rehabilitationsleistungen zur Folge haben, bedürfen der vorherigen Zustimmung des Rehabilitationsträgers. Das gilt in besonderem Maße für die Vereinbarung von Teilzeitbeschäftigung (dazu → Rn. 33). 17

Absatz 2 bestimmt die Pflicht der Werkstatt, an die im Arbeitsbereich beschäftigten behinderten Menschen ein **Arbeitsentgelt** zu zahlen. Für die Zeit im Eingangsverfahren und Berufsbildungsbereich gilt das jeweilige Leistungsrecht der Rehabilitationsträger (siehe dazu § 63). 18

Das Arbeitsentgelt setzt sich zusammen aus einem Grundbetrag und einem Steigerungsbetrag. Der **Grundbetrag** ist an alle Werkstattbeschäftigten in der Höhe einheitlich zu zahlen. Die Werkstatt ist nicht berechtigt, schon den Grundbetrag nach der individuellen Leistungsfähigkeit zu staffeln.[22] Seine Höhe bemisst sich nach dem Ausbildungsgeld, das die Bundesagentur für Arbeit nach den für sie geltenden Vorschriften im Berufsbildungsbereich leistet. Das bis zum 1.8.2019 in dieser Regelung enthaltene Wort „zuletzt" wurde mit dem Stichtag ersatzlos gestrichen.[23] Das Ausbildungsgeld bestimmt sich nach § 122 SGB III und beträgt seit dem 1.8.2019 im Eingangsverfahren und Berufsbildungsbereich 117 EUR (§ 125 SGB III).[24] 19

Im Zuge der Diskussion über die Erhöhung des Ausbildungsgeldes zum 1.8.2019 wurde ins Feld geführt, dass der starke Anstieg des Ausbildungsgeldes von 80 EUR auf 117 EUR dann, wenn die Koppelung an das aktuelle Ausbildungsgeld erhalten bleibt, die Werkstätten vor massive finanzielle Probleme stellen wird, da diese Erhöhung in vollem Umfang aus dem Arbeitsergebnis der Werkstatt gezahlt werden muss.[25] Diesen Bedenken hat sich der Gesetzgeber angeschlossen und beginnend mit dem 1.8.2019 eine Staffelung des Grundbetrages vorgeschrieben.[26] Danach steigt der Grundbetrag zum 1.1.2020 auf monatlich mindestens 89 EUR, zum 1.1.2021 auf monatlich mindestens 99 EUR und beträgt vom 1.1.2022 bis zum 31.12.2022 dann mindestens 109 EUR. Ab dem 1.1.2023 ist die Koppelung an das Ausbildungsgeld von dann 119 EUR vorgesehen. Je nach wirtschaftlicher Leistungsfähigkeit der Werkstatt kann der

---

22 BAG 3.3.1999 – 5 AZR 162/98, RdSE 45, 67.
23 Art. 5 des G zur Anpassung der Berufsausbildungsbeihilfe und des Ausbildungsgeldes v. 8.7.2019, BGBl. I 1025.
24 Betrag neu festgesetzt durch Art. 1 Nr. 11 G. v. 8.7.2019, BGBl. I 1025.
25 S. www.bagwfbm.de; zu den Beratungen BT-Drs. 19/10691.
26 § 241 Abs. 9, eingefügt durch Art. 5 Nr. 2 G v. 8.7.2019, BGBl. I 1025.

Grundbetrag auch höher sein, es handelt sich bei den benannten Beträgen um den Mindestbetrag. Einzelheiten zur Entgeltberechnung und den Modalitäten der Auszahlung regelt die von der Werkstatt zu erstellenden und der Mitbestimmung des Werkstattrates (§ 5 Abs. 2 Nr. 3 WMVO) unterliegenden Entgeltgrundsätze. Da die Gestaltung des Entgeltes und des Gesamteinkommens als intransparent und für die Werkstattbeschäftigten als nicht nachvollziehbar kritisiert wurden, soll binnen vier Jahren geprüft werden, wie ein transparentes, nachhaltiges und zukunftsfähiges Entgeltsystem entwickelt werden kann.[27]

Kritisch wird bewertet, dass diese Steigerung des Grundbetrages dann zulasten des Steigerungsbetrages gehen wird, so dass leistungsfähigere Beschäftigte relative Kürzungen akzeptieren müssen. Dies belaste das Solidarprinzip der Werkstätten.[28] Auch kann diese Erhöhung des Grundbetrages Auswirkung auf die Frage haben, wie das Mindestmaß wirtschaftlicher Arbeitsleistung iSd § 219 Abs. 2 S. 1 (dazu → § 219 Rn. 16) zukünftig bewertet wird.

Nach dem Wortlaut der Vorschrift ist die Höhe des Grundbetrages nicht festgeschrieben. Es handelt sich um eine Soll-Vorschrift. Von Soll-Vorschriften darf aber nur abgewichen werden, wenn es dafür gewichtige Gründe gibt (vgl. § 17 Absatz 1 Satz 2 WVO). Als solcher kommt nur in Betracht, dass das Arbeitsergebnis insgesamt nicht zur Auszahlung eines einheitlichen Grundbetrages an alle Beschäftigten ausreicht (dazu → Rn. 22).

Diese Regelung soll sicherstellen, dass im Arbeitsbereich kein geringeres monatliches Arbeitsentgelt gezahlt wird als der Betrag, den behinderte Personen in der Zeit der Maßnahmen im Berufsbildungsbereich erhalten.[29] Der Grundbetrag wird in einheitlicher Höhe gezahlt, unabhängig von Ursache, Art oder Schwere der Behinderung, der Minderung seiner Leistungsfähigkeit oder eines besonderen Bedarfs an Förderung, begleitender Betreuung oder Pflege (siehe hierzu § 220 Abs. 1 Satz 2).

20 Umstritten ist, ob der **Grundbetrag gekürzt** werden kann, wenn der Werkstattbeschäftigte nur mit geminderter Stundenzahl, sog. Teilzeitbeschäftigung, in der Werkstatt tätig ist. Nach § 6 Abs. 1 WVO muss die Beschäftigungsdauer in der Werkstatt mindestens 35 und darf höchstens 40 Stunden wöchentlich betragen. Einzelnen behinderten Menschen ist eine kürzere Beschäftigungsdauer zu ermöglichen, wenn es wegen Art oder Schwere der Behinderung oder zur Erfüllung des Erziehungsauftrags notwendig erscheint (§ 6 Abs. 2 WVO).

Da der Grundbetrag aus dem Arbeitsergebnis gezahlt wird, verkürzt der trotz einer geringeren Beschäftigungszeit gezahlte volle Grundbetrag die Auszahlung an die an anderen in voller Beschäftigungszeit tätigen Werkstattbeschäftigten. Das wirkt sich erheblich vor allem aus, wenn eine große Zahl von Werkstattbeschäftigten mit einer geringeren Stundenzahl tätig ist. Da anderenfalls Kürzungen nur beim Steigerungsbetrag möglich sind, würde die mit der Entgeltzahlung auch verbundene Funktion eines Leistungsanreizes nicht mehr erfüllt. Eine Ausnahme hiervon kann allenfalls unter den engen Voraussetzungen des § 6 Abs. 2 WVO gemacht werden.[30] Die Werkstatt ist allerdings nicht berechtigt, schon den Grundbetrag nach der individuellen Leistungsfähigkeit zu staffeln.[31] Dieser

---

27 Siehe dazu den Entschließungsantrag von CDU/CSU und SPD, BT-Drs. 19/10715.
28 *Bruns*, Geplante Ausweitung des Solidarprinzips in Werkstätten für Menschen mit Behinderungen wird zeitlich gestreckt – ein Zwischenerfolg, Sozialrecht aktuell 3/2019, 112.
29 BAG 3.3.1999 – 5 AZR 162/98, RdSE 45,67.
30 Vgl. hierzu BAGüS WE 8.2.3 (3); so auch *Pahlen* in Neumann/Pahlen/Greiner/Winkler/Jabben SGB IX § 221 Rn 25; aA *Cramer* Werkstätten § 138 Rn. 38.
31 BAG 3.3.1999 – 5 AZR 162/98, RdSE 45, 67.

Grundbetrag soll vielmehr das Korrelat dafür sein, dass der Beschäftigte das ihm mögliche Maß wirtschaftlicher verwertbarer Arbeitsleistung einbringt und dabei ist es unerheblich, wieviel Zeit er dafür jeweils einbringt oder ob er zB langsam oder schnell arbeitet. Er ist daher in voller Höhe zu zahlen, ungeachtet dessen, wieviel wirtschaftlich verwertbare Leistung der jeweilige Beschäftigte einbringt. Wenn daher seine Teilzeit durch seine Behinderung begründet ist, kommt eine Kürzung des Grundbetrages nicht in Betracht,[32] denn es mache keinen Unterschied, ob ein Beschäftigter in Vollzeit lediglich eine geringe Arbeitsmenge erreicht oder ob ein anderer Beschäftigter in Teilzeit eben genau diese Arbeitsmenge ebenfalls erreicht und die Teilzeit aufgrund seiner Einschränkungen erfolgt.[33] Die Werkstatt darf dies auch nicht durch eine überproportionale Kürzung des Steigerungsbetrages umgehen.[34]

Zwar geht die Verpflichtung zur Zahlung eines leistungsunabhängigen Grundbetrages bei einer Vielzahl von Teilzeitbeschäftigen zu einem geringeren Arbeitsergebnis und damit letztlich zulasten der leistungsstärkeren Beschäftigten. Der Gesetzgeber hat diesen Konflikt jedoch bewusst zugunsten der leistungsschwächeren behinderten Personen gelöst.[35]

Eine Kürzung ist aber möglich, wenn die Entscheidung zur Teilzeitbeschäftigung aus anderen, von der Behinderung unabhängigen Gründen erfolgt, da sie auf der freiwilligen Entscheidung der Vertragsparteien beruht und in keinem Zusammenhang mit zwingend existierenden Leistungseinschränkungen des Beschäftigten steht.[36]

Die Werkstatt zahlt einen **Steigerungsbetrag**. Dieser wird zusätzlich zum Grundbetrag gezahlt. Der Steigerungsbetrag ist leistungsangemessen zu zahlen und bemisst sich nach der individuellen Arbeitsleistung, insbesondere unter Berücksichtigung der Arbeitsmenge und Arbeitsgüte. Mit dem von der individuellen Arbeitsleistung des Werkstattbeschäftigten abhängigen Steigerungsbetrag kann die Werkstatt die Arbeitsmotivation des Werkstattbeschäftigten stärken.[37]

Da der Steigerungsbetrag aus dem Arbeitsergebnis gezahlt wird, führen Kürzungen des Arbeitsergebnisses zunächst zu einer Minderung der Steigerungsbeträge. Erst wenn keine Steigerungsbeträge aus dem Arbeitsergebnis gezahlt werden können, kann der Grundbetrag gesenkt werden. Eine Reduzierung der Erträge der Werkstatt und des Arbeitsergebnisses geht also zunächst zulasten des Steigerungsbetrages und erst dann zulasten des Grundbetrages.[38]

Auf eine bestimmte fixierte Höhe des Steigerungsbetrages besteht kein Anspruch. Das gilt auch, wenn die Werkstatt über längere Zeit einen bestimmten Betrag gezahlt hat. Die Höhe des Steigerungsbetrages kann sich ändern durch eine Veränderung der Leistungsfähigkeit des Werkstattbeschäftigten. Zum anderen kann sie sich ändern durch ein geringeres Arbeitsergebnis der Werkstatt. Ein Anspruch auf eine bestimmte Höhe eines Steigerungsbetrages kann allenfalls mit Wirkung für die Vergangenheit geltend gemacht werden.

Der Steigerungsbetrag wird leistungsbezogen gezahlt. Eine teilzeitbedingte Kürzung ist daher in jedem Falle zulässig, da sich die individuelle Arbeitsleistung

---

32 ArbG Oldenburg 2. Kammer 29.3.2017 – 2 Ca 556/16, juris Rn. 22.
33 ArbG Lübeck 3. Kammer 28.1.2020 – 3 Ca 2289 öD/19, juris Rn. 48.
34 ArbG Lübeck 3. Kammer 28.1.2020 – 3 Ca 2289 öD/19, Ls.
35 ArbG Oldenburg 29.3.2017 – 2 Ca 556/16, juris Rn. 22.
36 ArbG Oldenburg 29.3.2017 – 2 Ca 556/16, juris Rn. 48.
37 BAG 3.3.1999 – 5 AZR 162/98, RdSE 45, 67.
38 BAG 3.3.1999 – 5 AZR 162/98, RdSE 45, 67.

durch den verringerten Arbeitszeitumfang unabhängig von der Behinderung ebenfalls reduziert.[39]

25 Ein etwaiges Recht der Werkstatt, das Entgelt einseitig festzusetzen (§ 315 BGB), ermöglicht es ihr nicht, das gesetzlich vorgegebene Entgeltsystem durch ein völlig anderes zu ersetzen.[40]

26 Das Arbeitsentgelt wird aus dem **Arbeitsergebnis** gezahlt. Berechnung, Verwendung und Nachweis des Arbeitsergebnisses sind in § 12 WVO geregelt (dazu auch → § 58 Rn. 38 ff.). Arbeitsergebnis ist die Summe der Erträge der Werkstatt aus der wirtschaftlichen Tätigkeit und aus den von den Rehabilitationsträgern gezahlten Vergütungen im Arbeitsbereich. Die Werkstatt ist aus § 13 Abs. 3 WVO verpflichtet, wirtschaftliche Arbeitsergebnisse anzustreben, um an die im Arbeitsbereich beschäftigten behinderten Menschen ein ihrer Leistung angemessenes Arbeitsentgelt zahlen zu können. Der durch diese Leistungen erwirtschaftete Betrag wird unter Beachtung der Regelung des § 12 Abs. 4 WVO an die Werkstattbeschäftigten ausgeschüttet. Die maximale Gesamtsumme der Grundbeträge und Steigerungsbeträge ist auf die Höhe des Arbeitsergebnisses beschränkt.

27 Die Werkstatt muss über ein Lohnsystem verfügen, welches unter Beachtung der gesetzlichen Vorgaben die Regelungen der Ausschüttung erklärt. Es muss die Kriterien für die Bemessung des Steigerungsbetrages benennen. Der Weg vom Arbeitsergebnis zum individuellen Arbeitsentgelt muss nachvollziehbar sein. Es gibt kein für alle Werkstätten verbindliches Entgeltsystem; es ist von der Werkstatt selbst zu entwickeln. Der Werkstattrat wirkt mit (§ 5 Abs. 1 Nr. 3 b WMVO).

28 Das **Arbeitsförderungsgeld** nach § 59 ist Teil des Arbeitsentgelts. Es ist zusätzlich zu zahlen. Der Grundbetrag darf wegen des Arbeitsförderungsgeldes nicht gekürzt werden. Die Berechnung und Höhe des Steigerungsbetrages wird durch die Auszahlung des Arbeitsförderungsgeldes nicht berührt.

29 Nach § 1 Abs. 1 MiLoG[41] haben Arbeitnehmer einen Anspruch auf einen bestimmten Mindestlohn. Dieser Anspruch ist unabdingbar, § 3 MiLoG. Dieses Gesetz ist nicht anwendbar auf Werkstattbeschäftigte, da sie nicht Arbeitnehmer sind.[42] Eine Anwendung würde darüber hinaus das Interesse von Werkstattbeschäftigten mindern, auf den allgemeinen Arbeitsmarkt zu wechseln.

30 Nach **Absatz 3** wird der Inhalt des arbeitnehmerähnlichen Rechtsverhältnisses durch Verträge zwischen den behinderten Menschen und dem Träger der Werkstatt näher geregelt. Als Terminologie verwendet § 13 WVO den Begriff **Werkstattverträge**.

Die Verträge sind in schriftlicher Form abzuschließen, § 13 Abs. 1 WVO. Diese Formvorgabe begründet sich auch aus § 221 Abs. 7, wonach die Lösungserklärung gegenüber nicht geschäftsfähigen Personen der schriftlichen Form bedarf und zu begründen ist. Dieses Erfordernis muss daher zum einen auch für die Begründung des Rechtsverhältnisses und in analoger Anwendung des Schutzgedankens auch für geschäftsfähige Personen gelten. Dasselbe gilt für die Notwendigkeit einer Begründung der Kündigung gegenüber geschäftsfähigen Werkstattbeschäftigten (dazu auch → Rn. 42).

---

39 ArbG Oldenburg 29.3.2017 – 2 Ca 556/16, juris Rn. 19.
40 BAG 3.3.99 – 5 AZR 162/98, juris Rn. 15.
41 Mindestlohngesetz vom 11.8.2014, BGBl. I 1348.
42 LAG SchlH 11.1.2016 – 1 Sa 224/15, juris Rn. 46; ArbG Kiel 19.6.2015 – 2 Ca 165 a/15, juris Rn. 30 ff.; aA *Scheibner* Behindertenrecht 2015, 188 ff.

Vertraglich zu regelnde, gesetzlich bestimmte Pflichten ist der im Verhältnis zum Rehabilitationsträger festgelegte, im Verhältnis zum Werkstattbeschäftigten zu vereinbarende Katalog der Leistungen nach § 58, die Zahlung eines Entgelts iSd Abs. 2 und die Beachtung der Beendigungsgründe aus § 220 Abs. 2. Darüber hinaus zu beachten sind die verordnungsrechtlichen Vorgaben aus § 3 WVO – Eingangsverfahren, § 4 – Berufsbildungsbereich, § 5 – Arbeitsbereich, § 6 – Beschäftigungsdauer. 31

Weitergehende Rechte folgen aus dem arbeitnehmerähnlichen Rechtsverhältnis insoweit, als der Gesetzgeber für die Werkstattbeschäftigten im Rahmen der Leistungen zur Teilhabe am Arbeitsleben eine ihren Möglichkeiten und besonderen Bedürfnissen entsprechende Anwendung arbeitsrechtlicher Regeln anstrebt. Dieses umfasst neben den im Rahmen eines normalen Unternehmens üblichen Regeln auch die Bereiche des individuellen und kollektiven Arbeitsrechts. 32

Zu den in einem normalen Unternehmen üblichen Regeln gehören Anforderungen der Einhaltung von Arbeitszeit und Pausen, Sicherheitsgebote und Verhaltensnormen.

Zu den individuellen arbeitsvertraglichen Normen gehören vor allem die **Arbeitnehmerschutzrechte und -gesetze.** Zu den werkstattspezifischen besonderen Rechten siehe § 52 und § 4 Abs. 1 Nr. 1 lit. a WMVO. Umstritten ist, in welchem Umfang die Bestimmungen des Teilzeit- und Befristungsgesetzes auf das arbeitnehmerähnliche Rechtsverhältnis Anwendung finden. Zum Teil werden dessen Bestimmungen analog angewandt.[43] Dafür spricht auch die Formulierung des § 4 Absatz 1 Ziffer 1 lit. a WMVO. In jedem Falle ist zu prüfen, ob bei gekürzter Beschäftigungszeit die individuell notwendigen Rehabilitationsleistungen in ausreichendem Umfang erbracht werden können. Diese Entscheidung kann nur im Einzelfall und unter Berücksichtigung der individuellen Entwicklungsmöglichkeiten, insbesondere von Art und Schwere der Behinderung getroffen werden.[44] § 6 Abs. 2 WVO findet Anwendung. Wegen der Auswirkung der Teilzeit auf die Rehabilitation des Werkstattbeschäftigten ist der zuständige Rehabilitationsträger in die Entscheidungsfindung einzubinden.[45] Zu den Konsequenzen der Teilzeitentscheidung auf den Grundbetrag → Rn 20. 33

Zu den kollektiven Normen gehört insbesondere die Mitbestimmung und Mitwirkung (siehe hierzu § 222). 34

Die Werkstattbeschäftigten unterliegen der gesetzlichen Sozialversicherung. Die Pflicht zur Sozialversicherung richtet sich für die Rentenversicherung nach § 1 Satz 1 Nr. 2 SGB VI, für die Krankenversicherung nach § 5 Abs. 1 Satz 1 Nr. 7 SGB V, für die Unfallversicherung nach § 2 Abs. 1 Nr. 4 SGB VII, für die Pflegeversicherung nach § 20 Abs. 1 Satz 2 Nr. 7 SGB XI. 35

Die Werkstattbeschäftigten unterliegen in aller Regel nicht der Beitragspflicht zur Arbeitslosenversicherung, da der rehabilitative Aspekt im Vordergrund steht.[46] 36

Die Pflicht zur Abführung der Beiträge obliegt dem Träger der Werkstatt. Dem Träger werden die Beiträge zum Teil erstattet (§§ 251 Abs. 2 Satz 2 SGB V, 179 Abs. 1 Satz 2 SGB VI, 59 Abs. 1 SGB XI). 37

---

43 So wohl auch BAGüS WE 8.4.
44 So auch BAGüS WE 8.4 (3).
45 So auch BAGüS WE 8.4 (3).
46 Vgl. SG Lüneburg 17.1.1989 – 9 Kr 19/87, RsDE 9, 91; *Cramer* Werkstätten Einf. 6 Rn. 244.

38 Der Werkstattvertrag kann nur unter engen Bedingungen beendet oder gekündigt werden. § 220 Abs. 2 begrenzt diese auf den Fall, dass die Aufnahmevoraussetzungen nicht mehr erfüllt sind (ausführlich zur Kündigung → § 220 Rn. 21 ff.). Eine Kündigung unter Anwendung arbeitsrechtlicher Bestimmungen, insbesondere eine Kündigung aus verhaltensbedingten Gründen, scheidet daher aus. Der Werkstattrat ist über die Beendigung des arbeitnehmerähnlichen Rechtsverhältnisses zu unterrichten (§ 7 Abs. 1 Ziff. 1 WMVO).

39 Der Werkstattvertrag ist zwischen dem Werkstattbeschäftigten und der Werkstatt abzuschließen. Er bedarf nicht der vorherigen Zustimmung der zuständigen Leistungsträger. Über die vom Werkstattträger verwendeten Vertragsregelungen, also die Vertragsmuster, sind die zuständigen Rehabilitationsträger zu unterrichten (§ 13 Abs. 1 Satz 2 WVO). Diese sind Teil des Prüfungsumfanges im Rahmen des Anerkennungsverfahrens nach § 225. Es gibt keine Unterrichtungspflicht des Werkstattträgers über die individuellen vertraglichen Regelungen.

40 Für die Teilnehmer im Eingangsverfahren und Berufsbildungsbereich gelten nach **Absatz 4** die Bestimmungen des § 52. Die Regelungen des arbeitnehmerähnlichen Rechtsverhältnisses aus §§ 220, 221 Abs. 1 gelten somit nicht. Auch zahlt die Werkstatt kein Arbeitsentgelt, da nach § 220 Abs. 2 diese Pflicht nur gegenüber Beschäftigten im Arbeitsbereich besteht. Es wird auch kein Arbeitsförderungsgeld gezahlt, da dieses nach dem Wortlaut des § 59 nur an die Beschäftigten im Arbeitsbereich gezahlt wird.

41 In **Absatz 5** trifft der Gesetzgeber ein Sonderrecht für volljährige geschäftsunfähige Menschen im Arbeitsbereich der anerkannten Werkstatt für behinderte Menschen. Der Werkstattvertrag wird damit nicht von Anfang an wirksam, gegenseitige Vertragspflichten, die dem Schutz des Geschäftsunfähigen zuwider laufen, können daher nicht begründet werden. Absatz 5 fingiert einen wirksamen Vertrag mit Wirkung für die Zukunft in Ansehung der Leistungen und Gegenleistungen, sobald sie bewirkt worden sind. Die Wirksamkeit des Erfüllungsgeschäftes, mit dem die Bewirkung der Leistungen vollzogen wird, scheitert nicht daran, dass der Geschäftsunfähige keine wirksame Willenserklärung abgeben konnte. Damit ist die Rückabwicklung bereits erbrachter Leistungen ausgeschlossen. Voraussetzung dieser Regelung ist, dass der behinderte Mensch bereits in den Arbeitsbereich der Werkstatt aufgenommen ist. Entscheidend sind der Tatbestand sowie der Zeitpunkt der tatsächlichen Aufnahme. Diese Regelungen gehen über den Regelungsbereich des § 105 a BGB hinaus.

42 **Absatz 6** erweitert den Schutzgedanken des Absatz 5 ausdrücklich auf den Tatbestand der Beendigung des Werkstattvertragsverhältnisses. Absatz 7 bezeichnet die einseitige Erklärung der Werkstatt als Lösungserklärung. Da es bei einem geschäftsunfähigen Menschen bereits an der Wirksamkeit der Begründung des Rechtsverhältnisses mangelt, fehlt auch für die Beendigung ein rechtlicher Schutzrahmen. Zugunsten des behinderten Menschen erklärt Absatz 6 die Anwendung der Regelungen für verbindlich, die auch gegenüber geschäftsfähigen Personen gelten (hierzu auch → § 220 Rn. 14 ff.).

Absatz 6 gilt nur für Lösungserklärungen seitens der Werkstatt. Er findet keine Anwendung auf Lösungserklärungen seitens des behinderten Menschen selber oder seines Betreuers. Er gilt auch nicht für den Entzug der Kostenzusage seitens des Rehabilitationsträgers. Entzieht ein Rehabilitationsträger seine Kostenzusage, weil die Aufnahmevoraussetzungen nach § 220 nicht mehr vorliegen, entfällt bereits das zugrunde liegende Sozialleistungsverhältnis. Einer zusätzlichen Kündigung seitens der Werkstatt bedarf es dann nicht mehr.

Absatz 7 trifft für die Beendigung des Vertragsverhältnisses gegenüber geschäftsunfähigen behinderten Menschen im Arbeitsbereich ein zusätzliches **Formerfordernis.** Danach ist die Erklärung schriftlich zu fassen und muss begründet werden. Als Begründungstatbestand kommen nur Gründe in Betracht, die den Anforderungen des § 220 Abs. 2 standhalten (dazu auch → § 220 Rn. 14 ff.). 43

Unklar ist, ob die Bestimmung des Absatzes 7 ein **Sonderrecht** zugunsten der geschäftsunfähigen behinderten Menschen im Arbeitsbereich der Werkstatt darstellt. Eine vergleichbare Formvorschrift für die Beendigung des Werkstattvertrages gegenüber einem geschäftsfähigen behinderten Menschen im Arbeitsbereich der Werkstatt gibt es nicht. Aus dem Schutzgedanke der Gleichbehandlung ist zugunsten dieses Personenkreises daher der Gedanke des Abs. 7 auch auf diese Personen anzuwenden. Dieses rechtfertigt sich auch aus der analogen Anwendung des § 623 BGB. 44

Empfänger der Lösungserklärung wie auch der Kündigung ist der Werkstattbeschäftigte. Ist für einen volljährigen geschäftsunfähigen Menschen ein Betreuer bestellt, so ist ihm die Erklärung zuzustellen. Bei einem volljährigen geschäftsunfähigen Menschen ohne Betreuer kann die Erklärung nicht zugestellt werden. In diesem Falle ist die schriftliche Bekanntgabe in der Form des Abs. 7 an die Person, die den behinderten Menschen tatsächlich betreut, oder an einen Angehörigen ausreichend. 45

Eine dem Gedanken des Abs. 5 vergleichbare Regelung für die Vertretung vor dem Arbeitsgericht besteht nicht. Für die Mitwirkung im Werkstattrat bestimmt § 1 Abs. 1 WMVO, dass alle behinderten Beschäftigten ungeachtet ihrer Geschäftsfähigkeit mitwirken. 46

Eine analoge Anwendung dieser Regelung auf **Förder- oder sonstige Beschäftigungsstätten** scheidet wegen der speziellen Regelungszuordnung auf den Arbeitsbereich anerkannter Werkstätten aus. 47

§ 222 Mitbestimmung, Mitwirkung, Frauenbeauftragte

(1) ¹Die in § 221 Absatz 1 genannten behinderten Menschen bestimmen und wirken unabhängig von ihrer Geschäftsfähigkeit durch Werkstatträte in den ihre Interessen berührenden Angelegenheiten der Werkstatt mit. ²Die Werkstatträte berücksichtigen die Interessen der im Eingangsverfahren und im Berufsbildungsbereich der Werkstätten tätigen behinderten Menschen in angemessener und geeigneter Weise, solange für diese eine Vertretung nach § 52 nicht besteht.

(2) Ein Werkstattrat wird gewählt; er setzt sich aus mindestens drei Mitgliedern zusammen.

(3) Wahlberechtigt zum Werkstattrat sind alle in § 221 Absatz 1 genannten behinderten Menschen; von ihnen sind die behinderten Menschen wählbar, die am Wahltag seit mindestens sechs Monaten in der Werkstatt beschäftigt sind.

(4) ¹Die Werkstätten für behinderte Menschen unterrichten die Personen, die behinderte Menschen gesetzlich vertreten oder mit ihrer Betreuung beauftragt sind, einmal im Kalenderjahr in einer Eltern- und Betreuerversammlung in angemessener Weise über die Angelegenheiten der Werkstatt, auf die sich die Mitwirkung erstreckt, und hören sie dazu an. ²In den Werkstätten kann im Einvernehmen mit dem Träger der Werkstatt ein Eltern- und Betreuerbeirat errichtet werden, der die Werkstatt und den Werkstattrat bei ihrer Arbeit berät und durch Vorschläge und Stellungnahmen unterstützt.

(5) ¹Behinderte Frauen im Sinne des § 221 Absatz 1 wählen in jeder Werkstatt eine Frauenbeauftragte und eine Stellvertreterin. ²In Werkstätten mit mehr als 700 wahlberechtigten Frauen wird eine zweite Stellvertreterin gewählt, in Werkstätten mit mehr als 1 000 wahlberechtigten Frauen werden bis zu drei Stellvertreterinnen gewählt.

1 **Gesetzeshistorie:** Die Vorschrift wurde durch Artikel 1 und 68 Abs. 1 SGB IX vom 19.6.2001¹ eingeführt. Sie wurde im Gesetzesverfahren durch Art. 1 des Gesetzes vom 23.12.2016² – Bundesteilhabegesetz – in den Absätzen 1–4 übernommen und um Absatz 5 ergänzt. In der Überschrift und in Absatz 1 Satz 1 wird der Begriff der Mitbestimmung neu eingeführt, in Absatz 5 die Aufgabe der Frauenbeauftragten. Gemäß Art. 26 Abs. 2 tritt diese geänderte Fassung der Überschrift (Art. 2, Ziffer 11 a) und die Neuregelung des § 222 Abs. 5 (Art. 2, Ziffer 11 b) am Tage nach der Veröffentlichung im BGBl. I³ in Kraft.

2 **Regelungsinhalt:** Die Vorschrift regelt die Mitbestimmung und Mitwirkung der Werkstatträte, die Einbeziehung einer Frauenbeauftragten sowie die Mitwirkung der Eltern und Betreuer in den Werkstätten für behinderte Menschen.

3 **Zur Entstehung:** Die Vorschrift übernahm die Zielsetzung des vormaligen § 54 c SchwbG durch Art. 5 Nr. 5 des Gesetzes zur Reform des Sozialhilferechtes v. 23.7.1996.⁴ Sie wurde in das SGB IX eingeführt und durch das Bundesteilhabegesetz vom 23.12.2016 mit Ergänzungen übernommen. Abs. 5 wurde neu hinzugefügt.⁵

4 Mit der Übernahme ins SGB IX im Jahre 2001 wurde für das Mitwirkungsgremium bundeseinheitlich der Begriff Werkstattrat eingeführt. Zugleich wurde diese Mitwirkung rechtlich verpflichtend vorgeschrieben. Die auf der Ermächtigungsgrundlage des § 144 Abs. 2 – heute § 227 Abs. 2 – erlassene Werkstätten – Mitwirkungsverordnung (WMVO) vom 25.6.2001⁶ führte die Vorgaben zur Mitwirkung weiter aus. Maßgeblich neu waren dabei seinerzeit die Regelungen zur Interessenvertretung der Personen, die an Maßnahmen im Eingangsverfahren und im Berufsbildungsbereich teilnehmen, und die Erwähnung der in einer Vielzahl von Werkstätten bereits vorhandenen Eltern- und Betreuervertretungen in Abs. 4 S. 2.

5 Im Zuge des Bundesteilhabegesetzes durch Art. 1 des Gesetzes v. 23.12.2016 wurden die Bestimmungen neu gefasst, Regelungen für die Mitbestimmung eingefügt und in § 222 Abs. 5 die Aufgabe des Frauenbeauftragten in das Gesetz aufgenommen. Diese Regelungen wurden gemäß Art. 26 Abs. 2 mit Wirkung am Tage nach der Veröffentlichung in Kraft gesetzt.⁷ Durch Art. 18 Abs. 2 dieses Gesetzes⁸ wurde § 14 WVO mit der Überschrift: „Mitbestimmung, Mitwirkung, Frauenbeauftragte" neu gefasst und erhielt den Wortlaut: „Die Werkstatt hat den Menschen mit Behinderung gemäß § 13 Abs. 1 Satz 1 eine angemessene Mitwirkung und Mitbestimmung durch Werkstatträte sowie den Frauenbeauftragten eine angemessene Interessenvertretung zu ermöglichen." In weiterer Folge wurde durch Art. 22⁹ die WMVO überarbeitet: § 1 Abs. 1 WMVO wurde entsprechend ergänzt. In § 3 Abs. 1 WMVO wurde die Zahl der Mitglieder des

---

1 BGBl. I 1046.
2 BGBl. I 3234.
3 BGBl. I 3234.
4 BGBl. I 1088.
5 BGBl. I 3234.
6 BGBl. I 1297.
7 BGBl. I 3234 (3334, 3309).
8 BGBl. I 3234, 3329.
9 BGBl. I 3234, 3334.

Werkstattrates neu geregelt (Art. 22 Ziff. 2). In § 5 wurden die Regelungen der Mitwirkung und Mitbestimmung durch den Werkstattrat entsprechend neu gefasst (Art. 22 Ziff. 4). Die Regelungen zur Vermittlungsstelle in § 6 WMVO wurden überarbeitet, der zeitliche Korridor zum Tätigwerden in Abs. 2 S. 1 enger gefasst und eine höhere Verbindlichkeit der Entscheidung der Vermittlungsstelle definiert (Art. 22 Ziff. 5). Der Abschnitt 4a WMVO mit den §§ 39a–c WMVO – Frauenbeauftragte – wurde neu eingeführt (Art. 22 Ziff. 6, 7, 10). In diesem Zuge wurden auch weitere Folgeregelungen neu gefasst. Diese Änderungen traten gemäß Art. 26 Abs. 2 des Gesetzes v. 23.12.2016 am Tage nach der Veröffentlichung im BGBl. I[10] in Kraft. Der Grund für das vorzeitige Inkrafttreten dieser Regelung ist der Umstand, dass gemäß § 40 WMVO im November 2017 die Werkstatträte neu gewählt werden. Somit ist sichergestellt, dass für diese Wahl die Neuregelungen, insbes. zur Zahl der Mitglieder wie auch zu den Frauenbeauftragten, umgesetzt werden.

§ 222 regelt die Eckpunkte der Mitbestimmung und Mitwirkung behinderter Menschen in der Werkstatt. Durch die nach § 227 Abs. 2 normierte Verordnung werden die dort genannten Regelungsbereiche weiter ausgeführt. Die Sicherstellung der Mitbestimmung und Mitwirkung ist Pflichtaufgabe der Werkstatt. Die Ermöglichung der kollektiven Beteiligung ist originärer Teil der Teilhabe am Arbeitsleben. Diese Pflicht war bereits seit 1980 in § 14 WVO weiter konkretisiert.

Nach **Absatz 1 Satz 1** bestimmen und wirken die Werkstattbeschäftigten in Werkstatträten mit. Mitbestimmungs- und mitwirkungsberechtigt sind die Werkstattbeschäftigten im Arbeitsbereich. Dazu zählen auch Personen, die auf ausgelagerten Arbeitsplätzen (dazu → § 219 Rn. 10) tätig sind. Nicht hierzu gehören behinderte Menschen, die Arbeitnehmer sind (hierzu → § 221 Rn. 13, 15), sie sind bei dem Arbeitnehmer-Mitbestimmungsgremium der Werkstatt (Arbeitnehmer-Mitbestimmungsgremien sind je nach verfassungsrechtlicher Zuordnung des Betriebes: Personalrat, Betriebsrat, Mitarbeitervertretung) zu beteiligen.[11] Nach **Satz 2** sollen die Werkstatträte die Interessen der im Eingangsverfahren und im Berufsbildungsbereich der Werkstätten tätigen behinderten Menschen in angemessener und geeigneter Weise berücksichtigen, solange für diese eine Vertretung nach § 52 nicht besteht.

Das Mitwirkungsgremium heißt **Werkstattrat**. Der Begriff ist einheitlich benannt und für dieses Mitbestimmungs- und Mitwirkungsgremium bindend.

Im Werkstattrat bestimmen und wirken die in der Werkstatt beschäftigten Menschen in den ihre Interessen berührenden Angelegenheiten der Werkstatt mit. Die Fragen, auf die sich die Mitbestimmung und Mitwirkung im Einzelnen erstreckt, wird durch eine Rechtsverordnung nach § 227 Abs. 2[12] näher geregelt. Der Katalog der mitwirkungs- und mitbestimmungspflichtigen Angelegenheiten wurde in § 5 WMVO umfassend neu geregelt. § 5 Abs. 1 WMVO enthält die Aufgaben, die der Mitwirkung unterliegen. § 5 Abs. 2 WMVO enthält die Aufgaben, die der Mitbestimmung unterliegen. Nach § 5 Abs. 3 WMVO ist der Werkstattrat in allen mitwirkungs- und mitbestimmungsbedürftigen Angelegenheiten rechtzeitig, umfassend und in angemessener Weise von der Werkstatt zu unterrichten und vor Durchführung jeder Maßnahme anzuhören. Eine Öffnungsklausel für eine weitergehende, freiwillig zu vereinbarende Beteiligung ist in § 5 Abs. 6 S. 2 und 3 WMVO enthalten.

---

10 BGBl. I v. 29.12.2016, Nr. 66.
11 Siehe zur Abgrenzung auch LAG Bln 12.3.1990 – 9TaBV 1/90, NZA 1990, 788L.
12 Werkstätten-Mitwirkungsverordnung – WMVO – vom 25.6.2001, BGBl. I 1297, idF des Art. 26 des Gesetzes vom 17.7.2017, BGBl. I 2541 (2571).

Ziel der Mitbestimmung und Mitwirkung ist die Herstellung eines Einvernehmens. Lässt sich das Einvernehmen nicht herstellen, so kann jede Seite nach § 5 Abs. 3 Satz 3 WMVO eine unabhängige **Vermittlungsstelle** (§ 6 WMVO) anrufen. Die Vermittlungsstelle ist hinsichtlich Bildung und Zusammensetzung der Einigungsstelle nach § 76 BetrVG nachgebildet. Allerdings wirkt sich hier die Unterschiedlichkeit von Mitwirkung und Mitbestimmung aus. Bei Angelegenheiten, die der Mitwirkung unterliegen (Katalog des § 5 Abs. 1 WMVO), entscheidet gemäß § 5 Abs. 4 WMVO die Werkstatt unter Berücksichtigung des Einigungsvorschlages der Vermittlungsstelle endgültig. Bei Angelegenheiten, die der Mitbestimmung unterliegen (Katalog des § 5 Abs. 2 WMVO), entscheidet, sofern zwischen den Beteiligten keine Einigung erreicht wurde, gemäß § 5 Abs. 5 WMVO die Vermittlungsstelle endgültig. Beide Festlegungen gelten nur insoweit, als die strittige Angelegenheit nicht nur einheitlich für Werkstattbeschäftigte und für Arbeitnehmer getroffen werden kann und Gegenstand einer Vereinbarung mit dem Arbeitnehmer – Mitbestimmungsgremium ist oder sein soll. In diesen Fällen ist gemäß § 5 Abs. 6 Satz 1 WMVO auf eine einvernehmliche Regelung hinzuwirken. Gemäß § 6 Abs. 2 Satz 1 WMVO muss die Vermittlungsstelle unverzüglich tätig werden. Für die Entscheidung der Vermittlungsstelle setzt § 6 Abs. 3 WMVO eine Frist von zwölf Tagen. Zur Sicherung des Mitwirkungsrechts des Werkstattrats ist bis zur endgültigen Entscheidung die Durchführung der Maßnahme nach § 6 Abs. 3 Satz 2 WMVO auszusetzen. Bleiben Angelegenheiten zwischen der Werkstatt und dem Werkstattrat strittig, kann der Werkstattrat im arbeitsgerichtlichen Beschlussverfahren Anträge stellen. Nach § 10 ArbGG ist er beteiligtenfähig.[13] In § 2a Abs. 1, 3a ArbGG ist die Zuständigkeit der Gerichte für Arbeitssachen im Beschlussverfahren ausdrücklich für diese Fälle eröffnet.

10 Die Mitwirkung und Mitbestimmung erfolgt durch alle behinderten Menschen im Arbeitsbereich, ungeachtet ihrer Geschäftsfähigkeit (§ 1 Abs. 1 WMVO). Es ist davon auszugehen, dass ein großer Teil der in der Werkstatt beschäftigten behinderten Menschen nach § 104 Nr. 2 BGB geschäftsunfähig ist. Nach § 105 BGB sind deren Willenserklärungen nichtig. Gleichwohl ordnet der Gesetzgeber ihnen das Recht auf Beteiligung zu. Dies trägt dem Gedanken Rechnung, dass die Teilhabe am Arbeitsleben in der vom einzelnen behinderten Menschen erlebbaren, ihm adäquaten Weise gestaltet werden soll. Eine dem § 105a BGB oder § 221 Abs. 5 entsprechende Regelung besteht nicht. Die Wahl zum Werkstattrat ist nicht schon deshalb nichtig, weil geschäftsunfähige Personen mit gewählt haben. Die Werkstatt muss ein Wahlverfahren entwickeln, das auch geschäftsunfähigen oder lese- oder schreibunkundigen Personen eine Mitsprache ermöglicht (vgl. § 20 WMVO). Diese Anforderung gilt auch für die Zusammenarbeit mit und innerhalb des Werkstattrates.

11 Nach **Absatz 2** wird der Werkstattrat in Werkstätten gewählt. Diese an sich unstreitige Regelung erklärt sich aus der früheren Regelung des § 54c Abs. 2 SchwbG idF bis zum 30.6.2001, wonach Werkstatträte in Werkstätten und in Zweigwerkstätten gewählt werden sollen. Nunmehr ist die Zuordnung Werkstattrat auf die Einheit Werkstatt eindeutig geregelt.

12 Gemäß Abs. 2 Hs. 2 setzt sich der Werkstattrat aus mindestens drei Mitgliedern zusammen. § 3 Abs. 1 WMVO idF des Gesetzes v. 23.12.2016[14] erhöht die Zahl der Mitglieder gestaffelt nach der Zahl der Wahlberechtigten in der Werkstatt.

---

13 *König* in ArbGV § 10 Rn. 16.
14 BGBl. I 3234, Art. 22 (S. 3334).

Absatz 3 regelt das aktive und das passive **Wahlrecht**. Wahlberechtigt sind alle 13
im Arbeitsbereich beschäftigten behinderten Menschen. Eine Mindestbeschäftigungszeit als Voraussetzung ist nicht vorgeschrieben.
Wählbar sind Personen, die am Wahltag seit mindestens sechs Monaten in der
Werkstatt beschäftigt sind. Das Gesetz trennt nicht zwischen Berufsbildungsbereich und Arbeitsbereich, die Beschäftigungszeiten im Eingangsverfahren und
Berufsbildungsbereich sind daher zu berücksichtigen. Entscheidender Bemessungstag ist der Wahltag, nicht der Tag der Aufstellung der Bewerberliste.

Nach **Absatz 4** unterrichten die Werkstätten die Personen, die behinderte Menschen gesetzlich vertreten oder mit ihrer Betreuung beauftragt sind, einmal jährlich in einer **Eltern- und Betreuerversammlung** in angemessener Weise über die Angelegenheiten der Werkstatt, auf die sich die Mitwirkung erstreckt, und hören sie dazu an. Mit dieser Bestimmung erweitert der Gesetzgeber das Beteiligungsrecht über den Werkstattrat hinaus auf einen erweiterten Personenkreis. Diese Beteiligung beinhaltet eine Pflicht der Werkstatt. Es trägt dem Ansinnen des Gesetzgebers Rechnung, die Mitverantwortung für die Teilhabe des behinderten Menschen am Arbeitsleben zu erweitern auf die Personen, die mit diesem tatsächlich oder rechtlich in Verbindung stehen und daraus Verantwortung für ihn tragen. § 8 Abs. 1 Satz 1 WMVO spricht die Interessenkonflikte an, die im Verhältnis zwischen Werkstattrat und der Mitwirkung der Eltern- und Betreuerversammlung bzw. einem Eltern- und Betreuerbeirat entstehen können. 14

Personen, die behinderte Menschen gesetzlich vertreten oder mit ihrer Betreuung beauftragt sind, sind die gerichtlich bestellten Betreuer mit dem benannten Aufgabengebiet. Dem entspricht die Formulierung „Betreuerversammlung". Die Verantwortung der Eltern als Ausfluss des Personensorgerechts aus § 1626 BGB endet mit dem Erreichen der Volljährigkeit des Kindes, auch wenn es behindert ist. Für die Wirksamkeit einer Vertretung nach diesem Zeitpunkt ist eine Bestellung als Betreuer notwendig. Die Bezeichnung Elternversammlung legt nahe, dass der Gesetzgeber beabsichtigt, dass Eltern auch dann zu der Versammlung geladen werden, wenn sie keine rechtliche Vertretungskompetenz haben (dazu → § 221 Rn. 45). 15

Die Eltern- und Betreuerversammlung muss einmal pro Jahr stattfinden. Ein Rechtsanspruch auf Durchführung ist nicht verankert, dies muss ggf. über die Anerkennungsbehörde beanstandet werden. 16

Die Versammlung steht Eltern und Betreuern der behinderten Menschen aus dem Arbeitsbereich, wie aber auch aus dem Eingangsverfahren und dem Berufsbildungsbereich offen.

Die Beteiligung der Eltern und Betreuer bezieht sich auf Unterrichtung und Anhörung. Eine weitergehende Mitsprache ist nicht vorgesehen, vor allem nicht die Einbeziehung in Entscheidungen. Die im Rahmen der Anhörung eingebrachten Positionen sollten von der Werkstatt berücksichtigt werden. 17

Die Beteiligung erstreckt sich auf die Punkte, die auch der Mitwirkung des Werkstattrates unterliegen. Bei einer engen Auslegung umfasst die Anhörung und Beteiligung der Eltern- und Betreuerversammlung nur die Themen des Katalogs nach § 5 Abs. 1 WMVO, nicht die Angelegenheiten nach § 5 Abs. 2 WMVO. Die diesbezügliche Regelung des § 222 Abs. 4 Satz 1 ist nicht um das Wort „Mitbestimmung" erweitert worden, sondern begrenzt die Beteiligung auf die Angelegenheiten, auf die sich die Mitwirkung erstreckt.[15] 18

Durch die Deckungsgleichheit der „Angelegenheiten, auf die sich die Mitwirkung erstreckt" in Abs. 1 und Abs. 4 kann ein **Konkurrenzverhältnis** zwischen 19

---
15 BGBl. I 3234 (3301).

der Mitwirkung des Werkstattrates und der Beteiligung der Eltern- und Betreuerversammlung entstehen. Dieses ist, wenn es sich nicht im Einzelfall um eine Konkurrenz im individuellen Betreuungsfall handelt, in aller Regel zugunsten der Mitwirkung der Werkstattbeschäftigten im Rahmen des Werkstattrates zu lösen.

20 Nach **Absatz 4 Satz 2** kann in den Werkstätten im Einvernehmen mit dem Träger der Werkstatt ein **Eltern- und Betreuerbeirat** errichtet werden, der die Werkstatt und den Werkstattrat bei ihrer Arbeit berät und durch Vorschläge und Stellungnahmen unterstützt. Diese Möglichkeit trägt der Praxis vieler Werkstätten Rechnung, die Betreuer und Angehörigen auf freiwilliger Basis in einem durch Konstituierung begründeten Gremium in die Tätigkeit der Werkstatt einzubeziehen. Ein Rechtsanspruch auf Errichtung eines Eltern- und Betreuerbeirates besteht nicht. Das Konkurrenzverhältnis zur Mitwirkung des Werkstattrates ist zu beachten.

21 Nach Absatz 5 sind in Werkstätten **Frauenbeauftragte** zu wählen. Diese durch Gesetz vom 23.12.2016 – Bundesteilhabegesetz – neu eingefügte Bestimmung trägt dem Umstand Rechnung, dass in vielen Fällen die Zahl der Frauen im Werkstattrat im Verhältnis ihrer tatsächlichen Anzahl in der Werkstatt unterrepräsentiert war. Die Aufforderung des § 3 Abs. 2 WMVO, dass die Geschlechter entsprechend ihrem zahlenmäßigen Verhältnis im Werkstattrat vertreten sein sollen, hat nicht zu dem gewünschten Ergebnis der Geschlechterrepräsentanz geführt. Diese Regelung des § 3 Abs. 2 entsprach dem § 15 Abs. 2 BetrVG, war aber – anders als im BetrVG – keine zwingende Vorschrift.
Einzelheiten zu Wahl, Aufgabe und Rolle der Frauenbeauftragten sind in §§ 39 a–c WMVO aufgeführt. Der Entwurf des Teilhabestärkungsgesetzes sieht auch eine Stärkung ihrer Rolle vor.[16]
Absatz 5 ist eine zwingende Regelung, von der nicht – auch nicht in Ausnahmefällen – abgewichen werden kann.

22 § 227 Abs. 2 Satz 2 und § 1 Abs. 2 WMVO bestimmen, dass Religionsgemeinschaften für ihre Einrichtungen eigene Regelungen aufstellen können. Die berechtigten Religionsgemeinschaften der evangelischen und der katholischen Kirche haben unter Anwendung der Art. 140 GG iVm Art. 137 ff. WRV eigene kirchliche Mitwirkungsregelungen erlassen.

23 Nach wie vor werden Art und Umfang der Mitwirkung kritisiert. Entscheidend ist, wie die Werkstattleitung bzw. Geschäftsführung dazu stehen. Als kritisch angesehen wird, dass die seit 2018 geltenden Regelungen erst bekannt gemacht werden müssen, bevor sie Wirkung zeigen, der höhere Arbeitsaufwand, die benötigte Zeit und Unterstützung, der notwendige Schulungsaufwand sowie die deutlich höheren Kosten. Eine adäquate Finanzierung der Arbeit des Werkstattrates und der Frauenbeauftragten ist nach wie vor nicht gesichert.[17]

§ 223 Anrechnung von Aufträgen auf die Ausgleichsabgabe

(1) ¹Arbeitgeber, die durch Aufträge an anerkannte Werkstätten für behinderte Menschen zur Beschäftigung behinderter Menschen beitragen, können 50 Prozent des auf die Arbeitsleistung der Werkstatt entfallenden Rechnungsbetra-

---

16 Teilhabestärkungsgesetz, RegE v. 3.2.2021, Art. 12.
17 Dazu *Hahn*, Mitbestimmung in Werkstätten für behinderte Menschen gestalten – Zusammenfassung der Online-Diskussion im moderierten Forum, Fragen – Meinungen – Antworten zum Rehabilitations- und Teilhaberecht (9.–29.5.2019), Beitrag D14–2019, abrufbar unter www.reha-recht.de.

ges solcher Aufträge (Gesamtrechnungsbetrag abzüglich Materialkosten) auf die Ausgleichsabgabe anrechnen. ²Dabei wird die Arbeitsleistung des Fachpersonals zur Arbeits- und Berufsförderung berücksichtigt, nicht hingegen die Arbeitsleistung sonstiger nichtbehinderter Arbeitnehmerinnen und Arbeitnehmer. ³Bei Weiterveräußerung von Erzeugnissen anderer anerkannter Werkstätten für behinderte Menschen wird die von diesen erbrachte Arbeitsleistung berücksichtigt. ⁴Die Werkstätten bestätigen das Vorliegen der Anrechnungsvoraussetzungen in der Rechnung.
(2) Voraussetzung für die Anrechnung ist, dass
1. die Aufträge innerhalb des Jahres, in dem die Verpflichtung zur Zahlung der Ausgleichsabgabe entsteht, von der Werkstatt für behinderte Menschen ausgeführt und vom Auftraggeber bis spätestens 31. März des Folgejahres vergütet werden und
2. es sich nicht um Aufträge handelt, die Träger einer Gesamteinrichtung an Werkstätten für behinderte Menschen vergeben, die rechtlich unselbständige Teile dieser Einrichtung sind.
(3) Bei der Vergabe von Aufträgen an Zusammenschlüsse anerkannter Werkstätten für behinderte Menschen gilt Absatz 2 entsprechend.

Gesetzeshistorie: Die Vorschrift wurde durch Art. 1 und 68 Abs. 1 SGB IX vom 19.6.2001[1] eingeführt. Sie wurde durch Gesetz vom 23.12.2016 – Bundesteilhabegesetz – nicht geändert.[2]

Regelungsinhalt: Die Vorschrift regelt die Anrechnung von Aufträgen an Werkstätten für behinderte Menschen auf die Ausgleichsabgabe.

Zur Entstehung: Die Vorschrift entwickelte § 55 SchwbG fort und wurde unverändert durch Gesetz vom 23.12.2016[3] übernommen.

Die Überarbeitung im Jahre 2001 diente der Klarstellung, dass eine Anrechnung auf die Ausgleichsabgabe nur insoweit erfolgen kann, als die Arbeitsleistung von schwerbehinderten Menschen oder dem sie betreuenden Fachpersonal erbracht worden ist. Damit sollen ungerechtfertigte Wettbewerbsvorteile, die sich durch eine Beschäftigung nicht behinderter Menschen in der Werkstatt ergeben können, ausgeschlossen werden.

Absatz 1 ergänzt die Regelungen zur Ausgleichsabgabe nach § 160 um die Möglichkeit, durch Aufträge an anerkannte Werkstätten für behinderte Menschen Teile des Rechnungsbetrages solcher Aufträge auf die zu zahlende Ausgleichsabgabe anzurechnen. Die Anwendung der Vorschrift setzt voraus, dass ein Arbeitgeber nach § 160 zur Zahlung von Ausgleichsabgaben verpflichtet ist. Dieser Wettbewerbsvorteil für anerkannte Werkstätten ist vom Gesetzgeber ausdrücklich gewollt. Dadurch soll die Auftragssituation der Werkstatt und die Möglichkeit der Beschäftigung der behinderten Menschen verbessert, die gewünschte Vielzahl von Arbeitsmöglichkeiten gesichert und die Beteiligung der Werkstatt am Wirtschaftsleben (vgl. §§ 13 Abs. 1 WVO) gefördert werden. Durch die Aufträge kann die Werkstatt Erträge iSd § 12 Abs. 4 WVO erwirtschaften, welche sie in die Lage versetzt, aus dem erwirtschafteten Arbeitsergebnis an die behinderten Beschäftigten Arbeitsentgelte zu zahlen (vgl. § 12 Abs. 3 WVO).

Voraussetzung ist, dass der zahlungspflichtige Arbeitgeber Aufträge an eine anerkannte Werkstatt für behinderte Menschen erteilt. Es muss sich um eine aner-

---
1 BGBl. I 1046.
2 BGBl. I 3234.
3 BGBl. I 3234.

kannte Werkstatt handeln.⁴ Dabei gilt der Begriff der einheitlichen Werkstatt. Zu den Anerkennungsvoraussetzungen siehe § 225. Als Aufträge kommen Arbeits-, Produktions- und Dienstleistungsaufträge in Betracht. Die Aufträge müssen zur Beschäftigung von Werkstattbeschäftigten beitragen. Das ist nur dann der Fall, wenn an dem Auftrag Werkstattbeschäftigte mit ihrer Arbeitsleistung beteiligt sind. Aufträge, die nur der wirtschaftlichen Sicherung der Werkstatt dienen oder Aufträge, die nur die bloße Weiterveräußerung von Waren zum Inhalt haben, berechtigen nicht zur Anrechnung.⁵ Diese Anforderung wird durch Abs. 1 Satz 2 nochmals unterstrichen.

7 Anrechnungsfähig sind Aufträge, die der Werkstatt erteilt werden. Hiervon sind auch Aufträge erfasst, die von Werkstattbeschäftigten in Außenarbeitsgruppen oder auf Außenarbeitsplätzen bearbeitet werden, der Geltungsbereich umfasst auch den Bereich des § 5 Abs. 4 WVO. Aufträge an Förderstätten oder der Werkstatt angegliederte Bereiche im Sinne des § 219 Abs. 3 sind nicht anrechnungsfähig. Dem Vorschlag des Regierungsentwurfes⁶ sowie des Bundesrates, diese Vergünstigung auch auf Inklusionsbetriebe auszuweiten,⁷ ist der Bundesgesetzgeber nicht gefolgt.

8 Der anrechenbare Betrag ist nach Abs. 1 Satz 1 zu ermitteln. Es ist vom Rechnungsbetrag auszugehen. Von dem Gesamtrechnungsbetrag werden die Materialkosten abgezogen. Dies sind die Kosten des Materials, welches im Produkt verbleibt. Verbrauchsmaterialien, Hilfs- oder Betriebsstoffe, die im Rahmen der Bearbeitung gebraucht werden, sich aber im Endprodukt nicht wieder finden, gehören nicht dazu.⁸ Ebenfalls nicht dazu gehören Kosten für Verpackung, Transport oder Porto, soweit die dazu gehörige Leistung nicht durch die Werkstatt selbst erbracht worden ist.

Von dem auf die Arbeitsleistung der Werkstatt entfallenden Rechnungsbetrag können 50 % auf den Zahlbetrag der nach § 160 zu zahlenden Ausgleichsabgabe angerechnet werden.

9 Ausdrücklich bestimmt **Absatz 1 Satz 2**, dass zu der Arbeitsleistung der Werkstatt die Arbeitsleistung der Werkstattbeschäftigten gehört und zusätzlich auch die Arbeitsleistung des Fachpersonals zur Arbeits- und Berufsförderung. Hier gilt die Definition des § 9 WVO. Damit soll sichergestellt werden, dass die Vorteile aus dieser Anrechnungsmöglichkeit unmittelbar einen Beitrag zur Beschäftigungssicherung der behinderten Menschen leisten und die zusätzlichen Erträge sich auch im Arbeitsergebnis der Werkstatt niederschlagen (siehe dazu § 12 Abs. 4 WVO, insbes. S. 2). Nicht zu den anrechenbaren Faktoren gehört die Arbeitsleistung der nicht behinderten Arbeitnehmerinnen und Arbeitnehmer, welche außerhalb der Vereinbarungen mit den Rehabilitationsträgern zur Stützung der Produktion und Verbesserung der Ertragssituation der Werkstatt tätig sind (sog. Produktionshelfer oder Personal zur Produktionssteigerung; siehe dazu auch § 58). Die Arbeitsleistung behinderter Arbeitnehmerinnen und Arbeitnehmer, die die Werkstatt im Rahmen der Beschäftigungspflicht aus § 154 eingestellt hat, ist nicht zu berücksichtigen. Dies ist aus dem Gesichtspunkt der angestrebten besonderen Absicherung und Bevorzugung der Tätigkeit der Werkstattbeschäftigten iSd arbeitnehmerähnlichen Rechtsverhältnisses (vgl. § 221 Abs. 2) gerechtfertigt und würde anderenfalls auch zu einer Ungleichbehandlung gegenüber Betrieben führen, die ihrerseits die Beschäftigungspflicht aus

---

4 So zur Klarstellung VG Köln 12.2.2008 – 26 K 1650/07.
5 *Cramer* Werkstätten § 140 Rn. 5 f.
6 BT-Drs. 18/9954, 37.
7 BR-Drs. 428/1/16 Ziffer 91.
8 *Cramer* Werkstätten § 140 Rn. 13.

§ 154 erfüllen. Dies gilt auch für die Arbeitsleistung einer Person, die zunächst als Werkstattbeschäftigter arbeitnehmerähnlich tätig war und dann von der Werkstatt in ein Arbeitsverhältnis übernommen wurde.

Gemäß **Satz 3** wird bei Weiterveräußerung von Erzeugnissen anderer anerkannter Werkstätten die von diesen erbrachte Arbeitsleistung berücksichtigt. Bei Ausweis der Arbeitsleistung sind die Arbeitsleistungen vorhergehender Werkstätten mit zu addieren. Die Eingrenzungen gemäß → Rn. 8 sind dabei entsprechend zu beachten. 10

Satz 4 verpflichtet die Werkstätten, das Vorliegen der Anrechnungsvoraussetzungen in der Rechnung bestätigen. Dabei weist die Werkstatt ihre nach Abs. 1 berechnete Arbeitsleistung ausdrücklich in der Rechnung aus. Das Integrationsamt kann das Vorliegen der Voraussetzungen prüfen. 11

Voraussetzung für die Anrechnung ist gemäß **Absatz 2**, dass die Aufträge innerhalb des Jahres, in dem die Verpflichtung zur Zahlung der Ausgleichsabgabe entsteht, von der Werkstatt für behinderte Menschen ausgeführt und vom Auftraggeber bis spätestens 31. März des Folgejahres vergütet werden. Diese Bestimmung steht im Zusammenhang mit der Beschäftigungspflicht des Arbeitgebers und seiner Pflicht zur Zahlung der Ausgleichsabgabe bei nicht erfüllter Beschäftigungspflicht. Beide sind gemäß § 160 bezogen auf das Kalenderjahr zu ermitteln. Von der Pflicht zur Zahlung der Ausgleichsabgabe kann der Arbeitgeber daher nur durch Aufträge an Werkstätten für behinderte Menschen freigestellt werden, wenn er diese Aufträge innerhalb des entsprechenden Kalenderjahres ausführen lässt. Dabei kommt es auf die Entstehung des Zahlungsanspruchs der Werkstatt an, nicht auf den Zeitpunkt der Fälligkeit der Rechnung. Die Aufträge müssen vom Auftraggeber bis zum 31.3. des Folgejahres beglichen worden sein. Dies ermöglicht einen für die Anrechnungsfähigkeit notwendigen zeitlichen Spielraum für Rechnungsstellung, Rechnungsprüfung und Rechnungsbegleichung. 12

Nach **Absatz 2 Nr. 2** sind Aufträge, die Träger einer Gesamteinrichtung an solche Werkstätten für behinderte Menschen vergeben, die rechtlich unselbstständige Teile dieser Einrichtung sind, von der Anrechnungsberechtigung ausgeschlossen. Innengeschäfte innerhalb einer Komplexeinrichtung berechtigen nicht zur Anrechnung. 13

Absatz 3 überträgt die Regelungen des Abs. 2 auf die Vergabe von Aufträgen an Zusammenschlüsse anerkannter Werkstätten für behinderte Menschen. Diese Erweiterung der Anrechnungsmöglichkeit trägt dem Umstand Rechnung, dass sich Werkstätten zu neuen Gesellschaften zusammen geschlossen haben, um gemeinsam Aufträge zu beschaffen, zu bearbeiten oder gemeinsam Werbung, Einkauf, Vertrieb oder Auftragsabwicklung durchzuführen. Derartige Zusammenschlüsse werden nach § 225 Satz 4 in das Verzeichnis der anerkannten Werkstätten aufgenommen, auch wenn sie ihrerseits die Voraussetzungen für eine Anerkennung im Sinne dieses Gesetzes nicht erfüllen.[9] 14

Diese Regelung ist nicht anzuwenden auf Andere Leistungsanbieter iSd § 60 (§ 60 Abs. 2 Nr. 7).[10] 15

---

9 Das Verzeichnis nach § 225 S. 4 ist unter www.arbeitsagentur.de eingestellt.
10 Eingefügt durch Art. 1 Nr. 2 lit. c, G v. 30.11.2019, BGBl. I 1948, idF d. Art. 2 Nr. 3 lit. b, G v. 10.12.2019, BGBl. I 2135.

§ 224 Vergabe von Aufträgen durch die öffentliche Hand

(1) ¹Aufträge der öffentlichen Hand, die von anerkannten Werkstätten für behinderte Menschen ausgeführt werden können, werden bevorzugt diesen Werkstätten angeboten; zudem können Werkstätten für behinderte Menschen nach Maßgabe der allgemeinen Verwaltungsvorschriften nach Satz 2 beim Zuschlag und den Zuschlagskriterien bevorzugt werden. ²Die Bundesregierung erlässt mit Zustimmung des Bundesrates allgemeine Verwaltungsvorschriften zur Vergabe von Aufträgen durch die öffentliche Hand.

(2) Absatz 1 gilt auch für Inklusionsbetriebe.

1 **Gesetzeshistorie:** Die Vorschrift wurde durch Art. 1 und 68 Abs. 1 SGB IX vom 19.6.2001[1] eingeführt. Sie wurde durch Gesetz vom 23.12.2016 – Bundesteilhabegesetz – in Absatz 1 nicht geändert, Absatz 2 wurde neu hinzugefügt.[2] In Absatz 1 wurde S. 1 Hs. 2 durch Art. 7 Nr. 22 a TeilhabestärkungsG[3] neu hinzugefügt, S. 2 wurde ergänzt um die Worte „zur Vergabe von Aufträgen durch die öffentliche Hand".[4]

2 **Regelungsinhalt:** Die Vorschrift verpflichtet die öffentliche Hand, Aufträge bevorzugt anerkannten Werkstätten für behinderte Menschen anzubieten.

3 **Zur Entstehung:** Satz 1 entspricht im Wesentlichen dem früheren § 56 SchwbG.

4 Bei der Einführung der Regelung in das SGB IX im Jahre 2001 wurde dem Text des Regierungsentwurfs[5] der Satz 2 durch Änderungsantrag der Koalitionsfraktionen angefügt.[6] Nach dem Bericht[7] stellt die ausdrückliche Verpflichtung zum Erlass von allgemeinen Verwaltungsvorschriften durch die Bundesregierung mit Zustimmung des Bundesrates sicher, dass bei der bevorzugten Vergabe öffentlicher Aufträge an anerkannte Werkstätten für behinderte Menschen durch Behörden des Bundes und der Länder einheitlich verfahren wird. Unter Berücksichtigung der Rechtsprechung des Bundesverfassungsgerichts[8] können die Verwaltungsvorschriften – bis dato: Richtlinien über die Aufträge der öffentlichen Hand –, die bevorzugt den Werkstätten für behinderte Menschen angeboten werden, ohne ausdrückliche gesetzliche Ermächtigung von der Bundesregierung erlassen werden. Die Zustimmung des Bundesrates war erforderlich, da auch Aufträge von Landesverwaltungen erfasst werden sollten.[9]

5 Die Vorschrift bekräftigt die Absicht des Gesetzgebers, die Werkstatt für behinderte Menschen in die Lage zu versetzen, wirtschaftliche Arbeitsergebnisse anzustreben und im Rahmen ihres Rehabilitationsauftrags im wirtschaftlichen Geschehen tätig zu sein. Zur Sicherung der Beschäftigung der behinderten Menschen in der Werkstatt räumt der Gesetzgeber der Werkstatt Vorteile ein, die sie im Verhältnis zu anderen Unternehmen konkurrenzfähig machen sollen. Hierzu zählen ua die Anerkennung als steuerrechtlicher Zweckbetrieb nach §§ 65, 68 AO, die besondere Berücksichtigung bei der Umsatzsteuer nach § 12 Abs. 2 Nr. 8 UStG, die Verrechnungsmöglichkeit bei der Ausgleichsabgabe nach § 222 und die bevorzugte Vergabe von Aufträgen durch die öffentliche Hand nach § 224.

---

1 BGBl. I 1046.
2 BGBl. I 3234.
3 BGBl. I 1387 (1395) mWv 10.6.2021 (Art. 14 Nr. 2).
4 BGBl. I 1387 (1395) mWv 10.6.2021 (Art. 14 Nr. 2).
5 Nebst Begründung BT-Drs. 14/5074, 71 und 115 sowie BT-Drs. 14/5531, 5.
6 Vgl. dazu Ausschussempfehlung BT-Drs. 14/5786, 95.
7 BT-Drs. 14/5800, 37.
8 BVerfGE 100, 249 (260 f.).
9 BT-Drs. 14/5074, 71.

Die Regelung gilt für Werkstätten nach Abschluss des Anerkennungsverfahrens (dazu § 225).

Satz 1 betrifft Aufträge öffentlich-rechtlicher Auftraggeber (zum Begriff der Öffentlichen Arbeitgeber siehe § 154 Abs. 2). Diese sind verpflichtet, Aufträge, die Werkstätten für behinderte Menschen ausführen können, diesen bevorzugt anzubieten. Dabei kann eine Ausschreibung auch die besondere Einbeziehung schwerbehinderter Menschen berücksichtigen; dies stellt keine Diskriminierung oder unbillige Behinderung iSd § 20 Abs. 1 GWB dar.[10] Die Ausschreibung kann auch die Förderung behinderter Menschen als Teilnahmebedingung vorsehen oder darauf hinweisen, dass bei der Auswahl eine solche Förderung berücksichtigt wird oder auch eine anerkannte Werkstatt bevorzugt wird.[11] Diese Berücksichtigung sozialer Belange muss jedoch den sich an der Ausschreibung beteiligenden Unternehmen rechtzeitig zur Kenntnis gegeben werden, damit sie die Möglichkeit haben, die Bedingungen für eine bevorzugte Berücksichtigung zu erfüllen.[12] § 223 entbindet die Behörde nicht von der Verpflichtung, ein angemessenes und faires Vergabeverfahren durchzuführen. Soweit eine Ausschreibung erfolgt, müssen auch die Werkstätten den Bedingungen der Ausschreibung entsprechen.

Die Aufträge sind den Werkstätten bevorzugt anzubieten. Dies betrifft die zeitliche Reihenfolge, aber auch die besondere Berücksichtigung im Rahmen der Vergaberichtlinien.

Nach **Satz 2** erlässt die Bundesregierung allgemeine Verwaltungsvorschriften. Diese bedürfen der Zustimmung des Bundesrates. Damit soll sichergestellt werden, dass Behörden des Bundes und der Länder einheitlich verfahren. Diese durch Art. 7 Teilhabestärkungsgesetz eingeführte Regelung[13] soll die Anwendung vereinheitlichen und für alle Verwaltungsstellen verbindlich machen.

Die inhaltliche Ausgestaltung der Bevorzugung ergibt sich, soweit es um Aufträge des Bundes, seiner Einrichtungen und Sondervermögen geht, aus allgemeinen Richtlinien, die das Bundesministerium für Wirtschaft im Einvernehmen mit dem Bundesministerium für Arbeit erlassen hat.[14]

Die Richtlinien binden das Ermessen der Vergabestellen. Die Werkstätten haben keinen Rechtsanspruch auf Erteilung des Zuschlages, aber einen Anspruch auf ermessensfehlerfreie Entscheidung.[15] Der Anspruch ist auf dem öffentlich-rechtlichen Verfahren vor den Verwaltungsgerichten einklagbar. Ein Anspruch auf Vergabe bestimmter Aufträge besteht nicht.

Nach Absatz 2 gilt diese Regelung auch für Inklusionsbetriebe (Kapitel 11 des Teils 3: §§ 215 ff.), nach § 226 auch für Blindenwerkstätten. Diese Regelung ist nicht anzuwenden auf Andere Leistungsanbieter iSd § 60 (§ 60 Abs. 2 Nr. 7).[16]

Der Gedanke des § 223 stützt das Recht der anerkannten Werkstatt, sich als Bewerber im Rahmen einer Ausschreibung der öffentlichen Hand zu beteiligen.

---

10 OLG Nürnberg 16.2.2010 – 1 U 13/10, NJW-RR 2010, 1412.
11 BGH Kartellsenat 13.11.2007 – KZR 22/06, NJW-RR 2008, 634.
12 BGH Kartellsenat 7.11.2006 – KZR 2/06, NJW-RR 2007, 486.
13 Art. 7 Nr. 22 a Teilhabestärkungsgesetz, BGBl. I 1387 (1395), eingefügt mWv 10.6.2021.
14 Richtlinien für die Berücksichtigung von Werkstätten für Behinderte und Blindenwerkstätten bei der Vergabe öffentlicher Aufträge vom 10.5.2001, BAnz Nr. 109, 11773.
15 BVerwG 26.11.1969 – V C 93–98.67, BVerwGE 34, 213.
16 Eingefügt durch Art. 1 Nr. 2 lit.c, G v. 30.11.2019, BGBl. I 1948, idF d. Art. 2 Nr. 3 lit. B, G v. 10.12.2019, BGBl. I 2135.

Die Praxis vieler Vergabestellen, anerkannte Werkstätten von Vergabeverfahren auszuschließen, ist ein Verstoß gegen die Vergaberegeln.

§ 225 Anerkennungsverfahren

¹Werkstätten für behinderte Menschen, die eine Vergünstigung im Sinne dieses Kapitels in Anspruch nehmen wollen, bedürfen der Anerkennung. ²Die Entscheidung über die Anerkennung trifft auf Antrag die Bundesagentur für Arbeit im Einvernehmen mit dem Träger der Eingliederungshilfe. ³Die Bundesagentur für Arbeit führt ein Verzeichnis der anerkannten Werkstätten für behinderte Menschen. ⁴In dieses Verzeichnis werden auch Zusammenschlüsse anerkannter Werkstätten für behinderte Menschen aufgenommen.

1 **Gesetzeshistorie:** Die Vorschrift wurde durch Artikel 1 und 68 Abs. 1 SGB IX vom 19.6.2001[1] in das SGB IX aufgenommen. Die Regelung wurde durch Gesetz vom 23.12.2016 – Bundesteilhabegesetz[2] – nicht verändert. In S. 2 wurden durch Art. 23 Nr. 7 des Gesetzes zur Änderung des Bundesversorgungsgesetzes und anderer Vorschriften vom 17.7.2017[3] die Worte „mit dem überörtlichen Träger der Sozialhilfe" durch „mit dem Träger der Eingliederungshilfe" ersetzt.

2 **Regelungsinhalt:** Diese Bestimmung regelt das Verfahren der Anerkennung einer Einrichtung als anerkannte Werkstatt für behinderte Menschen.

3 **Zur Entstehung:** Die Regelung des früheren § 57 Abs. 1 SchwbG wurde mit Wirkung ab dem 1.7.2001 unverändert in das SGB IX übernommen. Die Bezeichnung der früheren Bundesanstalt für Arbeit in S. 2 und 3 wurde mit Wirkung ab 1.1.2004 durch Art. 8 und 124 Abs. 1 des Gesetzes vom 23.12.2003[4] angepasst. Die Regelung wurde durch Gesetz vom 23.12.2016 – Bundesteilhabegesetz – nicht verändert.

4 **Materialien:** Zum SGB IX im Jahre 2001: zum Regierungsentwurf nebst Begründung BT-Drs. 14/5074, 72 und 115 sowie BT-Drs. 14/5531, 5; zur Ausschussempfehlung BT-Drs. 14/5786, 95.

5 Gemäß **Absatz 1** bedürfen Einrichtungen, die eine Vergünstigung im Sinne dieses Kapitels in Anspruch nehmen wollen, einer **Anerkennung**. Dies betrifft zunächst die Vergünstigungen nach §§ 223, 224.
Der Begriff „anerkannte Werkstatt für behinderte Menschen" wird einheitlich verwandt. Die Anerkennung hat daher Konsequenzen und ist Voraussetzung für eine Vielzahl weiterer Regelungen:

- Es gelten die Bestimmungen für Leistungen zur Teilhabe am Arbeitsleben der §§ 56 bis 58.
- In der Werkstatt ermöglichen und sichern die Rehabilitationsträger Leistungen nach §§ 57, 58 in Verbindung mit den jeweiligen weiteren Leistungsvoraussetzungen (dazu → § 57 Rn. 15, § 58 Rn. 15 ff.).
- Die Werkstatt ist Zweckbetrieb im Sinne der §§ 65, 68 Abs. 1 Nr. 3 AO. Trotz des wirtschaftlichen Geschäftsbetriebes erhält sie die Anerkennung als gemeinnützig.
- Sie ist steuerrechtlich bevorzugt durch den geminderten Umsatzsteuersatz nach § 12 Abs. 1 Nr. 8 UStG in Verbindung mit § 68 AO.

---

1 BGBl. I 1046.
2 BGBl. I 3234.
3 BGBl. I 2541, 2557.
4 BGBl. I 2848.

- Für die Sozialversicherungspflicht der behinderten Menschen in der Werkstatt gelten besondere Regelungen (dazu → § 221 Rn. 35).
- Die von der Werkstatt zu tragenden Sozialversicherungsbeiträge für die Werkstattbeschäftigten werden ihr erstattet.
- Die Werkstatt hat einen Anspruch auf institutionelle Förderung.

Voraussetzung für die Anerkennung ist ein Antrag in schriftlicher oder elektronischer Form (§ 18 Abs. 1 WVO). Der Antrag ist bei der zuständigen Behörde zu stellen. Der Antragsteller hat nachzuweisen, dass die Voraussetzungen für die Anerkennung vorliegen (§ 18 Abs. 1 Satz 2). 6

Gemäß **Satz 2** trifft die Bundesagentur für Arbeit die Entscheidung im Einvernehmen mit dem Träger der Eingliederungshilfe. Federführende Behörde für die Anerkennung ist die Bundesagentur für Arbeit. Sie muss mit dem zuständigen Träger der Sozialhilfe Einvernehmen herstellen. Kann ein Einvernehmen nicht hergestellt werden, kann dem Antrag auf Anerkennung nicht entsprochen werden. 7

§ 12 Abs. 6 WVO in der durch das SGB IX geänderten Fassung spricht von den „beiden Anerkennungsbehörden". Eine Ausweitung der Anerkennungskompetenz auf zwei Behörden widerspricht der Aufgabenzuordnung des Satzes 2. 8

Zuständige Behörde ist die Bundesagentur für Arbeit (§ 225 Satz 2). 9

Die beantragende Einrichtung hat nachzuweisen, dass sie die Voraussetzungen der §§ 219 ff. erfüllt (vgl. § 17 Abs. 1 und 2 WVO). Diese müssen im Zeitpunkt der Anerkennung vorliegen. Die vom Gesetz und den dazu erlassenen Verordnungen benannten Voraussetzungen müssen dauerhaft erfüllt werden. 10

Bereits ausgesprochene Anerkennungen haben auch nach Änderung der gesetzlichen Grundlagen rechtliche Bindungswirkung. 11

Die Bundesagentur für Arbeit führt ein Verzeichnis der anerkannten Werkstätten für behinderte Menschen. Es hat keine konstituierende, sondern nur deklaratorische Wirkung. Das Verzeichnis wird jährlich veröffentlicht.[5] 12

In dieses Verzeichnis werden auch Zusammenschlüsse anerkannter Werkstätten für behinderte Menschen aufgenommen. Hierzu zählen Gesellschaften, die im Zusammenschluss anerkannter Werkstätten für behinderte Menschen auf eigenem Namen und auf eigene Rechnung tätig werden, zB GDW als Zusammenschluss baden-württembergischer Werkstätten oder CaPHANDY Marketinggesellschaft eV als Zusammenschluss von anerkannten Werkstätten aus dem Bereich des Deutschen Caritasverbandes. 13

Die in diesem Verzeichnis aufgenommenen Werkstätten oder Zusammenschlüsse können auch die Vergünstigungen dieses Abschnitts in Anspruch nehmen. Dies gilt für die Vergünstigungen aus §§ 223, 224 bei Zusammenschlüssen, ohne dass diese den Status als anerkannte Werkstatt für behinderte Menschen haben oder beantragen müssen. 14

§ 226 Blindenwerkstätten

Die §§ 223 und 224 sind auch zugunsten von auf Grund des Blindenwarenvertriebsgesetzes anerkannten Blindenwerkstätten anzuwenden.

---

[5] Amtliche Nachrichten der Bundesagentur für Arbeit – ANBA, zu finden unter www.arbeitsagentur.de.

§ 227 Teil 3 | Schwerbehindertenrecht

1 **Geltende Fassung:** Die Vorschrift wurde durch Artikel 1 und 68 Abs. 1 SGB IX vom 19.6.2001[1] eingeführt. Die Regelung wurde durch Gesetz vom 23.12.2016 – Bundesteilhabegesetz – nicht verändert.[2]
2 **Regelungsinhalt:** Die Vorschrift erstreckt die Regelungen der §§ 223 und 224 auf Blindenwerkstätten.
3 **Zur Entstehung:** Die Vorschrift entspricht dem früheren § 58 SchwbG.
4 **Materialien:** Zum Regierungsentwurf SGB IX im Jahre 2001 nebst Begründung BT-Drs. 14/5074, 72 und 115 sowie BT-Drs. 14/5531, 5; zur Ausschussempfehlung BT-Drs. 14/5786, 95.
5 Auch Blindenwerkstätten können die Vergünstigungen nach §§ 223, 224 anwenden. Das gilt für diese Einrichtungen auch, wenn sie nicht gleichzeitig anerkannte Werkstatt für behinderte Menschen nach § 225 sind. Für sie gelten darüber hinaus die besonderen Vergünstigungen nach dem Blindenwarenvertriebsgesetz.[3] Das Blindenwarenvertriebsgesetz wurde mit Wirkung vom 14.9.2007 aufgehoben.[4]
6 Zum Begriff der Blindenwerkstätten vgl. § 5 Blindenwarenvertriebsgesetz. Die Blindenwerkstätten und deren Zusammenschlüsse bedürfen der Anerkennung nach § 5 Blindenwarenvertriebsgesetz.
Die Norm soll der Sicherung der Beschäftigung von blinden Menschen dienen. Da heute mangels gesetzlicher Grundlage, die vormals § 5 BliWaG darstellte, keine Neuanerkennungen von Blindenwerkstätten mehr stattfinden kann, werden von der Norm lediglich die bei der Aufhebung des Gesetzes anerkannten und seither noch bestehenden Blindenwerkstätten gestützt.
7 Blindenwerkstätten sind, wenn sie nicht zugleich anerkannte Werkstatt für behinderte Menschen sind, dem allgemeinen Arbeitsmarkt zuzuordnen. Die besonderen Regelungen der §§ 49 ff., 219–222 sind auf sie in diesem Fall nicht anzuwenden. Die Möglichkeit einer Inanspruchnahme anderer Förderungen nach diesem Gesetz bleibt unberührt.
8 Ein Verzeichnis der Blindenwerkstätten wird im Anhang des Verzeichnisses nach § 225 S. 3 von der Bundesagentur für Arbeit geführt.[5]

§ 227 Verordnungsermächtigungen

(1) Die Bundesregierung bestimmt durch Rechtsverordnung mit Zustimmung des Bundesrates das Nähere über den Begriff und die Aufgaben der Werkstatt für behinderte Menschen, die Aufnahmevoraussetzungen, die fachlichen Anforderungen, insbesondere hinsichtlich der Wirtschaftsführung, sowie des Begriffs und der Verwendung des Arbeitsergebnisses sowie das Verfahren zur Anerkennung als Werkstatt für behinderte Menschen.

(2) ¹Das Bundesministerium für Arbeit und Soziales bestimmt durch Rechtsverordnung mit Zustimmung des Bundesrates im Einzelnen die Errichtung, Zusammensetzung und Aufgaben des Werkstattrats, die Fragen, auf die sich seine Mitbestimmung und Mitwirkung erstrecken, einschließlich Art und Umfang der Mitbestimmung und Mitwirkung, die Vorbereitung und Durchführung der

---
1 BGBl. I 1046.
2 BGBl. I 3234.
3 Blindenwarenvertriebsgesetz (BliWaG) v. 9.4.1965, BGBl. I 311.
4 Art. 30 Abs. 2 Nr. 1 des Zweiten Gesetzes zum Abbau bürokratischer Hemmnisse, insbes. in der mittelständischen Wirtschaft v. 7.9.2007, BGBl. I 2246.
5 Anhang zum Verzeichnis der anerkannten Werkstätten für behinderte Menschen unter www.arbeitsagentur.de.

Wahl, einschließlich der Wahlberechtigung und der Wählbarkeit, die Amtszeit sowie die Geschäftsführung des Werkstattrats einschließlich des Erlasses einer Geschäftsordnung und der persönlichen Rechte und Pflichten der Mitglieder des Werkstattrats und der Kostentragung. ²In der Rechtsverordnung werden auch Art und Umfang der Beteiligung von Frauenbeauftragten, die Vorbereitung und Durchführung der Wahl einschließlich der Wahlberechtigung und der Wählbarkeit, die Amtszeit, die persönlichen Rechte und die Pflichten der Frauenbeauftragten und ihrer Stellvertreterinnen sowie die Kostentragung geregelt. ³Die Rechtsverordnung kann darüber hinaus bestimmen, dass die in ihr getroffenen Regelungen keine Anwendung auf Religionsgemeinschaften und ihre Einrichtungen finden, soweit sie eigene gleichwertige Regelungen getroffen haben.

Gesetzeshistorie: Die Vorschrift wurde durch Artikel 1 und 68 Abs. 1 SGB IX vom 19.6.2001[1] eingeführt. Absatz 2 wurde durch Gesetz vom 23.12.2016 insoweit geändert, als der Begriff der Mitbestimmung neu eingeführt wurde. Absatz 2 Satz 2 wurde neu eingefügt. Der alte Satz 2 wurde zu Satz 3.

Regelungsinhalt: Die Vorschrift enthält zwei Verordnungsermächtigungen, um Einzelheiten an die fachlichen Anforderungen an die Werkstatt für behinderte Menschen und zur Mitbestimmung und Mitwirkung zu regeln.

Zur Entstehung: Abs. 1 wurde aus dem früheren § 57 Abs. 2 SchwbG und aus dem früheren § 54c SchwbG entwickelt und in das SGB IX übernommen. Die Bezeichnung des Ministeriums in Abs. 2 wurde mit Wirkung ab 1.1.2003 durch Art. 1 und 4 des Gesetzes vom 3.4.2003[2] angepasst. Abs. 1 wurde durch Gesetz vom 23.12.2016 nicht verändert; Abs. 2 wurde ergänzt.[3]

Absatz 1 bildet die Ermächtigungsnorm für den Erlass einer Rechtsverordnung. Gegenstand der Verordnung können sein
- der Begriff der Werkstätten und ihre Aufgaben (vgl. dazu § 219),
- die Aufnahmevoraussetzungen (vgl. dazu § 220),
- die fachlichen Anforderungen, insbesondere hinsichtlich der Wirtschaftsführung sowie des Begriffs und der Verwendung des Arbeitsergebnisses und
- das Verfahren zur Anerkennung als Werkstatt für behinderte Menschen.

Diese Regelung entspricht im Wesentlichen dem früheren § 57 Abs. 2 SchwbG. Auf seiner Basis wurde die 3. VO zur Durchführung des SchwbG – Werkstättenverordnung Schwerbehindertengesetz – vom 13.8.1980,[4] heute Werkstättenverordnung (WVO), erlassen.

Die WVO formuliert fachliche Anforderungen, die ein Träger erfüllen muss, um den Status als anerkannte Werkstatt für behinderte Menschen zu erhalten. Dieses sind:
- Die Pflicht, die Voraussetzungen dafür zu schaffen, alle leistungsberechtigten behinderten Menschen aufnehmen zu können (Aufnahmepflicht, § 1 Abs. 1 WVO). Diese Pflicht beschränkt sich auf das Einzugsgebiet. Dazu → § 220 Rn. 6 und → § 221 Rn. 7.
- Er verfügt über ein Einzugsgebiet (§ 8 Abs. 2 WVO). Dazu → § 220 Rn. 10.
- Es gilt der Grundsatz der einheitlichen Werkstatt (§ 1 Abs. 1 WVO). Dazu → § 219 Rn. 7.

---
1 BGBl. I 1046.
2 BGBl. I 462.
3 BGBl. I Nr. 66 v. 29.12.2016, 3234 (3334, 3309).
4 BGBl. I 1365.

§ 227 Teil 3 | Schwerbehindertenrecht

- Es ist ein Fachausschuss zu bilden (§ 2 WVO). Dazu → § 57 Rn 13, § 219 Rn. 17, 19.
- Die Werkstatt bietet ein Eingangsverfahren an (§ 3 WVO). Zu den Leistungen im Eingangsverfahren siehe § 57.
- Die Werkstatt verfügt über einen Berufsbildungsbereich (§ 4 WVO). Zu den Leistungen im Berufsbildungsbereich siehe § 57.
- Die Werkstatt verfügt über einen Arbeitsbereich (§ 5 WVO). Zu den Leistungen siehe § 58.
- Die Werkstatt bietet eine Vielzahl von Arbeits- und Beschäftigungsmöglichkeiten (§ 5 Abs. 1 WVO). Dazu → § 219 Rn. 8.
- Die Werkstatt bietet geeignete Maßnahmen, um den Übergang behinderter Menschen in den allgemeinen Arbeitsmarkt zu fördern (§ 5 Abs. 4 WVO). Dazu → § 219 Rn. 6 ff.
- Die Beschäftigungszeit beträgt mindestens 35, maximal 40 Stunden pro Woche (§ 6 Abs. 1 WVO).
- Die Werkstatt verfügt über qualifiziertes Personal: ein Leiter der Werkstatt (§ 9 Abs. 2 WVO), Fachkräfte der Arbeits- und Berufsförderung im Personalschlüssel von 1:6 im Eingangsverfahren und Berufsbildungsbereich und 1:12 im Arbeitsbereich (§ 9 Abs. 3 WVO). Dazu → § 219 Rn. 8.
- Sie verfügt über einen begleitenden Dienst im Verhältnis 1:120 sowie über Mitarbeitende für die pädagogische, soziale und medizinische Betreuung (§ 10 Abs. 1 WVO). Dazu → § 219 Rn. 8.
- Sie muss nach betriebswirtschaftlichen Grundsätzen organisiert sein (§ 12 Abs. 1 WVO). Dazu → Vor § 219 Rn. 14.
- Sie muss wirtschaftliche Arbeitsergebnisse anstreben (§ 12 Abs. 3 WVO).
- Sie muss an die Werkstattbeschäftigten ein Arbeitsentgelt auszahlen, das sich aus einem fixen Grundbetrag und einem variablen Steigerungsbetrag zusammen setzt (§ 12 Abs. 3 WVO iVm § 219 Abs. 1 S. 2 und § 221). Dazu → § 221 Rn. 18 ff.
- Sie hat den Beschäftigten schriftliche Verträge anzubieten (§ 13 Abs. 1 WVO). Dazu → § 221 Rn. 6 ff., 30.
- Sie hat den Beschäftigten eine angemessene Mitwirkung und Mitbestimmung zu ermöglichen (§ 14 WVO). Näheres regelt die WMVO.

6 Die Verordnung nach Abs. 1 wird von der Bundesregierung mit Zustimmung des Bundesrates erlassen.

7 **Absatz 2** bildet die Ermächtigungsgrundlage für den Erlass einer Rechtsverordnung zur Mitbestimmung und Mitwirkung der behinderten Menschen in der Werkstatt. Gegenstand der Verordnung können nach Abs. 2 Satz 1 sein
- die Errichtung, Zusammensetzung und Aufgaben des Werkstattrats,
- die Fragen, auf die sich die Mitbestimmung und die Mitwirkung erstreckt, einschließlich Art und Umfang der Mitbestimmung und Mitwirkung,
- die Vorbereitung und Durchführung der Wahl, einschließlich der Wahlberechtigung und der Wählbarkeit,
- die Amtszeit sowie die Geschäftsführung des Werkstattrats einschließlich des Erlasses einer Geschäftsordnung und der persönlichen Rechte und Pflichten der Mitglieder des Werkstattrats und der Kostentragung.

Nach Abs. 2 Satz 2 werden weiterhin Art und Umfang der Beteiligung von Frauenbeauftragten sowie Fragen ihrer Wahl und die Kostentragung geregelt.

8 Der Gesetzgeber hat auf der Rechtsgrundlage des Abs. 2 die Werkstätten-Mitwirkungsverordnung (WMVO) erlassen.[5] Diese wurde im Rahmen des Gesetz-

---

5 Werkstätten-Mitwirkungsverordnung – WMVO – v. 25.6.2001, BGBl. I 1297.

gebungsverfahrens vom 23.12.2016 – Bundesteilhabegesetz –[6] erweitert um Regelungen der Mitbestimmung und um die Wahl einer Frauenbeauftragten.

Nach Abs. 2 Satz 3 kann die Rechtsverordnung darüber hinaus bestimmen, dass die in ihr getroffenen Regelungen keine Anwendung auf Religionsgemeinschaften und ihre Einrichtungen finden, soweit sie eigene gleichwertige Regelungen getroffen haben. S. 3 trägt den verfassungsrechtlichen Bedenken aus Art. 140 GG iVm Art. 137 ff. WRV Rechnung. Er erlaubt den Kirchen, eigene Regelungen zu treffen mit der Einschränkung, dass die staatliche Regelung dann nicht gilt, wenn und soweit diese gleichwertig sind. Über die Gleichwertigkeit haben die Anerkennungsbehörden[7] zu entscheiden.[8] Sowohl die evangelische Kirche wie auch die katholische Kirche haben für ihren Geltungsbereich entsprechende kirchliche Mitwirkungsregelungen erlassen.

Die Regelung trägt den verfassungsrechtlichen Vorgaben nach Art. 80 GG hinsichtlich der Bestimmtheit von Inhalt, Zweck und Ausmaß von Verordnungen Rechnung.

Kapitel 13 Unentgeltliche Beförderung schwerbehinderter Menschen im öffentlichen Personenverkehr

Vorbemerkung

Das **Recht zur unentgeltlichen Beförderung** im öffentlichen Personenverkehr wurde – reichseinheitlich – mit der Verordnung über Vergünstigungen für Kriegsbeschädigte im öffentlichen Personenverkehr vom 23.12.1943[1] **begründet**, nachdem bereits zuvor insbesondere verschiedene Großstädte Schwerkriegsbeschädigte auf städtischen Verkehrsmitteln frei befördert hatten.[2] Die Verordnung verstand das Recht zur unentgeltlichen Beförderung als **Vergünstigung** „in Würdigung der großen Opfer, die die Kriegsbeschädigten für Volk und Reich dargebracht haben". Das **Privileg** stand **allen Kriegsbeschädigten** mit einer **MdE um mindestens 70 v.H.** ohne Rücksicht darauf zu, ob die Schädigungsfolgen sich auf die **Gehfähigkeit** überhaupt auswirkten. Von dieser Konzeption wandte sich bereits das Gesetz über die unentgeltliche Beförderung von Kriegs- und Wehrdienstbeschädigten sowie von anderen Behinderten im Nahverkehr vom 27.8.1965[3] ab. Es sah nicht mehr allein das besondere **Opfer Kriegsbeschädigter** als Grund der Vergünstigung an. Es gewährte sie auch **zivilen Behinderten** mit dem Ziel, ihnen die **Eingliederung in Beruf und Gesellschaft** zu erleichtern. Mit der Aufnahme als neuer Abschnitt in das – final ausgerichtete – SchwbG durch das Gesetz über die unentgeltliche Beförderung Schwerbehinderter im öffentlichen Personenverkehr vom 9.7.1979[4] erhielt dieses Rechtsgebiet unter Aufgabe des Kausalitätsprinzips seine im Grunde auch heute noch geltende Gestalt.

Die **Abkehr vom Privileg** für Kriegsbeschädigte unter Umgestaltung zum **Nachteilsausgleich** für gehbehinderte Personen ist dem Gesetzgeber aber, gemessen

---

6 BGBl. I 3234 (3334).
7 Bundesagentur für Arbeit im Einvernehmen mit den Trägern der Eingliederungshilfe (§ 225 S. 2).
8 *Cramer* Werkstätten § 144 Rn. 8.
1 RGBl. 1944 I 5.
2 Vgl. *Hoyer* BArbBl. 1975/1, 29 (30).
3 BGBl. I 978.
4 BGBl. I 989.

an den Gestaltungsgrundsätzen des § 209 Abs. 1 nur **unvollkommen** gelungen. Er hat zwar – konsequent – den Personenkreis der Berechtigten auf gehbehinderte Menschen begrenzt und ihn zugleich erweitert, indem er nicht mehr auf die Ursache der Behinderung abgestellt. Im **Kern** ist das Recht zur unentgeltlichen Beförderung im öffentlichen Personenverkehr aber eine geldwerte **Vergünstigung geblieben**, weil fraglich ist, ob überhaupt behinderungsbedingte Nachteile oder Mehraufwendungen ausgeglichen werden.[5] Bahnen und Busse werden im öffentlichen Personenverkehr von gehbehinderten und von nichtbehinderten Menschen gleichermaßen benutzt. Ein **ausgleichsfähiger Nachteil** kann deshalb nur entstehen, wenn schwerbehinderte Menschen Nahverkehrsmittel **häufiger** benutzen müssen und ihnen deshalb **höhere Fahrkosten** entstehen.[6] Das ist zunächst für alle Personen ausgeschlossen, die **Zeitkarten** haben – oder ohne Anspruch auf unentgeltliche Beförderung hätten –, was bei Berufstätigen vielfach der Fall sein dürfte. Bei ihnen erhöht die Häufigkeit der Benutzung öffentlicher Verkehrsmittel das Fahrkostenbudget nicht. Ein erheblich in seiner Bewegungsfähigkeit Beeinträchtigter hätte mithin auch bei – behinderungsbedingt – **häufigeren Fahrten keinen Mehraufwand**. Außerhalb des Kreises der nach ihren behinderungsunabhängigen Verhältnissen vernünftigerweise Zeitkarten lösenden Benutzern öffentlicher Verkehrsmittel können die Ausgaben eines **gehbehinderten Menschen** für Fahrten höher liegen, weil er Wege **mit öffentlichen Verkehrsmitteln** zurücklegen muss, die ein **nichtbehinderter Mensch** noch **zu Fuß** zurücklegt. Nur diesen Fall hat das Gesetz im Blick, wie sich aus § 229 Abs. 1 Satz 1 ergibt[7]. Mithin entsteht gehbehinderten Menschen für **längere**, auch von anderen Personen üblicherweise **nicht** mehr **zu Fuß** zurückgelegte Wege **kein ausgleichsfähiger Mehraufwand**. Dennoch wird umfassende Freifahrt für alle Strecken, unabhängig von ihrer Länge, gewährt[8]. Der **finanzielle Vorteil** uneingeschränkter Freifahrtberechtigung steht danach trotz der Eigenbeteiligung von nunmehr 80 Euro jährlich in einem auffälligen **Missverhältnis** zu dem durch häufigere **Kurzstreckenfahrten** Gehbehinderter – etwa – verursachten **Mehraufwand**.

3 Der **Gesetzgeber** ist nach seinen von *Cramer*[9] mitgeteilten Überlegungen bei der Erstattung der Fahrgeldausfälle ebenfalls davon ausgegangen, dass damals iS der §§ 59 Abs. 1, 60 Abs. 1 SchwbG (heute §§ 228 Abs. 1, 229 Abs. 1) gehbehinderte Menschen gegenüber nichtbehinderten Menschen nahezu **keine Mehrkosten** bei der Benutzung öffentlicher Verkehrsmittel haben. Denn von einem Wertmarkeninhaber wird vermutet, er habe gegenüber der „zahlenden Bevölkerung" wegen häufigerer Benutzung nur um **20 %** höhere Fahrkosten.[10] Selbst dieser geringe Steigerungssatz sei **gleichermaßen** durch die **Beeinträchtigung** und das Recht auf **unentgeltliche Beförderung** induziert. 2004 hat der Gesetzgeber dann erkannt, dass überhaupt keine Unterschiede in der Nutzungshäufigkeit öffentlicher Nahverkehrsmittel bestehen und deshalb den Zuschlag von

---

5 Vgl. dazu die Definition des „Nachteilsausgleichs" in § 209 Abs. 1.
6 *Speer*, Rechtsfragen der Mobilität behinderter Menschen im öffentlichen Nahverkehr, 2010, S. 86, 153; so beschreibt auch die Beauftragte der Bundesregierung für Belange von Menschen mit Behinderungen den Zweck unentgeltlicher Beförderung, wiedergegeben bei *Dau* jurisPR-SozR 26/2016, Anm. 5.
7 Zur Ausdehnung auf Verkehrsmittel der Küsten- und Binnenschifffahrt vgl. BT-Drs. IV/2433, 5 f.
8 Zum „grenzenlosen Nahverkehr" s. *Dau* jurisPR-SozR 26/2016, Anm. 5.
9 *Cramer* SchwbG § 62 Rn. 11 a.
10 Vgl. § 148 Abs. 4 Satz 1 Nr. 1 SGB IX in der bis zum 30.4.2004 geltenden Fassung; BGBl. 2001 I 1046.

20 % in § 148 Abs. 4 aF gestrichen.[11] Es bleibt abzuwarten, wann diesem Schritt die gebotene Konsequenz folgt, einen in jahrelanger Praxis verfestigten „sozialen Besitzstand" abzuschaffen.[12]

Die **Bedenken** gegen den Nachteilsausgleich **unentgeltlicher Beförderung** gelten ebenso gegen die **Kraftfahrzeugsteuerermäßigung** (nach § 3a Abs. 2 KraftStG um 50 %), die dem Personenkreis nach § 228 Abs. 1 Satz 1 alternativ zur Freifahrt gewährt wird. Ein behinderungsbedingter und damit ausgleichsfähiger Mehraufwand durch Haltung eines Autos dürfte angesichts der weiten Verbreitung dieses Gebrauchsguts auch unter Nichtbehinderten nur in Ausnahmefällen entstehen;[13] behinderungsbedingte Mehrfahrten führen nicht zur Erhöhung der streckenunabhängig erhobenen Kraftfahrzeugsteuer. 4

Es wäre zu überlegen, ob mit den zur Finanzierung einer **breit gestreuten** und **einkommensunabhängigen** unentgeltlichen Beförderung aufgewendeten öffentlichen Mittel von 518,2 Mio EUR jährlich[14] – abzüglich Wertmarkeneinnahmen, aber ohne Kraftfahrzeugsteuerausfälle – nicht besser **zielgerichtet** Mobilitätsbarrieren in Verkehrsmitteln, Bahnhöfen und Haltestellen abgebaut sowie besondere **Behindertentransporte stärker subventioniert** werden sollten.[15] Damit ließe sich die Mobilität besonders schwer- und gehbehinderter Menschen fördern, die selbst den Weg zur nächsten Haltestelle öffentlicher Nahverkehrsmittel nicht mehr bewältigen können oder dort auf unüberwindbare Zugangsbarrieren treffen und deshalb ihr Recht auf Freifahrt kaum nutzen können.[16] 5

§ 228 Unentgeltliche Beförderung, Anspruch auf Erstattung der Fahrgeldausfälle

[gültig bis 31.12.2023:]

(1) ¹Schwerbehinderte Menschen, die infolge ihrer Behinderung in ihrer Bewegungsfähigkeit im Straßenverkehr erheblich beeinträchtigt oder hilflos oder gehörlos sind, werden von Unternehmern, die öffentlichen Personenverkehr betreiben, gegen Vorzeigen eines entsprechend gekennzeichneten Ausweises nach § 152 Absatz 5 im Nahverkehr im Sinne des § 230 Absatz 1 unentgeltlich befördert; die unentgeltliche Beförderung verpflichtet zur Zahlung eines tarifmäßigen Zuschlages bei der Benutzung zuschlagpflichtiger Züge des Nahverkehrs. ²Voraussetzung ist, dass der Ausweis mit einer gültigen Wertmarke versehen ist.

(2) ¹Die Wertmarke wird gegen Entrichtung eines Betrages von 80 Euro für ein Jahr oder 40 Euro für ein halbes Jahr ausgegeben. ²Der Betrag erhöht sich in entsprechender Anwendung des § 160 Absatz 3 jeweils zu dem Zeitpunkt, zu

---

11 BT-Drs. 15/2357, 30.
12 Vgl. zu den Auswirkungen einer solchen „Sparpolitik" der öffentlichen Hand auf die Fahrpreise für Busse und Bahnen FAZ v. 26.5.2004.
13 Vgl. zu den Kraftfahrzeugkosten Schwerbehinderter als außergewöhnlicher Belastung nach dem EStG BFH 18.12.2003 – III R 31/03, DB 2004, 738.
14 Stand: 2005; BT-Drs. 16/4134, 3; vgl. auch Bürgerschaft der Freien und Hansestadt Hamburg, Drs. 18/1724, 185; vgl. zur unveränderten Situation 2016 die Angaben bei *Dau* jurisPR-SozR 26/2016, Anm. 5: 256 Mio. EUR allein beim Bund und – geschätzt – derselbe Betrag bei den Ländern.
15 Vgl. etwa die Verordnung über die Vorhaltung eines besonderen Fahrdienstes v. 31.7.2001 HmbGVBl., 178).
16 Vgl. zu Bedeutung barrierefreien Zugangs *Schorn* in Müller-Wenner/Schorn SGB IX § 145 Rn. 1.

dem die nächste Neubestimmung der Beträge der Ausgleichsabgabe[1] erfolgt. ³Liegt dieser Zeitpunkt innerhalb der Gültigkeitsdauer einer bereits ausgegebenen Wertmarke, ist der höhere Betrag erst im Zusammenhang mit der Ausgabe der darauffolgenden Wertmarke zu entrichten. ⁴Abweichend von § 160 Absatz 3 Satz 4 sind die sich ergebenden Beträge auf den nächsten vollen Eurobetrag aufzurunden. ⁵Das Bundesministerium für Arbeit und Soziales gibt den Erhöhungsbetrag und die sich nach entsprechender Anwendung des § 160 Absatz 3 Satz 3 ergebenden Beträge im Bundesanzeiger bekannt.

(3) ¹Wird die für ein Jahr ausgegebene Wertmarke vor Ablauf eines halben Jahres ihrer Gültigkeitsdauer zurückgegeben, wird auf Antrag die Hälfte der Gebühr erstattet. ²Entsprechendes gilt für den Fall, dass der schwerbehinderte Mensch vor Ablauf eines halben Jahres der Gültigkeitsdauer der für ein Jahr ausgegebenen Wertmarke verstirbt.

(4) Auf Antrag wird eine für ein Jahr gültige Wertmarke, ohne dass der Betrag nach Absatz 2 in seiner jeweiligen Höhe zu entrichten ist, an schwerbehinderte Menschen ausgegeben,
1. die blind im Sinne des § 72 Absatz 5 des Zwölften Buches oder entsprechender Vorschriften oder hilflos im Sinne des § 33 b des Einkommensteuergesetzes oder entsprechender Vorschriften sind oder
2. die Leistungen zur Sicherung des Lebensunterhalts nach dem Zweiten Buch oder für den Lebensunterhalt laufende Leistungen nach dem Dritten und Vierten Kapitel des Zwölften Buches, dem Achten Buch oder den §§ 27 a und 27 d des Bundesversorgungsgesetzes erhalten oder
3. die am 1. Oktober 1979 die Voraussetzungen nach § 2 Absatz 1 Nummer 1 bis 4 und Absatz 3 des Gesetzes über die unentgeltliche Beförderung von Kriegs- und Wehrdienstbeschädigten sowie von anderen Behinderten im Nahverkehr vom 27. August 1965 (BGBl. I S. 978), das zuletzt durch Artikel 41 des Zuständigkeitsanpassungs-Gesetzes vom 18. März 1975 (BGBl. I S. 705) geändert worden ist, erfüllten, solange ein Grad der Schädigungsfolgen von mindestens 70 festgestellt ist oder von mindestens 50 festgestellt ist und sie infolge der Schädigung erheblich gehbehindert sind; das Gleiche gilt für schwerbehinderte Menschen, die diese Voraussetzungen am 1. Oktober 1979 nur deshalb nicht erfüllt haben, weil sie ihren Wohnsitz oder ihren gewöhnlichen Aufenthalt zu diesem Zeitpunkt in dem in Artikel 3 des Einigungsvertrages genannten Gebiet hatten.

(5) ¹Die Wertmarke wird nicht ausgegeben, solange eine Kraftfahrzeugsteuerermäßigung nach § 3 a Absatz 2 des Kraftfahrzeugsteuergesetzes in Anspruch genommen wird. ²Die Ausgabe der Wertmarken erfolgt auf Antrag durch die nach § 152 Absatz 5 zuständigen Behörden. ³Die Landesregierung oder die von ihr bestimmte Stelle kann die Aufgaben nach den Absätzen 2 bis 4 ganz oder teilweise auf andere Behörden übertragen. ⁴Für Streitigkeiten in Zusammenhang mit der Ausgabe der Wertmarke gilt § 51 Absatz 1 Nummer 7 des Sozialgerichtsgesetzes entsprechend.

(6) Absatz 1 gilt im Nah- und Fernverkehr im Sinne des § 230, ohne dass die Voraussetzung des Absatzes 1 Satz 2 erfüllt sein muss, für die Beförderung
1. einer Begleitperson eines schwerbehinderten Menschen im Sinne des Absatzes 1, wenn die Berechtigung zur Mitnahme einer Begleitperson nachgewie-

---

1 Siehe hierzu ua Bek. über die Anpassung der Ausgleichsabgabe, der Eigenbeteiligung für die unentgeltliche Beförderung, der übernahmefähigen Kinderbetreuungskosten und der Finanzierung der Werkstatträte Deutschland.

sen und dies im Ausweis des schwerbehinderten Menschen eingetragen ist, und
2. des Handgepäcks, eines mitgeführten Krankenfahrstuhles, soweit die Beschaffenheit des Verkehrsmittels dies zulässt, sonstiger orthopädischer Hilfsmittel und eines Führhundes; das Gleiche gilt für einen Hund, den ein schwerbehinderter Mensch mitführt, in dessen Ausweis die Berechtigung zur Mitnahme einer Begleitperson nachgewiesen ist, sowie für einen nach § 12 e Absatz 4 des Behindertengleichstellungsgesetzes gekennzeichneten Assistenzhund.

(7) ¹Die durch die unentgeltliche Beförderung nach den Absätzen 1 bis 6 entstehenden Fahrgeldausfälle werden nach Maßgabe der §§ 231 bis 233 erstattet. ²Die Erstattungen sind aus dem Anwendungsbereich der Verordnung (EG) Nr. 1370/2007 des Europäischen Parlaments und des Rates vom 23. Oktober 2007 über öffentliche Personenverkehrsdienste auf Schiene und Straße und zur Aufhebung der Verordnungen (EWG) Nr. 1191/69 und (EWG) Nr. 1107/70 des Rates (ABl. L 315 vom 3.12.2007, S. 1) ausgenommen.

[gültig ab 1.1.2024:]

(1) ¹Schwerbehinderte Menschen, die infolge ihrer Behinderung in ihrer Bewegungsfähigkeit im Straßenverkehr erheblich beeinträchtigt oder hilflos oder gehörlos sind, werden von Unternehmern, die öffentlichen Personenverkehr betreiben, gegen Vorzeigen eines entsprechend gekennzeichneten Ausweises nach § 152 Absatz 5 im Nahverkehr im Sinne des § 230 Absatz 1 unentgeltlich befördert; die unentgeltliche Beförderung verpflichtet zur Zahlung eines tarifmäßigen Zuschlages bei der Benutzung zuschlagpflichtiger Züge des Nahverkehrs. ²Voraussetzung ist, dass der Ausweis mit einer gültigen Wertmarke versehen ist.

(2) ¹Die Wertmarke wird gegen Entrichtung eines Betrages von 80 Euro für ein Jahr oder 40 Euro für ein halbes Jahr ausgegeben. ²Der Betrag erhöht sich in entsprechender Anwendung des § 160 Absatz 3 jeweils zu dem Zeitpunkt, zu dem die nächste Neubestimmung der Beträge der Ausgleichsabgabe erfolgt. ³Liegt dieser Zeitpunkt innerhalb der Gültigkeitsdauer einer bereits ausgegebenen Wertmarke, ist der höhere Betrag erst im Zusammenhang mit der Ausgabe der darauffolgenden Wertmarke zu entrichten. ⁴Abweichend von § 160 Absatz 3 Satz 4 sind die sich ergebenden Beträge auf den nächsten vollen Eurobetrag aufzurunden. ⁵Das Bundesministerium für Arbeit und Soziales gibt den Erhöhungsbetrag und die sich nach entsprechender Anwendung des § 160 Absatz 3 Satz 3 ergebenden Beträge im Bundesanzeiger bekannt.

(3) ¹Wird die für ein Jahr ausgegebene Wertmarke vor Ablauf eines halben Jahres ihrer Gültigkeitsdauer zurückgegeben, wird auf Antrag die Hälfte der Gebühr erstattet. ²Entsprechendes gilt für den Fall, dass der schwerbehinderte Mensch vor Ablauf eines halben Jahres der Gültigkeitsdauer der für ein Jahr ausgegebenen Wertmarke verstirbt.

(4) Auf Antrag wird eine für ein Jahr gültige Wertmarke, ohne dass der Betrag nach Absatz 2 in seiner jeweiligen Höhe zu entrichten ist, an schwerbehinderte Menschen ausgegeben,
1. die blind im Sinne des § 72 Absatz 5 des Zwölften Buches oder entsprechender Vorschriften oder hilflos im Sinne des § 33 b des Einkommensteuergesetzes oder entsprechender Vorschriften sind oder
2. die Leistungen zur Sicherung des Lebensunterhalts nach dem Zweiten Buch oder für den Lebensunterhalt laufende Leistungen nach dem Dritten und Vierten Kapitel des Zwölften Buches, dem Achten oder dem Vierzehnten Buch erhalten oder

3. die am 1. Oktober 1979 die Voraussetzungen nach § 2 Absatz 1 Nummer 1 bis 4 und Absatz 3 des Gesetzes über die unentgeltliche Beförderung von Kriegs- und Wehrdienstbeschädigten sowie von anderen Behinderten im Nahverkehr vom 27. August 1965 (BGBl. I S. 978), das zuletzt durch Artikel 41 des Zuständigkeitsanpassungs-Gesetzes vom 18. März 1975 (BGBl. I S. 705) geändert worden ist, erfüllten, solange ein Grad der Schädigungsfolgen von mindestens 70 festgestellt ist oder von mindestens 50 festgestellt ist und sie infolge der Schädigung erheblich gehbehindert sind; das Gleiche gilt für schwerbehinderte Menschen, die diese Voraussetzungen am 1. Oktober 1979 nur deshalb nicht erfüllt haben, weil sie ihren Wohnsitz oder ihren gewöhnlichen Aufenthalt zu diesem Zeitpunkt in dem in Artikel 3 des Einigungsvertrages genannten Gebiet hatten.

(5) [1]Die Wertmarke wird nicht ausgegeben, solange eine Kraftfahrzeugsteuerermäßigung nach § 3a Absatz 2 des Kraftfahrzeugsteuergesetzes in Anspruch genommen wird. [2]Die Ausgabe der Wertmarken erfolgt auf Antrag durch die nach § 152 Absatz 5 zuständigen Behörden. [3]Die Landesregierung oder die von ihr bestimmte Stelle kann die Aufgaben nach den Absätzen 2 bis 4 ganz oder teilweise auf andere Behörden übertragen. [4]Für Streitigkeiten in Zusammenhang mit der Ausgabe der Wertmarke gilt § 51 Absatz 1 Nummer 7 des Sozialgerichtsgesetzes entsprechend.

(6) Absatz 1 gilt im Nah- und Fernverkehr im Sinne des § 230, ohne dass die Voraussetzung des Absatzes 1 Satz 2 erfüllt sein muss, für die Beförderung
1. einer Begleitperson eines schwerbehinderten Menschen im Sinne des Absatzes 1, wenn die Berechtigung zur Mitnahme einer Begleitperson nachgewiesen und dies im Ausweis des schwerbehinderten Menschen eingetragen ist, und
2. des Handgepäcks, eines mitgeführten Krankenfahrstuhles, soweit die Beschaffenheit des Verkehrsmittels dies zulässt, sonstiger orthopädischer Hilfsmittel und eines Führhundes; das Gleiche gilt für einen Hund, den ein schwerbehinderter Mensch mitführt, in dessen Ausweis die Berechtigung zur Mitnahme einer Begleitperson nachgewiesen ist.

(7) [1]Die durch die unentgeltliche Beförderung nach den Absätzen 1 bis 6 entstehenden Fahrgeldausfälle werden nach Maßgabe der §§ 231 bis 233 erstattet. [2]Die Erstattungen sind aus dem Anwendungsbereich der Verordnung (EG) Nr. 1370/2007 des Europäischen Parlaments und des Rates vom 23. Oktober 2007 über öffentliche Personenverkehrsdienste auf Schiene und Straße und zur Aufhebung der Verordnungen (EWG) Nr. 1191/69 und (EWG) Nr. 1107/70 des Rates (ABl. L 315 vom 3.12.2007, S. 1) ausgenommen.

1 **Geltende Fassung:** Die Vorschrift wurde mit Wirkung vom 1.7.2001 durch Art. 1 und 68 Abs. 1 SGB IX vom 19.6.2001[2] als § 145 eingeführt; seit dem 1.1.2002 gelten nach Art. 66 Nr. 4 in Abs. 1 Euro statt der zuvor genannten DM-Beträge. In Abs. 1 hat Art. 9 Nr. 23 G. v. 24.12.2003[3] das Wort „Arbeitslosenhilfe" durch „Leistungen zur Sicherung des Lebensunterhalts nach dem Zweiten Buch" ersetzt. In Abs. 1 sind durch Art. 8 Nr. 12 G. v. 27.12.2003[4] die Einordnung des Bundessozialhilfegesetzes in das Sozialgesetzbuch sprachlich nachvollzogen, den dort genannten Leistungen solche nach Grundsicherungsgesetz gleichgestellt und die Verweisung auf das SGG aktualisiert worden, Art. 1

---

2 BGBl. I 1046.
3 BGBl. I 2954.
4 BGBl. I 3022.

Nr. 33 G. v. 23.4.2004.[5] Durch Art. 8 Nr. 3 b G. v. 21.3.2005[6] sind in **Abs. 2 Nr. 2** Behindertenbegleithunde aufgenommen worden. Art. 6 Nr. 2 G. v. 2.12.2006[7] hat die „Notwendigkeit" in **Abs. 2 Nr. 1** durch die „Berechtigung" ersetzt, sich als behinderter Mensch ständig begleiten zu lassen. Durch Art. 11 Nr. 2 G. v. 13.12.2007[8] sind die in **Abs. 1 Nr. 2** an erster Stelle genannten Leistungen dem geänderten Recht entsprechend neu bezeichnet worden; Nr. 3 trägt jetzt der Ablösung des Begriffs „MdE" durch „GdS" Rechnung; auch **Abs. 2 Nr. 2** spricht – wie schon Nr. 1 – nunmehr von „Berechtigung" zur Mitnahme einer Begleitperson statt von der „Notwendigkeit" ständiger Begleitung. In **Abs. 1 Nr. 2** hat Art. 5 Nr. 9 G. v. 22.12.2008[9] die versehentlich gestrichene Begrenzung auf Empfänger „laufender" Leistungen wieder eingeführt; Art. 2 Nr. 3 G. v. 30.7.2009[10] hat die Worte „und der ohne Begleitperson fährt" am Ende des **Abs. 2 Nr. 2** gestrichen. Art. 1 G. v. 5.12.2012[11] hat die Gebühr für Wertmarken angehoben und dynamisiert. Art. 3 G. v. 14.12.2012[12] hat in **Abs. 3** den zweiten Satz ergänzt. Art. 1 Bundesteilhabegesetz – BTHG v. 23.12.2016[13] hat Abs. 1 in fünf Absätze aufgeteilt und in Abs. 5 Satz 1 die Streichung der Sätze 3 und 4 in § 3 a KraftStG berücksichtigt. Art. 37 G. v. 12.12.2019[14] hat den Verweis auf das BVG in Abs. 4 Nr. 2 mit Wirkung vom 1.1.2024 durch die nach „Achten" eingefügten Worte „oder dem Vierzehnten" ersetzt. Das Teilhabestärkungsgesetz soll **Abs. Nr. 2** auf einen nach § 12 e BGG gekennzeichneten Assistenzhund erweitern.[15]

Regelungsinhalt: Die umfangreiche und teilweise sehr detaillierte Vorschrift verpflichtet Verkehrsunternehmen und berechtigt spezifisch schwerbehinderte Menschen zur unentgeltlichen Beförderung im öffentlichen Personennahverkehr – regelmäßig – gegen Zahlung eines pauschalen Eigenbeitrages (Wertmarke). Weiter wird der Kreis der von dieser Eigenbeteiligung befreiten Personen beschrieben und das Verhältnis der Nachteilsausgleiche Freifahrt und Kraftfahrzeugsteuerermäßigung bestimmt. Absatz 6 dehnt das Recht zur unentgeltlichen Beförderung auf Begleitpersonen, -hunde und auf mitgeführte Sachen – auch im Fernverkehr – aus; Absatz 7 statuiert die staatliche Erstattungspflicht für Einnahmeausfälle der Verkehrsunternehmen.

Zur Entstehung: Inhaltsgleiche Übernahme des § 59 SchwbG.

Freifahrtberechtigt sind **nach Abs. 1 Satz 1** schwerbehinderte Menschen, die
- infolge ihrer Behinderung in der **Bewegungsfähigkeit** im Straßenverkehr **erheblich beeinträchtigt** sind (Merkzeichen „G", vgl. § 229 Abs. 1 Satz 1),
- **hilflos** (Merkzeichen „H", → § 209 Rn. 4)
- **gehörlos** sind (Merkzeichen „Gl", → § 153 Rn. 4).

Die **Freifahrt** wird nur gewährt gegen **Vorzeigen** eines **Ausweises** über die Eigenschaft als schwerbehinderter Mensch und den GdB. Der mit halbseitigem orangefarbenen Flächenaufdruck versehene Ausweis trägt bei Menschen mit Behinderung der Bewegungsfähigkeit auf der Rückseite das Merkzeichen „G"

---

5 BGBl. I 606.
6 BGBl. I 818.
7 BGBl. I 2742.
8 BGBl. I 2904.
9 BGBl. I 2959.
10 BGBl. I 2495.
11 BGBl. I 2480.
12 BGBl. I 2598.
13 BGBl. I 3234.
14 BGBl. I 2652.
15 BR-Drs. 129/21, 17.

(§ 229 Abs. 1 Satz 2), auf der Vorderseite zusätzlich das Merkzeichen „B", wenn der Inhaber zur Mitnahme einer Begleitperson berechtigt ist.

6 Erforderlich ist weiter **ein weißes Beiblatt zum Ausweis**, das mit einer **Wertmarke** versehen ist. Das Beiblatt wird vom Versorgungsamt auf Antrag gegen Zahlung der **Eigenbeteiligung** von 80 Euro für ein ganzes oder von 40 Euro für ein halbes Jahr ausgestellt. Wird die für ein Jahr ausgegebene Wertmarke **vor Ablauf** eines halben Jahres **zurückgegeben**, ist die Hälfte der Gebühr zu **erstatten**. Bei **Tod** eines schwerbehinderten Menschen steht dessen **Erben** entsprechende Erstattung zu. Wer eine Wertmarke gegen **Zahlung** des Eigenanteils erwirbt, obwohl sie an ihn **unentgeltlich** hätte ausgegeben werden können, hat bei Rückgabe keinen Anspruch auf Erstattung des **Eigenanteils** auch für die **Vergangenheit**.[16] Die Höhe der Eigenbeteiligung war seit 1984 – mit 120 DM, dann mit 60 Euro – **unverändert** geblieben, obwohl die **Einkommen** sich inzwischen etwa verdoppelt hatten und die **Fahrpreise** im öffentlichen Personennahverkehr bei verbesserten Nutzungsmöglichkeiten seither um mehr als 50 % gestiegen waren. Deshalb erschien die bereits 2005 erhobene Forderung nach einer **Erhöhung** der **Eigenbeteiligung** – auf etwa 90 Euro –[17] berechtigt. Der Gesetzgeber hat die Gebühr trotz nochmals verbesserter Nutzungsmöglichkeit durch Wegfall des Streckenverzeichnisses (→ Rn. 8) nur moderat auf 80 Euro erhöht, allerdings wie die Ausgleichsabgabe dynamisiert.

7 Das Beiblatt wird vom Versorgungsamt an spezifisch behinderte Menschen und an Einkommensschwache mit einer für ein Jahr gültigen **Wertmarke unentgeltlich** ausgegeben, nämlich an Blinde, Hilflose, Empfänger von Leistungen der Grundsicherung, zur Sicherung des Lebensunterhalts nach dem SGB II, laufenden Leistungen zum Lebensunterhalt nach SGB XII, nach SGB VIII oder BVG (ab 1.1.2024: SGB XIV). Mitglieder einer Einsatzgemeinschaft, die selbst über bedarfsdeckendes Einkommen verfügen, „erhalten" iSd Abs. 1 Satz 5 Nr. 2 keine Leistungen nach dem SGB XII.[18] Der Begriff „für den Lebensunterhalt laufende Leistungen nach dem Dritten und Vierten Kapitel des Zwölften Buches" schließt Personen ein, die solche Leistungen in entsprechender Anwendung des SGB XII erhalten und Sozialhilfeempfängern im Wesentlichen gleichstehen. Dazu gehören weder im Maßregelvollzug Untergebrachte, deren Taschengeld nach § 35 Abs. 2 SGB XII bemessen wird[19] noch Empfänger von Kraftfahrzeughilfe nach Kriegsopferfürsorgerecht;[20] anders dagegen nach § 2 AsylbLG analogleistungsberechtigte Asylbewerber.[21] Leistungen an Asylbewerber nach §§ 3 ff. AsylbLG gehören nicht zum Fürsorgesystem der Sozialhilfe und berechtigen nicht zur Freifahrt ohne Eigenbeteiligung.[22]

8 Im **Eisenbahnverkehr** der Deutschen Bahn AG wurde im **Umkreis von 50 km** um seinen Wohnsitz oder gewöhnlichen Aufenthalt unentgeltlich nur befördert, wer ein „**Streckenverzeichnis**" nach § 7 Abs. 2 SchwbAwV aF vorweisen konnte, in dem alle frei benutzbaren Eisenbahnstrecken mit Nummern, Anfangs- und Endbahnhof aufgelistet waren. Die 50-km-Beschränkung für Nahverkehrszüge in § 147 Abs. 1 Nr. 5 aF[23] und damit das Streckenverzeichnis sind Ende 2011 weggefallen.

---

16 LSG BW 29.8.2005 – L 6 SB 5511/04.
17 Vgl. Bürgerschaft der Freien und Hansestadt Hamburg, Drs. 18/1724, 186.
18 BSG 17.7.2008 – B 9/9 a SB 11/06 R, SozR 4-3250 § 145 Nr. 1.
19 BSG 6.10.2011 – B 9 SB 6/10 R, SozR 4-3250 Nr. 3.
20 BSG 25.10.2012 – B 9 SB 1/12 R.
21 BSG 6.10.2011 – B 9 SB 7/10 R, SozR 4-3250 Nr. 2.
22 Vgl. BSG 12.5.2014 – B 9SB 81/13, juris Rn. 13.
23 IdF des G v. 27.4.2005 (BGBl. I 1138).

Unentgeltliche Beförderung und **Kraftfahrzeugsteuerermäßigung** um 50 % nach 9
§ 3 a Abs. 2 KraftStG schließen sich gegenseitig aus. Berechtigte haben ein
Wahlrecht zwischen beiden. Sie sind an ihre Entscheidung nicht auf Dauer gebunden und können auch während der Geltungsdauer der Wertmarke jederzeit
zur Kraftfahrzeugsteuerermäßigung wechseln und umgekehrt. Unentgeltliche
Beförderung und **Kraftfahrzeugsteuerbefreiung** nach § 3 a Abs. 1 KraftStG lassen sich **kumulieren**.

Werden die **gesundheitlichen Merkmale** für „G" – wie regelmäßig – **rückwirkend** 10
auf das Antragsdatum festgestellt, so lässt sich zwar rückwirkend die
Kraftfahrzeugsteuer ermäßigen, nicht aber unentgeltliche Beförderung für die
Vergangenheit realisieren. **Anspruch** auf Erstattung der im Rückwirkungszeitraum aufgewendeten **Fahrtkosten** bestehen weder gegen den Versorgungsträger
noch gegen Nahverkehrsunternehmen.[24] Der Anspruch auf unentgeltliche Beförderung wird durch eine Sachleistung erfüllt: durch die Ausgabe von Wertmarken, die öffentlich-rechtlich zur kostenlosen Benutzung öffentlicher Nahverkehrsmittel berechtigen.[25]

Der **Anspruch** auf unentgeltliche Beförderung wird in Abs. 6 **persönlich** und 11
sachlich erweitert auf

- eine **Begleitperson** zur Freifahrt berechtigter schwerbehinderter Menschen,
  die nach § 229 Abs. 2 **berechtigt** sind, sich ständig begleiten zu lassen, sofern dies im Ausweis eingetragen ist (Merkzeichen „B", → § 153 Rn. 5);
- das **Handgepäck**, einen mitgeführten **Krankenfahrstuhl**, sonstige orthopädische **Hilfsmittel**, einen **Blindenführhund** und einen **Behindertenbegleithund**.

Zum Behindertenbegleithund sollte sich ein Tier qualifizieren, das schwerbehinderten Menschen (insbesondere Rollstuhl-fahrern)[26] bei wiederkehrenden Alltagsaktivitäten wie Türöffnen und Schalterbetätigen hilft und damit ein dem Blindenführhund vergleichbares „Hilfsmittel" ist.[27] Diese Einschränkung wurde als zu begriffsaufwändig erkannt. Das Recht zur unentgeltlichen Beförderung wurde deshalb auf alle von Inhabern des Merkzeichens „B" mitgeführten Hunde ausgedehnt, und zwar zunächst nur anstelle einer Begleitperson[28], dann auch zusammen mit dieser.[29] Das Teilhabestärkungsgesetz soll Menschen mit Behinderung die Mitnahme eines in
§§ 12 e ff. BGG detailliert beschriebenen und als solcher gekennzeichneten
„**Assistenzhundes**" möglich machen.[30] Ein Merkzeichen „B" ist dafür nicht
erforderlich.

Diese zusätzlichen Ansprüche hängen **nicht** davon ab, ob der gehbehinderte 12
Mensch oder sonst nach Abs. 1 Satz 1 **Berechtigte selbst** unentgeltlich zu befördern ist. Wer sich die Kraftfahrzeugsteuer ermäßigen lässt oder keine Wertmarke kauft und von der Entrichtung der Eigenbeteiligung auch nicht befreit ist,
hat ebenfalls die Ansprüche nach Abs. 6 Nrn. 1 und 2. Unentgeltlich sind Begleitpersonen, die in Nr. 2 genannten Sachen sowie ein Blindenführ- und ein Behindertenbegleithund nicht nur im Nah-, sondern auch im **Fernverkehr** zu befördern, während ein schwerbehinderter Mensch selbst freie Fahrt nur im **Nahverkehr** hat.

---

24 BSG 7.11.2001 – B 9 SB 3/01 R, BSGE 89, 79, 82 f. = SozR 3-3870 § 59 Nr. 1.
25 BSG 23.4.2009 – B 9 SB 3/08 R, Rn. 17.
26 BT-Drs. 15/4228, 46.
27 BT-Drs. 15/4228, 46.
28 BT-Drs. 15/ 4751, 47.
29 BT-Drs. 16/13417, 6.
30 BR-Drs. 129/21, 17, 65.

13 Absatz 7 schreibt vor, zur unentgeltlichen Beförderung verpflichteten Verkehrsunternehmen die daraus entstehenden **Fahrgeldausfälle** als Ausgleich für die Überwälzung einer gemeinwirtschaftlichen Last zu erstatten.[31] Das Nähere zur Berechnung der Fahrgeldausfälle, zum Erstattungsverfahren und zur Verteilung der Ausgleichslast ergibt sich aus §§ 231 ff.

§ 229 Persönliche Voraussetzungen

(1) [1]In seiner Bewegungsfähigkeit im Straßenverkehr erheblich beeinträchtigt ist, wer infolge einer Einschränkung des Gehvermögens (auch durch innere Leiden oder infolge von Anfällen oder von Störungen der Orientierungsfähigkeit) nicht ohne erhebliche Schwierigkeiten oder nicht ohne Gefahren für sich oder andere Wegstrecken im Ortsverkehr zurückzulegen vermag, die üblicherweise noch zu Fuß zurückgelegt werden. [2]Der Nachweis der erheblichen Beeinträchtigung in der Bewegungsfähigkeit im Straßenverkehr kann bei schwerbehinderten Menschen mit einem Grad der Behinderung von wenigstens 80 nur mit einem Ausweis mit halbseitigem orangefarbenem Flächenaufdruck und eingetragenem Merkzeichen „G" geführt werden, dessen Gültigkeit frühestens mit dem 1. April 1984 beginnt, oder auf dem ein entsprechender Änderungsvermerk eingetragen ist.

(2) [1]Zur Mitnahme einer Begleitperson sind schwerbehinderte Menschen berechtigt, die bei der Benutzung von öffentlichen Verkehrsmitteln infolge ihrer Behinderung regelmäßig auf Hilfe angewiesen sind. [2]Die Feststellung bedeutet nicht, dass die schwerbehinderte Person, wenn sie nicht in Begleitung ist, eine Gefahr für sich oder für andere darstellt.

(3) [1]Schwerbehinderte Menschen mit außergewöhnlicher Gehbehinderung sind Personen mit einer erheblichen mobilitätsbezogenen Teilhabebeeinträchtigung, die einem Grad der Behinderung von mindestens 80 entspricht. [2]Eine erhebliche mobilitätsbezogene Teilhabebeeinträchtigung liegt vor, wenn sich die schwerbehinderten Menschen wegen der Schwere ihrer Beeinträchtigung dauernd nur mit fremder Hilfe oder mit großer Anstrengung außerhalb ihres Kraftfahrzeuges bewegen können. [3]Hierzu zählen insbesondere schwerbehinderte Menschen, die auf Grund der Beeinträchtigung der Gehfähigkeit und Fortbewegung – dauerhaft auch für sehr kurze Entfernungen – aus medizinischer Notwendigkeit auf die Verwendung eines Rollstuhls angewiesen sind. [4]Verschiedenste Gesundheitsstörungen (insbesondere Störungen bewegungsbezogener, neuromuskulärer oder mentaler Funktionen, Störungen des kardiovaskulären oder Atmungssystems) können die Gehfähigkeit erheblich beeinträchtigen. [5]Diese sind als außergewöhnliche Gehbehinderung anzusehen, wenn nach versorgungsärztlicher Feststellung die Auswirkung der Gesundheitsstörungen sowie deren Kombination auf die Gehfähigkeit dauerhaft so schwer ist, dass sie der unter Satz 1 genannten Beeinträchtigung gleich kommt.

1 Geltende Fassung: Die Vorschrift wurde mit Wirkung vom 1.7.2001 durch Art. 1 und 68 Abs. 1 SGB IX vom 19.6.2001[1] als § 146 eingeführt. Art. 6 Nr. 3 G. v. 2.12.2006[2] hat in Abs. 2 die Notwendigkeit ständiger Begleitung ersetzt durch die Berechtigung des behinderten Menschen, sich ständig begleiten zu

---

31 Vgl. dazu *v. Maydell*, Zur rechtlichen Problematik der Befreiung von den Rundfunkgebühren, 1987, S. 47 ff., 52.
1 BGBl. I 1046.
2 BGBl. I 2742.

lassen. Art. 2 Bundesteilhabegesetz – BTHG v. 23.12.2016³ hat den Absatz 3 mit Wirkung vom 30.12.2016 angefügt.

Regelungsinhalt: Die Vorschrift definiert die Begriffe der erheblichen Beeinträchtigung der Bewegungsfähigkeit im Straßenverkehr in § 228 Abs. 1 Satz 1 und der Berechtigung zur Mitnahme einer Begleitperson in Abs. 2 und beschreibt in Abs. 3 die „außergewöhnliche Gehbehinderung".

Zur Entstehung: Inhaltsgleiche Übernahme des § 60 SchwbG. Abs. 3 definiert nunmehr den Begriff „außergewöhnliche Gehbehinderung" des § 6 Abs. 1 Nr. 14 StVG. Zuvor richtete er sich nach straßenverkehrsrechtlichen Bestimmungen: § 45 Abs. 1 b Nr. 2 StVO und VwV zu § 46 Abs. 1 Nr. 11 StVO → Rn. 129 und 130.

Das Versorgungsamt entscheidet im Feststellungsverfahren nach § 152 Abs. 4, ob die gesundheitlichen Voraussetzungen einer **erheblichen Beeinträchtigung der Bewegungsfähigkeit** im Straßenverkehr, einer **außergewöhnlichen Gehbehinderung** und der Notwendigkeit **ständiger Begleitung** zur Inanspruchnahme von Nachteilsausgleichen vorliegen und stellt den Ausweis (§ 152 Abs. 5) mit den entsprechenden Merkzeichen „G", „aG" und „B" aus. Definitionen für die – auch ohne gleichzeitige Gehbehinderung und ohne einen Mindest-GdB von 80 – zur unentgeltlichen Beförderung im öffentlichen Personenverkehr qualifizierenden gesundheitlichen Voraussetzungen Gehörlosigkeit (Merkzeichen „Gl") und Hilflosigkeit (Merkzeichen „H") enthält die Vorschrift nicht (dazu → § 153 Rn. 4 und → § 209 Rn. 18).

In ihrer **Bewegungsfähigkeit** im Straßenverkehr **erheblich beeinträchtigt** sind schwerbehinderte Menschen, die infolge einer Einschränkung ihres **Gehvermögens**, auch durch innere Leiden, nicht ohne erhebliche Schwierigkeiten oder nicht ohne Gefahren für sich oder andere Personen **Wegstrecken** im **Ortsverkehr** zurücklegen können, die üblicherweise noch **zu Fuß** zurückgelegt werden.⁴ Die Rechtsprechung hat die **Länge** dieser **Strecke** als allgemeine Tatsache ermittelt, mit **2000 m** festgelegt und den so gefundenen Vergleichsmaßstab für die rechtserhebliche Bewegungsbeeinträchtigung um einen **Zeitfaktor**, nämlich eine Gehzeit von **30 Minuten** für die genannte Strecke, ergänzt.⁵ Die AHP hatten sich dem angeschlossen (AHP 2008, Nr. 30 Abs. 2); die VMG (Anlage zu § 2 der Versorgungsmedizin-Verordnung vom 10.12.2008 „Versorgungsmedizinische Grundsätze") enthalten in Teil D Nr. 1 Buchst. b eine entsprechende Regelung.⁶ Dieser Vergleichsmaßstab könnte inzwischen durch die Entwicklung der tatsächlichen Verhältnisse überholt sein.⁷ Ein dichtes Verkehrsnetz, kurze Haltestellenabstände, hohe Taktfrequenzen und eine bessere Ausstattung von Bussen und Bahnen sprechen wohl eher für eine Halbierung auf 1000 Meter in 15 Minuten. Am herkömmlichen Vergleichsmaßstab gemessen gaben die AHP jedenfalls als weiterhin geltende antizipierte Sachverständigengutachten⁸ außerdem an, welche **Funktionsstörungen** in welcher **Ausprägung** vorliegen müssen, bevor angenommen werden kann, dass ein schwerbehinderter Mensch infolge

---

3 BGBl. I 3234.
4 Vgl. dazu – grundlegend – *Koch/Koch*, Die erhebliche Gehbehinderung im Schwerbehindertenrecht, ZfS 1984, 321 ff. und *Dreher* ZfS 1986, 65 ff.
5 BSG 10.12.1987 – 9a RVs 11/87, BSGE 62, 273 (277 ff., 280) = SozR 3870 § 60 Nr. 2.
6 Vgl. zur zunächst fehlenden Ermächtigungsgrundlage: *Dau* jurisPR-SozR 4/2009, Anm. 4; nunmehr: § 153 Abs. 2 und übergangsweise bis zum Erlass einer Verordnung aufgrund dieser Vorschrift § 241 Abs. 5.
7 AA LSG Stuttgart 2.10.2012 – L 8 SB 1914/10; *Sonnhoff* jurisPR-SozR 23/2012, Anm. 3.
8 BSG 23.6.1993 – 9/9a RVs 1/91, BSGE 72, 285 (286) = SozR 3-3870 § 4 Nr. 6.

einer Einschränkung des Gehvermögens „in seiner Bewegungsfähigkeit im Straßenverkehr erheblich beeinträchtigt ist". Damit tragen die AHP – und jetzt die VMG – dem Umstand Rechnung, dass das **Gehvermögen** des Menschen **keine statische Messgröße** ist, sondern von verschiedenen Faktoren geprägt und variiert wird. Darunter sind neben den anatomischen Gegebenheiten des Körpers, also Körperbau und etwaigen Behinderungen, vor allem der Trainingszustand, die Tagesform, Witterungseinflüsse, die Art des Gehens (ökonomische Beanspruchung der Muskulatur, Gehtempo und Rhythmus) sowie Persönlichkeitsmerkmale, vor allem die Motivation, zu nennen.[9] Aus diesen **Faktoren** filtern die AHP – jetzt die VMG – all jene heraus, die nach § 229 Abs. 1 Satz 1 **außer Betracht** zu bleiben haben, weil sie die Bewegungsfähigkeit des schwerbehinderten Menschen im Straßenverkehr nicht infolge einer behinderungsbedingten Einschränkung des Gehvermögens, auch durch innere Leiden, oder infolge von Anfällen oder von Störungen der Orientierungsfähigkeit, sondern möglicherweise aus anderen Gründen erheblich beeinträchtigen. Die AHP 2008 beschrieben dazu in Nr. 30 Abs. 3 bis 5 – wie jetzt die VMG in Teil D Nr. 1 Buchst. d bis f. – **Regelfälle**, bei denen nach dem allgemeinen anerkannten Stand der medizinischen Erkenntnisse die Voraussetzungen für den **Nachteilsausgleich** „G" als erfüllt anzusehen sind, und die bei dort nicht erwähnten Behinderungen als **Vergleichsmaßstab** dienen können.[10]

7 Eine **erhebliche Beeinträchtigung** der Bewegungsfähigkeit im Straßenverkehr ist danach **anzunehmen**:
- Wenn auf die Gehfähigkeit sich auswirkende Funktionsstörungen der **unteren Gliedmaßen** und/oder der Lendenwirbelsäule bestehen, die für sich einen **GdB** um **wenigstens 50** bedingen. Darüber hinaus können die Voraussetzungen bei Behinderungen an den unteren Gliedmaßen mit einem **GdB unter 50** gegeben sein, wenn diese Behinderungen sich auf die Gehfähigkeit **besonders** auswirken, zB bei Versteifung des Hüftgelenks, Versteifung des Knie- oder Fußgelenks in ungünstiger Stellung, arteriellen Verschlusskrankheiten mit einem GdB von 40.
- Wenn bei **Herzschäden** eine Leistungsbeeinträchtigung bereits bei alltäglicher leichter Belastung auftritt (zB Spazierengehen mit einer Geschwindigkeit von 3 bis 4 km/h, Treppensteigen bis zu einem Stockwerk, leichter körperlicher Arbeit). Ebenso bei Beschwerden und pathologischen Messdaten bereits bei einer Ergometerbelastung mit 50 Watt (wenigstens 2 Minuten). Außerdem bei **Atembehinderungen** mit dauernder Einschränkung der Lungenfunktion wenigstens mittleren Grades, dh bei einer das gewöhnliche Maß übersteigenden Atemnot bereits bei alltäglicher leichter Belastung in dem eben beschriebenen Umfang.
- Wenn sich **hirnorganische Anfälle** überwiegend am Tage mit einer mittleren Anfallshäufigkeit (Pausen von Wochen bei großen und Pausen von Tagen bei kleinen Anfällen) ereignen. Eine **psychische**, mit Verstimmungen, Angstzuständen und Antriebsminderung verbundene **Krankheit** lässt sich mit den beschriebene „Anfällen" **nicht gleichsetzen**.[11]
- Wenn **Sehbehinderungen** mit einem **GdB** von **wenigstens 70** vorliegen. Bei Sehbehinderungen, die einen GdB von 50 oder 60 bedingen, muss auch die

---
9 Vgl. *Gebauer*, Feststellung der Wegefähigkeit im Schwerbehindertem- und Rentenrecht aus medizinischer Sicht, MedSach 1995, 53.
10 Vgl. BSG 10.12.1987 – 9a RVs 11/87, BSGE 62, 273 (277) = SozR 3870 § 60 Nr. 2.
11 BSG 10.5.1994 – 9 BVs 45/93; vgl. auch LSG Bln-Bbg 16.11.2011 – L 11 SB 67/09.

Ausgleichsfunktion erheblich gestört sein (zB hochgradige Schwerhörigkeit beidseits, geistige Behinderung).

Als **nicht** in ihrer Bewegungsfähigkeit im Straßenverkehr erheblich beeinträchtigt sind **psychisch erkrankte** Personen anzusehen, deren Leiden nicht die in Abs. 1 Satz 1 genannten „Anfälle" und keine „Störung der Orientierungsfähigkeit" hervorruft, sondern andere psychische Störungen wie **Verstimmungen, Antriebsminderung** und **Angstzustände,** die ebenfalls zu einer verminderten Beweglichkeit im Straßenverkehr führen mögen.[12] Funktionelle Auswirkungen erheblichen Übergewichts (Adipositas per magna) **sind** ebenso **zu berücksichtigen** wie bei der Einschätzung des GdB.[13] 8

Das **Merkzeichen „B"** berechtigt den behinderten Menschen, sich bei Benutzung öffentlicher Verkehrsmittel unentgeltlich von einer anderen Person begleiten zu lassen; **verpflichtet** dazu ist er **nicht**. Er ist auch als Alleinreisender zu befördern. Das hat der Gesetzgeber durch den neu formulierten Abs. 2 Satz 1 klargestellt. Satz 2 ist eine Reaktion auf zivilgerichtliche Rechtsprechung,[14] die im Ergebnis die **Bewegungsfreiheit** unbegleiteter behinderter Menschen mit dem Merkzeichen **„B" eingeschränkt** hatte. 9

Anspruch auf das Merkzeichen „B" hat, wer öffentliche Verkehrsmittel gefahrlos für sich und andere wegen seiner Behinderung regelmäßig nur mit fremder Hilfe benutzen kann. Es kann sich um Hilfe beim Ein- und Aussteigen oder während der Fahrt handeln, außerdem um fremde Hilfe zum Ausgleich von Orientierungsstörungen (etwa wegen Sehbehinderung oder geistiger Behinderung). Nach Nr. 32 Abs. 3 AHP 2008 waren diese Voraussetzungen stets anzunehmen bei Querschnittsgelähmten, Ohnhändern, Blinden und beim Personenkreis der Sehbehinderten, geistig Behinderten und Anfallskranken, bei denen die Annahme einer erheblichen Beeinträchtigung im Straßenverkehr gerechtfertigt war. Die zunächst ohne Ermächtigungsgrundlage ergangenen, inzwischen nach § 241 Abs. 5 übergangsweise auch für das Schwerbehindertenrecht geltenden VMG haben diese Grundsätze in Teil D Nr. 2 inhaltsgleich übernommen.[15]

Die Zuerkennung von Nachteilsausgleichen wegen erheblicher Beeinträchtigung der Bewegungsfähigkeit im Straßenverkehr oder wegen der Notwendigkeit ständiger Begleitung hängt **nicht** von der **Vollendung eines bestimmten Lebensalters** ab. Die Voraussetzungen dieser Nachteilsausgleiche können auch bei behinderten **Säuglingen** und **Kleinkindern** vorliegen, und zwar selbst dann, wenn deren Behinderungen nicht zu Nachteilen gegenüber gleichaltrigen gesunden Kindern führen. Denn Maßstab für diese Merkzeichen ist ausnahmsweise **nicht** der **Vergleich** mit **gleichaltrigen** nichtbehinderten Menschen. Vielmehr kommt es darauf an, ob die festgestellten Gesundheitsstörungen bei **Erwachsenen** die Zuerkennung der Nachteilsausgleiche „G" und „B" rechtfertigen würden. Diese Besonderheit steht im Zusammenhang mit der **Abschaffung der Mindestaltersgrenze** von 6 Jahren für den Anspruch auf unentgeltliche Beförderung im öffentlichen Personennahverkehr, die ursprünglich in § 2 Abs. 1 Nr. 6 des Gesetzes vom 27.8.1965[16] vorgeschrieben war. Bei Aufnahme des Rechts der unentgeltlichen Personenbeförderung in das SchwbG durch das Gesetz vom 10

---

12 BSG 10.5.1994 – 9 BVs 45/93.
13 Vgl. Teil B Nr. 15.3 VMG; BSG 24.4.2008 – B 9/9 a SB 7/06 R, SozR 4-3250 § 146 Nr. 1.
14 LG Flensburg 4.5.2004 – 7S 189/03, RdLH 2005, 81.
15 Zum Vorhaben einer eigenständigen Verordnung für das Schwerbehindertenrecht – aufgrund der in § 153 Abs. 2 inzwischen geschaffenen Ermächtigung – vgl. *Ginda* MedSach 2013, 22 (26).
16 BGBl. I 978.

9.7.1979[17] hatte der Regierungsentwurf zunächst eine Altersgrenze von vier Jahren vorgesehen. Sie wurde jedoch auf Vorschlag des zuständigen Ausschusses gestrichen.[18] Diese Rechtsentwicklung hat dazu geführt, dass es bei den mit der Fortbewegung zusammenhängenden Merkzeichen „G" und „B" für ausreichend gehalten wird, wenn eine bestimmte Gesundheitsstörung die **entsprechenden Funktionen** eines **erwachsenen behinderten Menschen** im erforderlichen Ausmaß beeinträchtigen würde. Dieser Maßstab erscheint der Rechtsprechung auch unter dem Gesichtspunkt gerechtfertigt, dass bei **Beförderung** von behinderten **Säuglingen** und **Kleinkindern** in öffentlichen Verkehrsmitteln behinderungsbedingte **Mehraufwendungen** entstehen können, ohne dass dies im Einzelfall zutreffen muss.[19]

11 Abs. 3 definiert mit der **außergewöhnlichen Gehbehinderung** eine persönliche Voraussetzung, die nach der Vorstellung des Gesetzgebers anscheinend ebenso wie die in § 228 Abs. 1 ausdrücklich genannten (erheblich beeinträchtigte Bewegungsfähigkeit im Straßenverkehr, Hilflosigkeit und Blindheit) zur unentgeltlichen Beförderung im öffentlichen Personenverkehr berechtigen soll. Auch wenn sich wohl kein außergewöhnlich gehbehinderter Mensch denken lässt, dessen Bewegungsfähigkeit nicht zugleich in dem für die unentgeltliche Beförderung erforderlichen Umfang eingeschränkt ist, wird der Weg dahin nicht schon durch das Merkzeichen „aG" sondern nach Abs. 1 Satz 2 nur durch ein zusätzliches Merkzeichen „G" eröffnet. Die mit „aG" verknüpften Nachteilsausgleiche (Parkvorrechte, insbesondere Benutzung der mit Rollstuhlfahrersymbol gekennzeichneten Parkplätze und Kraftfahrzeugsteuerbefreiung) zielen nicht auf den ÖPNV, sie sind ganz auf die – alternative oder zusätzliche – Benutzung von Privat-Pkw ausgerichtet.

12 Die Anforderungen an den Begriff „**außergewöhnliche Gehbehinderung**" ergaben sich bis zum 30.12.2016 aus § 45 Abs. 1 b Nr. 2 StVO und VwV zu § 46 Abs. 1 Nr. 11 StVO Rn. 129 und 130. Danach war außergewöhnlich gehbehindert eine Person, die sich wegen der Schwere ihres Leidens **dauernd** nur mit **fremder Hilfe** oder nur mit **großer Anstrengung** außerhalb ihres Kraftfahrzeuges bewegen konnte. Das war der Fall bei Querschnittsgelähmten, Doppeloberschenkelamputierten, Doppelunterschenkelamputierten, Hüftexartikulierten und einseitig Oberschenkelamputierten, die dauernd außerstande sind, ein Kunstbein zu tragen, oder nur eine Beckenprothese tragen können oder zugleich unterschenkel- oder armamputiert sind, sowie bei anderen schwerbehinderten Menschen, die nach versorgungsärztlicher Feststellung, auch aufgrund von Erkrankungen, diesem ausdrücklich genannten Personenkreis gleichzustellen waren. Die außergewöhnliche Gehbehinderung war – ebenso wenig wie heute – **keine gesteigerte Beeinträchtigung der Bewegungsfähigkeit** im Straßenverkehr (nach § 229). Außergewöhnlich gehbehindert war – ebenso wie heute – nur, wessen **Gehfunktion** in hohem Maße **eingeschränkt** war.[20]
Der Begriff wurde äußerst restriktiv ausgelegt, weil jede Ausweitung des bevorrechtigten Personenkreises den nicht beliebig vermehrbaren, verkehrsgünstig und ortsnah gelegenen Parkraum weiter verknappen und die tatsächliche Nutzungsmöglichkeit für die am stärksten betroffenen Gehbehinderten einschrän-

---

17 BGBl. I 989.
18 BT-Drs. 8/2696, 5 und 17.
19 BSG 12.2.1997 – 9 RVs 1/95, BSGE 80, 97 (99 f.) = SozR 3-3870 § 4 Nr. 18.
20 BSG 6.11.1985 – 9a RVs 7/83, SozR 3870 § 3 Nr. 18; BSG 13.12.1994 – 9 RVs 3/94, SozR 3-3870 § 4 Nr. 11; BSG 17.12.1997 – 9 RVs 16/96, SozR 3-3870 § 4 Nr. 22.

ken würde.²¹ Ebenso wie für die in § 229 Abs. 1 genannte Wegstrecke, die im Ortsverkehr üblicherweise noch zurückgelegt wird (mit 2.000 Metern), hatten verschiedene LSG mit 100 Metern eine **Weglänge** bestimmt. Erst wer diese Strecke nicht zurücklegen konnte, sollte außergewöhnlich gehbehindert sein.²² Das BSG hat diesen **Maßstab** verworfen und für aG als qualifiziert angesehen, wer in seiner Gehfähigkeit ungewöhnlich stark eingeschränkt ist und sich deshalb praktisch von den ersten Schritten außerhalb seines Kraftfahrzeuges an nur unter ebenso großen Anstrengungen fortbewegen kann, wie die in der Verwaltungsvorschrift beispielhaft genannten Personen. Das galt auch für den, der auf diese Weise gezwungenermaßen längere Strecken zurücklegt.²³

Die Begriffsbestimmung in **Abs. 3** baut auf diesen Grundsätzen auf, setzt aber neue Akzente und fordert zusätzlich für die mobilitätsbezogene Teilhabebeeinträchtigung einen GdB von mindestens 80²⁴. In den Mittelpunkt sind anstelle von Diagnosen die daraus resultierenden Teilhabebeeinträchtigungen getreten. Inhaltlich unverändert übernimmt Abs. 3 **Satz 2** den bisherigen Obersatz: Mobilitätsbezogene Teilhabebeeinträchtigungen erreichen das Gewicht einer außergewöhnlichen Gehbehinderung erst, wenn schwerbehinderte Menschen sich deshalb „nur mit fremder Hilfe oder mit großer Anstrengung außerhalb ihres Kraftfahrzeuges bewegen können". Diese Voraussetzung sollen schwerbehinderte Menschen nach **Satz 3** stets erfüllen, wenn sie medizinisch begründet einen Rollstuhl benutzen müssen. Der einschränkende Zusatz „dauerhaft auch für sehr kurze Entfernungen" übernimmt sinngemäß die von der Rechtsprechung schon bisher geforderte qualifizierte Gehbehinderung „praktisch von den ersten Schritten außerhalb seines Kraftfahrzeuges an",²⁵ gibt also keine in Metern ausgedrückte Weglänge vor.

13

Mit der Definition in Abs. 3 ist der verengte Blick auf das orthopädische Fachgebiet für Gesundheitsstörungen auch anderer Fachgebiete geweitet worden. Anstelle des orthopädisch geprägten Beispielskatalogs der VwV zu § 46 Abs. 1 Nr. 11 StVO Rn. 129 und 130 verweist **Satz 4** darauf, dass „verschiedenste" Gesundheitsstörungen die Gehfähigkeit erheblich beeinträchtigen können. Dafür nennt das Gesetz beispielhaft Fälle von Störungen bewegungsbezogener, neuromuskulärer oder mentaler Funktionen sowie des kardiovaskulären oder des Atmungssystems. Das Gewicht außergewöhnlicher Gehbehinderung erreichen solche Störungen, wenn ihre Auswirkungen den im Obersatz genannten gleichkommen (Fortbewegung außerhalb des Kraftfahrzeuges nur mit fremder Hilfe oder mit großer Anstrengung). Das kann nach den Materialien²⁶ beispielsweise der Fall sein bei:

14

- zentralnervösen, peripher-neurologischen oder neuromuskulär bedingten Gangstörungen mit der Unfähigkeit, ohne Unterstützung zu gehen oder wenn dauerhaft ein Rollstuhl benutzt werden muss (insbesondere bei Querschnittslähmung, Multipler Sklerose, Amyotropher Lateralsklerose, Parkinson, schwer ausgeprägter Para- oder Tetraspastik);

---

21 BSG 3.2.1988 – 9/9a RVs 19/86, SozR 3870 § 3 Nr. 28; BSG 13.12.1994 – 9 RVs 3/94, SozR 3-3870 § 4 Nr. 11; vgl. auch BT-Drs. 15/3426, 28 f.
22 Vgl. dazu *Jungeblut* br 2012, 113.
23 BSG 10.12.2002 – B 9 SB 7/01 R BSGE 90, 180 (184) = SozR 3-3250 § 69 Nr. 1 und 29.3.2007 – B 9a SB 5/05 und 1/06 R sowie 5.7.2007 – B 9/9a SB 5/06 R.
24 LSG Bln-Bbg 15.6.2017 – L 13 SB 172/14, juris Rn. 14; *Goebel* in jurisPK-SGB IX § 152 Rn. 54; *Vogl* in jurisPK-SGB IX § 229 Rn. 33.
25 BSG 10.12.2002 – B 9 SB 7/01 R, BSGE 90, 180 (184) = SozR 3-3250 § 69 Nr. 1.
26 BT-Drs. 18/9522, 318.

- einem Funktionsverlust beider Beine ab Oberschenkelhöhe oder einem Funktionsverlust eines Beines ab Oberschenkelhöhe ohne Möglichkeit prothetischer oder orthetischer Versorgung (insbesondere bei Doppeloberschenkelamputierten und Hüftexartikulierten);
- schwerster Einschränkung der Herzleistungsfähigkeit (insbesondere bei Linksherzschwäche Stadium NYAH IV);
- schwersten Gefäßerkrankungen (insbesondere bei arterieller Verschlusskrankheit Stadium IV);
- Krankheiten der Atmungsorgane mit nicht ausgleichbarer Einschränkung der Lungenfunktion schweren Grades;
- einer schwersten Beeinträchtigung bei metastasierendem Tumorleiden (mit starker Auszehrung und fortschreitendem Kräfteverfall).

§ 230 Nah- und Fernverkehr

(1) Nahverkehr im Sinne dieses Gesetzes ist der öffentliche Personenverkehr mit
1. Straßenbahnen und Obussen im Sinne des Personenbeförderungsgesetzes,
2. Kraftfahrzeugen im Linienverkehr nach den §§ 42 und 43 des Personenbeförderungsgesetzes auf Linien, bei denen die Mehrzahl der Beförderungen eine Strecke von 50 Kilometern nicht übersteigt, es sei denn, dass bei den Verkehrsformen nach § 43 des Personenbeförderungsgesetzes die Genehmigungsbehörde auf die Einhaltung der Vorschriften über die Beförderungsentgelte gemäß § 45 Absatz 3 des Personenbeförderungsgesetzes ganz oder teilweise verzichtet hat,
3. S-Bahnen in der 2. Wagenklasse,
4. Eisenbahnen in der 2. Wagenklasse in Zügen und auf Strecken und Streckenabschnitten, die in ein von mehreren Unternehmern gebildetes, mit den unter Nummer 1, 2 oder 7 genannten Verkehrsmitteln zusammenhängendes Liniennetz mit einheitlichen oder verbundenen Beförderungsentgelten einbezogen sind,
5. Eisenbahnen des Bundes in der 2. Wagenklasse in Zügen, die überwiegend dazu bestimmt sind, die Verkehrsnachfrage im Nahverkehr zu befriedigen (Züge des Nahverkehrs),
6. sonstigen Eisenbahnen des öffentlichen Verkehrs im Sinne von § 2 Absatz 1 und § 3 Absatz 1 des Allgemeinen Eisenbahngesetzes in der 2. Wagenklasse auf Strecken, bei denen die Mehrzahl der Beförderungen eine Strecke von 50 Kilometern nicht überschreitet,
7. Wasserfahrzeugen im Linien-, Fähr- und Übersetzverkehr, wenn dieser der Beförderung von Personen im Orts- und Nachbarschaftsbereich dient und Ausgangs- und Endpunkt innerhalb dieses Bereiches liegen; Nachbarschaftsbereich ist der Raum zwischen benachbarten Gemeinden, die, ohne unmittelbar aneinander grenzen zu müssen, durch einen stetigen, mehr als einmal am Tag durchgeführten Verkehr wirtschaftlich und verkehrsmäßig verbunden sind.

(2) Fernverkehr im Sinne dieses Gesetzes ist der öffentliche Personenverkehr mit
1. Kraftfahrzeugen im Linienverkehr nach § 42 a Satz 1 des Personenbeförderungsgesetzes,
2. Eisenbahnen, ausgenommen der Sonderzugverkehr,
3. Wasserfahrzeugen im Fähr- und Übersetzverkehr, sofern keine Häfen außerhalb des Geltungsbereiches dieses Buches angelaufen werden, soweit der Verkehr nicht Nahverkehr im Sinne des Absatzes 1 ist.

(3) Die Unternehmer, die öffentlichen Personenverkehr betreiben, weisen im öffentlichen Personenverkehr nach Absatz 1 Nummer 2, 5, 6 und 7 im Fahrplan besonders darauf hin, inwieweit eine Pflicht zur unentgeltlichen Beförderung nach § 228 Absatz 1 nicht besteht.

Geltende Fassung: Die Vorschrift wurde mit Wirkung vom 1.7.2001 durch Art. 1 und 68 Abs. 1 SGB IX vom 19.6.2001[1] als § 147 eingeführt. Art. 4 G. v. 21.6.2002[2] hat in Abs. 1 Nr. 6 bei „§ 3" den Zusatz „Abs. 1" gestrichen, Art. 4 Abs. 3 G. v. 27.4.2005[3] hat ihn wieder angefügt. Art. 6 G. v. 22.12.2011 hat die Entfernungsbegrenzung in Abs. 1 Nr. 5 aufgehoben. Das BTHG vom 23.12.2016[4] hat die Vorschrift lediglich an den neuen Standort versetzt.

Regelungsinhalt: Die Vorschrift grenzt Nah- und Fernverkehr voneinander ab. Sie erlegt den Verkehrsunternehmen außerdem die Pflicht auf, in Zweifelsfällen über die fehlende Nahverkehrseigenschaft und damit über die Entgeltlichkeit von Verkehrsmitteln zu informieren.

Zur Entstehung: Inhaltsgleiche Übernahme des § 61 SchwbG.

Inhalt, Umfang und Ausmaß des Nachteilsausgleichs werden allein über die **Nahverkehrsdefinition** des § 230 Abs. 1 gesteuert. Sie war in § 1 der **ältesten gesetzlichen Vorschrift**, der Verordnung über Vergünstigungen für Kriegsbeschädigte im öffentlichen Personenverkehr vom 23.12.1943[5] noch **übersichtlich** und **klar:** Verkehr auf Straßenbahnen, im Ortslinienverkehr mit Kraftomnibussen und im S-Bahnverkehr der Deutschen Reichsbahn in Berlin und Hamburg. Durch verkehrswirtschaftlich-technische Entwicklung und gesetzgeberische Erweiterungen ist der Begriff beständig ausgedehnt worden. Unentgeltlich wird ein Berechtigter mittlerweile unabhängig von seinem Wohnsitz im gesamten Bereich eines jeden der großräumigen Verkehrsverbünde Deutschlands, auf sämtlichen S-Bahnen des Bundesgebiets und ohne Entfernungsbegrenzung deutschlandweit in allen Nahverkehrszügen von Eisenbahnen des Bundes befördert. Der jetzt geltende, sieben Punkte umfassende Katalog **unterschiedlichster Verkehrsmittel** und **Verkehrsformen** ist aber nur zum Teil auf gewandelte Verhältnisse zurückzuführen, wie zB die Bildung von Verkehrsverbünden und den Einsatz überörtlicher Linien auch zur Bedienung des Nahverkehrs. Zum guten Teil sind Umfang und **verwirrende Vielfalt** dem vom Gesetzgeber immer wieder beachteten Argument geschuldet, die Betroffenen im **ländlichen Raum** seien gegenüber **Städtern** benachteiligt, weil es auf dem Lande häufig keinen Nahverkehr gebe.[6] Dieses Argument vermag schwerlich zu überzeugen. Wenn es auf dem Lande **keinen Nahverkehr** gibt, der Kurzstrecken bedient, die allein im Ortsverkehr üblicherweise noch zu Fuß zurückgelegt werden, so können – für die Benutzung nicht vorhandener Verkehrsmittel – auch **keine Mehrkosten** entstehen. Auch in der gekünstelten Erweiterung des Nahverkehrsbegriffs zur vorgeblichen Gleichstellung betroffener Bewohner ländlicher Räume mit Städtern zeigt sich das weitgehende **Denaturierung** des Nachteilsausgleichs „G" zum **bloßen Privileg.**

Abs. 1 definiert den in § 230 Abs. 1 Satz 1 gebrauchten **Begriff** des **Nahverkehrs** durch eine **abschließende**, etwa Berg- und Seilbahnen nicht erfassende Aufzählung. Die Verkehrsunternehmen haben danach unentgeltlich zu befördern mit:

---

1 BGBl. I 1046.
2 BGBl. I 2191.
3 BGBl. I 1138.
4 BGBl. I 3234.
5 RGBl. 1944 I 5.
6 Vgl. zur Entwicklung *Cramer* SchwbG § 61 Rn. 2 ff.

1. **Straßenbahnen** und **O-Bussen** iSd § 4 Abs. 1, 2 und 3 Personenbeförderungsgesetz (PBefG). Zu den Straßenbahnen rechnen auch **Hoch-, Untergrund-** und **Schwebebahnen.** Die Verkehrsmittel kann der Berechtigte unabhängig von seinem Wohnsitz oder gewöhnlichen Aufenthalt **überall** in **Deutschland** unentgeltlich benutzen.
2. **Kraftfahrzeuge im Linienverkehr.** Auch hier gelten die Begriffsbestimmungen des PBefG. Danach ist Linienverkehr eine zwischen bestimmten Ausgangs- und Endpunkten eingerichtete regelmäßige Verkehrsverbindung, auf der Fahrgäste an bestimmten Haltestellen ein- und aussteigen können. Er setzt **nicht** voraus, dass ein **Fahrplan** mit bestimmten Abfahrts- und Ankunftszeiten besteht oder Zwischenhaltestellen eingerichtet sind (§ 42 PBefG). Als Linienverkehr gilt auch der **Verkehr,** der unter Ausschluss anderer Fahrgäste der **regelmäßigen Beförderung** von Berufstätigen zwischen Wohnung und Arbeitsstelle (**Berufsverkehr**), Schülern zwischen Wohnung und Lehranstalt (**Schülerfahrten**), Personen zum Besuch von Märkten (**Marktfahrten**) und **Theaterbesuchern** dient. Die Regelmäßigkeit wird nicht dadurch ausgeschlossen, dass der Ablauf der Fahrten wechselnden Bedürfnissen der Beteiligten angepasst wird (§ 43 PBefG). Die Freifahrtberechtigung ist daran geknüpft, dass die **Mehrzahl** der **Fahrgäste** auf diesen Linien **nicht weiter** als **50 km** fährt. Trifft das – in seltenen Fällen – nicht zu, so ist es nach Abs. 3 im Fahrplan anzugeben. Trifft es zu, so darf der **Freifahrtberechtigte** – unentgeltlich – auch **weiter** als **50 km** fahren. Nicht zum Linienverkehr gehören Sonderformen der Beförderung während verkehrsschwacher Zeiten, etwa ein Anruf-Sammel-Mobil,[7] es sei denn, es fährt nur anstelle des Busses und bedient nur die Fahrplan-Haltestellen.[8]
3. **S-Bahnen.** Unentgeltlich ist die Beförderung im **gesamten Bundesgebiet.** Sie hängt nicht von der Streckenlänge und der Beförderungsstrecke ab.
4. Eisenbahnen in **Verkehrsverbünden** sowie in Verkehrs- und Tarifgemeinschaften.
5. Allen **Eisenbahnen des Bundes,** die überwiegend dem Nahverkehr dienen. Das sind nach Aufhebung der Nahverkehrszüge-Verordnung durch Art. 20a G. v. 22.12.2011[9] folgende Zugarten: **Regionalbahn** (RB), **Regional-Express** (RE) und **Interregio-Express** (IRE).
6. **Nicht bundeseigenen Eisenbahnen,** auf Strecken, bei denen die Mehrzahl der Beförderungen nicht über 50 km hinausgeht (vgl. dazu oben „Kraftfahrzeuge im Linienverkehr"). Hiermit werden **Regionalbahnen** einbezogen, die – noch – nicht zu einem Verkehrsverbund gehören.
7. **Wasserfahrzeugen** im Linien-, Fähr- und Übersetzverkehr **innerhalb** eines Ortes oder **Nachbarschaftsbereiches.** Ausgangs- und Endpunkt der Wasserverkehrslinie muss innerhalb einer Gemeinde oder in einer benachbarten Gemeinde liegen. Benachbart ist auch eine Gemeinde, die nicht unmittelbar angrenzt, aber durch einen stetigen, mehr als einmal am Tag durchgeführten (Wasser-)Verkehr wirtschaftlich und verkehrsmäßig an die andere Gemeinde angebunden ist.[10]

---

7 NdsOVG 8.10.2003 – 4 LB 365/03, br 2004, 149.
8 VGH BW 28.3.2008 – 9 S 2312/06, br 2008, 142; vgl. zur Beschränkung auf Linienverkehr *Speer,* Rechtsfragen der Mobilität behinderter Menschen im öffentlichen Nahverkehr, 2010, S. 149 ff.
9 BGBl. I 3057.
10 Vgl. zum außerordentlichen Umfang dieser Vergünstigung NdsOVG 31.8.2016 – 4 LC 217/14; *Dau* jurisPR-SozR 26/2016, Anm. 5.

Die **Definition** des **Fernverkehrs** in **Abs. 2** ist erforderlich, um die Verpflichtung 6
der Verkehrsunternehmen zur unentgeltlichen Beförderung von **Begleitpersonen**, des **Handgepäcks**, weiterer Sachen sowie des **Führ-** und des **Behindertenbegleithundes** nach § 228 Abs. 6 Nr. 2 zu konkretisieren. Wechselseitige Begleitung durch schwerbehinderte Menschen, die beide über das Merkzeichen „B" verfügen, und damit unentgeltliche Beförderung beider auch im Fernverkehr ist ausgeschlossen. Aus den Vorschriften ergibt sich im Übrigen, dass Verkehrsunternehmen zur unentgeltlichen Beförderung auch einer Begleitperson im öffentlichen **Personenluftverkehr** nicht verpflichtet sind, weil es sich dabei nicht um Fernverkehr iSd Gesetzes handelt.

Die in **Abs. 3** statuierte **Hinweispflicht** der Verkehrsunternehmen erleichtert es 7
schwerbehinderten Menschen, ihren Anspruch auf unentgeltliche Beförderung im öffentlichen Personenverkehr wahrzunehmen, weil sie aus den **Fahrplänen** erkennen können, welche Züge nicht unentgeltlich zu benutzen sind.

§ 231 Erstattung der Fahrgeldausfälle im Nahverkehr

(1) Die Fahrgeldausfälle im Nahverkehr werden nach einem Prozentsatz der von den Unternehmern oder den Nahverkehrsorganisationen im Sinne des § 233 Absatz 2 nachgewiesenen Fahrgeldeinnahmen im Nahverkehr erstattet.

(2) [1]Fahrgeldeinnahmen im Sinne dieses Kapitels sind alle Erträge aus dem Fahrkartenverkauf. [2]Sie umfassen auch Erträge aus der Beförderung von Handgepäck, Krankenfahrstühlen, sonstigen orthopädischen Hilfsmitteln, Tieren sowie aus erhöhten Beförderungsentgelten.

(3) Werden in von mehreren Unternehmern gebildeten zusammenhängenden Liniennetz mit einheitlichen oder verbundenen Beförderungsentgelten die Erträge aus dem Fahrkartenverkauf zusammengefasst und dem einzelnen Unternehmer anteilmäßig nach einem vereinbarten Verteilungsschlüssel zugewiesen, so ist der zugewiesene Anteil Ertrag im Sinne des Absatzes 2.

(4) [1]Der Prozentsatz im Sinne des Absatzes 1 wird für jedes Land von der Landesregierung oder der von ihr bestimmten Behörde für jeweils ein Jahr bekannt gemacht. [2]Bei der Berechnung des Prozentsatzes ist von folgenden Zahlen auszugehen:

1. der Zahl der in dem Land in dem betreffenden Kalenderjahr ausgegebenen Wertmarken und der Hälfte der in dem Land am Jahresende in Umlauf befindlichen gültigen Ausweise im Sinne des § 228 Absatz 1 von schwerbehinderten Menschen, die das sechste Lebensjahr vollendet haben und bei denen die Berechtigung zur Mitnahme einer Begleitperson im Ausweis eingetragen ist; Wertmarken mit einer Gültigkeitsdauer von einem halben Jahr und Wertmarken für ein Jahr, die vor Ablauf eines halben Jahres ihrer Gültigkeitsdauer zurückgegeben werden, werden zur Hälfte gezählt,
2. der in den jährlichen Veröffentlichungen des Statistischen Bundesamtes zum Ende des Vorjahres nachgewiesenen Zahl der Wohnbevölkerung in dem Land abzüglich der Zahl der Kinder, die das sechste Lebensjahr noch nicht vollendet haben, und der Zahlen nach Nummer 1.

[3]Der Prozentsatz ist nach folgender Formel zu berechnen:

$$\frac{\text{Nach Nummer 1 errechnete Zahl}}{\text{Nach Nummer 2 errechnete Zahl}} \times 100.$$

⁴Bei der Festsetzung des Prozentsatzes sich ergebende Bruchteile von 0,005 und mehr werden auf ganze Hundertstel aufgerundet, im Übrigen abgerundet.
(5) ¹Weist ein Unternehmen durch Verkehrszählung nach, dass das Verhältnis zwischen den nach diesem Kapitel unentgeltlich beförderten Fahrgästen und den sonstigen Fahrgästen den nach Absatz 4 festgesetzten Prozentsatz um mindestens ein Drittel übersteigt, wird neben dem sich aus der Berechnung nach Absatz 4 ergebenden Erstattungsbetrag auf Antrag der nachgewiesene, über dem Drittel liegende Anteil erstattet. ²Die Länder können durch Rechtsverordnung bestimmen, dass die Verkehrszählung durch Dritte auf Kosten des Unternehmens zu erfolgen hat.
(6) Absatz 5 gilt nicht in Fällen des § 233 Absatz 2.

§ 232 Erstattung der Fahrgeldausfälle im Fernverkehr

(1) Die Fahrgeldausfälle im Fernverkehr werden nach einem Prozentsatz der von den Unternehmern nachgewiesenen Fahrgeldeinnahmen im Fernverkehr erstattet.
(2) ¹Der maßgebende Prozentsatz wird vom Bundesministerium für Arbeit und Soziales im Einvernehmen mit dem Bundesministerium der Finanzen und dem Bundesministerium für Verkehr und digitale Infrastruktur für jeweils zwei Jahre bekannt gemacht[1]. ²Bei der Berechnung des Prozentsatzes ist von folgenden, für das letzte Jahr vor Beginn des Zweijahreszeitraumes vorliegenden Zahlen auszugehen:
1. der Zahl der im Geltungsbereich dieses Gesetzes am Jahresende in Umlauf befindlichen gültigen Ausweise nach § 228 Absatz 1, auf denen die Berechtigung zur Mitnahme einer Begleitperson eingetragen ist, abzüglich 25 Prozent,
2. der in den jährlichen Veröffentlichungen des Statistischen Bundesamtes zum Jahresende nachgewiesenen Zahl der Wohnbevölkerung im Geltungsbereich dieses Gesetzes abzüglich der Zahl der Kinder, die das vierte Lebensjahr noch nicht vollendet haben, und der nach Nummer 1 ermittelten Zahl.

³Der Prozentsatz ist nach folgender Formel zu berechnen:

$$\frac{\text{Nach Nummer 1 errechnete Zahl}}{\text{Nach Nummer 2 errechnete Zahl}} \times 100.$$

⁴§ 231 Absatz 4 letzter Satz gilt entsprechend.

§ 233 Erstattungsverfahren

(1) ¹Die Fahrgeldausfälle werden auf Antrag des Unternehmers erstattet. ²Bei einem von mehreren Unternehmern gebildeten zusammenhängenden Liniennetz mit einheitlichen oder verbundenen Beförderungsentgelten können die Anträge auch von einer Gemeinschaftseinrichtung dieser Unternehmer für ihre Mitglieder gestellt werden. ³Der Antrag ist innerhalb von drei Jahren nach Ablauf des Abrechnungsjahres zu stellen, und zwar für den Nahverkehr nach § 234 Satz 1

---

1 Siehe hierzu die Bek. des für die Kalenderjahre 2017 und 2018 maßgebenden Prozentsatzes nach § 232 Absatz 2 Satz 1 SGB IX und die Bek. Fahrgeldausfälle im Fernverkehr 2019/2020.

Nummer 1 und für den Fernverkehr an das Bundesverwaltungsamt, für den übrigen Nahverkehr bei den in Absatz 4 bestimmten Behörden.

(2) Haben sich in einem Bundesland mehrere Aufgabenträger des öffentlichen Personennahverkehrs auf lokaler oder regionaler Ebene zu Verkehrsverbünden zusammengeschlossen und erhalten die im Zuständigkeitsbereich dieser Aufgabenträger öffentlichen Personennahverkehr betreibenden Verkehrsunternehmen für ihre Leistungen ein mit diesen Aufgabenträgern vereinbartes Entgelt (Bruttoprinzip), können anstelle der antrags- und erstattungsberechtigten Verkehrsunternehmen auch die Nahverkehrsorganisationen Antrag auf Erstattung der in ihrem jeweiligen Gebiet entstandenen Fahrgeldausfälle stellen, sofern die Verkehrsunternehmen hierzu ihr Einvernehmen erteilt haben.

(3) [1]Die Unternehmer oder die Nahverkehrsorganisationen im Sinne des Absatzes 2 erhalten auf Antrag Vorauszahlungen für das laufende Kalenderjahr in Höhe von insgesamt 80 Prozent des zuletzt für ein Jahr festgesetzten Erstattungsbetrages. [2]Die Vorauszahlungen werden je zur Hälfte am 15. Juli und am 15. November gezahlt. [3]Der Antrag auf Vorauszahlungen gilt zugleich als Antrag im Sinne des Absatzes 1. [4]Die Vorauszahlungen sind zurückzuzahlen, wenn Unterlagen, die für die Berechnung der Erstattung erforderlich sind, nicht bis zum 31. Dezember des dritten auf die Vorauszahlung folgenden Kalenderjahres vorgelegt sind. [5]In begründeten Ausnahmefällen kann die Rückforderung der Vorauszahlungen ausgesetzt werden.

(4) [1]Die Landesregierung oder die von ihr bestimmte Stelle legt die Behörden fest, die über die Anträge auf Erstattung und Vorauszahlung entscheiden und die auf den Bund und das Land entfallenden Beträge auszahlen. [2]§ 11 Absatz 2 bis 4 des Personenbeförderungsgesetzes gilt entsprechend.

(5) Erstreckt sich der Nahverkehr auf das Gebiet mehrerer Länder, entscheiden die nach Landesrecht zuständigen Landesbehörden dieser Länder darüber, welcher Teil der Fahrgeldeinnahmen jeweils auf den Bereich ihres Landes entfällt.

(6) Die Unternehmen im Sinne des § 234 Satz 1 Nummer 1 legen ihren Anträgen an das Bundesverwaltungsamt den Anteil der nachgewiesenen Fahrgeldeinnahmen im Nahverkehr zugrunde, der auf den Bereich des jeweiligen Landes entfällt; für den Nahverkehr von Eisenbahnen des Bundes im Sinne des § 230 Absatz 1 Satz 1 Nummer 5 bestimmt sich dieser Teil nach dem Anteil der Zugkilometer, die von einer Eisenbahn des Bundes mit Zügen des Nahverkehrs im jeweiligen Land erbracht werden.

(7) [1]Hinsichtlich der Erstattungen gemäß § 231 für den Nahverkehr nach § 234 Satz 1 Nummer 1 und gemäß § 232 sowie der entsprechenden Vorauszahlungen nach Absatz 3 wird dieses Kapitel in bundeseigener Verwaltung ausgeführt. [2]Die Verwaltungsaufgaben des Bundes erledigt das Bundesverwaltungsamt nach fachlichen Weisungen des Bundesministeriums für Arbeit und Soziales in eigener Zuständigkeit.

(8) [1]Für das Erstattungsverfahren gelten das Verwaltungsverfahrensgesetz und die entsprechenden Gesetze der Länder. [2]Bei Streitigkeiten über die Erstattungen und die Vorauszahlungen ist der Verwaltungsrechtsweg gegeben.

§ 234 Kostentragung

[1]Der Bund trägt die Aufwendungen für die unentgeltliche Beförderung
1. im Nahverkehr, soweit Unternehmen, die sich überwiegend in der Hand des Bundes oder eines mehrheitlich dem Bund gehörenden Unternehmens

befinden (auch in Verkehrsverbünden), erstattungsberechtigte Unternehmer sind sowie
2. im Fernverkehr für die Begleitperson und die mitgeführten Gegenstände im Sinne des § 228 Absatz 6.

²Die Länder tragen die Aufwendungen für die unentgeltliche Beförderung im übrigen Nahverkehr.

§ 235 Einnahmen aus Wertmarken

¹Von den durch die Ausgabe der Wertmarken erzielten jährlichen Einnahmen erhält der Bund einen Anteil von 27 Prozent. ²Dieser ist unter Berücksichtigung der in der Zeit vom 1. Januar bis 30. Juni eines Kalenderjahres eingegangenen Einnahmen zum 15. Juli und unter Berücksichtigung der vom 1. Juli bis 31. Dezember eines Kalenderjahres eingegangenen Einnahmen zum 15. Januar des darauffolgenden Kalenderjahres an den Bund abzuführen.

§ 236 Erfassung der Ausweise

¹Die für die Ausstellung der Ausweise nach § 152 Absatz 5 zuständigen Behörden erfassen
1. die am Jahresende im Umlauf befindlichen gültigen Ausweise, getrennt nach Art und besonderen Eintragungen,
2. die im Kalenderjahr ausgegebenen Wertmarken, unterteilt nach der jeweiligen Gültigkeitsdauer und die daraus erzielten Einnahmen
als Grundlage für die nach § 231 Absatz 4 Satz 2 Nummer 1 und § 232 Absatz 2 Satz 2 Nummer 1 zu ermittelnde Zahl der Ausweise und Wertmarken. ²Die zuständigen obersten Landesbehörden teilen dem Bundesministerium für Arbeit und Soziales das Ergebnis der Erfassung nach Satz 1 spätestens bis zum 31. März des Jahres mit, in dem die Prozentsätze festzusetzen sind.

Kommentierung §§ 231–236

1 Die §§ 231 bis 236 regeln den öffentlich-rechtlichen **Anspruch** der Verkehrsunternehmen auf Erstattung von **Fahrgeldausfällen**, die ihnen durch unentgeltliche Beförderung schwerbehinderter Menschen entstehen. §§ 234, 235 bestimmen, wer im **Bund-Länder-Verhältnis** die **Aufwendungen** für unentgeltliche Beförderung zu tragen hat und nach welchem Maßstab die **Einnahmen** aus der **Wertmarkenausgabe** geteilt werden. § 236 ordnet jährliche **Statistiken** an, auf deren Grundlage Erstattungsbeträge, Anteile an der Kostenlast und an den Wertmarkeneinnahmen berechnet werden. Diese umfangreichen und detaillierten Umschriften sind nur für den Bund, die Länder und für Verkehrsunternehmen von Interesse.[1]

§ 237 Verordnungsermächtigungen

(1) Die Bundesregierung wird ermächtigt, in der Rechtsverordnung auf Grund des § 153 Absatz 1 nähere Vorschriften über die Gestaltung der Wertmarken,

---

[1] Zu Problemen der Fahrgelderstattung im Schwerbehindertenrecht vgl. Ott br 2008, 5 ff. mit umfangr. Nachw.

ihre Verbindung mit dem Ausweis und Vermerke über ihre Gültigkeitsdauer zu erlassen.

(2) Das Bundesministerium für Arbeit und Soziales und das Bundesministerium für Verkehr und digitale Infrastruktur werden ermächtigt, durch Rechtsverordnung festzulegen, welche Zuggattungen von Eisenbahnen des Bundes zu den Zügen des Nahverkehrs im Sinne des § 230 Absatz 1 Nummer 5 und zu den zuschlagpflichtigen Zügen des Nahverkehrs im Sinne des § 228 Absatz 1 Satz 1 zweiter Halbsatz zählen.

Von der Ermächtigung nach Abs. 1 hat die Bundesregierung mit der Ausweisverordnung Schwerbehindertengesetz (abgedruckt in Anhang 2; vgl. dazu § 153) Gebrauch gemacht. Die nach Abs. 2 erlassene Nahverkehrszügeverordnung vom 30.9.1994[1] ist durch Art. 20a G. v. 22.12.2011[2] ersatzlos aufgehoben worden. 1

Kapitel 14 Straf-, Bußgeld- und Schlussvorschriften

§ 237a Strafvorschriften

(1) Mit Freiheitsstrafe bis zu zwei Jahren oder mit Geldstrafe wird bestraft, wer entgegen § 179 Absatz 7 Satz 1 Nummer 2, auch in Verbindung mit Satz 2 oder § 180 Absatz 7, ein Betriebs- oder Geschäftsgeheimnis verwertet.
(2) Die Tat wird nur auf Antrag verfolgt.

§ 237b Strafvorschriften

(1) Mit Freiheitsstrafe bis zu einem Jahr oder mit Geldstrafe wird bestraft, wer entgegen § 179 Absatz 7 Satz 1, auch in Verbindung mit Satz 2 oder § 180 Absatz 7, ein dort genanntes Geheimnis offenbart.
(2) Handelt der Täter gegen Entgelt oder in der Absicht, sich oder einen anderen zu bereichern oder einen anderen zu schädigen, so ist die Strafe Freiheitsstrafe bis zu zwei Jahren oder Geldstrafe.
(3) Die Tat wird nur auf Antrag verfolgt.

Kommentierung §§ 237a, 237b

Geltende Fassung: Die §§ 237a und 237b, eingeführt durch Art. 1 des Gesetzes 1 vom 23.12.2016,[1] gehen auf die Vorläufervorschrift des § 155 zurück. Diese Vorschrift wurde mit Wirkung vom 1.7.2001 durch Art. 1 SGB IX vom 19.6.2001[2] eingeführt. Sie hatte folgenden Wortlaut:

(1) Wer unbefugt ein fremdes Geheimnis, namentlich ein zum persönlichen Lebensbereich gehörendes Geheimnis oder ein Betriebs- oder Geschäftsgeheimnis, offenbart, das ihm als Vertrauensperson schwerbehinderter Menschen anvertraut worden oder sonst bekannt geworden ist, wird mit Freiheitsstrafe bis zu einem Jahr oder mit Geldstrafe bestraft.
(2) [1]Handelt der Täter gegen Entgelt oder in der Absicht, sich oder einen anderen zu bereichern oder einen anderen zu schädigen, so ist die Strafe Freiheitsstrafe bis

---

1 BGBl. I 2962.
2 BGBl. I 3057.
1 BGBl. I 3234.
2 BGBl. I 1046.

zu zwei Jahren oder Geldstrafe. ²Ebenso wird bestraft, wer unbefugt ein fremdes Geheimnis, namentlich ein Betriebs- oder Geschäftsgeheimnis, zu dessen Geheimhaltung er nach Absatz 1 verpflichtet ist, verwertet.
(3) Die Tat wird nur auf Antrag verfolgt.

Gesetzeshistorie: Mit Wirkung vom 1.1.2018 sollte nach dem Gesetzentwurf der Bundesregierung der bisherige § 155 SGB IX entfallen. Zur Begründung wurde angeführt, die Strafvorschrift werde nicht übernommen, da sie sich ausschließlich gegen die Vertrauenspersonen der schwerbehinderten Menschen (§ 177) richte. Deren Verschwiegenheitspflicht ergebe sich aus § 179 Abs. 7. Eine besondere Strafvorschrift sei entbehrlich, es fänden auch für die Vertrauenspersonen der schwerbehinderten Menschen die allgemeinen strafrechtlichen Vorschriften des Strafgesetzbuches Anwendung.³ Auf die Gegenäußerung des Bundesrates ist die Bundesregierung der Prüfbitte des Bundesrates nachgekommen. Der Bundesrat hat die Bundesregierung gebeten zu prüfen, ob die beabsichtigte Nicht-Übernahme des § 155 SGB IX zu unerwünschten Schutzlücken führen könnte. Die Prüfung kam zu dem Ergebnis, dass einerseits § 203 StGB das Spektrum des bis 31.12.2017 gültigen § 155 SGB IX nicht abdecke. Andererseits komme eine unveränderte Übernahme des § 155 SGB IX nicht in Betracht, da er den modernen Anforderungen des Nebenstrafrechts nicht mehr entspreche. Dies gelte auch für § 179 Abs. 7 Satz 1 Nummer 1 SGB IX-E (heute § 96 Abs. 7 SGB IX), der der Strafbarkeit zu Grunde liege.⁴ Im parlamentarischen Beratungsverfahren wurden daher die §§ 237 a und 237 b neu aufgenommen und § 179 Abs. 7 Satz 1 Nr. 1 entsprechend angepasst. Eine Ausweitung oder Einschränkung der Strafbarkeit im Vergleich zum geltenden Recht soll damit ausdrücklich nicht verbunden sein.⁵

2 **Regelungsinhalt:** Die Regelung entspricht den Vorschriften der §§ **203 bis 205 StGB** für die zur Geheimhaltung verpflichteten Personen, den §§ **120 BetrVG, 110 und 111 Bundespersonalvertretungsgesetz** für die Mitglieder der Betriebs- und Personalvertretungen und schließlich den §§ **331, 332 und 353 b StGB** für Beamte, Richter und Angehörige des öffentlichen Dienstes und behält damit eine entsprechende Strafvorschrift für die Vertrauenspersonen bei.

3 **Materialien:** Regierungsentwurf nebst Begründung BT-Drs. 14/5074 sowie BT-Drs. 18/9522 nebst Begründung.

4 Die §§ **237 a und 237 b** richten sich ausschließlich an die nach § 177 Abs. 1 Satz 1 gewählten Vertrauenspersonen als Normadressaten. Dazu gehören auch die Vertrauenspersonen, die in Konzern-, Gesamt-, Bezirks- und Hauptschwerbehindertenvertretungen⁶ gewählt werden. Erfasst werden auch die stellvertretenden Mitglieder, sofern sie bei Verhinderung oder Heranziehung (§ 178 Abs. 1 Satz 4) die Aufgaben einer Vertrauensperson übernommen haben.⁷ Gleichermaßen erfasst werden die Vertrauenspersonen in den Stufenvertretungen und die Vertrauenspersonen in den besonderen Schwerbehindertenvertretungen der Richter und Staatsanwälte (§ 177 Abs. 1 Satz 3). **Täter** können somit – nur – Vertrauenspersonen iSd **Kapitels 5, §§ 176 ff.** sein. Aus dem Täterkreis scheiden folglich aus: Die besonders nach § 213 SGB IX zur Geheimhaltung verpflichteten Beschäftigten der Integrationsämter, der Dienststellen der Bundes-

---

3 BT-Drs. 18/9522.
4 BT-Drs. 18/9954 (zu Drs. 18/9522) vom 12.10.2016, 122.
5 BT-Drs. 18/10523, 64 f.
6 Der ausdrückliche Verweis auf § 180 Abs. 7 wurde in die §§ 237 a und 237 b neu aufgenommen.
7 *Wiegand* in Wiegand SGB IX § 155 Rn. 4; *Vogl* in jurisPK-SGB IX § 155 Rn. 12.

agentur für Arbeit und der Rehabilitationsträger sowie die Angehörigen der Integrationsfachdienste sowie die herangezogenen Sachverständigen und die gesondert nach dem BetrVG zur Verschwiegenheit verpflichteten Betriebs- und Personalräte. Als Täter werden ferner auch nicht von der Strafandrohung der §§ 237a und 237b Arbeitgeber und deren Inklusionsbeauftragte (§ 181 SGB IX) erfasst.[8] Für die nicht als Täter erfassten Personen kommt eine Strafbarkeit nach §§ 203, 204 StGB in Betracht. Die §§ 237a und 237b stellen echte Sonderdelikte dar. Nur wer zum Kreis der Vertrauenspersonen gehört, kann nach § 25 Abs. 1 StGB als Täter an der Straftat beteiligt sein. Für andere Personen wie zB Betriebsräte kommt nur eine Bestrafung als Anstifter (§ 26 StGB) oder Gehilfe (§ 27 StGB) in Betracht.

Der Straftatbestand sichert durch Strafandrohung die Einhaltung der Verschwiegenheitspflicht aus **§ 179 Abs. 7**. Danach sind die **Vertrauenspersonen** verpflichtet, ihnen wegen ihres Amtes anvertraute oder sonst bekannt gewordene fremde Geheimnisse, namentlich zum persönlichen Lebensbereich gehörende Geheimnisse, nicht zu offenbaren (Satz 1 Nr. 1) und ihnen wegen ihres Amtes bekannt gewordene und vom Arbeitgeber ausdrücklich als geheimhaltungsbedürftig bezeichnete Betriebs- oder Geschäftsgeheimnisse nicht zu offenbaren und nicht zu verwerten (Satz 1 Nr. 2).

Tatobjekt iSv § 179 Abs. 7 Satz 1 Nr. 1 ist ein fremdes Geheimnis, das zum persönlichen Lebensbereich eines anderen schwerbehinderten Menschen gehört und der Vertrauensperson jedenfalls gerade wegen ihrer Funktion bekannt wurde. Unerheblich ist, ob der Vertrauensperson die **Kenntnis über Dritte** im Hinblick auf ihr Amt vermittelt wurde. Maßgeblich ist, ob das Geheimnis der Vertrauensperson wegen ihres Amts anvertraut oder sonst bekannt geworden ist. Folglich ist abzugrenzen einerseits der amtsbezogene Bereich der Kenntniserlangung als Vertrauensperson und andererseits der berufliche sowie der private Bereich. Eine beiläufige Kenntnisnahme nur **im privaten Bereich** reicht aus. Geheimnis ist eine Tatsache, die nur einem beschränkten Personenkreis bekannt oder zugänglich ist und an deren Geheimhaltung derjenige, den es betrifft, ein von seinem Standpunkt aus sachlich begründetes Geheimhaltungsinteresse hat.[9] Ein Geheimhaltungsbedürfnis wird auch dann noch angenommen, wenn der Personenkreis zwar nicht mehr geschlossen ist, aber doch noch ohne Weiteres in gewissem Umfang kontrollierbar ist. Eine Tatsache verliert den Geheimnischarakter nicht notwendig, wenn sie schon einmal verraten worden oder gerüchteweise bekannt geworden ist.[10] Tatsachen, die für jeden leicht feststellbar sind, wie zB Gegenstände einer öffentlichen Gerichtsverhandlung oder Vorgänge, die sich in der Öffentlichkeit abgespielt haben, sind keine Geheimnisse. Betriebs- oder Geschäftsverhältnisse sind als Geheimnisse geschützt, wenn sie im Zusammenhang mit einem Geschäftsbetrieb bestehen und der Unternehmer an ihrer Geheimhaltung ein wirtschaftliches Interesse hat. Darunter fallen sowohl Tatsachen, die die betrieblichen Abläufe oder Fertigungstechniken (Betriebsgeheimnis) betreffen, als auch Tatsachen, die betriebswirtschaftliche oder kaufmännische Angelegenheiten (Geschäftsgeheimnis), wie zB Kalkulationen, Kundenbestandslisten, betriebliche Kennzahlen oder steuerliche Verhältnisse,[11] angehen. Für die Geheimhaltungspflicht bedarf es nach § 179 Abs. 7 Satz 1 Nr. 2 SGB IX einer Erklärung des Arbeitgebers, die den Geheimhaltungswillen des

---

8 *Trenk-Hinterberger* in HK-SGB IX § 155 Rn. 4; *Oppermann* in Hauck/Noftz SGB IX § 155 Rn. 5.
9 So OLG Köln 4.7.2000 – Ss 254/00, NJW 2000, 3656.
10 *Trenk-Hinterberger* in HK-SGB IX § 155 Rn. 6.
11 LG Konstanz 20.12.1991 – 1 HO 36/91, NJW 1992, 1241 (1242).

Arbeitgebers für die Vertrauensperson klar zum Ausdruck bringt.[12] Diese Pflicht zur Verschwiegenheit besteht nach § 179 Abs. 7 Satz 2 SGB IX auch nach dem Ausscheiden aus dem Amt fort. Deshalb kommt eine strafbare Tat auch nach Ausscheiden aus dem Amt in Betracht, wenn ein während der Amtstätigkeit bekannt gewordenes Geheimnis anderen offenbart wird.[13]

6 § 155 aF enthielt **zwei Straftatbestände**, nämlich in Abs. 1 das unbefugte und damit nur vorsätzlich denkbare Offenbaren sowie in Abs. 2 **strafschärfend** die Verwertung der Kenntnis gegen Entgelt oder um sich oder einen Dritten zu bereichern; gleichgestellt war die Absicht, einen anderen zu schädigen.

Für diese beiden Straftatbestände, die beibehalten werden, bestehen künftig **zwei Strafvorschriften**. § 237 a Abs. 1 stellt die unerlaubte Verwertung eines Betriebs- oder Geschäftsgeheimnisses unter Freiheitsstrafe bis zu zwei Jahren oder Geldstrafe. § 237 b Abs. 1 stellt die unerlaubte Offenbarung eines Betriebs- oder Geschäftsgeheimnisses sowie eines wegen des Amtes anvertrauten oder sonst bekannt gewordenen fremden Geheimnisses unter Freiheitsstrafe bis zu einem Jahr oder Geldstrafe. Geschieht die Offenbarung nach § 237 b Abs. 1 gegen Entgelt oder in der Absicht, sich oder einen anderen bereichern oder einen anderen zu schädigen, droht nach Abs. 2 ebenfalls eine Freiheitsstrafe bis zu zwei Jahren oder Geldstrafe.

Unter **Offenbaren** wird jede Bekanntgabe eines zur Zeit der Tat noch immer fortbestehenden Geheimnisses an einen Dritten verstanden, gleich ob durch Veröffentlichung, Auskunftserteilung, Verschaffung von Einsicht in Akten, Dokumenten oder durch Zugang zu gespeicherten Informationen.[14] Werden die mitgeteilten personenbezogenen Daten so anonymisiert, dass eine Zuordnung zu bestimmten Personen oder Gesellschaften nicht möglich ist, liegt keine Offenbarung eines Geheimnisses vor. Die Weitergabe von Geheimnissen zwischen der Vertrauensperson der schwerbehinderten Menschen und ihrem Vertreter stellt kein unbefugtes Offenbaren dar. Wenn die Information des Stellvertreters für die Erfüllung der Amtspflichten im Falle der Vertretung geboten ist, liegt ein Rechtfertigungsgrund vor.[15] In diesem Fall ist nämlich mit der Billigung des Geheimnisträgers angesichts der Schweigepflicht des stellvertretenden Mitglieds der SBV zu rechnen.[16] Dies gilt auch, wenn das stellvertretende Mitglied der Schwerbehindertenvertretung in das Amt der Vertrauensperson nachrückt. Geheimnisse, die das bisherige stellvertretende Mitglied aufgrund des Nachrückens erfährt, sind dann „wegen des Amtes bekannt geworden" und unterfallen der Strafbarkeit der §§ 237 a und 237 b. Ebenso liegt kein unbefugtes Offenbaren vor, wenn die Bekanntgabe in Erfüllung einer gesetzlich vorgeschriebenen Pflicht erfolgt. So gilt die Schweigepflicht gem. § 179 Abs. 7 Satz 3 SGB IX nicht gegenüber der Bundesagentur für Arbeit, den Integrationsämtern und den Rehabilitationsträgern, gegenüber den Vertrauenspersonen in den Stufenvertretungen (§ 180) sowie gegenüber den in § 79 Abs. 1 BetrVG und den in den entsprechenden Vorschriften des Personalvertretungsrechtes genannten Vertretungen, Personen oder Stellen, soweit die Weitergabe der Informationen zur Erfüllung der Aufgaben der Interessenvertretungen erfolgt. Verwertung des Geheimnisses liegt als Tathandlung des § 237 a Abs. 1 vor, wenn die Vertrauensperson

---

12 *Trenk-Hinterberger* in HK-SGB IX § 155 Rn. 9; *Vogl* in jurisPK-SGB IX § 155 Rn. 23.
13 *Oppermann* in Hauck/Noftz SGB IX § 155 Rn. 9; *Vogl* in jurisPK-SGB IX § 155 Rn. 12.
14 *Trenk-Hinterberger* in HK-SGB IX § 155 Rn. 11.
15 Vgl. *Vogl* in jurisPK-SGB IX § 155 Rn. 30.
16 Vgl. *Fischer* StGB, 62. Aufl. 2015, § 203 Rn. 30 b.

das Geheimnis zur Gewinnerzielung ausnutzt. Die Strafbarkeit der unbefugten Offenbarung nach § 237b Abs. 1 erfordert Vorsatz. Der Täter muss deshalb wissen:
- dass es sich um ein Geheimnis handelt, das ihm in seiner Stellung als Vertrauensperson der schwerbehinderten Menschen bekannt geworden ist und
- dass der Geheimnisträger ein geschütztes Interesse an der Geheimhaltung hat.

Verjährung und Vollstreckungsverjährung richten sich nach den Vorschriften des StGB: Verfolgungsverjährung von 3 Jahren für Straftaten gemäß § 237b Abs. 1 (§ 78 Abs. 3 Ziff. 5 StGB) sowie von 5 Jahren für Taten gem. § 237a Abs. 1 und § 237b Abs. 2 (§ 78 Abs. 3 Ziff. 4 StGB). 7

Die **Vollstreckungsverjährung** hängt von der Höhe der verhängten Strafe ab und kann sich danach auf 3 bis 10 Jahre belaufen (vgl. § 79 Abs. 3 Ziff. 3 und 4 StGB). 8

Der Strafrahmen bleibt gegenüber § 155 aF unverändert. Er beträgt bis zu einem bzw. bis zu zwei Jahren Freiheitsstrafe oder Geldstrafe. Das Maß der **Freiheitsstrafe** richtet sich nach § 39 StGB, das der **Geldstrafe** nach § 40 StGB. 9

Weitergehende strafrechtliche Konsequenzen sind mit einem Verstoß nicht verbunden. Namentlich findet § 45 Abs. 1 StGB (Verlust der Amtsfähigkeit und der Wählbarkeit) keine Anwendung. Die Verhängung dieser Nebenfolgen setzt ein Verbrechen (§ 12 Abs. 1 StGB) voraus. Weder § 237a noch § 237b sind wie schon bisher § 155 aF im Mindestmaß mit Freiheitsstrafe von einem Jahr oder darüber bedroht.[17] 10

Die Tat ist **Antragsdelikt**. Antragsberechtigt ist der Betroffene, das Antragsrecht ist nicht vererblich, denn § 77 **Abs. 2** StGB verlangt für den Übergang des Antragsrechtes im Erbfalle eine ausdrückliche entsprechende gesetzliche Regelung, die in den §§ 237a und 237b aber nicht enthalten ist. Etwas anderes gilt für die Antragsrücknahme, hier gilt der Allgemeingültigkeit besitzende Regelung des § 77d Abs. 2 StGB. Der Strafantrag muss innerhalb einer Frist von 3 Monaten nach Kenntnis von der Tat und der Person des Täters gestellt werden (§ 77b Abs. 1 Satz 1 StGB). 11

§ 179 Abs. 7 ist **Schutzgesetz im Sinne des** § 823 Abs. 2 BGB, so dass ein Verstoß gegen die Geheimhaltungspflichten auch zivilrechtliche Folgen haben kann, ohne dass es zu einem Strafverfahren mangels Antrags gekommen sein muss. 12

Im Bereich des öffentlichen Dienstes können **Amtshaftungsansprüche** gemäß § 839 BGB/Art. 34 GG indessen nicht entstehen, da die Ausübung des Amtes als Vertrauensperson außerhalb der Amtstätigkeit liegt. 13

§ 238 Bußgeldvorschriften

(1) Ordnungswidrig handelt, wer vorsätzlich oder fahrlässig
1. entgegen § 154 Absatz 1 Satz 1, auch in Verbindung mit einer Rechtsverordnung nach § 162 Nummer 1, oder entgegen § 154 Absatz 1 Satz 3 einen schwerbehinderten Menschen nicht beschäftigt,
2. entgegen § 163 Absatz 1 ein Verzeichnis nicht, nicht richtig, nicht vollständig oder nicht in der vorgeschriebenen Weise führt oder nicht oder nicht rechtzeitig vorlegt,

---

17 So auch *Oppermann* in Hauck/Noftz SGB IX § 155 Rn. 14.

3. entgegen § 163 Absatz 2 Satz 1 oder Absatz 4 eine Anzeige nicht, nicht richtig, nicht vollständig, nicht in der vorgeschriebenen Weise oder nicht rechtzeitig erstattet,
4. entgegen § 163 Absatz 5 eine Auskunft nicht, nicht richtig, nicht vollständig oder nicht rechtzeitig erteilt,
5. entgegen § 163 Absatz 7 Einblick in den Betrieb oder die Dienststelle nicht oder nicht rechtzeitig gibt,
6. entgegen § 163 Absatz 8 eine dort bezeichnete Person nicht oder nicht rechtzeitig benennt,
7. entgegen § 164 Absatz 1 Satz 4 oder 9 eine dort bezeichnete Vertretung oder einen Beteiligten nicht, nicht richtig, nicht vollständig oder nicht rechtzeitig unterrichtet oder
8. entgegen § 178 Absatz 2 Satz 1 erster Halbsatz die Schwerbehindertenvertretung nicht, nicht richtig, nicht vollständig oder nicht rechtzeitig unterrichtet oder nicht oder nicht rechtzeitig anhört.

(2) Die Ordnungswidrigkeit kann mit einer Geldbuße bis zu zehntausend Euro geahndet werden.
(3) Verwaltungsbehörde im Sinne des § 36 Absatz 1 Nummer 1 des Gesetzes über Ordnungswidrigkeiten ist die Bundesagentur für Arbeit.
(4) [1]Die Geldbußen fließen in die Kasse der Verwaltungsbehörde, die den Bußgeldbescheid erlassen hat. [2]§ 66 des Zehnten Buches gilt entsprechend.
(5) [1]Die nach Absatz 4 Satz 1 zuständige Kasse trägt abweichend von § 105 Absatz 2 des Gesetzes über Ordnungswidrigkeiten die notwendigen Auslagen. [2]Sie ist auch ersatzpflichtig im Sinne des § 110 Absatz 4 des Gesetzes über Ordnungswidrigkeiten.

I. Allgemeines

1 **Geltende Fassung:** Die Vorschrift wurde mit Wirkung vom 1.7.2001 durch Art. 1 SGB IX vom 19.6.2001[1] als § 156 eingeführt und zuletzt geändert durch Art. 1 des Gesetzes vom 23.4.2004[2] sowie durch Art. 1 des Gesetzes vom 23.12.2016.[3]

2 **Regelungsinhalt:** Die Regelung entspricht im Wesentlichen dem früheren § 68 SchwbG, der mit Inkrafttreten des SGB IX im Jahr 2001 sprachlich angepasst und präzisiert wurde. Der bisher in § 156 Abs. 1 Nr. 8 aufgeführte Tatbestand, wonach der Arbeitgeber ordnungswidrig handelt, wenn er seine Entscheidung mit der Schwerbehindertenvertretung und der betrieblichen Interessenvertretung erörtern muss, wenn diese mit der Entscheidung des Arbeitgebers im Stellenbesetzungsverfahren nicht einverstanden sind, wird zum 1.1.2018 gestrichen. Zur Begründung führt das Gesetz an, eine Verletzung dieser Verpflichtung als Ordnungswidrigkeit, die mit einem Bußgeld in Höhe von bis zu 10.000 EUR belegt werden kann, sei im Vergleich zu dem in Nummer 7 aufgeführten Ordnungswidrigkeitstatbestand nicht verhältnismäßig. Bei dem in Nummer 7 aufgeführten Tatbestand gehe es um die Verletzung der Pflicht zur Beteiligung der Schwerbehindertenvertretung. In dem in der bisherigen Nummer 8 aufgeführten Tatbestand habe eine Beteiligung der in § 164 Abs. 1 Satz 7 genannten Vertretungen dagegen stattgefunden. Die Verpflichtung zur Erörterung der Entscheidung selbst bleibe in § 164 Abs. 1 Satz 7 bestehen. Im Übrigen habe der Arbeitgeber ohnehin die Schwerbehindertenvertretungen in allen

---
1 BGBl. I 1046.
2 BGBl. I 606.
3 BGBl. I 3234.

Schwerbehindertenangelegenheiten unverzüglich und umfassend zu unterrichten und vor einer Entscheidung anzuhören (§ 178 Abs. 2 Satz 1). Der Bußgeldtatbestand des Absatz 1 Nummer 8 sei deshalb ausreichend, mit der Streichung der bisherigen Nummer 8 sei keine Abschwächung des Ordnungsrechts verbunden.

Materialien: Regierungsentwurf nebst Begründung BT-Drs. 14/5074 sowie Regierungsentwurf nebst Begründung BT-Drs. 18/9522. 3

Adressat der Norm ist der **Arbeitgeber**. Unerheblich ist dabei, ob es sich um einen Arbeitgeber im privaten Bereich oder um einen öffentlichen Arbeitgeber handelt (zur Definition des öffentlichen Arbeitgebers vgl. **§ 154 Abs. 2**). 4

Im privaten Bereich kann Arbeitgeber eine natürliche Person, eine Personengesamtheit oder eine juristische Person sein. Als Arbeitgeber gelten auch Insolvenzverwalter und die gesetzlichen Vertreter des Unternehmers. Bei Personengesamtheiten, denen keine eigene Rechtsfähigkeit zukommt, sind die vertretungsbefugten Gesellschafter als Arbeitgeber anzusehen. 5

Eine **persönliche Verantwortung des Arbeitgebers** ist allerdings nur dann gegeben, wenn er die Funktion des Arbeitgebers nicht auf andere Personen übertragen oder diese Personen nicht ausreichend ermächtigt oder nicht gehörig beaufsichtigt hat (§ 130 OWiG). Dem Arbeitgeber sind deshalb auch diejenigen gleichgestellt, die auftragsgemäß den Betrieb oder das Unternehmen ganz oder zum Teil leiten (vgl. **§ 9 Abs. 2 OWiG**). Die Bußgeldandrohung des **§ 238** richtet sich damit auch an **leitende Angestellte**, wobei die Leitung eines Teils des Betriebes ausreichend ist, wenn die Tatbestandsverwirklichung der Ordnungswidrigkeit in diesem Betriebsteil erfolgte.[4] 6

Mittäterschaft zwischen Arbeitgeber und leitenden Angestellten im Sinne des § 14 OWiG kann dabei gegeben sein. 7

Delegiert der Arbeitgeber die Erfüllung der ihn nach diesem Gesetz betreffenden Verpflichtungen an eine andere – nicht leitende – Person, beispielsweise den Inklusionsbeauftragten nach § 181 oder einen Mitarbeiter in der Personalverwaltung, so trifft diesen auch die Verantwortung für ein ordnungswidriges Verhalten. 8

Voraussetzung hierfür ist, dass klar festgelegt ist, welche Aufgaben auf den Inklusionsbeauftragten übertragen sind und dass eine gehörige Beaufsichtigung durch den Arbeitgeber hinsichtlich der Erfüllung der Aufgaben stattfindet. Der Arbeitgeber ist bei der Delegation gehalten, auch durch eine sorgsame personelle **Auswahl** neben den geeigneten **Aufsichtsmaßnahmen** die Erfüllung der zunächst ihn treffenden Verpflichtungen sicherzustellen. 9

Wie bei einer strafbaren Handlung setzt auch die Ordnungswidrigkeit tatbestandsmäßiges, rechtswidriges und schuldhaftes Tun oder Unterlassen voraus. Fahrlässiges Verhalten reicht nach **§ 238 Abs. 1** bereits aus. **Vorsatz** setzt Kenntnis des Täters von Tatumständen, die den gesetzlichen Tatbestand der Ordnungswidrigkeit bilden, und Willen zum Handeln voraus. Bedingt vorsätzlich handelt, wer die Verwirklichung des Tatbestandes nur für möglich hält, sie aber in Kauf nimmt.[5] Der Begriff der **Fahrlässigkeit** wird in Anlehnung an § 276 Abs. 2 BGB und in Abgrenzung zum bedingten Vorsatz definiert. Danach ist die Fahrlässigkeit die Außerachtlassung der im Verkehr erforderlichen Sorgfalt. Folglich handelt fahrlässig, wer die Sorgfalt, zu der er nach den Umständen, seinen persönlichen Kenntnissen und Fähigkeiten verpflichtet oder imstande war, außer Acht lässt und dadurch den Erfolg entweder nicht vorgesehen 10

---

4 *Neumann* in Neumann/Pahlen/Winkler/Jabben, 13. Aufl. 2018, § 238 Rn. 10.
5 BGH 4.11.1988 – 1 StR 262/88, BGHSt 36, 1 (9).

hat (unbewusste Fahrlässigkeit) oder darauf vertraut hat, er werde nicht eintreten (bewusste Fahrlässigkeit).

11 Ordnungswidrigkeiten unterliegen der **Verjährung**. Die Verjährungsfrist beträgt nach § 238 iVm § § 31 Abs. 2 Nr. 2 OWiG zwei Jahre ab dem Zeitpunkt der Begehung. Einer Unterbrechung der Verjährung erfolgt durch die in **§ 33 OWiG** aufgeführten Handlungen, der Katalog ist abschließend. Solche Handlungen sind vor allem die Vernehmung, die Bekanntgabe des Ermittlungsverfahrens oder von Ermittlungsverfügungen. Die Vollstreckungsverjährungsfrist beträgt bei Geldbußen bis zu 1.000 EUR drei Jahre, bei Geldbußen von mehr als 1.000 EUR fünf Jahre, jeweils gerechnet ab dem Tag, an dem der Bußgeldbescheid rechtskräftig geworden ist (§ 34 OWiG).

II. Die einzelnen Tatbestände

12 Die einzelnen Tatbestände: Verstoß gegen das **Beschäftigungsgebot** des **§ 154 Abs. 1 Satz 1**. Zum Inhalt dieses Gebotes siehe die Kommentierung zu § 154 Abs. 1 Satz 1. Die Verpflichtung des Arbeitgebers zielt nach dem Wortlaut der Bestimmung auf die Beschäftigung schwerbehinderter Menschen, so dass diese Pflicht nicht allein durch die Begründung eines Anstellungsvertrages erfüllt wird, sondern die tatsächliche Beschäftigung des schwerbehinderten Mitarbeiters verlangt ist. Dies schließt die Pflicht mit ein, den Betrieb so einzurichten und das Arbeitsumfeld so zu gestalten, dass eine möglichst große Anzahl schwerbehinderter Menschen beschäftigt werden kann (§ 164 Abs. 3). Damit wird die Ordnungswidrigkeit auch durch vorsätzliches oder zumindest fahrlässiges Unterlassen erfüllt, wenn der Arbeitgeber nichts unternimmt, um zB den Betrieb entsprechend einzurichten oder um Arbeitsplätze mit technischen Arbeitshilfen zur Ermöglichung der Beschäftigung schwerbehinderter Menschen zu versehen. Deshalb ist es unerheblich, wenn der Arbeitgeber geltend macht, er habe keine geeigneten schwerbehinderten Bewerber gefunden oder die Bundesagentur für Arbeit habe ihm keine geeigneten schwerbehinderten Bewerber vorgeschlagen.[6] Die Rechtswidrigkeit wird nicht dadurch beseitigt, dass die Ausgleichsabgabe gemäß § 160 bezahlt wird, denn gemäß **§ 160 Abs. 1 Satz 2** hebt die Zahlung der Ausgleichsabgabe die Pflicht zur Beschäftigung schwerbehinderter Menschen nicht auf. Der Arbeitgeber kann sich nicht dadurch entlasten, dass ihm die Agentur für Arbeit keine oder keine geeigneten schwerbehinderten Menschen von sich aus zugewiesen hat; denn er ist selbst verpflichtet, den gesetzlichen Anforderungen zu genügen und eine eigene Initiative zu entwickeln. Er muss sich deshalb aus eigener Initiative an die Agentur für Arbeit wenden und um die Vermittlung geeigneter schwerbehinderter Menschen nachsuchen (vgl. § 164 Abs. 1 Satz 2). Bei der Verbindungsaufnahme hat er auch die erforderlichen Angaben zum gewünschten Eignungsprofil zu machen und die für eine qualifizierte Sachbearbeitung durch die zuständige Stelle der BA benötigte Zeit abzuwarten (→ § 187 Rn. 5).[7] Zusätzlich hat der Arbeitgeber geeignete Maßnahmen zur Sicherstellung der Beschäftigungspflicht zu ergreifen (→ § 164 Rn. 181).

13 Abs. 1 Ziffer 2 behandelt den Verstoß gegen die **Pflicht zur Verzeichnisführung** gemäß **§ 163 Abs. 1**. Im Gegensatz zur alten Regelung des § 68 Abs. 1 Ziffer 2 SchwbG kann auch ein Bußgeld verhängt werden, wenn das Verzeichnis **nicht**

---

6 Ritz in FKS SGB IX § 156 Rn. 10; *Trenk-Hinterberger* in HK-SGB IX § 156 Rn. 10; *Pahlen* in Neumann/Pahlen/Winkler/Jabben, 13. Aufl. 2018, § 238 Rn. 25; *Vogl* in jurisPK-SGB IX § 156 Rn. 31.
7 LAG RhPf 10.9.2010 – 6 TaBV 10/10, die beim BAG eingelegte Rechtsbeschwerde führte zur Einstellung des Verfahrens, 24.1.2011 – 7 ABR 66/10.

in der gesetzlich vorgeschriebenen Weise erstellt wird. Zwar sah auch § 68 Abs. 1 Ziffer 2 SchwbG bei einem Formverstoß eine Ordnungswidrigkeit, eine materiellrechtliche Formvorschrift war jedoch in § 13 des SchwbG nicht enthalten. § 163 Abs. 6 SGB IX enthält eine **ausdrückliche Formvorschrift** durch den Verweis auf die Verpflichtung zur Benutzung der Vordrucke der Bundesagentur für Arbeit. Es handelt sich dabei um ein Namensverzeichnis der in dem Betrieb oder der Dienststelle beschäftigen schwerbehinderten Menschen, ihnen gleichgestellten behinderten Menschen oder sonstigen anrechnungsfähigen Personen, das laufend geführt werden muss.

Einen Verstoß gegen die **Anzeigepflicht** gemäß § 163 Abs. 2 Satz 1 und Abs. 4 regelt die Ziffer 3. Mit Bußgeld bedroht ist danach die Verletzung der Anzeigepflicht gegenüber der Agentur für Arbeit. Nicht bedroht ist die **Verletzung von Nebenpflichten**, nämlich die Übermittlung von Kopien an die Interessenvertretungen nach § 176, die Schwerbehindertenvertretung sowie den Inklusionsbeauftragten des Arbeitgebers. Eine Verletzung dieser Nebenpflichten kann allenfalls direkte Ansprüche der Betroffenen gegen den Arbeitgeber auslösen.[8] Die Anzeige ist nur dann in der vorgeschriebenen Weise erstattet, wenn der Arbeitgeber hierfür die mit der Bundesarbeitsgemeinschaft der Integrationsämter und Hauptfürsorgestellen abgestimmten Vordrucke der Bundesagentur für Arbeit verwendet, vgl. § 163 Abs. 6 Satz 1. Weiterhin ist zu beachten, dass eine vollständige Anzeige auch die Übermittlung des Namensverzeichnisses nach § 163 Abs. 1 einschließt. 14

Ziffer 4 betrifft den Verstoß gegen die **Auskunftspflicht gegenüber der Bundesagentur für Arbeit und dem Integrationsamt** gemäß § 163 Abs. 5. Die Auskunftspflicht bezieht sich nur auf solche Tatsachen, die für die Durchführung des SGB IX notwendig sind. Besteht im Einzelfall Streit darüber, ob eine entsprechende Notwendigkeit zur Auskunft besteht, kommt gleichwohl ein fahrlässiger Verstoß in Betracht, wenn bei richtiger Betrachtungsweise Auskunft hätte erteilt werden müssen. Es gelten dann gegebenenfalls die Irrtumsregelungen des § 11 OWiG. Die Verpflichtung besteht gemäß § 163 Abs. 5 auf **entsprechendes Verlangen** der Bundesagentur für Arbeit oder des Integrationsamtes. Diese Wendung ist in verwaltungsrechtlichen Normen, die straf- oder bußgeldbewehrt werden sollen, weit verbreitet und bedeutet, dass die zuständige Behörde die Details der Pflichterfüllung im Einzelfall bestimmt. Hierdurch werden die notwendigen Einzelheiten der Pflichterfüllung (zB im Hinblick auf den Handlungszeitpunkt oder die Art und Weise des geforderten Handelns) mit der gebotenen Eindeutigkeit festgelegt. Durch das behördliche Auskunftsverlangen wird für den Betroffenen ersichtlich, welche Informationen angefordert werden und wie weit das Risiko der Bußgeldbewehrung reicht. 15

Ziffer 5 bezieht sich auf die Verpflichtung, **Einblick in den Betrieb** oder die Dienststelle zu gewähren (§ 163 Abs. 7). Auch hier besteht nur insoweit eine Verpflichtung, wie es im Interesse der schwerbehinderten Beschäftigten erforderlich ist. Zu beachten ist, dass der Einblick nur einem oder mehreren namentlich Beauftragten der Behörden zu gewähren ist. Soweit über das Vorliegen dieser Voraussetzung Streit besteht, gilt das, was auch zu Ziffer 4 bereits zur Frage eines Irrtums ausgeführt wurde. 16

Ziffer 6 begründet weiterhin eine Ordnungswidrigkeit, wenn entgegen § 163 Abs. 8 die **Vertrauenspersonen** und Inklusionsbeauftragten nicht oder nicht rechtzeitig nach der Wahl bzw. Bestellung der Agentur für Arbeit und dem Inte- 17

---

8 *Pahlen* in Neumann/Pahlen/Winkler/Jabben, 13. Aufl. 2018, § 238 Rn. 29; vgl. zum Anspruch des örtlichen Betriebsrates LAG München Beschl. 11.10.2016 – 9 TaBV 49/16.

grationsamt benannt werden. Nur die Benennung bei beiden Stellen genügt dieser Verpflichtung. In der Praxis wird diese Vorschrift zumindest aus Fahrlässigkeit oftmals nicht eingehalten. Dies ist bedauerlich, weil Agentur für Arbeit und Integrationsamt dadurch ihre gemäß § 182 Abs. 2 Satz 2 gesetzlich vorgesehenen Verbindungspersonen im Betrieb bzw. in der Dienststelle erst einmal nicht kennen.

18 Ziffer 7 stellt unter Bußgeldandrohung, wenn der Arbeitgeber entgegen seiner Verpflichtung aus § 164 Abs. 1 Satz 4 die Schwerbehindertenvertretung und den Betriebs-/Personalrat nicht unmittelbar nach Eingang von **Vermittlungsvorschlägen** der Agentur für Arbeit überhaupt nicht, nicht richtig, nicht vollständig oder nicht rechtzeitig unterrichtet. Hier ist der Zeitpunkt entscheidend. Nach § 164 Abs. 1 Satz 4 muss der Arbeitgeber "unmittelbar nach Eingang" der Bewerbungen und Vermittlungsvorschläge unterrichten. Rechtzeitig iSv § 238 Abs. 1 Nr. 7 unterrichtet der Arbeitgeber folglich nur, wenn er sofort nach Eingang tätig wird. Das erfordert eine größere Schnelligkeit als das sonst übliche "unverzüglich", das die vorrangige Erledigung anderer Geschäfte gestattet, solange kein schuldhaftes Zögern vorliegt. Die Verletzung der Verpflichtung aus § 164 Abs. 1 Satz 9, die Beteiligten unverzüglich über eine getroffene Personalentscheidung im Rahmen der Erfüllung der Beschäftigungspflicht zu unterrichten, wird gleichfalls als Ordnungswidrigkeit geahndet. Hier ist der Arbeitgeber nur zu einer unverzüglichen Unterrichtung verpflichtet. Die Unterrichtung ist noch rechtzeitig, solange dem Arbeitgeber kein schuldhaftes Zögern vorgeworfen werden kann. Dabei ist der Arbeitgeber gehalten, auch die Gründe seiner Entscheidung zur Kenntnis zu bringen.

19 In § 238 Abs. 1 Nr. 8 wird der Verstoß gegen die Verpflichtung zur **Unterrichtung und Anhörung der Schwerbehindertenvertretung** gem. **§ 178 Abs. 2 Satz 1** unter Bußgeldandrohung gestellt.[9] Dieser Tatbestand hat aufgrund des neu ins SGB IX aufgenommenen § 178 Abs. 2 Satz 3 eine deutlich größere Bedeutung erlangt. Nach dieser Vorschrift ist ab dem Tag nach der Verkündung des BTHG und damit ab dem 30.12.2016 (Art. 2 Nr. 6 b iVm Art. 26 Abs. 2 BTHG) die Kündigung eines schwerbehinderten Menschen, die der Arbeitgeber ohne eine Beteiligung nach § 178 Abs. 2 Satz 1 ausspricht, unwirksam.

20 Geahndet wird nicht nur das Unterlassen der Unterrichtung, sondern auch die nicht richtige, nicht vollständige oder nicht rechtzeitige Unterrichtung und gleichfalls die unterlassene oder nicht rechtzeitige Anhörung. Der Zeitpunkt "rechtzeitig" wird durch "unverzüglich" in § 178 Abs. 2 Satz 1 SGB IX konkretisiert. Damit ist der Arbeitgeber gehalten, zwar nicht "sofort", aber "ohne schuldhaftes Zögern" tätig zu werden, sobald er in einer Angelegenheit eines einzelnen Schwerbehinderten oder von Schwerbehinderten als Gruppe einen Entscheidungsbedarf erkennt. Wegen der Allzuständigkeit der Schwerbehindertenvertretung ("in allen Angelegenheiten") geht diese Verpflichtung sehr weit. Deshalb kann es hier zu Meinungsverschiedenheiten zwischen den Beteiligten kommen. Ist die Auffassung des Arbeitgebers – ex ante betrachtet – vertretbar, soll ein Verschulden ausscheiden, auch wenn sich – ex post – herausstellt, dass

---

9 Vgl. LAG München 26.1.2017 – 3 TaBV 95/16, wonach ein Anhörungs- und Unterrichtungsrecht der Schwerbehindertenvertretung besteht, wenn Leistungsbeurteilungszweitgespräche mit Minderung in der Leistungsbeurteilung durchgeführt werden, die zu einer Minderung der tariflichen Leistungszulage führen.

die Meinung des Arbeitgebers im Einzelfall letztlich falsch war.[10] Diese im Schrifttum vertretene Ansicht ist ihrerseits zu weitgehend. Nur ein entschuldbarer Irrtum ist geeignet, das Verschulden und damit die Ahndung auszuschließen. Die Unkenntnis der gesetzlichen Regelung und deren Präzisierung durch die Rechtsprechung sind vorwerfbar.[11] Auch fahrlässige Pflichtverletzungen sind zu ahnden.

21 Die Ordnungswidrigkeit kann mit einer **Geldbuße bis zu 10.000 EUR** geahndet werden (§ 238 Abs. 2). Da in der Höhe nicht zwischen Vorsatz und Fahrlässigkeit unterschieden wird, kann gem. § 17 Abs. 2 OWiG in Fällen der **Fahrlässigkeit** die Geldbuße höchstens 5.000 EUR betragen. Dies gilt auch im Wiederholungsfall.

22 Für das Verfahren gelten die Sonderregelungen des OWiG. Es wird durch die Verwaltungsbehörden durchgeführt. Sachlich **zuständige Behörde** ist gem. § 238 Abs. 3 die **Bundesagentur für Arbeit**. Das Verfahren beginnt mit dem Ermittlungsverfahren. Die Bundesagentur kann die Ermittlungen selbst durchführen oder durch die Polizei vornehmen lassen. Die Bundesagentur hat die gleiche Funktion wie sonst die Staatsanwaltschaft bei der Verfolgung von Straftaten. Verhaftungen und Beschlagnahmen sind gemäß § 46 und § 48 OWiG unzulässig, es gelten grundsätzlich die Vorschriften der **StPO** und des **OWiG** entsprechend.

23 Solange das Verfahren bei der Bundesagentur anhängig ist, kann es jederzeit **eingestellt** werden. Ist Anhängigkeit bereits bei Gericht gegeben, kann eine Einstellung des Verfahrens nur mit Zustimmung der Staatsanwaltschaft erfolgen (§ 47 OWiG).

24 Es gilt das **Opportunitätsprinzip**. Es liegt danach im Ermessen der Bundesagentur, ob eine Ordnungswidrigkeit verfolgt werden soll. Die Bundesagentur ist deshalb auch nicht an ein Ersuchen des Integrationsamtes gebunden, das zwar Ordnungswidrigkeiten anzeigen kann, aber sonst keinen Einfluss auf die Durchführung des Verfahrens nehmen kann. Gleiches gilt auch für die Schwerbehindertenvertretung oder eine Interessenvertretung nach § 176. Im Fall des Abs. 1 Nr. 8 kann die Schwerbehindertenvertretung jedoch auch einen arbeitsgerichtlichen Beschluss nach § 2a Abs. 3a ArbGG erwirken. Das Anliegen ist dann darauf gerichtet, die Durchführung oder Vollziehung einer Entscheidung auszusetzen, bis die Beteiligung nachgeholt ist. Handelt der Arbeitgeber einem Beschluss des Arbeitsgerichts, wonach er die Durchführung der Entscheidung auszusetzen hat, zuwider, kann die Schwerbehindertenvertretung beantragen, den Arbeitgeber zu einem Ordnungsgeld von bis zu 250.000 EUR zu verurteilen (§ 85 Abs. 1 ArbeitsGG iVm § 890 Abs. 1 ZPO). Diese Möglichkeit hat der 7. Senat des Bundesarbeitsgerichts zuletzt freilich verneint. Der Antrag ziele auf die Dokumentation einer in der Vergangenheit liegenden Tatsache und deren rechtliche Bewertung, nicht auf das nach § 256 ZPO erforderliche Bestehen oder Nichtbestehen eines Rechtsverhältnisses.[12]

25 Ob eine Buße festgesetzt wird, steht im **pflichtgemäßen Ermessen** der Bundesagentur. Bei geringfügigen Verstößen kann statt einer Geldbuße zu verhängen auch eine schriftliche **gebührenpflichtige Verwarnung** ausgesprochen werden. Dies setzt allerdings das Einverständnis des Betroffenen voraus, er ist demzufol-

---

10 So *Pahlen* in Neumann/Pahlen/Winkler/Jabben, 13. Aufl. 2018, § 238 Rn. 36, wonach jedoch eine Bußgeldandrohung wirksam wird, sofern die Berührungspunkte mit einem schwerbehinderten Menschen oder der Gruppe der schwerbehinderten Menschen offensichtlich sind.
11 Vgl. auch *Trenk-Hinterberger* in HK-SGB IX § 156 Rn. 18.
12 BAG 30.4.2014 – 7 ABR 30/12.

ge über sein Recht zur Weigerung zu belehren.[13] Die Verwarnung lässt Geldbeträge zwischen 5 und 35 EUR zu, die Wirksamkeit der Verwarnung hängt davon ab, dass das Verwarnungsgeld sofort, im Regelfall innerhalb einer Frist von einer Woche, bezahlt wird. Danach kann die Tat nicht mehr als Ordnungswidrigkeit verfolgt werden (§ 56 OWiG).

26 Bei der **Höhe** der zu verhängenden **Geldbuße** gelten die allgemeinen Strafzumessungsregelungen, wonach die Geldbuße ua auch den wirtschaftlichen Vorteil ausgleichen soll, der sich für den Täter aus der Ordnungswidrigkeit gegeben hat. Solche **wirtschaftlichen Vorteile** sind jedoch bei einem Verstoß gegen SGB IX nur bedingt feststellbar, so dass bei der Bemessung der Höhe der Geldbuße die Vorwerfbarkeit und die Bedeutung der verletzten Norm zu berücksichtigen sein werden. Auch die wirtschaftlichen Verhältnisse des Täters können eine Rolle spielen.

27 Der notwendige Inhalt des Bußgeldbescheides ergibt sich aus § 66 OWiG.

28 Gegen einen Bußgeldbescheid ist der Rechtsbehelf des **Einspruchs** gegeben, der binnen **zwei Wochen ab Zustellung** des Bußgeldbescheids einzulegen ist. Er muss nicht als solcher bezeichnet sein, wenn sich aus der Erklärung eindeutig der Wille zur Einlegung des Einspruchs ergibt. Einer Begründung bedarf er indessen nicht. Nach Einspruch entscheidet das Amtsgericht anstatt der Bundesagentur für Arbeit.

29 Das weitere Verfahren richtet sich nach den allgemeinen Verfahrensregelungen des OWiG. Ist der Bußgeldbescheid mangels Einspruchs oder nach Rücknahme des Einspruches rechtskräftig geworden oder liegt ein Urteil mit der Verpflichtung zur Zahlung einer Geldbuße vor, erfolgt die **Vollstreckung** ebenfalls **durch die Bundesagentur**. Die Vollstreckung richtet sich nach § 66 SGB X (§ 238 Abs. 4). Gemäß Abs. 5 trägt die Bundesagentur abweichend von § 105 Abs. 2 OWiG die notwendigen Auslagen. Sie ist auch ersatzpflichtig im Sinne des § 110 Abs. 4 OWiG.

Inwieweit der **Arbeitgeber** gegenüber der von ihm beauftragten Person, in erster Linie dem Inklusionsbeauftragten nach § 181, im **Innenverhältnis** ersatzpflichtig ist, ist fraglich. Hier ist nicht von einer – konkludenten – vertraglichen Nebenpflicht des Arbeitgebers auszugehen. Es bedarf vielmehr einer ausdrücklichen einzelvertraglichen **Freistellungsregelung**. Eine solche ist zulässig, da den Arbeitgeber in Bezug auf die beauftragte Person immer auch Auswahl- und Aufsichtspflichten treffen.

30 Nach der bisherigen Regelung (§ 156 Abs. 5 Satz 1 aF) war die Geldbuße an das Integrationsamt abzuführen. Gemäß § 156 Abs. 5 Satz 2 galt für ihre Verwendung § 77 Abs. 5 aF, der nunmehr § 160 Abs. 5 entspricht. Dementsprechend durfte das Aufkommen aus den Geldbußen vom Integrationsamt nicht verwandt werden, um persönliche und sächliche Kosten der Verwaltung und Kosten des Verfahrens zu bestreiten. Dies hat der Gesetzgeber mit dem BTHG grundlegend geändert. Nach § 238 Abs. 4 fließen die **Geldbußen** künftig in die Kasse der **Bundesagentur für Arbeit**, ohne dass diese sie für Maßnahmen zur Förderung der Beschäftigung schwerbehinderter Menschen verwenden muss. Ausweislich der Gesetzesbegründung wird damit dem Grundsatz des Ordnungswidrigkeitenrechts Rechnung getragen, dass die Bußgelder an die Kasse fließen, die den Bußgeldbescheid erlassen hat.[14] Im Gegensatz zur bisherigen Regelung werden im Ergebnis der Ausgleichsabgabe Einnahmen vorenthalten,

---

13 OLG Celle NJW 1968, 905.
14 BT-Drs. 18/9522, 312.

die nun nicht mehr der Förderung der Eingliederung von Menschen mit einer Schwerbehinderung ins Arbeitsleben zur Verfügung stehen.

III. Hinweise für die Praxis

Entwicklung der Einnahmen aus den Ordnungswidrigkeitenverfahren: Bisher wurde vielfach davon ausgegangen, dass die Bundesagentur für Arbeit nicht die richtige Behörde für die Aufgaben einer Bußgeldstelle sei. Die Bundesagentur für Arbeit müsse im Interesse ihrer arbeitsmarktpolitischen Hauptaufgabe um ein gutes Verhältnis zu den Arbeitgebern bemüht sein. Das hemme die nachhaltige Verfolgung von Ordnungswidrigkeiten (so *Düwell* in der 4. Aufl.). Schaut man sich die untenstehenden Zahlen und die Einnahmeentwicklung an, scheint zumindest ein weiterer Gesichtspunkt plausibel: Die Bundesagentur hat im Jahr 2013 verschiedene Aufgaben und Verfahrensabläufe neu organisiert. Bundesweit wurden 40 **Operative Services (OS)** eingerichtet, in denen alle Leistungsanträge und -vorgänge durch spezialisierte Teams standardisiert wurden. Die OS haben die Kernaufgaben übernommen, die bisher in den Regionaldirektionen und den Agenturen für Arbeit erledigt wurden. Auch die Bearbeitung von Angelegenheiten nach dem OWiG wurde entsprechend umorganisiert und wird nun in speziellen OWi-Teams zentral bearbeitet. Zuvor scheinen OWi-Verdachtsfälle vielfach nicht vom Sachbearbeiter an die OWi-bearbeitende Stelle weitergeleitet worden zu sein. So hat sich von 2012 zu 2014 die Anzahl an Geldbußen in den Verfahren nach § 156 Abs. 1 Nr. 2–9 (jetzt § 238 Abs. 1 Nr. 2–8) mehr als verdoppelt und die Summe an Verwarnungsgeldern und Geldbußen ist um rund 180.000 EUR gestiegen.[15] Vor diesem Hintergrund wird auch der neu gefasste § 238 Abs. 4 verständlich.

Straf- und Bußgeldverfahren
Bundesweite Jahresauswertung
Sachgebiet: Schwerbehindertenrecht

Rechtsgrundlage	2012		2013		2014	
	§ 156 (1) Nr. 1 SGB IX	§ 156 (1) Nr. 2–9 SGB IX	§ 156 (1) Nr. 1 SGB IX	§ 156 (1) Nr. 2–9 SGB IX	§ 156 (1) Nr. 1 SGB IX	§ 156 (1) Nr. 2–9 SGB IX
Aufgegriffene Fälle	144	1.397	83	3.964	270	11.503
Verwarnungs- gelder		9		65	1	199
Geldbußen	42	729	20	539	18	1.525
Summe Verwarnungsgelder und Geldbußen	21.495	386.645	8.800	222.990	6.405	543.025

Quelle: Data Warehouse der Bundesagentur für Arbeit

Die aufgeführten Zahlen sind in den letzten Jahren tendenziell gestiegen. 2015 lag die Summe der Verwarnungsgelder und Geldbußen über alle Tatbestände des § 156 (§ 238 nF) bei 390.480 EUR, 2016 waren es 503.681 EUR und 2017

---

15 Das Jahr 2013 dürfte als „Umstellungsjahr" nicht aussagekräftig sein.

insgesamt 389.365 EUR. In den Jahren 2018 und 2019 ist ein Anstieg auf 699.713 EUR und zuletzt 838.925 EUR zu verzeichnen. Erfasst werden in der Statistik der Bundesagentur für Arbeit die im Laufe des Jahres erledigten Verfahren, womit sich zum Teil die jährlichen Schwankungen erklären.

32 **Benachrichtigung der SBV als Anzeigenerstatterin und als Verletzte:** Von Vertrauenspersonen wird immer wieder moniert, dass angezeigte Verfahren bei der Bußgeldstelle nicht weiterverfolgt werden. Der Anzeigenerstatter einer Ordnungswidrigkeit hat Anspruch darauf, eine Mitteilung zu bekommen, wenn das Verfahren eingestellt wird. Mit Gründen versehen werden muss diese Mitteilung nicht, weil der Anzeigenerstatter, auch wenn er Verletzter ist, keinen förmlichen Rechtsbehelf gegen die Einstellung hat. Die Beifügung einer Begründung wird dennoch in der Literatur für zweckmäßig erachtet.[16] Sieht man die SBV als Verletzte an,[17] hat sie das Recht aus § 46 Abs. 3 Satz 4 Hs. 2 OWiG iVm § 406e StPO. Das bedeutet praktisch ein volles Akteneinsichts- und Auskunftsrecht. Sieht man die SBV hingegen nicht als Verletzte und auch nicht als öffentliche Stelle iSd § 474 StPO an, so bleibt immerhin das Recht aus § 49b OWiG iVm § 475 StPO. Dh: Sie hat ein Akteneinsichts- und Auskunftsrecht, wenn sie ein berechtigtes Interesse darlegt und wenn keine überwiegenden Interessen des Betroffenen entgegenstehen. Spricht die Bußgeldstelle eine Verwarnung aus oder verhängt sie ein Bußgeld, so erhält der Anzeigenerstatter keine Mitteilung vom Ausgang des Verfahrens. Das beruht auf der Vorstellung, es sei alles „anzeigegemäß" gelaufen und der Anzeigenerstatter habe erreicht, was er wollte. Will die SBV Gewissheit haben, muss sie nachfragen, was aus der Sache geworden ist und ggf. in zweiter Stufe Akteneinsicht beantragen.

§ 239 Stadtstaatenklausel

(1) ¹Der Senat der Freien und Hansestadt Hamburg wird ermächtigt, die Schwerbehindertenvertretung für Angelegenheiten, die mehrere oder alle Dienststellen betreffen, in der Weise zu regeln, dass die Schwerbehindertenvertretungen aller Dienststellen eine Gesamtschwerbehindertenvertretung wählen. ²Für die Wahl gilt § 177 Absatz 2, 3, 6 und 7 entsprechend.

(2) § 180 Absatz 6 Satz 1 gilt entsprechend.

§ 240 Sonderregelung für den Bundesnachrichtendienst und den Militärischen Abschirmdienst

(1) Für den Bundesnachrichtendienst gilt dieses Gesetz mit folgenden Abweichungen:
1. Der Bundesnachrichtendienst gilt vorbehaltlich der Nummer 3 als einheitliche Dienststelle.
2. ¹Für den Bundesnachrichtendienst gelten die Pflichten zur Vorlage des nach § 163 Absatz 1 zu führenden Verzeichnisses, zur Anzeige nach § 163 Absatz 2 und zur Gewährung von Einblick nach § 163 Absatz 7 nicht. ²Die Anzeigepflicht nach § 173 Absatz 4 gilt nur für die Beendigung von Probearbeitsverhältnissen.
3. ¹Als Dienststelle im Sinne des Kapitels 5 gelten auch Teile und Stellen des Bundesnachrichtendienstes, die nicht zu seiner Zentrale gehören. ²§ 177

---

16 *Göhler/Seitz*, 15. Aufl. 2009, Vor § 59 Rn. 159.
17 Verletztenbegriff strittig, vgl. *Göhler/Seitz*, 15. Aufl. 2009, § 46 Rn. 20c.

Absatz 1 Satz 4 und 5 sowie § 180 sind nicht anzuwenden. ³In den Fällen des § 180 Absatz 6 ist die Schwerbehindertenvertretung der Zentrale des Bundesnachrichtendienstes zuständig. ⁴Im Falle des § 177 Absatz 6 Satz 4 lädt der Leiter oder die Leiterin der Dienststelle ein. ⁵Die Schwerbehindertenvertretung ist in den Fällen nicht zu beteiligen, in denen die Beteiligung der Personalvertretung nach dem Bundespersonalvertretungsgesetz ausgeschlossen ist. ⁶Der Leiter oder die Leiterin des Bundesnachrichtendienstes kann anordnen, dass die Schwerbehindertenvertretung nicht zu beteiligen ist, Unterlagen nicht vorgelegt oder Auskünfte nicht erteilt werden dürfen, wenn und soweit dies aus besonderen nachrichtendienstlichen Gründen geboten ist. ⁷Die Rechte und Pflichten der Schwerbehindertenvertretung ruhen, wenn die Rechte und Pflichten der Personalvertretung ruhen. ⁸§ 179 Absatz 7 Satz 3 ist nach Maßgabe der Sicherheitsbestimmungen des Bundesnachrichtendienstes anzuwenden. ⁹§ 182 Absatz 2 gilt nur für die in § 182 Absatz 1 genannten Personen und Vertretungen der Zentrale des Bundesnachrichtendienstes.

4. ¹Im Widerspruchsausschuss bei dem Integrationsamt (§ 202) und in den Widerspruchsausschüssen bei der Bundesagentur für Arbeit (§ 203) treten in Angelegenheiten schwerbehinderter Menschen, die beim Bundesnachrichtendienst beschäftigt sind, an die Stelle der Mitglieder, die Arbeitnehmer oder Arbeitnehmerinnen und Arbeitgeber sind (§ 202 Absatz 1 und § 203 Absatz 1), Angehörige des Bundesnachrichtendienstes, an die Stelle der Schwerbehindertenvertretung die Schwerbehindertenvertretung der Zentrale des Bundesnachrichtendienstes. ²Sie werden dem Integrationsamt und der Bundesagentur für Arbeit vom Leiter oder von der Leiterin des Bundesnachrichtendienstes benannt. ³Die Mitglieder der Ausschüsse müssen nach den dafür geltenden Bestimmungen ermächtigt sein, Kenntnis von Verschlusssachen des in Betracht kommenden Geheimhaltungsgrades zu erhalten.

5. Über Rechtsstreitigkeiten, die auf Grund dieses Buches im Geschäftsbereich des Bundesnachrichtendienstes entstehen, entscheidet im ersten und letzten Rechtszug der oberste Gerichtshof des zuständigen Gerichtszweiges.

(2) Der Militärische Abschirmdienst mit seinem Geschäftsbereich gilt als einheitliche Dienststelle.

Die Vorschrift, die ohne inhaltliche Änderungen aus § 71 SchwbG in das SGB IX übernommen wurde (§ 158 aF), trägt Sicherheitserwägungen für den Bereich des Bundesnachrichtendienstes (BND) Rechnung.[1] Durch das BTHG[2] erfolgten im neuen § 240 für den BND keine rechtlichen Änderungen. Neu hinzugekommen ist jedoch Abs. 2, der für den Militärischen Abschirmdienst bestimmt, dass dieser mit seinem Geschäftsbereich als einheitliche Dienststelle gilt. Die Wahrnehmung der Interessen der schwerbehinderten Menschen des **Militärischen Abschirmdienstes** einschließlich seines Geschäftsbereichs „aus einer Hand" hat sich in der Vergangenheit bewährt. Dies war jedoch nur über eine äußerst großzügige Auslegung der Vorschriften zur Zusammenfassung von Dienststellen bei **Wahl einer Schwerbehindertenvertretung** möglich. Insbesondere hat sich wegen der bundesweiten Dislozierung des Militärischen Abschirmdienstes das Herstellen des Benehmens zur Zusammenfassung mit den jeweils zuständigen Integrationsämtern der verschiedenen Bundesländer als besonders schwierig und zeitaufwändig erwiesen. Mit dieser Neuregelung steht die Wahl

1

---

1 BT-Drs. 11/1515, 18.
2 Vom 23.12.2016 (BGBl. I 3234).

der Schwerbehindertenvertretung für den Bereich des Militärischen Abschirmdienstes nunmehr auf einer eindeutigen gesetzlichen Grundlage, die auch den besonderen Sicherheitsbedürfnissen des Dienstes Rechnung trägt.[3]

§ 241 Übergangsregelung

[gültig bis 31.12.2023:]

(1) Abweichend von § 154 Absatz 1 beträgt die Pflichtquote für die in § 154 Absatz 2 Nummer 1 und 4 genannten öffentlichen Arbeitgeber des Bundes weiterhin 6 Prozent, wenn sie am 31. Oktober 1999 auf mindestens 6 Prozent der Arbeitsplätze schwerbehinderte Menschen beschäftigt hatten.
(2) Eine auf Grund des Schwerbehindertengesetzes getroffene bindende Feststellung über das Vorliegen einer Behinderung, eines Grades der Behinderung und das Vorliegen weiterer gesundheitlicher Merkmale gelten als Feststellungen nach diesem Buch.
(3) Die nach § 56 Absatz 2 des Schwerbehindertengesetzes erlassenen allgemeinen Richtlinien sind bis zum Erlass von allgemeinen Verwaltungsvorschriften nach § 224 weiter anzuwenden, auch auf Inklusionsbetriebe.
(4) Auf Erstattungen nach Kapitel 13 dieses Teils ist § 231 für bis zum 31. Dezember 2004 entstandene Fahrgeldausfälle in der bis zu diesem Zeitpunkt geltenden Fassung anzuwenden.
(5) Soweit noch keine Verordnung nach § 153 Absatz 2 erlassen ist, gelten die Maßstäbe des § 30 Absatz 1 des Bundesversorgungsgesetzes und der auf Grund des § 30 Absatz 16 des Bundesversorgungsgesetzes erlassenen Rechtsverordnungen entsprechend.
(6) Bestehende Integrationsvereinbarungen im Sinne des § 83 in der bis zum 30. Dezember 2016 geltenden Fassung gelten als Inklusionsvereinbarungen fort.
(7) [1]Die nach § 22 in der am 31. Dezember 2017 geltenden Fassung bis zu diesem Zeitpunkt errichteten gemeinsamen Servicestellen bestehen längstens bis zum 31. Dezember 2018. [2]Für die Aufgaben der nach Satz 1 im Jahr 2018 bestehenden gemeinsamen Servicestellen gilt § 22 in der am 31. Dezember 2017 geltenden Fassung entsprechend.
(8) Bis zum 31. Dezember 2019 treten an die Stelle der Träger der Eingliederungshilfe als Rehabilitationsträger im Sinne dieses Buches die Träger der Sozialhilfe nach § 3 des Zwölften Buches, soweit sie zur Erbringung von Leistungen der Eingliederungshilfe für Menschen mit Behinderungen nach § 8 Nummer 4 des Zwölften Buches bestimmt sind.
(9) § 221 Absatz 2 Satz 1 ist mit folgender Maßgabe anzuwenden:
1. Ab dem 1. August 2019 beträgt der Grundbetrag mindestens 80 Euro monatlich.
2. Ab dem 1. Januar 2020 beträgt der Grundbetrag mindestens 89 Euro monatlich.
3. Ab dem 1. Januar 2021 beträgt der Grundbetrag mindestens 99 Euro monatlich.
4. Ab dem 1. Januar 2022 bis zum 31. Dezember 2022 beträgt der Grundbetrag mindestens 109 Euro monatlich.

---

[3] BT-Drs. 18/9522, 319.

Übergangsregelung § 241

[gültig ab 1.1.2024:]

(1) Abweichend von § 154 Absatz 1 beträgt die Pflichtquote für die in § 154 Absatz 2 Nummer 1 und 4 genannten öffentlichen Arbeitgeber des Bundes weiterhin 6 Prozent, wenn sie am 31. Oktober 1999 auf mindestens 6 Prozent der Arbeitsplätze schwerbehinderte Menschen beschäftigt hatten.

(2) Eine auf Grund des Schwerbehindertengesetzes getroffene bindende Feststellung über das Vorliegen einer Behinderung, eines Grades der Behinderung und das Vorliegen weiterer gesundheitlicher Merkmale gelten als Feststellungen nach diesem Buch.

(3) Die nach § 56 Absatz 2 des Schwerbehindertengesetzes erlassenen allgemeinen Richtlinien sind bis zum Erlass von allgemeinen Verwaltungsvorschriften nach § 224 weiter anzuwenden, auch auf Inklusionsbetriebe.

(4) Auf Erstattungen nach Kapitel 13 dieses Teils ist § 231 für bis zum 31. Dezember 2004 entstandene Fahrgeldausfälle in der bis zu diesem Zeitpunkt geltenden Fassung anzuwenden.

(5) Soweit noch keine Verordnung nach § 153 Absatz 2 erlassen ist, gelten die Maßstäbe des § 30 Absatz 1 des Bundesversorgungsgesetzes und der auf Grund des § 30 Absatz 16 des Bundesversorgungsgesetzes erlassenen Rechtsverordnungen entsprechend.

(6) Bestehende Integrationsvereinbarungen im Sinne des § 83 in der bis zum 30. Dezember 2016 geltenden Fassung gelten als Inklusionsvereinbarungen fort.

(7) ¹Die nach § 22 in der am 31. Dezember 2017 geltenden Fassung bis zu diesem Zeitpunkt errichteten gemeinsamen Servicestellen bestehen längstens bis zum 31. Dezember 2018. ²Für die Aufgaben der nach Satz 1 im Jahr 2018 bestehenden gemeinsamen Servicestellen gilt § 22 in der am 31. Dezember 2017 geltenden Fassung entsprechend.

(8) Bis zum 31. Dezember 2019 treten an die Stelle der Träger der Eingliederungshilfe als Rehabilitationsträger im Sinne dieses Buches die Träger der Sozialhilfe nach § 3 des Zwölften Buches, soweit sie zur Erbringung von Leistungen der Eingliederungshilfe für Menschen mit Behinderungen nach § 8 Nummer 4 des Zwölften Buches bestimmt sind.

(9) § 221 Absatz 2 Satz 1 ist mit folgender Maßgabe anzuwenden:
1. Ab dem 1. August 2019 beträgt der Grundbetrag mindestens 80 Euro monatlich.
2. Ab dem 1. Januar 2020 beträgt der Grundbetrag mindestens 89 Euro monatlich.
3. Ab dem 1. Januar 2021 beträgt der Grundbetrag mindestens 99 Euro monatlich.
4. Ab dem 1. Januar 2022 bis zum 31. Dezember 2022 beträgt der Grundbetrag mindestens 109 Euro monatlich.

(9)¹ Für Personen, die Leistungen nach dem Soldatenversorgungsgesetz in der Fassung der Bekanntmachung vom 16. September 2009 (BGBl. I S. 3054), das zuletzt durch Artikel 19 des Gesetzes vom 4. August 2019 (BGBl. I S. 1147) geändert worden ist, in Verbindung mit dem Bundesversorgungsgesetz in der Fassung der Bekanntmachung vom 22. Januar 1982 (BGBl. I S. 21), das zuletzt durch Artikel 1 der Verordnung vom 13. Juni 2019 (BGBl. I S. 793) geändert worden ist, erhalten, gelten die Vorschriften des § 6 Absatz 1 Nummer 5, des § 16 Absatz 6, des § 18 Absatz 7, des § 63 Absatz 1 Nummer 4 und Absatz 2

---

1 Richtig wohl: „(10)".

Nummer 2, des § 64 Absatz 1 Nummer 1 und Absatz 2 Satz 2, des § 65 Absatz 1 Nummer 4, Absatz 2 Nummer 4, Absatz 5 Nummer 2, Absatz 6 und 7, des § 66 Absatz 1 Satz 4, der §§ 69, 70 Absatz 1, des § 71 Absatz 1 Satz 1, des § 152 Absatz 1 Satz 1 und 4, des § 228 Absatz 4 Nummer 2 und des § 241 Absatz 5 in der am 31. Dezember 2023 geltenden Fassung weiter.

1 **Geltende Fassung:** Die Vorschrift wurde mit Wirkung vom 1.7.2001 durch Art. 1 SGB IX vom 19.6.2001[2] als § 159 aF eingeführt. Durch das BTHG vom 23.12.2016[3] entspricht § 241 dem bisherigen § 159 mit folgenden Änderungen: Der bisherige Absatz 2 wurde wegen Zeitablaufs gegenstandslos und aufgehoben. Die bisherigen Absätze 3 und 4 sind nun die Absätze 2 und 3. Der bisherige Absatz 5 wurde aufgehoben, weil auf die Leistungsform des Persönlichen Budgets seit dem 1.1.2008 ein gesetzlicher Rechtsanspruch besteht und es für die seinerzeitige Übergangsvorschrift keine Veranlassung mehr gibt (siehe im Einzelnen § 29). Nach § 185 Abs. 8 gilt dies nunmehr auch für die Leistungen der begleitenden Hilfe im Arbeitsleben der Integrationsämter. Der bisherige Absatz 6 ist nun Absatz 4. Absatz 5 entspricht dem bisherigen Absatz 7 in der Fassung des Gesetzes vom 7.1.2015.[4] Absatz 6 wurde aufgrund der inhaltlichen Weiterentwicklung sowie begrifflichen Änderung von Inklusionsvereinbarungen gemäß § 83 SGB IX aF in § 166 aufgenommen. Im Übrigen erfolgten Anpassungen der Verweisungen in Folge der Verschiebung der Paragrafen im Schwerbehindertenrecht in Teil 3. Abs. 9 wurde angefügt durch Art. 5 des Gesetzes vom 8.7.2019[5], in Kraft getreten ab 1.8.2019. Abs. 3 wurde durch Art. 7 Nr. 22 des Teilhabestärkungsgesetz[6] um den Zusatz „auch auf Inklusionsbetriebe" erweitert. Die Änderung trat gemäß Art. 14 Abs. 2 des Teilhabestärkungsgesetz am Tag nach seiner Verkündung in Kraft.

2 **Regelungsinhalt:** Abs. 1 hat die bereits in § 72 SchwbG enthaltene Regelung mit dessen Inkrafttreten 2001 in das SGB IX übernommen. Mit dem BTHG wurde § 159 Abs. 1 inhaltsgleich bei Anpassung der Verweisnormen in § 421 überführt. Es bleibt weiterhin dabei, dass die 6 %-Regelung auf die in § 154 Abs. 2 Nr. 1 und 4 genannten öffentlichen Arbeitgeber des Bundes beschränkt ist. Für den Bund sowie die Körperschaften, Anstalten und Stiftungen des öffentlichen Rechts in seinem Bereich ist die seit 1999 bestehende Anhebung der Beschäftigungspflicht von 5 auf 6 % ohne praktische Konsequenz, da er stets deutlich mehr schwerbehinderte und ihnen gleichgestellte behinderte Menschen beschäftigt. Die noch bei Inkrafttreten des SGB IX geführte Diskussion, die 6 %-Regelung auch auf die Behörden der Länder und Kommunen auszudehnen,[7] wurde im Gesetzgebungsverfahren zum BTHG nicht erneut aufgegriffen. Festzustellen ist, dass aufgrund der demographischen Wandels es sowohl dem Bund als auch den Ländern und Kommunen zunehmend schwerer fällt, die geforderte Pflichtquote zu erfüllen.

Zu der durch das Teilhabestärkungsgesetz vorgenommenen Ergänzung in Abs. 3 um die Inklusionsbetriebe führt die Gesetzesbegründung aus, dass nach § 224 Abs. 2 die Möglichkeit besteht, neben anerkannten Werkstätten für behinderte Menschen auch Inklusionsbetriebe bei der Vergabe von Aufträgen der öffentlichen Hand bevorzugt zu berücksichtigen. Durch die Änderung in § 241

---
2 BGBl. I 1046.
3 BGBl. I 3234.
4 BGBl. I 15.
5 BGBl. I 1025.
6 BGBl. I 1396.
7 BT-Drs. 14/5531, 12.

Abs. 3 werde sichergestellt, dass bis zum Erlass von allgemeinen Verwaltungsvorschriften nach § 224 die nach § 56 Abs. 2 des Schwerbehindertengesetzes erlassenen allgemeinen Richtlinien auch auf Inklusionsbetriebe Anwendung finden.[8] Wie schon die Aufnahme von Inklusionsbetrieben durch das BTHG in § 224 Abs. 2[9] ist auch die nun erfolgte Sicherstellung zu begrüßen.

Die Übergangsregelung in Abs. 6 stellt nach der Gesetzesbegründung sicher, dass die **Verbindlichkeit bestehender Integrationsvereinbarungen** durch die Neufassung des § 166 nicht beeinträchtigt wird. Insbesondere soll die Neufassung nicht bewirken, dass zwingend erneut über bereits bestehende Vereinbarungen zu verhandeln ist. § 83 mit seinen Änderungen ist freilich bereits am Tag nach der Verkündung des BTHG und damit am 30.12.2016 in Kraft getreten (Art. 2 Nr. 4 iVm Art. 26 Nr. 2 BTHG). Daher musste die aufgrund eines Redaktionsversehens nicht zutreffende Übergangsregelung des Abs. 6 durch Art. Artikel 23 des Gesetzes zur Änderung des Bundesversorgungsgesetzes und anderer Vorschriften vom 17.7.2017[10] korrigiert werden.[11] Die **Inklusionsvereinbarung** hat außerdem einen **erweiterten Anwendungsrahmen** erhalten, indem nach § 166 Abs. 2 Satz 2 bei den zu treffenden Regelungen die gleichberechtigte Teilhabe schwerbehinderter Menschen am Arbeitsleben bei der Gestaltung von Arbeitsprozessen und Rahmenbedingungen von Anfang an zu berücksichtigen ist. Ebenfalls am Tag nach der Verkündung in Kraft getreten ist eine Zuständigkeitserweiterung des Betriebsrates. Gemäß § 80 Abs. 1 Nr. 4 BetrVG ist dieser nunmehr auch zuständig für die Förderung des Abschlusses von Inklusionsvereinbarungen nach § 166 (Art. 18 Abs. 1 Nr. 1 iVm Art. 26 Nr. 2 BTHG v. 23.12.2016). Diese Änderungen lassen erwarten, dass es zu einer Reihe von Neuverhandlungen kommen wird. Letztlich wird damit der gesteigerten Bedeutung, die der Gesetzgeber dem Instrument der Inklusionsvereinbarung beimisst, vor Ort im Betrieb oder in der Dienststelle Rechnung getragen. Ob der Bund und die Länder im jeweiligen Personalvertretungsrecht eine vergleichbare Regelung für die Personalräte schaffen, bleibt abzuwarten.

Abs. 7 wurde im parlamentarischen Gesetzgebungsverfahren eingefügt. Die Übergangsregelung zum Fortbestand **gemeinsamer Einrichtungen** im Jahr 2018 soll den Rehabilitationsträgern ermöglichen, einen nahtlosen Wechsel der bisherigen Zusammenarbeitsstrukturen in das **neue System der Ansprechstellen** nach § 12 sicherzustellen. Für das Jahr 2018 sollte damit ein schrittweise auslaufender Parallelbetrieb von Ansprechstellen und von gemeinsamen Servicestellen nicht von vorn herein ausgeschlossen sein.[12] Die **gemeinsamen Servicestellen** haben seit ihrer Einführung mit Inkrafttreten des SGB IX im Jahr 2001 die in sie gesteckten Erwartungen letztlich nicht erfüllen können. Nach dem Willen des Gesetzgebers wird es künftig neben den **Ansprechstellen** nach § 12 die **ergänzende unabhängige Teilhabeberatung** nach § 32 geben. Das niederschwellige Angebot der unabhängigen Teilhabeberatung soll bereits im Vorfeld der Beantragung konkreter Leistungen zur Verfügung stehen (§ 32 Abs. 1 Satz 1) und wird aus Bundesmitteln gefördert. Die auf fünf Jahre befristete Förderdauer nach § 32 Abs. 5 erfolgt aus allein haushälterischen Gründen. Die angestrebte Weiterfinanzierung aus Bundesmitteln wurde zwischenzeitlich im

3

4

---

8 BT-Drs. 19/28834, 58.
9 BGBl. I 3234 vom 29.12.2016.
10 BGBl. I 2541.
11 Die Fassung aufgrund des BTHG vom 23.12.2016 lautete: „Bestehende Integrationsvereinbarungen im Sinne des § 166 in der bis zum 1.1.2018 geltenden Fassung gelten als Inklusionsvereinbarungen fort."
12 BT-Drs. 18/10523, 65.

Rahmen des Angehörigen-Entlastungsgesetzes vom 10.12.2019 umgesetzt.[13] Gemäß § 32 Abs. 6 S. 1 beläuft sich der Zuschuss des Bundes ab 2023 auf jährlich 65 Mio. Euro. Die Etablierung der Ansprechstellen nach § 12 gegenüber Leistungsberechtigten und Arbeitgebern, das Zusammenwirken der Rehabilitationsträger mit den Jobcentern, Integrationsämtern und Pflegekassen (§ 12 Abs. 2) unter den Anforderungen von § 12 Abs. 1 Satz 4 iVm § 15 Abs. 3 SGB I sowie die Berücksichtigung der ergänzenden unabhängigen Teilhabeberatung hat die Übergangsregelung als sinnvoll erscheinen lassen. Sie hat jedoch nichts daran geändert, dass seit dem 1.1.2018 die gemeinsamen Servicestellen im Rahmen eines betrieblichen Eingliederungsmanagements nach § 167 Abs. 2 nicht mehr zu beteiligen sind. Hinzuzuziehen sind vom Arbeitgeber nunmehr unmittelbar die Rehabilitationsträger oder bei schwerbehinderten Beschäftigten das Integrationsamt.

5 Abs. 8 wurde durch Artikel 23 des Gesetzes zur Änderung des Bundesversorgungsgesetzes und anderer Vorschriften vom 17.7.2017[14] ergänzt. Die Regelung dient der Klarstellung, dass die Träger der Sozialhilfe bis zum 31.12.2019 weiterhin **Rehabilitationsträger** sind. Aufgrund des Inkrafttretens der Regelungen zum Vertragsrecht nach dem Teil 2, 8. Kapitel zum 1.1.2018 war es in zeitlicher Hinsicht erforderlich, auch bereits zum 1.1.2018 die Träger der Eingliederungshilfe im SGB IX als Rehabilitationsträger zu bestimmen. Diese Bestimmung wurde mit dem BTHG bereits vorgesehen. Gleichwohl wurden die Aufgaben der Eingliederungshilfe aber bis zum 31.12.2019 von den Trägern der Sozialhilfe nach § 3 des Zwölften Buches Sozialgesetzbuch (SGB XII) wahrgenommen. Erst ab dem 1.1.2020 wurden die Träger der Eingliederungshilfe nach dem SGB IX, Teil 2 als solche bundesgesetzlich legaldefiniert. Bis zu diesem Zeitpunkt traten deshalb die Träger der Sozialhilfe, soweit sie Aufgaben der Eingliederungshilfe wahrnehmen, als Rehabilitationsträger an die Stelle der Träger der Eingliederungshilfe.[15]

Abs. 9 sieht beginnend mit dem 1.8.2019 eine in vier Stufen sich vollziehende Erhöhung des mindestens monatlich zu zahlenden Grundbetrages nach § 221 Abs. 2 Satz 1 vor. Nach dieser Vorschrift zahlen die Werkstätten aus ihrem Arbeitsergebnis an die im Arbeitsbereich (§ 58) beschäftigten behinderten Menschen ein Arbeitsentgelt, dass sich aus einem Grundbetrag in Höhe des Ausbildungsgeldes, das die Bundesagentur für Arbeit nach den für sie geltenden Vorschriften behinderten Menschen im Berufsbildungsbereich zuletzt leistet, und einem leistungsangemessenen Steigerungsbetrag zusammensetzt. Arbeitsergebnis im Sinne des § 221 ist gemäß § 12 Abs. 4 Satz 1 Werkstättenverordnung (WVO) die Differenz aus den Erträgen und den notwendigen Kosten des laufenden Betriebs im Arbeitsbereich der Werkstatt. Das Arbeitsergebnis darf nach § 12 Abs. 5 Nr. 1 WVO nur für Zwecke der Werkstatt verwendet werden, und zwar für die Zahlung der Arbeitsentgelte nach § 221 Abs. 2, in der Regel im Umfang von mindestens 70 vom Hundert des Arbeitsergebnisses. In einem vom Bundestag angenommenen Entschließungsantrag von CDU, CSU und SPD[16] wird gefordert, innerhalb von vier Jahren unter Beteiligung der Werkstatträte, der BAG WfbM, der Wissenschaft und weiterer maßgeblicher Akteure zu prüfen, wie ein transparentes, nachhaltiges und zukunftsfähiges Entgeltsystem in Werkstätten für behinderte Menschen entwickelt werden kann. Das BMAS hat im August 2020 als Ergebnis einer europaweiten Ausschreibung die Arbeitsge-

---

13 BGBl. I 2135.
14 BGBl. I 2541.
15 BT-Drs. 18/12611, 109 f.
16 BT-Drs. 19/10715.

meinschaft von ISG Institut für Sozialforschung und Gesellschaftspolitik GmbH und Infas Institut für angewandte Sozialwissenschaften GmbH in Kooperation mit Professor Dr. Felix Welti und Professor Dr. Arnold Pracht mit der Durchführung des Forschungsvorhabens „Studie zu einem transparenten, nachhaltigen und zukunftsfähigen Entgeltsystem für Menschen mit Behinderung in Werkstätten für behinderte Menschen und deren Perspektiven auf den allgemeinen Arbeitsmarkt" beauftragt. Das Forschungsvorhaben ist bis Mitte 2023 abzuschließen. Zwischenergebnisse werden in zwei Zwischenberichten im Juni 2021 und 2022 bekanntgegeben. Die gesamten Ergebnisse der Untersuchung einschließlich der Handlungsempfehlungen werden in einem Abschlussbericht zum Jahresende 2023 erwartet.

Materialien: Regierungsentwurf nebst Begründung BT-Drs. 14/5074 und BT-Drs. 18/9522 sowie BT-Drs. 18/10523.

Zum 1.1.2024 wird § 241 durch Art. 37 des Gesetzes vom 12.12.2019[17] durch einen neuen Abs. 10 erweitert. Es handelt sich um eine Folgeänderung auf Grund der Aufhebung des BVG. Zu diesem Zeitpunkt tritt das neue SGB XIV gemäß Art. 60 des Gesetzes vom 12.12.2019 insgesamt in Kraft.

---

17 BGBl. I 2652.

Wahlordnung Schwerbehindertenvertretungen (SchwbVWO)

In der Fassung der Bekanntmachung vom 23. April 1990 (BGBl. I S. 811) (FNA 871–1–5) zuletzt geändert durch Art. 13 b TeilhabestärkungsG vom 2. Juni 2021 (BGBl. I S. 1387)

Erster Teil
Wahl der Schwerbehindertenvertretung in Betrieben und Dienststellen

Erster Abschnitt Vorbereitung der Wahl
§ 1 SchwbVWO Bestellung des Wahlvorstandes

(1) Spätestens acht Wochen vor Ablauf ihrer Amtszeit bestellt die Schwerbehindertenvertretung einen Wahlvorstand aus drei volljährigen in dem Betrieb oder der Dienststelle Beschäftigten und einen oder eine von ihnen als Vorsitzenden oder Vorsitzende.

(2) [1]Ist in dem Betrieb oder der Dienststelle eine Schwerbehindertenvertretung nicht vorhanden, werden der Wahlvorstand und dessen Vorsitzender oder Vorsitzende in einer Versammlung der schwerbehinderten und diesen gleichgestellten behinderten Menschen (Wahlberechtigte) gewählt. [2]Zu dieser Versammlung können drei Wahlberechtigte oder der Betriebs- oder Personalrat einladen. [3]Das Recht des Integrationsamtes, zu einer solchen Versammlung einzuladen (§ 177 Absatz 6 Satz 4 des Neunten Buches Sozialgesetzbuch), bleibt unberührt.

I. Überblick über den Regelungsinhalt	1
II. Initiierung der Wahl im förmlichen Wahlverfahren ..	3
III. Bestellung des Wahlvorstands durch die bisherige Schwerbehindertenvertretung	5
1. Hintergrund	5
2. Zuständiges Organ	6
3. Anforderungen an den Wahlvorstand	8
a) Größe des Wahlvorstands	8
b) Personelle Anforderungen	11
c) Bestimmung des Vorsitzenden	17
4. Akt der Bestellung	20
5. Zeitpunkt der Bestellung	21
a) Vorlauffrist	21
b) Fristversäumung durch die Schwerbehindertenvertretung	22
aa) Ergänzende Initiierungsberechtigung anderer Organe	22
bb) Parallele Initiierung der Wahl	25
c) Zu frühe Bestellung	29
IV. Versammlung zur Wahlvorstandswahl	30
1. Grundvoraussetzung des Einladungsrechts	30
a) Nichtbestehen einer Schwerbehindertenvertretung	30
b) (Keine) Einladung bei Ablauf der Frist des Abs. 1	31
2. Initiierungsbefugnis	34
a) Initiierungsbefugte Organe	34
b) Gleichrangigkeit der Organe	42

c) Sperrung der Einladungsberechtigung durch vorherige anderweitige Einladung	43
d) Sperrung der Initiierungsbefugnis bei anderweitiger Einsetzung des Wahlvorstands	44
3. Anforderungen an die Einladung	45
a) Formelle Anforderungen	46
aa) Allgemeines	46
bb) Aushang	48
cc) Rundschreiben	49
dd) Einsatz von Informations- und Kommunikationstechnik	50
ee) Unterrichtung blinder und sehbehinderter Beschäftigter	51
b) Inhaltliche Anforderungen	52
c) Zeitliche Anforderungen	54
4. Ablauf der Versammlung nach Abs. 2	56
a) Gegenstand der Versammlung	56
b) Eröffnung und Wahl der Versammlungsleitung	57
c) Prüfung der Wahlberechtigung	58
d) Form der Abstimmung	59
e) Erfolgreiche Wahl zum Wahlvorstand ..	60
f) Inhaltliche Anforderungen an die Wahlvorstandswahl	61
V. Wahlvorstandsbestellung durch Gericht bzw. Dienststellenleiter	63
1. Allgemeines	63
2. Initiierungshandlung	65
3. Initiierungsbefugnis	67
a) Gruppe von Wahlberechtigten	67
b) Im Betrieb bzw. in der Dienststelle vertretene Gewerkschaften	69
c) Betriebs- und Personalräte sowie Integrationsamt	70
4. Weitere Voraussetzungen der Initiierungsbefugnis	71
5. Einsetzung des Wahlvorstands	75
a) Allgemeines	75
b) Privatwirtschaft	76
c) Öffentlicher Dienst ..	79

I. Überblick über den Regelungsinhalt[1]

Die Vorschrift regelt die Bestellung bzw. Einsetzung des Wahlvorstands. Dabei wird zwischen der Bestellung durch die bisherige Schwerbehindertenvertretung (Abs. 1) einerseits und der Einladung zu einer Versammlung zur Wahl eines Wahlvorstands (Abs. 2) andererseits unterschieden. 1

Die in § 1 geregelte Einsetzung des Wahlvorstands ist für die Durchführung der Schwerbehindertenvertretung von elementarer Bedeutung. Der Wahlvorstand ist nämlich im förmlichen Wahlverfahren das **zentrale wahlleitende Organ**, so dass dessen Einsetzung unerlässlich ist. Eine ohne Wahlvorstand durchgeführte Schwerbehindertenvertretungswahl wäre nichtig.[2] Zur Einsetzung der Wahlleitung im vereinfachten Verfahren → § 20 Rn. 8 ff. 2

---

1 Die Ausführungen geben ausschließlich die persönliche Auffassung des Autors wieder und erfolgen nicht in dienstlicher Eigenschaft.
2 *Hohmann* in Wiegand/Hohmann SchwbV § 1 Rn. 11; *Sachadae*, Wahl der SchwbV, S. 378. Vgl. auch *Müller-Wenner* in Müller-Wenner/Winkler SGB IX § 94 Rn. 42. Vgl. zur Betriebsratswahl: LAG Düsseldorf 7.9.2010 – 16 TaBV 57/10; *Nießen*, Fehlerhafte Betriebsratswahlen, S. 141 ff.

II. Initiierung der Wahl im förmlichen Wahlverfahren

3 Mit der Bestellung des Wahlvorstands nach Abs. 1 bzw. der Einladung zur Versammlung nach Abs. 2 ist die Schwerbehindertenvertretungswahl so verbindlich in Gang gesetzt, dass bei ordnungsgemäßer Einhaltung der Wahlvorschriften und entsprechender Mitwirkung der Wahlberechtigten davon auszugehen ist, dass die Wahl in der Regel ohne verfahrensfremde Verzögerungen zum erfolgreichen Abschluss gebracht wird (sog. **Initiierung der Wahl**).[3] Zur Bedeutung dieses Zeitpunkts für die Entscheidung über das anzuwendende Wahlverfahren → § 18 Rn. 16.

4 Neben den in Abs. 1 und Abs. 2 genannten Möglichkeiten zur Initiierung der Schwerbehindertenvertretungswahl besteht auch die Möglichkeit, die Wahl analog § 16 Abs. 2 BetrVG bzw. analog § 17 Abs. 4 BetrVG durch einen **Antrag auf Einsetzung des Wahlvorstands durch das Arbeitsgericht** bzw. analog § 22 BPersVG per **Einsetzung durch den Dienststellenleiter** zu initiieren (→ Rn. 63 ff.).[4]

III. Bestellung des Wahlvorstands durch die bisherige Schwerbehindertenvertretung

1. Hintergrund

5 Da die Schwerbehindertenvertretung mit Ablauf der Amtszeit automatisch ausscheidet und das Amt auch nicht kommissarisch fortführen darf, bis der Nachfolger gewählt ist, muss eine **rechtzeitige Initiierung der Neuwahl** sichergestellt werden.[5] Zu diesem Zweck verpflichtet Abs. 1 den (scheidenden) Amtsinhaber, frühzeitig einen Wahlvorstand zu bestellen (zum Zeitpunkt → Rn. 21).

2. Zuständiges Organ

6 Für die **unmittelbare Bestellung** des Wahlvorstands ist **ausschließlich die Schwerbehindertenvertretung** zuständig.[6] Andere zur Initiierung der Schwerbehindertenvertretungswahl befugte Organe sind hingegen nur zur Einladung nach Abs. 2 berechtigt.[7] Dies gilt wegen des Grundsatzes der Selbstorganisation sowie aus systematischen Gründen gleichermaßen für die **Gesamt- und Konzern- bzw. Bezirks- und Hauptschwerbehindertenvertretungen**.[8]

7 Die **demokratische Legitimation** der Schwerbehindertenvertretung für die Entscheidung über die zum Wahlvorstand zu bestellenden Personen folgt dabei noch aus der ursprünglichen Wahl.[9] Daher ist auch unter dem Gesichtspunkt des Grundsatzes der Selbstorganisation eine Beteiligung der Wahlberechtigten

---

3 Vgl. *Sachadae*, Wahl der SchwbV, S. 304 f. sowie 320 f. und 335 f.
4 Vgl. *Adlhoch* in Ernst/Adlhoch/Seel SGB IX § 94 Rn. 77; *Dörner* SchwbG WO § 1 Anm. 5; *Knittel* SGB IX § 94 Rn. 95; *Pahlen* in Neumann/Pahlen/Greiner/Winkler/Jabben SchwbVWO § 1 Rn. 5; *Pohl/Fraunhoffer* in FKS SGB IX § 94 Rn. 40; *Sachadae*, Wahl der SchwbV, S. 353 und 356; *Schütt*, Wahl zur Schwerbehindertenvertretung, S. 23; *Trenk-Hinterberger* in HK-SGB IX Anh. zu § 100 SchwbVWO § 1 Rn. 5; *Weber* SchwbG § 24 Anm. 24.
5 Vgl. *Dörner* SchwbG § 24 Anm. VI.5.
6 *Hohmann* in Wiegand/Hohmann SchwbVWO § 1 Rn. 5; *Sachadae*, Wahl der SchwbV, S. 320.
7 Vgl. *Adlhoch* in Ernst/Adlhoch/Seel SGB IX § 93 Rn. 25; *Cramer* SchwbV SchwbG § 23 Rn. 5; *Sachadae*, Wahl der SchwbV, S. 321 f.
8 Vgl. *Sachadae*, Wahl der SchwbV, S. 322 f. Mit anderer Begründung ebenso *Hohmann* in Wiegand/Hohmann SchwbVWO § 1 Rn. 5. Vgl. auch *Düwell* in Deinert/Neumann SGB IX-HdB § 20 Rn. 28.
9 *Sachadae*, Wahl der SchwbV, S. 321.

an dieser Entscheidung nicht vorgesehen. Die noch amtierende **Schwerbehindertenvertretung kann daher frei entscheiden**, welche Personen sie in das Amt des Wahlvorstands bestellt.

3. Anforderungen an den Wahlvorstand

a) Größe des Wahlvorstands

Der Wahlvorstand hat – anders als im Regelfall der allgemeinen Interessenvertretungswahlen – **zwingend aus drei Personen** zu bestehen.[10] Eine **Vergrößerung des Wahlvorstands** ist daher auch bei sehr großen Betrieben bzw. Dienststellen oder auch bei stärkerer Zergliederung **nicht zulässig**.[11] 8

Zur Bewältigung des in größeren Wahlbezirken höheren Organisationsaufwands ist vor allem an die Option einer **allgemeinen oder betriebsteilbezogenen Briefwahl** zu denken (→ § 11 Rn. 12 ff.). Daneben kommt zur Unterstützung des Wahlvorstands die **Bestellung von Wahlhelfern** (→ § 2 Rn. 4 ff.) in Betracht, die jedoch nicht durch die Schwerbehindertenvertretung, sondern den Wahlvorstand selbst vorzunehmen ist.[12] 9

Trotz der fehlenden Erwähnung in den Wahlvorschriften nicht ausgeschlossen ist die **Bestellung von Ersatzmitgliedern**.[13] Im Fall der Verhinderung oder des Ausscheidens eines Wahlvorstandsmitglieds kann auf diesem Wege die Arbeitsfähigkeit des Wahlvorstands sichergestellt werden.[14] Die Ersatzmitglieder dürfen jedoch ausschließlich dann herangezogen werden, wenn tatsächlich ein **Verhinderungsgrund** (zB bei Krankheit oder Urlaub) vorliegt oder ein **Wahlvorstandsmitglied** (zB durch Amtsniederlegung oder Auslaufen des befristeten Arbeitsvertrags) endgültig **aus dem Amt scheidet**.[15] Die **Durchführung einer Wahlvorstandstätigkeit** führt jedoch nicht zur Verhinderung des betreffenden Wahlvorstandsmitglieds, weil anderenfalls die Begrenzung der Anzahl der Wahlvorstandsmitglieder unterlaufen würde. Ein Ersatzmitglied kann daher nicht allein deshalb zur Tätigkeit in einem Wahllokal herangezogen werden, weil die übrigen **Wahlvorstandsmitglieder in anderen Wahllokalen im Einsatz** sind. 10

b) Personelle Anforderungen

Bei der Bestellung des **Wahlvorstands** hat die Schwerbehindertenvertretung verschiedene **personelle Anforderungen** zu beachten, die im Hinblick auf die zu berufenden Personen gegeben sein müssen. Dabei sind die Anforderungen gleichermaßen auch im Hinblick auf etwaige **Ersatzmitglieder** zu berücksichtigen. 11

Zu Mitgliedern des Wahlvorstands können **nur Beschäftigte**[16] des Betriebs bzw. der Dienststelle berufen werden. Im Fall einer Zusammenfassung nach § 177 12

---

10 Boemke jurisPR-ArbR 13/2012, Anm. 6; *Düwell/Sachadae* NZA 2014, 1241 (1241); *Sachadae*, Wahl der SchwbV, S. 333; *Schleicher* WO zum SchwbG § 1 Rn. 2.
11 Boemke jurisPR-ArbR 13/2012, Anm. 6; *Sachadae*, Wahl der SchwbV, S. 333; *Schleicher* WO zum SchwbG § 1 Rn. 2.
12 *Düwell/Sachadae* NZA 2014, 1241 (1241).
13 *Adlhoch* in Ernst/Adlhoch/Seel SGB IX § 94 Rn. 79; *Düwell/Sachadae* NZA 2014, 1241 (1241); *Kamm* AiB 2006, 498 (500); *Sachadae*, Wahl der SchwbV, S. 334 Fn. 117.
14 Vgl. *Düwell/Sachadae* NZA 2014, 1241 (1241); *Pohl/Fraunhoffer* in FKS SGB IX § 94 Rn. 40.
15 *Fitting* BetrVG § 16 Rn. 36.
16 Vgl. zu diesem Begriff ausführlich *Sachadae*, Wahl der SchwbV, S. 123 ff., insbes. S. 171 f.

Abs. 1 S. 4 SGB IX ist eine Beschäftigung in dem insoweit abweichenden Wahlbezirk maßgeblich. **Betriebsexterne Personen** können wegen des Grundsatzes der Selbstorganisation dagegen nicht zu Wahlvorstandsmitgliedern bestellt werden. Daher können weder betriebsfremde **Gewerkschaftsbeauftragte** noch Mitarbeiter des **Integrationsamts** als Wahlvorstandsmitglieder fungieren.[17] Zu den Besonderheiten im vereinfachten Wahlverfahren → § 20 Rn. 14.

13 Nach dem Wortlaut des Abs. 1 können **nur volljährige Beschäftigte** zu Mitgliedern des Wahlvorstands bestellt werden.[18] Für das Vorliegen der Volljährigkeit ist dabei nicht der **Zeitpunkt** der Wahl, sondern der der **Bestellung zum Wahlvorstand** maßgeblich.[19]

14 Im Unterschied zu anderen Interessenvertretungswahlen ist für die Bestellung zum Wahlvorstand **weder ein aktives noch ein passives Wahlrecht** erforderlich.[20] Die zum Wahlvorstand zu bestellenden Personen müssen also weder schwerbehindert bzw. gleichgestellt noch nach § 177 Abs. 3 SGB IX wählbar sein.[21]

15 Die Bestellung des bisherigen Amtsinhabers oder eines stellvertretenden Mitglieds der Schwerbehindertenvertretung ist ebenso zulässig wie die Bestellung von **Betriebsrats- bzw. Personalratsmitgliedern**.[22] Für das Amt des Wahlvorstands ist es auch unschädlich, wenn sich dessen Mitglieder später als **Wahlbewerber** aufstellen lassen.[23]

16 Da niemand zur Übernahme des Wahlvorstandsamts gezwungen werden darf, ist zur Wirksamkeit der Bestellung die jeweilige Annahme des Amts durch die berufenen Personen erforderlich.[24] Dabei kann die **Zustimmung zur Bestellung** auch konkludent durch schlüssiges Handeln, insbesondere durch Aufnahme der Wahlvorstandsarbeit, erklärt werden.[25] Um etwaige Ablehnungen zu vermeiden, sollte im Vorfeld der Bestellentscheidung das **Einverständnis der betreffenden Kandidaten** abgeklärt werden.

c) Bestimmung des Vorsitzenden

17 Abs. 1 verlangt neben der Bestellung des Wahlvorstands an sich, dass eines der Mitglieder zum Vorsitzenden bestellt wird. Dabei ist zu beachten, dass ein **handlungsfähiger Wahlvorstand** erst besteht, wenn auch die **Bestellung des Vorsitzenden** erfolgt ist.[26]

---

17 *Sachadae*, Wahl der SchwbV, S. 331.
18 *Adlhoch* in Ernst/Adlhoch/Seel SGB IX § 94 Rn. 79; *Schleicher* WO zum SchwbG § 1 Rn. 2; *Trenk-Hinterberger* in HK-SGB IX Anh. zu § 100 SchwbVWO § 1 Rn. 6.
19 *Sachadae*, Wahl der SchwbV, S. 332.
20 *Hohmann* in Wiegand/Hohmann SchwbVWO § 1 Rn. 13; *Sachadae*, Wahl der SchwbV, S. 332. Vgl. auch OVG NRW 27.9.2000 – 1 A 1541/99.PVB, Behindertenrecht 2001, 147 (148); *Gröninger/Thomas* SchwbG § 24 Rn. 13.
21 OVG NRW 27.9.2000 – 1 A 1541/99.PVB, Behindertenrecht 2001, 147 (148); *Pahlen* in Neumann/Pahlen/Greiner/Winkler/Jabben SchwbVWO § 1 Rn. 6; *Sachadae*, Wahl der SchwbV, S. 332; *Schleicher* WO zum SchwbG § 1 Rn. 2.
22 Vgl. zur Betriebsratswahl *Boemke*, Betriebsratswahl, § 3 Rn. 116; *Fitting* BetrVG § 16 Rn. 22.
23 *Hohmann* in Wiegand/Hohmann SchwbVWO § 1 Rn. 14.
24 *Hohmann* in Wiegand/Hohmann SchwbVWO § 1 Rn. 17; *Sachadae*, Wahl der SchwbV, S. 329; *Zanker*, WO zum SchwbG, S. 30.
25 *Hohmann* in Wiegand/Hohmann SchwbVWO § 1 Rn. 17; *Sachadae*, Wahl der SchwbV, S. 329.
26 *Sachadae*, Wahl der SchwbV, S. 334. Vgl. für das BetrVG: *Homburg* in DKW WO § 1 Rn. 7; *Kreutz/Jacobs* in GK-BetrVG WO § 1 Rn. 7.

Die **Benennung des Wahlvorstandsvorsitzenden** hat im Fall der Wahlvorstandsbestellung nach Abs. 1 **durch die Schwerbehindertenvertretung** zu erfolgen.[27] Wird von ihr die Bestimmung des Vorsitzenden versäumt, muss sie diese **unverzüglich nachholen**, damit die Initiierung der Wahl abgeschlossen und die Bestellung des Wahlvorstands vollendet ist.[28] Eine **interne Wahl des Vorsitzenden** innerhalb des Wahlvorstands ist nach fast einhelliger Auffassung im Grundsatz nicht zulässig.[29] Etwas anderes gilt nur, wenn das ernennende Organ – also hier die Schwerbehindertenvertretung – nicht mehr besteht (zB weil die Amtszeit der Schwerbehindertenvertretung zwischenzeitlich geendet hat).[30]

18

19

4. Akt der Bestellung

Für die **Bestellung ist kein förmlicher „Beschluss"** erforderlich, weil die SBV als Ein-Personen-Organ keinem Abstimmungsprozess unterliegt.[31] Vielmehr genügt im Grundsatz der nach außen hin erkennbare Entschluss der bisherigen Schwerbehindertenvertretung.[32] Als demokratische Wahl muss diese jedoch auch den **Anforderungen des Publizitätsgrundsatzes** genügen. Daher ist eine irgendwie geartete Fixierung als **überprüfbare Dokumentation der Bestellentscheidung** erforderlich (zB Protokoll, Niederschrift, betriebsöffentliche Bekanntmachung, Unterrichtung der bestellten Personen).[33]

20

5. Zeitpunkt der Bestellung

a) Vorlauffrist

Zugunsten der **Kontinuität der Vertretung durch die Schwerbehindertenvertretung** verlangen die Wahlvorschriften eine frühzeitige Initiierung der Wahl. Die in Abs. 1 genannte Frist von **acht Wochen vor Ablauf der Amtszeit** ist daher grundsätzlich keine Regel- sondern eine **Mindestfrist** („spätestens"). Angesichts der im Rahmen des förmlichen Wahlverfahrens einzuhaltenden weiteren Fristen (zB sechswöchiger Aushang für das Wahlausschreiben) sollte der zeitliche Vorlauf nicht zu knapp bemessen werden, damit der Wahlvorstand noch **auf unerwartete Ereignisse reagieren** kann (zB Nachfrist gem. § 7 oder Neubekanntmachung des Wahlausschreibens zur Korrektur eines Fehlers).

21

---

27 Vgl. *Hohmann* in Wiegand/Hohmann SchwbVWO § 1 Rn. 16; *Sachadae*, Wahl der SchwbV, S. 334.
28 *Sachadae*, Wahl der SchwbV, S. 334. Für das BetrVG: BAG 14.12.1965 – 1 ABR 6/65, AP Nr. 5 zu § 16 BetrVG; *Kreutz* in GK-BetrVG § 16 Rn. 24; *Thüsing* in Richardi BetrVG, 16. Aufl. 2018, § 16 Rn. 18.
29 Statt vieler *Dörner* SchwbG WO § 1 Anm. 2; *Sachadae*, Wahl der SchwbV, S. 334; *Treml* Behindertenrecht 1986, 57 (58). AA *Pahlen* in Neumann/Pahlen/Greiner/Winkler/Jabben SchwbVWO § 1 Rn. 6.
30 *Sachadae*, Wahl der SchwbV, S. 334 f. Zu weitgehend: *Pahlen* in Neumann/Pahlen/Greiner/Winkler/Jabben SchwbVWO § 1 Rn. 6, der eine generelle Wahl zulassen will.
31 Vgl. *Grimme* AiB 2011, 520 (521); *Sachadae*, Wahl der SchwbV, S. 328. Vgl. auch für den einköpfigen Betriebsrat: *Kreutz/Jacobs* in GK-BetrVG § 9 Rn. 22; *Schuckardt*, Der Betriebsratsbeschluss, 1965, S. 3.
32 *Sachadae*, Wahl der SchwbV, S. 328.
33 *Sachadae*, Wahl der SchwbV, S. 328. Vgl. *Kreutz/Jacobs* in GK-BetrVG § 9 Rn. 22; *Thüsing* in Richardi BetrVG, 16. Aufl. 2018, § 9 Rn. 25, die bereits ohne Rückgriff auf den Publizitätsgrundsatz allgemein derartige Anforderungen an Entschlüsse eines einköpfigen Betriebsrats stellen.

b) Fristversäumung durch die Schwerbehindertenvertretung

aa) Ergänzende Initiierungsberechtigung anderer Organe

22 Versäumt es die Schwerbehindertenvertretung, den Wahlvorstand vor Ablauf der achtwöchigen Mindestfrist zu bestellen, kann nach einer in der Literatur vertretenen Ansicht zu einer **Versammlung der schwerbehinderten Beschäftigten** eingeladen werden (→ Rn. 31), damit auf dieser ein Wahlvorstand gewählt wird.[34]

23 Gegen diese Auffassung bestehen jedoch **erhebliche dogmatischen Bedenken** (→ Rn. 32 f.), so dass eine **Einladungsberechtigung analog Abs. 2** während der noch laufenden Amtszeit der Schwerbehindertenvertretung abzulehnen ist.[35] Zwar besteht wegen des Grundsatzes der obligatorischen Vertretung ein nachhaltiges Bedürfnis, nach Ablauf der achtwöchigen Bestellfrist des Abs. 1 die Wahl der Schwerbehindertenvertretung auf andere Weise initiieren zu können.[36] Allerdings hat dies aus dogmatischen Gründen nicht im Wege einer Analogie zu Abs. 2 über den Umweg einer Versammlungseinladung, sondern stattdessen analog § 16 Abs. 2 BetrVG durch einen **Antrag auf gerichtliche Einsetzung des Wahlvorstands** bzw. analog § 22 BPersVG per **Antrag auf Einsetzung durch den Dienststellenleiter** (→ Rn. 63 ff.) zu erfolgen.[37]

24 Ungeachtet der Frage, ob und in welcher Ausprägung anderen Organen eine parallele Initiierungsbefugnis zukommt, ist festzuhalten, dass hierdurch die **Bestellbefugnis der noch amtierenden Schwerbehindertenvertretung** nach Abs. 1 in jedem Fall **nicht gesperrt** wird, weil dies dem Grundsatz der obligatorischen Vertretung zuwider liefe.[38] Die Schwerbehindertenvertretung ist daher in jedem Fall auch nach Ablauf der achtwöchigen Vorlauffrist weiter berechtigt, einen Wahlvorstand zu bestellen.[39]

bb) Parallele Initiierung der Wahl

25 Geht man davon aus, dass die Schwerbehindertenvertretungswahl nach Ablauf der Frist des Abs. 1 **durch unterschiedliche Organe initiiert** werden kann (unabhängig davon, ob dies durch Versammlungseinladung → Rn. 31 oder durch Antrag auf gerichtliche Wahlvorstandseinsetzung zu geschehen hat → Rn. 63 ff.), ist es möglich, dass es zu einer parallelen Wahlinitiierung kommt (zB Antrag auf gerichtliche Wahlvorstandseinsetzung durch drei Wahlberechtigte wegen Versäumung der Frist des Abs. 1 und nachgeholte Bestellung des Wahlvorstands durch die Schwerbehindertenvertretung). Da es nicht zur Einsetzung mehrerer

---

34 *Maaß* in Kossens/von der Heide/Maaß, 1. Aufl. 2002, SchwbVWO Anm. zu § 1; *Pahlen* in Neumann/Pahlen/Greiner/Winkler/Jabben SchwbVWO § 1 Rn. 2; *Pflug-Simoleit* AiB 1998, 553 (555); *Süllwold* ZBVR 2002, 190 (190); *Weber* SchwbG § 24 Anm. 24.
35 *Sachadae*, Wahl der SchwbV, S. 338 ff., insbes. S. 341 ff. und S. 342 f. Im Ergebnis ebenso: *Cramer* SchwbV SchwbWO, § 1 Rn. 1 f.; *Dörner* SchwbG WO § 1 Anm. 2; *Düwell* in Deinert/Neumann SGB IX-HdB § 20 Rn. 130; *Schleicher* WO zum SchwbG § 1 Rn. 4; *Treml* Behindertenrecht 1986, 57 (58); *Zanker*, WO zum SchwbG, S. 30.
36 *Sachadae*, Wahl der SchwbV, S. 338 f.
37 Vgl. *Sachadae*, Wahl der SchwbV, S. 341 ff. und 353 f.
38 *Sachadae*, Wahl der SchwbV, S. 324 f.
39 *Cramer* SchwbV SchwbVWO § 1 Rn. 1; *Dörner* SchwbG WO § 1 Anm. 2 b); *Kamm* AiB 2006, 498 (500); *Kamm/Feldes* AiB 2002, 603 (605); *Maaß* in Kossens/von der Heide/Maaß, 1. Aufl. 2002, SchwbVWO Anm. zu § 1; *Sachadae*, Wahl der SchwbV, S. 324 f. Vgl. auch *Adlhoch* in Ernst/Adlhoch/Seel SGB IX, 10. EL, § 94 Rn. 77. AA *Hohmann* in Wiegand/Hohmann SchwbVWO § 1 Rn. 10; *Pflug-Simoleit* AiB 1998, 553 (555).

Wahlvorstände kommen darf,[40] ist eine solche **Konkurrenz von Initiierungshandlungen nach dem Prioritätsprinzip**[41] **aufzulösen.**[42] Dabei ist jedoch wegen des Grundsatzes der obligatorischen Vertretung nicht auf den Zeitpunkt der Initiierungshandlung an sich, sondern auf die **früheste Einsetzung des Wahlvorstands** und damit auf den **Beginn der Wahl** abzustellen.[43]

Wird also nach einem Antrag auf gerichtliche Wahlvorstandseinsetzung (bzw. nach Versammlungseinladung), aber noch vor der tatsächlichen Wahlvorstandseinsetzung durch das Gericht bzw. den Dienststellenleiter (bzw. noch vor der Wahl auf der Versammlung) durch die Schwerbehindertenvertretung ein Wahlvorstand bestellt, ist diese Bestellung ausschlaggebend und die Fortführung des gerichtlichen Verfahrens (bzw. die Durchführung der Versammlung) obsolet.[44] Eine gleichwohl vorgenommene Wahlvorstandseinsetzung wäre nichtig, so dass der Arbeitgeber **beim Arbeitsgericht auch die Untersagung der Versammlung beantragen** könnte.[45] Einen solchen Antrag könnte wohl auch der von der Schwerbehindertenvertretung neu eingesetzte Wahlvorstand stellen, um zu verhindern, dass der Eindruck mehrerer Wahlvorstände entsteht und in der Folge eine Anfechtbarkeit der Wahl droht. 26

Umgekehrt wäre auch eine Wahlvorstandsbestellung durch die Schwerbehindertenvertretung nichtig, wenn zuvor durch ein Gericht analog § 16 Abs. 2 BetrVG 27

---

40 Vgl. zur Betriebsratswahl LAG Düsseldorf 25.6.2003 – 12 TaBV 34/03, juris Rn. 14; LAG Hamm 16.5.2014 – 7 TaBVGa 17/14, juris Rn. 41 ff.; LAG Hamm 16.3.2015 – 13 TaBVGa 3/15, juris Rn. 29; *Löwisch/Kaiser* Kommentar zum Betriebsverfassungsgesetz, 6. Aufl. 2010, BetrVG § 17 Rn. 9; *Nießen*, Fehlerhafte Betriebsratswahlen, S. 119 und 127; *Sachadae* jurisPR-ArbR 23/2015, Anm. 6.
41 Vgl. zu diesem Begriff: *Homburg* in DKW BetrVG § 16 Rn. 33; *Fitting* BetrVG § 16 Rn. 76; *Kreutz* in GK-BetrVG § 16 Rn. 74; *Löwisch* BB 2001, 1734 (1738): Nach dem Prioritätsprinzip ist diejenige Initiierung maßgeblich, die als erste erfolgte.
42 *Sachadae*, Wahl der SchwbV, S. 326. Vgl. zur Betriebsratswahl *Sachadae* jurisPR-ArbR 23/2015, Anm. 6.
43 *Sachadae*, Wahl der SchwbV, S. 325 f. Vgl. auch *Sachadae* jurisPR-ArbR 23/2015, Anm. 6.
44 Vgl. *Sachadae*, Wahl der SchwbV, S. 343. Vgl. für die Betriebsratswahl LAG Düsseldorf 25.6.2006 – 12 TaBV 34/03. Vgl. auch *Fitting* BetrVG § 16 Rn. 76; *Kreutz* in GK-BetrVG § 16 Rn. 74; *Löwisch* BB 2001, 1734 (1738).
45 Vgl. zur Betriebsratswahl LAG SchlH 2.4.2014 – 3 TaBVGa 2/14, ZBVR online 9/2014, 16, 17; LAG Hamm 16.3.2015 – 13 TaBVGa; LAG Mainz 23.4.2015 – 2 TaBVGa 1/15; LAG SchlH 7.4.2011 – 4 TaBVGa 1/11, juris Rn. 30 und 33; zustimmend *Düwell* jurisPR-ArbR 27/2014, Anm. 5; *Sachadae* ZBVR online 4/2015, 33; *Sachadae* jurisPR-ArbR 17/2015, Anm. 3; *Sachadae* jurisPR-ArbR 23/2015, Anm. 6; *Sachadae*, Abbruch der Wahl eines Betriebsrats für einen Gemeinschaftsbetrieb nach zuvor abgeschlossenen getrennten Wahlen in den einzelnen Unternehmen, jurisPR-ArbR 32/2015, Anm. 5; *Sachadae*, Abbruch einer Betriebsratswahl wegen Bedenken gegen die Wirksamkeit einer (Gesamt-)Betriebsvereinbarung nach § 3 BetrVG über abweichende Betriebsratsstruktur, jurisPR-ArbR 36/2018, Anm. 4. Kritisch zur Nichtigkeit bei paralleler Initiierung der Schwerbehindertenvertungswahl HessLAG 2.7.2018 – 16 TaBVGa 135/18.

oder durch den Dienststellenleiter analog § 22 BPersVG **bereits wirksam ein Wahlvorstand eingesetzt** worden ist.[46]

28 Die Initiierungsbefugnis der Schwerbehindertenvertretung entfällt jedoch spätestens mit dem **Ablauf von deren Amtszeit** (→ SGB IX § 177 Rn. 99 ff.), weil sie ab diesem Zeitpunkt nicht mehr existent ist und damit auch keine Handlungen mehr vornehmen kann.[47] In diesem Fall kommt nur noch eine Initiierung nach Abs. 2 (→ Rn. 30 ff.) bzw. ggf. durch Antrag auf Einsetzung des Wahlvorstands durch das Arbeitsgericht bzw. den Dienststellenleiter (→ Rn. 63 ff.) in Betracht.

c) Zu frühe Bestellung

29 Ein frühestmöglicher Zeitpunkt für die **Bestellung des Wahlvorstands** ist in den Wahlvorschriften nicht vorgeschrieben, so dass der Wahlvorstand theoretisch auch bereits zu Beginn der vierjährigen Amtsdauer von der SBV bestellt werden könnte. Für eine derart frühzeitige Bestellung besteht jedoch kein Bedürfnis. Ggf. könnte ein solches Verhalten auch rechtsmissbräuchlich sein und ein Berufen auf die besonderen Schutzrechte der Wahlvorstandsmitglieder (→ SGB IX § 177 Rn. 86) zeitweise nach § 242 BGB ausgeschlossen sein.[48]

IV. Versammlung zur Wahlvorstandswahl
1. Grundvoraussetzung des Einladungsrechts
a) Nichtbestehen einer Schwerbehindertenvertretung

30 Soweit im Betrieb bzw. in der Dienststelle **keine Schwerbehindertenvertretung** existiert, kann gem. Abs. 2 jederzeit zu einer Versammlung zur Wahl eines Wahlvorstands eingeladen werden.[49] Dabei ist gleichgültig, ob jemals eine Schwerbehindertenvertretung bestand oder ob diese wegen Ablaufs der Amtszeit wieder untergegangen ist.[50]

b) (Keine) Einladung bei Ablauf der Frist des Abs. 1

31 Ungeachtet dessen wird in Teilen der Literatur die Auffassung vertreten, dass eine Einladung zu einer Versammlung analog Abs. 2 auch dann zulässig sei,

---

46 Vgl. *Sachadae*, Wahl der SchwbV, S. 326. Vgl. zur Betriebswahl BAG 19.3.1974 – 1 ABR 87/73, AP Nr. 1 zu § 17 BetrVG 1972; *Fitting* BetrVG § 16 Rn. 57 und 76; *Jacobs*, Wahlvorstände, S. 133 f.; *Kreutz* in GK-BetrVG § 16 Rn. 13, 54 und 74; *Löwisch* BB 2001, 1734 (1738); *Sachadae* ZBVR online 4/2015, 33; *Sachadae* jurisPR-ArbR 17/2015, Anm. 3; *Sachadae* jurisPR-ArbR 23/2015, Anm. 6; *Sachadae*, Abbruch der Wahl eines Betriebsrats für einen Gemeinschaftsbetrieb nach zuvor abgeschlossenen getrennten Wahlen in den einzelnen Unternehmen, jurisPR-ArbR 32/2015, Anm. 5; *Sachadae*, Abbruch einer Betriebsratswahl wegen Bedenken gegen Wirksamkeit einer (Gesamt-)Betriebsvereinbarung nach § 3 BetrVG über abweichende Betriebsratsstruktur, jurisPR-ArbR 36/2018, Anm. 4; *Thüsing* in Richardi BetrVG, 16. Aufl. 2018, § 16 Rn. 21, 33 und 49 *Wenzel* DB Beilage Nr. 2/1975, 6 f. Kritisch zur Nichtigkeit bei paralleler Initiierung der Schwerbehindertenvertretungswahl HessLAG 2.7.2018 – 16 TaBVGa 135/18.
47 Vgl. *Sachadae*, Wahl der SchwbV, S. 327. Vgl. auch *Cramer* SchwbV SchwbVWO § 1 Rn. 1. Vgl. zur Betriebsratswahl BAG 2.3.1955 – 1 ABR 19/54, AP Nr. 1 zu § 18 BetrVG.
48 *Sachadae*, Wahl der SchwbV, S. 323.
49 Vgl. *Huber* dbr 7/2006, 32 f.; *Müller-Wenner* in Müller-Wenner/Winkler SGB IX § 94 Rn. 32; *Peiseler* AiB 1990, 308 (308); *Sieg* NZA 2002, 1064 (1065); *Zanker*, WO zum SchwbG, S. 30.
50 Vgl. *Pahlen* in Neumann/Pahlen/Greiner/Winkler/Jabben SchwbVWO § 1 Rn. 2; *Trenk-Hinterberger* in HK-SGB IX Anh. zu § 100 SchwbVWO § 1 Rn. 3.

wenn es die **noch amtierende Schwerbehindertenvertretung** versäumt habe, bis spätestens **acht Wochen vor Ablauf ihrer Amtszeit** einen Wahlvorstand zu bestellen.[51]

Diese Auffassung ist jedoch **abzulehnen**, weil sich ein Einladungsrecht während der Amtszeit der Schwerbehindertenvertretung **dogmatisch nicht begründen** lässt.[52] Zwar ist festzuhalten, dass es der Grundsatz der obligatorischen Vertretung zur Gewährleistung der Kontinuität der Interessenvertretung durch die Schwerbehindertenvertretung notwendig macht, dass die Wahl im Fall des Ablaufs der Acht-Wochen-Frist anderweitig initiiert werden kann.[53] Jedoch scheidet hierfür eine Versammlungseinladung iSd § 1 Abs. 2 aus, weil sich eine solche dogmatisch weder aus einer extensiven Auslegung noch über eine Analogie zu Abs. 2 herleiten lässt.[54] Eine extensive Auslegung scheitert aus verfassungsrechtlichen Gründen bereits an der Wortlautgrenze,[55] eine Analogie zu Abs. 2 scheitert hingegen an der Planwidrigkeit der Regelungslücke[56] und an der Vergleichbarkeit der Sachlage.[57] Für eine Versammlungseinladung **fehlt** es damit an einer **tragfähigen rechtlichen Grundlage**.[58]

32

Anstelle einer Versammlungseinladung besteht jedoch die Möglichkeit, analog § 16 Abs. 2 BetrVG per Antrag auf **gerichtliche Einsetzung des Wahlvorstands** oder analog § 22 BPersVG per Antrag auf **Wahlvorstandseinsetzung durch den Dienststellenleiter** (→ Rn. 63 ff.) die Schwerbehindertenvertretungswahl zu initiieren.[59]

33

2. Initiierungsbefugnis

a) Initiierungsbefugte Organe

Die Befugnis zur Initiierung der Wahl durch Einladung zu einer Versammlung zur Wahl eines Wahlvorstands steht ausweislich des Abs. 2 S. 2 und 3 (ggf. iVm § 177 Abs. 6 S. 4 SGB IX) ausdrücklich nur dem **Integrationsamt**, dem Betriebs-

34

---

51 *Maaß* in Kossens/von der Heide/Maaß, 1. Aufl. 2002, SchwbVWO Anm. zu § 1; *Pahlen* in Neumann/Pahlen/Greiner/Winkler/Jabben SchwbVWO § 1 Rn. 2; *Pflug-Simoleit* AiB 1998, 553 (555); *Süllwold* ZBVR 2002, 190 (190); *Weber* SchwbG § 24 Rn. 24. *Cramer* SchwbV SchwbVWO § 1 Rn. 1 f.; *Dörner* SchwbG WO § 1 Anm. 2; *Düwell* in Deinert/Neumann SGB IX-HdB § 20 Rn. 130; *Sachadae*, Wahl der SchwbV, S. 342 f.; *Schleicher* WO zum SchwbG § 1 Rn. 4; *Treml* Behindertenrecht 1986, 57 (58); *Zanker*, WO zum SchwbG, S. 30.
52 *Sachadae*, Wahl der SchwbV, S. 338 ff., insbes. S. 341 ff. und S. 342 f. Im Ergebnis ebenso: *Cramer* SchwbV SchwbVWO § 1 Rn. 1 f.; *Dörner* SchwbG WO § 1 Anm. 2; *Düwell* in Deinert/Neumann SGB IX-HdB § 20 Rn. 130; *Schleicher* WO zum SchwbG § 1 Rn. 4; *Treml* Behindertenrecht 1986, 57 (58); *Zanker*, WO zum SchwbG, S. 30.
53 *Sachadae*, Wahl der SchwbV, S. 338 f.
54 Vgl. *Sachadae*, Wahl der SchwbV, S. 339 ff.
55 Vgl. dazu BVerfG 11.6.1980 – 1 PBvU 1/79, BVerfGE 54, 277 (299); BVerfG 24.5.1995 – 2 BvF 1/92, BVerfGE 93, 37 (81); BAG 18.2.2003 – 1 ABR 2/03, AP Nr. 12 zu § 611 BGB Arbeitsbereitschaft; *Coing/Honsell* in Staudinger BGB Einleitung zum Bürgerlichen Gesetzbuch Rn. 157; *Larenz/Canaris*, Methodenlehre der Rechtswissenschaft, 3. Aufl. 1995, S. 163 f.
56 Vgl. Amtl. Begr. zu § 1 WO, BR-Drs. 290/75; *Schleicher* WO zum SchwbG § 1 Rn. 4.
57 *Sachadae*, Wahl der SchwbV, S. 341 ff.
58 *Sachadae*, Wahl der SchwbV, S. 338 ff. S. 342 f. Im Ergebnis ebenso: *Cramer* SchwbV SchwbVWO § 1 Rn. 1 f.; *Dörner* SchwbG WO § 1 Anm. 2; *Düwell* in Deinert/Neumann SGB IX-HdB § 20 Rn. 130; *Schleicher* WO zum SchwbG § 1 Rn. 4; *Treml* Behindertenrecht 1986, 57 (58); *Zanker*, WO zum SchwbG, S. 30.
59 Vgl. *Sachadae*, Wahl der SchwbV, S. 353 f.

bzw. **Personalrat** und einer **Gruppe von drei Wahlberechtigten** zu.[60] Trotz fehlender Erwähnung können unter bestimmten Voraussetzungen auch die überörtlichen Interessenvertretungen initiierungs- und damit einladungsbefugt sein.[61]

35 Zu diesen weiteren initiierungsbefugten Organen gehört die **Gesamt- und Konzernschwerbehindertenvertretung** bzw. die **Bezirks- und Hauptschwerbehindertenvertretung**. Im Rahmen ihrer originären Zuständigkeit ist die Gesamtschwerbehindertenvertretung initiierungsbefugt, wenn in einem nach § 177 Abs. 1 S. 4 SGB IX zusammengefassten Wahlbezirk bisher noch keine Wahl stattgefunden hat oder eine gewählte gemeinsame Schwerbehindertenvertretung wieder untergegangen ist.[62] Ferner ist die Gesamtschwerbehindertenvertretung einladungsberechtigt, wenn diese nach § 179 Abs. 6 S. 1 Hs. 1 aE SGB IX kommissarisch tätig ist.[63] Allerdings ist diese **Initiierungsbefugnis** insoweit **beschränkt**, als der Gesamtschwerbehindertenvertretung auch in diesem Fall keine Befugnis zur unmittelbaren Bestellung des Wahlvorstands nach Abs. 1, sondern nur das Recht zur Einladung zu einer Versammlung nach Abs. 2 zusteht.[64]

36 Ebenso kann die **Konzernschwerbehindertenvertretung** zur Einladung nach § 1 Abs. 2 befugt sein.[65] Deren Initiierungsberechtigung besteht jedoch nicht im Rahmen einer originären Zuständigkeit, sondern nur im Rahmen eines **kommissarischen Tätigwerdens** nach § 179 Abs. 6 S. 2 iVm S. 1 Hs. 1 aE SGB IX.[66]

37 Auch der **Gesamtbetriebsrat** kann zur Einladung nach Abs. 2 berechtigt sein.[67] Eine Initiierungsbefugnis kommt hinsichtlich des Gesamtbetriebsrats nur in zusammengefassten Betrieben in Betracht, weil nur in diesen Fällen eine die originäre Zuständigkeit nach § 50 BetrVG begründende Überbetrieblichkeit vorliegt.[68]

38 Ebenso können auch die **Stufenvertretungen des Personalrats** für die Einladung zur Wahlversammlung zuständig sein, wenn durch eine Zusammenfassung von Dienststellen nach § 177 Abs. 1 S. 4 SGB IX eine dienststellenübergreifende Angelegenheit vorliegt.

39 Keine Befugnis zur Versammlungseinladung besitzen hingegen der **Dienststellenleiter** bzw. der **Arbeitgeber**.[69] Jedoch zur Einsetzung des Wahlvorstands durch den Dienststellenleiter analog § 22 BPersVG → Rn. 63 ff.

---

60 Vgl. *Cramer* SchwbV SchwbVWO § 1 Rn. 2; *Dörner* SchwbG WO § 1 Anm. 3; *Maaß* in Kossens/von der Heide/Maaß, 1. Aufl. 2002, SchwbVWO Anm. zu § 1.
61 Vgl. *Sachadae*, Wahl der SchwbV, S. 337.
62 Vgl. *Sachadae*, Wahl der SchwbV, S. 311.
63 *Christians* in GK-SGB IX § 177 Rn. 74; *Pahlen* in Neumann/Pahlen/Greiner/Winkler/Jabben SGB IX § 177 Rn. 34 und § 180 Rn. 12; *Sachadae*, Wahl der SchwbV, S. 311.
64 Vgl. *Sachadae*, Wahl der SchwbV, S. 322 f. und 337. Mit anderer Begründung ebenso *Hohmann* in Wiegand/Hohmann SchwbVWO § 1 Rn. 5.
65 *Sachadae*, Wahl der SchwbV, S. 311 und 337.
66 *Sachadae*, Wahl der SchwbV, S. 312 und 337.
67 *Christians* in GK-SGB IX § 176 Rn. 21; *Sachadae*, Wahl der SchwbV, S. 317 und 337.
68 *Sachadae*, Wahl der SchwbV, S. 312 ff. und 367. Vgl. auch *Adlhoch* in Ernst/Adlhoch/Seel SGB IX § 93 Rn. 14; *Christians* in GK-SGB IX § 176 Rn. 21; *Müller-Wenner* in Müller-Wenner/Winkler SGB IX § 93 Rn. 1.
69 *Cramer* SchwbV SchwbVWO § 1 Rn. 2; *Maaß* in Kossens/von der Heide/Maaß, 1. Aufl. 2002, SchwbVWO Anm. zu § 1; *Pahlen* in Neumann/Pahlen/Greiner/Winkler/Jabben SchwbVWO § 1 Rn. 3.

Gleiches gilt für die im Betrieb bzw. in der Dienststelle vertretenen Gewerk- 40
schaften, weil diese hinsichtlich der Wahl der Schwerbehindertenvertretung
nicht mit eigenen Rechten ausgestattet worden sind.[70]
Ebenso ist auch die noch amtierende **Schwerbehindertenvertretung** nicht befugt, 41
statt einer unmittelbaren Bestellung des Wahlvorstands nach Abs. 1 auf die Initiierungsmöglichkeit des Abs. 2 zurückzugreifen und zu einer Versammlung einzuladen.[71]

b) Gleichrangigkeit der Organe

Zwischen den **Initiierungsberechtigten** besteht **keinerlei Rangfolge und keine** 42
Subsidiarität, so dass jedes Organ gleichberechtigt die Möglichkeit hat, die Schwerbehindertenvertretungswahl zu initiieren.[72]

c) Sperrung der Einladungsberechtigung durch vorherige anderweitige Einladung

Eine Versammlungseinladung kann jedoch nicht mehr erfolgen, **wenn bereits** 43
anderweitig eine Einladung nach Abs. 2 ausgesprochen worden ist.[73] Anderenfalls stünde ein Wettlauf von Initiierungshandlungen und zugleich eine Irritation der Wahlberechtigten zu befürchten, so dass eine **Pluralität von Einladungen** wegen der Grundsätze der obligatorischen Vertretung und der Simplizität auszuschließen ist.[74]

d) Sperrung der Initiierungsbefugnis bei anderweitiger Einsetzung des Wahlvorstands

Da es nicht dazu kommen darf, dass für den gleichen Wahlbezirk **mehrere** 44
Wahlvorstände eingesetzt werden,[75] ist eine Einladung nach Abs. 2 auch dann ausgeschlossen, wenn bereits anderweitig ein Wahlvorstand wirksam eingesetzt worden ist.[76]

---

70 *Cramer* SchwbV SchwbVWO § 1 Rn. 2; *Heuser* Behindertenrecht 1990, 25 (28); *Knittel* SGB IX § 94 Rn. 89; *Süllwold* ZBVR 2002, 190 (191). Vgl. auch BAG 29.7.2009 – 7 ABR 25/08, NZA 2009, 1221 (1222); OVG NRW 7.4.2004 – 1 A 4778/03.PVL, Behindertenrecht 2006, 20 (22).
71 *Sachadae*, Wahl der SchwbV, S. 336 f.
72 *Dörner* SchwbG WO § 1 Anm. 3; *Sachadae*, Wahl der SchwbV, S. 344 mwN.
73 *Sachadae*, Wahl der SchwbV, S. 343 f. Vgl. auch *Schleicher* WO zum SchwbG § 18 Rn. 2. Vgl. für das BetrVG: LAG Düsseldorf 25.6.2006 – 12 TaBV 34/03; *Kreutz* in GK-BetrVG § 17 Rn. 25; *Löwisch/Kaiser* Kommentar zum Betriebsverfassungsgesetz, 6. Aufl. 2010, BetrVG § 17 Rn. 9; *Sachadae* jurisPR-ArbR 23/2015, Anm. 6. Vgl. auch LAG Köln 6.10.1989 – 9 TaBV 49/89, LAGE § 2 BetrVG 1972 Nr. 7, das mehrere Einladungen ausnahmsweise dann für zulässig hält, wenn diese auf den gleichen Versammlungszeitpunkt und -ort abzielen.
74 *Sachadae*, Wahl der SchwbV, S. 343 f. Vgl. auch *Sachadae* jurisPR-ArbR 23/2015, Anm. 6.
75 Vgl. zur Betriebsratswahl LAG Düsseldorf 25.6.2003 – 12 TaBV 34/03, juris Rn. 14; LAG Hamm 16.5.2014 – 7 TaBVGa 17/14, juris Rn. 41 ff.; LAG Hamm 16.3.2015 – 13 TaBVGa 3/15, juris Rn. 29; *Nießen*, Fehlerhafte Betriebsratswahlen, S. 119 und 127 sowie *Sachadae* jurisPR-ArbR 23/2015, Anm. 6.
76 *Sachadae*, Wahl der SchwbV, S. 343. Vgl. für die Betriebsratswahl LAG Düsseldorf 25.6.2006 – 12 TaBV 34/03. Vgl. auch *Fitting* BetrVG § 16 Rn. 76; *Kreutz* in GK-BetrVG § 16 Rn. 74; *Löwisch* BB 2001, 1734 (1738).

3. Anforderungen an die Einladung

45 Auch wenn sich in Abs. 2 keine näheren Vorgaben zu den Anforderungen an die Einladung finden, müssen bei dieser eine Reihe formeller, inhaltlicher und zeitlicher Gesichtspunkte beachtet werden.

a) Formelle Anforderungen
aa) Allgemeines

46 In Abs. 2 ist **nicht geregelt**, welchen **formellen Anforderungen** eine Einladung zu einer Versammlung zur Wahl eines Wahlvorstands genügen muss.[77] Dabei ist jedoch zu berücksichtigen, dass der Wahlvorstand im Rahmen der Wahlvorbereitung und Durchführung eine Reihe richtungsweisender Entscheidung zu treffen hat und somit auch dessen Zusammensetzung eine wesentliche Bedeutung zukommt.[78] Aus diesem Grund sind im Hinblick auf die Einladung zur Versammlung nach Abs. 2 die **Grundsätze der Allgemeinheit und der Publizität der Wahl sowie der Barrierefreiheit** zu beachten.[79]

47 Aus diesen Grundsätzen ergeben sich gewisse **Mindestanforderungen**, die im Hinblick auf die Verbreitung der Einladung erfüllt sein müssen.[80] Dazu gehört insbesondere, dass die Einladung dergestalt erfolgen muss, dass alle Wahlberechtigten die **Möglichkeit** haben, **von der Versammlung Kenntnis zu erlangen** und an dieser teilzunehmen.[81]

bb) Aushang

48 Um diesen Anforderungen zu genügen, bietet sich in der Regel ein **betriebsöffentlicher Aushang an den üblichen Bekanntmachungsstellen** (zB Schwarzes Brett) des Betriebs bzw. der Dienststelle an.[82] Dabei muss die für den Aushang gewählte Stelle jedoch auch **barrierefrei zugänglich** sein.[83] Eine **Unterschrift** ist für den Aushang nicht zwingend erforderlich,[84] allerdings zur Steigerung der Authentizität zu empfehlen.[85] Zur Notwendigkeit der Angaben der einladenden Person auch → Rn. 53.

---

77 *Hohmann* in Wiegand/Hohmann SchwbVWO § 1 Rn. 38; *Sachadae*, Wahl der SchwbV, S. 345; *Weber* SchwbG § 24 Anm. 24.
78 Zur Betriebsratswahl: BAG 14.9.1988 – 7 ABR 93/87, AP Nr. 1 zu § 16 BetrVG 1972; LAG Nürnberg 30.3.2006 – 6 TaBV 19/06, BeckRS 2006,41939; *Düwell/ Sachadae* NZA 2014, 1241 (1241).
79 *Sachadae*, Wahl der SchwbV, S. 345 f.
80 *Sachadae*, Wahl der SchwbV, S. 346. Vgl. zur Betriebsratswahl BAG 7.5.1986 – 2 AZR 349/85, AP Nr. 18 zu § 15 KSchG 1969; LAG Düsseldorf 25.6.2006 – 12 TaBV 34/03; *Jacobs*, Wahlvorstände, S. 151; *Kreutz* in GK-BetrVG § 17 Rn. 25.
81 BAG 7.5.1986 – 2 AZR 349/85, AP Nr. 18 zu § 15 KSchG 1969; LAG Hamm 13.4.2012 – 10 TaBV 109/11; *Sachadae*, Wahl der SchwbV, S. 346. Vgl. *Dörner* SchwbG WO § 1 Anm. 3; *Pahlen* in Neumann/Pahlen/Greiner/Winkler/Jabben SchwbVWO § 1 Rn. 3; *Weber* SchwbG § 24 Anm. 24.
82 *Adlhoch* in Ernst/Adlhoch/Seel SGB IX § 94 Rn. 77; *Pahlen* in Neumann/Pahlen/ Greiner/Winkler/Jabben SchwbVWO § 1 Rn. 3; *Sachadae*, Wahl der SchwbV, S. 346. Vgl. auch *Kreutz* in GK-BetrVG § 17 Rn. 24; *Thüsing* in Richardi BetrVG, 16. Aufl. 2018, § 17 Rn. 12.
83 *Sachadae*, Wahl der SchwbV, S. 346 f. Vgl. *Pohl/Fraunhoffer* in FKS SGB IX § 94 Rn. 23; *Strehmel*, Vertrauensleute vor der Wahl, AuA 2002, 418 (419).
84 *Cramer* SchwbV SchwbVWO § 1 Rn. 2; *Hohmann* in Wiegand/Hohmann SchwbVWO § 1 Rn. 39.
85 Vgl. dazu *Sachadae*, Wahl der SchwbV, S. 347.

cc) Rundschreiben

Ein an die wahlberechtigten Beschäftigten des Betriebs bzw. der Dienststelle gerichtetes **Rundschreiben** erscheint dagegen als Einladung nach Abs. 2 kaum geeignet, weil auf diesem Wege nicht sichergestellt ist, dass auch solche Wahlberechtigten Kenntnis von der Einladung erlangen, die zwar objektiv schwerbehindert sind, die jedoch ihren Schwerbehindertenstatus bisher geheim gehalten haben.[86] Eine Einladung per Rundschreiben käme daher nur in Betracht, wenn diese nicht nur an die (bekannten) Wahlberechtigten, sondern **an sämtliche Beschäftigten** des Betriebs bzw. der Dienststelle gerichtet würde.[87]

dd) Einsatz von Informations- und Kommunikationstechnik

Eine **ausschließliche Einladung** über den Einsatz von **Informations- und Kommunikationstechnik** ist ebenfalls nicht empfehlenswert. Dabei ist einerseits zu berücksichtigen, dass eine solche Kommunikationsform bei der Schwerbehindertenvertretungswahl bisher nicht ausdrücklich vorgesehen ist.[88] Andererseits folgt aus der fehlenden Normierung angesichts der in § 1 Abs. 2 gewährten Formfreiheit noch nicht, dass eine Einladung über Informations- und Kommunikationstechnik völlig ausgeschlossen wäre.[89]

Allerdings ist auch zu beachten, dass eine ausschließliche Bekanntgabe über Informations- und Kommunikationstechnik schon nach allgemeinen Grundsätzen zwingend voraussetzt, dass in tatsächlicher Hinsicht sichergestellt ist, dass **sämtliche Beschäftigten** über einen **Zugang zu dieser** Bekanntmachungsform verfügen.[90]

Ungeachtet dessen ist zu berücksichtigen, dass bei der Schwerbehindertenvertretungswahl im besonderen Maße die Gefahr besteht, dass einzelne Wahlberechtigte infolge **behinderungsbedingter Einschränkungen** trotz technischer Zugangsmöglichkeit nicht in der Lage sind, von den Inhalten ohne Weiteres Kenntnis zu nehmen.[91] Um dahin gehende Risiken im Hinblick auf die Grundsätze der Allgemeinheit und der Barrierefreiheit zu vermeiden, ist daher von einer ausschließlichen Einladung über Informations- und Kommunikationstechnik abzuraten.[92] Eine **ergänzende Einladung** zur Versammlung nach Abs. 2 über Informations- und Kommunikationstechnik erscheint dagegen unproblematisch möglich, weil hierdurch die allgemein hinreichend gewährleistete **Kenntnisnahmemöglichkeit** noch zusätzlich verbessert wird.[93]

---

[86] *Sachadae*, Wahl der SchwbV, S. 348. Vgl. auch zur Einladung im vereinfachten Verfahren LAG Bbg 17.10.2003 – 8 TaBV 7/03.
[87] *Sachadae*, Wahl der SchwbV, S. 348.
[88] Vgl. LAG Köln 11.4.2008 – 11 TaBV 80/07, Behindertenrecht 2009, 91 (93 f.); *Adlhoch* in Ernst/Adlhoch/Seel SGB IX § 94 Rn. 82; *Kohte/Bernhardt* DVfR Reha-Recht – Forum B – 9/2012, S. 3; *Sachadae*, Wahl der SchwbV, S. 348; *Sachadae* PersV 2015, 170 (177).
[89] So offenbar *Hohmann* in Wiegand/Hohmann SchwbVWO § 1 Rn. 41. Vgl. dazu auch *Sachadae*, Wahl der SchwbV, S. 348 f.
[90] Vgl. *Sachadae*, Wahl der SchwbV, S. 349. Vgl. zum BetrVG *Fitting* BetrVG § 17 Rn. 17; *Kreutz* in GK-BetrVG § 17 Rn. 24; *Thüsing* in Richardi BetrVG, 16. Aufl. 2018, § 17 Rn. 14.
[91] *Sachadae* PersV 2015, 170 (177); *Sachadae*, Wahl der SchwbV, S. 349.
[92] *Sachadae*, Wahl der SchwbV, S. 349.
[93] *Kohte/Bernhardt* DVfR Reha-Recht – Forum B – 9/2012, S. 3. Vgl. auch *Hohmann* in Wiegand/Hohmann SchwbVWO § 1 Rn. 41 und § 5 Rn. 87.

ee) Unterrichtung blinder und sehbehinderter Beschäftigter

51 Sind im Betrieb bzw. der Dienststelle **blinde oder schwer sehbehinderte Menschen** beschäftigt, muss auch im Fall eines öffentlichen Aushangs (→ Rn. 48) durch zusätzliche Maßnahmen sichergestellt werden, dass auch diese Wahlberechtigten Kenntnis von der Einladung erlangen.[94] Dabei ist zu beachten, dass eine Bekanntmachung in **Braille-Punkt-Schrift** wegen deren geringer Verbreitung hierbei keine zwingende Gewähr dafür bieten würde, dass alle blinden bzw. sehbehinderten Beschäftigten auch tatsächlich Kenntnis vom Inhalt der Einladung nehmen könnten.[95] Vorzugswürdig erscheint dagegen eine **persönliche Unterrichtung** der betreffenden Beschäftigten.[96]

b) Inhaltliche Anforderungen

52 Von einer Einladung zu einer Versammlung kann grundsätzlich nur gesprochen werden, wenn darin zumindest die **Eckdaten dieser Veranstaltung** benannt sind, so dass **Ort, Datum und Uhrzeit** der Versammlung zu den Mindestangaben zählen.[97] Ferner ist es erforderlich, dass in der Einladung auch der **mit der Versammlung verfolgte Zweck** der Wahlvorstandswahl bekannt gegeben wird.[98] Anderenfalls bestünde das Risiko, dass womöglich in Unkenntnis der Bedeutung der Versammlung auf eine Teilnahme verzichtet wird.[99]

53 Ungeachtet dessen ist es zugunsten der Authentizität und der Transparenz erforderlich, dass auf der Einladung auch angegeben wird, **wer zur Versammlung einlädt**, damit die Wahlberechtigten prüfen können, ob die Einladung von einer zur Initiierung der Wahl befugten Person ausgeht.[100] Zur Notwendigkeit einer Unterschrift → Rn. 48.

c) Zeitliche Anforderungen

54 In zeitlicher Hinsicht enthält Abs. 2 ebenfalls keine Vorgaben. Dies ist insoweit konsequent, als diese Initiierungsform für Fälle gedacht ist, in denen gerade keine Schwerbehindertenvertretung besteht, so dass eine terminliche Anknüpfung an deren Amtszeit ausscheidet. Dementsprechend ist die Versammlung nach § 1 Abs. 2 an keinen Termin gebunden, sondern kann grundsätzlich jederzeit durchgeführt werden.

---

94 *Sachadae*, Wahl der SchwbV, S. 349 ff. Allgemeiner: *Pohl/Fraunhoffer* in FKS SGB IX § 94 Rn. 23; *Strehmel*, Vertrauensleute vor der Wahl, AuA 2002, 418 (419). Vgl. zur Betriebsratswahl HessLAG 24.9.2015 – 9 TaBV 12/15, juris Rn. 41; *Sachadae* ZfPR online 12/2016, 21 (22 f.); *Sachadae* jurisPR-ArbR 47/2016, Anm. 5.
95 *Sachadae* ZfPRonline 12/2016, 21 (23); *Sachadae*, Wahl der SchwbV, S. 349 f.; *Sachadae* jurisPR-ArbR 47/2016, Anm. 5. AA HessLAG 24.9.2015 – 9 TaBV 12/15, juris Rn. 41.
96 *Sachadae*, Wahl der SchwbV, S. 350 f.; *Sachadae* ZfPRonline 12/2016, 21 (23 f.); *Sachadae* jurisPR-ArbR 47/2016, Anm. 5.
97 *Hohmann* in Wiegand/Hohmann SchwbVWO § 1 Rn. 38; *Maaß* in Kossens/von der Heide/Maaß, 1. Aufl. 2002, SchwbVWO Anm. zu § 1; *Sachadae*, Wahl der SchwbV, S. 345.
98 *Cramer* SchwbV SchwbVWO § 1 Rn. 2; *Maaß* in Kossens/von der Heide/Maaß, 1. Aufl. 2002, SchwbVWO Anm. zu § 1. Vgl. auch *Hohmann* in Wiegand/Hohmann SchwbVWO § 1 Rn. 38.
99 Vgl. *Sachadae*, Wahl der SchwbV, S. 345.
100 *Adlhoch* in Ernst/Adlhoch/Seel SGB IX § 94 Rn. 77; *Cramer* SchwbV SchwbVWO § 1 Rn. 2; *Dörner* SchwbV WO § 1 Anm. 3; *Maaß* in Kossens/von der Heide/Maaß, 1. Aufl. 2002, SchwbVWO Anm. zu § 1; *Pahlen* in Neumann/Pahlen/Greiner/Winkler/Jabben SchwbVWO § 1 Rn. 3; *Sachadae*, Wahl der SchwbV, S. 345.

Allerdings ist bei der Einladung zu beachten, dass der **Zeitraum zwischen Aushang der Einladung und Durchführung der Versammlung** wegen des Grundsatzes der Allgemeinheit so bemessen sein muss, dass alle Wahlberechtigten die Möglichkeit erhalten, an der Versammlung teilzunehmen.[101] Dabei kann im Rahmen der Schwerbehindertenvertretungswahl mit Blick auf **behinderungsbedingte Beeinträchtigungen** nicht voreilig davon ausgegangen werden, dass bereits sämtliche Wahlberechtigten Kenntnis erlangt hätten.[102] Daneben ist zu beachten, dass der Normgeber der SchwbVWO davon ausgeht, dass sich behinderte Beschäftigte im Allgemeinen schwerer aus ihren Arbeitsabläufen lösen könnten.[103] Vor diesem Hintergrund erscheint eine kurzfristige Anberaumung der Versammlung innerhalb weniger Tage oder gar innerhalb weniger Stunden nicht möglich.[104] Vielmehr ist in Anlehnung an § 28 WO BetrVG von einer **Mindestvorlaufzeit von einer Woche** auszugehen.[105]

55

4. Ablauf der Versammlung nach Abs. 2

a) Gegenstand der Versammlung

Die Versammlung nach Abs. 2 dient einzig dem **Zweck** der Wahl des Wahlvorstands. Weitere Kompetenzen, wie etwa die Entscheidung über die zu wählenden stellvertretenden Mitglieder oder **sonstige Festlegungen** (zB Anordnung der generellen Briefwahl) hat die Versammlung nach Abs. 2 nicht zu treffen, weil sie kein dem Wahlvorstand übergeordnetes Organ ist.[106]

56

b) Eröffnung und Wahl der Versammlungsleitung

Die Versammlung ist grundsätzlich durch die einladenden Organe bzw. Personen zu eröffnen und von diesen sodann auf die **Wahl eines Versammlungsleiters** hinzuwirken.[107] Nach dem Grundsatz der Simplizität ist es für die Wahl des Wahlvorstands unschädlich, wenn der Versammlungsleiter nicht per Wahl be-

57

---

101 *Knittel* SGB IX § 94 Rn. 92; *Pahlen* in Neumann/Pahlen/Greiner/Winkler/Jabben SchwbVWO § 1 Rn. 3; *Pohl/Fraunhoffer* in FKS SGB IX § 94 Rn. 39; *Sachadae*, Wahl der SchwbV, S. 351. In Bezug auf die Betriebsratswahl: LAG Hamm 13.4.2012 – 10 TaBV 109/11.
102 *Sachadae*, Wahl der SchwbV, S. 351.
103 Amtl. Begr. zur SchwbVWO, BR-Drs. 147/90, 14.
104 *Hohmann* in Wiegand/Hohmann SchwbVWO § 1 Rn. 38; *Sachadae*, Wahl der SchwbV, S. 352. Vgl. für die Versammlung nach § 17 BetrVG: ArbG Essen 22.6.2004 – 2 BV 17/04, NZA-RR 2005, 258 (260). Vgl. auch LAG Hamm 13.4.2012 – 10 TaBV 109/11. AA *Pahlen* in Neumann/Pahlen/Greiner/Winkler/Jabben SchwbVWO § 1 Rn. 3.
105 *Hohmann* in Wiegand/Hohmann SchwbVWO § 1 Rn. 38; *Sachadae*, Wahl der SchwbV, S. 352. Vgl. zur Mindestvorlaufzeit bei Einladungen nach § 17 BetrVG: LAG Hamm 13.4.2012 – 10 TaBV 109/11; ArbG Essen 22.6.2004 – 2 BV 17/04, NZA-RR 2005, 258 (260); *Fitting* BetrVG § 17 Rn. 17. Vgl. dazu auch LAG BW 20.2.2009 – 2 TaBVGa 1/09; ArbG München 17.12.1996 – 8 BV 282/96, AiB 1997, 288 (289).
106 Vgl. dazu *Dörner* SchwbG WO § 2 Anm. 5; *Düwell/Sachadae* NZA 2014, 1241 (1243); *Sachadae*, Wahl der SchwbV, S. 406. AA *Maaß* in Kossens/von der Heide/Maaß, 1. Aufl. 2002, SchwbVWO Anm. zu § 2; *Pahlen* in Neumann/Pahlen/Greiner/Winkler/Jabben SGB IX § 177 Rn. 20 und SchwbVWO § 2 Rn. 5.
107 *Sachadae*, Wahl der SchwbV, S. 379 mwN.

stimmt wird.[108] Möglich ist es auch, dass die Wahl des Wahlvorstands durch die einladenden Personen geleitet wird.[109]

c) Prüfung der Wahlberechtigung

58 Im Vorfeld der Wahl des Wahlvorstandes muss jedoch die **Wahlberechtigung der Anwesenden** geprüft werden, weil auch bei der Wahlvorstandswahl nach Abs. 2 nur Personen abstimmberechtigt sind, die gem. § 177 Abs. 2 SGB IX über das aktive Wahlrecht verfügen.[110]

d) Form der Abstimmung

59 Die Art und Weise der Wahl des Wahlvorstandes ist in Abs. 2 nicht näher vorgegeben, so dass die **Form der Abstimmung grundsätzlich frei** gewählt werden kann.[111] Daher ist auch eine **Abstimmung per Handzeichen** zulässig, sofern sich die Versammlung nicht mehrheitlich gegen dieses Verfahren ausspricht.[112] Außerdem muss in diesem Fall gewährleistet sein, dass trotz dieser Form **keine Zweifel** darüber entstehen, **wer durch die Abstimmung gewählt** worden ist.[113]

e) Erfolgreiche Wahl zum Wahlvorstand

60 Als Wahlvorstandsmitglied ist gewählt, wer die **Mehrheit der Stimmen** der anwesenden Wahlberechtigten erhält.[114] Dabei muss grundsätzlich jedes der drei Wahlvorstandsmitglieder für sich genommen eine Mehrheit erhalten, sofern nicht nur über einen einheitlichen, drei Personen benennenden Vorschlag abgestimmt wird.[115] Ungeachtet dessen ist für die Wahl des **Wahlvorstandsvorsitzenden** im Grundsatz eine zweifache Zustimmung notwendig, sofern die Person des Vorsitzenden nicht bereits im Rahmen eines einheitlichen Vorschlags festgelegt worden war.[116]

---

108 *Sachadae*, Wahl der SchwbV, S. 379 f. Wohl auch *Hohmann* in Wiegand/Hohmann SchwbVWO § 1 Rn. 26. Vgl. auch *Zanker*, WO zum SchwbG, S. 30, der lediglich davon spricht, dass die Wahl eines Versammlungsleiters veranlasst werden „sollte". Vgl. Betriebsversammlung nach § 17 BetrVG: *Fitting* BetrVG § 17 Rn. 23; *Homburg* in DKW BetrVG § 17 Rn. 11; *Jacobs*, Wahlvorstände, S. 166.
109 *Sachadae*, Wahl der SchwbV, S. 380. Vgl. zur Betriebsversammlung nach § 17 BetrVG: LAG Bln 10.2.1986 – 9 TaBV 5/85, LAGE § 19 BetrVG 1972 Nr. 4; *Homburg* in DKW BetrVG § 17 Rn. 11; *Jacobs*, Wahlvorstände, S. 167; *Kreutz* in GK-BetrVG § 17 Rn. 32.
110 Statt vieler *Sachadae*, Wahl der SchwbV, S. 380 mwN.
111 *Knittel* SGB IX § 94 Rn. 93; *Trenk-Hinterberger* in HK-SGB IX Anh. zu § 100 SchwbVWO § 1 Rn. 4; *Zanker*, WO zum SchwbG, S. 30.
112 Vgl. *Maaß* in Kossens/von der Heide/Maaß, 1. Aufl. 2002, SchwbVWO Anm. zu § 1; *Sachadae*, Wahl der SchwbV, S. 382; *Zanker*, WO zum SchwbG, S. 30 und 25.
113 *Sachadae*, Wahl der SchwbV, S. 382. Vgl. zum BetrVG: BAG 14.12.1965 – 1 ABR 6/65, AP Nr. 5 zu § 16 BetrVG; LAG RhPf 30.1.2986 – 5 TaBV 77/85, AuR 1987, 35 (Ls.); *Fitting* BetrVG § 17 Rn. 27; *Homburg* in DKW BetrVG § 17 Rn. 12; *Thüsing* in Richardi BetrVG, 16. Aufl. 2018, § 17 Rn. 26.
114 *Cramer* SchwbV SchwbVWO § 1 Rn. 2; *Hohmann* in Wiegand/Hohmann SchwbVWO § 1 Rn. 30; *Sachadae*, Wahl der SchwbV, S. 382; *Trenk-Hinterberger* in HK-SGB IX Anh. zu § 100 SchwbVWO § 1 Rn. 4.
115 *Sachadae*, Wahl der SchwbV, S. 382 f. Vgl. zur Betriebsratswahl: *Boemke*, Betriebsratswahl, § 3 Rn. 71; *Thüsing* in Richardi BetrVG, 16. Aufl. 2018, § 16 Rn. 23.
116 Vgl. *Sachadae*, Wahl der SchwbV, S. 383; *Zanker*, WO zum SchwbG, S. 30.

f) Inhaltliche Anforderungen an die Wahlvorstandswahl

Inhaltlich müssen bei der Wahlvorstandswahl nach Abs. 2 die gleichen Anforderungen an den Wahlvorstand eingehalten werden, wie bei der Bestellung nach Abs. 1.[117] Zu den **personellen Anforderungen** → Rn. 11 ff., zur **Größe des Wahlvorstands** → Rn. 8 ff., zur Bestellung von **Ersatzmitgliedern** → Rn. 10, zur Notwendigkeit des **Einverständnisses** der benannten Person → Rn. 16. 61

Grundsätzlich hat die Versammlung nach Abs. 2 auch die **Wahl des Wahlvorstandsvorsitzenden** vorzunehmen.[118] Wird dies versäumt, liegt (noch) keine ordnungsgemäße Einsetzung des Wahlvorstands vor, weil dieser ohne Vorsitzenden nicht handlungsfähig ist (→ Rn. 17). Eine **Nachholung** der Vorsitzendenbestimmung würde grundsätzlich die Durchführung einer erneuten Versammlung erfordern.[119] Dies wäre jedoch ein im Widerspruch zum Grundsatz der Simplizität stehender Aufwand,[120] so dass bei unterbliebener Wahlvorstandswahl nach Auflösung der Versammlung nach Abs. 2 ausnahmsweise eine **interne Wahl** des Vorsitzenden durch die Mitglieder des Wahlvorstands zulässig ist.[121] 62

V. Wahlvorstandsbestellung durch Gericht bzw. Dienststellenleiter

1. Allgemeines

Kommt eine Versammlung nach Abs. 2 nicht zustande oder wird auf dieser kein Wahlvorstand gewählt, kann die Schwerbehindertenvertretungswahl nach überwiegender Auffassung über einen **Antrag auf Wahlvorstandseinsetzung beim zuständigen Arbeitsgericht** bzw. **beim Dienststellenleiter** initiiert werden.[122] Grundlage hierfür sind Analogien zu § 17 Abs. 4 BetrVG bzw. zu § 22 BPersVG.[123] 63

Daneben besteht die Möglichkeit der **unmittelbaren Wahlvorstandseinsetzung** über das zuständige Arbeitsgericht bzw. über den Dienststellenleiter nach der hier vertretenen Auffassung auch dann, wenn die Schwerbehindertenvertretung die **Wahl nicht innerhalb der achtwöchigen Frist des Abs. 1** initiiert.[124] Rechtli- 64

---

117 *Sachadae*, Wahl der SchwbV, S. 383 mwN Vgl. auch *Hohmann* in Wiegand/Hohmann SchwbVWO § 1 Rn. 31 f.
118 *Hohmann* in Wiegand/Hohmann SchwbVWO § 1 Rn. 29.
119 *Sachadae*, Wahl der SchwbV, S. 383 f.
120 Vgl. in Bezug auf die unterbliebene Wahl des Vorsitzenden auf der Betriebsversammlung nach § 17 BetrVG: BAG vom 14.12.1965 – 1 ABR 6/65, AP Nr. 5 zu § 16 BetrVG; *Kreutz* in GK-BetrVG § 17 Rn. 30; *Thüsing* in Richardi BetrVG, 16. Aufl. 2018, § 17 Rn. 28.
121 *Sachadae*, Wahl der SchwbV, S. 384. Vgl. BAG 14.12.1965 – 1 ABR 6/65, AP Nr. 5 zu § 16 BetrVG. Vgl. auch *Kreutz* in GK-BetrVG § 16 Rn. 24; *Thüsing* in Richardi BetrVG, 16. Aufl. 2018, § 16 Rn. 18. Zu weit dagegen: *Pahlen* in Neumann/Pahlen/Greiner/Winkler/Jabben SchwbVWO § 1 Rn. 6, der generell die Möglichkeit der Wahl durch die Wahlvorstandsmitglieder bejaht.
122 *Adlhoch* in Ernst/Adlhoch/Seel SGB IX § 94 Rn. 77 und 78; *Dörner* SchwbG WO § 1 Anm. 5; *Knittel* SGB IX § 94 Rn. 95; *Pahlen* in Neumann/Pahlen/Greiner/Winkler/Jabben SchwbVWO § 1 Rn. 5; *Pohl/Fraunhoffer* in FKS SGB IX § 94 Rn. 40; *Sachadae*, Wahl der SchwbV, S. 354 ff.; *Trenk-Hinterberger* in HK-SGB IX Anh. zu § 100 SchwbVWO § 1 Rn. 5; *Weber* SchwbG § 24 Anm. 24.
123 *Adlhoch* in Ernst/Adlhoch/Seel SGB IX § 94 Rn. 77 und 78; *Dörner* SchwbG WO § 1 Anm. 5; *Pohl/Fraunhoffer* in FKS SGB IX § 94 Rn. 40; *Sachadae*, Wahl der SchwbV, S. 354 ff.
124 Vgl. *Sachadae*, Wahl der SchwbV, S. 339 ff. und 353 f.; vgl. auch *Adlhoch* in Ernst/Adlhoch/Seel SGB IX § 94 Rn. 77 und 78.

che Grundlage dieser Initiierungsbefugnis bildet die analoge Anwendung des § 16 Abs. 2 BetrVG bzw. des § 22 BPersVG.[125]

2. Initiierungshandlung

65 Die **Wahlvorstandseinsetzung** kann weder durch das Arbeitsgericht noch durch den Dienststellenleiter von Amts wegen erfolgen, sondern findet jeweils **nur auf Antrag** statt.[126] Wahlinitiierende Handlung ist somit sowohl in den Fällen der §§ 16 Abs. 2, 17 Abs. 4 BetrVG als auch im Fall des § 22 BPersVG der Antrag durch ein entsprechend antrags- bzw. initiierungsbefugtes Organ. Mit der Einreichung des betreffenden Antrags ist die Initiierung der Wahl erfolgt.[127]

66 Im Bereich der Privatwirtschaft ist der Antrag nach Maßgabe der §§ 16 Abs. 2, 17 Abs. 4 BetrVG an das **örtlich zuständige Arbeitsgericht** zu richten.[128] Im Bereich des öffentlichen Dienstes ist der Antrag an den **zuständigen Leiter der Dienststelle** zu richten. Dabei bestimmt sich die Zuständigkeit nach den allgemeinen Prinzipien des anzuwendenden Personalvertretungsrechts.

3. Initiierungsbefugnis

a) Gruppe von Wahlberechtigten

67 Die Antragberechtigung (und damit die Initiierungsbefugnis) steht nach dem Wortlaut der §§ 16 Abs. 2, 17 Abs. 4 BetrVG wie auch nach § 22 BPersVG jeweils nur einer **Gruppe von drei Wahlberechtigten** sowie der im Betrieb bzw. in der Dienststelle vertretenen **Gewerkschaft** zu. Die Initiierungsbefugnis der Gruppe dreier Wahlberechtigter ist aus systematischen Gründen in personeller Hinsicht jedoch nicht auf die Wahlberechtigung bei der Betriebs- bzw. Personalratswahl, sondern auf die Wahlberechtigung nach § 177 Abs. 2 SGB IX zu beziehen.

68 Im Übrigen ist jedoch ein erheblicher Widerspruch zu den in Abs. 2 genannten und den übrigen zur Wahlinitiierung befugten Organen zu verzeichnen, so dass die §§ 16 Abs. 2, 17 Abs. 4 BetrVG sowie § 22 BPersVG hinsichtlich der initiierungsbefugten Organe nur eingeschränkt analog anwendbar erscheinen.[129]

b) Im Betrieb bzw. in der Dienststelle vertretene Gewerkschaften

69 Im Hinblick auf die im Betrieb bzw. in der Dienststelle vertretenen **Gewerkschaften** ist zu berücksichtigen, dass diesen **hinsichtlich der Schwerbehindertenvertretungswahl generell keine Rechte eingeräumt** worden sind.[130] Zur Vermeidung systematischer Widersprüche ist die Antragsberechtigung daher bei einfach analoger Anwendung der §§ 16 Abs. 2 und 17 Abs. 4 BetrVG bzw. des § 22 BPersVG auf die Gruppe von mindestens drei Wahlberechtigten zu beschränken.[131] Die im Betrieb bzw. der Dienststelle vertretenen Gewerkschaften

---

125 *Adlhoch* in Ernst/Adlhoch/Seel SGB IX § 94 Rn. 77 und 78; *Sachadae*, Wahl der SchwbV, S. 339 ff. und 353 f.
126 Vgl. OVG NRW 25.5.2005 – 1 B 453/05.PVL, juris Rn. 20; *Lemcke* in Altvater BPersVG § 22 Rn. 1; vgl. auch *Adlhoch* in Ernst/Adlhoch/Seel SGB IX § 94 Rn. 77 und 78.
127 *Sachadae*, Wahl der SchwbV, S. 366.
128 *Sachadae*, Wahl der SchwbV, S. 366.
129 *Sachadae*, Wahl der SchwbV, S. 358.
130 Vgl. BAG 29.7.2009 – 7 ABR 25/08, NZA 2009, 1221 (1222); OVG NRW 7.4.2004 – 1 A 4778/03.PVL, Behindertenrecht 2000 (22); *Dörner* SchwbG WO § 1 Anm. 3 und 5; *Knittel* SGB IX § 94 Rn. 213 ff.; *Pahlen* in Neumann/Pahlen/Greiner/Winkler/Jabben SGB IX § 177 Rn. 42.
131 *Sachadae*, Wahl der SchwbV, S. 360. Vgl. auch *Dörner* SchwbG WO § 1 Anm. 5.

haben daher bei der Schwerbehindertenvertretungswahl auch **nicht die Befugnis**, einen Antrag auf Wahlvorstandseinsetzung durch das Arbeitsgericht bzw. durch den Dienststellenleiter zu stellen.[132]

c) Betriebs- und Personalräte sowie Integrationsamt

Demgegenüber sind die nach Abs. 2 initiierungsbefugten **Betriebs- und Personalräte** wie auch das Integrationsamt in den §§ 16 Abs. 2, 17 Abs. 4 BetrVG bzw. in § 22 BPersVG nicht erwähnt. Da die Nichterwähnung dieser Organe allein auf den Unterschieden zwischen der Schwerbehindertenvertretungswahl einerseits und der Betriebs- bzw. Personalratswahl andererseits beruht, können die bei einfach analoger Anwendung der §§ 16 Abs. 2, 17 Abs. 4 BetrVG bzw. § 22 BPersVG entstehenden Widersprüche dadurch behoben werden, dass eine doppelte Analogie vorgenommen und darüber auch diesen Organen eine Initiierungsbefugnis zuerkannt wird.[133] Neben der Gruppe von drei Wahlberechtigten sind daher auch der Betriebs- bzw. Personalrat und das **Integrationsamt** dazu befugt, beim zuständigen Arbeitsgericht bzw. beim Dienststellenleiter die Einsetzung des Wahlvorstands zu beantragen.[134]

70

4. Weitere Voraussetzungen der Initiierungsbefugnis

Eine Initiierung der Schwerbehindertenvertretungswahl nach § 17 Abs. 4 BetrVG analog bzw. § 22 BPersVG analog setzt zunächst das **Scheitern einer Wahl des Wahlvorstands** durch die Versammlung voraus, ohne dass es darauf ankommt, ob die Versammlung erst gar nicht zustande kommt oder ob in der Versammlung kein Wahlvorstand gewählt wird.[135] Damit setzt eine Initiierungsbefugnis nach § 17 Abs. 4 BetrVG bzw. § 22 BPersVG indirekt voraus, dass zunächst eine **ordnungsgemäße Einladung ausgesprochen** worden ist.[136] Warum die Wahl des Wahlvorstands nicht zustande gekommen ist, ist dagegen ohne Belang.[137]

71

---

132 Vgl. *Adlhoch* in Ernst/Adlhoch/Seel SGB IX § 94 Rn. 77 und 78; *Dörner* SchwbG WO § 1 Anm. 5; *Pahlen* in Neumann/Pahlen/Greiner/Winkler/Jabben SchwbVWO § 1 Rn. 5; *Sachadae*, Wahl der SchwbV, S. 360.
133 *Sachadae*, Wahl der SchwbV, S. 360 ff.
134 *Sachadae*, Wahl der SchwbV, S. 363. Ohne Begründung zusätzlich nur dem Betriebs- bzw. Personalrat eine Antragsberechtigung einräumend: *Knittel* SGB IX § 94 Rn. 95 und *Pahlen* in Neumann/Pahlen/Greiner/Winkler/Jabben SchwbVWO § 1 Rn. 5; *Pohl/Fraunhoffer* in FKS SGB IX § 94 Rn. 40.
135 Vgl. ArbG Hamm 9.10.1959 – BV 3/59, BB 1960, 288 (288); *Fitting* BetrVG § 17 Rn. 32; *Homburg* in DKW BetrVG § 17 Rn. 17; *Sachadae*, Einsetzung des Wahlvorstands durch das Arbeitsgericht nach Scheitern einer Wahlvorstandswahl der Betriebsversammlung nach § 17 BetrVG, jurisPR-ArbR 38/2018, Anm. 3; *Sachadae*, Wahl der SchwbV, S. 365.
136 Vgl. BAG 26.2.1992 – 7 ABR 37/91, AP Nr. 6 zu § 17 BetrVG 1972; *Fitting* BetrVG § 17 Rn. 33; *Richter* NZA 2002, 1069 (1073); *Sachadae*, Wahl der SchwbV, S. 365; *Sachadae*, Einsetzung des Wahlvorstands durch das Arbeitsgericht nach Scheitern einer Wahlvorstandswahl der Betriebsversammlung nach § 17 BetrVG, jurisPR-ArbR 38/2018, Anm. 3.
137 BAG 20.2.2019 – 7 ABR 40/17, juris Rn. 36; LAG Brem 22.11.2016 – 1 TaBV 13/16; *Homburg* in DKW BetrVG § 17 Rn. 17; *Sachadae*, Einsetzung des Wahlvorstands durch das Arbeitsgericht nach Scheitern einer Wahlvorstandswahl der Betriebsversammlung nach § 17 BetrVG, jurisPR-ArbR 38/2018, Anm. 3.

72 Nicht erforderlich ist es, dass der **Antrag** nach § 17 Abs. 4 BetrVG analog bzw. § 22 BPersVG analog **vom gleichen Organ** ausgeht, das zunächst zu der Versammlung nach Abs. 2 eingeladen hatte.[138]

73 Eine Initiierung nach § 16 Abs. 2 BetrVG analog setzt nicht voraus, dass nach Ablauf der in Abs. 1 genannten Frist eine **weitere Nachfrist von zwei Wochen** abzuwarten wäre.[139] Vielmehr kann der Antrag nach § 16 Abs. 2 BetrVG analog – wegen der durch die kürzere Frist ohnehin knappen verbleibenden Zeit – unmittelbar nach Ablauf der Frist des Abs. 1 gestellt werden.

74 Soweit § 22 BPersVG in dem Fall analog angewandt werden soll, dass die Schwerbehindertenvertretung die Frist des Abs. 1 hat verstreichen lassen, bedarf es keines vorherigen Versuchs einer **Wahlvorstandswahl im Wege einer Versammlung**. Anderenfalls könnte sonst nicht mehr gewährleistet werden, dass die Wahl noch vor Ablauf der Amtszeit der noch amtierenden Schwerbehindertenvertretung abgeschlossen und damit eine vertretungslose Zeit vermieden wird.

5. Einsetzung des Wahlvorstands

a) Allgemeines

75 Die im Nachgang der Initiierung nach §§ 16 Abs. 2, 17 Abs. 4 BetrVG analog bzw. § 22 BPersVG analog vorzunehmende **tatsächliche Einsetzung** gestaltet sich wegen der divergierenden Vorschrift im Bereich der Privatwirtschaft anders als im öffentlichen Dienst.

b) Privatwirtschaft

76 **Prozessuale Voraussetzung** einer gerichtlichen Einsetzung des Wahlvorstands durch das Arbeitsgericht ist, dass der gestellte Antrag nicht vor der Entscheidung wieder zurückgenommen wird[140] und die **Antragsberechtigung des antragstellenden Wahlinitianten** während des gesamten Verfahrens aufrechterhalten bleibt.[141]

77 Ferner darf es nicht zwischenzeitlich zu einer **anderweitigen Einsetzung des Wahlvorstands** gekommen sein (zB nachgeholte Bestellung durch die noch amtierende Schwerbehindertenvertretung), weil eine solche nach dem Prioritätsprinzip eine weitere Wahlvorstandseinsetzung sperren würde.[142]

78 Inhaltlich muss das Arbeitsgericht die allgemeinen an den Wahlvorstand bei der Schwerbehindertenvertretungswahl zu stellenden Anforderungen erfüllen. Der einzusetzende Wahlvorstand muss daher aus exakt **drei Mitgliedern** (→ Rn. 8 ff.) und ggf. zusätzlichen **Ersatzmitgliedern** (→ Rn. 10) bestehen, wobei die zu bestellenden Personen den **personellen Anforderungen** (→ Rn. 11 ff.) genügen müssen und ferner die Benennung eines **Vorsitzenden** (→ Rn. 17 ff.) nötig ist.[143]

---

138 *Sachadae*, Wahl der SchwbV, S. 366. Zur Betriebsratswahl *Thüsing* in Richardi BetrVG, 16. Aufl. 2018, § 17 Rn. 32.
139 Vgl. *Sachadae*, Wahl der SchwbV, S. 365 f.
140 *Sachadae*, Wahl der SchwbV, S. 384. Vgl. auch *Kreutz* in GK-BetrVG § 16 Rn. 62.
141 *Sachadae*, Wahl der SchwbV, S. 384 f. Vgl. *Fitting* BetrVG § 16 Rn. 60; *Homburg* in DKW BetrVG § 16 Rn. 29; *Kreutz* in GK-BetrVG § 16 Rn. 62.
142 *Sachadae*, Wahl der SchwbV, S. 385.
143 *Sachadae*, Wahl der SchwbV, S. 386 ff.

c) Öffentlicher Dienst

Im Bereich der analogen Anwendung des § 22 BPersVG entscheidet der **Dienststellenleiter in eigener Zuständigkeit** über die zum Wahlvorstand zu bestellenden Personen. Dabei ist er nicht an die **Vorschläge der initiierenden Personen** gebunden.[144] Bei der Auswahl ist der Dienststellenleiter jedoch an die für die Schwerbehindertenvertretungswahl geltenden **personellen Anforderungen** an die Wahlvorstandsmitglieder (→ Rn. 11 ff.) gebunden. Der Dienststellenleiter hat auch einen **Vorsitzenden** zu benennen (→ Rn. 17 ff.). **Eine Vergrößerung des Wahlvorstandes** ist – anders als bei unmittelbarer Anwendung des § 22 BPersVG – im Bereich der Schwerbehindertenvertretung nicht zulässig (→ Rn. 8 ff.). Auch bei bestehendem Dienst- und Treueverhältnis ist eine vom Dienststellenleiter ausgewählte Person nicht verpflichtet, das übertragene Amt des Wahlvorstandsmitglieds anzunehmen, sondern kann dies auch ablehnen.[145]

79

§ 2 SchwbVWO Aufgaben des Wahlvorstandes

(1) ¹Der Wahlvorstand bereitet die Wahl vor und führt sie durch. ²Er kann volljährige in dem Betrieb oder der Dienststelle Beschäftigte als Wahlhelfer oder Wahlhelferin zu seiner Unterstützung bei der Durchführung der Stimmabgabe und bei der Stimmenzählung bestellen.

(2) ¹Die Beschlüsse des Wahlvorstandes werden mit einfacher Stimmenmehrheit seiner Mitglieder gefaßt. ²Über jede Sitzung des Wahlvorstandes ist eine Niederschrift aufzunehmen, die mindestens den Wortlaut der gefaßten Beschlüsse enthält. ³Die Niederschrift ist von dem Vorsitzenden oder der Vorsitzenden und einem weiteren Mitglied des Wahlvorstandes zu unterzeichnen.

(3) Der Wahlvorstand hat die Wahl unverzüglich einzuleiten; sie soll innerhalb von sechs Wochen, spätestens jedoch eine Woche vor dem Tage stattfinden, an dem die Amtszeit der Schwerbehindertenvertretung abläuft.

(4) Der Wahlvorstand beschließt nach Erörterung mit der Schwerbehindertenvertretung, dem Betriebs- oder Personalrat und Arbeitgeber, wie viele stellvertretende Mitglieder der Schwerbehindertenvertretung in dem Betrieb oder der Dienststelle zu wählen sind.

(5) Der Wahlvorstand soll dafür sorgen, daß ausländische Wahlberechtigte rechtzeitig über das Wahlverfahren, die Aufstellung der Liste der Wahlberechtigten, die Wahlvorschläge, den Wahlvorgang und die Stimmabgabe in geeigneter Weise unterrichtet werden.

(6) ¹Der Arbeitgeber unterstützt den Wahlvorstand bei der Erfüllung seiner Aufgaben. ²Er gibt ihm insbesondere alle für die Anfertigung der Liste der Wahlberechtigten erforderlichen Auskünfte und stellt die notwendigen Unterlagen zur Verfügung.

I. Überblick über den Regelungsinhalt 1	a) Grundsatz 8
II. Aufgaben des Wahlvorstandes 2	b) Terminierung und Einladung zur Sitzung 9
III. Bestellung von Wahlhelfern 4	c) Geschäftsordnung ... 10
IV. Beschlussfassung des Wahlvorstands 8	d) Öffentlichkeit der Sitzung 11
1. Wahlvorstandssitzung ... 8	

---

144 *Klimpe-Auerbach*, Leitfaden für Personalratswahlen, S. 29.
145 Vgl. *Klimpe-Auerbach*, Leitfaden für Personalratswahlen, S. 29.

e) Beratende Mitwirkung von Gewerkschaftsbeauftragten ..	12
2. Entscheidungsfindung ...	13
3. Niederschrift	17
V. Unverzügliche Einleitung und Durchführung der Wahl	21
1. Grundsatz	21
2. Zeitpunkt der Wahl	23
VI. Festlegung der Zahl der stellvertretenden Mitglieder	25
1. Allgemeines	25
2. Bedeutung der Festlegung und Abwägungsgesichtspunkte	26
3. Zuständigkeit für die Festlegung der Stellvertreterzahl	29
4. Erörterungspflicht	31
5. Fehlen einer Entscheidung über die Stellvertreterzahl	34
VII. Information der ausländischen Wahlberechtigten	35
VIII. Unterstützung durch den Arbeitgeber	38
1. Unterstützung des Wahlvorstands	38
2. Unterstützung der Wahlinitiatoren	42
3. Weigerung des Arbeitgebers	43
IX. Abberufung des Wahlvorstandes bei Pflichtverletzung	44

I. Überblick über den Regelungsinhalt

1   Die Regelung des § 2 bildet die zentrale Aufgabenzuweisung für den Wahlvorstand. Grundnorm ist dabei Abs. 1 S. 1, die durch die weiteren Aufgabenzuweisungen in den Abs. 3 bis 5 weiter konkretisiert wird.

II. Aufgaben des Wahlvorstandes

2   Nach Abs. 1 S. 1 obliegt dem Wahlvorstand die **gesamte Vorbereitung und Durchführung der Wahl**. Diese Bestimmung wird durch die konkretisierten Aufgaben in den Abs. 3 bis 5 sowie eine Vielzahl weiterer Bestimmungen der SchwbVWO ergänzt. Zur möglichen **Ersetzung des Wahlvorstands** bei Pflichtverletzung → § 2 Rn. 44.

3   Zu den **Aufgaben** des Wahlvorstands gehören insbesondere
- die Entscheidung über die Anzahl der stellvertretenden Mitglieder
- die Entscheidung über die Durchführung einer allgemeinen Briefwahl
- die Unterrichtung der ausländischen Wahlberechtigten über die Wahl
- die Erstellung und die Auslegung der Liste der Wahlberechtigten
- die Erstellung und der Erlass des Wahlausschreibens
- die Entgegennahme und Behandlung von Einsprüchen gegen die Richtigkeit der Liste der Wahlberechtigten
- die Entgegennahme und Prüfung von Wahlvorschlägen
- die Bekanntmachung der zugelassenen Bewerber
- die Anfertigung der Wahlunterlagen
- die Vorbereitung des Wahllokals
- die Überwachung der persönlichen Stimmabgabe
- die Prüfung der Briefwahlstimmen
- die Auszählung der Stimmen
- die Feststellung des Wahlergebnisses
- die Benachrichtigung der Gewählten
- die Bekanntmachung der Gewählten
- Übergabe der Wahlunterlagen an die gewählte Schwerbehindertenvertretung.

In Betrieben, deren Beschäftigte überwiegend bei Kunden im Außendienst eingesetzt sind, soll der Wahlvorstand ausnahmsweise auch verpflichtet sein, den

Wahlbewerbern die jeweiligen **Einsatzorte der Wahlberechtigten** mitzuteilen.[1] Diese Pflicht soll sich nach Auffassung des LAG Baden-Württemberg aus dem Grundsatz der Chancengleichheit der Wahlbewerber ergeben und zumindest dann eingreifen, wenn nur einzelne Wahlbewerber (zB aus der beruflichen Stellung heraus) über die persönlichen Kontaktdaten der Wahlberechtigten verfügen, andere Wahlbewerber jedoch keine dahin gehenden Kenntnisse haben.[2] Allerdings soll sich diese Informationspflicht auf die Angabe der Einsatzorte der Wahlberechtigten beschränken und sich nicht auf die persönlichen Kontaktdaten, insbesondere nicht auf die privaten Wohnanschriften erstrecken.[3] Die Auffassung des LAG Baden-Württemberg vermag nicht zu überzeugen. Es ist nicht Aufgabe des Wahlvorstand aus der beruflichen Stellung heraus bestehende Unterschiede in der Chancengleichheit auszugleichen. Zum einen müsste dann stets auch der in der Person der amtierenden Schwerbehindertenvertrauensperson bestehende Wissensvorsprung ausgeglichen werden, so dass die Informationspflicht zum Regelfall würde. Zum anderen können sich aus der beruflichen Stellung heraus auch anderweitige Vorteile für Wahlbewerber ergeben (zB Bekanntheit in der Belegschaft durch herausgehobene Position, häufige persönliche Kontakte mit Beschäftigten durch Personalabteilung, Vertrauensvorschuss des Amtsinhabers der Schwerbehindertenvertretung etc), die der Wahlvorstand ohnehin nicht ausgleichen könnte.

III. Bestellung von Wahlhelfern

Wegen der vielfältigen Aufgaben des Wahlvorstands am Tag der Stimmabgabe gestattet Abs. 1 S. 2 die Bestellung von Wahlhelfern, was besonders in größeren Betrieben bzw. Dienststellen sinnvoll sein kann.[4] Diese dürfen den Wahlvorstand **bei der Überwachung und Koordinierung des Wahlvorgangs** (Anwesenheit im Wahllokal, Prüfung der Wahlberechtigung, Kennzeichnung der Stimmabgabe in der Liste der Wahlberechtigten etc) sowie **bei der Auszählung der Stimmen unterstützen**.[5] Voraussetzung für die unterstützende Aufgabenwahrnehmung durch Wahlhelfer ist die **gleichzeitige Anwesenheit mindestens eines Wahlvorstandsmitglieds** (dazu auch → § 10 Rn. 14 ff.).

4

Zu **anderweitigen Aufgaben** dürfen die Wahlhelfer jedoch **nicht** herangezogen werden.[6] Insbesondere sind Wahlhelfer nicht Mitglieder des Wahlvorstands und dürfen daher nicht an dessen Beschlussfassung mitwirken.[7]

5

Zu Wahlhelfern können grundsätzlich – ebenso wie bei den Wahlvorstandsmitgliedern (→ § 1 Rn. 13) – ebenfalls **nur volljährige Beschäftigte** bestellt werden.[8] Eine **Wahlberechtigung** der Wahlhelfer ist nicht erforderlich.[9] Die zu Wahlhelfern bestellten Personen sind nicht verpflichtet, dieses Amt anzunehmen

6

---

1 LAG BW 28.11.2017 – 9 TaBV 4/17, juris Rn. 30.
2 LAG BW 28.11.2017 – 9 TaBV 4/17, juris Rn. 32.
3 LAG BW 28.11.2017 – 9 TaBV 4/17, juris Rn. 33.
4 *Dörner* SchwbG WO § 2 Anm. 2.
5 Vgl. *Hohmann* in Wiegand/Hohmann SchwbVWO § 2 Rn. 11 f.
6 Vgl. *Dörner* SchwbG WO § 2 Anm. 2; *Hohmann* in Wiegand/Hohmann SchwbVWO § 2 Rn. 11; *Maaß* in Kossens/von der Heide/Maaß, 1. Aufl. 2002, SchwbVWO Anm. zu § 2.
7 *Dörner* SchwbG WO § 2 Anm. 2; *Hohmann* in Wiegand/Hohmann SchwbVWO § 2 Rn. 13; *Pahlen* in Neumann/Pahlen/Greiner/Winkler/Jabben SchwbVWO § 2 Rn. 2.
8 *Cramer* SchwbV SchwbVWO § 2 Rn. 2; *Dörner* SchwbG WO § 2 Anm. 2.
9 *Dörner* SchwbG WO § 2 Anm. 2; *Pahlen* in Neumann/Pahlen/Greiner/Winkler/Jabben SchwbVWO § 2 Rn. 2.

und können es jederzeit niederlegen.[10] Einen **besonderen Kündigungsschutz** genießen Wahlhelfer – anders als die Wahlvorstandsmitglieder (→ SGB IX § 177 Rn. 86) – nicht.[11]

7 Die **Bestellung der Wahlhelfer obliegt** nicht den Initiatoren der Wahl, sondern dem **Wahlvorstand**.[12] Für die Bestellung zu Wahlhelfern ist ein **förmlicher Beschluss** des Wahlvorstands erforderlich, der im Rahmen einer Niederschrift dokumentiert werden muss.[13]

IV. Beschlussfassung des Wahlvorstands

1. Wahlvorstandssitzung

a) Grundsatz

8 Da der Wahlvorstand – anders als die zu wählende Schwerbehindertenvertretung – ein **Kollegialorgan** ist, bedarf es für dessen Entscheidungen jeweils einer Abstimmung unter den Mitgliedern, die per Beschluss zu ergehen hat.[14] Die Beschlüsse sind grundsätzlich in Wahlvorstandssitzungen zu fassen, zu denen der Vorsitzende des Wahlvorstands einlädt.[15]

b) Terminierung und Einladung zur Sitzung

9 Die Sitzungen des Wahlvorstands finden entweder **nach Bedarf oder zu festen Terminen** – grundsätzlich **innerhalb der Arbeitszeit** – statt.[16] Für die Form und Frist der Einladung enthält die SchwbVWO keine Vorgaben.[17] Es muss jedoch gewährleistet sein, dass **alle Mitglieder Kenntnis von der Einladung** erlangen und diese so rechtzeitig erfolgt, dass die Mitglieder ihre Teilnahme einrichten können.[18] Bei sehr **kurzfristigen Einladungen** sollte der Termin daher im Vorfeld informell abgestimmt werden, damit die Teilnahmemöglichkeit gewährleistet ist.

c) Geschäftsordnung

10 Der **Wahlvorstand** kann sich auch **selbst durch Beschluss eine Geschäftsordnung** geben, in der zB bestimmte Fristen oder auch die Form von Einladungen (zB per E-Mail) oder der Entscheidungsfindung (zB geheime Abstimmung) fest-

---

10 *Cramer* SchwbV SchwbVWO § 2 Rn. 2; *Dörner* SchwbG WO § 2 Anm. 2; *Hohmann* in Wiegand/Hohmann SchwbVWO § 2 Rn. 10.
11 *Dörner* SchwbG WO § 2 Anm. 2; *Pahlen* in Neumann/Pahlen/Greiner/Winkler/Jabben SchwbVWO § 2 Rn. 2.
12 *Düwell/Sachadae* NZA 2014, 1241 (1241). Vgl. auch *Hohmann* in Wiegand/Hohmann SchwbVWO § 2 Rn. 7.
13 Vgl. *Schleicher* WO zum SchwbG § 2 Rn. 2.
14 Vgl. *Fitting* BetrVG WO § 1 Rn. 5. Im Ergebnis ebenso *Dörner* SchwbG WO § 2 Anm. 2; *Hohmann* in Wiegand/Hohmann SchwbVWO § 2 Rn. 20; *Schleicher* WO zum SchwbG § 2 Rn. 3.
15 *Hohmann* in Wiegand/Hohmann SchwbVWO § 2 Rn. 22; *Pahlen* in Neumann/Pahlen/Greiner/Winkler/Jabben SchwbVWO § 2 Rn. 3; *Schleicher* WO zum SchwbG § 2 Rn. 2. Zur Betriebsratswahl: *Boemke*, Betriebsratswahl, § 3 Rn. 140.
16 *Hohmann* in Wiegand/Hohmann SchwbVWO § 2 Rn. 28; vgl. *Klimpe-Auerbach*, Leitfaden für Personalratswahlen, S. 32.
17 Vgl. zur Betriebsratswahl: BAG 20.5.2020 – 7 ABR 42/18, NZA 2020, 1423.
18 Vgl. für die Betriebsratswahl: Sachadae in HaKo-BetrVG WO § 1 Rn. 3. Zustimmend: BAG 20.5.2020 – 7 ABR 42/18, NZA 2020, 1423.

gelegt wird.[19] Werden die Vorgaben der Geschäftsordnung verletzt, führt dies in der Regel nicht zur **Anfechtbarkeit der Wahl**, weil die Geschäftsordnung eine bloße Binnenregelung ohne Außenwirkung darstellt. Durch die Geschäftsordnung kann jedoch nicht von den Vorgaben der SchwbVWO abgewichen werden.[20]

d) Öffentlichkeit der Sitzung

Die Sitzungen sind nicht öffentlich, soweit die SchwbVWO nicht explizit etwas anderes vorschreibt.[21] Die **grundsätzliche Nichtöffentlichkeit** ergibt sich aus einem Umkehrschluss aus den §§ 12 Abs. 1 S. 1; 13 Abs. 1.[22] Dem soll jedoch nicht entgegenstehen, dass der Wahlvorstand **einzelne Personen** (zB Auskunftspersonen, Sachverständige, Schreibkräfte) zu den Sitzungen **hinzuziehen**.[23]

11

e) Beratende Mitwirkung von Gewerkschaftsbeauftragten

Da den im Betrieb bzw. in den Dienststellen vertretenen **Gewerkschaften** im Hinblick auf die Schwerbehindertenvertretungswahl **keine Rechte eingeräumt** worden sind,[24] haben diese keinen Anspruch darauf, einen gewerkschaftlichen Beauftragten für die **beratende Mitwirkung** in den Wahlvorstand zu entsenden.[25]

12

2. Entscheidungsfindung

Bei der Entscheidungsfindung im Wahlvorstand gilt das **Mehrheitsprinzip**, wobei gem. Abs. 2 S. 1 **nicht die Mehrheit der Anwesenden** maßgeblich ist, sondern die **Mehrheit der Mitglieder**.[26] Dh es müssen immer mindestens zwei der drei Mitglieder ihre Zustimmung erklären.[27] Sind lediglich zwei Mitglieder bei der Wahlvorstandssitzung anwesend, müssen beide zustimmen.[28]

13

---

19 Wohl auch *Hohmann* in Wiegand/Hohmann SchwbVWO § 2 Rn. 20. Vgl. zur Betriebsratswahl *Boemke*, Betriebsratswahl, § 3 Rn. 129; *Fitting* BetrVG WO § 1 Rn. 3. Vgl. zur Personalratswahl *Altvater* in Altvater BPersVG WO § 1 Rn. 14; *Klimpe-Auerbach*, Leitfaden für Personalratswahlen, S. 32.
20 Vgl. zur Betriebsratswahl: *Fitting* BetrVG WO § 1 Rn. 3.
21 *Schleicher* WO zum SchwbG § 2 Rn. 2. Ebenso für die Betriebsratswahl *Boemke*, Betriebsratswahl, § 3 Rn. 140; *Fitting* BetrVG WO § 1 Rn. 6. AA *Hohmann* in Wiegand/Hohmann SchwbVWO § 2 Rn. 29, der eine Ermessensentscheidung des Wahlvorstands annehmen will.
22 Vgl. *Kreutz/Jacobs* in GK-BetrVG WO § 1 Rn. 12.
23 *Hohmann* in Wiegand/Hohmann SchwbVWO § 2 Rn. 29; vgl. *Fitting* BetrVG WO § 1 Rn. 6; *Kreutz/Jacobs* in GK-BetrVG WO § 1 Rn. 12.
24 Vgl. BAG 29.7.2009 – 7 ABR 25/08, NZA 2009, 1221 (1222); OVG NRW 7.4.2004 – 1 A 4778/03.PVL, Behindertenrecht 2006, 20 (22); *Adlhoch* in Ernst/Adlhoch/ Seel SGB IX § 94 Rn. 119; *Kohte* ZSR-Sonderheft 2005, 7 (13); *Sachadae*, Wahl der SchwbV, S. 414.
25 *Düwell/Sachadae* NZA 2014, 1241 (1241); *Hohmann* in Wiegand/Hohmann SchwbVWO § 2 Rn. 29.
26 *Pahlen* in Neumann/Pahlen/Greiner/Winkler/Jabben SchwbVWO § 2 Rn. 3; *Schleicher* WO zum SchwbG § 2 Rn. 2.
27 *Cramer* SchwbV SchwbWO § 2 Rn. 3; *Schleicher* WO zum SchwbG § 2 Rn. 3. Vgl. auch *Dörner* SchwbG WO § 2 Anm. 3.
28 Vgl. *Dörner* SchwbG WO § 2 Anm. 3; *Maaß* in Kossens/von der Heide/Maaß, 1. Aufl. 2002, SchwbVWO Anm. zu § 2.

14 Eine **Enthaltung** ist grundsätzlich zulässig, wirkt sich jedoch im Rahmen der Abstimmung wie eine Ablehnung aus, weil ein Beschluss der positiven Zustimmung der Mehrheit der Mitglieder bedarf.[29]

15 Kommt es bei der Abstimmung zu einer **Stimmengleichheit** (Abwesenheit oder Enthaltung eines der Mitglieder bei gleichzeitiger divergierender Abstimmung der beiden übrigen Mitglieder), ist zu der betreffenden Frage keine Entscheidung getroffen. Ein doppeltes Stimmrecht des Vorsitzenden besteht nicht. Vielmehr muss die **Pattsituation auf einvernehmlichem Weg behoben** werden.

16 Sind Wahlvorstandsmitglieder rechtlich oder tatsächlich verhindert, können die jeweils **bestellten Ersatzmitglieder herangezogen** werden (→ § 1 Rn. 10) und anstelle der Wahlvorstandsmitglieder an der Entscheidung mitwirken. Im Fall der Heranziehung sind die Ersatzmitglieder wie vollwertige Wahlvorstandsmitglieder zu behandeln, so dass es anstelle des vertretenen Wahlvorstandsmitglieds auf die **Stimme des Ersatzmitglieds** ankommt.[30] Für den Fall der Heranziehung ist auch eine **ordnungsgemäße Ladung** des betreffenden Ersatzmitglieds erforderlich.[31]

3. Niederschrift

17 Zur Gewährleistung der Publizität der Wahl muss **jede Entscheidung des Wahlvorstands in einer Niederschrift dokumentiert** sein, wobei diese gem. Abs. 2 S. 2 zumindest den Wortlaut der **gefassten Beschlüsse** enthalten muss. Daneben sind in jedem Fall auch die **Eckdaten der Sitzung** (Zeit, Ort und Anwesenheit der Mitglieder) in der Niederschrift anzugeben.[32] Das interne Abstimmungsergebnis oder auch die **tragenden Beweggründe** für die Entscheidung müssen nicht in die Niederschrift aufgenommen werden.[33] Weitergehende Inhalte sind jedoch zulässig, weil Abs. 2 S. 2 lediglich Minimalanforderungen („mindestens") aufstellt.[34]

18 Da gem. Abs. 2 S. 2 über jede Sitzung eine Niederschrift zu fertigen ist, muss eine solche auch erstellt werden, wenn der Wahlvorstand in dieser **keine Beschlüsse gefasst** hat.[35] In diesem Fall ist neben den Eckdaten der Sitzung auch der Fakt der nicht erfolgten Beschlussfassung festzuhalten.

19 Weil der Niederschrift auch ein erheblicher Beweiswert in einem möglichen Anfechtungsprozess zukommt,[36] verlangt Abs. 2 S. 3, dass diese sowohl **vom Vorsitzenden als auch von einem weiteren Mitglied des Wahlvorstands unterzeichnet** wird. Weitere Anforderungen an die Form der Niederschriften werden in Abs. 2 nicht gestellt.[37]

20 Unterbleibt die Erstellung einer Niederschrift zu einer Wahlvorstandssitzung oder die ordnungsgemäße Anfertigung (zB Unvollständigkeit), berührt dies we-

---

29 Vgl. *Hohmann* in Wiegand/Hohmann SchwbVWO § 2 Rn. 18. Vgl. auch *Schleicher* WO zum SchwbG § 2 Rn. 3.
30 Vgl. *Hohmann* in Wiegand/Hohmann SchwbVWO § 2 Rn. 19.
31 Vgl. *Pahlen* in Neumann/Pahlen/Greiner/Winkler/Jabben SchwbVWO § 2 Rn. 3.
32 *Hohmann* in Wiegand/Hohmann SchwbVWO § 1 Rn. 23; *Schleicher* WO zum SchwbG § 2 Rn. 4.
33 Vgl. *Schleicher* WO zum SchwbG § 2 Rn. 4.
34 *Schleicher* WO zum SchwbG § 2 Rn. 4.
35 *Schleicher* WO zum SchwbG § 2 Rn. 4.
36 Vgl. *Dörner* SchwbG WO § 2 Anm. 3; *Hohmann* in Wiegand/Hohmann SchwbVWO § 2 Rn. 23.
37 *Schleicher* WO zum SchwbG § 2 Rn. 4.

der die Wirksamkeit der Beschlüsse, noch führt dies für sich genommen zur **Anfechtbarkeit der Wahl**.[38]

V. Unverzügliche Einleitung und Durchführung der Wahl

1. Grundsatz

Nach dessen Einsetzung ist der Wahlvorstand gem. Abs. 3 Hs. 1 zur unverzüglichen Einleitung der Wahl[39] verpflichtet. Dh er muss **ohne schuldhaftes Zögern** (§ 121 BGB) **alle nötigen Schritte in die Wege leiten**, damit die Wahl durchgeführt werden kann.[40] Hierzu gehören insbesondere die Abforderung der Daten zu den potenziellen Wahlberechtigten vom Arbeitgeber (vgl. § 2 Abs. 6), die wahlvorbereitenden Entscheidungen (zB § 2 Abs. 4; § 11 Abs. 2) und der Erlass des Wahlausschreibens (§ 5). Allerdings hat der Wahlvorstand die Wahl auch nach deren Einleitung weiter durchzuführen und deren **Fortgang zu fördern**.[41] Die mit dem Erlass des Wahlausschreibens einhergehende förmliche Einleitung der Wahl[42] führt also nicht zu einer Entpflichtung des Wahlvorstands, weil ihm nach der SchwbVWO eine Reihe weiterer eigenständiger Pflichten obliegen.[43] Zur möglichen **Ersetzung des Wahlvorstands** bei Pflichtverletzung → § 2 Rn. 44.

21

Trotz der verlangten unverzüglichen Einleitung der Wahl bleibt es – wegen des Grundsatzes der obligatorischen Vertretung – vorrangige Aufgabe des Wahlvorstands, die Wahl so einzuleiten, dass sie ordnungsgemäß erfolgt.[44] Daher sind insbesondere **Verzögerungen zulässig**, die der Abklärung der für die Entscheidung notwendigen Informationen dienen oder einer verspäteten Auskunftserteilung durch den Arbeitgeber geschuldet sind. Die in Abs. 3 Hs. 2 vorgesehenen Fristen sind lediglich als Soll-Bestimmungen ausgestaltet, so dass deren Überschreitung für sich genommen keine Anfechtung begründet.[45] Voreilige Entscheidungen und unzureichend vorbereitete Handlungen des Wahlvorstands sind trotz der gebotenen Dringlichkeit möglichst zu vermeiden.[46]

22

2. Zeitpunkt der Wahl

Nach der Vorgabe des Abs. 3 Hs. 2 soll die Wahl grundsätzlich innerhalb von sechs Wochen stattfinden. Diese Zeitvorgabe ist in der Praxis jedoch kaum umsetzbar, weil allein für den Aushang des Wahlausschreibens gem. § 5 Abs. 1 S. 1 eine **sechswöchige Mindestvorlauffrist** einzuhalten ist.[47] Bedeutsamer ist dage-

23

---

38 *Cramer* SchwbV SchwbVWO § 2 Rn. 4; *Dörner* SchwbG WO § 2 Anm. 3; *Hohmann* in Wiegand/Hohmann SchwbVWO § 2 Rn. 26; *Maaß* in Kossens/von der Heide/Maaß, 1. Aufl. 2002, SchwbVWO Anm. zu § 2; *Pahlen* in Neumann/Pahlen/Greiner/Winkler/Jabben SchwbVWO § 2 Rn. 3.
39 Zum Begriff der Einleitung *Sachadae*, Wahl der SchwbV, S. 411.
40 Vgl. *Schleicher* WO zum SchwbG § 2 Rn. 5.
41 Vgl. dazu *Sachadae*, Wahl der SchwbV, S. 301.
42 BAG 16.11.2005 – 7 ABR 9/05, AP Nr. 4 zu § 94 SGB IX; *Marquardt* ArbRB 2006, 108 (108); *Knittel* SGB IX § 94 Rn. 139; *Pflug-Simoleit* AiB 1998, 553 (555); *Schleicher* WO zum SchwbG § 2 Rn. 5 und § 5 Rn. 1.
43 Missverständlich insoweit *Hohmann* in Wiegand/Hohmann SchwbVWO § 2 Rn. 31.
44 Vgl. *Dörner* SchwbG WO § 2 Anm. 4.
45 *Cramer* SchwbV SchwbVWO § 2 Rn. 5; *Dörner* SchwbG WO § 2 Anm. 4; *Hohmann* in Wiegand/Hohmann SchwbVWO § 2 Rn. 34; *Maaß* in Kossens/von der Heide/Maaß, 1. Aufl. 2002, SchwbVWO Anm. zu § 2.
46 *Dörner* SchwbG WO § 2 Anm. 4.
47 Vgl. dazu *Pahlen* in Neumann/Pahlen/Greiner/Winkler/Jabben SchwbVWO § 2 Rn. 4; *Schleicher* WO zum SchwbG § 2 Rn. 5.

gen die Vorgabe, dass die Wahl spätestens **eine Woche vor Ablauf der Amtszeit der bisherigen SBV** anzuberaumen ist. Hierdurch soll – unter Beachtung der in der Nachbereitungsphase geltenden Fristen (zB § 14 Abs. 1) – ein nahtloser Übergang der Amtszeiten und damit eine Kontinuität der Interessenvertretung gewährleistet werden.[48] Zur Nichteinhaltung der Frist des Abs. 3 Hs. 2 → Rn. 22.

24 Fernab dieser Vorgaben sollte der Wahlvorstand bei der **Festlegung des Wahltermins** darauf achten, dass dieser möglichst nicht auf **Ferien- oder Betriebsschließzeiten** fällt. Ferner sollten im Vorfeld die sich aus dem Termin ergebenden Fristabläufe daraufhin geprüft werden, ob diese ggf. auf Feiertage fallen. Darüber hinaus muss bei den turnusmäßig stattfindenden Wahlen darauf geachtet werden, dass der Termin innerhalb des **Regelwahlzeitraums** nach § 177 Abs. 5 S. 1 SGB IX liegt.

VI. Festlegung der Zahl der stellvertretenden Mitglieder
1. Allgemeines

25 Gem. Abs. 4 hat der Wahlvorstand auch die **Zahl der zu wählenden stellvertretenden Mitglieder** festzulegen. Diese Entscheidung zählt zu den wesentlichen wahlvorbereitenden Handlungen und hat für die Wahl, aber vor allem **für die spätere Amtszeit entscheidende Bedeutung** und sollte deshalb sorgfältig getroffen werden.

2. Bedeutung der Festlegung und Abwägungsgesichtspunkte

26 Eine hinreichende Anzahl stellvertretender Mitglieder ist deshalb wichtig, weil eine **Nachwahl nach hM erst möglich ist, wenn sämtliche stellvertretenden Mitglieder ausgeschieden oder nachgerückt sind** (dazu und zu der hier vertretenen abweichenden Auffassung → § 17 Rn. 7 ff.). Überdies sollte gerade in größeren Betrieben und Dienststellen sichergestellt sein, dass eine **Heranziehung stellvertretender Mitglieder** nach § 178 Abs. 1 S. 4 und 5 SGB IX oder auch eine Vertretung im Verhinderungsfall iSd § 177 Abs. 1 S. 1 SGB IX nicht daran scheitert, dass nicht genügend Stellvertreter zur Verfügung stehen.

27 Vor diesem Hintergrund wird verbreitet davon ausgegangen, dass im Hinblick auf die **allgemeine Fluktuation** bei jeder Schwerbehindertenvertretung mehr als nur ein stellvertretendes Mitglied gewählt werden sollte.[49] Dies gilt umso mehr, als die Bedeutung und die **Zuständigkeiten der stellvertretenden Mitglieder** in den letzten Jahren deutlich **ausgebaut** worden sind.[50] In der Regel dürfte daher die Wahl von **mindestens drei stellvertretenden Mitgliedern** angezeigt sein.

28 Neben diesen allgemeinen Gesichtspunkten müssen bei der Festlegung der zu wählenden Stellvertreterzahl stets auch die **Besonderheiten des Betriebs bzw. der Dienststelle** in die Betrachtung einbezogen werden. Maßgeblich ist insoweit die Zahl der von der Schwerbehindertenvertretung zu vertretenden schwerbehinderten bzw. gleichgestellten Beschäftigten. Von Bedeutung ist in diesem Zusammenhang aber auch die **Größe des Wahl- bzw. Zuständigkeitsbezirks** und die Entfernung zwischen den Betriebs- bzw. Dienststellenteilen, weil hierin ein

---

48 BAG 16.1.2005 – 7 ABR 9/05, juris Rn. 21; *Hohmann* in Wiegand/Hohmann SchwbVWO § 2 Rn. 33.
49 *Adlhoch* in Ernst/Adlhoch/Seel SGB IX § 94 Rn. 81; *Möller-Lücking* SozSich 1986, 225 (228); *Pflug-Simoleit* AiB 1998, 553 (555); *Pohl/Fraunhoffer* in FKS SGB IX § 94 Rn. 40 und 48.
50 Vgl. *Sachadae* ZBVRonline 12/2016, 38 (41 ff.); *Sachadae* PersR 2/2017, 33 (34).

erhöhter Vertretungsbedarf begründet liegen kann.[51] Ferner können aber auch in der künftigen Amtszeit konkret anstehende Probleme und Aufgaben (zB Entwicklung eines umfassenden Inklusionskonzepts oder Gesundheitskonzepts) in die Entscheidung einbezogen werden.[52]

3. Zuständigkeit für die Festlegung der Stellvertreterzahl

Die Festlegung der zu wählenden stellvertretenden Mitglieder obliegt nach dem klaren Wortlaut des Abs. 4 **ausschließlich dem Wahlvorstand**.[53]   29

Soweit in der Literatur vertreten wird, der Wahlvorstand sei nur insoweit zu einer eigenen Entscheidung befugt, als nicht bereits eine Festlegung durch die Versammlung der schwerbehinderten Beschäftigten getroffen worden sei,[54] ist dies schon wegen des klaren Wortlauts des Abs. 4 abzulehnen.[55] Ungeachtet dessen ist der **Wahlvorstand** auch **nicht der Versammlung untergeordnet**, sondern ein von dieser völlig unabhängiges Organ.[56] Schließlich ist in systematischer Hinsicht zu beachten, dass Abs. 4 eine vorherige Erörterung der Stellvertreterzahl mit anderen Organen anordnet (→ Rn. 31 ff.), die im Fall einer Entscheidung durch die Versammlung nicht möglich wäre.[57]   30

4. Erörterungspflicht

Im Vorfeld der Entscheidung hat der Wahlvorstand die **Anzahl der zu wählenden stellvertretenden Mitglieder** zunächst gem. Abs. 4 (soweit diese Organe vorhanden sind) mit der bisherigen Schwerbehindertenvertretung und dem Betriebs- bzw. Personalrat sowie in jedem Falle mit dem Arbeitgeber zu **erörtern**.[58] Der Wahlvorstand muss daher seine eigenen Vorstellungen mitteilen und sich **mit den Argumenten** der zu beteiligenden Organe **ernsthaft auseinandersetzen**.[59]   31

Durch die **Einbindung der Interessenvertretungen** soll sichergestellt werden, dass sich der Wahlvorstand von objektiven, an der Funktion der Stellvertreter ausgerichteten Argumenten (→ Rn. 26 ff.) leiten lässt und bisherige Erfahrungswerte einbezogen werden können.[60] Durch die **Beteiligung des Arbeitgebers** soll erreicht werden, dass auch dessen Interessen und Erfahrungen Berücksichtigung finden können und dadurch eine ausgewogene Entscheidung getroffen wird.[61]   32

---

51 Amtl. Begr. zu § 2 SchwbWO, BR-Drs. 290/75; *Dörner* SchwbG WO § 2 Anm. 5; *Sachadae*, Wahl der SchwbV, S. 404; *Zanker*, WO zum SchwbG, S. 31.
52 *Dörner* SchwbG WO § 2 Anm. 5.
53 *Adlhoch* in Ernst/Adlhoch/Seel SGB IX § 94 Rn. 81; *Cramer* SchwbV SchwbVWO § 2 Rn. 6; *Düwell/Sachadae* NZA 2014, 1241 (1243); *Grimme* AiB 2011, 520 (521); *Heuser* Behindertenrecht 1990, 25 (27); *Sachadae*, Wahl der SchwbV, S. 405 ff.; *Schleicher* WO zum SchwbG § 2 Rn. 6; *Sieg* NZA 2002, 1064 (1066); *Zanker*, WO zum SchwbG, S. 31.
54 So etwa *Hohmann* in Wiegand/Hohmann SchwbVWO § 2 Rn. 37; *Pahlen* in Neumann/Pahlen/Greiner/Winkler/Jabben SchwbVWO § 2 Rn. 5.
55 So ausdrücklich *Cramer* SchwbV SchwbVWO § 2 Rn. 6; *Düwell/Sachadae* NZA 2014, 1241 (1243); *Sachadae*, Wahl der SchwbV, S. 407 mwN.
56 *Düwell/Sachadae* NZA 2014, 1241 (1243); *Sachadae*, Wahl der SchwbV, S. 406.
57 *Düwell/Sachadae* NZA 2014, 1241 (1243); *Sachadae*, Wahl der SchwbV, S. 406 f.
58 *Cramer* SchwbV SchwbVWO § 2 Rn. 6; *Dörner* SchwbG WO § 2 Anm. 5.
59 Vgl. *Hohmann* in Wiegand/Hohmann SchwbVWO § 2 Rn. 40.
60 *Sachadae*, Wahl der SchwbV, S. 407.
61 Amtl. Begr. zu § 2 SchwbWO, BR-Drs. 290/75; *Hohmann* in Wiegand/Hohmann SchwbVWO § 2 Rn. 40; *Sachadae*, Wahl der SchwbV, S. 407; *Schleicher* WO zum SchwbG § 2 Rn. 6.

33 Allerdings ist der Wahlvorstand **nicht an die Auffassung der genannten Organe gebunden**, sondern kann aufgrund seiner ausschließlichen Zuständigkeit letztlich die Anzahl eigenverantwortlich nach seinen Vorstellungen festlegen.[62] Zur Unabhängigkeit des Wahlvorstands von **Vorschlägen der Versammlung der schwerbehinderten Beschäftigten** → Rn. 29 ff.

5. Fehlen einer Entscheidung über die Stellvertreterzahl

34 Trifft der Wahlvorstand überhaupt **keine Entscheidung über die Anzahl der stellvertretenden Mitglieder** oder kommt eine Festlegung mangels Mehrheit im Wahlvorstand nicht zustande, ist nach Maßgabe des § 177 Abs. 1 S. 1 SGB IX als gesetzlichem Regelfall ein stellvertretendes Mitglied zu wählen.[63]

VII. Information der ausländischen Wahlberechtigten

35 Gem. Abs. 5 muss der Wahlvorstand sicherstellen, dass ausländische Wahlberechtigte in geeigneter Weise über die **wesentlichen Eckpunkte und Abläufe der Wahl** unterrichtet werden. Hierbei handelt es sich trotz der Ausgestaltung als Soll-Vorschrift um eine **zwingende Wahlverfahrensvorschrift**, deren Verletzung zur **Anfechtbarkeit der Wahl** führen kann.[64]

36 Dabei zielt die Regelung auf eine Überwindung bestehender Sprachbarrieren und die Integration ausländischer Beschäftigter ab.[65] Maßgeblich ist dabei in erster Linie das **Vorliegen unzureichender Sprachkenntnisse**. Dabei ist zu beachten, dass die Wahlvorschriften gemeinhin kompliziert und schwer verständlich sind, so dass die **Anforderungen an das Vorliegen sprachlicher Defizite** gering sind.[66] Eine gesonderte Unterrichtung nach Abs. 5 sollte daher bereits dann erfolgen, wenn lediglich zweifelhaft ist, ob die Sprachkenntnisse genügen, um das Wahlausschreiben auch in deutscher Sprache zu verstehen.[67]

37 Um etwaige Risiken zu vermeiden, empfiehlt sich die Anfertigung von **Übersetzungen des Wahlausschreibens und der übrigen Aushänge**, die möglichst durch einen zertifizierten Dolmetscher erfolgen sollten.[68] Die Kosten für die Anfertigung einer Übersetzung sind als **Wahlkosten** gem. § 177 Abs. 6 S. 2 iVm § 20 Abs. 3 S. 1 BetrVG bzw. § 24 Abs. 2 BPersVG vom Arbeitgeber zu tragen.[69]

---

[62] *Cramer* SchwbV SchwbVWO § 2 Rn. 6; *Dörner* SchwbG WO § 2 Anm. 5; *Pahlen* in Neumann/Pahlen/Greiner/Winkler/Jabben SchwbVWO § 2 Rn. 5.
[63] *Cramer* SchwbV SchwbVWO § 2 Rn. 6; *Dörner* SchwbG WO § 2 Anm. 5; *Sachadae*, Wahl der SchwbV, S. 404.
[64] LAG Köln 8.3.2012 – 13 TaBV 82/11, juris Rn. 42; *Sachadae* Behindertenrecht 2015, 34 (34); zur Betriebsratswahl BAG 13.10.2004 – 7 ABR 5/04, juris Rn. 10.
[65] Vgl. LAG Köln 8.3.2012 – 13 TaBV 82/11, juris Rn. 42. Vgl. auch *Hohmann* in Wiegand/Hohmann SchwbVWO § 2 Rn. 43. Vgl. zur Betriebsratswahl BAG 13.10.2004 – 7 ABR 5/04, juris Rn. 10.
[66] Vgl. LAG Köln 8.3.2012 – 13 TaBV 82/11, juris Rn. 44. Vgl. zur Betriebsratswahl BAG 13.10.2004 – 7 ABR 5/04, juris Rn. 13.
[67] LAG Köln 8.3.2012 – 13 TaBV 82/11, juris Rn. 44. Zur Betriebsratswahl: BAG 13.10.2004 – 7 ABR 5/04, juris Rn. 13; *Kreutz/Jacobs* in GK-BetrVG WO § 2 Rn. 20.
[68] *Sachadae* Behindertenrecht 2015, 34 (34). Vgl. zur Betriebsratswahl *Fitting* BetrVG WO § 2 Rn. 12.
[69] *Sachadae* Behindertenrecht 2015, 34 (34).

VIII. Unterstützung durch den Arbeitgeber
1. Unterstützung des Wahlvorstands

Gem. Abs. 6 ist der Arbeitgeber verpflichtet, den Wahlvorstand bei dessen Aufgabenerfüllung zu unterstützen. Hierzu gehört insbesondere die in S. 2 angesprochene **Erteilung notwendiger Auskünfte** und das Zurverfügungstellen der **erforderlichen Unterlagen**. Dabei beschränkt sich diese Pflicht nicht allein auf die Unterstützung bei der Erstellung der Wählerliste.[70] Vielmehr muss der Arbeitgeber für alle sonstigen Entscheidungen und Handlungen des Wahlvorstands die notwendigen Informationen (zB zum passiven Wahlrecht) mitteilen.[71]

38

Daneben muss der Arbeitgeber auch die erforderlichen **Räumlichkeiten** (zB für Sitzungen des Wahlvorstands oder als Wahllokale), **Geräte** (zB Kopierer, PC für die Erstellung der Wahlunterlagen und Aushänge, Telefon) und **Materialien** (zB Papier, Umschläge für die Stimmzettel und die Briefwahlunterlagen) zur Verfügung stellen.[72] Ferner hat der Wahlvorstand Anspruch auf Nutzung eines **aktuellen Kommentars zum SGB IX**, der neben den § 177 SGB IX insbesondere auch eine **eigenständige Kommentierung der SchwbVWO enthält**.[73]

39

Ferner muss der Arbeitgeber den Wahlvorstand für dessen Tätigkeit im Zusammenhang mit der Vorbereitung, Durchführung und Nachbereitung der Wahl **unter Fortzahlung der Vergütung von der Arbeitspflicht freistellen**.[74] Gleiches gilt auch für die bestellten **Wahlhelfer** am Wahltag und im Fall der Verhinderung von Wahlvorstandsmitgliedern für die Ersatzmitglieder.

40

Schließlich zählt es auch zu den Unterstützungspflichten, dem Wahlvorstand eine **Schulung zum Wahlrecht** zu ermöglichen.[75] Dabei steht eine ausführliche Schulung auch im Interesse des Arbeitgebers, weil hierdurch das Risiko von Wahlfehlern und damit die Gefahr einer notwendigen, kostenverursachenden Wahlwiederholung reduziert werden kann.[76] Angesichts der Komplexität und Schnelllebigkeit des Wahlrechts ist eine Schulung für Wahlvorstandsmitglieder auch dann erforderlich, wenn diese **bereits bei der vorherigen Wahl geschult** worden waren.

41

2. Unterstützung der Wahlinitiatoren

Neben der Verpflichtung zur Unterstützung des Wahlvorstands hat der Arbeitgeber über Abs. 6 (ggf. doppelt) analog ferner die Pflicht, auch die Wahlinitiatoren bei ihrer Arbeit (zB **Prüfung der Wahlvoraussetzungen** des § 177 Abs. 1 S. 1 SGB IX oder **Überprüfung der Abstimmungsberechtigung** bei der Versammlung nach § 1 Abs. 2, → § 1 Rn. 58) zu unterstützen.[77] Zur Unterstützungspflicht des Arbeitgebers gegenüber den Wahlinitiatoren im vereinfachten Wahlverfahren → § 20 Rn. 10.

42

---

70 *Hohmann* in Wiegand/Hohmann SchwbVWO § 2 Rn. 52.
71 Vgl. *Sachadae*, Wahl der SchwbV, S. 264 ff.
72 *Dörner* SchwbG WO § 2 Anm. 7; *Hohmann* in Wiegand/Hohmann SchwbVWO § 2 Rn. 49; *Maaß* in Kossens/von der Heide/Maaß, 1. Aufl. 2002, SchwbVWO Anm. zu § 2; *Schleicher* WO zum SchwbG § 2 Rn. 8.
73 *Hohmann* in Wiegand/Hohmann SchwbVWO § 2 Rn. 49.
74 *Dörner* SchwbG WO § 2 Anm. 7; *Schleicher* WO zum SchwbG § 2 Rn. 8.
75 *Hohmann* in Wiegand/Hohmann SchwbVWO § 2 Rn. 49; *Müller-Wenner* in Müller-Wenner/Winkler SGB IX § 94 Rn. 41; *Pohl/Fraunhoffer* in FKS SGB IX § 94 Rn. 50. Vgl. auch HessLAG 20.8.2018 – 16 TaBVGa 159/18.
76 Vgl. HessLAG 20.8.2018 – 16 TaBVGa 159/18.
77 Vgl. *Sachadae*, Wahl der SchwbV, S. 241 f. und 245.

3. Weigerung des Arbeitgebers

43 Verweigert der Arbeitgeber zu Unrecht die Unterstützung, stellt dies eine **Behinderung der Wahl** dar. Anders als bei der Betriebsratswahl ist eine solche bei der Schwerbehindertenvertretung jedoch nicht strafbar, weil die Verweisung in § 177 Abs. 6 S. 2 SGB IX die Strafrechtsnorm des § 119 Abs. 1 Nr. 1 BetrVG wegen Art. 103 Abs. 2 GG nicht mit auf die Schwerbehindertenvertretungswahl erstrecken kann.[78] Der Wahlvorstand hat jedoch die Möglichkeit, seine **Ansprüche im Beschlusswege vor den Arbeitsgerichten**[79] **durchzusetzen**. Dabei ist angesichts der knappen Zeit zugunsten der Kontinuität der Interessenvertretung auch ein Vorgehen im **einstweiligen Rechtsschutz** angezeigt.[80]

IX. Abberufung des Wahlvorstandes bei Pflichtverletzung

44 Verletzt der Wahlvorstand seine **Amtspflichten** zur unverzüglichen Einleitung, Durchführung oder Nachbereitung der Schwerbehindertenvertretungswahl, besteht die Möglichkeit einer **Ersetzung des Wahlvorstands** in der Privatwirtschaft durch das Arbeitsgericht bzw. im öffentlichen Dienst durch den Dienststellenleiter.[81] Rechtliche Grundlage einer solchen Ersetzung des Wahlvorstands ist in der Privatwirtschaft § 18 Abs. 1 S. 2 BetrVG analog und im öffentlichen Dienst § 23 Abs. 1 S. 3 BPersVG analog.[82]

45 Für eine Ersetzung des Wahlvorstands muss die Pflichtverletzung des Wahlvorstands so **schwerwiegend** sein, dass die **Durchführung der Wahl ernsthaft gefährdet ist**.[83] Ein **Verschulden des Wahlvorstands** ist dabei jedoch grundsätzlich nicht erforderlich.[84]

46 Soweit es im Hinblick auf die **Antragsberechtigung** nach § 18 Abs. 1 S. 2 BetrVG bzw. des § 23 Abs. 1 S. 3 BPersVG zu systematischen Widersprüchen im Hinblick auf die Schwerbehindertenvertretungswahl kommt, sind diese den spezifischen Wahlunterschieden geschuldet. Daher sind die Vorgaben zur Antragsbefugnis ebenso wie im Hinblick auf die Anträge zur Wahlvorstandseinsetzung nach den §§ 16 Abs. 2, 17 Abs. 4 BetrVG bzw. § 22 BPersVG entsprechend teleologisch zu reduzieren bzw. im Wege einer doppelten Analogie so anzuwenden, dass der antragsberechtigte Personenkreis mit dem der initiierungsbefugten Organe deckungsgleich ist.[85]

---

78 *Düwell* in Deinert/Neumann SGB IX-HdB § 20 Rn. 127; *Sachadae* PersV 2015, 170 (181 f.) mwN.
79 Zur Zuständigkeit der Arbeitsgerichte auch für Wahlfragen im Anwendungsbereich der Personalvertretungsgesetze BAG 11.11.2003 – 7 AZB 40/03, juris Rn. 5 ff.
80 *Hohmann* in Wiegand/Hohmann SchwbVWO § 2 Rn. 52. Zur Betriebsratswahl LAG Hamm 29.3.2006 – 12 TaBV 26/06, juris Rn. 76; *Boemke*, Betriebsratswahl, § 3 Rn. 189.
81 *Dörner* SchwbG WO § 1 Anm. 6; *Hohmann* in Wiegand/Hohmann SchwbVWO § 2 Rn. 35 und 36 sowie § 1 Rn. 52 und 53; *Pahlen* in Neumann/Pahlen/Greiner/Winkler/Jabben SchwbVWO § 1 Rn. 7; *Sachadae*, Wahl der SchwbV, S. 301.
82 Vgl. *Hohmann* in Wiegand/Hohmann SchwbVWO § 2 Rn. 35 und 36; *Pahlen* in Neumann/Pahlen/Greiner/Winkler/Jabben SchwbVWO § 1 Rn. 7, die offenbar von einer unmittelbaren Anwendbarkeit ausgehen.
83 *Hohmann* in Wiegand/Hohmann SchwbVWO § 2 Rn. 35; vgl. auch zur Betriebsratswahl LAG Nds 20.4.2004 – 16 TaBV 86/03, juris Rn. 63.
84 Zur Betriebsratswahl LAG Nds 20.4.2004 – 16 TaBV 86/03, juris Rn. 63; *Fitting* BetrVG § 18 Rn. 48; *Kreutz* in GK-BetrVG § 18 Rn. 45.
85 Vgl. *Pahlen* in Neumann/Pahlen/Greiner/Winkler/Jabben SchwbVWO § 1 Rn. 7. Vgl. auch *Sachadae*, Wahl der SchwbV, S. 358 ff.

Im Fall der Abberufung bleiben die vom bisherigen Wahlvorstand bereits vorgenommenen Maßnahmen (zB Erstellung der Liste der Wahlberechtigten oder Erlass des Wahlausschreibens) **wirksam**,[86] so dass es keines vollständigen Neubeginns der Wahl bedarf. Allerdings ist der neue Wahlvorstand befugt, rechtsfehlerhafte Maßnahmen des abberufenen Wahlvorstands zu **korrigieren**.[87]

47

§ 3 SchwbVWO Liste der Wahlberechtigten

(1) ¹Der Wahlvorstand stellt eine Liste der Wahlberechtigten auf. ²Die Wahlberechtigten sollen mit **Familienname, Vorname,** erforderlichenfalls **Geburtsdatum** sowie **Betrieb** oder **Dienststelle** in alphabetischer Reihenfolge aufgeführt werden.

(2) Die Liste der Wahlberechtigten oder eine Abschrift ist unverzüglich nach Einleitung der Wahl bis zum Abschluß der Stimmabgabe an geeigneter Stelle zur Einsicht auszulegen.

I. Überblick über den Regelungsinhalt	1
II. Bedeutung der Liste	2
III. Erstellung der Liste	3
IV. Auslegung der Liste	9

1. Zweck der Auslegung	9
2. Zeitliche Vorgaben	10
3. Auslegungsort	11
4. Bekanntmachung des Auslegungsorts	14

I. Überblick über den Regelungsinhalt

Die Vorschrift betrifft die Aufstellung der Liste der Wahlberechtigten durch den Wahlvorstand. Die Aufstellung gehört zu den wesentlichen Vorbereitungshandlungen der Wahl.

1

II. Bedeutung der Liste

Die Liste der Wahlberechtigten dient dem Wahlvorstand bei der Stimmabgabe als **Grundlage für die Überprüfung der Wahlberechtigung**.[1] Dabei wird verbreitet davon ausgegangen, die Eintragung in die Liste der Wahlberechtigten sei **formelle Voraussetzung der Ausübung des aktiven Wahlrechts**,[2] obwohl die Notwendigkeit der Eintragung – anders als etwa in § 2 Abs. 3 WO BetrVG – in der SchwbVWO überhaupt nicht ausdrücklich normiert wurde, sondern nur mittelbar in § 5 Abs. 1 S. 2 Nr. 5 und § 10 Abs. 3 S. 2 zum Ausdruck kommt.[3] Soweit man zugleich aus § 5 Abs. 1 S. 2 Nr. 5 ableitet, dass am Tag der Stimmabgabe eine Veränderungssperre für die Liste der Wahlberechtigten bestünde und diese nicht mehr um weitere, objektiv Wahlberechtigte ergänzt werden könnte, würde der Grundsatz der Allgemeinheit der Wahl verletzt.[4] Geht man hingegen – wie hier – davon aus, dass durch § 5 Abs. 1 S. 2 Nr. 5 **keine Veränderungssperre** statuiert wird (→ § 4 Rn. 29 ff.), ist die Liste lediglich als eine der Publizität der

2

---

86 Zur Betriebsratswahl *Fitting* BetrVG § 18 Rn. 51; *Kreutz* in GK-BetrVG § 18 Rn. 52.
87 *Fitting* BetrVG § 18 Rn. 51; *Kreutz* in GK-BetrVG § 18 Rn. 53; *Thüsing* in Richardi BetrVG, 16. Aufl. 2018, § 18 Rn. 16.
1 *Pahlen* in Neumann/Pahlen/Greiner/Winkler/Jabben SchwbVWO § 3 Rn. 1.
2 Statt vieler *Huber* dbr 7/2006, 32 (33); *Treml* Behindertenrecht 1986, 57 (59). Zur Betriebsratswahl BAG 2.8.2017 – 7 ABR 42/15, juris Rn. 25.
3 Vgl. dazu *Sachadae*, Wahl der SchwbV, S. 231 f. und *Sachadae*, Wahlanfechtung trotz fehlendem Einspruch gegen die Richtigkeit der Liste der Wahlberechtigten der Schwerbehindertenvertretungswahl, jurisPR-ArbR 2/2017, Anm. 6.
4 *Sachadae*, Wahl der SchwbV, S. 233.

Wahl dienende Dokumentation der zur Vereinfachung vorgezogenen Prüfung des aktiven Wahlrechts anzusehen.

III. Erstellung der Liste

3 Der Wahlvorstand hat gem. Abs. 1 S. 1 eine Liste der Wahlberechtigten aufzustellen. In diese Liste sind jedoch nur Personen aufzunehmen, die über das **aktive Wahlrecht** iSd § 177 Abs. 2 SGB IX (→ SGB IX § 177 Rn. 13 ff.) verfügen.[5] Dies erfordert allerdings, dass der Wahlvorstand bereits zu diesem Zeitpunkt eine **tatsächliche Überprüfung der Wahlberechtigung** vornimmt.[6] Dabei darf er sich nicht pauschal auf die Angaben des Arbeitgebers verlassen, sondern muss ggf. **bei Unstimmigkeiten eigene Nachforschungen** anstellen.[7] Lediglich **passiv wählbare Personen** müssen nicht aufgenommen werden.[8]

4 Inhaltlich müssen zwingend Nachnamen und Vornamen der Wahlberechtigten angegeben werden. Die **alphabetische Sortierung** sollte dabei in erster Linie anhand des Nachnamens erfolgen.[9] Ist im Betrieb eine Ansprache aller Kollegen mit Vornamen üblich, kann jedoch die Auflistung theoretisch auch primär nach Vornamen erfolgen. Wird keine alphabetische Reihung vorgenommen, kann dies nur dann eine **Anfechtung der Wahl** begründen, wenn die Liste durch die fehlende Sortierung nicht gezielt nach einzelnen Personen durchsucht werden konnte. Dies dürfte in der Regel nicht der Fall sein, wenn die Liste nach **anderen sinnvollen Kriterien** (zB nach Abteilungen) sortiert ist.[10] Zur Vermeidung unnötiger Anfechtungsrisiken sollte jedoch in der Regel eine alphabetische Sortierung erfolgen.

5 Die **Angabe des Geburtsdatums** ist dagegen nur vorgesehen, soweit dies zur Unterscheidung bei Namensgleichheit erforderlich ist.[11] Anders als bei anderen Interessenvertretungswahlen[12] ist das Geburtsdatum auch in die internen Listen des Wahlvorstands **nur im Ausnahmefall aufzunehmen**, weil das Alter bei der Schwerbehindertenvertretungswahl gerade keine Voraussetzung des Wahlrechts ist.[13] Diese Vorgabe ist auch beachtlich, weil die nicht erforderliche Aufnahme des Datums in die Liste das **Recht auf informationelle Selbstbestimmung** des Betroffenen verletzt.[14] Bei elektronischer Verarbeitung der Daten (zB digitale Erstellung der Liste) liegt zudem ein Verstoß gegen das **Datenschutzrecht** vor, weil die Datenverwendung mangels Erforderlichkeit der Aufnahme des Datums nicht gerechtfertigt ist.[15]

6 Auch die **Angaben des Betriebs oder der Dienststellen** muss grundsätzlich nur dann erfolgen, wenn der Wahlbezirk wegen einer Zusammenfassung nach

---

5 Vgl. *Dörner* SchwbG WO § 3 Anm. 1; *Sachadae*, Wahl der SchwbV, S. 400.
6 *Sachadae*, Wahl der SchwbV, S. 235.
7 Vgl. *Sachadae*, Wahl der SchwbV, S. 235.
8 *Dörner* SchwbG WO § 3 Anm. 1; *Sachadae*, Wahl der SchwbV, S. 400.
9 *Hohmann* in Wiegand/Hohmann SchwbVWO § 3 Rn. 17.
10 IErg wohl ebenso *Pahlen* in Neumann/Pahlen/Greiner/Winkler/Jabben SchwbVWO § 3 Rn. 2. Widersprüchlich *Hohmann* in Wiegand/Hohmann SchwbVWO § 3 Rn. 17 einerseits und Rn. 19 andererseits.
11 Amtl. Begr. zu § 3, BR-Drs. 290/75; *Cramer* SchwbV SchwbWO § 3 Rn. 1; *Hohmann* in Wiegand/Hohmann SchwbVWO § 3 Rn. 16; *Schleicher* WO zum SchwbG § 3 Rn. 3.
12 Vgl. *Fitting* BetrVG WO § 2 Rn. 9.
13 *Sachadae*, Wahl der SchwbV, S. 399.
14 Vgl. *Sachadae*, Wahl der SchwbV, S. 399. Vgl. auch *Kreutz/Jacobs* in GK-BetrVG WO § 2 Rn. 13.
15 Vgl. *Däubler* in SWK-BehindertenR Wahl einer Schwerbehindertenvertretung Rn. 22.

§ 177 Abs. 1 S. 4 SGB IX aus mehreren Betrieben bzw. Dienststellen besteht.[16] Im Fall eines abweichenden Betriebsbegriffs nach § 3 BetrVG (→ SGB IX § 177 Rn. 24 f.) ist dagegen keine derartige Angabe notwendig, weil der abweichend gebildete Wahlbezirk gem. § 3 Abs. 5 BetrVG per Fiktion als einheitlicher Betrieb gilt.[17]

Die für die Aufstellung der Liste der Wahlberechtigten **notwendigen Daten** erhält der Wahlvorstand **vom Arbeitgeber**, der gem. § 2 Abs. 6 zur Unterstützung verpflichtet ist (→ § 2 Rn. 38 ff.).[18] Beruhen objektive Fehler in der Liste der Wahlberechtigten auf unrichtigen Angaben des Arbeitgebers, kann dieser eine **Anfechtung der Wahl** der SBV jedenfalls im Bereich der Privatwirtschaft nicht auf diesen Grund stützen, da über § 177 Abs. 6 S. 2 SGB IX der Anfechtungsausschluss des § 19 Abs. 3 S. 3 BetrVG Anwendung findet (s. dazu → SGB IX § 177 Rn. 93; s. auch → § 4 Rn. 3). Der Arbeitgeber darf die Angaben auch nicht unter Verweis auf das Datenschutzrecht oder das Grundrecht auf informationelle Selbstbestimmung verweigern, weil die **Datenübermittlung zur Durchführung der Interessenvertretungswahl erforderlich** ist.[19]

Der Wahlvorstand ist bei der Aufstellung der Liste der Wahlberechtigten **nicht an die Einschätzungen des Arbeitgebers gebunden**. Beurteilt er die Wahlberechtigung abweichend, kann er **eigenständig über die Aufnahme in die Wählerliste entscheiden**.[20] Ist der Wahlvorstand der Auffassung, auch weitere, bisher nicht mitgeteilte Personen seien wahlberechtigt, kann er auch zu diesen Personen notwendige Informationen beim Arbeitgeber abfordern (zB Geburtsdatum bei Namensgleichheit).

IV. Auslegung der Liste

1. Zweck der Auslegung

Gem. § 3 Abs. 2 ist der Wahlvorstand zur Auslegung der Liste der Wahlberechtigten verpflichtet.[21] Diese dient einerseits der individuellen Gewährleistung des aktiven Wahlrechts, indem die Wahlberechtigten die **Gelegenheit** erhalten, ihre **Eintragung in die Liste zu prüfen** und ggf. über einen Einspruch nach § 4 zu intervenieren.[22] Andererseits dient die Liste der Wahlberechtigung aber auch im allgemein der **Überprüfbarkeit und Transparenz der Arbeit des Wahlvorstands** und ist damit Ausfluss des Grundsatzes der Öffentlichkeit der Wahl.[23] Fehler bei der Auslegung der Liste der Wahlberechtigten können grundsätzlich zur Anfechtbarkeit der Wahl führen, wenn nicht auszuschließen ist, dass einzelne Wahlberechtigte mit Blick auf die fehlerhafte (unvollständige) Liste ihr Wahlrecht nicht ausgeübt haben und insoweit ein anderes Wahlergebnis theoretisch möglich gewesen wäre.[24]

---

16 *Sachadae*, Wahl der SchwbV, S. 400.
17 Vgl. BAG 10.11.2004 – 7 ABR 17/04, AP Nr. 4 zu § 3 BetrVG 1972; *Sachadae*, Wahl der SchwbV, S. 93 ff.; *Schimanski* Behindertenrecht 2004, 74 (75 f.).
18 *Schleicher* WO zum SchwbG § 3 Rn. 3.
19 *Däubler* in SWK-BehindertenR Wahl einer Schwerbehindertenvertretung Rn. 22.
20 Vgl. *Sachadae*, Wahl der SchwbV, S. 235.
21 Vgl. *Schleicher* WO zum SchwbG § 3 Rn. 4.
22 *Sachadae*, Wahl der SchwbV, S. 401. Vgl. auch *Dörner* SchwbG WO § 3 Anm. 3; *Pahlen* in Neumann/Pahlen/Greiner/Winkler/Jabben SchwbVWO § 3 Rn. 3.
23 *Sachadae*, Wahl der SchwbV, S. 401.
24 BAG 2.8.2017 – 7 ABR 42/15, juris Rn. 29 ff.

2. Zeitliche Vorgaben

10 Die Auslegung muss dabei nach dem Wortlaut des Abs. 2 **unverzüglich nach Einleitung der Wahl** erfolgen.[25] Zeitlicher Anknüpfungspunkt ist daher der Aushang des Wahlausschreibens.[26] Eine vorherige Auslegung ist nicht erforderlich. Anschließend muss der Wahlvorstand dafür Sorge tragen, dass die Liste **bis zum Abschluss der Stimmabgabe** ausgelegt bleibt und eingesehen werden kann. Dabei muss die ausgelegte Liste **stets dem aktuellen Stand entsprechen**.[27]

3. Auslegungsort

11 Die Regelung des Abs. 2 verlangt die Auslegung an einem „geeigneten" Ort. Das muss nicht zwingend ein für jedermann frei zugänglicher Ort sein.[28] Vielmehr kann die Auslegung auch im **Büro des Wahlvorstands, des Betriebs- bzw. Personalrats** oder auch im **Personalbüro** erfolgen.[29] Eine Auslegung an einer auch für **betriebs- bzw. dienststellenexterne Personen** zugänglichen Stelle erscheint dagegen aus persönlichkeitsrechtlichen Gründen bedenklich, weil hierdurch das Vorliegen einer Schwerbehinderung auch für Betriebsexterne erkennbar werden würde, ohne dass dies aus wahlrechtlichen Gründen gerechtfertigt wäre.[30] Damit ist ein Aushang an den **betriebs- bzw. dienststellenüblichen Aushangstellen** (→ § 5 Rn. 14 ff.) häufig nicht für eine Auslegung nach Abs. 2 geeignet.

12 Ist der **Wahlbezirk** räumlich stark zergliedert und besteht er insbesondere **aus räumlich weit auseinanderliegenden Betriebsteilen** ist ggf. eine Auslegung an mehreren Stellen erforderlich, um allen Wahlberechtigten in gleichermaßen zumutbarer Weise eine Einsichtnahme zu ermöglichen.[31] Kommt es später zu einer Änderung der Liste der Wahlberechtigten (→ § 4 Rn. 19, → § 4 Rn. 24 und → § 4 Rn. 26), muss diese Änderung in allen ausgelegten Abschriften gleichermaßen geändert werden, damit diese durchgehend übereinstimmen.[32]

13 Wegen der Grundsätze der Allgemeinheit und der Barrierefreiheit der Wahl muss die für die Auslegung gewählte Stelle **barrierefrei zugänglich** sein, damit alle Wahlberechtigten gleichermaßen in der Lage sind, in die Liste der Wahlberechtigten Einsicht zu nehmen.[33]

4. Bekanntmachung des Auslegungsorts

14 Gem. § 5 Abs. 1 S. 2 Nr. 4 muss der **Ort**, an dem die Liste der Wahlberechtigten ausgelegt wird, **im Wahlausschreiben** angegeben werden. Um eine **Divergenz zu**

---

25 *Sachadae*, Wahl der SchwbV, S. 400 f. Enger *Pahlen* in Neumann/Pahlen/Greiner/Winkler/Jabben SchwbVWO § 3 Rn. 3, der entgegen dem Wortlaut davon ausgeht, dass die Liste spätestens „mit Erlass des Wahlausschreibens (...) ausliegen" müsste.
26 Vgl. dazu BAG 16.11.2005 – 7 ABR 9/05, AP Nr. 4 zu § 94 SGB IX; *Marquardt* ArbRB 2006, 108 (108).
27 Vgl. *Sachadae*, Wahl der SchwbV, S. 401; *Schleicher* WO zum SchwbG § 3 Rn. 1; Sieg NZA 2002, 1064 (1066).
28 *Hohmann* in Wiegand/Hohmann SchwbVWO § 3 Rn. 24.
29 Vgl. *Hohmann* in Wiegand/Hohmann SchwbVWO § 3 Rn. 24.
30 Vgl. *Hohmann* in Wiegand/Hohmann SchwbVWO § 3 Rn. 24. Vgl. auch zur Personalvertretungswahl: *Illbertz* in Illbertz/Widmaier/Sommer, 14. Aufl. 2018, BPersVG § 2 Rn. 8.
31 Vgl. *Maaß* in Kossens/von der Heide/Maaß, 1. Aufl. 2002, SchwbVWO Anm. zu § 3.
32 BAG 2.8.2017 – 7 ABR 42/15, juris Rn. 26.
33 *Sachadae*, Wahl der SchwbV, S. 401. Zustimmend *Hohmann* in Wiegand/Hohmann SchwbVWO § 3 Rn. 26. Vgl. auch *Dörner* SchwbG WO § 3 Anm. 3; *Schleicher* WO zum SchwbG § 3 Rn. 4.

den dortigen Angaben zu vermeiden, muss der gewählte und entsprechend angegebene Auslegungsort daher auch bis zum Abschluss der Stimmabgabe beibehalten werden.

§ 4 SchwbVWO Einspruch gegen die Liste der Wahlberechtigten

(1) Wer wahlberechtigt oder in dem Betrieb oder der Dienststelle beschäftigt ist und ein berechtigtes Interesse an einer ordnungsgemäßen Wahl glaubhaft macht, kann innerhalb von zwei Wochen nach Erlass des Wahlausschreibens beim Wahlvorstand schriftlich Einspruch gegen die Richtigkeit der Liste der Wahlberechtigten einlegen.

(2) [1]Über Einsprüche nach Absatz 1 entscheidet der Wahlvorstand unverzüglich. [2]Hält er den Einspruch für begründet, berichtigt er die Liste der Wahlberechtigten. [3]Der Person, die den Einspruch eingelegt hat, wird die Entscheidung des Wahlvorstandes unverzüglich mitgeteilt; die Entscheidung muss ihr spätestens am Tag vor dem Beginn der Stimmabgabe zugehen.

(3) [1]Nach Ablauf der Einspruchsfrist soll der Wahlvorstand die Liste der Wahlberechtigten nochmals auf ihre Vollständigkeit hin überprüfen. [2]Im übrigen kann nach Ablauf der Einspruchsfrist die Liste der Wahlberechtigten nur bei Schreibfehlern, offenbaren Unrichtigkeiten, in Erledigung rechtzeitig eingelegter Einsprüche oder bei Eintritt oder Ausscheiden eines Wahlberechtigten bis zum Tage vor dem Beginn der Stimmabgabe berichtigt oder ergänzt werden.

I. Überblick über den Regelungsinhalt 1	1. Pflicht zur unverzüglichen Entscheidung 16
II. Funktion des Einspruchsrechts 2	2. Mitteilung an den Einspruchsteller 20
III. Voraussetzungen des Einspruchs 4	V. Überprüfung und Korrektur der Liste von Amts wegen ... 24
1. Einspruchsberechtigte Personen 4	1. Prüfung nach Ablauf der Einspruchsfrist 24
2. Gegenstand des Einspruchs 8	2. Spätere Prüfung und Korrektur von Amts wegen 26
3. Einspruchsfrist 11	VI. Keine Veränderungssperre am Wahltag 29
4. Form des Einspruchs 13	
IV. Behandlung von Einsprüchen gegen die Liste der Wahlberechtigten 16	

I. Überblick über den Regelungsinhalt

Die Vorschrift regelt den Einspruch gegen die Richtigkeit der Liste der Wahlberechtigten und dessen Behandlung durch den Wahlvorstand. Die Regelung steht damit in **engem Zusammenhang mit § 3**.

II. Funktion des Einspruchsrechts

Durch das Einspruchsrecht nach § 4 soll einerseits eine **objektive Kontrolle** der vom Wahlvorstand vorgenommenen Prüfung des aktiven Wahlrechts **ermöglicht** werden, so dass § 4 eng mit dem Grundsatz der Öffentlichkeit der Wahl verbunden ist.[1]

---
1 *Sachadae*, Wahl der SchwbV, S. 237.

3 Andererseits stellt das Einspruchsrecht aber auch ein **notwendiges Korrektiv zu den mit der Liste der Wahlberechtigten verbundenen formellen Beschränkungen des aktiven Wahlrechts** (→ § 3 Rn. 2) dar.[2] Der Einspruch war nach bisher hM **nicht Voraussetzung** für die Geltendmachung von Rügen gegen die Richtigkeit der Liste der Wahlberechtigten in einem nachgelagerten **Wahlanfechtungsverfahren**.[3] Mit dem Betriebsrätemodernisierungsgesetz vom 14.6.2021 wurde allerdings in § 19 BetrVG ein neuer Abs. 3 eingefügt. Nach diesem soll die Anfechtung einer Betriebsratswahl ausgeschlossen sein, soweit diese auf die Unrichtigkeit der Wählerliste gestützt werden soll, jedoch nicht aus demselben Grund ordnungsgemäß Einspruch gegen die Richtigkeit der Wählerliste eingelegt worden war (näher dazu → SGB IX § 177 Rn. 93). Die in § 177 Abs. 6 S. 2 SGB IX enthaltene Verweisung auf „Vorschriften über die Wahlanfechtung (...) bei der Wahl des Betriebs-, Personal-, Richter-, Staatsanwalts- oder Präsidialrates" führt dazu, dass eine Anfechtung der Wahl der SBV im Bereich der Privatwirtschaft künftig nur noch dann auf Fehler hinsichtlich der Richtigkeit der Liste der Wahlberechtigten gestützt werden kann, wenn zuvor zunächst ordnungsgemäß Einspruch nach § 4 eingelegt worden ist. Im Hinblick auf die Wahl einer SBV im Bereich des öffentlichen Dienstes greift die Neuregelung in § 19 Abs. 3 BetrVG hingegen durch die klare Bezugnahme in § 177 Abs. 6 S. 2 SGB IX gerade nicht ein. Damit bleibt es in diesem Bereich bei der bisherigen Rechtslage, so dass ein Einspruch hier auch künftig keine Voraussetzung für die Geltendmachung von Rügen gegen die Richtigkeit der Liste der Wahlberechtigten im Rahmen einer Wahlanfechtung ist.

III. Voraussetzungen des Einspruchs
1. Einspruchsberechtigte Personen

4 Das Einspruchsrecht steht insbesondere den **Wahlberechtigten** zu.[4] Daneben können aber auch die **übrigen Beschäftigten** des Betriebs bzw. der Dienststelle vom Einspruchsrecht Gebrauch machen.[5]

5 Da nicht aktiv wahlberechtigte Beschäftigte jedoch nicht per se ein **berechtigtes Interesse** am Ausgang der Wahl bzw. deren ordnungsgemäßer Durchführung haben, müssen sie ein solches Interesse **bei Einspruchseinlegung glaubhaft machen**.[6] Dabei genügt eine glaubhafte Darlegung der Gründe. Eine Glaubhaftmachung im rechtstechnischen Sinne (§ 294 ZPO) ist dagegen schon deshalb nicht nötig, weil der Wahlvorstand keine zu Entgegennahme eidlicher Aussagen befugte Stelle ist.[7] Eine **eidesstattliche Versicherung** ist somit **weder erforderlich**

---

2 *Sachadae*, Wahl der SchwbV, S. 237. Vgl. in Bezug auf die Betriebsratswahl: *Boemke*, Betriebsratswahl, § 3 Rn. 269; *Homburg* in DKW WO § 4 Rn. 1.
3 LAG Hamm 2.9.2016 – 13 TaBV 94/15; *Sachadae*, Wahlanfechtung trotz fehlendem Einspruch gegen die Richtigkeit der Liste der Wahlberechtigten bei der Schwerbehindertenvertretungswahl, jurisPR-ArbR 2/2017, Anm. 6. Zur Betriebsratswahl BAG 2.8.2017 – 7 ABR 42/15, juris Rn. 20 ff.; LAG Hamm 30.6.2015 – 7 TaBV 71/14; *Sachadae*, Anfechtungsberechtigung bei unterlassenem Einspruch gegen die Richtigkeit der Wählerliste, jurisPR-ArbR 39/2016, Anm. 3. AA noch LAG Nürnberg 31.5.2012 – 5 TaBV 36/11.
4 Vgl. *Pahlen* in Neumann/Pahlen/Greiner/Winkler/Jabben SchwbVWO § 4 Rn. 1.
5 *Hohmann* in Wiegand/Hohmann SchwbVWO § 4 Rn. 4; *Maaß* in Kossens/von der Heide/Maaß, 1. Aufl. 2002, SchwbVWO Anm. zu § 4. Vgl. *Pahlen* in Neumann/Pahlen/Greiner/Winkler/Jabben SchwbVWO § 4 Rn. 1.
6 Vgl. *Pahlen* in Neumann/Pahlen/Greiner/Winkler/Jabben SchwbVWO § 4 Rn. 1.
7 AA offenbar *Schleicher* WO zum SchwbG § 4 Rn. 2, der auf § 294 ZPO verweist.

noch möglich.[8] Für die Glaubhaftmachung iSd § 4 genügt es vielmehr, dass der Einspruchsteller sein berechtigtes Interesse so darlegt, dass es **überwiegend wahrscheinlich** erscheint.[9]

Obwohl der **Arbeitgeber** selbst kein Beschäftigter ist und er somit nicht als einspruchsberechtigte Person erwähnt ist, steht ihm nach Sinn und Zweck des § 4 ebenfalls ein Einspruchsrecht zu.[10] Hierdurch wird dem Arbeitgeber die Möglichkeit eröffnet, bei der Feststellung von Fehlern in der Liste der Wahlberechtigten bereits im Vorfeld einer Wahlanfechtung zu reagieren und auf eine rechtzeitige Fehlerkorrektur hinzuwirken.

Ferner steht das Einspruchsrecht auch den allgemeinen Interessenvertretungen des Betriebs bzw. der Dienststelle (**Betriebs- und Personalrat**) zu.[11]

2. Gegenstand des Einspruchs

Wegen der weitreichenden Kontrollfunktion des Einspruchsrechts (→ Rn. 2) kann nicht nur eine mögliche Unrichtigkeit in eigener Sache beanstandet werden.[12] Vielmehr bezieht sich das Einspruchsrecht auf **jedwede Unrichtigkeit** der Liste, die für die Wahl bedeutsam sein kann.

Neben der fehlenden Aufnahme trotz objektiv bestehender Wahlberechtigung kommt daher ein Einspruch auch wegen **Auflistung eines objektiv nicht wahlberechtigten Beschäftigten**, einer **fehlerhaften Namensschreibweise**, durch die eine Verwechslungsgefahr entsteht, oder eine **nicht durch Angabe des Geburtsdatums gekennzeichnete Namensdoppelung** in Betracht.[13]

Der Einspruch muss auch den **Gegenstand der Beanstandung erkennen lassen**, also Angaben darüber enthalten, warum die Liste der Wahlberechtigten nicht richtig sei.[14] Ein **pauschaler Hinweis auf die Fehlerhaftigkeit** genügt nicht. Ebenso ist eine allgemeine Aufforderung zur Überprüfung der Richtigkeit der Wählerliste nicht ausreichend.

3. Einspruchsfrist

Ein Einspruch muss gem. Abs. 1 **binnen zwei Wochen** nach Erlass des Wahlausschreibens erhoben werden. Nicht maßgeblich für den Fristbeginn ist daher der Zeitpunkt der tatsächlichen Auslegung der Liste.[15] Vielmehr ist auf den **Zeitpunkt des Aushangs des Wahlausschreibens** abzustellen.[16]

Die Fristberechnung richtet sich nach den **§§ 187 ff. BGB**.[17] Ausschlaggebend für die Fristwahrung ist der **rechtzeitige Eingang des Einspruchs beim Wahlvor-**

---

8 AA *Hohmann* in Wiegand/Hohmann SchwbVWO § 4 Rn. 6, der übersieht, dass der Wahlvorstand gerade nicht die nötige Kompetenz besitzt.
9 *Hohmann* in Wiegand/Hohmann SchwbVWO § 4 Rn. 6.
10 Vgl. *Maaß* in Kossens/von der Heide/Maaß, 1. Aufl. 20002, SchwbVWO Anm. zu § 4; *Pahlen* in Neumann/Pahlen/Greiner/Winkler/Jabben SchwbVWO § 4 Rn. 1.
11 *Sachadae*, Wahl der SchwbV, S. 236 f. Vgl. *Cramer* SchwbV SchwbWO § 4 Rn. 1; *Pahlen* in Neumann/Pahlen/Greiner/Winkler/Jabben SchwbVWO § 4 Rn. 1; *Trenk-Hinterberger* in HK-SGB IX SGB IX, Anh. zu § 100, SchwbVWO § 4 Rn. 1.
12 *Hohmann* in Wiegand/Hohmann SchwbVWO § 4 Rn. 4.
13 Vgl. *Maaß* in Kossens/von der Heide/Maaß, 1. Aufl. 2002, SchwbVWO Anm. zu § 4; *Pahlen* in Neumann/Pahlen/Greiner/Winkler/Jabben SchwbVWO § 4 Rn. 3.
14 *Cramer* SchwbV SchwbVWO § 4 Rn. 1.
15 Vgl. *Cramer* SchwbV SchwbVWO § 4 Rn. 1; *Hohmann* in Wiegand/Hohmann SchwbVWO § 4 Rn. 14.
16 *Hohmann* in Wiegand/Hohmann SchwbVWO § 4 Rn. 14.
17 Vgl. *Schleicher* WO zum SchwbG § 4 Rn. 3.

stand, wobei insoweit auf den Vorsitzenden als Empfangsberechtigten abzustellen ist (zur Fristwahrung auch → § 6 Rn. 60 ff.).[18]

4. Form des Einspruchs

13　In formeller Hinsicht ist zu beachten, dass der Einspruch **schriftlich beim Wahlvorstand einzulegen** ist.[19] Dieses Schriftformerfordernis umfasst **auch die Begründung** des Einspruchs,[20] also die Angabe der zu beanstandenden Punkte, weil ein ohne Begründung eingelegter Einspruch auf eine bloße Wiederholung der ohnehin von Amts wegen bestehenden Prüf- und Aktualisierungspflicht (→ Rn. 24 ff.) hinausliefe.

14　Da explizit **Schriftform** verlangt ist, muss der Einspruch gem. § 126 BGB insbesondere mit eigenhändiger Namensunterschrift versehen sein.[21] Ein **Einspruch per E-Mail** genügt dagegen nicht den formellen Anforderungen; es sei denn, er ist mit einer qualifizierten elektronischen Signatur versehen.[22] Ein **anonym eingelegter Einspruch** wird den formellen Anforderungen des Abs. 1 ebenfalls nicht gerecht, weil es an der nötigen eigenhändigen Namensunterschrift fehlt.

15　Allerdings hat der Wahlvorstand die in derartigen Eingaben zu findenden Angaben und Hinweise im Rahmen seiner **von Amts wegen vorzunehmenden Überprüfung** der Liste der Wahlberechtigten (→ Rn. 24 ff.) zu berücksichtigen. Mit der Nichterfüllung der formellen Anforderungen entfällt lediglich das **formalisierte Behandlungsverfahren** nach Abs. 2.

IV. Behandlung von Einsprüchen gegen die Liste der Wahlberechtigten

1. Pflicht zur unverzüglichen Entscheidung

16　Ist ein formell ordnungsgemäßer Einspruch gegen die Richtigkeit der Liste der Wahlberechtigten eingelegt worden, muss der **Wahlvorstand unverzüglich** über diesen **entscheiden**.[23]

17　Unverzüglich bedeutet, dass die **Entscheidung nicht schuldhaft verzögert** werden darf (vgl. § 121 BGB).[24] Zur Vorbereitung seiner Entscheidung muss der Wahlvorstand jedoch ggf. notwendige **Informationen beim Arbeitgeber nachfordern** oder selbst **Nachforschungen anstellen**. Derartige Nachforschungen stehen nicht im Widerspruch zur Pflicht, unverzüglich zu entscheiden.

18　Die Entscheidung über den Einspruch hat stets im Wege eines **Beschlusses des Wahlvorstands** zu erfolgen, wobei eine einfache Mehrheit genügt (→ § 2 Rn. 8

18　Vgl. *Hohmann* in Wiegand/Hohmann SchwbVWO § 4 Rn. 12. Weitergehend *Schleicher* WO zum SchwbG § 4 Rn. 3, der jedes Wahlvorstandsmitglied für empfangszuständig hält.
19　*Cramer* SchwbV SchwbVWO § 4 Rn. 1; *Pahlen* in Neumann/Pahlen/Greiner/Winkler/Jabben SchwbVWO § 4 Rn. 2.
20　*Hohmann* in Wiegand/Hohmann SchwbVWO § 4 Rn. 10; *Maaß* in Kossens/von der Heide/Maaß, 1. Aufl. 2002, SchwbVWO Anm. zu § 4. AA *Pahlen* in Neumann/Pahlen/Greiner/Winkler/Jabben SchwbVWO § 4 Rn. 2.
21　*Schleicher* WO zum SchwbG § 4 Rn. 4.
22　*Hohmann* in Wiegand/Hohmann SchwbVWO § 4 Rn. 9.
23　*Cramer* SchwbV SchwbVWO § 4 Rn. 2; *Hohmann* in Wiegand/Hohmann SchwbVWO § 4 Rn. 18; *Schleicher* WO zum SchwbG § 4 Rn. 5.
24　*Hohmann* in Wiegand/Hohmann SchwbVWO § 4 Rn. 18.

und Rn. 13 ff.).²⁵ Der Beschluss muss in einer **ordnungsgemäßen Sitzung** gefasst und sorgfältig per **Niederschrift** dokumentiert werden.²⁶
Soweit der Wahlvorstand die **Einwände für berechtigt** hält, hat er gem. 2 S. 2   19
die nötigen **Korrekturen an der Liste** der Wahlberechtigten vorzunehmen. Hält er den **Einspruch für unberechtigt**, beschränkt sich das weitere Vorgehen auf die entsprechende **Mitteilung an den Einspruchsteller** nach Abs. 2 S. 3 (→ Rn. 20 ff.).

2. Mitteilung an den Einspruchsteller

Unabhängig davon ist der Wahlvorstand verpflichtet, den **Einspruchsteller** über   20
die **Entscheidung zu informieren**. Dabei muss die Unterrichtung unabhängig davon erfolgen, ob der Einspruch für sachlich berechtigt oder für unberechtigt gehalten wurde.

In zeitlicher Hinsicht hat die Unterrichtung wiederum **unverzüglich nach der**   21
Entscheidung zu erfolgen.²⁷ Die in Abs. 2 S. 3 Hs. 2 genannte Vorgabe, dass die Entscheidung **spätestens am Tag vor der Stimmabgabe** mitzuteilen sei, dürfte nur im **absoluten Ausnahmefall** zum Tragen kommen.

Die Mitteilung muss grundsätzlich nur das Ergebnis der Entscheidung wieder-   22
geben. Eine **Begründung** ist dagegen **nicht zwingend erforderlich**.²⁸ Allerdings ist eine solche zumindest bei ablehnenden Entscheidungen zu empfehlen, um keine unnötigen Anfechtungsverfahren zu provozieren.

Eine besondere **Form für die Mitteilung** der Entscheidung ist in Abs. 2 S. 3   23
nicht ausdrücklich vorgegeben.²⁹ Aus Gründen der **Dokumentation** und der Überprüfbarkeit sollte die Mitteilung jedoch schriftlich erfolgen.³⁰

V. Überprüfung und Korrektur der Liste von Amts wegen
1. Prüfung nach Ablauf der Einspruchsfrist

Unabhängig von der Einlegung etwaiger Einsprüche hat der Wahlvorstand die   24
Liste der Wahlberechtigten gem. Abs. 3 S. 1 nach Ablauf der zweiwöchigen Einspruchsfrist nochmals auf ihre **Vollständigkeit** hin zu kontrollieren.³¹ Darüber hinaus ist dabei auch die **Richtigkeit der Liste** zu überprüfen.³²

Stellt der Wahlvorstand Fehler fest, muss er die **Liste von Amts wegen** entspre-   25
chend **anpassen**.³³ Dabei kommt es nicht darauf an, ob der Fehler von Anfang an vorlag oder erst nachträglich eingetreten ist.

---

25 *Cramer* SchwbV SchwbVWO § 4 Rn. 2; *Hohmann* in Wiegand/Hohmann SchwbVWO § 4 Rn. 19; *Pahlen* in Neumann/Pahlen/Greiner/Winkler/Jabben SchwbVWO § 4 Rn. 3.
26 *Schleicher* WO zum SchwbG § 4 Rn. 5.
27 *Cramer* SchwbV SchwbVWO § 4 Rn. 2; *Schleicher* WO zum SchwbG § 4 Rn. 5.
28 *Schleicher* WO zum SchwbG § 4 Rn. 5.
29 *Cramer* SchwbV SchwbVWO § 4 Rn. 2; *Maaß* in Kossens/von der Heide/Maaß, 1. Aufl. 2002, SchwbVWO Anm. zu § 4.
30 *Schleicher* WO zum SchwbG § 4 Rn. 5.
31 *Dörner* SchwbG WO § 4 Anm. 4; *Hohmann* in Wiegand/Hohmann SchwbVWO § 4 Rn. 27; *Maaß* in Kossens/von der Heide/Maaß, 1. Aufl. 2002, SchwbVWO Anm. zu § 4; *Sachadae*, Wahl der SchwbV, S. 237. Zur Betriebsratswahl BAG 2.8.2017 – 7 ABR 42/15, juris Rn. 26.
32 Vgl. *Fitting* BetrVG WO § 4 Rn. 15.
33 *Sachadae*, Wahl der SchwbV, S. 237.

2. Spätere Prüfung und Korrektur von Amts wegen

26 Nach dieser Abschlusskontrolle soll eine **weitere Korrektur** der Liste gem. Abs. 3 S. 2 nur noch bei Schreibfehlern, offenbaren Unrichtigkeiten, in Erledigung ordnungsgemäß eingelegter Einsprüche oder bei Eintritt oder Ausscheiden eines Wahlberechtigten erfolgen (zum **Nichtbestehen einer echten Veränderungssperre** → Rn. 29 ff.).[34]

27 Zu den Fällen eines Aus- oder Eintritts eines Wahlberechtigten zählen sämtliche **Änderungen im Beschäftigungsverhältnis**, die sich auf die Wahlberechtigung in dem betreffenden Wahlbezirk auswirken. Eine Korrektur ist daher insbesondere bei späterer **Begründung oder Beendigung des Arbeitsverhältnisses, Ernennung oder Entlassung aus dem Beamtenverhältnis**, wahlbezirksübergreifende **Versetzung**, Eintritt in **Ruhephase der Altersteilzeit** im Blockmodell, **Abordnung** mit über dreimonatiger Dauer[35] oder **Personalgestellung**[36] möglich.

28 Als **offenbare Unrichtigkeit** kann eine Korrektur daneben auch noch erfolgen, wenn die Fehlerhaftigkeit der Liste klar erkennbar und die Sach- und Rechtslage eindeutig ist.[37] Ein solcher Fall ist insbesondere gegeben, wenn **objektiv zweifelsfrei wahlberechtigte Personen in der Liste nicht berücksichtigt** worden sind.[38] Ein Fall offenbarer Unrichtigkeit liegt daneben aber auch vor, wenn ein (zB wegen **bisher geheim gehaltener Schwerbehinderteneigenschaft**) nicht verzeichneter Beschäftigter das Vorliegen einer Schwerbehinderung nachweist und damit seine Wahlberechtigung iSd § 177 Abs. 2 SGB IX klar erkennbar wird.[39]

VI. Keine Veränderungssperre am Wahltag

29 In Abs. 3 ist vorgesehen, dass die Korrekturen an der Liste „bis zum Tage vor dem Beginn der Stimmabgabe" vorgenommen werden können. Daraus wird verbreitet – weitgehend ohne nähere Begründung – gefolgert, dass am Tag der Stimmabgabe selbst keine Anpassung der Liste mehr möglich sei.[40] Dem ist jedoch nicht zuzustimmen und eine **Korrektur der Liste der Wahlberechtigten auch noch am Wahltag** als zulässig anzusehen.[41]

30 Im Hinblick auf Parallelvorschriften bei der Betriebsratswahl wird eine solche Veränderungssperre damit begründet, dass eine Anpassung am Wahltag zu einer erhöhten Manipulationsanfälligkeit führen würde, weil die Wahlberechtigung an **schwer zu überprüfende Voraussetzungen** anknüpfe.[42]

---

34 *Knittel* SGB IX § 94 Rn. 102 a f.; *Schleicher* WO zum SchwbG § 4 Rn. 7; *Sieg* NZA 2002, 1064 (1066); *Treml* Behindertenrecht 1986, 57 (59); *Zanker*, WO zum SchwbG, S. 33.
35 *Hohmann* in Wiegand/Hohmann SchwbVWO § 4 Rn. 30. Vgl. auch *Sachadae* jurisPR-ArbR 47/2014, Anm. 3.
36 Vgl. BVerwG 22.9.2015 – 5 P 12/14, juris Rn. 18; *Sachadae* jurisPR-ArbR 47/2014, Anm. 3.
37 *Hohmann* in Wiegand/Hohmann SchwbVWO § 4 Rn. 29.
38 Vgl. im Hinblick auf die Betriebsratswahl *Fitting* BetrVG WO § 4 Rn. 15; *Schröder* DB 1965, 1009 (1010). Vgl. auch *Kreutz/Jacobs* in GK-BetrVG WO § 4 Rn. 18.
39 *Sachadae*, Wahl der SchwbV, S. 238.
40 Statt vieler *Knittel* SGB IX § 94 Rn. 102 a; *Schütt*, Wahl zur Schwerbehindertenvertretung, S. 27.
41 *Hohmann* in Wiegand/Hohmann SchwbVWO § 4 Rn. 32; *Sachadae*, Wahl der SchwbV, S. 239 f.
42 In Bezug auf § 4 Abs. 3 S. 2 WO BetrVG: BAG 21.3.2017 – 7 ABR 19/15, juris Rn. 24 ff.; LAG München 10.3.2015 – 6 TaBV 64/14, juris Rn. 52; *Kreutz/Jacobs* in GK-BetrVG WO § 4 Rn. 19. Vgl. dazu aber auch *Sachadae*, Korrektur der Wählerliste am Tag der Stimmabgabe, jurisPR-ArbR 22/2015, Anm. 6.

Hierbei wird jedoch übersehen, dass eine solche Veränderungssperre am Wahl- 31
tag dazu führen würde, dass **Personen vollständig von der Wahlteilnahme ausgeschlossen** wären, wenn sie erst am Wahltag in ein Beschäftigungsverhältnis treten oder erst an diesem Tag ihren bisher geheim gehaltenen Schwerbehindertenstatus offenbaren und sie damit objektiv wahlberechtigt wären. Hiermit wäre eine **Verletzung des aktiven Wahlrechts** und zugleich des **Grundsatzes der Allgemeinheit der Wahl** verbunden. Gleichzeitig ist festzustellen, dass die bei der Schwerbehindertenvertretungswahl geltenden **Voraussetzungen des aktiven Wahlrechts weit weniger manipulationsanfällig** sind als die der Betriebsratswahl. Vor diesem Hintergrund erscheint eine Veränderungssperre am Wahltag angesichts der damit verbundenen Verletzung von Wahlgrundsätzen nicht gerechtfertigt. Daher ist eine Veränderungssperre zumindest bei der Schwerbehindertenvertretungswahl abzulehnen.[43] Die **Liste der Wahlberechtigten kann daher auch noch am Tag der Wahl angepasst werden,** wenn ein Wahlberechtigter erst an diesem Tag eingestellt wurde oder ein Beschäftigter erst zu diesem Zeitpunkt seinen Schwerbehindertenstatus (bzw. seine Gleichstellung) offenbart oder nachgewiesen hat.[44]

Dass auch am Tag der Wahl keine Veränderungssperre besteht, ändert nichts 32
daran, dass die **Eintragung in die Liste der Wahlberechtigten formelle Voraussetzung** der Ausübung des aktiven Wahlrechts ist.[45] Vielmehr verlangt es der Grundsatz der Öffentlichkeit, dass vor der Ausübung des aktiven Wahlrechts eine entsprechende **Korrektur der Liste** erfolgt.[46]

§ 5 SchwbVWO Wahlausschreiben

(1) ¹Spätestens sechs Wochen vor dem Wahltage erläßt der Wahlvorstand ein Wahlausschreiben, das von dem oder der Vorsitzenden und mindestens einem weiteren Mitglied des Wahlvorstandes zu unterschreiben ist. ²Es muß enthalten:
1. das Datum seines Erlasses,
2. die Namen der Mitglieder des Wahlvorstandes,
3. die Voraussetzungen der Wählbarkeit zur Schwerbehindertenvertretung,
4. den Hinweis, wo und wann die Liste der Wahlberechtigten und diese Verordnung zur Einsicht ausliegen,
5. den Hinweis, dass nur wählen kann, wer in die Liste der Wahlberechtigten eingetragen ist und dass Einsprüche gegen die Richtigkeit der Liste der Wahlberechtigten nur vor Ablauf von zwei Wochen seit dem Erlaß des Wahlausschreibens beim Wahlvorstand schriftlich eingelegt werden können; der letzte Tag der Frist ist anzugeben,
6. die Zahl der zu wählenden stellvertretenden Mitglieder,
7. den Hinweis, daß Schwerbehindertenvertretung und stellvertretende Mitglieder in zwei getrennten Wahlgängen gewählt werden und daß sich aus den Wahlvorschlägen ergeben muß, wer als Schwerbehindertenvertretung und wer als stellvertretende Mitglieder vorgeschlagen wird,
8. den Hinweis, daß Wahlberechtigte sowohl einen Wahlvorschlag für die Wahl der Schwerbehindertenvertretung als auch für die Wahl des stellver-

---

43 Ausführlich dazu *Sachadae*, Wahl der SchwbV, S. 239 f. Zustimmend *Hohmann* in Wiegand/Hohmann SchwbVWO § 4 Rn. 32.
44 *Hohmann* in Wiegand/Hohmann SchwbVWO § 4 Rn. 32; *Sachadae*, Wahl der SchwbV, S. 240.
45 *Sachadae*, Wahl der SchwbV, S. 240. Wohl auch *Hohmann* in Wiegand/Hohmann SchwbVWO § 4 Rn. 32.
46 *Sachadae*, Wahl der SchwbV, S. 240.

tretenden Mitglieds unterzeichnen können und daß ein Bewerber oder eine Bewerberin sowohl als Schwerbehindertenvertretung als auch als stellvertretendes Mitglied vorgeschlagen werden kann,
9. die Aufforderung, Wahlvorschläge innerhalb von zwei Wochen nach Erlaß des Wahlausschreibens beim Wahlvorstand einzureichen; der letzte Tag der Frist ist anzugeben,
10. die Mindestzahl von Wahlberechtigten, von denen ein Wahlvorschlag unterzeichnet sein muß (§ 6 Abs. 2 Satz 1),
11. den Hinweis, daß die Stimmabgabe an die Wahlvorschläge gebunden ist und daß nur solche Wahlvorschläge berücksichtigt werden dürfen, die fristgerecht (Nummer 9) eingereicht sind,
12. die Bestimmung des Ortes, an dem die Wahlvorschläge bis zum Abschluß der Stimmabgabe durch Aushang oder in sonst geeigneter Weise bekanntgegeben werden,
13. Ort, Tag und Zeit der Stimmabgabe,
14. den Hinweis auf die Möglichkeit der schriftlichen Stimmabgabe (§ 11 Abs. 1), falls der Wahlvorstand nicht die schriftliche Stimmabgabe beschlossen hat (§ 11 Abs. 2),
15. den Ort und die Zeit der Stimmauszählung und der Sitzung des Wahlvorstandes, in der das Wahlergebnis abschließend festgestellt wird,
16. den Ort, an dem Einsprüche, Wahlvorschläge und sonstige Erklärungen gegenüber dem Wahlvorstand abzugeben sind (Anschrift des Wahlvorstandes).

(2) Eine Abschrift oder ein Abdruck des Wahlausschreibens ist vom Tage seines Erlasses bis zum Wahltag an einer oder mehreren geeigneten, den Wahlberechtigten zugänglichen Stellen vom Wahlvorstand auszuhängen und in gut lesbarem Zustand zu erhalten.

I. Überblick über den Regelungsinhalt	1
II. Funktion des Wahlausschreibens	2
III. Inhalte des Wahlausschreibens	5
IV. Formelles zum Erlass	6
V. Aushang des Wahlausschreibens	8
1. Aushangpflicht	8
2. Aushangdauer und Gewährleistung der Lesbarkeit	10
3. Geeignete Aushangstellen	14
4. Mehrzahl von Aushangstellen	18
5. Barrierefreiheit	21
a) Bekanntgabe gegenüber Blinden und sonst schwer sehbehinderten Menschen	21
b) Barrierefreie Erreichbarkeit	23

I. Überblick über den Regelungsinhalt

1 Die Vorschrift regelt den Erlass und den Aushang des **Wahlausschreibens**, welches **im förmlichen Wahlverfahren** eine zentrale Bedeutung hat (→ Rn. 3 ff.). Im vereinfachten Verfahren gibt es kein Wahlausschreiben. Allerdings kommt der dortigen Einladung zur Wahlversammlung (→ § 19 Rn. 5) eine vergleichbare Bedeutung zu.[1]

---

[1] Vgl. *Sachadae*, Wahl der SchwbV, S. 411 ff.

II. Funktion des Wahlausschreibens

Der Erlass des Wahlausschreibens bildet die **förmliche Einleitung der Wahl**.[2] Hierdurch wird die Wahl auch formell gegenüber den Wahlberechtigten in Gang gesetzt.[3] Die Einleitung der Wahl ist jedoch von der **Initiierung der Wahl** und dem **Beginn der Wahl** zu unterscheiden.[4]

Mit der Einleitung der Wahl beginnen einerseits **mehrere Fristen zu laufen** (zB Fristen für Einsprüche nach § 4 oder die Frist für die Einreichung von Wahlvorschlägen nach § 6). Andererseits werden über das Wahlausschreiben auch **zahlreiche Entscheidungen des Wahlvorstands betriebsöffentlich bekannt gegeben** (zB Entscheidung über Briefwahl, Festlegung der Anzahl der zu wählenden stellvertretenden Mitglieder, festgelegter Tag der Stimmabgabe).

Vor allem aber dient das Wahlausschreiben der **allgemeinen Unterrichtung der Wahlberechtigten** über die Durchführung der Schwerbehindertenvertretungswahl an sich[5] und über deren **wesentliche Eckdaten** (zur gesonderten Information an ausländische Wahlberechtigte → § 2 Rn. 35 ff.). Hierdurch werden sie in die Lage versetzt, von ihren mit der Wahl in Zusammenhang stehenden Rechten (insbes. Wahlvorschlagsrecht, Einspruchsrecht, Stimmrecht) überhaupt Gebrauch zu machen.[6] Daher hat das Wahlausschreiben (und dessen Bekanntmachung) auch im Hinblick auf die **Gewährleistung der Allgemeinheit der Wahl** essentielle Bedeutung.[7]

III. Inhalte des Wahlausschreibens

Die **notwendigen Inhalte des Wahlausschreibens** sind in Abs. 1 S. 2 abschließend aufgezählt. Fehlen im Wahlausschreiben Angaben, die in dieser Vorschrift verlangt werden, führt dies in der Regel zur **Anfechtbarkeit der Wahl**.[8] Gleiches gilt auch, wenn die **notwendigen Angaben fehlerhaft** sind, weil im Regelfall nicht vollständig ausgeschlossen werden kann, dass die Wahl bei korrekter Informationserteilung anders ausgefallen wäre.[9]

IV. Formelles zum Erlass

Das Wahlausschreiben muss zunächst mit all seinen Inhalten **förmlich vom Wahlvorstand beschlossen** werden und der Beschluss in einer **Niederschrift** festgehalten werden.[10] Sodann ist eine entsprechende Ausfertigung des Wahlausschreibens zu erstellen, die **vom Vorsitzenden** sowie einem **weiteren Mitglied** des Wahlvorstands zu **unterzeichnen** ist.

---

2 BAG 16.11.2005 – 7 ABR 9/05, AP Nr. 4 zu § 94 SGB IX; *Marquardt* ArbRB 2006, 108 (108).
3 *Sachadae*, Wahl der SchwbV, S. 411. Vgl. auch BAG 16.11.2005 – 7 ABR 9/05, AP Nr. 4 zu § 94 SGB IX.
4 Siehe zur Abgrenzung zu diesen Begriffen: *Sachadae*, Wahl der SchwbV, S. 378 ff. und 411 ff.
5 Vgl. LAG RhPf 16.2.2011 – 8 TaBV 43/10, juris Rn. 29 und LAG Köln 11.4.2008 – 11 TaBV 80/07, juris Rn. 34.
6 LAG RhPf 16.2.2011 – 8 TaBV 43/10, juris Rn. 29. Vgl. auch LAG Bbg 17.10.2003 – 8 TaBV 7/03, juris Rn. 25; *Sachadae*, Wahl der SchwbV, S. 373 und 412.
7 Vgl. *Sachadae*, Wahl der SchwbV, S. 412.
8 Vgl. *Cramer* SchwbV SchwbVWO § 5 Rn. 3; *Hohmann* in Wiegand/Hohmann SchwbVWO § 5 Rn. 107; *Pahlen* in Neumann/Pahlen/Greiner/Winkler/Jabben SchwbVWO § 5 Rn. 1.
9 Vgl. *Hohmann* in Wiegand/Hohmann SchwbVWO § 5 Rn. 108, 111 f. Wohl auch *Maaß* in Kossens/von der Heide/Maaß, 1. Aufl. 2002, SchwbVWO Anm. zu § 5.
10 *Hohmann* in Wiegand/Hohmann SchwbVWO § 5 Rn. 4.

7 In zeitlicher Hinsicht ist zu berücksichtigen, dass das Wahlausschreiben **spätestens sechs Wochen vor dem Wahltag** erlassen werden muss. Dabei handelt es sich um eine Mindestfrist.[11] Diese ist abweichend vom Regelfall der Fristberechnungen analog §§ 187, 188 BGB rückwärts zu berechnen.[12] Dabei ist der erste Tag der Stimmabgabe gemäß § 187 Abs. 2 BGB als Fristbeginn mitzurechnen. Analog § 188 Abs. 2 Alt. 2 BGB endet die Frist dann mit dem Beginn desjenigen Tages der sechswöchigen Frist, welcher dem Tage nachfolgt, der durch seine Benennung dem Anfangstag der Frist entspricht.[13] In der Praxis empfiehlt es sich jedoch, eine längere Vorlaufzeit zu wählen. Eine Unterschreitung der Mindestfrist führt zur Anfechtbarkeit der Wahl.[14]

V. Aushang des Wahlausschreibens

1. Aushangpflicht

8 Ab dem Tag des Erlasses ist zugleich auch eine Abschrift oder ein Abdruck des Wahlausschreibens im Betrieb bzw. in der Dienststelle auszuhängen. Dabei ist die **Bekanntgabe per Aushang** zwingend vorgegeben und kann nicht durch andere Formen (zB Rundschreiben) ersetzt werden.[15] Auch eine **ausschließlich elektronische Bekanntgabe** (zB im Intranet), wie sie für andere Wahlen (zB § 2 Abs. 4 S. 4 WO BetrVG; § 2 Abs. 2 LPVGWO-BW; § 1 Abs. 3 SächsPersV-WVO) vorgesehen ist, kommt im Rahmen der Schwerbehindertenvertretungswahl de lege lata nicht in Betracht.[16]

9 Eine Verletzung der Aushangpflicht führt wegen der **essentiellen Bedeutung des Aushangs**[17] im Hinblick auf den Grundsatz der Allgemeinheit in aller Regel zur **Anfechtbarkeit der Wahl**.[18]

2. Aushangdauer und Gewährleistung der Lesbarkeit

10 Der Aushang muss **ab dem Tag des Erlasses** des Wahlausschreibens ausgehängt sein und dort gem. Abs. 2 bis zum Wahltag in einem gut lesbaren Zustand erhalten werden. Der Wahlvorstand ist daher verpflichtet, **regelmäßig den Aushang zu überprüfen** und ihn ggf. auszutauschen.[19] Wird die **Stimmabgabe über**

---

11 LAG RhPf 16.2.2011 – 8 TaBV 43/10, juris Rn. 27; *Hohmann* in Wiegand/Hohmann SchwbVWO § 5 Rn. 105; *Pahlen* in Neumann/Pahlen/Greiner/Winkler/Jabben SchwbVWO § 5 Rn. 1.
12 Vgl. *Ellenberger* in Palandt, 70. Aufl. 2011, BGB § 187 Rn. 4.
13 Vgl. BFH 28.3.2012 – II R 43/11, juris Rn. 17; BFH 6.6.2001 – II R 56/00, BFHE 195, 423.
14 LAG RhPf 16.2.2011 – 8 TaBV 43/10, juris Rn. 27; *Hohmann* in Wiegand/Hohmann SchwbVWO § 5 Rn. 105.
15 LAG BW 10.6.2020 – 4 TaBV 5/19; *Hohmann* in Wiegand/Hohmann SchwbVWO § 5 Rn. 80. Vgl. LAG Köln 11.4.2003 – 4 (13) TaBV 63/02, juris Rn. 33; LAG Köln 11.4.2008 – 11 TaBV 80/07, Rn. 37; LAG RhPf 16.2.2011 – 8 TaBV 43/10, juris Rn. 29; *Pahlen* in Neumann/Pahlen/Greiner/Winkler/Jabben SchwbVWO § 5 Rn. 1.
16 LAG Köln 11.4.2008 – 11 TaBV 80/07, Behindertenrecht 2009, 91 (93 f.); *Hohmann* in Wiegand/Hohmann SchwbVWO § 5 Rn. 87; *Kohte/Bernhardt* DVfR Reha-Recht – Forum B – 9/2012, S. 3; *Sachadae* PersV 2015, 170 (176 f.).
17 Dazu *Sachadae*, Wahl der SchwbV, S. 412.
18 LAG BW 10.6.2020 – 4 TaBV 5/19; LAG Hamm 15.3.2016 – 7 TaBV 63/15; LAG Köln 11.4.2008 – 11 TaBV 80/07 Rn. 41; *Cramer* SchwbV SchwbVWO § 5 Rn. 3; *Pahlen* in Neumann/Pahlen/Greiner/Winkler/Jabben SchwbVWO § 5 Rn. 2.
19 LAG Köln 26.1.2016 – 12 TaBV 60/15, juris Rn. 42; *Hohmann* in Wiegand/Hohmann SchwbVWO § 5 Rn. 86. Vgl. auch *Cramer* SchwbV SchwbVWO § 5 Rn. 2; *Maaß* in Kossens/von der Heide/Maaß, 1. Aufl. 2002, SchwbVWO Anm. zu § 5.

mehrere Tage verteilt, muss der Aushang **bis zum letzten Tag der Stimmabgabe lesbar** ausgehängt bleiben.[20]

Zur Gewährleistung der Lesbarkeit bietet sich für den Aushang des Wahlausschreibens in der Regel die **Verwendung verschlossener Sichtkästen** an. Die erstmalige Anschaffung derartiger Sichtkästen dürfte jedoch im Regelfall nicht zu den erforderlichen **Wahlkosten** (→ SGB IX § 177 Rn. 87) gehören, so dass der Wahlvorstand nur auf bereits vorhandene Sichtkästen zurückgreifen kann. 11

Hält der Wahlvorstand einen vorhandenen, **vom Arbeitgeber genutzten Sichtkasten** für eine geeignete Aushangstelle (→ Rn. 14 ff.) kann er jedoch die Nutzung verlangen. Die Gewährung des Zugangs zu dieser Aushangstelle zählt dann zu den Unterstützungspflichten des Arbeitgebers nach § 2 Abs. 6. 12

Dem Betriebsrat bzw. dem **Personalrat oder der Schwerbehindertenvertretung zur Verfügung stehende Sichtkästen** können ebenfalls für den Aushang des Wahlausschreibens mitgenutzt werden. Die Interessenvertretungen sind insoweit nach § 176 S. 2 Hs. 2 SGB IX zur Unterstützung der Wahlvorstandsarbeit verpflichtet. Für die amtierende Schwerbehindertenvertretung ergibt sich eine entsprechende Pflicht aus einer analogen Anwendung des § 176 S. 2 Hs. 2 SGB IX. 13

3. Geeignete Aushangstellen

Der Aushang des Wahlausschreibens muss an einer oder mehreren geeigneten, den Wahlberechtigten zugänglichen Stellen erfolgen. Die **Auswahl der geeigneten Stellen** obliegt dem Wahlvorstand.[21] 14

Maßstab für die Geeignetheit ist, dass die Stelle **regelmäßig von einer möglichst großen Zahl von Beschäftigten** aufgesucht oder eingesehen werden kann, damit möglichst viele Wahlberechtigte von der Durchführung der Wahl Kenntnis erlangen und dem Grundsatz der Allgemeinheit der Wahl genüge getan ist.[22] 15

Im Regelfall dürfte dies bei den sonst für betriebliche Bekanntgaben genutzten Stellen (zB **Schwarzes Brett**) gegeben sein, so dass diese Stellen prinzipiell auch für den Aushang des Wahlausschreibens geeignet sein dürften.[23] Daneben kommen auch Aushänge etwa in **Pausenraum**, in der **Cafeteria** oder in **sonstigen Gemeinschaftsräumen** in Betracht, sofern dort üblicherweise mit der Kenntnisnahme durch die Wahlberechtigten zu rechnen ist.[24] 16

Nicht als Aushangstelle geeignet sind hingegen **Räumlichkeiten, die nicht während der gesamten betrieblichen Arbeitszeiten** zugänglich sind. Dies gilt jedenfalls dann, wenn die betreffenden Räume während einer gesamten Schicht geschlossen bleiben und dadurch die Gefahr besteht, dass einzelne Wahlberechtigte (zB dauerhaft Nachtdienstleistende) das Wahlausschreiben gar nicht zur 17

---

20 Vgl. *Hohmann* in Wiegand/Hohmann SchwbVWO § 5 Rn. 88.
21 LAG BW 10.6.2020 – 4 TaBV 5/19; *Cramer* SchwbV SchwbVWO § 5 Rn. 2; *Hohmann* in Wiegand/Hohmann SchwbVWO § 5 Rn. 83.
22 *Sachadae*, Wahl der SchwbV, S. 412 f.; *Schleicher* WO zum SchwbG § 5 Rn. 6. Zustimmend: LAG BW 10.6.2020 – 4 TaBV 5/19.
23 *Adlhoch* in Ernst/Adlhoch/Seel SGB IX § 94 Rn. 85; *Hohmann* in Wiegand/Hohmann SchwbVWO § 5 Rn. 83; *Sachadae*, Wahl der SchwbV, S. 413.
24 Vgl. zur Betriebsratswahl: *Sachadae*, Aushang des Wahlausschreibens in nur zeitweise zugänglichem Raum, jurisPR-ArbR 19/2015 Anm. 5. Zustimmend: LAG BW 10.6.2020 – 4 TaBV 5/19 mit kritischer Anmerkung *Düwell* jurisPR-ArbR 8/2021 Anm. 5.

Kenntnis nehmen und dadurch ggf. in ihren Wahlrechten beschnitten werden könnten und hierdurch die Allgemeinheit der Wahl verletzt wäre.[25]

4. Mehrzahl von Aushangstellen

18 In Abhängigkeit von den örtlichen und räumlichen Verhältnissen im Wahlbezirk kann es auch erforderlich sein, das **Wahlausschreiben an mehreren Stellen auszuhängen**. Eine Mehrzahl von Aushangstellen ist insbesondere bei starker räumlicher Zergliederung des Betriebs bzw. der Dienststelle erforderlich.[26] Ausschlaggebend ist insoweit, ob damit zu rechnen ist, dass sämtliche **Beschäftigten realistischerweise vom Aushang Kenntnis erlangen** werden.[27] Dies wäre im Fall der **Zusammenfassung von Betrieben** nach § 177 Abs. 1 S. 4 SGB IX bei nur einem Aushang zu verneinen.[28]

19 Ebenfalls dürfte ein Aushang an mehreren Stellen nötig sein, wenn der Betrieb aus **mehreren räumlich getrennt liegenden Betriebsteilen** besteht.[29] Die zu § 177 Abs. 6 S. 3 SGB IX entwickelten Anforderungen an das Vorliegen räumlich weit entfernt liegender Betriebsteile müssen hingegen nicht erreicht sein, weil die **Zumutbarkeitsschwelle für die regelmäßige Einsichtnahme von Aushangstellen** nicht der entspricht, die für das Aufsuchen des Wahllokals anzusetzen ist. Vielmehr ist davon auszugehen, dass **grundsätzlich in jeder Betriebsstätte ein Aushang** erfolgen muss.[30]

20 Soweit das Wahlausschreiben an mehreren Stellen ausgehängt werden muss, ist zu beachten, dass eine **wirksame Bekanntgabe erst mit dem Aushang an der letzten Aushangstelle** vorliegt.[31] Um zu vermeiden, dass das Erlassdatum nicht vom Aushangtag abweicht, muss daher darauf geachtet werden, dass **sämtliche Aushänge noch am Erlasstage** vorgenommen werden.

5. Barrierefreiheit

a) Bekanntgabe gegenüber Blinden und sonst schwer sehbehinderten Menschen

21 Der Grundsatz der Allgemeinheit der Wahl erfordert zusammen mit dem bei der Schwerbehindertenvertretungswahl ebenfalls geltenden **Grundsatz der Barrierefreiheit**,[32] dass der wesentliche Inhalt des Wahlausschreibens auch **blinden und schwer sehbehinderten Beschäftigten** zur Kenntnis gereicht werden muss.[33] Dass ein betroffener Wahlberechtigter über eine regelmäßig anwesende **Vorlese-**

---

25 Zur Betriebsratswahl: *Sachadae*, Aushang des Wahlausschreibens in nur zeitweise zugänglichem Raum, jurisPR-ArbR 19/2015 Anm. 5. AA ArbG Essen 4.11.2014 – 2 BV 42/14, juris Rn. 36.
26 Vgl. *Hohmann* in Wiegand/Hohmann SchwbVWO § 5 Rn. 85; *Sachadae*, Wahl der SchwbV, S. 413.
27 Zustimmend: LAG BW 10.6.2020 – 4 TaBV 5/19.
28 Im Ergebnis ebenso *Hohmann* in Wiegand/Hohmann SchwbVWO § 5 Rn. 85.
29 *Sachadae*, Wahl der SchwbV, S. 413.
30 LAG Köln 11.4.2008 – 11 TaBV 80/07, Behindertenrecht 2009, 91 (93 f.); zur Betriebsratswahl: BAG 5.5.2004 – 7 ABR 44/03, AP Nr. 1 zu § 3 WahlO BetrVG 1972.
31 Vgl. *Hohmann* in Wiegand/Hohmann SchwbVWO § 5 Rn. 85.
32 Ausführlich dazu *Sachadae*, Wahl der SchwbV, S. 78 ff. Zustimmend *Kohte/Liebsch* DVfR Reha-Recht – Forum B – 6/2016, S. 3.
33 *Kohte/Liebsch* DVfR Reha-Recht – Forum B – 6/2016, S. 3; *Sachadae*, Wahl der SchwbV, S. 413. Zu Betriebsratswahl HessLAG 24.9.2015 – 9 TaBV 12/15, juris Rn. 41; *Sachadae* ZfPR online 12/2016, 21 (22 f.); *Sachadae* jurisPR-ArbR 47/2016, Anm. 5.

kraft verfügt,[34] lässt die **Notwendigkeit einer gesonderten Unterrichtung** noch nicht automatisch entfallen.[35]

Zur gesonderten Unterrichtung bietet es sich an, das Wahlausschreibens als individuelle Unterrichtung in **digital lesbarer Form** an diejenige Wahlberechtigten zu senden, die über Vorlese- bzw. Transformationstechnik verfügen, welche den Text in akustische Sprachsignale oder in eine haptisch erfassbare Braillezeile umwandelt.[36] Ferner kommt eine **persönliche Unterrichtung durch den Wahlvorstand** in Betracht.[37] Ein **Vorlesen des Inhalts** ist nur erforderlich, wenn dies der betreffende Wahlberechtigte wünscht.[38] Die zusätzliche Anfertigung des Wahlausschreibens in **Braille-Punkt-Schrift** erscheint dagegen nur bedingt geeignet, weil diese nur von einem geringen Teil (ca. 20 %)[39] der blinden bzw. sehbehinderten Menschen in Deutschland gelesen werden kann.[40] Zur Information an ausländische Beschäftigte → § 2 Rn. 35 ff. 22

b) Barrierefreie Erreichbarkeit

Wegen der notwendigen Barrierefreiheit[41] kommen nur **Aushangstellen** in Betracht die auch **für gehbehinderte Beschäftigte in zumutbarer Weise erreicht** werden können.[42] Daher scheiden nur über **Treppen** zugängliche Stellen regelmäßig aus. 23

Eine solche insoweit ungeeignete Stelle kann auch nicht dadurch kompensiert werden, dass ein weiterer **Aushang** an einer zwar barrierefrei zugänglichen, jedoch **entlegenen Stelle im Betrieb bzw. der Dienststelle** erfolgt. Bei einem solchen Aushang wäre dann nicht üblicherweise mit einer Kenntnisnahme zu rechnen, so dass mangels Einhaltung der Grundsätze der Allgemeinheit und der Barrierefreiheit nicht von einer Geeignetheit der Stelle ausgegangen werden könnte.[43] 24

§ 6 SchwbVWO Wahlvorschläge

(1) ¹Die Wahlberechtigten können innerhalb von zwei Wochen seit Erlaß des Wahlausschreibens schriftliche Vorschläge beim Wahlvorstand einreichen. ²Es können ein Bewerber oder eine Bewerberin als Schwerbehindertenvertretung und ein Bewerber oder eine Bewerberin als stellvertretendes Mitglied vorge-

---

34 Dazu *Schneider/Adlhoch* Behindertenrecht 2001, 51 (53).
35 *Sachadae*, Wahl der SchwbV, S. 350. Vgl. auch *Sachadae* ZBVR online 12/2016, 21 (23 f.). Wohl auch *Kohte/Liebsch* DVfR Reha-Recht – Forum B – 6/2016, S. 4.
36 Vgl. zur Betriebsratswahl *Sachadae* ZfPR online 12/2016, 21 (23). Vgl. auch *Kohte/Liebsch* DVfR Reha-Recht – Forum B – 6/2016, S. 5.
37 Dazu *Sachadae*, Wahl der SchwbV, S. 349 ff. und 413; *Sachadae* ZBVR online 12/2016, 21 (23 f.); *Sachadae* jurisPR-ArbR 47/2016, Anm. 5. Zustimmend *Hohmann* in Wiegand/Hohmann SchwbVWO § 5 Rn. 84.
38 *Sachadae* ZfPR online 12/2016, 21 (23); *Sachadae* jurisPR-ArbR 47/2016, Anm. 5. Vgl. auch *Sachadae*, Wahl der SchwbV, S. 351.
39 *Adam*, Das Buch der Blindenschrift, S. 30.
40 Dazu *Sachadae*, Wahl der SchwbV, S. 349 ff. und 413; *Sachadae* ZBVRonline 12/2016, 21 (23);*Sachadae* jurisPR-ArbR 47/2016, Anm. 5. AA HessLAG 24.9.2015 – 9 TaBV 12/15, juris Rn. 41.
41 Allgemein zu diesem Grundsatz *Sachadae*, Wahl der SchwbV, S. 78 ff.
42 *Sachadae*, Wahl der SchwbV, S. 412. Vgl. auch *Dörner* SchwbG WO § 5 Anm. 4; *Hohmann* in Wiegand/Hohmann SchwbVWO § 5 Rn. 84; *Pohl/Fraunhoffer* in FKS SGB IX § 94 Rn. 23.
43 Vgl. *Dörner* SchwbG WO § 5 Anm. 4; *Sachadae*, Wahl der SchwbV, S. 412; *Strehmel*, Vertrauensleute vor der Wahl, AuA 2002, 418 (419).

schlagen werden. ³Hat der Wahlvorstand die Wahl mehrerer stellvertretender Mitglieder beschlossen, können entsprechend viele Bewerber oder Bewerberinnen dafür benannt werden. ⁴Ein Bewerber oder eine Bewerberin kann sowohl als Schwerbehindertenvertretung als auch als stellvertretendes Mitglied vorgeschlagen werden.

(2) ¹Jeder Wahlvorschlag muß von einem Zwanzigstel der Wahlberechtigten, mindestens jedoch von drei Wahlberechtigten unterzeichnet sein. ²Familienname, Vorname, Geburtsdatum, Art der Beschäftigung sowie erforderlichenfalls Betrieb oder Dienststelle der Bewerber oder Bewerberinnen sind anzugeben. ³Dem Wahlvorschlag ist die schriftliche Zustimmung der Bewerber oder Bewerberinnen beizufügen.

(3) ¹Eine Person, die sich bewirbt, kann nur auf einem Wahlvorschlag benannt werden, es sei denn, sie ist in einem Wahlvorschlag als Schwerbehindertenvertretung und in einem anderen Wahlvorschlag als stellvertretendes Mitglied benannt. ²Der Wahlvorstand fordert eine Person, die mit ihrer schriftlichen Zustimmung auf mehreren Wahlvorschlägen für dasselbe Amt benannt ist, auf, innerhalb von drei Arbeitstagen zu erklären, auf welchem der Wahlvorschläge sie benannt bleiben will. ³Wird diese Erklärung nicht fristgerecht abgegeben, wird der Bewerber oder die Bewerberin von sämtlichen Wahlvorschlägen gestrichen.

(4) ¹Die Unterschrift eines Wahlberechtigten zählt nur auf einem Wahlvorschlag. ²Der Wahlvorstand hat einen Wahlberechtigten, der mehrere Wahlvorschläge unterzeichnet hat, schriftlich gegen Empfangsbestätigung aufzufordern, binnen drei Arbeitstagen seit dem Zugang der Aufforderung zu erklären, welche Unterschrift er aufrechterhält. ³Gibt der Wahlberechtigte diese Erklärung nicht fristgerecht ab, zählt seine Unterschrift auf keinem Wahlvorschlag.

I. Überblick über den Regelungsinhalt	1
II. Passiv wählbare Personen als Bezugspunkt des Wahlvorschlags	2
III. Wahlvorschlagsberechtigung	7
1. Aktives Wahlrecht als Voraussetzung	7
2. Betriebs- bzw. Personalräte und Schwerbehindertenvertretung	8
3. Gewerkschaften	10
4. Integrationsämter	11
IV. Inhaltliche und formelle Anforderungen an Wahlvorschläge	12
1. Allgemeines	12
2. Personenbezogene Angaben zu den vorgeschlagenen Kandidaten	13
a) Grundsatz	13
b) Geburtsdatum	14
c) Art der Beschäftigung	15
d) Sonstige Angaben	17
3. Angabe des Amtsbezugs	19
a) Hintergrund	19
b) Obliegenheit zur Angabe	20
c) Folgen fehlender Angaben	21
aa) Wahlvorschläge mit mehreren Kandidaten	22
bb) Wahlvorschläge mit nur einem Kandidaten	23
cc) Keine Nachfrage	24
dd) Keine nachträgliche Ergänzung	25
d) Keine „Reihung" der Stellvertreterkandidaten	26
4. Stützunterschriften	27
a) Allgemeines	27
b) Vorgaben zur Anzahl	28
c) Zur Leistung von Stützunterschriften berechtigte Personen	33
d) Verbot der Mehrfachunterstützung	36
5. Einverständniserklärung	39

a) Bedeutung und Funktion der Einverständniserklärung ... 39
b) Formanforderungen 40
c) Erkennbarkeit 41
d) Rücknahme der Zustimmung 43
6. Doppelkandidatur 46
  a) Problemstellung 46
  b) Bedenken hinsichtlich des Verbots echter Doppelkandidaturen 47
  c) Unechte Doppelkandidaturen 51
7. Formanforderungen für Wahlvorschläge 53
8. Frist für die Einreichung von Wahlvorschlägen ... 55
  a) Fristberechnung 55
  b) Unzulässigkeit eines früheren Fristendes .. 58
  c) Zugang beim Wahlvorstand 60
  d) Verfrühte Wahlvorschläge 64
V. Prüfung der Wahlvorschläge 65

1. Inhalt der Prüfungspflicht 65
  a) Allgemeines 65
  b) Umgang mit Doppelkandidaturen 66
  c) Umgang mit Mehrfachunterstützung ... 70
  d) Weitere Inhalte der Prüfpflicht 74
    aa) Bestehen einer weitergehenden Prüfpflicht 74
    bb) Inhalt der weiteren Prüfpflicht 76
    cc) Umgang mit festgestellten Mängeln 78
      (1) Anforderungen an die Unterrichtung bzw. Beanstandung 79
      (2) Bestimmung der „Vorschlagsvertreter" 80
      (3) Heilbare Mängel ... 81
      (4) Unheilbare Mängel 84
2. Zeitpunkt der Prüfpflicht 86

I. Überblick über den Regelungsinhalt

In der Vorschrift des § 6 ist das Wahlvorschlagsrecht näher geregelt, das für die Schwerbehindertenvertretungswahl essentielle Bedeutung besitzt.[1] Dieses betrifft lediglich das **Recht**, bestimmte Personen als **Wahlbewerber** vorschlagen zu können. Über die Frage, wer als Wahlbewerber vorgeschlagen werden kann, auf wen sich also ein Wahlvorschlag bezieht, trifft § 6 keine Aussage. Diesbezügliche Vorgaben ergeben sich ausschließlich aus § 177 Abs. 3 SGB IX. 1

II. Passiv wählbare Personen als Bezugspunkt des Wahlvorschlags

Das **passive Wahlrecht** setzt kein aktives Wahlrecht voraus, so dass auch Personen vorgeschlagen werden können, die selbst **nicht schwerbehindert bzw. gleichgestellt** sind (→ SGB IX § 177 Rn. 18 ff.). Der Kreis der passiv wählbaren Personen ist damit in der Regel deutlich größer als der Kreis der aktiv Wahlberechtigten.[2] 2

Gleichzeitig wird das passive Wahlrecht aber auch dadurch eingeschränkt, dass es seinerseits insbesondere an die **Wählbarkeitsvorgaben des Betriebsverfassungs- bzw. Personalvertretungsrechts** anknüpft. Somit verfügt ein aktiv Wahlberechtigter auch nicht automatisch über das passive Wahlrecht. 3

Für die Wählbarkeit unschädlich ist es allerdings, wenn die vorgeschlagene Person **Mitglied des Betriebs- bzw. Personalrats** ist, weil eine Ämterpluralität mit der Schwerbehindertenvertretung nicht ausgeschlossen ist.[3] Gleiches gilt 4

---

1 *Sachadae*, Wahl der SchwbV, S. 414.
2 *Knittel* SGB IX § 94 Rn. 50; *Sachadae*, Wahl der SchwbV, S. 263.
3 Mit ausführlicher Begründung: *Sachadae*, Wahl der SchwbV, S. 257 ff.

für eine Mitgliedschaft in der **Jugend- und Auszubildendenvertretung**.[4] Dem passiven Wahlrecht steht auch nicht entgegen, dass die vorgeschlagene Person Mitglied des **Wahlvorstands** ist oder als **Wahlhelfer** bestellt wurde.[5]

5 Dagegen ist der **Inklusionsbeauftragte nach § 181 SGB IX** wegen der gebotenen teleologischen Reduktion des § 177 Abs. 3 SGB IX vom passiven Wahlrecht ausgeschlossen, weil dessen Amt mit dem der Schwerbehindertenvertretung in einem Exklusivverhältnis steht (→ SGB IX § 177 Rn. 21).[6] Ferner ist gem. § 20 Abs. 1 BGleiG eine Personalunion mit dem Amt der **Gleichstellungsbeauftragten** ausgeschlossen, so dass insoweit eine Wählbarkeit zu verneinen ist (→ SGB IX § 177 Rn. 21).

6 Trotz der notwendigen Differenzierung zwischen Wahlvorschlagsrecht und Wählbarkeit besteht zwischen diesen beiden Rechten ein enger Zusammenhang. Der Wahlvorstand ist nämlich verpflichtet, im Zusammenhang mit der **Prüfung der Wahlvorschläge** (→ Rn. 65 ff.) auch das Vorliegen der **Voraussetzungen des passiven Wahlrechts** nach § 177 Abs. 3 SGB IX zu prüfen.[7]

III. Wahlvorschlagsberechtigung

1. Aktives Wahlrecht als Voraussetzung

7 Die Wahlvorschlagsberechtigung, also das Recht, wählbare Personen als Wahlbewerber vorzuschlagen, steht gem. § 6 ausschließlich den aktiv **Wahlberechtigten** zu.[8] Andere Personen oder **Organe** besitzen dagegen keine Wahlvorschlagsberechtigung. Auch **passiv wählbare Personen** können nur dann Wahlvorschläge einreichen, wenn sie zugleich selbst über das aktive Wahlrecht verfügen.

2. Betriebs- bzw. Personalräte und Schwerbehindertenvertretung

8 Den **Betriebsräten** bzw. **Personalräten** steht ebenfalls kein eigenständiges Wahlvorschlagsrecht zu.[9] Gleiches gilt für die (noch) **amtierende Schwerbehindertenvertretung**. Davon unberührt bleibt das Recht der Mitglieder dieser Organe, Wahlvorschläge einzureichen, soweit sie selbst aktiv wahlberechtigt sind.[10] In diesem Fall treten sie jedoch nicht in ihrer Funktion als Mitglied des betreffenden Organs, sondern allein als aktiv Wahlberechtigte iSd § 177 Abs. 2 SGB IX auf.

9 Ungeachtet des Fehlens einer eigenständigen Wahlvorschlagsberechtigung ist eine **beratende Unterstützung** bei der ordnungsgemäßen Einreichung von Wahlvorschlägen **durch diese Organe** zulässig.

3. Gewerkschaften

10 Im Betrieb bzw. in der Dienststelle vertretenen **Gewerkschaften** steht – anders als bei den allgemeinen Interessenvertretungswahlen – kein Wahlvorschlags-

---

4 *Sachadae*, Wahl der SchwbV, S. 259 f.
5 Vgl. *Hohmann* in Wiegand/Hohmann SchwbVWO § 6 Rn. 7; *Pohl/Fraunhoffer* in FKS SGB IX § 94 Rn. 28.
6 Statt vieler *Esser/Isenhardt* in jurisPK-SGB IX § 94 Rn. 21; *Müller-Wenner* in Müller-Wenner/Winkler SGB IX § 94 Rn. 24; *Sachadae*, Wahl der SchwbV, S. 261 f. mwN.
7 *Sachadae*, Wahl der SchwbV, S. 264. Vgl. auch *Hohmann* in Wiegand/Hohmann SchwbVWO § 6 Rn. 11.
8 *Sachadae*, Wahl der SchwbV, S. 414. Vgl. dazu *Dörner* SchwbG WO § 6 Anm. 2; *Schleicher* WO zum SchwbG § 6 Rn. 1 und § 19 Rn. 4.
9 *Hohmann* in Wiegand/Hohmann SchwbVWO § 6 Rn. 5.
10 Vgl. *Sachadae*, Wahl der SchwbV, S. 414 f.

recht zu, weil sie nach dem Willen des Normgebers insgesamt aus den Schwerbehindertenvertretungswahlen herausgehalten werden sollten.[11] Eine beratende Unterstützung – zumindest über die Betriebs- oder Personalräte – ist dagegen nicht ausgeschlossen.

4. Integrationsämter

Die **Integrationsämter** können ebenfalls **nur beratend** bei der Einreichung von Wahlvorschlägen mitwirken. Eine Sonderrolle der Integrationsämter ergibt sich insoweit auch nicht aus deren gesonderter Erwähnung in § 177 Abs. 6 S. 4 SGB IX, weil sich das dort erwähnte Recht auf die Initiierungsbefugnis beschränkt. Auch den Integrationsämtern steht somit kein eigenes Wahlvorschlagsrecht zu.[12]

11

IV. Inhaltliche und formelle Anforderungen an Wahlvorschläge

1. Allgemeines

Damit Wahlvorschläge wirksam sind, müssen diese eine Reihe inhaltlicher und formeller Anforderungen erfüllen. Hierzu gehören personenbezogene **Angaben zu den Wahlbewerbern** nebst **Angabe des Amtsbezugs**, die Beifügung der **Stützunterschriften** und der Zustimmung des Wahlbewerbers zur Kandidatur, das **Formerfordernis** und die Einhaltung der **Wahlvorschlagsfrist**.

12

2. Personenbezogene Angaben zu den vorgeschlagenen Kandidaten

a) Grundsatz

In einem Wahlvorschlag müssen die als Kandidat vorgeschlagenen Personen gem. Abs. 2 S. 2 mit **Familienname, Vorname, Geburtsdatum** und **Art der Beschäftigung** benannt werden. Dabei ist die Angabe von Geburtsdatum und Beschäftigungsart **nicht auf Namensdoppelungen beschränkt**, sondern muss generell erfolgen.[13]

13

b) Geburtsdatum

Das Geburtsdatum darf auch **nicht unter Verweis auf den Persönlichkeitsschutz weggelassen** werden, weil diese Angabe – anders als im Hinblick auf die Wahlberechtigung – für die Überprüfung der für die Wählbarkeit nötigen Vollendung des 18. Lebensjahres erforderlich ist.[14]

14

c) Art der Beschäftigung

Für die Angabe der Art der Beschäftigung ist auch in größeren Betrieben und Dienststellen in der Regel eine **allgemeine Angabe** (zB Beamter, Arbeitnehmer), **ausreichend**, weil eine sichere Identifikation des Kandidaten in aller Regel be-

15

---

11 OVG NRW 7.4.2004 – 1 A 4778/03 PVL, juris Rn. 31; *Hohmann* in Wiegand/Hohmann SchwbVWO § 6 Rn. 5; *Sachadae*, Wahl der SchwbV, S. 414. Vgl. auch BAG 29.7.2009 – 7 ABR 25/08, NZA 2009, 1221 (1222).
12 *Hohmann* in Wiegand/Hohmann SchwbVWO § 6 Rn. 5; *Sachadae*, Wahl der SchwbV, S. 414.
13 *Sachadae*, Wahl der SchwbV, S. 415. Wohl auch *Cramer* SchwbV SchwbVWO § 6 Rn. 2; *Hohmann* in Wiegand/Hohmann SchwbVWO § 6 Rn. 5.
14 *Hohmann* in Wiegand/Hohmann SchwbVWO § 6 Rn. 66; *Sachadae*, Wahl der SchwbV, S. 415. Im Ergebnis ebenso *Cramer* SchwbV SchwbVWO § 6 Rn. 2. AA *Maaß* in Kossens/von der Heide/Maaß, 1. Aufl. 2002, SchwbVWO Anm. zu § 6; *Pahlen* in Neumann/Pahlen/Greiner/Winkler/Jabben SchwbVWO § 6 Rn. 2.

reits auf andere Weise (insbesondere durch die zwingende zusätzliche Angabe des Geburtsdatums) sichergestellt ist.[15]

16 Nähere Angaben zur **ausgeübten Tätigkeit** (zB **Kraftfahrer; Pförtner; Assistent der Geschäftsführung**) oder der **Dienst- oder Amtsbezeichnung von Beamten** (zB **Hauptwart; Steueramtsrat; Verwaltungsinspektor; Baudirektor**) sind deshalb nicht nötig.[16] Weitere ergänzende Angaben, wie etwa zur **hierarchischen Stellung** (zB **Abteilungsleiter**), sind zulässig,[17] jedoch ebenfalls nicht erforderlich, so dass der Wahlvorstand derartige Angaben nicht verlangen kann.[18]

d) Sonstige Angaben

17 Besteht der Wahlbezirk aufgrund einer **Zusammenfassung nach § 177 Abs. 1 S. 4 SGB IX** aus mehr als einem Betrieb bzw. mehr als einer Dienststelle, ist auch die **Angabe** desjenigen **Betriebs** bzw. derjenigen **Dienststelle** erforderlich, in der der vorgeschlagene Kandidat beschäftigt ist.[19]

18 Die Einreichung von **Lichtbildern** als Ergänzung oder Bestandteil der Wahlvorschläge kann durch den Wahlvorstand generell nicht verlangt werden.[20] Die Angabe von **Kennwörtern** ist bei der Schwerbehindertenvertretungswahl nicht vorgesehen, da hier keinerlei Listenwahl, sondern stets nur eine Personenwahl stattfindet.[21]

3. Angabe des Amtsbezugs

a) Hintergrund

19 Die für die gesamte Wahl bedeutsame **Trennung der Wahlgänge** (vgl. § 9 Abs. 2 S. 2) zwischen der Wahl der Schwerbehindertenvertretung einerseits und der stellvertretenden Mitglieder andererseits, zeigt sich auch bei den Wahlvorschlägen. Für beide Wahlgänge können nämlich **eigenständige Wahlvorschläge** eingereicht werden.[22] Die notwendige Trennung der Wahlvorschläge schließt jedoch nicht aus, dass Kandidaten für beide Wahlgänge auf einem **einheitlichen Wahlvorschlag** eingereicht werden.[23] Aus diesem Grund muss jedoch aus dem Wahlvorschlag erkennbar sein, auf welches Amt sich der jeweilige Vorschlag bezieht (vgl. auch § 5 Abs. 1 S. 2 Nr. 7).[24] Anderenfalls droht die Unwirksamkeit des Wahlvorschlags (→ Rn. 21 ff.).

b) Obliegenheit zur Angabe

20 Auch wenn § 6 – trotz des § 5 Abs. 1 S. 2 Nr. 7 – keine explizite Pflicht zur **Angabe des Amtsbezugs** statuiert, besteht folglich für die Wahlvorschläge Einrei-

---

15 Vgl. *Sachadae* juris-PR-ArbR 10/2015, Anm. 4.
16 Vgl. *Sachadae* juris-PR-ArbR 10/2015, Anm. 4. AA wohl *Hohmann* in Wiegand/Hohmann SchwbVWO § 6 Rn. 66.
17 Vgl. zur Betriebsratswahl BAG 3.12.1987 – 6 ABR 79/85, juris Rn. 20; *Kreutz/Jacobs* in GK-BetrVG WO § 6 Rn. 10.
18 ArbG Solingen 25.9.2014 – 4 BV 12/14; *Sachadae* juris-PR-ArbR 10/2015, Anm. 4.
19 *Sachadae*, Wahl der SchwbV, S. 415; *Schleicher* WO zum SchwbG § 6 Rn. 5. Vgl. auch *Treml* Behindertenrecht 1986, 57 (60).
20 Vgl. zur Betriebsratswahl BAG 3.12.1987 – 6 ABR 79/85, Ls. 4.
21 Vgl. BAG 25.10.2017 – 7 ABR 2/16, juris Rn. 40 f.
22 Vgl. *Maaß* in Kossens/von der Heide/Maaß, 1. Aufl. 2002, SchwbVWO Anm. zu § 6; *Pahlen* in Neumann/Pahlen/Greiner/Winkler/Jabben SchwbVWO § 6 Rn. 3.
23 Vgl. *Düwell/Sachadae* NZA 2014, 1241 (1244); *Maaß* in Kossens/von der Heide/Maaß, 1. Aufl. 2002, SchwbVWO Anm. zu § 6; *Pahlen* in Neumann/Pahlen/Greiner/Winkler/Jabben SchwbVWO § 6 Rn. 3; *Sachadae*, Wahl der SchwbV, S. 453.
24 Amtl. Begr. zu § 6, BR-Drs. 290/75; *Schleicher* WO zum SchwbG § 6 Rn. 4.

chenden zumindest eine entsprechende **Obliegenheit**. Um eine Unwirksamkeit zu vermeiden, ist deshalb neben den personenbezogenen Angaben zum Wahlbewerber auch anzugeben, ob die betreffenden Kandidaten für das Amt der Schwerbehindertenvertretung oder für das Amt des stellvertretenden Mitglieds vorgeschlagen werden sollen.[25] Dies gilt sowohl bei Wahlvorschlägen, die jeweils gesondert, **nach Ämtern getrennt** eingereicht werden, als auch für **einheitliche Vorschläge**, die gleichzeitig Kandidaten für beide Ämter benennen sollen.

c) Folgen fehlender Angaben

Fehlt eine entsprechende ausdrückliche Angabe, muss der **Wahlvorschlag ausgelegt** werden. 21

aa) Wahlvorschläge mit mehreren Kandidaten

Sind **mehrere Kandidaten benannt**, kann nicht ohne weitere Anhaltspunkte 22 davon ausgegangen werden, dass es sich um einen **Wahlvorschlag für die stellvertretenden Mitglieder** handele. Es ist nämlich nicht auszuschließen, dass die die Stützunterschriften leistenden Wahlberichtigen möglicherweise davon angenommen haben, die Vorschläge bezögen sich (auch oder ausschließlich) auf das Amt der Schwerbehindertenvertretung. Ebenso kann nicht ohne Weiteres unterstellt werden, dass der **erstbenannte Kandidat für das Amt der Schwerbehindertenvertretung** und die übrigen Kandidaten als stellvertretende Mitglieder vorgeschlagen werden sollten, weil nicht sichergestellt ist, dass eine solche **Lesart vom Willen der den Wahlvorschlag unterstützenden Wahlberechtigten getragen** wird. Lässt sich der Amtsbezug somit durch Auslegung nicht zweifelsfrei klären, ist der **Wahlvorschlag unwirksam**.[26]

bb) Wahlvorschläge mit nur einem Kandidaten

Auch bei einem **Wahlvorschlag mit nur einem Kandidaten** kann nicht automatisch davon ausgegangen werden, dass dieser für das Amt der Schwerbehindertenvertretung vorgeschlagen werden sollte, weil es auch bei der Wahl mehrerer stellvertretender Mitglieder zulässig ist, auf einem Wahlvorschlag lediglich einen Stellvertreterkandidaten zu benennen. Überdies lässt sich ohne entsprechende Anhaltspunkte auf dem Wahlvorschlag nicht annehmen, dass die Stützunterschriften leistenden Wahlberechtigten gerade auch den unterstellten Amtsbezug mittragen. Auch insoweit ist daher **im Zweifel** von der **Unwirksamkeit des Wahlvorschlags** auszugehen.[27] 23

cc) Keine Nachfrage

Eine **Nachfrage des Wahlvorstands bei den Einreichern des Wahlvorschlags** 24 oder bei den Wahlbewerbern würde nicht weiterführen, weil den die Stützunterschriften Leistenden hierdurch ggf. ein anderer Wille unterstellt und damit der Inhalt des Wahlvorschlags geändert werden könnte. Eine solche „Änderung" wäre jedoch **nur mit Zustimmung aller Unterzeichner** möglich.[28] Lässt

---

25 LAG München 25.10.2007 – 4 TaBV 38/07; *Sachadae*, Wahl der SchwbV, S. 415 f.; *Weber* SchwbG § 24 Anm. 23. Vgl. auch Amtl. Begr. zu § 6 aF, BR-Drs. 290/75; *Düwell/Sachadae* NZA 2014, 1241 (1244).
26 Vgl. *Sachadae*, Wahl der SchwbV, S. 415 f.
27 *Sachadae*, Wahl der SchwbV, S. 416.
28 Vgl. *Schleicher* WO zum SchwbG § 6 Rn. 8. Vgl. zur Betriebsratswahl: BAG 16.1.2018 – 7 ABR 11/16, juris Rn. 41; BAG 25.5.2005 – 7 ABR 39/04, juris Rn. 13; BAG 15.12.1972 – 1 ABR 8/72, juris Rn. 24; *Fitting* BetrVG WO § 6 Rn. 19.

sich mithilfe der Auslegung eine eindeutige Zuordnung nicht vornehmen, ist der Wahlvorschlag unwirksam.

dd) Keine nachträgliche Ergänzung

25 Bei fehlender oder unzureichender Angabe des Amtsbezugs scheidet eine nachträgliche Ergänzung des Wahlvorschlags aus, weil auch dies eine Änderung wäre, die der Zustimmung aller Unterzeichner bedürfte.[29]

d) Keine „Reihung" der Stellvertreterkandidaten

26 Eine Angabe einer „Reihenfolge" der stellvertretenden Mitglieder – wie sie bei Vorschlagslisten bei anderen Interessensvertretungswahlen vorgeschrieben ist (vgl. § 6 Abs. 3 S. 1 WO BetrVG) – ist bei der Schwerbehindertenvertretungswahl generell nicht erforderlich, weil hier keine Verhältnis-, sondern eine **Mehrheitswahl** durchzuführen ist (→ SGB IX § 177 Rn. 38).[30]

4. Stützunterschriften

a) Allgemeines

27 Damit bei der Schwerbehindertenvertretungswahl nur Kandidaten antreten, die zumindest ein **Mindestmaß an Rückhalt in der Belegschaft** genießen, verlangt die SchwbVWO ein **Quorum an Stützunterschriften**. Durch dieses Quorum soll verhindert werden, dass bei der Wahl völlig aussichtslose Wahlvorschläge eingereicht werden.[31]

Um die nötige Anzahl von Stützunterschriften zu sammeln, müssen sich die Initiatoren eines Wahlvorschlags an die einzelnen Wahlberechtigten wenden und bei diesen um entsprechende Unterstützung der Kandidaten werben. Allerdings haben sie hierzu keinen Anspruch auf eine Kopie der Liste der Wahlberechtigten.[32] Bei Vorliegen besonderer Umstände soll der Wahlvorstand jedoch wegen des Grundsatzes der Chancengleichheit der Wahlbewerber ausnahmsweise im Einzelfall verpflichtet sein, wahlberechtigten schwerbehinderten Mitarbeiter **Auskünfte über die Einsatzorte** der übrigen wahlberechtigten Arbeitnehmer zu erteilen, damit diese überhaupt in die Lage versetzt werden, Stützunterschriften zu sammeln (näher dazu → § 2 Rn. 3).[33]

Ein Wahlvorschlag darf nach der Leistung der ersten Stützunterschriften nicht mehr geändert werden, weil es einerseits möglich ist, dass die bisherigen Unterzeichner den geänderten Wahlvorschlag nicht unterschrieben hätten und andererseits nicht auszuschließen ist, dass sich spätere Unterstützer von der Person oder Anzahl der bereits vorhandenen Unterstützer beeinflussen lassen und damit kein von allen Unterzeichner gleichermaßen getragener Willensbildungsprozess stattgefunden hat.[34] Eine gleichwohl vorgenommene **Änderung des Wahlvorschlag** führt zu dessen Ungültigkeit.[35]

---

29 *Sachadae*, Wahl der SchwbV, S. 416; *Schleicher* WO zum SchwbG § 6 Rn. 8. Vgl. auch zur Betriebsratswahl: BAG 15.12.1972 – 1 ABR 8/72, juris Rn. 24 und BAG 16.1.2018 – 7 ABR 11/16, juris Rn. 41.
30 Vgl. BAG 25.10.2017 – 7 ABR 2/16, juris Rn. 41.
31 *Adlhoch* in Ernst/Adlhoch/Seel SGB IX § 94 Rn. 86; *Sachadae*, Wahl der SchwbV, S. 418. Vgl. zu § 14 Abs. 4 BetrVG: *Fitting* BetrVG § 14 Rn. 46; *Kreutz* in GK-BetrVG § 14 Rn. 52.
32 *Hohmann* in Wiegand/Hohmann SchwbVWO § 3 Rn. 31.
33 LAG BW 28.11.2017 – 9 TaBV 4/17, juris Rn. 30 ff.
34 Zur Betriebsratswahl BAG 16.1.2018 – 7 ABR 11/16, juris Rn. 41.
35 Zur Betriebsratswahl BAG 16.1.2018 – 7 ABR 11/16, juris Rn. 41.

b) Vorgaben zur Anzahl

Gem. Abs. 2 S. 1 muss danach jeder Wahlvorschlag von einem Zwanzigstel der Wahlberechtigten, mindestens jedoch von drei Wahlberechtigten unterzeichnet sein.

Die **absolute Mindestzahl von drei Wahlberechtigten** spielt nur in Betrieben und Dienststellen eine Rolle, die den Schwellenwert für das förmliche Wahlverfahren lediglich knapp überschreiten. Dies ist grundsätzlich nur in Wahlbezirken der Fall, in denen weniger als 60 Wahlberechtigte beschäftigt werden.[36]
In Betrieben mit weniger als 50 Wahlberechtigten ist in der Regel das **vereinfachte Wahlverfahren** (§§ 18 ff.) anzuwenden (→ § 18 Rn. 14 ff.), in dem stets der Vorschlag durch einen einzelnen Wahlberechtigten genügt (→ § 20 Rn. 30). Da das **förmliche Wahlverfahren bei starker räumlicher Zergliederung** jedoch auch in Betrieben und Dienststellen mit weniger als 50 Wahlberechtigten anzuwenden sein kann (→ § 18 Rn. 3 ff.), ist es möglich, dass die absolute Mindestzahl auch unterhalb dieses Schwellenwerts bedeutsam wird. Dabei ist insbesondere zu beachten, dass die Mindestzahl von drei Stützunterschriften selbst dann erforderlich ist, wenn **lediglich fünf Wahlberechtigte** im Betrieb bzw. in der Dienststelle beschäftigt werden.[37]
Ab 60 wahlberechtigten Beschäftigten ist ausschließlich auf die Erreichung des prozentualen **Quorums** von 5 % bzw. von einem Zwanzigstel der Wahlberechtigten abzustellen.[38] Dabei ist ein subjektiver Maßstab anzulegen, so dass es nur auf die „sichtbaren", also **die im Betrieb bzw. in der Dienststelle bekannten, Wahlberechtigten** ankommt.[39]
Eine **Höchstzahl an Stützunterschriften**, die unabhängig von der Betriebs- bzw. Dienststellengröße ausreicht, ist in der SchwbVWO nicht vorgesehen. Es ist jedoch kein Grund ersichtlich, warum die Höchstgrenzen des § 14 Abs. 4 S. 2 BetrVG bzw. § 8 Abs. 3 S. 2 BPersVG nicht analog angewandt werden können, so dass eine Anzahl von **50 Stützunterschriften** in jedem Fall genügt.[40] Eine entsprechende Begrenzung ist schon wegen des Grundsatzes der Simplizität geboten.[41]

c) Zur Leistung von Stützunterschriften berechtigte Personen

Zur Leistung von Stützunterschriften sind grundsätzlich **nur aktiv Wahlberechtigte**, also im betreffenden Betrieb bzw. in der Dienststelle beschäftigte schwerbehinderte Menschen, berechtigt.[42] Personen, die nicht über das aktive, sondern ausschließlich über das **passive Wahlrecht** verfügen, können dagegen keine Stützunterschriften leisten.[43]
Im Unterschied dazu sind aktiv Wahlberechtigte auch dann berechtigt, Stützunterschriften zu leisten, wenn sie in den Wahlvorschlägen **selbst als Kandidaten**

---

36 VG Hannover 25.1.1990 – PL A 50/89, juris Ls. 1; *Cramer* SchwbV SchwbVWO § 6 Rn. 2; *Hohmann* in Wiegand/Hohmann SchwbVWO § 6 Rn. 53.
37 *Hohmann* in Wiegand/Hohmann SchwbVWO § 6 Rn. 53.
38 Vgl. *Cramer* SchwbV SchwbVWO § 6 Rn. 2.
39 Vgl. dazu *Sachadae*, Wahl der SchwbV, S. 276 ff.
40 AA *Hohmann* in Wiegand/Hohmann SchwbVWO § 6 Rn. 52.
41 Dazu *Sachadae*, Wahl der SchwbV, S. 72.
42 Vgl. *Pahlen* in Neumann/Pahlen/Greiner/Winkler/Jabben SchwbVWO § 6 Rn. 2; *Sachadae*, Wahl der SchwbV, S. 418 f.
43 Vgl. *Sachadae*, Wahl der SchwbV, S. 419.

benannt werden.⁴⁴ Ein entsprechendes Verbot ergibt sich weder aus den Vorgaben der SchwbVWO noch unter teleologischen Gesichtspunkten, weil das mit dem Quorum verfolgte Ziel der Gewährleistung zumindest minimaler Erfolgsaussichten (→ Rn. 27) auch dann erreicht wird, wenn die Wahlbewerber den Vorschlag selbst unterzeichnen, da sie auch für sich selbst abstimmen können.⁴⁵ Zur **Abgrenzung** der Stützunterschrift **von der Einverständniserklärung** → Rn. 41 f.

35 Ebenso können auch Mitglieder des **Wahlvorstands** oder **Wahlhelfer** ohne Weiteres einen Wahlvorschlag als Unterstützer unterzeichnen.⁴⁶ Auch insoweit existiert nämlich kein Verbot in den Wahlvorschriften.

d) Verbot der Mehrfachunterstützung

36 Stützunterschriften können gem. Abs. 4 S. 1 grundsätzlich **nur zugunsten eines Wahlvorschlags** erfolgen. Die Unterzeichnung mehrerer Wahlvorschläge ist dagegen im Grundsatz ausgeschlossen.⁴⁷ Durch dieses Verbot der Mehrfachunterstützung soll **verhindert** werden, dass **konkurrierende Wahlvorschläge von der gleichen Person** unterstützt werden und auf diese Weise die Wirkung des Quorums als Indiz bestimmter Minimalerfolgsaussichten verloren ginge.⁴⁸ Zur Beachtlichkeit dieses Verbots → Rn. 37 f.

37 Dabei ist jedoch zu bedenken, dass sich eine **Stützunterschrift** auf einem einheitlichen Wahlvorschlag sowohl auf das **Amt der Schwerbehindertenvertretung** als auch auf die **stellvertretenden Mitglieder** bezieht.⁴⁹ Gleichzeitig ist es aber auch zulässig, dass für die getrennt zu wählenden Ämter (Schwerbehindertenvertretung einerseits und stellvertretende Mitglieder andererseits) getrennte Wahlvorschläge eingereicht werden.⁵⁰ Damit kann es passieren, dass ein Wahlberechtigter zunächst einen Wahlvorschlag unterzeichnet hat, mit dem lediglich ein Kandidat für das Amt der Schwerbehindertenvertretung benannt worden ist und er anschließend einen weiteren Wahlvorschlag unterzeichnen will, durch den Kandidaten als stellvertretende Mitglieder vorgeschlagen werden sollen. Im Hinblick auf einen solchen Fall besteht kein nachhaltig durchgreifender Grund, die Unterzeichnung „mehrerer" Wahlvorschläge zu unterbinden, weil die Leistung entsprechender Stützunterschriften auf einem einheitlichen Wahlvorschlag ohne Weiteres möglich gewesen wäre und die Indizwirkung des Quorums (→ Rn. 27) hierdurch nicht beeinträchtigt wird.⁵¹ Daher ist das **Verbot der Mehrfachunterstützung** dahin gehend teleologisch zu reduzieren, dass es **nur in Bezug auf den gleichen Wahlgang bzw. in Bezug auf das gleiche Amt** eingreift.⁵²

---

44 LAG BW 12.3.2003 – 4 Sa 45/02, juris Rn. 79; *Sachadae*, Wahl der SchwbV, S. 418 f. mwN Vgl. zur Betriebsratswahl BAG 12.2.1960 – 1 ABR 13/59, juris Rn. 19.
45 *Adlhoch* in Ernst/Adlhoch/Seel SGB IX § 94 Rn. 86; *Sachadae*, Wahl der SchwbV, S. 418 f.
46 *Hohmann* in Wiegand/Hohmann SchwbVWO § 6 Rn. 54; *Pahlen* in Neumann/Pahlen/Greiner/Winkler/Jabben SchwbVWO § 6 Rn. 2. Vgl. auch zur Betriebsratswahl BAG 4.10.1977 – 1 ABR 37/77, juris Rn. 21.
47 Vgl. *Cramer* SchwbV § 6 Rn. 2; *Schleicher* WO zum SchwbG § 6 Rn. 3.
48 *Sachadae*, Wahl der SchwbV, S. 419.
49 Vgl. *Pahlen* in Neumann/Pahlen/Greiner/Winkler/Jabben SchwbVWO § 6 Rn. 3.
50 Vgl. *Maaß* in Kossens/von der Heide/Maaß, 1. Aufl. 2002, SchwbVWO Anm. zu § 6; *Pahlen* in Neumann/Pahlen/Greiner/Winkler/Jabben SchwbVWO § 6 Rn. 3.
51 Näher dazu *Sachadae*, Wahl der SchwbV, S. 419.
52 *Sachadae*, Wahl der SchwbV, S. 419 mwN.

Sind **Wahlvorschläge für unterschiedliche Ämter** durch dieselben Wahlberechtigten unterzeichnet, zählen die Stützunterschriften daher trotz des Abs. 4 S. 1 auf beiden Wahlvorschlägen. **Dies gilt sowohl bei getrennter als auch bei einheitlicher Einreichung.** Eine Aufforderung nach Abs. 4 S. 2 darf in diesen Fällen der **nur vermeintlichen „Doppelunterstützung"** hingegen nicht erfolgen, weil hierdurch das Wahlvorschlagsrecht der betreffenden Wahlberechtigten beschnitten würde. Dies gilt erst recht für eine „Streichung" der Stützunterschriften nach Abs. 4 S. 3. Enthält zumindest einer der beiden „doppelt unterstützten" Wahlvorschläge hingegen Vorschläge sowohl für das Amt der Schwerbehindertenvertretung als auch für stellvertretender Mitglieder, ist Abs. 4 ganz normal anzuwenden (→ Rn. 70 ff.).[53] 38

Das Problem der nur vermeintlichen „Doppelunterstützung" kann auch auftreten, wenn **mehrere stellvertretende Mitglieder zu wählen** sind, diese jedoch nicht auf einem einheitlichen Wahlvorschlag, sondern jeweils einzeln vorgeschlagen werden. Dem Wortlaut des Abs. 4 S. 1 nach könnte hier lediglich einer der Wahlvorschläge unterstützt werden. Stellt man hingegen auf den Sinn und Zweck des Quorums ab (→ Rn. 27), spricht dies auch in dieser Konstellation für eine teleologische Reduktion, denn einem aktiv Wahlberechtigten stehen umso mehr Stimmen zu, desto mehr stellvertretende Mitglieder zu wählen sind. Dementsprechend bliebe in diesem Fall die Indizwirkung des Quorums auch dann gewahrt, wenn mehrere einzelne Wahlvorschläge mit stellvertretenden Mitgliedern unterstützt werden. Allerdings dürfte es in einer solchen Situation nicht dazu kommen, dass ein Wahlberechtigter mehr Wahlbewerber für das Amt des stellvertretenden Mitglieds unterstützt als überhaupt Stellvertreter zu wählen sind. Ebenso muss ausgeschlossen sein, dass mehr als ein Kandidat für das Amt der Schwerbehindertenvertretung unterstützt wird. In beiden letztgenannten Fällen hätte somit eine Aufforderung nach Abs. 4 S. 2 zu erfolgen.

5. Einverständniserklärung

a) Bedeutung und Funktion der Einverständniserklärung

Neben den Stützunterschriften müssen Wahlvorschläge gem. Abs. 2 S. 3 auch die **Einverständniserklärung der vorgeschlagenen Kandidaten** enthalten. Dadurch soll sichergestellt werden, dass keine Personen zur Wahl gestellt werden, die überhaupt kein Interesse an der Amtsausübung haben und bei denen deshalb mit der Nichtannahme der Wahl zu rechnen wäre.[54] Außerdem werden durch das Einverständnis **gegen den Willen des Wahlbewerbers** vorgenommene **Doppelkandidaturen** (→ Rn. 46 ff.) **ausgeschlossen.**[55] Deshalb stellt das Einverständnis eine Wirksamkeitsvoraussetzung des Wahlvorschlags dar.[56] 39

---

53 Vgl. *Hohmann* in Wiegand/Hohmann SchwbVWO § 6 Rn. 104; *Pahlen* in Neumann/Pahlen/Greiner/Winkler/Jabben SchwbVWO § 6 Rn. 3.
54 *Sachadae*, Wahl der SchwbV, S. 420. Vgl. für die Betriebsratswahl: *Kreutz/Jacobs* in GK-BetrVG WO § 6 Rn. 11.
55 *Sachadae*, Wahl der SchwbV, S. 420.
56 *Hohmann* in Wiegand/Hohmann SchwbVWO § 6 Rn. 75; *Schleicher* WO zum SchwbG § 6 Rn. 6. Vgl. für das BetrVG: *Kreutz/Jacobs* in GK-BetrVG WO § 6 Rn. 11.

b) Formanforderungen

40 Gem. Abs. 2 S. 3 muss die Einverständniserklärung in **schriftlicher Form** erfolgen, so dass die Anforderungen des § 126 BGB zu beachten und die **eigenhändige Unterzeichnung mit Namensunterschrift** zu verlangen sind.[57]

c) Erkennbarkeit

41 Eine Einverständniserklärung kann ihre Funktion nur erfüllen, wenn sie **für den Wahlvorstand als solche erkennbar** ist.[58] Dh der Unterschrift des Wahlbewerbers muss ein entsprechender Erklärungswert zu entnehmen sein. Dies kann dadurch erfolgen, dass **vor die Unterschriftenliste ein Hinweis aufgenommen** wird, in dem klargestellt wird, dass die Unterschriften der Kandidaten zugleich der Zustimmung zur Wahl dienen.[59] Noch deutlicher kann dies über ein **abgetrenntes Feld mit ausdrücklicher Erklärung** erfolgen.

42 Findet sich auf einem **Wahlvorschlag ohne explizite Kennzeichnung** lediglich eine Unterschrift des Wahlbewerbers, muss durch Auslegung geklärt werden, ob diese auch als Einverständniserklärung zu verstehen ist.[60] Ergeben sich jedoch keine konkreten Anhaltspunkte dafür, dass eine einzelne Unterschrift sowohl als Zustimmung als auch als Stützunterschrift gewollt ist, muss die Unterschrift **im Zweifel lediglich als Stützunterschrift** behandelt werden.[61]

d) Rücknahme der Zustimmung

43 Wird eine einmal erteilte Zustimmung zur Kandidatur wieder zurückgenommen, ist der betreffende Wahlbewerber in analoger Anwendung des Abs. 3 S. 1 **auf dem entsprechenden Wahlvorschlag zu streichen**.[62] Dies ist schon deshalb geboten, weil ohne eine Streichung zu befürchten stünde, dass der die Zustimmung zurücknehmende Wahlbewerber die Wahl später nicht annimmt oder nach der Wahl seinen Rücktritt erklärt[63] und dadurch der Stimmenwert der Mehrheit der Wahlberechtigten nicht zum Tragen kommen kann.[64] Deshalb darf der erklärte Rücktritt eines Wahlbewerbers vom Wahlvorstand auch **nicht einfach ignoriert** und der betreffende Kandidat dementsprechend auch nicht einfach bekannt gemacht werden.[65]

44 Ebenso führt eine **Rücknahme der Zustimmung** bzw. ein Rücktritt eines Kandidaten auch **nicht zur Unwirksamkeit des gesamten Wahlvorschlags**.[66] Hier-

---

[57] *Hohmann* in Wiegand/Hohmann SchwbVWO § 6 Rn. 73. Vgl. zur Betriebsratswahl LAG Hamm 20.5.2005 – 10 TaBV 94/04, juris Rn. 92.
[58] Vgl. *Adlhoch* in Ernst/Adlhoch/Seel SGB IX § 94 Rn. 87; *Hohmann* in Wiegand/Hohmann SchwbVWO § 6 Rn. 76; *Sachadae*, Wahl der SchwbV, S. 421. Vgl. auch zur Betriebsratswahl: BAG 12.2.1960 – 1 ABR 13/59, juris Rn. 19.
[59] So für die Betriebsratswahl: BAG 12.2.1960 – 1 ABR 13/59, juris Rn. 19.
[60] Vgl. für die Betriebsratswahl *Fitting* BetrVG WO § 6 Rn. 10.
[61] *Sachadae*, Wahl der SchwbV, S. 421. Vgl. für die Betriebsratswahl *Boemke*, Betriebsratswahl, § 3 Rn. 330; *Fitting* BetrVG WO § 6 Rn. 10.
[62] *Sachadae* jurisPR-ArbR 26/2014, Anm. 7; *Sachadae* Behindertenrecht 2015, 34 (35). Vgl. auch *Sachadae* PersV 2015, 170 (179 f.). AA LAG BW 12.1.2012 – 3 TaBV 7/11, juris Rn. 64; *Hohmann* in Wiegand/Hohmann SchwbVWO § 6 Rn. 80.
[63] So *Hohmann* in Wiegand/Hohmann SchwbVWO § 6 Rn. 81.
[64] Vgl. BAG 27.4.1976 – 1 AZR 482/75, juris Rn. 17; *Stückmann* DB 1994, 630 (632).
[65] *Sachadae* jurisPR-ArbR 26/2014, Anm. 7. Vgl. auch *Sachadae* Behindertenrecht 2015, 34 (35). AA LAG BW 12.1.2012 – 3 TaBV 7/11, juris Rn. 63, das sich mit den Konsequenzen eines solchen Vorgehens überhaupt nicht auseinandersetzt.
[66] *Sachadae* jurisPR-ArbR 26/2014, Anm. 7. AA LAG BW 12.1.2012 – 3 TaBV 7/11, juris Rn. 63.

durch würde nämlich das passive Wahlrecht der übrigen vorgeschlagenen Wahlbewerber beeinträchtigt.[67]
Zur Vermeidung der im Hinblick auf den Rücktritt von Wahlbewerbern bestehenden Rechtsunsicherheiten[68] ist es für den Wahlvorstand alternativ denkbar, **bei den rücktrittswilligen Kandidaten anzuregen, dass diese einen weiteren Wahlvorschlag einreichen,** um auf diesem Umweg eine Streichung nach Abs. 3 S. 3 zu ermöglichen.[69]

6. Doppelkandidatur

a) Problemstellung

Aus der Regelung des Abs. 3 wird gefolgert, dass für die Wahl der Schwerbehindertenvertretung ein Verbot der Doppelkandidatur gilt. Danach soll es unzulässig sein, dass ein **Wahlbewerber auf mehreren Wahlvorschlägen als Kandidat für dasselbe Amt benannt** wird.[70] Dieses Verbot begegnet im Rahmen der Schwerbehindertenvertretungswahl einerseits **nachhaltigen Bedenken** (→ Rn. 47 ff.) und ist andererseits von sog. **unechten Doppelkandidaturen** (→ Rn. 51 ff.) abzugrenzen.

b) Bedenken hinsichtlich des Verbots echter Doppelkandidaturen

Das aus Abs. 3 abgeleitete Verbot von Doppelkandidaturen ist über die nach Abs. 3 S. 3 vorgesehene **vollständige Streichung** mit einer sehr harten Sanktion belegt. Dies erscheint äußerst problematisch, weil ein solches Verbot von Doppelkandidaturen im absoluten Widerspruch zu den Grundsätzen der Schwerbehindertenvertretungswahl steht.[71]

Im Allgemeinen ist ein **Doppelkandidaturverbot** bei Verhältniswahlen (sog. Listenwahlen) notwendig, um Verzerrungen bei den Wahlergebnissen und bei der Aufstellung von Wahlvorschlägen zu vermeiden. **Im Hinblick auf Mehrheitswahlen** (sog. Personenwahlen) ist ein solches Verbot hingegen **generell nicht erforderlich,** weil die Bewerber auf den Stimmzetteln ohnehin in alphabethischer Reihenfolge aufgelistet und darin selbst dann stets nur einmal benannt werden würden, wenn sie mehrfach vorgeschlagen worden sind.[72] Bei personenbezogenen Abstimmungen kann somit eine mehrfache Benennung eines Kandidaten auf einem oder mehreren Wahlvorschlägen gerade nicht zu einer Beeinflussung der Abstimmung führen.[73] Aus diesem Grund sind die bei anderen Interessenvertretungswahlen anzutreffenden Doppelkandidaturverbote dort auf Verhältniswahlen beschränkt und **im Hinblick auf Mehrheitswahlen nicht anzuwenden.**[74]

Bei Schwerbehindertenvertretungswahlen sind gem. § 177 Abs. 6 S. 1 SGB IX jedoch stets nur Mehrheitswahlen durchzuführen, so dass es bei diesen nie zu solchen Verzerrungen der Wahlergebnisse und der Aufstellung von Wahlvor-

---

67 Sachadae jurisPR-ArbR 26/2014, Anm. 7. Vgl. auch Sachadae Behindertenrecht 2015, 34 (35).
68 Dazu Sachadae PersV 2015, 170 (179 f.).
69 Sachadae Behindertenrecht 2015, 34 (35); Sachadae jurisPR-ArbR 26/2014, Anm. 7; Sachadae PersV 2015, 170 (179 f.). Vgl. auch zur Betriebsratswahl Stückmann DB 1994, 630 (631).
70 Hohmann in Wiegand/Hohmann SchwbVWO § 6 Rn. 86.
71 Vgl. Sachadae, Wahl der SchwbV, S. 417.
72 Homburg in DKW WO § 6 Rn. 47; Sachadae, Wahl der SchwbV, S. 417.
73 Vgl. Homburg in DKW WO § 6 Rn. 47; Sachadae, Wahl der SchwbV, S. 417.
74 Homburg in DKW § 6 Rn. 47; Kreutz/Jacobs in GK-BetrVG WO § 6 Rn. 22. Vgl. auch Sachadae, Wahl der SchwbV, S. 417.

schlägen kommen kann, die durch die Doppelkandidaturverbote bei anderen Wahlen gerade verhindert werden sollen.⁷⁵ Somit ist ein **Doppelkandidaturverbot** bei der **Schwerbehindertenvertretungswahl** überhaupt **nicht geeignet**, den mit ihm eigentlich **verfolgten Zweck zu erfüllen**.⁷⁶

50 Vielmehr werden durch das Verbot der Doppelkandidaturen im Hinblick auf Wahlvorschläge und -kandidaturen sowie für die Wahldurchführung als Ganzes erhebliche zusätzliche Hürden aufgebaut, ohne dass diese durch nachhaltige Gründe gerechtfertigt wären.⁷⁷ Überdies führt die in Abs. 3 S. 3 vorgesehene schwerwiegende Sanktionierung der Streichung der Kandidaten von sämtlichen Wahlvorschlägen zu einer nicht gerechtfertigten Beeinträchtigung des passiven Wahlrechts nach § 177 Abs. 3 SGB IX. Unter Berücksichtigung des **Grundsatzes der Simplizität**⁷⁸ ist daher das Doppelkandidaturverbot insgesamt oder aber zumindest die **Regelung zur vollständigen Streichung nach Abs. 3 S. 3 unangewendet zu lassen**.⁷⁹

c) Unechte Doppelkandidaturen

51 Ungeachtet der Zweifel an der Wirksamkeit des Verbots von Doppelkandidaturen müssen diese von den sog. unechten Doppelkandidaturen abgegrenzt werden. Letztere liegen vor, wenn derselbe Wahlbewerber einmal für das Amt der Schwerbehindertenvertretung und einmal für das Amt des stellvertretenden Mitglieds vorgeschlagen wird. Eine solche „doppelte" Kandidatur ist nämlich nach Maßgabe des Abs. 3 S. 1 aE **ausdrücklich gestattet**.⁸⁰

52 Dies gilt aus grammatikalisch-systematischen Gründen als auch wegen des Grundsatzes der Simplizität **nicht nur bei getrennt eingereichten Wahlvorschlägen**, sondern auch bei entsprechendem einheitlichen Wahlvorschlag.⁸¹ Ein Wahlvorschlag ist daher nicht allein deshalb unzulässig, weil eine **unechte Doppelkandidatur auf einem einheitlichen Wahlvorschlag erfolgt**.⁸²

7. Formanforderungen für Wahlvorschläge

53 Die Wahlvorschläge müssen gem. Abs. 1 S. 1 stets **in schriftlicher Form beim Wahlvorstand eingereicht** werden.⁸³ Die Vorschläge müssen somit nach Maßgabe des § 126 BGB eigenhändig mit Namensunterschrift unterzeichnet sein.⁸⁴

---

75 *Sachadae*, Wahl der SchwbV, S. 417. Vgl. dazu auch *Homburg* in DKW WO § 6 Rn. 47.
76 Vgl. *Sachadae*, Wahl der SchwbV, S. 417. AA offenbar *Hohmann* in Wiegand/Hohmann SchwbVWO § 6 Rn. 86, der pauschal auf die Vermeidung von Wahlmanipulationen abstellt, ohne sich näher mit der Funktionsweise und Bedeutung der Doppelkandidaturverbote auseinanderzusetzen.
77 *Sachadae*, Wahl der SchwbV, S. 417.
78 Dazu *Sachadae*, Wahl der SchwbV, S. 73 ff. Vgl. dazu auch *Pohl/Fraunhoffer* in FKS SGB IX § 94 Rn. 59.
79 *Sachadae*, Wahl der SchwbV, S. 417.
80 *Düwell/Sachadae* NZA 2014, 1241 (1244); *Hohmann* in Wiegand/Hohmann SchwbVWO § 6 Rn. 48; *Sachadae*, Wahl der SchwbV, S. 416.
81 *Düwell/Sachadae* NZA 2014, 1241 (1244) mwN.
82 *Düwell/Sachadae* NZA 2014, 1241 (1244).
83 *Cramer* SchwbV SchwbVWO § 6 Rn. 1; *Hohmann* in Wiegand/Hohmann SchwbVWO § 6 Rn. 22.
84 BAG 20.1.2010 – 7 ABR 39/08, AP Nr. 2 zu § 97 SGB IX; LAG RhPf 1.4.2008 – 3 TaBV 1/08 Rn. 57; *Sachadae*, Wahl der SchwbV, S. 418; *Schleicher* WO zum SchwbG § 6 Rn. 1.

Auch muss der Wahlvorschlag einschließlich der **Listen der Stützunterschriften im Original** vorgelegt werden.[85]

Eine Einreichung per **E-Mail** oder **Fax** genügt dagegen nicht.[86] Dies gilt selbst dann, wenn dies „nur" der Fristwahrung diente und eine der Schriftform entsprechende Fassung zeitnah nachgereicht wird.

8. Frist für die Einreichung von Wahlvorschlägen

a) Fristberechnung

Die Frist für die Einreichung von Wahlvorschlägen beträgt **zwei Wochen ab dem Erlass des Wahlausschreibens**. Die Fristberechnung richtet sich nach den §§ 187–190 BGB.[87] Ungeachtet dessen muss der **Tag des Fristablaufs im Wahlausschreiben** angegeben werden (§ 5 Abs. 1 Nr. 9). Divergieren der im Wahlausschreiben angegebene und der objektive Fristablauf, führt dies in der Regel zur Anfechtbarkeit der Wahl.

Der Lauf der zweiwöchigen Frist wird durch den Erlass des Wahlausschreibens angestoßen.[88] Dabei ist jedoch nicht auf das Datum des Wahlausschreibens, sondern den **Zeitpunkt des tatsächlichen Aushangs** abzuheben.[89]

Da sich die Einreichungsfrist des Abs. 1 S. 1 nach den allgemeinen Regelungen der §§ 187 ff. BGB bestimmt, tritt der **Fristablauf am letzten Tag der Frist um 24 Uhr** ein.[90] Zur Unzulässigkeit eines früheren Fristendes → Rn. 58 ff.

Ebenso wie eine Verkürzung soll nach der Rechtsprechung auch eine **Verlängerung der Frist** über den Zeitraum von zwei Wochen hinaus unzulässig sein und eine Anfechtbarkeit der Wahl begründen können.[91]

b) Unzulässigkeit eines früheren Fristendes

Die Festsetzung eines **früheren Fristendes** (also vor 24 Uhr) würde zu einer unberechtigten Verkürzung des Wahlvorschlagsrechts führen und ist daher **nicht zulässig**.[92] Dies gilt nicht nur für den Fall, dass das festgesetzte Fristende vor dem Ende der **betriebsüblichen Arbeitszeit** liegt.[93] Vielmehr ist generell jedwede

---

85 BAG 20.1.2010 – 7 ABR 39/08, AP Nr. 2 zu § 97 SGB IX; *Hohmann* in Wiegand/Hohmann SchwbVWO § 6 Rn. 23; *Sachadae*, Wahl der SchwbV, S. 418.
86 BAG 20.1.2010 – 7 ABR 39/08, AP Nr. 2 zu § 97 SGB IX; *Hohmann* in Wiegand/Hohmann SchwbVWO § 6 Rn. 23; *Sachadae*, Wahl der SchwbV, S. 418.
87 *Cramer* SchwbV SchwbWO § 6 Rn. 1.
88 Vgl. *Pahlen* in Neumann/Pahlen/Greiner/Winkler/Jabben SchwbVWO § 6 Rn. 1.
89 Vgl. *Hohmann* in Wiegand/Hohmann SchwbVWO § 6 Rn. 32. AA *Pahlen* in Neumann/Pahlen/Greiner/Winkler/Jabben SchwbVWO § 6 Rn. 1.
90 *Dörner* SchwbG SchwbWO § 6 Anm. 3; *Hohmann* in Wiegand/Hohmann SchwbVWO § 6 Rn. 31. Vgl. auch BVerwG 17.7.1980 – 6 P 4/80, juris Rn. 12; BVerwG 3.2.1969 – VII P 2.68, juris Rn. 27.
91 BAG 9.1.1992 – 7 ABR 27/92, juris Rn. 12; LAG Nürnberg 3.6.2019 – 1 TaBV 3/19, juris Rn. 42 ff.
92 BVerwG 17.7.1980 – 6 P 4/80, juris Rn. 12; LAG Köln 20.5.2015 – 5 TaBV 18/15, juris Rn. 29 ff.; *Dörner* SchwbG SchwbWO § 6 Anm. 3; *Hohmann* in Wiegand/Hohmann SchwbVWO § 6 Rn. 35. AA *Schleicher* WO zum SchwbG § 6 Rn. 9. Für die Betriebsratswahl im Ergebnis jetzt auch BAG 16.1.2018 – 7 ABR 11/16, juris Rn. 22 f.
93 Vgl. *Hohmann* in Wiegand/Hohmann SchwbVWO § 6 Rn. 35.

Verkürzung der durch das Wahlrecht vorgegebenen, erst um 24 Uhr endenden Frist unzulässig.[94]

59 Die Unzulässigkeit der Festsetzung einer früher endenden Einreichungsfrist bedeutet jedoch nicht, dass sich der Wahlvorstand am Tag des Fristablaufs auch dann **bis 24 Uhr bereithalten** müsste, wenn die betriebsübliche Arbeitszeit früher endet.[95] Vielmehr ist es Sache der einreichenden Wahlberechtigten für den **rechtzeitigen Zugang des Wahlvorschlags** beim Wahlvorstand zu sorgen.[96] Dies gestaltet sich vor Dienstende deutlich leichter als danach (→ Rn. 60 ff.).

Nach der Rechtsprechung des BAG zur Betriebsratswahl soll es jedoch zulässig sein, dass der Wahlvorstand im Wahlausschreiben für den Tag des Fristablaufs einen Zeitpunkt angibt, bis zu welchem ein fristgerechter Zugang bewirkt werden könne.[97] In Bezug darauf ist allerdings zu beachten, dass ein Zugang nach dem Ende der betriebsüblichen Arbeitszeit zwar deutlich erschwert sein kann (→ Rn. 61 ff.), jedoch nicht völlig ausgeschlossen ist (→ Rn. 63). Gibt der Wahlvorstand gleichwohl im Wahlausschreiben an, der Zugang sei nur bis zu diesem vorgelagerten Zeitpunkt möglich, verkürzt er zumindest faktisch die Einreichungsfrist, weil er den Wahlvorschlagsberechtigten gegenüber eine scheinbar kürzere Frist angibt. Die Zulässigkeit einer entsprechenden **Angabe eines früheren Zeitpunkts** würde daher richtigerweise nur dann in Betracht kommen, wenn dabei eindeutig zwischen Fristablauf einerseits und Möglichkeit zur persönlichen Übergabe der Wahlvorschläge an den Wahlvorstand andererseits differenziert würde.

c) Zugang beim Wahlvorstand

60 Während der Sprechzeiten des Wahlvorstands ist der Zugang unproblematisch durch **persönliche Übergabe** oder durch **Einwurf in dessen Briefkasten** möglich, weil davon auszugehen ist, dass der Wahlvorstand zumindest am Tag des Fristablaufs **zum Ende der Sprechzeiten bzw. bei Dienstschluss den Briefkasten leeren wird.**[98]

61 Nach Ende der betriebsüblichen Arbeitszeit ist ein Zugang eines Wahlvorschlags durch persönliche Übergabe in praktischer Hinsicht nur noch schwer zu bewerkstelligen, weil sich der Wahlvorstand dann **nicht mehr für die Entgegennahme bereithalten** muss.[99]

62 Durch einen **Einwurf in das Postfach des Wahlvorstands** lässt sich ein Zugang nach Ende der betriebs- bzw. dienststellenüblichen Arbeitszeit ebenfalls nicht

---

94 *Dörner* SchwbG SchwbWO § 6 Anm. 3; *Hohmann* in Wiegand/Hohmann SchwbVWO § 6 Rn. 35. Vgl. auch BVerwG 17.7.1980 – 6 P 4/80, juris Rn. 12; BAG 16.1.2018 – 7 ABR 11/16, juris Rn. 21 f.; *Kreutz/Jacobs* in GK-BetrVG WO § 6 Rn. 5. AA *Maaß* in Kossens/von der Heide/Maaß, 1. Aufl. 2002, SchwbVWO Anm. zu § 6; *Schleicher* WO zum SchwbG § 6 Rn. 9.
95 Für die Betriebsratswahl BAG 16.1.2018 – 7 ABR 11/16, juris Rn. 27. Vgl. auch BVerwG 3.2.1969 – VII P 2.68, juris Rn. 27 und BAG 4.10.1977 – 1 ABR 37/77, juris Rn. 24 sowie *Boemke*, Betriebsratswahl, § 3 Rn. 307.
96 Vgl. BVerwG 17.7.1980 – 6 P 4/80, juris Rn. 13 f.; *Klimpe-Auerbach*, Leitfaden für die Personalratswahlen, S. 87.
97 BAG 16.1.2018 – 7 ABR 11/16, juris Rn. 27.
98 Vgl. *Boemke*, Betriebsratswahl, § 3 Rn. 311.
99 Vgl. BAG 16.1.2018 – 7 ABR 11/16, juris Rn. 27; *Boemke*, Betriebsratswahl, § 3 Rn. 312 ff.

mehr bewerkstelligen.[100] Nach allgemeinen Grundsätzen tritt ein Zugang eines in einen Briefkasten eingeworfenen Dokuments regelmäßig erst zu dem Zeitpunkt ein, zu dem mit der Kenntnisnahme des Inhalts zu rechnen ist.[101] Maßgeblich für den Zugang eines in das Postfach des Wahlvorstands geworfenen Wahlvorschlags ist daher die **übliche Leerungszeit**.[102] Üblicherweise kann nach Dienstschluss bzw. nach Ende der betriebsüblichen Arbeitszeit jedoch nicht mehr mit einer Leerung des Briefkastens durch den Wahlvorstand gerechnet werden; vielmehr dürfte mit einer Leerung und dementsprechend mit einer Kenntnisnahmemöglichkeit erst wieder **am nächsten Arbeitstag** zu rechnen sein, so dass ein Zugang auf diesem Wege nicht mehr rechtzeitig möglich wäre.[103]
Ein Zugang nach Dienstschluss ist damit allenfalls durch eine **persönliche Übergabe** oder aber dann möglich, wenn der Wahlvorstand – entgegen den üblichen Gepflogenheiten – **noch nach Dienstschluss** seinen Briefkasten leert und dadurch den Wahlvorschlag tatsächlich zur Kenntnis nimmt.[104]

d) Verfrühte Wahlvorschläge

Anders als im vereinfachten Wahlverfahren (→ § 20 Rn. 41 f.) sind verfrühte, also vor Erlass des Wahlausschreibens eingereichte Wahlvorschläge **nicht generell unwirksam**.[105] Vielmehr hat der Wahlvorstand eine **Wahlmöglichkeit**, ob er derartige Wahlvorschläge **als verfrüht zurückgibt** oder sie bis zum Erlass des Wahlausschreibens aufbewahrt und dann **als zu diesem Zeitpunkt eingegangen behandelt**.[106]

V. Prüfung der Wahlvorschläge

1. Inhalt der Prüfungspflicht

a) Allgemeines

Geht ein Wahlvorschlag beim Wahlvorstand ein, ist dieser verpflichtet, den **Vorschlag** unverzüglich **auf seine Gültigkeit hin zu prüfen**. Hierzu gehören insbesondere die Prüfpflichten nach Abs. 3 und 4 (→ Rn. 66 ff. und 70 ff.).[107] Daneben muss der Wahlvorstand aber auch die übrigen Gültigkeitsvoraussetzungen einer unverzüglichen Kontrolle unterziehen (→ Rn. 74 ff.).[108]
Bei der Prüfung der Wahlvorschläge darf sich der Wahlvorstand **nicht auf eine** oberflächliche (sog. kursorische) **Prüfung beschränken**, sondern muss allen er-

---

100 Vgl. BVerwG 17.7.1980 – 6 P 4/80, juris Rn. 14; *Illbertz* in Illbertz/Widmaier/Sommer, 14. Aufl. 2018, BPersVG § 7 Rn. 6; *Klimpe-Auerbach*, Leitfaden für Personalratswahlen, S. 87, die insoweit von Nachweisschwierigkeiten sprechen.
101 BGH 26.11.1997 – VIII ZR 22/97, NJW 1998, 976 (977); *Boemke/Ulrici* BGB Allgemeiner Teil § 6 Rn. 18; *Ellenberger* in Palandt, 70. Aufl. 2011, BGB § 130 Rn. 5.
102 Vgl. *Ellenberger* in Palandt, 70. Aufl. 2011, BGB § 130 Rn. 6. Vgl. auch *Boemke*, Betriebsratswahl, § 3 Rn. 311.
103 Vgl. zur Betriebsratswahl BAG 16.1.2018 – 7 ABR 11/16, juris Rn. 21; *Kreutz/Jacobs* in GK-BetrVG WO § 6 Rn. 5. Vgl. zu den allgemeinen Grundsätzen des Zugangs: BAG 8.12.1983 – 2 AZR 337/82, NJW 1984, 1651; *Ellenberger* in Palandt, 70. Aufl. 2011, BGB § 130 Rn. 6.
104 Vgl. *Ellenberger* in Palandt, 70. Aufl. 2011, BGB § 130 Rn. 5.
105 *Sachadae*, Wahl der SchwbV, S. 422.
106 *Sachadae*, Wahl der SchwbV, S. 422 f.; *Schleicher* WO zum SchwbG § 6 Rn. 1.
107 Vgl. BAG 20.1.2010 – 7 ABR 39/08, juris Rn. 23; *Sachadae*, Wahl der SchwbV, S. 426.
108 So auch LAG RhPf 1.4.2008 – 3 TaBV 1/08; *Sachadae*, Wahl der SchwbV, S. 426 mwN.

kennbaren Problemen in Bezug auf die Gültigkeit der jeweiligen Wahlvorschläge nachgehen und hierzu ggf. eigene Nachforschungen anstellen.[109]

b) Umgang mit Doppelkandidaturen

66 Wie bereits dargelegt, widerspricht das **Verbot der Doppelkandidaturen** den für die Schwerbehindertenvertretungswahl geltenden Grundprinzipien, so dass Abs. 3 wegen **des Grundsatzes der Simplizität nicht anzuwenden ist** (→ Rn. 50).

67 Soweit man das Verbot echter Doppelkandidaturen gleichwohl für beachtlich hält, folgt sowohl aus dem Regelungszusammenhang des Abs. 3 als auch aus den allgemeinen Wahlprinzipien, dass der Wahlvorstand die **Einhaltung dieser Gültigkeitsvoraussetzung** dann auch **kontrollieren muss**.[110]

68 Stellt der Wahlvorstand eine unzulässige Doppelkandidatur fest, soll er gem. Abs. 3 S. 2 den betroffenen **Kandidaten** dazu **auffordern**, binnen drei Arbeitstagen **zu erklären, auf welchem der Wahlvorschläge er benannt bleiben will**. Die Frist ist nach den §§ 187 ff. BGB zu berechnen und beginnt mit dem Zugang der Aufforderung zu laufen.[111] Für die **Bemessung dieser Frist** ist auf die **betriebs- bzw. dienststellenübliche Arbeitszeit** abzustellen. Tage, an denen im Betrieb bzw. in der Dienststelle üblicherweise nicht gearbeitet wird, sind somit in die Berechnung nicht einzubeziehen.[112] Ob der betreffende Kandidat dienstplanmäßig zur Arbeit eingeteilt ist, spielt dagegen keine Rolle.[113]

69 Äußert sich der betreffende Wahlbewerber nicht oder nicht innerhalb der gesetzten Frist, soll der **Kandidat nach Abs. 3 S. 3 von sämtlichen Wahlvorschlägen zu streichen sein**.[114] Nach hier vertretener Auffassung (→ Rn. 50) ist jedoch zur Wahrung der Wahlgrundsätze von der Streichung nach Abs. 3 S. 3 **kein Gebrauch zu machen**.[115]

c) Umgang mit Mehrfachunterstützung

70 Um etwaige Verstöße gegen das **Verbot der Mehrfachunterstützung** (→ Rn. 36 ff.) feststellen und gem. Abs. 4 S. 2 und 3 darauf reagieren zu können, ist der Wahlvorstand zur entsprechenden **unverzüglichen Prüfung** der Wahlvorschläge verpflichtet.[116]

71 Stellt der Wahlvorstand eine unzulässige Mehrfachunterstützung fest, hat er den betreffenden **Wahlberechtigten** gem. Abs. 4 S. 2 schriftlich gegen Empfangsbestätigung **aufzufordern**, binnen drei Arbeitstagen seit Zugang der Aufforderung **zu erklären, welche der Unterschriften er aufrechterhält**. Die Frist be-

---

109 Zur Betriebsratswahl BAG 16.1.2018 – 7 ABR 11/16, juris Rn. 45; BAG 21.1.2009 – 7 ABR 64/17; LAG Nürnberg 3.6.2019 – 1 TaBV 3/19, juris Rn. 40.
110 *Sachadae*, Wahl der SchwbV, S. 426. Vgl. auch BAG 20.1.2010 – 7 ABR 39/08, juris Rn. 23.
111 *Cramer* SchwbV SchwbVWO § 6 Rn. 3 *Hohmann* in Wiegand/Hohmann SchwbVWO § 6 Rn. 93.
112 *Cramer* SchwbV SchwbVWO § 6 Rn. 3; *Hohmann* in Wiegand/Hohmann SchwbVWO § 6 Rn. 94; *Pahlen* in Neumann/Pahlen/Greiner/Winkler/Jabben SchwbVWO § 6 Rn. 4.
113 *Dörner* SchwbG WO § 6 Anm. 4 a; *Pahlen* in Neumann/Pahlen/Greiner/Winkler/Jabben SchwbVWO § 6 Rn. 4.
114 So zB *Cramer* SchwbV SchwbVWO § 6 Rn. 3; *Pahlen* in Neumann/Pahlen/Greiner/Winkler/Jabben SchwbVWO § 6 Rn. 4.
115 *Sachadae*, Wahl der SchwbV, S. 417.
116 *Sachadae*, Wahl der SchwbV, S. 426. Vgl. auch BAG 20.1.2010 – 7 ABR 39/08, juris Rn. 23.

stimmt sich nach den betriebsüblichen Arbeitstagen (→ § 14 Rn. 10).[117] In der Aufforderung muss zu ihrer Wirksamkeit auch die einzuhaltende Frist sowie die nach Abs. 4 S. 3 vorgesehene Folge angeben werden.[118] Anders als im Hinblick auf Abs. 3 S. 2 hat die **Aufforderung gegen Empfangsbestätigung** zu erfolgen. Allerdings ist die Erteilung dieser Bestätigung durch den Empfänger keine Wirksamkeitsvoraussetzung der Aufforderung, sondern dient nur der erleichterten Beweisbarkeit. Dementsprechend richtet sich der **Fristbeginn nach dem Zeitpunkt des tatsächlichen Zugangs**.[119]

Erklärt sich der **Doppelunterzeichner** nicht oder **nicht fristgerecht**, zählt seine Stützunterschrift gem. Abs. 4 S. 3 auf keinem der von ihm unterzeichneten Wahlvorschläge. Damit ist für diesen Fall eine strengere Sanktion vorgesehen als im Hinblick auf die Wahlen der allgemeinen Interessenvertretungen, bei denen die Unterschrift auf zumindest einem Wahlvorschlag erhalten bleibt.[120] 72

Anders als das Verbot der Doppelkandidatur (→ Rn. 46 ff.) ist das **Verbot der Mehrfachunterstützung wahlrechtlich erforderlich**, weil anderenfalls das Quorum des Abs. 2 unterlaufen werden könnte. Allerdings erscheint es wahlrechtlich nicht geboten, dass bei ausbleibender fristgerechter Äußerung durch den betreffenden Wahlberechtigten keine der Stützunterschriften zählt. De lege ferenda erschiene es naheliegender, wenn im Fall der nicht fristgerechten Äußerung zumindest die **Unterschrift auf dem zuerst eingereichten Wahlvorschlag** erhalten bliebe. 73

d) Weitere Inhalte der Prüfpflicht

aa) Bestehen einer weitergehenden Prüfpflicht

Anders als das BAG meint, lässt sich aus der punktuellen Regelung von Prüfungspflichten in Abs. 3 und 4 nicht entnehmen, dass diese abschließend gemeint seien.[121] Vielmehr ist festzuhalten, dass das **Wahlrecht der Schwerbehindertenvertretung so rudimentär und lückenhaft normiert** ist, dass – entgegen der Argumentation des BAG – nicht ansatzweise von einem „abschließenden und in sich widerspruchsfreien Regelungswerk" ausgegangen werden kann.[122] Stattdessen ist zu manifestieren, dass es die Grundprinzipien demokratischer Wahlen erfordern, dass eingereichte Wahlvorschläge durch das wahlleitende Organ frühzeitig und umfassend auf ihre Gültigkeit hin geprüft werden.[123] 74

---

117 *Dörner* SchwbG SchwbWO § 6 Anm. 4 b; *Pahlen* in Neumann/Pahlen/Greiner/Winkler/Jabben SchwbVWO § 6 Rn. 4.
118 Vgl. *Hohmann* in Wiegand/Hohmann SchwbVWO § 6 Rn. 109.
119 Vgl. *Dörner* SchwbG SchwbWO § 6 Anm. 4 b; *Hohmann* in Wiegand/Hohmann SchwbVWO § 6 Rn. 110.
120 *Sachadae*, Wahl der SchwbV, S. 420; *Schleicher* WO zum SchwbG § 6 Rn. 3.
121 So aber offenbar BAG 20.1.2010 – 7 ABR 39/08, juris Rn. 23 ff.; zustimmend *Joussen* AP Nr. 2 zu § 97 SGB IX.
122 *Sachadae*, Wahl der SchwbV, S. 485 ff.; *Sachadae* jurisPR-ArbR 24/2014, Anm. 7. Vgl. auch *Sachadae* PersV 2015, 170 (171).
123 So auch LAG RhPf 1.4.2008 – 3 TaBV 1/08; *Adlhoch* in Ernst/Adlhoch/Seel SGB IX § 94 Rn. 87; *Cramer* SchwbV SchwbWO § 8 Rn. 1; *Dörner* SchwbG WO § 6 Anm. 4; *Hohmann* in Wiegand/Hohmann SchwbVWO § 6 Rn. 82; *Kossens* jurisPRArbR 29/2008, Anm. 3; *Maaß* in Kossens/von der Heide/Maaß, 1. Aufl. 2002, SchwbVWO Anm. zu § 8; *Pahlen* in Neumann/Pahlen/Greiner/Winkler/Jabben SchwbVWO § 8 Rn. 1; *Sachadae*, Wahl der SchwbV, S. 426 f.; *Schleicher* WO zum SchwbG § 3 Rn. 2; *Sieg* NZA 2002, 1064 (1067); *Weber* SchwbG § 24 Anm. 25.

75 Die Prüfung hat dabei im **Rahmen einer Sitzung des Wahlvorstands** zu erfolgen und hat in einen **förmlichen Beschluss** zu münden, der im Rahmen einer Niederschrift zu dokumentieren ist.[124]

bb) Inhalt der weiteren Prüfpflicht

76 Zu diesen weiteren Prüfpflichten des Wahlvorstands gehört insbesondere die **Kontrolle der formellen Anforderungen**. Er muss also kontrollieren, ob die Angaben zu den vorgeschlagenen Kandidaten hinreichend sind (zB personenbezogene Angaben, Angabe zum Amtsbezug) und ob die **Schriftform** und die **Einreichungsfrist** gewahrt sind. Ebenso muss der Wahlvorstand die Einhaltung des **Quorums** (hinreichende Anzahl, Wahlberechtigung der Unterzeichner) überprüfen. Schließlich muss der Wahlvorstand die Wahlvorschläge auch im Hinblick auf die **Wählbarkeit** der Kandidaten einer Kontrolle unterziehen.

77 Die **Authentizität** der auf den Wahlvorschlägen geleisteten **Unterschriften** (Zustimmung zum Wahlvorschlag; Stützunterschriften) muss der Wahlvorstand jedoch in der Regel nicht überprüfen.[125] Etwas anderes gilt jedoch, wenn konkrete Umstände für diesbezügliche **Unregelmäßigkeiten** vorliegen.[126]

cc) Umgang mit festgestellten Mängeln

78 Stellt der Wahlvorstand bei seiner Prüfung etwaige Mängel fest, hat er analog § 7 Abs. 2 WO BetrVG vorzugehen.[127] Dabei muss danach unterschieden werden, ob es sich um **behebbare Mängel** handelt und deshalb eine **Beanstandung** zu erfolgen hat oder ob die **Fehler nicht heilbar** sind und die Einreichenden deshalb **über die Ungültigkeit des Wahlvorschlags unterrichtet** werden müssen. Ob ein festgestellter Mangel heilbar ist oder nicht, richtet sich nach § 8 WO BetrVG analog.[128]

(1) Anforderungen an die Unterrichtung bzw. Beanstandung

79 Sowohl die **Beanstandung** als auch die **Unterrichtung über die Ungültigkeit** muss unverzüglich nach Feststellung der Mängel erfolgen.[129] Die Mitteilung darf also vom Wahlvorstand nach Maßgabe des § 121 BGB **nicht schuldhaft verzögert** werden (zum Zeitpunkt der Prüfung → Rn. 86 f.). Dabei muss die Mitteilung in **schriftlicher Form** erfolgen.[130] Eine Übermittlung per E-Mail oder auch ein **mündlicher Hinweis** genügt nicht. In der Beanstandung müssen auch die Gründe für die Ungültigkeit bzw. die Beanstandung angegeben werden.[131] Hierbei genügt eine pauschale, allgemein gehaltene Angabe der Fehler grund-

---

124 *Adlhoch* in Ernst/Adlhoch/Seel SGB IX § 94 Rn. 87; *Sachadae*, Wahl der SchwbV, S. 427.
125 *Hohmann* in Wiegand/Hohmann SchwbVWO § 6 Rn. 56; *Sachadae*, Wahl der SchwbV, S. 427. In dieser Richtung auch *Adlhoch* in Ernst/Adlhoch/Seel SGB IX § 94 Rn. 87.
126 *Sachadae*, Wahl der SchwbV, S. 427. Vgl. auch *Hohmann* in Wiegand/Hohmann SchwbVWO § 6 Rn. 56.
127 *Adlhoch* in Ernst/Adlhoch/Seel SGB IX § 94 Rn. 87. Vgl. auch *Knittel* SGB IX § 94 Rn. 118; *Kossens* jurisPR-ArbR 29/2008, Anm. 3; *Sachadae*, Wahl der SchwbV, S. 430. Im Ergebnis ebenso LAG RhPf 1.4.2008 – 3 TaBV 1/08.
128 Vgl. *Hohmann* in Wiegand/Hohmann SchwbVWO § 6 Rn. 83; *Sachadae*, Wahl der SchwbV, S. 430 ff.
129 LAG RhPf 1.4.2008 – 3 TaBV 1/08. Vgl. auch *Sachadae*, Wahl der SchwbV, S. 427 ff. AA BAG 20.1.2010 – 7 ABR 39/08, juris Rn. 23 ff.; *Hohmann* in Wiegand/Hohmann SchwbVWO § 6 Rn. 85.
130 Vgl. zu § 7 WO BetrVG: *Fitting* BetrVG WO § 7 Rn. 7.
131 Vgl. *Fitting* BetrVG WO § 7 Rn. 7.

sätzlich nicht.[132] Vielmehr müssen die Gründe in der Beanstandung so detailliert angegeben werden, dass die Einreichenden dadurch in die Lage versetzt werden, den Fehler zu beheben bzw. bei einer **erneuten Einreichung eines Wahlvorschlags** zu vermeiden.[133] Ferner muss für die Einreichenden erkennbar sein, ob es sich um heilbare oder nicht heilbare Mängel handelt.[134]

(2) Bestimmung der „Vorschlagsvertreter"

Da bei der Schwerbehindertenvertretungswahl im Unterschied zur Betriebsratswahl nach der SchwbVWO keine „Listenvertreter" vorgesehen sind, ist mit Blick auf die **Adressaten der Unterrichtung bzw. Beanstandung** nach § 7 Abs. 2 WO BetrVG eine Analogie zu § 6 Abs. 4 WO BetrVG zu bilden.[135] Dementsprechend ist bei fehlender Benennung eines „**Vorschlagsvertreters**" die den Wahlvorschlag an erster Stelle unterzeichnende Person als „Vorschlagsvertreter" anzusehen, so dass die Mitteilungen nach § 7 Abs. 2 WO BetrVG an diese zu richten sind.[136]

(3) Heilbare Mängel

Behebbar sind nach Maßgabe des § 8 Abs. 2 WO BetrVG analog nur die **fehlende Zustimmung** der vorgeschlagenen Wahlbewerber, die **Unterschreitung des Quorums** infolge von Streichungen nach § 6 Abs. 4 und **unzureichende persönliche Angaben** über die Kandidaten iSd § 6 Abs. 2 S. 2.[137]
Liegt ein derartiger **Mangel** vor, hat der Wahlvorstand diesen nach § 7 Abs. 2 S. 2 iVm § 8 Abs. 2 WO BetrVG analog zu **beanstanden**. Der Wahlvorschlag ist in diesem Fall schwebend unwirksam.[138] Ab dem Zeitpunkt der Beanstandung kann der Wahlvorschlag **binnen** einer **Frist von drei Arbeitstagen behoben** werden. Die Frist beginnt nicht mit der Feststellung des Mangels, sondern erst mit **Zugang der Beanstandung** zu laufen.[139] Für die Bemessung der Frist ist auf die betriebsüblichen Arbeitstage abzustellen (→ § 14 Rn. 10).
Erfolgt eine Nachbesserung, ist der **Wahlvorschlag erneut auf seine Gültigkeit hin zu prüfen**.[140] Stellt der Wahlvorstand die Gültigkeit fest, ist der Wahlvorschlag so zu behandeln, als sei er von Anfang an wirksam gewesen. Erweist sich der Wahlvorschlag **immer noch als mangelhaft**, wird er nunmehr endgültig unwirksam.[141] Gleiches gilt, wenn er **neue Mängel** aufweist.[142] In diesem Fall kommt es nicht mehr darauf an, ob behebbare oder unheilbare Mängel vorlie-

---

132 Vgl. LAG Nürnberg 3.6.2019 – 1 TaBV 3/19, juris Rn. 46.
133 Vgl. LAG Nürnberg 3.6.2019 – 1 TaBV 3/19, juris Rn. 46. Vgl. auch *Fitting* BetrVG WO § 7 Rn. 7 f.
134 Vgl. LAG Nürnberg 3.6.2019 – 1 TaBV 3/19, juris Rn. 46.
135 *Kamm/Berger/Stegmann*, Handlungsanleitung für die Wahl der Schwerbehindertenvertretung, 4. Aufl. 2006, S. 40; *Sachadae*, Wahl der SchwbV, S. 430.
136 *Sachadae*, Wahl der SchwbV, S. 430. Ähnlich *Hohmann* in Wiegand/Hohmann SchwbVWO § 6 Rn. 59.
137 *Hohmann* in Wiegand/Hohmann SchwbVWO § 6 Rn. 83; *Sachadae*, Wahl der SchwbV, S. 431. Vgl. zur Betriebsratswahl auch DKW/*Homburg* WO § 8 Rn. 1.
138 Vgl. zur Betriebsratswahl *Boemke*, Betriebsratswahl, § 3 Rn. 397.
139 Vgl. zur Betriebsratswahl LAG Düsseldorf 25.10.1961 – 6 BVTa 4/61, juris Ls. 1; *Fitting* BetrVG WO § 8 Rn. 8.
140 Vgl. zur Betriebsratswahl *Boemke*, Betriebsratswahl, § 3 Rn. 397; *Fitting* BetrVG WO § 8 Rn. 8.
141 Vgl. zur Betriebsratswahl *Boemke*, Betriebsratswahl, § 3 Rn. 397.
142 Vgl. zur Betriebsratswahl *Fitting* BetrVG WO § 8 Rn. 8.

gen. Erfolgt **keine rechtzeitige Behebung** der beanstandeten Mängel, wird der Wahlvorschlag ebenfalls endgültig unwirksam.[143]

(4) Unheilbare Mängel

84 Bei nicht behebbaren, sog. unheilbaren Mängeln sind **Nachbesserungen generell ausgeschlossen**.[144] Daher bedarf es in diesen Fällen keinerlei Beanstandung mit Nachfristsetzung. Vielmehr sind in diesem Fall die Vorschlagsvertreter (→ Rn. 80) unverzüglich von der **Ungültigkeit der Wahlvorschläge** zu unterrichten.

85 Zu den nicht unheilbaren Mängeln gehören nach Maßgabe des analog heranzuziehenden § 8 WO BetrVG insbesondere die **verfristete Einreichung** des Wahlvorschlags, die Benennung nach § 177 Abs. 3 SGB IX **nicht wählbarer Kandidaten** und die bereits **bei Einreichung bestehende Nichterreichung des Quorums** an Stützunterschriften.[145]

2. Zeitpunkt der Prüfungspflicht

86 Die Prüfung der Wahlvorschläge ist – wie auch bei den allgemeinen Interessenvertretungswahlen – **unverzüglich nach Eingang der Wahlvorschläge** vorzunehmen.[146] Der Wahlvorstand darf also **nicht** zunächst abwarten und die eingehenden **Wahlvorschläge sammeln**, um sie sodann in einer einheitlichen Sitzung zu prüfen. Eine erst **fünf Arbeitstage nach der Einreichung** vorgenommene Prüfung eines Wahlvorschlags ist in der Regel nicht mehr unverzüglich.[147] Ungeachtet dessen darf der Wahlvorstand die Prüfung insbesondere nicht bis zum Ablauf der Einreichungsfrist des Abs. 1 S. 1 verzögern.

87 Vielmehr soll durch die unverzügliche Prüfung sichergestellt werden, dass die Einreichenden im Fall einer Unwirksamkeit des Wahlvorschlags die Möglichkeit erhalten, noch vor Fristablauf einen erneuten, die bisherigen Mängel nicht mehr aufweisenden Wahlvorschlag einzureichen.[148] Aus diesem Grund hat sich der **Wahlvorstand** gerade auch am Tag des Ablaufs der Einreichungsfrist **für die Prüfung von Wahlvorschlägen bereit zu halten**.[149] Ein Bereithalten **bis 24 Uhr** ist jedoch **nicht nötig** (→ Rn. 59).

§ 7 SchwbVWO Nachfrist für Wahlvorschläge

(1) ¹Ist nach Ablauf der in § 6 Abs. 1 genannten Frist kein gültiger Wahlvorschlag für die Wahl der Schwerbehindertenvertretung eingegangen, hat dies der

---

143 Vgl. zur Betriebsratswahl *Boemke*, Betriebsratswahl, S. § 3 Rn. 397; *Fitting* BetrVG WO § 8 Rn. 7.
144 *Hohmann* in Wiegand/Hohmann SchwbVWO § 6 Rn. 84. Vgl. auch *Sachadae*, Wahl der SchwbV, S. 431. Vgl. zur Betriebsratswahl: *Fitting* BetrVG WO § 8 Rn. 1.
145 *Sachadae*, Wahl der SchwbV, S. 431.
146 LAG RhPf 1.4.2008 – 3 TaBV 1/08; *Adlhoch* in Ernst/Adlhoch/Seel SGB IX § 94 Rn. 87; *Sachadae*, Wahl der SchwbV, S. 430. Vgl. zur Betriebsratswahl BAG 25.5.2005 – 7 ABR 39/04, juris Rn. 18; *Fitting* BetrVG WO § 7 Rn. 6. AA BAG 20.1.2010 – 7 ABR 39/08, juris Rn. 23 ff.; *Hohmann* in Wiegand/Hohmann SchwbVWO § 6 Rn. 85.
147 Zur Betriebsratswahl LAG Nürnberg 3.6.2019 – 1 TaBV 3/19, juris Rn. 45.
148 Vgl. im Hinblick auf § 7 WO BetrVG *Fitting* BetrVG WO § 7 Rn. 6. Vgl. auch *Dörner* SchwbG SchwbVWO § 6 Anm. 4 b; *Sachadae*, Wahl der SchwbV, S. 431 f.
149 Vgl. zur Betriebsratswahl BAG 25.5.2005 – 7 ABR 39/04, juris Rn. 18; *Fitting* BetrVG WO § 7 Rn. 6.

Wahlvorstand sofort in der gleichen Weise bekanntzumachen wie das Wahlausschreiben und eine Nachfrist von einer Woche für die Einreichung von Wahlvorschlägen zu setzen. ²In der Bekanntmachung ist darauf hinzuweisen, daß die Wahl nur stattfinden kann, wenn innerhalb der Nachfrist mindestens ein gültiger Wahlvorschlag eingereicht wird.

(2) Gehen innerhalb der Nachfrist gültige Wahlvorschläge für die Wahl der Schwerbehindertenvertretung nicht ein, hat der Wahlvorstand sofort bekanntzumachen, daß die Wahl nicht stattfindet.

(3) Absatz 1 Satz 1 gilt entsprechend, wenn für die Wahl der stellvertretenden Mitglieder kein gültiger Wahlvorschlag eingeht oder wenn die Zahl der für dieses Amt gültig vorgeschlagenen Bewerber oder Bewerberinnen nicht der vom Wahlvorstand beschlossenen Zahl der stellvertretenden Mitglieder entspricht.

I. Überblick über den Regelungsinhalt 1
II. Fehlende Wahlvorschläge für das Amt der Schwerbehindertenvertretung 2
  1. Voraussetzungen der Nachfrist 2
  2. Bekanntmachung der Nachfrist 3
  3. Zeitpunkt der Bekanntmachung 4
  4. Dauer und Berechnung der Nachfrist 5
  5. Vorgehen nach Fristablauf 7

III. Unzureichende Anzahl von Wahlvorschlägen für das Amt der stellvertretenden Mitglieder 10
  1. Voraussetzungen der Nachfrist 10
  2. Bekanntmachung der Nachwahl 12
  3. Zeitpunkt der Bekanntmachung und Fristberechnung 14
  4. Vorgehen nach Fristablauf 17

I. Überblick über den Regelungsinhalt

Die Vorschrift regelt die Setzung einer Nachfrist für die Einreichung von Wahlvorschlägen für den Fall, dass innerhalb der eigentlichen Frist für die Einreichung von Wahlvorschlägen keine wirksamen Vorschläge eingegangen sind. Auf diese Weise soll **durch eine zweite Frist vermieden** werden, **dass eine Wahl** der Schwerbehindertenvertretung mangels Bewerbern **nicht stattfinden kann.**[1]

II. Fehlende Wahlvorschläge für das Amt der Schwerbehindertenvertretung

1. Voraussetzungen der Nachfrist

Die Bestimmungen des § 7 betreffen den Fall, dass zum Zeitpunkt des Ablaufs der Einreichungsfrist des § 6 Abs. 1 S. 1 kein gültiger Wahlvorschlag vorliegt. Dabei ist unerheblich, ob innerhalb der Frist **überhaupt kein Wahlvorschlag eingereicht** wurde oder ob die eingereichten **Wahlvorschläge allesamt ungültig** waren oder ob die **Ungültigkeit sogar erst nachträglich** (zB Ausscheiden oder Versetzung des Wahlbewerbers) **eingetreten** ist.[2] Maßgeblich ist dabei grundsätzlich nur das Vorliegen von Wahlvorschlägen für das Amt der Schwerbehindertenvertretung (zur Nachfristsetzung bei fehlenden oder unzureichenden

---

1 Vgl. zu den möglichen Ursachen *Dörner* SchwbG SchwbVWO § 7 Anm. 1.
2 Vgl. *Hohmann* in Wiegand/Hohmann SchwbVWO § 7 Rn. 9.

Wahlvorschlägen für das Amt der stellvertretenden Mitglieder unten → Rn. 10 ff.).[3]

2. Bekanntmachung der Nachfrist

3 Liegt ein Fall des Abs. 1 vor, hat der Wahlvorstand diesen Umstand im Betrieb bekanntzumachen und zugleich eine Nachfrist von einer Woche für die Einreichung von Wahlvorschlägen zu setzen. Die Bekanntmachung muss dabei in der gleichen Form erfolgen **wie der Aushang des Wahlausschreibens** (→ § 5 Rn. 8 ff.).[4] Zusätzlich ist in der Bekanntmachung gem. Abs. 1 S. 2 auch darauf hinzuweisen, dass die Wahl nur stattfinden kann, wenn innerhalb der Nachfrist mindestens ein gültiger Wahlvorschlag eingeht. Verletzt der Wahlvorstand seine Pflichten aus Abs. 1 indem er es etwa versäumt, **zur Einreichung von Wahlvorschlägen aufzufordern** oder **auf die Konsequenzen des fruchtlosen Ablaufs der Nachfrist hinzuweisen**, soll es auch noch nach Ablauf der Nachfrist möglich sein, gültige Wahlvorschläge einzureichen.[5] Ob dies allerdings auch dann noch gilt, wenn die Wahl bereits nach Abs. 2 abgesagt wurde (→ Rn. 8 f.), erscheint zweifelhaft.

3. Zeitpunkt der Bekanntmachung

4 In zeitlicher Hinsicht verlangt Abs. 1 S. 1, dass die Bekanntmachung sofort zu erfolgen hat. Ist keinerlei Wahlvorschlag eingereicht worden, muss die **Bekanntgabe unmittelbar nach Fristablauf** erfolgen.[6] Ist der Wahlvorstand mangels betriebsüblicher Arbeitszeit zu diesem Zeitpunkt **nicht mehr im Betrieb anwesend** und kann er deshalb keine entsprechende Feststellung treffen, genügt auch die Bekanntgabe **am darauffolgenden Arbeitstag**. Ist (mindestens) ein Wahlvorschlag fristgerecht eingereicht worden, der wegen behebbarer Mängel analog § 7 Abs. 2 S. 2 WO BetrVG iVm 8 Abs. 2 WO BetrVG beanstandet wurde (→ § 6 Rn. 81 ff.), ist die Bekanntmachung nach Abs. 1 erst **nach Ablauf der Nachbesserungsfrist von drei Arbeitstagen** ab Zugang der Beanstandung möglich.[7] Gleiches gilt, wenn eine Aufforderung nach § 6 Abs. 4 S. 2 (oder – bei unterstellter Anwendbarkeit – nach § 6 Abs. 3 S. 2) erfolgt ist.[8]

4. Dauer und Berechnung der Nachfrist

5 Die **einwöchige Nachfrist** beginnt nicht automatisch mit Ablauf der Einreichungsfrist, sondern knüpft an die **Bekanntmachung der Nachfristsetzung** an.[9] Die Berechnung der Frist richtet sich nach den §§ 187 ff. BGB.[10]

---

3 Vgl. *Maaß* in Kossens/von der Heide/Maaß, 1. Aufl. 2002, SchwbVWO Anm. zu § 7; *Pahlen* in Neumann/Pahlen/Greiner/Winkler/Jabben SchwbVWO § 7 Rn. 1.
4 *Cramer* SchwbV SchwbVWO § 7 Rn. 1; *Schleicher* WO zum SchwbG § 7 Rn. 3.
5 *Dörner* SchwbG SchwbVWO § 7 Anm. 1. Wohl auch *Hohmann* in Wiegand/Hohmann SchwbVWO § 7 Rn. 23; *Pahlen* in Neumann/Pahlen/Greiner/Winkler/Jabben SchwbVWO § 7 Rn. 1.
6 *Cramer* SchwbV SchwbVWO § 7 Rn. 1.
7 Vgl. *Cramer* SchwbV SchwbVWO § 7 Rn. 1; *Schleicher* WO zum SchwbG § 7 Rn. 3, die ein Zuwarten im Hinblick auf § 6 Abs. 3 S. 2 und § 6 Abs. 4 S. 2 zulassen.
8 *Cramer* SchwbV SchwbVWO § 7 Rn. 1; *Schleicher* WO zum SchwbG § 7 Rn. 3.
9 Vgl. *Hohmann* in Wiegand/Hohmann SchwbVWO § 7 Rn. 18; *Pahlen* in Neumann/Pahlen/Greiner/Winkler/Jabben SchwbVWO § 7 Rn. 2.
10 *Dörner* SchwbG SchwbVWO § 7 Anm. 1; *Hohmann* in Wiegand/Hohmann SchwbVWO § 7 Rn. 18.

Dementsprechend beginnt die Frist **am Tage nach dem Aushang der Bekanntmachung** zu laufen und endet eine Woche später mit Ablauf desjenigen Tages, der nach der Wochentagsbezeichnung demjenigen des Aushangtags entspricht (zB bei Aushang am Dienstag, den 18., fällt das Fristende auf Dienstag, den 25.).[11] Das Fristende tritt nach Maßgabe des § 188 Abs. 2 BGB **am letzten Tag der Frist erst um 24 Uhr** ein.[12]

5. Vorgehen nach Fristablauf

Geht innerhalb der Frist **zumindest ein Wahlvorschlag** ein, der sich nach Prüfung durch den Wahlvorstand (→ § 6 Rn. 65 ff.) auch als **gültig** erweist, ist die Wahl durchzuführen.[13] Dies gilt auch, wenn für die stellvertretenden Mitglieder keine Vorschläge eingegangen sind.[14] Der **Termin der Wahl** darf durch die eingeräumte Nachfrist **nicht verschoben** werden.[15]

Geht auch innerhalb der Nachfrist **kein Wahlvorschlag** ein oder erweisen sich die eingereichten Wahlvorschläge durchgehend als endgültig unwirksam, **kann die Wahl nicht stattfinden**.[16] Dies hat der Wahlvorstand gem. Abs. 2 sofort (→ Rn. 4) nach Feststellung bekanntzumachen. Dabei muss die Bekanntmachung wiederum **in der Form** erfolgen, in der auch das **Wahlausschreiben ausgehängt** worden war (→ § 5 Rn. 8 ff.).

Mit der Bekanntmachung nach Abs. 2 ist die **Wahl der Schwerbehindertenvertretung beendet**.[17] Allerdings steht es den initiierungsbefugten Organen jederzeit frei, eine **erneute Wahl der Schwerbehindertenvertretung zu initiieren**.[18]

III. Unzureichende Anzahl von Wahlvorschlägen für das Amt der stellvertretenden Mitglieder

1. Voraussetzungen der Nachwahl

Ist innerhalb der Frist des § 6 Abs. 1 S. 1 **kein gültiger Wahlvorschlag für das Amt der stellvertretenden Mitglieder** eingegangen, ist gem. Abs. 3 die Nachwahlregelung des Abs. 1 S. 1 entsprechend anzuwenden. Dh auch in diesem Fall ist eine Nachfrist für die Einreichung von Wahlvorschlägen zu setzen.[19] Dies gilt ferner, wenn zwar gültige Wahlvorschläge für das Amt des stellvertretenden Mitglieds eingereicht wurden, die **Zahl der vorgeschlagenen Kandidaten aber nicht der vom Wahlvorstand beschlossenen Anzahl** von stellvertretenden Mitgliedern (→ § 2 Rn. 25 ff.) entspricht.[20]

---

11 Vgl. *Dörner* SchwbG SchwbVWO § 7 Anm. 1. Missverständlich *Hohmann* in Wiegand/Hohmann SchwbVWO § 7 Rn. 18.
12 *Dörner* SchwbG SchwbVWO § 7 Anm. 1. Vgl. auch *Hohmann* in Wiegand/Hohmann SchwbVWO § 7 Rn. 18, der unter Verweis auf § 188 Abs. 2 vom Ablauf des Tages spricht. AA *Pahlen* in Neumann/Pahlen/Greiner/Winkler/Jabben SchwbVWO § 7 Rn. 2.
13 *Cramer* SchwbV SchwbVWO § 7 Rn. 2; *Schleicher* WO zum SchwbG § 7 Rn. 4.
14 *Cramer* SchwbV SchwbVWO § 7 Rn. 2. Vgl. auch *Pahlen* in Neumann/Pahlen/Greiner/Winkler/Jabben SchwbVWO § 7 Rn. 2.
15 *Hohmann* in Wiegand/Hohmann SchwbVWO § 7 Rn. 21.
16 *Dörner* SchwbG SchwbVWO § 7 Anm. 2; *Schleicher* WO zum SchwbG § 7 Rn. 5.
17 *Dörner* SchwbG SchwbVWO § 7 Anm. 2.
18 *Dörner* SchwbG SchwbVWO § 7 Anm. 2; *Hohmann* in Wiegand/Hohmann SchwbVWO § 7 Rn. 28; *Maaß* in Kossens/von der Heide/Maaß, 1. Aufl. 2002, SchwbVWO Anm. zu § 7; *Pahlen* in Neumann/Pahlen/Greiner/Winkler/Jabben SchwbVWO § 7 Rn. 3. Vgl. auch *Schleicher* WO zum SchwbG § 7 Rn. 6.
19 *Cramer* SchwbV SchwbVWO § 7 Rn. 3.
20 *Hohmann* in Wiegand/Hohmann SchwbVWO § 7 Rn. 32; *Schleicher* WO zum SchwbG § 7 Rn. 1.

11 Die Nachfristsetzung für das Amt der stellvertretenden Mitglieder ist unabhängig davon vorzunehmen, ob für das Amt der Schwerbehindertenvertretung rechtzeitig gültige Wahlvorschläge eingegangen waren oder ob hier ebenfalls eine Nachfrist gesetzt werden muss.[21]

2. Bekanntmachung der Nachwahl

12 Wegen des in Abs. 3 enthaltenen Verweises auf Abs. 1 S. 1 hat auch im Hinblick auf die Nachfrist für die stellvertretenden Mitglieder eine **Bekanntmachung** zu erfolgen, durch die den Wahlberechtigten mitgeteilt wird, dass für das Stellvertreteramt keine gültigen Wahlvorschläge eingegangen sind. Gleichzeitig hat der Wahlvorstand darin **zur Einreichung von Wahlvorschlägen** für das Stellvertreteramt **aufzufordern** und hierfür eine Nachfrist von einer Woche zu setzen.[22]

13 Anders als im Hinblick auf das Amt der Schwerbehindertenvertretung hat im Fall des Abs. 3 ein **Hinweis nach Abs. 1 S. 2** nicht zu erfolgen.[23]

3. Zeitpunkt der Bekanntmachung und Fristberechnung

14 Auch die Bekanntmachung der Nachwahl für das Stellvertreteramt hat **sofort nach der Feststellung** des Nichtvorliegens einer hinreichenden Zahl gültiger Wahlvorschläge zu erfolgen.

15 Wegen der Abhängigkeit des Bekanntmachungszeitpunkts von der Möglichkeit einer Nachbesserung des Wahlvorschlags (→ § 6 Rn. 81 ff.) können für das Amt der Schwerbehindertenvertretung und das Amt der stellvertretenden Mitglieder auch **unterschiedlich auslaufende Nachfristen** festzusetzen sein. Eine **Verzögerung der Bekanntmachung** nach Abs. 1 zugunsten eines **Gleichlaufs** der Nachfristen ist nach den Wahlvorschriften nicht vorgesehen.

16 Die **Berechnung der Dauer** der Nachfrist nach Abs. 3 bestimmt sich wegen des unmittelbaren Verweises auf Abs. 1 nach den gleichen Grundsätzen (→ Rn. 5 f.).

4. Vorgehen nach Fristablauf

17 Geht in der Nachfrist eine **ausreichende Zahl gültiger Wahlvorschläge** ein, ist die Wahl der stellvertretenden Mitglieder durchzuführen, sofern nicht die Wahl für das Amt der Schwerbehindertenvertretung mangels Wahlbewerber ausfällt.[24]

18 Liegt nach Ablauf der Nachfrist zwar **mindestens ein gültiger Wahlvorschlag für das Amt des stellvertretenden Mitglieds** vor, steht die Anzahl der vorgeschlagenen Kandidaten jedoch hinter der beschlossenen Anzahl von stellvertretenden Mitgliedern zurück, ist gleichwohl eine Wahl der stellvertretenden Mitglieder durchzuführen, bei der **entsprechend weniger Stellvertreter zu wählen**

---

21 Vgl. *Cramer* SchwbV SchwbVWO § 7 Rn. 3.
22 *Cramer* SchwbV SchwbVWO § 7 Rn. 3; *Hohmann* in Wiegand/Hohmann SchwbVWO § 7 Rn. 29.
23 *Dörner* SchwbG SchwbVWO § 7 Anm. 3; *Hohmann* in Wiegand/Hohmann SchwbVWO § 7 Rn. 30.
24 Vgl. *Cramer* SchwbV SchwbVWO § 7 Rn. 2; *Pahlen* in Neumann/Pahlen/Greiner/Winkler/Jabben SchwbVWO § 7 Rn. 1.

sind.²⁵ Auch dies gilt allerdings nur, sofern auch die Wahl der Schwerbehindertenvertretung stattfindet.²⁶
Gehen innerhalb der Nachfrist **keine gültigen Wahlvorschläge für das Amt der stellvertretenden Mitglieder** ein, kann die **Wahl für diesen Wahlgang nicht durchgeführt** werden.²⁷ Hierdurch wird jedoch die Wahl der Schwerbehindertenvertretung nicht berührt, so dass diese gleichwohl stattfindet, sofern für dieses Amt gültige Vorschläge eingegangen sind.²⁸

19

§ 8 SchwbVWO Bekanntmachung der Bewerber und Bewerberinnen

Der Wahlvorstand macht spätestens eine Woche vor Beginn der Stimmabgabe die Namen der Bewerber und Bewerberinnen aus gültigen Wahlvorschlägen in alphabetischer Reihenfolge, getrennt nach Bewerbungen für die Schwerbehindertenvertretung und als stellvertretendes Mitglied, bis zum Abschluss der Stimmabgabe in gleicher Weise bekannt wie das Wahlausschreiben.

I. Überblick über den Regelungsinhalt

Die Vorschrift regelt die Bekanntmachung der zugelassenen Wahlbewerber. Durch diese Bekanntmachung sollen die **Wahlberechtigten in die Lage versetzt** werden, sich **von den** zur Wahl stehenden **Kandidaten ein Bild machen** zu können.¹ Eine Verletzung der Bekanntmachungspflicht kann die Anfechtbarkeit der Wahl begründen.²

1

II. Inhaltliche Anforderungen an die Bekanntmachung

Bei der Bekanntmachung der Bewerber sind die **Kandidaten getrennt nach Ämtern** (Schwerbehindertenvertretung und stellvertretende Mitglieder) in alphabetischer Reihenfolge zu benennen. Dabei kann die in § 8 vorgeschriebene Trennung entweder dadurch erfolgen, dass **zwei getrennte Listen** bekanntgemacht werden oder die **Trennung wird optisch auf einem einheitlichen Aushang** vorgenommen.³

2

Die **Sortierung nach dem Alphabet** richtet sich dabei in erster Linie nach dem **Familiennamen**; auf die **Vornamen** ist nur bei Gleichheit des Familiennamens abzustellen.⁴ Ergibt sich sowohl beim Familien- als auch beim Vornamen eine Namensgleichheit, muss auf andere objektive Kriterien (zB eine aufsteigende Rangfolge nach **Geburtsdatum**) abgestellt werden.⁵ Eine Auflistung danach, welche Kandidaten auf gemeinsamen Wahlvorschlägen benannt worden sind, ist nicht vorgesehen, weil keine Listen-, sondern eine **Personenwahl** durchge-

3

---

25 *Adlhoch* in Ernst/Adlhoch/Seel SGB IX § 94 Rn. 87; *Cramer* SchwbV SchwbVWO § 7 Rn. 3.
26 Vgl. *Cramer* SchwbV SchwbVWO § 7 Rn. 2; *Pahlen* in Neumann/Pahlen/Greiner/Winkler/Jabben SchwbVWO § 7 Rn. 1.
27 *Adlhoch* in Ernst/Adlhoch/Seel SGB IX § 94 Rn. 87.
28 *Dörner* SchwbG SchwbVWO § 7 Anm. 3; *Maaß* in Kossens/von der Heide/Maaß, 1. Aufl. 2002, SchwbVWO Anm. zu § 7.
1 Vgl. *Hohmann* in Wiegand/Hohmann SchwbVWO § 8 Rn. 13.
2 LAG Hamm 15.3.2016 – 7 TaBV 63/15.
3 Vgl. *Dörner* SchwbG SchwbVWO Anm. zu § 8. Vgl. auch *Cramer* SchwbV SchwbVWO § 8 Rn. 1; *Hohmann* in Wiegand/Hohmann SchwbVWO § 8 Rn. 11.
4 *Hohmann* in Wiegand/Hohmann SchwbVWO § 8 Rn. 8; *Pahlen* in Neumann/Pahlen/Greiner/Winkler/Jabben SchwbVWO § 8 Rn. 1.
5 Vgl. *Hohmann* in Wiegand/Hohmann SchwbVWO § 8 Rn. 8; *Pahlen* in Neumann/Pahlen/Greiner/Winkler/Jabben SchwbVWO § 8 Rn. 1.

führt werden muss.[6] Soweit die Namen der Kandidaten für sich genommen noch keine sichere Identifizierbarkeit zulassen, sind zwingend **zusätzliche Angaben** (zB Geburtsdatum oder der beschäftigende Betrieb) nötig.[7] Nicht bekanntzumachen sind hingegen die **Wahlvorschläge an sich**.[8]

III. Formelle Anforderungen

4 Die Bekanntmachung muss **spätestens eine Woche vor Beginn der Stimmabgabe** erfolgen. Dabei handelt es sich um eine **knapp bemessene Mindestfrist**.[9] Diese sollte jedoch zur frühzeitigen Unterrichtung der Wahlberechtigten im Regelfall nicht ausgeschöpft werden.[10] Die Berechnung der Mindestfrist richtet sich nach den §§ 187 ff. BGB.[11] Bezugspunkt der Fristberechnung ist allerdings nicht das Ende, sondern der **Beginn der Stimmabgabe**, so dass bei mehrtägigen Abstimmungen der erste Abstimmungstag maßgeblich ist.[12] Der Aushang muss allerdings **bis zum Ende der Stimmauszählung in lesbarem Zustand** bleiben.[13]

5 In formeller Hinsicht muss die Bekanntmachung **in der gleichen Weise** erfolgen wie der Aushang des **Wahlausschreibens** (→ § 5 Rn. 8 ff.). Dh die Namen der Wahlbewerber müssen an den gleichen Stellen ausgehängt werden wie das Wahlausschreiben.[14]

Zweiter Abschnitt Durchführung der Wahl

§ 9 SchwbVWO Stimmabgabe

(1) Wer wahlberechtigt ist, kann seine Stimme nur für eine Person abgeben, die rechtswirksam als Bewerber oder Bewerberin vorgeschlagen ist.

(2) ¹Das Wahlrecht wird durch Abgabe eines Stimmzettels in einem Wahlumschlag ausgeübt. ²Auf dem Stimmzettel sind die Personen, die sich für das Amt der Schwerbehindertenvertretung und als stellvertretendes Mitglied bewerben, getrennt in alphabetischer Reihenfolge unter Angabe von Familienname, Vorname, Geburtsdatum und Art der Beschäftigung aufgeführt. ³Die Stimmzettel müssen sämtlich die gleiche Größe, Farbe, Beschaffenheit und Beschriftung haben. ⁴Das gleiche gilt für die Wahlumschläge.

---

6 Vgl. auch *Hohmann* in Wiegand/Hohmann SchwbVWO § 8 Rn. 6, der grundsätzlich jedwede andere Reihung als die alphabetische Sortierung ablehnt.
7 *Sachadae*, Wahl der SchwbV, S. 433. Vgl. auch *Cramer* SchwbV SchwbVWO § 8 Rn. 1; *Dörner* SchwbG SchwbVWO Anm. zu § 8; *Hohmann* in Wiegand/Hohmann SchwbVWO § 8 Rn. 7; *Maaß* in Kossens/von der Heide/Maaß, 1. Aufl. 2002, SchwbVWO Anm. zu § 8; *Pahlen* in Neumann/Pahlen/Greiner/Winkler/Jabben SchwbVWO § 8 Rn. 1.
8 *Cramer* SchwbV SchwbVWO § 8 Rn. 1; *Dörner* SchwbG SchwbVWO Anm. zu § 8; *Schleicher* WO zum SchwbG § 8 Rn. 2.
9 *Dörner* SchwbG SchwbVWO Anm. zu § 8; *Hohmann* in Wiegand/Hohmann SchwbVWO § 8 Rn. 13; *Pahlen* in Neumann/Pahlen/Greiner/Winkler/Jabben SchwbVWO § 8 Rn. 2.
10 *Hohmann* in Wiegand/Hohmann SchwbVWO § 8 Rn. 13.
11 *Dörner* SchwbG SchwbVWO Anm. zu § 8; *Hohmann* in Wiegand/Hohmann SchwbVWO § 8 Rn. 14.
12 Vgl. *Hohmann* in Wiegand/Hohmann SchwbVWO § 8 Rn. 15.
13 Vgl. *Maaß* in Kossens/von der Heide/Maaß, 1. Aufl. 2002, SchwbVWO Anm. zu § 8; *Schleicher* WO zum SchwbG § 8 Rn. 3. Vgl. auch *Hohmann* in Wiegand/ Hohmann SchwbVWO § 8 Rn. 19.
14 *Hohmann* in Wiegand/Hohmann SchwbVWO § 8 Rn. 17; *Schleicher* WO zum SchwbG § 8 Rn. 3.

(3) Werden mehrere stellvertretende Mitglieder gewählt, soll der Stimmzettel einen Hinweis darauf enthalten, wie viele Bewerber oder Bewerberinnen im Höchstfall angekreuzt werden dürfen.

(4) [1]Bei der Stimmabgabe wird durch Ankreuzen an der im Stimmzettel jeweils vorgesehenen Stelle die von dem Wählenden gewählte Person für das Amt der Schwerbehindertenvertretung und der Stellvertretung gekennzeichnet. [2]Werden mehrere stellvertretende Mitglieder gewählt, können Bewerber oder Bewerberinnen in entsprechender Anzahl angekreuzt werden.

(5) Stimmzettel, auf denen mehr als die zulässige Anzahl der Bewerber und Bewerberinnen angekreuzt oder die mit einem besonderen Merkmal versehen sind oder aus denen sich der Wille des Wählers oder der Wählerin nicht zweifelsfrei ergibt, sind ungültig.

I. Überblick über den Regelungsinhalt	1
II. Beschränkung der Stimmabgabe auf wirksam vorgeschlagene Wahlbewerber	2
III. Verbindliche Verwendung von Stimmzettel und Wahlumschlägen	4
1. Allgemeines	4
2. Formales zu den Stimmzetteln (Abs. 2 S. 3 und 4)	6
3. Inhalt der Stimmzettel (Abs. 2 S. 2 und Abs. 3)	9
a) Allgemeine Vorgabe (Abs. 2 S. 2)	9
b) Trennung nach Ämtern (Abs. 2 S. 2)	10
c) Personenbezogene Angaben (Abs. 2 S. 2)	13
aa) Namen und Reihenfolge	13
bb) Geburtsdatum	14
cc) Art der Beschäftigung	15
dd) Sonstige Angaben	16
d) Hinweis auf Anzahl der zu wählenden Stellvertreter (Abs. 3)	17
4. Verwendung der Wahlumschläge	19
5. Formelle Anforderungen an die Wahlumschläge	21
IV. Kennzeichnung der Stimmzettel	23
1. Allgemeines	23
2. Zu treffende Wahlentscheidungen	24
3. Art und Weise der Kennzeichnung	27
4. Eindeutigkeit des Wählerwillens	30
5. Besondere Merkmale	33
6. Überschreitung der Anzahl der Stimmen	35

I. Überblick über den Regelungsinhalt

Die Vorschrift trifft nähere Vorgaben zur **Kennzeichnung der Stimmzettel** (Abs. 4) und zu den **Gültigkeitsvoraussetzungen** der Stimmabgabe (Abs. 1 und Abs. 5). Ferner werden in den Abs. 2 und 3 nähere Vorgaben zur **Gestaltung der Wahlunterlagen**, insbesondere der Stimmzettel, gemacht.

II. Beschränkung der Stimmabgabe auf wirksam vorgeschlagene Wahlbewerber

Im Hinblick auf die Stimmabgabe stellt Abs. 1 klar, dass eine Stimme wirksam nur für Personen abgegeben werden kann, die gem. § 6 **ordnungsgemäß als Wahlbewerber vorgeschlagen** worden sind. Diese Regelung entspricht allgemeinen Grundprinzipien einer demokratischen Wahl und wäre deshalb nicht zwingend erforderlich gewesen. Maßgeblich sind grundsätzlich die vom Wahlvorstand für gültig befundenen Wahlvorschläge, die **nach § 8 bekanntgegeben** worden sind.[1]

3 **Stimmabgaben** für **nicht ordnungsgemäß vorgeschlagene Wahlbewerber** sind **ungültig**.[2] Dabei ist gleichgültig, ob die nicht zugelassenen Bewerber vom Wahlberechtigten selbst auf dem Stimmzettel ergänzt worden sind[3] oder ob diese versehentlich auf den Stimmzettel aufgenommen worden waren.[4] Letzterenfalls läge jedoch ohnehin ein schwerwiegender Wahlfehler vor.

III. Verbindliche Verwendung von Stimmzettel und Wahlumschlägen
1. Allgemeines

4 Abs. 2 regelt die verbindliche **Verwendung von Stimmzetteln** und **Wahlumschlägen**. Durch die Nutzung von Stimmzetteln soll sichergestellt werden, dass die **verbindliche Äußerung des Wählerwillens von der Zählung der Stimmen entkoppelt** werden kann, um Hemmungen bei der Wahlentscheidung zu vermeiden. Gleichzeitig dient die Verwendung der Wahlumschläge dem **Schutz vor Erkennbarkeit der Wahlentscheidung** durch Dritte.[5]

5 Die in Abs. 2 S. 1 angeordnete Verwendung von Stimmzetteln und Wahlumschlägen gehört damit zu den **Grundpfeilern einer geheimen Stimmabgabe**. Die Bestimmung trifft damit nähere Vorgaben zur Gewährleistung der Grundsätze der geheimen Wahl und dient damit zugleich auch der Freiheit der Wahl.[6] Daher besitzen diese Regelungen einen hohen Stellenwert und stehen **nicht zur Disposition der Wahlberechtigten**.[7]

2. Formales zu den Stimmzetteln (Abs. 2 S. 3 und 4)

6 Die mit der zwingenden Verwendung der Stimmzettel beabsichtigte Geheimhaltung der Wahlentscheidung setzt voraus, dass sich aus der **Gestaltung der Stimmzettel** keine Rückschlüsse auf die Person des Wahlberechtigten ziehen lassen.[8] Daher ist es unzulässig, für bestimmte Gruppen von Wahlberechtigten besonders gestaltete Stimmzettel vorzusehen.

7 Vielmehr verlangt Abs. 2 S. 3, dass sämtliche Stimmzettel die gleiche **Größe, Farbe, Beschaffenheit** und **Beschriftung** aufweisen müssen. Die formalen Vorgaben zur Gestaltung der Stimmzettel sind für den Wahlverstand verbindlich.[9] Dies betrifft jedoch nur den Zustand, den der Stimmzettel bei der Ausreichung an den Wahlberechtigten aufweisen muss. Etwaige in der Stimmkabine vorgenommene **nachträgliche Beschriftungen** durch den Wahlberechtigten selbst fallen dagegen nicht unter Abs. 2 S. 3, weil sich aus diesen nicht zwingend **Rück-**

---

1 Vgl. *Cramer* SchwbV SchwbVWO § 9 Rn. 1; *Dörner* SchwbG SchwbVWO § 9 Anm. 2 und 4.
2 *Cramer* SchwbV SchwbVWO § 9 Rn. 1.
3 *Dörner* SchwbG SchwbVWO § 9 Anm. 4.
4 Vgl. *Hohmann* in Wiegand/Hohmann SchwbVWO § 9 Rn. 6.
5 Vgl. *Hohmann* in Wiegand/Hohmann SchwbVWO § 9 Rn. 10. Vgl. zum vereinfachten Verfahren: HessLAG 1.12.2011 – 9 TaBV 130/11; *Kohte/Bernhardt* DVfR – Forum B – 7/2014, S. 3. Vgl. zur Betriebsratswahl: BAG 20.1.2021 – 7 ABR 3/20, juris Rn. 19 f.
6 Vgl. *Sachadae*, Wahl der SchwbV, S. 51 und 442; *Schleicher* WO zum SchwbG § 9 Rn. 2.
7 Vgl. *Sachadae* ZfPR 4/2016, 101 (101); *Sachadae* jurisPR-ArbR 37/2016, Anm. 5. Vgl. auch BAG 21.3.2018 – 7 ABR 29/16, juris Rn. 31 und 34 f.
8 Vgl. *Dörner* SchwbG SchwbVWO § 9 Anm. 2; *Hohmann* in Wiegand/Hohmann SchwbVWO § 9 Rn. 24.
9 Vgl. auch BAG 16.9.2020 – 7 ABR 30/19, juris Rn. 23.

schlüsse auf den Wahlberechtigten ziehen lassen. Soweit aus den zusätzlichen Beschriftungen jedoch theoretisch derartige Rückschlüsse möglich sind (zB durch die individuelle Spezifikation von **Handschriften** oder gar die **Nennung eines Namens**), ist der Stimmzettel gleichwohl unwirksam (→ Rn. 29). Zur Frage der Eindeutigkeit des Wählerwillens → Rn. 30 ff.

Die **Erstellung der Stimmzettel** und der Wahlumschläge obliegt dem Wahlvorstand.[10] Die **Kosten** der Erstellung hat der Arbeitgeber zu tragen (→ SGB IX § 177 Rn. 87).[11]

3. Inhalt der Stimmzettel (Abs. 2 S. 2 und Abs. 3)

a) Allgemeine Vorgabe (Abs. 2 S. 2)

Die Stimmzettel müssen die zur Wahl stehenden Personen unter Angaben von **Nachname, Vorname, Geburtsdatum** und **Art der Beschäftigung** aufführen. Dabei sind die Wahlbewerber **getrennt nach Ämtern** (Kandidaten für die Schwerbehindertenvertretung einerseits und Kandidaten für die stellvertretenden Mitglieder andererseits) in **alphabetischer Reihenfolge** aufzulisten.

b) Trennung nach Ämtern (Abs. 2 S. 2)

Wegen der Trennung nach Ämtern ist eine doppelte Nennung einer Person auf einem Stimmzettel möglich, wenn die betreffende Person einmal als Kandidat für das Amt der Schwerbehindertenvertretung und einmal als Kandidat für das Stellvertreteramt auftritt. Eine **doppelte Nennung** für dasselbe Amt scheidet jedoch aus (zur Doppelkandidatur auch → § 6 Rn. 46 ff. und Rn. 66 ff.).[12]

Die in Abs. 2 S. 2 verlangte Trennung nach Ämtern bedeutet jedoch nicht, dass die Kandidaten für das Amt der Schwerbehindertenvertretung einerseits und für das Stellvertreteramt andererseits auf getrennten Stimmzettel aufgeführt werden müssen.[13] Vielmehr ist die **Verwendung einheitlicher Stimmzettel** fraglos zulässig.[14] Erforderlich ist in diesem Fall jedoch, dass die Trennung zwischen den Ämtern optisch klar zum Ausdruck kommt.[15]

Entgegen der teilweise in der Rechtsprechung vertretenen Auffassung[16] ist aber aus systematischen Gründen und mit Blick auf den Grundsatz der Simplizität davon auszugehen, dass im förmlichen Wahlverfahren auch die **Verwendung getrennter Stimmzettel** für die beiden Wahlgänge zulässig ist.[17]

c) Personenbezogene Angaben (Abs. 2 S. 2)

aa) Namen und Reihenfolge

Anzugeben sind jeweils die Vor- und Familiennamen der Wahlbewerber. Dabei verlangt Abs. 2 S. 2 eine **alphabetische Reihung** der Kandidaten. Diese hat anhand der Familiennamen und bei Namensgleichheit anhand der Vornamen zu

---

10 Dörner SchwbG SchwbVWO § 9 Anm. 2; Hohmann in Wiegand/Hohmann SchwbVWO § 9 Rn. 8.
11 Dörner SchwbG SchwbVWO § 9 Anm. 2.
12 Vgl. Homburg in DKW WO § 6 Rn. 47; Sachadae, Wahl der SchwbV, S. 417.
13 Düwell/Sachadae NZA 2014, 1241 (1244) mwN.
14 LAG München 25.10.2007 – 4 TaBV 38/07, BeckRS 2009 – 67787; Düwell/Sachadae NZA 2014, 1241 (1244) mwN.
15 Maaß in Kossens/von der Heide/Maaß, 1. Aufl. 2002, SchwbVWO Anm. zu § 9.
16 LAG München 25.10.2007 – 4 TaBV 38/07, BeckRS 2009, 67787.
17 So ausdrücklich Düwell/Sachadae NZA 2014, 1241 (1244) mwN. Ebenso Dörner SchwbG SchwbVWO § 9 Anm. 2; Pahlen in Neumann/Pahlen/Greiner/Winkler/Jabben SchwbVWO § 9 Rn. 1.

erfolgen (auch → § 8 Rn. 3).[18] Eine **Reihung anhand anderer Kriterien** (zB nach Zeitpunkt des Eingangs des Wahlvorschlags) **ist unzulässig**.[19]

bb) Geburtsdatum

14 Das **Geburtsdatum** ist – anders als bei der Liste der Wahlberechtigten (→ § 3 Rn. 5) – nicht nur dann anzugeben, wenn dies (zB bei Namensdoppelung) zur eindeutigen Identifikation zwingend notwendig ist. Vielmehr ist eine solche Angabe wegen der strikten Vorgabe des Abs. 2 S. 2 **bei jedem Kandidaten erforderlich**.[20]

cc) Art der Beschäftigung

15 Aus diesem Grund muss auch die **Art der Beschäftigung** (→ § 6 Rn. 15 f.) bei jedem Wahlbewerber angegeben werden.[21] Allerdings genügt hierfür auch in größeren Betrieben und Dienststellen eine **allgemeine Angabe** (zB Beamter, Arbeitnehmer), soweit eine sichere Identifikation des Kandidaten auf andere Weise (insbesondere durch das Geburtsdatum) sichergestellt ist.[22]

dd) Sonstige Angaben

16 **Weitergehende Informationen** zu den Wahlbewerbern (zB Lichtbilder, Informationen zum Werdegang), die in Wahlvorschlägen enthalten waren, sind nicht auf die Stimmzettel aufzunehmen, weil § 9 deren **Inhalte abschließend festlegt**.[23] Unzulässig ist daher auch die Angabe eines Kennwortes für einen der Wahlvorschläge oder die Kennzeichnung eines Kandidaten als „gewerkschaftlichen Vertreter".[24] Überdies könnten durch eine fakultative Aufnahme weiterer Informationen die **Chancengleichheit der Wahlbewerber** und die **Neutralität des Wahlvorstands**[25] beeinträchtigt sein.[26]

d) Hinweis auf Anzahl der zu wählenden Stellvertreter (Abs. 3)

17 Soweit mehrere stellvertretende Mitglieder zu wählen sind (→ § 2 Rn. 25 ff.), soll der Stimmzettel gem. Abs. 3 auch einen **Hinweis** darauf enthalten, wie viele **Wahlbewerber** für dieses Amt **angekreuzt werden dürfen**. Dieser Hinweis ist wichtig, weil bei der Kennzeichnung einer zu geringen Zahl das Wahlrecht nicht vollständig ausgeschöpft wird und bei der Kennzeichnung einer zu großen Zahl von Kandidaten sogar die Unwirksamkeit des Stimmzettels droht (→ Rn. 35 ff.).[27]

---

18 *Schleicher* WO zum SchwbG § 9 Rn. 3.
19 *Hohmann* in Wiegand/Hohmann SchwbVWO § 9 Rn. 22; *Schleicher* WO zum SchwbG § 9 Rn. 3.
20 Vgl. *Dörner* SchwbG SchwbVWO § 9 Anm. 2; *Hohmann* in Wiegand/Hohmann SchwbVWO § 9 Rn. 17. AA *Pahlen* in Neumann/Pahlen/Greiner/Winkler/Jabben SchwbVWO § 9 Rn. 2.
21 Vgl. *Dörner* SchwbG SchwbVWO § 9 Anm. 2; *Hohmann* in Wiegand/Hohmann SchwbVWO § 9 Rn. 17. AA *Pahlen* in Neumann/Pahlen/Greiner/Winkler/Jabben SchwbVWO § 9 Rn. 2.
22 Vgl. *Sachadae* juris-PR-ArbR 10/2015, Anm. 4. AA wohl *Hohmann* in Wiegand/Hohmann SchwbVWO § 9 Rn. 18.
23 BAG 25.10.2017 – 7 ABR 2/16, juris Rn. 41. Vgl. auch BAG 3.12.1987 – 6 ABR 79/85, juris Rn. 21 und *Schleicher* WO zum SchwbG § 9 Rn. 2.
24 BAG 25.10.2017 – 7 ABR 2/16, juris Rn. 40 f.
25 Vgl. dazu *Sachadae* jurisPR-ArbR 3/2015, Anm. 4.
26 Vgl. *Schleicher* WO zum SchwbG § 9 Rn. 2. Vgl. auch *Hohmann* in Wiegand/Hohmann SchwbVWO § 9 Rn. 21.
27 *Cramer* SchwbV SchwbVWO § 9 Rn. 5.

Wegen dieser hohen Bedeutung des Hinweises ist die Regelung – trotz der Ausgestaltung des Abs. 3 als Soll-Bestimmung – als **wesentliche Wahlvorschrift** zu qualifizieren, so dass ein fehlender Hinweis nach Abs. 3 für sich genommen zur **Anfechtung der Wahl** berechtigt.[28] 18

4. Verwendung der Wahlumschläge

Die **Verpflichtung zur Verwendung von Wahlumschlägen** soll gewährleisten, dass der gekennzeichnete Stimmzettel nicht vor dem Einwurf in die Wahlurne eingesehen werden kann und so der **Grundsatz der geheimen Wahl** verletzt werden würde.[29] 19

Eine **ohne Wahlumschlag vorgenommene Stimmabgabe** ist daher ungültig.[30] Ebenso sind Stimmzettel ungültig, die zwar gemeinsam mit einem Wahlumschlag in die Wahlurne eingeworfen wurden, jedoch nicht in diesen eingesteckt waren. Ist ein Stimmzettel in einen Wahlumschlag eingesteckt, ohne dass dieser (etwa durch Verkleben) dauerhaft **verschlossen** ist, genügt dies hingegen im Regelfall für die Wirksamkeit, sofern die **Kennzeichnung auf dem Stimmzettel nicht eingesehen** werden konnte.[31] Hiervon ist in der Regel auszugehen, wenn die zum Verschluss des Umschlags vorgesehene Fläche eingesteckt war oder die ohne Verschluss sichtbare Fläche so beschaffen ist, dass ein Einblick auf den Kennzeichnungsteil des Stimmzettels ausgeschlossen ist. 20

5. Formelle Anforderungen an die Wahlumschläge

Selbstverständlich müssen auch die Wahlumschläge allesamt die gleiche **Größe, Farbe, Beschaffenheit** aufweisen (Abs. 2 S. 4).[32] Anderenfalls wären wiederum Rückschlüsse auf den Wahlberechtigten möglich, so dass der Grundsatz der geheimen Wahl verletzt wäre.[33] 21

Anders als im Hinblick auf die Stimmzettel sind bei Wahlumschlägen auch **nachträgliche Kennzeichnungen** und **Beschriftungen** durch den Wahlberechtigten unzulässig.[34] Diese würden es nämlich ermöglichen, den von einem bestimmten Wahlberechtigten abgegebenen Wahlumschlag bis zu dessen Öffnung „zu verfolgen" und so den Stimmzettel einer konkreten Person zuzuordnen. 22

IV. Kennzeichnung der Stimmzettel

1. Allgemeines

Die eigentliche Stimmabgabe erfolgt durch entsprechende **Kennzeichnung der Stimmzettel**. Anders als bei der Verhältniswahl bei allgemeinen Interessenvertretungswahlen erfolgt die Stimmabgabe nicht zugunsten bestimmter Wahlvor- 23

---

28 *Hohmann* in Wiegand/Hohmann SchwbVWO § 9 Rn. 30.
29 Vgl. *Hohmann* in Wiegand/Hohmann SchwbVWO § 9 Rn. 10; *Sachadae* Behindertenrecht 2015, 34 (35); *Schleicher* WO zum SchwbG § 9 Rn. 2. Vgl. zum vereinfachten Verfahren: HessLAG 1.12.2011 – 9 TaBV 130/11. Vgl. zur Betriebsratswahl BAG 20.1.2021 – 7 ABR 3/20, juris Rn. 22, das lediglich an die Entscheidung einer Wahldurchführung ohne Wahlumschläge anknüpft, jedoch dabei die Reichweite des Grundsatzes der geheimen Wahl verkennt.
30 *Hohmann* in Wiegand/Hohmann SchwbVWO § 9 Rn. 10. Vgl. zur Betriebsratswahl *Fitting* BetrVG WO § 11 Rn. 7. Einschränkend bei BAG 20.1.2021 – 7 ABR 3/20, juris Rn. 19 f.
31 Vgl. *Hohmann* in Wiegand/Hohmann SchwbVWO § 9 Rn. 9.
32 Vgl. *Dörner* SchwbG SchwbVWO § 9 Anm. 2; *Hohmann* in Wiegand/Hohmann SchwbVWO § 9 Rn. 27.
33 Vgl. *Hohmann* in Wiegand/Hohmann SchwbVWO § 9 Rn. 27 f.
34 Vgl. VG Bremen 25.7.2016 – 7 K 777/16, juris Rn. 29.

schlagslisten, sondern wegen der durchzuführenden **Mehrheitswahl** personenbezogen. Hierfür müssen die Wahlberechtigten die Namen der von ihnen favorisierten Kandidaten auf dem Stimmzettel **ankreuzen**.[35]

2. Zu treffende Wahlentscheidungen

24 Hierbei stehen den Wahlberechtigten gem. Abs. 4 S. 1 für das Amt der Schwerbehindertenvertretung und die stellvertretenden Mitglieder **getrennte Stimmen** zu. Die Wähler müssen also **mindestens zwei Wahlentscheidungen** treffen.[36]

25 Hat der Wahlvorstand beschlossen, dass mehrere stellvertretende Mitglieder zu wählen sind, besitzen die Wahlberechtigten **weitere Stimmen**.[37] Dabei gilt, dass die Anzahl der für das Amt der stellvertretenden Mitglieder zur Verfügung stehenden Stimmen der **Anzahl der zu wählenden Stellvertreter** entspricht (Abs. 4 S. 2). Sind beispielsweise drei stellvertretende Mitglieder zu wählen, können die Wahlberechtigten jeweils drei für dieses Amt antretende Kandidaten ankreuzen.

26 Eine Stimmenanhäufung auf einen Kandidaten (sog. **Kumulation**) ist jedoch nicht zulässig.[38] Ein Wahlberechtigter darf also pro Kandidat immer nur eine Stimme vergeben. Wird ein **Wahlbewerber** auf einem Stimmzettel **mehrfach angekreuzt**, führt dies jedoch nicht zur Ungültigkeit der Stimmabgabe an sich; vielmehr ist dies als eine Stimme zugunsten des betreffenden Kandidaten zu werten.[39]

3. Art und Weise der Kennzeichnung

27 Üblicherweise ist auf den Stimmzetteln vor oder hinter jedem Kandidaten ein entsprechendes Feld (**Kreis** oder **Kästchen**) vorzusehen, das von den Wahlberechtigten **angekreuzt** werden kann, um so die favorisierten Kandidaten entsprechend zu kennzeichnen.[40]

28 Die Wahlberechtigten sind jedoch nicht gezwungen, ihren Wählerwillen zwingend durch Verwendung eines solchen Feldes zum Ausdruck zu bringen. Es ist vielmehr auch möglich, die gewünschten Kandidaten **auf andere Weise zu kennzeichnen**.[41] Denkbar ist es etwa, die Namen der Kandidaten zu **unterstreichen** oder diese **einzukreisen**. Möglich erscheint es auch, den Wählerwillen im Wege des **Durchstreichens der übrigen Kandidaten** zum Ausdruck zu bringen.[42]

29 Soweit der Wählerwille jedoch durch **handschriftliche Bemerkungen** zum Ausdruck gebracht wird, liegt ein unzulässiges besonderes Merkmal iSd Abs. 5 Alt. 2 vor (→ Rn. 33 f.), so dass der Stimmzettel aus diesem Grund insgesamt

---

35 *Dörner* SchwbG SchwbVWO § 9 Anm. 3; *Hohmann* in Wiegand/Hohmann SchwbVWO § 9 Rn. 31 f.
36 Vgl. *Pahlen* in Neumann/Pahlen/Greiner/Winkler/Jabben SchwbVWO § 9 Rn. 2.
37 Vgl. *Cramer* SchwbV SchwbVWO § 9 Rn. 5; *Maaß* in Kossens/von der Heide/Maaß, 1. Aufl. 2002, SchwbVWO Anm. zu § 9; *Schleicher* WO zum SchwbG § 9 Rn. 4.
38 *Hohmann* in Wiegand/Hohmann SchwbVWO § 9 Rn. 36; *Sachadae*, Wahl der SchwbV, S. 458; *Schleicher* WO zum SchwbG § 9 Rn. 4.
39 *Sachadae*, Wahl der SchwbV, S. 458 f. Vgl. in Bezug auf die Betriebsratswahl: *Fitting* BetrVG WO § 20 Rn. 4. AA offenbar *Schleicher* WO zum SchwbG § 9 Rn. 6.
40 Vgl. *Hohmann* in Wiegand/Hohmann SchwbVWO § 9 Rn. 31 und 34. Vgl. auch *Dörner* SchwbG SchwbVWO § 9 Anm. 3.
41 *Hohmann* in Wiegand/Hohmann SchwbVWO § 9 Rn. 32; *Schleicher* WO zum SchwbG § 9 Rn. 5. Vgl. zur Betriebsratswahl *Boemke*, Betriebsratswahl, § 3 Rn. 468.
42 *Hohmann* in Wiegand/Hohmann SchwbVWO § 9 Rn. 45. Vgl. zur Betriebsratswahl *Kreutz/Jacobs* in GK-BetrVG WO § 11 Rn. 3.

ungültig ist, weil er theoretisch **Rückschlüsse auf den Wahlberechtigten** zulässt.[43]

4. Eindeutigkeit des Wählerwillens

Trotz der bestehenden Freiheiten in der Art und Weise der Kennzeichnung des Stimmzettels ist es stets erforderlich, dass der jeweilige **Wille der Wahlberechtigten** dabei **zweifelsfrei** zum Ausdruck kommt.[44] Lässt sich die Wahlentscheidung nämlich nicht eindeutig erkennen, ist der Stimmzettel ungültig.[45] Derartige Zweifel hinsichtlich des Wählerwillens können etwa entstehen, wenn das **Kreuz zwischen zwei Kandidaten** gesetzt wurde oder nicht klar ist, ob eine Unter- oder eine Durchstreichung gewollt war.[46]
Dabei ist jedoch das Prinzip der Trennung der Wahlgänge zu beachten. Ein unklarer Wählerwille hinsichtlich des Amtes der Schwerbehindertenvertretung führt nicht zwangsläufig zur Ungültigkeit auch der Stimme(n) für das Stellvertreteramt. Vielmehr ist die **Eindeutigkeit des Wählerwillens für** jedes Amt bzw. **jeden Wahlgang getrennt** zu beurteilen.

5. Besondere Merkmale

Ein Stimmzettel kann gem. Abs. 5 auch dann ungültig sein, wenn er besondere Merkmale enthält. Diese Regelung dient der **Gewährleistung der geheimen Wahl**, indem verhindert werden soll, dass durch entsprechende Merkmale auf den Stimmzetteln Rückschlüsse auf die Person des Wahlberechtigten möglich werden.[47]
Ungültig sind daher insbesondere **Stimmzettel**, auf denen der Wähler seinen **Namen angebracht** hat oder die **unterschrieben** worden sind.[48] Daneben können auch anderweitige handschriftliche Bemerkungen auf dem Stimmzettel zu dessen Ungültigkeit führen, weil über die spezifischen Charakteristika der individuellen **Handschrift** Schlussfolgerungen auf den Wähler möglich werden. Zur Ungültigkeit des Stimmzettels führen auch anderweitige Besonderheiten auf dem Stimmzettel, die eine Zuordnung zu einem bestimmten Wahlberechtigten oder einer Wählergruppe ermöglichen (zur formellen Einheitlichkeit der Stimmzettel → Rn. 11).[49]

6. Überschreitung der Anzahl der Stimmen

Schließlich kann ein Stimmzettel gem. Abs. 5 Alt. 1 auch aus dem Grund ungültig sein, dass durch den Wahlberechtigten **mehr Bewerber gekennzeichnet** wurden **als ihm Stimmen zustehen**.

---

43 Vgl. zur Betriebsratswahl *Fitting* BetrVG WO § 11 Rn. 7. Vgl. auch *Hohmann* in Wiegand/Hohmann SchwbVWO § 9 Rn. 38.
44 *Hohmann* in Wiegand/Hohmann SchwbVWO § 9 Rn. 33 und 45; *Schleicher* WO zum SchwbG § 9 Rn. 5.
45 *Cramer* SchwbV SchwbVWO § 9 Rn. 7; *Dörner* SchwbG SchwbVWO § 9 Anm. 4; *Schleicher* WO zum SchwbG § 9 Rn. 6.
46 *Dörner* SchwbG SchwbVWO § 9 Anm. 4. Vgl. zur Betriebsratswahl *Fitting* BetrVG WO § 11 Rn. 7.
47 *Hohmann* in Wiegand/Hohmann SchwbVWO § 9 Rn. 38.
48 Vgl. zur Betriebsratswahl *Fitting* BetrVG WO § 11 Rn. 7.
49 Vgl. *Hohmann* in Wiegand/Hohmann SchwbVWO § 9 Rn. 39. Vgl. zur Personalratswahl HmbOVG 31.8.1999 – 8 Bs 98/99.PVL, juris Rn. 57.

36 Im Hinblick auf das **Amt der Schwerbehindertenvertretung** ist eine zur Ungültigkeit der Stimmabgabe führende Überschreitung der zustehenden Stimmanzahl bereits bei der Abgabe von **mehr als einer Stimme** der Fall.[50]

37 Hinsichtlich der **stellvertretenden Mitglieder** kommt es auf die **Festlegung der zu wählenden Anzahl** der stellvertretenden Mitglieder durch den Wahlvorstand an (zur Festlegung durch den Wahlvorstand → § 2 Rn. 25 ff.), wobei den Wahlberechtigten damit so viele Stimmen zustehen, wie Stellvertreter zu wählen sind.[51] Werden dabei **mehr Wahlbewerber angekreuzt als stellvertretende Mitglieder zu wählen sind**, ist der Stimmzettel insoweit unwirksam.[52]

38 Aufgrund der Trennung der Wählgänge wird hierdurch jedoch die Gültigkeit der Stimme für das Amt der Schwerbehindertenvertretung nicht berührt. Vielmehr ist die **Gültigkeit** im Hinblick auf die Überschreitung der Stimmenzahl **für jeden Wahlgang gesondert zu prüfen**.

39 Werden **zu wenige Stimmen** abgegeben, berührt dies die Gültigkeit nicht.[53] Der Wähler muss in diesem Fall nur hinnehmen, dass er sein Wahlrecht nicht in vollem Umfang ausgeschöpft hat. Wegen der einschneidenden Folge der Ungültigkeit bei Überschreitung der Stimmenzahl ist in Abs. 3 vorgesehen, dass im Stimmzettel auf die Anzahl der Stimmen hingewiesen werden soll (→ Rn. 17 f.).

40 Kein Fall des Abs. 5 Alt. 1 liegt vor, wenn ein Wahlbewerber auf einem Stimmzettel mehr als einmal angekreuzt worden ist. Stattdessen ist die **mehrfache Kennzeichnung** desselben Kandidaten als lediglich eine Stimme zu zählen (→ Rn. 26).[54]

§ 10 SchwbVWO Wahlvorgang

(1) ¹Der Wahlvorstand hat geeignete Vorkehrungen für die unbeobachtete Kennzeichnung der Stimmzettel im Wahlraum zu treffen und für die Bereitstellung einer Wahlurne oder mehrerer Wahlurnen zu sorgen. ²Die Wahlurne muß vom Wahlvorstand verschlossen und so eingerichtet sein, daß die eingeworfenen Wahlumschläge nicht herausgenommen werden können, ohne daß die Urne geöffnet wird.

(2) Während der Wahl müssen immer mindestens zwei Mitglieder des Wahlvorstandes im Wahlraum anwesend sein; sind Wahlhelfer oder Wahlhelferinnen bestellt (§ 2 Abs. 1 Satz 2), genügt die Anwesenheit eines Mitgliedes des Wahlvorstandes und eines Wahlhelfers oder einer Wahlhelferin.

(3) ¹Der Wähler oder die Wählerin händigt den Wahlumschlag, in den der Stimmzettel eingelegt ist, dem mit der Entgegennahme der Wahlumschläge betrauten Mitglied des Wahlvorstandes aus, wobei der Name des Wählers oder der Wählerin angegeben wird. ²Der Wahlumschlag ist in Gegenwart des Wählers oder der Wählerin in die Wahlurne einzuwerfen, nachdem die Stimmabgabe in der Liste der Wahlberechtigten vermerkt worden ist.

---

50 *Cramer* SchwbV SchwbVWO § 9 Rn. 7.
51 Vgl. *Cramer* SchwbV SchwbVWO § 9 Rn. 5; *Hohmann* in Wiegand/Hohmann SchwbVWO § 9 Rn. 35; *Maaß* in Kossens/von der Heide/Maaß, 1. Aufl. 2002, SchwbVWO Anm. zu § 9; *Schleicher* WO zum SchwbG § 9 Rn. 4.
52 *Cramer* SchwbV SchwbVWO § 9 Rn. 7; *Hohmann* in Wiegand/Hohmann SchwbVWO § 9 Rn. 37.
53 *Dörner* SchwbG SchwbVWO § 9 Anm. 4; *Hohmann* in Wiegand/Hohmann SchwbVWO § 9 Rn. 47.
54 *Sachadae*, Wahl der SchwbV, S. 458 f. Vgl. zur Betriebsratswahl: *Kreutz/Jacobs* in GK-BetrVG WO § 20 Rn. 5.

(4) ¹Wer infolge seiner Behinderung bei der Stimmabgabe beeinträchtigt ist, bestimmt eine Person, die ihm bei der Stimmabgabe behilflich sein soll, und teilt dies dem Wahlvorstand mit. ²Personen, die sich bei der Wahl bewerben, Mitglieder des Wahlvorstandes sowie Wahlhelfer und Wahlhelferinnen dürfen nicht als Person nach Satz 1 bestimmt werden. ³Die Hilfeleistung beschränkt sich auf die Erfüllung der Wünsche des Wählers oder der Wählerin zur Stimmabgabe; die nach Satz 1 bestimmte Person darf gemeinsam mit dem Wähler oder der Wählerin die Wahlzelle aufsuchen. ⁴Die nach Satz 1 bestimmte Person ist zur Geheimhaltung der Kenntnisse verpflichtet, die sie bei der Hilfeleistung von der Wahl einer anderen Person erlangt hat. ⁵Die Sätze 1 bis 4 gelten entsprechend für des Lesens unkundige Wähler und Wählerinnen.

(5) Nach Abschluß der Wahl ist die Wahlurne zu versiegeln, wenn die Stimmenzählung nicht unmittelbar nach Beendigung der Wahl durchgeführt wird.

I. Überblick über den Regelungsinhalt 1	2. Angabe des Namens 21
II. Vorbereitungen des Wahllokals (Abs. 1) 3	3. Prüfung von Wahlberechtigung und Stimmabgabevermerk 22
1. Allgemeines 3	4. Einwurf in die Wahlurne 23
2. Beschaffung geeigneter Räumlichkeiten 4	V. Hinzuziehung von Hilfspersonen 25
a) Notwendigkeit der frühzeitigen Beschaffung 4	1. Allgemeines 25
b) Überblickbarkeit des Wahlgeschehens 5	2. Voraussetzung der Heranziehung einer Vertrauensperson 26
c) Verkehrstechnische Erreichbarkeit 6	3. Auswahl der Hilfsperson 30
d) Barrierefreiheit 8	4. Als Vertrauensperson Ausgeschlossene 32
3. Sichtschutz 9	5. Inhalt der Unterstützungsleistung 35
4. Wahlurne 12	6. Geheimhaltungspflicht .. 38
III. Anwesenheit des Wahlvorstands (Abs. 2) 14	VI. Versiegelung der Wahlurne .. 39
IV. Einwurf des Wahlumschlags im Wahlurne (Abs. 3) 19	
1. Berechtigung zur Entgegennahme des Wahlumschlags 20	

I. Überblick über den Regelungsinhalt

Die Vorschrift regelt verschiedene Einzelfragen zum **Ablauf der Abstimmung**. Dabei reichen die Vorgaben von den Vorbereitungen des Wahllokals (Abs. 1), über die **Anwesenheitspflichten** des Wahlvorstands (Abs. 2) und den **Umgang mit den Wahlumschlägen** (Abs. 3) sowie die **Hinzuziehung von Hilfspersonen** (Abs. 4) bis hin zur **Versiegelung der Wahlurne** (Abs. 5). 1

Die Regelung des § 10 bezieht sich dabei in erster Linie auf die **persönliche Stimmabgabe** im Wahllokal. Ist dagegen eine generelle schriftliche Stimmabgabe (sog. Briefwahl) angeordnet worden (→ § 11 Rn. 12 ff.), hat § 10 nur eingeschränkte Bedeutung. Stattdessen richtet sich das Wahlgeschehen in diesem Fall primär nach § 11. 2

II. Vorbereitungen des Wahllokals (Abs. 1)

1. Allgemeines

3 Bevor die eigentliche Wahl in Form der Stimmabgabe stattfinden kann, muss der Wahlvorstand zunächst das Wahllokal entsprechend vorbereiten. Hierzu gehört neben der **Organisation der Räumlichkeiten** an sich vor allem die Vorbereitung der **Maßnahmen zum Schutz der Geheimhaltung der Wahl** und zur Gewährleistung der **Barrierefreiheit**.[1]

2. Beschaffung geeigneter Räumlichkeiten

a) Notwendigkeit der frühzeitigen Beschaffung

4 Die Klärung, welche Räumlichkeiten als Wahllokal zu nutzen sind, muss bereits **unmittelbar nach Initiierung der Wahl** (→ § 1 Rn. 3 ff.) erfolgen, weil bereits im Wahlausschreiben der Ort der Stimmabgabe benannt werden muss. Wegen der wahlrechtlichen Mitwirkungspflicht (→ § 2 Rn. 38 ff.) muss der **Arbeitgeber** einen als Wahllokal geeigneten Raum zur Verfügung stellen.[2]

b) Überblickbarkeit des Wahlgeschehens

5 Bei der Auswahl des Raumes sind mehrere Gesichtspunkte zu beachten. Zum einem muss das **Raumgeschehen gut zu überblicken** sein. Dies ist wichtig, damit der Wahlvorstand die unbeeinflusste und unbeobachtete **Kennzeichnung der Stimmzettel** überwachen kann.[3] Dieses Erfordernis steht in engem Zusammenhang mit der Notwendigkeit der Anwesenheit des Wahlvorstands (→ Rn. 14 ff.). Den Anforderungen an die Überblickbarkeit des Wahlgeschehens genügen **verwinkelte Räumlichkeiten** ebenso wenig wie Räume, in denen die **Blickachsen** durch Schränke oder Regale verstellt sind (zB Lager oder Bibliothek).[4]

c) Verkehrstechnische Erreichbarkeit

6 Gleichzeitig hat der Wahlvorstand auf eine **gute verkehrstechnische Erreichbarkeit** des Wahllokals zu achten (zur Barrierefreiheit → Rn. 8). Dies gilt insbesondere bei der Wahl in **räumlich zergliederten Wahlbezirken**.[5] Sind die Entfernungen zwischen den Betriebsteilen zu groß oder diese verkehrstechnisch schlecht zu erreichen, hat der Wahlvorstand von der Möglichkeit der Anordnung der (ggf. betriebsteilbezogenen) **Briefwahl** Gebrauch zu machen (→ § 11 Rn. 12 ff.).[6]

7 Alternativ kommt grundsätzlich auch die **Einrichtung eines weiteren Wahllokals** in Betracht, sofern während der gesamten Öffnungszeiten beider Wahllokale die nötige Anwesenheit der Wahlvorstandsmitglieder gewährleistet werden kann (→ Rn. 14 ff.).[7] Dies ist bei der Schwerbehindertenvertretungswahl des-

---

1 Sachadae, Wahl der SchwbV, S. 438.
2 Hohmann in Wiegand/Hohmann SchwbVWO § 10 Rn. 18. Vgl. auch Dörner SchwbG SchwbVWO § 2 Anm. 7; Hohmann in Wiegand/Hohmann SchwbVWO § 2 Rn. 48.
3 Vgl. Adlhoch in Ernst/Adlhoch/Seel SGB IX § 94 Rn. 88; Hohmann in Wiegand/Hohmann SchwbVWO § 10 Rn. 13.
4 Vgl. dazu auch LAG Düsseldorf 3.8.2007 – 9 TaBV 41/07, juris Rn. 62.
5 Vgl. auch Hohmann in Wiegand/Hohmann SchwbVWO § 10 Rn. 3.
6 Sachadae, Wahl der SchwbV, S. 451. Vgl. auch Amtl. Begr. zu § 11 BR-Drs. 147/90, 14.
7 So auch Hohmann in Wiegand/Hohmann SchwbVWO § 10 Rn. 3. Vgl. dazu auch auch Sachadae jurisPR-ArbR 2/2020, Anm. 4.

halb schwierig, weil eine **Erhöhung der Anzahl der Wahlvorstandsmitglieder nicht möglich** ist (→ § 1 Rn. 8 ff.). Eine entsprechende Absicherung der Anwesenheitspflichten (→ Rn. 14 ff.) lässt sich somit nur über **Wahlhelfer** (→ § 1 Rn. 4 ff.) bewerkstelligen. Vor allem aber können sich bei der Aufteilung der Wahlvorstandsmitglieder auf mehrere Wahllokale Schwierigkeiten ergeben, wenn im Laufe der Stimmabgabe durch den (gesamten) **Wahlvorstand Beschlüsse zu fassen** sind (zB über eine Korrektur der Wählerliste) oder eine **Öffnung der Freiumschläge der Briefwahlstimmen** nach § 12 Abs. 1 S. 1 erfolgen soll, für die ebenfalls die Anwesenheit des gesamten Wahlvorstands erforderlich ist (→ § 12 Rn. 11 ff.).

d) Barrierefreiheit

Schließlich muss der als Wahllokal geplante **Raum barrierefrei zugänglich sein**, wenn im Betrieb bzw. der Dienststelle gehbehinderte Wahlberechtigte beschäftigt sind.[8] Dh es muss in diesem Fall darauf geachtet werden, dass das Wahllokal entweder ganz **ohne Treppen** zugänglich ist oder das Höhenniveau über einen **Aufzug** oder eine **Rampe** überwunden werden kann. Ebenso muss auf eine hinreichende **Durchgangsbreite der Gänge** geachtet werden. Außerdem ist darauf zu achten, dass im Wahllokal ausreichend Platz besteht, damit **Rollstuhlfahrer innerhalb des Raumes wenden** können.[9]

8

3. Sichtschutz

Im Wahllokal selbst muss der Wahlvorstand sicherstellen, dass die Stimmabgabe unbeobachtet vonstattengehen kann.[10] Ausschlaggebend ist dabei das subjektive Gefühl der Wahlberechtigten, die Kennzeichnung unbeobachtet vornehmen zu können.[11] Hierzu sind in der Regel **Wahlkabinen, Sichtschutzwände** oder dergleichen aufzustellen.[12] Ausnahmsweise soll auch ein von außen nicht einsehbarer Nebenraum genügen.[13]

9

Die **Kosten** für die Anschaffung der Sichtschutzeinrichtungen hat der Arbeitgeber gem. § 177 Abs. 6 S. 2 SGB IX iVm § 20 Abs. 3 S. 1 BetrVG bzw. § 24 Abs. 2 S. 1 BPersVG als Kosten der Wahl zu tragen (→ SGB IX § 177 Rn. 87).[14]

Bei der Ausrichtung des Sichtschutzes muss darauf geachtet werden, dass die Kennzeichnung der Stimmzettel auch **nicht von hinten einsehbar** sein darf.[15] Die offene Seite des Sichtschutzes darf daher nicht zur Tür oder zur Mitte des Raumes ausgerichtet sein. Befinden sich hinter dem Sichtschutz **Fenster**, muss (zB durch blickdichte Vorhänge) gewährleistet werden, dass die Wahlberechtigten nicht von außen bei der Kennzeichnung der Stimmzettel beobachtet

10

---

8 *Hohmann* in Wiegand/Hohmann SchwbVWO § 10 Rn. 10; *Pohl/Fraunhoffer* in FKS SGB IX § 94 Rn. 23; *Sachadae*, Wahl der SchwbV, S. 439.
9 *Sachadae*, Wahl der SchwbV, S. 439.
10 Vgl. BAG 21.3.2018 – 7 ABR 29/16, juris Rn. 40 ff.
11 Zur Betriebsratswahl LAG Düsseldorf 13.12.2016 – 9 TaBV 85/16, juris Rn. 48; *Sachadae* in HaKo-BetrVG § 12 WO Rn. 2. Zur Personalratswahl OVG Bln-Bbg 23.8.2018 – OVG 60 PV 11.17, juris Rn. 58 und 61.
12 *Dörner* SchwbG SchwbVWO § 10 Anm. 1; *Schleicher* WO zum SchwbG § 10 Rn. 1. Vgl. zur Betriebsratswahl LAG Düsseldorf 13.12.2016 – 9 TaBV 85/16, juris Rn. 48.
13 Zur Betriebsratswahl LAG Düsseldorf 13.12.2016 – 9 TaBV 85/16, juris Rn. 48.
14 *Hohmann* in Wiegand/Hohmann SchwbVWO § 10 Rn. 18. Vgl. auch *Schleicher* WO zum SchwbG § 10 Rn. 1.
15 Zur Personalratswahl OVG Bln-Bbg 23.8.2018 – OVG 60 PV 11.17, juris Rn. 61 ff.

werden können. Ebenso muss eine Beobachtung über **spiegelnde Scheiben** oder **verglaste Bilder** ausgeschlossen sein.

11 Die Nutzung der nach Abs. 1 S. 1 vom Wahlvorstand vorzubereitenden **Sichtschutzeinrichtungen** steht wegen des Grundsatzes der geheimen Wahl nicht zur Disposition, sondern ist **für die Wahlberechtigten verpflichtend**.[16] Dh der Wahlvorstand darf es **nicht zulassen, dass die Stimmabgabe im Wahllokal offen** erfolgt.[17] Vielmehr sollte er darauf hinwirken, dass sich die Wahlberechtigten an die Pflicht zur Verwendung der Sichtschutzmöglichkeiten halten, und sie hierzu auf die drohende Unwirksamkeitsfolge hinweisen.[18] Erfolgt gleichwohl vor den Augen des Wahlvorstands eine offene Kennzeichnung des Stimmzettels, ist dieser ungültig und der **Wahlumschlag ungeöffnet zu den Akten zu nehmen**, ohne dass er in die Wahlurne eingeworfen wird.[19]

4. Wahlurne

12 Zur Gewährleistung einer geheimen Wahl muss zwingend auch eine **Wahlurne** zur Verfügung stehen.[20] Hierbei handelt es sich um ein gegen Zugriffe von außen gesichertes und nicht einsehbares Gefäß, in das durch einen Schlitz die Wahlumschläge eingeworfen werden können.[21]

13 Unmittelbar vor Beginn der Stimmabgabe hat sich der Wahlvorstand davon zu überzeugen, dass die **Wahlurne leer und verschlossen ist**.[22] Auf diese Weise wird sichergestellt, dass sich keine außerhalb der Stimmabgabezeit eingelegte Wahlumschläge in der Urne befinden. Zur Versiegelung bei Unterbrechung oder nach Abschluss der Wahl → Rn. 39 ff.

III. Anwesenheit des Wahlvorstands (Abs. 2)

14 Damit der Wahlvorstand über die **Gewährleistung der Wahlfreiheit und der Geheimhaltung der Wahl** wachen kann, schreibt Abs. 2 für die Zeit der Stimmabgabe bestimmte **Anwesenheitspflichten** vor.[23] Neben der Überwachung sollen die anwesenden Wahlvorstandsmitglieder zugleich auch aktiv auf die Einhaltung Wahlgrundsätze hinwirken können.[24] Zur Sicherstellung der geheimen Wahl müssen die anwesenden Wahlvorstandsmitglieder die Wahlberechtigten nämlich nötigenfalls auch auf die Pflicht zur unbeobachteten Stimmabgabe hin-

---

16 BAG 21.3.2018 – 7 ABR 29/16, juris Rn. 31 und 34 f.; *Sachadae* ZfPR 4/2016, 101 (101 f.); *Sachadae* jurisPR-ArbR 37/2016, Anm. 5. Ebenso zur Betriebsratswahl: *Nießen*, Fehlerhafte Betriebsratswahlen, S. 274.
17 *Sachadae* jurisPR-ArbR 37/2016, Anm. 5. Vgl. auch BAG 21.3.2018 – 7 ABR 29/16, juris Rn. 40; Vgl. zur Betriebsratswahl: *Nießen*, Fehlerhafte Betriebsratswahlen, S. 274. AA HessLAG 1.12.2011 – 9 TaBV 130/11.
18 *Sachadae* jurisPR-ArbR 37/2016, Anm. 5. Inzwischen auch BAG 21.3.2018 – 7 ABR 29/16, juris Rn. 40.
19 *Sachadae* ZfPR 4/2016, 101 (102 f.); *Sachadae* jurisPR-ArbR 37/2016, Anm. 5. Im Ergebnis auch für eine Ungültigkeit BAG 21.3.2018 – 7 ABR 29/16, juris Rn. 31 und 34 f. Vgl. ferner *Nießen*, Fehlerhafte Betriebsratswahlen, S. 274.
20 Vgl. *Dörner* SchwbG SchwbVWO § 10 Anm. 1. Vgl. auch *Schleicher* WO zum SchwbG § 10 Rn. 1.
21 Vgl. *Cramer* SchwbV SchwbVWO § 10 Rn. 1; *Dörner* SchwbG SchwbVWO § 10 Anm. 1; *Hohmann* in Wiegand/Hohmann SchwbVWO § 10 Rn. 20; *Pahlen* in Neumann/Pahlen/Greiner/Winkler/Jabben SchwbVWO § 10 Rn. 2.
22 *Schleicher* WO zum SchwbG § 10 Rn. 1.
23 *Dörner* SchwbG SchwbVWO § 10 Anm. 2; *Sachadae*, Wahl der SchwbV, S. 444.
24 Vgl. BAG 21.3.2018 – 7 ABR 29/16, juris Rn. 41. Vgl. auch *Sachadae* jurisPR-ArbR 37/2016, Anm. 5.

weisen, da der **Grundsatz der geheimen Wahl nicht zur Disposition** der Wahlberechtigten steht.[25]

Danach müssen während der **gesamten Stimmabgabezeit grundsätzlich zwei Mitglieder des Wahlvorstands** im Wahllokal anwesend sein. Angesichts der Tatsache, dass die Überwachung des Wahlgeschehens eine originäre Kernaufgabe des Wahlvorstands ist,[26] wäre nach allgemeinen Grundsätzen eigentlich die Anwesenheit des gesamten Wahlvorstands erforderlich. Genau genommen werden durch § 9 Abs. 2 somit keine gesteigerten Anforderungen an die Anwesenheit von Wahlvorstandsmitgliedern gestellt, sondern diese eigentlich abgesenkt.

Soweit vom Wahlvorstand auch **Wahlhelfer** bestellt worden sind (→ § 2 Rn. 4 ff.), sieht Abs. 2 zusätzliche Erleichterungen für die Anwesenheitspflichten vor. Zulässig ist es in diesem Fall auch, dass das **Wahllokal nur noch durch ein Wahlvorstandsmitglied und einen Wahlhelfer besetzt ist**. Durch diese Regelung ist es theoretisch möglich, mehrere Wahllokale gleichzeitig zu betreiben.[27] Die Anwesenheit allein von Wahlhelfern genügt jedoch nicht.[28]

In zeitlicher Hinsicht gilt Abs. 2 nur für die „Wahl" im engeren Sinne, also nur für die Zeit der Stimmabgabe. Die Anwesenheitsregelung gilt also **ab „Öffnung" des Wahllokals**. Für die sich an die Stimmabgabe anschließende Zeit der Stimmauszählung gelten für die Anwesenheitspflichten hingegen wieder die allgemeinen Grundsätze (→ § 13 Rn. 3 ff.). Besonderheiten sind auch im Zusammenhang mit der **Behandlung von Briefwahlstimmen** zu beachten, weil diese **erhöhten Anforderungen an die Anwesenheitspflichten** des Wahlvorstands stellt (→ § 12 Rn. 11).

Während der geltenden Anwesenheitspflicht nach § 10 Abs. 2 muss die dortige Mindestvorgabe durchgehend gewährleistet sein. Eine auch nur **kurzzeitige Unterbrechung ist nicht zulässig**, weil nicht ausgeschlossen werden kann, dass es in dieser Zeit zu Manipulationen oder fehlerhaften Abläufen im Wahlgeschehen kommt. Die gilt auch, wenn die Unterbrechung nur wenige Minuten andauert und der **Befriedigung persönlicher Bedürfnisse** dient.[29] Zur Vermeidung derartiger Unterbrechungen muss eine entsprechende Bereitschaft der übrigen Wahlvorstandsmitglieder und ggf. bestellter **Ersatzmitglieder** gewährleistet werden.[30]

IV. Einwurf des Wahlumschlags im Wahlurne (Abs. 3)

Wenn der Stimmzettel vom Wähler gekennzeichnet und in den Wahlumschlag gesteckt worden ist, muss der verschlossene Umschlag gem. Abs. 3 S. 1 dem **mit der Entgegennahme betrauten Mitglied des Wahlvorstands** übergeben werden.[31]

1. Berechtigung zur Entgegennahme des Wahlumschlags

Die Entgegennahme des Wahlumschlags darf dabei **nur von Wahlvorstandsmitgliedern** vorgenommen werden. Andere Personen dürfen mit dieser Aufgabe nicht betraut werde. Dies gilt insbesondere auch für die bestellten **Wahlhelfer**.[32]

---

25 Vgl. BAG 21.3.2018 – 7 ABR 29/16, juris Rn. 40 ff.; *Sachadae* jurisPR-ArbR 37/2016, Anm. 5.
26 Vgl. zur Bedeutung dieser Aufgabe *Sachadae*, Wahl der SchwbV, S. 444.
27 Vgl. *Hohmann* in Wiegand/Hohmann SchwbVWO § 10 Rn. 3.
28 *Hohmann* in Wiegand/Hohmann SchwbVWO § 10 Rn. 21.
29 *Hohmann* in Wiegand/Hohmann SchwbVWO § 10 Rn. 24.
30 Vgl. OVG NRW 27.11.1997 – 1 A 878/97.PVB, juris Rn. 12; *Hohmann* in Wiegand/Hohmann SchwbVWO § 10 Rn. 24.
31 *Cramer* SchwbV SchwbVWO § 10 Rn. 3.
32 *Hohmann* in Wiegand/Hohmann SchwbVWO § 10 Rn. 25; *Schleicher* WO zum SchwbG § 10 Rn. 3.

Dagegen kann ein wegen objektiver Verhinderung eines Wahlvorstandsmitglieds herangezogenes **Ersatzmitglied** selbstverständlich auch die Entgegennahme und später den Einwurf übernehmen, weil es im Verhinderungsfall wie ein vollwertiges Wahlvorstandsmitglied zu behandeln ist (→ § 1 Rn. 10).

2. Angabe des Namens

21 Bei der Übergabe des Wahlumschlags hat der Wähler gem. Abs. 3 S. 1 seinen Namen anzugeben, damit die Stimmabgabe in der Liste der Wahlberechtigten gekennzeichnet werden kann.[33] Eine echte Pflicht zur **Angabe des Namens** besteht nicht. Vielmehr hat es der Wahlberechtigte bis zum Einwurf des Wahlumschlags in der Hand, von seinem negativen Wahlrecht Gebrauch zu machen und auf die Stimmabgabe zu verzichten. Macht der Wahlberechtigten von dieser Möglichkeit Gebrauch oder kann die Stimmabgabe mangels Namensangabe **nicht in der Liste der Wahlberechtigten** gekennzeichnet werden, darf der Wahlumschlag nicht in die Wahlurne eingeworfen werden.[34]

3. Prüfung von Wahlberechtigung und Stimmabgabevermerk

22 Im Rahmen der Kennzeichnung der Stimmabgabe ist nochmals die Eintragung in die Liste der Wahlberechtigten und damit das **aktive Wahlrecht zu prüfen** und zugleich zu kontrollieren, dass das **Wahlrecht nicht bereits ausgeübt** worden ist.[35] Erst nach Abschluss dieser Prüfungen und der Kennzeichnung der Stimmabgabe darf der Wahlumschlag in die Urne eingeworfen werden.

4. Einwurf in die Wahlurne

23 Der **Einwurf** hat noch **in Anwesenheit des Wahlberechtigten** zu erfolgen, damit dieser sich vom korrekten Umgang mit seiner Stimme überzeugen und sicher sein kann, dass der Wahlumschlag auch tatsächlich in die Urne gelangt und damit die Stimmabgabe abgeschlossen ist.[36]

24 Der **Einwurf** des Wahlumschlags in die Wahlurne darf **nicht durch Wähler selbst** vorgenommen werden,[37] weil dann nicht sichergestellt werden kann, dass der Einwurf nicht vor Abschluss der nochmaligen Prüfung der Wahlberechtigung (→ Rn. 22) vonstattengeht. Vorsorglich sollte deshalb der **Einwurfschlitz der Wahlurne abgedeckt** werden, damit kein vorschneller Einwurf durch die Wahlberechtigten erfolgen kann.

V. Hinzuziehung von Hilfspersonen

1. Allgemeines

25 Abweichend von den allgemein bei der Schwerbehindertenvertretungswahl geltenden **Wahlgrundsätzen der Unmittelbarkeit und der geheimen Wahl** (§ 177

---

33 Vgl. *Cramer* SchwbV SchwbVWO § 10 Rn. 3; *Hohmann* in Wiegand/Hohmann SchwbVWO § 10 Rn. 27; *Maaß* in Kossens/von der Heide/Maaß, 1. Aufl. 2002, SchwbVWO Anm. zu § 10.
34 Ähnlich wohl *Hohmann* in Wiegand/Hohmann SchwbVWO § 10 Rn. 27 f., der jedoch die Angabe des Namens nach § 10 Abs. 3 S. 1 mit einer „spätestens bei Aushändigung des Stimmzettels" vorzunehmenden Prüfung vermischt.
35 Vgl. *Hohmann* in Wiegand/Hohmann SchwbVWO § 10 Rn. 27 f.; *Schleicher* WO zum SchwbG § 10 Rn. 3.
36 Vgl. zur Bedeutung der Anwesenheit des Wählers *Hohmann* in Wiegand/Hohmann SchwbVWO § 10 Rn. 33.
37 *Cramer* SchwbV SchwbVWO § 10 Rn. 3; *Hohmann* in Wiegand/Hohmann SchwbVWO § 10 Rn. 26; *Schleicher* WO zum SchwbG § 10 Rn. 3.

Abs. 6 S. 1 SGB IX) gestattet Abs. 4 unter bestimmten Voraussetzungen die Hinzuziehung von sog. **Hilfspersonen**, die den **Wahlberechtigten bei der Stimmabgabe unterstützen können**.[38]

2. Voraussetzung der Heranziehung einer Vertrauensperson

Weil mit der Heranziehung von Hilfspersonen eine **Durchbrechung mehrerer Wahlgrundsätze** einhergeht (→ Rn. 25 ff.), darf diese nur in den nach Abs. 4 gestatteten Fällen zugelassen werden. Voraussetzung für die Heranziehung einer Hilfsperson ist danach stets, dass der Wahlberechtigte **infolge seiner Behinderung bei der Stimmabgabe beeinträchtigt** ist.

Wegen der Beeinträchtigung der Wahlgrundsätze ist Abs. 4 **eng auszulegen**.[39] Eine Heranziehung kommt daher nur in Betracht, wenn die Wahlberechtigten durch ihre Behinderung so beeinträchtigt sind, dass sie **nicht in der Lage sind, ihre Stimme überhaupt oder in zumutbarer Weise allein abzugeben**, also den Stimmzettel selbst zu kennzeichnen und ihn in den Wahlumschlag zu legen.[40]

Erfasst werden daher insbesondere Menschen mit **amputierten Armen** oder **Lähmungen an den oberen Gliedmaßen, sehbehinderte Beschäftigte** (zur Bereitstellung von Wahlschablonen → § 20 Rn. 54) und Menschen mit starkem Tremor.[41] Eine formale Beschränkung auf körperliche Gebrechen existiert jedoch nicht mehr, so dass insbesondere auch bei **geistigen Behinderungen** eine Heranziehung von Hilfspersonen in Betracht kommt.[42]

Ebenfalls privilegiert sind gem. Abs. 4 S. 5 Wähler, die des Lesens nicht mächtig sind.[43] Damit werden jedoch nur **Analphabeten** erfasst.[44] Auch diese dürfen also Hilfspersonen heranziehen. Nicht erfasst sind hingegen Personen, die lediglich deshalb nicht lesen können, weil sie **der deutschen Sprache nicht mächtig** sind.[45] Für Letztere sind jedoch die Vorgaben des § 2 Abs. 5 zu beachten (→ § 2 Rn. 35 ff.).

3. Auswahl der Hilfsperson

Da der Wahlberechtigte bei der Hinzuziehung der Hilfsperson in Teilen auf die Geheimhaltung seiner Wahlentscheidung verzichtet, bedarf es einer **besonderen Vertrauensbasis** zur Hilfsperson.[46] Die **Entscheidung, wer als Hilfsperson herangezogen werden soll, obliegt deshalb allein dem betroffenen Wähler**.[47] Dem Wahlberechtigten dürfen hinsichtlich der Auswahl der Hilfsperson weder

---

38 Ausführlich dazu *Sachadae*, Wahl der SchwbV, S. 459 ff.
39 *Sachadae*, Wahl der SchwbV, S. 461.
40 *Sachadae*, Wahl der SchwbV, S. 461 mwN.
41 Vgl. *Hohmann* in Wiegand/Hohmann SchwbVWO § 10 Rn. 36; *Sachadae*, Wahl der SchwbV, S. 435 f.
42 Statt vieler *Sachadae*, Wahl der SchwbV, S. 461 mwN AA *Hohmann* in Wiegand/Hohmann SchwbVWO § 10 Rn. 35, der den vom Gesetzgeber bewusst gewählten Wortlaut verkennt.
43 *Cramer* SchwbV SchwbVWO § 10 Rn. 4.
44 *Pahlen* in Neumann/Pahlen/Greiner/Winkler/Jabben SchwbVWO § 10 Rn. 3. Vgl. auch *Hohmann* in Wiegand/Hohmann SchwbVWO § 10 Rn. 41.
45 *Hohmann* in Wiegand/Hohmann SchwbVWO § 10 Rn. 41; *Pahlen* in Neumann/ Pahlen/Greiner/Winkler/Jabben SchwbVWO § 10 Rn. 3. AA *Maaß* in Kossens/von der Heide/Maaß, 1. Aufl. 2002, SchwbVWO Anm. zu § 10.
46 Vgl. *Sachadae*, Wahl der SchwbV, S. 463.
47 *Hohmann* in Wiegand/Hohmann SchwbVWO § 10 Rn. 39; *Sachadae*, Wahl der SchwbV, S. 463.

vom Wahlvorstand noch durch sonstige Personen Vorgaben gemacht werden.[48] Anderenfalls läge hierin eine Behinderung der Ausübung des Wahlrechts sowie eine Beeinträchtigung der Grundsätze der Freiheit und der Geheimhaltung der Wahl.

31 Der Kreis der als Hilfspersonen heranziehbaren Personen ist auch nicht auf die im Betrieb bzw. in der Dienststelle beschäftigten Menschen beschränkt.[49] Vielmehr gebieten es der Grundsatz der Barrierefreiheit einerseits und die mit der Heranziehung einhergehende Beeinträchtigung der Geheimhaltung und der Unmittelbarkeit der Wahl andererseits, dass der Wahlberechtigte auch **betriebsexterne Personen als Hilfsperson** benennen kann, zu denen er das nötige Vertrauensverhältnis besitzt.[50]

4. Als Vertrauensperson Ausgeschlossene

32 Trotz der weitgehenden Auswahlfreiheit hinsichtlich der Hilfsperson sind die Einschränkungen des Abs. 4 S. 2 zu beachten. Danach sind **Wahlbewerber, Mitglieder des Wahlvorstands** sowie **Wahlhelfer** als Hilfspersonen generell ausgeschlossen.[51]

33 Im Hinblick auf die Wahlvorstandsmitglieder und die Wahlhelfer ist das Verbot der Mitwirkung als Hilfsperson schon deshalb geboten, weil die **Akzeptanz der Wahlleitungsfunktion** dieser Personen eine Neutralität im Hinblick auf die Ausübung der Stimmabgabe voraussetzt.[52] Nach Sinn und Zweck dürften auch **Ersatzmitglieder** des Wahlvorstands (→ § 1 Rn. 10) als Hilfspersonen ausgeschlossen sein, weil nicht ausgeschlossen werden kann, dass diese noch im Laufe der weiteren Wahl (insbesondere bei der Stimmauszählung) als Wahlvorstandsmitglied herangezogen werden.[53] Hinsichtlich der Wahlbewerber dient der Ausschluss nach Abs. 4 S. 2 der Vermeidung des Eindrucks einer Einflussnahme auf den Wählerwillen.[54]

34 Nicht ausgeschlossen sind hingegen die **Schwerbehindertenvertrauensperson**, stellvertretende Mitglieder sowie **Mitglieder des Betriebs- bzw. Personalrats**, sofern sie nicht zugleich als Wahlbewerber angetreten sind oder im Wahlvorstand bzw. als Wahlhelfer mitwirken.

5. Inhalt der Unterstützungsleistung

35 Inhalt und Reichweite der Unterstützungsleistung der Hilfsperson werden gem. Abs. 4 S. 3 **vom betroffenen Wahlberechtigten selbst bestimmt**. Die Hilfsperson darf insofern nur die Tätigkeiten vollziehen, die vom Wähler gewünscht sind.[55]

36 Soweit es dem Willen des betroffenen Wählers entspricht, kann die Hilfsperson gem. Abs. 4 S. 3 Hs. 2 auch gemeinsam mit dem Wahlberechtigten die **Wahlkabine aufsuchen**. Dabei darf auch die **Kennzeichnung des Stimmzettels** durch die Hilfsperson übernommen werden,[56] wobei die Wahlentscheidung jedoch dem

---

48 Vgl. *Sachadae*, Wahl der SchwbV, S. 463.
49 *Sachadae*, Wahl der SchwbV, S. 463 f. Im Ergebnis ebenso für die Betriebsratswahl: *Boemke*, Betriebsratswahl, § 3 Rn. 482; *Kreutz/Jacobs* in GK-BetrVG WO § 12 Rn. 6.
50 Mit ausführlicher Begründung *Sachadae*, Wahl der SchwbV, S. 463 f.
51 Statt vieler *Cramer* SchwbV SchwbVWO § 10 Rn. 4.
52 *Sachadae*, Wahl der SchwbV, S. 463.
53 AA *Hohmann* in Wiegand/Hohmann SchwbVWO § 10 Rn. 42.
54 *Sachadae*, Wahl der SchwbV, S. 463.
55 *Hohmann* in Wiegand/Hohmann SchwbVWO § 10 Rn. 44.
56 *Sachadae*, Wahl der SchwbV, S. 460. Vgl. zur Betriebsratswahl: *Kreutz/Jacobs* in GK-BetrVG WO § 12 Rn. 6.

Wahlberechtigten obliegt. Will der Wahlberechtigte nach entsprechenden Hinweisen und Erläuterungen durch die Hilfsperson (zB Vorlesen der Reihenfolge zur Nutzung einer Wahlschablone ohne Namenskennzeichnung in Braille-Schrift) die Wahlkabine allein aufsuchen, darf die Hilfsperson den Wähler nicht hinter die Trennwände begleiten.

Keinesfalls darf die Hilfsperson jedoch auf die Wahlentscheidung des Wahlberechtigten Einfluss nehmen. Vielmehr hat sie sich **jeglicher Beeinflussung des Wählers zu enthalten.**[57] 37

6. Geheimhaltungspflicht

Gem. Abs. 4 S. 4 sind die Hilfspersonen zur Geheimhaltung der Kenntnisse verpflichtet, die sie im Rahmen der Unterstützung des Wählers bei der Stimmabgabe erlangen.[58] Dabei ist die Geheimhaltungsregelung **nicht durch straf- oder ordnungswidrigkeitsrechtliche Sanktionen abgesichert.**[59] Arbeits- oder dienstrechtliche Konsequenzen dürften daran scheitern, dass die Geheimhaltungspflicht dem Wähler und gerade nicht dem Arbeitgeber bzw. Dienstherrn gegenüber besteht, so dass gerade **keine Pflicht aus dem Arbeits- bzw. Dienstverhältnis verletzt wird.**[60] Daher ist ein besonderes Maß an Vertrauen in die Integrität der Hilfsperson notwendig. Auch aus diesem Grund muss es dem betroffenen Wahlberechtigten gestattet sein, auch betriebsexterne Personen als Hilfspersonen zu benennen.[61] 38

VI. Versiegelung der Wahlurne

Nach Abschluss der Stimmabgabe kann es gem. Abs. 5 notwendig sein, dass die Wahlurne **durch den Wahlvorstand zu versiegeln** ist. Die Versiegelung steht dabei jedoch **nicht zur Disposition des Wahlvorstands.**[62] Vielmehr hängt die Notwendigkeit einer Versiegelung allein davon ab, ob sich die Stimmauszählung unmittelbar an die Stimmabgabe anschließen kann, wobei dies als gesetzlicher Regelfall vorgesehen und eine **Verschiebung nur aus vom Wahlvorstand nicht zu vertretenden Gründen zulässig** ist (→ § 13 Rn. 9 f.). 39

Bei der Versiegelung iSd Abs. 5 müssen sämtliche Öffnungen der Wahlurne so verschlossen werden, dass diese nicht mehr geöffnet werden können, ohne dass hierbei das Siegel dauerhaft beschädigt werden würde.[63] Es muss also sichergestellt sein, dass **jeder Öffnungsversuch irreversibel erkennbar ist und bleibt.**[64] Dabei muss nicht nur der Einwurfschlitz verschlossen werden.[65] Vielmehr müs- 40

---

57 *Hohmann* in Wiegand/Hohmann SchwbVWO § 10 Rn. 44; *Schleicher* WO zum SchwbG § 10 Rn. 4.
58 *Pahlen* in Neumann/Pahlen/Greiner/Winkler/Jabben SchwbVWO § 10 Rn. 3.
59 *Dörner* SchwbG SchwbVWO § 10 Anm. 4; *Hohmann* in Wiegand/Hohmann SchwbVWO § 10 Rn. 47; *Pahlen* in Neumann/Pahlen/Greiner/Winkler/Jabben SchwbVWO § 10 Rn. 3. Vgl. auch *Sachadae*, Wahl für den SchwbV, S. 463.
60 So auch *Dörner* SchwbG SchwbVWO § 10 Anm. 4. AA *Hohmann* in Wiegand/Hohmann SchwbVWO § 10 Rn. 47; *Pahlen* in Neumann/Pahlen/Greiner/Winkler/Jabben SchwbVWO § 10 Rn. 3.
61 *Sachadae*, Wahl der SchwbV, S. 463 f.
62 Vgl. *Cramer* SchwbV SchwbVWO § 13 Rn. 1; *Sachadae*, Wahl der SchwbV, S. 465 f. mwN AA *Pahlen* in Neumann/Pahlen/Greiner/Winkler/Jabben SchwbVWO § 10 Rn. 4, der insoweit die Vorgabe des § 13 Abs. 1 verkennt.
63 Vgl. *Hohmann* in Wiegand/Hohmann SchwbVWO § 10 Rn. 58; *Maaß* in Kossens/von der Heide/Maaß, 1. Aufl. 2002, SchwbVWO Anm. zu § 10.
64 Vgl. *Dörner* SchwbG SchwbVWO § 10 Anm. 4.
65 OVG RhPf 22.11.1958 – 4 A 2/58, juris Ls. 1; *Hohmann* in Wiegand/Hohmann SchwbVWO § 10 Rn. 59.

sen sämtliche Stellen an der Urne versiegelt werden, die sonst beschädigungslos geöffnet werden könnten. Dies gilt auch für **Öffnungen, die nur mittels eines passenden Schlüssels zugänglich sind.**[66] Anderenfalls wäre nicht gewährleistet, dass im Nachgang der Stimmabgabe keine Wahlumschläge unbemerkt entfernt oder hinzugefügt werden können.[67]

41 Die Versiegelung selbst kann mittels **Siegellack** oder **Metallblomben**, aber auch auf andere Weise erfolgen.[68] Möglich ist etwa auch eine Versiegelung mittels eines **Klebestreifens**.[69] Dabei muss jedoch Klebeband verwendet werden, das nicht unbemerkt entfernt und wieder angebracht werden kann.[70] Ferner muss das Klebeband mit Stempel oder Unterschrift versehen werden.[71]

42 Ist ausnahmsweise eine **mehrtägige Wahl** angesetzt, muss die Wahlurne in der Zwischenzeit, in der die Wahllokale geschlossen sind, ebenfalls versiegelt werden.[72] Ebenso ist eine Versiegelung notwendig, wenn die Wahl aus wichtigem Grund zwischenzeitlich unterbrochen wird.[73]

§ 11 SchwbVWO Schriftliche Stimmabgabe

(1) ¹Der Wahlvorstand übergibt oder übersendet den Wahlberechtigten, die an der persönlichen Stimmabgabe verhindert sind, auf deren Verlangen
1. das Wahlausschreiben,
2. den Stimmzettel und den Wahlumschlag,
3. eine vorgedruckte Erklärung, die der Wähler oder die Wählerin abgibt,
4. einen größeren Freiumschlag, der die Anschrift des Wahlvorstandes und als Absender Namen und Anschrift der wahlberechtigten Person sowie den Vermerk „Schriftliche Stimmabgabe" trägt.

²In der Erklärung nach Nummer 3 versichert der Wähler oder die Wählerin gegenüber dem Wahlvorstand, dass er oder sie den Stimmzettel persönlich gekennzeichnet hat oder unter den Voraussetzungen des § 10 Abs. 4 durch eine andere Person hat kennzeichnen lassen. ³Der Wahlvorstand soll zusätzlich zu den Unterlagen nach den Nummern 1 bis 4 ein Merkblatt über die schriftliche Stimmabgabe übersenden oder übergeben. ⁴Er vermerkt die Übergabe oder Übersendung der Unterlagen in der Liste der Wahlberechtigten.

(2) ¹Der Wahlvorstand kann die schriftliche Stimmabgabe beschließen. ²Für diesen Fall sind die in Absatz 1 bezeichneten Unterlagen den Wahlberechtigten unaufgefordert zu übersenden.

---

66 Vgl. dazu auch *Hohmann* in Wiegand/Hohmann SchwbVWO § 10 Rn. 58.
67 Vgl. *Schleicher* WO zum SchwbG § 10 Rn. 5.
68 *Dörner* SchwbG SchwbVWO § 10 Anm. 5; *Hohmann* in Wiegand/Hohmann SchwbVWO § 10 Rn. 59.
69 *Maaß* in Kossens/von der Heide/Maaß, 1. Aufl. 2002, SchwbVWO Anm. zu § 10; *Pahlen* in Neumann/Pahlen/Greiner/Winkler/Jabben SchwbVWO § 10 Rn. 4; *Schleicher* WO zum SchwbG § 10 Rn. 5.
70 LAG Bbg 27.11.1998 – 5 TaBV 18/98, juris Rn. 66; *Hohmann* in Wiegand/ Hohmann SchwbVWO § 10 Rn. 59; *Pahlen* in Neumann/Pahlen/Greiner/Winkler/ Jabben SchwbVWO § 10 Rn. 4. Vgl. auch *Fitting* BetrVG WO § 12 Rn. 15.
71 *Hohmann* in Wiegand/Hohmann SchwbVWO § 10 Rn. 59; *Pahlen* in Neumann/ Pahlen/Greiner/Winkler/Jabben SchwbVWO § 10 Rn. 4.
72 Vgl. zur Betriebsratswahl *Fitting* BetrVG WO § 12 Rn. 14.
73 Vgl. *Hohmann* in Wiegand/Hohmann SchwbVWO § 10 Rn. 54 und 56. Vgl. zur Betriebsratswahl *Fitting* BetrVG WO § 12 Rn. 14.

(3) ¹Die Stimmabgabe erfolgt in der Weise, dass der Wähler oder die Wählerin
1. den Stimmzettel unbeobachtet persönlich kennzeichnet und in den Wahlumschlag einlegt,
2. die vorgedruckte Erklärung unter Angabe des Ortes und des Datums unterschreibt und
3. den Wahlumschlag und die unterschriebene, vorgedruckte Erklärung in dem Freiumschlag verschließt und diesen so rechtzeitig an den Wahlvorstand absendet oder übergibt, daß er vor Abschluß der Wahl vorliegt.
²Der Wähler oder die Wählerin kann unter den Voraussetzungen des § 10 Abs. 4 die in den Nummern 1 bis 3 bezeichneten Tätigkeiten durch eine andere Person verrichten lassen.

I. Überblick über den Regelungsinhalt 1	3. Entscheidungsgesichtspunkte 18
II. Allgemeines zur schriftlichen Stimmabgabe 2	V. Vorbereitung der schriftlichen Stimmabgabe 23
III. Individuelle Briefwahl (Abs. 1) 4	VI. Besonderheiten bei der Durchführung der schriftlichen Stimmabgabe 28
1. Inhaltliche Voraussetzungen 4	1. Unbeobachtete Kennzeichnung 28
2. Formelle Voraussetzungen 8	2. Hinzuziehung von Hilfspersonen 30
IV. Anordnung der allgemeinen Briefwahl (Abs. 2) 12	3. Eigenständigkeitserklärung 31
1. Allgemeines 12	4. Absendung des Freiumschlags 32
2. Treffen der Anordnung über die allgemeine Briefwahl 15	

I. Überblick über den Regelungsinhalt

Die Bestimmung regelt die Vorbereitung und Durchführung der schriftlichen Stimmabgabe (sog. Briefwahl). Dabei unterscheidet man zwischen der **individuell gewünschten Briefwahl** (Abs. 1) und der **allgemein angeordneten Briefwahl** (Abs. 2).

1

II. Allgemeines zur schriftlichen Stimmabgabe

Die schriftliche Stimmabgabe stellt eine Ausnahme vom Regelfall der persönlichen Stimmabgabe im Wahllokal dar.[1] Sie ist mit **Einschnitten** bei der Einhaltung der **Grundsätze der Unmittelbarkeit und der Geheimhaltung der Wahl** verbunden, besitzt aber gleichwohl bei der Schwerbehindertenvertretungswahl einen besonderen Stellenwert.[2]

2

Dabei soll die bei der Schwerbehindertenvertretungswahl unter erleichterten Bedingungen mögliche schriftliche Stimmabgabe zur **Erhöhung der Wahlbereitschaft und der Wahlbeteiligung** beitragen, weil der Normgeber davon ausgeht, dass Menschen mit Behinderung mitunter Schwierigkeiten haben, sich aus ihren Arbeitsabläufen zu lösen oder längere Wegstrecken zu bewältigen und ihnen deshalb eine schriftliche Stimmabgabe besonders attraktiv erscheinen kann.[3]

3

---

1 *Sachadae*, Wahl der SchwbV, S. 444.
2 Vgl. *Sachadae*, Wahl der SchwbV, S. 444 f. und 448 ff.
3 *Sachadae*, Wahl der SchwbV, S. 444. Vgl. auch Amtl. Begr. BR-Drs. 147/90, 13 f.; *Dörner* SchwbG WO § 11 Anm. 1.

III. Individuelle Briefwahl (Abs. 1)
1. Inhaltliche Voraussetzungen

4   Nach Maßgabe des Abs. 1 S. 1 haben Wahlberechtigte, die **an der persönlichen Stimmabgabe verhindert** sind, die Möglichkeit, die Stimmabgabe per Briefwahl vorzunehmen. Dabei kommt es – anders als bei der Betriebsratswahl (vgl. § 24 Abs. 1 und 2 WO BetrVG) – für die Zulässigkeit der individuellen Briefwahl nicht darauf an, ob der Wahlberechtigte wegen Abwesenheit vom Betrieb gehindert ist, seine Stimme persönlich abzugeben.

5   Vielmehr kann jegliche Verhinderung zum Anlass genommen werden, um die Briefwahl zu beantragen.[4] Ob die Verhinderung auf **dienstlichen** (zB Dienstreise), **persönlichen** (zB Erkrankung) oder **sonstigen Gründen** (zB Heranziehung als ehrenamtlicher Richter) beruht, spielt dabei keine Rolle.[5]

6   Zugunsten einer hohen Wahlbeteiligung ist an das Merkmal der Verhinderung aus teleologischen und systematischen Gründen **kein allzu strenger Maßstab** anzulegen, weil der Wahlvorstand ohne Weiteres auch eine generelle Briefwahl hätte anordnen können.[6]

7   Allerdings ist das Vorliegen einer Verhinderung als Voraussetzung einer persönlichen Briefwahl nicht völlig bedeutungslos, weil die Auswahl zwischen Urnen- und Briefwahl **nicht in das freie Ermessen der Wahlberechtigten** gestellt wurde.[7] Aus diesem Grund ist eine persönliche Briefwahl **aus reiner Bequemlichkeit** nicht zulässig.[8]

2. Formelle Voraussetzungen

8   Eine **schriftliche Stimmabgabe** setzt voraus, dass der Wahlberechtigte diese **beim Wahlvorstand verlangt**.[9] Adressat dieses Verlangens ist ausschließlich der Wahlvorstand.[10] Ein gegenüber anderen Personen geäußertes Verlangen wird nur wirksam, wenn diese die Mitteilung des betreffenden Wahlberechtigten an den Wahlvorstand weiterleiten. Dies gilt, wenn das Verlangen an eine nach § 2 Abs. 1 S. 2 als **Wahlhelfer** bestellte Person gerichtet wird, weil diese nur im Hinblick auf die persönliche Stimmabgabe und die Stimmenzählung zur Unterstützung berufen sind (→ § 2 Rn. 4 ff.).

9   Eine Versendung der Briefwahlunterlagen (→ Rn. 23 ff.) **von Amts wegen** ist bei individueller Briefwahl **nicht zulässig**.[11] Vielmehr darf die Zusendung nur auf das jeweilige Verlangen der Wahlberechtigten hin erfolgen. Eine bestimmte Form ist für den Antrag auf Briefwahl nicht vorgesehen, so dass auch eine

---

4   *Cramer* SchwbV SchwbVWO § 11 Rn. 1.
5   Vgl. *Hohmann* in Wiegand/Hohmann SchwbVWO § 11 Rn. 10; *Pahlen* in Neumann/Pahlen/Greiner/Winkler/Jabben SchwbVWO § 11 Rn. 1; *Schleicher* WO zum SchwbG § 11 Rn. 1. Zur Personalratswahl: *Illbertz* in Illbertz/Widmaier/Sommer BPersVG WO § 17 Rn. 2.
6   *Dörner* SchwbG WO § 11 Anm. 2; *Sachadae*, Wahl der SchwbV, S. 446.
7   Vgl. *Sachadae*, Wahl der SchwbV, S. 450.
8   *Dörner* SchwbG WO § 11 Anm. 2; *Maaß* in Kossens/von der Heide/Maaß, 1. Aufl. 2002, SchwbVWO Anm. zu § 11; *Sachadae*, Wahl der SchwbV, S. 446.
9   *Cramer* SchwbV SchwbVWO § 11 Rn. 1; *Hohmann* in Wiegand/Hohmann SchwbVWO § 11 Rn. 16; *Sachadae*, Wahl der SchwbV, S. 446.
10 *Hohmann* in Wiegand/Hohmann SchwbVWO § 11 Rn. 18.
11 *Hohmann* in Wiegand/Hohmann SchwbVWO § 11 Rn. 17; *Sachadae*, Wahl der SchwbV, S. 446. Vgl. auch zur Personalratswahl VG Bremen 25.7.2016 – 7 K 777/16; *Sachadae* jurisPR-ArbR 8/2018 Anm. 5. AA offenbar *Sieg* NZA 2002, 1064 (1067), der übersieht, dass im Wahlrecht für die Schwerbehindertenvertretung eine § 24 Abs. 2 WO BetrVG vergleichbare Regelung fehlt.

mündliche oder telefonische Anforderung der Briefwahlunterlagen ebenso genügt wie eine Anforderung per Mail oder Brief.[12] Im Fall **mündlicher oder telefonischer Anträge** ist der Wahlvorstand jedoch wegen des Grundsatzes der Publizität verpflichtet, die Antragstellung (etwa durch eine schriftliche Notiz) zu dokumentieren.[13]

Im Antrag auf individuelle Briefwahl muss auch der **Grund für die Verhinderung** an der persönlichen Stimmabgabe **angegeben** werden, damit der Wahlvorstand das Vorliegen dieser Voraussetzung prüfen kann.[14] 10

Da Abs. 1 für den Briefwahlantrag **keine Frist** vorsieht, kann diese grundsätzlich bis zum Abschluss der Wahl erfolgen.[15] Allerdings liegt es in der Risikosphäre des Wahlberechtigten, den **Antrag so frühzeitig zu stellen**, dass die Übersendung der Briefwahlunterlagen und deren **Rückübersendung an den Wahlvorstand noch vor Ende der Stimmabgabe** erfolgen kann.[16] Der Wahlvorstand darf einen Antrag auf Briefwahl jedoch nicht allein deshalb zurückweisen, weil er eine **rechtzeitige schriftliche Stimmabgabe für nicht realistisch** hält. 11

IV. Anordnung der allgemeinen Briefwahl (Abs. 2)

1. Allgemeines

Unabhängig von der verhinderungsbedingten, individuellen Briefwahl kann der Wahlvorstand auch eine **allgemeine schriftliche Stimmabgabe** (auch generelle Briefwahl genannt) **anordnen** (→ Rn. 12 ff.). 12

Eine solche allgemeine Briefwahl erstreckt sich – anders als bei den allgemeinen Interessenvertretungswahlen – **grundsätzlich auf den gesamten Wahlbezirk**, also den gesamten Betrieb bzw. die gesamte Dienststelle bzw. den gesamten nach § 177 Abs. 1 S. 4 SGB IX zusammengefassten Bereich.[17] In diesem Fall können sämtliche Wahlberechtigten nur per Briefwahl abstimmen, während eine Abstimmung im Wahllokal dann nicht erfolgen kann.[18] 13

Trotz der grundsätzlich auf den gesamten Wahlbezirk ausgerichteten Möglichkeit der allgemeinen Briefwahl kann diese auch **nur für räumlich weit entfernt liegende Nebenstellen** oder **Teile einer Dienststelle bzw. eines Betriebs** angeordnet werden.[19] Eine solche Beschränkung muss allerdings deutlich **im Wahlausschreiben erkennbar** gemacht werden.[20] 14

---

12 *Cramer* SchwbV SchwbVWO § 11 Rn. 1; *Hohmann* in Wiegand/Hohmann SchwbVWO § 11 Rn. 18; *Pahlen* in Neumann/Pahlen/Greiner/Winkler/Jabben SchwbVWO § 11 Rn. 2; *Sachadae*, Wahl der SchwbV, S. 446.
13 *Hohmann* in Wiegand/Hohmann SchwbVWO § 11 Rn. 18; zur Betriebsratswahl: *Fitting* BetrVG WO § 24 Rn. 3.
14 *Sachadae*, Wahl der SchwbV, S. 446 mwN.
15 *Cramer* SchwbV SchwbVWO § 11 Rn. 1.
16 Vgl. *Hohmann* in Wiegand/Hohmann SchwbVWO § 11 Rn. 20; *Pahlen* in Neumann/Pahlen/Greiner/Winkler/Jabben SchwbVWO § 11 Rn. 2; *Sachadae*, Wahl der SchwbV, S. 446.
17 Vgl. *Hohmann* in Wiegand/Hohmann SchwbVWO § 11 Rn. 53; *Sachadae*, Wahl der SchwbV, S. 409. Vgl. auch Amtl. Begr., BR-Drs. 147/90, 12 und 14.
18 *Heuser* Behindertenrecht 1990, 25 (28); *Kunstein/Seel/Fischer*, Wahl der SchwbV, S. 23; *Sachadae*, Wahl der SchwbV, S. 409.
19 *Cramer* SchwbV SchwbVWO § 11 Rn. 2; *Peiseler* AiB 1990, 308 (309); *Sachadae*, Wahl der SchwbV, S. 410.
20 *Sachadae*, Wahl der SchwbV, S. 410.

2. Treffen der Anordnung über die allgemeine Briefwahl

15 Die Entscheidung, ob eine allgemeine Briefwahl angeordnet wird oder ob es beim gesetzlichen Regelfall der persönlichen Stimmabgabe per Urnenwahl bleibt, **obliegt allein dem Wahlvorstand**.[21] Dieser muss die Entscheidung über die Anordnung der allgemeinen Briefwahl bereits **vor Erlass des Wahlausschreibens treffen** und sie in diesem bekanntgeben.[22]

16 Anders als im Hinblick auf die Festlegung der Anzahl der zu wählenden stellvertretenden Mitglieder sind bei der Entscheidung über die Briefwahl **keine anderen Organe einzubeziehen**.[23] Empfehlungen von Seiten früherer Wahlvorstandsmitglieder, der Schwerbehindertenvertretung oder des Betriebs- bzw. Personalrats sind zwar möglich, aber für den Wahlvorstand in keiner Weise bindend.

17 Die Entscheidung über die Anordnung einer allgemeinen Briefwahl hat **per förmlichen Beschluss** zu erfolgen.[24] Dies gilt grundsätzlich sowohl für die Entscheidung, dass eine Anordnung der Briefwahl nach Abs. 2 erfolgen soll als auch für den Fall, dass es bei der Urnenwahl bleiben soll. Trifft der Wahlvorstand keine Entscheidung, ist keine allgemeine Briefwahl, sondern stattdessen – dem gesetzlichen Regelleitbild folgend – eine Urnenwahl mit persönlicher Stimmabgabe durchzuführen. Gleiches gilt auch, wenn der Wahlvorstand zwar über die Frage der allgemeinen Briefwahl entschieden hat, für diese aber keine Stimmenmehrheit erreicht worden ist.

3. Entscheidungsgesichtspunkte

18 Bei der **Abwägung der Entscheidung**, ob eine allgemeine Briefwahl angeordnet wird und ob diese ggf. auf einzelne Betriebs- bzw. Dienststellenteile beschränkt werden soll, hat der Wahlvorstand unterschiedliche Gesichtspunkte zu beachten.

19 Ein wesentlicher Abwägungsaspekt sind insbesondere die **Wegstrecken, die zur Erreichung des Wahllokals** zurückzulegen wären, so dass eine (teilweise) Briefwahl insbesondere bei **räumlich weit auseinanderliegenden Betriebs- bzw. Dienststellenteilen** geboten sein kann.[25] Dabei ist zu beachten, dass die Begrenzung der Wahlvorstandsgröße auf drei Personen (→ § 1 Rn. 8 ff.) bei der Schwerbehindertenvertretungswahl dazu führt, dass die Zahl gleichzeitig zu betreibender Wahllokale – anders als bei den allgemeinen Interessenvertretungswahlen – stark limitiert ist (→ § 10 Rn. 14 ff.).[26]

20 Ferner kann auch die **Arbeit im Schichtbetrieb** von Bedeutung sein.[27] Grund hierfür ist, dass bei Schichtbetrieb in der Regel ausgedehntere Stimmabgabezeiträume nötig sind, jedoch auch insoweit die Begrenzung der Wahlvorstandsgröße zu Engpässen bei der Abdeckung der Anwesenheitspflichten im Wahllokal führen kann.

---

21 *Sachadae*, Wahl der SchwbV, S. 410 mwN.
22 *Hohmann* in Wiegand/Hohmann SchwbVWO § 11 Rn. 50. Zur Personalratswahl: *Noll* in Altvater BPersVG WO § 19 Rn. 7.
23 *Hohmann* in Wiegand/Hohmann SchwbVWO § 11 Rn. 52; *Sachadae*, Wahl der SchwbV, S. 410.
24 Vgl. *Hohmann* in Wiegand/Hohmann SchwbVWO § 11 Rn. 52.
25 *Adlhoch* in Ernst/Adlhoch/Seel SGB IX § 94 Rn. 81; *Heuser* Behindertenrecht 1990, 25 (28); *Sachadae*, Wahl der SchwbV, S. 409.
26 Vgl. *Hohmann* in Wiegand/Hohmann SchwbVWO § 10 Rn. 3.
27 *Heuser* Behindertenrecht 1990, 25 (28); *Kunstein/Seel/Fischer*, Wahl der SchwbV, S. 23; *Sachadae*, Wahl der SchwbV, S. 409.

Auch eine bei den bisherigen Wahlen **sehr geringe Wahlbeteiligung** kann ein 21
Gesichtspunkt sein, eine generelle Briefwahl anzuordnen, um so zumindest den
Versuch einer höheren Wahlbeteiligung zu unternehmen.[28]

Schließlich ist eine generelle Briefwahlanordnung auch dann erforderlich, wenn 22
die unter allgemeinen wahlrechtlichen Kriterien einzig als Wahllokal in Betracht
kommenden Räume (→ § 10 Rn. 4 ff.) für schwerbehinderte Beschäftigte nicht
oder nicht in zumutbarer Weise zugänglich sind (zB **fehlende Barrierefreiheit**).[29]

V. Vorbereitung der schriftlichen Stimmabgabe

Stellt ein Wahlberechtigter einen Briefwahlantrag oder wurde die schriftliche 23
Stimmabgabe angeordnet, muss der Wahlvorstand den betroffenen Beschäftigten unverzüglich die nötigen **Briefwahlunterlagen aushändigen oder zusenden**.
Zu den an die Briefwähler **zu übermittelnden Unterlagen** gehören insbesondere: 24
- eine Abschrift des **Wahlausschreibens**,
- der oder die **Stimmzettel**,
- der **Wahlumschlag**,
- eine vorgedruckte Erklärung, mit der der Wahlberechtigte versichert, dass
  er den Stimmzettel persönlich gekennzeichnet hat (sog. **Eigenständigkeitserklärung**) (→ Rn. 31),
- ein größerer, an den Wahlvorstand adressierter **Freiumschlag**, der die Absenderadresse des betreffenden Wahlberechtigten aufweist und den Vermerk „Schriftliche Stimmabgabe" trägt.

Bei der **Größe des Freiumschlags** ist darauf zu achten, dass der Wahlumschlag
ohne Weiteres in diesen hineinpasst, ohne dass er gefaltet werden muss, weil
eine Faltung des Wahlumschlags zur Identifizierbarkeit der Briefwahlstimme
führen könnte.[30] Ist der Freiumschlag nicht groß genug bemessen, kann dies
zur Anfechtbarkeit der Wahl führen.[31] Fehlt auf dem Freiumschlag der **Vermerk
„Schriftliche Stimmabgabe"**, stellt dies ebenfalls einen Verstoß gegen wesentliche Wahlvorschriften dar.[32]

Daneben soll den Wahlunterlagen auch ein **Merkblatt über die Art und Weise** 25
der schriftlichen Stimmabgabe beigefügt werden. In diesem ist vom Wahlvorstand auf die Besonderheiten der Briefwahl und das einzuhaltende Prozedere
(→ Rn. 28 ff.) hinzuweisen.[33] Im Hinblick auf ausländische Wahlberechtigte ist
ggf. auch eine Information nach § 2 Abs. 5 erforderlich (→ § 2 Rn. 35 ff.).

Hinsichtlich des **Freiumschlags** ist darauf zu achten, dass dieser **ausreichend** 26
frankiert sein muss.[34] Hierdurch soll sichergestellt werden, dass sich Wahlberechtigte nicht allein dadurch von der Stimmabgabe abhalten lassen, dass sie

---

28 Vgl. dazu Amtl. Begr. BR-Drs. 147/90, 13 f.; *Cramer* SchwbV SchwbVWO § 11
   Rn. 2; *Weber* SchwbG § 24 Rn. 21.
29 *Sachadae*, Wahl der SchwbV, S. 409.
30 Vgl. *Sachadae* jurisPR-ArbR 8/2018 Anm. 5.
31 Zur Personalratswahl VG Bremen 25.7.2016 – 7 K 777/16; *Sachadae* jurisPR-
   ArbR 8/2018 Anm. 5.
32 Vgl. VG Bremen 25.7.2016 – 7 K 777/16, juris Rn. 37. Vgl. auch *Sachadae*
   jurisPR-ArbR 8/2018 Anm. 5.
33 *Hohmann* in Wiegand/Hohmann SchwbVWO § 11 Rn. 47.
34 LAG Köln 8.3.2012 – 13 TaBV 82/11, juris Rn. 51; *Hohmann* in Wiegand/
   Hohmann SchwbVWO § 11 Rn. 29; *Sachadae* Behindertenrecht 2015, 34 (36).
   Vgl. auch VG Bremen 25.7.2016 – 7 K 777/16; *Sachadae* jurisPR-ArbR 8/2018
   Anm. 5.

die Portokosten vorfinanzieren oder selbst tragen müssten.[35] Bei der Bemessung des Portos ist einzuplanen, dass in dem Freiumschlag sowohl die Eigenständigkeitserklärung als auch der Wahlumschlag und der oder die Stimmzettel zu transportieren sind und auch die **Größe des Freiumschlags** zur Frankierung passen muss.[36]

Die Übermittlung eines frankierten Freiumschlags soll nach Auffassung des BAG jedoch im Fall der individuellen Briefwahl ausnahmsweise entbehrlich sein, wenn der die schriftliche Stimmabgabe beantragende Wahlberechtigte bei der Antragstellung erklärt, er werde die **Briefwahlunterlagen im Betrieb ausfüllen** und persönlich an den Wahlvorstand zurückreichen, weil dann auch die Übergabe eines hinreichend großen Umschlags genüge.[37]

27 Die Aushändigung bzw. Zusendung der Briefwahlunterlagen muss in jedem Fall gem. Abs. 1 S. 4 **in der Liste der Wahlberechtigten** vermerkt werden. Dieser Vermerk ist nicht mit der Kennzeichnung der schriftlichen Stimmabgabe nach § 12 Abs. 1 S. 2 (→ § 12 Rn. 10) gleichzusetzen; vielmehr handelt es sich um zwei gesonderte Vermerke.[38]

VI. Besonderheiten bei der Durchführung der schriftlichen Stimmabgabe

1. Unbeobachtete Kennzeichnung

28 Da auch bei der schriftlichen Stimmabgabe die allgemeinen Wahlgrundsätze eingehalten und insbesondere der der **Geheimhaltung der Wahl** gewährleistet werden müssen, haben die Wahlberechtigten bei der Kennzeichnung des Stimmzettels selbst darauf zu achten, dass dies unbeobachtet geschieht.[39] Dabei steht die geheime Kennzeichnung des Stimmzettels auch bei der schriftlichen Stimmabgabe **nicht zur Disposition der Wahlberechtigten**.[40]

Erfolgt die Kennzeichnung des Stimmzettels in Anwesenheit Dritter, ist die Stimmabgabe daher auch dann ungültig, wenn der Wahlberechtigte die **unbeobachtete Kennzeichnung** selbst herbeigeführt hat und mit der **Anwesenheit Dritter** einverstanden war.[41] Dies gilt nach Auffassung des BAG jedenfalls dann, wenn die Anwesenheit des Dritten eine Einschränkung der Wahlfreiheit zumindest befürchten lasse.[42] Ein solcher Fall sei anzunehmen, wenn der bei der Kennzeichnung anwesende Dritte ein Wahlbewerber ist oder gleichzeitig mehrere Wahlberechtigte so abstimmen, dass sie gegenseitig beobachten und erkennen können, wie der jeweils andere wählt.[43] Zu den Besonderheiten bei der Hinzuziehung von Hilfspersonen → Rn. 30 und → § 10 Rn. 25 ff.

---

35 Zur Personalratswahl VG Bremen 25.7.2016 – 7 K 777/16; *Sachadae* jurisPR-ArbR 8/2018 Anm. 5.
36 *Sachadae* Behindertenrecht 2015, 34 (36).
37 So für die Betriebsratswahl: BAG 20.5.2020 – 7 ABR 42/18, NZA 2020, 1423.
38 *Hohmann* in Wiegand/Hohmann SchwbVWO § 11 Rn. 48.
39 BVerfG 15.2.1967 – 2 BvC 2/66, BVerfGE 21, 200 (205); BAG 21.3.2018 – 7 ABR 29/16, juris Rn. 35; LAG SchlH 18.3.1999 – 4 TaBV 51/98; *Sachadae* jurisPR-ArbR 37/2016, Anm. 5; *Sachadae* ZfPR 2016, 101 (102).
40 *Sachadae* ZfPR 2016, 101 (101 f.); *Sachadae* jurisPR-ArbR 37/2016, Anm. 5; inzwischen auch BAG 21.3.2018 – 7 ABR 29/16, juris Rn. 31 und 34 f. AA noch LAG RhPf 26.2.2016 – 1 TaBV 24/15.
41 *Sachadae* ZfPR 2016, 101 (101 f.); *Sachadae* jurisPR-ArbR 37/2016, Anm. 5. AA noch LAG RhPf 26.2.2016 – 1 TaBV 24/15. Vgl. auch BAG 21.3.2018 – 7 ABR 29/16, juris Rn. 31 und 34 ff.
42 BAG 21.3.2018 – 7 ABR 29/16, juris Rn. 36.
43 BAG 21.3.2018 – 7 ABR 29/16, juris Rn. 36. Vgl. auch OVG NRW 31.3.2006 – 1 A 5195/04.PVL. Weitergehend *Sachadae* ZfPR 2016, 101 (102 f.).

Der Wahlvorstand kann allerdings nur solche Stimmzettel für ungültig erklären, hinsichtlich derer er **sichere Kenntnis über die offene Kennzeichnung** erlangt hat.[44] Hat der Wahlberechtigte die Erklärung über die unbeobachtete Kennzeichnung abgegeben und liegen keine anderweitigen Anhaltspunkte für einen Verstoß gegen die Pflicht zur unbeobachteten Kennzeichnung vor, kann der Wahlvorstand in der Regel von der Einhaltung des § 11 Abs. 3 S. 1 Nr. 1 ausgehen.[45] Nimmt der **Wahlvorstand** oder eines seiner Mitglieder selbst unmittelbar zur Kenntnis, dass die Kennzeichnung der Stimmzettel nicht unbeobachtet erfolgt, muss auf die Pflicht zur unbeobachteten Stimmabgabe hingewiesen werden.[46] Unterbleibt ein solcher **Hinweis**, kann allein dies die Anfechtbarkeit der Wahl begründen.[47]

Zur Geheimhaltung der Stimmabgabe muss der Wahlberechtigte den gekennzeichneten Stimmzettel auch bei der schriftlichen Stimmabgabe in einen **Wahlumschlag** einlegen und diesen **verschließen** (→ § 9 Rn. 20).[48]

2. Hinzuziehung von Hilfspersonen

Trotz der Pflicht zur unbeobachteten Kennzeichnung des Stimmzettels ist es auch bei der Briefwahl gem. § 11 Abs. 3 S. 2 iVm § 10 Abs. 4 zulässig, eine **Hilfsperson heranzuziehen**, sofern die Voraussetzungen des § 10 Abs. 4 tatsächlich vorliegen (→ § 10 Rn. 26 ff.).[49] Hat sich der Wahlberechtigte bei der Kennzeichnung des Stimmzettels der Unterstützung einer Hilfsperson nach § 10 Abs. 4 bedient, muss er dies **in der Eigenständigkeitserklärung** (→ Rn. 31 ff.) angeben.[50] Der Wahlvorstand muss in einem solchen Fall kursorisch prüfen, ob die Voraussetzungen der Hinzuziehung einer Hilfsperson vorlagen.[51]

3. Eigenständigkeitserklärung

Daneben hat der Wahlberechtigte gem. Abs. 3 S. 2 die vorgedruckte, mit den Wahlunterlagen versendete **Eigenständigkeitserklärung unter Angabe von Ort oder Datum zu unterzeichnen**. Diese Erklärung soll zur Einhaltung des Grundsatzes der Unmittelbarkeit beitragen.[52] Fehlt die Eigenständigkeitserklärung vollständig oder ist sie nicht unterschrieben, ist die Stimmabgabe ungültig.[53] Zur Berücksichtigung der Kenntnis über eine offene Kennzeichnung der Stimmzettel → Rn. 28.

---

44 *Sachadae* jurisPR-ArbR 37/2016, Anm. 5; *Sachadae* ZfPR 2016, 101 (103). Ähnlich BAG 21.3.2018 – 7 ABR 29/16, juris Rn. 39.
45 Vgl. BAG 21.3.2018 – 7 ABR 29/16, juris Rn. 39, dass jedoch die Erklärung nach § 11 Abs. 3 S. 1 Nr. 1 nicht ausdrücklich erwähnt.
46 BAG 21.3.2018 – 7 ABR 29/16, juris Rn. 40. Vgl. auch *Sachadae* jurisPR-ArbR 37/2016, Anm. 5.
47 BAG 21.3.2018 – 7 ABR 29/16, juris Rn. 40 ff.
48 Zur Betriebsratswahl *Fitting* BetrVG WO § 25 Rn. 2.
49 *Maaß* in Kossens/von der Heide/Maaß, 1. Aufl. 2002, SchwbVWO Anm. zu § 11; *Schleicher* WO zum SchwbG § 11 Rn. 6.
50 *Hohmann* in Wiegand/Hohmann SchwbVWO § 11 Rn. 45; *Sachadae*, Wahl der SchwbV, S. 448.
51 *Sachadae*, Wahl der SchwbV, S. 448.
52 *Sachadae*, Wahl der SchwbV, S. 448.
53 *Dörner* SchwbG WO § 11 Anm. 4; *Pahlen* in Neumann/Pahlen/Greiner/Winkler/Jabben SchwbVWO § 11 Rn. 5.

4. Absendung des Freiumschlags

32 Der Wahlumschlag ist bei der Briefwahl zusammen mit der Erklärung über die persönliche Kennzeichnung in den Freischlag zu legen und diese sodann verschlossen an den Wahlvorstand zu senden. Dabei muss der Wahlberechtigte selbst darauf achten, dass er den **Freiumschlag so rechtzeitig versendet,** dass dieser **noch vor Ende der Stimmabgabezeit beim Wahlvorstand eingeht.**[54] Zur Behandlung von verspätet eingehenden Briefwahlstimmen → § 12 Rn. 19 ff.

§ 12 SchwbVWO Behandlung der schriftlich abgegebenen Stimmen

(1) ¹Unmittelbar vor Abschluß der Wahl öffnet der Wahlvorstand in öffentlicher Sitzung die bis zu diesem Zeitpunkt eingegangenen Freiumschläge und entnimmt ihnen die Wahlumschläge sowie die vorgedruckten Erklärungen. ²Ist die schriftliche Stimmabgabe ordnungsgemäß erfolgt (§ 11), legt der Wahlvorstand die Wahlumschläge nach Vermerk der Stimmabgabe in der Liste der Wahlberechtigten ungeöffnet in die Wahlurne.

(2) ¹Verspätet eingehende Freiumschläge hat der Wahlvorstand mit einem Vermerk über den Zeitpunkt des Eingangs ungeöffnet zu den Wahlunterlagen zu nehmen. ²Sie sind einen Monat nach Bekanntgabe des Wahlergebnisses ungeöffnet zu vernichten, wenn die Wahl nicht angefochten ist.

I. Überblick über den Regelungsinhalt	1	2. Prüfung in öffentlicher Sitzung des Wahlvorstands	11
II. Allgemeines zum Umgang mit Briefwahlstimmen	2	3. Zeitpunkt Prüfung	15
III. Prüfung der schriftlich abgegebenen Stimmen	6	IV. Umgang mit verspäteten Briefwahlstimmen	19
1. Inhalt der Prüfpflicht	6	1. Grundsatz	19
a) Prüfung der Freiumschläge	6	2. Begriff des verspäteten Eingangs	20
b) Prüfung des Inhalts der Freiumschläge	7	3. Folge der Verspätung	22
		4. Übergabe und Vernichtung	23

I. Überblick über den Regelungsinhalt

1 Die Vorschrift regelt den Umgang des Wahlvorstands mit den bei ihm eingegangenen, schriftlich abgegebenen Stimmen (sog. Briefwahlstimmen). Dabei ist danach zu differenzieren, ob die Briefwahlstimmen **vor Ende der Stimmabgabe** eingehen (Abs. 1) oder **verspätet eintreffen** (Abs. 2).

II. Allgemeines zum Umgang mit Briefwahlstimmen

2 Sind bei der Schwerbehindertenvertretungswahl schriftliche Stimmen abgegeben worden, bedürfen diese gem. § 12 einer **besonderen Behandlung durch den Wahlvorstand.** Hintergrund dieser Sonderstellung ist, dass § 11 die Zulässigkeit und Wirksamkeit einer schriftlichen Stimmabgabe an zusätzliche Voraussetzungen knüpft. Dabei hat diese Behandlung in öffentlicher Sitzung des Wahlvorstands zu erfolgen (→ Rn. 11 ff.), weil die vorzunehmenden Schritte in besonderem Maße fehler- und manipulationsanfällig sind.[1]

---

54 *Schleicher* WO zum SchwbG § 11 Rn. 5.
1 *Sachadae* jurisPR-ArbR 2/2020 Anm. 4.

Deren **Prüfung** darf **nicht gleichzeitig mit der Prüfung der Stimmzettel** erfolgen, weil bei der Prüfung der Ordnungsmäßigkeit der Briefwahlstimmen eine persönliche Zuordnung der Stimmabgabe zu den jeweiligen Wählern erfolgen muss, wohingegen eine solche bei der Prüfung der Stimmzettel gerade nicht erfolgen darf. 3

Deshalb hat die **Prüfung der Briefwahlstimmen zweigestuft** zu erfolgen. Die Prüfung der besonderen **Voraussetzungen der Briefwahl** ist dabei in der Regel **noch vor Abschluss der Stimmabgabe** gesondert vorzunehmen (→ Rn. 15 ff.). Dagegen erfolgt die Prüfung der Gültigkeit der schriftlich eingereichten Stimmzettel erst später gemeinsam mit den übrigen Stimmzetteln, nachdem die **Wahlumschläge der Briefwähler ungeöffnet in die Wahlurne** geworfen worden waren.[2] 4

Bei der Behandlung der schriftlichen Stimmabgaben treten vergleichsweise häufig Fehler auf, die nicht selten in **Wahlanfechtungsverfahren** münden. Die Wahlvorstände sind von daher gut beraten, gerade auch bei der Durchführung dieses Arbeitsschrittes besonders sorgsam zu sein. 5

III. Prüfung der schriftlich abgegebenen Stimmen

1. Inhalt der Prüfpflicht

a) Prüfung der Freiumschläge

Die Prüfung der Ordnungsgemäßheit der schriftlichen Stimmabgabe **beginnt mit der Kontrolle der korrekten Verwendung der Freiumschläge**.[3] Ist eine Briefwahlstimme **ohne Freiumschlag** eingereicht worden, ist die Stimmabgabe bereits aus diesem Grund unwirksam, weil in diesem Fall die nötige Zuordnung von Wahlumschlag und Erklärung nach § 11 Abs. 1 S. 1 Nr. 3 nicht gewährleistet ist.[4] Gleiches gilt, wenn der **Freiumschlag nicht oder unzureichend verschlossen** ist, weil hierbei ein Austausch des Wahlumschlags bzw. der Erklärung nicht ausgeschlossen werden kann.[5] Ferner ist eine schriftlich abgegebene Stimme unwirksam, wenn der Freiumschlag vor der Prüfung der Ordnungsmäßigkeit **bereits erkennbar geöffnet** worden war.[6] Etwas anderes gilt nur, wenn der **Freiumschlag durch die Post beschädigt**, von dieser wieder eingeschweißt wurde und eine Manipulation auszuschließen ist.[7] Nach der Rechtsprechung soll darüber hinaus geprüft werden, ob der Freiumschlag als **Absender** Name und Anschrift der wahlberechtigten Person enthalten.[8] Ein solch strenger Maßstab erscheint jedoch zweifelhaft, weil die Eigenständigkeitserklärung (→ § 11 Rn. 31 ff.) ein hinreichender Beleg für die Authentizität darstellt. 6

---

2 Vgl. *Adlhoch* in Ernst/Adlhoch/Seel SGB IX § 94 Rn. 90 f. Vgl. auch HessLAG 15.6.2020 – 16 TaBV 116/19.
3 Vgl. *Hohmann* in Wiegand/Hohmann SchwbVWO § 12 Rn. 5.
4 LAG Hamm 9.3.2007 – 10 TaBV 105/06, juris Rn. 57; *Hohmann* in Wiegand/Hohmann SchwbVWO § 12 Rn. 15. Im Ergebnis wohl auch *Maaß* in Kossens/von der Heide/Maaß, 1. Aufl. 2002, SchwbVWO Anm. zu § 12.
5 *Hohmann* in Wiegand/Hohmann SchwbVWO § 12 Rn. 6. Für die Betriebsratswahl *Fitting* BetrVG WO § 26 Rn. 2. AA *Dörner* SchwbG WO § 12 Anm. 1; *Pahlen* in Neumann/Pahlen/Greiner/Winkler/Jabben SchwbVWO § 12 Rn. 2.
6 Vgl. *Pahlen* in Neumann/Pahlen/Greiner/Winkler/Jabben SchwbVWO § 12 Rn. 2.
7 *Hohmann* in Wiegand/Hohmann SchwbVWO § 12 Rn. 7. Vgl. zur Betriebsratswahl LAG Köln 11.4.2003 – 4 (13) TaBV 63/02, juris Rn. 12 ff.
8 HessLAG 15.6.2020 – 16 TaBV 116/19.

b) Prüfung des Inhalts der Freiumschläge

7 Ist der Freiumschlag ordnungsgemäß verschlossen, muss dieser zur weiteren Prüfung geöffnet werden.[9] Dem geöffneten Freiumschlag sind sodann der Wahlumschlag und die Erklärung über die eigenständige Kennzeichnung nach § 11 Abs. 1 S. 1 Nr. 3 zu entnehmen.[10] Fehlt eines dieser beiden Dokumente, ist die Briefwahlstimme unwirksam.[11] Ein **ohne Eigenständigkeitserklärung eingereichter Wahlumschlag** darf nicht in die Wahlurne geworfen werden.[12] Ein ohne Wahlumschlag in den Freiumschlag eingelegter Stimmzettel ist wegen der Verletzung der Grundsatzes der geheimen Wahl ebenfalls ungültig und daher gleichermaßen nicht in die Wahlurne einzuwerfen.[13]

8 Bei der weiteren Prüfung der Briefwahlstimme ist zu kontrollieren, ob die Erklärung nach § 11 Abs. 1 S. 1 Nr. 3 ordnungsgemäß erfolgt ist (→ § 11 Rn. 31 ff.). Ist die Erklärung nicht unterschrieben, ist die Stimmabgabe ungültig.[14] Fehlen auf der Eigenständigkeitserklärung die Angaben zu Datum oder Ort, lässt dies die Wirksamkeit der Briefstimme nach dem Grundsatz der Simplizität unberührt, weil diese Angaben wahlrechtlich ohne Belang sind.[15] Hat der Wahlvorstand sichere Kenntnis, dass die **Kennzeichnung des Stimmzettels** (entgegen der Erklärung) **nicht unbeobachtet** erfolgt ist, ist die Stimmabgabe ebenfalls ungültig (→ § 11 Abs. 28).

9 Ferner muss kontrolliert werden, dass der **Wahlumschlag ordnungsgemäß verschlossen** (→ § 9 Rn. 20) ist.[16] Eine Öffnung der Wahlumschläge darf im Rahmen der Prüfung der Ordnungsmäßigkeit der Briefwahlstimmen keinesfalls erfolgen, weil hierdurch der Grundsatz der geheimen Wahl verletzt würde. Auf den Wahlumschlägen dürfen sich auch **keine Namen, Kennzeichen oder sonstige Merkmale** befinden, weil diese anderenfalls nachträglich Rückschlüsse auf die Person des Wählers zulassen würden.[17]

10 Genügen die Dokumente nach der bis dahin vorzunehmenden Prüfung den Anforderungen der §§ 10 und 11, ist anhand des auf der Erklärung angegebenen Namens ferner zu **kontrollieren, ob der betreffende Wahlberechtigte nicht bereits persönlich seine Stimme abgegeben hat**.[18] Ist noch keine Stimmabgabe erfolgt, ist nunmehr eine solche **in der Liste der Wahlberechtigten zu vermerken**. Nach der Kennzeichnung ist der Wahlumschlag **in die Wahlurne einzuwerfen**, damit die Briefwahlstimmen mit den persönlich abgegebenen Stimmen vermischt werden und eine Zuordnung ausgeschlossen ist.[19] Zur Gewährleistung

---

9 *Dörner* SchwbG WO § 12 Anm. 1.
10 *Schleicher* WO zum SchwbG § 12 Rn. 1.
11 Vgl. *Hohmann* in Wiegand/Hohmann SchwbVWO § 12 Rn. 29; *Schleicher* WO zum SchwbG § 12 Rn. 2. Vgl. auch *Maaß* in Kossens/von der Heide/Maaß, 1. Aufl. 2002, SchwbVWO Anm. zu § 12.
12 Vgl. *Schleicher* WO zum SchwbG § 12 Rn. 2.
13 *Hohmann* in Wiegand/Hohmann SchwbVWO § 12 Rn. 32.
14 *Dörner* SchwbG WO § 11 Anm. 4; *Pahlen* in Neumann/Pahlen/Greiner/Winkler/Jabben SchwbVWO § 11 Rn. 5. Vgl. zur Betriebsratswahl: *Fitting* BetrVG WO § 25 Rn. 3.
15 *Pahlen* in Neumann/Pahlen/Greiner/Winkler/Jabben SchwbVWO § 12 Rn. 2. Vgl. auch *Dörner* SchwbG WO § 12 Anm. 1. AA *Hohmann* in Wiegand/Hohmann SchwbVWO § 12 Rn. 30.
16 *Dörner* SchwbG WO § 12 Anm. 1; *Schleicher* WO zum SchwbG § 12 Rn. 2.
17 *Hohmann* in Wiegand/Hohmann SchwbVWO § 12 Rn. 17; *Schleicher* WO zum SchwbG § 12 Rn. 2.
18 Vgl. *Hohmann* in Wiegand/Hohmann SchwbVWO § 12 Rn. 37.
19 Vgl. HessLAG 15.6.2020 – 16 TaBV 116/19.

des Grundsatzes der geheimen Wahl sollte die Vermischung der Wahlumschläge zusätzlich durch **Schütteln der Wahlurne** unterstützt werden.[20]

2. Prüfung in öffentlicher Sitzung des Wahlvorstands

Die Prüfung der Ordnungsmäßigkeit der schriftlichen Stimmabgabe muss gem. Abs. 1 S. 1 **in öffentlicher Sitzung des Wahlvorstands** erfolgen. Da für die Prüfung eine förmliche Sitzung abzuhalten ist, müssen grundsätzlich **alle drei Wahlvorstandsmitglieder anwesend** sein.[21] Die Entscheidung über die Ordnungsgemäßheit der schriftlichen Stimmabgabe erfolgt durch Beschluss des Wahlvorstands.[22] Zur Gewährleistung der **Beschlussfähigkeit** ist die Anwesenheit mindestens zweier Wahlvorstandsmitglieder nötig (→ § 2 Rn. 13 ff.). Die Vereinfachungen des § 9 Abs. 2 gelten für die Prüfung der schriftlichen Stimmen nicht, so dass die **Wahlhelfer** nicht anstelle der Wahlvorstandsmitglieder mitwirken können. 11

Anders als bei sonstigen Wahlvorstandssitzungen (→ § 2 Rn. 11) muss die Prüfung der schriftlichen Stimmabgaben **in öffentlicher Sitzung** erfolgen. Dass die Prüfung der Briefwahlstimmen öffentlich zu erfolgen hat, soll eine **Kontrolle der Vorgänge ermöglichen und potenziellen Manipulationen vorbeugen**.[23] Diese Vorgabe ist somit Ausfluss des Publizitätsgrundsatzes.[24] 12

Der Begriff der Öffentlichkeit ist in gleicher Weise zu verstehen, wie im Hinblick auf § 13 Abs. 1, so dass auch hier nur die **Betriebs- bzw. Dienststellenöffentlichkeit** maßgeblich ist.[25] Dh grundsätzlich haben all diejenigen Beschäftigten des Betriebs bzw. der Dienststelle das Recht, der Sitzung beizuwohnen, die ein **berechtigtes Interesse** am Ausgang der Wahl besitzen. 13

Die in Abs. 1 S. 1 vorgeschriebene Öffentlichkeit kann es erforderlich machen, dass auch rechtzeitig vor der öffentlichen Sitzung deren **Ort und Zeit bekannt gegeben** werden.[26] Der für die Öffnung der Freiumschläge vorgesehene Ort muss so genau angegeben werden, dass alle zur Betriebsöffentlichkeit zählenden Personen auch ohne konkrete Ortskenntnisse den betreffenden Raum finden.[27] Ein pauschaler Verweis auf die „Räume des Betriebsrats/Wahlvorstands" genügt nicht, wenn die Sitzung des Wahlvorstands in einem dem Betriebsrats zur Verfügung stehenden Nebenraum erfolgt und wegen der Unübersichtlichkeit der Verhältnisse vor Ort nicht erkennbar ist, dass die Öffnung der Freiumschläge dort tatsächlich erfolgt.[28] Zur Zeit der Öffnung der Freiumschläge (→ Rn. 15). 14

---

20 HessLAG 15.6.2020 – 16 TaBV 116/19.
21 Vgl. *Hohmann* in Wiegand/Hohmann SchwbVWO § 12 Rn. 25.
22 Vgl. LAG Hannover 11.9.2019 – 13 TaBV 85/18 *Hohmann* in Wiegand/Hohmann SchwbVWO § 12 Rn. 25.
23 LAG Köln 20.5.2016 – 4 TaBV 98/15, juris Rn. 62; *Sachadae* Behindertenrecht 2015, 34 (36); *Sachadae* jurisPR-ArbR 47/2016, Anm. 6. Vgl. auch *Sachadae* ZfPR 1/2016, 28 ff.; *Sachadae* jurisPR-ArbR 2/2020, Anm. 4.
24 Dazu *Sachadae*, Wahl der SchwbV, S. 67 f. Vgl. auch *Sachadae* ZfPR 1/2016, 28 ff.
25 BAG 10.7.2013 – 7 ABR 83/11, juris Rn. 18; LAG Köln 20.5.2016 – 4 TaBV 98/15, juris Rn. 62; *Schleicher* WO zum SchwbG § 12 Rn. 4.
26 BAG 10.7.2013 – 7 ABR 83/11, juris Rn. 18 und 20; LAG München 12.10.2011 – 11 TaBV 29/11, juris Rn. 42 ff.; LAG Köln 20.5.2016 – 4 TaBV 98/15, juris Rn. 62; *Sachadae* Behindertenrecht 2015, 34 (36); *Sachadae* jurisPR-ArbR 47/2016, Anm. 6. Vgl. auch *Sachadae* jurisPR-ArbR 2/2020, Anm. 4.
27 LAG Köln 20.5.2016 – 4 TaBV 98/15; *Sachadae* jurisPR-ArbR 47/2016, Anm. 6.
28 LAG Köln 20.5.2016 – 4 TaBV 98/15; *Sachadae* jurisPR-ArbR 47/2016, Anm. 6.

Die Notwendigkeit einer vorherigen Angabe von Ort und Zeit der Öffnung der Freiumschläge besteht vor allem im Fall einer allgemeinen Briefwahl.[29] Findet hingegen im Grundsatz eine Urnenwahl statt und enthält das Wahlausschreiben Angaben zu den Öffnungszeiten des einzigen Wahllokals, ist eine gesonderte Bekanntgabe von Zeit und Ort der Öffnung der Freiumschläge nicht erforderlich.[30]

Ungeachtet dessen muss eine ggf. notwendige Bekanntgabe **nicht zwingend im Wahlausschreiben** erfolgen, sondern ist auch noch zu einem späteren Zeitpunkt möglich.[31]

3. Zeitpunkt Prüfung

15 Die Prüfung der Ordnungsgemäßheit der Briefwahlstimmen muss gem. Abs. 1 S. 1 grundsätzlich unmittelbar vor Abschluss der Wahl erfolgen. Bis zum Beginn der Prüfung müssen die **Briefwahlstimmen sicher verwahrt** werden, um möglichen Manipulationen entgegenzuwirken.[32]

Da die Prüfung der Ordnungsgemäßheit der Gewährleistung der Öffentlichkeit dient, kommt der sprachlichen Auslegung des Terminus „**unmittelbar vor Abschluss der Wahl**" besondere Relevanz zu, weil auf das Verständnis der interessierten Betriebsöffentlichkeit abzustellen ist.[33]

Der Begriff unmittelbar bedeutet nach seinem Wortsinn „durch keinen oder kaum einen (...) zeitlichen Abstand getrennt".[34] Angesichts dessen ist dem Grunde nach davon auszugehen, dass mit der Öffnung der Freiumschläge erst **kurze Zeit vor dem angegebenen Ende** der Stimmabgabe begonnen wird.[35] Allerdings ist dem Wahlvorstand diesbezüglich ein großer Beurteilungsspielraum einzuräumen.[36] Eine bereits eine Stunde vor dem Ende der Stimmabgabe abgeschlossene Öffnung der Freiumschläge kann daher auch noch „unmittelbar vor Abschluss der Wahl" erfolgen und die Wahl dadurch wirksam sein.[37] Allerdings ist eine Wahl in aller Regel anfechtbar, wenn die Freiumschläge bereits vor dem Beginn der persönlichen Stimmabgabe geöffnet werden.[38]

Ungeachtet dessen darf mit der Öffnung der Freiumschläge grundsätzlich nicht vor dem Zeitpunkt begonnen werden, den der Wahlvorstand im Vorfeld als Zeit für die Öffnung der Freiumschläge bekanntgegeben (→ Rn. 14) hat.[39] Der Wahlvorstand ist jedoch nicht verpflichtet, eine gesonderte Zeit für die Öffnung der Freiumschläge festzusetzen, wenn bereits durch die gesetzliche Vorgabe,

---

29 BAG 10.7.2013 – 7 ABR 83/11, juris Rn. 18 und 20.
30 Für die Betriebsratswahl: BAG 20.5.2020 – 7 ABR 42/18, NZA 2020, 1423.
31 BAG 10.7.2013 – 7 ABR 83/11, juris Rn. 20; LAG Köln 20.5.2016 – 4 TaBV 98/15, juris Rn. 64; *Sachadae* Behindertenrecht 2015, 34 (36).
32 HessLAG 15.6.2020 – 16 TaBV116/19.
33 Vgl. *Sachadae* jurisPR-ArbR 2/2020, Anm. 4.
34 Duden, Stichwort „unmittelbar". Vgl. auch *Sachadae* jurisPR-ArbR 2/2020, Anm. 4.
35 *Sachadae* jurisPR-ArbR 2/2020, Anm. 4.
36 Für die Betriebsratswahl: BAG 20.5.2020 – 7 ABR 42/18, NZA 2020, 1423.
37 Vgl. zur Betriebsratswahl BAG 20.5.2020 – 7 ABR 42/18, NZA 2020, 1423. A.A. jedoch LAG Frankfurt/M. 24.9.2018 – 16 TaBV 50/18.
38 VG Bremen 25.7.2016 – 7 K 777/16, juris Rn. 43; *Sachadae* jurisPR-ArbR 8/2018, Anm. 5.
39 Vgl. zur Betriebsratswahl LAG Frankfurt/M. 24.9.2018 – 16 TaBV 50/18; LAG Nürnberg 27.11.2007 – 6 TaBV 46/07, juris Rn. 34; Vgl. auch *Sachadae* jurisPR-ArbR 2/2020, Anm. 4.

dass die Öffnung „unmittelbar vor Abschluss der Stimmabgabe" zu erfolgen habe, keine Zweifel daran bestehe, wann dies geschehen werde (→ Rn. 14).[40]

Muss oder will der Wahlvorstand eine Zeit für die Öffnung der Freiumschläge bekanntgeben, muss er anhand der Zahl der beantragten Briefwahlstimmen abschätzen, **wie lange er für die Prüfung benötigen** wird und mit dieser Vorlaufzeit vor Ablauf des Stimmabgabezeitraums mit der Prüfung beginnen. Dies gestaltet sich jedoch in praktischer Hinsicht als schwierig, weil im Regelfall parallel dazu weiter eine persönliche Stimmabgabe möglich ist, die ebenfalls vom Wahlvorstand zu überwachen ist.[41] Auch lässt sich die letztendlich zu prüfende Zahl der Briefwahlstimmen nicht abschließend feststellen, weil diese noch bis zum Abschluss der Wahl eingereicht werden können. Außerdem unterscheidet sich der Prüfaufwand danach, ob sich unter den Briefwahlstimmen Fälle befinden, die einer näheren Prüfung, Beratung und Beschlussfassung durch den Wahlvorstand bedürfen. Der Wahlvorstand besitzt für das Abschätzen der Zeitdauer eine gewisse **Einschätzungsprärogative**.[42] Dabei ist berücksichtigen, dass der Verordnungsgeber bewusst keine starre Zeitvorgabe getroffen, sondern einen unbestimmten Rechtsbegriff verwendet hat.[43] Aus diesen Gründen kommt es bei der Prüfung der zeitlichen Prognose des Wahlvorstands auf eine ex-ante Betrachtung an, ob der Wahlvorstand angesichts der Umstände des Einzelfalls mit dem gewählten zeitlichen Vorlauf planen durfte.[44] 16

Soweit es der Wahlvorstand aus den genannten Gründen **nicht schafft, alle schriftlichen Stimmabgaben vor Ende der Wahl zu prüfen**, führt dies – ungeachtet der Einschätzungsprärogative (→ Rn. 16) – auch deshalb nicht zur Anfechtbarkeit der Wahl, weil die zeitlich verzögerte Prüfung für sich genommen keinen Einfluss auf das Wahlergebnis hat.[45] Der Wahlvorstand muss jedoch trotz einer verzögerten Prüfung sicherstellen, dass **nach Ablauf des Stimmabgabezeitraums keine weiteren (Briefwahl-)Stimmen mehr abgegeben werden können**, sondern insoweit verspätet eingehende schriftliche Stimmabgaben nach Abs. 2 behandelt werden (→ Rn. 19 ff.). Ebenso muss bei verspäteter Prüfung der Briefwahlstimmen gewährleistet sein, dass die **Prüfung weiter in öffentlicher Sitzung** erfolgt.[46] 17

Dass mit der **Prüfung der schriftlichen Stimmabgabe bereits begonnen** wurde, schließt nicht aus, dass bis zum Ablauf des Stimmabgabezeitraums (zB per Boten) noch **weitere schriftliche Stimmen eingereicht werden**.[47] 18

---

40 Für die Betriebsratswahl: BAG 20.5.2020 – 7 ABR 42/18, NZA 2020, 1423.
41 Vgl. *Hohmann* in Wiegand/Hohmann SchwbVWO § 12 Rn. 25. Vgl. auch *Sachadae* jurisPR-ArbR 2/2020, Anm. 4.
42 Für die Betriebsratswahl: BAG 20.5.2020 – 7 ABR 42/18, NZA 2020, 1423; Hess. LAG 24.9.2018 – 16 TaBV 50/18; *Sachadae* jurisPR-ArbR 2/2020, Anm. 4.
43 Im Hinblick auf die WO-BetrVG: BAG 20.5.2020 – 7 ABR 42/18, NZA 2020, 1423.
44 BAG 20.5.2020 – 7 ABR 42/18, NZA 2020, 1423.
45 Vgl. zur Unschädlichkeit einer verspäteten Prüfung: *Hohmann* in Wiegand/Hohmann SchwbVWO § 12 Rn. 26. Vgl. auch zur Betriebsratswahl LAG Frankfurt/M. 24.9.2018 – 16 TaBV 50/18; *Fitting* BetrVG § 26 Rn. 1; *Sachadae* jurisPR-ArbR 2/2020, Anm. 4; *Sachadae* in HaKo-BetrVG § 26 WO Rn. 2.
46 Vgl. *Sachadae* jurisPR-ArbR 2/2020, Anm. 4.
47 Vgl. *Hohmann* in Wiegand/Hohmann SchwbVWO § 12 Rn. 44.

IV. Umgang mit verspäteten Briefwahlstimmen

1. Grundsatz

19 Gehen Briefwahlstimmen verspätet beim Wahlvorstand ein, sind diese nach Maßgabe des Abs. 2 nicht wirksam, so dass die betreffenden Wahlumschläge auch nicht mehr in die **Wahlurne geworfen** werden dürfen.

2. Begriff des verspäteten Eingangs

20 Der Begriff der Verspätung knüpft dabei an den Abschluss der Wahl an.[48] Abzustellen ist daher auf den **Zeitpunkt, zu dem die Stimmabgabe beendet ist**.[49] Maßgeblich ist dabei der im **Wahlausschreiben** gem. § 5 Abs. 1 Nr. 13 bekanntgegebene Stimmabgabezeitraum.[50] Bis zu diesem Zeitpunkt eingehende Freiumschläge sind nach Abs. 1 zu behandeln (→ Rn. 2 ff.).

21 Ausschlaggebend für den rechtzeitigen Eingang der Briefwahlstimmen ist der **Zugang beim Wahlvorstand**.[51] Zugang liegt dabei nach allgemeinen Grundsätzen vor, wenn der Freiumschlag derart in den Machtbereich des Wahlvorstands gelangt, dass dieser ungehindert davon Kenntnis nehmen kann und unter gewöhnlichen Umständen auch mit der Kenntnisnahme zu rechnen ist.[52] Dies ist entweder durch **persönliche Übergabe** oder aber nach **Einwurf in den Briefkasten des Wahlvorstands** möglich (auch → § 6 Rn. 60 ff.).[53] Zum Ende der Stimmabgabe muss deshalb auch das **Postfach des Wahlvorstands geleert** werden, um die rechtzeitig eingegangenen Briefwahlstimmen in die Stimmauszählung einzubeziehen und zugleich feststellen zu können, welche der in den Briefkasten eingeworfenen Umschläge noch fristgerecht waren.[54]

3. Folge der Verspätung

22 Ist eine Briefwahlstimme danach verspätet beim Wahlvorstand eingegangen, darf der Freiumschlag nicht mehr nach Abs. 1 behandelt werden. Vielmehr ist der Freiumschlag dann ungeöffnet vom Wahlvorstand **aufzubewahren**.[55] Dabei ist der Wahlvorstand auch verpflichtet, einen **Vermerk über Datum und Uhrzeit des Eingangs** des verspäteten Freiumschlags zu fertigen.[56] Eine Rückgabe bzw. **Rücksendung des verspäteten Freiumschlags** an den Wahlberechtigten ist nicht zulässig.[57]

---

48 *Pahlen* in Neumann/Pahlen/Greiner/Winkler/Jabben SchwbVWO § 12 Rn. 1; *Schleicher* WO zum SchwbG § 12 Rn. 5.
49 *Cramer* SchwbV SchwbVWO § 12 Rn. 1; *Pahlen* in Neumann/Pahlen/Greiner/Winkler/Jabben SchwbVWO § 12 Rn. 1.
50 Vgl. *Maaß* in Kossens von der Heide/Maaß, 1. Aufl. 2002, SchwbVWO Anm. zu § 12.
51 Vgl. BVerwG 18.4.1978 – 6 P 34/78, juris Rn. 24; *Hohmann* in Wiegand/Hohmann SchwbVWO § 12 Rn. 44 f.
52 BGH 26.11.1997 – VIII ZR 22/97, NJW 1998, 976 (977); *Boemke/Ulrici* BGB Allgemeiner Teil § 6 Rn. 18; *Ellenberger* in Palandt, 70. Aufl. 2011, BGB § 130 Rn. 5.
53 Vgl. BayVGH 19.3.1997 – 18 P 96.2831, juris Rn. 14.
54 Vgl. *Hohmann* in Wiegand/Hohmann SchwbVWO § 12 Rn. 45. Vgl. auch BayVGH 19.3.1997 – 18 P 96.2831, juris Rn. 14.
55 *Cramer* SchwbV SchwbVWO § 12 Rn. 2; *Pahlen* in Neumann/Pahlen/Greiner/Winkler/Jabben SchwbVWO § 12 Rn. 1.
56 *Hohmann* in Wiegand/Hohmann SchwbVWO § 12 Rn. 50; *Maaß* in Kossens/von der Heide/Maaß, 1. Aufl. 2002, SchwbVWO Anm. zu § 12.
57 *Hohmann* in Wiegand/Hohmann SchwbVWO § 12 Rn. 51; *Schleicher* WO zum SchwbG § 12 Rn. 5.

4. Übergabe und Vernichtung

Da die verspäteten, nach Abs. 2 **aufzubewahrenden Briefwahlstimmen zu den Wahlunterlagen zählen** (→ § 16 Rn. 5), sind sie vom Wahlvorstand nach der Wahl an die neue Schwerbehindertenvertretung zu übergeben, die sodann in die Aufbewahrungspflicht eintritt (→ § 16 Rn. 2 f.). 23

Einen Monat nach Bekanntgabe des Wahlergebnisses sind die verspäteten Briefwahlstimmen gem. Abs. 2 S. 2 **zu vernichten**, soweit die Wahl fristgerecht angefochten wurde. Die Vernichtung ist nicht mehr Aufgabe des Wahlvorstands, sondern muss von der gem. § 16 für die Aufbewahrung der Wahlunterlagen zuständigen Schwerbehindertenvertretung vorgenommen werden.[58] 24

Ist ein Wahlanfechtungsantrag gestellt worden, müssen die betreffenden Unterlagen über die Monatsfrist hinaus zusammen mit den Wahlunterlagen aufbewahrt werden, damit diese ggf. im Wahlanfechtungsverfahren als Beweismittel fungieren können. Ist das **Wahlanfechtungsverfahren rechtskräftig abgeschlossen** (letztinstanzliche Entscheidung, Ablauf der Rechtsmittelfrist, Verzicht auf Rechtsmittel, Rücknahme des Anfechtungsantrags), ist die **Vernichtung unverzüglich nachzuholen**.[59] Ein erneutes Abwarten einer Monatsfrist ist nicht vorgesehen. 25

Die allgemeine, nicht an eine Frist gebundene Möglichkeit eines Antrags auf **Feststellung der Nichtigkeit der Wahl** steht der Vernichtung nach Abs. 2 S. 2 nicht entgegen, weil der Normgeber anderenfalls auch für die Briefwahlstimmen eine Aufbewahrungspflicht bis zum Ende der Amtszeit hätte vorsehen müssen.[60] 26

Eine von Abs. 2 abweichende Behandlung erst nach Ablauf des Stimmabgabezeitraums eingehender Briefwahlstimmen ist auch dann nicht zulässig, wenn der Wahlvorstand die **Briefwahlunterlagen so spät an die Wahlbewerber gesendet** hat, dass diese nicht mehr in der Lage waren, rechtzeitig ihre Stimme abzugeben (dazu → § 11 Rn. 11).[61] Vielmehr stellt die **verspätete Zusendung für sich genommen einen Wahlfehler** dar, der im Fall der Ergebnisrelevanz zur Anfechtung berechtigt. 27

§ 13 SchwbVWO Feststellung des Wahlergebnisses

(1) Unverzüglich nach Abschluß der Wahl nimmt der Wahlvorstand öffentlich die Auszählung der Stimmen vor und stellt das Ergebnis fest.

(2) ¹Gewählt für das Amt der Schwerbehindertenvertretung oder als stellvertretendes Mitglied ist der Bewerber oder die Bewerberin, der oder die jeweils die meisten Stimmen erhalten hat. ²Bei Stimmengleichheit entscheidet das Los.

(3) ¹Werden mehrere stellvertretende Mitglieder gewählt, ist als zweites stellvertretendes Mitglied der Bewerber oder die Bewerberin mit der zweithöchsten

---

58 *Hohmann* in Wiegand/Hohmann SchwbVWO § 12 Rn. 55; *Schleicher* WO zum SchwbG § 12 Rn. 5.
59 Vgl. *Cramer* SchwbV SchwbVWO § 12 Rn. 2; *Hohmann* in Wiegand/Hohmann SchwbVWO § 12 Rn. 58; *Schleicher* WO zum SchwbG § 12 Rn. 5.
60 AA *Hohmann* in Wiegand/Hohmann SchwbVWO § 12 Rn. 57, der jedoch keine Begründung liefert, warum trotz der deutlich verkürzten Aufbewahrungsfrist auch der gerade nicht fristgebundene Antrag auf Feststellung der Nichtigkeit einer Vernichtung entgegenstehen soll.
61 Vgl. *Hohmann* in Wiegand/Hohmann SchwbVWO § 12 Rn. 48 f., der klarstellt, dass es nicht auf den Grund der Verspätung oder ein Verschulden des Wählers nicht ankommt.

Stimmenzahl gewählt. ²Entsprechendes gilt für die Wahl weiterer stellvertretender Mitglieder. ³Für die Wahl und die Reihenfolge stellvertretender Mitglieder gilt Absatz 2 Satz 2 entsprechend.

(4) ¹Der Wahlvorstand fertigt eine Niederschrift des Wahlergebnisses, die von dem oder der Vorsitzenden sowie mindestens einem weiteren Mitglied des Wahlvorstandes unterschrieben wird. ²Die Niederschrift muß die Zahl der abgegebenen gültigen und ungültigen Stimmzettel, die auf jeden Bewerber und jede Bewerberin entfallenen Stimmenzahlen sowie die Namen der gewählten Bewerber und Bewerberinnen enthalten.

I. Überblick über den Regelungsinhalt 1	3. Zeitpunkt 9
II. Auszählung der Stimmen (Abs. 1) 2	4. Gegenstand der Stimmauszählung 11
1. Sitzung des Wahlvorstands.................... 3	5. Umgang mit Stimmengleichheit 15
2. Öffentlichkeit der Sitzung 6	III. Feststellung der gewählten Personen 19
	IV. Wahlniederschrift 21

I. Überblick über den Regelungsinhalt

1 Die Vorschrift regelt die Auszählung der Stimmen (Abs. 1), die **Feststellung des vorläufigen Wahlergebnisses** (Abs. 2 und 3) und die **Anfertigung der Wahlniederschrift** (Abs. 4). Diese Handlungen sind vom Wahlvorstand zwingend erst nach Ablauf des Stimmabgabezeitraums vorzunehmen und deshalb der Nachbereitungsphase der Schwerbehindertenvertretung zuzuordnen.[1] Diese Phase ist wiederum in besonderem Maße vom **Grundsatz der Publizität** geprägt.

II. Auszählung der Stimmen (Abs. 1)

2 Gem. Abs. 1 hat der Wahlvorstand unverzüglich nach Abschluss der Wahl in öffentlicher Sitzung die Auszählung der Stimmen vorzunehmen.

1. Sitzung des Wahlvorstands

3 In Abs. 1 wird verlangt, dass die Stimmauszählung in einer Sitzung des Wahlvorstands zu erfolgen hat.[2] Damit sind für die Stimmauszählung die **allgemeinen Bestimmungen über Sitzungen des Wahlvorstands** einzuhalten (→ § 2 Rn. 8 ff.). Dagegen gelten die für die Zeit der Stimmabgabe nach § 10 Abs. 2 vorgesehenen **Erleichterungen bei den Anwesenheitspflichten** des Wahlvorstands (→ § 10 Rn. 14 ff.) bei der Stimmauszählung nicht mehr, weil § 9 Abs. 2 nur die „Wahl" im engeren Sinne meint.

4 Nach den allgemeinen Anforderungen an ordnungsgemäße Wahlvorstandssitzungen müssen nicht nur einzelne Mitglieder, sondern prinzipiell **alle Wahlvorstandsmitglieder anwesend** sein, weil es sich insoweit um eine Kernaufgabe des Wahlvorstands handelt.[3] Zur Gewährleistung der **Beschlussfähigkeit** müssen mindestens zwei Mitglieder anwesend sein (→ § 2 Rn. 13 ff.). Sind einzelne Mitglieder des Wahlvorstands zum Zeitpunkt der Stimmauszählung verhindert (zB durch Krankheit), sind – soweit vorhanden – die jeweiligen Ersatzmitglieder

---

1 Vgl. dazu *Sachadae*, Wahl der SchwbV, S. 465.
2 Vgl. *Hohmann* in Wiegand/Hohmann SchwbVWO § 13 Rn. 5. Vgl. auch zur Personalratswahl OVG NRW 27.11.1997 – 1 A 878/97.PVB, juris Rn. 13.
3 Vgl. *Hohmann* in Wiegand/Hohmann SchwbVWO § 13 Rn. 5; *Schleicher* WO zum SchwbG § 13 Rn. 3.

des Wahlvorstands heranzuziehen.[4] **Ersatzmitglieder** dürfen allerdings nur dann an die Stelle der Wahlvorstandsmitglieder treten, wenn tatsächlich ein Fall der Verhinderung vorliegt. Alternativ zur Heranziehung von Ersatzmitgliedern ist auch eine **Verschiebung der Stimmauszählung** möglich.[5] Bestellte **Wahlhelfer** können nicht an die Stelle von Wahlvorstandsmitgliedern treten.[6] Etwas anderes lässt sich auch nicht aus § 2 Abs. 1 ableiten, weil dieser lediglich die „Unterstützung" des Wahlvorstands durch die Wahlhelfer zulässt und damit nur eine ergänzende und gerade keine ersetzende Mitwirkung zulässt (→ § 2 Rn. 4 ff.).

2. Öffentlichkeit der Sitzung

Die **Auszählung** hat gem. Abs. 1 zwingend öffentlich zu erfolgen. Dies dient dem Grundsatz der Publizität und damit der Transparenz und der Gewährleistung der ordnungsgemäßen Wahl.[7] Dabei kommt der Öffentlichkeit bei der Auszählung eine herausgehobene Bedeutung zu, weil gerade die Auszählung besonders manipulationsanfällig ist.

Der Begriff der Öffentlichkeit ist jedoch nicht im Sinne einer Allgemeinöffentlichkeit zu verstehen. Vielmehr beschränkt sich die nach Abs. 1 zu gewährleistende Öffentlichkeit insbesondere wegen des Grundsatzes der Selbstorganisation auf eine **Betriebs- bzw. Dienststellenöffentlichkeit**.[8] Dementsprechend zählen lediglich diejenigen Personen zur Öffentlichkeit iSd Abs. 1, die dem Betrieb bzw. der Dienststelle angehören.[9] **Betriebsexterne Personen** bzw. Institutionen sind hingegen von der Teilnahme an der Stimmauszählung ausgeschlossen.[10]

Aus der Vorgabe zur Öffentlichkeit der Stimmauszählung folgt jedoch nicht, dass die Anwesenden in der Lage sein müssten, dem Wahlvorstand „über die Schulter blicken" und „**mitlesen**" zu können.[11] Ebenso ist nicht erforderlich, dass die Anwesenden die Gelegenheit haben müssten, jede Entscheidung des Wahlvorstand zur Kenntnis zu nehmen und zu überprüfen.[12] Vielmehr muss durch die Möglichkeit zur Anwesenheit nur sichergestellt sein, dass selbst der Anschein von Manipulationen vermieden wird.[13] Hierfür ist eine freie Sichtachse entscheidend.[14] Die Verwendung eines Absperrbands vor dem Auszähltisch

---

4 *Hohmann* in Wiegand/Hohmann SchwbVWO § 13 Rn. 5; *Schleicher* WO zum SchwbG § 13 Rn. 3.
5 Vgl. *Dörner* SchwbG WO § 13 Anm. 1; *Pahlen* in Neumann/Pahlen/Greiner/Winkler/Jabben SchwbVWO § 13 Rn. 1; *Sachadae*, Wahl der SchwbV, S. 466.
6 *Hohmann* in Wiegand/Hohmann SchwbVWO § 13 Rn. 6; *Schleicher* WO zum SchwbG § 13 Rn. 3.
7 *Sachadae*, Wahl der SchwbV, S. 466. Vgl. auch LAG Bbg 17.10.2003 – 8 TaBV 7/03 und BAG 15.5.2017 – 7 ABR 22/15, juris Rn. 40.
8 *Adlhoch* in Ernst/Adlhoch/Seel SGB IX § 94 Rn. 91; *Cramer* SchwbV SchwbVWO § 13 Rn. 1. Vgl. auch LAG Bbg 17.10.2003 – 8 TaBV 7/03.
9 *Sachadae*, Wahl der SchwbV, S. 465 ff., mit ausf. Begr.
10 *Sachadae*, Wahl der SchwbV, S. 470; *Schleicher* WO zum SchwbG § 13 Rn. 2. AA *Hohmann* in Wiegand/Hohmann SchwbVWO § 13 Rn. 15; *Pahlen* in Neumann/Pahlen/Greiner/Winkler/Jabben SchwbVWO § 13 Rn. 2.
11 BAG 15.5.2017 – 7 ABR 22/15, juris Rn. 43. Vgl. auch LAG BW 30.1.2012 – 15 TaBV 1/12, juris Rn. 37; *Sachadae* Behindertenrecht 2015, 34 (36).
12 BAG 15.5.2017 – 7 ABR 22/15, juris Rn. 43; *Kreutz/Jacobs* in GK-BetrVG WO § 14 Rn. 4.
13 BAG 15.5.2017 – 7 ABR 22/15, juris Rn. 43.
14 *Sachadae* Behindertenrecht 2015, 34 (36).

des Wahlvorstands ist zum Schutz vor Beeinflussung grundsätzlich zulässig, soweit die Einsehbarkeit gewährleistet bleibt.[15]

8 Der Grundsatz der Öffentlichkeit gebietet es auch, dass **Tag, Ort und Zeit der Stimmauszählung** im Vorfeld im Betrieb bzw. in der Dienststelle **bekannt gegeben** werden, weil nur dann für die Öffentlichkeit überhaupt die Möglichkeit besteht, der Auszählung beizuwohnen.[16] Dies muss im förmlichen Wahlverfahren wegen § 5 Abs. 1 S. 2 Nr. 15 bereits im **Wahlausschreiben** geschehen. Zwar würde der Öffentlichkeitsgrundsatz auch eine spätere Bekanntgabe gestatten, jedoch besitzt die Regelung des § 5 zwingenden Charakter, so dass ein Verstoß gegen die Bekanntgabepflicht zur Anfechtbarkeit der Wahl führen würde.[17]

3. Zeitpunkt

9 Die Auszählung der Stimmen hat sich gem. Abs. 1 **unverzüglich an das Ende der Stimmabgabezeit anzuschließen.** Der Wahlvorstand darf die Auszählung also nicht schuldhaft hinauszögern.[18] Insbesondere kann der **Wahlvorstand nicht frei entscheiden,** die Auszählung erst nach einer Pause oder gar am nächsten Arbeitstag vorzunehmen.[19] Eine Verschiebung der Stimmenauszählung (zB auf den nächsten Arbeitstag) kommt vielmehr nur in Betracht, wenn die Auszählung **aus vom Wahlvorstand nicht zu vertretenden Gründen nicht im unmittelbaren Anschluss an das Ende der Stimmabgabe möglich ist.**[20] Ein solcher Ausnahmefall kann etwa vorliegen, wenn es den Wahlvorstandsmitgliedern aus gesundheitlichen Gründen nicht möglich oder nicht zumutbar ist, die Auszählung zu diesem Zeitpunkt durchzuführen.[21]

10 Ist eine Auszählung im unmittelbaren Anschluss an die Stimmabgabe nicht möglich, muss eine **Versiegelung der Urne** vorgenommen werden.[22] Ferner muss der Wahlvorstand in diesem Fall dafür Sorge tragen, dass auch der spätere Zeitpunkt der Stimmauszählung so im Betrieb bzw. in der Dienststelle bekannt gegeben wird, dass der **Grundsatz der Öffentlichkeit gewahrt** bleibt.[23]

4. Gegenstand der Stimmauszählung

11 Bei der Stimmauszählung nach Abs. 1 ist es Aufgabe des Wahlvorstands, das Wahlergebnis zu ermitteln. Hierbei hat er die **Grundsätze der Mehrheitswahl** und der **Trennung der Wahlgänge** zu beachten.[24]

---

15 Vgl. BAG 15.5.2017 – 7 ABR 22/15, juris Rn. 42; LAG BW 30.12.2012 – 15 TaBV 1/12, juris Rn. 37; *Sachadae* Behindertenrecht 2015, 34 (36).
16 HessLAG 15.3.2012 – 9 TaBV 118/11; LAG Bbg 17.10.2003 – 8 TaBV 7/03; *Adlhoch* in Ernst/Adlhoch/Seel SGB IX § 94 Rn. 91; *Knittel* SGB IX § 94 Rn. 128. Vgl. zur Betriebsratswahl BAG 15.11.2000 – 7 ABR 53/99, AP Nr. 10 zu § 18 BetrVG 1972.
17 Vgl. *Sachadae*, Wahl der SchwbV, S. 470 mwN.
18 Vgl. *Cramer* SchwbV SchwbVWO § 13 Rn. 1; *Dörner* SchwbG WO § 13 Anm. 1.
19 *Sachadae*, Wahl der SchwbV, S. 466. Vgl. auch *Hohmann* in Wiegand/Hohmann SchwbVWO § 13 Rn. 10. AA *Maaß* in Kossens/von der Heide/Maaß, 1. Aufl. 2002, SchwbVWO Anm. zu § 13; *Pahlen* in Neumann/Pahlen/Greiner/Winkler/Jabben SchwbVWO § 13 Rn. 1.
20 *Sachadae*, Wahl der SchwbV, S. 466 mwN.
21 *Dörner* SchwbG WO § 13 Anm. 1; *Hohmann* in Wiegand/Hohmann SchwbVWO § 13 Rn. 10; *Sachadae*, Wahl der SchwbV, S. 466.
22 *Cramer* SchwbV SchwbVWO § 13 Rn. 1; *Sachadae*, Wahl der SchwbV, S. 466; *Schleicher* WO zum SchwbG § 13 Rn. 1.
23 *Dörner* SchwbG WO § 13 Anm. 1; *Sachadae*, Wahl der SchwbV, S. 466.
24 *Sachadae*, Wahl der SchwbV, S. 472.

Für die Wahl kommt es daher auf die Zahl der auf die betreffenden Kandidaten entfallenden Stimmen an. Dabei muss die **Auszählung** jedoch wegen der gebotenen Trennung **für jeden Wahlgang** (Abstimmung über das Amt der Schwerbehindertenvertretung einerseits und über das der stellvertretenden Mitglieder andererseits) **separat** erfolgen. Im Fall einer parallelen Kandidatur für beide Ämter sind die für die betreffende Person jeweils abgegeben Stimmen für jedes Amt separat zu bestimmen und dürfen nicht zusammengerechnet werden.[25] 12

Als Schwerbehindertenvertretung bzw. als (erstes) stellvertretendes Mitglied gewählt ist jeweils, wer die **relative (einfache) Mehrheit** erreicht, also die meisten Stimmen auf sich vereinigen konnte.[26] Soweit mehr als ein stellvertretendes Mitglied zu wählen sind, bestimmt sich die **Rangfolge der stellvertretenden Mitglieder** gem. Abs. 3 S. 1 und 2 in absteigender Reihung nach den jeweils erlangten Stimmen.[27] Eine Mindeststimmenzahl ist nicht vorgeschrieben, so dass es für die erfolgreiche Wahl auch genügt, wenn der betreffende Kandidat lediglich eine Stimme erhält.[28] **Ersatzmitglieder** werden durch das von Kollegialorganen abweichende Nachrücksystem[29] bei der Schwerbehindertenvertretungswahl nicht gewählt.[30] 13

Im Rahmen der Stimmauszählung können selbstverständlich **nur wirksam abgegebene Stimmen** berücksichtigt werden, so dass der Wahlvorstand verpflichtet ist, die Gültigkeit der Stimmabgaben zu prüfen.[31] Unzulässig ausgefüllte Stimmzettel sind unwirksam und daher nicht mitzuzählen. 14

5. Umgang mit Stimmengleichheit

Ergibt sich bei der Auszählung eine Stimmengleichheit, ist gem. Abs. 2 S. 2 eine **Entscheidung per Losverfahren** herbeizuführen. Bei der Losentscheidung handelt es sich um eine im Mehrheitswahlrecht anerkannte und **in Einklang mit demokratischen Grundsätzen** stehende Methode zur Lösung von Pattsituationen.[32] 15

Angesichts der klaren Vorgabe des Abs. 2 S. 2 ist eine **alternative Durchführung einer Stichwahl unzulässig**.[33] Durch eine solche käme es nämlich zwangsläufig zu einer Beeinträchtigung der bei der Schwerbehindertenvertretung einzuhaltenden Wahlgrundsätze.[34] 16

---

25 *Hohmann* in Wiegand/Hohmann SchwbVWO § 13 Rn. 30; *Sachadae*, Wahl der SchwbV, S. 472.
26 *Cramer* SchwbV SchwbWO § 13 Rn. 2; *Dörner* SchwbG WO § 13 Anm. 2; *Sachadae*, Wahl der SchwbV, S. 472.
27 *Sachadae*, Wahl der SchwbV, S. 472. Vgl. auch *Hohmann* in Wiegand/Hohmann SchwbVWO § 13 Rn. 46 und 48.
28 *Hohmann* in Wiegand/Hohmann SchwbVWO § 13 Rn. 38.
29 Vgl. dazu *Grimme* AiB 2011, 520 (521); *Sachadae*, Wahl der SchwbV, S. 249.
30 *Sachadae*, Wahl der SchwbV, S. 249. AA offenbar *Hohmann* in Wiegand/Hohmann SchwbVWO § 13 Rn. 31 und 59, der dort jeweils von Ersatzmitgliedern als Nachrückern spricht.
31 *Hohmann* in Wiegand/Hohmann SchwbVWO § 13 Rn. 24 und 26; *Sachadae*, Wahl der SchwbV, S. 472.
32 VerfGH Bln 19.10.1992 – 24/92, NVwZ 1993, 1093 (1096); BVerwG 15.5.1991 – 6 P 15/89, BVerwGE 88, 183 (188); *Düwell/Sachadae* NZA 2014, 1241 (1244); *Sachadae*, Wahl der SchwbV, S. 472 f. mwN.
33 *Adlhoch* in Ernst/Adlhoch/Seel SGB IX § 94 Rn. 96 a; *Düwell/Sachadae* NZA 2014, 1241 (1245); *Sachadae*, Wahl der SchwbV, S. 473. Vgl. auch *Schleicher* WO zum SchwbG § 13 Rn. 4. Ebenso für das förmliche Verfahren *Hohmann* in Wiegand/Hohmann SchwbVWO § 13 Rn. 41.
34 Ausführlich dazu *Sachadae*, Wahl der SchwbV, S. 474 ff. Ebenso *Düwell/Sachadae* NZA 2014, 1241 (1245).

17 Die **Art und Weise** der Durchführung der **Losentscheidung** ist durch Abs. 2 S. 2 nicht vorgegeben.[35] Die Auswahl der Methode obliegt daher dem Wahlvorstand.[36] Zur Wahrung demokratischer Grundsätze muss die Methode jedoch ein **Zufallsergebnis ermöglichen**, einen Einfluss auf das Ergebnis, insbesondere **gezielte Manipulationen ausschließen**,[37] und die Chancengleichheit gewährleisten.[38] In diesem Sinne anerkannte Methode der Losentscheidung sind
- der **Wurf einer Münze**, sofern dieser mit ausreichender Fallhöhe erfolgt und so sichergestellt ist, dass diese beim Auftreffen in mehrfache unkontrollierte Umdrehung versetzt wird[39] oder
- das **verdeckte Ziehen von Zetteln** auf denen sich die Namen der stimmgleichen Kandidaten befinden.[40]

18 Dagegen ist das **Ziehen von Streichhölzern** unterschiedlicher Länge nach der Rechtsprechung als Methode für die Losentscheidung nicht geeignet, weil es besonders leicht Manipulationen zulässt.[41]

III. Feststellung der gewählten Personen

19 Ist die Stimmauszählung und die Ermittlung des Wahlergebnisses vollständig durchgeführt, ist der Wahlvorstand gem. Abs. 1 aE verpflichtet, abschließend das **Wahlergebnis noch förmlich festzustellen**. Dies hat im förmlichen Wahlverfahren grundsätzlich im Wege eines ebenfalls noch öffentlich (→ Rn. 6 ff.) zu fassenden Beschlusses zu erfolgen.[42]

20 Inhalt dieser Feststellung sind die **Zahl der insgesamt abgegebenen Stimmen**, einschließlich der Angabe zu den **davon für gültig bzw. ungültig befundenen Stimmen**, die jeweilige **Anzahl der auf die einzelnen Kandidaten entfallenden Stimmen** und die **Namen der für die jeweiligen Ämter Gewählten**.[43] Im Hinblick auf die Namen der Gewählten bezieht sich die Feststellung jedoch grundsätzlich nur auf das **vorläufige Wahlergebnis**, welches mit dem endgültigen Wahlergebnis (→ § 14 Rn. 15 ff.) nicht identisch sein muss, weil die Kandidaten nicht zur Annahme der Wahl verpflichtet sind.[44]

---

35 *Cramer* SchwbV SchwbVWO § 13 Rn. 2; *Hohmann* in Wiegand/Hohmann SchwbVWO § 13 Rn. 42.
36 *Dörner* SchwbG WO § 13 Anm. 2; *Maaß* in Kossens/von der Heide/Maaß, 1. Aufl. 2002, SchwbVWO Anm. zu § 13; *Schleicher* WO zum SchwbG § 13 Rn. 4.
37 *Hohmann* in Wiegand/Hohmann SchwbVWO § 13 Rn. 42. Für die Personalratswahl BVerwG 15.5.1991 – 6 P 15/89, juris Rn. 27; BayVGH 13.2.1991 – 17 P 90.3560, juris Rn. 14.
38 *Pahlen* in Neumann/Pahlen/Greiner/Winkler/Jabben SchwbVWO § 13 Rn. 3.
39 BayVGH 13.2.1991 – 17 P 90.3560, juris Rn. 14 und 16; OVG NRW 12.7.2010 – 16 A 3259/08.PVL, juris Rn. 24; *Hohmann* in Wiegand/Hohmann SchwbVWO § 13 Rn. 43.
40 OVG NRW 6.7.1987 – CB 30/85, juris Ls. 1; *Hohmann* in Wiegand/Hohmann SchwbVWO § 13 Rn. 43; *Schleicher* WO zum SchwbG § 13 Rn. 4.
41 BVerwG 15.5.1991 – 6 P 15/89, juris Rn. 29; *Hohmann* in Wiegand/Hohmann SchwbVWO § 13 Rn. 44.
42 *Sachadae*, Wahl der SchwbV, S. 476. Vgl. auch *Schleicher* WO zum SchwbG § 13 Rn. 5.
43 *Hohmann* in Wiegand/Hohmann SchwbVWO § 13 Rn. 29. Vgl. auch BVerwG 23.10.2003 – 6 P 10/03, juris Rn. 13 ff.
44 *Sachadae*, Wahl der SchwbV, S. 476. Vgl. in Bezug auf die Betriebsratswahl: *Kreutz/Jacobs* in GK-BetrVG WO § 17 Rn. 3.

IV. Wahlniederschrift

Gem. Abs. 4 hat der Wahlvorstand über das Ergebnis der Wahl eine förmliche Wahlniederschrift zu fertigen. Durch diese Niederschrift sollen die **vom Wahlvorstand getroffenen Feststellungen und Entscheidungen wiedergegeben** und damit dauerhaft kontrollier- und beweisbar gemacht werden.[45] Die Wahlniederschrift dient somit letztlich dem Grundsatz der Öffentlichkeit der Wahl.[46]

Der Inhalt der Wahlniederschrift nach Abs. 4 bezieht sich – ebenso wie die förmliche Feststellung des Wahlergebnisses nach Abs. 1 aE (→ Rn. 19 f.) – in erster Linie auf die **für das Ergebnis der Wahl relevanten Punkte**.[47] Daher sind die zum Gegenstand der Feststellung gemachten Punkte gleichermaßen auch in die Niederschrift aufzunehmen (vgl. Abs. 4 S. 2 und → Rn. 20). Auch in der Niederschrift sind daher die **Zahlen der gültigen und der ungültigen Stimmen**, die **Zahl der auf die jeweiligen Bewerber entfallenden Stimmen** und die **Namen der (nach vorläufigem Ergebnis) Gewählten** aufzunehmen.

Allerdings geht der Inhalt der Wahlniederschrift über die der Feststellung nach Abs. 1 aE insoweit hinaus, als nach § 17 Abs. 1 Nr. 7 WO BetrVG analog **auch aufgetretene Zwischenfälle und besondere Ereignisse** aufzuführen sind.[48] Die Notwendigkeit solcher Angaben ergibt sich insbesondere aus der Funktion der Wahlniederschrift.[49]

Die Niederschrift ist gem. Abs. 4 S. 1 **durch den Vorsitzenden** und mindestens **ein weiteres Wahlvorstandsmitglied zu unterschreiben**. Dieses weitere Mitglied muss nicht zwingend bei der Ermittlung des Wahlergebnisses zugegen gewesen sein.[50] In der Praxis üblich und ohne Weiteres zulässig ist die **Unterzeichnung durch alle Wahlvorstandsmitglieder**.[51]

21

22

23

24

§ 14 SchwbVWO Benachrichtigung der Gewählten und Annahme der Wahl

(1) ¹Der Wahlvorstand benachrichtigt die für das Amt der Schwerbehindertenvertretung oder als stellvertretendes Mitglied Gewählten unverzüglich schriftlich gegen Empfangsbestätigung von ihrer Wahl. ²Erklärt eine gewählte Person nicht innerhalb von drei Arbeitstagen nach Zugang der Benachrichtigung dem Wahlvorstand ihre Ablehnung der Wahl, ist diese angenommen.

(2) ¹Wird eine Wahl abgelehnt, tritt an die Stelle der Person, die abgelehnt hat, der Bewerber oder die Bewerberin für das Amt der Schwerbehindertenvertretung oder als stellvertretendes Mitglied mit der nächsthöheren Stimmenzahl. ²Satz 1 gilt für die Wahl mehrerer stellvertretender Mitglieder mit der Maßgabe, dass jeweils der Bewerber oder die Bewerberin mit der nächsthöheren Stimmenzahl nachrückt.

---

45 *Sachadae*, Wahl der SchwbV, S. 476 f. Vgl. auch *Schleicher* WO zum SchwbG § 13 Rn. 6.
46 *Sachadae*, Wahl der SchwbV, S. 476.
47 Vgl. *Maaß* in Kossens/von der Heide/Maaß, 1. Aufl. 2002, SchwbVWO Anm. zu § 13.
48 *Knittel* SGB IX § 94 Rn. 134; *Hohmann* in Wiegand/Hohmann SchwbVWO § 13 Rn. 61; *Sachadae*, Wahl der SchwbV, S. 478 mwN.
49 Näher dazu *Sachadae*, Wahl der SchwbV, S. 477 f.
50 *Hohmann* in Wiegand/Hohmann SchwbVWO § 13 Rn. 55.
51 Vgl. *Hohmann* in Wiegand/Hohmann SchwbVWO § 13 Rn. 55.

I. Überblick über den Regelungsinhalt

1 Die Vorschrift regelt die **Benachrichtigung der gewählten Personen** und setzt zugleich eine **Frist für die Ablehnung der Wahl**, nach deren Ablauf die Wahl als angenommen gilt. Ferner regelt die Bestimmung, welche Folgen eine Ablehnung der Wahl nach sich zieht.

II. Benachrichtigung der Gewählten

1. Allgemeines

2 Nach der Feststellung des Wahlergebnisses hat der Wahlvorstand die Gewählten über deren Wahl zu benachrichtigen. Hierdurch soll zum einen sichergestellt werden, dass die erfolgreichen **Bewerber** überhaupt **Kenntnis von ihrer Wahl** erlangen. Zum anderen dient die Benachrichtigung jedoch vor allem der **In-Gang-Setzung der Frist für die Annahme bzw. Ablehnung der Wahl** (→ Rn. 10 ff.).[1]

2. Adressaten

3 Die Benachrichtigungspflicht besteht sowohl gegenüber der **als Schwerbehindertenvertretung gewählten Person** als auch gegenüber den **stellvertretenden Mitgliedern**.[2] War die Wahl mehrerer stellvertretender Mitglieder beschlossen worden, sind sämtliche stellvertretenden Mitglieder über ihre Wahl zu benachrichtigen. **Nicht gewählte Kandidaten** müssen nicht benachrichtigt werden.

3. Inhalt der Benachrichtigung

4 Inhaltlich setzt die Benachrichtigung voraus, dass der Gewählte zumindest über den **Fakt seiner Wahl an sich** informiert wird. Der Gewählte muss also zumindest darüber informiert werden, dass er erfolgreich gewählt worden ist.[3] Hatte sich ein Kandidat sowohl für das Amt der Schwerbehindertenvertretung als auch als stellvertretendes Mitglied zur Wahl gestellt, muss die Benachrichtigung zwingend auch die Angabe enthalten, **für welches der Ämter die Wahl erfolgreich war**. Sind mehrere stellvertretende Mitglieder gewählt worden, muss die Benachrichtigung ferner die Information enthalten, **als wievieltes stellvertretendes Mitglied** der Kandidat gewählt worden ist, weil dieser Fakt für die Entscheidung über die Annahme der Wahl bedeutsam sein kann.

5 Die **Einzelheiten des Wahlergebnisses** müssen hingegen nicht in der Benachrichtigung enthalten sein. Insbesondere muss der Wahlvorstand nicht darüber informieren, wie viele Stimmen für den betreffenden Kandidaten abgegeben

---

1 *Sachadae*, Wahl der SchwbV, S. 478.
2 *Hohmann* in Wiegand/Hohmann SchwbVWO § 14 Rn. 4.
3 Vgl. *Dörner* SchwbG WO § 14 Anm. 1.

worden sind. Eine solche Angabe ist auch bei der Wahl mehrerer stellvertretender Mitglieder nicht erforderlich.

Allerdings sind **über die Mindestangaben hinausgehende Informationen** über das Wahlergebnis (Inhalt der Feststellungen zum vorläufigen Wahlergebnis) grundsätzlich unschädlich und können daher in die Benachrichtigung aufgenommen werden. Schließlich hätten sich die Bewerber diese Kenntnisse auch durch Anwesenheit bei der Stimmauszählung verschaffen können. 6

4. Form und Zeitpunkt der Benachrichtigung

In formeller Hinsicht verlangt Abs. 1 S. 1, dass die Benachrichtigung schriftlich gegen Empfangsbekenntnis erfolgt.[4] Eine **mündliche Benachrichtigung** oder eine Unterrichtung per **E-Mail** genügt somit nicht, weil eine solche aus Gründen der Rechtsklarheit und Nachweisbarkeit die Frist des Abs. 1 S. 2 nicht in Gang zu setzen vermag.[5] Möglich ist auch eine förmliche, also (hand-)**schriftliche Benachrichtigung** gegenüber dem **bei der Feststellung des Wahlergebnisses anwesenden** Gewählten.[6] Eine solche formale Benachrichtigung ist jedoch nicht erforderlich, wenn der Gewählte sogleich **schriftlich die Annahme der Wahl erklärt**, weil er hierdurch auf die Ablehnungsfrist verzichtet[7] und damit die Benachrichtigung nach Abs. 1 S. 1 ihrer Funktion nach obsolet ist.[8] 7

Zu beachten ist auch, dass Abs. 1 S. 1 die Benachrichtigung gegen Empfangsbekenntnis verlangt. Dies kann etwa durch **Einschreiben gegen Rückschein** oder durch **Abforderung einer entsprechenden Bestätigung vom Benachrichtigten** erfolgen.[9] Hierdurch soll der Zeitpunkt des Zugangs der Benachrichtigung dokumentiert werden, weil dieser die **Frist für die Ablehnung der Wahl** in Gang setzt.[10] Gibt der Benachrichtigte **kein Empfangsbekenntnis** ab, ist dies für die Wahl unschädlich, weil dies keinen Einfluss auf das Ergebnis hat und es die Gewählten sonst in der Hand hätten, die Wahl anfechtbar werden zu lassen.[11] Umso wichtiger ist es jedoch, dass der Wahlvorstand die Benachrichtigung der Gewählten **sorgfältig dokumentiert**, damit im Zweifelsfall der Nachweis über den Beginn der Frist des Abs. 1 S. 2 geführt werden kann.[12] 8

Die Benachrichtigung der Gewählten muss gem. Abs. 1 S. 1 **unverzüglich nach der Feststellung des Wahlergebnisses** erfolgen. Der Wahlvorstand muss die entsprechenden Schreiben daher nach Maßgabe des § 121 BGB ohne schuldhaftes Zögern, also in der Regel noch am selben Tag, auf den Weg bringen.[13] Eine **persönliche Überbringung** ist auch in kleineren Betrieben nicht zwingend erforderlich. Zur Beschleunigung der Feststellung des endgültigen Wahlergebnisses ist dies jedoch möglich. 9

---

4 Dörner SchwbG WO § 14 Anm. 1; *Schleicher* WO zum SchwbG § 14 Rn. 1.
5 *Hohmann* in Wiegand/Hohmann SchwbVWO § 14 Rn. 6; *Sachadae*, Wahl der SchwbV, S. 478 f. Vgl. auch *Cramer* SchwbV SchwbVWO § 14 Rn. 1, der das Formerfordernis ausschließlich auf den Lauf der Frist des § 14 Abs. 1 S. 2 bezieht.
6 Vgl. *Sachadae*, Wahl der SchwbV, S. 479.
7 *Schleicher* WO zum SchwbG § 14 Rn. 2.
8 *Sachadae*, Wahl der SchwbV, S. 479 mwN.
9 Vgl. *Dörner* SchwbG WO § 14 Anm. 1.
10 Vgl. *Hohmann* in Wiegand/Hohmann SchwbVWO § 14 Rn. 6; *Sachadae*, Wahl der SchwbV, S. 479.
11 Vgl. *Sachadae*, Wahl der SchwbV, S. 479.
12 Vgl. *Hohmann* in Wiegand/Hohmann SchwbVWO § 14 Rn. 7; *Sachadae*, Wahl der SchwbV, S. 479.
13 Vgl. *Hohmann* in Wiegand/Hohmann SchwbVWO § 14 Rn. 5, der auch eine Absendung ab nächsten Arbeitstag für ausreichend hält.

III. Frist für die Annahme bzw. Ablehnung der Wahl

10 Mit dem Erhalt der Benachrichtigung nach Abs. 1 S. 1 beginnt für die jeweiligen Gewählten eine **Frist für die Annahmen bzw. Ablehnung der Wahl** zu laufen.[14] Diese Frist beträgt drei Arbeitstage. Mitzuzählen sind daher nur **Tage, an denen üblicherweise im Betrieb bzw. der Dienststelle gearbeitet** wird.[15] Dagegen kommt es auf Kalender- oder Werktage nicht an.[16] Unmaßgeblich ist auch, ob der Benachrichtigte an den betreffenden **Tagen im Betrieb bzw. der Dienststelle anwesend** ist, weil für die Berechnung der Frist nach Abs. 1 S. 2 ein abstrakt auf die Betriebsüblichkeit abstellender Maßstab gilt.[17]

11 Der Lauf der **Frist beginnt mit dem Zugang der Benachrichtigung**.[18] Zugang ist dabei im rechtstechnischen Sinne zu verstehen. Gemeint ist daher der Zeitpunkt, zu dem die Benachrichtigung so in den Machtbereich des Gewählten gelangt, dass dieser die Möglichkeit hat, von deren Inhalt Kenntnis zu nehmen und üblicherweise mit der Kenntnisnahme zu rechnen ist.[19] Auf die tatsächliche Kenntnisnahme kommt es dagegen nicht an.[20] Ein Zugang liegt daher bereits bei **persönlicher Übergabe** der Benachrichtigung vor. Daneben kann der Zugang auch über den Einwurf in einen persönlichen **dienstlichen oder privaten Briefkasten** erreicht werden. Allerdings ist in diesem Fall zu beachten, dass es für den konkreten Zugangszeitpunkt darauf ankommt, **wann üblicherweise der Briefkasten geleert wird**.[21] Dabei ist nicht auf das Verhalten des konkreten Empfängers, sondern auf eine generalisierte Betrachtungsweise abzustellen.[22] Eine erst nach Ende der betriebsüblichen Arbeitszeit in den Briefkasten eingeworfene Benachrichtigung kann somit nicht mehr am gleichen Tage zugehen; vielmehr ist dann ein Zugang erst am nächsten Arbeitstag anzunehmen.[23]

12 Nicht für den Fristlauf maßgeblich ist, welches **Datum für die Entgegennahme auf dem Empfangsbekenntnis** angegeben ist, denn Abs. 1 S. 1 knüpft ausdrücklich nur an den Zugang an.[24] Weichen der **tatsächliche Zugang** und das auf dem Empfangsbekenntnis angegebene Datum voneinander ab, ist somit der tatsächliche Zugangszeitpunkt für den Fristbeginn ausschlaggebend. Etwas anderes gilt nur, wenn der tatsächliche Zugangszeitpunkt nicht bewiesen werden kann. In diesem Fall ist auf das Empfangsbekenntnis abzustellen.

13 Da der **Zugang** gegenüber den einzelnen zu **Benachrichtigenden zu unterschiedlichen Zeitpunkten** möglich ist, muss die Frist des Abs. 1 S. 2 für jeden der Ge-

---

14 *Maaß* in Kossens/von der Heide/Maaß, 1. Aufl. 2002, SchwbVWO, Anm. zu § 14; *Sachadae*, Wahl der SchwbV, S. 478.
15 *Cramer* SchwbV SchwbVWO § 14 Rn. 1; *Pahlen* in Neumann/Pahlen/Greiner/Winkler/Jabben SchwbVWO § 14 Rn. 2. Vgl. auch *Fitting* BetrVG WO § 41 Rn. 2.
16 Vgl. *Fitting* BetrVG WO § 41 Rn. 2.
17 Vgl. *Hohmann* in Wiegand/Hohmann SchwbVWO § 14 Rn. 13; *Pahlen* in Neumann/Pahlen/Greiner/Winkler/Jabben SchwbVWO § 14 Rn. 2.
18 *Dörner* SchwbG WO § 14 Anm. 3; *Hohmann* in Wiegand/Hohmann SchwbVWO § 14 Rn. 13.
19 BGH 26.11.1997 – VIII ZR 22/97, NJW 1998, 976 (977); *Boemke/Ulrici* BGB Allgemeiner Teil § 6 Rn. 18; *Ellenberger* in Palandt, 79. Aufl. 2020, BGB § 130 Rn. 5.
20 *Boemke/Ulrici* BGB Allgemeiner Teil § 6 Rn. 18.
21 *Ellenberger* in Palandt, 79. Aufl. 2020, BGB § 130 Rn. 6.
22 BAG 22.8.2019 – 2 AZR 111/19, NJW 2019, 3666 (3667); BGH 21.1.2004 – XII ZR 214/00, NJW 2004, 1320 (1320 ff.); *Ellenberger* in Palandt, 79. Aufl. 2020, BGB § 130 Rn. 6. Ausführlich dazu auch *Ulrici*, Zugang einer Kündigungserklärung bei Einwurf in Hausbriefkasten, jurisPR-ArbR 5/2020 Anm. 2.
23 BAG 8.12.1983 – 2 AZR 337/82, NJW 1984, 1651; *Ellenberger* in Palandt, 79. Aufl. 2020, BGB § 130 Rn. 6.
24 Vgl. *Dörner* SchwbG WO § 14 Anm. 3; *Hohmann* in Wiegand/Hohmann SchwbVWO § 14 Rn. 13.

wählten individuell bestimmt werden und läuft auch für jeden gesondert ab. Da für die Fristberechnung die §§ 187 ff. BGB gelten,[25] läuft die Ablehnungsfrist des Abs. 1 S. 2 nach Maßgabe des § 188 Abs. 2 BGB erst um **Mitternacht des letzten Fristtages** ab.[26]

14 **Läuft die Frist ab**, ohne dass der Benachrichtigte eine Erklärung über die Annahme oder Ablehnung der Wahl abgegeben hat, **gilt die Wahl gem. Abs. 1 S. 2 als angenommen**. Der Gewählte muss also grundsätzlich nur dann aktiv werden und eine Erklärung abgeben, wenn er die Annahme der Wahl ablehnen will.[27]

IV. Folgen einer abgegebenen Erklärung

1. Annahme der Wahl

15 Trotz der Annahmefiktion des Abs. 1 S. 2 kann der Gewählte die **Annahme der Wahl auch vor Fristablauf ausdrücklich erklären**.[28] Mit dieser Erklärung wird seine Wahl endgültig wirksam.[29]

16 Eine „**Rücknahme**" oder **ein Widerruf der Annahme** ist nicht möglich.[30] Wird gleichwohl eine solche Erklärung abgegeben, ist zu prüfen, ob diese als Niederlegung des Amts (auch → Rn. 20) auszulegen ist.[31]

2. Ablehnung der Wahl

17 Lehnt ein Gewählter die Wahl innerhalb der Frist des Abs. 1 S. 2 ab, richten sich die Folgen nach Abs. 2. Danach **tritt an die Stelle der ablehnenden Person** derjenige Bewerber für das Amt der Schwerbehindertenvertretung bzw. des stellvertretenden Mitglieds, der bei der Wahl die **nächsthöhere Stimmenzahl** auf sich vereinigen konnte.[32] Dabei ist streng danach zu trennen, ob die Wahl als Schwerbehindertenvertretung oder die Wahl als stellvertretendes Mitglied abgelehnt wurde, weil für das „**Nachrücken**" **allein auf das Wahlergebnis des betreffenden Wahlgangs abgestellt** werden muss. Lehnt etwa die als Schwerbehindertenvertretung gewählte Person ihre Wahl ab, gilt derjenige Wahlbewerber als gewählt, der bei diesem Wahlgang die zweitmeisten Stimmen erhalten hatte. Unmaßgeblich ist dagegen in diesem Fall, wer als erster Stellvertreter gewählt worden ist, weil dieser erst dann in das Amt der Schwerbehindertenvertretung „nachrücken" würde, wenn die endgültig als Schwerbehindertenvertretung gewählte Person zunächst in ihr Amt gelangt und erst später wieder ausgeschie-

---

25 So wohl auch *Hohmann* in Wiegand/Hohmann SchwbVWO § 14 Rn. 13.
26 Vgl. im Hinblick auf den Ablauf der ebenfalls nach §§ 187 ff. BGB zu berechnenden Wahlvorschlagsfrist des § 6: *Dörner* SchwbG SchwbWO § 6 Anm. 3; *Hohmann* in Wiegand/Hohmann SchwbVWO § 6 Rn. 31.
27 Vgl. *Sachadae*, Wahl der SchwbV, S. 478.
28 Vgl. *Pahlen* in Neumann/Pahlen/Greiner/Winkler/Jabben SchwbVWO § 14 Rn. 1; *Sachadae*, Wahl der SchwbV, S. 479; *Schleicher* WO zum SchwbG § 1 Rn. 2.
29 Vgl. *Sachadae*, Wahl der SchwbV, S. 479; *Schleicher* WO zum SchwbG § 1 Rn. 2.
30 Vgl. *Schleicher* WO zum SchwbG § 1 Rn. 2.
31 Vgl. dazu *Maaß* in Kossens/von der Heide/Maaß SGB IX, 1. Aufl. 2002, SchwbWO, Anm. zu § 14; *Schleicher* WO zum SchwbG § 1 Rn. 2.
32 *Dörner* SchwbWO § 14 Anm. 2; *Hohmann* in Wiegand/Hohmann SchwbVWO § 14 Rn. 20; *Schleicher* WO zum SchwbG § 14 Rn. 3.

den wäre.³³ Von diesem Nachrückprinzip weicht Abs. 2 jedoch im Bereich des vorläufigen Wahlergebnisses ab.³⁴

18 Tritt ein nach vorläufigem Wahlergebnis eigentlich nicht gewählter Bewerber gem. Abs. 2 an die Stelle des ablehnenden Gewählten, so ist eine **erneute Benachrichtigung** des „nachrückenden" Gewählten nach Abs. 1 S. 1 erforderlich.³⁵

19 Ebenso wie bei der Annahme ist auch eine „Rücknahme" bzw. **ein Widerruf der Ablehnung der Wahl** nicht möglich.³⁶ Hat der Gewählte seine Ablehnung einmal wirksam erklärt, kann er das Amt, für das er gewählt wurde, nicht mehr für sich beanspruchen.

3. Verfristete Ablehnung

20 Wird die **Ablehnung** der Wahl erst **nach Ablauf der Frist** des Abs. 1 S. 2 erklärt, ist bereits die Annahmefiktion eingetreten, so dass **geprüft** werden muss, ob die Ablehnung der Wahl als **Niederlegung des Amts** auszulegen ist.³⁷ Ist dies zu bejahen, wäre nicht mehr das vorläufige, sondern bereits das endgültige Wahlergebnis berührt, so dass in diesem Fall nicht mehr der Bewerber mit der nächsthöheren Stimmenzahl, sondern das **erste stellvertretende Mitglied nachrücken** würde.³⁸

§ 15 SchwbVWO Bekanntmachung der Gewählten

Sobald die Namen der Personen, die das Amt der Schwerbehindertenvertretung oder des stellvertretenden Mitglieds innehaben, endgültig feststehen, hat der Wahlvorstand sie durch zweiwöchigen Aushang in gleicher Weise wie das Wahlausschreiben bekanntzumachen (§ 5 Abs. 2) sowie unverzüglich dem Arbeitgeber und dem Betriebs- oder Personalrat mitzuteilen.

I. Überblick über den Regelungsinhalt	1	4. Zeitpunkt	5
II. Bekanntmachungspflicht	2	5. „Gespaltene" Bekanntgabe	6
1. Allgemeines	2	III. Benachrichtigung des Arbeitgebers und der Interessenvertretung	8
2. Aushang	3		
3. Inhalt	4		

I. Überblick über den Regelungsinhalt

1 Die Vorschrift regelt die **betriebsöffentliche Bekanntmachung des endgültigen Wahlergebnisses** und die zusätzliche Unterrichtung des Arbeitgebers und der Interessenvertretung.

---

33 Vgl. *Cramer* SchwbV SchwbVWO § 14 Rn. 2; *Dörner* SchwbG WO § 14 Anm. 2 und 3; *Maaß* in Kossens/von der Heide/Maaß, 1. Aufl. 2002, SchwbVWO, Anm. zu § 14.
34 Vgl. *Hohmann* in Wiegand/Hohmann SchwbVWO § 14 Rn. 21; *Pahlen* in Neumann/Pahlen/Greiner/Winkler/Jabben SchwbVWO § 14 Rn. 3.
35 *Dörner* SchwbG WO § 14 Anm. 2. Ebenso wohl auch *Hohmann* in Wiegand/ Hohmann SchwbVWO § 14 Rn. 22.
36 Vgl. *Hohmann* in Wiegand/Hohmann SchwbVWO § 14 Rn. 19.
37 Vgl. *Schleicher* WO zum SchwbG § 14 Rn. 2. Strenger *Hohmann* in Wiegand/ Hohmann SchwbVWO § 14 Rn. 16; *Maaß* in Kossens/von der Heide/Maaß SGB IX, 1. Aufl. 2002, SchwbVWO, Anm. zu § 14, die generell davon ausgehen, dass eine verfristete Ablehnung als Niederlegung gelte.
38 *Cramer* SchwbV SchwbVWO § 14 Rn. 2; *Dörner* SchwbG WO § 14 Anm. 2 und 3.

II. Bekanntmachungspflicht

1. Allgemeines

Sobald das endgültige Wahlergebnis feststeht, ist der Wahlvorstand verpflichtet, die Namen der Gewählten bekannt zu geben. Diese Bekanntgabe dient einerseits der **Information der am Ausgang der Wahl Interessierten**. Zugleich setzt die Bekanntmachung der Gewählten aber auch die **Frist für die Anfechtung** nach § 19 BetrVG bzw. § 25 BPersVG in Gang.[1]

2. Aushang

Die Bekanntgabe hat durch **mindestens zweiwöchigen Aushang** zu erfolgen. Dabei muss diese **in gleicher Weise erfolgen, wie die Bekanntmachung des Wahlausschreibens**. Der Aushang hat daher zwingend an den gleichen Stellen zu erfolgen.[2] Ist das Wahlausschreiben ergänzend **auf besondere Weise bekannt gegeben** worden (zB gegenüber Blinden), muss eine solche Bekanntgabe auch hinsichtlich der Namen der Gewählten erfolgen (→ § 5 Rn. 21 f.). Der Aushang muss während der zweiwöchigen Aushangdauer **in lesbarem Zustand erhalten bleiben** (auch → § 5 Rn. 10 f.).[3]

3. Inhalt

Bei der Bekanntgabe genügt die Angabe der **Namen der Gewählten**.[4] Hierbei ist selbstverständlich auf die endgültig Gewählten abzustellen.[5] Ein Aushang des **vollständigen Wahlergebnisses** ist dagegen nicht erforderlich.[6] Anzugeben ist jedoch jeweils, **für welches Amt die betreffende Person gewählt** worden ist.[7] Sind mehrere stellvertretende Mitglieder gewählt worden, ist auch anzugeben, wie sich deren Rangfolge verteilt. Schließlich kann die **Reihenfolge in der die stellvertretenden Mitglieder gewählt worden sind**, auch für die Entscheidung über die Anfechtung der Wahl ausschlaggebend sein.

4. Zeitpunkt

In zeitlicher Hinsicht muss die Bekanntmachung gem. § 15 erfolgen, **sobald das Wahlergebnis feststeht**. Aus dieser Regelung wird gefolgert, dass nicht nur eine unverzügliche, sondern eine **sofortige Bekanntgabe** erfolgen müsse.[8] Dabei ist jedoch zu beachten, dass das endgültige Wahlergebnis in der Regel erst nach **Ablauf der jeweiligen Fristen des Abs. 1 S. 2** feststeht, so denn nicht alle Gewählten vorfristig ihre Annahme der Wahl erklären.[9] Dies hat zur Folge, dass das endgültige Wahlergebnis wegen der anzuwenden Fristenregelungen der §§ 187 ff. BGB in der Regel **unmittelbar nach Mitternacht** feststeht. Es ist jedoch nicht anzunehmen, dass der Verordnungsgeber den Wahlvorstand verpflichten wollte, jeweils bis kurz nach Mitternacht im Betrieb auszuharren, um das Wahlergebnis „sofort" bekannt geben zu können. Nach Maßgabe des

---

1 Dörner SchwbG WO § 15 Anm. 2; *Sachadae*, Wahl der SchwbV, S. 480.
2 Vgl. *Hohmann* in Wiegand/Hohmann SchwbVWO § 15 Rn. 9.
3 *Hohmann* in Wiegand/Hohmann SchwbVWO § 15 Rn. 10.
4 *Cramer* SchwbV SchwbVWO § 15 Rn. 1; *Sachadae*, Wahl der SchwbV, S. 480.
5 Dörner SchwbG WO § 15 Anm. 1; *Schleicher* WO zum SchwbG § 15 Rn. 1.
6 Vgl. *Sachadae*, Wahl der SchwbV, S. 480. In Bezug auf das BetrVG: *Fitting* BetrVG WO § 18 Rn. 2.
7 *Sachadae*, Wahl der SchwbV, S. 480.
8 So *Hohmann* in Wiegand/Hohmann SchwbVWO § 15 Rn. 4.
9 Vgl. *Cramer* SchwbV SchwbVWO § 15 Rn. 1; *Pahlen* in Neumann/Pahlen/Greiner/Winkler/Jabben SchwbVWO § 15 Rn. 1.

Grundsatzes der Simplizität[10] ist diese Vorgabe somit dahin gehend auszulegen, dass eine **unverzügliche Bekanntgabe am nächsten Arbeitstag** genügt.

5. „Gespaltene" Bekanntgabe

6 Bisher nicht geklärt ist die Frage, ob § 15 eine „gespaltene" Bekanntgabe verlangt, wenn zwar bereits das endgültige Ergebnis der Wahl der Schwerbehindertenvertretung feststeht, es jedoch bei den stellvertretenden Mitgliedern (zB durch fristgemäße Ablehnungen) zu Verzögerungen gekommen ist. Der neue Wortlaut der Vorschrift legt grundsätzlich eine solche „gespaltene" Bekanntgabe nahe, denn § 15 stellt nicht darauf ab, dass die Namen der Person der Schwerbehindertenvertretung „und" der stellvertretenden Mitglieder feststehen, sondern verknüpft die endgültigen Wahlergebnisse der beiden Ämter mit dem Wort „oder". Demgegenüber spricht der Grundsatz der Simplizität grundsätzlich gegen eine solche „gespaltene" und damit **doppelte Bekanntgabepflicht**. Mit Blick auf die Rechtsprechung des BAG zur Möglichkeit der **isolierten Anfechtung der Wahl der Schwerbehindertenvertretung und der der stellvertretenden Mitglieder**[11] wäre es allerdings nur konsequent, auch die für den Beginn der Anfechtungsfrist maßgebliche **Bekanntgabe des Wahlergebnisses** ggf. **isoliert vorzunehmen**.

7 Fällt das Feststehen des endgültigen Wahlergebnisses für das Amt der Schwerbehindertenvertretung und die stellvertretenden Mitglieder jedoch zusammen, spricht nichts gegen eine **einheitliche Bekanntgabe** auf einem einheitlichen Aushang.

III. Benachrichtigung des Arbeitgebers und der Interessenvertretung

8 Ungeachtet der Bekanntmachungspflicht verlangt § 15 vom Wahlvorstand, dass dieser die Namen der endgültig Gewählten zusätzlich auch dem **Arbeitgeber** und dem **Betriebs- bzw. Personalrat** mitteilt. Im Hinblick auf den Arbeitgeber dient dies dem Zweck, dass er seiner gem. § 80 Abs. 8 SGB IX bestehenden **Meldepflicht gegenüber dem Integrationsamt und der Agentur für Arbeit** nachkommen kann.[12] Im Hinblick auf Betriebs- bzw. Personalrat soll die Regelung sicherstellen, dass die Vorsitzenden der allgemeinen Interessenvertretungen ihren **Pflichten aus § 29 Abs. 2 S. 4 BetrVG bzw. aus § 34 Abs. 2 S. 4 BPersVG** nachkommen und die neu gewählten Schwerbehindertenvertretungen zu ihren Sitzungen einladen können.[13]

9 Für diese Mitteilung gelten grundsätzlich die **gleichen inhaltlichen Anforderungen** wie für die **Bekanntmachung** per Aushang. Eine bestimmte Form der Mitteilung ist in § 15 nicht vorgeschrieben, so dass grundsätzlich auch eine **mündliche Unterrichtung** genügt.[14] Allerdings sollte aus Dokumentationszwecken eine nachweisbare Form der Mitteilung gewählt werden.

10 Anders als bei den Wahlen zu den allgemeinen Interessenvertretungen ist bei der Schwerbehindertenvertretungswahl jedoch keine Mitteilung an die im Be-

---

10 Dazu *Sachadae*, Wahl der SchwbV, S. 72.
11 BAG 23.7.2014 – 7 ABR 23/12, juris Rn. 38; BAG 27.9.2009 – 7 ABR 91/07, NZA-RR 2010, 76.
12 Vgl. dazu *Adlhoch* in Ernst/Adlhoch/Seel SGB IX § 94 Rn. 92; *Hohmann* in Wiegand/Hohmann SchwbVWO § 15 Rn. 16; *Zanker*, WO zum SchwbG, S. 29.
13 *Sachadae*, Wahl der SchwbV, S. 482.
14 *Schleicher* WO zum SchwbG § 15 Rn. 1.

trieb bzw. in der Dienststelle vertretenen **Gewerkschaften** vorgeschrieben, weil diese insgesamt aus den Wahlbestimmungen herausgehalten worden sind.[15]

§ 16 SchwbVWO Aufbewahrung der Wahlunterlagen

Die Wahlunterlagen, insbesondere die Niederschriften, Bekanntmachungen und Stimmzettel, werden von der Schwerbehindertenvertretung mindestens bis zur Beendigung der Wahlperiode aufbewahrt.

I. Überblick über den Regelungsinhalt 1
II. Adressat der Aufbewahrungspflicht 2
III. Gegenstand der Aufbewahrungspflicht 5
IV. Zeitraum der Aufbewahrungspflicht 7
V. Einsichtsrecht 11

I. Überblick über den Regelungsinhalt

Zu den abschließenden Pflichten des Wahlvorstands gehört es, die **Wahlunterlagen zu sammeln** und diese der **gewählten Schwerbehindertenvertretung zu übergeben**. Diese hat die Unterlagen sodann mindestens bis zum Ende ihrer Amtszeit aufzubewahren. Die Aufbewahrungspflicht dient dabei dem Zweck der nachträglichen **Überprüfbarkeit der Wahl** im Hinblick auf Anfechtbarkeit oder Nichtigkeit. 1

II. Adressat der Aufbewahrungspflicht

Dem Wortlaut nach richtet sich die Aufbewahrungspflicht nur an die Schwerbehindertenvertretung. Gemeint ist damit selbstverständlich nur die **neu gewählte Schwerbehindertenvertretung**. Die bisherige Schwerbehindertenvertretung, deren Amtszeit ausläuft, ist für die Aufbewahrung der die neue Wahl betreffenden Unterlagen hingegen nicht zuständig. Vielmehr obliegt die Aufbewahrung der Wahlunterlagen während der laufenden (neuen) Wahl ausschließlich dem **Wahlvorstand als wahlleitendem Organ**.[1] Auch der Wahlvorstand ist somit Adressat der Aufbewahrungspflicht, weil anderenfalls keine Unterlagen vorhanden wären, die an die Schwerbehindertenvertretung zu übergeben wären. Im Vorfeld der Aufbewahrungspflicht des Wahlvorstands trifft auch bereits die **Initiatoren der Wahl**[2] eine Pflicht zur Aufbewahrung der die Initiierung der Wahl betreffenden Unterlagen. 2

Diese Unterlagen müssen dann **dem Wahlvorstand übergeben** werden, sobald dieser endgültig eingesetzt worden ist. Der Wahlvorstand hat dann diese Unterlagen und die im Laufe der Wahl weiter zu sammelnden Unterlagen sodann **nach Abschluss der Wahl an die Schwerbehindertenvertretung** zu übergeben. Diese Übergabe muss unmittelbar nach Feststehen des endgültigen Wahlergebnisses hinsichtlich des Amts der Schwerbehindertenvertretung erfolgen, dh sobald der **Gewählte das Amt angenommen** oder dieser die Wahl nicht innerhalb der Frist des § 14 Abs. 1 S. 2 abgelehnt hat.[3] Mit der Übergabe der Wahlunterlagen an die neu gewählte Schwerbehindertenvertretung geht auch die Aufbewahrungspflicht auf diese über. 3

---

15 *Sachadae*, Wahl der SchwbV, S. 483 mwN.
1 Vgl. *Hohmann* in Wiegand/Hohmann SchwbVWO § 16 Rn. 7.
2 Vgl. zu diesem Begriff *Sachadae*, Wahl der SchwbV, S. 304.
3 *Hohmann* in Wiegand/Hohmann SchwbVWO § 16 Rn. 8.

4 Mit der Übergabe **endet auch das Amt des Wahlvorstands**.[4] Dementsprechend sind die bisherigen Mitglieder des Wahlvorstands auch **nicht mehr für die Entgegennahme von wahlbezogenen Unterlagen** (zB nach Ablauf der Frist des § 14 Abs. 1 S. 2 erfolgende Ablehnung der Wahl oder verspätet eingehende Briefwahlstimmen) **zuständig**, so dass sie entweder die Entgegennahme verweigern oder die Unterlagen an die Schwerbehindertenvertretung weiterleiten müssen.[5]

III. Gegenstand der Aufbewahrungspflicht

5 Die in § 16 statuierte Aufbewahrungspflicht bezieht sich auf „die Wahlunterlagen". Damit sind sämtliche im Zusammenhang mit der Schwerbehindertenvertretungswahl vom **Wahlvorstand erstellte oder an diesen übermittelte Dokumente** gemeint.[6] Da grundsätzlich sämtliche wahlbezogenen Dokumente für eine Überprüfbarkeit der Wahl bedeutsam sein können, ist der Begriff der Wahlunterlagen **weit auszulegen**.[7] Erfasst werden somit nicht nur die in § 16 exemplarisch genannten Unterlagen. Zu den aufzubewahrenden Dokumenten gehören vielmehr insbesondere

- **Niederschriften** (zB Wahlniederschrift, Sitzungsniederschriften),
- **Vermerke** (zB über den Eingang von Wahlvorschlägen),
- **Beschlüsse** (zB Entscheidung über die Zahl der stellvertretenden Mitglieder oder die Anordnung der generellen schriftlichen Stimmabgabe),[8]
- **Bekanntmachungen** (Wahlausschreiben; zugelassene Bewerber; Aushang über die Namen der Gewählten),[9]
- anderweitige **Aushänge** (zB Information für ausländische Wahlberechtigte nach § 2 Abs. 5),[10]
- **Stellungnahmen**, (zB Mitteilung über die Entscheidung über einen Einspruch gegen die Richtigkeit der Liste der Wahlberechtigten),
- sonstige **Schriftstücke** des Wahlvorstands (zB Merkblätter, interne Berechnungszettel),[11]
- Dokumente zur Einsetzung des Wahlvorstands (Mitteilung über die Bestellung zum Wahlvorstand; Erklärung über Ablehnung oder Annahme des Wahlvorstandsamts, Einladung zur Versammlung zur Wahl eines Wahlvorstands, Niederschrift über die Versammlung etc),
- die vom Arbeitgeber im Rahmen seiner Unterstützungspflicht **zur Verfügung gestellten Unterlagen**,
- eingelegte **Einsprüche** gegen die Richtigkeit der Liste der Wahlberechtigten (sowohl fristgerecht eingegangene wie auch verfristete Einsprüche),[12]
- eingereichte **Wahlvorschläge** für das Amt der Schwerbehindertenvertretung und die stellvertretenden Mitglieder einschließlich der **Listen mit den Stützunterschriften** und der Erklärung des **Einverständnisses** mit der Kandidatur

---

4 *Sachadae*, Wahl der SchwbV, S. 484. Zustimmend *Hohmann* in Wiegand/Hohmann SchwbVWO § 16 Rn. 9.
5 Vgl. *Fitting* BetrVG WO § 19 Rn. 3; *Hohmann* in Wiegand/Hohmann SchwbVWO § 16 Rn. 10, die generell von einer Weiterleitungspflicht ausgehen.
6 Vgl. *Hohmann* in Wiegand/Hohmann SchwbVWO § 16 Rn. 3. Vgl. in Bezug auf die Betriebsratswahl LAG Düsseldorf 29.9.2004 – 12 TaBV 44/04.
7 *Hohmann* in Wiegand/Hohmann SchwbVWO § 16 Rn. 4.
8 *Pahlen* in Neumann/Pahlen/Greiner/Winkler/Jabben SchwbVWO § 16 Rn. 1.
9 *Hohmann* in Wiegand/Hohmann SchwbVWO § 16 Rn. 5.
10 Vgl. *Maaß* in Kossens/von der Heide/Maaß, 1. Aufl. 2002, SchwbVWO, Anm. zu § 16; *Pahlen* in Neumann/Pahlen/Greiner/Winkler/Jabben SchwbVWO § 16 Rn. 1.
11 Vgl. *Hohmann* in Wiegand/Hohmann SchwbVWO § 16 Rn. 5 und 6.
12 Vgl. *Hohmann* in Wiegand/Hohmann SchwbVWO § 16 Rn. 5; *Maaß* in Kossens/von der Heide/Maaß SGB IX, 1. Aufl. 2002, SchwbVWO, Anm. zu § 16.

(unabhängig davon, ob die Wahlvorschläge für zulässig befunden wurden oder nicht),[13]
- Anträge auf individuelle schriftliche Stimmabgabe wegen Verhinderung,[14]
- abgegebene und für gültig befundene Stimmzettel,
- für ungültig befundene Stimmzettel,
- benutzte Freiumschläge für die schriftliche Stimmabgabe,[15]
- verfristet eingegangene Freiumschläge (in ungeöffnetem Zustand) bis einen Monat nach Bekanntgabe des Wahlergebnisses; sofern die Wahl angefochten wurde bis zum rechtskräftigen Abschluss dieses Verfahrens (→ § 12 Rn. 25),
- die ungenutzt gebliebenen, vorgedruckten Briefwahlunterlagen (Wahlumschläge, Stimmzettel),
- Erklärungen über die Annahme oder Ablehnung der Wahl,
- Empfangsbekenntnisse,[16]
- sonstige wahlbezogene Mitteilungen der Beschäftigten, des Arbeitgebers oder der Wahlinitiatoren.

Die Aufbewahrungspflicht zielt in erster Linie auf ein Vernichtungsverbot ab.[17] 6
Gleichzeitig sind die Adressaten der Aufbewahrungspflicht aber auch gehalten, die Wahlunterlagen so zu verwahren, dass sie vor Vernichtung oder Zerstörung durch Dritte geschützt sind. Sie sind daher in der Regel in verschlossenen Schränken aufzubewahren.

IV. Zeitraum der Aufbewahrungspflicht

Die Aufbewahrungspflicht beginnt bereits mit der Initiierung[18] der Wahl und 7
trifft dabei zunächst die Wahlinitiatoren. Anschließend ist die Aufbewahrung über das gesamte Wahlprozedere hinweg (von der Vorbereitungsphase über die Durchführungsphase bis hin zur Nachbereitungsphase) vom Wahlvorstand fortzuführen. Mit der Übergabe der Wahlunterlagen an die neu gewählte Schwerbehindertenvertretung hat diese die Aufbewahrung mindestens bis zum Ende ihrer Amtszeit fortzuführen. Die Aufbewahrungspflicht dauert somit im Nachgang der Wahl in der Regel vier Jahre an (Regelamtsdauer). Gilt nach § 177 Abs. 5 S. 4 SGB IX ausnahmsweise eine längere Amtsdauer, ist auf deren Ende abzustellen.

Ist die Wahl angefochten oder ein Antrag auf Feststellung der Nichtigkeit der 8
Wahl gestellt worden, müssen die Wahlunterlagen auch über die Amtsdauer hinaus aufbewahrt werden, bis das Verfahren rechtskräftig abgeschlossen worden ist.[19]

Die an die Amtszeit der neu gewählten Schwerbehindertenvertretung gekoppel- 9
te Dauer der Aufbewahrungspflicht stellt lediglich eine Mindestfrist dar, so dass eine längere Aufbewahrung zulässig ist.[20] Von den Vorgaben des § 12 Abs. 2

---

13 Vgl. *Hohmann* in Wiegand/Hohmann SchwbVWO § 16 Rn. 5; *Pahlen* in Neumann/Pahlen/Greiner/Winkler/Jabben SchwbVWO § 16 Rn. 1.
14 VGH BW 5.12.1974 – XI 842/73, PersV 1976, 19; *Hohmann* in Wiegand/Hohmann SchwbVWO § 16 Rn. 6.
15 OVG NRW 24.6.1970 – CB 2/70, PersV 1971, 218; *Hohmann* in Wiegand/Hohmann SchwbVWO § 16 Rn. 6 und 24.
16 *Hohmann* in Wiegand/Hohmann SchwbVWO § 16 Rn. 5.
17 OVG NRW 24.6.1970 – CB 2/70, PersV 1971, 218; *Hohmann* in Wiegand/Hohmann SchwbVWO § 16 Rn. 8 und 24.
18 Zu diesem Begriff *Sachadae*, Wahl der SchwbV, S. 304.
19 *Hohmann* in Wiegand/Hohmann SchwbVWO § 16 Rn. 25.
20 *Hohmann* in Wiegand/Hohmann SchwbVWO § 16 Rn. 25.

abgesehen, besteht also **keine Pflicht**, die Wahlunterlagen nach Ablauf der Frist generell zu vernichten.

10 Nach Ende der Aufbewahrungspflicht ist eine **Vernichtung der Wahlunterlagen grundsätzlich zulässig.** Allerdings bedarf diese wegen der **Eigentumsrechte des Arbeitgebers** dessen Zustimmung.[21] Verweigert dieser die Zustimmung, sind die Unterlagen weiter von der Schwerbehindertenvertretung zu verwahren. Eine **Übergabe der Wahlunterlagen an den Arbeitgeber** darf hingegen nicht erfolgen, weil er anderenfalls ohne billigenswertes Interesse Einblick in Unterlagen nehmen könnte, die Rückschlüsse auf das Wahlverhalten einzelner Wahlberechtigter zulässt.

V. Einsichtsrecht

11 Aus der Aufbewahrungspflicht wird von der Rechtsprechung auch ein Einsichtsrecht abgeleitet.[22] Die Wahlunterlagen stehen grundsätzlich **nicht allgemein zur Einsichtnahme** zur Verfügung. Vielmehr dürfen die Adressaten der Aufbewahrungspflicht nur solchen Personen Einsicht in die Unterlagen gewähren, die ein **berechtigtes Interesse an der Einsichtnahme** haben.[23] Ein solches Interesse ist in der Regel bei Personen anzunehmen, die zur Anfechtung der Wahl berechtigt sind oder deren Nichtigkeit feststellen lassen könnten.[24]

12 Hierzu gehören insbesondere die **aktiv Wahlberechtigten**, also die schwerbehinderten und gleichgestellten Beschäftigten. Auch wenn diese nur als Gruppe von mindestens drei Personen einen Anfechtungsantrag stellen können, ist eine Einsichtnahme durch nur einen **einzelnen Wahlberechtigten** möglich, weil dieser im Fall der Feststellung von Fehlern ggf. andere Wahlberechtigte davon überzeugen kann, sich an einer Anfechtung zu beteiligen.[25]

13 Auch der **Arbeitgeber** kann grundsätzlich Einsicht in die Wahlunterlagen verlangen. Dabei muss er als Anfechtungsberechtigter nach der Rechtsprechung im Grundsatz **kein besonderes Interesse an der Einsichtnahme** nachweisen und keine Anhaltspunkte für eine etwaige Anfechtbarkeit der Wahl darlegen.[26] Etwas anderes gilt jedoch im Hinblick auf solche Unterlagen, die **Rückschlüsse auf das Wahlverhalten einzelner Beschäftigter** zulassen (zB mit Stimmabgabevermerken versehene Liste der Wahlberechtigten).[27] In diese Unterlagen darf dem Arbeitgeber nur Einsicht gewährt werden, wenn er darlegt, dass dies zur Überprüfung der Ordnungsgemäßheit der Wahl erforderlich ist.[28] Während der Wahl und während der laufenden Anfechtungsfrist oder auch während eines laufenden Anfechtungsverfahrens dürfte dies jedoch ohne Weiteres möglich sein.[29]

---

21 *Hohmann* in Wiegand/Hohmann SchwbVWO § 16 Rn. 26.
22 BAG 27.7.2005 – 7 ABR 54/04, juris Rn. 19 ff. Vgl. *Pahlen* in Neumann/Pahlen/Greiner/Winkler/Jabben SchwbVWO § 16 Rn. 2.
23 *Maaß* in Kossens/von der Heide/Maaß, 1. Aufl. 2002, SchwbVWO, Anm. zu § 16.
24 Vgl. BAG 27.7.2005 – 7 ABR 54/04, juris Rn. 21 und 22.
25 *Hohmann* in Wiegand/Hohmann SchwbVWO § 16 Rn. 16.
26 BAG 27.7.2005 – 7 ABR 54/04, juris Rn. 23; *Hohmann* in Wiegand/Hohmann SchwbVWO § 16 Rn. 17.
27 So ausdrücklich BAG 27.7.2005 – 7 ABR 54/04, juris Rn. 24; *Hohmann* in Wiegand/Hohmann SchwbVWO § 16 Rn. 17.
28 BAG 27.7.2005 – 7 ABR 54/04, juris Rn. 23; *Hohmann* in Wiegand/Hohmann SchwbVWO § 16 Rn. 17.
29 *Matthes* jurisPR-ArbR 1/2006, Anm. 1.

Kein Einsichtsrecht besitzen die in den Betrieben bzw. Dienststellen vertretenen Gewerkschaften.[30] Zwar sind diese gem. § 19 BetrVG bzw. § 25 BPersVG im Hinblick auf die allgemeinen Interessenvertretungswahlen anfechtungsberechtigt. Jedoch sind ihnen im Zusammenhang mit der Schwerbehindertenvertretungswahl keine eigenen Rechte eingeräumt worden, weshalb ihnen im Hinblick auf diese Wahlen auch kein Anfechtungsrecht zusteht.[31] Ohne Anfechtungsrecht bedarf es auch keines Einsichtsrechtes. 14

Die Einsichtnahme darf grundsätzlich **nur in Anwesenheit des zur Aufbewahrung Verpflichteten** (also insbesondere des Wahlvorstands bzw. der Schwerbehindertenvertretung) gewährt werden.[32] Eine **Herausgabe der Unterlagen im Original** ist unzulässig, weil hierdurch die Aufbewahrungspflicht verletzt werden würde; etwas anderes gilt nur bei behördlicher oder gerichtlicher Anordnung.[33] 15

§ 17 SchwbVWO Nachwahl des stellvertretenden Mitglieds

¹Scheidet das einzige stellvertretende Mitglied aus oder ist ein stellvertretendes Mitglied noch nicht gewählt, bestellt die Schwerbehindertenvertretung unverzüglich einen Wahlvorstand. ²Der Wahlvorstand hat die Wahl eines oder mehrerer Stellvertreter für den Rest der Amtszeit der Schwerbehindertenvertretung unverzüglich einzuleiten. ³Im übrigen gelten die §§ 1 bis 16 entsprechend.

I. Überblick über den Regelungsinhalt 1	4. Sonstige Voraussetzungen der isolierten Nachwahl 12
II. Voraussetzung der isolierten (Nach-)Wahl der stellvertretenden Mitglieder 3	III. Initiierung der Nachwahl ... 15
1. Bisher keine Wahl stellvertretender Mitglieder 4	1. Zuständigkeit 15
2. Ausscheiden des letzten stellvertretenden Mitglieds 5	2. Zeitpunkt der Initiierung 18
a) Mögliche Gründe für das Ausscheiden 6	3. Auswahl des Wahlverfahrens 19
b) Maßgeblichkeit des Ausscheidens des letzten Stellvertreters 7	4. Vornahme der Initiierung im förmlichen Wahlverfahren 25
c) Absehbarkeit des Ausscheidens 10	IV. Durchführung der Nachwahl 26
3. Vorhandensein der Schwerbehindertenvertretung 11	V. Amtsdauer und mehrfache Nachwahl 30

---

30 AA wohl *Hohmann* in Wiegand/Hohmann SchwbVWO § 16 Rn. 16, der jedoch keine Begründung dazu liefert, warum die Gewerkschaften trotz der vom BAG abgelehnten Anfechtungsberechtigung ein Einsichtsrecht haben sollen.
31 BAG 29.7.2009 – 7 ABR 25/08, juris Rn. 9 ff.; *Sachadae*, Wahl der SchwbV, S. 468.
32 Vgl. *Hohmann* in Wiegand/Hohmann SchwbVWO § 16 Rn. 19; *Maaß* in Kossens/von der Heide/Maaß, 1. Aufl. 2002, SchwbVWO, Anm. zu § 16.
33 *Hohmann* in Wiegand/Hohmann SchwbVWO § 16 Rn. 21; *Pahlen* in Neumann/Pahlen/Greiner/Winkler/Jabben SchwbVWO § 16 Rn. 2.

I. Überblick über den Regelungsinhalt

1 Die Vorschrift regelt die **isolierte (Nach-)Wahl** des Stellvertreters. Durch diese soll sichergestellt werden, dass im Fall des Ausscheidens der Schwerbehindertenvertretung oder im Fall von deren Verhinderung die Vertretung der besonderen Interessen der schwerbehinderten Beschäftigten weiter gewährleistet ist, indem ein stellvertretendes Mitglied nachrücken bzw. als Vertreter tätig werden kann.

2 Die Vorschrift des § 17 regelt dabei die Nachwahl der stellvertretenden Mitglieder im förmlichen Wahlverfahren. Zur Nachwahl im vereinfachten Verfahren → § 21 Rn. 1 ff. Zur Auswahl des richtigen Wahlverfahren → Rn. 19 ff.

II. Voraussetzung der isolierten (Nach-)Wahl der stellvertretenden Mitglieder

3 Eine isolierte Nachwahl der stellvertretenden Mitglieder ist **nicht einschränkungslos** möglich. Vielmehr kommt eine solche grundsätzlich nur in zwei Konstellationen in Betracht.

1. Bisher keine Wahl stellvertretender Mitglieder

4 Einerseits kann eine Nachwahl erfolgen, wenn **bisher noch kein stellvertretendes Mitglied gewählt** worden ist. Ein solcher Fall kann eintreten, wenn entweder die Wahl stellvertretender Mitglieder entgegen § 177 Abs. 1 S. 1 SGB IX **vollständig unterblieben** ist oder wenn sich trotz Nachfrist gem. § 7 **keine wählbare Person gefunden** hat, die sich zur Wahl gestellt hätte, wenn die diesbezüglichen **Wahlvorschläge** (zB mangels hinreichender Stützunterschriften) jeweils **unzulässig** waren oder wenn die gewählten stellvertretenden Mitglieder die **Wahl abgelehnt haben**.[1] Der vorherige (erfolglose) Versuch der Wahl der stellvertretenden Mitglieder sperrt also nicht einen erneuten Wahlversuch. Gleiches gilt, wenn sich bei der vorherigen Wahl keine Kandidaten gefunden haben. Insbesondere kann nicht per se unterstellt werden, dass sich auch bei der isolierten Nachwahl keine Kandidaten finden würden (zur mehrfachen Nachwahl → Rn. 31).

Daneben kann die Notwendigkeit einer isolierten Nachwahl eintreten, wenn die **Wahl der stellvertretenden Mitglieder** – im Einklang mit der Rechtsprechung des BAG isoliert[2] – für **nichtig** erklärt worden ist, weil in diesem Fall die Wahl der stellvertretenden Mitglieder als nicht erfolgt gilt.

2. Ausscheiden des letzten stellvertretenden Mitglieds

5 Andererseits ist eine isolierte Nachwahl der stellvertretenden Mitglieder auch möglich, wenn zwar ein oder mehrere stellvertretende Mitglieder gewählt worden waren, diese jedoch **zwischenzeitlich wieder aus diesem Amt ausgeschieden** sind.

a) Mögliche Gründe für das Ausscheiden

6 Dabei ist gleichgültig, aus welchem Grund die stellvertretenden Mitglieder ausgeschieden sind. Die Nachwahl ist daher sowohl bei **Niederlegung des Amts**

---

[1] Cramer SchwbV SchwbVWO § 17 Rn. 1; Hohmann in Wiegand/Hohmann SchwbVWO § 17 Rn. 7.
[2] BAG 29.7.2009 – 7 ABR 91/07, NZA-RR 2010, 76; BAG 23.7.2014 – 7 ABR 23/12, juris Rn. 17. Vgl. auch Düwell/Sachadae NZA 2014, 1241 (1245); Sachadae Behindertenrecht 2015, 34 (37).

als auch bei **Ausscheiden aus dem Beschäftigungsverhältnis** (zB altersbedingt oder wegen Befristung des Beschäftigungsverhältnisses) oder bei **Verlust des passiven Wahlrechts** (zB Beförderung zum leitenden Angestellten oder zum Dienststellenleiter) nötig.[3] Daneben kann eine Nachwahl auch erforderlich werden, wenn die Wahl der stellvertretenden Mitglieder im Rahmen einer **isolierten Anfechtung der Stellvertreterwahl**[4] für unwirksam erklärt worden ist. Schließlich kommt eine Nachwahl stellvertretender Mitglieder auch in Betracht, wenn das **letzte stellvertretende Mitglied** wegen Ausscheidens der bisherigen Vertrauensperson als Schwerbehindertenvertretung **nachgerückt** ist.

b) Maßgeblichkeit des Ausscheidens des letzten Stellvertreters

Der Wortlaut des § 17 stellt darauf ab, dass lediglich im Fall des **Ausscheidens des einzigen** bzw. **des letzten stellvertretenden Mitglieds** eine isolierte Nachwahl stattzufinden habe.[5] Dagegen wäre nach dieser Vorgabe eine Nachwahl nicht möglich, wenn das Ausscheiden stellvertretender Mitglieder lediglich dazu führt, dass die nach § 2 Abs. 4 festgelegte bzw. die erfolgreich gewählte Zahl der Stellvertreter unterschritten wird, aber zugleich noch **mindestens ein stellvertretendes Mitglied verbleibt**.

Diese **Beschränkung der Nachwahlmöglichkeit** auf das Ausscheiden des letzten stellvertretenden Mitglieds kann gerade in großen Betrieben sehr **problematisch** sein. Inzwischen ist die Unterstützungsfunktion der stellvertretenden Mitglieder wesentlich ausgebaut worden, so dass diesen auch ein deutlich höherer Stellenwert zukommt.[6] Insbesondere besteht mittlerweile die Möglichkeit, in Abhängigkeit von der Zahl der schwerbehinderten Beschäftigten theoretisch eine Vielzahl von stellvertretenden Mitgliedern zur Unterstützung der Schwerbehindertenvertretung heranzuziehen.[7] Diese gerade wegen des in der Praxis großer Betriebe und Dienststellen bestehenden dringenden Bedürfnisses geschaffene Regelung[8] läuft dann uU leer, wenn die **Nachwahl nach § 17 ggf. durch ein verbliebenes stellvertretenes Mitglied „gesperrt"** wäre. Dh die Schwerbehindertenvertretung könnte dann mitunter die ihr obliegenden und bisher über die Heranziehung von Stellvertretern bewältigten **Aufgaben nicht mehr vollständig erfüllen**, ohne dass dieses Problem noch im Lauf der Amtszeit behoben werden könnte. Ein rein **pragmatischer Lösungsweg** wäre dann ein **Rücktritt des einzig verbliebenen stellvertretenden Mitglieds,** um auf diese Weise den Weg für eine isolierte Nachwahl frei zu machen. Allerdings ist nicht gewährleistet, dass sich der verbliebene Stellvertreter auf diese Lösung einlässt, zumal für ihn offen ist, ob er nach dem Rücktritt wiedergewählt wird.

Diese **Konsequenzen** dürften **vom jeweiligen Normgeber nicht bedacht** und auch nicht gewollt gewesen sein. Schließlich ist die Möglichkeit der Heranziehung von mehr als einem stellvertretenden Mitglied erst deutlich nach der Regelung des § 17 geschaffen worden. Insofern dürfte von einer **Planwidrigkeit dieser Regelungslücke** auszugehen sein. Daher erschiene es grundsätzlich auch denkbar, im Wege einer **Analogie zu § 17** bereits dann eine isolierte Nachwahl

---

3 Vgl. *Hohmann* in Wiegand/Hohmann SchwbVWO § 17 Rn. 6.
4 Dazu BAG 29.7.2009 – 7 ABR 91/07, NZA-RR 2010, 76; BAG 23.7.2014 – 7 ABR 23/12, juris Rn. 17. Vgl. auch *Düwell/Sachadae* NZA 2014, 1241 (1245); *Sachadae* Behindertenrecht 2015, 34 (37).
5 So auch Amtl. Begründung zum Verordnungsentwurf, BR-Drs. 147/90, 14; *Hohmann* in Wiegand/Hohmann SchwbVWO § 17 Rn. 5.
6 Dazu *Sachadae* ZVBR online 12/2016, 38 (43). Vgl. auch *Düwell*, Das Vorschaltgesetz zum Schwerbehindertenrecht, jurisPR-ArbR 21/2016, Anm. 1.
7 *Sachadae* ZBVR online 12/2016, 38 (42 f.); *Sachadae* PersR 2/2017, 33 (34).
8 Vgl. Begr. RegE, BR-Drs. 428/16, 322.

stellvertretender Mitglieder zuzulassen, wenn das Ausscheiden der gewählten stellvertretenden Mitglieder dazu führt, dass die nach § 178 Abs. 1 S. 4 und 5 SGB IX bestehende Heranziehungsmöglichkeit nicht mehr ausgeschöpft werden kann. In diesem Fall wären dann nur die nicht mehr besetzten Stellvertreterämter neu zu wählen.

c) Absehbarkeit des Ausscheidens

10 Für die Zulässigkeit der isolierten Nachwahl reicht es aus, wenn das **Ausscheiden des stellvertretenden Mitglieds sicher absehbar** ist (zB weil das Erreichen der Altersbefristung oder des Pensionierungsalters bevorsteht oder weil die Zeit- oder Zweckbefristung des Arbeitsverhältnisses ausläuft).[9] Es ist daher nicht notwendig, mit der Initiierung der Nachwahl so lange zu warten, bis das Ausscheiden eingetreten ist.

Gleichermaßen kann eine isolierte Nachwahl stattfinden, wenn das letzte stellvertretende Mitglied unwiderruflich seinen **Rücktritt erklärt** hat. Einem lediglich angekündigten Rücktritt zu einem bestimmten Termin, dürfte hingegen die notwendige Verbindlichkeit fehlen, um hierauf basierend eine Nachwahl anstoßen zu können.

3. Vorhandensein der Schwerbehindertenvertretung

11 Indirekte Voraussetzung einer isolierten Nachwahl der stellvertretenden Mitglieder nach § 17 ist, dass die **Schwerbehindertenvertretung an sich noch existiert**.[10] Ist nämlich auch die amtierende bzw. nachgerückte Vertrauensperson ausgeschieden, ist eine vollständige Neuwahl sowohl der Schwerbehindertenvertretung als auch der stellvertretenden Mitglieder nach § 177 Abs. 5 S. 2 Nr. 1 SGB IX durchzuführen.

4. Sonstige Voraussetzungen der isolierten Nachwahl

12 Neben den in § 17 genannten Voraussetzungen müssen für eine isolierte Nachwahl der stellvertretenden Mitglieder jedoch die **übrigen allgemeinen Wahlvoraussetzungen** des § 177 Abs. 1 S. 1 SGB IX gegeben sein,[11] weil es sich um eine vollwertige Wahl handelt, für die § 17 lediglich eine Ausnahme von der Vorgabe des § 177 Abs. 5 S. 4 SGB IX zulässt.[12] Daher müssen zum Zeitpunkt der Initiierung[13] der Nachwahl im Betrieb bzw. in der Dienststelle mindestens fünf schwerbehinderte Menschen nicht nur vorübergehend beschäftigt sein. Ist die maßgebliche **Zahl schwerbehinderter Beschäftigter** nach der Wahl der Schwerbehindertenvertretung **unter fünf** gesunken, bleibt deren Amt zwar nach herrschender Ansicht erhalten[14] – eine Nachwahl bei Ausscheiden stellvertretender Mitglieder ist dann jedoch nicht mehr möglich.

13 Bei der Feststellung der allgemeinen Wahlvoraussetzungen des § 177 Abs. 1 S. 1 SGB IX ist zu beachten, dass der **Wahlbezirk mit dem der vorherigen regulären**

---

9 Vgl. *Hohmann* in Wiegand/Hohmann SchwbVWO § 17 Rn. 5.
10 So auch *Hohmann* in Wiegand/Hohmann SchwbVWO § 17 Rn. 9.
11 Im Ergebnis ebenso *Cramer* SchwbV SchwbVWO § 17 Rn. 1; *Hohmann* in Wiegand/Hohmann SchwbVWO § 17 Rn. 9.
12 Vgl. dazu auch *Cramer* SchwbV SchwbVWO § 17 Rn. 1, der die isolierte Nachwahl insoweit auf eine „sinngemäße Anwendung" des § 24 Abs. 5 S. 2 SchwbG stützt.
13 Zur Maßgeblichkeit dieses Zeitpunkts: *Sachadae*, Wahl der SchwbV, S. 297 ff. und 303.
14 Statt vieler *Adlhoch* in Ernst/Adlhoch/Seel SGB IX § 94 Rn. 58 c; *Knittel* SGB IX § 94 Rn. 240 ff.; AA LAG Nds 20.8.2008 – 15 TaBV 145/07.

Schwerbehindertenvertretungswahl deckungsgleich sein muss. Zwar stellt die isolierte Nachwahl gem. § 17 im Grundsatz eine eigenständige, von der vorherigen „normalen" Wahl der Schwerbehindertenvertretung **unabhängige Wahl** dar. Jedoch geht es bei dieser gerade um die (ergänzende) Wahl der stellvertretenden Mitglieder, die die Vertrauensperson im Fall von deren Verhinderung vertreten und ggf. an deren Stelle nachrücken sollen. Die Nachwahl dient also gerade der demokratischen Legitimation potenzieller Vertreter und Nachfolger der bisherigen Schwerbehindertenvertretung. Dies erfordert es, dass der die stellvertretenden Mitglieder wählende und damit legitimierende Personenkreis im Grundsatz mit dem identisch ist, der auch die Schwerbehindertenvertretung gewählt hatte. Daher haben **zwischenzeitlich vorgesehene Änderungen am Wahlbezirk** (zB Zusammenfassung von Betrieb bzw. Dienststellen nach § 177 Abs. 1 S. 4 SGB IX oder durch Tarifvertrag festgelegte abweichende Betriebsstruktur) für die Nachwahl nach § 17 keine Bedeutung, sondern wirken sich erst bei der nächsten (vollständigen) Schwerbehindertenvertretungswahl aus.

Ist der Wahlbezirk durch Umstrukturierungen derart geändert worden, dass ein **Übergangsmandat** der Schwerbehindertenvertretung entstanden ist (§ 177 Abs. 8 SGB IX iVm § 21 a BetrVG), ist ausschließlich die dann nach § 21 a BetrVG einzuleitende Neuwahl durchzuführen. 14

III. Initiierung der Nachwahl

1. Zuständigkeit

Zuständig für die Initiierung der Nachwahl ist nach § 17 ausschließlich die Schwerbehindertenvertretung.[15] Die Vornahme der **Initiierung der Nachwahl** ist eine **Amtspflicht der Schwerbehindertenvertretung**.[16] 15

Trotz der in S. 3 enthaltenen Verweisung auf die §§ 1 bis 16 soll § 1 Abs. 2 keine Anwendung finden, so dass eine **Bestellung des Wahlvorstands über eine Versammlung der Schwerbehinderten nicht möglich** sein soll.[17] Diese bewusst vom Normgeber vorgesehene Beschränkung der Initiierungsbefugnis der Schwerbehindertenvertretung widerspricht dem Grundsatz der obligatorischen Vertretung,[18] weil bei Untätigkeit der Schwerbehindertenvertretung eine Kontinuität der Interessenvertretung nicht mehr gewährleistet wird. 16

Ist die Vertrauensperson bei Vorliegen der Voraussetzungen des § 17 verhindert (zB dauerhafte Erkrankung der Vertrauensperson mit aus diesem Grund absehbarer Beendigung des Beschäftigungsverhältnisses), dann kann die **Initiierung der Nachwahl** auch **durch das erste stellvertretende Mitglied** erfolgen. Dabei wird das stellvertretende Mitglied insoweit als Schwerbehindertenvertretung tätig, so dass eine solche Handlung vom Wortlaut des § 17 abgedeckt ist. 17

2. Zeitpunkt der Initiierung

Die Initiierung muss **unverzüglich nach Feststellung des Vorliegens der Voraussetzungen** durch die Schwerbehindertenvertretung erfolgen. Unverzüglich bedeutet insoweit ohne schuldhaftes Zögern (§ 121 BGB).[19] Die Schwerbehindertenvertretung hat jedoch die Zeit, um das Vorliegen der Voraussetzungen für 18

---

15 Vgl. *Hohmann* in Wiegand/Hohmann SchwbVWO § 17 Rn. 10. Vgl. auch Amtl. Begründung BR-Drs.147/90, 14.
16 *Hohmann* in Wiegand/Hohmann SchwbVWO § 17 Rn. 10.
17 Amtl. Begründung BR-Drs.147/90, 14; *Cramer* SchwbV SchwbVWO § 17 Rn. 3.
18 Dazu *Sachadae*, Wahl der SchwbV, S. 69 ff.
19 *Hohmann* in Wiegand/Hohmann SchwbVWO § 17 Rn. 11.

die Nachwahl einerseits und die Voraussetzungen für das anzuwendende Wahlverfahren (→ Rn. 19 ff.) zu prüfen.

3. Auswahl des Wahlverfahrens

19 Auch bei der Nachwahl der stellvertretenden Mitglieder gibt es grundsätzlich zwei mögliche Wahlverfahren. Wie bei der „normalen" Schwerbehindertenvertretungswahl auch bildet das **förmliche Wahlverfahren** den gesetzlichen Regelfall. Dagegen kommt das **vereinfachte Wahlverfahren** nur zur Anwendung, wenn dessen Voraussetzungen vorliegen. Diese ergeben sich auch bei der Nachwahl der stellvertretenden Mitglieder aus § 177 Abs. 6 S. 3 SGB IX.

20 Danach kommt das förmliche Wahlverfahren zur Anwendung, wenn im betreffenden **Wahlbezirk mehr als 49 Wahlberechtigte** beschäftigt sind oder wenn der **Wahlbezirk aus räumlich weit auseinanderliegenden Betrieben** oder Betriebsteilen bzw. **Dienststellen** oder Dienststellenteilen besteht.

21 Sind dagegen im Wahlbezirk **weniger als 50 Wahlberechtigte** beschäftigt und besteht der Wahlbezirk gleichzeitig **nicht aus räumlich weit auseinanderliegenden Betrieben** oder Betriebsteilen bzw. **Dienststellen** oder Dienststellenteilen, ist die Nachwahl zwingend gem. § 21 im vereinfachten Wahlverfahren durchzuführen (§ 177 Abs. 6 S. 3 SGB IX).

22 Die Schwerbehindertenvertretung hat bei der Entscheidung über das Wahlverfahren **keine Auswahlmöglichkeit** und kein Ermessen. Vielmehr muss sie allein anhand der objektiven Kriterien entscheiden. Daher hat sie **vor der Initiierung der Nachwahl das Vorliegen der Voraussetzungen des § 177 Abs. 6 S. 2 SGB IX zu prüfen.** Hierbei hat sie der Arbeitgeber nach § 2 Abs. 6 zu unterstützen und die notwendigen Auskünfte zu erteilen.

23 Eine **Bindung an** das bei der letzten „normalen" Schwerbehindertenvertretungswahl **angewendete Wahlverfahren** besteht nicht, weil die Wahlen insoweit voneinander unabhängig sind.

24 Die **Prüfung** des anzuwendenden Wahlverfahrens hat **zwingend vor der Vornahme der Initiierung** zu erfolgen, weil bereits die Initiierungshandlung vom anzuwendenden Wahlverfahren abhängt (Bestellung Wahlvorstand oder Einladung zur Wahlversammlung).

4. Vornahme der Initiierung im förmlichen Wahlverfahren

25 Die Initiierung[20] einer Nachwahl gem. § 17 erfolgt ausschließlich über die **unmittelbare Bestellung des Wahlvorstands**. Eine Initiierung über eine Einladung zu einer Versammlung zur Wahl eines Wahlvorstands soll nach dem Willen des Verordnungsgebers im Fall des § 17 nicht stattfinden.[21] Zur Initiierung der Nachwahl der stellvertretenden Mitglieder im vereinfachten Wahlverfahren bei weniger als 50 Wahlberechtigten → § 21 Rn. 1 ff.

IV. Durchführung der Nachwahl

26 Ist ein Wahlvorstand wirksam bestellt worden, hat dieser unverzüglich die Nachwahl der stellvertretenden Mitglieder einzuleiten. Die Nachwahl nach

---

20 Vgl. zu diesem Begriff *Sachadae*, Wahl der SchwbV, S. 304 f.
21 Vgl. Amtl. Begründung BR-Drs.147/90, 14; *Hohmann* in Wiegand/Hohmann SchwbVWO § 17 Rn. 12.

§ 17 ist dabei im förmlichen Wahlverfahren durchzuführen. Dementsprechend wird die Wahl mit dem Erlass des Wahlausschreibens eingeleitet (vgl. § 5).[22]

Im Vorfeld des Erlasses des Wahlausschreibens hat der Wahlvorstand jedoch alle nötigen **wahlvorbereitenden Handlungen** vorzunehmen und Entscheidungen zu treffen. Hierzu gehören insbesondere die Aufstellung der Liste der Wahlberechtigten, die Festlegung der im Wahlausschreiben anzugebenden Informationen zu Zeit und Ort der Wahl, die Bestellung von Wahlhelfern und die Entscheidung über die Anordnung einer generellen Briefwahl. 27

Ferner hat der Wahlvorstand die **Entscheidung über die zu wählende Anzahl der stellvertretenden Mitglieder** zu treffen (vgl. § 2 Abs. 4). Diese Frage hat der Wahlvorstand zuvor mit der Schwerbehindertenvertretung, dem Betriebs- bzw. Personalrat und dem Arbeitgeber zu erörtern. Der Wahlvorstand ist bei der Nachwahl **nicht** an die bei der vorherigen „normalen" Schwerbehindertenvertretungswahl getroffene **Festlegung der Stellvertreterzahl gebunden**, weil die Wahlen voneinander unabhängig sind. Bei der Festlegung der zu wählenden Anzahl der stellvertretenden Mitglieder ist neben den allgemeinen Gesichtspunkten (→ § 2 Rn. 26 ff.) einerseits zu berücksichtigen, dass die bei der regulären **Wahl festgelegte Stellvertreterzahl offensichtlich nicht ausgereicht** hat. Andererseits ist aber auch zu beachten, dass die für die stellvertretenden Mitglieder im Fall der Nachwahl nach § 17 **verbleibende Amtsdauer** wegen der Bindung an die bereits laufende Amtsdauer der Schwerbehindertenvertretung **kürzer ausfällt als bei der normalen Wahl**. 28

Im Übrigen sind für die Durchführung der Nachwahl gem. § 17 die §§ 1 bis 16 entsprechend anzuwenden. Dh die Vorgaben richten sich nach den **allgemeinen Bestimmungen des förmlichen Wahlverfahrens**, soweit sich nicht aus den Besonderheiten der isolierten Nachwahl nach § 17 notwendige Abweichungen ergeben.[23] 29

V. Amtsdauer und mehrfache Nachwahl

Gem. § 17 ist die Amtsdauer der neu gewählten stellvertretenden Mitglieder **an die Amtsdauer der Schwerbehindertenvertretung gekoppelt**. Dh die Amtszeit der stellvertretenden Mitglieder endet zeitgleich mit der der Vertrauensperson. Dies gilt auch, wenn die stellvertretenden Mitglieder **weniger als ein Jahr vor dem Termin für die regelmäßigen Wahlen gewählt** worden sind. Die Sonderregelung des § 177 Abs. 5 S. 5 SGB IX greift insoweit nicht, weil sie allein für die „normale" Wahl der Schwerbehindertenvertretung gilt. 30

Hat während der laufenden Amtszeit der Schwerbehindertenvertretung eine Nachwahl nach § 17 (oder § 21) stattgefunden, steht dies einer **erneuten Nachwahl stellvertretender Mitglieder** nicht entgegen, weil § 17 (ebenso wie § 21) keine Beschränkung auf eine einmalige Nachwahl vorsieht. Vielmehr entspricht es dem Grundsatz der obligatorischen Vertretung,[24] dass nötigenfalls eine mehrfache Nachwahl der stellvertretenden Mitglieder durchgeführt wird, um eine **Kontinuität der Interessenvertretung** sicherzustellen. Allerdings sollte bei der Festlegung der Anzahl der zu wählenden stellvertretenden Mitglieder darauf geachtet werden (→ Rn. 25 ff.), dass eine mehrfache Nachwahl durch eine ausreichend hohe Stellvertreterzahl möglichst vermieden wird. 31

---

22 BAG 16.11.2005 – 7 ABR 9/05, Behindertenrecht 2006, 105; *Hohmann* in Wiegand/Hohmann SchwbVWO § 17 Rn. 14.
23 *Hohmann* in Wiegand/Hohmann SchwbVWO § 17 Rn. 18.
24 Dazu *Sachadae*, Wahl der SchwbV, S. 69 ff.

Dritter Abschnitt Vereinfachtes Wahlverfahren

§ 18 SchwbVWO Voraussetzungen

Besteht der Betrieb oder die Dienststelle nicht aus räumlich weiter auseinanderliegenden Teilen und sind dort weniger als fünfzig Wahlberechtigte beschäftigt, ist die Schwerbehindertenvertretung in einem vereinfachten Wahlverfahren nach Maßgabe der folgenden Vorschriften zu wählen.

I. Überblick über den Regelungsinhalt 1	3. Schwellenwert 11
II. Anwendungsvoraussetzungen 2	4. Maßgeblicher Zeitpunkt 14
1. Allgemeines 2	III. Zwingende Vorgabe des Wahlverfahrens 18
2. Kriterium der räumlichen Nähe 3	

I. Überblick über den Regelungsinhalt

1 Die Vorschrift benennt die Voraussetzungen für die Anwendung des vereinfachten Wahlverfahrens. Da diese jedoch bereits **durch § 177 Abs. 6 S. 3 SGB IX abschließend vorgegeben** werden, kommt § 18 keine eigenständige Bedeutung zu. Vielmehr werden die Voraussetzungen insoweit lediglich **deklaratorisch aufgelistet**. Zu den Einzelheiten sei daher auf die Kommentierung zu → SGB IX § 177 Rn. 80 f. verwiesen.

II. Anwendungsvoraussetzungen

1. Allgemeines

2 Für die Anwendung des vereinfachten Wahlverfahrens müssen **kumulativ zwei Voraussetzungen** gegeben sein. Zum einen darf der Wahlbezirk nicht aus räumlich weit auseinanderliegenden Betriebsteilen oder Betrieben bzw. Dienststellenteilen oder Dienststellen bestehen. Zum anderen dürfen im Wahlbezirk nicht mehr als 49 wahlberechtigte schwerbehinderte Menschen beschäftigt sein.

2. Kriterium der räumlichen Nähe

3 Das vereinfachte Wahlverfahren darf nur in Betrieben bzw. Dienststellen durchgeführt werden, die nicht aus räumlich weit auseinanderliegenden Teilen besteht. Dieses Kriterium hat lediglich in solchen Betrieben bzw. Dienststellen Bedeutung, die überhaupt eine **räumliche Zergliederung in mehrere Betriebs- bzw. Dienststellenteile** aufweisen.

4 Im Fall der Zusammenfassung nach § 177 Abs. 1 S. 4 SGB IX kann der Wahlbezirk auch aus mehreren Betrieben bzw. Dienststellen bestehen. In einem solchen Fall ist nicht nur auf die räumliche Entfernung der Betriebs- bzw. Dienststellenteile abzustellen, sondern – über den Wortlaut hinaus – auch die **räumliche Entfernung der zusammengefassten Betriebe bzw. Dienststellen** zu prüfen. Aus der Tatsache, dass eine Zusammenfassung nach § 177 Abs. 1 S. 4 SGB IX ebenfalls ein räumliches Näheverhältnis voraussetzt, folgt dabei nicht, dass im Fall der erfolgten Zusammenfassung stets auch das Kriterium der räumlichen Nähe iSd § 177 Abs. 6 S. 3 SGB IX gegeben wäre. Die beiden **Regelungen verfolgen näm-

lich unterschiedliche Regelungszwecke und sind deshalb unterschiedlich auszulegen.[1]
Für die Prüfung des räumlichen Näheverhältnisses gibt es keine festen Werte anhand derer eine entsprechende Feststellung möglich wäre. Vielmehr ist eine an den **Umständen des Einzelfalls** orientierte Beurteilung vorzunehmen, um zu beurteilen, ob eine räumlich weite Entfernung iSd § 177 Abs. 6 S. 3 SGB IX vorliegt.[2]

Nach Auffassung des BAG ist dabei darauf abzustellen, ob trotz des Auseinanderfallens der Betriebsgemeinschaft gewährleistet sei, dass die Wahlberechtigten die ansonsten im förmlichen Wahlverfahren vermittelten **Kenntnisse über die Wahlbewerber** erlangen könnten und trotz der erheblich kürzeren Vorbereitungszeit eine **Verständigung der Wahlberechtigten über Art und Inhalt der Wahl** möglich bliebe.[3]

Diese informationsflussorientierte Auslegung vermag jedoch **nicht zu überzeugen**. Richtigerweise ist stattdessen darauf abzustellen, ob die Wahlberechtigten trotz der räumlichen Zergliederung gleichermaßen in der Lage sind, **in zumutbarer Weise die Wahlversammlung zu erreichen**.[4] Dass im Rahmen des § 177 Abs. 6 S. 3 SGB IX nicht auf die Informationsflüsse, sondern auf die **Erreichbarkeit der Wahlversammlung** abgestellt werden muss, ergibt sich aus der essentiellen Bedeutung der Teilnahme an der Wahlversammlung im vereinfachten Wahlverfahren. Die Teilnahme ist nämlich nicht nur notwendig, um den Großteil der von der Rechtsprechung allein für bedeutsam erachteten Informationen zu erhalten.[5] Vielmehr stehen die **wesentlichen wahlbezogenen Rechte** – wie das Wahlvorschlagsrecht und vor allem das Recht zur Stimmabgabe – exklusiv nur denjenigen Wahlberechtigten zu, die persönlich **an der Wahlversammlung teilnehmen**.[6] Dementsprechend kann das vereinfachte Wahlverfahren nach Sinn und Zweck des § 177 Abs. 6 S. 3 SGB IX nur dort zur Anwendung kommen, wo trotz der räumlichen Zergliederung des Wahlbezirks eine zumutbare Erreichbarkeit der Wahlversammlung gewährleistet ist.[7]

Nach dem hier zugrunde gelegten Verständnis des Kriteriums der räumlichen Nähe ist stets nur die **Entfernung der einzelnen Betriebsteile zu demjenigen Betriebsteil** zu beurteilen, **in dem die Wahlversammlung durchgeführt werden soll**. Dagegen ist die Entfernung zwischen zwei nicht als Ort für die Wahlversammlung vorgesehenen Betriebsteilen unmaßgeblich.[8]

Auch bei der Prüfung der Erreichbarkeit der Wahlversammlung gibt es **keine festen Entfernungswerte**, auf die abzustellen wäre. Vielmehr kommt es entscheidend auf die jeweilige verkehrstechnische Anbindung zwischen den zergliederten Betriebsteilen und dem Ort der Wahlversammlung an.[9] Dabei sind auch

---

1 BAG 7.4.2004 – 7 ABR 42/03, AP Nr. 3 zu § 94 SGB IX; LAG BW 10.4.2003 – 21 TaBV 4/02; *Sachadae*, Wahl der SchwbV, S. 282 f.
2 Vgl. *Hohmann* in Wiegand/Hohmann SchwbVWO § 18 Rn. 7.
3 BAG 7.4.2004 – 7 ABR 42/03, AP Nr. 3 zu § 94 SGB IX. Zustimmend LAG Köln 19.10.2011 – 3 TaBV 51/11; *Knittel* SGB IX § 94 Rn. 142.
4 *Dörner* SchwbG § 24 Rn. 29; *Pahlen* in Neumann/Pahlen/Greiner/Winkler/Jabben SchwbVWO § 18 Rn. 4; *Sachadae*, Wahl der SchwbV, S. 287 ff. mit ausführlicher Begründung.
5 *Sachadae*, Wahl der SchwbV, S. 288.
6 Ausführlich dazu *Sachadae*, Wahl der SchwbV, S. 288 f.
7 *Dörner* SchwbG § 24 Rn. 29; *Pahlen* in Neumann/Pahlen/Greiner/Winkler/Jabben SchwbVWO § 18 Rn. 4; *Sachadae*, Wahl der SchwbV, S. 287 ff.
8 *Sachadae*, Wahl der SchwbV, S. 290.
9 Statt vieler *Heuser* Behindertenrecht 1990, 25 (25).

die besonderen Belange schwerbehinderter Menschen zu berücksichtigen,[10] weshalb auch Gesichtspunkte der Barrierefreiheit der verkehrstechnischen Anbindung in die Betrachtung einfließen müssen.[11]

10 Bei der Prüfung der Erreichbarkeit kommt es auch nicht darauf an, ob die Wahlberechtigten irgendwie in der Lage sind, die Wahlversammlung zu erreichen. Vielmehr ist zu prüfen, ob es den Wahlberechtigten des räumlich entfernt liegenden Betriebs(-teils) **angesichts der bestehenden Verkehrsanbindung noch zumutbar ist**, an der Wahlversammlung teilzunehmen.[12] Da es schwerbehinderten Menschen im Allgemeinen schwerer fällt, größere Wegstrecken zu bewältigen,[13] ist insoweit ein **strengerer Maßstab** anzulegen.[14]

3. Schwellenwert

11 Unabhängig vom Kriterium der räumlichen Nähe verlangt § 177 Abs. 6 S. 3 SGB IX zusätzlich, dass ein bestimmter Schwellenwert von Wahlberechtigten nicht überschritten wird. Dabei wird von der Annahme ausgegangen, dass das **Wahlgeschehen** in Wahlbezirken mit einer begrenzten Anzahl von Wahlberechtigten **so überschaubar sei, dass eine Durchführung des formalisierten „normalen" Verfahrens verzichtbar** sei.[15] Das vereinfachte Wahlverfahren ist aus diesem Grunde auf solche Betriebe bzw. Dienststellen beschränkt, in denen nicht mehr als 49 wahlberechtigte schwerbehinderte Menschen beschäftigt sind.

12 Anders als im Hinblick auf den Schwellenwert des § 177 Abs. 1 S. 1 SGB IX kommt es insoweit nicht darauf an, dass die betreffende Zahl von Wahlberechtigten nicht **nur vorübergehend beschäftigt** wird, weil es insoweit nur auf die Größe des Wahlbezirks und damit auf die Überschaubarkeit des Wahlgeschehens zum Zeitpunkt der Wahl ankommt.[16]

13 Da bei der Prüfung der Schwellenwerterreichung nicht zwingend alle tatsächlich beschäftigten wahlberechtigten **schwerbehinderten Menschen** erkennbar sind (zB bei bisher geheim gehaltener Schwerbehinderung),[17] ist dabei auf einen **subjektiven Maßstab** abzustellen.[18] Dabei ist schwellenwertbezogen nur auf diejenigen Beschäftigten abzustellen, deren Schwerbehindertenstatus entweder **für jedermann offenkundig** oder dem **Arbeitgeber gegenüber bekanntgegeben** worden war.[19] Als valide Datenbasis kann dabei auf das vom Arbeitgeber zu führende **Schwerbehindertenverzeichnis** nach § 163 Abs. 1 SGB IX zurückgegriffen werden.[20]

---

10 Dörner SchwbG WO § 18 Anm. 3; Sachadae, Wahl der SchwbV, S. 291.
11 Sachadae, Wahl der SchwbV, S. 291.
12 Dörner SchwbG § 24 Rn. 29; Pahlen in Neumann/Pahlen/Greiner/Winkler/Jabben SchwbVWO § 18 Rn. 4; Sachadae, Wahl der SchwbV, S. 291 f.
13 Vgl. amtl. Begr. BR-Drs. 147/90, 14. Vgl. auch Dörner SchwbG WO § 18 Anm. 3 a.
14 Sachadae, Wahl der SchwbV, S. 291.
15 LAG BW 10.3.2004 – 21 TaBV 4/02; Hohmann in Wiegand SGB IX § 94 Rn. 241. Vgl. auch BAG 7.4.2004 – 7 ABR 42/03, AP Nr. 3 zu § 94 SGB IX. Kritisch dazu Sachadae, Wahl der SchwbV, S. 274 f.
16 Vgl. Sachadae, Wahl der SchwbV, S. 273 f.
17 Näher zur Problematik der fehlenden „Sichtbarkeit" Sachadae, Wahl der SchwbV, S. 276 ff.
18 Sachadae, Wahl der SchwbV, S. 278 f.
19 Sachadae, Wahl der SchwbV, S. 278.
20 Sachadae, Wahl der SchwbV, S. 279. Ebenso wohl auch Friedrich dbr 9/2006, 37 (37).

4. Maßgeblicher Zeitpunkt

Weder in § 177 Abs. 6 S. 3 SGB IX noch in § 18 ist geregelt, auf welchen Zeitpunkt sich die Voraussetzungen des vereinfachten Verfahrens beziehen. Dahin gehend ist zunächst festzuhalten, dass es bei dem Schwellenwert **nicht** auf die Zahl der „**in der Regel**" Beschäftigten ankommt, sondern auf die **Beschäftigtenzahl zu einem bestimmten Stichtag** abzustellen ist.[21]

14

Vor über zehn Jahren hatte das BAG diesbezüglich die Auffassung geäußert, dass auf den Zeitpunkt der Einleitung der Wahl abzustellen sei.[22] Dies sei im vereinfachten Wahlverfahren der Zeitpunkt der **Einladung zur Wahlversammlung**; im förmlichen Verfahren sei dies der Zeitpunkt des **Erlasses des Wahlausschreibens**.[23] Begründet wird diese Ansicht damit, dass zu diesem Zeitpunkt die Wahl gegenüber den Wahlberechtigten verbindlich in Gang gesetzt und damit ein nach außen erkennbarer Akt der Wahlvorbereitung bestehen würde.[24]

15

Dem ist jedoch entgegenzuhalten, dass die **Entscheidung über das Wahlverfahren** nicht erst mit dem Erlass des Wahlausschreibens, sondern **bereits mit der Einsetzung des Wahlvorstands** (bzw. mit der Einladung zur Versammlung zur Wahl eines Wahlvorstands) getroffen werden muss, weil ein Wahlvorstand nur im förmlichen Wahlverfahren existiert.[25] Konsequenterweise ist daher nicht auf die Einleitung, sondern **stattdessen** auf den **Zeitpunkt der Initiierung**[26] der **Wahl abzustellen**.[27]

16

Hieraus folgt, dass für die Entscheidung über das Wahlverfahren für das förmliche Wahlverfahren auf den Zeitpunkt abzustellen ist, zu dem **von der amtierenden Schwerbehindertenvertretung der Wahlvorstand bestellt** wird bzw. zu dem **zu einer Versammlung zur Wahl eines Wahlvorstands nach § 1 Abs. 2 eingeladen** wird. Im Hinblick auf das vereinfachte Wahlverfahren fallen Initiierung und Einleitung der Wahl zusammen, so dass auch nach der hier vertretenen Auffassung insoweit auf den **Zeitpunkt der Einladung zur Wahlversammlung** abzustellen ist.

17

III. Zwingende Vorgabe des Wahlverfahrens

Zwischen den Wahlverfahren besteht **keine Wahlmöglichkeit**. Eine solche gibt es weder für die Initiatoren der Wahl noch für den Wahlvorstand. Vielmehr ist die Entscheidung über das anzuwendende Verfahren zwingend an die Vorgaben des § 177 Abs. 6 S. 3 SGB IX gebunden.[28] Das bedeutet, dass bei **Vorliegen der Voraussetzungen für das vereinfachte Wahlverfahren ausschließlich dieses Verfahren** durchgeführt werden kann. Eine Durchführung des förmlichen Verfahrens ist bei Vorliegen der Voraussetzungen des § 177 Abs. 6 S. 3 SGB IX unzulässig und führt zur **Anfechtbarkeit der Wahl** (→ SGB IX § 177 Rn. 69).[29] Um-

18

---

21 *Sachadae*, Wahl der SchwbV, S. 275. Vgl. auch *Düwell/Sachadae* NZA 2014, 1241 (1242).
22 BAG 16.11.2005 – 7 ABR 9/05, AP Nr. 4 zu § 94 SGB IX. Zustimmend LAG Köln 19.10.2011 – 3 TaBV 51/11.
23 BAG 16.11.2005 – 7 ABR 9/05, AP Nr. 4 zu § 94 SGB IX.
24 Vgl. BAG 16.11.2005 – 7 ABR 9/05, AP Nr. 4 zu § 94 SGB IX; LAG Hamm 17.12.2004 – 13 TaBV 10/04.
25 *Düwell/Sachadae* NZA 2014, 1241 (1242).
26 Vgl. zu diesem Begriff *Sachadae*, Wahl der SchwbV, S. 304 f.
27 *Düwell/Sachadae* NZA 2014, 1241 (1242); *Sachadae*, Wahl der SchwbV, S. 297 bis 303, mit ausführlicher Begründung.
28 *Düwell/Sachadae* NZA 2014, 1241 (1242).
29 *Adlhoch* in Ernst/Adlhoch/Seel SGB IX § 94 Rn. 76; *Düwell/Sachadae* NZA 2014, 1241 (1242). Vgl. auch BAG 16.11.2005 – 7 ABR 9/05, NZA 2006, 340 (341). AA *Hohmann* in Wiegand/Hohmann SchwbVWO § 18 Rn. 24.

gekehrt muss zwingend das förmliche Wahlverfahren durchgeführt werden, sobald eine der Voraussetzungen des § 177 Abs. 6 S. 3 SGB IX nicht gegeben ist.
Eine **Dispositionsmöglichkeit**, wie sie für die Betriebsratswahl in § 14 a Abs. 5 BetrVG vorgesehen ist, existiert für die Schwerbehindertenvertretungswahlen nicht.[30] Es ist daher einzig auf den Schwellenwert des § 177 Abs. 6 S. 3 SGB IX abzustellen.

§ 19 SchwbVWO Vorbereitung der Wahl

(1) Spätestens drei Wochen vor Ablauf ihrer Amtszeit lädt die Schwerbehindertenvertretung die Wahlberechtigten durch Aushang oder sonst in geeigneter Weise zur Wahlversammlung ein.

(2) Ist in dem Betrieb oder der Dienststelle eine Schwerbehindertenvertretung nicht vorhanden, können drei Wahlberechtigte, der Betriebs- oder Personalrat oder das Integrationsamt zur Wahlversammlung einladen.

I. Überblick über den Regelungsinhalt 1	bb) Grundsatz 12
II. Besonderheiten des vereinfachten Verfahrens 2	cc) Erforderlichkeit der Unterrichtung sämtlicher Beschäftigter 13
III. Einladung durch die Schwerbehindertenvertretung (Abs. 1) 5	dd) Rechtzeitigkeit der Einladung........... 16
1. Allgemeines zur Einladung durch den scheidenden Amtsinhaber 5	3. Zeitpunkt der Einladung 18
	a) Vorlauffrist 18
2. Anforderungen an die Einladung 6	b) Fristversäumung durch die Schwerbehindertenvertretung 21
a) Inhaltliche Anforderungen 6	IV. Wahlversammlungseinladung durch andere Initiatoren (Abs. 2) 23
b) Formelle Anforderungen 11	1. Kreis der übrigen initiierungsbefugten Organe .. 24
aa) Fehlen einer ausdrücklichen Regelung 11	2. Beschränkung der Einladungsberechtigung 29

I. Überblick über den Regelungsinhalt

1 Die Vorschrift regelt die **Einladung der Wahlberechtigten zur Wahlversammlung** im vereinfachten Wahlverfahren und betrifft damit zugleich sowohl die **Initiierung**[1] als auch die **Einleitung der Wahl**.[2] Dh die Wahl ist damit sowohl hinsichtlich des Wahlgeschehens an sich als auch gegenüber den Wahlberechtigten so verbindlich in Gang gesetzt, dass dies bei ordnungsgemäßer Einhaltung der Wahlvorschriften und entsprechender Mitwirkung der Wahlberechtigten in der Regel ohne verfahrensfremde Verzögerungen zum erfolgreichen Abschluss der Wahl führt.[3] Zur Initiierung der Schwerbehindertenvertretungswahl im förmlichen Verfahren → § 1 Rn. 3 ff.

---

30 *Düwell/Sachadae* NZA 2014, 1241 (1242).
1 Zu diesem Begriff *Sachadae*, Wahl der SchwbV, S. 304 f.
2 Vgl. *Düwell/Sachadae* NZA 2012, 1241 (1242); *Sachadae*, Wahl der SchwbV, S. 195 und 297.
3 *Sachadae*, Wahl der SchwbV, S. 305.

II. Besonderheiten des vereinfachten Verfahrens

Da die **Wahlversammlung** das zentrale Kernelement des vereinfachten Verfahrens darstellt und die Teilnahme an dieser Voraussetzung für die Ausübung der wesentlichen wahlbezogenen Rechte ist, besitzt auch die **Einladung zu dieser Versammlung eine herausragende Bedeutung**.[4] Dies erklärt auch die sich nur teilweise aus dem Wortlaut ergebenden **hohen Anforderungen an die Vornahme der Einladung**.   2

Die Bestellung eines **Wahlvorstands ist im vereinfachten Verfahren nicht vorgesehen**, so dass eine dahin gehende Bestellung oder Wahl zur Initiierung der Wahl nicht erforderlich ist. Vielmehr wird die wahlleitende Funktion im vereinfachten Wahlverfahren von der in der Wahlversammlung **zu wählenden Wahlleitung** ausgeübt (→ § 20 Rn. 5 ff.).   3

Bei der Initiierung und Einleitung der Schwerbehindertenvertretungswahl im vereinfachten Verfahren ist zwischen der **Einladung durch die amtierende Schwerbehindertenvertretung** (§ 19 Abs. 1) und durch andere Initiierungsberechtigte (§ 19 Abs. 2) zu unterscheiden.   4

III. Einladung durch die Schwerbehindertenvertretung (Abs. 1)

1. Allgemeines zur Einladung durch den scheidenden Amtsinhaber

Da das Amt der Schwerbehindertenvertretung mit dem Ablauf der Amtszeit automatisch endet und diese das Amt auch nicht kommissarisch fortführen darf bis ein Nachfolger gewählt ist, muss eine **rechtzeitige Initiierung der Wahl** gewährleistet sein.[5] Aus diesem Grund ist die amtierende Schwerbehindertenvertretung gem. Abs. 1 verpflichtet, **spätestens drei Wochen vor Ablauf ihrer Amtszeit** zu einer Wahlversammlung einzuladen.   5

2. Anforderungen an die Einladung

a) Inhaltliche Anforderungen

Wegen der herausragenden Bedeutung der Einladung zur Wahlversammlung im vereinfachten Wahlverfahren werden auch ohne ausdrückliche Erwähnung gewisse **Anforderungen an die Einladung** zur Wahlversammlung gestellt.   6

Damit überhaupt von einer Einladung zu einer Versammlung gesprochen werden kann, müssen zwingend die **Eckdaten dieser Veranstaltung** benannt sein, so dass **Ort, Tag und Uhrzeit** zu den Mindestangaben zählen.[6]   7

Ebenso muss in der Einladung zwingend angegeben werden, dass auf dieser Versammlung die Wahl der Schwerbehindertenvertretung durchgeführt werden soll.[7] Auf diese Weise wird der **Gegenstand der Versammlung** klar zum Ausdruck gebracht und verdeutlicht, dass es sich nicht „nur" um eine Versammlung der Schwerbehinderten iSd § 178 Abs. 6 SGB IX handelt.[8]   8

Darüber hinaus muss die Einladung auch erkennen lassen, **wer zur Wahlversammlung aufruft**, damit die Wahlberechtigten prüfen können, ob die nötige   9

---

4 Vgl. dazu *Sachadae*, Wahl der SchwbV, S. 288 ff.
5 Vgl. zum Grundsatz der obligatorischen Vertretung: *Sachadae*, Wahl der SchwbV, S. 69 ff.
6 *Heuser* Behindertenrecht 1990, 25 (26); *Hohmann* in Wiegand/Hohmann SchwbVWO § 19 Rn. 9; *Sachadae*, Wahl der SchwbV, S. 369.
7 *Heuser* Behindertenrecht 1990, 25 (26); *Sachadae*, Wahl der SchwbV, S. 370; *Schütt*, Wahl zur Schwerbehindertenvertretung, S. 45.
8 Vgl. OVG NRW 27.1.1984 – CB 12/83, GW 1986, 94; *Adlhoch* in Ernst/Adlhoch/Seel SGB IX § 94 Rn. 93; *Hohmann* in Wiegand SGB IX § 100 Rn. 39; *Weber* SchwbG § 24 Anm. 22.

Initiierungsbefugnis besteht.[9] Die Notwendigkeit dieser Angabe rechtfertigt sich schon daraus, dass die Einladung zur Wahlversammlung im vereinfachten Verfahren einen ähnlichen Stellenwert besitzt wie das Wahlausschreiben im förmlichen Verfahren.[10] Außerdem ist es nur konsequent, bei der Wahlinitiierung per Versammlungseinladung im vereinfachten Wahlverfahren insoweit die gleichen Anforderungen zu stellen wie im Hinblick auf § 1 Abs. 2 im förmlichen Verfahren.

10 Eine **Angabe von Zeit und Ort der Stimmauszählung** in der Einladung zur Wahlversammlung ist dagegen nicht zwingend erforderlich.[11] Zwar wird die Notwendigkeit einer solchen Angabe teilweise damit begründet, dass § 20 Abs. 3 S. 6 eine Öffentlichkeit der Stimmauszählung erfordert und diese wiederum eine Bekanntgabe von deren Zeit und Ort voraussetzt.[12] Allerdings wird dabei übersehen, dass aus diesem Gebot nicht zwingend folgt, dass diese Angaben bereits in der Einladung zur Versammlung erfolgen müssten.[13] Vielmehr geht das BAG ausdrücklich davon aus, dass die Bekanntgabe von Zeit und Ort der Stimmauszählung auch **noch am betreffenden Tage ausreichend sei**.[14] Mithin ist das Fehlen von Angaben zu Zeit und Ort der Stimmauszählung in der Einladung zur Wahlversammlung unschädlich.[15]

b) Formelle Anforderungen
aa) Fehlen einer ausdrücklichen Regelung

11 In formeller Hinsicht enthält der Wortlaut des Abs. 1 nur wenige Vorgaben. Danach ist die Einladung durch „**Aushang oder sonst in geeigneter Weise**" vorzunehmen. Der Verordnungsgeber stellt damit im Rahmen des vereinfachten Wahlverfahrens **geringere formelle Anforderungen** an die Einladung zur Wahlversammlung als an das Wahlausschreiben, obwohl beides der Wahleinleitung dient.[16] Welche Anforderungen hierbei einzuhalten sind, lässt sich den Wahlvorschriften jedoch nicht unmittelbar entnehmen.

bb) Grundsatz

12 Rückschlüsse ergeben sich jedoch aus den bei der Schwerbehindertenvertretungswahl einzuhaltenden Wahlgrundsätzen.[17] Dabei besitzen insbesondere die **Grundsätze der Allgemeinheit und der Barrierefreiheit der Wahl** besondere Bedeutung, denn nach diesen ist es erforderlich, dass alle aktiv und passiv Wahlberechtigten **in gleicher, zumutbarer Weise die Möglichkeit erhalten, von ihrem Wahlrecht Gebrauch zu machen**.[18] Hierzu gehört insbesondere, dass die Wahlberechtigten überhaupt Kenntnis von der Wahl erlangen.[19] Um dies zu

---

9 *Sachadae*, Wahl der SchwbV, S. 370. Vgl. auch *Schütt*, Wahl zur Schwerbehindertenvertretung, S. 44.
10 *Sachadae*, Wahl der SchwbV, S. 370.
11 *Sachadae*, Wahl der SchwbV, S. 372.
12 So etwa LAG Bbg 17.10.2003 – 8 TaBV 7/03; *Hohmann* in Wiegand SGB IX § 100 Rn. 40.
13 Ausführlich dazu *Sachadae*, Wahl der SchwbV, S. 370 ff.
14 BAG 15.11.2000 – 7 ABR 53/99, AP Nr. 10 zu § 18 BetrVG 1972.
15 Vgl. *Sachadae*, Wahl der SchwbV, S. 370 ff. AA *Hohmann* in Wiegand/Hohmann SchwbVWO § 19 Rn. 13.
16 *Sachadae*, Wahl der SchwbV, S. 372 f.
17 Dazu ausführlich *Sachadae*, Wahl der SchwbV, S. 50–83.
18 *Sachadae*, Wahl der SchwbV, S. 373. Vgl. auch LAG Köln 11.4.2008 – 11 TaBV 80/07, Behindertenrecht 2009, 91 (94).
19 LAG Bbg 17.10.2003 – 8 TaBV 7/03. Vgl. auch *Schütt*, Wahl zur Schwerbehindertenvertretung, S. 44.

gewährleisten, muss die Einladung zur Wahlversammlung daher so erfolgen, dass sie **an sämtliche Wahlberechtigte gerichtet** ist und damit alle gleichermaßen über die Möglichkeit zur Ausübung ihres Wahlrechts in Kenntnis gesetzt werden.[20]

cc) Erforderlichkeit der Unterrichtung sämtlicher Beschäftigter

Angesichts der einzuhaltenden Wahlgrundsätze kommt daher eine an die schwerbehinderten Beschäftigten gerichtete **Einladung per Rundschreiben** oder eine persönliche Übergabe des Einladungsschreibens an diese nicht in Betracht.[21] Zum einen wäre hierdurch – wegen der Problematik der bisweilen fehlenden „**Sichtbarkeit**" der **Wahlberechtigten**[22] – nicht gewährleistet, dass tatsächlich alle objektiv wahlberechtigten schwerbehinderten Beschäftigten von der Wahl Kenntnis erlangen würden. Zum anderen würde eine solche Einladung zur **Beschneidung des passiven Wahlrechts** führen und damit den Grundsatz der Allgemeinheit der Wahl verletzen, weil in diesem Fall die nicht schwerbehinderten, aber gleichwohl passiv wählbaren Arbeitnehmer nicht unterrichtet würden und damit gerade keine Kenntnis von der Wahl erhielten.[23] Überdies würde hierdurch der Grundsatz der **Chancengleichheit der Wahlbewerber** und damit der Grundsatz der Gleichheit der Wahl verletzt.[24]

13

Angesichts der Erforderlichkeit der Unterrichtung sämtlicher Beschäftigter kommt somit ein Rundschreiben als Einladung allenfalls dann in Betracht, wenn das **Rundschreiben an sämtliche Beschäftigten des Wahlbezirks** gerichtet wird.[25]

14

Zur Vermeidung etwaiger Anfechtungsrisiken sollte stattdessen besser auf **Aushänge** zurückgegriffen werden. Dabei sollte zur Gewährleistung der Allgemeinheit und der Gleichheit der Wahl darauf geachtet werden, dass für die Aushänge möglichst diejenigen Stellen verwendet werden, die sich auch **für die Bekanntmachung des Wahlausschreibens eignen** würden. Die Stellen sollten daher **allgemein zugänglich** und **barrierefrei erreichbar** sein (→ § 5 Rn. 14 ff. und → § 5 Rn. 23 f. sowie zu den besonderen Anforderungen gegenüber Blinden → § 5 Rn. 21 f.).

15

dd) Rechtzeitigkeit der Einladung

Auch wenn im Wortlaut des § 19 keine **Mindestfrist zwischen Einladung und Durchführung der Versammlung** vorgesehen ist, ergibt sich eine solche gleichwohl aus dem Grundsatz der Allgemeinheit. Dieser erfordert es nämlich, dass die Einladung so rechtzeitig erfolgt, dass **alle Wahlberechtigten die Möglichkeit erhalten, an der Wahlversammlung teilzunehmen.**[26] Neben der Möglichkeit der Kenntnisnahme der Wahl an sich ist es somit auch erforderlich, dass die Wahlberechtigten in die Lage versetzt werden, sich **terminlich auf die Wahlversamm-**

16

---

20 *Sachadae*, Wahl der SchwbV, S. 373 f. Vgl. auch LAG Köln 11.4.2008 – 11 TaBV 80/07, Behindertenrecht 2009, 91 (94).
21 *Hohmann* in Wiegand/Hohmann SchwbVWO § 19 Rn. 12; *Sachadae*, Wahl der SchwbV, S. 374. Vgl. auch LAG Bbg 17.10.2003 – 8 TaBV 7/03; *Knittel* SGB IX § 94 Rn. 147.
22 Vgl. dazu *Sachadae*, Wahl der SchwbV, S. 235, 238 und 374.
23 *Sachadae*, Wahl der SchwbV, S. 375.
24 Zu diesem Grundsatz *Sachadae*, Wahl der SchwbV, S. 60.
25 *Sachadae*, Wahl der SchwbV, S. 375.
26 *Sachadae*, Wahl der SchwbV, S. 376 mwN Vgl. auch *Dörner* SchwbG WO § 19 Anm. 3; *Hohmann* in Wiegand/Hohmann SchwbVWO § 19 Rn. 7; *Pahlen* in Neumann/Pahlen/Greiner/Winkler/Jabben SchwbVWO § 19 Rn. 1.

lung einzurichten und ihre **Teilnahme arbeitsorganisatorisch zu ermöglichen**.[27] Daher muss zwischen der Einladung und der Durchführung der Wahlversammlung eine Mindestfrist verbleiben.[28]

17 Wegen der herausgehobenen Bedeutung der Wahlversammlung im vereinfachten Verfahren können für diese Mindestfrist **keine geringeren Anforderungen gelten als für die Einladung nach § 1 Abs. 2**.[29] Als zwischen der Einladung und der Versammlung einzuhaltender zeitlicher Puffer sollte daher eine **Frist von mindestens einer Woche** angesetzt werden.[30]

3. Zeitpunkt der Einladung

a) Vorlauffrist

18 Im Sinne der Kontinuität der Arbeit der Schwerbehindertenvertretung verlangt der Grundsatz der obligatorischen Vertretung im Allgemeinen eine **frühzeitige Initiierung der Schwerbehindertenvertretungswahl**. Daher ist die in Abs. 1 genannte **Frist von drei Wochen** nicht als Regel-, sondern **als Mindestfrist** zu verstehen (auch → § 1 Rn. 21). Eine längere Vorlauffrist ist somit ohne Weiteres möglich und als Puffer für unerwartete Ereignisse empfehlenswert.

19 Im Verhältnis zum förmlichen Verfahren ist die bis zum Ende der Amtszeit verbleibende (Mindest-)Vorlauffrist des Abs. 1 deutlich kürzer bemessen als die Initiierungsfrist des § 1 Abs. 1. Dies erklärt sich aus dem insgesamt deutlich **gerafferen zeitlichen Ablauf der Wahl im vereinfachten Verfahren** und deren Zentrierung auf die Wahlversammlung.

20 **Bis zum Ablauf der in Abs. 1 genannten Vorlauffrist** ist ausschließlich die Schwerbehindertenvertretung zur Einladung zur Wahlversammlung und damit zur Initiierung der Wahl berechtigt.[31] Die abstrakt bestehende Initiierungsbefugnis der übrigen, insbesondere in Abs. 2 genannten Organe (Betriebs- bzw. Personalrat, drei Wahlberechtigte oder das Integrationsamt sowie ggf. die nicht genannten Stufenvertretungen – näher → Rn. 24 ff.) ist in dieser Zeit grundsätzlich gesperrt, so dass die Einladungsberechtigung insoweit **exklusiv der Schwerbehindertenvertretung** zusteht.[32]

b) Fristversäumung durch die Schwerbehindertenvertretung

21 Versäumt es die Schwerbehindertenvertretung, bis zum Ablauf der dreiwöchigen Vorlauffrist des Abs. 1 zu einer Wahlversammlung einzuladen, gilt die Exklusivität der Initiierungsberechtigung des bisherigen Amtsinhabers nicht mehr. Zwar wird in der Literatur teilweise die Auffassung vertreten, die **Einladungsbefugnis der übrigen Wahlinitiatoren** sei auch dann bis zum Ende der Amtszeit gesperrt, wenn die Schwerbehindertenvertretung die fristgerechte Initiierung der Wahl versäumt oder gar bewusst verweigert.[33] Allerdings stünde dies nicht

---

27 *Sachadae*, Wahl der SchwbV, S. 376.
28 *Sachadae*, Wahl der SchwbV, S. 376. Vgl. auch *Hohmann* in Wiegand/Hohmann SchwbVWO § 19 Rn. 7, der insoweit von einer im Regelfall zu beachtenden Vorlauffrist spricht.
29 *Pflug-Simoleit* AiB 1998, 553 (556); *Sachadae*, Wahl der SchwbV, S. 376.
30 *Hohmann* in Wiegand/Hohmann SchwbVWO § 19 Rn. 7; *Sachadae*, Wahl der SchwbV, S. 376. Eine Frist von neun Tagen als ausreichend erachtend: ArbG Köln 29.3.2011 – 14 BV 256/10, nv Sogar eine Frist von drei Wochen empfehlend: *Huber* dbr 7/2006, 32 (34). Sich für eine Frist von zwei Wochen aussprechend: *Weber* SchwbG § 24 Anm. 22.
31 *Sachadae*, Wahl der SchwbV, S. 367 f. mwN.
32 *Sachadae*, Wahl der SchwbV, S. 367 f.
33 So etwa *Hohmann* in Wiegand/Hohmann SchwbVWO § 19 Rn. 16.

mit dem Grundsatz der obligatorischen Vertretung im Einklang, weil es in diesem Fall zwangsläufig zu **vertretungslosen Zeiten** kommen würde.[34] Schließlich nimmt auch die Wahldurchführung im vereinfachten Verfahren eine gewisse Zeit in Anspruch, da zwischen der Einladung und der Wahlversammlung in der Regel eine Mindestfrist eingehalten werden muss (→ Rn. 18). Ungeachtet dessen wäre es **systematisch widersprüchlich**, wenn die Sperrwirkung im förmlichen Verfahren nach dem Ende der dortigen Vorlauffrist entfällt (→ § 1 Rn. 22 ff.), wohingegen diese im vereinfachten Verfahren fortbestünde. Daher kann die **Exklusivität der Initiierungsbefugnis der Schwerbehindertenvertretung nur bis zum Ablauf der dreiwöchigen Vorlauffrist** des Abs. 1 bestehen.

Um die Kontinuität der Interessenvertretung trotz der auch im vereinfachten Verfahren einzuhaltenden Mindestfristen zu gewährleisten, sollte die **ersatzweise Initiierung** der Schwerbehindertenvertretungswahl **durch einen der übrigen Wahlinitiatoren** möglichst unmittelbar nach Ablauf der in Abs. 1 genannten Vorlauffrist erfolgen.

IV. Wahlversammlungseinladung durch andere Initiatoren (Abs. 2)

Ergänzend zu der in Abs. 1 als Regelfall vorgesehenen Einladung durch die Schwerbehindertenvertretung eröffnet Abs. 2 **weiteren Organen** im Betrieb bzw. der Dienststelle eine Möglichkeit zur Einladung zur Wahlversammlung im vereinfachten Wahlverfahren und damit zur entsprechenden **Initiierung der Schwerbehindertenvertretungswahl**.

1. Kreis der übrigen initiierungsbefugten Organe

Als weitere initiierungsbefugte Organe werden in Abs. 2 eine **Gruppe aus drei Wahlberechtigten**, der **Betriebs- bzw. Personalrat** und das **Integrationsamt** genannt. Der Kreis der ergänzend genannten Wahlinitiatoren deckt sich insofern mit dem des § 1 Abs. 2. Trotz fehlender Erwähnung sind unter bestimmten Voraussetzungen auch die **Stufenvertretungen** initiierungs- und damit einladungsbefugt.[35]

Dies gilt zum einen für die **Gesamtschwerbehindertenvertretung**. Diese kann im Wege ihrer originären Zuständigkeit initiierungsbefugt sein, wenn in einem nach § 177 Abs. 1 S. 4 SGB IX **zusammengefassten Wahlbezirk** bisher noch keine Wahl stattgefunden hat oder eine gewählte gemeinsame Schwerbehindertenvertretung wieder untergegangen ist.[36] Daneben kommt eine Einladung durch die Gesamtschwerbehindertenvertretung in Betracht, wenn diese nach § 180 Abs. 6 S. 1 Hs. 1 aE SGB IX **kommissarisch tätig ist**.[37]

Die **Konzernschwerbehindertenvertretung** kann ebenfalls zur Einladung zu einer Wahlversammlung im vereinfachten Wahlverfahren befugt sein.[38] Deren Initiierungsberechtigung besteht jedoch nicht im Rahmen einer originären Zuständigkeit, sondern **nur im Rahmen eines kommissarischen Tätigwerdens** nach § 180 Abs. 6 S. 2 iVm S. 1 Hs. 1 aE SGB IX.[39]

---

34 *Sachadae*, Wahl der SchwbV, S. 368.
35 *Sachadae*, Wahl der SchwbV, S. 367. AA wohl *Hohmann* in Wiegand/Hohmann SchwbVWO § 20 Rn. 19, der weitere Einladungsberechtigte generell ausschließt.
36 Vgl. *Sachadae*, Wahl der SchwbV, S. 311 und 367.
37 *Christians* in GK-SGB IX § 177 Rn. 74; *Pahlen* in Neumann/Pahlen/Greiner/Winkler/Jabben SGB IX § 177 Rn. 34 und § 180 Rn. 12; *Sachadae*, Wahl der SchwbV, S. 311 und 367.
38 *Sachadae*, Wahl der SchwbV, S. 311 und 367.
39 *Sachadae*, Wahl der SchwbV, S. 312 und 367.

27 Ferner kann auch der **Gesamtbetriebsrat** zur Einladung der Wahlberechtigten zur Wahlversammlung berechtigt sein.[40] Allerdings kommt auch insoweit eine Initiierungsbefugnis nur in zusammengefassten Betrieben in Betracht, weil nur in diesen Fällen eine die originäre Zuständigkeit nach § 50 BetrVG begründende Überbetrieblichkeit vorliegt.[41]

28 Schließlich können auch die **Stufenvertretungen des Personalrats** für die Einladung zur Wahlversammlung zuständig sein, wenn durch eine Zusammenfassung von Dienststellen nach § 177 Abs. 1 S. 4 SGB IX eine dienststellenübergreifende Angelegenheit vorliegt.

2. Beschränkung der Einladungsberechtigung

29 Trotz der insoweit abstrakt bestehenden **Initiierungsbefugnis dieser Organe** unterliegt das Recht zur Einladung zu einer Wahlversammlung bestimmten Beschränkungen. Da bis zum Ende der Vorlauffrist des Abs. 1 ausschließlich die Schwerbehindertenvertretung für die Initiierung zuständig ist, ist die Einladungsberechtigung der übrigen Initiierungsorgane **bis drei Wochen vor Ablauf der Amtszeit der bisherigen Schwerbehindertenvertretung** gesperrt (→ Rn. 21 f.).

30 Hat die bisherige Schwerbehindertenvertretung die **rechtzeitige Einladung** innerhalb der in Abs. 1 genannten Frist versäumt oder weigert sie sich generell, eine Einladung zur Wahlversammlung vorzunehmen, ist hingegen über den Wortlaut des Abs. 2 hinaus wegen des Grundsatzes der obligatorischen Vertretung von einer Einladungsberechtigung der übrigen Initiierungsorgane auszugehen (→ Rn. 21 f.).

§ 20 SchwbVWO Durchführung der Wahl

(1) ¹Die Wahlversammlung wird von einer Person geleitet, die mit einfacher Stimmenmehrheit gewählt wird (Wahlleitung). ²Die Wahlversammlung kann zur Unterstützung der Wahlleitung Wahlhelfer oder Wahlhelferinnen bestimmen.

(2) ¹Die Wahlversammlung beschließt mit einfacher Stimmenmehrheit, wie viele stellvertretende Mitglieder zu wählen sind. ²Die Schwerbehindertenvertretung und ein oder mehrere stellvertretende Mitglieder werden in getrennten Wahlgängen gewählt; mehrere stellvertretende Mitglieder werden in einem gemeinsamen Wahlgang gewählt. ³Jede Person, die wahlberechtigt ist, kann Personen zur Wahl der Schwerbehindertenvertretung und ihrer stellvertretenden Mitglieder vorschlagen.

(3) ¹Das Wahlrecht wird durch Abgabe eines Stimmzettels in einem Wahlumschlag ausgeübt. ²Auf dem Stimmzettel sind von der Wahlleitung die vorgeschlagenen Personen in alphabetischer Reihenfolge unter Angabe von Familienname und Vorname aufzuführen; die Stimmzettel und Wahlumschläge müssen sämtlich die gleiche Größe, Farbe, Beschaffenheit und Beschriftung haben. ³Die Wahlleitung verteilt die Stimmzettel und trifft Vorkehrungen, daß die Wähler und Wählerinnen ihre Stimme unbeobachtet abgeben können; § 9 Abs. 4 gilt

---

40 *Sachadae*, Wahl der SchwbV, S. 317 und 367. Vgl. auch *Kossens* in Kossens/von der Heide/Maaß SGB IX, § 93 Rn. 17, der jedoch zu weit geht und offenbar eine generelle Initiierungsbefugnis annimmt.
41 *Sachadae*, Wahl der SchwbV, S. 312 ff. und 367. Vgl. auch *Adlhoch* in Ernst/Adlhoch/Seel SGB IX § 93 Rn. 14; *Müller-Wenner* in Müller-Wenner/Winkler SGB IX § 93 Rn. 1.

entsprechend. [4]Der Wähler oder die Wählerin übergibt den Wahlumschlag, in den der Stimmzettel eingelegt ist, der Wahlleitung. [5]Diese legt den Wahlumschlag in Gegenwart des Wählers oder der Wählerin ungeöffnet in einen dafür bestimmten Behälter und hält den Namen des Wählers oder der Wählerin in einer Liste fest. [6]Unverzüglich nach Beendigung der Wahlhandlung zählt er öffentlich die Stimmen aus und stellt das Ergebnis fest.
(4) § 13 Abs. 2 und 3 sowie die §§ 14 bis 16 gelten entsprechend.

I. Überblick über die Regelungsinhalte 1
II. Vorbereitung der Wahlversammlung 3
III. Leitung der Wahl (Abs. 1) ... 5
  1. Allgemeines 5
  2. Wahl der Wahlleitung ... 8
  3. Personelle Anforderungen an die Person der Wahlleitung 13
  4. Unterstützung durch Wahlhelfer 16
IV. Wahlvorbereitungshandlungen innerhalb der Wahlversammlung (Abs. 2) 19
  1. Allgemeines 19
  2. Liste der Wahlberechtigten 21
  3. Festlegung der Zahl der zu wählenden stellvertretenden Mitglieder 22
  4. Einreichen und Prüfung von Wahlvorschlägen ... 28
    a) Bedeutung der Wahlvorschläge 28
    b) Wahlvorschlagsberechtigung 30
    c) Prüfung der inhaltlichen und formellen Anforderungen an die Wahlvorschläge .. 33
      aa) Wählbarkeit der vorgeschlagenen Kandidaten 34
      bb) Formelle Anforderungen an den Wahlvorschlag 37
      cc) Zeitpunkt der Einreichung der Wahlvorschläge 41
      dd) Möglichkeit der Diskussion über Wahlvorschläge 44
  5. Vorbereitung der Wahlunterlagen 45
    a) Allgemeines 45
    b) Anforderungen an die Wahlunterlagen .. 46
    c) Besonderheiten der Stimmzettelerstellung 49
    d) Trennung der Wahlgänge 50
    e) Wahlschablonen 54
V. Durchführung der Stimmabgabe (Abs. 3 S. 1, 3 bis 5) ... 55
  1. Allgemeines 55
  2. Ablauf der Stimmabgabe 56
    a) Verwendung von Stimmzetteln und Wahlumschlägen 57
    b) Kennzeichnung der Stimmzettel 58
    c) Heranziehung von Hilfspersonen 61
    d) Umgang der Wahlleitung mit dem Wahlumschlag 62
    e) Anforderungen an das verwendete Wahlbehältnis 65
  3. Zeitlich versetzte Durchführung der Wahlgänge 66
VI. Nachbereitung der Wahl (Abs. 3 S. 6 und Abs. 4) 69
  1. Stimmauszählung 70
    a) Zeitpunkt 70
    b) Öffentlichkeit der Stimmauszählung 71
    c) Ermittlung des Wahlergebnisses 73
    d) Umgang mit Stimmengleichheit 76
    e) Feststellung des Wahlergebnisses 78
  2. Wahlniederschrift 79
  3. Annahme und Ablehnung der Wahl 80
  4. Bekanntgabe der Gewählten (§ 20 Abs. 4 iVm § 15) .. 84
  5. Übergabe der Wahlunterlagen (§ 20 Abs. 4 iVm § 16) .. 86

I. Überblick über die Regelungsinhalte

1 Die Vorschrift trifft nähere Vorgaben zur tatsächlichen Durchführung der Schwerbehindertenvertretungswahl im vereinfachten Wahlverfahren. Dabei werden in den Abs. 1 bis 3 einige Sonderregelungen aufgestellt und in Abs. 4 hinsichtlich § 13 Abs. 2 und 3 sowie im Hinblick auf die §§ 14 bis 16 die entsprechende Geltung der Vorschriften zur förmlichen Wahl angeordnet. Schon angesichts des knappen Regelungsumfangs der Abs. 1 bis 3 im Verhältnis zu den §§ 2 bis 13 Abs. 1 ist offensichtlich, dass die **Vorgaben zum vereinfachten Wahlverfahren grob lückenhaft sind**.[1]

2 Für den durch § 20 vorgegebenen Ablauf des vereinfachten Verfahrens ist kennzeichnend, dass die Wahl nicht durch einen Wahlvorstand, sondern **von einer sog. Wahlleitung durchgeführt wird**.[2] Die Wahl wird dabei **in einer Wahlversammlung** konzentriert, so dass fast das gesamte Wahlgeschehen – von der Erläuterung der Rahmenbedingungen, über die Einreichung der Wahlvorschläge, die Erstellung der Wahlzettel und die persönliche Stimmabgabe bis hin zur Stimmauszählung und der Feststellung des Wahlergebnisses – **am gleichen Tag** stattfindet. Ungeachtet dessen ist zu beachten, dass im vereinfachten Verfahren **die schriftliche Stimmabgabe generell ausgeschlossen ist**.[3]

II. Vorbereitung der Wahlversammlung

3 Bevor es zur Wahlversammlung an sich kommen kann, bedarf es im Vorfeld einiger vorbereitender Handlungen. Diese obliegen dem die Wahl initiierenden, also die Einladung aussprechenden Organ.[4] Zu den Vorbereitungshandlung gehören insbesondere
- die Bereitstellung und Herrichtung des Versammlungsraums (einschließlich der Gewährleistung der barrierefreien Erreichbarkeit),[5]
- die Organisation ggf. erforderlicher Kommunikationstechnik (zB Mikrofone, Projektor),
- die Bereitstellung der Materialien für die Erstellung der Wahlunterlagen (einheitliche Umschläge, Papier),
- die Beschaffung geeigneter Technik für die vor Ort nötige Erstellung der Stimmzettel (insbesondere Kopierer oder PC mit Drucker),
- das Zurverfügungstellen der für die geheime Stimmabgabe nötigen Utensilien (zB Sichtschutzwand, Wahlurne und dergleichen) sowie Schreibgeräte,
- Organisation geeigneter und verhältnismäßiger Kompensationsmittel zur Gewährleistung der Diskussionsteilnahme hör- und sprechbehinderter Wahlberechtigter (zB Gebärdendolmetscher oder anderer Kommunikationshelfer iSd § 3 Abs. 2 Nr. 1 lit. a) bis d) KHV, wie etwa Simultanschriftdolmetscher),[6]
- Anforderung der für die Prüfung der Wahlberechtigung und der Wählbarkeit erforderlichen Informationen und Unterlagen.

4 Ferner haben die Initiatoren der Wahl nach allgemeinen demokratischen Grundsätzen die Aufgabe, die **Wahlversammlung zu eröffnen**, die **Wahl der**

---

[1] Vgl. dazu *Sachadae*, Wahl der SchwbV, S. 485 ff.
[2] Vgl. *Adlhoch* in Ernst/Adlhoch/Seel SGB IX § 94 Rn. 95 und *Schütt*, Wahl zur Schwerbehindertenvertretung, S. 45.
[3] Statt vieler *Heuser* Behindertenrecht 1990, 25 (28).
[4] Vgl. *Cramer* SchwbV SchwbWO § 20 Rn. 1; *Sachadae*, Wahl der SchwbV, S. 229 und 379; *Schleicher* WO zum SchwbG § 19 Rn. 1.
[5] *Sachadae*, Wahl der SchwbV, S. 438 f.
[6] *Sachadae*, Wahl der SchwbV, S. 440 f. Zustimmend *Hohmann* in Wiegand/Hohmann SchwbVWO § 20 Rn. 9.

Wahlleitung aufzurufen und zu leiten sowie die für die Wahl der Wahlleitung nötige Abstimmungsberechtigung der Anwesenden zu prüfen.[7]

III. Leitung der Wahl (Abs. 1)

1. Allgemeines

In der Wahlversammlung obliegt die **Durchführung und Leitung der Schwerbehindertenvertretungswahl** im Wesentlichen der sog. Wahlleitung.[8] Die Wahlleitung ist das **zentrale, wahlleitende Organ** der Schwerbehindertenvertretungswahl im vereinfachten Wahlverfahren. Allerdings ist die Wahlleitung mit **weniger Kompetenzen** ausgestattet als der Wahlvorstand. So obliegen wesentliche wahllenkende Entscheidungen – für die im förmlichen Verfahren der Wahlvorstand zuständig wäre – im vereinfachten Verfahren nicht der Wahlleitung, sondern der **Wahlversammlung**.

Anders als der Wahlvorstand besteht die Wahlleitung nicht aus drei, sondern lediglich aus einer Person und ist damit kein Kollegial-, sondern ein **Ein-Personen-Organ**.[9] Entscheidungen, die von der Wahlleitung zu treffen sind, müssen daher auch nicht durch formellen Mehrheitsbeschluss gefasst werden. Vielmehr **entscheidet die Wahlleitung insoweit allein**. Die ggf. herangezogenen **Wahlhelfer** (→ § 2 Rn. 4 ff.) haben dabei kein Entscheidungsrecht.

Die Wahlleitung kann sich jedoch bei ihren Entscheidungen **durch andere Personen** (Mitarbeiter des einladenden Integrationsamts oder Mitglieder des Betriebs- bzw. Personalrats oder die noch amtierende Schwerbehindertenvertretung) **beraten lassen**.

2. Wahl der Wahlleitung

Anders als der Wahlvorstand im förmlichen Verfahren, kann die Wahlleitung **nicht von der noch amtierenden Schwerbehindertenvertretung bestimmt** werden. Auch die übrigen Wahlinitiatoren haben nicht die Möglichkeit der Bestellung einer bestimmten Person zur Wahlleitung. Vielmehr ist die Wahlleitung gem. Abs. 1 S. 1 stets **durch Wahl zu bestimmen**.

Diese Wahl ist von denjenigen aufzurufen und zu leiten, die **zur Wahlversammlung eingeladen** hatten.[10] Dagegen sind die Einladenden nicht automatisch zur Wahlleitung berufen; vielmehr muss zu Beginn der Wahlversammlung stets eine Entscheidungsfindung durch die stimmberechtigten Teilnehmer stattfinden.[11] Bei der Durchführung der Wahl muss das einladende Organ daher sicherstellen und überwachen, dass an der Wahl der Wahlleitung **ausschließlich Abstimmungsberechtigte teilnehmen**.[12]

Abstimmungsberechtigt sind dabei jedoch ausschließlich diejenigen Personen, die auch bei der Schwerbehindertenvertretungswahl gem. § 177 Abs. 2 SGB IX

---

7 Vgl. *Cramer* SchwbV SchwbWO § 20 Rn. 1; *Sachadae*, Wahl der SchwbV, S. 229 und 379; *Schleicher* WO zum SchwbG § 19 Rn. 1.
8 Vgl. *Adlhoch* in Ernst/Adlhoch/Seel SGB IX § 94 Rn. 95; *Schütt*, Wahl zur Schwerbehindertenvertretung, S. 45.
9 *Sachadae*, Wahl der SchwbV, S. 391; *Schleicher* WO zum SchwbG § 19 Rn. 1. Falsch insoweit LAG BW 4.5.2016 – 4 TaBV, juris Rn. 30, das eine Gruppe von drei Personen als Wahlleitung annimmt.
10 Vgl. *Dörner* SchwbG WO § 20 Anm. 2; *Düwell* in Deinert/Neumann HdB-SGB IX § 20 Rn. 143.
11 Dies verkennend: LAG BW 4.5.2016 – 10 TaBV 2/16, juris Rn. 30, dass die einladenden Betriebsratsmitglieder ohne Abstimmung direkt zur Wahlleitung erheben will.
12 *Dörner* SchwbG WO § 20 Anm. 2; *Sachadae*, Wahl der SchwbV, S. 389.

aktiv wahlberechtigt sind (→ § 1 Rn. 58).[13] Um dies zu gewährleisten, sind die Initiatoren der Wahl verpflichtet, spätestens im Anschluss an die Eröffnung der Wahlversammlung eine **Prüfung der Wahlberechtigung** vorzunehmen, wobei diese auch im Wege einer „**Einlasskontrolle**" erfolgen kann.[14] Grundlage dieser Prüfung kann wiederum das **Verzeichnis der schwerbehinderten Beschäftigten** nach § 163 Abs. 1 SGB IX sein,[15] wobei der Arbeitgeber insoweit in doppelt analoger Anwendung des § 2 Abs. 6 SchwbVWO bzw. Abs. 2 WO BetrVG verpflichtet ist, die notwendigen Auskünfte zu erteilen und Unterlagen zur Verfügung zu stellen.[16] Daneben kann die Abstimmungsberechtigung auch durch anderweitige Dokumente (insbes. **Schwerbehindertenausweis oder Gleichstellungsbescheid**) nachgewiesen werden.[17] Ebenso wie die Wahlleitung sind auch die Initiatoren nicht befugt, einen vorgelegten, unbefristeten Gleichstellungsbescheid allein deshalb unberücksichtigt zu lassen, weil dieser bereits vor längerer Zeit ausgestellt worden war.[18]

11 Für den Ablauf der Wahl der Wahlleitung enthält Abs. 1 wiederum keine Vorgaben.[19] Aus diesem Grund ist auch eine **offene Abstimmung per Handzeichen** zulässig, sofern nicht mehrheitlich eine geheime Abstimmung verlangt wird.[20] Bei einer offenen Abstimmung muss jedoch sichergestellt sein, dass **keine Zweifel darüber entstehen, wer durch die Abstimmung gewählt worden ist**.[21]

12 Für die erfolgreiche Wahl als Wahlleitung genügt eine **einfache Mehrheit** auf der Wahlversammlung. Stellen sich mehrere Kandidaten zur Wahl, ist demnach gewählt, wer die meisten Stimmen auf sich vereinigen kann.[22] Stellt sich **nur ein Kandidat** als mögliche Wahlleitung zur Wahl, genügt es, wenn dieser zumindest eine Stimme erhält. Ein Abstimmungsquorum, also eine Mindestzahl von an der Abstimmung teilnehmenden Personen, muss nicht erreicht werden.

3. Personelle Anforderungen an die Person der Wahlleitung

13 In personeller Hinsicht enthält der Wortlaut des Abs. 1 zu den Anforderungen an die Wahlleitung keine Vorgaben.[23] Insbesondere ist nicht verlangt, dass die Wahlleitung „aus dem Kreis der Wahlversammlung" heraus zu wählen sei.[24]

---

13 Vgl. *Pahlen* in Neumann/Pahlen/Greiner/Winkler/Jabben SchwbVWO § 20 Rn. 1 a; *Sachadae*, Wahl der SchwbV, S. 389; *Schleicher* WO zum SchwbG § 19 Rn. 1.
14 *Sachadae*, Wahl der SchwbV, S. 229, 242 f. Vgl. auch *Cramer* SchwbV SchwbG § 24 Rn. 10.
15 *Sachadae*, Wahl der SchwbV, S. 242.
16 *Sachadae*, Wahl der SchwbV, S. 245. Vgl. auch LAG Köln 25.4.2012 – 9 TaBV 96/11.
17 *Cramer*, Schwerbehindertenvertretung, SchwbG § 24 Rn. 10; *Sachadae*, Wahl der SchwbV, S. 242. Vgl. auch *Pohl/Fraunhoffer* in FKS SGB IX § 94 Rn. 20.
18 LAG Köln 25.4.2012 – 9 TaBV 96/11, juris Rn. 25 ff.; *Sachadae* Behindertenrecht 2015, 34 (35).
19 *Cramer* SchwbV SchwbVWO § 20 Rn. 1; *Hohmann* in Wiegand/Hohmann SchwbVWO § 20 Rn. 17.
20 *Hohmann* in Wiegand/Hohmann SchwbVWO § 20 Rn. 17; *Sachadae*, Wahl der SchwbV, S. 390; *Zanker*, WO zum SchwbG, S. 25.
21 *Sachadae*, Wahl der SchwbV, S. 390. Vgl. zur Betriebsratswahl: BAG 14.12.1965 – 1 ABR 6/65, AP Nr. 5 zu § 16 BetrVG; LAG RhPf 30.1.2986 – 5 TaBV 77/85, AuR 1987, 35 (Ls.); *Fitting* BetrVG § 17 Rn. 27.
22 *Cramer* SchwbV SchwbVWO § 20 Rn. 1; *Sachadae*, Wahl der SchwbV, S. 390; *Zanker*, WO zum SchwbG, S. 25.
23 *Hohmann* in Wiegand SGB IX § 100 Rn. 42; *Schütt*, Wahl zur Schwerbehindertenvertretung, S. 46.
24 *Sachadae*, Wahl der SchwbV, S. 391. AA LAG Bbg 17.10.2003 – 8 TaBV 7/03, das jedoch nicht darlegt, woraus sich diese Einschränkung ergeben solle.

Daher ist es nicht erforderlich, dass die als Wahlleitung zu wählende Person selbst schwerbehindert bzw. aktiv wahlberechtigt ist.[25] Eine Wahl eines Nichtwahlberechtigten als Wahlleitung kann vor allem dann sinnvoll sein, wenn die Wahlberechtigten bisher keine Erfahrung mit der Durchführung einer Interessenvertretungswahl haben.[26] In derartigen Fällen wäre etwa die Bestellung von **Betriebs- bzw. Personalratsmitgliedern** oder anderen mit der Wahl der Schwerbehindertenvertretung oder des Betriebs- bzw. Personalrats erfahrene Personen geboten.[27]

Soweit jedoch aus den fehlenden Vorgaben im Wortlaut bzw. aus der Verwendung des Begriffs „Person" gefolgert wird, dass ohne Weiteres auch **Betriebsexterne** (zB Mitarbeiter des einladenden **Integrationsamts**) die Wahlleitung übernehmen könnten,[28] ist dies nicht mit dem für die Schwerbehindertenvertretungswahl geltenden Grundsatz der Selbstorganisation zu vereinbaren.[29] Vielmehr kann danach die Wahl eines Betriebsexternen als Wahlleitung nur erfolgen, wenn **sich kein Beschäftigter des Betriebs bzw. der Dienststelle zur Übernahme dieses Amtes bereit erklärt**, so dass zumindest abgeprüft werden muss, ob seitens der Anwesenden Interesse der Wahrnehmung der Wahlleitung besteht.[30]

Zu verlangen ist ferner, dass die Wahlleitung von einer **volljährigen Person** wahrgenommen wird.[31] Dies folgt aus einem systematischen Vergleich mit § 38 WO BetrVG, aus der besonderen Bedeutung der von der Wahlleitung wahrzunehmenden Aufgabe der Gewährleistung einer ordnungsgemäßen Wahldurchführung sowie aus dem Grundsatz der obligatorischen Vertretung.[32]

14

15

4. Unterstützung durch Wahlhelfer

Gem. Abs. 1 S. 2 können zur Unterstützung der Wahlleitung auch im vereinfachten Verfahren **Wahlhelfer** bestellt werden. Diese sind **nicht** „Mitglied" der **Wahlleitung** und haben daher auch kein Entscheidungsrecht. Vielmehr ist deren Aufgabe trotz der divergierenden Wortlauts zwischen § 20 Abs. 1 S. 2 und § 2 Abs. 1 S. 2 auf die **Unterstützung bei der Durchführung der Stimmabgabe und der Stimmauszählung** beschränkt.[33]

Als Wahlhelfer kommen – wie im förmlichen Verfahren auch – ausschließlich volljährige, im Betrieb bzw. der Dienststelle beschäftigte Personen in Betracht.[34]

16

17

---

25 OVG NRW 27.9.2000 – 1 A 1541/99.PVB, Behindertenrecht 2001, 147 (148); *Adlhoch* in Ernst/Adlhoch/Seel SGB IX § 94 Rn. 95; *Sachadae*, Wahl der SchwbV, S. 391 mwN.
26 *Dörner* SchwbG WO § 20 Anm. 2; *Sachadae*, Wahl der SchwbV, S. 392.
27 *Adlhoch* in Ernst/Adlhoch/Seel SGB IX § 94 Rn. 95; *Dörner* SchwbG WO § 20 Anm. 2.
28 So etwa *Cramer* SchwbV SchwbVWO § 20 Rn. 1; *Hohmann* in Wiegand/Hohmann SchwbVWO § 20 Rn. 14.
29 *Sachadae*, Wahl der SchwbV, S. 392 ff. Vgl. auch *Düwell/Sachadae* NZA 2014, 1241 (1241).
30 *Düwell/Sachadae* NZA 2014, 1241 (1241); *Sachadae*, Wahl der SchwbV, S. 394.
31 *Hohmann* in Wiegand/Hohmann SchwbVWO § 20 Rn. 15; *Sachadae*, Wahl der SchwbV, S. 397.
32 *Sachadae*, Wahl der SchwbV, S. 395 ff. Vgl. auch *Hohmann* in Wiegand/Hohmann SchwbVWO § 20 Rn. 15.
33 *Hohmann* in Wiegand/Hohmann SchwbVWO § 20 Rn. 26. Wohl auch *Pahlen* in Neumann/Pahlen/Greiner/Winkler/Jabben SchwbVWO § 20 Rn. 1 a.
34 *Hohmann* in Wiegand/Hohmann SchwbVWO § 20 Rn. 25; *Pahlen* in Neumann/Pahlen/Greiner/Winkler/Jabben SchwbVWO § 20 Rn. 1 a.

18 Anders als im förmlichen Verfahren geht die **Bestellung** der Wahlhelfer im vereinfachten Verfahren **nicht vom wahlleitenden Organ**, sondern von der Wahlversammlung aus. Daher kann die Wahlleitung nicht frei entscheiden, wen sie als Wahlhelfer benennt. Vielmehr bedarf es eines entsprechenden Beschlusses bzw. einer **Wahl durch die Wahlversammlung**, für die jedoch keine bestimmte Form vorgeschrieben ist.[35]

IV. Wahlvorbereitungshandlungen innerhalb der Wahlversammlung (Abs. 2)

1. Allgemeines

19 Bevor die Stimmabgabe durchgeführt werden kann, müssen auch innerhalb der Wahlversammlung noch mehrere **Vorbereitungshandlungen** vorgenommen werden. Hierzu enthält Abs. 2 spezifische, jedoch **stark lückenhafte Vorgaben**.

20 Bei all diesen Vorbereitungshandlungen – aber auch im Rahmen der Durchführung der Stimmabgabe und der Nachbereitung der Wahl – ist die in Abs. 2 S. 2 vorgeschriebene **Trennung der Wahlgänge** zu beachten. Dabei ist für die Wahl der Schwerbehindertenvertretung einerseits und für die stellvertretenden Mitglieder andererseits jeweils ein eigenständiger Wahlgang erforderlich. Werden mehrere stellvertretende Mitglieder gewählt, werden diese jedoch innerhalb eines einheitlichen Wahlgangs bestimmt. Die Trennung der Wahlgänge ist insbesondere bei der Erstellung der Wahlunterlagen (→ Rn. 45 ff.) und bei der Auszählung der Stimmen (→ Rn. 70 ff.) zu beachten.

2. Liste der Wahlberechtigten

21 Anders als im förmlichen Verfahren ist für die vereinfachte Wahl **keine Liste der Wahlberechtigten zu erstellen**, so dass diese in diesem Verfahren auch nicht formelle Voraussetzung für die Ausübung des aktiven Wahlrechts sein kann.[36] Dies entbindet jedoch weder die Initiatoren noch die Wahlleitung von einer entsprechenden Prüfung. Vielmehr ist sowohl im Vorfeld der Wahl die Wahlleitung als auch **durch die Wahlleitung selbst die Wahlberechtigung zu prüfen**.[37] Grundlage für diese Prüfung sind die durch die Wahlinitiatoren vom Arbeitgeber (§ 2 Abs. 6 SchwbVWO bzw. § 28 Abs. 2 WO BetrVG in doppelter Analogie)[38] abzufordernden Auskünfte und Unterlagen (insbesondere das **tagesaktuelle Schwerbehindertenverzeichnis** nach § 163 Abs. 1 SGB IX).[39]

3. Festlegung der Zahl der zu wählenden stellvertretenden Mitglieder

22 Auch im vereinfachten Verfahren muss bereits im Vorfeld der Einreichung der Wahlvorschläge festgelegt werden, wie **viele stellvertretende Mitglieder zu wählen** sind. Diese Entscheidung obliegt jedoch nicht der Wahlleitung, sondern gem. Abs. 2 S. 1 der **Wahlversammlung**.[40]

---

35 Hohmann in Wiegand/Hohmann SchwbVWO § 20 Rn. 24.
36 Sachadae, Wahl der SchwbV, S. 403. AA offenbar Hohmann in Wiegand/Hohmann SchwbVWO § 20 Rn. 37 und 75, der auch im vereinfachten Verfahren auf die Eintragung in die Liste der Wahlberechtigten abstellt, ohne zu erläutern, woraus sich konkret eine Pflicht zu deren Erstellung ergeben soll.
37 LAG Köln 25.4.2012 – 9 TaBV 96/11; Cramer SchwbV SchwbG § 24 Rn. 10; Cramer SchwbG § 24 Rn. 10; Sachadae, Wahl der SchwbV, S. 242 ff.
38 Sachadae, Wahl der SchwbV, S. 270 f.
39 Vgl. Sachadae, Wahl der SchwbV, S. 242.
40 Vgl. Hohmann in Wiegand/Hohmann SchwbVWO § 20 Rn. 28 f.

Diese hat durch Abstimmung einen entsprechenden **Beschluss zu fassen,** für 23
den eine einfache Mehrheit genügt. Dabei kann entweder **nur ein bestimmter Vorschlag** (zB die Empfehlung des Integrationsamtes, des Wahlleiters oder des bisherigen Amtsinhabers) oder aber eine **Auswahl zwischen mehreren Stellvertreteranzahlen** zur Abstimmung gestellt werden.

Die Wahlversammlung ist dabei **nicht an entsprechende Empfehlungen gebunden.** 24 Insbesondere können weder der Arbeitgeber noch die bisherige Schwerbehindertenvertretung, der Betriebs- oder Personalrat oder auch das Integrationsamt verbindliche Vorgaben machen.

Anders als § 2 Abs. 4 setzt die Entscheidung über die Stellvertreterzahl im vereinfachten Verfahren gem. § 20 Abs. 2 S. 1 **keine vorherige Erörterung mit anderen Organen** voraus. 25

Damit die Wahlversammlung eine sachgerechte Entscheidung treffen kann, hat 26 die Wahlleitung sorgsam auf die Bedeutung der Wahl der stellvertretenden Mitglieder und die für die Festlegung der zu wählenden Anzahl **maßgeblichen Gesichtspunkte** (→ § 2 Rn. 26 ff.) hinzuweisen.[41] Ggf. kann innerhalb der Versammlung auch eine **Aussprache über die Anzahl der Stellvertreter** erfolgen.

Um eine Entscheidung über die Anzahl der zu wählenden stellvertretenden Mitglieder herbeizuführen, muss durch die **Wahlleitung von Amts wegen zu** einer entsprechenden **Abstimmung aufgerufen** werden.[42] Versäumt es die Wahlleitung, dieser Verpflichtung nachzukommen, kann die Entscheidung auch durch **formlosen Antrag eines Wahlberechtigten** auf die Tagesordnung gebracht werden.[43] Trifft die Wahlversammlung **keine Entscheidung über die Anzahl der stellvertretenden Mitglieder,** ist nach Maßgabe des § 177 Abs. 1 S. 1 SGB IX als gesetzlichem Regelfall ein stellvertretendes Mitglied zu wählen.[44] 27

4. Einreichen und Prüfung von Wahlvorschlägen

a) Bedeutung der Wahlvorschläge

In Abs. 2 S. 3 ist die Einreichung von Wahlvorschlägen geregelt. Diesen kommt 28 auch im vereinfachten Wahlverfahren eine entscheidende Bedeutung zu, weil eine sog. „ungeordnete" Stimmabgabe ohne Wahlvorschläge unzulässig ist.[45] Eine Wahl kann demnach auch im Rahmen der Wahlversammlung nicht stattfinden, wenn keine wirksamen Wahlvorschläge eingereicht worden sind.[46]

Besonderheiten gelten lediglich, wenn zwar **Wahlvorschläge für das Amt der** 29 **Schwerbehindertenvertretung, nicht aber für die stellvertretenden Mitglieder** eingereicht worden sind.[47] In diesem Fall ist nämlich zumindest eine Wahl der

---

41 Vgl. *Sachadae,* Wahl der SchwbV, S. 405.
42 *Sachadae,* Wahl der SchwbV, S. 405.
43 *Cramer* SchwbV SchwbWO § 20 Rn. 3; *Hohmann* in Wiegand/Hohmann SchwbVWO § 20 Rn. 30; *Sachadae,* Wahl der SchwbV, S. 405. Vgl. auch *Schleicher* WO zum SchwbG § 19 Rn. 3.
44 *Hohmann* in Wiegand/Hohmann SchwbVWO § 20 Rn. 29; *Sachadae,* Wahl der SchwbV, S. 404. Vgl. auch *Cramer* SchwbV SchwbWO § 2 Rn. 6; *Dörner* SchwbG WO § 2 Anm. 5.
45 Vgl. *Dörner* SchwbG WO § 6 Anm. 2; *Sachadae,* Wahl der SchwbV, S. 414.
46 Vgl. *Adlhoch* in Ernst/Adlhoch/Seel SGB IX § 94 Rn. 87; *Cramer* SchwbV SchwbWO § 7 Rn. 2; *Dörner* SchwbG WO § 6 Anm. 2; *Düwell* in Deinert/Neumann HdB-SGB IX § 20 Rn. 137; *Schütt,* Wahl zur Schwerbehindertenvertretung, S. 33.
47 *Sachadae,* Wahl der SchwbV, S. 414.

Schwerbehindertenvertrauensperson möglich und nur die Wahl der stellvertretenden Mitglieder ausgeschlossen.[48]

b) Wahlvorschlagsberechtigung

30 Gem. Abs. 2 S. 3 kann grundsätzlich **jede wahlberechtigte Person** Wahlvorschläge einreichen, wobei auf das aktive Wahlrecht nach § 177 Abs. 2 SGB IX abzustellen ist (→ SGB IX § 177 Rn. 13 ff.). Wahlvorschlagsberechtigt sind damit im Grundsatz sämtliche schwerbehinderte oder ihnen gleichgestellte Beschäftigte.[49]

31 Nicht wahlvorschlagsberechtigt sind hingegen diejenigen Beschäftigten, die zwar nach § 177 Abs. 3 SGB IX **wählbar** sind und damit als Kandidat vorgeschlagen werden können, die jedoch nicht selbst schwerbehindert oder gleichgestellt sind und damit **nicht über das aktive Wahlrecht** nach § 177 Abs. 2 SGB IX verfügen (auch → § 6 Rn. 7). Ein von derartigen Personen eingereichter Wahlvorschlag ist daher unzulässig und damit unwirksam. Vielmehr muss ein entsprechender Vorschlag förmlich durch einen Wahlberechtigten eingebracht werden.

32 Ebenfalls **nicht** zur Einreichung von Wahlvorschlägen berechtigt sind darüber hinaus die **amtierende Schwerbehindertenvertretung**, der **Betriebs- bzw. Personalrat**, eine im Betrieb bzw. der Dienststelle vertretene **Gewerkschaft**, das **Integrationsamt** oder die **Wahlleitung** an sich.[50]

c) Prüfung der inhaltlichen und formellen Anforderungen an die Wahlvorschläge

33 Wird durch eine vorschlagsberechtigte Person ein Wahlvorschlag eingereicht, muss dieser von der Wahlleitung auch im vereinfachten Wahlverfahren **auf dessen Wirksamkeit hin** geprüft werden.[51]

aa) Wählbarkeit der vorgeschlagenen Kandidaten

34 Vorgeschlagen werden können generell nur Personen, die über das passive Wahlrecht nach § 177 Abs. 3 SGB IX verfügen. Für die **Prüfung der Wählbarkeit ist die Wahlleitung zuständig**.[52]

35 Eine **vorsorgliche Vorabprüfung** sämtlicher potenziell als Wahlbewerber in Betracht kommender Beschäftigter wäre angesichts des in der Regel erheblich größeren Personenkreises der passiv Wahlberechtigten iSd § 177 Abs. 3 SGB IX nicht verhältnismäßig und auch nicht mit der Intention des vereinfachten Wahlverfahrens vereinbar.[53] Daher kann weder von den Initiatoren noch von der Wahlleitung eine generelle „Liste der wählbaren Personen" verlangt werden.[54] Vielmehr muss eine auf die jeweiligen Wahlvorschläge beschränkte individuelle Prüfung erfolgen.

---

48 *Adlhoch* in Ernst/Adlhoch/Seel SGB IX § 94 Rn. 87; *Cramer* SchwbV SchwbWO § 7 Rn. 3; *Treml* Behindertenrecht 1986, 57 (60).
49 Vgl. *Dörner* SchwbG WO § 6 Anm. 2; *Pohl/Fraunhoffer* in FKS SGB IX § 94 Rn. 42 und 48; *Schleicher* WO zum SchwbG § 6 Rn. 1 und § 19 Rn. 4.
50 Vgl. *Hohmann* in Wiegand/Hohmann SchwbVWO § 20 Rn. 38; *Sachadae*, Wahl der SchwbV, S. 414.
51 *Sachadae*, Wahl der SchwbV, S. 426 f.
52 *Sachadae*, Wahl der SchwbV, S. 269 f. AA *Heuser* Behindertenrecht 1990, 25 (27) und *Trenk-Hinterberger* in Lachwitz/Schellhorn/Welti SGB IX § 94 Rn. 26, die dieses Recht fälschlich der Wahlversammlung zugestehen wollen.
53 Vgl. *Sachadae*, Wahl der SchwbV, S. 274 f.
54 *Sachadae*, Wahl der SchwbV, S. 269 f.

Eine solche Prüfung ist innerhalb der Wahlversammlung jedoch nur dann ernsthaft möglich, wenn die hierfür **notwendigen Auskünfte und Unterlagen** bereits im Vorfeld vom Arbeitgeber abgefordert worden sind. Hierfür ist der Initiator der Wahl zuständig. Sind durch die Wahlleitung ergänzende Auskünfte bzw. Unterlagen einzuholen, steht ihr insoweit ein Anspruch aus § 2 Abs. 6 analog zu.

36

bb) Formelle Anforderungen an den Wahlvorschlag

Anders als im förmlichen Wahlverfahren schreibt Abs. 2 S. 3 **keine bestimmte Form** für die Einreichung von Wahlvorschlägen vor.[55] Ein Wahlvorschlag kann daher insbesondere auch **mündlich per Zuruf** eingereicht werden.[56] Die Einhaltung eines bestimmten Quorums bzw. eine bestimmte Mindestzahl von **Stützunterschriften** ist im vereinfachten Verfahren nicht erforderlich.[57] Ein aktiv wahlberechtigter Beschäftigter der zugleich auch über das passive Wahlrecht verfügt, kann sich auch selbst als Kandidaten vorschlagen.[58]

37

Unerlässlich ist jedoch, dass der Wahlvorschlag hinreichende Angaben zu dem vorgeschlagenen Kandidaten enthält, damit dieser **eindeutig identifizierbar** ist. Dies schließt bei Namensgleichheit auch die Angabe der Abteilung bzw. des **Geburtsdatums** ein. Zumindest aber müssen wegen Abs. 3 S. 2 Hs. 1 Namen und Vorname der vorgeschlagenen Person benannt werden.

38

Im Grundsatz notwendig ist auch die **Angabe, für welches Amt der betreffende Kandidat vorgeschlagen werden soll**, weil die nach Abs. 2 S. 2 vorgeschriebene Trennung der Wahlgänge auch eine getrennte Aufstellung der Wahlvorschläge bedingt.[59] Allerdings ist es ohne Weiteres zulässig, dass derselbe Kandidat **für beide Ämter vorgeschlagen** wird.[60] Dann muss allerdings auch dieser Umstand erkennbar sein. Bestehen Unklarheiten über den Amtsbezug des Wahlvorschlags, hat die Wahlleitung diese durch Nachfrage bei dem betreffenden Vorschlagenden aufzuklären.

39

Ferner ist auch ein auf die Nominierung als Wahlbewerber bezogenes **Einverständnis der vorgeschlagenen Personen** erforderlich.[61] Zwar ist ein solches nicht explizit in § 20 vorgeschrieben. Jedoch ergibt sich dieses Erfordernis aus dem Grundsatz der obligatorischen Vertretung, weil anderenfalls ein erhebliches Risiko der späteren Nichtannahme der Wahl oder etwaiger Rücktritte bestünde.[62] Allerdings sind an das Einverständnis im vereinfachten Verfahren keine strengen Anforderungen zu stellen, so dass auch eine **telefonische Erklärung** oder eine mündliche Übermittlung eines im Vorfeld gegenüber einem aktiv Wahlbe-

40

---

55 Vgl. LAG BW 12.3.2003 – 4 Sa 4/02, juris Rn. 79; *Hohmann* in Wiegand/Hohmann SchwbVWO § 20 Rn. 45; *Sachadae*, Wahl der SchwbV, S. 422.
56 LAG BW 12.3.2003 – 4 Sa 4/02, juris Rn. 79; *Hohmann* in Wiegand/Hohmann SchwbVWO § 20 Rn. 45. Vgl. auch LAG BW 4.5.2016 – 10 TaBV 2/16, juris Rn. 30.
57 *Maaß* in Kossens/von der Heide/Maaß, 1. Aufl. 2002, SchwbVWO, Anm. zu § 20; *Schleicher* WO zum SchwbG § 19 Rn. 4.
58 LAG BW 4.5.2016 – 10 TaBV 2/16, juris Rn. 30.
59 Vgl. BAG 21.3.2018 – 7 ABR 29/16, juris Rn. 15; LAG München 25.10.2007 – 4 TaBV 38/07; *Sachadae*, Wahl der SchwbV, S. 415 f.; *Schleicher* WO zum SchwbG § 6 Rn. 4 und § 9 Rn. 3; *Weber* SchwbG § 24 Anm. 23.
60 BAG 21.3.2018 – 7 ABR 29/16, juris Rn. 15; *Hohmann* in Wiegand/Hohmann SchwbVWO § 20 Rn. 46; *Sachadae*, Wahl der SchwbV, S. 416.
61 *Sachadae*, Wahl der SchwbV, S. 423; *Schütt*, Wahl zur Schwerbehindertenvertretung, S. 47; *Weber* SchwbG § 24 Anm. 23. Wohl auch LAG BW 4.5.2016 – 10 TaBV 2/16, juris Rn. 30.
62 *Sachadae*, Wahl der SchwbV, S. 423.

rechtigten erklärten Einverständnisses ausreichend ist.⁶³ Ggf. ist auch eine Nachfrage durch die Wahlleitung möglich.⁶⁴

cc) Zeitpunkt der Einreichung der Wahlvorschläge

41 In zeitlicher Hinsicht unterliegt die Einreichung von Wahlvorschlägen einer zweifachen Begrenzung, weil sowohl zu früh als auch zu spät erklärte Wahlvorschläge unwirksam sind. Vielmehr sind Wahlvorschläge grundsätzlich **nur innerhalb der dafür vorgesehenen Zeit in der Wahlversammlung** möglich.⁶⁵ Daher hat die Wahlleitung die Wirksamkeit der Wahlvorschläge auch im Hinblick auf die Einreichungszeitpunkte zu prüfen.

42 Aus systematischen und teleologischen Gründen⁶⁶ ist eine **Unwirksamkeit wegen Verfrühung** insbesondere im Hinblick auf solche Wahlvorschläge anzunehmen, die schon **im Vorfeld der Wahlversammlung** erfolgt sind.⁶⁷

43 Ungeachtet dessen ist eine Einreichung dann nicht mehr möglich, wenn die Wahlleitung davon ausgehen konnte, dass keine weiteren Vorschläge mehr erfolgen würden und sie deshalb öffentlich die **Beendigung der Entgegennahme von Wahlvorschlägen** erklärt hat.⁶⁸ Eine solche Beendigung ist in der Regel möglich, wenn sich trotz mehrfacher öffentlicher Nachfrage in der Wahlversammlung kein Wahlberechtigter meldet und Vorschläge unterbreitet oder noch um etwas Zeit für die Abklärung der Kandidaturbereitschaft bittet.⁶⁹

dd) Möglichkeit der Diskussion über Wahlvorschläge

44 Anders als im förmlichen Wahlverfahren besteht für die Wahlberechtigten durch die Zentrierung des Wahlgeschehens auf die Wahlversammlung nur sehr eingeschränkt die **Möglichkeit, sich über die möglichen Kandidaten auszutauschen**.⁷⁰ Um gleichwohl einem ggf. erst mit der Einreichung eines Wahlvorschlags aufkommenden **Informations- und Diskussionsbedarf unter den Wahlberechtigten** Raum zu geben, muss die Wahlleitung entsprechende Kandidatenvorstellungen, Nachfragen und **Debatten über die Kandidaten** zulassen.⁷¹

5. Vorbereitung der Wahlunterlagen

a) Allgemeines

45 Steht fest, welche Wahlbewerber vorgeschlagen worden sind und ist die **Entgegennahme von Wahlvorschlägen durch die Wahlleitung beendet** worden (→ Rn. 41 ff.), sind die für die Abstimmung notwendigen **Wahlunterlagen anzufertigen**. Dabei müssen die Vorgaben des Abs. 3 S. 2 beachtet werden. Von den

---

63 Vgl. *Sachadae*, Wahl der SchwbV, S. 423; *Schütt*, Wahl zur Schwerbehindertenvertretung, S. 47. Vgl. auch *Fitting* BetrVG, WO § 33 Rn. 7.
64 *Sachadae*, Wahl der SchwbV, S. 423. Zur Betriebsratswahl: *Homburg* in DKW WO § 33 Rn. 5.
65 Vgl. *Adlhoch* in Ernst/Adlhoch/Seel SGB IX § 94 Rn. 96; *Hohmann* in Wiegand/Hohmann SchwbVWO § 20 Rn. 39; *Sachadae*, Wahl der SchwbV, S. 424 f. mwN.
66 Dazu *Sachadae*, Wahl der SchwbV, S. 425.
67 *Hohmann* in Wiegand/Hohmann SchwbVWO § 20 Rn. 39; *Sachadae*, Wahl der SchwbV, S. 425.
68 *Sachadae*, Wahl der SchwbV, S. 424. Vgl. auch *Fitting* BetrVG § 14a Rn. 34 und *Kreutz* in GK-BetrVG § 14a Rn. 38; *Thüsing* in Richardi BetrVG, 16. Aufl. 2018, § 14a Rn. 21.
69 *Sachadae*, Wahl der SchwbV, S. 424 Fn. 131.
70 Vgl. BAG 7.4.2004 – 7 ABR 42/03, AP Nr. 3 zu § 94 SGB IX; LAG Köln 19.10.2011 – 3 TaBV 51/11, juris Rn. 37.
71 *Sachadae*, Wahl der SchwbV, S. 424.

sich aus dem Erstellungszeitpunkt ergebenden Besonderheiten (→ Rn. 49) abgesehen, gelten für die Anfertigung der Wahlunterlagen im Wesentlichen die gleichen Vorgaben wie im förmlichen Verfahren, so dass hinsichtlich der Einzelheiten auf die dortige Kommentierung verwiesen werden kann (→ § 9 Rn. 4 ff.).

b) Anforderungen an die Wahlunterlagen

Zu den für die Stimmabgabe vorzubereitenden Unterlagen gehören die Stimmzettel und die Wahlumschläge. Nach Abs. 3 S. 2 Hs. 2 müssen diese **durchgehend gleich gestaltet und beschaffen** sein (→ § 9 Rn. 6 ff.). Hierdurch sollen Rückschlüsse auf das Wahlverhalten einzelner Wahlberechtigter ausgeschlossen werden. Die Vorgabe dient somit dem Grundsatz der geheimen Wahl und besitzt daher einen hohen Stellenwert.[72]

46

Aus gleichem Grund müssen die **Wahlbewerber** durch die Wahlleitung **bereits vor deren Ausgabe auf dem Stimmzettel** vermerkt sein, weil anderenfalls aus einer handschriftlichen Eintragung durch die Wähler Rückschlüsse auf deren Wahlverhalten möglich wären.[73]

47

Wegen des Grundsatzes der geheimen Wahl schreibt Abs. 3 S. 2 Hs. 1 auch vor, dass die wirksam vorgeschlagenen Personen von der Wahlleitung auf dem Stimmzettel in **alphabetischer Reihenfolge** unter der Angabe von **Familienname** und Vorname angeführt werden. Bei Namensgleichheit muss daneben bei den betreffenden Personen zusätzlich ein Unterscheidungsmerkmal (beschäftigende Abteilung; **Geburtsdatum**) angegebenen werden. Eine generelle Angabe dieser Daten ist im vereinfachten Verfahren hingegen nicht erforderlich.

48

c) Besonderheiten der Stimmzettelerstellung

Anders als im förmlichen Verfahren können die für die Stimmabgabe notwendigen Unterlagen teilweise erst am Tag der Wahl vorbereitet werden, weil im vereinfachten Verfahren erst dann feststeht, welche Personen zur Wahl stehen.[74] Damit müssen die Stimmzettel **erst vor Ort in der Wahlversammlung erstellt** werden. Dies entbindet die für die Erstellung zuständige Wahlleitung jedoch nicht von der Einhaltung des Abs. 3 S. 2 Hs. 2. Hierzu ist es möglich, ein von der Wahlleitung handschriftlich mit den Namen der Kandidaten **ausgefülltes Stimmzettelmuster in der ausreichenden Zahl zu kopieren**.[75] Alternativ ist auch die Erstellung einer die Namen der Wahlbewerber enthaltenen Vorlage per PC möglich, die sodann **innerhalb der Wahlversammlung ausgedruckt** und als Stimmzettel verwendet werden kann.[76] Die für die Vervielfältigung erforderlichen **technischen Geräte** sind grundsätzlich **im Vorfeld durch die Wahlinitiatoren zu beschaffen** (→ Rn. 3). Die Wahlleitung muss jedoch gleichwohl prüfen, ob die technischen Voraussetzungen für eine Vervielfältigung gegeben sind und muss nötigenfalls Ersatz organisieren.

49

d) Trennung der Wahlgänge

Angesichts der in Abs. 2 S. 2 angeordneten Trennung der Wahlgänge ist es zulässig, dass **für jedes Amt ein gesonderter Stimmzettel** erstellt wird (Stimmzettel

50

---

72 Vgl. *Dörner* SchwbG WO § 9 Anm. 2; *Sachadae*, Wahl der SchwbV, S. 434; *Schleicher* WO zum SchwbG § 9 Rn. 2.
73 *Cramer* SchwbV SchwbWO § 20 Rn. 6; *Hohmann* in Wiegand/Hohmann SchwbVWO § 20 Rn. 53.
74 *Sachadae*, Wahl der SchwbV, S. 437 f.
75 *Adlhoch* in Ernst/Adlhoch/Seel SGB IX § 94 Rn. 96; *Cramer* SchwbV SchwbVWO § 20 Rn. 6; *Schütt*, Wahl zur Schwerbehindertenvertretung, S. 47.
76 *Sachadae*, Wahl der SchwbV, S. 438 Fn. 188.

für die Wahl der Schwerbehindertenvertretung einerseits und Stimmzettel für die Wahl der stellvertretenden Mitglieder andererseits).[77]

51 Allerdings folgt aus der Trennung der Wahlgänge nicht zwingend, dass die Verwendung **gemeinsamer Stimmzettel für Wahl beider Ämter** unzulässig wäre.[78] Vielmehr kann für die Wahl der Schwerbehindertenvertretung einerseits und die stellvertretenden Mitglieder andererseits auch ein einheitlicher Stimmzettel verwendet werden.[79] Die Wahlvorschriften sind im Bereich des vereinfachten Verfahrens dahin gehend offen ausgestaltet, so dass die Wahlleitung wählen kann, ob sie einen einheitlichen Stimmzettel für beide Wahlgänge verwendet oder getrennte Stimmzettel erstellt.[80]

52 Im Fall der Verwendung gemeinsamer Stimmzettel für beide Wahlgänge muss auf diesen kenntlich gemacht sein, auf welches Amt sich die jeweilige Auflistung der vorgeschlagenen Kandidaten bezieht.[81] Dabei empfiehlt es sich, die **beiden Kandidatenlisten** (zB durch einen entsprechenden durchgehenden Strich oder die Verwendung von Vorder- und Rückseite) **optisch deutlich voneinander zu trennen**.

53 Werden ohne **zeitlich versetzte Durchführung** (→ Rn. 66 ff.) getrennte Stimmzettel verwendet, darf an jeden Wahlberechtigten nur ein Wahlumschlag herausgegeben werden, damit **beide Stimmzettel in einen einheitlichen Wahlumschlag** gesteckt werden. Anderenfalls wäre bei der Stimmauszählung nicht gewährleistet, dass die Zahl der in der Liste vermerkten Stimmabgaben (→ Rn. 63) mit der Zahl der in der Wahlurne befindlichen Stimmen deckungsgleich ist, weil keine Pflicht besteht, seine Stimme für beide Wahlgänge abzugeben. Alternativ wäre es denkbar, dass **zwei Gruppen von Wahlumschlägen** herausgegeben werden, die eine Unterscheidung nach Wahlgängen ermöglicht. Allerdings bestehen insoweit hohe Fehlerrisiken, so dass eher die Verwendung gemeinsamer Stimmzettel zu empfehlen ist.

e) Wahlschablonen

54 Soweit im Betrieb bzw. der Dienststelle blinde oder sehbehinderte Wahlberechtigte beschäftigt sind, hat die Wahlleitung bei der Erstellung der Stimmzettel darauf zu achten, dass diese so gestaltet sind, dass ein **Einsatz vorhandener Wahlschablonen** möglich ist.[82] Dabei gebietet sich der Einsatz von Wahlschablonen aus dem Grundsatz der Barrierefreiheit heraus, weil durch diese eine Stimmabgabe auch ohne den mit Abstrichen bei den Grundsätzen der geheimen und unmittelbaren Wahl einhergehenden Einsatz von Hilfspersonen möglich ist.[83]

---

77 *Hohmann* in Wiegand/Hohmann SchwbVWO § 20 Rn. 57 f. Wohl auch *Maaß* in Kossens/von der Heide/Maaß, 1. Aufl. 2002, SchwbVWO, Anm. zu § 20.
78 *Düwell/Sachadae* NZA 2014, 1241 (1244); *Hohmann* in Wiegand/Hohmann SchwbVWO § 20 Rn. 47 und 57 f. Vgl. auch zum förmlichen Verfahren LAG München 25.10.2007 – 4 TaBV 38/07, BeckRS 2009, 67787.
79 *Hohmann* in Wiegand/Hohmann SchwbVWO § 29 Rn. 47 und 57 f. Vgl. auch *Düwell/Sachadae* NZA 2014, 1241 (1244); *Sachadae*, Wahl der SchwbV, S. 453 ff.
80 OVG NRW 27.9.2000 – 1 A 1541/99.PVB, Behindertenrecht 2001, 147; *Hohmann* in Wiegand/Hohmann SchwbVWO § 20 Rn. 58.
81 *Hohmann* in Wiegand/Hohmann SchwbVWO § 20 Rn. 59.
82 *Hohmann* in Wiegand/Hohmann SchwbVWO § 20 Rn. 56; *Sachadae*, Wahl der SchwbV, S. 438.
83 Ausführlich dazu *Sachadae*, Wahl der SchwbV, S. 434 ff. Zustimmend *Hohmann* in Wiegand/Hohmann SchwbVWO § 20 Rn. 56.

V. Durchführung der Stimmabgabe (Abs. 3 S. 1, 3 bis 5)

1. Allgemeines

Sind die notwendigen Wahlvorbereitungshandlungen vorgenommen worden, muss die Wahlleitung mit der Durchführung der eigentlichen Wahl, also der Stimmabgabe, beginnen. Diese hat im Rahmen des vereinfachten Wahlverfahrens **ausschließlich auf dem Wege der persönlichen Stimmabgabe** zu erfolgen, da eine schriftliche Stimmabgabe in diesem Verfahren generell ausgeschlossen ist.[84]

55

2. Ablauf der Stimmabgabe

In Abs. 3 finden sich nähere Vorgaben zum Ablauf der Stimmabgabe. **Die Regelungen entsprechen weitgehend denen zum förmlichen Wahlverfahren**, so dass hinsichtlich der weiteren Einzelheiten auf die Kommentierung zu § 9 und § 10 verwiesen werden kann.

56

a) Verwendung von Stimmzetteln und Wahlumschlägen

Durch Abs. 3 S. 1 wird auch für das vereinfachte Wahlverfahren hinsichtlich der Stimmabgabe zwingend die **Verwendung von Stimmzetteln vorgeschrieben**. Damit ist die früher im vereinfachten Verfahren verbreitete Form der **Wahl per Handzeichen** unzulässig.[85] Ebenso ist zwingend die **Verwendung von Wahlumschlägen** vorgeschrieben, in die die gekennzeichneten Stimmzettel einzulegen sind. Folglich ist eine Stimmabgabe mittels eines lediglich gefalteten Stimmzettels unzulässig und damit unwirksam.[86]

57

b) Kennzeichnung der Stimmzettel

Die Kennzeichnung der Stimmzettel erfolgt auch im vereinfachten Verfahren durch **Ankreuzen** oder **sonstige Kenntlichmachung** des betreffenden vorgeschlagenen Kandidaten (vgl. § 20 Abs. 3 S. 3 Hs. 2 iVm § 9 Abs. 4 S. 1). In jedem Falle muss der **Wählerwille** eindeutig erkennbar sein. Das Anbringen **weiterer Zeichen** oder **Anmerkungen** ist ebenso unzulässig wie die Ergänzung des Stimmzettels um weitere „Kandidaten".

58

Bei der Wahl der Schwerbehindertenvertretung darf **lediglich ein Wahlbewerber** angekreuzt werden. Dies gilt gleichermaßen, wenn lediglich ein stellvertretendes Mitglied gewählt werden soll.[87] Sollen hingegen mehrere stellvertretende Mitglieder gewählt werden, hat jeder Wahlberechtigte in diesem Wahlgang **so viele Stimmen wie Stellvertreter zu wählen** sind (§ 20 Abs. 3 S. 3 Hs. 2 iVm § 9 Abs. 4 S. 2).[88] Das bedeutet jedoch nicht, dass eine Stimmenhäufung (sog. Kumulation) zulässig wäre.[89] Vielmehr kann jedem Kandidaten nur eine Stimme gegeben werden. Kreuzt ein Wahlberechtigter **einen Kandidaten mehrfach an**,

59

---

84 Statt vieler *Heuser* Behindertenrecht 1990, 25 (28).
85 *Hohmann* in Wiegand/Hohmann SchwbVWO § 20 Rn. 49; *Pohl/Fraunhoffer* in FKS SGB IX § 94 Rn. 48. Vgl. auch zum Grundsatz der geheimen Wahl BAG 21.3.2018 – 7 ABR 29/16, juris Rn. 31 sowie ausführlich *Sachadae*, Wahl der SchwbV, S. 51 ff.
86 HessLAG 1.12.2011 – 9 TaBV 130/11; *Kohte/Bernhardt* DVfR – Forum B – 7/2014, S. 3; *Sachadae*, Wahl der SchwbV, S. 442. AA *Pahlen* in Neumann/Pahlen/Greiner/Winkler/Jabben SchwbVWO § 20 Rn. 4.
87 Vgl. *Hohmann* in Wiegand/Hohmann SchwbVWO § 20 Rn. 65 und 67.
88 *Hohmann* in Wiegand/Hohmann SchwbVWO § 20 Rn. 67; *Sachadae*, Wahl der SchwbV, S. 452.
89 *Maaß* in Kossens/von der Heide/Maaß, 1. Aufl. 2002, SchwbVWO, Anm. zu § 9; *Sachadae*, Wahl der SchwbV, S. 457 f.; *Schleicher* WO zum SchwbG § 9 Rn. 4.

führt die mehrfache Kennzeichnung jedoch nicht zu Unwirksamkeit der Stimme, sondern ist als eine Stimme zu werten.[90] Zulässig ist es auch, dass ein Wahlberechtigter **weniger Kandidaten ankreuzt, als ihm Stimmen zustehen.** Kreuzt ein Wahlberechtigter jedoch in einem der Wahlgänge (oder in beiden) mehr Kandidaten an, als ihm insoweit Stimmen zustehen, ist die Stimmabgabe für den betreffenden Wahlgang unwirksam (auch → § 9 Rn. 35 ff.).

60 Ebenso wie im förmlichen Verfahren muss die Kennzeichnung der Stimmzettel und deren Einlegung in die Wahlumschläge so erfolgen können, dass dies von Dritten nicht eingesehen werden kann, damit eine **geheime und freie Stimmabgabe** möglich ist.[91] Das Gebot zur unbeobachteten Kennzeichnung der Stimmzettel steht nicht zur Disposition der Wahlberechtigten.[92] Um die geheime und freie Stimmabgabe zu gewährleisten, hat die Wahlleitung gem. Abs. 3 S. 3 die nötigen Vorkehrungen zu treffen. Hierzu gehört ggf. auch die Aufstellung einer **Wahlkabine** bzw. **Sichtschutzwand.** Näher zur geheimen Kennzeichnung des Stimmzettels → § 10 Rn. 9 ff.

c) Heranziehung von Hilfspersonen

61 Trotz fehlender ausdrücklicher Normierung besteht auch im vereinfachten Wahlverfahren die Möglichkeit, **bei der Stimmabgabe eine Hilfsperson heranzuziehen,** soweit der betreffende Wahlberechtigte infolge seiner Behinderung bei der Stimmabgabe beeinträchtigt ist.[93] Grundlage einer solchen Heranziehung ist § 10 Abs. 4 analog.[94] Bei der Auswahl der Hilfsperson ist der betroffene Wahlberechtigte frei, so dass er trotz des Grundsatzes der Selbstorganisation grundsätzlich auch eine **betriebsexterne Person benennen** kann.[95] Ausgeschlossen sind in analoger Anwendung des § 10 Abs. 4 S. 2 als Hilfsperson nur die Wahlleitung, die Wahlhelfer und die Wahlbewerber. In jedem Falle kann die Heranziehung einer Hilfsperson jedoch nur gestattet werden, wenn die Behinderung gerade eine **Beeinträchtigung bei der Stimmabgabe** bewirkt. Hierbei kommen auch **geistige Behinderungen** in Betracht.[96] Diese Voraussetzung muss die **Wahlleitung zwingend prüfen.**[97]

d) Umgang der Wahlleitung mit dem Wahlumschlag

62 Hat der Wahlberechtigte den Stimmzettel gekennzeichnet und ihn in den **Wahlumschlag** eingelegt, muss er ihn gem. Abs. 3 S. 4 zur Stimmabgabe **der Wahlleitung übergeben.** Eine Aushändigung an einen **Wahlhelfer** oder eine sonstige

---

90 *Sachadae,* Wahl der SchwbV, S. 458 f. In Bezug auf das Betriebsverfassungsrecht: *Homburg* in DKW WO § 20 Rn. 3; *Kreutz/Jacobs* in GK-BetrVG WO § 20 Rn. 5.
91 *Adlhoch* in Ernst/Adlhoch/Seel SGB IX § 94 Rn. 96; *Sachadae,* Wahl der SchwbV, S. 442 f.; *Schleicher* WO zum SchwbG § 19 Rn. 6.
92 BAG 21.3.2018 – 7 ABR 29/16, juris Rn. 31 und 34 f.; *Sachadae* ZfPR 4/2016, 101 (101 f.); *Sachadae* jurisPR-ArbR 37/2016, Anm. 5.
93 *Sachadae,* Wahl der SchwbV, S. 464. Zustimmend *Hohmann* in Wiegand/Hohmann SchwbVWO § 20 Rn. 51.
94 *Hohmann* in Wiegand/Hohmann SchwbVWO § 20 Rn. 51; *Sachadae,* Wahl der SchwbV, S. 464.
95 *Sachadae,* Wahl der SchwbV, S. 463 f. mwN.
96 Ebenso *Cramer* SchwbV SchwbWO § 10 Rn. 4; *Maaß* in Kossens/von der Heide/ Maaß, 1. Aufl. 2002, SchwbVWO, Anm. zu § 9; *Sachadae,* Wahl der SchwbV, S. 461 f.
97 *Hohmann* in Wiegand/Hohmann SchwbVWO § 20 Rn. 51. Vgl. auch *Sachadae,* Wahl der SchwbV, S. 462 f.

Person ist somit unzulässig.[98] Ebenso ist es unzulässig, dass der Wähler selbst den Wahlumschlag in das Wahlbehältnis einwirft.[99] Anschließend hat die Wahlleitung gem. Abs. 3 S. 5 die **Stimmabgabe in einer Liste zu vermerken.** Diese Liste dient dazu zu prüfen, dass keiner der Wahlberechtigten mehrfach seine Stimme abgibt. Parallel dazu hat die Wahlleitung – sofern nicht bereits bei der Ausgabe der Stimmzettel geschehen – die Wahlberechtigung des betreffenden Wählers zu prüfen.[100] 63

Die Wahlleitung darf den Wahlumschlag **erst im Anschluss an diese Prüfungen in das Wahlbehältnis werfen,** weil anderenfalls eine doppelte Stimmabgabe oder eine Stimmabgabe durch einen nicht Wahlberechtigten zu spät bemerkt würde.[101] Der Einwurf in das Behältnis soll gem. Abs. 3 S. 5 noch im Beisein des betreffenden Wählers geschehen,[102] damit sich dieser selbst davon überzeugen kann, dass der Wahlumschlag ungeöffnet eingeworfen wurde. Dies dient somit dem Grundsatz der Publizität der Wahl. 64

e) Anforderungen an das verwendete Wahlbehältnis

Das für den Einwurf zu verwendende Wahlbehältnis muss dabei **keine Wahlurne im engeren Sinne** sein.[103] Allerdings muss zur Vermeidung von Wahlmanipulationen gewährleistet sein, dass eingeworfene **Wahlumschläge nicht entnommen, ausgetauscht oder aber zusätzliche manipulierte Umschläge hinzugefügt** werden können.[104] Dies kann entweder durch technische Vorrichtungen oder über eine durchgehende, ungehinderte Einsehbarkeit gewährleistet sein.[105] Ungeachtet dessen muss ausgeschlossen werden, dass eine **Zuordnung der einwerfenden Wähler zu den auszuzählenden Stimmzetteln** erfolgen kann.[106] Hierzu ist nötigenfalls eine **Durchmischung** der Wahlumschläge erforderlich.[107] 65

3. Zeitlich versetzte Durchführung der Wahlgänge

Während im Hinblick auf das förmliche Wahlverfahren weitgehend Einigkeit herrscht, dass die **Abstimmung über das Amt der Schwerbehindertenvertretung** und diejenige über das der **stellvertretenden Mitglieder** zeitgleich zu erfolgen haben, ist dies im Hinblick auf das vereinfachte Verfahren umstritten.[108] 66

Verbreitet wird in der Literatur die Auffassung vertreten, die Wahlgänge für das Amt der Schwerbehindertenvertretung einerseits und das der stellvertretenden Mitglieder andererseits müssten zwingend zeitlich versetzt durchgeführt 67

---

98 *Hohmann* in Wiegand/Hohmann SchwbVWO § 20 Rn. 68.
99 *Hohmann* in Wiegand/Hohmann SchwbVWO § 20 Rn. 69.
100 Vgl. zur Prüfpflicht: *Sachadae*, Wahl der SchwbV, S. 242 ff.
101 Vgl. *Pahlen* in Neumann/Pahlen/Greiner/Winkler/Jabben SchwbVWO § 20 Rn. 3; *Sachadae*, Wahl der SchwbV, S. 443. AA *Hohmann* in Wiegand/Hohmann SchwbVWO § 20 Rn. 74.
102 *Hohmann* in Wiegand/Hohmann SchwbVWO § 20 Rn. 73.
103 *Hohmann* in Wiegand/Hohmann SchwbVWO § 20 Rn. 71; *Sachadae*, Wahl der SchwbV, S. 443.
104 *Sachadae*, Wahl der SchwbV, S. 443. Zustimmend *Hohmann* in Wiegand/ Hohmann SchwbVWO § 20 Rn. 71.
105 *Sachadae*, Wahl der SchwbV, S. 443.
106 *Sachadae*, Wahl der SchwbV, S. 443. Vgl. dazu auch *Dörner* SchwbG WO § 10 Anm. 1; *Schleicher* WO zum SchwbG § 10 Rn. 1.
107 *Hohmann* in Wiegand/Hohmann SchwbVWO § 20 Rn. 72; *Sachadae*, Wahl der SchwbV, S. 443 f.
108 Vgl. dazu *Sachadae*, Wahl der SchwbV, S. 453 ff.

werden.¹⁰⁹ Dies wird im Wesentlichen damit begründet, dass insbesondere bei **Doppelkandidatur** vor der Wahl der stellvertretenden Mitglieder feststehen müsse, wer als Schwerbehindertenvertretung gewählt sei.¹¹⁰

68 Dies vermag jedoch nicht zu überzeugen, weil bereits der Vergleich mit dem förmlichen Verfahren zeigt, dass die parallele Durchführung der Wahlgänge der gesetzgeberischen Intention zur **Trennung der Wahlgänge** nicht entgegensteht.¹¹¹ Auch lässt sich die Notwendigkeit einer zeitlichen Versetzung der Wahlgänge nicht mit anderweitigen nachhaltigen Argumenten begründen.¹¹² Mithin ist auch hinsichtlich des vereinfachten Verfahrens davon auszugehen, dass eine **parallele Durchführung der Wahlgänge** zulässig ist.¹¹³

VI. Nachbereitung der Wahl (Abs. 3 S. 6 und Abs. 4)

69 In Abs. 3 S. 6 und Abs. 4 ist die Nachbereitung der Wahl geregelt. Dabei sind im Wesentlichen die gleichen **Regelungen anzuwenden wie im förmlichen Verfahren**, so dass insoweit auf die dortige Kommentierung verwiesen werden kann.

1. Stimmauszählung

a) Zeitpunkt

70 Ist die **Stimmabgabe beendet**, hat die Wahlleitung gem. Abs. 3 S. 6 unverzüglich mit der Auszählung der Stimmen zu beginnen. Unverzüglich bedeutet dabei nach Maßgabe der Legaldefinition des § 121 S. 1 BGB „ohne schuldhaftes Zögern".¹¹⁴ Dementsprechend kann die Stimmauszählung nur dann auf einen späteren Zeitpunkt verschoben werden, wenn diese aus **vom Wahlleitungsorgan nicht zu vertretenden Gründen** nicht unmittelbar nach Abschluss der Wahl möglich ist.¹¹⁵ Derartige Gründe können vorliegen, wenn es dem Wahlleiter aus gesundheitlichen Gründen nicht möglich ist, die Stimmenauszählung im unmittelbaren Anschluss an die Stimmabgabe durchzuführen.¹¹⁶

b) Öffentlichkeit der Stimmauszählung

71 Nach den Vorgaben des Abs. 3 S. 6 ist die Stimmauszählung – ebenso wie im förmlichen Verfahren – **öffentlich durchzuführen**. Der Begriff der Öffentlichkeit ist dabei lediglich im Sinne einer **Betriebs- bzw. Dienststellenöffentlichkeit** zu

---

109 Adlhoch in Ernst/Adlhoch/Seel SGB IX § 94 Rn. 96; *Cramer* SchwbV SchwbWO § 20 Rn. 5; *Maaß* in Kossens/von der Heide/Maaß, 1. Aufl. 2002, SchwbVWO, Anm. zu § 20. AA OVG NRW 27.9.2000 – 1 A 1541/99. PVB; *Hohmann* in Wiegand/Hohmann SchwbVWO § 20 Rn. 58; *Sachadae*, Wahl der SchwbV, S. 457.
110 *Maaß* in Kossens/von der Heide/Maaß, 1. Aufl. 2002, SchwbVWO, Anm. zu § 20.
111 Vgl. BAG 29.7.2009 – 7 ABR 91/07, juris Rn. 23; *Müller-Wenner* in Müller-Wenner/Winkler SGB IX § 94 Rn. 28; *Sachadae*, Wahl der SchwbV, S. 453. Vgl. auch LAG München 25.10.2007 – 4 TaBv 38/07.
112 *Sachadae*, Wahl der SchwbV, S. 453 ff.
113 OVG NRW 27.9.2000 – 1 A 1541/99.PVB; *Hohmann* in Wiegand/Hohmann SchwbVWO § 20 Rn. 58; *Sachadae*, Wahl der SchwbV, S. 457; vgl. auch BAG 29.7.2009 – 7 ABR 91/07, juris Rn. 23 ff.
114 *Sachadae*, Wahl der SchwbV, S. 465; *Zanker*, WO zum SchwbG, S. 36. Vgl. auch *Dörner* SchwbG WO § 13 Anm. 1; *Schleicher* WO zum SchwbG § 13 Rn. 1.
115 *Hohmann* in Wiegand/Hohmann SchwbVWO § 20 Rn. 86; *Sachadae*, Wahl der SchwbV, S. 465. Vgl. *Cramer* SchwbV SchwbWO § 13 Rn. 1.
116 *Sachadae*, Wahl der SchwbV, S. 465.

verstehen.[117] Dementsprechend zählen lediglich diejenigen Personen zu Öffentlichkeit iSd Abs. 3 S. 6, die dem Betrieb bzw. der Dienststelle angehören.[118] Betriebsexterne Personen bzw. Institutionen sind hingegen von der Teilnahme an der Stimmauszählung ausgeschlossen.[119]

Der Grundsatz der Öffentlichkeit gebietet es auch, dass **Tag, Ort und Zeit der Stimmauszählung im Vorfeld** im Betrieb bzw. der Dienststelle **bekannt gegeben** werden.[120] Soweit dies nicht bereits mit der Einladung zur Wahlversammlung geschehen ist (→ § 19 Rn. 6 ff.), muss die Bekanntgabe **rechtzeitig nachgeholt** werden, damit alle zur Anwesenheit bei der Stimmauszählung berechtigten Personen von Ort und Zeit der Auszählung Kenntnis erlangen können, ohne dass sie hierbei darauf angewiesen wären, diesbezüglich beim Wahlleitungsorgan nachzufragen.[121] Eine **mündliche Bekanntgabe innerhalb der Wahlversammlung** genügt dafür in der Regel nicht, weil auf diese Weise nicht sichergestellt ist, dass tatsächlich alle Teilnahmeberechtigten von Zeit und Ort der Stimmauszählung Kenntnis erlangen, weil eine solche Information insbesondere nicht zwingend den **Arbeitgeber** und die **nicht schwerbehinderten Wahlbewerber** erreicht.[122]

72

c) Ermittlung des Wahlergebnisses

Bei der Auszählung der Stimmen sind gem. § 177 Abs. 6 S. 1 SGB IX die Grundsätze der Mehrheitswahl und die Trennung der Wahlgänge nach Abs. 2 S. 2 zu beachten. Die **Auszählung** muss also **für jeden Wahlgang** (Abstimmung über das Amt der Schwerbehindertenvertretung einerseits und über das der stellvertretenden Mitglieder andererseits) **separat** erfolgen. Gewählt ist danach jeweils, wer die **relative Mehrheit** erreicht, also die meisten Stimmen auf sich vereinigen konnte.[123] Soweit mehr als ein stellvertretendes Mitglied zu wählen war, bestimmt sich die **Rangfolge der stellvertretenden Mitglieder** in absteigender **Reihung nach den jeweils erlangten Stimmen** (vgl. § 20 Abs. 4 iVm § 13 Abs. 3 S. 1 und 2).[124]

73

Bei der Stimmauszählung können selbstverständlich nur **wirksam abgegebene Stimmen** berücksichtigt werden, so dass die Wahlleitung diese prüfen muss.[125] Unzulässig ausgefüllte Stimmzettel sind unwirksam und daher nicht mitzuzählen.

74

Eine Mindeststimmenzahl ist nicht vorgeschrieben, so dass es für die erfolgreiche Wahl auch genügt, wenn der betreffende **Kandidat** lediglich eine Stimme erhält.[126]

75

---

117 *Adlhoch* in Ernst/Adlhoch/Seel SGB IX § 94 Rn. 91; *Schleicher* WO zum SchwbG § 13 Rn. 2; vgl. auch *Sachadae*, Der Grundsatz der Öffentlichkeit bei der Vorbereitung und Durchführung der Personalratswahl, ZfPR 2016, 28 (31).
118 *Sachadae*, Wahl der SchwbV, S. 465 ff., mit ausf. Begr.
119 *Sachadae*, Wahl der SchwbV, S. 470; *Schleicher* WO zum SchwbG § 13 Rn. 2.
120 HessLAG 15.3.2012 – 9 TaBV 118/11; LAG Bbg 17.10.2003 – 8 TaBV 7/03.
121 *Sachadae*, Wahl der SchwbV, S. 471. Vgl. zur Betriebsratswahl BAG 15.11.2000 – 7 ABR 53/99, AP Nr. 10 zu § 18 BetrVG 1972.
122 *Sachadae*, Wahl der SchwbV, S. 471.
123 *Cramer* SchwbV SchwbWO § 13 Rn. 2; *Dörner* SchwbG WO § 13 Anm. 2; *Schleicher* WO zum SchwbG § 19 Rn. 7.
124 *Sachadae*, Wahl der SchwbV, S. 472.
125 *Hohmann* in Wiegand/Hohmann SchwbVWO § 20 Rn. 87. Vgl. auch *Sachadae*, Wahl der SchwbV, S. 471.
126 *Hohmann* in Wiegand/Hohmann SchwbVWO § 20 Rn. 92.

d) Umgang mit Stimmengleichheit

76 Kommt es bei der Auszählung zu einer Stimmengleichheit, ist gem. § 20 Abs. 4 iVm § 13 Abs. 2 S. 2 eine **Losentscheidung herbeizuführen** (näher zu den inhaltlichen Anforderungen an eine Losentscheidung → § 13 Rn. 15 ff.). Dabei stellt die Entscheidung durch Los im Mehrheitswahlrecht eine anerkannte Methode zur Lösung von Pattsituationen dar, die **mit demokratischen Grundsätzen in Einklang steht**.[127] Im Hinblick auf die Vorgabe des § 20 Abs. 4 iVm § 13 Abs. 2 S. 2 ist davon auszugehen, dass sich der Gesetzgeber zur **Vermeidung von Verzögerungen** dabei ganz bewusst für ein Losverfahren entschieden hat.[128] Dies entspricht auch dem Grundsatz der Simplizität.[129]

77 Dagegen ist die alternative oder vorgelagerte **Durchführung einer Stichwahl unzulässig**.[130] Zwar mag diese auf den ersten Blick als demokratischeres Instrument erscheinen,[131] jedoch würde sie bei ordnungsgemäßer Einhaltung der Wahlgrundsätze der Allgemeinheit und der Barrierefreiheit zu **erheblichen Verzögerungen** führen.[132] Dies widerspräche indes den Grundsätzen der Simplizität und der obligatorischen Vertretung.[133] Vor dem Hintergrund des **klaren Bekenntnisses des Normgebers zugunsten eines Losentscheides**[134] und der Verletzung wesentlicher Wahlgrundsätze der Schwerbehindertenvertretungswahl durch eine Stichwahl kann Letztere auch im vereinfachten Wahlverfahren nicht ernsthaft in Betracht gezogen werden.[135]

e) Feststellung des Wahlergebnisses

78 Sobald die Wahlleitung die Stimmauszählung vollständig durchgeführt hat, ist sie gem. Abs. 3 S. 6 verpflichtet, abschließend das **Wahlergebnis festzustellen**. Im vereinfachten Wahlverfahren erfolgt diese Feststellung durch **Mitteilung an die bei der Stimmauszählung anwesenden Personen**.[136] Dabei muss nach Maßgabe des Abs. 3 S. 6 ebenfalls das Gebot der Öffentlichkeit (→ Rn. 71 f.) eingehalten werden.[137]

2. Wahlniederschrift

79 Für das vereinfachte Wahlverfahren nicht ausdrücklich normiert wurde eine **Pflicht** der Wahlleitung **zur Anfertigung einer Wahlniederschrift**. Hieraus kann jedoch nicht gefolgert werden, dass eine solche im vereinfachten Wahlverfahren

---

127 VerfGH Bln 19.10.1992 – 24/92, NVwZ 1993, 1093 (1096); BVerwG 15.5.1991 – 6 P 15/89, BVerwGE 88, 183 (188); *Düwell/Sachadae* NZA 2014, 1241 (1244) mwN.
128 *Düwell/Sachadae* NZA 2014, 1241 (1244); *Sachadae*, Wahl der SchwbV, S. 473 mwN.
129 *Sachadae*, Wahl der SchwbV, S. 473.
130 *Adlhoch* in Ernst/Adlhoch/Seel SGB IX § 94 Rn. 96 a; *Sachadae*, Wahl der SchwbV, S. 473. Vgl. auch *Düwell/Sachadae* NZA 2014, 1241 (1245).
131 Vgl. LAG München 27.9.2005 – 8 TaBV 29/05; *Knittel* SGB IX § 94 Rn. 133.
132 Ausführlich dazu *Sachadae*, Wahl der SchwbV, S. 474 ff. Ebenso *Düwell/Sachadae* NZA 2014, 1241 (1245).
133 *Sachadae*, Wahl der SchwbV, S. 475 f.
134 Vgl. *Düwell/Sachadae* NZA 2014, 1241 (1245).
135 *Adlhoch* in Ernst/Adlhoch/Seel SGB IX § 94 Rn. 96 a; *Düwell/Sachadae* NZA 2014, 1241 (1245); *Sachadae*, Wahl der SchwbV, S. 473.
136 *Sachadae*, Wahl der SchwbV, S. 476; *Zanker*, WO zum SchwbG, S. 28. Vgl. auch *Hohmann* in Wiegand/Hohmann SchwbVWO § 20 Rn. 89.
137 *Hohmann* in Wiegand/Hohmann SchwbVWO § 20 Rn. 89.

entbehrlich wäre.[138] Vielmehr folgt aus dem im Öffentlichkeitsgrundsatz zum Ausdruck kommenden **Bedürfnis der Transparenz und Kontrollfähigkeit** der Wahldurchführung,[139] dass auch im vereinfachten Verfahren Nachweise über die Ergebnisermittlung notwendig sind.[140] Insofern ist von einer planwidrigen Regelungslücke auszugehen und § 13 Abs. 4 analog auf das vereinfachte Wahlverfahren anzuwenden, so dass auch hier eine Pflicht zur Anfertigung einer Wahlniederschrift besteht.[141] Zu den Inhalten der Wahlniederschrift → § 13 Rn. 20 und 22.

3. Annahme und Ablehnung der Wahl

Gem. § 20 Abs. 4 iVm § 14 Abs. 1 S. 1 hat die Wahlleitung unverzüglich nach Feststellung des Wahlergebnisses die Gewählten von ihrer Wahl zu unterrichten. Hierdurch soll einerseits sichergestellt werden, dass die Gewählten tatsächlich **von ihrer Wahl Kenntnis** erlangen, weil nicht gewährleistet ist, dass diese der Stimmauszählung beiwohnen. Andererseits dient die Unterrichtung auch der **Ingangsetzung der Frist des** § 14 Abs. 1 S. 2 (→ Rn. 82). 80

Aus Gründen der Rechtsklarheit und der Nachweisbarkeit hat die Unterrichtung gem. § 20 Abs. 4 iVm § 14 Abs. 1 S. 1 stets schriftlich zu erfolgen; und zwar selbst dann, wenn der **Gewählte in der Wahlversammlung bzw. bei der Stimmauszählung anwesend ist**.[142] 81

Da anerkannt ist, dass die Gewählten **nicht zur Annahme der Wahl verpflichtet** sind,[143] haben sie die Möglichkeit, ihre Wahl abzulehnen. Allerdings räumt ihnen § 14 Abs. 1 S. 2 hierfür nur eine **Frist von drei Arbeitstagen** ein, die mit dem **Zugang der Unterrichtung** zu laufen beginnt (zum Begriff des Arbeitstags und zur Fristberechnung → § 14 Rn. 10 ff.). Läuft die Frist ohne Erklärung ab, **gilt** die **Wahl als angenommen**. Näher zu den Folgen der Ablehnung bzw. Annahme der Wahl → § 14 Rn. 15 ff. 82

Als **Nachweis für die erfolgte Unterrichtung** und für den Beginn der Frist des § 14 Abs. 1 S. 2 ist vorgesehen, dass die Benachrichtigung gegen **Empfangsbekenntnis** zu erfolgen hat. Allerdings besitzt die Wahlleitung keine Sanktionsmöglichkeit, um die Abgabe eines Empfangsbekenntnisses zu erzwingen.[144] Wird ein solches nicht abgegeben, ist dies für die Wirksamkeit der Wahl unschädlich. Näher dazu → § 14 Rn. 12. 83

4. Bekanntgabe der Gewählten (§ 20 Abs. 4 iVm § 15)

Steht mit dem Ablauf der Frist des § 14 Abs. 1 S. 2 fest, wer endgültig gewählt worden ist, sind die Namen der Gewählten gem. § 20 Abs. 4 iVm § 15 im Be- 84

---

138 So aber *Adlhoch* in Ernst/Adlhoch/Seel SGB IX § 94 Rn. 97; *Pohl/Fraunhoffer* in FKS SGB IX § 94 Rn. 48.
139 Vgl. dazu *Sachadae*, Der Grundsatz der Öffentlichkeit bei der Vorbereitung und Durchführung der Personalratswahl, ZfPR 2016, 28 (32).
140 *Sachadae*, Wahl der SchwbV, S. 477. Zustimmend *Hohmann* in Wiegand/Hohmann SchwbVWO § 20 Rn. 90. Vgl. auch *Weber* SchwbG § 24 Anm. 23.
141 *Hohmann* in Wiegand/Hohmann SchwbVWO § 20 Rn. 90; *Sachadae*, Wahl der SchwbV, S. 477.
142 *Sachadae*, Wahl der SchwbV, S. 478 f. Ebenso wohl auch *Heuser* Behindertenrecht 1990, 25 (29); *Hohmann* in Wiegand/Hohmann SchwbVWO § 20 Rn. 99; *Zanker*, WO zum SchwbG, S. 28. AA *Weber* SchwbG § 24 Anm. 23.
143 Statt vieler *Franz*, Schwerbehindertengesetz mit Praxiskommentar, 4. Aufl. 1995, II. Rn. 257.
144 *Sachadae*, Wahl der SchwbV, S. 479.

trieb bzw. der Dienststelle durch **mindestens zweiwöchigen Aushang** bekannt zu geben. Näher dazu → § 15 Rn. 2 ff.

85 Parallel zu diesem Aushang hat die Wahlleitung gem. § 20 Abs. 4 iVm § 15 auch den **Arbeitgeber** und den **Betriebs- bzw. Personalrat** über die Namen der Gewählten zu **unterrichten** (→ § 15 Rn. 8 ff.).

5. Übergabe der Wahlunterlagen (§ 20 Abs. 4 iVm § 16)

86 Schließlich ist die Wahlleitung gem. Abs. 4 iVm § 16 verpflichtet, die **Wahlunterlagen während der Wahl zu sammeln und aufzubewahren** (zum Begriff der Wahlunterlagen → § 16 Rn. 5 f.).

87 Als **letzte Amtshandlung** hat die Wahlleitung die gesammelten Wahlunterlagen der endgültig gewählten **Schwerbehindertenvertretung zu übergeben**.[145] Die Aufbewahrungspflicht geht damit von der Wahlleitung auf die Schwerbehindertenvertretung über und dauert mindestens deren gesamte Amtszeit über an (→ § 16 Rn. 2 ff. und → § 16 Rn. 7 ff.).

88 Eine solche Sammlungs- und Aufbewahrungspflicht trifft im Vorfeld der Wahlversammlung auch bereits die **Initiatoren der Wahl**, die die gesammelten Wahlunterlagen der Wahlleitung zu übergeben haben, sobald diese gewählt wurde (→ § 16 Rn. 2 ff.).

§ 21 SchwbVWO Nachwahl des stellvertretenden Mitglieds

[1]Scheidet das einzige stellvertretende Mitglied aus oder ist ein stellvertretendes Mitglied noch nicht gewählt, lädt die Schwerbehindertenvertretung die Wahlberechtigten unverzüglich zur Wahlversammlung zur Wahl eines oder mehrerer stellvertretender Mitglieder ein. [2]Im übrigen gelten die §§ 18 bis 20 entsprechend.

1 Die Bestimmung betrifft die isolierte Nachwahl stellvertretender Mitglieder der Schwerbehindertenvertretung im vereinfachten Wahlverfahren. Dabei steht die Vorschrift in engem Zusammenhang mit der für das förmliche Wahlverfahren bestehenden **Parallelvorschrift des § 17**.

2 Ebenso wie im förmlichen Wahlverfahren kann eine isolierte Nachwahl der stellvertretenden Mitglieder grundsätzlich nur in zwei Konstellationen durchgeführt werden: Entweder ist – entgegen § 177 Abs. 1 S. 1 SGB IX – bisher noch **kein stellvertretendes Mitglied gewählt** worden oder das **einzige bzw. letzte stellvertretende Mitglied ist aus dem Amt ausgeschieden** (→ § 17 Rn. 4 ff.). Zur Frage, ob eine Nachwahl möglich ist, wenn zwar die festgelegte bzw. **gewählte Zahl stellvertretender Mitglieder unterschritten** wird, ohne dass aber auch das letzte stellvertretende Mitglied ausgeschieden ist → § 17 Rn. 7 ff.

3 Indirekt setzt § 21 für eine isolierte Nachwahl auch voraus, dass die **Schwerbehindertenvertretung noch vorhanden** ist.[1] Ist diese bereits ebenfalls ausgeschieden, kommt nur eine vollständige Neuwahl nach § 177 Abs. 5 S. 2 SGB IX in Betracht, die die Nachwahlmöglichkeit des § 21 verdrängt (→ § 17 Rn. 11).

4 Liegen die Voraussetzungen des § 21 vor, kommt eine Nachwahl gleichwohl nur in Betracht, wenn zum Zeitpunkt der Initiierung der Nachwahl[2] zugleich

---

145 Vgl. *Sachadae*, Wahl der SchwbV, S. 484; Vgl. auch *Schleicher* WO zum SchwbG § 16 Rn. 1.
1 *Hohmann* in Wiegand/Hohmann SchwbVWO § 21 Rn. 8.
2 Siehe zur Maßgeblichkeit dieses Zeitpunkts: *Sachadae*, Wahl der SchwbV, S. 297 ff. und 303.

auch die **allgemeinen Wahlvoraussetzungen** des § 177 Abs. 1 S. 1 SGB IX vorliegen (→ § 17 Rn. 12 ff.). Sind im Wahlbezirk zu diesem Zeitpunkt nicht mindestens fünf schwerbehinderte Menschen nicht nur vorübergehend beschäftigt, ist somit auch dann keine Nachwahl durchzuführen, wenn im Übrigen die Voraussetzungen des § 21 vorliegen. Dass die Schwerbehindertenvertretung nach hA trotz der **Unterschreitung der Mindestzahl von fünf schwerbehinderten Beschäftigten** bis zum Ende der Amtszeit im Amt bleibt,[3] ändert daran nichts (auch → § 17 Rn. 12). Zu beachten ist jedoch, dass bei der Nachwahl auf den gleichen Wahlbezirk abgestellt werden muss, wie bei der regulären Wahl der Schwerbehindertenvertretung (→ § 17 Rn. 13). Zu den Folgen des Eingreifens eines Übergangsmandats → § 17 Rn. 14.

Die **Initiierung** der isolierten Nachwahl der stellvertretenden Mitglieder nach § 21 **obliegt** dem Wortlaut nach **allein der Schwerbehindertenvertretung**. Dagegen soll § 19 Abs. 2 nach dem ausdrücklichen Willen des Verordnungsgebers keine Anwendung finden[4] (zur diesbezüglichen Kritik → § 17 Rn. 16). Die Initiierung der Wahl erfolgt dabei im Wege der Einladung zur Wahlversammlung nach § 19 Abs. 1, wobei selbstverständlich nur **zu einer Versammlung zur Wahl der stellvertretenden Mitglieder der Schwerbehindertenvertretung eingeladen** werden darf. Zu den allgemeinen Anforderungen an die Einladung → § 19 Rn. 6 ff.

Bei der Durchführung der isolierten Nachwahl sind gem. S. 2 die Bestimmungen der §§ 18 bis 20 entsprechend anzuwenden. Maßgeblich sind somit die für die **reguläre Schwerbehindertenvertretungswahl im vereinfachten Wahlverfahren** maßgeblichen Vorgaben.[5]

Die Wahlversammlung kann dabei frei **festlegen, wie viele stellvertretende Mitglieder gewählt werden** sollen, an die bei der regulären Wahl der Schwerbehindertenvertretung getroffene Festlegung ist die Wahlversammlung nicht gebunden.[6] Bei der Entscheidung über die zu wählende Stellvertreterzahl sollte über die allgemeinen Gesichtspunkte hinaus (→ § 2 Rn. 26) einerseits berücksichtigt werden, dass die **bisherige Anzahl der stellvertretenden Mitglieder nicht ausgereicht** hat. Andererseits sollte jedoch auch beachtet werden, dass die **Amtsdauer** für die neu zu wählenden stellvertretenden Mitglieder **kürzer ausfällt** als im Regelfall (→ Rn. 8).

Die **Amtsdauer** der im Wege der isolierten Nachwahl gewählten stellvertretenden Mitglieder ist gem. § 21 **strikt an die Amtszeit der Schwerbehindertenvertretung gekoppelt**. Die neu gewählten stellvertretenden Mitglieder sind also längstens bis zum Ende der Amtszeit der regulär gewählten Schwerbehindertenvertretung im Amt.

---

3 Statt vieler *Pahlen* in Neumann/Pahlen/Greiner/Winkler/Jabben SGB IX § 177 Rn. 43 mwN.
4 Amtl. Begründung zur Verordnung, BR-Drs. 147/90, 16. Vgl. auch *Hohmann* in Wiegand/Hohmann SchwbVWO § 21 Rn. 8.
5 *Hohmann* in Wiegand/Hohmann SchwbVWO § 21 Rn. 14.
6 *Hohmann* in Wiegand/Hohmann SchwbVWO § 21 Rn. 11.

Zweiter Teil
Wahl der Konzern-, Gesamt-, Bezirks- und Hauptschwerbehindertenvertretung in Betrieben und Dienststellen

§ 22 SchwbVWO Wahlverfahren

(1) [1]Konzern-, Gesamt-, Bezirks- und Hauptschwerbehindertenvertretung werden durch schriftliche Stimmabgabe gewählt (§§ 11, 12). [2]Im übrigen sind § 1 Abs. 1, §§ 2 bis 5, 7 bis 10 und 13 bis 17 sinngemäß anzuwenden. [3]§ 1 Abs. 2 findet sinngemäß mit der Maßgabe Anwendung, daß sich die Wahlberechtigten auch in sonst geeigneter Weise über die Bestellung eines Wahlvorstandes einigen können. [4]§ 6 findet sinngemäß mit der Maßgabe Anwendung, daß bei weniger als fünf Wahlberechtigten die Unterzeichnung eines Wahlvorschlages durch einen Wahlberechtigten ausreicht.

(2) [1]Bei nur zwei Wahlberechtigten bestimmen diese im beiderseitigen Einvernehmen abweichend von Absatz 1 die Konzern-, Gesamt-, Bezirks- oder Hauptschwerbehindertenvertretung. [2]Kommt eine Einigung nicht zustande, entscheidet das Los.

(3) [1]Sofern rechtzeitig vor Ablauf der Amtszeit der Konzern-, Gesamt-, Bezirksoder Hauptschwerbehindertenvertretung eine Versammlung nach § 180 Absatz 8 des Neunten Buches Sozialgesetzbuch stattfindet, kann die Wahl abweichend von Absatz 1 im Rahmen dieser Versammlung durchgeführt werden. [2]§ 20 findet entsprechende Anwendung.

I. Überblick über den Regelungsinhalt 1	VI. Durchführung des vereinfachten Wahlverfahrens 18
II. Kontroverse und gesetzgeberische Intervention 2	1. Anwendungsvoraussetzungen 18
III. Wahltermine 3	a) Anknüpfung an § 180 Abs. 7 iVm § 177 Abs. 6 S. 3 SGB IX 18
IV. Vorgesehene Wahlverfahren 5	
V. Durchführung des förmlichen Verfahrens 7	
1. Anwendungsvoraussetzung 7	b) Zwingende Vorgabe des Wahlverfahrens.. 19
2. Ablauf des förmlichen Verfahrens 9	c) Vereinfachtes Verfahren außerhalb der Versammlung nach § 180 Abs. 8 SGB IX 21
a) Grundsatz 9	
b) Besonderheiten bei der Einsetzung des Wahlvorstands 10	d) Vereinfachtes Wahlverfahren bei lediglich zwei Wahlberechtigten 22
c) Ausschließliche schriftliche Stimmabgabe 14	
	2. Ablauf des vereinfachten Wahlverfahrens 24
d) Abgesenktes Quorum für Stützunterschriften 16	3. Formlose Abstimmung nach § 22 Abs. 2 25

I. Überblick über den Regelungsinhalt

1 Die Vorschrift regelt die näheren Einzelheiten zur **Wahl der Konzern-, Gesamt-, Bezirks- und Hauptschwerbehindertenvertretungen**. Grundlage der Wahl dieser überörtlichen Schwerbehindertenvertretungen ist § 180 Abs. 7 SGB IX, der seinerseits im Wesentlichen auf § 177 Abs. 3 bis 7 verweist.

II. Kontroverse und gesetzgeberische Intervention

Die Regelungen des § 22 standen in den letzten Jahren im Kreuzfeuer heftiger 2
Diskussionen, nachdem das BAG[1] in einer stark kritisierten[2] Entscheidung eine
Auffassung vertreten hatte, nach der die in Abs. 3 vorgesehenen und in der Praxis verbreitet genutzten Erleichterungen faktisch kaum mehr anwendbar waren.[3] Inzwischen hat der Gesetzgeber auf die Proteste in der Literatur reagiert
und der Rechtsprechung des BAG entgegengesteuert (dazu auch → § 180
Rn. 52).[4] Allerdings sind dadurch **noch nicht alle** durch die BAG-Entscheidung
vom 23.7.2014 gestreuten **Bedenken** beseitigt worden (→ Rn. 21 und 25 f.).[5]

III. Wahltermine

Die regelmäßigen Wahlen der überörtlichen Schwerbehindertenvertretungen 3
finden **zeitlich verzögert** zu denen der örtlichen Vertretungen statt. Dies soll gewährleisten, dass die neuen überörtlichen Vertretungen auch von den neu gewählten Schwerbehindertenvertretungen gewählt werden. Die Zeiträume für
die regelmäßigen Wahlen sind dabei in § 180 Abs. 7 SGB IX festgelegt und liegen für die Wahl der **Gesamt- und Bezirksschwerbehindertenvertretungen** in der
Zeit vom 1.12. bis zum 31.1. und für die Wahl der **Konzern- und Hauptschwerbehindertenvertretungen** in der Zeit vom 1.2. bis 31.3. (des auf die regelmäßige
Wahl der örtlichen Vertretungen folgenden Kalenderjahres).

Bei der **Festlegung des konkreten Termins** haben der Initiator der Wahl (vereinfachtes Wahlverfahren) bzw. insbesondere der Wahlvorstand (förmliches Wahlverfahren) **darauf zu achten,** dass die Wahlberechtigten erst nach **Abschluss
der vorgelagerten Wahlen** feststehen, so dass die aus diesem aktiven Wahlrecht
folgenden Rechte (zB Wahlvorschläge oder Einspruch gegen die Liste der Wahlberechtigten) erst ab diesem Zeitpunkt ausgeübt werden können.[6] Vor diesem
Hintergrund ist das betreffende Organ verpflichtet, bei der Terminplanung
auf den Abschluss der Wahlen der unteren Stufenvertretungen **Rücksicht zu
nehmen.**[7] Das bedeutet, dass insbesondere der **Aushang des Wahlausschreibens**
nicht vor Abschluss der vorgelagerten Wahlen erfolgen darf.[8]

IV. Vorgesehene Wahlverfahren

Für die überörtlichen Schwerbehindertenvertretungswahlen sind nach § 22 unterschiedliche Wahlverfahren vorgesehen (**förmliches Wahlverfahren, vereinfachte Wahl auf der Jahresversammlung** nach § 180 Abs. 8 SGB IX und **formlose Abstimmung** bzw. **Losentscheidung** bei lediglich zwei Wahlberechtigten). 5

---

1 BAG 23.7.2014 – 7 ABR 61/12.
2 *Düwell* BB 2015, 53 ff.; *Edenfeld* PersV 2015, 63 ff.; *Sachadae* ZBVRonline 2/2015, 32 ff.; *Sachadae* jurisPR-ArbR 2/2015, Anm. 5; *Sachadae* Behindertenrecht 2015, 22 ff. Vgl. auch *Sachadae* PersV 2015, 170 (174 f.).
3 *Kohte* DVfR Reha-Recht – Forum B – 18/2014, S. 4; *Sachadae* ZBVRonline 2/2015, 32 (33); *Sachadae* Behindertenrecht 2015, 22 (25).
4 *Sachadae* ZBVRonline 12/2016, 38 (39 f.).
5 Dazu *Sachadae*, Die Novellierung des SGB IX: Was sich für die Schwerbehindertenvertretungen in den Betrieben und Dienststellen künftig ändert, ZfPRonline 12/2016, 38 (39 f.); *Sachadae* PersR 2/2017, 33, (35); *Sachadae*, Das neue Schwerbehindertenrecht, AiB 5/2017, 27 (28 f.). Kritisch im Hinblick auf die unzureichende Transparenz der Neuregelung: *Edenfeld* PersV 2016, 364 (365).
6 *Sachadae* ZBVRonline 2/2015, 32 (34).
7 OVG NRW 19.4.1993 – 1 A 3466/91.PVL, Behindertenrecht 1993, 172 (172 f.); *Hohmann* in Wiegand/Hohmann SchwbVWO § 22 Rn. 1; *Sachadae* ZBVRonline 2/2015, 32 (34).
8 *Sachadae* ZBVRonline 2/2015, 32 (34).

6 Hinsichtlich der in § 22 enthaltenen Vorgaben zu den möglichen Wahlverfahren bestehen jedoch **seit der Entscheidung des BAG vom 23.7.2014 erhebliche Unsicherheiten,**[9] die durch die Änderungen des Art. 2 des BTHG nur teilweise beseitigt wurden.[10] Dabei stellt sich insbesondere die Frage, **unter welchen Voraussetzungen das vereinfachte Wahlverfahren künftig anzuwenden** ist (→ Rn. 18 ff., insbes. → Rn. 21) und ob von der **Möglichkeit der formlosen Abstimmung** nach Abs. 2 überhaupt noch Gebrauch gemacht werden kann (→ Rn. 25 f.).

V. Durchführung des förmlichen Verfahrens

1. Anwendungsvoraussetzung

7 Im Rahmen der überörtlichen Schwerbehindertenvertretungswahlen bildet das sog. förmliche Wahlverfahren nach Abs. 1 **normierungstechnisch den Regelfall.**[11] Dementsprechend ist das förmliche Wahlverfahren immer dann durchzuführen, wenn nicht die Voraussetzungen eines anderen Wahlverfahrens vorliegen. Ein förmliches Verfahren ist daher insbesondere dann anzuwenden, wenn **mehr als 49 Vertrauenspersonen wahlberechtigt** sind.

8 In der Praxis sind jedoch in aller Regel die Voraussetzungen für die Durchführung des vereinfachten Verfahren gegeben, so dass die **förmliche Wahl faktisch die absolute Ausnahme** bildet (→ Rn. 18).

2. Ablauf des förmlichen Verfahrens

a) Grundsatz

9 Sind die Voraussetzungen des förmlichen Wahlverfahrens gegeben, richtet sich der weitere Ablauf der Wahl durch den **Verweis des Abs. 1 S. 2** im Wesentlichen nach den §§ 1 bis 17. Hinsichtlich der Einzelheiten der hierbei zu beachtenden Vorgaben sei auf die jeweilige Kommentierung der betreffenden Normen verwiesen. Allerdings sehen die Bestimmungen des Abs. 1 einzelne Besonderheiten vor, die ausschließlich für die überörtlichen Schwerbehindertenvertretungswahlen gelten. Diese sind dann anstelle der allgemeinen Vorgaben maßgeblich.

b) Besonderheiten bei der Einsetzung des Wahlvorstands

10 Besonderheiten ergeben sich gem. Abs. 1 S. 3 im Hinblick auf die Einsetzung des Wahlvorstands. Grundsätzlich ist zwar nach Maßgabe des § 22 Abs. 1 S. 2 iVm § 1 Abs. 1 in der Regel der bisherige Amtsinhaber dafür zuständig, die Neuwahl zu initiieren (→ § 1 Rn. 5 ff.). Soweit jedoch nach § 1 Abs. 2 ausnahmsweise eine Initiierung durch ein anderes Organ zulässig ist (→ § 1 Rn. 30 ff.), eröffnet § 22 Abs. 1 S. 3 die Möglichkeit, die Einsetzung des Wahlvorstands auch durch **anderweitige Einigung unter den Wahlberechtigten** vorzunehmen.

11 Es ist damit – anders als bei der örtlichen Schwerbehindertenvertretungswahl – nicht zwingend erforderlich, dass der **Wahlvorstand im Rahmen einer Versammlung** nach § 1 Abs. 2 gewählt wird. Vielmehr gestattet § 22 Abs. 1 S. 3

---

9 Vgl. dazu *Edenfeld* PersV 2015, 63 (65); *Sachadae* Behindertenrecht 2015, 22 (26).
10 Dazu *Sachadae*, Die Novellierung des SGB IX: Was sich für die Schwerbehindertenvertretungen in den Betrieben und Dienststellen künftig ändert, ZfPRonline 12/2016, 38 (39 f.); *Sachadae* PersR 2/2017, 33 (35).
11 *Sachadae* ZBVRonline 2/2015, 32.

jegliche anderweitige Abstimmung (zB durch **Umlaufverfahren** in schriftlicher Form oder per E-Mail).[12]

Im Hinblick auf die im Grundsatz ebenfalls nach Abs. 1 S. 3 **mögliche mündliche oder telefonische Einigung** ist jedoch zu bedenken, dass der auch bei der überörtlichen Schwerbehindertenvertretungswahl zu beachtende Grundsatz der Öffentlichkeit eine **Transparenz und Überprüfbarkeit** hinsichtlich aller in Bezug auf die Wahl getroffenen Entscheidungen erfordert.[13] Dies dürfte jedoch allenfalls bei sorgfältiger Protokollierung gewährleistet sein, wobei auch insoweit **rechtliche Unsicherheiten** verbleiben.[14] Zur Vermeidung etwaiger Anfechtungsrisiken ist daher von derartigen Formen der Abstimmung eher abzuraten.[15]   12

Trotz des in Abs. 1 S. 3 verwendeten Begriffs der Einigung setzt eine abweichende Abstimmung über den Wahlvorstand nicht voraus, dass **unter den Wahlberechtigten Einstimmigkeit erzielt wird**.[16] Angesichts der normgeberischen Zielsetzung, den mit einer entsprechenden Versammlung in räumlich stark zergliederten Wahlbezirken verbundenen erheblichen Aufwand möglichst zu vermeiden,[17] kann nicht davon ausgegangen werden, dass bei mindestens über 49 Wahlberechtigten (→ Rn. 7 und → Rn. 19) bereits durch eine Gegenstimme eine aufwändige Versammlung erzwungen werden kann. Andererseits ist aber auch zu berücksichtigen, dass eine **Einigung in sonstiger Weise** in besonderem Maße manipulationsanfällig und dadurch eine **breite Konsensbasis** erforderlich ist.[18] Daher kann eine **einfache Mehrheit** – wie sie in einer Versammlung nach § 1 Abs. 2 ausreichend ist (→ § 1 Rn. 60), für eine Einigung nach § 22 Abs. 1 S. 3 nicht genügen.[19] Vielmehr ist für eine wirksame Einigung nach § 22 Abs. 1 S. 3 zu verlangen, dass eine **Mehrheit aller Wahlberechtigten** (und nicht nur der eine Äußerung abgebenden) zustimmt. Liegt solche **absolute Mehrheit** vor, ist davon auszugehen, dass in der Versammlung nach § 1 Abs. 2 das gleiche Ergebnis erzielt werden würde, so dass die verbleibenden Gegenstimmen ohnehin unmaßgeblich wären.   13

c) Ausschließliche schriftliche Stimmabgabe

Eine wesentliche Besonderheit der überörtlichen Schwerbehindertenvertretungswahl besteht darin, dass diese gem. Abs. 1 S. 1 **ausschließlich im Wege der schriftlichen Stimmabgabe** zu erfolgen hat. Im Rahmen des förmlichen Wahlverfahrens findet eine persönliche Stimmabgabe somit generell nicht statt. Eine **Wahlmöglichkeit zugunsten einer Urnenwahl** besteht somit hier nicht.[20]   14

Im Rahmen der überörtlichen Schwerbehindertenvertretungswahlen ist daher stets so zu verfahren, als ob der Wahlvorstand gem. § 11 Abs. 2 S. 1 die allgemeine schriftliche Stimmabgabe beschlossen hätte.[21] Dementsprechend sind den **Wahlberechtigten von Amts wegen rechtzeitig** die in § 11 Abs. 1 genannten   15

---

12 *Hohmann* in Wiegand/Hohmann SchwbVWO § 22 Rn. 26.
13 Dazu *Sachadae*, Wahl der SchwbV, S. 328.
14 *Sachadae* ZBVRonline 2/2015, 32 (34).
15 *Sachadae* ZBVRonline 2/2015, 32 (34). AA offenbar *Hohmann* in Wiegand/ Hohmann SchwbVWO § 22 Rn. 26.
16 So aber *Hohmann* in Wiegand/Hohmann SchwbVWO § 22 Rn. 26.
17 Dazu *Sachadae* ZBVRonline 2/2015, 32 (34). Vgl. auch Vgl. BR-Drs. 290/75, 29.
18 *Sachadae* ZBVRonline 2/2015, 32 (34).
19 Vgl. *Sachadae* ZBVRonline 2/2015, 32 (34).
20 *Hohmann* in Wiegand/Hohmann SchwbVWO § 22 Rn. 11; *Sachadae* ZBVRonline 2/2015, 32 (35). Vgl. auch *Sachadae* Behindertenrecht 2015, 22 (25).
21 *Sachadae* ZBVRonline 2/2015, 32 (35).

Briefwahlunterlagen (Wahlausschreiben, Stimmzettel, Wahlumschlag, Eigenständigkeitserklärung, Freiumschlag) zuzusenden.²² Anders als bei der Wahl der örtlichen Schwerbehindertenvertretung dürfte es im Hinblick auf eine Wahl nach Abs. 1 unschädlich sein, wenn **Ort, Tag und Zeit der Stimmauszählung** nur den bei der überörtlichen Wahl Wahlberechtigten bekanntgegeben worden ist.²³

d) Abgesenktes Quorum für Stützunterschriften

16 Eine weitere Sonderregelung sieht Abs. 1 S. 4 vor. Danach soll das **Quorum** für die nach § 6 grundsätzlich zu leistenden **Stützunterschriften** für Wahlvorschläge auf lediglich einen Wahlberechtigten abgesenkt werden, wenn insgesamt **weniger als 5 Vertrauenspersonen wahlberechtigt** sind.

17 In der Vergangenheit hatte die Regelung ihre Daseinsberechtigung deshalb, weil das anzuwendende Wahlverfahren nach früher verbreiteter Auffassung unter bestimmten Voraussetzungen frei ausgewählt werden konnte („kann").²⁴ Wendet man jedoch die Vorgaben der derzeitigen Rechtsprechung²⁵ in Verbindung mit der Neuregelung des § 180 Abs. 7 SGB IX konsequent an, ist das förmliche Wahlverfahren nur noch anwendbar, wenn im Wahlbezirk mehr als 49 Wahlberechtigte beschäftigt sind (→ Rn. 19). Dagegen findet im Fall von weniger als 5 Wahlberechtigten ohnehin zwingend das vereinfachte Wahlverfahren Anwendung, in dem gem. § 22 Abs. 3 S. 2 iVm § 20 Abs. 2 S. 3 ohnehin keine Stützunterschrift zu leisten ist (→ § 20 Rn. 30 ff.). Mithin ist die **Regelung** des Abs. 1 S. 4 zumindest **nach Maßgabe der geltenden Rechtsprechung bedeutungslos.**

VI. Durchführung des vereinfachten Wahlverfahrens

1. Anwendungsvoraussetzungen

a) Anknüpfung an § 180 Abs. 7 iVm § 177 Abs. 6 S. 3 SGB IX

18 Alternativ dazu konnte – nach bis 2014 einhelliger Auffassung – anstelle des förmlichen auch das vereinfachte Wahlverfahren durchgeführt werden, sofern dies **im Rahmen der Jahresversammlung** nach § 180 Abs. 8 SGB IX erfolgte.²⁶ Nach Auffassung des BAG kann § 22 Abs. 3 jedoch keine Abweichung zu den Vorgaben des § 180 Abs. 7 iVm § 177 Abs. 6 S. 3 SGB IX vorsehen, so dass diese Möglichkeit nur bestehen soll, wenn die Anwendungsvoraussetzungen des vereinfachten Wahlverfahrens vorliegen.²⁷ Seit der Novellierung des SGB IX durch Art. 2 BTHG muss dabei im Rahmen der überörtlichen Vertretungswahl jedoch nur gewährleistet sein, dass im betreffenden Wahlbezirk **nicht mehr als 49 Wahlberechtigte** beschäftigt sind. Dabei ist jedoch zu beachten, dass nicht auf die Zahl der Beschäftigten, sondern auf die der wahlberechtigten Vertrauenspersonen abzustellen ist.²⁸ Allerdings wird dieser **Schwellenwert in der Pra-**

---

22 *Sachadae* ZBVRonline 2/2015, 32 (35); *Sachadae* Behindertenrecht 2015, 22 (25).
23 BAG 15.5.2017 – 7 ABR 22/15, juris Rn. 37 ff., das im Hinblick auf eine Aufsichtsratswahl eine auf die Delegierten beschränkte Bekanntgabe von Ort, Tag und Zeit der Stimmauszählung als ausreichend ansah.
24 Vgl. *Hohmann* in Wiegand/Hohmann SchwbVWO § 22 Rn. 36.
25 Vgl. BAG 23.7.2014 – 7 ABR 61/12; BAG 16.11.2005 – 7 ABR 9/05; BAG 7.4.2004 – 7 ABR 42/03.
26 Statt vieler LAG Köln 19.10.2011 – 3 TaBV 51/11, juris Rn. 39; *Hohmann* in Wiegand/Hohmann SchwbVWO § 22 Rn. 34.
27 BAG 23.7.2014 – 7 ABR 61/12, ZBVR online 12/2014, 16 ff.
28 Vgl. *Sachadae* ZBVRonline 2/2015, 32 (33); *Sachadae* Behindertenrecht 2015, 22 (25).

xis kaum überschritten,[29] so dass bei der weit überwiegenden Zahl der überörtlichen Schwerbehindertenvertretungswahlen die Voraussetzungen des vereinfachten Verfahrens nach § 180 Abs. 7 iVm § 177 Abs. 6 S. 3 SGB IX erfüllt sein dürften. Dies spiegelt sich auch in der Tatsache wider, dass von der **Wahlerleichterung** des Abs. 3 – jedenfalls bis 2014 – in der Praxis reger Gebrauch gemacht worden ist.[30]

b) Zwingende Vorgabe des Wahlverfahrens

Diesbezüglich ist jedoch zu beachten, dass das förmliche und das vereinfachte Wahlverfahren nach der Vorgabe des § 177 Abs. 6 SGB IX in einem **exklusiven Regel-Ausnahme-Verhältnis** steht.[31] Daher besteht insoweit keine Auswahlmöglichkeit zwischen diesen Wahlverfahren; vielmehr ist **zwingend das Verfahren anzuwenden, dessen Voraussetzungen** vorliegen (→ SGB IX § 177 Rn. 57 und 70).[32] Mithin ist bei Vorliegen der nach § 180 Abs. 7 iVm § 177 Abs. 6 S. 3 SGB IX maßgeblichen Voraussetzungen zwingend das vereinfachte Wahlverfahren anzuwenden. Das **förmliche Wahlverfahren** kann hingegen nach Maßgabe der aktuellen Rechtsprechung und der Neuregelung des § 180 Abs. 7 SGB IX **nur noch angewendet** werden, wenn im Wahlbezirk **mehr als 49 Vertrauenspersonen wahlberechtigt** sind. 19

Angesichts dieser zwingenden Abhängigkeit des anzuwendenden Wahlverfahrens vom Vorliegen der Voraussetzungen des § 177 Abs. 6 S. 3 (iVm § 180 Abs. 7) SGB IX kann **nicht mehr** davon ausgegangen werden, dass **nach pflichtgemäßem Ermessen frei entschieden** werden könne, welches Wahlverfahren angewendet werde.[33] Vielmehr kommt es künftig **nur noch** darauf an, ob die **Voraussetzungen des § 180 Abs. 7 iVm § 177 Abs. 6 S. 3 SGB IX** vorliegen oder nicht. 20

c) Vereinfachtes Verfahren außerhalb der Versammlung nach § 180 Abs. 8 SGB IX

Darüber hinaus stellt sich damit das Problem, dass das **vereinfachte Wahlverfahren** (wegen Vorliegens der Voraussetzungen des § 177 Abs. 6 S. 3 SGB IX) womöglich auch dann anzuwenden ist, **wenn die Voraussetzungen des § 22 Abs. 3** (rechtzeitige Versammlung nach § 180 Abs. 8 SGB IX) gar **nicht gegeben** sind.[34] Wendet man die vom BAG[35] in der Entscheidung vom 23.7.2014 aufgestellten Grundsätze konsequent an, müssen die in § 22 Abs. 3 aufgestellten Anforderungen hinter die gesetzlichen Vorgaben des § 177 Abs. 6 S. 3 SGB IX zurücktreten.[36] Damit hat die vielfach zu Recht kritisierte[37] Entscheidung zur Folge, dass das vereinfachte Wahlverfahren ggf. auch fernab einer Versammlung 21

---

29 *Kohte* DVfR Reha-Recht – Forum B – 18/2014, S. 4; *Sachadae* Behindertenrecht 2015, 22 (25); *Sachadae* ZBVR online 2/2015, 32 (33).
30 *Düwell* BB 2015, 53 (53); *Kohte* DVfR Reha-Recht – Forum B – 18/2014, S. 2 f.; *Sachadae* Behindertenrecht 2015, 22 (22).
31 *Sachadae*, Wahl der SchwbV, S. 272.
32 Vgl. BAG 16.11.2005 – 7 ABR 9/05; BAG 7.4.2004 – 7 ABR 42/03; *Adlhoch* in Ernst/Adlhoch/Seel SGB IX § 94 Rn. 76; *Düwell/Sachadae* NZA 2014, 1241 (1242); *Knittel* SGB IX § 94 Rn. 86.
33 So aber noch Hohmann in Wiegand/Hohmann SchwbVWO § 22 Rn. 36.
34 Vgl. *Sachadae* ZBVR 12/2016, 38 (39 f.); *Sachadae* PersR 2/2017, 33 (35).
35 BAG 23.7.2014 – 7 ABR 61/12, ZBVR online 12/2014, 16 ff.
36 Vgl. *Sachadae* ZBVR 12/2016, 38 (39 f.).
37 Vgl. *Düwell* BB 2015, 53 ff.; *Edenfeld* PersV 2015, 63 ff.; *Sachadae* ZBVR online 2/2015, 32 ff.; *Sachadae* jurisPR-ArbR 2/2015, Anm. 5; *Sachadae* Behindertenrecht 2015, 22 ff. Vgl. auch *Sachadae* PersV 2015, 170 (174 f.).

nach § 180 Abs. 8 SGB IX durchzuführen ist. **Ausschlaggebend ist dabei allein, ob die Voraussetzungen des § 180 Abs. 7 iVm § 177 Abs. 6 S. 3 SGB IX gegeben sind.**

d) Vereinfachtes Wahlverfahren bei lediglich zwei Wahlberechtigten

22 Soweit teilweise davon ausgegangen wird, das vereinfachte Verfahren nach Abs. 3 sei nur anwendbar, wenn **wenigstens drei Vertrauenspersonen wahlberechtigt** sind, ist dies überholt, weil das Verfahren nach Abs. 2 nach der jüngsten Rechtsprechung des BAG ohnehin nicht mehr zulässig sein dürfte (→ Rn. 25 f.).

23 Das „normale" vereinfachte Verfahren nach Abs. 3 ist daher auch dann anzuwenden, wenn im Wahlbezirk **weniger als drei Vertrauenspersonen wahlberechtigt** sind.

2. Ablauf des vereinfachten Wahlverfahrens

24 Liegen die Voraussetzungen des vereinfachten Wahlverfahrens nach § 180 Abs. 7 iVm § 177 Abs. 6 S. 3 SGB IX vor, richtet sich der **Ablauf der Wahl** gem. § 22 Abs. 3 S. 2 nach den Vorgaben des § 20. Anders als im Hinblick auf das förmliche Wahlverfahren (→ Rn. 10 ff.) sind für das vereinfachte Verfahren keine Sonderregelungen vorgesehen. Daher kann insoweit umfassend auf die Kommentierung zu § 20 verwiesen werden.

3. Formlose Abstimmung nach § 22 Abs. 2

25 Eine weitere in § 22 Abs. 2 vorgesehene Möglichkeit der Bestimmung der überörtlichen Schwerbehindertenvertretung besteht in der **formlosen Abstimmung zwischen zwei Wahlberechtigten.** Danach soll selbst die Durchführung eines vereinfachten Wahlverfahrens entbehrlich sein und durch eine **bloße Einigung** ersetzt werden können.[38] Für den Fall des Nichtzustandekommens einer Einigung ist eine **Losentscheidung** vorgesehen.[39]

26 Nach Maßgabe der Rechtsprechung des BAG[40] vom 23.7.2014 dürfte diese Möglichkeit der erleichterten „Ernennung" der überörtlichen Vertretung jedoch **nicht mehr zulässig sein, weil hierbei keine geheime und unmittelbare Wahl** im rechtlichen Sinne erfolgt, wie sie über § 180 Abs. 7 iVm § 177 Abs. 6 S. 3 SGB IX vorgeschrieben wird.[41] Hieran hat auch die **Novellierung durch das BTHG nichts geändert**.[42]

---

[38] Vgl. *Sachadae* jurisPR-ArbR 4/2020 Anm. 6.
[39] *Sachadae* jurisPR-ArbR 4/2020 Anm. 6.
[40] BAG 23.7.2014 – 7 ABR 61/12, ZBVR online 12/2014, 16 ff.
[41] *Sachadae* Behindertenrecht 2015, 22 (25 f.); *Sachadae* ZBVRonline 2/2015, 32 (36); *Sachadae* PersV 2015, 170 (174 f.).
[42] Vgl. *Sachadae* ZBVR 12/2016, 38 (39 f.); *Sachadae* PersR 2/2017, 33 (35). Vgl. auch *Sachadae* jurisPR-ArbR 4/2020 Anm. 6.

Dritter Teil
Wahl der Schwerbehindertenvertretung, Bezirks- und Hauptschwerbehindertenvertretung der schwerbehinderten Staatsanwälte und Staatsanwältinnen

§ 23 SchwbVWO Wahlverfahren

Für die Wahl der Schwerbehindertenvertretung, der Bezirks- und Hauptschwerbehindertenvertretung der schwerbehinderten Staatsanwälte und Staatsanwältinnen in den Fällen des § 177 Absatz 1 Satz 3 des Neunten Buches Sozialgesetzbuch gelten die Vorschriften des Ersten und Zweiten Teils entsprechend.

Die Vorschrift regelt die Wahl der nach § 177 Abs. 1 S. 3 SGB IX vorgesehenen besonderen Schwerbehindertenvertretungen der schwerbehinderten Staatsanwälte und Staatsanwältinnen, für die eine **besondere Personalvertretung** gewählt ist (allgemein dazu → SGB IX § 177 Rn. 49). Gleichermaßen werden auch die Wahlen von deren **überörtlichen Vertretungen** geregelt. 1

Bei den Wahlen der besonderen Schwerbehindertenvertretungen der schwerbehinderten Staatsanwälte und Staatsanwältinnen finden die **allgemeinen Vorgaben über die Wahlen der örtlichen Interessenvertretungen** vollumfänglich Anwendung. Insbesondere ist bei diesen Wahlen gleichermaßen zwischen dem förmlichen **Wahlverfahren** (§ 23 iVm §§ 1 bis 17) und dem vereinfachten **Wahlverfahren** (§ 23 iVm §§ 18 bis 21) zu unterscheiden. 2

Für die Wahlen der Bezirks- und Hauptschwerbehindertenvertretungen der schwerbehinderten Staatsanwälte und Staatsanwältinnen sind die **allgemeinen Vorgaben des § 22** (iVm § 23) anzuwenden. 3

Vierter Teil
Wahl der Schwerbehindertenvertretung, Bezirks- und Hauptschwerbehindertenvertretung der schwerbehinderten Richter und Richterinnen

§ 24 SchwbVWO Vorbereitung der Wahl der Schwerbehindertenvertretung der Richter und Richterinnen

(1) ¹Spätestens acht Wochen vor Ablauf ihrer Amtszeit lädt die Schwerbehindertenvertretung der schwerbehinderten Richter und Richterinnen die Wahlberechtigten schriftlich oder durch Aushang zu einer Wahlversammlung ein. ²Die Einladung muß folgende Angaben enthalten:
1. die Voraussetzungen der Wählbarkeit zur Schwerbehindertenvertretung,
2. den Hinweis über eine für Zwecke der Wahl erfolgte Zusammenfassung von Gerichten,
3. den Hinweis, wo und wann die Liste der Wahlberechtigten und diese Verordnung zur Einsicht ausliegen,
4. Ort, Tag und Zeit der Wahlversammlung.

(2) ¹Ist in dem Gericht eine Schwerbehindertenvertretung der schwerbehinderten Richter und Richterinnen nicht vorhanden, laden drei wahlberechtigte Richter und Richterinnen, der Richterrat oder der Präsidialrat zu der Wahlversammlung ein. ²Das Recht des Integrationsamtes, zu einer solchen Versammlung ein-

zuladen (§ 177 Absatz 6 Satz 4 des Neunten Buches Sozialgesetzbuch), bleibt unberührt.

I. Überblick über den Regelungsinhalt	1
II. Einladung zur Wahlversammlung durch den bisherigen Amtsinhaber (Abs. 1)	3
1. Allgemeines	3
2. Frist für die Einladung (Abs. 1 S. 1)	4
a) Exklusivität der Initiierungsbefugnis	4
b) Frist zwischen Einladung und Versammlung	6
3. Form der Einladung (Abs. 1 S. 1)	7
4. Inhalt der Einladung (Abs. 1 S. 2)	9
III. Einladung durch andere initiierungsbefugte Organe (Abs. 2)	11

I. Überblick über den Regelungsinhalt

1 Die Vorschrift regelt die ersten Schritte für die Wahl der Schwerbehindertenvertretungen der Richter und Richterinnen bei den Gerichten. Grundlage der Wahl dieser **besonderen Schwerbehindertenvertretungen** ist § 177 Abs. 1 S. 2 SGB IX. Anders als bei der Wahl der Schwerbehindertenvertretung der schwerbehinderten Staatsanwälte und Staatsanwältinnen wird in den §§ 24 bis 27 nicht nur auf die allgemeinen Bestimmungen des ersten und zweiten Teils verwiesen. Vielmehr sind für die Wahl der Schwerbehindertenvertretungen der Richter und Richterinnen **einige Besonderheiten** normiert.

2 Durch die Bestimmungen der §§ 24 bis 27 wird ein Wahlverfahren vorgegeben, das **am ehesten dem vereinfachten Verfahren** nach §§ 18 bis 21 entspricht, zugleich aber **auch Elemente des förmlichen Verfahrens** aufweist.[1]

II. Einladung zur Wahlversammlung durch den bisherigen Amtsinhaber (Abs. 1)

1. Allgemeines

3 Wie auch in den regulären Wahlverfahren der Schwerbehindertenvertretung obliegt die **Initiierungsberechtigung** primär beim bisherigen Amtsinhaber, also der noch amtierenden Schwerbehindertenvertretung der schwerbehinderten Richter und Richterinnen. Dabei erfolgt die Initiierung der Neuwahl durch **Einladung zur Wahlversammlung**.

2. Frist für die Einladung (Abs. 1 S. 1)

a) Exklusivität der Initiierungsbefugnis

4 Die Einladung muss gem. Abs. 1 S. 1 **spätestens acht Wochen vor Ablauf der Amtszeit** erfolgen. Hierbei handelt es sich um eine **Mindestfrist** (→ § 1 Rn. 21 und → § 19 Rn. 18 ff.). Dabei ist auffällig, dass die Frist der für des förmlichen Verfahrens nach § 1 Abs. 2 entspricht, wohingegen für die Versammlungseinladung nach § 19 Abs. 1 lediglich eine Mindestfrist von drei Wochen vorgesehen ist.

5 Lädt die amtierende Schwerbehindertenvertretung **nicht rechtzeitig vor Ablauf der in Abs. 1 S. 1 genannten Frist** zur Wahlversammlung ein, steht die Initiierungsbefugnis wegen des Grundsatzes der obligatorischen Vertretung[2] nicht

---

1 Vgl. *Cramer* SchwbV SchwbVWO, Vor §§ 24 ff.; *Pahlen* in Neumann/Pahlen/Greiner/Winkler/Jabben SchwbVWO § 24 Rn. 1.
2 Zu diesem Grundsatz: *Sachadae*, Wahl der SchwbV, S. 69 ff.

mehr exklusiv nur der Schwerbehindertenvertretung zu.³ Vielmehr kann die Einladung dann – auch noch während der laufenden Amtszeit – alternativ auch durch die in Abs. 2 genannten Organe ausgesprochen werden (s. auch → § 1 Rn. 22 ff., → § 1 Rn. 63 ff. und → § 19 Rn. 29 f.).

b) Frist zwischen Einladung und Versammlung

Auch wenn eine **Mindestfrist zwischen Einladung und Wahlversammlung** nicht ausdrücklich vorgeschrieben ist,⁴ ergibt sich eine solche aus dem Grundsatz der Allgemeinheit und der Barrierefreiheit (→ § 19 Rn. 16 f.).⁵ Trotz der vergleichsweise langen Frist des Abs. 1 S. 1 genügt jedoch auch bei der Wahl der Schwerbehindertenvertretung der schwerbehinderten Richter und Richterinnen eine Frist von **mindestens einer Woche.**⁶

6

3. Form der Einladung (Abs. 1 S. 1)

Die **Einladung** hat gem. Abs. 1 S. 1 entweder **schriftlich oder per Aushang** zu erfolgen. Damit ist die Formanforderung etwas strenger als im Hinblick auf die Wahlversammlungseinladung nach § 19 Abs. 1, die auch anderweitige „sonst geeignete Formen" zulässt.⁷ Ausgeschlossen sind nach Abs. 1 S. 1 somit insbesondere mündliche, telefonische oder per E-Mail versandte Einladungen.⁸

7

Im Hinblick auf eine Versammlungseinladung mittels **persönlichem Anschreiben** an die Wahlberechtigten ist zu beachten, dass auf diese Weise nicht sichergestellt ist, dass tatsächlich alle mit wahlbezogenen Rechten ausgestatteten Personen Kenntnis von der Wahl erlangen (auch → § 19 Rn. 12 ff.). Wegen des Grundsatzes der Allgemeinheit und der Gleichheit der Wahl müssen nämlich grundsätzlich auch die **„nicht sichtbaren"** aktiv Wahlberechtigten und die nicht aktiv, jedoch passiv wahlberechtigten Personen von der Wahl unterrichtet werden.⁹ Daher kann eine schriftliche Einladung – wie sie in Abs. 1 S. 1 vorgesehen ist – nur dann den Wahlgrundsätzen entsprechen und damit wirksam sein, wenn diese nicht nur an die „bekannten" aktiv Wahlberechtigten, sondern **an sämtliche Beschäftigten gerichtet ist.**¹⁰

8

4. Inhalt der Einladung (Abs. 1 S. 2)

Anders als § 19 Abs. 1 gibt § 24 Abs. 1 S. 2 ausdrücklich bestimmte Mindestinhalte für die Versammlungseinladung vor. Diese betreffen die **Voraussetzungen des passiven Wahlrechts,** den **Hinweis auf eine Zusammenfassung** nach § 177 Abs. 1 S. 4 SGB IX, die **Auslegung der Liste der Wahlberechtigten** und des Textes der SchwbVWO sowie die **Eckdaten der Wahlversammlung.**

9

---

3 Vgl. dazu *Sachadae*, Wahl der SchwbV, S. 323 ff. und 367 f.
4 Vgl. *Cramer* SchwbV SchwbVWO § 24 Rn. 1.
5 Vgl. *Sachadae*, Wahl der SchwbV, S. 376. Vgl. auch *Hohmann* in Wiegand/Hohmann SchwbVWO § 19 Rn. 7, der insoweit von einer im Regelfall zu beachtenden Vorlauffrist spricht.
6 *Hohmann* in Wiegand/Hohmann SchwbVWO § 24 Rn. 10. AA *Pahlen* in Neumann/Pahlen/Greiner/Winkler/Jabben SchwbVWO § 24 Rn. 2, der sich für eine Frist von zwei Wochen ausspricht. Vgl. im Hinblick auf das vereinfachte Verfahren nach § 19: *Sachadae*, Wahl der SchwbV, S. 376 mwN.
7 Vgl. *Cramer* SchwbV SchwbVWO § 24 Rn. 1.
8 *Hohmann* in Wiegand/Hohmann SchwbVWO § 24 Rn. 12.
9 *Sachadae*, Wahl der SchwbV, S. 373 ff. Vgl. auch LAG Bbg 17.10.2003 – 8 TaBV 7/03; LAG Köln 11.4.2008 – 11 TaBV 80/07, Behindertenrecht 2009, 91 (94).
10 *Sachadae*, Wahl der SchwbV, S. 375. AA wohl *Hohmann* in Wiegand/Hohmann SchwbVWO § 24 Rn. 14.

10 Auch wenn es in Abs. 1 S. 2 nicht ausdrücklich erwähnt ist, muss ferner in der Einladung der **Zweck der Versammlung** zum Ausdruck kommen (→ § 19 Rn. 8). Ebenso muss die Einladung auch erkennen lassen, **wer zur Wahlversammlung aufruft**, damit die Wahlberechtigten prüfen können, ob die nötige Initiierungsbefugnis besteht (→ § 19 Rn. 9).[11] Dagegen müssen die Angaben zu **Zeit und Ort der öffentlichen Stimmauszählung** noch nicht zwingend in der Versammlungseinladung erfolgen.[12]

III. Einladung durch andere initiierungsbefugte Organe (Abs. 2)

11 Abs. 2 räumt weiteren Organen das Recht zur Einladung zur Wahlversammlung und damit zur **Initiierung der Wahl** der Schwerbehindertenvertretung der schwerbehinderten Richter und Richterinnen ein. Dieses Einladungsrecht besteht in erster Linie, wenn eine entsprechende **Schwerbehindertenvertretung** als Amtsinhaber bisher noch nicht oder (zB wegen Ablaufs der Amtszeit oder erfolgreicher Wahlanfechtung) **nicht mehr existiert**.[13]

12 Dagegen ist die **Initiierungsberechtigung der genannten Organe** in der Regel während der laufenden Amtszeit der Schwerbehindertenvertretung der schwerbehinderten Richter und Richterinnen **gesperrt**, weil Abs. 1 dieser grundsätzlich ein exklusives Einladungsrecht einräumt.[14] Die Exklusivität der Einladungsberechtigung besteht wegen des Grundsatzes der obligatorischen Vertretung jedoch **nur bis zum Ablauf der in Abs. 1 genannten achtwöchigen Frist** (auch → § 1 Rn. 22 ff., → § 1 Rn. 63 ff. und → § 19 Rn. 29 f.).[15]

§ 25 SchwbVWO Durchführung der Wahl

(1) Die Wahlversammlung beschließt unter dem Vorsitz des oder der lebensältesten Wahlberechtigten das Wahlverfahren und die Anzahl der stellvertretenden Mitglieder der Schwerbehindertenvertretung.

(2) ¹Die Leitung der Wahlversammlung hat die Gewählten unverzüglich von ihrer Wahl zu benachrichtigen. ²§ 14 Abs. 1 Satz 2 und Abs. 2 sowie die §§ 15 und 16 gelten entsprechend.

1 Die Norm trifft nähere Vorgaben zur tatsächlichen Durchführung der Wahl der Schwerbehindertenvertretung der schwerbehinderten Richter und Richterinnen. Danach soll in der Wahlversammlung die zu wählende Zahl stellvertretender Mitglieder und das für die Wahl an sich maßgebliche Wahlverfahren beschlossen werden. Die Wahlberechtigten können somit selbst **in der Wahlversammlung** eine **Wahlordnung** und damit die **Ausgestaltung des Wahlverfahrens** festlegen.

2 Allerdings ergeben sich bei der Gestaltbarkeit des Verfahrens **Grenzen** durch die bei der Schwerbehindertenvertretungswahl **einzuhaltenden Wahlgrundsät-**

---

11 Vgl. zum vereinfachten Verfahren nach § 19: *Sachadae*, Wahl der SchwbV, S. 370.
12 *Sachadae*, Wahl der SchwbV, S. 372.
13 *Cramer* SchwbV SchwbVWO § 24 Rn. 2; *Maaß* in Kossens/von der Heide/Maaß, 1. Aufl. 2002, SchwbVWO Anm. zu § 24.
14 Vgl. *Hohmann* in Wiegand/Hohmann SchwbVWO § 24 Rn. 27.
15 *Sachadae*, Wahl der SchwbV, S. 323 ff. und 367 f.

ze.¹ Dies gilt zuvorderst für die Grundsätze der geheimen und unmittelbaren Wahl sowie die der Mehrheitswahl nach § 177 Abs. 6 S. 1 SGB IX.² Die in § 25 enthaltene Regelung orientiert sich dabei an § 51 Abs. 2 S. 2 DRiG.³ Hierfür findet sich jedoch **keine Grundlage in § 177 Abs. 1 S. 2 SGB IX.** Daraus ergibt sich nach der Rechtsprechung des BAG⁴ vom 23.7.2014 insoweit ein Spannungsverhältnis, als § 25 ein **nicht mit den Vorgaben des § 177 SGB IX in Einklang stehendes Wahlprozedere** vorsieht.⁵ Problematisch erscheint damit insbesondere, dass § 25 nicht die in § 177 Abs. 6 S. 3 SGB IX angelegte Differenzierung nach vereinfachten und förmlichen Wahlverfahren, sondern stattdessen ein grundsätzlich frei gestaltbares Wahlverfahren vorsieht.⁶ **Nach Maßgabe der jüngsten Rechtsprechung des BAG** scheint die Anwendbarkeit des § 25 zweifelhaft.

§ 26 SchwbVWO Nachwahl des stellvertretenden Mitglieds

¹Scheidet das einzige stellvertretende Mitglied vorzeitig aus dem Amt aus oder ist ein stellvertretendes Mitglied noch nicht gewählt, lädt die Schwerbehindertenvertretung der schwerbehinderten Richter und Richterinnen unverzüglich zur Wahlversammlung zur Wahl eines oder mehrerer stellvertretender Mitglieder für den Rest ihrer Amtszeit ein. ²Im übrigen gelten die §§ 24 und 25 entsprechend.

Die Norm regelt die **isolierte Nachwahl** stellvertretender Mitglieder der Schwerbehindertenvertretung der schwerbehinderten Richter und Richterinnen (zur Bedeutung der isolierten Nachwahl im Allgemeinen → § 17 Rn. 1). Bei der isolierten Nachwahl nach § 26 sind die **Vorgaben der §§ 24 und 25 entsprechend anzuwenden,** so dass auf die dortige Kommentierung verwiesen werden kann. Abweichungen zu den §§ 24 und 25 ergeben sich jedoch insoweit als für den **Zeitpunkt der Einladung** nicht die Frist des § 24 Abs. 1 S. 1 gilt, sondern die Einladung unverzüglich vorzunehmen ist.¹ Ferner soll **§ 24 Abs. 2 generell nicht anwendbar** sein, weil § 26 das Vorhandensein der Schwerbehindertenvertretung voraussetzt.² Allerdings spricht der Grundsatz der obligatorischen Vertretung dafür, dass die **in § 24 Abs. 2 genannten Organe** ausnahmsweise auch dann zur **Initiierung der isolierten Nachwahl** befugt sind, wenn die amtierende Schwerbehindertenvertretung ihrer Pflicht nach § 26 zur unverzüglichen Einleitung der isolierten Nachwahl nicht nachkommt (→ § 17 Rn. 16).

---

1 Vgl. *Cramer* SchwbV SchwbVWO § 25 Rn. 1; *Hohmann* in Wiegand/Hohmann SchwbVWO § 25 Rn. 7 ff.; *Maaß* in Kossens/von der Heide/Maaß, 1. Aufl. 2002, SchwbVWO Anm. zu § 25.
2 *Cramer* SchwbV SchwbVWO § 25 Rn. 1; *Hohmann* in Wiegand/Hohmann SchwbVWO § 25 Rn. 7 ff.; *Maaß* in Kossens/von der Heide/Maaß, 1. Aufl. 2002, SchwbVWO, Anm. zu § 25.
3 Amtl. Begr. BR-Drs. 290/75, 30.
4 BAG 23.7.2014 – 7 ABR 61/12.
5 Vgl. dazu *Sachadae* PersV 2015, 170 (171 ff.).
6 Vgl. *Hohmann* in Wiegand/Hohmann SchwbVWO § 25 Rn. 5 f.
1 *Hohmann* in Wiegand/Hohmann SchwbVWO § 26 Rn. 7; *Maaß* in Kossens/von der Heide/Maaß, 1. Aufl. 2002, SchwbVWO, Anm. zu § 26.
2 *Cramer* SchwbV SchwbVWO Anm. zu § 26; *Pahlen* in Neumann/Pahlen/Greiner/Winkler/Jabben SchwbVWO § 26 Rn. 1.

§ 27 SchwbVWO Wahl der Bezirks- und Hauptschwerbehindertenvertretung der schwerbehinderten Richter und Richterinnen

Für die Wahl der Bezirks- und Hauptschwerbehindertenvertretung der schwerbehinderten Richter und Richterinnen gelten die §§ 24 bis 26 entsprechend.

1 Die Vorschrift betrifft die Wahlen der überörtlichen Schwerbehindertenvertretung der schwerbehinderten Richter und Richterinnen. Für diese ist ebenfalls die entsprechende Anwendung der §§ 24 bis 26 vorgeschrieben.
2 Die erleichterte Ernennung durch formlose Einigung nach § 22 Abs. 2 ist für die Wahlen der überörtlichen Schwerbehindertenvertretungen der schwerbehinderten Richter und Richterinnen dagegen nicht vorgesehen.[1]
3 Zu den Bedenken hinsichtlich der Vereinbarkeit des § 25 mit der neueren Rechtsprechung des BAG → § 25 Rn. 3.

Fünfter Teil
Schlußvorschriften

§ 28 SchwbVWO Sonderregelungen aus Anlass der COVID-19-Pandemie

(1) ¹Bis zur Aufhebung der Feststellung einer epidemischen Lage von nationaler Tragweite wegen der dynamischen Ausbreitung der CoronavirusKrankheit-2019 (COVID-19) nach § 5 Absatz 1 Satz 2 des Infektionsschutzgesetzes durch den Deutschen Bundestag kann die Wahlversammlung der Schwerbehindertenvertretung im vereinfachten Wahlverfahren mittels Video- und Telefonkonferenz erfolgen, wenn sichergestellt ist, dass Dritte vom Inhalt der Sitzung keine Kenntnis nehmen können. ²Eine Aufzeichnung ist unzulässig. ³Satz 1 gilt nicht für die Ausübung des Wahlrechts durch Stimmabgabe bei der Wahl der Schwerbehindertenvertretung und ihrer stellvertretenden Mitglieder.
(2) Bis zur Aufhebung der Feststellung einer epidemischen Lage von nationaler Tragweite wegen der dynamischen Ausbreitung der CoronavirusKrankheit-2019 (COVID-19) nach § 5 Absatz 1 Satz 2 des Infektionsschutzgesetzes durch den Deutschen Bundestag gilt § 11 für die Stimmabgabe bei der Wahl der Schwerbehindertenvertretung und ihrer stellvertretenden Mitglieder im vereinfachten Wahlverfahren entsprechend.

I. Überblick über den Regelungsinhalt 1	2. Wahlmöglichkeit zwischen Video- und Telefonkonferenz und Präsenzveranstaltungen 9
II. Beschränkung der Sonderregelung auf das vereinfachte Wahlverfahren 3	3. Durchführung mittels Video- und Telefonkonferenz 15
III. Wahlversammlung per Video- und Telefonkonferenz (Abs. 1) 4	a) Verhältnis zwischen Videokonferenzen und Telefonkonferenzen 16
1. Feststellung einer epidemischen Lage von nationaler Tragweite 5	

---

[1] AA Cramer SchwbV SchwbVWO Anm. zu § 27; *Pahlen* in Neumann/Pahlen/Greiner/Winkler/Jabben SchwbVWO § 27 Rn. 1.

b) Zulässigkeit von Hybridveranstaltungen 18
c) Sicherstellung der Teilnehmerbeschränkung und Schutz vor Kenntnisnahme Dritter 19
d) Sicherstellung der Beschränkung der Nutzung der Wahlrechte auf die hierzu Berechtigten 22
e) Technische Risiken .. 25
4. Aufzeichnungsverbot 27
5. Inhalt einer Wahlversammlung nach Abs. 1 .. 29
6. Ausschluss der Stimmabgabe per Video- oder Telefonkonferenz 30

IV. Nachgelagerte Briefwahl (**Abs. 2**) 31
1. Lückenhaftigkeit des Verfahrens 32
2. Notwendige Bekanntgaben 33
3. Fristenregelungen 39
4. Stimmberechtigung bei der Briefwahl 44
5. Behandlung der Briefwahlstimmen 45
6. Auszählung der Stimmen und Bekanntmachung des Wahlergebnisses 48
7. Zuständigkeit für die Durchführung der nachgelagerten Briefwahl 51

I. Überblick über den Regelungsinhalt

Die Vorschrift trifft eine **Sonderregelung** für die Durchführung der **Wahl der** 1 **SBV in Zeiten der COVID-19-Pandemie.** Im Kern ermöglicht Abs. 1 die Durchführung einer Wahlversammlung im vereinfachten Wahlverfahren per Videooder Telefonkonferenz. Ergänzend dazu gestattet Abs. 2 die schriftliche Stimmabgabe (**Briefwahl**) auch im Rahmen der vereinfachten Wahl im Nachgang der Wahlversammlung.

Der mit dem **Teilhabestärkungsgesetz** vom 22.04.2021 vollständig neugefasste 2 § 28 ist an die Stelle der schon zuvor gegenstandslos gewordenen Berlin-Klausel getreten und füllt damit eine bis dato bestehende Lücke im Normtext der SchwbVWO. Die Vorschrift ist anders als viele im Hinblick auf die COVID-19-Pandemie getroffenen Sonderbestimmungen nicht mit einem **Ablaufdatum** versehen worden, zu welchem die Vorschrift wieder außer Kraft treten würde. Vielmehr ist der Ausnahmetatbestand unmittelbar an die Feststellung einer epidemischen Lage von nationaler Tragweite (dazu → Rn. 5 ff.) gekoppelt.

II. Beschränkung der Sonderregelung auf das vereinfachte Wahlverfahren

Die in § 28 zu findenden Sonderregelungen aus Anlass der COVID-19-Pande- 3 mie sind ausschließlich auf das **vereinfachte Wahlverfahren** beschränkt. Im Hinblick auf die Durchführung des förmlichen Wahlverfahrens gelten somit weiterhin nur die allgemeinen Bestimmungen der §§ 1 ff. Auch im **förmlichen Wahlverfahren** gegebenenfalls nötige oder zumindest hilfreiche Erleichterungen, wie beispielsweise die Möglichkeit zur Durchführung einer Sitzung des Wahlvorstands per Video- oder Telefonkonferenz, sind hingegen nicht vorgesehen worden.

III. Wahlversammlung per Video- und Telefonkonferenz (Abs. 1)

Gemäß Abs. 1 kann die Wahlversammlung zur Wahl der SBV im vereinfachten 4 Wahlverfahren (→ Rn. 3) bei Feststellung einer epidemischen Lage von nationaler Tragweite (→ Rn. 5 ff.) ausnahmsweise auch per Video- und Telefonkonferenz (→ Rn. 9 ff.) durchgeführt werden.

1. Feststellung einer epidemischen Lage von nationaler Tragweite

5 **Grundvoraussetzung** für die Anwendung der Sonderregelung des Abs. 1 ist die Feststellung einer epidemischen Lage von nationaler Tragweite wegen der dynamischen Ausbreitung der Coronavirus-Krankheit-2019 (COVID-19).

6 Gemäß § 5 Abs. 1 S. 6 IfSG liegt eine **epidemische Lage von nationaler Tragweite** vor, wenn eine ernsthafte Gefahr für die öffentliche Gesundheit in der gesamten Bundesrepublik Deutschland besteht, weil
1. die Weltgesundheitsorganisation eine gesundheitliche Notlage von internationaler Tragweite ausgerufen hat und die Einschleppung einer bedrohlichen übertragbaren Krankheit in die Bundesrepublik Deutschland droht oder
2. eine dynamische Ausbreitung einer bedrohlichen übertragbaren Krankheit über mehrere Länder in der Bundesrepublik Deutschland droht oder stattfindet.

7 Die **Zuständigkeit** für eine derartige Feststellung liegt beim Deutschen Bundestag. Dabei muss die Feststellung gemäß § 5 Abs. 1 S. 5 IfSG im **Bundesgesetzblatt** bekannt gemacht werden. Die Feststellung des Bundestages ist grundsätzlich **auf eine Dauer von drei Monaten befristet**. Allerdings kann die Feststellung durch erneuten Beschluss des Bundestages verlängert werden. Stellt der Bundestag innerhalb des Dreimonatszeitraums das Fortbestehen der epidemischen Lage von nationaler Tragweite nicht förmlich fest, gilt die ursprüngliche Feststellung gemäß § 5 Abs. 1 S. 3 IfSG als aufgehoben. Unabhängig davon hat der Bundestag die Feststellung gemäß § 5 Abs. 1 S. 2 IfSG aufzuheben, wenn die oben genannten Voraussetzungen für die Feststellung nicht mehr gegeben sind (dazu → Rn. 6).

8 Während § 5 IfSG die Feststellung einer epidemischen Lage von nationaler Tragweite abstrakt regelt und damit eine Feststellung für unterschiedliche Epidemien bzw. Pandemien ermöglicht, ist die Sonderregelung des § 28 Abs. 1 SchwbVWO ausdrücklich auf eine Feststellung wegen der dynamischen Ausbreitung der Coronavirus-Krankheit-2019 (COVID-19) beschränkt. Die **Einengung** der Sonderregelung des § 28 SchwbVWO auf die **COVID-19-Pandemie** zeigt sich auch in systematischer Hinsicht in der Überschrift der Norm. Die Bestimmungen des § 28 SchwbVWO finden damit de lege lata auf anderweitige Epidemien bzw. Pandemien selbst dann keine Anwendung, wenn der Bundestag insoweit das Vorliegen einer epidemischen Lage von nationaler Tragweite nach § 5 IfSG festgestellt hat.

2. Wahlmöglichkeit zwischen Video- und Telefonkonferenz und Präsenzveranstaltungen

9 Die Neuregelung des Abs. 1 schafft lediglich eine **Möglichkeit** zur Durchführung der Wahlversammlung im Wege einer **Video- und Telefonkonferenz**, ohne diesen Weg jedoch verpflichtend vorzuschreiben. Auch bei Vorliegen der Voraussetzungen des Abs. 1 S. 1 bleibt es somit zulässig, die **Wahlversammlung als Präsenzveranstaltung** durchzuführen. Die Freiwilligkeit der Durchführung per Video- oder Telefonkonferenz ergibt sich bereits aus dem Wortlaut der Norm („kann"). Auch die Begründung zu Abs. 1 verdeutlicht den Alternativcharakter.[1] Zur Zulässigkeit einer gleichzeitigen Durchführung der Wahlversammlung sowohl als Präsenzveranstaltung als auch per Video- und Telefonkonferenz (sog. Hybridveranstaltung) → Rn. 18.

---

1 Vgl. BT-Drs. 19/28834, 60.

Im Rahmen der Abwägung für die Entscheidung, in welcher Form die Wahlversammlung durchgeführt werden soll, sollten neben der Sicherstellung der **Einhaltung der geltenden Abstands- und Hygienevorschriften** auch die inzwischen bestehenden **Möglichkeiten zur Testung** nach § 5 SARS-CoV-2-Arbeitsschutzverordnung berücksichtigt werden. Zu den bei Video- und Telefonkonferenzen bestehenden technischen Risiken → Rn. 25 f. und zum Schutz vor der Kenntnisnahme durch Dritte → Rn. 19 ff. 10

Für die durch Abs. 1 eröffnete Möglichkeit zwischen unterschiedlichen Formen der Durchführung der Wahlversammlung zu wählen, können sich jedoch **Einschränkungen** aus den **allgemeinen Wahlgrundsätzen**[2] ergeben, die im Rahmen der Abwägung ebenfalls zu berücksichtigen sind. Dies gilt insbesondere mit Blick auf die Grundsätze der Allgemeinheit und der Barrierefreiheit der Wahl. Die Durchführung der Wahlversammlung per Video- und Telefonkonferenz birgt nämlich die besondere Gefahr, dass einzelne Wahlberechtigte nicht oder nicht in gleicher Weise an der Wahl teilhaben können. 11

Dies gilt insbesondere für das Vorliegen einer hinreichenden **technischen Ausstattung der Wahlberechtigten**. Verfügen nämlich wahlberechtigte Beschäftigte nicht über die technische Möglichkeit zur Teilnahme an einer per Videokonferenz durchgeführten Wahlversammlung, würden sie insbesondere in ihren Rechten zur Mitwirkung bei der Wahl der Wahlleitung und zur Einreichung von Wahlvorschlägen eingeschränkt. Insbesondere letzteres kann auch zu einer **Verletzung des passiven Wahlrechts** führen, sodass in diesem Fall die Grundsätze der **Allgemeinheit der Wahl**[3] und der **Barrierefreiheit**[4] verletzt wären. Bei der Entscheidung über die Durchführung der Wahlversammlung als Präsenzveranstaltungen oder mittels Video- oder Telefonkonferenz muss daher insbesondere auch berücksichtigt werden, ob alle Wahlberechtigten über die technische Ausstattung verfügen, um in gleichwertiger Weise an der Wahlversammlung teilzunehmen. Dabei muss sichergestellt sein, dass die technische Ausstattung – insbesondere, wenn sie speziell für die Teilnahme an der Wahlversammlung zur Verfügung gestellt worden ist – barrierefrei nutzbar ist, damit jeder Wahlberechtigte, unabhängig von seiner Behinderung, die Möglichkeit hat, in gleicher Weise an der Wahl teilzunehmen.[5] 12

Ungeachtet dessen kann der Grundsatz der Barrierefreiheit der Wahl allerdings auch gerade für die Durchführung der Wahlversammlung mittels Video- oder Telefonkonferenz sprechen. Anders als der Grundsatz der Allgemeinheit der Wahl verbietet der Grundsatz der Barrierefreiheit nicht nur die Erschwerung des Zugangs zur Wahl, sondern gebietet gleichermaßen auch die **Schaffung von Möglichkeiten zur Überwindung bestehender behinderungsbedingte Erschwernisse**.[6] Gerade im Hinblick auf die SBV-Wahl kann unter den Wahlberechtigten ein erhöhter Anteil von Angehörigen der **COVID-19-Risikogruppen** vorhanden sein, dem eine Teilnahme an der Zusammenkunft einer größeren Personengruppe, wie dies bei der Wahlversammlung der Fall ist, nicht zugemutet werden kann. Gleichermaßen ist es nicht fernliegend, dass sich unter den Wahlberechtigten ein erhöhter Anteil von Personen befindet, die infolge der Erkrankung 13

---

2 Ausführlich dazu *Sachadae*, Wahl der SchwbV, S. 50 ff.
3 Vgl. *Sachadae*, Wahl der SchwbV, S. 63 ff.
4 Näher zu diesem Grundsatz *Sachadae*, Wahl der SchwbV, S. 78 ff.
5 Vgl. *Sachadae*, Wahl der SchwbV, S. 78 ff.; *Hohmann* in Wiegand/Hohmann SchwbVWO Einl. Rn. 18 f.
6 *Sachadae*, Wahl der SchwbV, S. 78. Zustimmung: *Hohmann* in Wiegand/Hohmann SchwbVWO Einl. Rn. 19.

ihrer Atmungsorgane nicht in der Lage und deshalb auch nicht verpflichtet sind, entsprechende **Masken** zu tragen.

14 Die **Entscheidung** darüber, ob die Wahlversammlung als Präsenzveranstaltungen oder mittels Video- oder Telefonkonferenz durchgeführt werden soll, obliegt dem betreffenden Initiator bzw. den **Initiatoren der Wahl**, weil bereits mit der Einladung zur Wahlversammlung die wesentlichen Eckdaten dieser Veranstaltung bekannt gegeben werden müssen[7] und daher auch die Form der Durchführung festgelegt sein muss. Siehe zur Rangfolge bei mehreren parallel stattfindenden Initiierungen der Wahl → § 1 Rn. 25.

3. Durchführung mittels Video- und Telefonkonferenz

15 Abs. 1 sieht die Möglichkeit zur Durchführung der Wahlversammlung mittels Video- und Telefonkonferenz vor.

a) Verhältnis zwischen Videokonferenzen und Telefonkonferenzen

16 Die Vorschrift regelt leider nicht eindeutig, in welchem **Verhältnis Videokonferenzen und Telefonkonferenzen** zueinanderstehen. Der Wortlaut („und" oder „oder") spricht zunächst dafür, dass in jedem Falle Mischformen aus Videound Telefonkonferenz möglich sind. Auch teleologische Gesichtspunkte sprechen für eine Zulässigkeit von **Mischformen** aus Video- und Telefonkonferenzen, weil viele Videokonferenzsysteme als integrativen Bestandteil auch eine schlichte Einwahl per Telefon vorsehen. Mit Blick auf den Grundsatz der Allgemeinheit der Wahl setzt eine solche Mischform jedoch voraus, dass alle Wahlberechtigten gleichermaßen über die **technischen Möglichkeiten** zur Teilnahme verfügen (→ dazu auch Rn. 12). Ungeachtet dessen muss gewährleistet sein, dass auch bei der Mischform die Verständigung zwischen allen Teilnehmern möglich bleibt.

17 Gerade mit Blick auf den Grundsatz der Allgemeinheit der Wahl (→ dazu oben Rn. 12) erscheint es auch denkbar, die Wahlversammlung nur im Wege einer dieser beiden Formen – also entweder nur als Videokonferenz oder nur als Telefonkonferenz – durchzuführen. Eine solche **exklusive Durchführung einer der beiden Formen** würde nämlich den aufgezeigten Bedenken im Hinblick auf die Mischform Rechnung tragen, weil alle Wahlberechtigten in gleicher Weise die Möglichkeit hätten, ihre wahlbezogenen Rechte auszuüben.

b) Zulässigkeit von Hybridveranstaltungen

18 Eine **gleichzeitige Durchführung** einer Wahlversammlung sowohl als Präsenzveranstaltung als auch per Video- und Telefonkonferenz dürfte hingegen nach der aktuellen Fassung des Abs. 1 nicht zulässig sein. Gegen eine solche **Hybridveranstaltung** spricht bereits der Wortlaut des Abs. 1, der gerade nicht von der Möglichkeit zur „Teilnahme" an der Wahlversammlung per Video- und Telefonkonferenztechnik spricht, sondern vorsieht, dass die Wahlversammlung an sich „mittels Video- und Telefonkonferenz erfolgt". Auch die Gesetzesmaterialien sprechen deutlich gegen eine hybride Durchführung der Wahlversammlung, weil diese das „Abhalten der Wahlversammlung während der COVID-19-Pandemie mittels Video- und Telefonkonferenz" ausdrücklich als „Alternative zur Präsenzveranstaltung" bezeichnen.[8] Auch die Systematik spricht gegen eine hybride Durchführungsform, weil eine nach Abs. 1 durchgeführte Wahlversamm-

---

7 *Sachadae*, Wahl der SchwbV, S. 369. Vgl. auch *Heuser* Behindertenrecht 1990, 25 (26); *Hohmann* in Wiegand/Hohmann SchwbVWO § 19 Rn. 9.
8 BT-Drs. 19/28834, 60.

lung einen wesentlich anderen Inhalt aufweist (dazu → Rn. 29) als die Wahlversammlung nach § 20.

c) **Sicherstellung der Teilnehmerbeschränkung und Schutz vor Kenntnisnahme Dritter**

Nach Abs. 1 S. 1 aE muss im Rahmen der Durchführung der Wahlversammlung 19 per Video- und Telefonkonferenz sichergestellt sein, dass Dritte vom Inhalt der Sitzungen keine Kenntnis nehmen können. **Dritte** in diesem Sinne dürften alle Personen sein, die kein berechtigtes Interesse an der Teilnahme an der Wahlversammlung haben. Ein berechtigtes Interesse haben in der Regel nur die Initiatoren der Wahl, die aktiv Wahlberechtigten, die als Wahlleitung gewählte Person, wirksam als Wahlbewerber vorgeschlagenen Personen sowie der Arbeitgeber[9].[10] Die übrigen Beschäftigten des Betriebes bzw. der Dienststelle haben hingegen regelmäßig **kein berechtigtes Interesse** an der Teilnahme an der Wahlversammlung, sodass sie Dritte im Sinne des Abs. 1 S. 1 aE sind. Die abstrakte Möglichkeit, dass nicht aktiv wahlberechtigte Beschäftigte als Wahlbewerber vorgeschlagen werden können, genügt für eine Teilnahmeberechtigung noch nicht.

Um sicherzustellen, dass lediglich der hierzu berechtigte Personenkreis an der 20 Wahlversammlung teilnehmen kann, dürfte es an sich noch nicht genügen, die **Zugangsdaten** nur an die Wahlberechtigten bzw. die sonstigen Teilnahmeberechtigten zu übermitteln. Auf diesem Wege ist nämlich nicht ausgeschlossen, dass die Zugangsdaten von einzelnen Empfängern an Dritte weitergegeben werden. Daher muss zusätzlich auch während der laufenden Wahlversammlung eine **Überprüfung der Teilnahmeberechtigung** dahingehend erfolgen, wer sich in die Video- bzw. Telefonkonferenz eingewählt hat und ob insoweit ein berechtigtes Interesse besteht. Diese Prüfpflicht obliegt zunächst den Initiatoren der Wahl. Mit der Wahl der Wahlleitung geht die Verpflichtung sodann auf diese über.

Neben der Kontrolle der Teilnahmeberechtigung verlangt Abs. 1 S. 1 aE allerdings auch einen **Schutz vor Angriffen von außen**. Die Initiatoren der Wahl 21 müssen daher bei der Auswahl des Video- bzw. Telefonkonferenzsystems darauf achten, dass ein unbemerktes Zuschalten systemseitig ausgeschlossen ist.

d) **Sicherstellung der Beschränkung der Nutzung der Wahlrechte auf die hierzu Berechtigten**

Ebenso wie bei der Durchführung der Wahlversammlungen in Präsenz muss 22 auch bei der Umsetzung mittels Video- und Telefonkonferenz sichergestellt werden, dass die wahlbezogenen Rechte **ausschließlich durch** die entsprechend **wahlberechtigten Personen in Anspruch genommen** werden.[11]

Daher müssen die Initiatoren gewährleisten, dass an der **Abstimmung über** 23 **Wahlleitung** ausschließlich die nach § 177 Abs. 2 SGB IX wahlberechtigten Beschäftigten mitwirken (→ § 20 Rn. 10).[12] Ebenso hat die Wahlleitung später darauf zu achten, dass etwaige **Wahlvorschläge** ausschließlich durch die aktiv Wahlberechtigten vorgebracht werden (dazu → § 20 Rn. 30 f.). Gerade bei einer Teilnahme per Telefon stößt diese Prüfung auf erhebliche praktische

---

9 Das Anwesenheitsrecht des Arbeitgebers ergibt sich aus dessen Anfechtungsberechtigung.
10 Vgl. *Hohmann* in Wiegand/Hohmann SchwbVWO § 20 Rn. 10 f.
11 Vgl. *Dörner* SchwbG WO § 20 Anm. 2; *Hohmann* in Wiegand/Hohmann SchwbVWO § 20 Rn. 12; *Sachadae*, Wahl der SchwbV, S. 389.
12 Vgl. *Sachadae*, Wahl der SchwbV, S. 390.

Schwierigkeiten, weil den Initiatoren der Wahl bzw. der Wahlleitung lediglich die Abfrage des Namens und die Gegenprüfung der Stimme als Kontrollmöglichkeit verbleibt.

24 Eine Teilnahme an der Wahlversammlung durch Personen, deren **Schwerbehinderung bzw. Gleichstellung bisher nicht nachgewiesen** worden war (insbesondere, weil sie ihren Schwerbehindertenstatus bisher geheim gehalten hatten), dürfte in der Regel ausscheiden, weil eine entsprechende Nachweisführung im Rahmen der Video- bzw. Telefonkonferenz nicht sachgerecht möglich ist (vgl. dazu → § 20 Rn. 10).

e) Technische Risiken

25 In praktischer Hinsicht bergen Video- und Telefonkonferenzen nicht unerhebliche technische Risiken. Diese reichen vom vollständigen oder teilweisen **Ausfall des genutzten Video- und Telefonkonferenzsystems**, über **Schwankungen in der Bandbreite** der Internetzugänge, über individuelle **Zugangsprobleme** oder technische Störung bei den Nutzern bis hin zu theoretisch möglichen, gezielten **Angriffen auf das System** von außen (vgl. zu letzterem auch → Rn. 21).

26 Treten dahingehende technische Störungen auf, führt dies nicht zwangsläufig zur Anfechtbarkeit der Wahl. Vielmehr setzt eine **Anfechtbarkeit** in diesen Fällen voraus, dass eine Auswirkung auf das Wahlergebnis nicht ausgeschlossen werden kann. Letzteres kann insbesondere dann gegeben sein, wenn die Störung dazu geführt hat, dass ein oder mehrere **Wahlberechtigte nicht in der Lage** waren, ihren **Wahlvorschlag einzureichen**.

4. Aufzeichnungsverbot

27 Abs. 1 S. 2 stellt klar, dass eine Aufzeichnung der per Video- und Telefonkonferenz durchgeführten Wahlversammlung nicht zulässig ist. Hierdurch soll sichergestellt werden, dass die Wahl in ebenso **geschützter und abgeschirmter Atmosphäre** durchgeführt werden kann, wie dies bei der Durchführung einer Wahlversammlung in Präsenz der Fall wäre. Die Regelung trägt damit dem Umstand Rechnung, dass eine aufgezeichnete Fassung unschwer auch anderen Personen zugänglich gemacht werden könnte, die ihrerseits zur Teilnahme an der Wahlversammlung nicht befugt gewesen wären. Das Aufzeichnungsverbot ist insoweit als Ergänzung zur Begrenzung des Teilnehmerkreises zu verstehen (dazu → Rn. 19f.).

28 Nicht eindeutig geregelt ist, welche **Folge aus einer Verletzung** des Abs. 1 S. 2 resultiert. Da die eigentliche Wahlhandlung der Stimmabgabe nach Abs. 1 S. 3 gerade nicht Bestandteil der Wahlversammlung nach Abs. 1 ist, dürfte das Aufzeichnungsverbot nicht als Ausfluss des **Grundsatzes der geheimen Wahl** zu qualifizieren sein, weil dieser lediglich die Geheimhaltung der Wahlentscheidung an sich schützt.[13]

5. Inhalt einer Wahlversammlung nach Abs. 1

29 Mit dem in Abs. 1 S. 3 festgelegten Ausschluss der Stimmabgabe (→ Rn. 30) weicht auch der Inhalt einer nach Abs. 1 mittels Video- oder Telefonkonferenz durchgeführten Wahlversammlung erheblich von einer Wahlversammlung nach § 20 ab, weil ihr der wesentliche Kerninhalt damit fehlt. Stattdessen beschränkt sich die Wahlversammlung nach Abs. 1 im Wesentlichen auf die **Wahl einer Wahlleitung**, gegebenenfalls die Bestellung von **Wahlhelfern**, die Festlegung der

---

13 Vgl. dazu *Sachadae*, Wahl der SchwbV, S. 52.

Zahl der zu wählenden Stellvertreter, die Möglichkeit der Einreichung von Wahlvorschlägen und die gesondert notwendige **Festlegung eines verbindlichen Endzeitpunkt** für die Einreichung von Freiumschlägen (dazu → Rn. 41 f.).

6. Ausschluss der Stimmabgabe per Video- oder Telefonkonferenz

Gemäß Abs. 1 S. 3 ist die Ausübung des Wahlrechts durch **Stimmabgabe** im Rahmen einer mittels Video- und Telefonkonferenz durchgeführten Wahlversammlung ausdrücklich **ausgeschlossen**. Dieser Ausschluss ist notwendig, weil der eigentliche Wahlakt auf diesem Wege in der Regel nicht möglich wäre, ohne gegen den Grundsatz der geheimen Wahl zu verstoßen, da übliche Video- und Telefonkonferenzsystem keine diesen Anforderungen entsprechende Abstimmungsmöglichkeiten vorsehen. Stattdessen ist für die Ausübung des Wahlrechts gemäß Abs. 2 eine **nachgelagerte schriftliche Stimmabgabe** (sog. nachgelagerte Briefwahl) vorgesehen (→ Rn. 31 ff.). 30

IV. Nachgelagerte Briefwahl (Abs. 2)

Da die Stimmabgabe im Rahmen der Video- oder Telefonkonferenz nach Abs. 1 S. 3 ausgeschlossen ist, muss die Stimmabgabe bei Durchführung einer Wahlversammlung nach Abs. 1 auf andere Weise erfolgen. Als Weg hierfür sieht Abs. 2 eine **nachgelagerte schriftliche Stimmabgabe** (sog. nachgelagerte Briefwahl) vor. 31

1. Lückenhaftigkeit des Verfahrens

Bei der **Durchführung** dieser besonderen Form der Briefwahl soll § 11 entsprechende Anwendung finden. Hierbei ist jedoch zu beachten, dass die Vorgaben des § 11 originär im Kontext eines Regelungsgeflechts stehen, die im Rahmen des vereinfachten Wahlverfahrens gerade nicht gelten. Die reine Anwendung des § 11 würde somit zu gewissen **Regelungslücken** führen, so dass sich die in Abs. 2 zu findende Bezugnahme auf § 11 als unvollständig erweist. 32

2. Notwendige Bekanntgaben

Durch die bloße Verweisung auf § 11 fehlen den Wahlberechtigten in der Regel bereits eine Reihe von **Angaben**, die den Wahlberechtigten im Fall des Abs. 2, daher **auf anderen Wegen bekanntgegeben** werden müssen. 33

Dies gilt zunächst einmal für den bereits in der Einladung zur Wahlversammlung aufzunehmenden Hinweis, dass in der nach Abs. 1 durchzuführenden Wahlversammlung gemäß Abs. 1 S. 3 gerade **keine Stimmabgabe** erfolgen wird, wie dies sonst bei einer Wahlversammlung im vereinfachten Wahlverfahren nach § 20 der Fall wäre. 34

Daneben sollten in der Einladung im Anwendungsfall des § 28 ebenfalls auch **Ort und Zeit der Stimmauszählung** bekanntgegeben werden. Zwar ist im „normalen" vereinfachten Verfahren nach §§ 19 ff. grundsätzlich auch noch eine Bekanntgabe im Nachgang der Einladung zulässig (→ § 19 Rn. 10).[14] Allerdings ist mit der in § 28 vorgesehenen Trennung der Wahlversammlung von der Stimmabgabe und der Stimmauszählung nicht mehr gewährleistet, dass die Wahlberechtigten von Zeit und Ort der Stimmauszählung Kenntnis erlangen, wenn diese lediglich in der Wahlversammlung selbst bekannt gegeben werden. Erfolgt die Bekanntgabe nicht in der Einladung dürfte daher eine der Form der 35

---

14 Vgl. BAG 15.11.2000 – 7 ABR 53/99, AP Nr. 10 zu § 18 BetrVG 1972; *Sachadae*, Wahl der SchwbV, S. 370 f.

Einladung gleichwertige, zusätzliche Bekanntgabe von Ort und Zeit der Stimmauszählung notwendig sein.

36 Darüber hinaus scheint es unter Umständen geboten, im Nachgang der Wahlversammlung weitere Informationen bekanntzumachen, für die im förmlichen Verfahren eine gesonderte Bekanntgabe vorgesehen ist. Zwar ist eine solche gesonderte Bekanntgabe im Fall des vereinfachten Wahlverfahrens nach §§ 19 ff. nicht notwendig, weil diese in der Wahlversammlung selbst erfolgt.

37 Jedoch ist mit der Entkoppelung von Wahlversammlung und Stimmabgabe (→ Rn. 29 und 30), gerade nicht gewährleistet, dass sämtliche objektiv wahlberechtigten Personen, die gegebenenfalls ihre Stimme abgeben wollen, auch tatsächlich in der Versammlung zugegen sind.[15] Um gleichwohl allen Wahlberechtigten den **gleichen Informationsstand zu verschaffen**, erscheint daher eine Bekanntmachung weiterer Angaben zumindest empfehlenswert.

38 Beispielsweise sollte eine Bekanntgabe dahingehend erfolgen, wer **als Wahlleitung gewählt** worden ist, damit alle Beschäftigten wissen, wer mit der weiteren Wahldurchführung betraut ist. Ebenso dürfte eine **Bekanntgabe der zulässig eingereichten Wahlvorschläge** geboten sein, damit die nicht in der Wahlversammlung anwesenden Wahlberechtigten sich auch im Vorfeld der Zusendung der Briefwahlunterlagen ein Bild über die zur Wahl stehenden Kandidaten machen können. Ferner erscheint eine Bekanntgabe der festgelegten Anzahl der zu wählenden stellvertretenden Mitglieder sinnvoll. Zur Bekanntgabe entsprechender Fristenregelungen → Rn. 38 ff.

3. Fristenregelungen

39 Ungeachtet fehlender Angaben zu nötigen oder gebotenen Bekanntmachungen (→ Rn. 38 ff.), fehlen im Fall der nachgelagerten Briefwahl auch mehrere Fristvorgaben.

40 Zunächst einmal ist festzuhalten, dass allein durch den Verweis auf § 11 keine Regelung dazu existiert, innerhalb welchen Zeitraums die **Übersendung der Briefwahlunterlagen an die Wahlberechtigten** erfolgen muss. Da es im Fall der nachgelagerten Briefwahl keine Regelung zur Festlegung eines bestimmten Wahltags gibt, lässt sich aus diesem auch keine mittelbare Zeitkette ableiten. Allerdings folgt aus dem Grundsatz der obligatorischen Vertretung, dass die nachgelagerte Briefwahl nicht unnötig verzögert werden darf.[16]

41 Ebenfalls ungeregelt ist, bis wann die **Rücksendung der Freiumschläge**, mit den darin enthaltenen Briefwahlstimmen, zu erfolgen hat. Um die rechtssichere Wahldurchführung gewährleisten zu können, ist die Festlegung eines **verbindlichen Zeitpunktes** erforderlich, zudem die Freiumschläge spätestens eingereicht sein müssen. Anderenfalls müsste stets damit gerechnet werden, dass noch weitere Stimmabgaben erfolgen.

42 Mit Blick auf den Grundsatz der Selbstorganisation dürfte davon auszugehen sein, dass die **Zuständigkeit** für die Festlegung dieses Zeitpunktes zunächst einmal bei der Wahlversammlung liegt. Hat die Wahlversammlung jedoch hierzu keine Festlegung getroffen, dürfte die Zuständigkeit hierfür bei der Wahlleitung liegen. Bei der Festlegung des Zeitpunkts ist wiederum der Grundsatz der obligatorischen Vertretung und damit das **Verbot unnötiger Verzögerungen** bei der Wahldurchführung zu beachten.

---

15 Vgl. insbesondere zur Problematik der „nicht sichtbaren" schwer benannten Beschäftigten *Sachadae*, Wahl der SchwbV, S. 374.
16 Vgl. allgemein zu diesem Grundsatz *Sachadae*, Wahl der SchwbV, S. 69 ff.

Da die Festlegung eines verbindlichen Endzeitpunkts für die Rücksendung der Freiumschläge zu einer Beschränkung des aktiven Wahlrechts führt, erscheint es zwingend geboten, dass dieser **Zeitpunkt bekannt gegeben** wird. Für die Form der Bekanntgabe gelten die für die Einladung maßgeblichen Ausführungen entsprechend (dazu → § 19 Rn. 11 ff.). Siehe zu sonstigen Bekanntgaben bei einer nachgelagerten Briefwahl nach Abs. 2 → Rn. 33 ff. 43

4. Stimmberechtigung bei der Briefwahl

In § 28 nicht eindeutig geklärt ist die Frage, ob bei der nachgelagerten Briefwahl sämtliche Wahlberechtigten im Sinne des § 177 Abs. 2 SGB IX oder lediglich diejenigen Wahlberechtigten abstimmberechtigt sind, die **an der Wahlversammlung teilgenommen** haben. Für letzteres spricht zunächst einmal, dass bei einer klassisch in Präsenz durchgeführten Wahlversammlung lediglich diejenigen Personen am Wahlakt mitwirken können, die auch in der Wahlversammlung anwesend sind. Dabei ist beachtet, dass Wahlberechtigte im vereinfachten Verfahren nach § 20 dann von der Wahlrechtsausübung ausgeschlossen sind, wenn sie am Wahltag verhindert sind und deshalb nicht an der Wahlversammlung teilnehmen können. Anders als etwa bei der Betriebsratswahl ist nämlich eine generelle, zur Wahlversammlung nachgelagerte Briefwahl für die SBV-Wahl nicht vorgesehen (vgl. dazu § 35 WO-BetrVG). Die hiermit verbundenen Einschnitte in das aktive Wahlrecht der betreffenden Wahlberechtigten lassen sich grundsätzlich nur aus dem mit der Beschleunigung im vereinfachten Verfahren bezweckten Zentrierung des Wahlgeschehen auf die Wahlversammlung rechtfertigen. Diese **Wahlversammlungszentrierung** ist jedoch nicht frei von Kritik.[17] Zudem erfüllt diese keinen Selbstzweck, den es zwingend zu erhalten gilt. Vielmehr ist festzuhalten, dass mit der in Abs. 2 angelegten nachgelagerten Briefwahl, die eigentliche Wahlversammlungszentrierung in § 28 aufgehoben ist, so dass es sich nur schwer rechtfertigen lässt, die Teilnahme an der Wahlversammlung zur zwingenden Voraussetzung der Wahlrechtsausübung zu erheben. Vielmehr legen es der Grundsatz der allgemeinen Wahl und der Grundsatz der Simplizität[18] nahe, dass die **Abstimmberechtigung bei der nachgelagerten Briefwahl** nicht davon abhängt, ob der betreffende Wahlberechtigte zuvor an der Wahlversammlung teilgenommen hatte. Dies gilt umso mehr als sich für eine solche zusätzliche Wahlrechtsvoraussetzung keine Anhaltspunkte im Wortlaut des Normtextes finden. 44

5. Behandlung der Briefwahlstimmen

Durch die auf § 11 beschränkte Verweisung in Abs. 2 fehlen für die Durchführung der nachgelagerten Briefwahl auch entsprechende Regelungen zur besonderen **Behandlung der Briefwahlstimmen**, wie sie in § 12 für das förmliche Wahlverfahren normiert sind. Angesichts der insoweit bestehenden Regelungslücke ist § 12 daher analog anzuwenden. 45

In analoger Anwendung des § 12 Abs. 1 hat die Wahlleitung daher die fristgerecht eingegangenen Freiumschläge in **öffentlicher Sitzung** (→ § 12 Rn. 12 ff.) zu öffnen (zur Bekanntgabe von Ort und Zeit der Sitzung → Rn. 35) und deren Inhalte auf eine **ordnungsgemäße Abgabe der Briefwahlstimmen zu prüfen** (→ § 12 Rn. 6 ff.). 46

Verfristete Freiumschläge, also solche, die erst nach dem festgelegten verbindlichen Endzeitpunkt für die Einreichung (→ Rn. 41) bei der Wahlleitung einge- 47

---

17 Vgl. *Sachadae*, Wahl der SchwbV, S. 271, 288 und 437.
18 Allgemein zu diesem Grundsatz *Sachadae*, Wahl der SchwbV, S. 72 ff.

hen, sind analog § 12 Abs. 2 ungeöffnet zu den Wahlunterlagen zu nehmen und einen Monat nach Bekanntgabe des Wahlergebnisses ungeöffnet zu vernichten, sofern die Wahl nicht angefochten worden ist.

6. Auszählung der Stimmen und Bekanntmachung des Wahlergebnisses

48 Auch für die Auszählung der Stimmen fehlen ausdrückliche Regelungen in Abs. 2. Die grundsätzlich für das vereinfachte Wahlverfahren in § 20 Abs. 3 S. 6 enthalten zeitliche Vorgabe zur „unverzüglich nach Beendigung der Wahlhandlung" durchzuführenden öffentlichen Stimmauszählung, kann im Fall der nachgelagerten Briefwahl keine direkte Anwendung finden. In entsprechender Anwendung § 20 Abs. 3 S. 6 sollte sich der **Zeitpunkt für die Stimmauszählung** jedoch unmittelbar an den festgelegten verbindlichen Endzeitpunkt für die Einreichung der Freiumschläge anschließen.

49 Wie in § 20 Abs. 3 S. 6 festgelegt, muss dabei die Stimmauszählung in **öffentlicher Sitzung** erfolgen, wobei der Begriff der Öffentlichkeit hier – wie auch in den übrigen Wahlverfahren – als Betriebsöffentlichkeit bzw. Dienststellenöffentlichkeit zu verstehen ist (→ § 20 Rn. 71 f.).[19]

50 Die **Benachrichtigung der Gewählten**, die **Bekanntmachung des Wahlergebnisses** und die Aufbewahrung der **Wahlunterlagen** richtet sich gemäß § 20 Abs. 4 nach den §§ 14 bis 16, wobei hier auch die nach Abs. 2 anfallenden Briefwahlunterlagen aufzubewahren sind.

7. Zuständigkeit für die Durchführung der nachgelagerten Briefwahl

51 Nicht eindeutig geregelt ist, wer für die Durchführung dieser nachgelagerten Briefwahl zuständig ist. Der in § 11 ausdrücklich erwähnte **Wahlvorstand** existiert im vereinfachten Verfahren **nicht**[20] und kann ohne ausdrückliche Normengrundlage auch nicht auf der Wahlversammlung gewählt werden. Naheliegend ist es daher, dass die nachgelagerte Briefwahl durch die in der Wahlversammlung zu wählende Wahlleitung durchzuführen ist.

52 Die **Zuständigkeit der Wahlleitung** ist jedoch in praktischer Hinsicht problembehaftet, weil die Wahlleitung – anders als der Wahlvorstand im förmlichen Wahlverfahren – zwingend nur aus einer Person besteht.[21] Hierdurch ergeben sich nämlich nicht nur Schwierigkeiten in der praktischen Bewältigung, der mit der nachgelagerten Briefwahl verbundenen Aufgaben, sondern auch im Hinblick auf die fehlende Stellvertretungsmöglichkeit, falls die Wahlleitung an der weiteren Wahrnehmung ihrer Aufgaben (z. B. durch Krankheit) verhindert ist.

§ 29 SchwbVWO (Inkrafttreten)

1 Die erste Wahlordnung (Erste Verordnung zur Durchführung des Schwerbehindertengesetzes) ist am 27.7.1975 in Kraft getreten.[1] Änderungen erfolgten durch

---

19 Vgl. *Schleicher* WO zum SchwbG § 13 Rn. 2; vgl. auch *Sachadae*, Der Grundsatz der Öffentlichkeit bei der Vorbereitung und Durchführung der Personalratswahl, ZfPR 2016, 28 (31).
20 Vgl. *Sachadae*, Wahl der SchwbV, S. 391.
21 *Sachadae*, Wahl der SchwbV, S. 391; *Schleicher*, WO zum SchwbG, § 19 Rn. 1.
1 *Pahlen* in Neumann/Pahlen/Greiner/Winkler/Jabben SchwbVWO § 28 Rn. 1; *Schleicher* WO zum SchwbG § 25 Rn. 1.

(Inkrafttreten) § 29 SchwbVWO

- Art. 8 Erstes Gesetz zur Änderung des SchwbG vom 24.7.1986[2] mit Wirkung zum 1.8.1986;
- die 1. Verordnung zur Änderung der SchwbWO vom 23.4.1990[3] mit Wirkung zum 1.5.1990;
- Art. 3 SchwbBAG vom 29.9.2000[4] mit Wirkung zum 1.10.2000;
- Art. 54 SGB IX vom 19.6.2001[5] mit Wirkung zum 1.7.2001;
- Art. 19 Abs. 21 Bundesteilhabegesetz vom 23.12.2016[6] mit Wirkung zum 1.1.2018;
- Art. 13 b Teilhabestärkungsgesetz vom 2.6.2021[7] mit Wirkung zum 10.6.2021.

---

2 BGBl. 1986 I 1110.
3 BGBl. 1990 I 808.
4 BGBl. 2000 I 1394.
5 BGBl. 2001 I 1046.
6 BGBl. 2016 I 3234.
7 BGBl. 2021 I 1387.

Gesetz zur Gleichstellung von Menschen mit Behinderungen (Behindertengleichstellungsgesetz – BGG)

Vom 27. April 2002 (BGBl. I S. 1468)
(FNA 860–9–2)
zuletzt geändert durch Art. 9 TeilhabestärkungsG vom 2. Juni 2021
(BGBl. I S. 1387)

Abschnitt 1 Allgemeine Bestimmungen

§ 1 BGG Ziel und Verantwortung der Träger öffentlicher Gewalt

(1) [1]Ziel dieses Gesetzes ist es, die Benachteiligung von Menschen mit Behinderungen zu beseitigen und zu verhindern sowie ihre gleichberechtigte Teilhabe am Leben in der Gesellschaft zu gewährleisten und ihnen eine selbstbestimmte Lebensführung zu ermöglichen. [2]Dabei wird ihren besonderen Bedürfnissen Rechnung getragen.
(1 a) Träger öffentlicher Gewalt im Sinne dieses Gesetzes sind
1. Dienststellen und sonstige Einrichtungen der Bundesverwaltung einschließlich der bundesunmittelbaren Körperschaften, bundesunmittelbaren Anstalten und bundesunmittelbaren Stiftungen des öffentlichen Rechts,
2. Beliehene, die unter der Aufsicht des Bundes stehen, soweit sie öffentlich-rechtliche Verwaltungsaufgaben wahrnehmen, und
3. sonstige Bundesorgane, soweit sie öffentlich-rechtliche Verwaltungsaufgaben wahrnehmen.

(2) [1]Die Träger der öffentlichen Gewalt sollen im Rahmen ihres jeweiligen Aufgabenbereichs die in Absatz 1 genannten Ziele aktiv fördern und bei der Planung von Maßnahmen beachten. [2]Das Gleiche gilt für Landesverwaltungen, einschließlich der landesunmittelbaren Körperschaften, Anstalten und Stiftungen des öffentlichen Rechts, soweit sie Bundesrecht ausführen.
(3) [1]Die Träger öffentlicher Gewalt sollen darauf hinwirken, dass Einrichtungen, Vereinigungen und juristische Personen des Privatrechts, an denen die Träger öffentlicher Gewalt unmittelbar oder mittelbar ganz oder überwiegend beteiligt sind, die Ziele dieses Gesetzes in angemessener Weise berücksichtigen. [2]Gewähren Träger öffentlicher Gewalt Zuwendungen nach § 23 der Bundeshaushaltsordnung als institutionelle Förderungen, so sollen sie durch Nebenbestimmung zum Zuwendungsbescheid oder vertragliche Vereinbarung sicherstellen, dass die institutionellen Zuwendungsempfängerinnen und -empfänger die Grundzüge dieses Gesetzes anwenden. [3]Aus der Nebenbestimmung zum Zuwendungsbescheid oder der vertraglichen Vereinbarung muss hervorgehen, welche Vorschriften anzuwenden sind. [4]Die Sätze 2 und 3 gelten auch für den Fall, dass Stellen außerhalb der Bundesverwaltung mit Bundesmitteln im Wege der Zuweisung institutionell gefördert werden. [5]Weitergehende Vorschriften bleiben von den Sätzen 1 bis 4 unberührt.
(4) Die Auslandsvertretungen des Bundes berücksichtigen die Ziele dieses Gesetzes im Rahmen der Wahrnehmung ihrer Aufgaben.

1 Geltende Fassung: Die Vorschrift wurde mit Wirkung vom 1.5.2002 durch Art. 1 G zur Gleichstellung behinderter Menschen und zur Änderung anderer Gesetze v. 27.4.2002[1] eingeführt. Abs. 1 wurde durch Art. 1 G zur Weiterent-

---

1 BGBl. I 1467 (1468).

wicklung des Behindertengleichstellungsrechts v. 19.7.2016[2] – sprachlich – geändert; die Abs. 2 bis 4 wurden angefügt und deshalb die Überschrift angepasst. Das Gesetz v. 10.7.2018[3] hat Abs. 1a eingefügt und in der Folge die Auflistung von Institutionen in Abs. 2 Satz 1 sowie die Wörter „im Sinne des Absatzes 2 Satz 1" in den Sätzen 1 und 2 des Abs. 3 gestrichen.

Regelungsinhalt: Das Gesetz spricht schon im Titel und dann durchgehend im Text nicht mehr von „behinderten Menschen" sondern – wie die UN-BRK – von „Menschen mit Behinderungen". 2

Abs. 1 Satz 1 beschreibt ganz allgemein das Programm des BGG. Die **Ziele** entsprechen denen des § 1 Abs. 1 SGB IX: gegen die Benachteiligung von Menschen mit Behinderungen anzugehen und ihre gleichberechtigte und selbstbestimmte Teilhabe am Leben in der Gesellschaft zu realisieren. Mit Abwehr von Diskriminierung und Herstellung von Chancengleichheit will das BGG dem verfassungsrechtlichen Benachteiligungsverbot aus Art. 3 Abs. 3 GG Geltung verschaffen. Die **Mittel** dafür nennt § 1 nicht; konkrete **Ansprüche** von Menschen mit Behinderungen werden durch diese Vorschrift noch **nicht** begründet, sondern – begrenzt durch die dem Bundesgesetzgeber zugewiesene Kompetenz – im BGG selbst erst durch das **Benachteiligungsverbot** in § 7 Abs. 1, die Regeln über **Barrierefreiheit** in den Bereichen Bau und Verkehr des § 8, das Rechts auf Verwendung der **Gebärdensprache** und anderer Kommunikationsmittel in Verwaltungsverfahren nach § 9 Abs. 1, die Pflichten zur Verwendung blindengerechter **Bescheide** und **Vordrucke** gemäß § 10 Abs. 1 Satz 2, zur vermehrten Bereitstellung von Informationen in **Leichter Sprache** nach § 11 und zur **barrierefreien** elektronischen Informationstechnik nach § 12 a sowie durch – sonstige – bundesrechtliche Vorschriften zur Herstellung der Barrierefreiheit nach § 4 und zur Verwendung von Gebärdensprache oder anderer Kommunikationshilfen nach § 6 Abs. 3. Der vom Ausschuss eingefügte **Satz 2** soll das Gesetzesziel verdeutlichen, die unterschiedlichen Bedürfnisse von Menschen mit Behinderungen zu berücksichtigen.[4] Dazu wird die Vorgabe des § 1 Satz 2 SGB IX, wonach besonderen Bedürfnissen von Frauen und Kindern mit Behinderungen Rechnung zu tragen ist, verallgemeinert. Abs. 1a definiert den Begriff „Träger der öffentlichen Gewalt", macht dadurch an vielen Stellen Verweise auf Abs. 2 Satz 1 überflüssig und verbessert so Lesbarkeit und Verständlichkeit des Gesetzes. **Abs. 2** übernimmt aus § 7 Abs. 1 aF dessen Sätze 1 und 2, um sie aus rechtssystematischen Gründen hier neu zu verorten und klarzustellen. **Abs. 3 Satz 1** unterstreicht und konkretisiert die Verpflichtung der in Abs. 2 Satz 1 genannten Träger öffentlicher Gewalt, die Ziele des Gesetzes zu fördern und darauf hinzuwirken, dass auch Dritte sie in den genannten Fällen beachten. **Abs. 3 Sätze 2 bis 4** verpflichten die Träger öffentlicher Gewalt wortgleich mit § 4 Abs. 2 Bundesgleichstellungsgesetz (BGleiG)[5] darauf hinzuwirken, dass Zuwendungsempfänger die Grundzüge des novellierten BBG nach Möglichkeit beachten. **Abs. 3 Satz 5** stellt den Vorrang der Verpflichtung Privater, etwa nach § 2 EBO, klar. **Abs. 4** verpflichtet Auslandsvertretungen, die Ziele des Gesetzes unter Beachtung entgegenstehenden Rechts des Gastlandes zu „berücksichtigen".

Adressatenkreis: Zur Bundesverwaltung des **Abs. 1a Nr. 1** und zu den Landesverwaltungen des Abs. 2 Satz 2 gehören nicht **Gerichte** des Bundes und der Län- 3

---

2 BGBl. I 1757.
3 Gesetz zur Verlängerung befristeter Regelungen im Arbeitsförderungsrecht und zur Umsetzung der Richtlinie (EU) 2016/2102 über den barrierefreien Zugang zu den Websites und mobilen Anwendungen öffentlicher Stellen, BGBl. I 1117.
4 BT-Drs. 14/8331, 50.
5 Art. 2 G v. 24.4.2005, BGBl. I 642.

der (Judikative); ebenso wenig **Justizbehörden** und **Staatsanwaltschaften**, soweit sie aufgrund spezieller Verfahrensvorschriften, insbesondere der StPO tätig werden.[6] Die Novellierung des Gesetzes hatte dazu klargestellt, dass Bundesgerichte ebenso wie etwa der Deutsche Bundestag zum Adressatenkreis zählen, soweit sie öffentlich-rechtliche Verwaltungstätigkeit ausüben.[7] So ist es jetzt in Abs. 1 a Nr. 3 ausdrücklich geregelt. Beliehene als Teil der mittelbaren Staatsverwaltung unterliegen denselben Pflichten wie die Träger öffentlicher Gewalt. Alle Adressaten **sollen** das Gesetzesziel verfolgen, die Benachteiligung von Menschen mit Behinderungen zu beseitigen und zu verhindern. Die Fassung als **Sollvorschrift** macht das Handlungsgebot für den Regelfall verpflichtend, lässt aber Abweichungen in besonderen Fällen zu.

4   **Erweiterte Verantwortung:** Durch Flucht ins Privatrecht vermögen Träger öffentlicher Gewalt ihren Verpflichtungen nach dem BGG vollständig ebenso wenig zu entgehen, wie sie sich von ihrer Grundrechtsbindung durch Ausweichen auf privatrechtliche Handlungsformen befreien können.[8] Träger öffentlicher Gewalt haben nach **Abs. 3** in abgeschwächter Form die Gesetzesziele auch dann zu verfolgen, wenn sie an juristischen Personen des Privatrechts, wie etwa an der Deutschen Bahn AG, beteiligt sind oder solchen Privatpersonen Zuwendungen nach § 23 BHO als institutionelle Förderung gewähren. Im ersten Fall sollen sie auf eine angemessene Berücksichtigung der Gesetzesziele hinwirken, im zweiten durch Nebenbestimmungen im Zuwendungsbescheid oder vertragliche Vereinbarung sicherstellen, dass Zuwendungsempfänger die Grundzüge des Gesetzes anwenden. Unmittelbare Pflichten erlegt das Gesetz privaten Dritten auch als Zuwendungsempfängern dagegen nicht auf.[9]

§ 2 BGG Frauen mit Behinderungen; Benachteiligung wegen mehrerer Gründe

(1) ¹Zur Durchsetzung der Gleichberechtigung von Frauen und Männern und zur Vermeidung von Benachteiligungen von Frauen mit Behinderungen wegen mehrerer Gründe sind die besonderen Belange von Frauen mit Behinderungen zu berücksichtigen und bestehende Benachteiligungen zu beseitigen. ²Dabei sind besondere Maßnahmen zur Förderung der tatsächlichen Durchsetzung der Gleichberechtigung von Frauen mit Behinderungen und zur Beseitigung bestehender Benachteiligungen zulässig.

(2) Unabhängig von Absatz 1 sind die besonderen Belange von Menschen mit Behinderungen, die von Benachteiligungen wegen einer Behinderung und wenigstens eines weiteren in § 1 des Allgemeinen Gleichbehandlungsgesetzes genannten Grundes betroffen sein können, zu berücksichtigen.

1   **Geltende Fassung:** Die Vorschrift wurde mit Wirkung vom 1.5.2002 durch Art. 1 G zur Gleichstellung behinderter Menschen und zur Änderung anderer Gesetze v. 27.4.2002[1] eingeführt. Art. 1 G zur Weiterentwicklung des Behindertengleichstellungsrechts v. 19.7.2016[2] hat die Überschrift sprachlich und inhaltlich angepasst, Abs. 1 Satz 1 ergänzt und Abs. 2 eingefügt.

---

6 BT-Drs. 14/7420, 27.
7 BT-Drs. 18/7824, 23 (31).
8 Vgl. BVerfG 19.7.2016 – 2 BvR 470/08, NJW 2016, 3153.
9 BT-Drs. 18/7824, 32.
1 BGBl. I 1467, 1468.
2 BGBl. I 1757.

Regelungsgehalt: Abs. 1 Satz 1 stellt klar, dass die Vorgabe des § 1 Abs. 1 2
Satz 2, besonderen Bedürfnissen bei der Verfolgung der Gesetzesziele Rechnung
zu tragen, für die hier demonstrativ genannte Gruppe von Frauen mit Behinderungen gilt und betont dies als durchgängiges Leitprinzip bei Anwendung des gesamten BGG. Hervorgehoben wird die Benachteiligung von Frauen aus mehrfachen Gründen, namentlich wegen ihres Geschlechts und wegen ihrer Behinderung. Abs. 1 Satz 2 erklärt es für zulässig, „besondere Maßnahmen" zu ergreifen, um die Gleichstellung von Frauen mit Behinderungen zu fördern und bestehende Benachteiligungen zu beseitigen. Abs. 2 stellt klar, dass mehrfache Benachteiligungen nicht nur Frauen treffen und verschiedensten Kategorien entstammen können.

Gleichberechtigung von Frauen mit Behinderungen: Das Gesetz zieht mit der 3
rechtlichen Sonderstellung von Frauen mit Behinderung, die Konsequenz aus deren doppelter tatsächlicher Benachteiligung einmal als Frauen gegenüber Männern und zum zweiten als Menschen mit Behinderungen gegenüber Menschen ohne Behinderungen. Die doppelte Betroffenheit macht besondere Maßnahmen zugunsten dieser Gruppe notwendig und rechtlich zulässig, um so drohende Benachteiligungen abzuwehren und bestehende auszugleichen: etwa durch passgenaue Angebote in der Schwangerschaftskonflikts- und allgemeinen Schwangerschaftsberatung bei Menschen mit geistiger Behinderung, dem Schutz vor sexualisierter und sonstiger Gewalt gegen Frauen und Mädchen mit Behinderungen oder ihre Unterstützung, wenn sie von Gewalt betroffen sind. Schutzmaßnahmen müssen auf konkreter Interessenabwägung im Einzelfall beruhen. Das wäre etwa bei Bevorzugung einer nur leichtbehinderten Stellenbewerberin vor einem gleich qualifizierten schwerstbehinderten Mann nicht mehr der Fall.

Mehrfache Benachteiligung: Abs. 2 richtet den Blick auf Menschen mit Behin- 4
derungen, die nicht nur deshalb, sondern zugleich und zusätzlich aus Gründen der Rasse, wegen ihrer ethnischen Herkunft, der Hautfarbe, der Sprache, des Geschlechts, der Religion oder Weltanschauung, ihrer Geschlechtsidentität (insbesondere auch Trans- oder Intersexualität), ihrer sexuellen Orientierung oder wegen ihres Alters benachteiligt sind. Sie sind besonders schutzbedürftig. So ist etwa auf die Lage von Migranten mit Behinderungen Rücksicht zu nehmen, denen aufgrund von Informationsdefiziten, von sprachlichen und von kulturellen Barrieren der Zugang zu Leistungen zusätzlich erschwert ist.

§ 3 BGG Menschen mit Behinderungen

¹Menschen mit Behinderungen im Sinne dieses Gesetzes sind Menschen, die langfristige körperliche, seelische, geistige oder Sinnesbeeinträchtigungen haben, welche sie in Wechselwirkung mit einstellungs- und umweltbedingten Barrieren an der gleichberechtigten Teilhabe an der Gesellschaft hindern können. ²Als langfristig gilt ein Zeitraum, der mit hoher Wahrscheinlichkeit länger als sechs Monate andauert.

Geltende Fassung: Die Vorschrift wurde mit Wirkung vom 1.5.2002 durch 1
Art. 1 G zur Gleichstellung behinderter Menschen und zur Änderung anderer Gesetze v. 27.4.2002[1] eingeführt und durch Art. 1 G zur Weiterentwicklung des Behindertengleichstellungsrechts v. 19.7.2016[2] geändert.

---

1 BGBl. I 1467 (1468).
2 BGBl. I 1757.

2 **Regelungsgehalt:** Die Vorschrift stimmt inhaltlich mit dem- an die UN-BRK weitgehend angepassten Behinderungsbegriff des § 2 Abs. 1 Satz 1 SGB IX überein (→ § 2 Rn. 13 ff.). Sie übernimmt aber nicht dessen Satz 2 mit der umstrittenen[3] Forderung nach einer Abweichung vom alterstypischen Körper- und Gesundheitszustand und unterscheidet nicht zwischen leichter behinderten und schwerbehinderten Menschen. Eine vorangegangene – deklaratorische – Feststellung der **Behinderung** und ihres Grades im Verfahren nach § 152 Abs. 1 SGB IX fordert das Gesetz nicht. Sollte ein Mensch mit Behinderung aber nicht ohnehin über einen **Feststellungsbescheid** und/oder einen **Schwerbehindertenausweis** verfügen und seine Behinderung auch nicht offensichtlich sein, so wird er Ansprüche nach dem BGG im Verwaltungs- und gerichtlichen Verfahren nicht durchsetzen können, bevor seine Behinderteneigenschaft in einem bei den Behörden nach § 152 Abs. 1 Sätze 1 und 7 SGB IX monopolisierten Verfahren festgestellt ist. Anders nur, wenn der GdB nicht wenigstens 20 erreicht und die Behinderung deshalb durch Bescheid nicht festgestellt wird (§ 152 Abs. 1 Satz 6 SGB IX). Der Ausschluss vom Verfahren förmlicher Feststellung ändert nichts daran, dass zu den Menschen mit Behinderungen auch zählen kann, wessen Behinderung einen GdB von 20 nicht erreicht (vgl. → § 152 Rn. 5).

§ 4 BGG Barrierefreiheit

[1]Barrierefrei sind bauliche und sonstige Anlagen, Verkehrsmittel, technische Gebrauchsgegenstände, Systeme der Informationsverarbeitung, akustische und visuelle Informationsquellen und Kommunikationseinrichtungen sowie andere gestaltete Lebensbereiche, wenn sie für Menschen mit Behinderungen in der allgemein üblichen Weise, ohne besondere Erschwernis und grundsätzlich ohne fremde Hilfe auffindbar, zugänglich und nutzbar sind. [2]Hierbei ist die Nutzung behinderungsbedingt notwendiger Hilfsmittel zulässig.

1 **Geltende Fassung:** Die Vorschrift wurde mit Wirkung vom 1.5.2002 durch Art. 1 G zur Gleichstellung behinderter Menschen und zur Änderung anderer Gesetze v. 27.4.2002[1] eingeführt. Art. 1 G zur Weiterentwicklung des Behindertengleichstellungsrechts v. 19.7.2016[2] hat Satz 1 um die Komponente der Auffindbarkeit ergänzt und Satz 2 angefügt.

2 **Regelungsgehalt:** Die Vorschrift beschränkt sich darauf, mit der Barrierefreiheit einen Zentralbegriff des BGG zu definieren. Spezifische Verpflichtungen zur Herstellung von Barrierefreiheit (dem „Kernstück" des BGG)[3] ergeben sich erst aus § 8 (Bauten des Bundes, Verkehrswege und Beförderungsmittel des ÖPNV), § 9 Abs. 1 (Verwendung von Gebärdensprache und anderen Kommunikationsmitteln), § 10 Abs. 1, (Bescheid- und Vordruckgestaltung) § 11 (Verständlichkeit und Leichte Sprache), § 12 a (Barrierefreie Informationstechnik) sowie aus den in § 15 Abs. 1 Nr. 2 genannten bundesrechtlichen Vorschriften (von der Bundeswahlordnung über das Personenbeförderungsgesetz bis zum Luftverkehrsgesetz).

3 Unter **Barrierefreiheit** versteht das BGG nicht etwa nur gegenständliche Hindernisse, wie Treppen, Stolperstufen, schmale Türen oder enge Gänge. Gemeint sind Barrieren in einem **umfassenden Sinne**, also etwa auch Schranken für

---

3 Vgl. *Dau* jurisPR-SozR 9/2015, Anm. 3.
1 BGBl. I 1467 (1468).
2 BGBl. I 1757.
3 BT-Drs. 15/4575, 10.

die Kommunikation seh- und hörbehinderter Menschen. Ebenso wenig ist der Begriff beschränkt auf Barrieren – beispielsweise – an Gebäuden, Wegen, Automaten, Geräten oder Internetseiten, er erfasst alle „gestalteten" Lebensbereiche.[4] Damit bleiben Barrieren etwa im weglosen Urwald, am natürlichen Meeresstrand oder im unberührten Gebirge unberücksichtigt; werden diese Naturlandschaften durch Wanderwege, Seebrücken oder Seilbahnen erschlossen, können sie dem Gebot der Barrierefreiheit unterliegen. Sie genügen ihm, wenn behinderte Menschen **umfassenden Zugang** zu den gestalteten Lebensbereichen haben, diese auffinden und **uneingeschränkt nutzen** können. „Umfassend" ist eine nur mit fremder Hilfe mögliche Nutzung erst, wenn sich die fremde Hilfe auch bei optimaler Gestaltung nicht vermeiden lässt. Ein über **besondere** Rampen oder Treppenlifte, durch Hinter- oder Nebeneingänge führender Zugang ist nicht barrierefrei, weil **nicht allgemein üblich**. Das Konzept der Barrierefreiheit will danach behinderten Menschen ihre Umwelt nicht durch „behindertengerechte" oder „behindertenfreundliche" Sonderlösungen erschließen, sondern von vornherein die Kontextfaktoren im Lebensumfeld so gestalten, dass sie „behinderte Menschen" nicht behindern. Aus der Sicht der Bundesregierung hat sich der als zu „defizitbezogen" kritisierte Begriff der Barrierefreiheit inzwischen mit dem im BBG beschriebenen Inhalt etabliert und in der Praxis bewährt; er sei nicht erweiterungsbedürftig.[5]

Satz 2 soll klarstellen, dass Menschen mit Behinderungen im gesamten barrierefrei zu gestaltenden Bereich behinderungsbedingt notwendige Hilfsmittel mitführen und nutzen dürfen, insbesondere auch Blindenführ- und Assistenzhunde.[6]

§ 5 BGG Zielvereinbarungen

(1) [1]Soweit nicht besondere gesetzliche oder verordnungsrechtliche Vorschriften entgegenstehen, sollen zur Herstellung der Barrierefreiheit Zielvereinbarungen zwischen Verbänden, die nach § 15 Absatz 3 anerkannt sind, und Unternehmen oder Unternehmensverbänden der verschiedenen Wirtschaftsbranchen für ihren jeweiligen sachlichen und räumlichen Organisations- oder Tätigkeitsbereich getroffen werden. [2]Die anerkannten Verbände können die Aufnahme von Verhandlungen über Zielvereinbarungen verlangen.

(2) [1]Zielvereinbarungen zur Herstellung von Barrierefreiheit enthalten insbesondere
1. die Bestimmung der Vereinbarungspartner und sonstige Regelungen zum Geltungsbereich und zur Geltungsdauer,
2. die Festlegung von Mindestbedingungen darüber, wie gestaltete Lebensbereiche im Sinne von § 4 künftig zu verändern sind, um dem Anspruch von Menschen mit Behinderungen auf Auffindbarkeit, Zugang und Nutzung zu genügen,
3. den Zeitpunkt oder einen Zeitplan zur Erfüllung der festgelegten Mindestbedingungen.

[2]Sie können ferner eine Vertragsstrafenabrede für den Fall der Nichterfüllung oder des Verzugs enthalten.

(3) [1]Ein Verband nach Absatz 1, der die Aufnahme von Verhandlungen verlangt, hat dies gegenüber dem Zielvereinbarungsregister (Absatz 5) unter Be-

---

4 Vgl. dazu *Jürgens* ZfSH/SGB 2003, 589 (590).
5 BT-Drs. 16/9283, 1.
6 BT-Drs. 18/8428, 14.

nennung von Verhandlungsparteien und Verhandlungsgegenstand anzuzeigen. ²Das Bundesministerium für Arbeit und Soziales gibt diese Anzeige auf seiner Internetseite bekannt. ³Innerhalb von vier Wochen nach der Bekanntgabe haben andere Verbände im Sinne des Absatzes 1 das Recht, den Verhandlungen durch Erklärung gegenüber den bisherigen Verhandlungsparteien beizutreten. ⁴Nachdem die beteiligten Verbände von Menschen mit Behinderungen eine gemeinsame Verhandlungskommission gebildet haben oder feststeht, dass nur ein Verband verhandelt, sind die Verhandlungen innerhalb von vier Wochen aufzunehmen.

(4) Ein Anspruch auf Verhandlungen nach Absatz 1 Satz 2 besteht nicht,
1. während laufender Verhandlungen im Sinne des Absatzes 3 für die nicht beigetretenen Verbände behinderter Menschen,
2. in Bezug auf diejenigen Unternehmen, die ankündigen, einer Zielvereinbarung beizutreten, über die von einem Unternehmensverband Verhandlungen geführt werden,
3. für den Geltungsbereich und die Geltungsdauer einer zustande gekommenen Zielvereinbarung,
4. in Bezug auf diejenigen Unternehmen, die einer zustande gekommenen Zielvereinbarung unter einschränkungsloser Übernahme aller Rechte und Pflichten beigetreten sind.

(5) ¹Das Bundesministerium für Arbeit und Soziales führt ein Zielvereinbarungsregister, in das der Abschluss, die Änderung und die Aufhebung von Zielvereinbarungen nach den Absätzen 1 und 2 eingetragen werden. ²Der die Zielvereinbarung abschließende Verband behinderter Menschen ist verpflichtet, innerhalb eines Monats nach Abschluss einer Zielvereinbarung dem Bundesministerium für Arbeit und Soziales diese als beglaubigte Abschrift und in informationstechnisch erfassbarer Form zu übersenden sowie eine Änderung oder Aufhebung innerhalb eines Monats mitzuteilen.

1 Geltende Fassung: Die Vorschrift wurde mit Wirkung vom 1.5.2002 durch Art. 1 G zur Gleichstellung behinderter Menschen und zur Änderung anderer Gesetze v. 27.4.2002[1] eingeführt. Art. 210 VO v. 25.11.2003[2] und Art. 262 VO v. 31.10.2006[3] haben in Abs. 3 Satz 2, Abs. 5 Satz 1 u. 2 die Namensänderungen des zuständigen Ministeriums von „Arbeit und Sozialordnung" über „Gesundheit und Soziale Sicherung" zu „Arbeit und Soziales" nachvollzogen. Art. 1 G zur Weiterentwicklung des Behindertengleichstellungsrechts v. 19.7.2016[4] hat Abs. 2 Satz 1 Nr. 2 um die Komponente Auffindbarkeit ergänzt.

2 Regelungsgehalt: Abs. 1 führt mit der Zielvereinbarung ein ergänzendes vertragliches Instrument ein, um Barrierefreiheit dort herzustellen, wo nicht bereits besondere gesetzliche und verordnungsrechtliche Standards gelten (wie etwa durch Nahverkehrspläne nach dem Personenbeförderungsgesetz oder Programme nach der Eisenbahn-Bau- und -Betriebsordnung). Unternehmen und Unternehmensverbände werden einem Verhandlungszwang mit Verbänden von Menschen mit Behinderungen unterworfen. **Abs. 2** legt den Mindestinhalt von Zielvereinbarungen fest. **Abs. 3** stellt Verfahrensregelungen zur gebündelten Beteiligung mehrerer Vertragspartner auf. **Abs. 4** begrenzt den Verhandlungsanspruch der Verbände von Menschen mit Behinderungen und die Verhandlungspflicht von Unternehmen und Unternehmensverbänden. **Abs. 5** führt ein Zielvereinba-

1 BGBl. I 1467 (1468).
2 BGBl. I 2304.
3 BGBl. I 2407.
4 BGBl. I 1757.

rungsregister beim Bundesministerium für Arbeit und Soziales und eine Dokumentations- und Berichtspflicht der Verbände von Menschen mit Behinderungen für die dort zu sammelnden Daten ein.

Ihrer **Rechtsnatur** nach sind **Zielvereinbarungen** zivilrechtliche **Verträge** zwischen Verbänden von Menschen mit Behinderungen und Unternehmen oder Unternehmensverbänden. Die Verbände von Menschen mit Behinderungen müssen nach § 15 Abs. 3 anerkannt sein, damit eine gewisse Größe und Repräsentanz sichergestellt ist. Den Begriff des **Unternehmens** hat der Gesetzgeber in Anlehnung an die Rechtsprechung des BAG zum Betriebsverfassungsgesetze in einem umfassenden Sinn als organisatorische Einheit verstanden, mit der ein Unternehmer allein oder gemeinsam mit Mitarbeitern wirtschaftliche oder ideelle Zwecke verfolgt.[5] Von **Unternehmensverbänden** abgeschlossene Zielvereinbarungen verpflichten nur diejenigen Mitgliedsunternehmen, zu deren Vertretung der Verband kraft satzungsrechtlicher- oder Einzelvollmacht befugt war. Lässt die Verbandssatzung eine rechtswirksame Verpflichtung der Mitgliedsunternehmen durch den Unternehmensverband nicht zu, kann von ihm auch nicht verlangt werden, Verhandlungen aufzunehmen. **Gegenstand** einer Zielvereinbarung ist nur, was **sachlich** und **räumlich** zur Tätigkeit der Vertragspartner gehört, für einen Blindenverband also nicht rollstuhlgeeignete Zugänge und für einen Verband hörbehinderter Nordfriesen nicht die Barrierefreiheit der Zugspitzbahn. Bereits bestehende **gesetzliche** oder **verordnungsrechtliche Regelungen** haben **Vorrang**. Sie lassen daneben nur ergänzende Zielvereinbarungen zu und verbieten es, die vorgegebenen Standards der vorrangigen Regelung zu umgehen oder auszuhöhlen.[6]

Nach **Abs. 1 Satz 2** haben anerkannte Verbände **Anspruch** auf **Aufnahme** von **Verhandlungen** über Zielvereinbarungen. Unternehmen und Unternehmensverbände können sich danach Vertragsverhandlungen nicht verweigern. Ihre **Vertragsfreiheit** wird damit aber nicht eingeschränkt. Sie können trotz Verhandlungspflicht nach ihrem Belieben entscheiden, ob sie ihre Rechtslage durch Vertrag gestalten wollen; **Abschlusszwang** besteht nicht.

Das BGG schränkt auch die vertragliche **Gestaltungsfreiheit** von Unternehmen und Unternehmensverbänden nicht ein. **Abs. 2** schreibt zwar einen Mindestinhalt für Zielvereinbarungen vor. Die Wirksamkeit davon abweichender Verträge berührt das aber nicht. Es handelt sich dann allerdings nicht mehr um Verträge vom gesetzlich definierten und ausgeformten Typ „Zielvereinbarung". Das hat Folgen allein für die Präklusionswirkung nach Abs. 4 Nr. 3 und 4. Der Verhandlungsanspruch anerkannter Verbände wird nach diesen Vorschriften nur eingeschränkt, wenn Unternehmen bereits solche Zielvereinbarungen abgeschlossen haben oder ihnen beigetreten sind, die den Anforderungen des BGG entsprechen.

Der ausdrückliche Hinweis in **Abs. 2 Satz 2** auf eine – mögliche – **Vertragsstrafenabrede** bei Nichterfüllung oder Verzug steht in gewissem Gegensatz zur Auffassung des Gesetzgebers, die Partner einer Zielvereinbarung seien grundsätzlich im Rechtsverkehr erfahrene Wirtschaftsunternehmen und Verbände, bei denen davon ausgegangen werden könne, dass sie auch angemessene vertragliche Regelungen für den Fall nicht vollständiger oder nicht termingerechter Erfüllung finden. Die Vertragsstrafe ist nur eine unter diesen Möglichkeiten. Ob sie

---

5 BT-Drs. 14/7420, 25; enger unter Hinweis auf die „Wirtschaftsbranchen" in Abs. 1 Satz 1 *Jürgens* ZfSH/SGB 2003, 589 (590).
6 *Jürgens* ZfSH/SGB 2003, 589 f.

im Einzelfall als zweckmäßige Lösung verabredet wird, werden trotz der Hervorhebung durch den Gesetzgeber allein die Vertragspartner entscheiden.[7]

7 Die Bestimmungen des **Abs. 3** sollen für eine **Konzentration** des **Verhandlungsverfahrens** sorgen. Dazu hat ein Verband sein Verhandlungsverlangen dem Bundesminister für Arbeit und Soziales anzuzeigen, dieser hat es bekannt zu machen. Daraufhin können andere Verbände innerhalb einer **Frist von vier Wochen** den Verhandlungen **beitreten.** Dieses Recht haben nur die Verbände von Menschen mit Behinderungen. **Unternehmen** und **Unternehmensverbände,** die – noch nicht – zu Verhandlungen aufgefordert sind können **nicht auf eigene Initiative** im Wege des Beitritts nach Abs. 3 Satz 2 Verhandlungspartei werden.[8] Das ergibt sich für Unternehmen schon aus dem Wortlaut: das Recht zum Beitritt haben nur „Verbände". Wie Abs. 3 Satz 3 zeigt, sind das nur „Verbände von Menschen mit Behinderungen", denn nur wenn – nach Beitritt – mehrere gerade dieser Verbände beteiligt sind, gilt für die Aufnahme der Vertragsverhandlungen eine weitere Frist von vier Wochen, beginnend mit dem Zustandekommen einer Verhandlungskommission oder der Einigung auf einen Verhandlungsführer. Eine Mehrzahl von Unternehmensverbänden hat der Gesetzgeber nicht im Blick gehabt.

8 Der **Anspruch** anerkannter Verbände auf Aufnahme von Verhandlungen wird nach **Abs. 4 Nr. 1 bis 4 ausgesetzt** oder **eingeschränkt.** Das gilt nach **Nr. 1** solange Vertragsverhandlungen laufen für alle **Verbände** die innerhalb der Frist nach Abs. 3 Satz 3 diesen Verhandlungen nicht beigetreten sind. Die Präklusionswirkung **beschränkt** sich auf den **Verhandlungsgegenstand.** Auch nicht beigetretene Verbände können deshalb von einem bereits verhandelnden Unternehmen oder Unternehmensverband Verhandlungen zu einem **anderen** Gegenstand verlangen. Nach **Nr. 2** kann ein Verband Verhandlungen nicht von einem **Unternehmen** verlangen, das angekündigt hat, einer – inhaltlich noch unbestimmten – Zielvereinbarung beizutreten, über die ein **Unternehmensverband** bereits verhandelt. Laufende Verhandlungen eines anderen **Unternehmens** eröffnen diese Abwehrmöglichkeit nach dem Wortlaut der Nr. 2 dagegen nicht. Dem Sinn der Vorschrift entsprechend sind aber beide Fälle gleich zu behandeln. Die Regelung dient den Interessen kleinerer Unternehmen, die der organisatorische und personelle Aufwand von Verhandlungen überfordert oder besonders trifft. Sie können ihn deshalb mit der Bereiterklärung vermeiden, sich dem Ergebnis bereits geführter Parallelverhandlungen anzuschließen. Ob solche Verhandlungen von einem Unternehmensverband oder einem anderen Unternehmen geführt werden, macht in diesem Zusammenhang in der Sache keinen Unterschied. Die Präklusion nach **Nr. 2** wird noch nicht unmittelbar mit dem Abschluss der Zielvereinbarung, sondern erst nach einer angemessenen Überlegungs- und Handlungsfrist für das beitrittswillige Unternehmen enden. Tritt das Unternehmen bei, ist der Verhandlungsanspruch von da an nach Nr. 4 präkludiert. **Nr. 3** suspendiert den Anspruch auf – erneute – Verhandlungen, für Bereich und Dauer bereits abgeschlossener Zielvereinbarungen über denselben Gegenstand. Für Anpassungen und Revisionen abgeschlossener Zielvereinbarungen mit fester Laufzeit besteht danach Verhandlungszwang erst nach deren Ablauf, sonst erst nach Kündigung, die nur die am Vertrag beteiligten Verbände aussprechen können. Nr. 4 lässt den Anspruch auf Verhandlungen gegen **Unternehmen** entfallen, die einer über denselben Gegenstand bereits zustande gekommenen Zielvereinbarung beigetreten sind, vorausgesetzt, sie haben einschränkungslos alle Rechte und Pflichten aus diesem Vertrag übernommen. Das Ge-

---

7 Kritisch zur Vertragsstrafe *Jürgens* ZfSH/SGB 2003, 589 (592).
8 *Winkler* in Neumann/Pahlen/Greiner/Winkler/Jabben BGG § 5 Rn. 6.

setz enthält keinen Hinweis darauf, wie sich ein solcher Beitritt vollzieht. Da Zielvereinbarungen zivilrechtliche Verträge sind, wird auch der „Beitritt" nur nach den Regeln des Zivilrechts möglich sein; also nicht durch eine einseitige Beitrittserklärung, sondern durch vertragliche Vereinbarungen mit den an der bereits bestehenden Zielvereinbarung Beteiligten.

Das vom Bundesminister für Arbeit und Soziales nach **Abs. 5 Satz 1** zu führende **Zielvereinbarungsregister** dient einem doppelten Zweck: es macht das Verhandlungsgeschehen nach Gegenstand und Parteien **öffentlich** und es **dokumentiert** den Bestand abgeschlossener Zielvereinbarungen. Die dafür notwendigen Informationen und Daten haben nach Abs. 3 Satz 1 und Abs. 5 Satz 2 die jeweils beteiligten Verbände von Menschen mit Behinderungen mitzuteilen. 9

Eine Arbeitsgruppe des Deutschen Behindertenrates hat unter Beteiligung des damaligen Bundesministeriums für Gesundheit und Soziale Sicherung im Mai 2003 einen Mustervertragstext zu Zielvereinbarungen erarbeitet.[9] Der mit zahlreichen Hinweisen und Anmerkungen versehene „**Mustervertragstext für Zielvereinbarungen nach § 5 BGG**" ist auf der Internetseite des Deutschen Behindertenrats veröffentlicht. Trotz dieser und anderer Hilfestellungen ist die praktische Bedeutung des Instituts Zielvereinbarung gering und das Bemühen der Bundesregierung, auf den tatsächlichen Abschluss von Zielvereinbarungen hinzuwirken, damit ohne großen Erfolg geblieben.[10] Am Jahresanfang 2020 waren 54 Zielvereinbarungen registriert, deren letzte am 1.12.2015 abgeschlossen wurde; seit 16.1.2015 ist der Abschluss einer weiteren Zielvereinbarung angekündigt worden; über elf weitere Zielvereinbarung wird – zum Teil seit 2003 – verhandelt. Dieser schmale Ertrag dürfte weit hinter den Erwartungen des Gesetzgebers in das Instrument Zielvereinbarung zurückbleiben, das sich damit als „stumpfes Schwert" erwiesen hat.[11] Dazu mag außer einer schwachen Verhandlungsposition der Verbände von Menschen mit Behinderungen die abschreckend detaillierte verfahrensrechtliche Ausformung des gesetzlichen Typs „Zielvereinbarung" beigetragen haben. Sie verstellt den Blick darauf, dass Vereinbarungen zur Herstellung von Barrierefreiheit sich auch außerhalb dieses Musters frei vereinbaren lassen. 10

§ 6 BGG Gebärdensprache und Kommunikation von Menschen mit Hör- und Sprachbehinderungen

(1) Die Deutsche Gebärdensprache ist als eigenständige Sprache anerkannt.

(2) Lautsprachbegleitende Gebärden sind als Kommunikationsform der deutschen Sprache anerkannt.

(3) Menschen mit Hörbehinderungen (gehörlose, ertaubte und schwerhörige Menschen) und Menschen mit Sprachbehinderungen haben nach Maßgabe der einschlägigen Gesetze das Recht, die Deutsche Gebärdensprache, lautsprachbegleitende Gebärden oder andere geeignete Kommunikationshilfen zu verwenden.

---

9 BT-Drs. 16/9283, 16.
10 Vgl. BT-Drs. 14/7420, 20 und zu den möglichen Gründen BT-Drs. 15/4575, 10; zur Statistik ausführlich *Kruse* in Welti, Rechtliche Instrumente zur Durchsetzung von Barrierefreiheit, 2013, S. 35 (37 ff.) und BT-Drs. 16/9283, 12 ff.
11 Vgl. *Frehse* in Welti, Rechtliche Instrumente zur Durchsetzung von Barrierefreiheit, 2013, S. 17 (19).

1 **Geltende Fassung:** Die Vorschrift wurde mit Wirkung vom 1.5.2002 durch Art. 1 G zur Gleichstellung behinderter Menschen und zur Änderung anderer Gesetze v. 27.4.2002[1] eingeführt. Art. 1 G zur Weiterentwicklung des Behindertengleichstellungsrechts v. 19.7.2016[2] betont mit Änderungen der Überschrift und in Abs. 3 die vielfältigen Kommunikationsformen von Menschen mit Sprachbehinderungen.

2 **Regelungsgehalt:** In Abs. 1 erkennt das BGG die Deutsche Gebärdensprache als eigenständige Sprache an und stellt damit, einem Beschluss des Bundestages folgend, klar, dass diese von Menschen mit Hörbehinderungen verwendete Sprache als eine der der deutschen Lautsprache ebenbürtige Form der Verständigung zu respektieren ist. Die Lautsprache begleitende Gebärden werden in Abs. 2 als eine Form der Mitteilung in deutscher Sprache anerkannt. Abs. 3 Satz 1 beschreibt, wer zum Kreis der Menschen mit Hörbehinderungen zählt, unterscheidet davon die Menschen mit Sprachbehinderungen, räumt beiden Gruppen allgemein das Recht ein, Gebärdensprache und lautsprachbegleitende Gebärden zu verwenden und verweist wegen konkreter Ansprüche im Einzelfall auf die einschlägigen Gesetze. Abs. 3 Satz 2 dehnt die Regelung für Gebärdensprache und lautsprachbegleitende Gebärden auf andere geeignete Kommunikationshilfen aus.

3 Zu den Menschen **mit Hörbehinderungen** rechnen nicht nur die im Klammerzusatz des Abs. 3 Satz 1 genannten gehörlosen, ertaubten und schwerhörigen Menschen. Der Kreis von Menschen mit Hörbehinderungen ist mit diesen Gruppen nur beispielhaft beschrieben. Dazu sollten nach den Materialien seit jeher auch im Gesetz nicht ausdrücklich genannte „taubblinde" Menschen gehören.[3] Dieser Ausdruck ist inzwischen eindeutig bestimmt. Nach § 3 Abs. 1 Nr. 8 SchwbAwV ist ein Mensch mit Behinderung taubblind, wenn der GdB wegen Störung der Hörfunktion mindestens 70 und zugleich wegen Störung des Sehvermögens 100 beträgt. In den Schutzbereich des § 6 werden schwer in ihrer sprachlichen Kommunikationsfähigkeit eingeschränkte Menschen auch dann fallen, wenn sie die genannten Voraussetzungen für das Merkzeichen „TBL" verfehlen.

4 Zu den **sprachbehinderten** Personen gehört auch ein Mensch mit erheblichen Stimmstörungen, wer stark stammelt oder wessen Sprache grob unartikuliert ist (vgl. § 1 Nr. 6 EinglHV), soweit er sich deshalb nur mit Kommunikationshilfen verständigen kann. Als weiteres Beispiel nennen die Materialien Menschen, die durch eine autistische Störung in ihrer Kommunikation beeinträchtigt sind.[4]

5 § 6 ist **keine Grundlage für individuelle Ansprüche**. Das Recht zur Verwendung der Deutschen Gebärdensprache, lautsprachbegleitender Gebärden und anderer Kommunikationshilfen wird gesetzlich etwa in § 9 Abs. 1 (im Verwaltungsverfahren mit Dienststellen und Einrichtungen des § 1 Abs. 2 Satz 1), § 19 Abs. 1 Satz 2 SGB X (im Sozialverwaltungsverfahren), § 17 Abs. 2 SGB I (bei der Ausführung von Sozialleistungen, insbesondere auch bei ärztlichen Untersuchungen und Behandlungen) und §§ 186, 191a GVG (im gerichtlichen Verfahren) geregelt.

---

1 BGBl. I 1467 (1468).
2 BGBl. I 1757.
3 BT-Drs. 14/7420, 26.
4 BT-Drs. 14/7420, 26.

Abschnitt 2 Verpflichtung zur Gleichstellung und Barrierefreiheit

§ 7 BGG Benachteiligungsverbot für Träger öffentlicher Gewalt

(1) ¹Ein Träger öffentlicher Gewalt darf Menschen mit Behinderungen nicht benachteiligen. ²Eine Benachteiligung liegt vor, wenn Menschen mit und ohne Behinderungen ohne zwingenden Grund unterschiedlich behandelt werden und dadurch Menschen mit Behinderungen in der gleichberechtigten Teilhabe am Leben in der Gesellschaft unmittelbar oder mittelbar beeinträchtigt werden. ³Eine Benachteiligung liegt auch bei einer Belästigung im Sinne des § 3 Absatz 3 und 4 des Allgemeinen Gleichbehandlungsgesetzes in der jeweils geltenden Fassung vor, mit der Maßgabe, dass § 3 Absatz 4 des Allgemeinen Gleichbehandlungsgesetzes nicht auf den Anwendungsbereich des § 2 Absatz 1 Nummer 1 bis 4 des Allgemeinen Gleichbehandlungsgesetzes begrenzt ist. ⁴Bei einem Verstoß gegen eine Verpflichtung zur Herstellung von Barrierefreiheit wird das Vorliegen einer Benachteiligung widerleglich vermutet.

(2) ¹Die Versagung angemessener Vorkehrungen für Menschen mit Behinderungen ist eine Benachteiligung im Sinne dieses Gesetzes. ²Angemessene Vorkehrungen sind Maßnahmen, die im Einzelfall geeignet und erforderlich sind, um zu gewährleisten, dass ein Mensch mit Behinderung gleichberechtigt mit anderen alle Rechte genießen und ausüben kann, und sie die Träger öffentlicher Gewalt nicht unverhältnismäßig oder unbillig belasten.

(3) ¹In Bereichen bestehender Benachteiligungen von Menschen mit Behinderungen gegenüber Menschen ohne Behinderungen sind besondere Maßnahmen zum Abbau und zur Beseitigung dieser Benachteiligungen zulässig. ²Bei der Anwendung von Gesetzen zur tatsächlichen Durchsetzung der Gleichberechtigung von Frauen und Männern ist den besonderen Belangen von Frauen mit Behinderungen Rechnung zu tragen.

(4) Besondere Benachteiligungsverbote zu Gunsten von Menschen mit Behinderungen in anderen Rechtsvorschriften, insbesondere im Neunten Buch Sozialgesetzbuch, bleiben unberührt.

Geltende Fassung: Die Vorschrift wurde mit Wirkung vom 1.5.2002 durch Art. 1 G zur Gleichstellung behinderter Menschen und zur Änderung anderer Gesetze v. 27.4.2002[1] eingeführt. Art. 1 G zur Weiterentwicklung des Behindertengleichstellungsrechts v. 19.7.2016[2] hat den bisherigen Abs. 1 verschoben: die Sätze 1 und 2 in den § 1 Abs. 2, die Sätze 3 und 4 bilden den eingefügten Abs. 3; der bisherige Abs. 2 ist – ergänzt um die Sätze 3 und 4 – zum Abs. 1 aufgerückt; Abs. 4 entspricht inhaltlich dem bisherigen Abs. 3. Die nähere Bezeichnung der Träger öffentlicher Gewalt in den **Abs. 1 Satz 1 und Abs. 2 Satz 2** ist durch die Legaldefinition in § 1 Abs. 1a entbehrlich und deshalb durch das Änderungsgesetz v. 10.7.2018[3] gestrichen worden.

Regelungsgehalt: **Abs. 1** verbietet den in § 1 Abs. 2 genannten Trägern öffentlicher Gewalt, Menschen mit Behinderungen zu benachteiligen und definiert den Begriff der Benachteiligung, passt das Gesetz an das AGG an und enthält eine widerlegliche Benachteiligungsvermutung. **Abs. 2** verankert das Konzept ange-

---
1 BGBl. I 1467, 1468.
2 BGBl. I 1757.
3 Gesetz zur Verlängerung befristeter Regelungen im Arbeitsförderungsrecht und zur Umsetzung der Richtlinie (EU) 2016/2102 über den barrierefreien Zugang zu den Websites und mobilen Anwendungen öffentlicher Stellen, BGBl. I 1117.

messener Vorkehrungen der UN-BRK. **Abs. 3** erklärt besondere Maßnahmen für zulässig, die darauf zielen, Benachteiligungen behinderter gegenüber nicht behinderten Menschen auszugleichen und gibt den in Abs. 1 genannten Adressaten ausdrücklich auf, die bereits in § 2 Abs. 1 formulierte Vorgabe zu beachten: den besonderen Belangen behinderter Frauen Rechnung zu tragen. **Abs. 4** verweist klarstellend auf den Vorrang spezialgesetzlich geregelter Benachteiligungsverbote vor dem hier allgemein ausgesprochenen.

3 **Abs. 1** konkretisiert einfachgesetzlich das verfassungsrechtliche, im Lichte der UN-BRK auszulegende **Benachteiligungsverbot** aus Art. 3 Abs. 3 Satz 2 GG und berücksichtigt bei dessen Definition in **Satz 2**, dass dieses Verbot **nicht uneingeschränkt** gilt: Fehlen einer Person gerade aufgrund ihrer Behinderung bestimmte geistige oder körperliche Fähigkeiten, die unerlässliche Voraussetzung für die Wahrnehmung eines Rechts sind, liegt in der Verweigerung dieses Rechts kein Verstoß gegen das Benachteiligungsverbot. Eine rechtliche Schlechterstellung von Menschen mit Behinderung ist dann – und nur dann – zulässig, wenn **zwingende Gründe** dafür vorliegen.[4] Satz 3 soll klarstellen, dass sexuelle Belästigungen im Sinne des § 3 Abs. 4 AGG im Verhältnis von Bürgerinnen und Bürgern zu Trägern öffentlicher Gewalt stets eine Benachteiligung sind, nicht nur bei den in § 2 Abs. 1 Nrn. 1 bis 4 AGG genannten Konstellationen (Zugang zu Erwerbstätigkeit und beruflichem Aufstieg; bei Beschäftigungs- und Arbeitsbedingungen; bei Berufsberatung, Berufsbildung und Praktika; beim Zugang zu Gewerkschaften, Arbeitgeber- und Berufsverbänden). Das erfolgt Sinne des § 2 insbesondere im Blick auf Frauen mit Behinderungen. Sie sind am stärksten gefährdet, Opfer sexueller Belästigungen zu werden. Die Benachteiligungsvermutung des **Satzes 4** wird im Einzelfall widerlegt, wenn das Gebot angemessener Vorkehrungen beachtet worden ist.

4 **Abs. 2 Satz 1** stellt klar, dass die Versagung angemessener Vorkehrungen eine Benachteiligung ist. Satz 2 definiert „angemessene Vorkehrungen" nach dem Vorbild der Begriffsbestimmung in Art. 2 Unterabs. 4 UN-BRK (Anhang 1). Das stimmt überein mit dem verfassungsrechtlichen Benachteiligungsverbot des Art. 3 Abs. 3 Satz 2 GG, wonach eine Benachteiligung nicht nur bei Maßnahmen vorliegt, die die Lage von Menschen mit Behinderungen verschlechtern, sondern auch bei einem Ausschluss von Entfaltungs- und Betätigungsmöglichkeiten durch die öffentliche Gewalt gegeben sein kann, wenn dies nicht durch eine auf die Behinderung bezogene Förderungsmaßnahme hinlänglich kompensiert wird.[5] Die allgemeine Forderung nach angemessenen Vorkehrungen lässt sich im Einzelfall etwa dadurch erfüllen, dass ein Gebärdendolmetscher hinzugezogen, in Leichte Sprache übertragen, einfache und verständliche Sprache oder eine barrierefreie PDF-Datei verwendet wird; dazu gehören auch bauliche Veränderungen wie eine Rampe oder ein Aufzug.[6] Ob eine solche Vorkehrung den Träger öffentlicher Gewalt unverhältnismäßig oder unbillig belastet, hat er nach pflichtgemäßem Ermessen zu entscheiden. Unterlässt er Vorkehrungen als unverhältnismäßig belastend oder unbillig, trägt er die Beweislast für den geltend gemachten Versagensgrund.

5 **Abs. 3 Satz 1** stützt sich auf die Ermächtigung in Art. 7 Abs. 2 der Richtlinie 2000/78/EG zur Gleichbehandlung in Beschäftigung und Beruf. Danach steht es den Mitgliedstaaten frei, für die in der Richtlinie genannten besonderen Personengruppen (darunter Menschen mit Behinderungen) spezifische Maßnahmen beizubehalten oder einzuführen, mit denen Benachteiligungen ua wegen einer

---

4 BVerfG 19.1999 – 1 BvR 2161/94, BVerfGE 99, 341 (357).
5 BVerfG 8.10.1997 – 1 BvR 9/97, BVerfGE 96, 288, Rn. 69.
6 BT-Drs. 18/7824, 35.

Behinderung ausgeglichen werden sollen. Unter Abs. 3 Satz 1 fällt etwa auch der Vergleich eines Mannes mit Behinderung mit einer nichtbehinderten Frau.[7]
Abs. 4: Spezielle und deshalb vorrangige **Antidiskriminierungsvorschriften** sind etwa die arbeitsrechtlichen Benachteiligungsverbote für Schwerbehinderte und ihnen Gleichgestellte in § 81 Abs. 2 und 4 SGB IX, sowie für alle behinderten Menschen das arbeitsrechtliche Benachteiligungsverbot in § 7 Abs. 1 AGG und das zivilrechtliche in § 19 Abs. 1 AGG.

6

§ 8 BGG Herstellung von Barrierefreiheit in den Bereichen Bau und Verkehr

(1) ¹Zivile Neu-, Um- und Erweiterungsbauten im Eigentum des Bundes einschließlich der bundesunmittelbaren Körperschaften, Anstalten und Stiftungen des öffentlichen Rechts sollen entsprechend den allgemein anerkannten Regeln der Technik barrierefrei gestaltet werden. ²Von diesen Anforderungen kann abgewichen werden, wenn mit einer anderen Lösung in gleichem Maße die Anforderungen an die Barrierefreiheit erfüllt werden. ³Die landesrechtlichen Bestimmungen, insbesondere die Bauordnungen, bleiben unberührt.
(2) Der Bund einschließlich der bundesunmittelbaren Körperschaften, Anstalten und Stiftungen des öffentlichen Rechts soll anlässlich der Durchführung von investiven Baumaßnahmen nach Absatz 1 Satz 1 bauliche Barrieren in den nicht von diesen Baumaßnahmen unmittelbar betroffenen Gebäudeteilen, soweit sie dem Publikumsverkehr dienen, feststellen und unter Berücksichtigung der baulichen Gegebenheiten abbauen, sofern der Abbau nicht eine unangemessene wirtschaftliche Belastung darstellt.
(3) Alle obersten Bundesbehörden und Verfassungsorgane erstellen über die von ihnen genutzten Gebäude, die im Eigentum des Bundes einschließlich der bundesunmittelbaren Körperschaften, Anstalten und Stiftungen des öffentlichen Rechts stehen, bis zum 30. Juni 2021 Berichte über den Stand der Barrierefreiheit dieser Bestandsgebäude und sollen verbindliche und überprüfbare Maßnahmen- und Zeitpläne zum weiteren Abbau von Barrieren erarbeiten.
(4) ¹Der Bund einschließlich der bundesunmittelbaren Körperschaften, Anstalten und Stiftungen des öffentlichen Rechts ist verpflichtet, die Barrierefreiheit bei Anmietungen der von ihm genutzten Bauten zu berücksichtigen. ²Künftig sollen nur barrierefreie Bauten oder Bauten, in denen die baulichen Barrieren unter Berücksichtigung der baulichen Gegebenheiten abgebaut werden können, angemietet werden, soweit die Anmietung nicht eine unangemessene wirtschaftliche Belastung zur Folge hätte.
(5) ¹Sonstige bauliche oder andere Anlagen, öffentliche Wege, Plätze und Straßen sowie öffentlich zugängliche Verkehrsanlagen und Beförderungsmittel im öffentlichen Personenverkehr sind nach Maßgabe der einschlägigen Rechtsvorschriften des Bundes barrierefrei zu gestalten. ²Weitergehende landesrechtliche Vorschriften bleiben unberührt.

Geltende Fassung: Die Vorschrift wurde mit Wirkung vom 1.5.2002 durch Art. 1 G zur Gleichstellung behinderter Menschen und zur Änderung anderer Gesetze v. 27.4.2002[1] eingeführt. Art. 1 G zur Weiterentwicklung des Behindertengleichstellungsrechts v. 19.7.2016[2] hat in die Abs. 1 die Wörter „Neubauten

1

---

7 Vgl. BT-Drs. 14/7420, 27.
1 BGBl. I 1467 (1468).
2 BGBl. I 1757.

sowie große zivile Um- und Erweiterungsbauten" durch „Neu-, Um- und Erweiterungsbauten" ersetzt, um die Wörter „im Eigentum" des Bundes ergänzt und die Abs. 2 bis 4 eingefügt; der bisherige Abs. 2 wurde zu Abs. 5.

2 **Regelungsgehalt: Abs. 1 Satz 1** enthält die **Selbstverpflichtung** des Bundes in seinem Eigentum stehende Bauten **barrierefrei zu gestalten**; ausgenommen sind Militärbauten. Maßstab für Barrierefreiheit sind die allgemein anerkannten Regeln der Technik, von denen nach **Satz 2** aber mit gleichwertigen anderen Lösungen abgewichen werden darf. In **Satz 3** stellt das Gesetz klar, dass der Bund als Bauherr sich an die Landesbauordnungen zu halten hat. **Abs. 2** erstreckt die Verpflichtung zur Beseitigung baulicher Barrieren auf solche Gebäudeteile, die im Zuge baulicher Vorhaben selbst weder umgebaut noch erweitert werden, falls sie dem Publikumsverkehr dienen. **Abs. 3** verpflichtet zu Statusberichten über den Stand der Barrierefreiheit und über die Planung zu deren – weiterem – Abbau. **Abs. 4** verpflichtet den Bund, das Ziel Barrierefreiheit auch in seiner Rolle als Gebäudemieter zu verfolgen. Nach **Abs. 5** sind **sonstige Objekte** in den Bereichen Bau und Verkehr, soweit dafür Vorschriften des Bundes gelten, nach diesen barrierefrei zu gestalten. Auch insoweit bleiben höhere landesrechtliche Standards verbindlich (**Satz 2**).

3 Als **Sollvorschrift** verlangt Abs. 1 Satz 1 im Regelfall barrierefrei zu bauen, lässt aber Ausnahmen zu. Etwa dann, wenn exorbitante Kosten entstünden oder wenn Art und Zweck des Gebäudes und die für seine barrierefreie Gestaltung aufzuwenden Kosten in keinem vernünftigen Verhältnis mehr zu den tatsächlichen Nutzungsvorteilen für Menschen mit Behinderungen stehen.

Die **Selbstverpflichtung** zur barrierefreien Gestaltung ziviler Neu-, Um- und Erweiterungsbauten des Bundes gilt auch für Zivileinrichtungen der Bundeswehr wie Wehrbereichsverwaltungen und Wehrersatzämter. Ausgeschlossen sind militärische Bauten und Einrichtungen, weil sie ohnehin anderweitigen Zugangsbeschränkungen unterliegen.[3] Das dürfte ebenso für Bauten gelten, die Einsatzkräften des Bundes für die innere Sicherheit dienen.

Im Prinzip ist der Bund Abs. 1 zufolge bereits seit 2002 verpflichtet, seine Bauten nach den allgemein anerkannten Regeln barrierefrei zu gestalten. Die genannten Regeln ergeben sich vor allem aus der DIN 18040. DIN-Normen sind zwar keine mit Drittwirkung versehenen Normen im Sinne demokratisch legitimierter hoheitlicher Rechtsetzung, sondern auf freiwillige Anwendung ausgerichtete Regelwerke mit Empfehlungscharakter.[4] Dennoch lassen sie sich heranziehen, um den allgemein anerkannten Stand der Technik festzustellen. Denn sie spiegeln den Stand der für die betroffenen Kreise geltenden anerkannten Regeln wider. Ihnen wird sich regelmäßig der nach der Verkehrsauffassung maßgebliche Standard entnehmen lassen.[5] Die grundsätzliche Berücksichtigung der DIN-Normen für barrierefreies Bauen (jetzt: 18040–1:2010–10 „öffentliche Gebäude", 18040–2:2011–09 „Wohnungen" und 18040–3:2014–12 „öffentlicher Verkehrs- und Freiraum") hat seit 2002 bei Gebäuden des Bundes zu deutlichen Verbesserungen geführt. Das gilt für Bestandsbauten aber nur eingeschränkt, weil sie allein im Zuge „großer" Baumaßnahmen mit einem Ausgabevolumen von mehr als 2 Mio. EUR barrierefrei gestaltet werden sollten. Diese Grenze ist gefallen. Nunmehr sollen Gebäude auch bei Gelegenheit „kleinerer", ohnehin anstehender Baumaßnahmen sukzessive barrierefrei hergerichtet werden.

---

3 BT-Drs. 14/7420, 28.
4 BGH 14.5.1998 – VII ZR 184/97, BGHZ 139, 16.
5 Vgl. BSG 20.11.2008 – B 3 KN 4/07 KR R, SozR 4-2500 § 33 Nr. 21.

Abs. 2 beseitigt für Bestandsbauten neben dem früher geforderten 2 Mio. EUR-Mindestbauvolumen eine weitere Schranke: soweit Gebäudeteile dem Publikumsverkehr dienen, sollen auch sie barrierefrei gestaltet werden, obwohl sie selbst von einer Baumaßnahme nicht betroffen sind, weil sie weder umgebaut noch erweitert werden. Publikumsverkehr herrscht in Arealen mit Besuchern, Kunden und anderen externen Benutzern, also in Eingangsbereichen, Foyers, öffentlichen Sanitäranlagen, Büros mit Kundenverkehr, Schalter- und Wartebereichen, Veranstaltungsräumen und dazugehörigen Erschließungsflächen. Der Gesetzgeber erwartet, dass damit ein Prozess beginnt, an dessen Ende Bundesbauten für das Publikum schrittweise überwiegend barrierefrei hergestellt sein werden. Darin liege zugleich ein Beitrag zur Beschäftigungssicherung von Verwaltungsmitarbeitern mit Behinderungen. In Gebäudeteilen ohne Publikumsverkehr seien für Mitarbeiter das ebenfalls auf Barrierefreiheit ausgerichtete SGB IX und die Arbeitsstättenverordnung einschlägig.[6] Das Konzept des Gesetzgebers enthält keine explizite Verpflichtung zur barrierefreien Gestaltung auch solcher Bestandsgebäude, die – auch nicht in Teilen – niemals umgebaut oder erweitert, sondern schlicht nur laufend instandgesetzt werden. 4

Die nach **Abs. 3** zu erstellenden Berichte über den Stand der Barrierefreiheit von Bestandsgebäuden nebst Plänen zum weiteren Barriereabbau sollen dem BMAS Daten zur Evaluierung des BGG liefern, über die dem Deutschen Bundestag 2022 zu berichten ist.[7] 5

Abs. 4 konkretisiert die allgemeinen Verpflichtungen des Gesetzes für den Bund als Mieter von Gebäuden. In dieser Rolle hat er die Barrierefreiheit lediglich zu „berücksichtigen" und das nur bei Neuanmietungen, nicht, wenn bestehende Mietverträge über ein bereits vom Bund genutztes Objekt verlängert oder neu abgeschlossen werden sollen. Sofern genügend barrierefreie oder -arme Objekte am Markt sind, wird über eine für den Nutzer zeitgerechte Anmietung nach den Grundsätzen von Sparsamkeit und Wirtschaftlichkeit zu entscheiden sein. Künftig soll die Wahl nur noch auf Gebäude fallen, deren Barrieren sich abbauen lassen. Das ist vom Vermieter zu fordern, sofern es nicht zu unangemessenen Kosten führt. 6

Durch **Abs. 5** soll Barrierefreiheit in dem gesamten öffentlichen durch Bundesrecht gestalteten Raum gewährleistet werden. Die Dienststellen und alle Einrichtungen der Bundesverwaltung können das bei Planung, Umbau, Modernisierung und Nutzungsänderung eigener Grundstücke und Gebäude tun. Einschlägige, dem BGG vorgehende, bundesrechtliche Bestimmungen finden sich in zahlreichen Gesetzen: § 4 Abs. 2 a Gaststättengesetz, §§ 3 Abs. 1 Buchst. d und 8 Abs. 1 Bundesfernstraßengesetz (auch für Straßenmeistereien und Rastanlagen), §§ 3 Nr. 1 Buchst. d und 8 Satz 2 Gemeindeverkehrsfinanzierungsgesetz, §§ 8 Abs. 3 Sätze 3 und 4 sowie 12 Abs. 1 Nr. 1 Buchst. c Personenbeförderungsgesetz, § 2 Eisenbahn-Bau- und -Betriebsordnung, § 19 d Luftverkehrsgesetz. 7

§ 9 BGG Recht auf Verwendung von Gebärdensprache und anderen Kommunikationshilfen

(1) [1]Menschen mit Hörbehinderungen und Menschen mit Sprachbehinderungen haben nach Maßgabe der Rechtsverordnung nach Absatz 2 das Recht, mit

---

6 Vgl. BT-Drs. 18/2874, 16.
7 Art. 6 G. zur Weiterentwicklung des Behindertengleichstellungsrechts v. 19.7.2016, BGBl. I 1757.

Trägern öffentlicher Gewalt zur Wahrnehmung eigener Rechte im Verwaltungsverfahren in Deutscher Gebärdensprache, mit lautsprachbegleitenden Gebärden oder über andere geeignete Kommunikationshilfen zu kommunizieren. ²Auf Wunsch der Berechtigten stellen die Träger öffentlicher Gewalt die geeigneten Kommunikationshilfen im Sinne des Satzes 1 kostenfrei zur Verfügung oder tragen die hierfür notwendigen Aufwendungen.
(2) Das Bundesministerium für Arbeit und Soziales bestimmt durch Rechtsverordnung[1], die nicht der Zustimmung des Bundesrates bedarf,
1. Anlass und Umfang des Anspruchs auf Bereitstellung von geeigneten Kommunikationshilfen,
2. Art und Weise der Bereitstellung von geeigneten Kommunikationshilfen,
3. die Grundsätze für eine angemessene Vergütung oder eine Erstattung von notwendigen Aufwendungen für den Einsatz geeigneter Kommunikationshilfen und
4. die geeigneten Kommunikationshilfen im Sinne des Absatzes 1.

1 Geltende Fassung: Die Vorschrift wurde mit Wirkung vom 1.5.2002 durch Art. 1 des G zur Gleichstellung behinderter Menschen und zur Änderung anderer Gesetze v. 27.4.2002[2] eingeführt. Art. 210 VO v. 25.11.2003,[3] Art. 262 VO v. 31.10.2006[4] und Art. 12 G v. 19.12.2007[5] haben in **Abs. 2** die Namensänderungen des zuständigen Ministeriums von „Arbeit und Sozialordnung" über „Gesundheit und Soziale Sicherung" zu „Arbeit und Soziales" nachvollzogen. Art. 1 G zur Weiterentwicklung des Behindertengleichstellungsrechts v. 19.7.2016[6] fasst Abs. 1 neu und nennt in Abs. 2 nicht länger verschiedene Kommunikationshilfen, sondern den Oberbegriff „geeignete Kommunikationshilfe". Die nähere Bezeichnung der Träger öffentlicher Gewalt in **Abs. 1 Satz 1** ist durch die Legaldefinition in § 1 Abs. 1 a entbehrlich und deshalb durch das Änderungsgesetz 10.7.2018[7] gestrichen worden.

2 **Regelungsgehalt: Abs. 1 Satz 1** konkretisiert mit einem **individuellen Anspruch** das in § 6 Abs. 3 gewährleistete Recht von Menschen mit Behinderung, Gebärdensprache und andere geeignete Kommunikationshilfen zu verwenden, wenn sie **eigene Rechte** in Verwaltungsverfahren bei Dienststellen und sonstigen Einrichtungen der Bundesverwaltung wahrnehmen. Diese Träger öffentlicher Gewalt sind nach **Satz 2** verpflichtet, auf Wunsch geeignete **Kommunikationsmittel kostenfrei** bereitzustellen. **Abs. 2** schafft die **Ermächtigungsgrundlage** für eine die Details des Anspruchs regelnde Verordnung.

3 Der **Anspruch** nach Abs. 1 Satz 1 ist nach Anspruchsgegner und Inhalt **eng begrenzt**: er richtet sich nur gegen Dienststellen und sonstige Einrichtungen der **Bundesverwaltung**, nicht gegen die in § 1 Abs. 2 Satz 2 genannten **Landesverwaltungen**, auch nicht, soweit sie Bundesrecht ausführen. Hier gelten allerdings zumeist gleichartige Vorschriften des jeweiligen Landesrechts. Ausgenommen vom allgemeinen Anspruch nach Satz 1 sind durch besondere Vorschriften geregelte Gebiete. Konkurrierende **Spezialregelungen** treffen etwa das Sozialgesetzbuch in § 19 Abs. 1 Satz 2 SGB X und in § 17 Abs. 2 SGB I sowie § 186 GVG

---

1 Siehe hierzu ua die BehindertengleichstellungsschlichtungsVO (BGleiSV).
2 BGBl. I 1467 (1468).
3 BGBl. I 2304.
4 BGBl. I 2407.
5 BGBl. I 3024.
6 BGBl. I 1757.
7 Gesetz zur Verlängerung befristeter Regelungen im Arbeitsförderungsrecht und zur Umsetzung der Richtlinie (EU) 2016/2102 über den barrierefreien Zugang zu den Websites und mobilen Anwendungen öffentlicher Stellen, BGBl. I 1117.

für das gerichtliche Verfahren. Kommunikationsbarrieren werden nicht für alle Kontakte zwischen Bürger und (Bundes-)Verwaltung abgebaut. Der Anspruch nach Satz 1 besteht nur bei Wahrnehmung **eigener** Rechte als **Beteiligter** in einem **Verwaltungsverfahren.** Begünstigt wird danach, wer in eigener Sache Anträge stellt und Rechtsbehelfe einlegt; nicht dagegen, wer Angehörige oder andere Dritte im Verkehr mit Behörden vertritt, wer sich etwa vor Beginn eines Verwaltungsverfahrens lediglich informieren will oder wer mit der Verwaltung als Kunde oder Auftragnehmer privatrechtliche Verträge schließt. Erforderlich zur Rechtswahrnehmung ist ein Grad an Barrierefreiheit, der dem behinderten Menschen nach seinem individuellen Bedarf Kommunikationsmöglichkeiten auf dem Niveau eines nicht behinderten verschafft.

Nach **Abs. 2** ist die „Verordnung zur Verwendung von Gebärdensprache und anderen Kommunikationsformen – **Kommunikationshilfeverordnung**" (KHV) v. 17.7.2002,[8] geändert durch Art. 15 G v. 19.12.2007,[9] und Art. 2 VO v. 25.11.2016,[10] ergangen. Dort sind unter anderem der Umfang des Anspruchs, das Wahlrecht behinderter Menschen zwischen verschiedenen Kommunikationshilfen, Hinweispflichten der Verwaltung (§ 2), und Vergütungsgrundsätze für Gebärdensprachdolmetscher und andere Kommunikationshelfer (§ 5) geregelt. § 3 Abs. 2 KHV führt auf, welche Kommunikationshilfen, -helfer und -methoden in Betracht kommen, begründet damit für den Einzelfall aber (noch) keinen Anspruch auf eine der genannten diese Hilfen. 4

§ 10 BGG Gestaltung von Bescheiden und Vordrucken

(1) ¹Träger öffentlicher Gewalt haben bei der Gestaltung von Bescheiden, Allgemeinverfügungen, öffentlich-rechtlichen Verträgen und Vordrucken eine Behinderung von Menschen zu berücksichtigen. ²Blinde und sehbehinderte Menschen können zur Wahrnehmung eigener Rechte im Verwaltungsverfahren nach Maßgabe der Rechtsverordnung nach Absatz 2 insbesondere verlangen, dass ihnen Bescheide, öffentlich-rechtliche Verträge und Vordrucke ohne zusätzliche Kosten auch in einer für sie wahrnehmbaren Form zugänglich gemacht werden.

(2) Das Bundesministerium für Arbeit und Soziales bestimmt durch Rechtsverordnung[1], die nicht der Zustimmung des Bundesrates bedarf, bei welchen Anlässen und in welcher Art und Weise die in Absatz 1 genannten Dokumente blinden und sehbehinderten Menschen zugänglich gemacht werden.

Geltende Fassung: Die Vorschrift wurde mit Wirkung vom 1.5.2002 durch Art. 1 des G zur Gleichstellung behinderter Menschen und zur Änderung anderer Gesetze v. 27.4.2002[2] eingeführt. Art. 210 der VO v. 25.11.2003, Art. 262 der VO v. 31.10.2006 und Art. 12 G. v. 19.12.2007 haben in **Abs. 2** die Namensänderungen des zuständigen Ministeriums von „Arbeit und Sozialordnung" über „Gesundheit und Soziale Sicherung" zu „Arbeit und Soziales" nachvollzogen. Art. 1 G zur Weiterentwicklung des Behindertengleichstellungsrechts v. 19.7.2016[3] hat den Verweis in **Abs. 1** aktualisiert und das Wort „schriftlich" gestrichen, weil auch elektronische Dokumente unter die Vorschrift fallen. Die nähere Bezeichnung der Träger öffentlicher Gewalt in **Abs. 1** 1

---

8 BGBl. I 2650.
9 BGBl. I 3024.
10 BGBl. I 2659.
1 Siehe hierzu ua die BehindertengleichstellungsschlichtungsVO (BGleiSV).
2 BGBl. I 1467 (1468).
3 BGBl. I 1757.

Satz 1 ist durch die Legaldefinition in § 1 Abs. 1 a entbehrlich und deshalb durch das Änderungsgesetz v. 10.7.2018[4] gestrichen worden.

2 **Regelungsgehalt:** Die Parallelregelung zu § 9 will ebenso wie den dort behandelten mündlichen Umgang von Menschen mit Behinderungen mit der Verwaltung auch die hier aufgeführten schriftlichen und elektronischen Verwaltungsäußerungen gegenüber Menschen mit Behinderungen barrierefrei halten. Dazu spricht **Satz 1 ein allgemeines Berücksichtigungsgebot** aus, das in **Satz 2** zu einem **Anspruch** der hauptbetroffenen blinden und sehbehinderten Menschen auf schriftliche und elektronische Verwaltungsdokumente zusätzlich und kostenlos auch in einer für diese Gruppe wahrnehmbaren Form verdichtet wird. Abs. 2 schafft die Ermächtigungsgrundlage für eine Rechtsverordnung zu Einzelheiten dieses Anspruchs.

3 Das allgemeine Gebot des **Satzes 1** lässt sich nicht als strikt verbindliche Vorgabe verstehen, nach der die Verwaltung Dokumente stets und uneingeschränkt so zu gestalten, dass auch Menschen mit Behinderungen sie verstehen können.[5] Verwaltungsbehörden haben aber nach Möglichkeit der individuell eingeschränkten Fähigkeit von Menschen mit Behinderungen zur Wahrnehmung schriftlicher und elektronischer Texte bereits bei deren Entwurf Rechnung zu tragen.

4 Das Berücksichtigungsgebot ist **nicht** auf blinde und sehbehinderte Menschen **beschränkt.** Es verpflichtet die Verwaltung bei der Gestaltung ihrer Dokumente **jegliche Behinderung** zu berücksichtigen, wofür die Materialien beispielhaft besondere Anforderungen an die Verständlichkeit bei kognitiv eingeschränkten Menschen anführen.[6] Die Aufforderung des Satzes 1 zu verständlicher Textgestaltung gilt außer für Vordruckformulare selbst auch für Anlagen, auf die sie Bezug nehmen, also etwa Anleitungen und Hinweise zum Ausfüllen, nicht dagegen allgemeine Informationsbroschüren, Merkblätter und Aufklärungsschriften.

5 Ebenso wie der Anspruch des § 9 Abs. Satz 1 auf barrierefreie mündliche Kommunikation ist der **Anspruch des Abs. 1 Satz 2** auf das wahrnehmbare Zweitdokument nach Gegner und Inhalt **eng begrenzt:** er richtet sich nur gegen Dienststellen und sonstige Einrichtungen der **Bundesverwaltung** (§ 1 Abs. 2 Satz 1), nicht gegen die in § 1 Abs. 2 Satz 2 genannten **Landesverwaltungen,** auch nicht, soweit sie Bundesrecht ausführen. Hier gelten allerdings zumeist gleichartige Vorschriften des jeweiligen Landesrechts. Ein – kostenfreies – zusätzliches, für sie wahrnehmbares Exemplar erhalten blinde und sehbehinderte Menschen auf Verlangen nur von den ausdrücklich genannten Bescheiden, öffentlich-rechtlichen Verträgen und Vordrucken. Im Übrigen gelten wie bei § 9 Abs. 1 Satz 1 die Begrenzungen auf die Verfolgung eigener Rechte und auf das erforderliche Maß an Barrierefreiheit.

6 Nach **Abs. 2** ist die „Verordnung zur Zugänglichmachung von Dokumenten für blinde und sehbehinderte Menschen im Verwaltungsverfahren nach dem Behindertengleichstellungsgesetz – **Verordnung über barrierefreie Dokumente in der Bundesverwaltung**" (VBD) v. 17.7.2002[7] ergangen. Dort sind vor allem Gegenstand und Formen der Zugänglichmachung geregelt, ein Wahlrecht des behin-

---

4 Gesetz zur Verlängerung befristeter Regelungen im Arbeitsförderungsrecht und zur Umsetzung der Richtlinie (EU) 2016/2102 über den barrierefreien Zugang zu den Websites und mobilen Anwendungen öffentlicher Stellen, BGBl. I 1117.
5 Vgl. OVG RhPf 25.6.2012 – 7 A 10286/12, NVwZ-RR 2012, 745.
6 BT-Drs. 14/7420, 28.
7 BGBl. I 2652; geändert durch Art. 3 VO v. 25.11.2016, BGBl. I 2659.

derten Menschen unter diesen Formen, Hinweispflichten und der Umfang des Anspruchs im Übrigen.

Für die von § 10 unberührten Gerichtsverfahren gelten aufgrund der nach § 191a Abs. 2 GVG erlassenen „Verordnung zur barrierefreien Zugänglichmachung von Dokumenten für blinde und sehbehinderte Personen im gerichtlichen Verfahren – **Zugänglichmachungsverordnung**" (ZMV) v. 26.2.2007[8] eigene aber ähnliche Regeln, die entsprechend auf das staatsanwaltschaftliche Ermittlungs- und Vollstreckungs- sowie das behördliche Bußgeldverfahren anzuwenden sind. Die ZMV erfasst Dokumente, die einer blinden oder sehbehinderten Person nach der jeweiligen Verfahrensordnung **zuzustellen** oder **formlos bekannt zu machen** sind. Nach § 4 Abs. 2 Satz 2 ZMV haben Gerichte, Staatsanwaltschaften und Bußgeldbehörden diese Personen auf ihr Recht hinzuweisen, das Dokument in von ihnen wahrnehmbarer Form zu erhalten. Geschieht das nicht und versäumt der Berechtigte deshalb eine Frist, ist Wiedereinsetzung zu gewähren.[9] Ist der blinde oder sehbehinderte Mensch anwaltlich vertreten, hat er Anspruch auf barrierefreien Zugang nur, wenn der Streitstoff nicht so übersichtlich ist, dass er vom Anwalt vermittelt werden kann.[10]

§ 11 BGG Verständlichkeit und Leichte Sprache

(1) ¹Träger öffentlicher Gewalt sollen mit Menschen mit geistigen Behinderungen und Menschen mit seelischen Behinderungen in einfacher und verständlicher Sprache kommunizieren. ²Auf Verlangen sollen sie ihnen insbesondere Bescheide, Allgemeinverfügungen, öffentlich-rechtliche Verträge und Vordrucke in einfacher und verständlicher Weise erläutern.

(2) Ist die Erläuterung nach Absatz 1 nicht ausreichend, sollen Träger öffentlicher Gewalt auf Verlangen Menschen mit geistigen Behinderungen und Menschen mit seelischen Behinderungen Bescheide, Allgemeinverfügungen, öffentlich-rechtliche Verträge und Vordrucke in Leichter Sprache erläutern.

(3) ¹Kosten für Erläuterungen im notwendigen Umfang nach Absatz 1 oder 2 sind von dem zuständigen Träger öffentlicher Gewalt zu tragen. ²Der notwendige Umfang bestimmt sich nach dem individuellen Bedarf des Berechtigten.

(4) ¹Träger öffentlicher Gewalt sollen Informationen vermehrt in Leichter Sprache bereitstellen. ²Die Bundesregierung wirkt darauf hin, dass die Träger öffentlicher Gewalt die Leichte Sprache stärker einsetzen und ihre Kompetenzen für das Verfassen von Texten in Leichter Sprache auf- und ausgebaut werden.

Geltende Fassung: Die Vorschrift wurde mit Wirkung vom 27.7.2016 durch Art. 1 G zur Weiterentwicklung des Behindertengleichstellungsrechts v. 19.7.2016[1] als neuer § 11 eingeführt. Die nähere Bezeichnung der Träger öffentlicher Gewalt in den Abs. 1 Satz 1, Abs. 2 Satz 1, Abs. 3 Satz 1 sowie Abs. 4 Sätze 1 und 2 ist durch die Legaldefinition in § 1 Abs. 1a entbehrlich und deshalb durch das Änderungsgesetz v. 10.7.2018[2] gestrichen worden.

---

8 BGBl. I 215; geändert durch Art. 20 G v. 10.10.2013, BGBl. I 3786.
9 BSG 3.3.2009 – B 1 KR 69/08 B, SozR 4-1500 § 160a Nr. 23.
10 BGH 10.1.2013 – I ZB 70/12, MDR 2013, 1011.
1 BGBl. I 1757.
2 Gesetz zur Verlängerung befristeter Regelungen im Arbeitsförderungsrecht und zur Umsetzung der Richtlinie (EU) 2016/2102 über den barrierefreien Zugang zu den Websites und mobilen Anwendungen öffentlicher Stellen, BGBl. I 1117.

2 **Regelungsgehalt:** Wie bei Menschen mit Hör- und Sprachbehinderungen soll die Verwaltung sich auch gegenüber Menschen mit geistigen Behinderungen verständlich ausdrücken. Das geschieht in der besonderen Kommunikationsform „Leichte Sprache", in der informiert und auf deren Verbreitung hingewirkt werden soll.

3 Schon dem gemeinen Bürger ist „Behördendeutsch" weithin kaum oder nur schwer verständlich. Anregungen und Appelle zu einfacher, klarer Ausdrucksweise fruchten wenig.[3] Deshalb mutet das Vorhaben, unter öffentlich Bediensteten und Menschen mit geistigen Behinderungen verstärkt in Leichter Sprache zu kommunizieren, reichlich ambitioniert an. Leichte Sprache ist zwar in der BITV 2.0 rechtlich bereits verankert.[4] Der Gesetzgeber überlässt es aber den Trägern öffentlicher Gewalt, wie sie Texte in Leichter Sprache erstellen,[5] und hat das wichtige Feld mündlicher Verwaltungsäußerungen erst seit 2018 im Blick.

4 Die nach Art. 2 G. zur Weiterentwicklung des Behindertengleichstellungsrechts v. 19.7.2016 ab 1.1.2018 geltende Fassung[6] des § 11 unterscheidet zwischen einfacher und verständlicher Sprache („einfache Sprache") in Abs. 1 und Leichter Sprache in Abs. 2. In Form einer Soll-Vorschrift werden Träger öffentlicher Gewalt im Sinne des § 1 Abs. 2 Satz 1 zunächst verpflichtet, gegenüber Menschen mit geistiger Behinderung das zu tun, was sich gegenüber jedermann von selbst verstehen sollte: in einfacher und verständlicher Sprache zu kommunizieren und auf Verlangen in eben dieser Weise Verwaltungsakte, öffentlich rechtliche Verträge und Vordrucke zu erläutern. Reicht das nach dem Grad geistiger Behinderung des Adressaten nicht aus, steigern sich diese Verpflichtungen zum Gebrauch Leichter Sprache.

Abschnitt 2 a Barierefreie Informationstechnik öffentlicher Stellen des Bundes

§ 12 BGG Öffentliche Stellen des Bundes

[1]Öffentliche Stellen des Bundes sind
1. die Träger öffentlicher Gewalt,
2. sonstige Einrichtungen des öffentlichen Rechts, die als juristische Personen des öffentlichen oder des privaten Rechts zu dem besonderen Zweck gegründet worden sind, im Allgemeininteresse liegende Aufgaben nicht gewerblicher Art zu erfüllen, wenn sie
    a) überwiegend vom Bund finanziert werden,
    b) hinsichtlich ihrer Leitung oder Aufsicht dem Bund unterstehen oder
    c) ein Verwaltungs-, Leitungs- oder Aufsichtsorgan haben, das mehrheitlich aus Mitgliedern besteht, die durch den Bund ernannt worden sind,
    und
3. Vereinigungen, an denen mindestens eine öffentliche Stelle nach Nummer 1 oder Nummer 2 beteiligt ist, wenn

---

3 Vgl. das Schulungsangebot der Bundesakademie für öffentliche Verwaltung „Verständliches Schreiben – Mehr Erfolg durch gute Texte", „Bürgernahe Verwaltungssprache und Bescheidtechnik" sowie „Leichte Sprache in der Verwaltung – Barrierefreie Texte schreiben".
4 Barrierefreie-Informationstechnik-Verordnung v. 12.9.2011, idF v. 21.5.2019 (BGBl. I 738).
5 BT-Drs. 18/7824, 22.
6 BGBl. I 1759.

a) die Vereinigung überwiegend vom Bund finanziert wird,
b) die Vereinigung über den Bereich eines Landes hinaus tätig wird,
c) dem Bund die absolute Mehrheit der Anteile an der Vereinigung gehört oder
d) dem Bund die absolute Mehrheit der Stimmen an der Vereinigung zusteht.

²Eine überwiegende Finanzierung durch den Bund wird angenommen, wenn er mehr als 50 Prozent der Gesamtheit der Mittel aufbringt.

Geltende Fassung: Die Vorschrift wurde durch G. v. 10.7.2018[1] eingeführt. Sie hat § 12 aF (Barrierefreie Informationstechnik) – jetzt § 12 a – verdrängt. 1

Regelungsinhalt: Nach den Vorgaben europäischen Gemeinschaftsrechts[2] wird der Anwendungsbereich von Vorschriften über barrierefreie Informationstechnik legaldefiniert. Er geht weit über die nach § 12 aF allein erfassten Träger öffentlicher Gewalt (jetzt Nr. 1) hinaus. Einbezogen sind Träger öffentlicher Stellen; außerdem Verbände und Vereinigungen, vorausgesetzt, sie gehen nach einem der in Nr. 2 Buchst. a, b oder c genannten Merkmale aus staatlichen, regionalen oder lokalen Behörden oder Einrichtungen des öffentlichen Rechts hervor und bieten Dienste an, die im allgemeinen öffentlichen Interesse liegen. Nr. 3 grenzt den Anwendungsbereich für Vereinigungen unter Beteiligung öffentlicher Stellen nach Nummer 1 und Nummer 2 ab. Diese Abgrenzung des Adressatenkreises wird insbesondere in Fällen bedeutsam, in denen an Vereinigungen Bund und Länder beteiligt sind. 2

§ 12 a BGG Barrierefreie Informationstechnik

(1) ¹Öffentliche Stellen des Bundes gestalten ihre Websites und mobilen Anwendungen, einschließlich der für die Beschäftigten bestimmten Angebote im Intranet, barrierefrei. ²Schrittweise, spätestens bis zum 23. Juni 2021, gestalten sie ihre elektronisch unterstützten Verwaltungsabläufe, einschließlich ihrer Verfahren zur elektronischen Vorgangsbearbeitung und elektronischen Aktenführung, barrierefrei. ³Die grafischen Programmoberflächen sind von der barrierefreien Gestaltung umfasst.
(2) ¹Die barrierefreie Gestaltung erfolgt nach Maßgabe der aufgrund des § 12 d zu erlassenden Verordnung. ²Soweit diese Verordnung keine Vorgaben enthält, erfolgt die barrierefreie Gestaltung nach den anerkannten Regeln der Technik.
(3) Insbesondere bei Neuanschaffungen, Erweiterungen und Überarbeitungen ist die barrierefreie Gestaltung bereits bei der Planung, Entwicklung, Ausschreibung und Beschaffung zu berücksichtigen.
(4) Unberührt bleiben die Regelungen zur behinderungsgerechten Einrichtung und Unterhaltung der Arbeitsstätten zugunsten von Menschen mit Behinderungen in anderen Rechtsvorschriften, insbesondere im Neunten Buch Sozialgesetzbuch.
(5) Die Pflichten aus Abschnitt 2 a gelten nicht für Websites und mobile Anwendungen jener öffentlichen Stellen des Bundes nach § 12 Satz 1 Nummer 2

---

1 Gesetz zur Verlängerung befristeter Regelungen im Arbeitsförderungsrecht und zur Umsetzung der Richtlinie (EU) 2016/2102 über den barrierefreien Zugang zu den Websites und mobilen Anwendungen öffentlicher Stellen, BGBl. I 1117.
2 Richtlinie (EU) 2016/2102 des Europäischen Parlaments und des Rates vom 26.10.2016 über den barrierefreien Zugang zu den Websites und mobilen Anwendungen öffentlicher Stellen (Abl. L 327 v. 2.12.2016, 1).

und 3, die keine für die Öffentlichkeit wesentlichen Dienstleistungen oder speziell auf die Bedürfnisse von Menschen mit Behinderungen ausgerichtete oder für diese konzipierte Dienstleistungen anbieten.

(6) Von der barrierefreien Gestaltung können öffentliche Stellen des Bundes ausnahmsweise absehen, soweit sie durch eine barrierefreie Gestaltung unverhältnismäßig belastet würden.

(7) Der Bund wirkt darauf hin, dass gewerbsmäßige Anbieter von Websites sowie von grafischen Programmoberflächen und mobilen Anwendungen, die mit Mitteln der Informationstechnik dargestellt werden, aufgrund von Zielvereinbarungen nach § 5 Absatz 2 ihre Produkte so gestalten, dass sie barrierefrei genutzt werden können.

(8) Angebote öffentlicher Stellen im Internet, die auf Websites Dritter veröffentlicht werden, sind soweit möglich barrierefrei zu gestalten.

1 **Geltende Fassung:** Die Vorschrift wurde mit Wirkung vom 14.7.2018 durch G. v. 10.7.2018[1] anstelle des § 12 zuvor geltender Fassung eingeführt.

2 **Regelungsgehalt:** Nach Abs. 1 Satz 1 werden die bisher unterschiedlichen Regelungen für Internet und Intranet öffentlicher Stellen des Bundes einander angeglichen. **Abs. 1 Satz 2** verpflichtet außerdem zur schrittweisen, jetzt aber unaufschiebbaren barrierefreien Gestaltung aller vom Anwendungsbereich umfassten Webinhalte innerhalb der in der Richtlinie (EU) 2016/2102[2] festgelegten Umsetzungsfrist. **Abs. 2** verweist wegen der zur barrierefreien Gestaltung zu befolgenden Pflichten im Einzelnen und der einzuhaltenden Standards auf die BITV.[3] Die für Träger öffentlicher Gewalt nicht geltende, richtlinienkonforme[4] Ausnahmeregelung des **Abs. 5** befreit bei unverhältnismäßiger Belastung von der Pflicht zu barrierefreier Gestaltung. Die weitere Ausnahmeregelung des **Abs. 6** gilt für alle öffentlichen Stellen des Bundes unter Einschluss der Träger öffentlicher Gewalt. Danach kann bei unverhältnismäßiger Belastung[5] von barrierefreier Gestaltung abgesehen werden. Nach **Abs. 7** hat die Bundesregierung darauf hinzuwirken, dass gewerbsmäßige Anbieter von Websites Zielvereinbarungen zur barrierefreien Nutzung ihrer Angebote und Produkte abschließen.

§ 12 b BGG Erklärung zur Barrierefreiheit

(1) Die öffentlichen Stellen des Bundes veröffentlichen eine Erklärung zur Barrierefreiheit ihrer Websites oder mobilen Anwendungen.

(2) Die Erklärung zur Barrierefreiheit enthält

1. für den Fall, dass ausnahmsweise keine vollständige barrierefreie Gestaltung erfolgt ist,

---

1 Gesetz zur Verlängerung befristeter Regelungen im Arbeitsförderungsrecht und zur Umsetzung der Richtlinie (EU) 2016/2102 über den barrierefreien Zugang zu den Websites und mobilen Anwendungen öffentlicher Stellen, BGBl. I 1117.
2 Richtlinie (EU) 2016/2102 des Europäischen Parlaments und des Rates vom 26.10.2016 über den barrierefreien Zugang zu den Websites und mobilen Anwendungen öffentlicher Stellen (Abl. L 327 v. 2.12.2016, 1).
3 Barrierefreie-Informationstechnik-Verordnung 2.0 v. 12.9.2011, BGBl. I 1843; zuletzt geändert durch Art. 1 VO v. 21.5.2019, BGBl. I 738; vgl. dazu die Begründung der Änderungs-VO, bekanntgemacht vom BMAS, BAnz AT 29.5.2019 B1.
4 Art. 1 Abs. 3 Buchst. b Richtlinie (EU) 2016/2102.
5 Vgl. dazu Art. 5 Richtlinie (EU) 2016/2102.

a) die Benennung der Teile des Inhalts, die nicht vollständig barrierefrei gestaltet sind,
b) die Gründe für die nicht barrierefreie Gestaltung sowie
c) gegebenenfalls einen Hinweis auf barrierefrei gestaltete Alternativen,
2. eine unmittelbar zugängliche barrierefrei gestaltete Möglichkeit, elektronisch Kontakt aufzunehmen, um noch bestehende Barrieren mitzuteilen und um Informationen zur Umsetzung der Barrierefreiheit zu erfragen,
3. einen Hinweis auf das Schlichtungsverfahren nach § 16, der
a) die Möglichkeit, ein solches Schlichtungsverfahren durchzuführen, erläutert und
b) die Verlinkung zur Schlichtungsstelle enthält.
(3) Zu veröffentlichen ist die Erklärung zur Barrierefreiheit
1. auf Websites öffentlicher Stellen des Bundes, die nicht vor dem 23. September 2018 veröffentlicht wurden: ab dem 23. September 2019,
2. auf Websites öffentlicher Stellen des Bundes, die nicht unter Nummer 1 fallen: ab dem 23. September 2020,
3. auf mobilen Anwendungen öffentlicher Stellen des Bundes: ab dem 23. Juni 2021.
(4) Die öffentliche Stelle des Bundes antwortet auf Mitteilungen oder Anfragen, die ihr aufgrund der Erklärung zur Barrierefreiheit übermittelt werden, spätestens innerhalb eines Monats.

Geltende Fassung: Die Vorschrift wurde mit Wirkung vom 14.7.2018 durch G. v. 10.7.2018[1] eingefügt.

Regelungsgehalt: Die Regelung setzt eine Vorgabe aus Art. 7 der Richtlinie (EU) 2016/2102 um. Danach ist eine Erklärung zur Barrierefreiheit für alle Websites und mobilen Anwendungen bereitzustellen, die auf einen Feedbackmechanismus sowie auf das Durchsetzungsverfahren nach Art. 9 der Richtlinie verlinkt. Die in **Abs. 2 Nr. 1** vorgeschriebene Erklärung zur Inanspruchnahme der Ausnahmeregelung wegen unverhältnismäßiger Belastung ergibt sich aus Art. 5 Abs. 4 der Richtlinie (EU) 2016/2102.

§ 12 c BGG Berichterstattung über den Stand der Barrierefreiheit

(1) [1]Die obersten Bundesbehörden erstatten alle drei Jahre, erstmals zum 30. Juni 2021, der Überwachungsstelle des Bundes für Barrierefreiheit von Informationstechnik (§ 13 Absatz 3) Bericht über den Stand der Barrierefreiheit
1. der Websites und mobilen Anwendungen, einschließlich der Intranetangebote, der obersten Bundesbehörden,
2. der elektronisch unterstützten Verwaltungsabläufe.
[2]Sie erstellen verbindliche und überprüfbare Maßnahmen- und Zeitpläne zum weiteren Abbau von Barrieren ihrer Informationstechnik.
(2) [1]Die Länder erstatten alle drei Jahre, erstmals zum 30. Juni 2021, der Überwachungsstelle des Bundes für Barrierefreiheit von Informationstechnik (§ 13 Absatz 3) Bericht über den Stand der Barrierefreiheit
1. der Websites der öffentlichen Stellen der Länder und
2. der mobilen Anwendungen der öffentlichen Stellen der Länder.

---

1 Gesetz zur Verlängerung befristeter Regelungen im Arbeitsförderungsrecht und zur Umsetzung der Richtlinie (EU) 2016/2102 über den barrierefreien Zugang zu den Websites und mobilen Anwendungen öffentlicher Stellen, BGBl. I 1117.

²Zu berichten ist insbesondere über die Ergebnisse ihrer Überwachung nach Artikel 8 Absatz 1 bis 3 der Richtlinie (EU) 2016/2102. ³Art und Form des Berichts richten sich nach den Anforderungen, die auf der Grundlage des Artikels 8 Absatz 6 der Richtlinie (EU) 2016/2102 festgelegt werden.

1 **Geltende Fassung:** Die Vorschrift wurde mit Wirkung vom 14.7.2018 durch G. v. 10.7.2018[1] eingefügt.
2 **Regelungsgehalt:** Mit **Abs. 1** wird die bisherige Regelung zur Berichterstattung über den Stand der Barrierefreiheit der Informationsangebote und Verwaltungsabläufe nach § 12 Abs. 2 Satz 5 an Art. 8 Abs. 4 der Richtlinie (EU) 2016/2102 angepasst, wonach periodisch über die Ergebnisse der Überwachung gemäß Art. 8 Abs. 1 zu berichten ist, und zwar ab dem 23.12.2021 und danach alle drei Jahre. Die Regelung in **Abs. 2** zur Berichterstattung der Länder an den Bund soll eine einheitliche Berichterstattung der Bundesrepublik Deutschland an die Kommission sicherstellen. Die Länder setzen die Richtlinie im Rahmen ihrer Zuständigkeit eigenständig um, überwachen ihre öffentlichen Stellen damit in eigener Zuständigkeit.

§ 12 d BGG Verordnungsermächtigung

Das Bundesministerium für Arbeit und Soziales wird ermächtigt durch Rechtsverordnung, die nicht der Zustimmung des Bundesrates bedarf, Bestimmungen zu erlassen über
1. diejenigen Websites und mobilen Anwendungen sowie Inhalte von Websites und mobilen Anwendungen, auf die sich der Geltungsbereich der Verordnung bezieht,
2. die technischen Standards, die öffentliche Stellen des Bundes bei der barrierefreien Gestaltung anzuwenden haben, und den Zeitpunkt, ab dem diese Standards anzuwenden sind,
3. die Bereiche und Arten amtlicher Informationen, die barrierefrei zu gestalten sind,
4. die konkreten Anforderungen der Erklärung zur Barrierefreiheit,
5. die konkreten Anforderungen der Berichterstattung über den Stand der Barrierefreiheit und
6. die Einzelheiten des Überwachungsverfahrens nach § 13 Absatz 3 Satz 2 Nummer 1.

1 **Geltende Fassung:** Die Vorschrift wurde mit Wirkung vom 14.7.2018 durch G. v. 10.7.2018[1] eingeführt.
2 **Regelungsgehalt:** Die bisher in § 12 Abs. 1 Satz 2 aF enthaltene Verordnungsermächtigung wird um ihren nicht richtlinienkonformen Teil, die Verordnung nur auf bestimmte Gruppen von Menschen mit Behinderungen zu beziehen, bereinigt. Geregelt wird ferner die Befugnis, den Geltungsbereich der Barrierefreiheitsanforderungen zu bestimmen, soweit die Richtlinie Ausnahmen für bestimmte Websites und mobile Anwendungen sowie für bestimmte Inhalte enthält (beispielsweise für bestimmte Reproduktionen von Stücken aus Kulturer-

---

1 Gesetz zur Verlängerung befristeter Regelungen im Arbeitsförderungsrecht und zur Umsetzung der Richtlinie (EU) 2016/2102 über den barrierefreien Zugang zu den Websites und mobilen Anwendungen öffentlicher Stellen, BGBl. I 1117.
1 Gesetz zur Verlängerung befristeter Regelungen im Arbeitsförderungsrecht und zur Umsetzung der Richtlinie (EU) 2016/2102 über den barrierefreien Zugang zu den Websites und mobilen Anwendungen öffentlicher Stellen, BGBl. I 1117.

besammlungen oder bestimmte Archivinhalte). Ermächtigt wird schließlich zu Bestimmungen in neu zu regelnden Bereichen (Erklärung zur Barrierefreiheit, Überwachungsverfahren und Berichterstattung).
Von der Verordnungsermächtigung hat das BMAS mit der BITV 2.0 Gebrauch gemacht.[2]

Abschnitt 2 b Assistenzhunde

§ 12 e Menschen mit Behinderungen in Begleitung durch Assistenzhunde

(1) [1]Träger öffentlicher Gewalt sowie Eigentümer, Besitzer und Betreiber von beweglichen oder unbeweglichen Anlagen und Einrichtungen dürfen Menschen mit Behinderungen in Begleitung durch ihren Assistenzhund den Zutritt zu ihren typischerweise für den allgemeinen Publikums- und Benutzungsverkehr zugänglichen Anlagen und Einrichtungen nicht wegen der Begleitung durch ihren Assistenzhund verweigern, soweit nicht der Zutritt mit Assistenzhund eine unverhältnismäßige oder unbillige Belastung darstellen würde. [2]Weitergehende Rechte von Menschen mit Behinderungen bleiben unberührt.

(2) Eine nach Absatz 1 unberechtigte Verweigerung durch Träger öffentlicher Gewalt gilt als Benachteiligung im Sinne von § 7 Absatz 1.

(3) [1]Ein Assistenzhund ist ein unter Beachtung des Tierschutzes und des individuellen Bedarfs eines Menschen mit Behinderungen speziell ausgebildeter Hund, der aufgrund seiner Fähigkeiten und erlernten Assistenzleistungen dazu bestimmt ist, diesem Menschen die selbstbestimmte Teilhabe am gesellschaftlichen Leben zu ermöglichen, zu erleichtern oder behinderungsbedingte Nachteile auszugleichen. [2]Dies ist der Fall, wenn der Assistenzhund

1. zusammen mit einem Menschen mit Behinderungen als Mensch-Assistenzhund-Gemeinschaft im Sinne des § 12 g zertifiziert ist oder
2. von einem Träger der gesetzlichen Sozialversicherung, einem Träger nach § 6 des Neunten Buches Sozialgesetzbuch, einem Beihilfeträger, einem Träger der Heilfürsorge oder einem privaten Versicherungsunternehmen als Hilfsmittel zur Teilhabe oder zum Behinderungsausgleich anerkannt ist oder
3. im Ausland als Assistenzhund anerkannt ist und dessen Ausbildung den Anforderungen des § 12 f Satz 2 entspricht oder
4. zusammen mit einem Menschen mit Behinderungen als Mensch-Assistenzhund-Gemeinschaft vor dem 1. Juli 2021
   a) in einer den Anforderungen des § 12 f Satz 2 entsprechenden Weise ausgebildet und entsprechend § 12 g Satz 2 erfolgreich geprüft wurde oder
   b) sich in einer den Anforderungen des § 12 f Satz 2 entsprechenden Ausbildung befunden hat und innerhalb von zwölf Monaten nach dem 1. Juli 2021 diese Ausbildung beendet und mit einer § 12 g Satz 2 entsprechenden Prüfung erfolgreich abgeschlossen hat.

(4) Ein Assistenzhund ist als solcher zu kennzeichnen.

(5) Für den Assistenzhund ist eine Haftpflichtversicherung zur Deckung der durch ihn verursachten Personenschäden, Sachschäden und sonstigen Vermögensschäden abzuschließen und aufrechtzuerhalten.

---

2 Barrierefreie-Informationstechnik-Verordnung 2.0 v. 12.9.2011, BGBl. I 1843; zuletzt geändert durch Art. 1 VO v. 21.5.2019, BGBl. I 738; vgl. dazu die Begründung der Änderungs-VO, bekanntgemacht vom BMAS, BAnz AT 29.5.2019 B1.

(6) Für Blindenführhunde und andere Assistenzhunde, die als Hilfsmittel im Sinne des § 33 des Fünften Buches Sozialgesetzbuch gewährt werden, finden die §§ 12 f bis 12 k und die Vorgaben einer Rechtsverordnung nach § 12 l Nummer 1, 2 und 4 bis 6 dieses Gesetzes keine Anwendung.

§ 12 f Ausbildung von Assistenzhunden

[1]Assistenzhund und die Gemeinschaft von Mensch und Tier (Mensch-Assistenzhund-Gemeinschaft) bedürfen einer geeigneten Ausbildung durch eine oder begleitet von einer Ausbildungsstätte für Assistenzhunde (§ 12 i). [2]Gegenstand der Ausbildung sind insbesondere die Schulung des Sozial- und Umweltverhaltens sowie des Gehorsams des Hundes, grundlegende und spezifische Hilfeleistungen des Hundes, das langfristige Funktionieren der Mensch-Assistenzhund-Gemeinschaft sowie die Vermittlung der notwendigen Kenntnisse und Fähigkeiten an den Halter, insbesondere im Hinblick auf die artgerechte Haltung des Assistenzhundes. [3]Aufgabe der Ausbildungsstätte ist dabei nicht nur das Bereitstellen eines Assistenzhundes, sondern nach Abschluss der Ausbildung bei Bedarf auch die nachhaltige Unterstützung des Assistenzhundehalters.

§ 12 g Prüfung von Assistenzhunden und der Mensch-Assistenzhund-Gemeinschaft

[1]Der Abschluss der Ausbildung des Hundes und der Mensch-Assistenzhund-Gemeinschaft nach § 12 f erfolgt durch eine Prüfung. [2]Die Prüfung dient dazu, die Eignung als Assistenzhund und die Zusammenarbeit der Mensch-Assistenzhund-Gemeinschaft nachzuweisen. [3]Die bestandene Prüfung ist durch ein Zertifikat eines Prüfers im Sinne von § 12 j Absatz 2 zu bescheinigen.

§ 12 h Haltung von Assistenzhunden

(1) [1]Der Halter eines Assistenzhundes ist zur artgerechten Haltung des Assistenzhundes verpflichtet. [2]Die Anforderungen des Tierschutzgesetzes in der Fassung der Bekanntmachung vom 18. Mai 2006 (BGBl. I S. 1206, 1313), das zuletzt durch Artikel 280 der Verordnung vom 19. Juni 2020 (BGBl. I S. 1328) geändert worden ist, in der jeweils geltenden Fassung sowie der Tierschutz-Hundeverordnung vom 2. Mai 2001 (BGBl. I S. 838), die zuletzt durch Artikel 3 der Verordnung vom 12. Dezember 2013 (BGBl. I S. 4145) geändert worden ist, in der jeweils geltenden Fassung, bleiben unberührt.
(2) [1]Soweit aufgrund der Art der Behinderung oder des Alters des Menschen mit Behinderungen die artgerechte Haltung des Assistenzhundes in der Mensch-Assistenzhund-Gemeinschaft nicht sichergestellt ist, ist die Versorgung des Assistenzhundes durch eine weitere Bezugsperson sicherzustellen. [2]In diesem Fall gilt diese Bezugsperson als Halter des Assistenzhundes.

§ 12 i Zulassung einer Ausbildungsstätte für Assistenzhunde

[1]Eine Ausbildungsstätte, die Assistenzhunde nach § 12 f ausbildet, bedarf der Zulassung durch eine fachliche Stelle. [2]Die Zulassung ist jährlich durch die fachliche Stelle zu überprüfen. [3]Eine Ausbildungsstätte für Assistenzhunde ist auf Antrag zuzulassen, wenn sie

1. über eine Erlaubnis nach § 11 Absatz 1 Satz 1 Nummer 8 Buchstabe f des Tierschutzgesetzes verfügt oder, soweit eine solche Erlaubnis nicht erforderlich ist, wenn die verantwortliche Person der Ausbildungsstätte die erforderlichen Kenntnisse und Fähigkeiten besitzt,
2. über die erforderliche Sachkunde verfügt, die eine erfolgreiche Ausbildung von Assistenzhunden sowie der Mensch-Assistenzhund-Gemeinschaft erwarten lässt, und
3. die Anforderungen der Verordnung gemäß § 12 l erfüllt und ein System zur Qualitätssicherung anwendet.

[4]Der Antrag muss alle Angaben und Nachweise erhalten, die erforderlich sind, um das Vorliegen der Voraussetzungen nach Satz 2 festzustellen. [5]Das Zulassungsverfahren folgt dem Verfahren nach DIN EN ISO/IEC 17065:2013[1]1. [6]Die Zulassung einer Ausbildungsstätte ist jeweils auf längstens fünf Jahre zu befristen. [7]Die fachliche Stelle bescheinigt die Kompetenz und Leistungsfähigkeit der Ausbildungsstätte durch ein Zulassungszertifikat.

§ 12 j Fachliche Stelle und Prüfer

(1) [1]Als fachliche Stelle dürfen nur Zertifizierungsstellen für Produkte, Prozesse und Dienstleistungen nach DIN EN ISO/IEC 17065:2013 tätig werden, die von einer nationalen Akkreditierungsstelle im Sinne der Verordnung (EG) Nr. 765/2008 des Europäischen Parlaments und des Rates vom 9. Juli 2008 über die Vorschriften für die Akkreditierung und Marktüberwachung im Zusammenhang mit der Vermarktung von Produkten und zur Aufhebung der Verordnung (EWG) Nr. 339/93 des Rates (ABl. L 218 vom 13.8.2008, S. 30), die durch die Verordnung (EU) 2019/1020 (ABl. L 169 vom 25.6.2019, S. 1) geändert worden ist, in der jeweils geltenden Fassung akkreditiert worden sind. [2]Die Akkreditierung ist jeweils auf längstens fünf Jahre zu befristen. [3]Das Bundesministerium für Arbeit und Soziales übt im Anwendungsbereich dieses Gesetzes die Aufsicht über die nationale Akkreditierungsstelle aus.

(2) [1]Als Prüfer dürfen nur Stellen, die Personen zertifizieren, nach DIN EN ISO/IEC 17024:2012[1]2 tätig werden, die von einer nationalen Akkreditierungsstelle im Sinne der Verordnung (EG) Nr. 765/2008 in der jeweils geltenden Fassung akkreditiert worden sind. [2]Die Akkreditierung ist jeweils auf längstens fünf Jahre zu befristen. [3]Ist der Prüfer zugleich als Ausbildungsstätte im Sinne von § 12 i tätig, kann die Akkreditierung erteilt werden, wenn die Unabhängigkeitsanforderungen durch interne organisatorische Trennung und die Anforderungen gemäß Nummer 5.2.3 der DIN EN ISO/IEC 17024:2012 erfüllt werden. [4]Die näheren Anforderungen an das Akkreditierungsverfahren ergeben sich aus der Verordnung gemäß § 12 l.

§ 12 k Studie zur Untersuchung

[1]Das Bundesministerium für Arbeit und Soziales untersucht die Umsetzung und die Auswirkungen der §§ 12 e bis 12 l in den Jahren 2021 bis 2024. [2]Im Rah-

---

1 Amtlicher Hinweis: Die bezeichnete technische Norm ist zu beziehen bei der Beuth Verlag GmbH, 10772 Berlin und in der Deutschen Nationalbibliothek archivmäßig gesichert, niedergelegt und einsehbar.
1 Amtlicher Hinweis: Die in § 12 j Absatz 2 bezeichneten technischen Normen sind zu beziehen bei der Beuth Verlag GmbH, 10772 Berlin und in der Deutschen Nationalbibliothek archivmäßig gesichert, niedergelegt und einsehbar.

men dieser Studie können Ausgaben wie beispielsweise die Anschaffungs-, Ausbildungs- und Haltungskosten der in die Studie einbezogenen Mensch-Assistenzhund-Gemeinschaften getragen werden.

§ 12 l Verordnungsermächtigung

Das Bundesministerium für Arbeit und Soziales wird ermächtigt, im Einvernehmen mit dem Bundesministerium für Ernährung und Landwirtschaft durch Rechtsverordnung, die nicht der Zustimmung des Bundesrates bedarf, Folgendes zu regeln:
1. Näheres über die erforderliche Beschaffenheit des Assistenzhundes, insbesondere Wesensmerkmale, Alter und Gesundheit des auszubildenden Hundes sowie über die vom Assistenzhund zu erbringenden Unterstützungsleistungen,
2. Näheres über die Anerkennung von am 1. Juli 2021 in Ausbildung befindlichen oder bereits ausgebildeten Assistenzhunden sowie von im Ausland anerkannten Assistenzhunden einschließlich des Verfahrens,
3. Näheres über die erforderliche Kennzeichnung des Assistenzhundes sowie zum Umfang des notwendigen Versicherungsschutzes,
4. Näheres über den Inhalt der Ausbildung nach § 12 f und der Prüfung nach § 12 g sowie über die Zulassung als Prüfer jeweils einschließlich des Verfahrens sowie des zu erteilenden Zertifikats,
5. Näheres über die Voraussetzungen für die Akkreditierung als fachliche Stelle einschließlich des Verfahrens,
6. nähere Voraussetzungen für die Zulassung als Ausbildungsstätte für Assistenzhunde einschließlich des Verfahrens.

1 **Geltende Fassung:** Den gesamten Abschnitt 2 b hat das Teilhabestärkungsgesetz eingeführt.[1]
2 **Regelungsgehalt:** § 12 e Abs. 1 verbietet es, Menschen mit Behinderungen im persönlichen und sachlichen Anwendungsbereich der Vorschrift den Zutritt zu verweigern, weil sie von einem Assistenzhund begleitet werden. **Abs. 2** stellt klar, dass es sich bei unberechtigten Zutrittsverboten von Trägern öffentlicher Gewalt um Benachteiligungen iSd § 7 Abs. 1 handelt. **Abs. 3** definiert den Begriff des Assistenzhundes und legt detailliert die Kriterien fest, denen er und der menschliche Partner der Mensch-Assistenzhund-Gemeinschaft genügen müssen. **Abs. 4** verpflichtet zur Kennzeichnung von Assistenzhunden. **Abs. 5** führt eine Hunde-Haftpflichtversicherung ein. **Abs. 6** nimmt Blindenführhunde und andere als Hilfsmittel nach § 33 SGB V gewährte Assistenzhunde vom Prüf- und Anforderungsprogramm der §§ 12 f bis 12 k und von der nach § 12 l zu erlassenden Rechtsverordnung – bis auf die Kennzeichnungsregelung nach Ziff. 3 – aus. § 12 f beschreibt Inhalt und Ziel obligatorischer Ausbildung von Assistenzhunden und der Gemeinschaft von Mensch und Tier. § 12 g regelt die Abschlussprüfung von Assistenzhunden und der Mensch-Assistenzhund-Gemeinschaft am Ende ihrer Ausbildung. Dazu beschreibt die Vorschrift Gegenstände und Ziele dieser Prüfung. § 12 h verpflichtet den Halter, seinen Assistenzhund unbeschadet tierschutzrechtlicher Bestimmungen artgerecht zu halten. §§ 12 i und 12 j unterwerfen Ausbildungsstätten für Assistenzhunde einer Zulassungspflicht und beschreiben die Voraussetzungen sowie das Verfahren der Zulassung. Diese wird von einer Fachlichen Stelle nach § 12 j erteilt und jährlich überprüft.

---

1 BT-Drs. 19/27400, 27; BT-Drs. 19/28834, 29 (Ausschussfassung).

§ 12 k sieht eine vom BMAS zu vergebende Studie mit Finanzierungsoption für die Teilnehmer vor. Untersucht werden soll, wie die neu geschaffenen Vorschriften in der Praxis umgesetzt werden und wie sie sich auswirken. § 12 l ermächtigt das BMAS in einer Rechtsverordnung Näheres zu regeln, darunter die Kennzeichnung von Assistenzhunden sowie den Umfang des (Halterhaftpflicht-)Versicherungsschutzes.

Begriff des **Assistenzhundes:** Lange fehlte eine gängige Definition für Hunde, die ähnlich wie Blindenführhunde einem Menschen mit Behinderung Leistungen erbringen und damit dessen behinderungsbedingte Nachteile ausgleichen oder mildern. So sah sich der Gesetzgeber 2005 nicht imstande, das Recht zur unentgeltlichen Beförderung mitgeführter Blindenführhunde auf vergleichbare Aufgaben wahrnehmende „Behindertenbegleithunde" zu erstrecken, weil sich die Aufgaben und Fähigkeiten solcher Hunde nur in sehr verwaltungs- und zeitaufwändig zu schaffenden Bestimmungen beschreiben ließen.[2] Das ist jetzt in § 12 Abs. 3 gelungen. Danach muss ein Assistenzhund bestimmte **Anforderungen** erfüllen: Er soll ein ausgeglichenes Wesen haben, sehr guten Grundgehorsam zeigen, zuverlässiges Sozialverhalten haben und zu spezifischen antrainierten Hilfeleistungen in der Lage sein, mit denen er behinderungsbedingte Nachteile seines Halters ausgleichen kann. Neben dem Blindenführhund als Ahnvater des Assistenzhundes fallen danach alle speziell ausgebildeten Hunde unter den Begriff, die ihrem Halter Hilfeleistungen bei den Verrichtungen des täglichen Lebens erbringen, die dieser behinderungsbedingt ohne Unterstützung nur erschwert, unter gefährdenden Bedingungen oder überhaupt nicht ausführen kann. Damit fördern Assistenzhunde die Eigenständigkeit, Mobilität und Orientierung ihres Halters. Die denkbaren Leistungen sind außerordentlich vielfältig und reichen bis zur Warnung vor Unterzuckerung oder bevorstehenden epileptischen oder Asthmaanfällen.[3]

Ein Hund, der alle diese **materiellen** Anforderungen erfüllt wird **formell** erst dann zum Assistenzhund, wenn er zusammen mit einem Menschen mit Behinderungen als Mensch-Assistenzhund-Gemeinschaft nach § 12 g **zertifiziert** worden ist. Dem steht die Anerkennung des Hundes als Hilfsmittel zur Teilhabe oder zum Behinderungsausgleich gleich; ebenso die ausländische Anerkennung eines Hundes, der entsprechend den Anforderungen des § 12 f Satz 2 ausgebildet worden ist.

Kernstück der §§ 12 e bis 12 l ist das **Zutrittsrecht** von Menschen mit Behinderungen zusammen mit ihrem Assistenzhund. Dafür fehlte bisher eine ausdrückliche gesetzliche Regelung. In Streitfällen mit Hundehaltern war allerdings das Benachteiligungsverbot des Art. 3 Abs. 3 Satz 2 GG zu beachten, das Menschen befähigen soll, ein selbstständiges und selbstbestimmtes Leben zu führen. Zutrittsverbote waren deshalb wegen der **Ausstrahlungswirkung** dieses **Grundrechts** auch auf das Zivilrecht nur zulässig, wenn es zwingende Gründe für einen Ausschluss von Menschen mit Behinderung von Betätigungen gab, die nicht Behinderten offenstehen.[4]

---

2 BT-Drs. 15/4751, 47.
3 Vgl. dazu den Aufgabenkreis des „Signalhundes" nach § 39 a Abs. 6 des – österreichischen – Bundesbehindertengesetzes (BGBl. Nr. 283/1990) und die Beispiele in BT-Drs. 19(11)1022, 4.4.
4 BVerfG 30.1.2020 – 2 BvR 1005/18.

Ein nunmehr **kodifiziertes** Zutrittsrecht haben Menschen mit Behinderung gegenüber Trägern öffentlicher Gewalt (§ 1 Abs. 2)[5] ebenso wie gegenüber natürlichen und juristischen Personen und Personenvereinigungen des Privatrechts. Sie alle gehören zum Kreis der Duldungspflichtigen, soweit sie Eigentümer Besitzer oder Betreiber von beweglichen oder unbeweglichen Anlagen oder Einrichtungen sind, gleichgültig, ob es sich bei ihnen um Unternehmer isd § 14 BGB, um Vereine oder natürliche und juristische Personen ohne Unternehmereigenschaft handelt.

Der **sachliche Anwendungsbereich** erstreckt sich auf Gebäude aller Art und andere unbewegliche Anlagen, wie etwa Sporteinrichtungen, Spiel-, Campingoder Zeltplätze. Zu den beweglichen Anlagen zählen beispielsweise Transportmittel aber auch andere räumlich abgrenzbare Gebilde. Der Zutritt muss nur zu Gebäuden, Anlagen und Einrichtungen geduldet werden, die dem allgemeinen Publikums- und Benutzungsverkehr zugänglich sind. Das ist typischerweise bei Einrichtungen der Träger öffentlicher Gewalt der Fall, wenn sie dem allgemeinen Besucher- und Benutzungsverkehr dienen. Regelmäßig zutreffen wird es auch im Einzelhandel, in der Gastronomie, bei Dienstleistern wie etwa Friseuren, auf Freizeiteinrichtungen, Bibliotheken, Museen, Kinos, Praxen von Ärzten und anderer Erbringer von Gesundheitsleistungen.

5 Zutrittsrecht und Duldungspflicht haben dort ihre **Grenze**, wo der Zutritt mit Assistenzhund einen Verpflichteten oder Dritte unverhältnismäßig oder unbillig belastet. **Unverhältnismäßig** kann die Belastung sein, wenn hygienische Gründe eine Begleitung durch Hunde ausschließen, weil davon Infektions- und Gesundheitsgefahren für andere Menschen ausgehen. Ausgeschlossen wird deshalb der Zutritt jedenfalls zu Risikobereichen von Krankenhäusern sein, etwa zu Intensiv- und Isolierstationen. Ausnahmen sind auch zum Schutz Dritter denkbar, etwa von Hundephobikern und -allergikern. Unverhältnismäßig belasten können auch organisatorische Maßnahmen, die notwendig sind, um einen Zutritt mit Hunden zeitgerecht und gefahrlos sicherzustellen. **Unbillig** wird ein Verpflichteter belastet, wenn ihm, gemessen an seinen persönlichen Verhältnissen, unzumutbare nicht unerhebliche Kosten entstehen oder nicht unerhebliche Einnahmen entgehen. Die **Beweislast** für Einschränkungen des Zutrittsrechts oder dessen Ausschluss trägt der Duldungsverpflichtete.

Abschnitt 3 Bundesfachstelle für Barrierefreiheit

§ 13 BGG Bundesfachstelle für Barrierefreiheit

(1) Bei der Deutschen Rentenversicherung Knappschaft-Bahn-See wird eine Bundesfachstelle für Barrierefreiheit errichtet.

(2) [1]Die Bundesfachstelle für Barrierefreiheit ist zentrale Anlaufstelle zu Fragen der Barrierefreiheit für die Träger öffentlicher Gewalt. [2]Sie berät darüber hinaus auch die übrigen öffentlichen Stellen des Bundes, Wirtschaft, Verbände und Zivilgesellschaft auf Anfrage. [3]Ihre Aufgaben sind:
1. zentrale Anlaufstelle und Erstberatung,
2. Bereitstellung, Bündelung und Weiterentwicklung von unterstützenden Informationen zur Herstellung von Barrierefreiheit,

---

5 Das sind nur Dienststellen und sonstige Einrichtungen der Bundesverwaltung. Die landesrechtlichen Behindertengleichstellungsgesetze kennen noch kein Zutrittsrecht (vgl. BR-Drs. 129/1/21, 9).

3. Unterstützung der Beteiligten bei Zielvereinbarungen nach § 5 im Rahmen der verfügbaren finanziellen und personellen Kapazitäten,
4. Aufbau eines Netzwerks,
5. Begleitung von Forschungsvorhaben zur Verbesserung der Datenlage und zur Herstellung von Barrierefreiheit und
6. Bewusstseinsbildung durch Öffentlichkeitsarbeit.

[4]Ein Expertenkreis, dem mehrheitlich Vertreterinnen und Vertreter der Verbände von Menschen mit Behinderungen angehören, berät die Fachstelle.

(3) [1]Bei der Bundesfachstelle Barrierefreiheit wird eine Überwachungsstelle des Bundes für Barrierefreiheit von Informationstechnik eingerichtet. [2]Ihre Aufgaben sind,
1. periodisch zu überwachen, ob und inwiefern Websites und mobile Anwendungen öffentlicher Stellen des Bundes den Anforderungen an die Barrierefreiheit genügen,
2. die öffentlichen Stellen anlässlich der Prüfergebnisse zu beraten,
3. die Berichte der obersten Bundesbehörden und der Länder auszuwerten,
4. den Bericht der Bundesrepublik Deutschland an die Kommission nach Artikel 8 Absatz 4 bis 6 der Richtlinie (EU) 2016/2102 vorzubereiten und
5. als sachverständige Stelle die Schlichtungsstelle nach § 16 zu unterstützen.

(4) Das Bundesministerium für Arbeit und Soziales führt die Fachaufsicht über die Durchführung der in den Absätzen 2 und 3 genannten Aufgaben.

Geltende Fassung: Die Vorschrift wurde mit Wirkung vom 27.7.2016 durch Art. 1 G zur Weiterentwicklung des Behindertengleichstellungsrechts v. 19.7.2016[1] als neuer § 13 in das BGG eingefügt. Das Änderungsgesetz v. 10.7.2018[2] hat in **Abs. 2 Satz 1** die Wörter „im Sinne des § 1 Absatz 2" und in **Abs. 2 Satz 2** nach dem Wort „auch" die Wörter „die übrigen öffentlichen Stellen des Bundes" gestrichen sowie den **Abs. 3** eingefügt. Der bisherige Abs. 3 wurde Abs. 4; dort heißt es statt „Absatz 2" nunmehr „den Absätzen 1 und 2".

Regelungsgehalt: Die Bundesfachstelle ist zentrale Anlaufstelle zu Fragen der Barrierefreiheit für die mit dem BGG verpflichteten Behörden. In dieser Funktion berät und unterstützt sie die Behörden, ihre Aufgaben in eigener Verantwortung barrierefrei und unter Berücksichtigung der Belange von Menschen mit Behinderungen zu erfüllen. Sie trägt damit aktiv und konkret zur Verbesserung der Barrierefreiheit der öffentlichen Verwaltung bei. Die Fachstelle stellt weiterführende Informationen bereit, kann Forschungsimpulse geben und Forschungsvorhaben der Ressorts begleiten, vermittelt Kontakte zu anderen kompetenten beziehungsweise unterstützenden Stellen und informiert die allgemeine und die Fachöffentlichkeit. Sie arbeitet behinderungsübergreifend und gestaltet ihre Angebote (Informationen, Veranstaltungen etc) barrierefrei. Die Bundesfachstelle informiert und wirbt aktiv für die Gestaltung einer barrierefreien Lebens- und Arbeitswelt in einer älterwerdenden Gesellschaft, unterstützt bei Bedarf und im Rahmen ihrer personellen und finanziellen Kapazitäten die Verhandlungsparteien, die Zielvereinbarungsverhandlungen führen und Vereinbarungen über die konkrete Herstellung von Barrierefreiheit treffen, und steht als Informationsstelle auch Vertreterinnen und Vertretern aus der Politik und der Zivilgesellschaft offen.[3]

---

1 BGBl. I 1757.
2 Gesetz zur Verlängerung befristeter Regelungen im Arbeitsförderungsrecht und zur Umsetzung der Richtlinie (EU) 2016/2102 über den barrierefreien Zugang zu den Websites und mobilen Anwendungen öffentlicher Stellen, BGBl. I 1117.
3 BT-Drs. 18/7824, 22.

3   Abs. 3 nF schafft für die in Art. 8 Abs. 1 und 4 der Richtlinie (EU) 2016/2102[4] vorgesehene periodische Überwachung und Berichterstattung an die Kommission eine Überwachungsstelle bei der Bundesfachstelle Barrierefreiheit. Sie übernimmt die Aufgaben der Überwachung als fachlich von den sonstigen Aufgaben der Bundesfachstelle Barrierefreiheit unabhängige sachverständige Stelle,[5] unterstützt bei Bedarf die Schlichtungsstelle mit Sachverstand und bereitet auf Basis der Prüfergebnissein Zusammenspiel mit den Berichten der obersten Bundesbehörden und der Länder nach § 12 c die Berichterstattung an die Kommission[6] vor.[7]

Abschnitt 4 Rechtsbehelfe

§ 14 BGG Vertretungsbefugnisse in verwaltungs- oder sozialrechtlichen Verfahren

[1]Werden Menschen mit Behinderungen in ihren Rechten aus § 7 Absatz 1, § 8 Absatz 1, § 9 Absatz 1, § 10 Absatz 1 Satz 2 oder § 12 a, soweit die Verpflichtung von Trägern öffentlicher Gewalt zur barrierefreien Gestaltung von Websites und mobilen Anwendungen, die für die Öffentlichkeit bestimmt sind, betroffen ist, verletzt, können an ihrer Stelle und mit ihrem Einverständnis Verbände nach § 15 Absatz 3, die nicht selbst am Verfahren beteiligt sind, Rechtsschutz beantragen; Gleiches gilt bei Verstößen gegen Vorschriften des Bundesrechts, die einen Anspruch auf Herstellung von Barrierefreiheit im Sinne des § 4 oder auf Verwendung von Gebärden oder anderen Kommunikationshilfen im Sinne des § 6 Absatz 3 vorsehen. [2]In diesen Fällen müssen alle Verfahrensvoraussetzungen wie bei einem Rechtsschutzersuchen durch den Menschen mit Behinderung selbst vorliegen.

1   **Geltende Fassung:** Die Vorschrift wurde mit Wirkung vom 1.5.2002 durch Art. 1 des G zur Gleichstellung behinderter Menschen und zur Änderung anderer Gesetze v. 27.4.2002[1] als § 12 eingeführt. Das G. v. 10.7.2018[2] hat in Satz 1 die Wörter „§ 12 Absatz 1" durch die folgende Formulierung ersetzt: „§ 12 a, soweit die Verpflichtung von Trägern öffentlicher Gewalt zur barrierefreien Gestaltung von Websites und mobilen Anwendungen, die für die Öffentlichkeit bestimmt sind, betroffen ist".

2   **Regelungsgehalt:** Die Vorschrift führt nach dem Vorbild des § 85 SGB IX (vgl. die Kommentierung dort) als prozessuales Instrument zur Durchsetzung der Rechte behinderter Menschen aus dem BGG die Klage- und Prozessführungsbefugnis (gesetzliche Prozessstandschaft) nach § 15 Abs. 3 anerkannter Verbände ein. Rechte behinderter Menschen nach dem BGG können die Verbände danach im eigenen Namen nur im verwaltungs- oder sozialgerichtlichen Verfahren und nur mit Einverständnis des Verletzten verfolgen.[3]

---

4   Richtlinie (EU) 2016/2102 des Europäischen Parlaments und des Rates vom 26.10.2016 über den barrierefreien Zugang zu den Websites und mobilen Anwendungen öffentlicher Stellen (ABl. L 327 v. 2.12.2016, 1).
5   Vgl. § 8 Barrierefreie-Informationstechnik-Verordnung v. 21.5.2019 (BGBl. I 738).
6   Vgl. § 9 Barrierefreie-Informationstechnik-Verordnung v. 21.5.2019 (BGBl. I 738).
7   BT-Drs. 19/2072, 22, 31.
1   BGBl. I 1467 (1468).
2   Gesetz zur Verlängerung befristeter Regelungen im Arbeitsförderungsrecht und zur Umsetzung der Richtlinie (EU) 2016/2102 über den barrierefreien Zugang zu den Websites und mobilen Anwendungen öffentlicher Stellen, BGBl. I 1117.
3   Vgl. BayVGH 16.3.2011 – 22 A 09.40041, BayVBl 2011, 608.

Voraussetzungen: Geltend gemacht werden kann nur die Verletzung von **Rech-** 3
ten, die sich **aus dem BGG** ergeben; aus dem Benachteiligungsverbot des § 7,
der Barrierefreiheit in den Bereichen Bau und Verkehr nach § 8, des Rechts auf
Verwendung der Gebärdensprache und anderer Kommunikationsmittel gemäß
§ 9, der in § 10 geregelten Pflicht zur Verwendung blindengerechter Bescheide
und Vordrucke und zur barrierefreien elektronischen Informationstechnik nach
§ 12 a; letztere allerdings unter Ausnahme des Intranet und elektronisch unterstützter Verwaltungsabläufe. Außerdem lassen sich Verstöße gegen bundesrechtliche Vorschriften zur Herstellung der Barrierefreiheit nach § 4 und zur
Verwendung von Gebärdensprache oder anderen geeigneten Kommunikationshilfen verfolgen. Der Mensch mit Behinderung, dessen Rechtsverletzung geltend
gemacht werden soll, braucht nicht Mitglied des klagenden Verbandes zu sein.[4]
Das von einer Vollmacht zu unterscheidende formfreie (vgl.vgl SGB IX § 85
Rn. 12) **Einverständnis** mit der Klage des Verbandes ist dem Gericht gegenüber
durch **schriftliche Erklärung** nachzuweisen; es kann auch zur **Niederschrift** erklärt werden. Der jederzeit mögliche **Widerruf** lässt die Klagebefugnis des Verbandes unmittelbar entfallen (vgl. SGB IX § 85 Rn. 12). Der Verband darf **nicht
selbst** am Prozess **beteiligt** sein, nicht in einer der in § 69 SGG genannten Rollen als Kläger, Beklagter oder Beigeladener und auch nicht als Prozessvertreter
eines anderen Beteiligten.[5] Damit werden mögliche Interessenkollisionen bei
Doppelrolle des Verbandes verhindert. Außerdem muss der **Verband** nach § 15
Abs. 3 anerkannt sein und schließlich müssen alle **Verfahrensvoraussetzungen**
wie bei einer Klage des Menschen mit Behinderung selbst vorliegen, weil der
Verband keine weitergehenden prozessualen Rechte hat als der Vertretene.

§ 15 BGG Verbandsklagerecht

(1) ¹Ein nach Absatz 3 anerkannter Verband kann, ohne in seinen Rechten
verletzt zu sein, Klage nach Maßgabe der Verwaltungsgerichtsordnung oder des
Sozialgerichtsgesetzes erheben auf Feststellung eines Verstoßes gegen
1. das Benachteiligungsverbot für Träger der öffentlichen Gewalt nach § 7 Absatz 1 und die Verpflichtung des Bundes zur Herstellung der Barrierefreiheit in § 8 Absatz 1, § 9 Absatz 1 und § 10 Absatz 1 Satz 2 sowie in § 12 a, soweit die Verpflichtung von Trägern öffentlicher Gewalt zur barrierefreien Gestaltung von Websites und mobilen Anwendungen, die für die Öffentlichkeit bestimmt sind, betroffen ist,
2. die Vorschriften des Bundesrechts zur Herstellung der Barrierefreiheit in § 46 Abs. 1 Satz 3 und 4 der Bundeswahlordnung, § 39 Abs. 1 Satz 3 und 4 der Europawahlordnung, § 43 Abs. 2 Satz 2 der Wahlordnung für die Sozialversicherung, § 17 Abs. 1 Nr. 4 des Ersten Buches Sozialgesetzbuch, § 4 Abs. 1 Nr. 2 a des Gaststättengesetzes, § 3 Nr. 1 Buchstabe d des Gemeindeverkehrsfinanzierungsgesetzes, § 3 Abs. 1 Satz 2 und § 8 Abs. 1 des Bundesfernstraßengesetzes, § 8 Abs. 3 Satz 3 und 4 sowie § 13 Abs. 2 a des Personenbeförderungsgesetzes, § 2 Abs. 3 der Eisenbahn-Bau- und Betriebsordnung, § 3 Abs. 5 Satz 1 der Straßenbahn-Bau- und Betriebsordnung, §§ 19 d und 20 b des Luftverkehrsgesetzes oder
3. die Vorschriften des Bundesrechts zur Verwendung von Gebärdensprache oder anderer geeigneter Kommunikationshilfen in § 17 Abs. 2 des Ersten

---

[4] *Köhler* ZfSH/SGB 2010, 19 (25).
[5] *Köhler* ZfSH/SGB 2010, 19 (24).

Buches Sozialgesetzbuch, § 82 des Neunten Buches Sozialgesetzbuch und § 19 Abs. 1 Satz 2 des Zehnten Buches Sozialgesetzbuch. ²Satz 1 gilt nicht, wenn eine Maßnahme aufgrund einer Entscheidung in einem verwaltungs- oder sozialgerichtlichen Streitverfahren erlassen worden ist.

(2) ¹Eine Klage ist nur zulässig, wenn der Verband durch die Maßnahme oder das Unterlassen in seinem satzungsgemäßen Aufgabenbereich berührt wird. ²Soweit ein Mensch mit Behinderung selbst seine Rechte durch eine Gestaltungs- oder Leistungsklage verfolgen kann oder hätte verfolgen können, kann die Klage nach Absatz 1 nur erhoben werden, wenn der Verband geltend macht, dass es sich bei der Maßnahme oder dem Unterlassen um einen Fall von allgemeiner Bedeutung handelt. ³Dies ist insbesondere der Fall, wenn eine Vielzahl gleich gelagerter Fälle vorliegt. ⁴Für Klagen nach Absatz 1 Satz 1 gelten die Vorschriften des 8. Abschnitts der Verwaltungsgerichtsordnung entsprechend mit der Maßgabe, dass es eines Vorverfahrens auch dann bedarf, wenn die angegriffene Maßnahme von einer obersten Bundes- oder einer obersten Landesbehörde erlassen worden ist; Gleiches gilt bei einem Unterlassen. ⁵Vor der Erhebung einer Klage nach Absatz 1 gegen einen Träger öffentlicher Gewalt hat der nach Absatz 3 anerkannte Verband ein Schlichtungsverfahren nach § 16 durchzuführen. ⁶Diese Klage ist nur zulässig, wenn keine gütliche Einigung im Schlichtungsverfahren erzielt werden konnte und dies nach § 16 Absatz 7 bescheinigt worden ist. ⁷Das Schlichtungsverfahren ersetzt ein vor der Klageerhebung durchzuführendes Vorverfahren.

(3) ¹Auf Vorschlag der Mitglieder des Beirates für die Teilhabe behinderter Menschen, die nach § 86 Abs. 2 Satz 2, 1., 3. oder 12. Aufzählungspunkt des Neunten Buches Sozialgesetzbuch berufen sind, kann das Bundesministerium für Arbeit und Soziales die Anerkennung erteilen. ²Es soll die Anerkennung erteilen, wenn der vorgeschlagene Verband
1. nach seiner Satzung ideell und nicht nur vorübergehend die Belange von Menschen mit Behinderungen fördert,
2. nach der Zusammensetzung seiner Mitglieder oder Mitgliedsverbände dazu berufen ist, Interessen von Menschen mit Behinderungen auf Bundesebene zu vertreten,
3. zum Zeitpunkt der Anerkennung mindestens drei Jahre besteht und in diesem Zeitraum im Sinne der Nummer 1 tätig gewesen ist,
4. die Gewähr für eine sachgerechte Aufgabenerfüllung bietet; dabei sind Art und Umfang seiner bisherigen Tätigkeit, der Mitgliederkreis sowie die Leistungsfähigkeit des Vereines zu berücksichtigen und
5. wegen Verfolgung gemeinnütziger Zwecke nach § 5 Abs. 1 Nr. 9 des Körperschaftsteuergesetzes von der Körperschaftsteuer befreit ist.

1 Geltende Fassung: Die Vorschrift wurde mit Wirkung vom 1.5.2002 durch Art. 1 des G zur Gleichstellung behinderter Menschen und zur Änderung anderer Gesetze v. 27.4.2002¹ eingeführt. In Abs. 1 haben Art. 79 des G v. 9.12.2004² und Art. 14b des G v. 21.3.2005³ die Angabe „§ 54 Satz 2 der Wahlordnung für die Sozialversicherung" durch die Formulierung „§ 43 Abs. 2 Satz 2 der Wahlordnung für die Sozialversicherung" ersetzt. Das Änderungsge-

---

1 BGBl. I 1467 (1468).
2 BGBl. I 3242.
3 BGBl. I 818.

setz v. 10.7.2018[4] hat in **Abs. 1 Satz 1 Nummer 1** die Angabe „§ 8 Abs. 1, § 9 Abs. 1, § 10 Abs. 1 Satz 2, § 12 Absatz 1" durch „§ 8 Absatz 1, § 9 Absatz 1 und § 10 Absatz 1 Satz 2 sowie in § 12a, soweit die Verpflichtung von Trägern öffentlicher Gewalt zur barrierefreien Gestaltung von Websites und mobilen Anwendungen, die für die Öffentlichkeit bestimmt sind, betroffen ist" ersetzt und außerdem in **Nummer 3** die Angabe „§ 57" durch die Wörter „§ 78 Absatz 1 Satz 3". In **Abs. 2 Satz 5** hat das Änderungsgesetz die Wörter „nach § 1 Absatz 2 Satz 1" gestrichen. Art. 210 der VO v. 25.11.2003[5] und Art. 262 der VO v. 31.10.2006[6] haben in **Abs. 3 Satz 1** die Namensänderungen des zuständigen Ministeriums von „Arbeit und Sozialordnung" über „Gesundheit und Soziale Sicherung" zu „Arbeit und Soziales" nachvollzogen, das Änderungsgesetz v.10.7.2018 hat die Angabe „§ 64" durch „§ 86" ersetzt. Art. 1 G zur Weiterentwicklung des Behindertengleichstellungsrechts v. 19.7.2016[7] hat die Verweisungen in **Abs. 1** aktualisiert, in Abs. 2 der „Maßnahme" das „Unterlassen" gleichgestellt und diesem Absatz die Sätze 5 bis 7 angefügt. Art. 19 Abs. 2 G v. 23.12.2016[8] hat die Verweisungen auf das SGB IX in Abs. 1 Satz 1 Nr. 3 und Abs. 3 Satz 1 aktualisiert.

Regelungsgehalt: Die Vorschrift führt für den Geltungsbereich dieses Gesetzes eine öffentlich-rechtliche Verbandsklage zugunsten von Verbänden von Menschen mit Behinderung ein. Die Klagebefugnis ist auf **Feststellungsklagen** wegen Verstößen gegen – im Einzelnen und abschließend genannte – wesentliche Vorschriften des BGG beschränkt. Die – geänderte – Formulierung in Nr. 1 des Abs. 1 Satz 1 stellt klar, dass sich das Verbandsklagerecht nicht auf das Intranet und nicht auf elektronisch unterstütze Verwaltungsabläufe bezieht und Klagegegner nur Träger öffentlicher Gewalt nach § 1 Abs. 1a sein können.[9] Klage kann allein in einem verwaltungsgerichtlichen oder sozialgerichtlichen Verfahren erhoben werden. Sie hängt weder davon ab, dass der klagende Verband in **eigenen subjektiven Rechten** verletzt ist, noch setzt sie das **Einverständnis** eines Betroffenen voraus, noch bedarf es der konkreten **Rechtsverletzung** eines **Menschen mit Behinderung**. Die nach Abs. 3 anerkannten Verbände erhalten vielmehr Gelegenheit, die tatsächliche Anwendung der Vorschriften, die dem Schutz von Menschen mit Behinderung dienen, allgemein durchzusetzen. Vor Erhebung von Klagen ist nach Abs. 2 Sätze 5 bis 7 das kostenlose, in § 16 geregelte Schlichtungsverfahren durchzuführen.

Verbandsklage: Das öffentlich-rechtliche Verbandsklagerecht gibt den Verbänden von Menschen mit Behinderungen ein prozessuales Mittel an die Hand, um ohne ein eigenen Rechten verletzt zu sein, altruistisch und advokatorisch – auch ohne die Klage konkret Betroffener – in einem **objektiven Beanstandungsverfahren** gegen eine für Menschen mit Behinderungen allgemein nachteilige Regelung vorzugehen.[10] Allerdings nur mit einer **Feststellungsklage** und allein dann, wenn eine der **abschließend** in Abs. 1 aufgezählten bundesrechtlichen Vorschriften verletzt ist. Danach lassen sich etwa Verfahrens- oder Abwägungsfehler einer Planungsentscheidung nicht geltend machen.[11] Nach Abs. 1 Satz 2 findet

---

4 Gesetz zur Verlängerung befristeter Regelungen im Arbeitsförderungsrecht und zur Umsetzung der Richtlinie (EU) 2016/2102 über den barrierefreien Zugang zu den Websites und mobilen Anwendungen öffentlicher Stellen, BGBl. I 1117.
5 BGBl. I 2304.
6 BGBl. I 2407.
7 BGBl. I 1757.
8 BGBl. I 3234, geänd. durch G v. 17.7.2017, BGBl. I 2541.
9 BT-Drs. 19/2072, 31.
10 Vgl. BT-Drs. 14/7420, 20.
11 BVerwG 5.4.2006 – 9 C 1/05, BVerwGE 125, 370.

die Verbandsklage auch **nicht** statt gegen Maßnahmen aufgrund einer verwaltungs- oder sozialgerichtlichen Entscheidung. Die praktische Bedeutung des Verbandsklagerechts ist, gemessen an den bisher bekannt gewordenen Streitigkeiten, denkbar gering.[12] Grund dafür könnte sein, dass die Verbände zwar sachlich besonders qualifiziert sind, die Rechte von Menschen mit Behinderungen zu schützen und durchzusetzen, dass ihre neue Rolle als Kläger in einem objektiven Beanstandungsverfahren sie aber organisatorisch noch überfordert. Deshalb überlegte die Bundesregierung, die Verbände mit einer Anlaufstelle für Fragen prozessualer Rechte behinderter Menschen zu unterstützen.[13] Das dürfte jetzt zur Einführung des obligatorischen Schlichtungsverfahrens gem. Abs. 2 Sätze 5 bis 7und des § 19 geführt haben.

4 **Zulässigkeitsvoraussetzungen:** Unzulässig ist die Klage, wenn der Verband nicht geltend machen kann, durch die beanstandete Maßnahme in seinem **satzungsgemäßen Aufgabenbereich** berührt zu sein. Entscheidend ist danach die – zumeist sehr weitgefasste – Beschreibung des Verbandszwecks in der Satzung. Unzulässig wäre danach die Klage eines – nach seiner Satzung – reinen Blindenverbandes wegen der Verletzung von Vorschriften zum Schutz hörbehinderter Menschen. **Besondere Voraussetzungen** gelten für die Verbandsklage, wenn ein Mensch mit Behinderung konkret in seinen subjektiv-öffentlichen Rechten verletzt ist, deshalb eine Gestaltungs- oder Leistungsklage erheben und der Verband in diesem Verfahren für ihn nach § 14 in gesetzlicher Prozessstandschaft tätig werden könnte. Dann ist die Klage nach Abs. 1 als **subsidiäre Feststellungsklage** nur bei Maßnahmen von allgemeiner Bedeutung zulässig. Dafür nennt das Gesetz selbst als Beispiel das Vorhandensein einer Vielzahl gleichgelagerter Fälle. Es genügt, dass die Frage sich bei Vorhaben der beanstandeten Art immer wieder stellen wird.[14] Den Materialien zufolge soll allgemein bedeutsam auch der Umstand sein, dass das beanstandete Handeln der Behörde durch Verwaltungsvorschriften gebunden ist.[15] Nach **Abs. 2 Satz 4** sollen für die Verbandsklage die Vorschriften des 8. Abschnitts der VwGO mit der Maßgabe uneingeschränkter Vorverfahrenspflicht[16] gelten, nämlich auch dann, wenn die angegriffene Maßnahme von einer „obersten Bundes- oder einer obersten Landesbehörde erlassen worden ist". Weil Abs. 2 Satz 4 auch auf § 68 Abs. 1 Satz 2 Halbsatz 1 VwGO verweist, nimmt die Rechtsprechung an, dass es für die Verbandsklage **keines Vorverfahrens** bedarf, wenn ein Gesetz – wie § 18 Abs. 2 Satz 4 Allgemeines Eisenbahngesetz – dies ausdrücklich bestimmt.[17] Bei Streitigkeiten mit Bundesbehörden ersetzt das obligatorische Schlichtungsverfahren ein vor Klageerhebung durchzuführendes Vorverfahren (Abs. 2 Satz 7).

5 **Anerkennungsverfahren:** Für das Verbandsklagerecht qualifizieren sich nur vom Bundesministerium für Gesundheit und Soziales in einem besonderen Verfahren nach Abs. 3 **anerkannte Verbände.** Zugang zum Anerkennungsverfahren verschafft **allein** der **Vorschlag** eines Mitgliedes des Beirates für die Teilhabe von Menschen mit Behinderungen (§ 86 SGB IX), allerdings nicht irgendeines der

---

12 Vgl. auch BT-Drs. 16/9283, 20; zur Reform: *Hlava* reha-recht.de, Forum D – Nr. 16/2012; nach BT-Drs. 18/7824, 42 ist seit dem Inkrafttreten des BGG bis 2016 lediglich ein Verbandsklageverfahren betrieben worden. In der Datenbank juris sind seither keine weiteren Verfahren nach bundesrechtlichem Verbandsklagerecht nachgewiesen.
13 BT-Drs. 16/9283, 20.
14 BVerwG 5.4.2006 – 9 C 1/05, BVerwGE 125, 370.
15 BT-Drs. 14/8331, 50.
16 BT-Drs. 14/740, 30: „immer".
17 BVerwG 5.4.2006 – 9 C 1/05, BVerwGE 125, 370; *Köhler* ZFSH/SGB 2010, 19 (27).

48 Mitglieder dieses Gremiums, sondern nur der beiden auf Vorschlag der Gruppenvertreter der Arbeitnehmer im Verwaltungsrat der Bundesagentur für Arbeit berufenen, außerdem der sechs Mitglieder, die von bundesweit vertretenen Verbänden von Menschen mit Behinderungen vorgeschlagen worden sind und schließlich des auf Vorschlag der Bundesarbeitsgemeinschaft der Freien Wohlfahrtspflege berufenen Mitgliedes. Einen so vorgeschlagenen Verband kann der Bundesminister für Gesundheit und Soziales nach Abs. 3 anerkennen. Er wird darauf achten, dass unter den anerkannten Verbänden auch solche sind, die schwerpunktmäßig die Interessen von Frauen mit Behinderungen vertreten, im Übrigen das gesamte Spektrum der Verbände von Menschen mit Behinderungen zu berücksichtigen haben.[18] Sein **Ermessen** ist dahin **eingeschränkt**, dass er die Anerkennung erteilen **soll**, wenn die detaillierten Voraussetzungen nach Abs. 3 Satz 2 Nr. 1 bis 5 erfüllt sind. Die Anerkennung nach Abs. 3 berechtigt einen Verband auch zur gesetzlichen Prozessstandschaft nach § 14 Satz 1 und dazu, von Unternehmen oder Unternehmensverbänden die Aufnahme von Verhandlungen über Zielvereinbarungen zu verlangen und Vereinbarungen zur Herstellung der Barrierefreiheit zu treffen. Nach der Übersicht des Bundesministeriums für Arbeit und Soziales sind zurzeit 30 Verbände anerkannt.[19]

§ 16 BGG Schlichtungsstelle und -verfahren; Verordnungsermächtigung

(1) ¹Bei der oder dem Beauftragten der Bundesregierung für die Belange von Menschen mit Behinderungen nach Abschnitt 5 wird eine Schlichtungsstelle zur außergerichtlichen Beilegung von Streitigkeiten nach den Absätzen 2 und 3 eingerichtet. ²Sie wird mit neutralen schlichtenden Personen besetzt und hat eine Geschäftsstelle. ³Das Verfahren der Schlichtungsstelle muss insbesondere gewährleisten, dass
1. die Schlichtungsstelle unabhängig ist und unparteiisch handelt,
2. die Verfahrensregeln für Interessierte zugänglich sind,
3. die Beteiligten des Schlichtungsverfahrens rechtliches Gehör erhalten, insbesondere Tatsachen und Bewertungen vorbringen können,
4. die schlichtenden Personen und die weiteren in der Schlichtungsstelle Beschäftigten die Vertraulichkeit der Informationen gewährleisten, von denen sie im Schlichtungsverfahren Kenntnis erhalten und
5. eine barrierefreie Kommunikation mit der Schlichtungsstelle möglich ist.

(2) ¹Wer der Ansicht ist, in einem Recht nach diesem Gesetz durch öffentliche Stellen des Bundes oder Eigentümer, Besitzer und Betreiber von beweglichen oder unbeweglichen Anlagen und Einrichtungen verletzt worden zu sein, kann bei der Schlichtungsstelle nach Absatz 1 einen Antrag auf Einleitung eines Schlichtungsverfahrens stellen. ²Kommt wegen der behaupteten Rechtsverletzung auch die Einlegung eines fristgebundenen Rechtsbehelfs in Betracht, beginnt die Rechtsbehelfsfrist erst mit Beendigung des Schlichtungsverfahrens nach Absatz 7. ³In den Fällen des Satzes 2 ist der Schlichtungsantrag innerhalb der Rechtsbehelfsfrist zu stellen. ⁴Ist wegen der behaupteten Rechtsverletzung bereits ein Rechtsbehelf anhängig, wird dieses Verfahren bis zur Beendigung des Schlichtungsverfahrens nach Absatz 7 unterbrochen.

---

18 BT-Drs. 14/7420, 25.
19 S. www.bmas.de/DE/Themen/Teilhabe-Inklusion/Zielvereinbarungen/zielvereinbarungen-anerkannter-verbaende.html.

(3) ¹Ein nach § 15 Absatz 3 anerkannter Verband kann bei der Schlichtungsstelle nach Absatz 1 einen Antrag auf Einleitung eines Schlichtungsverfahrens stellen, wenn er einen Verstoß eines Trägers öffentlicher Gewalt
1. gegen das Benachteiligungsverbot oder die Verpflichtung zur Herstellung von Barrierefreiheit nach § 15 Absatz 1 Satz 1 Nummer 1,
2. gegen die Vorschriften des Bundesrechts zur Herstellung der Barrierefreiheit nach § 15 Absatz 1 Satz 1 Nummer 2 oder
3. gegen die Vorschriften des Bundesrechts zur Verwendung von Gebärdensprache oder anderer geeigneter Kommunikationshilfen nach § 15 Absatz 1 Satz 1 Nummer 3

behauptet.

(4) ¹Der Antrag nach den Absätzen 2 und 3 kann in Textform oder zur Niederschrift bei der Schlichtungsstelle gestellt werden. ²Diese übermittelt zur Durchführung des Schlichtungsverfahrens eine Abschrift des Schlichtungsantrags an die öffentliche Stelle oder den Eigentümer, Besitzer oder Betreiber von beweglichen oder unbeweglichen Anlagen oder Einrichtungen..

(5) ¹Die schlichtende Person wirkt in jeder Phase des Verfahrens auf eine gütliche Einigung der Beteiligten hin. ²Sie kann einen Schlichtungsvorschlag unterbreiten. ³Der Schlichtungsvorschlag soll am geltenden Recht ausgerichtet sein. ⁴Die schlichtende Person kann den Einsatz von Mediation anbieten.

(6) Das Schlichtungsverfahren ist für die Beteiligten unentgeltlich.

(7) ¹Das Schlichtungsverfahren endet mit der Einigung der Beteiligten, der Rücknahme des Schlichtungsantrags oder der Feststellung, dass keine Einigung möglich ist. ²Wenn keine Einigung möglich ist, endet das Schlichtungsverfahren mit der Zustellung der Bestätigung der Schlichtungsstelle an die Antragstellerin oder den Antragsteller, dass keine gütliche Einigung erzielt werden konnte.

(8) ¹Das Bundesministerium für Arbeit und Soziales wird ermächtigt, durch Rechtsverordnung[1], die nicht der Zustimmung des Bundesrates bedarf, das Nähere über die Geschäftsstelle, die Besetzung und das Verfahren der Schlichtungsstelle nach den Absätzen 1, 4 und 7 zu regeln sowie weitere Vorschriften über die Kosten des Verfahrens und die Entschädigung zu erlassen. ²Die Rechtsverordnung regelt auch das Nähere zu Tätigkeitsberichten der Schlichtungsstelle.

1 **Geltende Fassung:** Die Vorschrift wurde mit Wirkung vom 27.7.2016 durch Art. 1 G zur Weiterentwicklung des Behindertengleichstellungsrechts v. 19.7.2016[2] als neuer § 16 in das BGG eingefügt. Das Änderungsgesetz v. 10.7.2018[3] hat in **Abs. 2 Satz 1** die Formulierung „einen Träger öffentlicher Gewalt nach § 1 Abs. 2 Satz 1" ersetzt durch „öffentliche Stellen des Bundes". Daran hat das Teilhabestärkungsgesetz[4] hat die Wörter „oder Eigentümer, Besitzer und Betreiber von beweglichen oder unbeweglichen Anlagen und Einrichtungen" angefügt. In **Abs. 3** wurden die Wörter „nach § 1 Abs. 2 Satz 1" durch das Änderungsgesetz v. 10.710.7.2018[5] gestrichen. In **Abs. 4 Satz 2** hat das

---

1 Siehe hierzu ua die BehindertengleichstellungsschlichtungsVO (BGleiSV).
2 BGBl. I 1757.
3 Gesetz zur Verlängerung befristeter Regelungen im Arbeitsförderungsrecht und zur Umsetzung der Richtlinie (EU) 2016/2102 über den barrierefreien Zugang zu den Websites und mobilen Anwendungen öffentlicher Stellen, BGBl. I 1117.
4 BT-Drs. 19/27400, 30 f., 73.3.
5 Gesetz zur Verlängerung befristeter Regelungen im Arbeitsförderungsrecht und zur Umsetzung der Richtlinie (EU) 2016/2102 über den barrierefreien Zugang zu den Websites und mobilen Anwendungen öffentlicher Stellen, BGBl. I 1117.

Teilhabestärkungsgesetz[6] die Wörter „an den Träger öffentlicher Gewalt." durch die Aufzählung „an die öffentliche Stelle oder den Eigentümer, Besitzer oder Betreiber von beweglichen oder unbeweglichen Anlagen oder Einrichtungen" ersetzt.

Regelungsgehalt: Mit dem Schlichtungsverfahren, das für die Beteiligten kostenfrei ist, soll eine rasche Einigung der Beteiligten ermöglicht werden und eine weitere Umsetzung des Benachteiligungsverbots sowie insbesondere der Barrierefreiheit befördert werden. Eine zügige konsensuale Konfliktbeilegung liegt im Interesse der Beteiligten. Insbesondere Opfer von Benachteiligungen empfinden gerichtliche Auseinandersetzungen, die langwierig sein können und einen unsicheren Ausgang haben, oftmals als belastend, so dass Gerichtsverfahren vermieden werden, die Verstöße gegen das BGG zum Gegenstand haben könnten. Mit dem Instrument des Schlichtungsverfahrens können Kosten und Aufwand, die anderenfalls für ein in Betracht kommendes Rechtsbehelfs- oder Rechtsmittelverfahren aufzubringen wären, für alle Beteiligten vermieden und die Gerichte entlastet werden.[7] Sämtliche Einzelheiten des detailliert geregelten Verfahrens ergeben sich aus dem Text der Vorschrift und der Rechtsverordnung[8] nach Abs. 8.[9]

2

Abschnitt 5 Beauftragte oder Beauftragter der Bundesregierung für die Belange von Menschen mit Behinderungen

§ 17 BGG Amt der oder des Beauftragten für die Belange von Menschen mit Behinderungen

(1) Die Bundesregierung bestellt eine Beauftragte oder einen Beauftragten für die Belange von Menschen mit Behinderungen.

(2) Der beauftragten Person ist die für die Erfüllung ihrer Aufgabe notwendige Personal- und Sachausstattung zur Verfügung zu stellen.

(3) Das Amt endet, außer im Fall der Entlassung, mit dem Zusammentreten eines neuen Bundestages.

§ 18 BGG Aufgabe und Befugnisse

(1) [1]Aufgabe der beauftragten Person ist es, darauf hinzuwirken, dass die Verantwortung des Bundes, für gleichwertige Lebensbedingungen für Menschen mit und ohne Behinderungen zu sorgen, in allen Bereichen des gesellschaftlichen Lebens erfüllt wird. [2]Sie setzt sich bei der Wahrnehmung dieser Aufgabe dafür ein, dass unterschiedliche Lebensbedingungen von Frauen mit Behinde-

---

6 BT-Drs. 19/27400, 30 f., 73.3.
7 BT-Drs. 18/7824, 43.
8 BGleiSV v. 25.11.2016, BGBl. I 2659 idF v. 21.5.2019 (BGBl. I 738); vgl. dazu die Begründung der Änderungen, bekanntgemacht vom BMAS (BAnz AT 29.5.2019 B1, 6 f.).
9 Eine erste Halbjahresbilanz ziehen *Lutz/Werner* NDV 2017, 249 ff.; umfassende Informationen zur Tätigkeit der Schlichtungsstelle liefern der „Jahresbericht 2017, Schlichtungsstelle nach dem Behindertengleichstellungsgesetz bei dem Beauftragten der Bundesregierung für die Belange von Menschen mit Behinderungen" und der Jahresbericht dieser Stelle für das Jahr 2018.

rungen und Männern mit Behinderungen berücksichtigt und geschlechtsspezifische Benachteiligungen beseitigt werden.
(2) Zur Wahrnehmung der Aufgabe nach Absatz 1 beteiligen die Bundesministerien die beauftragte Person bei allen Gesetzes-, Verordnungs- und sonstigen wichtigen Vorhaben, soweit sie Fragen der Integration von Menschen mit Behinderungen behandeln oder berühren.
(3) ¹Alle Bundesbehörden und sonstigen öffentlichen Stellen im Bereich des Bundes sind verpflichtet, die beauftragte Person bei der Erfüllung der Aufgabe zu unterstützen, insbesondere die erforderlichen Auskünfte zu erteilen und Akteneinsicht zu gewähren. ²Die Bestimmungen zum Schutz personenbezogener Daten bleiben unberührt.

1 **Geltende Fassung:** Die Vorschriften wurden mit Wirkung vom 1.5.2002 durch Art. 1 des G. zur Gleichstellung behinderter Menschen und zur Änderung anderer Gesetze v. 27.4.2002[1] eingeführt und durch Art. 1 G. zur Weiterentwicklung des Behindertengleichstellungsrechts v. 19.7.2016[2] lediglich sprachlich angepasst.

2 **Regelungsgehalt:** Die Vorschriften verschaffen dem Amt eines Beauftragten der Bundesregierung für die Belange von Menschen mit Behinderungen eine gesetzliche Grundlage, regeln das Ernennungsverfahren, die Amtszeit und die Amtsausstattung; sie beschreiben die Aufgaben und Befugnisse der beauftragten Person und verpflichten die Bundesbehörden, mit ihr zusammen zu arbeiten.

3 **Amt der oder des Beauftragten:** Einen Behindertenbeauftragten der Bundesregierung gab es bereits seit 1980. Das BGG hat diese Position in § 17 Abs. 1 gesetzlich verankert und die Amtsbezeichnung zwei Mal geändert: zunächst in „Beauftragter für die Belange behinderter Menschen". Damit sollte deutlich werden, dass Behinderung nur ein Merkmal davon betroffener Menschen ist, kein hervorragendes oder charakteristisches.[3] Dann wurde die Amtsbezeichnung im Sinne der UN-BRK in die Formulierung „Menschen mit Behinderungen" geändert. Gesetzlich vorgeschrieben ist nach § 17 Abs. 2 die seit 1980 übliche Ausstattung der beauftragten Person mit den notwendigen sächlichen und personellen Mitteln. Organisatorisch gehört das Amt zum Bundesministerium für Arbeit und Soziales; fachlich ist der Beauftragte der Bundesregierung insgesamt verantwortlich, in deren Hand nach § 17 Abs. 3 ebenso wie seine Bestellung auch dessen Entlassung liegt. Besonderer Gründe bedarf eine Entlassung nicht.[4] Spätestens mit dem Zusammentreten eines neuen Bundestages endet auch das Amt des Beauftragten. Regelmäßig wird seine Amtsdauer danach, außer bei Wiederberufung längstens eine Wahlperiode betragen.

4 **Aufgaben und Befugnisse:** § 18 Abs. 1 Satz 1 verpflichtet den Beauftragen auf die aus Art. 3 GG folgende Aufgabe, für gleichwertige Lebensbedingungen von nichtbehinderten und von Menschen mit Behinderungen zu sorgen. Da nicht nur einzelne Lebens- und Politikbereiche die Belange von Menschen mit Behinderungen berühren, hat auch der Beauftragte das zentrale Anliegen von Gleichberechtigung „im Rahmen einer Gesamtschau auf Bundesebene"[5] zu verfolgen. Nach **Satz 2** hat er dabei, wie nach der Zielvorgabe in § 2 Satz 1, auf die Lage von Frauen mit Behinderungen besonderes Augenmerk zu richten. Absätze 2 und 3 regeln die Zusammenarbeit des Beauftragten mit den Bundesministerien,

---

1 BGBl. I 1467 (1468).
2 BGBl. I 1757.
3 BT-Drs. 14/7420, 30.
4 BT-Drs. 14/7420, 30.
5 BT-Drs. 14/7420, 31.

den übrigen Behörden und sonstigen öffentlichen Stellen des Bundes. **Absatz 2** konkretisiert die bereits in § 21 Abs. 1 der Gemeinsamen Geschäftsordnung der Bundesministerien enthaltene Pflicht, den Beauftragten zu beteiligen. Darüber hinaus schreibt Absatz 3 allen öffentlichen Stellen im Bereich des Bundes vor, den Beauftragten bei der Erfüllung seiner Aufgaben zu unterstützen, ihm etwa Auskünfte zu erteilen und Akteneinsicht zu gewähren, soweit das mit den Vorschriften zum Schutz personenbezogener Daten vereinbar ist.

Abschnitt 6 Förderung der Partizipation

§ 19 BGG Förderung der Partizipation

Der Bund fördert im Rahmen der zur Verfügung stehenden Haushaltsmittel Maßnahmen von Organisationen, die die Voraussetzungen des § 15 Absatz 3 Satz 2 Nummer 1 bis 5 erfüllen, zur Stärkung der Teilhabe von Menschen mit Behinderungen an der Gestaltung öffentlicher Angelegenheiten.

Geltende Fassung: Die Vorschrift wurde mit Wirkung vom 27.7.2016 durch Art. 1 G zur Weiterentwicklung des Behindertengleichstellungsrechts v. 19.7.2016[1] neu in das BGG aufgenommen. 1

Regelungsgehalt: Die finanzielle Förderung der Partizipation von Verbänden von Menschen mit Behinderungen, insbesondere von Selbstvertretungsorganisationen, wird rechtlich im BGG verankert. Ziel der Förderung ist es, den Verbänden eine aktive und umfassende Teilhabe an der Gestaltung öffentlicher Angelegenheiten zu ermöglichen. Damit wird die Partizipation von Menschen mit Behinderungen an politischen Entscheidungsprozessen und Maßnahmen gefördert. Das entspricht Vorgaben der UN-BRK in Art. 29 Buchst. b, Art. 4 Abs. 3. Die Förderung steht auch im Einklang mit der Leitidee der inklusiven Gesellschaft. Danach sind Menschen mit Behinderungen als Experten in eigener Sache an Entscheidungsprozessen zu beteiligen und besonders berücksichtigen.[2] Die Bundesregierung rechnete mit jährlich etwa 40 Förderungsfällen.[3] Tatsächlich sind im Zeitraum 2016 bis 2018 bei 17 Verbänden und Organisationen von Menschen mit Behinderungen 27 Maßnahmen gefördert worden; zehn Förderanträge wurden abgelehnt.[4] Im Haushalt des Bundes stehen seit 2017 jährlich Fördermittel in Höhe von einer Mio. bereit. Das BMAS hat die Förderung in einer Richtlinie detailliert geregelt (Gegenstand der Förderung, Kreis der Zuwendungsempfänger, Voraussetzungen, Art und Umfang sowie Höhe von Zuwendungen; Verfahren).[5] 2

---

1 BGBl. I 1757.
2 Vgl. BT-Drs. 18/7824, 23.
3 BT-Drs. 18/7824, 6.
4 BT-Drs. 19/11659, 6.
5 Richtlinie für die Förderung von Menschen mit Behinderungen und ihrer Verbände an der Gestaltung öffentlicher Angelegenheiten v. 26.10.2016 (BAnz AT 14.11.2016 B2).

Kapitel 1 Kirchliche Schwerbehindertenvertretungen

I. Schwerbehindertenvertretungen in Religionsgesellschaften und kirchlichen Einrichtungen

1. Verfassungsrechtliche Garantie der Selbstverwaltung

1 Die Bestimmungen des SGB IX über die Schwerbehindertenvertretung sind nach dem Schrifttum auf Religionsgesellschaften und kirchliche Einrichtungen nicht unmittelbar anwendbar.[1] Zwar nimmt das SGB IX diese nicht ausdrücklich aus seinem Geltungsbereich aus. Einer ausdrücklichen Ausnahme bedarf es indessen nicht. Kirchen und Religionsgesellschaften ordnen und verwalten ihre eigenen Angelegenheiten im Rahmen der für alle geltenden Gesetze selbst.[2] Dazu nehmen sie ihr in Art. 140 GG geregeltes **Selbstverwaltungsrecht** in Anspruch. Dieses räumt in Übernahme der Art. 136, 137, 138, 139 und 141 der Weimarer Reichsverfassung (WRV) den Religionsgesellschaften das Recht ein, ihre Angelegenheiten im Rahmen der für alle geltenden Gesetze selbst zu regeln. Nach der Rechtsprechung des Bundesverfassungsgerichts gilt nach Art. 137 Abs. 3 WRV dieses Selbstverwaltungsrecht nicht nur für die organisierte Kirche und für die rechtlich selbstständigen Teile dieser Organisation, sondern für alle der Kirche in bestimmter Weise zugeordneten Einrichtungen ohne Rücksicht auf ihre Rechtsform. Erfasst werden alle Objekte, die nach kirchlichem Selbstverständnis ihrem Zweck oder ihrer Aufgabe entsprechend berufen sind, ein Stück Auftrag der Kirche in dieser Welt wahrzunehmen und zu erfüllen.[3]

2. Die kollektiven Mitarbeitervertretungen in den Kirchen

2 Die Religionsgesellschaften vertreten unter Bezug auf diese grundgesetzliche Selbstverwaltungsgarantie die Ansicht, sie seien berechtigt, die Aufgaben und Rechte der Vertretungen ihrer Beschäftigten in eigenen Bestimmungen zu regeln. Die katholische wie auch die evangelische Kirche haben sowohl die Anwendung des **Betriebsverfassungs-** als auch des **Personalvertretungsrechts** ausgeschlossen. Sie haben an deren Stelle eigene kollektive Vertretungsstrukturen geschaffen. Die von den Beschäftigten in den Religionsgesellschaften und in deren kirchlichen Einrichtungen gewählten Interessenvertretungen werden in den kirchlichen Regelungen **Mitarbeitervertretungen** (MAV) genannt. Die Aufgaben und Rechte der MAV orientieren sich zwar am BetrVG und den Personalvertretungsgesetzen, sie weichen jedoch in zahlreichen Punkten ab. Das ist vom BVerfG gebilligt worden.[4] Danach erweist sich das BetrVG, indem es selbst zugunsten der Religionsgemeinschaften und ihrer karitativen und erzieherischen Einrichtungen unbeschadet deren Rechtsform in § 118 Abs. 2 BetrVG einen ausdrücklichen Vorbehalt macht, nicht als ein für alle geltendes Gesetz. Es nimmt vielmehr mit diesem Vorbehalt auf das verfassungsrechtlich Gebotene Rücksicht.[5] Noch deutlicher ist der Vorbehalt in § 112 BPersVG: „Dieses Ge-

---

1 Vgl. *Richardi* KirchenArbR, 4. Aufl. 2003, § 18 Rn. 99; *Fey/Rehren* Kommentar zum MVG.EKD, 47. Aktualisierung August 2016, § 50 Rn. 1 a; *Loewe*, Die Behandlung Schwerbehinderter im kirchlichen Arbeitsrecht der katholischen Kirche, 2013, S. 114; aA *Baumann-Czichon* in Baumann-Czichon/Germer MVG.EKD § 50 Rn. 1 a.
2 *Loewe*, Die Behandlung Schwerbehinderter im kirchlichen Arbeitsrecht der katholischen Kirche, 2013, S. 9.
3 BVerfG 11.10.1977 – 2 BvR 209/76, BVerfGE 46, 73.
4 BVerfG 11.10.1977 – 2 BvR 209/76, BVerfGE 46, 73.
5 BVerfG 11.10.1977 – 2 BvR 209/76, BVerfGE 46, 73.

setz findet keine Anwendung auf Religionsgemeinschaften und ihre karitativen und erzieherischen Einrichtungen ohne Rücksicht auf ihre Rechtsform; ihnen bleibt die selbstständige Ordnung eines Personalvertretungsrechtes überlassen." Zu der Rechtsfrage, ob das **staatliche Recht** für die Regelung der kollektiven Interessenvertretung der Mitarbeiter von den Kirchen einzuhaltende Vorgaben enthalte, hat sich das BVerfG bislang nicht abschließend geäußert. Es hat in dem entschiedenen konkreten Streitfall erkannt, dass keine Meinungsverschiedenheit über das Ob einer betrieblichen Mitbestimmung der Arbeitnehmer, sondern nur eine Meinungsverschiedenheit über das Wie dieser Mitbestimmung bestehe. Dieses Wie hänge nach dem Selbstverständnis der Kirche entscheidend von der Eigenart des besonderen Dienstes ab, zu dem sich alle in der karitativen Einrichtung Arbeitenden zusammengefunden haben. Diese Eigenart des Dienstes bestand im Streitfall darin, dass er sich zwar wie in jedem Krankenhaus der bestmöglichen ärztlich-medizinischen Behandlung der Kranken widmete. Dabei wies das BVerfG darauf hin, dass dabei die kirchliche Einrichtung das spezifisch Religiöse karitativer Tätigkeit im Auge behalte, das die Behandlung der Kranken durchdringe, sich im Geiste des Hauses, in der Rücksicht auf die im Patienten angelegten religiös-sittlichen Verantwortungen und Bedürfnisse, im Angebot sakramentaler Hilfe usw und damit notwendigerweise auch im Organisatorischen niederschlage. Nach Ansicht des BVerfG gerieten in diesem Punkt die staatliche und die kirchliche Regelung überhaupt nicht in Widerstreit. Deshalb sei hier kein Anlass, der Frage nachzugehen, ob und in welcher Beziehung ein staatliches Gesetz einer kirchlichen Mitbestimmungsregelung Beschränkungen aufzuerlegen vermöchte.[6]

3

Der Wortlaut des SGB IX sieht eine Schwerbehindertenvertretung für Einrichtungen kirchlicher Arbeitgeber nicht vor.[7] Ob die Bestimmungen des SGB IX über die Schwerbehindertenvertretung auf Kirchen und deren Einrichtungen anwendbar sind, ist streitig.[8] Die Kirchen haben sich bemüht, diesen Konflikt zu entschärfen. Sie gleichen seit dem Inkrafttreten des BTHG ihre Bestimmungen verstärkt dem staatlichen Recht an.

4

Die **Evangelische Kirche Deutschlands** (EKD) verweist in der Neufassung des § 51 MVG auf die Aufgaben und Befugnisse der Vertrauensperson der schwerbehinderten Mitarbeiter und Mitarbeiterinnen nach den §§ 177 bis 179 SGB IX; allgemein → SGB IX § 177 Rn. 6, Besonderheiten der kirchlichen MAV → SGB IX § 177 Rn. 53. Damit gilt insoweit zumindest mittelbar staatliches Recht. Allerdings ist für dessen Auslegung die **kirchliche Gerichtsbarkeit** zuständig.[9] Nach § 56 MVG sind dazu in erster Instanz die Kirchengerichte und in zweiter Instanz der **Kirchengerichtshof der EKD** berufen. Nach § 60 Abs. 1 MVG entscheiden die Kirchengerichte über alle Streitigkeiten die sich aus der Anwendung des MVG zwischen den jeweils Beteiligten ergeben. Nach § 60 Abs. 8 Satz 1 MVG sind die kirchengerichtliche Beschlüsse verbindlich. Nach Satz 2 können die Gliedkirchen bestimmen, dass ein Aufsichtsorgan einen rechtskräftigen Beschluss auch durch **Ersatzvornahme** durchsetzen kann.

---

6 BVerfG 11.10.1977 – 2 BvR 209/76, Rn. 45, BVerfGE 46, 73.
7 Vgl. BAG 30.4.2014 – 7 ABR 30/12, Rn. 14, BAGE 148, 97.
8 Ablehnend: Kirchengerichtshof der EKD 5.8.2004 – I-0124/H43–03 – zu III der Gründe; *Richardi* KirchenArbR § 18 Rn. 104; *Fey/Rehren* MVG.EKD, Januar 2017, § 50 Rn. 1 a; bejahend: *Baumann-Czichon* in Baumann-Czichon/Germer MVG.EKD § 50 Rn. 1 a; *Kramm/Feldes*, Handlungsanleitung für die Wahl der Schwerbehindertenvertretung, 2014, S. 94; *Thiel* in Thiel/Fuhrmann/Jüngst MAVO, 8. Aufl. 2019, § 52 Rn. 20.
9 *Zimmermann* in Joussen/Mestwerdt/Nause/Spelge MVG § 56 Rn. 4.

Die **katholische Kirche** hat zwar das staatliches Wahlrecht aus § 177 SGB IX übernommen, jedoch nicht wie die EKD die Geltung der §§ 178 bis 179 SGB IX, → Rn. 10. Allerdings hat die katholische Kirche die Stellung der Vertrauensperson gestärkt, indem sie ihr ein **Stimmrecht** in der Mitarbeitervertretung zubilligt. Nach § 2 Abs. 2 der **Kirchlichen Arbeitsgerichtsordnung** (KAGO)[10] sind die **kirchlichen Gerichte für Arbeitssachen** sind ferner zuständig für Rechtsstreitigkeiten aus dem Mitarbeitervertretungsrecht sowie dem Recht der Mitwirkung in Caritas-Werkstätten für Menschen mit Behinderungen einschließlich des Wahlverfahrensrechts und des Verfahrens vor der Einigungsstelle. Gemäß § 1 KAGO wird Gerichtsbarkeit in kirchlichen Arbeitssachen in erster Instanz durch Kirchliche Arbeitsgerichte und in zweiter Instanz durch den **Kirchlichen Arbeitsgerichtshof** ausgeübt.

3. Die Schwerbehindertenvertretung in der Evangelischen Kirche

5 Die Evangelische Kirche Deutschlands (EKD) hat für ihre Gliedkirchen und Einrichtungen einheitliche Regelungen erlassen. Sie wendet gemäß § 57 Abs. 1 EGVerf das **Kirchengesetz über Mitarbeitervertretungen** in der Evangelischen Kirche in Deutschland (MVG-EKD) an. Nach § 1 Abs. 1 MVG-EKD[11] sind für die Mitarbeiter und Mitarbeiterinnen in Dienststellen kirchlicher Körperschaften, Anstalten und Stiftungen der evangelischen Kirche in Deutschland, der Gliedkirchen sowie ihrer Zusammenschlüsse und der Einrichtungen der Diakonie nach Maßgabe dieses Kirchengesetzes Mitarbeitervertretungen zu bilden. In §§ 50 ff. MVG-EKD ist insbesondere geregelt, dass die nach der Wahlordnung der evangelischen Kirche gewählte **Vertrauensperson** der schwerbehinderten Mitarbeiter und Mitarbeiterinnen die Aufgaben der Schwerbehindertenvertretung **nach staatlichem Recht gemäß SGB IX** für die schwerbehinderten Mitarbeiter und Mitarbeiterinnen der Dienststelle wahrnimmt. Die Regelungen haben folgenden Wortlaut:

§ 50 MVG-EKD Vertrauensperson der schwerbehinderten Mitarbeiter und Mitarbeiterinnen

(1) ¹In Dienststellen, in denen mindestens fünf schwerbehinderte Mitarbeiter und Mitarbeiterinnen nicht nur vorübergehend beschäftigt sind, werden eine Vertrauensperson und mindestens ein Stellvertreter oder mindestens eine Stellvertreterin gewählt. ²Für das Wahlverfahren finden die §§ 11, 13 und 14 entsprechende Anwendung.

(2) Für die Amtszeit der Vertrauensperson und der sie stellvertretenden Personen gelten die §§ 15 bis 18 entsprechend.

(3) **Wahlberechtigt** sind alle in der Dienststelle beschäftigten schwerbehinderten Mitarbeiter und Mitarbeiterinnen.

(4) Für die **Wählbarkeit** gilt § 10 entsprechend.

(5) **Besteht eine Gemeinsame Mitarbeitervertretung**, ist eine gemeinsame Vertrauensperson der Schwerbehinderten zu wählen.

---

10 Neubekanntmachung der KAGO, die mWv 1.7.2010 durch Beschluss gemäß can. 455 § 1 CIC der Vollversammlung der Deutschen Bischofskonferenz vom 25.2.2010 und Anerkennung gemäß Dekret des Obersten Gerichtshofs der Apostolischen Signatur vom 25.3.2010 an Stelle der bisherigen Ordnung vom 1.7 2005 getreten ist, Text abgedruckt in Düwell/Lipke, 5. Aufl. 2019, ArbGG Anhang 3.

11 Das Kirchengesetz über Mitarbeitervertretungen in der Evangelischen Kirche in Deutschland (Mitarbeitervertretungsgesetz der EKD – MVG.EKD) vom 12.11.2013, (ABl. EKD, 425), geändert am 10.11.2018 (ABl. EKD, 270).

§ 51 MVG-EKD Aufgaben der Vertrauensperson der schwerbehinderten Mitarbeiter und Mitarbeiterinnen

(1) Aufgaben und Befugnisse der Vertrauensperson der schwerbehinderten Mitarbeiter und Mitarbeiterinnen bestimmen sich nach den §§ 177 bis 179 des Neunten Buches Sozialgesetzbuch.

(2) In Dienststellen mit in der Regel mindestens 100 schwerbehinderten Mitarbeitern und Mitarbeiterinnen kann die Vertrauensperson nach Unterrichtung der Dienststellenleitung die mit der höchsten Stimmenzahl gewählte stellvertretende Person zu bestimmten Aufgaben heranziehen.

(3) [1]Die Vertrauensperson ist von der Dienststellenleitung in allen Angelegenheiten, die einzelne Schwerbehinderte oder die Schwerbehinderten als Gruppe berühren, rechtzeitig und umfassend zu unterrichten und vor einer Entscheidung zu hören; die getroffene Entscheidung ist der Vertrauensperson unverzüglich mitzuteilen. [2]Die Kündigung schwerbehinderter Mitarbeiter und Mitarbeiterinnen, die der Dienstgeber ohne eine Beteiligung der Vertrauensperson ausspricht, ist unwirksam.

(4) [1]Schwerbehinderte Mitarbeiter und Mitarbeiterinnen haben das Recht, bei Einsicht in die über sie geführte Personalakte die Vertrauensperson der schwerbehinderten Mitarbeiter und Mitarbeiterinnen hinzuzuziehen. [2]Die Vertrauensperson bewahrt über den Inhalt der Daten Stillschweigen, soweit sie der schwerbehinderte Mensch nicht von dieser Verpflichtung entbunden hat.

(5) [1]Die Vertrauensperson hat das Recht, an allen Sitzungen der Mitarbeitervertretung beratend teilzunehmen. [2]Erachtet sie einen Beschluss der Mitarbeitervertretung als erhebliche Beeinträchtigung wichtiger Interessen der schwerbehinderten Mitarbeiter und Mitarbeiterinnen, so ist auf ihren Antrag der Beschluss auf die Dauer von einer Woche vom Zeitpunkt der Beschlussfassung an auszusetzen. [3]Die Aussetzung hat keine Verlängerung einer Frist zur Folge. [4]Nach Ablauf der Frist ist über die Angelegenheit neu zu beschließen. [5]Wird der erste Beschluss bestätigt, so kann der Antrag auf Aussetzung nicht wiederholt werden.

(6) [1]Die Vertrauensperson hat das Recht, mindestens einmal im Jahr eine Versammlung der schwerbehinderten Mitarbeiter und Mitarbeiterinnen in der Dienststelle durchzuführen. [2]Die für die Mitarbeiterversammlung geltenden Vorschriften der §§ 31 und 32 gelten dabei entsprechend.

§ 52 MVG-EKD Persönliche Rechte und Pflichten der Vertrauensperson der schwerbehinderten Mitarbeiter und Mitarbeiterinnen

(1) [1]Für die Rechtsstellung der Vertrauensperson der schwerbehinderten Mitarbeiter und Mitarbeiterinnen gelten die §§ 19 bis 22, 28 und 30 entsprechend. [2]Ergänzend gilt § 179 Absatz 6 bis 9 des Neunten Buches Sozialgesetzbuch.

(2) Die Räume und der Geschäftsbedarf, die der Mitarbeitervertretung für deren Sitzungen, Sprechstunden und laufende Geschäftsführung zur Verfügung gestellt werden, stehen für die gleichen Zwecke auch der Vertrauensperson offen, soweit ihr hierfür nicht eigene Räume und Geschäftsbedarf zur Verfügung gestellt werden.

§ 52 a MVG-EKD Gesamtschwerbehindertenvertretung

(1) Besteht eine Gesamtmitarbeitervertretung nach § 6, bilden die Vertrauenspersonen eine Gesamtschwerbehindertenvertretung.

(2) Ist nur in einer der Dienststellen eine Vertrauensperson gewählt, nimmt sie die Rechte und Pflichten der Gesamtschwerbehindertenvertretung wahr.

(3) [1]Die Gesamtschwerbehindertenvertretung vertritt die Interessen der schwerbehinderten Beschäftigten in Angelegenheiten, die Schwerbehinderte aus mehr als einer Dienststelle betreffen. [2]Sie vertritt auch die Interessen der schwerbehinderten Beschäftigten, die in einer Dienststelle tätig sind, für die eine Vertrauensperson entweder nicht gewählt werden kann oder nicht gewählt worden ist.

6 Da § 51 Abs. 1 MVG-EKD in seiner alten Fassung hinsichtlich der Rechtsstellung und der Aufgaben lediglich auf § 95 Abs. 1 SGB IX aF und nicht auf die Vorschriften in § 95 Abs. 2 SGB IX aF verwies, hat eine kirchliche SBV bei einem Arbeitsgericht versucht im Beschlussverfahren eine kirchliche Einrichtung zu verpflichten, weitergehende Rechte aus staatlichem Recht zu erfüllen. Dieser Antrag ist zurückgewiesen worden.[12] Zur Begründung hat das Gericht unter Bezugnahme auf die Selbstverwaltungsgarantie aus Art. 140 GG iVm Art. 137 Abs. 3 WRV ausgeführt, Regelungen über die Mitbestimmung gehörten zum Organisationsrecht, das der Selbstgestaltungsmacht der Kirchen unterliege.[13] Zwar sei das SGB IX als öffentlich-rechtliches Arbeitnehmerschutzgesetz ein „für alle geltendes Gesetz". Soweit dieses Gesetz jedoch Regelungen über die Bildung und die Aufgaben von Schwerbehindertenvertretungen und deren Zusammenarbeit mit den Betriebs- und Personalräten sowie anderen Personalräten enthalte, lägen jedoch „betriebsverfassungsrechtliche Bestimmungen" vor, deren Regelungsgehalt unter das Selbstbestimmungsrecht der Kirchen nach Art. 140 GG iVm Art. 137 Abs. 3 WRV fielen.[14] Die Antragsteller könnten auch nicht damit gehört werden, dass die Aufgaben der Schwerbehindertenvertretung sich vor allem auf Beratung und Betreuung bezögen und deshalb keine Einflussmöglichkeiten auf die sozialen und organisatorischen Angelegenheiten des Betriebes möglich seien. Durch das Unterrichtungs- und Anhörungsrecht in § 95 Abs. 2 SGB IX aF seien nämlich weitergehenden Rechte und Aufgaben der Schwerbehindertenvertretung geregelt. Diese berührten die inneren Angelegenheiten der kirchlichen Einrichtung. So sei nach § 95 Abs. 2 Satz 2 SGB IX aF die Durchführung oder Vollziehung einer ohne Beteiligung nach Satz 1 getroffenen Entscheidung auszusetzen, die Beteiligung ist innerhalb von sieben Tagen nachzuholen. Vor allem greife aber § 95 Abs. 2 Satz 3 SGB IX aF[15] in der Fassung vom 30.12.2016 in die Selbstverwaltung ein, weil die Kündigung eines schwerbehinderten Menschen, die der Arbeitgeber ohne Beteiligung nach Satz 1 ausspricht, als unwirksam gilt. So führe eine unterbliebene Beteiligung der Schwerbehindertenvertretung zu einer Unwirksamkeit der Kündigung und zwinge damit zur Fortsetzung eines Arbeitsverhältnisses.[16] Diese Begründung ist nicht überzeugend. Sie verkennt insbesondere, dass die in Bezug genommene Rechtsprechung des BVerfG ausreichend Spielraum für eine andere Bewertung zulässt. Im Schrifttum wird deshalb auch vertreten, dass das **staatliche Recht** aus §§ 177 ff. SGB IX anzuwenden sei.[17]

7 Auf der Herbstsynode der EKD im November 2018 ist die MVG-Novelle beschlossen werden, die eine starke Anpassung an das durch Art. 1 BTHG geänderte SGB IX vorsieht. Dort ist § 51 **Abs. 1** MVG-EKD neu gefasst worden, → Rn. 4. Damit ist das staatliche Recht scheinbar vollständig übernommen worden. Allerdings enthält Abs. 2 eine Einschränkung hinsichtlich der Heranziehung von stellvertretenden Mitgliedern; denn die in § 178 Abs. 1 Satz 4 bis 5 SGB IX ausgeweitete Anzahl von Heranziehung, gestaffelt nach Belegschaftsgröße, ist auf die **Heranziehung der ersten stellvertretenden Person** beschränkt. Auch in der Übernahme der Beteiligungsvorschrift aus § 178 Abs. 2 Satz 1 SGB IX findet sich in § 51 Abs. 3 Satz 1 MVG eine Einschränkung. Anstelle einer unverzüglichen Unterrichtung schuldet hier der Dienstgeber nur eine

---

12 ArbG Kiel 29.6.2017 – 5 BV 57 e/16, ZMV 2017, 342.
13 So auch *Fey/Rehren* MVG.EKD, August 2016, § 50 Rn. 1 a.
14 ArbG Kiel 29.6.2017 – 5 BV 57 e/16, Rn. 18, ZMV 2017, 342.
15 Gemäß Art. 1 BTHG mWv 1.1.2018 nach § 178 Abs. 2 Satz 3 SGB IX verschoben.
16 ArbG Kiel 29.6.2017 – 5 BV 57 e/16, Rn. 19, ZMV 2017, 342.
17 *Baumann-Czichon* in Baumann-Czichon/Germer MVG.EKD § 50 Rn. 1 b.

rechtzeitige Unterrichtung. Dieser Unterschied im Zeitpunkt der Unterrichtung kann sich auch bei der in § 51 Abs. 3 Satz 2 MVG übernommenen Unwirksamkeitsklausel als Rechtsfolge einer mangelhaften Beteiligung der SBV vor Kündigungen auswirken.

Die Evangelisch-Lutherische Kirche in Norddeutschland hat ein Gesetz über die Vertretung der Pastorinnen und Pastoren (Pastorenvertretungsgesetz – PastVG) erlassen.[18] In dessen § 11 ist eine besondere Schwerbehindertenvertretung geregelt. Danach wird eine Schwerbehindertenvertretung der Pastorinnen und Pastoren gebildet, die aus der Vertrauensperson und bis zu zwei stellvertretenden Mitgliedern besteht. Deren Amtszeit beträgt sechs Jahre. Es gilt zwar eine eigenständige Wahlordnung. Nach § 11 Abs. 3 PastVG finden jedoch im Übrigen „die Vorschriften des Neunten Buches Sozialgesetzbuch vom 23.12.2016 (BGBl. I S. 3234), das zuletzt durch Artikel 23 des Gesetzes vom 17.7.2017 (BGBl. I S. 2541) geändert worden ist, in der jeweils geltenden Fassung entsprechend Anwendung". Hier gilt damit materiell das staatliche Recht.

4. Die Schwerbehindertenvertretung in der Freikirche der Siebenten-Tags-Adventisten in Deutschland

Mit Beschluss der Generalkonferenz der Inter-European Division der Seventh-Day Adventist Church vom 29.4.2015 wurde die „Kirchenrechtliche Regelung der Inter-European Division der Seventh-Day Adventist Church zur Mitarbeitervertretung für die Krankenhäuser der Freikirche der Siebenten-Tags-Adventisten in Deutschland" (MVG Adventisten) erlassen. Dort heißt es unter anderem:

§ 36 Aufgaben der Vertrauensperson der schwerbehinderten Mitarbeiter

1. Die Vertrauensperson der schwerbehinderten Menschen fördert die Eingliederung schwerbehinderter Mitarbeiter in die Dienststelle, vertritt ihre Interessen in der Dienststelle und steht ihnen beratend und helfend zur Seite. Sie erfüllt ihre Aufgaben insbesondere dadurch, dass sie
   a) darüber wacht, dass die zugunsten schwerbehinderter Menschen geltenden Gesetze, Verordnungen, Dienstvereinbarungen und Verwaltungsanordnungen durchgeführt, insbesondere auch die dem Dienstgeber nach den §§ SGB IX § 71, SGB IX § 72 und SGB IX § 81, SGB IX § 83, SGB IX § 84 SGB IX obliegenden Verpflichtungen erfüllt werden; im Rahmen der Erfüllung dieser Aufgaben ist die Vertrauensperson der schwerbehinderten Mitarbeiter auch berechtigt, an vom Dienstgeber veranlassten Begehungen von Arbeitsplätzen teilzunehmen, sofern schwerbehinderte Mitarbeiter auf diesen Arbeitsplätzen tätig sind, (…).
5. Die Vertrauensperson hat das Recht, an allen Sitzungen der Mitarbeitervertretung beratend teilzunehmen, wenn und soweit Angelegenheiten erörtert werden, die einzelne Schwerbehinderte oder die Schwerbehinderten als Gruppe berühren (…). Stellt sich erst während einer Sitzung der Mitarbeitervertretung, bei der die Vertrauensperson nicht anwesend ist, heraus, dass eine Angelegenheit einzelne Schwerbehinderte oder die Schwerbehinderten als Gruppe berührt, so ist die Vertrauensperson entweder unverzüglich zur Sitzung hinzuzuziehen oder die Angele-

---

18 Pastorenvertretungsgesetz vom 9.1.2015, KABl., 106, geändert durch Erstes Kirchengesetz zur Änderung des Pastorenvertretungsgesetzes vom 5.3.2018, KABl., 158.

genheit, soweit es die Umstände, insbesondere etwaig zu beachtende bindende Fristen, zulassen, auf die nächste Sitzung zu vertagen (...).

§ 40 Schlichtungsverfahren

1. Über Streitigkeiten aus dieser kirchenrechtlichen Regelung, insbesondere soweit die in den vorstehenden Bestimmungen ausdrücklich vorgesehen ist, entscheidet ein Schlichter."

5. Die Schwerbehindertenvertretung in der Katholischen Kirche

10 Da in der Katholischen Kirche jeder Bischof für seine Diözese zuständig ist, besteht dort keine einheitliche Regelung. Die katholischen (Erz-)Bischöfe in der Bundesrepublik Deutschland haben jeweils für ihren Bereich,

- in Verantwortung für den Auftrag der Kirche, der Berufung aller Menschen zur Gemeinschaft mit Gott und untereinander zu dienen,
- in Wahrnehmung der der Kirche durch das Grundgesetz garantierten Freiheit, ihre Angelegenheiten selbstständig innerhalb der Schranken der für alle geltenden Gesetze zu ordnen,
- zur Sicherung der Glaubwürdigkeit der Einrichtungen, die die Kirche unterhält und anerkennt, um ihren Auftrag in der Gesellschaft wirksam wahrnehmen zu können,
- in Erfüllung ihrer Pflicht, dass das kirchliche Arbeitsrecht außer den Erfordernissen, die durch die kirchlichen Aufgaben und Ziele gegeben sind, auch den Grundnormen gerecht werden muss, wie sie die Katholische Soziallehre für die Arbeits- und Lohnverhältnisse herausgearbeitet hat,

eine **Grundordnung des kirchlichen Dienstes im Rahmen kirchlicher Arbeitsverhältnisse**[19] erlassen.[20] Dessen Art. 8 lautet:

Art. 8 Mitarbeitervertretungsrecht als kirchliche Betriebsverfassung

¹Zur Sicherung ihrer Selbstbestimmung in der Arbeitsorganisation kirchlicher Einrichtungen wählen die Mitarbeiterinnen und Mitarbeiter nach Maßgabe kirchengesetzlicher Regelung Mitarbeitervertretungen, die an Entscheidungen des Dienstgebers beteiligt werden. ²Das Nähere regelt die jeweils geltende Mitarbeitervertretungsordnung (MAVO). ³Die Gremien der Mitarbeitervertretungsordnung sind an diese Grundordnung gebunden.

11 Auf der Grundlage eines einstimmigen Beschlusses der Vollversammlung des Verbandes der Diözesen Deutschlands vom 20.11.1995, zuletzt geändert durch Beschluss vom 19.7.2017, gilt eine Rahmenordnung für eine Mitarbeitervertretungsordnung (Rahmen-MAVO).[21]
Nach § 52 Rahmen-MAVO nimmt „die entsprechend den Vorschriften des Sozialgesetzbuches IX gewählte Vertrauensperson der schwerbehinderten Mitarbeiterinnen und Mitarbeiter" an den Sitzungen der Mitarbeitervertretung teil und arbeitet mit dieser zusammen. Bemerkenswert ist, dass nach § 52 Abs. 1 Satz 2 Nr. 2 Rahmen-MAVO die Vertrauensperson, soweit Angelegenheiten der

---

19 Grundordnung des kirchlichen Dienstes im Rahmen kirchlicher Arbeitsverhältnisse in der Fassung des Beschlusses der Vollversammlung des Verbandes der Diözesen Deutschlands vom 27.4.2015.
20 Sekretariat der Deutschen Bischofskonferenz (Hrsg.), Kirchliches Arbeitsrecht, 2011, S. 20.
21 Sekretariat der Deutschen Bischofskonferenz (Hrsg.), Kirchliches Arbeitsrecht, 2011, S. 51, veröffentlicht unter www.tinyurl.com/Rahmen-MAVO-2017 (letzter Aufruf 30.3.2021).

schwerbehinderten Menschen beraten werden, ein Stimmrecht bei der Beschlussfassung der MAV erhalten hat. § 52 hat folgenden Wortlaut:

§ 52 Rahmen-MAVO   Mitwirkung der Vertrauensperson der schwerbehinderten Mitarbeiterinnen und Mitarbeiter

(1) ¹Die entsprechend den Vorschriften des Sozialgesetzbuches IX gewählte Vertrauensperson der schwerbehinderten Mitarbeiterinnen und Mitarbeiter nimmt an den Sitzungen der Mitarbeitervertretung teil. ²Die Vertrauensperson hat, soweit Angelegenheiten der schwerbehinderten Menschen beraten werden,
1. das Recht, vor und während der Sitzungen der Mitarbeitervertretung Anträge zu stellen. Auf ihren Antrag hat die oder der Vorsitzende der Mitarbeitervertretung eine Sitzung in angemessener Frist einzuberufen und den Gegenstand, dessen Beratung beantragt wird, auf die Tagesordnung zu setzen,
2. Stimmrecht,
3. das Recht, an Besprechungen bei dem Dienstgeber teilzunehmen.

(2) ¹Der Dienstgeber hat die Vertrauensperson der schwerbehinderten Mitarbeiterinnen und Mitarbeiter in allen Angelegenheiten, die einen einzelnen oder die schwerbehinderten Menschen als Gruppe berühren, unverzüglich und umfassend zu unterrichten und vor einer Entscheidung anzuhören; er hat ihr die getroffene Entscheidung unverzüglich mitzuteilen. ²Ist dies bei einem Beschluss der Mitarbeitervertretung nicht geschehen und erachtet die Vertrauensperson der schwerbehinderten Mitarbeiterinnen und Mitarbeiter einen Beschluss der Mitarbeitervertretung als eine erhebliche Beeinträchtigung wichtiger Interessen schwerbehinderter Menschen, wird auf ihren Antrag der Beschluss für die Dauer von einer Woche vom Zeitpunkt der Beschlussfassung ausgesetzt. ³Durch die Aussetzung wird eine Frist nicht verlängert.

(3) ¹Die Vertrauensperson der schwerbehinderten Mitarbeiterinnen und Mitarbeiter hat das Recht, mindestens einmal im Jahr eine Versammlung der schwerbehinderten Mitarbeiterinnen und Mitarbeiter in der Dienststelle durchzuführen. ²Die für die Mitarbeiterversammlung geltenden Vorschriften der §§ 21, 22 gelten entsprechend.

(4) Die Räume und der Geschäftsbedarf, die der Dienstgeber der Mitarbeitervertretung für deren Sitzungen, Sprechstunden und laufenden Geschäftsbedarf zur Verfügung stellt, stehen für die gleichen Zwecke auch der Vertrauensperson der schwerbehinderten Mitarbeiterinnen und Mitarbeiter zur Verfügung, soweit hierfür nicht eigene Räume und sachliche Mittel zur Verfügung gestellt werden.

(5) ¹Für die Vertrauensperson der schwerbehinderten Mitarbeiterinnen und Mitarbeiter gelten die §§ 15 bis 20 entsprechend. ²Weitergehende persönliche Rechte und Pflichten, die sich aus den Bestimmungen des SGB IX ergeben, bleiben hiervon unberührt.

Ebenso wie für die Einrichtungen der evangelischen Kirche hat die Rechtsprechung auch für Einrichtungen der katholischen Kirche den dort gewählten Vertrauenspersonen die **Anwendung des staatlichen Rechts** verwehrt. Die vom Arbeitsgericht München statt einer Begründung vorgenommene Bezugnahme auf die Entscheidung des BVerfG ist zu pauschal, als dass sie überzeugen könnte: „Auch ohne die Regelung des § 118 Abs. 2 BetrVG würde das BetrVG auf Religionsgemeinschaften und ihre karitativen und erzieherischen Einrichtungen keine Anwendung finden (BVerfGE 46, 74). Daher ist es ohne Belang, dass sich im SGB IX kein Ausschluss für die Religionsgemeinschaften wie in § 118 BetrVG findet. Dementsprechend findet das SGB IX auch auf die Schwerbehindertenvertretung in Religionsgemeinschaften und ihren karitativen und erzieherischen Einrichtungen keine unmittelbare Anwendung."[22]

12

---

22   ArbG München 7.7.2009 – 21 BV 181/08, Rn. 35, ZMV 2009, 338.

13 Die MAVO kennt ebenso wie das BetrVG eine an die unterschiedlichen Leitungsebenen anknüpfende Vertretungsstruktur. Allerdings ist anders als im BetrVG oder als im Personalvertretungsrecht kein analoger **mehrstufiger Aufbau** für die Schwerbehindertenvertretung vorgesehen.

14 Bestehen bei einem Dienstgeber **mehrere Mitarbeitervertretungen**, so ist nach § 24 Abs. 1 MAVO auf Antrag von zwei Dritteln der Mitarbeitervertretungen oder, wenn die befürwortenden Mitarbeitervertretungen mehr als die Hälfte der in die Wählerlisten eingetragenen Wahlberechtigten repräsentieren, vergleichbar einem Gesamtbetriebsrat eine **Gesamtmitarbeitervertretung** zu bilden. Abweichend von § 180 Abs. 1 SGB IX ist eine eigenständige überörtliche Vertretung der Gruppe der schwerbehinderten Beschäftigten für diesen Fall zwar nicht vorgesehen. Jedoch wählen nach § 24 Abs. 4 Satz 2 MAVO alle Vertrauenspersonen der schwerbehinderten Mitarbeiterinnen und Mitarbeiter aus den Einrichtungen des Dienstgebers aus ihrer Mitte je eine Vertreterin oder einen Vertreter und je eine Ersatzvertreterin oder einen Ersatzvertreter in die Gesamtmitarbeitervertretung. So werden die Interessen der schwerbehinderten Beschäftigten durch ihr Mitglied in der Gesamtmitarbeitervertretung vertreten.

15 Nimmt ein Rechtsträger eine einheitliche und beherrschende Leitung gegenüber selbstständigen kirchlichen Einrichtungen wahr, so kann nach § 24 Abs. 2 MAVO auf Antrag von zwei Dritteln der Mitarbeitervertretungen oder, wenn die befürwortenden Mitarbeitervertretungen mehr als die Hälfte der in die Wählerlisten eingetragenen Wahlberechtigten repräsentieren, vergleichbar einem Konzernbetriebsrat eine **erweiterte Gesamtmitarbeitervertretung** gebildet werden. Nach § 24 Abs. 4 Satz 2 MAVO wählen dann alle Vertrauenspersonen der schwerbehinderten Mitarbeiterinnen und Mitarbeiter aus den Einrichtungen des Dienstgebers aus ihrer Mitte je eine Vertreterin oder einen Vertreter und je eine Ersatzvertreterin oder einen Ersatzvertreter in die erweiterte Gesamtmitarbeitervertretung. So werden die Interessen der schwerbehinderten Beschäftigten durch ihr Mitglied in der erweiterten Gesamtmitarbeitervertretung vertreten.

II. Wahl der Vertrauensperson der schwerbehinderten Mitarbeiter in Kirchen[23]

1. Allgemeines

16 Auch im Hinblick auf das Wahlrecht gilt das **kirchliche Privileg** des Art. 140 GG in Verbindung mit Art. 137 WRV, so dass die Kirchen **auch für das Wahlprozedere für die Vertrauenspersonen** der schwerbehinderten Mitarbeiter **Sonderregelungen vorsehen** können.[24] Dabei sind auch Abweichungen von den Vorgaben des § 177 SGB IX zulässig.[25] Von dieser Möglichkeit ist inzwischen verbreitet Gebrauch gemacht worden, so dass anstelle des § 177 SGB IX und der SchwbVWO diese Regelungen maßgeblich sind.[26]

17 Vorrangig zu beachten ist daher auch die **Rechtsprechung** zu den Wahlvorschriften der einschlägigen Bestimmungen zu den **Mitarbeitervertretungsgesetzen**. Im Fall einer Vergleichbarkeit der Vorschriften kann jedoch **ergänzend**

---

23 Die Ausführungen geben ausschließlich die persönliche Auffassung des Autors wieder und erfolgen nicht in dienstlicher Eigenschaft.
24 *Adlhoch ua* in BIH (Hrsg.), Wahl der Schwerbehindertenvertretung, 2013, S. 20. Vgl. auch allgemein *Düwell* jurisPR-ArbR 49/2018 Anm. 1.
25 *Adlhoch* in Ernst/Adlhoch/Seel § 94 Rn. 7; vgl. BAG 15.6.2017 – 7 AZB 56/16; BAG 11.3.1986 – 1 ABR 26/84, NZA 1986, 685.
26 Vgl. KGH 8.3.2019 – II-0124/58–2018; ArbG Kiel 29.6.2017 – 5 BV 57 e/16, ZMV 2017, 342; *Adlhoch* in Ernst/Adlhoch/Seel SGB IX § 94 Rn. 7; *Mestwerdt* jurisPR-ArbR 39/2018 Anm. 6; *Richardi* KirchenArbR § 18 Rn. 8.

auch auf die **Rechtsprechung zu § 177 SGB IX und zur SchwbVWO** zurückgegriffen werden.

2. Evangelische Kirche

a) Maßgebliche Bestimmungen

Die in § 177 SGB IX und der SchwbVWO enthaltenen Wahlvorschriften finden bei der Wahl einer Schwerbehindertenvertretung im Bereich der evangelischen Kirche keine Anwendung.[27] Anstelle des SGB IX ist das **Mitarbeitervertretungsgesetz (MVG-EKD)** in der Neufassung vom 1.1.2019 (ABl. EKD 2019, 2) einschlägig. Dieses gilt nach seinem § 1 Abs. 1 für die Dienststellen der Körperschaften, Anstalten, Stiftungen und Werke sowie der rechtlich selbstständigen Einrichtungen der Diakonie innerhalb der Evangelischen Kirche in Deutschland und 20 der EKD angeschlossene Gliedkirchen. Nach § 1 Abs. 3 MVG-EKD können andere kirchliche und freikirchliche Einrichtungen, Werke und Dienste im Bereich der evangelischen Kirchen dieses Kirchengesetz aufgrund von Beschlüssen ihrer zuständigen Gremien anwenden. Dazugehören insbesondere die Religionsgemeinschaften, die sich zur Vereinigung evangelischer Freikirchen zusammengeschlossen haben.[28] Diese Religionsgemeinschaften erlassen MVG-EKD-Anwendungsgesetze.

Das (MVG-EKD regelt in seinen §§ 50, 51 die Wahl und die Aufgaben der „Vertrauensperson der schwerbehinderten Mitarbeiter und Mitarbeiterinnen".[29] Dort wird die Bezeichnung Schwerbehindertenvertretung vermieden. Dennoch besteht in der Sache kein Unterschied zum staatlichen Recht; denn nach § 50 Abs. 1 Satz 1 MVG-EKD werden „eine Vertrauensperson und mindestens ein Stellvertreter oder mindestens eine Stellvertreterin gewählt". Demnach werden ebenso wie nach staatlichem Recht Vertretungen bestehend aus Vertrauenspersonen und stellvertretenden Mitgliedern gewählt. Über den Verweis in § 50 Abs. 1 Satz 2 MVG-EKD finden für die Wahl der Vertrauensperson und Stellvertreter die für die Wahl der Mitarbeitervertretung geltenden Bestimmungen der §§ 11, 13 und 14 MVG-EKD „entsprechende Anwendung". § 11 Abs. 1 MVG-EKD sind inhaltsgleich mit § 177 Abs. 6 Satz 1 SGB IX folgende Wahlgrundsätze vorgegeben: gleiche, freie, geheime und unmittelbare Wahlen nach den Grundsätzen der Mehrheitswahl (Persönlichkeitswahl). Nach § 12 MVG-EKD soll bei den Wahlvorschlägen angestrebt werden, Frauen und Männer sowie Mitarbeiter und Mitarbeiterinnen der verschiedenen in der Dienststelle vertretenen Berufsgruppen und Arbeitsbereiche entsprechend ihren Anteilen in der Dienststelle angemessen zu berücksichtigen. Die in § 50 Abs. 1 Satz 2 MVG-EKD vorgeschriebene angemessene Berücksichtigung der Geschlechter und Berufsgruppen kann nur verwirklicht werden, wenn die Wahlberechtigten entsprechend differenzierte Wahlvorschläge für Vertrauensperson und Stellvertreter bzw. Stellvertreterin machen. § 13 MVG-EKD regelt wie § 177 Abs. 6 Satz 2 SGB IX den Wahlschutz und die Tragung der Wahlkosten. § 11 Abs. 2 MVG-EKD ermächtigt den Rat der EKD, durch Rechtsverordnung weitere Einzelheiten der Wahl und des Verfahrens zu regeln. Von dieser Ermächtigung hat der Rat mit Erlass der **Wahlordnung** vom 23.7.1993 (WahlO-MVG) Gebrauch gemacht. Diese ist mehrfach geändert worden: Zunächst durch die Gesetzesvertretende Verordnung vom 3.12.2010[30], neu bekanntge-

---

27 KGH 8.3.2019 – II-0124/58–2018.
28 *Dreher* in MVG § 1 Rn. 11.
29 Vgl. *Düwell* jurisPR-ArbR 49/2018 Anm. 1.
30 ABl. EKD 2010, 355.

macht am 15.1.2011[31], zuletzt geändert durch Verordnung des Rates der EKD am 9.10.2020.[32] Eine zum 8.12.2017 vorgenommene erste Änderungs-VO[33] betraf nur die Anpassung des Verweises auf das SGB IX, die durch die neue dortige Paragrafenzählung nötig geworden war.[34] Wegen der Corona-Epidemie hat der Rat der EKD am 9.10.2020 mit einer zweiten Änderungs-VO die WahlO in mehreren Bestimmungen inhaltlich geändert.[35] Nach § 9 Abs. 1 b kann der Wahlvorstand für die Wahl der MAV während der bestehenden Corona-Pandemie und der daraus resultierenden Einschränkungen bis zum 30. Juni 2021 bestimmen, ob die Wahl ausschließlich als Briefwahl durchgeführt wird. Demgegenüber gilt unabhängig vom Bestehen einer Pandemie für die Wahl der Vertrauensperson und Stellvertreter ausschließlich das Briefwahlverfahren. Das ist schon seit 2011 so. Die Neufassung des § 15 Abs. 2 Satz 1 WahlO-MVG durch die zweiten Änderungs-VO hat diese Regelung beibehalten. Sie hat durch Streichung eines überflüssigen Halbsatzes restlos klargestellt: „Die Wahl der Vertrauensperson wird im Briefwahlverfahren durchgeführt."
Die WahlO-MVG gilt in 16 der 20 Gliedkirchen der EKD. Eigenständige Wahlordnungen gelten in der Evangelischen Landeskirche in Baden, der Evangelischen Kirche in Hessen und Nassau, der Evangelischen Kirche der Pfalz sowie der Evangelischen Landeskirche in Württemberg. Diese orientieren sich an der Wahlordnung der EKD.

b) Auslegungsgrundsätze

19 Die Wahlvorschriften sind so auszulegen, dass den ihnen innewohnenden **Grundsätzen der Öffentlichkeit, der Selbstorganisation, der obligatorischen Vertretung, der Simplizität und der Barrierefreiheit** Rechnung getragen wird.[36]

c) Amtszeit und Wahlzeitraum

20 Die Regelung der Amtszeit der Vertrauensperson und des regelmäßigen Wahlzeitraums für Neuwahlen ergibt sich aus § 50 Abs. 2 MVG-EKD iVm In § 15 Abs. 2 MVG-EKD. Dort ist abweichend von § 177 Abs. 7 Satz 2 SGB IX sowohl ein fester Stichtag für das Amtsende als auch abweichend von § 177 Abs. 5 SGB IX ein einheitlicher Wahlzeitraum für Vertrauensperson und Belegschaftsvertretung festgelegt. Danach finden alle vier Jahre in der Zeit vom 1. Januar bis 30. April sowohl die regelmäßigen Wahlen der Mitarbeitervertretung als auch der Vertrauensperson statt. Die Amtszeiten der Mitarbeitervertretung und der Vertrauensperson enden einheitlich jeweils mit Ablauf des 30. April. Die Amtszeiten der neu gewählten Mitarbeitervertretung und der Vertrauensperson beginnen einheitlich am 1. Mai. Wegen des unterschiedlichen Zeitpunkts des Inkrafttretens einzelner MVG-EKD-Anwendungsgesetze gibt es keinen einheitlichen Wahltermin. So ist in den Landeskirchen der Konföderation evangelischer Kirchen in Niedersachsen vom 1. Januar bis 30. April 2021 gewählt worden. Deshalb verteilen sich die nächsten Wahltermine von 2021 bis 2025. Aus der folgenden Tabelle ergibt sich ein Überblick.

---

31 ABl. EKD 2011, 2, 33, 304 geändert durch VO vom 8.12.2017 ABl. EKD, 382.
32 ABl. EKD 2020, 218.
33 ABl. EKD 2017, 382.
34 Schematische Übersicht und Erläuterung *Hochtritt* in Joussen/Mestwerdt/Nause/Spelge MVG S. 735 ff.
35 ABl. EKD 2020, 2182.
36 Siehe zur Geltung dieser ungeschriebenen Wahlgrundsätze *Sachadae*, Wahl der SchwbV, S. 67 ff.

	Gliedkirche	Rechtsgrundlage für Gesamtausschüsse bzw. Arbeitsgemeinschaften der MAV	Wahlzeitpunkt	Internetadresse Gesamtausschuss/ Arbeitsgemeinschaft (Diakonie)
1.	Ev. Landeskirche Anhalts	§§ 3 und 5 Mitarbeitervertretungsausführungsgesetz (AGMVG- EKD Anhalt)		Keine Homepage
2.	Ev. Landeskirche in Baden	§ 54 MVG-Anwendungsgesetz Baden	2018, 2022	ga-baden.de
3.	Ev.-luth. Kirche in Bayern	§ 2 Kirchengesetz zur Ausführung des MVG.EKD (AusfG MVG) Bayern	2019, 2022	gamav-diakonie-bayern.de
4.	Ev. Kirche Berlin- Brandenburg-schlesische Oberlausitz	§ 10 Anwendungsgesetz MVG.EKD EKBO	2018, 2022	diakonie-portal.de/ueber-uns/arbeitsrecht/agmv
5.	Ev.-lt. Landeskirche in Braunschweig	§ 6 MVG-EKD-AnwG	2021	ag-mav.de
6.	Bremische Ev. Kirche	§ 8 AusfG-MVG Bremen	2019, 2023	Keine Homepage
7.	Ev.-lt. Landeskirche Hannovers	§ 6 MVG-EKD-AnwG	2021	ag-mav.de
8.	Ref. Kirche Leer	§ 4 Ausführungsgesetz MVG.EKD Ref. Kirche Leer		Keine Homepage
9.	Ev. Kirche in Hessen und Nassau	§§ 43 ff MAVG § 8 MVG-Anwendungsgesetz Diakonie – MVG.DW	2018, 2022	gamavdh.de
10.	Ev. Kirche von Kurhessen-Waldeck	§ 4 Ausführungsgesetz MVG.EKD § 8 MVG-Anwendungsgesetz Diakonie – MVG.DW	2018, 2022	gamavdh.de
11.	Ev. Kirche in Mitteldeutschland	§ 7AusfG MVG.EKD EKM	2018, 2022	mav-ekm.de
12.	Ev.-luth. Kirche in Norddeutschland	§ 10 MVGErgG (Mitarbeitervertretungs- gesetzergänzungsgesetz)	2018, 2022 (bestätigt für Meck.-Pomm.)	agmav-sh.de

Gliedkirche	Rechtsgrundlage für Gesamtausschüsse bzw. Arbeitsgemeinschaften der MAV	Wahlzeitpunkt	Internetadresse Gesamtausschuss/ Arbeitsgemeinschaft (Diakonie)
13. Ev.-lt. Kirche in Oldenburg	§ 6 MVG-EKD-AnwG	2020, 2025	www.ag-mav.de
14. Ev. Kirche der Pfalz	§§ 6, 6a MVG-Pfalz	2021	gmdw-pfalz.de
15. Ev. Kirche im Rheinland	§ 7 AusfG MVG.EKD Rheinland	2018, 2022	mav-gesa-ekir.de
16. Ev.-luth. Landeskirche Sachsens	§ 6 Anwendungsgesetz zum MVG.EKD Sachsen	2018, 2022	Keine Homepage
17. Ev.-Lt. Landeskirche Schaumburg-Lippe	§ 6 MVG-EKD-AnwG	2021	ag-mav.de
18. Ev. Kirche von Westfalen und Lippische Landeskirche	§ 7 AGMVG Westfalen und § 3a EG MVG.EKD Lippische LK	2018, 2022	agmav.de
19. Ev. Landeskirche in Württemberg	§ 54 MVG.Württemberg	2020, 2024	agmav-wuerttemberg.de

Quelle: Bundeskonferenz der Mitarbeitervertretungen nach § 55a MVG.EKD.

d) Aktives und Passives Wahlrecht

21 Das aktive Wahlrecht steht gemäß § 50 Abs. 3 MVG-EKD allen in der Dienststelle beschäftigten schwerbehinderten Mitarbeitern zu. Anders als im Hinblick auf § 177 SGB IX unterscheiden sich die für die Wahl der Vertrauensperson und für die allgemeine Interessenvertretung (also die MAV) Wahlberechtigten nur im Hinblick auf das Vorliegen einer Schwerbehinderung (zu den Unterschieden zwischen Arbeitnehmer und Beschäftigten → SGB IX § 177 Rn. 13). Als aktiv Wahlberechtigte zählen gemäß § 15 Abs. 1 WahlO-MVG auch Mitarbeiter, die zwar nicht schwerbehindert, aber nach Maßgabe des SGB IX gleichgestellt sind. Auch wenn in § 15 Abs. 1 WahlO-MVG im Hinblick auf Gleichgestellte von „Personen" die Rede ist, sind jedoch nach Sinn und Zweck auch insoweit ausschließlich Mitarbeiter wahlberechtigt.

Die Wählbarkeit als Vertrauensperson richtet sich nach § 10 MVG-EKD, so dass diese mit dem passiven Wahlrecht für die Mitarbeitervertretung deckungsgleich ist. Wahlbewerber für das Amt der Vertrauensperson müssen daher insbesondere nicht schwerbehindert sein. Dies stellt auch § 15 Abs. 2 S. 4 WahlO-MVG klar. Durch die Novellierung vom 14.11.2018 ist in § 10 MVG-EKG lediglich die Regelung zur Beschränkung der Wählbarkeit auf Glieder einer christlichen Kirche oder Gemeinschaft, die der Arbeitsgemeinschaft Christlicher Kirchen in Deutschland angeschlossen ist, neu gefasst worden.

e) Generelle Briefwahl

Abweichend von den allgemeinen Vorgaben für die Wahl der Mitarbeitervertretung ist für die Wahl der Vertrauensperson gemäß § 15 Abs. 2 Satz 1 WahlO-MVG generell eine **Briefwahl durchzuführen**.[37] Diese ist nicht davon abhängig, dass sie von den Wahlberechtigten beantragt oder allgemein vom Wahlvorstand beschlossen wird. Eine Urnenwahl ist damit für die Wahl der Vertrauensperson **generell ausgeschlossen**.

Nach § 15 Abs. 1a WahlO-MVG kann jeder wahlberechtigte Schwerbehinderte einen Wahlvorschlag bei Wahlvorstand einreichen. Im Gegensatz zur Wahl der Mitarbeitervertretung sind hierzu keine Unterschriften von mindestens drei Unterstützern notwendig. Es reicht der Vorschlag durch einen Wahlberechtigten. Im Übrigen sind die **allgemeinen Wahlvorschriften** für die Wahl der Mitarbeitervertretung entsprechend anzuwenden. Dabei sind insbesondere die **Briefwahlbestimmungen** des § 9 WahlO-MVG zu beachten. Mit der Zweiten Änderungs-VO des Rates sind terminologische Unklarheiten beseitigt worden. Nach dem neugefassten § 9 Abs. 3 können im Wege der Briefwahl abgegebene Stimmen nur berücksichtigt werden, wenn sie bis zum Abschluss der Stimmabgabe beim Wahlvorstand eingegangen sind. Nach Abs. 4 sammelt der Wahlvorstand die eingehenden Wahlbriefe und bewahrt sie bis zum Abschluss der Stimmabgabe gesondert auf. Er vermerkt die Stimmabgabe in der Liste der Wahlberechtigten, in der auch die Aushändigung des Wahlbriefes zu vermerken ist. Nach Abschluss der Stimmabgabe öffnet der Wahlvorstand alle bis dahin vorliegenden Wahlbriefumschläge, entnimmt ihnen die Wahlumschläge und legt diese in die Wahlurne. In Abs. 5 ist bestimmt: Ein Wahlbrief ist ungültig, wenn er erst nach Abschluss der Stimmabgabe eingegangen ist. Ein ungültiger Wahlbrief ist ungeöffnet samt seinem Inhalt auszusondern und zu den Wahlunterlagen zu nehmen.

Grundlegend vom staatlichen Recht (§ 1 SchwbVWO) abweichend ist die Bestellung des Wahlvorstands geregelt. Nach § 15 Abs. 2 Satz 3 WahlO-MVG sind insoweit die Bestimmungen für die Wahl der MAV „entsprechend" anzuwenden. Nach § 1 Abs. 1 WahlO-MVG ist spätestens drei Monate vor Ablauf der Amtszeit in einer von der amtierenden Mitarbeitervertretung einzuberufenden Mitarbeiterversammlung durch Zuruf und offene Abstimmung bestimmt, sofern nicht mindestens ein Drittel der Wahlberechtigten eine geheime Abstimmung beantragt. Klärungsbedürftig ist, was hier entsprechende Anwendung bedeutet. Zumeist wird in der Praxis angenommen, dass für die Wahl der Vertrauensperson auch die Mitarbeitervertretung den Wahlvorstand bestellt. Diese Ansicht vertritt auch der Gesamtausschuss der Mitarbeitervertretungen der Ev.-luth. Landeskirche Hannovers: „Der Wahlvorstand, welcher für die Durchführung der Wahlen zur Mitarbeitervertretung gewählt bzw. bestimmt wurde, führt parallel auch die Wahlen zur Vertrauensperson der Schwerbehinderten im Rahmen des § 15 WahlO-MVG durch."[38] Dem kann nicht zugestimmt werden. Bei einer Verweisung, die die „entsprechende" Anwendung einer Norm anordnet, sind „die einzelnen Elemente des durch die Verweisung geregelten und des-

---

37 So schon zum vorherigen Fassung des § 15 Abs. 2 Satz 1 WahlO-MVG, vgl. KGH 8.3.2019 – II-0124/58–2018, veröffentlicht unter www.zmv-online.de/data/urteil/kgh_ekd_II_0124_58_2018 (letzter Aufruf 18.5.2021) zur Neufassung des § 15 Abs. 2 Satz 1 WahlO-MVG → Rn. 18.
38 Leitfaden für Wahlvorstände zur Durchführung der Wahlen zur Mitarbeitervertretung vom 19.1.2021, S. 14; abrufbar unter www.gamav.de/damfiles/default/gamav/arbeitshilfen/mav_wahlen/reader_mav_wahlen_mit_sonderregelung_2021.pdf-c90 24a216104b71994c1991d13c6a6ed.pdf (letzter Aufruf 18.5.2021).

jenigen Tatbestandes, auf dessen Rechtsfolgen verwiesen wird, so miteinander in Beziehung zu setzen, dass den jeweils nach ihrer Funktion, ihrer Stellung und Sinnzusammenhang des Tatbestandes gleich zu erachtenden Elementen jeweils die gleiche Rechtsfolge zugeordnet wird".[39] Da unsachgemäße Gleichsetzungen zu vermeiden sind, muss hier der Umstand beachtet werden, dass es um die Wahl einer im Verhältnis zur Mitarbeitervertretung eigenständigen Repräsentation der schwerbehinderten Beschäftigten durch die Vertrauensperson geht. Für diese gilt insoweit der wahlrechtliche Grundsatz der Selbstorganisation.[40] Dieser beinhaltet: Den wahlberechtigten Schwerbehinderten steht die Befugnis zu, auf einer Wahlversammlung die Personen ihres Vertrauens als Wahlvorstand zu wählen.[41] Deshalb scheidet eine einfache Anwendung der Bestimmungen in § 2 WahlO-MVG aus, die für die Wahl der Mitarbeitervertretung geschaffen wurden. Folgerichtig ist bei entsprechender Anwendung des § 2 Abs. 1 WahlO-MVG hinsichtlich des spätestens Zeitpunktes der Bestimmung nicht auf das Ende der Amtszeit der Mitarbeitervertretung, sondern auf das der Vertrauensperson abzustellen. Hinsichtlich der Einberufung der Versammlung zur Wahl des Wahlvorstands steht das Recht dazu nicht der Mitarbeitervertretung, vielmehr der Vertrauensperson zu. Schließlich ist bei entsprechender Anwendung des § 2 Abs. 1 WahlO-MVG keine Mitarbeiterversammlung nach § 31 MVG. EKD, sondern eine Versammlung der schwerbehinderten Mitarbeiter und Mitarbeiterinnen in der Dienststelle iSv § 51 Abs. 6 MVG. EKD einberufen, um von dieser die personelle Zusammensetzung des Wahlvorstands bestimmen zu lassen. Amtiert keine Vertrauensperson oder ist die Dreimonatsfrist versäumt, so beruft in entsprechender Anwendung von § 1 Abs. 1 a WahlO-MVG die Dienststellenleitung diese Versammlung ein. Nach § 1 Abs. 1 b WahlO-MVG ist der Wahlvorstand durch die amtierende Vertrauensperson zu bestimmen, wenn aufgrund der Corona-Pandemie (einstweilen) bis zum 30.6.2021 keine Versammlung durchgeführt werden kann.

Eine weitere Besonderheit sieht § 15 Abs. 2 S. 2 WahlO-MVG vor. Die **Wahllisten der wahlberechtigten Mitarbeiterinnen und Mitarbeitern werden** nicht ausgehängt oder auf sonstige Weise bekanntgegeben, sondern sind vom Wahlvorstand **an die Wahlberechtigten zu übersenden**. Dies dient auch datenschutzrechtlichen Zwecken.[42] Insoweit wird in § 4 Abs. 1 S. 2 WahlO-MVG von der für die MAV geltende Regelung abgewichen. Demgegenüber ist in § 3 Abs. 2 SchwbVWO im staatlichen Recht die Verpflichtung des Wahlvorstands geregelt, die Liste der Wahlberechtigten auszulegen. Hier trägt das kirchliche Recht sowohl besser dem Datenschutz als auch dem Grundsatz der Simplizität Rechnung.

24 § 15 Abs. 1 a WahlO-MVG bestimmt, dass **Wahlvorschläge** nur von aktiv Wahlberechtigten unterbreitet werden dürfen. Nach § 10 MVG-EKD passiv wählbare Personen haben dagegen nur dann ein Wahlvorschlagsrecht, wenn sie zugleich über das aktive Wahlrecht verfügen (→ SchwbVWO § 6 Rn. 7).

---

39 BAG 29.7.2009 – 7 ABR 25/08, Rn. 10, NZA 2009, 1221 unter Bezugnahme auf *Larenz*, Methodenlehre der Rechtswissenschaft, S. 261.
40 *Sachadae*, Die Wahl der SBV, 2013, S. 75 ff.
41 ArbG Stuttgart 26.01. 2021 – 7 BVGa 1/21, Rn. 52, Behinderung und Recht 2021, 76.
42 KGH 8.3.2019 – II-0124/58–2018.

f) Wahlschutz, Wahlkosten und Anfechtung

Die in § 13 Abs. 1 bis 3 MVG-EKD enthaltenen Regelungen zum **Wahlschutz** entsprechen weitgehend denen für die Schwerbehindertenvertretungswahl (dazu → SGB IX § 177 Rn. 84 ff.). 25

Die **Kosten der Wahl** der Vertrauensperson hat gemäß § 13 Abs. 4 MVG-EKD iVm § 50 Abs. 1 S. 2 MVG-EKD die Dienststelle zu tragen. Siehe zu typischen Wahlkosten → SGB IX § 177 Rn. 87. 26

Die **Anfechtung der Wahl** der Vertrauensperson richtet sich gemäß § 50 Abs. 1 S. 2 MVG-EKD nach den Vorgaben des § 14 MVG-EKD. Danach kann die Wahl **binnen zwei Wochen** nach Bekanntgabe des Wahlergebnisses angefochten werden. **Anfechtungsberechtigt** sind dabei eine Gruppe von drei Wahlberechtigten und die Dienststellenleitung. Eine erfolgreiche Anfechtung setzt dabei voraus, dass gegen wesentliche Bestimmungen der Wahlberechtigung, der Wählbarkeit oder des Wahlverfahrens verstoßen und der Mangel nicht behoben wurde. 27

g) Gemeinsame Vertrauensperson und Gesamtvertrauensperson

Findet in Dienststellen eine **gemeinsame Wahl** der Mitarbeitervertretung statt, muss gemäß § 50 Abs. 5 MVG-EKD auch die Wahl der Vertrauensperson als gemeinsame Wahl erfolgen. Hierdurch soll ein Gleichlauf der Wahlbezirke der Interessenvertretungen sichergestellt werden. 28

Gemäß § 52 a MVG-EKD ist bei Bestehen einer Gesamtmitarbeitervertretung iSd § 6 MVG-EKD auf Ebene der Vertrauenspersonen eine **Gesamtschwerbehindertenvertretung** zu bilden. Auf welche Weise diese von den Vertrauenspersonen zu „bilden" ist, wird weder in § 52 a MVG-EKD noch in der WahlO-MVG klar geregelt. Naheliegend erscheint jedoch eine Errichtung im Wege eines Antrags nach Maßgabe des § 6 Abs. 1 MVG-EKD. 29

3. Katholische Kirche

a) Grundsatz

Für den Bereich der katholischen Kirchen bildet die Rahmenordnung für eine Mitarbeitervertretungsordnung (**Rahmen-MAVO**) die Grundlage für die Regelungen der Vertrauensperson der schwerbehinderten Mitarbeiter, die zuletzt durch Beschluss vom 19.6.2017 geändert worden ist. Allerdings sieht die Rahmen-MAVO grundsätzlich **keine spezifischen Sonderregelungen** für die Wahl der Vertrauensperson vor.[43] Vielmehr verweist § 52 Abs. 1 Rahmen-MAVO auf die Wahl nach dem SGB IX. 30

Damit sind die Bestimmungen des **§ 177 SGB IX und der SchwbVWO** auch im Bereich der katholischen Kirche zu beachten.[44] Daher sei hinsichtlich der Einzelheiten auf die dortige Kommentierung verwiesen.

b) Gesamtmitarbeitervertretung

Zur Entsendung in die (erweiterte) **Gesamtmitarbeitervertretung** wählen die beteiligten Vertrauenspersonen gemäß § 24 Abs. 4 Rahmen-MAVO aus ihrer Mitte einen Vertreter bzw. eine Vertreterin und einen Ersatzvertreter bzw. eine Ersatzvertreterin. Durch **Dienstvereinbarung** können abweichende Regelungen zu 31

---

43 Missverständlich insoweit *Adlhoch ua* in BIH (Hrsg.), Wahl der Schwerbehindertenvertretung, 2013, S. 21.
44 *Bleistein/Thiel* MAVO § 46 Rn. 3. Vgl. auch ArbG Trier 7.5.2003 – 1 BV 35/02, ZMV 2003, 314.

Mitgliederzahl und Zusammensetzung der (erweiterten) Gesamtmitarbeitervertretung vorgesehen werden.

Mit Blick auf diese Sonderbestimmung finden die „normalen" **Vorschriften zur Wahl der überörtlichen Vertretung** (§ 180 Abs. 7 iVm § 177 SGB IX und des § 22 SchwbVWO) im Bereich der katholischen Kirche keine unmittelbare Anwendung, da die Rahmen-MAVO hier – anders als in § 52 Abs. 1 Rahmen-MAVO – keinen Verweis auf die Vorschriften des SGB IX enthält.

Kapitel 2 Verfahren und Rechtsschutz

Literatur:

Boecken/Düwell/Diller/Hanau, Gesamtes Arbeitsrecht, 2016 (zit.: NK-GA); *Diering/Timme/Stähler* (Hrsg.), LPK-SGB X – Sozialverwaltungsverfahren und Sozialdatenschutz, 5. Aufl. 2019; *Düwell/Lipke* (Hrsg.), ArbGG, 5. Aufl. 2019; *Eichenhofer/Koppenfels-Spies/Wenner* (Hrsg.), Kommentar zum Sozialgesetzbuch I, 2. Aufl. 2018, *Eichenhofer/Wenner* (Hrsg.), SGB IV, 2. Aufl. 2017; *Eichenhofer/Wenner* (Hrsg.), SGB X, 2. Aufl. 2017; *Körner/Leitherer/Mutschler* (Hrsg.), Kasseler Kommentar Sozialversicherungsrecht, 94. EL, 109. Aufl. 2020; *Lüdtke/Berchtold* (Hrsg.), SGG, Handkommentar, 5. Aufl. 2017 (zit.: HK-SGG); *von Schütze* (Hrsg.), SGB X – Sozialverwaltungsverfahren und Sozialdatenschutz, 9. Aufl. 2020 (zit.: *Schütze*).

Vorbemerkung – Rechtsschutz im System der Fachgerichtsbarkeiten

Das **SGB IX regelt die Rechte von Menschen mit Behinderung auf Teilhabe am Leben in der Gesellschaft** nicht in sich abgeschlossen, sondern in Verzahnung mit den übrigen Büchern des Sozialgesetzbuchs. Gleiches gilt für den Rechtsweg. Je nach Fallgestaltung kommt die Zuständigkeit jeder der fünf Fachgerichtsbarkeiten (Ordentliche Gerichtsbarkeit, Arbeits-, Sozial-, Verwaltungs- und Finanzgerichtsbarkeit) in Betracht. Es sind nämlich nicht sämtliche Angelegenheiten aus dem SGB IX einer Gerichtsbarkeit zur Entscheidung zugewiesen. Vielmehr hängt es von der Fallgestaltung ab, welcher Rechtsweg eröffnet ist. Für sozialrechtliche Ansprüche ist das Leistungsgesetz maßgebend. Für die Leistungen der Sozialversicherung nach **SGB II, SGB III, SGB V, SGB VI, SGB VII und nach dem Schwerbehindertenrecht in Teil 3 des SGB IX, soweit die Agentur für Arbeit oder das Versorgungsamt entschieden hat**, sowie nach SGB XII gilt demzufolge der Sozialrechtsweg. Dies gilt ab dem 1.1.2020 auch für die Angelegenheiten nach **Teil 2 des SGB IX**.[1]

Unter Leistungen sind dabei auch die Feststellungen der Schwerbehinderung nach § 152 Abs. 1 SGB IX und die Gleichstellungen nach § 2 Abs. 3, § 151 Abs. 2 SGB IX zu verstehen. Die Geltendmachung von Ansprüchen aus SGB VIII sowie für das Schwerbehindertenrecht im Teil 3 des SGB IX, soweit es Entscheidungen der Integrationsämter betrifft, erfolgt im Verwaltungsrechtsweg (§ 40 VwGO). Soweit Ansprüche aus einem Arbeitsverhältnis geltend gemacht werden, ist nach § 2 Abs. 1 Nr. 3–9 ArbGG die Zuständigkeit der Gerichte für Arbeitssachen gegeben. Kraft der Regelung in § 2 Abs. 1 Nr. 10 ArbGG sind den Gerichten für Arbeitssachen auch die bürgerlichen Rechtsstreitigkeiten zugewiesen, die zwischen behinderten Menschen im Arbeitsbereich von Werkstätten zwischen diesen und den Trägern der Werkstätten entstehen. Sind Angelegenheiten aus dem Recht der Schwerbehindertenvertretungen gerichtlich zu klären, sind nach § 2a Abs. 3a ArbGG die Gerichte für Arbeitssachen „ausschließlich zuständig".[2] Bei Streitigkeiten über die zugunsten von Menschen mit Behinderung bestehenden einkommensteuerrechtlichen Pauschbeträge entscheiden nach § 33 Abs. 1 Nr. 1 FGO die Finanzgerichte. Hat die Verwaltungsbehörde nach § 238 SGB IX ein Bußgeld verhängt, so findet auf den Einspruch gegen den Bußgeldbescheid die Verhandlung vor dem Amtsgericht statt. Nach § 68 Abs. 1 OWiG entscheidet das Amtsgericht, in dessen Be-

---

1 Art. 20 Nr. 2 BTHG vom 23.12.2016, BGBl. I 3234.
2 Dies gilt auch für den Fall, dass ein kirchlicher Arbeitgeber mit der Vertrauensperson der schwerbehinderten Mitarbeiter über die Aufgaben der „Schwerbehindertenvertretung" iSv § 95 SGB IX streitet, vgl. BAG 15.6.2017 – 7 AZB 56/16.

zirk die Verwaltungsbehörde ihren Sitz hat. Nach § 79 OWiG ist in bestimmten Fällen die Rechtsbeschwerde zum Oberlandesgericht zulässig.

1. Verwaltungsverfahren

2 1.1. Das allgemeine Verwaltungsverfahren richtet sich nach den **Verfahrensregelungen des SGB I und SGB X** für den sozialrechtlichen und nach dem **Verwaltungsverfahrensgesetz (VwVfG)** für den verwaltungsrechtlichen Bereich, wobei beide Verfahrensgesetze im Wesentlichen gleich sind. Der nachfolgende Überblick über die Verfahrensregelungen gliedert sich in die allgemeinen Verwaltungsverfahrensvorschriften (SGB I und SGB X sowie VwVfG), das Widerspruchsverfahren und das Gerichtsverfahren. Dem Verwaltungsverfahrensgesetz entsprechen die jeweiligen Verfahrensgesetze der Länder. Am Schluss folgt ein Überblick über die Anrufung des **Ausschusses für die Rechte von Menschen mit Behinderungen** nach der UN-Behindertenrechtskonvention (UN-BRK) vom 13.12.2006.

3 1.2. Das Verwaltungsverfahren ist **an bestimmte Formen nicht gebunden** (§ 9 SGB X, § 10 VwVfG), es sei denn, es bestehen abweichende Rechtsvorschriften. Antragsteller können deshalb nicht angehalten werden, bestimmte **Formblätter oder Vordrucke** zu verwenden, auch wenn solche Vordrucke zur Erleichterung des Verwaltungshandelns häufig in der Praxis angewandt werden. Diese Praxis verstößt nicht gegen § 9 SGB X, § 10 VwVfG; § 60 Abs. 2 SGB I erwähnt schließlich Vordrucke auch im Rahmen der Regelung der Mitwirkungspflicht. Werden, nachdem ein formloser Antrag gestellt wurde, nachträglich noch weitere Unterlagen oder ausgefüllte Formblätter eingereicht, so wird damit kein neuer Antrag gestellt; es werden lediglich **Mitwirkungspflichten** nach §§ 60 ff. SGB I erfüllt.[3]

4 Aus dem Gebot der Nichtförmlichkeit folgt generell, dass die Handlungen der Beteiligten grundsätzlich **schriftlich, mündlich** oder auch **in anderer Weise** vorgenommen werden können, im Gegensatz zum förmlichen Verwaltungsverfahren. Danach können auch elektronische Verfahren zur Anwendung kommen. Dies gilt **auch für die Anhörung nach § 24 SGB X, § 28 VwVfG**, die auch mündlich oder fernmündlich erfolgen kann.[4] Allerdings erfüllt eine telefonische Anhörung mit gleichzeitiger Rückäußerung durch den Versicherten nicht die Voraussetzungen des § 24 Abs. 1 SGB X.[5] Dem Beteiligten muss ebenso wie bei einer mündlichen Anhörung ein angemessener Zeitraum zur Stellungnahme eingeräumt werden, idR zwei Wochen zzgl. Postlaufzeit.

5 1.3. Am Verfahren beteiligt sein können natürliche und juristische Personen, Behörden sowie Vereinigungen, und zwar ohne Rücksicht auf ihre Rechtsfähigkeit (§ 10 SGB X, § 11 VwVfG).

Voraussetzung ist lediglich, dass die der Vereinigung zustehenden **subjektiven Rechte** verletzt sind. Zu solchen Vereinigungen zählen beispielsweise nicht rechtsfähige Vereine, politische Parteien einschließlich der Landesverbände, Kreisverbände und Ortsgruppen, Gewerkschaften (aber ohne deren Bezirksverbände),[6] Arbeitgeberverbände sowie Erbengemeinschaften.[7] Ob eine Bedarfsgemeinschaft iSd § 7 Abs. 1 SGB II die Beteiligungsfähigkeit hat, ist streitig. Unbestritten ist jedenfalls, dass alle Mitglieder einer Bedarfsgemeinschaft Inhalts-

---

3 BSG SozR 4-4300 § 415 Nr. 1.
4 BSG 31.3.1982 – 4 RJ 21/81, HVGBG RdSchr VB 121/82.
5 BSG 31.3.1982 – 4 RJ 21/81, HVGBG RdSchr VB 121/82.
6 BGH ZZP 86, 212.
7 BVerwGE 3, 208.

adressaten eines Bescheides der Bundesanstalt für Arbeit sind und demzufolge Verfahrensbeteiligte sein können.[8] Die Jobcenter sind nach § 70 Nr. 1 SGG beteiligungsfähig.

Die **Beteiligungsfähigkeit** ist Verfahrensvoraussetzung und von Amts wegen zu prüfen. Ergibt sich die Beteiligungsfähigkeit erst im Laufe des Verfahrens, können die bisherigen Verfahrenshandlungen geheilt werden.[9] Fällt die Beteiligungsfähigkeit im Laufe des Verwaltungsverfahrens durch Tod, Auflösung oder aus anderen Gründen weg, wird das Verfahren in entsprechender Anwendung der §§ 239 ff. ZPO bis zur Fortführung durch den Rechtsnachfolger unterbrochen. Fehlt die Beteiligungsfähigkeit während des gesamten Verwaltungsverfahrens, so führt dies zur Nichtigkeit des Verwaltungsaktes (siehe § 40 Abs. 1 SGB X). 6

Grundsätzlich setzt die Beteiligungsfähigkeit auch voraus, dass eine Verletzung **eigener** subjektiver Rechte geltend gemacht wird. Dieser Grundsatz wird mit der **Regelung in § 85 SGB IX** durch das dort normierte **Klagerecht der Verbände** im Rahmen einer gesetzlichen **Prozessstandschaft** durchbrochen (vgl. dazu im Einzelnen die Kommentierung zu § 85). 7

Während die Beteiligungsfähigkeit gemäß § 10 SGB X, § 11 VwVfG mit der prozessualen Parteifähigkeit gleichzusetzen ist, entspricht die Vornahme von Verfahrenshandlungen gemäß § 11 SGB X, § 12 VwVfG der **Prozessfähigkeit.** § 11 Abs. 3 SGB X bzw. § 12 Abs. 3 VwVfG erklärt die §§ 53 und 55 ZPO ausdrücklich für entsprechend anwendbar. 8

Verfahrensbeteiligte sind gemäß § 12 SGB X, § 13 VwVfG Antragsteller und Antragsgegner, diejenigen, an die die Behörde den Verwaltungsakt richten will oder gerichtet hat, diejenigen mit denen die Behörde einen öffentlich-rechtlichen Vertrag schließen will oder geschlossen hat und diejenigen, die von der Behörde zu dem Verfahren hinzugezogen worden sind. Die Behörde kann nach § 12 Abs. 2 SGB X von Amts wegen oder auf Antrag diejenigen, deren rechtliche Interessen durch den Ausgang des Verfahrens berührt werden können, als Beteiligte **hinzuziehen.** Sie muss auf dessen Antrag als Beteiligten denjenigen hinzuziehen, für den der Ausgang des Verfahrens rechtsgestaltende Wirkung hat. 9

Ein Beteiligter kann sich in allen das Verwaltungsverfahren betreffenden Verfahrenshandlungen durch einen **Bevollmächtigten** vertreten lassen. Die Bevollmächtigung ist auf Verlangen durch Vorlage einer schriftlichen Vollmacht nachzuweisen (**§ 13 SGB X**, § 14 VwVfG). Dies gilt auch für Ehepartner, denn die Ehe als solche begründet keinen Rechtsschein einer Bevollmächtigung.[10] Vom Bevollmächtigten zu unterscheiden ist der Beistand iSd **§ 13 Abs. 4 SGB X**; während der Bevollmächtigte für den Beteiligten auftritt (§ 164 Abs. 1 BGB), handelt der **Beistand neben** dem Betroffenen. Dabei gilt das vom Beistand Vorgebrachte auch für den Beteiligten, wenn er dem Vortrag nicht unverzüglich widerspricht (§ 13 Abs. 4 S. 2 SGB X). Streitig ist, ob der Beistand schriftlich vortragen darf oder nur mündlich ist.[11] 10

§ 19 Abs. 1 Satz 2 SGB X verschafft **hörbehinderten Menschen** das Recht, zur Verständigung in der Amtssprache **Gebärdensprache, lautbegleitende Gebärden oder andere geeignete Kommunikationshilfen** zu verwenden. Die Aufwendungen für eine **Kommunikationshilfe** sind von der Behörde oder dem für die Sozi- 11

---

8 BSG 7.11.2006 – B 7 b AS 8/06 R, NZS 2007, 328.
9 *Schütze* SGB X § 10 Rn. 10.
10 BSG 15.10.1981 – 5b/5 RJ 90/80, BSGE 52, 245.
11 *Schütze* SGB X § 13 Rn. 13.

alleistung zuständigen Leistungsträger zu tragen. Gemäß § 19 Abs. 1 a SGB X gilt § 11 BGG entsprechend.

12 Für einen Beteiligten, der infolge einer psychischen Krankheit oder körperlichen, geistigen oder seelischen Behinderung nicht in der Lage ist, in einem Verwaltungsverfahren selbst tätig zu werden, hat das **Betreuungsgericht auf Ersuchen der Behörde einen geeigneten Vertreter** zu bestellen. Zum Verfahren vgl. im Einzelnen die Regelungen in § 15 SGB X, § 16 VwVfG.

13 Für die gerichtliche Geltendmachung von Ansprüchen kann oder muss im Rahmen des **Sozialgerichtsverfahrens** nach **§ 72 SGG** durch den Vorsitzenden bis zum Eintritt eines Vormundes, Betreuers oder Pflegers ein **besonderer Vertreter** bestellt werden. So darf im sozialgerichtlichen Verfahren grundsätzlich ein Rechtsbehelf nicht lediglich wegen der Prozessunfähigkeit des Klägers als unzulässig verworfen werden; vielmehr **ist** – wenn kein gesetzlicher Vertreter vorhanden ist – ein besonderer Vertreter (§ 72 Abs. 1 SGG) zu bestellen.[12] Von der Bestellung eines besonderen Vertreters kann nur dann abgesehen werden, wenn sich die Rechtsverfolgung als offensichtlich haltlos erweist.[13] Diese Regelung findet sich ausschließlich in der Verfahrensordnung des SGG, während **in den anderen Gerichtsbereichen**, so also auch im Bereich der Verwaltungsgerichtsbarkeit, auf die generelle Regelung des § 57 ZPO zurückgegriffen werden muss.

14 1.4. Nach § 16 SGB I sind Anträge auf Sozialleistungen beim **zuständigen Leistungsträger** zu stellen. Anträge sind allerdings **auch von allen anderen Leistungsträgern und von allen Gemeinden** entgegenzunehmen, jedoch gemäß **§ 16 Abs. 2 SGB I** unverzüglich an den zuständigen Leistungsträger **weiterzuleiten**. Gem. **§ 16 Abs. 2 Satz 2 SGB I** gilt der Antrag in dem Zeitpunkt gestellt, in dem er bei der in Abs. 1 genannten Stelle eingegangen ist.

15 § 14 SGB IX trifft dazu für **Leistungen zur Teilhabe** eine teilweise abweichende Regelung.[14] Nach seinem Abs. 1 S. 1 stellt der Rehabilitationsträger, bei dem eine Leistung zur Teilhabe beantragt wird, innerhalb von zwei Wochen nach Eingang des Antrages bei ihm fest, ob nach dem für ihn geltenden Leistungsgesetz für die Leistung zuständig ist. Stellt er bei der Prüfung fest, dass er für die Leistung insgesamt nicht zuständig ist, leitet er den Antrag unverzüglich dem nach seiner Auffassung zuständigen Rehabilitationsträger zu und unterrichtet hierüber den Antragsteller. Gemäß § 14 Abs. 5 SGB IX ist für die Weiterleitung des Antrages § 16 Abs. 2 Satz 1 SGB I nicht anzuwenden, wenn und soweit Leistungen zur Teilhabe bei einem Rehabilitationsträger beantragt werden. Gemäß § 7 Abs. 2 Satz 1 SGB IX gelten die §§ 14–16 SGB IX unmittelbar für alle Rehabilitationsträger.[15]

16 Für den Bereich der Sozialhilfe enthält **§ 18 SGB XII eine Sonderregelung**, bedingt dadurch, dass das Einsetzen der **Sozialhilfe nicht von einem Antrag abhängig** ist, sondern Sozialhilfe einzusetzen hat, **sobald** dem Träger der Sozialhilfe oder den von ihm beauftragten Stellen[16] bekannt wird, dass die **Voraussetzungen für die Gewährung vorliegen** (§ 18 Abs. 1 SGB XII). Da **§ 16 SGB I** auf die Antragstellung abhebt, die im Bereich des SGB XII für das Einsetzen der Leistung jedoch nicht erforderlich ist, bedurfte es einer Sonderregelung für den

---

12 BSG 3.7.2003 – B 7 AL 216/02 B.
13 Fortführung von BSG 28.5.1957 – 3 RJ 98/54, BSGE 5, 176 (178 f.).
14 Zu § 14 SGB IX in der bis zum 31.12.2017 gültigen Fassung vgl. BSG 24.1.2013 – B 3 KR 5/12 R; die Entscheidung hat die seit dem 1.1.2018 geltenden §§ 14–16 SGB IX maßgeblich beeinflusst.
15 Für die Integrationsämter, die keine Rehabilitationsträger nach § 6 SGB IX sind, regelt § 185 Abs. 7 SGB IX die sinngemäße Geltung.
16 Vgl. dazu OVG NRW FEVS 52, 120.

Fall, dass einem nicht zuständigen Träger der Sozialhilfe oder einer nicht zuständigen Gemeinde im Einzelfall bekannt wird, dass ein Sozialhilfebedarf besteht. In diesem Fall hat der zuerst Kenntnis erlangende Träger die ihm bekannten Umstände unverzüglich dem zuständigen Träger der Sozialhilfe mitzuteilen und ggf. vorhandene Unterlagen mitzuübersenden. Nach seinem Wortlaut stellt § 18 Abs. 2 SGB XII auf die Kenntnis eines Trägers der Sozialhilfe ab. Es reicht aber auch die Kenntnis eines anderen Sozialleistungsträgers aus, denn es gilt dann die allgemeine Regelung des § 16 Abs. 2 Satz 1 SGB I. Gleiches gilt für die Bestimmung des Zeitpunktes der Antragstellung.[17]

§ 108 Abs. 1 Satz 1 SGB IX[18] sieht ein grundsätzliches Antragserfordernis für die Leistungen der Eingliederungshilfe nach Teil 2 vor. Eines Antrages bedarf es nach Abs. 2 jedoch nicht für Leistungen, deren Bedarf in dem Verfahren nach Kapitel 7 (Gesamtplanung) ermittelt worden ist.

Die **Regelungen zur Zuständigkeitsklärung** in **§§ 14–16 SGB IX** für Leistungen zur Teilhabe sind **abschließend** formuliert; sie gehen den **allgemeinen Regelungen zur vorläufigen Zuständigkeit oder Leistungserbringung (§ 43 SGB I) und den Leistungsgesetzen der Rehabilitationsträger** vor. Letzteres stellt § 7 Abs. 2 Satz 1 SGB IX klar (siehe zu den Einzelheiten und zur Frage des verbleibenden Geltungsbereiches § 43 Abs. 1 SGB I die Kommentierungen zu §§ 14–16 SGB IX). Eine Ausnahme beinhaltet § 185 Abs. 7 Satz 3 und 4 SGB IX. Ist die unverzügliche Erbringung einer Leistung zur Teilhabe am Arbeitsleben erforderlich, so kann das Integrationsamt die Leistung vorläufig erbringen. Hat das Integrationsamt eine Leistung erbracht, für die ein anderer Träger zuständig ist, so erstattet dieser die auf die Leistung entfallenden Aufwendungen. 17

1.5. Nach § 20 SGB I, § 24 VwVfG gilt der Untersuchungsgrundsatz. Die Behörde hat danach den Sachverhalt **von Amts wegen zu ermitteln** und bestimmt Art und Umfang der Ermittlungen. Dabei hat die Behörde alle für den Einzelfall bedeutsamen, und zwar auch die für die Beteiligten günstigen Umstände zu berücksichtigen. Ermittelt werden müssen also alle Tatsachen, die für die notwendige Verwaltungsentscheidung wesentlich und entscheidungserheblich sind. 18

Die Behörde hat sich gem. **§ 21 SGB X, § 26 VwVfG aller Beweismittel** zu bedienen, die sie nach pflichtgemäßem Ermessen zur Ermittlung des Sachverhalts für erforderlich hält. Sie kann insbesondere Auskünfte jeder Art einholen, Beteiligte anhören, Zeugen und Sachverständige vernehmen, die schriftliche Äußerung von beteiligten Sachverständigen und Zeugen einholen, Urkunden und Akten beiziehen sowie den Augenschein nehmen.

1.5.1. Es bedarf dazu **keiner Beweisanträge**, da die Behörde nach **§ 20 SGB X,** § 24 VwVfG den Sachverhalt **von Amts wegen zu ermitteln** hat und Art und Umfang der Ermittlungen selbst bestimmt. Sie ist gemäß §§ **20 Abs. 1 Hs. 2, 24 Abs. 2 Hs. 2 VwVfG** an das Vorbringen und an Beweisanträge der Beteiligten nicht gebunden. 19

1.5.2. **§§ 13 ff. SGB I, § 25 VwVfG** verpflichten die Behörde zur **Beratung und Auskunft**. Danach soll die Behörde die Abgabe von Erklärungen, die Stellung von Anträgen oder die Berichtigung von Erklärungen oder Anträgen anregen, wenn diese offensichtlich nur versehentlich oder aus Unkenntnis unterblieben oder unrichtig abgegeben oder gestellt worden sind. Sie erteilt, soweit erforder- 20

---

17 BVerwG 18.5.1995 – 5 C 1/93, BVerwGE 98, 248 (253 ff.) unter Aufgabe der bisherigen Rspr.; BVerwG 31.8.1995 – 5 C 11/94, FEVS 46, 133.
18 Die Vorschrift tritt gemäß Art. 26 Abs. 4 Nr. 1 des BTHG vom 23.12.2016, BGBl. I 3234 am 1.1.2020 in Kraft.

lich, Auskunft über die den Beteiligten in Verwaltungsverfahren zustehenden Rechte und die ihnen obliegenden Pflichten.

21 Eine **unzureichende Beratung** kann dazu führen, dass die Behörde die Verjährungseinrede nicht geltend machen kann. Ansprüche auf Sozialleistungen verjähren nach § 45 SGB I in vier Jahren. Der Geltendmachung der **Verjährung** durch die Behörde steht der Grundsatz von Treu und Glauben entgegen, wenn sie selbst oder eine andere Behörde die Beratungspflicht verletzt hat.[19]

22 Außerdem hat die Rechtsprechung des BSG den **sozialrechtlichen Herstellungsanspruch** entwickelt, dem allerdings die Sonderregelung des § 44 SGB X vorgeht.[20] Er hat zur Voraussetzung, dass der Sozialleistungsträger eine ihm obliegende Pflicht, insbesondere zur Auskunft und Beratung (§§ 14, 15 SGB I), verletzt hat; auch Fehler anderer Behörden können den Herstellungsanspruch stützen.[21] Soweit Fehler von Leistungsträgern – nicht nur von denen, die für die begehrte Leistung zuständig sind, sondern auch bei zurechenbarem, fehlerhaftem Verwaltungshandeln anderer Stellen (etwa von Trägern der Rentenversicherung, § 109a SGB VI, § 46 SGB XII) – bei der **Aufklärung** und **Beratung**[22] von Antragstellern dazu führen, dass Anträge nicht oder verspätet gestellt werden, kann bei Anwendung des sozialrechtlichen Herstellungsanspruchs unter Umständen eine (frühere) Antragstellung fingiert werden.[23] Aus dem Fehlverhalten muss dem Betroffenen im Sinne eines ursächlichen Zusammenhangs ein Nachteil entstanden sein.[24] Verschulden des Amtsträgers ist nicht erforderlich; „wesentliches" Mitverschulden des Betroffenen schließt den Herstellungsanspruch aber im Regelfall aus.[25]

23 Auch auf den Herstellungsanspruch ist § 44 Abs. 4 SGB X entsprechend anwendbar, so dass dieser Anspruch allenfalls einen rückwirkenden Zeitraum von vier Jahren abdeckt.[26] Im Recht der Grundsicherung für Arbeitsuchende nach dem SGB II gilt nach § 40 Abs. 1 SGB II allerdings nur ein Zeitraum von einem Jahr für **rückwirkend** zu erbringende Leistungen.

24 1.6. Der Untersuchungsgrundsatz wird ergänzt durch **Mitwirkungspflichten** des Antragstellers, wenn dies erforderlich ist, um alle für die Entscheidung bedeutsamen Tatsachen zu erheben. Grundsätzlich regeln dies die **§ 21 Abs. 2 SGB X**, § 26 Abs. 2 VwVfG, wonach die Beteiligten bei der Ermittlung des Sachverhaltes mitwirken und insbesondere ihnen bekannte Tatsachen und Beweismittel angeben sollen. Eine weitergehende Pflicht, insbesondere eine Pflicht zum persönlichen Erscheinen oder zur Aussage, besteht nur insoweit, als dies durch Rechtsvorschrift besonders vorgesehen ist. Detailliert sind die Mitwirkungspflichten der Leistungsberechtigten in den §§ 60 ff. SGB I geregelt.

25 Nach § 60 Abs. 1 SGB I hat, wer Sozialleistungen beantragt, **alle Tatsachen anzugeben**, die für die Leistungen erheblich sind, und auf Verlangen des zuständigen Leistungsträgers der Erteilung der erforderlichen **Auskünfte durch Dritte**

---

19 BSG 22.10.1996 – 13 RJ 17/96, SozR 3-1200, § 45 Nr. 6.
20 Zur Entwicklung, den dogmatischen Grundlagen und zu weiteren Nachweisen vgl. *Seewald* in KassKomm SGB I Vor §§ 38–47 Rn. 120 ff.
21 *Gagel*, Der Herstellungsanspruch, SGb 2000, 517.
22 Vgl. für den Bereich der Sozialversicherung hierzu die weitgehenden Anforderungen, die das BSG an das Behördenhandeln stellt, BSG 12.12.2007 – B 12 AL 1/06 R, ferner BSG 18.1.2011 – B 4 AS 29/10 R.
23 BSG 27.3.2007 – B 13 R 58/06 R und 18.1.2011 – B 4 AS 29/10 R.
24 Vgl. BSG 30.3.1995 – 7 RAr 22/94, BSGE 76, 84 (90 f.) mit umfangreichen wN.
25 Vgl. *Gagel*, Der Herstellungsanspruch, SGb 2000, 517 (520); *Seewald* in KassKomm SGB I Vor §§ 38–47 Rn. 188 mwN – „Alles-oder-Nichts-Prinzip".
26 BSG 14.2.2001 – B 9 V 9/00 R FEVS 52, 484–493; BSG 28.1.1999 – B 14 EG 6/98 B FEVS 51, 172–175; *Schütze* SGB X § 44 Rn. 34.

zuzustimmen. Der Zweck der in § 60 Abs. 1 S 1 SGB I geregelten Obliegenheiten ist darauf gerichtet, dem Sozialleistungsträger Kenntnis von denjenigen Tatsachen zu vermitteln, welche die Grundlage für eine Entscheidung über die Bewilligung, Änderung, Entziehung oder Erstattung einer Sozialleistung bilden.[27] Der Verpflichtung zur Angabe von entscheidungserheblichen Tatsachen kommt hierbei die Funktion zu, den Leistungsträger überhaupt erst in die Lage zu versetzen, seiner Amtsermittlungspflicht nach § 20 SGB X nachzukommen. Insoweit bildet die Erheblichkeit der Tatsachen für die Entscheidung über eine Leistungsgewährung sowohl die sachliche Rechtfertigung als auch die Begrenzung der genannten Mitwirkungsobliegenheiten. Erheblich sind Tatsachen, die die tatbestandlichen Voraussetzungen einer anspruchsbegründenden Norm erfüllen. Hierbei belässt die Norm die Verantwortlichkeit für die Feststellung der maßgebenden Tatsachen ungeachtet der Mitwirkungsobliegenheiten des Leistungsberechtigten ohne jegliche Einschränkungen dem zuständigen Leistungsträger.[28]

Im Hinblick auf die **Folgen fehlender Mitwirkung** (§ 66 SGB I) kommt dem Inhalt des Begriffes der Erforderlichkeit besondere Bedeutung zu. Dies steht im Spannungsverhältnis zum informationellen Selbstbestimmungsrecht, das als Teil des allgemeinen Persönlichkeitsrechtes gilt.[29] Danach darf das Auskunftsersuchen des Leistungsträgers nicht weitergehen, als es die Zweckbindung der Auskunft und der **Verhältnismäßigkeitsgrundsatz** zulassen (§ 65 SGB I). Die §§ 60–67 SGB I finden auf den Kündigungsschutz nach §§ 168 ff. SGB IX nur entsprechende Anwendung, da der Antrag auf Zustimmung zur Kündigung keine Sozialleistung darstellt. 26

Eine **eidesstattliche Versicherung** darf die Behörde bei der Ermittlung des Sachverhaltes nur verlangen, wenn deren Abnahme über den betreffenden Gegenstand und in dem betreffenden Verfahren ausdrücklich durch Gesetz oder Rechtsverordnung zugelassen und die Behörde durch Rechtsvorschrift für zuständig erklärt ist (§ 23 SGB X, § 27 VwVfG). 27

Nach § 61 SGB I kann das **persönliche Erscheinen des Antragstellers** angeordnet werden. Die Verpflichtung zum Erscheinen trifft den Antragsteller persönlich. Die Anordnung selbst liegt im Ermessen des Sozialleistungsträgers und muss daher den allgemeinen Ermessensregeln folgen. Die Behörde hat die Notwendigkeit des persönlichen Erscheinens zu begründen, um dem Hilfesuchenden die Möglichkeit zur Überprüfung zu geben. 28

Die Behörde kann nach § 62 I SGB verlangen, dass sich der Antragsteller einer **ärztlichen oder psychologischen Untersuchung** unterzieht. Auch hier ist allerdings Voraussetzung, dass diese ärztliche oder psychologische Untersuchung für die zu treffende Entscheidung erforderlich ist. Dabei kommt es auf die objektive Erforderlichkeit an, während § 65 **SGB I** eine darüber hinausgehende Einschränkung beinhaltet. Nach dieser Regelung soll vermieden werden, dass sich der Antragsteller mehrfachen und damit ggf. überflüssigen Untersuchungen unterzieht. In diesem Zusammenhang sieht § 96 **SGB X** vor, dass die Untersuchungen so zu dokumentieren sind, dass sie auch für die Entscheidungen anderer Träger genutzt werden können. 29

Wer wegen Krankheit oder Behinderung Sozialleistungen beantragt oder erhält, soll sich gem. § 63 **SGB I** auf Verlangen des zuständigen Leistungsträgers einer **Heilbehandlung** unterziehen, wenn zu erwarten ist, dass dadurch eine Besse- 30

---

27 *Kampe* in jurisPK-SGB I, 2. Aufl. 2012, § 60 Rn. 18.
28 BSG 28.3.2013 – B 4 AS 42/12 R.
29 BVerfGE 65, 1.

rung des Gesundheitszustandes herbeigeführt oder eine Verschlechterung verhindert werden kann.

31 § 64 SGB I sieht schließlich die Pflicht zur Teilnahme an **Leistungen zur Teilhabe am Arbeitsleben** (LTA) vor, wenn zu erwarten ist, dass dadurch die Erwerbs- oder Vermittlungsfähigkeit auf Dauer gefördert oder erhalten werden kann.

32 § 65 Abs. 1 Nr. 1 SGB I unterstellt alle Mitwirkungspflichten dem **Grundsatz der Verhältnismäßigkeit**. Die Erfüllung der Verpflichtungen darf für den Betroffenen gemäß Nr. 2 auch nicht unzumutbar sein. Darüber hinaus kommt eine Mitwirkungspflicht nach Nr. 3 auch dann nicht in Frage, wenn sich der Leistungsträger durch einen geringeren Aufwand als der Leistungsberechtigte die erforderlichen Kenntnisse selbst beschaffen kann.

33 Aus den vorgenannten und anderen gesetzlichen Vorschriften (zB § 254 Abs. 2 BGB oder § 6 VVG) leitet das BSG zugleich auch einen **allgemeinen Mitwirkungsgrundsatz** ab, der jedenfalls für das Sozialrechtsverhältnis, dh das öffentlich-rechtliche Schuldverhältnis zwischen einem Sozialleistungsträger und einem Antragsteller oder Versicherten, anerkannt ist. Die Mitwirkungspflichten bestehen darin, dass Versicherungsträger und Antragsteller oder Versicherter alles in ihren Kräften Stehende und Zumutbare zu tun haben, um sich gegenseitig vor vermeidbaren, das Sozialrechtsverhältnis betreffenden Nachteilen oder Schäden zu bewahren.[30]

34 Die Mitwirkungsverpflichtung ist **nicht durch Verwaltungsakt** und Verwaltungszwangsverfahren durchsetzbar. Es handelt sich um eine **Obliegenheit**, deren Verletzung die Folge des § 66 SGB I nach sich zieht. Danach kann die Behörde bei fehlender oder unzureichender Mitwirkung, wenn dadurch die Aufklärung des Sachverhaltes erheblich erschwert wird, ohne weitere Ermittlungen die **Leistung** bis zur Nachholung der Mitwirkung ganz oder teilweise **versagen oder entziehen**, soweit die Voraussetzungen der Leistung nicht nachgewiesen sind.

35 Der Leistungsberechtigte muss jedoch gem. § 66 Abs. 3 SGB I schriftlich auf diese Folge hingewiesen worden und seiner Mitwirkungspflicht nicht innerhalb einer ihm gesetzten angemessenen Frist nachgekommen sein. Diese Regelung bedeutet nicht die Abkehr vom Grundsatz der Amtsermittlung. Der Leistungsträger muss grundsätzlich auch bei einer Verletzung der Mitwirkungspflicht weiter um Aufklärung bemüht sein. Dieser Grundsatz erfährt allerdings insoweit eine Einschränkung, als bei einer erheblichen Erschwerung der Aufklärung der Sozialleistungsträger ohne weitere Ermittlungen entscheiden kann und auch muss. § 66 SGB I führt somit lediglich zu einer **Einschränkung der Pflicht zur Amtsermittlung**.

36 Der Antragsteller oder sein Bevollmächtigter (nicht aber der Beistand) haben während des Verfahrens Anspruch auf **Akteneinsicht, auch in eine elektronische Akte** (§ 25 Abs. 5 Satz 2 SGB X). Dies betrifft insbesondere auch den Anspruch auf Einsicht in ärztliche oder psychologische Gutachten (§ 25 **SGB X**, § 29 VwVfG). § 19 Abs. 3 Satz 3 SGB IX sieht nunmehr ausdrücklich vor, dass die Leistungsberechtigten vom leistenden Rehabilitationsträger Einsicht in den **Teilhabeplan** nach § 25 SGB IX verlangen können. Das Recht auf Einsicht beinhaltet auch den Anspruch auf Überlassung von Kopien aus der Akte (so § 25 Abs. 5 SGB X, nicht jedoch nach § 29 VwVfG). Für die Fertigung von Kopien

---

[30] Vgl. BSGE 34, 124 (127); *Seewald* in KassKomm SGB I Vor §§ 38–47 Rn. 47 ff. sowie *K. Maier*, Das unmittelbare Verhältnis zwischen Sozialleistungsträger und Sozialleistungsempfänger, Sozialrechtshandbuch, 2. Aufl. 1996, S. 227 ff., Rn. 1 ff., 64 ff.

kann sich die Behörde den Aufwand erstatten lassen. Das Recht auf Akteneinsicht geht nur so weit, wie dies zur zweckentsprechenden Rechtsverfolgung auch erforderlich ist.

Gegen die **Verweigerung** des Rechtes auf Akteneinsicht gibt es nach durchaus umstrittener Ansicht **keinen Rechtsbehelf.** Die Ablehnung der Akteneinsicht stellt einen **Verfahrensmangel** dar, der nur im Zusammenhang mit der Anfechtung der Sachentscheidung angegriffen werden kann.[31] Hiervon zu unterscheiden sind Ansprüche nach dem Informationsfreiheitsgesetz des Bundes sowie einzelner Länder. Die darin geregelten Rechte auf Akteneinsicht stehen grds. jedermann zu und können gesondert vor den Verwaltungsgerichten eingeklagt werden (vgl. § 9 Abs. 4 Informationsfreiheitsgesetz des Bundes).

1.7. Bevor durch eine Entscheidung in Rechte eingegriffen wird, ist der **Betroffene gemäß § 24 SGB X, § 28 VwVfG anzuhören** (zu den Ausnahmen vgl. jeweils Abs. 2). Bei der beabsichtigten Entscheidung muss es sich um einen Verwaltungsakt handeln, der in den vorhandenen Rechtskreis des Betroffenen eingreift. Ein Eingriff in die Rechte des Betroffenen liegt nicht vor, wenn die Mitteilung über die Rechtsentziehung auf einer Gesetzesänderung beruht.[32]

Unterbleibt die Anhörung oder ist keine hinreichende Frist eingeräumt, so führt dies zur **Rechtswidrigkeit** des später erlassenen Bescheides (§ 42 SGB X, auch § 46 VwVfG trotz des nicht eindeutigen Wortlautes). Allerdings ist eine **Heilung** dieses Verfahrensfehlers dann gegeben, wenn die Anhörung im anschließenden Widerspruchsverfahren nachgeholt wird (§ 41 SGB X, § 45 VwVfG), wie überhaupt in jedem Stand des Verfahrens der Behörde Gelegenheit gegeben werden kann, Verfahrensmängel zu heilen (vgl. § 87 VwGO). Die unterbliebene Anhörung kann jedoch nicht isoliert angegriffen werden, sondern nur im Rahmen des Rechtsbehelfs gegen die Sachentscheidung (§ 44 a VwGO).

1.8. Die Entscheidung über einen Antrag erfolgt in der Regelfall durch den Erlass eines Verwaltungsaktes (§ 31 SGB X, § 35 VwVfG). Aufgrund der Nichtförmlichkeit des Verfahrens kann ein Verwaltungsakt schriftlich, elektronisch (siehe dazu § 33 Abs. 3 SGB X) oder mündlich erfolgen. Ein **Verwaltungsakt** liegt dann vor, wenn dadurch **im Einzelfall eine konkrete Regelung** eines Sachverhaltes getroffen wird.

1.8.1. Ist über einen Antrag **mündlich entschieden,** ist dieser Bescheid **schriftlich zu bestätigen,** wenn ein berechtigtes Interesse besteht. Davon ist im Regelfall auszugehen, wenn eine nachteilige Entscheidung getroffen wird, und zwar wegen der Möglichkeit, einen Rechtsbehelf einzulegen. Ebenso ist eine mündliche Entscheidung schriftlich zu begründen, wenn dies unverzüglich verlangt wird (§ 33 Abs. 2 Satz 2 SGB X, § 37 Abs. 2 Satz 2 VwVfG). Die schriftliche Begründung einer Entscheidung sollte zweckmäßigerweise gleich mit der Antragstellung verlangt werden.

Schließlich können Bescheide auch in anderer Weise – **konkludent** – ergehen. Dies kann zum Beispiel gegeben sein bei einer Leistungsbewilligung durch Auszahlung der laufenden oder einmaligen Leistung.

1.8.2. Auf Antrag hin ist die Behörde nicht gehalten, in vollem Umfange sofort zu entscheiden. Möglich sind **Teilentscheidungen,** auch in Form von Grundbescheiden oder Vorabbescheiden.

Auch **Zweitbescheide** oder **wiederholende Verfügungen** sind einzelne, jeweils anfechtbare Verwaltungsakte.

---

31 Zum Meinungsstand vgl. *Schütze* SGB X § 25 Rn. 45 ff.
32 BSG 58, 72.

45 Insbesondere bei Sozialleistungen findet sich häufig die Situation, dass der Sozialträger zunächst in Form eines Grundbescheides entscheidet, der dann einer Ausführung durch einen sogenannten **Ausführungsbescheid** bedarf. Dieser Bescheid, der beispielsweise ein gerichtliches Urteil oder einen Vergleich in einem Verfahren nach § 152 Abs. 1 SGB IX ausführt, stellt **keinen eigenständigen** und damit anfechtbaren **Bescheid** dar.

46 Nach ihrer **Wirkung** können Verwaltungsakte wie folgt differenziert werden: **begünstigende** Verwaltungsakte, **nicht begünstigende** Verwaltungsakte, Verwaltungsakte mit **Drittwirkung**.

47 Außerdem kann je nach **Ausmaß der rechtlichen Bindung** der Behörde unterschieden werden zwischen **gebundenen** Verwaltungsakten und **Verwaltungsakten**, bei deren Erlass der Behörde ein Ermessen eingeräumt ist.

48 Im sozialrechtlichen Bereich ist die **Bindungswirkung des Verwaltungsaktes** selbst – systemwidrig – in § 77 SGG geregelt. In der VwGO findet sich eine entsprechende Regelung nicht. Sie entspricht der materiellen Rechtskraft von Urteilen und erstreckt sich grundsätzlich nur auf den eigentlichen Verfügungssatz, nicht jedoch auf die Begründung des Verwaltungsaktes.

49 Im Verhältnis zu anderen Leistungsträgern kann ein Verwaltungsakt auch sogenannte **Tatbestandswirkung** entfalten. Damit wird gewährleistet, dass die gesetzlich geregelte Zuständigkeitsverteilung nicht unterlaufen wird. So hat beispielsweise der Bescheid über die Anerkennung als schwerbehinderter Mensch Tatbestandswirkung für den Bezug der vorgezogenen Rente wegen Alters (§ 37 SGB VI). Ein weiteres Beispiel findet sich in § 62 SGB XII. Danach hat die Entscheidung der Pflegekassen über das Ausmaß der Pflegebedürftigkeit nach SGB XI Bindungswirkung für die Pflegebedürftigkeit im Rahmen der Leistungen nach dem SGB XII.[33]

50 Die Zulässigkeit von **Nebenbestimmungen** zu Verwaltungsakten regeln die § 32 SGB X, § 36 VwVfG. Danach darf ein Verwaltungsakt, auf den ein Anspruch besteht, nur dann mit einer Nebenbestimmung versehen werden, wenn sie durch Rechtsvorschrift zugelassen ist oder wenn sie sicherstellen soll, dass die gesetzlichen Voraussetzungen des Verwaltungsaktes erfüllt werden.

51 Im Rahmen pflichtgemäßen Ermessens sind indessen Nebenbestimmungen zulässig, mit denen eine **Befristung oder eine Bedingung** ausgesprochen wird. Zulässig sind auch **Widerrufs- oder Änderungsvorbehalte**. Keine Nebenbestimmungen sind bloße Hinweise auf bestehende gesetzliche Einschränkungen oder Vorbehalte, beispielsweise der Vorbehalt gleichbleibender Einkommens- oder Vermögensverhältnisse.

52 Zu unterscheiden ist zwischen **selbstständigen und unselbstständigen Nebenbestimmungen**. Unselbstständige Nebenbestimmungen sind Bestandteil des Verwaltungsaktes (zB Befristung, Bedingung, Widerrufsvorbehalt). Selbstständige Nebenbestimmungen sind Bestimmungen, die mit dem Ursprungsverwaltungsakt nur verbunden sind (zB Auflage und Auflagevorbehalt).

53 Ist eine unselbstständige **Nebenbestimmung rechtswidrig**, führt dies auch zur Rechtswidrigkeit des Verwaltungsaktes selbst. Die Nebenbestimmung kann nicht isoliert angefochten werden, sondern nur gemeinsam mit dem Verwaltungsakt.

54 Ist eine selbstständige **Nebenbestimmung rechtswidrig**, berührt dies im Regelfall nicht den Verwaltungsakt selbst. Auf der anderen Seite führt die Rechtswidrigkeit oder Nichtigkeit des Verwaltungsaktes aufgrund der Akzessorietät der

---

33 Diese Regelung bleibt auch mit Inkrafttreten des BTHG bestehen.

Nebenbestimmungen auch zur Rechtswidrigkeit oder Nichtigkeit der Nebenbestimmungen.

Ein Verwaltungsakt muss inhaltlich **hinreichend bestimmt** sein (§ 33 Abs. 1 SGB X, § 37 VwVfG). Aus der Entscheidung muss sich für die Beteiligten vollständig und unzweideutig ergeben, was die Behörde will. Die Beteiligten müssen ihr Verhalten nach der Entscheidung ausrichten können (sogenannte **Klarstellungsfunktion** des Verwaltungsaktes). Dabei kommt es auf die Erkenntnismöglichkeiten eines verständigen, objektiven Erklärungsempfängers an. Bei **einstweiligen oder vorläufigen Regelungen** muss für den Empfänger deutlich sein, dass eine abschließende Regelung noch aussteht. Inhaltliche **Unklarheiten** gehen im Zweifel **zulasten der Behörde**. Bestandteil der inhaltlichen Bestimmtheit ist auch, dass für den Beteiligten erkennbar ist, dass die Behörde **durch Verwaltungsakt handeln will**. Es kommt nicht darauf an, dass die Entscheidung auch als Verwaltungsakt bezeichnet wird. **Maßgeblich ist**, ob sich aus der Entscheidung ableiten lässt, **dass** mit dem Handeln der Behörde die **Regelung eines Einzelfalles mit Außenwirkung beabsichtigt** ist. 55

Aus dem Verwaltungsakt müssen weiterhin der **Adressat** und die erlassene Behörde erkennbar sein. Richtet sich der Verwaltungsakt an mehrere Beteiligte, muss erkennbar sein, ob sich die Entscheidung an die Empfänger als Gesamtschuldner richtet oder eine Inanspruchnahme nach Bruchteilen erfolgen soll. 56

Fehlt die vorgeschriebene Schriftform, ist der Verwaltungsakt nicht nur rechtswidrig, sondern nichtig. Bei fehlender Unterschrift oder Angaben des Namens gelten § **40 Abs. 1 und** § **42 SGB X,** § **44 VwVfG**.[34] 57

Ein schriftlicher oder schriftlich zu bestätigender Verwaltungsakt ist auch **schriftlich zu begründen** (§ 35 SGB X, § 39 VwVfG). In der Begründung sind die wesentlichen tatsächlichen und rechtlichen Gründe mitzuteilen, die die Behörde zu Ihrer Entscheidung bewogen haben. Die Begründung von Ermessensentscheidungen muss auch die Gesichtspunkte erkennen lassen, von denen die Behörde bei der Ausübung ihres Ermessens ausgegangen ist. Einer Begründung des Verwaltungsaktes bedarf es indessen nicht, wenn einem Antrag stattgegeben wurde. Zu den übrigen Ausnahmen vgl. § 35 Abs. 2 SGB X, § 39 a VwVfG. Bei **Ermessensentscheidungen** muss der Begründung zu entnehmen sein, dass die Behörde den ihr zustehenden Ermessensspielraum erkannt hat. Weiterhin muss sich ergeben, welche Gesichtspunkte bei der Ermessensentscheidung berücksichtigt wurden und ob von dem Ermessen pflichtgemäß, dem Zweck der Ermächtigung entsprechend, Gebrauch gemacht wurde. 58

Eine Ermessensentscheidung, die die Gesichtspunkte für die Ausübung des Ermessens nicht erkennen lässt, ist deshalb in der Regel aufzuheben. Nicht ausreichend begründet sind Entscheidungen, die sich im Gebrauch von Leerformeln erschöpfen (zB die Formulierung: „Es liegen keine Besonderheiten vor"). Im Gegensatz zur entsprechenden Vorschrift des § **39 Abs. 1 Satz 3 VwVfG** („soll") ist § **35 Abs. 1 Satz 3 SGB X** („ist") zwingend. 59

Ermessensentscheidungen sind von den Gerichten nur eingeschränkt überprüfbar. Umso wichtiger ist eine umfangreiche Begründung der Entscheidung. Vom Ermessen zu unterscheiden sind unbestimmte Rechtsbegriffe, die durch Verwaltungshandeln zu konkretisieren sind (zB die „Erforderlichkeit" einer Leistung). Diese sind vollumfänglich gerichtlich überprüfbar.[35] 60

Die schriftliche Entscheidung der Behörde ist schließlich gemäß § **36 SGB X,** § **73 VwGO** mit einer **Rechtsbehelfsbelehrung** zu versehen. Diese muss enthal- 61

---

34 Vgl. *Schütze* SGB X § 40 Rn. 13.
35 OVG Bln-Bbg 18.5.2011 – OVG 6 B 1.09.

ten die Behörde oder das Gericht, bei denen der Rechtsbehelf einzulegen ist, deren Sitz, die einzuhaltende Frist und die Form. Sie hat schriftlich zu erfolgen. Eine falsche Rechtsbehelfsbelehrung führt nicht zur Rechtswidrigkeit des damit versehenen Verwaltungsaktes, sondern setzt die **Rechtsmittelfrist nicht in Gang**, es gilt dann eine verlängerte **Frist von einem Jahr**. Für das **Klageverfahren** gilt diese Jahresfrist gleichermaßen bei unzulänglichen Widerspruchsbescheiden (§ 66 SGG, §§ 70 und 58 VwGO).

62 Ein Verwaltungsakt ist **bekanntzugeben** (§ 37 SGB X, § 41 VwVfG). Ein schriftlicher Verwaltungsakt, der durch die Post übermittelt wird, gilt mit dem dritten Tage nach der Aufgabe zur Post als bekannt gegeben, außer wenn er nicht oder zu einem späteren Zeitpunkt zugegangen ist. Im Zweifel hat die Behörde den Zugang des Verwaltungsaktes und den Zeitpunkt des Zuganges nachzuweisen. Diese Zugangsfiktion gilt selbst dann, wenn der Verwaltungsakt früher zugegangen ist. Die Bestimmung des dritten Tages ist unabhängig davon, ob dieser Tag auf einen Sonntag, Feiertag oder Samstag fällt (vgl. § 26 Abs. 3 SGB X, § 31 Abs. 3 VwVfG).

63 Die **Bestandskraft eines Verwaltungsaktes** entspricht der Rechtskraft eines gerichtlichen Urteils. Zu unterscheiden sind die formelle Bestandskraft (Unanfechtbarkeit) sowie die materielle Bestandskraft (inhaltliche Bindungswirkung). Von der Bestandskraft zu unterscheiden ist die **Wirksamkeit** des Verwaltungsaktes. Diese tritt gemäß § 39 SGB X, § 43 VwVfG ein mit dem Zeitpunkt der Bekanntgabe. Die Bestandskraft setzt einen wirksamen Verwaltungsakt voraus, der nicht mehr mit einem Rechtsbehelf angefochten werden kann. Zum Tragen kommt diese Unterscheidung bei einem bewilligenden Verwaltungsakt. Ficht der Antragsteller diesen mit der Begründung an, die bewilligte Leistung sei zu gering, so kann der bewilligte Betrag bereits ausgezahlt werden. Vielfach verlangt die Behörde in solchen Fällen einen schriftlichen Rechtsbehelfsverzicht.

64 1.8.3. Die **Nichtigkeit von Verwaltungsakten** regeln § 40 SGB X, § 44 VwVfG. Außer unter den in Abs. 2 aufgeführten Gründen liegt die Nichtigkeit eines Verwaltungsaktes dann vor, wenn er an einem besonders schwerwiegenden Fehler leidet und dieser Umstand offenkundig ist. Für die Frage der Fehlerhaftigkeit kommt es auf den Zeitpunkt des Erlasses des Verwaltungsaktes an. Dies ist der Zeitpunkt der letzten Verwaltungsentscheidung, somit gegebenenfalls auch der Zeitpunkt des Erlasses des Widerspruchsbescheides (vgl. § 95 SGG).

65 In § 40 Abs. 4 SGB X, § 44 Abs. 4 VwVfG ist ebenfalls die **Teilnichtigkeit eines Verwaltungsaktes** geregelt. Sie ist abweichend von der Regelung des § 139 BGB der Normalfall. Allerdings setzt sie eine Trennbarkeit des Verwaltungsaktes voraus, die dann vorliegt, wenn der Verwaltungsakt mehrere selbstständige Regelungen enthält, die durch den Wegfall anderer Teilregelungen in ihrem rechtlichen Gehalt nicht berührt und in ihrer Bedeutung nicht verändert werden.

66 1.8.4. Die Folgen von **Verfahrensfehlern** sind in den §§ 41 (Heilung) und 42 SGB X, §§ 45 und 46 VwVfG geregelt. Die Verfahrensregelungen unterscheiden sich danach, ob ein Verwaltungsakt rechtmäßig oder rechtswidrig ist, belastend oder begünstigend. Rechtswidrige Verwaltungsakte werden zurückgenommen, die rechtmäßigen widerrufen.

67 §§ 44 und 45 SGB X, § 48 VwVfG betreffen die rechtswidrigen Verwaltungsakte, §§ 46 und 47 SGB X, § 49 VwVfG die rechtmäßigen. § 48 SGB X sieht im Übrigen noch die Möglichkeit der Aufhebung eines Verwaltungsaktes mit Dauerwirkung bei einer Änderung der tatsächlichen oder rechtlichen Verhältnisse vor. § 51 VwVfG regelt die Möglichkeit einer Wiederaufnahme des Verfahrens aufgrund veränderter Umstände, wenn neue Beweismittel oder Wiederaufnahmegründe gem. § 580 ZPO vorliegen. Der Antrag ist innerhalb von 3 Monaten

ab Kenntnis vom Wiederaufnahmegrund zu stellen (§ 51 Abs. 3 VwVfG) und ist nur zulässig, wenn der Betroffene ohne grobes Verschulden außerstande war, den Grund für die Wiederaufnahme in den früheren Verfahren geltend zu machen (§ 51 Abs. 2 VwVfG).

Die Frage nach einer Rücknahme oder einem Widerruf eines Verwaltungsaktes kann sich zwangsläufig nur dann stellen, wenn der fragliche Verwaltungsakt unanfechtbar geworden ist. Diese Regelungen sind Ausfluss des Grundsatzes der Gesetzmäßigkeit der Verwaltung.

Nach § 44 SGB X ist ein unanfechtbarer rechtswidriger und nicht begünstigender Verwaltungsakt **für die Vergangenheit** zurückzunehmen, soweit sich im Einzelfall ergibt, dass bei Erlass das Recht unrichtig angewandt oder von einem Sachverhalt ausgegangen worden ist, der sich als unrichtig erweist und soweit deshalb Sozialleistungen zu Unrecht nicht erbracht oder Beiträge zu Unrecht erhoben worden sind. Im Übrigen hat eine Rücknahme für die Zukunft zu erfolgen. In diesen Fällen steht die Rücknahme auch für die Vergangenheit im Ermessen der Behörde.

Bei einer Rücknahme für die Vergangenheit werden Sozialleistungen nach den Vorschriften der besonderen Teile des SGB längstens für einen Zeitraum bis zu vier Jahren vor der Rücknahme erbracht (§ 44 Abs. 4 Satz 1 SGB X). Im Recht der Grundsicherung für Arbeitsuchende nach dem SGB II gilt nach § 40 Abs. 1 SGB II allerdings nur ein Zeitraum von einem Jahr für rückwirkend zu erbringende Leistungen.

Maßgeblich ist die objektive Rechtswidrigkeit, wobei es sich **nicht um eine offensichtliche** Rechtswidrigkeit handeln muss. Auf ein Verschulden oder Vertretenmüssen kommt es nicht an. Die Rechtswidrigkeit kann sich grundsätzlich ergeben sowohl aus der **Verletzung materiellen als auch formellen Rechts**, auch **Richterrechts**. Unter Berücksichtigung des Gleichheitssatzes des Art. 3 GG kann auch ein **Verstoß gegen eine ständige Verwaltungspraxis** die Verpflichtung zur Aufhebung und Neubescheidung begründen, ebenso bei Ermessensleistungen ein **Ermessensfehlgebrauch**.

Die **Beweislast** für die Rechtswidrigkeit des aufzuhebenden Bescheides trägt in diesem Fall der Bürger. Für die Beurteilung, ob das formelle oder materielle Recht unrichtig angewandt wurde, kommt es auf den **Zeitpunkt der letzten mündlichen Verhandlung** an.[36] Wird eine Rechtsfrage in der Zwischenzeit anders beurteilt als zum Zeitpunkt des Erlasses des Verwaltungsaktes, ist die „geläuterte" Rechtsauffassung zugrunde zu legen. Diese Grundsätze finden auch Anwendung bei einer **Änderung der Rechtsprechung**. Diese Folge ergibt sich aus § 48 Abs. 2 SGB X, wonach **§ 44 SGB X** in diesem Falle unberührt bleibt und somit so auszulegen und anzuwenden ist, als ob es § 48 Abs. 2 SGB X nicht gäbe. Ein Verwaltungsakt kann daher auch dann nach § 44 SGB X rechtswidrig sein, wenn er bei seinem Erlass der damals geltenden Rechtsprechung entsprach. Eine Rücknahme eines solchen Verwaltungsaktes hat aufgrund der Änderung der Rechtsprechung mit Wirkung für die Vergangenheit und nicht nur für die Zukunft zu erfolgen. Dies gilt jedenfalls dann, wenn die Änderung der Rechtsprechung aufgrund der Erkenntnis erfolgte, dass die frühere Rechtsprechung falsch war.[37]

Liegen die Voraussetzungen vor, besteht ein **Anspruch auf Rücknahme**, jedoch nur insoweit, wie das Recht unrichtig angewendet wurde. Dies kann sowohl eine zeitliche als auch inhaltliche Einschränkung bedeuten. Es besteht insoweit

---

36 Zu den Einzelheiten vgl. *Schütze* SGB X § 44 Rn. 13.
37 BSG 13.9.1994 – 5 RJ 30/93, HVBG-INFO 1995, 424–429.

auch ein Anspruch darauf, dass die Behörde das Verfahren wieder aufgreift (anders die Regelungen im Verwaltungsverfahren), wenn sie Kenntnis von den Umständen hat, die die Rechtswidrigkeit des früheren Verwaltungsaktes begründen.

74 Während unter den vorgenannten Voraussetzungen ein rechtswidriger belastender Verwaltungsakt zurückzunehmen ist, unterliegt die Rücknahme eines **rechtswidrigen begünstigenden** Verwaltungsaktes Einschränkungen. Ein rechtswidriger begünstigender Verwaltungsakt darf nicht zurückgenommen werden, soweit der Begünstigte auf den Bestand des Verwaltungsaktes vertraut hat, sein Vertrauen unter Abwägung mit dem öffentlichen Interesse an einer Rücknahme schutzwürdig ist. Dies ist in der Regel der Fall, wenn der Begünstigte erbrachte Leistungen verbraucht oder eine Vermögensdisposition getroffen hat, die er nicht mehr oder nur unter unzumutbaren Nachteilen rückgängig machen kann (§ 45 Abs. 2 SGB X).

75 Grundsätzlich kann eine Rücknahme **nur mit Wirkung für die Zukunft** erfolgen, es sei denn, der Betroffene kann sich aus den im Gesetz genannten Gründen auf Vertrauensschutz nicht berufen (Täuschung/Drohung, falsche Angaben, Kenntnis). In diesen Fällen kann ein Widerruf **auch mit Wirkung für die Vergangenheit** erfolgen, allerdings nach § 45 Abs. 4 SGB X **nur innerhalb eines Jahres** seit positiver Kenntnis aller Tatsachen, die den Widerruf begründen.[38] Diese Frist kann regelmäßig erst und nach Anhörung des Betroffenen beginnen.[39] Grundlage des Vertrauensschutzes kann unter anderem auch eine ständige Verwaltungspraxis oder eine ständige Rechtsprechung sein.

76 Ob auf den Bestand des Verwaltungsaktes **vertraut** wurde, ist unter Berücksichtigung der § 20 SGB X, § 24 VwVfG (Amtsermittlungsgrundsatz, → Rn. 19 ff. in diesem Kapitel) festzustellen. Dabei trifft die Behörde die Beweislast, dh sie muss beweisen, dass der Begünstigte nicht auf den Bestand des Verwaltungsaktes vertraut hat.

77 § 45 SGB X verlangt weiterhin, dass das Vertrauen auch objektiv **schutzwürdig** ist, was eine Abwägung zwischen öffentlichem und privatem Interesse erfordert, und zwar unter Berücksichtigung aller Einzelumstände.

78 Nach § 45 Abs. 3 SGB X kann ein begünstigender Verwaltungsakt mit **Dauerwirkung** nur bis zum **Ablauf von zwei Jahren** nach seiner Bekanntgabe zurückgenommen werden (es sei denn, Wiederaufnahmegründe entsprechend § 580 ZPO liegen vor).

79 § 48 SGB X regelt die Rücknahme von Verwaltungsakten mit **Dauerwirkung**.[40] Während § 45 SGB X die Folgen der **anfänglichen** Rechtswidrigkeit betrifft, erfasst § 48 SGB X die Fälle **nachträglicher** Rechtswidrigkeit. Dies setzt gemäß § 48 Abs. 1 SGB X eine wesentliche Änderung in den tatsächlichen oder rechtlichen Verhältnissen voraus. Wann von einer wesentlichen Veränderung der Verhältnisse auszugehen ist, die eine Rücknahme des Verwaltungsaktes rechtfertigen, ist im Einzelfall schwer zu prüfen. Im Recht der gesetzlichen Unfallversicherung und der sozialen Entschädigung werden Abweichungen in der Ein-

---

38 BVerwG FEVS 47, 3; BayVGH FESV 52, 298.
39 BSG FEVS 52, 241.
40 Zum Begriff siehe eingehend *Schütze* SGB X § 48 Rn. 3 und § 45 Rn. 79, insbesondere unter ausdrücklichem Hinweis darauf, dass Sozialhilfe gem. §§ 17 und 18 SGB XII immer nur den laufenden Bedarf abdeckt, der Anspruch also immer wieder auf das Neue entsteht und somit die Bewilligung keinen Dauerverwaltungsakt darstellt.

schätzung des MdE/GdB/GdS-Grades um nicht mehr als 5 % als noch nicht wesentlich angesehen, weil Schätzungen mit Unsicherheiten behaftet sind.[41] Folgerichtig kann die Rücknahme gemäß § 48 SGB X nur für die **Zukunft** ab dem Zeitpunkt der Änderung der tatsächlichen Verhältnisse erfolgen. Ist der Betroffene seiner Pflicht zur Mitteilung wesentlicher für ihn nachteiliger Änderungen der Verhältnisse vorsätzlich oder grob fahrlässig nicht nachgekommen oder hat er nach Antragstellung oder Erhalt des Leistungsbescheides Einkommen oder Vermögen erzielt, das zum Wegfall oder zur Minderung des Anspruches geführt hätte, **soll** der Verwaltungsakt mit Wirkung vom **Zeitpunkt der Veränderung** der Verhältnisse zurückgenommen werden (§ 48 **Abs. 1 S. 2 SGB X**; weitere Alternative dort in Ziff. 3). „Soll" heißt, dass im Regelfall für die Vergangenheit **zurückzunehmen ist**, ohne dass der Behörde ein Ermessen eingeräumt ist. Nur wenn ein **atypischer Fall** vorliegt, kann die Behörde von einer rückwirkenden Erstattung absehen, in diesem Fall hat sie einen Ermessensspielraum.[42] Für die Frage, ob eine zur Ermessensausübung bei Anwendung des § 48 **SGB X** zwingende Atypik des Geschehensablaufs vorliegt, kommt es auf die Umstände des Einzelfalles an. Diese müssen Merkmale aufweisen, die signifikant vom (typischen) Regelfall abweichen, in dem die Rechtswidrigkeit eines ursprünglich richtigen Verwaltungsaktes ebenfalls durch nachträgliche Veränderung in den tatsächlichen oder rechtlichen Verhältnissen eingetreten ist. Hierbei ist auch zu prüfen, ob die mit der Aufhebung verbundene Pflicht zur Erstattung der zu Unrecht erhaltenen Leistungen (§ 50 **Abs. 1 SGB X**) nach Lage des Falles eine Härte bedeutet, die den Leistungsbezieher in untypischer Weise stärker belastet als den hierdurch im Normalfall Betroffenen. Ebenso ist das Verhalten des Leistungsträgers im Geschehensablauf in die Betrachtung einzubeziehen. Mitwirkendes Fehlverhalten auf seiner Seite, das als eine atypische Behandlung des Falles iS einer Abweichung von der grundsätzlich zu erwartenden ordnungsgemäßen Sachbearbeitung zu werten ist, kann im Einzelfall die Atypik des verwirklichten Tatbestandes nach § 48 **Abs. 1 SGB X** ergeben.[43] Ob ein **atypischer Fall** vorliegt, unterliegt **nicht dem Ermessen**, dh die Behörde hat dies zu prüfen und damit auch festzustellen, ob sie abweichend von der Sollbestimmung der gesetzlichen Regelung in eine Ermessensprüfung einzutreten hat.[44] Unterbleibt diese Prüfung, ist der Bescheid fehlerhaft.

Wird ein begünstigender Verwaltungsakt zurückgenommen, sind die erbrachten Leistungen gem. § 50 **SGB X** zu erstatten. Es handelt sich dabei um einen **öffentlich-rechtlichen Erstattungsanspruch** der Verwaltung gegen den Bürger und nicht um einen Bereicherungsanspruch. Die zivilrechtlichen Normen der §§ 812 ff. **BGB** sind daher auch nicht entsprechend anwendbar, insbesondere auch nicht die Berufung auf den Wegfall der Bereicherung.[45] Die Behörde erlässt einen Widerrufs- bzw. Rücknahmebescheid sowie gleichzeitig einen Erstattungsbescheid. Letzterer ist die Grundlage für den Erstattungsanspruch. Allein der Widerruf bzw. die Rücknahme des Ursprungsbescheids könnte diesen Anspruch nicht begründen.

80

2. Widerspruchsverfahren

Ein Verwaltungsakt wird bestandskräftig, wenn gegen ihn nicht fristgerecht Widerspruch eingelegt wird. Auch soweit ein Antragsteller durch den Bescheid nur

81

---

41 BSG SozR 3-3100 § 31 Nr. 5.
42 St. Rspr. des BSG, statt vieler BSG 29.6.1994 – 1 RK 45/93, BSGE 74, 287.
43 BSG 29.11.1989 – 7 RAr 138/88, BSGE 66, 103.
44 BSG 29.6.1994 – 1 RK 45/93, BSGE 74, 287.
45 *Schütze* SGB X § 50 Rn. 2.

teilweise beschwert ist, ist ein Widerspruch geboten, um dadurch zu vermeiden, dass durch die Bestandskraft insgesamt auch der teilweise beschwerende Teil unanfechtbar wird.

82 Das Widerspruchsverfahren ist in den §§ 77 ff. SGG und §§ 68 bis 73 VwGO geregelt, zu berücksichtigen sind daneben die §§ 201 bis 204 SGB IX. § 85 Abs. 2 Nr. 4 SGG trifft für die kommunale Selbstverwaltung eine dem § 73 Abs. 1 Satz 2 Nr. 3 VwGO entsprechende Regelung.

83 2.1. Der Widerspruch ist schriftlich oder zur Niederschrift (Protokoll) bei der Behörde zu erheben (§ 84 Abs. 1 SGG, § 70 Abs. 1 Satz 1 VwGO). Die Erhebung per E-Mail ist nicht wirksam, wohl aber mit entsprechender Unterschrift die Einreichung per Fax. Wird ein Widerspruchsschreiben, das in ein elektronisches Dokument im PDF-Format umgewandelt und mit einer qualifizierten elektronischen Signatur versehen ist, als Anlage mittels einfacher E-Mail an die zuständige Behörde übermittelt, kann ein solches Dokument dem Formerfordernis des § 70 Abs. 1 Satz 1 VwGO iVm § 3 a Abs. 2 VwVfG genügen. Die Behörde muss für schriftformersetzende Dokumente einen Zugang eröffnet haben.[46] Durch das Gesetz zum Abbau verzichtbarer Anordnungen der Schriftform im Verwaltungsrecht des Bundes vom 29.3.2017[47] ist das bisherige zwingende Schriftformerfordernis für Anträge von Arbeitgebern auf Zustimmung zur Kündigung schwerbehinderter Menschen in § 87 Abs. 1 Satz 1 SGB IX entfallen. Anträge können seitdem auch elektronisch gestellt werden. Durch Art. 23 Nr. 5 des Gesetzes zur Änderungen des Bundesversorgungsgesetzes und anderer Vorschriften vom 17.7.2017[48] wird diese Möglichkeit der erleichterten Antragstellung auf den ab dem 1.1.2018 geltenden § 170 Abs. 1 Satz 1 übertragen. Eine vergleichbare Regelung für das Widerspruchsverfahren existiert nicht.

84 Die **Frist** für den Widerspruch beträgt einen Monat nach Bekanntgabe des Verwaltungsaktes. Der Bescheid soll eine **Belehrung** über Frist, Form enthalten und die Behörde bezeichnen, bei der der Widerspruch einzulegen ist. Ist die Rechtsbehelfsbelehrung unterblieben, so beträgt die Widerspruchsfrist ein Jahr (§§ 58, 70 Abs. 2 VwGO).

85 Die Versäumung der Frist führt zu Bestandskraft des Verwaltungsaktes, es sei denn, die Frist wurde ohne Verschulden versäumt. In diesem Fall besteht die Möglichkeit der **Wiedereinsetzung in den vorigen Stand** (§§ 60, 70 Abs. 2 VwGO). Mit dem Antrag auf Wiedereinsetzung in den vorigen Stand ist gleichzeitig der versäumte Rechtsbehelf zu wiederholen, also erneut Widerspruch einzulegen. Die **Frist** für den Antrag auf Wiedereinsetzung in den vorigen Stand beträgt **zwei Wochen** ab Wegfall des Hindernisses. Die Tatsachen, die zur unverschuldeten Versäumung führten, sind glaubhaft zu machen, beispielsweise durch Vorlage von Beweismitteln oder durch Abgabe einer eidesstattlichen Versicherung.

86 Mit der Einlegung des Widerspruches beginnt das **Vorverfahren**. Es gelten hier die gleichen Grundsätze wie für das Verwaltungsverfahren selbst, insbesondere auch der **Grundsatz der Amtsermittlung**. Es bedarf deshalb keiner Begründung des Widerspruches. Dennoch setzen Behörden nicht selten eine Frist zur Begründung des Widerspruches, eine Verpflichtung zur Begründung besteht jedoch nicht. Gegebenenfalls muss die Behörde die Rechts- und Zweckmäßigkeit der getroffenen Entscheidung allein nach Aktenlage erneut entscheiden.

---

46 BVerwG 7.12.2016 – 6 C 12/15, Rn. 18, FA 2017, 147.
47 BGBl. I 626.
48 BGBl. I 2541.

Ist der Widerspruch ganz oder teilweise begründet, hat ihm die Behörde – ganz oder teilweise – abzuhelfen. Erfolgt eine Abhilfe nur teilweise, ist darauf ausdrücklich hinzuweisen. 87

2.2. Widerspruchsbehörde ist gem. § 201 Abs. 1 SGB IX bei Verwaltungsakten der **Integrationsämter** oder der örtlichen Fürsorgestellen (§ 190 Abs. 2 SGB IX)[49] der Widerspruchsausschuss bei dem Integrationsamt. Gem. § 202 Abs. 1 SGB IX besteht dieser aus zwei **Mitgliedern**, die schwerbehinderte Arbeitnehmer oder Arbeitnehmerinnen sind, zwei Mitgliedern, die Arbeitgeber sind, einem Mitglied als Vertreter des Integrationsamtes, einem Vertreter der Bundesagentur für Arbeit sowie einer Vertrauensperson iSd § 177 SGB IX. Die Ausschussmitglieder können sich nicht der Stimme enthalten.[50] Über eine mögliche Befangenheit entscheiden die übrigen Ausschussmitglieder mit Stimmenmehrheit, wobei allein der Umstand, dass ein Arbeitgebervertreter von einem Verband entsandt wurde, zu dem der Betrieb des schwerbehinderten Arbeitnehmers gehört, nicht ausreicht.[51] Nach § 201 Abs. 1 Satz 2 SGB IX ist ein Widerspruchsverfahren auch zu führen, wenn ein Integrationsamt den Verwaltungsakt erlassen hat, das bei einer obersten Landesbehörde besteht. Die Aufhebung der Entscheidung des Ausschusses ist nur im Wege der Klage vor dem Verwaltungsgericht möglich. Rechtsgründe und Tatsachen zur Begründung des von einem gemischt besetzten Ausschuss erlassenen Bescheides können im verwaltungsgerichtlichen Verfahren nicht mehr nachgeschoben werden.[52] Den Widerspruchsbescheid erlässt bei Verwaltungsakten der **Agenturen für Arbeit** gem. § 201 Abs. 2 SGB IX der Widerspruchsausschuss der Bundesagentur für Arbeit. Dieser setzt sich gem. § 203 SGB IX ebenso zusammen wie der Widerspruchsausschuss bei dem Integrationsamt. 88

Ein Unterschied ergibt sich aus dem Verweis in § 201 SGB IX auf die VwGO für die Widerspruchsverfahren gegen Entscheidungen des Integrationsamtes sowie der örtlichen Fürsorgestellen sowie auf das SGG für Widerspruchsverfahren gegen Entscheidungen der Bundesagentur für Arbeit. Gemäß § 68 VwGO ist das Widerspruchsverfahren nicht zwingend vorgesehen, sondern kann **durch Landesrecht abweichend geregelt** werden. Dementsprechend sieht Bayern ein Wahlrecht vor, ob zuerst Widerspruch eingelegt oder direkt Klage vor dem Verwaltungsgericht erhoben wird. Niedersachsen hat das Widerspruchsverfahren nach § 201 SGB IX durch eine landesrechtliche Regelung abgeschafft. 89

Der Widerspruchsbescheid ist auch als solcher zu bezeichnen. Erfolgte die Abhilfe lediglich dadurch, dass der angegriffene Bescheid einfach durch einen neuen Bescheid ersetzt wurde, ist dagegen auch erneut Widerspruch einzulegen. Nur der abändernde, nicht aber der ersetzende Bescheid wird Gegenstand des Vorverfahrens (§ 86 SGG, anders im Prozessverfahren, siehe dazu § 96 SGG; im Verwaltungsverfahren fehlt eine entsprechende Vorschrift; gegen sogenannte Zweitbescheide der Ausgangsbehörde, sofern sie nicht ausdrücklich als Abhilfebescheid bezeichnet sind, sollte deshalb vorsorglich immer Widerspruch eingelegt werden). 90

Das **Verbot der reformatio in peius** gilt nicht, die Widerspruchsentscheidung kann also auch nachteiliger sein als der angefochtene Verwaltungsakt. Der Widerspruchsbescheid ist schriftlich zu begründen, mit einer Rechtbehelfsbelehrung zu versehen und zuzustellen (§ 85 Abs. 3 SGG, § 73 Abs. 1 Nr. 3 VwGO). 91

---

49 Die Begrifflichkeit ist verfehlt, da es im SGB IX nicht mehr um Fürsorge, sondern um Teilhabe geht. Besser ist daher die Bezeichnung als „Fachstellen".
50 HessVGH 10.8.1993 – 9 VE 1274/90.
51 BayVGH 18.6.2006 – 12 BV 05.2467.
52 OVG NRW 20.4.2009 – 12 A 2431/08.

92 Der Widerspruchsbescheid im Verwaltungsverfahren hat auch eine Regelung zur **Kostentragung** zu enthalten (§ 73 Abs. 3 VwGO). Für die Verwaltungstätigkeit werden keine Kosten und Gebühren erhoben. Ist der Widerspruch erfolgreich, sind dem Widerspruchsführer die notwendigen Aufwendungen zu erstatten. Diese beziehen sich allerdings nur auf das Widerspruchsverfahren.

93 2.3. Eine Entscheidung darüber, ob **Anwaltskosten** zu übernehmen sind, erfolgt auf Antrag (§ 63 SGB X). Solche Kosten sind nur zu übernehmen, wenn die Hinzuziehung **anwaltlicher Hilfe notwendig** war. Dies ist im Regelfall dann anzunehmen, wenn sich ein vernünftiger Bürger mit gleichem Bildungs- und Erfahrungsstand bei gegebener Sach- und Rechtslage anwaltlicher Hilfe bedient hätte, was nur bei Richtigstellung unrichtiger Tatsachen nicht der Fall sein dürfte. Eine Kostenentscheidung und damit die Übernahme von Kosten entfällt, wenn die Behörde dem Widerspruch abhilft, also die begehrte Entscheidung in der Sache trifft, aber keinen Widerspruchsbescheid erlässt.

3. Gerichtsverfahren

94 Je nachdem, welchen Inhalt eine Entscheidung des Gerichtes haben soll, handelt es sich um eine **Anfechtungsklage, Verpflichtungsklage, Feststellungsklage** oder **Gestaltungsklage**. Mit der Anfechtung soll eine belastende Entscheidung beseitigt werden, die Verpflichtung soll zu einer beantragten Leistung führen und die Feststellung zu der Feststellung eines Rechtsverhältnisses. Die Klagefrist beträgt einen Monat ab Zustellung des mit Rechtsbehelfsbelehrung versehenen Widerspruchsbescheides (§ 87 SGG, § 74 VwGO).

95 3.1. Die **Frist zur Klage** gilt nach § 91 SGG im Verfahren vor dem Sozialgericht auch dann als gewahrt, wenn die Klageschrift innerhalb der Frist **statt bei dem zuständigen Gericht** bei einer anderen inländischen Behörde, bei einem Versicherungsträger oder bei einer deutschen Konsularbehörde eingegangen ist. Die Klageschrift ist dann unverzüglich an das zuständige Gericht der Sozialgerichtsbarkeit abzugeben. Unter Behörde fallen auch alle Gerichte. Dabei ist jedoch **abzugrenzen**: soll die Klage beim zuständigen Gericht erhoben sein, aber ist sie an ein anderes Gericht adressiert, gilt § 91 SGG. In der Regel wird die Klage jedoch bei dem Gericht erhoben sein, welches für zuständig gehalten wurde. In diesem Fall greift nicht § 91 SGG, sondern nach entsprechendem **Verweisungsantrag** ist das Verfahren gemäß § 98 SGG an das zuständige Gericht zu verweisen. Unterbleibt der Verweisungsantrag, ist die Klage als unzulässig abzuweisen.

96 Die **Klage muss schriftlich** erhoben werden, außerdem müssen **Kläger und Beklagter** sowie der **Gegenstand** des Klagbegehrens genannt werden (§ **82 VwGO**, § 92 Abs. 1 SGG). Die Klage soll einen bestimmten Antrag enthalten und vom Kläger oder dessen Vertreter mit Orts- und Zeitangabe unterzeichnet sein. Die Unterzeichnung der Klage ist damit nicht zwingend. Die zur Begründung dienenden Tatsachen und Beweismittel sollen ebenfalls angegeben und die angefochtene Verfügung und der Widerspruchsbescheid in Urschrift oder in Abschrift beigefügt werden.
Entspricht die Klage diesen Anforderungen nicht, hat das Gericht gemäß § 92 Abs. 2 SGG den Kläger zu der erforderlichen Ergänzung innerhalb einer bestimmten Frist aufzufordern. Fehlt es an zwingenden Angaben in der Klage, kann dem Kläger hierfür zur Ergänzung eine Frist mit ausschließender Wirkung gesetzt werden. Für den Fall der Fristversäumung gilt für die Wiedereinsetzung § 67 SGG entsprechend (§ **92 SGG**).

97 3.2. Nicht selten ist ein Sachverhalt so gelagert, dass an ihm mehrere Behörden beteiligt sind oder beteiligt sein können. Dies betrifft beispielsweise Zuständig-

keitsfragen. Nach § 75 SGG, § 65 VwGO kann das Gericht deshalb von Amts wegen oder auf Antrag andere, deren berechtigte Interessen durch die Entscheidung berührt werden, **beiladen.** Sind an dem streitigen Rechtsverhältnis Dritte derart beteiligt, dass die Entscheidung auch ihnen gegenüber nur einheitlich ergehen kann, oder ergibt sich im Verfahren, dass bei einer Ablehnung eines Anspruches andere Versicherungsträger als leistungspflichtig in Betracht kommen, so sind diese **beizuladen.**

Hat ein Vorverfahren stattgefunden, so ist Gegenstand der Klage der ursprüngliche Verwaltungsakt in der Gestalt, die er durch den Widerspruchsbescheid gefunden hat (§ 95 SGG, § 79 VwGO). 98

Wird nach Klageerhebung der Verwaltungsakt durch einen neuen abgeändert oder ersetzt, so wird auch der neue Verwaltungsakt Gegenstand des Verfahrens (§ 96 SGG). 99

3.3. Durch die zum 1.1.2002 eingetretene Änderung des SGG wurden die Regelungen im SGG durch die neu eingeführten §§ 86 a ff. den Regelungen der VwGO angeglichen und gleichzeitig § 97 SGG aufgehoben. Nach § 86 a SGG haben Widerspruch und Anfechtungsklage **aufschiebende Wirkung**, und zwar auch bei rechtsgestaltenden und feststellenden Verwaltungsakten. **Ausnahmen** regelt **Abs. 2**, von besonderer Bedeutung ist insoweit **Abs. 2 Ziff. 3**, wonach die Anfechtung von Verwaltungsakten, die eine laufende Leistung entziehen oder herabsetzen, **keine aufschiebende Wirkung** hat. 100

Nach § 86 a Abs. 2 SGG entfällt die aufschiebende Wirkung, und zwar bei der Entscheidung über Versicherungssummen, Beitrags- und Umlagepflichten sowie der Anforderung von Beiträgen, Umlagen und sonstigen öffentlichen Abgaben, in Angelegenheiten des sozialen Entschädigungsrechtes und der Bundesagentur für Arbeit bei Verwaltungsakten, die eine laufende Leistung entziehen oder herabsetzen, bei einer Anfechtung in Angelegenheiten der Sozialversicherung, soweit durch Verwaltungsakt eine laufende Leistung herabgesetzt oder entzogen wird, schließlich dann, wenn die sofortige Vollziehung im öffentlichen Interesse ist und die sofortige Vollziehung mit schriftlicher Begründung angeordnet wird. Im Übrigen entfällt die aufschiebende Wirkung in allen Fällen, in denen dies durch Bundesgesetz vorgeschrieben ist. 101

Die Behörde **kann** jedoch im Rahmen der Ausübung ihres pflichtgemäßen Ermessens die sofortige Vollziehung ganz oder teilweise **aussetzen**. Sie **ist auszusetzen**, wenn ernstliche Zweifel an der Rechtmäßigkeit des angegriffenen Verwaltungsaktes bestehen oder wenn die Vollziehung für den Abgaben- oder Kostenpflichtigen eine unbillige, nicht durch überwiegende öffentliche Interessen gebotene Härte zur Folge hätte. Die Aussetzung kann befristet oder unter Auflagen erfolgen. Die Entscheidung kann **jederzeit geändert** oder **aufgehoben** werden. 102

§ 86 a Abs. 3 SGG regelt das **Verwaltungsverfahren zur Wiederherstellung** der aufschiebenden Wirkung in den Fällen, in denen die aufschiebende Wirkung nach § 86 a Abs. 2 SGG entfällt. Die Befugnis der zuständigen Verwaltungsbehörde zur Wiederherstellung der aufschiebenden Wirkung nach Satz 1 der Vorschrift ist sachlich weder eingegrenzt noch auf die Widerspruchsstelle beschränkt. Vielmehr kann auch die Behörde, die den angefochtenen Verwaltungsakt erlassen hat, über die Wiederherstellung der aufschiebenden Wirkung entscheiden. Da die zuständige Behörde im Falle eines Widerspruchs nicht nur von der Vollziehung des angefochtenen Verwaltungsakts absehen kann, sondern auch über die Abhilfe entscheiden muss, ist es sachgerecht, ihr bei zweifelhafter Rechtslage zu ermöglichen, mit bindender Außenwirkung die aufschiebende Wirkung des Widerspruchs wiederherzustellen. § 86 a Abs. 3 Satz 2 SGG 103 enthält entsprechend § 80 Abs. 4 Satz 3 VwGO eine Regelung („Soll-Vorschrift") für die Aussetzung der Vollziehung in den Fällen des Absatzes 2. Die Aussetzung kann der sofortigen Vollziehung nur für einen Teil des Verwaltungsaktes erfolgen (§ 86 a Abs. 3 Satz 1 SGG) sowie von Auflagen abhängig gemacht werden.

104 Die **aufschiebende Wirkung** schließt lediglich den Eingriff in bestimmte rechtlich geschützte Positionen vorläufig aus, führt indessen nicht zu einer Erweiterung oder Verbesserung der Rechtsstellung des Begünstigten. Das heißt, dass die aufschiebende Wirkung wesentlich bei einer Anfechtungsklage gegen einen belastenden Verwaltungsakt ist, mit welchem dem Betroffenen etwas genommen oder entzogen werden soll. Bei Verwaltungsakten, mit denen ein Antrag abgelehnt wird, kann sich deshalb die Frage einer aufschiebenden Wirkung eines Rechtsbehelfs nicht stellen, weil bei einer Verweigerung der beantragten Leistung noch keine geschützte Rechtsposition entstanden ist, in die durch den Verwaltungsakt eingegriffen würde.

105 **3.4.** Auch im **Gerichtsverfahren** gilt der **Untersuchungsgrundsatz** (§ 103 SGG, § 86 VwGO). Das Gericht hat danach den Sachverhalt von Amts wegen zu erforschen und ist dabei nicht an das Vorbringen und die Beweisanträge der Beteiligten gebunden.

106 Das Ausmaß der Ermittlungen steht im pflichtgemäßen Ermessen des Gerichtes. Es müssen alle Tatsachen ermittelt werden, die für die Entscheidung sowohl in prozessualer als auch materieller Hinsicht wesentlich und entscheidungserheblich sind. Sind wesentliche Fragen weder festgestellt, noch offenkundig, gesetzlich zu vermuten oder zu fingieren oder auch als wahr zu unterstellen, besteht Beweisbedürftigkeit.

107 Das Gericht ist nur zu solchen Ermittlungen verpflichtet, die nach Lage der Dinge erforderlich sind. Dabei muss das Gericht nicht von sich aus in sämtliche infrage kommenden Richtungen ermitteln, sondern **Nachforschungen nur insoweit** anstellen, soweit sie der Sachverhalt und der Vortrag der Beteiligten **nahelegen**.

108 Von besonderer Bedeutung sind häufig **Sachverständigengutachten**. Dabei ist zu unterscheiden zwischen den Gutachten, die von der Verwaltungsbehörde/den Kassen eingeholt wurden, Privatgutachten und Gutachten aufgrund entsprechender Beweisanordnung des Gerichtes. Nur Letztere sind Sachverständigenbeweis, während ein von der Behörde/Kasse eingeholtes Gutachten einen Urkundenbeweis darstellt und ein reines Privatgutachten vom Gericht als urkundlich belegter Beteiligtenvortrag zu würdigen ist. Dabei darf das Gericht Sachverständigengutachten egal welcher Herkunft nicht ungeprüft seiner Entscheidung zugrunde legen, der **Amtsermittlungsgrundsatz** gebietet auch, eingeholte oder vorgelegte Gutachten auf inhaltliche **Richtigkeit und Schlüssigkeit zu prüfen**.

109 Die Beweiserhebung steht im Übrigen im Ermessen des Gerichtes unter Beachtung der Grundsätze der Amtsermittlung. Im Rahmen der Amtsermittlung ist auch die **Einholung von ärztlichen und nicht amtlichen Auskünften** möglich. Zur Aufklärungspflicht des Vorsitzenden siehe im Übrigen § 106 SGG, §§ 86 und 87 VwGO. Im **Verwaltungsgerichtsverfahren** hat nach § 86 Abs. 3 VwGO der Vorsitzende darauf hinzuwirken, dass Formfehler beseitigt, unklare Anträge erläutert, sachdienliche Anträge gestellt, ungenügende tatsächliche Angaben ergänzt, ferner alle für die Feststellung und Beurteilung des Sachverhalts wesentlichen Erklärungen abgegeben werden. Insoweit besteht auch eine Mitwirkungsverpflichtung der Parteien. Dies ergibt sich aus § 86 Abs. 1 Satz 1 Hs. 2 VwGO. Bei unterbliebener Mitwirkung kann sich die Aufklärungspflicht des Gerichtes

vermindern, ebenso das Ausmaß der Beweiserhebung. Handelt die Prozesspartei schuldhaft, so kann dies bei der Beweiswürdigung zu ihrem Nachteil berücksichtigt werden, ohne dass damit allerdings eine Umkehr der Beweislast verbunden ist. Im Hinblick auf die Regelung des § 92 **Abs. 2** VwGO kommt der Mitwirkungsverpflichtung im verwaltungsgerichtlichen Verfahren eine nicht unerhebliche Bedeutung zu. Nach der genannten Regelung **gilt die Klage als zurückgenommen**, wenn der Kläger das Verfahren trotz Aufforderung des Gerichts länger als drei Monate nicht betreibt. In dieser Aufforderung ist auf die Rechtsfolgen der Untätigkeit hinzuweisen. Die Aufforderung bedarf der förmlichen Zustellung gemäß § 56 **Abs. 1** VwGO.

Mit dem Gesetz zur Änderung des Sozialgerichtsgesetzes und des Arbeitsgerichtsgesetzes v. 26.3.2008[53] wurde mit Wirkung ab 1.4.2008 in § 102 Abs. 2 SGG ebenfalls eine Fiktion der Klagerücknahme bei Nichtbetreibung eingefügt. Nach § 153 Abs. 1 SGG gelten für das Verfahren vor den Landessozialgerichten die Vorschriften über das Verfahren im ersten Rechtszug (§§ 87 bis 122 SGG) mit Ausnahme der §§ 91, 105 SGG entsprechend, soweit sich aus diesem Unterabschnitt (der die Bestimmungen über die Berufung in den §§ 143 bis 159 SGG umfasst) nichts anderes ergibt.

Von der Aufforderung gemäß § 92 **Abs. 2** VwGO ist die Fristsetzung gemäß § 87 b VwGO zu unterscheiden. Nach der letztgenannten Bestimmung kann der Vorsitzende oder der Berichterstatter dem Kläger eine Frist zur Angabe von Tatsachen setzen, Verspätung kann nach **Abs. 3** zur Zurückweisung führen. Neben der Ausschlusswirkung des § 87 b **Abs. 3** VwGO kommt eine Aufforderung zum Betreiben des Prozesses nach § 92 **Abs. 2** VwGO regelmäßig nur in Frage, wenn zuvor die nach § 87 VwGO gesetzten Fristen ungenutzt verstrichen sind.

Eine dieser Regelung vergleichbare Bestimmung findet sich für den Bereich der Sozialgerichtsbarkeit in § 106 a SGG. Ergänzt wird diese Regelung durch § 157 a SGG, wonach im ersten Rechtszug entgegen einer hierfür gesetzten Frist nicht vorgebrachte Erklärungen oder Beweismittel zurückgewiesen werden können bzw. bereits zur Recht zurückgewiesenen Erklärungen oder Beweismittel ausgeschlossen bleiben.

§ 109 SGG durchbricht den Amtsermittlungsgrundsatz, in dem es dem Versicherten/Versorgungsberechtigten/Hinterbliebenen die Möglichkeit eröffnet, einen Antrag auf gutachterliche Anhörung eines bestimmten Arztes zu beantragen. Das Gericht **muss diesem Antrag entsprechen**, es sei denn, durch die Zulassung würde die Erledigung des Rechtsstreits verzögert werden und der Antrag nach Überzeugung des Gerichtes nur in der Absicht gestellt würde, das Verfahren zu verschleppen oder der Antrag aus grober Nachlässigkeit nicht früher vorgebracht worden ist.

Grundsätzlich besteht keine **Hinweispflicht** auf die Möglichkeit des Verfahrens nach § 109 SGG, es sei denn, es liegen besondere Umstände vor. Eine Hinweispflicht wird indessen angenommen, wenn das Gericht beabsichtigt, seiner Entscheidung neue rechtliche Gesichtspunkte zugrunde zu legen, die im Rahmen des Sachverständigenbeweises bislang nicht berücksichtigt wurden.[54] Der Gutachter ist vom Antragsteller zu benennen, einer konkreten Umschreibung des Beweisthemas bedarf es allerdings nicht. Grundsätzlich ist die Einholung des Gutachtens im Rahmen des § 109 SGG hinsichtlich der dadurch entstehenden Kosten vorschusspflichtig. Stellt sich im Verlaufe des Verfahrens heraus, dass das gemäß **§ 109 SGG** eingeholte Gutachten die Entscheidung des Rechtsstreits

---

53 BGBl. I 444.
54 Siehe auch BSG 12.2.2002 – B 11 AL 249/01 B, HVBG-INFO 2002, 2153.

gefördert hat, können die entstandenen Kosten auch der Staatskasse auferlegt werden. Eine Übernahme der Kosten für das nach § 109 SGG eingeholte Gutachten durch die Landeskasse ist grundsätzlich nur dann gerechtfertigt, wenn das Gutachten für die Entscheidung oder den sonstigen Ausgang des Rechtsstreits von Bedeutung war. Das ist nicht schon der Fall, wenn der von Amts wegen ermittelte Sachverhalt durch den nach § 109 SGG gehörten Sachverständigen lediglich „erweitert" worden ist. Voraussetzung ist vielmehr, dass der Sachverständige dem Gericht neue – rechtserhebliche – medizinische Erkenntnisse verschafft.[55]

115 § 105 SGG, § 84 VwGO eröffnen die Möglichkeit, ohne mündliche Verhandlung durch **Gerichtsbescheid** zu entscheiden, wenn die Sache **keine besonderen Schwierigkeiten** tatsächlicher oder rechtlicher Art aufweist und der Sachverhalt geklärt ist. Die Beteiligten sind vorher zu hören. Für das weitere Verfahren gelten die Vorschriften über Urteile entsprechend. Gegen Gerichtsbescheide sind die gleichen Rechtsmittel gegeben wie gegen Urteile.

116 Im Regelfall entscheidet das Gericht gemäß § 124 SGG, § 101 VwGO aufgrund mündlicher Verhandlung, kann jedoch mit Einverständnis der Beteiligten auch ohne mündliche Verhandlung durch Urteil entscheiden (§ 124 Abs. 2 SGG, § 101 Abs. 2 VwGO).

117 3.5. Gegen die **Urteile des Sozialgerichtes** findet die **Berufung** an das Landessozialgericht statt (§ 144 SGG).

118 3.5.1. Die Berufung ist grundsätzlich **statthaft**, bedarf aber der Zulassung durch das Sozialgericht bei Ansprüchen, wenn der Wert des Beschwerdegegenstandes 750 EUR nicht übersteigt (bei Erstattungsansprüchen zwischen Personen des öffentlichen Rechts 10 000 EUR) (§ 144 Abs. 1 Nr. 1 und 2 SGG). Das gilt nicht, wenn die Berufung wiederkehrende oder laufende Leistungen für mehr als ein Jahr betrifft. Die Berufung ist ferner nicht zulässig, wenn es sich lediglich um die Kosten des Verfahrens handelt. Nur in diesen Fällen bedarf die Berufung im sozialgerichtlichen Verfahren der **besonderen Zulassung**, die bei grundsätzlicher Bedeutung, Divergenz oder Verfahrensmängeln auszusprechen ist (Einzelheiten :vgl. § 144 SGG und für die Beschwerde gegen die Nichtzulassung § 145 SGG).

119 Die Berufung ist nach § 151 SGG bei dem Landessozialgericht **innerhalb eines Monats** nach Zustellung des Urteils schriftlich oder zur Niederschrift des Urkundsbeamten der Geschäftsstelle einzulegen. Die Berufungsfrist ist auch gewahrt, wenn die Berufung innerhalb der Frist beim Sozialgericht schriftlich oder zur Niederschrift des Urkundsbeamten der Geschäftsstelle eingelegt wird. In diesem Fall hat das Sozialgericht die Berufungsschrift unverzüglich dem Landessozialgericht vorzulegen.

120 Die **Berufungsschrift soll** das angefochtene Urteil bezeichnen, einen bestimmten Antrag enthalten und die zur Begründung dienenden Tatsachen und Beweismittel angeben. Das Landessozialgericht hat den Streitfall im gleichen Umfange wie das Sozialgericht zu überprüfen und auch neu vorgebrachte Tatsachen und Beweismittel zu berücksichtigen (§ 157 SGG). Ist die Berufung nicht statthaft oder nicht in der gesetzlichen Frist oder nicht schriftlich oder zur Niederschrift des Urkundsbeamten der Geschäftsstelle eingelegt, so ist sie als unzulässig zu verwerfen; dies kann in Form eines **Beschlusses** erfolgen (§ 158 SGG).

121 3.5.2. **Anders als das SGG** sieht die **VwGO** eine grundsätzliche Zulässigkeit einer Berufung gegen Entscheidungen des Verwaltungsgerichtes (Gerichtsbescheid, Urteil) nicht vor. Die Berufung **bedarf** vorab **der Zulassung** durch das

---

55 LSG NRW 4.7.2002 – L 10 B 8/02 SB SGb 2002, 676.

Verwaltungsgericht im Urteil oder sie wird durch besonderen Beschluss des Oberverwaltungsgerichtes gemäß § 124 VwGO zugelassen. Nach Absatz 2 dieser Bestimmung ist die Berufung **nur zuzulassen**, wenn **ernstliche Zweifel an der Richtigkeit** des Urteils bestehen, die Rechtssache **besondere** tatsächliche oder rechtliche **Schwierigkeiten** aufweist, die Rechtssache **grundsätzliche Bedeutung** hat, das Urteil **von einer Entscheidung** des Oberverwaltungsgerichtes, des Bundesverwaltungsgerichtes, des gemeinsamen Senates der obersten Gerichtshöfe des Bundes oder des Bundesverfassungsgerichtes **abweicht** und auf dieser Abweichung beruht oder ein der Beurteilung des Berufungsgerichtes unterliegender **Verfahrensmangel** geltend gemacht wird und vorliegt, auf dem die Entscheidung beruhen kann. Vor dem OVG besteht **Anwaltszwang** (§ 67 Abs. 1 VwGO).

Wird die Berufung nicht durch das VG zugelassen, bedarf es eines **Zulassungsantrags**, der an das VG zu richten ist und über den das OVG entscheidet, § 124 a Abs. 4, 5 VwGO. Im Zulassungsantrag sind die **Gründe**, aus denen nach Ansicht des Antragstellers die Berufung zuzulassen ist, **im Einzelnen darzulegen**. Das Darlegungserfordernis entspricht grundsätzlich dem Erfordernis der Begründung der Nichtzulassungsbeschwerde und soll den Aufwand des OVG für die Bearbeitung des Zulassungsantrages reduzieren. Diese Darlegungsnotwendigkeit **gilt für alle Berufungszulassungsgründe,** auf die sich der Antragsteller bezieht, wobei die **Zuordnung** des Vorbringens zu dem einzelnen Zulassungsgrund **nicht dem Gericht überlassen** werden kann, dieses also selbst überprüfen und herausfiltern muss, unter welchen rechtlichen Gesichtspunkten die Darlegung einen Zulassungsgrund begründen könnte. Der Zulassungsantrag muss dem OVG im Regelfall **ohne weitere Ermittlungen die Möglichkeit verschaffen**, auf seiner Basis zu erkennen, ob der geltend gemachte Zulassungsgrund vorliegt oder nicht. Dabei **genügt nicht** ein nicht näher spezifizierter Hinweis auf das Vorliegen eines konkreten Zulassungsgrundes ggf. auch nur unter **Wiederholung des erstinstanzlichen Vortrages**, es bedarf vielmehr einer eingehenden und spezifizierten Erläuterung, Erklärung, Darlegung.

Die **Frist** für den Antrag auf Zulassung der Berufung beträgt nach § 124 a VwGO einen **Monat** und kann nicht verlängert werden.

Ein **Nachschieben** von Gründen ist grundsätzlich **nicht möglich**, nach Fristablauf können allenfalls bereits vorgetragene Gründe für den Antrag auf Zulassung der Berufung noch näher erläutert und ergänzt werden.

Ernstliche Zweifel werden nicht bereits dann schon hinreichend dargelegt, wenn nur pauschal auf das Vorbringen in der Vorinstanz ohne Auseinandersetzung mit der angegriffenen Entscheidung verwiesen wird oder nur eine bloße Wiederholung früheren Vortrages erfolgt. Es bedarf einer inhaltlich detaillierten Auseinandersetzung mit den entscheidungserheblichen Gründen des Verwaltungsgerichtes, um deren Fehlerhaftigkeit aufzuzeigen. Nur eine Vertiefung des bisherigen Vorbringens ohne zusätzliche Aspekte reicht nicht aus.

Besondere tatsächliche oder rechtliche Schwierigkeiten bedürfen der konkreten Bezeichnung der Rechtsfragen, aus denen sich dann wiederum **im Einzelnen darzulegende besondere** rechtliche Schwierigkeiten ableiten, diese besonderen Schwierigkeiten sind in der Begründung aufzuzeigen. Nur die allgemeine Behauptung, es liege eine besondere rechtliche Schwierigkeit vor, genügt dem Darlegungserfordernis nicht.

Bei der Berufung auf den Zulassungsgrund der **grundsätzlichen Bedeutung** ist die **Rechtsfrage,** die nach Auffassung des Antragstellers einer grundsätzlichen Klärung bedarf, **genau zu bezeichnen** und zu formulieren. Dabei ist die grundsätzliche Klärungsbedürftigkeit substantiiert zu begründen und darzulegen, weshalb die Rechtsfrage entscheidungserheblich und ihre Klärung im Berufungsverfahren zu erwarten ist.

128 Beruft sich der Antragsteller auf eine **Abweichung** von einer **Entscheidung**, ist diese Entscheidung grundsätzlich im Zulassungsantrag mit **Datum, Aktenzeichen und Fundstelle** zu benennen. Die entscheidungserhebliche Abweichung ist darzulegen, der in dieser Entscheidung enthaltene **Rechtssatz** ist deshalb zu **bezeichnen** und dabei der erkennbar abstrakte Rechtssatz herauszuarbeiten und darzulegen, worin diese Abweichung besteht und letztlich warum die angegriffene Entscheidung auf dieser Abweichung beruht.

129 Wird die Berufung zugelassen, ist sie gemäß **§ 124a Abs. 3 VwGO** innerhalb **eines Monats** beim OVG zu **begründen**. Die Begründungsfrist kann auf Antrag verlängert werden. Die Berufungsbegründung **muss** einen bestimmten Antrag enthalten sowie die im Einzelnen anzuführenden Gründe der Anfechtung (Berufungsgründe). Dieser Begründungszwang führt in der Praxis nicht selten zu Schwierigkeiten, ist der Sachverhalt häufig im Rahmen des vorangegangenen Widerspruchsverfahrens und des Verfahrens vor dem Verwaltungsgericht und auch in dem Verfahren auf Antrag auf Zulassung der Berufung im Wesentlichen „ausgeschrieben". Gleichwohl ist der Berufungsführer gehalten, in der Berufungsbegründung klar und konkret anzugeben, in welchen Punkten sowohl tatsächlicher als auch rechtlicher Art und aus welchen Gründen das angefochtene Urteil nach seiner Ansicht unrichtig ist und welche Gründe er dem entgegensetzt. Der Berufungsführer hat sich also im Einzelnen mit den Tatsachenfeststellungen und der Beweiswürdigung auseinander zu setzen und ggf. im Einzelnen noch darzulegen, weshalb und welche abweichende Rechtsansicht er vertritt, wobei eine bloße Wiederholung des erstinstanzlichen Vortrages oder einfache Bezugnahme darauf nicht ausreichen.

130 3.6. Gegen das Urteil eines **Landessozialgerichtes oder Oberverwaltungsgerichtes** steht dem Beteiligten die **Revision** an das Bundessozialgericht bzw. Bundesverwaltungsgericht **nur zu, wenn** sie in dem Urteil des Landessozialgerichtes bzw. Oberverwaltungsgerichtes oder durch Beschluss des Bundessozialgerichtes bzw. Bundesverwaltungsgerichtes im Rahmen einer Nichtzulassungsbeschwerde **zugelassen** worden ist (**§ 160 SGG, § 132 VwGO**). Die **Frist** beträgt **einen Monat**.

131 Nach § 132 Abs. 2 VwGO, § 160 Abs. 2 SSG ist die Revision nur zuzulassen, wenn die Rechtssache grundsätzliche Bedeutung hat oder das Urteil von einer Entscheidung des Bundessozialgerichtes oder des gemeinsamen Senats der obersten Gerichtshöfe des Bundes abweicht und auf diesen Abweichungen beruht oder ein Verfahrensmangel geltend gemacht wird, auf dem die angefochtene Entscheidung beruhen kann.

132 Eine Verletzung des **§ 109 SGG** führt nicht zur Zulassung der Revision, eine Verletzung des **§ 103 SGG** (Amtsermittlungsgrundsatz) nur, wenn das Landessozialgericht einem Beweisantrag ohne hinreichende Begründung nicht gefolgt ist.

133 Hat das Berufungsgericht die **Revision nicht zugelassen**, kann dagegen gemäß **§ 160a SGG, § 133 VwGO Beschwerde** beim Bundessozialgericht bzw. Bundesverwaltungsgericht erhoben werden. Sie ist innerhalb **eines Monats** nach Zustellung des Urteils des Landessozialgerichtes **einzulegen** und innerhalb **von zwei Monaten** nach Zustellung des Urteils zu **begründen**. Für die Entscheidung über die Beschwerde gelten die Voraussetzungen des § 160 SGG, § 132 VwGO.

134 Die Revision muss das angefochtene Urteil angeben, eine Ausfertigung oder beglaubigte Abschrift des angefochtenen Urteils soll beigefügt werden. Die Revision ist innerhalb von zwei Monaten nach Zustellung des Urteils oder des Be-

schlusses über die Zulassung der Revision zu begründen, die Begründung muss einen bestimmten Antrag enthalten, die verletzte Rechtsnorm und, soweit Verfahrensmängel gerügt werden, die Tatsachen bezeichnen, die den Mangel ergeben (§ 164 SGG, § 133 VwGO).

Das **Verfahren** vor den Gerichten der **Sozialgerichtsbarkeit** ist gemäß § 183 SGG im Regelfall **kostenfrei** (**Ausnahme** für Körperschaften oder Anstalten des öffentlichen Rechts siehe § 184 SGG). 135

3.7. Die **Kostenfestsetzung** regelt sich nach § 197 SGG, §§ 154 ff. VwGO. Wird der Rechtsstreit durch gerichtlichen **Vergleich** erledigt und haben die Beteiligten keine Bestimmung über die Kosten getroffen, so trägt jeder Beteiligte seine eigenen Kosten selbst (§ 195 SGG) bzw. werden diese hälftig geteilt (§ 160 VwGO). 136

3.8. Eine besondere Form der Klage ist die **Untätigkeitsklage** gemäß § 88 SGG, § 75 VwGO. Sie ist zulässig, wenn ein Antrag auf Vornahme eines Verwaltungsaktes ohne zureichenden Grund in angemessener Frist sachlich nicht beschieden worden ist, wobei die Klage **nicht vor Ablauf von 6 Monaten** seit dem Antrag auf Vornahme des Verwaltungsaktes (§ 88 SGG) bzw. **vor Ablauf von 3 Monaten** seit der Einlegung des Widerspruches oder Beantragung des Verwaltungsaktes (§ 75 VwGO) zulässig ist. 137

Ergibt sich im Laufe des Verfahrens, dass ein zureichender Grund dafür vorlag, dass eine Entscheidung der Behörde noch nicht erfolgte, so setzt das Gericht das Verfahren bis zum Ablauf einer von ihm bestimmten Frist aus, die verlängerbar ist. Wird innerhalb dieser Frist dem Antrag stattgegeben, so ist die Hauptsache für erledigt zu erklären (§ 88 Abs. 1 SGG, § 75 VwGO, jeweils letzter Satz). 138

Diese Regelung gilt auch, wenn über einen Widerspruch nicht entschieden worden ist, und zwar mit der Maßgabe, dass als angemessene Frist in Angelegenheit der Krankenversicherung und der Bundesagentur für Arbeit eine **Frist** von einem Monat, im Übrigen eine solche von drei Monaten gilt (§ 88 Abs. 2 SGG). 139

Die Sperrfrist kann regelmäßig nicht unterschritten werden, ihre Einhaltung ist allerdings nicht erforderlich, wenn die Behörde bereits vor Ablauf dieser Sperrfrist eindeutig zu erkennen gegeben hat, dass sie über den Widerspruch nicht entscheiden wird.[56] Entscheidet die Behörde nach Erhebung der Untätigkeitsklage ablehnend, ist dagegen Widerspruch einzulegen. Ergeht auch ein ungünstiger Widerspruchsbescheid, ist nach herrschender Meinung die Hauptsache zwar erledigt, der Kläger kann allerdings seine Klage als Anfechtungs- bzw. Verpflichtungsklage fortsetzen, der Widerspruchsbescheid wird in den Antrag mit einbezogen. In der Regel ist eine solche **Klageänderung** sachdienlich.[57] 140

3.9. Durch das **6. Gesetz zur Änderung des SGG** hat mit Wirkung ab 1.1.2002 auch das SGG eine Rechtsgrundlage für den Erlass einstweiliger Anordnungen, und zwar in § 86 b Abs. 2 SGG erhalten. Diese Regelung entspricht im Zusammenhang mit **Abs. 3** dem § 123 VwGO. § 86 b Abs. 2 Satz 2 SGG stellt als Voraussetzung für den Erlass einer einstweiligen Anordnung auf eine Einzelfallentscheidung des Gerichtes ab. Eine beispielhafte Aufzählung unterbleibt. Es gelten ergänzend die Vorschriften der Zivilprozessordnung über den Arrest und die einstweilige Verfügung. Nach **Abs. 3** kann die gerichtliche Geltendmachung des einstweiligen Rechtsschutzes schon vor Erhebung der Klage erfolgen. Dies ist eine wesentliche Verbesserung des einstweiligen Rechtsschutzes in der Sozialgerichtsbarkeit. 141

---

56 *Binder* in HK-SGG § 88 Rn. 9 f.
57 *Binder* in HK-SGG § 88 Rn. 16.

142 Eine **einstweilige Anordnung** in Anwendung des § 123 **VwGO** und damit auch im verwaltungsgerichtlichen Verfahren setzt voraus, dass die Gefahr besteht, dass durch eine Veränderung des bestehenden Zustandes die Verwirklichung eines Rechtes des Antragstellers vereitelt oder wesentlich erschwert werden könnte oder es muss eine Regelung eines vorläufigen Zustandes in Bezug auf ein streitiges Rechtsverhältnis nötig sein, um wesentliche Nachteile abzuwenden oder drohende Gewalt zu verhindern oder aus anderen Gründen, insbesondere bei dauernden Rechtsverhältnissen.

143 Gefahr in diesem Sinne ist mehr als die bloße Möglichkeit beeinträchtigender Maßnahmen. Es müssen vielmehr Tatsachen vorliegen, die eine unmittelbar bevorstehende Veränderung erwarten lassen.

144 Bei **Ermessensentscheidungen** ist eine einstweilige Anordnung im Regelfall nur dann möglich, wenn eine „Ermessensreduzierung auf Null" vorliegt, also nur eine bestimmte Entscheidung ermessensgerecht sein kann. Allerdings besteht auch hier die Möglichkeit einer Anordnung des Gerichtes, dass die Behörde über den Antrag entscheiden soll, wenn der Anspruch auf Neubescheidung glaubhaft gemacht und zu erwarten ist, dass eine fehlerfreie Ermessensentscheidung für den Antragsteller günstig ausfallen wird.

145 Es gelten im Übrigen die allgemeinen Regeln der einstweiligen Anordnung/einstweiligen Verfügung, so insbesondere, dass die einstweilige Anordnung eine endgültige Entscheidung grundsätzlich nicht vorwegnehmen darf. Danach kann in der Regel eine Behörde **nicht zum Erlass eines im Hauptverfahren beantragten Verwaltungsaktes** verpflichtet werden. Nur ausnahmsweise, wenn sonst Rechtsschutz nicht erreichbar wäre und dies für den Antragsteller unzumutbar wäre, kann mit der einstweiligen Anordnung der Entscheidung in der Hauptsache vorgegriffen werden.

146 Gegen die Entscheidungen des Gerichtes, die nicht Urteile oder Gerichtsbescheide sind, findet die Beschwerde statt (§ 146 VwGO, § 172 SGG). Im sozialgerichtlichen Verfahren ist die Beschwerde gemäß § 172 Abs. 3 SGG ausgeschlossen; in Verfahren des einstweiligen Rechtsschutzes, wenn in der Hauptsache die Berufung nicht zulässig wäre, gegen die Ablehnung von Prozesskostenhilfe, wenn das Gericht ausschließlich die persönlichen oder wirtschaftlichen Voraussetzungen für die Prozesskostenhilfe verneint, gegen Kostengrundentscheidungen nach § 193 SGG und gegen Entscheidungen nach § 192 Abs. 2 SGG, wenn in der Hauptsache kein Rechtsmittel gegeben ist und der Wert des Beschwerdegegenstandes 200 EUR nicht übersteigt.
Die Beschwerde ist bei dem Gericht, dessen Entscheidung angefochten wird, oder bei dem Beschwerdegericht innerhalb einer Frist von zwei Wochen im verwaltungsgerichtlichen Verfahren (§ 147 Abs. 1 VwGO) bzw. innerhalb eines Monats im sozialgerichtlichen Verfahren (§ 173 SGG) schriftlich oder zur Niederschrift des Urkundsbeamten der Geschäftsstelle einzulegen.[58]

147 Für die Kostenentlastung von Antragstellern/Klägern gelten die allgemeinen Vorschriften über die **Beratungshilfe und die Prozesskostenhilfe**.

---

58 Zur Sonderregelung im Bereich des vorläufigen Rechtsschutzes im verwaltungsgerichtlichen Verfahren siehe § 146 Abs. 4 VwGO – Pflicht zur Begründung der Beschwerde zum Oberverwaltungsgericht binnen einer Frist von einem Monat nach Bekanntgabe der angefochtenen Entscheidung.

4. UN-Konvention zum Schutz der Menschenrechte von Menschen mit Behinderungen

Am 30.3.2007 hat die Bundesrepublik Deutschland die **UN-Konvention zum Schutz der Menschenrechte von Menschen mit Behinderungen**[59] sowie das dazugehörige Fakultativprotokoll ratifiziert.[60] Das Bundesverfassungsgericht hat mit Beschluss vom 23.3.2011 entschieden, dass die UN-Behindertenrechtskonvention (BRK), die in Deutschland Gesetzeskraft hat[61] als Auslegungshilfe für die Bestimmung von Inhalt und Reichweite der Grundrechte herangezogen werden kann.[62]

148

In Art. 34 der Konvention ist die Einsetzung eines Ausschusses für die Rechte von Menschen mit Behinderungen vorgesehen, der zurzeit aus 12 Sachverständigen besteht (Art. 34 Abs. 2). Das darin vorgesehene Monitoring der UN-Konvention wird durch das sogenannte Fakultativprotokoll verstärkt, in dem die Kompetenzen des Ausschusses um zwei Verfahren erweitert werden: Zum einen enthält das Fakultativprotokoll die Möglichkeit einer Individualbeschwerde, die Einzelpersonen oder auch Personengruppen nach Ausschöpfung der nationalen Gerichtsbarkeit mit der Behauptung einlegen können, Opfer der Verletzung eines im Übereinkommen niedergelegten Rechtes zu sein. Darüber hinaus wird der Ausschuss ermächtigt, nach Erhalt und Prüfung zuverlässiger Angaben, die auf schwerwiegende oder systematische Verletzungen der im Übereinkommen niedergelegten Rechte hinweisen, von sich aus im Rahmen eines Untersuchungsverfahrens tätig zu werden und von den betroffenen Vertragsstaaten Stellungnahmen anzufordern. Den Äußerungen des für die Abgabe solcher Stellungnahmen zuständigen Ausschusses zur Auslegung eines Menschenrechtsabkommens kommt erhebliches Gewicht zu, sie sind aber für internationale und nationale Gerichte nicht völkerrechtlich verbindlich. Eine Kompetenz zur Fortentwicklung internationaler Abkommen über Vereinbarungen und die Praxis der Vertragsstaaten hinaus kommt diesen Ausschüssen nicht zu. Dem Ausschuss in den Art. 34 ff. BRK ist kein Mandat zur verbindlichen Interpretation des Vertragstextes übertragen worden. Bei der Vertragsauslegung sollte sich ein nationales Gericht aber mit den Auffassungen eines zuständigen internationalen Vertragsorgans in gutem Glauben argumentativ auseinandersetzen; es muss sie aber nicht übernehmen.[63]

Nach Art. 2 des Fakultativprotokolls erklärt der Ausschuss eine Mitteilung über schwerwiegende oder systematische Verletzungen der im Übereinkommen niedergelegten Rechte für unzulässig, wenn sie anonym oder missbräuchlich erfolgt oder mit den Bestimmungen des Übereinkommens unvereinbar ist. Ebenso unzulässig ist die Anrufung des Ausschusses zu Fragen, die bereits vom Ausschuss untersucht wurden oder in einem anderen internationalen Untersuchungs- oder Streitregelungsverfahren geprüft wurden oder deren Überprüfung anhängig ist.

149

---

59 Verabschiedet am 13.12.2006 von der Generalversammlung der Vereinten Nationen.
60 BGBl. 2008 II 1419.
61 Gesetz zu dem Übereinkommen der Vereinten Nationen vom 13.12.2006 über die Rechte von Menschen mit Behinderungen sowie zu dem Fakultativprotokoll vom 13.12.2006 zum Übereinkommen der Vereinten Nationen über die Rechte von Menschen mit Behinderungen vom 21.12.2008, BGBl. II 1419.
62 Vgl. BVerfGE 111, 307 (317 f.).
63 BVerfG 26.7.2016 – 1 BvL 8/15.

150 Voraussetzung ist die **Ausschöpfung aller nationalen Rechtsbehelfe**, es sei denn, dass Verfahren bei der Anwendung solcher Rechtsbehelfe unangemessen lange dauern oder keine wirksame Hilfe erwarten lassen.[64]

151 Der Ausschuss bringt nach Art. 3 des Fakultativprotokolls jede ihm zugegangene Mitteilung dem Vertragsstaat vertraulich zur Kenntnis, der dann innerhalb von sechs Monaten dem Ausschuss eine schriftliche Stellungnahme zu übermitteln hat. Der Ausschuss ist auch berechtigt, jederzeit nach Eingang einer Mitteilung und auch schon vor einer Entscheidung in der Sache selbst dem betreffenden Vertragsstaat ein Gesuch zur sofortigen Prüfung zu übermitteln, verbunden mit der Aufforderung, ggf. vorläufige Maßnahmen zu treffen, um einen nicht wieder gutzumachenden Schaden abzuwenden. Der Ausschuss kann dem betroffenen Vertragsstaat Vorschläge und Empfehlungen unterbreiten, hat jedoch keine eigene Regelungskompetenz (Art. 5 des Fakultativprotokolls). Der Ausschuss hat darüber hinaus die Möglichkeit, selbst eine Untersuchung durchzuführen; er kann darüber hinaus nach Art. 7 des Protokolls den Vertragsstaat auffordern, dem Sekretär der Vereinten Nationen über die getroffenen Maßnahmen zu berichten.

152 Bekannt geworden ist die Stellungnahme des Ausschusses gemäß Art. 5 des Fakultativprotokolls im Verfahren Gröninger vom 4.4.2014.[65] Beschwerdeführerin war Frau Liliana Gröninger, die ihre Beschwerde im Namen ihres Sohnes, ihres Ehemannes und im eigenen Namen eingereicht hat. Der 1979 geborene Sohn der Beschwerdeführerin ist deutscher Staatsbürger und schwerbehindert. Der Ausschuss hat die Zulässigkeit des Verfahrens bejaht und ua folgende allgemeine Empfehlung an den Vertragsstaat Bundesrepublik Deutschland ausgesprochen: Unter Berücksichtigung der Tatsache, dass die Rechtsvorschriften zu diesem Bereich vor der Ratifizierung des Übereinkommens verabschiedet wurden, ist der Vertragsstaat verpflichtet, Schritte zu ergreifen, um ähnliche Verstöße in Zukunft zu vermeiden, ua durch die Überprüfung der Inhalte und Funktionsweise des Systems der Eingliederungszuschüsse an Einzelpersonen, die dauerhaft behindert sind, um eine vollständige Einhaltung der Grundsätze des Übereinkommens durch den Vertragsstaat sicher zu stellen, und um sicher zu stellen, dass potenzielle Arbeitgeber wirksam von dem System profitieren können, wann immer es angebracht ist.

5. Verfahren vor den Gerichten für Arbeitssachen

5.1 Überblick über arbeitsgerichtliche Verfahrensarten

153 Es bestehen **zwei unterschiedliche Verfahrensarten**: Urteils- und Beschlussverfahren. Die Wahl der richtigen Verfahrensart ist eine von Amts wegen zu prüfende Prozessvoraussetzung. Wird das Verfahren in der falschen Verfahrensart geführt, ist gemäß §§ 80 Abs. 3 ArbGG, § 48 Abs. 1 ArbGG iVm §§ 17–17b GVG der Rechtsstreit durch Beschluss in die zutreffende Verfahrensart zu verweisen. Eine Abweisung der Klage oder des Antrags als unzulässig kommt nicht in Betracht. Rügt ein Verfahrensbeteiligter nach § 17a Abs. 3 GVG vorab die gewählte Verfahrensart, so ist vorab über die Zulässigkeit der Verfahrensart zu entscheiden.

---

64 Siehe dazu ua auch BVerfG 20.7.2000 – 1 BVR 325/00, NJW 2000, 214 unter Hinweis auf Art. 6 Abs. 1 EMRK.
65 11. Sitzung des Ausschusses vom 4.4.2014 – CRPD/C/11/D/2/2010.

5.2 Urteilsverfahren

Zuständigkeit: Ansprüche aus einem Arbeitsverhältnis sind nach § 2 Abs. 1 Nr. 3 bis 9 ArbGG im arbeitsgerichtlichen **Urteilsverfahren** geltend zu machen. Dazu gehören nach § 2 Abs. 3 Nr. 3 a ArbGG alle Rechtsstreitigkeiten zwischen behinderten Arbeitnehmern und Arbeitgebern, soweit sie aus dem Arbeitsverhältnis entspringen, zB Streit um die Höhe des Entgelts oder den Anspruch auf Zuweisung eines behinderungsgerechten Arbeitsplatzes. Nach § 2 Abs. 3 Nr. 3 b ArbGG werden Streitigkeiten über das Bestehen oder Nichtbestehen eines Arbeitsverhältnisses erfasst. Darunter fallen auch nach § 4 Satz 1 KSchG innerhalb von drei Wochen zu erhebenden Feststellungsklagen (sog. **Kündigungsschutzklagen**), mit denen insbesondere geltend zu machen ist, der für die Kündigung nach § 168 SGB IX erforderliche Zustimmungsbescheid des Integrationsamts fehle oder die Kündigungserklärung sei nicht innerhalb der Monatsfrist des § 171 Abs. 2 SGB IX zugegangen (→ § 171 Rn. 4 und Einzelheiten → § 171 Rn. 31 f.) und aus diesen Gründen sei die **Kündigung** nach § 134 BGB unwirksam. Soll gegen den die Bewerbung ablehnenden Arbeitgeber ein Anspruch auf Schadensersatz oder Entschädigung nach § 15 AGG wegen einer nach § 164 Abs. 2 AGG unzulässigen Benachteiligung eingeklagt werden, ist die Zuständigkeit nach § 2 Abs. 3 Nr. 3 c ArbGG „aus Verhandlungen über die Eingehung eines Arbeitsverhältnisses und aus dessen Nachwirkungen" gegeben.[66] Schaltet der Arbeitgeber einen Dritten wie zB Veröffentlichung einer Stellenanzeige durch einen beauftragten Anwalt ein, sind die Arbeitsgerichte nicht zuständig, wenn der behinderte Bewerber den Dritten auf Auskunft über die Identität des Auftraggebers oder gemäß § 15 Abs. 2 AGG auf Entschädigung in Anspruch nimmt.[67] Ist der behinderte Mensch durch unerlaubte Handlungen des Arbeitgebers, wie zB Mobbing oder Überschreiten der zulässigen Arbeitszeit an seiner Gesundheit geschädigt worden, ist für die mit dem Arbeitsverhältnis im Zusammenhang stehenden Ansprüche die Zuständigkeit nach § 2 Abs. 3 Nr. 3 c ArbGG begründet. Werden dem behinderten Menschen Arbeitspapiere vorenthalten oder dem beruflichen Fortkommen hindernde Zeugnisse ausgestellt, so sind die Gerichte für Arbeitssachen nach § 2 Abs. 3 Nr. 3 d ArbGG zuständig. Wird der behinderte Arbeitnehmer durch unerlaubte Handlungen seiner Arbeitskollegen geschädigt und stehen die Schädigungshandlungen wie zB Mobbing am Arbeitsplatz mit dem Arbeitsverhältnis in einem Zusammenhang, so ist der Rechtsweg zu den Gerichten für Arbeitssachen nach § 2 Abs. 3 Nr. 9 ArbGG eröffnet. Kraft der Regelung in § 2 Abs. 1 Nr. 10 ArbGG sind den Gerichten für Arbeitssachen auch die bürgerlichen Rechtsstreitigkeiten zugewiesen, die zwischen behinderten Menschen **im Arbeitsbereich von Werkstätten** zwischen diesen und den Trägern der Werkstätten entstehen.[68]

Besonderheiten des Urteilsverfahrens: Das Urteilsverfahren ist gegenüber dem Zivilprozess **kostengünstiger**. Es ist kein Kostenvorschuss zu leisten (§ 11 GKG), die Wertberechnungsvorschriften sind begrenzt (§ 42 GKG) und im Kostenverzeichnis (Anlage 1 GKG) sowie in der Gebührentabelle (Anlage 2 GKG) sind aus sozialen Gründen besondere Erleichterungen enthalten. In dem in §§ 46–79 ArbGG geregelten Verfahrensrecht sind zudem zahlreiche Abweichungen vom Zivilprozess enthalten, die der **Beschleunigung** der Verfahrenserledigung dienen sollen und den Besonderheiten der Arbeitsbeziehungen Rechnung tragen.

---

66 LAG Hamm 26.5.2008 – 2 Ta 732/07, ArbuR 2008, 363; BAG 27.8.2008 – 5 AZB 71/08, NZA 2008, 1259.
67 BAG 27.8.2008 – 5 AZB 71/08, NZA 2008, 1259.
68 Vgl. *Düwell* BB 2000, 2570.

156 **Bestimmtheitserfordernis:** § 253 Abs. 2 Nr. 2 ZPO legt fest, dass eine Klageschrift die bestimmte Angabe des Gegenstandes und des Grundes des erhobenen Anspruchs sowie einen bestimmten Antrag enthalten muss. Deshalb hat der schwerbehinderte Mensch, der eine Leistung wie zB seine behinderungsgerechte Beschäftigung einklagt, den Streitgegenstand so genau zu bezeichnen, dass der Rahmen der gerichtlichen Entscheidungsbefugnis (§ 308 ZPO) keinem Zweifel unterliegt und die eigentliche Streitfrage mit Rechtskraftwirkung zwischen den Parteien entschieden werden kann (§ 322 ZPO).[69] Unklarheiten über den Inhalt der (Beschäftigungs-)Verpflichtung dürfen nicht aus dem Erkenntnisverfahren ins Vollstreckungsverfahren verlagert werden; denn dort ist ausschließlich zu klären, ob der Arbeitgeber als Schuldner der im Urteilstitel festgelegten Verpflichtung nachgekommen ist, nicht aber worin diese besteht.[70] Nach der jüngeren Rspr. des BAG genügt, wenn im Klageantrag das Berufsbild genannt ist, nach dem der Arbeitnehmer beschäftigt werden soll, oder sich in vergleichbarer Weise ergibt, worin die Tätigkeit bestehen soll.[71] Bei einem auf **behinderungsgerechte Beschäftigung** gerichteten Klageantrag ergeben sich deshalb Schwierigkeiten, deren Bewältigung von dem Prozessbevollmächtigten des schwerbehinderten Menschen die Beherrschung von prozessualen Fähigkeiten verlangen. Einerseits muss für den Arbeitgeber als Prozessgegner aus rechtsstaatlichen Gründen erkennbar sein, in welchen Fällen er bei Nichterfüllung der ausgeurteilten Verpflichtung mit einem Zwangsmittel zu rechnen hat. Andererseits erfordern das Rechtsstaatsprinzip und das daraus folgende Gebot effektiven Rechtsschutzes, dass materiellrechtliche Ansprüche auch effektiv durchgesetzt werden können.[72] Begehrt der Arbeitnehmer, ihn leidens- und/oder behinderungsgerecht zu beschäftigen, kann aus materiellrechtlichen Gründen nicht verlangt werden, dass der Klageantrag auf eine ganz bestimmte im Einzelnen beschriebene Tätigkeit oder Stelle zugeschnitten ist. Darauf hat der Arbeitnehmer regelmäßig keinen Anspruch; denn weder die vertragliche Rücksichtnahmepflicht noch das Schwerbehindertenrecht begründen einen Anspruch des Arbeitnehmers auf einen selbst bestimmten Arbeitsplatz. Verlangte man für einen zulässigen Beschäftigungsantrag die Angabe eines einzigen konkreten Arbeitsplatzes, so liefe der klagende Arbeitnehmer stets Gefahr, dass die so konkretisierte Klage zwar zulässig, aber unbegründet wäre, weil der Arbeitgeber ihm auch einen anderen behinderungsgerechten Arbeitsplatz zuweisen dürfte.[73] Um beiden Gesichtspunkten gerecht zu werden, muss zumindest die Art der begehrten Beschäftigung durch Auslegung des Antrags ggf. unter Heranziehung der Klageschrift und des sonstigen Vorbringens der klagenden Partei feststellbar sein.[74] Erforderlich und ausreichend ist die Bezeichnung des Berufsbilds, mit dem der Arbeitnehmer beschäftigt werden soll, wenn sich damit hinreichend bestimmt feststellen lässt, worin die ihm zuzuweisende Tätigkeit bestehen soll. Weitere Ein-

---

69 BAG 24.9.2014 – 5 AZR 593/12, Rn. 18, BAGE 149, 169.
70 BAG 15.4.2009 – 3 AZB 93/08, Rn. 16, BAGE 130, 195.
71 BAG 24.3.2021 – 10 AZR 16/20, EzA-SD 2021, Nr. 15, 15, zustimmend: *Fischer* jurisPR-ArbR 32/2021 Anm. 1.
72 BAG 3.12.2019 – 9 AZR 78/19, Rn. 11 unter Hinweis auf BVerfG 12.2.1992 – 1 BvL 1/89, zu C I der Gründe BVerfGE 85, 337.
73 BAG 3.12.2019 – 9 AZR 78/19, Rn. 11 unter Hinweis auf BAG 10.5.2005 – 9 AZR 230/04, zu B I 2 b ff. der Gründe mwN BAGE 114, 299.
74 Vgl. BAG 27.5.2015 – 5 AZR 88/14, Rn. 44, BAGE 152, 1; BAG 17.3.2015 – 9 AZR 702/13, Rn. 25; BAG 13.6.2006 – 9 AZR 229/05, Rn. 14, BAGE 118, 252; BAG 10.5.2005 – 9 AZR 230/04, zu B I 2 a der Gründe mwN BAGE 114, 299.

zelheiten hinsichtlich der Art der Beschäftigung oder sonstigen Arbeitsbedingungen muss der Antrag nicht zwingend enthalten.[75]

Beispielsfälle:

1. Eine wegen verschiedener Krankheiten nicht mehr als Lehrerin mit Unterrichtsverpflichtung im Schuldienst einsetzbare Angestellte beantragt die Beschäftigung auf einer im Geschäftsbereich freien Stelle als Kulturagentin. Dieser Antrag ist vom BAG als hinreichend bestimmt und damit zulässig beurteilt worden.[76]
2. Kommen mehre unterschiedliche Beschäftigungen in Betracht, kann der Arbeitnehmer steuern, wie sein Arbeitgeber das ihm zustehende Weisungsrecht ausübt, indem er folgende abgestufte Reihenfolge in der Antragstellung wählt. Diese ist als hinreichend bestimmt erachtet worden: „(…) die Bekl. zu verurteilen, den Kläger als Verwaltungsangestellter (Einkauf), alternativ Sachbearbeiter (Telekommunikation), alternativ Housingmanagement (Assistent) (…) zu beschäftigen".[77] Hier gibt der Antragsteller vor, in welcher Reihenfolge der Arbeitgeber die Ausübung seines Weisungsrechts prüfen muss.[78]

Soweit der Ausschluss von bestimmten Belastungen, die mit einer bestimmten Tätigkeit verbunden sind, aus Gründen einer festgestellten Behinderung und/oder Erkrankung begehrt wird, müssen diese benannt werden. Ein Klageantrag, der auf nur eine „leidensgerechte" Beschäftigung ausgerichtet ist, ist als unbestimmt und damit als unzulässig abgewiesen worden.[79] Gleiches muss für den Antrag gelten, der nur auf eine „behinderungsgerechte" Beschäftigung ausgerichtet ist. Es genügt also nicht, für einen schwerbehinderten Menschen gestützt auf § 164 Abs. 4 Nr. 1 und 4 SGB IX abstrakt eine „behinderungsgerechte" Beschäftigung zB als Mechatroniker zu beantragen; sondern es muss dann auch der Ausschluss der Arbeitsbedingungen benannt werden, die wegen des nachgewiesenen behinderungsbedingten Anpassungsbedarfs zu vermeiden sind. Im Beispielsfall Beschäftigung als Mechatroniker bedeutet dies: Wenn wegen der festgestellten Art und Schwere der Behinderung eine übermäßige Beanspruchung der Wirbelsäule (HWS, LWS und BWS) vermieden werden muss, ist die Zuweisung einer Beschäftigung als Mechatroniker entsprechend der ärztlichen Arbeitsplatzwechselempfehlung unter Ausschluss des Tragens und Hebens von Werkteilen mit mehr als 10 kg Gewicht zu beantragen.

Beschäftigung nach billigem Ermessen: In einem Fall, in dem der Arbeitnehmer 157 krankheitsbedingt nicht mehr in der Lage war, die ihm zugewiesene Sandstrahlarbeiten in einer Strahlkabine zu verrichten und der Arbeitgeber angesichts der vorgebrachten gesundheitlichen Einschränkungen jede Beschäftigungsmöglichkeit ausgeschlossen hatte, verurteilte das Arbeitsgericht den Arbeitgeber, „den

---

75 BAG v3.12.2019 – 9 AZR 78/19, Rn. 12.
76 Vgl. zur hinreichenden Bestimmtheit eines Beschäftigungstitels nach § 322 Abs. 1 ZPO: BAG 27.5.2015 – 5 AZR 88/14, Rn. 40, 44, 46, BAGE 152, 1; BAG 15.4.2009 – 3 AZB 93/08, Rn. 20, BAGE 130, 195.
77 BAG 10.5.2005 – 9 AZR 230/04, Rn. 7, NZA 2006, 155; siehe auch *Ulrich* in Hamacher Antragslexikon ArbR Beschäftigung Rn. 25 ff.
78 Zutreffend: *Tiedemann* jurisPR-ArbR 41/2019 Anm. 6.
79 Vgl. LAG SchlH 7.6.2005 – 5 Sa 68/05, Rn. 24 f. mwN, NZA-RR 2005, 514 zu einem Antrag auf Beschäftigung „an einem leidensgerechten Arbeitsplatz".

Kläger als Arbeiter nach billigem Ermessen zu beschäftigen".[80] Gegen die Bestimmtheit des Entscheidungsausspruchs sind zu Recht erhebliche Bedenken erhoben worden.[81] Da der Kläger gravierende gesundheitliche Einschränkungen geltend gemacht hatte, kam es in dem entschiedenen Fall nicht in Betracht, den Tenor so auszulegen, dass der Arbeitgeber verurteilt werden sollte, den Kläger als Arbeiter zu beschäftigen. Vielmehr sollte im Rahmen des billigen Ermessens der Arbeitgeber verpflichtet werden, die unter den gesundheitlichen Einschränkungen angemessene Beschäftigungsmöglichkeit unter den Arbeitertätigkeiten auszuwählen und die so ausgewählte Tätigkeit dem Kläger zu zuweisen. Ein solcher Entscheidungsausspruch verlagert die im Erkenntnisverfahren offen geblieben Frage, welche Tätigkeit billigem Ermessen entspricht, ins Vollstreckungsverfahren. Für derartige Fälle bietet § 315 Abs. 3 BGB den richtigen Lösungsweg; denn das Weisungsrecht des Arbeitgebers ist als ein Leistungsbestimmungsrecht im Sinne von § 315 BGB anzusehen.[82] Ob der Arbeitnehmer als Schuldner der Arbeitsleistung (§ 611a Abs. 1 Satz 1 BGB) gegen den Gläubiger dieser Leistung auf Abgabe einer Bestimmungserklärung klagen kann, wenn dieser das Leistungsbestimmungsrecht nicht oder verzögert ausübt, ist bei Zugrundelegung des bürgerlich-rechtlichen Meinungsstands zu § 315 BGB umstritten.[83] Der BGH hat sich der Auffassung angeschlossen, dass eine Verpflichtung besteht, sofern der Schuldner ein Interesse an der Vertragsanpassung hat.[84] Dieses Interesse besteht im Arbeitsverhältnis stets, wenn der Arbeitnehmer geltend macht, die zuletzt zugewiesene Arbeitsaufgabe nicht erfüllen zu können. Die Erklärung des Arbeitgebers, es bestehe keine Beschäftigungsmöglichkeit, stellt eine Ausübung des Bestimmungsrechts im Sinne von § 315 Abs. 3 BGB dar. Das gilt jedenfalls dann, wenn der Arbeitgeber geltend macht, er sei in Ausübung des billigen Ermessens nach § 106 GewO zu diesem Ergebnis gelangt. § 315 Abs. 3 Satz 2 Hs. 2 BGB eröffnet in diesem Fall dem Arbeitnehmer die Möglichkeit, eine Klage auf Leistungsbestimmung durch das Gericht zu erheben. Das Gericht bestimmt dann, wenn es überzeugt ist, dass die getroffene Bestimmung unbillig ist, in einem richterlichen Gestaltungsakt unter Ausübung des „billigen Ermessens" nach § 315 Abs. 1 BGB[85] welche konkrete Tätigkeit dem klagenden Arbeitnehmer zuzuweisen ist.

5.3 Zwangsvollstreckung aus Urteilsverfahren

158 Die in § 62 ArbGG nur rudimentär geregelte Zwangsvollstreckung dient der Durchsetzung der im Erkenntnisverfahren in Arbeitssachen titulierten Ansprü-

---

80 ArbG Stuttgart 14.5.2019 – 9 Ca 135/18, juris Rn. 2 ff.; *Tiedemann* jurisPR-ArbR 41/2019 Anm. 6; veröffentlicht auch in der Zeitschrift „der niedergelassene arzt" 2020, Nr. 1, 22; Berufung beim LAG BW unter dem Az. 3 Sa 47/19 Verfahrensausgang nicht dokumentiert.
81 BAG 10.5.2005 – 9 AZR 230/04, Rn. 7, NZA 2006, 155; siehe auch *Ulrich* in Hamacher Antragslexikon ArbR Beschäftigung Rn. 25 ff.
82 BAG 11.10.1995 – 5 AZR 802/94, NJW 1996, 1770; BAG 5.6.2003 – 6 AZR 237/02, juris Rn. 44; LAG Nds 1.7.2003 – 13 Sa 1853/02, juris Rn. 39 ff, nachgehend BAG, 7.9. 2004 – 9 AZR 460/03, sonstige Erledigung; *Völzmann-Stickelbrock* in jurisPK-BGB § 315 Rn. 37.
83 Übersicht: *Wolf* in Soergel BGB § 315 Rn. 35; *Ballhaus* in RGRK BGB § 315 Rn. 8; aA *Würdinger* in MüKoBGB BGB § 315 Rn. 39; *Hager* in Erman BGB § 315 Rn. 19; *Grüneberg* in Palandt BGB § 315 Rn. 12.
84 BGH 9.5.2012 – XII ZR 79/10, juris Rn. 37, NJW 2012, 2187.
85 Vgl. BAG 3.12.2002 – 9 AZR 457/01, DB 2003, 1851; BGH 2.4.1964 – KZR 10/62, BGHZ 41, 271; BGH 24.11.1995 – V ZR 174/94, LM BGB § 198 Nr. 26 (4/1996); *Neumann-Duesberg* JZ 1952, 705 (709).

che.[86] Nach § 62 Abs. 2 Satz 1 ArbGG finden die Vorschriften des Achten Buches der ZPO (§§ 704 ff. ZPO) auf die Vollstreckung Anwendung. Der wichtigste Titel ist das Endurteil (§ 61 ArbGG, § 704 ZPO). Ein Endurteil ist ein Urteil, das den Rechtsstreit für eine Instanz beendet. Eine Besonderheit ist, dass im arbeitsgerichtlichen Urteilsverfahren nach § 62 Abs. 1 Satz 1 ArbGG jedes Endurteil vorläufig vollstreckbar ist, bevor die Entscheidung rechtskräftig wird und nicht für – anders als bei den anderen Gerichtsbarkeiten – nicht extra für vorläufig vollstreckbar erklärt werden muss. Das dient dem Rechtsschutz für Arbeitnehmer; denn sonst hätte jeder Arbeitgeber als Schuldner es in der Hand, durch Einlegung von Rechtsbehelfen die Vollstreckung lange hinauszuzögern. Die weiteren Vollstreckungstitel sind in § 794 ZPO aufgezählt. Im Arbeitsverhältnis ist der Prozessvergleich (§ 794 Abs. 1 Nr. 1 ZPO) ein häufiger Titel, wenn sich dort der Arbeitgeber zu einer Zahlung oder sonstigen vertretbaren oder unvertretbaren Handlung oder einer Unterlassung bzw. Duldung verpflichtet.

Vollstreckungsklausel und Zustellung: Voraussetzung für die Zwangsvollstreckung ist, dass eine vollstreckbare Ausfertigung des Urteils erstellt (Titel) und mit einer **Vollstreckungsklausel** versehen wird (§§ 724, 725 ZPO). Diese Klausel ist die formelle Bescheinigung dafür, dass die Zwangsvollstreckung aus dem Titel stattfinden darf. Sie setzt einen Antrag voraus und lautet: „Vorstehende Ausfertigung wird dem Kläger/Beklagten zum Zwecke der Zwangsvollstreckung erteilt" (§ 725 ZPO). Zuständig ist der Urkundsbeamte der Geschäftsstelle des Arbeitsgericht oder, wenn der Rechtsstreit bei einem LAG oder dem BAG anhängig ist, dann der Urkundsbeamte der Geschäftsstelle dieses Gerichts (§ 724 Abs. 2 ZPO). Um den Schuldner vor einer Doppelvollstreckung zu schützen, darf sie prinzipiell nur einmal erteilt werden. In § 733 ZPO ist bestimmt, in welchen Fällen weitere Ausfertigungen erstellt werden dürfen. Damit werden die Vollstreckungsorgane entlastet. Aufgrund der Klausel wird der „zwangsweise Zugriff" erlaubt. Dieses Klauselerteilungsverfahren ist ein eigenes Verfahren, das zeitlich vor dem eigentlichen Vollstreckungsverfahren durch die dafür zuständigen Zwangsvollstreckungsorgane liegt. Keiner Vollstreckungsklausel bedürfen Vollstreckungsbescheide (§ 796 ZPO), Arrestbefehle und einstweilige Verfügungen (§§ 929, 936 ZPO). Der Beginn der Zwangsvollstreckung setzt ferner nach § 750 Abs. 1 Satz 1 ZPO die vorherige oder gleichzeitige förmliche Zustellung des Titels voraus. Bei einer Zustellung durch den Gläubiger genügt eine Ausfertigung des Urteils ohne Tatbestand und Entscheidungsgründe. Das ermöglicht den Beginn der Zwangsvollstreckung bereits in den Fällen, in denen das ArbG oder LAG nicht innerhalb der Dreiwochenfrist entsprechend § 60 Abs. 4 Satz 3 ArbGG das Urteil vollständig abgefasst hat; denn dann muss der Richter das Urteil der Geschäftsstelle ohne Tatbestand und Entscheidungsgründe übergeben. Dieses kann dann vom Gläubiger zustellt werden.

Ein Vollstreckungshindernis besteht, wenn die Zwangsvollstreckung beschränkt oder eingestellt worden ist. Das ist nach § 775 Nr. 1 ZPO der Fall, wenn ein Urteil den Titel aufhebt, wie etwa ein abänderndes Berufungsurteil oder eine erfolgreiche Vollstreckungsgegenklage (§ 767 ZPO). Ein weiteres Vollstreckungshindernis stellt die Eröffnung des Insolvenzverfahrens über das Vermögen des Schuldners dar (§ 89 InsO). Weitere Vollstreckungshindernisse liegen vor, wenn das ArbG nach § 62 Abs. 1 Satz 2 ArbGG im Urteil ausnahmsweise die Vollstreckung wegen nicht zu ersetzender Nachteile des Schuldners ausgeschlossen

159

160

---

86 Einzelheiten in *Dreher* in Düwell/Lipke ArbGG § 62.

hat. Weitere Hindernisse sind, wenn im Rahmen einer Wiederaufnahmeklage das ArbG nach § 707 Abs. 1 ZPO oder das LAG bzw. das BAG nach § 719 ZPO im Rechtsmittelverfahren die Zwangsvollstreckung entsprechend § 62 Abs. 1 Satz 3 bis 5 ArbGG eingestellt hat.

161 **Vollstreckungsorgane:** Vollstreckungsorgane sind
1. nach § 753 Abs. 1 ZPO der Gerichtsvollzieher,
2. nach § 764 ZPO das Amtsgericht als Vollstreckungsgericht und
3. nach §§ 887, 888, 890 ZPO das Prozessgericht des ersten Rechtszugs.

Das Amtsgericht ist für alle Vollstreckungshandlungen zuständig, soweit nicht die ZPO selbst das Prozessgericht als Vollstreckungsorgan bestimmt.

Beispiel: Der Gerichtsvollzieher weigert sich, den Geschäftswagen des Arbeitgebers zu pfänden. Nach § 766 Abs. 2 ZPO entscheidet über die Erinnerung gegen die Art und Weise der Zwangsvollstreckung hier das Amtsgericht.

Die Zuständigkeit der Gerichte für Arbeitssachen als Prozessgericht ist nach §§ 887, 888, 890 ZPO begründet, wenn das Arbeitsgericht als Vollstreckungsorgan tätig wird oder eine Klage im Zusammenhang mit der Zwangsvollstreckung beim Prozessgericht erster Instanz nach §§ 731, 767, 768, 785, 786 ZPO zu erheben ist. Ebenso sind sie zuständig für Forderungspfändungen, die in Vollziehung eines Arrestes durchgeführt werden und für die Festsetzung der Kosten in Zwangsvollstreckungssachen analog §§ 104 ff. ZPO.[87]

162 **Vollstreckung wegen Geldforderungen:** Hat der schwerbehinderte Arbeitnehmer einen titulierten Anspruch auf Entgelt oder Zuwendungen, so richtet sich die Zwangsvollstreckung wegen dieser Geldforderungen nach den §§ 803 bis 882a ZPO. Der im Prozessvergleich oder Urteil bezifferte Anspruch auf Zahlung eines Bruttobetrages ist vollstreckungsfähig.[88] Die Verurteilung zur Zahlung einer bestimmten Bruttovergütung „abzüglich des erhaltenen Arbeitslosengeldes" ist zu unbestimmt, um vollstreckbar zu sein. Hier muss das in Abzug zu bringende Arbeitslosengeld beziffert sein.[89]

163 **Herausgabe von Sachen:** Hat der schwerbehinderte Arbeitnehmer nach Beendigung des Arbeitsverhältnisses einen Anspruch auf Herausgabe persönlichen Eigentums, erfolgt die Zwangsvollstreckung zur Herausgabe der ihm gehörenden beweglichen Sachen nach § 883 ZPO. Der Gerichtsvollzieher hat dem Vollstreckungsschuldner die herauszugebenden Sachen wegzunehmen und dem Schuldner zu übergeben. Die herauszugebende Sachen können sein: Stühle (orthopädische Bürostühle, Arthodesenstühle), Stehpulte und Steh-Sitz-Tische, für die die Rentenversicherung einen Kostenzuschuss für den Kauf durch den Versicherten gewährt hat. Diese vom Versicherten gekauften Arbeitshilfen bleiben sein persönliches Eigentum, auch wenn sie im Betrieb oder in der Dienststelle genutzt worden sind. Die herauszugebenden Sachen müssen im Vollstreckungstitel hinreichend genau bezeichnet sein, damit der Gerichtsvollzieher sie identifizieren und zweifelsfrei die Wegnahme vornehmen kann.[90]

164 **Vollstreckung in Forderungen:** Hat der schwerbehinderte Beschäftigte eine titulierte Geldforderung, ist jedoch die Vollstreckung durch den Gerichtsvollzieher wenig erfolgversprechend, so kann in Forderungen des Arbeitgebers aus Werk- oder Dienstverträgen gegen Dritte vollstreckt werden. Diese Zwangsvollstre-

---

87 BAG 24.2.1983 – 5 AS 4/83, MDR 1983, 611.
88 BAG 14.1.1964 – 3 AZR 55/63, NJW 1964, 1823; OLG Frankfurt 29.1.1990 – 20 W 516/89, OLGZ 1990, 327.
89 BAG 15.11.1978 – 5 AZR 199/77, NJW 1979, 2634.
90 AG Saarlouis 25.5.2016 – 15 M 611/16, Rn. 18, DGVZ 2016, 257; *Gottwald* in Gottwald/Mock Zwangsvollstreckung, 7. Aufl. 2016, ZPO § 883 Rn. 11.

ckung richtet sich nach §§ 828 ff. ZPO. Zuständiges Vollstreckungsorgan ist nach § 828 Abs. 1 iVm § 764 ZPO das Amtsgericht als Vollstreckungsgericht. Das gilt auch, wenn eine einstweilige Verfügung vollzogen oder aus einem arbeitsgerichtlichen Titel vollstreckt wird. Nach § 828 Abs. 1 iVm § 764 ZPO erfolgt die Vollziehung eines Arrestes durch Pfändung durch das Arrestgericht. Gebräuchlichstes Mittel ist die Pfändung der Geldforderung durch einen Pfändungs- und Überweisungsbeschluss nach § 829 ZPO. Das Gericht verbietet dem Drittschuldner, an den Schuldner (das ist der Arbeitsgeber, der dem Arbeitnehmer die Geldforderung schuldet) zu zahlen. Zugleich erlässt das Gericht an den Schuldner das Gebot, sich jeder Verfügung über die Forderung, insbesondere ihrer Einziehung, zu enthalten. Der Gläubiger hat nach § 829 Abs. 2 ZPO den Beschluss dem Drittschuldner durch den Gerichtsvollzieher zustellen zu lassen. Mit der Zustellung des Beschlusses an den Drittschuldner ist nach § 829 Abs. 3 ZPO die Pfändung als bewirkt anzusehen. Nach § 835 ZPO ist die gepfändete Forderung dem Gläubiger nach seiner Wahl zur Einziehung oder an Zahlungsstatt zum Nennwert zu überweisen.

Vollstreckung von Handlungen, Unterlassung und Duldung: Für die Vollstreckung mit dem Ziel der Vornahme von Handlungen, Unterlassungen und Duldungen wird unterschieden: 165
1. nach vertretbaren Handlungen im Wege der Vollstreckung durch Ersatzvornahme § 887 ZPO oder
2. nach unvertretbare Handlungen im Wege von Zwangsgeld und ersatzweise Zwangshaft § 888 ZPO oder
3. bei Duldungen oder Unterlassungen im Wege von Ordnungsgeld und ersatzweise Ordnungshaft § 890 ZPO.

Die Partei, die Vornahme der Handlung verlangen kann, hat nach § 61 Abs. 2 ArbGG ein Wahlrecht. Sie kann beim Arbeitsgericht beantragen, den Schuldner zur Zahlung einer vom ArbG nach freiem Ermessen festzusetzenden Entschädigung zu verurteilen, falls dieser die Handlung nicht binnen einer bestimmten Frist vornimmt. In diesem Fall hat sie ihr Wahlrecht in der Weise ausgeübt, dass die Zwangsvollstreckung nach §§ 887 und 888 ZPO ausgeschlossen ist und ihr nur die Entschädigung zusteht. Bei Unterlassungen und Duldungen besteht kein Wahlrecht.

Nach Maßgabe des § 888 ZPO wird der titulierte Anspruch vollstreckt, der den Arbeitgeber zu einer unvertretbaren Handlung verpflichten. Unvertretbar ist die Handlung, die durch einen Dritten nicht vorgenommen werden kann, weil sie ausschließlich vom Willen des Schuldners abhängig ist. Die Handlung darf jedoch nicht in der Abgabe einer Willenserklärung bestehen; denn diese wird nach § 894 ZPO vollstreckt. Danach hat das Prozessgericht des ersten Rechtszuges auf Antrag des Gläubigers zu erkennen, dass der Schuldner zur Vornahme der geschuldeten Handlung durch Zwangsgeld und für den Fall, dass dieses nicht beigetrieben werden kann, durch Zwangshaft anzuhalten ist. Das einzelne Zwangsgeld darf den Betrag von 25 000 Euro nicht übersteigen. Die Zwangshaft wird nach §§ 901 bis 913 durch einen Haftbefehl des Prozessgerichts, das ist in Arbeitssachen das Arbeitsgericht, vollstreckt.[91] Für die Ersatzzwangshaft ist eine bestimmte Dauer im Verhältnis zur Höhe des Zwangsgeldes festzusetzen.[92] Ist keine bestimmte Dauer festgesetzt worden, ist dies vor dem Erlass eines Haftbefehls in einem gesonderten Beschluss analog Art. 8 EGStGB nachzuholen.[93] Bei der Zwangsvollstreckung zur Erzwingung unvertretbarer 166

---

91 LAG Bln-Bbg 31.3.2017 – 21 Ta 213/17, AE 2017, 128.
92 LAG Bln-Bbg 31.3.2017 – 21 Ta 213/17, Rn. 10, AE 2017, 128.
93 LAG Bln-Bbg 31.3.2017 – 21 Ta 213/17, Rn. 10, AE 2017, 128.

Handlungen ist die Androhung eines Zwangsmittels ausgeschlossen; denn die nach § 891 Satz 2 ZPO vorangehende Anhörung gibt dem Schuldner bereits Gelegenheit, seine Verpflichtung rechtzeitig zu erfüllen. Der dennoch ergehende Androhungsbeschluss ist unzulässig und mit der sofortigen Beschwerde anfechtbar.[94] Bei juristischen Personen ist das Zwangsgeld in ihr Vermögen und die Zwangshaft gegen ihren gesetzlichen Vertreter anzuordnen. Ist die objektive Unmöglichkeit der Erfüllung unstreitig oder nachgewiesen, darf keine Zwangsmaßnahme verhängt werden.[95]

Unerheblich ist, wenn im Vollstreckungsverfahren der Schuldner die Erfüllung einwendet; denn ist die Erfüllung streitig, so hat der Schuldner diese mit der Vollstreckungsgegenklage gem. § 767 ZPO geltend zu machen.[96]

Vollstreckung eines Anspruchs auf Abrechnung für gezahlte Vergütung: Der schwerbehinderte Arbeitnehmer hat ein Endurteil erwirkt, nach dem der Arbeitgeber die Verpflichtung aus § 108 GewO dem Arbeitnehmer eine Abrechnung für das gezahlte Entgelt zu erteilen hat. Das ist eine unvertretbare Handlung.[97] Die Möglichkeit, dass ein Dritter, der Einblick in die Unterlagen des Arbeitgebers hat, möglicherweise in der Lage wäre, diese Abrechnung ebenfalls zu erstellen, ändert daran nichts. Entscheidend ist, ob ein Dritter die Handlung selbstständig ohne Mitwirkung des Schuldners vornehmen kann. Das ist bei einer Abrechnung über tatsächlich vorgenommene Abzüge und Abführungen nicht der Fall.[98] Deshalb ist ein titulierter Anspruch auf Erteilung der Abrechnung, wenn das Arbeitsentgelt, über das eine Abrechnung erteilt werden soll, tatsächlich gezahlt worden ist, nach § 888 ZPO zu vollstrecken.[99] Ist das Zwangsgeld nicht beizutreiben, kann nach § 901 ZPO ein Haftbefehl erlassen werden, allerdings nur, wenn dies dem Grundsatz der Verhältnismäßigkeit entspricht.[100] Der durch den Erlass eines Haftbefehls und die damit eröffnete Möglichkeit, den Schuldner zu verhaften, auf den Schuldner ausgeübte Druck ist geeignet, diesen zur Erfüllung der gegen ihn titulierten Verpflichtung anzuhalten. Konnte das verhängte Zwangsgeld nicht beigetrieben werden konnte, stellt sich der Erlass des Haftbefehls als erforderliches Zwangsmittel dar.[101]

167 Vollstreckung des Beschäftigungsanspruchs: Liegt ein zu Beschäftigung verpflichtendes Urteil oder ein entsprechender Prozessvergleich vor, so kann der Arbeitgeber als Schuldner im Rahmen der Zwangsvollstreckung zur Erfüllung angehalten werden. Es muss nicht die Zustellung des mit Gründen abgefassten Urteils abgewartet werden. Die Zwangsvollstreckung wird aufgrund einer mit einer Vollstreckungsklausel (§ 725 ZPO) versehenen Ausfertigung des Urteils („vollstreckbare Ausfertigung": § 724 ZPO) durchgeführt. Typischer Fall ist die Ausfertigung ohne Tatbestand und Entscheidungsgründe nach § 317 Abs. 2 Satz 3 ZPO, sie unmittelbar nach Urteilsverkündung beantragt werden kann.

---

94 LAG Düsseldorf 16.3.2000 – 7 Ta 9/00, LAGE § 888 ZPO Nr. 43.
95 *Schilken* in MüKoZPO § 887 Rn. 8 mwN; *Dreher* in Düwell/Lipke ArbGG § 62 Rn. 36.
96 LAG Köln 21.3.1996 – 11 Ta 12/96; OLG Düsseldorf 11.12.1995 – 3 W 407/95, MDR 1996, 309; aA HessLAG 15.1.1993 – 9 Ta 470/92, LAGE § 888 ZPO Nr. 29; HessLAG 9.6.1993 – 12 Ta 82/93, NZA 1994, 288.
97 BAG 7.9.2009 – 3 AZB 19/09, Rn. 16, NZA 2010, 61.
98 BAG 7.9.2009 – 3 AZB 19/09, Rn. 18, NZA 2010, 61.
99 BAG 7.9.2009 – 3 AZB 19/09, Rn. 18, NZA 2010, 61, BAG 12.7.2006 – 5 AZR 646/05, NZA 2006, 1294; BAG 10.1.2007 – 5 AZR 665/06, NZA 2007, 679; LAG Hamm 14.08.2010 – 7 Ta 387/10; LAG Bln-Bbg 16.8.2010 – 25 Ta 1628/10.
100 BAG 7.9.2009 – 3 AZB 19/09, Rn. 18, NZA 2010, 61.
101 BAG 7.9.2009 – 3 AZB 19/09, Rn. 11, NZA 2010, 61 unter Bezug auf OLG Karlsruhe 11.8.1993 – 16 WF 24/93, zu II der Gründe FamRZ 1994, 1274.

Bei der zur Erfüllung des titulierten Beschäftigungsanspruchs im Arbeitsverhältnis vom Arbeitgeber vorzunehmenden Handlung handelt es sich um eine nicht vertretbare Handlung im Sinne von § 888 ZPO.[102] Danach hat das Prozessgericht des ersten Rechtszuges auf Antrag des Gläubigers (das ist hier der Arbeitnehmer) zu erkennen, dass der Schuldner (das ist hier der Arbeitgeber) zur Vornahme der geschuldeten Handlung durch **Zwangsgeld** und für den Fall, dass dieses nicht beigetrieben werden kann, durch **Zwangshaft** anzuhalten sei (Einzelheiten: → Rn. 166). Nach § 888 Abs. 1 Satz 2 ZPO darf das einzelne Zwangsgeld den Betrag von € 25.000,00 Euro nicht übersteigen. Das Zwangsgeld für die Durchsetzung eines Weiterbeschäftigungsanspruchs ist in einem einheitlichen Betrag und in einer bestimmten Höhe festzusetzen.[103] Die Festsetzung für jeden Tag der Nichtbeschäftigung wäre unzulässig. Auch die Angabe einer Anzahl von Verstößen oder eines Zeitraums ist nicht erforderlich. Kommt der Schuldner nach der ersten Verhängung eines Zwangsgeldes seiner Verpflichtung weiterhin nicht nach, kann erneut die Verhängung von Zwangsmitteln beantragt werden.[104] Maßgeblich für die Höhe ist nicht das Erfüllungsinteresse des Gläubigers, sondern allein die Frage, welcher Betrag erforderlich ist, um den der Pflichterfüllung entgegenstehenden Willen des Schuldners zu überwinden. Bei der Vollstreckung der Weiterbeschäftigung beträgt das regelmäßige Zwangsgeld **ein Monatsgehalt,** bei hartnäckiger Weigerung des Schuldners auch mehr.[105]

Die Festsetzung von Zwangsmitteln im Vollstreckungsverfahren nach § 888 ZPO setzt eine hinreichende **Bestimmtheit des zu vollstreckenden Titels** voraus.[106] Ein Titel, der auf Beschäftigung gerichtet ist, muss zwar keine Einzelheiten hinsichtlich der Art der Beschäftigung oder sonstiger Arbeitsbedingungen enthalten, er muss jedoch mindestens das Berufsbild bezeichnen oder das, woraus sich in vergleichbarer Weise ergibt, worin die Tätigkeit bestehen soll.[107] Bei der Prüfung, welche Verpflichtungen durch den Vollstreckungstitel festgelegt werden, können neben der Entscheidungsformel auch Tatbestand und Entscheidungsgründe des Urteils herangezogen werden. Soweit das Gericht auf Schriftsätze, Protokolle und andere Unterlagen verweist, können auch diese bei der Auslegung Berücksichtigung finden. Die Vollstreckungsschuldnerin ist auch durch einen gefassten Beschäftigungstitel insbesondere nicht daran gehindert, dem Vollstreckungsgläubiger nach § 611a Abs. 1, § 315 Abs. 1 BGB iVm § 106 GewO eine andere vertragsgemäße Beschäftigung zuzuweisen.

Der Schuldner kann im Zwangsvollstreckungsverfahren nach § 888 ZPO auch materielle Einwendungen gegen den zu vollstreckenden Anspruch – vor allem die Unmöglichkeit der Beschäftigung – geltend machen. Bei der Prüfung, welche Verpflichtungen durch den Vollstreckungstitel festgelegt werden, können neben der Entscheidungsformel auch Tatbestand und Entscheidungsgründe des Urteils herangezogen werden. Soweit das Gericht auf Schriftsätze, Protokolle und andere Unterlagen verweist, können auch diese bei der Auslegung Berücksichtigung finden.

---

102 BAG 5.2.2020 – 10 AZB 31/19, Rn. 14; BAG 15.4.2009 – 3 AZB 93/08, Rn. 13, BAGE 130, 195.
103 HessLAG 30.12.2020 – 8 Ta 342/20, juris Rn. 46.
104 HessLAG 30.12.2020 – 8 Ta 342/20, juris Rn. 46 unter Bezug auf *Schleusener* in Germelmann/Matthes/Prütting, 9. Aufl. 2017, ArbGG § 62 Rn. 62 mwN.
105 HessLAG 9.10. 2015 – 12 Ta 84/15, juris Rn. 20 mwN.
106 BAG 5.2.2020 – 10 AZB 31/19, Rn. 24; BAG 31.5.2012 – 3 AZN 29/12, Rn. 12; BGH 19.5.2011 – I ZB 57/10, Rn. 13, BGHZ 190, 1.
107 BAG 25.1.2018 – 8 AZR 524/16, Rn. 67; BAG 15.4.2009 – 3 AZB 93/08, Rn. 20, BAGE 130, 195.

168 Vertretbar ist eine Handlung, die nicht nur vom Schuldner, sondern von jedem Dritten vorgenommen werden kann. Die Verpflichtung des Arbeitgebers, noch offene Ansprüche für die Feststellung des geschuldeten Entgelts einschließlich aller Zulagen abzurechnen, stellt sich im Unterschied zu einer Abrechnung nach § 108 GewO über gezahlte Vergütung als eine vertretbare Handlung dar, weil in Kenntnis der maßgebenden Tatsachen auch ein Dritter, sei es ein Wirtschaftsprüfer oder Buchhalter, die notwendige Berechnung erstellen kann.[108] Somit kann jedenfalls bei vorliegenden Unterlagen der titulierte Abrechnungsanspruch nach § 887 ZPO durch Ersatzvornahme zu vollstreckt werden.[109] Dazu kann der Gläubiger, den Schuldner nach § 887 Abs. 2 ZPO zur Vorauszahlung der Kosten der Ersatzvornahme unbeschadet des Rechts auf Nachforderung verurteilen lassen.

Beispiel für die mangelnde Vollstreckbarkeit eines Abrechnungsanspruchs: Häufig werden durch Kündigungsschutzprozesse mit Prozessvergleichen beendet, bei denen die Parteien auch die noch offenen Ansprüche pauschal nach folgendem Muster erledigen:

„1. Beide Parteien sind sich darüber einig, dass das zwischen ihnen bestehende Arbeitsverhältnis aufgrund ordentlicher, arbeitgeberseitiger Kündigung zum XXX sein Ende gefunden hat.
2. Die Beklagte verpflichtet sich, das Arbeitsverhältnis bis zum Beendigungszeitpunkt ordnungsgemäß abzurechnen und den noch offenstehenden Nettolohn an den Kläger auszuzahlen."

Dem titulierten Abrechnungsanspruch aus Nr. 2 fehlt es an einer Vollstreckungsfähigkeit.[110] Die Verpflichtung ist nicht aus dem Titel selbst heraus konkret bestimmt. Das zu erzwingende Verhalten muss im Titel eindeutig bezeichnet sein. Dazu gehört insbesondere, dass eine Zwangsvollstreckung aus dem Titel nicht eine Fortsetzung des Streits im Vollstreckungsverfahren erwarten lässt.[111] Diesen Anforderungen genügt die in Nr. 2 enthaltene Formulierung „bis zu diesem Zeitpunkt wird das Arbeitsverhältnis ordnungsgemäß abgerechnet" nicht. Zwar ist im Hinblick auf den Inhalt von Nr. 1. des Vergleichs noch erkennbar, dass die Abrechnung einen Zeitraum bis zum festgelegten Beendigungszeitpunkt des Arbeitsverhältnisses umfassen soll. Es ist jedoch nicht ersichtlich, für welchen Gesamtzeitraum Abrechnungen erfolgen sollen und was in die Abrechnungen einbezogen werden soll (Lohn, Spesen, Urlaubsvergütung usw). Offen bleibt auch, auf der Grundlage welchen Lohn- bzw. Gehaltsbetrages die Abrechnung erfolgen soll. All dies lässt sich weder aus Nr. 2 noch aus dem sonstigen Inhalt des Vergleichs entnehmen.

169 Die Vollstreckung eines Duldungs- oder Unterlassungstitels erfolgt nach Maßgabe des § 890 ZPO. Das bedeutet: Der Schuldner ist wegen einer jeden Zuwiderhandlung auf Antrag des Gläubigers von dem Prozessgericht des ersten Rechtszuges (also Arbeitsgericht) zu einem Ordnungsgeld und für den Fall, dass dieses nicht beigetrieben werden kann, zur Ordnungshaft oder zur Ordnungshaft bis zu sechs Monaten zu verurteilen. Das einzelne Ordnungsgeld darf den Betrag von 250.000 EUR, die Ordnungshaft insgesamt zwei Jahre nicht übersteigen. Der Verurteilung muss eine entsprechende Androhung vorausgehen. Diese kann bereits im Endurteil enthalten sein. Sie kann aber auch nachträglich

---

108 LAG RhPf 20.2.2008 – 8 Ta 22/08; LAG Hamm 20.7.2010 – 1 Ta 344/10.
109 LAG RhPf 20.2.2008 – 8 Ta 22/08; LAG Hamm 20.7.2010 – 1 Ta 344/10; LAG SchlH 19.7.2001 – 4 Ta 98/01.
110 LAG RhPf 22.10.2012 – 8 Ta 198/12, juris Rn. 3.
111 LAG RhPf 10.5.2005 – 11 Ta 50/05, MDR 2006, 55; LAG SchlH 19.7.2001 – 4 Ta 98/01, juris Rn. 2; BGH 14.12.1998 – II ZR 330/97, NJW 1999, 954.

auf Antrag von dem Prozessgericht des ersten Rechtszuges erlassen werden. War die Androhung noch nicht im titulierten Urteil enthalten, ist sie nach Anhörung des Schuldners durch besonderen Beschluss auszusprechen, der dem Schuldner nach §§ 329 Abs. 3 ZPO von Amts wegen zuzustellen ist.

Zuständigkeit des Prozessgerichts: Ausschließlich zuständig für die Zwangsvollstreckung nach §§ 887, 888 und 890 ZPO ist das Prozessgericht des ersten Rechtszugs. Das ist bei arbeitsgerichtlichen Streitigkeiten das ArbG. Das gilt auch, wenn der Rechtsstreit in der höheren Instanz anhängig ist. Es bedarf nicht einer mündlichen Verhandlung. Wird über den Antrag des Gläubigers mündlich verhandelt, so entscheidet die Kammer unter Hinzuziehung der ehrenamtlichen Richter. Sonst entscheidet der Vorsitzende nach § 53 Abs. 1 Satz 1 ArbGG allein. 170

Ein titulierter Anspruch auf Abgabe einer Willenserklärung bedarf keiner Zwangsvollstreckungsmaßnahme. Hier gilt die Fiktion der Abgabe einer Willenserklärung nach § 894 ZPO: Ist der Schuldner zur Abgabe einer Willenserklärung verurteilt, so gilt die Erklärung als abgegeben, sobald das Urteil die Rechtskraft erlangt hat. Bei einer Klage auf Abgabe einer Willenserklärung, die nach § 894 Satz 1 ZPO mit der Rechtskraft des der Klage stattgebenden Urteils als abgegeben gilt, erfordert das Bestimmtheitsgebot des § 253 Abs. 2 Nr. 2 ZPO, dass der beantragte Entscheidungsausspruch keine Zweifel darüber lässt, ob die gesetzliche Fiktion eingetreten ist.[112] Im Schwerbehindertenrecht hat diese Art der Vollstreckung eine besondere Bedeutung für den Zusatzurlaub nach § 208 SGB IX. Die Vollstreckung aus einem Urteil, das den Arbeitgeber verpflichtet, dem schwerbehinderten Arbeitnehmer für einen bestimmten Zeitraum Urlaub zu gewähren, geschieht über die Fiktion nach § 894 ZPO. Die Urlaubserteilung ist nämlich eine Willenserklärung des Arbeitgebers, mit der er den Zusatzurlaubsanspruch des Arbeitnehmers nach Maßgabe des § 7 Abs. 1 BUrlG iVm § 208 Abs. 1 Satz 2 SGB IX konkretisiert.[113] Deshalb bedarf es einer tagegenauen Festlegung des Zeitraums der Arbeitsbefreiung zum Zwecke der Erfüllung des Zusatzurlaubsanspruchs. 171

5.4 Beschlussverfahren

Ausschließliche Zuständigkeit: Sind Angelegenheiten aus dem Recht der Schwerbehindertenvertretungen gerichtlich zu klären, sind nach § 2a Abs. 1 Nr. 3a ArbGG die Gerichte für Arbeitssachen „ausschließlich zuständig". Diese Bestimmung eröffnet die ausschließliche Zuständigkeit der Gerichte für Arbeitssachen im Beschlussverfahren für Angelegenheiten aus den §§ 177, 178 und 229 SGB IX. Der Inbezugnahme nach sind betroffen: Streitigkeiten über die Wahl und die Amtszeit der Schwerbehindertenvertretungen (§ 177 SGB IX), die Aufgaben der Schwerbehindertenvertretung (§ 178 SGB IX) und die Mitbestimmung durch Werkstatträte (§ 222 SGB IX). Hierbei handelt es sich um Angelegenheiten der Schwerbehindertenvertretungen, die in der Organstellung des Gremiums ihre Grundlage haben. Diese kollektivrechtlichen Angelegenheiten der Schwerbehindertenvertretungen hat der Gesetzgeber durch die Regelung in § 2a Abs. 1 Nr. 3a ArbGG hinsichtlich des Rechtswegs und der Verfahrensart betriebsverfassungsrechtlichen Angelegenheiten gleichgestellt. Für Streitigkeiten hierüber hat er die **ausschließliche Zuständigkeit der Arbeitsgerichte** im Beschlussverfahren angeordnet. Dies gilt unabhängig davon, ob die Schwerbehin- 172

---

112 BAG 27.6. 2017 – 9 AZR 120/16, Rn. 13, NZA 2017, 1215.
113 Ständige Rspr. zum BUrlG: BAG 27.6. 2017 – 9 AZR 120/16, Rn. 13, NZA 2017, 1215; BAG 5.11.1964 – 5 AZR 405/63, NJW 1965, 787; *Tiedemann* jurisPR-ArbR 43/2017 Anm. 4.

dertenvertretung in einem Betrieb der Privatwirtschaft oder in einer Dienststelle, für die Personalvertretungsrecht gilt, gebildet wurde.[114] Hinsichtlich der Kosten → Rn. 173.

173 **Beschlussverfahren als richtige Verfahrensart:** Die Inbezugnahme in § 2a Abs. 1 Nr. 3a ArbGG ist redaktionell zu eng gefasst. Die Zuweisung zum Beschlussverfahren soll nicht auf die betrieblichen Vertretungen beschränkt sein. Deshalb sind auch die in § 180 SGB IX genannten überbetrieblichen bzw. Stufenvertretungen mit einzubeziehen. Problematisch ist die Zuordnung der Angelegenheiten aus § 179 SGB IX. Ihrer Überschrift nach trifft diese Vorschrift Bestimmungen über die persönlichen Rechte und Pflichten der Vertrauenspersonen der schwerbehinderten Menschen und regelt zu einem erheblichen Teil deren **persönliche** Rechte und Pflichten, zB das Begünstigungs- und Benachteiligungsverbot (Abs. 2), den Kündigungs-, Versetzungs- und Abordnungsschutz (Abs. 3) sowie Entgeltfortzahlungsansprüche für die Dauer der Wahrnehmung von Amtstätigkeiten und der Teilnahme an Schulungsveranstaltungen (Abs. 4). Streitigkeiten hierüber sind – je nach dem Status des Mitglieds als Arbeitnehmer oder Beamter – im Urteilsverfahren vor dem Arbeitsgericht oder dem Verwaltungsgericht zu entscheiden. Dementsprechend ist eine Erstreckung der Regelung in § 2a Abs. 1 Nr. 3a, Abs. 2 ArbGG auf diese Angelegenheiten konsequenterweise unterblieben. Eine Eröffnung des arbeitsgerichtlichen Beschlussverfahrens für derartige individualrechtliche Streitigkeiten wäre systemwidrig. Andererseits enthält § 179 SGB IX aber auch Regelungen von kollektivem Charakter, das sind diejenigen die die Amtsführung betreffen. Dazu gehört ua die in § 179 Abs. 8 Satz 1 SGB IX geregelte Pflicht des Arbeitgebers, die durch die Tätigkeit der Schwerbehindertenvertretung entstehenden Kosten zu tragen. Die zur Durchsetzung geführten Rechtsstreitigkeiten sind wegen ihres kollektiven Charakters nach der Systematik des Arbeitsgerichtsgesetzes dem Beschlussverfahren zuzuordnen. Deshalb wendet das BAG zu Recht § 2a Abs. 1 Nr. 3a, Abs. 2 ArbGG auf Angelegenheiten nach § 179 Abs. 8 Satz 1 SGB IX entsprechend an.[115] Gleiches gilt, wenn sich die Vertrauensperson gegen die Behinderung ihrer Amtstätigkeit zB durch Abmahnung wehrt, die der Arbeitgeber wegen vermeintlich fehlerhafter Amtsführung ausspricht. Auch hier geht es um kollektive Angelegenheiten.[116] Ist dagegen die Abmahnung wegen Verletzung arbeitsvertraglicher Pflichten erteilt, ist diese Streitigkeit **im Arbeitsverhältnis begründet** und daher auch dann im arbeitsgerichtlichen Urteilsverfahren auszutragen, wenn die betroffene Person eine Vertrauensperson der schwerbehinderten Menschen ist. Wird über die Freistellung eines Mitglieds der Schwerbehindertenvertretung von der beruflichen Tätigkeit zum Zwecke der Teilnahme an einer Schulungsveranstaltung gestritten, handelt es sich nicht um eine Streitigkeit aus dem Arbeitsverhältnis iSd § 2a Abs. 1 Nr. 3a ArbGG, sondern um eine solche **aus der amtlichen Rechtsstellung** der Arbeitnehmerin als Vertrauensperson (Schwerbehindertenvertretung). Dieser Streit ist im arbeitsgerichtlichen Beschlussverfahren auszutragen.[117] Da die Kosten einer erforderlichen anwaltlichen Vertretung im Beschlussverfahren der Arbeitgeber und im Urteilsverfahren das Mitglied der Schwerbehindertenvertretung selbst zu tragen hat, ist die **Wahl der richtigen Verfahrensart** von großer praktischer Bedeutung.

---

114 BAG 11.11.2003 – 7 AZB 40/03, zu II 1b der Gründe AP SGB IX § 94 Nr. 1; BAG 30.3.2010 – 7 AZB 32/09, NZA 2010, 668.
115 BAG 30.3.2010 – 7 AZB 32/09, NZA 2010, 668.
116 LAG Nürnberg 10.11.2015 – 2 Ta 132/15; *Gerhardt* ArbR 2015, 614.
117 LAG Nürnberg 22.10.2007 – 6 Ta 155/07; SächsLAG 13.4.2010 – 2 TaBV 23/09.

Besonderheiten des Beschlussverfahrens: Das Beschlussverfahren ist in §§ 80– 100 ArbGG geregelt. Es fehlt es an einer umfassenden Normierung des Verfahrens. Daher werden ergänzend die Vorschriften des Urteilsverfahrens und der ZPO angewandt, sofern sie dem besonderen Charakter des Beschlussverfahrens nicht entgegenstehen.[118] Zum Urteilsverfahren bestehen terminologische Unterschiede. Im Beschlussverfahren gibt es keine Parteien, sondern nur Antragsteller und sonstige **Beteiligte** (§ 81 ArbGG). Statt einer mündlichen Verhandlung findet eine Anhörung vor Gericht statt (§ 83 Abs. 4 ArbGG). Das Verfahren wird nicht durch Erhebung einer Klage, sondern durch einen Antrag eingeleitet (§ 81 Abs. 1 ArbGG). Die eine Instanz beendende Entscheidung wird als **Beschluss** bezeichnet (§ 85 ArbGG). Gegen den Beschluss ist das Rechtsmittel der Beschwerde (§ 87 ArbGG) gegeben. Das weitere, bei ihrer Zulassung zum BAG führende Rechtsmittel ist die Rechtsbeschwerde (§ 92 ArbGG). Es gilt nach § 83 ArbGG ein **Untersuchungsgrundsatz.** Das Gericht hat im Rahmen der gestellten Anträge den für die Entscheidung erheblichen Sachverhalt von Amts wegen zu erforschen. Die Rspr. hat diesen Untersuchungsgrundsatz eingeschränkt: Die Beteiligten müssen daran mitwirken. Das führt dazu, dass die betriebsverfassungsrechtlichen Senate des BAG von einer „Darlegungslast des Betriebsrats bzw. des Betriebsratsmitglieds gegenüber dem Gericht" ausgehen, „wenn es um die gerichtliche Durchsetzung von Ansprüchen gegenüber dem Arbeitgeber geht".[119] In Rahmen des Untersuchungsgrundsatzes hat das Gericht die erforderlichen Beweise von Amts wegen zu erheben, ohne auf die Beweisantritte der Beteiligten beschränkt zu sein. Die Beteiligten können zur Sachverhaltsaufklärung vernommen werden. Anders als im Urteilsverfahren hat die Fiktion des Geständnisses durch Nichtbestreiten (§ 138 Abs. 3 ZPO) im Beschlussverfahren keine Geltung. Folgerichtig findet auch kein Versäumnisverfahren gegen ausgebliebene Beteiligte statt: Die Beteiligten können sich nach § 83 Abs. 4 ArbGG schriftlich äußern.

174

Kosten: Die größte praktische Bedeutung hat die in § 2 Abs. 2 GKG getroffene Freistellung der Beteiligten von allen Kosten und Gebühren. Das Beschlussverfahren ist **kostenfrei.**

175

Beteiligtenfähigkeit der Schwerbehindertenvertretung: Die Schwerbehindertenvertretung ist mangels Vermögensfähigkeit (vgl. § 179 Abs. 8 SGB IX: Kosten trägt der Arbeitgeber) nicht rechtsfähig für den bürgerlichen Rechtsverkehr. Damit ist sie nach § 50 ZPO auch im Urteilsverfahren nicht prozessfähig. Obwohl in § 10 ArbGG der Schwerbehindertenvertretung anders als den anderen an der Betriebs- und Dienststellenverfassung beteiligten Personen und Stellen nicht ausdrücklich die dort geregelte eingeschränkte Parteifähigkeit zuerkannt worden ist, geht die Rspr. zu Recht, wenn auch ohne nähere Begründung[120] davon aus, dass ihr die **Beteiligtenfähigkeit für das Beschlussverfahren** zukommt. Da die Schwerbehindertenvertretung keine Vermögensfähigkeit hat, muss das Beschlussverfahren schon deswegen kostenfrei sein. Soweit die Schwerbehindertenvertretung eigene Rechte geltend macht, besitzt sie die für die **Antragstellung** erforderliche Antragsbefugnis. Sind ihre Rechte in Beschlussverfahren des Betriebs- oder Personalrats unmittelbar betroffen, ist sie zu beteiligen.

176

---

118 BAG 16.7.1996 – 3 ABR 13/95, NZA 1997, 337; *Reinfelder* in Düwell/Lipke ArbGG § 80 Rn. 2.
119 BAG 10.8.1994 – 7 ABR 35/93, NZA 1995, 796.
120 Vgl. BAG 29.11.1989 – 7 ABR 64/87.

5.5 Zwangsvollstreckung aus Beschlussverfahren

177 Die Zwangsvollstreckung aus Ansprüchen, die im Beschlussverfahren gerichtlich erkannt oder durch Prozessvergleiche nach § 83 a ArbGG vereinbart worden sind, richtet sich wie im Urteilsverfahren nach den Vorschriften des Achten Buches der ZPO → Rn. 158 ff. Auch hier sind Organe der Zwangsvollstreckung: der Gerichtsvollzieher, das Amtsgericht als Vollstreckungsgericht oder das ArbG als Prozessgericht. Soweit das ArbG als Prozessgericht zuständig ist, entscheidet es im Zwangsvollstreckungsverfahren grds. nach den Vorschriften der ZPO, soweit § 85 ArbGG keine abweichende Regelung trifft.[121]

1. In den Fällen der Klage auf Vollstreckungsklausel (§ 731 ZPO), der Vollstreckungsabwehrklage (§ 767 ZPO) und der Drittwiderspruchsklage (§ 771 ZPO) ist ein Beschlussverfahren nach §§ 80 ff. ArbGG durchzuführen.[122]
2. Entscheidungen im Zwangsvollstreckungsverfahren sind gerichtskostenfrei nach § 2 Abs. 2 GKG.
3. Eine Erstattung der außergerichtlichen Kosten nach § 788 ZPO findet nicht statt. Die Kostentragungspflicht richtet sich vielmehr nach materiellem Recht.[123]
4. Nach § 85 Abs. 1 Satz ArbGG findet im Unterschied zum Urteilsverfahren die Zwangsvollstreckung von Handlungen, Unterlassungen und Duldungen erst aus rechtskräftigen Beschlüssen statt.[124]
5. Das Recht des Gläubigers aus § 61 Abs. 2 ArbGG, statt der Vollstreckung einer Handlung, eine Entschädigung zu wählen, ist wegen der eingeschränkten Verweisung in § 85 Abs. 1 Satz 2 Hs. 2 ArbGG auf § 62 Abs. 1 Satz 2 bis 5 ArbGG ausgeschlossen.
6. Aus Beschlüssen in vermögensrechtlichen Streitigkeiten findet die Zwangsvollstreckung auch dann statt, wenn die Beschlüsse noch nicht rechtskräftig sind; denn in § 85 Abs. 1 Satz 2 ArbGG ist ausdrücklich für die Beschlüsse die vorläufige Vollstreckbarkeit angeordnet. Als vermögensrechtlich werden Streitigkeiten über Sachmittel oder Kosten der Amtstätigkeit angesehen.[125] Für die SBV kommen insbesondere in Angelegenheiten iSv § 179 Abs. 8 und SGB IX Betracht: Erstattung der Schulungskosten der Vertrauensperson, Bereitstellung einer Bürokraft und Zurverfügungstellung von Sachmitteln wie PC oder Telefon.

In den Fällen der groben Verletzung betriebsverfassungsrechtlicher Pflichten durch den Arbeitgeber nach Abs. 3, § 98 Abs. 5 sowie der §§ 101 und 104 BetrVG dürfen nach § 85 Abs. 1 Satz 3 ArbGG keine Ordnungs- oder Zwangshaft vom Prozessgericht angeordnet werden. In Ausweitung dieser Regelung hat der Erste Senat des BAG zur Vermeidung von Wertungswidersprüchen auch bei der Durchsetzung des allgemeinen Unterlassungsanspruchs oder sonstiger betriebsverfassungsrechtlicher Ansprüche Ordnungs- oder Zwangshaft ausgeschlossen.[126] Dieser Ausschluss betrifft jedoch nur das Verhältnis des Betriebsrats zum Arbeitgeber. Er erstreckt sich nicht auf das Verhältnis SBV zum Arbeitgeber, vgl. → § 178 Rn. 138. Die Durchsetzung von Ansprüchen der SBV

---

121 Einzelheiten: *Reinfelder* in Düwell/Lipke ArbGG § 85 Rn. 6 ff.
122 BAG 19.6.2012 – 1 ABR 35/11, Rn. 12, NZA 2012, 1179; BAG 18.3.2008 – 1 ABR 3/07, Rn. 13, NZA 2008, 1259 (§ 767 ZPO – Beschluss); BAG 19.2.2008 – 1 ABR 86/06, Rn. 11, NZA 2008, 899 (§ 767 ZPO – Vergleich).
123 BAG 2.6.2008 – 3 AZB 24/08, Rn. 9 ff., AP ArbGG 1979 § 85 Nr. 11.
124 *Reinfelder* in Düwell/Lipke ArbGG § 85 Rn. 3.
125 *Reinfelder* in Düwell/Lipke ArbGG § 85 Rn. 4.
126 BAG 5.10.2010 – 1 ABR 71/09, Rn. 7, NZA 2011, 174.

gestattet daher auch die gerichtliche Androhung bzw. Festsetzung von Ordnungs- oder Zwangshaft. Ebenso gilt die in § 23 Abs. 3 BetrVG aufgestellte Höchstgrenze an festzusetzendem Ordnungsgeld von 10.000 EUR nur im Verhältnis vom Betriebsrat zum Arbeitgeber, nicht aber im Verhältnis von der SBV zum Arbeitgeber. Dort gilt vielmehr uneingeschränkt die in § 890 ZPO enthaltene Höchstgrenze von 250.000 EUR.[127]

Ist der Betriebsrat gegenüber der SBV zur Vornahme einer unvertretbaren Handlung verpflichtet, findet trotz der grundsätzlich in § 85 Abs. 1 Satz 1 ArbGG vorgesehenen Vollstreckbarkeit aus rechtskräftigen Beschlüssen und Prozessvergleichen dennoch keine Zwangsvollstreckung statt.[128] Dies wird vom BAG damit begründet, das Regelungskonzept des § 23 BetrVG lasse erkennen, dass der Gesetzgeber die Schwierigkeit der Durchsetzung von Handlungspflichten gegen den Betriebsrat als Gremium erkannt und berücksichtigt habe. Deshalb weise § 23 Abs. 1 Satz 1 BetrVG die Befugnis zu, bei grober Verletzung der dem Betriebsrat obliegenden gesetzlichen Pflichten die Auflösung des Betriebsrats zu beantragen. Damit habe der Gesetzgeber berücksichtigt, dass ein gegen den Betriebsrat gerichteter Anspruch auf Vornahme einer unvertretbaren Handlung vollstreckungsrechtlich keinen Sinn ergibt, da der Betriebsrat vermögenslos ist und ihm gegenüber eine Androhung, Festsetzung oder Vollstreckung eines Zwangsgeldes nicht in Betracht kommt.[129] Diese Erwägungen des Siebten Senats des BAG gehen davon aus, dass das arbeitsgerichtliche Beschlussverfahren von dem Regelungsplan des Gesetzgebers exklusiv für das Rechtstreitigkeiten zwischen Arbeitgeber und Betriebsrat anzuwenden ist. Das trifft jedoch nicht zu, wie der umfangreiche Katalog der übrigen im Beschlussverfahren zu entscheidenden Angelegenheiten in § 2a Abs. 1 Nr. 2 bis 6 ArbGG zeigt.

Fallstudie: Für eine SBV, deren Anwesenheit vom Betriebsrat oder Personalrat unter der Verletzung der Pflichten aus § 178 Abs. 4 Satz 1 SGB IX nicht zu den Sitzungen des Betriebs- oder Personalrats zugelassen wird, muss es möglich sein, einen Titel auf Gewährung des Zugangs zu erhalten und diese Duldung auch gegenüber dem Betriebs- oder Personalrat zu vollstrecken. Sonst wird gerichtlicher Rechtsschutz verweigert. Anders wäre es nur, wenn die SBV entsprechend § 23 Abs. 1 BetrVG befugt wäre, einen Antrag auf Auflösung des Betriebs- oder Personalrats zu stellen. Solange dieses Recht nicht gesetzlich eingeführt ist, bleibt wegen der Vermögenslosigkeit von Betriebs- und Personalräten nur die vom Siebten Senat in Übereinstimmung mit dem Schrifttum[130] abgelehnte gerichtliche Erteilung einer qualifizierten Vollstreckungsklausel gegen alle Mitglieder des pflichtwidrig handelnden Gremiums in entsprechender Anwendung von § 731 ZPO. Soweit das Schrifttum der analogen Anwendung widerspricht, zeigt es sich ebenso einseitig auf das Verhältnis von Arbeitgeber, Betriebsrat und Betriebsratsmitglieder fokussiert. Soweit es um die Durchsetzung des Anspruchs auf Einladung und Übersendung der Tagesordnung geht, besteht

---

127 So ausdrücklich die klarstellenden Äußerungen im Gesetzgebungsverfahren zum BTHG: Ausschussbericht BT-Drs. 18/10523, 4; Gegenäußerung der Bundesregierung BT-Drs. 18/9954, 70.
128 BAG 23.10.2019 – 7 ABR 7/18, juris Rn. 22, BAGE 168, 204.
129 BAG 23.10.2019 – 7 ABR 7/18, juris Rn. 22, BAGE 168, 204 mit Verweis auf BAG 17.3.2010 – 7 ABR 95/08, Rn. 27, BAGE 133, 342.
130 BAG 23.10.2019 – 7 ABR 7/18, juris Rn. 22, BAGE 168, 204; *Hauck* in Hauck/Helml/Biebl, 4. Aufl. 2011, ArbGG § 85 Rn. 5; ebenso *Helml* in Helml/Pessinger, 5. Aufl. 2021, ArbGG § 85 Rn. 5; *Roos* in HK-ArbGG, 2. Aufl. 2013, ArbGG § 85 Rn. 25 f.; *Rudolf* NZA 1988, 420 (424); *Treber* in HWK, 8. Aufl. 2018, ArbGG § 85 Rn. 6; *Raab* RdA 2017, 288 (298) und *Walker* in Schwab/Weth, 5. Aufl. 2017, ArbGG § 85 Rn. 32.

eine andere Möglichkeit der Durchsetzung im Wege der Zwangsvollstreckung dieser unvertretbaren Handlungen. Diese werden nämlich nach § 29 Abs. 2 Satz 4 BetrVG vom Betriebsratsvorsitzenden geschuldet. Hier ist bereits im Erkenntnisverfahren dem namentlich zu benennenden Vorsitzenden die Vornahme der Handlungen aufzugeben. Aus dem Titel gegen die materiell verpflichtete Person kann dann vollstreckt werden.[131] Für die Vollstreckung in personalvertretungsrechtlichen Beschlussverfahren kann nichts Abweichendes gelten.

---

[131] So im Grundsatz auch für den Fall, dass einzelne Betriebsratsmitglieder materiellrechtlich zur Vornahme der Handlung für den Betriebsrat verpflichtet sind: *Koch* in ErfK ArbGG § 85 Rn. 2; *Reinfelder* in Düwell/Lipk, ArbGG § 85 Rn. 14; *Spinner* in GMP, 9. Aufl. 2017, ArbGG § 85 Rn. 19.

Anhang 1:
Übereinkommen über die Rechte von Menschen mit Behinderungen – UN-BRK

Vom 13. Dezember 2006[1] (BGBl. 2008 II S. 1419) (ABl. 2010 L 23 S. 37)

Präambel

Die Vertragsstaaten dieses Übereinkommens –
a) unter Hinweis auf die in der Charta der Vereinten Nationen verkündeten Grundsätze, denen zufolge die Anerkennung der Würde und des Wertes, die allen Mitgliedern der menschlichen Gesellschaft innewohnen, sowie ihrer gleichen und unveräußerlichen Rechte die Grundlage von Freiheit, Gerechtigkeit und Frieden in der Welt bildet,
b) in der Erkenntnis, dass die Vereinten Nationen in der Allgemeinen Erklärung der Menschenrechte und in den Internationalen Menschenrechtspakten verkündet haben und übereingekommen sind, dass jeder Mensch ohne Unterschied Anspruch auf alle darin aufgeführten Rechte und Freiheiten hat,
c) bekräftigend, dass alle Menschenrechte und Grundfreiheiten allgemein gültig und unteilbar sind, einander bedingen und miteinander verknüpft sind und dass Menschen mit Behinderungen der volle Genuss dieser Rechte und Freiheiten ohne Diskriminierung garantiert werden muss,
d) unter Hinweis auf den Internationalen Pakt über wirtschaftliche, soziale und kulturelle Rechte, den Internationalen Pakt über bürgerliche und politische Rechte, das Internationale Übereinkommen zur Beseitigung jeder Form von Rassendiskriminierung, das Übereinkommen zur Beseitigung jeder Form von Diskriminierung der Frau, das Übereinkommen gegen Folter und andere grausame, unmenschliche oder erniedrigende Behandlung oder Strafe, das Übereinkommen über die Rechte des Kindes und das Internationale Übereinkommen zum Schutz der Rechte aller Wanderarbeitnehmer und ihrer Familienangehörigen,
e) in der Erkenntnis, dass das Verständnis von Behinderung sich ständig weiterentwickelt und dass Behinderung aus der Wechselwirkung zwischen Menschen mit Beeinträchtigungen und einstellungs- und umweltbedingten Barrieren entsteht, die sie an der vollen, wirksamen und gleichberechtigten Teilhabe an der Gesellschaft hindern,
f) in der Erkenntnis, dass die in dem Weltaktionsprogramm für Behinderte und den Rahmenbestimmungen für die Herstellung der Chancengleichheit für Behinderte enthaltenen Grundsätze und Leitlinien einen wichtigen Einfluss auf die Förderung, Ausarbeitung und Bewertung von politischen Konzepten, Plänen, Programmen und Maßnahmen auf einzelstaatlicher, regionaler und internationaler Ebene zur Verbesserung der Chancengleichheit für Menschen mit Behinderungen haben,
g) nachdrücklich darauf hinweisend, wie wichtig es ist, die Behinderungsthematik zu einem festen Bestandteil der einschlägigen Strategien der nachhaltigen Entwicklung zu machen,

---

[1] Das Übereinkommen wurde für die Bundesrepublik Deutschland ratifiziert durch G v. 21.12.2008 (BGBl. II S. 1419) und trat gem. Bek. v. 5.6.2009 (BGBl. II S. 812) am 26.3.2009 in Kraft.

h) ebenso in der Erkenntnis, dass jede Diskriminierung aufgrund von Behinderung eine Verletzung der Würde und des Wertes darstellt, die jedem Menschen innewohnen,
i) ferner in der Erkenntnis der Vielfalt der Menschen mit Behinderungen,
j) in Anerkennung der Notwendigkeit, die Menschenrechte aller Menschen mit Behinderungen, einschließlich derjenigen, die intensivere Unterstützung benötigen, zu fördern und zu schützen,
k) besorgt darüber, dass sich Menschen mit Behinderungen trotz dieser verschiedenen Dokumente und Verpflichtungen in allen Teilen der Welt nach wie vor Hindernissen für ihre Teilhabe als gleichberechtigte Mitglieder der Gesellschaft sowie Verletzungen ihrer Menschenrechte gegenübersehen,
l) in Anerkennung der Bedeutung der internationalen Zusammenarbeit für die Verbesserung der Lebensbedingungen der Menschen mit Behinderungen in allen Ländern, insbesondere den Entwicklungsländern,
m) in Anerkennung des wertvollen Beitrags, den Menschen mit Behinderungen zum allgemeinen Wohl und zur Vielfalt ihrer Gemeinschaften leisten und leisten können, und in der Erkenntnis, dass die Förderung des vollen Genusses der Menschenrechte und Grundfreiheiten durch Menschen mit Behinderungen sowie ihrer uneingeschränkten Teilhabe ihr Zugehörigkeitsgefühl verstärken und zu erheblichen Fortschritten in der menschlichen, sozialen und wirtschaftlichen Entwicklung der Gesellschaft und bei der Beseitigung der Armut führen wird,
n) in der Erkenntnis, wie wichtig die individuelle Autonomie und Unabhängigkeit für Menschen mit Behinderungen ist, einschließlich der Freiheit, eigene Entscheidungen zu treffen,
o) in der Erwägung, dass Menschen mit Behinderungen die Möglichkeit haben sollen, aktiv an Entscheidungsprozessen über politische Konzepte und über Programme mitzuwirken, insbesondere wenn diese sie unmittelbar betreffen,
p) besorgt über die schwierigen Bedingungen, denen sich Menschen mit Behinderungen gegenübersehen, die mehrfachen oder verschärften Formen der Diskriminierung aufgrund der Rasse, der Hautfarbe, des Geschlechts, der Sprache, der Religion, der politischen oder sonstigen Anschauung, der nationalen, ethnischen, indigenen oder sozialen Herkunft, des Vermögens, der Geburt, des Alters oder des sonstigen Status ausgesetzt sind,
q) in der Erkenntnis, dass Frauen und Mädchen mit Behinderungen sowohl innerhalb als auch außerhalb ihres häuslichen Umfelds oft in stärkerem Maße durch Gewalt, Verletzung oder Missbrauch, Nichtbeachtung oder Vernachlässigung, Misshandlung oder Ausbeutung gefährdet sind,
r) in der Erkenntnis, dass Kinder mit Behinderungen gleichberechtigt mit anderen Kindern alle Menschenrechte und Grundfreiheiten in vollem Umfang genießen sollen, und unter Hinweis auf die zu diesem Zweck von den Vertragsstaaten des Übereinkommens über die Rechte des Kindes eingegangenen Verpflichtungen,
s) nachdrücklich darauf hinweisend, dass es notwendig ist, bei allen Anstrengungen zur Förderung des vollen Genusses der Menschenrechte und Grundfreiheiten durch Menschen mit Behinderungen die Geschlechterperspektive einzubeziehen,
t) unter besonderem Hinweis darauf, dass die Mehrzahl der Menschen mit Behinderungen in einem Zustand der Armut lebt, und diesbezüglich in der Erkenntnis, dass die nachteiligen Auswirkungen der Armut auf Menschen mit Behinderungen dringend angegangen werden müssen,

u) in dem Bewusstsein, dass Frieden und Sicherheit auf der Grundlage der uneingeschränkten Achtung der in der Charta der Vereinten Nationen enthaltenen Ziele und Grundsätze sowie der Einhaltung der anwendbaren Übereinkünfte auf dem Gebiet der Menschenrechte unabdingbar sind für den umfassenden Schutz von Menschen mit Behinderungen, insbesondere in bewaffneten Konflikten oder während ausländischer Besetzung,
v) in der Erkenntnis, wie wichtig es ist, dass Menschen mit Behinderungen vollen Zugang zur physischen, sozialen, wirtschaftlichen und kulturellen Umwelt, zu Gesundheit und Bildung sowie zu Information und Kommunikation haben, damit sie alle Menschenrechte und Grundfreiheiten voll genießen können,
w) im Hinblick darauf, dass der Einzelne gegenüber seinen Mitmenschen und der Gemeinschaft, der er angehört, Pflichten hat und gehalten ist, für die Förderung und Achtung der in der Internationalen Menschenrechtscharta anerkannten Rechte einzutreten,
x) in der Überzeugung, dass die Familie die natürliche Kernzelle der Gesellschaft ist und Anspruch auf Schutz durch Gesellschaft und Staat hat und dass Menschen mit Behinderungen und ihre Familienangehörigen den erforderlichen Schutz und die notwendige Unterstützung erhalten sollen, um es den Familien zu ermöglichen, zum vollen und gleichberechtigten Genuss der Rechte der Menschen mit Behinderungen beizutragen,
y) in der Überzeugung, dass ein umfassendes und in sich geschlossenes internationales Übereinkommen zur Förderung und zum Schutz der Rechte und der Würde von Menschen mit Behinderungen sowohl in den Entwicklungsländern als auch in den entwickelten Ländern einen maßgeblichen Beitrag zur Beseitigung der tiefgreifenden sozialen Benachteiligung von Menschen mit Behinderungen leisten und ihre Teilhabe am bürgerlichen, politischen, wirtschaftlichen, sozialen und kulturellen Leben auf der Grundlage der Chancengleichheit fördern wird –

haben Folgendes vereinbart:

Artikel 1 Zweck

Zweck dieses Übereinkommens ist es, den vollen und gleichberechtigten Genuss aller Menschenrechte und Grundfreiheiten durch alle Menschen mit Behinderungen zu fördern, zu schützen und zu gewährleisten und die Achtung der ihnen innewohnenden Würde zu fördern.

Zu den Menschen mit Behinderungen zählen Menschen, die langfristige körperliche, seelische, geistige oder Sinnesbeeinträchtigungen haben, welche sie in Wechselwirkung mit verschiedenen Barrieren an der vollen, wirksamen und gleichberechtigten Teilhabe an der Gesellschaft hindern können.

Artikel 2 Begriffsbestimmungen

Im Sinne dieses Übereinkommens

schließt „Kommunikation" Sprachen, Textdarstellung, Brailleschrift, taktile Kommunikation, Großdruck, leicht zugängliches Multimedia sowie schriftliche, auditive, in einfache Sprache übersetzte, durch Vorleser zugänglich gemachte sowie ergänzende und alternative Formen, Mittel und Formate der Kommunikation, einschließlich leicht zugänglicher Informations- und Kommunikationstechnologie, ein;

schließt „Sprache" gesprochene Sprachen sowie Gebärdensprachen und andere nicht gesprochene Sprachen ein;

bedeutet „Diskriminierung aufgrund von Behinderung" jede Unterscheidung, Ausschließung oder Beschränkung aufgrund von Behinderung, die zum Ziel oder zur Folge hat, dass das auf die Gleichberechtigung mit anderen gegründete Anerkennen, Genießen oder Ausüben aller Menschenrechte und Grundfreiheiten im politischen, wirtschaftlichen, sozialen, kulturellen, bürgerlichen oder jedem anderen Bereich beeinträchtigt oder vereitelt wird. Sie umfasst alle Formen der Diskriminierung, einschließlich der Versagung angemessener Vorkehrungen;
bedeutet „angemessene Vorkehrungen" notwendige und geeignete Änderungen und Anpassungen, die keine unverhältnismäßige oder unbillige Belastung darstellen und die, wenn sie in einem bestimmten Fall erforderlich sind, vorgenommen werden, um zu gewährleisten, dass Menschen mit Behinderungen gleichberechtigt mit anderen alle Menschenrechte und Grundfreiheiten genießen oder ausüben können;
bedeutet „universelles Design" ein Design von Produkten, Umfeldern, Programmen und Dienstleistungen in der Weise, dass sie von allen Menschen möglichst weitgehend ohne eine Anpassung oder ein spezielles Design genutzt werden können. „Universelles Design" schließt Hilfsmittel für bestimmte Gruppen von Menschen mit Behinderungen, soweit sie benötigt werden, nicht aus.

Artikel 3 Allgemeine Grundsätze

Die Grundsätze dieses Übereinkommens sind:
a) die Achtung der dem Menschen innewohnenden Würde, seiner individuellen Autonomie, einschließlich der Freiheit, eigene Entscheidungen zu treffen, sowie seiner Unabhängigkeit;
b) die Nichtdiskriminierung;
c) die volle und wirksame Teilhabe an der Gesellschaft und Einbeziehung in die Gesellschaft;
d) die Achtung vor der Unterschiedlichkeit von Menschen mit Behinderungen und die Akzeptanz dieser Menschen als Teil der menschlichen Vielfalt und der Menschheit;
e) die Chancengleichheit;
f) die Zugänglichkeit;
g) die Gleichberechtigung von Mann und Frau;
h) die Achtung vor der sich entwickelnden Fähigkeiten von Kindern mit Behinderungen und die Achtung ihres Rechts auf Wahrung ihrer Identität.

Artikel 4 Allgemeine Verpflichtungen

(1) [1]Die Vertragsstaaten verpflichten sich, die volle Verwirklichung aller Menschenrechte und Grundfreiheiten für alle Menschen mit Behinderungen ohne jede Diskriminierung aufgrund von Behinderung zu gewährleisten und zu fördern. [2]Zu diesem Zweck verpflichten sich die Vertragsstaaten,
a) alle geeigneten Gesetzgebungs-, Verwaltungs- und sonstigen Maßnahmen zur Umsetzung der in diesem Übereinkommen anerkannten Rechte zu treffen;
b) alle geeigneten Maßnahmen einschließlich gesetzgeberischer Maßnahmen zur Änderung oder Aufhebung bestehender Gesetze, Verordnungen, Gepflogenheiten und Praktiken zu treffen, die eine Diskriminierung von Menschen mit Behinderungen darstellen;

c) den Schutz und die Förderung der Menschenrechte von Menschen mit Behinderungen in allen politischen Konzepten und allen Programmen zu berücksichtigen;
d) Handlungen oder Praktiken, die mit diesem Übereinkommen unvereinbar sind, zu unterlassen und dafür zu sorgen, dass die staatlichen Behörden und öffentlichen Einrichtungen im Einklang mit diesem Übereinkommen handeln;
e) alle geeigneten Maßnahmen zur Beseitigung der Diskriminierung aufgrund von Behinderung durch Personen, Organisationen oder private Unternehmen zu ergreifen;
f) Forschung und Entwicklung für Güter, Dienstleistungen, Geräte und Einrichtungen in universellem Design, wie in Artikel 2 definiert, die den besonderen Bedürfnissen von Menschen mit Behinderungen mit möglichst geringem Anpassungs- und Kostenaufwand gerecht werden, zu betreiben oder zu fördern, ihre Verfügbarkeit und Nutzung zu fördern und sich bei der Entwicklung von Normen und Richtlinien für universelles Design einzusetzen;
g) Forschung und Entwicklung für neue Technologien, die für Menschen mit Behinderungen geeignet sind, einschließlich Informations- und Kommunikationstechnologien, Mobilitätshilfen, Geräten und unterstützenden Technologien, zu betreiben oder zu fördern sowie ihre Verfügbarkeit und Nutzung zu fördern und dabei Technologien zu erschwinglichen Kosten den Vorrang zu geben;
h) für Menschen mit Behinderungen zugängliche Informationen über Mobilitätshilfen, Geräte und unterstützende Technologien, einschließlich neuer Technologien, sowie andere Formen von Hilfe, Unterstützungsdiensten und Einrichtungen zur Verfügung zu stellen;
i) die Schulung von Fachkräften und anderem mit Menschen mit Behinderungen arbeitendem Personal auf dem Gebiet der in diesem Übereinkommen anerkannten Rechte zu fördern, damit die aufgrund dieser Rechte garantierten Hilfen und Dienste besser geleistet werden können.

(2) Hinsichtlich der wirtschaftlichen, sozialen und kulturellen Rechte verpflichtet sich jeder Vertragsstaat, unter Ausschöpfung seiner verfügbaren Mittel und erforderlichenfalls im Rahmen der internationalen Zusammenarbeit Maßnahmen zu treffen, um nach und nach die volle Verwirklichung dieser Rechte zu erreichen, unbeschadet derjenigen Verpflichtungen aus diesem Übereinkommen, die nach dem Völkerrecht sofort anwendbar sind.

(3) Bei der Ausarbeitung und Umsetzung von Rechtsvorschriften und politischen Konzepten zur Durchführung dieses Übereinkommens und bei anderen Entscheidungsprozessen in Fragen, die Menschen mit Behinderungen betreffen, führen die Vertragsstaaten mit den Menschen mit Behinderungen, einschließlich Kindern mit Behinderungen, über die sie vertretenden Organisationen enge Konsultationen und beziehen sie aktiv ein.

(4) [1]Dieses Übereinkommen lässt zur Verwirklichung der Rechte von Menschen mit Behinderungen besser geeignete Bestimmungen, die im Recht eines Vertragsstaats oder in dem für diesen Staat geltenden Völkerrecht enthalten sind, unberührt. [2]Die in einem Vertragsstaat durch Gesetze, Übereinkommen, Verordnungen oder durch Gewohnheitsrecht anerkannten oder bestehenden Menschenrechte und Grundfreiheiten dürfen nicht unter dem Vorwand beschränkt oder außer Kraft gesetzt werden, dass dieses Übereinkommen derartige Rechte oder Freiheiten nicht oder nur in einem geringeren Ausmaß anerkenne.

(5) Die Bestimmungen dieses Übereinkommens gelten ohne Einschränkung oder Ausnahme für alle Teile eines Bundesstaats.

Artikel 5 Gleichberechtigung und Nichtdiskriminierung

(1) Die Vertragsstaaten anerkennen, dass alle Menschen vor dem Gesetz gleich sind, vom Gesetz gleich zu behandeln sind und ohne Diskriminierung Anspruch auf gleichen Schutz durch das Gesetz und gleiche Vorteile durch das Gesetz haben.

(2) Die Vertragsstaaten verbieten jede Diskriminierung aufgrund von Behinderung und garantieren Menschen mit Behinderungen gleichen und wirksamen rechtlichen Schutz vor Diskriminierung, gleichviel aus welchen Gründen.

(3) Zur Förderung der Gleichberechtigung und zur Beseitigung von Diskriminierung unternehmen die Vertragsstaaten alle geeigneten Schritte, um die Bereitstellung angemessener Vorkehrungen zu gewährleisten.

(4) Besondere Maßnahmen, die zur Beschleunigung oder Herbeiführung der tatsächlichen Gleichberechtigung von Menschen mit Behinderungen erforderlich sind, gelten nicht als Diskriminierung im Sinne dieses Übereinkommens.

Artikel 6 Frauen mit Behinderungen

(1) Die Vertragsstaaten anerkennen, dass Frauen und Mädchen mit Behinderungen mehrfacher Diskriminierung ausgesetzt sind, und ergreifen in dieser Hinsicht Maßnahmen, um zu gewährleisten, dass sie alle Menschenrechte und Grundfreiheiten voll und gleichberechtigt genießen können.

(2) Die Vertragsstaaten treffen alle geeigneten Maßnahmen zur Sicherung der vollen Entfaltung, der Förderung und der Stärkung der Autonomie der Frauen, um zu garantieren, dass sie die in diesem Übereinkommen genannten Menschenrechte und Grundfreiheiten ausüben und genießen können.

Artikel 7 Kinder mit Behinderungen

(1) Die Vertragsstaaten treffen alle erforderlichen Maßnahmen, um zu gewährleisten, dass Kinder mit Behinderungen gleichberechtigt mit anderen Kindern alle Menschenrechte und Grundfreiheiten genießen können.

(2) Bei allen Maßnahmen, die Kinder mit Behinderungen betreffen, ist das Wohl des Kindes ein Gesichtspunkt, der vorrangig zu berücksichtigen ist.

(3) Die Vertragsstaaten gewährleisten, dass Kinder mit Behinderungen das Recht haben, ihre Meinung in allen sie berührenden Angelegenheiten gleichberechtigt mit anderen Kindern frei zu äußern, wobei ihre Meinung angemessen und entsprechend ihrem Alter und ihrer Reife berücksichtigt wird, und behinderungsgerechte sowie altersgemäße Hilfe zu erhalten, damit sie dieses Recht verwirklichen können.

Artikel 8 Bewusstseinsbildung

(1) Die Vertragsstaaten verpflichten sich, sofortige, wirksame und geeignete Maßnahmen zu ergreifen, um
a) in der gesamten Gesellschaft, einschließlich auf der Ebene der Familien, das Bewusstsein für Menschen mit Behinderungen zu schärfen und die Achtung ihrer Rechte und ihrer Würde zu fördern;

b) Klischees, Vorurteile und schädliche Praktiken gegenüber Menschen mit Behinderungen, einschließlich aufgrund des Geschlechts oder des Alters, in allen Lebensbereichen zu bekämpfen;
c) das Bewusstsein für die Fähigkeiten und den Beitrag von Menschen mit Behinderungen zu fördern.

(2) Zu den diesbezüglichen Maßnahmen gehören
a) die Einleitung und dauerhafte Durchführung wirksamer Kampagnen zur Bewusstseinsbildung in der Öffentlichkeit mit dem Ziel,
  i) die Aufgeschlossenheit gegenüber den Rechten von Menschen mit Behinderungen zu erhöhen,
  ii) eine positive Wahrnehmung von Menschen mit Behinderungen und ein größeres gesellschaftliches Bewusstsein ihnen gegenüber zu fördern,
  iii) die Anerkennung der Fertigkeiten, Verdienste und Fähigkeiten von Menschen mit Behinderungen und ihres Beitrags zur Arbeitswelt und zum Arbeitsmarkt zu fördern;
b) die Förderung einer respektvollen Einstellung gegenüber den Rechten von Menschen mit Behinderungen auf allen Ebenen des Bildungssystems, auch bei allen Kindern von früher Kindheit an;
c) die Aufforderung an alle Medienorgane, Menschen mit Behinderungen in einer dem Zweck dieses Übereinkommens entsprechenden Weise darzustellen;
d) die Förderung von Schulungsprogrammen zur Schärfung des Bewusstseins für Menschen mit Behinderungen und für deren Rechte.

Artikel 9 Zugänglichkeit

(1) [1]Um Menschen mit Behinderungen eine unabhängige Lebensführung und die volle Teilhabe in allen Lebensbereichen zu ermöglichen, treffen die Vertragsstaaten geeignete Maßnahmen mit dem Ziel, für Menschen mit Behinderungen den gleichberechtigten Zugang zur physischen Umwelt, zu Transportmitteln, Information und Kommunikation, einschließlich Informations- und Kommunikationstechnologien und -systemen, sowie zu anderen Einrichtungen und Diensten, die der Öffentlichkeit in städtischen und ländlichen Gebieten offenstehen oder für sie bereitgestellt werden, zu gewährleisten. [2]Diese Maßnahmen, welche die Feststellung und Beseitigung von Zugangshindernissen und -barrieren einschließen, gelten unter anderem für
a) Gebäude, Straßen, Transportmittel sowie andere Einrichtungen in Gebäuden und im Freien, einschließlich Schulen, Wohnhäusern, medizinischer Einrichtungen und Arbeitsstätten;
b) Informations-, Kommunikations- und andere Dienste, einschließlich elektronischer Dienste und Notdienste.

(2) Die Vertragsstaaten treffen außerdem geeignete Maßnahmen,
a) um Mindeststandards und Leitlinien für die Zugänglichkeit von Einrichtungen und Diensten, die der Öffentlichkeit offenstehen oder für sie bereitgestellt werden, auszuarbeiten und zu erlassen und ihre Anwendung zu überwachen;
b) um sicherzustellen, dass private Rechtsträger, die Einrichtungen und Dienste, die der Öffentlichkeit offenstehen oder für sie bereitgestellt werden, anbieten, alle Aspekte der Zugänglichkeit für Menschen mit Behinderungen berücksichtigen;

c) um betroffenen Kreisen Schulungen zu Fragen der Zugänglichkeit für Menschen mit Behinderungen anzubieten;
d) um in Gebäuden und anderen Einrichtungen, die der Öffentlichkeit offenstehen, Beschilderungen in Brailleschrift und in leicht lesbarer und verständlicher Form anzubringen;
e) um menschliche und tierische Hilfe sowie Mittelspersonen, unter anderem Personen zum Führen und Vorlesen sowie professionelle Gebärdensprachdolmetscher und -dolmetscherinnen, zur Verfügung zu stellen mit dem Ziel, den Zugang zu Gebäuden und anderen Einrichtungen, die der Öffentlichkeit offenstehen, zu erleichtern;
f) um andere geeignete Formen der Hilfe und Unterstützung für Menschen mit Behinderungen zu fördern, damit ihr Zugang zu Informationen gewährleistet wird;
g) um den Zugang von Menschen mit Behinderungen zu den neuen Informations- und Kommunikationstechnologien und -systemen, einschließlich des Internets, zu fördern;
h) um die Gestaltung, die Entwicklung, die Herstellung und den Vertrieb zugänglicher Informations- und Kommunikationstechnologien und -systeme in einem frühen Stadium zu fördern, sodass deren Zugänglichkeit mit möglichst geringem Kostenaufwand erreicht wird.

Artikel 10 Recht auf Leben

Die Vertragsstaaten bekräftigen, dass jeder Mensch ein angeborenes Recht auf Leben hat, und treffen alle erforderlichen Maßnahmen, um den wirksamen und gleichberechtigten Genuss dieses Rechts durch Menschen mit Behinderungen zu gewährleisten.

Artikel 11 Gefahrensituationen und humanitäre Notlagen

Die Vertragsstaaten ergreifen im Einklang mit ihren Verpflichtungen nach dem Völkerrecht, einschließlich des humanitären Völkerrechts und der internationalen Menschenrechtsnormen, alle erforderlichen Maßnahmen, um in Gefahrensituationen, einschließlich bewaffneter Konflikte, humanitärer Notlagen und Naturkatastrophen, den Schutz und die Sicherheit von Menschen mit Behinderungen zu gewährleisten.

Artikel 12 Gleiche Anerkennung vor dem Recht

(1) Die Vertragsstaaten bekräftigen, dass Menschen mit Behinderungen das Recht haben, überall als Rechtssubjekt anerkannt zu werden.

(2) Die Vertragsstaaten anerkennen, dass Menschen mit Behinderungen in allen Lebensbereichen gleichberechtigt mit anderen Rechts- und Handlungsfähigkeit genießen.

(3) Die Vertragsstaaten treffen geeignete Maßnahmen, um Menschen mit Behinderungen Zugang zu der Unterstützung zu verschaffen, die sie bei der Ausübung ihrer Rechts- und Handlungsfähigkeit gegebenenfalls benötigen.

(4) [1]Die Vertragsstaaten stellen sicher, dass zu allen die Ausübung der Rechts- und Handlungsfähigkeit betreffenden Maßnahmen im Einklang mit den internationalen Menschenrechtsnormen geeignete und wirksame Sicherungen vorgesehen werden, um Missbräuche zu verhindern. [2]Diese Sicherungen müssen gewährleisten, dass bei den Maßnahmen betreffend die Ausübung der Rechts- und Handlungsfähigkeit die Rechte, der Wille und die Präferenzen der be-

treffenden Person geachtet werden, es nicht zu Interessenkonflikten und missbräuchlicher Einflussnahme kommt, dass die Maßnahmen verhältnismäßig und auf die Umstände der Person zugeschnitten sind, dass sie von möglichst kurzer Dauer sind und dass sie einer regelmäßigen Überprüfung durch eine zuständige, unabhängige und unparteiische Behörde oder gerichtliche Stelle unterliegen. [3]Die Sicherungen müssen im Hinblick auf das Ausmaß, in dem diese Maßnahmen die Rechte und Interessen der Person berühren, verhältnismäßig sein.

(5) Vorbehaltlich dieses Artikels treffen die Vertragsstaaten alle geeigneten und wirksamen Maßnahmen, um zu gewährleisten, dass Menschen mit Behinderungen das gleiche Recht wie andere haben, Eigentum zu besitzen oder zu erben, ihre finanziellen Angelegenheiten selbst zu regeln und gleichen Zugang zu Bankdarlehen, Hypotheken und anderen Finanzkrediten zu haben, und gewährleisten, dass Menschen mit Behinderungen nicht willkürlich ihr Eigentum entzogen wird.

Artikel 13 Zugang zur Justiz

(1) Die Vertragsstaaten gewährleisten Menschen mit Behinderungen gleichberechtigt mit anderen wirksamen Zugang zur Justiz, unter anderem durch verfahrensbezogene und altersgemäße Vorkehrungen, um ihre wirksame unmittelbare und mittelbare Teilnahme, einschließlich als Zeugen und Zeuginnen, an allen Gerichtsverfahren, auch in der Ermittlungsphase und in anderen Vorverfahrensphasen, zu erleichtern.

(2) Um zur Gewährleistung des wirksamen Zugangs von Menschen mit Behinderungen zur Justiz beizutragen, fördern die Vertragsstaaten geeignete Schulungen für die im Justizwesen tätigen Personen, einschließlich des Personals von Polizei und Strafvollzug.

Artikel 14 Freiheit und Sicherheit der Person

(1) Die Vertragsstaaten gewährleisten,
a) dass Menschen mit Behinderungen gleichberechtigt mit anderen das Recht auf persönliche Freiheit und Sicherheit genießen;
b) dass Menschen mit Behinderungen gleichberechtigt mit anderen die Freiheit nicht rechtswidrig oder willkürlich entzogen wird, dass jede Freiheitsentziehung im Einklang mit dem Gesetz erfolgt und dass das Vorliegen einer Behinderung in keinem Fall eine Freiheitsentziehung rechtfertigt.

(2) Die Vertragsstaaten gewährleisten, dass Menschen mit Behinderungen, denen aufgrund eines Verfahrens ihre Freiheit entzogen wird, gleichberechtigten Anspruch auf die in den internationalen Menschenrechtsnormen vorgesehenen Garantien haben und im Einklang mit den Zielen und Grundsätzen dieses Übereinkommens behandelt werden, einschließlich durch die Bereitstellung angemessener Vorkehrungen.

Artikel 15 Freiheit von Folter oder grausamer, unmenschlicher oder erniedrigender Behandlung oder Strafe

(1) [1]Niemand darf der Folter oder grausamer, unmenschlicher oder erniedrigender Behandlung oder Strafe unterworfen werden. [2]Insbesondere darf niemand ohne seine freiwillige Zustimmung medizinischen oder wissenschaftlichen Versuchen unterworfen werden.

(2) Die Vertragsstaaten treffen alle wirksamen gesetzgeberischen, verwaltungsmäßigen, gerichtlichen oder sonstigen Maßnahmen, um auf der Grundlage

der Gleichberechtigung zu verhindern, dass Menschen mit Behinderungen der Folter oder grausamer, unmenschlicher oder erniedrigender Behandlung oder Strafe unterworfen werden.

Artikel 16 Freiheit von Ausbeutung, Gewalt und Missbrauch

(1) Die Vertragsstaaten treffen alle geeigneten Gesetzgebungs-, Verwaltungs-, Sozial-, Bildungs- und sonstigen Maßnahmen, um Menschen mit Behinderungen sowohl innerhalb als auch außerhalb der Wohnung vor jeder Form von Ausbeutung, Gewalt und Missbrauch, einschließlich ihrer geschlechtsspezifischen Aspekte, zu schützen.

(2) [1]Die Vertragsstaaten treffen außerdem alle geeigneten Maßnahmen, um jede Form von Ausbeutung, Gewalt und Missbrauch zu verhindern, indem sie unter anderem geeignete Formen von das Geschlecht und das Alter berücksichtigender Hilfe und Unterstützung für Menschen mit Behinderungen und ihre Familien und Betreuungspersonen gewährleisten, einschließlich durch die Bereitstellung von Informationen und Aufklärung darüber, wie Fälle von Ausbeutung, Gewalt und Missbrauch verhindert, erkannt und angezeigt werden können. [2]Die Vertragsstaaten sorgen dafür, dass Schutzdienste das Alter, das Geschlecht und die Behinderung der betroffenen Personen berücksichtigen.

(3) Zur Verhinderung jeder Form von Ausbeutung, Gewalt und Missbrauch stellen die Vertragsstaaten sicher, dass alle Einrichtungen und Programme, die für Menschen mit Behinderungen bestimmt sind, wirksam von unabhängigen Behörden überwacht werden.

(4) [1]Die Vertragsstaaten treffen alle geeigneten Maßnahmen, um die körperliche, kognitive und psychische Genesung, die Rehabilitation und die soziale Wiedereingliederung von Menschen mit Behinderungen, die Opfer irgendeiner Form von Ausbeutung, Gewalt oder Missbrauch werden, zu fördern, auch durch die Bereitstellung von Schutzeinrichtungen. [2]Genesung und Wiedereingliederung müssen in einer Umgebung stattfinden, die der Gesundheit, dem Wohlergehen, der Selbstachtung, der Würde und der Autonomie des Menschen förderlich ist und geschlechts- und altersspezifischen Bedürfnissen Rechnung trägt.

(5) Die Vertragsstaaten schaffen wirksame Rechtsvorschriften und politische Konzepte, einschließlich solcher, die auf Frauen und Kinder ausgerichtet sind, um sicherzustellen, dass Fälle von Ausbeutung, Gewalt und Missbrauch gegenüber Menschen mit Behinderungen erkannt, untersucht und gegebenenfalls strafrechtlich verfolgt werden.

Artikel 17 Schutz der Unversehrtheit der Person

Jeder Mensch mit Behinderungen hat gleichberechtigt mit anderen das Recht auf Achtung seiner körperlichen und seelischen Unversehrtheit.

Artikel 18 Freizügigkeit und Staatsangehörigkeit

(1) Die Vertragsstaaten anerkennen das gleiche Recht von Menschen mit Behinderungen auf Freizügigkeit, auf freie Wahl ihres Aufenthaltsorts und auf eine Staatsangehörigkeit, indem sie unter anderem gewährleisten, dass
a) Menschen mit Behinderungen das Recht haben, eine Staatsangehörigkeit zu erwerben und ihre Staatsangehörigkeit zu wechseln, und dass ihnen diese nicht willkürlich oder aufgrund von Behinderung entzogen wird;

b) Menschen mit Behinderungen nicht aufgrund von Behinderung die Möglichkeit versagt wird, Dokumente zum Nachweis ihrer Staatsangehörigkeit oder andere Identitätsdokumente zu erhalten, zu besitzen und zu verwenden oder einschlägige Verfahren wie Einwanderungsverfahren in Anspruch zu nehmen, die gegebenenfalls erforderlich sind, um die Ausübung des Rechts auf Freizügigkeit zu erleichtern;
c) Menschen mit Behinderungen die Freiheit haben, jedes Land einschließlich ihres eigenen zu verlassen;
d) Menschen mit Behinderungen nicht willkürlich oder aufgrund von Behinderung das Recht entzogen wird, in ihr eigenes Land einzureisen.

(2) Kinder mit Behinderungen sind unverzüglich nach ihrer Geburt in ein Register einzutragen und haben das Recht auf einen Namen von Geburt an, das Recht, eine Staatsangehörigkeit zu erwerben, und soweit möglich das Recht, ihre Eltern zu kennen und von ihnen betreut zu werden.

Artikel 19 Unabhängige Lebensführung und Einbeziehung in die Gemeinschaft

Die Vertragsstaaten dieses Übereinkommens anerkennen das gleiche Recht aller Menschen mit Behinderungen, mit gleichen Wahlmöglichkeiten wie andere Menschen in der Gemeinschaft zu leben, und treffen wirksame und geeignete Maßnahmen, um Menschen mit Behinderungen den vollen Genuss dieses Rechts und ihre volle Einbeziehung in die Gemeinschaft und Teilhabe an der Gemeinschaft zu erleichtern, indem sie unter anderem gewährleisten, dass
a) Menschen mit Behinderungen gleichberechtigt die Möglichkeit haben, ihren Aufenthaltsort zu wählen und zu entscheiden, wo und mit wem sie leben, und nicht verpflichtet sind, in besonderen Wohnformen zu leben;
b) Menschen mit Behinderungen Zugang zu einer Reihe von gemeindenahen Unterstützungsdiensten zu Hause und in Einrichtungen sowie zu sonstigen gemeindenahen Unterstützungsdiensten haben, einschließlich der persönlichen Assistenz, die zur Unterstützung des Lebens in der Gemeinschaft und der Einbeziehung in die Gemeinschaft sowie zur Verhinderung von Isolation und Absonderung von der Gemeinschaft notwendig ist;
c) gemeindenahe Dienstleistungen und Einrichtungen für die Allgemeinheit Menschen mit Behinderungen auf der Grundlage der Gleichberechtigung zur Verfügung stehen und ihren Bedürfnissen Rechnung tragen.

Artikel 20 Persönliche Mobilität

Die Vertragsstaaten treffen wirksame Maßnahmen, um für Menschen mit Behinderungen persönliche Mobilität mit größtmöglicher Unabhängigkeit sicherzustellen, indem sie unter anderem
a) die persönliche Mobilität von Menschen mit Behinderungen in der Art und Weise und zum Zeitpunkt ihrer Wahl und zu erschwinglichen Kosten erleichtern;
b) den Zugang von Menschen mit Behinderungen zu hochwertigen Mobilitätshilfen, Geräten, unterstützenden Technologien und menschlicher und tierischer Hilfe sowie Mittelspersonen erleichtern, auch durch deren Bereitstellung zu erschwinglichen Kosten;
c) Menschen mit Behinderungen und Fachkräften, die mit Menschen mit Behinderungen arbeiten, Schulungen in Mobilitätsfertigkeiten anbieten;

d) Hersteller von Mobilitätshilfen, Geräten und unterstützenden Technologien ermutigen, alle Aspekte der Mobilität für Menschen mit Behinderungen zu berücksichtigen.

Artikel 21 Recht der freien Meinungsäußerung, Meinungsfreiheit und Zugang zu Informationen

Die Vertragsstaaten treffen alle geeigneten Maßnahmen, um zu gewährleisten, dass Menschen mit Behinderungen das Recht auf freie Meinungsäußerung und Meinungsfreiheit, einschließlich der Freiheit, Informationen und Gedankengut sich zu beschaffen, zu empfangen und weiterzugeben, gleichberechtigt mit anderen und durch alle von ihnen gewählten Formen der Kommunikation im Sinne des Artikels 2 ausüben können, unter anderem indem sie

a) Menschen mit Behinderungen für die Allgemeinheit bestimmte Informationen rechtzeitig und ohne zusätzliche Kosten in zugänglichen Formaten und Technologien, die für unterschiedliche Arten der Behinderung geeignet sind, zur Verfügung stellen;
b) im Umgang mit Behörden die Verwendung von Gebärdensprachen, Brailleschrift, ergänzenden und alternativen Kommunikationsformen und allen sonstigen selbst gewählten zugänglichen Mitteln, Formen und Formaten der Kommunikation durch Menschen mit Behinderungen akzeptieren und erleichtern;
c) private Rechtsträger, die, einschließlich durch das Internet, Dienste für die Allgemeinheit anbieten, dringend dazu auffordern, Informationen und Dienstleistungen in Formaten zur Verfügung zu stellen, die für Menschen mit Behinderungen zugänglich und nutzbar sind;
d) die Massenmedien, einschließlich der Anbieter von Informationen über das Internet, dazu auffordern, ihre Dienstleistungen für Menschen mit Behinderungen zugänglich zu gestalten;
e) die Verwendung von Gebärdensprachen anerkennen und fördern.

Artikel 22 Achtung der Privatsphäre

(1) [1]Menschen mit Behinderungen dürfen unabhängig von ihrem Aufenthaltsort oder der Wohnform, in der sie leben, keinen willkürlichen oder rechtswidrigen Eingriffen in ihr Privatleben, ihre Familie, ihre Wohnung oder ihren Schriftverkehr oder andere Arten der Kommunikation oder rechtswidrigen Beeinträchtigungen ihrer Ehre oder ihres Rufes ausgesetzt werden. [2]Menschen mit Behinderungen haben Anspruch auf rechtlichen Schutz gegen solche Eingriffe oder Beeinträchtigungen.

(2) Die Vertragsstaaten schützen auf der Grundlage der Gleichberechtigung mit anderen die Vertraulichkeit von Informationen über die Person, die Gesundheit und die Rehabilitation von Menschen mit Behinderungen.

Artikel 23 Achtung der Wohnung und der Familie

(1) Die Vertragsstaaten treffen wirksame und geeignete Maßnahmen zur Beseitigung der Diskriminierung von Menschen mit Behinderungen auf der Grundlage der Gleichberechtigung mit anderen in allen Fragen, die Ehe, Familie, Elternschaft und Partnerschaften betreffen, um zu gewährleisten, dass

a) das Recht aller Menschen mit Behinderungen im heiratsfähigen Alter, auf der Grundlage des freien und vollen Einverständnisses der künftigen Ehegatten eine Ehe zu schließen und eine Familie zu gründen, anerkannt wird;

b) das Recht von Menschen mit Behinderungen auf freie und verantwortungsbewusste Entscheidung über die Anzahl ihrer Kinder und die Geburtenabstände sowie auf Zugang zu altersgemäßer Information sowie Aufklärung über Fortpflanzung und Familienplanung anerkannt wird und ihnen die notwendigen Mittel zur Ausübung dieser Rechte zur Verfügung gestellt werden;
c) Menschen mit Behinderungen, einschließlich Kindern, gleichberechtigt mit anderen ihre Fruchtbarkeit behalten.

(2) [1]Die Vertragsstaaten gewährleisten die Rechte und Pflichten von Menschen mit Behinderungen in Fragen der Vormundschaft, Pflegschaft, Personen- und Vermögenssorge, Adoption von Kindern oder ähnlichen Rechtsinstituten, soweit das innerstaatliche Recht solche kennt; in allen Fällen ist das Wohl des Kindes ausschlaggebend. [2]Die Vertragsstaaten unterstützen Menschen mit Behinderungen in angemessener Weise bei der Wahrnehmung ihrer elterlichen Verantwortung.

(3) [1]Die Vertragsstaaten gewährleisten, dass Kinder mit Behinderungen gleiche Rechte in Bezug auf das Familienleben haben. [2]Zur Verwirklichung dieser Rechte und mit dem Ziel, das Verbergen, das Aussetzen, die Vernachlässigung und die Absonderung von Kindern mit Behinderungen zu verhindern, verpflichten sich die Vertragsstaaten, Kindern mit Behinderungen und ihren Familien frühzeitig umfassende Informationen, Dienste und Unterstützung zur Verfügung zu stellen.

(4) [1]Die Vertragsstaaten gewährleisten, dass ein Kind nicht gegen den Willen seiner Eltern von diesen getrennt wird, es sei denn, dass die zuständigen Behörden in einer gerichtlich nachprüfbaren Entscheidung nach den anzuwendenden Rechtsvorschriften und Verfahren bestimmen, dass diese Trennung zum Wohl des Kindes notwendig ist. [2]In keinem Fall darf das Kind aufgrund einer Behinderung entweder des Kindes oder eines oder beider Elternteile von den Eltern getrennt werden.

(5) Die Vertragsstaaten verpflichten sich, in Fällen, in denen die nächsten Familienangehörigen nicht in der Lage sind, für ein Kind mit Behinderungen zu sorgen, alle Anstrengungen zu unternehmen, um andere Formen der Betreuung innerhalb der weiteren Familie und, falls dies nicht möglich ist, innerhalb der Gemeinschaft in einem familienähnlichen Umfeld zu gewährleisten.

Artikel 24 Bildung

(1) Die Vertragsstaaten anerkennen das Recht von Menschen mit Behinderungen auf Bildung. Um dieses Recht ohne Diskriminierung und auf der Grundlage der Chancengleichheit zu verwirklichen, gewährleisten die Vertragsstaaten ein integratives Bildungssystem auf allen Ebenen und lebenslanges Lernen mit dem Ziel,
a) die menschlichen Möglichkeiten sowie das Bewusstsein der Würde und das Selbstwertgefühl des Menschen voll zur Entfaltung zu bringen und die Achtung vor den Menschenrechten, den Grundfreiheiten und der menschlichen Vielfalt zu stärken;
b) Menschen mit Behinderungen ihre Persönlichkeit, ihre Begabungen und ihre Kreativität sowie ihre geistigen und körperlichen Fähigkeiten voll zur Entfaltung bringen zu lassen;
c) Menschen mit Behinderungen zur wirklichen Teilhabe an einer freien Gesellschaft zu befähigen.

(2) Bei der Verwirklichung dieses Rechts stellen die Vertragsstaaten sicher, dass

a) Menschen mit Behinderungen nicht aufgrund von Behinderung vom allgemeinen Bildungssystem ausgeschlossen werden und dass Kinder mit Behinderungen nicht aufgrund von Behinderung vom unentgeltlichen und obligatorischen Grundschulunterricht oder vom Besuch weiterführender Schulen ausgeschlossen werden;
b) Menschen mit Behinderungen gleichberechtigt mit anderen in der Gemeinschaft, in der sie leben, Zugang zu einem integrativen, hochwertigen und unentgeltlichen Unterricht an Grundschulen und weiterführenden Schulen haben;
c) angemessene Vorkehrungen für die Bedürfnisse des Einzelnen getroffen werden;
d) Menschen mit Behinderungen innerhalb des allgemeinen Bildungssystems die notwendige Unterstützung geleistet wird, um ihre erfolgreiche Bildung zu erleichtern;
e) in Übereinstimmung mit dem Ziel der vollständigen Integration wirksame individuell angepasste Unterstützungsmaßnahmen in einem Umfeld, das die bestmögliche schulische und soziale Entwicklung gestattet, angeboten werden.

(3) [1]Die Vertragsstaaten ermöglichen Menschen mit Behinderungen, lebenspraktische Fertigkeiten und soziale Kompetenzen zu erwerben, um ihre volle und gleichberechtigte Teilhabe an der Bildung und als Mitglieder der Gemeinschaft zu erleichtern. [2]Zu diesem Zweck ergreifen die Vertragsstaaten geeignete Maßnahmen; unter anderem

a) erleichtern sie das Erlernen von Brailleschrift, alternativer Schrift, ergänzenden und alternativen Formen, Mitteln und Formaten der Kommunikation, den Erwerb von Orientierungs- und Mobilitätsfertigkeiten sowie die Unterstützung durch andere Menschen mit Behinderungen und das Mentoring;
b) erleichtern sie das Erlernen der Gebärdensprache und die Förderung der sprachlichen Identität der Gehörlosen;
c) stellen sie sicher, dass blinden, gehörlosen oder taubblinden Menschen, insbesondere Kindern, Bildung in den Sprachen und Kommunikationsformen und mit den Kommunikationsmitteln, die für den Einzelnen am besten geeignet sind, sowie in einem Umfeld vermittelt wird, das die bestmögliche schulische und soziale Entwicklung gestattet.

(4) [1]Um zur Verwirklichung dieses Rechts beizutragen, treffen die Vertragsstaaten geeignete Maßnahmen zur Einstellung von Lehrkräften, einschließlich solcher mit Behinderungen, die in Gebärdensprache oder Brailleschrift ausgebildet sind, und zur Schulung von Fachkräften sowie Mitarbeitern und Mitarbeiterinnen auf allen Ebenen des Bildungswesens. [2]Diese Schulung schließt die Schärfung des Bewusstseins für Behinderungen und die Verwendung geeigneter ergänzender und alternativer Formen, Mittel und Formate der Kommunikation sowie pädagogische Verfahren und Materialien zur Unterstützung von Menschen mit Behinderungen ein.

(5) [1]Die Vertragsstaaten stellen sicher, dass Menschen mit Behinderungen ohne Diskriminierung und gleichberechtigt mit anderen Zugang zu allgemeiner Hochschulbildung, Berufsausbildung, Erwachsenenbildung und lebenslangem Lernen haben. [2]Zu diesem Zweck stellen die Vertragsstaaten sicher, dass für Menschen mit Behinderungen angemessene Vorkehrungen getroffen werden.

Artikel 25 Gesundheit

[1]Die Vertragsstaaten anerkennen das Recht von Menschen mit Behinderungen auf das erreichbare Höchstmaß an Gesundheit ohne Diskriminierung aufgrund

von Behinderung. ²Die Vertragsstaaten treffen alle geeigneten Maßnahmen, um zu gewährleisten, dass Menschen mit Behinderungen Zugang zu geschlechtsspezifischen Gesundheitsdiensten, einschließlich gesundheitlicher Rehabilitation, haben. ³Insbesondere
a) stellen die Vertragsparteien Menschen mit Behinderungen eine unentgeltliche oder erschwingliche Gesundheitsversorgung in derselben Bandbreite, von derselben Qualität und auf demselben Standard zur Verfügung wie anderen Menschen, einschließlich sexual- und fortpflanzungsmedizinischer Gesundheitsleistungen und der Gesamtbevölkerung zur Verfügung stehender Programme des öffentlichen Gesundheitswesens;
b) bieten die Vertragsstaaten die Gesundheitsleistungen an, die von Menschen mit Behinderungen speziell wegen ihrer Behinderungen benötigt werden, soweit angebracht, einschließlich Früherkennung und Frühintervention, sowie Leistungen, durch die, auch bei Kindern und älteren Menschen, weitere Behinderungen möglichst gering gehalten oder vermieden werden sollen;
c) bieten die Vertragsstaaten diese Gesundheitsleistungen so gemeindenah wie möglich an, auch in ländlichen Gebieten;
d) erlegen die Vertragsstaaten den Angehörigen der Gesundheitsberufe die Verpflichtung auf, Menschen mit Behinderungen eine Versorgung von gleicher Qualität wie anderen Menschen angedeihen zu lassen, namentlich auf der Grundlage der freien Einwilligung nach vorheriger Aufklärung, indem sie unter anderem durch Schulungen und den Erlass ethischer Normen für die staatliche und private Gesundheitsversorgung das Bewusstsein für die Menschenrechte, die Würde, die Autonomie und die Bedürfnisse von Menschen mit Behinderungen schärfen;
e) verbieten die Vertragsstaaten die Diskriminierung von Menschen mit Behinderungen in der Krankenversicherung und in der Lebensversicherung, soweit eine solche Versicherung nach innerstaatlichem Recht zulässig ist; solche Versicherungen sind zu fairen und angemessenen Bedingungen anzubieten;
f) verhindern die Vertragsstaaten die diskriminierende Vorenthaltung von Gesundheitsversorgung oder -leistungen oder von Nahrungsmitteln und Flüssigkeiten aufgrund von Behinderung.

Artikel 26 Habilitation und Rehabilitation

(1) ¹Die Vertragsstaaten treffen wirksame und geeignete Maßnahmen, einschließlich durch die Unterstützung durch andere Menschen mit Behinderungen, um Menschen mit Behinderungen in die Lage zu versetzen, ein Höchstmaß an Unabhängigkeit, umfassende körperliche, geistige, soziale und berufliche Fähigkeiten sowie die volle Einbeziehung in alle Aspekte des Lebens und die volle Teilhabe an allen Aspekten des Lebens zu erreichen und zu bewahren. ²Zu diesem Zweck organisieren, stärken und erweitern die Vertragsstaaten umfassende Habilitations- und Rehabilitationsdienste und -programme, insbesondere auf dem Gebiet der Gesundheit, der Beschäftigung, der Bildung und der Sozialdienste, und zwar so, dass diese Leistungen und Programme
a) im frühestmöglichen Stadium einsetzen und auf einer multidisziplinären Bewertung der individuellen Bedürfnisse und Stärken beruhen;
b) die Einbeziehung in die Gemeinschaft und die Gesellschaft in allen ihren Aspekten sowie die Teilhabe daran unterstützen, freiwillig sind und Menschen mit Behinderungen so gemeindenah wie möglich zur Verfügung stehen, auch in ländlichen Gebieten.

(2) Die Vertragsstaaten fördern die Entwicklung der Aus- und Fortbildung für Fachkräfte und Mitarbeiter und Mitarbeiterinnen in Habilitations- und Rehabilitationsdiensten.

(3) Die Vertragsstaaten fördern die Verfügbarkeit, die Kenntnis und die Verwendung unterstützender Geräte und Technologien, die für Menschen mit Behinderungen bestimmt sind, für die Zwecke der Habilitation und Rehabilitation.

Artikel 27 Arbeit und Beschäftigung

(1) ^{1}Die Vertragsstaaten anerkennen das gleiche Recht von Menschen mit Behinderungen auf Arbeit; dies beinhaltet das Recht auf die Möglichkeit, den Lebensunterhalt durch Arbeit zu verdienen, die in einem offenen, integrativen und für Menschen mit Behinderungen zugänglichen Arbeitsmarkt und Arbeitsumfeld frei gewählt oder angenommen wird. ^{2}Die Vertragsstaaten sichern und fördern die Verwirklichung des Rechts auf Arbeit, einschließlich für Menschen, die während der Beschäftigung eine Behinderung erwerben, durch geeignete Schritte, einschließlich des Erlasses von Rechtsvorschriften, um unter anderem

a) Diskriminierung aufgrund von Behinderung in allen Angelegenheiten im Zusammenhang mit einer Beschäftigung gleich welcher Art, einschließlich der Auswahl-, Einstellungs- und Beschäftigungsbedingungen, der Weiterbeschäftigung, des beruflichen Aufstiegs sowie sicherer und gesunder Arbeitsbedingungen, zu verbieten;
b) das gleiche Recht von Menschen mit Behinderungen auf gerechte und günstige Arbeitsbedingungen, einschließlich Chancengleichheit und gleichen Entgelts für gleichwertige Arbeit, auf sichere und gesunde Arbeitsbedingungen, einschließlich Schutz vor Belästigungen, und auf Abhilfe bei Missständen zu schützen;
c) zu gewährleisten, dass Menschen mit Behinderungen ihre Arbeitnehmer- und Gewerkschaftsrechte gleichberechtigt mit anderen ausüben können;
d) Menschen mit Behinderungen wirksamen Zugang zu allgemeinen fachlichen und beruflichen Beratungsprogrammen, Stellenvermittlung sowie Berufsausbildung und Weiterbildung zu ermöglichen;
e) für Menschen mit Behinderungen Beschäftigungsmöglichkeiten und beruflichen Aufstieg auf dem Arbeitsmarkt sowie die Unterstützung bei der Arbeitssuche, beim Erhalt und der Beibehaltung eines Arbeitsplatzes und beim beruflichen Wiedereinstieg zu fördern;
f) Möglichkeiten für Selbständigkeit, Unternehmertum, die Bildung von Genossenschaften und die Gründung eines eigenen Geschäfts zu fördern;
g) Menschen mit Behinderungen im öffentlichen Sektor zu beschäftigen;
h) die Beschäftigung von Menschen mit Behinderungen im privaten Sektor durch geeignete Strategien und Maßnahmen zu fördern, wozu auch Programme für positive Maßnahmen, Anreize und andere Maßnahmen gehören können;
i) sicherzustellen, dass am Arbeitsplatz angemessene Vorkehrungen für Menschen mit Behinderungen getroffen werden;
j) das Sammeln von Arbeitserfahrung auf dem allgemeinen Arbeitsmarkt durch Menschen mit Behinderungen zu fördern;
k) Programme für die berufliche Rehabilitation, den Erhalt des Arbeitsplatzes und den beruflichen Wiedereinstieg von Menschen mit Behinderungen zu fördern.

(2) Die Vertragsstaaten stellen sicher, dass Menschen mit Behinderungen nicht in Sklaverei oder Leibeigenschaft gehalten werden und dass sie gleichberechtigt mit anderen vor Zwangs- oder Pflichtarbeit geschützt werden.

Artikel 28 Angemessener Lebensstandard und sozialer Schutz

(1) Die Vertragsstaaten anerkennen das Recht von Menschen mit Behinderungen auf einen angemessenen Lebensstandard für sich selbst und ihre Familien, einschließlich angemessener Ernährung, Bekleidung und Wohnung, sowie auf eine stetige Verbesserung der Lebensbedingungen und unternehmen geeignete Schritte zum Schutz und zur Förderung der Verwirklichung dieses Rechts ohne Diskriminierung aufgrund von Behinderung.

(2) Die Vertragsstaaten anerkennen das Recht von Menschen mit Behinderungen auf sozialen Schutz und den Genuss dieses Rechts ohne Diskriminierung aufgrund von Behinderung und unternehmen geeignete Schritte zum Schutz und zur Förderung der Verwirklichung dieses Rechts, einschließlich Maßnahmen, um
a) Menschen mit Behinderungen gleichberechtigten Zugang zur Versorgung mit sauberem Wasser und den Zugang zu geeigneten und erschwinglichen Dienstleistungen, Geräten und anderen Hilfen für Bedürfnisse im Zusammenhang mit ihrer Behinderung zu sichern;
b) Menschen mit Behinderungen, insbesondere Frauen und Mädchen sowie älteren Menschen mit Behinderungen, den Zugang zu Programmen für sozialen Schutz und Programmen zur Armutsbekämpfung zu sichern;
c) in Armut lebenden Menschen mit Behinderungen und ihren Familien den Zugang zu staatlicher Hilfe bei behinderungsbedingten Aufwendungen, einschließlich ausreichender Schulung, Beratung, finanzieller Unterstützung sowie Kurzzeitbetreuung, zu sichern;
d) Menschen mit Behinderungen den Zugang zu Programmen des sozialen Wohnungsbaus zu sichern;
e) Menschen mit Behinderungen gleichberechtigten Zugang zu Leistungen und Programmen der Altersversorgung zu sichern.

Artikel 29 Teilhabe am politischen und öffentlichen Leben

Die Vertragsstaaten garantieren Menschen mit Behinderungen die politischen Rechte sowie die Möglichkeit, diese gleichberechtigt mit anderen zu genießen, und verpflichten sich,
a) sicherzustellen, dass Menschen mit Behinderungen gleichberechtigt mit anderen wirksam und umfassend am politischen und öffentlichen Leben teilhaben können, sei es unmittelbar oder durch frei gewählte Vertreter oder Vertreterinnen, was auch das Recht und die Möglichkeit einschließt, zu wählen und gewählt zu werden; unter anderem
  i) stellen sie sicher, dass die Wahlverfahren, -einrichtungen und -materialien geeignet, zugänglich und leicht zu verstehen und zu handhaben sind;
  ii) schützen sie das Recht von Menschen mit Behinderungen, bei Wahlen und Volksabstimmungen in geheimer Abstimmung ohne Einschüchterung ihre Stimme abzugeben, bei Wahlen zu kandidieren, ein Amt wirksam innezuhaben und alle öffentlichen Aufgaben auf allen Ebenen staatlicher Tätigkeit wahrzunehmen, indem sie gegebenenfalls die Nutzung unterstützender und neuer Technologien erleichtern;

iii) garantieren sie die freie Willensäußerung von Menschen mit Behinderungen als Wähler und Wählerinnen und erlauben zu diesem Zweck im Bedarfsfall auf Wunsch, dass sie sich bei der Stimmabgabe durch eine Person ihrer Wahl unterstützen lassen;
b) aktiv ein Umfeld zu fördern, in dem Menschen mit Behinderungen ohne Diskriminierung und gleichberechtigt mit anderen wirksam und umfassend an der Gestaltung der öffentlichen Angelegenheiten mitwirken können, und ihre Mitwirkung an den öffentlichen Angelegenheiten zu begünstigen, unter anderem
   i) die Mitarbeit in nichtstaatlichen Organisationen und Vereinigungen, die sich mit dem öffentlichen und politischen Leben ihres Landes befassen, und an den Tätigkeiten und der Verwaltung politischer Parteien;
   ii) die Bildung von Organisationen von Menschen mit Behinderungen, die sie auf internationaler, nationaler, regionaler und lokaler Ebene vertreten, und den Beitritt zu solchen Organisationen.

Artikel 30 Teilhabe am kulturellen Leben sowie an Erholung, Freizeit und Sport

(1) Die Vertragsstaaten anerkennen das Recht von Menschen mit Behinderungen, gleichberechtigt mit anderen am kulturellen Leben teilzunehmen, und treffen alle geeigneten Maßnahmen, um sicherzustellen, dass Menschen mit Behinderungen
a) Zugang zu kulturellem Material in zugänglichen Formaten haben;
b) Zugang zu Fernsehprogrammen, Filmen, Theatervorstellungen und anderen kulturellen Aktivitäten in zugänglichen Formaten haben;
c) Zugang zu Orten kultureller Darbietungen oder Dienstleistungen, wie Theatern, Museen, Kinos, Bibliotheken und Tourismusdiensten, sowie, so weit wie möglich, zu Denkmälern und Stätten von nationaler kultureller Bedeutung haben.

(2) Die Vertragsstaaten treffen geeignete Maßnahmen, um Menschen mit Behinderungen die Möglichkeit zu geben, ihr kreatives, künstlerisches und intellektuelles Potenzial zu entfalten und zu nutzen, nicht nur für sich selbst, sondern auch zur Bereicherung der Gesellschaft.

(3) Die Vertragsstaaten unternehmen alle geeigneten Schritte im Einklang mit dem Völkerrecht, um sicherzustellen, dass Gesetze zum Schutz von Rechten des geistigen Eigentums keine ungerechtfertigte oder diskriminierende Barriere für den Zugang von Menschen mit Behinderungen zu kulturellem Material darstellen.

(4) Menschen mit Behinderungen haben gleichberechtigt mit anderen Anspruch auf Anerkennung und Unterstützung ihrer spezifischen kulturellen und sprachlichen Identität, einschließlich der Gebärdensprachen und der Gehörlosenkultur.

(5) Mit dem Ziel, Menschen mit Behinderungen die gleichberechtigte Teilnahme an Erholungs-, Freizeit- und Sportaktivitäten zu ermöglichen, treffen die Vertragsstaaten geeignete Maßnahmen,
a) um Menschen mit Behinderungen zu ermutigen, so umfassend wie möglich an breitensportlichen Aktivitäten auf allen Ebenen teilzunehmen, und ihre Teilnahme zu fördern;
b) um sicherzustellen, dass Menschen mit Behinderungen die Möglichkeit haben, behinderungsspezifische Sport- und Erholungsaktivitäten zu organisieren, zu entwickeln und an solchen teilzunehmen, und zu diesem Zweck die

Bereitstellung eines geeigneten Angebots an Anleitung, Training und Ressourcen auf der Grundlage der Gleichberechtigung mit anderen zu fördern;
c) um sicherzustellen, dass Menschen mit Behinderungen Zugang zu Sport-, Erholungs- und Tourismusstätten haben;
d) um sicherzustellen, dass Kinder mit Behinderungen gleichberechtigt mit anderen Kindern an Spiel-, Erholungs-, Freizeit- und Sportaktivitäten teilnehmen können, einschließlich im schulischen Bereich;
e) um sicherzustellen, dass Menschen mit Behinderungen Zugang zu Dienstleistungen der Organisatoren von Erholungs-, Tourismus-, Freizeit- und Sportaktivitäten haben.

Artikel 31 Statistik und Datensammlung

(1) [1]Die Vertragsstaaten verpflichten sich zur Sammlung geeigneter Informationen, einschließlich statistischer Angaben und Forschungsdaten, die ihnen ermöglichen, politische Konzepte zur Durchführung dieses Übereinkommens auszuarbeiten und umzusetzen. [2]Das Verfahren zur Sammlung und Aufbewahrung dieser Informationen muss
a) mit den gesetzlichen Schutzvorschriften, einschließlich der Rechtsvorschriften über den Datenschutz, zur Sicherung der Vertraulichkeit und der Achtung der Privatsphäre von Menschen mit Behinderungen im Einklang stehen;
b) mit den international anerkannten Normen zum Schutz der Menschenrechte und Grundfreiheiten und den ethischen Grundsätzen für die Sammlung und Nutzung statistischer Daten im Einklang stehen.

(2) Die im Einklang mit diesem Artikel gesammelten Informationen werden, soweit angebracht, aufgeschlüsselt und dazu verwendet, die Umsetzung der Verpflichtungen aus diesem Übereinkommen durch die Vertragsstaaten zu beurteilen und die Hindernisse, denen sich Menschen mit Behinderungen bei der Ausübung ihrer Rechte gegenübersehen, zu ermitteln und anzugehen.

(3) Die Vertragsstaaten übernehmen die Verantwortung für die Verbreitung dieser Statistiken und sorgen dafür, dass sie für Menschen mit Behinderungen und andere zugänglich sind.

Artikel 32 Internationale Zusammenarbeit

(1) [1]Die Vertragsstaaten anerkennen die Bedeutung der internationalen Zusammenarbeit und deren Förderung zur Unterstützung der einzelstaatlichen Anstrengungen für die Verwirklichung des Zwecks und der Ziele dieses Übereinkommens und treffen diesbezüglich geeignete und wirksame Maßnahmen, zwischenstaatlich sowie, soweit angebracht, in Partnerschaft mit den einschlägigen internationalen und regionalen Organisationen und der Zivilgesellschaft, insbesondere Organisationen von Menschen mit Behinderungen. [2]Unter anderem können sie Maßnahmen ergreifen, um
a) sicherzustellen, dass die internationale Zusammenarbeit, einschließlich internationaler Entwicklungsprogramme, Menschen mit Behinderungen einbezieht und für sie zugänglich ist;
b) den Aufbau von Kapazitäten zu erleichtern und zu unterstützen, unter anderem durch den Austausch und die Weitergabe von Informationen, Erfahrungen, Ausbildungsprogrammen und vorbildlichen Praktiken;
c) die Forschungszusammenarbeit und den Zugang zu wissenschaftlichen und technischen Kenntnissen zu erleichtern;

d) soweit angebracht, technische und wirtschaftliche Hilfe zu leisten, unter anderem durch Erleichterung des Zugangs zu zugänglichen und unterstützenden Technologien und ihres Austauschs sowie durch Weitergabe von Technologien.

(2) Dieser Artikel berührt nicht die Pflicht jedes Vertragsstaats, seine Verpflichtungen aus diesem Übereinkommen zu erfüllen.

Artikel 33 Innerstaatliche Durchführung und Überwachung

(1) Die Vertragsstaaten bestimmen nach Maßgabe ihrer staatlichen Organisation eine oder mehrere staatliche Anlaufstellen für Angelegenheiten im Zusammenhang mit der Durchführung dieses Übereinkommens und prüfen sorgfältig die Schaffung oder Bestimmung eines staatlichen Koordinierungsmechanismus, der die Durchführung der entsprechenden Maßnahmen in verschiedenen Bereichen und auf verschiedenen Ebenen erleichtern soll.

(2) [1]Die Vertragsstaaten unterhalten, stärken, bestimmen oder schaffen nach Maßgabe ihres Rechts- und Verwaltungssystems auf einzelstaatlicher Ebene für die Förderung, den Schutz und die Überwachung der Durchführung dieses Übereinkommens eine Struktur, die, je nachdem, was angebracht ist, einen oder mehrere unabhängige Mechanismen einschließt. [2]Bei der Bestimmung oder Schaffung eines solchen Mechanismus berücksichtigen die Vertragsstaaten die Grundsätze betreffend die Rechtsstellung und die Arbeitsweise der einzelstaatlichen Institutionen zum Schutz und zur Förderung der Menschenrechte.

(3) Die Zivilgesellschaft, insbesondere Menschen mit Behinderungen und die sie vertretenden Organisationen, wird in den Überwachungsprozess einbezogen und nimmt in vollem Umfang daran teil.

Artikel 34 Ausschuss für die Rechte von Menschen mit Behinderungen

(1) Es wird ein Ausschuss für die Rechte von Menschen mit Behinderungen (im Folgenden als „Ausschuss" bezeichnet) eingesetzt, der die nachstehend festgelegten Aufgaben wahrnimmt.

(2) [1]Der Ausschuss besteht zum Zeitpunkt des Inkrafttretens dieses Übereinkommens aus zwölf Sachverständigen. [2]Nach sechzig weiteren Ratifikationen oder Beitritten zu dem Übereinkommen erhöht sich die Zahl der Ausschussmitglieder um sechs auf die Höchstzahl von achtzehn.

(3) [1]Die Ausschussmitglieder sind in persönlicher Eigenschaft tätig und müssen Persönlichkeiten von hohem sittlichen Ansehen und anerkannter Sachkenntnis und Erfahrung auf dem von diesem Übereinkommen erfassten Gebiet sein. [2]Die Vertragsstaaten sind aufgefordert, bei der Benennung ihrer Kandidaten oder Kandidatinnen Artikel 4 Absatz 3 gebührend zu berücksichtigen.

(4) Die Ausschussmitglieder werden von den Vertragsstaaten gewählt, wobei auf eine gerechte geografische Verteilung, die Vertretung der verschiedenen Kulturkreise und der hauptsächlichen Rechtssysteme, die ausgewogene Vertretung der Geschlechter und die Beteiligung von Sachverständigen mit Behinderungen zu achten ist.

(5) [1]Die Ausschussmitglieder werden auf Sitzungen der Konferenz der Vertragsstaaten in geheimer Wahl aus einer Liste von Personen gewählt, die von den Vertragsstaaten aus dem Kreis ihrer Staatsangehörigen benannt worden sind. [2]Auf diesen Sitzungen, die beschlussfähig sind, wenn zwei Drittel der Vertragsstaaten vertreten sind, gelten diejenigen Kandidaten oder Kandidatinnen als in den Ausschuss gewählt, welche die höchste Stimmenzahl und die absolute

Stimmenmehrheit der anwesenden und abstimmenden Vertreter beziehungsweise Vertreterinnen der Vertragsstaaten auf sich vereinigen.

(6) ¹Die erste Wahl findet spätestens sechs Monate nach Inkrafttreten dieses Übereinkommens statt. ²Spätestens vier Monate vor jeder Wahl fordert der Generalsekretär der Vereinten Nationen die Vertragsstaaten schriftlich auf, innerhalb von zwei Monaten ihre Benennungen einzureichen. ³Der Generalsekretär fertigt sodann eine alphabetische Liste aller auf diese Weise benannten Personen an, unter Angabe der Vertragsstaaten, die sie benannt haben, und übermittelt sie den Vertragsstaaten.

(7) ¹Die Ausschussmitglieder werden für vier Jahre gewählt. ²Ihre einmalige Wiederwahl ist zulässig. ³Die Amtszeit von sechs der bei der ersten Wahl gewählten Mitglieder läuft jedoch nach zwei Jahren ab; unmittelbar nach der ersten Wahl werden die Namen dieser sechs Mitglieder von dem oder der Vorsitzenden der in Absatz 5 genannten Sitzung durch das Los bestimmt.

(8) Die Wahl der sechs zusätzlichen Ausschussmitglieder findet bei den ordentlichen Wahlen im Einklang mit den einschlägigen Bestimmungen dieses Artikels statt.

(9) Wenn ein Ausschussmitglied stirbt oder zurücktritt oder erklärt, dass es aus anderen Gründen seine Aufgaben nicht mehr wahrnehmen kann, ernennt der Vertragsstaat, der das Mitglied benannt hat, für die verbleibende Amtszeit eine andere sachverständige Person, die über die Befähigungen verfügt und die Voraussetzungen erfüllt, die in den einschlägigen Bestimmungen dieses Artikels beschrieben sind.

(10) Der Ausschuss gibt sich eine Geschäftsordnung.

(11) Der Generalsekretär der Vereinten Nationen stellt dem Ausschuss das Personal und die Einrichtungen zur Verfügung, die dieser zur wirksamen Wahrnehmung seiner Aufgaben nach diesem Übereinkommen benötigt, und beruft seine erste Sitzung ein.

(12) Die Mitglieder des nach diesem Übereinkommen eingesetzten Ausschusses erhalten mit Zustimmung der Generalversammlung der Vereinten Nationen Bezüge aus Mitteln der Vereinten Nationen zu den von der Generalversammlung unter Berücksichtigung der Bedeutung der Aufgaben des Ausschusses zu beschließenden Bedingungen.

(13) Die Ausschussmitglieder haben Anspruch auf die Erleichterungen, Vorrechte und Immunitäten der Sachverständigen im Auftrag der Vereinten Nationen, die in den einschlägigen Abschnitten des Übereinkommens über die Vorrechte und Immunitäten der Vereinten Nationen vorgesehen sind.

Artikel 35 Berichte der Vertragsstaaten

(1) Jeder Vertragsstaat legt dem Ausschuss über den Generalsekretär der Vereinten Nationen innerhalb von zwei Jahren nach Inkrafttreten dieses Übereinkommens für den betreffenden Vertragsstaat einen umfassenden Bericht über die Maßnahmen, die er zur Erfüllung seiner Verpflichtungen aus dem Übereinkommen getroffen hat, und über die dabei erzielten Fortschritte vor.

(2) Danach legen die Vertragsstaaten mindestens alle vier Jahre und darüber hinaus jeweils auf Anforderung des Ausschusses Folgeberichte vor.

(3) Der Ausschuss beschließt gegebenenfalls Leitlinien für den Inhalt der Berichte.

(4) ¹Ein Vertragsstaat, der dem Ausschuss einen ersten umfassenden Bericht vorgelegt hat, braucht in seinen Folgeberichten die früher mitgeteilten Angaben nicht zu wiederholen. ²Die Vertragsstaaten sind gebeten, ihre Berichte an den

Ausschuss in einem offenen und transparenten Verfahren zu erstellen und dabei Artikel 4 Absatz 3 gebührend zu berücksichtigen.
(5) In den Berichten kann auf Faktoren und Schwierigkeiten hingewiesen werden, die das Ausmaß der Erfüllung der Verpflichtungen aus diesem Übereinkommen beeinflussen.

Artikel 36 Prüfung der Berichte

(1) [1]Der Ausschuss prüft jeden Bericht; er kann ihn mit den ihm geeignet erscheinenden Vorschlägen und allgemeinen Empfehlungen versehen und leitet diese dem betreffenden Vertragsstaat zu. [2]Dieser kann dem Ausschuss hierauf jede Information übermitteln, die er zu geben wünscht. [3]Der Ausschuss kann die Vertragsstaaten um weitere Angaben über die Durchführung dieses Übereinkommens ersuchen.

(2) [1]Liegt ein Vertragsstaat mit der Vorlage eines Berichts in erheblichem Rückstand, so kann der Ausschuss dem betreffenden Vertragsstaat notifizieren, dass die Durchführung dieses Übereinkommens im betreffenden Vertragsstaat auf der Grundlage der dem Ausschuss zur Verfügung stehenden zuverlässigen Informationen geprüft werden muss, falls der Bericht nicht innerhalb von drei Monaten nach dieser Notifikation vorgelegt wird. [2]Der Ausschuss fordert den betreffenden Vertragsstaat auf, bei dieser Prüfung mitzuwirken. Falls der Vertragsstaat daraufhin den Bericht vorlegt, findet Absatz 1 Anwendung.

(3) Der Generalsekretär der Vereinten Nationen stellt die Berichte allen Vertragsstaaten zur Verfügung.

(4) Die Vertragsstaaten sorgen für eine weite Verbreitung ihrer Berichte im eigenen Land und erleichtern den Zugang zu den Vorschlägen und allgemeinen Empfehlungen zu diesen Berichten.

(5) Der Ausschuss übermittelt, wenn er dies für angebracht hält, den Sonderorganisationen, Fonds und Programmen der Vereinten Nationen und anderen zuständigen Stellen Berichte der Vertragsstaaten, damit ein darin enthaltenes Ersuchen um fachliche Beratung oder Unterstützung oder ein darin enthaltener Hinweis, dass ein diesbezügliches Bedürfnis besteht, aufgegriffen werden kann; etwaige Bemerkungen und Empfehlungen des Ausschusses zu diesen Ersuchen oder Hinweisen werden beigefügt.

Artikel 37 Zusammenarbeit zwischen den Vertragsstaaten und dem Ausschuss

(1) Jeder Vertragsstaat arbeitet mit dem Ausschuss zusammen und ist seinen Mitgliedern bei der Erfüllung ihres Mandats behilflich.

(2) In seinen Beziehungen zu den Vertragsstaaten prüft der Ausschuss gebührend Möglichkeiten zur Stärkung der einzelstaatlichen Fähigkeiten zur Durchführung dieses Übereinkommens, einschließlich durch internationale Zusammenarbeit.

Artikel 38 Beziehungen des Ausschusses zu anderen Organen

Um die wirksame Durchführung dieses Übereinkommens und die internationale Zusammenarbeit auf dem von dem Übereinkommen erfassten Gebiet zu fördern,
a) haben die Sonderorganisationen und andere Organe der Vereinten Nationen das Recht, bei der Erörterung der Durchführung derjenigen Bestimmungen des Übereinkommens, die in ihren Aufgabenbereich fallen, ver-

treten zu sein. Der Ausschuss kann, wenn er dies für angebracht hält, Sonderorganisationen und andere zuständige Stellen einladen, sachkundige Stellungnahmen zur Durchführung des Übereinkommens auf Gebieten abzugeben, die in ihren jeweiligen Aufgabenbereich fallen. Der Ausschuss kann Sonderorganisationen und andere Organe der Vereinten Nationen einladen, ihm Berichte über die Durchführung des Übereinkommens auf den Gebieten vorzulegen, die in ihren Tätigkeitsbereich fallen;
b) konsultiert der Ausschuss bei der Wahrnehmung seines Mandats, soweit angebracht, andere einschlägige Organe, die durch internationale Menschenrechtsverträge geschaffen wurden, mit dem Ziel, die Kohärenz ihrer jeweiligen Berichterstattungsleitlinien, Vorschläge und allgemeinen Empfehlungen zu gewährleisten sowie Doppelungen und Überschneidungen bei der Durchführung ihrer Aufgaben zu vermeiden.

Artikel 39 Bericht des Ausschusses

[1]Der Ausschuss berichtet der Generalversammlung und dem Wirtschafts- und Sozialrat alle zwei Jahre über seine Tätigkeit und kann aufgrund der Prüfung der von den Vertragsstaaten eingegangenen Berichte und Auskünfte Vorschläge machen und allgemeine Empfehlungen abgeben. [2]Diese werden zusammen mit etwaigen Stellungnahmen der Vertragsstaaten in den Ausschussbericht aufgenommen.

Artikel 40 Konferenz der Vertragsstaaten

(1) Die Vertragsstaaten treten regelmäßig in einer Konferenz der Vertragsstaaten zusammen, um jede Angelegenheit im Zusammenhang mit der Durchführung dieses Übereinkommens zu behandeln.

(2) [1]Die Konferenz der Vertragsstaaten wird vom Generalsekretär der Vereinten Nationen spätestens sechs Monate nach Inkrafttreten dieses Übereinkommens einberufen. [2]Die folgenden Treffen werden vom Generalsekretär alle zwei Jahre oder auf Beschluss der Konferenz der Vertragsstaaten einberufen.

Artikel 41 Verwahrer

Der Generalsekretär der Vereinten Nationen ist Verwahrer dieses Übereinkommens.

Artikel 42 Unterzeichnung

Dieses Übereinkommen liegt für alle Staaten und für Organisationen der regionalen Integration ab dem 30. März 2007 am Sitz der Vereinten Nationen in New York zur Unterzeichnung auf.

Artikel 43 Zustimmung, gebunden zu sein

[1]Dieses Übereinkommen bedarf der Ratifikation durch die Unterzeichnerstaaten und der förmlichen Bestätigung durch die unterzeichnenden Organisationen der regionalen Integration. [2]Es steht allen Staaten oder Organisationen der regionalen Integration, die das Übereinkommen nicht unterzeichnet haben, zum Beitritt offen.

Artikel 44 Organisationen der regionalen Integration

(1) ¹Der Ausdruck „Organisation der regionalen Integration" bezeichnet eine von souveränen Staaten einer bestimmten Region gebildete Organisation, der ihre Mitgliedstaaten die Zuständigkeit für von diesem Übereinkommen erfasste Angelegenheiten übertragen haben. ²In ihren Urkunden der förmlichen Bestätigung oder Beitrittsurkunden erklären diese Organisationen den Umfang ihrer Zuständigkeiten in Bezug auf die durch dieses Übereinkommen erfassten Angelegenheiten. ³Danach teilen sie dem Verwahrer jede erhebliche Änderung des Umfangs ihrer Zuständigkeiten mit.

(2) Bezugnahmen auf „Vertragsstaaten" in diesem Übereinkommen finden auf solche Organisationen im Rahmen ihrer Zuständigkeit Anwendung.

(3) Für die Zwecke des Artikels 45 Absatz 1 und des Artikels 47 Absätze 2 und 3 wird eine von einer Organisation der regionalen Integration hinterlegte Urkunde nicht mitgezählt.

(4) ¹Organisationen der regionalen Integration können in Angelegenheiten ihrer Zuständigkeit ihr Stimmrecht in der Konferenz der Vertragsstaaten mit der Anzahl von Stimmen ausüben, die der Anzahl ihrer Mitgliedstaaten entspricht, die Vertragsparteien dieses Übereinkommens sind. ²Diese Organisationen üben ihr Stimmrecht nicht aus, wenn einer ihrer Mitgliedstaaten sein Stimmrecht ausübt, und umgekehrt.

Artikel 45 Inkrafttreten

(1) Dieses Übereinkommen tritt am dreißigsten Tag nach Hinterlegung der zwanzigsten Ratifikations- oder Beitrittsurkunde in Kraft.

(2) Für jeden Staat und jede Organisation der regionalen Integration, der beziehungsweise die dieses Übereinkommen nach Hinterlegung der zwanzigsten entsprechenden Urkunde ratifiziert, förmlich bestätigt oder ihm beitritt, tritt das Übereinkommen am dreißigsten Tag nach Hinterlegung der eigenen Urkunde in Kraft².

Artikel 46 Vorbehalte

(1) Vorbehalte, die mit Ziel und Zweck dieses Übereinkommens unvereinbar sind, sind nicht zulässig.

(2) Vorbehalte können jederzeit zurückgenommen werden.

Artikel 47 Änderungen

(1) ¹Jeder Vertragsstaat kann eine Änderung dieses Übereinkommens vorschlagen und beim Generalsekretär der Vereinten Nationen einreichen. ²Der Generalsekretär übermittelt jeden Änderungsvorschlag den Vertragsstaaten mit der Aufforderung, ihm zu notifizieren, ob sie eine Konferenz der Vertragsstaaten zur Beratung und Entscheidung über den Vorschlag befürworten. ³Befürwortet innerhalb von vier Monaten nach dem Datum der Übermittlung wenigstens ein Drittel der Vertragsstaaten eine solche Konferenz, so beruft der Generalsekretär die Konferenz unter der Schirmherrschaft der Vereinten Nationen ein. ⁴Jede Änderung, die von einer Mehrheit von zwei Dritteln der anwesenden und abstimmenden Vertragsstaaten beschlossen wird, wird vom Generalsekretär der

---

2 Für die Bundesrepublik Deutschland in Kraft getreten am 26.3.2009; vgl. hierzu Bek. v. 5.6.2009 (BGBl. II S. 812).

Generalversammlung der Vereinten Nationen zur Genehmigung und danach allen Vertragsstaaten zur Annahme vorgelegt.

(2) ¹Eine nach Absatz 1 beschlossene und genehmigte Änderung tritt am dreißigsten Tag nach dem Zeitpunkt in Kraft, zu dem die Anzahl der hinterlegten Annahmeurkunden zwei Drittel der Anzahl der Vertragsstaaten zum Zeitpunkt der Beschlussfassung über die Änderung erreicht. ²Danach tritt die Änderung für jeden Vertragsstaat am dreißigsten Tag nach Hinterlegung seiner eigenen Annahmeurkunde in Kraft. ³Eine Änderung ist nur für die Vertragsstaaten, die sie angenommen haben, verbindlich.

(3) Wenn die Konferenz der Vertragsstaaten dies im Konsens beschließt, tritt eine nach Absatz 1 beschlossene und genehmigte Änderung, die ausschließlich die Artikel 34, 38, 39 und 40 betrifft, für alle Vertragsstaaten am dreißigsten Tag nach dem Zeitpunkt in Kraft, zu dem die Anzahl der hinterlegten Annahmeurkunden zwei Drittel der Anzahl der Vertragsstaaten zum Zeitpunkt der Beschlussfassung über die Änderung erreicht.

Artikel 48 Kündigung

¹Ein Vertragsstaat kann dieses Übereinkommen durch eine an den Generalsekretär der Vereinten Nationen gerichtete schriftliche Notifikation kündigen. ²Die Kündigung wird ein Jahr nach Eingang der Notifikation beim Generalsekretär wirksam.

Artikel 49 Zugängliches Format

Der Wortlaut dieses Übereinkommens wird in zugänglichen Formaten zur Verfügung gestellt.

Artikel 50 Verbindliche Wortlaute

Der arabische, der chinesische, der englische, der französische, der russische und der spanische Wortlaut dieses Übereinkommens sind gleichermaßen verbindlich.

Zu Urkund dessen haben die unterzeichneten, von ihren Regierungen hierzu gehörig befugten Bevollmächtigten dieses Übereinkommen unterschrieben.

Fakultativprotokoll zum Übereinkommen über die Rechte von Menschen mit Behinderungen

[hier nicht wiedergegeben]

Anhang 2:
Schwerbehindertenausweisverordnung – SchwbAwV[1, 2]

In der Fassung vom 25. Juli 1991[3] (BGBl. I S. 1739)
(FNA 871-1-9)
zuletzt geändert durch Art. 42 G zur Regelung des Sozialen
Entschädigungsrechts vom 12. Dezember 2019 (BGBl. I S. 2652)

Erster Abschnitt Ausweis für schwerbehinderte Menschen

§ 1 Gestaltung des Ausweises

(1) [1]Der Ausweis im Sinne des § 152 Absatz 5 des Neunten Buches Sozialgesetzbuch über die Eigenschaft als schwerbehinderter Mensch, den Grad der Behinderung und weitere gesundheitliche Merkmale, die Voraussetzung für die Inanspruchnahme von Rechten und Nachteilsausgleichen nach dem Neunten Buch Sozialgesetzbuch oder nach anderen Vorschriften sind, wird nach dem in der Anlage zu dieser Verordnung abgedruckten Muster 1[4] ausgestellt. [2]Der Ausweis ist mit einem fälschungssicheren Aufdruck in der Grundfarbe grün versehen.

(2) Der Ausweis für schwerbehinderte Menschen, die das Recht auf unentgeltliche Beförderung im öffentlichen Personenverkehr in Anspruch nehmen können, ist durch einen halbseitigen orangefarbenen Flächenaufdruck gekennzeichnet.

(3) Der Ausweis für schwerbehinderte Menschen, die zu einer der in § 234 Satz 1 Nummer 2 des Neunten Buches Sozialgesetzbuch genannten Gruppen gehören, ist nach § 2 zu kennzeichnen.

(4) Der Ausweis für schwerbehinderte Menschen mit weiteren gesundheitlichen Merkmalen im Sinne des Absatzes 1 ist durch Merkzeichen nach § 3 zu kennzeichnen.

(5) Der Ausweis ist als Identifikationskarte nach dem in der Anlage zu dieser Verordnung abgedruckten Muster 5[5] auszustellen.

§ 2 Zugehörigkeit zu Sondergruppen

(1) Im Ausweis ist die Bezeichnung „Kriegsbeschädigt" einzutragen, wenn der schwerbehinderte Mensch wegen eines Grades der Schädigungsfolgen von mindestens 50 Anspruch auf Versorgung nach dem Bundesversorgungsgesetz hat.

---

1 Die VO wurde erlassen auf Grund von *§ 3 Abs. 5 Satz 5 des Schwerbehindertengesetzes* idF der Bek. v. 8.10.1979 (BGBl. I S. 1649) und des Artikels 2 Abs. 2 Satz 1 des Gesetzes über die unentgeltliche Beförderung Schwerbehinderter im öffentlichen Personenverkehr v. 9.7.1979 (BGBl. I S. 989) in Verbindung mit *§ 3 Abs. 5 Satz 5 des Schwerbehindertengesetzes.*
2 Die Änderungen durch G v. 12.12.2019 (BGBl. I S. 2652) treten erst **mWv 1.1.2024** in Kraft und sind im Text noch nicht berücksichtigt.
3 Neubekanntmachung der Ausweisverordnung SchwerbehindertenG idF der Bek. v. 3.4.1984 (BGBl. I S. 509) und in der ab 1.7.1991 geltenden Fassung.
4 Muster hier nicht wiedergegeben.
5 Muster hier nicht wiedergegeben.

(2) ¹Im Ausweis sind folgende Merkzeichen einzutragen:

1.  wenn der schwerbehinderte Mensch wegen eines Grades der Schädigungsfolgen von mindestens 50 Anspruch auf Versorgung nach anderen Bundesgesetzen in entsprechender Anwendung der Vorschriften des Bundesversorgungsgesetzes hat oder wenn der Grad der Schädigungsfolgen wegen des Zusammentreffens mehrerer Ansprüche auf Versorgung nach dem Bundesversorgungsgesetz, nach Bundesgesetzen in entsprechender Anwendung der Vorschriften des Bundesversorgungsgesetzes oder nach dem Bundesentschädigungsgesetz in seiner Gesamtheit mindestens 50 beträgt und nicht bereits die Bezeichnung nach Absatz 1 oder ein Merkzeichen nach Nummer 2 einzutragen ist,

2.  wenn der schwerbehinderte Mensch wegen eines Grades der Schädigungsfolgen von mindestens 50 Entschädigung nach § 28 des Bundesentschädigungsgesetzes erhält.

²Beim Zusammentreffen der Voraussetzungen für die Eintragung der Bezeichnung nach Absatz 1 und des Merkzeichens nach Satz 1 Nr. 2 ist die Bezeichnung „Kriegsbeschädigt" einzutragen, es sei denn, der schwerbehinderte Mensch beantragt die Eintragung des Merkzeichens „EB".

§ 3 Weitere Merkzeichen

(1) Im Ausweis sind auf der Rückseite folgende Merkzeichen einzutragen:

1.  wenn der schwerbehinderte Mensch außergewöhnlich gehbehindert im Sinne des § 229 Absatz 3 des Neunten Buches Sozialgesetzbuch ist,

2.  wenn der schwerbehinderte Mensch hilflos im Sinne des § 33b des Einkommensteuergesetzes oder entsprechender Vorschriften ist,

3. **Bl** — wenn der schwerbehinderte Mensch blind im Sinne des § 72 Abs. 5 des Zwölften Buches Sozialgesetzbuch oder entsprechender Vorschriften ist,

4. **Gl** — wenn der schwerbehinderte Mensch gehörlos im Sinne des § 228 des Neunten Buches Sozialgesetzbuch ist,

5. **RF** — wenn der schwerbehinderte Mensch die landesrechtlich festgelegten gesundheitlichen Voraussetzungen für die Befreiung von der Rundfunkgebührenpflicht erfüllt,

6. **1.Kl.** — wenn der schwerbehinderte Mensch die im Verkehr mit Eisenbahnen tariflich festgelegten gesundheitlichen Voraussetzungen für die Benutzung der 1. Wagenklasse mit Fahrausweis der 2. Wagenklasse erfüllt,

7. **G** — wenn der schwerbehinderte Mensch in seiner Bewegungsfähigkeit im Straßenverkehr erheblich beeinträchtigt im Sinne des § 229 Absatz 1 Satz 1 des Neunten Buches Sozialgesetzbuch oder entsprechender Vorschriften ist,

8. **TBl** — wenn der schwerbehinderte Mensch wegen einer Störung der Hörfunktion mindestens einen Grad der Behinderung von 70 und wegen einer Störung des Sehvermögens einen Grad der Behinderung von 100 hat.

(2) Ist der schwerbehinderte Mensch zur Mitnahme einer Begleitperson im Sinne des § 229 Absatz 2 des Neunten Buches Sozialgesetzbuch berechtigt, sind auf der Vorderseite des Ausweises das Merkzeichen „B" und der Satz „Die Berechtigung zur Mitnahme einer Begleitperson ist nachgewiesen" einzutragen.

§ 3a Beiblatt

(1) ¹Zum Ausweis für schwerbehinderte Menschen, die das Recht auf unentgeltliche Beförderung im öffentlichen Personenverkehr in Anspruch nehmen können, ist auf Antrag ein Beiblatt nach dem in der Anlage zu dieser Verordnung abgedruckten Muster 2[6] in der Grundfarbe weiß auszustellen. ²Das Beiblatt ist Bestandteil des Ausweises und nur zusammen mit dem Ausweis gültig.

(2) ¹Schwerbehinderte Menschen, die das Recht auf unentgeltliche Beförderung in Anspruch nehmen wollen, erhalten auf Antrag ein Beiblatt, das mit einer Wertmarke nach dem in der Anlage zu dieser Verordnung abgedruckten Muster 3[7] versehen ist. ²Die Wertmarke enthält ein bundeseinheitliches Hologramm. ³Auf die Wertmarke werden eingetragen das Jahr und der Monat, von dem an die Wertmarke gültig ist, sowie das Jahr und der Monat, in dem ihre Gültigkeit abläuft. ⁴Sofern in Fällen des § 228 Absatz 2 Satz 1 des Neunten Buches Sozialgesetzbuch der Antragsteller zum Gültigkeitsbeginn keine Angaben macht, wird der auf den Eingang des Antrages und die Entrichtung der Eigenbeteiligung folgende Monat auf der Wertmarke eingetragen. ⁵Spätestens mit Ablauf der Gültigkeitsdauer der Wertmarke wird das Beiblatt ungültig.

(3) ¹Schwerbehinderte Menschen, die an Stelle der unentgeltlichen Beförderung die Kraftfahrzeugsteuerermäßigung in Anspruch nehmen wollen, erhalten auf Antrag ein Beiblatt ohne Wertmarke. ²Die Gültigkeitsdauer des Beiblattes entspricht der des Ausweises.

(4) ¹Schwerbehinderte Menschen, die zunächst die Kraftfahrzeugsteuerermäßigung in Anspruch genommen haben und statt dessen die unentgeltliche Beförderung in Anspruch nehmen wollen, haben das Beiblatt (Absatz 3) bei Stellung des Antrags auf ein Beiblatt mit Wertmarke (Absatz 2) zurückzugeben. ²Entsprechendes gilt, wenn schwerbehinderte Menschen vor Ablauf der Gültigkeitsdauer der Wertmarke an Stelle der unentgeltlichen Beförderung die Kraftfahrzeugsteuerermäßigung in Anspruch nehmen wollen. ³In diesem Fall ist das Datum der Rückgabe (Eingang beim Versorgungsamt) auf das Beiblatt nach Absatz 3 einzutragen.

§ 4 Sonstige Eintragungen

(1) Die Eintragung von Sondervermerken zum Nachweis von weiteren Voraussetzungen für die Inanspruchnahme von Rechten und Nachteilsausgleichen, die schwerbehinderten Menschen nach landesrechtlichen Vorschriften zustehen, ist zulässig.

(2) Die Eintragung von Merkzeichen oder sonstigen Vermerken, die in dieser Verordnung (§§ 2, 3, 4 Abs. 1 und § 5 Abs. 3) nicht vorgesehen sind, ist unzulässig.

§ 5 Lichtbild

(1) ¹Der Ausweis ist mit einem Bild des schwerbehinderten Menschen zu versehen, wenn dieser das 10. Lebensjahr vollendet hat. ²Hierzu hat der schwerbehinderte Mensch ein Passbild beizubringen.

(2) Bei schwerbehinderten Menschen, die das Haus nicht oder nur mit Hilfe eines Krankenwagens verlassen können, ist der Ausweis auf Antrag ohne Lichtbild auszustellen.

---

6 Muster hier nicht wiedergegeben.
7 Muster hier nicht wiedergegeben.

(3) In Ausweisen ohne Lichtbild ist in dem für das Lichtbild vorgesehenen Raum der Vermerk „Ohne Lichtbild gültig" einzutragen.

§ 6 Gültigkeitsdauer

(1) Auf der Rückseite des Ausweises ist als Beginn der Gültigkeit des Ausweises einzutragen:
1. in den Fällen des § 152 Absatz 1 und 4 des Neunten Buches Sozialgesetzbuch der Tag des Eingangs des Antrags auf Feststellung nach diesen Vorschriften,
2. in den Fällen des § 152 Absatz 2 des Neunten Buches Sozialgesetzbuch der Tag des Eingangs des Antrags auf Ausstellung des Ausweises nach § 152 Absatz 5 des Neunten Buches Sozialgesetzbuch.

(2) [1]Die Gültigkeit des Ausweises ist für die Dauer von längstens 5 Jahren vom Monat der Ausstellung an zu befristen. [2]In den Fällen, in denen eine Neufeststellung wegen einer wesentlichen Änderung in den gesundheitlichen Verhältnissen, die für die Feststellung maßgebend gewesen sind, nicht zu erwarten ist, kann der Ausweis unbefristet ausgestellt werden.

(3) Für schwerbehinderte Menschen unter 10 Jahren ist die Gültigkeitsdauer des Ausweises bis längstens zum Ende des Kalendermonats zu befristen, in dem das 10. Lebensjahr vollendet wird.

(4) Für schwerbehinderte Menschen im Alter zwischen 10 und 15 Jahren ist die Gültigkeitsdauer des Ausweises bis längstens zum Ende des Kalendermonats zu befristen, in dem das 20. Lebensjahr vollendet wird.

(5) Bei nichtdeutschen schwerbehinderten Menschen, deren Aufenthaltstitel, Aufenthaltsgestattung oder Arbeitserlaubnis befristet ist, ist die Gültigkeitsdauer des Ausweises längstens bis zum Ablauf des Monats der Frist zu befristen.

(6) *[aufgehoben]*

(7) Der Kalendermonat und das Kalenderjahr, bis zu deren Ende der Ausweis gültig sein soll, sind auf der Vorderseite des Ausweises einzutragen.

§ 7 Verwaltungsverfahren

Für die Ausstellung und Einziehung des Ausweises sind die für die Kriegsopferversorgung maßgebenden Verwaltungsverfahrensvorschriften entsprechend anzuwenden, soweit sich aus § 152 Absatz 5 des Neunten Buches Sozialgesetzbuch nichts Abweichendes ergibt.

Zweiter Abschnitt Ausweis für sonstige Personen zur unentgeltlichen Beförderung im öffentlichen Personenverkehr

§ 8 Ausweis für sonstige freifahrtberechtigte Personen

(1) [1]Der Ausweis für Personen im Sinne des Artikels 2 Abs. 1 des Gesetzes über die unentgeltliche Beförderung Schwerbehinderter im öffentlichen Personenverkehr vom 9. Juli 1979 (BGBl. I S. 989), soweit sie nicht schwerbehinderte Menschen im Sinne des § 2 Abs. 2 des Neunten Buches Sozialgesetzbuch sind, wird nach dem in der Anlage zu dieser Verordnung abgedruckten Muster 4[8] ausgestellt. [2]Der Ausweis ist mit einem fälschungssicheren Aufdruck in der Grundfarbe grün versehen und durch einen halbseitigen orangefarbenen Flächenauf-

---

8 Muster hier nicht wiedergegeben.

druck gekennzeichnet. ³Zusammen mit dem Ausweis ist ein Beiblatt auszustellen, das mit einer Wertmarke nach dem in der Anlage zu dieser Verordnung abgedruckten Muster 3[9] versehen ist.

(2) Für die Ausstellung des Ausweises nach Absatz 1 gelten die Vorschriften des § 1 Absatz 3 und 5, § 2, § 3 Absatz 1 Nummer 6 und Absatz 2, § 4 Absatz 2, § 5 und § 6 Absatz 2, 3, 4 und 7 sowie des § 7 entsprechend, soweit sich aus Artikel 2 Abs. 2 und 3 des Gesetzes über die unentgeltliche Beförderung Schwerbehinderter im öffentlichen Personenverkehr nichts Besonderes ergibt.

Dritter Abschnitt Übergangsregelung

§ 9 Übergangsregelung

¹Bis zum 31. Dezember 2014 ausgestellte Ausweise, die keine Identifikationskarten nach § 1 Absatz 5 sind, bleiben bis zum Ablauf ihrer Gültigkeitsdauer gültig, es sei denn, sie sind einzuziehen. ²Sie können gegen eine Identifikationskarte umgetauscht werden. ³Ausgestellte Beiblätter bleiben bis zum Ablauf ihrer Gültigkeit gültig.

Muster 1 bis 5

[Muster hier nicht wiedergegeben]

---

9 Muster hier nicht wiedergegeben.

Anhang 3:
Schwerbehinderten-Ausgleichsabgabeverordnung – SchwbAV[1]

Vom 28. März 1988 (BGBl. I S. 484)
(FNA 871-1-14)
zuletzt geändert durch Art. 1 Fünfte VO zur Änd. der Schwerbehinderten-AusgleichsabgabeVO vom 28. Juni 2021 (BAnz AT V2)

Auf Grund des § 11 Abs. 3 Satz 3, § 12 Abs. 2 und § 33 Abs. 2 Satz 5 des Schwerbehindertengesetzes in der Fassung der Bekanntmachung vom 26. August 1986 (BGBl. I S. 1421) sowie des Artikels 12 Abs. 2 des Gesetzes zur Erleichterung des Übergangs vom Arbeitsleben in den Ruhestand vom 13. April 1984 (BGBl. I S. 601) verordnet die Bundesregierung mit Zustimmung des Bundesrates:

Erster Abschnitt *[aufgehoben]*

§§ 1–13 *[aufgehoben]*

Zweiter Abschnitt Förderung der Teilhabe schwerbehinderter Menschen am Arbeitsleben aus Mitteln der Ausgleichsabgabe durch die Integrationsämter

§ 14 Verwendungszwecke

(1) Die Integrationsämter haben die ihnen zur Verfügung stehenden Mittel der Ausgleichsabgabe einschließlich der Zinsen, der Tilgungsbeträge aus Darlehen, der zurückgezahlten Zuschüsse sowie der unverbrauchten Mittel des Vorjahres zu verwenden für folgende Leistungen:
1. Leistungen zur Förderung des Arbeits- und Ausbildungsplatzangebots für schwerbehinderte Menschen,
2. Leistungen zur begleitenden Hilfe im Arbeitsleben, einschließlich der Durchführung von Aufklärungs-, Schulungs- und Bildungsmaßnahmen,
3. Leistungen für Einrichtungen zur Teilhabe schwerbehinderter Menschen am Arbeitsleben,
4. Leistungen zur Durchführung von Forschungs- und Modellvorhaben auf dem Gebiet der Teilhabe schwerbehinderter Menschen am Arbeitsleben, sofern ihnen ausschließlich oder überwiegend regionale Bedeutung zukommt oder beim Bundesministerium für Arbeit und Soziales beantragte Mittel aus dem Ausgleichsfonds nicht erbracht werden konnten,
5. Maßnahmen der beruflichen Orientierung,
6. Leistungen zur Deckung eines Teils der Aufwendungen für ein Budget für Arbeit oder für ein Budget für Ausbildung und
7. Leistungen an Werkstätten für behinderte Menschen und an andere Leistungsanbieter im Sinne des § 60 des Neunten Buches Sozialgesetzbuch zur Kompensation der aufgrund der COVID-19-Pandemie gesunkenen Arbeitsentgelte der dort beschäftigten Menschen mit Behinderungen, soweit nach § 36 Satz 4 zusätzliche Mittel der Ausgleichsabgabe zur Verfügung stehen.

---

1 Die Änderungen durch G v. 2.6.2021 (BGBl. I S. 1387) treten erst mWv 1.1.2022 in Kraft und sind im Text noch nicht berücksichtigt.

(2) Die Mittel der Ausgleichsabgabe sind vorrangig für die Förderung nach Absatz 1 Nr. 1 und 2 zu verwenden.
(3) Die Integrationsämter können sich an der Förderung von Vorhaben nach § 41 Abs. 1 Nr. 3 bis 6 durch den Ausgleichsfonds beteiligen.

1. Unterabschnitt Leistungen zur Förderung des Arbeits- und Ausbildungsplatzangebots für schwerbehinderte Menschen

§ 15 Leistungen an Arbeitgeber zur Schaffung von Arbeits- und Ausbildungsplätzen für schwerbehinderte Menschen

(1) ¹Arbeitgeber können Darlehen oder Zuschüsse bis zur vollen Höhe der entstehenden notwendigen Kosten zu den Aufwendungen für folgende Maßnahmen erhalten:
1. die Schaffung neuer geeigneter, erforderlichenfalls behinderungsgerecht ausgestatteter Arbeitsplätze in Betrieben oder Dienststellen für schwerbehinderte Menschen,
    a) die ohne die Beschäftigungspflicht oder über die Beschäftigungspflicht hinaus (§ 154 des Neunten Buches Sozialgesetzbuch) eingestellt werden sollen,
    b) die im Rahmen der Erfüllung der besonderen Beschäftigungspflicht gegenüber im Arbeits- und Berufsleben besonders betroffenen schwerbehinderten Menschen (§ 154 Absatz 1 Satz 2 und § 155 des Neunten Buches Sozialgesetzbuch) eingestellt werden sollen,
    c) die nach einer längerfristigen Arbeitslosigkeit von mehr als 12 Monaten eingestellt werden sollen,
    d) die im Anschluß an eine Beschäftigung in einer anerkannten Werkstatt für behinderte Menschen eingestellt werden sollen oder
    e) die zur Durchführung von Maßnahmen der besonderen Fürsorge und Förderung nach § 164 Absatz 3 Satz 1, Absatz 4 Satz 1 Nummer 1, 4 und 5 und Absatz 5 Satz 1 des Neunten Buches Sozialgesetzbuch auf einen neu zu schaffenden Arbeitsplatz umgesetzt werden sollen oder deren Beschäftigungsverhältnis ohne Umsetzung auf einen neu zu schaffenden Arbeitsplatz enden würde,
2. die Schaffung neuer geeigneter, erforderlichenfalls behinderungsgerecht ausgestatteter Ausbildungsplätze und Plätze zur sonstigen beruflichen Bildung für schwerbehinderte Menschen, insbesondere zur Teilnahme an Leistungen zur Teilhabe am Arbeitsleben nach § 49 Absatz 3 Nummer 4 des Neunten Buches Sozialgesetzbuch, in Betrieben oder Dienststellen,

wenn gewährleistet wird, daß die geförderten Plätze für einen nach Lage des Einzelfalles zu bestimmenden langfristigen Zeitraum schwerbehinderten Menschen vorbehalten bleiben. ²Leistungen können auch zu den Aufwendungen erbracht werden, die durch die Ausbildung schwerbehinderter Menschen im Gebrauch der nach Satz 1 geförderten Gegenstände entstehen.

(2) ¹Leistungen sollen nur erbracht werden, wenn sich der Arbeitgeber in einem angemessenen Verhältnis an den Gesamtkosten beteiligt. ²Sie können nur erbracht werden, soweit Mittel für denselben Zweck nicht von anderer Seite zu erbringen sind oder erbracht werden. ³Art und Höhe der Leistung bestimmen sich nach den Umständen des Einzelfalles. ⁴Darlehen sollen mit jährlich 10 vom Hundert getilgt werden; von der Tilgung im Jahr der Auszahlung und dem darauf folgenden Kalenderjahr abgesehen werden. ⁵Auch von der Verzinsung kann abgesehen werden.

(3) Die behinderungsgerechte Ausstattung von Arbeits- und Ausbildungsplätzen und die Einrichtung von Teilzeitarbeitsplätzen können, wenn Leistungen nach Absatz 1 nicht erbracht werden, nach den Vorschriften über die begleitende Hilfe im Arbeitsleben (§ 26) gefördert werden.

§ 16 Arbeitsmarktprogramme für schwerbehinderte Menschen

Die Integrationsämter können der Bundesagentur für Arbeit Mittel der Ausgleichsabgabe zur Durchführung befristeter regionaler Arbeitsmarktprogramme für schwerbehinderte Menschen gemäß § 187 Absatz 3 des Neunten Buches Sozialgesetzbuch zuweisen.

2. Unterabschnitt Leistungen zur begleitenden Hilfe im Arbeitsleben

§ 17 Leistungsarten

(1) ¹Leistungen zur begleitenden Hilfe im Arbeitsleben können erbracht werden
1. an schwerbehinderte Menschen
   a) für technische Arbeitshilfen (§ 19),
   b) zum Erreichen des Arbeitsplatzes (§ 20),
   c) zur Gründung und Erhaltung einer selbständigen beruflichen Existenz (§ 21),
   d) zur Beschaffung, Ausstattung und Erhaltung einer behinderungsgerechten Wohnung (§ 22),
   e) *[aufgehoben]*
   f) zur Teilnahme an Maßnahmen zur Erhaltung und Erweiterung beruflicher Kenntnisse und Fertigkeiten (§ 24) und
   g) in besonderen Lebenslagen (§ 25),
2. an Arbeitgeber
   a) zur behinderungsgerechten Einrichtung von Arbeits- und Ausbildungsplätzen für schwerbehinderte Menschen (§ 26),
   b) für Zuschüsse zu den Gebühren bei der Berufsausbildung besonders betroffener schwerbehinderter Jugendlicher und junger Erwachsener (§ 26 a),
   c) für Prämien und Zuschüsse zu den Kosten der Berufsausbildung behinderter Jugendlicher und junger Erwachsener (§ 26 b),
   d) für Prämien zur Einführung eines betrieblichen Eingliederungsmanagements (§ 26 c) und
   e) bei außergewöhnlichen Belastungen (§ 27),
3. an Träger von Integrationsfachdiensten zu den Kosten ihrer Inanspruchnahme (§ 27 a) einschließlich freier gemeinnütziger Einrichtungen und Organisationen zu den Kosten einer psychosozialen Betreuung schwerbehinderter Menschen (§ 28) sowie an Träger von Inklusionsbetrieben (§ 28 a),
4. zur Durchführung von Aufklärungs-, Schulungs- und Bildungsmaßnahmen (§ 29).

²Daneben können solche Leistungen unter besonderen Umständen an Träger sonstiger Maßnahmen erbracht werden, die dazu dienen und geeignet sind, die Teilhabe schwerbehinderter Menschen am Arbeitsleben auf dem allgemeinen Arbeitsmarkt (Aufnahme, Ausübung oder Sicherung einer möglichst dauerhaften Beschäftigung) zu ermöglichen, zu erleichtern oder zu sichern.

(1 a) ¹Schwerbehinderte Menschen haben im Rahmen der Zuständigkeit des Integrationsamtes für die begleitende Hilfe im Arbeitsleben aus den ihm aus der

Ausgleichsabgabe zur Verfügung stehenden Mitteln Anspruch auf Übernahme der Kosten einer notwendigen Arbeitsassistenz.

(1 b) Schwerbehinderte Menschen haben im Rahmen der Zuständigkeit des Integrationsamtes aus den ihm aus der Ausgleichsabgabe zur Verfügung stehenden Mitteln Anspruch auf Übernahme der Kosten einer Berufsbegleitung nach § 55 Absatz 3 des Neunten Buches Sozialgesetzbuch.

(2) [1]Andere als die in Absatz 1 bis 1 b genannten Leistungen, die der Teilhabe schwerbehinderter Menschen am Arbeitsleben nicht oder nur mittelbar dienen, können nicht erbracht werden. [2]Insbesondere können medizinische Maßnahmen sowie Urlaubs- und Freizeitmaßnahmen nicht gefördert werden.

§ 18 Leistungsvoraussetzungen

(1) [1]Leistungen nach § 17 Abs. 1 bis 1 b dürfen nur erbracht werden, soweit Leistungen für denselben Zweck nicht von einem Rehabilitationsträger, vom Arbeitgeber oder von anderer Seite zu erbringen sind oder, auch wenn auf sie ein Rechtsanspruch nicht besteht, erbracht werden. [2]Der Nachrang der Träger der Sozialhilfe gemäß § 2 des Zwölften Buches Sozialgesetzbuch und das Verbot der Aufstockung von Leistungen der Rehabilitationsträger durch Leistungen der Integrationsämter (§ 185 Absatz 6 Satz 2 letzter Halbsatz des Neunten Buches Sozialgesetzbuch) und die Möglichkeit der Integrationsämter, Leistungen der begleitenden Hilfe im Arbeitsleben vorläufig zu erbringen (§ 185 Absatz 7 Satz 3 des Neunten Buches Sozialgesetzbuch), bleiben unberührt.

(2) Leistungen an schwerbehinderte Menschen zur begleitenden Hilfe im Arbeitsleben können erbracht werden,
1. wenn die Teilhabe am Arbeitsleben auf dem allgemeinen Arbeitsmarkt unter Berücksichtigung von Art oder Schwere der Behinderung auf besondere Schwierigkeiten stößt und durch die Leistungen ermöglicht, erleichtert oder gesichert werden kann und
2. wenn es dem schwerbehinderten Menschen wegen des behinderungsbedingten Bedarfs nicht zuzumuten ist, die erforderlichen Mittel selbst aufzubringen. In den übrigen Fällen sind seine Einkommensverhältnisse zu berücksichtigen.

(3) [1]Die Leistungen können als einmalige oder laufende Leistungen erbracht werden. [2]Laufende Leistungen können in der Regel nur befristet erbracht werden. [3]Leistungen können wiederholt erbracht werden.

I. Leistungen an schwerbehinderte Menschen

§ 19 Technische Arbeitshilfen

[1]Für die Beschaffung technischer Arbeitshilfen, ihre Wartung, Instandsetzung und die Ausbildung des schwerbehinderten Menschen im Gebrauch können die Kosten bis zur vollen Höhe übernommen werden. [2]Gleiches gilt für die Ersatzbeschaffung und die Beschaffung zur Anpassung an die technische Weiterentwicklung.

§ 20 Hilfen zum Erreichen des Arbeitsplatzes

Schwerbehinderte Menschen können Leistungen zum Erreichen des Arbeitsplatzes nach Maßgabe der Kraftfahrzeughilfe-Verordnung vom 28. September 1987 (BGBl. I S. 2251) erhalten.

§ 21 Hilfen zur Gründung und Erhaltung einer selbständigen beruflichen Existenz

(1) Schwerbehinderte Menschen können Darlehen oder Zinszuschüsse zur Gründung und zur Erhaltung einer selbständigen beruflichen Existenz erhalten, wenn
1. sie die erforderlichen persönlichen und fachlichen Voraussetzungen für die Ausübung der Tätigkeit erfüllen,
2. sie ihren Lebensunterhalt durch die Tätigkeit voraussichtlich auf Dauer im wesentlichen sicherstellen können und
3. die Tätigkeit unter Berücksichtigung von Lage und Entwicklung des Arbeitsmarkts zweckmäßig ist.

(2) [1]Darlehen sollen mit jährlich 10 vom Hundert getilgt werden. [2]Von der Tilgung kann im Jahr der Auszahlung und dem darauffolgenden Kalenderjahr abgesehen werden. [3]Satz 2 gilt, wenn Darlehen verzinslich gegeben werden, für die Verzinsung.

(3) Sonstige Leistungen zur Deckung von Kosten des laufenden Betriebs können nicht erbracht werden.

(4) Die §§ 17 bis 20 und die §§ 22 bis 27 sind zugunsten von schwerbehinderten Menschen, die eine selbständige Tätigkeit ausüben oder aufzunehmen beabsichtigen, entsprechend anzuwenden.

§ 22 Hilfen zur Beschaffung, Ausstattung und Erhaltung einer behinderungsgerechten Wohnung

(1) Schwerbehinderte Menschen können Leistungen erhalten
1. zur Beschaffung von behinderungsgerechtem Wohnraum im Sinne des § 16 des Wohnraumförderungsgesetzes,
2. zur Anpassung von Wohnraum und seiner Ausstattung an die besonderen behinderungsbedingten Bedürfnisse und
3. zum Umzug in eine behinderungsgerechte oder erheblich verkehrsgünstiger zum Arbeitsplatz gelegene Wohnung.

(2) [1]Leistungen könne als Zuschüsse, Zinszuschüsse oder Darlehen erbracht werden. [2]Höhe, Tilgung und Verzinsung bestimmen sich nach den Umständen des Einzelfalls.

(3) Leistungen von anderer Seite sind nur insoweit anzurechnen, als sie schwerbehinderten Menschen für denselben Zweck wegen der Behinderung zu erbringen sind oder erbracht werden.

§ 23 *[aufgehoben]*

§ 24 Hilfen zur Teilnahme an Maßnahmen zur Erhaltung und Erweiterung beruflicher Kenntnisse und Fertigkeiten

[1]Schwerbehinderte Menschen, die an inner- oder außerbetrieblichen Maßnahmen der beruflichen Bildung zur Erhaltung und Erweiterung ihrer beruflichen Kenntnisse und Fertigkeiten oder zur Anpassung an die technische Entwicklung teilnehmen, vor allem an besonderen Fortbildungs- und Anpassungsmaßnahmen, die nach Art, Umfang und Dauer den Bedürfnissen dieser schwerbehinderten Menschen entsprechen, können Zuschüsse bis zur Höhe der ihnen durch die Teilnahme an diesen Maßnahmen entstehenden Aufwendungen erhalten. [2]Hilfen können auch zum beruflichen Aufstieg erbracht werden.

§ 25 Hilfen in besonderen Lebenslagen

Andere Leistungen zur begleitenden Hilfe im Arbeitsleben als die in den §§ 19 bis 24 geregelten Leistungen können an schwerbehinderte Menschen erbracht werden, wenn und soweit sie unter Berücksichtigung von Art oder Schwere der Behinderung erforderlich sind, um die Teilhabe am Arbeitsleben auf dem allgemeinen Arbeitsmarkt zu ermöglichen, zu erleichtern oder zu sichern.

II. Leistungen an Arbeitgeber

§ 26 Leistungen zur behinderungsgerechten Einrichtung von Arbeits- und Ausbildungsplätzen für schwerbehinderte Menschen

(1) ¹Arbeitgeber können Darlehen oder Zuschüsse bis zur vollen Höhe der entstehenden notwendigen Kosten für folgende Maßnahmen erhalten:
1. die behinderungsgerechte Einrichtung und Unterhaltung der Arbeitsstätten einschließlich der Betriebsanlagen, Maschinen und Geräte,
2. die Einrichtung von Teilzeitarbeitsplätzen für schwerbehinderte Menschen, insbesondere wenn eine Teilzeitbeschäftigung mit einer Dauer auch von weniger als 18 Stunden, wenigstens aber 15 Stunden, wöchentlich wegen Art oder Schwere der Behinderung notwendig ist,
3. die Ausstattung von Arbeits- oder Ausbildungsplätzen mit notwendigen technischen Arbeitshilfen, deren Wartung und Instandsetzung sowie die Ausbildung des schwerbehinderten Menschen im Gebrauch der nach den Nummern 1 bis 3 geförderten Gegenstände,
4. sonstige Maßnahmen, durch die eine möglichst dauerhafte behinderungsgerechte Beschäftigung schwerbehinderter Menschen in Betrieben oder Dienststellen ermöglicht, erleichtert oder gesichert werden kann.

²Gleiches gilt für Ersatzbeschaffungen oder Beschaffungen zur Anpassung an die technische Weiterentwicklung.

(2) Art und Höhe der Leistung bestimmen sich nach den Umständen des Einzelfalls, insbesondere unter Berücksichtigung, ob eine Verpflichtung des Arbeitgebers zur Durchführung von Maßnahmen nach Absatz 1 gemäß § 164 Absatz 3 Satz 1, Absatz 4 Satz 1 Nummer 4 und 5 und Absatz 5 Satz 1 des Neunten Buches Sozialgesetzbuch besteht und erfüllt wird sowie ob schwerbehinderte Menschen ohne Beschäftigungspflicht oder über die Beschäftigungspflicht hinaus (§ 154 des Neunten Buches Sozialgesetzbuch) oder im Rahmen der Erfüllung der besonderen Beschäftigungspflicht gegenüber bei der Teilhabe am Arbeitsleben besonders betroffenen schwerbehinderten Menschen (§ 154 Absatz 1 Satz 2 und § 155 des Neunten Buches Sozialgesetzbuch) beschäftigt werden.

(3) § 15 Abs. 2 Satz 1 und 2 gilt entsprechend.

§ 26a Zuschüsse zu den Gebühren bei der Berufsausbildung besonders betroffener schwerbehinderter Jugendlicher und junger Erwachsener

Arbeitgeber, die ohne Beschäftigungspflicht (§ 154 Absatz 1 des Neunten Buches Sozialgesetzbuch) besonders betroffene schwerbehinderte Menschen zur Berufsausbildung einstellen, können Zuschüsse zu den Gebühren, insbesondere Prüfungsgebühren bei der Berufsausbildung, erhalten.

§ 26 b Prämien und Zuschüsse zu den Kosten der Berufsausbildung behinderter Jugendlicher und junger Erwachsener

Arbeitgeber können Prämien und Zuschüsse zu den Kosten der Berufsausbildung behinderter Jugendlicher und junger Erwachsener erhalten, die für die Zeit der Berufsausbildung schwerbehinderten Menschen nach § 151 Absatz 4 des Neunten Buches Sozialgesetzbuch gleichgestellt sind.

§ 26 c Prämien zur Einführung eines betrieblichen Eingliederungsmanagements

Arbeitgeber können zur Einführung eines betrieblichen Eingliederungsmanagements Prämien erhalten.

§ 27 Leistungen bei außergewöhnlichen Belastungen

(1) [1]Arbeitgeber können Zuschüsse zur Abgeltung außergewöhnlicher Belastungen erhalten, die mit der Beschäftigung eines schwerbehinderten Menschen verbunden sind, der nach Art oder Schwere seiner Behinderung im Arbeits- und Berufsleben besonders betroffen ist (§ 155 Absatz 1 Nummer 1 Buchstabe a bis d des Neunten Buches Sozialgesetzbuch) oder im Anschluss an eine Beschäftigung in einer anerkannten Werkstatt für behinderte Menschen oder bei einem anderen Leistungsanbieter im Sinne des § 60 des Neunten Buches Sozialgesetzbuch oder in Teilzeit (§ 158 Absatz 2 des Neunten Buches Sozialgesetzbuch) beschäftigt wird, vor allem, wenn ohne diese Leistungen das Beschäftigungsverhältnis gefährdet würde. [2]Leistungen nach Satz 1 können auch in Probebeschäftigungen und Praktika erbracht werden, die ein in einer Werkstatt für behinderte Menschen beschäftigter schwerbehinderter Mensch im Rahmen von Maßnahmen zur Förderung des Übergangs auf den allgemeinen Arbeitsmarkt (§ 5 Abs. 4 der Werkstättenverordnung) absolviert, wenn die dem Arbeitgeber entstehenden außergewöhnlichen Belastungen nicht durch die in dieser Zeit erbrachten Leistungen der Rehabilitationsträger abgedeckt werden.

(2) Außergewöhnliche Belastungen sind überdurchschnittlich hohe finanzielle Aufwendungen oder sonstige Belastungen, die einem Arbeitgeber bei der Beschäftigung eines schwerbehinderten Menschen auch nach Ausschöpfung aller Möglichkeiten entstehen und für die die Kosten zu tragen für den Arbeitgeber nach Art oder Höhe unzumutbar ist.

(3) Für die Zuschüsse zu notwendigen Kosten nach Absatz 2 gilt § 26 Abs. 2 entsprechend.

(4) Die Dauer des Zuschusses bestimmt sich nach den Umständen des Einzelfalls.

III. Sonstige Leistungen

§ 27 a Leistungen an Integrationsfachdienste

Träger von Integrationsfachdiensten im Sinne des Kapitels 7 des Teils 3 des Neunten Buches Sozialgesetzbuch können Leistungen nach § 196 des Neunten Buches Sozialgesetzbuch zu den durch ihre Inanspruchnahme entstehenden notwendigen Kosten erhalten.

§ 28 Leistungen zur Durchführung der psychosozialen Betreuung schwerbehinderter Menschen

(1) Freie gemeinnützige Träger psychosozialer Dienste, die das Integrationsamt an der Durchführung der ihr obliegenden Aufgabe der im Einzelfall erforderlichen psychosozialen Betreuung schwerbehinderter Menschen unter Fortbestand ihrer Verantwortlichkeit beteiligt, können Leistungen zu den daraus entstehenden notwendigen Kosten erhalten.

(2) [1]Leistungen nach Absatz 1 setzen voraus, daß
1. der psychosoziale Dienst nach seiner personellen, räumlichen und sächlichen Ausstattung zur Durchführung von Maßnahmen der psychosozialen Betreuung geeignet ist, insbesondere mit Fachkräften ausgestattet ist, die über eine geeignete Berufsqualifikation, eine psychosoziale Zusatzqualifikation und ausreichende Berufserfahrung verfügen, und
2. die Maßnahmen
   a) nach Art, Umfang und Dauer auf die Aufnahme, Ausübung oder Sicherung einer möglichst dauerhaften Beschäftigung schwerbehinderter Menschen auf dem allgemeinen Arbeitsmarkt ausgerichtet und dafür geeignet sind,
   b) nach den Grundsätzen der Wirtschaftlichkeit und Sparsamkeit durchgeführt werden, insbesondere die Kosten angemessen sind, und
   c) aufgrund einer Vereinbarung zwischen dem Integrationsamt und dem Träger des psychosozialen Dienstes durchgeführt werden.

[2]Leistungen können gleichermaßen für Maßnahmen für schwerbehinderte Menschen erbracht werden, die diesen Dienst unter bestimmten, in der Vereinbarung näher zu regelnden Voraussetzungen im Einvernehmen mit dem Integrationsamt unmittelbar in Anspruch nehmen.

(3) [1]Leistungen sollen in der Regel bis zur vollen Höhe der notwendigen Kosten erbracht werden, die aus der Beteiligung an den im Einzelfall erforderlichen Maßnahmen entstehen. [2]Das Nähere über die Höhe der zu übernehmenden Kosten, ihre Erfassung, Darstellung und Abrechnung bestimmt sich nach der Vereinbarung zwischen des Integrationsamtes und dem Träger des psychosozialen Dienstes gemäß Absatz 2 Satz 1 Nr. 2 Buchstabe c.

§ 28 a Leistungen an Inklusionsbetriebe

Inklusionsbetriebe im Sinne des Kapitels 11 des Teils 3 des Neunten Buches Sozialgesetzbuch können Leistungen für Aufbau, Erweiterung, Modernisierung und Ausstattung einschließlich einer betriebswirtschaftlichen Beratung und besonderen Aufwand erhalten.

§ 29 Leistungen zur Durchführung von Aufklärungs-, Schulungs- und Bildungsmaßnahmen

(1) [1]Die Durchführung von Schulungs- und Bildungsmaßnahmen für Vertrauenspersonen schwerbehinderter Menschen, Beauftragte der Arbeitgeber, Betriebs-, Personal-, Richter-, Staatsanwalts- und Präsidialräte sowie die Mitglieder der Stufenvertretungen wird gefördert, wenn es sich um Veranstaltungen der Integrationsämter im Sinne des § 185 Absatz 2 Satz 6 des Neunten Buches Sozialgesetzbuch handelt. [2]Die Durchführung von Maßnahmen im Sinne des Satzes 1 durch andere Träger kann gefördert werden, wenn die Maßnahmen erforderlich und die Integrationsämter an ihrer inhaltlichen Gestaltung maßgeblich beteiligt sind.

(2) ¹Aufklärungsmaßnahmen sowie Schulungs- und Bildungsmaßnahmen für andere als in Absatz 1 genannte Personen, die die Teilhabe schwerbehinderter Menschen am Arbeitsleben zum Gegenstand haben, können gefördert werden. ²Dies gilt auch für die Qualifizierung des nach § 185 Absatz 1 des Neunten Buches Sozialgesetzbuch einzusetzenden Personals sowie für notwendige Informationsschriften und -veranstaltungen über Rechte, Pflichten, Leistungen und sonstige Eingliederungshilfen sowie Nachteilsausgleiche nach dem Neunten Buch Sozialgesetzbuch und anderen Vorschriften.

3. Unterabschnitt Leistungen für Einrichtungen zur Teilhabe schwerbehinderter Menschen am Arbeitsleben

§ 30 Förderungsfähige Einrichtungen

(1) ¹Leistungen können für die Schaffung, Erweiterung, Ausstattung und Modernisierung folgender Einrichtungen erbracht werden:
1. betriebliche, überbetriebliche und außerbetriebliche Einrichtungen zur Vorbereitung von behinderten Menschen auf eine berufliche Bildung oder die Teilhabe am Arbeitsleben,
2. betriebliche, überbetriebliche und außerbetriebliche Einrichtungen zur beruflichen Bildung behinderter Menschen,
3. Einrichtungen, soweit sie während der Durchführung von Leistungen zur medizinischen Rehabilitation behinderte Menschen auf eine berufliche Bildung oder die Teilhabe am Arbeitsleben vorbereiten,
4. Werkstätten für behinderte Menschen im Sinne des § 219 des Neunten Buches Sozialgesetzbuch,
5. Blindenwerkstätten mit einer Anerkennung auf Grund des Blindenwarenvertriebsgesetzes vom 9. April 1965 (BGBl. I S. 311) in der bis zum 13. September 2007 geltenden Fassung,
6. Wohnstätten für behinderte Menschen, die auf dem allgemeinen Arbeitsmarkt, in Werkstätten für behinderte Menschen oder in Blindenwerkstätten tätig sind.

²Zur länderübergreifenden Bedarfsbeurteilung wird das Bundesministerium für Arbeit und Soziales bei der Planung neuer oder Erweiterung bestehender Einrichtungen nach Satz 1 Nr. 4 bis 6 beteiligt.

(2) ¹Öffentliche oder gemeinnützige Träger eines besonderen Beförderungsdienstes für behinderte Menschen können Leistungen zur Beschaffung und behinderungsgerechten Ausstattung von Kraftfahrzeugen erhalten. ²Die Höhe der Leistung bestimmt sich nach dem Umfang, in dem der besondere Beförderungsdienst für Fahrten schwerbehinderter Menschen von und zur Arbeitsstätte benutzt wird.

(3) ¹Leistungen zur Deckung von Kosten des laufenden Betriebs dürfen nur ausnahmsweise erbracht werden, wenn hierdurch der Verlust bestehender Beschäftigungsmöglichkeiten für behinderte Menschen abgewendet werden kann. ²Für Einrichtungen nach Absatz 1 Nr. 4 bis 6 sind auch Leistungen zur Deckung eines Miet- oder Pachtzinses zulässig.

§ 31 Förderungsvoraussetzungen

(1) Die Einrichtungen im Sinne des § 30 Abs. 1 Satz 4 können gefördert werden, wenn sie
1. ausschließlich oder überwiegend behinderte Menschen aufnehmen, die Leistungen eines Rehabilitationsträgers in Anspruch nehmen,
2. behinderten Menschen unabhängig von der Ursache der Behinderung und unabhängig von der Mitgliedschaft in der Organisation des Trägers der Einrichtung offenstehen und
3. nach ihrer personellen, räumlichen und sächlichen Ausstattung die Gewähr dafür bieten, daß die Rehabilitationsmaßnahmen nach zeitgemäßen Erkenntnissen durchgeführt werden und einer dauerhaften Teilhabe am Arbeitsleben dienen.

(2) Darüber hinaus setzt die Förderung voraus bei
1. Einrichtungen im Sinne des § 30 Abs. 1 Nr. 1:
   Die in diesen Einrichtungen durchzuführenden Maßnahmen sollen den individuellen Belangen der behinderten Menschen Rechnung tragen und sowohl eine werkspraktische wie fachtheoretische Unterweisung umfassen. Eine begleitende Betreuung entsprechend den Bedürfnissen der behinderten Menschen muß sichergestellt sein. Maßnahmen zur Vorbereitung auf eine berufliche Bildung sollen sich auf mehrere Berufsfelder erstrecken und Aufschluß über Neigung und Eignung der behinderten Menschen geben.
2. Einrichtungen im Sinne des § 30 Abs. 1 Nr. 2:
   a) Die Eignungsvoraussetzungen nach den §§ 27 bis 30 des Berufsbildungsgesetzes oder nach den §§ 21 bis 22 b der Handwerksordnung zur Ausbildung in anerkannten Ausbildungsberufen müssen erfüllt sein. Dies gilt auch für Ausbildungsgänge, die nach § 66 des Berufsbildungsgesetzes oder nach § 42 m der Handwerksordnung durchgeführt werden.
   b) Außer- oder überbetriebliche Einrichtungen sollen unter Einbeziehung von Plätzen für berufsvorbereitende Maßnahmen über in der Regel mindestens 200 Plätze für die berufliche Bildung in mehreren Berufsfeldern verfügen. Sie müssen in der Lage sein, behinderte Menschen mit besonderer Art oder Schwere der Behinderung beruflich zu bilden. Sie müssen über die erforderliche Zahl von Ausbildern und die personellen und sächlichen Voraussetzungen für eine begleitende ärztliche, psychologische und soziale Betreuung entsprechend den Bedürfnissen der behinderten Menschen verfügen. Bei Unterbringung im Internat muß die behinderungsgerechte Betreuung sichergestellt sein. Die Einrichtungen sind zur vertrauensvollen Zusammenarbeit insbesondere untereinander und mit den für die Rehabilitation zuständigen Behörden verpflichtet.
3. Einrichtungen im Sinne des § 30 Abs. 1 Nr. 3:
   Die in diesen Einrichtungen in einem ineinandergreifenden Verfahren durchzuführenden Leistungen zur medizinischen Rehabilitation und zur Teilhabe am Arbeitsleben müssen entsprechend den individuellen Gegebenheiten so ausgerichtet sein, daß nach Abschluß dieser Maßnahmen ein möglichst nahtloser Übergang in eine berufliche Bildungsmaßnahme oder in das Arbeitsleben gewährleistet ist. Für die Durchführung der Maßnahmen müssen besondere Fachdienste zur Verfügung stehen.
4. Werkstätten für behinderte Menschen im Sinne des § 30 Abs. 1 Nr. 4:
   Sie müssen gemäß § 225 des Neunten Buches Sozialgesetzbuch anerkannt sein oder voraussichtlich anerkannt werden.

5. Blindenwerkstätten im Sinne des § 30 Abs. 1 Nr. 5:
Sie müssen auf Grund des Blindenwarenvertriebsgesetzes anerkannt sein.
6. Wohnstätten im Sinne des § 30 Abs. 1 Nr. 6:
Sie müssen hinsichtlich ihrer baulichen Gestaltung, Wohnflächenbemessung und Ausstattung den besonderen Bedürfnissen der behinderten Menschen entsprechen. Die Aufnahme auch von behinderten Menschen, die nicht im Arbeitsleben stehen, schließt eine Förderung entsprechend dem Anteil der im Arbeitsleben stehenden schwerbehinderten Menschen nicht aus. Der Verbleib von schwerbehinderten Menschen, die nicht mehr im Arbeitsleben stehen, insbesondere von schwerbehinderten Menschen nach dem Ausscheiden aus einer Werkstatt für behinderte Menschen, beeinträchtigt nicht die zweckentsprechende Verwendung der eingesetzten Mittel.

§ 32 Förderungsgrundsätze

(1) Leistungen sollen nur erbracht werden, wenn sich der Träger der Einrichtung in einem angemessenen Verhältnis an den Gesamtkosten beteiligt und alle anderen Finanzierungsmöglichkeiten aus Mitteln der öffentlichen Hände und aus privaten Mitteln in zumutbarer Weise in Anspruch genommen worden sind.

(2) [1]Leistungen dürfen nur erbracht werden, soweit Leistungen für denselben Zweck nicht von anderer Seite zu erbringen sind oder erbracht werden. [2]Werden Einrichtungen aus Haushaltsmitteln des Bundes oder anderer öffentlicher Hände gefördert, ist eine Förderung aus Mitteln der Ausgleichsabgabe nur zulässig, wenn der Förderungszweck sonst nicht erreicht werden kann.

(3) Leistungen können nur erbracht werden, wenn ein Bedarf an entsprechenden Einrichtungen festgestellt und die Deckung der Kosten des laufenden Betriebs gesichert ist.

(4) Eine Nachfinanzierung aus Mitteln der Ausgleichsabgabe ist nur zulässig, wenn eine Förderung durch die gleiche Stelle vorangegangen ist.

§ 33 Art und Höhe der Leistungen

(1) [1]Leistungen können als Zuschüsse oder Darlehen erbracht werden. [2]Zuschüsse sind auch Zinszuschüsse zur Verbilligung von Fremdmitteln.

(2) Art und Höhe der Leistung bestimmen sich nach den Umständen des Einzelfalls, insbesondere nach dem Anteil der schwerbehinderten Menschen an der Gesamtzahl des aufzunehmenden Personenkreises, nach der wirtschaftlichen Situation der Einrichtung und ihres Trägers sowie nach Bedeutung und Dringlichkeit der beabsichtigten Rehabilitationsmaßnahmen.

§ 34 Tilgung und Verzinsung von Darlehen

(1) [1]Darlehen nach § 33 sollen jährlich mit 2 vom Hundert getilgt und mit 2 vom Hundert verzinst werden; bei Ausstattungsinvestitionen beträgt die Tilgung 10 vom Hundert. [2]Die durch die fortschreitende Tilgung ersparten Zinsen wachsen den Tilgungsbeträgen zu.

(2) Von der Tilgung und Verzinsung von Darlehen kann bis zum Ablauf von zwei Jahren nach Inbetriebnahme abgesehen werden.

Dritter Abschnitt Ausgleichsfonds

1. Unterabschnitt Gestaltung des Ausgleichsfonds

§ 35 Rechtsform

¹Der Ausgleichsfonds für überregionale Vorhaben zur Teilhabe schwerbehinderter Menschen am Arbeitsleben (Ausgleichsfonds) ist ein nicht rechtsfähiges Sondervermögen des Bundes mit eigener Wirtschafts- und Rechnungsführung. ²Er ist von den übrigen Vermögen des Bundes, seinen Rechten und Verbindlichkeiten getrennt zu halten. ³Für Verbindlichkeiten, die das Bundesministerium für Arbeit und Soziales als Verwalter des Ausgleichsfonds eingeht, haftet nur der Ausgleichsfonds; der Ausgleichsfonds haftet nicht für die sonstigen Verbindlichkeiten des Bundes.

§ 36 Weiterleitung der Mittel an den Ausgleichsfonds

¹Die Integrationsämter leiten zum 30. Juni eines jeden Jahres 20 vom Hundert des im Zeitraum vom 1. Juni des vorangegangenen Jahres bis zum 31. Mai des Jahres eingegangenen Aufkommens an Ausgleichsabgabe an den Ausgleichsfonds weiter. ²Sie teilen dem Bundesministerium für Arbeit und Soziales zum 30. Juni eines jeden Jahres das Aufkommen an Ausgleichsabgabe für das vorangegangene Kalenderjahr auf der Grundlage des bis zum 31. Mai des Jahres tatsächlich an die Integrationsämter gezahlten Aufkommens mit. ³Sie teilen zum 31. Januar eines jeden Jahres das Aufkommen an Ausgleichsabgabe für das vorvergangene Kalenderjahr dem Bundesministerium für Arbeit und Soziales mit. ⁴Abweichend von Satz 1 leiten die Integrationsämter zum 30. Juni 2020 10 Prozent des im Zeitraum vom 1. Juni 2019 bis zum 31. Mai 2020 eingegangenen Aufkommens an Ausgleichsabgabe und zum 30. Juni 2021 10 Prozent des im Zeitraum vom 1. Juni 2020 bis zum 31. Mai 2021 eingegangenen Aufkommens an Ausgleichsabgabe an den Ausgleichsfonds weiter.

§ 37 Anwendung der Vorschriften der Bundeshaushaltsordnung

Für den Ausgleichsfonds gelten die Bundeshaushaltsordnung sowie die zu ihrer Ergänzung und Durchführung erlassenen Vorschriften entsprechend, soweit die Vorschriften dieser Verordnung nichts anderes bestimmen.

§ 38 Aufstellung eines Wirtschaftsplans

(1) Für jedes Kalenderjahr (Wirtschaftsjahr) ist ein Wirtschaftsplan aufzustellen.
(2) ¹Der Wirtschaftsplan enthält alle im Wirtschaftsjahr
1. zu erwartenden Einnahmen,
2. voraussichtlich zu leistenden Ausgaben und
3. voraussichtlich benötigten Verpflichtungsermächtigungen.

²Zinsen, Tilgungsbeträge aus Darlehen, zurückgezahlte Zuschüsse sowie unverbrauchte Mittel des Vorjahres fließen dem Ausgleichsfonds als Einnahmen zu.
(3) Der Wirtschaftsplan ist in Einnahmen und Ausgaben auszugleichen.
(4) Die Ausgaben sind gegenseitig deckungsfähig.
(5) Die Ausgaben sind übertragbar.

§ 39 Feststellung des Wirtschaftsplans

[1]Das Bundesministerium für Arbeit und Soziales stellt im Benehmen mit dem Bundesministerium der Finanzen und im Einvernehmen mit dem Beirat für die Teilhabe behinderter Menschen (Beirat) den Wirtschaftsplan fest. [2]§ 1 der Bundeshaushaltsordnung findet keine Anwendung.

§ 40 Ausführung des Wirtschaftsplans

(1) [1]Bei der Vergabe der Mittel des Ausgleichsfonds sind die jeweils gültigen Allgemeinen Nebenbestimmungen für Zuwendungen des Bundes zugrunde zu legen. [2]Von ihnen kann im Einvernehmen mit dem Bundesministerium der Finanzen abgewichen werden.

(2) Verpflichtungen, die in Folgejahren zu Ausgaben führen, dürfen nur eingegangen werden, wenn die Finanzierung der Ausgaben durch das Aufkommen an Ausgleichsabgabe gesichert ist.

(3) [1]Überschreitungen der Ausgabeansätze sind nur zulässig, wenn
1. hierfür ein unvorhergesehenes und unabweisbares Bedürfnis besteht und
2. entsprechende Einnahmeerhöhungen vorliegen.

[2]Außerplanmäßige Ausgaben sind nur zulässig, wenn
1. hierfür ein unvorhergesehenes und unabweisbares Bedürfnis besteht und
2. Beträge in gleicher Höhe bei anderen Ausgabeansätzen eingespart werden oder entsprechende Einnahmeerhöhungen vorliegen.

[3]Die Entscheidung hierüber trifft das Bundesministerium für Arbeit und Soziales im Benehmen mit dem Bundesministerium der Finanzen und im Einvernehmen mit dem Beirat.

(4) Bis zur bestimmungsmäßigen Verwendung sind die Ausgabemittel verzinslich anzulegen.

2. Unterabschnitt Förderung der Teilhabe schwerbehinderter Menschen am Arbeitsleben aus Mitteln des Ausgleichsfonds

§ 41 Verwendungszwecke

(1) Die Mittel aus dem Ausgleichsfonds sind zu verwenden für
1. Zuweisungen an die Bundesagentur für Arbeit zur besonderen Förderung der Teilhabe schwerbehinderter Menschen am Arbeitsleben, insbesondere durch Eingliederungszuschüsse und Zuschüsse zur Ausbildungsvergütung nach dem Dritten Buch Sozialgesetzbuch, und zwar ab 2009 jährlich in Höhe von 16 vom Hundert des Aufkommens an Ausgleichsabgabe,
2. befristete überregionale Programme zum Abbau der Arbeitslosigkeit schwerbehinderter Menschen, besonderer Gruppen von schwerbehinderten Menschen (§ 155 des Neunten Buches Sozialgesetzbuch) oder schwerbehinderter Frauen sowie zur Förderung des Ausbildungsplatzangebots für schwerbehinderte Menschen,
3. Einrichtungen nach § 30 Abs. 1 Nr. 1 bis 3, soweit sie den Interessen mehrerer Länder dienen; Einrichtungen dienen den Interessen mehrerer Länder auch dann, wenn sie Bestandteil eines abgestimmten Plans sind, der ein länderübergreifendes Netz derartiger Einrichtungen zum Gegenstand hat,
4. überregionale Modellvorhaben zur Weiterentwicklung der Förderung der Teilhabe schwerbehinderter Menschen am Arbeitsleben, insbesondere

durch betriebliches Eingliederungsmanagement, und der Förderung der Ausbildung schwerbehinderter Jugendlicher,
5. die Entwicklung technischer Arbeitshilfen und
6. Aufklärungs-, Fortbildungs- und Forschungsmaßnahmen auf dem Gebiet der Teilhabe schwerbehinderter Menschen am Arbeitsleben, sofern diesen Maßnahmen überregionale Bedeutung zukommt.

(2) Die Mittel des Ausgleichsfonds sind vorrangig für die Eingliederung schwerbehinderter Menschen in den allgemeinen Arbeitsmarkt zu verwenden.

(3) Der Ausgleichsfonds kann sich an der Förderung von Forschungs- und Modellvorhaben durch die Integrationsämter nach § 14 Abs. 1 Nr. 4 beteiligen, sofern diese Vorhaben auch für andere Länder oder den Bund von Bedeutung sein können.

(4) Die §§ 31 bis 34 gelten entsprechend.

3. Unterabschnitt Verfahren zur Vergabe der Mittel des Ausgleichsfonds

§ 42 Anmeldeverfahren und Anträge

¹Leistungen aus dem Ausgleichsfonds sind vom Träger der Maßnahme beim Bundesministerium für Arbeit und Soziales zu beantragen, in den Fällen des § 41 Abs. 1 Nr. 3 nach vorheriger Abstimmung mit dem Land, in dem der Integrationsbetrieb oder die Integrationsabteilung oder die Einrichtung ihren Sitz hat oder haben soll. ²Das Bundesministerium für Arbeit und Soziales leitet die Anträge mit seiner Stellungnahme dem Beirat zu.

§ 43 Vorschlagsrecht des Beirats

(1) ¹Der Beirat nimmt zu den Anträgen Stellung. ²Die Stellungnahme hat einen Vorschlag zu enthalten, ob, in welcher Art und Höhe sowie unter welchen Bedingungen und Auflagen Mittel des Ausgleichsfonds vergeben werden sollen.
(2) Der Beirat kann unabhängig vom Vorliegen oder in Abwandlung eines schriftlichen oder elektronischen Antrags Vorhaben zur Förderung vorschlagen.

§ 44 Entscheidung

(1) Das Bundesministerium für Arbeit und Soziales entscheidet über die Anträge aufgrund der Vorschläge des Beirats durch schriftlichen oder elektronischen Bescheid.
(2) Der Beirat ist über die getroffene Entscheidung zu unterrichten.

§ 45 Vorhaben des Bundesministeriums für Arbeit und Soziales

Für Vorhaben des Bundesministeriums für Arbeit und Soziales, die dem Beirat zur Stellungnahme zuzuleiten sind, gelten die §§ 43 und 44 entsprechend.

Vierter Abschnitt Schlußvorschriften

§ 46 Übergangsregelungen

Abweichend von § 41 können Mittel des Ausgleichsfonds verwendet werden zur Förderung von Inklusionsbetrieben und -abteilungen nach Kapitel 11 des Teils 3 des Neunten Buches Sozialgesetzbuch, die nicht von öffentlichen Arbeitgebern im Sinne des § 154 Absatz 2 des Neunten Buches Sozialgesetzbuch geführt werden, soweit die Förderung bis zum 31. Dezember 2003 bewilligt worden ist, sowie für die Förderung von Einrichtungen nach § 30 Absatz 1 Satz 1 Nummer 4 bis 6, soweit Leistungen als Zinszuschüsse oder Zuschüsse zur Deckung eines Miet- oder Pachtzinses für bis zum 31. Dezember 2004 bewilligte Projekte erbracht werden.

§ 47 Inkrafttreten, Außerkrafttreten

[1]Diese Verordnung tritt am Tage nach der Verkündung[2] in Kraft. [2]Gleichzeitig tritt die Ausgleichsabgabeverordnung Schwerbehindertengesetz vom 8. August 1978 (BGBl. I S. 1228), zuletzt geändert durch § 12 der Kraftfahrzeughilfe-Verordnung vom 28. September 1987 (BGBl. I S. 2251), außer Kraft.

Anhang 4:
Verordnung zur Früherkennung und Frühförderung behinderter und von Behinderung bedrohter Kinder (Frühförderungsverordnung – FrühV)

Vom 24. Juni 2003 (BGBl. I S. 998)
(FNA 860-9-1-1)
zuletzt geändert durch Art. 23 BundesteilhabeG vom 23. Dezember 2016
(BGBl. I S. 3234)

Auf Grund des § 32 Nr. 1 des Neunten Buches Sozialgesetzbuch – Rehabilitation und Teilhabe behinderter Menschen – (Artikel 1 des Gesetzes vom 19. Juni 2001, BGBl. I S. 1046, 1047), der zuletzt durch Artikel 1 Nr. 3 des Gesetzes vom 3. April 2003 (BGBl. I S. 462) geändert worden ist, verordnet das Bundesministerium für Gesundheit und Soziale Sicherung:

§ 1 Anwendungsbereich

Die Abgrenzung der durch interdisziplinäre Frühförderstellen und sozialpädiatrische Zentren ausgeführten Leistungen nach § 46 Abs. 1 und 2 des Neunten Buches Sozialgesetzbuch zur Früherkennung und Frühförderung noch nicht eingeschulter behinderter und von Behinderung bedrohter Kinder, die Übernahme und die Teilung der Kosten zwischen den beteiligten Rehabilitationsträgern sowie die Vereinbarung der Entgelte richtet sich nach den folgenden Vorschriften.

§ 2 Früherkennung und Frühförderung

[1]Leistungen nach § 1 umfassen
1. Leistungen zur medizinischen Rehabilitation (§ 5),
2. heilpädagogische Leistungen (§ 6) und
3. weitere Leistungen (§ 6 a).

[2]Die erforderlichen Leistungen werden unter Inanspruchnahme von fachlich geeigneten interdisziplinären Frühförderstellen, von nach Landesrecht zugelassenen Einrichtungen mit vergleichbarem interdisziplinärem Förder-, Behandlungs-

---

2 Verkündet am 7. April 1988.

und Beratungsspektrum und von sozialpädiatrischen Zentren unter Einbeziehung des sozialen Umfelds der Kinder ausgeführt.

§ 3 Interdisziplinäre Frühförderstellen

¹Interdisziplinäre Frühförderstellen oder nach Landesrecht zugelassene Einrichtungen mit vergleichbarem interdisziplinärem Förder-, Behandlungs- und Beratungsspektrum im Sinne dieser Verordnung sind familien- und wohnortnahe Dienste und Einrichtungen, die der Früherkennung, Behandlung und Förderung von Kindern dienen, um in interdisziplinärer Zusammenarbeit von qualifizierten medizinisch-therapeutischen und pädagogischen Fachkräften eine drohende oder bereits eingetretene Behinderung zum frühestmöglichen Zeitpunkt zu erkennen und die Behinderung durch gezielte Förder- und Behandlungsmaßnahmen auszugleichen oder zu mildern. ²Leistungen durch interdisziplinäre Frühförderstellen oder nach Landesrecht zugelassene Einrichtungen mit vergleichbarem interdisziplinärem Förder-, Behandlungs- und Beratungsspektrum werden in der Regel in ambulanter, einschließlich mobiler Form erbracht.

§ 4 Sozialpädiatrische Zentren

¹Sozialpädiatrische Zentren im Sinne dieser Verordnung sind die nach § 119 Abs. 1 des Fünften Buches Sozialgesetzbuch zur ambulanten sozialpädiatrischen Behandlung von Kindern ermächtigten Einrichtungen. ²Die frühzeitige Erkennung, Diagnostik und Behandlung durch sozialpädiatrische Zentren ist auf Kinder ausgerichtet, die wegen Art, Schwere oder Dauer ihrer Behinderung oder einer drohenden Behinderung nicht von geeigneten Ärzten oder geeigneten interdisziplinären Frühförderstellen oder nach Landesrecht zugelassenen Einrichtungen mit vergleichbarem interdisziplinärem Förder-, Behandlungs- und Beratungsspektrum (§ 3) behandelt werden können. ³Leistungen durch sozialpädiatrische Zentren werden in der Regel in ambulanter und in begründeten Einzelfällen in mobiler Form oder in Kooperation mit Frühförderstellen erbracht.

§ 5 Leistungen zur medizinischen Rehabilitation

(1) ¹Die im Rahmen von Leistungen zur medizinischen Rehabilitation nach § 46 des Neunten Buches Sozialgesetzbuch zur Früherkennung und Frühförderung zu erbringenden medizinischen Leistungen umfassen insbesondere
1. ärztliche Behandlung einschließlich der zur Früherkennung und Diagnostik erforderlichen ärztlichen Tätigkeiten,
2. nichtärztliche sozialpädiatrische Leistungen, psychologische, heilpädagogische und psychosoziale Leistungen, soweit und solange sie unter ärztlicher Verantwortung erbracht werden und erforderlich sind, um eine drohende oder bereits eingetretene Behinderung zum frühestmöglichen Zeitpunkt zu erkennen und einen individuellen Förder- und Behandlungsplan aufzustellen,
3. medizinisch-therapeutische Leistungen, insbesondere physikalische Therapie, Physiotherapie, Stimm-, Sprech- und Sprachtherapie sowie Ergotherapie, soweit sie auf Grund des Förder- und Behandlungsplans nach § 7 erforderlich sind.

²Die Erbringung von medizinisch-therapeutischen Leistungen im Rahmen der Komplexleistung Frühförderung richtet sich grundsätzlich nicht nach den Vorgaben der Heilmittelrichtlinien des Gemeinsamen Bundesausschusses. ³Medizinisch-therapeutische Leistungen werden im Rahmen der Komplexleistung Früh-

förderung nach Maßgabe und auf der Grundlage des Förder- und Behandlungsplans erbracht.

(2) Die Leistungen nach Absatz 1 umfassen auch die Beratung der Erziehungsberechtigten, insbesondere
1. das Erstgespräch,
2. anamnestische Gespräche mit Eltern und anderen Bezugspersonen,
3. die Vermittlung der Diagnose,
4. Erörterung und Beratung des Förder- und Behandlungsplans,
5. Austausch über den Entwicklungs- und Förderprozess des Kindes einschließlich Verhaltens- und Beziehungsfragen,
6. Anleitung und Hilfe bei der Gestaltung des Alltags,
7. Anleitung zur Einbeziehung in Förderung und Behandlung,
8. Hilfen zur Unterstützung der Bezugspersonen bei der Krankheits- und Behinderungsverarbeitung,
9. Vermittlung von weiteren Hilfs- und Beratungsangeboten.

(3) Weiter gehende Vereinbarungen auf Landesebene bleiben unberührt.

§ 6 Heilpädagogische Leistungen

Heilpädagogische Leistungen nach § 79 des Neunten Buches Sozialgesetzbuch umfassen alle Maßnahmen, die die Entwicklung des Kindes und die Entfaltung seiner Persönlichkeit mit pädagogischen Mitteln anregen, einschließlich der jeweils erforderlichen sozial- und sonderpädagogischen, psychologischen und psychosozialen Hilfen sowie die Beratung der Erziehungsberechtigten; § 5 Abs. 2 und 3 gilt entsprechend.

§ 6 a Weitere Leistungen

[1]Weitere Leistungen der Komplexleistung Frühförderung sind insbesondere
1. die Beratung, Unterstützung und Begleitung der Erziehungsberechtigten als medizinisch-therapeutische Leistung nach § 5 Absatz 2,
2. offene, niedrigschwellige Beratungsangebote für Eltern, die ein Entwicklungsrisiko bei ihrem Kind vermuten. Dieses Beratungsangebot soll vor der Einleitung der Eingangsdiagnostik in Anspruch genommen werden können,
3. Leistungen zur Sicherstellung der Interdisziplinarität; diese sind insbesondere:
   a) Durchführung regelmäßiger interdisziplinärer Team- und Fallbesprechungen, auch der im Wege der Kooperation eingebundenen Mitarbeiter,
   b) die Dokumentation von Daten und Befunden,
   c) die Abstimmung und der Austausch mit anderen, das Kind betreuenden Institutionen,
   d) Fortbildung und Supervision,
4. mobil aufsuchende Hilfen für die Erbringung heilpädagogischer und medizinisch-therapeutischer Leistungen außerhalb von interdisziplinären Frühförderstellen, nach Landesrecht zugelassenen Einrichtungen mit vergleichbarem interdisziplinärem Förder-, Behandlungs- und Beratungsspektrum und sozialpädiatrischen Zentren.

[2]Für die mobile Form der Frühförderung kann es sowohl fachliche als auch organisatorische Gründe geben, etwa unzumutbare Anfahrtswege in ländlichen Gegenden. [3]Eine medizinische Indikation ist somit nicht die notwendige Voraussetzung für die mobile Erbringung der Komplexleistung Frühförderung.

§ 7 Förder- und Behandlungsplan

(1) ¹Die interdisziplinären Frühförderstellen, nach Landesrecht zugelassene Einrichtungen mit vergleichbarem interdisziplinärem Förder-, Behandlungs- und Beratungsspektrum und die sozialpädiatrischen Zentren stellen die nach dem individuellen Bedarf zur Förderung und Behandlung voraussichtlich erforderlichen Leistungen nach §§ 5 und 6 in Zusammenarbeit mit den Erziehungsberechtigten in einem interdisziplinär entwickelten Förder- und Behandlungsplan schriftlich oder elektronisch zusammen und legen diesen den beteiligten Rehabilitationsträgern nach Maßgabe des § 14 des Neunten Buches Sozialgesetzbuch zur Entscheidung vor. ²Der Förder- und Behandlungsplan wird entsprechend dem Verlauf der Förderung und Behandlung angepasst, spätestens im Ablauf von zwölf Monaten. ³Dabei sichern die Rehabilitationsträger durchgehend das Verfahren entsprechend dem jeweiligen Bedarf. ⁴Der Förder- und Behandlungsplan wird von dem für die Durchführung der diagnostischen Leistungen nach § 5 Abs. 1 Nr. 1 verantwortlichen Arzt und der verantwortlichen pädagogischen Fachkraft unterzeichnet. ⁵Die Erziehungsberechtigten erhalten eine Ausfertigung des Förder- und Behandlungsplans.

(2) Im Förder- und Behandlungsplan sind die benötigten Leistungskomponenten zu benennen, und es ist zu begründen, warum diese in der besonderen Form der Komplexleistung nur interdisziplinär erbracht werden können.

(3) Der Förder- und Behandlungsplan kann auch die Förderung und Behandlung in einer anderen Einrichtung, durch einen Kinderarzt oder die Erbringung von Heilmitteln empfehlen.

§ 8 Erbringung der Komplexleistung

(1) ¹Die zur Förderung und Behandlung nach §§ 5 und 6 erforderlichen Leistungen werden von den beteiligten Rehabilitationsträgern auf der Grundlage des Förder- und Behandlungsplans zuständigkeitsübergreifend als ganzheitliche Komplexleistung erbracht. ²Ein Antrag auf die erforderlichen Leistungen kann bei allen beteiligten Rehabilitationsträgern gestellt werden. ³Der Rehabilitationsträger, bei dem der Antrag gestellt wird, unterrichtet unverzüglich die an der Komplexleistung beteiligten Rehabilitationsträger. ⁴Die beteiligten Rehabilitationsträger stimmen sich untereinander ab und entscheiden innerhalb von zwei Wochen nach Vorliegen des Förder- und Behandlungsplans über die Leistung.

(2) Sofern die beteiligten Rehabilitationsträger nichts anderes vereinbaren, entscheidet der für die Leistungen nach § 6 jeweils zuständige Rehabilitationsträger über Komplexleistungen interdisziplinärer Frühförderstellen sowie der nach Landesrecht zugelassenen Einrichtungen mit vergleichbarem interdisziplinärem Förder-, Behandlungs- und Beratungsspektrum und der für die Leistungen nach § 5 jeweils zuständige Rehabilitationsträger über Komplexleistungen sozialpädiatrischer Zentren.

(3) ¹Erbringt ein Rehabilitationsträger im Rahmen der Komplexleistung Leistungen, für die ein anderer Rehabilitationsträger zuständig ist, ist der zuständige Rehabilitationsträger erstattungspflichtig. ²Vereinbarungen über pauschalierte Erstattungen sind zulässig.

(4) ¹Interdisziplinäre Frühförderstellen, nach Landesrecht zugelassene Einrichtungen mit vergleichbarem interdisziplinärem Förder-, Behandlungs- und Beratungsspektrum und sozialpädiatrische Zentren arbeiten zusammen. ²Darüber hinaus arbeiten sie mit Ärzten, Leistungserbringern von Heilmitteln und anderen an der Früherkennung und Frühförderung beteiligten Stellen wie dem Öffentlichen Gesundheitsdienst zusammen. ³Soweit nach Landesrecht an der

Komplexleistung weitere Stellen einzubeziehen sind, sollen diese an Arbeitsgemeinschaften der an der Früherkennung und Frühförderung beteiligten Stellen beteiligt werden.

§ 9 Teilung der Kosten der Komplexleistung

Die Übernahme oder Teilung der Kosten zwischen den beteiligten Rehabilitationsträgern für die nach den §§ 5, 6 und 6a zu erbringenden Leistungen werden nach § 46 Absatz 5 des Neunten Buches Sozialgesetzbuch geregelt.

§ 10 Inkrafttreten

Diese Verordnung tritt am ersten Tage des auf die Verkündung[1] folgenden Kalendermonats in Kraft.

Der Bundesrat hat zugestimmt.

---

1 Verkündet am 30.6.2003.

Stichwortverzeichnis

Fette Zahlen bezeichnen die Paragrafen, magere die Randnummern. Beziehen sich die Paragrafenangaben nicht auf das SGB IX, so ist das kommentierte Gesetz angegeben.

4-A-Schema **75** 6
Abberufung
- Abberufungsverlangen **181** 23
- Beteiligung der SBV **181** 21
- Inklusionsbeauftragter **181** 21

Abfindung
- Altersstaffelung **164** 235
- Ausschluss **164** 236
- Entschädigung **164** 100
- Kürzung wegen früheren Rentenzugangs **164** 232
- mittelbare Benachteiligung **164** 234
- rentennahe Jahrgänge **164** 233

Abgeltung
- Arbeitsunfähigkeit **208** 36
- Ausschlussfrist **208** 39
- Geltendmachung **208** 39, 59
- keine Mitwirkungsobliegenheit des Arbeitgebers **208** 39
- Urlaub **208** 40
- Verfall **208** 39

Abgeltung für Beamte
- Antragserfordernis **208** 70
- Verjährung **208** 70

Abgrenzungsfragen **25** 7

Abklärung
- der beruflichen Eignung **65** 12
- Leistungen verschiedener Leistungsgruppen oder mehrerer Rehabilitationsträger **19** 4

Abkommen zwischen der Bundesrepublik Deutschland und der Republik Österreich über Fürsorge und Jugendwohlfahrtspflege v. 17.1.1966 (DÖFA) **100** 8 ff.

Ablehnung
- Beginn des Laufs der Frist zur Geltendmachung **164** 95
- Geeignetheitsprüfung **164** 158

Ablehnung der Beteiligung
- Widerruf der Ablehnung **164** 156

Ablehnung der Beteiligung der SBV
- Freiwilligkeit **164** 156
- kein Dispositionsrecht **178** 91

Ablehnungsrecht
- AGB **164** 157
- Behinderung der Amtstätigkeit **164** 157
- Beteiligung der Interessenvertretung **167** 74
- vorformulierte Erklärung **164** 157

Abmahnung
- Beteiligung der kirchlichen Vertrauensperson **178** 42
- Beteiligung der SBV **178** 42
- Urteilsverfahren **179** 129

Abmeldung
- Inhalt der **179** 54
- Nachprüfung der Tätigkeit **179** 54

Abordnung
- Amtsende **177** 104
- Wahlberechtigung **177** 13

Abrechnung
- Ersatzvornahme *Kap.* 2 168
- Zwangsvollstreckung *Kap.* 2 168

Abstimmung **19** 14
- Namensliste **177** 78
- Stimmzettel **177** 78
- Wahlleitung **177** 78
- Wahlumschläge **177** 78

Abstimmungsgespräch
- Entgeltfortzahlung **178** 35

Abstimmungssitzung
- bezahlte Freistellung **178** 35
- Erforderlichkeit **178** 35

Abtretung
- Freistellungsanspruch **179** 126

Adressaten **9** 9

AGB
- vorformulierte Ablehnung der SBV **164** 156

AGG *siehe* Allgemeines Gleichbehandlungsgesetz

Akteneinsicht
- Rechtsmittel *Kap.* 2 37
- Teilhabeplan *Kap.* 2 36 f.
- Verfahrensmangel *Kap.* 2 37
- Verweigerung *Kap.* 2 37

Akteure
- klärende Stellen 167 77

Aktienoptionen
- Vertrauensperson 179 48

Akzessorietät
- bei fiktiver Genehmigung 64 5

Allgemeine Schulbildung 112 4

Allgemeine Schulpflicht 75 13

Allgemeines Gleichbehandlungsgesetz (AGG)
- „AGG-Hopper" 164 102 f.
- allgemeines Benachteiligungsverbot 164 7
- Beschwerdestelle 164 31
- Entschädigungsanspruch 154 5
- Gesetz zur Umsetzung europäischer Richtlinien zur Verwirklichung des Grundsatzes der Gleichbehandlung 164 4
- gleichbehandlungsrechtliches Benachteiligungsverbot 164 17 ff.
- Kündigung 164 39 ff., 168 71 ff.
- Maßregelungsverbot 164 51
- Rahmenrichtlinie 168 72
- schwerbehindertenrechtliches Benachteiligungsverbot 164 7
- Unionsrecht 168 72
- Verweisung in § 164 Abs. 2 SGB IX 164 36 ff.

Allgemeinverbindlicherklärung (AVE)
- Kündigungsfrist 169 5

Alliierte Stationierungsstreitkräfte
- Betriebsvertretung 177 51
- BPersVG 1991 177 51
- British Army Germany 177 51
- Hauptquartier 180 76
- NATO-Truppenstatut 177 51
- SBV der Zivilbeschäftigten 177 51
- SchwbG 1991 177 51
- SchwbVWO 1990 177 51
- Stufenvertretungen der schwerbehinderten Zivilbeschäftigten 180 76
- US-Streitkräfte 177 51

- Vertrauensmann 177 51
- Wahlordnung für SBV 177 51
- Zivilbeschäftigte 177 51

Alliierte Streitkräfte 154 23

Ältere Arbeitnehmer
- Ausnahme vom Sonderkündigungsschutz 173 22

Altersdiskriminierung 103 19

Altersgrenze 57 21, 58 11
- für Nachteilsausgleiche 229 10

Altersrente
- Hilfen zum Erreichen des Arbeitsplatzes 185 9

Altersruhestand 220 25

Alterssicherung der Landwirte 7 13

Altersteilzeit
- Arbeitszeitmodelle 164 217
- Aufstockung 164 217
- Benachteiligung bei Ausgleichszahlungen für vorzeitigen Rentenbezug 164 217a
- Blockfreizeit 156 2
- Freistellungsphase 156 9, 42
- für Schwerbehinderte 164 193
- mittelbare Benachteiligung im Tarifvertrag 164 35
- Schwerbehinderte 164 217
- Verblockungsmodell 156 42
- Vertrauensperson 177 102
- zusätzliche Rentenversicherungsbeiträge 164 217

Altersteilzeitler
- Pflegezeit 177 16

Alterstypischer Gesundheitszustand *BGG* 3 2

Ambulante Leistungen zur medizinischen Rehabilitation 65 11

Amt
- Amtsführung der Vertrauensperson 179 16

Amtsärztliche Untersuchung 178 47
- Mitbestimmung 211 14
- Rechtmäßigkeit der Anordnung 211 14

Amtsende
- Ausgliederung von Betriebsteilen 177 104
- Elternzeit 177 103

– Verlust der Wählbarkeit 177 104
– Versetzung 177 104
Amtsermittlung *Kap.* 2 113
– Beweisanträge *Kap.* 2 19
– Beweismittel *Kap.* 2 18
– Untersuchungsgrundsatz *Kap.* 2 18, 105
Amtsführung, unparteiische 179 18
Amtsgericht
– Vollstreckungsgericht *Kap.* 2 161
Amtshaftung **237a, 237b** 13
Amtspflichtverletzung 171 44
– Rechtsfolgen der 176 4
– Sanktion 176 19
– wichtiger Grund 179 70
Amtsträger
– Kündigung der schwerbehinderten Vertrauensperson 174 32
– Kündigung schwerbehinderter Betriebsratsmitglieder 174 32
– Kündigung schwerbehinderter Personalratsmitglieder 174 32
Amtszeit
– Abwahl 180 6
– Betriebsaufspaltung 177 115
– der SBV 177 99 ff.
– Ende 180 6
– Ende durch Niederlegung 177 101
– fester Stichtag *Kap.* 1 20
– Nachrücken 177 106
– regelmäßige 180 6
– Umstrukturierung 180 6
– Verkürzung 177 12, 180 6
– Verlängerung 177 12, 105, 180 6
– vorzeitige Beendigung 177 100
– vorzeitiges Ende 180 6
– Zusammenfassung von Betrieben 177 116
Analogleistungen 100 11
Andere Leistungsanbieter 111 2
– Zusammenarbeit 58 45
Änderung, notwendige 47 19
Änderungskündigung
– Angemessenheit des Arbeitsplatzes 172 71

– Sicherheit des zugesagten neuen Arbeitsplatzes 172 73
– Soll-Zustimmung 172 70 ff.
– Zumutbarkeit des Arbeitsplatzwechsels 172 71
Anderweitige Verwendung
– 100 Prozent der regulären Arbeitszeit 211 16
Anerkennung 225 5
– amtliche Feststellung 178 59
– amtliche Gleichstellung 178 59
– Verwaltungsakt 178 59
Anerkennung als Werkstatt
– Fachliche Anforderungen 227 5
Anfechtung
– Anfechtungsgründe 177 92
– Arbeitsvertrag 168 21 ff.
– Folgen 168 35
– Frist für Täuschungsanfechtung 168 34
– Frist für Wahlanfechtung 177 94
– getrennte Anfechtung 180 27
– Gewerkschaft 180 28
– GSBV-Wahl 180 27 ff.
– kein Ausschluss durch Kündigungsmöglichkeit 168 36
– Offenbarungspflicht 168 24
– SBV-Wahl 177 88 ff.
– Täuschung 168 23
– Teilanfechtung 180 27
– Teilanfechtung der Vertreterwahl 177 95
Anfechtungsberechtigte
– Mindestzahl drei 180 29
– Nichtanwendbarkeit der Mindestzahl 180 29
Anfechtungsfrist
– SBV – Wahl im Betrieb 177 94
– SBV – Wahl in der Dienststelle 177 94
Anfechtungsklage
– Abfindungsvergleich 168 53
– Abweisung der Kündigungsschutzklage 168 53
– Erledigungserklärung 171 30
– Rechtsschutzinteresse 168 53, 173 51
– Restitutionsklage 168 53
– Streitwert 171 43
– Verwaltungsgericht **Vor** 168 18

Anfechtungsrecht
- Arbeitgeber 177 91
- Betriebsrat 177 89
- drei Wahlberechtigte 177 90
- Gewerkschaft 177 89
- Personalrat 177 89

Anforderungsprofil
- Abweichen vom 164 134
- Abweichung 165 21
- Ausschreibung 164 137
- Aussetzung der Festlegung 164 136
- Auswahlrichtlinie 164 136
- Benachteiligung 164 41, 135
- Beteiligung der SBV 164 128, 136
- Bindung an 165 19
- Bindung an Ausschreibung 165 11
- Diskriminierungsfreiheit 164 137
- Dokumentation 164 134
- Eignungstest 165 11
- Ermessensspielraum 165 18
- Examensnoten 165 11
- Festlegung 164 133
- gesetzliche Anforderungen 165 20
- Prüfung des Arbeitsplatzes auf Eignung zur Besetzung 165 18
- Ranking 165 23
- willkürliche Anforderungen 165 11
- Zusatzanforderungen 165 21

Angehörige 45 7
- Eingliederungshilfeanspruch 138 6
- Einkommen 138 6
- Vermögen 138 6

Angehörigen-Entlastungsgesetz
- Eingliederungshilfe 138 10, 138
- Einkommen 138 10
- Heranziehung Eltern 142 1
- Kosten der Eingliederungshilfe 138 3
- volljährige Bezieher der Eingliederungshilfe 142 1

Angelegenheit, allgemeine
- Berührtsein 178 39
- Berührtsein der Schwerbehinderten als Gruppe 178 41
- Berührtsein des einzelnen Schwerbehinderten 178 41
- Unterrichtung der SBV 178 41

Angelegenheit, personelle
- Abmahnung 178 42
- Angebot eines Aufhebungsvertrags 178 42
- Ein- und Umgruppierung 178 42
- Kündigung 178 42
- Versetzung 178 42

Angemessene Vorkehrung 75 6
- Allgemeine Bemerkung Nr. 6 des Ausschusses der Vereinten Nationen 167 32
- Anpassung 164 107
- BEM 167 92
- dialogische Klärung 167 32
- Umsetzung im SGB IX 164 183
- Verfahren zur Suche der Anpassung 164 107
- Verfahrensregelung 167 32

Angemessenheit
- Einkommenseinbuße 172 71
- Stellung in der Hierarchie 172 71
- unbestimmter Rechtsbegriff 172 71

Anhaltspunkte 152 21 ff.
- potenzieller Bedarf an Leistungen zur Teilhabe 12 6

Anhörung Kap. 2 4
- Auseinanderfallen von Anspruch auf Unterrichtung und auf Anhörung 178 54
- Betroffener Kap. 2 38 ff.
- des Arbeitgebers 151 8, 204 2
- des schwerbehinderten Menschen 170 31 ff.
- Entlassung aus dem Dienst 178 80
- Gelegenheit zur Stellungnahme 178 54
- Nachholung 178 57, 79
- Nachholung bei Kenntnis der Schwerbehinderung 211 12
- Rechtzeitigkeit der 178 54, 56
- SBV 177 4, 178 39
- Unterrichtung der SBV 178 41
- Verfahrensfehler 178 77
- verwaltungsrechtliche Folgen 178 77

- vor einer Entscheidung 170 36
- vor Entscheidung des Arbeitgebers 178 55
- vor Kündigung 178 55
- vor oder nach der Zustimmung des Integrationsamts 178 67
- vor personeller Entscheidung über eine personelle Maßnahme 178 55
- vorsorgliche Anhörung 211 13
- Willenserklärung 178 56

Anhörung der SBV
- Anfechtbarkeit des Verwaltungsakts 178 77
- Nichtigkeit des Verwaltungsakts 178 77
- Unerheblichkeit der Nichtanhörung 178 78

Anhörung nach Mitteilung der Schwerbehinderung
- nachträgliche 211 13

Anhörung, unterbliebene
- Rechtsmittel Kap. 2 39
- Rechtswidrigkeit Kap. 2 39

Annahmeverzug
- nach gerichtlicher Feststellung der Unwirksamkeit der Kündigung 168 67
- Nichtbeschäftigung 164 198
- Verschweigen der Schwerbehinderung 168 66

Anpassungsfaktor 70 8

Anrechnung
- Addition der Beschäftigungszeiten 173 9
- amtliche Feststellung 158 13
- Anrechnung von Schwerbehinderten auf Pflichtplätze 166 42
- Anrechnungsvereinbarung 173 13
- Arbeitgeber 158 9
- Geschäftsführer 158 10
- Grundsatz 158 3
- Rechtsentwicklung 206 2
- schwerbehinderte Heimarbeitnehmer 210 2
- von schwerbehinderten Menschen 158 3 f., 159 3 f.
- Zulassung 158 5

Anrechnungsverbot
- Abbau von Überversorgung 206 13

- Abdingbarkeit 206 21
- Abfindung 206 14
- Altersversorgung 206 12
- Beamtenverhältnis 206 5
- Bemessung des Entgelts 206 4 ff.
- bestehendes Arbeitsverhältnis 206 10
- Entgelt 206 4
- Geltungsbereich 206 5
- Inklusionsbetrieb 206 5
- Krankenbezüge 206 11, 15 f.
- Leistungsentgelt 206 17
- Minderleistung 206 17 f.
- Ruhegeld 206 12
- ruhendes Arbeitsverhältnis 206 11
- Übergangsgeld 206 10
- Vergütungsordnung 206 20
- Verstoß 206 22
- Weihnachtsgeld 206 11

Anschluss
- Leistung 69 8

Anschlussübergangsgeld 71 17

Ansprechstellen 12 9
- Auskunft über Zuständigkeiten 167 42
- Auskunft „wie aus einer Hand" 167 30

Anspruch auf bezahlte Arbeitsbefreiung 179 22

Anspruch auf Entgelt
- bei Annahmeverzug 168 66
- Entgelt für Vertrauenspersonen 179 5
- Krankenbezüge 206 16
- Leistungsprinzip 206 3
- Lohnersatzleistungen 206 15

Antrag
- Antragsrecht 178 16
- Auslegung der Kündigungsart 170 11
- Betriebsübergang 170 7
- Eingliederungshilfe 99–108 1
- elektronisch 170 8
- E-Mail 170 8
- Entgeltschutz 178 16
- Form 170 8
- hilfsweise ordentliche Kündigung 170 11
- Hinwirken auf 12 5
- Insolvenzverwalter 170 7

- Rechtsträgerumwandlung 170 7
- schriftlich 170 8
- Sozialhilfe *Kap.* 2 16
- Textform 170 8
- Verfahrensrecht 170 4, 5
- Vollmacht 178 16

Antrag auf Sozialleistungen
- Leistungsträger *Kap.* 2 14
- Weiterleitung *Kap.* 2 14

Antrag auf Zustimmung
- Antragsvordrucke 170 43
- Hilfen der BIH 170 43
- Zuständigkeit 170 43
- Zweiwochenfrist 174 13

Antragsbefugnis
- Antragsbefugnis der SBV für Beteiligung nach § 164 Abs. 1 Satz 6 SGB IX 164 139
- Beschlussverfahren 178 17
- Ordnungsgeld 178 138
- SBV 177 33 f., 178 142

Antragsdelikt 237a, 237b 11

Antragsfrist
- Berücksichtigung der Beteiligung des Betriebsrats 174 13
- Besonderheit der öffentlichen Verwaltung 174 13
- Bindung an Entscheidung der Verwaltung 174 16
- Darlegungslast 174 18
- keine Verlängerung wegen Beteiligung 174 13
- Kenntnis vom Kündigungssachverhalt 174 13
- Kündigung gegenüber GmbH-Geschäftsführer 174 13
- Prüfkompetenz des Integrationsamts 174 28
- Prüfung von Amts wegen 174 13
- Prüfungskompetenz der Integrationsämter 174 16
- Rspr.-Änderung 174 28
- Versäumnis wegen Organisationsverschuldens 174 13

Antragsrecht
- Feststellungsverfahren 152 9
- Minderjährige 152 10
- SBV 178 16

Antragssplittung 15 4

Antragstellung 12 8
- bei der Arbeitsagentur 173 47
- beim Versorgungsamt 173 47
- Bestimmtheit des Antrags 174 14
- dreiwöchige Vorfrist 175 6
- Klarstellung des Antragsziels 174 14
- Rückwirkung 178 64
- Vorfrist 168 8
- Vorfrist von drei Wochen 168 12
- Vorwirkung für Beteiligung der SBV 178 59
- Vorwirkung für Kündigungsschutz 178 59
- Wahlrecht 177 17

Antragsverfahren 170 13
- Ablauf 170 28 ff.
- Akteneinsichtsrecht 170 39
- allgemeine Angaben 170 13
- Angaben für die zu treffende Ermessensentscheidung 170 13
- Anhörung der Schwerbehindertenvertretung 170 18
- Anhörung des Betriebs- und Personalrats 170 34
- Anhörung des Schwerbehinderten 170 31
- Antrag des Arbeitgebers 170 7
- Antragsbegründung 170 12 ff.
- Arbeitsagentur 170 33
- Aufklärungsfehler 167 120
- außerordentliche Kündigung 170 14
- außerordentliche Kündigung, Frist 174 12
- Aussetzung wegen Präventionsverfahren 172 16
- Aussetzung zur Nachholung des Präventionsverfahrens 170 19
- bei Kündigung mit Auslauffrist 174 10
- betriebsbedingte Kündigung 167 120
- Einholen von Stellungnahmen 170 30
- elektronischer Antrag 170 1
- erledigendes Ereignis 173 26
- Feststellungslast 167 120
- Formnichtigkeit 170 10
- Fristlauf 170 28
- gesteigerte Behauptungslast 167 120
- Gesundheitsdaten 170 32

- GSBV 170 36
- gütliche Einigung 170 40 ff.
- KSBV 170 36
- Kündigungsgründe 170 12 f.
- Landesrecht 170 3
- Mindestangaben im Antrag 170 11
- Mitwirkungsobliegenheit 170 32
- Nachbesserung 170 1 ff.
- Negativattest 170 17
- ordentliche Kündigung 170 15
- Sachverhaltsermittlung 170 30
- Stellungnahme der Schwerbehindertenvertretung 170 36
- Stellungnahme des Sprecherausschusses 170 35
- Stilllegungsabsicht vorgeschoben 167 120
- Unkenntnis von Rentenbewilligung 175 14
- Unkenntnis von Schwerbehinderung 175 14
- Verfahrensbeteiligte 170 29
- Verfahrensgrundsätze 170 29
- Vertretung bei der Antragstellung 170 9
- vor Durchführung des Präventionsverfahrens 170 19
- vor Feststellung der Schwerbehinderung 170 17
- Vorteile aus rechtswidrigem Handeln 167 120
- Zeitpunkt der Antragstellung 170 16
- zuständiges Amt 170 20

Anwalt
- auswärtiger 179 99
- Beistand eines Anwalts 167 68
- BEM-Gespräche 167 68

Anwaltskosten *Kap. 2* 93

Anwaltsvergütung
- Durchsetzung 179 96
- Haftung der Vertrauensperson 179 100
- Honorarzusage 179 100
- Rechtsanwaltsvergütungsgesetz 179 100

Anzahl der stellvertretenden Mitglieder der SBV
- Wahlversammlung 177 11
- Wahlvorstand 177 11

Anzeige
- Aufforderung 163 12
- Inhalt 163 9
- unterlassene 163 13
- Zuständigkeit 163 8

Anzeigenerstattung
- Anwaltskosten 179 102

Anzeigepflicht
- für die maßgeblichen Daten 163 7
- Verstoß gegen die Anzeigepflicht 238 14

Arbeitgeber
- Anfechtungsberechtigung 159 19
- Antragsberechtigung 159 15
- Arbeitsmarkt 187 5
- Beauftragten bestellen 181 2
- Begriff 154 9 ff.
- Beratung 187 5
- Beratungspflicht 155 7
- Beschäftigungspflicht, arbeitsrechtliche 164 187
- Beschäftigungspflicht, öffentlich-rechtliche 164 2
- Bund als Arbeitgeber 154 16
- darlegungs- und beweisrechtlichen Vorteile 164 196
- Definition 181 7
- der öffentlichen Hand 154 15
- Differenzierung nach öffentlichen und sonstigen Arbeitgebern 164 141
- Einspruch gegen die Liste der Wahlberechtigten *SchwbVWO* 4 6
- fehlende Unterstützung bei Wahl *SchwbVWO* 2 43
- Fragerecht 168 25 ff.
- freie Entschließung 164 109
- interne Besetzung des Arbeitsplatzes 164 141
- Kleinunternehmer 154 30
- Länder als Arbeitgeber 154 17
- öffentlicher, Adressat 238 4 f.
- Ordnungswidrigkeit 181 36
- persönliche Verantwortung 238 6
- Pflichtenübergang auf Beauftragten 181 35 f.
- privater 154 10, 238 5
- Prüfpflicht 187 5

- Rechtsbehelf bei Ablehnung des Zustimmungsantrags **174** 36
- Schaffung von Arbeitsplätzen **184** 3
- stufenweise Wiedereingliederung **44** 8
- Teilhabe am Arbeitsleben **184** 3
- Unterlassungspflicht **167** 81
- Unterstützung bei der Wahl SchwbVWO **3** 7
- Unterstützung der Schwerbehindertenvertretungswahl SchwbVWO **2** 38 ff., 42
- verantwortliche Vertretung **181** 2
- Zusammenarbeit **182** 1 ff.

Arbeitgeberbeauftragte
- Abberufung **168** 39
- Arbeitgeberbeauftragte **168** 39

Arbeitgeberpflicht **163** 14 ff.
- Auskunftspflicht **163** 14
- behindertengerechte Beschäftigung **176** 10
- Benachteiligungsverbot **176** 10
- Benennung der Vertrauensperson und des Inklusionsbeauftragten **163** 17
- Mindestbeschäftigungspflicht **176** 10
- Überwachung durch Interessenvertretungen **176** 10
- Umsetzung **172** 67
- Verletzung von, Ordnungswidrigkeit **238** 12
- Versetzung **172** 67
- Zumutbarkeitsvorbehalt **164** 203

Arbeitnehmer **156** 13 ff.
- Abgrenzung bei Franchiseunternehmen **156** 17
- Abgrenzung bei Transport und Güterverkehr **156** 18
- Abgrenzung bei Unterrichtstätigkeit **156** 15
- Abgrenzung bei Verkaufstätigkeit **156** 14
- Abgrenzung bei Versicherungsvermittlung **156** 16
- Abgrenzung zum freien Mitarbeiter **156** 13
- Beamte als Arbeitnehmer **168** 6
- Eingliederung **156** 13
- Geschäftsführer als Arbeitnehmer **168** 5
- Klage gegen Kündigung **174** 35
- primären Darlegungslast **164** 196
- Widerspruch als Rechtsbehelf gegen Zustimmung **174** 35

Arbeitnehmerähnliche Person **156** 25
- Vermutung **221** 12
- Wahlrecht **177** 16

Arbeitnehmerstatus in der Werkstatt
- Datenschutz **179** 108

Arbeitnehmervertretung
- Freistellung **156** 39
- Mitberatungsrecht **155** 7
- Überwachung **163** 10

Arbeitsagentur
- Interne Stellenbesetzung **164** 139
- Meldung mit Auslösung eines Vermittlungsauftrags **164** 138
- Online-Jobbörse **164** 138
- Unterstützung bei Antragstellung **178** 18
- Verbindungsaufnahme **164** 138 ff., 142
- Verbindungsperson **182** 7
- Vermittlungsbemühung **164** 140
- Vermittlungsvorschlag **164** 1
- Zusammenarbeit mit SBV **164** 141

Arbeitsassistenz
- Arbeitgebermodell **185** 24
- BIH-Empfehlung **185** 24
- Dienstleistungsmodell **185** 24
- Ermessen **185** 24
- Rechtsanspruch **185** 24
- Verordnung **191** 2

Arbeitsbedingungen
- behinderungsgerechte Beschäftigung **164** 181

Arbeitsbereich
- Rechtsanspruch auf Leistungen **58** 6, 7

Arbeitsbeschaffungsmaßnahmen **156** 37

Arbeitseinkommen **65** 12, **66** 5, **72** 7

Stichwortverzeichnis

Arbeitsentgelt
- Anrechnung **206** 1 ff.
- Einbuße **172** 71
- fiktives **68** 5 ff., 9
- Zahlungspflicht **221** 18
Arbeitsergebnis **221** 26
- Ermittlung **58** 38
- Prüfpflichten **58** 43
- Verwendungsverbot **58** 42
- Zeitpunkt der Ermittlung **58** 40
Arbeitserprobung **65** 12
Arbeitsförderung **65** 9
Arbeitsförderungsgeld **111** 2
Arbeitsgemeinschaft **75** 10
- Bundesarbeitsgemeinschaft für Rehabilitation (BAR) **39** 3
- der Hauptpersonalräte **180** 1
Arbeitsgemeinschaft der Hauptpersonalräte
- der Vereinigung der Schwerbehindertenvertretungen des Bundes **180** 1
- Teilnahmerecht der Arbeitsgemeinschaft der Schwerbehindertenvertretungen des Bundes **180** 1
Arbeitsgericht
- Bestellung Wahlvorstand **177** 86
- Hinweis auf verlängerte Anrufung **171** 39
- Klagefrist bei Kündigung **171** 39
- Prozessgericht *Kap.* 2 161
- Rechtmäßigkeitsprüfung **172** 6
- Verfahrensarten *Kap.* 2 153
- Wahlinitiierung *SchwbVWO* **1** 63 ff.
Arbeitsgruppe
- Geschäftsordnung **178** 103
Arbeitskampf
- Wiedereinstellung **174** 40
Arbeitsleben
- begleitende Hilfe **185** 2
- Leistungen zur Teilhabe am **185** 2
Arbeitslosengeld **44** 27, **64** 19
Arbeitslosenversicherung **65** 11
Arbeitslosigkeit **65** 12

Arbeitsmarkt **154** 2
- innerbetrieblicher **164** 143
Arbeitsmarktprogramm
- Ausgleichsabgabe **187** 7
- Regionaldirektion **187** 7
- Verwaltungsvereinbarung **187** 7
Arbeitsmittel
- Kommentare **180** 46
Arbeitsorganisation
- Umgestaltung **164** 207
Arbeitspensum
- richterliche Arbeitszeit **207** 7
Arbeitsplatz **156** 4, 6 ff.
- Arbeitsplatzwechselempfehlung **167** 52
- Arbeitsverhältnis fortsetzen **167** 35
- ausgelagerter **219** 10
- behinderungsgerechte Ausstattung/Gestaltung **164** 207, **185** 8, 14
- Besetzung mit Leiharbeitnehmern **164** 118
- bisheriger gefährdet **10** 10
- Entleiherbetrieb **164** 117
- erhalten **167** 35
- freier **165** 5 ff.
- freiwerdender **165** 5
- Gefährdung **167** 17
- gesicherter Arbeitsplatz **172** 70
- Homeoffice **164** 210a
- kw-Vermerk **165** 5
- Neubesetzung von **164** 1
- Prüfpflicht **164** 109
- Rehabilitationsträger **185** 14
- Schaffung eines neuen **164** 190
- Schwerbehinderung **185** 4
- Suche nach freien Arbeitsplätzen **172** 32
- technische Arbeitshilfen **164** 210
- technischer Beratungsdienst **185** 5
- Verschwiegenheit **179** 88
- Vorrang der internen Besetzung **165** 6
- Zuweisung des bisherigen Arbeitsplatzes trotz Arbeitsunfähigkeit **168** 67
Arbeitsplatzanforderungen
- Profilmethode **179** 111

Stichwortverzeichnis

Arbeitsplatzbeschreibung
- Geeignetheitsprüfung 164 132

Arbeitsplatzwechsel
- Wunsch nach Arbeitsplatzwechsel 168 68
- Zumutbarkeit 172 72

Arbeitsschutzausschuss
- SBV 178 100

Arbeitssicherheit
- SBV 178 100

Arbeitsstätten
- Änderung der ArbStättV 164 206
- behinderungsgerechte Einrichtung 164 206

Arbeitstherapie 42 23

Arbeitsuche
- guter Wille bei Prüfung der Stellenbesetzung 164 106

Arbeitsumfeld
- behinderungsgerechte Gestaltung 164 207

Arbeitsunfähigkeit 71 11
- stufenweise Wiedereingliederung 44 15

Arbeitsverhinderung 65 10

Arbeitsversuch
- Beteiligung 178 43

Arbeitszeit
- Achtstundentag 207 6
- Arbeitsbereitschaft 207 9
- ärztliches Attest 164 209
- Aufstocken 178 42
- Beamte 207 6
- behinderungsgerechte Gestaltung 207 8
- Bereitschaftsdienst 207 9
- Gesundheitsschutz 207 6
- Polizeibeamte 207 6
- regelmäßige Arbeitszeit für Beamte 207 6
- Rückkehr zur Vollarbeit 164 215
- Rufbereitschaft 207 9
- Verkürzung für Gleichgestellte 207 6
- Verkürzung für Schwerbehinderte 207 6
- Verringerung der 164 214 f.
- Vertragsänderung 164 214

Arbeitszeitermäßigung
- Beamte 207 12

Arbeitszeitregelung
- Unterrichtung 178 46

Arbeitszeitrichtlinie
- Mindesturlaub 208 49
- Zusatzurlaub 208 49

Arbeitszeugnis
- Angabe der SBV-Tätigkeit 179 25

Arzneimittel 42 15

Ärztliche Untersuchung *Kap. 2* 29

Arztvorbehalt 42 12

Assessment-Center
- Maßnahmen für Behinderte 164 58
- Vorstellungsgespräch 165 8

Assistenz 75 10

Assistenzhund 228 11; *BGG* 5 4
- Begriff *BGG* 12e, 12l 1 ff.
- Zutrittsrecht *BGG* 12e, 12l 4

Assistenzleistungen 78 1 ff.
- Bewältigung des Alltags 78 4

Assoziationsabkommen EG-Algerien und Europa-Mittelmeerabkommen 100 8

Assoziationsabkommen EWG-Türkei (ARB Nr. 3/80) 100 8

Asylbewerber
- Asylsuchende 100 10 ff.
- Grundsätze der Leistungen 100 2

AsylbLG 100 10, 11, 12

Atypische Bedarfe 100 12

Aufbewahrung von Wahlunterlagen
- Adressat der Aufbewahrungspflicht *SchwbVWO* 16 2 ff.
- Anwesenheit bei Einsichtnahme *SchwbVWO* 16 15
- Einsichtsrecht *SchwbVWO* 16 11 ff.
- Herausgabe der Unterlagen *SchwbVWO* 16 15
- Inhalt *SchwbVWO* 16 5
- Initiatoren der Wahl als Adressaten der Pflicht *SchwbVWO* 16 2 f.
- Pflicht zur Vernichtung *SchwbVWO* 16 9 f.

- Schwerbehindertenvertretung als Adressat der Pflicht *SchwbVWO* 16 2 f.
- Übergabe an Arbeitgeber *SchwbVWO* 16 10
- Vernichtungsverbot *SchwbVWO* 16 6
- Wahlvorstand als Adressat der Pflicht *SchwbVWO* 16 2 f.
- Zeitraum der Pflicht *SchwbVWO* 16 7 ff.
- Zulässigkeit einer Vernichtung *SchwbVWO* 16 10

Aufenthalt, gewöhnlicher 153 8

Aufenthaltsgesetz 100 7

Aufgabe
- Unterschiede Betriebsrat und SBV 176 17
- Unterstützung bei Anträgen 178 8

Aufgabe der Eingliederungshilfe 99 9

Aufhebungsvertrag 168 15
- Anfechtung 168 17, 175 10
- Angebot eines 178 42
- Anhörung 166 65, 178 56
- Beratung 166 65
- Beteiligung der SBV 175 10
- Gebot fairen Verhandelns 168 18, 175 10
- Initiative des Arbeitgebers 175 8
- Initiative des Arbeitnehmers 175 8
- Nachholung der auflösenden Bedingungsklausel 175 8
- Rücktritt 168 17, 175 10
- Schriftform 168 17
- Überrumpelung 168 18
- Unterrichtung 166 65
- Unterrichtungszeitpunkt 178 51
- Widerruf 168 17, 175 10
- Zustimmungserfordernis des Integrationsamts 175 8

Auflage
- Entgeltfortzahlung 172 57

Auflösende Bedingung 168 15
- Arbeitsverhältnis mit beurlaubten Beschäftigten der DT AG 175 33
- Klagefrist bei fehlender Zustimmung 175 34
- Prävention 167 113
- rechtzeitige Klärung 167 113
- Wirksamkeit 175 27
- Zustimmung des Integrationsamts 175 34
- Zweiwochenfrist für Beendigungsmitteilung 175 22
- § 33 Abs. 2 TV-L 175 24 ff.
- § 33 Abs. 2 TVöD 175 24 ff.

Auflösung
- Auflösungsmitteilung 175 30
- durch das Gericht 168 37
- Eignungswegfall 175 31
- einer Dienststelle 172 46
- Fitnessklausel 175 31
- Postbeschäftigungsunfähigkeit 175 32

Auflösungsantrag
- Anhörung vor 178 55
- Zustimmung angefochten 168 65

Auflösungsklausel
- Beendigungsschutz 175 4
- im TVöD 175 28

Aufnahmeanspruch 220 7

Aufnahmepflicht 220 6

Aufnahmeverfahren 219 19 ff.

Aufnahmevoraussetzungen 220 7

Aufrundung von Bruchteilen 157 6

Aufschiebende Wirkung *Kap. 2* 100 ff.
- Suspensiveffekt Vor 168 20, 168 50

Aufspaltung
- Übergangsmandat 177 115

Aufstieg
- beruflicher 164 89
- ungedeckelte Entschädigung bei Benachteiligung 164 89

Aufstockungsverbot 185 25

Auftrag der Werkstatt
- zweifacher 58 26

Aufwandsentschädigung
- Bund 179 95
- NRW 179 95
- Rheinland-Pfalz 179 95

Aufwendung
- Erstattung der notwendigen der BAR 41 11

Stichwortverzeichnis

Aufwendungen 16 7
Aufwendungsersatz
– Einkommen 138 7
Ausbildung
– im Gebrauch mit Hilfsmitteln 47 19
– im Rahmen der beruflichen Rehabilitation 159 7
– Übernahme 159 8
– Zweitausbildung 112 5
Ausbildungsgeld 57 27, 65 14
Ausbildungsplatz 156 30 ff.
– Inklusionsvereinbarung 166 38
Ausfallbürge
– Anspruchsüberleitung 75 11
Ausführungsbescheid *Kap.* 2 45
Ausgleichsabgabe 154 6, 185 7
– Anreizwirkung zur Beschäftigung 164 9
– Berechnung 160 6 ff.
– Erhöhung 154 33
– Erstattung 160 14
– Freikaufen 172 56
– Funktion 160 4
– Höhe 160 7
– Nachforderung 160 14
– Nullbeschäftigung 164 9
– Rechtsnatur 160 4
– Rückgang des Aufkommens 154 33
– Säumnis 160 13
– Verjährung 160 15
– Verwendung 160 18
– Zuständigkeit 160 17
– Zweckbindung 160 18
Ausgleichsfonds 161 1
Ausgleichsquittung
– Aushebungsvertrag 168 17
Aushang, barrierefreier *SchwbVWO* 1 48
Auskunft
– Dritte *Kap.* 2 25
– Tatsachen *Kap.* 2 25
– Verfahrensfehler *Kap.* 2 20
– Verletzung der Hinweispflicht *Kap.* 2 20
Auskunftsanspruch
– Datenschutz 182 5

Auskunftspflicht 163 14
– Benennung der schwerbehinderten Beschäftigten 182 5
– entsprechendes Verlangen 238 15
– Irrtum 238 15
Auskunftsrecht
– Auskunftsanspruch der Einlader 177 76
Ausland 31 5
– Eingliederungshilfe 104 12
Ausländer 100 4 ff., 13, 153 8
– Eingliederungshilfe 100 2
– Eingliederungshilfe als Ermessensleistung 100 9
– mit voraussichtlich dauerhaftem Aufenthalt 100 3
Ausländische Beschäftigte
– Unterrichtung 177 76
Ausländische Wahlberechtigte
– Unterrichtung in geeigneter Weise 177 59
Auslandsaufenthalt
– Eingliederungshilfe 101 1 f.
Auslandsberührung 152 11
Auslauffrist 199 7
Ausnahme
– Auslegung der Bereichsausnahme für laufende Feststellungsanträge 173 41
– Ausweitung der Bereichsausnahme 173 48
– Beamte 173 4
Ausnahme vom Sonderschutz
– Gewährleistung der Wiedereinstellung 173 29
Ausnahmen
– besonderer Kündigungsschutz **Vor 168** 10
– rechtzeitige Mitteilung 173 22
– vom Sonderkündigungsschutz 173 22
– witterungsbedingte Entlassungen 173 27
Ausschlussfrist
– Dauer für Geltendmachung der Abgeltung 208 39
– Lauf der Frist 164 95
– treuwidriges Berufen 174 38 f.
– zweistufige 164 96

Ausschlussgrund
- Betreuungsalternativen 219 23
- Betreuungsaufwand 219 22
- Selbst- oder Fremdgefährdung 219 21

Ausschreibung
- berufliche Anforderungen 164 167
- betriebsinterne 164 144
- intern 164 167
- Verlangen 164 167

Ausschreibung von Dienstposten
- Mitbestimmung 165 41

Ausschuss
- Verfahren *Kap. 2* 151
- Verfahren Gröninger *Kap. 2* 152

Ausschussvorsitzender
- Einladungspflicht 178 106

Außergewöhnliche Belastungen
- Leistung, nachrangige 185 18

Außerordentliche Kündigung
- Abgrenzung zur ordentlichen Kündigung 168 75
- Amtsermittlung 174 19
- Angabe der Kündigungsgründe 174 15
- Antrag auf Zustimmung 174 12 ff.
- Antragsfrist 174 12
- Antragsinhalt 174 14
- Antragsverfahren beim Integrationsamt 170 14
- atypischer Fall 174 27
- Ausschlussfrist zur Erklärung der Kündigung 174 28
- Beteiligung der SBV 178 73
- Bindung an den im Antrag angegebenen Kündigungsgrund 174 27 ff.
- Ermessensentscheidung 174 23
- fiktive Kündigungsfrist 179 68
- fristlose 174 8
- hilfsweise ordentliche Kündigung 170 15
- in der Wartezeit 174 5
- Kündigungserklärungsfrist 168 75
- Kündigungserklärungsfrist bei Beteiligungsverfahren 174 32
- mit Auslauffrist 174 9 f.
- Negativattest 174 22
- Nichteinhaltung der Antragsfrist 174 18
- Pflichtverletzungen 179 69
- Reichweite des Verbots 174 4 ff.
- Schwerbeschädigtenrecht 174 2
- soziale Auslauffrist 174 10
- Standort der Norm 174 1 ff.
- Umdeutung in ordentliche 171 40
- Umdeutung in ordentliche Kündigung 174 33
- Unkenntnis des Arbeitgebers von der Antragstellung 174 7
- Unkenntnis des Arbeitgebers von der Gleichstellung 174 7
- Unkenntnis des Arbeitgebers von der Schwerbehinderung 174 7
- unverzüglicher Ausspruch der Kündigung 174 29
- verfristet 170 10
- Verlängerung der Antragsfrist 174 17
- Verwirkung des Schutzes 174 7
- Verwirkung des wichtigen Grundes 174 28
- vor Feststellung der Schwerbehinderung 174 6
- wichtiger Grund 168 75, 179 68 f.
- Zustimmung des Integrationsamts 174 3
- Zustimmungsbescheid 174 19 ff.
- Zustimmungsfiktion 174 20
- Zustimmungsregel 174 24

Aussetzung
- Antragsverfahren beim Integrationsamt 171 8
- Berechnung der Dauer 178 120
- des arbeitsgerichtlichen Verfahrens **Vor 168** 20
- Durchentscheiden **Vor 168** 21
- Durchführung 178 67
- Erweiterung der Unwirksamkeitsklausel 178 85
- Kündigung 178 87
- Nachholung der Beteiligung 164 136, 178 67, 68
- Nachholung der Verbindungsaufnahme mit der Arbeitsagentur 164 141
- Restitutionsklage 168 62

- schwebende Unwirksamkeit 178 85
- Stellenbesetzung 164 177
- Stellungnahmefrist 178 120
- Verbot der Durchführung 178 85
- Verweisung auf Restitutionsklage Vor 168 21
- Vollzug Arbeitgeberentscheidung 178 84
- Wirkung 178 85
- Zeit zum Nachholen der Beteiligung 178 85

Aussetzung der sofortigen Vollziehung *Kap. 2* 102

Aussetzungsantrag
- Angelegenheiten der richterlichen Selbstverwaltung 178 123
- Antragsform gegenüber Betriebsrat 178 121
- Antragsform gegenüber Personalrat 178 122
- Antragsfrist gegenüber Betriebsrat 178 121
- Antragsfrist gegenüber Personalrat 178 122
- Dauer der Aussetzung 178 120
- erneute Beschlussfassung 178 120
- Personalvertretungsrecht 178 122
- Wirkung 178 120
- Zulässigkeit des Antrags 178 120

Aussperrung
- Entgeltanspruch 174 41

Auswahl
- bei betriebsbedingter Kündigung 168 77 ff.
- Bestenauslese 165 37
- Schwerbehinderung als Hilfskriterium 165 37
- Vorrang 165 37

Auswahlentscheidung
- Auskunftsrecht 164 166
- Begründung 164 161
- Begründungsverweigerung 164 166
- Erlass für „unterrepräsentierte Personengruppen" 164 87
- Erörterung 164 161
- Nachschieben von Gründen 164 164
- Organisationsentscheidungen 164 87

Auswahlermessen
- Ermessensbegrenzung 165 37
- Vorrangregelung 165 37

Auswahlgespräch
- Vorstellungsgespräch 165 8

Auswahlkriterien
- Berufserfahrung 165 18
- Examensnoten 165 18

Auswahlverfahren
- Assessment-Center 164 153 f., 165 38
- erleichterter Zugang zum 165 12
- Externe Dienstleister 164 154
- Fürsorgeerlass 164 155
- Headhunter 164 154
- Inklusionsvereinbarung 164 155
- Jobcenter 164 154
- keine Mitbeurteilung 164 153
- Ordnungswidrigkeit 164 113
- Personalgestellung 164 154
- Personalüberlassung 164 154
- Personalvermittlung 164 154
- Teilnahme am Vorstellungsgespräch 178 50
- Teilnahme an Vorstellungsgesprächen 164 153
- Terminabstimmung 164 153
- Testverfahren 164 153
- Überlassung an Dritte 164 154
- Übertragung an externe Dienstleister 164 153
- Verwaltungsvorschriften 164 155
- Vorauswahl 164 153
- Vorstellungsgespräch 164 153
- Zentralisierung 164 154
- Zurechnung von Fehlern eines Dritten 164 154

Ausweis
- Ausweisverfahren 153 9
- Ausweisverordnung 153 1 ff.
- Befristung 152 41
- Einziehung 152 41, 199 8
- für Freifahrt 228 5
- über Schwerbehinderung 152 40

Auszählung
- Differenz Stimmabgabenvermerke und Stimmzettel 177 79
- Stimmabgabenvermerke 177 79
Auszubildende 156 30, 157 3, 159 5
- Sonderkündigungsschutz 173 4
- Vorrang bei der Auswahl 164 203
- zu ihrer Berufsbildung Beschäftigte 173 4
Auszubildender
- Jugend- und Auszubildendenvertretung (JAV) 176 6
BAR siehe Bundesarbeitsgemeinschaft für Rehabilitation (BAR)
Barriere 2 14 f.
Barrierefrei 17 2 f., 75 6
- Definition 17 10
Barrierefreie Information 12 9
Barrierefreiheit BGG 4 1 ff.
- Barrierefreiheitsstärkungsgesetz 164 206
- bauliche Gestaltung 166 66
- Begriff BGG 4 2 ff.
- Bestandsbauten BGG 8 4
- Bundesbauten BGG 8 2
- Bundesfachstelle BGG 13 2
- DIN-Normen BGG 8 3
- Dokumente BGG 10 6
- Gerichtsdokumente BGG 10 7
- Informationstechnik BGG 12a 2
- Inklusionsvereinbarung 166 67
- Mietgebäude BGG 8 6
- Neu-, Um-, Erweiterungsbauten BGG 8 5
- Seh- und Gehörbeeinträchtigte 177 93
Barrierefreiheit der Wahl SchwbVWO 28 12 f.
Barrierefreiheitsanforderungen
- Richtlinie (EU) 2019/882 über die Barrierefreiheitsanforderungen für Produkte und Dienstleistungen 164 206
Beachtlichkeit des Wunsches
- Wohnform 104 9

Beamte
- (angemessener) Anteil Schwerbehinderter 211 3
- Anderweitige Verwendung 211 16
- Arbeitszeitrichtlinie 208 66
- Arbeitszeitverkürzung wegen Schwerbehinderung auf Antrag 207 12
- behinderungsgerechte Beschäftigung 211 7
- Benachteiligungsverbot 211 6
- Disziplinarverfahren 165 28
- Entlassung 167 117, 178 80
- Erwerbsminderung 175 12
- Förderung 205 15
- Förderung der Beschäftigung 211 10
- Förderungspflicht 211 5
- Förderungspflicht bei Einstellung 211 8 ff.
- Mitbestimmung des Personalrats bei Bundesbehörden 164 13
- Restleistungsvermögen 211 17
- Sonderregeln 211 1 ff.
- stufenweise Wiedereingliederung 164 225a
- Unfallschutz bei Amtstätigkeit 179 22
- Urlaubsabgeltung 208 64
- Versetzung in den vorzeitigen Ruhestand 211 11
- Verwaltungsgericht 179 124
- Vorrang bei der Einstellung 211 4
- Wiedereingliederung für andere Verwendung 167 143
- Zurruhesetzung 178 47
Beamtenangelegenheit
- vorsorgliche Beteiligung nach Antragstellung 178 59
Beamtenanwärter 156 30
Beamtenstellen
- Besetzung von 164 223
Beamtenverhältnis
- Einstellung 164 223
- EuGH-Rechtsprechung (insbes. Lückenfüllung nach EuGH-Urteil in der Sache Milkova) 173 4
- Sonderschutz 173 4

Beauftragter
- Behindertenbeauftragter des Bundes 181 40
- Landesbeauftragter 181 40

Beauftragter des Arbeitgebers
- Aufgaben 181 9
- Bestellung 181 3
- Inklusionsbeauftragter 181 1 ff.
- Zusammenarbeit 182 3

Bedarfe, atypische 100 12

Bedarfsdeckungsgrundsatz 123 16 f., 127 4

Bedarfserkennung
- Jobcenter 12 10
- Pflegekassen 12 10
- Rehabilitationsmaßnahmen 39 7

Bedarfsermittlung
- individuelle 13 6
- Instrumente 13 1 ff.
- Rehabilitationsmaßnahmen 39 7

Bedarfsermittlung in der Eingliederungshilfe
- in der öffentlichen Jugendhilfe 13 12
- in der Sozialhilfe 13 12

Bedarfsermittlung, individuelle und funktionsbezogene
- funktionale Gesundheit 13 9
- Internationale Klassifikation der Funktionsfähigkeit, Behinderung und Gesundheit (ICF) 13 9
- Lebensweltorientierung 13 9
- multidisziplinär 13 9

Bedarfsfeststellungsverfahren 11 1

Bedienstete im öffentlichen Dienst 164 21

Bedingung
- auflösende 175 31
- Beendigung aufgrund auflösender Bedingung 167 116

Bedingungseintritt
- Klagefrist 175 34

Bedingungskontrollklage
- Klagefrist 175 34

Bedürfnisse, besondere
- behinderter Mütter und Väter 8 12
- von Frauen und Kindern 1 13

Beeinflussung
- Wahl 177 84

Beeinträchtigung
- der Sinne 2 6
- der Teilhabe 2 12, 4 10
- geistige 2 7
- körperliche 2 6
- seelische 2 8
- Wechselwirkung mit Umweltfaktoren 2 14

Beendigung
- erweiterter Beendigungsschutz 175 8
- wegen Postbeschäftigungsunfähigkeit 175 32

Beendigungsklausel
- einschränkende Auslegung 167 116

Beendigungsschutz
- Antrag auf Feststellung 175 5
- Antrag auf Gleichstellung 175 5
- Antragsverfahren 175 13
- auflösende Bedingung 175 7
- Auflösungsklausel 175 4
- Beamte Vor 168 11, 168 5
- Betriebsrente 175 19
- Erweiterung des 175 1 ff.
- Erwerbsminderung 175 4
- Kenntnis von der Schwerbehinderung 175 13
- Ruhen der Hauptpflichten 175 25 ff.
- Verwirkung 175 22
- Wartezeit 175 5
- Wiedereinstellungszusage 175 19

Befähigung
- Auswahlkriterien 165 18

Befangenheit
- Verhinderung 178 23

Beförderung
- Anspruch auf 164 200
- Fernverkehr 230 6
- Handgepäck 228 11
- Nahverkehr 230 4 ff.
- öffentliche Verkehrsmittel 73 6
- Schadenersatz 164 86
- Übertragung höherwertiger Tätigkeit 164 86
- unentgeltliche Vor 228 1 ff., 228 1 ff.

– Vorrang für Schwerbehinderte
  164 86
Beförderungsmittel, besondere
  73 7
Befristung **168** 15
Begleitende Hilfe **185** 2
– im Arbeitsleben, Nachrang
  185 25
– im Arbeitsleben, Werkstatt für
  behinderte Menschen **185** 4
Begleitperson **73** 9, **228** 11 ff.
Begleitung, notwendige **153** 5,
  229 4, 9
Begründungspflicht
– Nichterfüllung als Vermutungstatsache **164** 161
– Voraussetzungen **164** 161
Begünstigung
– Geldzuwendung **179** 26 ff.
– Kurzarbeit **179** 26
– Rückforderung der Überzahlung
  179 26
– Sozialplan **179** 27
– Urlaubsreisen **179** 26
– Vertrauensperson **179** 26 ff.
– zu hohe Eingruppierung **179** 26
Begutachtungen **25** 9
Behandlung
– durch Zahnärzte **42** 13
Behandlung von Briefwahlstimmen
– Ablauf *SchwbVWO* **12** 6
– Aufbewahrung verspäteter Briefwahlstimmen
  SchwbVWO **12** 23 ff.
– Bekanntgabe von Ort und Zeit
  SchwbVWO **12** 14 f.
– Hintergrund *SchwbVWO* **12** 2
– nicht unbeobachtete Kennzeichnung *SchwbVWO* **12** 8
– Öffentlichkeit der Sitzung
  SchwbVWO **12** 12 f., 17
– Prüfung Eigenständigkeitserklärung *SchwbVWO* **12** 7 f.
– Prüfung Freiumschläge
  SchwbVWO **12** 6
– Prüfung Wahlumschlag
  SchwbVWO **12** 9
– sichere Verwahrung
  SchwbVWO **12** 15
– Sitzung des Wahlvorstands
  SchwbVWO **12** 11

– Trennung von Prüfung der Stimmzettel
  SchwbVWO **12** 3 ff.
– Unterschrift *SchwbVWO* **12** 8
– Vernichtung verspäteter Briefwahlstimmen
  SchwbVWO **12** 23 ff.
– verspätete Briefwahlstimmen
  SchwbVWO **12** 19 ff.
– Zeitpunkt der Prüfung
  SchwbVWO **12** 15 ff.
– zweigestufte Prüfung
  SchwbVWO **12** 4
Behandlungspflege
– in Einrichtungen bzw. besonderen Wohnformen **103** 7
– medizinische **103** 7
Behandlungsplanung **46** 14
Behauptungslast
– Arbeitgeber **164** 196
– Ausnahme **164** 196
Behindertenbegleithund **228** 11
Behindertenförderplan
– Verstoß gegen **164** 13
Behindertengerecht
– behinderungsgerecht **164** 186;
  siehe Behinderungsgerecht
Behindertengerechte Beschäftigung
– Überwachung durch Interessenvertretungen **176** 10
Behindertengleichstellungsgesetz
– Beauftragter der Bundesregierung
  181 40
Behindertengleichstellungsschlichtungsverordnung (BGleiSV)
  BGG **16** 2
Behindertenparkplatz **209** 15
Behinderung **2** 25, **99** 4 f.
– Abgrenzung von Krankheit
  164 23
– Auswirkung **152** 18
– Begriff **2** 4, 13, **56** 9 f., **152** 18;
  BGG **3** 1 ff.
– Behinderung als Wechselwirkung
  99 4
– Behinderungsbegriff der Rahmenrichtlinie **164** 23
– Bemessung **152** 18 ff.
– Berufsbezug **164** 183
– Bindungswirkung der Feststellung
  152 4

- der Amtstätigkeit 164 157
- drohende 167 42
- Einfach-Behinderte 164 21
- Erheblichkeitsgrenze 152 18
- erweiterter Behinderungsbegriff 164 24
- Feststellung 152 15; *BGG* 3 2
- gesellschaftliche Teilhabemöglichkeiten 164 24
- Grad der Behinderung 152 15 ff.
- medizinisches Modell von Behinderung 99 4
- mehrfache Behinderung 152 25 ff.
- mehrfacher Grund *BGG* 2 2
- Mindestdauer der Beeinträchtigung 164 23
- Parkraumbewirtschafterin, Fall der 164 21
- Übergangsrechtsprechung 164 21
- UN-BRK 164 24
- unionsrechtliche Ausweitung, Behinderungsbegriff 164 22
- Unterlassungsverfügung 164 157
- Ursache 4 8
- Verlust der Brust 164 24
- Verlust des Penis 164 24
- Vorbeugung einer drohenden Behinderung 47 14
- Wahlbehinderung 177 84
- Zusammenhang mit Kündigung 174 24 f.
- Zusammenhang von Behinderung und Kündigungsgrund 174 25 ff.

Behinderung der Interessenvertretung
- Unterlassungsanspruch 167 81

Behinderungsgerecht
- Arbeitszeit 164 209
- leidensgerecht 164 185
- Wohnung 185 11
- Zumutbarkeit 164 208

Behinderungsgerechte Beschäftigung
- Anspruch auf 164 184 ff.
- Zumutbarkeit 164 212

Behinderungsverbot
- Anweisung zur Behinderung 179 30
- Beispiele aus der Praxis 179 31
- Schutz der Amtstätigkeit 179 28
- Verschulden 179 29

Behörde
- der Mittelstufe 170 27
- unmittelbar nachgeordnete Behörde 170 27

Beiladung *Kap.* 2 97
- notwendige 75 17

Beiladung, notwendige 75 17

Beirat 86 12
- Arbeitsweise 87 5
- Aufgaben 86 4
- Aufgabenwahrnehmung 86 11
- Beratung 86 5
- Förderung 86 6
- Geheimhaltungspflicht 87 8
- Mitglieder 86 9
- Mittelvergabe 86 8

Beistand *Kap.* 2 10

Beiträge
- Verbot der Beitragserhebung 179 94

Beitragsbemessungsgrenze 66 5

Beitragshöhe
- Einkommen 138 26 ff.

Beitragsleistungen 64 9

Beitragszuschuss
- arbeitslose Teilnehmer 64 18

Bekanntgabe *Kap.* 2 62
- Verwaltungsakt 174 30
- Zustimmungsbescheid 171 13

Bekanntgabe der Gewählten
- im vereinfachten Wahlverfahren *SchwbVWO* 20 84

Bekanntmachung der Kandidaten
- Aushang *SchwbVWO* 8 5
- Bedeutung für Stimmabgabe *SchwbVWO* 9 2 f.
- Form *SchwbVWO* 8 5
- Frist *SchwbVWO* 8 4
- Inhalt *SchwbVWO* 8 2
- Reihenfolge *SchwbVWO* 8 3
- Trennung nach Ämtern *SchwbVWO* 8 2
- Zweck *SchwbVWO* 8 1

Bekanntmachung des Wahlergebnisses
- Aushang *SchwbVWO* 15 3

- einheitliche Bekanntgabe
  SchwbVWO 15 7
- Funktion *SchwbVWO* 15 2
- „gespaltene" Bekanntgabe
  SchwbVWO 15 6
- individuelle Unterrichtung
  SchwbVWO 15 3
- Inhalt *SchwbVWO* 15 4
- isolierte Bekanntgabe
  SchwbVWO 15 6
- nach Ämtern getrennt
  SchwbVWO 15 6
- sehbehinderte Beschäftigte
  SchwbVWO 15 3
- Zeitpunkt *SchwbVWO* 15 5

Belastbarkeit
- Grenze der Belastbarkeit 172 71

Belastungserprobung 42 20 ff.

Beliehene
- Adressatenkreis BGG BGG 1 3

BEM *siehe* Beitriebliches Eingliederungsmanagement (BEM)

BEM-Abschluss
- Tag „Null" 167 60

BEM-Angebot
- Ablehnung durch Betroffenen
  167 60
- Schweigen der Betroffenen
  167 60

Bemessungszeitraum
- Corona-Prämie 67 6 f.

BEM-Gespräche
- Beistand eines Anwalts 167 68
- Betriebsrat 167 67
- Mitwirkung des Betroffenen
  167 67
- Rspr.-Änderung 167 67
- Runder Tisch 167 67

BEM-Studien
- Fehlender Sanktionsdruck
  167 146
- Fehlzeitenreduktion 167 146

BEM-Team
- Übertragung von Aufgaben auf gemeinsame Ausschüsse 167 80
- Zuständigkeit der Einigungsstelle
  167 80

Benachrichtigung der Gewählten
- Adressat *SchwbVWO* 14 3
- Annahme der Wahl
  SchwbVWO 14 15
- bei der Feststellung des Wahlergebnisses Anwesende
  SchwbVWO 14 7
- E-Mail *SchwbVWO* 14 7
- Empfangsbestätigung
  SchwbVWO 14 8
- erneute Benachrichtigung bei Nachrücken *SchwbVWO* 14 18
- Fiktion der Annahme
  SchwbVWO 14 10 ff., 14
- Form *SchwbVWO* 14 7 f.
- Frist für Ablehnung der Wahl
  SchwbVWO 14 10 ff.
- Funktion *SchwbVWO* 14 2
- Inhalt *SchwbVWO* 14 4 ff.
- Nachrücken bei Ablehnung der Wahl *SchwbVWO* 14 17 ff.
- verfristete Ablehnung
  SchwbVWO 14 20
- Widerruf der Ablehnung der Wahl *SchwbVWO* 14 19
- Widerruf der Annahme der Wahl
  SchwbVWO 14 16
- Zeitpunkt *SchwbVWO* 14 9

Benachteiligung 1 11
- Anforderungsprofil 164 41
- Anspruch auf Altersteilzeitarbeit
  164 35
- Anweisung zur 164 17 f., 49
- Arbeitssuche 164 37
- Arbeitszeugnis 179 25
- Auskunftsanspruch 164 60
- Belästigung 164 17, 48
- benachteiligungsfreie Auswahl
  164 88
- Berücksichtigung der Behinderung im Sozialplan 164 30
- Beweislast 164 68
- Bewerbungsfrist 164 52
- Darlegungslast 164 60
- durch Unterlassen 164 58
- Frage nach der Schwerbehinderung 164 37
- gesellschaftliche Bedeutung
  164 18
- hypothetische 164 45
- Indizien 164 59
- Kausalität 165 31 ff.
- Kenntnis von Behinderung
  164 61
- Kriterium Wehrpflicht 164 43
- Kürzung von Sozialplanleistungen
  164 44

- mehrfache *BGG* 2 4
- mittelbar benachteiligende Anforderungsprofile 164 135
- mittelbare 164 17 ff., 42, 168 83
- Motivbündel 164 41
- objektive Vergleichbarkeit 164 41
- öffentlicher Dienst 164 69
- Rechtfertigung 164 53 ff.
- Überqualifikation 164 41
- unmittelbare 164 17 ff., 41, 168 30, 81
- Verbot aus § 164 Abs. 2 SGB IX 168 81 f.
- Verbot aus § 7 Abs. 1 AGG 168 81
- verdeckt unmittelbare 164 17 ff., 168 81
- verdeckt unmittelbare im TV 164 35
- vergleichbare Situation 164 41
- Verletzung der Prüfpflicht 164 180
- Verletzung der Unterrichtungspflicht 164 180
- vermutete Behinderung 164 45
- Vermutung 164 59
- Vermutungstatsache 164 64
- Versetzung als Benachteiligung 179 24
- wegen Behinderung 164 18 ff., 168 81
- wegen Betreuung behinderter Angehöriger 164 47
- wegen Krankheit 164 46
- wegen Schwerbehinderung 168 81 f.

Benachteiligungsverbot 104 7; *BGG* 1 2, 7 1 ff.
- Ausweitung auf Behinderte 164 20 ff.
- Begriff 164 4
- Beschlussverfahren 164 34
- Beweiserleichterung 164 67
- Bindung der Tarifvertragsparteien 164 35
- diskriminierende Kündigung 164 29, 168 71 ff.
- Durchsetzung durch Betriebsrat 164 34
- eine Lohnkürzung 206 3

- Geltung für Beendigungstatbestände 164 38 ff.
- gerichtliche Durchsetzung 179 23
- gleichbehandlungsrechtliches 164 17 ff.
- öffentlicher Dienst 164 24
- Reichweite 164 36
- schwerbehindertenrechtliches 164 17 ff.
- Spezialitätsgrundsatz 164 17 ff., 19
- spezielles *BGG* 7 6
- Überwachung 164 27 f., 176 10
- Überwachung durch Betriebsrat 164 26
- Überwachung durch SBV 164 28
- Vermutung nach § 22 AGG 178 88

Benachteiligungsvermutung
- Entschädigung 181 8
- Gesamtbetrachtung 164 180
- mangelnde Erörterung 164 159, 160
- Widerlegung 165 33, 205 11

Benennung der Vertrauensperson
- Ordnungswidrigkeit 238 17

Beratender Ausschuss
- Amtsdauer 189 4
- Arbeitgeber 186 4
- Arbeitnehmer 186 4
- Aufgaben 189 2
- behinderte Menschen 186 4
- Berufung 186 2
- Beschlussfähigkeit 189 3
- Geheimhaltung 189 5
- Mitglieder 189 5
- Mitwirkung 188 4
- Organisation 189 2
- Stimmenmehrheit 189 3
- Teilnahme 186 4
- Unterstützung 188 5
- Verfahren 186 2
- Vorschlag 188 5
- Vorsitz 189 2
- Willensbildung 189 2
- Zusammensetzung 186 2, 188 2

Beratung 25 8; *Kap.* 2 20 ff.
- Ärzte 34 4
- Aufgabe der SBV 178 4

– Behindertenangelegenheiten
   178 8
– Beratungsstellen   34 5
– Rechtsberatung   178 15
– Schwerbehindertenvertretung
   178 15
– weitere Berufsgruppen   34 8
Beratung durch Betroffene
– UN-BRK   32 7
Beratung und Unterstützung
– durch Eingliederungshilfeträger
   106 1
Beratungshilfe   *Kap.* 2 147
Beratungsrecht
– Betriebsratssitzung   178 111
– Personalratssitzung   178 112
Beratungsstandard
– Peer Counseling   39 10
– trägerübergreifend   39 10
Berechnung, jahresdurchschnittliche
   154 27 f.
Berechnungsgrundlage
– im Übergangsbereich SGB IV
   66 4
Bereitschaftsdienst
– Freistellung   179 49, 207 9
– Mehrarbeit   207 9
– Ruhezeit   207 6
Bergmannversorgungsscheine
   158 11
Bericht über Lage von Menschen
mit Behinderungen
– Auftrag   88 5 ff.
Berichtspflicht des Arbeitgebers
– Ahndung   166 80
– Beschlussverfahren   166 80
– Rechtfertigung   166 3
Berlin-Klausel   *SchwbVWO* 28 2
Berufliche Bildung
– außerbetriebliche Bildung
   164 203
– außerbetriebliche Maßnahmen
   164 205
– begleitende Hilfe im Arbeitsleben
   164 205
– Beschäftigung nach Weiterbildung   164 204
– Integrationsamt   164 205
– Leistungen der Reha-Träger
   164 205

– Leistungen des Arbeitgebers
   164 205
– Mitbestimmungsrecht   164 203
– vorrangige Teilnahme   164 203
Berufliche Eignung
– Abklärung   65 12
Berufliche Entwicklung
– Nachholung   179 57
– Nachholungsdauer   179 57
– Vertrauensperson   179 46 ff.
Berufliche Kenntnisse
– Erhaltung und Erweiterung
   185 12
Berufliche Orientierung
– Initiative Inklusion   185 21
– Nachrang   185 21
Beruflicher Aufstieg
– Anspruch auf   164 200
– Anspruch aus Art. 33 Abs. 2 GG
   164 86
– BRK   164 201
– Klage auf   164 202
– Schadenersatz   164 86
Berufsabschluss
– formale Qualifikation   165 18
Berufsausbildung
– Fachpraktiker   185 15
– schulische   75 13
Berufsausbildung, schulische   *siehe*
Schulische Berufsausbildung
Berufsbildungsbereich   57 15
– Dauer der Maßnahme   57 23
– Organisation   57 24 f.
Berufsunfähigkeit
– Beendigung des Arbeitsverhältnisses   175 7
Berufsunfähigkeitsrente
– Integrationsamt   175 17
Berufung
– Begründung   *Kap.* 2 122, 129
– Beschwerde   *Kap.* 2 133
– Frist   *Kap.* 2 118
– Nichtzulassung   *Kap.* 2 133
– statthaft   *Kap.* 2 118
– Urteile des Sozialgerichtes
   Kap. 2 117 ff.
– Zulässigkeit   *Kap.* 2 121
– Zulassung   *Kap.* 2 129

Stichwortverzeichnis

Berührtsein *siehe auch* Betroffenheit
- Mitbetroffensein 178 41

Beschäftigte
- Begriff 167 66

Beschäftigtenvertretung
- Aufgaben 176 4
- Betriebsrat 176 3 ff.
- Jugend- und Auszubildendenvertretung (JAV) 176 5
- Personalrat 176 3
- Präsidialrat 176 3
- Richterrat 176 3
- Staatsanwaltschaftsrat 176 3

Beschäftigung 156 8 ff.
- aus karitativen Beweggründen 156 35
- aus religiösen Beweggründen 156 35
- berufliche Fortbildung 159 5
- berufliche Umschulung 159 5
- Berufsausbildungsvorbereitung 159 5
- kollegiale Assistenz 164 207
- kurzfristige 156 20
- kurzzeitige 156 21
- nach billigem Ermessen 164 228
- Qualitätskriterium 41 7
- ruhende 156 41
- schwerbehinderter Menschen, Eingliederungszuschuss 187 6
- schwerbehinderter Menschen, Förderung 187 6
- sozialversicherungspflichtig 41 7
- Unmöglichkeit 164 228
- Unterbrechung 156 10
- Verletzung der Beschäftigungspflicht 164 198
- zur beruflichen Bildung 159 5

Beschäftigungsanspruch
- Bestimmtheit *Kap. 2* 167
- Beweislast 164 194 ff.
- Darlegungslast 164 194 ff.
- entgegenstehende Organisationsentscheidung 164 189
- Leiharbeit 164 192
- Titel *Kap. 2* 167
- Versetzung 164 191
- Zuweisung Arbeitsplatz 164 188

- Zwangsgeld *Kap. 2* 167
- Zwangshaft *Kap. 2* 167
- Zwangsvollstreckung *Kap. 2* 167

Beschäftigungsgebot
- Ordnungswidrigkeitsrecht 238 12

Beschäftigungsklage
- Beschäftigung nach billigem Ermessen *Kap. 2* 157
- Bestimmtheit 164 228
- Bestimmtheitsgrundsatz *Kap. 2* 156
- gerichtliche Bestimmung *Kap. 2* 157
- Zuschnitt auf Tätigkeit oder Stelle *Kap. 2* 156

Beschäftigungspflicht 220 17
- Erfüllbarkeit 154 29 f.
- Fähigkeit 164 187
- Kenntnisse 164 187
- Landesrecht 205 4
- Maßnahmen zur Erfüllung 164 9
- Mindestbeschäftigungspflicht 154 5
- öffentlich-rechtliche 154 5, 164 9
- Rechtsfolgen der Nichterfüllung 164 9
- System zu Erreichung der Beschäftigung 164 9
- verfassungsrechtliche Zulässigkeit 154 7 f.
- Verletzung der 164 199
- Vorrang 160 5

Beschäftigungsquote
- Ermessenbegrenzung 165 37

Beschäftigungsschwierigkeiten
- Einschaltung des Integrationsamts 166 53

Beschäftigungssicherungszuschuss
- Minderleistungszuschuss 206 19
- personelle Unterstützung 172 20
- unterdurchschnittliche Leistung 172 20

Beschäftigungsvertretungen
- Eingliederungsaufgabe 176 8
- Überwachungsaufgabe 176 9

Bescheid 8 18
- Gestaltung *BGG* 10 2 ff.
- konkludent *Kap.* 2 42
Beschleunigungsprinzip
- Aussetzung 168 62
Beschlussfassung
- Anwesenheitsrecht der SBV
 178 113
Beschlussverfahren
- Angelegenheiten der Gruppe der schwerbehinderten Menschen *Kap.* 2 172 ff.
- Antragsbefugnis 178 142, 181 41
- Besonderheiten *Kap.* 2 174
- Bestimmtheit des Antrags 178 146
- Bestimmtheitsgrundsatz 167 151
- Beteiligte *Kap.* 2 174
- Beteiligtenfähigkeit 181 41
- Durchsetzung der Rechte der SBV 165 41
- Feststellungsantrag 178 148
- Förmlichkeiten 178 145
- gegen Betriebsrat 178 140
- gegen Personalrat 178 140
- Gerichtskostenfreiheit 179 98 ff.
- Globalantrag 178 149
- Inklusionsbeauftragter 181 41
- materielle Rechtskraft 177 120
- örtliche Zuständigkeit 177 121
- SBV 164 230
- SBV als Beteiligte 178 141
- Unterlassungsantrag 178 147
- Untersuchungsgrundsatz *Kap.* 2 174
- unzulässige erneute Anrufung des Gerichts 177 120
- Verfahrensart 178 144
- Zuständigkeit der Arbeitsgerichtsbarkeit 178 150
- Zwangsvollstreckung *Kap.* 2 177
- Zwangsvollstreckung gegen Betriebsrat *Kap.* 2 178
- Zwangsvollstreckung gegen Personalrat *Kap.* 2 178
- Zwangsvollstreckung gegen Vorsitzende *Kap.* 2 178

Beschwerde
- Abhilfe 178 20
- Behandlung der Beschwerde 178 20
- Stellenbewerber 164 32
Beschwerdestelle
- Betriebsrat 178 19
- Mitbestimmung 164 31
- Personalrat 178 19
- personelle Besetzung 164 31
- SBV 178 19
Beschwerdeverfahren
- Beschwerdeeinlegung bei der SBV 164 32
- Einigungsstelle 164 31
- Einigungsstellenverfahren 164 33
- Einlegung beim Betriebsrat 164 33
- innerbetriebliches 164 31 ff.
Besitzstand
- Nachteilsausgleiche 209 7 f.
- sozialer **Vor** 228 3
Besondere Wohnformen 103 4
- Definition 104 8
Besonderer Kündigungsschutz
- arbeitgeberseitige Kündigung **Vor** 168 12
- Arbeitnehmer **Vor** 168 9
- Auszubildende **Vor** 168 9
- Gruppenarbeitsverhältnis **Vor** 168 9
- leitende Angestellte **Vor** 168 9
- Werkstattverhältnis **Vor** 168 9
Besonderer Vertreter
- Sozialgerichtsverfahren *Kap.* 2 13
Bestandskraft
- Ende der 171 21
- formelle 171 21
- materielle 171 21
- Vertrauen *Kap.* 2 76
Bestellung
- Änderung des Arbeitsvertrags 181 12
- Aufhebung der rechtswidrigen Bestellung 181 15
- Auftragserteilung 181 12
- Befristung 181 12
- Inklusionsbeauftragter 181 12
- Willenserklärung 181 12

Bestellung zum Beauftragten
- Zuständigkeit der Gerichte für Arbeitssachen 181 42

Bestellungspflicht
- Diskriminierung 181 8
- Ordnungswidrigkeit 181 8
- Sanktionierung 181 8

Bestimmtheit
- Berufsbild 164 228
- Tarifliche Eingruppierung 164 228

Bestimmtheit des Antrags
- Vollstreckungsverfahren 164 228

Bestimmtheitsgrundsatz
- Gebot effektiven Rechtsschutzes 164 228

Beteiligtenstellung
- SBV 177 33

Beteiligung
- Ablehnung 167 74
- formelle Rechtswidrigkeit als Folge der mangelhaften Beteiligung 211 11
- kollektiver Bezug 167 74
- Unterrichtung und Anhörung der SBV vor Zustimmungsantrag 170 36
- Vorstellungsgespräch 178 2

Beteiligung der SBV
- Ablehnung 164 156 ff.
- angemessene Vorkehrung 178 40
- Behindertenrechtskonvention 178 40
- Kenntnis von der Schwerbehinderung 178 64
- Massenentlassungen 178 92
- Sicherung der Beteiligung durch einstweilige Verfügung 164 169
- Unionsrecht 178 40, 59
- Völkerrecht 178 59
- Vollzugsdefizit 178 139

Beteiligungsfähigkeit *Kap.* 2 6

Beteiligungsverfahren
- angemessene Vorkehrung 178 59

Betreuungsgericht
- Vertreter *Kap.* 2 12

Betreuungszuschuss
- nach § 43 Abs. 3 SGB XI 103 9

Betrieb 154 11
- abweichende Organisationsstruktur 170 26, 177 27
- Ausbildung in mehreren Betrieben 177 23
- Begriff 170 21, 177 22
- Berücksichtigung von Arbeitgeber 177 23
- Berücksichtigung von Dienststellenleiter 177 23
- Beschäftigung in mehreren Betrieben 177 23
- Beteiligung der GSBV 180 39
- Betriebsbegriff des BetrVG 170 6
- Betriebsratswahl 170 25
- Betriebsteil 170 22 f., 177 24
- Betriebsverwaltung 170 27
- Einblick 238 16
- gemeinsamer 154 12, 170 24, 177 26
- gerichtliche Feststellung 177 33 f.
- Gleichlauf mit Betriebsratswahl 177 30
- Hauptbetrieb 170 23
- Klärung des Wahlbezirks 177 33
- Kleinbetrieb 170 23
- Kleinstbetrieb 177 25
- Mindestbeschäftigungsdauer 177 23
- Mindestgröße 177 23
- Nebenbetriebe 170 21
- SBV-fähig 177 23
- selbstständiger 170 22
- Spartenbetriebsrat 177 27
- unternehmenseinheitlicher Betriebsrat 177 27
- Verkennung des Betriebsbegriffs 170 25
- vertretungsloser Betrieb 180 38 f.
- Zusammenfassung von Betrieben 177 27

Betriebliche Gesundheitsförderung
- Inklusionsvereinbarung 166 33

Betriebliche Schwierigkeiten
- empirische Bedeutung 167 25

Betrieblicher Datenschutzbeauftragter
- Datenschutz-Folgenabschätzung 167 90

Stichwortverzeichnis

Betriebliches Eingliederungsmanagement (BEM)
- 43. Kalendertag 167 59
- Ablauf 167 145
- Akzeptanzprobleme 167 86 f.
- Alkoholsucht 167 39
- altersgerechte Arbeitsgestaltung 167 49
- Amtsaufklärung 172 3
- Änderungen durch BTHG 167 3
- Angebot des Arbeitgebers 167 59, 70
- Angebot durch Arbeitgeber 167 61
- angemessene Vorkehrungen 167 92
- angestrebte Rechtsänderungen 167 149
- Anreize zur Einführung 167 7
- Ansprechstellen 167 3
- Antragstellung auf Leistungen 167 3
- Antwort auf Hinweisschreiben 167 98
- Arbeitsplatz erhalten 167 38
- Arbeitsplatzwechselempfehlung 167 52
- ärztliche Schweigepflicht 167 108
- Aufgabenübertragung 167 100
- Aufhebungsvertrag 167 81
- Aufklärung über Ziele des BEM 167 61
- Ausgestaltung in BV, DV, IV 167 82 ff.
- bayerischer Sonderweg 167 101
- BDSG 2018 167 96
- Beamte 167 139, 211 17
- Beauftragter für BEM 167 41
- Bedingungskontrollantrag 167 133
- behinderungsgerechte Arbeitsgestaltung 167 49
- behinderungsgerechte Beschäftigung 167 137
- BEM-Abschluss 167 60
- BEM-Akte 167 106
- BEM-Angebot 167 60
- BEM-Gespräche siehe BEM-Gespräche
- BEM-Kompass 167 144
- BEM-Protokoll 166 56
- BEM-Studien siehe BEM-Studien
- BEM-Team 167 146; siehe BEM-Team
- Beratung ohne Betriebsrat 167 80
- Berücksichtigung des neuen Datenschutzrechts 167 104
- Beschäftigungsanspruch 167 134
- Beschlussverfahren 167 151
- Beschlussverfahren nach § 2a Abs. 1 Nr. 3a ArbGG 167 124
- Beschränkungen für Personalrat 167 99 ff.
- besondere bundesrechtliche Überwachungsbestimmung 167 76
- Betrieb ohne Betriebsrat 167 58
- betriebliche Gesundheitsförderung 167 39
- betriebliches Gesundheitsmanagement 167 8, 185 17
- Betriebsvereinbarung 167 88, 89
- Boni 167 7
- Bonus 167 58
- Darlegungs- und Beweislast 167 128
- Datenschutz 167 94 ff.
- Datenschutz-Folgenabschätzung 167 90
- Datenschutz-Grundverordnung 167 96 f.
- Datensicherheit 167 109
- Datenspeicherung 167 107
- Diagnose der Arbeitsmarktfähigkeit 167 46
- Dokumentation 167 67
- Dritter 167 106
- Durchsetzung einer Betriebsvereinbarung über BEM 167 152
- Einführung durch Gesetz vom 23.4.2004 167 2
- Einigungsstelle 167 84, 146
- Einigungsstellenbesetzungsverfahren 167 85
- Einigungsstellenverfahren 167 150
- Einleitungsphase 167 59
- Einsicht nur für Personalratsvorsitzenden 167 99

LPK-SGB IX 2505

- Einwilligung zur Rehabilitationsmaßnahme 167 132
- empfohlene Maßnahme 167 132
- empirische Daten 167 36
- entgangene Vergütung 167 119
- Ergänzung durch Teilhabestärkungsgesetz 167 2
- Ergebnis negativ 167 131 f.
- Ergebnis positiv 167 132
- erneutes Angebot des Arbeitgebers 167 60
- Erstgespräch 167 87
- Erwerbsminderungsrente 167 129 ff.
- Fehlzeitenursachen 167 39
- Fleischerinnung 167 58
- Folge der Nichtdurchführung 172 18
- Folge, wenn Klärung nicht durchgeführt 167 130
- Folge, wenn nicht eingeleitet 167 130
- Freihalten eines Arbeitsplatzes 167 135
- Gefährdungsbeurteilung 167 9
- Geltung für Beschäftigte 167 66
- Gemeinsame Empfehlung der BAR 167 148
- Geschützte Personen 167 65
- gesundheitliches Präventionsverfahren 167 35 ff.
- Gesundheitsdaten 167 104
- Grundsätze, Verfahrensabläufe und Regeln zur Durchführung 167 6
- Handlungsleitfaden für Fleischereien 167 58
- Häufigkeit Annahme BEM-Angebote 167 36
- Häufigkeit BEM-Angebote 167 36
- Hilfen 167 39
- Hinweise auf Verarbeitung von Gesundheitsdaten 167 61
- Hinweispflicht des Arbeitgebers 167 70 f.
- Hinweisschreiben 167 97 f.
- Hinzuziehung der Rehabilitationsträger 167 38, 42
- Initiativrecht 167 75
- Initiativrecht der SBV 167 81
- Initiativrecht des Betriebsrats 167 81
- Inklusionsvereinbarung 166 25
- Integrationsamt 167 127
- Integrationsteam 167 87
- interne Beschränkungen des Zugangs zu den Gesundheitsdaten 167 100
- keine Begrenzung auf schwerbehinderte Menschen 167 65
- kirchliche Einrichtungen 167 75
- Klagerecht 167 81
- Klärungsverfahren 167 38
- Kleinbetriebe 167 58
- Krankenrückkehrgespräch 167 81
- leidensgerechte Arbeitsgestaltung 167 49
- Leistungen 167 39
- Leistungen zur Teilhabe am Arbeitsleben 167 3
- Literatur 167 144
- Lückenfüllung zugunsten Luft- und Schifffahrt 167 75
- mangelnde Aufklärung 167 67
- Maßnahmen 167 39
- Mindeststandards für BEM-Verfahren 167 148
- Mitarbeitervertretung 167 75
- Mitbestimmung nach § 87 Abs. 1 Nr. 7 BetrVG 167 80
- Mitbestimmung von SBV, BR, PR 167 75 ff.
- Mitbestimmungstatbestand im BPersVG 167 78
- Mitklärung 167 75
- Mitwirkung des Betroffenen 167 131
- Mitwirkungsobliegenheit 167 67
- Musterregelungen 167 144
- nachgeschobenes BEM 167 128
- Nachholung 172 24
- Namensliste 167 95 f., 103
- Nebenpflicht des Arbeitgebers 167 81
- neue Pflichten für Rehabilitationsträger 167 3
- nicht ordnungsgemäßer Hinweis 167 70 f.
- Nutzen für Beschäftigte 167 37
- Nutzen für den Arbeitgeber 167 36

- Ordnungswidrigkeit 211 17
- Petition 167 149
- Pflicht zur Umsetzung von Anpassungsmaßnahmen 167 80
- positives Ergebnis 172 18
- Prämien (und Boni) 167 2, 7
- Prävention 167 42
- „Prävention vor Krankheitskündigung" 167 6
- private Lebensführung 167 39
- Prüfung der Weiterverwendung 167 143
- Prüfung des Teilhabebedarfs als Arbeitgeberpflicht 167 38
- pseudonymisierte Liste 167 102
- punktuelle Mitbestimmungsrechte im BetrVG 167 78
- rechtlich regulierter Suchprozess 167 35
- Rechtmäßigkeitsvoraussetzung 172 4
- Rechtsfortschritt durch Novellierung BPersVG 167 146
- Regelungsdefizite 167 146
- Resolution des Bundestags 167 147
- Richter 167 139
- Rücksichtnahmepflicht 167 137
- Runder Tisch 167 77
- Schadenersatz 167 136 f.
- Schutz der Gesundheitsdaten 167 63
- Sechswochenzeitraum 167 64
- Seebetriebsrat 167 75
- sekundäre Behauptungslast 164 196
- Sicherung der Beschäftigungsfähigkeit 167 6
- störende Maßnahmen des Arbeitgebers 167 81
- Strafbarkeit der Schweigepflicht 167 108
- Studien 167 144
- subjektive Rechte der Betroffenen 167 81
- Team 167 41
- Trennung von BEM und Kündigungsbefugnis 167 106
- Trennung von Zuständigkeiten 167 106 f.
- Überwachung der Arbeitgeberpflichten 167 75

- Umfang der Aufklärungspflicht 167 61
- Umsetzungsmaßnahmen 167 80
- Umsetzungsweigerung 172 18
- Unterlassen 167 110 ff.
- Unterlassungsverlangen 167 73
- Unterrichtungspflicht 167 62 ff.
- Unterrichtungspflicht nach Ablauf des Sechswochenzeitraums 167 126
- Unterschied zur Kündigungsprävention 167 91
- Untersuchungsanordnung 167 142
- Unvereinbarkeit der Interessenvertretung mit Arbeitgeberfunktion 167 41
- Verfahrensregeln 167 79, 83
- Verhaltensprävention 167 39
- Verhältnis zur Kündigungsprävention 167 93
- Verhältnismäßigkeitsgrundsatz 167 128
- Verhältnisprävention 167 39
- Verordnung über Mindeststandards 167 148
- Versetzung 167 138
- Verwertung von BEM-Gesprächsinhalten 167 105
- Vollzugsdefizit 167 146
- Vorrang von Prävention 167 3
- Wegfall der Gemeinsamen Servicestellen 167 3
- Weisungsrecht des Arbeitgebers 167 137
- zeitliche Staffelung vor Dienstunfähigkeitsprüfung 211 17
- Zeitpunkt der Einleitung 167 59
- Ziel 167 35
- Zurruhesetzung 167 141
- Zurruhesetzung von Beamten 167 140, 211 17
- Zuständigkeit der Einigungsstelle 167 80
- Zustimmung 167 71 ff.
- Zustimmung des Betriebsrats 167 138
- Zustimmung des Betroffenen 167 74
- Zustimmung zur Krankheitskündigung 172 18

Stichwortverzeichnis

- Zustimmungserfordernis 167 70
- Zweckbindung 167 106 f.
- Zwölf-Monatsperiode 167 60

Betriebs- und Personalräte 163 11

Betriebsänderung
- ohne Personalabbau 172 52

Betriebsarzt
- Bedeutung für BEM 167 40
- Offenlegung von Diagnosen 167 108

Betriebsbedingte Kündigung
- Ermessenentscheidung 172 32
- Prävention 167 24 f.
- unrentabler Arbeitsplatz 172 30
- Vorrang für die Weiterverwendung auf freien Arbeitsplätzen 172 32
- Wegfall des Arbeitsplatzes 172 30 ff.

Betriebseinschränkung
- Dauer 172 53
- Soll-Zustimmung 172 49 ff.

Betriebseinstellung
- Betriebsstilllegung 172 40

Betriebshilfe 74 15

Betriebsintegrierte Beschäftigung
- Wahlrecht 177 13

Betriebskosten 47 19

Betriebsrat
- Anhörung im Antragsverfahren 170 34
- Anhörung vor der Kündigung 168 88
- Anrufung der Einigungsstelle 164 31
- Aufgaben 176 1 ff.
- Beschlussverfahren 167 125
- Einschaltung 167 11, 16
- Erörterung der Schwierigkeiten, Möglichkeiten, Hilfen 167 26 ff.
- Hinwirken auf SBV-Wahl 176 1
- Hinwirken auf Wahlen 176 20
- Hinwirkungspflicht 176 19
- Inklusionsbeauftragter 181 11
- Inklusionsvereinbarung 166 7
- Mitbestimmung 167 75 ff., 82 ff.
- Mitwirkungsrecht 167 33 f.

- neue Unterrichtungsrechte 176 8
- Personalunion 181 5
- Sicherung der Mindestbeschäftigung 176 8
- Unterlassen BEM 167 125
- Unterrichtung bei Bewerbungen 164 12
- Unterrichtungspflicht 167 62 ff.
- Verantwortlicher (Art. 4 Nr. 7 DS-GVO) 179 108a
- Vorlage von Bewerbungsunterlagen 164 12
- Zusammenarbeit 182 1 ff.
- Zustimmungsersuchen des Arbeitgebers 164 173
- Zustimmungsverweigerungsrecht SBV 164 12

Betriebsrätemodernisierungsgesetz
- Auswirkungen auf die SBV 179 1
- BPersVG-Novelle 178 131
- Einschränkung der Anfechtungsgründe 177 93
- Schutz für Wahlbewerber 177 86
- Schutz für Wahlinitiatoren 177 86
- Schutz für Wahlvorstand 177 86
- Unterschied Entwurf Betriebsrätestärkungsgesetz 177 86

Betriebsrätestärkungsgesetz (Entwurf)
- Kündigungsschutz 177 86

Betriebsratsausschuss
- BEM-Team 167 100

Betriebsratsvorsitzender
- Einladungspflicht 178 106
- Prüfung des Verhinderungsgrundes 178 107

Betriebsrente
- Erwerbsminderung 175 19

Betriebsstilllegung
- Betriebsveräußerung 172 42
- Stilllegungsabsicht 172 42
- vorsorglicher Verwaltungsakt 172 42

Betriebsteile
- räumlich weit auseinander 177 83

Betriebsteilübergang
- Übergangsmandat 177 113
Betriebsübergang
- Antrag des Veräußerers 170 7
- Auswirkung auf Antrag 171 34
- Eintritt in Rechtsposition des Antragstellers 168 43
- Stilllegung durch Erwerber nach Betriebsübergang 172 45
- Unklarheit über einen Betriebsübergang 172 44
- vor Zustimmung des Integrationsamts 172 43
- Widerspruch (§ 613a Abs. 6 BGB) 172 45
- Zugang der Kündigungserklärung nach Betriebsübergang 172 44
Betriebsunterbrechung
- Betriebsstilllegung 172 41
Betriebsvereinbarung
- Erlaubnistatbestand für Datenverarbeitung 167 88
Betriebsverfassung
- Parallelsystem 180 3
Betriebsverfassungsrecht
- Eingliederungsaufgabe 176 14
Betriebsversammlung
- der schwerbehinderten Beschäftigten 179 19
Betriebsvertretung
- Stationierungsstreitkräfte 164 16
Betroffenheit
- Berührtsein 178 41 f., 42
- Mitbetroffenheit 178 41 f.
Beurlaubte
- Urlaub ohne Bezüge 177 13
Beurlaubung
- Wählbarkeit 177 19
Beurteilungen
- Beamte 178 41
- Beteiligung SBV 178 47, 91
- Leistungsbeurteilung 178 41
- Richtlinien 178 47
- SBV 178 41
- Schwerbehinderung 178 47
Bevollmächtigten *Kap. 2* 10
Bewegungsfähigkeit
- Beeinträchtigung 229 5 ff.

Beweiserleichterung
- Beweismaß für Widerlegung 164 72
- Beweismaßabsenkung 164 59
- Leistungsrangfolge 164 73
- Ranking nach Examensnoten 164 73
Beweislast *Kap. 2* 72
- Benachteiligungsanzeichen 164 65
- Einladungspflicht 165 8
- Einwände gegen die Indizwirkung 164 66
- Glaubhaftmachung 164 59
- Hilfstatsachen 164 59
- Kausalität 164 59
- nachträglich vorgebrachte Gründe 164 68
- Unkenntnis des Arbeitgebers 164 66
- Vermutungstatsachen für Zusammenhang mit Behinderung 164 63
- Vollbeweis 164 59 ff.
- Wahrheitstest 164 65
Beweismaß
- Vollbeweis für Widerlegung 164 72
Bewerber
- Obliegenheit, auf Schwerbehinderung hinzuweisen 164 61
Bewerberauswahl
- Auswahlentscheidung 164 159
- Beteiligung der SBV 178 50
- Beteiligung vor dem Treffen der Entscheidung 164 159
- Stimmrecht der SBV 178 50
Bewerberdaten
- Datenschutz 164 150
- Name und Anschrift 164 150
- Schutzmaßnahmen der SBV 164 150
- Zulässigkeit der Verarbeitung 164 150
Bewerbung
- Kenntnisnahme von der Bewerbung 165 8
- nach Ablauf Bewerbungsfrist 165 8
- Stationierungsstreitkräfte 164 16
- Zugang einer Bewerbung 165 8

Bewerbung eines Gleichgestellten
- Unterrichtung der SBV 164 145

Bewerbung eines Schwerbehinderten
- Interessenkonflikt 164 145
- Unterrichtung der SBV 164 145
- Wissenszurechnung 164 145

Bewerbungsschreiben
- Obliegenheit zur Kenntnisnahme 164 61

Bewerbungsunterlagen
- Angaben zum Eignungsprofil 165 8
- Einsichtnahme 178 49, 50
- entscheidungsrelevante Teile 178 50

Bewerbungsverfahren
- Ablehnung der Beteiligung 164 156

Bezirksschwerbehindertenvertretung
- Freistellung 180 80
- Gleichlauf mit Personalrat 180 67
- Heranziehung 180 78 f.
- Landespersonalvertretungsrecht 180 67
- mehrstufige Verwaltungen 180 63
- Mitvertretung vertretungsloser Schwerbehinderter 180 65
- Stufenvertretung 180 1 ff.
- Teilnahme an Personalversammlungen mit Rederecht 180 65
- Wahl 180 64
- Wahlberechtigte 180 70
- Wahlverfahrensarten 180 64
- Zuständigkeit 180 32 ff., 65

Bezirksschwerbehindertenvertretung der Richterinnen
- Bildung 180 75

Bezüge, soziale 1 11

Bildung
- als Leistung zur Teilhabe am Arbeitsleben 75 14
- inklusive 75 5
- integrative 75 6
- trägerübergreifende Fort- und Weiterbildung 39 9

Bildungsangebot
- der Gewerkschaften 179 117
- des Integrationsamtes 179 117
- privater Bildungsträger 179 117

Bildungsbereiche
- förderungsfähige 75 13

Bildungssystem 75 5 ff.

Bindung
- anderer Stellen an Feststellung der Behinderung 152 4
- der Agentur für Arbeit bei Gleichstellung 151 10
- des Versorgungsamtes 152 32

Bindungswirkung 75 12

Blinde
- Einladung in geeigneter Weise 177 76

Blindenführhund 47 6, 228 11 ff.; *BGG* 4 4

Blindenwerkstätten 226 1 ff.

Blindheit
- Einkommensteuer 209 19

Bordvertretung
- BEM 167 75
- Seebetriebsrat 177 54a

BPersVG siehe bundespersonalvertretungsgesetz (bpersvg)

BPersVG-Novelle 170 27, 179 1, 9, 71, 180 1
- Einigungsstelle für BEM-Grundsätze 167 146
- Wählbarkeit 177 19

Briefwahl
- allgemeine *SchwbVWO* 11 12 ff.
- Antrag *SchwbVWO* 11 8 f.
- Ausschluss *SchwbVWO* 20 2
- Behandlung der Briefwahlstimmen *SchwbVWO* 28 45 ff.
- Behandlung von Briefwahlstimmen *SchwbVWO* 12 1 ff.
- Beschluss des Wahlvorstands *SchwbVWO* 11 17
- Beweggründe für allgemeine Briefwahl *SchwbVWO* 11 18 ff.
- Corona-Pandemie 177 71
- Durchbrechung von Wahlgrundsätzen *SchwbVWO* 11 2
- Durchmischung der Wahlumschläge *SchwbVWO* 12 10
- Eigenständigkeitserklärung *SchwbVWO* 11 24, 31, 12 7 f.
- elektronische Stimmabgabe 177 71

Stichwortverzeichnis

- fehlende Barrierefreiheit *SchwbVWO* **11 22**
- Feststellung der epidemischen Lage von nationaler Tragweite **177 71**
- Freiumschlag *SchwbVWO* **11 24, 26, 32, 12 6**
- Frist für Antrag *SchwbVWO* **11 11**
- Frist für Einreichung der Freiumschläge *SchwbVWO* **28 41 ff.**
- Funktion *SchwbVWO* **11 3**
- Geheimhaltung der Wahl *SchwbVWO* **11 28**
- Geltendmachung bei individueller Briefwahl *SchwbVWO* **11 8 f.**
- geringe Wahlbeteiligung *SchwbVWO* **11 21**
- GSBV **180 22**
- Hinzuziehung von Hilfspersonen *SchwbVWO* **11 30**
- im förmlichen Wahlverfahren **177 71**
- im vereinfachten Wahlverfahren **177 71**
- in Teilen von Betrieb/Dienststelle *SchwbVWO* **11 14**
- individuelle *SchwbVWO* **11 4 ff.**
- Inhalt Briefwahlunterlagen *SchwbVWO* **11 24 f.**
- Kirchen *Kap.* **1 22**
- Merkblatt über die Art und Weise der schriftlichen Stimmabgabe *SchwbVWO* **11 25**
- räumlich weit entferte Betriebsteile *SchwbVWO* **11 19**
- Reichweite der Anordnung *SchwbVWO* **11 13 f.**
- Schichtbetrieb *SchwbVWO* **11 20**
- Stimmabgabe bei Verhinderung **177 64**
- Stimmberechtigung **177 71**; *SchwbVWO* **28 44 ff.**
- Teilhabestärkungsgesetz **177 71**
- unbeobachtete Kennzeichnung *SchwbVWO* **11 28 ff.**
- vereinfachtes Wahlverfahren *SchwbVWO* **20 2, 55, 28 31 ff.**
- verfristete Freiumschläge *SchwbVWO* **28 47**
- Vermerk in Liste der Wahlberechtigten *SchwbVWO* **11 27**
- Vernichtung verspäteter Briefwahlstimmen *SchwbVWO* **12 23 ff.**
- Versendung Briefwahlunterlagen *SchwbVWO* **11 9, 23**
- verspätete Briefwahlstimmen *SchwbVWO* **12 19 ff.**
- Videokonferenz *SchwbVWO* **28 31 ff.**
- Voraussetzungen der individuellen Briefwahl *SchwbVWO* **11 4 ff., 8 ff.**
- Vorbereitungshandlungen *SchwbVWO* **11 23 ff.**
- Wahlumschlag *SchwbVWO* **12 9**
- Wahlversammlung *SchwbVWO* **28 31 ff.**
- Wegstrecken zum Wahllokal *SchwbVWO* **11 19**
- Zugang beim Wahlvorstand *SchwbVWO* **12 21**
- Zuständigkeit für Entscheidung *SchwbVWO* **11 15 ff.**
- zwingend geheime Stimmabgabe *SchwbVWO* **11 28**

Briefwahlverfahren
- Durchführung *Kap.* **1 22**
- EKD *Kap.* **1 22**

Bruch der Schweigepflicht
- Strafrahmen **237a, 237b 9**
- Verlust des Amts **237a, 237b 10**

Bruttoforderung
- Vollstreckbarkeit *Kap.* **2 162**

Brutto-Hinzurechnungsbetrag **66 19**

BSHG **99 1**

BTHG siehe bundesteilhabegesetz (bthg)

Budget
- Neuregelung **179 97**
- SBV **179 97**

Budget für Arbeit **111 2**
- (interne oder externe) personale Unterstützung **61 9**
- Arbeitsassistenz **61 9**
- Ausgleichsabgabe, Nachrang **185 22**
- Eingliederungshilfe **185 22**
- Erwerbstätigkeit **61 6**

- Integrationsfachdienste 61 11
- Jobcoaching 61 9
- Lohnkostenzuschuss an Arbeitgeber 61 8
- Rechtsanspruch 61 6
- sozialversicherungspflichtiges Arbeitsverhältnis 61 6
- Versicherungsfreiheit in der Arbeitslosenversicherung 61 6

Budget für Ausbildung 57 5

Budget, Persönliches **Einf.** 38

Bundesagentur für Arbeit 75 14
- Arbeitsgruppe der Vertrauenspersonen 177 47
- Arbeitsleben 187 4
- Arbeitsmarktprogramme 187 2
- ARGE 177 47
- Aufgaben 187 2, 4
- behinderte Menschen 187 4
- Förderleistungen 164 211
- Geheimhaltungspflicht 213 1 f.
- Integrationsfachdienst 187 3
- Jobcenter 177 47
- Opportunitätsprinzip 164 2
- Ordnungswidrigkeit 164 2, 238 22
- Owi-Team 164 2
- Regionaldirektion 164 2
- Schwerbehindertenrecht 187 2
- Strukturverantwortung 187 3
- Teilhabe 187 4
- Vollzugsdefizit 164 2
- Zuständigkeit 159 15 ff., 184 5

Bundesarbeitsgemeinschaft für Rehabilitation (BAR) 26 28
- Arbeitsgemeinschaft 40 3
- Aufgaben 39 5
- gemeinsame Übersicht 41 9
- Kostenträger 39 2
- Mitglieder 39 2
- Qualitätsmanagement 39 5
- Zertifizierungsverfahren 39 5

Bundesdatenschutzgesetz (BDSG) 2018 167 88 f.
- BEM 167 96

Bundesfreiwilligendienst
- Kündigungsschutz 168 42
- Wählbarkeit 177 20

Bundesgerichte
- Adressatenkreis BGG *BGG* 1 3

Bundesnachrichtendienst
- Hauptschwerbehindertenvertretung 180 70
- Militärischer Abschirmdienst 240 1

Bundespersonalvertretungsgesetz (BPersVG)
- Auswirkungen Novellierung auf SBV 179 1
- Novellierung 176 8, 177 19, 117
- Übergangsmandat für den Personalrat 176 8

Bundessozialhilfegesetz (BSHG) 99 1

Bundesstatistik
- Eingliederungshilfe 143 1, 144 1, 146 1, 147 1, 148 1
- Engliederungshilfe 145 1

Bundestag
- Adressatenkreis BGG *BGG* 1 3

Bundesteilhabegesetz (BTHG)
- Änderungen des SGB IX 164 8
- Änderungsantrag der Koalitionsfraktionen 178 1
- Ausschussempfehlung zur Abstimmung mit stellvertretenden Mitgliedern 178 1
- Einschränkung der Meldepflicht 165 1
- Freistellungen 179 1
- Gesetzesänderungen 179 1
- Schulungen 179 1
- Umnummerierung 183 1
- Unwirksamkeitsklausel **Vor** 168 1

Bundesteilhabegesetz 2016
- Verschiebung des Standorts der Wahlvorschriften 177 1

Bundesverwaltung
- Adressatenkreis BGG *BGG* 1 3

Bundeswehr
- Schwerbehindertenvertretung (SBV) 177 50
- Überbrückungsleistungen für Zivilpersonal 164 217b

Bürokraft
- Kostentragung 179 114
- Zurverfügungstellung 179 114

Bußgeld 154 6
- bis 10.000 EUR 167 126

- Erstattung 181 34
- Ordnungswidrigkeitsrecht 181 33, **238 31**
- Unterrichtungsmängel 164 151

Bußgeldsanktion
- fehlender Tatbestand 165 25
- Ordnungswidrigkeit 164 170

Chronische Krankheiten 3 9

Compliance
- Inklusionsbeauftragter 181 24

Corona *siehe* Corona-Pandemie

Corona-Pandemie
- Außerkrafttreten von Sonderregelungen 177 71
- Corona-Prämie 67 6 f.
- epidemische Lage von nationaler Tragweite *SchwbVWO* 28 5 ff.
- förmliches Wahlverfahren *SchwbVWO* 28 3
- generelle Briefwahl 177 71
- Kurzarbeit 67 14
- öffentliche Stimmauszählung 177 71
- Risikogruppen *SchwbVWO* 28 13
- Sonderregelungen 177 71
- Teilhabestärkungsgesetz 177 83a
- Versammlung 178 131
- Wahl der SBV *SchwbVWO* 28 1 ff., 10
- Wahl der Schwerbehindertenvertretung *SchwbVWO* 28 1 ff.
- Wahlgrundsätze *SchwbVWO* 28 11 ff.
- Wahlleitung bei Briefwahl 177 71

Corona-Prämie
- Bemessungszeitraum 67 6 f.

COVID-19 *siehe* Corona-Pandemie

Darlegungs- und Beweislast
- bei vermuteter Benachteiligung 164 53 ff.

Darlegungslast
- Arbeitgeber 164 197
- Dokumentationsassistenten-Fall 164 55
- Erleichterung der 164 196

- Parkraumbewirtschafterin-Fall 164 54
- Unzumutbarkeit 164 197

Daten
- Weiterleitung an die BAR 41 8

Datenerfassung 41 5

Datenschutz 96 11 ff.
- Aufsichtsbehörden für nichtöffentliche Stellen 179 109
- Betriebliches Eingliederungsmanagement (BEM) 167 94 ff.
- Bewerberdaten 164 150
- Datenschutzbeauftragter 179 109
- Datenschutz-Grundverordnung 170 34
- datenschutzrechtliche Bedenken beim BEM 167 63
- DSG-VO 170 34
- Einwilligung 167 104
- Überwachungsaufgabe des Betriebsrats 167 95 f.

Datenschutzbeauftragter
- Benennung 179 109
- Beteiligung der SBV 179 109
- Verschwiegenheit 179 108a
- Zusammenarbeit mit der Aufsichtsbehörde 179 109
- Zusammenarbeit mit SBV 179 108a
- Zustimmungsverweigerung 179 109

Datenschutz-Folgenabschätzung
- Betriebliches Eingliederungsmanagement (BEM) 167 90

Datenschutz-Grundverordnung (DSG-VO)
- Betriebsrat als Nicht-Dritter 167 95
- Datenverarbeitung im BEM 167 88 f.
- Dritter 167 95
- Gesundheitsdaten 167 95 f.
- Personalrat als Nicht-Dritter 167 95

Datenschutzrecht
- Fragerecht 168 33

Datenverarbeitung
- BEM 167 88

Dauer
- der Beeinträchtigung 2 9

- der Leistungen zur Teilhabe am Arbeitsleben 53 1
Dauertatbestand
- Antragsfrist 174 13
Dauerwirkung
- Rücknahme Kap. 2 79
Deeskalation
- Konzernvereinbarung zur Deeskalation 178 90
Defizite, alterstypische 2 11
Design, inklusives 164 206
Diakonissen 156 35
- Kündigungsschutz 173 20
Dienstaufsicht
- Wegschauen 165 28
Dienstbezüge
- Anrechnung 206 1 ff.
- Begriff 206 8
Dienstellenleitung
- Verdacht eines Dienstvergehens 165 28
Dienstfähigkeit
- anderweitige Verwendbarkeit 211 16
Dienstleistungen 47 19
Dienstordnungsangestellte
- Erwerbsminderung 175 11
- Zustimmungserfordernis für Ruhestandsversetzung 175 11
Dienstplan
- Unterrichtung 178 46
Dienstreise
- Reisekosten 179 113; siehe auch Reisekosten
Dienstreisen
- Beförderungsklasse bei Benutzung öffentlicher Verkehrsmittel 179 113
- Benachteiligung wegen des Amts 179 113
- Beurteilungsspielraum der SBV 179 113
- Kostenregelungen für Personalvertretungen 179 113
- Pkw-Nutzung 179 113
- reisekostenrechtliche Wahlfreiheit 179 113
Dienststelle
- Begriff 170 27
- der NATO 154 23

- Dienststellenbegriff der Personalvertretungsgesetze 170 6
- Nebenstelle 170 27
- Verwaltungsstelle 170 27
- Wegfall der Selbstständigkeit 177 97
- Zuständigkeit für Personalangelegenheiten 165 5
Dienststellenleitung
- Pflichtverletzung 211 17
- Wahlinitiierung SchwbVWO 1 63 ff.
Dienstunfähigkeit
- Versetzung in den Ruhestand 211 14
Dienstunfähigkeitsprüfung
- vorgeschaltetes BEM 211 17
Dienstvereinbarung
- einstweilige Verfügung 167 152
- über BEM 167 152
Digitale Gesundheitsanwendungen 42 19 ff.
- Begriff 47a 6
- Erforderlichkeit 47a 8
- Mehrkostenvorbehalt 47a 11
Digitalisierung
- Anforderungen an Erfüllung der Unterrichtungspflicht 178 48
- barrierefreie Software 178 48
- Bringschuld 178 48
Disability-Fallmanager
- BEM 167 47
Diskkriminierung
- Inländer 154 8
Diskriminierung
- Altersdiskriminierung 103 19
- bei der Kündigung 168 87
- Beschäftigungsalternativen 168 82
- Definition Art. 2 Unterabs. 3 Satz 2 UN-BRK 164 183
- Geschäftsführer mit Schwerbehinderung 168 86
- unmittelbare 168 30
- Versagung angemessener Vorkehrungen 164 183
- Vorstandsmitglied mit Schwerbehinderung 168 86
- wegen einer Behinderung 168 83

Diskriminierungsverbot 100 6,
156 5
- Ausländer mit Anspruch auf Eingliederungsleistungen aus anderen Rechtsvorschriften 100 4, 6 ff.
Dispositionsbefugnis 152 9
Disziplinarverfahren
- Beteiligung SBV 211 42
- Unterrichtung 178 47
- Verletzung der schwerbehindertenrechtlichen Arbeitgeberpflichten 165 28
Divergenz
- Abweichen des BAG von der Rspr. des BVerwG 165 30
Dreiecksverhältnis
- eingliederungshilferechtliches 123 3 ff.
- sozialhilferechtliches 123 2
Dreifachanrechnung 159 10
Dreiwochenfrist
- Bereichsausnahme für Sonderschutz 173 43

Ehrenamt (unentgeltlich) 179 5
Eidesstattliche Versicherung
Kap. 2 27
Eigenbetrag
- Einkommen 138 6, 7
- Vermögen 138 6
Eigenkündigung 168 15
Eignung
- Auswahlkriterien 165 18
- Fachliche Eignung 165 22
- Inklusionsbeauftragte 181 13 ff.
- Inklusionsbeauftragter 181 10
- offensichtliche Nichteignung 165 22
- Persönliche Eignung 165 24
- Ranking 165 23
- Stelle 164 176
Eignungsanforderung
- Fachkunde 181 13
- Stellenausschreibung 164 57
- Stellung im Betrieb 181 13
- Zeit 181 13
Eignungsmangel
- Anpassung des Arbeitsplatzes 164 56
- Eignungsprüfung 164 56

Ein- und Umgruppierung
- Beteiligung der SBV 178 42
Eingangsverfahren 57 8
- Dauer der Maßnahmen 57 18
- Rechtsverhältnisse 57 22
Eingliederung
- Aufgabe der Interessenvertretungen 176 2
- Aufgabe der SBV 178 4
- beim Arbeitsamt gemeldete Schwerbehinderte 164 3
- „Disability"-Fallmanager 167 28
- guter Wille 164 3
- Prüfungspflicht 164 107
- Prüfungspflicht des Arbeitgebers unter Beteiligung der SBV 164 3
- Unterrichtungspflicht des Arbeitgebers 164 124
Eingliederung Schwerbehinderter 164 3
Eingliederungsaufgabe 176 8
Eingliederungshilfe 6 10
- Abgrenzung von Pflegeleistungen 91 13 f.
- als Anspruchsleistung 99 3
- als Ermessensleistung 99 3
- Angehörigen-Entlastungsgesetz 138 138
- Antragserfordernis 99–108 1
- Art. 19 UN-BRK 138 9
- Art. 3 Abs. 3 S. 2 GG 138 9
- Aufgaben 90 1 ff.
- Aufgaben der Länder 94 10 ff.
- Ausländer 100 2, 9 f.
- Auslandsaufenthalt 101 1 f.
- Barmittelanteil 119 8 ff.
- Behörden 94 1 ff.
- bei Pflegebedürftigkeit 103 17
- Beitrag zu Aufwendungen 138 10
- Beratung und Unterstützung 106 1
- Bundesstatistik 143 1, 144 1, 145 1, 146 1, 147 1, 148 1
- Darlehen 139, 140 11, 12
- Datenschutz 96 11 ff.
- Eilfall 120 6
- Ermessensausübung 107 2
- frei-gemeinnützige Träger 96 6 ff.

- für Ausländer als Ermessensleistung 100 9
- für Deutsche im Ausland 101 1 f.
- für pflegebedürftige Leistungsberechtigte 103 3 f.
- gemeinsame Inanspruchnahme 116 1, 3
- Gesamtplan *Kap.* 2 16
- Gesamtplanverfahren 103 17
- häusliche Pflege 103 13
- Hilfe zur häuslichen Pflege 103 18
- Hilfe zur Pflege 138 21
- Individualisierungsgrundsatz 104 3
- KJSG 117 11 f.
- Kosten der 138 3 f.
- Kosten der Eingliederungshilfe 138 3
- Kostenerstattung 103 21
- Kostenvergleich 104 10
- Krankenbehandlung, Abgrenzung 93 6
- Kurzzeitpflege 103 20
- Lebenslagenmodell 103 19
- Leistungen 142 5
- Leistungen zum Lebensunterhalt 138 20
- Leistungen zur Teilhabe an Bildung 112 1
- Leistungsformen 105 1
- medizinische Rehabilitation 90 3 ff., 91 7, 109 1 ff., 110 1 ff.
- minderjährige Leistungsberechtigte 142 2
- Nachrang 91 1 ff.
- ohne Vermögenseinsatz 139, 140 13
- örtliche Zuständigkeit 98 1 ff.
- Pauschalierung 116 1 f.
- Pauschalierung von Leistungen 105 3
- Pauschalleistung 123 7
- Persönliches Budget 105 4
- Pfändung von Ansprüchen 107 1
- Poolen 116 1
- Rechtliche Betreuung 105 2
- Reform der 138 5 ff.
- Rehabilitationsträger 241 5
- Schonvermögen 139, 140 7
- Selbsthilfe 91 3 f.
- Selbsthilferessourcen 91 4
- Soziale Teilhabe 90 12, 113 1
- stationäre Leistungen 134 1 ff.
- Teilhabe am Arbeitsleben 90 7 ff., 91 8
- Teilhabe am Leben in der Gemeinschaft 113 1
- Teilhabe an Bildung 90 10, 91 9
- teilstationäre Pflege 103 20
- Träger 94 1 ff.
- Überleitung von Ansprüchen 141 4
- Übertragung von Ansprüchen 107 1
- UN-BRK 90 2
- Vereinbarung nach § 14 Abs. 3 SGB XI 103 14
- Verhältnis zu Leistungen nach dem SGB XII 93 1 ff.
- Verhältnis zur Pflegeversicherung 91 12 ff.
- Vermögen 139, 140 3
- Verpfändung von Ansprüchen 107 1
- Verpflichtungen anderer 91 6 ff.
- volljährige Leistungsberechtigte 142 2
- vorübergehender Auslandsaufenthalt 101 3
- Wohlfahrtsverbände 96 6 ff.
- Wohnform 104 7
- Wunsch- und Wahlrecht 123 6, 12
- Wunschrecht 104 5
- Ziele 90 1 ff.
- Zusammenarbeit mit Leistungsanbietern 96 1 ff.

Eingliederungshilfe für EU-Bürger
- Unionsbürger 100 4

Eingliederungshilfeanspruch
- Angehörige 138 6

Eingliederungshilfeträger
- Gesamtverantwortung 123 19
- Gewährleistungsverantwortung 123 4 f.
- Jugendhilfeträger 117 11 f.
- Prüfpflicht 128 1 ff.
- Prüfrecht 128 1 ff.
- Sachleistungsverschaffung 123 4
- Sicherstellungsauftrag 95 1 ff., 123 5

EingliederungsHV 99 1, 7
Eingliederungsplan 57 12
– Individualisierungsgebot 57 13
– Einheitliche Ansprechstellen
– Co-Management 164 211a
– KMU 164 211a
Einheitliche Werkstatt 219 7
Einigungsstelle
– Beendigung des Verfahrens 174 32
– BEM-Team 167 100
– offensichtliche Unzuständigkeit 167 85
– Teilnahmerecht der SBV 178 101
Einkommen 138 6
– Angehörige 138 6
– Angehörigen-Entlastungsgesetz 138 10
– antragstellende Person 138 15
– Aufwendungsersatz 138 7
– Begriff 138 12 ff.
– Beitrag zu Aufwendungen 138 10
– Beitragshöhe 138 26 ff.
– Definition 138 7
– Eigenbetrag 138 6
– Einkommensfreibeträge 138 2
– Einkommensfreigrenzen 138 22 ff.
– einkommensunabhängig zu erbringende Leistungen 138 19
– Ermittlung 138 10
– EStG 138 13
– Minderjährige mit Eingliederungshilfebedarf 138 6
– minderjährige Person 138 15 ff.
– Rente 138 14
– sachlicher Anwendungsbereich 138 18
– Schonvermögen 138 2
Einkommen und Vermögen
– Anrechnung 112 7
– Einsatz 111 3
Einkommensbegriff 138 12 ff.
Einkommenseinsatz 150 1
Einkommensermittlung 138 10
Einkommensfreibetrag 138 2
Einkommensfreigrenze 138 22 ff.
Einkommensteuergesetz (EStG) 138 13

Einladung
– Aushang 177 76
– gerichtliche Durchsetzung der 165 41
– in geeigneter Weise 177 76
– Initiativlast des Arbeitgebers für ein BEM 167 61
– Kündigungsschutz 177 86
– Terminabstimmung 178 106
– Unterlassen der 178 108
– Voraussetzung für Beschlussfassung 178 108
Einladung zur Wahlversammlung
– Aushang SchwbVWO 19 15
– barrierefreie Erreichbarkeit der Aushangstelle SchwbVWO 19 15
– Betriebsrat 176 20; SchwbVWO 19 24
– durch andere Initiierungsbefugte SchwbVWO 19 21 f.
– durch andere Initiierungsberechtigte SchwbVWO 19 4, 29 f.
– durch Schwerbehindertenvertretung SchwbVWO 19 4, 21
– formelle Anforderungen SchwbVWO 19 11 ff.
– Frist zwischen Einladung und Versammlung SchwbVWO 19 16 f.
– Gesamtbetriebsrat SchwbVWO 19 27
– Gesamtschwerbehindertenvertretung 176 20; SchwbVWO 19 25
– Gruppe aus drei Wahlberechtigten SchwbVWO 19 24
– inhaltliche Anforderungen SchwbVWO 19 6 ff.
– Initiierung der Wahl SchwbVWO 19 1
– Integrationsamt SchwbVWO 19 24
– Konzernschwerbehindertenvertretung 176 20; SchwbVWO 19 26
– Ladungsrecht 176 20
– Mindestangaben SchwbVWO 19 7 ff.
– Personalrat 176 20; SchwbVWO 19 24
– rechtzeitige Einladung SchwbVWO 19 5

- Rundschreiben
  SchwbVWO 19 13 f.
- Sichtbarkeit der schwerbehinderten Beschäftigten
  SchwbVWO 19 13
- Stufenvertretungen
  SchwbVWO 19 24 ff.
- Stufenvertretungen des Personalrats *SchwbVWO* 19 28
- überörtliche Vertretung
  SchwbVWO 19 24 ff.
- unterbliebene Einladung durch Schwerbehindertenvertretung *SchwbVWO* 19 21
- Vertrauensperson 176 20
- Vorlauffrist
  SchwbVWO 19 18 ff.
- Wahlberechtigte
  SchwbVWO 19 24
- Zeitpunkt *SchwbVWO* 19 5
- Zeitpunkt der Wahl
  SchwbVWO 19 18 ff.

Einladungspflicht
- Anforderungsprofil 165 11
- Bewerbung 165 8
- internationale Organisationen 165 4
- nicht offensichtlich ungeeignet 165 8
- öffentliche Arbeitgeber 165 4
- öffentliche Hand 165 4
- öffentliche Unternehmen 165 4
- öffentlicher Dienst 165 4
- Stationierungsstreitkräfte 165 4
- Stellenvergabe 165 37
- Unternehmen im Mehrheitsbesitz öffentlicher Körperschaften 165 4
- Verletzung der 178 109
- Vorbereitungsdienst 165 13
- Vorstellungsgespräch 165 8
- zusätzliche Chance 165 12
- Zwischenschaltung von Vermittlern 165 9

Einmalzahlungs-Neuregelungsgesetz 66 17

Einreiseentschluss 100 13

Einsatz von Einkommen und Vermögen 111 3

Einschaltung
- möglichst frühzeitig 167 16

Einschränkung
- der Erwerbsfähigkeit 4 11

Einspruch gegen die Liste der Wahlberechtigten
- Anfechtungsberechtigung
  SchwbVWO 4 3
- anonymer Einspruch
  SchwbVWO 4 14
- Arbeitgeber *SchwbVWO* 4 6
- berechtigtes Interesse
  SchwbVWO 4 5
- Betriebsrat *SchwbVWO* 4 7
- Einspruchsberechtigung
  SchwbVWO 4 4 ff.
- E-Mail *SchwbVWO* 4 14
- Entscheidung des Wahlvorstands
  SchwbVWO 4 18
- Form des Einspruchs
  SchwbVWO 4 13
- Frist *SchwbVWO* 4 11 ff.
- Funktion *SchwbVWO* 4 2
- Gegenstand des Einspruchs
  SchwbVWO 4 8 ff.
- Korrektur der Liste
  SchwbVWO 4 19
- Mitteilung an Einspruchsteller
  SchwbVWO 4 19 ff.
- Personalrat *SchwbVWO* 4 7
- unverzügliche Prüfung
  SchwbVWO 4 16 ff.
- Verhältnis zur Überprüfung von Amts wegen *SchwbVWO* 4 15

Einstellung 154 5
- Abschaffung des Kontrahierungszwangs 164 106
- Anspruch siehe Einstellungsanspruch
- Bestenauslese 164 107
- Bewerbungsverfahrensanspruch 164 80 f.
- freie Entschließung der Arbeitgeber 164 106
- guter Wille 164 107
- öffentlicher Dienst 164 80

Einstellungsanspruch 154 22, 164 106
- Ausschluss der Naturalrestitution 164 75 f.
- individualrechtlicher 154 5

Einstweilige Anordnung
Kap. 2 141
– Vorwegnahme der Hauptsache
Kap. 2 145
Einstweilige Verfügung
– Schwerbehindertenvertretung
178 138
– Vollstreckungsklausel entbehrlich
Kap. 2 159
Einzel-GdB 152
Einziehung
– des Schwerbehindertenausweises
199 8
Einziehungsprozess
– Freistellungsanspruch 179 126
Einzugsgebiet 220 10
Elektronische Kommunikation
– Hinweis auf Eigenschaft schwerbehinderter Mensch 164 150
– Signatur 170 8
Eltern mit Behinderungen 119 3
Eltern- und Betreuerbeirat
– Werkstatt 222 20
Eltern- und Betreuerversammlung
– Werkstatt 222 14
Elternzeit 156 10
– Verhinderung 177 7
– Wählbarkeit 177 20
E-Mail
– Antrag auf Zustimmung beim Integrationsamt 170 8
Empfangsbekenntnis
– Zustimmungsbescheid 171 14
Empfangszuständigkeit
– Vertrauensperson 178 89
Empfehlung 37 11
Endurteil
– Abfassung innerhalb der Dreiwochenfrist *Kap. 2* 159
– Urteil ohne Tatbestand und Entscheidungsgründe *Kap. 2* 159
– vollsteckbare Ausfertigung
Kap. 2 159
– Vollstreckungstitel *Kap. 2* 158
– Zustellung *Kap. 2* 159
Entgelt
– Begriff 206 6
– Mindestentgelt 206 7
– Urteilsverfahren 179 124
Entgeltersatzleistungen 65 5, 70 5

Entgeltfortzahlung 65 10
– Anrechenbarkeit anderer Leistungen 172 59
– Anrechnung von Krankengeld
172 57
– Anrechnung von Kurzarbeitergeld
172 57
– Auflage 172 57 ff.
– Berechnung der Dreimonatsfrist
172 61
– Lohn ohne Arbeit 164 193
– ohne Arbeit 172 58
– Schulungsbesuch 179 115
– Tod 172 60
– verwaltungsrechtliche Durchsetzung 172 62
Entlassungszeitraum
– Bedeutung für Zustimmung bei Massenentlassung 172 50
Entlastung
– Erfordernis der Geltendmachung
207 7
Entschädigung
– abschreckende Wirkung 164 91
– Angemessenheit 164 88
– Ausschlussfrist 164 95
– Begrenzung auf Vierteljahresverdienst 164 79
– bei Irrtum 164 88
– Bemessung 164 90 f.
– Darlegungslast 164 88
– Deckelung 164 88
– Diskriminierung bei der Kündigung 168 87
– Faustformel der Gerichte
164 91
– Feststellungsklage 164 96
– Form der Geltendmachung
164 94 f.
– gedeckelte Entschädigung
165 32
– Kenntnis der Schwerbehinderung
165 35
– Klagefrist als Ausschlussfrist
164 96
– kumuliert mit Schadenersatz
164 88
– Pfändbarkeit 164 93
– Rspr. der Verwaltungsgerichte
165 36
– schuldangemessen 164 92
– soziale Entschädigung 7 14
– Übertragbarkeit 164 93

Stichwortverzeichnis

- unbegrenzte Entschädigung 165 32
- unbezifferte Klage 164 227
- verhältnismäßig 164 92
- Verhältnismäßigkeitsprüfung 164 88
- Verletzung von Förderungspflichten 164 180
- verschuldensunabhängig 164 88
- Verzinsung 164 88
- wegen Benachteiligung 165 31 ff., 168 30
- wegen Benachteiligung bei Einstellung 164 88

Entschädigungsanspruch
- nichtvermögensrechtlicher Schaden 165 32

Entschädigungsrechtsstreit
- Antrag auf Verfahrenshemmung 164 101
- ausschließliche Zuständigkeit 164 101
- gerichtliche Zuständigkeit 164 101
- Verbindung von Verfahren 164 101
- Verweisung von Amts wegen 164 101

Entscheidung
- Aufhebungsvertrag 178 56
- Aussetzung der Vollziehung 178 57
- Durchführung 178 56, 57, 85
- Frist 171 1
- getroffene 174 21
- Integrationsamt 171 2
- Mitteilung 178 58
- Monatsfrist 171 1
- Neubescheidung 171 42
- schriftliche Bestätigung Kap. 2 41
- Spruchreife 171 42
- Verwaltungsgericht 171 42

Entscheidungsfrist
- atypischer Fall 171 10

Entscheidungskompetenz
- Grundsatz des Gleichlaufs 180 68
- Vorlage an übergeordnete Behörde 180 68

Entscheidungsprozesse
- betriebliche 26 21

Entscheidungsverzögerung
- Schadenersatz 171 7

Entziehung
- der besonderen Hilfen für schwerbehinderte Menschen 200 1 ff.

Epidemische Lage von nationaler Tragweite *SchwbVWO* 28 5 ff.; *siehe auch* Corona-Pandemie

Erforderlichkeit 71 8

Ergänzende Unabhängige Teilhabeberatung
- BEM 167 42

Ergänzende unabhängige Teilhabeberatung (EUTB) 32 2 ff.
- niederschwelliges Angebot 32 2
- Voraussetzungen 32 5

Ergänzendes Angebot
- Beschreibung des Rechtsbehelfsverfahren 32 6

Erklärungsfrist
- Rspr.-Änderung 174 28

Erledigung
- Kostentragung 171 30

Ermessen 101 3
- Evidenzkontrolle 172 4
- gerichtliche Kontrolle 42 39 f.
- Gruppeninteresse der schwerbehinderten Menschen 172 48
- Interessenabwägung 172 4
- Mehrfachanrechnung 159 11
- Offenkundigkeitsprüfung 172 4
- öffentliche Belange 172 5
- öffentliches Interesse 172 48
- pauschales Abstellen auf fehlenden Zusammenhang mit Behinderung 172 48
- Sicherstellung Dreimonatslohn 172 48
- Soll-Zustimmung 171 36
- Sozialplan 164 30
- Weiterbeschäftigungsmöglichkeit 171 38

Ermessensbindung
- Muss-Zustimmung 172 37 f.

Ermessensentscheidung
- Abgrenzungsprobleme 172 9
- Abwägung 172 12
- atypisch Ausnahmen vom Regelfall 172 39
- Aufklärungspflicht 172 11

Stichwortverzeichnis

– außerordentliche Kündigung **174** 23
– Begründung *Kap. 2* 59
– bei Soll-Zustimmungen **172** 39
– Berücksichtigung der mangelnden Beteiligung der SBV **167** 141
– Berücksichtigung öffentlicher Belange **174** 23
– Bindung an Haushaltsrecht **172** 34
– des Integrationsamts **172** 1 ff.
– Doppelung der behindertenspezifischen Interessenabwägungspunkte **172** 6
– Ermessensbindung **172** 37 f.
– freies Ermessen **Vor 168** 15
– gebundene Ermessenentscheidung bei Zurruhesetzung **211** 17
– gebundenes Ermessen **Vor 168** 15
– Interessenabwägung **171** 3, **172** 14
– offensichtliche arbeitsrechtliche Unwirksamkeit **172** 10
– verwaltungsgerichtliche Überprüfung **172** 14

Ermessensfehler
– Antragsverfahren **167** 120
– Zustimmungsbescheid des Integrationsamts **167** 121

Ermessensleistung **100** 13

Ermessensreduzierung auf Null *Kap. 2* 144

Ernstliche Zweifel
– hinreichende Darlegung *Kap. 2* 125

Erörterung
– Beschäftigungsquote **164** 161
– Personalauswahl **164** 160
– Pflichtquote **164** 160
– Reisekosten des Betroffenen **164** 160
– Unterrichtung über Gründe **164** 161

Ersatzarbeitsplätze
– Ermessensentscheidung **172** 31
– Suche nach anderweitiger Verwendungsmöglichkeit **172** 32

Ersatzbeschaffung **47** 19

Erstattung
– Regelung **16** 3 f.

– sozialabgabenpflichtige Leistung **181** 34
– von Wertmarkenguthaben **228** 6

Erweiterte Gesamtmitarbeitervertretung
– Mitgliedschaft in der *Kap. 1* 15

Erweiterter Beendigungsschutz
– auflösende Bedingung **175** 3 ff.
– Erwerbsminderung **175** 1 ff.
– Verfahren der ordentlichen Kündigung **175** 2
– Wirkung des Schutzes **175** 22

Erwerbseinkommen **72** 7

Erwerbsfähigkeit **10** 5
– verminderte **72** 11

Erwerbsminderung
– auf Zeit **175** 7
– Beendigung des Arbeitsverhältnisses **175** 7
– befristet **175** 7
– Erreichen der Regelaltersgrenze **175** 7
– Rentenleistungen **175** 4
– teilweise **175** 4, 7
– volle **175** 4, 7

Erwerbsminderungsrente
– Beendigung des Arbeitsverhältnisses **175** 15 f.
– Lohndrückerei **206** 3
– Wiedereinstellungszusage **175** 19

Erwerbsminderungsrente auf Dauer
– Negativattest **175** 18

Erwerbsunfähigkeit **152** 35
– Beendigung des Arbeitsverhältnisses **175** 7

EU-Ausländer **100** 6 ff.

EuGH
– Einheitstheorie **208** 61
– Fall KHS – Schulte **208** 52
– Fall Neidel **208** 63 f.
– Fall Schultz-Hoff **208** 51
– schwebendes Vorlageverfahren **208** 54 f.
– Umsetzung der Vorabentscheidung **208** 56 ff.

Europäisches Fürsorgeabkommen **100** 6

Evangelische Kirche
– Kirchengesetz *Kap. 1* 5

- Rechte der Vertrauensperson
  Kap. 1 6
- SBV der Pastoren *Kap.* 1 8
- Übernahme staatlichen Rechts in der MVG-Novelle *Kap.* 1 7

Evidenzkontrolle
- Integrationsamt 172 6

Fachkraft für Arbeitssicherheit
- Hinzuziehung zum BEM 167 40

Fachleistung 58 13, 78 6

Fachliche Anforderung
- nachträglich aufgestellte Eignungskriterien 165 11

Fachstellen für behinderte Menschen
- örtliche Fachstellen für behinderte Menschen 171 5

Fahrerlaubnis
- diskriminierende Anforderung 165 11

Fahrgeldausfälle **Vor 228** 3

Fahrkosten 44 28, 73 6

Fahrtkosten
- Versammlung der schwerbehinderten Menschen 178 132

Fahrtkosten bei Nutzung Pkw 73 14

Faires Verhandeln
- Ausschalten der SBV 168 18
- Bedenkzeit 168 18
- Beteiligung der SBV 175 10
- Darlegungs- und Beweislast 168 18
- psychische Drucksituation 168 18
- Rechtsfolge Unwirksamkeit 168 18
- Rücktrittsrecht 168 18
- schuldhafter Verstoß 168 18

Fakultativprotokoll *Kap.* 2 149

Falschberatung 32 4

Fehlverhalten
- verhaltensbedingte Schwierigkeit 167 23

Fehlzeiten
- angemessene Vorkehrungen 172 18
- behinderungsbedingte 172 18
- Interessenabwägung 172 17

Feiertagsarbeit
- schwerbehinderte Menschen 207 8

Festlegung
- Anforderungsprofil im öffentlichen Dienst 164 134

Festlegung der Zahl der stellvertretenden Mitglieder
- vereinfachtes Wahlverfahren *SchwbVWO* 20 22 ff.
- Wahlversammlung *SchwbVWO* 20 22

Feststellung
- anderweitige 152 32
- Arbeitsplatz 152 12
- Auslandswohnsitz 152 12
- deklaratorische Wirkung der 178 59
- der Behinderung 152 1 ff.
- der Erforderlichkeit 71 9
- Entscheidungsfrist 152 14
- gesundheitlicher Merkmale 152 37
- Interesse an 152 13
- rückwirkende Feststellung der Schwerbehinderung 208 25
- Rückwirkung 152 17
- Sozialleistung 152 7
- Statusakt 152 7
- Territorialitätsprinzip 152 12
- Verfahrensrecht 152 6
- Zukunftswirkung 152 17
- Zuständigkeit 152 1

Feststellung der Schwerbehinderung
- deklaratorische Bedeutung **Vor 168** 7

Feststellung GdB
- SBV 178 18

Feststellungsantrag
- Ausnahmen für laufenden 173 36 ff.
- erweiterte punktuelle Streitgegenstandstheorie 168 59
- Klage wegen fehlender Zustimmung 168 59
- von Erwerbstätigen 173 40

Feststellungsbescheid 163 13; *BGG* 3 2

Feststellungsverbot 152 33 ff.

Feststellungsverfahren
- Antragsrecht von Erben 152 9

- Auswirkung auf Verfahren vor dem Integrationsamt 171 8
- Mitwirkungspflicht 173 45
- Rückwirkung von Rechtsbehelfen und Rechtsmitteln 173 49 ff.

Fiktion
- Änderungskündigung 171 2
- Eintritt der Fiktion 174 21
- Fiktion der Zustimmung 174 20
- Fiktionstatbestände 171 2
- Zustimmung 171 2

Fiktives Arbeitsentgelt 68 9
- Bezugsgröße 68 11
- Dreijahresfrist 68 8
- gewöhnlicher Aufenthalt 68 13
- Qualifikationsgruppen 68 11
- sozialrechtlicher Herstellungsanspruch 68 8
- Sozialstaatsgebot 68 14
- Verfassungskonformität 68 14

Finalprinzip 152 18, **Vor 228** 1

Föderalismusreform
- mehr Rechte für die Länder 176 4
- Rechte der Personalräte 176 4
- Zuständigkeit des Bundes 176 4

Folgenbeseitigung
- Erweiterung des Aussetzungsrechts 178 86

Förderrichtlinie 32 2
- Antragsverfahren 32 8
- Befristung 32 9
- Berichtspflicht 32 9
- Bewilligungsverfahren 32 8
- Dienstleister 32 8
- Förderhöhe 32 11
- Frist 32 10, 11
- Verfahren 32 10
- Verlängerung 32 11
- Voraussetzungen 32 8
- Zweck 32 8

Förderstätten
- Landesregelungen 219 28

Förderung
- Besetzung von Beamtenstellen 205 15
- der beruflichen Entwicklung 164 29
- der persönlichen Entwicklung 4 13
- von Modellvorhaben 11 1 ff.

Förderung der Verständigung 82 1 ff.
- Anlass 82 5
- Verbandsklagerecht 82 8

Förderung von Beratungsangeboten
- Peer Counseling 32 7

Förderungsfähige Bildungsbereiche 75 13 ff.

Förderungsrichtlinien
- Kompensation im öffentlichen Dienst 205 7

Förmliches Wahlverfahren
- Corona-Pandemie SchwbVWO 28 3
- GSBV 180 7

Formnichtigkeit
- Antrag auf Zustimmung 170 10

Frachtführer 156 18

Fragerecht
- Arbeitgeber 168 25 ff.
- Datenschutzrecht 168 33
- des Arbeitgebers 168 33
- DS-GVO 168 33
- Erhebung von Daten 168 33
- für Zwecke des Beschäftigungsverhältnisses 168 33
- Gesundheitsdaten 168 33
- Gleichstellung 168 30
- grundgesetzliches Benachteiligungsverbot 168 26
- Kausalität der Täuschung 168 29
- nach Ablauf der Wartezeit 168 32
- positive Förderung 168 31
- Recht zur Lüge 168 30
- Rspr.-Änderung 168 29
- Schwerbehinderteneigenschaft 168 33
- schwerbehindertenrechtliches Benachteiligungsverbot 168 27
- Schwerbehinderung 168 30
- tätigkeitsneutrale Frage 164 37, 168 30
- Vereinbarkeit mit Unionsrecht 168 28
- Vorabentscheidungsersuchen 168 29
- widersprüchliches Verhalten 168 32
- § 26 BDSG 168 33

Franchisesysteme 156 17

Frau
- doppelt Betroffene *BGG* 2 3
- Förderung von Frauen mit Behinderung 205 16; *siehe auch* Frauenförderung
- Frauenbeauftragte 222 1 ff.
- mit Behinderung Einf. 42, 1 18, 109 16; *BGG* 2 3
- Mutterschaftsgeld 65 13
- Mutterschutz 156 10
- Quote 154 31
- und Mädchen 64 14

Frauenbeauftragte 222 1 ff.

Frauenförderung
- Kollision mit Schwerbehindertenförderung 205 10
- Vorrang Schwerbehinderter 205 13

Freibetrag
- Vermögen 138 8

Freie Mitarbeiter 156 24

Freie Stellen
- Inklusionsvereinbarung 166 39

Freifahrt
- Eigenbeteiligung 228 6

Freistellung
- Anlassbezug 180 77
- Anpassung 180 77
- Arbeitsplatz nach Freistellungsende 179 58
- Aufteilung durch Teilfreistellungen 179 39
- Berechnung der Anzahl der Schwerbehinderten 179 37
- Berechnung des Freistellungsbedarfs 179 40
- Berechnungsmodell der Telekom 179 40
- Berücksichtigung von betrieblichen Freistellungen 180 47
- beruflicher Aufstieg 179 51
- Beschlussverfahren 179 124
- Durchsetzung 179 38
- Entgeltfortzahlung 179 115
- Erforderlichkeitsprüfung 180 47
- Ersatzfreistellung 179 41 ff.
- Freistellungsbedarf 179 40
- gesetzgeberische Bewertung des Bedarfs 179 38
- GSBV 180 47
- Jobcenter 179 37

- KSBV 180 57
- Mandat 179 98
- Mindestfreistellung 179 37, 38
- Nachholung der beruflichen Entwicklung 179 51
- pauschale 180 77
- Personalentwicklungsplan 179 59
- Personalunion 180 77
- Schulung 179 115
- Schwellenwert 179 37
- Teilfreistellung 179 38
- Umfang der Freistellung 179 37
- Umsetzung zur 179 55
- Unterschreiten des Schwellenwerts 179 38
- Vereinbarung 179 38
- Versetzung zur 179 55
- Vollzeitkraft 179 37
- Vollzeitkraft als Maßstab 179 39
- von der Arbeitspflicht 168 38
- von der beruflichen Tätigkeit 179 6
- von Kosten 179 130
- Wirkung mit Zugang des Freistellungsverlangens 207 7

Freistellung von Kosten
- Antragstellung im Beschlussverfahren 179 130

Freistellungsanspruch
- unabdingbar 207 10

Freistellungsverlangen
- außergewöhnliche Fälle 207 11
- formfrei 207 10
- Notfall 207 11
- rechtzeitige Geltendmachung 207 10
- Willenserklärung mit Gestaltungswirkung 207 10

Freizeitausgleich
- Ausgleich für Freizeitopfer wie Personalratsmitglied 179 9
- Mehrarbeitszuschlag 179 8
- Mehrarbeitszuschläge 179 9
- Urteilsverfahren 179 124

Freizeitopfer
- Betriebsbedingtheit 179 7
- dienstliche Bedingtheit 179 9

Freizügigkeit
- FreizügG/EU 100 4

Stichwortverzeichnis

Freizügigkeitsabkommen zwischen der Schweiz und der EG vom 21.6.1999 100 8
Fremdvergabe
– Wirtschaftlichkeitsrechnung 172 31
Frist
– Antrag auf Zulassung der Berufung *Kap. 2* 123
– Fristsetzung *Kap. 2* 111
– Fristverlängerung 169 9
Fristberechnung
– Arbeitsantrittstag 173 18
Fristlauf
– ab Zustellung des Zustimmungsbescheids 168 45
Fristlose Kündigung
– Berufsausbildungsverhältnis 174 11
– entfristete ordentliche Kündigung 174 11
– tarifliche Regelung 174 11
Frühdiagnostik 46 14
Früherkennung und Frühförderung behinderter Kinder 42 14
Frühförderstellen 46 20
– ambulante und mobile 46 18
– interdisziplinäre 46 18 f.
Frühförderung
– Behandlungsplan 46 23, 25
– Beratung der Erziehungsberechtigten 46 16
– Dauer 46 11
– Finanzierung 46 28
– FrühV 46 27, 30
– GKV 46 8
– HeilmittelRL 46 19, 25
– Komplexleistung 46 22 ff.
– Landesrahmenvereinbarungen 46 28 ff.
– Leistungsträger 46 10
– mobile Hilfen 46 21
– UN-BRK 46 9
Frührehabilitation
– Krankenhaus 43 7
– Notfall 43 10
– Teilhabeplan 43 9
Führungskräfte
– Abmahnung 165 28
– Akzeptanz für Menschen mit Behinderungen 166 43

– Belehrung 165 28
– Inklusionsvereinbarung 166 36
Funktionstraining 64 10
Fürsorge
– Paradigmenwechsel 172 6
Fürsorgestellen
– Übertragung von Aufgaben auf 170 2

Ganztagsschule 112 4
GdB *siehe* Grad der Behinderung (GdB)
GdS 152 18
Gebärdensprache Einf. 45; BGG 6 1 ff., 9 2 ff.
Gebot fairen Verhandelns
– Aufhebungsvertrag 175 10
– Psychische Drucksituation 175 10
Gebotenheit 10 6
– der Leistung 101 3
Gebrauchsgegenstände des täglichen Lebens 47 17
Geeignetheitsprüfung
– Abgleich mit Anforderungsprofil 164 127
– Anforderungsprofil 164 133
– Angelegenheit iSv § 178 Abs. 2 SGB IX 164 128
– Anhörung zum Prüfungsergebnis 164 121
– Arbeitgeberpflicht 164 109
– Art der Beteiligung der SBV 164 122
– Aussetzung 164 169
– behinderungsgerechter Arbeitsplatz 164 125
– Benachteiligung im Anforderungsprofil 164 130
– Beteiligung der SBV 164 128
– Beteiligungsanspruch der SBV 164 121
– Gestaltungsmaßnahmen 164 125
– Inklusionsrichtlinien 164 129
– kompensierende Maßnahmen 164 125
– konkrete Prüfung 164 127
– Mindestbeschäftigung 164 110
– Rechtsfolgen bei Pflichtverletzung 164 121

- Schwerbehinderten-Richtlinien 164 129
- Stelle 164 111
- Unterrichtung über zu besetzende Stellen 164 123
- Unterrichtungsanspruch 164 131
- Zeitpunkt des Beginns der 164 126

Gefahr *Kap.* 2 143

Gefährdungsbeurteilung
- BEM 167 48
- Geeignetheitsprüfung 164 131
- Verhältnis zum BEM 167 9

Gefährdungspotenziale 3 10

Gegenstandswert
- Angelegenheiten der Schwerbehindertenfürsorge 171 43
- Bemessung *Kap.* 2 155

Gehbehinderung 229 4
- außergewöhnliche 209 15, 229 11 ff.
- Parkplatz 166 61

Geheime Wahl *SchwbVWO* 9 5 f., 19, 21, 33, 10 3, 5, 9 ff., 12, 14, 25 f., 30 f., 38, 11 28 ff., 12 7, 9 f., 20 46, 48, 54, 60

Geheimhaltung
- Strafvorschrift 237a, 237b 2 ff.
- verpflichtete Personen 237a, 237b 2 ff.

Geheimhaltungspflicht 213 1 f.

Geheimnis
- anvertraut 237a, 237b 5
- befugte Weitergabe 237a, 237b 6
- bekannt geworden 237a, 237b 5
- Betriebs- und Geschäftsgeheimnis 237a, 237b 5
- offenbaren 237a, 237b 6
- persönliches 237a, 237b 5
- verwerten 237a, 237b 6
- Weitergabe an Betriebsrat/stellvertretende Mitglieder 237a, 237b 6

Gehörlose Wahlberechtigte
- Unterrichtung in geeigneter Weise 177 59

Gehörlosigkeit 153 4

Gehvermögen 229 6
- psychische Beeinträchtigung 229 8

Geistliche 156 35
- Kündigungsschutz 173 20

Gekündigte Arbeitnehmer
- Wählbarkeit zur SBV 177 18
- Wahlberechtigung 177 17

Geldbuße 238 26

Geldleistung 8 13, 47 22
- Pauschalierung 116 1 f.

Geltendmachung
- Obliegenheit 168 9 f.
- persönliche 168 13
- schriftlich 164 94
- Schwerbehinderung 168 9

Gemeinsame Einrichtung 241 4
- Dienststellenzugehörigkeit 177 14

Gemeinsame Empfehlungen 26 7, 37 11, 39 4 f.
- Aufgabe 26 9
- Gegenstand 26 11
- Rechtsnatur 26 9
- Regelungsgegenstände 26 12
- Selbsthilfegruppen 26 18
- Sicherung der Zusammenarbeit 39 8 f.

Gemeinsame Inspruchnahme („Poolen") 112 6, 116 1

Gemeinsame SBV
- dienststellenübergreifend 177 44 ff.
- stufenübergreifend 177 44 ff.
- Zusammenfassung 177 40 ff.

Gemeinsame Schwerbehindertenvertretung
- gleichstufige Dienststellen 177 45

Gemeinsame Servicestellen 241 4
- Aufgabe 32 4
- Aufgabe beim BEM 167 42
- Folgen der Nichtbeteiligung beim BEM 167 45
- Umfang der Aufgaben 32 3 f.

Gemeinschaft, häusliche 66 11, 13

Genfer Flüchtlingskonvention 100 7 ff.

Gepäcktransport 73 11

Gerichtsbescheid *Kap.* 2 115

Gerichtskosten
- Kostenfreiheit *Kap.* 2 175
- Kostenfreiheit in Angelegenheiten der Schwerbehindertenfürsorge 171 43

Gerichtsverfahren *Kap.* 2 94 ff.
- Verbandsvertretung *BGG* 14 1

Gesamtbetriebsrat
- Dauereinrichtung 180 3
- Errichtung 180 3
- Gesamtschwerbehindertenvertretung (GSBV) 180 32
- Pflichtverletzung 180 3

Gesamt-GdB 152 25, 28

Gesamtmitarbeitervertretung
- Mitgliedschaft in der *Kap.* 1 14

Gesamtplan 121 1 ff., 123 13, 17, 125 8, 127 4
- Beteiligte 121 5
- Funktion 121 3 f.
- Mindestinhalt 121 6

Gesamtplankonferenz
- Minderjährige 119 2

Gesamtplanverfahren 117 1 ff.
- Feststellung der Leistungen 120 1 ff.
- Gesamtplankonferenz 119 1 ff.
- Instrumente der Bedarfsermittlung 118 1 ff.
- KJSG 117 1, 11 f.
- Kriterien 117 6
- Minderjährige 119 2
- Teilhabezielvereinbarung 122 1
- Verwaltungsakt 120 4 f.

Gesamtschwerbehindertenvertrauensperson
- Personalversammlung 180 62a

Gesamtschwerbehindertenvertretung (GSBV)
- Amtszeit 180 3
- Anfechtungsberechtigung 180 29 f.
- Annahme der Wahl 180 24
- Aufgabenübertragung 180 36
- Benachrichtigung der Gewählten 180 24
- Beteiligung vor der Kündigung 178 68a
- Betriebsverfassung 180 3
- Doppelamt 180 32
- Ersatzmandat für Ausnahmefall des vertretungslosen Betriebs 180 38
- Ersatz-SBV 177 114, 180 37
- erstmalige Wahl 180 3
- erstrecktes Mandat 177 113, 180 32
- Fachliteratur 180 46
- Freistellung 180 80
- Gesamtbetriebsrat 180 32
- Heranziehung 180 78 f.
- Heranziehung in der GSBV 180 48
- Hinwirken auf Wahlen 180 4
- im öffentlichen Dienst 180 61 f.
- Inklusionsvereinbarung 180 35
- Kompetenzzentrum 180 34
- Losentscheid 180 15
- Monatsgespräch 180 42
- Nachrücken stellvertretender Mitglieder 180 5
- Nachwahl stellvertretender Mitglieder 180 25
- nichtige Wahl der Gesamtvertrauensperson 180 26
- Nominierung eines Nichtwahlberichtigten 180 14
- passives Wahlrecht 180 10
- pauschale Freistellung 180 47
- persönliche Rechtsstellung 180 81
- Pflichtverletzung 180 3
- Repräsentationsprinzip 180 4
- SchwbVWO 180 11
- selbständige Teile einer Dienststelle 177 32
- stellvertretendes Mitglied 180 5
- Teildienststellen 180 62
- Teilnahme an Sitzungen des Gesamtbetriebsrats 180 41
- Teilnahmerecht an Versammlungen anderer Betriebe 180 48a
- überbetriebliche Aufgaben 180 33
- Unternehmen 180 16
- Vertrauensleuteversammlung 180 15
- Vertretung auf Unternehmensebene 180 1 ff.
- Vertretung der Gesamtheit aller Dienststellenteile 180 1 ff.
- vertretungslose Betriebe 177 9, 180 37

- Vertretungslücke 180 4
- Wahl 180 7 ff., 16, 20 ff.
- Wahl der stellvertretenden Mitglieder 180 26
- Wahlanfechtung 180 30
- Wahlausschreiben 180 20
- Wählbarkeitsvoraussetzungen 180 9 f.
- Wahlberechtigte 180 8, 70
- Wahlergebnis 180 23 f.
- Wählerliste 180 21
- Wahlschutz 180 31
- Wahlverfahren 180 21
- Wahlversammlung 180 11 ff.
- Wahlvoraussetzungen 180 3
- Wahlvorstand 180 20, 24
- Wegfall der Wahlvoraussetzungen 180 3
- weit auseinander liegende Betriebe 180 16 ff.
- Widerspruch gegen vereinfachtes Wahlverfahren 180 12
- Zentralisierung von Aufgaben 180 62
- Zusammensetzung 180 5
- Zuständigkeit 180 4, 32 ff.
- Zuständigkeit der Arbeitsgerichtsbarkeit 180 83
- zwingende Wahl 180 3

Gesamtvertrauensperson
- Freistellung im Konsumtionsmodell 180 47
- Heranziehung 180 5
- Vertretung um Verhinderungsfall 180 5

Geschäftsführer 156 29
- Kündigungsschutz 168 5
- Sonderkündigungsschutz 173 4

Geschäftsgeheimnis
- Vertrauensperson 179 89

Geschäftsordnung
- Arbeitsgruppe 178 103
- Organisation 186 8
- Personalrat 178 103
- Wahlvorstand SchwbVWO 2 10

Geschäftsunfähige Personen 221 41

Geschäftsverteilung
- Anhörung der SBV der Richterinnen und Richter 207 7
- PEBB§Y-System 207 7
- Präsidium 207 7

Gesetzeshistorie
- Leistungen zur Teilhabe am Arbeitsleben 111 1

Gesetzestext
- Zurverfügungstellung 179 106 f.

Gesetzgeber
- Flucht vor der Regelungsaufgabe 205 14

Gesetzliche Krankenversicherung
- medizinische Rehabilitation Vor 42 6

Gesetzliche Unfallversicherung 75 14
- Teilhabe am Arbeitsleben 75 15
- Teilhabe am Leben in der Gemeinschaft 75 15
- Übergangsgeld 75 15

Gesundheitliche Merkmale 152 37 ff.

Gesundheitsdaten
- BEM-Akte 167 109
- Offenlegung aller Diagnosen 167 70
- Personalakte 167 109
- Verarbeitung im Beschäftigungskontext 167 96
- Verarbeitung zur Erfüllung einer Pflicht aus dem Arbeitsrecht 167 96
- Zweck 167 109

Gesundheitsförderung
- BEM 167 54
- Betriebsrat 167 54
- Betriebsvereinbarung 167 54
- Bonussystem 167 54
- Initiativrecht 167 54
- Krankenkassen 167 54
- Lebenswelt Betrieb 167 54
- Mitbestimmung bei Erhebung Situationsanalyse 167 54
- Mitbestimmung bei Umsetzung 167 54
- SBV 167 54
- Verantwortliche für den Betrieb 167 54
- Versicherte 167 54

Gesundheitsschaden
- billige Entschädigung in Geld 164 99

Gesundheitstraining 42 11

Gesundheitszustand
- alterstypischer *BGG* 3 2
Gewährleistungspflicht 127 4
Gewerkschaft
- Aberkennung des Anfechtungsrechts 177 89, 180 28
- Funktion für schwerbehinderte Menschen im Betrieb 177 89
- Kontrollrechte im Betrieb 177 89
- Verbandsklage 178 14
Gewerkschaftlicher Rechtsschutz
- Beauftragung eines geeigneten Anwalts 179 99
Gewöhnlicher Aufenthalt 101 1
Gleichbehandlung 164 27
Gleichbehandlungs- RL
- Geltungsbereichsausnahme: nicht ernst gemeinte Bewerbung 164 103
Gleichbehandlungsgebot
- Betriebs- und Dienststellenverfassung 164 26
- Personalrat 164 27
Gleichstellung 2 20, 22
- als Sozialleistung 151 7
- Anhörung des Arbeitgebers bei Gleichstellung 151 8
- Anspruch auf *BGG* 1 2
- Antrag auf 151 5 f.
- Beamte 151 6
- Beendigung 199 9
- Befristung 151 9
- Beschwer durch Gleichstellung 151 17
- Beteiligung des Arbeitgebers 151 8
- Ermessen 151 17
- für die Zeit der beruflichen Orientierung 165 3
- für die Zeit der Berufsausbildung 165 3
- Gleichgestellte 158 12
- Heimarbeitsausschuss 210 7
- Heimarbeitsgleichstellung 210 7
- hilfsbedürftige Hausgewerbetreibende 210 7
- iSv § 151 Abs. 4 SGB IX 165 3
- iSv § 2 Abs. 3 SGB IX 165 3
- Jugendliche 176 6
- Kenntnis des Arbeitgebers 178 64

- konstitutive Wirkung 151 13, 199 9
- mit schwerbehinderten Menschen 178 59
- Nebenbestimmung 151 9
- rechtsbegründender Verwaltungsakt 178 59
- Rücknahme 151 9, 199 9
- Rückwirkung 151 15
- SBV 178 18
- Schutzwirkung der Antragstellung 173 48
- Schwerbehindertengleichstellung 210 7
- Selbstständige 151 6
- Soldaten 211 35
- Verfahren 151 10, 18
- Verlängerung befristeter Gleichstellung 151 9
- Voraussetzungen der 151 10
- Voraussetzungen für 152 5
- Widerruf 151 9, 199 9 f.
- Zusicherung 151 17
- Zusicherung der Gleichstellung 164 146
- Zuständigkeit 151 7
- zweifache 165 3
Gleichstellungsbeauftragte
- Beschäftigtenvertretung 176 5
- Unvereinbarkeit der Ämter 177 21
- vorrangige Beteiligung gegenüber der SBV 178 48a
- Wählbarkeit *SchwbVWO* 6 5
Gleichstellungsentscheidung 2 23
Grad der Behinderung (GdB)
- Auslauffrist 177 17
- Einzel-GdB 152 25, 152
- Erheblichkeitsgrenze 152 18
- Erhöhungsverbot 152 27
- Feststellung 152 15
- Fünfergrad 152 24
- GdS/GdB-Tabelle 152 23 23
- Gesamt-GdB 152 25 ff.
- Herabsetzung 152 31, 199 6
- rückwirkende Feststellung 208 60
- Verringerung 152 31, 177 17
- Zehnergrade 152 27
Grad der Schädigung (GdS) 152 8
- GdS/GdB-Tabelle 152 23 ff.

Grad der Schädigungsfolgen (GdS)
152 18
- GdS/GdB-Tabelle 152 23 23

Grundbedürfnisse des täglichen Lebens 47 16

Grundbetrag 221 19
- Kürzung 221 20

Gründe
- Nachschieben *Kap.* 2 124

Grundprinzip 3 5

Grundrechte
- Bindung an *BGG* 1 4

Grundrechtecharta
- Mindesturlaub 208 50

Grundsatz der geheimen Wahl
- Video- und Telefonkonferenz *SchwbVWO* 28 19 ff.

Grundsatz der Wirtschaftlichkeit und Sparsamkeit 47 20

Grundsätze der Leistungen 100 13 ff.
- Anspruchsausschluss bei Einreise zum Zweck des Bezugs der Eingliederungshilfe 100 13
- Antragserfordernis 99–108 1
- Art. 19 UN-BRK 104 7
- Asylbewerber 100 2
- Aufenthaltstitel 100 2
- Ausländer mit voraussichtlich dauerhaftem Aufenthalt 100 3
- Besonderheiten des Einzelfalls 104 3 ff.
- Eingliederungshilfe für Ausländer, § 100 100 2
- Eingliederungshilfe für pflegebedürftige Leistungsberechtigte 103 3 f.
- Eingliederungshilfe im Ausland 104 12
- Einrichtungen 103 3 f.
- Ermessensausübung des Eingliederungshilfeträgers 107 2
- gefestigter Aufenthaltsstatus 100 3
- häusliche Pflege 103 13
- Individualisierungsgrundsatz 104 3 ff.
- Lebenslagenmodell 103 13
- Niederlassungserlaubnis 100 2
- Pauschalierung von Eingliederungshilfeleistungen 105 3
- Persönliches Budget 105 4
- Pfändung von Eingliederungshilfeansprüchen 107 1
- Pflegestärkungsgesetz III 103 3
- Pflegeversicherung 103 3
- tatsächlicher Aufenthalt 100 2
- Übertragung von Eingliederungshilfeansprüchen 107 1
- Verpfändung von Eingliederungshilfeansprüchen 107 1
- Wahl der Wohnform 104 7
- Wunschrecht 104 5

Grundsätze der Mehrheitswahl 177 22

Grundsätzliche Bedeutung
- Zulassungsgrund *Kap.* 2 127

Grundsicherung 93 2 f.
- für Arbeitsuchende 11 1

GSBV *siehe* Gesamtschwerbehindertenvertretung (GSBV)

GSBV-Wahl
- Anfechtung 180 27
- Anfechtungsfrist 180 28
- Beschlussverfahren 180 28
- Losentscheid 180 15

Guter Wille
- freie Entschließung der Arbeitgeber 164 106

Handelsvertreter 156 16

Handlungsvornahme
- Zwangsgeld *Kap.* 2 166
- Zwangshaft *Kap.* 2 166
- Zwangsvollstreckung *Kap.* 2 166

Härtefallregelung
- Vermögen 139, 140 8 ff.

Hauptfürsorgestelle Einf. 8
- Aufgaben 172 1
- SchwBeschG 170 2
- Umbenennung 171 1 ff., 172 1

Hauptschwerbehindertenvertretung
- Beschäftigte bei Alliierten Streitkräften 180 74
- Fehlen der Mittelbehörde 180 70
- Freistellung 180 80
- Geschäftsbereich der obersten Dienstbehörde 180 69
- Heranziehung 180 78 f.
- Mehrzahl 180 70

- Mitvertretung vertretungsloser Schwerbehinderter 180 72
- Oberste Dienstbehörde 180 69
- Personalversammlungen in nachgeordneten Dienststellen 180 74
- personalvertretungsrechtliches Stufenverfahren 180 72
- Stufenvertretung 180 1 ff.
- Teilnahme an Personalversammlungen mit Rederecht 180 72
- Überwachung der Beschäftigungspflicht 180 73
- Versammlung der Vertrauenspersonen 180 74
- Vorlage an die oberste Behörde 180 72
- Wahl 180 69
- Wahlberechtigte 180 70
- Zuständigkeit 180 32 ff., 72

Hauptschwerbehindertenvertretung der Richterinnen
- Bildung 180 75

Hauptvertrauensperson
- Entlastung 180 79

Hausgewerbetreibende
- Heimarbeit 210 6

Haushaltshilfe 44 22, 74 6

Haushaltsrecht
- Vorrang der internen Besetzung 165 6

Häusliche Krankenpflege 75 16

Häusliche Pflege
- Eingliederungshilfe 103 13
- Verhältnis zur Eingliederungshilfe 103 13

Headhunter
- Zwischenschaltung von Vermittlern 165 9

Heilbehandlung 43 6; *Kap.* 2 30

Heilende Wirkung
- neuer Antrag 170 10

Heilkunde
- Kinderheilkunde 46 15

Heilmittel
- HeilmittelRL 42 16

Heilpädagogische Leistungen 79 1 ff.
- Komplexleistung 79 8
- Voraussetzungen 79 6

- wesentliche Leistungsinhalte 79 5

Heilpädagogisches Reiten 112 4
- heilpädagogisches Reiten 42 16

Heimarbeit 156 26
- Abhängigkeit 210 8
- Anrechnung auf Pflichtplätze 210 4
- Anrechnung von Hilfskräften 210 19
- Anspruch auf Entgelt 210 11
- Anwendung des Schwerbehindertenrechts 210 3
- Begriff 210 6
- Bemessung des Urlaubsentgelts 210 16
- Beteiligung der Schwerbehindertenvertretung 210 21
- Büroheimarbeit 210 6
- Entgeltfortzahlung während der Kündigungsfrist 210 20
- Erstattung des Urlaubsentgelts 210 18
- erwerbsmäßig 210 6
- Fälligkeit des Urlaubsentgelts 210 17
- Grundurlaub für Erwachsene 210 14
- Grundurlaub für Jugendliche 210 13
- Hausgewerbetreibende 210 6
- Hilfsbedürftigkeit für Gleichstellung 210 8
- Kündigungsschutz 210 9 f.
- Mehrfachanrechnung 210 5
- Schwerbehindertenbeschäftigung 210 2
- schwerbehinderter Menschen 210 1 ff.
- Softwareentwicklung 210 6
- Sonderkündigungsschutz 210 10
- Sonderregeln 210 3
- Urlaubsentgelt 210 11 f.
- Urlaubsgeld 210 15 ff.
- zeitlicher Umfang 210 6
- Zusatzurlaub 210 11

Herabsetzungsbescheid
- Bestandskraft 199 6

Herangezogenes Mitglied
- Freistellungsteilung 179 37

- pauschale berufliche Freistellung 179 37
- pauschale Teilfreistellung 179 37
- Rechtsstellung 179 93

Heranziehung
- Abstimmung untereinander 178 34, 35
- Beendigung 178 31
- befristete Heranziehung 178 30
- Berechnung des Schwellenwerts 178 27
- Bindung an Reihenfolge 178 32
- Dauer der 178 27
- Entscheidung über 178 28
- Erforderlichkeit 178 28
- Erweiterung 178 22
- Form der Erklärung 178 27
- Freistellung des Herangezogenen 178 33
- Freistellung in der GSBV 180 48
- Freistellung in der KSBV 180 58
- Freistellungsanspruch 180 77
- für die Dauer der Amtszeit 178 29
- GSBV 180 48, 77
- kein Nachrücken in die Rechtsstellung 178 31
- kein Stimmrecht 178 34
- keine Auswahl 178 32
- KSBV 180 58, 77
- Rechtsstellung des Herangezogenen 178 33, 34
- Reihenfolge 178 22
- Schwellenwert 178 22, 27, 29
- Staffelung 178 36
- stellvertretende Mitglieder 178 22
- Stellvertretendes Mitglied der SBV 178 29
- Stufenvertretungen 180 77
- Umfang der 178 27
- Unterschied zur Stellvertretung 178 27
- Verhinderung des Herangezogenen 178 37
- Vertrauensperson 178 22
- Vertrauensperson bestimmt 178 34
- Vertretung des Herangezogenen 178 37
- Vertretungskette 178 37

- Willenserklärung 178 27
- zweites stellvertretendes Mitglied 178 36

Heranziehung von Hilfspersonen
- betriebsexterne Personen *SchwbVWO* 20 61
- im vereinfachten Wahlverfahren *SchwbVWO* 20 61
- Voraussetzungen *SchwbVWO* 20 61

Herstellungsanspruch 32 4
- Rückwirkung *Kap.* 2 23

Hilfe zur häuslichen Pflege
- Eingliederungshilfe 103 18
- Pflegeleistungen 103 18

Hilfe zur Pflege
- Eingliederungshilfe 138 21
- Häusliche Pflege 103 18
- in Einrichtungen bzw. besonderen Wohnformen 103 11
- Kostenerstattung 103 21

Hilfe(n)
- besondere für schwerbehinderte Menschen 1 6
- in besonderen Lebenslagen, Öffnungsklausel 185 13
- psychologische und pädagogische **Einf.** 43
- zum Lebensunterhalt 78 6, 93 2 f.
- zur Seite stehen 178 16

Hilfestellung
- Aufgabe der SBV 178 4

Hilflosigkeit 209 18

Hilfsmittel 111 2, 112 4
- Abgrenzungsfragen 47 7 f.
- Krankenkasse 47 8
- Mobilität 47 9
- Nahbereich 47 9
- Pflegekasse 47 10
- Treppenlift 47 13
- zur Wahrnehmung von Aufgaben der Familienarbeit 47 6

Hilfsmittelversorgung 48 6

Hinweis
- Art und Umfang der Daten 167 61
- Dokumentation des Hinweises 167 61
- Hinzuziehung von Betriebsärzten und Reha-Trägern 167 61

- sensible Daten iSv
  § 3 Abs. 9 BDSG **167** 61
- verfahrensrechtlicher **75** 17
- Verzicht auf Betriebsrat **167** 61
- Verzicht auf Personalrat **167** 61
- Verzicht auf SBV **167** 61
- Ziele des BEM **167** 61

Hinweispflicht *Kap.* 2 **20**, 114
- bei Kenntnis von Schwerbehinderung **208** 24

Hinwirken
- Amtspflicht **176** 19
- Antrag **12** 8
- auf SBV-Wahl durch GSBV **180** 38
- Aufgabe der Interessenvertretungen **176** 2
- Hinwirkungspflicht **185** 6
- Initiierung der SBV-Wahl **176** 19
- Pflicht des Betriebsrats **176** 19
- Pflicht des Personalrats **176** 19
- Pluralität von Einladungen **176** 19

Hinwirken auf Wahlen
- Betriebsrat **176** 20
- GSBV **180** 4
- Personalrat **176** 20

Hinzuziehen
- Beteiligung **167** 74
- Betriebsärzte und Reha-Träger **167** 77
- Teilhabestärkungsgesetz **167** 68
- Vertrauensperson **167** 68

Hinzuziehung von Hilfspersonen
- Analphabeten *SchwbVWO* **10** 29
- ausgeschlossene Personen *SchwbVWO* **10** 32 ff.
- Auswahl der Hilfsperson *SchwbVWO* **10** 30 f., 38
- betriebsexterne Personen *SchwbVWO* **10** 31, 38
- Durchbrechung von Wahlgrundsätzen *SchwbVWO* **10** 25 ff.
- Funktion *SchwbVWO* **10** 25
- Geheimhaltungspflicht *SchwbVWO* **10** 38
- geistige Behinderung *SchwbVWO* **10** 28
- gemeinsames Aufsuchen der Wahlkabine *SchwbVWO* **10** 36

- Inhalt der Unterstützungsleistung *SchwbVWO* **10** 35
- Kennzeichnung des Stimmzettels *SchwbVWO* **10** 36
- sehbehinderte Beschäftige *SchwbVWO* **10** 28
- Sprachunkenntnis *SchwbVWO* **10** 29
- Voraussetzungen *SchwbVWO* **10** 26 ff.

Hippotherapie **42** 16
Hochschulbildung **112** 4
- als Teilhabe zum Arbeitsleben **112** 2
- Teilhabe am Arbeitsleben **112** 2

Hochschule **75** 13
Höchstregelentgelt **67** 15
Homeoffice
- Infektionsschutzgesetz **164** 210a
- Mobile Arbeit Gesetz **164** 210a
- schwerbehinderte Beschäftigte **164** 210a
- Wahlrecht **177** 13

Honorarzusage
- Anwaltsvergütung **179** 101

Hörbehinderung
- Kommunikationshilfen *Kap.* 2 11

Hybride Sitzung des Betriebsrats
- Recht der SBV auf Zuschaltung **178** 95a

ICF **99** 1
- Leistungen **56** 7

Individualisierungsgrundsatz **123** 16

Ineligibilität
- Unvereinbarkeit der Wahl **177** 21

Infektionsschutzgesetz (IfSG)
- Homeoffice **164** 210a
- Informationspflicht **12** 9
- Jobcenter **12** 10
- Pflegekassen **12** 10

Initiativrecht
- Inklusionsvereinbarung **166** 3
- Verfahrensreglung BEM **167** 77

Initiierungsbefugnis
- Ablauf der Amtszeit *SchwbVWO* **1** 28

- Gleichrangigkeit der Organe
  SchwbVWO 1 42
- Sperrwirkung früherer Einladung
  SchwbVWO 1 43

Inklusion
- am Arbeitsplatz 10 8
- Öffentlichkeitsarbeit 39 13

Inklusionsbeauftragter
- Abberufung 168 39, 181 20 ff.
- Amtsniederlegung 181 20
- Anzahl 181 6 f.
- Arbeitgeberpflicht 181 3
- Aufgaben 181 24
- Aussetzung 181 15
- Auswahl und Eignung 181 9 f.
- Benennung 163 17, 181 19
- Bestellung 181 3
- Beteiligtenfähigkeit 181 41
- Beteiligung der SBV 181 14, 21
- Compliance 181 3
- Compliance-Beauftragter 181 24
- Ehrenamt 181 30
- eigenständige Aufgabenstellung 181 3
- Eignung 181 10
- Eignungsanforderungen 181 13
- Eignungsmerkmale 181 10
- Entlassung 181 20 ff.
- Inkompatibilität 177 21
- Interessenkollision 181 5
- Kleinunternehmer 181 4
- Koordination 181 25
- Kündigungsschutz 181 29
- leitender Angestellter 181 28
- Maßnahmeplan 165 28
- Mehrzahl 181 7
- Meldung von Verstößen 165 28
- Mitbestimmung des Betriebsrats 181 22
- Mitbestimmung des Personalrats 181 18, 22
- Nichtbestellung als Indiz 181 39
- öffentlicher Arbeitgeber 181 7 f.
- ordnungswidrige Bestellung 181 15
- Ordnungswidrigkeit 181 15 f., 31 ff.
- Organisation der Unterrichtung der SBV 181 26
- Organisation von Geschäftsprozessen 181 25
- Partner der SBV 181 26
- Rechtsstellung 181 28 ff.
- Soldat 211 39
- Umbenennung 181 1 ff.
- unterlassene Bestellung 181 8
- Verantwortung 166 8, 181 30
- Verantwortung für Sicherstellung der Unterrichtung 164 145
- Verantwortungsspanne 181 7
- Verbindung zur Arbeitsagentur 181 27
- Vergütung 181 30
- Vertretung des Arbeitgebers 181 30
- Vieraugenprinzip 181 3
- Wahlrecht 177 16
- Zusammenarbeit mit SBV 182 2
- Zustimmung 166 8
- Zustimmung des Betriebsrats 181 16 f.
- Zustimmungsverweigerungsrecht des Betriebsrats 181 17

Inklusionsbetriebe
- (kein) Anerkennungsverfahren 215 15
- allgemeiner Arbeitsmarkt 215 5
- arbeitsbegleitende Betreuung 216 7
- Aufgaben 216 1 ff., 5
- Ausgleich von Nachteilen 217 6
- Begriff und Personenkreis 215 1 ff.
- Begriffsbestimmung und Regelungen im Einzelnen 215 11
- Begründung 215 3
- belastbare Bedarfsprüfung 215 15
- Berufswegeplanung 215 12
- besonderer Aufwand 216 7, 217 5
- betriebliche Belastungserprobung 215 12
- betriebswirtschaftliche Beratung 217 5
- dauerhafte Beschäftigung 215 4
- dritter Weg 215 3, 11
- Empfehlungen der BIH 217 8
- erforderliche psychosoziale Betreuung 216 8
- finanzielle Leistungen 217 1 ff.
- Historie und bisherige Entwicklung 215 6

Stichwortverzeichnis

- Infrastrukturgerechtigkeit prüfen 215 16
- keine planbaren Einrichtungen 215 16
- Leistungen für den Aufbau, die Ausstattung, Erweiterung und Modernisierung 217 5
- marktorientierte Projekte 215 6
- Maßnahmen der beruflichen Weiterbildung 216 6
- maßnahmeorientierte Projekte 215 6
- notwendige personale Unterstützung 216 7
- Sozialarbeit 216 8
- Übergangsmöglichkeiten aus Schulen und Werkstätten 215 11
- Unternehmenszweck: Beschäftigung 215 5
- Wirtschaftsbetriebe mit besonderer Zielsetzung 215 18
- Ziel 215 2
- Zielgruppe 215 1
- Zuverdienstfirmen 215 6

Inklusionsrichtlinie
- Durchführungsbestimmungen zum SGB IX 165 39
- Geeignetheitsprüfung 164 129
- Verwaltungsvorschriften zur Durchführung des SGB IX 211 9

Inklusionsvereinbarung 241 3
- Abweichungsverbot 166 14
- Akzeptanz 166 30
- Anpassungsmaßnahmen 166 52
- Antragsrecht 166 17
- Ausnahme § 165 Satz 5 166 4
- Ausschöpfen von Hilfen 166 53
- Ausstattung des Arbeitsplatzes 166 47
- Auszubildende 166 38
- Barrierefreiheit 166 66
- behinderungsgerechte Gestaltung 166 46 ff., 49
- behinderungsgerechter Arbeitsplatz 166 34
- Beispiele 166 31 ff.
- BEM 166 56
- Bericht des Arbeitgebers 166 71
- Beschäftigungsquote 166 4
- Beschäftigungsschwierigkeiten 166 53

- Beschlussverfahren 166 78
- besonders schwerbehinderte Personen 166 60
- betriebliche Gesundheitsförderung 166 33
- betriebliche Rehabilitation 166 57
- Betriebsratszuständigkeit 166 7
- Betriebsvereinbarung 166 14
- Controlling 166 70
- Einigung 166 21
- Einigungsstelle 166 20
- Entwicklung 166 29 ff.
- Ermittlung des Ist-Standes 166 27
- erstrecktes Mandat GSBV 166 6
- erstrecktes Mandat KSBV 166 6
- erstrecktes Mandat Stufenvertretung 166 6
- erweitertes Aussetzungsrecht 178 91
- erzwingbare Betriebsvereinbarung 166 13
- Erzwingbarkeit der Einigung 166 19
- fakultative Regelungsgegenstände 166 3
- Flucht aus der 166 13
- Flucht in die Betriebsvereinbarung 177 4
- Fördermittel zur Stellenbesetzung 166 42
- Förderung der Teilzeitarbeit 166 64 ff.
- freie Stellen 166 39
- freiwillige Betriebsvereinbarung 166 13
- Führungskräfte 166 36
- Geltungsbereich 166 32
- Gesamtschwerbehindertenvertretung (GSBV) 180 35
- GSBV 166 9, 180 37
- Hinweis auf Vorstellungsgespräch 166 44
- Hinzuziehung von Sachverständigen 166 72
- Informationspflicht 12 10
- Initiativrecht der GSBV 166 6
- Initiativrecht der SBV 166 5 ff.
- Inklusionsbeauftragte 166 8
- Integrationsamt 166 20
- Integrationsvereinbarung 166 3
- Kannkatalog 166 16

LPK-SGB IX 2535

- keine SBV gewählt 166 6
- kollektivrechtlicher Vertrag 166 10
- Kollision mit Frauenförderung 205 13
- KSBV 166 9
- Kündigung 166 15, 73
- Laufdauer 166 15
- Maßnahmen 166 33 ff.
- mehr Rechte für schwerbehinderte Beschäftigte 166 28
- Meldung freier Stellen 166 39
- Messbare Zielvorgaben 166 27
- Mitbestimmung 166 79
- Mitvereinbarungsbefugnis der SBV 166 5
- mobiles Arbeiten 166 48
- Muss-Inhalte 166 25
- Musskatalog 166 16
- Nachwirkung 166 15, 16, 73
- neue Arbeitsformen 166 48
- normative Wirkung 166 14
- obligatorische Regelungsgegenstände 166 3
- öffentlicher Arbeitgeber 166 4
- Parkplatz 166 61
- Pattsituation 166 20
- Personalplanung 166 33, 35
- Personalratszuständigkeit 166 7
- Planungsinstrument 166 24
- Präambel 166 29
- Praktika 166 62
- Präventionsverfahren 166 55 ff.
- Qualifikationsmaßnahmen 166 40
- Rahmenvereinbarungen 166 9
- Regelungsbedarf 166 16
- Schaffung von Ersatzplätzen 166 37
- Schulung 166 23
- Schulungsinhalte 166 23
- Seminare für Führungskräfte 166 41
- Situationsanalyse 166 24, 26
- stufenweise Wiedereingliederung 166 59
- Thema der Versammlung 166 76
- Treffen der 166 21
- Übermittlung an IA und AA 166 22
- Übernahme fremder Regelungen 166 27
- Umbaumaßnahmen 166 68 ff.
- Umsetzung durch Bezugnahme 166 11
- Umstrukturierung 166 37
- Umwandlung der Integrationsvereinbarung 166 12
- unternehmensinterne Arbeitsvermittlung 166 54
- Unterrichtung der SBV 166 44
- Unterrichtung über Planungen 166 69
- Unterstützung 166 51
- Unterzeichnung 166 74
- Urlaub für Umschulung 166 58
- Verbindlichkeit 166 14
- Verhältnis zu gesetzlichen Pflichten 166 34
- Verhältnis zur Betriebsvereinbarung 166 13
- Verhandlungsanspruch 166 18
- Verhandlungsrecht 177 4
- Versammlungen 166 71
- Versetzung 166 37
- Vorsorgemaßnahmen 166 50
- Wirkung zugunsten schwerbehinderter Menschen 166 11
- Zielvereinbarung 166 3, 24, 26
- Zusammenarbeit 176 17
- Zusatz bei Stellenanzeigen 166 45

Inklusive Bildung
- angemessene Vorkehrungen 75 11
- Art. 24 UN-BRK 75 5 ff.
- Art. 26 UN-BRK 75 5 f.
- Art. 3 Abs. 3 GG 75 5 ff.
- Geschäftsführung ohne Auftrag 75 11
- Rechtsgrundlagen 75 5

Inklusives Design 164 206

Inkompatibilität
- Personalunion 177 21

Inländerdiskriminierung 154 8

Insolvenz
- Antrag des Verwalters 170 7
- Namensliste 172 78

Insolvenzverfahren
- kein Sonderopfer der schwerbehinderten Menschen 172 77

Insolvenzverwalter
- Zustimmungsantrag 172 74 ff.

Instandhaltung 47 20

Stichwortverzeichnis

Instrumente
- Prävention 3 13
Instrumente der Bedarfsermittlung 13 1 ff.
- Arbeitsmittel 13 5
- Arbeitsprozesse 13 5
- Einheitlichkeit 13 6
- Überprüfbarkeit 13 6
Instrumente der Bedarfsermittlung, Mindestinhalt
- evidenzbasiert 13 10
- individuelle Prognose 13 10
Instrumente der Bedarfsermittlung, Untersuchung
- Bundesministerium für Arbeit und Soziales 13 11
Integrationsamt 6 11, 10 12
- Abwägung der Interessen von Arbeitgeber u. Arbeitnehmer 172 5
- Amtsermittlung 172 3
- Amtshaftung für Schäden 167 42
- Amtspflichtverletzung 171 44
- Anfechtung der Zustimmung 167 121
- Antragsfrist für Zustimmung zur außerordentlichen Kündigung 174 28
- Antragstellung 178 72
- Antragsverfahren 170 4 ff.
- Anzeige beim 167 12
- Arbeitgeberpflichten 176 10
- Aufgabe beim BEM 167 43
- Aufstockungsverbot 167 42
- Aussetzung des Antragsverfahrens 171 9
- Aussetzung des Verfahrens 171 8 f.
- begleitende Hilfe im Arbeitsleben 167 43
- Begründung des Bescheids 171 12
- Bemühen um gütliche Einigung 171 3
- Beschleunigungsgrundsatz beim BEM 167 44
- Betriebsbegehung 171 6
- Beweisaufnahme 171 6
- Beweiserhebung 174 23
- Datenschutz 170 34

- Einflussnahme auf Beseitigung von Schwierigkeiten 171 3
- Einholung der Stellungnahme der SBV 175 15
- Einholung von Stellungnahmen 171 3
- Einigungsversuch 170 42
- Einladung zur Verhandlung 166 20
- Einladung zur Wahlversammlung SchwbVWO 19 24
- Einschaltung 167 16, 29, 178 63
- Entscheidung 171 3 ff.
- Entscheidung bei Berufsunfähigkeitsrente 175 17
- Entscheidung bei Erwerbsminderungsrente 175 15 ff.
- Entscheidung bei Teilrente 175 16
- Entscheidung binnen Monatsfrist 171 7
- Entscheidungsverzögerung 171 7
- Entscheidungsvoraussetzungen 171 5 ff.
- Ermessen 172 4
- Ermessensentscheidung 172 5, 174 23
- Ermessensfehler 167 120, 127
- Ermessensspielraum 172 2
- Erörterung 167 29
- Erstattungsanspruch 185 26
- finanzielle Leistungen 167 29
- Folgen der Nichtbeteiligung beim BEM 167 45
- förmliche Zustellung 171 3
- Geheimhaltungspflicht 213 1 f.
- Hilfen zur Beratung 167 29
- Inanspruchnahme von Hilfen 164 211
- Integrationsfachdienst 167 42
- Interessenabwägung 172 4, 14, 174 23
- Kündigungsgrund 174 27 ff.
- Kündigungssachverhalt 172 3 ff.
- Moderatorenaufgabe 166 20
- Monatsfrist 171 3
- mündliche Verhandlung 171 3, 5 f., 41
- Nachholen der Aufklärung durch das Gericht 171 42

- Negativattest 168 5, 171 5, 175 15
- nichtöffentliche Verhandlung 171 6
- Niederlegung der gütlichen Einigung 170 41
- Offensichtlichkeitsprüfung 174 23
- öffentliches Interesse 172 5, 7
- örtliche Fürsorgestellen 170 3, 171 5
- pflichtgemäßes Ermessen 175 14 f.
- Protokoll der Verhandlung 171 6
- Rechtmäßigkeitsprüfung 172 3 f.
- Regelfrist: ein Monat 171 10
- Sachverhaltsaufklärung 170 38
- Schlüssigkeitsprüfung des Arbeitgeberantrags 172 8
- schriftliche Form des Bescheids 171 11
- Soll-Zustimmung 171 36
- Statistik der Einigungserfolge 170 40
- Tatbestandswirkung der Zustimmung 174 28
- Übersendung des Bescheids an die Arbeitsagentur 171 17
- Übertragung von Aufgaben 170 3
- unparteiische Amtsausübung 172 3
- unparteiische Amtsführung 171 3
- unterlassenes Präventionsverfahren 171 9
- unvollständige Sachverhaltsaufklärung 171 42
- Verbindungsperson 182 7
- Verfahren 185 26
- Verfahrensbeschleunigung 171 2
- Verletzung rechtlichen Gehörs 171 5
- Vertretung bei der Verhandlung 171 6
- Verwaltungsverfahrensrecht 170 5
- Verwaltungszustellungsgesetz 171 14 ff.
- Vorbehalt der rückwirkenden Feststellung der Schwerbehinderteneigenschaft 171 8
- Vorbehaltszustimmung 171 5
- Vorleistung 185 26
- vorsorglicher Verwaltungsakt 171 8
- Wahlinitiierung *SchwbVWO* 1 34, 70
- Weiterleitung 185 26
- Widerspruchsfrist 171 15
- Zeugenladung 171 6
- Zuständigkeit 168 5, 184 5
- Zuständigkeitssuche 170 43
- Zustellung der Zustimmung 171 13 ff.
- Zustimmung 168 21, 43 f.
- Zustimmung für Betriebsveräußerer 168 43
- Zustimmungsbescheid 171 10 ff.
- Zustimmungsvorbehalt 175 7

Integrationsfachdienste
- Abklärung (Neigungen/Fähigkeiten/Kenntnisse) 193 8
- Aufgaben 193 7
- Beauftragung und Verantwortlichkeit 194 1 ff.
- Beauftragungsvertrag 194 6, 8, 196 6
- Berufsorientierung 193 9
- Beteiligung 193 6
- betriebliche Erprobung 193 10
- Binnendifferenzierung 195 5, 7
- Diagnostik (spezifische) 192 3, 194 6
- Dokumentation von Verlauf und Ergebnis 197 2, 5
- Eigenständigkeit (rechtlich oder organisatorisch und wirtschaftlich) 195 5
- Erreichbarkeit (niederschwellige) 192 20
- fachliche Anforderungen 195 1 ff.
- finanzielle Leistungen 196 1 ff.
- Gemeinsame Empfehlungen 185 19, 196 8
- IFD-spezifische Qualifikation 192 3
- Indikation (psychosoziale) 192 2 f., 23, 194 6
- Kooperation 194 7

- Krisenintervention 167 42
- psychosoziale Betreuung 193 12
- qualifizierte Beratung 194 6
- seelische Behinderung 167 42
- Strukturverantwortung 192 7 f., 10 f., 15, 194 8 f., 196 2, 6
- Subsidiaritätsprinzip 193 6
- Training am Arbeitsplatz 167 42
- Vergütung und Finanzierung der Vorhaltekosten Mittel der Ausgleichsabgabe 196 2
- Zielgruppe 192 4, 23, 193 5
- Zielsetzung 192 1, 10 ff.
- Zweck 192 20 f.

Integrationshelfer 75 9 f.

Integrationshilfe 112 6

Integrationsteam
- Bedeutung für BEM 167 41
- paritätischer Ausschuss 167 100

Integrationsvereinbarung
- Einführung durch SchwbBAG 166 1
- fakultative Regelungsgegenstände 166 2
- Fortgeltung 241 3
- Fortgeltung als Inklusionsvereinbarung 166 12
- Stärkung durch Novelle 2004 166 2
- Übergangsregelung 241 3
- Umbenennung in Inklusionsvereinbarung 166 2
- Verbindlichkeit bestehender 241 3

Integrative Bildung 75 6; siehe auch Studium

Interessenabwägung
- Abmahnung 172 4
- Arbeitsgericht 172 6
- Berücksichtigung des öffentlichen Interesses 172 4
- Integrationsamt 172 6
- öffentliches Interesse an der Eingliederung 171 3
- öffentliches Interesse an der Schwerbehindertenbeschäftigung 174 23
- Zusammenhang mit Behinderung 172 4

Interessenausgleich
- Personalabbau 172 75 ff.

- Rechtswirkungen 172 76

Interessenkollision
- Inklusionsbeauftragter 181 5

Interessenvertretung
- Aufgabe der SBV 178 4

Interessenvertretung der Auszubildenden
- Beschäftigtenvertretung 176 5

Interne Stellenbesetzung
- öffentliche Arbeitgeber 165 6
- pivate Arbeitgeber 165 6
- wegen haushaltsrechtlicher Vorschriften 165 6

Intervention, frühzeitige 4 18

Interview
- Vorstellungsgespräch 165 8

Irrtum
- Entschädigung 164 88

Jahresversammlung
- SchwbVWO 180 17
- Versammlung der Vertrauenspersonen 180 74

Jobcenter
- Beendigung der Zuweisung 179 87
- Informationspflicht 12 10
- Versetzung 179 87
- Wahlrecht 177 14

Job-Sharing 156 23

Jugend- und Auszubildendenvertretung (JAV)
- Auszubildende 176 6
- Beschäftigtenvertretung 176 5

Jugendfreiwilligendienst
- Kündigungsschutz 168 42
- Wählbarkeit 177 20

Jugendhilfe Einf. 36, 7 15

Jugendhilfeträger
- KJSG 117 11 f., 119 1

Kampagne „50.000 Jobs für Schwerbehinderte" 154 33

Katholische Kirche
- Bischofskonferenz Kap. 1 10
- Diözese Kap. 1 10
- Mitarbeitervertretungsrecht Kap. 1 10

Kausalität
- überwiegende Wahrscheinlichkeit 164 59

Kausalprinzip 152 18, Vor 228 1
Kenntnis
- Beweismittel 174 13
- des Arbeitgebers von der Behinderung 164 61
- des Arbeitsgebers, Wissenszurechnung 164 70
- Dritter 168 9
- keine Kenntnis von der Schwerbehinderung 174 13
- Kenntnis des Vertretungsorgans 174 13
- Kenntnis vom Kündigungssachverhalt 174 16
- Kenntnis von der Schwerbehinderung 174 16
- nachträgliche 174 16
- positive 168 9
- Schwerbehinderung 164 148
- späte Kenntniserlangung 174 16
- Strafverfahren 174 13
- Zurechnung von Kenntnissen der Vorgesetzten 174 13
- zuverlässige und vollständige Kenntnis 174 13

Kenntniserlangung
- Überlesen von Angaben 164 148
- verspätete 164 148
- Wissenszurechnung 164 148

Kernbereich autonomer privater Lebensgestaltung
- Menschenwürde 104 7

Kind mit Behinderung 1 19, 4 24 ff., 66 7, 74 9

Kinder- und Jugendhilfe 75 14

Kinder- und Jugendstärkungsgesetz (KJSG)
- Gesamtplanverfahren 117 1, 11 f.
- Jugendhilfeträger 117 11 f., 119 1
- Minderjährige mit Eingliederungshilfebedarf 117 11 f.

Kinderbetreuungskosten 44 22, 74 12

Kinderheilkunde 46 15

Kirche
- Betriebsverfassungsrecht *Kap. 1* 2

- Mitarbeitervertretung 167 75, 178 127
- Personalvertretungsrecht *Kap. 1* 2
- SBV 178 127
- Selbstverwaltung *Kap. 1* 1 ff.
- Stufenvertretungen 180 82
- Zuständigkeit der Arbeitsgerichte 178 152

Kirchenrecht
- Auslegung durch kirchliche Gerichte *Kap. 1* 4
- Ersatzvornahme *Kap. 1* 4
- KAGO *Kap. 1* 4
- Kirchengerichtshof der EKD *Kap. 1* 4
- Kirchlicher Arbeitsgerichtshof *Kap. 1* 4

Kirchliche SBV
- abweichende Regelwahlen 177 53
- Besonderheiten 177 53
- Wahl der SBV *Kap. 1* 16 ff.
- Zuständigkeit kirchlicher Gerichte 177 54

Klage
- schriftlich *Kap. 2* 96

Klageänderung *Kap. 2* 140

Klagefrist
- Bekanntgabe der Zustimmung des Integrationsamts 175 34
- Entschädigung 164 96 f.
- Hemmung 168 56
- Schadenersatz 164 96, 97
- Versäumnis 164 98
- Verwirkung 168 58

Klagegegenstand
- ursprünglicher Verwaltungsakt, abgeändert *Kap. 2* 98

Klagerecht
- der Verbände 85 1 ff.
- Verfahrensvoraussetzungen 85 7
- Voraussetzungen 85 5

Klagerücknahme
- Fiktion *Kap. 2* 110

Klärung
- Beistand eines Anwalts 167 68
- Dissens 167 77
- Festlegung des Klärungsverfahrens 167 77

– Leitung des Klärungsverfahrens 167 77
– Mitbeurteilung der Beschäftigungsmöglichkeiten 167 77
– Mitbeurteilung der „Möglichkeiten" 167 77
– Umsetzung 167 77

Klärungsverfahren
– BEM 167 38
– Beteiligung des Betroffenen 167 15
– Einzelfallklärung ohne Verfahrensordnung 167 77
– generelle Verfahrensordnung 167 77
– Klärungsergebnis 167 77
– Möglichkeiten und Hilfen bei Schwierigkeiten 167 4

Klassifikation 2 25

Kleinbetrieb 154 30
– Schwellenwert 168 76

Kleinstbetriebe
– Schutz durch Interessenabwägung 172 5

Kleinunternehmer 154 30

Knappschaftsausgleichsleistungen
– Sonderkündigungsschutz 173 23

Koalitionsvertrag
– Auftrag Stärkung des BEM 167 100

Koalitionsvertrag 2013
– Umsetzung 167 147

Kommissionär 156 14

Kommunikationsbarrieren
– UN-BRK 177 59

Kommunikationshilfen BGG 9 2

Kommunikationshilfeverordnung (KHV) BGG 9 4

Komplexleistung
– heilpädagogische 46 24
– Interdisziplinarität 46 26

Konflikt
– mit Betriebsrat 178 128
– mit Personalrat 178 128

Konfliktprävention 167 11

Konkurrentenklage
– Ämterstabilität 164 83
– Arbeitnehmer 164 84

– einstweiliger Rechtsschutz 164 82 f.
– Stoppverfügung 164 82 f.

Konkurrentenstreitverfahren
– Rechtswegzuständigkeit 165 41

Konstituierende Sitzung
– BayPVG 178 95
– HPVG 178 95
– § 35 LPersVG Rheinland-Pfalz 178 95

Kontrahierungszwang
– Rückkehrrecht 220 33

Konzern 154 13
– Versammlung der Vertrauenspersonen 180 59

Konzernbetriebsrat
– KSBV 180 49

Konzernschwerbehindertenvertretung (KSBV)
– Amtsenthebung 180 51
– Amtszeit 180 51
– Ein-Personen-Vertretung 180 50
– erstrecktes Mandat 177 113, 180 54
– Freistellung 180 57, 80
– Heranziehung 180 78 f.
– Heranziehung in der KSBV 180 58
– Konzernbetriebsrat 180 32 ff.
– Konzernvertrauensperson 180 50, 57
– per Fiktion 180 54
– persönliche Rechtsstellung 180 81
– Rederecht auf Betriebsversammlungen 180 54
– stellvertretende Mitglieder 180 50
– Teilnahmerecht an Sitzungen 180 56
– Unterrichtungsanspruch 180 56
– Unterrichtungsanspruch für vertretungslose Betriebe 180 55
– Vertretung auf Konzernebene 180 1 ff.
– Vertretung vertretungsloser Schwerbehinderter 180 54
– vertretungslose Betriebe 177 9
– Wahl 180 51 ff.
– Wählbarkeit 180 53
– Wahlberechtigung 180 53
– Wahlverfahren 180 52

- Wahlvoraussetzungen 180 49
- Zusammensetzung 180 50
- Zuständigkeit 180 32 ff., 54
- Zuständigkeit der Arbeitsgerichtsbarkeit 180 83

Konzernvertrauensperson
- Freistellung 180 57

Korrekturgesetzgebung
- Wahlen zu überörtlichen Vertretungen 180 16
- Wahlvorschriften in § 22 SchwbVWO 180 16

Kosten
- Amtsführung SBV 179 94
- Anspruchsinhaber 179 96
- Budget 179 97
- Bundesreisekostengesetz 179 113
- Dispositionsfonds 179 97
- Durchsetzung gezahlter Schulungskosten 179 130
- Eingliederungshilfe 138 3
- Erforderlichkeit 179 94
- Erstattung 15 7
- Erstattung von verauslagten Kosten 179 96
- Freistellung 179 96
- Heimfahrten vom Sitz der Bezirks-SBV 179 113
- Kinderbetreuungskosten 44 22, 74 12
- Kostenschuldner Arbeitgeber 179 94
- Kostentragung durch Arbeitgeber 179 98
- Lebensunterhalt 138 3
- persönliche Kosten der Vertrauensperson 179 112
- Porto 179 112
- Rechtsanwalt 179 98
- Rechtsanwaltsvergütung 179 98
- Reisekosten 179 113
- Reisekosten des Anwalts 179 99
- Schulungskosten 179 115
- selbstbeschaffter Gutachten 17 6
- Telefon 179 112
- Trennungsgeld 179 113
- unzumutbare Mehrkosten 104 10
- Verhältnismäßigkeit 179 94
- Verzinsung 179 96
- Vorschuss 179 96

- Wahl, Kirchen *Kap. 1* 26
- Wahl zur SBV 177 88

Kosten der Eingliederungshilfe
- Angehörigen-Entlastungsgesetz 138 3

Kosten des Lebensunterhalts
- Teilhabestärkungsgesetz 138 3

Kostenbeitrag 112 7
Kostenbeteiligung 111 3
Kostenerstattung 47 22
- Beschlussverfahren 179 125
- Hilfe zur Pflege 103 21
- PersVG entsprechend 179 95
- Pflegeleistungen 103 21

Kostenfestsetzung *Kap. 2* 136
Kostentragung *Kap. 2* 92
- Bürokraft 179 114
- durch Arbeitgeber 179 98
- Erledigung 171 30

Kraftfahrzeugsteuer
- Befreiung 209 15, 228 9
- Ermäßigung 209 14 f., Vor 228 4, 228 9

Krankenbehandlung 43 5 f.
Krankenbezüge
- Berücksichtigung von Rente 206 16

Krankengeld 44 22, 65 5
- Anspruch 71 11

Krankengeldzuschuss
- Überzahlung bei Rentenbewilligung 206 11
- Vorschussfiktion 206 11

Krankenhaus
- Notfall 43 10
- Teilhabeplan 43 9

Krankenhilfe 99 8
Krankenkasse 7 9, 14 7
- Hilfsmittel 47 8

Krankentagegeld 44 29
Krankenversicherung
- Beitritt 151 14
- gesetzliche 65 11

Krankheiten, chronische 3 9, 42 5
Krankheitsfehlzeiten
- Grenze des Zumutbaren 172 17

Krankheitskündigung
- angemessene Vorkehrungen 168 84

- BEM 167 82
- Benachteiligung wegen einer Behinderung 168 84
- Diskriminierung 164 46
- Einsatz auf geeignetem anderem Arbeitsplatze 172 18

KSBV
- Beteiligung vor der Kündigung 178 68a

Kumulationstheorie
- Wahlrecht 177 14

Kündigung
- Amtspflichtverletzung 171 44, 179 70
- Änderungskündigung 171 37
- Anhörung vor 178 55
- Anzeigepflicht 173 31, 33
- Ausschluss der ordentlichen Kündigung 174 10
- außerordentliche 174 1 ff.
- BEM 167 128 ff.
- Benachteiligungsverbot 168 82
- Beteiligung der GSBV 180 40
- Beteiligung der SBV 178 42, 64
- betriebsbedingte Gründe 172 79
- Dauertatbestand 174 13
- Diskriminierung 210 9
- entfristete ordentliche Kündigung 174 11
- Entschädigung § 15 Abs. 2 AGG 168 73
- Freikündigung für Behinderten 164 190
- Geschäftsführer 168 86
- im Betrieb ohne SBV 178 68a
- in der Wartezeit 173 31 ff.
- Insolvenzverwalter 171 34
- Klagefrist 178 66
- Kleinbetrieb 167 115
- Kündigung bei Doppelmandat 179 64
- Kündigung der Vertrauensperson ohne Zustimmung 179 63
- Kündigungserklärungsfrist 168 44 f., 179 60, 70
- Kündigungsschutzklage Kap. 2 154
- Maßregelung 168 85
- Minderleistung 206 19
- nach der Wartezeit 178 72
- nicht erfüllte Wartezeit 167 115
- Nichtigkeit bei fehlender Zustimmung Vor 168 15
- personenbedingte 168 83, 172 15 ff.
- Prävention 167 128 ff.
- Schadensersatz, § 15 Abs. 1 AGG 168 73
- Schriftform 220 22
- schwebende Unwirksamkeit 178 66
- seitens des Insolvenzverwalters 172 74 ff.
- Sozialauswahl 168 77 ff.
- Stilllegung 171 33
- Tauglichkeit 168 83
- Unwirksamkeit, § 7 AGG, § 134 BGB 168 73
- Verhinderungsgrund 177 7
- Verweigerung von Mehrarbeit 168 85
- Vorstand 168 86
- Wartezeit 178 62
- wegen Betriebsübergangs, § 613a Abs. 4 BGB 172 43
- wegen der Schwerbehinderung 168 82
- Zustellungsmangel 171 16
- Zustimmungserfordernisse 220 23

Kündigungserklärung
- Anhörung des Betriebsrats 174 32
- Beteiligung der SBV 174 32
- Spruch der Einigungsstelle 174 32
- unverzüglich 179 65
- Zeitpunkt 178 65
- zu früh 174 31
- zu spät 174 31
- Zugang der Kündigung 174 31
- Zustimmung Personalrat 174 32

Kündigungserklärungsfrist 171 29 ff.
- anderer Unwirksamkeitsgrund 171 39
- Ausschlussfrist 171 31
- außerordentliche Kündigung 168 44
- Beginn Fristlauf 174 30
- Berechnung 171 31
- Fristlauf 168 45
- Geltendmachung der Nichteinhaltung 174 39

- Heilung des Fristversäumnisses 168 44
- Lauf ab Zustellung der Zustimmung 171 13
- Lauf nach Erteilung der Zustimmung 174 29
- Monatsfrist 171 31
- Nichtigkeitsfolge 171 32
- ordentliche Kündigung 168 44
- Risiko des Zugangs 171 32
- treuwidriges Berufen auf Nichteinhaltung 174 37
- unverzüglich 174 30
- Unwirksamkeitsgrund 174 28
- Zeitfenster 171 31
- Zugang des Kündigungsschreibens 171 32
- Zustellung 171 31
- Zweiwochenfrist 174 16

Kündigungsfrist 169 1 ff.
- AGB-Kontrolle 169 6
- Allgemeinverbindlicherklärung (AVE) 169 5
- Änderungskündigung 169 3
- Aushilfe 169 7
- Aushilfs- und Probearbeitsverhältnisse 169 3
- Baugewerbe 169 5
- Bezugnahme auf Tarifvertrag 169 6
- Fristberechnung 169 9
- Gebäudereinigerhandwerk 169 5
- Geltungsbereichsausnahme 169 3
- gesetzliche 169 4
- Insolvenzkündigung 169 10
- Isolierte Bezugnahme auf tarifliche Kündigungsfrist 169 6
- Kleinbetriebe 169 6, 7
- Kündigungsendtermin 169 9
- Mindestkündigungsfrist 169 2
- Nichteinhaltung 169 11
- Tarifbindung 169 5
- tarifliche 169 6
- tarifvertragliche 169 5
- vertragliche 169 6, 7

Kündigungsgründe
- anderweitige Beschäftigungsmöglichkeit 172 35
- Arbeitsunfähigkeit 172 19
- Besonderheiten des Einzelfalls 174 18
- betriebsbedingt 172 30 ff.
- Durchschleppen 172 19
- „Durchschleppen" eines dauerhaft Arbeitsunfähigen 172 15 ff.
- Ersatzarbeitsplätze 172 31
- Erwerbsminderung 172 23
- freie Arbeitsplätze 172 32
- Freimachen eines geeigneten Arbeitsplatzes 172 21
- Krankheitskündigung 172 17
- Loyalitätsverstoß 172 29
- medizinisches Gutachten 172 17
- Nachschieben 174 15
- Nachschieben vor dem Arbeitsgericht 171 41a
- personenbedingte Kündigung 172 15 ff.
- Schaffung eines neuen Arbeitsplatzes 172 22
- Sozialauswahl 172 33
- subjektive Determinierung 174 27
- unternehmerische Organisationsfreiheit 172 31
- Verbot des Nachschiebens 174 37
- verhaltensbedingte Kündigung 172 26 ff.
- Verhältnismäßigkeitsgrundsatz 172 27
- Zusammenhang mit Behinderung 174 27
- zweigleisige Prüfung 172 79

Kündigungsprävention 167 11
- Klärungsverfahren 167 10
- Klärungsverfahren bei Krankheit 167 35

Kündigungsrechtsstreit
- Auflösungsantrag 168 65

Kündigungsschutz
- ältere Arbeitnehmer 173 21
- Anfechtung 168 21 ff.
- Anhörungsverfahren 168 89
- Anspruch auf Entgelt wegen fehlender Zustimmung 168 66
- Anspruch auf Übernahme 168 20
- Anspruch auf Weiterbeschäftigung nach Kündigung 168 70
- Arbeitnehmerähnliche Vor 168 11, 168 5

- arbeitsgerichtlicher Schutz im Kündigungsrechtsstreit 174 23
- Arbeitsmarktstatistik Vor 168 24
- Aufhebungsvertrag 168 17
- Auflösung durch das Gericht 168 37
- Ausnahme für laufenden Feststellungsantrag 173 38
- Ausnahmen 173 20, 178 62
- Ausnahmen für laufende Feststellungsanträge 173 36 ff.
- Ausnahmen für laufende Gleichstellungsverfahren 173 47 f.
- Ausnahmen für witterungsbedingte Entlassungen 173 27 ff.
- außerordentliche Kündigung 168 75
- Ausspruch der Kündigung 173 25
- Ausweitung auf Behinderte 168 71
- Beamte, Richter, Soldaten Vor 168 13
- Befristung 168 19
- bei Beendigung ohne Kündigung 168 15
- Bereichsausnahme durch BAG 173 42
- Bereichsausnahmen Vor 168 10
- beschleunigtes Verfahren 173 40
- Beschleunigungsgebot Vor 168 21
- Betriebsübergang 179 72, 75
- Darlegungslastverschärfung 167 113
- Dienstordnungsangestellte Vor 168 11, 13
- Diskriminierende Kündigung 168 82
- Eigenkündigung 168 16
- Einholung der Stellungnahme der Arbeitsagentur Vor 168 4
- Einstellungshemmnis Vor 168 24
- Ende der Amtszeit 179 72
- Ergänzung zur Eingliederung Vor 168 2
- Erlaubnisvorbehalt Vor 168 2, 15

- erweiterter Bestandsschutz bei Erwerbsminderungsrenten Vor 168 4
- Erweiterung des Schutzes auf auflösende Bedingungen 175 7
- Feststellung der Schwerbehinderung Vor 168 7
- Feststellung vor Kündigungszugang 173 37 ff.
- Feststellungsantrag 168 59
- Feststellungsverfahren 173 45
- Freistellung von der Arbeitspflicht 168 38
- Geltendmachung 168 9 f.
- Geltungsbereichsausnahme 173 37
- Geschäftsführer 168 5
- geschichtliche Entwicklung Vor 168 3 f.
- gleichgestellte behinderte Menschen 168 4
- Heimarbeit Vor 168 14, 210 9 f.
- Hemmung der Klagefrist 168 56
- Herangezogenes stellvertretendes Mitglied der SBV 179 76
- in der Wartezeit 168 81
- Inklusion Vor 168 2
- Integrationsamt Vor 168 17 f.
- Jobcenter 179 87
- Jugendfreiwilligendienst 168 42
- Klage auf Feststellung der Unwirksamkeit der Kündigung 168 53
- Klagefrist 168 53 ff.
- konjunkturagible Wirkung Vor 168 24
- Kumulierung von Verwirkungsfrist und Klagefrist 168 57
- Kündigung nach rechtskräftiger Ersetzung 179 79
- Kündigungsschutzprozess 179 80
- Kündigungsverbot Vor 168 2
- Kündigungszugang 168 46
- Kurzarbeit 168 41
- nachträgliche Feststellung der Schwerbehinderung 173 38
- Nachweis der Schwerbehinderung 168 14
- Negativattest 168 49
- öffentlicher Dienst 179 71

- ordentliche Kündigung
  168 76 ff., 170 15
- Personalrat 179 71
- Prävention 167 112 ff.,
  168 1 ff.
- präventiver Schutz durch das Integrationsamt 174 23
- Prozessverwirkung 168 58
- Rechtsentwicklung
  Vor 168 1 ff.
- Rechtsschutz Vor 168 18 f.
- Rechtsweg für organschaftliche Vertreter 168 60
- Regelungslücke 173 44
- Schutz bei laufendem Feststellungsverfahren Vor 168 8
- SchwbG 1974 Vor 168 1
- schwerbehinderte Menschen
  168 4 ff.
- Sinn der Ausnahmeregelung für Feststellungsanträge 173 39
- Sonderkündigungsschutz
  Vor 168 6, 168 8
- Statistik Vor 168 23
- Stellvertretendes Mitglied
  179 77
- Stilllegung des Betriebs 179 73
- Stilllegung einer Abteilung
  179 73
- unionsrechtlicher Arbeitnehmerbegriff 168 5
- Unkenntnis des Arbeitgebers
  168 57
- unterbliebene Anhörung 168 93
- Verbrauch der Zustimmung
  168 47
- Verhältnis zu anderen Bestimmungen 168 74
- verschwiegene Behinderung
  168 11 ff.
- Wahlhelfer 177 86
- Wahlleiter 177 86
- Wahlvorstand 177 86
- Wartezeit 173 6
- Widerrufsvorbehalt von Arbeitsbedingungen 168 40
- Wirkung 168 52
- Zusammentreffen mehrerer Schutzbestimmungen 168 48
- Zustimmung des Integrationsamts 168 1 ff.
- Zustimmungserfordernis
  179 71

Kündigungsschutz für Mandatsträger
- Rechtsfolgen von Verstößen
  179 78
- Unwirksamkeit nach § 134 BGB
  179 78

Kündigungsschutzklage
- Arbeitsgericht Vor 168 18
- Berufen auf andere Kündigungsgründe 171 39
- Dreiwochenfrist 179 82
- Fristberechnung 168 55
- Klagefrist 171 39
- Klagefrist für alle Unwirksamkeitsgründe 168 54
- Nachträgliches Berufen 171 39

Kündigungsschutzprozess
- Schleppnetzantrag 168 59

Kündigungsschutzverfahren
- rechtskräftige Klageabweisung
  173 51

Kündigungsschutzverhandlung
- Dolmetscher 171 6
- mündliche Verhandlung vor dem Integrationsamt 171 6
- Mündlichkeit 171 6
- Sachverständige 171 6

Kündigungsverbot
- Arbeits- und Ausbildungsverhältnisse 173 4
- Auslandsachverhalt 168 2 f.
- Beamtenverhältnis 173 4
- Erlaubnisvorbehalt 168 2, 3
- Geltungsbereich 168 4
- Geltungsbereich der Ausnahmen
  173 3 ff.
- Mindestkündigungsfrist 173 3
- öffentliches Interesse 168 3
- Prävention 168 3
- unter Erlaubnisvorbehalt
  Vor 168 1
- Wartezeit 173 5 ff.

Kündigungsverhandlung
- mündliche Verhandlung über Zustimmungsantrag 171 5
- örtliche Fachstellen für behinderte Menschen 171 5
- Pandemie 171 5

Kündigungszugang
- Briefkasten 168 46
- Einwurfeinschreiben 168 46

- Nachweis der Schwerbehinderung 173 37
- § 130 BGB 168 46

Kurzarbeit
- Kündigungsschutz 168 41
- Kurzarbeiter Null 156 22
- Kurzarbeitergeld 67 14
- Pflichtplätze 168 35

Kurzarbeitergeld
- Corona-Pandemie 67 14

Landbetriebe
- SBV 177 54a

Landesärzte
- Aufgaben 35 7
- Bestellung 35 5
- Gutachten 35 7

Landesrecht
- Wahlinitiierung durch HSBV 176 20

Landesrichter- und Staatsanwaltsrat
- Gerichtszweigübergreifende Stufenvertretung 180 75

Landesverwaltung
- Adressatenkreis BGG   BGG 1 3

Laufbahnverordnung
- Altersgrenzen für die Einstellung 211 9

Lebenslagenmodell
- Pflegedürftigkeit 103 19

Lebenslauf
- Obliegenheit zur Kenntnisnahme 164 61

Lebenspartner 66 11

Lebenspartnerschaftsgesetz (LPartG) 66 12

Lebensunterhalt
- Hilfe 78 6
- Kosten 138 3
- Leistungen zur Teilhabe am Arbeitsleben 49 9

Lehrkraft 156 15

Leichte Sprache   BGG 11 2 ff.

Leidensgerechte Beschäftigung
- Behinderungsgerechte Beschäftigung 164 184 ff.
- Obliegenheit 164 185

Leiharbeit
- Anrechnung der Überlassungsdauer beim Entleiher 173 13

- Grundsatzentscheidung des BAG 164 118
- Prüfung der Stellenbesetzung 164 117
- Tätigwerdenlassen nach Prüfung 164 119

Leiharbeitnehmer 156 27
- Doppelwahlrecht 177 14
- Sprechstunde der SBV des Entleiherbetriebs 178 8

Leistungen 1 6, 111 1 ff.
- ambulante und teilstationäre Einf. 44
- Assistenzleistungen 78 1 ff.
- Aufgabe, Inhalt, Umfang und Dauer 111 3
- Aufgabe, Inhalt, Umfang und Dauer der Leistungen 111 3
- Ausführung von Leistungen 28 1 ff.
- Auswahlkriterien 165 18
- besondere 4 21
- der Werkstatt 56 10
- Eingliederungshilfe 138 20
- Erstattung selbstbeschaffter Leistungen 16 11, 18 1 ff.
- Fachleistung 78 6
- funktionsbezogene 19 7
- heilpädagogische 46 14, 79 1 ff.
- heilpädagogische, wesentliche Leistungsinhalte 79 5
- in Werkstätten für behinderte Menschen 56 1 ff.
- nichtärztliche sozialpädiatrische 46 14
- psychologische 46 14
- psychosoziale 46 14
- Qualität Einf. 41, 4 23, 37 6
- sonstige 75 16
- sozialpädiatrische 46 15
- Teilhabe 167 42, 185 25
- Teilhabe an Bildung 112 1
- unterstützende 75 7
- verschiedener Leistungsgruppen oder mehrerer Rehabilitationsträger 19 4
- Voraussetzungen und Umfang 75 14
- Wohnraum 77 1
- zum Lebensunterhalt 138 20
- zur Beschäftigung 111 1 ff.
- zur medizinischen Rehabilitation 42 5 ff., 65 5

- zur Sozialen Teilhabe 76 1 ff.
- Leistungen zur Teilhabe 4 5
- Anwendungsfälle 76 8
- möglichst einheitlich 7 5
- Weiterleitung Kap. 2 15
- Ziel 76 4
- Zuständigkeit Kap. 2 15
- Leistungen zur Teilhabe am Arbeitsleben 10 5, 47 16, 49 1 ff., 17, 61a 8 ff., 65 7
- Abhängigkeit von laufenden Sozialleistungen 49 6
- Abklärung der beruflichen Eignung 49 39
- Allgemeines Gleichbehandlungsgesetz (AGG) 52 14
- Alternative zur anerkannten WfbM 60 6
- Altersgrenze 49 11
- andere Leistungsanbieter 60 1 ff., 5, 62 1 ff.
- Anleitung und Begleitung am Arbeitsplatz 61 2
- Anleitung und Motivation 49 47
- Arbeitsassistenz 49 51
- Arbeitserprobung 49 39
- Arbeitskleidung und Arbeitsgerät 49 49
- Arbeitsleben 49 9
- Arbeitsplatzerhaltung 49 25
- Arbeitsplatzerlangung 49 25
- Arbeitsschutz 52 11 f.
- Aufgabe der LTA 49 7
- Aufnahmeverpflichtung 60 7
- Ausbildung (beruflich) 49 30
- Ausbildung (schulisch, hochschulisch) 49 31
- Ausbildungszuschüsse 50 8
- Belastbarkeit 49 7
- Benachteiligung wegen Geschlecht 52 16
- Beratung und Vermittlung 49 26
- Berufsvorbereitung 49 27
- Beteiligung (nachhaltige) 49 11
- Beteiligung der Bundesagentur für Arbeit 54 1 ff.
- Budget für Arbeit 61 1 ff.
- Budget für Ausbildung 61a 1 ff., 7 f.
- Budget für Ausbildung für 61a 2

- Dauer der Leistungen 53 1 ff.
- Eigenmotivation 49 37
- Eignung 49 37
- Eingliederungszuschüsse 50 9
- Einrichtungen der beruflichen Rehabilitation 51 1 ff.
- Entstehung 49 3
- erforderliche (notwendige) 49 15
- Erholungsurlaub 52 15
- Erwerbsfähigkeit 49 6 f., 10 f.
- Förderungsausschluss und Rückzahlung 60 8, 61 10
- förmliche Anerkennung 60 7
- Frau 49 18 ff.
- Frauenbeauftragte 60 7
- gemeinsame Anleitung und Begleitung 61a 9
- Gestaltung (menschengerecht) 52 12
- Gleichberechtigung 52 16
- Gründungszuschuss 49 32
- Haftungsbeschränkung 52 10
- Hauptziel 49 13
- Hilfsmittel zur Berufsausübung 49 53
- Inhalt und Umfang 61a 7
- Integrationsfachdienste 49 47
- Kraftfahrzeughilfe 49 50
- Lebensunterhalt 49 9
- Lehrgangskosten 49 49
- Leistungserbringungspflicht 60 7
- Leistungsfähigkeit 49 7, 12
- Lernmittel 49 49
- Lohnkostenzuschuss an Arbeitgeber 61 2
- medizinische Rehabilitation Vor 42 3, 42 34 ff.
- Mindestmaß an wirtschaftlich verwertbarer Arbeitsleistung 60 2
- Mindestplatzzahl 60 7
- Mitwirkung an der Willensbildung 52 7
- möglichst einheitlich 7 5
- Nachrang Sondereinrichtungen 49 15
- Neigung 49 37
- Personenkreis 49 8
- Persönlichkeitsschutz 52 9
- Pflicht zur Teilnahme Kap. 2 31

- Pflicht zur Unterstützung bei der Ausbildungsplatzsuche 61a 10
- Praktika 49 42
- Prüfungsgebühren 49 49
- psychosoziale Leistungen 49 43 ff.
- Qualitätsanforderungen 60 7
- Rauchverbot 52 12
- Rechtsanspruch 61a 2
- Rechtsstellung der Teilnehmenden 52 1 ff.
- Rückzahlung der Eingliederungszuschüsse 50 10
- Schutz vor Diskriminierungen in Beschäftigung und Beruf 52 14
- Schutz vor sexueller Belästigung 52 17
- sonstige Hilfen 49 34
- sozialer Arbeitsschutz 52 13
- technische Arbeitshilfen 49 50
- Teilhabe (wirtschaftlich, tatsächlich) 49 10
- Teilzeit 53 8
- territoriale und konzeptionelle Monopolstellung der angestammten WfbM 60 6
- UN-BRK 61a 3
- Unterkunft und Verpflegung 49 48
- Unterstützte Beschäftigung – individuelle betriebliche Qualifizierung 49 28
- Verdienstausfall 49 50
- volle Erwerbsminderung 61a 4
- Voraussetzungen 61a 6
- Vorrang allgemeiner Leistungen 49 15
- Wahlrecht des Menschen mit Behinderungen 62 2
- Weiterbildung 49 29, 53 7
- Werkstättenverordnung (WVO) 60 7
- Werkstattrat, vergleichbare Vertretung 60 7
- wesentlich behinderte Menschen 60 2, 61 2, 61a 2, 62 2
- Wettbewerbsfähigkeit 49 7
- Wirtschaftlichkeits- und Qualitätsprüfung 60 7
- Wohnung, behinderungsgerechte 49 54
- Zielgruppe 61a 2, 62 2
- Zielsetzung 49 6 ff.

- zuständige Leistungsträger 61a 6
- Zuverdienst zur Rente 49 6, 9
Leistungen zur Teilhabe am Leben in der Gemeinschaft 47 16
Leistungen zur Teilhabe an Bildung 112 1 ff.
- angemessene Wünsche 112 4
- Ziel und Inhalt 112 4
Leistungsberechtigte 19 11
Leistungseinschränkung
- Arbeitsplatzdatei 179 111
- Umverteilung 167 20
Leistungserbringer 123 8 ff.
- Aufnahmeverpflichtung 123 13 f.
- Definition 123 8
- Eignung 124 2 ff.
- externer Vergleich 124 3
- Fachkräfte 124 5 ff.
- persönliche Eignung des Personals 124 7 f.
- Sparsamkeit 124 3
- Vergütungsanspruch 123 20 ff.
- vertragsloser Zustand 123 15 ff.
- Wirtschaftlichkeit 124 3
Leistungserbringung, barrierefreie 37 9
Leistungserbringungsrecht
- externer Vergleich 124 9
Leistungsfähigkeit 123 11
Leistungsgesetze 75 14
Leistungsgruppen
- mehrere 19 9
- verschiedene 19 4
Leistungsminderung
- Beschäftigungssicherungszuschuss 167 20
- Kündigung 167 20
- Präventionsverfahren 167 20, 172 16
Leistungsort 31 1 ff.
Leistungsprinzip
- Leistungsunterschiede 165 37
Leistungsträger 6 6
- Antrag *Kap.* 2 14
- Weiterleitung *Kap.* 2 14

Leistungsvereinbarung 58 23, 123 10
- Aufforderung zur Verhandlung 126 2
- außerordentliche Kündigung 130 1 ff.
- Mindestinhalte 125 3 ff.

Leistungsvoraussetzungen 2 18, 111 3
- Teilhabe an Bildung 112 2

Leitende Angestellte 156 28, 181 28, 238 7
- persönliche Verantwortung 238 6

Liste der Wahlberechtigten
- Abordnung SchwbVWO 4 27
- alphabetische Sortierung SchwbVWO 3 4
- Altersteilzeit SchwbVWO 4 27
- Angabe des Betriebs bzw. der Dienststellung SchwbVWO 3 6
- Auslegung SchwbVWO 3 9 ff.
- Auslegung an mehreren Stellen SchwbVWO 3 12
- Barrierefreiheit des Auslegungsorts SchwbVWO 3 13
- Bedeutung SchwbVWO 3 2
- Bekanntmachung des Auslegungsorts SchwbVWO 3 14
- eigenständige Entscheidung über Aufnahme SchwbVWO 3 8
- Einspruch 177 60
- Eintrag der Stimmabgabe 177 63
- Erstellung SchwbVWO 3 3 ff.
- formelle Voraussetzung des Wahlrechts SchwbVWO 4 32
- Geburtsdatum SchwbVWO 3 5
- geheim gehaltene Schwerbehinderung SchwbVWO 4 28
- inhaltliche Anforderungen SchwbVWO 3 4 ff.
- Kirchen Kap. 1 23
- Korrektur am Tag der Wahl SchwbVWO 4 29 ff.
- Korrektur nach Abschlusskontrolle SchwbVWO 4 26
- Ort der Auslegung SchwbVWO 3 11 f.
- passiv Wählbare SchwbVWO 3 3
- Personalgestellung SchwbVWO 4 27
- Richtigkeit SchwbVWO 4 24
- Überprüfung der Wahlberechtigung SchwbVWO 3 3
- Überprüfung von Amts wegen SchwbVWO 4 24 ff.
- Unterstützungspflicht des Arbeitgebers SchwbVWO 3 7
- Veränderungssperre SchwbVWO 3 2, 4 29 ff.
- vereinfachtes Wahlverfahren SchwbVWO 20 21
- Versetzung SchwbVWO 4 27
- Vollständigkeit SchwbVWO 4 24
- Zeitpunkt der Auslegung SchwbVWO 3 10
- Zweck der Auslegung SchwbVWO 3 9

Lohnabrechnung
- Zwangsvollstreckung Kap. 2 166

Losentscheid
- GSBV-Wahl 180 15
- SBV-Wahl 177 80

Luftfahrt
- BEM 167 75
- Bereich Cockpit 177 55b
- Bereich Kabine 177 55b
- SBV 177 55b
- Tarifvertrag Personalvertretung 177 55b

Machtbereich des Arbeitgebers 168 89

Management 19 10

Mandat, imperatives 179 19

Massenkündigung
- Ermessenseinschränkung 172 37
- Konsultationsanspruch der SBV 178 92

Maßnahmen
- Antragsrecht 178 16
- Aufklärung 185 20 f.
- begleitende 58 18
- Bildung 185 20 f.
- Eingliederungsplanung 164 124
- Mindestbeschäftigung 164 181
- Schulung 185 20 f.

Maßnahmen zugunsten von Schwerbehinderten
- Nachteilsausgleich 164 58

Maßregelungsverbot
- Inklusionsbeauftragter 181 29
MAVO
- Rechtsdurchsetzung bei kirchlichen Gerichten *Kap. 1* 4
MdE 199 6
Medizinische Rehabilitation 75 16
- Abgrenzungsfragen **42** 7 ff.
- Amtsermittlung **42** 28 ff.
- Anspruchsvoraussetzungen **42** 28 ff.
- Antrag **42** 36
- ärztliche Behandlung **42** 10 ff.
- bio-psychosoziales Modell **Vor 42** 1
- Durchführung der Leistungen **42** 31 ff.
- Eingliederungshilfe **Vor 42** 18, 90 3
- Erforderlichkeit **42** 29
- Ermessen **42** 39 f.
- gesetzliche Krankenversicherung **Vor 42** 6 ff.
- gesetzliche Rentenversicherung **Vor 42** 12 ff.
- gesetzliche Unfallversicherung **Vor 42** 15 ff.
- Jugendhilfe **Vor 42** 17
- Kooperation der Träger **Vor 42** 2
- Kriegsopferfürsorge **Vor 42** 17
- psychosoziale Leistungen **42** 24 ff.
- Psychotherapie **42** 17 f.
- Selbstbeschaffung **42** 41
- Teilhabe am Arbeitsleben **Vor 42** 3, **42** 34 f.
- Teilhabeplan **42** 28 ff., 38
- Verfahren **42** 36 ff.
- Verhältnis zu anderen Leistungsgesetzen **Vor 42** 4 ff.
- Vorrangregelungen **Vor 42** 2
- Ziele **42** 5
- Zuständigkeit **Vor 42** 5 ff., **42** 37

Medizinischer Dienst der Krankenversicherung (MDK)
- BEM 167 46

Mehrarbeit
- Abschlag vom Richterpensum 207 7
- Achtstundentag 207 4
- Arbeitnehmer 207 3
- Arbeitsbereitschaft 207 9
- Ausgleichszeitraum 207 5
- Beamte 207 3, 6
- Begriff 207 4 ff.
- Bereitschaftsdienst 207 9
- Flexibilisierung der Arbeitszeit 207 4
- Freistellung von Vertretungsregelungen 207 7
- Freistellungsrecht 207 3
- Leistungsverweigerungsrecht 207 10
- Rechtsentwicklung 207 1 f.
- Regelarbeitszeit (höchstzulässige) 207 6
- Überstunden 207 4
- Ursprung des Freistellungsanspruchs 207 2

Mehrarbeitsvergütung
- Freistellung 179 50

Mehraufwand **Vor 228** 2
Mehrbedarf 44 30
Mehrfachanrechnung 159 4 ff.
- Ermessen 159 11
- Zulassung 159 11

Mehrheitswahl
- Persönlichkeitswahl *Kap. 1* 18

Mehrkosten 47 21
- unverhältnismäßige 149 1

Mehrspurigkeit
- Garantie des fairen Verfahrens 168 63
- Rechtsweg 168 63
- Vorlagebeschlüsse an BVerfG 168 63

Mehrstufige Verwaltung
- Stufenvertretung 176 7
- Wahl von Stufenvertretungen 177 9

Meldepflicht
- Befreiung von der 165 6
- gleichgestellt behinderte Menschen 165 3
- schwerbehinderte Menschen 165 3
- Überhangpool 165 7

Meldung
- Angelegenheit der Gruppe der Schwerbehinderten 165 26
- frühzeitige 165 5

- ordnungsgemäße Meldung 165 5
- Vermittlungsauftrag 165 5

Meldung an Arbeitsagentur
- Beteiligung der SBV 164 130
- Überwachung der Verbindungsaufnahme 164 139
- Unterrichtung der SBV 165 26

Menschenrechtsverstoß
- Fall Obermeier 168 63

Menschenwürde 3 11
- Kernbereich autonomer privater Lebensgestaltung 104 7
- Schutz 104 7

Merkmal, leistungsnäheres 165 37

Merkzeichen 153 4, 228 4

Militärischer Abschirmdienst
- Hauptschwerbehindertenvertretung 180 70
- Schwerbehindertenvertretung, Wahl 240 1

Minderjährige Leistungsberechtigte 119 1 f.
- Gesamtplankonferenz 119 2
- Gesamtplanverfahren 119 2

Minderjährige mit Eingliederungshilfebedarf
- Einkommen 138 6
- KJSG 117 11 f.
- Vermögen 138 6

Minderleistung
- Anrechnungsverbot 206 18
- unterdurchschnittliche Leistung 172 20
- Zuschuss 206 19

Minderleistungsausgleich
- Beschäftigungssicherungszuschuss 172 20

Minderung der Erwerbsfähigkeit (MdE) 199 6

Mindestbeschäftigung
- Erörterungsverfahren 164 1
- Ersatzarbeitsplätze 164 181
- Integrationsamt 164 182
- Ordnungswidrigkeit 164 181 f.
- Organisationsfreiheit 164 181
- Organisationspflicht 164 181
- Outsourcing 164 181
- Personalplanung 164 181
- Qualifizierung der schwerbehinderten Beschäftigten 164 181
- Sicherstellung 164 181
- Sicherstellung der Quote 164 124
- Unterrichtung über Maßnahmen 164 181
- Verwaltungsgericht 164 182
- Vollzugsdefizit 164 182
- Vorrang vor Organisationsfreiheit 172 31

Mindestbeschäftigungspflicht
- Null-Ermessen 172 4
- Überwachung durch Interessenvertretungen 176 10

Mindestbeschäftigungsquote
- Zustimmung im Insolvenzverfahren 172 77

Mindestentgelt
- Anrechnung von Zusatzleistungen 206 7

Mindestkündigungsfrist
- Arbeitnehmerkündigung 169 8
- Ausnahmen 173 3

Mindestmaß
- Zeitpunkt der Bewertung 219 17

Mindestmaß wirtschaftlich verwertbarer Arbeitsleistung 58 9, 219 16
- Personalschlüssel 219 20

Mindesturlaub 208 50
- Abgeltung bei Krankheit 208 58
- Reformrechtsprechung BAG 208 57
- Rückkehr zur Billigkeitsrechtsprechung 208 57

Mitarbeitervertretung
- BEM in kirchlichen Einrichtungen 167 75
- kirchliche Einrichtungen 176 6; Kap. 1 2
- kirchliches Recht Kap. 1 3
- staatliches Recht Kap. 1 3
- Vertrauensperson 177 53

Mitarbeitervertretungsgesetz
- Vertrauensperson der der schwerbehinderten Mitarbeiter und Mitarbeiterinnen Kap. 1 18

Mitarbeitervertretungsordnung (MAVO) Kap. 1 11

Mitbestimmung 222 1 ff.
- Anordnung der amtsärztlichen Untersuchung 211 14
- Personalrat 164 13, 15
- Personalvertretungsrecht der Länder 164 15
- Schwerbehindertenvertretung 177 5
- Verfahrensreglung BEM 167 77

Mitbetroffenheit *siehe auch* Betroffenheit
- Zusammenhang mit der Behinderung 178 41

Mitglieder
- Berufung 186 7

Mitgliedschaft
- im Beirat 86 10

Mitnahmeentschädigung 73 6

Mitteilung
- Frist für Mitteilung der Kündigungsabsicht 173 24

Mitteilung der auflösenden Bedingung
- Erklärungsfrist 175 21
- Textform 175 21

Mitteilung der Entscheidung
- Aushändigung des Kündigungsschreibens 178 65

Mittel, geeignete 3 12

Mitwirkung 222 1 ff.
- Folgen fehlender Mitwirkung *Kap.* 2 26
- Informationsrecht 186 6

Mitwirkungspflicht
- Amtsermittlung, Einschränkung *Kap.* 2 35
- Durchsetzbarkeit *Kap.* 2 34
- Feststellungsverfahren 173 45
- Grundsatz *Kap.* 2 33
- Verletzung *Kap.* 2 34

Mitwirkungsrecht 177 4

Mobbing
- Persönlichkeitsrecht 164 99

Mobile Arbeit Gesetz
- Homeoffice 164 210a

Modellvorhaben
- Förderung 11 1 ff.

Möglichkeiten
- Umsetzungsmaßnahmen 167 77

Monatsfrist
- Entscheidung über Antrag zur ordentlichen Kündigung 171 4
- Erklärung der Kündigung nach Zustimmung 171 4
- Fiktion einer Zustimmung 171 2
- Fiktionswirkung bei Betriebseinstellung 171 4
- Fiktionswirkung bei Insolvenz 171 4
- Kündigungserklärungsfrist 171 1

Monatsgehalt
- Definition 164 90

Monatsgespräch
- Arbeitgeber und Personalrat 178 105
- Betriebsrat mit dem Arbeitgeber 178 104
- im „kleinen Kreis" 178 104
- Teilnahmerecht der SBV 178 104

Mündliche Verhandlung
- Integrationsamt 171 41

Muss-Zustimmung
- Ermessensbindung 172 38
- Stilllegung 172 37
- Weiterbeschäftigungsmöglichkeit 172 63

Mutterschaftsgeld 65 13

Mutterschutz 156 10

Nachforschung *Kap.* 2 107

Nachfrist für Wahlvorschläge
- Beendigung der Wahl *SchwbVWO* 7 8 f.
- Beginn *SchwbVWO* 7 5 f.
- Bekanntmachung *SchwbVWO* 7 3 f., 12 ff.
- Dauer *SchwbVWO* 7 5
- Funktion *SchwbVWO* 7 1
- stellvertretende Mitglieder *SchwbVWO* 7 10 ff.
- Verschiebung des Wahltermins *SchwbVWO* 7 7
- Voraussetzungen *SchwbVWO* 7 2
- Vorgehen nach Fristablauf *SchwbVWO* 7 7 ff., 17

Nachholung
- heilende Wirkung für die Kündigung 178 67
- Ordnungswidrigkeit 178 68
- Verbindungsaufnahme mit der Arbeitsagentur 164 141
- Zeitnot wegen Kündigungserklärungsfrist 178 68

Nachrang
- begleitende Hilfe im Arbeitsleben 185 25

Nachrücken
- Mitglieder des SBV 177 106
- Nachwahl stellvertretender Mitglieder 180 5

Nachschieben
- Kündigungsrechtsstreit 174 37
- Verwaltungsstreitverfahren 174 37
- Zustimmung zur ordentlichen Kündigung 171 41a

Nachtarbeit
- schwerbehinderte Menschen 207 8

Nachtdienst
- Steuerfreiheit der Zulage 179 49

Nachteilsausgleich 209 1 ff., 9 ff., Vor 228 2
- Bahnfahrt 1. Klasse 209 20
- Befreiung von der Rundfunkbeitragspflicht 209 21
- Begleitperson 209 23
- Besitzstand 209 7 f.
- Beurteilung 178 91
- Blindheit 209 19
- Einkommensteuer 209 10 ff., 18
- Ermäßigung des Rundfunkbeitrags 209 21
- Kraftfahrzeugsteuer 209 14, 15, 18
- Prüfung 178 91
- Straßenverkehr 209 16
- Werbungskosten 209 13

Nachuntersuchung 9 13

Nachwahl
- Anzahl der stellvertretenden Mitglieder der SBV 177 11
- SchwbVWO 177 106

Nachwahl stellvertretender Mitglieder
- Ablauf *SchwbVWO* 17 26 ff.
- absehbares Ausscheiden *SchwbVWO* 17 10
- Amtsdauer *SchwbVWO* 17 30
- Anzahl der zu wählenden stellvertretenden Mitglieder *SchwbVWO* 17 28
- förmliches Wahlverfahren *SchwbVWO* 17 20, 25 ff.
- im vereinfachten Wahlverfahren *SchwbVWO* 21 1 ff.
- Initiierung *SchwbVWO* 17 15 ff.
- Initiierung der Nachwahl *SchwbVWO* 17 25, 21 5
- mehrfache Nachwahl *SchwbVWO* 17 31
- Verbleiben eines stellvertretenden Mitglieds *SchwbVWO* 17 7 ff.
- vereinfachtes Wahlverfahren *SchwbVWO* 17 21
- Versammlung zur Wahl eines Wahlvorstands *SchwbVWO* 17 16
- Voraussetzungen *SchwbVWO* 17 4 ff., 12 f., 21 2 ff.
- Vorhandensein der Schwerbehindertenvertretung *SchwbVWO* 17 11
- Wahlverfahren *SchwbVWO* 17 19 ff.
- Zeitpunkt *SchwbVWO* 17 18
- Zuständigkeit *SchwbVWO* 17 15, 17

Nachweis
- Kündigungszugang 173 37

Nachweisverlangen
- Nachweis für Zulassung zum Vorstellungsgespräch 164 148
- Nachweis Schwerbehinderung 164 148

Nachwirkender Schutz
- Einkommensteuerrecht 199 5
- Rentenversicherungsrecht 199 5
- sachliche Reichweite 199 4

Nachwirkung
- Betriebsvereinbarung nach Kündigung 167 77

Stichwortverzeichnis

Namensliste
- Anonymisierung **167** 102
- Auskunftsanspruch der SBV **182** 5
- Einsicht für Betriebsrat **167** 99 f.
- Einsicht für Personalrat **167** 99
- erkrankte Schwerbehinderte **167** 103
- Häufigkeit der Vorlage **167** 103
- Interessenausgleich in der Insolvenz **172** 76
- Monatsturnus **167** 103
- Pseudonymisierung **167** 102
- schwerbehinderte Menschen **178** 49
- Zeitpunkt der Vorlage **167** 103

Nationale Präventionsstrategie **3** 14

Nationale Rechtsbehelfe
- Ausschöpfung *Kap. 2* 150

Nebenbestimmungen *Kap. 2* 50 ff.
- Auslegung **171** 20
- Bedingung *Kap. 2* 51
- Befristung *Kap. 2* 51
- des Zustimmungsbescheids **171** 18
- selbstständig *Kap. 2* 52, 54
- unselbstständig *Kap. 2* 52 f.

Nebenleistungen **47** 19

Nebenstelle
- Bildung GSBV **177** 32
- Verselbständigung **170** 27

Negativattest **168** 49, **174** 22
- Verwaltungsakt **170** 17

Nettoarbeitsentgelt **66** 5
- kumuliertes **66** 20

Netto-Hinzurechnungsbetrag **66** 19

Nichtförmlichkeit des Verfahrens
- Mitwirkungspflichten *Kap. 2* 3

Nichtigkeit
- Anfechtbarkeit **177** 96
- Verwaltungsakt *Kap. 2* 64
- Wahl **177** 96
- Wahlmangel **177** 37
- Wirkung der Gerichtsentscheidung **177** 96

Nichtzulassungsbeschwerde *Kap. 2* 130

Niederlegung
- Erklärung der **177** 101

Niederschrift
- Aushändigung an SBV **178** 118
- Einsicht in **178** 118
- Einwendung der SBV **178** 118
- Gebot der engen Zusammenarbeit **178** 118
- SBV an Teilnahme verhindert **178** 118
- Teilnahme der SBV **178** 118
- Verhandlungen des Personal- und Betriebsrats **178** 118
- Zuleitung an SBV **178** 118

Notfall
- Freistellungsverlangen **207** 11
- stationäre Reha **43** 10

Notwendige Beiladung **75** 17

Null-Ermessen
- Mindestbeschäftigungspflicht **172** 4

Oberste Dienstbehörde
- Hauptschwerbehindertenvertretung **180** 69

Offenbarungspflicht **168** 24

Offenkundigkeit
- Entbehrlichkeit des Nachweises **173** 46

Offenkundigkeit der Behinderung
- Kündigungsschutz **168** 8

Öffentliche Verkehrsmittel **73** 6

Öffentlicher Arbeitgeber
- Melde- und Einladungspflicht **165** 1

Öffentlicher Dienst **154** 20
- Abbruch des Auswahlverfahrens **164** 85
- Ämterstabilität **164** 81
- Anspruch auf Arbeitsvertrag **164** 84
- Arbeitsagentur **165** 2
- Einstellungsanspruch **164** 80 f.
- frühzeitige Meldung **165** 2
- Inklusionsvereinbarung **165** 39
- Konkurrentenklage **164** 81 f.
- Meldung an Arbeitsagentur **165** 5
- neu zu besetzende Arbeitsplätze **165** 5 f.
- Vorbildfunktion **165** 2

- vorsorgliche Beteiligung nach Antragstellung 178 59
- Vorstellungsgespräch 165 2, 8

Öffentlichkeit
- Einsehbarkeit *SchwbVWO* 13 7
- Verschwiegenheit 178 129

Öffentlichkeitsarbeit
- Inklusion 39 13

Öffnung der Freiumschläge
- Bekanntgabe von Ort und Zeit *SchwbVWO* 12 14 f.
- Öffentlichkeit *SchwbVWO* 12 11 ff., 12 ff.
- Zeitpunkt *SchwbVWO* 12 15 ff.

Opportunitätsprinzip 238 24

Ordensbruder 156 35

Ordentliche Kündigung
- Abmahnung 168 76
- betriebsbedingte 168 76
- personenbedingte 168 76
- soziale Rechtfertigung 168 76 ff.
- verhaltensbedingte 168 76

Ordnungswidrigkeit 154 5
- Anhörung vor Antragstellung beim Integrationsamt 178 89
- BEM 167 126
- Bergmannversorgungsscheininhaber auf Pflichtplatz 205 5
- Beteiligung der SBV vor Zustimmungsantrag 170 36
- Bundesagentur für Arbeit 238 22
- Bußgeldrahmen 238 21
- Erörterungsverfahren 164 178
- Fahrlässigkeit 238 10, 21
- Gesetz über Ordnungswidrigkeiten 181 38
- Nichteinleiten des BEM 167 111
- Nichteinschalten 167 111
- unterlassene Beteiligung 178 139
- Unterrichtung über Bewerbungen 164 178
- Unterrichtung über neue oder frei gewordene Stellen 164 178
- Unwirksamkeitsanordnung nach § 134 BGB 178 76
- Verbot mit Unwirksamkeitsfolge 168 93
- Verfahrensrecht 238 22
- Verletzung der allgemeinen Unterrichtungspflicht 167 111
- Verletzung der Meldepflicht 177 69
- Verstoß gegen Barrierefreiheit 164 206
- Verwaltungsbehörde 238 22
- Verzeichnisführung 238 13 f.
- Vorsatz 238 10, 21

Ordnungswidrigkeitsrecht
- Benachrichtigung der SBV 238 32
- Beschäftigungsgebot 238 12
- Bußgeld 181 33, 238 31
- Durchgriff auf Unternehmen 181 37
- Handeln für einen anderen 181 32 f.
- Mitverantwortung des Arbeitgebers 181 36
- Verletzung von Arbeitgeberpflichten 238 12
- Verwarnung 238 31
- Weiterbildungspflicht 181 36

Organisation
- Geschäftsordnung 186 8

Organisationsangelegenheit
- Beteiligung 178 47

Organisationsfreiheit 154 6, 164 109
- Einschränkung der 164 105
- Pflicht zur Sicherstellung der Mindestbeschäftigung 172 31

Organisationspflicht
- Stellenbesetzung 164 108
- Unternehmerische Entscheidungsfreiheit 164 181

Orientierungsstörung 229 9

Pädagogische Arbeit
- Kernbereich 75 9

Pädagogischer Kernbereich 112 5

Pandemie *siehe* Corona-Pandemie

Paritätische Kommissionen
- Teilnahmerecht 178 97

Partizipation 39 12

Pauschale Geldleistung 116 1 f.

Pauschalierung von Eingliederungshilfeleistungen 105 3

Peer Counseling 39 10
- Beratungsstandard 39 10
- Förderung von Beratungsangeboten 32 7
Performance Work Statement
- Stationierungsstreitkräfte 175 31
Peronalratsauflösung
- Wegen grober Vernachlässigung der Aufgaben 176 15
Personalabbau
- Pflichtquotenerreichung nach Personalabbau 172 54
Personalangelegenheiten
- Zustimmungsverweigerung 178 83
Personalausdünnung
- Soll-Zustimmung 172 51
Personalauswahl
- AGG-Hopper-Archiv 164 104 ff.
- Auswahlvermerk 164 163
- Beteiligung der Schwerbehindertenvertretung 164 104
- Bußgeld 164 178
- Dokumentation 164 163
- durch externen Dienstleister 164 160
- öffentlicher Dienst 164 163
Personalbörse
- Pool 172 47
Personalentwicklung
- Inklusionsvereinbarung 166 33
Personalplanung
- Förderung schwerbehinderter Menschen 164 124
- Inklusionsvereinbarung 166 33
- Maßnahmen zur Eingliederung 176 8
- Mindestbeschäftigung 164 181
Personalrat 167 26 ff.
- Anhörung im Antragsverfahren 170 34
- Aufgaben 176 1 ff.
- Ausschluss der Vertrauensperson von der Sitzung 178 113
- Ausschluss von der Sitzung 178 116
- Beschlussfassung in der Sitzung 178 113
- Beschlussverfahren 167 125

- Beteiligung bei der Kündigung 168 90
- Bund 179 71
- Bundeszuständigkeit 176 8
- Bundeszuständigkeit für Kündigungsschutz 179 71
- Dienststellenleitung 164 176
- Eingriff in Amtsführung der SBV 178 130
- Einschaltung 167 11, 16
- Gemeinden 179 71
- Geschäftsordnung 178 103
- Hinwirken auf Wahlen 176 20
- Inklusionsvereinbarung 166 7
- Kündigungsschutz 179 71
- Länder 179 71
- Länderzuständigkeit 176 8
- Mitbestimmung 167 75 ff.
- Mitwirkungsrecht 167 33 f.
- Personalunion 181 5
- Übergangsmandat 177 117
- Unterlassen BEM 167 125
- Unterrichtung bei Einstellung 164 14
- Unterrichtungspflicht 167 62 ff.
- Zusammenarbeit 182 1 ff.
- Zustimmungsverweigerung 164 176
Personalratsaufgabe
- berufliche Entwicklung schwerbehinderter Beschäftigter fördern 176 15
- Inklusion fördern 176 15
- Maßnahmen zur beruflichen Förderung schwerbehinderter beantragen 176 15
Personalratsausschuss
- Teilnahmerecht SBV 178 103
Personalratsvorsitzender
- Einladungspflicht 178 110
- Prüfung des Verhinderungsgrundes 178 107
Personalratsvorstand
- Teilnahmerecht 178 102
- Übertragene Aufgaben 178 102
Personalunion
- Interessenkollision 181 5
Personalvermittlung
- Entschädigungspflicht des Arbeitgebers 164 154
- Unterlassungsanspruch 164 154

- Verantwortung des Arbeitgebers 164 154

Personalversammlung
- der schwerbehinderten Beschäftigten 179 20
- Gesamtschwerbehindertenvertrauensperson 180 62a
- Teilnahmerecht der Gesamtschwerbehindertenvertrauensperson 180 62a

Personalvertretung
- Auskunftsanspruch 164 24
- Überwachung der Verbotseinhaltung 164 24

Personalvertretungsrecht
- Eingliederungsaufgabe 176 15

Personelle Einzelmaßnahme
- Zustimmungsverweigerung 178 82

Personenbedingte Gefährdung
- Minderleistung 167 20

Personenbedingte Kündigung
- Benachteiligung wegen einer Behinderung 168 81
- Beschäftigungssicherungszuschuss 172 15 ff.
- diskriminierende Kündigung 168 83
- Krankheitskündigung 167 19
- Verhältnismäßigkeitsgrundsatz 172 20

Personenbedingte Kündigungsgründe
- Anknüpfung an Person 167 18

Personenbezogene Daten
- Verwertung 170 32

Personensorgeberechtigte
- Adressaten 33 4
- Grenzen 33 8
- Pflicht 33 6
- Sanktionen 33 9
- Voraussetzung 33 5

Persönliches Budget Einf. 38, 220 9
- Antrag 29 6
- Art der Leistungserbringung 29 11
- Beendigung 29 10
- Komplexleistung 29 14
- Leistungen 29 9
- Obergrenze 29 12

- Rechtsanspruch 185 27

Persönliches Erscheinen Kap. 2 28

Persönlichkeitsrecht
- Mobbing 164 99

Pflegebedürftigkeit 4 11, 66 14
- Pflegegrade 209 18

Pflegegeld
- Bei Unterbrechung des Aufenthalts in Einrichtungen bzw. besonderen Wohnformen 103 10

Pflegegrad
- Pflegebedürftigkeit 209 18

Pflegegrad 1
- in Einrichtungen bzw. besonderen Wohnformen 103 9

Pflegeheim
- Vereinbarung 103 12

Pflegehilfsmittel
- in Einrichtungen bzw. besonderen Wohnformen 103 8

Pflegekasse 6 11
- Hilfsmittel 47 10
- Informationspflicht 12 10

Pflegekassen
- Informationspflicht 12 10

Pflegekinder 66 7

Pflegeleistungen 9 15 ff.
- Gesamtplanverfahren 103 16
- Hilfe zur häuslichen Pflege 103 18
- in besonderen Wohnformen 103 4 f.
- in Einrichtungen der Behindertenhilfe 103 4 f.
- in Räumlichkeiten 103 4 f.
- Kostenerstattung 103 17, 21
- Lebenslagenmodell 103 19
- Vereinbarung nach § 14 Abs. 3 SGB XI 103 14

Pflegestärkungsgesetz III 103 3

Pflegeversicherung 66 11
- Grundsätze der Leistungen 103 3

Pflichtplätze
- Anzeige von Daten 163 5
- Beamtenanwärter 159 4
- Kurzarbeit 168 35

Pflichtquote 241 2
- Auskunftspflicht des Arbeitgebers 164 160

- Auskunftsrecht der SBV
  164 160
- Auskunftsrecht des Betriebsrats
  164 160
- Berechnung 154 24 ff.
- Erörterung 164 160
- Personalabbau 172 54

Pflichtverletzung
- arbeitsrechtliche Maßnahmen gegen Führungskräfte 165 29
- Benachteiligungsvermutung 165 31 ff.
- Dienststellenleitung 211 17
- Disziplinarverfahren 165 28
- Vermutung der Benachteiligung 165 30
- Verstoß gegen Einladungspflicht 165 30
- Zustimmungsverweigerung des Personalrats 165 29

Planung
- Inklusionsvereinbarung 166 46 ff.

Polizeistrukturreform
- Übergangsmandat 177 118

Poolen
- gemeinsame Inanspruchnahme 112 6, 116 3
- von Leistungen der Eingliederungshilfe 116 1

Positive Maßnahmen
- BEM 167 92

Postbeschäftigungsunfähigkeit
- Feststellung der 175 32
- Wiedereinstellungsanspruch 175 32

Praktikant 156 32
- Vorrang bei der Auswahl 164 203

Praktikum 112 5
- Inklusionsvereinbarung 166 62

Praktische Konkordanz 205 14

Prämie
- Corona-Pandemie 67 6 f.
- Vertrauensperson 179 47

Präsidialrat
- Anwesenheitsrecht der Hauptvertrauensperson der schwerbehinderter Richter 180 75
- Aufgaben 176 1 ff.
- Teilnahme 178 126

- Zusammenarbeit 182 1 ff.

Präsidium
- Teilnahme 178 126

Prävention 3 6, 25 10, 167 4, 178 63
- Amtsaufklärung 172 3
- Angemessene Vorkehrung 167 4
- Annahmeverzug 167 118
- Antragsrecht 178 16
- Arbeitsplatzbegleitung 167 26
- Auswirkung auf Antragsverfahren 167 120
- Begriff allgemein 167 4
- Begriff im Gesundheitswesen 167 4
- Bindung des Arbeitgebers an Stellungnahmen 167 33
- dialogische Suche nach Lösungen 167 27
- Einwand der Nutzlosigkeit des Verfahrens 167 13
- geschützter Personenkreis 167 64 ff.
- Integrationsamt 167 26
- Integrationsfachdienste 167 26
- Jugend- oder Bundesfreiwilligendienst 167 5
- keine Beschränkung auf Arbeitsverhältnisse 167 4, 5
- Klärungsverfahren 167 10, 15
- Nachholung der Erörterung 167 120
- personenbedingte Gefährdung 167 18 ff.
- positive Maßnahme 167 4, 115
- psychosoziale Betreuung 167 26
- Rechtmäßigkeitsvoraussetzung 167 120, 172 4
- Schadenersatz 167 118
- Schutz außerhalb des KSchG 167 115
- sekundäre 167 4
- Sicherung der Eingliederung 167 10 f.
- tertiäre 167 49
- Unterlassen der 167 113
- Verhaltensprävention 167 4
- Verhältnisprävention 167 4
- Vermutungsregel bei Zustimmung des Integrationsamts 167 113
- vor Änderungskündigung 167 14

- vor außerordentlicher Kündigung 167 13
- vor Kündigung 167 23
- wichtiger Grund 167 13
- Ziel dauerhafte Fortsetzung des Beschäftigungsverhältnisses 167 4
- Zustimmung zum BEM 167 15
- Zustimmung zur 167 15

Präventionsmaßnahmen
- Analyse der Arbeitsbedingungen 167 48
- ärztliche Arbeitsplatzwechselempfehlung 167 52
- behinderungsgerechte Beschäftigung 167 51
- betriebsnahe Rehabilitation 167 55
- Fürsorgepflicht 167 53
- Gefährdungsbeurteilung 167 50
- Gesundheitsförderung 167 54
- Lastenhandhabung 167 50
- Rückenleiden 167 50
- stufenweise Wiedereingliederung 167 56 f.
- Vorbeugen von Arbeitsunfähigkeit 167 48 ff.

Präventionspflicht
- Abwägungsgesichtspunkt 172 13
- bei Erkrankungen 172 24
- des Arbeitgebers 172 16
- Verhaltensauffälligkeit 172 28
- vor betrieblicher Kündigung 172 36

Präventionsstrategie, Nationale 3 14

Präventionsverfahren
- angemessene Vorkehrungen 167 32, 92
- Antragstellung vor Durchführung 170 19
- Auswirkung auf Darlegungslast 164 196
- Auswirkungen von Mängeln 167 112
- Erwerbsminderung 175 4
- Hinzuziehung von Auskunftspersonen 167 31
- Hinzuziehung von Sachverständigen 167 31
- in der Wartezeit 173 32

- nachgeschobenes Präventionsverfahren 167 114
- Nachholung der Erörterung 167 114
- Nachholung im Prozess 167 114
- Nutzlosigkeit des Präventionsverfahrens 167 17
- positive Maßnahme 167 32
- Rechtsgedanke aus § 162 BGB 167 114
- Runder Tisch 166 55 ff.
- sekundäre Behauptungslast 164 196
- Soldaten 211 41
- Unterlassen 167 110 ff.
- Untersuchungsanordnung 167 142
- Zurruhesetzung von Beamten 211 17

Primarbereich 75 13
Primärprävention 3 4
Primärzuständigkeit
- Betriebsrat 176 7
Privathaushalt 154 14
Privatrecht
- Flucht ins BGG 1 4
Privatsphäre 104 7
Probearbeit
- Kündigungsfrist 169 3
Probearbeitsvertrag
- Anzeigepflicht 173 34 f.
Prognose
- Beurteilungsspielraum 178 29
- rückblickende Betrachtung 178 29
- zukünftige Entwicklung 178 29
Protokoll
- Einwendungen der SBV 178 118
- Niederschrift 178 118
Prozessfähigkeit Kap. 2 8
Prozesskostenhilfe Kap. 2 147
Prozessstandschaft
- SBV 178 14
Prozessvergleich
- Vollstreckungstitel Kap. 2 158
Prozessvertretung
- Waffengleichheit 179 101
Prozessverwirkung 168 58

Stichwortverzeichnis

Prüfpflicht
- Arbeitgeber 164 109
- Beamtenstellen 164 223
- Leiharbeit 164 119
- Richterstellen 164 224
- Verletzung 164 170
- Vermutung der Benachteiligung 164 180
- Versetzung 164 172
- Vorstellungsgespräch ohne Erfüllung der Prüfpflicht 164 180
- Zustimmungsverweigerung 164 171 ff.

Prüfpflicht des Arbeitgebers
- Beteiligungsrecht der SBV 164 130

Prüfung 9 7
- Beteiligung SBV 178 91

Prüfung von Wahlvorschlägen
- Adressat der Unterrichtung bzw. Beanstandung *SchwbVWO* 6 80
- Authentizität der Unterschriften *SchwbVWO* 6 77
- Beanstandung *SchwbVWO* 6 82 f.
- Beanstandung durch Wahlvorstand *SchwbVWO* 6 78 f.
- Bereithalten für Prüfung *SchwbVWO* 6 87
- Beschluss des Wahlvorstands *SchwbVWO* 6 75
- Doppelkandidatur *SchwbVWO* 6 66 ff.
- Feststellung von Mängeln *SchwbVWO* 6 78 ff.
- heilbare Mängel *SchwbVWO* 6 78, 81 ff.
- Inhalt der Prüfung *SchwbVWO* 6 74 ff.
- Inhalt der Prüfungspflicht *SchwbVWO* 6 65 f.
- Mehrfachunterstützung *SchwbVWO* 6 70 ff.
- Reichweite der Prüfpflicht *SchwbVWO* 6 74
- Ungültigkeit *SchwbVWO* 6 78, 84
- unheilbare Mängel *SchwbVWO* 6 84 f.
- Unregelmäßigkeiten *SchwbVWO* 6 77

- Unterrichtung über Ungültigkeit *SchwbVWO* 6 78 f., 84
- Vorschlagsvertreter *SchwbVWO* 6 80
- Zeitpunkt *SchwbVWO* 6 86 f.

Prüfungspflicht
- angemessene Vorkehrung 164 107

Psychisch behinderte Menschen 42 27

Psychologische Untersuchung *Kap.* 2 29

Psychosoziale Leistungen 42 24

Qualifikation
- gleichwertige Fähigkeiten und Kenntnisse 165 18

Qualifizierung
- Anspruch auf 164 203
- bevorzugte Teilnahme 164 203

Qualitätskriterien
- Ergebnisqualität 39 11 ff.
- Prozessqualität 39 11 ff.
- Strukturqualität 39 11 ff.

Quote
- Beamtenschaft, angemessener Anteil 205 15
- Berechnung 154 24 ff.
- Erfüllung 154 29, 32
- Frauenquote 154 31
- Quotenist 154 32
- Quotensoll 154 32

Rahmenrichtlinie
- angemessene Vorkehrungen 165 1, 167 92
- Behindertenbegriff 164 6
- positive Maßnahmen 165 1
- Richtlinie 2000/78/EG 165 1
- Umsetzungsdefizit 164 20 f.
- Vertragsverletzung 164 6

Rahmen-Richtlinie 2000/78/EG 156 5
- Gleichbehandlung in Beschäftigung und Beruf 164 4
- Kündigung 168 71
- Umsetzung im SGB IX und AGG 164 17

Rahmenvertrag 131 1 ff.

Ranking
- Anforderungsprofil 165 23
- Bedeutung für Eignung 165 23

– nach Examensnoten 164 73
Räume
– Eigennutzung 179 106 ff.
Räumliche Nähe 177 24
– vereinfachtes Wahlverfahren
SchwbVWO 18 3 ff.
– Wahlverfahren 180 16
– Zusammenfassung 177 43
Räumlichkeiten iSd §43a SGB XI
103 4
Rechtmäßigkeitsprüfung
– Sozialauswahl 172 4
Rechtsanwalt
– Freistellung 179 98
Rechtsaufsicht 40 2
– Unterstützung 40 4
Rechtsauskunft
– Erörterung von Rechtsfragen
178 15
– Rechtsdienstleistungsgesetz
178 15
Rechtsbehelfe
– Abhilfe 41 6
– Einspruch 238 28
Rechtsbehelfsbelehrung
– Zustimmungsbescheid des Integrationsamts 171 11
Rechtsberatung
– Rechtsanwalt 179 104
– Rechtsanwaltsvergütung
179 104
Rechtsdienstleistung
– Schwerbehindertenvertretung
178 15
– Steuerfreibetrag 178 18
Rechtsdienstleistungsgesetz
– Rechtsauskünfte 178 15
Rechtsdurchsetzung
– Antrag auf Kostenübernahme
179 130
– Betriebsrat 178 14
– Entfernung einer Abmahnung der Vertrauensperson 179 129
– Ordnungsgeld 179 128
– örtliche Zuständigkeit 177 121
– SBV 177 119
– Wahlvorstand 177 122 f.

Rechtsentwicklung
– Ausnahmen vom Sonderkündigungsschutz im SchwbG
173 1 f.
– SchwBeschG 1920 173 1
– SchwbG 1974 173 1
Rechtsgrundlagen inklusiver Bildung 75 5
Rechtsmäßigkeitskontrolle
– Zusammenlegung von Leitungsaufgaben 172 80
Rechtsmissbrauch
– Scheinbewerbung 164 102
Rechtsmittelbelehrung Kap. 2 61
Rechtsreferendar 156 5
Rechtsschutz
– Arbeitsgerichtsbarkeit Kap. 2 1
– Arbeitsrecht Kap. 2 153
– beamtete Vertrauensperson
179 127
– Beschlussverfahren 179 124 ff.
– einstweiliger 152 42
– Fachgericht Kap. 2 1
– Feststellungsverfügung zur vorläufigen Regelung eines Sachverhalts 177 123
– Finanzgerichtsbarkeit Kap. 2 1
– Mehrgleisiger Rechtsweg
Vor 168 18, 168 50, 63
– ordentliche Gerichtsbarkeit
Kap. 2 1
– Rechtsweg 179 124
– Sozialgerichtsbarkeit Kap. 2 1
– Urteilsverfahren 179 124 ff.
– Verwaltungsgerichtsbarkeit
Kap. 2 1
– Verweigerung der Zusammenfassung 177 46
– Widerspruch Vor 168 18
Rechtsschutzinteresse
– Auswirkung der Rechtskraft des arbeitsgerichtlichen Urteils
173 51
Rechtsstellung
– persönliche 179 2
– SBV 179 2
Rechtsstreitigkeit
– Wahl der richtigen Verfahrensart
Kap. 2 173

Stichwortverzeichnis

Rechtsverhältnis
- Abgrenzung zum Arbeitsvertrag 221 8
- arbeitnehmerähnliches 221 6, 8

Rechtsverordnung 48 5

Rechtsvorschriften 4 22

Rechtsweg 59 15; *Kap.* 2 146
- Aufspaltung 168 63
- Entschädigung 164 226
- für organschaftliche Vertreter 168 60
- Reformvorschlag 168 64
- Schadenersatz 164 226
- Zuständigkeit der Arbeitsgerichtsbarkeit 180 83

Rechtswegzuständigkeit
- Konkurrentenstreitverfahren 165 41

Rechtswidrigkeit
- objektive *Kap.* 2 71

Rechtzeitigkeit
- der Mitteilung der Kündigungsabsicht 173 24

Reformatio in peius *Kap.* 2 91

Reformbedarf
- Betriebsrätestärkungsgesetz (Entwurf) 177 93
- SchwbVWO 177 93

Reformvorschlag
- Präsidentenkonferenz 168 64
- Schaffung eines einheitlichen Rechtswegs 168 64
- UnternehmensForum 168 64
- Zustimmungsersetzungsverfahren nach § 103 BetrVG 168 64

Regelentgelt 66 5, 67 5
- kumuliertes 66 19

Regelfrist
- Überschreitung 168 57

Regelungen
- für Menschen mit Behinderungen oder von Behinderung bedrohte Menschen **Einf.** 3
- spezielle Regelungen der Rehabilitationsträger 7 6

Rehabilitation
- betriebsnahe 167 55
- Einleitung von Amts wegen 9 1
- im Krankenhaus 43 7
- vor Rente 9 2

Rehabilitationsbedarf 12 7
- Erkennung 12 4 ff.
- Ermittlung 12 4 ff.
- Feststellung 12 4 ff.
- Instrumente zur Ermittlung 13 1 ff.

Rehabilitationsdienst 8 13

Rehabilitationseinrichtungen 8 13, 36 5
- Arbeitsgemeinschaften 36 13
- Qualität 36 6
- Zahl 36 6

Rehabilitationsmaßnahmen
- Bedarfserkennung 39 7
- Bedarfsermittlung 39 7
- Koordination 39 7
- trägerübergreifende Zusammenarbeit 39 7

Rehabilitationssport 64 10 ff.

Rehabilitationsträger **Einf.** 35 f., 6 9, 36 7
- Amtshaftung für Schäden 167 42
- Ansprechstellen 167 30
- Anspruch auf Beratung 32 5
- Aufgabe 32 5
- Aufgabe beim BEM 167 42
- Auswertung 39 6
- barrierefreies Angebot 32 5
- Begriff 63 6
- Beratung 32 5
- Beschleunigungsgrundsatz beim BEM 167 44
- Bewertung 39 6
- Geheimhaltungspflicht 213 1 f.
- Integrationsfachdienst 167 42
- Koordinierung der erforderlichen Rehabilitationsleistungen 167 42
- Kostenerstattung 14 21
- Qualitätssicherung 37 5
- spezielle Regelungen 7 6
- Unterrichtung 19 14
- Zusammenarbeit 39 6
- zusätzliches Angebot 32 5
- Zuständigkeit 14 5, 63 2 ff.

Reihenfolge
- der Leistungsgruppen 5 7

Reintegration **Einf.** 8

Reisekosten
- Dienstgeschäft 179 113
- Dienstreisen der SBV 179 113

- Fahrpreisermäßigungen 179 113
- für Kinder 73 10
- große Wegstreckenentschädigung 179 113
- kleine Wegstreckenentschädigung 179 113
- Landesreisekostengesetz 179 113
- Wirtschaftlichkeit der gesamten Dienstreise 179 113

Religion
- Auswahl der Leistungen 104 11
- Betreuung durch Geistliche 104 11

Rente
- Begriff 206 9
- Einkommen 138 14
- Leistungen 9 11, 14

Rentenversicherung 7 12, 75 14
- gesetzliche 65 11, 151 14, 152 35
- höhenverstellbarer Schreibtisch 164 211
- Teilhabeleistungen 164 211

Repräsentanz
- Betriebsrat 176 18
- SBV 176 18
- Überschneidung 176 17

Repräsentation
- Belegschaft 178 7
- Kreis der Wahlberechtigten 178 7
- Strukturunterschiede SGB IX und BetrVG 180 32
- Vertretungslücke 180 32

Repräsentationsprinzip
- Ausnahme 180 4

Restermessen
- Zustimmung 174 26 f.

Restitutionsklage 173 44
- Empfehlung vorzeitiger Restitutionsklage 168 62
- Fünfjahresfrist 168 62
- Verwaltungsprozess 168 62

Revision *Kap.* 2 130

Richter
- Anteil Schwerbehinderter 211 3
- Ausnahme für Wahl in Stellen 164 225
- Aussetzungsantrag 178 123

- behinderungsgerechte Beschäftigung 211 7
- Benachteiligungsverbot 211 6
- Berufung in das Richterverhältnis 164 224
- Berufungsverfahren 164 225
- Förderungspflicht 211 5
- Förderungspflicht bei Einstellung 211 8 ff.
- Geltung des Schwerbehindertenrechts 211 18
- Richterwahlausschuss 164 225
- SBV 178 9
- Sonderregeln 211 1 ff.
- Stellenbesetzung 164 224
- stufenweise Wiedereingliederung 164 225a
- Versetzung in den vorzeitigen Ruhestand 211 11
- Vorrang bei der Einstellung 211 4
- Wahlrecht 177 16

Richterarbeitsplatz
- Anspruch auf behinderungsgerechte Ausstattung 164 225

Richterrat
- Aufgaben 176 1 ff.
- Teilnahme 178 126

Richterstelle
- Arbeitsplatz iSv Teil 3 SGB IX 164 225

Richtlinie
- HeilmittelRL 42 16
- Inklusionsrichtlinie *siehe* Inklusionsrichtlinie
- Inklusionsvereinbarung 178 91
- Rahmenrichtlinie *siehe* Rahmenrichtlinie
- Rahmen-Richtlinie 2000/78/EG *siehe* Rahmen-Richtlinie 2000/78/EG
- Richtlinie 2000/78/EG 164 183
- Richtlinie 2011/95/EU 100 7
- Schwerbehinderten-Richtlinien 165 39, 211 9
- Teilhaberichtlinie *siehe* Teilhaberichtlinie
- Unterrichtung der SBV 178 41

Richtlinie 2000/78/EG
- angemessene Vorkehrung nach Art. 5 164 183

Richtlinie 2011/95/EU
- Qualifikationsrichtlinie 100 7
Rot-Kreuz-Schwester 156 35
- Arbeitnehmer 173 20
- Kündigungsschutz 173 20
Rückkehrrecht 220 30 ff.
- Kontrahierungszwang 220 33
Rücknahme *Kap.* 2 68
- öffentlich-rechtlicher Erstattungsanspruch *Kap.* 2 80
- Verwaltungsakt *Kap.* 2 69 f.
- Wirkung für die Zukunft *Kap.* 2 75
Rücksicht 8 10
Rücksichtnahme
- Schuldrechtliche Pflicht 164 185
Rücktritt
- Aufforderung zum 179 19
Rufbereitschaft
- Freistellung 207 9
- unechte 207 9
Ruhensregelung
- Tarifmacht 175 29
- Teilzeitanspruch 175 29
Ruhestand
- Dienstunfähigkeit 211 14
Ruhestandsversetzung
- Beteiligung SBV 211 11
Ruhezeit
- Bereitschaftsdienst 207 6
Rundfunkbeitrag
- Befreiung 209 21 f.
- Ermäßigung 209 21

Sachleistung 47 22
Sachverhaltsaufklärung
- Mitwirkungspflicht des Betroffenen 172 25
Sachverständigenkosten
- Bezug zu gesetzlichen Aufgaben der SBV 179 103
- Erforderlichkeit 179 103
- Zustimmung des Arbeitgebers 179 103
- Zustimmungsersetzung 179 103
- Zustimmungsverweigerung des Arbeitgebers 179 103
Sachverständiger
- Gutachten 17 2; *Kap.* 2 108

- Hinzuziehung 167 47
Sanktion
- Pflichtverletzung des Betriebsratsvorsitzenden 178 109
Säumnis des Arbeitgebers
- Erstattungsanspruch 179 106
SBV *siehe* Schwerbehindertenvertretung (SBV)
SBV-Wahl
- Zeitplan 177 74 ff.
Schadenersatz 164 193
- Anwendung einer Kollektivregelung 164 78
- Auswahlrichtlinien 164 77
- Bestenauslese 164 77
- Bestplatzierung 164 77
- Darlegungslast 164 77
- Diskriminierung bei der Kündigung 168 87
- Endlosschaden 164 79
- entgangene Vergütung 164 199, 167 136
- entgangener Verdienst 168 69
- für fehlerhafte Auswahl 168 79
- Geldersatz 164 75 f.
- Haftungshöchstgrenze 164 79
- Haftungsprivileg 164 78
- Kausalität 164 77
- Kenntnis der Schwerbehinderung 165 35
- Nichtdurchführung der Wiedereingliederung 164 221
- Unterschied zum Annahmeverzugslohn 168 69
- Verletzung der Pflicht zur behinderungsgerechten Beschäftigung 168 69
- Verletzung von Förderungspflichten 164 180
- Verschulden 164 76
- Verschweigen der Schwerbehinderung 168 66
- wegen Benachteiligung 165 31, 168 30
Scheinbewerbung
- Darlegungs- und Beweislast 164 102
- fehlende Ernsthaftigkeit der Bewerbung 164 102
Scheinselbstständigkeit 156 19
Schiedsstelle 126 3 ff., 133 1 ff.
- Rechtsweg 126 5

Schifffahrt
- BEM 167 75

Schlechtwetter
- Witterungsgründe für Entlassung 173 28

Schlichtungsstelle *BGG* 16 1

Schonfrist 199 6 f.
- Gleichstellung 151 9

Schonvermögen 138 2, 8

Schreibtisch, höhenverstellbarer
- Rentenversicherung 164 211

Schriftform
- elektronische Antragstellung 170 8
- Heilung 170 8
- Textform §126b BGB 164 94

Schriftliches Wahlverfahren
- GSBV 180 7

Schulbegleitung 75 9 f., 112 6

Schulische Berufsausbildung 75 13, 112 4

Schulische Vorbereitung 112 4

Schulpflicht, allgemeine 75 13

Schulträger 75 9 f.

Schulung
- AGG 179 118
- aktueller Anlass 179 120
- Anspruch des stellvertretenden Mitglieds 179 122
- Arbeitsrecht 179 118
- Aufbauschulung 179 118
- Auswahl des Seminaranbieters 179 117
- BEM 179 118
- Betriebsverfassungsrecht 180 45
- Beurteilungsspielraum 179 117
- Bildungsangebote der Gewerkschaften 179 117
- Bildungsangebote des Integrationsamts 179 117
- Bildungsangebote privater Bildungsträger 179 117
- Datenschutzrecht 179 120
- Eingruppierung 179 120
- Entgeltfortzahlung 179 115
- Entscheidung über Erforderlichkeit 179 117
- Erforderlichkeit 179 118 f.
- Erforderlichkeit der Schulung über Inklusionsvereinbarungen 166 23
- Ersparnis eigener Haushaltsaufwendungen 179 121
- erstes stellvertretendes Mitglied 179 115
- freier Tag 179 116
- Freistellung 179 115
- geringe Anzahl der schwerbehinderten Beschäftigten 179 117
- Grundschulung 179 118
- herangezogenes stellvertretendes Mitglied 179 115
- keine Zuständigkeit von Betriebs- oder Personalrat 179 117
- Kosten 179 121
- Kosten der Schulung 179 117
- Kostenerstattung 179 115
- Kostenvergleich 179 117
- Kündigungsrecht 179 118
- Organisation der Schwerbehindertenvertretungen 180 45
- preiswertestes Angebot 179 117
- Rechnung des Veranstalters 179 121
- Reisekosten 179 121
- Seminargebühren 179 121
- Spezialschulung 179 118
- Spezialseminar 179 120
- stellvertretende Mitglieder 179 123
- Teilzeitbeschäftigung 179 116
- Übernachtungskosten 179 121
- Umgang mit psychisch kranken Menschen 179 120
- UN-BRK 179 119
- Verpflegungskosten 179 121
- Vertrauensperson 179 115

Schulungs- und Bildungsveranstaltungen 179 14

Schulzuweisung
- Wahlmöglichkeit 75 12

Schutz
- der Menschenwürde 104 7
- der Vertrauenspersonen 179 10

Schutzbedürftigkeit 151 5

SchwbBAG
- Übernahme ins SGB IX 167 1
- Vorbildfunktion der Bundesbehörden 165 1

SchwBeschG 1920
- aus der Mitte des Betriebsrats
  177 1
- Bestellung Vertrauensmann
  177 1
SchwBeschG 1922
- Wahl des Vertrauensmannes
  177 1
SchwBeschG 1923
- Wahl des Vertrauensmannes
  177 3
SchwBeschG 1953
- Wahl des Vertrauensmannes
  177 1
SchwbG 1974
- Wahlrecht des Betriebs- und Personalrats 177 1
SchwbG 1986
- eigenständiges Wahlrecht 177 1
SchwbVWO
- Reformbedarf 177 93
Schwellenwert
- Berechnung Normalzustand
  178 29
- Besonderheiten des Einzelfalles
  179 38
- „in der Regel" 178 29
- keine Mehrfachanrechnung
  178 29
- Kopfzahlprinzip 178 29
- Prognose 178 29 f.
- Stichtag 177 82
Schwerbehindertenausweis
- Befristung 177 17
- Einziehung 199 8
- Gültigkeitsdauer 164 149
- Vorlage 164 61
Schwerbehindertenbeschäftigung
- System der Schwerbehindertenbeschäftigung 164 105
Schwerbehinderteneigenschaft
- amtliche Feststellung 168 8
- fehlende amtliche Feststellung
  168 8
- fiktive 199 6
- Rentenversicherungsrecht 199 6
Schwerbehindertenrecht
- Gesetz zur Bekämpfung der Arbeitslosigkeit Schwerbehinderter (SchwbBAG) 164 4
- Paradigmenwechsel 172 6

- SchwBeschG 1920 177 1
- SchwBeschG 1922 177 1
- SchwBeschG 1923 177 3
- SchwBeschG 1953 177 1
- SchwbG 1974 177 1
- SGB IX 177 1
- SGB IX Teil 2 164 4
- SGB IX Teil 3 164 8
- Unterschied zum BetrVG
  180 34
- Vorschaltgesetz zum SGB IX
  164 4
Schwerbehinderten-Richtlinien
- Fürsorgeerlass 165 39
- Verwaltungsvorschriften zur Durchführung des SGB IX
  211 9
Schwerbehindertenschutz
- Kündigungsschutz 168 1 f.
- Sonderschutz für Betriebsratsmitglieder 168 94
- Zusammentreffen mit Massenentlassungsschutz 168 95
Schwerbehindertenstatistik 154 2
Schwerbehindertenversammlung
- Berichtspflicht des Arbeitgebers
  166 4
Schwerbehindertenvertretung
- Anwendung des SGB IX
  auf kirchliche Vertrauenspersonen Kap. 1 4
- kirchliche Einrichtungen
  Kap. 1 4
- Neuwahl 177 11
- Stimmrecht der Vertrauensperson
  Kap. 1 4
Schwerbehindertenvertretung (SBV)
  163 11, 167 26 ff.
- „Ausdünnen" der Mitglieder
  180 39
- Abstimmungsbedarf mit stellvertretenden Mitgliedern 178 25
- aktives Wahlrecht 177 13 ff.
- Allzuständigkeit der SBV
  178 39
- Amtsniederlegung 177 101
- Amtszeit 177 1 ff., 99 ff.
- Anhörung auf Vorrat 178 54
- Anhörung vor Antragstellung
  170 18
- Anhörung vor der Kündigung
  168 92, 178 74

- Anhörungsanspruch 178 38
- Anhörungsfristen 178 54 f.
- Anhörungsrecht 177 4
- Ansprechpartner auf Arbeitgeberseite 181 2
- Antragsbefugnis 178 16, 138; *Kap.* 2 176
- Anzahl der Stellvertreter 177 56
- Arbeitnehmervertretung iS des Unionsrechts 177 6
- Aufbewahrung von Wahlunterlagen *SchwbVWO* 16 1 ff.
- Aufgaben 178 1
- Aufgabenzuweisung 178 4
- Aufgabenzuweisung durch Gesetzgeber 178 1 ff.
- Auskunftsanspruch 164 25
- Ausschluss der Teilnahme an der Betriebsratssitzung 178 117
- Ausschluss der Teilnahme an der Personalratssitzung 178 115 ff.
- Ausschluss von der Sitzung 178 116
- Aussetzung der Durchführung 178 87 f.
- Aussetzung der Vollziehung 178 85 f.
- Aussetzung der Vollziehung der Entscheidung 178 84 f.
- Aussetzung von Betriebsratsbeschlüssen 178 120
- Aussetzungsantrag 178 120
- Aussetzungsantrag, Form und Frist 178 121
- Aussetzungsrecht 167 34
- Aussetzungsverlangen 167 110, 123
- Beantragung von Maßnahmen 178 16 f.
- Behindertendatei 179 110
- Behinderung der SBV 164 156
- Beistand in Personalangelegenheiten 178 93 f.
- Beistandsaufgabe 176 17
- BEM in kirchlichen Einrichtungen 167 75
- Beratungsrecht 178 111
- Beschlussverfahren 167 123 f., 178 137 ff.; *Kap.* 2 172 f.
- Beschlussverfahren nach § 2a Abs. 1 Nr. 3a ArbGG 167 124
- Beschwerdestelle 178 19 ff.

- Besonderheiten Justiz 178 9
- Beteiligte im Beschlussverfahren 177 6
- Beteiligung am Interessenausgleich 172 75
- Beteiligung an der Arbeitgeberkündigung 178 60 f., 65 ff.
- Beteiligung vor Antragstellung beim Integrationsamt 168 91
- Beteiligung vor außerordentlicher Kündigung 178 73
- Beteiligungsbefugnis *Kap.* 2 176
- Betrieb 177 5
- betriebsintegrierte Beschäftigung 176 18
- Blockfreizeit der Altersteilzeit 177 102
- Bundeswehr 177 50
- Büroausstattung 179 107
- Definition 177 6
- Dienststelle 177 5
- Differenzmenge zur Belegschaft 178 5
- Durchsetzung des Anspruchs auf Räume und Geschäftsbedarf 179 105
- Eigenständigkeit 177 5, 178 5
- Einladung der 178 106 ff., 110
- Ein-Personen-Vertretung 177 6, 178 22
- Einschaltung 167 11, 16, 26 ff.
- Einsicht in Unterlagen des Betriebsrats 178 119
- Einsicht in Unterlagen des Personalrats 178 119
- einstweilige Verfügung 167 123
- E-Mail 179 108
- enge Zusammenarbeit mit Betriebsrat 178 5
- enge Zusammenarbeit mit Personalrat 178 5
- Erreichbarkeit für schwerbehinderte Beschäftigte 178 21
- Fallmanager 167 26 ff.
- fehlende Stellungnahme im Antragsverfahren 170 37
- förmliches Wahlverfahren 177 57 ff.
- Fragerecht der SBV 178 50
- freies Mandat 179 18
- Funktion und Struktur 177 4 ff.
- Gesamtbehindertenvertretung 177 114 f.

- Geschäftsbedarf **179** 105
- Gruppenvertretung **177** 5
- Helferin **178** 16
- Heranziehen stellvertretender Mitglieder **178** 27 ff.
- Informationsbeschaffung vom Arbeitgeber **178** 13
- Informationsbeschaffung von der Belegschaft **178** 12
- Initiativrecht **166** 3, **167** 34
- Initiativrecht für Klärungsverfahren **211** 17
- Inklusionsvereinbarung **166** 5
- Interessenvertretung **178** 95
- IT-Zugang **179** 108
- Jobcenter **177** 5
- Jugend- oder Bundesfreiwilligendienst **176** 18
- Justiz(-zentrum) **177** 48 f.
- Kirche **177** 52 ff., **178** 127
- kirchliche Einrichtungen **177** 5; *Kap. 1* 1
- kirchliche Selbstverwaltungsgarantie *Kap. 1* 6
- Kontinuität der Ausgabenwahrnehmung **178** 25
- Konzern **177** 9
- Kosten **179** 42 ff.
- Kostenerstattung **179** 44
- leitende Angestellte **176** 18
- mehrstufiger Aufbau *Kap. 1* 13
- Mitbestimmung **167** 75 ff., **177** 5
- Mitteilung der Entscheidung **178** 58
- Mitteilungsanspruch **178** 38
- Mitwirkungsrecht **167** 33 f., **177** 4
- Nachrücken **177** 106, **178** 22 ff.
- Nachrücken bei Stellvertretern **178** 26
- Nachträgliche Anhörung vor Ausspruch der Kündigung **168** 91
- Ordnungswidrigkeit **178** 139 ff.
- Organ der Betriebsverfassung **178** 5
- Organ der Verfassung des Betriebes **178** 141
- Organisation in Gerichten **178** 136
- passives Wahlrecht **177** 18 ff.

- PC mit Internetzugang **179** 107
- Personalakteneinsicht **178** 93 f.
- Pflicht, Sprechstunden anzubieten **178** 21
- Pflicht zur Erreichbarkeit **178** 21
- Räume **179** 105
- Räume und Geschäftsbedarf **179** 108
- Rechte gegenüber dem Arbeitgeber **178** 10
- Rechtsanwaltskosten **179** 43, 104
- Rechtsauskunft **179** 104
- Rechtsdurchsetzung **178** 137 ff.
- Rechtsfolgen der unterlassenen Anhörung **178** 76 ff.
- Rechtsweg **177** 119 f.
- Rehabilitanden **176** 18
- Repräsentation einfach Behinderter **164** 183
- Richterschaft, Teilnahme **178** 126
- Rot-Kreuz-Schwester **176** 18
- Sachmittel **179** 107
- Sachverständigenkosten **179** 103
- Schnittmenge mit Belegschaft **178** 5
- Schränke **179** 108
- Schweigepflicht **178** 94
- Seebetrieb **177** 54a
- Selbstrepräsentation **177** 5
- SGB IX-Kommentar **179** 105
- Soldaten **177** 13, 18, 50, **211** 38
- Sprechstunde **178** 21
- Staatsanwälte **177** 49
- Stärkung **166** 29
- Stationierungsstreitkräfte **177** 51
- Stelle iSv § 10 Satz 1 ArbGG **177** 6
- Stellungnahme **178** 74
- Stellungnahme im Antragsverfahren **170** 36
- Stellvertretung **178** 22 ff.
- Stimmrecht in Bayern **178** 112
- Stimmrecht in der MAVO **178** 112
- Teambildung **178** 22
- Teilnahme am Vorstellungsgespräch **178** 50

- Teilnahme an der Willensbildung 178 6, 95 ff.
- Teilnahme an Gesprächen des BR und PR mit dem Arbeitgeber 178 104
- Teilnahme an Video- und Telefonkonferenzen des Betriebsrats 178 95a
- Teilnahme an Video- und Telefonkonferenzen des Personalrats 178 95b f.
- Teilnahmerecht an Betriebs- und Personalratssitzungen 178 95
- Teilnahmerecht an Sitzungen der Ausschüsse 178 96 ff.
- Teilnahmerecht an Sitzungen Personalratsvorstand 178 102 f.
- Teilnahmerecht für gemeinsame SBV 178 124
- Teilnahmerecht für Gesamt-SBV 178 125
- Teilnahmerecht während der Beschlussfassung 178 113
- Übergangsmandat 177 107; SchwbVWO 17 14
- Überwachung der Benachteiligungsverbotseinhaltung 164 25
- Überwachungsaufgabe 178 11
- Überwachungsrecht 177 4, 178 11 ff.
- Unabhängigkeit 177 5
- Unterlassen des BEM 167 122 ff.
- Unterlassungsanspruch 179 13
- Unterlassungsanspruch gegen 177 123
- Unternehmen 177 9
- Unterrichtung, Umfang und Zeitpunkt 178 48 ff.
- Unterrichtung vor Kündigung 178 70 ff.
- Unterrichtungsanspruch 178 38 ff.
- Unterrichtungspflicht 167 62 ff., 178 39 ff.
- Unterrichtungsrecht 177 4
- Unterrichtungsvorsprung der SBV 178 69
- Unterstützung 178 18
- Urteilsverfahren 178 143
- Verantwortlicher iSv Art. 4 Nr. 7 DS-GVO 179 108a

- Verbesserungsvorschläge 179 12
- vereinfachtes Wahlverfahren 177 70 ff.
- Verhältnis zum Betriebsrat 176 17
- Verhandlungsrecht 177 4
- Verlängerung oder Verkürzung der Amtszeit 177 105
- Vermerk über Beteiligung 178 47
- Versammlung der schwerbehinderten Menschen 178 131 f.
- Verschwiegenheitspflicht 178 94
- Verschwiegenheitspflicht wegen Sitzungen 178 114
- Vertretungskette 178 24
- Vertretungszuständigkeit 178 41
- Vorlage von Unterlagen 178 49
- Wahl 176 19 f., 177 1 ff.
- Wahl der gemeinsamen SBV 177 39 ff.
- Wahlanfechtung 177 88 ff.
- Wahlbeeinflussung 177 84 ff.
- Wahlbezirk 177 22 ff.
- Wahlgrundsätze 177 35 ff.
- Wahlkosten 177 87
- Wahltermine 177 10 ff.
- Wahlverfahren 177 57 ff.
- Wahlvorschriften 177 10 ff.
- Zahl der stellvertretenden Mitglieder SchwbVWO 2 25 ff.
- zu wählende Personen 177 55 ff.
- Zusammenarbeit 182 1 ff.
- Zusammenarbeit mit den Beschäftigungsvertretungen 176 16 ff.
- Zuständigkeit der Arbeitsgerichte 177 119 f., 178 151, 179 125; Kap. 2 172
- Zuständigkeit der staatlichen Gerichte 178 152
- Zuständigkeit der Verwaltungsgerichte 178 151
- Zuständigkeit für schwerbehinderte Beschäftigte 164 28
- Zustimmungsverweigerungsrecht des Betriebsrats 164 12

Schwerbehindertenvertretung der Richter *SchwbVWO* 24 1 ff., 25 1 ff.
Schwerbehindertenvertretungswahl
– Ersatzmitglieder des Wahlvorstands *SchwbVWO* 1 10
– Initiierung *SchwbVWO* 1 1 ff., 22 ff.
– Wahlhelfer *SchwbVWO* 1 9
– Wahlvorstand *SchwbVWO* 1 1 ff., 11 ff.
Schwerbehinderung 2 19
– angemessene Vorkehrung 164 183
– Anspruch auf Freistellung von Mehrarbeit 207 4
– Beschäftigungspflicht 164 9
– Eingliederung 164 3
– Geltendmachungsfrist 168 10
– Heimarbeit 210 1 ff.
– Hinweis des Bewerbers 165 35
– keine Nachforschungspflicht des Arbeitgebers 164 149
– Kenntnis 168 9
– Kenntnis des Arbeitgebers 178 64
– Kenntniserlangung durch Dritte 168 13
– Kündigungsschutz bei Heimarbeit 210 10
– Mitteilung vor der Kündigung 168 12 f.
– Mitwirkungspflicht 172 25
– Nachweis Vor 168 7
– Offenkundigkeit der 168 9, 173 46, 178 59
– Offenlegung nach Auswahl 165 8
– positive Anreize zur Beschäftigung 155 5
– SchwbG 1974 164 3
– Sonntagsarbeit 207 8
– Teilzeitbeschäftigte 158 4
– Umschulungsmaßnahmen 166 58
– Verzeichnis 163 4
– Zusatzurlaub 208 1 ff.
Schwerbeschädigung
– SchwBeschG 1923 164 3
– SchwBEschG 1953 164 3
– Zwangseinstellung 164 3
Schwerstbehinderung 155 3 ff.

Schwierigkeiten
– Betrieb als Ursache 167 24
– Hilfen 178 63
– im Verhalten begründet 167 21
– Klärung von 167 10
– Kündigungsreife 167 17
– personenbedingte 167 18
– rechtliche *Kap. 2* 126
– Rehabilitationsträger 167 30
– Störungen der Beschäftigung 167 11
– tatsächliche *Kap. 2* 126
– Unfähigkeit zur arbeitsvertraglichen Tätigkeit 164 207
– Verhalten des schwerbehinderten Menschen 167 23
Sechswochenzeitraum
– Berechnung des 167 64
Seebetrieb
– SBV 177 54a
Seebetriebsrat
– BEM 167 75
– Bordvertretung 177 54a
Seeschifffahrt
– Kauffahrteischiffe 177 54a
Sehbeeinträchtigung
– Entlastung 207 7
– Pflicht zur Unterrichtung in geeigneter Weise 177 76
Sehbehinderte Wahlberechtigte
– Unterrichtung in geeigneter Weise 177 59
Sekundarbereich 75 13
Sekundärprävention 3 4
Selbstbehauptungskurse 64 14
Selbstbestimmung
– Fürsorge 1 9
Selbstbindung
– Anforderungsprofil in Ausschreibung 165 19
Selbsthilfe
– Fördergrundsätze 45 12
– Gemeinsame Empfehlung 45 10 f.
– gesundheitliche 45 3 ff.
– Krankenkasse 45 11
– Teilhabeverfahrensbericht 45 14
– Verzeichnis der Krankheiten 45 13
Selbsthilfegruppe 26 18, 45 7

Selbsthilfekontaktstelle   45 9
Selbstorganisation   45 8
- Begrenzung des Mandats der GS-BV   180 38
- Prinzip der   180 38
- Wahl der SBV   180 4
Selbstständige Erwerbstätigkeit   212 1 ff.
- Abgrenzung   212 3
- Anspruch auf Zulassung   212 4
- Ermessen   212 4
- Förderung der Selbstständigkeit   212 2
Selbstständige Existenz   185 10
Selbstständigkeit   156 14
Selbstveranlagungsverfahren   160 6
SGB IX
- 2004   173 2
- Ausweitung der Vorbildfunktion   165 1
- Entwürfe   Einf. 21
- SchwbBAG als Vorschaltgesetz   166 1
- Zurverfügungstellung Kommentar   179 106 f.
SGB IX-Novelle   166 2, 173 2
- 2001   177 1
- 2004   178 1
- AGG   164 5 f.
- BTHG   164 8; *siehe auch* Bundesteilhabegesetz (BTHG)
- Gesetz für moderne Dienstleistungen   164 5
- Gesetz zur Förderung der Ausbildung und Beschäftigung schwerbehinderter Menschen   178 3
- KJSG   117 1, 11 f., 119 1 f.; *siehe auch* Kinder- und Jugendstärkungsgesetz (KJSG)
- Teilhabestärkungsgesetz   *siehe* Teilhabestärkungsgesetz
- Viertes Gesetz für moderne Dienstleistungen am Arbeitsmarkt   178 3
SGB XII   99 1
SGB XIV   241 6
Sicherstellung der Mindestbeschäftigung
- Ausgliederung   172 7
- Fremdvergabe   172 7

Sicherung der Beratung behinderter Menschen   34 1 ff.
Sicherung des anderen Arbeitsplatzes
- befristeter Arbeitsvertrag   172 73
Sitzung
- konstituierende   178 95
- Teilnahmerecht   178 95
Sitzung des Personalrats
- Anberaumung auf Antrag der SBV   178 110
Sitzungsanberaumung
- Einberufungsverlangen   178 106
Soldat
- Absicherung bei Auslandseinsätzen   211 34
- Anhörung der SBV   211 29
- Anhörung des Betroffenen vor Maßnahmen   211 26
- Anspruch auf Vorstellungsgespräch   211 23
- anwendbare Rechte   211 22
- behinderungsgerechte Beschäftigung   211 7
- behinderungsgerechte Verwendung   211 26
- Benachteiligung wegen Behinderung   211 37
- Benachteiligungsverbot   211 6
- Beteiligung der SBV   211 40
- Disziplinarverfahren   211 42
- Einstellungsvorrang   211 33
- Entlassung wegen Dienstunfähigkeit   211 32
- Erleichterung bei Übungen   211 31
- Feststellung der Behinderung   211 20
- Förderung des dienstlichen Aufstiegs   211 27
- Förderungspflicht   211 5
- Förderungspflicht bei Einstellung   211 8 ff.
- Freistellung von Mehrarbeit   211 30
- Geltung des Schwerbehindertenrechts   211 19
- Gleichstellung   211 36
- Gleichstellung durch Arbeitsagentur   211 35
- Inklusionsbeauftragter   211 39

- Interessenvertretung 211 38
- Merkzeichen 211 21
- Nachteilsausgleiche 211 21
- nichtanwendbare Bestimmungen des SGB IX 211 24
- Präventionsverfahren 211 41
- Prüfungserleichterungen 211 29
- Schwerbehindertenvertretung (SBV) 177 13, 18, 211 38
- Sonderregeln 211 1 ff.
- Stellenbesetzung 164 111
- Versetzung in vorzeitigen Ruhestand 211 11
- Vorrang bei Einstellung 211 4
- Weiterentwicklung von Fähigkeiten 211 28
- zentrale Dienstvorschrift 211 25

Soll-Zustimmung
- Änderungskündigung 172 70 ff.
- Betriebseinschränkung 172 49 ff.
- Ermessensspielraum 171 36
- Kündigung seitens des Insolvenzverwalters 172 74 ff.

Sonderkündigungsschutz
- Arbeitnehmereigenschaft Vor 168 6
- Auslauffrist 168 7
- Auslegung der Bereichsausnahme durch BAG 173 42
- Ausstrahlung Vor 168 5
- Ausstrahlungsprinzip Vor 168 5
- behinderte Jugendliche in der Berufsausbildung Vor 168 6
- Dauer 168 7
- Eigenschaft als schwerbehinderter Mensch Vor 168 6
- Entsendung ins Ausland Vor 168 5
- exterritoriale Stellen Vor 168 5
- freie Rechtswahl Vor 168 5
- geschützter Personenkreis Vor 168 6 f.
- Klagefrist 168 53
- Kündigung 164 40
- Kündigung im Kleinbetrieb 164 40
- Kündigung in der Probezeit 164 40
- räumlicher Geltungsbereich Vor 168 5
- Rom I Vor 168 5
- Rücknahme der Kündigungsschutzklage 168 53
- Schiffe unter deutscher Flagge Vor 168 5
- Seeleute Vor 168 5
- Vertragsstatut Vor 168 5
- Wegfall der Voraussetzungen 168 7
- Zivilpersonal der Alliierten Streitkräfte Vor 168 5
- zu ihrer Berufsbildung Beschäftigte 173 4

Sonderschutz
- Kumulierung von Schutzvorschriften 168 94
- positive Maßnahme 168 1
- Zulässigkeit des Sonderschutzes 168 1

Sonntagsarbeit
- Schwerbehinderung 207 8

Sorgeberechtigter 4 28

Sozialauswahl
- Ausnahme von der Sozialauswahl 168 78
- ausreichende Berücksichtigung 168 78
- Ausschluss aus der 168 77
- Kriterien der Auswahl 168 79
- Kriterium Schwerbehinderung 168 79
- objektiv fehlerhaftes Ergebnis 168 79
- Reihenfolge 168 78
- Sanktionierung der fehlerhaften Auswahl 168 80
- Vergleichbarkeit 168 77 ff.

Soziale Bezüge 1 11, 46 15
Soziale Entschädigung 75 14
Soziale Rechtfertigung
- Bedeutung für Ermessensentscheidung 172 2
- Interessenabwägung 168 76
- Kündigungsgründe 168 76

Soziale Teilhabe
- Eingliederungshilfe 90 12

Soziales Entschädigungsrecht 241 6

Sozialgeheimnis
- Schutz der Sozialdaten 170 34

Sozialgericht
- Klagefrist Kap. 2 95

Sozialhilfe Einf. 36, 75 14
- Antrag *Kap.* 2 16
Sozialleistungen 4 20, 6 6
Sozialpädiatrische Zentren 46 20 f.
Sozialplan
- Abfindung 164 30
- Ausnahme vom Sonderkündigungsschutz 173 22
- Behindertenzuschläge 164 30
- Benachteiligung wegen Behinderung 164 232
- Erwerbsminderungsrente 164 236
- Mitteilungspflicht bezüglich Kündigung 173 24
- rentennahe Schwerbehinderte 164 233
- Rentenzugangsalter 164 30
- Sonderkündigungsschutz 173 24
- Widerspruch 173 24
Sozialrechtlicher Herstellungsanspruch
- Auskunft *Kap.* 2 22
- Beratung *Kap.* 2 22
Sozialstaatsprinzip **Einf.** 1
Sozialversicherung 64 9
- Werkstattbeschäftigte 221 35
Spaltung
- Eingliederung 177 113
Sparsamkeit 4 17, 123 11
Sparten- und Filialbetriebsrat
- zuständiges Integrationsamt 170 26
Spediteur 156 18
Spitzenverbände 26 24
Sprache, Leichte *BGG* 11 2 ff.
Sprecherausschuss
- Beschäftigtenvertretung 176 5
- leitende Angestellte 176 6
Sprechstunde
- Einrichtung einer 178 21
- für überlassene Leiharbeitnehmer 178 8
- Rechtsdurchsetzung 178 137
Staatsanwalt
- SBV 178 9
- Staatsanwaltsrat 176 1 ff.
- Wahlrecht 177 16

Stationäre Reha
- Notfall 43 10
Stationierungsstreitkräfte
- Betriebsvertretung 164 16
- BPersVG 164 16
- deutsches Recht 164 16
- Einsatzgenehmigung 175 31
- Mitwirkungsrecht 164 16
- öffentlicher Arbeitgeber 165 4
- Performance Work Statement 175 31
- SBV 164 16
- SchwbG idF 16.1.1991 164 16
Statistik 214 1 f.
- Anträge auf Zustimmung **Vor 168** 22
- Pflichtstatistik des Bundes 214 1 f.
- Verwaltungsvorschriften, allgemeine 41 3
- Zustimmungsverfahren **Vor 168** 22 f.
Steigerungsbetrag 221 21
- Teilzeitbeschäftigung 221 24
Stelle
- Eignung der Besetzung mit einem schwerbehinderten Menschen 164 176
Stellenausschreibung
- Beteiligung der SBV 164 130
- interne Besetzung 164 115
Stellenbesetzung 164 111
- Arbeitsplatz 164 111
- Arbeitsplatzbegriff, einheitlicher 164 111
- Auswahlrichtlinien 164 168
- Begründung der Auswahlentscheidung 164 165
- Dienstposten 164 111
- Drittmittelstellen 164 120
- Einschränkung des Auswahlermessens 164 165 ff.
- Erörterung der Stellenbesetzungsentscheidung 164 110
- Erörterungsverfahren 164 108
- freie unternehmerische Organisationsentscheidung 164 113
- Geltungsbereich der Prüfungspflicht 164 110
- Geringfügigbeschäftigte 164 111

Stichwortverzeichnis

- haushaltsrechtliche Sperrvermerke **164** 114
- interne **164** 115, **165** 10
- interne Personalmaßnahme **164** 116
- kurzzeitige Beschäftigung **164** 111
- Leiharbeitnehmer **164** 175, **165** 5
- Nachholung der Besetzungsprüfung **164** 177
- Personalauswahl **164** 108
- Personalplanung **164** 124
- Prüfpflicht bei interner Besetzung **164** 115
- Prüfphasen **164** 108
- Soldaten, Einsatz **164** 111
- Stellenprüfung **164** 108
- unbesetzte Arbeitsplätze **164** 112 f.
- unterlassene Beteiligung der SBV **164** 169
- Unterlassung **164** 175
- Unterlassungsanspruch der SBV **164** 231
- Unterrichtung der SBV **166** 44
- vorläufige Maßnahme **164** 174
- Zustimmungsverweigerung des Betriebsrats **164** 174

Stellenbesetzung, interne
- öffentliche Arbeitgeber **165** 6
- pivate Arbeitgeber **165** 6
- wegen haushaltsrechtlicher Vorschriften **165** 6

Stellenbesetzungsverfahren
- angemessene Vorkehrung **164** 107
- Bestenauslese **164** 13
- Fragerecht der SBV bei Vorstellungsgespräch **164** 11
- Freikündigung **164** 112
- Recht auf Einsichtnahme **164** 11
- Sanktionen **164** 21, 151
- Teilnahme an den Vorstellungsgesprächen **164** 11

Stellenbewerber
- Beschwerde beim Betriebsrat **164** 33
- Beschwerderecht **164** 32
- Zuständigkeit der SBV **164** 32

Stellenprüfung
- Eignung für Beschäftigung **164** 108

Stellenvergabe
- Bestenauslese **165** 37

Stellungnahme
- Erinnerung bei ausstehender Stellungnahme **170** 34
- Form **178** 74
- Frist in Betrieben **178** 74
- Frist in Dienststellen **178** 74
- Zugang beim Arbeitgeber **178** 75

Stellungnahmefrist
- Verlängerung der Frist **178** 120

Stellvertretendes Mitglied
- Abstimmung der Aufgabenwahrnehmung **178** 25
- Beschluss über Anzahl **177** 56
- Freistellung **180** 80
- Heranziehen **177** 7, **180** 78 f.
- Kündigungsschutz **179** 77
- Nachrücken **177** 7 f.
- Nachwahl **177** 8
- Rechte und Pflichten **179** 1
- Rechtsstellung **177** 7, **179** 93
- Strafbarkeit **237a, 237b** 4
- Teilnahme an Sitzungen **177** 7
- vereinfachtes Wahlverfahren **177** 56
- Wahl auf Wahlversammlung **177** 56

Stellvertretendes Mitglied der SBV
- Bedeutung *SchwbVWO* **2** 26 f.
- Festlegung der Anzahl *SchwbVWO* **2** 25 ff.
- Nachwahl **177** 11
- Neufestlegung der Anzahl **177** 11

Steuerermäßigung
- Einkommensteuer **209** 10 ff., 18
- Kraftfahrzeugsteuer **209** 18

Steuerfreibetrag
- Beratung durch SBV **178** 18

Stiefkind **66** 7

Stilllegung
- Betriebsabteilung **179** 74
- Muss-Zustimmung **172** 37 ff.

Stillschweigen
- Ausnahmen **179** 90

Stimmabgabe
- Anzahl der Stimmen
  SchwbVWO 9 24 ff., 35 ff.
- Ausfüllhelfer 177 66
- Beschriftung auf Wahlumschlägen
  SchwbVWO 9 22
- Beschriftungen auf Stimmzettel
  SchwbVWO 9 7
- Dispositivität von Stimmzetteln und Wahlumschlägen
  SchwbVWO 9 5
- einheitliche Stimmzettel
  SchwbVWO 9 11
- Einwurf in die Wahlurne
  SchwbVWO 10 23 f.
- Entgegennahme des Wahlumschlags 177 63;
  SchwbVWO 10 19 ff.
- Erkennbarkeit des Wählerwillens
  SchwbVWO 9 26, 28, 30 ff.
- Erstellung der Stimmzettel
  SchwbVWO 9 8
- Frist für Einreichung der Freiumschläge *SchwbVWO* 28 41 ff.
- geheime Wahl 177 63
- Gestaltung der Stimmzettel
  SchwbVWO 9 6
- getrennte Stimmzettel
  SchwbVWO 9 12
- Hinzuziehung von Hilfspersonen
  SchwbVWO 10 25 ff., 11 30
- Inhalt der Stimmzettel
  SchwbVWO 9 9 ff., 13 ff.
- Kennzeichnung des Stimmzettels
  SchwbVWO 9 23 ff., 27 ff.
- Kumulation *SchwbVWO* 9 26
- Liste der Wahlberechtigten
  177 63; *SchwbVWO* 10 21 f.
- mehrfache Kennzeichnung eines Kandidaten *SchwbVWO* 9 40
- mehrfaches Ankreuzen eines Kandidaten *SchwbVWO* 9 26
- Mehrheitswahl
  SchwbVWO 9 23
- mehrtägige Wahl
  SchwbVWO 10 42
- notwendige Vorkehrungen
  177 63
- Prüfung der Wahlberechtigung
  SchwbVWO 10 22
- Sichtschutzwände
  SchwbVWO 20 60

- Stimmhäufung
  SchwbVWO 9 26
- Stimmzettel 177 63;
  SchwbVWO 9 4 ff.
- Telefonkonferenz
  SchwbVWO 28 30, 31 ff.
- Trennung der Wahlgänge
  SchwbVWO 9 24
- Trennung nach Ämtern
  SchwbVWO 9 10 ff.
- Trennung nach Wahlgängen
  SchwbVWO 9 38
- Übergabe an Wahlvorstand
  SchwbVWO 10 19
- Überschreitung der Anzahl der Stimmen *SchwbVWO* 9 35 ff.
- Unterstreichen von Kandidaten
  SchwbVWO 9 28
- unverschlossener Wahlumschlag
  SchwbVWO 9 20
- Versiegelung der Wahlurne
  SchwbVWO 10 39 ff., 13 10
- Videokonferenz
  SchwbVWO 28 30, 31 ff.
- Vorschlagslisten
  SchwbVWO 9 23
- Wahlkabine 177 63
- Wahlraum 177 63
- Wahlumschläge 177 63;
  SchwbVWO 9 4 ff., 19
- Wahlurne 177 63;
  SchwbVWO 10 12 f.
- Wahlversammlung 177 77
- zu wenige Stimmen
  SchwbVWO 9 39
- zwingende Nutzung
  von Sichtschutzeinrichtungen
  SchwbVWO 10 11
- zwingende Verwendung von Stimmzetteln *SchwbVWO* 9 5
- zwingende Verwendung
  von Wahlumschlägen
  SchwbVWO 9 20

Stimmenauszählung
- Anwesenheit der Wahlvorstandsmitglieder *SchwbVWO* 13 3 f.
- Bekanntgabe von Ort und Zeit
  SchwbVWO 13 8, 19 10, 28 35
- Beschluss des Wahlvorstands
  SchwbVWO 13 19
- Einsehbarkeit *SchwbVWO* 13 7
- Feststellung der gewählten Personen *SchwbVWO* 13 19 ff.

Stichwortverzeichnis

- Grundsätze *SchwbVWO* 13 11
- im vereinfachten Wahlverfahren *SchwbVWO* 20 70 ff.
- Losentscheidung *SchwbVWO* 13 15 ff.
- Losverfahren *SchwbVWO* 20 76 f.
- Öffentlichkeit *SchwbVWO* 13 6 ff., 10, 20 71 f.
- Rangfolge der stellvertretenden Mitglieder *SchwbVWO* 13 13
- Sitzung des Wahlvorstands *SchwbVWO* 13 3
- Stichwahl *SchwbVWO* 13 16, 20 77
- Stimmengleichheit *SchwbVWO* 20 76 f.
- Trennung der Wahlgänge *SchwbVWO* 13 11 ff.
- Verschiebung *SchwbVWO* 10 39
- Versiegelung der Wahlurne *SchwbVWO* 13 10
- Wahlhelfer *SchwbVWO* 13 5
- Zeitpunkt *SchwbVWO* 13 9

Stimmrecht
- Betriebsratssitzung 178 111
- Personalratssitzung 178 112

Stimmzettel
- Art der Beschäftigung *SchwbVWO* 9 15
- Bemerkungen *SchwbVWO* 9 29
- Beschriftungen *SchwbVWO* 9 7
- besondere Merkmale *SchwbVWO* 9 29, 33 f.
- einheitliche *SchwbVWO* 9 11, 20 51 f.
- Erkennbarkeit des Wählerwillens *SchwbVWO* 9 26, 28, 30 ff.
- Erstellung *SchwbVWO* 9 8
- Erstellung im vereinfachten Wahlverfahren *SchwbVWO* 20 46 ff.
- Fotos *SchwbVWO* 9 16
- Funktion *SchwbVWO* 9 4
- Geburtsdatum *SchwbVWO* 9 14
- gesonderte für jedes Amt *SchwbVWO* 20 50
- Gestaltung *SchwbVWO* 9 6, 27
- getrennt nach Ämtern *SchwbVWO* 9 12
- Handschrift *SchwbVWO* 9 29, 34
- Hinweis auf die Anzahl der zu wählenden Stellvertreter *SchwbVWO* 9 17 f.
- Inhalt *SchwbVWO* 9 9 ff., 13 ff., 20 48
- Kennwort *SchwbVWO* 9 16
- Kennzeichnung *SchwbVWO* 9 23 ff., 27 ff., 20 58
- Reihenfolge der Kandidaten *SchwbVWO* 9 13
- Trennung nach Ämtern *SchwbVWO* 9 10 ff.
- Überschreitung der Anzahl der Stimmen *SchwbVWO* 9 35 ff.
- weitergehende Angaben zu den Kandidaten *SchwbVWO* 9 16
- zwingende Verwendung *SchwbVWO* 9 5, 20 57

Störung
- Behinderung der Amtstätigkeit der SBV 179 32 ff.

Strafbarkeit
- Verschwiegenheitspflichtverletzung 237a, 237b 4
- Vertrauensperson 237a, 237b 4
- Wahlbeeinflussung 177 85

Strafrecht
- kein Schutz der Amtstätigkeit der SBV 179 32

Strafrechtsschutz
- Behinderung der SBV 177 85
- Schutzlücke 164 157

Streckenverzeichnis 228 8

Strukturverantwortung der Rehabilitationsträger 56 18

Studienabschluss
- formale Qualifikation 165 18

Studienreferendar 156 5, 157 5

Studium
- Auslandsstudium 112 5
- Bachelorstudium 112 4
- Masterstudium 112 4
- Promotionsstudium 112 4

Stufenvertretungen
- Gerichte eines Zweiges der Gerichtsbarkeit 180 75
- Hauptschwerbehindertenvertretung 180 69
- personalvertretungsrechtliche Sonderregelungen 180 66 ff.

- persönliche Rechtsstellung 180 81
- schwerbehinderte Richterinnen 180 75
- Wahl bei den Alliierten Stationierungsstreitkräften 180 76
- Wahlverfahren in § 27 SchwbVWO 180 75
- Zuständigkeitsverlagerung 180 66 ff.

Stufenvertretungen in Verwaltungen 180 60 ff.
- Antragsbefugnis 180 84
- Bezirksschwerbehindertenvertretung 180 63 ff.
- Bündelungsbehörden 180 71
- Gesamtschwerbehindertenvertretung 180 60 ff.
- Zuständigkeitsverlagerung im Stufenverfahren 180 68

Stufenweise Wiedereingliederung 44 2 ff., 73 5
- (Anspruch auf) Arbeitslosengeld 44 18, 27
- angemessene Vorkehrung 167 57
- Anspruchsvoraussetzungen 44 15
- Arbeitgeber 44 8 f.
- Arzt 44 12 ff.
- ärztliche Pflichten 44 12 ff.
- Behinderung 167 57
- Entlastung 207 7
- ergänzende Leistungen 44 22 ff.
- Fahrkosten 44 28
- Krankengeld 44 25
- Mehrbedarf im SGB II 44 30
- Rechtsverhältnisse 44 19 f.
- Schwerbehinderte 167 57
- Stufenplan 44 20
- Verfahren 44 21
- Wiedereingliederungsplan 44 20
- Wiedereingliederungsvertrag 44 14
- Zuständigkeit 44 16 ff.

Stützunterschriften
- Anforderungen an Unterstützer SchwbVWO 6 33 ff.
- Höchstzahl SchwbVWO 6 32
- Kandidaten als Unterzeichner SchwbVWO 6 34
- Kopie SchwbVWO 6 54

- Mehrfachunterstützung SchwbVWO 6 36 ff., 70 ff.
- Mindestzahl SchwbVWO 6 29
- passiv Wählbare SchwbVWO 6 33
- Quorum SchwbVWO 6 27 ff., 31
- vermeintliche „Doppelunterstützung" SchwbVWO 6 38
- Wahlberechtigte SchwbVWO 6 33
- Wahlvorstandsmitglieder als Unterzeichner SchwbVWO 6 35
- Zweck SchwbVWO 6 27
- Zweck der Mindestzahl SchwbVWO 6 30

Subsidiaritätsgrundsatz 124 2

Subsidiaritätsprinzip
- Integrationsfachdienste 193 6

Substantiierungspflicht
- Abstufung der Darlegungslast 164 195

Suchterkrankung 42 27

Suchverpflichtung
- für Weiterverwendung 211 15

Suspensiveffekt 168 50
- prozessualer Vorteil Vor 168 20
- Wiederherstellung des Vor 168 19

System
- der sozialen Sicherung Einf. 2
- von Leistungen und sonstigen Hilfen Einf. 5

Tagesordnung
- Aufnahme von Angelegenheiten in die Tagesordnung 178 106, 110
- Versammlung der schwerbehinderten Menschen 178 133

Tarifvertrag
- auflösende Bedingung 175 24 ff.
- Tarifvertrag zur Regelung der Altersteilzeitarbeit 164 35

Tätigkeitsbericht
- SBV 179 19, 20
- Versammlung der Vertrauenspersonen 180 44

Tatsachen, neue
- Betriebsratsanhörung 171 41

– SBV-Anhörung 171 41
Technische Arbeitshilfen
– behinderungsgerechte Ausstattung des Arbeitsplatzes 185 8
Teilarbeitslosigkeit 67 13
Teilentscheidungen *Kap.* 2 43
Teilfreistellung
– Verhältnisrechnung 179 38
Teilhabe Einf. 33
– am Arbeitsleben 4 12, 111 1 ff., 164 1, 184 3
– am Arbeitsleben, Leistungen 185 2
– an Lebensbereichen 2 25
– Ansprüche auf 164 1
– Arbeitgeberpflicht zur Förderung 164 1
– Arbeitsagentur 164 1
– Beeinträchtigungen 2 12, 4 10
– behinderte Menschen 186 5
– berufliche Orientierung 186 5
– Beschäftigungspflicht 184 4
– Betriebsrat 164 1
– Integrationsamt 164 1
– Integrationsfachdienst 186 5
– konkrete Leistung zur 14 6
– Leistungen 167 42, 185 25
– participation 1 10
– Personalrat 164 1
– Schwerbehindertenvertretung 164 1
– Teilhabechancen verbessern 164 1
– Überblick über Regelungen 164 1
Teilhabe am Arbeitsleben 111 1 ff.
– angemessenes Arbeitsentgelt 60 9
– arbeitnehmerähnliches Rechtsverhältnis 60 9
– Arbeitsförderungsgeld 60 9
– Eingliederungshilfe 90 7 ff.
– gesetzliche Unfallversicherung 75 15
– Hochschulbildung 112 2
Teilhabe an Bildung
– Aufgabe 112 2
– Eingliederungshilfe 90 10 f.
– Leistungen 112 1
– Leistungsvoraussetzungen 112 2
– Nachranggrundsatz 112 2
Teilhabeleistungen 185 25

Teilhabeplan 15 5, 78 5
– medizinische Rehabilitation 42 30
– Musterformular 42 28
Teilhabeplankonferenz 15 13, 20 2 ff.
Teilhabeplanverfahren
– BEM 167 42
Teilhabepotenzial 4 14
– aktuelles 17 5
Teilhaberichtlinie
– Bayern 165 40
– Durchführungsbestimmungen zum SGB IX 165 39
– Einstellungsverfahren 165 40
– Verwaltungsvorschriften zur Durchführung des SGB IX 211 9
Teilhabestärkungsgesetz Einf. 3a; *SchwbVWO* 28 2
– Assistenzhund *BGG* 12e, 12l 1 ff.; *siehe auch* Assistenzhund
– Briefwahl 177 71
– Einheitliche Ansprechstellen 164 211a
– Heranziehung Eltern 142 1
– Hinzuziehen 167 68
– Hinzuziehung zum BEM-Gespräch 167 68
– Inkrafttreten 177 71
– Kosten des Lebensunterhalts 138 3
– Sonderregelungen aus Anlass der COVID-19-Pandemie 177 83a
– Vertrauensperson eigener Wahl 167 2
– volljährige Leistungsberechtigte 142 1
– Wahlordnung 183 2
Teilhabeverfahrensbericht
– Selbsthilfe 45 14
– Verordnungsermächtigung 41 10
Teilnahmerecht
– Arbeitsgruppe 178 103
– Bund 178 102
– Einigungsstelle 178 101
– Länder 178 102
– paritätische Ausschüsse 178 97
Teilnichtigkeit
– Verwaltungsakt *Kap.* 2 65

Teilübergangsgeld 65 9
Teilzeit
– Altersteilzeit 164 217
– Anspruch auf Beschäftigung mit verringerter Arbeitszeit 164 214 f.
– Anspruch auf Teilzeitbeschäftigung 164 213
– Begrenzung der tariflichen Regelungsmacht 164 216
– Berechnung der Urlaubsdauer bei Wechsel von Voll- zur Teilzeit 208 53
– entgegenstehende betriebliche Gründe 164 218
– Förderungsgebot 164 213
– Teilzeitarbeitsplätze 164 218
– Vorkehrung iSd Rahmenrichtlinie 164 213 ff.

Teilzeitarbeit
– Inklusionsvereinbarung 166 63

Teilzeitbeschäftigte
– Schwerbehinderung 158 4

Teilzeitbeschäftigung
– Erwerbsminderungsrente 175 4
– Feststellungslast 175 4
– Präventionsverfahren 175 4

Teilzeitmaßnahmen 65 9

Telearbeit
– Wahlrecht 177 13

Telearbeitsplatz
– Anspruch auf 164 210a

Telefax
– Antrag auf Zustimmung beim Integrationsamt 170 8

Telefonkonferenz
– Hard- und Software zur Teilnahme 179 107

Termin
– Rücksicht auf Verhinderung der Vertrauensperson 164 153
– Verlegung 164 153

Tertiärer Bereich 75 13

Tertiärprävention 3 4

Test
– Vorstellungsgespräch 165 8

Thüringen
– Vertretungslücke bei der obersten Dienstbehörde 180 75

Träger der Sozial- und Jugendhilfe 64 7

Trägergruppen Einf. 4

Trägerübergreifende Zusammenarbeit 11 1

Trennungsprinzip 154 17

Treppenlift 47 13

TV-L
– Beendigungsklausel 167 116

TVöD
– Beendigungsklausel 167 116

Überbrückungsleistungen
– Verstoß gegen Benachteiligungsverbot 164 217b
– vorzeitiger Rentenbezug für schwerbehinderte Menschen 164 217b

Übereinkommen über die Rechte von Menschen mit Behinderungen Einf. 15

Übererfüllung
– der Quote 172 55

Überförderung
– Vorbeugung vor 211 28

Übergang auf den allgemeinen Arbeitsmarkt 58 20

Übergangsgeld 44 22, 26, 65 5, 66 20, 75 15
– Bezug von 65 11

Übergangsmandat
– analoge Anwendung 177 107
– Baden-Württemberg 177 118
– BPersVG-Novelle 177 117
– Eingliederung 177 108
– Einleitung der Wahl 177 110
– Ende 177 111
– Fristbeginn 177 111
– Kopfzahl 177 109
– Neuwahl *SchwbVWO* 17 14
– öffentlicher Dienst 177 117
– RL 2001/23/EG 177 107
– Vollmandat 177 110
– Wahlbetrieb 177 112
– Zusammenfassung 177 109
– Zusammenfassung von Betrieben 177 116
– Zusammenlegung 177 109

Übergangsregelungen 99 2 ff., 241 1

Übergewicht 229 8

Überhangpool
- interne Stellenbesetzung 165 6

Überleitung
- Aufwendungen 141 5

Übernachtungskosten 73 8

Überwachung
- Aufgabe der Interessenvertretungen 176 2
- Aufgabe des Personalrats 164 27
- Aufgabe des Präsidialrats 164 27
- Datenschutz 164 26
- individuelle Rechtsdurchsetzung 176 12
- Pflichten öffentlicher Arbeitgeber 176 11
- SBV 178 14
- sozialrechtliche Arbeitgeberpflichten 176 13
- Verbindungsaufnahme 164 139

Überwachung der Gleichbehandlung
- Betriebsrat 164 7
- Personalrat 164 7
- SBV 164 7

Überwachungsrecht
- Beanstandungsrecht 178 11
- der SBV 177 4

Umdeutung
- vorsorgliche ordentliche Kündigung 174 33

Umsetzung
- Beteiligung der SBV 178 42
- Defizit bei der Umsetzung der UN-BRK 164 183
- Defizit bei Umsetzung der Richtlinie 2000/78/EG 164 183
- Unterrichtung 178 46

Umstrukturierung
- Dienststellenauflösung 172 47
- Personalbörse 172 47
- Sicherstellung der Mindestbeschäftigung 172 31
- Zusammenlegung von Dienststellen 172 46

Unabhängige Teilhabeberatung 241 4

UN-Ausschuss 165 1

UN-Behindertenrechtskonvention (UN-BRK) 99 4; *Kap.* 2 148
- Angemessene Vorkehrung 165 1
- angemessene Vorkehrung nach Art 2 Unterabs. 4 UN-BRK 164 183
- angemessene Vorkehrung nach Art 27 Abs. 1 Satz 2 lit i UN-BRK 164 183
- BEM 167 92
- inklusive Bildung 75 5
- Präventionsverfahren 167 92
- Schulung 179 119
- Schwerbehindertenvertretung 177 5
- Sprachgebrauch UN-BRK 164 183
- UN-Ausschuss für die Rechte von Menschen mit Behinderungen 165 1
- Verwaltungsverfahren *Kap.* 2 2
- Werkstattkritik **Vor** 219 19
- wirksame Maßnahme 41 2
- § 164 Abs. 4 SGB IX als Umsetzungsakt 164 183

UN-Fachausschuss 75 6

Unfallversicherung 7 11
- gesetzliche 65 11

Unfallversicherungsträger
- mehrere 14 8

Unionsrecht
- angemessene Vorkehrung 165 1

Untätigkeitsklage *Kap.* 2 137
- Frist *Kap.* 2 139

Unterbliebene Anhörung *Kap.* 2 39

Unterbrechung
- Abstandsregeln im Befristungsrecht 173 9

Unterhaltsbeihilfe 65 15

Unterlagen
- Einsichtsrecht 178 48
- Vorlagerecht 178 48

Unterlassene Beteiligung der SBV
- Zustimmungsverweigerung des Personalrats 164 176

Unterlassene Erörterung
- Zustimmungsverweigerung des Personalrats 164 176

Unterlassung
- Behinderung der SBV 179 32

- Beschlussverfahren 178 138
- Ordnungsgeld *Kap.* 2 169
- Ordnungshaft *Kap.* 2 169
Unterlassungsanspruch
- Betrieb 164 175
- verfahrenssichernder Unterlassungsanspruch 178 57
Unternehmen 154 11
- Gesamtbetriebsrat 176 7
- Vertretung der sbM 180 32
- Wahlbezirk 180 16
Unternehmerentscheidung
- Nachprüfbarkeit 172 79
Unterrichtung
- Angaben zur Kündigungsart 178 70
- Angaben zur Person 178 70
- Angelegenheit 178 39
- Anhörung 178 41
- Antragstellung beim Integrationsamt 178 72
- Arbeitgeberweisungen 178 46 ff.
- Art und Weise der 178 48
- Aufhebungsverträge 178 51
- außerordentliche Kündigung 178 70, 72
- bei Ablehnung der Beteiligung 164 146
- bei Befangenheit 164 145
- bei Zusicherung der Gleichstellung 164 146
- Besetzung von Führungspositionen 178 45
- Bestellung Inklusionsbeauftragter 178 45
- des anderen Rehabilitationsträgers 19 14
- Dienstfähigkeit 178 43
- Dienstfähigkeitsuntersuchung 178 43
- Einhaltung der Zweiwochenfrist 178 70
- elektronische Kommunikation 178 48
- Empfänger 178 53
- Empfänger der über Kündigungsabsicht 178 71
- Empfangsperson für SBV 164 145
- Empfangszuständigkeit 178 89
- enge Zusammenarbeit 178 41

- Gleichstellungsbeauftragte 178 69
- Konfliktlösung 178 90
- Konzernvereinbarung 178 90
- Kündigungssachverhalt 178 70
- Leserecht 178 48
- mangelnde Kenntnis des Arbeitgebers 164 148 f.
- nach Erlaubniserhalt 178 72
- nach verspäteter Kenntniserlangung 164 148
- Nachweis der Schwerbehinderung 164 148
- Ordnungswidrigkeit 164 124, 178 89
- Personalrat 164 14
- personenbezogene Daten 164 14
- Postfach 178 52
- Reihenfolge 178 69
- SBV 178 39 f.
- Schriftform 164 162
- Stellenbesetzung 178 44
- tatsächliche Angaben zur Ausschlussfrist 178 70
- über Eingang einer Bewerbung 164 145
- umfassend 178 70
- umfassende 178 48
- Unabdingbarkeit 178 90
- unmittelbar nach Eingang 164 145 ff., 147
- unmittelbar nach Kenntniserlangung 164 147
- Unterrichtungsvorsprung 178 69
- Unterrichtungszweck: Information für Anhörung 178 39
- Unterrichtungszweck: Information für Beistandsleistung 178 39
- unverzüglich 178 48
- vor Heranziehung 178 22
- Voraussetzung für Ausüben des Teilnahmerechts 165 27
- Zeitpunkt 164 147
- Zugang 178 52
- Zuleitung über Betriebsrat 178 53

Unterrichtung der Gewählten
- im vereinfachten Wahlverfahren *SchwbVWO* 20 80 ff.

Unterrichtung der SBV
- Ablehnungsformular 164 156

- bei Bewerbungen **238** 18
- bei Doppelmandat **164** 150
- bei Personalunion **164** 150
- elektronische Kommunikation **164** 150
- gerichtliche Durchsetzung **175** 35
- Ordnungswidrigkeit **175** 35, **238** 18 f.
- rechtzeitig **238** 19
- unmittelbar nach Eingang **238** 18
- Untersagung im Beschlussverfahren **164** 156
- unverzüglich **238** 18
- Verschulden **238** 19
- Vertrauensperson als Empfangsperson **164** 150

Unterrichtungsanspruch
- Bewerbung **164** 146
- geringfügige Beschäftigung **164** 146
- kurzzeitige Beschäftigung **164** 146
- Vermittlungsvorschlag **164** 146
- Vorratsbewerbung **164** 146

Unterrichtungsmängel
- Ordnungswidrigkeit **164** 151 ff.
- Vermutung der Benachteiligung **164** 152

Unterrichtungspflicht
- Entscheidung **178** 41

Unterrichtungsrecht **177** 4

Unterstützende Leistungen **75** 7

Unterstützte Beschäftigung **Einf.** 29
- Aktion 1000 in Baden-Württemberg **55** 1
- Alternative zur Werkstatt **55** 3
- Anforderungen des Arbeitsmarktes **55** 7
- Anrechnung der Qualifizierungszeiten auf WfbM **55** 12
- Ausbildungsgeld **55** 12
- Beauftragte zur Durchführung **55** 18
- Begleitung durch Integrationsfachdienste **55** 7
- belastbare Eigenmotivation **55** 7
- Berufsbegleitung **55** 3, 14 ff., **185** 23
- Berufsschulunterricht **55** 7
- berufsübergreifende Lerninhalte **55** 8
- Bundesarbeitsgemeinschaft „Unterstützte Beschäftigung" **55** 1
- Dauer **55** 9
- Diskontinuität **55** 15
- Element zur Inklusion **55** 8
- ergänzende Lohnkostenzuschüsse aus Mitteln der Eingliederungshilfe **55** 8
- erst platzieren, dann qualifizieren **55** 7
- Fähigkeiten der Teilnehmenden **55** 7
- Gemeinsame Empfehlungen **55** 21
- individuelle betriebliche Qualifizierung **55** 3, 7 ff.
- Initiative Inklusion Handlungsfeld 1 **55** 1
- Integrationsfachdienste **55** 18
- Jobcoaching **55** 7, 14
- kein Arbeitsverhältnis bei InbeQ **55** 13
- Komplexleistung **55** 1
- Kontinuität und langjährige Erfahrung **55** 15
- Krisenintervention **55** 14
- Modellprojekte **55** 1
- Nachrang **55** 6, 11
- Nachrang Berufsbegleitung **55** 14
- Neigungen, Wünsche und berufliche Ziele **55** 7
- Orientierungs- und Erprobungsphase **55** 7
- personale Unterstützung **55** 14
- Persönliches Budget **55** 15
- Persönlichkeit und Schlüsselqualifikationen fördern **55** 8
- psychosoziale Betreuung **55** 14
- Qualitätsanforderungen **55** 18 f.
- schulische und berufliche Orientierung **55** 7
- Sicherung der Beschäftigung **55** 14
- sozialversichert **55** 12
- Stabilisierung **55** 14
- supported employment **55** 1
- Teilhabe am Arbeitsleben des allgemeinen Arbeitsmarktes **55** 3

- training on the job 55 7
- Übergangsgeld 55 12
- UN-Konvention 55 1
- vergaberechtliche Ausschreibung 55 15
- Verlängerung 55 9
- Voraussetzungen 55 10
- Vorrang 55 6
- Vorrang Berufsbegleitung 55 14
- wesentlich behinderte Menschen 55 5
- Zielgruppe 55 5
- Zielsetzung und Zielgruppe 55 3 ff.
- zuständige Leistungsträger 55 10

Unterstützung
- Eingabe an die Datenschutzaufsicht 178 18
- Entgeltschutz 178 18
- Gleichstellungsantrag 178 18
- Rechtsdienstleistung 178 18

Untersuchungsanordnung
- Zurruhesetzung 167 142

Untersuchungsgrundsatz
- Mitwirkungspflicht Kap. 2 24

Unverhältnismäßigkeit
- Kosten 104 10

Unverzüglich
- Anhörung vor Zustimmungsantrag 178 67
- Beginn des Laufs der Frist 174 30
- Berücksichtigung von besonderen Umständen 174 29
- Legaldefinition 174 29
- mehr als eine Woche 174 29
- ohne schuldhaftes Zögern 164 147
- rechtzeitig 178 48
- sieben Tage 174 29
- Unterrichtung 178 48
- Unterrichtung vor Arbeitgeberkündigung 178 67

Unwirksamkeit
- Darlegungs- und Beweislast 178 66
- Dreiwochenfrist 179 82
- Kündigung im vertretungslosen Betrieb 180 40
- Unwirksamkeitsklausel 178 139

Unwirksamkeitsgrund
- zu früh gekündigt 171 39
- Zu spät gekündigt 171 39

Unwirksamkeitsklausel
- Kontroverse Herschel mit Nipperdey/Oetker 178 76
- Streit um die Anwendbarkeit des § 134 BGB 178 76

Unwirksamkeitsregelung
- Anhörung 178 65
- Arbeitgeberkündigung 178 60, 65
- Kündigungsarten 178 61
- Mitteilung der Entscheidung 178 65
- Unterrichtung 178 65
- Wartezeitkündigung 178 62

Unzumutbarkeit
- Darlegungslast 164 197

Urlaub
- Abgeltung bei Krankheit 208 51
- Arbeitszeitrichtlinie 208 49 ff.
- Beamte 208 63 ff.
- Einheitstheorie 208 54 f.
- Fall Bianca Brandes 208 53
- Fall Zentralbetriebsrat der Landeskrankenhäuser Tirols 208 53
- Festlegung nach EU-Recht 208 54
- für Heimarbeiter 210 11 f.
- Grundrechtscharta 208 50
- Tod des Arbeitnehmers 208 55
- Übertragung bei Krankheit 208 52
- Unionsrecht 208 56
- Urlaubsentgelt nach Unionsrecht 208 61
- Vererblichkeit 208 55
- Verfallsfrist 208 52
- Wechsel von Voll- zu Teilzeit 208 53
- Wiedereingliederung 164 222
- Wiederherstellung der Arbeitsfähigkeit 208 72
- zusätzlicher 151 13

Urlaub für Beamte
- Abgeltung 208 68 ff.
- Dienstunfähigkeit 208 64, 67
- EuGH zum Verfall 208 65
- EuGH zur Übertragung 208 65
- Übertragungsdauer 208 67
- Verfall 208 64

- Verfall nach 18 Monaten 208 67
- Versetzung in den Ruhestand 208 68
- Zusatzurlaub 208 69
Urlaubsabgeltung
- Aufgabe Surrogatstheorie 208 58
Urlaubsabgeltungsanspruch
- Verjährung 208 71
Urlaubsanspruch
- unionskonforme Auslegung 208 56
- Verjährung 208 71
- Zusatzurlaub 208 3
Urlaubsantrag
- EuGH-Rspr. 208 46
Urlaubsentgelt
- Aufrechnung 208 42
- Bemessung 208 43
- Fälligkeitsregel 208 61
- Geldfaktor 208 43
- Pfändbarkeit 208 42
- Rechtsprechungsänderung 208 61
- Zeitfaktor 208 43
Urlaubsfestlegung
- Anschluss an Rehabilitation 208 47
- Vorrang des Arbeitnehmerwunsches 208 28
Urlaubsgeld
- Pfändbarkeit 208 44
Urlaubsnahme
- Krankheit als Hinderungsgrund 208 51
Urlaubswunsch
- Anschluss an Rehabilitationsmaßnahme 208 8
- Zusatzurlaub 208 8
Ursache der Behinderung 4 8
Urteilsverfahren
- Ansprüche aus Arbeitsvertrag 181 42
- Beschäftigungsklage *Kap.* 2 156
- Bestimmtheitsgrundsatz *Kap.* 2 156
- bürgerlich-rechtliche Rechtsstreitigkeiten aus dem Arbeitsverhältnis *Kap.* 2 154
- Inklusionsbeauftragter 181 42

- Kosten *Kap.* 2 155
Verantwortlicher
- Datenschutz 179 108a
Verantwortung
- ärztliche 42 10
- Auswahl, Aufsichtsmaßnahmen 238 9
Verbandsklage *BGG* 15 1 ff.
- anerkannte Verbände *BGG* 15 5
- Behindertenverbände 164 229
- BGG 164 229
- Gewerkschaft 178 14
- IG Metall 164 229
- Prozessstandschaft *Kap.* 2 7
- Verletzung aus einem im SGB IX geregelten Recht 164 229
Verbandsklagerecht 85 1 ff.
Verbindungsaufnahme
- Anforderungsprofil 164 142
- Wartezeit 164 142
Verbindungsperson
- SBV 164 141
Verdienstausfall 73 9
Vereinbarung
- nach § 14 Abs. 3 SGB XI 103 14
- über die Verlegung in ein Pflegeheim 103 12
Vereinfachtes Wahlverfahren
- Ablauf *SchwbVWO* 20 1 ff., 55 ff.
- Ablauf bei Wahl der überörtlichen Schwerbehindertenvertretung *SchwbVWO* 22 24 ff.
- Ablaufschema 177 73 ff.
- Anwendung *SchwbVWO* 18 1 ff.
- Aufbewahrung der Wahlunterlagen *SchwbVWO* 20 86 ff.
- Aufbewahrung Wahlunterlagen *SchwbVWO* 28 50
- Ausschluss Briefwahl *SchwbVWO* 20 2
- barrierefreie Erreichbarkeit der Wahlversammlung *SchwbVWO* 18 9
- Bedeutung der Wahlversammlung *SchwbVWO* 18 7, 19 2, 20 2

Stichwortverzeichnis

- bei Wahl der überörtlichen Schwerbehindertenvertretung *SchwbVWO* 22 5 ff., 18 ff.
- Bekanntgabe der Gewählten *SchwbVWO* 20 84
- Bekanntmachung des Wahlergebnisses *SchwbVWO* 28 48, 50
- Benachrichtigung der Gewählten *SchwbVWO* 28 50
- Besonderheiten *SchwbVWO* 20 2
- Bezugspunkt des räumlichen Näherverhältnisses *SchwbVWO* 18 8
- Briefwahl *SchwbVWO* 20 2, 55, 28 31 ff.
- Diskussion über Wahlvorschläge *SchwbVWO* 20 44
- Drucker *SchwbVWO* 20 49
- Durchführung der Stimmabgabe *SchwbVWO* 20 55 ff.
- einheitliche Stimmzettel *SchwbVWO* 20 51
- Einladung zur Wahlversammlung *SchwbVWO* 18 17
- epidemische Lage von nationaler Tragweite *SchwbVWO* 28 5 ff.
- Erkennbarkeit schwerbehinderter Beschäftigter *SchwbVWO* 18 13
- Ermittlung des Wahlergebnisses *SchwbVWO* 20 73 ff.
- Erreichbarkeit der Wahlversammlung *SchwbVWO* 18 7
- Erstellung der Wahlunterlagen *SchwbVWO* 20 45 ff.
- Festlegung der Zahl der stellvertretenden Mitglieder *SchwbVWO* 20 22 ff.
- Feststellung des Wahlergebnisses *SchwbVWO* 20 78
- formlose Abstimmung bei Wahl der überörtlichen Schwerbehindertenvertretung *SchwbVWO* 22 25
- Frist für Einreichung der Freiumschläge *SchwbVWO* 28 41 ff.
- Fristen *SchwbVWO* 28 39 ff.
- geheime Abstimmung 177 71
- geheime Stimmabgabe *SchwbVWO* 20 60
- GSBV 180 7
- Handzeichen *SchwbVWO* 20 57
- Heranziehung von Hilfspersonen *SchwbVWO* 20 54, 61
- informationsflussorientierte Auslegung *SchwbVWO* 18 6 f.
- Initiierung der Wahl *SchwbVWO* 18 16
- Kennzeichnung der Stimmzettel *SchwbVWO* 20 58
- Kopierer *SchwbVWO* 20 49
- Kriterium der räumlichen Nähe *SchwbVWO* 18 3 ff.
- Liste der Wahlberechtigten *SchwbVWO* 20 21
- Losentscheidung *SchwbVWO* 20 76 f.
- Nachbereitung der Wahl *SchwbVWO* 20 69 ff.
- nachgelagerte Briefwahl *SchwbVWO* 28 31 ff.
- Nachwahl stellvertretender Mitglieder *SchwbVWO* 21 1
- offene Abstimmung 177 71
- Öffentlichkeit der Stimmauszählung *SchwbVWO* 20 71 f.
- parallele Durchführung der Wahlgänge *SchwbVWO* 20 66 ff.
- persönliche Stimmabgabe *SchwbVWO* 20 55
- Präsenzveranstaltung *SchwbVWO* 28 9 ff.
- räumlich nicht weit entfernt 177 24
- räumlich weit auseinanderliegende Betriebsteile *SchwbVWO* 18 3 ff.
- Sichtschutzwände *SchwbVWO* 20 60
- Stichwahl *SchwbVWO* 20 77
- Stimmabgabe *SchwbVWO* 28 30, 31 ff.
- Stimmberechtigung *SchwbVWO* 28 44
- Stimmenauszählung *SchwbVWO* 20 70, 28 35, 48
- Stimmengleichheit *SchwbVWO* 20 76 f.
- Stimmzettel *SchwbVWO* 20 57
- subjektiver Maßstab *SchwbVWO* 18 13
- Trennung der Wahlgänge *SchwbVWO* 20 20, 50 ff., 68

- Überschaubarkeit des Wahlgeschehens *SchwbVWO* 18 11 f.
- Umgang mit Wahlumschlägen *SchwbVWO* 20 62
- Unterrichtung der Gewählten *SchwbVWO* 20 80 ff.
- Unterrichtung über Gewählte *SchwbVWO* 20 85
- Verwendung von Stimmzetteln *SchwbVWO* 20 57
- Voraussetzungen *SchwbVWO* 18 1 ff., 11 ff., 14 ff.
- Vorbereitung der Wahlversammlung *SchwbVWO* 20 3 ff.
- Vorbereitungen innerhalb der Wahlversammlung *SchwbVWO* 20 19
- Wahlbehältnis *SchwbVWO* 20 64 f.
- Wahlhelfer *SchwbVWO* 20 6, 16 ff.
- Wahlleitung *SchwbVWO* 19 3, 20 2, 5 ff.
- Wahlniederschrift *SchwbVWO* 20 79
- Wahlschablonen *SchwbVWO* 20 54
- Wahlumschläge *SchwbVWO* 20 57
- Wahlunterlagen *SchwbVWO* 20 86
- Wahlurne *SchwbVWO* 20 65
- wahlversammlungsorientierte Auslegung *SchwbVWO* 18 7
- Wahlvorschläge *SchwbVWO* 20 28 ff.
- Widerspruch gegen 177 70 f.
- zeitlich versetzte Durchführung der Wahlgänge *SchwbVWO* 20 53, 66 ff.
- Zeitpunkt der Schwellenwerterreichung *SchwbVWO* 18 14 ff.
- zusammengefasste Betriebe bzw. Dienststellen *SchwbVWO* 18 4
- zwingende Anwendung *SchwbVWO* 18 18
- zwingendes Verfahren 177 71

Vereitelung
- des Eintritts des Schutzes 173 6

Verfahren
- Einstellung 238 23

Verfahrensart
- Beschlussverfahren *Kap.* 2 173
- richtige Verfahrensart *Kap.* 2 174
- Urteilsverfahren *Kap.* 2 173
- Wahl der richtigen Verfahrensart 178 144

Verfahrensbeteiligte
- Hinzuziehung *Kap.* 2 9
- subjektive Rechte *Kap.* 2 5

Verfahrensdauer
- Beschleunigung *Kap.* 2 155
- überlange 168 63

Verfahrensfehler *Kap.* 2 66
- Unbeachtlichkeit des 178 78

Verfahrensmangel
- Verkürzung der Monatsfrist 171 9

Verfahrensrechtliche Hinweise 75 17

Verfahrensregeln
- Regelungsverfügung 167 79
- Regelungsverlangen des Betriebsrats 167 79
- Sicherung des Mitbestimmungsrechts 167 79

Verfahrensvorgaben 4 27

Vergabe von Aufträgen durch die öffentliche Hand 224 1 ff.

Vergaberecht 124 10 f.

Vergleichbarkeit von Wohnformen
- Vergleichbarkeit von 104 9

Vergleichsberechnung 68 6

Vergünstigung *Vor* 228 2

Vergünstigungswesen
- Reform 209 4 f.

Vergütung
- Berücksichtigung des Arbeitsergebnisses 58 28
- Kalkulation 58 24
- Kosten der wirtschaftlichen Betätigung 58 34
- notwendige Kosten 58 29

Vergütungspauschale 58 35

Vergütungsvereinbarung 123 10, 125 8 ff.
- Aufforderung zur Verhandlung 126 2
- außerordentliche Kündigung 130 1 ff.

- Kürzung der Vergütung 129 1 ff.
- prospektiv 127 2 f.

Vergütungsvereinbarungen 57 29, 58 21
- Grundsatz der Wirtschaftlichkeit 58 22

Verhaltensbedingte Gefährdung
- Prävention 167 21 ff.
- schuldhafte Minderleistung 167 22

Verhaltensbedingte Kündigung 172 26 ff.
- Fehlverhalten im Zusammenhang mit der Behinderung 167 23

Verhältnismäßigkeit
- Kosten 104 10
- Mitwirkungspflicht *Kap. 2* 32

Verhältnismäßigkeitsgrundsatz *Kap. 2* 28
- Kündigungsschutz 167 112 ff.

Verhandlung
- Protokoll 171 6
- zeitnahe schriftliche Niederlegung 171 6

Verhinderung
- Abweichung der Verwaltungsgerichte von der Rechtsprechung des BAG 177 7
- Anzeige der Verhinderungsgründe 178 107
- bayerischer Sonderfall bei Urlaub 177 7
- Befangenheit 178 23
- Dienstreisen 178 23
- duales Studium 177 7
- Elternzeit 178 23
- Erfahrungssatz 177 7
- Fall der Personalunion von Mitgliedschaft im Personalrat und SBV 178 107
- Interessenkonflikt 178 23
- Krankheit 178 23
- Kuraufenthalt 178 23
- Prüfungen 177 7
- Stellvertretung 177 7
- Terminüberschneidung 177 7
- Unzumutbarkeit der Wahrnehmung des Amtsgeschäfts 177 7
- Urlaub 177 7, 178 23

Verhinderungsfall
- Einladung des stellvertretenden Mitglieds 178 107
- Prüfung des Verhinderungsgrundes 178 107

Verjährung
- Beratung, unzureichende *Kap. 2* 21
- Ordnungswidrigkeit 238 11
- Strafverfolgung 237a, 237b 7 f.
- Urlaubsanspruch bei unterlassener Mitwirkungsobliegenheit 208 71
- Vollstreckung 237a, 237b 7 f.

Verletztengeld 44 22, 65 5
Verletztenrenten 72 11 f.
Vermittlungsbemühung 221 16
Vermittlungsvorschlag
- Reha-Team 164 140

Vermögen 138 6
- Angehörige 138 6
- antragstellende Person 138 15
- Barvermögen 139, 140 4
- Definition 138 8
- Eigenbetrag 138 6
- Eingliederungshilfe 139, 140 3
- Freibetrag 138 8
- Härtefallregelung 139, 140 8 ff.
- Minderjährige mit Eingliederungshilfebedarf 138 6
- minderjährige Person 138 15 ff.
- sachlicher Anwendungsbereich 138 18
- Schonvermögen 138 8, 139, 140 7
- Verwertbarkeit 139, 140 6
- Zeitpunkt der Ermittlung 139, 140 5

Vermögensfähigkeit
- SBV 179 94

Vermögensfreibetrag 138 8
Vermutung
- Benachteiligung 178 88
- Vermutungstatsachen 164 62
- Widerlegung 164 62

Vermutungsregel
- Vermutungsregel nicht aufrechterhalten 168 61
- zur Entbehrlichkeit des BEM 167 128

Vermutungstatsachen
- Verletzung der Beteiligungspflicht 164 63

Veröffentlichung
- Teilhabeverfahrensbericht 41 10

Verordnungsermächtigung 40 5

Verpflegungsgeld 73 8

Verpflegungskosten 73 8

Verpflichtungsklage
- Streitwert 171 43
- Verwaltungsgericht Vor 168 18

Versammlung
- Berichtspflicht 166 75
- Betriebsräteversammlung 180 44
- Betriebsversammlung 180 44
- der schwerbehinderten Beschäftigten 166 75
- der schwerbehinderten Menschen 178 131
- Einladung des Betriebsrats 166 77
- Einladung des Personalrats 166 77
- Konzernversammlung der Vertrauenspersonen 180 59
- mindestens einmal im Kalenderjahr 178 131
- Neuregelung im Betriebsrätemodernisierungsgesetz 178 131
- Sonderregelungen aus Anlass der COVID-19-Pandemie 178 131
- Teilversammlungen 178 131
- Versammlung der Vertrauenspersonen 180 44
- Videoformat 178 131
- Videoübertragung zu Nebenstellen 178 131

Versammlung der schwerbehinderten Menschen
- Beauftragte der Verbände 178 135
- Bericht des Arbeitgebers 178 134
- Fahrtkosten 178 132
- Tagesordnung 178 133
- Vergütungsanspruch für Zeitaufwand 178 132
- Zuständigkeit für Festlegung der Zahl der stellvertretenden Mitglieder SchwbVWO 2 29

Versammlung zur Wahl des Wahlvorstands
- Vorrang des Einladungsrechts der Wahlberechtigten 176 19

Versammlungseinladung
- Anforderungen SchwbVWO 1 45 ff., 52
- Aushang SchwbVWO 1 48 ff.
- barrierefrei SchwbVWO 1 48
- blinde Beschäftigte SchwbVWO 1 51
- Fristen SchwbVWO 1 55
- Informations- und Kommunikationstechnik SchwbVWO 1 50
- Intranet SchwbVWO 1 50
- Mindestanforderungen SchwbVWO 1 47
- Mindestvorlaufzeit SchwbVWO 1 55
- Rundschreiben SchwbVWO 1 49
- sehbehinderte Beschäftigte SchwbVWO 1 51
- Zeitpunkt SchwbVWO 1 54

Verschweigen
- der Behinderung 168 11, 24

Verschwiegenheit
- Regelungslücke 179 88
- Vertrauensperson 179 91

Verschwiegenheitspflicht
- Adressaten 237a, 237b 4
- Beschäftigte der externen Stellen 213 1
- nach Ausscheiden aus dem Amt 237a, 237b 5
- Strafbarkeit der Verletzung der 179 92
- Vertrauensperson 179 35 ff.
- während des Amts 237a, 237b 5
- Zusammenarbeit mit Beschäftigtenvertretungen 179 90
- Zusammenarbeit mit Integrationsamt 179 90

Versetzung
- Amtsende 177 104
- Beteiligung der SBV 178 42
- Bewerbungsverfahren nach Art. 33 Abs. 2 GG 164 189
- Durchführung der Versetzungsentscheidung trotz Aussetzungsgebots 178 85

Stichwortverzeichnis

- öffentlicher Dienst 164 189
- Organisationsermessen 164 189
- Unwirksamkeit wegen fehlender Zustimmung 178 82
- Verletzung der Förderungspflicht 164 179

Versetzung in den Ruhestand
- Abfrage freier Dienstposten 211 15
- Amtsarzt 211 14
- dialogische Suche 211 15
- Feststellung der Dienstunfähigkeit 211 14
- Gutachten 211 14
- mildere Maßnahmen 211 14
- Versetzung 211 15
- Verwendung unter Vorbehalt 211 15
- Weiterverwendung 211 15
- Zurruhesetzung 211 14

Versetzungsschutz
- Aufhebung einer rechtswidrigen Versetzung 179 86
- Betrieb 179 85
- Dienststelle 179 83

Versicherungspflicht
- in der gesetzlichen Rentenversicherung 65 11

Versicherungsvermittlung 156 16

Versorgung
- mit Zahnersatz 42 13

Versorgungsamt
- Unterstützung bei Antragstellung 178 18
- Vertrauensperson 182 8
- Zuständigkeit 152 8

Versorgungskrankengeld 65 5

Versorgungsmedizinische Grundsätze 152 21, 23

Verstoß gegen Einladungspflicht
- neue Rspr. 165 30

Verträge
- mit Leistungserbringern 38 1 ff.
- Qualitätssicherung 38 6

Vertrauensperson
- Abmeldepflicht 179 53
- Abstimmung mit herangezogenen stellvertretenden Mitgliedern 178 95a
- Abstimmung mit stellvertretenden Mitgliedern 178 25

- Abwehr unzulässiger Datenanforderungen 178 18
- Abwesenheit 177 7
- Altersteilzeit 177 102
- amtsbedingte Aufwandsentschädigung 179 10
- Amtsniederlegung 180 39
- Amtstätigkeit nach Zugang der Kündigung 179 60
- andere Dienstgeschäfte 177 7
- Anwesenheitszeiten 179 43
- außerordentliche Kündigung 179 61 ff.
- Beamtenrechtliche Unfallfürsorge 179 21
- Begünstigungsverbot 179 23 f.
- Behinderungsverbot 179 23 ff.
- Benachteiligungsverbot 179 23 f.
- Beratung über Steuerfreibetrag 178 18
- berufliche Entwicklung 179 46, 56
- berufliche Freistellung im Einzelfall 179 52 f.
- Berufsförderung 179 56 f.
- Beteiligung im Beschlussverfahren wegen Kostenerstattung 179 130
- Betriebsgeheimnis 179 89 ff.
- Direktionsrecht 179 42
- Doppelmandat 179 64
- Ehrenamt 179 3
- Eingaben 178 18
- Empfangszuständigkeit 178 89
- Entgelt bei Freistellung 179 5
- Entgelt bei voller Freistellung 179 45
- Entgeltfortzahlung 179 5
- Erkrankung 177 7
- Erlaubnis zur Kündigung 179 63
- Ersetzung der Zustimmung zur Kündigung 179 65
- Freizeitausgleich 179 6 ff.
- frühere Bezeichnung Vertrauensmann 177 6
- Geheimhaltung 179 88
- Geschäftsgeheimnis 179 89 ff.
- Geschäftsordnung des Betriebsrats 178 107
- Gleichstellung mit BR und PR 179 33

- Hinzuziehen 167 68
- Interessenkonflikt 177 7
- Konzern 180 59
- Kündigung durch Arbeitgeber 179 62
- Kündigung mit Freistellung 177 102
- Kündigungsschutz während der Amtszeit 179 60 ff.
- Leistungsort bei Freistellung 179 44
- Nachrücken 177 8
- Neuwahl 177 8
- pauschale Freistellung 179 37 ff.
- Personalunion 181 5
- persönliche Rechtsstellung *Kap. 2* 173
- persönlicher Schutz 179 34
- Rechenschaftspflicht 179 17
- Recht der Evangelischen Kirche Deutschlands *Kap. 1* 6
- Rechte nach Kirchengesetz *Kap. 1* 12
- Rechte nach staatlichem Recht *Kap. 1* 12
- Rechte und Pflichten 179 1 ff.
- rechtsgeschäftliche Vertretung schwerbehinderter Menschen 178 18
- Rechtsstellung 179 33 ff.
- Schadenersatz 179 35
- Schlechterstellung gegenüber Betriebsratsmitglied 179 56
- Schulung für Teilzeitbeschäftigte 179 116
- Schulungen 179 115 ff.
- Schwerbehindertenvertreter 177 6
- staatliches Recht *Kap. 1* 6
- Statthaftigkeit des Ersetzungsantrags 179 65
- Stellvertretung 177 7
- Stellvertretung bei Wahl der GS-BV 180 8
- Stilllegung des Betriebs 179 73
- Stilllegung einer Abteilung 179 73 f.
- Stimmrecht *Kap. 1* 11
- Strafbarkeit 237a, 237b 4
- Streitigkeit aus dem Amt *Kap. 2* 173

- Streitigkeit aus dem Arbeitsverhältnis *Kap. 2* 173
- Übergabe der Amtsgeschäfte bei Verhinderung 178 25
- unmittelbare Betroffenheit 177 7
- Unvereinbarkeit der Ämter 177 21
- Urlaub vor Ruhestand 180 39
- Verhinderung 177 6 f.
- Verhinderung wegen Befangenheit 177 7
- Verhinderungsgrund 179 60
- Verschwiegenheitspflicht 179 88 ff.
- Versetzungsschutz 179 83 ff.
- Versicherungsschutz in der Sozialversicherung 179 21 ff.
- Vertrauensleuteversammlung 180 15
- vorzeitiges Amtszeitende 180 39
- Wegfall von Nachtdienst 179 49
- Weisungsfreiheit 179 4
- Widerspruch bei Betriebsübergang 179 75
- Zulagen 179 5
- Zuschläge 179 5
- Zustimmung zur außerordentlichen Kündigung 179 62
- Zustimmungserfordernis zur Kündigung der Vertrauensperson 179 61 f.

Vertretungen der schwerbehinderten Beschäftigten
- Konzernebene 180 2
- parallel zu den Personalvertretungen und Betriebsräten 180 2
- Repräsentation auch ohne Wahl 180 2
- Stufenvertretungen bei mehrgliedrigem Behördenaufbau 180 2
- Unternehmensebene 180 2

Vertretungslose Betriebe 180 32
- erstrecktes Mandat 177 113

Vertretungslose Unternehmen 180 32
- erstrecktes Mandat 177 113

Vertretungsregelung
- keine Mehrarbeit 207 7
- richterliche Arbeitszeit 207 7

Verwaltungsakt 159 19;
Kap. 2 40 ff.
- Adressat *Kap. 2* 56
- Aufhebung 171 21
- Begründung 171 10; *Kap. 2* 58
- begünstigender *Kap. 2* 74
- Behörde *Kap. 2* 56
- Beschwer 174 20
- Bestandskraft 171 21; *Kap. 2* 63, 76
- Bestimmtheit *Kap. 2* 55
- Bindung (an) 168 61 ff.; *Kap. 2* 47
- Bindungswirkung *Kap. 2* 48
- Differenzierung *Kap. 2* 46
- Drittwirkung 171 10
- Ermessen *Kap. 2* 47
- keine Bindung an nichtigen Verwaltungsakt 168 61
- mit Doppelwirkung 174 20
- nicht begünstigender *Kap. 2* 69
- Nichtigkeit *Kap. 2* 57, 64
- öffentlich-rechtlicher 171 10 ff.
- privatrechtsgestaltender 174 20
- rechtmäßiger *Kap. 2* 66
- rechtswidriger *Kap. 2* 66, 69, 74
- Rücknahme *Kap. 2* 69 ff.
- Schriftform *Kap. 2* 57
- Tatbestandswirkung *Kap. 2* 49
- Teilnichtigkeit *Kap. 2* 65
- unanfechtbarer *Kap. 2* 69
- Verkörperung 174 30
- Wirksamkeit *Kap. 2* 63
- Wirkung *Kap. 2* 46
- Zustellung 171 10

Verwaltungsgericht
- arbeitsgerichtliche Prüfdichte 168 61
- Zuständigkeit 178 143, 207 13

Verwaltungsrechtsstreit
- Erledigungserklärung 171 30

Verwaltungsverfahren
- Ausschuss für die Rechte von Menschen mit Behinderung *Kap.* 2 2
- SGB X 170 5
- UN-BRK *Kap. 2* 2
- Verbandsvertretung *BGG* 14 1 ff.
- VwVfG *Kap. 2* 2

Verwaltungsvorschriften
- Stärkung der Rechte der SBV 164 155

Verwaltungszustellungsgesetz
- Behördenzustellung 171 14
- Einschreiben mit Rückschein 171 14
- Einschreiben mit Übergabe 171 14
- elektronische Zustellung 171 14
- Empfangsbekenntnis des Anwalts 171 14
- Erbringung der Zustellung durch die Post 171 14
- Ersatzzustellung 171 14
- öffentliche Zustellung 171 14
- Zustellung durch Übergabe 171 14
- Zustellung im Ausland 171 14
- Zustellung mit Zustellungsurkunde 171 14
- Zustellungsarten 171 14
- Zustellungsfiktion am dritten Tag nach der Aufgabe zur Post 171 14

Verwaltungszwang
- Abschaffung 164 106
- Ersetzung durch „guten Willen" 164 106

Verwarnung 238 25

Verwirkung
- Ausnahmen von der Regelfrist 168 57
- Ausschlussfrist 168 10
- Beendigungsschutz 175 23
- Kenntnis vom Antragsverfahren 168 57
- Kenntnis vom Gleichstellungsantrag 174 7
- Kündigungsschutz 168 10
- Regelfrist 168 10, 174 7
- Regelfrist für Geltendmachung bei Unkenntnis des Arbeitgebers 168 57

Verzeichnis der schwerbehinderten Menschen 163 4 ff.
- Betriebsbezug 163 10
- Geheimhaltungspflicht 163 6
- SBV 178 49
- Übermittlung an SBV 163 11
- Vorlagepflicht 163 5

Verzeichnisführung
- Bußgeld 238 13
- Ordnungswidrigkeit 238 13 f.
- Verstoß gegen die Pflicht zur 238 13
- Verstoß gegen die Verzeichnisübersendung 238 14

Verzicht
- Rechtsfolge 175 9

Verzögerungsgrund
- zu vertretender 71 14
- zumutbare Pendelzeiten 71 15

Verzugslohn
- unwirksame Zustimmung 168 66

Video- und Telefonkonferenz
- Grundsatz der geheimen Wahl *SchwbVWO* 28 19 ff.

Videokonferenz
- Aufzeichnungsverbot *SchwbVWO* 28 27 f.
- Briefwahl *SchwbVWO* 28 31 ff.
- Hard- und Software zur Teilnahme 179 107
- Inhalt der Wahlversammlung *SchwbVWO* 28 29
- Stimmabgabe *SchwbVWO* 28 30, 31 ff.
- technische Risiken *SchwbVWO* 28 25 f.

Videokonferenz des Betriebsrats
- Dauerreglung 178 95a
- Hinweispflicht des Betriebsratsvorsitzenden 178 95a
- Teilnahme der SBV an Videokonferenz 178 95a
- Teilnahmebestätigung in Textform 178 95a
- Vorrang der Präsenzsitzung 178 95a

Völkerrecht 100 6

Volkshochschule 75 13

Vollstreckung
- Freistellung 238 29
- Herausgabe von Sachen *Kap.* 2 163
- in Forderungen *Kap.* 2 164
- Pfändungs- und Überweisungsbeschluss *Kap.* 2 164
- Vollstreckungsvoraussetzungen *Kap.* 2 158

- wegen Geldforderungen *Kap.* 2 162

Vollstreckungstitel
- Vollstreckbarkeit *Kap.* 2 158

Vollziehung
- Aussetzung der sofortigen *Kap.* 2 102

Volontär 156 32

Voraussetzungen 7 8, 9 6, 12
- Beitragspflicht 32 5
- Mitgliedschaft 32 5

Vorauswahl
- Beteiligung der SBV 178 50
- Vorstellungsgespräch 165 11

Vorbereitungsdienst
- Vorstellungsgespräch 165 13

Vordruck
- Gestaltung *BGG* 10 2 ff.

Vorfrist
- Antrag auf Feststellung der Schwerbehinderung 175 6
- Antrag auf Gleichstellung 175 6
- Fristberechnung 175 6
- Rentenbewilligung 175 6
- Zugang der Mitteilung über den Eintritt der auflösenden Bedingung 175 6

Vorkehrung, angemessene 165 1; *siehe* Angemessene Vorkehrung

Vorrang
- Beförderung 205 12
- berufliche Bildung 164 203
- Besetzung von Arbeitsplätzen 205 9
- bevorzugte Beschäftigung 205 3
- bevorzugte Einstellung 205 3
- fachpolitischer 3 4
- Gleichrangigkeit mit anderen vorrangigen Personengruppen 205 3
- Kompensation 205 6
- positive Maßnahme 205 8
- Rechtsentwicklung 205 2
- schwerbehinderte Menschen 205 1 ff.

Vorrang Schwerbehinderter
- Anrechnung geschützter Personen 205 5
- bevorzugte Einstellung 164 13
- Gleichrangigkeit 205 13
- öffentlicher Dienst 164 13

- Ordnungswidrigkeit 205 5
Vorrangsregelungen
- Kollision 205 14
Vorschlagsrecht
- Wahlberechtigung 180 10
Vorstandsmitglieder 156 29
Vorstellung
- Einladung 165 3, 4
Vorstellungsgespräch 165 8
- Ablehnung der Teilnahme der SBV 178 50
- Auswahlverfahren 165 38
- Begriff des 165 8
- Beratungsrecht der SBV 178 50
- Datenschutz 178 2
- Einladung 165 41
- Fragerecht der SBV 178 50
- interne Stellenbesetzung 165 10
- kein Eignungsindiz 165 14
- Mehrfachbewerbung 165 17
- Nachholung der Einladung 165 15
- Nachteilsausgleich 165 12, 37
- öffentlicher Dienst 164 10
- Pflichtverletzung des Dienstherrn 165 36
- Recht auf Teilnahme der SBV 178 2
- Stationierungsstreitkräfte 164 16
- strukturiertes Auswahlgespräch 165 38
- Teilnahme am 178 50
- Teilnahme der SBV 165 27
- Unterrichtung der SBV 165 27
- Verschiebung des Termins 165 16
- Widerlegung der Benachteiligungsvermutung 164 74

Wahl
- Anfechtung 177 88 ff.
- Anfechtungsgründe 177 92
- Aufbewahrung der Wahlunterlagen 177 68
- außerhalb der regelmäßigen Wahlzeit 177 11
- Beeinflussung 177 84
- Bestellung des Wahlvorstands 180 19
- Briefwahl 177 64
- Feststellung des Ergebnisses 177 67
- förmliches Wahlverfahren 180 19
- geheime Wahl 177 35
- generelle Briefwahl 180 19
- Hinwirken 176 19
- Information über Aufgaben der SBV und Wahl 176 19
- Information über die Wahl 176 22
- Informationsveranstaltung 176 22
- Initiierung der Wahl 176 19
- Kandidatensuche 176 22
- KSBV 180 52
- Losentscheid 177 80
- Meldung der Gewählten 177 69
- Mitteilung des Ergebnisses 177 67
- Nichtigkeit 177 96
- Nichtigkeitsgründe 177 96
- Personenwahl 177 38
- Rechtsänderung 180 16
- regelmäßige Wahlen 177 10
- schriftliche Stimmabgabe 180 22
- Stellvertretende Mitglieder der SBV 177 55
- Stimmauszählung, öffentlich 177 67
- Unterstützung von Wahlbewerbern 177 84
- Vertrauensperson 177 55
- Vorschlag einer Gemeinsamen SBV 176 22
- Wahlbehinderung 177 84
- Wahlperiode 177 10
- Wahlwerbung 177 84
- zum Werkstattrat 222 11
- zur Schwerbehindertenvertretung 177 2
- Zwischenwahl 177 12

Wahl der gemeinsamen Schwerbehindertenvertretung
- Anfechtung 177 42

Wahl der Gesamtschwerbehindertenvertretung
- anwendbare Vorschriften 180 7
- Stützungsunterschriften 180 7
- Wahlversammlung 180 7 ff.

Wahl der SBV
- Ablauf der Abstimmung *SchwbVWO* 10 1 ff.

Stichwortverzeichnis

- Ablehnung der Wahl
  SchwbVWO 14 17 ff.
- Abstands- und Hygienevorschriften *SchwbVWO* 28 10
- abweichender Betriebsbegriff
  SchwbVWO 3 6
- Amtsdauer *SchwbVWO* 17 30
- Änderungen der SchwbVWO
  SchwbVWO 29 1
- Annahme der Wahl
  SchwbVWO 14 10 ff.
- Aufbewahrung der Wahlunterlagen *SchwbVWO* 16 1 ff.
- Aufzeichnungsverbot
  SchwbVWO 28 27 f.
- Barrierefreiheit
  SchwbVWO 5 21 ff., 20 54
- Bekanntmachung der Gewählten
  SchwbVWO 15 1
- Bekanntmachung der Kandidaten
  SchwbVWO 8 1 ff.
- Benachrichtigung der Gewählten
  SchwbVWO 14 1 ff.
- Benachrichtigung über das Wahlergebnis *SchwbVWO* 15 8 ff.
- Bezirksschwerbehindertenvertretung *SchwbVWO* 22 1
- blinde Beschäftigte
  SchwbVWO 5 21 f.
- Briefwahl *SchwbVWO* 11 1 ff.,
  12 1 ff., 28 31 ff.
- Briefwahl, nachgelagerte
  SchwbVWO 28 31 ff.
- Briefwahlstimmen
  SchwbVWO 12 1 ff.
- Corona-Pandemie
  SchwbVWO 28 1 ff., 10
- Durchmischung der Wahlumschläge *SchwbVWO* 12 10
- Einladung zur Wahlversammlung
  SchwbVWO 19 1 ff.
- Einleitung der Wahl
  SchwbVWO 5 2
- Einspruch gegen die
  Liste der Wahlberechtigten
  SchwbVWO 4 1
- Ersetzung des Wahlvorstands
  SchwbVWO 2 44 ff.
- Feststellung des vorläufigen
  Wahlergebnisses
  SchwbVWO 13 1 ff.
- förmliches Wahlverfahren
  SchwbVWO 28 3
- Frist für Ablehnung der Wahl
  SchwbVWO 14 10 ff.
- Gesamtschwerbehindertenvertretung *SchwbVWO* 22 1
- Gewerkschaft *SchwbVWO* 2 12
- Grenzen des Hinwirkens 176 21
- Grundsatz der allgemeinen Wahl
  SchwbVWO 28 12
- Grundsatz der Barrierefreiheit
  SchwbVWO 28 12 f.
- Grundsatz der geheimen Wahl
  SchwbVWO 28 19 ff.
- GSBV 180 38
- Hauptschwerbehindertenvertretung *SchwbVWO* 22 1
- Hinwirken auf 176 21 f.
- Hybridveranstaltung
  SchwbVWO 28 18
- Information ausländischer Wahlberechtigter
  SchwbVWO 2 35 ff.
- Initiatoren *SchwbVWO* 20 4
- Initiierung der Wahl
  SchwbVWO 18 16, 19 1 ff., 5, 23
- Initiierungsbefugnis der GSBV
  180 38
- Kirchen *Kap. 1* 16 ff.
- Konzernschwerbehindertenvertretung *SchwbVWO* 22 1
- Liste der Wahlberechtigten
  SchwbVWO 3 2 ff.
- Losentscheidung
  SchwbVWO 13 15 ff., 20 76 f.
- Nachfrist für Wahlvorschläge
  SchwbVWO 7 1
- Nachrücken bei Ablehnung der
  Wahl *SchwbVWO* 14 17 ff.
- Nachwahl stellvertretender Mitglieder *SchwbVWO* 17 1 ff.,
  21 1
- passiv Wählbare
  SchwbVWO 6 2
- persönliche Stimmabgabe
  SchwbVWO 10 2
- Prüfung von Wahlvorschlägen
  SchwbVWO 6 65 ff.
- Quorum für Wahlvorschläge
  SchwbVWO 6 27 ff.
- Rudimentärcharakter der Regelungen *SchwbVWO* 6 74
- Schutz der Wahl
  SchwbVWO 28 19 ff.

- Schwerbehindertenvertretung der Richter *SchwbVWO* 24 1 ff., 25 1 ff., 26 1 f.
- Schwerbehindertenvertretung der Staatsanwälte *SchwbVWO* 23 1 ff.
- sehbehinderte Beschäftigte *SchwbVWO* 20 54
- Stichwahl *SchwbVWO* 13 16, 20 77
- Stimmabgabe *SchwbVWO* 9 1 ff., 28 30, 31 ff.
- Stimmberechtigung *SchwbVWO* 28 44
- Stimmenauszählung *SchwbVWO* 13 1 ff., 20 70 ff.
- Stützunterschriften *SchwbVWO* 6 27 ff.
- technische Risiken *SchwbVWO* 28 25 f.
- Telefonkonferenz *SchwbVWO* 28 1 ff., 15 ff.
- Termin der Wahl *SchwbVWO* 2 23
- Trennung der Wahlgänge *SchwbVWO* 6 19, 20 20, 50 ff., 68
- Übergangsmandat *SchwbVWO* 17 14
- überörtliche Schwerbehindertenvertretung *SchwbVWO* 22 1
- überörtliche Schwerbehindertenvertretung der Richter *SchwbVWO* 27 1 ff.
- Unterstützungspflicht des Arbeitgebers *SchwbVWO* 2 38 ff.
- vereinfachtes Wahlverfahren *SchwbVWO* 18 1 ff., 20 1 ff., 28 3
- Videokonferenz *SchwbVWO* 28 1 ff., 15 ff.
- Wahl der Wahlleitung *SchwbVWO* 28 22 ff.
- Wahlausschreiben *SchwbVWO* 5 1 ff.
- Wahlbeeinflussung durch den Betriebsrat 176 21
- Wahlbehinderung durch den Betriebsrat 176 21
- Wahlberechtigung *SchwbVWO* 28 22 ff.
- Wahlgrundsätze *SchwbVWO* 28 11 ff.
- Wahlhelfer *SchwbVWO* 2 4 ff.
- Wahlinitiierung *SchwbVWO* 1 2 ff.
- Wahlleitung *SchwbVWO* 20 2
- Wahlniederschrift *SchwbVWO* 13 1, 21 ff.
- Wahlrecht in Kirchen *Kap. 1* 16 ff.
- Wahlschablonen *SchwbVWO* 20 54
- Wahlverfahren *SchwbVWO* 18 18 f.
- Wahlversammlung *SchwbVWO* 28 1 ff., 3
- Wahlvorschläge *SchwbVWO* 28 22 ff.
- Wahlvorschlagsrecht *SchwbVWO* 6 1 ff.
- Wahlvorstand *SchwbVWO* 2 2 ff.
- Zahl der stellvertretenden Mitglieder *SchwbVWO* 2 25 ff.
- Zeitpunkt der Wahl *SchwbVWO* 2 23 f.
- zwingende Anwendung der Wahlverfahren *SchwbVWO* 18 18 f.

Wahl der überörtlichen SBV
- Ablauf des förmlichen Wahlverfahrens *SchwbVWO* 22 9 ff.
- Ablauf des vereinfachten Wahlverfahrens *SchwbVWO* 22 24 ff.
- Ausschließlichkeit der schriftlichen Stimmabgabe *SchwbVWO* 22 14 ff.
- Briefwahl *SchwbVWO* 22 14 ff.
- Einigung über Wahlvorstand *SchwbVWO* 22 10 f.
- förmliches Wahlverfahren *SchwbVWO* 22 5 ff., 19 f.
- formlose Abstimmung *SchwbVWO* 22 5 f., 25 f.
- Losentscheidung *SchwbVWO* 22 5 f., 25
- persönliche Stimmabgabe *SchwbVWO* 22 14
- Urnenwahl *SchwbVWO* 22 14
- vereinfachtes Wahlverfahren *SchwbVWO* 22 5 f., 18 ff., 21 ff.
- Wahl des Wahlvorstands *SchwbVWO* 22 10 f.
- Wahltermine *SchwbVWO* 22 3 f.

- Wahlverfahren
  SchwbVWO 22 5 ff., 18 ff., 25 f.
- zwingende Anwendung der Wahlverfahren *SchwbVWO* 22 19 f.

Wahlämter
- Kündigungsschutz 173 20

Wahlanfechtung
- Arbeitsgerichtsbarkeit 177 98
- Frist 177 94
- Kirchen *Kap.* 1 27

Wahlausschreiben
- Aushang 180 19, 20; *SchwbVWO* 5 8 ff.
- Aushang an entlegener Stelle *SchwbVWO* 5 24
- Aushang in Gemeinschaftsräumen *SchwbVWO* 5 16
- Aushangstellen *SchwbVWO* 5 14 ff.
- Barrierefreiheit *SchwbVWO* 5 21 ff.
- Barrierefreiheit der Aushangstelle *SchwbVWO* 5 23
- Beschluss des Wahlvorstands *SchwbVWO* 5 6
- Braille-Punkt-Schrift *SchwbVWO* 5 22
- Dauer des Aushangs *SchwbVWO* 5 10
- digital lesbare Form *SchwbVWO* 5 22
- elektronische Bekanntmachung *SchwbVWO* 5 8
- fehlerhafte Angaben *SchwbVWO* 5 5
- Frist *SchwbVWO* 5 7
- Fristbeginn *SchwbVWO* 5 3
- Funktion *SchwbVWO* 5 2 ff.
- Gewährleistung der Allgemeinheit der Wahl *SchwbVWO* 5 4
- individuelle Unterrichtung *SchwbVWO* 5 21
- Inhalte *SchwbVWO* 5 5
- Intranet *SchwbVWO* 5 8
- Lesbarkeit *SchwbVWO* 5 10
- mehrere Aushangstellen *SchwbVWO* 5 18 ff.
- Pausenraum *SchwbVWO* 5 16
- räumlich getrennt liegende Betriebsteile *SchwbVWO* 5 19
- sehbehinderte Beschäftigte *SchwbVWO* 5 21
- Sichtkästen *SchwbVWO* 5 11 ff.
- Treppen *SchwbVWO* 5 23
- Überprüfung des Aushangs *SchwbVWO* 5 10
- Unterrichtungsfunktion *SchwbVWO* 5 4
- Unterschrift *SchwbVWO* 5 6
- Vorlese- und Transformationstechnik *SchwbVWO* 5 22
- Vorlesen des Inhalts *SchwbVWO* 5 22
- Wahlvorstand 177 59
- Zugänglichkeit der Aushangstelle *SchwbVWO* 5 17
- Zusammenfassung von Betrieben und Dienststellen *SchwbVWO* 5 18

Wählbarkeit
- Ämterpluralität *SchwbVWO* 6 4 f.
- Betriebsratsmitglied *SchwbVWO* 6 4
- Beurlaubte 177 20
- Beurlaubung 177 19
- Dienststellenleitung 177 19
- Doppelmandat 177 20 f.
- eigenständige Regelung 177 18
- Elternzeit 177 20
- gekündigte Arbeitnehmer 177 18
- Geschäftsunfähige 177 20
- Gestellte 177 19 f.
- Gleichstellungsbeauftragte *SchwbVWO* 6 5
- Ineligibilität 177 20
- Inklusionsbeauftragte 177 19; *SchwbVWO* 6 5
- Jugend- oder Bundesfreiwilligendienst 177 20
- Jugend- und Auszubildendenvertretung (JAV) *SchwbVWO* 6 4
- Jugendfreiwilligendienst 177 20
- Kumulationstheorie 177 19 f.
- Leiharbeitnehmer, echter/unechter 177 19 f.
- leitende Angestellte 177 19, 21
- Mindestalter 177 18
- Mindestbeschäftigungszeit 177 18
- nichtbehinderte Beschäftigte 177 18, 180 10

- Personalratsmitglied
  SchwbVWO 6 4
- Pflegedienstleitung 177 19
- Rehabilitanden 177 19
- strafrichterliche Aberkennung des Wahlrechts 177 20
- Wahlhelfer *SchwbVWO* 6 4
- Wahlvorstand 177 20
- Wahlvorstandsmitglied
  SchwbVWO 6 4
- Zwei-Komponenten-Lehre
  177 19

Wählbarkeitsausschluss
- novelliertes BPersVG 177 19

Wahlbeeinflussung 177 84

Wahlbehinderung
- Straflosigkeit 177 85

Wahlberechtigte
- Wahlinitiierung
  SchwbVWO 1 34

Wahlberechtigung
- gekündigte Arbeitnehmer
  177 17
- nachgelagerte Briefwahl
  SchwbVWO 28 44

Wahlbetriebe
- Organisationseinheit in der Betriebsverfassung 177 28

Wahlbetrug
- Strafbarkeit 177 85

Wahlbewerber
- Abordnungsschutz 177 86
- Kündigungsschutz 177 86

Wahlbezirk
- Auswirkung der Unanwendbarkeit von § 18 BetrVG 177 34
- Betrieb 177 29
- Betrieb aufgrund gerichtlicher Feststellung 177 33
- Dienststelle 177 31
- Feststellungsverfahren 177 34
- Nebenstellen 177 32
- Zuschnitt 177 29

Wahleinleitung
- Unverzüglichkeit
  SchwbVWO 2 21 f.
- Verzögerungen
  SchwbVWO 2 22
- Zeitpunkt der Wahl
  SchwbVWO 2 23 f.

Wahlen
- Betrieb als Wahlbezirk 177 22

Wahlergebnis
- Feststellung des Ergebnisses
  180 23

Wählerliste
- Fehler als Anfechtungsgrund
  177 93
- Wahlvorstand 177 59

Wählerliste GSBV
- Einspruch 180 21
- Einspruchsberechtigung 180 21

Wahlfehler
- falsches Wahlverfahren 177 71
- SchwbVWO 177 93

Wahlgeheimnis 177 37
- Verzicht 177 36

Wahlgrundsätze
  SchwbVWO 28 11 ff.
- Grundsatz der allgemeinen Wahl
  SchwbVWO 28 12
- Grundsatz der Barrierefreiheit
  SchwbVWO 28 12 f.
- Grundsatz der geheimen Wahl
  SchwbVWO 28 19 ff.

Wahlhelfer
- Aufgaben *SchwbVWO* 2 4 f.
- Bestellung *SchwbVWO* 1 9, 2 4
- Freistellung *SchwbVWO* 2 40
- Kündigungsschutz
  SchwbVWO 2 6
- personelle Anforderungen
  SchwbVWO 2 6
- Zuständigkeit für Bestellung
  SchwbVWO 2 7

Wahlinitiatoren
- Kündigungsschutz 177 86

Wahlinitiierung
- Ablauf der Amtszeit
  SchwbVWO 1 28
- anderweitige Einladung
  SchwbVWO 1 43
- Antrag an Arbeitsgericht oder Dienststellenleiter
  SchwbVWO 1 65 f.
- Antrag beim Arbeitsgericht
  SchwbVWO 1 4
- Arbeitgeber *SchwbVWO* 1 39
- Arbeitsgericht
  SchwbVWO 1 23, 63 ff.
- Aushang *SchwbVWO* 1 48

- Begriff *SchwbVWO* 1 3 ff.
- Berechtigung anderer Organe *SchwbVWO* 1 22 ff.
- Betriebsrat *SchwbVWO* 1 34, 70
- Bezirkspersonalrat *SchwbVWO* 1 38
- Bezirksschwerbehindertenvertretung *SchwbVWO* 1 35
- Dienststellenleiter *SchwbVWO* 1 23, 39, 63 ff.
- durch Amtsinhaber *SchwbVWO* 1 6
- durch Dienststellenleiter *SchwbVWO* 1 4
- durch SchwbV *SchwbVWO* 1 6
- durch Wahlberechtigte *SchwbVWO* 1 34
- Einsetzung durch Arbeitsgericht *SchwbVWO* 1 76
- formelle Anforderungen *SchwbVWO* 1 46 ff.
- Fortbestehen der Initiierungsbefugnis *SchwbVWO* 1 24
- frühestmöglicher Zeitpunkt *SchwbVWO* 1 29
- Gesamtbetriebsrat *SchwbVWO* 1 37
- Gesamtpersonalrat *SchwbVWO* 1 38
- Gesamtschwerbehindertenvertretung *SchwbVWO* 1 6, 35
- Gewerkschaft *SchwbVWO* 1 40, 67 ff.
- Gleichrangigkeit der Organe *SchwbVWO* 1 42
- Hauptpersonalrat *SchwbVWO* 1 38
- Hauptschwerbehindertenvertretung *SchwbVWO* 1 35
- Hinwirken der GSBV 180 38
- Informations- und Kommunikationstechnik *SchwbVWO* 1 50
- Integrationsamt *SchwbVWO* 1 34, 70
- Intranet *SchwbVWO* 1 50
- Konzernschwerbehindertenvertretung *SchwbVWO* 1 36
- parallele Initiierung *SchwbVWO* 1 25
- Personalrat *SchwbVWO* 1 34, 70
- Pluralität von Einladungen *SchwbVWO* 1 43
- Prioritätsprinzip *SchwbVWO* 1 25
- Rundschreiben *SchwbVWO* 1 49
- Sehbehinderte *SchwbVWO* 1 51
- Sperrwirkung anderweitiger Einsetzung des Wahlvorstands *SchwbVWO* 1 44, 77
- Sperrwirkung früherer Einladung *SchwbVWO* 1 43
- Stufenvertretung *SchwbVWO* 1 38
- Untersagung der Versammlung *SchwbVWO* 1 26
- Unterstützung durch Arbeitgeber *SchwbVWO* 2 42 f.
- Verhältnis zum Beginn der Wahl *SchwbVWO* 1 25
- Versammlung *SchwbVWO* 1 30 ff.
- von Amts wegen *SchwbVWO* 1 65
- Wahlberechtigte *SchwbVWO* 1 67
- Wahlvorstandswahl *SchwbVWO* 1 30 ff., 34 ff.
- Zeitpunkt *SchwbVWO* 1 54
- zuständiges Organ *SchwbVWO* 1 6

Wahlkosten
- Stimmzettel und Wahlumschläge *SchwbVWO* 9 8

Wahlleiter
- Wahl 177 75 ff.

Wahlleitung
- Abstimmberechtigte *SchwbVWO* 20 9 f.
- Abstimmberechtigung *SchwbVWO* 28 22 ff.
- Abstimmung per Handzeichen *SchwbVWO* 20 11
- Anforderungen an die Person *SchwbVWO* 20 13
- Bestellung durch Schwerbehindertenvertretung *SchwbVWO* 20 8
- Betriebsexterne *SchwbVWO* 20 14
- Betriebsratsmitglieder *SchwbVWO* 20 13

- Ein-Personen-Organ
  SchwbVWO 20 6
- Entgegennahme der Wahlumschläge *SchwbVWO* 20 62
- Entscheidungen
  SchwbVWO 20 6 f.
- Funktion *SchwbVWO* 20 5
- Integrationsamt
  SchwbVWO 20 14
- Kompetenzen *SchwbVWO* 20 5
- Mehrheit *SchwbVWO* 20 12
- offene Abstimmung
  SchwbVWO 20 11
- Personalratsmitglieder
  SchwbVWO 20 13
- Volljährigkeit
  SchwbVWO 20 15
- Wahl *SchwbVWO* 20 8
- Wählbarkeit 177 18
- Wahlberechtigung
  SchwbVWO 20 13
- Wahlhelfer
  SchwbVWO 20 16 ff., 62

Wahllokal
- Anforderungen
  SchwbVWO 10 5 ff.
- Aufzug *SchwbVWO* 10 8
- Barrierefreiheit
  SchwbVWO 10 3, 8
- Beschaffung der Räume
  SchwbVWO 10 4
- Blickachsen *SchwbVWO* 10 5
- Durchgangsbreite der Gänge
  SchwbVWO 10 8
- Fenster *SchwbVWO* 10 10
- Kosten *SchwbVWO* 10 9
- mehrere Wahllokale
  SchwbVWO 10 7, 16
- Rampe *SchwbVWO* 10 8
- räumlich zergliederte Wahlbezirke
  SchwbVWO 10 6
- Sichtschutz *SchwbVWO* 10 3, 9 ff.
- spiegelnde Scheiben
  SchwbVWO 10 10
- verglaste Bilder
  SchwbVWO 10 10 f.
- verkehrstechnische Erreichbarkeit
  SchwbVWO 10 6
- verwinkelte Räumlichkeiten
  SchwbVWO 10 5
- Vorbereitung durch Wahlvorstand *SchwbVWO* 10 3 ff.

- Wahlkabinen *SchwbVWO* 10 9
- Wahlurne *SchwbVWO* 10 12 f.
- Zeitpunkt der Auswahl
  SchwbVWO 10 4
- zwingende Nutzung
  von Sichtschutzeinrichtungen
  SchwbVWO 10 11

Wahlniederschrift
- Funktion *SchwbVWO* 13 21
- im vereinfachten Wahlverfahren
  SchwbVWO 20 79
- Inhalt *SchwbVWO* 13 22 f.
- Unterschriften
  SchwbVWO 13 24
- Zwischenfälle
  SchwbVWO 13 23

Wahlordnung
- angemessene Vorkehrungen
  177 93
- Barrierefreiheit 177 93
- Ergänzung durch das Teilhabestärkungsgesetz 183 2
- Leichte Sprache 177 93
- Reformbedarf 177 93
- UN-BRK 177 93
- Verhältnis von Gesetz und Verordnung 183 2
- Verordnungsermächtigungen
  183 2
- Wahlordnung Schwerbehindertengesetz (SchwbWO) 177 55, 183 2
- Wahlordnung Schwerbehindertenvertretungen (SchwbVWO)
  177 55, 183 2
- Wahlversammlung per Video
  183 2

Wahlordnung Schwerbehindertenvertretungen (SchwbVWO)
- Änderungshistorie 177 55
- korrigierende Auslegung 180 17
- Vorrang des Gesetzes 180 16 f.

Wahlrecht
- Abordnung 177 13
- Antragstellung 177 17
- arbeitnehmerähnliche Person
  177 25
- Arbeitsplatzbezug 177 15
- Auszubildende 177 13
- Beamte 177 13
- Beschäftigte im Jobcenter
  177 14

- Beschäftigung in mehreren Betrieben 177 15
- betriebsintegrierte Beschäftigung 177 13
- Dienststellenleiter 177 13, 16
- Doppelwahlrecht 177 14
- Ein-Euro-Jobber 177 13
- Elternzeit 177 13
- Erwerbsminderungsrentner 177 16
- Feststellungsantrag 177 13
- Freistellung in der Altersteilzeit 177 16
- Freiwilligendienst 177 16
- Gekündigte 177 17
- geringfügig Beschäftigte 177 16
- Geschäftsunfähige 177 13
- gesetzliche Betreuung 177 13
- Gestellte 177 14
- gleichgestellte Jugendliche 177 13
- Gleichstellungsantrag 177 13
- Heimarbeit 177 13
- Homeoffice 177 13
- in mehreren Betrieben 177 13 ff.
- Inklusionsbeauftragter 177 13, 16
- Intervallausbildung 177 15
- Jobcenter 177 13
- Jugend- oder Bundesfreiwilligendienst 177 13
- Langzeitkranke 177 16
- Leiharbeitnehmer 177 13, 17
- leitende Angestellte 177 13
- Mindestalter 177 13
- mobiles Arbeiten 177 13
- nachwirkender Schutz 177 17
- Neueingestellte 177 17
- Perspektiv-Jobber 177 13
- Praktikanten 177 13
- Referendare 177 13
- Rehabilitanden 177 13
- Richter 177 16
- Rote-Kreuz-Schwester 177 13
- Schonfrist 177 13
- Staatsanwälte 177 16
- Stammdienststelle 177 13, 14
- Stichtag 177 17
- Trainee 177 13
- Umschüler 177 13
- Urlaub ohne Bezüge 177 13

- vorübergehend Beschäftigte 177 16
- Zur Wiedereingewöhnung beschäftigt 177 16
- Zuweisung 177 13

Wahlrecht in den evangelischen Kirchen
- Grundsätze im MVG-EKD Kap. 1 18 ff.

Wahlrecht in Kirchen (allg.) Kap. 1 16 f.
- kirchliches Privileg Kap. 1 16
- Rechtsprechung Kap. 1 17
- Verhältnis zur SchwbVWO Kap. 1 16 f.

Wahlrecht in Kirchen (evangel.)
- aktives Wahlrecht Kap. 1 21
- Anfechtung Kap. 1 27
- Barrierefreiheit Kap. 1 19
- Briefwahl Kap. 1 22
- gemeinsame Wahl Kap. 1 28
- Gesamtvertrauensperson Kap. 1 29
- Kosten der Wahl Kap. 1 26
- passives Wahlrecht Kap. 1 21
- regelmäßige Wahlen Kap. 1 20
- Unterschiedliche Verfahren für MAV und Vertrauensperson Kap. 1 22
- Wahlgrundsätze Kap. 1 19
- Wahllisten Kap. 1 23
- Wahlschutz Kap. 1 25
- Wahlvorschlag Kap. 1 24
- Wahlzeitraum Kap. 1 20

Wahlrecht in Kirchen (kathol.) Kap. 1 30 ff.
- Gesamtmitarbeitervertretung Kap. 1 31 f.
- überörtliche Vertretung Kap. 1 31 f.

Wahlschablonen
SchwbVWO 20 54

Wahlschutz
- Betriebsratswahlen 177 85
- Mitglieder des Wahlvorstands 180 31
- unzureichende Regelung 177 85
- Wahlbewerber 180 31

Wahlstellen 156 38

Wahlunterlagen
- Einsicht in 177 68

- im vereinfachten Wahlverfahren *SchwbVWO* 20 45 ff.
- Sicherung der 177 68
Wahlverfahren
- Auswahl 180 17
- Briefwahl 177 65
- Exklusivitätsgrundsatz 177 57
- förmliches 177 57 ff., 82 f., 180 16 ff.
- Jahresversammlung 180 16 ff.
- Korrekturgesetzgebung 180 16
- Liste der Wahlberechtigten 177 60
- maßgeblicher Zeitpunkt 177 82
- räumlich weit auseinander liegende Betriebsteile 177 83
- räumliche Nähe 180 16
- Reformbedarf 180 16
- SBV für Richterschaft 177 72
- Schwellenwert Anzahl der Wahlberechtigten 177 82
- vereinfachtes 177 70 f., 82 f., 180 16 ff., 70
- vereinfachtes Wahlverfahren 177 71
- Wahlausschreiben 177 59
- Wahlen zu Stufenvertretungen 180 16
- Wahlordnung Schwerbehindertengesetz (SchwbWO) 177 71
- Wahlordnung Schwerbehindertenvertretungen (SchwbVWO) 177 71
- Widerspruch gegen Wahl in einer Versammlung 180 18

Wahlversammlung
- Aufzeichnungsverbot *SchwbVWO* 28 27 f.
- Auszählung 177 79
- Bekanntgabe des Ergebnisses 177 81
- Benachrichtigung der Gewählten 177 81
- Bestätigung der Anwesenheit bei Videokonferenz 177 71
- Briefwahl *SchwbVWO* 28 31
- Briefwahl, nachgelagerte *SchwbVWO* 28 31 ff.
- Einberufung durch ein Viertel der Wahlberechtigten 180 18
- Einladung 177 76
- epidemische Lage von nationaler Tragweite *SchwbVWO* 28 5 f.
- Feststellung des Wahlergebnisses 177 79
- geheime Abstimmung 177 77 f.
- Grundsatz der gleichen Wahl 177 71
- Hybridveranstaltung *SchwbVWO* 28 18
- Inhalt bei Video- oder Telefonkonferenz *SchwbVWO* 28 29 f.
- keine Einladung durch GSBV 180 38
- nachgelagerte Briefwahl *SchwbVWO* 28 31 ff.
- Präsenzveranstaltung *SchwbVWO* 28 9 ff., 18
- Prüfung der Wahlberechtigung 177 77
- SchwbVWO 180 12
- Sonderregelungen bei Epidemie 177 71
- stellvertretende Mitglieder der SBV 180 13
- Stimmabgabe 177 77
- Stimmabgabe bei Videokonferenz *SchwbVWO* 28 30 ff.
- Stimmzettel 177 77 f.
- technische Risiken *SchwbVWO* 28 25 f.
- Teilnahmerecht *SchwbVWO* 28 19 f.
- Teilnahmerecht von Wahlbewerbern 180 13
- Telefonkonferenz 177 71; *SchwbVWO* 28 1 ff., 4 ff., 9 ff., 15 ff.
- Versammlung nach § 180 Abs. 8 SGB IX 180 70
- Vertrauenspersonen 180 13
- Verzeichnis der Schwerbehinderten 177 77
- Videokonferenz 177 71; *SchwbVWO* 28 1 ff., 4 ff., 9 ff., 15 ff.
- Vorrang des Einladungsrechts der Wahlberechtigten 176 19
- Wählerliste 177 77
- Wahlleiter 177 77 f.
- Wahlumschlag 177 77 f.
- Wahlvorschläge *SchwbVWO* 28 22 ff.

Wahlvorbereitung
- Kündigungsschutz 177 86
- Wahlvorstand 177 59

Stichwortverzeichnis

Wahlvorschlag
- Ämterpluralität
  SchwbVWO 6 4 f.
- Amtsbezeichnung
  SchwbVWO 6 16
- Anforderungen
  SchwbVWO 6 12 ff.
- Angabe des Amtsbezugs
  SchwbVWO 6 19 ff.
- Angabe des Betriebs bzw. der Dienststelle *SchwbVWO* 6 17
- Angaben zu den Kandidaten
  SchwbVWO 6 13
- Art der Beschäftigung
  SchwbVWO 6 13, 15 f.
- ausgeübte Tätigkeit
  SchwbVWO 6 16
- Auslegung *SchwbVWO* 6 21 ff.
- Beanstandung
  SchwbVWO 6 78 f., 82 f.
- Bedeutung *SchwbVWO* 20 28 f.
- Bedeutung für Stimmabgabe
  SchwbVWO 9 2 f.
- Bekanntgabe der gültigen Vorschläge 177 61
- Benennung des Amts
  SchwbVWO 6 19 ff.
- Benennung mehrerer Kandidaten
  SchwbVWO 6 22
- Bereithalten für Entgegennahme von Vorschlägen
  SchwbVWO 6 59, 61, 87
- Betriebsratsmitglied
  SchwbVWO 6 4
- Bindung an Wahlberechtigung
  Kap. 1 24
- Dienstbezeichnung
  SchwbVWO 6 16
- Diskussionsmöglichkeiten im vereinfachten Wahlverfahren
  SchwbVWO 20 44
- Doppelkandidaturen
  SchwbVWO 6 19 f., 46 ff., 66 ff.
- durch Betriebsrat
  SchwbVWO 6 8 f.
- durch Gewerkschaft
  SchwbVWO 6 10
- durch Integrationsamt
  SchwbVWO 6 11
- durch passiv Wählbare
  SchwbVWO 6 7
- durch Personalrat
  SchwbVWO 6 8 f.
- durch Schwerbehindertenvertretung *SchwbVWO* 6 8 f.
- durch Wahlberechtigte
  SchwbVWO 6 7
- einheitlicher
  SchwbVWO 6 19 f.
- Einverständnis des Kandidaten
  SchwbVWO 20 40
- Einverständniserklärung
  SchwbVWO 6 39 ff.
- Einwurf in Briefkasten
  SchwbVWO 6 60, 62 f.
- E-Mail *SchwbVWO* 6 54
- Fax *SchwbVWO* 6 54
- fehlende Angabe des Amtsbezugs
  SchwbVWO 6 21 ff.
- Form im vereinfachten Wahlverfahren *SchwbVWO* 20 37 ff.
- Formzwang 177 61
- Fotos *SchwbVWO* 6 18
- Frauen und Männer *Kap.* 1 18
- Frist für Einreichung
  SchwbVWO 6 55 ff.
- früheres Ende der Einreichungsfrist *SchwbVWO* 6 58 f.
- Geburtsdatum
  SchwbVWO 6 13 f.
- Gleichstellungsbeauftragte
  SchwbVWO 6 5
- heilbare Mängel
  SchwbVWO 6 78, 81 ff.
- hierarchische Stellung
  SchwbVWO 6 16
- Höchstzahl von Stützunterschriften *SchwbVWO* 6 32
- Inklusionsbeauftragte
  SchwbVWO 6 5
- Jugend- und Auszubildendenvertretung *SchwbVWO* 6 4
- Kennwort *SchwbVWO* 6 18, 9 16
- Kopie der Stützunterschriften
  SchwbVWO 6 54
- Lichtbilder *SchwbVWO* 6 18
- Mängel des Wahlvorschlags
  177 61
- Mehrfachunterstützung
  SchwbVWO 6 36 ff., 70 ff.
- Mindestzahl von Stützunterschriften *SchwbVWO* 6 29
- mündlich *SchwbVWO* 20 37
- nach Ämtern getrennte Einreichung *SchwbVWO* 6 19 f.

- Nachfrage bei den Einreichern
  SchwbVWO 6 24
- Nachfrist 177 62
- nachträgliche Ergänzung
  SchwbVWO 6 25
- nicht schwerbehinderte Personen
  SchwbVWO 6 2
- Personalratsmitglied
  SchwbVWO 6 4
- persönliche Übergabe an Wahlvorstand *SchwbVWO* 6 60, 63
- Prüfpflicht des Wahlvorstands
  177 61
- Prüfung der Wählbarkeit
  SchwbVWO 6 6
- Prüfung durch Wahlvorstand
  SchwbVWO 6 65 ff.
- Prüfung im vereinfachten Wahlverfahren *SchwbVWO* 20 33 ff.
- Quorum *SchwbVWO* 6 27 ff.
- Quorum an Stützunterschriften
  SchwbVWO 6 31
- Reihenfolge der Stellvertreterkandidaten *SchwbVWO* 6 26
- Rücktritt von Kandidaten
  SchwbVWO 6 43 ff.
- Schriftform *SchwbVWO* 6 53 f.
- Stützunterschriften 177 61;
  SchwbVWO 6 27 ff.
- Stützunterschriften im vereinfachten Wahlverfahren
  SchwbVWO 20 37
- Trennung der Wahlgänge
  SchwbVWO 6 19 f.
- unechte Doppelkandidatur
  SchwbVWO 6 51 f.
- Ungültigkeit *SchwbVWO* 6 78, 84
- unheilbare Mängel
  SchwbVWO 6 78, 84 f.
- Unterrichtung über Ungültigkeit
  SchwbVWO 6 78 f., 84
- unverzügliche Prüfung
  SchwbVWO 6 86 f.
- verfrühte Einreichung
  SchwbVWO 6 64
- Vorschlagsberechtigung
  SchwbVWO 6 7, 20 30 ff.
- Vorschlagsvertreter
  SchwbVWO 6 80
- Wählbarkeit
  SchwbVWO 20 34 ff.
- Wählbarkeit nach BetrVG bzw. BPersVG *SchwbVWO* 6 3
- Wahlhelfer *SchwbVWO* 6 4
- Wahlversammlung
  SchwbVWO 28 22 ff.
- Wahlvorstandsmitglied
  SchwbVWO 6 4
- Widerruf der Zustimmung zur Kandidatur
  SchwbVWO 6 43 ff.
- zeitliche Begrenzung im vereinfachten Wahlverfahren
  SchwbVWO 20 41 ff.
- Zugang beim Wahlvorstand
  SchwbVWO 6 60 ff.

Wahlvorschläge GSBV
- Unterstützerunterschriften
  180 21

Wahlvorstand
- Abberufung
  SchwbVWO 2 44 ff.
- Akt der Bestellung
  SchwbVWO 1 20
- Amtsinhaber *SchwbVWO* 1 15
- Anwesenheit im Wahllokal
  SchwbVWO 10 5, 7, 14 ff., 12 11
- Anzahl der Mitglieder
  SchwbVWO 10 7
- Arbeitsentgelt 177 87
- Aufgaben *SchwbVWO* 2 2 ff., 21 f., 25, 3 1 ff., 16 1 f.
- Auskunftsanspruch
  SchwbVWO 2 38
- Ausstattung *SchwbVWO* 2 39
- Bedeutung *SchwbVWO* 1 2
- Bedrohung 177 84
- Beschlussfassung
  SchwbVWO 2 8 ff.
- Bestellung 177 58;
  SchwbVWO 1 6 f.
- Bestellung des Wahlvorstands durch KSBV 176 21
- Bestellung durch GSBV 176 21
- Bestellung nach Absprache
  180 19
- Bestellung von Wahlhelfern
  SchwbVWO 2 7
- Bestimmung des Wahlvorstands
  Kap. 1 23
- betriebsfremde Personen als Mitglieder *SchwbVWO* 1 12
- Betriebsratsmitglied
  SchwbVWO 1 15

- Durchsetzung der Ansprüche gegenüber Arbeitgeber *SchwbVWO* 2 43
- eigenständige Entscheidung über Liste der Wahlberechtigten *SchwbVWO* 3 8
- Einladung zur Sitzung *SchwbVWO* 2 8 f.
- Einladung zur Versammlung zur Wahl des Wahlvorstands 177 58
- Einsetzung durch Arbeitsgericht *SchwbVWO* 1 63 ff.
- Einsetzung durch Dienststellenleiter *SchwbVWO* 1 63 ff.
- Ende des Amtes *SchwbVWO* 16 4
- Entgeltausfall 177 122
- Enthaltung *SchwbVWO* 2 14
- Entscheidung über Einspruch *SchwbVWO* 4 18
- Entscheidungsfindung *SchwbVWO* 2 8, 13 ff.
- Erörterung der Zahl der stellvertretenden Mitglieder *SchwbVWO* 2 31 ff.
- Ersatzmitglieder *SchwbVWO* 1 10, 2 16
- Ersetzung durch das Arbeitsgericht *SchwbVWO* 2 44 ff.
- Ersetzung durch den Dienststellenleiter *SchwbVWO* 2 44
- Erstellung der Liste der Wahlberechtigten *SchwbVWO* 3 3
- Erstellung der Stimmzettel *SchwbVWO* 9 8
- Festlegung der Zahl der stellvertretenden Mitglieder *SchwbVWO* 2 25 ff.
- Festlegung des Termins der Wahl *SchwbVWO* 2 23 f.
- Freistellung *SchwbVWO* 2 40
- Freistellung von Schulungskosten 177 122
- gerichtliche Bestellung 177 58 f.
- Geschäftsordnung *SchwbVWO* 2 10
- Gewerkschaftsbeauftragte *SchwbVWO* 1 12, 2 12
- Größe *SchwbVWO* 1 8
- Hinweispflicht *SchwbVWO* 11 28
- Inhalt der Niederschrift *SchwbVWO* 2 17

- Initiierungsbefugnis von drei Wahlberechtigten 177 58
- Inklusion 177 59
- Integrationsamt 177 86; *SchwbVWO* 1 12
- Kandidatur *SchwbVWO* 1 15
- keine Bestellung durch GSBV 180 38
- Kommentar *SchwbVWO* 2 39
- Kommunikationsbarrieren 177 59
- Mehrheitsentscheidung *SchwbVWO* 2 13
- Neutralität *SchwbVWO* 9 16
- Niederschrift *SchwbVWO* 2 17 ff.
- Öffentlichkeit der Sitzung *SchwbVWO* 2 11
- Personalratsmitglied *SchwbVWO* 1 15
- personelle Anforderungen *SchwbVWO* 1 11 ff.
- Pflicht zur Übernahme des Amtes *SchwbVWO* 1 16
- Prüfung von Einsprüchen *SchwbVWO* 4 16 ff.
- Räumlichkeiten *SchwbVWO* 2 39
- Schulung zum Wahlrecht *SchwbVWO* 2 41
- Schulungskosten 177 87
- Sitzung *SchwbVWO* 2 8 ff.
- Sitzungsniederschrift *SchwbVWO* 2 17 ff.
- Sonderregelung für die Corona-Pandemie *Kap. 1* 23
- Stimmengleichheit *SchwbVWO* 2 15
- Terminierung der Sitzung *SchwbVWO* 2 9
- Unabhängigkeit von Versammlung der schwerbehinderten Beschäftigten *SchwbVWO* 2 30
- Unterrichtung ausländischer Wahlberechtigter *SchwbVWO* 2 35 ff.
- Unterstützung durch Arbeitgeber *SchwbVWO* 2 38 ff.
- Unterstützung durch Wahlhelfer *SchwbVWO* 10 7, 16 f.
- Unterstützungspflicht des Arbeitgebers *SchwbVWO* 3 7

- unverzügliche Einleitung der
  Wahl *SchwbVWO* 2 21 f.
- vereinfachtes Wahlverfahren
  SchwbVWO 19 3
- Versiegelung der Wahlurne
  SchwbVWO 13 10
- Volljährigkeit *SchwbVWO* 1 13
- Vorbereitung des Wahllokals
  SchwbVWO 10 3 ff.
- Vorsitzender
  SchwbVWO 1 17 ff.
- Wahl 177 58
- Wahl des Vorsitzenden
  SchwbVWO 1 62
- Wahlabbruch 177 123
- Wählbarkeit 177 18
- Wählerliste 177 59
- Wahlrecht *SchwbVWO* 1 14
- Wahlrechtsschulung
  SchwbVWO 2 41
- Wirksamkeit von Beschlüssen bei
  Ersetzung *SchwbVWO* 2 47
- Zeitpunkt der Bestellung
  SchwbVWO 1 21 ff., 29
- Zugang von Erklärungen
  177 59
- Zuständigkeit für Festlegung der
  Zahl der stellvertretenden Mitglieder *SchwbVWO* 2 29 ff.
- Zustimmung zur Bestellung
  SchwbVWO 1 16

Wahlvorstandseinsetzung
- Antrag *SchwbVWO* 1 65
- durch Arbeitsgericht
  SchwbVWO 1 63
- durch Dienststellenleiter
  SchwbVWO 1 63
- Initiierungsbefugnis
  SchwbVWO 1 67 ff.
- Initiierungshandlung
  SchwbVWO 1 65 ff.
- Voraussetzungen
  SchwbVWO 1 63 ff., 67 ff.
- Zuständigkeit *SchwbVWO* 1 66

Wahlvorstandseinsetzung durch
Arbeitsgericht
- Voraussetzungen
  SchwbVWO 1 71 ff.

Wahlvorstandswahl
- Ablauf *SchwbVWO* 1 57 ff.
- Abstimmberechtigung
  SchwbVWO 1 58
- Anforderungen an Einladung
  SchwbVWO 1 45 ff.
- Befugnisse der Versammlung
  SchwbVWO 1 56
- Bestimmung des Vorsitzenden
  SchwbVWO 1 60, 62
- Eröffnung *SchwbVWO* 1 57
- Form der Abstimmung
  SchwbVWO 1 59
- inhaltliche Anforderungen
  SchwbVWO 1 61 ff.
- Initiierungsbefugnis
  SchwbVWO 1 34 ff.
- Mehrheit *SchwbVWO* 1 60
- Mindestvorlaufzeit
  SchwbVWO 1 55
- Nichtzustandekommen der Versammlung *SchwbVWO* 1 71
- Scheitern *SchwbVWO* 1 71
- Versammlungsleiter
  SchwbVWO 1 57
- Voraussetzungen
  SchwbVWO 1 30 ff.

Wahlwerbung
- Dienstpost 177 84
- Finanzierung durch Arbeitgeber
  177 84

Wahlzeitraum
- EKD *Kap.* 1 20

Wartezeit
- Anrechnung bei nachfolgendem
  Arbeitsverhältnis 173 7
- Anrechnung im Konzern
  173 14 f.
- Anrechnung von Vorbeschäftigung 173 12
- Anrechnung von Vorbeschäftigung in anderen Unternehmen
  173 13
- Anschlussbeschäftigung 173 12
- Anzeigepflicht bei Kündigung
  173 31
- außerordentliche Kündigung
  174 5
- Befristungspraxis im Schuldienst
  173 8
- Berechnung 173 17
- Bestand des Arbeitsverhältnisses
  173 6
- Betriebsübergang 173 15
- diskriminierende Kündigung
  168 81
- duales Studium 173 12

- enger sachlicher Zusammenhang 173 7
- Erprobungsbeurteilung 173 10
- Erprobungszweck 173 5
- Fortbildungsmaßnahmen 173 12
- Fristausnutzung 173 19
- gesetzliche Anrechnung 173 16
- Kündigung in der Wartezeit 173 31 ff.
- Kündigungsschutz 173 5 ff.
- Leiharbeit 173 13
- mehr als sechs Monate 168 76
- Mindestkündigungsfrist 173 5
- Praktikum 173 12
- Präventionsverfahren 173 32
- rechtliche Unterbrechung 173 6
- Rechtsprechung ohne feste zeitliche Grenze 173 9
- Schutzvereitelung 173 19
- tatsächliche Unterbrechungen 173 6
- Übernahme nach der Ausbildung 173 12
- Umwandlung 173 15
- Unterbrechung durch Fehlzeiten 173 6
- Unterbrechung infolge von Befristungen 173 11
- Vermutung für Nichtunterbrechung 173 9
- Vorbeschäftigungszeit 173 7
- Wiedereinstellung 173 7
- Zugang der Kündigung in der Wartezeit 173 19

Wechselschicht
- ärztliches Attest 164 209

Wechselwirkung
- Beeinträchtigung und Umweltfaktoren 2 14

Wegstreckenentschädigung
- Antragserfordernis 73 6

Wehrdienst
- gesetzliche Anrechnung 173 16

Wehrübung 156 10

Weisung
- Anhörung vor 178 55
- behinderungsgerechte Beschäftigung 178 46
- Unterrichtung 178 46

Weitauseinanderliegen
- informationsflussorientierte Auslegung 177 83
- Möglichkeit der persönlichen Kontaktaufnahme 177 83
- wahlversammlungsbezogene Auslegung 177 83

Weiterbeschäftigung
- Anspruch auf 168 70
- maßgeblicher Zeitpunkt 175 20
- Möglichkeit der 172 63 ff.
- unternehmerische Entscheidung 172 79

Weiterbeschäftigungsmöglichkeit
- Ablehnungsgrund 172 64
- anderer Betrieb 172 68
- Arbeitsplatz im Betrieb 172 65
- frei werdender Arbeitsplatz 172 66
- im Konzern 172 68

Weiterbeschäftigungsverlangen
- Fristbeginn 175 26
- Zweiwochenfrist 175 26

Weiterbildung 75 13, 112 4
- Leistungen zur Teilhabe am Arbeitsleben 49 29, 53 7

Weiterbildungspflicht
- Ordnungswidrigkeitsrecht 181 36

Weiterentwicklung der Persönlichkeit 56 13

Weiterführende Schulbildung 112 4

Weiterverwendung
- Geschäftsbereichsübergreifend 211 15

Werbungskosten
- Fahrtkosten 209 13

Werks- oder Betriebsarzt
- Hinzuziehung BEM 167 40

Werkstatt 111 2, 158 8
- Anerkennungsverfahren Vor 219 7
- Angebot an Arbeitsplätzen 219 9
- Aufgaben Vor 219 8, 219 5
- Aufgabenstellung 58 15
- Auftrag, zweifacher 58 26
- aufzunehmender Personenkreis 219 15
- Begriff Vor 219 3, 219 5

- Beschäftigungspflicht
  Vor 219 11
  - einheitliche **219** 7
  - Einrichtung der beruflichen Rehabilitation **Vor 219** 9
  - Eltern- und Betreuerbeirat **222** 20
  - Eltern- und Betreuerversammlung **222** 14
  - Geltung betriebswirtschaftlicher Grundsätze **Vor 219** 14
  - Kern **Vor 219** 10
  - Leistungen **Vor 219** 5
  - Mittagessen in der **58** 14
  - personelle Besetzung **219** 8
  - Rechtsverhältnisse **Vor 219** 6
  - staatliche Anerkennung **Vor 219** 15
  - Übergang auf den allg. Arbeitsmarkt **219** 14
  - Vereinbarungen mit den Rehabilitationsträgern **220** 15

Werkstattbeschäftigte
- Arbeitsgericht *Kap.* **2** 154

Werkstätten für behinderte Menschen
- Arbeitsentgelt **241** 5
- Grundbetrag **241** 5

Werkstattrat **222** 8
- mitwirkungsberechtigter Personenkreis **222** 7
- Wahlrecht **222** 13

Werkstattrecht
- Entwicklung **Vor 219** 1

Werkstattvertrag **220** 28, **221** 30
- Kündigung **220** 21, **221** 38
- Pflicht des Beschäftigten **221** 14
- Pflichten **220** 29

Wertmarke **Vor 228** 2, 5, **228** 6 ff.
- Asylbewerber **228** 7
- Kraftfahrzeughilfe **228** 7
- Taschengeld **228** 7
- unentgeltlich **228** 7

Wesentliche Behinderung **99** 6 ff.
- drohende **99** 8

Widerlegung
- Ablauforganisation **165** 34
- Ausschluss von Höherqualifizierten **165** 34
- Bestenauslese **165** 33
- Büroorganisation **165** 34
- Büroversehen **165** 34

- Examensnote **165** 34
- Motivbündel **165** 34
- Nachweis eines anderen Grundes **165** 33 f., 34
- Nichteignung **165** 34
- Personalengpässe **165** 34
- Unkenntnis **164** 70
- Unverschulden **165** 34

Widerruf *Kap.* **2** 68 ff.
- von Arbeitsbedingungen **168** 40

Widerspruch
- Beginn des Fristenlaufs **171** 15
- Einlegen durch Vertrauensperson **178** 18
- Form **173** 25
- Frist *Kap.* **2** 84
- Frist für Erklärung **173** 24
- gegen Zustimmung **171** 25
- gegen Zustimmungsfiktion **174** 20
- kein Widerspruchsverfahren in Niedersachsen **171** 25
- Rücknahme **173** 26
- Suspensiveffekt **168** 50, **171** 4
- vor Ausspruch der Kündigung **173** 26
- Vorverfahren *Kap.* **2** 86
- Zugang vor Kündigung **173** 24

Widerspruchsausschuss
- Entscheidung über Zustimmung wegen Betriebsstilllegung **171** 33
- Ermessensentscheidung **171** 33
- Ermessensbindung **171** 33
- Integrationsamt **171** 33
- Zustellung Zustimmungsbescheid **171** 14
- Zustimmung bei Nichteintritt der Fiktion **171** 33

Widerspruchsbehörde
- Agentur für Arbeit *Kap.* **2** 88
- Integrationsamt *Kap.* **2** 88

Widerspruchsbescheid
- Bezeichnung *Kap.* **2** 90
- Zusammensetzung des Widerspruchsausschusses **172** 81

Widerspruchsverfahren
- Bestandskraft *Kap.* **2** 81 ff.
- Landesrecht, Abweichung *Kap.* **2** 89

Wiedereingliederung
- Ablehnungsgründe **164** 219

Stichwortverzeichnis

- Anspruch des Arbeitnehmers 164 219
- Anspruch des schwerbehinderten Arbeitnehmers 164 219
- ärztliche Bescheinigung 164 220
- bei Arbeitsunfähigkeit 164 219
- Beteiligung 178 43
- mit anderer Tätigkeit 164 219
- Mitwirkung des Arbeitgebers 164 219
- Prognose des Arztes 164 219 f.
- Richtlinie des Gemeinsamen Bundesausschusses 164 219
- Schadenersatz wegen Nichtdurchführung 164 221
- stufenweise Einf. 43, 44 2 ff., 73 5, 164 219
- Urlaub 164 222
- Verletzung der Mitwirkungspflicht 164 221
- Vertragsarzt 44 4
- Wiedereingliederungsplan 164 219
- Zeitangabe für Prognose 164 220

Wiedereingliederungsplan
- stufenweise Wiedereingliederung 44 20

Wiedereingliederungsvertrag
- stufenweise Wiedereingliederung 44 14

Wiedereinsetzung in den vorherigen Stand Kap. 2 85

Wiedereinstellung
- Arbeitskampf 174 40

Wiedereinstellungszusage
- Erwerbsminderungsrente 175 19
- Nichterfüllung der 173 30

Winterausfallgeld 67 1

Wirksamkeit 8 14, 47 20

Wirtschaftlichkeit 4 17, 123 11, 124 4

Wirtschaftlichkeitsgebot 8 8

Wirtschaftsausschuss
- GSBV 178 99
- Teilnahmerecht SBV 178 98 f., 103
- Unternehmensbezug 178 99

Wohn- und Betreuungsvertrag
- Kündigung bei Pflegebedürftigkeit 103 12

Wohnform
- besondere, Definition 104 8
- Vergleichbarkeit 104 9
- Wahl 104 7

Wohnformen 104 9
- besondere 103 4

Wohnformen, besondere siehe Besondere Wohnformen

Wohnung
- behinderungsgerechte 185 11
- Leistungen für Wohnraum 77 1 ff.
- Leistungen zur Teilhabe am Arbeitsleben 49 54

Wunsch- und Wahlrecht Einf. 37, 4 17, 119 7
- bei Pflegebedürftigkeit 103 16

Wünsche
- Angemessenheit der 104 5
- berechtigte 8 5

Wunschrecht
- Betreuung durch Geistliche 104 11
- Eingliederungshilfe im Ausland 104 12

Zahl der stellvertretenden Mitglieder
- Erörterung im Vorfeld der Wahl SchwbVWO 2 31 ff.
- fehlende Festlegung SchwbVWO 2 34
- Festlegung durch Wahlvorstand SchwbVWO 2 25 ff.

Zahl und Qualität
- ausreichende 36 4

Zahlung
- Befreiungsanspruch 179 96

Zahlungsanspruch
- Abtretung des Freistellungsanspruchs 179 98

Zahnersatz 42 13

Zeitarbeit
- Verleiherbetrieb 164 117

Zeitplan
- SBV-Wahl 177 74 ff.

Ziele 1 8

Zielerreichung
- alternative Wege 4 16

Zielsetzungen
- gemeinsame 4 6

Zielvereinbarung 29 15; BGG 5 1 ff.
- abweichende 132 1
- Festlegungen 166 26
- Inhalt BGG 5 5
- Register BGG 5 9
- Steuerungsinstrument 166 26
- Verfahren BGG 5 7 f.
- Vertragsfreiheit BGG 5 4
- Vertragspartner BGG 5 3
- Vertragsstrafe BGG 5 6

Zivildienst
- gesetzliche Anrechnung 173 16

Zubehör 47 19

Zugang
- Bewerbung 165 8
- Einhaltung der Fristen 177 59
- Einwurf in Briefkasten 177 59
- Vollmachtsrüge 173 19
- Zugangszeitpunkt 177 59

Zugang zum Recht
- Prozessvertretung 179 101

Zugang zur Werkstatt
- Erwerbsfähigkeit 56 11
- Erwerbsminderung 56 11
- Steigerung der Leistungsfähigkeit 56 12

Zumutbarkeit 112 6
- der Einarbeitung 172 69
- der Weiterbeschäftigung 172 69
- Erreichbarkeit der neuen Arbeitsstätte 172 72
- Leben in einer besonderen Wohnform 104 8

Zuordnung 6 7

Zuordnungstarif
- Übergangsbestimmung 177 112

Zurechnung
- Verantwortlichkeit für Dritte 165 34

Zurruhesetzung
- BEM 178 81
- Ermessensentscheidung 167 141
- Prävention 178 81
- Schadenersatz wegen unterlassenem BEM 178 81
- Verfahrensfehler 178 81

Zurruhesetzung von Beamten
- Präventionsverfahren 211 17

Zurücknahme des Zustimmungsbescheids 172 43

Zurverfügungstellung
- Säumnis des Arbeitgebers 179 106

Zusammenarbeit
- allgemeine 12 4, 25 5
- Arbeitgeber 182 1 ff.
- Arbeitsagentur 182 7
- Auskunftspflicht 182 5
- Betriebsrat 182 1 ff.
- Bundesagentur für Arbeit 184 2
- GSBV 182 4
- Inklusionsbeauftragter 182 1 ff.
- innerbetriebliche 182 3
- Integrationsamt 184 2
- KSBV 182 4
- mit anderen Leistungsanbietern 57 30
- mit außerbetrieblichen Stellen 182 6
- Personalrat 182 1 ff.
- Präsidialrat 182 1 ff.
- Rehabilitationsträger 39 6
- Schwerbehindertenvertretung 182 1 ff.
- Stufenvertretungen 182 4
- Verfahrensregelungen 184 6

Zusammenfassung
- Bindungswirkung 177 42
- Entscheidung des Arbeitgebers 177 42
- Nachwahl 177 42
- Neuwahl 177 42
- räumliche Nähe 177 43
- Rechtsschutz 177 46

Zusammenfassung von Betrieben
- Übergangsmandat 177 116

Zusammenhang
- mittelbarer Zusammenhang 174 25

Zusammenrechnungsprinzip 154 9

Zusätzliche Betreuung und Aktivierung
- in Einrichtungen bzw. besonderen Wohnformen 103 9
- nach § 43b SGB XI 103 9

Stichwortverzeichnis

Zusatzurlaub 208 1 ff.
- Abdingbarkeit 208 33
- Abgeltung 208 24, 35, 41, 59
- Abgeltung für Beamte 208 69 f.
- Akzessorietät zum Grundurlaub 208 24
- Altfälle und Vertrauensschutz 208 62
- Amtshaftung bei verspäteter Entscheidung 208 32
- Anerkennungsjahr 208 17 f.
- anteiliger Anspruch 208 13
- Antrag auf Feststellung der Schwerbehinderung 208 25
- Anwendung der Regeln des Mindesturlaubs 208 24
- Arbeitnehmerähnliche 208 9
- Arbeitsunfähigkeit 208 36
- auf Befreiung von der Arbeitspflicht 208 8
- Aufforderung zur Inanspruchnahme 208 24
- Aufrundung 208 12, 15, 18 f.
- Ausschlussfrist 208 39
- Beamte 208 40
- Befreiung von der Arbeitspflicht 208 38
- behördliche Anerkennung 208 45
- bezahlter 208 5
- Bindung der Gerichte 208 48
- Bruchteile 208 15, 18 f.
- Bruchteile bei der Umrechnung 208 12
- Bruchteile bei der Zwölftelung 208 12
- Dauer 208 5, 10
- Dauer bei Teilzeitarbeit 208 11
- Ein-Euro-Jobber 208 9
- Einfluss des Tarifurlaubs 208 14
- Eintritt der Schwerbehinderung im Urlaubsjahr 208 16
- Entstehen der Schwerbehinderung 208 6
- Entzug von Hilfen 208 23
- Erforderlichkeit eines Urlaubsantrags 208 46 f.
- Erfüllung 208 8
- Erholungsbedürfnis 208 4 f.
- Erlöschen des Anspruchs 208 24

- Ersatz für entgangenen Zusatzurlaub 208 31
- Ersatzurlaub 208 30
- erstes Halbjahr 208 19
- europäisches Unionsrecht 208 48 f.
- Fälligkeit 208 37
- Festlegung 208 8
- Festlegung durch Arbeitgeber 208 46 f.
- Feststellung der Schwerbehinderung im Jahr nach Antragsstellung 208 21
- Fiktion § 894 ZPO *Kap.* 2 171
- Freistellung von der Arbeitspflicht 208 4
- für Heimarbeiter 210 11
- gekürzter Vollurlaub 208 13, 19
- Geltendmachung 208 31
- Gesetzentwurf Novelle 2004 208 2
- Heimarbeit 208 9
- höchstpersönliche Arbeitsleistung 208 38
- Inanspruchnahme 208 45
- kriegs- und unfallbeschädigte Arbeitnehmer 208 3
- Kumulierung Teilurlaub und Anerkennung 208 19
- Kürzung bei Teilurlaub 208 13
- Kürzung nach dem Zwölftelungsgrundsatz 208 13
- Mehrkosten bei Änderung des Urlaubszeitraums 208 8
- Minderbehinderte 208 3
- Mitverschulden 208 32
- Nachholung des Zusatzurlaubs 208 31
- persönlicher Geltungsbereich 208 9
- Rechtsentwicklung 208 1 ff.
- rückwirkende Anerkennung 208 21
- rückwirkende Feststellung der Schwerbehinderung 208 7
- rückwirkende Feststellung des GdB 208 60
- Ruhen der Arbeitspflicht 208 34
- Schadenersatz für entgangenen Zusatzurlaub 208 30
- Schonfrist 208 17, 22

- tariflicher Zwölftelungsgrundsatz 208 14
- Teilurlaub 208 17, 27
- Teilzeitarbeit 208 10
- Übertragung 208 24
- Übertragung des Anspruchs 208 25
- Übertragungsdauer bei Arbeitsunfähigkeit infolge Krankheit 208 29
- Übertragungsfrist 208 26 f.
- Übertragungsgründe 208 26 f.
- Übertragungsverlangen 208 27
- Übertragungszeitraum 208 28
- unionskonforme Auslegung 208 48
- Unionsrecht 208 59
- Urlaub für Beamte 208 69
- Urlaubsentgelt 208 42 ff.
- Urlaubsgeld 208 44
- Urlaubswunsch 208 8, 28, 47
- Vererbbarkeit 208 24
- Vererbung 208 38
- Verfall 208 24, 25
- Verhältnis zur Zahl der Arbeitstage 208 5
- verspätete Entscheidung des Versorgungsamts 208 25
- Verzicht 208 33
- Verzugszinsen 208 37
- Vollurlaub 208 26
- Vollzeitarbeit 208 10
- Vorabentscheidung 208 48
- Vorabentscheidungen des EuGH 208 24
- Vorrang des Unionsrechts 208 48
- Wartezeit 208 13, 19
- Wegfall der Schwerbehinderung 208 22
- Widerruf 208 8
- Zahl der Urlaubstage 208 5
- Zwangsvollstreckung *Kap. 2* 171
- Zwölftelung 208 15 ff.
- Zwölftelung bei nicht ganzjähriger Schwerbehinderung 208 17
- Zwölftelung bei Teilurlaub 208 19
- Zwölftelung im Anerkennungsjahr 208 18, 20

Zusicherung
- Aufgabe der Praxis, Gleichstellung zuzusichern 164 146

Zustand
- alterstypischer 4 9

Zuständigkeit 32 12, 57 7
- Abgrenzung SBV und Betriebsrat/Personalrat 178 8
- Arbeitsbereich 58 5
- aufgedrängte 15 6
- Bundesagentur für Arbeit 184 5
- Grundsatz der ebenenbezogenen Aufgabentrennung 180 34
- Integrationsamt 184 5
- Leistungserbringer *Kap. 2* 17
- medizinische Rehabilitation 42 37
- nach den Leistungsgesetzen 62 7 ff.
- Regelung 15 6
- Repräsentationsprinzip 178 8
- Vereinbarung zur Zusammenarbeit 184 5

Zuständigkeit außerhalb des Kernbereichs 75 10

Zuständigkeit, gerichtliche
- Konzentration von Entschädigungssachen 164 101

Zuständigkeit im Kernbereich
- Kosten der Bildung 75 8
- Systemversagen 75 8

Zuständigkeitsklärung **Einf.** 40

Zustellung
- an Arbeitgeber 171 15
- an Arbeitnehmer 171 15
- Bevollmächtigter 171 31
- Kündigungserklärungsfrist 171 31
- Landesrecht 171 10
- Lauf der Kündigungserklärungsfrist 171 15
- Verwaltungszustellungsgesetz 171 10, 31
- vor Zugang des Kündigungsschreibens 171 16
- Wirksamwerden der Erlaubnis zur Kündigung 171 15
- Zustellungsmangel 171 16
- Zustimmungsbescheid 171 16

Zustellungsmangel
- Heilung 171 16

Zustimmung
- Amtspflicht- und zugleich Vertragspflichtverletzung 171 44
- atypischer Fall 174 24
- auf Antrag des Arbeitgebers 170 4
- Auflage 171 20, 172 55
- Ausschluss bei reiner Amtspflichtverletzung 171 44
- Bedingung 171 19
- Bedingung, dass Betriebsübergang vom Arbeitsgericht verneint wird 172 42
- Bekanntgabewillen 174 30
- BEM 167 67 ff.
- Betriebsrat 179 62
- Einwilligung 167 104
- Erlaubniswirkung Vor 168 15
- Ermessensbindung 172 48
- Ersetzung der Zustimmung 179 66
- Erteilung der 174 30
- Geltung für Antragsteller 168 43
- hilfsweise ordentliche Kündigung 171 40
- Integrationsamt 179 81
- keine Fiktion der Zustimmung 179 63
- Klärungsvoraussetzung 167 69
- Kündigungserklärungsfristen Vor 168 15
- Leistungsberechtigte 8 20
- Rechtsmäßigkeitskontrolle 172 80
- Restermessen 174 26 f.
- Übergang auf Erwerber 171 34
- unter einer Auflage Vor 168 17
- unter einer Bedingung Vor 168 17
- verkörperter Verwaltungsakt 174 30
- Verwaltungsakt Vor 168 15
- Verwaltungsakt § 31 Satz 1 SGB X 168 43
- Verweigerung der Zustimmung 167 69
- vorherige Zustimmung des Integrationsamtes 168 1 ff.
- wegen krankheitsbedingter Fehlzeiten 172 17
- Widerruf 171 24
- Widerspruchausschuss 171 14

- Wirksamwerden 174 21
- zur Hinzuziehung des Betriebsrats 167 74
- zur Hinzuziehung des Personalrats 167 74
- Zusammenhang mit festgestellter Behinderung 174 24
- Zustimmung zur Kündigung 179 65
- Zustimmungsfiktion 174 21
- Zustimmungsregel 174 24
- Zustimmungsverweigerung 179 67
- Zweiwochenfrist 174 19 f.

Zustimmung des Betriebsrats
- gerichtliche Ersetzung 179 80
- nachfolgender Kündigungsschutzprozess 179 80

Zustimmung zum BEM
- Auslegung 167 72
- Höchstpersönlichkeit 167 71
- rechtsgeschäftsähnliche Erklärung 167 71
- Widerruf 167 72
- Zeitpunkt 167 71
- Zugang 167 72

Zustimmung zur Kündigung
- vorsorglicher Antrag 168 12

Zustimmungsantrag
- Beteiligung der SBV 175 35
- Erfolgsaussicht Vor 168 23
- Ermessensausübung 172 20
- Integrationsamt 178 67
- nach Betriebsübergang 172 45
- Namensliste 172 78
- Zahl der erteilten Zustimmungen zur außerordentlichen Kündigung Vor 168 23
- Zahl der erteilten Zustimmungen zur ordentlichen Kündigung Vor 168 23

Zustimmungsbescheid
- Anfechtbarkeit 167 121, 171 21 ff.
- Anfechtungsklage 171 25
- Anfechtungsklage des Arbeitgebers 171 28
- Anfechtungsklage des Schwerbehinderten 171 26
- aufschiebende Wirkung Vor 168 19

- Begründung des Bescheids
  171 12
- Bekanntgabe der Zustimmung
  174 30
- Bekanntwerden eines Betriebs-
  übergangs **172** 43
- Bestandskraft **171** 21
- Betriebsübergang **168** 43
- Betriebsübergang im Wege der
  Gesamtsrechtsnachfolge **168** 43
- Bindungswirkung für die Gerichte
  für Arbeitssachen **171** 21 ff.
- Einsichtsrecht der SBV **178** 48
- Erklärungsfrist **171** 29 ff.
- mündliche Mitteilung **174** 30
- Nebenbestimmungen
  Vor 168 17, **171** 18 ff.
- Nichtigkeit **171** 22
- Rechtsweg für Aufhebung
  171 21
- Rücknahme **171** 23 f.
- schriftliche Form des Bescheids
  171 11
- Tatbestandswirkung **171** 22
- Unklarheit **174** 34
- Verfahrensfehler **167** 121
- Vermutungsregel **167** 128
- Vermutungsregel für Sachver-
  haltsklärung **168** 61
- Verpflichtungsklage **171** 25, 27
- Vorverfahren **171** 25
- Widerspruch **171** 25
- Widerspruchsfrist **171** 13
- Wiederherstellung der aufschie-
  benden Wirkung **Vor 168** 19
- Wirksamwerden als VA **171** 21
- Zustellung **171** 13 ff.

Zustimmungserfordernis
- auflösende Bedingung
  Vor 168 16

Zustimmungsfiktion
- dreimonatige Entgeltfortzahlung
  171 33
- Eintrittsvoraussetzung **171** 33
- freies Ermessen bei Fehlen
  der Voraussetzungen der Fiktion
  171 33
- Tatbestandswirkung der Verwaltungsentscheidung **171** 33, 35
- Verwaltungsakt **171** 33 ff.,
  174 20
- Widerspruch **174** 20
- Wirkung **171** 33 ff.

- Zusicherung des Arbeitgebers
  171 33

Zustimmungsverfahren
- Antragsverfahren **167** 120
- Ermessensfehler **167** 120

Zustimmungsverweigerung
- Diskriminierende Stellenanforderungen **164** 176
- Fahrerlaubnis **164** 176
- Gesetzesverstoß **164** 176
- Hemmung der Stellungnahmefrist
  des Betriebsrats **164** 173
- interne Stellenbesetzung
  164 172
- Personalrat **164** 176, **178** 83
- unterlassene Beteiligung
  der Gleichstellungsbeauftragten
  164 176
- unterlassene Beteiligung der SBV
  an der Prüfung **164** 176
- unterlassene Prüfung, ob Stelle
  geeignet **164** 176
- Unterrichtungsanspruch
  164 173
- Versetzung **164** 179
- wegen Benachteiligung **164** 179
- Zustimmungsverweigerungsgrund
  Prüfpflichtverletzung **164** 171

Zustimmungsverweigerungsrecht
- Bestätigung der Rechtsprechung
  zur Mitbestimmung **164** 4
- Betriebsrat **164** 12
- Personalrat **164** 13
- Stellenbesetzung **164** 179 f.
- Verletzung der Beteiligungsrechte
  der SBV **164** 12

Zutrittsrecht
- Assistenzhund *BGG* **12e, 121** 4;
  siehe auch Assistenzhund

Zuweisung
- Abordnung **177** 13
- Amtsende **177** 104

Zwangseinstellung
- Abschaffung durch SchwbG 1974
  164 3

Zwangsvollstreckung
- Amtsgericht *Kap. 2* 161
- Arbeitsgericht *Kap. 2* 161
- Duldung *Kap. 2* 165
- Ersatzvornahme *Kap. 2* 165
- Gerichtsvollzieher *Kap. 2* 161
- Handlung *Kap. 2* 165

- Schwerbehindertenvertretung **178** 138
- Unterlassung *Kap. 2* 165, 169
- unvertretbare Handlung *Kap. 2* 165
- vertretbare Handlung *Kap. 2* 165
- Vollstreckungstitel *Kap. 2* 158

Zweckbindung
- Betriebliches Eingliederungsmanagement (BEM) **167** 106 f.

Zweifachanrechnung **159** 9

Zweifel
- an der Schwerbehinderung **164** 148

- Negativattest **168** 12

Zweitausbildung **112** 5

Zweitbescheid *Kap. 2* 44

Zweitweiterleitung
- Verbot der **14** 15

Zweiwochenfrist **14** 9
- Antragsfrist **174** 16
- Hemmung **174** 16
- Kündigungserklärungsfrist **174** 16